bekort voorbeeld

Amt ⟨o.; ~(e)s, ~̈er⟩ **0.1** ***ambt, betrekking, functie*** **0.2** ***taak*** ⇒ *(ver)plicht(ing)* **0.3** ***bestuur, dienst*** ◆ **1.1** das ~ eines Ministers *het ambt van minister* **2.3** Auswärtiges ~ *ministerie van Buitenlandse Zaken* **3.2** ⟨schr.⟩ seines ~es walten *zijn taak uitoefenen, zijn plicht doen* **6.1 von** ~s wegen *van ambtswege, ambtshalve* ¶**.2** ⟨schr.⟩ das ist nicht meines ~es *dat is mijn taak niet*

- trefwoord
- woordsoort: onzijdig woord, met 2e naamval enk. **Amt(e)s** en 1e naamval mv. **Ämter**
- overzicht van de betekenissen
- hoofdvertalingen
- variantvertaling
- betekenisnummer **1** van het trefwoord met een zelfstandig naamwoord (**1**)
- betekenisnummer **3** van het trefwoord met een bijvoeglijk naamwoord (**2**)
- betekenisnummer **2** van het trefwoord met een werkwoord (**3**)
- geeft aan dat de Duitse voorbeeldzin schrijftalig is
- betekenisnummer **1** van het trefwoord met een voorzetsel (**6**)
- betekenisnummer **2** van het trefwoord zonder specifiek combinatiewoord

Handwoordenboek Duits - Nederlands

HANDWOORDENBOEKEN VOOR HEDENDAAGS TAALGEBRUIK

Hedendaags Nederlands

Engels - Nederlands
Nederlands - Engels

Frans - Nederlands
Nederlands - Frans

Spaans - Nederlands
Nederlands - Spaans

Zweeds - Nederlands
Nederlands - Zweeds

Nederlands - Duits

Duits - Nederlands

HANDWOORDENBOEK DUITS-NEDERLANDS

prof. drs. F. C. M. Stoks

in samenwerking met

K. Flaischlen

derde druk

Van Dale Lexicografie

Utrecht/Antwerpen

Vormgeving binnenwerk
Bern. C. van Bercum BNO

Ontwerp band en stofomslag
R. Buschman

Zetwerk
Gardata bv, Leersum

Druk
Koninklijke Wöhrmann bv, Zutphen

Bibliotheekgegevens
Stoks, F. C. M.
Van Dale handwoordenboek Duits - Nederlands / F. C. M. Stoks. -
Utrecht [etc.]: Van Dale Lexicografie. -
1e dr.: 1988, 2e dr.: 1994
ISBN 90-6648-215-x geb.
ISBN 90-6648-228-1 (set D - N/N - D)
NUGI 503
Trefw.: Duitse taal; woordenboeken.
D/1997/0108/702
R. 8215002

Hoofdredacteur:
prof. drs. F. C. M. Stoks

Bureauredacteur:
K. Flaischlen

Aan de eerste druk van dit woordenboek werkten verder mee:

Kernredacteuren:
lic. F. Beersmans
dr. Th. M. J. van Megen
dr. D. Otten

Grammaticaal compendium:
dr. Th. M. J. van Megen

Inhoud

Woord vooraf

De eerste druk van dit woordenboek was ontleend aan het *Groot Woordenboek Duits-Nederlands*. Na het verschijnen van de tweede druk van het Groot Woordenboek verscheen een daarop gebaseerde, herziene druk van dit Handwoordenboek. Terwijl de derde druk van het Groot Woordenboek nog niet is verschenen, is er nu toch een derde druk van dit Handwoordenboek. Deze derde druk is dan ook op hoofdpunten identiek aan de tweede druk. Er zijn vier belangrijke verschillen:

- De spelling van het Nederlands is aangepast aan de nieuwe regels die in 1996 van kracht zijn geworden. De regels zijn toegepast volgens de interpretatie van de Van Dale redactieraad Spelling.
- Ongeveer vijfhonderd trefwoorden zijn toegevoegd. In de meeste gevallen betreft het nieuwe termen voor nieuwe verschijnselen, waaronder **anklicken**, **Datenautobahn**, **Geldwäsche**, **Solidaritätsbeitrag**.
  Soms ook is een woord toegevoegd dat in de vorige druk eigenlijk niet had mogen ontbreken, zoals **Einkaufszettel**.
  Er is in deze druk, op een enkele uitzondering na, niet geschrapt ten opzichte van de vorige. Het woordenboek is daardoor iets dikker geworden.
- Correcties zijn aangebracht, vaak als reactie op opmerkingen van gebruikers van het woordenboek die de moeite namen ons hun kritiek toe te sturen. We willen u graag uitnodigen om opmerkingen te maken. U kunt daarbij gebruik maken van ons antwoordnummer 4013, 3500 VB Utrecht. Vanuit Nederland is dat gratis.
- Per 1 augustus 1998 gelden nieuwe regels voor de Duitse spelling. In een aanhangsel achter in dit boek worden deze opgesomd en toegelicht. Daarna volgt een alfabetische lijst met de meest frequente woorden en uitdrukkingen, waarvan de spelling gaat veranderen. In het woordenboekgedeelte zelf staan verder nog enkele tientallen woorden die door de gewijzigde spelling mogelijk niet meer herkend worden. De nieuwe vormen, herkenbaar aan het label ⟨nw. spel.⟩, verwijzen naar de trefwoorden in de vertrouwde spelling. Voor de invoering van de nieuwe Duitse spelling geldt een overgangsfase van zeven jaar.

De Handwoordenboeken van Van Dale zijn bedoeld en gemaakt voor Nederlandstalige gebruikers. Geregeld bereiken ons verzoeken van niet-Nederlandstaligen om aanpassingen die meer tegemoet komen aan hun informatiebehoefte, zoals het aanduiden van het lidwoord bij de vertalingen in het deel Duits-Nederlands en uitspraakweergave bij de trefwoorden in het deel Nederlands-Duits. Het ligt in de bedoeling om in de toekomst handreikingen te doen aan gebruikers met het Duits als moedertaal, maar in deze beperkt herziene druk lijkt het boek in dit opzicht nog sterk op de vorige druk.

De uitgever

Inleiding en gebruiksaanwijzing

Wat staat er in dit woordenboek?

Dit handwoordenboek is tot stand gekomen op basis van het *Van Dale Groot Woordenboek Duits-Nederlands.* Het bevat 59.611 ingangen, zodanig geselecteerd dat in principe alle woorden en woordbetekenissen die in de Duitse standaardtaal en gewone omgangstaal voorkomen, vermeld zijn. Dit houdt in dat sterk regionaal getinte woorden niet zijn opgenomen, daarentegen wél woorden die in heel Noord- of Zuid-Duitsland, in Oostenrijk en Zwitserland enigszins frequent zijn. Allerlei specialistische, technische, zeldzame of verouderde termen en betekenissen zal men in dit woordenboek tevergeefs zoeken; daarvoor zij verwezen naar het *Groot Woordenboek.* Daarentegen zal de gebruiker vrijwel alles wat zonder nadere uitleg voorkomt in de media, in vrijetijdslectuur of in studieboeken wél hier aantreffen.

Wat is het doel van dit woordenboek?

Dit woordenboek wil meer een begrijp- dan een vertaalwoordenboek zijn. Dit houdt in dat de gegeven vertalingen niet uitputtend zijn: vaak zijn nog andere vertalingen mogelijk. De auteurs hebben ernaar gestreefd steeds zoveel informatie te geven dat een goed begrip van het opgezochte woord gewaarborgd is. Waar slechts één vertaling gegeven wordt, mag de gebruiker ervan uitgaan dat die de gangbare betekenis(sen) dekt. Daarnaast worden bij de voorbeelden meestal nog extra vertalingen gegeven. Veel aandacht is besteed aan vaste uitdrukkingen en hun betekenis, en aan vaste voorzetsels bij werkwoorden.

Volgorde van de ingangen

De ingangen zijn strikt alfabetisch geordend. Dat geldt ook voor letterwoorden als **BAB**, **UB**, verkortingen als **Kripo** en afkortingen als **d.h.** Deze staan steeds op de plaats die door het alfabetisch principe bepaald wordt.
In bepaalde gevallen worden woorden die dezelfde vorm hebben als afzonderlijke ingangen behandeld en van bovengeschreven volgnummers voorzien:

Verschillende woordsoorten, bv. **denn** is bijwoord of voegwoord:
denn[1] ⟨bw.⟩ …
denn[2] ⟨vw.⟩ …

Subcategorieën binnen één woordsoort, bv. **mein** is bezittelijk of persoonlijk voornaamwoord:
mein[1] ⟨bez. vnw.⟩ …
mein[2] ⟨pers. vnw.⟩ …

Verschillen in woordgeslacht bij zelfstandige naamwoorden:
Band[1] ⟨m.; ~(e)s, ⍨e⟩ …
Band[2] ⟨v.; ~, ~s⟩ …
Band[3] ⟨o.; ~(e)s, ⍨er⟩ …

Verschillend meervoud bij zelfstandige naamwoorden:
Bank[1] ⟨v.; ~, ⍨e⟩ …
Bank[2] ⟨v.; ~, ~en⟩ …

Opbouw van de artikelen

In alle trefwoorden met meer dan één lettergreep is de klemtoon aangeduid door onderstreping van de klinker(s) in de beklemtoonde lettergreep. Daarna volgen eventuele vormvarianten, grammaticale informatie en eventueel lexicografisch commentaar. Aansluitend volgt een overzicht van de betekenissen (**0.1** … **0.2** … enz.). Na het 'dropje' (◆) staan de voorbeelden.

Grammatica

Grammaticale informatie wordt bij de verschillende woordsoorten tussen punthaken als volgt gegeven:

Bij *zelfstandige naamwoorden* wordt het geslacht vermeld, daarnaast de 2e naamval enkelvoud en de 1e naamval meervoud (voorzover het woord een meervoudsvorm heeft), bv.
Küche ⟨v.; ~, ~n⟩ betekent ***die* Küche**, geen uitgang in de 2e naamval, 1e naamval meervoud is **Küche*n***.
Bij samengestelde zelfstandige naamwoorden wordt alleen het geslacht gegeven. Als voor de Nederlandse gebruiker de meervoudsvorming moeilijkheden oplevert, dan wordt deze er wel bij vermeld, bv. **Spiel*banken***, **Sand*bänke***.

Bij *bijvoeglijke naamwoorden* zijn de trappen van vergelijking alleen opgenomen wanneer deze onregelmatig zijn, bv.
gut ⟨besser, (am) best(en)⟩.
Voor de regelmatige vormen wordt verwezen naar het grammaticaal compendium (p. 813).

Bij *werkwoorden* die tot verschillende grammaticale subcategorieën behoren, is een onderverdeling aangebracht die wordt aangegeven met Romeinse cijfers, bv.
setzen I ⟨onov. ww.⟩ …
  II ⟨ov. ww.⟩ …
  III sich ~ ⟨wk. ww.⟩ …

De opbouw in elk van de onderverdelingen is gelijk aan die van enkelvoudige artikelen.

Bij sterke en onregelmatige werkwoorden wordt steeds naar de betreffende tabel van het grammaticaal compendium achter in dit boek (p. 813) verwezen, en wel met een *t* gevolgd door een nummer, bv. **binden** ⟨→t11⟩.

Bij *voorzetsels* wordt aangegeven met welke naamval zij verbonden worden, bv.
vor ⟨vz. + 3, 4⟩ betekent dat **vor** met de derde of vierde naamval kan voorkomen.

De opzoekcode

De voorbeelden na het 'dropje' (◆) worden voorafgegaan door een opzoekcode die het de gebruiker gemakkelijker maakt de gezochte uitdrukking te vinden. De opzoekcode bestaat steeds uit een cijfer, een punt en een cijfer, bv. **3.2**. Het *eerste cijfer* heeft betrekking op de *woordsoort* van het woord waarmee het opgezochte woord gecombineerd wordt. Hierbij hebben de cijfers de volgende betekenis:
1. zelfstandig naamwoord
2. bijvoeglijk naamwoord
3. werkwoord
4. voornaamwoord
5. bijwoord
6. voorzetsel
7. lidwoord
8. voegwoord
9. tussenwerpsel.
Het *tweede cijfer* van de opzoekcode correspondeert met het *betekenisnummer* van het opgezochte woord. Zo staat bij **Frage** onder **3.2** eine ~ klären; dat wil zeggen dat betekenisnummer **0.2** van **Frage** (vraagstuk, kwestie, probleem) hier gecombineerd is met een werkwoord (klä-

ren = woordsoort **3**). De opzoekcode maakt het mogelijk zeer snel na te gaan of bepaalde combinaties voorkomen. Alle gevallen waarin het ingangswoord voorkomt met een bijvoeglijk naamwoord staan zo achter een **2.**- en combinaties met een voorzetsel zijn steeds achter een **6.**- te vinden.

Enkele voorbeelden kunnen het systeem nog verder verduidelijken:

häßlich ... **0.2** ***akelig, naar*** ... ◆ ... **1.2** eine ~e Geschichte *een vervelende geschiedenis*
(betekenisnr. **2** gecombineerd met een zelfstandig naamwoord: woordsoort **1**)

Aal ... **0.1** ***aal, paling*** ... ◆ ... **2.1** ~ blau *gekookte paling*
(betekenisnr. **1** gecombineerd met een bijvoeglijk naamwoord: woordsoort **2**)

Dach ... **0.3** ⟨inf.⟩ ***kop, hersenpan*** ... ◆ ... **6.3** eins, etwas **aufs** ~ bekommen (a) *een klap op zijn hersens krijgen* (b) ⟨fig.⟩ *op zijn kop, een standje krijgen*
(betekenisnr. **3** gecombineerd met een voorzetsel: woordsoort **6**).

Als de betekenis van een uitdrukking niet terug te voeren is op één van de onderscheidingen in het overzicht van betekenissen, dan wordt er na de punt in de opzoekcode een 'vlag' (**¶**) gezet. Omdat geen van de gewone betekenissen van **Leine** terug te vinden is in de uitdrukking 'Leine ziehen' *ervandoor gaan, ophoepelen* staat deze achter **3.¶**.

Ook kan het voorkomen dat het onmogelijk is slechts één combinatiewoord aan te geven. En soms is er helemaal geen combinatiewoord. In die gevallen wordt het eerste cijfer vervangen door een 'vlag':

wegtreten ... **0.2** ⟨mil.⟩ ***inrukken*** ... ◆ **¶.2** weg(ge)treten! *ingerukt, mars!*

Wanneer de beide hier genoemde gevallen zich tegelijk voordoen, dan vindt men **¶.¶**:

Schuster ... ◆ **¶.¶** ⟨scherts.⟩ auf ~s Rappen *met de benenwagen, te voet.*

Uitdrukkingen en gezegden

Voor het opzoeken van uitdrukkingen en vaste woordcombinaties geldt het zgn. **1-2-3**-principe. Dit houdt in dat de bedoelde uitdrukkingen te vinden zijn bij
1. het (eerste) zelfstandig naamwoord (= woordsoort **1**) of, als dat er niet is,
2. het (eerste) bijvoeglijk naamwoord (= woordsoort **2**) of, als dat er niet is,
3. het (eerste) werkwoord (= woordsoort **3**).

Zo staat 'außer Rand und Band sein' onder de ingang **Rand** (eerste zelfstandig naamwoord).

Spreekwoorden

Spreekwoorden zijn ook volgens dit **1-2-3**-principe onder één trefwoord met de vertaling opgenomen. Ze zijn te herkennen aan de afkorting ⟨sprw.⟩ vóór het spreekwoord.

Zo nodig wordt er vanuit andere trefwoorden met een pijltje verwezen naar het trefwoord waar het spreekwoord behandeld wordt.

Zo staat bv. 'neue Besen kehren gut' bij de ingang **Besen** (het eerste zelfstandig naamwoord), met de vertaling *nieuwe bezems vegen schoon*. Bij **kehren** (het eerste werkwoord) staat aan het einde van het artikel de verwijzing →**Besen**.

Symbolen

(…) ronde haken geven een element aan dat ook weggelaten kan worden

⟨…⟩ commentaar en afkortingen staan tussen punthaken

⇒ dubbelschachtige pijl: scheidt een hoofdvertaling van de bijbehorende varianten

→ enkelschachtige pijl: verwijst naar een andere ingang van het woordenboek of naar een vervoegingstabel

◆ 'dropje': staat tussen het overzicht van vertaalmogelijkheden en de voorbeelden

~ tilde: vervangt het trefwoord

~̈ tilde met twee puntjes erboven: het trefwoord krijgt een umlaut, bv. **Hand** ⟨…, ~̈e⟩ betekent meervoud **Hände**

¶ 'vlag': wordt gebruikt om aan te geven (a) dat de betekenis van een uitdrukking niet uit die van de samenstellende delen is af te leiden of (b) dat het meest kenmerkende woord uit de context van een trefwoord niet kon worden bepaald. In geval (a) vervangt de vlag het tweede cijfer van de opzoekcode, in geval (b) vervangt hij het eerste cijfer

/ schuine streep: de elementen voor en na de streep kunnen beide gebruikt worden

| verticale streep in trefwoord: het woorddeel vóór de streep wordt een liggend streepje in de volgende variant

± geeft aan dat de overeenkomst tussen het Duits en het Nederlands niet volledig is

® 'registered trademark' wil zeggen dat het woord in de geredigeerde betekenis is gedeponeerd als handelsmerk

a zoals in Klassiker: het streepje onder de klinker betekent dat de klemtoon op deze lettergreep valt

Afkortingen

aanw.	aanwijzend
aardr.	aardrijkskunde
acc. wiss.	accent wisselt
adm.	administratie
afk.	afkorting
alg.	algemeen
amb.	ambacht(elijk)
antr.	antropologie
astrol.	astrologie
AZN	Algemeen Zuid-Nederlands
bel.	beledigend
Belg.	België
bep.	bepaald
betr.	betrekkelijk
bez.	bezittelijk
bijz.	bijzonder
biol.	biologie
bk.	beeldende kunst
bn.	bijvoeglijk naamwoord
bn. als zn.	bijvoeglijk naamwoord als zelfstandig naamwoord gebruikt
boek.	boekwezen
bouwk.	bouwkunst
BRD	Bondsrepubliek Duitsland
bv.	bijvoorbeeld
bw.	bijwoord
com.	communicatie(media)
comp.	computer
conf.	confectie
cul.	culinaria
dansk.	danskunst
DDR	Duitse Democratische Republiek
deelw.	deelwoord
dipl.	diplomatie
dmv.	door middel van
dram.	dramaturgie
ec.	economie
e.d.	en dergelijke
elk.	elkaar
enk.	enkelvoud
enz.	enzovoort
euf.	eufemistisch, verbloemend
far.	farmacie, mbt. geneesmiddelen
fig.	figuurlijk
fil.	filosofie
film.	film(kunde)
folk.	folklore
foto.	fotografie
geneal.	genealogie
geol.	geologie
gesch.	geschiedenis
g. mv.	geen meervoud
graf.	grafische kunst
h.	*haben*
h/s.	*haben* en *sein*
hww.	hulpwerkwoord
id.	idem
iem.	iemand
ind.	industrie
inf.	informeel
ipv.	in plaats van
iron.	ironisch
jmd.	*jemand*
jmdm.	*jemandem*
jmdn.	*jemanden*
jmds.	*jemandes*
jur.	juridisch, recht
kind.	kinderen
kww.	koppelwerkwoord
landb.	landbouw
lett.	letterlijk
lidw.	lidwoord
lit.	literatuur
luchtv.	luchtvaart

m.	mannelijk zelfstandig naamwoord
mbt.	met betrekking tot
med.	medicijnen, geneeskunde
meteo.	meteorologie, mbt. het weer
mijnw.	mijnwezen
mil.	leger, mbt. militaire zaken
muz.	muziek
mv.	meervoud
nat.	natuurkunde
nazi	nationaal-socialistisch woordgebruik
Ndd.	Noord-Duits
nv.	naamval
nw.	naamwoord
nw.spel.	nieuwe spelling
o.	onzijdig zelfstandig naamwoord
o.a.	onder andere
onb.	onbepaald
ong.	ongeveer
onov.	onovergankelijk
onpers.	onpersoonlijk
onvolt.	onvoltooid
Oostr.	Oostenrijk
ov.	overgankelijk
overtr.	overtreffend(e)
pej.	pejoratief, beledigend, in ongunstige zin
pers.	persoonlijk
plantk.	plantkunde
pol.	politiek
psych.	psychologie
reg.	regionaal
rel.	religie, mbt. godsdienst, kerk
resp.	respectievelijk
r.-k.	rooms-katholiek
ruim.	ruimtevaart
s.	*sein*
scheep.	scheepvaart, scheepsbouw
schei.	scheikunde
scherts.	schertsend
school.	schoolwezen, onderwijs
schr.	schrijftalig, formeel
soc.	sociologie
sold.	soldaten(taal)
sp.	sport en/of spel
sprw.	spreekwoord
ster.	sterrenkunde
stud.	studenten(taal)
t	tabel
taal.	taalkunde
tech.	techniek, technologie
ted.	teder
telw.	telwoord
tw.	tussenwerpsel
uitbr.	uitbreiding
v.	vrouwelijk zelfstandig naamwoord
v.d.	van de
v.e.	van een
vergr.	vergrotend
verk.	verkeer
vero.	verouderend, verouderd
vgl.	vergelijk
v.h.	van het
vis.	visserij
vnw.	voornaamwoord
volt.	voltooid
vulg.	vulgair
vw.	voegwoord
vz.	voor- of achterzetsel
vz. +2	met 2e naamval
vz. +3	met 3e naamval
vz. +4	met 4e naamval
vz. +2, 3	met 2e of 3e naamval
vz. +3, 4	met 3e of 4e naamval
vz. +2, 3, 4	met 2e, 3e of 4e naamval

w.	wijs
wisk.	wiskunde
wk.	wederkerend
ww.	werkwoord
wwb.	weg- en waterbouw
Zdd.	Zuid-Duits
zn.	zelfstandig naamwoord
Zwi.	Zwitserland

a

a, A ⟨o.; ~, ~⟩ **0.1** ***a, A*** ⇒*klank a, letter a, A* ◆ **1.1** das A und (das) O *de kern van de zaak* **6.1 von** A bis Z *van a tot z, volledig* **¶.1** ⟨sprw.⟩ wer A sagt, muß auch B sagen *wie a zegt, moet ook b zeggen.*

à ⟨vz.⟩ **0.1** ***à, voor ... (elk).***

AA ⟨o.; ~⟩⟨afk.; Auswärtiges Amt⟩ **0.1** ***ministerie van Buitenlandse Zaken.***

Aachen ⟨o.; ~s⟩ **0.1** ***Aken.***

Aal ⟨m.; ~(e)s, ~e⟩ **0.1** ***aal, paling*** ◆ **2.1** ~ blau *gekookte paling* **8.1** ⟨fig.⟩ sich winden wie ein ~ *zich in allerlei bochten wringen.*

aalen, sich ⟨inf.⟩ **0.1** ***lekker languit liggen.***

aalglatt **0.1** ***aalglad.***

a.a.O. ⟨afk.; am angeführten Ort(e)⟩ **0.1** ***ter aangehaalder plaatse.***

Aar ⟨m.; ~(e)s, ~e⟩⟨schr.⟩ **0.1** ***adelaar, arend.***

Aas[1] ⟨o.; ~es, ~e⟩ **0.1** ***aas*** ⇒*kreng, kadaver* ◆ **¶.1** ⟨sprw.⟩ wo ~ ist, sammeln sich die Geier *waar aas ligt, verzamelen zich de gieren.*

Aas[2] ⟨o.; ~es, Äser⟩⟨inf.⟩ **0.1** ***kreng*** ⇒*loeder* **0.2** ***gewiekste kerel*** ◆ **2.1** armes ~! *arme drommel!* **4.1** kein ~ *geen hond.*

Aasgeier ⟨m.⟩ **0.1** ***aasgier, uitbuiter, uitzuiger.***

Aaskäfer ⟨m.⟩ **0.1** ***aaskever.***

ab[1] ⟨bw.⟩ **0.1** ***weg*** ⇒*af* **0.2** ***af*** ⇒*naar beneden* **0.3** ***af, eraf*** ◆ **1.1** ⟨inf.⟩ ~ die Post! *wegwezen!;* Bonn ~ 10 Uhr *Bonn vertrek 10 uur* **1.2** Gewehr ~! *zet af 't geweer!* **3.3** ⟨inf.⟩ ~ sein *doodop zijn* **5.¶** ~ und an *af en toe;* ~ und zu *af en toe* **6.1** ⟨inf.⟩ ~ **durch** die Mitte *wegwezen!;* ⟨inf.⟩ ~ **nach** Kassel! *wegwezen!* **¶.1** ⟨dram.⟩ ~ *af.*

ab[2] ⟨vz. + 3, zelden vz. + 4⟩ **0.1** ***vanaf*** ⇒*vanuit, van ... weg* ◆ **1.1** ~ nächstem, nächsten Montag *vanaf volgende maandag;* ~ Bonn *vanuit Bonn;* ~ Fabrik, ~ unserem Werk *af fabriek* **5.1** ~ sofort *onmiddellijk, met onmiddellijke ingang.*

Abakus ⟨m.; ~, ~⟩ **0.1** ***abacus.***

abändern I ⟨onov.ww.; h.⟩⟨biol.⟩ **0.1** ***veranderen*** ⇒*zich wijzigen;*

II ⟨ov.ww.⟩ **0.1** ***veranderen, wijzigen*** ⇒*amenderen.*

Abänderung ⟨v.⟩ **0.1** ***verandering, wijziging.***

Abänderungsantrag ⟨m.⟩⟨pol.⟩ **0.1** ***amendement, wijzigingsvoorstel.***

abarbeiten I ⟨ov.ww.⟩ **0.1** ***afwerken*** ⇒*afmaken* **0.2** ***kapotwerken*** **0.3** ***wegwerken*** ⇒*verwijderen;*

II sich ~ ⟨wk.ww.⟩ **0.1** ***zich doodwerken.***

Abart ⟨v.⟩ **0.1** ***variëteit*** ⇒*afwijkende soort, variant* **0.2** ⟨filatelie⟩ ***foutieve druk.***

abartig **0.1** ***afwijkend*** ⇒*abnormaal, pervers.*

Abb. ⟨afk.⟩ →**Abbildung.**

Abbau ⟨m.; mv. ~e⟩ **0.1** ***demontage, afbraak*** ⟨ook biol., schei.⟩ **0.2** ***vermindering*** ⇒*beperking, verlaging* **0.3** ***verzwakking*** **0.4** ***inkrimping*** ⇒*geleidelijke opheffing* **0.5** ***afvloeiing*** ⟨van personeel⟩ **0.6** ⟨mijnw.⟩ ***ontginning, exploitatie.***

abbaubar **0.1** ***afbreekbaar*** ◆ **2.1** biologisch ~ *biologisch afbreekbaar.*

abbauen I ⟨onov.ww.; h.⟩ **0.1** ***verzwakken*** ⇒*achteruitgaan, (in kwaliteit) verminderen;*

II ⟨ov.ww.⟩ **0.1** ***demonteren*** ⇒*afbreken* ⟨ook biol., schei.⟩ **0.2** ***verminderen*** ⇒*beperken, verlagen* **0.3** ***inkrimpen*** ⇒*geleidelijk opheffen* **0.4** ***doen afvloeien*** **0.5** ⟨mijnw.⟩ ***ontginnen, exploiteren, winnen*** ◆ **1.1** eine Maschine ~ *een machine demonteren* **1.2** Gehälter ~ *salarissen verlagen* **1.3** Steuervergünstigungen ~ *belastingfaciliteiten inkrimpen* **1.4** die Belegschaft ~ *het personeel doen afvloeien;*

III sich ~ ⟨wk.ww.⟩ **0.1** ***verzwakken*** ⇒*achteruitgaan, (in kwaliteit) verminderen.*

abbeißen **0.1** ***afbijten.***

abbeizen **0.1** ***af-, schoonbijten.***

abbekommen **0.1** ***krijgen*** ⇒*ontvangen* **0.2** ***krijgen*** ⇒*gekwetst worden, beschadigd worden* **0.3** ***af krijgen*** ⇒*kunnen verwijderen, uit krijgen* ◆ **1.1** sie hat keinen Mann ~ *ze heeft geen man weten te krijgen.*

abberufen **0.1** ***terugroepen*** ◆ **1.1** ⟨schr.⟩ Gott hat ihn ~ *God heeft hem tot zich geroepen.*

abbestellen **0.1** ***afbestellen*** ⇒*afzeggen.*

abbezahlen **0.1** ***afbetalen*** ⇒*in termijnen betalen.*

abbiegen I ⟨onov.ww.⟩ **0.1** ***afslaan*** ⇒*inslaan* **0.2** ***afwijken*** ⇒*van loop, van richting veranderen* ◆ **6.1 in** eine Straße ~ *een straat inslaan* **6.2 vom** Kurs ~ *van de koers afwijken;*

II ⟨ov.ww.⟩ **0.1** ***buigen, krommen*** **0.2** ***een andere wending geven*** ⟨gesprek⟩ **0.3** ***verhinderen*** ⇒*verijdelen* ◆ **1.3** eine Gefahr ~ *een gevaar afweren.*

Abbieger ⟨m.; ~s, ~⟩⟨verk.⟩ **0.1** ***afslaand voertuig*** ⇒*afslaand verkeer.*

Abbiegespur ⟨v.⟩⟨verk.⟩ **0.1** ***rijbaan/voorsorteerstrook voor afslaand verkeer.***

Abbild ⟨o.⟩ **0.1** ***evenbeeld, spiegelbeeld*** ⇒*kopie* **0.2** ⟨fig.⟩ ***spiegelbeeld*** ⇒*weerspiegeling.*

abbilden **0.1** ***afbeelden*** ⇒*voorstellen, weergeven.*

Abbildung ⟨v.⟩ **0.1** ***afbeelding, illustratie.***

abbinden **0.1** ***losmaken, losbinden*** **0.2** ***afbinden*** ⇒*afsnoeren* **0.3** ***samenbinden*** **0.4** ⟨cul.⟩ ***binden.***

Abbitte ⟨v.⟩⟨schr.⟩ **0.1** ***vergiffenis*** ⇒*excuus, verontschuldiging* ◆ **3.1** jmdm. ~ leisten, tun *iem. om vergiffenis vragen.*

abblasen **0.1** ***wegblazen*** **0.2** ***afblazen*** **0.3** ⟨inf.⟩ ***afgelasten*** **0.4** ⟨tech.⟩ ***stilleggen*** ◆ **1.3** einen Streik ~ *een staking afgelasten.*

abblättern **0.1** ***zijn bladeren verliezen*** **0.2** ***afbla(d)deren*** ⇒*afschilferen.*

abblenden **0.1** ***afdekken*** ⇒*verduisteren* **0.2** ***dimmen*** **0.3** ⟨foto.⟩ ***het diafragma kleiner maken*** **0.4** ⟨film.⟩ ***een opname beëindigen*** **0.5** ⟨onov.ww.; h.⟩ ***uitgaan*** ◆ **1.1** das Licht ~ *het licht temperen* **1.5** das Licht blendet ab *het licht gaat uit.*

Abblendlicht ⟨o.⟩ **0.1** ***dimlicht.***

abblitzen ⟨inf.⟩ **0.1** ***geen succes hebben*** ⇒*een blauwtje lopen.*

Abböschung ⟨v.⟩ **0.1** ***helling, glooiing, talud.***

Abbrand ⟨m.⟩ **0.1** ***verbranding*** **0.2** ⟨tech.⟩ ***afbrand*** ⇒*(gewichts)verlies, hamerslag* **0.3** ⟨tech.⟩ ***residu.***

abbrauchen **0.1** ***opgebruiken*** ⇒*verslijten.*

abbrausen I ⟨onov.ww.⟩⟨inf.⟩ **0.1** ***wegstuiven*** ⇒*wegschieten, zich uit de voeten maken;*

II ⟨ov.ww.⟩ **0.1** ***afsproeien*** ⇒*afspoelen* ◆ **4.1** ich habe mich abgebraust *ik heb gedoucht.*

abbrechen I ⟨onov.ww.⟩ **0.1** ***(af)breken*** ⇒*stukbreken* **0.2** ***afbreken*** ⇒*verbroken worden* **0.3** ***naar beneden gaan*** ⇒*in de diepte gaan* **0.4** ⟨h.⟩ ***beknibbelen (op)*** ⇒*afdingen op, tornen aan;*

II ⟨ov.ww.⟩ **0.1** ***afbreken*** ◆ **1.1** die Beziehungen ~ *de betrekkingen verbreken* **1.¶** ⟨inf.⟩ brich dir keinen ab! *stel je niet zo aan!*

abbremsen **0.1** ***(af)remmen.***

abbrennen I ⟨onov.ww.⟩ **0.1** ***afbranden*** ⇒*(helemaal) opbranden* ◆ **3.¶** abgebrannt sein *blut zijn;*
II ⟨ov.ww.⟩ **0.1** ***afbranden*** ⇒*platbranden* **0.2** ***af-, schoonbranden*** **0.3** ***afsteken*** ⇒*afschieten* **0.4** ⟨tech.⟩ ***harden, temperen*** **0.5** ⟨tech.⟩ ***bruineren*** ◆ **1.3** ein Freudenfeuer ~ *een vreugdevuur ontsteken.*

abbringen 0.1 ***afbrengen*** ⇒*uit het hoofd praten* **0.2** ⟨scheep.⟩ ***vlot maken*** ◆ **6.1** jmdn. **von** seinem Plan ~ *iem. van zijn plan afbrengen.*

abbröckeln 0.1 ***afbrokkelen*** ⇒*afschilferen* **0.2** ⟨ec.⟩ ***afbrokkelen*** ⇒*dalen.*

Abbruch ⟨m.⟩ **0.1** ***afbraak, het afbreken*** ⇒*sloop* **0.2** ***stopzetting*** ⇒*verbreking* **0.3** ***afbreuk*** ⇒*schade, nadeel* **0.4** ***het afbreken, het loskomen*** ⇒*het wegspoelen* ◆ **1.2** der ~ der diplomatischen Beziehungen *de verbreking van de diplomatieke betrekkingen* **3.3** ⟨schr.⟩ ~ erfahren, erleiden *nadeel ondervinden;* ⟨inf.; scherts.⟩ das tut der Liebe keinen ~ *dat schaadt niet* **6.1** ein altes Haus **auf** ~ verkaufen *een oud huis voor afbraak verkopen.*

abbruchreif 0.1 ***rijp voor de sloop.***

abbrühen 0.1 ***broeien*** ⇒*blancheren.*

abbrummen ⟨inf.⟩ **I** ⟨onov.ww.⟩ **0.1** ***wegbrommen;***
II ⟨ov.ww.⟩ **0.1** ***uitzitten*** ⟨straf⟩.

abbuchen ⟨ec.⟩ **0.1** ***afschrijven.***

abbürsten 0.1 ***afborstelen.***

abbüßen 0.1 ***boeten (voor)*** ⇒*betalen voor* **0.2** ***uitzitten*** ⟨straf⟩.

Abc ⟨o.; ~, ~⟩ **0.1** ***abc*** ⇒*alfabet* **0.2** ***abc*** ⇒*beginselen, grondslagen.*

Abc-Schütze ⟨m.⟩ **0.1** ***eersteklassertje*** ⇒*beginneling.*

ABC-Waffen ⟨alleen mv.⟩ **0.1** ***ABC-wapens.***

Abdampf ⟨m.⟩ **0.1** ***afgewerkte stoom.***

abdampfen I ⟨onov.ww.⟩ **0.1** ⟨inf.⟩ ***afstomen*** ⇒*vertrekken* **0.2** ***ver-, uitdampen;***
II ⟨ov.ww.⟩ **0.1** ***laten ver-, uitdampen.***

abdanken ⟨h.⟩ **0.1** ***aftreden*** ⇒*ontslag nemen.*

abdarben, sich ⟨schr.⟩ **0.1** ***uitsparen*** ⇒*sparen* ◆ **6.1** ich habe mir etwas **am, vom** Munde abgedarbt *ik heb iets uit mijn mond gespaard.*

abdecken 0.1 ***wegnemen*** ⇒*weghalen, eraf halen* **0.2** ***afdekken*** ⇒*afhalen* **0.3** ***afdekken*** ⇒*bedekken* **0.4** ***dekken*** ⇒*bevredigen* **0.5** ⟨sp.⟩ ***dekken*** **0.6** ⟨ec.⟩ ***voldoen*** ⇒*aflossen* ◆ **1.1** der Sturm hat das Dach abgedeckt *de storm heeft de pannen van het dak gerukt;* ein Rind ~ *een rund villen;* die Tischdecke ~ *het tafelkleed wegnemen* **1.2** den Tisch ~ *de tafel afruimen* **1.4** die Bedürfnisse ~ *de behoeften bevredigen;* ein Risiko ~ *een risico dekken.*

abdichten 0.1 ***(af)dichten*** ⇒*afsluiten, isoleren.*

Abdichtung ⟨v.⟩ **0.1** ***(af)dichting*** ⇒*pakking.*

abdingbar 0.1 ***door onderhandeling voor wijziging vatbaar.***

abdrängen 0.1 ***ver-, wegdringen.***

abdrehen I ⟨onov.ww.⟩ **0.1** ⟨h/s.⟩ ***afdraaien*** ⇒*afslaan, een andere richting (koers) inslaan* **0.2** ⟨h.⟩ ***zich afwenden;***
II ⟨ov.ww.⟩ **0.1** ***uitdraaien*** ⇒*afzetten, dichtdraaien* **0.2** ***afdraaien*** ⇒*eraf draaien* **0.3** ***afwenden*** ⇒*afkeren* **0.4** ⟨amb.⟩ ***draaien*** ⟨op draaibank⟩, ***vormen*** ⟨op een draaischijf⟩ **0.5** ⟨film.⟩ ***draaien*** ⇒*vertonen.*

abdriften 0.1 ***afdrijven*** **0.2** ⟨fig.⟩ ***terechtkomen in.***

abdrosseln 0.1 ***afsluiten*** ⇒*uitschakelen, dichtdraaien* **0.2** ***verminderen*** ⇒*beperken, besnoeien* ◆ **1.2** den Motor ~ *gas minderen.*

Abdruck[1] ⟨m.; mv. ~e⟩ ⟨boek., foto.⟩ **0.1** ***afdruk*** ⇒*het afdrukken* **0.2** ***afdruk*** ⇒*druk, editie.*

Abdruck[2] ⟨m.; mv. ⸚e⟩ **0.1** ***afdruk*** ⇒*het afdrukken* **0.2** ***afdruk*** ⇒*spoor.*

abdrucken 0.1 ***afdrukken*** ⇒*laten verschijnen.*

abdrücken I ⟨ov.ww.⟩ **0.1** ***afdrukken*** ⇒*een afdruk maken* **0.2** ***afdrukken*** ⇒*(af)vuren, (af)schieten* **0.3** ***afduwen*** ⇒*wegduwen, afstoten* **0.4** ***afklemmen*** ⇒*afknijpen, toedrukken* ◆ **1.4** ⟨fig.⟩ jmdm. das Herz ~ *iemands hart beklemmen;* jmdm. die Luft ~ *iem. de keel toeknijpen* **6.2** **auf** jmdn. ~ *op iem. vuren;*
II sich ~ ⟨wk.ww.⟩ **0.1** ***zich afdrukken*** ⇒*zich aftekenen.*

abdunkeln 0.1 ***verduisteren*** ⇒*donker(der) maken, opdonkeren.*

abebben 0.1 ***afebben*** ⇒*afnemen, luwen.*

abend 0.1 ***avond*** ◆ **5.1** heute ~ *vanavond.*

Abend ⟨m.; ~s, ~e⟩ **0.1** ***avond*** ◆ **1.1** der ~ des Lebens *de levensavond;* am ~ des 17. Jahrhunderts *aan het einde van de 17e eeuw* **2.1** Heiliger ~ *kerstavond* **4.1** am ~ *'s avonds;* diesen ~ *vanavond;* ~ für ~ *avond na avond;* gegen ~ *tegen de avond;* den ~ über *de hele avond* **6.1** der Wind kommt **von** ~ her *de wind komt uit het westen;* **zu** ~ essen *de avondmaaltijd gebruiken* **7.1** eines ~s *op zekere avond* **¶.1** ⟨sprw.⟩ es ist noch nicht aller Tage ~ *wat niet is, kan nog komen.* →**Spinne, Tag.**

Abendandacht ⟨v.⟩ **0.1** ***avondgebed*** ⇒*avonddienst.*

Abendbrot ⟨o.⟩ **0.1** ***avondbrood.***

abendelang 0.1 ***avonden lang.***

Abendessen ⟨o.⟩ **0.1** ***avondeten.***

Abendkasse ⟨v.⟩ **0.1** ***kassa die 's avonds geopend is.***

Abendkleid ⟨o.⟩ **0.1** ***avondjapon, avondjurk.***

Abendkurs(us) ⟨m.⟩ **0.1** ***avondcursus, avondleergang*** ⇒*avondschool.*

Abendland ⟨o.⟩ **0.1** ***avondland*** ⇒*Europa.*

abendländisch 0.1 ***tot het avondland behorend*** ⇒*westers.*

Abendläuten ⟨o.⟩ **0.1** ***avondklok.***

abendlich 0.1 ***avondlijk, avond-.***

Abendmahl ⟨o.; mv. ~e⟩ ⟨rel.⟩ **0.1** ***het Laatste Avondmaal*** **0.2** ***Avondmaal*** ⇒*eucharistie, communie* ◆ **6.2** **zum** ~ gehen *ten Avondmaal, te(r) communie gaan.*

abends 0.1 ***'s avonds*** ◆ **1.1** Montag ~ *op maandagavond* **5.1** spät ~, ~ spät *'s avonds laat.*

Abendvorstellung ⟨v.⟩ **0.1** ***avondvoorstelling.***

Abenteuer ⟨o.; ~s, ~⟩ **0.1** ***avontuur(tje).***

Abenteuerin ⟨v.; ~, ~nen⟩ **0.1** ***avonturierster.***

abenteuerlich 0.1 ***avontuurlijk*** **0.2** ***vreemd, zonderling, bizar.***

Abenteuerlichkeit ⟨v.; ~, ~en⟩ **0.1** ***avontuurlijkheid*** ⇒*avontuurlijke belevenis, gebeurtenis.*

Abenteuerlust ⟨v.⟩ **0.1** ***lust naar avontuur, zin in avontuur.***

abenteuerlustig 0.1 ***belust op avontuur, avontuurlijk.***

Abenteurer ⟨m.; ~s, ~⟩ **0.1** ***avonturier.***

aber[1] ⟨bw.⟩ ⟨schr.⟩ **0.1** ***nog eens, wederom*** ◆ **8.1** ~ und abermals *telkens opnieuw.*

aber[2] ⟨vw.⟩ **0.1** ***maar*** ⇒*echter, daarentegen* **0.2** ⟨als versterking⟩ ◆ **2.2** das ist ~ herrlich! *wat is dat heerlijk!* **5.1** ~ dennoch, ~ doch *ondanks alles, (maar) toch* **5.2** ~ gern! *ja, graag!;* ~ ja! *ja natuurlijk!;* ~ doch! *natuurlijk wel!;* ~ nein! *nee toch!* **8.1** fährt er über Ulm oder ~ über Nürnberg? *rijdt hij via Ulm dan wel, ofwel via Neurenberg?* **¶.1** ~, ~! *foei zeg, nee zeg!*

Aber ⟨o.; ~s, ~(s)⟩ **0.1** ***maar*** ⇒*tegenwerping, bedenking* **0.2** ***moeilijkheid*** ⇒*maar(tje)* ◆ **5.2** es ist ein ~ dabei *er zit een maartje aan* **8.1** er hat immer seine Wenn und ~ *hij komt altijd met maren aan;* Mitbestimmung ohne Wenn und ~ *medezeggenschap zonder beperkingen.*

Aberglaube(n) ⟨m.⟩ **0.1** ***bijgeloof, bijgelovigheid.***

abergläubisch 0.1 ***bijgelovig.***

aberhundert ⟨schr.⟩ **0.1** ***vele honderden.***
aberkennen ⟨jur.⟩ **0.1** ***(bij vonnis) ontzeggen*** ⇒*ontzetten uit, afwijzen* ◆ **1.1** jmdm. die bürgerlichen Ehrenrechte ~ *iem. uit de burgerlijke rechten ontzetten.*
abermalig 0.1 ***herhaald, hernieuwd*** ⇒*tweede.*
abermals 0.1 ***nog eens, opnieuw, weer.***
abertausend ⟨schr.⟩ **0.1** ***vele duizenden.***
abessen ⟨h.⟩ **0.1** ***afeten.***
abfackeln 0.1 ***affakkelen.***
abfahrbereit 0.1 ***klaar om te vertrekken.***
abfahren I ⟨onov.ww.⟩ **0.1** ***vertrekken, wegrijden, wegvaren*** **0.2** ***afdalen*** ⇒*af skiën* **0.3** ⟨inf.⟩ ***een blauwtje lopen*** **0.4** ⟨inf.⟩ ***de les lezen, op zijn nummer zetten*** ◆ **3.3** jmdn. ~ lassen *iem. afschepen, afpoeieren* **6.4 mit** ihm bin ich aber abgefahren *hem heb ik eens flink op zijn nummer gezet* ¶.**1** ⟨inf.⟩ fahr ab! *verdwijn!;*
II ⟨ov.ww.⟩ **0.1** ***wegbrengen*** **0.2** ⟨h/s.⟩ ***afrijden*** ⇒*bekijken, inspecteren* **0.3** ***afrijden*** **0.4** ***af-, verslijten*** **0.5** ⟨inf.⟩ ***verbruiken, opgebruiken*** **0.6** ⟨com.⟩ ***beginnen*** ⇒*starten* ◆ **1.5** eine Zehnerkarte ~ *een tienrittenkaart opgebruiken* **1.6** eine Bildaufzeichnung ~ *een videotape afspoelen, starten;*
III sich ~ ⟨wk.ww.⟩ **0.1** ***ver-, afslijten.***
Abfahrt ⟨v.⟩ **0.1** ***vertrek*** **0.2** ***afvoer, transport*** ⇒*expeditie* **0.3** ***afrit*** **0.4** ⟨skisport⟩ ***afdaling(swedstrijd)*** **0.5** ⟨skisport⟩ ***helling.***
abfahrtbereit → **abfahrbereit.**
Abfahrtslauf ⟨m.⟩⟨skisport⟩ **0.1** ***afdaling(swedstrijd).***
Abfahrtsrennen ⟨o.⟩⟨skisport⟩ **0.1** ***afdalingswedstrijd.***
Abfahrtzeit ⟨v.⟩ **0.1** ***vertrektijd.***
Abfall ⟨m.⟩ **0.1** ***afval*** **0.2** ***afval*** ⇒*afvalligheid* **0.3** ***daling*** ⇒*teruggang, vermindering* **0.4** ***helling*** ⇒*glooiing* ◆ **1.3** ein ~ der Leistung *een prestatievermindering.*
Abfalleimer ⟨m.⟩ **0.1** ***afvalemmer*** ⇒*vuil(nis)emmer.*
abfallen 0.1 ***afvallen*** ◆ **1.1** ein ~des Dach *een afhellend dak;* das Flugzeug fiel ab *het vliegtuig verloor hoogte;* der Läufer fiel ab *de loper verloor het contact (met de kopgroep);* die Leistung der Saugpumpe fällt ab *het vermogen van de zuigpomp neemt af;* ~de Schultern *afhangende schouders* **3.1** jmdn. ~ lassen *iem. laten vallen, afschepen* **6.1 für** dich fällt auch noch etwas ab *jij krijgt ook nog wat;* **gegen** jmdn., **neben** jmdm. ~ *bij iem. ongunstig afsteken;* **von** einer Partei ~ *een partij ontrouw worden;* das Feld fällt sanft **zum** Fluß ab *het veld helt zacht af naar de rivier.*
abfällig 0.1 ***afkeurend, afwijzend*** **0.2** ***ongunstig, negatief*** ◆ **1.1** ein ~es Urteil *een afkeurend oordeel* **1.2** eine ~e Bemerkung *een minachtende opmerking.*
Abfallrohr ⟨o.⟩ **0.1** ***afvoerbuis, -pijp.***
Abfallverbrennungsanlage ⟨v.⟩ **0.1** ***afval-, vuilverbrandingsinstallatie.***
Abfallverwertung ⟨v.⟩ **0.1** ***afvalverwerking.***
abfälschen ⟨sp.⟩ **0.1** ⟨een bal⟩ ***(onopzettelijk) doen afwijken, van richting veranderen.***
abfangen 0.1 ***opvangen*** ⇒*opwachten* **0.2** ***opvangen*** ⇒*afweren* **0.3** ***(weer) onder controle krijgen*** **0.4** ⟨bouwk.⟩ ***ondersteunen, schragen, stutten*** **0.5** ⟨sp.⟩ ***voorbijgaan, passeren*** ◆ **1.1** einen Brief ~ *een brief onderscheppen* **1.3** das Auto gerade noch ~ *de auto nog juist weer onder controle krijgen.*
Abfangjäger ⟨m.⟩ **0.1** ***interceptiejager.***
abfärben 0.1 ***afverven, afgeven*** **0.2** ⟨fig.⟩ ***invloed uitoefenen op, beïnvloeden.***
abfassen 0.1 ***schrijven, opstellen*** **0.2** ⟨inf.⟩ ***betrappen.***
abfedern 0.1 ***(verend) opvangen, de schok breken*** **0.2** ⟨tech.⟩ ***van vering voorzien.***
abfegen 0.1 ***(af)vegen.***
abfeilen 0.1 ***afvijlen.***
abfertigen 0.1 ***verzendklaar maken*** ⇒*expediëren* **0.2** ***bedienen, helpen*** ⇒*controleren* **0.3** ***aannemen, inschrijven*** **0.4** ⟨inf.⟩ ***afschepen*** ⇒*afpoeieren, afzouten* ◆ **1.2** Gepäck an der Grenze ~ *bagage inklaren, uitklaren.*
Abfertigungsschalter ⟨m.⟩ **0.1** ***loket waar men geholpen wordt, te woord wordt gestaan.***
abfeuern 0.1 ***afschieten, afvuren.***
abfinden I ⟨ov.ww.⟩ **0.1** ***(gedeeltelijk) schadeloosstellen, vergoeden*** **0.2** ***tevredenstellen*** ⇒*bevredigen;*
II sich ~ ⟨wk.ww.⟩ **0.1** ***zich schikken*** ⇒*genoegen nemen* **0.2** ***tot een overeenkomst, vergelijk komen*** ⇒*een akkoord sluiten* ◆ **6.1** sich **mit** der politischen Lage ~ *zich schikken in de politieke toestand.*
Abfindung ⟨v.; ~, ~en⟩ **0.1** ***schadeloosstelling, (schade)vergoeding*** **0.2** ***afkoopsom*** **0.3** ***uitkering ineens.***
abflachen I ⟨onov.ww.⟩ **0.1** ***vervlakken*** ⇒*in niveau dalen;*
II ⟨ov.ww.⟩ **0.1** ⟨h.⟩ ***(af)vlakken, vlakmaken;***
III sich ~ ⟨wk.ww.⟩ **0.1** ***vervlakken, vlak worden*** ⇒*verminderen.*
abflauen 0.1 ***afflauwen, gaan liggen*** ⟨v.d. wind⟩ **0.2** ⟨fig.⟩ ***verzwakken, afnemen*** ◆ **1.2** der Laden flaut ab *de winkel verloopt.*
abfliegen I ⟨onov.ww.⟩ **0.1** ***af-, wegvliegen*** ⇒*vertrekken;*
II ⟨ov.ww.⟩ **0.1** ⟨h/s.⟩ ***afvliegen*** ⇒*inspecteren* **0.2** ***evacueren.***
abfließen 0.1 ***weg-, afvloeien*** ⇒*verloren gaan* ◆ **1.1** der Verkehr fließt schlecht ab *het verkeer vloeit slecht af.*
Abflug ⟨m.⟩ **0.1** ***het wegvliegen*** **0.2** ***vertrek, start.***
Abfluß ⟨m.⟩ **0.1** ***het wegvloeien, afvloeiing*** ⇒*waterlozing* **0.2** ***afloop, afvoer*** ⇒*afwatering.*
Abflußhahn ⟨m.⟩ **0.1** ***afvoer-, uitlaatkraan.***
Abflußrinne ⟨v.⟩ **0.1** ***(afvoer)goot.***
Abflußrohr ⟨o.⟩ **0.1** ***afvoerpijp, -buis.***
Abfolge ⟨v.⟩ **0.1** ***volgorde, opeenvolging*** ⇒*aaneenschakeling, reeks.*
abfordern 0.1 ***eisen, verlangen, vergen*** ◆ **4.1** jmdm. eine Erklärung ~ *van iem. een verklaring eisen.*
abfragen 0.1 ***overhoren*** **0.2** ⟨tech.⟩ ***aanvragen*** ⇒*zich laten geven* **0.3** ⟨comp.⟩ ***opvragen*** ◆ **1.2** ein Signal ~ *zich een signaal laten geven.*
abfressen 0.1 ***(af)vreten, (af)grazen.***
abfrieren 0.1 ***af-, bevriezen*** ◆ **1.1** meine Füße sind wie abgefroren *mijn voeten zijn half bevroren.*
abfrottieren 0.1 ***afdrogen, droogwrijven.***
Abfuhr ⟨v.; ~, ~en⟩ **0.1** ***het wegvoeren, afvoer*** **0.2** ***terechtwijzing, vermaning*** **0.3** ⟨stud.; sp.⟩ ***nederlaag*** ◆ **3.2** eine ~ erhalten, erleiden, sich eine ~ holen *op zijn nummer gezet worden.*
abführen I ⟨onov.ww.; h.⟩ **0.1** ***zich (af)splitsen*** ⇒*afbuigen* **0.2** ***purgeren, laxeren;***
II ⟨ov.ww.⟩ **0.1** ***af-, wegvoeren, wegbrengen*** **0.2** ***afdragen*** ⟨geld, bijdrage⟩ ⇒*overmaken* **0.3** ⟨jacht⟩ ***africhten, dresseren*** ◆ **1.1** Wasser ~ *water afleiden, laten afwateren.*
Abführmittel ⟨o.⟩ **0.1** ***purgeer-, laxeermiddel.***
Abführung ⟨v.⟩ **0.1** ***arrestatie, het wegvoeren*** **0.2** ***het afdragen*** ⇒*het overmaken.*
abfüllen 0.1 ***vullen*** **0.2** ***(over)tappen, overhevelen*** ◆ **6.2** Wein **auf**, **in** Flaschen ~ *wijn op flessen trekken, bottelen.*
Abgabe ⟨v.⟩ **0.1** ***afgifte, aflevering*** **0.2** ***belasting, rechten, heffing*** ⇒*huur, pacht* **0.3** ⟨ec.⟩ ***verkoop*** ⇒*getrokken wissel, traite* **0.4** ⟨sp.⟩ ***het afgeven, het toespelen*** ⟨v.d. bal⟩ **0.5** ⟨sp.⟩ ***verlies*** **0.6** ***het afvuren, het lossen*** **0.7** ***het af-***

legen, het uitbrengen **0.8** ⟨tech.⟩ ***uitgangsvermogen*** ◆ **1.1** die ~ eines Koffers *de inbewaringgeving van een koffer* **1.6** die ~ eines Schusses *het afvuren van een schot* **1.7** die ~ meiner Stimme *het uitbrengen van mijn stem* **2.2** soziale ~n *sociale lasten* **6.1** die ~ **von** Energie *de uitstraling van energie* **6.2** ~n **an** den Staat entrichten *belastingen aan de staat betalen;* ~n **auf** Alkohol *belasting op alcohol.*

abgabe(n)frei 0.1 ***belastingvrij, vrij van rechten.***

Abgabe(n)pflicht ⟨v.⟩ **0.1** ***belastingplicht*** **0.2** ***plicht tot betaling.***

Abgabepreis ⟨m.⟩ **0.1** ***lever-, verkoopprijs.***

Abgang ⟨m.⟩ **0.1** ***het weg-, heengaan, vertrek*** **0.2** ***afgang, ontlasting, lozing*** **0.3** ***dood*** ⇒*overlijden* **0.4** ***uitgang, weg naar beneden*** **0.5** ⟨ec.⟩ ***afzet, verkoop*** ◆ **1.1** der ~ der Postpakete *de verzending van de postpakketten* **3.1** jmdm. den ~ decken *iemands aftocht dekken;* ⟨fig.⟩ sich einen glänzenden ~ sichern, (ver)schaffen *een schitterende indruk achterlaten* **6.1** der ~ **von** der Schule *het verlaten van de school.*

Abgänger ⟨m.; ~s, ~⟩ **0.1** ***schoolverlater.***

Abgangsprüfung ⟨v.⟩ **0.1** ***eindexamen.***

Abgangszeugnis ⟨o.⟩ **0.1** ***einddiploma.***

Abgas ⟨o.⟩ **0.1** ***verbrandingsgas, uitlaatgas.***

abgasarm 0.1 ***met weinig giftige uitlaatgassen.***

Abgasentgiftung ⟨v.⟩ **0.1** ***zuivering van uitlaatgassen.***

Abgaswerte ⟨alleen mv.⟩ **0.1** ***gemeten uitstoot/emissie van uitlaatgassen.***

abgeben I ⟨ov.ww.⟩ **0.1** ***afgeven*** ⇒*af-, inleveren* **0.2** ***afgeven*** ⇒*uitstralen* **0.3** ***afgeven*** ⇒*afvuren, lossen* **0.4** ***afstaan, overlaten*** **0.5** ***overlaten*** ⇒*verkopen* **0.6** ***uitbrengen, uitspreken*** **0.7** ⟨inf.⟩ ***spelen*** ⇒*zijn, vormen* ◆ **1.5** den Laden an jmdn. ~ *de winkel aan iem. overdoen* **1.7** den Kapitalisten ~ *de kapitalist spelen;* einen schönen Rahmen ~ *een mooi kader vormen* **4.1** ⟨inf.⟩ jmdm. (et)was, eins ~ *iem. ervan langs geven* **6.6** seine Stimme **für** jmdn. ~ *zijn stem voor iem. uitbrengen;*

II sich ~ ⟨wk.ww.⟩⟨inf.; pej.⟩ **0.1** ***zich afgeven, zich inlaten met.***

abgebrüht ⟨inf.⟩ **0.1** ***gevoelloos*** ⇒*onverschillig* **0.2** ***geslepen*** ⇒*uitgeslapen.*

abgedroschen ⟨inf.⟩ **0.1** ***afgezaagd, alledaags, banaal.***

abgefeimt 0.1 ***doortrapt*** ⇒*geraffineerd, gemeen.*

abgefuckt ⟨jongerentaal; vulg.⟩ **0.1** ***vunzig, smerig*** ⇒*verloederd.*

abgegriffen 0.1 ***versleten*** ⇒*kapotgelezen* **0.2** ***afgezaagd*** ⇒ *alledaags, banaal.*

abgehen I ⟨onov.ww.⟩ **0.1** ***weg-, heengaan, vertrekken*** **0.2** ***verstuurd worden*** **0.3** ***sterven, overlijden*** **0.4** ***afgaan*** ⇒ *loskomen, losraken* **0.5** ***afgaan*** ⇒*afgetrokken worden* **0.6** ***afgaan*** ⇒*afgescheiden worden* **0.7** ***afgaan*** ⇒*afgevuurd worden* **0.8** ***afzien van*** ⇒*afstand nemen van, opgeven* **0.9** ***ontbreken, missen*** ⇒*mankeren* **0.10** ***zich aftakken, afbuigen*** **0.11** ⟨inf.⟩ ***aflopen, eindigen*** ⇒*verlopen* **0.12** ⟨ec.⟩ ***van de hand gaan*** ⇒*aftrek vinden* **0.13** ⟨sp.⟩ ***afspringen, afveren*** ◆ **1.1** ~de Elektrizität *uitgaande elektriciteit* **1.4** eine Lawine ist abgegangen *er is een lawine losgekomen* **1.6** ihm geht Blut mit dem Stuhlgang ab *hij heeft bloed in de ontlasting* **1.9** ihm geht der Sinn für Humor ab *hij mist zin voor humor* **1.11** die Sache ging problemlos ab *de zaak verliep zonder problemen* **5.12** reißend ~ *grif van de hand gaan* **6.8 von** seinen Plänen ~ *zijn plannen opgeven;*

II ⟨ov.ww.; h/s.⟩ **0.1** ***af-, langsgaan*** ⇒*inspecteren.*

abgekämpft 0.1 ***moegestreden, doodop.***

abgekartet 0.1 ***afgesproken, bekonkeld*** ◆ **1.1** ein ~es Spiel *doorgestoken kaart.*

abgeklärt 0.1 ***bezonnen, bedachtzaam.***

abgelegen 0.1 ***afgelegen, afgezonderd.***

abgemacht 0.1 ***afgesproken*** ⇒*akkoord.*

abgemessen ⟨schr.⟩ **0.1** ***(af)gemeten*** ⇒*afgepast* **0.2** ***afgemeten*** ⇒*beheerst, stijf* ◆ **3.2** ~ sprechen *afgemeten spreken.*

abgeneigt 0.1 ***afwijzend, afkerig*** ◆ **1.1** einem Vorschlag ~ sein *afwijzend staan tegenover een voorstel.*

abgenutzt, abgenützt 0.1 ***versleten, afgedragen.***

Abgeordnetenhaus ⟨o.⟩ **0.1** ***kamer, huis van afgevaardigden.***

Abgeordnete(r) ⟨bn. als zn.⟩ **0.1** ***afgevaardigde*** ⇒*gedeputeerde, volksvertegenwoordig(st)er.*

abgerissen 0.1 ***afgedragen, versleten*** **0.2** ***afgebroken, onsamenhangend*** ◆ **1.2** ~e Fetzen *losse flarden* **3.1** ~ aussehen *er haveloos uitzien.*

abgeschieden ⟨schr.⟩ **0.1** ***eenzaam, afgelegen*** **0.2** ***overleden.***

abgeschlagen 0.1 ***licht beschadigd*** **0.2** ⟨sp.⟩ ***teruggeslagen*** ⇒*ver achtergebleven.*

abgeschmackt 0.1 ***smakeloos*** ⇒*flauw, laf.*

abgesehen ◆ **6.¶** es **auf** etwas, jmdn. ~ haben *het op iets, iem. gemunt hebben;* ~ **von** *afgezien van, behalve.*

abgespannt 0.1 ***uitgeput*** ⇒*(dood)moe.*

abgestanden 0.1 ***verschaald*** ⇒*bedorven* **0.2** ***versleten*** ⇒ *afgezaagd.*

abgetragen 0.1 ***afgedragen*** ⇒*versleten.*

abgewinnen 0.1 ***afwinnen, winnen van*** ⇒*afhandig maken van* **0.2** ⟨schr.⟩ ***afdwingen*** ⇒*winnen, ontlokken* ◆ **1.1** dem Meer Land ~ *land veroveren op de zee;* jmdm. einen Vorsprung ~ *op iem. een voorsprong verkrijgen* **1.2** einer Sache keinen Geschmack ~ können *geen plezier in iets hebben;* jmdm. Mitleid ~ *iemands medelijden opwekken* **6.2** sich noch Zeit **für** etwas ~ *nog tijd weten vrij te maken voor iets.*

abgewöhnen 0.1 ***ont-, afwennen*** ⇒*afleren* ◆ **1.1** ich habe mir das Rauchen abgewöhnt *ik heb mij het roken afgewend.*

abgießen 0.1 ***af-, weggieten*** **0.2** ⟨bk., tech.⟩ ***(af)gieten*** ⇒ *een afgietsel maken* ◆ **6.2** eine Statue **in** Bronze ~ *een beeld in brons gieten.*

Abglanz ⟨m.⟩ **0.1** ***weerschijn, weerglans*** ⇒*weerkaatsing* **0.2** ***afstraling*** ⇒*restje, schijn.*

abgleiten ⟨schr.⟩ **0.1** ***af-, uit-, weggljden*** **0.2** ***verminderen*** ⇒*verzwakken, dalen* **0.3** ⟨fig.⟩ ***afdwalen*** ◆ **1.2** der Dollar gleitet ab *de dollar verzwakt* **1.¶** sein Bruder ist völlig abgeglitten *zijn broer is volledig op het slechte pad geraakt* **6.1** alle Warnungen gleiten **an** ihm ab *alle waarschuwingen glijden langs hem af.*

Abgott ⟨m.⟩ **0.1** ***afgod.***

abgöttisch 0.1 ***afgodisch*** ⇒*dwepend, hartstochtelijk.*

abgraben 0.1 ***afgraven*** **0.2** ***afleiden, afvoeren*** ◆ **1.2** einen Sumpf ~ *een moeras droogleggen.*

abgrasen 0.1 ***afgrazen*** ⇒*afweiden, af(vr)eten* **0.2** ⟨inf.⟩ ***afzoeken*** ◆ **1.1** ein abgegrastes Thema *een afgegraasd onderwerp.*

abgreifen I ⟨ov.ww.⟩ **0.1** ***af-, verslijten*** **0.2** ***af-, betasten*** **0.3** ***af-, uitmeten*** **0.4** ⟨tech.⟩ ***waarnemen*** ⇒*opvangen* ◆ **1.1** abgegriffene Zeitschriften *beduimelde tijdschriften* **1.2** eine Körperstelle ~ *een plek op het lichaam aftasten* **1.3** eine Strecke mit dem Zirkel ~ *een afstand met de passer afmeten* **1.4** eine Spannung ~ *een spanning vaststellen* **3.1** ⟨fig.⟩ abgegriffene Worte *afgezaagde woorden;*

II sich ~ ⟨wk.ww.⟩ **0.1** ***af-, verslijten.***

abgrenzen 0.1 ***af-, begrenzen*** ◆ **1.1** Befugnisse ~ *bevoegd-*

heden afbakenen **6.1** sich **von** einer Auffassung ~ *zich van een opvatting distantiëren.*

Abgrund ⟨m.⟩ **0.1** ***afgrond*** ◆ **1.1** die Abgründe der Seele *de onpeilbare diepten van de ziel.*

abgründig ⟨schr.⟩ **0.1** ***onpeilbaar, peilloos*** **0.2** ***peilloos, onmetelijk diep*** **0.3** ⟨bw.⟩ ***uiterst, door en door, in-.***

abgrundtief **0.1** ***onmetelijk diep, grenzeloos.***

abgucken ⟨inf.⟩ **0.1** ***afkijken*** ◆ **4.¶** ich guck' dir nichts ab! *schaam je maar niet, ik kijk niet!*

Abguß ⟨m.⟩ **0.1** ***afloop, afvoer*** ⇒*goot(steen)* **0.2** ⟨bk.⟩ ***het afgieten, afgietsel*** ⇒*kopie, cliché* ◆ **1.2** der ~ einer Büste *het afgietsel van een buste.*

abhaben ⟨inf.⟩ **0.1** ***(zijn deel) krijgen*** **0.2** ***af hebben*** ⇒*afgenomen hebben* ◆ **1.1** ⟨fig.⟩ sein(en) Teil ~ *zijn straf, een berisping gekregen hebben* **4.¶** einen ~ (a) *een glas te veel op hebben* (b) *niet goed wijs zijn.*

abhacken **0.1** ***afhakken.***

abhaken **0.1** ***af-, loshaken*** **0.2** ***v.e. haakje voorzien*** ◆ **1.2** eine Liste ~ *een lijst afchecken* **5.¶** das Problem ~ *het probleem afhandelen.*

abhalten **0.1** ***af-, weghouden*** ⇒*op een afstand houden* **0.2** ***afweren*** ⇒*weghouden* **0.3** ***afhouden*** ⇒*weerhouden, beletten* **0.4** ***houden*** ⇒*organiseren* **0.5** ***verdragen*** ⇒*uithouden* ◆ **1.2** Hitze ~ *hitte tegenhouden* **1.4** eine Parade ~ *een parade houden* **3.3** ich bin abgehalten *ik ben verhinderd;* lassen Sie sich nicht ~! *laat u niet storen!*

Abhaltung ⟨v.⟩ **0.1** ***verhindering*** **0.2** ***het houden*** ⇒*organisatie* ◆ **1.2** die ~ von Wahlen *het houden van verkiezingen* **3.1** eine ~ haben *verhinderd zijn.*

abhandeln **0.1** ***afkopen*** **0.2** ***afpingelen*** **0.3** ***(grondig) behandelen*** ◆ **6.2** etwas **vom** Preis ~ *iets op de prijs afdingen;* er läßt sich ⟨3e nv.⟩ nichts **von** seinen Rechten ~ *hij wil niets van zijn rechten prijsgeven.*

abhanden ◆ **3.¶** ~ kommen *zoek raken, kwijtraken.*

Abhandlung ⟨v.⟩ **0.1** ***(grondige) behandeling*** **0.2** ***verhandeling*** ⇒*opstel, artikel.*

Abhang ⟨m.⟩ **0.1** ***helling*** ⇒*glooiing.*

abhängen I ⟨onov.ww.; h.⟩ **0.1** ***besterven*** **0.2** ⟨fig.⟩ ***afhangen*** ⇒*afhankelijk zijn* ◆ **1.1** das Fleisch hat abgehangen *het vlees is bestorven* **6.2** **von** jmdm. finanziell ~ *van iem. financieel afhankelijk zijn;*
II ⟨ov.ww.⟩ **0.1** ***afnemen*** ⇒*afhaken, afhalen* **0.2** ***losmaken*** ⇒*loshaken* **0.3** ***laten schieten*** ⇒*laten vallen, ontslaan* **0.4** ***de telefoon ophangen, opleggen*** **0.5** ⟨inf.; ook sp.⟩ ***overtreffen, voorbijstreven*** ◆ **1.1** ein Gemälde ~ *een schilderij van de haak nemen* **1.4** ⟨onov. ww.⟩ er hatte schon abgehängt *hij had al opgehangen* **1.5** seinen Bewacher ~ *zijn bewaker van zich afschudden;* das Feld ~ *zich losmaken van het peloton.*

abhängig **0.1** ***afhankelijk*** ⇒*aangewezen* **0.2** ***afhankelijk*** ⇒ *onzelfstandig, ondergeschikt* ◆ **1.2** ⟨taal.⟩ die ~e Rede *de indirecte rede;* ein ~er Satz *een ondergeschikte zin.*

Abhängigkeit ⟨v.; ~, ~en⟩ **0.1** ***afhankelijkheid*** ⇒*onzelfstandigheid, ondergeschiktheid* ◆ **6.1** **in** ~ geraten *afhankelijk worden.*

abhärmen, sich **0.1** ***zich aftobben*** ⇒*door verdriet verteerd worden* ◆ **1.1** ein abgehärmtes Gesicht *een afgetobd gezicht.*

abhärten ⟨fig.⟩ **0.1** ***harden*** ⇒*stalen, sterk maken* ◆ **1.1** ein abgehärteter Journalist *een geharde journalist.*

abhauen I ⟨onov.ww.⟩⟨inf.⟩ **0.1** ***ervandoor gaan, 'm smeren;***
II ⟨ov.ww.⟩ **0.1** ***afhakken, afhouwen.***

abheben I ⟨onov.ww.; h.⟩ **0.1** ⟨ruim.⟩ ***opstijgen*** ⇒*zich v.d. grond verheffen* **0.2** ⟨kaartspel⟩ ***afnemen, couperen;***
II ⟨ov.ww.⟩ **0.1** ***afnemen*** ⇒*eraf halen* **0.2** ***afhalen*** ⇒*af-, opnemen* ◆ **6.2** Geld **vom** Konto ~ *geld van de rekening opnemen* **6.¶** **auf** etwas ⟨4e nv.⟩ ~ *op iets doelen, attent maken;*
III sich ~ ⟨wk.ww.⟩ **0.1** ***zich aftekenen*** ⇒*afsteken, zich onderscheiden* **0.2** ⟨ruim.⟩ ***opstijgen*** ⇒*zich v.d. grond verheffen* ◆ **6.1** sich scharf **gegen** den, **vom** Himmel ~ *zich duidelijk tegen de hemel aftekenen.*

abheften **0.1** ***(in een map, ordner) opbergen*** ⇒*klasseren.*

abhelfen ⟨h.⟩ **0.1** ***verhelpen*** ⇒*in orde brengen, afhelpen van* ◆ **1.1** einem Bedürfnis ~ *in een behoefte voorzien* **3.1** dem muß abgeholfen werden *daar moet wat aan gedaan worden.*

abhetzen I ⟨ov.ww.⟩ **0.1** ***afjakkeren*** ⇒*afbeulen;*
II sich ~ ⟨wk.ww.⟩ **0.1** ***zich afjakkeren.***

Abhilfe ⟨v.⟩ **0.1** ***hulp*** ⇒*uitkomst, remedie, redding* ◆ **3.1** ~ schaffen *de moeilijkheden, wantoestanden uit de weg ruimen.*

abhobeln **0.1** ***af-, gladschaven.***

abhold ⟨schr.⟩ **0.1** ***afkerig van*** ⇒*wars van* ◆ **1.1** der dem Alkohol ~e Mann *de van alcohol afkerige man* **3.1** er ist dem Wein nicht ~ *hij is niet afkerig van een glaasje wijn* **4.1** er war dem nicht ~ ⟨ook⟩ *hij was er niet vies van.*

abholen **0.1** ***afhalen*** ⇒*ophalen, gaan halen* **0.2** ⟨inf.; euf.⟩ ***gevangennemen*** ⇒*oppakken.*

abholzen **0.1** ***vellen*** ⇒*(om)kappen* **0.2** ***kaalslaan*** ⇒*rooien.*

abhorchen **0.1** ***afluisteren*** ⇒*(heimelijk) beluisteren* **0.2** ⟨med.⟩ ***beluisteren.***

abhören **0.1** ***afluisteren*** ⇒*(heimelijk) beluisteren* **0.2** ***beluisteren*** ⇒*luisteren naar* **0.3** ***overhoren*** **0.4** ⟨med.⟩ ***beluisteren*** ◆ **1.2** eine Sendung ~ *een uitzending beluisteren* **1.3** jmdn., jmdm. die Vokabeln ~ *iem. de woordjes overhoren, opvragen.*

abhörsicher **0.1** ***beveiligd tegen afluisterpraktijken.***

Abhörwanze ⟨v.⟩⟨inf.⟩ **0.1** ***ingebouwd/verborgen afluisterapparaat.***

abhungern, sich **0.1** ***(uit zijn mond) sparen*** **0.2** ***vermageren, afvallen*** **0.3** ***honger lijden*** ◆ **1.1** ich habe mir diese Reise abgehungert *ik heb deze reis uit mijn mond gespaard* **1.2** ich habe mir zwei Kilo abgehungert *ik ben twee kilo afgevallen.*

Abi ⟨o.; ~s, ~s⟩⟨inf.⟩ →**Abitur.**

abirren ⟨schr.⟩ **0.1** ***afdwalen*** ◆ **6.1** ⟨fig.⟩ **vom** Thema ~ *van het onderwerp afdwalen.*

Abitur ⟨o.; ~s, ~e⟩ **0.1** ***(vwo-)eindexamen*** ◆ **3.1** das ~ ablegen, machen *eindexamen doen.*

Abiturfach ⟨o.⟩ **0.1** ***(eind)examenvak.***

Abiturient ⟨m.; ~en, ~en⟩ **0.1** ***abituriënt*** ⇒*eindexamenkandidaat.*

Abiturzeugnis ⟨o.⟩ **0.1** ***vwo-diploma.***

abjagen **0.1** ***af-, ontnemen*** **0.2** ***afjagen, afmatten*** ◆ **1.1** der Konkurrenz die Kunden ~ *de concurrentie de klanten afsnoepen.*

abkämmen **0.1** ***af-, uitkammen*** ⟨ook fig.⟩.

abkämpfen, sich **0.1** ***zich afmatten, zich uitputten.***

abkanzeln ⟨inf.⟩ **0.1** ***kapittelen*** ⇒*de levieten lezen.*

abkapseln **0.1** ***inkapselen*** ⇒*afzonderen, afsluiten* ◆ **6.1** sich **gegen** eine Sache, **von** einer Sache ~ *zich voor, van iets afsluiten;* ein **in** sich abgekapselter Mann *een in zichzelf gekeerd man.*

abkarren **0.1** ***af-, wegvoeren.***

abkarten ⟨inf.⟩ **0.1** ***bekokstoven, bekonkelen.***

abkassieren ⟨inf.⟩ **0.1** ***incasseren*** ⇒*innen, ontvangen van* ◆ **1.1** die Gäste ~ *afrekenen met de gasten* **5.1** groß ~ *zwaar verdienen.*

abkauen **0.1** *afkauwen* ⇒*afbijten, afkluiven.*
abkaufen **0.1** *afkopen* ⇒*kopen van* **0.2** ⟨inf.⟩ *geloven* ◆ **1.¶** ⟨fig.⟩ jmdm. die Courage, den Mut ~ *iem. de moed ontnemen;* laß dir nicht jedes Wort (vom Munde) ~! *wees toch niet zo zwijgzaam!* **4.2** das kauft dir niemand ab *dat gelooft geen mens van je.*
Abkehr ⟨v.; ~⟩ **0.1** *afkering, afwending* ◆ **6.1** die ~ **von** der bisherigen Politik *het opgeven van de tot dusver gevolgde politiek.*
abkehren **0.1** *afkeren* ⇒*afwenden* ◆ **6.1** ⟨fig.⟩ sich **von** der Welt ~ *zich van de wereld afkeren.*
abkippen **I** ⟨onov.ww.⟩ **0.1** *omkantelen, afglijden* ⇒*zijn evenwicht verliezen;*
II ⟨ov.ww.⟩ **0.1** *(neer)kiepen* ⇒*neerslaan* **0.2** *kiepen* ⇒*afladen, storten.*
abklappern ⟨inf.⟩ **0.1** *aflopen, afzoeken.*
abklären **I** ⟨ov.ww.⟩ **0.1** *(af)klaren* ⇒*zuiveren* **0.2** *opklaren, ophelderen* ⇒*duidelijk maken* ◆ **1.1** Flüssigkeiten ~ *vloeistoffen (af)klaren;*
II sich ~ ⟨wk.ww.⟩ **0.1** *(af)klaren* ⇒*opklaren, klaar worden* **0.2** *opklaren* ⇒*allengs duidelijk worden* ◆ **1.2** die Sache klärt sich ab *er komt enig licht in de zaak.*
Abklatsch ⟨m.; mv. ~e⟩⟨pej.⟩ **0.1** *kopie* ⇒*nabootsing, slechte imitatie* ◆ **1.1** ein schwacher ~ der Natur *een zwakke imitatie van de natuur.*
abklatschen **0.1** *afklappen* ⇒*afkloppen, aftikken* **0.2** ⟨pej.⟩ *kopiëren, nabootsen* **0.3** ⟨med.⟩ *met een natte doek (op de rug) slaan.*
abklemmen **0.1** *afklemmen* ⇒*afknellen, afbinden* ◆ **1.1** eine Telefonleitung ~ *een telefoonlijn afsnijden.*
abklingen **0.1** *afnemen, verminderen* ◆ **1.1** der Streik klingt ab *de staking verloopt.*
abklopfen **0.1** *afkloppen* ⇒*afslaan, afbikken* **0.2** *bekloppen* ⇒*(kloppend) onderzoeken* ◆ **1.2** ⟨fig.⟩ eine Geschichte auf ihren Inhalt hin ~ *een verhaal op zijn inhoud onderzoeken.*
abknabbern ⟨inf.⟩ **0.1** *afknabbelen* ⇒*afbijten, afknagen.*
abknallen ⟨inf.⟩ **0.1** *neerknallen* ⇒*neerschieten.*
abkneifen **0.1** *afknijpen* ⇒*afknippen.*
abknicken **I** ⟨onov.ww.⟩ **0.1** *(af)buigen* ⇒*een knik, hoek maken* ◆ **1.1** ~de Vorfahrt *voorrang voor het afbuigend verkeer;*
II ⟨ov.ww.⟩ **0.1** *afknikken* ⇒*afbreken, een einde maken aan* **0.2** *knakken* ⇒*ombuigen.*
abknipsen ⟨inf.⟩ **0.1** *(af)knippen* ⇒*afsnijden.*
abknöpfen **0.1** *afknopen* ⇒*losknopen* **0.2** ⟨inf.⟩ *aftroggelen* ⇒*afhandig maken.*
abknutschen **0.1** *afzoenen.*
abkochen **0.1** *(uit)koken* ⇒*steriliseren* **0.2** *afkoken* ⇒*aftrekken* **0.3** ⟨inf.⟩ *gaar maken* ⇒*murw maken* ◆ **1.1** ⟨med.⟩ Instrumente ~ *instrumenten uitkoken* **1.2** Kräuter ~ *kruiden afkoken.*
abkommandieren **0.1** *detacheren* ⇒*overplaatsen, zenden* ◆ **6.1** jmdn. **an** die Front ~ *iem. naar het front sturen.*
abkommen **0.1** *afkomen* ⇒*afdwalen* **0.2** *zich vrij maken* ⇒*loskomen* **0.3** *in onbruik raken* ⇒*verouderen* **0.4** ⟨sp.⟩ *wegkomen* ⇒*starten* ◆ **1.2** das Schiff ist abgekommen *het schip is weer vlot geraakt* **3.2** nicht (von der Arbeit) ~ können *zich (van zijn werk) niet vrij kunnen maken* **5.4** gut ~ *goed wegkomen, starten* **6.1** **vom** Kurs ~ *uit de koers raken;* **vom** Weg ~ (a) *van de weg af geraken* (b) *de weg kwijtraken, verdwalen* **6.2** **von** jmdm. ~ *zich niet meer met iem. inlaten.*
Abkommen ⟨o.; ~s, ~⟩ **0.1** *overeenkomst* ⇒*akkoord, verdrag* ◆ **2.1** ein gütliches ~ *een minnelijke schikking* **3.1** ein ~ schließen, treffen *een akkoord sluiten.*
abkömmlich **0.1** *beschikbaar, ontbeerlijk.*
Abkömmling ⟨m.; ~s, ~e⟩ **0.1** ⟨vooral jur.⟩ *nakomeling, afstammeling* **0.2** ⟨schei.⟩ *derivaat.*
abkoppeln **0.1** *af-, loskoppelen.*
abkratzen **I** ⟨onov.ww.⟩⟨inf.⟩ **0.1** *sterven* ⇒*het hoekje omgaan;*
II ⟨ov.ww.⟩ **0.1** *afkrabben.*
abkriegen ⟨inf.⟩ **0.1** *krijgen* ⇒*ontvangen* **0.2** *krijgen* ⇒*moeten incasseren* **0.3** *(er)af krijgen* ⇒*loskrijgen* ◆ **1.2** das Haus hat zwei Bomben abgekriegt *het huis werd door twee bommen getroffen;* einen Denkzettel ~ *een lesje krijgen dat heugen zal* **1.3** die Schuhe ~ *zijn schoenen uit krijgen* **4.1** er hat im Krieg einen, etwas abgekriegt *hij is in de oorlog gewond geraakt;* eins ~ *straf krijgen;* etwas ~ ⟨ook⟩ *een graantje meepikken.*
abkühlen **I** ⟨onov.ww.⟩ **0.1** *afkoelen* ⇒*bekoelen, koel(er) worden;*
II ⟨ov.ww.⟩ **0.1** *(af)koelen* ⇒*bekoelen, koel(er) maken* ◆ **1.1** ⟨fig.⟩ das hat seine Liebe abgekühlt *dat heeft zijn liefde bekoeld;*
III sich ~ ⟨wk.ww.⟩ **0.1** *afkoelen* ⇒*bekoelen, koel(er) worden* ◆ **4.1** es hat sich merklich abgekühlt *het (weer) is merkbaar koeler geworden.*
Abkunft ⟨v.; ~, ⸚e⟩ **0.1** *afkomst* ⇒*herkomst, oorsprong.*
abkürzen **0.1** *afkorten* ⇒*be-, in-, verkorten* ◆ **1.1** abgekürzter Trab *korte draf;* ein abgekürztes Verfahren (a) *een vereenvoudigde methode* (b) *een voortijdig beëindigde procedure.*
Abkürzung ⟨v.⟩ **0.1** *afkorting* ⇒*be-, in-, verkorting* **0.2** *kortere weg.*
Abkürzungsverzeichnis ⟨o.⟩ **0.1** *lijst van afkortingen.*
abküssen **0.1** *(af)kussen, (af)zoenen.*
abladen **0.1** *afladen* ⇒*lossen, afleveren* **0.2** ⟨inf.; fig.⟩ *ontladen* ⇒*kwijtraken* **0.3** ⟨overzees vrachtverkeer⟩ *laden* ⇒*bevrachten* ◆ **1.2** seinen Ärger ~ *aan zijn ergernis lucht geven.*
Abladeplatz ⟨m.⟩ **0.1** *losplaats* ⇒*loskade.*
Ablage ⟨v.⟩ **0.1** *het (af)leggen* ⇒*het neerleggen* **0.2** *archief(map)* ⇒*depot, bergplaats.*
ablagern **I** ⟨onov.ww.; h/s.⟩ **0.1** *rijpen* ◆ **1.1** abgelagertes Fleisch *bestorven vlees;*
II ⟨ov.ww.⟩ **0.1** *afzetten* ⇒*laten bezinken* **0.2** *deponeren* ⇒*afladen, storten;*
III sich ~ ⟨wk.ww.⟩ **0.1** *zich afzetten* ⇒*bezinken, neerslaan.*
Ablaß ⟨m.; Ablasses, Ablässe⟩⟨rel.⟩ **0.1** *aflaat.*
ablassen **I** ⟨onov.ww.; h.⟩ **0.1** *aflaten* ⇒*ophouden* ◆ **6.1** **von** einem Vorhaben ~ *van een plan afzien;*
II ⟨ov.ww.⟩ **0.1** *aflaten* ⇒*aftappen, laten ontsnappen* **0.2** *laten leeglopen* ⇒*ledigen* **0.3** *laten vertrekken* ⇒*lossen* **0.4** *(over)laten* ⇒*verkopen, overdoen* **0.5** *laten (weg)vallen* ⇒*korting geven* **0.6** ⟨inf.⟩ *af laten* ◆ **1.1** Dampf ~ *stoom afblazen* ⟨ook fig.⟩ **1.2** Altöl ~ *afgewerkte olie aflaten* **1.3** einen Luftballon ~ *een luchtballon oplaten* **1.4** jmdm. eine Ware billig ~ *iem. een waar goedkoop laten, verkopen* **1.5** jmdm. zehn Prozent ~ *iem. tien procent korting geven* **1.6** den Hut ~ *zijn hoed af laten.*
Ablativ ⟨m.; ~s, ~e⟩⟨taal.⟩ **0.1** *ablatief.*
Ablauf ⟨m.⟩ **0.1** *uit-, afloop* ⇒*afvoer* **0.2** *afvoer(pijp), stortgat* **0.3** *af-, verloop* ⇒*termijn* **0.4** *verloop* **0.5** ⟨sp.⟩ *start(plaats), startlijn* **0.6** ⟨scheep.⟩ *stapelloop.*
ablaufen **I** ⟨onov.ww.⟩ **0.1** *(af)lopen* ⇒*afrollen* **0.2** *aflopen, af-, wegvloeien* ⇒*zich verwijderen* **0.3** *uitlekken, uitdruipen* **0.4** *aflopen* ⇒*eindigen* **0.5** *verlopen, vergaan* **0.6** *beginnen* **0.7** ⟨scheep.⟩ *aflopen* ⇒*van stapel lopen*

0.8 ⟨sp.⟩ ***beginnen te lopen, starten*** ◆ **1.2** ~des Meer, Wasser *ebbe* **1.4** eine Frist läuft ab *een termijn loopt ten einde* **3.1** einen Film, eine Schallplatte ~ lassen *een film, een plaat draaien* **4.2** ⟨fig.⟩ an ihm läuft alles ab *dat laat hem allemaal koud;*
II ⟨ov.ww.⟩ **0.1** ***aflopen, scheeflopen*** **0.2** ⟨h/s.⟩ ***aflopen*** ◆ **1.2** Geschäfte, Straßen ~ *winkels, straten aflopen;*
III sich ~ ⟨wk.ww.⟩ **0.1** ***slijten.***

Ablaut ⟨m.⟩⟨taal.⟩ **0.1** ***ablaut*** ⇒*klankwisseling.*

ableben ⟨s.⟩⟨schr.⟩ **0.1** ***overlijden*** ⇒*sterven.*

ablecken **0.1** ***aflikken.***

ablegen I ⟨onov.ww.; h.⟩⟨scheep.⟩ **0.1** ***afleggen, afvaren;***
II ⟨ov.ww.⟩ **0.1** ***afleggen*** ⇒*uitdoen, uittrekken* **0.2** ***afleggen*** ⇒*niet meer dragen, afdanken* **0.3** ***afleggen*** ⇒*doen* **0.4** ⟨sp.⟩ ***terzijde leggen*** ◆ **1.2** ein abgelegter Anzug *een afgedankt pak;* die Korrespondenz ~ *de briefwisseling in het archief opbergen* **1.¶** Vorurteile ~ *vooroordelen afleggen* **¶.1** bitte legen Sie ab! *doet u alstublieft uw jas uit!*

Ableger ⟨m.⟩ **0.1** ***loot, stek*** **0.2** ***filiaal.***

ablehnen **0.1** ***afwijzen, weigeren*** ⇒*bedanken voor, afslaan* **0.2** ***afwijzend staan tegenover*** ⇒*niet erkennen* ◆ **5.1** etwas glatt ~ *iets beslist weigeren* **6.1 mit** Dank ~ *bedanken voor.*

Ablehnung ⟨v.; ~, ~en⟩ **0.1** ***afwijzing, weigering*** **0.2** ***afwijzende houding (tegenover).***

Ablehnungsbescheid ⟨m.⟩ **0.1** ***afwijzend bericht/antwoord, afwijzende/negatieve beschikking.***

ableiern ⟨inf.; pej.⟩ **0.1** ***opdreunen, afdreunen*** ⇒*in een dreun opzeggen* **0.2** ***altijd weer, uitentreuren herhalen.***

ableisten **0.1** ***vervullen*** ⇒*uitdienen* ◆ **1.1** seine Wehrpflicht ~ *zijn militaire dienst vervullen.*

ableiten **0.1** ***afleiden*** ⇒*afwenden, afbrengen* **0.2** ***afleiden*** ⟨ook taal., wisk.⟩ ⇒*gronden op, deduceren* ◆ **1.1** einen Fluß ~ *de bedding van een rivier verleggen.*

Ableitung ⟨v.⟩ **0.1** ***afleiding*** ⇒⟨taal.⟩ *afgeleid woord,* ⟨wisk.⟩ *afgeleide v.e. functie.*

ablenken **0.1** ***afleiden*** **0.2** ***afwenden, afbrengen*** ⇒*afwentelen* **0.3** ***afleiding bezorgen*** ⇒*verstrooien* **0.4** ***van richting doen veranderen*** ⇒*afweren, pareren* **0.5** ⟨tech.⟩ ***doen afbuigen, doen afwijken, doen uitslaan*** ◆ **1.2** einen Verdacht ~ *een verdenking afwenden* **1.3** einen Kranken ~ *een zieke afleiding bezorgen* **1.4** einen Degenstoß ~ *een degenstoot pareren* **1.5** Lichtstrahlen ~ *lichtstralen afbuigen* **3.4** ⟨ook onov. ww.⟩ vom Thema ~ *van onderwerp veranderen, het gesprek op een ander onderwerp brengen.*

ablesen **0.1** ***aflezen*** ◆ **6.1** jmdm. etwas **am** Gesicht ~ *iem. iets van het gezicht aflezen;* ein Wort **von** den Lippen ~ ⟨ook⟩ *liplezen.*

Ableser ⟨m.⟩ **0.1** ***meteropnemer.***

ableuchten **0.1** ***afzoeken*** ⟨met lichtbron⟩.

ableugnen **0.1** ***ontkennen, loochenen.***

ablichten **0.1** ***(foto)kopiëren.***

abliefern **0.1** ***(af)leveren*** ⇒*overhandigen, opleveren.*

abliegen ⟨h.⟩ **0.1** ***af liggen, afgelegen zijn.***

ablisten **0.1** ***aftroggelen, ontfutselen.***

ablochen **0.1** ***(in)ponsen.***

ablocken **0.1** ***ontlokken, aftroggelen.***

ablöschen ⟨h.⟩ **0.1** ***uit-, schoon-, wegvegen*** **0.2** ***afvloeien*** **0.3** ***(geheel en al) doven, blussen*** **0.4** ⟨cul.⟩ ***blussen.***

ablösen I ⟨ov.ww.⟩ **0.1** ***losmaken*** ⇒*verwijderen* **0.2** ***aflossen*** ⇒*opvolgen* **0.3** ⟨ec.⟩ ***aflossen;***
II sich ~ ⟨wk.ww.⟩ **0.1** ***loskomen*** ⇒*loslaten.*

Ablö|sesumme, -sungssumme ⟨v.⟩⟨sp.⟩ **0.1** ***afkoop-, transfersom.***

abluchsen ⟨inf.⟩ **0.1** ***aftroggelen, ontfutselen.***

Abluft ⟨v.⟩ **0.1** ***verbruikte, afgewerkte lucht.***

ABM ⟨v.⟩⟨afk.⟩ →**Arbeitsbeschaffungsmaßnahme.**

abmachen **0.1** ***afdoen, afnemen*** ⇒*verwijderen* **0.2** ***regelen*** ⇒*schikken* **0.3** ***overeenkomen, afspreken*** **0.4** ⟨inf.⟩ ***uitdienen*** ◆ **1.1** Schmutz ~ *vuil verwijderen* **1.2** eine Angelegenheit ~ *een aangelegenheid regelen* **1.3** einen Preis ~ *een prijs overeenkomen* **1.4** seine Dienstzeit ~ *zijn diensttijd uitdienen* **6.2** Schweres **für** sich, **mit** sich allein ~ *iets moeilijks alleen verwerken* **¶.3** abgemacht! *afgesproken!*

Abmachung ⟨v.; ~, ~en⟩ **0.1** ***overeenkomst, afspraak*** ⇒*schikking, regeling.*

abmagern **0.1** ***vermageren.***

Abmagerungskur ⟨v.⟩ **0.1** ***vermageringskuur.***

abmalen I ⟨ov.ww.⟩ **0.1** ***(af)schilderen;***
II sich ~ ⟨wk.ww.⟩⟨schr.⟩ **0.1** ***zich aftekenen, zich weerspiegelen.***

Abmarsch ⟨m.⟩ **0.1** ***afmars, aftocht.***

abmarschieren I ⟨onov.ww.⟩ **0.1** ***af-, wegmarcheren*** ⇒*wegtrekken;*
II ⟨ov.ww.; h/s.⟩ **0.1** ***(marcherend) aflopen.***

abmelden **0.1** ***afmelden*** **0.2** ***af-, opzeggen*** ◆ **1.2** einen Besuch ~ *een visite afzeggen* **6.1** ein Kind **von** der Schule ~ *berichten dat een kind van school gaat* **6.2** sich **bei** einem Verein ~ *het lidmaatschap van een vereniging opzeggen* **6.¶ bei** jmdm. abgemeldet sein *bij iem. afgedaan hebben.*

abmessen **0.1** ***af-, opmeten*** **0.2** ***afmeten*** ⇒*schatten, beoordelen* ◆ **1.2** seine Worte genau, sehr ~ *zijn woorden zorgvuldig wikken.*

Abmessung ⟨v.⟩ **0.1** ***afmeting*** ⇒*dimensie, grootte.*

abmildern **0.1** ***verzachten*** ⇒*matigen, verlichten.*

abmontieren **0.1** ***losmaken, afschroeven, demonteren*** ⇒*verwijderen.*

abmühen, sich **0.1** ***zich afmatten, zich veel moeite geven*** ⇒*zich uitsloven.*

abmurksen ⟨inf.⟩ **0.1** ***van kant maken*** ⇒*om zeep helpen.*

abmustern ⟨h.⟩⟨scheep.⟩ **0.1** ***afmonsteren.***

abnagen **0.1** ***af-, wegknagen.***

abnähen **0.1** ***innemen.***

Abnäher ⟨m.; ~s, ~⟩ **0.1** ***figuurnaad.***

Abnahme ⟨v.; ~, ~n⟩ **0.1** ***het afnemen*** ⇒*verwijdering, amputatie* **0.2** ***het afnemen*** ⇒*(aan)koop* **0.3** ***afneming, vermindering, daling*** **0.4** ***afneming, aanvaarding*** **0.5** ***controle, inspectie, keuring*** ◆ **1.3** die ~ der Arbeitslosigkeit *de daling van de werkloosheid;* die ~ des Mondes *het afnemen van de maan* **3.2** ~ finden *aftrek vinden* **6.3 in** ~ begriffen sein *afnemen, verminderen, dalen;* **in** ~ geraten, kommen *afnemen, aftakelen, vervallen.*

abnehmen I ⟨onov.ww.; h.⟩ **0.1** ***afnemen*** ⇒*vermageren, afvallen* **0.2** ***afnemen, verminderen*** ⇒*dalen, slinken* ◆ **1.2** die Tage nehmen ab *de dagen worden korter* **6.2 an** Kräften ~ *in kracht afnemen;*
II ⟨ov.ww.⟩ **0.1** ***af-, wegnemen*** ⇒*verwijderen, afhalen* **0.2** ***afnemen, uit handen nemen*** **0.3** ***controleren, inspecteren, keuren*** **0.4** ***ont-, afnemen*** **0.5** ***afnemen*** ⇒*afkopen, aanvaarden* ⟨bij overdracht⟩ **0.6** ***afnemen, kopiëren*** ⇒*nemen, maken* **0.7** ***minderen*** ⟨bij het breien⟩ ◆ **1.1** den Bart ~ *de baard afscheren;* jmdm. ein Bein ~ *iem. een been afzetten* **1.2** jmdm. die Arbeit ~ *iem. het werk uit handen nemen;* jmdm. einen Weg ~ *voor iem. anders een boodschap doen* **1.3** einen Neubau ~ *een nieuw gebouwd huis keuren* **1.4** jmdm. das Geld ~ *iem. zijn geld afnemen* **1.5** für 50 Mark Waren ~ *voor 50 mark waren kopen;* ⟨inf.⟩ die Geschichte wird dir niemand ~! *dat verhaal zal niemand geloven!* **1.6** eine Totenmaske ~ *een dodenmasker maken.*

Abnehmer ⟨m.⟩ **0.1** ***afnemer*** ⇒*koper, klant.*
Abneigung ⟨v.⟩ **0.1** ***afkeer, tegenzin*** ⇒*antipathie, aversie* ◆ **6.1 gegen** etwas, jmdn. ~ empfinden, haben, hegen *van iets, iem. een afkeer hebben.*
abnorm 0.1 ***abnormaal.***
abnormal 0.1 ***niet normaal.***
Abnormität ⟨v.; ~, ~en⟩ **0.1** ***abnorm(al)iteit*** ⇒*onregelmatigheid, (ziekelijke) afwijking.*
abnötigen 0.1 ***afdwingen*** ◆ **1.1** jmdm. Bewunderung ~ *iem. bewondering afdwingen.*
abnutzen, abnützen I ⟨ov.ww.⟩ **0.1** ***ver-, afslijten;***
II sich ~ ⟨wk.ww.⟩ **0.1** ***ver-, afslijten.***
Abonnement ⟨o.; ~s, ~s⟩ **0.1** ***abonnement(skaart)*** ◆ **1.1** ein ~ des 'Spiegels' *een abonnement op de 'Spiegel'* **6.1** eine Zeitung **im** ~ beziehen *op een krant geabonneerd zijn.*
Abonnent ⟨m.; ~en, ~en⟩ **0.1** ***abonnee, abonnent*** ◆ **6.1** er ist ~ **auf** diese, **(von)** dieser Zeitung *hij is abonnee van deze krant.*
abonnieren 0.1 ***zich abonneren*** ◆ **1.1** eine Zeitung ~ *zich op een krant abonneren;* eine Konzertreihe ~ *een abonnement nemen op een reeks concerten.*
abordnen 0.1 ***afvaardigen*** ◆ **6.1** jmdn. **nach** Genf, **zu** einer Konferenz ~ *iem. naar Genève, naar een conferentie afvaardigen.*
Abordnung ⟨v.⟩ **0.1** ***afvaardiging.***
Abort[1] ⟨acc. wiss.⟩ ⟨m.; ~(e)s, ~e⟩ **0.1** ***wc, toilet.***
Abort[2] ⟨m.; ~s, ~e⟩ **0.1** ***miskraam.***
abortieren ⟨h.⟩ **0.1** ***een miskraam hebben.***
Abortion ⟨v.; ~, ~en⟩ ⟨med.⟩ **0.1** ***abortus.***
abpassen 0.1 ***afwachten*** ◆ **4.¶** jmdn. ~ *iem. opwachten.*
abpausen 0.1 ***calqueren.***
abperlen 0.1 ***parelend afdruipen.***
abpfeifen ⟨sp.⟩ **0.1** ***affluiten.***
Abpfiff ⟨m.⟩ ⟨sp.⟩ **0.1** ***het affluiten*** ⇒*eindsignaal.*
abpflücken 0.1 ***(af)plukken.***
abplagen, sich 0.1 ***zich afsloven*** ⇒*zich afjakkeren.*
abplatten I ⟨onov.ww.; s.⟩ **0.1** ***plat(ter) worden;***
II ⟨ov.ww.; h.⟩ **0.1** ***afplatten, plat(ter) maken*** ⇒*pletten.*
abprägen I ⟨ov.ww.⟩ **0.1** ***afdrukken, afbeelden*** ⇒*stempelen;*
II sich ~ ⟨wk.ww.⟩ **0.1** ***zich afdrukken*** ⇒*tot uitdrukking komen.*
abprallen 0.1 ***af-, terugstuiten*** ⇒*terugkaatsen, afketsen* ◆ **1.1** ⟨fig.⟩ ihre Tränen prallen an ihm ab *haar tranen laten hem koud.*
Abpraller ⟨m.; ~s, ~⟩ ⟨sp.⟩ **0.1** ***schot/knal op de paal/lat.***
abpressen 0.1 ***af-, uitpersen*** **0.2** ***toesnoeren*** ⇒*smoren* ◆ **1.1** jmdm. ein Geständnis ~ *iem. een bekentenis afpersen.*
abpumpen 0.1 ***weg-, afpompen.***
abputzen 0.1 ***afpoetsen*** ⇒*afvegen* **0.2** ***bepleisteren*** ⇒*berapen* ◆ **1.1** Flecken ~ *vlekken (reinigend) verwijderen;* Kartoffeln ~ *aardappelen schrappen.*
abquälen, sich 0.1 ***zich dwingen tot*** **0.2** ***zich afsloven, zich afbeulen*** ⇒*zitten te zwoegen op.*
abqualifizieren 0.1 ***ongunstig beoordelen, diskwalificeren.***
abquetschen 0.1 ***afklemmen, afknijpen.***
abrackern, sich ⟨inf.⟩ **0.1** ***zich afsloven, zich afbeulen.***
abrahmen 0.1 ***afromen*** ⟨ook fig.⟩.
abrasieren 0.1 ***af-, wegscheren*** **0.2** ⟨inf.; fig.⟩ ***met de grond gelijkmaken.***
abraten 0.1 ***af-, ontraden*** ◆ **6.1** ⟨onov.ww.⟩ jmdm. **von** einem Vorhaben ~ *iem. een voornemen afraden.*
abräumen 0.1 ***af-, op-, wegruimen*** ◆ **1.1** ⟨fig.⟩ die Kegel ~ *alle kegels omwerpen.*
abreagieren I ⟨ov.ww.⟩ **0.1** ***afreageren;***
II sich ~ ⟨wk.ww.⟩ **0.1** ***zich afreageren.***
abrechnen I ⟨onov.ww.⟩ **0.1** ***afrekenen*** ⟨ook fig.⟩;
II ⟨ov.ww.⟩ **0.1** ***afrekenen*** ⇒*aftrekken, in mindering brengen* **0.2** ***afsluiten*** ⟨v.e. rekening, kas⟩.
Abrechnung ⟨v.⟩ **0.1** ***aftrek, mindering*** **0.2** ***(af)rekening*** ◆ **1.2** der Tag der ~ *de dag der vergelding* **6.2 mit** jmdm. ~ halten *met iem. afrekenen.*
Abrede ⟨v.⟩ ⟨schr.⟩ ◆ **6.¶** etwas **in** ~ stellen *iets loochenen, ontkennen, betwisten.*
abregen, sich ⟨inf.; scherts.⟩ **0.1** ***kalmeren, (tot) bedaren (komen).***
abreiben 0.1 ***af-, weg-, schoonwrijven*** **0.2** ***(droog)wrijven*** ⇒*frotteren* **0.3** ***afraspen*** ◆ **1.2** jmdm. den Rücken ~ *iemands rug droogwrijven* **1.3** eine Muskatnuß ~ *een muskaatnoot afraspen.*
Abreibung ⟨v.⟩ **0.1** ***het af-, schoon-, droogwrijven*** **0.2** ⟨inf.⟩ ***pak slaag*** **0.3** ⟨inf.⟩ ***uitbrander.***
Abreise ⟨v.⟩ **0.1** ***vertrek.***
abreisen 0.1 ***vertrekken, terugreizen.***
Abreißblock ⟨m.; mv. ~s of ⸗e⟩ **0.1** ***notitieblok, blocnote.***
abreißen I ⟨onov.ww.⟩ **0.1** ***afbreken, afscheuren*** **0.2** ***plotseling eindigen*** ◆ **1.1** ein Schnürsenkel reißt ab *een veter knapt (af)* **1.2** eine telefonische Verbindung reißt ab *een telefoonverbinding wordt verbroken* **5.2** der Menschenstrom reißt nicht ab *er komt geen einde aan de mensenstroom;*
II ⟨ov.ww.⟩ **0.1** ***afrukken*** ⇒*aftrekken, afscheuren* **0.2** ***afbreken, slopen*** **0.3** ⟨inf.⟩ ***(ver)slijten*** ◆ **1.1** ⟨schr.; fig.⟩ jmdm. die Maske (vom Gesicht) ~ *iem. ontmaskeren.*
Abreißkalender ⟨m.⟩ **0.1** ***scheurkalender.***
abreiten I ⟨onov.ww.⟩ **0.1** ***wegrijden;***
II ⟨ov.ww.⟩ **0.1** ***afrijden*** **0.2** ⟨h/s.⟩ ***afrijden*** ⇒*inspecteren.*
abrennen ⟨inf.⟩ **0.1** ⟨h/s.⟩ ***aflopen*** ◆ **1.1** die ganze Stadt ~ *de hele stad aflopen.*
abrichten 0.1 ***africhten*** ⇒*dresseren.*
Abrieb ⟨m.; ~(e)s, ~e⟩ **0.1** ***slijtage.***
abriebfest 0.1 ***slijtvast.***
abriegeln 0.1 ***(ver)grendelen*** ⇒*afsluiten, barricaderen.*
abringen 0.1 ***ontworstelen*** ⇒*afdwingen* ◆ **1.1** dem Meer Land ~ *land aan de zee ontrukken.*
Abriß ⟨m.; Abrisses, Abrisse⟩ **0.1** ***sloop, afbraak*** **0.2** ***strookje*** **0.3** ***schets*** ⇒*beknopt overzicht.*
abrollen I ⟨onov.ww.⟩ **0.1** ***wegrollen*** ⇒*wegrijden, vertrekken* **0.2** ***verlopen*** ⇒*plaatsvinden, zich afspelen* **0.3** ***afrollen*** ⇒*zich afwikkelen, zich ontrollen;*
II ⟨ov.ww.⟩ **0.1** ***af-, ontrollen*** ⇒*afdraaien* **0.2** ***wegrollen*** **0.3** ⟨sp.⟩ ***afwikkelen*** ◆ **1.1** einen Film ~ (lassen) *een film afdraaien.*
abrücken I ⟨onov.ww.⟩ **0.1** ***wegschuiven*** ⇒*zich verwijderen* **0.2** ***zich distantiëren;***
II ⟨ov.ww.⟩ **0.1** ***wegschuiven*** ⇒*wegzetten, (weg)halen.*
Abruf ⟨m.⟩ **0.1** ***het weg-, afroepen*** ◆ **6.1** etwas **auf** ~ bewahren *iets bewaren tot het wordt opgevraagd;* irgendwo **bis auf** ~ bleiben *ergens blijven tot men wordt teruggeroepen.*
Abrufarbeit ⟨v.⟩ **0.1** ***oproeparbeid.***
abrufen 0.1 ***af-, wegroepen*** ⇒*terugroepen, tot zich roepen* **0.2** ***afroepen*** ⇒*uitroepen, afkondigen* **0.3** ***af-, oproepen*** ⇒*opvragen* **0.4** ⟨ec.⟩ ***opnemen*** **0.5** ⟨verk.⟩ ***bevel tot landen geven.***
abrunden 0.1 ***afronden*** ◆ **1.1** eine Zahl nach oben ~ *een getal naar boven afronden.*
abrupfen 0.1 ***afrukken, aftrekken.***
abrupt 0.1 ***abrupt.***

abrüsten I ⟨onov.ww.; h.⟩ **0.1** ***ontwapenen;***
II ⟨ov.ww.⟩⟨bouwk.⟩ **0.1** ***de steigers van ... wegnemen, afbreken.***
Abrüstung ⟨v.⟩ **0.1** ***ontwapening.***
abrutschen 0.1 ***weg-, afglijden*** **0.2** ***verzwakken*** *⇒minder worden,* ⟨fig.⟩ *op het slechte pad geraken* ◆ **1.1** das Messer rutschte mir ab *het mes schoot uit* **1.2** die Aktien sind abgerutscht *de aandelen zijn gekelderd* **6.1** ⟨fig.⟩ **auf** den letzten Platz ~ *naar de laatste plaats terugvallen.*
absacken ⟨inf.⟩ **0.1** ***afzakken, afglijden*** **0.2** ***zinken*** *⇒ondergaan* **0.3** ***afzakken, verzwakken*** *⇒minder worden, op het slechte pad geraken* **0.4** ***hoogte verliezen.***
Absage ⟨v.⟩ **0.1** ***afzegging*** *⇒afmelding, weigering* **0.2** ⟨com.⟩ ***slotwoord, sluiting*** ◆ **3.1** jmdm. eine ~ erteilen *iem. afwijzen* **6.1** die ~ **an** die Welt *de onthechting, verzaking aan het aardse.*
absagen I ⟨onov.ww.⟩ **0.1** ***afzeggen*** **0.2** ⟨schr.⟩ ***verzaken*** *⇒afzweren, opgeven* ◆ **1.2** seinen früheren Auffassungen ~ *zijn vroegere opvattingen afzweren;*
II ⟨ov.ww.⟩ **0.1** ***afzeggen, afmelden*** *⇒niet laten plaatshebben* **0.2** ⟨com.⟩ ***het slotwoord spreken*** ◆ **1.1** einen Besuch ~ *een bezoek afzeggen.*
absägen 0.1 ***afzagen.***
absahnen 0.1 ***afromen*** ⟨ook fig.⟩.
Absatz ⟨v.⟩ **0.1** ***hak*** ⟨v.e. schoen⟩ **0.2** ***alinea, lid v.e. wetsartikel*** **0.3** ***onderbreking*** *⇒tussenpoos, (rust)pauze* **0.4** ***vooruitspringend gedeelte*** *⇒terras* **0.5** ***overloop*** *⇒trapportaal, bordes* **0.6** ⟨ec.⟩ ***afzet*** *⇒debiet, verkoop* **0.7** ⟨geol.⟩ ***afzetting*** *⇒sedimentatie, afzetsel* ◆ **1.4** der ~ eines Berges *het terras van een berg;* der ~ einer Mauer *het vooruitspringende gedeelte van een muur* **3.2** einen ~ machen *een nieuwe alinea beginnen* **3.6** reißenden ~ finden *grif van de hand gaan* **6.3 in** Absätzen *met tussenpozen;* **ohne** ~ *ineens, in één adem, in één teug* **6.¶ auf** dem ~ kehrtmachen *dadelijk rechtsomkeert maken.*
absatzfähig 0.1 ***goed verkoopbaar, gewild.***
Absatzgebiet ⟨o.⟩ **0.1** ***afzetgebied*** *⇒markt.*
Absatzmarkt ⟨m.⟩ **0.1** ***afzetgebied, markt.***
absaugen 0.1 ***af-, weg-, schoonzuigen.***
abschaben 0.1 ***af-, wegkrabben.***
abschaffen 0.1 ***afschaffen*** *⇒opheffen* **0.2** ***afschaffen*** *⇒wegdoen.*
abschälen I ⟨ov.ww.⟩ **0.1** ***(af)schillen;***
II sich ~ ⟨wk.ww.⟩ **0.1** ***loslaten, losgaan.***
abschalten I ⟨onov.ww.⟩⟨inf.⟩ **0.1** ***niet meer luisteren*** *⇒niet meer opletten* **0.2** ⟨fig.⟩ ***zich ontspannen*** *⇒relaxen;*
II ⟨ov.ww.⟩ **0.1** ***uitschakelen*** *⇒verbreken.*
abschatten, abschattieren 0.1 ***afschaduwen*** *⇒schakeren, nuanceren.*
abschätzen 0.1 ***schatten*** *⇒ramen, taxeren* **0.2** ***beoordelen*** *⇒opnemen, onderzoeken* ◆ **1.1** die Kosten ~ *de kosten ramen, begroten* **1.2** die Lage richtig ~ *de toestand juist beoordelen.*
abschätzig 0.1 ***geringschattend*** *⇒minachtend.*
Abschaum ⟨m.⟩ **0.1** ***schuim*** **0.2** ⟨fig.⟩ ***schuim*** *⇒uitschot, klootjesvolk.*
abscheiden I ⟨onov.ww.⟩⟨schr.; euf.⟩ **0.1** ***verscheiden*** *⇒overlijden, sterven;*
II ⟨ov.ww.⟩ **0.1** ***(af)scheiden*** ⟨ook biol., schei., tech.⟩ *⇒afzonderen.*
Abscheiden ⟨o.⟩⟨schr.; euf.⟩ **0.1** ***het verscheiden*** *⇒overlijden.*
abscheren 0.1 ***afscheren, kaal scheren.***
Abscheu ⟨m. & v.; ~(s)⟩ **0.1** ***afschuw*** *⇒afkeer* ◆ **3.1** jmds. ~ erregen *iemands afschuw wekken* **6.1 gegen** jmdn. ~ empfinden, hegen *een afschuw hebben van iem.;* **vor** jmdm. ~ haben *een afschuw hebben van iem.*
abscheuern I ⟨ov.ww.⟩ **0.1** ***af-, wegschuren*** *⇒schoonmaken* **0.2** ***afschaven*** **0.3** ***afslijten*** *⇒(ver)slijten;*
II sich ~ ⟨wk.ww.⟩ **0.1** ***afslijten*** *⇒(ver)slijten.*
abscheuerregend 0.1 ***afschuw-, weerzinwekkend.***
abscheulich 0.1 ***afschuwelijk*** *⇒verschrikkelijk.*
Abscheulichkeit ⟨v.; ~, ~en⟩ **0.1** ***afschuwelijkheid*** *⇒verfoeilijke daad.*
abschicken 0.1 ***af-, ver-, wegzenden.***
abschieben 0.1 ***af-, wegschuiven*** *⇒van zijn plaats schuiven* **0.2** ***uitwijzen*** *⇒over de grens zetten* **0.3** ⟨inf.⟩ ***zich ontdoen van, wegwerken*** ◆ **1.2** illegale Gastarbeiter ~ *illegale gastarbeiders uitwijzen* **1.3** einen unbequemen Mitarbeiter ~ *een lastige medewerker wegwerken.*
Abschied ⟨m.; ~(e)s, ~e⟩ **0.1** ***afscheid*** ◆ **3.1** von jmdm. ~ nehmen *van iem. afscheid nemen* **3.¶** ⟨schr.⟩ seinen ~ einreichen, nehmen *zijn ontslag indienen, nemen.*
abschießen 0.1 ***afschieten*** *⇒afvuren* **0.2** ***afschieten*** *⇒neerschieten, neerhalen* **0.3** ⟨inf.⟩ ***wegwerken*** *⇒uit de weg ruimen* ◆ **1.3** seinen politischen Gegner ~ *zijn politieke tegenstander uitschakelen* **6.¶** ⟨inf.; scherts.⟩ **zum** Abschießen aussehen *er (erg) belachelijk, potsierlijk uitzien;* ⟨inf.; scherts.⟩ **zum** Abschießen sein *om op te schieten zijn.*
abschilfern 0.1 ***afschilferen*** *⇒afbladderen.*
abschinden 0.1 ***afbeulen, afjakkeren*** *⇒afmatten.*
abschirmen 0.1 ***af-, beschermen.***
abschirren 0.1 ***onttuigen*** ⟨v.e. trekdier⟩.
abschlachten 0.1 ***(af)slachten, afmaken.***
abschlaffen I ⟨onov.ww.⟩ **0.1** ***verslappen, slap worden;***
II ⟨ov.ww.⟩ **0.1** ***verslappen, slap maken*** *⇒uitputten.*
Abschlag ⟨m.⟩ **0.1** ***afslag*** *⇒korting* **0.2** ***afslag*** *⇒voorschot* **0.3** ⟨sp.⟩ ***afslag*** ⟨golf⟩ *⇒uittrap, uitworp* ⟨voetbal⟩, *bully* ⟨hockey⟩ **0.4** ⟨ec.⟩ ***disagio*** ◆ **6.2** ein ~ **auf** den Lohn *een voorschot op het loon;* etwas **auf** ~ kaufen *iets op afbetaling kopen.*
abschlagen I ⟨onov.ww.; h/s.⟩ **0.1** ***afslaan*** *⇒goedkoper worden;*
II ⟨ov.ww.⟩ **0.1** ***af-, wegslaan*** *⇒afhakken* **0.2** ***afslaan*** *⇒afweren, terugslaan* **0.3** ***afslaan*** *⇒afwijzen, weigeren* **0.4** ⟨sp.⟩ ***uitslaan, uittrappen*** ◆ **1.1** Bäume ~ *bomen vellen* **1.2** einen Angriff ~ *een aanval afslaan* **1.3** ein Angebot glatt ~ *een aanbod rondweg afslaan;*
III sich ~ ⟨wk.ww.⟩ **0.1** ***neerslaan, zich afzetten.***
abschlägig 0.1 ***afwijzend*** *⇒weigerend* ◆ **3.1** jmdn., jmdm. etwas ~ bescheiden *iem. iets weigeren.*
Abschlag(s)zahlung ⟨v.⟩ **0.1** ***gedeeltelijke afbetaling, termijnbetaling*** *⇒aanbetaling* **0.2** ***voorschot.***
abschleifen I ⟨ov.ww.⟩ **0.1** ***af-, weg-, gladslijpen;***
II sich ~ ⟨wk.ww.⟩ **0.1** ***af-, uit-, wegslijten*** **0.2** ⟨fig.⟩ ***milder worden*** *⇒de scherpe kanten verliezen.*
Abschleppdienst ⟨m.⟩ **0.1** ***sleep-, takeldienst.***
abschleppen I ⟨ov.ww.⟩ **0.1** ***(weg-, af)slepen*** ◆ **1.1** einen Wagen ~ *een auto wegslepen;*
II sich ~ ⟨wk.ww.⟩⟨inf.⟩ **0.1** ***rondslepen, -sjouwen*** ◆ **6.1** sich **an, mit** einem Koffer ~ *met een koffer sjouwen, zeulen.*
Abschleppseil ⟨o.⟩ **0.1** ***sleeptouw, -kabel.***
abschließen I ⟨onov.ww.; h.⟩ **0.1** ***afsluiten*** *⇒eindigen, afbreken* **0.2** ⟨ec.⟩ ***sluiten*** *⇒als einduitkomst hebben* ◆ **6.1 mit** jmdm. ~ *de omgang met iem. afbreken;* **mit** der Welt ~ *met de wereld breken;*
II ⟨ov.ww.⟩ **0.1** ***afsluiten*** ◆ **1.1** ein abgeschlossenes Dasein führen *een leven in afzondering leiden;* ein abgeschlossenes Ganzes *een afgerond geheel;* ein Kragen

schließt das Kleid ab *de jurk is met een kraag afgezet* **4.1** sich ~ *zich afsluiten, zich afzonderen.*

abschließend 0.1 ***tot besluit, afsluitend.***

Abschluß ⟨m.⟩ **0.1** ***afsluiting*** *⇒einde, beëindiging* **0.2** ***(af)sluiting, het sluiten*** *⇒ondertekening* **0.3** ***afsluiter*** *⇒afsluitklep, afsluitkraan* **0.4** ***boord*** *⇒boordsel, rand* **0.5** ⟨ec.⟩ ***afsluiting*** *⇒balans* **0.6** ⟨ec.⟩ ***overeenkomst, transactie*** *⇒post* ◆ **1.4** der ~ der Tapete *de sierrand van het behang* **3.1** seinen ~ finden *een einde nemen* **3.¶** ⟨inf.⟩ seinen ~ machen *eindexamen doen* **6.1 zum** ~ *ten slotte, tot besluit;* etwas **zum** ~ bringen *iets ten einde brengen, beëindigen;* **zum** ~ gelangen, kommen *tot een einde komen* **6.2 vor** dem ~ stehen *kort voor de ondertekening zijn.*

Abschlußfeier ⟨v.⟩ **0.1** ***feest/plechtigheid ter afsluiting*** **0.2** ***eindexamenfeest.***

Abschlußprüfung ⟨v.⟩ **0.1** ***eindexamen*** **0.2** ⟨ec.⟩ ***balanscontrole.***

Abschlußzeugnis ⟨o.⟩ **0.1** ***einddiploma.***

abschmecken 0.1 ***op smaak brengen, op smaak afmaken*** **0.2** ***proeven.***

abschmelzen I ⟨onov.ww.⟩ **0.1** ***af-, wegsmelten;***
II ⟨ov.ww.⟩ **0.1** ***(af-, los)smelten.***

abschmieren 0.1 ***invetten, insmeren*** *⇒doorsmeren* **0.2** ⟨school.⟩ ***af-, overpennen.***

abschminken 0.1 ***afschminken, van schmink ontdoen*** ◆ **4.¶** ⟨inf.⟩ sich ⟨3e nv.⟩ etwas ~ *iets uit zijn hoofd zetten.*

abschnallen I ⟨onov.ww.⟩⟨inf.⟩ **0.1** ***afhaken, het laten afweten*** ◆ **¶.1** da schnallst du ab! *daar sta je van te kijken!, ongelofelijk zeg!;*
II ⟨ov.ww.⟩ **0.1** ***af-, losgespen*** *⇒ontgordelen, afbinden.*

abschneiden I ⟨onov.ww.⟩ **0.1** ***het er*** ⟨goed of slecht⟩ ***afbrengen*** *⇒een goed, slecht figuur slaan* ◆ **5.1** beim Test hat er gut abgeschnitten *bij de test heeft hij het er goed afgebracht;*
II ⟨ov.ww.⟩ **0.1** ***afsnijden*** *⇒(af)knippen, verkorten, couperen, afzagen* **0.2** ***afsnijden*** *⇒afzonderen, isoleren* **0.3** ***afsnijden*** *⇒een kortere weg nemen* **0.4** ***afsnijden*** *⇒verhinderen, afbreken* **0.5** ***beroven van, ontnemen*** **0.6** ***afsnijden*** *⇒afsluiten* ◆ **1.3** jmdm. den Weg ~ *iem. de pas afsnijden, iem. voor zijn* **1.4** jmdm. alle Möglichkeiten ~ *iem. alle mogelijkheden afsnijden;* jmdm. das Wort ~ *iem. in de rede vallen.*

Abschnitt ⟨m.⟩ **0.1** ***hoofdstuk, paragraaf*** *⇒passage, gedeelte* **0.2** ***periode, tijdspanne*** *⇒fase* **0.3** ***het afgesnedene, afgesneden stuk*** **0.4** ***strook, coupon*** **0.5** ***stuk weg*** ⟨deel v.e. traject⟩ **0.6** ***deelgebied, sector*** **0.7** ⟨wisk.⟩ ***segment*** ◆ **1.1** ein ~ des Gesetzbuchs *een paragraaf, passage van het wetboek.*

abschnitt(s)weise 0.1 ***in hoofdstukken, in paragrafen.***

abschnüren 0.1 ***afsnoeren, afbinden*** *⇒afsnijden, belemmeren* **0.2** ⟨fig.⟩ ***afgrendelen*** ◆ **1.1** ⟨inf.; fig.⟩ jmdm. die Luft ~ *iem. financieel ruïneren* **1.2** eine Gegend ~ *een streek afgrendelen.*

abschöpfen 0.1 ***af-, wegscheppen*** *⇒afschuimen* **0.2** ⟨ec.⟩ ***geld uit de circulatie nemen*** ◆ **1.1** das Fett, den Rahm ~ *het vet, de room afscheppen* ⟨ook fig.⟩ **1.¶** Gewinne ~ *winsten afromen.*

abschotten ⟨fig.⟩ **0.1** ***afschermen*** *⇒hermetisch afsluiten.*

abschrauben 0.1 ***af-, losschroeven.***

abschrecken 0.1 ***afschrikken*** *⇒schrik inboezemen, beangstigen* **0.2** ⟨cul.⟩ ***schrikken*** **0.3** ⟨tech.⟩ ***afschrikken*** *⇒sterk afkoelen, harden.*

Abschreckungsmittel ⟨o.⟩ **0.1** ***intimidatiemiddel.***

abschreiben I ⟨onov.ww.⟩ **0.1** ***afschrijven*** ◆ **4.1** jmdm. ~ *iem. afschrijven;*
II ⟨ov.ww.⟩ **0.1** ***af-, overschrijven*** **0.2** ⟨inf.⟩ ***afschrijven*** *⇒aftrekken, verminderen, schrappen* **0.3** ⟨ec.⟩ ***afschrijven*** *⇒aftrekken* ◆ **1.2** seine Freundin abgeschrieben haben *zijn vriendin uit zijn hoofd gezet hebben* **5.3** steuerlich ~ *fiscaal aftrekken;*
III sich ~ ⟨wk.ww.⟩ **0.1** ***door te schrijven slijten.***

Abschreibung ⟨v.⟩⟨ec.⟩ **0.1** ***afschrijving, het afschrijven*** *⇒vermindering, het aftrekken* ⟨v.e. bedrag⟩.

abschreiten ⟨schr.⟩ **0.1** ⟨h/s.⟩ ***schrijden langs*** *⇒inspecteren* **0.2** ***afstappen*** *⇒afmeten, afpassen* ◆ **1.1** die Ehrenkompanie ~ *de erewacht inspecteren.*

Abschrift ⟨v.⟩ **0.1** ***afschrift*** *⇒duplicaat, kopie,* ⟨jur.⟩ *expeditie* ◆ **1.1** ~ einer Urschrift *eerste uitgifte, expeditie* **2.1** beglaubigte ~ eines Urteils *gewaarmerkt afschrift van een vonnis* **6.1 für** richtige ~ *voor eensluidend verklaard afschrift.*

abschrubben 0.1 ***afschrobben*** *⇒schoon-, wegschrobben.*

abschuften, sich ⟨inf.⟩ **0.1** ***zich afbeulen.***

abschuppen I ⟨onov.ww.⟩ **0.1** ***afschubben*** *⇒afschilferen;*
II ⟨ov.ww.⟩ **0.1** ***(af)schubben*** ◆ **1.1** einen Fisch ~ *een vis (af)schubben;*
III sich ~ ⟨wk.ww.⟩ **0.1** ***afschubben*** *⇒afschilferen* ◆ **1.1** die Haut schuppt sich ab *de huid schilfert af.*

abschürfen 0.1 ***(af)schaven*** *⇒licht kwetsen* ◆ **1.1** sich ⟨3e nv.⟩ das Knie ~ *zijn knie schaven.*

Abschuß ⟨m.⟩ **0.1** ***het afschieten*** *⇒schot, lancering* **0.2** ***het (neer)schieten*** *⇒het doden, het neerhalen.*

Abschußbasis ⟨v.⟩ **0.1** ***lanceerbasis.***

abschüssig 0.1 ***(sterk) (af)hellend, steil.***

Abschußliste ⟨v.⟩⟨pej.⟩ ◆ **¶.¶** auf der ~ stehen *op de nominatie staan om ...* ⟨bv. ontslagen, gearresteerd te worden⟩.

Abschußrampe ⟨v.⟩ **0.1** ***lanceerplatform.***

abschütteln 0.1 ***van zich (af)schudden*** *⇒afwerpen, overwinnen* **0.2** ***uitschudden*** ◆ **1.1** ⟨fig.⟩ die Müdigkeit ~ *de vermoeidheid van zich afschudden.*

abschütten 0.1 ***af-, weg-, uitgieten.***

abschwächen I ⟨ov.ww.⟩ **0.1** ***ver-, afzwakken*** *⇒doen afnemen* ◆ **1.1** Gegensätze ~ *tegenstellingen verzwakken* **6.1 in** abgeschwächter Form *in verzwakte vorm;*
II sich ~ ⟨wk.ww.⟩ **0.1** ***af-, verzwakken*** *⇒afnemen* ◆ **1.1** ⟨meteo.⟩ das Tief hat sich abgeschwächt *het lagedrukgebied is minder krachtig geworden.*

Abschwächung ⟨v.⟩ **0.1** ***verzwakking*** *⇒vermindering* **0.2** ***daling*** ⟨v.d. koersen⟩.

abschwatzen, abschwätzen ⟨inf.⟩ **0.1** ***aftroggelen.***

abschweifen 0.1 ***afdwalen*** *⇒afwijken, afkomen* ◆ **6.1 vom** Thema ~ *van zijn onderwerp afdwalen.*

Abschweifung ⟨v.; ~, ~en⟩ **0.1** ***afdwaling*** *⇒uitweiding, excursie.*

abschwellen 0.1 ***slinken*** *⇒afnemen, inkrimpen* ◆ **1.1** die Beule schwillt ab *de buil slinkt;* der Sturm schwillt ab *de storm luwt.*

abschwemmen 0.1 ***af-, wegspoelen.***

abschwenken 0.1 ***(af)zwenken*** *⇒afslaan* ◆ **6.1 (nach)** links ~ *links afzwenken.*

abschwindeln 0.1 ***afzwendelen*** *⇒afluizen.*

abschwitzen 0.1 ***door zweten kwijtraken*** ◆ **1.1** ein paar Pfunde ~ *door zweten een paar pond kwijtraken.*

abschwören 0.1 ***afzweren*** *⇒verloochenen, verzaken, opgeven* ◆ **1.1** dem Glauben ~ *het geloof afzweren.*

Abschwung ⟨m.⟩ **0.1** ⟨turnen⟩ ***afsprong*** **0.2** ⟨ec.⟩ ***recessie*** *⇒achteruitgang.*

absegeln I ⟨onov.ww.⟩ **0.1** ***af-, wegzeilen, onder zeil gaan*** *⇒af-, wegvaren;*
II ⟨ov.ww.⟩ **0.1** ***afzeilen*** *⇒zeilend afleggen* **0.2** ***zeilen langs*** ◆ **1.2** die Küste ~ *langs de kust zeilen.*

absegnen ⟨inf.⟩ **0.1** ***zijn zegen/fiat geven aan.***

absehbar **0.1** ***afzienbaar*** ⇒*te overzien* ◆ **1.1** ein noch nicht ~er Schaden *een nog niet te overziene schade;* in ~er Zeit *binnen afzienbare tijd.*

absehen I ⟨onov.ww.⟩ **0.1** ***afzien van*** ⇒*laten varen, opgeven* **0.2** ***liplezen*** ◆ **6.1 von** Einzelheiten abgesehen *details buiten beschouwing gelaten;*
II ⟨ov.ww.⟩ **0.1** ***afzien*** ⇒*afkijken, afschrijven* **0.2** ***aanzien*** ⇒*aflezen, lezen op* **0.3** ***uitkijken*** **0.4** ***afzien*** ⇒*over-, voorzien* **0.5** ***het gemunt, voorzien hebben op*** ⇒*het op iets aanleggen* ◆ **1.4** die Folgen sind nicht abzusehen *de gevolgen zijn niet te overzien* **3.5** er hat es darauf abgesehen, mich zu ärgern *hij legt het erop aan mij te ergeren* **6.1** Schulaufgaben **bei, von** jmdm. ~ *het huiswerk van iem. afkijken, overschrijven* **6.2** jmdm. etwas **an** den Augen ~ *iets in iemands ogen aflezen* **6.5** er hat es **auf** sie abgesehen (a) *hij heeft het op haar gemunt* (b) *hij heeft zijn oog op haar laten vallen.*

abseifen **0.1** ***afzepen*** ⇒*afsoppen, (af)wassen.*

abseihen **0.1** ***zeven*** ⇒*filtreren.*

abseilen I ⟨ov.ww.⟩ **0.1** ***aan een touw, kabel neerlaten;***
II sich ~ ⟨wk.ww.⟩⟨inf.⟩ **0.1** ***verdwijnen*** ⇒*weggaan, ervandoor gaan.*

absein ⟨inf.⟩ **0.1** ***afgelegen, verwijderd zijn*** **0.2** ***(er)af zijn*** ⇒*los zijn, weg zijn* **0.3** ***(bek)af zijn*** ⇒*afgemat, uitgeput zijn.*

abseitig **0.1** ***afwijkend*** ⇒*buitenissig, abnormaal, pervers* ◆ **1.1** ein ~er Mensch *een excentriek mens;* ~e Neigungen *perverse neigingen.*

abseits[1] ⟨bw.⟩ **0.1** ***opzij*** ⇒*terzijde, ver, weg* **0.2** ⟨sp.⟩ ***buitenspel*** ◆ **3.1** ⟨theater⟩ ~ sprechen *terzijde spreken* **3.2** ⟨sp.⟩ ~ sein, stehen *buitenspel staan.*

abseits[2] ⟨vz. + 2⟩ **0.1** ***ter zijde van*** ⇒*ver van* ◆ **1.1** ~ des Gewühls *ver van het gewoel.*

Abseits ⟨o.; ~, ~⟩⟨sp.⟩ **0.1** ***buitenspel, off side*** ◆ **6.1 im** ~ stehen *buitenspel staan.*

Abseitsfalle ⟨v.⟩⟨sp.⟩ **0.1** ***buitenspelval.***

Abseitsstellung ⟨v.⟩ **0.1** ***buitenspelpositie.***

absenden **0.1** ***af-, verzenden*** **0.2** ***uitzenden*** ◆ **1.2** einen Boten ~ *een bode uitzenden.*

Absender ⟨m.⟩ **0.1** ***afzender.***

absenken I ⟨ov.ww.⟩ **0.1** ***laten zinken, zakken*** **0.2** ⟨landb.⟩ ***afleggen*** ⇒*afzetten* ◆ **1.1** das Grundwasser ~ *het grondwater verlagen* **1.2** Pflanzen ~ *planten afleggen;*
II sich ~ ⟨wk.ww.⟩ **0.1** ***(af)hellen.***

Absenz ⟨v.; ~, ~en⟩⟨schr.⟩ **0.1** ***afwezigheid, absentie.***

abservieren **0.1** ***afruimen*** ⇒*afdekken.*

absetzbar **0.1** ***aftrekbaar*** **0.2** ***verkoopbaar*** **0.3** ***afzetbaar*** ◆ **1.2** leicht ~e Waren *gemakkelijk verkoopbare waren* **5.1** steuerlich ~ *fiscaal aftrekbaar.*

absetzen I ⟨onov.ww.; h.⟩ **0.1** ***ophouden*** ⇒*even pauzeren* **0.2** ⟨scheep.⟩ ***afzetten, afsteken*** ◆ **6.2 vom** Ufer ~ *van de oever afzetten, afsteken;*
II ⟨ov.ww.⟩ **0.1** ***afzetten*** ⇒*afnemen* **0.2** ***af-, neerzetten*** ⇒*wegdoen, (neer)leggen* **0.3** ***afzetten*** ⇒*laten afstappen, uitstappen* **0.4** ***afwerpen*** **0.5** ***afzetten*** ⇒*laten bezinken* **0.6** ***afzetten*** ⇒*ontslaan, ten val brengen* **0.7** ***afvoeren*** ⇒*schrappen, afbreken* **0.8** ***afzetten*** ⇒*afbiezen, omboorden* **0.9** ***afzetten*** ⇒*uitzetten, (af)tekenen* **0.10** ***afzetten*** ⇒*aftekenen* **0.11** ⟨ec.⟩ ***afzetten*** ⇒*verkopen, v.d. hand doen* **0.12** ⟨ec.⟩ ***aftrekken*** **0.13** ⟨landb.⟩ ***spenen*** **0.14** ⟨boek.⟩ ***(telkens) op een nieuwe regel laten beginnen*** ⇒*laten inspringen* **0.15** ⟨boek.⟩ ***afzetten*** ⇒*volledig zetten* **0.16** ⟨scheep.⟩ ***afzetten*** ⇒*afduwen* **0.17** ⟨med.⟩ ***afzetten*** ⇒*amputeren* ◆ **1.2** die Feder ~ *de pen neerleggen* **1.3** einen Fahrgast ~ *een passagier afzetten, laten uitstappen* **1.4** Fallschirmjäger ~ *para's droppen;* das Geweih ~ *het gewei afwerpen* **1.7** eine Therapie ~ *een therapie afbreken* **1.15** ein Manuskript ~ *een manuscript afzetten, volledig zetten* **4.¶** ⟨inf.⟩ es setzt etwas ab *er vallen klappen* **6.2** das Glas **vom** Mund ~ *het glas van de mond nemen en neerzetten* **6.7** ein Theaterstück **vom** Programm ~ *een toneelstuk van het repertoire schrappen* **6.10** Farben **voneinander** ~ *kleuren tegen elkaar afzetten* **6.11** Güter **vom** Lager ~ *goederen uit de voorraad verkopen* **6.12 von** der Steuer ~ *van de belasting aftrekken;*
III sich ~ ⟨wk.ww.⟩ **0.1** ***zich afzetten*** ⇒*bezinken, neerslaan* **0.2** ***zich afzetten*** ⇒*afsteken tegen, contrasteren* **0.3** ***ervandoor gaan*** ⇒*verdwijnen* **0.4** ⟨mil.⟩ ***zich terugtrekken*** ⇒*zich losmaken* ◆ **1.1** Schlamm setzt sich ab *slib zet zich af* **6.3** sich **in** ein anderes Land ~ *de wijk nemen, (heimelijk) naar een ander land wegtrekken;* sich **über** die Grenze ~ *(heimelijk) de grens overgaan.*

absichern **0.1** ***beveiligen*** ⇒*af-, beschermen* ◆ **1.1** abgesicherte Daten *harde gegevens* **5.1** vertraglich abgesichert *contractueel vastgelegd.*

Absicht ⟨v.⟩ **0.1** ***bedoeling, voornemen*** ⇒*plan, opzet, oogmerk* ◆ **3.1** ⟨inf.⟩ (ehrliche, ernste) ~en (auf jmdn.) haben *trouwplannen hebben;* eine ~ hegen *een plan koesteren;* eine ~ verfolgen *een doel beogen* **6.1 aus** böser ~ *met kwade opzet;* **bei** seiner ~ bleiben *bij zijn voornemen blijven;* **in** beleidigender ~ *om te beledigen;* **in** bester ~ *met de beste bedoeling;* sich **mit** der ~ tragen, etwas zu tun *met het plan rondlopen iets te doen;* **mit** ~ *met opzet;* **ohne** böse ~ *zonder kwade bedoelingen.*

absichtlich ⟨acc. wiss.⟩ **0.1** ***opzettelijk*** ⇒*met opzet, expres.*

absichtslos **0.1** ***onopzettelijk*** ⇒*zonder opzet.*

absingen **0.1** ***af-, uitzingen*** ⇒*helemaal ten einde zingen* **0.2** ***v.h. blad zingen.***

absinken **0.1** ***weg-, verzinken*** **0.2** ***dalen, afnemen*** ⇒*verminderen* **0.3** ⟨fig.⟩ ***afzinken, afzakken*** ⇒*slechter worden* ◆ **6.1 auf** (den) Grund ~ *naar de diepte (weg)zinken* **6.3** ⟨sp.⟩ **auf** den letzten Platz ~ *naar de laatste plaats afzakken.*

Absinth ⟨m.; ~(e)s, ~e⟩ **0.1** ***absint.***

absitzen I ⟨onov.ww.⟩ **0.1** ***afstijgen, afzitten*** **0.2** ⟨h.; inf.⟩ ***van ... af zitten, verwijderd zitten*** ◆ **6.2** (weit) **von** der Stadt ~ *(ver) van de stad af wonen;*
II ⟨ov.ww.⟩⟨inf.⟩ **0.1** ***slijten, doorbrengen*** **0.2** ***uitzitten*** ⇒*(in de gevangenis) zitten* **0.3** ***af-, stukzitten.***

absolut **0.1** ***absoluut*** ◆ **1.1** ~en Gehorsam fordern *onvoorwaardelijke gehoorzaamheid eisen;* ~e Gewalt *absoluut gezag;* ~er Unsinn *klinkklare onzin.*

Absolution ⟨v.; ~, ~en⟩⟨rel.⟩ **0.1** ***absolutie*** ⇒*vergiffenis, kwijtschelding.*

Absolutismus ⟨m.; ~⟩ **0.1** ***absolutisme.***

Absolvent ⟨m.; ~en, ~en⟩ **0.1** ***afgestudeerde, abituriënt*** **0.2** ***examinandus.***

absolvieren **0.1** ***voltooien*** ⇒*afmaken, doen* ◆ **1.1** ein Gastspiel ~ *een gastvoorstelling geven;* das Gymnasium ~ *het gymnasium doorlopen;* ein Pensum ~ *een taak, opgave afwerken;* eine Prüfung ~ *voor een examen slagen.*

absonderlich **0.1** ***zonderling*** ⇒*eigenaardig, wonderlijk.*

absondern **0.1** ***afzonderen*** ⇒*(af)scheiden, isoleren* **0.2** ⟨biol., med.⟩ ***af-, uitscheiden.***

absorbieren **0.1** ***absorberen*** ◆ **1.1** jmds. Aufmerksamkeit ~ *iemands aandacht volledig opeisen.*

abspalten I ⟨ov.ww.⟩ **0.1** ***afsplijten, afsplitsen*** ⟨ook schei.⟩ ⇒*afscheiden;*
II sich ~ ⟨wk.ww.⟩ **0.1** ***zich afsplitsen.***

Abspann ⟨m.⟩⟨film., tv⟩ **0.1** ***aftiteling.***
abspannen **0.1** ***uitspannen*** **0.2** ***vastzetten*** ⟨met spandraad⟩ ⇒*tuien.*
Abspannung ⟨v.⟩ **0.1** ***vermoeidheid*** ⇒*afgematheid.*
absparen **0.1** ***(uit)sparen*** ◆ **1.1** etwas seinem Munde ~ *iets uit zijn mond sparen.*
abspecken ⟨inf.⟩ **0.1** ***afslanken*** ⇒*vermageren.*
abspeichern ⟨comp.⟩ **0.1** ***wegschrijven, opslaan.***
abspeisen ⟨inf.⟩ **0.1** ***afschepen*** ⇒*paaien* **0.2** ⟨pej.⟩ ***te eten geven*** ◆ **6.1** jmdn. **mit** Versprechungen ~ *iem. met een kluitje in het riet sturen.*
abspenstig ◆ **3.¶** jmdm. jmdn., etwas ~ machen *iem. iem., iets afhandig maken.*
absperren I ⟨ov.ww.⟩ **0.1** ***(af)sluiten*** ⇒*op slot doen, versperren* ◆ **1.1** die Öllieferungen ~ *de olieleveranties stopzetten;*
II sich ~ ⟨wk.ww.⟩ **0.1** ***zich afsluiten, zich afzonderen*** ◆ **6.1** das Land sperrt sich **gegen** ausländische Einflüsse ab *het land sluit zich af voor buitenlandse invloeden.*
Absperrhahn ⟨m.⟩ **0.1** ***afsluitkraan.***
Absperrung ⟨v.; ~, ~en⟩ **0.1** ***afsluiting*** **0.2** ***blokkade, versperring*** ⇒*barrière* **0.3** ***kordon*** ◆ **2.3** eine polizeiliche ~ *een politiekordon* **3.2** eine ~ durchbrechen *een (weg)versperring, afzetting doorbreken.*
Abspiel ⟨o.⟩⟨sp.⟩ **0.1** ***het doorgeven*** ⇒*pass, toegespeelde bal.*
abspielen I ⟨ov.ww.⟩ **0.1** ***af-, uitspelen, ten einde toe spelen*** **0.2** ***afspelen, stuk spelen*** **0.3** ***van het blad spelen*** **0.4** ⟨sp.⟩ ***doorgeven*** ⇒*toespelen, passen;*
II sich ~ ⟨wk.ww.⟩ **0.1** ***zich afspelen*** ⇒*plaatsvinden, gebeuren* ◆ **4.1** ⟨inf.⟩ da spielt sich nichts ab! *daar is geen kwestie van!*
absplittern I ⟨onov.ww.⟩ **0.1** ***afsplinteren*** ⇒*afspringen;*
II ⟨ov.ww.⟩ **0.1** ***(doen) afsplinteren*** ⇒*afbreken;*
III sich ~ ⟨wk.ww.⟩ **0.1** ***zich afscheiden, zich afsplitsen.***
Absprache ⟨v.⟩ **0.1** ***afspraak, overeenkomst*** ◆ **3.1** eine ~ treffen *een afspraak maken.*
absprechen I ⟨ov.ww.⟩ **0.1** ***afspreken, overeenkomen*** **0.2** ***ontzeggen*** ⇒*betwisten* **0.3** ⟨jur.⟩ ***ontzeggen*** ⟨v.e. eis, recht⟩ ⇒*weigeren* ◆ **1.2** jmdm. alles Talent ~ *iem. alle talent ontzeggen* **1.3** jmdm. eine Erbschaft ~ *iem. een erfenis betwisten* **6.1** etwas **miteinander** ~ *iets met elkaar afspreken;*
II sich ~ ⟨wk.ww.⟩ **0.1** ***met elkaar afspreken*** ⇒*overeenkomen.*
absprechend **0.1** ***geringschattend, minachtend.***
abspringen **0.1** ***af-, los-, wegspringen*** **0.2** ***afspringen, omlaag springen*** **0.3** ***afspringen*** ⇒*afstuiten, afschampen* **0.4** ⟨inf.⟩ ***afspringen, afhaken*** ⇒*niet meer meedoen* ◆ **6.3** der Ball springt **von** der Latte ab *de bal springt, stuit van de lat af.*
abspritzen I ⟨onov.ww.⟩ **0.1** ***afspatten;***
II ⟨ov.ww.⟩ **0.1** ***af-, weg-, schoonspuiten.***
Absprung ⟨m.⟩ **0.1** ***sprong, afzet*** **0.2** ***(af)sprong, het afspringen*** ⇒*het omlaagspringen* ◆ **3.1** ⟨fig.⟩ den ~ wagen *de sprong (in het onbekende) wagen.*
Absprunghafen ⟨m.⟩⟨mil.⟩ **0.1** ***vlieg(tuig)basis.***
abspulen **0.1** ***afwikkelen*** ⇒*afwinden, afrollen* **0.2** ***op-, afdreunen*** ⇒*afraffelen* **0.3** ⟨inf.⟩ ***(af)draaien*** ⇒*vertonen, afrollen.*
abspülen **0.1** ***af-, schoon-, wegspoelen.***
abstammen **0.1** ***(af)stammen*** ⇒*afkomstig zijn* ◆ **6.1** dieses Wort stammt **vom** Griechischen ab *dit woord stamt uit het Grieks.*
Abstammung ⟨v.⟩ **0.1** ***afstamming*** ⟨ook taal.⟩ ⇒*afkomst, herkomst.*
Abstand ⟨m.⟩ **0.1** ***afstand*** **0.2** ⟨inf.⟩ ***afkoopsom*** ◆ **3.1** den gebührenden ~ wahren *de passende afstand, distantie bewaren* **6.1** **auf** ~ halten *op een afstand houden;* **in** 20 Meter ~ *op 20 meter afstand;* **in** kurzen, regelmäßigen Abständen *met korte, regelmatige tussenpozen;* **von** einer Sache ~ nehmen *van iets afzien* **6.2** **gegen** einen ~ *tegen een afkoopsom* **6.¶** **mit** ~ der Größte *verreweg de grootste.*
abstatten ⟨schr.⟩ **0.1** ***brengen, doen*** **0.2** ***betuigen*** ◆ **1.1** jmdm. (einen) Bericht ~ *aan iem. verslag uitbrengen;* jmdm. einen Besuch ~ *iem. bezoeken* **1.2** jmdm. (seinen) Dank ~ *iem. bedanken.*
abstauben **0.1** ***afstoffen*** **0.2** ⟨inf.⟩ ***gappen*** ⇒*jatten.*
abstechen I ⟨onov.ww.; h.⟩ **0.1** ***afsteken*** ⇒*zich aftekenen* **0.2** ***afsteken*** ⇒*afzetten, wegvaren* ◆ **6.1** **gegen** jmdn., etwas ~, **von** jmdm., etwas ~ *bij iem., tegen, bij iets afsteken;*
II ⟨ov.ww.⟩ **0.1** ***af-, doodsteken*** **0.2** ***afsteken*** ⇒*afscheiden, steken* **0.3** ***afsteken*** ⇒*aftappen.*
Abstecher ⟨m.; ~s, ~⟩ **0.1** ***uitstapje*** ⟨tijdens een reis⟩.
abstecken **0.1** ***afsteken*** ⇒*afbakenen, vastleggen* **0.2** ***afspelden*** ⇒*losspelden* ◆ **1.1** ein Programm ~ *een programma uitstippelen.*
abstehen **0.1** ⟨h.⟩ ***afstaan*** ⇒*verwijderd staan* **0.2** ⟨schr.⟩ ***afzien (van)*** **0.3** ***afsterven*** ⇒*bederven, verschalen* ◆ **1.¶** die ganze Nacht ~ *de hele nacht op wacht staan;* ⟨ov. ww.⟩ ich habe mir die Beine abgestanden *ik heb staan wachten tot ik een ons woog.*
absteifen **0.1** ***stutten*** ⇒*steunen, schoren, schragen.*
Absteige ⟨v.; ~, ~n⟩⟨inf.; pej.⟩ **0.1** ***goedkoop hotel, pension*** **0.2** ***rendez-voushotel.***
absteigen **0.1** ***afstappen*** ⇒*afstijgen, afdalen* **0.2** ***(af)dalen*** ⇒*naar beneden lopen* **0.3** ⟨sp.⟩ ***degraderen*** ◆ **6.1** **vom** Fahrrad ~ *van zijn fiets afstappen.*
Absteiger ⟨m.; ~s, ~⟩⟨sp.⟩ **0.1** ***degraderende, gedegradeerde ploeg.***
Abstellbahnhof ⟨m.⟩ **0.1** ***remise*** ⇒*rangeerstation.*
abstellen I ⟨onov.ww.⟩ **0.1** ***in overweging nemen*** ⇒*in aanmerking nemen, rekening houden met* ◆ **8.1** der Direktor stellte darauf ab, daß ... *de directeur nam in overweging, dat ...;*
II ⟨ov.ww.⟩ **0.1** ***af-, neerzetten*** **0.2** ***afzetten*** ⇒*uitschakelen, stilzetten* **0.3** ***afzetten*** ⇒*verwijderen* **0.4** ***opbergen*** ⇒ *wegzetten* **0.5** ***stallen*** ⇒*plaatsen, neerzetten, parkeren* **0.6** ***verhinderen*** ⇒*tegengaan, uit de weg ruimen* **0.7** ***detacheren*** ⇒*beschikbaar stellen* **0.8** ***afstemmen*** ⇒*instellen, oriënteren* **0.9** ⟨sp.⟩ ***afstaan, ter beschikking stellen*** ◆ **1.6** Mißstände ~ *wantoestanden uit de weg ruimen* **6.5** sein Fahrrad **an** der Wand ~ *zijn fiets tegen de muur zetten* **6.7** Soldaten **an** die Front ~ *soldaten naar het front detacheren* **6.8** etwas **auf** den Geschmack des Publikums ~ *iets op de smaak van het publiek afstemmen.*
Abstellgleis ⟨o.⟩ **0.1** ***zijspoor*** ⇒*rangeerspoor, dood spoor* ◆ **6.1** ⟨inf.; fig.⟩ jmdn. **auf** das, ein ~ schieben *iem. op een zijspoor zetten.*
Abstellraum ⟨m.⟩ **0.1** ***bergruimte*** ⇒*rommelkamer.*
abstempeln **0.1** ***af-, bestempelen*** ⟨ook fig.⟩ ◆ **¶.1** jmdn. zum, als Lügner ~ *iem. als leugenaar bestempelen.*
absterben **0.1** ***af-, uitsterven*** **0.2** ***gevoelloos worden*** ◆ **1.2** die Finger sind mir vor Kälte (wie) abgestorben *ik heb dode vingers van de kou.*
Abstieg ⟨m.; ~(e)s, ~e⟩ **0.1** ***het afdalen, afdaling*** **0.2** ***neergang*** ⇒*achteruitgang, recessie* **0.3** ⟨sp.⟩ ***degradatie.***
abstiegsgefährdet ⟨sp.⟩ **0.1** ***met degradatie bedreigd.***
abstillen **0.1** ***spenen*** ⇒*niet meer zogen.*
abstimmen I ⟨onov.ww.⟩ **0.1** ***stemmen*** ⇒*zijn stem uitbrengen* ◆ **6.1** **über** etwas ~ lassen *iets in stemming brengen;*

II (ov.ww.) **0.1** ***afstemmen*** ⇒*instellen* **0.2** ***assorteren*** ⇒ *(met elkaar) in overeenstemming brengen* ◆ **1.2** Farben ~ *kleuren op elkaar afstemmen;*
III sich ~ (wk.ww.) **0.1** ***afspreken*** ◆ **5.1** sich miteinander, untereinander ~ *met, onder elkaar afspreken.*

Abstimmung (v.) **0.1** ***stemming*** **0.2** ***afstemming, het afstemmen*** ◆ **3.1** eine ~ vornehmen *een stemming houden* **6.1** (adm.) **zur** ~ bringen *in stemming brengen;* ein Antrag kommt **zur** ~ *over een motie wordt gestemd;* **zur** ~ schreiten *tot stemming overgaan.*

Abstimmungsergebnis (o.) **0.1** ***stemresultaat, uitslag v.d. stemming.***

Abstinenz (v.; ~) **0.1** ***abstinentie, (geheel)onthouding.***

Abstinenzler (m.; ~s, ~) **0.1** ***abstinent, (geheel)onthouder.***

abstoppen I (onov.ww.; h.) **0.1** ***stoppen*** ⇒*tot stilstand komen;*
II (ov.ww.) **0.1** ***doen stoppen*** ⇒*tot staan brengen, doen ophouden* **0.2** ***chronometreren*** ⇒*met de stopwatch de tijd opnemen.*

Abstoß (m.) **0.1** ***het afstoten*** ⇒*afzet* **0.2** (sp.) ***doel-, uittrap.***

abstoßen I (onov.ww.) **0.1** (h/s.) ***af-, wegvaren*** ⇒*zich afstoten, zich afduwen;*
II (ov.ww.) **0.1** ***af-, wegstoten*** ⇒*af-, wegduwen* **0.2** ***afstoten, afslaan*** ⇒*beschadigen* **0.3** ***afstoten*** ⇒*afwerpen* **0.4** ***kwijtraken*** ⇒*afkomen van, verkopen* ◆ **1.1** (fig.) seine Mitmenschen ~ *zijn medemensen afstoten* **1.3** das Geweih ~ *het gewei afstoten, afwerpen* **1.4** Waren schnell ~ *waren snel verkopen, van de hand doen* **4.1** gleichnamige Pole stoßen einander ab *gelijknamige polen stoten elkaar af.*

abstoßend **0.1** ***afstotend, afstotelijk*** ⇒*stotend, stuitend.*

abstottern (inf.) **0.1** ***afbetalen*** (in termijnen).

abstrahieren **0.1** ***abstraheren*** ◆ **6.1** **von** etwas ~ (ook) *iets buiten beschouwing laten.*

abstrahlen **0.1** ***af-, uitstralen.***

abstrakt **0.1** ***abstract.***

Abstraktion (v.; ~, ~en) **0.1** ***abstrahering*** **0.2** ***abstractie.***

Abstraktionsvermögen (o.) **0.1** ***abstractievermogen.***

Abstraktum (o.; ~s, Abstrakta) (fil., taal.) **0.1** ***abstractum.***

abstrampeln, sich (inf.) **0.1** ***zich lam fietsen*** **0.2** ***zich afsloven*** ⇒*zich afbeulen.*

abstreichen **0.1** ***afstrijken*** ⇒*afwrijven, (af)vegen* **0.2** ***aftrekken*** ⇒*(er)af doen* **0.3** ***afzoeken*** ◆ **1.1** Asche von einer Zigarette ~ *een sigaret aftippen;* die Füße ~ *zijn voeten vegen.*

abstreifen I (onov.ww.) **0.1** ***afdwalen;***
II (ov.ww.) **0.1** ***afdoen*** ⇒*uittrekken, afleggen* **0.2** ***afzoeken*** **0.3** (sp.) ***zich ontdoen van (zijn bewaker)*** ◆ **1.1** alte Vorurteile ~ *oude vooroordelen afleggen;* die Haut ~ *de huid afwerpen.*

abstreiten **0.1** ***loochenen*** ⇒*ontkennen, tegenspreken* **0.2** ***betwisten*** ⇒*ontzeggen.*

Abstrich (m.) **0.1** ***aftrek*** ⇒*vermindering, bezuiniging* **0.2** ***neerhaal*** (bij het schrijven) **0.3** (med.) ***uitstrijkje*** **0.4** (muz.) ***afstreek*** ◆ **3.1** am Etat einen ~ von Millionen machen, vornehmen *op de begroting voor miljoenen bezuinigen;* ~e machen *zich met minder tevreden stellen* **6.1** **ohne** ~e gelten *onverkort gelden.*

abströmen **0.1** ***wegstromen*** ⇒*wegvloeien* **0.2** ***neerstromen*** ⇒*neergutsen.*

abstufen I (ov.ww.) **0.1** ***trapsgewijs aanleggen*** ⇒*trapsgewijze overgangen maken* **0.2** ***nuanceren*** **0.3** ***in een lagere loonschaal plaatsen*** ◆ **1.1** die Steuern ~ *de belastingen volgens een bepaalde schaal berekenen, vaststellen;* einen Hang ~ *een helling trapsgewijs aanleggen* **1.2** Farben ~ *kleuren nuanceren;*
II sich ~ (wk.ww.) **0.1** ***trapsgewijs verlopen.***

abstumpfen **0.1** ***afstompen*** (ook fig.).

Absturz (m.) **0.1** ***het neerstorten*** ⇒*het (neer)vallen, val* **0.2** ***afgrond*** ⇒*steile helling.*

abstürzen **0.1** ***neerstorten*** ⇒*neervallen* **0.2** ***steil afhellen*** ⇒*in de diepte, naar beneden gaan* **0.3** (comp.) ***crashen.***

abstützen **0.1** ***stutten*** ⇒*schoren, ondersteunen.*

absuchen **0.1** ***af-, doorzoeken.***

absurd **0.1** ***absurd, zinloos*** ⇒*ongerijmd, dwaas.*

Abszeß (m.; Abszesses, Abszesse) **0.1** ***abces.***

Abszisse (v.; ~, ~n) (wisk.) **0.1** ***abscis.***

Abszissenachse (v.) (wisk.) **0.1** ***x-as.***

Abt (m.; ~(e)s, ~̈e) **0.1** ***abt.***

abtakeln (scheep.) **0.1** ***af-, onttakelen.***

abtasten **0.1** ***aftasten*** ⇒*afzoeken.*

abtauen I (onov.ww.) **0.1** ***ontdooien*** ⇒*(weg)smelten;*
II (ov.ww.) **0.1** ***ontdooien*** **0.2** ***wegsmelten*** ⇒*doen smelten.*

abtauschen **0.1** ***(af)ruilen*** (ook schaken).

Abtei (v.; ~, ~en) **0.1** ***abdij.***

Abteil (acc. wiss.) (o.) **0.1** ***coupé*** ⇒*compartiment* **0.2** ***afgeschoten ruimte*** ⇒*vak, hok.*

abteilen **0.1** ***af-, ver-, indelen*** **0.2** ***afschieten*** ⇒*afzonderen, afscheiden, afsplitsen* ◆ **1.1** das Haar ~ *een scheiding in het haar maken.*

Abteilung[1] (v.) **0.1** ***af-, ver-, indeling*** **0.2** ***afgeschoten ruimte*** ⇒*compartiment.*

Abteilung[2] (v.) **0.1** ***afdeling*** ⇒*sectie, ploeg.*

Abteilungs|chef, -leiter (m.) **0.1** ***afdelingschef.***

abtippen (inf.) **0.1** ***uit-, overtikken.***

Äbtissin (v.; ~, ~nen) **0.1** ***abdis.***

abtönen **0.1** ***schakeren*** ⇒*nuanceren, tinten.*

abtöten **0.1** ***doden.***

abtraben **0.1** ***wegdraven, -rennen.***

Abtrag (m.; ~(e)s, ~̈e) (schr.) **0.1** ***afbreuk*** ⇒*nadeel, schade* ◆ **3.1** einem Ruf ~ tun *een reputatie schaden.*

abtragen **0.1** ***weg-, afgraven*** ⇒*eroderen, afbreken, slopen* **0.2** (schr.) ***afruimen*** **0.3** ***naar beneden dragen, brengen*** **0.4** ***afdragen, verslijten*** **0.5** (schr.) ***aflossen, afbetalen*** **0.6** (wisk.) ***overbrengen*** ◆ **1.1** ein Haus ~ *een huis afbreken, slopen;* einen Hügel ~ *een heuvel afgraven* **1.2** die Teller, den Tisch ~ *de borden, de tafel afruimen.*

abträglich (schr.) **0.1** ***nadelig, schadelijk*** ◆ **1.1** das ist seiner Gesundheit ~ *dat is schadelijk voor zijn gezondheid.*

Abtransport (m.) **0.1** ***afvoer.***

abtransportieren **0.1** ***af-, wegvoeren.***

abtreiben I (onov.ww.) **0.1** ***af-, wegdrijven;***
II (ov.ww.) **0.1** ***af-, weg-, verdrijven*** **0.2** ***afdrijven, naar beneden drijven*** **0.3** (med.) ***afdrijven.***

Abtreibung (v.; ~, ~en) **0.1** ***(vrucht)afdrijving, abortus.***

abtrennen **0.1** ***af-, lostornen*** **0.2** ***afscheiden*** (ook schei.) ⇒ *afscheuren, afrukken, afzonderen.*

abtreten I (onov.ww.) **0.1** ***zich verwijderen, weg-, afgaan*** **0.2** (fig.) ***aftreden*** ⇒*(zijn ambt) neerleggen* ◆ **1.1** von der Bühne ~ *van het toneel afgaan;* die Soldaten traten ab *de soldaten rukten in;*
II (ov.ww.) **0.1** ***afstaan*** ⇒*overdragen* **0.2** (h.) ***aflopen*** ⇒ *verslijten* **0.3** ***(af)stampen, aftrappen*** ⇒*afvegen* ◆ **1.1** jmdm. seinen Platz ~ *aan iem. zijn plaats afstaan* **1.3** ich habe mir die Schuhe abgetreten *ik heb mijn schoenen afgeveegd.*

Abtrieb (m.) **0.1** ***het naar beneden drijven*** (van vee).

Abtritt (m.) **0.1** ***het heen-, weggaan.***

abtrocknen I (onov.ww.; h/s.) **0.1** ***drogen*** ⇒*droog worden;*
II (ov.ww.) **0.1** ***(af)drogen*** ⇒*droogmaken.*

abtropfen I ⟨onov.ww.⟩ **0.1** ***af-, uitdruipen;***
II ⟨ov.ww.⟩ **0.1** ***laten afdruipen.***
abtrotzen 0.1 ***afdwingen.***
abtrumpfen 0.1 ⟨sp.⟩ ***af-, overtroeven*** **0.2** ⟨inf.⟩ ***aftroeven*** ⇒*op zijn plaats zetten.*
abtrünnig 0.1 ***ontrouw*** ⇒*afvallig.*
abtun 0.1 ⟨inf.⟩ ***af-, uitdoen*** **0.2** ***afdoen*** ⇒*zich afmaken van* **0.3** ***negeren*** ⇒*voorbijgaan aan* ◆ **1.1** schlechte Gewohnheiten ~ *slechte gewoonten afleggen* **1.2** eine Angelegenheit als Blödsinn ~ *een zaak als onzin afdoen.*
aburteilen I ⟨onov.ww.; h.⟩ **0.1** ***oordelen*** ⇒*berechten* ◆ **6.1 über** ein Verbrechen ~ *een misdaad berechten;*
II ⟨ov.ww.⟩ **0.1** ***veroordelen*** ⇒*vonnissen* ◆ **4.1** jmdm. etwas ~ *iem. iets bij vonnis ontzeggen.*
abverlangen 0.1 ***verlangen van*** ⇒*vergen van.*
abwägen 0.1 ***af-, overwegen.***
Abwahl ⟨v.⟩ **0.1** ***het niet-herkiezen*** **0.2** ⟨school.⟩ ***het laten vallen v.e. vak.***
abwählen 0.1 ***niet herkiezen*** **0.2** ⟨school.⟩ ***laten vallen*** ⟨een vak⟩.
abwälzen 0.1 ***af-, wegwentelen.***
abwandeln 0.1 ***veranderen*** ⇒*wijzigen, variëren.*
abwandern I ⟨onov.ww.⟩ **0.1** ***weg-, heengaan*** ⇒*(weg)trekken* **0.2** ⟨sp.⟩ ***zijn club verlaten;***
II ⟨ov.ww.; h/s.⟩ **0.1** ***trekken door*** ⇒*doorzwerven.*
Abwandlung ⟨v.⟩ **0.1** ***verandering*** ⇒*wijziging, variatie* **0.2** ⟨taal.⟩ ***verbuiging, vervoeging.***
Abwärme ⟨v.⟩ **0.1** ***afvalwarmte.***
abwarten 0.1 ***afwachten*** **0.2** ***wachten tot ... voorbij is.***
abwärts 0.1 ***afwaarts, neerwaarts*** ⇒*naar beneden* ◆ **6.1** Personen **von** 21 Jahren ~ *personen van 21 jaar en jonger.*
abwärtsgehen 0.1 ***achteruitgaan*** ◆ **6.1 mit** ihm geht es abwärts *hij gaat achteruit.*
Abwasch ⟨m.; ~es⟩⟨inf.⟩ **0.1** ***afwas*** ⇒*het afwassen, vaat* ◆ ¶**.1** ⟨inf.⟩ das ist ein ~, das geht in einem ~ *dat gaat in één moeite door.*
abwaschen 0.1 ***af-, wegwassen*** ◆ **1.1** (das Geschirr) ~ *de vaat doen, afwassen* ¶**.1** das ist ein Abwaschen *dat gaat in één moeite door.*
Abwasser ⟨o.; mv. ⸚⟩ **0.1** ***afval-, rioolwater.***
Abwasserleitung ⟨v.⟩ **0.1** ***afvoerleiding, 'smeerpijp'.***
abwechseln I ⟨onov.ww.; h.⟩ **0.1** ***afwisselen;***
II ⟨ov.ww.⟩ **0.1** ***afwisselen*** ⇒*aflossen* ◆ **4.1** sich ~ *elkaar afwisselen, aflossen.*
abwechselnd 0.1 ***(af)wisselend*** ⇒*beurtelings, om de beurt.*
Abwechslung ⟨v.; ~, ~en⟩ **0.1** ***afwisseling*** ⇒*variatie, verscheidenheid.*
abwechslungsreich 0.1 ***vol afwisseling.***
Abweg ⟨m.⟩⟨fig.⟩ **0.1** ***dwaalweg*** ⇒*verkeerde weg* ◆ **6.1** jmdn. **auf** ~e bringen, führen *iem. op het verkeerde pad brengen.*
abwegig 0.1 ***verkeerd*** ⇒*onjuist* **0.2** ***eigenaardig, merkwaardig.***
Abwehr ⟨v.; ~, ~en⟩ **0.1** ***afweer, het afweren*** ⇒*verdediging, weerstand, afwending* **0.2** ⟨mil.⟩ ***contraspionage*** **0.3** ⟨sp.⟩ ***verdediging, achterhoede.***
Abwehrdienst ⟨m.⟩ **0.1** ***contraspionagedienst.***
abwehren 0.1 ***afweren*** ⇒*afwenden* **0.2** ***afweren*** ⇒*op een afstand houden, van zich af houden* **0.3** ***afweren*** ⇒*afwijzen.*
Abwehrkraft ⟨v.⟩ **0.1** ***weerstandsvermogen.***
Abwehrstellung ⟨v.⟩ **0.1** ***afweerhouding*** ⇒*verdedigende positie.*
Abwehrstoff ⟨m.⟩ **0.1** ***antistof.***
abweichen[1] ⟨ov. & onov.ww.⟩ **0.1** ***af-, losweken.***
abweichen[2] ⟨onov.ww.⟩ **0.1** ***afwijken*** ◆ **6.1 von** der Regel ~ *van de regel afwijken.*
abweisen 0.1 ***afwijzen*** ⇒*v.d. hand wijzen, afslaan* ◆ **1.1** einen Angriff ~ *een aanval afslaan;* jmdn. mit seiner Klage ~ *iem. zijn eis ontzeggen.*
Abweisung ⟨v.; ~, ~en⟩ **0.1** ***afwijzing*** ⇒*verwerping.*
abwenden 0.1 ***afwenden*** ⇒*afkeren* ◆ **1.1** Gefahren ~ *gevaren afwenden;* den Kopf ~ *het hoofd afwenden* **4.1** ⟨fig.⟩ sich von jmdm. ~ *zich van iem. afkeren.*
abwerben 0.1 ***afronselen*** ⇒*weglokken.*
abwerfen 0.1 ***af-, neer-, wegwerpen*** **0.2** ***afwerpen*** ⇒*opbrengen, opleveren* ◆ **1.1** das Joch, die Ketten ~ *het juk, de ketens afschudden* **1.2** Gewinne ~ *winsten opleveren.*
abwerten 0.1 ***devalueren*** **0.2** ***afkeuren, afwijzen.***
Abwertung ⟨v.⟩⟨geldwezen⟩ **0.1** ***devaluatie.***
abwesend 0.1 ***afwezig*** ⇒⟨fig.⟩ *verstrooid.*
Abwesenheit ⟨v.; ~, ~en⟩ **0.1** ***afwezigheid*** ⇒⟨fig.⟩ *verstrooidheid* ◆ **6.1** jmdn. **in** ~ verurteilen *iem. bij verstek veroordelen.*
abwetzen I ⟨onov.ww.⟩ **0.1** ***ervandoor gaan;***
II ⟨ov.ww.⟩ **0.1** ***afslijten*** ◆ **1.1** eine abgewetzte Jacke *een afgesleten jas.*
abwickeln I ⟨ov.ww.⟩ **0.1** ***afwikkelen*** ⇒*af-, ontrollen* **0.2** ⟨fig.⟩ ***afwikkelen*** ⇒*afhandelen, regelen;*
II sich ~ ⟨wk.ww.⟩ **0.1** ***afgewikkeld worden*** ⇒*verlopen* ◆ **1.1** der Verkehr wickelte sich reibungslos ab *het verkeer verliep zonder stagnatie.*
Abwicklung ⟨v.⟩ **0.1** ***afwikkeling*** ⇒*afhandeling, regeling.*
abwiegen 0.1 ***(af)wegen*** ⇒*nauwkeurig wegen.*
abwimmeln ⟨inf.⟩ **0.1** ***afwimpelen*** ⇒*afpoeieren, afschepen.*
abwirtschaften I ⟨onov.ww.; h.⟩ **0.1** ***te gronde gaan, afgedaan hebben*** ◆ **1.1** ⟨fig.⟩ dieser Minister hat abgewirtschaftet *deze minister heeft afgedaan;*
II ⟨ov.ww.⟩ **0.1** ***te gronde richten, ruïneren.***
abwischen 0.1 ***af-, weg-, schoonvegen.***
Abwurf ⟨m.⟩ **0.1** ***het af-, neerwerpen*** **0.2** ⟨sp.⟩ ***af-, uitworp, uitgeworpen bal.***
abwürgen 0.1 ***(af)wurgen*** ⇒*de keel dichtknijpen, de nek omdraaien* **0.2** ⟨fig.⟩ ***(in de kiem) smoren*** ⇒*verstikken, onderdrukken.*
abzahlen 0.1 ***af-, terugbetalen.***
abzählen I ⟨onov.ww.; h.⟩ **0.1** ⟨kinderspel⟩ ***aftellen*** **0.2** ⟨mil., sp.⟩ ***nummeren*** ◆ **6.2 zu** vieren ~! *nummeren van één tot vier!;*
II ⟨ov.ww.⟩ **0.1** ***af-, natellen*** ◆ **1.**¶ abgezähltes Geld *gepast geld.*
Abzahlung ⟨v.⟩ **0.1** ***af-, terugbetaling*** ◆ **6.1 auf** ~ *op afbetaling.*
Abzählvers ⟨m.⟩ **0.1** ***aftelvers(je).***
abzapfen 0.1 ***(af)tappen*** **0.2** ⟨inf.⟩ ***aftroggelen.***
Abzäunung ⟨v.; ~, ~en⟩ **0.1** ***omheining, schutting.***
abzehren 0.1 ***af-, uit-, verteren.***
Abzeichen ⟨o.⟩ **0.1** ***ken-, ere-, onderscheidingsteken*** ⇒*insigne, speldje, plaket* **0.2** ***(ken)teken*** ⇒*kenmerk, attribuut.*
abzeichnen I ⟨ov.ww.⟩ **0.1** ***af-, natekenen*** **0.2** ***aftekenen*** ⇒ *ondertekenen;*
II sich ~ ⟨wk.ww.⟩ **0.1** ***zich aftekenen*** ⇒*zich weerspiegelen, zichtbaar worden* ◆ **6.1** sich **auf** einem, **gegen** einen, **von** einem Hintergrund ~ *zich tegen een achtergrond aftekenen.*
Abziehbild ⟨o.⟩ **0.1** ***aftrekplaat(je).***
abziehen I ⟨onov.ww.⟩ **0.1** ⟨s.⟩ ***af-, wegtrekken*** **0.2** ⟨sp.⟩ ***afdrukken, uithalen*** ⟨plots hard schieten⟩;
II ⟨ov.ww.⟩ **0.1** ***af-, wegtrekken*** ⇒*afnemen, naar beneden*

trekken **0.2** ***(af)pellen*** **0.3** ***aftrekken*** ⇒*afwenden, afleiden* **0.4** ***aftrekken*** ⇒*schieten* **0.5** ***aftappen, uit-, overhevelen*** **0.6** ***polijsten*** **0.7** ***wetten, slijpen*** **0.8** ⟨inf.⟩ ***(weg)geven*** ⇒*brengen* **0.9** ⟨schr.⟩ ***afleiden*** ⇒*opmaken, deduceren* **0.10** ⟨wisk.⟩ ***aftrekken*** **0.11** ⟨mil.⟩ ***terugtrekken*** **0.12** ⟨boek.⟩ ***aftrekken*** ⇒*(af)drukken, proeftrekken, stencilen* **0.13** ⟨foto.⟩ ***afdrukken*** ⇒*kopiëren* **0.14** ⟨far.⟩ ***aftrekken*** ⇒ *een aftreksel maken van* **0.15** ⟨cul.⟩ ***roeren door*** ⇒*vermengen, binden* ◆ **1.1** das Bettzeug ~ *het beddengoed afhalen;* den Hut vor jmdm. ~ *zijn hoed voor iem. afnemen* ⟨ook fig.⟩; den Rauch ~ *de rook afzuigen;* den Ring (vom Finger) ~ *de ring (van zijn vinger) (af)trekken;* den Schlüssel ~ *de sleutel uit het sleutelgat trekken;* den Teich ~ *de vijver laten leeglopen* **1.2** einen Hasen ~ *een haas villen;* Tomaten ~ *tomaten (af)pellen* **1.3** die Aufmerksamkeit ~ *de aandacht afleiden* **1.4** ⟨onov. ww.⟩ der Kanonier zog ab *de kanonnier trok af, vuurde* **1.8** eine Schau ~ *een show (weg)geven* **6.5** Bier, Wein **auf** Flaschen ~ *bier, wijn op flessen trekken.*

Abziehpresse ⟨v.⟩ **0.1** ***proefpers.***

Abziehriemen ⟨m.⟩ **0.1** ***aanzet-, scheerriem.***

Abziehstein ⟨m.⟩ **0.1** ***aanzet-, slijp-, oliesteen.***

abzielen **0.1** ***doelen*** ⇒*gemunt zijn, beogen* ◆ **6.1** seine Bemerkung zielt **auf** mich ab *zijn opmerking is op mij gemunt.*

abzirkeln **0.1** ***afpassen*** ⟨met de passer⟩ ⇒*afmeten* ◆ **1.1** ⟨fig.⟩ seine Worte ~ *zijn woorden zorgvuldig afwegen, wikken.*

abzittern ⟨inf.⟩ **0.1** ***afnokken, opkrassen.***

Abzug ⟨m.⟩ **0.1** ***af-, terugtocht*** ⇒*het heengaan, vertrek* **0.2** ***(afvoer)pijp*** ⇒*rookvang, uitloop* **0.3** ⟨ec.⟩ ***aftrek, mindering*** **0.4** ***trekker*** ⟨v.e. geweer⟩ **0.5** ⟨boek., foto.⟩ ***afdruk*** ⇒ *stencil* ◆ **1.1** der ~ der Schwalben *het wegtrekken van de zwaluwen;* der ~ der Truppen *de aftocht van de troepen* **1.2** der ~ des Teiches *de uitloop van de vijver* **6.1** **zum** ~ blasen *de aftocht blazen* **6.3** ein ~ **am, vom** Lohn *een inhouding op het loon;* ⟨schr.⟩ **in** ~ bringen *in mindering brengen.*

abzüglich ⟨vz. + 2⟩⟨ec.⟩ **0.1** ***na aftrek*** ⇒*verminderd met.*

abzugsfähig **0.1** ***aftrekbaar.***

abzugsfrei **0.1** ***belastingvrij.***

Abzugshaube ⟨v.⟩ **0.1** ***afzuig-, wasemkap.***

Abzugskanal ⟨m.⟩ **0.1** ***afvoerkanaal*** ⇒*afwaterings-, rook-, luchtkanaal, riool.*

abzupfen **0.1** ***afplukken*** ⇒*aftrekken.*

Abzweig ⟨m.⟩ **0.1** ⟨verk.⟩ ***aftakking*** ⇒*splitsing, zijweg* **0.2** ⟨tech.⟩ ***aftakking.***

Abzweigdose ⟨v.⟩ **0.1** ***aftak(kings)doos.***

abzweigen **I** ⟨onov.ww.⟩ **0.1** ***afbuigen*** ⇒*aftakken, zich afsplitsen;*
II ⟨ov.ww.⟩ **0.1** ***opzij leggen*** ◆ **6.1** eine kleine Summe **vom** Haushaltsgeld ~ *een klein bedrag van het huishoudgeld opzij leggen.*

Abzweigstelle ⟨v.⟩⟨verk.⟩ **0.1** ***aftakking*** ⇒*splitsing, zijweg, zijspoor.*

Abzweigung ⟨v.; ~, ~en⟩⟨verk.⟩ **0.1** ***af-, vertakking*** ⇒*splitsing, zijweg, zijspoor, afslag.*

abzwicken **0.1** ***afknijpen.***

abzwingen **0.1** ***afdwingen*** ◆ **4.1** ich zwang mir ein Lächeln ab *ik forceerde een glimlach.*

ach **0.1** ***ach!*** ⇒*ah!, o!, och!* ◆ **4.1** ~, was ich noch fragen wollte *o ja, wat ik nog wilde vragen* **4.¶** ⟨inf.⟩ ~ was! *kom nou!, kom, kom!;* ⟨inf.⟩ ~ was? *werkelijk?* **5.1** die ~ so schlimme Lage *de o zo vreselijke toestand* **5.¶** ~ wo! *kom nou!, kom, kom!* **8.1** ⟨inf.⟩ ~ und weh schreien *jeremiëren* **¶.1** ~, du lieber Himmel! *o(ch), lieve hemel!*

Ach ⟨o.; ~s, ~⟩ **0.1** ***ach*** ⇒*weeklacht, gejammer* ◆ **6.¶** ⟨inf.⟩ **mit** ~ und Krach *met hangen en wurgen* **8.1** da hilft kein ~ und Weh *daar helpt geen lievemoederen aan.*

Achat ⟨m.; ~(e)s, ~e⟩ **0.1** ***agaat.***

Achillesferse ⟨v.⟩ **0.1** ***achilleshiel*** ⇒*kwetsbare plek, zwak punt.*

Achillessehne ⟨v.⟩ **0.1** ***achillespees.***

Achse ⟨v.; ~, ~n⟩ **0.1** ***as*** ⇒*spil, middel-, hartlijn* ◆ **1.1** die ~ eines Fundaments *de as, hartlijn van een fundament* **6.1** ⟨inf.; ec., verk.⟩ **auf, per** ~ befördern *per as vervoeren* **6.¶** ⟨inf.⟩ immer **auf** (der) ~ sein *altijd onderweg, op reis zijn.*

Achsel ⟨v.; ~, ~n⟩ **0.1** ***schouder(gewricht), schouderstuk*** ⇒ *oksel(holte)* **0.2** ⟨plantk.⟩ ***(blad)oksel*** ◆ **6.1** (über jmdn., etwas) die ~n, **mit** den ~n zucken *(over, om iem., iets) de schouders ophalen;* jmdn. **über** die ~ ansehen *iem. met de nek aanzien* **6.¶** etwas **auf** seine ~n nehmen *de verantwoordelijkheid voor iets op zich nemen;* etwas **auf** die leichte ~ nehmen *iets licht opvatten.*

Achsel|grube, -höhle ⟨v.⟩ **0.1** ***oksel(holte).***

Achselstück ⟨o.⟩ **0.1** ***epaulet.***

Achselzucken ⟨o.⟩ **0.1** ***het schouderophalen*** ◆ **6.1** etwas **mit** einem ~ beantworten *iets met een schouderophalen beantwoorden.*

Achsendrehung ⟨v.⟩ **0.1** ***aswenteling*** ⇒*wenteling, draaiing om de as, rotatie.*

Achsenkreuz ⟨o.⟩⟨wisk.⟩ **0.1** ***assenkruis*** ⇒*coördinatenstelsel.*

achsig **0.1** ***axiaal.***

Achskilometer ⟨m.⟩ **0.1** ***askilometer.***

Achslager ⟨o.⟩ **0.1** ***aslager, asleger*** ⇒*kussenblok.*

Achslast ⟨v.⟩ **0.1** ***asbelasting, asdruk.***

Achsschenkel ⟨m.⟩ **0.1** ***astap*** ⇒*asspil, ashals.*

Achssturz ⟨m.⟩ **0.1** ***wielvlucht.***

acht[1] ⟨telw.⟩ **0.1** ***acht*** ◆ **6.1** **zu** ~, ⟨inf.⟩ ~en *met zijn achten.*

acht[2] →**Acht**[2].

acht- →**meer samenstellingen bij drei-.**

Acht[1] ⟨v.; ~, ~en⟩ **0.1** ***acht*** ⟨getal, cijfer⟩ **0.2** ***lijn acht*** ⟨tram⟩ **0.3** ⟨inf.; scherts.⟩ ***handboeien*** ◆ **3.1** ⟨kunstschaatsen⟩ eine ~ fahren, laufen *een acht maken.*

Acht[2] ⟨v.; ~⟩ **0.1** ⟨gesch.⟩ ***acht*** ⇒*(rijks)ban* **0.2** ***oplettendheid, attentie*** ◆ **3.1** über jmdn. die ~ aussprechen, erklären, verhängen *iem. in de ban doen* **6.1** jmdn. **in** ~ und Bann erklären, tun (a) *iem. in de ban doen* (b) *iem. uitstoten* **6.2** **außer** acht bleiben *buiten beschouwing blijven;* alle Vorsicht **außer** acht lassen *alle voorzichtigheid uit het oog verliezen;* etwas **in** acht nehmen *iets voorzichtig behandelen;* sich **in** acht nehmen *oppassen, voorzichtig zijn;* sich **vor** jmdm., etwas in acht nehmen *zich voor iem., iets in acht nemen.*

achtbar **0.1** ***achtbaar*** ⇒*achtens-, eerbiedwaardig* ◆ **6.1** **aus** ~er Familie, ~em Hause sein *van achtbare familie, van goeden huize zijn.*

Achtel ⟨o.; ~s, ~⟩ **0.1** ***achtste (deel)*** **0.2** ***achtste (noot)*** ◆ **1.1** ein ~ Kaffee *één achtste pond koffie;* ein ~ Wein *één achtste liter wijn.*

Achtelliter ⟨m. & o.⟩ **0.1** ***achtste liter.***

achteln **0.1** ***in achten delen.***

Achtelnote ⟨v.⟩ **0.1** ***achtste (noot).***

achten **I** ⟨onov.ww.⟩ **0.1** ***letten, aandacht schenken*** ◆ **1.1** ⟨schr.⟩ der Gefahren nicht ~ *geen acht slaan op de gevaren* **6.1** **auf** die Kinder ~ *op de kinderen letten;*
II ⟨ov.ww.⟩ **0.1** ***achten, achting betonen*** ⇒*waarderen, eerbiedigen* ◆ **1.1** das Alter, das Gesetz ~ *de ouderdom, de wet eerbiedigen, respecteren;* geachtete Leute *geachte lieden* **5.1** jmdn. hoch ~ *iem. hoogachten.*

ächten **0.1** ⟨gesch.⟩ ***in de (rijks)ban doen, vogelvrij verklaren*** **0.2** ***uitstoten*** *⇒(maatschappelijk) doodverklaren, veroordelen* ◆ **1.2** ein Land wegen seiner Rassenpolitik ~ *een land om zijn rassenpolitiek boycotten;* ächtet die Neutronenbombe! *ban de neutronenbom!, weg met de neutronenbom!*

achtens **0.1** ***ten achtste*** *⇒in, op de achtste plaats.*

achtenswert **0.1** ***achtenswaard(ig)*** *⇒achtbaar.*

achter ⟨scheep.⟩ **0.1** ***achter.***

Achter ⟨m.; ~s, ~⟩ **0.1** ***acht(riemsgiek)*** **0.2** ***acht*** ⟨figuur in de vorm v.e. acht⟩ **0.3** ⟨inf.⟩ ***acht*** ⟨getal, cijfer⟩ **0.4** ⟨inf.⟩ ***lijn acht*** ⟨tram⟩ ◆ **3.2** ⟨sp.⟩ einen ~ fahren, laufen, ziehen *een acht maken.*

Achterbahn ⟨v.⟩ **0.1** ***achtbaan.***

Achterdeck ⟨o.⟩⟨scheep.⟩ **0.1** ***achterdek.***

Achterschiff ⟨o.⟩ **0.1** ***achterschip.***

Achtersteven ⟨m.⟩ **0.1** ***achtersteven.***

achtgeben **0.1** ***acht slaan*** *⇒(op)letten, (op)passen, aandacht schenken* **0.2** ***oppassen, voorzichtig zijn*** ◆ **6.1** **auf** die Kinder ~ *op de kinderen letten* **8.2** gib acht, daß du nicht fällst *pas op dat je niet valt.*

achthaben ⟨schr.⟩ **0.1** ***acht slaan*** *⇒(op)letten, (op)passen.*

achtlos **0.1** ***achteloos*** *⇒onoplettend, onachtzaam* ◆ **3.1** ~ über etwas hinweggehen *achteloos aan iets voorbijgaan.*

Achtmonatskind ⟨o.⟩ **0.1** ***achtmaands kind.***

achtsam ⟨schr.⟩ **0.1** ***oplettend*** *⇒waakzaam, zorgvuldig* **0.2** ***behoedzaam*** *⇒voorzichtig, omzichtig* ◆ **1.1** ein ~es Auge auf etwas, jmdn. haben *een waakzaam oog op iets, iem. houden.*

Achtstundentag ⟨m.⟩ **0.1** ***achturige werkdag.***

Achtung ⟨v.; ~⟩ **0.1** ***(hoog)achting*** *⇒respect, ontzag* **0.2** ***oplettendheid*** *⇒voorzichtigheid, attentie* ◆ **1.2** ~, Stufe! *voorzichtig, trede!* **4.1** alle ~! *daar heb ik alle respect voor!, daar neem ik mijn hoed voor af!* **6.1** **bei** aller ~, aber … *met alle respect, maar …;* **in** hoher ~ stehen *hoog in aanzien staan;* **mit** ~ *met eerbied, respect;* ~ **vor** jmdm., einer Sache haben *achting voor iem., iets hebben* **¶.2** ~! *opgelet!, attentie!, voorzichtig!*

Ächtung ⟨v.; ~, ~en⟩ **0.1** ⟨gesch.⟩ ***vogelvrijverklaring*** **0.2** ***uitstoting, verbanning*** *⇒(maatschappelijke) veroordeling, boycot.*

achtunggebietend **0.1** ***achting, respect, ontzag afdwingend.***

Achtungsapplaus ⟨m.⟩ **0.1** ***beleefdheidsapplaus.***

Achtungserfolg ⟨m.⟩ **0.1** ***succès d'estime.***

achtungsvoll **0.1** ***respectvol*** *⇒vol achting, eerbiedig.*

achtzehn **0.1** ***achttien.***

achtzig **0.1** ***tachtig*** ◆ **6.¶** ⟨inf.⟩ jmdn. **auf** ~ bringen *iem. op stang jagen;* ⟨inf.⟩ **auf** ~ sein, kommen *hels, woedend zijn, worden;* ⟨inf.⟩ die Stimmung ist **auf** ~ *de stemming is uitstekend.*

Achtzig ⟨v.; ~⟩ **0.1** ***tachtig.***

Achtziger ⟨m.; ~s, ~⟩ **0.1** ***tachtiger*** *⇒tachtigjarige* **0.2** ⟨mv.⟩ ***tachtig*** ⟨leeftijd⟩ **0.3** ⟨mv.⟩ ***jaren tachtig*** ⟨v.e. eeuw⟩.

ächzen **0.1** ***steunen, kreunen*** *⇒kermen* ◆ **1.¶** die Diele ächzt *de plank(envloer) kraakt.*

Acker ⟨m.; ~s, ⸚⟩ **0.1** ***akker*** *⇒veld, land, stuk bouwland* ◆ **3.1** den ~ bestellen *de akker, het land bewerken.*

Ackerbau ⟨m.⟩ **0.1** ***akker-, landbouw*** ◆ **3.1** ~ treiben *aan akkerbouw, landbouw doen.*

Ackerboden ⟨m.⟩ **0.1** ***akker-, landbouwgrond, voor de landbouw geschikte grond.***

Ackergaul ⟨m.⟩⟨pej.⟩ **0.1** ***boeren-, ploegpaard.***

Ackergerät ⟨o.⟩ **0.1** ***akker-, landbouwgereedschap.***

Ackerkrume ⟨v.⟩⟨landb.⟩ **0.1** ***bovenste laag losse (teel)aarde.***

Ackerland ⟨o.⟩ **0.1** ***akkerland*** *⇒akkergrond, bouwland.*

ackern **I** ⟨onov.ww.⟩⟨inf.; fig.⟩ **0.1** ***ploeteren*** *⇒zwoegen, hard werken;*

II ⟨ov.ww.⟩ **0.1** ***(be)ploegen.***

Ackerpferd ⟨o.⟩ **0.1** ***boeren-, ploegpaard.***

Ackerscholle ⟨v.⟩ **0.1** ***aardkluit, kluit aarde*** *⇒aardklont.*

Ackerwalze ⟨v.⟩ **0.1** ***akkerwals.***

a.D. ⟨afk.; außer Dienst⟩ **0.1** ***in ruste*** **0.2** ***buiten dienst.***

ADAC ⟨m.; ~⟩⟨afk.⟩ [Allgemeiner Deutscher Automobil-Club].

Adam ⟨m.; ~s, ~s⟩ **0.1** ***Adam*** **0.2** ⟨inf.; scherts.⟩ ***man*** ◆ **1.1** ⟨inf.⟩ seit ~s Zeiten *sedert onheuglijke tijden* **8.1** ⟨inf.⟩ in einem Vortrag bei ~ und Eva beginnen *bij een voordracht zeer ver teruggaan.*

Adam Riese ⟨m.⟩ ◆ **6.¶** **nach** ~ *volgens Bartje(n)s.*

Adamsapfel ⟨m.⟩ **0.1** ***adamsappel.***

Adamskostüm ⟨o.⟩⟨inf.; scherts.⟩ **0.1** ***adamskostuum.***

adaptieren **0.1** ***adapteren, aanpassen, bewerken.***

adäquat **0.1** ***adequaat*** *⇒overeenkomstig* ◆ **1.1** die Umschreibung ist diesem Terminus ~ *de omschrijving is adequaat voor deze term.*

addieren **I** ⟨ov.ww.⟩ **0.1** ***op-, samentellen;***

II sich ~ ⟨wk.ww.⟩ **0.1** ***zich samenvoegen*** ◆ **1.1** die Kosten ~ sich auf 10.000 Mark *bij elkaar opgeteld bedragen de kosten 10.000 mark.*

Addiermaschine ⟨v.⟩ **0.1** ***rekenmachine.***

Addition ⟨v.; ~, ~en⟩ **0.1** ***additie, op-, samentelling.***

additional **0.1** ***additioneel*** *⇒bijkomend.*

ade ⟨vero.⟩ **0.1** ***adieu*** *⇒vaarwel, tot ziens.*

Adel ⟨m.; ~s⟩ **0.1** ***adel*** **0.2** ***adellijke titel*** ◆ **2.1** hoher, niederer ~ *hoge, lage adel* **3.2** jmdm. den ~ verleihen *iem. in de adelstand verheffen* **¶.1** ⟨sprw.⟩ ~ verpflichtet *adel verplicht.*

adeln **0.1** ***adelen*** *⇒in de adelstand verheffen* **0.2** ⟨schr.; fig.⟩ ***adelen*** *⇒zedelijk verheffen* ◆ **1.2** Arbeit adelt *arbeid adelt.*

Adelsbrief ⟨m.⟩ **0.1** ***adelbrief*** *⇒brief van adeldom.*

Adelskalender ⟨m.⟩ **0.1** ***adelboek.***

Adelsstand ⟨m.⟩ **0.1** ***adelstand*** *⇒adeldom.*

Adelstitel ⟨m.⟩ **0.1** ***adellijke titel.***

Ader ⟨v.; ~, ~n⟩ **0.1** ***ader*** ⟨ook biol., geol., tech.⟩ *⇒aar* **0.2** ***aanleg*** *⇒begaafdheid* ◆ **2.¶** eine leichte ~ haben *tot lichtzinnigheid neigen* **3.1** ⟨schr.⟩ sich die ~n öffnen *zich de polsen door-, opensnijden* **3.2** eine künstlerische ~ haben *artistiek aangelegd zijn* **6.1** jmdn. **zur** ~ lassen (a) *iem. aderlaten* (b) ⟨inf.; scherts.⟩ *iem. laten bloeden, geld afzetten* **6.2** keine ~ **für** etwas haben *geen aanleg voor iets hebben.*

aderig, äderig **0.1** ***aderig, geaderd.***

Aderlaß ⟨m.; Aderlasses, Aderlässe⟩ **0.1** ***(ader)lating*** **0.2** ⟨fig.⟩ ***aderlating*** *⇒verlies.*

ädern **0.1** ***(door)aderen*** *⇒marmeren.*

Adhäsion ⟨v.; ~, ~en⟩ **0.1** ***adhesie.***

Adjektiv ⟨o.; ~s, ~e⟩ **0.1** ***adjectief, bijvoeglijk naamwoord.***

adjustieren ⟨tech.⟩ **0.1** ***(af)stellen, (ad)justeren*** **0.2** ***ineenzetten, monteren.***

Adjutant ⟨m.; ~en, ~en⟩ **0.1** ***adjudant.***

Adler ⟨m.; ~s, ~⟩ **0.1** ***arend, adelaar*** ⟨ook ster.⟩.

Adlerblick ⟨m.⟩ **0.1** ***arends-, adelaarsblik.***

Adlerhorst ⟨m.⟩ **0.1** ***adelaars-, arendsnest.***

Adlernase ⟨v.⟩ **0.1** ***arends-, adelaarsneus.***

adlig **0.1** ***adellijk, van adel*** **0.2** ⟨schr.⟩ ***edel*** *⇒voornaam, nobel.*

Adlige(r) ⟨bn. als zn.⟩ **0.1** ***edelman, edelvrouw.***

Administration ⟨v.; ~, ~en⟩ **0.1** ***administratie*** *⇒bestuur, beheer.*

Administrator ⟨m.; ~s, Administratoren⟩ **0.1** ***administrateur*** *⇒bestuurder, beheerder* **0.2** ⟨rel.⟩ ***administrator.***
Admiral ⟨m.; ~s, ~e of ¨~e⟩ ⟨mil.⟩ **0.1** ***admiraal.***
Admiralität ⟨v.; ~, ~en⟩ **0.1** ***admiraliteit*** **0.2** ***de admiralen.***
Admiralstab ⟨m.⟩ **0.1** ***marinestaf.***
Adonis ⟨m.; ~, ~se⟩ **0.1** ***adonis*** *⇒mooie jongen, dandy.*
adoptieren **0.1** ***adopteren*** **0.2** ***adopteren*** *⇒overnemen* ◆ **1.2** eine Überzeugung ~ *een overtuiging tot de zijne maken.*
Adoption ⟨v.; ~, ~en⟩ **0.1** ***adoptie.***
Adoptiveltern ⟨alleen mv.⟩ **0.1** ***adoptiefouders*** *⇒pleegouders.*
Adoptivkind ⟨o.⟩ **0.1** ***adoptiefkind.***
adorieren **0.1** ***adoreren*** *⇒aanbidden, vereren.*
Adrenalin ⟨o.; ~s, g.mv.⟩ **0.1** ***adrenaline.***
Adreßbuch ⟨o.⟩ **0.1** ***adresboek.***
Adresse ⟨v.; ~, ~n⟩ **0.1** ***adres*** ⟨ook comp.⟩ ◆ **2.1** ⟨inf.⟩ bei jmdm. an die falsche ~ kommen *bij iem. aan het verkeerde adres zijn* **3.¶** eine ~ einreichen *een verzoekschrift indienen;* eine ~ verlesen *een verklaring voorlezen* **6.1** diese Beleidigung geht wohl **an** die ~ meines Bruders *die belediging zal wel voor mijn broer bestemd zijn;* **per** ~ *per adres.*
Adressenangabe ⟨v.⟩ **0.1** ***adresaanduiding.***
Adressenverzeichnis ⟨o.⟩ **0.1** ***adres(sen)lijst.***
adressieren **0.1** ***adresseren*** ◆ **1.¶** den Ball genau ~ *de bal precies afgeven, toespelen.*
adrett **0.1** ***keurig, netjes.***
Adria ⟨v.; ~⟩ **0.1** ***Adriatische Zee.***
Advent ⟨m.; ~(e)s, ~e⟩ **0.1** ***advent(zondag)*** ◆ **2.1** dritter ~ *de derde adventzondag.*
Adventskranz ⟨m.⟩ **0.1** ***adventskrans.***
Adventszeit ⟨v.⟩ **0.1** ***advent(s)tijd*** *⇒advent.*
Adverb ⟨o.; ~s, Adverbien⟩ **0.1** ***bijwoord, adverbium.***
adverbial **0.1** ***adverbiaal, bijwoordelijk.***
Adverbialbestimmung ⟨v.⟩ **0.1** ***adverbiale, bijwoordelijke bepaling.***
Adverbialsatz ⟨m.⟩ **0.1** ***adverbiale, bijwoordelijke (bij)zin.***
Aerobic ⟨o.; ~s⟩ **0.1** ***aerobics.***
Aerobus ⟨m.⟩ **0.1** ***helikopter gebruikt als taxivliegtuig*** *⇒luchtbus* **0.2** ***kabel-, zweefspoor.***
Aerodynamik ⟨v.⟩ **0.1** ***aërodynamica.***
Aeromechanik ⟨v.⟩ **0.1** ***aëromechanica.***
Aerostatik ⟨v.⟩ **0.1** ***aërostatica.***
Affäre ⟨v.; ~, ~n⟩ **0.1** ***affaire, (onaangename) aangelegenheid*** *⇒kwestie* **0.2** ⟨inf.⟩ ***kwestie, zaak(je), affaire*** ◆ **2.1** ⟨inf.⟩ in eine dumme ~ verwickelt werden *in een vervelende geschiedenis verzeild geraken* **6.1** ⟨inf.⟩ sich geschickt **aus** der ~ (heraus)ziehen *zich handig eruit draaien* **6.2** das ist eine ~ **von** einigen Tagen *dat is een kwestie van enkele dagen.*
Affe ⟨m.; ~n, ~n⟩ **0.1** ***aap*** ◆ **1.1** ⟨fig.⟩ ein lackierter ~ *een fat, kwast, dandy* **3.1** ⟨inf.⟩ ich bin doch nicht dein ~! *ik moet toch niet naar jouw pijpen dansen!;* ⟨inf.⟩ seinem ~n Zucker geben (a) *zijn stokpaardje berijden* (b) *aan een gebrek, gril toegeven* **3.¶** ⟨inf.⟩ einen ~n an jmdm. gefressen haben *dol, gek zijn op iem.;* einen ~n (sitzen) haben *een stuk in de kraag hebben;* ich denke, mich laust der ~! *nu breekt mijn klomp!* **6.1** jmdn. **zum** ~n halten *iem. voor de aap houden* **8.1** ⟨inf.; scherts.⟩ (da)sitzen wie ein ~ auf dem Schleifstein *een ongelukkig figuur slaan;* ⟨inf.⟩ (wie) vom tollen, wilden ~n gebissen sein *van lotje getikt zijn* **¶.1** ⟨inf.⟩ nicht um einen Wald voll, von ~n *nog voor geen gouden paard.*
Affekt ⟨m.; ~(e)s, ~e⟩ **0.1** ***affect*** *⇒gemoedsaandoening, -beweging* **0.2** ***hartstochten*** ◆ **3.2** jmds. ~e aufrühren *iemands hartstochten opwekken* **6.1** **im** ~ handeln *in een gemoedsopwelling handelen.*
Affekthandlung ⟨v.⟩ ⟨jur.⟩ **0.1** ***onbezonnen, onbeheerste daad.***
affektiert **0.1** ***geaffecteerd, gemaakt, gekunsteld.***
Affektion ⟨v.; ~, ~en⟩ ⟨med.⟩ **0.1** ***affectie*** *⇒aandoening.*
Affektivität ⟨v.; ~⟩ **0.1** ***affectiviteit.***
affenartig **0.1** ***aapachtig, als een aap*** ◆ **1.1** ⟨inf.⟩ mit ~er Geschwindigkeit *zo vlug als een aap.*
Affenbrotbaum ⟨m.⟩ **0.1** ***apenbroodboom, baobab.***
affengeil ⟨jongerentaal⟩ **0.1** ***onwijs gaaf*** *⇒fantastisch.*
Affenhaus ⟨o.⟩ **0.1** ***apenhuis.***
Affenhitze ⟨v.⟩ ⟨inf.⟩ **0.1** ***grote, ondraaglijke hitte.***
Affenkäfig ⟨m.⟩ **0.1** ***apenkooi, apenhok*** ◆ **8.1** ⟨inf.⟩ es geht dort zu wie in einem ~ *het is daar net een apenhok.*
Affenliebe ⟨v.⟩ **0.1** ***apenliefde.***
Affenmensch ⟨m.⟩ **0.1** ***aapmens.***
Affenschande ⟨v.⟩ ⟨inf.⟩ **0.1** ***groot schandaal.***
Affentheater ⟨o.⟩ ⟨inf.; pej.⟩ **0.1** ***apenspel*** *⇒malle vertoning.*
Affenzahn ⟨m.⟩ ⟨inf.; fig.⟩ **0.1** ***hoge snelheid*** ◆ **3.1** einen ~ drauf haben *zeer snel rijden, razen.*
Afferei ⟨v.; ~, ~en⟩ ⟨inf.; pej.⟩ **0.1** ***aperij*** *⇒apenkuur.*
Affiche ⟨v.; ~, ~n⟩ ⟨Zwi.⟩ **0.1** ***(reclame)affiche*** *⇒aanplakbiljet.*
affichieren **0.1** ***afficheren*** *⇒aanplakken.*
affig ⟨inf.; pej.⟩ **0.1** ***aanstellerig*** *⇒behaagziek, ijdel.*
Affiliation ⟨v.; ~, ~en⟩ **0.1** ***affiliatie*** **0.2** ⟨ec.⟩ ***dochtermaatschappij.***
affiliieren **0.1** ***affiliëren.***
Äffin ⟨v.; ~, ~nen⟩ **0.1** ***apin, wijfjesaap.***
affinieren ⟨schei.⟩ **0.1** ***(af)fineren*** *⇒louteren, zuiveren.*
Affinität ⟨v.; ~, ~en⟩ **0.1** ***affiniteit*** *⇒verwantschap, eenstemmigheid.*
Affirmation ⟨v.; ~, ~en⟩ **0.1** ***affirmatie*** *⇒bekrachtiging, bevestiging.*
äffisch **0.1** ***aapachtig.***
Affix ⟨o.; ~es, ~e⟩ **0.1** ***affix.***
Affront ⟨m.; ~s, ~s⟩ **0.1** ***affront*** *⇒belediging* ◆ **6.1** ein schwerer ~ **gegen** jmdn. *een zwaar affront voor iem.*
Afghan ⟨m.; ~(s), ~s⟩ **0.1** ***afghaan*** ⟨wollen tapijt⟩.
Afghane ⟨m.; ~n, ~n⟩ **0.1** ***Afghaan*** ⟨inwoner van Afghanistan⟩ **0.2** ***afghaan*** ⟨windhond⟩.
Afrika ⟨o.; ~s⟩ **0.1** ***Afrika.***
Afrikaander ⟨m.; ~s, ~⟩ **0.1** ***Afrikaner*** ⟨blanke⟩, ***Afrikaander.***
Afrikaans ⟨o.; ~(en)⟩ **0.1** ***Zuid-Afrikaans.***
Afrikander ⟨m.⟩ →**Afrikaander.**
Afrikaner ⟨o.; ~s, ~⟩ **0.1** ***Afrikaan.***
afrikanisch **0.1** ***Afrikaans.***
After ⟨m.; ~s, ~⟩ **0.1** ***aars(opening), anus.***
AG ⟨afk.⟩ [Aktiengesellschaft; Amtsgericht].
Agave ⟨v.; ~, ~n⟩ **0.1** ***agave, Amerikaanse aloë.***
Agenda ⟨v.; ~, Agenden⟩ ⟨vero.⟩ **0.1** ***agenda*** *⇒notitieboekje* **0.2** ***agenda.***
Agens ⟨o.; ~, Agenzien⟩ **0.1** ***agens*** ⟨ook fil., med., taal.⟩ *⇒werkende, drijvende kracht.*
Agent ⟨m.; ~en, ~en⟩ **0.1** ***(geheim) agent, spion*** **0.2** ⟨dipl.⟩ ***agent.***
Agentur ⟨v.; ~, ~en⟩ **0.1** ***agentschap, agentuur*** **0.2** ***pers-, nieuwsagentschap.***
Agenturmeldung ⟨v.⟩ **0.1** ***bericht v.e. persagentschap.***
Agglomerat ⟨o.; ~(e)s, ~e⟩ **0.1** ***agglomeraat*** *⇒opeenhoping, complex, verzameling.*
Agglomeration ⟨v.; ~, ~en⟩ **0.1** ***agglomeratie.***
Aggregat ⟨o.; ~(e)s, ~e⟩ **0.1** ***aggregaat.***

Aggregatzustand ⟨m.⟩ **0.1** ***aggregatie-, aggregaatstoestand.***
Aggression ⟨v.; ~, ~en⟩ **0.1** ***agressie.***
aggressiv **0.1** ***agressief*** ◆ **6.1** dieser Stoff ist ~ **gegen** Metalle *deze stof tast metalen aan.*
Aggressivität ⟨v.; ~, ~en⟩ **0.1** ***agressiviteit*** **0.2** ***agressieve daad.***
agieren ⟨h.⟩⟨schr.⟩ **0.1** ***ageren*** *⇒werken, werkzaam zijn, handelen* **0.2** ***gesticuleren*** **0.3** ⟨dram.⟩ ***ageren, acteren*** ◆ **6.¶** ~ **für** Zigaretten *reclame maken voor sigaretten.*
Agio ⟨o.; ~s, Agien⟩ **0.1** ***agio*** *⇒opgeld.*
Agiotage ⟨v.; ~⟩ **0.1** ***agiotage*** *⇒beursspel, beursspeculatie.*
Agitation ⟨v.; ~, ~en⟩ **0.1** ***agitatie*** *⇒ophitsing, propaganda.*
agitieren **0.1** ***agiteren*** *⇒agitatie drijven, voeren* ◆ **6.1** **für** eine Schließung der Kernkraftwerke ~ *voor een sluiting van de kerncentrales propaganda maken.*
Agitprop ⟨v.; ~⟩ **0.1** ***agitprop.***
Agnostiker ⟨m.; ~s, ~⟩ **0.1** ***agnosticus.***
Agonie ⟨v.; ~, ~n⟩⟨schr., med.⟩ **0.1** ***agonie*** *⇒doodsstrijd, stervensnood* ◆ **6.1** **in** ~ liegen, verfallen *in agonie, doodsstrijd verkeren, komen.*
Agraffe ⟨v.; ~, ~n⟩ **0.1** ***agrafe*** ⟨ook med.⟩ *⇒sierspeld, broche.*
Agrarbevölkerung ⟨v.⟩ **0.1** ***agrarische bevolking.***
Agrarerzeugnis ⟨o.⟩ **0.1** ***landbouwproduct.***
agrarisch **0.1** ***agrarisch, landbouw-.***
Agrarland ⟨o.⟩ **0.1** ***landbouwstaat.***
Agrarmarkt ⟨m.⟩ **0.1** ***landbouwmarkt.***
Agrarpolitik ⟨v.⟩ **0.1** ***landbouwpolitiek.***
Agrarreform ⟨v.⟩ **0.1** ***hervorming op het gebied v.d. landbouw.***
Agrarstaat ⟨m.⟩ **0.1** ***landbouwstaat.***
Agrarzoll ⟨m.⟩ **0.1** ***invoerrecht op landbouwproducten.***
Agrikultur ⟨v.⟩ **0.1** ***agricultuur, land-, akkerbouw.***
Ägypten ⟨o.; ~s⟩ **0.1** ***Egypte.***
ah **0.1** ***ah(a), ha, he, o*** ◆ **5.1** ~ so! *o ja!* **¶.1** ~, wie schön! *ah, wat mooi!*
Ah[1] ⟨o.; ~s, ~s⟩ **0.1** ***ah(a).***
Ah[2] ⟨afk.⟩ [Amperestunde].
aha ⟨acc. wiss.⟩ **0.1** ***aha.***
Aha-Erlebnis ⟨o.⟩ **0.1** ***aha-ervaring.***
Ahle ⟨v.; ~, ~n⟩ **0.1** ***els*** *⇒priem, punctuurstift.*
Ahn ⟨m.; ~(e)s of ~en, ~en⟩⟨schr.⟩ **0.1** ***voorvader, voorouder.***
ahnden ⟨schr.⟩ **0.1** ***(be)straffen.***
ähneln ⟨h.⟩ **0.1** ***(ge)lijken op*** ◆ **1.1** seinem Vater ~ *op zijn vader (ge)lijken.*
ahnen ⟨schr.⟩ **0.1** ***een voorgevoel hebben van, vaag vermoeden*** ◆ **1.1** mir ahnt etwas Schlimmes *ik heb een voorgevoel van iets ergs* **4.1** ⟨inf.⟩ (ach,) du ahnst es nicht! *hoe is het mogelijk!* **5.1** etwas dumpf, dunkel ~ *een flauw vermoeden, voorgevoel hebben van iets.*
Ahnenbild ⟨o.⟩ **0.1** ***portret van een v.d. voorouders*** **0.2** ⟨antr.⟩ ***voorouderbeeld.***
Ahnenforschung ⟨v.⟩ **0.1** ***genealogie*** *⇒familie-, sibbekunde.*
Ahnengalerie ⟨v.⟩ **0.1** ***galerij/zaal met familieportretten.***
Ahnenkult ⟨m.⟩ **0.1** ***voorouderverering.***
Ahnensaal ⟨m.⟩ **0.1** ***zaal, galerij met familieportretten*** *⇒ portretgalerij.*
Ahnentafel ⟨v.⟩⟨schr.⟩ **0.1** ***geslachtstafel, stamboom.***
ähnlich[1] ⟨bn.⟩ **0.1** ***soortgelijk, gelijksoortig*** *⇒overeenkomstig, dergelijk* **0.2** ⟨wisk.⟩ ***gelijkvormig*** ◆ **3.1** ~ duften wie Rosen *net als rozen geuren;* ihm (er)ging es ~ *hem (ver)ging het net zo;* jmdm. ~ sehen, sein *op iem. gelijken;* das Bild ist sehr ~ *het portret lijkt zeer goed* **3.¶** das sieht ihm ~ *dat is net iets voor hem* **4.1** etwas Ähnliches *iets dergelijks* **8.1** und Ähnliche(s) *en dergelijke, en zo meer.*
ähnlich[2] ⟨vz. + 3⟩ **0.1** ***op dezelfde wijze als*** *⇒(net) zoals* ◆ **1.1** ~ einem Lexikon enthält das Werk gute Monographien *net zoals een lexicon bevat het werk goede monografieën.*
Ähnlichkeit ⟨v.; ~, ~en⟩ **0.1** ***overeenkomst, gelijkenis, gelijksoortigheid*** **0.2** ⟨wisk.⟩ ***gelijkvormigheid*** ◆ **2.1** eine entfernte ~ *een zwakke gelijkenis.*
Ahnung ⟨v.; ~, ~en⟩ **0.1** ***voorgevoel, vermoeden*** **0.2** ***besef*** *⇒ begrip, voorstelling, idee* ◆ **2.1** dunkle ~en *vage voorgevoelens, vermoedens* **2.2** von etwas keine (blasse) ~ haben *van iets geen (flauw) idee, geen benul hebben* **3.¶** ⟨inf.⟩ hast du eine ~! *jij snapt er ook niks van!* **4.2** ⟨inf.⟩ keine ~! *geen idee!*
ahnungslos **0.1** ***nietsvermoedend*** *⇒onwetend, argeloos.*
ahnungsvoll ⟨schr.⟩ **0.1** ***vol voorgevoelens, vermoedens.***
Ahorn ⟨m.; ~(e)s, ~e⟩ **0.1** ***ahorn(boom), ahornhout*** *⇒esdoorn.*
Ähre ⟨v.; ~, ~n⟩ **0.1** ***(koren)aar.***
Ai ⟨o.; ~s, ~s⟩⟨biol.⟩ **0.1** ***ai, aai.***
Aids ⟨o.; ~⟩⟨afk.⟩ **0.1** ***aids.***
Aidskranke(r) ⟨bn. als zn.⟩ **0.1** ***aidspatiënt.***
Air ⟨o.; ~(s), ~s⟩⟨schr.⟩ **0.1** ***air*** *⇒houding, uiterlijk* **0.2** ***waas, sluier.***
Airbus ⟨m.⟩ **0.1** ***airbus.***
a jour **0.1** ***ajour.***
Akademie ⟨v.; ~, ~n⟩ **0.1** ***academie*** *⇒geleerd genootschap* **0.2** ***academie*** *⇒(vak)hogeschool.*
Akademiker ⟨m.; ~s, ~⟩ **0.1** ***academicus.***
akademisch **0.1** ***academisch*** *⇒universitair* **0.2** ⟨pej.; fig.⟩ ***academisch*** *⇒theoretisch, overbodig* **0.3** ⟨bk.; pej.⟩ ***academisch*** *⇒schools, formalistisch* ◆ **1.2** eine ~e Frage *een academische vraag.*
Akanthus ⟨m.; ~, ~⟩ **0.1** ***acanthus, berenklauw*** **0.2** ⟨bouwk.⟩ ***acanthusmotief, acanthusversiering*** *⇒acanthusblad.*
Akazie ⟨v.; ~, ~n⟩ **0.1** ***acacia.***
Akelei ⟨v.; ~, ~en⟩ **0.1** ***akelei.***
Akklamation ⟨v.; ~, ~en⟩ **0.1** ***acclamatie*** *⇒bijval, applaus* ◆ **6.1** jmdn. **durch**, per ~ wählen *iem. bij acclamatie kiezen.*
akklimatisieren, sich **0.1** ***acclimatiseren, zich gewennen, zich aanpassen.***
Akkolade ⟨v.; ~, ~n⟩ **0.1** ***accolade.***
akkommodieren **0.1** ***accommoderen, aanpassen.***
Akkord ⟨m.; ~(e)s, ~e⟩ **0.1** ⟨ec.⟩ ***akkoordloon*** *⇒collectief stukloon* **0.2** ⟨jur.⟩ ***akkoord*** *⇒overeenkomst, schikking* **0.3** ⟨muz.⟩ ***akkoord*** *⇒samenklank, harmonie* ◆ **6.1** **auf, im, in** ~ arbeiten *op, tegen akkoordloon werken.*
Akkordarbeit ⟨v.⟩ **0.1** ***akkoordwerk*** *⇒stukwerk.*
Akkordarbeiter ⟨m.⟩ **0.1** ***akkoordarbeider.***
Akkordeon ⟨o.; ~s, ~s⟩ **0.1** ***accordeon, trekharmonica.***
akkordieren **0.1** ***accorderen, overeenkomen*** ◆ **6.¶** ⟨onov. ww.; wk. ww.⟩ (sich) **mit** jmdm. ~ *met iem. een (loon)overeenkomst sluiten.*
Akkordlohn ⟨m.⟩ **0.1** ***stukloon.***
akkreditieren **0.1** ***accrediteren*** **0.2** ⟨ec.⟩ ***krediet geven.***
Akku ⟨m.; ~s, ~s⟩⟨inf.⟩ **0.1** ***accu.***
Akkumulation ⟨v.; ~, ~en⟩ **0.1** ***(ac)cumulatie.***
Akkumulator ⟨m.; ~s, Akkumulatoren⟩ **0.1** ***accu(mulator).***
akkurat **0.1** ***accuraat*** *⇒zorgvuldig* **0.2** ***accuraat*** *⇒precies, exact.*
Akkuratesse ⟨v.; ~⟩ **0.1** ***accuratesse.***
Akkusativ ⟨m.; ~s, ~e⟩ **0.1** ***accusatief, vierde naamval.***

Akkusativobjekt ⟨o.⟩ **0.1** ***lijdend voorwerp.***

Akme ⟨v.; ~⟩ **0.1** ***acme, hoogtepunt.***

Akne ⟨v.; ~, ~n⟩ **0.1** ***acne.***

akquirieren ⟨ec.⟩ **0.1** ***werven.***

Akquisition ⟨v.; ~, ~en⟩⟨ec.⟩ **0.1** ***acquisitie*** ⇒*klantenwerving.*

Akribie ⟨v.; ~⟩ **0.1** ***acribie, uiterste nauwkeurigheid.***

Akrobat ⟨m.; ~en, ~en⟩ **0.1** ***acrobaat.***

Akrobatik ⟨v.; ~⟩ **0.1** ***acrobatie(k).***

Akt ⟨m.; ~(e)s, ~e⟩ **0.1** ***handeling, daad*** **0.2** ***plechtigheid, ceremonie*** **0.3** ***geslachtsdaad*** **0.4** ⟨dram.⟩ ***akte*** ⇒*bedrijf* **0.5** ⟨bk.⟩ ***naakt*** ⇒*naaktschilderij, naakttekening* **0.6** ⟨jur.⟩ ***proces, rechtsgeding*** ⇒*procedure* **0.7** ⟨variété⟩ ***nummer, act*** ◆ **1.1** ein ~ der Barmherzigkeit *een daad, werk van barmhartigheid* **2.4** der letzte ~ eines Dramas *het laatste bedrijf van een drama.*

Akte ⟨v.; ~, ~n⟩ **0.1** ***akte, (schrift)stuk*** ⇒*document, dossier* ◆ **1.1** die ~ Schmidt *het dossier Schmidt* **3.1** eine ~ anlegen *een akte, dossier aanleggen* **3.¶** die ~n über etwas schließen *iets voor afgehandeld verklaren* **6.¶** jmdn. **in** den ~n führen *over iem. een dossier bijhouden;* etwas **zu** den ~n legen (a) *iets bij de stukken voegen* (b) ⟨inf.; fig.⟩ *iets ad acta leggen.*

Aktei ⟨v.; ~, ~en⟩ **0.1** ***verzameling akten/stukken/dossiers.***

aktenkundig **0.1** ***door een akte, schriftstuk bewijsbaar*** ◆ **3.1** etwas ~ machen *iets in een akte vastleggen.*

Aktenmappe ⟨v.⟩ **0.1** ***(kartonnen) aktemap*** ⇒*verzamelmap voor akten.*

Aktentasche ⟨v.⟩ **0.1** ***aktetas.***

Aktenzeichen ⟨o.⟩ **0.1** ***paraaf in akten*** **0.2** ***dossiernummer.***

Akteur ⟨m.; ~s, ~e⟩⟨schr.⟩ **0.1** ***acteur, speler*** ⟨ook sp.⟩ **0.2** ***handelende persoon*** ⇒*leidende figuur.*

Aktie ⟨v.; ~, ~n⟩⟨ec.⟩ **0.1** ***(bewijs van) aandeel, actie*** ◆ **3.1** die ~n stehen (nicht) gut (a) *de aandelen staan (niet) goed genoteerd* (b) ⟨inf.; scherts.; fig.⟩ *de vooruitzichten zijn (niet) goed;* ⟨inf.; fig.⟩ jmds. ~n steigen *iemands kansen stijgen* **3.¶** ⟨inf.; scherts.⟩ wie stehen die ~n? *hoe gaat, staat het (ermee)?* **6.1** ~ **auf** den Inhaber *aandeel aan toonder;* ~ **auf** Namen *aandeel op naam;* eine ~ **über** 100 Mark, **zum** Nennwert von 100 Mark *een aandeel ter (nominale) waarde van 100 mark.*

Aktiengesellschaft ⟨v.⟩ **0.1** ***naamloze vennootschap.***

Aktieninhaber ⟨m.⟩ **0.1** ***aandeelhouder, aandelenbezitter.***

Aktienkapital ⟨o.⟩ **0.1** ***aandelenkapitaal.***

Aktion ⟨v.; ~, ~en⟩ **0.1** ***actie, handeling*** ⟨ook jur.⟩ **0.2** ***actie, handeling*** ⇒*werking, beweging* **0.3** ⟨nat.⟩ ***actie, (in)werking*** ⇒*invloed, effect* ◆ **2.1** ⟨ec., pol.⟩ konzertierte ~en *gecoördineerde, op elkaar afgestemde acties;* eine politische ~ *een politieke campagne* **3.1** eine ~ einleiten *een actie op touw zetten* **6.2** sich **in** ~ befinden, in ~ sein *in actie, werking zijn;* **in** ~ setzen *in werking zetten, in bedrijf stellen;* **in** ~ treten *in actie komen.*

Aktionär ⟨m.; ~s, ~e⟩ **0.1** ***aandeelhouder, actionair.***

Aktionärsversammlung ⟨v.⟩ **0.1** ***aandeelhoudersvergadering.***

Aktionsausschuß ⟨m.⟩ **0.1** ***actiecomité.***

Aktionseinheit ⟨v.⟩ **0.1** ***gecoördineerde actie.***

Aktionsgemeinschaft ⟨v.⟩ **0.1** ***gemeenschappelijke actie.***

Aktionsradius ⟨m.⟩ **0.1** ***actieradius*** **0.2** ⟨fig.⟩ ***draagwijdte.***

aktiv ⟨acc. wiss.⟩ **0.1** ***actief*** ◆ **1.1** ~e Stoffe *snel reagerende stoffen;* ein ~er Typ *een actief, bedrijvig type* **1.¶** ⟨jur.⟩ ~e Bestechung *omkoping van iem. in een openbaar ambt* **3.1** ~dienen *in actieve dienst zijn.*

Aktiv ⟨o.; ~s, ~e⟩⟨taal.⟩ **0.1** ***actief*** ⇒*bedrijvende, actieve vorm.*

Aktiva ⟨alleen mv.⟩⟨ec.⟩ **0.1** ***activa, actief vermogen, actief.***

Aktive(r) ⟨bn. als zn.⟩ **0.1** ***actief sportbeoefenaar(ster)*** **0.2** ***actief lid v.e. vereniging*** ⇒*werkend lid.*

Aktivforderung ⟨v.⟩ **0.1** ***uitstaande vordering*** ⇒*actiefschuld.*

Aktivgeschäft ⟨o.⟩ **0.1** ***kredietverlening aan derden*** ⟨door een bank⟩.

aktivieren **0.1** ***activeren, actief maken*** ⟨ook nat., schei.⟩ **0.2** ⟨ec.⟩ ***bij de activa opnemen, als actief op de balans zetten*** ◆ **1.1** die Schüler ~ *de leerlingen activeren* **1.2** Güter ~ *goederen bij de activa opnemen.*

Aktivist ⟨m.; ~en, ~en⟩ **0.1** ***activist*** ⇒*actief man.*

Aktivität ⟨v.; ~, ~en⟩ **0.1** ***activiteit*** ⟨ook nat., schei.⟩ ⇒*werkzaamheid, bedrijvigheid* ◆ **6.1** **von, vor** ~ sprühen *overlopen van activiteit.*

Aktivposten ⟨m.⟩ **0.1** ***post op de actiefzijde, debetpost.***

Aktivsaldo ⟨m.⟩ **0.1** ***saldo op de actiefzijde, debetsaldo*** ⇒ *batig saldo.*

Aktivurlaub ⟨m.⟩ **0.1** ***doevakantie.***

Aktivvermögen ⟨o.⟩ **0.1** ***actief vermogen, actief, activa.***

Aktstudie ⟨v.⟩ **0.1** ***naaktstudie.***

Aktualität ⟨v.; ~, ~en⟩ **0.1** ***actualiteit*** ⇒*actueel belang, gebeurtenis v.d. dag.*

Aktualitätenkino ⟨o.⟩ **0.1** ***actualiteitenbioscoop*** ⇒*cineac.*

aktuell **0.1** ***actueel*** ⇒*eigentijds, hedendaags, in de mode.*

Akupunktur ⟨v.; ~, ~en⟩ **0.1** ***acupunctuur.***

Aküsprache ⟨v.⟩⟨afk.⟩ [Abkürzungssprache].

Akustik ⟨v.; ~⟩ **0.1** ***akoestiek.***

akustisch **0.1** ***akoestisch.***

akut **0.1** ***acuut*** ⇒*dringend, brandend.*

AKW ⟨o.⟩⟨afk.⟩ →**Atomkraftwerk.**

akzelerieren I ⟨onov.ww.⟩ **0.1** ***accelereren*** ⇒*optrekken;* **II** ⟨ov.ww.⟩ **0.1** ***accelereren*** ⇒*versnellen, bespoedigen.*

Akzent ⟨m.; ~(e)s, ~e⟩ **0.1** ***accent*** ⟨ook fig.⟩ ⇒*klemtoon, nadruk* ◆ **2.1** Deutsch mit spanischem ~ *Duits met een Spaans accent* **3.1** einen starken ~ auf etwas legen *sterk het accent op iets leggen.*

akzentuieren I ⟨ov.ww.⟩ **0.1** ***accentueren*** ⇒*(sterk) doen uitkomen, beklemtonen* ◆ **3.¶** ⟨onov. ww.⟩ akzentuiert sprechen *gearticuleerd spreken;*
II sich ~ ⟨wk.ww.⟩ **0.1** ***blijken, duidelijk worden.***

Akzept ⟨o.; ~(e)s, ~e⟩ **0.1** ***accept(atie)*** ⇒*promesse* **0.2** ***accept*** ⇒*acceptwissel, geaccepteerde wissel.*

akzeptabel **0.1** ***acceptabel, aanvaardbaar.***

Akzeptant ⟨m.; ~en, ~en⟩ **0.1** ⟨ec.⟩ ***acceptant, ontvanger*** **0.2** ⟨schr.⟩ ***ontvanger, aannemer.***

akzeptieren **0.1** ***accepteren, aannemen, aanvaarden.***

Akzeptkredit ⟨m.⟩ **0.1** ***accept-, wisselkrediet.***

Akzeptor ⟨m.; ~s, Akzeptoren⟩⟨ec.⟩ **0.1** ***acceptant, ontvanger.***

akzessorisch **0.1** ***accessoir, accessorisch*** ⇒*bijkomend, bijkomstig* ◆ **1.1** ~es Recht *accessoir recht.*

Akzidens ⟨o.; ~, Akzidenzien of Akzidentien of Akzidentia⟩ ⟨fil.⟩ **0.1** ***accident*** ⇒*bijzaak, bijkomstigheid.*

Akzidenz ⟨v.; ~, ~en⟩ **0.1** ***smout(werk)*** ⇒*handzetsel* **0.2** ⟨fil.⟩ ***accident.***

à la **0.1** ⟨inf.⟩ ***à la*** ⇒*in de stijl van* **0.2** ⟨cul.⟩ ***à la*** ⇒*op zijn, op ... wijze* ◆ **1.1** ~ bonne heure *goed zo, bravo!;* ~ longue *op de(n) duur;* ~ mode gekleidet *naar de mode, modieus gekleed.*

Alabaster ⟨m.; ~s, ~⟩ **0.1** ***albast.***

alabastern **0.1** ***albasten*** ⇒*van albast, als albast.*

Alarm ⟨m.; ~(e)s, ~e⟩ **0.1** ***alarm(toestand)*** ◆ **2.1** blinder ~

loos alarm **3.1** den ~ aufheben *de alarmtoestand opheffen.*

Alarmanlage ⟨v.⟩ **0.1** ***alarminstallatie.***

alarmbereit **0.1** ***op alarm voorbereid, in alarmtoestand*** ⇒*(in staat van) paraat(heid).*

alarmieren **0.1** ***alarmeren*** ⇒*waarschuwen, verontrusten.*

Alarmstufe ⟨v.⟩ **0.1** ***alarmfase.***

Alarmzustand ⟨m.⟩ **0.1** ***alarmtoestand, staat van alarm.***

Alaun ⟨m.; ~(e)s, ~e⟩ **0.1** ***aluin.***

Alaunstein ⟨m.⟩ **0.1** ***aluinsteen.***

Alb ⟨m.; ~(e)s, ~en⟩ **0.1** ***alf*** ⇒*boze geest.*

Albaner ⟨m.; ~s, ~⟩ **0.1** ***Albanees, Albaniër.***

Albanien ⟨o.; ~s⟩ **0.1** ***Albanië.***

albanisch **0.1** ***Albanees.***

Albatros ⟨m.; ~, ~se⟩ **0.1** ***albatros.***

Albdruck ⟨m.⟩⟨nw.spel.⟩ →**Alpdruck.**

Alberei ⟨v.; ~, ~en⟩ **0.1** ***dwaasheid, gek(kig)heid, dom(mig)heid*** ⇒*kinderachtigheid, kinderstreek.*

albern[1] ⟨bn.⟩ **0.1** ***onnozel, dwaas, dom*** ◆ **1.1** ~es Zeug reden, schwatzen *onzin uitkramen, zwammen* **5.1** sei nicht so ~! *wees niet zo dwaas, mal, naïef!*

albern[2] ⟨onov.ww.; h.⟩ **0.1** ***onnozel, dom doen*** ⇒*gekheid maken.*

Albtraum ⟨m.⟩⟨nw.spel.⟩ →**Alptraum.**

Album ⟨o.; ~s, Alben⟩ **0.1** ***album.***

Alchimie ⟨v.; ~⟩ **0.1** ***alchemie*** ⇒*alchemisterij, goudmakerij.*

Alemanne ⟨m.; ~n, ~n⟩ **0.1** ***Aleman, Alaman.***

alert **0.1** ***alert, bijdehand*** **0.2** ***opgewekt, flink*** ⇒*gezond.*

Alge ⟨v.; ~, ~n⟩ **0.1** ***alg, wier.***

Algebra ⟨v.; ~, Algebren⟩ **0.1** ***algebra.***

Algerien ⟨o.; ~s⟩ **0.1** ***Algerije.***

algerisch **0.1** ***Algerijns.***

ALGOL ⟨o.; ~(s)⟩⟨comp.⟩ **0.1** ***Algol.***

Algorithmus ⟨m.; ~, Algorithmen⟩ **0.1** ***algoritme.***

alias **0.1** ***alias*** ⇒*anders gezegd, ook wel ... genaamd.*

Alibi ⟨o.; ~s, ~s⟩ **0.1** ***alibi*** ◆ **1.1** ein lückenloses, stichhaltiges ~ *een sluitend, steekhoudend alibi.*

Alibi-Frau ⟨v.⟩ **0.1** ***excuus-Truus.***

Alimentation ⟨v.; ~, ~en⟩ **0.1** ***alimentatie*** ⇒*levensonderhoud, verzorging, (publieke) financiële steun.*

Alimente ⟨alleen mv.⟩ **0.1** ***alimentatie, onderhoud(sgeld).***

Alinea ⟨o.; ~s, ~s⟩ **0.1** ***alinea.***

Alkali ⟨o.; ~s, ~en⟩ **0.1** ***alkali.***

Alkalilösung ⟨v.⟩ **0.1** ***alkalische oplossing.***

Alkohol ⟨m.; ~s, ~e⟩ **0.1** ***alcohol*** ⇒*(alcoholische) drank, sterkedrank* ◆ **6.1** seine Sorgen **in**, im ~ ertränken *zijn zorgen verdrinken;* ⟨inf.⟩ jmdn. **unter** ~ setzen *iem. dronken maken;* **unter** ~ stehen *onder invloed zijn.*

Alkoholeinfluß ⟨m.⟩ **0.1** ***invloed (van alcohol)*** ◆ **6.1 unter** ~ *onder invloed.*

Alkoholeinwirkung ⟨v.⟩ **0.1** ***invloed (van alcohol).***

alkoholfrei **0.1** ***alcoholvrij*** ⇒*geen alcohol bevattende.*

Alkoholgenuß ⟨m.⟩ **0.1** ***alcoholgebruik*** ⇒*het gebruiken van alcohol.*

alkoholhaltig **0.1** ***alcoholhoudend*** ⇒*alcoholisch, alcohol bevattende.*

Alkoholiker ⟨m.; ~s, ~⟩ **0.1** ***alcoholicus, alcoholist.***

alkoholisch **0.1** ***alcoholisch.***

Alkoholismus ⟨m.; ~⟩ **0.1** ***alcoholisme*** ⇒*drankzucht* **0.2** ⟨med.⟩ ***(chronische) alcoholintoxicatie.***

Alkoholkonsum ⟨m.⟩ **0.1** ***alcoholverbruik.***

Alkoholpegel ⟨m.⟩⟨inf.⟩ **0.1** ***alcoholgehalte.***

Alkoholspiegel ⟨m.⟩ **0.1** ***alcoholgehalte.***

alkoholsüchtig **0.1** ***alcoholisch*** ⇒*aan alcohol verslaafd.*

Alkoholsünder ⟨m.⟩ **0.1** ***alcomobilist*** ⇒*iem. die rijdt onder invloed.*

Alkoven ⟨m.; ~s, ~⟩ **0.1** ***alkoof.***

all **0.1** ***al*** ⇒*(ge)heel, ieder, allemaal, alles* ◆ **1.1** ~er Augen *aller ogen, de ogen van allen;* jmdm. ~es Gute wünschen *iem. alle goeds wensen;* ~es Neue, Schöne *al het nieuwe, mooie* **1.¶** ~e Welt *iedereen* **3.1** ~es, ⟨inf.⟩ ~e aussteigen! *allemaal uitstappen!* **4.1** ~es andere als *allesbehalve;* unser, Ihrer ~er Freund *ons, uw aller vriend;* ⟨inf.⟩ wer kommt ~es? *wie komen er allemaal?* **6.1 auf** ~e Fälle *in ieder geval;* **bei** ~em *ondanks alles;* **für** ~e Zeiten *voor altijd;* ~es **in** ~em *al met al, alles bij elkaar genomen;* **ohne** ~e Gefahr, ~en Zweifel *zonder enig gevaar, enige twijfel;* **trotz** ~em *ondanks alles;* jmdn. **über** ~es lieben *iem. meer dan iets anders beminnen;* nicht **um** ~es in der Welt *voor geen geld ter wereld;* **unter** ~en Umständen *in ieder geval, beslist;* **vor** ~em, vor ~en Dingen *vooral;* **zu** ~en Zeiten *te allen tijde, altijd* **6.¶ in** ~e Welt *overal heen;* was **in** ~er Welt tut er? *wat doet hij in 's hemels naam?* **8.1** ~es oder nichts *alles of niets;* ~(es) und jedes *alles, koetjes en kalfjes;* das Kind ist sein ein und ~es *het kind is alles voor hem, zijn grootste schat.*

All ⟨o.; ~s⟩⟨schr.⟩ **0.1** ***heelal*** ⇒*kosmos, universum.*

allabendlich **0.1** ***iedere avond (plaatshebbend)*** ⇒*van iedere avond.*

allbekannt **0.1** ***alom, algemeen bekend.***

alldeutsch ⟨gesch.⟩ **0.1** ***Groot-Duits.***

alle ⟨inf.⟩ **0.1** ***op, uit*** ◆ **3.1** das Brot ist ~ *het brood is op;* ~ werden *op raken, uit raken* **3.¶** jmdn. ~ machen (a) *iem. maatschappelijk ruïneren* (b) *iem. om zeep brengen, helpen.* →**dumm.**

alledem **0.1** ⟨met voorzetsel met de 3e nv.⟩ ***dat alles*** ◆ **6.1 bei** ~ *bij dat al.*

Allee ⟨v.; ~, ~n⟩ **0.1** ***laan, allee.***

Allegorie ⟨v.; ~, ~n⟩ **0.1** ***allegorie*** ⇒*zinnebeeld.*

allein[1] ⟨bn.⟩ **0.1** ***alleen*** ⇒*op zijn eentje, zonder hulp* ◆ **6.¶** die Krankheit ist **von** ~ weggegangen *de ziekte is vanzelf verdwenen;* ⟨inf.⟩ etwas **von** ~ wissen *iets uit zichzelf weten.*

allein[2] ⟨bw.⟩ **0.1** ***(enkel en) alleen*** ⇒*enig en alleen, slechts* **0.2** ***alleen (al)*** ◆ **1.2** (schon) ~ der Gedanke, (schon) der Gedanke ~ erschreckt mich *alleen al de gedachte doet me schrikken* **2.1** der ~ gültige Grund *de enig geldige reden* **8.1** einzig und ~ *enkel en alleen;* nicht ~ ..., sondern auch *niet alleen ..., maar ook.*

allein[3] ⟨vw.⟩⟨schr.⟩ **0.1** ***maar*** ⇒*echter, evenwel* ◆ **¶.1** alles war fertig, ~ er kam nicht *alles was klaar, maar hij kwam niet.*

Alleinerbe ⟨m.⟩ **0.1** ***enig erfgenaam.***

Alleinerzieher ⟨bn. als zn.⟩ **0.1** ***alleenstaande ouder.***

Alleingang ⟨m.⟩ **0.1** ***eigen weg*** ⇒⟨scherts.⟩ *egotrip* **0.2** ⟨sp.⟩ ***soloprestatie*** ⇒*soloren, walk-over* **0.3** ⟨sp.⟩ ***doorbraak*** **0.4** ⟨alpinisme⟩ ***beklimming in, op zijn eentje*** ◆ **3.1** einen ~ antreten *zijn eigen weg gaan* **6.¶ im** ~ *in zijn eentje, alleen.*

Alleingänger ⟨m.⟩ **0.1** ***iem. die iets in zijn eentje doet*** ⇒*eigengereid iemand.*

Alleinhandel ⟨m.⟩ **0.1** ***monopolie*** ⇒*recht tot alleenverkoop.*

Alleinherrscher ⟨m.⟩ **0.1** ***alleenheerser.***

alleinig **0.1** ***enig*** ⇒*alleen, uitsluitend* ◆ **1.1** der ~e Erbe *de enige erfgenaam;* der ~e Vertreter *de alleenvertegenwoordiger.*

Alleininhaber ⟨m.⟩ **0.1** ***alleenbezitter*** ⇒*enig eigenaar.*

Alleinrecht ⟨o.⟩ **0.1** ***alleenrecht*** ⇒*monopolie.*

Alleinschuld ⟨v.⟩ **0.1** ***enige schuld*** ◆ **3.1** die ~ am Unfall hat der Fahrer *alleen de chauffeur heeft schuld aan het ongeval.*

Alleinsein ⟨o.; ~s⟩ **0.1** ***het alleen-zijn*** ⟨met iem.⟩ **0.2** ***het alleen-zijn*** ⇒*verlatenheid, geïsoleerdheid, eenzaamheid.*
alleinstehend **0.1** ***alleenstaand*** ◆ **1.1** ein ~es Haus *een alleenstaand huis;* ein ~er älterer Herr *een alleenstaande heer op leeftijd.*
Alleintäter ⟨m.⟩⟨jur.⟩ **0.1** ***alleen handelend dader*** ⇒*enige dader.*
Alleinunterhalter ⟨m.⟩ **0.1** ***alleen optredend entertainer*** ⇒*brenger v.e. one-man-show.*
Alleinverkauf ⟨m.⟩ **0.1** ***alleenverkoop, monopolie.***
Alleinvertretung ⟨v.⟩ **0.1** ***alleenvertegenwoordiging.***
Alleinvertrieb ⟨m.⟩ **0.1** ***alleenverkoop, monopolie.***
allemal ⟨inf.⟩ **0.1** ***telkens*** ⇒*iedere keer* **0.2** ***(ja) zeker*** ⇒*beslist, in ieder geval* ◆ **6.1** ein **für** ~ *eens voor al(tijd).*
allenfalls **0.1** ***ten hoogste, hoogstens*** ⇒*in het gunstigste geval, in het ergste geval* **0.2** ***eventueel*** ⇒*mogelijkerwijs, wellicht, desnoods.*
allenthalben ⟨schr.⟩ **0.1** ***overal*** ⇒*alom, allerwegen.*
allerbest **0.1** ***allerbest.***
allerdings **0.1** ***evenwel*** ⇒*echter, toch, nochtans* **0.2** ***zeer zeker*** ⇒*beslist* **0.3** ***weliswaar*** ◆ **8.1** ich muß ~ zugeben, daß ... *ik moet evenwel toegeven dat ...* **8.3** du hast ~ recht, aber nicht in allem *je hebt weliswaar gelijk, maar niet in alles* **¶.2** warst du da? ~! *was jij daar? zeer zeker!, beslist!*
Allergie ⟨v.; ~, ~n⟩ **0.1** ***allergie*** ⇒*overgevoeligheid* ◆ **6.1** eine ~ **gegen** Staub *een allergie voor stof.*
allergisch **0.1** ***allergisch*** ⇒*overgevoelig* ◆ **6.1** ~ **gegen** Staub *allergisch voor stof.*
allerhand ⟨inf.⟩ **0.1** ***allerhande, allerlei*** **0.2** ***heel wat*** ⇒*tamelijk veel* ◆ **1.2** ~ Geld *heel wat geld* **3.1** ~ erleben *allerhande, allerlei dingen beleven* **3.¶** das ist ~! *dat is niet mis, dat had ik niet verwacht!*
Allerheiligen ⟨o.⟩ **0.1** ***Allerheiligen.***
Allerheiligste(s) ⟨bn. als zn.; o.⟩⟨rel.⟩ **0.1** ***Allerheiligste.***
allerhöchst ⟨acc. wiss.⟩ **0.1** ***allerhoogst*** ◆ **7.1** der Allerhöchste *de Allerhoogste, God.*
allerlei **0.1** ***allerlei*** **0.2** ***heel wat*** ◆ **3.1** ~ erleben *allerlei, allerhande dingen beleven.*
Allerlei ⟨o.; ~s, ~s⟩ **0.1** ***allerlei*** ⇒*allegaartje, mengelmoes* ◆ **2.1** ein buntes ~ *een bont allerlei, allegaartje.*
Allerseelen ⟨o.⟩ **0.1** ***Allerzielen.***
allerseits **0.1** ***allemaal (samen)*** **0.2** ***alzijds*** ⇒*overal* ◆ **¶.1** guten Abend ~! *goedenavond allemaal!*
Allerweltsgesicht ⟨o.⟩⟨inf.⟩ **0.1** ***doodgewoon, alledaags gezicht.***
Allerweltskerl ⟨m.⟩⟨inf.⟩ **0.1** ***kraan*** ⇒*flinke kerel, duivelskunstenaar.*
Allerweltsmittel ⟨o.⟩⟨inf.⟩ **0.1** ***middel tegen alles.***
Allerweltswort ⟨o.; mv. ⸚er⟩⟨inf.⟩ **0.1** ***doodgewoon, alledaags woord*** **0.2** ***nietszeggend woord.***
allerwenigst **0.1** ***allerminst*** ⇒*minst van al* ◆ **1.1** die ~en Menschen *maar heel weinig mensen;* die ~en wissen das *de meeste mensen weten dat niet.*
alles →**all.**
allesamt ⟨inf.⟩ **0.1** ***allemaal (samen).***
Allesbrenner ⟨m.⟩ **0.1** ***allesbrander.***
Allesfresser ⟨m.⟩ **0.1** ***alleseter, omnivoor.***
Alleskleber ⟨m.⟩ **0.1** ***alles klevende lijm.***
Alleskönner ⟨m.⟩ **0.1** ***alzijdig iemand*** ⇒*iem. die alles kan.*
Alleswisser ⟨m.; ~s, ~⟩ **0.1** ***alweter*** ⇒*betweter.*
Allgegenwart ⟨v.⟩ **0.1** ***alomtegenwoordigheid.***
allgemein ⟨acc. wiss.⟩ **0.1** ***algemeen*** ◆ **6.1** **im** ~en *in, over het algemeen.*
Allgemeinbefinden ⟨o.⟩⟨med.⟩ **0.1** ***algemene (gezondheids)toestand.***
Allgemeinbesitz ⟨m.⟩ **0.1** ***gemeenschappelijk bezit*** ⇒*gemeengoed* ◆ **3.1** diese Auffassung ist noch nicht ~ geworden *deze opvatting is nog geen gemeengoed geworden.*
allgemeinbildend **0.1** ***algemeen vormend.***
Allgemeinbildung ⟨v.⟩ **0.1** ***algemene vorming, ontwikkeling.***
allgemeingültig **0.1** ***algemeengeldig*** ⇒*algemeen geldend, algemeen* ◆ **1.1** eine ~e Definition *een algemeen geldende definitie* **3.1** etwas ~ formulieren *iets zo formuleren dat het algemeen (ver)bindend is.*
Allgemeingut ⟨o.⟩ **0.1** ***gemeengoed*** ⇒*gemeenschappelijk bezit.*
Allgemeinheit ⟨v.; ~, ~en⟩ **0.1** ***gemeenschap*** ⇒*openbaarheid, allen* **0.2** ***algemeenheid*** ◆ **2.2** nichtssagende ~en *nietszeggende algemeenheden* **6.1** ein Dienst **an** der ~ *een dienst aan de gemeenschap.*
Allgemeinmedizin ⟨v.⟩ **0.1** ***huisartsengeneeskunde, algemene geneeskunde.***
Allgemeinplatz ⟨m.⟩ **0.1** ***gemeenplaats*** ⇒*algemeenheid, platitude.*
allgemeinverbindlich **0.1** ***algemeen, voor allen bindend.***
allgemeinverständlich **0.1** ***algemeen, voor allen begrijpelijk*** ⇒*bevattelijk, populair.*
Allgemeinwissen ⟨o.⟩ **0.1** ***algemene kennis*** ⇒*algemene vorming, ontwikkeling.*
Allgewalt ⟨v.⟩⟨schr.⟩ **0.1** ***almacht*** ⇒*onbeperkte macht, alvermogen* ◆ **1.1** die ~ einer Naturerscheinung *het onweerstaanbaar geweld van een natuurverschijnsel.*
allgütig **0.1** ***algoed*** ⇒*volmaakt goed.*
Allheilmittel ⟨o.⟩ **0.1** ***universeel geneesmiddel*** ⇒*panacee, wondermiddel.*
Allianz ⟨v.; ~, ~en⟩ **0.1** ***alliantie*** ⇒*verbond, bondgenootschap* ◆ **2.1** die Heilige ~ *de Heilige Alliantie.*
Alligator ⟨m.; ~s, Alligatoren⟩ **0.1** ***alligator.***
alliiert **0.1** ***geallieerd.***
Alliteration ⟨v.; ~, ~en⟩ **0.1** ***alliteratie, beginrijm.***
alljährlich **0.1** ***jaarlijks.***
Allmacht ⟨v.⟩ **0.1** ***almacht*** ⇒*alvermogen, onbeperkte macht.*
allmächtig **0.1** ***almachtig*** ⇒*al(ver)mogend, omnipotent* ◆ **1.¶** ~er Gott, Himmel! *(wel) allemachtig!*
allmählich **0.1** ***geleidelijk, langzaam*** ⇒*langzamerhand* ◆ **1.1** eine ~e Änderung *een geleidelijke verandering.*
allmonatlich **0.1** ***maandelijks.***
allmorgendlich **0.1** ***iedere morgen (plaatshebbend)*** ⇒*van iedere morgen.*
allochthon **0.1** ***allochtoon.***
Allotria ⟨o.; ~(s), ~⟩ **0.1** ***gek-, dwaasheid*** ◆ **3.1** ~ treiben *gekheid, kattenkwaad uithalen.*
Allradantrieb ⟨m.⟩ **0.1** ***vierwielaandrijving.***
allseitig **0.1** ***alzijdig*** ⇒*van alle zijden, algemeen* **0.2** ***veelzijdig*** ⇒*veelomvattend, uitgebreid* ◆ **1.1** zur ~en Zufriedenheit *tot algemene tevredenheid* **1.2** eine ~e Ausbildung *een veelzijdige opleiding.*
allseits **0.1** ***alzijds*** ⇒*overal, aan, van alle kanten.*
Allstrom ⟨m.⟩ **0.1** ***gelijkstroom en wisselstroom.***
Alltag ⟨m.⟩ **0.1** ***weekdag*** ⇒*werkdag* **0.2** ***dagelijks leven*** ⇒*dagelijkse sleur.*
alltäglich **0.1** ***doordeweeks*** ⇒*v.d. werkdag* **0.2** ***alledaags, gewoon*** ⇒*ordinair, banaal, triviaal* **0.3** ***(alle)daags, dagelijks.***
Alltäglichkeit ⟨v.; ~, ~en⟩ **0.1** ***alledaagsheid, alledaags feit, verschijnsel.***
alltags **0.1** ***in, door de week*** ⇒*op week-, werkdagen.*
Alltagsanzug ⟨m.⟩ **0.1** ***daags, doordeweeks pak.***

Alltagsdinge ⟨alleen mv.⟩ **0.1** ***alledaagse, gewone dingen.***
Alltagserfahrung ⟨v.⟩ **0.1** ***alledaagse, gewone ervaring.***
Alltagskleidung ⟨v.⟩ **0.1** ***daagse, doordeweekse kleding, kledij.***
Alltagsleben ⟨o.⟩ **0.1** ***dagelijks, gewoon leven*** ⇒*leven van alledag.*
Alltagsmensch ⟨m.⟩ **0.1** ***alledaags, gewoon mens*** ⇒*gemiddeld mens.*
Alltagssorge ⟨v.⟩ **0.1** ***dagelijkse zorg*** ⇒*zorg van alledag.*
Alltagssprache ⟨v.⟩ **0.1** ***alledaagse, gewone taal.***
Alltagstrott ⟨m.⟩ **0.1** ***dagelijkse sleur.***
Alltagsverstand ⟨m.⟩ **0.1** ***doorsneeverstand.***
Alltagswort ⟨o.; mv. ⸚er⟩ **0.1** ***alledaags, gewoon woord.***
allumfassend **0.1** ***alomvattend, alles omvattend.***
Allüre ⟨v.; ~, ~n⟩⟨schr.; meestal pej.⟩ **0.1** ***allure*** ⇒*(opvallende) houding, maniertjes.*
alluvial **0.1** ***alluviaal.***
allverehrt **0.1** ***algemeen, door allen geëerd.***
Allwetterkleidung ⟨v.⟩ **0.1** ⟨voor elke weersgesteldheid geschikte kleding⟩.
Allwetterreifen ⟨m.⟩ **0.1** ***voor elke weersgesteldheid geschikte band.***
allwissend **0.1** ***alwetend, alles wetend.***
allwöchentlich **0.1** ***wekelijks.***
allzu **0.1** ***al te*** ⇒*veel te.*
Allzweckreiniger ⟨m.⟩ **0.1** ***allesreiniger.***
Alm ⟨v.; ~, ~en⟩ **0.1** ***alm*** ⇒*berg-, alpenweide.*
Almanach ⟨m.; ~s, ~e⟩ **0.1** ***almanak*** **0.2** ⟨(jaarlijkse) reclamecatalogus v.e. uitgeverij⟩.
Almhütte ⟨v.⟩ **0.1** ***alpenhut*** ⇒*berghut.*
Almosen ⟨o.; ~s, ~⟩ **0.1** ***aalmoes.***
Almosenier ⟨m.; ~s, ~e⟩⟨gesch.⟩ **0.1** ***armenverzorger.***
Aloe ⟨v.; ~, ~n⟩ **0.1** ***aloë*** **0.2** ***aloëhars.***
alogisch **0.1** ***onlogisch, niet logisch.***
Alp[1] ⟨m.; ~(e)s, ~e⟩ **0.1** ***nachtmerrie*** ◆ **8.1** etwas liegt wie ein ~ auf jmds. Brust *iets drukt als een nachtmerrie op iem.*
Alp[2] ⟨v.; ~, ~en⟩ **0.1** ***alm*** ⇒*berg-, alpenweide.*
al pari **0.1** ***(a) pari*** ⇒*voor de nominale waarde.*
Alpdruck ⟨m.; mv. ⸚e⟩ **0.1** ***nachtmerrie*** ⇒*kwade droom.*
Alpen ⟨alleen mv.⟩ **0.1** ***Alpen.***
Alpenglühen ⟨o.⟩ **0.1** ***alpengloeien*** ⇒*alpengloed.*
Alpenjäger ⟨m.⟩ **0.1** ***alpenjager*** ⇒*bergjager.*
Alpenrose ⟨v.⟩ **0.1** ***alpenroos.***
Alpenveilchen ⟨o.⟩ **0.1** ***alpenviooltje*** ⇒*cyclamen.*
Alpenverein ⟨m.⟩ **0.1** ***alpenvereniging, alpenclub*** ⇒*alpinistenclub.*
Alpenvorland ⟨o.⟩ **0.1** ***gebied langs de (noord)rand v.d. Alpen.***
Alpha ⟨o.; ~(s), ~s⟩ **0.1** ***alfa*** ◆ **1.1** das ~ und (das) Omega *de alfa en de omega, het begin en het einde.*
Alphabet ⟨o.; ~(e)s, ~e⟩ **0.1** ***alfabet*** ◆ **6.1** Wörter **nach** dem ~ ordnen *woorden alfabetisch rangschikken.*
alphabetisieren **0.1** ***alfabetiseren.***
alphanumerisch **0.1** ***alfanumeriek.***
Alphastrahlen ⟨alleen mv.⟩ **0.1** ***alfastralen, α-stralen.***
Alphorn ⟨o.⟩ **0.1** ***alpenhoorn.***
Alphütte ⟨v.⟩ **0.1** ***alpenhut*** ⇒*berghut.*
alpin **0.1** ***alpine*** ⇒*v.d. Alpen, alpen-* **0.2** ***alpinisten-*** ⇒*op het gebied v.h. alpinisme* ◆ **1.2** ~e Ausrüstung *alpinistenuitrusting* **3.1** ein ~ verbreitetes Tier *een in de Alpen, in het hooggebergte verbreid dier.*
Alpinist ⟨m.; ~en, ~en⟩ **0.1** ***alpinist.***
Alptraum ⟨m.⟩ **0.1** ***nachtmerrie*** ⇒*kwade droom.*
Alraune ⟨v.; ~, ~n⟩ **0.1** ***alruin(wortel)*** **0.2** ***alruinmannetje.***

als **0.1** ***als*** **0.2** ***dan*** ⟨bij vergelijking⟩ ⇒*als, behalve* **0.3** ***toen*** **0.4** ***als(of)*** **0.5** ***omdat, aangezien, daar*** ◆ **1.1** ~ kleiner Junge war er oft krank *als kleine jongen was hij vaak ziek;* seine Pflicht ~ Minister *zijn plicht als minister* **2.2** er ist klüger ~ sein Bruder *hij is verstandiger dan zijn broer* **3.1** sich ~ falsch, wahr erweisen *verkeerd, waar blijken te zijn;* dieser Spieler gilt ~ der beste der ganzen Mannschaft *deze speler geldt als de beste van de gehele ploeg* **4.2** alles andere ~ schön *allesbehalve mooi* **5.2** anders ~ *anders dan;* ein (eben) so kluger ~ netter Junge *een even verstandige als vriendelijke jongen;* nichts (anderes) ~ *niets (anders) dan, niets behalve;* nichts weniger ~ schön *allesbehalve mooi;* sowohl ... ~ (auch) *zowel ... als* **5.3** kaum hatte er ihn begrüßt, ~ seine Frau kam *nauwelijks had hij hem begroet, of zijn vrouw kwam* **5.5** um so mehr, ~ *te meer, omdat* **5.¶** entgegengesetzt, umgekehrt, ~ ich hoffte *net het tegenovergestelde van wat ik hoopte;* insofern, insoweit (,) ~ wir etwas davon gehört haben *in zoverre, (voor) zover wij daarvan iets hebben gehoord;* so bald ~ möglich *zo vlug mogelijk* **8.4** ~ ob ich das nicht gesehen hätte! *alsof ik dat niet had gezien!;* Sie sehen mich an, ~ wenn Sie mich kennten *u kijkt me aan, alsof u me kent* **¶.3** ~ er in Amerika ankam, war er krank *toen hij in Amerika aankwam, was hij ziek;* ~ sie ihn sieht, (da) eilt sie zu ihm *op het moment dat, als ze hem ziet, snelt ze naar hem toe* **¶.4** er tat (so), ~ wäre, sei er glücklich *hij deed alsof hij gelukkig was.*
also **0.1** ***dus*** ⇒*bijgevolg, derhalve* **0.2** ***dus*** ⇒*dat wil zeggen, met andere woorden* **0.3** ⟨inf.⟩ ***wel(aan)!*** ⇒*welnu!, kom-aan!* ◆ **2.3** ~ gut! *nou, wel, goed!* **5.1** ~ doch! *dus toch!* **9.3** ~ los! *vooruit!, nou, vooruit dan maar!;* na ~! *zie je (nu) wel, ik heb het je toch gezegd!; nou nog mooier!* **¶.2** es handelt sich hier um Gefangene, um Leute ~ die ... *het gaat hier om gevangenen, dat wil zeggen om mensen die ...* **¶.3** ~, gehen wir! *kom(aan), laten we gaan!;* wer hat das getan? ~? *wie heeft dat gedaan? wel?*
alt ⟨älter, (am) ältest(en)⟩ **0.1** ***oud*** ◆ **1.1** alles geht seinen ~en Gang *alles gaat zijn oude, gewone gang;* die Alte Geschichte *de Oude Geschiedenis, geschiedenis van de Oudheid;* ⟨inf.⟩ der ~e Meier *de oude Meier, Meier senior;* ~e Meister *(schilderijen van) oude meesters;* die ~en Sprachen *de oude, klassieke talen;* auf, für seine ~en Tage *op, voor zijn oude dag* **1.¶** eine ältere Dame *een dame op leeftijd;* in ~en Zeiten *eertijds* **2.1** ~ und jung *jong en oud, iedereen;* Alt und Jung *ouden en jongen* **3.1** er ist ganz der ~e *hij is helemaal de oude, niet veranderd* **3.¶** etwas ~ kaufen *iets tweedehands kopen;* ⟨inf.⟩ irgendwo nicht ~ werden *ergens niet lang blijven* **6.1** ~ **an** Jahren *oud van jaren, bedaagd;* ⟨inf.⟩ **aus** ~ neu machen *van oud nieuw maken, het oude als nieuw herstellen;* es bleibt alles **beim** ~en *alles blijft bij het oude;* ⟨ec.⟩ ~ **für** neu *tegen dagwaarde, nieuwwaarde* **8.1** älter als seine Jahre sein *er ouder uitzien dan men is;* ⟨inf.; scherts.⟩ ~ wie Methusalem *zo oud als Methusalem, zeer oud.*
Alt ⟨m.; ~(e)s, ~e⟩⟨muz.⟩ **0.1** ***alt*** ◆ **6.1** **im** ~ mitsingen *in de altpartij meezingen.*
altadlig **0.1** ***oudadellijk*** ⇒*van oude adel.*
Altar ⟨m.; ~(e)s, ⸚e⟩ **0.1** ***altaar*** ◆ **6.1** ⟨schr.⟩ ein Mädchen **zum** ~ führen *een meisje naar het altaar geleiden, een meisje huwen.*
Altaraufsatz ⟨m.⟩ **0.1** ***retabel.***
Altarbild ⟨o.⟩ **0.1** ***altaarstuk*** ⇒*altaarschilderij.*
Altargerät ⟨o.⟩ **0.1** ***liturgisch vaatwerk, rekwisieten voor de eredienst.***
Altar(s)sakrament ⟨o.⟩ **0.1** ***sacrament des altaars*** ⇒*eucharistie.*

Altarstufe ⟨v.⟩ **0.1** ***altaartrede.***
altbacken 0.1 ***oudbakken*** *⇒droog, hard* **0.2** ⟨pej.⟩ ***oudbakken*** *⇒ouderwets* ◆ **1.2** ~e Ideen *ouderwetse ideeën.*
Altbau ⟨m.; mv. ~ten⟩ **0.1** ***oud(e) gebouw(en)*** *⇒oud huis.*
altbekannt 0.1 ***vanouds bekend.***
altbewährt 0.1 ***vanouds beproefd*** *⇒deugdelijk, solide* ◆ **1.1** eine ~e Freundschaft *een (vanouds) solide vriendschap;* ein ~es Mittel *een vanouds beproefd middel.*
Altbier ⟨o.⟩ **0.1** ***bier*** ⟨met bovengisting⟩.
Altbundesbürger ⟨m.⟩ **0.1** ***inwoner van de 'oude' Duitse deelstaten.***
Altbundeskanzler ⟨m.⟩ **0.1** ***gewezen bondskanselier.***
Altbürger ⟨m.⟩ **0.1** ***oude ingezetene.***
altchristlich 0.1 ***oud-, vroeg-christelijk.***
altdeutsch 0.1 ***Oud-Duits.***
Alte ⟨bn. als zn.; v.⟩ **0.1** ***oude vrouw*** *⇒oudje* **0.2** ⟨inf.⟩ ***moer*** *⇒ouwe, moeder* **0.3** ⟨inf.⟩ ***vrouw*** ◆ **3.¶** die ~ säugt ihr Junges *de moer, het moederdier zoogt haar jong.*
altehrwürdig ⟨schr.⟩ **0.1** ***(hoogst) eerbiedwaardig*** ⟨vanwege de ouderdom⟩.
alteingesessen 0.1 ***vanouds ingezeten, woonachtig, gevestigd.***
Alteisen ⟨o.⟩ **0.1** ***oud ijzer*** *⇒schroot.*
Alte(n) ⟨bn. als zn.; mv.⟩ **0.1** ***ouden van dagen, bejaarden*** *⇒oudjes* **0.2** ⟨inf.⟩ ***oudelui*** *⇒ouders* **0.3** ⟨gesch.⟩ ***voor-, stamouders*** *⇒Ouden, Antieken* ◆ **¶.¶** ⟨sprw.⟩ wie die Alten sungen, so zwitschern auch die Jungen *gelijk de ouden zongen, zo piepen de jongen.*
Altenheim ⟨o.⟩ →**Altersheim.**
Altenhilfe ⟨v.⟩ **0.1** ***bejaardenhulp, -zorg.***
Altenpflegeheim ⟨o.⟩ **0.1** ***verpleeghuis.***
Altenpfleger ⟨m.⟩ **0.1** ***bejaardenhelper, -verzorger.***
Altenteil ⟨o.⟩ **0.1** ⟨aandeel in de opbrengst van het boerenbedrijf dat de boer nog behoudt na overdracht van zijn bezittingen aan zijn zoon⟩ ◆ **6.1** sich **aufs** ~ setzen, sich aufs, **ins** ~ zurückziehen *zich terugtrekken;* jmdn. **aufs** ~ setzen ⟨inf.⟩ *iem. op non-actief stellen.*
Alter ⟨o.; ~s, ~⟩ **0.1** ***leeftijd(sklasse)*** *⇒ouderdom* **0.2** ***ouderdom, hoge leeftijd*** *⇒oude dag* **0.3** ***oude mensen, ouden van dagen*** ◆ **1.2** die Beschwerden des ~s *de ongemakken, gebreken van de oude dag* **2.1** im besten ~ sein *in de fleur van zijn jaren zijn;* im gleichen ~ sein, stehen *van dezelfde leeftijd zijn* **3.3** das ~ hat den Vortritt *de bejaarden gaan voor* **6.1 im** ~ von 65 Jahren *op de leeftijd van 65 jaar* **¶.¶** ⟨sprw.⟩ ~ schützt vor Torheit nicht *hoe ouder, hoe gekker.*
Alte(r) ⟨bn. als zn.; m.⟩ **0.1** ***oude man*** *⇒oudje* **0.2** ⟨inf.⟩ ***ouheheer*** *⇒ouwe, vader* **0.3** ⟨inf.⟩ ***man.***
Alterchen ⟨o.; ~s, ~⟩⟨inf.⟩ **0.1** ***oudje*** *⇒oude man.*
alterfahren 0.1 ***(zeer) ervaren*** *⇒geroutineerd, doorgewinterd.*
altern I ⟨onov.ww.; h/s.⟩ **0.1** ***oud(er) worden, verouderen;*** **II** ⟨ov.ww.⟩ **0.1** ***oud(er) maken, verouderen.***
Alternative ⟨v.; ~, ~n⟩ **0.1** ***alternatief.***
Alternativler ⟨m.; ~s, ~⟩ **0.1** ***alternatieveling.***
alternieren 0.1 ***alterneren*** *⇒(elkaar af)wisselen* ◆ **1.1** ~de Verse *versen met alternerend rijm.*
Alternsforschung ⟨v.⟩ **0.1** ***gerontologie.***
alters ⟨schr.⟩ ◆ **6.¶ seit** ~ (her), **von** ~ her *van oudsher, vanouds.*
Altersabbau ⟨m.⟩ **0.1** ***verzwakking, achteruitgang*** ⟨door de ouderdom⟩.
Altersangabe ⟨v.⟩ **0.1** ***vermelding v.d. leeftijd.***
altersbedingt 0.1 ***bepaald door, eigen aan de (hoge) leeftijd*** *⇒inherent aan de leeftijd* ◆ **1.1** eine ~e Krankheit *een ouderdomsziekte.*
Altersbeschwerde ⟨v.⟩ **0.1** ***ouderdomskwaal.***
Altersblödsinn ⟨m.⟩ **0.1** ***seniele dementie*** *⇒kindsheid.*
Altersfürsorge ⟨v.⟩ **0.1** ***bejaardenzorg.***
Altersgenosse ⟨m.⟩ **0.1** ***leeftijdgenoot.***
Altersgrenze ⟨v.⟩ **0.1** ***leeftijdsgrens*** **0.2** ***pensioengerechtigde leeftijd.***
Altersheim ⟨o.⟩ **0.1** ***bejaardentehuis, -centrum.***
Altersklasse ⟨v.⟩ **0.1** ***leeftijds-, ouderdomsklasse.***
Alterskrankheit ⟨v.⟩ **0.1** ***ouderdomsziekte, -kwaal.***
altersmäßig 0.1 ***volgens leeftijdsgroepen*** **0.2** ***qua, naar leeftijd.***
Alterspyramide ⟨v.⟩ **0.1** ***leeftijdspiramide.***
Altersrente ⟨v.⟩ **0.1** ***ouderdomsrente, AOW.***
Altersruhegeld ⟨o.⟩ **0.1** ***ouderdomspensioen.***
altersschwach 0.1 ***zwak door ouderdom*** *⇒afgeleefd, afgetakeld* **0.2** ***versleten, vervallen*** ◆ **1.2** ein ~er Stuhl *een versleten, wrakke stoel.*
Altersversicherung ⟨v.⟩ **0.1** ***ouderdomsverzekering.***
Altersversorgung ⟨v.⟩ **0.1** ***ouderdomsvoorziening.***
Alterswerk ⟨o.⟩ **0.1** ***werk uit de late levensfase.***
Alterszuschlag ⟨m.⟩ **0.1** ***anciënniteitsverhoging.***
Altertum ⟨o.; ~s⟩ **0.1** ***oudheid*** **0.2** ***(klassieke) Oudheid.***
Altertümelei ⟨v.; ~, ~en⟩ **0.1** ***overdreven voorliefde voor de oudheid.***
Altertümer ⟨alleen mv.⟩ **0.1** ***oudheden, antiquiteiten.***
altertümlich 0.1 ***oud, antiek*** *⇒archaïsch, ouderwets.*
Altertumsforscher ⟨m.⟩ **0.1** ***oudheidkundige, archeoloog.***
Altertumsforschung ⟨v.⟩ **0.1** ***oudheidkunde, archeologie.***
Altertumsmuseum ⟨o.⟩ **0.1** ***oudheidkundig museum.***
Altertumswissenschaft ⟨v.⟩ **0.1** ***oudheidkunde, archeologie.***
Alterung ⟨v.; ~, ~en⟩ **0.1** ***het ouder worden, veroudering, vergrijzing.***
Alte(s) ⟨bn. als zn.; o.⟩ **0.1** ***het oude*** *⇒verleden* ◆ **6.1 am** Alten hängen *aan het verleden hangen.*
Ältestenrat ⟨m.⟩ **0.1** ***seniorenconvent*** ⟨adviescollege v.d. president v.d. Bondsdag⟩ **0.2** ***raad der oudsten*** ⟨bij natuurvolkeren⟩ **0.3** ***parlementscommissie.***
Älteste(r) ⟨bn. als zn.⟩ **0.1** ***oudste*** *⇒ouderling* **0.2** ***oudste zoon, oudste dochter.***
Altgeld ⟨o.⟩⟨gesch.⟩ **0.1** ⟨geld van vóór de geldzuivering in 1948⟩.
alt|hergebracht, -herkömmlich ⟨schr.⟩ **0.1** ***aloud, traditioneel*** ◆ **1.1** ~e Bräuche *aloude gebruiken.*
althochdeutsch 0.1 ***Oud-Hoog-Duits.***
Altist ⟨m.; ~en, ~en⟩ **0.1** ***alt(zanger).***
altklug 0.1 ***wijsneuzig*** *⇒vroegrijp.*
Altlasten ⟨alleen mv.⟩ **0.1** ***lasten/verplichtingen van vroeger*** **0.2** ***reeds van vroeger daterende milieuverontreiniging.***
ältlich 0.1 ***ouwelijk.***
Altmeister ⟨m.⟩ **0.1** ***(groot)meester*** *⇒nestor* **0.2** ⟨gesch.⟩ ***gildedeken, gildemeester*** **0.3** ⟨sp.⟩ ***gewezen kampioen.***
Altmetall ⟨o.⟩ **0.1** ***schroot*** *⇒oud metaal.*
altmodisch 0.1 ***ouderwets.***
Altöl ⟨o.⟩ **0.1** ***afgewerkte olie.***
Altpapier ⟨o.⟩ **0.1** ***oud papier.***
Altphilologe ⟨m.⟩ **0.1** ***klassiek filoloog, classicus.***
altruistisch 0.1 ***altruïstisch*** *⇒onbaatzuchtig, onzelfzuchtig, offerbereid.*
altsprachlich 0.1 ***mbt. tot de klassieke talen*** ◆ **1.1** ~es Gymnasium *gymnasium α, humanistisch gymnasium.*
Altstadt ⟨v.⟩ **0.1** ***oude stadswijk*** *⇒(oude) binnenstad, (oude) stadskern.*
Altstadtsanierung ⟨v.⟩ **0.1** ***stadskernvernieuwing.***

Altsteinzeit ⟨v.⟩ **0.1** ***oudere steentijd, Paleolithicum.***
alttestamentlich 0.1 ***oudtestamentisch*** ⇒*v.h. Oude Testament.*
altüberliefert ⟨schr.⟩ **0.1** ***vanouds overgeleverd*** ⇒*traditioneel.*
alt|väterisch, -väterlich 0.1 ***ouderwets*** ⇒*antiek.*
Altvordern ⟨alleen mv.⟩⟨schr.⟩ **0.1** ***voorouders, voorvaderen.***
Altwaren ⟨alleen mv.⟩ **0.1** ***tweedehands artikelen, goederen.***
Altwarenhändler ⟨m.⟩ **0.1** ***handelaar in tweedehands goederen.***
Altwasser ⟨o.; mv. ~⟩ **0.1** ***dode rivierarm, riviertak.***
Altweiberfas(t)nacht ⟨v.⟩ **0.1** ⟨donderdag vóór carnaval⟩.
Altweibergeschwätz ⟨o.⟩ **0.1** ***oudewijvenpraat.***
Altweibersommer ⟨m.⟩ **0.1** ***zonnige nazomer*** **0.2** ***herfst-, najaarsdraden.***
Alu ⟨o.; ~s⟩⟨inf.; afk.⟩ [Aluminium].
Aluminium ⟨o.; ~s⟩ **0.1** ***aluminium.***
Aluminiumfolie ⟨v.⟩ **0.1** ***bladaluminium, aluminiumfolie.***
Alwegbahn ⟨v.; ~, ~en⟩ **0.1** ***monorail.***
a.M. ⟨afk.⟩ [am Main].
Amalgam ⟨o.; ~s, ~e⟩ **0.1** ***amalgaam, amalgama*** ⇒*mengsel, mengeling.*
Amarelle ⟨v.; ~, ~n⟩ **0.1** ***amarel(le), morel.***
Amateur ⟨m.; ~s, ~e⟩ **0.1** ***amateur*** ⇒*liefhebber, dilettant.*
Amateurfunker ⟨m.⟩ **0.1** ***radioamateur.***
amateurhaft 0.1 ***amateuristisch*** ⇒*dilettanterig, stumperig.*
Amazonas ⟨m.; ~s⟩ **0.1** ***Amazone.***
Amazone ⟨v.; ~, ~n⟩ **0.1** ***amazone.***
Ambiente ⟨o.; ~⟩ **0.1** ***ambiance, sfeer.***
Ambiguität ⟨v.; ~, ~en⟩ **0.1** ***ambiguïteit, dubbelzinnigheid.***
Ambition ⟨v.; ~, ~en⟩⟨schr.⟩ **0.1** ***ambitie, eerzucht.***
ambitioniert ⟨schr.⟩ **0.1** ***ambitieus, eerzuchtig.***
ambitiös ⟨meestal pej.⟩ **0.1** ***ambitieus, zeer eerzuchtig.***
ambivalent 0.1 ***ambivalent.***
Amboß ⟨m.; Ambosses, Ambosse⟩ **0.1** ***aan-, aambeeld.***
Ambrosia ⟨v.; ~⟩ **0.1** ***ambrozijn, ambrosia*** ⟨ook biol.⟩.
ambulant 0.1 ***ambulant*** ⟨ook med.⟩ ⇒*rondreizend, rondtrekkend* ◆ **1.1** ~e Behandlung *ambulante behandeling;* ~er Handel *straathandel.*
Ambulanz ⟨v.; ~, ~en⟩ **0.1** ***ambulance*** **0.2** ***polikliniek.***
Ambulanzwagen ⟨m.⟩ **0.1** ***zieken-, ambulancewagen.***
Ameise ⟨v.; ~, ~n⟩ **0.1** ***mier.***
ameliorieren ⟨schr.⟩ **0.1** ***verbeteren*** ⇒*veredelen, verfijnen.*
amen 0.1 ***amen*** ⇒*het zij zo.*
Amen ⟨o.; ~s, ~⟩ **0.1** ***amen*** ◆ **3.1** sein ~ (zu etwas) geben *zijn fiat, goedkeuring (aan iets) geven* **8.1** ⟨inf.⟩ so sicher wie das ~ in der Kirche *zo zeker als tweemaal twee vier is.*
Amendement ⟨o.; ~s, ~s⟩ **0.1** ***amendement.***
amendieren 0.1 ***amenderen*** ⇒*bij amendement wijzigen, veranderen, verbeteren* ◆ **1.1** einen Gesetzentwurf ~ *een wetsvoorstel amenderen.*
Amerika ⟨o.; ~s⟩ **0.1** ***Amerika.***
Amerikaner ⟨o.; ~s, ~⟩ **0.1** ***Amerikaan.***
amerikanisch 0.1 ***Amerikaans.***
amethodisch 0.1 ***zonder methode, onsystematisch.***
Amethyst ⟨m.; ~(e)s, ~e⟩ **0.1** ***amethist.***
Ami ⟨m.; ~(s), ~(s)⟩⟨inf.⟩ **0.1** ***Amerikaans bezettingssoldaat*** ⇒*Amerikaan* **0.2** ***Amerikaan.***
Aminosäure ⟨v.⟩ **0.1** ***aminozuur.***
Amme ⟨v.; ~, ~n⟩ **0.1** ***voedster*** ⇒*min* **0.2** ⟨bij uitbr.⟩ ***baker, kinderjuffrouw*** **0.3** ⟨biol.; wijfje dat niet-bevruchte eieren bebroedt⟩.
Ammenmärchen ⟨o.⟩ **0.1** ***bakersprookje, -praatje.***
Ammer ⟨v.; ~, ~n⟩ **0.1** ***gors.***
Ammoniak ⟨acc. wiss.⟩⟨m. & o.; ~s⟩ **0.1** ***ammoniak.***
Ammonit ⟨m.; ~en, ~en⟩ **0.1** ***ammoniet, ammonshoorn.***
Ammonium ⟨o.; ~s⟩ **0.1** ***ammonium.***
Ammonshorn ⟨o.⟩ **0.1** ***ammonshoorn, ammoniet*** **0.2** ⟨deel v.d. grote hersenen, bij mens en zoogdier⟩.
Amnestie ⟨v.; ~, ~n⟩ **0.1** ***amnestie*** ⇒*kwijtschelding van straf* ◆ **3.1** eine ~ erlassen, verkünden *een amnestie uitvaardigen;* jmdm. ~ gewähren, zusichern *iem. amnestie verlenen* **6.1** unter die ~ fallen *amnestie krijgen.*
Amöbe ⟨v.; ~, ~n⟩ **0.1** ***amoebe.***
Amok ⟨m.; ~s⟩ **0.1** ***amok*** ◆ **3.1** ~ fahren *amok maken* ⟨met een auto⟩; ~ laufen *amok maken.*
Amokfahrer ⟨m.⟩ **0.1** ***amokrijder.***
Amokläufer ⟨m.⟩ **0.1** ***amokmaker.***
amoralisch 0.1 ***amoreel.***
Amortisation ⟨v.; ~, ~en⟩ **0.1** ***amortisatie*** ⇒*schulddelging, aflossing* **0.2** ⟨jur.⟩ ***amortisatie*** ⇒*nietigverklaring.*
amortisieren I ⟨ov.ww.⟩ **0.1** ***amortiseren*** ⇒*delgen, aflossen;*
II sich ~ ⟨wk.ww.⟩ **0.1** ***renderen, rendabel zijn*** ◆ **1.1** die Investitionen haben sich amortisiert *de investeringen hebben gerendeerd.*
amourös 0.1 ***amoureus.***
Ampel ⟨v.; ~, ~n⟩ **0.1** ***verkeers-, stoplicht*** **0.2** ***hanglamp*** **0.3** ***ampel*** ⟨schaal voor hangplanten⟩ ◆ **3.1** die ~ springt, steht auf Gelb *het verkeerslicht springt, staat op oranje.*
Ampelkoalition ⟨v.⟩⟨pol.⟩ **0.1** ⟨coalitie van socialisten (rood), liberalen (geel) en groenen⟩.
Ampere ⟨o.; ~(s), ~⟩ **0.1** ***ampère.***
Amperemeter ⟨o.⟩ **0.1** ***ampèremeter.***
Amperesekunde ⟨v.⟩ **0.1** ***ampèreseconde, coulomb.***
Amphetamin ⟨o.; ~s, ~e⟩ **0.1** ***amfetamine.***
Amphibie ⟨v.; ~, ~n⟩⟨biol.⟩ **0.1** ***amfibie.***
Amphibienfahrzeug ⟨o.⟩ **0.1** ***amfibievoertuig.***
amphibisch 0.1 ***amfibisch.***
Amphitheater ⟨o.⟩ **0.1** ***amfitheater.***
Ampho|ra, -re ⟨acc. wiss.⟩⟨v.; ~, Amphoren⟩ **0.1** ***amfoor, amfora*** ⇒*kruik.*
Amplitude ⟨v.; ~, ~n⟩ **0.1** ***amplitudo, amplitude*** ⇒*slingerwijdte, uitslag.*
Ampulle ⟨v.; ~, ~n⟩ **0.1** ***ampul(la).***
Amputation ⟨v.; ~, ~en⟩ **0.1** ***amputatie, afzetting*** ◆ **1.1** eine ~ des Armes vornehmen *een arm amputeren.*
amputieren 0.1 ***amputeren, afzetten.***
Amsel ⟨v.; ~, ~n⟩ **0.1** ***merel.***
Amt ⟨o.; ~(e)s, ¨er⟩ **0.1** ***ambt, betrekking, functie*** **0.2** ***taak*** ⇒*(ver)plicht(ing)* **0.3** ***bestuur, dienst*** ⇒*instantie, departement, ministerie* **0.4** ***(telefoon)centrale*** **0.5** ***district, kanton*** **0.6** ⟨rel.⟩ ***gezongen mis*** ◆ **1.1** das ~ eines Ministers *het ambt van minister* **2.3** Auswärtiges ~ *ministerie van Buitenlandse Zaken;* das meteorologische ~ *het meteorologisch instituut;* das statistische ~ *het bureau voor de statistiek* **3.1** ein ~ antreten *een ambt, betrekking aanvaarden* **3.2** ⟨schr.⟩ seines ~es walten *zijn taak uitoefenen, zijn plicht doen* **3.4** das ~ anrufen *de telefooncentrale opbellen* **3.6** ein ~ (ab)halten *een gezongen mis doen, opdragen* **6.1** **im** ~ bleiben, sein, stehen *in functie, dienst blijven, zijn;* ⟨soms iron.⟩ **in** ~ und Würden sein *een waardigheid bekleden;* **von** ~s wegen *van ambtswege, ambtshalve* **¶.1** ⟨sprw.⟩ wem Gott ein ~ gibt, dem gibt er auch Verstand *het verstand komt met het ambt* **¶.2** ⟨schr.⟩ das ist nicht meines ~es *dat is mijn taak niet.*
amtieren 0.1 ***een ambt bekleden, vervullen*** ⇒*in functie*

zijn **0.2** ***een ambt waarnemen*** *⇒fungeren* ◆ **1.2** der ~de Ministerpräsident *de waarnemende minister-president* **8.1** als Direktor ~ *het ambt van directeur uitoefenen.*

amtlich **0.1** ***ambtelijk, dienst-*** *⇒officieel* **0.2** ***ernstig, serieus*** ◆ **1.1** in ~em Auftrag *in dienstopdracht;* das ~e Kennzeichen *de nummerplaat;* aus ~er Quelle *uit officiële, betrouwbare bron* **1.2** eine ~e Miene machen *een ernstig gezicht zetten.*

amtlicherseits **0.1** ***van officiële zijde.***

Amtmann ⟨m.; mv. ⸚er of Amtleute⟩ **0.1** ***hoger administratief ambtenaar.***

Amtsantritt ⟨m.⟩ **0.1** ***ambts-, dienstaanvaarding*** *⇒indiensttreding.*

Amtsapparat ⟨m.⟩ **0.1** ***ambtenarenapparaat*** *⇒ambtenarenkorps.*

Amtsarzt ⟨m.⟩ **0.1** ⟨arts bij de openbare gezondheidsdienst⟩.

Amtsbereich ⟨m.⟩ **0.1** ***ambtsgebied, ressort.***

Amtsbezeichnung ⟨v.⟩ **0.1** ***ambtstitel*** **0.2** ***ambtelijke term.***

Amtsblatt ⟨o.⟩ **0.1** ***officieel blad.***

Amtsbruder ⟨m.⟩ **0.1** ***ambtsbroeder*** *⇒ambtgenoot.*

Amtsdeutsch ⟨o.⟩⟨pej.⟩ **0.1** ***ambtelijk Duits.***

Amtseid ⟨m.⟩ **0.1** ***ambtseed.***

Amtseinführung ⟨v.⟩ **0.1** ***installatie*** ⟨in een ambt⟩.

Amtsenthebung ⟨v.⟩ **0.1** ***ambtsontheffing*** *⇒ontslag, afzetting.*

Amtsführung ⟨v.⟩ **0.1** ***ambtsuitoefening, -vervulling.***

Amtsgeheimnis ⟨o.⟩ **0.1** ***ambts-, dienstgeheim.***

Amtsgericht ⟨o.⟩ **0.1** ***kantongerecht.***

amtshalber **0.1** ***ambtshalve, van ambtswege.***

Amtshandlung ⟨v.⟩ **0.1** ***ambtsverrichting.***

Amtshilfe ⟨v.⟩ **0.1** ***ambtelijke hulp.***

Amtskette ⟨v.⟩ **0.1** ***ambtsketen.***

Amtskleidung ⟨v.⟩ **0.1** ***ambtskleding, -kledij.***

Amtskollege ⟨m.⟩ **0.1** ***ambtgenoot, collega.***

Amtsmiene ⟨v.⟩⟨iron.⟩ **0.1** ***officieel, plechtig gezicht*** *⇒ streng gezicht* ◆ **3.1** eine ~ annehmen, aufsetzen *een officieel gezicht zetten.*

Amtsperiode ⟨v.⟩ **0.1** ***ambtsperiode, -termijn.***

Amtsperson ⟨v.⟩ **0.1** ***ambtenaar, functionaris.***

Amtspflicht ⟨v.⟩ **0.1** ***ambts-, dienstplicht.***

Amtsraum ⟨m.⟩ **0.1** ***kantoor(ruimte), bureau.***

Amtsrichter ⟨m.⟩ **0.1** ***kantonrechter.***

Amtsschimmel ⟨m.⟩⟨inf.; scherts.⟩ **0.1** ***bureaucratie*** ◆ **3.1** den ~ reiten *zich met een bureaucratische nauwgezetheid, overdreven stipt aan de voorschriften houden;* da wiehert der ~ *daar heerst bureaucratie.*

Amtssitz ⟨m.⟩ **0.1** ***dienstgebouw*** *⇒bureau, kantoor* **0.2** ***(bestuurs)zetel.***

Amtssprache ⟨v.⟩ **0.1** ***officiële taal*** **0.2** ⟨pej.⟩ ***ambtelijke taal.***

Amtstracht ⟨v.⟩ **0.1** ***ambtskleding, -kledij.***

Amtsträger ⟨m.⟩ **0.1** ***ambtsdrager, functionaris.***

Amtsvermittlung ⟨v.⟩ **0.1** ***telefoonverbinding via de centrale.***

Amtsvorsteher ⟨m.⟩ **0.1** ***hoofd van een dienst*** *⇒kantoor-, bureauchef.*

Amtsweg ⟨m.⟩ **0.1** ***ambtelijke, officiële weg*** ◆ **3.1** den ~ einhalten, gehen *de officiële weg volgen* **6.1** **auf** dem ~ *langs officiële weg.*

Amtswohnung ⟨v.⟩ **0.1** ***ambts-, dienstwoning.***

Amtszeit ⟨v.⟩ **0.1** ***ambtstijd, -periode.***

Amulett ⟨o.; ~(e)s, ~e⟩ **0.1** ***amulet, talisman.***

amüsant **0.1** ***amusant, vermakelijk, onderhoudend.***

Amüsement ⟨o.; ~s, ~s⟩ **0.1** ***amusement, vermaak*** ◆ **6.1** etwas **zu** seinem ~ tun *iets voor zijn plezier doen.*

Amüsierbetrieb ⟨m.⟩ **0.1** ***amusementsbedrijf*** **0.2** ⟨pej.⟩ ***nachtclub, nachtlokaal.***

amüsieren I ⟨ov.ww.⟩ **0.1** ***amuseren, vermaken, onderhouden;***

II sich ~ ⟨wk.ww.⟩ **0.1** ***zich amuseren, zich vermaken*** **0.2** ***zich vrolijk maken, lachen.***

Amüsierlokal ⟨o.⟩⟨pej.⟩ **0.1** ***nachtlokaal, nachtclub.***

Amüsierviertel ⟨o.⟩⟨pej.⟩ **0.1** ***rosse buurt.***

an[1] ⟨vz. + 3,4⟩ **0.1** ***aan, op*** *⇒(tot) bij, tegen* **0.2** ***op*** *⇒in, met* **0.3** ***aan*** *⇒tengevolge van* **0.4** ***aan*** *⇒(bestemd) voor, op* **0.5** ***aan*** *⇒in, van, wat ... betreft* **0.6** ***met (behulp van)*** ◆ **1.1** am Boden liegen *op de grond liggen;* am Fenster stehen *bij het raam staan;* jmdn. ~ der, die Hand nehmen *iem. bij de hand nemen;* Frankfurt am Main *Frankfurt aan de Main;* ~ Ort und Stelle *ter plaatse;* etwas ~ seinen Platz stellen *iets op zijn plaats zetten;* sich ~ den Schrank lehnen *tegen de kast leunen;* ~ jener Stelle *op die plaats;* etwas ~ die Tafel schreiben *iets op het bord schrijven;* sich ~ den Tisch setzen *aan tafel plaatsnemen* **1.2** am Anfang *in het begin;* ⟨inf.⟩ am Ende *ten slotte;* am Ende des Jahres *aan, op het einde van het jaar;* am Montag *op maandag, 's maandags;* am 2. Juni *op 2 juni, de tweede juni;* ~ Ostern *met Pasen;* ein Schreiben ~ mich *een schrijven aan mij (gericht)* **1.5** Mangel, Überfluß ~ Rohstoffen *gebrek, overvloed aan grondstoffen* **1.6** ~ Krücken gehen *met, op krukken lopen* **1.¶** dort steht Haus ~ Haus *daar staat het ene huis naast het andere;* Kopf ~ Kopf stehen *op elkaar gepakt staan;* Tür ~ Tür wohnen *naast elkaar wonen* **2.5** arm, reich ~ Nährstoffen *arm, rijk aan voedingsstoffen;* gesund ~ Leib und Seele *gezond naar lichaam en ziel* **2.¶** am besten, meisten, schönsten *het best, het meest, het mooist, op zijn mooist* **3.3** sich ~ einem Kollegen ärgern *zich over een collega ergeren* **3.¶** etwas ~ sich ⟨3e nv.⟩ haben *iets als typische eigenschap hebben, iets over zich hebben;* ~ sich halten *zich beheersen;* ⟨reg.⟩ am Kochen sein *koken;* es ist nichts ~ dem *het klopt niet, daar is niets van aan;* jetzt ist es ~ dir, zu handeln *nu is het jouw beurt, taak te handelen;* ~ dem Roman ist nicht viel (dran) *die roman is niet veel zaaks* **4.1** der Ort, ~ dem er wohnte *de plaats waar hij woonde* **4.2** der Tag, ~ dem es geschah *de dag waarop dat gebeurde* **4.¶** das Haus ~ sich ist schön *het huis op zichzelf is mooi;* ~ (und für) sich hat er recht *in de grond, eigenlijk heeft hij gelijk* **6.1** **bis** ~ den Rhein *tot aan de Rijn;* am Ufer **entlang** gehen *langs de oever gaan, lopen;* ~ ... **vorbei**, **vorüber** *langs ... heen;* er ging ~ mir **vorbei**, vorüber *hij passeerde mij* **6.2** **bis** ~ seinen letzten Tag *tot de laatste dag toe.*

an[2] ⟨bw.⟩ **0.1** ⟨inf.⟩ ***aan, ingeschakeld*** **0.2** ⟨inf.⟩ ***aan (het lijf)*** **0.3** ⟨verk.⟩ ***aankomst in*** **0.4** ⟨bij telwoorden⟩ ***ongeveer, circa*** ◆ **1.1** Scheinwerfer ~! *lichten aan!* **1.3** ~ Köln, Köln ~ : 13.20 *aankomst in Keulen: 13.20* **2.4** ~ die 50 Schüler *tegen de 50 leerlingen* **4.2** sie hatte wenig ~ *zij had weinig aan* **6.¶** **gegen** etwas ~ wollen *tegen iets willen ingaan;* **von** Anfang ~ *vanaf het begin;* **von** Jugend, Kindheit ~ *van kindsbeen af.*

Anabaptist ⟨m.; ~en, ~en⟩ **0.1** ***anabaptist, wederdoper.***

Anachronismus ⟨m.; ~, Anachronismen⟩ **0.1** ***anachronisme.***

Anagramm ⟨o.; ~s, ~e⟩ **0.1** ***anagram.***

Anakoluth ⟨m. & o.; ~s, ~e⟩ **0.1** ***anakoloet.***

anal **0.1** ***anaal.***

analog **0.1** ***overeenkomstig, overeenkomend, analoog*** ⟨ook comp.⟩ ◆ **6.1** ~ **(zu)** jenem Fall *analoog met dat geval.*

Analogie ⟨v.; ~, ~n⟩ **0.1** ***overeenkomst, overeenstemming, analogie*** ◆ **6.1** **in** ~ zu *naar analogie van.*

Analogrechner ⟨m.⟩⟨comp.⟩ **0.1** ***analoge rekenmachine.***
Analphabet ⟨m.; ~en, ~en⟩ **0.1** ***analfabeet*** ⟨ook fig.⟩.
Analphabetentum ⟨o.; ~s⟩ **0.1** ***analfabetisme*** ⟨ook fig.⟩.
Analyse ⟨v.; ~, ~n⟩ **0.1** ***analyse, ontleding*** ⟨ook schei.⟩ ⇒*onderzoek* ◆ **3.1** eine ~ durchführen, machen, vornehmen *analyseren.*
Analysenwaage ⟨v.⟩⟨schei.⟩ **0.1** ***analytische balans*** ⇒*precisiebalans.*
analysieren **0.1** ***analyseren, ontleden*** ⇒*onderzoeken.*
analytisch **0.1** ***analytisch*** ⇒*analyserend* ◆ **1.1** ~e Chemie, Geometrie *analytische scheikunde, meetkunde.*
Ananas ⟨v.; ~, ~(se)⟩ **0.1** ***ananas(plant).***
Anapher ⟨v.; ~, ~n⟩⟨taal.⟩ **0.1** ***anafoor.***
Anarchie ⟨v.; ~, ~n⟩ **0.1** ***anarchie*** ⇒*wanorde, chaos.*
anarchisch **0.1** ***chaotisch, wanordelijk, ordeloos.***
Anarchismus ⟨m.; ~⟩ **0.1** ***anarchisme.***
anarchistisch **0.1** ***anarchistisch*** ⇒*ordeloos.*
Anästhesie ⟨v.; ~, ~n⟩⟨med.⟩ **0.1** ***anesthesie*** ⇒*narcose, ongevoeligheid.*
Anästhesist ⟨m.; ~en, ~en⟩ **0.1** ***anesthesist, narcotiseur.***
Anatom ⟨m.; ~en, ~en⟩ **0.1** ***anatoom.***
Anatomie ⟨v.; ~, ~n⟩ **0.1** ***anatomie*** **0.2** ***anatomisch instituut.***
anatomieren **0.1** ***anatomiseren, ontleden.***
anatomisch **0.1** ***anatomisch, ontleedkundig.***
anbacken I ⟨onov.ww.⟩ **0.1** ***aan-, vastbakken*** ⇒*(vast)kleven;*
II ⟨ov.ww.⟩ **0.1** ***(lichtjes) bakken.***
anbahnen I ⟨ov.ww.⟩ **0.1** ***de weg banen voor, voorbereiden*** ⇒*aanknopen* ◆ **1.1** eine Beziehung, Verbindung ~ *een relatie aanknopen;*
II sich ~ ⟨wk.ww.⟩ **0.1** ***ontstaan*** ⇒*zich openen, zich beginnen af te tekenen* ◆ **1.1** eine neue Möglichkeit bahnt sich an *er ontstaat, opent zich een nieuwe mogelijkheid.*
anbandeln, anbändeln ⟨h.⟩⟨inf.⟩ **0.1** ***een flirt beginnen*** **0.2** ***het aanleggen met*** ⇒*ruzie zoeken, het aan de stok krijgen.*
Anbau ⟨m.; mv. ~ten⟩ **0.1** ***teelt, verbouw*** ⇒*aanplanting, kweek, cultuur* **0.2** ***(aan)bouw, het (aan)bouwen*** **0.3** ***aanbouwsel, bij(ge)bouw*** ◆ **6.1** der ~ **von** Kartoffeln *de aardappelteelt.*
anbauen I ⟨ov.ww.⟩ **0.1** ***telen, verbouwen*** ⇒*aanplanten, kweken* **0.2** ***aan-, bijbouwen*** ◆ **3.¶** ⟨inf.⟩ es kommen noch Gäste, wir müssen ~ *er komen nog gasten, wij moeten een tafel bijschuiven* **6.2** eine Scheune **an** das, dem Haus ~ *een schuur aan het huis aanbouwen;*
II sich ~ ⟨wk.ww.⟩ **0.1** ***zich vestigen.***
Anbaugebiet ⟨o.⟩ **0.1** ***teeltgebied.***
Anbauküche ⟨v.⟩ **0.1** ***(combinatie)keuken*** ⟨met bij elkaar passende delen⟩.
Anbaumöbel ⟨o.⟩ **0.1** ***combinatiemeubel.***
Anbauschrank ⟨m.⟩ **0.1** ***stapelkast*** ⇒*combinatiemeubel.*
Anbeginn ⟨m.⟩⟨schr.⟩ **0.1** ***begin, aanvang*** ◆ **6.1 seit** ~ *van de aanvang af.*
anbehalten ⟨inf.⟩ **0.1** ***aan houden.***
anbei **0.1** ***ingesloten, bijgaand, bijgevoegd.***
anbeißen I ⟨onov.ww.⟩ **0.1** ***(aan)bijten*** **0.2** ⟨inf.; fig.⟩ ***aanbijten*** ⇒*toehappen, zich laten verlokken;*
II ⟨ov.ww.⟩ **0.1** ***aanbijten*** **0.2** ***een stuk afbijten*** ◆ **6.1** ⟨inf.⟩ **zum** Anbeißen aussehen, sein *er uitzien om te zoenen, om in te bijten.*
anbekommen **0.1** ***aan krijgen.***
anbelangen **0.1** ***betreffen, aangaan.***
anbequemen, sich ⟨met 3e nv.⟩ **0.1** ***zich aanpassen.***
anberaumen **0.1** ***vaststellen, bepalen*** ◆ **1.1** eine Versammlung ~ *een vergadering beleggen, uitschrijven.*
anbeten **0.1** ***aanbidden*** ⇒*vereren, verafgoden.*
Anbeter ⟨m.⟩ **0.1** ***aanbidder*** ⇒*vereerder.*
Anbetracht ⟨v.⟩ ◆ **6.¶ in** ~ ⟨met 2e nv.⟩ *met het oog op, in aanmerking genomen;* **in** ~ dessen, daß *het feit in aanmerking genomen.*
anbetreffen **0.1** ***betreffen, aangaan*** ◆ **1.1** was den Etat anbetraf *wat de begroting betrof.*
anbezahlen **0.1** ***een aanbetaling doen.***
anbiedern, sich ⟨pej.⟩ **0.1** ***in 't gevlij trachten te komen, aanpappen*** ⇒*toenadering zoeken* ◆ **6.1** sich **bei** jmdm. ~ *zich aan iem. opdringen, met iem. aanpappen.*
anbieten I ⟨ov.ww.⟩ **0.1** ***(aan)bieden, presenteren*** ⇒*ter beschikking stellen* **0.2** ***(aan)bieden*** ⇒*voorstellen* ◆ **1.1** jmdm. seine Dienste, Hilfe ~ *iem. zijn diensten, hulp aanbieden;* ⟨iron.⟩ jmdm. Ohrfeigen, Prügel ~ *iem. met een pak slaag dreigen* **1.2** jmdm. das Du ~ *iem. voorstellen elkaar te tutoyeren;*
II sich ~ ⟨wk.ww.⟩ **0.1** ***voor de hand liggen, in aanmerking komen*** ⇒*geschikt zijn* ◆ **1.1** eine Gelegenheit bietet sich an *een gelegenheid doet zich voor* **6.1** der Saal bot sich **für** das Fest an *de zaal was zeer geschikt voor het feest.*
anbinden I ⟨onov.ww.⟩⟨schr.⟩ **0.1** ***ruzie krijgen*** ⇒*het aan de stok krijgen* **0.2** ***betrekkingen, vriendschap aanknopen*** ⇒*het aanleggen met;*
II ⟨ov.ww.⟩ **0.1** ***(aan)binden, vastbinden*** ◆ **1.1** einen Rosenstrauch ~ *een rozenstruik opbinden;* den Hund ~ *de hond aanlijnen* **4.1** ⟨fig.⟩ sich nicht ~ lassen *zich niet laten binden* **5.¶** kurz angebunden sein *kort aangebonden, korzelig zijn.*
anblasen **0.1** ***aanblazen*** ⇒*doen (ont)vlammen, aanwakkeren* **0.2** ***blazen naar*** **0.3** ***het sein geven tot*** ◆ **1.1** einen Hochofen ~ *een hoogoven in werking stellen.*
anblättern **0.1** ***doorbladeren*** ⇒*vluchtig doorkijken.*
Anblick ⟨m.⟩ **0.1** ***aanblik*** ⇒*het aanzien* **0.2** ***aanblik*** ⇒*gezicht, schouwspel* ◆ **6.1 beim, im** ~ der Hinrichtung *bij de aanblik, het zien van de terechtstelling* **6.2** ⟨inf.; iron.⟩ ein ~ **für** die Götter *een goddelijk, kostelijk gezicht, schouwspel.*
anblicken **0.1** ***aanblikken*** ⇒*aanzien.*
anblinken **0.1** ***een lichtsignaal geven*** ◆ **1.1** jmdn. mit einer Taschenlampe ~ *een zaklantaarn op iem. richten.*
anblinzeln **0.1** ***knippe(re)n*** ⟨met de ogen⟩ **0.2** ***knipogen.***
anbohren **0.1** ***aanboren, een gat boren*** **0.2** ***aanboren*** ⇒*ontsluiten* **0.3** ⟨inf.⟩ ***polsen*** ◆ **6.3** ⟨onov. ww.⟩ **bei** jmdm. ~ *iem. polsen;* jmdn. **um, wegen** etwas ~ *iets van iem. trachten gedaan te krijgen.*
anbraten **0.1** ***even (laten) braden, aanbraden.***
anbräunen I ⟨onov.ww.⟩⟨inf.⟩ **0.1** ***(lichtjes) bruinen*** ⇒*een bruine tint krijgen;*
II ⟨bn.⟩⟨cul.⟩ **0.1** ***bruineren.***
anbrausen **0.1** ***aanstormen, aanstuiven*** ⟨met veel lawaai⟩.
anbrechen I ⟨onov.ww.⟩⟨schr.⟩ **0.1** ***aanbreken*** ⇒*beginnen* ◆ **1.1** die Dämmerung bricht an *de schemering valt in;*
II ⟨ov.ww.⟩ **0.1** ***knakken, kneuzen*** **0.2** ⟨inf.⟩ ***aanbreken*** ⇒*aansnijden* ◆ **1.1** eine angebrochene Rippe *een gekneusde rib;* eine angebrochene Tasse *een kop met een barst, met een stuk eraf* **1.2** eine Flasche ~ *een fles opentrekken.*
anbrennen I ⟨onov.ww.⟩ **0.1** ***vlam vatten, beginnen te branden*** **0.2** ***aan-, verbranden*** ◆ **3.2** nichts ~ lassen (a) ⟨inf.⟩ *zich niets laten ontgaan* (b) ⟨sp.⟩ *geen bal doorlaten;*
II ⟨ov.ww.⟩ **0.1** ***aansteken, doen branden.***
anbringen **0.1** ***aanbrengen*** ⇒*bevestigen, toevoegen* **0.2** ***naar voren brengen, uiten*** ⇒*kenbaar maken* **0.3** ⟨inf.⟩ ***komen aandragen met, meebrengen*** **0.4** ⟨inf.⟩ ***onder-***

brengen ⇒*aan een betrekking helpen* **0.5** ⟨inf.⟩ ***aan de man brengen, verkopen*** **0.6** ⟨inf.⟩ ***aan krijgen*** ◆ **1.1** eine Änderung, Verbesserung ~ *een verandering, verbetering aanbrengen* **1.2** einen Wunsch ~ *een wens uiten, uitspreken;* seine Erfahrung ~ *blijk geven van zijn ervaring* **1.6** die Hose nicht ~ *de broek niet aan krijgen.*

Anbruch ⟨m.⟩ **0.1** ⟨schr.⟩ ***het aanbreken*** ⇒*begin* **0.2** ***begin v.e. breuk, scheur, barst*** ◆ **6.1 bei, mit** ~ der Dämmerung *met het vallen van de schemering.*

anbrüllen ⟨inf.⟩ **0.1** ***aan-, toebrullen*** ⇒*aan-, toesnauwen.*

Anchovis ⟨v.; ~, ~⟩ →**Anschovis.**

Andacht ⟨v.; ~, ~en⟩ **0.1** ***gebed, meditatie*** **0.2** ***concentratie, aandachtigheid*** ⇒*ingekeerdheid* **0.3** ***korte godsdienstoefening*** ⇒*morgen-, avondwijding* ◆ **3.3** eine ~ halten *een korte godsdienstoefening houden.*

andächtig **0.1** ***godvruchtig, vroom, devoot*** **0.2** ***aandachtig*** ⇒*in zich zelf gekeerd* **0.3** ***plechtig*** ⇒*stemmig, ernstig* ◆ **3.1** ~ beten *godvruchtig, in vrome aandacht bidden.*

andauern ⟨h.⟩ **0.1** ***(blijven) (voort)duren, (blijven) aanhouden.***

andauernd **0.1** ***aanhoudend, voortdurend, ononderbroken.***

Anden ⟨alleen mv.⟩ **0.1** *Andes(gebergte).*

Andenken ⟨o.; ~s, ~⟩ **0.1** ***herinnering, (na)gedachtenis*** **0.2** ***aandenken*** ⇒*souvenir* ◆ **2.1** ⟨schr.⟩ jmdm. ein ehrendes ~ bewahren *iemands nagedachtenis in ere houden* **6.1 zum** ~ an den Toten, des Toten *ter nagedachtenis van de dode* **6.2** ein ~ **an** meinen Vater *een aandenken aan mijn vader.*

ander **0.1** ***ander*** ⇒*overig, verder* ◆ **1.1** ein ~es Mal *een ander(e), volgende keer;* ~er Meinung sein *een andere mening toegedaan zijn* **3.1** jmdn. eines ~en belehren *iem. op de hoogte brengen van de ware toestand, toedracht;* sich eines ~en besinnen *van mening veranderen;* ein Wort gab das ~e *van het ene woord kwam het tot het andere* **4.1** es ist ein ~er *het is iem. anders;* vieles ~e mehr *nog veel meer* **6.1** einer **hinter, nach** dem ~(e)n *de ene na de andere;* eins **ins** ~e gerechnet *door elkaar genomen;* einmal **über** das ~e (Mal) *keer op keer, telkens weer;* einen Tag **um** den ~en *om de andere dag;* **von** einem Tag zum ~en *van de ene dag op de andere;* **zum** ~n *ten tweede;* eins kam **zum** ~en *het ene bracht het andere mee* **7.1** die einen ..., die ~en ... *sommigen ..., anderen ...* **8.1** alles ~e als *allesbehalve;* auf die eine oder ~e Art *op de een of andere manier;* und ~es mehr *en wat dies meer zij.* →**Land.**

änderbar **0.1** ***veranderbaar*** ⇒*voor verandering, wijziging vatbaar.*

anderenfalls **0.1** ***anders*** ⇒*in het andere geval.*

anderenteils **0.1** ***anderdeels*** ⇒*anderzijds* ◆ **8.1** einesteils ..., ~ ... *eensdeels ..., anderdeels ...*

andererseits **0.1** ***anderzijds, aan de andere kant.***

andermal ◆ **4.¶** ein ~ *een andere keer, bij een andere gelegenheid.*

ändern I ⟨ov.ww.⟩ **0.1** ***veranderen, wijzigen*** ◆ **1.1** einen Anzug ~ *een pak vermaken;* das ändert die Sache *dat verandert de zaak* **3.1** er kann es nicht ~ *hij kan er niets aan doen;*

II sich ~ ⟨wk.ww.⟩ **0.1** ***veranderen, anders worden*** ⇒*omslaan* ◆ **1.1** das Wetter ändert sich *het weer verandert, slaat om* **3.1** daran läßt sich nichts ~, das läßt sich nicht ~ *daar is niets aan te doen.*

anders **0.1** ***anders*** ⇒*afwijkend, verschillend* **0.2** ***anders*** ⇒ *anders nog, daarenboven* **0.3** ⟨inf.⟩ ***anders*** ⇒*in het tegenovergestelde geval* ◆ **3.1** ich habe mich ~ besonnen *ik ben van gedachten veranderd;* es wird noch ~ kommen *dat wordt nog wel anders;* ⟨inf.⟩ mir wurde ganz ~ *ik werd niet goed, onwel* **4.1** ich konnte nicht ~, ich mußte lachen *ik kon mijn lach niet inhouden* **8.1** ~ als *anders dan;* ~ als Karl, gab er ... *in tegenstelling tot Karel, gaf hij ...* **8.¶** wenn ~ *indien althans, indien tenminste.*

andersartig **0.1** ***andersoortig, van andere soort.***

anderseits →**andererseits.**

andersgeartet **0.1** ***v.e. andere aard*** ⇒*andersoortig.*

andersgläubig **0.1** ***andersdenkend, andersgezind.***

andersherum ⟨inf.⟩ **0.1** ***andersom*** ⇒*omgekeerd.*

anderssprachig **0.1** ***anders-, vreemdtalig.***

anderswie ⟨inf.⟩ **0.1** ***anders, op een andere manier.***

anderswo ⟨inf.⟩ **0.1** ***ergens anders, elders.***

anderthalb **0.1** ***anderhalf, een en een half.***

Änderung ⟨v.; ~, ~en⟩ **0.1** ***verandering, wijziging*** ◆ **2.1** politische ~en *politieke hervormingen* **3.1** eine ~ erfahren *een verandering ondergaan;* eine ~ herbeiführen *een verandering teweegbrengen;* ~en vorbehalten *wijzigingen voorbehouden* **6.1** eine ~ **zum** Besseren, zum Schlechteren *een wending ten goede, ten kwade.*

Ände|rungsantrag, -rungsvorschlag ⟨m.⟩ **0.1** ***wijzigingsvoorstel.***

anderweitig[1] ⟨bn.⟩ **0.1** ***ander*** ⇒*verder, overig.*

anderweitig[2] ⟨bw.⟩ **0.1** ***ergens anders, elders.***

andeuten I ⟨ov.ww.⟩ **0.1** ***(bedekt) te kennen, te verstaan geven*** ⇒*zinspelen op, een toespeling maken op* **0.2** ***(vluchtig) aanduiden*** ⇒*(even) aanroeren, aanstippen* **0.3** ***aanduiden*** ⇒*aanwijzen* ◆ **1.2** ein Problem kurz ~ *een probleem kort aanroeren, aanstippen;*

II sich ~ ⟨wk.ww.⟩ **0.1** ***zich aftekenen, zichtbaar worden*** ⇒*zich aankondigen.*

Andeutung ⟨v.⟩ **0.1** ***(bedekte) aanduiding*** ⇒*zinspeling, toespeling* **0.2** ***(vluchtige) aanduiding, vermelding*** **0.3** ***aanduiding*** ⇒*het aanwijzen* ◆ **1.2** die ~ eines Lächelns *een zweem van een glimlach* **1.3** die ~ eines Weges *een vaag spoor van een weg* **3.1** ~en über einen Vorfall machen *toespelingen op een voorval maken* **6.1 in** ~en reden, sprechen *in bedekte termen spreken.*

andeutungsweise **0.1** ***in bedekte termen*** ⇒*vaag, terloops.*

andonnern ⟨inf.⟩ **I** ⟨onov.ww.⟩ **0.1** ***met donderend lawaai naderen;***

II ⟨ov.ww.⟩ **0.1** ***aan-, toebrullen*** ◆ **8.¶** wie angedonnert dastehen *als door de bliksem getroffen staan.*

Andrang ⟨m.⟩ **0.1** ***aandrang, gedrang*** ⇒*toeloop, drukte* **0.2** ***aandrang, opstuwing*** ⇒*bloedaandrang.*

andrängen **0.1** ***aan-, opdringen*** ⇒*aanstormen, aanrukken* ◆ **6.1 gegen** etwas, jmdn. ~ *in de richting van iets, iem. opdringen.*

andrehen **0.1** ***aan-, vastdraaien*** **0.2** ⟨inf.⟩ ***aanzetten*** ⇒ *aandraaien, inschakelen* **0.3** ⟨inf.⟩ ***aansmeren*** ◆ **1.2** einen Apparat ~ *een apparaat aanzetten* **1.3** jmdm. allerlei Kram ~ *iem. allerlei rommel aansmeren.*

andrerseits →**andererseits.**

andringen ⟨schr.⟩ **0.1** ***opdringen*** ⇒*aanstormen, aanrukken* ◆ **6.1** der Feind drang **gegen** die Stadt an *de vijand drong op in de richting van de stad.*

androhen **0.1** ***(be)dreigen met*** ◆ **1.1** jmdm. eine Geldstrafe ~ *iem. met een geldboete bedreigen;* die angedrohten Maßnahmen *de maatregelen waarmee gedreigd werd.*

Androide ⟨m.; ~n, ~n⟩ **0.1** ***androïde, robot.***

andrücken **0.1** ***aandrukken*** ⇒*aanhechten.*

anecken **0.1** ***(aan)stoten, (aan)botsen*** ⟨tegen iets⟩ **0.2** ⟨h/s.; inf.⟩ ***aanstoot geven, op de tenen trappen.***

aneignen, sich **0.1** ***zich onrechtmatig toe-eigenen*** **0.2** ⟨fig.⟩ ***zich eigen maken*** ⇒*(aan)leren* ◆ **1.2** sich ⟨3e nv.⟩ Kenntnisse ~ *zich kennis eigen maken, kennis verwerven.*

aneinander 0.1 *aan elkaar* ◆ **3.1** ~ vorbeireden *langs elkaar heen praten.*

Aneinanderfügung ⟨v.⟩ **0.1** ***samenvoeging, het samenvoegen.***

aneinandergeraten ⟨inf.⟩ **0.1** ***het aan de stok krijgen*** ⇒*ruzie krijgen, handgemeen worden.*

Anekdote ⟨v.; ~, ~n⟩ **0.1** ***anekdote.***

anekdo|tenhaft, -tisch 0.1 ***anekdotisch.***

anekeln 0.1 ***doen walgen*** ⇒*tegenstaan, afkeer inboezemen* ◆ **1.1** mit angeekeltem Blick *met een blik vol afkeer* **3.1** sich angeekelt fühlen *van iets walgen* **4.1** dieser Mann ekelt mich an *ik walg van deze man.*

Anemone ⟨v.; ~n, ~n⟩ **0.1** ***anemoon.***

anempfehlen 0.1 ***aanbevelen*** ⇒*aanraden* ◆ **1.1** er anempfiehlt mir Ruhe, empfiehlt mir Ruhe an *hij beveelt mij rust aan.*

Anerbe ⟨m.⟩⟨jur.⟩ **0.1** ***enig erfgenaam*** ⟨v.e. boerenbedrijf⟩ ⇒ *hoofderfgenaam.*

anerbieten, sich 0.1 ***zich aanbieden*** ⇒*zich bereid verklaren.*

anerkannt 0.1 ***gewaardeerd, geacht.***

anerkennen 0.1 ***erkennen*** ⇒*wettigen* **0.2** ***goedkeuren, billijken*** ⇒*instemmen* **0.3** ***(hoog)achten, respecteren, loven*** ◆ **3.3** sich ~d über etwas auslassen *zich lovend, positief over iets uitlaten.*

anerkennenswert 0.1 ***loffelijk, prijzenswaard(ig).***

Anerkennung ⟨v.⟩ **0.1** ***erkenning*** ⇒*wettiging* **0.2** ***goedkeuring, billijking*** ⇒*instemming* **0.3** ***erkenning, waardering*** ⇒*(hoog)achting* ◆ **3.3** jmdm. seine ~ aussprechen *tegenover iem. zijn waardering uitspreken* **6.2** **unter** ~ dieser Methode *met goedkeuring van deze methode* **6.3** **in** (dankbarer) ~ seiner Verdienste *als (dankbare) erkenning van zijn verdiensten.*

anfachen ⟨schr.⟩ **0.1** ***aanblazen, doen (ont)vlammen, aanwakkeren*** ⟨ook fig.⟩.

anfahren I ⟨onov.ww.⟩ **0.1** ***beginnen te rijden, te varen*** **0.2** ***(komen) aanrijden, (komen) aanvaren*** **0.3** ⟨h.⟩ ***tegen iets (op)rijden, (op)varen*** **0.4** ⟨mijnw.⟩ ***(in de mijn) afdalen*** ◆ **5.1** der Zug fährt langsam an *de trein zet zich langzaam in beweging* **6.3** **an** einen Pfahl ~ *tegen een paal (op)rijden;*
II ⟨ov.ww.⟩ **0.1** ***aanvoeren*** **0.2** ***aanrijden, aanvaren*** ⇒ *overrijden* **0.3** ***rijden naar, varen naar*** **0.4** ***af-, toesnauwen*** ◆ **1.3** eine Kurve ~ *op een bocht toerijden* **3.1** ⟨inf.⟩ Bier ~ lassen *bier laten aanrukken* **5.4** jmdn. wütend ~ *iem. woedend aansnauwen.*

Anfahrt ⟨v.⟩ **0.1** ***aankomst*** **0.2** ***rijduur, rijtijd, afstand*** **0.3** ***in-, oprit*** ⇒*toegangsweg.*

Anfahrtskosten ⟨alleen mv.⟩ **0.1** ***transportkosten*** **0.2** ***voorrijkosten.***

Anfall ⟨m.⟩ **0.1** ***aanval*** ⇒*beroerte, attaque* **0.2** ⟨fig.⟩ ***aanval*** ⇒*vlaag, opwelling* **0.3** ***opbrengst, oogst*** **0.4** ***aanbod*** ◆ **6.1** ein ~ **von** Schwermut *een zwaarmoedige bui* **6.2** ein ~ **von** Wut *een woedeaanval* **6.3** der ~ **an** Obst *de opbrengst aan fruit* **6.4** der ~ **an** Arbeitskräften *het aanbod van arbeidskrachten;* der ~ **von** Korrespondenz *de hoeveelheid correspondentie.*

anfallen I ⟨onov.ww.⟩ **0.1** ***ontstaan*** ⇒*vrij-, voorkomen* ◆ **1.1** ~de Arbeiten *voorkomende werkzaamheden;*
II ⟨ov.ww.⟩ **0.1** ***aan-, overvallen*** **0.2** ⟨fig.⟩ ***plotseling toesnauwen*** **0.3** ⟨schr.; fig.⟩ ***overvallen, overrompelen*** ⇒ *zich meester maken van, bekruipen.*

anfällig 0.1 ***gevoelig, vatbaar*** ⇒*zwak(kelijk), kwetsbaar* ◆ **6.1** ~ **für, gegen** Grippe *vatbaar voor griep.*

Anfang ⟨m.; ~(e)s, ~̈e⟩ **0.1** ***begin, aanvang*** ⇒*oorsprong* **0.2** ***begin, aanvang*** ⇒*start, beginstadium* ◆ **1.2** die Anfänge der Beatmusik *het beginstadium van de beatmuziek;* die Anfänge einer Wissenschaft *de beginselen van een wetenschap* **2.1** ~ dreißig, Dreißig sein *vooraan in de dertig zijn* **2.2** die ersten, kleinen Anfänge *het eerste begin, de eerste pogingen* **3.2** den ~ machen mit etwas *een begin met iets maken;* ⟨schr.⟩ seinen ~ nehmen *aanvangen, beginnen* **6.1** **am, im, zu(m)** ~ *in het begin, aanvankelijk;* sich **aus** kleinen Anfängen emporarbeiten *van onderen opklimmen;* von ~ **bis** (zu) Ende *van het begin tot het einde;* **von** (allem) ~ an *van het begin af aan* **6.2** noch **in** den Anfängen stecken *nog in de kinderschoenen staan, steken;* **über** die Anfänge nicht hinauskommen *niet verder komen dan het beginstadium;* das ist der ~ **vom** Ende *dat is het begin van het einde* ¶.**1** ⟨sprw.⟩ aller ~ ist schwer *alle begin is moeilijk* ¶.**2** ⟨sprw.⟩ guter ~ ist halbe Arbeit *een goed begin is het halve werk.* →**Müßiggang.**

anfangen I ⟨onov.ww.; h.⟩ **0.1** ***beginnen, aanvangen (te spreken)*** ◆ **4.1** wer fängt an? *wie begint?* **5.1** zu eifrig, hitzig ~ *te hard van stapel lopen;* ⟨iron.⟩ das fängt ja gut, schön an! *dat begint al goed, mooi!* **6.1** fang nicht wieder **damit** an! *begin er niet weer over!;* angefangen **von** ... *te beginnen met ...;* **von** klein auf ~ *van onderen op beginnen;* **von** vorn ~ *van voren af aan beginnen;*
II ⟨ov.ww.; h.⟩ **0.1** ***beginnen, aanvangen*** **0.2** ***aanvangen, beginnen*** ⇒*doen, uitrichten* **0.3** ***aanvangen*** ⇒*doen, aanpakken* ◆ **1.1** ⟨fig.⟩ ein Geschäft ~ *een zaak beginnen, openen* **4.1** ⟨inf.⟩ wer hat den Streit angefangen? *wie is de twist begonnen?* **5.3** etwas anders, falsch ~ *iets anders, verkeerd aanpakken* **6.2** was soll er **damit** ~? *wat moet hij daarmee?;* nichts **mit** sich anzufangen wissen *met zichzelf niets weten aan te vangen.*

Anfänger ⟨m.; ~s, ~⟩ **0.1** ***beginner, beginneling*** ⇒*nieuweling, debutant* ◆ **2.1** ⟨inf.⟩ ein blutiger, krasser ~ *een groentje* ¶.**1** ⟨inf.; pej.⟩ ~! *sukkel!; knoeier!*

anfänglich 0.1 ***aanvankelijk*** ⇒*(in het) eerst, in het begin.*

anfangs 0.1 ***aanvankelijk, in het begin, eerst*** ◆ **5.1** gleich ~ *al dadelijk in het begin.*

Anfangsbuchstabe ⟨m.⟩ **0.1** ***beginletter*** ⇒*eerste letter* **0.2** ***voorletter*** ⇒*initiaal.*

Anfangsgehalt ⟨o.⟩ **0.1** ***aanvangssalaris.***

Anfangsgründe ⟨alleen mv.⟩ **0.1** ***beginselen*** ⇒*grondslagen.*

Anfangsstufe ⟨v.⟩ **0.1** ***beginfase*** ⇒*beginstadium.*

Anfangszeit ⟨v.⟩ **0.1** ***aanvangstijd.***

anfassen I ⟨onov.ww.⟩ **0.1** ***(een handje) helpen*** ⇒*een handje toesteken* ◆ **3.1** ihr müßt (mit) ~ *jullie moeten mee helpen;*
II ⟨ov.ww.⟩ **0.1** ***(vast)grijpen, vastpakken*** ⇒*aanraken* **0.2** ***aanpakken*** ⇒*behandelen, bejegenen* **0.3** ***aanpakken*** ⇒*ter hand nemen* **0.4** ⟨schr.⟩ ***aangrijpen*** ⇒*zich meester maken van, overvallen* ◆ **1.1** ein Kind ~ *een kind aan de hand nemen;* ⟨fig.⟩ nie wieder einen Würfel ~ *nooit meer dobbelen* **1.3** eine Sache richtig, verkehrt ~ *iets juist, verkeerd aanpakken* **1.4** Angst faßt jmdn. an *angst overvalt iem., grijpt iem. aan* **5.2** jmdn. hart, sanft ~ *iem. hard, zacht aanpakken;*
III sich ~ ⟨wk.ww.⟩ **0.1** ***aanvoelen.***

anfauchen 0.1 ***blazen tegen*** **0.2** ***af-, toesnauwen*** ⇒*uitvallen tegen.*

anfechtbar 0.1 ***aanvechtbaar, betwistbaar.***

anfechten 0.1 ***aanvechten, betwisten*** **0.2** ⟨schr.⟩ ***aanvechten, verontrusten, bekommeren*** ◆ **1.1** ein Testament ~ *de geldigheid van een testament aanvechten* **1.2** Verzweiflung ficht den Kranken an *de zieke wordt aangevochten door wanhoop* **3.2** ich lasse es mich nicht ~ *dat raakt mij* *niet* **4.2** was ficht mich das an? *wat heb ik daarmee te maken?* **4.¶** was ficht dich an? *wat scheelt, bezielt je?*

Anfechtung ⟨v.; ~, ~en⟩ **0.1** ⟨jur.⟩ ***aanvechting, betwisting*** ⇒*verzet, hoger beroep* **0.2** ⟨schr.⟩ ***verzoeking, bekoring, verleiding*** ◆ **1.1** die ~ eines Urteils *het hoger beroep tegen een vonnis.*

Anfeindung ⟨v.; ~, ~en⟩ **0.1** ***vijandigheid*** ⇒*vijandige houding, bejegening.*

anfeixen ⟨inf.⟩ **0.1** ***aan-, toegrijnzen.***

anfertigen **0.1** ***vervaardigen*** ⇒*fabriceren, produceren* ◆ **3.1** einen Anzug nach Maß ~ lassen *een kostuum op maat laten maken.*

anfeuchten **0.1** ***bevocht(ig)en, (aan)vochten, besprenkelen.***

anfeuern **0.1** ***aansteken, aanmaken*** **0.2** ***aanvuren*** ⇒*aanmoedigen, aansporen* ◆ **1.1** einen Kessel ~ *een ketel op het vuur zetten* **1.2** ~de Worte *bezielende woorden.*

anflehen **0.1** ***smeken*** ⇒*afsmeken, bidden* ◆ **1.1** Gott und die Heiligen ~ *God en de heiligen aanroepen.*

anflicken **0.1** ***aanlappen*** ⇒*aanzetten* **0.2** ⟨inf.⟩ ***zwart maken.***

anfliegen I ⟨onov.ww.⟩ **0.1** ***aanvliegen*** ⇒*aanrennen, aansnellen* **0.2** ⟨fig.⟩ ***aanwaaien*** **0.3** ⟨fig.⟩ ***(plots) overvallen, overrompelen*** ◆ **3.1** angeflogen kommen *komen aanvliegen* **4.2** alles fliegt ihm an *alles waait hem aan;*
II ⟨ov.ww.⟩ **0.1** ***aanvliegen op*** ⇒*vliegen naar, aandoen* **0.2** ⟨fig.⟩ ***overvallen, overrompelen*** ◆ **1.1** Frankfurt ~ *Frankfurt aandoen;* das Ziel ~ *op het doel aanvliegen* **1.2** eine Laune flog ihn an *hij kreeg een bevlieging.*

Anflug ⟨m.⟩ **0.1** ⟨luchtvaart⟩ ***het aanvliegen*** ⇒*aanvliegroute* **0.2** ***zweem, waas*** ⇒*vleugje* ◆ **6.1 beim** ~ auf den Flugplatz *bij de nadering van het vliegveld* **6.2 in** einem ~ von Mitleid *in een opwelling van medelijden;* ein ~ **von** Bart *een tikkeltje baard.*

anfordern **0.1** ***vragen (om), bestellen*** ⇒*verzoeken (om)* ◆ **1.1** Unterlagen ~ *bescheiden, documenten opvragen* **6.1** Ersatzteile ~ **beim, vom** Importeur *onderdelen bij de importeur bestellen.*

Anforderung ⟨v.⟩ **0.1** ***(dringende) vraag, verzoek*** ⇒*bestelling* **0.2** ***(gestelde) eis*** ⇒*verplichting* ◆ **3.2** den ~en entsprechen, genügen, gerecht werden *aan de eisen voldoen.*

Anfrage ⟨v.⟩ **0.1** ***vraag, verzoek (om informatie)*** **0.2** ⟨pol.⟩ ***interpellatie*** ◆ **6.1** eine ~ **an** jmdn. richten *een verzoek tot iem. richten* **6.2** eine ~ **an** den Minister *een interpellatie gericht aan de minister.*

anfragen **0.1** ***vragen, informeren*** ◆ **6.1** bei jmdm. **nach, über, wegen** etwas ~ *bij iem. naar iets informeren, navraag doen.*

anfressen I ⟨ov.ww.⟩ **0.1** ***aanvreten*** ⇒*beginnen te vreten aan* **0.2** ***aanvreten, corroderen*** ⇒*aantasten* ◆ **1.2** Rost frißt Eisen an *roest vreet, tast ijzer aan;*
II sich ~ ⟨wk.ww.⟩ **0.1** ***(door te veel eten) krijgen.***

anfreunden, sich **0.1** ***bevriend raken (met)*** **0.2** ***wennen*** ⇒*vertrouwd raken* ◆ **6.2** sich **mit** einem Gedanken ~ *aan een gedachte wennen.*

anfügen **0.1** ***toe-, bijvoegen*** ◆ **1.1** dem Schreiben einen Lebenslauf ~ *aan het schrijven een levensloop toevoegen.*

anfühlen I ⟨ov.ww.⟩ **0.1** ***bevoelen*** ⇒*betasten;*
II sich ~ ⟨wk.ww.⟩ **0.1** ***aanvoelen*** ◆ **5.1** das Eisen fühlt sich kalt an *het ijzer voelt koud aan.*

Anfuhr ⟨v.; ~, ~en⟩ **0.1** ***aan-, toevoer.***

anführen **0.1** ***aanvoeren*** ⇒*leiden, de leiding hebben* **0.2** ***aanvoeren*** ⇒*aanhalen, noemen* **0.3** ⟨inf.⟩ ***voor de gek houden*** ◆ **1.1** ⟨sp.⟩ das Feld ~ *het peloton aanvoeren* **1.2** Argumente ~ *argumenten aanvoeren;* am angeführten Ort *ter aangehaalder plaatse;* einen Vers ~ *een vers aanhalen, citeren* **5.3** jmdn. schön ~ *iem. aardig voor de gek houden* **6.2** etwas **zu** seiner Entschuldigung ~ *iets tot zijn verontschuldiging aanvoeren.*

Anführer ⟨m.⟩ **0.1** ***aanvoerder, leider.***

Anführung ⟨v.⟩ **0.1** ***aanvoering*** ⇒*leiding* **0.2** ***aanhaling, het citeren*** **0.3** ***citaat*** ◆ **6.1 unter** ~ eines Offiziers *onder aanvoering van een officier.*

Anführungsstrich ⟨m.⟩ **0.1** ***aanhalingsteken.***

Anführungszeichen ⟨o.⟩ **0.1** ***aanhalingsteken*** ◆ **6.1** etwas **in** ~ setzen, **mit** ~ versehen *iets tussen aanhalingstekens plaatsen.*

anfüllen **0.1** ***(aan-, op)vullen.***

Angabe ⟨v.⟩ **0.1** ***opgave, aangifte*** ⇒*gegeven, verklaring, informatie* **0.2** ⟨inf.⟩ ***opschepperij, bluf*** **0.3** ⟨sp.⟩ ***service*** ⇒ *opslag* ◆ **1.1** ~ eines falschen Namens *het opgeven van een valse naam* **2.1** falsche ~n machen *een valse verklaring afleggen* **3.2** ⟨scherts.⟩ ~ ist auch eine Gabe! *opscheppen moet je ook kunnen!* **6.1 laut, nach** ~n von Passanten *volgens verklaringen van voorbijgangers;* ~n **zur** Person *personalia, gegevens omtrent de persoon.*

angaffen **0.1** ***aangapen.***

angeben I ⟨onov.ww.⟩ **0.1** ⟨inf.⟩ ***opscheppen, bluffen*** **0.2** ⟨sp.⟩ ***serv(er)en;***
II ⟨ov.ww.⟩ **0.1** ***opgeven, vermelden*** ⇒*noemen, zeggen* **0.2** ***aangeven*** ⇒*bepalen, vaststellen* **0.3** ***aangeven, aanduiden*** ⇒*aanwijzen, markeren* **0.4** ***aangeven*** ⇒*aanbrengen* ◆ **1.1** seinen Wohnort ~ *zijn woonplaats opgeven, vermelden* **1.2** den Kurs ~ *de koers aangeven, bepalen;* ⟨ook fig.⟩ den Ton ~ *de toon aangeven* **1.¶** am angegebenen Ort *ter aangehaalder plaatse* **6.4** jmdn. **bei** der Polizei ~ *iem. bij de politie aangeven* **8.1** etwas als Grund ~ *iets als reden opgeven, noemen.*

Angeber ⟨m.⟩ **0.1** ***aanbrenger*** ⇒*verklikker, verrader* **0.2** ***opschepper.***

Angeberei ⟨v.; ~, ~en⟩ **0.1** ***opschepperij.***

angeblich **0.1** ***zogenaamd*** ⇒*naar men beweert* ◆ **1.1** der ~e Dieb *de vermeende dief* **3.1** er ist ~ verschwunden *hij is naar het heet verdwenen.*

angeboren **0.1** ***aangeboren*** ◆ **3.1** Heiterkeit ist ihm ~ *hij heeft van nature een opgewekt karakter.*

Angebot ⟨o.⟩ **0.1** ***aanbod, aanbieding*** ⇒*offerte* **0.2** ***bod*** ⇒ *inzet* **0.3** ⟨ec.⟩ ***aanbod*** ◆ **2.2** das höchste, letzte ~ *het hoogste, laatste bod* **3.1** jmdm. ein ~ machen *iem. een aanbod, offerte doen* **6.3** das ~ **an, von** Molkereiprodukten *het aanbod aan, van zuivelproducten* **8.3** ~ und Nachfrage *vraag en aanbod.*

angebracht **0.1** ***passend, gepast*** ⇒*opportuun, zinvol, op zijn plaats* ◆ **1.1** keineswegs ~e Kritik *geheel misplaatste kritiek.*

angedeihen ⟨schr. of iron.⟩ ◆ **3.¶** seinen Kindern eine gute Erziehung ~ lassen *zijn kinderen een goede opvoeding geven.*

Angedenken ⟨o.; ~s, ~⟩⟨schr.⟩ **0.1** ***herinnering, (na)gedachtenis*** ◆ **2.1** zum ewigen ~ *ter eeuwiger gedachtenis.*

angegossen ⟨inf.⟩ **0.1** ***als gegoten.***

angegraut **0.1** ***(licht) grijzend, (licht) grijs.***

angegriffen **0.1** ***afgemat, uitgeput*** ⇒*(dood)moe.*

angeheiratet **0.1** ***aangehuwd, aangetrouwd*** ⇒*vermaagschapt.*

angeheitert **0.1** ***aangeschoten*** ⇒*(licht) beneveld.*

angehen I ⟨onov.ww.⟩ **0.1** ⟨fig.⟩ ***opkomen, vechten, strijden*** **0.2** ***(beginnen te) rotten, bederven*** **0.3** ***gaan*** ⇒*meevallen* **0.4** ***aanstappen*** **0.5** ⟨inf.⟩ ***beginnen*** **0.6** ⟨inf.⟩ ***aangaan*** ⇒ *beginnen te branden* **0.7** ⟨meestal inf.⟩ ***aangaan*** ⇒*wortel*

schieten ◆ **1.3** das Wetter geht gerade noch an *het weer gaat juist nog* **1.5** die Zinsen gehen vom 1. Juli an *de rente begint per 1 juli te lopen* **1.6** der Motor will nicht ~ *de motor wil niet aanslaan* **3.3** das mag noch ~ *dat kan er nog mee door* **3.4** angegangen kommen *komen aanstappen* **6.1 gegen** eine Entscheidung ~ *zich tegen een beslissing verzetten;*
II ⟨ov.ww.⟩ **0.1** ⟨h/s.⟩ ***aanpakken, aanvatten*** *⇒beginnen* **0.2** ⟨h/s.⟩ ***verzoeken, vragen*** **0.3** ⟨s.⟩ ***aangaan*** *⇒betreffen* **0.4** ⟨h/s.; schr.⟩ ***aanvallen*** *⇒te lijf gaan* ◆ **1.1** ⟨sp.⟩ einen Gipfel ~ *aan de beklimming van een top beginnen;* ⟨sp.⟩ eine Kurve zu schnell ~ *een bocht te snel ingaan;* Probleme geschickt ~ *problemen handig aanpakken* **4.3** was mich angeht *wat mij aangaat, betreft* **5.4** ⟨sp.⟩ einen Spieler hart ~ *een speler hard aanpakken* **6.2** jmdn. **um** (seinen) Rat ~ *iem. (om) raad vragen* **6.¶** jmdn. **mit** einer Bitte ~ *zich met een verzoek tot iem. wenden.*

angehend 0.1 ***aankomend, toekomstig*** *⇒beginnend* ◆ **1.1** das ~e neunzehnte Jahrhundert *de eerste jaren van de negentiende eeuw;* eine ~e Schönheit *een ontluikende schoonheid* **1.¶** ein ~er Fünfziger *een man die de vijftig nadert.*

angehören 0.1 ***behoren tot, bij*** *⇒deel uitmaken* **0.2** ⟨schr.⟩ ***toebehoren.***

angehörig 0.1 ***behorend tot, bij*** *⇒deel uitmakend van* **0.2** ***toebehorend.***

Angehörige(r) ⟨bn. als zn.⟩ **0.1** ***bloedverwant*** *⇒familielid* **0.2** ***lid*** *⇒medewerker* ◆ **1.2** ein Angehöriger einer Firma *een personeelslid van een firma;* Angehörige des Ministerbüros *leden van het kabinet van de minister* **2.1** meine nächsten Angehörigen *mijn naaste bloedverwanten.*

Angeklagte(r) ⟨bn. als zn.⟩ **0.1** ***beklaagde, verdachte*** *⇒beschuldigde.*

angeknack(s)t ⟨inf.⟩ **0.1** ***geknakt*** ⟨ook fig.⟩.

angekränkelt 0.1 ***aangetast*** ⟨door ziekte⟩.

Angel ⟨v.; ~, ~n⟩ **0.1** ***hengel*** **0.2** ***hengsel, scharnier*** ◆ **6.1** einen Fisch **an** der ~ haben *een vis aan de haak hebben* **6.2** die Tür **aus** den ~n heben *de deur uit de hengsels lichten* **6.¶** die Welt **aus** den ~n heben *de wereld schokken, grondig hervormen.*

angelegen ◆ **3.¶** sich ⟨3e nv.⟩ etwas ~ sein lassen *zich aan iets gelegen laten liggen.*

Angelegenheit ⟨v.⟩ **0.1** ***aangelegenheid, zaak, geval*** ◆ **2.1** das Ministerium für Auswärtige ~en *het ministerie van Buitenlandse Zaken;* kümmere dich um deine eigenen ~en! *bemoei je met je eigen zaken!* **6.1** sich **in** fremde, jmds. ~en mischen *zich in andermans, iemands zaken mengen.*

angelegentlich ⟨schr.⟩ **0.1** ***grondig, intensief*** *⇒nadrukkelijk* ◆ **3.1** sich ~ nach jmdm. erkundigen *belangstellend naar iem. informeren.*

angelegt 0.1 ***geaard*** *⇒geneigd* ◆ **6.1** er ist **auf** Gründlichkeit ~ *grondigheid ligt in zijn aard.*

Angelfischerei ⟨v.⟩ **0.1** ***het hengelen*** *⇒hengelsport.*

Angelgerät ⟨o.⟩ **0.1** ***hengelgerei.***

Angelköder ⟨m.⟩ **0.1** ***(vis)aas.***

Angelleine ⟨v.⟩ **0.1** ***vislijn.***

angeln I ⟨onov.ww.⟩ **0.1** ***hengelen, vissen*** ⟨ook fig.⟩ ◆ **6.1 nach** Komplimenten ~ *naar complimenten vissen;*
II ⟨ov.ww.⟩ **0.1** ***hengelen, vissen*** ⟨ook fig.⟩ ◆ **1.1** Barsche ~ *op baars vissen;* sie hat sich ⟨3e nv.⟩ einen reichen Mann geangelt *ze heeft een rijke man aan de haak geslagen.*

Angeln ⟨o.; ~s⟩ **0.1** ***het hengelen, hengelsport.***

angeloben ⟨schr.⟩ **0.1** ***plechtig beloven.***

Angelpunkt ⟨m.⟩ **0.1** ***draaipunt*** *⇒hoofdzaak, kern, clou* ◆ **1.1** Antwerpen ist ein ~ der Diamantindustrie *Antwerpen is een centrum van de diamantindustrie;* ⟨fig.⟩ der ~ eines Problems *de kern, clou van een probleem.*

Angelrute ⟨v.⟩ **0.1** ***hengel(stok).***

Angelsachse ⟨m.; ~n, ~n⟩ **0.1** ***Angelsaks*** *⇒Engelsman.*

Angelschein ⟨m.⟩ **0.1** ***visakte, visvergunning.***

angemessen 0.1 ***passend*** *⇒gepast, adequaat* **0.2** ***overeenkomstig met, in overeenstemming met*** *⇒beantwoordend aan* ◆ **1.1** eine ~e Belohnung *een passende beloning* **3.2** das Einkommen ist dem Alter ~ *het inkomen is aangepast aan de leeftijd.*

angenehm 0.1 ***aangenaam, verheugend*** *⇒prettig* ◆ **1.1** ~e Reise! *prettige reis!, goede reis!* **1.¶** ~e Ruhe! *wel te rusten!* **3.1** es ist mir sehr ~, das zu hören *het doet mij plezier dat te horen* **5.1** (sehr) ~! *(zeer) aangenaam (kennis te maken)!* **6.1** ~ **im** Geschmack *aangenaam van smaak.*

angeregt 0.1 ***levendig, geanimeerd*** *⇒interessant* ◆ **3.1** sich ~ unterhalten *geanimeerd converseren.*

angesäuselt ⟨inf.⟩ **0.1** ***aangeschoten, tipsy.***

angeschlagen 0.1 ***beschadigd*** *⇒met stukken eraf* **0.2** ⟨fig.⟩ ***uitgeput, aan het eind van zijn krachten.***

angeschmutzt 0.1 ***smoezelig, enigszins vuil.***

Angeschuldigte(r) ⟨bn. als zn.⟩ **0.1** ***verdachte, beklaagde.***

angesehen 0.1 ***gezien*** *⇒geacht* ◆ **1.1** ein ~es Geschlecht *een vooraanstaand geslacht* **3.1** bei jmdm. sehr ~ sein *bij iem. in hoog aanzien staan.*

Angesicht ⟨o.⟩⟨schr.⟩ **0.1** ***gezicht, gelaat(suitdrukking)*** ◆ **6.1 im** ~ des Todes *in het aanschijn van de dood;* dem Tod **ins** ~ schauen *de dood voor ogen zien;* ⟨schr.⟩ jmdn. **von** ~ kennen *iem. van aanzien kennen* **6.¶ im** ~ der aktuellen Verhältnisse *met het oog op de actuele toestand.*

angesichts ⟨vz. + 2⟩⟨schr.⟩ **0.1** ***in het gezicht van*** *⇒bij het zien van* **0.2** ***met het oog op*** *⇒gelet op* ◆ **1.1** ~ der Gefahr *met het gevaar voor ogen;* ~ aller Leute *in het bijzijn van iedereen;* ~ dieser Tatsachen *met deze feiten voor ogen* **1.2** ~ der Lage *met het oog op, gelet op de toestand.*

angespannt 0.1 ***(in)gespannen*** *⇒geconcentreerd* **0.2** ***gespannen*** *⇒kritiek, bedenkelijk* ◆ **1.1** mit ~er Aufmerksamkeit *met gespannen aandacht.*

Angestelltengewerkschaft ⟨v.⟩ **0.1** ***bond van middelbaar en hoger personeel.***

Angestelltenverhältnis ⟨o.⟩ **0.1** ***contract voor maandloonpersoneel.***

Angestelltenversicherung ⟨v.⟩ **0.1** ***sociale verzekering voor personeel op maandloon*** *⇒personeelsverzekering.*

Angestellte(r) ⟨bn. als zn.⟩ **0.1** ***employee), bediende, functionaris*** ◆ **2.1** ein kaufmännischer Angestellter *een commercieel medewerker.*

angestrengt 0.1 ***(in)gespannen*** *⇒geconcentreerd.*

angetan ◆ **3.¶** es jmdm. ~ haben *ondersteboven, weg zijn van iets, iem.* **6.¶ danach, dazu** ~ sein *gunstig, geschikt zijn om;* **von** jmdm., etwas ~ sein *met iem., iets ingenomen zijn.*

angetrunken 0.1 ***aangeschoten, tipsy.***

angewandt 0.1 ***toegepast*** ◆ **1.1** ~e Kunst *toegepaste kunst.*

angewiesen ◆ **6.¶** ~ sein **auf** jmdn., etwas *aangewezen zijn op, afhankelijk zijn van iem., iets.*

angewöhnen 0.1 ***aanwennen*** *⇒gewoon maken* ◆ **1.1** dem Kind ~, sich die Zähne zu putzen *het kind (eraan) gewennen (om) zijn tanden te poetsen.*

Angewohnheit ⟨v.⟩ **0.1** ***(slechte) gewoonte*** *⇒hebbelijkheid* ◆ **6.1** etwas **aus** (purer) ~ tun *iets puur uit gewoonte doen.*

angezeigt ⟨schr.⟩ **0.1** ***geraden, raadzaam*** *⇒gepast, opportuun.*

angießen 0.1 ***(licht) begieten*** *⇒besproeien* **0.2** ⟨cul., tech.⟩ ***gieten.***

Angina ⟨v.; ~, Anginen⟩ **0.1** ***angina.***
angleichen **0.1** ***aanpassen*** ⇒*gelijkschakelen* ◆ **1.1** die Löhne den Preisen ~ *de lonen aan de prijzen aanpassen* **4.1** sich dem Ehemann ~ *zich aan zijn echtgenoot aanpassen.*
Angler ⟨m.; ~s, ~⟩ **0.1** ***hengelaar*** ⇒*visser* **0.2** ⟨biol.⟩ ***zeeduivel.***
angliedern **0.1** ***aansluiten*** ⇒*inlijven, opnemen* ◆ **1.1** diese Fraktion ist der liberalen Partei angegliedert *deze fractie is bij de liberale partij aangesloten;* eine Gemeinde einer Stadt ~ *een gemeente annexeren.*
Angliederung ⟨v.⟩ **0.1** ***aansluiting*** ⇒*annexatie, fusie* ◆ **6.1** die ~ einer Firma **an** einen Konzern *de fusie van een firma met een concern.*
anglikanisch **0.1** ***anglicaans.***
Anglist ⟨m.; ~en, ~en⟩ **0.1** ***anglist.***
anglotzen ⟨inf.⟩ **0.1** ***aanstaren, met grote ogen aankijken*** ⇒*aangapen.*
anglühen **0.1** ***doen gloeien*** **0.2** ⟨schr.⟩ ***aangloeien*** ◆ **1.2** ihre Augen glühten mich an *zij keek mij met vurige ogen aan.*
Angorakatze ⟨v.⟩ **0.1** ***angorakat.***
Angorawolle ⟨v.⟩ **0.1** ***angorawol, mohair.***
angreifbar **0.1** ***aanvechtbaar, betwistbaar.***
angreifen **0.1** ***aanvallen*** **0.2** ⟨fig.⟩ ***aanvallen*** ⇒*bestrijden, bekritiseren, aanvechten* **0.3** ***aangrijpen*** ⇒*aantasten, verzwakken* **0.4** ***aanpakken*** ⇒*beginnen* **0.5** ***aanspreken, aanbreken*** ◆ **1.1** den Feind ~ *de vijand aanvallen* **1.2** einen Politiker ~ *een politicus aanvallen, bekritiseren* **1.3** die Krankheit hat mich angegriffen *de ziekte heeft mij aangegrepen;* Rost greift das Eisen an *roest vreet het ijzer aan* **1.4** ein Problem geschickt ~ *een probleem handig aanpakken* **1.5** das Geld der Kunden ~ *het geld van de klanten aanspreken.*
Angreifer ⟨m.⟩ **0.1** ***aanvaller, agressor.***
angreiferisch **0.1** ***agressief*** ⇒*fel.*
Angriff ⟨m.⟩ **0.1** ***aanval*** ⇒*offensief* **0.2** ⟨fig.⟩ ***aanval*** ⇒*vijandigheid, zware kritiek* ◆ **2.1** ein atomarer ~ *een aanval met atoomwapens* **3.1** einen ~ fliegen *een luchtaanval doen;* ⟨sp.⟩ der ~ war schwach *de aanval(slinie) was zwak* **3.2** ~en ausgesetzt sein *aan aanvallen blootstaan* **6.1** ein ~ **auf, gegen** die feindliche Armee *een aanval op, tegen het vijandelijke leger* **6.¶** etwas **in** ~ nehmen *een begin met iets maken, iets aanpakken.*
Angriffsfläche ⟨v.⟩ **0.1** ***aangrijpingspunt*** ⇒*zwak punt.*
Angriffsgeist ⟨m.⟩ **0.1** ***aanvalsgeest*** ⇒*vechtlust.*
Angriffskrieg ⟨m.⟩ **0.1** ***aanvalsoorlog.***
Angriffslinie ⟨v.⟩⟨sp.⟩ **0.1** ***aanval(slinie).***
Angriffslust ⟨v.⟩ **0.1** ***vechtlust, agressiviteit.***
Angriffspunkt ⟨m.⟩ **0.1** ***aanvalspunt*** **0.2** ***aangrijpingspunt*** ⇒*zwak punt* ◆ **3.2** ⟨fig.⟩ jmdm. keine ~e bieten *iem. geen vat op zich geven.*
Angriffsspiel ⟨o.⟩ **0.1** ***aanvallend, offensief spel.***
angrinsen ⟨inf.⟩ **0.1** ***grijnzend aanzien.***
angst ◆ **3.¶** jmdm. ~ (und bange) machen *iem. bang maken, vrees aanjagen;* jmdm. ist (es) ~ (und bange) *iem. is bang.*
Angst ⟨v.; ~, ~̈e⟩ **0.1** ***angst, vrees*** ◆ **3.1** jmdm. ~ bereiten, einjagen, ⟨inf.⟩ machen *iem. angst aanjagen* **4.1** ⟨inf.⟩ nur keine ~! *wees maar niet bang!* **6.1** ~ **für** jmdn. haben *bang zijn dat iem. iets overkomt;* jmdn. **in** ~ (und Schrecken) jagen, versetzen *iem. vrees, schrik aanjagen;* **in** tausend Ängsten schweben, sein *duizend angsten uitstaan;* es **mit** der ~ (zu tun) bekommen *(plots) bang worden;* ~ **um** jmdn. haben *zich zorgen, bezorgd maken over iem.;* ~ **vor** dem Tod *angst voor de dood* **8.1** sie hat ~, daß er ertrinkt *zij vreest, is bang dat hij verdrinkt.*
Angstgefühl ⟨o.⟩ **0.1** ***gevoel van angst.***
Angstgegner ⟨m.⟩⟨inf.; sp.⟩ **0.1** ***gevreesd tegenstander.***
Angsthase ⟨m.⟩⟨inf.; scherts.⟩ **0.1** ***bangerd, bangerik.***
ängstigen I ⟨ov.ww.⟩ **0.1** ***angst aanjagen;***
II sich ~ ⟨wk.ww.⟩ **0.1** ***bang zijn, zich ongerust, zorgen maken*** ◆ **6.1** sich **um** etwas, jmdn. ~ *zich over iets, iem. ongerust maken;* sich **vor** etwas, jmdm. ~ *voor iets, iem. bang zijn.*
Ängstigung ⟨v.; ~, ~en⟩ **0.1** ***beangstiging*** ⇒*benauwing* **0.2** ***angst.***
ängstlich **0.1** ***angstig, bang*** **0.2** ***schuchter, schuw*** **0.3** ***angstvallig*** ⇒*uiterst nauwgezet* ◆ **1.2** ein ~es Kind *een bedeesd, schuchter kind* **1.3** ~e Sorgfalt *pijnlijke zorgvuldigheid* **3.1** ~ zusehen *angstig toekijken* **3.3** ~ bemüht sein, etwas zu tun *zich uiterste moeite geven om iets te doen.*
Ängstlichkeit ⟨v.; ~⟩ **0.1** ***angstigheid*** **0.2** ***schuchterheid, schuwheid*** **0.3** ***angstvalligheid*** ⇒*overdreven nauwgezetheid* ◆ **6.1** die ~ **um** das Prestige *de bezorgdheid om het prestige* **6.3** **mit** ~ über etwas wachen *met angstvalligheid over iets waken.*
Angstschrei ⟨m.⟩ **0.1** ***angstschreeuw*** ⇒*angstkreet.*
Angstschweiß ⟨m.⟩ **0.1** ***angstzweet.***
Angstvorstellung ⟨v.⟩ **0.1** ***angstwekkende voorstelling*** ⇒ *schrikbeeld.*
Angstzustand ⟨m.⟩ **0.1** ***angsttoestand*** ⇒*angstgevoel.*
angucken ⟨inf.⟩ **0.1** ***aankijken, aanzien*** ◆ **1.1** ich habe mir das Haus mal angeguckt *ik heb het huis eens bekeken* **4.1** guck dir das an! *kijk eens!, moet je zien!*
angurten, sich **0.1** ***de veiligheidsgordel aandoen.***
anhaben **0.1** ⟨inf.⟩ ***aan hebben*** ⇒*dragen* **0.2** ***deren*** ⇒*maken* ◆ **4.2** niemand kann mir etwas ~ *niemand kan mij iets maken;* der Sturm konnte dem Boot nichts ~ *de storm had geen vat op de boot.*
anhaften **0.1** ***(vast)kleven*** **0.2** ⟨schr.; fig.⟩ ***kleven*** ⇒*eigen zijn* ◆ **1.2** der Sache haftet ein Risiko an *er zit een risico aan deze zaak;* kein Makel haftete ihm an *er kleefde geen smet op hem* **6.1** das Fett haftet **an** den Kleidern an *het vet kleeft, plakt aan de kleren (vast).*
anhaken **0.1** ***(aan)haken*** **0.2** ***een haakje zetten.***
Anhalt ⟨m.⟩⟨fig.⟩ **0.1** ***houvast*** ⇒*aanknopingspunt* ◆ **6.1** einen ~ **für, zu** etwas finden, suchen *een aanknopingspunt voor iets vinden, zoeken.*
anhalten I ⟨onov.ww.; h.⟩ **0.1** ***stoppen, tot stilstand komen*** **0.2** ***(blijven) aanhouden*** ⇒*(blijven) voortduren* **0.3** ***aanhouden, verzoeken*** ◆ **1.2** der Frost hält an *de vorst houdt aan* **6.1** mitten **in** der Arbeit ~ *midden in het werk ophouden* **6.3** **um** ein Mädchen, um die Hand eines Mädchens ~ *om de hand van een meisje vragen;*
II ⟨ov.ww.⟩ **0.1** ***aanhouden, stoppen*** ⇒*tot staan brengen* **0.2** ***houden (naast, tegen)*** **0.3** ***aanzetten, aansporen*** **0.4** ***aanhouden*** ⇒*arresteren* ◆ **1.1** den Atem, die Luft ~ *de adem inhouden;* den Motor ~ *de motor stopzetten* **1.2** den Maßstab an einen Balken ~ *de maatstok tegen een balk houden* **1.4** einen Dieb ~ *een dief aanhouden* **6.3** jmdn. **zu** seiner Pflicht ~ *iem. op zijn plicht wijzen.*
anhaltend **0.1** ***aanhoudend, voortdurend*** ⇒*permanent* ◆ **1.1** ~e Nachfrage *aanhoudende vraag.*
Anhalter ⟨m.⟩ **0.1** ***lifter*** ◆ **6.1** **per** ~ fahren, reisen *liften.*
Anhaltspunkt ⟨m.⟩⟨fig.⟩ **0.1** ***houvast*** ⇒*aanknopingspunt, aanwijzing* ◆ **3.1** einen ~ geben, gewähren *een houvast geven, bieden.*
anhand, an Hand ⟨vz. + 2⟩ **0.1** ***aan de hand van*** ◆ **1.1** ~ eines Beispiels *aan de hand van een voorbeeld.*
Anhang ⟨m.⟩ **0.1** ***aanhangsel, bij-, toevoegsel*** **0.2** ***aanhang***

⇒*aanhangers* **0.3** ***familie(leden)*** ◆ **6.1** ein ~ **zu** einem Vertrag *een aanhangsel bij een contract.*

anhängen[1] ⟨onov.ww.; h.→t60⟩⟨schr.⟩ **0.1** ***aanhangen, aankleven*** ⇒*behept zijn met* **0.2** ***aanhangen*** ⇒*aanhanger zijn van* ◆ **1.1** solche Probleme hängen diesem Alter an *dergelijke problemen zijn eigen aan deze leeftijd* **1.2** einem Dogma ~ *een dogma aanhangen.*

anhängen[2] **I** ⟨ov.ww.⟩ **0.1** ***(aan)hangen*** ⇒*ophangen* **0.2** ***toe-, bijvoegen*** **0.3** ⟨inf.; pej.⟩ ***aanwrijven*** ⇒*in de schoenen schuiven* **0.4** ⟨inf.; pej.⟩ ***aansmeren*** ⇒*aanlappen, aanpraten* ◆ **1.1** ⟨inf.; scherts.⟩ ein Mädchen einem reichen Mann ~ *een meisje aan een rijke man koppelen* **1.2** dem Vortrag eine Debatte ~ *na de voordracht gelegenheid tot debat geven* **1.3** man hängt ihm viele Sachen an *men beschuldigt hem van velerlei zaken* **1.4** jmdm. ein Abonnement ~ *iem. een abonnement aansmeren* **6.1** den Hut **an** einen Haken ~ *de hoed op een haak hangen;*
II sich ~ ⟨wk.ww.⟩⟨inf.⟩ **0.1** ***zich aansluiten (bij)*** ◆ **6.1** das Hauptfeld hängt sich **an** den Spitzenreiter an *het peloton sluit zich bij de leider aan.*

Anhänger ⟨m.⟩ **0.1** ***aanhanger*** **0.2** ***aanhangwagen*** **0.3** ***hanger(tje)*** **0.4** ***(koffer)label.***

Anhängerschaft ⟨v.; ~⟩ **0.1** ***aanhangers.***

anhängig ⟨jur.⟩ **0.1** ***aanhangig*** ⇒*hangende* ◆ **1.1** ein ~es Verfahren *een proces dat nog hangende is* **6.1** etwas **bei** Gericht ~ machen *iets bij het gerecht aanhangig maken.*

anhänglich **0.1** ***aanhankelijk.***

Anhängsel ⟨o.; ~s, ~⟩ **0.1** ***aanhangsel*** ⇒*verlengstuk* ⟨ook fig.⟩ **0.2** ***hanger(tje).***

Anhauch ⟨m.⟩⟨schr.⟩ **0.1** ***adem(tocht)*** ⇒*wasem* **0.2** ⟨fig.⟩ ***waas, zweem.***

anhauchen **0.1** ***beademen, ademen op*** **0.2** ⟨inf.⟩ ***uitvaren, toesnauwen*** ◆ **1.1** angehauchte Scheiben *beademde, bewasemde ruiten* **5.1** bläulich angehaucht *met een vleugje, zweempje blauw;* ⟨scherts.⟩ (leicht) humoristisch angehaucht *een tikkeltje humoristisch.*

anhäufen **I** ⟨ov.ww.⟩ **0.1** ***ophopen*** ⇒*vergaren, verzamelen* ◆ **1.1** Wissen ~ *kennis vergaren;*
II sich ~ ⟨wk.ww.⟩ **0.1** ***zich ophopen*** ⇒*aangroeien* ◆ **1.1** die Arbeit häuft sich an *het werk hoopt, stapelt zich op.*

anheben **I** ⟨onov.ww.; h.⟩⟨schr.⟩ **0.1** ***beginnen*** ⇒*inzetten;*
II ⟨ov.ww.⟩ **0.1** ***(even) omhoogheffen*** ⇒*optillen* **0.2** ⟨fig.⟩ ***verhogen*** ⇒*optrekken* ◆ **1.1** die Augenbrauen, die Schultern ~ *de wenkbrauwen, de schouders optrekken* **1.2** die Prämien ~ *de premies verhogen.*

anheften **0.1** ***aan-, vasthechten*** ⇒*bevestigen* ◆ **6.1** eine Bekanntmachung **an** das, an dem Tor ~ *een bekendmaking aan de poort bevestigen.*

anheilen **0.1** ***(opnieuw) aangroeien.***

anheimelnd **0.1** ***gezellig, behaaglijk*** ⇒*aangenaam aandoend.*

anheimfallen ⟨schr.⟩ **0.1** ***ten deel, te beurt vallen*** ◆ **1.1** der Vergessenheit ~ *in vergetelheid raken.*

anheimgeben ⟨schr.⟩ **0.1** ***overlaten*** ⇒*overgeven, toevertrouwen.*

anheimstellen ⟨schr.⟩ **0.1** ***overlaten*** ⇒*toevertrouwen, in overweging geven.*

anheischig ⟨schr.⟩ ◆ **3.¶** sich ~ machen *zich aanbieden, zich bereid verklaren.*

anheizen **0.1** ***aansteken, aanmaken, opstoken*** **0.2** ⟨inf.; fig.⟩ ***aanwakkeren*** ⇒*bevorderen, versterken* ◆ **1.2** das Interesse ~ *de belangstelling aanwakkeren* **5.1** ⟨onov. ww.; h.⟩ noch nicht angeheizt haben *de kachel nog niet aangestoken hebben.*

anherrschen ⟨schr.⟩ **0.1** ***uitvaren tegen*** ⇒*aan-, toesnauwen* ◆ **5.1** jmdn. barsch ~ *op barse toon tegen iem. uitvaren.*

anheuern **0.1** ***(aan)monsteren*** ⇒*dienst nemen, in dienst nemen.*

Anhieb ⟨m.⟩⟨inf.⟩ ◆ **6.¶** **auf** (den ersten) ~ *meteen, bij de eerste poging.*

anhimmeln ⟨inf.⟩ **0.1** ***verheerlijkt aankijken*** **0.2** ***dwepen met*** ◆ **1.2** einen Sänger ~ *een zanger verafgoden, aanbidden.*

Anhöhe ⟨v.⟩ **0.1** ***hoogte*** ⇒*heuvel.*

anhören **I** ⟨ov.ww.⟩ **0.1** ***(aan)horen*** ⇒*(aandachtig) luisteren* **0.2** ***aan iemands uitspraak horen*** ◆ **1.1** eine Diskussion, ein Konzert ~ *een discussie, een concert beluisteren, volgen* **1.2** man hört ihm den Flamen an *je kunt (aan zijn taal) horen dat hij een Vlaming is* **5.¶** ⟨inf.⟩ das kann ich nicht mehr mit ~ *dat kan ik niet meer verdragen* **8.2** man hört (es) ihm an, daß er enttäuscht ist *het is hem aan te horen dat hij ontgoocheld is;*
II sich ~ ⟨wk.ww.⟩ **0.1** ***klinken*** ⇒*lijken* ◆ **5.1** das hört sich gut an *dat klinkt niet gek* **8.1** es hört sich an, als ob sie betrunken sind *het klinkt, lijkt net alsof ze dronken zijn.*

Anhörung ⟨v.; ~, ~en⟩ **0.1** ***hoorzitting, hearing*** **0.2** ⟨jur.⟩ ***het horen*** (van partijen) ◆ **6.2** ein **nach** ~ der Parteien erlassenes Urteil *een op tegenspraak gewezen arrest;* **ohne** ~ erlassenes Urteil *vonnis zonder debatten.*

Anhör(ungs)verfahren ⟨o.⟩ **0.1** ***(procedure voor een) hoorzitting, hearing.***

animalisch **0.1** ***animaal, dierlijk*** ⇒*bestiaal, beestachtig.*

Animateur ⟨m.; ~s, ~e⟩ **0.1** ***animator.***

Animationsfilm ⟨m.⟩ **0.1** ***animatiefilm*** ⇒*teken-, poppenfilm.*

Animierdame ⟨v.⟩ **0.1** ***animeermeisje.***

animieren **0.1** ***animeren*** ⇒*stimuleren* **0.2** ⟨film.⟩ ***een animatiefilm maken.***

Animierkneipe ⟨v.⟩⟨inf.⟩ **0.1** ***kroeg met animeermeisjes.***

Animosität ⟨v.; ~, ~en⟩ **0.1** ***animositeit, vijandigheid.***

Animus ⟨m.; ~, Animi⟩ **0.1** ***animus, ziel*** **0.2** ⟨inf.; scherts.⟩ ***vermoeden, voorgevoel.***

Anis ⟨m.; ~(es), ~e⟩ **0.1** ***anijs(plant)*** **0.2** ***anijszaad.***

anjagen **0.1** ***aanjagen*** ⇒*aanstormen.*

ankämpfen **0.1** ***vechten, strijden*** ⇒*weerstand bieden* ◆ **6.1** **gegen** den Wind ~ *tegen de wind vechten, optornen.*

Ankauf ⟨m.⟩ **0.1** ***(aan)koop*** ⇒*aanschaf* ◆ **3.1** einen ~ machen, tätigen *een aankoop doen.*

ankaufen **I** ⟨ov.ww.⟩ **0.1** ***(aan)kopen*** ⇒*aanschaffen* ◆ **1.1** Kunstgegenstände ~ *kunstvoorwerpen aankopen;*
II sich ~ ⟨wk.ww.⟩ **0.1** ***een huis, een stuk grond kopen.***

Ankaufspreis ⟨m.⟩ **0.1** ***koopprijs*** ⇒*aankoopsom.*

Anker ⟨m.; ~s, ~⟩ **0.1** ***anker*** ⟨ook bouwk., nat., tech.⟩ ◆ **2.1** ⟨fig.⟩ ihre Treue ist ihm ein fester ~ *haar trouw is voor hem een houvast* **3.1** den ~ auswerfen, einholen, lichten *het anker (uit)werpen, ophalen, lichten;* irgendwo ~ werfen (a) *ergens het anker uitwerpen* (b) ⟨inf.; fig.⟩ *ergens voor anker gaan, zijn intrek nemen* **6.1** sich **vor** ~ legen *voor anker gaan;* **vor** ~ liegen, treiben *voor anker liggen.*

Ankergebühr ⟨v.⟩ **0.1** ***ankergeld*** ⇒*haven-, meergeld.*

Ankerkette ⟨v.⟩ **0.1** ***ankerketting.***

Ankerkreuz ⟨o.⟩ **0.1** ***ankerkruis.***

ankern ⟨h.⟩ **0.1** ***ankeren*** ⇒*het anker uitwerpen* **0.2** ***geankerd zijn*** ⇒*voor anker liggen.*

Ankerspill ⟨o.⟩ **0.1** ***ankerspil.***

Ankertau ⟨o.⟩ **0.1** ***ankertouw*** ⇒*ankerkabel.*

Ankerwicklung ⟨v.⟩⟨tech.⟩ **0.1** ***ankerwikkeling.***

Ankerwinde ⟨v.⟩ **0.1** ***ankerspil.***

anketten **0.1** ***ketenen*** ⇒*aan de ketting leggen* ◆ **1.1** einen

Verbrecher ~ *een misdadiger in boeien slaan* **3.¶** ⟨inf.; fig.⟩ den ganzen Tag angekettet sein *de hele dag niet weg kunnen.*

Anklage ⟨v.⟩ **0.1** ***aanklacht, beschuldiging*** **0.2** ⟨jur.⟩ ***aanklager*** **0.3** ⟨schr.⟩ ***(aan)klacht*** *⇒beschuldiging* ◆ **1.2** ein Zeuge der ~ *een getuige van de aanklager, à charge* **6.1** die ~ lautet **auf** Totschlag *de aanklacht luidt: doodslag;* eine ~ **gegen** jmdn. erheben, einreichen *een aanklacht tegen iem. indienen;* **unter** ~ stehen *beschuldigd worden* **6.3** ~n **gegen** jmdn. vorbringen *beschuldigingen tegen iem. uitbrengen.*

Anklageakte ⟨v.⟩ **0.1** ***akte van beschuldiging.***

Anklagebank ⟨v.; mv. ~̈e⟩ **0.1** ***beklaagdenbank.***

anklagen **0.1** ***aanklagen*** **0.2** ⟨schr.⟩ ***aanklagen*** *⇒beschuldigen* ◆ **1.1** jmdn. eines Bankraubs ~ *iem. wegens bankroof aanklagen* **1.2** jmdn. des Egoismus ~ *iem. van egoïsme beschuldigen;* dieser Film klagt die sozialen Mißstände an *deze film is een aanklacht tegen de sociale misstanden.*

Ankläger ⟨m.⟩ **0.1** ***aanklager*** ◆ **2.1** der öffentliche ~ *de openbare aanklager.*

anklägerisch **0.1** ***beschuldigend, verwijtend.***

Anklageschrift ⟨v.⟩ **0.1** ***akte van beschuldiging.***

Anklagevertreter ⟨m.⟩ **0.1** ***openbare aanklager*** *⇒officier van justitie.*

Anklang ⟨m.⟩ **0.1** ***(lichte) overeenkomst*** ◆ **3.¶** keinen, wenig ~ finden *geen, weinig weerklank, instemming vinden* **6.1** Anklänge **an** alte Volkslieder *lichte overeenkomsten met oude volksliederen.*

ankleben **I** ⟨onov.ww.⟩ **0.1** ***(vast)plakken;***
II ⟨ov.ww.⟩ **0.1** ***(aan)plakken, vastplakken*** ◆ **1.1** Tapeten ~ *behangen* **6.1** einen Zettel **an** das, dem Haus ~ *een affiche aan het huis aanplakken.*

Ankleidekabine ⟨v.⟩ **0.1** ***kleedhokje*** **0.2** ***paskamer.***

ankleiden ⟨schr.⟩ **0.1** ***(aan)kleden.***

Ankleideraum ⟨m.⟩ **0.1** ***kleedkamer, kleedlokaal.***

anklicken ⟨comp.⟩ **0.1** ***aanklikken.***

anklingen ⟨h.⟩ **0.1** ***doorklinken*** *⇒te horen zijn* **0.2** ***herinneren*** *⇒overeenstemming vertonen* ◆ **6.2** **an** einen früheren Schlager ~ *aan een vroegere schlager herinneren.*

anklopfen **0.1** ***(aan)kloppen*** **0.2** ⟨inf.; fig.⟩ ***aankloppen*** *⇒een beroep doen (op)* ◆ **6.1** **an** der, die Tür ~ *op de deur kloppen* **6.2** **bei** jmdm. (um Unterstützung) ~ *bij iem. (om steun) aankloppen.*

anknabbern **0.1** ***beginnen te knabbelen*** *⇒aanspreken* ◆ **1.1** sein Kapital, den Vorrat ~ *zijn kapitaal, de voorraad aantasten, aanspreken* **6.¶** ⟨inf.⟩ **zum** Anknabbern aussehen *eruitzien om in te bijten.*

anknack(s)en ⟨inf.⟩ **0.1** ***knakken*** *⇒kneuzen, kwetsen* ◆ **1.1** sein Ruf wurde angeknack(s)t *zijn goede naam kreeg een knak.*

anknipsen ⟨inf.⟩ **0.1** ***aansteken, aandoen.***

anknüpfen **I** ⟨onov.ww.⟩ **0.1** ***aanknopen*** *⇒aansluiten, aanhaken* ◆ **6.1** **an** einen, **bei** einem Gedankengang ~ *op een gedachtegang inhaken;*
II ⟨ov.ww.⟩ **0.1** ***(vast-, aaneen)knopen*** **0.2** ⟨fig.⟩ ***aanknopen*** *⇒beginnen, aangaan* ◆ **1.2** Beziehungen wieder ~ *betrekkingen opnieuw aanknopen* **6.2** ⟨onov. ww.; h.⟩ **mit** einem Mädchen ~ *met een meisje vriendschap aanknopen.*

Anknüpfungspunkt ⟨m.⟩⟨fig.⟩ **0.1** ***aanknopingspunt.***

anködern **0.1** ***(aan)lokken.***

ankommen **0.1** ***aankomen*** *⇒arriveren* **0.2** ***aankomen*** *⇒afhankelijk zijn* **0.3** ***opgewassen zijn*** *⇒tegen iem., iets op kunnen* **0.4** ⟨inf.⟩ ***aankomen*** *⇒weerklank vinden, inslaan* **0.5** ⟨inf.⟩ ***aankomen*** *⇒komen aanzetten* **0.6** ⟨inf.⟩ ***een baan(tje) krijgen*** ◆ **3.2** ⟨inf.⟩ es d(a)rauf ~ lassen *het erop aan laten komen* **5.1** ⟨iron.⟩ damit werden wir schön ~ *daarmee zullen we ons mooi blameren* **5.2** es kommt ihm nicht darauf an *hij vindt het niet belangrijk* **5.4** (bei jmdm.) schlecht, übel ~ *(bij iem.) geen succes hebben,* ⟨ook⟩ *(bij iem.) aan het verkeerde adres zijn* **6.2** alles kommt **auf** die Umstände an *alles hangt van de omstandigheden af;* es käme **auf** einen Versuch an *je zou het eens kunnen proberen* **6.3** **gegen** etwas, jmdn. nicht ~ *tegen iets, iem. niet op kunnen* **6.4** der Roman kam **beim** Publikum gut an *de roman had succes bij het publiek* **6.6** **bei** einer Firma ~ *bij een firma een baan krijgen.*

Ankömmling ⟨m.; ~(e)s, ~e⟩ **0.1** ***nieuwaangekomene, nieuweling*** **0.2** ***pasgeborene.***

ankönnen ⟨inf.⟩ **0.1** ***aankunnen*** *⇒tegenop kunnen.*

ankotzen **0.1** ***kotsen op*** **0.2** ⟨fig.⟩ ***doen kotsen*** **0.3** ***uitkafferen*** *⇒uitschelden* ◆ **4.2** ihr kotzt mich an *ik kots van jullie.*

ankratzen **I** ⟨ov.ww.⟩ **0.1** ***krassen maken op, bekrassen*** *⇒licht beschadigen* ◆ **1.1** die Hand ist leicht angekratzt *de hand is licht geschaafd, geschramd* **1.¶** ein Privileg ~ *een privileg(i)e aantasten* **5.1** ⟨inf.⟩ er ist schon leicht angekratzt *hij is niet meer van de jongsten;*
II sich ~ ⟨wk.ww.⟩⟨inf.⟩ **0.1** ***in de gunst trachten te komen*** ◆ **1.1** ich habe mir einen Freund, ein Mädchen angekratzt *ik heb een vriendje versierd, meisje opgescharreld* **6.1** sich **beim** Chef ~ *bij de chef in de gunst trachten te komen.*

ankrausen **0.1** ***rimpelen.***

ankreiden **0.1** ***kwalijk nemen*** *⇒ten laste leggen* ◆ **1.1** jmdm. einen Irrtum (übel) ~ *iem. een vergissing kwalijk nemen.*

Ankreis ⟨m.⟩⟨wisk.⟩ **0.1** ***aangeschreven cirkel.***

ankreuzen **I** ⟨onov.ww.; h/s.⟩ **0.1** ***(tegen de wind in) zeilen*** *⇒laveren;*
II ⟨ov.ww.⟩ **0.1** ***aankruisen.***

ankriechen **0.1** ***aankruipen*** *⇒kruipende naderen.*

ankündigen **I** ⟨ov.ww.⟩ **0.1** ***aankondigen*** *⇒bekendmaken* ◆ **1.1** seinen Besuch ~ *zijn bezoek aankondigen;*
II sich ~ ⟨wk.ww.⟩ **0.1** ***zich aankondigen.***

Ankündigung ⟨v.⟩ **0.1** ***aankondiging*** *⇒bekendmaking.*

Ankunft ⟨v.; ~, ~̈e⟩ **0.1** ***(aan)komst*** ◆ **1.1** die ~ eines Babys *de komst, geboorte van een baby* **8.1** ~ und Abfahrt der Züge *aankomst en vertrek der treinen.*

Ankunftshalle ⟨v.⟩ **0.1** ***aankomsthal*** ⟨op een luchthaven⟩.

Ankunftsort ⟨m.⟩⟨verk.⟩ **0.1** ***plaats van aankomst.***

Ankunftstafel ⟨v.⟩⟨verk.⟩ **0.1** ***dienstregeling, bord met de uren van aankomst.***

ankuppeln **0.1** ***(aan)koppelen*** *⇒(aan elkaar) vastkoppelen.*

ankurbeln **0.1** ***aanzwengelen, aanslingeren*** *⇒op gang brengen* **0.2** ⟨fig.⟩ ***aanzwengelen*** *⇒stimuleren* ◆ **1.2** die Wirtschaft ~ *de economie stimuleren.*

anlächeln **0.1** ***glimlachen naar, tegen.***

anlachen **I** ⟨ov.ww.⟩ **0.1** ***aanlachen*** ⟨ook fig.⟩ *⇒lachen naar, tegen* ◆ **4.1** das Glück lacht ihn an *het geluk lacht hem toe;*
II sich ~ ⟨wk.ww.⟩ **0.1** ***aan de haak slaan*** ◆ **1.1** sie hat sich ⟨3e nv.⟩ einen Arzt angelacht *zij heeft een arts aan de haak geslagen.*

Anlage ⟨v.⟩ **0.1** ***aanleg*** *⇒het aanleggen, bouw* **0.2** ***park, plantsoen*** **0.3** ***installatie, inrichting*** *⇒complex* **0.4** ***aanleg*** *⇒talent, bekwaamheid* **0.5** ***(geld)belegging*** *⇒investering* **0.6** ***ontwerp, plan*** **0.7** ***bijlage*** ⟨v.e. schrijven⟩ ◆ **1.1** die ~ neuer Kanäle *de aanleg van nieuwe kanalen* **1.5** die ~ des Kapitals *de belegging van het kapitaal* **1.6** die ~ der Dissertation *de opzet van de dissertatie* **2.2** städtische ~n *stadspark* **2.3** sanitäre ~n *sanitaire installaties, toiletten*

6.4 eine ~ zum Malen, zur Musik haben *aanleg voor schilderen, muziek hebben* **6.7 in** der ~ *als bijlage, bijgaand.*
anlagebedingt 0.1 ***door (zijn) aanleg bepaald, veroorzaakt*** **◆ 1.1** ~e Krankheiten *door aanleg bepaalde ziekten.*
Anlageberater ⟨m.⟩ **0.1** ***beleggingsadviseur.***
Anlagekapital ⟨o.⟩ **0.1** ***belegd, geïnvesteerd kapitaal.***
Anlagepapier ⟨o.⟩ **0.1** ***beleggingsfonds.***
anlagern ⟨schei.⟩ **I** ⟨ov.ww.⟩ **0.1** ***(aan zich) binden*** *⇒opnemen;*
II sich ~ ⟨wk.ww.⟩ **0.1** ***zich verbinden*** **◆ 6.1** ein Atom lagert sich **an** das andere an *het ene atoom verbindt zich met het andere.*
anlanden I ⟨onov.ww.⟩ **0.1** ***aanleggen*** *⇒meren* **0.2** ⟨inf.; scherts.⟩ ***(aan)belanden;***
II ⟨ov.ww.⟩ **0.1** ***aan land, wal brengen.***
anlangen I ⟨onov.ww.⟩ **0.1** ***(aan)komen*** *⇒belanden* **◆ 6.1** ⟨fig.⟩ **auf** der Höhe des Ruhms ~ *het toppunt van zijn roem bereiken;*
II ⟨ov.ww.⟩ **0.1** ***aangaan, betreffen*** **◆ 4.1** was mich anlangt *wat mij aangaat, betreft.*
Anlaß ⟨m.; Anlasses, Anlässe⟩ **0.1** ***aanleiding*** *⇒(beweeg)reden* **0.2** ***gelegenheid*** *⇒gebeurtenis* **◆ 3.1** einen ~ finden *een aanleiding, reden vinden* **6.1 aus** ~ seines Geburtstags *bij gelegenheid van zijn verjaardag;* **aus** diesem ~ *om deze reden;* **beim** geringsten ~ *bij het minste of geringste;* etwas **zum** ~ nehmen *iets als aanleiding nemen.*
anlassen I ⟨ov.ww.⟩ **0.1** ***(doen) starten*** *⇒aanzetten* **0.2** ***aan laten*** *⇒laten aanstaan, laten branden* **0.3** ⟨inf.⟩ ***aan laten*** *⇒niet uittrekken* **0.4** ⟨schr.⟩ ***afsnauwen*** *⇒afblaffen* **0.5** ⟨tech.⟩ ***ontlaten*** *⇒temperen* **◆ 1.1** ein Auto, einen Wagen ~ *een auto starten* **1.3** seine nassen Kleider ~ *zijn natte kleren aan laten;*
II sich ~ ⟨wk.ww.⟩⟨inf.⟩ **0.1** ***beginnen*** *⇒doen verwachten* **◆ 5.1** das neue Jahr läßt sich gut an *het nieuwe jaar begint goed, belooft veel.*
Anlasser ⟨m.; ~s, ~⟩⟨tech.⟩ **0.1** ***starter.***
anläßlich ⟨vz. + 2⟩ **0.1** ***naar aanleiding van, bij gelegenheid van.***
anlasten 0.1 ***ten laste leggen*** *⇒beschuldigen* **◆ 1.1** jmdm. einen Fehler ~ *iem. een fout ten laste leggen.*
anlatschen ⟨inf.⟩ **0.1** ***aansloffen.***
Anlauf ⟨m.⟩ **0.1** ***poging*** **0.2** ***aanloop*** *⇒begin, het op gang komen* **0.3** ⟨sp.⟩ ***aanloop*** **0.4** ⟨mil.⟩ ***aanloop*** *⇒aanval* **◆ 1.2** der ~ der Produktion *de aanloop, het begin van de productie* **3.1** einen (neuen) ~ nehmen *(opnieuw) beginnen, een (nieuwe) poging doen* **6.1 in** den ersten Anläufen steckenbleiben, nicht **über** den ersten ~ hinauskommen *niet verder komen dan het begin* **6.4** eine Burg **im** ersten ~ einnehmen *een burcht bij de eerste bestorming innemen.*
anlaufen I ⟨onov.ww.⟩ **0.1** ***beginnen (te lopen), starten*** **0.2** ***aanlopen*** *⇒naderbij lopen* **0.3** ***aanlopen*** *⇒opbotsen* **0.4** ***strijden, vechten*** **0.5** ***oplopen*** *⇒toenemen* **0.6** ***beslaan*** **0.7** ***aanlopen*** *⇒verkleuren* **0.8** ⟨sp.⟩ ***aanlopen*** *⇒een aanloop nemen* **◆ 1.1** der Film läuft morgen an *de film komt morgen in roulatie* **1.6** die Fensterscheibe läuft an *de ruit beslaat* **3.2** angelaufen kommen *komen aanlopen* **5.7** vor Scham, Zorn rot ~ *rood aanlopen van schaamte, woede;*
II ⟨ov.ww.⟩ **0.1** ***aandoen, aanvaren*** **0.2** ⟨atletiek; h/s.⟩ ***lopen*** *⇒afleggen* **◆ 1.1** einen Hafen ~ *een haven aandoen.*
Anlaufschwierigkeit ⟨v.; meestal mv.⟩ **0.1** ***aanloopmoeilijkheden.***
Anlaufstelle ⟨v.⟩ **0.1** ***opvangcentrum*** **0.2** ***meldpunt.***
Anlaufzeit ⟨v.⟩ **0.1** ***aanlooptijd*** **0.2** ⟨dram., film.⟩ ***tijd v.d. eerste vertoningen.***
Anlaut ⟨m.⟩ **0.1** ***beginklank.***
Anlegebrücke ⟨v.⟩ **0.1** ***aanlegsteiger*** *⇒landingsbrug.*
anlegen I ⟨onov.ww.⟩ **0.1** ***aanleggen*** *⇒meren;*
II ⟨ov.ww.⟩ **0.1** ***(aan)leggen*** *⇒(aan)zetten, aanbrengen, aandoen* **0.2** ***op het vuur doen*** **0.3** ***aanleggen*** *⇒richten, mikken* **0.4** ***aanleggen*** *⇒samenstellen* **0.5** ***beleggen, investeren*** **0.6** ***aanleggen*** *⇒besteden, uitgeven* **0.7** ***aanleggen*** *⇒beogen, munten* **0.8** ⟨schr.⟩ ***aantrekken*** *⇒aandoen* **◆ 1.1** jmdm. Fesseln, Ketten ~ *iem. boeien, ketens aandoen;* (die) letzte Hand ~ *de laatste hand leggen aan;* der Hund legt die Ohren an *de hond legt de oren plat tegen zijn kop* **1.3** das Gewehr ~ *het geweer aanleggen* **1.4** eine Briefmarkensammlung ~ *een postzegelverzameling aanleggen* **1.8** Schmucksachen ~ *sieraden aandoen, opspelden* **1.¶** (mit) Hand ~ *(ook) een handje helpen;* den Hund ~ *de hond aan de ketting leggen, vastleggen* **6.1** eine Leiter **an** die Scheune ~ *een ladder tegen de schuur zetten;* ⟨fig.⟩ strenge Maßstäbe **an** etwas, jmdn. ~ *strenge maatstaven voor iets, iem. aanleggen* **6.5** Geld **in** Wertpapieren ~ *geld in effecten beleggen* **6.6** Geld **für** ein neues Auto ~ *geld voor een nieuwe auto aanleggen, besteden* **6.7** es **auf** jmdn. ~ *het op iem. gemunt hebben;* es darauf ~, jmdn. **zu** kränken *het erop aanleggen, iem. te krenken;*
III sich ~ ⟨wk.ww.⟩ **0.1** ***het aanleggen*** *⇒ruzie zoeken* **◆ 6.1** sich **mit** jmdm. ~ *met iem. aan de stok krijgen.*
Anlegeplatz ⟨m.⟩ →**Anlegestelle.**
Anleger ⟨m.⟩ **0.1** ***belegger*** *⇒investeerder.*
Anlegesteg ⟨m.⟩ **0.1** ***aanlegsteiger.***
Anlegestelle ⟨v.⟩ **0.1** ***aanlegplaats.***
anlehnen I ⟨ov.ww.⟩ **0.1** ***(aan)leunen*** *⇒zetten* **0.2** ***laten aanstaan*** *⇒op een kier laten staan, zetten* **◆ 1.1** die Leiter ~ *de ladder tegen de muur zetten* **1.2** eine Tür ~ *een deur laten aanstaan;*
II sich ~ ⟨wk.ww.⟩ **0.1** ***(aan)leunen*** ⇒⟨fig. ook⟩ *aansluiten, zich richten* **◆ 6.1** ⟨fig.⟩ seine Arbeit lehnt sich **an** dieses Buch an *zijn werk leunt aan bij dit boek;* sich **an** die Wand ~ *tegen de muur (gaan) leunen.*
Anlehnung ⟨v.; ~, ~en⟩ **0.1** ***het aanleunen*** *⇒steun, hulp* **0.2** ***navolging*** *⇒aansluiting* **◆ 6.1** die ~ **an** einen mächtigen Nachbarn *het steunen op een machtige buur* **6.2 in, unter** ~ an seine Worte *in aansluiting aan, op zijn woorden.*
anlehnungsbedürftig 0.1 ***aanhankelijk*** *⇒steun behoevend, behoefte hebbend aan liefde/genegenheid.*
Anleihe ⟨v.⟩ **0.1** ***lening*** **0.2** ***ontlening*** **◆ 3.1** eine ~ aufnehmen, machen *een lening aangaan, sluiten* **6.2** diese ~ hat er **bei** Böll gemacht *dat heeft hij aan Böll ontleend.*
anleimen 0.1 ***(aan-, vast)lijmen.***
anleinen 0.1 ***aan de lijn doen, vastbinden.***
anleiten 0.1 ***onderrichten, leren*** *⇒instrueren* **0.2** ***aansporen, aanzetten*** *⇒leren* **0.3** ***leiden*** **◆ 1.1** die Schüler ~ *de leerlingen onderrichten* **1.3** die Arbeit ~ *het werk leiden* **6.2** jmdn. **zum** Gehorsam ~ *iem. gehoorzaamheid leren.*
Anleitung ⟨v.⟩ **0.1** ***aanwijzing, instructie*** *⇒onderwijs* **0.2** ***gebruiksaanwijzing*** *⇒handleiding, leidraad.*
anlernen 0.1 ***opleiden*** *⇒inwerken, instrueren* **0.2** ***aanleren*** *⇒eigen maken* **◆ 1.1** ein angelernter Arbeiter *een halfgeschoold arbeider.*
anlesen I ⟨ov.ww.⟩ **0.1** ***beginnen te lezen;***
II sich ~ ⟨wk.ww.⟩ **0.1** ***zich door (te) lezen eigen maken.***
anleuchten 0.1 ***beschijnen.***
anliefern 0.1 ***leveren*** *⇒bezorgen.*
anliegen ⟨h.⟩ **0.1** ***(om, tegen het lichaam) zitten*** *⇒aansluiten* **0.2** ***ingesloten zijn*** **0.3** ⟨inf.⟩ ***te doen zijn*** **0.4** ⟨schr.⟩ ***ter harte gaan, bezighouden*** **0.5** ⟨schr.⟩ ***aandringen*** ⇒

lastig vallen ◆ **1.4** diese Angelegenheit liegt mir an *deze zaak ligt me na aan het hart* **3.5** jmdm. mit Beschwerden ~ *iem. met klachten lastig vallen* **4.3** liegt noch etwas an? *valt er nog iets te doen?* **5.1** eng ~de Hosen *strak zittende broeken.*

Anliegen ⟨o.; ~s, ~⟩ **0.1** ***verzoek, verlangen, wens*** ◆ **6.1** ein ~ **an** jmdn. haben *een verzoek aan iem. hebben.*

anliegend **0.1** ***aangrenzend*** ⇒*aanpalend, belendend* **0.2** ⟨adm.⟩ ***ingesloten*** ⇒*bijgaand* ◆ **1.1** ein ~es Grundstück *een aanpalend perceel* **1.2** die ~en Bilder *de ingesloten foto's.*

Anlieger ⟨m.; ~s, ~⟩ **0.1** ***aanwonende*** ◆ **2.1** ~ frei *alleen voor bestemmingsverkeer.*

Anliegerstaat ⟨m.⟩ **0.1** ***oeverstaat.***

Anliegerverkehr ⟨m.⟩ **0.1** ***bestemmingsverkeer.***

anlocken **0.1** ***(aan)lokken*** ⇒*aantrekken.*

anlügen **0.1** ***beliegen.***

Anm. →**Anmerkung.**

anmachen ⟨inf.⟩ **0.1** ***aandoen*** ⇒*aanzetten* **0.2** ***(aan)maken*** ⇒*aansteken* **0.3** ***vastmaken*** ⇒*aanbrengen, bevestigen* **0.4** ***aanmaken*** ⇒*(toe)bereiden* **0.5** ***stimuleren (om mee te doen)*** ⇒*proberen te versieren* ◆ **1.1** Licht ~ *het licht aandoen* **1.4** Salat ~ *sla aanmaken.*

anmahnen **0.1** ***(aan)manen*** ⇒*aansporen.*

anmalen **0.1** ***(be)schilderen, verven*** ⇒⟨op het bord⟩ *tekenen* **0.2** ⟨inf.; scherts.⟩ ***(opvallend) schminken*** ⇒*opmaken.*

Anmarsch ⟨m.⟩ **0.1** ***opmars*** ⇒*aantocht, nadering* **0.2** ⟨inf.⟩ ***af te leggen weg*** ◆ **6.1** **im** ~ auf, gegen eine Festung sein *naar, tegen een vesting oprukken.*

anmaßen, sich **0.1** ***zich aanmatigen*** ◆ **1.1** sich ⟨3e nv.⟩ ein Urteil ~ *zich een oordeel aanmatigen.*

anmaßend **0.1** ***aanmatigend*** ⇒*arrogant.*

Anmeldeformular ⟨o.⟩ **0.1** ***aanmeldingsformulier.***

anmelden **0.1** ***(aan)melden*** ⇒*aankondigen, aandienen* **0.2** ***aangeven*** ⇒*laten registreren* **0.3** ***aanmelden*** ⇒*laten inschrijven, opgeven* **0.4** ***naar voren brengen*** ⇒*uiten* ◆ **1.2** eine Handelsmarke ~ *een handelsmerk deponeren* **1.4** Berufung ~ *beroep aantekenen, in beroep gaan;* einen Vergleich ~ *een minnelijke schikking voorstellen* **4.1** jmdn., sich ~ *iem., zich aanmelden, aandienen* **6.2** polizeilich angemeldet **in** Bonn *ingeschreven in het bevolkingsregister van Bonn* **6.3** seinen Sohn **in** der, **zur** Schule ~ *zijn zoon op school aanmelden.*

Anmeldepflicht ⟨v.⟩ **0.1** ***aanmeldings-, aangifteplicht.***

Anmeldeschluß ⟨m.⟩ **0.1** ***einde v.d. aanmeldingstermijn, uiterste datum van aanmelding.***

Anmeldung ⟨v.⟩ **0.1** ***(aan)melding*** **0.2** ***aangifte*** ⇒*registratie* **0.3** ***aanmelding*** ⇒*inschrijving* **0.4** ***uiting.***

anmerken **0.1** ***(aan)zien, merken*** **0.2** ***aanstrepen*** ⇒*aantekenen, noteren* **0.3** ⟨schr.⟩ ***opmerken*** ◆ **1.1** jmdm. seine Angst ~ *aan iem. merken dat hij angstig is* **1.2** einen Tag ~ *een dag noteren, aanstrepen.*

Anmerkung ⟨v.; ~, ~en⟩ **0.1** ***aantekening*** ⇒*(voet)noot* **0.2** ***opmerking*** ◆ **6.1** ~en **zum** Text *aantekeningen bij de tekst.*

anmessen **0.1** ***aanmeten*** ◆ **1.1** jmdm. einen neuen Anzug ~ *iem. een nieuw pak aanmeten.*

anmustern ⟨scheep.⟩ **0.1** ***aanmonsteren.***

Anmut ⟨v.; ~⟩⟨schr.⟩ **0.1** ***bevalligheid*** ⇒*gratie, bekoorlijkheid* ◆ **2.1** eine natürliche ~ besitzen *een natuurlijke charme, gratie bezitten.*

anmuten ⟨schr.⟩ **0.1** ***aandoen*** ⇒*voorkomen, schijnen* ◆ **5.1** das mutet (mich) seltsam an *dat doet vreemd aan, maakt een vreemde indruk (op me).*

anmutig **0.1** ***bevallig*** ⇒*bekoorlijk.*

annähen **0.1** ***aannaaien.***

annähern I ⟨ov.ww.⟩ **0.1** ***nader(bij) brengen, aanpassen*** ◆ **4.1** verschiedene Auffassungen einander ~ *verschillende opvattingen nader bij elkaar brengen;*
II sich ~ ⟨wk.ww.⟩ **0.1** ***naderen, nader(bij) komen*** **0.2** ⟨fig.⟩ ***elkaar nader komen*** ⇒*beter leren verstaan* ◆ **1.1** dieser Wert nähert sich dem Maximum an *deze waarde benadert het maximum.*

annähernd **0.1** ***bij benadering*** ⇒*ongeveer* ◆ **1.¶** mit ~er Sicherheit *zogoed als zeker, met aan zekerheid grenzende waarschijnlijkheid.*

Annäherung ⟨v.⟩ **0.1** ***nadering, het naderen*** **0.2** ***toenadering*** ⇒*aanpassing* ◆ **6.2** die ~ **zwischen** Ost und West *de toenadering tussen Oost en West.*

Annäherungsversuch ⟨m.⟩ **0.1** ***toenaderingspoging, poging tot toenadering.***

Annahme ⟨v.; ~, ~en⟩ **0.1** ***het aannemen*** ⇒*acceptatie* **0.2** ***aanvaarding, goedkeuring*** **0.3** ***het aan-, overnemen*** **0.4** ***indienstneming, aanstelling*** **0.5** ***ontvangkantoor*** ⇒*depot* **0.6** ***(ver)onderstelling*** ⇒*vermoeden, mening* ◆ **1.1** die ~ einer Sendung *de inontvangstneming van een zending* **1.2** die ~ einer Dissertation *het aanvaarden van een dissertatie* **6.1** **zur** ~ vorlegen, vorzeigen *ter acceptatie aanbieden* **6.6** **in** der ~, daß ... *in de veronderstelling dat ...* **6.¶** ~ **an** Kindes Statt *adoptie.*

Annahmestelle ⟨v.⟩ **0.1** ***bagagedepot*** **0.2** ***inleveringsadres, -kantoor.***

Annalen ⟨alleen mv.⟩ **0.1** ***annalen*** ⇒*geschiedenis* ◆ **6.1** **in** den ~ der Stadt verzeichnet sein *in de annalen van de stad opgetekend staan.*

annehmbar **0.1** ***aanvaardbaar*** ⇒*acceptabel* **0.2** ***behoorlijk*** ⇒*vrij goed* ◆ **3.2** das Wetter ist ~ *het weer is vrij goed.*

annehmen I ⟨ov.ww.⟩ **0.1** ***aannemen*** ⇒*aanvaarden, in ontvangst nemen, accepteren* **0.2** ***opnemen*** ⇒*opzuigen* **0.3** ***aannemen*** ⇒*veronderstellen* ◆ **1.1** eine Arbeit, einen Auftrag ~ *een werk, een opdracht aannemen;* einen Rat ~ *een raad opvolgen* **1.2** das Papier nimmt die Tinte an *het papier absorbeert de inkt* **1.¶** ⟨mil.⟩ Haltung ~ *in de houding gaan staan;* eine traurige Miene ~ *een treurig gezicht zetten;* nimm doch Vernunft an! *wees toch verstandig!* **5.¶** ⟨inf.⟩ jmdn. (hart) ~ *iem. hard aanpakken* **6.1** ⟨jur.⟩ jmdn. **an** Kindes Statt ~ *iem. adopteren;*
II sich ~ ⟨wk.ww.⟩ **0.1** ***zich bekommeren*** ⇒*zich ontfermen* ◆ **1.1** ⟨schr.⟩ sich eines Kindes ~ *zich het lot van een kind aantrekken.*

Annehmlichkeit ⟨v.; ~, ~en⟩ **0.1** ***genoegen, geneugte*** ⇒*gemak* ◆ **1.1** die ~en des Lebens *de aangename dingen, geneugten van het leven.*

annektieren **0.1** ***annexeren, inlijven.***

Annex ⟨m.; ~es, ~e⟩ **0.1** ***annex*** ⇒*aanhangsel, bijzondere bepaling.*

Annexion ⟨v.; ~, ~en⟩ **0.1** ***annexatie, inlijving.***

anno, Anno **0.1** ***anno, in het jaar*** ◆ **1.1** ⟨inf.⟩ Anno Tobak *(in) het jaar nul* **4.1** Anno dazumal *(in) het jaar nul.*

Annonce ⟨v.; ~, ~n⟩ **0.1** ***annonce, advertentie*** ◆ **6.1** sich **auf** eine ~ melden *op een advertentie schrijven.*

annoncieren **0.1** ***adverteren.***

Annotation ⟨v.; ~, ~en⟩ **0.1** ***annotatie, aantekening.***

annullieren **0.1** ***annuleren*** ⇒*ongeldig verklaren.*

Annullierungsgebühr ⟨v.⟩ **0.1** ***annuleringskosten.***

Anode ⟨v.; ~, ~n⟩ **0.1** ***anode.***

anöden **0.1** ***vervelen*** **0.2** ⟨inf.⟩ ***lastig vallen*** ◆ **1.1** dieser Film ödet mich an *ik vind deze film stierlijk vervelend.*

anomal **0.1** ***anomaal.***

anonym 0.1 ***anoniem, naamloos.***
Anonymität ⟨v.; ~, ~en⟩ 0.1 ***anonimiteit, naamloosheid.***
Anorak ⟨m.; ~s, ~s⟩ 0.1 ***anorak*** ⇒*windjak.*
anordnen 0.1 ***ordenen, rangschikken*** 0.2 ***verordenen*** ⇒ *bepalen, voorschrijven* ◆ 1.2 den Rückzug ~ *de terugtocht bevelen.*
Anordnung ⟨v.⟩ 0.1 ***ordening, rangschikking*** 0.2 ***verordening*** ⇒*bevel, bepaling, voorschrift* ◆ 2.2 eine dienstliche ~ *een dienstvoorschrift;* ⟨jur.⟩ die gerichtliche ~ der Vorlegung von Beweisurkunden *vonnis van toelating tot bewijs;* eine polizeiliche ~ *een politieverordening* 3.2 ~en erlassen *verordeningen uitvaardigen* 6.2 **auf** meine ~ *op mijn bevel.*
anorganisch 0.1 ***anorganisch.***
anormal 0.1 ***a(b)normaal.***
anpacken I ⟨onov.ww.⟩ 0.1 ***(mee)helpen;***
II ⟨ov.ww.⟩ 0.1 ***(aan-, vast)pakken*** ⇒*(vast)grijpen* 0.2 ⟨fig.⟩ ***aanpakken*** ⇒*ter hand nemen* 0.3 ⟨inf.⟩ ***aanpakken*** ⇒*behandelen* ◆ 5.3 jmdn. streng ~ *iem. streng aanpakken, behandelen* ¶.1 ⟨onov. ww.; tegen een hond⟩ pack an! *pak ze!*
anpappen ⟨inf.⟩ 0.1 ***(vast)plakken.***
anpassen 0.1 ***(aan)passen*** ⇒*passend maken* 0.2 ***aanpassen*** ◆ 4.2 sich den Umständen ~ *zich aan de omstandigheden aanpassen.*
Anpasser ⟨m.; ~s, ~⟩⟨vooral pol.⟩ 0.1 ***opportunist.***
Anpassung ⟨v.; ~, ~en⟩ 0.1 ***aanpassing*** ⇒*adaptatie, accommodatie.*
Anpassungsfähigkeit ⟨v.⟩ 0.1 ***aanpassingsvermogen*** ⇒ *accommodatievermogen.*
anpeilen 0.1 ***peilen*** 0.2 ⟨verk.⟩ ***aansturen, aanstevenen op*** ◆ 1.1 ein Flugzeug ~ *een vliegtuig peilen* 1.2 einen Hafen ~ *op een haven aansturen.*
anpeitschen ⟨fig.⟩ 0.1 ***aanzwepen*** ⇒*brutaal aanzetten.*
anpfeifen 0.1 ⟨sp.⟩ ***het beginsignaal geven*** 0.2 ⟨inf.⟩ ***uitkafferen*** ⇒*uitschelden.*
anpflanzen 0.1 ***(aan)planten*** 0.2 ***aanleggen*** ⇒*beplanten.*
anpflaumen ⟨inf.⟩ 0.1 ***plagen, voor de gek houden.***
anpirschen ⟨jacht⟩ **I** ⟨ov.ww.⟩ 0.1 ***besluipen;***
II sich ~ ⟨wk.ww.⟩ 0.1 ***naderbij sluipen.***
anpöbeln ⟨inf.⟩ 0.1 ***lastig vallen*** ⇒*molesteren.*
anpochen 0.1 ***(voorzichtig) aankloppen.***
Anprall ⟨m.⟩ 0.1 ***het (aan)botsen, botsing*** ⇒*stoot, schok* ◆ 6.1 der ~ der Wogen **an, gegen** die Küste *het slaan van de golven tegen de kust.*
anprallen 0.1 ***(aan)botsen*** ⇒*stoten, kletteren.*
anprangern 0.1 ***aan de kaak stellen*** ⇒*hekelen.*
anpreisen 0.1 ***(aan)prijzen*** ⇒*sterk aanbevelen.*
Anprobe ⟨v.⟩ 0.1 ***het (aan)passen*** ⟨van kleding⟩ ⇒*pasbeurt.*
anprobieren 0.1 ***(aan)passen*** ⟨van kleding⟩.
anpumpen ⟨inf.⟩ 0.1 ***geld lenen, te leen vragen.***
anquatschen ⟨inf.⟩ 0.1 ***plomp-vertrouwelijk aanspreken.***
Anrainer ⟨m.; ~s, ~⟩⟨adm.⟩ 0.1 ***aangelande*** ⇒*buur(man)* 0.2 ***aanwonende.***
Anrainerstaat ⟨m.⟩ 0.1 ***aan een rivier, zee, enz. liggende staat*** ⇒*oeverstaat.*
anranzen 0.1 ***aan-, afsnauwen.***
anraten 0.1 ***aanraden*** ⇒*adviseren, aanbevelen* ◆ 3.1 das wollte ich dir auch angeraten haben! *dat was je ook geraden!*
anrechnen 0.1 ***aan-, berekenen*** ⇒*in rekening brengen* 0.2 ***in mindering brengen*** ⇒*aftrekken* 0.3 ⟨fig.⟩ ***aanrekenen*** ⇒*waarderen* ◆ 1.1 jmdm. einen großen Betrag *iem. een groot bedrag in rekening brengen* 5.3 jmdm. etwas hoch ~ *van iem. iets zeer waarderen* 6.2 die Untersuchungshaft **auf** die Gefängnisstrafe ~ *het voorarrest van de gevangenisstraf aftrekken;* jmdm. etwas **mit** einem Betrag ~ *iem. voor iets een bedrag aftrekken* 6.3 jmdm. etwas **zur** Ehre ~ *iem. iets tot eer aanrekenen.*
Anrecht ⟨o.⟩ 0.1 ***recht*** ⇒*aanspraak* 0.2 ***abonnement*** ◆ 3.1 sein ~ geltend machen *aanspraak doen gelden* 6.1 ein ~ **auf** den Thron haben *recht, aanspraak op de troon hebben.*
Anrede ⟨v.⟩ 0.1 ***aanspreekvorm, -titel*** ◆ 2.1 eine vertrauliche ~ *een vertrouwelijke aanspreekvorm.*
anreden 0.1 ***aan-, toespreken*** ◆ 6.1 jmdn. **auf** eine Person hin ~ *iem. over, in verband met een persoon aanspreken.*
anregen 0.1 ***aanzetten, aansporen*** ⇒*inspireren* 0.2 ***de stoot geven*** ⇒*op gang brengen* 0.3 ***voorstellen*** ⇒*naar voren brengen* 0.4 ***opwekken*** ⇒*stimuleren, animeren* 0.5 ⟨nat.⟩ ***activeren*** ◆ 1.2 ein Projekt ~ *een project op gang brengen* 1.3 ein Spiel ~ *voorstellen een spel te spelen* 1.4 ⟨onov. ww.⟩ Kaffee regt an *koffie is opwekkend;* ~de Mittel *stimulerende middelen* 6.1 das regte ihn **zum** Nachdenken an *dat zette hem aan het denken.*
Anregung ⟨v.⟩ 0.1 ***het op gang brengen*** 0.2 ⟨fig.⟩ ***stoot, impuls*** 0.3 ***voorstel, suggestie*** 0.4 ***opwekking, prikkeling, stimulering*** ◆ 6.3 **auf** ~ des Herrn X *op initiatief, instigatie van de heer X.*
anreichern 0.1 ***verrijken*** ⇒*verbeteren, vergroten* 0.2 ***op-(een)hopen*** ⇒*verzamelen, opslaan* ◆ 1.1 angereichertes Uran *verrijkt uranium* 1.2 eine angereicherte Lösung *een geconcentreerde oplossing.*
anreihen I ⟨ov.ww.⟩ 0.1 ***toevoegen*** ⟨aan een reeks⟩ 0.2 ***met rijgsteken vastnaaien*** ◆ 1.1 Perlen ~ *parels aanrijgen;*
II sich ~ ⟨wk.ww.⟩⟨schr.⟩ 0.1 ***(zich) aansluiten*** ⇒*volgen, in de rij gaan staan* ◆ 6.1 ein Verbrechen reiht sich ans andere **an** *de ene misdaad volgt op de andere.*
Anreise ⟨v.⟩ 0.1 ***(heen)reis*** 0.2 ***aankomst.***
anreisen 0.1 ***de (heen)reis maken*** 0.2 ***aankomen, arriveren.***
Anreisetag ⟨m.⟩ 0.1 ***dag van aankomst.***
anreißen 0.1 ***inscheuren*** 0.2 ***starten*** ⇒*aanslingeren* 0.3 ***aansnijden*** ⇒*ter sprake brengen* 0.4 ⟨inf.⟩ ***aanbreken, aanspreken*** ⇒*beginnen te verbruiken* 0.5 ⟨inf.⟩ ***(aan)lokken*** ◆ 1.3 ein Problem ~ *een probleem aansnijden* 1.5 Kunden ~ *klanten (aan)lokken.*
Anreißer ⟨m.⟩⟨inf.⟩ 0.1 ***marktschreeuwer*** 0.2 ***blikvanger.***
anreißerisch ⟨inf.⟩ 0.1 ***schreeuwerig*** ⇒*opdringerig.*
anreiten I ⟨onov.ww.⟩ 0.1 ***aanrijden*** 0.2 ***beginnen te rijden*** 0.3 ⟨mil.⟩ ***aanvallen*** ⟨v.d. cavalerie⟩ ◆ 3.1 angeritten kommen *komen aanrijden* 6.2 **im** Schritt, im Trab ~ *aangaan, aandraven;*
II ⟨ov.ww.⟩ 0.1 ***aan-, toerijden op*** 0.2 ***aan-, toerijden*** ⟨v.e. paard⟩ ⇒*africhten* ◆ 1.1 ein Hindernis ~ *op een hindernis aanrijden.*
Anreiz ⟨m.⟩ 0.1 ***prikkel*** ⇒*aansporing, stimulans* ◆ 3.1 einen ~ bieten, geben *een prikkel geven.*
anreizen 0.1 ***prikkelen*** ⇒*aanzetten, stimuleren* ◆ 6.1 jmdn. **zum** Kaufen ~ *iem. tot kopen aanzetten.*
anrempeln ⟨inf.⟩ 0.1 ***opzettelijk tegen iem. aanlopen*** 0.2 ⟨fig.⟩ ***beledigen.***
anrennen 0.1 ***aanrennen*** 0.2 ⟨inf.⟩ ***(aan)rennen*** ⇒*(aan)-botsen* 0.3 ***aanlopen*** ⇒*stormlopen* ◆ 6.2 mit dem Kopf **an, gegen** die Wand ~ *met zijn hoofd tegen de muur aanrennen* 6.3 ⟨fig.⟩ **gegen** Vorurteile ~ *tegen vooroordelen optornen.*
Anrichte ⟨v.; ~, ~n⟩ 0.1 ***aanrecht, aanrechttafel, -kast*** ⇒ *buffet.*
anrichten 0.1 ***toebereiden, klaarmaken*** 0.2 ***aanrichten*** ⇒

veroorzaken ◆ **1.1** das Essen ~ *het eten toebereiden* **1.2** ein Blutbad, Schaden ~ *een bloedbad, schade aanrichten* **3.1** ⟨schr.⟩ es ist angerichtet *het eten is klaar, staat op tafel.*

anriechen 0.1 ***besnuffelen*** **0.2** ***ruiken*** ◆ **1.2** jmdm. den Alkohol ~ *aan iem. ruiken dat hij alcohol gedronken heeft.*

Anriß ⟨m.⟩ **0.1** ***scheurtje*** ⇒*barstje* **0.2** ⟨tech.⟩ ***(voor)tekening.***

anrollen I ⟨onov.ww.⟩ **0.1** ***aanrollen*** ⇒*rollend naderen* **0.2** ***beginnen te rollen*** ⇒*zich in beweging zetten* ◆ **1.2** ⟨fig.⟩ eine neue Fahndung rollt morgen an *een nieuwe opsporingsactie begint, start morgen;*
II ⟨ov.ww.⟩ **0.1** ***aanrollen*** ⇒*aanvoeren* ◆ **1.1** Fässer ~ *vaten aanrollen.*

anrüchig 0.1 ***berucht, obscuur, (van) verdacht (allooi)*** **0.2** ***bedenkelijk*** ⇒*aanstoot gevend* ◆ **1.1** eine ~e Angelegenheit *een obscuur zaakje.*

anrücken I ⟨onov.ww.⟩ **0.1** ***aanrukken*** ⇒*aanmarcheren* **0.2** ***dichterbij schuiven*** ◆ **1.1** die Feuerwehr rückt an *de brandweer rukt aan;* ⟨inf.; scherts.⟩ bald rücken meine Freunde an *zo dadelijk komen mijn vrienden;*
II ⟨ov.ww.⟩ **0.1** ***(op)schuiven*** ◆ **6.1** den Tisch **an** die Wand ~ *de tafel tegen de muur schuiven.*

Anruf ⟨m.⟩ **0.1** ***het roepen*** ⇒*kreet, waarschuwing, sommatie, bevel* **0.2** ***telefoon(tje)*** ◆ **1.1** der ~ des Gewissens *de roep van het geweten* **3.2** einen ~ bekommen, erhalten *een telefoon(tje) krijgen* **6.1 ohne** ~ schießen *zonder waarschuwing schieten.*

Anrufbeantworter ⟨m.; ~s, ~⟩⟨com.⟩ **0.1** ***antwoordapparaat.***

anrufen 0.1 ***(toe)roepen*** ⇒*waarschuwen, sommeren* **0.2** ***opbellen, telefoneren*** **0.3** ***aan-, inroepen*** ⇒*om bijstand, hulp, raad verzoeken* ◆ **1.1** ein Schiff ~ *een schip praaien;* ein Taxi ~ *een taxi roepen, wenken* **1.¶** das Gericht ~ *een zaak aanhangig maken bij het gerecht;* ein höheres Gericht ~ *appel aantekenen.*

anrühren 0.1 ***aanroeren*** ⇒*(even) aanraken* **0.2** ***(aan)roeren*** ⇒*mengen, aanmaken* **0.3** ⟨schr.⟩ ***ontroeren*** ⇒*aandoen, treffen* ◆ **1.1** das Bett war nicht angerührt *het bed was onbeslapen* **1.2** Farbe ~ *verf aanroeren.*

Ansage ⟨v.; ~, ~n⟩ **0.1** ***aankondiging*** ⇒*bekendmaking* **0.2** ⟨kaartspel⟩ ***annonce, bod*** ◆ **3.1** eine ~ machen *een aankondiging doen.*

ansagen I ⟨ov.ww.⟩ **0.1** ***aankondigen*** ⇒*bekendmaken* **0.2** ⟨adm.⟩ ***dicteren*** **0.3** ⟨kaartspel⟩ ***annonceren, een bod doen*** ◆ **1.1** Bankrott ~ *zijn faillissement bekendmaken;* ⟨fig.⟩ einem Feind den Kampf ~ *aan een vijand de oorlog verklaren;*
II sich ~ ⟨wk.ww.⟩ **0.1** ***zijn bezoek aankondigen.***

Ansager ⟨m.; ~s, ~⟩ **0.1** ***aankondiger, presentator*** ⇒*conferencier.*

ansammeln I ⟨ov.ww.⟩ **0.1** ***verzamelen*** ⇒*samenbrengen* ◆ **1.1** Kunstschätze ~ *kunstschatten verzamelen;*
II sich ~ ⟨wk.ww.⟩ **0.1** ***zich verzamelen*** ◆ **1.1** viele Neugierige haben sich angesammelt *vele nieuwsgierigen zijn samengestroomd;* der Staub sammelt sich an *het stof hoopt zich op.*

Ansammlung ⟨v.⟩ **0.1** ***opeenhoping, opeenstapeling*** ◆ **1.1** eine ~ neugieriger Leute *een oploop van nieuwsgierige mensen.*

ansässig 0.1 ***wonend, woonachtig*** ⇒*inheems* ◆ **3.1** in Bonn ~ sein *in Bonn wonen.*

Ansatz ⟨m.⟩ **0.1** ***aanzet, (pril) begin*** ⇒*teken* **0.2** ***afzetting*** ⇒*bezinksel, aanslag* **0.3** ⟨tech.⟩ ***aanzet-, verlengstuk*** **0.4** ⟨med.⟩ ***inplanting*** ⇒*begin* **0.5** ⟨muz.⟩ ***aanzetting*** ⇒*mondstuk, embouchure* **0.6** ⟨ec.⟩ ***raming, taxatie*** ⇒*calculatie* **0.7** ⟨wisk.⟩ ***opzet*** ◆ **1.1** der ~ eines Blattes *het prille begin van een blad* **1.4** der ~ der Nase *de inplanting van de neus* **1.7** der ~ einer Rechenaufgabe *het opzetten van een som* **2.1** gute Ansätze zeigen *goed beginnen* **6.1 bei, in** den (ersten) Ansätzen steckenbleiben *niet voorbij het beginstadium komen;* etwas **im** ~ unterdrücken *iets in de kiem smoren;* nicht **über** (die ersten) Ansätze hinauskommen *niet verder komen dan het begin;* der erste ~ **zu** einer Besserung *het eerste teken van een verbetering* **6.6** ⟨schr.⟩ **außer** ~ bleiben *niet meegeteld worden;* ⟨schr.⟩ **in** ~ bringen *ramen, taxeren.*

Ansatzpunkt ⟨m.⟩ **0.1** ***uitgangspunt*** ⇒*begin.*

Ansatzstück ⟨o.⟩ **0.1** ***aanzet-, verlengstuk.***

ansaugen 0.1 ***aanzuigen*** **0.2** ***(beginnen te) zuigen*** ◆ **1.1** ⟨fig.⟩ Neugierige ~ *nieuwsgierigen aantrekken.*

Ansaugrohr ⟨o.⟩ **0.1** ***aanzuigbuis*** ⇒*pipet.*

anschaffen I ⟨onov.ww.; h.⟩⟨inf.⟩ **0.1** ***(als prostituee) geld verdienen*** ⇒*gaan tippelen;*
II ⟨ov.ww.⟩ **0.1** ***aanschaffen*** ⇒*kopen* ◆ **1.1** sich ⟨3e nv.⟩ etwas ~ *iets aanschaffen.*

Anschaffung ⟨v.; ~, ~en⟩ **0.1** ***aanschaf, het aanschaffen*** ⇒*(aan)koop.*

anschalten 0.1 ***inschakelen*** ⇒*aanzetten.*

anschauen ⟨Zdd., Oostr., Zwi.; elders schr.⟩ **0.1** ***aankijken, bekijken*** **0.2** ***bekijken*** ⇒*onderzoeken* ◆ **1.1** ich habe (mir) das Gemälde angeschaut *ik heb het schilderij bekeken* **5.1** jmdn. prüfend ~ *iem. onderzoekend aankijken.*

anschaulich 0.1 ***aanschouwelijk*** ⇒*duidelijk, levendig.*

Anschauung ⟨v.; ~, ~en⟩ **0.1** ***mening, opvatting*** ⇒*zienswijze* **0.2** ***aanschouwing*** ⇒*meditatie* **0.3** ***voorstelling*** ⇒*kennis, ervaring* ◆ **1.2** die ~ Gottes *het aanschouwen van God* **3.1** verschiedene ~en vertreten *er verschillende opvattingen op na houden* **6.1 nach** meiner ~ *naar, volgens mijn mening* **6.2 in** ~ versunken *in meditatie verzonken* **6.3** etwas **aus** eigener ~ kennen *iets uit zijn eigen waarneming kennen;* keine ~ **von** den Zusammenhängen haben *geen voorstelling van de samenhang hebben* **6.¶ in** ~ der Tatsachen *met het oog op de feiten, gezien de feiten* **7.1** der ~ sein *van mening zijn.*

Anschauungskraft ⟨v.⟩ →**Anschauungsvermögen.**

Anschauungsmaterial ⟨o.⟩ **0.1** ***didactisch materiaal*** ⇒*leermiddel(en).*

Anschauungsunterricht ⟨m.⟩ **0.1** ***aanschouwelijk onderwijs.***

Anschauungsvermögen ⟨o.⟩ **0.1** ***voorstellingsvermogen*** ⇒*voorstellingskracht.*

Anschauungsweise ⟨v.⟩ **0.1** ***denk-, zienswijze.***

Anschein ⟨m.⟩ **0.1** ***schijn*** ⇒*indruk* ◆ **3.1** den ~ bekommen, ⟨schr.⟩ gewinnen *erop beginnen te lijken;* den ~ haben *schijnen* **6.1** allem, dem ~ **nach** *naar alle waarschijnlijkheid* **8.1** du gibst dir den ~, als ob du alles wüßtest *je doet alsof je alles weet.*

anscheinen 0.1 ***beschijnen, schijnen op.***

anscheinend 0.1 ***naar het schijnt*** ⇒*waarschijnlijk, vermoedelijk.*

anschicken, sich ⟨schr.⟩ **0.1** ***op het punt staan*** ◆ **6.1** sich **zum** Ausgehen ~ *op het punt staan om uit te gaan.*

anschieben 0.1 ***aanduwen*** **0.2** ***(aan)schuiven*** ◆ **1.1** ein Auto ~ *een auto aanduwen* **3.¶** angeschoben kommen *komen aanslenteren.*

anschießen I ⟨onov.ww.⟩⟨fig.⟩ **0.1** ***aanschieten*** ⇒*toesnellen* ◆ **3.1** angeschossen kommen *komen aanschieten, toesnellen;*
II ⟨ov.ww.⟩ **0.1** ***aanschieten*** ⇒*door een schot verwonden*

0.2 (fig.) ***bekritiseren*** **0.3** (jacht, mil.) ***inschieten*** *⇒beproeven.*

anschirren **0.1** ***aan-, inspannen*** *⇒(op)tuigen.*

Anschlag (m.) **0.1** ***bekendmaking, mededeling*** *⇒affiche* **0.2** ***aanslag*** *⇒overval* **0.3** ***aanslag*** *⇒voortgebrachte klank* **0.4** ***aanslag*** *⇒(letter)teken* **0.5** ***het slaan*** *⇒geluid* **0.6** ***het aanslaan*** (v.e. hond) *⇒(kort) geblaf* **0.7** (jacht, mil.) ***aanslag*** *⇒schietklare houding* **0.8** (ec.) ***overslag, (kosten)raming*** **0.9** (handwerk) ***het opzetten*** **0.10** (zwemmen) ***het aantikken*** (tegen de rand v.h. zwembad) ◆ **2.3** ein Klavier mit einem leichten ~ *een piano met een gemakkelijke aanslag* **2.4** nur hundert Anschläge in der Minute *slechts honderd aanslagen per minuut* **3.1** einen ~ machen *iets bekendmaken, aanplakken* **6.1** ein ~ **am** Schwarzen Brett *een mededeling op het prikbord;* etwas **durch** ~ bekanntgeben *iets door aanplakking bekendmaken* **6.2** ein ~ **auf, gegen** einen Gegner *een aanslag op een tegenstander* **6.5** der ~ der Wellen **an** das Schiff *het klotsen van de golven tegen het schip* **6.8** (schr.) etwas **in** ~ bringen *met iets rekening houden, iets incalculeren.*

Anschlagbrett (o.) **0.1** ***mededelingen-, aanplakbord*** *⇒ prikbord.*

anschlagen I (onov.ww.; h.) **0.1** ***(aan)slaan*** *⇒weerklinken* **0.2** (s.) ***(aan)slaan*** *⇒botsen* **0.3** ***aanslaan*** *⇒succes, effect hebben* **0.4** (euf.) ***dik maken*** **0.5** (zwemmen) ***aantikken*** ◆ **1.1** die Vögel schlagen an *de vogels beginnen te zingen* **6.2** mit der Hand **an** den Tisch ~ *met de hand tegen de tafel slaan* **6.3** die Kur hat **bei** ihm angeschlagen *hij heeft baat gevonden bij die kuur;*
II (ov.ww.) **0.1** ***bekendmaken, mededelen*** *⇒aanplakken* **0.2** ***aanslaan*** *⇒indrukken* **0.3** ***slaan (met)*** *⇒stoten (met)* **0.4** ***beschadigen*** **0.5** ***beginnen*** *⇒aanheffen* **0.6** ***vastslaan, -spijkeren*** **0.7** ***merken*** (met een bijl) **0.8** (schr.; fig.) ***aanslaan*** *⇒taxeren, in overweging nemen* **0.9** (scheep.) ***aanslaan*** *⇒vastmaken* **0.10** (sp.) ***aanslaan*** ◆ **1.2** einen Akkord ~ *een akkoord aanslaan* **1.5** ein rascheres Tempo ~ *naar een sneller tempo overschakelen* **1.6** ein Brett ~ *een plank vastspijkeren* **1.10** (boksen) den Gegner ~ *de tegenstander aanslaan* **3.4** (fig.) angeschlagen sein *niet fit, niet in vorm zijn* **5.8** eine Leistung hoch ~ *een prestatie hoog aanslaan* **6.1** eine Mitteilung **am** Schwarzen Brett ~ *een mededeling op het prikbord bekendmaken* **6.3** **mit** dem Kopf an den Tisch ~ *met het hoofd tegen de tafel stoten.*

Anschlagsäule (v.) **0.1** ***aanplak-, reclamezuil.***

anschleichen I (onov.ww.) **0.1** ***aansluipen, naderbij sluipen;***
II (ov.ww.) **0.1** ***besluipen*** *⇒sluipend benaderen* ◆ **1.1** das Wild ~ *het wild besluipen;*
III sich ~ (wk.ww.) **0.1** ***naderbij sluipen.***

anschleppen **0.1** ***aanslepen, naderbij slepen*** *⇒aansjouwen* **0.2** ***aantrekken*** ◆ **1.1** (fig.) Freunde ~ *vrienden meebrengen* **1.2** ein Auto ~ *een auto aantrekken.*

anschließen I (onov.ww.; h.) **0.1** ***aansluiten*** *⇒aanknopen, volgen* **0.2** ***grenzen*** **0.3** ***(nauw) sluiten*** ◆ **5.3** ein eng ~des Kleid *een nauwsluitende japon* **6.1** **an** jmds. Worte ~ *bij iemands woorden aanknopen;*
II (ov.ww.) **0.1** ***vastmaken*** *⇒bevestigen* **0.2** ***aansluiten*** *⇒ aankoppelen, verbinden* **0.3** ***(eraan) toevoegen*** ◆ **1.2** die angeschlossenen Sender *de aangesloten zenders* **6.1** das Fahrrad **an** einem, einen Pfahl ~ *zijn fiets aan een paal vastleggen* **6.3** **an** eine Frage eine weitere ~ *aan een vraag nog een vraag toevoegen;*
III sich ~ (wk.ww.) **0.1** ***zich aansluiten*** *⇒zich voegen, instemmen* **0.2** ***aansluiten*** *⇒volgen* **0.3** ***grenzen*** **0.4** ***contact krijgen*** ◆ **1.1** sich einem Aufzug ~ *zich bij een stoet voegen* **3.1** darf ich mich ~? *mag ik meedoen?* **5.4** sich schwer ~ *moeilijk contact krijgen* **6.2** **an** den Vortrag schließt (sich) ein Empfang an *na de voordracht volgt een receptie.*

anschließend **0.1** ***aansluitend, in aansluiting daarop*** *⇒ daarna, vervolgens.*

Anschluß (m.) **0.1** ***aansluiting*** *⇒verbinding, (telefoon)lijn* **0.2** ***aansluiting*** *⇒(menselijk) contact* **0.3** (verk.) ***aansluiting*** *⇒verbinding* **0.4** (pol.) ***aansluiting*** *⇒inlijving, annexatie* **0.5** (sp.; doelpunt waardoor de achterstand nog maar één punt is) ◆ **3.1** keinen ~ bekommen *geen verbinding krijgen;* der ~ ist besetzt *de lijn is bezet;* elektrischen ~ erhalten *op het elektriciteitsnet aangesloten worden* **3.3** den ~ noch bekommen, verpassen *zijn aansluiting nog halen, missen* **6.1** der ~ **an** das Telefonnetz *de aansluiting op het telefoonnet;* **im** ~ an den Vortrag *in aansluiting op de voordracht* **6.2** der ~ **an** die Gesellschaft *het contact met de maatschappij;* der ~ **an** eine Partei *de aansluiting bij een partij* **6.4** der ~ **an** den Norddeutschen Bund *de aansluiting bij de Noord-Duitse Bond* **6.¶** **im** ~ an meinen Lehrer *in navolging van mijn leraar.*

Anschlußgleis (o.) **0.1** ***verbindingsspoor, raccordement.***

Anschlußlinie (v.) **0.1** ***aansluitende lijn*** (bus, tram).

Anschlußtor (o.) **0.1** (doelpunt waardoor de achterstand v.e. ploeg nog maar één punt is).

Anschlußzug (m.) **0.1** ***aansluitende trein*** *⇒aansluiting.*

anschmieden **0.1** ***vast-, aansmeden*** ◆ **3.¶** (onov. ww.; inf.) sich nicht ~ lassen *zich niet laten binden, ophouden.*

anschmiegen, sich **0.1** ***zich vlijen*** *⇒aankruipen* **0.2** (mbt. kleren) ***nauw sluiten.***

anschmiegsam **0.1** ***aanhalig*** *⇒meegaand, soepel.*

anschmieren I (ov.ww.)(inf.) **0.1** (pej.) ***bekladd(er)en*** **0.2** ***bedriegen*** *⇒oplichten* **0.3** ***aansmeren*** ◆ **1.3** jmdm. ein altes Auto ~ *iem. een oude auto aansmeren* **4.1** sich ~ (a) *zich vuil maken* (b) *zich schminken;*
II sich ~ (wk.ww.)(inf.; pej.) **0.1** ***in de gunst trachten te komen.***

anschnallen **0.1** ***vast-, aanbinden*** ◆ **4.1** sich ~ *zijn (veiligheids)gordel omdoen.*

Anschnallgurt (m.) **0.1** ***(veiligheids)gordel.***

anschneiden **0.1** ***aan-, opensnijden*** **0.2** (fig.) ***aansnijden*** *⇒ ter sprake, te berde brengen* **0.3** (conf.) ***aanknippen, -snijden*** **0.4** (sp., verk.) ***een bocht afsnijden*** **0.5** (balsporten) ***effect geven*** ◆ **1.2** ein Problem ~ *een probleem aansnijden* **1.3** angeschnittene Ärmel *aangeknipte mouwen* **1.4** (skisport) ein Tor ~ *rakelings langs een poort(je) skiën.*

Anschnitt (m.) **0.1** ***snijvlak*** **0.2** ***afgesneden rand*** *⇒korst, kapje* (van brood).

Anschovis (v.; ~, ~) **0.1** ***ansjovis.***

anschrauben **0.1** ***aan-, vastschroeven.***

anschreiben **0.1** ***(op)schrijven*** **0.2** ***opschrijven*** *⇒op de rekening zetten* **0.3** (schr.; adm.) ***(aan)schrijven*** ◆ **1.3** die Versicherung ~ *naar de verzekering schrijven* **5.¶** (inf.) bei jmdm. gut angeschrieben sein *bij iem. goed aangeschreven staan* **6.1** ein Wort **an** die Tafel ~ *een woord op het bord schrijven.*

Anschreiben (o.)(adm.) **0.1** ***begeleidend schrijven.***

anschreien **0.1** ***aan-, toeschreeuwen.***

Anschrift (v.) **0.1** ***adres.***

anschuldigen (schr.) **0.1** ***beschuldigen*** *⇒betichten, aanklagen* ◆ **1.1** jmdn. des Mordes ~ *iem. van moord beschuldigen.*

anschüren **0.1** ***(opnieuw) aanwakkeren*** (ook fig.) *⇒oppoken.*

anschütten 0.1 ***ophogen.***
anschwärmen I (onov.ww.) **0.1** ***aanzwermen, in zwermen naderen;***
II (ov.ww.) **0.1** ***dwepen met.***
anschwärzen 0.1 ***zwart maken*** (ook fig.).
anschwellen I (onov.ww.) **0.1** ***(aan-, op)zwellen*** ⇒*(aan)-groeien* ◆ **1.1** die Arbeit schwillt an *het werk neemt toe* **6.1** der Wind schwoll zum Orkan **an** *de wind zwol tot een orkaan aan;*
II (ov.ww.) **0.1** ***doen (aan-, op)zwellen*** ◆ **1.1** die Segel ~ *de zeilen bol doen staan* **6.1** (fig.) eine Kleinigkeit **zum** Skandal ~ *een kleinigheid tot een schandaal opblazen.*
anschwemmen 0.1 ***aanspoelen*** ⇒*doen aanslibben, afzetten* ◆ **1.1** angeschwemmtes Land *aangeslibd land;* Sand ~ *zand afzetten.*
anschwimmen I (onov.ww.) **0.1** ***aanzwemmen*** ⇒*zwemmend naderen* **0.2** ***zwemmen*** ◆ **6.2** **gegen** den Strom ~ *tegen de stroom in zwemmen* (ook fig.);
II (ov.ww.) **0.1** ***zwemmen*** ◆ **1.1** das Ufer ~ *naar de oever zwemmen.*
anschwindeln (inf.) **0.1** ***beliegen.***
ansegeln I (onov.ww.) **0.1** ***aanzeilen*** ⇒*zeilend, in glijvlucht naderen;*
II (ov.ww.) **0.1** ***zeilen*** ◆ **1.1** einen Hafen ~ *op een haven aanzeilen.*
ansehen I (ov.ww.) **0.1** ***aanzien, aankijken*** ⇒*bekijken* **0.2** ***(aandachtig) bekijken*** ⇒*bezichtigen* **0.3** ***(aan)zien*** **0.4** ***aanzien*** ⇒*achten, houden voor* **0.5** ***aanzien*** ⇒*lijdelijk toezien* ◆ **1.2** sich (3e nv.) eine Ausstellung ~ *een tentoonstelling gaan bekijken* **1.3** man sieht ihm den Kummer an *het is aan hem te zien dat hij verdriet heeft* **3.5** ich kann es (mir) nicht länger ~ *ik kan het niet meer aanzien* **4.1** (inf.) das sehe sich einer an! *kijk nu eens aan!, moet je dat zien!* **5.1** (inf.) sieh mal (einer) an, sieh dir mal das an! *kijk eens aan!, wie had dát gedacht!* **6.1** jmdn. **von** oben (herab) ~ *op iem. neerkijken* **6.4** etwas **für** seine Pflicht ~ *iets als zijn plicht beschouwen* **8.4** jmdn. als seinen Freund ~ *iem. als zijn vriend beschouwen;*
II sich ~ (wk.ww.) **0.1** ***eruitzien, ernaar uitzien*** ◆ **5.1** das sieht sich häßlich an *dat ziet er lelijk uit.*
Ansehen (o.; ~s) **0.1** (schr.) ***aanzien*** ⇒*uiterlijk, voorkomen* **0.2** ***aanzien*** ⇒*achting* ◆ **2.2** großes ~ genießen *hoog in aanzien zijn* **6.1** **ohne** ~ der Person *zonder aanzien des persoons;* jmdn. nur **von**, vom ~ kennen *iem. alleen van aanzien kennen* **8.¶** sich das, ein ~ geben, als ... *zich voordoen alsof ...*
ansehenswert 0.1 ***bezienswaardig.***
ansehnlich 0.1 ***aanzienlijk*** ⇒*belangrijk, groot* **0.2** ***er goed uitziend*** ⇒*statig, imponerend* ◆ **1.1** eine ~e Menge *een aanzienlijke hoeveelheid* **1.2** ein ~es Gebäude *een statig gebouw.*
anseilen 0.1 ***vastbinden.***
ansein (inf.) **0.1** ***aan zijn, aan staan*** ⇒*ingeschakeld zijn.*
ansetzen I (onov.ww.; h.) **0.1** ***inzetten*** ⇒*beginnen* **0.2** ***ingezet zijn*** ⇒*beginnen* **0.3** ***uitkomen*** ⇒*knoppen krijgen* ◆ **1.2** die Haare setzen bei ihm tief an *zijn haar is laag ingeplant* **6.1** **zum** Angriff ~ *de aanval inzetten;*
II (ov.ww.) **0.1** ***(aan)zetten*** **0.2** ***aanzetten*** ⇒*aannaaien* **0.3** ***inzetten*** ⇒*beginnen* **0.4** ***beginnen, vormen*** **0.5** ***aanzetten, vormen*** **0.6** ***vaststellen*** ⇒*plannen* **0.7** ***ramen, begroten*** **0.8** ***inschakelen*** ⇒*aanstellen* **0.9** ***mengen*** ⇒*bereiden* ◆ **1.1** den Bleistift ~ *het potlood op het papier zetten;* das Glas ~ *het glas aan de mond zetten* **1.2** angesetzte Taschen *opgezette zakken* **1.3** zum Spurt ~ *de spurt inzetten* **1.4** Knospen ~ *knoppen krijgen* **1.5** Rost ~ *gaan roesten* **1.7** die Kosten ~ *de kosten ramen* **1.9** eine Bowle, einen Likör ~ *een bowl, likeur bereiden* **1.¶** (fig.) den Hebel an der richtigen Stelle ~ *iets goed, op de juiste manier aanpakken* **6.6** eine Besprechung **auf, für** den nächsten Tag ~ *een bespreking voor de volgende dag vaststellen* **6.8** Hunde **auf** eine Fährte ~ *honden op een spoor zetten;*
III sich ~ (wk.ww.) **0.1** ***aanzetten*** ⇒*zich vastzetten* ◆ **1.1** Kalk, Zahnstein setzt sich an *kalk, tandsteen zet aan.*
Ansicht (v.) **0.1** ***mening*** ⇒*opvatting* **0.2** ***afbeelding*** **0.3** ***aanzicht, gezicht*** **0.4** ***inzage*** ◆ **1.2** eine ~ der Stadt *een afbeelding, ansichtkaart van de stad* **2.3** die hintere, seitliche, vordere ~ *het achter-, zij-, vooraanzicht* **3.1** der ~ sein *van mening zijn;* anderer, verschiedener ~ sein *een andere mening toegedaan zijn* **6.1** **nach** meiner ~, meiner ~ nach *naar mijn mening* **6.4** **zur** ~ *ter inzage.*
ansichtig (schr.) ◆ **¶.¶** jmds., einer Sache ~ werden *iem., iets in het oog krijgen, gewaarworden.*
Ansichtskarte (v.) **0.1** ***prentbriefkaart, ansichtkaart.***
Ansichtssache (v.) ◆ **3.¶** das ist ~ *daarover kan men van mening verschillen.*
Ansichtssendung (v.) **0.1** ***zichtzending.***
ansiedeln I (ov.ww.) **0.1** ***vestigen*** ⇒*onderbrengen* ◆ **1.1** Flüchtlinge ~ *vluchtelingen een (woon)plaats toewijzen;*
II sich ~ (wk.ww.) **0.1** ***zich vestigen*** ⇒*gaan wonen* ◆ **6.1** sich **auf** dem Land ~ *op het platteland gaan wonen.*
Ansiedler (m.) **0.1** ***kolonist.***
Ansiedlung (v.) **0.1** ***vestiging*** ⇒*nederzetting, kolonie.*
ansingen I (onov.ww.; h.) **0.1** ***(beginnen te) zingen;***
II (ov.ww.) **0.1** ***be-, toezingen*** **0.2** ***leren (zingen)*** ⇒ *doornemen.*
Ansinnen (o.; ~s, ~) (schr.) **0.1** ***(onredelijke) eis*** ⇒*voorstel* ◆ **6.1** ein ~ **an** jmdn. richten *iets van iem. eisen, vergen.*
Ansitz (m.) (jacht) **0.1** ***wachtplaats*** ⇒*uitkijk(post)* ◆ **6.1** **auf** den ~ gehen *op de uitkijk gaan zitten.*
ansonst(en) 0.1 ***anders*** ⇒*verder* **0.2** ***anders*** ⇒*in het andere, tegenovergestelde geval* ◆ **3.1** ~ nichts Neues *verder niets nieuws* **3.2** ich brauche Hilfe, ~ muß ich es aufgeben *ik heb hulp nodig, anders moet ik het opgeven.*
anspannen I (ov.ww.) **0.1** ***aanspannen*** ⇒*(strakker) spannen* **0.2** ***(in)spannen*** ⇒*concentreren, aan het werk zetten* **0.3** ***in-, aanspannen*** ◆ **1.1** die Zügel ~ *de teugels aanhalen* **1.2** die Muskeln, Nerven ~ *zijn spieren, zenuwen spannen* **1.3** das Pferd ~ *het paard inspannen;*
II sich ~ (wk.ww.) **0.1** ***zich spannen*** ⇒*gespannen zijn.*
Anspannung (v.) **0.1** ***het (in)spannen*** ⇒*inzet* **0.2** ***(in)spanning*** ⇒*concentratie, belasting* ◆ **6.1** **mit, unter** ~ aller Kräfte *met inzet van alle krachten.*
Anspiel (o.) (sp.) **0.1** ***spelbegin*** **0.2** ***het aanspelen*** ⇒*pass* ◆ **3.1** (kaartspel) das ~ haben *aan de voorhand zijn, zitten.*
anspielbar (sp.) **0.1** ***aanspeelbaar.***
anspielen I (onov.ww.; h.) **0.1** ***een toespeling maken, zinspelen*** **0.2** (sp.) ***beginnen te spelen*** ◆ **4.2** (kaartspel) wer spielt an? *wie komt (er) uit?* **6.1** **auf** ein Ereignis ~ *op een gebeurtenis zinspelen;*
II (ov.ww.) **0.1** (sp.) ***aanspelen*** ⇒*passen* **0.2** (muz., sp.) ***beginnen te (be)spelen*** ◆ **1.2** ein Musikstück ~ *een muziekstuk inzetten;* Trumpf ~ *met troef uitkomen.*
Anspielung (v.; ~, ~en) **0.1** ***toespeling, zinspeling.***
anspinnen, sich 0.1 ***zich ontspinnen*** ⇒*zich ontwikkelen* ◆ **4.1** (inf.) zwischen ihnen spinnt sich etwas an *tussen hen groeit er iets.*
anspitzen 0.1 ***aanpunten*** **0.2** (inf.; fig.) ***aansporen.***
Ansporn (m.; ~(e)s) **0.1** ***aansporing*** ⇒*prikkel, stimulans* ◆ **3.1** einen ~ erhalten *een stimulans krijgen.*
anspornen 0.1 ***aansporen*** ⇒*aanzetten* **0.2** ***aansporen*** ⇒ *de sporen geven.*

Ansprache ⟨v.⟩ **0.1** ***(korte) toespraak*** **0.2** ***aanspraak*** ⇒*contact* **0.3** ***het aangesproken worden*** ◆ **6.1** eine ~ **an** die Versammelten halten *een toespraak tot de vergadering houden.*

ansprechbar **0.1** ***te spreken*** ⇒*vrij* **0.2** ***aanspreekbaar*** ◆ **6.2** nur **auf** Geld ~ sein *zich alleen voor geld interesseren.*

ansprechen I ⟨onov.ww.; h.⟩ **0.1** ***(positief) reageren, werken*** **0.2** ***aanspreken*** ⇒*in de smaak vallen* ◆ **6.1 auf** ein Medikament ~ *op een geneesmiddel reageren;* **II** ⟨ov.ww.⟩ **0.1** ***aan-, toespreken*** **0.2** ***aanspreken*** ⇒*zich wenden tot* **0.3** ***aanspreken*** ⇒*verzoeken* **0.4** ***aansnijden*** ⇒*ter sprake brengen* **0.5** ***bestempelen*** ⇒*betitelen* **0.6** ***aanspreken*** ⇒*bevallen* ◆ **1.4** ein Problem, Thema ~ *een probleem, een thema aansnijden, behandelen* **1.6** der Vortrag hat viele angesprochen *de voordracht is bij velen in de smaak gevallen* **6.2** jmdn. **auf** einen Vorfall ~ *iem. over een voorval aanspreken* **8.5** etwas als sein Eigentum ~ *iets zijn eigendom noemen.*

ansprechend **0.1** ***aantrekkelijk.***

Ansprechpartner ⟨m.⟩ **0.1** ***contactpersoon.***

ansprengen **0.1** ***aangalopperen*** ◆ **3.1** angesprengt kommen *komen aangalopperen.*

anspringen I ⟨onov.ww.⟩ **0.1** ***aan-, opspringen*** **0.2** ***aanslaan*** ⇒*op gang komen, starten* **0.3** ⟨inf.⟩ ***ingaan*** ⇒*reageren* ◆ **1.2** der Motor springt an *de motor slaat aan* **6.3 auf** ein Angebot ~ *op een aanbod ingaan;* **II** ⟨ov.ww.⟩ **0.1** ***bespringen*** ⇒*opspringen tegen* **0.2** ⟨h/s.; turnen⟩ ***met een sprong beginnen, springen naar*** ◆ **1.1** der Löwe springt den Wärter an *de leeuw bespringt zijn verzorger.*

anspritzen **0.1** ***besprenkelen*** ⇒*bevochtigen, bespatten.*

Anspruch ⟨m.⟩ **0.1** ***aanspraak*** ⇒*eis, pretentie, claim* **0.2** ***aanspraak*** ⇒*recht* ◆ **6.1** Ansprüche **an** etwas, jmdn. haben, stellen *eisen aan iets, iem. stellen;* ~ **auf** eine Sache erheben, machen *aanspraak maken op iets;* jmds. Aufmerksamkeit **in** ~ nehmen *iemands aandacht opeisen;* einen Freund **in** ~ nehmen *een beroep doen op een vriend;* ein Recht **in** ~ nehmen *een recht opeisen;* diese Tätigkeit nimmt mich ganz **in** ~ *deze bezigheid neemt me helemaal in beslag;* viel Zeit **in** ~ nehmen *veel tijd vergen* **6.2** ~ **auf** eine Belohnung haben *aanspraak op een beloning hebben.*

anspruchslos **0.1** ***bescheiden*** ⇒*pretentieloos.*

anspruchsvoll **0.1** ***veeleisend*** ⇒*kieskeurig, pretentieus* **0.2** ***hoogwaardig*** ⇒*verfijnd* ◆ **1.2** ein ~es Parfüm *een gedistingeerd, exquis parfum.*

anspüren ⟨schr.⟩ **0.1** ***merken*** ⇒*voelen* ◆ **1.1** jmdm. das Alter ~ *aan iem. zijn leeftijd merken.*

anstacheln **0.1** ***aansporen, prikkelen.***

Anstalt ⟨v.; ~, ~en⟩ **0.1** ***instelling*** ⇒*inrichting, instituut* **0.2** ***(psychiatrische) inrichting*** **0.3** ***bedrijf*** ⇒*orgaan* **0.4** ⟨steeds mv.⟩ ***voorbereidingen*** ◆ **1.1** eine ~ des öffentlichen Rechts *een publiekrechtelijke instelling* **2.1** eine öffentliche ~ *een openbare instelling.*

Anstaltsleiter ⟨m.⟩ **0.1** ***leider, hoofd v.e. inrichting.***

Anstand ⟨m.⟩ **0.1** ***fatsoen*** ◆ **3.1** den ~ wahren *zijn fatsoen houden,* ⟨ook⟩ *het decorum bewaren* **3.¶** keinen ~ nehmen zu helfen *niet aarzelen te helpen* **6.1 gegen** allen ~ *tegen alle regels van het fatsoen;* **mit** ~ verlieren können *waardig kunnen verliezen* **6.¶** ~ **an** einer Sache nehmen *aanstoot aan iets nemen.*

anständig **0.1** ***fatsoenlijk*** ⇒*correct, eerbaar* **0.2** ⟨inf.⟩ ***behoorlijk*** ⇒*flink, redelijk* ◆ **1.2** ~e Schulden *nogal wat schulden* **3.1** das ist nicht ~ von dir *dat is niet netjes van jou.*

Anständigkeit ⟨v.; ~, ~en⟩ **0.1** ***fatsoen*** ⇒*correctheid, netheid.*

Anstandsbesuch ⟨m.⟩ **0.1** ***beleefheidsbezoek.***

anstandshalber **0.1** ***fatsoenshalve*** ⇒*beleefheidshalve.*

anstandslos **0.1** ***zonder bezwaar.***

anstarren **0.1** ***aanstaren.***

anstatt ⟨vz. + 2⟩ **0.1** ***in plaats van.***

anstauen I ⟨ov.ww.⟩ **0.1** ***opstuwen*** ⇒*opkroppen* ◆ **1.1** seine Wut ~ *zijn woede opkroppen;* **II sich** ~ ⟨wk.ww.⟩ **0.1** ***zich op(een)hopen*** ⇒*samenstromen* ◆ **1.1** die Wagen stauen sich an *er ontstaat een opstopping van auto's.*

anstaunen **0.1** ***aangapen.***

anstechen **0.1** ***prikken, steken (in)*** **0.2** ***aansteken*** ⇒*aanslaan* ⟨wijn-, biervat⟩ ◆ **1.1** schreien wie ein angestochenes Schwein *schreeuwen als een mager varken;* einen Reifen ~ *een band kapotsteken.*

anstecken **0.1** ***aan-, opspelden*** **0.2** ***aan de vinger steken*** ⇒*aandoen* **0.3** ⟨ook onov. ww.⟩ ***besmetten*** ⇒*aanstekelijk werken op* ◆ **1.1** eine Nadel ~ *een sierspeld opsteken* **1.2** einen Ring ~ *een ring aan de vinger steken* **1.3** ⟨fig.⟩ seine Begeisterung steckte mich an *zijn geestdrift werkte aanstekelijk op mij* **4.3** sich (bei jmdm.) ~ *(door iem.) besmet, aangestoken worden.* →**Apfel.**

ansteckend **0.1** ***aanstekelijk*** **0.2** ***besmettelijk.***

Anstecknadel ⟨v.⟩ **0.1** ***sierspeld.***

Ansteckung ⟨v.; ~, ~en⟩ **0.1** ***besmetting*** ⇒*infectie.*

Ansteckungsherd ⟨m.⟩ **0.1** ***besmettings-, infectiehaard.***

anstehen **0.1** ***in de rij staan (te wachten)*** **0.2** ⟨schr.⟩ ***wachten*** ⇒*afgehandeld moeten worden* **0.3** ⟨schr.⟩ ***betamen*** **0.4** ⟨jur.⟩ ***bepaald zijn*** ◆ **1.2** ~de Fragen *aan de orde zijnde vraagstukken* **3.2** ein Vorhaben ~ lassen *een plan laten rusten* **3.¶** Schulden ~ lassen *schulden laten uitstaan* **5.3** das steht Ihnen gut, nicht, übel an *dat past u goed, niet, slecht* **5.¶** nicht ~, etwas zu tun *niet aarzelen iets te doen* **6.1 nach** Eintrittskarten, **um** Fleisch ~ *in de rij staan voor toegangskaarten, vlees.*

ansteigen **0.1** ***stijgen*** ⇒*hellen, omhooggaan.*

anstelle ⟨vz. + 2⟩ **0.1** ***in plaats van*** ◆ **1.1** ~ seines Vaters *in plaats van zijn vader.*

anstellen I ⟨ov.ww.⟩ **0.1** ***stellen*** ⇒*plaatsen, zetten* **0.2** ***aanzetten*** **0.3** ***aanstellen*** ⇒*benoemen* **0.4** ⟨inf.⟩ ***aan het werk zetten*** **0.5** ***maken, doen*** ⇒*uitvoeren, ondernemen, uiten* **0.6** ⟨inf.⟩ ***proberen, doen*** ◆ **1.1** die Leiter ~ *de ladder tegen de muur zetten* **1.2** die Heizung ~ *de verwarming aanzetten* **1.5** Betrachtungen ~ *beschouwingen houden;* ein Experiment, eine Untersuchung ~ *een experiment, een onderzoek doen, uitvoeren;* einen Vergleich ~ *een vergelijking maken;* Vermutungen ~ *vermoedens uiten* **1.6** Dummheiten ~ *domheden begaan* **4.6** was hast du nun wieder angestellt? *wat heb je nu weer uitgehaald?* **5.3** fest angestellt *in vaste dienst* **6.5 mit** jmdm. ein Verhör ~ *iem. verhoren* **6.6** ⟨inf.⟩ was soll ich bloß **mit** dir ~! *wat moet ik toch met jou beginnen!;* **II sich** ~ ⟨wk.ww.⟩ **0.1** ***in de rij gaan staan*** **0.2** ⟨inf.⟩ ***zich voordoen*** ⇒*zich gedragen, zich aanstellen* ◆ **5.2** sich dumm ~ *zich dom houden* **6.1** sich **nach** Eintrittskarten ~ *in de rij gaan staan voor toegangskaarten.*

Anstellerei ⟨v.; ~⟩ **0.1** ***aanstellerij.***

anstellig **0.1** ***handig*** ⇒*geschikt.*

Anstellung ⟨v.⟩ **0.1** ***aanstelling*** ⇒*benoeming* **0.2** ***betrekking.***

Anstellungsvertrag ⟨m.⟩ **0.1** ***benoemingsakte.***

anstemmen I ⟨ov.ww.⟩ **0.1** ***(omhoog)drukken*** ⇒*zetten;* **II sich** ~ ⟨wk.ww.⟩ **0.1** ***zich schrap zetten.***

ansteuern **0.1** ***aansturen op*** ⇒*zich begeven naar* ◆ **1.1** eine Insel ~ *op een eiland aanstevenen.*

Anstieg ⟨m.; ~(e)s, ~e⟩ **0.1** ***stijging*** ⇒*toename* **0.2** ***beklimming, klim.***
anstiften **0.1** ***(aan)stichten*** ⇒*veroorzaken* **0.2** ***aanzetten*** ⇒ *aanstoken* ◆ **1.1** Unheil ~ *onheil aanrichten.*
Anstifter ⟨m.⟩ **0.1** ***aanstichter.***
anstimmen **0.1** ***aanheffen*** ⇒*uitbarsten in* ◆ **1.1** ein Lied ~ *een lied aanheffen.*
Anstoß ⟨m.⟩ **0.1** ***stoot*** ⇒*duw, schok* **0.2** ***stoot*** ⇒*impuls* **0.3** ***aanstoot*** ⇒*ergernis* **0.4** ⟨sp.⟩ ***aftrap*** ◆ **6.2** der ~ **zum** Aufstand *de stoot, impuls tot de opstand* **6.3** ~ **an** einer Sache nehmen *aanstoot aan iets nemen;* **bei** jmdm. ~ erregen *iem. aanstoot geven.*
anstoßen I ⟨onov.ww.⟩ **0.1** ***(de glazen) aanstoten*** ⇒*klinken* **0.2** ⟨s.⟩ ***(aan)stoten*** **0.3** ⟨s.⟩ ***aanstoot geven*** **0.4** ***lispelen*** **0.5** ⟨sp.⟩ ***aftrappen*** ◆ **1.2** angestoßene Früchte *gekneusde vruchten* **6.1** **auf** jmds. Gesundheit ~ *op iemands gezondheid klinken* **6.2** **mit** dem Kopf an einen Stein ~ *met zijn hoofd tegen een steen stoten* **6.3** **bei** jmdm. ~ *iem. ergeren, prikkelen;*
II ⟨ov.ww.⟩ **0.1** ***aanstoten*** ⇒*stoten, botsen tegen* ◆ **1.1** den Ball ~ (a) *tegen de bal trappen* (b) *aftrappen.*
anstößig **0.1** ***aanstoot gevend.***
anstrahlen **0.1** ***bestralen*** ⇒*ver-, belichten* **0.2** ***stralend aankijken.***
anstreben **0.1** ***nastreven*** ⇒*streven naar.*
anstreichen **0.1** ***schilderen, verven*** **0.2** ***aan-, onderstrepen*** **0.3** ***aanstrijken*** ⇒*aansteken* ◆ **1.2** Fehler ~ *fouten aanstrepen* **5.1** frisch angestrichen *pas geverfd.*
Anstreicher ⟨m.; ~s, ~⟩ **0.1** ***schilder.***
anstrengen I ⟨ov.ww.⟩ **0.1** ***inspannen*** **0.2** ***vermoeien*** ⇒*uitputten* **0.3** ⟨jur.⟩ ***aanspannen*** ⇒*aanhangig maken* ◆ **1.1** alle Kräfte ~ *al zijn krachten inspannen* **1.2** die Augen ~ *zijn ogen vermoeien* **6.3** eine Klage **gegen** jmdn. ~ *een klacht tegen iem. indienen;*
II sich ~ ⟨wk.ww.⟩ **0.1** ***zich inspannen*** ⇒*moeite doen.*
anstrengend **0.1** ***inspannend*** ⇒*vermoeiend.*
Anstrengung ⟨v.; ~, ~en⟩ **0.1** ***(krachts)inspanning*** **0.2** ***vermoeienis*** ⇒*belasting* ◆ **1.2** ⟨tech.⟩ die ~ des Materials *de belasting van het materiaal* **3.1** ~en machen, ⟨schr.⟩ unternehmen *zich inspanningen getroosten, zich veel moeite geven.*
Anstrich ⟨m.⟩ **0.1** ***verfbeurt*** **0.2** ***verf(laag)*** **0.3** ***uiterlijk*** ⇒ *cachet* ◆ **6.3** ein ~ **von** Vornehmheit *een voornaam tintje.*
anströmen **0.1** ***aan-, toestromen*** ⟨ook fig.⟩.
Ansturm ⟨m.⟩ **0.1** ***het aanstormen*** ⇒*bestorming, (storm)aanval,* ⟨fig. ook⟩ *run* ◆ **6.1** ⟨fig.⟩ der ~ **auf** das neue Produkt, **nach** dem neuen Produkt *de stormloop op het nieuwe product.*
anstürmen **0.1** ***aan-, opstormen*** ⇒*stormlopen* **0.2** ***aanstormen*** ⇒*aanrennen* ◆ **6.1** **gegen** den Feind ~ *op de vijand losstormen;* ⟨fig.⟩ **gegen** Vorurteile ~ *tegen vooroordelen stormlopen.*
anstürzen **0.1** ***aanstormen*** ⇒*aanrennen.*
Ansuchen ⟨o.; ~s, ~⟩⟨schr.⟩ **0.1** ***verzoek*** ⇒*(aan)vraag.*
Antagonist ⟨m.; ~en, ~en⟩ **0.1** ***antagonist.***
Antarktika ⟨v.; ~⟩ **0.1** ***Antarctica.***
Antarktis ⟨v.; ~⟩ **0.1** ***antarctis.***
antarktisch **0.1** ***antarctisch, v.d. zuidpool.***
antasten **0.1** ***betasten*** ⇒*aanraken* **0.2** ***gaan gebruiken*** ⇒ *aanspreken* **0.3** ***aantasten*** ⇒*aanvallen* ◆ **1.2** die Vorräte nicht ~ *de voorraden niet aanspreken* **1.3** jmds. Ehre, Recht ~ *iem. in zijn eer, recht aantasten.*
antäuschen ⟨sp.⟩ **0.1** ***op het verkeerde been zetten.***
Anteil ⟨m.⟩ **0.1** ***(aan)deel*** **0.2** ***aandeel(bewijs)*** **0.3** ⟨g.mv.⟩ ***aandeel*** ⇒*deelneming, medewerking, belangstelling* ◆ **3.2** seine ~e verkaufen *zijn aandelen verkopen* **3.3** ~ nehmen (a) *deelnemen* (b) *belangstelling tonen* **6.1** sein ~ **an** der Beute *zijn aandeel in de buit* **6.3** tätigen ~ **an** der Organisation nehmen *actief aan de organisatie meewerken;* ~ **an** der Politik nehmen *zich voor (de) politiek interesseren;* ~ **an** jmds. Unglück nehmen, zeigen, ⟨schr.⟩ bekunden *met iemands ongeluk medeleven.*
Anteilnahme ⟨v.⟩ **0.1** ***deelneming*** ⇒*medewerking* **0.2** ***deelneming*** ⇒*belangstelling* ◆ **6.2** seine ~ **am** Tode ihres Mannes *zijn deelneming bij de dood van haar man;* **mit** ~ zuhören *met belangstelling toehoren.*
Anteilschein ⟨m.⟩ **0.1** ***aandeel(houders)bewijs.***
Antenne ⟨v.; ~, ~n⟩ **0.1** ***antenne*** ⟨ook biol.⟩ ◆ **6.1** ⟨inf.; fig.⟩ **für** etwas (k)eine ~ haben *(geen) gevoel hebben voor iets.*
Anthologie ⟨v.; ~, ~n⟩ **0.1** ***anthologie, bloemlezing.***
Anthrazit ⟨m.; ~s, ~e⟩ **0.1** ***antraciet.***
Anthropologie ⟨v.; ~, ~n⟩ **0.1** ***antropologie.***
Antialkoholiker ⟨m.⟩ **0.1** ***geheelonthouder, abstinent.***
Antibabypille, Anti-Baby-Pille ⟨v.⟩⟨inf.⟩ **0.1** ***anticonceptiepil*** ⇒*pil.*
Antibiotikum ⟨o.; ~s, Antibiotika⟩ **0.1** ***antibioticum.***
Antichrist ⟨m.⟩ **0.1** ***antichrist.***
Antidot ⟨o.; ~(e)s, ~e⟩ **0.1** ***antidotum*** ⇒*tegengif.*
antik **0.1** ***antiek.***
Antike ⟨v.; ~, ~n⟩ **0.1** ***klassieke Oudheid*** **0.2** ***kunstwerk uit de klassieke Oudheid.***
Antikörper ⟨m.⟩⟨med.⟩ **0.1** ***antistof.***
Antilope ⟨v.; ~, ~n⟩ **0.1** ***antilope.***
Antinomie ⟨v.; ~, ~n⟩⟨fil., jur.⟩ **0.1** ***antinomie*** ⇒*tegenstrijdigheid.*
Antipathie ⟨v.; ~, ~n⟩ **0.1** ***antipathie*** ⇒*afkeer.*
Antipode ⟨m.; ~n, ~n⟩ **0.1** ***antipode*** ⟨ook aardr.⟩ ⇒*tegenvoeter.*
antippen I ⟨onov.ww.⟩⟨inf.; fig.⟩ **0.1** ***aankloppen*** ◆ **6.1** **bei** jmdm. ~ *iem. polsen;*
II ⟨ov.ww.⟩ **0.1** ***aantikken*** ⇒*even aanraken* **0.2** ⟨fig.⟩ ***aanstippen*** ⇒*aanroeren* ◆ **1.1** einen Ton ~ *een toon even aanslaan.*
Antiqua ⟨v.; ~⟩ **0.1** ***antiqua.***
Antiquar ⟨m.; ~(e)s, ~e⟩ **0.1** ***antiquair*** **0.2** ***antiquaar.***
Antiquariat ⟨o.; ~(e)s, ~e⟩ **0.1** ***antiquariaat.***
antiquiert ⟨pej.⟩ **0.1** ***verouderd*** ⇒*ouderwets.*
Antiquität ⟨v.; ~, ~en⟩ **0.1** ***antiquiteit*** ⇒*antiek.*
Antiquitätenhändler ⟨m.⟩ **0.1** ***antiquair.***
Antisemitismus ⟨m.; ~⟩ **0.1** ***anti-semitisme*** ⇒*jodenhaat.*
antiseptisch **0.1** ***antiseptisch*** ⇒*ontsteking voorkomend.*
Antithese ⟨acc. wiss.⟩⟨v.⟩ **0.1** ***antithese.***
antizipieren **0.1** ⟨schr.⟩ ***anticiperen, vooruitlopen*** **0.2** ⟨ec.⟩ ***anticiperen*** ◆ **1.1** neue Maßnahmen ~ *op nieuwe maatregelen anticiperen.*
Antlitz ⟨o.; ~es, ~e⟩ **0.1** ***gelaat*** ⇒*gezicht* ◆ **6.1** dem Tod **ins** ~ blicken *oog in oog staan met de dood.*
antoben I ⟨ov. & onov.ww.; h.⟩ **0.1** ***aanrazen*** ⇒*uitvaren* ◆ ¶.**1** er hat (gegen) den Angestellten angetobt *hij is tegen de employé uitgevaren;*
II ⟨onov.ww.⟩ **0.1** ***(aan)razen*** ⇒*met (groot) geraas naderen.*
antörnen →**anturnen.**
Antrag ⟨m.; ~(e)s, ~e⟩ **0.1** ***verzoek(schrift)*** ⇒*aanvraag* **0.2** ***aanvraagformulier*** **0.3** ***voorstel*** ⇒⟨pol. vooral⟩ *motie* **0.4** ***(huwelijks)aanzoek*** ◆ **3.3** einen ~ einbringen, genehmigen *een voorstel, motie indienen, goedkeuren* **6.1** einen ~ **auf** Subventionierung stellen *een aanvraag tot subsidiëring indienen.*
antragen ⟨schr.⟩ **0.1** ***aanbieden*** ⇒*voorstellen* ◆ **1.1** jmdm.

seine Dienste, Hilfe ~ *iem. zijn diensten, hulp aanbieden;* jmdm. das Du ~ *iem. voorstellen elkaar te tutoyeren.*

Antragsrecht ⟨o.⟩⟨pol.⟩ **0.1** ***recht van initiatief.***

Antragsteller ⟨m.; ~s, ~⟩ **0.1** ***aanvrager*** *⇒rekestrant.*

antransportieren 0.1 ***aanvoeren.***

antreffen 0.1 ***(aan)treffen*** *⇒vinden* ◆ **6.1** jmdn. **bei** bester Gesundheit ~ *iem. in de beste gezondheid aantreffen.*

antreiben I ⟨onov.ww.⟩ **0.1** ***(komen) aandrijven*** *⇒aanspoelen;*
II ⟨ov.ww.⟩ **0.1** ***aan-, voortdrijven*** **0.2** ***(aan)drijven*** *⇒aanzetten* **0.3** ***aandrijven*** *⇒in beweging brengen* ◆ **6.2** jmdn. **zur** Eile ~ *iem. tot spoed aanzetten.*

antreten I ⟨onov.ww.⟩ **0.1** ***aantreden*** *⇒verschijnen, uitkomen* **0.2** ⟨sp.⟩ ***demarreren*** ◆ **6.1** **zum** Appell ~ *aantreden voor het appel;* **zur** Arbeit ~ *op het werk verschijnen;*
II ⟨ov.ww.⟩ **0.1** ***aantrappen, aanstampen*** **0.2** ***aantrappen*** *⇒op gang trappen, trappen op* **0.3** ***beginnen*** **0.4** ***aanvaarden*** ◆ **1.2** die Bremse ~ *op de rem trappen* **1.3** eine Reise ~ *een reis beginnen;* eine Strafe ~ *een straf beginnen uit te zitten* **1.4** ein Amt, eine Nachfolge ~ *een ambt, een opvolging aanvaarden* **1.¶** ⟨adm.⟩ den Beweis ~ *het bewijs leveren.*

Antrieb ⟨m.⟩ **0.1** ***aandrijving*** *⇒aandrijfmotor* **0.2** ***aandrift*** *⇒(aan)drang, aansporing* ◆ **3.2** einer Sache, jmdm. neuen ~ geben *(aan) iets, iem. een nieuwe impuls geven* **6.2** **aus** eigenem, freiem ~ *uit eigen, vrije beweging.*

Antriebswelle ⟨v.⟩⟨tech.⟩ **0.1** ***(aan)drijfas.***

antrinken 0.1 ***(beginnen te) drinken*** **0.2** ***aandrinken*** *⇒in-, bedrinken* ◆ **1.1** eine angetrunkene Flasche *een aangebroken fles* **1.2** sich ⟨3e nv.⟩ Mut ~ *zich moed indrinken;* sich ⟨3e nv.⟩ einen (Rausch) ~ *zich bedrinken.*

Antritt ⟨m.⟩ **0.1** ***aanvang, begin*** **0.2** ***aanvaarding*** **0.3** ⟨sp.⟩ ***demarrage(vermogen)*** ◆ **1.2** der ~ eines Amtes, eines Erbes *de aanvaarding van een ambt, een erfenis.*

Antrittsbesuch ⟨m.⟩ **0.1** ***kennismakingsbezoek.***

Antrittsvorlesung ⟨v.⟩ **0.1** ***inaugurale rede, oratie.***

antrocknen 0.1 ***drogen*** ◆ **6.1** der Schlamm ist **an** der Hose angetrocknet *de modder is aan de broek vastgekoekt.*

antun I ⟨ov.ww.⟩ **0.1** ***bewijzen*** *⇒betonen, betuigen* **0.2** ***aandoen*** *⇒berokkenen, veroorzaken* **0.3** ***ontroeren*** *⇒aantrekken, betoveren* **0.4** ***aandoen*** *⇒aantrekken* ◆ **1.1** jmdm. die Liebe ~ und schweigen *iem. een plezier doen en zwijgen;* jmdm. eine Wohltat ~ *iem. een weldaad bewijzen* **1.2** ⟨schr.⟩ sich ⟨3e nv.⟩ ein Leid, etwas ~ *zelfmoord plegen;* jmdm., einer Sache Schaden ~ *iem., iets schade toebrengen;* ⟨schr.⟩ jmdm., sich Zwang ~ *iem., zich dwingen* **4.3** seine freundlichen Worte taten es mir an *zijn vriendelijke woorden ontroerden mij* **6.3** **von** der Musik angetan sein *van de muziek verrukt, weg zijn;*
II sich ~ ⟨wk.ww.⟩⟨schr.⟩ **0.1** ***zich kleden.***

anturnen ⟨inf.⟩ **0.1** ***high, stoned maken*** *⇒een kick geven,* ⟨fig. ook⟩ *opzwepen, meeslepen.*

Antwort ⟨v.; ~, ~en⟩ **0.1** ***antwoord*** *⇒reactie* ◆ **3.1** jmdm. eine (nichtssagende) ~ erteilen *iem. een (nietszeggend) antwoord geven* **6.1** eine richtige ~ **auf** die Provokation *een juiste reactie op de provocatie* **¶.1** ⟨sprw.⟩ keine ~ ist auch eine Antwort *wie zwijgt stemt toe.*

antworten 0.1 ***antwoorden*** *⇒reageren* ◆ **6.1** **auf** eine Frage ~ *op een vraag antwoorden.*

anvertrauen I ⟨ov.ww.⟩ **0.1** ***toevertrouwen*** *⇒in vertrouwen geven, in vertrouwen meedelen* ◆ **1.1** ⟨schr.⟩ seine Gedanken dem Papier ~ *zijn gedachten aan het papier toevertrouwen;* jmdm. sein Leben, sein Schicksal ~ *zijn leven, zijn lot in iemands handen leggen* **4.1** sich jmds. Führung, Obhut ~ *zich onder iemands leiding, hoede stellen;*
II sich ~ ⟨wk.ww.⟩ **0.1** ***in vertrouwen nemen.***

anvisieren 0.1 ***mikken*** **0.2** ⟨fig.⟩ ***nastreven*** *⇒op het oog hebben.*

anwachsen 0.1 ***aangroeien*** *⇒vastgroeien* **0.2** ***wortel schieten*** **0.3** ⟨fig.⟩ ***(aan)groeien*** *⇒toenemen* ◆ **1.2** die Pflanze wächst an *de plant schiet wortel* **6.3** **auf** eine Million ~ *tot een miljoen aangroeien.*

Anwachsung ⟨v.; ~⟩⟨jur.⟩ **0.1** ***aanwas.***

anwählen 0.1 ***telefoneren met*** **0.2** ***oproepen.***

Anwalt ⟨m.; ~(e)s, ~̈e⟩ **0.1** ***advocaat*** **0.2** ⟨fig.⟩ ***advocaat*** *⇒verdediger, pleitbezorger* ◆ **6.2** ein guter ~ **für** die Sache der Unterdrückten *een goed verdediger van de zaak der verdrukten.*

Anwältin ⟨v.; ~, ~nen⟩ **0.1** ***advocate.***

Anwaltsbüro ⟨o.⟩ **0.1** ***advocatenkantoor*** **0.2** ***advocatenpraktijk.***

Anwaltschaft ⟨v.; ~, ~en⟩ **0.1** ***advocatuur*** *⇒advocaten* **0.2** ***advocaatschap*** ◆ **1.2** die ~ übernehmen *als advocaat optreden.*

Anwaltskammer ⟨v.⟩ **0.1** ***orde van advocaten.***

Anwaltszwang ⟨m.⟩ **0.1** ⟨verplichting tot het nemen v.e. advocaat⟩.

anwandeln 0.1 ***aangrijpen*** *⇒overvallen, bekruipen* ◆ **1.1** Furcht wandelt mich an *angst bekruipt mij.*

Anwand(e)lung ⟨v.; ~, ~en⟩ **0.1** ***plotseling opkomend gevoel*** *⇒vlaag, opwelling* ◆ **2.1** sonderbare ~en *rare bevliegingen* **6.1** **in** einer ~ von Großmut *in een grootmoedige bui.*

anwärmen 0.1 ***(lichtjes) verwarmen*** *⇒opwarmen.*

Anwärter ⟨m.⟩ **0.1** ***kandidaat*** *⇒aspirant* ◆ **6.1** der ~ **auf** den Thron *de troonpretendent.*

Anwartschaft ⟨v.; ~, ~en⟩ **0.1** ***aanspraak*** *⇒(voor)uitzicht.*

anwehen I ⟨onov.ww.⟩ **0.1** ***aan-, bijeenwaaien;***
II ⟨ov.ww.⟩ **0.1** ***op-, bijeenwaaien*** **0.2** ⟨schr.⟩ ***waaien*** ◆ **1.2** ein Grausen wehte ihn an *hij werd door een huivering bevangen;* ein kalter Wind weht ihn an *een koude wind waait hem tegen.*

anweisen 0.1 ***opdragen*** *⇒bevelen* **0.2** ***onderrichten*** **0.3** ***overschrijven*** *⇒overmaken* **0.4** ***aan-, toewijzen*** ◆ **1.3** das Gehalt ~ *het salaris overmaken* **1.4** jmdm. eine Arbeit ~ *iem. een werk toewijzen* **3.1** jmdn. ~, etwas zu tun *iem. opdragen iets te doen.*

Anweisung ⟨v.⟩ **0.1** ***aan-, toewijzing*** **0.2** ***instructie*** *⇒opdracht, voorschrift* **0.3** ***handleiding*** *⇒gebruiksaanwijzing* **0.4** ⟨ec.⟩ ***overschrijving*** **0.5** ⟨ec.⟩ ***opdracht tot uitbetaling*** **0.6** ⟨ec.⟩ ***aanwijzing*** *⇒wissel, assignatie, cheque* ◆ **3.2** ⟨schr.⟩ ~en ergehen lassen, erteilen *instructies uitvaardigen, geven* **6.2** **nach** ärztlicher ~ *op, volgens voorschrift van de dokter* **6.4** ~ **auf** ein Konto *overschrijving op een rekening* **6.6** eine ~ **auf** die Kasse *een aanwijzing op de kas.*

anwendbar 0.1 ***bruikbaar, toepasselijk*** ◆ **6.1** die Theorie ist **auf** die Praxis ~ *de theorie is toepasselijk op de praktijk.*

anwenden 0.1 ***gebruiken*** *⇒besteden* **0.2** ***toepassen*** ◆ **1.1** Vorsicht ~ *voorzichtigheid aan de dag leggen* **6.1** viel Mühe **auf** eine Sache ~ *veel moeite voor iets doen* **6.2** einen Paragraphen **auf** einen Fall ~ *een paragraaf op een geval toepassen.*

Anwendung ⟨v.⟩ **0.1** ***gebruik(making)*** **0.2** ***toepassing*** **0.3** ⟨med.⟩ ***therapeutische maatregel*** ◆ **3.1** ⟨schr.⟩ ~ finden *gebruikt, toegepast worden* **6.1** ⟨schr.⟩ etwas **in**, **zur** ~ bringen *iets gebruiken;* ⟨schr.⟩ **in**, **zur** ~ kommen, zur ~ gelangen *gebruikt, toegepast worden;* **unter** ~ von Gewalt *met gebruikmaking van geweld.*

Anwendungsbereich ⟨m.⟩ **0.1** ***toepassingsgebied.***

Anwendungsvorschrift ⟨v.⟩ **0.1** ***gebruiksaanwijzing*** *⇒bijsluiter.*

anwerben 0.1 ***werven*** *⇒in dienst nemen.*

anwerfen I ⟨onov.ww.⟩⟨sp.⟩ **0.1** ***de beginworp doen;*** **II** ⟨ov.ww.⟩ **0.1** ***werpen*** **0.2** ***starten.***

Anwesen ⟨o.⟩ **0.1** ***huis en erf*** *⇒hoeve, boerderij.*

anwesend 0.1 ***aanwezig*** ◆ **5.1** ⟨inf.; scherts.⟩ nicht ganz ~ sein *(met zijn gedachten) afwezig zijn.*

Anwesenheit ⟨v.; ~⟩ **0.1** ***aanwezigheid*** *⇒tegenwoordigheid.*

Anwesenheitsliste ⟨v.⟩ **0.1** ***presentielijst.***

anwidern 0.1 ***doen walgen*** ◆ **3.1** sich angewidert fühlen *een gevoel van walging krijgen, walgen.*

anwinkeln 0.1 ***(in een hoek) buigen.***

Anwohner ⟨m.; ~s, ~⟩ **0.1** ***aanwonende.***

Anwurf ⟨m.⟩ **0.1** ⟨pej.⟩ ***beschuldiging*** *⇒verwijt* **0.2** ⟨sp.⟩ ***beginworp*** ◆ **6.1** scharfe Anwürfe **gegen** jmdn. erheben, richten *zware beschuldigingen tegen iem. uiten.*

anwurzeln 0.1 ***wortel(s) schieten*** ◆ **8.¶** wie angewurzelt (da)stehen, stehenbleiben *als aan de grond genageld (blijven) staan.*

Anzahl ⟨v.⟩ **0.1** ***aantal*** ◆ **6.1** sie waren **in** ihrer vollen ~ da *zij waren voltallig aanwezig.*

anzahlen 0.1 ***een aanbetaling doen*** *⇒een voorschot geven* ◆ **1.1** ein Auto ~ *een aanbetaling doen voor een auto.*

Anzahlung ⟨v.⟩ **0.1** ***aanbetaling*** *⇒voorschot* ◆ **3.1** eine ~ machen, ⟨schr.⟩ leisten *een aanbetaling doen.*

anzapfen 0.1 ***aftappen*** ⟨ook tech.⟩ **0.2** ⟨inf.⟩ ***(om geld) aanklampen*** *⇒lenen* ◆ **1.1** ein Faß ~ *een vat aansteken;* eine Leitung ~ *een leiding aftappen.*

Anzeichen ⟨o.⟩ **0.1** ***voorteken*** *⇒aankondiging, voorbode* **0.2** ***aanwijzing*** *⇒(ken)teken, aanduiding, symptoom* ⟨ook med.⟩ ◆ **1.2** bei dem geringsten ~ des Ungehorsams *bij het minste teken van ongehoorzaamheid* **3.1** wenn nicht alle ~ trügen *als de voortekenen niet bedriegen* **6.2** es sind alle ~ **dafür** gegeben, daß ... *alles wijst erop dat ...;* kein ~ **von** Reue erkennen lassen *geen teken, spoor van berouw vertonen.*

anzeichnen 0.1 ***tekenen*** **0.2** ***aantekenen*** *⇒aanstrepen, aanstippen.*

Anzeige ⟨v.; ~, ~n⟩ **0.1** ***aangifte*** *⇒klacht* **0.2** ***kennisgeving, aankondiging*** **0.3** ***advertentie*** **0.4** ***aanwijzing*** *⇒stand* **0.5** ***bord, instrument(enbord)*** *⇒scorebord* ◆ **1.2** die ~ einer Verlobung *de kennisgeving van een verloving* **1.4** die ~ eines Meßgerätes *de aanwijzing van een meettoestel* **3.1** eine ~ niederschlagen *van strafvervolging afzien;* eine ~ verfolgen *rechtsingang aan een klacht geven* **3.3** eine ~ in die Zeitung einrücken, setzen *een advertentie in de krant plaatsen* **6.1** **gegen** jmdn. ~ erstatten *tegen iem. aangifte doen;* etwas **zur** ~ bringen *aangifte van iets doen.*

anzeigen 0.1 ***aangeven*** *⇒aangifte doen van* **0.2** ***kennis geven van, aankondigen*** **0.3** ⟨tech.⟩ ***aangeven, aanwijzen*** ◆ **1.1** einen Diebstahl (bei der Polizei) ~ *een diefstal (bij de politie) aangeven* **1.3** das Barometer zeigt veränderliches Wetter an *de barometer geeft veranderlijk weer aan.*

Anzeigenblatt ⟨o.⟩ **0.1** ***advertentieblad.***

Anzeigenexpedition ⟨v.⟩ **0.1** ***advertentiebureau.***

Anzeigenteil ⟨m.⟩ **0.1** ***advertentiepagina('s)*** *⇒advertentierubriek.*

Anzeigenwerbung ⟨v.⟩ **0.1** ***advertentiereclame.***

Anzeigepflicht ⟨v.⟩ **0.1** ***aangifteplicht.***

Anzeiger ⟨m.⟩ **0.1** ***wijzer*** *⇒klok, naald* **0.2** ***nieuws- en advertentieblad.***

Anzeigetafel ⟨v.⟩ **0.1** ***bord*** *⇒scorebord, bord met aankondigingen.*

anzetteln ⟨pej.; fig.⟩ **0.1** ***op touw zetten*** *⇒voorbereiden, beramen* ◆ **1.1** eine Verschwörung ~ *een samenzwering smeden.*

anziehen I ⟨onov.ww.; h.⟩ **0.1** ***zich in beweging zetten*** *⇒starten* **0.2** ***optrekken*** *⇒versnellen* **0.3** ***toenemen*** *⇒stijgen* **0.4** ⟨ec.⟩ ***aantrekken*** *⇒(in prijs) stijgen* **0.5** ⟨bordspel⟩ ***beginnen*** ◆ **1.1** ein Zug zieht an *een trein zet zich in beweging* **1.2** der Wagen zieht schlecht an *de wagen trekt slecht op* **1.4** Aktien, Börsenkurse ziehen an *aandelen, beurskoersen trekken aan* **1.5** Weiß zieht an *wit begint* **6.3** **um** das Doppelte ~ *met het dubbele oplopen, verdubbelen;* **II** ⟨ov.ww.⟩ **0.1** ***aankleden*** *⇒kleden* **0.2** ***aantrekken*** *⇒aandoen* **0.3** ***optrekken*** *⇒ophalen* **0.4** ***opnemen*** **0.5** ***aantrekken*** ⟨ook nat.⟩ *⇒*⟨fig. ook⟩ *aanlokken* **0.6** ***aantrekken*** *⇒(aan)spannen, aanhalen* ◆ **1.3** die Beine, Knie ~ *zijn benen, knieën optrekken* **1.4** Feuchtigkeit ~ *vocht opnemen* **1.5** der Magnet zieht Eisen an *de magneet trekt ijzer aan;* Besucher, Käufer ~ *bezoekers, kopers aantrekken* **1.6** die Zügel ~ ⟨ook fig.⟩ *de teugels aanhalen* **4.2** ich zog mir den Mantel an *ik deed mijn jas aan.*

anziehend 0.1 ***aantrekkelijk*** *⇒bekoorlijk, aanlokkelijk.*

Anziehung ⟨v.⟩ **0.1** ***aantrekking(skracht)*** *⇒bekoring* **0.2** ***aantrekkelijkheid*** *⇒bekoorlijkheid, verlokking* **0.3** ⟨nat.⟩ ***aantrekking.***

Anziehungskraft ⟨v.⟩ **0.1** ***aantrekkingskracht*** ⟨ook fig.⟩.

anzielen 0.1 ***beogen*** *⇒mikken op, nastreven.*

Anzug ⟨m.⟩ **0.1** ***kostuum, pak*** **0.2** ***aantocht*** *⇒komst* **0.3** ⟨sp.⟩ ***openingszet*** **0.4** ⟨tech.⟩ ***acceleratievermogen*** ◆ **3.1** der ~ sitzt gut *het pak zit goed* **3.3** Weiß hat ~ *wit begint* **6.1** ein ~ **von** der Stange *een confectiepak* **6.2** **im** ~ sein *in aantocht, op komst zijn;* Gefahr ist **im** ~ *er dreigt gevaar* **6.4** der Wagen ist gut **im** ~ *de wagen trekt goed op* **6.¶** ⟨inf.⟩ jmdn. **aus** dem ~ boxen, stoßen *iem. een pak slaag geven, iem. een pak aanpassen;* ⟨inf.⟩ **aus** dem ~ kippen (a) *flauwvallen* (b) *steil achteroverslaan.*

anzüglich 0.1 ***hatelijk*** *⇒stekelig* **0.2** ***schunnig*** *⇒schuin* ◆ **1.1** ~e Bemerkungen *hatelijke opmerkingen.*

Anzüglichkeit ⟨v.; ~, ~en⟩ **0.1** ***hatelijkheid*** *⇒stekelige opmerking.*

Anzugskraft ⟨v.⟩⟨tech.⟩ **0.1** ***acceleratievermogen.***

anzünden 0.1 ***aansteken*** *⇒ont-, opsteken* **0.2** ***in brand steken*** ◆ **1.1** ich zünde mir eine Zigarre an *ik steek een sigaar op.*

Anzünder ⟨m.⟩ **0.1** ***aansteker.***

anzweifeln 0.1 ***in twijfel trekken*** *⇒betwijfelen.*

anzwinkern 0.1 ***knipogen.***

Äolsharfe ⟨v.⟩ **0.1** ***eolusharp.***

Äon ⟨m.; ~s, ~en⟩ **0.1** ***eon*** *⇒eeuwigheid.*

Aorta ⟨v.; ~, Aorten⟩ **0.1** ***aorta.***

Apanage ⟨v.; ~, ~n⟩ **0.1** ***apanage.***

apart[1] ⟨bn.⟩ **0.1** ***apart, bijzonder*** *⇒smaakvol* ◆ **1.1** ein ~es Kleid *een aparte, exclusieve jurk.*

apart[2] ⟨bw.⟩⟨boek.⟩ **0.1** ***apart, afzonderlijk.***

Apartheid ⟨v.; ~⟩ **0.1** ***apartheid*** ⟨in Zuid-Afrika⟩ ◆ **1.1** die Politik der ~ *de apartheidspolitiek.*

Apartment ⟨o.; ~s, ~s⟩ →**Appartement.**

Apartmenthaus ⟨o.⟩ **0.1** ***flatgebouw*** *⇒flat.*

Apathie ⟨v.; ~, ~n⟩ **0.1** ***apathie*** ⟨ook med.⟩ *⇒ongevoeligheid.*

apathisch 0.1 ***apathisch*** *⇒ongevoelig.*

Apennin ⟨m.; ~s⟩ **0.1** ***Apennijnen.***

Apenninen ⟨alleen mv.⟩ →**Apennin.**

aper ⟨Zdd., Oostr., Zwi.⟩ **0.1** ***sneeuwvrij*** *⇒open.*

Aperitif ⟨m.; ~s, ~s of ~e⟩ **0.1** ***aperitief(je).***

Apfel ⟨m.; ~s, ⍨⟩ **0.1** ***appel*** **0.2** ***appelboom*** ◆ **2.1** ⟨inf.⟩ in den sauren ~ beißen *door de zure appel (heen) bijten* **6.1** ⟨inf.⟩ **für** einen ~ und ein Ei *voor een appel en een ei;* ~ **im** Schlafrock *appelbol* **¶.1** ⟨sprw.⟩ der ~ fällt nicht weit vom Stamm *de appel valt niet ver van de boom (of stam);* ⟨sprw.⟩ ein fauler ~ steckt alle anderen an *één rotte appel in de mand maakt al het gave fruit te schand.*

Apfelbaum ⟨m.⟩ **0.1** ***appelboom.***

Apfelblüte ⟨v.⟩ **0.1** ***appelbloesem(tijd).***

Apfelgehäuse ⟨o.⟩ **0.1** ***klokhuis v.e. appel.***

Apfelkraut ⟨o.⟩ **0.1** ***appelstroop.***

Apfelkuchen ⟨m.⟩ **0.1** ***appeltaart.***

Apfelmost ⟨m.⟩ **0.1** ***appelsap*** **0.2** ***appelwijn, (appel)cider.***

Apfelmus ⟨o.⟩ **0.1** ***appelmoes*** ◆ **6.¶** ⟨inf.⟩ jmdn. **zu** ~ drücken *iem. platdrukken.*

Apfelsaft ⟨m.⟩ **0.1** ***appelsap.***

Apfelschimmel ⟨m.⟩ **0.1** ***appelschimmel*** ⟨paard⟩.

Apfelsine ⟨v.; ~, ~n⟩ **0.1** ***sinaasappel*** **0.2** ***sinaasappelboom.***

Apfelsinensaft ⟨m.⟩ **0.1** ***sinaasappelsap.***

Apfelstrudel ⟨m.⟩ **0.1** ***appelgebak.***

Apfeltasche ⟨v.⟩ **0.1** ***appelflap.***

Apfelwein ⟨m.⟩ **0.1** ***appelwijn*** ⇒*(appel)cider.*

Aphasie ⟨v.; ~, ~n⟩⟨med.⟩ **0.1** ***afasie.***

Aphorismus ⟨m.; ~, Aphorismen⟩ **0.1** ***aforisme.***

Aplomb ⟨m.; ~s⟩⟨schr.⟩ **0.1** ***aplomb, zelfverzekerdheid.***

Apo, APO ⟨v.; ~⟩⟨afk.⟩ [außerparlamentarische Opposition].

apodiktisch **0.1** ***apodictisch*** ⟨ook fil.⟩ ⇒*onweerlegbaar, onomstotelijk.*

Apokalypse ⟨v.; ~, ~n⟩ **0.1** ***Apocalyps.***

apolitisch **0.1** ***apolitiek*** ⇒*niet politiek.*

Apoll ⟨m.; ~s, ~s⟩ **0.1** ***Apollo*** ⇒*mooie (jonge) man.*

Apologet ⟨m.; ~en, ~en⟩ **0.1** ***apologeet*** ⇒*verdediger,* ⟨rel. ook⟩ *geloofsverdediger.*

Apologie ⟨v.; ~, ~n⟩ **0.1** ***apologie*** ⇒*verdediging.*

Aporie ⟨v.; ~, ~n⟩ **0.1** ***aporie.***

Apostel ⟨m.; ~s, ~⟩ **0.1** ***apostel*** ⇒*verkondiger, voorvechter.*

Apostelgeschichte ⟨v.⟩⟨rel.⟩ **0.1** ***Handelingen der Apostelen.***

a posteriori ⟨fil., schr.⟩ **0.1** ***a posteriori.***

Apostolat ⟨o.; vaktaal ook m.; ~(e)s, ~e⟩ **0.1** ***apostolaat.***

apostolisch **0.1** ***apostolisch*** ◆ **1.1** Apostolischer Stuhl *Apostolische, Heilige Stoel.*

Apostroph ⟨m.; ~s, ~e⟩ **0.1** ***apostrof.***

apostrophieren **0.1** ⟨schr.⟩ ***vermelden, aanhalen*** **0.2** ⟨schr.⟩ ***bestempelen*** **0.3** ⟨taal.⟩ ***een apostrof zetten*** ◆ **8.2** jmdn. als Intriganten ~ *iem. als intrigant bestempelen.*

Apotheke ⟨v.; ~, ~n⟩ **0.1** ***apotheek*** **0.2** ⟨inf.; pej.⟩ ***dure zaak, winkel.***

apothekenpflichtig **0.1** ***alleen in apotheken te verkrijgen.***

Apotheker ⟨m.; ~s, ~⟩ **0.1** ***apotheker.***

Apotheose ⟨v.; ~, ~n⟩ **0.1** ***apotheose.***

Apparat ⟨m.; ~(e)s, ~e⟩ **0.1** ***apparaat, toestel, apparatuur*** **0.2** ⟨inf.⟩ ***gevaarte, kanjer*** ◆ **1.1** der ~ der Behörde, der Verwaltung *het ambtelijk, administratief apparaat* **2.1** ein wissenschaftlicher ~ *wetenschappelijke hulpmiddelen* **2.2** ein toller ~ *een enorm gevaarte* **6.1** bleiben Sie bitte **am** ~! *blijft u alstublieft aan de lijn!;* wer ist **am** ~? *met wie spreek ik?;* Sie werden **am** ~ verlangt *er is telefoon voor u.*

Apparatebau ⟨m.⟩ **0.1** ***apparatenbouw*** ⇒*montage van apparaten.*

Apparatschik ⟨m.; ~s, ~s⟩⟨pej.⟩ **0.1** ***apparatsjik*** ⇒*bestuursfunctionaris.*

Apparatur ⟨v.; ~, ~en⟩ **0.1** ***apparatuur*** ⇒*toestellen.*

Appartement ⟨o.; ~s, ~s⟩ **0.1** ***appartement, flat(je)*** **0.2** ***appartement, suite.***

Appartementhaus ⟨o.⟩ **0.1** ***flatgebouw.***

Appartementwohnung ⟨v.⟩ **0.1** ***appartement, flat(je).***

Appell ⟨m.; ~s, ~e⟩ **0.1** ***appel, oproep*** **0.2** ⟨jacht⟩ ***appel*** ⇒*gehoorzaamheid* ◆ **3.1** einen ~ abhalten *appel houden* **3.2** der Hund hat guten ~ *de hond gehoorzaamt goed* **6.1** ~ **an** die Vernunft *beroep op 't gezonde verstand;* ⟨mil.⟩ **zum** ~ antreten *voor het appel aantreden;* ~ **zur** Brüderlichkeit *oproep tot broederlijkheid.*

appellieren ⟨schr.⟩ **0.1** ***een beroep doen, een oproep doen, appelleren*** ◆ **6.1** **an** jmds. Nächstenliebe ~ *een beroep doen op iemands naastenliefde;* **an** das Publikum ~ *een oproep doen tot het publiek.*

Appendix[1] ⟨m.; ~, Appendizes of ~e⟩⟨schr.⟩ **0.1** ***appendix*** ⇒*aanhangsel, toevoegsel.*

Appendix[2] ⟨m., vaktaal v.; ~, Appendizes⟩⟨med.⟩ **0.1** ***appendix*** ⇒*aanhangsel.*

Appetit ⟨m.; ~(e)s, ~e⟩ **0.1** ***eetlust, trek*** ◆ **2.1** guten ~! *eet smakelijk!* **3.1** die Seeluft gibt, ⟨inf.⟩ macht ~ *de zeelucht wekt de eetlust op* **6.1** ⟨ook fig.⟩ ~ **auf** etwas bekommen, haben *trek in iets krijgen, hebben;* **mit** ~ essen *met smaak eten.*

appetitanregend **0.1** ***appetijtelijk*** ⇒*smakelijk, lekker* **0.2** ***de eetlust opwekkend.***

appetitlich **0.1** ***appetijtelijk*** ⇒*smakelijk, lekker* **0.2** ***appetijtelijk*** ⇒*bekoorlijk, aantrekkelijk.*

appetitlos **0.1** ***zonder eetlust.***

Appetitzügler ⟨m.; ~s, ~⟩ **0.1** ***eetlustremmer.***

applaudieren ⟨schr.⟩ **0.1** ***applaudisseren*** ◆ **1.1** einem Sänger ~ *applaudisseren voor een zanger.*

Applaus ⟨m.; ~es, ~e⟩⟨schr.⟩ **0.1** ***applaus*** ⇒*bijval* ◆ **3.1** ~ ernten *applaus oogsten;* jmdm. ~ spenden *voor iem. applaudisseren.*

Applikation ⟨v.; ~, ~en⟩ **0.1** ***applicatie.***

applizieren **0.1** ***appliceren*** ⇒*toepassen, toedienen* **0.2** ***aanbrengen, bevestigen*** ◆ **1.1** jmdm. eine Spritze in den Arm ~ *iem. een spuitje in de arm geven* **1.¶** Farbe ~ *verf opbrengen* **6.1** eine Methode **auf** einen neuen Fall ~ *een methode op een nieuw geval toepassen.*

apport! ⟨jacht⟩ **0.1** ***apport(e)!*** ⇒*haal (op)!, breng hier!*

Apposition ⟨v.; ~, ~en⟩⟨taal.⟩ **0.1** ***bijstelling, appositie.***

appretieren **0.1** ***appreteren*** ⇒*afreden, opmaken, glanzen.*

Appretur ⟨v.; ~, ~en⟩ **0.1** ***appretuur.***

Approbation ⟨v.; ~, ~en⟩ **0.1** ***(officiële) toelating*** ⟨als arts of apotheker⟩ ⇒*officiële erkenning* ◆ **3.1** einem Arzt die ~ erteilen *een arts de officiële toelating geven.*

approbiert **0.1** ***officieel toegelaten*** ⇒*officieel erkend* ◆ **1.1** ~er Arzt *officieel erkende arts.*

approximativ **0.1** ***approximatief*** ⇒*bij benadering.*

Aprikose ⟨v.; ~, ~n⟩ **0.1** ***abrikoos*** **0.2** ***abrikozenboom.***

April ⟨m.; ~(s), ~e⟩ **0.1** ***april*** ◆ **6.1** **im** ~ *in april;* jmdn. **in** den ~ schicken *iem. op 1 april voor de gek houden* **7.1** der ~ *(de maand) april.*

Aprilschauer ⟨m.⟩ **0.1** ***aprilse bui.***

Aprilscherz ⟨m.⟩ **0.1** ***aprilgrap*** ◆ **3.1** ⟨fig.⟩ das ist (doch) wohl ein ~! *dat is toch maar een grap!*

Aprilwetter ⟨o.⟩ **0.1** ***aprilweer.***

a priori ⟨fil., schr.⟩ **0.1** ***a priori.***

Apsis ⟨v.; ~, Apsiden⟩ **0.1** ⟨bouwk.⟩ ***apsis*** **0.2** ***bagagepunt*** ⟨in tent⟩.

Aquädukt ⟨m. & o.; ~(e)s, ~e⟩ **0.1** ***aquaduct.***

Aquamarin ⟨m.; ~s, ~e⟩ **0.1** ***aquamarijn.***

Aquaplaning ⟨o.; ~(s)⟩ **0.1** ***aquaplaning*** ⟨v.e. auto⟩.

Aquarell ⟨o.; ~(e)s, ~e⟩⟨bk.⟩ **0.1** ***aquarel*** ◆ **3.1** ~ malen *met waterverf schilderen* **6.1** eine Landschaft **in** ~ *een landschap in waterverf.*

Aquarellmalerei ⟨v.⟩ **0.1** ***aquarelkunst*** **0.2** ***aquarel.***

Aquarium ⟨o.; ~s, Aquarien⟩ **0.1** ***aquarium(bak)*** **0.2** ***aquarium(gebouw).***

Äquator ⟨m.; ~s, Äquatoren⟩ **0.1** ***evenaar, equator*** **0.2** ⟨wisk.⟩ ***equator*** ⇒*parallelcirkel.*

Äquatortaufe ⟨v.⟩ **0.1** ***liniedoop*** ⇒*doop door Neptunus.*

Äquilibrist ⟨m.; ~en, ~en⟩ **0.1** ***equilibrist*** ⇒*evenwichtskunstenaar.*

äquivalent 0.1 ***equivalent, gelijkwaardig*** ◆ **1.1** ~e Menge *equivalente verzameling.*

Äquivalent ⟨o.; ~(e)s, ~e⟩ **0.1** ***equivalent*** ⇒*iets gelijkwaardigs* ◆ **3.1** ein ~ fordern *een equivalent eisen* **6.1** das ist kein richtiges ~ **für** die Leistung *dat is geen echte tegenprestatie.*

Ar ⟨m. & o.; ~s, ~e⟩ **0.1** ***are*** ⇒*honderd vierkante meter* ◆ **1.1** ein Feld von 30 ~ *een veld van 30 are.*

Ara ⟨m.; ~s, ~s⟩⟨biol.⟩ **0.1** ***ara*** ⇒*papegaai.*

Ära ⟨v.; ~, Ären⟩ **0.1** ⟨gesch.⟩ ***jaartelling, era*** **0.2** ⟨schr.⟩ ***tijdperk, era*** **0.3** ⟨geol.⟩ ***hoofdtijdvak, era*** ◆ **1.2** die ~ Adenauer *het Adenauertijdperk;* die ~ der Industrie *het industriële tijdperk.*

Araber ⟨m.; ~s, ~⟩ **0.1** ***Arabier*** ⟨inwoner⟩ **0.2** ***arabier*** ⟨paard⟩.

Arabeske ⟨v.; ~, ~n⟩ **0.1** ***arabesk.***

Arabien ⟨o.; ~s⟩ **0.1** ***Arabië.***

arabisch 0.1 ***Arabisch.***

Aralie ⟨v.; ~, ~n⟩⟨plantk.⟩ **0.1** ***(kamer)aralia.***

Arbeit ⟨v.; ~, ~en⟩ **0.1** ***werk*** ⇒*prestatie,* ⟨mv. ook⟩ *werkzaamheden* **0.2** ***werk*** ⇒*inspanning, last, karwei* **0.3** ***arbeid, werk*** ⇒*job, baan* **0.4** ***bewerking, uitvoering*** **0.5** ***werk(stuk)*** ⇒*product, studie* **0.6** ***tentamen, proefwerk*** ⟨op school⟩ **0.7** ⟨nat.⟩ ***arbeid*** ⇒*uitwerking v.e. kracht* **0.8** ⟨jacht, sp.⟩ ***werk*** ⇒*dressuur, africhting* ⟨paarden en honden⟩ **0.9** ⟨sp.⟩ ***werk*** ⇒*training* ◆ **1.1** ⟨fig.⟩ die ~ des Eises *de werking van het ijs;* ⟨inf.⟩ ein großes, schönes Stück ~ *een moeilijk karwei* **2.1** ganze, gründliche ~ leisten, tun *grondig te werk gaan* **2.5** eine wissenschaftliche ~ *een wetenschappelijk werk;* nur halbe ~ machen *slechts half werk leveren;* eine saubere ~ (a) *een verzorgd, keurig werk* (b) *een mooi stukje werk,* ⟨ook⟩ *een knap staaltje* **2.6** die häuslichen ~en *het huiswerk;* eine lateinische ~ (a) *een Latijns werk* (b) *een proefwerk in Latijn* **2.¶** das war bestellte ~ (a) *dat was werk in opdracht* (b) *dat was doorgestoken kaart* **3.1** ⟨scherts.⟩ die ~ läuft uns nicht davon *dat werk loopt niet weg;* ~ macht das Leben süß *werken maakt het leven aangenaam;* ⟨fig.⟩ das Herz nimmt seine ~ wieder auf *het hart begint weer te werken* **3.2** (jmdm.) viel ~ bereiten, machen, verursachen *(iem.) veel werk bezorgen;* du machst dir die ~ leicht *je maakt het je (wel) gemakkelijk;* du machst dir unnötige ~ *je doet nodeloze moeite;* keine Mühe und ~ scheuen *geen moeite schuwen* **3.6** eine ~ schreiben lassen *een proefwerk laten maken* **6.1** **an** die ~ gehen *aan het werk gaan;* ⟨inf.⟩ sich **an** die ~ machen *aan het werk gaan;* **bei** der ~ sein, sitzen *aan het werk(en) zijn;* der Vulkan ist **in** voller ~ *de vulkaan is in volle werking;* **mit** der ~ aufhören *ophouden met werken;* **über** einer ~ sitzen (a) *over een werk gebogen zitten* (b) *met een werk bezig zijn;* **vor** ~ nicht mehr aus den Augen sehen *tot over zijn oren in het werk zitten* **6.3** ⟨inf.⟩ **auf** ~ gehen *naar zijn werk gaan;* **in** ~ (und Brot) kommen, stehen *werk krijgen, hebben;* jmdn. **in** ~ nehmen *iem. in dienst nemen;* (bei jmdm.) **in** ~ sein, stehen *(bij iem.) werk hebben;* **ohne** ~ sein *zonder werk, werkloos zijn;* **zur** ~ gehen *naar zijn werk gaan* **6.4** etwas **in** ~ geben *iets laten maken;* etwas **in** ~ haben *iets aan het maken zijn, iets onder handen hebben;* etwas **in** ~ nehmen *een werk aannemen;* **in** ~ sein *in de maak zijn* **6.8** ~ **an** der Longe *dressuur aan de longe;* ~ **mit** einem Hund *africhting van een hond* **6.9** ~ **an** den Geräten *training aan de toestellen* **¶.1** ⟨sprw.⟩ erst die ~, dann das Vergnügen *de dienst gaat voor het meisje;* ⟨sprw.⟩ nach getaner ~ ist gut ruhn *na gedane arbeid is het goed rusten.*

arbeiten I ⟨onov.ww.⟩ **0.1** ***werken*** ◆ **1.1** die ~de Bevölkerung *de werkende bevolking;* seine Brust arbeitet *zijn borst gaat heftig op en neer;* Geld arbeitet *geld wint geld;* das Holz arbeitet *het hout werkt* **3.1** sein Geld ~ lassen *zijn geld winstgevend beleggen* **6.1** **an** sich ~ *aan zichzelf werken;* **auf** dem Bau, Feld ~ *in de bouw, op het veld werken;* **für** ein bessere Welt ~ *voor een betere wereld werken, ijveren;* der Bildhauer arbeitet **in** Sandstein *de beeldhouwer werkt met zandsteen;* einander **in** die Hand, Hände ~ *elkaar in de hand werken;* die Kränkung arbeitet **in** ihm *die krenking zit hem dwars;* **über** einen Autor ~ *over een auteur schrijven;*
II ⟨ov.ww.⟩ **0.1** ⟨amb.⟩ ***maken*** ⇒*vervaardigen* **0.2** ⟨jacht, sp.⟩ ***africhten, dresseren*** ◆ **6.1** ein Kleid **auf**, **nach** Maß ~ *een jurk op maat maken;* eine Schüssel **in** Gold ~ *een schaal in goud werken;*
III sich ~ ⟨wk.ww.⟩ **0.1** ***(kunnen) werken*** ⇒*bezig (kunnen) zijn* **0.2** ***zich werken*** ⇒*door te werken ... geraken* **0.3** ***zich werken*** ⇒*door te werken ... (doen) worden* ◆ **4.1** hier arbeitet es sich ungestört *hier kan je ongestoord werken* **5.3** ich arbeitete mich müde *ik werkte me moe;* ⟨fig.⟩ ich muß mich erst warm ~ *ik moet eerst warmlopen* **6.2** sich **durch** das Gebüsch, den Schnee ~ *zich door het struikgewas, de sneeuw heen werken;* ⟨fig.⟩ sich **in** die Höhe, **nach** oben ~ *zich op-, omhoogwerken.*

Arbeiter ⟨m.; ~s, ~⟩ **0.1** ***arbeider*** ⇒*werkman, werknemer* **0.2** ***werker*** ⇒*arbeider, iem. die werkt* ◆ **2.1** ein gelernter, ungelernter ~ *een geschoold, ongeschoold arbeider.*

Arbeiterbewegung ⟨v.⟩⟨pol.⟩ **0.1** ***arbeidersbeweging.***

Arbeiterbiene ⟨v.⟩ **0.1** ***werkbij.***

Arbeiterdichtung ⟨v.⟩ **0.1** ***arbeidersliteratuur.***

Arbeiterfamilie ⟨v.⟩ **0.1** ***arbeidersgezin.***

arbeiterfeindlich 0.1 ***de arbeider(s) vijandig gezind.***

Arbeitergewerkschaft ⟨v.⟩ **0.1** ***arbeidersvakbond.***

Arbeiterin ⟨v.; ~, ~nen⟩ **0.1** ***arbeidster, werkster*** **0.2** ⟨biol.⟩ ***werkster.***

Arbeiterklasse ⟨v.⟩ **0.1** ***arbeidersklasse.***

Arbeiterpartei ⟨v.⟩ **0.1** ***arbeiderspartij.***

Arbeiterschaft ⟨v.; ~, ~en⟩ **0.1** ***de (gezamenlijke) arbeiders.***

Arbeitersiedlung ⟨v.⟩ **0.1** ***arbeiders(woon)wijk.***

Arbeiterverein ⟨m.⟩ **0.1** ***arbeidersvereniging*** ⇒*werkmansbond.*

Arbeiterwohlfahrt ⟨v.; ~⟩ **0.1** ***sociale dienst voor arbeiders.***

Arbeitgeber ⟨m.⟩ **0.1** ***werkgever.***

Arbeitgeberverband ⟨m.⟩ **0.1** ***werkgeversorganisatie.***

Arbeitnehmer ⟨m.⟩ **0.1** ***werknemer.***

Arbeitnehmerverband ⟨m.⟩ **0.1** ***werknemersorganisatie.***

Arbeitsablauf ⟨m.⟩ **0.1** ***arbeidsproces.***

Arbeitsamt ⟨o.⟩ **0.1** ***arbeidsbureau.***

Arbeitsanleitung ⟨v.⟩ **0.1** ***handleiding voor het werk.***

Arbeitsanzug ⟨m.⟩ **0.1** ***werkpak*** ⇒*werkkleding.*

Arbeitsatmosphäre ⟨v.⟩ **0.1** ***werksfeer*** ⇒*werkklimaat.*

Arbeitsauffassung ⟨v.⟩ **0.1** ***arbeidsmoraal.***

Arbeitsaufwand ⟨m.⟩ **0.1** ***werk*** ⇒*inzet, moeite.*

Arbeitsausfall ⟨m.⟩ **0.1** ***werkverlet.***

Arbeitsausschuß ⟨m.⟩ **0.1** ***werkcomité.***

Arbeitsbedingung ⟨v.⟩ **0.1** ***arbeidsvoorwaarde*** *⇒arbeidsomstandigheid.*
Arbeitsbelastung ⟨v.⟩ **0.1** ***werkbelasting.***
Arbeitsbereich ⟨m.& o.⟩ **0.1** ***arbeids-, werkterrein*** *⇒ressort* **0.2** ⟨tech.⟩ ***actieradius*** *⇒draaicirkel.*
Arbeitsbeschaffung ⟨v.⟩ **0.1** ***werkverschaffing.***
Arbeitsbeschaffungsmaßnahme ⟨v.⟩ **0.1** ***werkgelegenheidsverruimende maatregel.***
Arbeitsbiene ⟨v.⟩ **0.1** ***werkbij*** **0.2** ⟨fig.⟩ ***(overdreven) harde werkster.***
Arbeitsbuch ⟨o.⟩ **0.1** ***oefenboek.***
Arbeitsdienst ⟨m.⟩ **0.1** ***arbeidsdienst, arbeidsplicht*** **0.2** ***organisatie voor de arbeidsdienst*** **0.3** ⟨nazi⟩ ***(rijks)arbeidsdienst*** ◆ **3.1** ~(e) leisten, tun *arbeidsdienst verrichten.*
Arbeitseinstellung ⟨v.⟩ **0.1** ***staking*** *⇒het neerleggen v.h. werk* **0.2** ***werkhouding.***
Arbeitserlaubnis ⟨v.⟩ **0.1** ***werkvergunning.***
Arbeitserleichterung ⟨v.⟩ **0.1** ***verlichting v.h. werk.***
Arbeitsessen ⟨o.⟩ **0.1** ***werklunch.***
arbeitsfähig **0.1** ***in staat tot werken*** ◆ **3.1** der Arzt schreibt ihn ~ *de arts verklaart hem in staat tot werken.*
Arbeitsfähigkeit ⟨v.⟩ **0.1** ***arbeidsgeschiktheid.***
Arbeitsfeld ⟨o.⟩ **0.1** ***arbeids-, werkterrein.***
arbeitsfrei **0.1** ***vrij (van werk)*** ◆ **1.1** einen ~en Tag haben *een dag vrij hebben.*
Arbeitsfrieden ⟨m.⟩⟨ec.⟩ **0.1** ***arbeidsrust.***
Arbeitsgang ⟨m.⟩ **0.1** ***productiefase, -stadium*** **0.2** ***verloop v.h. werk*** ◆ **6.1** **in** einem ~ ⟨ook⟩ *in één moeite.*
Arbeitsgebiet ⟨o.⟩ **0.1** ***arbeids-, werkterrein.***
Arbeitsgemeinschaft ⟨v.⟩ **0.1** ***werkgemeenschap*** *⇒team, samenwerkingsverband* **0.2** ***samenwerking.***
Arbeitsgenehmigung ⟨v.⟩ **0.1** ***werkvergunning.***
Arbeitsgerät ⟨o.⟩ **0.1** ***werktuig*** *⇒werkinstrument* **0.2** ***(werk)gereedschap.***
Arbeitsgericht ⟨o.⟩ **0.1** ***rechtbank voor arbeidszaken.***
Arbeitsgruppe ⟨v.⟩ **0.1** ***werkgroep*** *⇒team.*
Arbeitsheft ⟨o.⟩⟨school.⟩ **0.1** ***werkschrift.***
arbeitsintensiv **0.1** ***arbeidsintensief.***
Arbeitskampf ⟨m.⟩ **0.1** ***arbeidsconflict*** *⇒sociale strijd.*
Arbeitskleidung ⟨v.⟩ **0.1** ***werkkleding*** *⇒beroepskleding.*
Arbeitsklima ⟨o.⟩ **0.1** ***werkklimaat*** *⇒werksfeer.*
Arbeitskollege ⟨m.⟩ **0.1** ***collega (op het werk).***
Arbeitskonflikt ⟨m.⟩ **0.1** ***arbeidsconflict*** *⇒arbeidsgeschil.*
Arbeitskraft ⟨v.⟩ **0.1** ***arbeids-, werkkracht*** *⇒werkvermogen* **0.2** ***arbeids-, werkkracht*** *⇒werknemer* ◆ **6.2** Mangel **an** Arbeitskräften *tekort aan arbeidskrachten.*
Arbeitskreis ⟨m.⟩ **0.1** ***werkgroep.***
Arbeitslager ⟨o.⟩ **0.1** ***werk-, strafkamp.***
Arbeitsleistung ⟨v.⟩ **0.1** ***arbeids-, werkprestatie.***
Arbeitslohn ⟨m.⟩ **0.1** ***arbeids-, werkloon.***
arbeitslos **0.1** ***werkloos*** **0.2** ⟨ec.⟩ ***arbeidsloos*** *⇒afgeleid, niet aan werk gebonden* ◆ **1.2** ~es Einkommen *arbeidsloos, afgeleid inkomen.*
Arbeitslosengeld ⟨o.⟩ **0.1** ***werkloosheidsuitkering.***
Arbeitslosenhilfe ⟨v.⟩ **0.1** ***bijstandsuitkering voor werklozen.***
Arbeitslosenquote ⟨v.⟩ **0.1** ***werkloosheidspercentage, -cijfer.***
Arbeitslosenunterstützung ⟨v.⟩ →**Arbeitslosengeld.**
Arbeitslosenversicherung ⟨v.⟩ **0.1** ***werkloosheidsverzekering.***
Arbeits|losenzahl, -losenziffer ⟨v.⟩ **0.1** ***werkloosheidscijfer.***
Arbeitslosigkeit ⟨v.; ~⟩ **0.1** ***werkloosheid.***
Arbeitslosigkeitsrate ⟨v.⟩ **0.1** ***werkloosheidscijfer.***
Arbeitslust ⟨v.⟩ **0.1** ***arbeids-, werklust.***
Arbeitsmarkt ⟨m.⟩ **0.1** ***arbeidsmarkt.***
Arbeitsmaschine ⟨v.⟩ **0.1** ***arbeidsmachine*** *⇒arbeidswerktuig* **0.2** ⟨pej.; fig.⟩ ***automaat, robot*** *⇒mens die zijn werk automatisch verricht.*
arbeitsmäßig **0.1** ***het werk betreffend, in verband met het werk.***
Arbeitsmedizin ⟨v.⟩ **0.1** ***arbeids-, bedrijfsgeneeskunde.***
Arbeitsmensch ⟨m.⟩⟨fig.⟩ **0.1** ***werkpaard, werkezel*** *⇒harde werker.*
Arbeitsministerium ⟨o.⟩ **0.1** ***ministerie van Arbeid.***
Arbeitsmoral ⟨v.⟩ **0.1** ***arbeidsmoraal.***
Arbeitsnachweis ⟨m.⟩ **0.1** ***vacaturelijst*** **0.2** ***arbeidsbureau.***
Arbeitsniederlegung ⟨v.⟩ **0.1** ***staking*** *⇒het neerleggen v.h. werk.*
Arbeitsnorm ⟨v.⟩ **0.1** ***arbeidsnorm.***
Arbeitsort ⟨m.⟩ **0.1** ***plaats waar men werkt.***
Arbeitspapier ⟨o.⟩ **0.1** ⟨steeds mv.⟩ ***arbeidsstaat*** *⇒staat van dienst* **0.2** ***werkdocument*** *⇒stuk.*
Arbeitspensum ⟨o.⟩ **0.1** ***hoeveelheid (te verrichten) werk.***
Arbeitspferd ⟨o.⟩ **0.1** ***werkpaard*** ⇒⟨fig. ook⟩ *werkezel, harde werker.*
Arbeitsplan ⟨m.⟩ **0.1** ***werkplan*** *⇒werkschema.*
Arbeitsplatz ⟨m.⟩ **0.1** ***werkruimte*** *⇒plek(je) om te werken* **0.2** ***arbeidsplaats*** **0.3** ***betrekking, baan, werk*** ◆ **1.2** in der Nähe des ~es wohnen *dicht bij zijn werk wonen* **1.3** die Sicherung der Arbeitsplätze *het veilig stellen van de arbeidsplaatsen* **3.3** seinen ~ verlieren *zijn betrekking verliezen.*
Arbeitsplatzteilung ⟨v.⟩ **0.1** ***invoering van deeltijdbanen.***
Arbeitsprozeß ⟨m.⟩ **0.1** ***arbeidsproces*** ◆ **6.1** **aus** dem ~ ausscheiden *niet langer aan het arbeidsproces deelnemen.*
Arbeitsraum ⟨m.⟩ **0.1** ***werkruimte.***
Arbeitsrecht ⟨o.⟩ **0.1** ***arbeidsrecht(spraak).***
Arbeitssachen ⟨alleen mv.⟩ **0.1** ***werkkleding*** *⇒werkplunje* **0.2** ***(werk)gereedschap*** *⇒werktuigen.*
arbeitsscheu **0.1** ***werkschuw*** *⇒lui.*
Arbeitsschutz ⟨m.⟩ **0.1** ***wettelijke maatregelen ter bescherming v.d. werknemer.***
Arbeitssicherheit ⟨v.⟩ **0.1** ***veiligheid op het werk.***
Arbeitsspeicher ⟨m.⟩⟨comp.⟩ **0.1** ***RAM-geheugen, werkgeheugen.***
Arbeitsstab ⟨m.⟩ **0.1** ***werkgroep.***
Arbeitsstätte ⟨v.⟩ **0.1** ***werkplaats*** **0.2** ⟨schr.⟩ ***werkvertrek.***
Arbeitsstelle ⟨v.⟩ **0.1** ***arbeidsplaats*** **0.2** ***arbeidsplaats, werk*** *⇒betrekking* **0.3** ***afdeling*** *⇒werkgroep.*
Arbeitsstunde ⟨v.⟩ **0.1** ***arbeidsuur.***
Arbeitssuche ⟨v.⟩ **0.1** ***het zoeken naar, van werk*** ◆ **6.1** **auf** ~ sein *op zoek naar werk zijn.*
Arbeitstag ⟨m.⟩ **0.1** ***werkdag.***
Arbeitstagung ⟨v.⟩ **0.1** ***congres*** *⇒werk-, studieconferentie.*
Arbeitsteilung ⟨v.⟩ **0.1** ***arbeids-, werkverdeling.***
Arbeitstier ⟨o.⟩ **0.1** ***werkdier*** **0.2** ⟨vaak pej.; fig.⟩ ***werkpaard.***
Arbeitstisch ⟨m.⟩ **0.1** ***werktafel.***
Arbeitstreffen ⟨o.⟩⟨pol.⟩ **0.1** ***werkoverleg.***
arbeitsuchend **0.1** ***werkzoekend.***
arbeitsunfähig **0.1** ***arbeidsongeschikt.***
Arbeitsunfall ⟨m.⟩ **0.1** ***bedrijfsongeval.***
Arbeitsunterlage ⟨v.⟩ **0.1** ***werkdocument*** *⇒stuk.*
Arbeitsunterricht ⟨m.⟩ **0.1** ⟨onderwijs/les in zelfwerkzaamheid⟩.

Arbeitsverfahren ⟨o.⟩ **0.1** ***werkwijze, procédé*** *⇒werkmethode.*

Arbeitsverfassung ⟨v.⟩ **0.1** ***arbeidswetgeving.***

Arbeitsverhältnis ⟨o.⟩ **0.1** ***arbeidsverhouding, dienstverband*** *⇒arbeidsovereenkomst,* ⟨AZN⟩ *dienstnemingscontract* **0.2** ***arbeidsomstandigheid*** ◆ **3.1** ein ~ eingehen, lösen *een arbeidscontract sluiten, verbreken* **6.1 in** einem ~ stehen *in loondienst staan, in dienst(verband) zijn.*

Arbeitsvermittlung ⟨v.⟩ **0.1** ***arbeidsbemiddeling.***

Arbeitsvertrag ⟨m.⟩ **0.1** ***arbeidscontract.***

Arbeitsvorgang ⟨m.⟩ **0.1** ***productieproces.***

Arbeitsvorhaben ⟨o.⟩ **0.1** ***voor de toekomst gepland werk, onderzoek*** *⇒project.*

Arbeitsvorlage ⟨v.⟩ **0.1** ***arbeids-, werkmodel.***

Arbeitsweise ⟨v.⟩ **0.1** ***werkwijze*** *⇒aanpak* **0.2** ***het functioneren, werking*** ◆ **1.2** die ~ eines Geräts *de werking van een apparaat.*

Arbeitswut ⟨v.⟩ **0.1** ***(overdreven) werkijver, werkdrift.***

Arbeitszeit ⟨v.⟩ **0.1** ***werktijd*** *⇒arbeidsuren* ◆ **2.1** gleitende ~en *glijdende, flexibele werktijden.*

Arbeitszeitverkürzung ⟨v.⟩ **0.1** ***arbeidstijdverkorting.***

Arbeitszeug ⟨o.⟩⟨inf.⟩ **0.1** ***(werk)gereedschap*** **0.2** ***werkplunje*** *⇒werkkleding.*

Arbeitszeugnis ⟨o.⟩ **0.1** ***getuigschrift.***

Arbeitszimmer ⟨o.⟩ **0.1** ***werkkamer.***

Arbitrage ⟨v.; ~, ~n⟩⟨ec., jur.⟩ **0.1** ***arbitrage*** ◆ **2.1** direkte, einfache ~ *directe arbitrage;* indirekte, zusammengesetzte ~ *indirecte arbitrage.*

arbiträr **0.1** ***arbitrair, willekeurig.***

archaisch **0.1** ***archaïsch.***

Archäologie ⟨v.; ~⟩ **0.1** ***archeologie, oudheidkunde.***

Arche ⟨v.; ~, ~n⟩ **0.1** ***ark(e)*** **0.2** ⟨inf.⟩ ***slee*** *⇒grote auto* ◆ **1.1** die ~ Noah(s), Noä *de ark van Noach, Noë.*

Archetyp ⟨m.; ~s, ~en⟩ **0.1** ***origineel*** ⟨v.e. kunstwerk of geschrift⟩ **0.2** ⟨fil., biol., psych.⟩ ***archetype.***

archimedisch **0.1** ***archimedisch, van Archimedes*** ◆ **1.1** ~es Axiom *axioma van Archimedes;* Archimedisches Prinzip *wet van Archimedes* **1.¶** ⟨fig.⟩ der Archimedische Punkt *kern(punt), aspunt.*

Archipel ⟨m.; ~s, ~e⟩ **0.1** ***archipel.***

Architekt ⟨m.; ~en, ~en⟩ **0.1** ***architect*** **0.2** ⟨fig.⟩ ***architect, schepper.***

Architektonik ⟨v.; ~, ~en⟩ **0.1** ***architectuur.***

architektonisch **0.1** ***architectonisch, architecturaal.***

Architektur ⟨v.; ~, ~en⟩ **0.1** ***architectuur*** *⇒bouwkunst, bouwkunde* ◆ **1.1** die ~ des Barock *de barokarchitectuur, bouwwerken van de baroktijd* **2.1** eine kühne ~ *een gedurfde constructie* **3.1** ~ studieren *bouwkunde studeren.*

Architrav ⟨m.; ~(e)s, ~e⟩ **0.1** ***architraaf.***

Archiv ⟨o.; ~(e)s, ~e⟩ **0.1** ***archief.***

Archivakten ⟨alleen mv.⟩ **0.1** ***archiefstukken.***

Archivalien ⟨alleen mv.⟩ **0.1** ***archivalia, archiefstukken.***

Archivar ⟨m.; ~s, ~e⟩ **0.1** ***archivaris.***

Archivbild ⟨o.⟩ **0.1** ***archieffoto.***

archivieren **0.1** ***archiveren.***

ARD ⟨v.; ~⟩⟨afk.; Arbeitsgemeinschaft der öffentlich-rechtlichen Rundfunkanstalten der Bundesrepublik Deutschland⟩ **0.1** ⟨coördinerend orgaan van radio- en televisie-uitzendingen, vergelijkbaar met de Nederlandse Omroepstichting (NOS)⟩.

Ardèche ⟨v.; ~, g.mv.; steeds met lidw.⟩ **0.1** ***Ardèche.***

Areal ⟨o.; ~(e)s, ~e⟩ **0.1** ***areaal*** *⇒oppervlakte* **0.2** ***stuk grond, terrein*** **0.3** ***verspreidingsgebied.***

Arena ⟨v.; ~, Arenen⟩ **0.1** ***arena*** *⇒strijdperk, toneel* ◆ **1.1** ⟨fig.⟩ die ~ der Geschichte *het toneel van de geschiedenis* **2.1** ⟨fig.⟩ die politische ~ *het politieke strijdperk, toneel.*

arg ⟨ärger, (am) ärgst(en)⟩ **0.1** ***erg*** *⇒slecht, beroerd* **0.2** ⟨inf.; reg.⟩ ***erg, zeer*** *⇒hevig, groot* ◆ **1.1** eine ~e Zeit *een beroerde tijd* **1.2** ein ~er Fehler *een grove fout* **2.2** ~ krank *ernstig ziek* **5.1** gar zu ~ *al te erg, al te bont* **6.1** seine Deutschkenntnisse liegen sehr **im** ~en *met zijn kennis van het Duits is het treurig gesteld* **6.¶ an** nichts Arges denken *van de prins geen kwaad weten, volkomen argeloos zijn.*

Argentinien ⟨o.; ~s⟩ **0.1** ***Argentinië.***

Ärger ⟨m.; ~s⟩ **0.1** ***ergernis, ontstemming, woede*** *⇒misnoegen, verontwaardiging* **0.2** ***narigheid*** *⇒moeilijkheden, ellende* ◆ **3.1** seinen ~ an jmdm. auslassen *zijn ergernis op iem. afreageren;* über jmdn. ~ empfinden *over iem. ontstemd zijn;* das ist sein ständiger ~ *dat is voor hem een voortdurende bron van ergernis* **3.2** jmdm. ~ bereiten, machen *iem. narigheid, last bezorgen;* ⟨inf.⟩ mach (mir) keinen ~! *maak geen problemen!*

ärgerlich **0.1** ***geërgerd, ontstemd, woedend*** *⇒misnoegd* **0.2** ***ergerlijk, vervelend*** *⇒naar, onaangenaam* ◆ **3.1** er wurde sehr ~ *hij raakte zeer ontstemd* **6.1** ~ **auf, über** jmdn. sein *boos op, ontstemd over iem. zijn* **6.2** das Ärgerliche **an, bei** der Sache *het vervelende aan de zaak.*

ärgern I ⟨ov.ww.⟩ **0.1** ***ergeren*** *⇒irriteren, pesten* ◆ **4.1** ⟨inf.⟩ ihn ärgert die Fliege an der Wand *hij ergert zich over elke kleinigheid* **5.1** jmdn. krank ~ *iem. ziek maken* **6.1** jmdn. **bis aufs** Blut ~ *iem. het bloed onder de nagels vandaan halen;* jmdn. **ins** Grab, **zu** Tode ~ *iem. dood ergeren;*
II sich ~ ⟨wk.ww.⟩ **0.1** ***zich ergeren*** ◆ **5.1** ⟨inf.⟩ sich gelb und grün, grün und blau, schwarz ~ *zich groen en geel, zich doodergeren;* nicht ~, nur wundern! *kalmte kan je redden!* **6.1** ich ärgere mich **an** dem Kollegen, **über** den Kollegen *ik erger mij aan, over de collega.*

Ärgernis ⟨o.; ~ses, ~se⟩ **0.1** ***(bron van) ergernis*** *⇒aanstoot* **0.2** ***narigheid*** *⇒onaangenaamheid* ◆ **2.2** die beruflichen ~se *de irritaties op het werk* **3.1** öffentliches ~ erregen *aanstoot geven in het openbaar* **6.1 zum** ~ der Zuschauer *tot ergernis van de toeschouwers.*

Arglist ⟨v.⟩ **0.1** ⟨schr.⟩ ***arglist(igheid)*** **0.2** ⟨jur.⟩ ***kwaadwilligheid, boos opzet.***

arglistig **0.1** ***arglistig*** *⇒vals, boos(aardig)* ◆ **1.1** ~e Täuschung *opzettelijk bedrog.*

arglos **0.1** ***argeloos, zonder kwade bedoeling*** *⇒onschuldig* **0.2** ***argeloos*** *⇒niets kwaads vermoedende* ◆ **3.2** er stellte sich ganz ~ *hij deed alsof hij niets kwaads vermoedde.*

Argot ⟨m. & o.; ~s, ~s⟩ **0.1** ***argot.***

Argument ⟨o.; ~(e)s, ~e⟩ **0.1** ***argument*** ⟨ook wisk.⟩ ◆ **3.1** ~e anführen, ⟨schr.⟩ vorbringen *argumenten aanvoeren;* ⟨jur.⟩ ~e in Anspruch nehmen *een bewijsvoering opvatten.*

Argumentation ⟨v.; ~, ~en⟩ **0.1** ***argumentatie, bewijsvoering.***

argumentieren **0.1** ***argumenteren*** *⇒argumenten aanvoeren.*

Argusaugen ⟨alleen mv.⟩ **0.1** ***argusogen*** *⇒scherpe blik.*

Argwohn ⟨m.; ~(e)s⟩⟨schr.⟩ **0.1** ***argwaan*** *⇒achterdocht, wantrouwen* ◆ **3.1** ~ fassen, schöpfen *argwaan krijgen;* ~ hegen *argwaan, achterdocht koesteren.*

argwohnen, argwöhnen ⟨schr.⟩ **0.1** ***argwanen*** *⇒vrezen* ◆ **6.1 in** jmdm. einen Betrüger ~ *argwanen dat iem. een bedrieger is.*

argwöhnisch ⟨schr.⟩ **0.1** ***argwanend*** *⇒achterdochtig, wantrouwend.*

Arie ⟨v.; ~, ~n⟩ **0.1** ***aria.***

Arier ⟨m.; ~s, ~⟩ **0.1** *Ariër* **0.2** ⟨nazi⟩ ***niet-jood.***

arisch **0.1** *Arisch* **0.2** ⟨nazi⟩ ***niet-joods.***

Aristokrat ⟨m.; ~en, ~en⟩ **0.1** ***aristocraat.***

Aristokratie ⟨v.; ~, ~n⟩ **0.1** ***aristocratie*** ◆ **1.¶** die ~ seines Wesens *de edelheid van zijn inborst.*

aristokratisch 0.1 ***aristocratisch.***
Arithmetik ⟨v.; ~, ~en⟩ 0.1 ***rekenkunde, aritmetica*** 0.2 ***leerboek voor aritmetica.***
Arkade ⟨v.; ~, ~n⟩ 0.1 ***arcade*** ⇒*booggewelf, bogengaanderij.*
Arktis ⟨v.; ~⟩ 0.1 ***arctis.***
arktisch 0.1 ***arctisch, v.d. noordpool.***
arm ⟨ärmer, (am) ärmst(en)⟩ 0.1 ***arm, armoedig*** ⇒*behoeftig* 0.2 ***arm*** ⇒*ongelukkig, beklagenswaardig* ◆ 1.1 ein ~er Boden *een schrale bodem* 1.2 ⟨inf.⟩ ein ~es Luder *een arme stakker* 5.1 ⟨pej.⟩ geistig ~ *arm van geest* 5.2 ⟨inf.⟩ ~ dran sein *er ellendig, slecht aan toe zijn* 6.1 ~ **an** Bäumen *arm aan bomen* 7.2 ⟨bn. als zn.⟩ der Arme, der Ärmste, was hat er (alles) erdulden müssen! *de arme stakker, wat heeft hij allemaal moeten doorstaan!* 8.1 ⟨inf.⟩ ~ wie eine Kirchenmaus *zo arm als een kerkrat, als Job* ¶.1 ⟨sprw.⟩ ~ oder reich, der Tod macht alle gleich *edel, arm en rijk maakt de dood gelijk.*
Arm ⟨m.; ~(e)s, ~e⟩ 0.1 ***arm*** 0.2 ***arm*** ⇒*tak, vertakking* ◆ 1.1 ⟨fig.⟩ der ~ der Behörde *de arm van de overheid* 1.2 der ~ eines Flusses *de arm van een rivier* 2.1 ⟨fig.⟩ einen langen ~ haben *een lange arm, lange armen hebben* 2.¶ ⟨inf.⟩ jmdn. am steifen ~ verhungern lassen *iem. op de knieën krijgen* 3.1 jmdm. den ~ abnehmen *iem. een arm afzetten;* jmds. ~ nehmen *iem. een arm geven* 5.1 ⟨inf.⟩ beide ~e voll haben *zijn twee armen vol hebben* 6.1 jmdn. **am** ~ führen *iem. een arm geven;* ⟨fig.⟩ jmdn. **auf** den ~ nehmen *iem. voor de gek houden;* jmdm. **in** den ~ fallen *iem. tegenhouden, beletten iets te doen;* ⟨inf.⟩ jmdm. **in** die ~e laufen *iem. tegen het lijf lopen;* ⟨fig.⟩ sich jmdm., einer Sache **in** die ~e werfen *zich (geheel) aan iem., iets overgeven;* jmdm. **unter** die ~e greifen *iem. (een handje) helpen, iem. ondersteunen;* jmdm. mit 10 Mark **unter** die ~e greifen *iem. met 10 mark uit de nood helpen.*
Armada ⟨v.; ~, Armaden of ~s⟩ 0.1 ***armada*** ⇒*(oorlogs)vloot,* ⟨fig.⟩ *leger.*
Armatur ⟨v.; ~, ~en⟩ 0.1 ***armatuur*** 0.2 ***bedieningsinstallatie*** 0.3 ***(water)kraan.***
Armaturenbrett ⟨o.⟩ 0.1 ***instrumentenbord*** ⇒*dashboard.*
Armband ⟨o.⟩ 0.1 ***armband.***
Armbanduhr ⟨v.⟩ 0.1 ***polshorloge.***
Armbeuge ⟨v.⟩ 0.1 ***binnenkant v.d. elleboog.***
Armbinde ⟨v.⟩ 0.1 ***band (om de arm), armband*** 0.2 ***mitella.***
Armbruch ⟨m.⟩ 0.1 ***armbreuk.***
Armbrust ⟨v.; mv. ⸚e of ~e⟩ 0.1 ***kruis-, voetboog.***
Armee ⟨v.; ~, ~n⟩ 0.1 ***leger*** ⇒*strijdkrachten* 0.2 ⟨fig.⟩ ***leger*** ⇒*legioen, massa* ◆ 6.1 **in** die ~ eintreten *bij, naar het leger gaan.*
Armeeführung ⟨v.⟩ 0.1 ***legerleiding.***
Armeekorps ⟨o.⟩ 0.1 ***leger-, armeekorps.***
Ärmel ⟨m.; ~s, ~⟩ 0.1 ***mouw*** ◆ 3.1 ⟨inf.; fig.⟩ ich habe mir die ~ hochgekrempelt *ik heb de handen uit de mouwen gestoken* 6.1 etwas **aus** dem ~, aus den ~n schütteln *iets uit zijn mouw schudden.*
Ärmelaufschlag ⟨m.⟩ 0.1 ***omslag v.d. mouw.***
Ärmelausschnitt ⟨m.⟩ 0.1 ***armsgat.***
Armeleuteviertel ⟨o.⟩ 0.1 ***armeluis-, achterbuurt.***
Ärmelkanal ⟨m.⟩ 0.1 ***Nauw van Calais.***
ärmellos 0.1 ***mouwloos, zonder mouwen.***
Armenfürsorge ⟨v.⟩ 0.1 ***armenzorg.***
Armenhaus ⟨o.⟩ ⟨vero.; nog fig.⟩ 0.1 ***arm(en)huis.***
Armenviertel ⟨o.⟩ 0.1 ***armenwijk, -buurt.***
Arme(r) ⟨bn. als zn.⟩ 0.1 ***arme.***
Armgelenk ⟨o.⟩ 0.1 ***armgewricht.***
armieren 0.1 ⟨bouwk., tech.⟩ ***wapenen*** ⇒*pantseren* 0.2 ⟨tech.⟩ ***uitrusten*** ⇒*van armatuur voorzien* ◆ 1.1 armierter Beton *gewapend beton.*
Armlänge ⟨v.⟩ 0.1 ***armslengte.***
Armlehne ⟨v.⟩ 0.1 ***armleuning.***
Armleuchter ⟨m.⟩ 0.1 ***armluchter*** 0.2 ⟨inf.⟩ ***sufferd, stommeling*** 0.3 ⟨inf.; pej.⟩ ***kaffer, (kloot)zak.***
ärmlich 0.1 ***armoedig*** ⇒*armzalig, schamel* ◆ 1.1 ein ~es Dasein *een armoebestaan;* ein ~es Resultat *een pover resultaat.*
Armloch ⟨o.⟩ 0.1 ***armsgat.***
Armmuskel ⟨m.⟩ 0.1 ***armspier*** ⇒*biceps.*
Armreif ⟨m.⟩ 0.1 ***armband, armring.***
Armschiene ⟨v.⟩ ⟨med.⟩ 0.1 ***armspalk.***
armselig 0.1 ***armzalig, armoedig*** ⇒*pover* ◆ 1.1 für ~e 10 Mark *voor (een) schamele 10 mark;* ein ~es Plädoyer *een pover pleidooi.*
Armsessel ⟨m.⟩ 0.1 ***arm-, leunstoel.***
Armut ⟨v.; ~⟩ 0.1 ***armoe(de)*** ⇒*behoeftigheid, gebrek* ◆ 1.1 die ~ des Ausdrucks *het gebrek aan uitdrukkingskracht* 6.1 die ~ **an** Erzen *het gebrek aan ertsen;* **in** ~ geraten *tot armoe(de) vervallen.*
Armutszeugnis ⟨o.⟩ 0.1 ***bewijs van onvermogen*** ⇒⟨fig.⟩ *brevet van onvermogen* ◆ 3.1 ⟨fig.⟩ jmdm. mit etwas ein ~ ausstellen *iem. met iets een brevet van onvermogen geven.*
Arnheim ⟨o.; ~s⟩ 0.1 ***Arnhem.***
Aroma ⟨o.; ~s, Aromen, ~s of ~ta⟩ 0.1 ***aroma.***
aromatisch 0.1 ***aromatisch*** ⇒*welriekend, goed smakend.*
Aron(s)stab ⟨m.⟩ ⟨plantk.⟩ 0.1 ***aronskelk.***
Arrangement ⟨o.; ~s, ~s⟩ 0.1 ***arrangement.***
arrangieren I ⟨ov.ww.⟩ 0.1 ***arrangeren*** ◆ 1.1 Blumen ~ *bloemen schikken;*
II **sich** ~ ⟨wk.ww.⟩ 0.1 ***een schikking treffen*** ⇒*het eens worden, tot een akkoord komen* ◆ 6.1 sich **mit** den Verhältnissen ~ *zich in de omstandigheden schikken.*
Arrest ⟨m.; ~(e)s, ~e⟩ 0.1 ***arrest*** ⇒*hechtenis* 0.2 ⟨jur.⟩ ***beslag(legging), inbeslagneming*** ◆ 2.1 geschärfter, mittlerer ~ *verzwaard arrest* 2.2 dinglicher ~ *conservatoir beslag* 3.2 ~ auf die Güter legen *beslag leggen op de goederen* 6.1 **im**, in ~ sitzen *in arrest zitten* 6.2 den Besitz **mit** ~ belegen, **unter** ~ stellen *beslag leggen op de bezittingen.*
Arrestverfahren ⟨o.⟩ ⟨jur.⟩ 0.1 ***arrestprocedure.***
Arrestzelle ⟨v.⟩ 0.1 ***arrestantenkamer.***
arretieren 0.1 ⟨tech.⟩ ***vastzetten*** ⇒*(ver)grendelen* 0.2 ***arresteren*** ◆ 1.1 die Waage ~ *de weegschaal vastzetten.*
arrivieren 0.1 ***arriveren*** ⇒*opklimmen* ◆ 1.1 ein arrivierter Politiker *een gearriveerd politicus.*
arrogant 0.1 ***arrogant.***
Arroganz ⟨v.; ~, ~en⟩ 0.1 ***arrogantie.***
Arsch ⟨m.; ~(e)s, ⸚e⟩ ⟨vulg.⟩ 0.1 ***reet, kont*** ⇒*achterste* 0.2 ***klootzak, sukkel*** ◆ 5.1 den ~ offen haben *niet goed wijs zijn* 6.1 leck mich **am** ~! *je kunt mijn reet likken!, barst maar!;* **am** ~ der Welt liegen *aan het eind van de wereld liggen;* **im** ~ sein *naar de knoppen, bliksem zijn;* jmdm. **in** den ~ kriechen *iem. in zijn kont kruipen.*
Arschloch ⟨o.⟩ ⟨vulg.⟩ 0.1 ***reet, gat*** ⇒*achterste* 0.2 ***klootzak.***
Arsen ⟨o.; ~(e)s⟩ 0.1 ***arsenicum.***
Arsenal ⟨o.; ~(e)s, ~e⟩ 0.1 ***arsenaal*** ⇒*wapenhuis, -magazijn* 0.2 ***arsenaal*** ⇒*verzameling* ◆ 6.2 ein ~ **von** radioaktiven Fässern *een arsenaal van radioactieve vaten.*
Art ⟨v.; ~, ~en⟩ 0.1 ***aard*** ⇒*natuur, wezen* 0.2 ***aard, soort*** ⇒ *slag, genre* 0.3 ***manier, (handel)wijze*** 0.4 ⟨inf.⟩ ***aard*** ⇒ *manier (van doen)* 0.5 ⟨biol.⟩ ***species, soort, ras*** ⇒*variëteit* ◆ 1.2 eine ~ antiker Schrank *een soort antieke kast* 1.5 diese ~ Pferde *dit paardenras* 2.2 ein Verbrecher

übelster ~ *een misdadiger van de ergste soort* **2.3** eine sonderbare ~ *een vreemde handelwijze, manier van doen* **3.1** das entspricht seiner ~ *dat ligt in zijn aard* **3.3** seine ~ zu fahren *zijn manier, stijl van rijden* **3.4** er arbeitet, daß es (nur so) eine ~ hat *hij werkt dat het een lust is* **4.2** Produkte aller ~(en) *alle soorten producten;* Auffassungen solcher ~ *dat soort opvattingen* **4.4** das ist (doch, wirklich) keine ~ (und Weise)! *dat is (toch, echt) geen manier van doen!* **6.1** es liegt **in** meiner ~ *het ligt in mijn aard;* **von** heftiger ~ sein *heftig van aard, van natuur zijn* **6.2 aus** der ~ schlagen *uit de aard slaan;* mein Sohn schlägt **in** meine ~ *mijn zoon aardt naar mij;* einzig **in** seiner ~ *enig in zijn soort, uniek;* jede ~ **von** Betrug *elk soort bedrog* **6.3 auf** diese ~ und Weise *op deze manier;* **in** einer bestimmten ~ arbeiten *op een bepaalde manier werken;* er ist freundlich **in, nach** seiner Art *hij is op zijn manier vriendelijk;* **in** der ~ Rembrandts, **von** Rembrandt *in de stijl van Rembrandt;* Champignons **nach** griechischer ~ *champignons op Griekse wijze;* **nach** ~ des Hauses *à la maison* **6.¶** ⟨inf.⟩ **in** einer ~ war er glücklich *in zeker opzicht was hij gelukkig* **8.1** es ist nicht der ~, daß ... *het is niet van dien aard dat ...* **8.3** die ~ und Weise, wie *de manier waarop.*

Art. →**Artikel.**

Artefakt ⟨o.; ~(e)s, ~e⟩ **0.1** ***artefact.***

arteigen ⟨biol.⟩ **0.1** ***eigen aan de soort, het ras.***

arten ⟨schr.⟩ **0.1** ***aarden*** ◆ **2.1** ein gut geartetes Kind (a) *een welgeaard kind* (b) *een welgemanierd kind* **6.1 nach** dem Vater ~ *naar de vader aarden.*

Arterhaltung ⟨v.⟩ **0.1** ***behoud v.d. soort.***

Arterie ⟨v.; ~, ~n⟩ **0.1** ***arterie, slagader.***

Arterienverkalkung ⟨v.⟩⟨inf.⟩ **0.1** ***arteriosclerose, aderverkalking.***

artfremd ⟨biol.⟩ **0.1** ***niet eigen aan de soort*** ⇒*vreemdsoortig.*

artgleich **0.1** ***soortgelijk*** ⇒*gelijkaardig, -soortig.*

artifiziell **0.1** ***artificieel.***

artig **0.1** ***zoet, braaf*** ⇒*lief.*

Artigkeit ⟨v.; ~, ~en⟩ **0.1** ***compliment, vleierij.***

Artikel ⟨m.; ~s, ~⟩ **0.1** ***artikel*** ⇒*opstel* **0.2** ***artikel*** ⇒*paragraaf* **0.3** ***(handels)artikel*** **0.4** ***lidwoord, artikel*** ◆ **2.2** ~ zwei des Gesetzes *artikel, paragraaf twee van de wet* **2.4** der (un)bestimmte ~ *het (on)bepaalde lidwoord* **3.3** diesen ~ führen wir nicht *dit artikel verkopen we niet.*

Artikulation ⟨v.; ~, ~en⟩ **0.1** ***articulatie*** **0.2** ***uiting*** ⇒*formulering* **0.3** ⟨med., muz.⟩ ***articulatie*** ◆ **1.2** die ~ der Gefühle *het onder woorden brengen van de gevoelens.*

artikulieren I ⟨ov.ww.⟩ **0.1** ***articuleren*** ⇒*uitspreken* **0.2** ⟨schr.⟩ ***uitdrukken, uiten*** ⇒*formuleren* ◆ **4.2** sich ~ *zich uiten, zijn mening zeggen;*
II sich ~ ⟨wk.ww.⟩ **0.1** ***tot uitdrukking, tot uiting komen.***

Artillerie ⟨v.; ~, ~n⟩ **0.1** ***artillerie*** ⇒*geschut.*

Artilleriebeschuß ⟨m.⟩ **0.1** ***beschieting door de artillerie*** ⇒*artillerievuur.*

Artischocke ⟨v.; ~, ~n⟩ **0.1** ***artisjok.***

Artist ⟨m.; ~en, ~en⟩ **0.1** ***artiest.***

Artistik ⟨v.; ~⟩ **0.1** ***circus-, variétébedrijf, cabaret*** **0.2** ***behendigheid*** **0.3** ***artisticiteit.***

artistisch **0.1** ***artistiek*** ◆ **1.1** eine ~e Begabung *een artistieke aanleg.*

Artunterschied ⟨m.⟩ **0.1** ***verschil in aard, soort.***

artverwandt **0.1** ***v.e. verwante soort*** ⇒*soortverwant.*

Artwort ⟨o.; mv. ~̈er⟩ **0.1** ***bijvoeglijk naamwoord.***

Arznei ⟨v.; ~, ~en⟩ **0.1** ***geneesmiddel, medicament*** ◆ **2.1** ⟨schr.; fig.⟩ eine bittere ~ *een bittere pil* **3.1** jmdm. eine ~ verordnen, verschreiben *iem. een geneesmiddel voorschrijven* **¶.1** ⟨sprw.⟩ die ~ ist oft schlimmer als die Krankheit *het geneesmiddel is vaak erger dan de kwaal.*

Arzneibuch ⟨o.⟩ **0.1** ***artsenijboek.***

Arzneikasten ⟨m.⟩ **0.1** ***medicijnkastje*** ⇒*huisapotheek.*

Arzneimittel ⟨o.⟩ **0.1** ***geneesmiddel*** ⇒*medicament.*

Arzneipflanze ⟨v.⟩ **0.1** ***geneeskrachtige plant.***

Arzneivorschrift ⟨v.⟩ **0.1** ***recept.***

Arzt ⟨m.; ~es, ~̈e⟩ **0.1** ***arts, dokter*** ◆ **2.1** der diensthabende ~ *de dienstdoende arts;* der leitende ~ *de geneesheer-directeur;* ein praktischer ~ *een huisarts* **3.1** ein guter ~ bedarf keiner Posaune *goede wijn behoeft geen krans* **6.1 nach** dem ~ schicken, verlangen *de dokter laten komen.*

Arztbesuch ⟨m.⟩ **0.1** ***doktersvisite.***

Ärztebesteck ⟨o.⟩ **0.1** ***doktersinstrumentarium.***

Ärztekammer ⟨v.⟩ **0.1** ***officiële vertegenwoordiging v.d. artsenstand.***

Ärzteschaft ⟨v.; ~, ~en⟩ **0.1** ***de gezamenlijke artsen.***

Ärztevertreter ⟨m.⟩ **0.1** ***artsenbezoeker.***

Arzthelferin ⟨v.⟩ **0.1** ***doktersassistente.***

Ärztin ⟨v.; ~, ~nen⟩ **0.1** ***vrouwelijke arts.***

ärztlich **0.1** ***geneeskundig, medisch*** ◆ **1.1** nach ~er Anweisung *op doktersadvies, op medisch advies;* ein ~es Attest, Gutachten, Zeugnis *een doktersattest* **3.1** sich ~ behandeln lassen *zich onder doktersbehandeling stellen;* ein ~ empfohlenes Medikament *een door de arts aanbevolen medicament.*

As ⟨o.; ~ses, ~se⟩ **0.1** ⟨sp.⟩ ***aas*** **0.2** ⟨inf.⟩ ***kei, crack, uitblinker*** **0.3** ⟨inf.⟩ ***topper, topsucces*** **0.4** ⟨golf, tennis⟩ ***ace*** ◆ **1.2** die ~se der Mannschaft *de cracks van het elftal* **3.1** alle vier ~se haben *alle vier de azen in handen hebben* **6.¶** ⟨inf.⟩ ein ~ **auf** der Baßgeige sein *een gewiekste kerel zijn.*

Asbest ⟨m.; ~(e)s, ~e⟩ **0.1** ***asbest.***

aschblond **0.1** ***asblond.***

Asche ⟨v.; ~, ~n⟩ **0.1** ***as(se)*** **0.2** ⟨inf.⟩ ***kleingeld*** ◆ **2.2** blanke ~ *zilvergeld* **3.1** die ~ abstreifen *de as aftikken;* ⟨meestal scherts.⟩ sich ⟨3e nv.⟩ ~ aufs Haupt streuen *as op zijn hoofd strooien, diep berouw tonen* **6.1 in** (Schutt und) ~ legen *in (de) as leggen;* ⟨fig.⟩ **zu** ~ werden *helemaal opbranden.*

Aschenbahn ⟨v.⟩⟨sp.⟩ **0.1** ***sintelbaan.***

Aschenbecher ⟨m.⟩ **0.1** ***asbak.***

Aschenbrödel ⟨o.; ~s, ~⟩ **0.1** ***Assepoester.***

Aschenplatz ⟨m.⟩⟨tennis⟩ **0.1** ***gravelbaan.***

Aschenputtel ⟨o.; ~s, ~⟩ **0.1** ***Assepoester.***

Ascher ⟨m.; ~s, ~⟩⟨inf.⟩ **0.1** ***asbak.***

Aschermittwoch ⟨m.⟩ **0.1** ***Aswoensdag.***

aschgrau **0.1** ***asgrauw, asgrijs*** ◆ **6.¶** ⟨inf.⟩ das geht (bis) **ins** Aschgraue *dat gaat zo door tot in het oneindige.*

aschig **0.1** ***(bestaande) uit as*** **0.2** ***asblond.***

äsen ⟨ook sich ~⟩⟨jacht⟩ **0.1** ***grazen, laveien*** ⟨van wild⟩.

aseptisch **0.1** ***aseptisch*** ⇒*kiemvrij.*

asexual, asexuell **0.1** ***aseksueel*** ⟨ongevoelig voor seksuele prikkels⟩ **0.2** ***aseksueel*** ⇒*ongeslachtelijk.*

Asiat ⟨m.; ~en, ~en⟩ **0.1** ***Aziaat.***

asiatisch **0.1** ***Aziatisch.***

Asien ⟨o.; ~s⟩ **0.1** ***Azië.***

Askese ⟨v.; ~, ~n⟩ **0.1** ***ascese*** ⇒*onthechting.*

asketisch **0.1** ***ascetisch.***

asozial **0.1** ***asociaal.***

Asparagus ⟨m.; ~⟩ **0.1** ***asperge.***

Aspekt ⟨m.; ~(e)s, ~e⟩ **0.1** ***aspect*** ◆ **1.1** alle ~e der Wirklichkeit *alle aspecten, facetten van de werkelijkheid* **6.1 von** diesem ~ her *vanuit dit oogpunt bezien.*

Asphalt ⟨m.; ~(e)s, ~e⟩ **0.1** ***asfalt.***

Asphaltdecke ⟨v.⟩ **0.1** ***asfaltbestrating*** ⇒*geasfalteerd wegdek.*

asphaltieren 0.1 *asfalteren.*
Aspik ⟨m.; ~(e)s, ~e⟩ **0.1** *aspic ⇒vis-, vleesgelei.*
Aspirant ⟨m.; ~en, ~en⟩ **0.1** ***aspirant, kandidaat*** *⇒gegadigde* ◆ **6.1** ein ~ **auf, für** eine Stelle *een kandidaat voor een betrekking.*
Aspiration ⟨v.; ~, ~en⟩ **0.1** ⟨schr.⟩ ***aspiratie*** **0.2** ⟨taal.⟩ ***aspiratie*** *⇒aanademing.*
aspirieren **0.1** ***aspireren*** *⇒met aspiratie uitspreken.*
Aspirin ⟨o.; ~s⟩ **0.1** ***aspirine.***
Ass ⟨o.⟩⟨nw.spel.⟩ →**As.**
Ass. ⟨afk.⟩ →**Assessor; Assistent.**
Assel ⟨v.; ~, ~n⟩⟨biol.⟩ **0.1** ***pissebed.***
Assembler ⟨m.; ~s, ~⟩⟨comp.⟩ **0.1** ***assembleer(code)*** **0.2** ***assembleerprogramma.***
assemblieren ⟨ec.⟩ **0.1** ***samensmelten, fuseren*** ⟨mbt. bedrijven⟩.
Assembling ⟨o.; ~s, ~s⟩⟨ec.⟩ **0.1** ***samensmelting, fusie van bedrijven.***
Assertion ⟨v.; ~, ~en⟩⟨fil.⟩ **0.1** ***assertie, verzekering.***
Asservat ⟨o.; ~(e)s, ~e⟩⟨jur.⟩ **0.1** ***in beslag genomen bewijsstuk.***
Assessor ⟨m.; ~s, Assessoren⟩ **0.1** ⟨kandidaat voor een hogere beambtenbaan in staatsdienst⟩.
Assimilation ⟨v.; ~, ~en⟩ **0.1** ***assimilatie.***
assimilieren **0.1** ***assimileren*** ◆ **1.1** Kohlensäure ~ *koolzuur assimileren, opnemen en omzetten* **6.1** sich **an** die Umwelt ~ *zich aan het milieu aanpassen.*
Assisen ⟨alleen mv.⟩ **0.1** ***Hof van Assisen, assisenhof*** ⟨België, Frankrijk, Zwitserland⟩.
Assistent ⟨m.; ~en, ~en⟩ **0.1** ***assistent*** *⇒(wetenschappelijk) medewerker.*
Assistentin ⟨v.; ~, ~nen⟩ **0.1** ***assistente*** *⇒(wetenschappelijk) medewerkster.*
Assistenz ⟨v.; ~, ~en⟩ **0.1** ***assistentie*** ◆ **6.1 unter** ~ einiger Fachärzte *met assistentie van enkele specialisten.*
Assistenzarzt ⟨m.⟩ **0.1** ***assistent(-arts).***
assistieren **0.1** ***assisteren*** *⇒helpen* ◆ **4.1** jmdm. ~ *iem. assisteren, helpen.*
Assoziation ⟨v.; ~, ~en⟩ **0.1** ***associatie*** ◆ **3.1** ~en erwecken *associaties wekken.*
assoziieren **0.1** ***associëren*** ◆ **6.1** sich **(mit)** der Europäischen Gemeinschaft ~ *zich met de Europese Gemeenschap associëren.*
Ast ⟨m.; ~(e)s, ~̈e⟩ **0.1** ***(dikke) tak*** **0.2** ***knoest, kwast*** ⟨mbt. hout⟩ ◆ **1.1** ⟨nat.⟩ der absteigende ~ einer Geschoßbahn *de dalende tak van een kogelbaan;* ⟨wisk.⟩ die Äste einer Hyperbel *de takken van een hyperbool* **2.¶** ⟨inf.; fig.⟩ er ist, sitzt auf dem absteigenden ~ (a) *hij presteert minder* (b) *het gaat met hem achteruit* **3.1** ⟨inf.; fig.⟩ den ~ absägen, auf dem man sitzt *zijn eigen graf delven;* ⟨inf.⟩ ich habe mir einen ~ gelacht *ik heb me een bult gelachen.*
AStA, ASTA ⟨m.; ~(s), ~(s) of Asten⟩⟨afk.⟩ [Allgemeiner Studentenausschuß].
Aster ⟨v.; ~, ~n⟩ **0.1** ***aster.***
Asteriskus ⟨m.; ~, Asterisken⟩⟨boek., taal.⟩ **0.1** ***asterisk, sterretje.***
Astgabel ⟨v.⟩ **0.1** ***vork*** ⟨mbt. takken⟩ *⇒vertakking.*
Ästhetik ⟨v.; ~, ~en⟩ **0.1** ***esthetica, schoonheid(sleer)*** **0.2** ***esthetische zin*** *⇒gevoel voor schoonheid.*
ästhetisch **0.1** ***esthetisch.***
Asthma ⟨o.; ~s⟩ **0.1** ***astma*** *⇒kortademigheid.*
Asthmatiker ⟨m.; ~s, ~⟩ **0.1** ***astmaticus, astmalijder.***
ästig **0.1** ***knoestig, kwastig*** *⇒vol knoesten* **0.2** ***met veel takken, (sterk) vertakt.***
Astrachan ⟨m.; ~s, ~s⟩ **0.1** ***astrakan.***
astrein **0.1** *zonder knoesten, kwasten* **0.2** ⟨inf.⟩ *zuiver op de graat ⇒betrouwbaar* **0.3** ⟨inf.; jeugdtaal⟩ ***gaaf, te gek.***
Astrologie ⟨v.; ~⟩ **0.1** ***astrologie, sterrenwichelarij.***
Astronaut ⟨m.; ~en, ~en⟩ **0.1** ***astronaut, ruimtevaarder*** *⇒kosmonaut.*
Astronomie ⟨v.; ~⟩ **0.1** ***astronomie, sterrenkunde.***
astronomisch **0.1** ***astronomisch*** ⟨ook fig.⟩.
Ästuar(ium) ⟨o.; ~s, Ästuarien⟩ **0.1** ***estuarium*** *⇒trechtermond.*
Astwerk ⟨o.⟩ **0.1** ***takken*** ⟨v.e. boom⟩.
Asyl ⟨o.; ~(e)s, ~e⟩ **0.1** ***asiel*** *⇒toevluchtsoord* **0.2** ***asiel*** *⇒bescherming, toevlucht* ◆ **3.2** jmdm. ~ bieten, geben, gewähren *iem. asiel verlenen.*
Asylant ⟨m.; ~en, ~en⟩ **0.1** ***asielzoeker, asielaanvrager.***
Asylantenheim ⟨o.⟩ **0.1** ***asielzoekerscentrum.***
Asylantrag ⟨m.⟩ **0.1** ***asielaanvraag.***
Asylbewerber ⟨m.⟩ →**Asylant.**
Asylrecht ⟨o.⟩ **0.1** ***asielrecht.***
Asylverfahren ⟨o.⟩ **0.1** ***asielprocedure.***
asymmetrisch **0.1** ***asymmetrisch.***
asynchron **0.1** ***asynchroon.***
Aszendent ⟨m.; ~en, ~en⟩ **0.1** ⟨geneal.⟩ ***ascendent*** **0.2** ⟨astrol.⟩ ***ascendant.***
Aszese ⟨v.; ~⟩ **0.1** ***ascese*** *⇒onthouding.*
Atavismus ⟨m.; ~, Atavismen⟩ **0.1** ***atavisme.***
Atelier ⟨o.; ~s, ~s⟩ **0.1** ***atelier*** *⇒werkplaats, studio.*
Atelierfest ⟨o.⟩ **0.1** ***kunstenaarsfeest.***
Atem ⟨m.; ~s⟩ **0.1** ***adem*** *⇒lucht* **0.2** ***ademhaling, het ademhalen*** ◆ **2.1** mit verhaltenem ~ *met ingehouden adem* **2.2** einen kurzen ~ haben (a) *kortademig zijn* (b) ⟨schr.⟩ *astmatisch zijn;* ein schneller ~ *een snelle ademhaling* **3.1** den ~ anhalten *de adem inhouden* ⟨ook fig.⟩; ~ holen, schöpfen *ademhalen;* jmdm. den ~ verschlagen (a) *iem. de adem afsnijden* (b) ⟨fig.⟩ *iem. sprakeloos maken* **3.¶** mir ist der ~ ausgegangen (a) *ik ben doodop* (b) *ik zit aan de grond* **6.1 außer** ~ geraten, kommen *buiten adem geraken;* **nach** ~ ringen *naar adem snakken;* **zu** ~ kommen *op adem komen* ⟨ook fig.⟩ **6.2 in** einem, im gleichen, im selben ~ *in één adem, zonder tussenpozen* **6.¶** jmdn. **in** ~ halten *iem. in spanning houden.*
atemberaubend **0.1** ***adembenemend*** *⇒buitengewoon opwindend.*
Atembeschwerden ⟨alleen mv.⟩ **0.1** ***ademhalingsklachten.***
Atemgymnastik ⟨v.⟩ **0.1** ***ademhalingsgymnastiek.***
atemlos **0.1** ***ademloos, geheel buiten adem*** **0.2** ***snel*** *⇒ononderbroken* **0.3** ***ademloos*** *⇒vol spanning, opwinding* ◆ **1.2** in ~er Folge *in snelle, ononderbroken opeenvolging* **3.3** ~ zuhören *ademloos, vol spanning luisteren.*
Atemnot ⟨v.⟩ **0.1** ***ademnood*** *⇒benauwdheid.*
Atempause ⟨v.⟩ **0.1** ***adempauze*** ⟨ook fig.⟩.
Atemwege ⟨alleen mv.⟩ **0.1** ***luchtwegen.***
Atemzug ⟨m.⟩ **0.1** ***ademtocht*** *⇒ademhaling* ◆ **2.1** ⟨schr.⟩ bis zum letzten ~ *tot de laatste ademtocht;* die letzten Atemzüge tun *de laatste adem uitblazen* **2.¶** im nächsten ~ *onmiddellijk daarna* **6.1 in** einem, im gleichen, im selben ~ *in één adem.*
Äthan ⟨o.; ~(e)s⟩ **0.1** ***ethaan.***
Atheismus ⟨m.; ~⟩ **0.1** ***atheïsme.***
Athen ⟨o.; ~s⟩ **0.1** ***Athene.***
Äther ⟨m.; ~s⟩ **0.1** ⟨schr.⟩ ***ether*** *⇒hemel(ruim)* **0.2** ⟨med., schei.⟩ ***ether.***
ätherisch **0.1** ***etherisch*** ◆ **1.1** eine ~e Erscheinung *een etherische verschijning.*
Ätherwelle ⟨v.⟩ **0.1** ***ethergolf.***

Äthiopien ⟨o.; ~s⟩ **0.1** *Ethiopië.*
Athlet ⟨m.; ~en, ~en⟩ **0.1** *atleet.*
Athletik ⟨v.; ~⟩ **0.1** *atletiek.*
athletisch 0.1 *atletisch.*
Äthyl ⟨o.; ~(e)s⟩ **0.1** *ethyl.*
Äthylen ⟨o.; ~(e)s⟩ **0.1** *eth(yl)een.*
Atlantik ⟨m.; ~s⟩ **0.1** *Atlantische Oceaan.*
atlantisch 0.1 *Atlantisch* ◆ **1.1** ein ~es Hoch *een Atlantisch hogedrukgebied.*
Atlas[1] ⟨m.; ~(ses), Atlanten of ~se⟩ **0.1** ***atlas.***
Atlas[2] ⟨m.; ~(ses), ~se⟩ **0.1** ***atlas, satijn.***
Atlaskleid ⟨o.⟩ **0.1** ***satijnen japon.***
atmen I ⟨onov.ww.⟩ **0.1** ***ademen, ademhalen*** ◆ **5.1** ⟨fig.⟩ frei ~ *vrij ademen, in vrijheid leven;*
II ⟨ov.ww.⟩⟨schr.⟩ **0.1** ***(in)ademen* 0.2 *(uit)ademen*** ⇒*vervuld zijn van* ◆ **1.2** alles atmet hier Ruhe *alles ademt hier rust.*
Atmosphäre ⟨v.; ~, ~n⟩ **0.1** ***atmosfeer*** ⇒*dampkring* **0.2 *sfeer*** ⇒*stemming* **0.3** ⟨fig.⟩ ***(atmo)sfeer*** ⇒*omgeving, milieu* **0.4** ⟨nat.⟩ ***atmosfeer*** ◆ **2.2** eine frostige, gespannte ~ *een koele, gespannen (atmo)sfeer* **2.4** ein Druck von zwanzig ~n *een druk van twintig atmosfeer* **3.1** in die ~ zurückkehren *in de dampkring terugkeren.*
Atmosphärendruck ⟨m.; mv. ~e⟩ **0.1** ***atmosferische druk.***
atmosphärisch 0.1 ***atmosferisch*** ◆ **1.1** ~e Störungen *atmosferische storingen.*
AT-Motor ⟨m.⟩⟨afk.⟩ →**Austauschmotor.**
Atmung ⟨v.; ~, ~en⟩ **0.1** ***ademhaling, het ademen*** ⇒*adem* ◆ **2.1** künstliche ~ *kunstmatige ademhaling.*
atmungsaktiv 0.1 ***lucht doorlatend.***
Atmungsorgan ⟨o.⟩ **0.1** ***ademhalingsorgaan.***
Atoll ⟨o.; ~s, ~e⟩ **0.1** ***atol.***
Atom ⟨o.; ~(e)s, ~e⟩ **0.1** ***atoom*** ⟨ook fig.⟩ ◆ **4.1** ⟨fig.⟩ kein ~ *helemaal niets, geen grein(tje).*
Atomabfall ⟨m.⟩ **0.1** ***radioactief afval, radioactieve afvalstof.***
Atomantrieb ⟨m.⟩ **0.1** ***nucleaire aandrijving.***
atomar 0.1 ***atoom-, atomair*** ◆ **1.1** die ~e Aufrüstung *de kernbewapening;* das ~e Gleichgewicht *het nucleaire evenwicht;* ein ~er Krieg *een atoom-, kernoorlog;* ein ~es U-Boot *een atoomduikboot;* ~e Waffen *atoomwapens, nucleaire wapens;* das ~e Zeitalter *het atoomtijdperk* **3.1** ~ bewaffnet sein *met atoomwapens uitgerust zijn.*
Atomaufrüstung ⟨v.⟩ **0.1** ***kernbewapening.***
Atombombe ⟨v.⟩ **0.1** ***kern-, atoombom.***
Atombomber ⟨m.⟩ **0.1** ***atoombommenwerper.***
Atombunker ⟨m.⟩ **0.1** ***atoomschuilkelder.***
Atomenergie ⟨v.⟩ **0.1** ***kern-, atoomenergie.***
Atomforschung ⟨v.⟩ **0.1** ***kernonderzoek.***
Atomgegner ⟨m.⟩ **0.1** ***tegenstander van atoomenergie.***
Atomgewicht ⟨o.⟩ **0.1** ***atoomgewicht*** ⇒*atoommassa.*
atomisieren 0.1 ***atomiseren*** ⇒*versplinteren, verpulveren* **0.2 *atomiseren*** ⟨vloeistoffen⟩ ⇒*verstuiven.*
Atomismus ⟨m.; ~⟩⟨fil.⟩ **0.1** ***atomisme.***
Atomkern ⟨m.⟩ **0.1** ***atoomkern.***
Atomkraft ⟨v.⟩ **0.1** ***atoomkracht.***
Atomkraftwerk ⟨o.⟩ **0.1** ***atoom-, kerncentrale.***
Atomkrieg ⟨m.⟩ **0.1** ***atoom-, kernoorlog.***
Atommacht ⟨v.⟩ **0.1** ***kernmacht, nucleaire mogendheid* 0.2 *nucleaire strijdkrachten.***
Atommeiler ⟨m.⟩ **0.1** ***grote kernreactor.***
Atommüll ⟨m.⟩ **0.1** ***radioactief afval, radioactieve afvalstof.***
Atommüllagerung ⟨v.⟩ **0.1** ***opslag van radioactief afval.***
Atomphysik ⟨v.⟩ **0.1** ***kernfysica.***
Atompilz ⟨m.⟩ **0.1** ***nucleaire paddestoel(wolk).***
Atomrakete ⟨v.⟩ **0.1** ***atoom-, kernraket.***
Atomreaktor ⟨m.⟩ **0.1** ***atoom-, kernreactor.***
Atomrüstung ⟨v.⟩ **0.1** ***kernbewapening.***
Atomschirm ⟨m.⟩⟨mil., pol.⟩ **0.1** ***atoomparaplu.***
Atomspaltung ⟨v.⟩ **0.1** ***atoomsplijting, kern-, atoomsplitsing.***
Atomsperrvertrag ⟨m.⟩ **0.1** ***kernstopverdrag.***
Atomsprengkopf ⟨m.⟩ **0.1** ***atoom-, kernkop.***
Atomstopp ⟨m.⟩ **0.1** ***kernstop.***
Atomstrahl ⟨m.⟩ **0.1** ***kernstraal.***
Atomtechnik ⟨v.⟩ **0.1** ***kerntechniek.***
Atomtest ⟨m.⟩ **0.1** ***kernproef.***
Atomtod ⟨m.⟩ **0.1** ***dood door kernstralen.***
Atomuhr ⟨v.⟩ **0.1** ***atoomklok.***
Atomunterseeboot ⟨o.⟩ **0.1** ***atoomduikboot.***
Atomversuch ⟨m.⟩ **0.1** ***atoom-, kernproef.***
Atomvolumen ⟨o.⟩ **0.1** ***atoomvolume.***
Atomwaffe ⟨v.⟩ **0.1** ***kern-, atoomwapen.***
Atomwaffensperrvertrag ⟨m.⟩ **0.1** ***kernstopverdrag.***
Atomzeitalter ⟨o.⟩ **0.1** ***atoomtijdperk.***
Atomzerfall ⟨m.⟩ **0.1** ***spontane atoomsplijting.***
atonal 0.1 ***atonaal*** ◆ **1.1** ~e Musik *atonale muziek.*
atoxisch 0.1 ***niet toxisch, niet giftig.***
Atrium ⟨o.; ~s, Atrien⟩⟨bouwk.⟩ **0.1** ***atrium.***
Atrophie ⟨v.; ~, ~n⟩⟨med.⟩ **0.1** ***atrofie, wegkwijning.***
Attaché ⟨m.; ~s, ~s⟩ **0.1** ***attaché.***
Attacke ⟨v.; ~, ~n⟩ **0.1** ***aanval, attaque*** ⟨ook fig.⟩ ⇒*offensief* **0.2** ⟨gesch., mil.⟩ ***attaque, cavalerieaanval*** **0.3** ⟨med.⟩ ***attaque*** ⇒*beroerte, hersenbloeding* **0.4** ⟨muz.⟩ ***luide inzet*** ◆ **3.1** ⟨ook sp.⟩ eine ~ abwehren *een aanval afslaan* **3.3** einer ~ erliegen *aan een beroerte, attaque bezwijken* **6.1** eine ~ **gegen** die neue Regierung *een aanval op, tegen de nieuwe regering;* ⟨fig.⟩ scharfe ~n **gegen** jmdn. reiten *iem. fel attaqueren, tegen iem. fel van leer trekken.*
attackieren 0.1 ***aanvallen, attaqueren*** ⟨ook fig.⟩.
Attentat ⟨acc. wiss.⟩⟨o.; ~(e)s, ~e⟩ **0.1** ***(moord)aanslag*** ⇒*gewelddaad* ◆ **6.1** ein ~ **auf, gegen** jmdn. begehen, verüben *een aanslag op iem. plegen.*
Attentäter ⟨m.; ~s, ~⟩ **0.1** ***pleger v.e. aanslag, dader.***
Attest ⟨o.; ~(e)s, ~e⟩ **0.1** ***medisch attest.***
attestieren 0.1 ***bekrachtigen*** ⇒*bevestigen* ◆ **1.1** jmdm. seine Leistungen ~ *iemands prestaties bevestigen.*
Attitüde ⟨v.; ~, ~n⟩ **0.1** ***attitude*** ◆ **3.1** eine ~ an-, einnehmen *een houding aannemen.*
Attraktion ⟨v.; ~, ~en⟩ **0.1** ***attractie, aantrekking(skracht)* 0.2 *attractie*** ◆ **2.2** die neuen ~en im Zirkus *de nieuwe attracties in het circus.*
attraktiv 0.1 ***attractief, aantrekkelijk*** ⇒*aanlokkelijk, bekoorlijk.*
Attrappe ⟨v.; ~, ~n⟩ **0.1** ***nabootsing, namaak(artikel)*** ⇒*lege verpakking, dummy.*
Attribut ⟨o.; ~(e)s, ~e⟩⟨fil., schr., taal.⟩ **0.1** ***attribuut*** ⇒*wezenlijk kenmerk, bijvoeglijke bepaling.*
atü ⟨afk.⟩ [Atmosphärenüberdruck].
atypisch ⟨acc. wiss.⟩ **0.1** ***atypisch, afwijkend.***
Ätzdruck ⟨m.; mv. ~e⟩ **0.1** ***etsdruk.***
ätzen I ⟨onov.ww.⟩ **0.1** ***bijten, invreten*** ⟨ook fig.⟩ ◆ **1.1** ~de Chemikalien *bijtende chemicaliën;* ⟨fig.⟩ ein ~der Geruch *een bijtende, scherpe geur;* ⟨fig.⟩ ~der Spott *bijtende, scherpe spot;*
II ⟨ov.ww.⟩ **0.1** ***schoonbijten*** ⇒*schoonbranden* **0.2** ⟨schei.⟩ ***bijten* 0.3** ⟨graf.⟩ ***etsen*** ◆ **1.1** eine Wunde ~ *een wond schoonbijten* **1.2** ein Loch in eine Platte ~ *een gat in een plaat bijten* **1.3** ein Bild auf, in eine Platte ~ *een voorstelling op, in een plaat etsen.*

ätzend ⟨inf.; vooral jongerentaal⟩ **0.1** ***vreselijk, erg, bar*** **0.2** ***te gek.***
Ätzkalk ⟨m.⟩ **0.1** ***gebluste kalk.***
Ätzkunst ⟨v.⟩ **0.1** ***etskunst.***
Ätznadel ⟨v.⟩ **0.1** ***etsnaald*** *⇒etsijzer.*
Ätzstein ⟨m.⟩ **0.1** ***helse steen.***
Atzung ⟨v.; ~, ~en⟩ **0.1** ***het voeren*** **0.2** ***voedsel, eten.***
au 0.1 ***au!, ai!*** ⟨uitroep van pijn⟩ **0.2** ***o!*** ⟨uitroep van vreugde⟩.
Aubergine ⟨v.; ~, ~n⟩ **0.1** ***aubergine.***
auch 0.1 ***ook*** *⇒eveneens, bovendien, zelfs* **0.2** ⟨generaliserend, toegevend⟩ ***ook*** ◆ **3.2** was denkst du ~? *wat denk je wel?* **4.1** ~ das noch! *ook dat nog!* **4.2** was ~ (immer), was immer ~ *wat ook, alles wat;* wer ~ (immer), wer immer ~ *wie ook, ieder die* **5.2** wie dem ~ sei *hoe het ook zij;* wieviel ~ (immer) *hoeveel ... ook;* wo ~ immer *waar ook* **6.¶** ⟨inf.⟩ **zum** Donnerwetter ~! *verdomd nog aan toe!* **8.1** sowohl ... als, wie ~ *zowel ... als ook;* nicht nur ..., sondern ~ *niet alleen ... maar ook;* ~ wenn *ook, zelfs wanneer;* wie ~ *evenals* **8.2** (und) wenn ... ~ *al ... (ook);* ⟨inf.⟩ und wenn ~! *en wat dan nog?*
Audienz ⟨v.; ~, ~en⟩ **0.1** ***audiëntie*** ◆ **3.1** jmdm. (eine) ~ erteilen, gewähren *iem. audiëntie verlenen.*
Audimax ⟨o.; ~⟩ ⟨stud.⟩ **0.1** ***grootste auditorium, auditorium maximum.***
Audiovision ⟨v.⟩ **0.1** ***audiovisie*** **0.2** ***informatie door klank en beeld.***
audiovisuell 0.1 ***audiovisueel.***
Auditorium ⟨o.; ~s, Auditorien⟩ **0.1** ***auditorium, collegezaal*** **0.2** ***auditorium, toehoorders.***
Aue ⟨v.; ~, ~n⟩ **0.1** ⟨schr.⟩ ***landouw*** *⇒weiland, beemd* **0.2** ***(rivier)eiland.***
Auerhahn ⟨m.⟩ **0.1** ***auerhaan.***
Auerhuhn ⟨o.⟩ **0.1** ***auerhoen.***
Auerochse ⟨m.⟩ **0.1** ***oeros.***
Auerwild ⟨o.⟩ **0.1** ***auerhoenders.***
auf[1] ⟨bw.⟩ **0.1** ***op*** *⇒(naar) omhoog* **0.2** ***vooruit, komaan!*** **0.3** ⟨inf. ook bn.⟩ ***open*** *⇒geopend* ◆ **1.3** Augen ~! *ogen open!* **7.1** das Auf und Ab *de ups en downs* **8.1** ~ und ab, nieder (a) *op en neer* (b) *heen en weer;* ⟨inf.⟩ ~ und davon *ervandoor, weg* **¶.2** ~, an die Arbeit! *vooruit, aan het werk!*
auf[2] ⟨vz. + 3,4⟩ **0.1** ***(boven)op*** ⟨ook fig.⟩ *⇒in, bij, naar, aan* ⟨ook fig.⟩ **0.2** ***voor*** *⇒gedurende, tijdens* **0.3** ***tot, op*** ⟨tijd⟩ **0.4** ***op*** *⇒na, naar* **0.5** ***op*** ⟨bepaling van wijze, graad, middel⟩ *⇒in, ten* **0.6** ***op*** ⟨doel, reden, vaste verbindingen⟩ **0.7** ***per*** ⟨verdeling⟩ **0.8** ***(van) op (een afstand van)*** **0.9** ⟨reg.⟩ ***op*** ⟨tijdstip⟩ *⇒met, tegen, om* ◆ **1.1** ~ dieser Seite der Straße *aan deze kant van de straat* **1.2** ~ einen Augenblick, einige Jahre *voor een ogenblik, enkele jaren* **1.4** Stunde ~ Stunde *uur na uur, urenlang;* in der Nacht vom 30. ~ den 31. März *in de nacht van 30 op 31 maart* **1.5** ~ den ersten Blick *op het eerste gezicht;* ~ jeden Fall *in ieder geval;* ~ Kosten seiner Nachtruhe *ten koste van zijn nachtrust;* ~ eigene Rechnung *voor eigen rekening, op eigen risico;* ~ diese Weise *op deze, die manier;* ~ einen Zug *in één teug* **1.7** vier Eier ~ ein Kilo *vier eieren per kilo* **1.8** ~ zehn Meter schoß er *van tien meter afstand schoot hij* **1.9** es geht ~ den Abend, zwei Uhr *het loopt tegen de avond, twee uur* **2.5** ~ deutsch *in het Duits;* ~s herzlichste grüßen *zeer hartelijk groeten;* ~s höchste erstaunt *ten zeerste verbaasd;* ~s neue *opnieuw;* ~s strengste verboten *ten strengste verboden* **2.9** ein Viertel ~ zwei *kwart over één;* drei Viertel ~ zwei *kwart voor twee* **2.¶** sich ~ jung, neu kleiden *zich jong, nieuw kleden* **3.1** ~ der Post arbeiten *bij de post werken;* ⟨inf.⟩ ~ Arbeit gehen *uit werken gaan;* ~ Urlaub gehen *met vakantie gaan;* dieses Fenster geht ~ die Straße hinaus *dit raam kijkt op de straat uit;* ~ dem Land wohnen *op het platteland wonen;* ~s Dorf, ~s Land ziehen *naar het dorp, naar het platteland trekken;* ⟨inf.⟩ ~ die Fünfzig zugehen *naar de vijftig gaan* **3.7** ~ jedes Kind entfällt ein Apfel *er is één appel per kind* **4.¶** es hat nichts ~ sich *het heeft niets te betekenen* **5.2** ~ immer *voor altijd* **5.3** ~ morgen! *tot morgen!* **5.6** ~ seinen Rat hin *op zijn advies;* ~ diese Nachricht hin *naar aanleiding van dit bericht* **5.¶** ⟨inf.⟩ ~ einmal (a) *ineens, eensklaps, plotseling* (b) *ineens, in één keer, tegelijk* **6.1** naß **bis** ~ die Haut *nat tot op het lijf* **6.3** ⟨schr.⟩ **bis** ~ den heutigen Tag *tot op de dag van vandaag;* ⟨schr.⟩ **bis** ~ weiteres *tot nader order* **6.¶** alle **bis** ~ meinen Freund *allen op mijn vriend na.*
aufächzen 0.1 ***een zucht slaken.***
aufarbeiten I ⟨ov.ww.⟩ **0.1** ***weg-, verwerken*** **0.2** ***opgebruiken, opmaken*** **0.3** ⟨fig.⟩ ***verwerken*** *⇒opnemen, gebruiken* **0.4** ***opknappen*** ◆ **1.1** einen Rückstand ~ *een achterstand wegwerken* **1.3** die Ergebnisse ~ *de resultaten verwerken;*
II sich ~ ⟨wk.ww.⟩ **0.1** ***overeind komen.***
aufatmen 0.1 ***diep ademen*** **0.2** ***herademen*** *⇒opgelucht ademhalen.*
aufbahren 0.1 ***opbaren.***
Aufbau[1] ⟨m.; mv. ~ten of ~e⟩ **0.1** ***(op)bouw, het (op)bouwen*** **0.2** ***wederopbouw*** *⇒herstel* **0.3** ⟨fig.⟩ ***opbouw*** *⇒inrichting, organisatie(vorm)* **0.4** ⟨fig.; schei.⟩ ***bouw*** *⇒structuur* ◆ **1.1** der ~ eines Zeltes *het opzetten van een tent* **1.4** der ~ eines Romans *de bouw, structuur van een roman* **6.3 im** ~ sein *in opbouw zijn.*
Aufbau[2] ⟨m.; mv. ~ten⟩ **0.1** ⟨scheep.⟩ ***opbouw*** **0.2** ⟨tech.⟩ ***carrosserie, koetswerk.***
aufbauen I ⟨onov.ww.; h.⟩ **0.1** ***gebaseerd zijn, steunen*** *⇒uitgaan* ◆ **6.1 auf** festen Prinzipien ~ *op vaste principes gebaseerd zijn;*
II ⟨ov.ww.⟩ **0.1** ***(op)bouwen*** **0.2** ***weer opbouwen, herbouwen*** **0.3** ⟨fig.⟩ ***opbouwen*** *⇒oprichten, tot stand brengen* **0.4** ***promoten*** *⇒vooruithelpen, voorbereiden* **0.5** ⟨fig.⟩ ***(op)bouwen*** *⇒structureren, opzetten* **0.6** ***baseren, doen steunen*** **0.7** ⟨schei.⟩ ***samenstellen*** *⇒(om)vormen* ◆ **1.1** ⟨sp.⟩ einen Angriff ~ *een aanval opzetten;* eine Maschine ~ *een machine monteren* **1.3** ich baute mir eine neue Existenz auf *ik bouwde (me) een nieuw bestaan op* **1.¶** ~de Kritik *opbouwende kritiek* **5.5** ein gut aufgebauter Roman *een goed gebouwde, gestructureerde roman* **6.7** Zucker **zu** Stärke ~ *suiker in zetmeel omzetten;*
III sich ~ ⟨wk.ww.⟩ **0.1** ***gebaseerd zijn, steunen*** *⇒uitgaan* **0.2** ***ontstaan, zich vormen*** **0.3** ***zich samenpakken*** **0.4** ⟨inf.⟩ ***zich opstellen, gaan staan*** **0.5** ⟨schei.⟩ ***samengesteld, opgebouwd zijn*** ◆ **1.2** da baut sich ein neues Tief auf *daar ontstaat, vormt zich een nieuwe depressie* **1.3** schwere Wolken bauten sich auf *zware wolken pakten zich samen.*
aufbäumen, sich 0.1 ***steigeren*** ⟨ook fig.⟩ *⇒zich oprichten* **0.2** ***zich verzetten*** *⇒in verzet, opstand komen.*
Aufbaumöbel ⟨o.⟩ **0.1** ***stapelmeubel.***
aufbauschen I ⟨ov.ww.⟩ **0.1** ***bol doen staan*** **0.2** ⟨fig.⟩ ***opblazen*** *⇒overdrijven* ◆ **1.2** eine Angelegenheit ~ *een zaak opblazen;*
II sich ~ ⟨wk.ww.⟩ **0.1** ***bol gaan staan*** **0.2** ***uitgroeien*** *⇒zich ontwikkelen* ◆ **6.2** sich **zu** einer Krise ~ *tot een crisis uitgroeien.*
Aufbauschule ⟨v.⟩ **0.1** ⟨verkorte vwo-opleiding⟩.
aufbegehren ⟨schr.⟩ **0.1** ***zich verzetten*** *⇒in opstand komen.*
aufbehalten 0.1 ***ophouden.***

aufbeißen 0.1 ***openbijten.***

aufbekommen 0.1 ***openkrijgen*** *⇒kunnen openen* **0.2** ***op krijgen*** *⇒als taak krijgen* **0.3** ***op krijgen*** *⇒kunnen opeten* **0.4** ***op krijgen, opzetten.***

aufbereiten 0.1 ***geschikt maken voor verder gebruik*** *⇒(toe)bereiden, wassen, zuiveren* **0.2** ***ontsluiten*** **0.3** ***be-, verwerken*** *⇒analyseren* ◆ **1.1** Trinkwasser ~ *drinkwater zuiveren, bereiden* **1.3** Statistiken ~ *statistieken verwerken.*

Aufbereitungsanlage ⟨v.⟩ **0.1** ***zuiveringsinstallatie*** **0.2** ***opwerkingsfabriek.***

aufbersten ⟨schr.⟩ **0.1** ***openbarsten.***

aufbessern 0.1 ***verhogen*** **0.2** ***verbeteren.***

aufbewahren 0.1 ***bewaren*** *⇒(be)hoeden* ◆ **6.1** etwas **zum** Andenken ~ *iets als aandenken bewaren.*

Aufbewahrung ⟨v.⟩ **0.1** ***bewaring*** **0.2** ***bagagedepot*** ◆ **6.1** jmdm. etwas **in, zur** ~ geben *iem. iets in bewaring geven.*

aufbiegen 0.1 ***open-, omhoogbuigen.***

aufbieten 0.1 ***aanwenden*** *⇒gebruiken, inspannen* **0.2** ***oproepen*** *⇒inschakelen, inzetten* **0.3** ***in ondertrouw gaan*** **0.4** ***inzetten*** ⟨bij een veiling⟩ ◆ **1.2** die Polizei ~ *de politie inzetten.*

aufbinden 0.1 ***losmaken, losknopen*** **0.2** ***opbinden*** *⇒opsteken* **0.3** ***vastbinden, vastmaken*** **0.4** ⟨inf.⟩ ***op de hals halen*** **0.5** ⟨inf.⟩ ***wijsmaken*** *⇒op de mouw spelden* **0.6** ⟨boek.⟩ ***(in)binden*** ◆ **1.2** aufgebundenes Haar *opgebonden, opgestoken haar* **4.4** was hast du dir nun wieder aufgebunden? *wat heb je je nu weer op de hals gehaald?*

aufblähen I ⟨ov.ww.⟩ **0.1** ***opblazen*** *⇒bol doen staan* ◆ **1.1** ein aufgeblähter Bauch ~ *een opgezwollen, opgezette buik;* ⟨fig.⟩ eine aufgeblähte Verwaltung *een opgeblazen administratie;*
II sich ~ ⟨wk.ww.⟩ **0.1** ***(op)zwellen*** *⇒bol gaan staan* **0.2** ⟨pej.⟩ ***snoeven, pochen*** ◆ **1.2** dieser aufgeblähte Mensch *die blaaskaak.*

aufblasen I ⟨ov.ww.⟩ **0.1** ***op-, volblazen*** **0.2** ***op-, omhoogblazen*** ◆ **1.1** ⟨fig.⟩ einen Streitfall ~ *een geschil opblazen;*
II sich ~ ⟨wk.ww.⟩⟨inf.; pej.⟩ **0.1** ***snoeven, pochen.***

aufblättern I ⟨ov.ww.⟩ **0.1** ***op-, openslaan*** **0.2** ***doorbladeren;***
II sich ~ ⟨wk.ww.⟩⟨schr.⟩ **0.1** ***ontluiken*** *⇒opengaan.*

aufbleiben 0.1 ***opblijven*** **0.2** ***openblijven.***

aufblenden ⟨h.⟩ **I** ⟨onov.ww.⟩ **0.1** ***op-, aanflitsen*** **0.2** ***(het) groot licht aandoen*** **0.3** ⟨foto.⟩ ***het diafragma groter zetten;***
II ⟨ov.ww.⟩ **0.1** ***groot licht aanzetten.***

aufblicken 0.1 ***opkijken*** *⇒omhoogkijken, de ogen opslaan* **0.2** ⟨fig.⟩ ***opkijken*** *⇒bewonderen, vereren* ◆ **6.2 zu** jmdm. ~ *tegen iem. opkijken.*

aufblinken ⟨h.⟩ **0.1** ***beginnen te schitteren*** *⇒opkomen.*

aufblitzen 0.1 ⟨h.⟩ ***opflitsen*** **0.2** ⟨fig.⟩ ***(plotseling) opkomen*** ◆ **1.2** ein Gedanke blitzt in ihm auf *een gedachte flitst, komt in hem op.*

aufblühen 0.1 ***ontluiken*** *⇒tot bloei komen* **0.2** ⟨fig.⟩ ***opbloeien*** *⇒tot bloei komen, opleven* ◆ **1.2** der Handel blüht auf *de handel bloeit op, leeft op.*

aufbraten 0.1 ***opbraden*** *⇒opnieuw braden.*

aufbrauchen 0.1 ***opgebruiken*** *⇒opmaken* ◆ **1.1** seine Geduld ist aufgebraucht *zijn geduld is op.*

aufbrausen 0.1 ***(op)bruisen*** *⇒opborrelen, schuimen* **0.2** ⟨fig.⟩ ***opvliegen*** *⇒in toorn ontsteken* ◆ **1.1** ⟨fig.⟩ Beifall braust auf *applaus barst los* **1.2** ein ~der Charakter *een opvliegend karakter.*

aufbrechen I ⟨onov.ww.⟩ **0.1** ***op(en)breken*** *⇒openspringen* **0.2** ***opbreken*** *⇒vertrekken* **0.3** ⟨schr.⟩ ***losbreken*** *⇒aan het daglicht treden* ◆ **1.1** ⟨fig.⟩ die alten Wunden sind wieder aufgebrochen *de oude wonden zijn weer opengegaan;*
II ⟨ov.ww.⟩ **0.1** ***openbreken*** *⇒openscheuren* ◆ **1.1** ⟨schr.⟩ ein Telegramm ~ *een telegram openbreken.*

aufbrennen 0.1 ***op-, inbranden*** **0.2** ***openbranden*** ◆ **1.1** einem Tier ein Mal, ein Zeichen ~ *een dier brandmerken* **1.2** einen Tresor ~ *een brandkast openbranden* **1.¶** ⟨inf.⟩ jmdm. eine Kugel ~ *iem. treffen, raken.*

aufbringen 0.1 ***opbrengen*** *⇒bijeen-, samenbrengen* **0.2** ***invoeren*** *⇒in omloop, zwang brengen* **0.3** ***ophitsen*** **0.4** ⟨inf.⟩ ***openkrijgen, (kunnen) openen*** ◆ **1.1** Verständnis (für etwas) ~ *begrip (voor iets) opbrengen* **1.3** aufgebrachte Gemüter *boze gemoederen.*

aufbrodeln 0.1 ***opborrelen*** *⇒opstijgen.*

Aufbruch ⟨m.⟩ **0.1** ***vertrek*** *⇒aftocht* **0.2** ***het opbreken*** **0.3** ***opgebroken plaats*** *⇒spleet, barst* **0.4** ⟨schr.⟩ ***het ontwaken, bewustwording*** ◆ **2.4** eine Zeit des ~s *een tijd van diepgaande verandering, van kentering* **6.1 im** ~ begriffen sein *op het punt staan te vertrekken* **6.4 im** ~ sein *ontwaken.*

Aufbruchsstimmung ⟨v.⟩ **0.1** ***stemming om weg te gaan*** **0.2** ⟨fig.⟩ ***gevoel van verandering.***

aufbrühen 0.1 ***opgieten*** *⇒zetten* ◆ **1.1** Kaffee, Tee ~ *koffie, thee zetten.*

aufbuckeln ⟨inf.⟩ **0.1** ***opladen*** *⇒opzadelen, opschepen (met).*

aufbügeln 0.1 ***(op)strijken.***

aufbürden ⟨schr.⟩ **0.1** ***opladen*** *⇒op de hals schuiven, belasten* ◆ **1.1** ⟨fig.⟩ jmdm. die Verantwortung ~ *iem. met de verantwoordelijkheid belasten* **4.1** du hast dir zuviel aufgebürdet *je hebt te veel hooi op je vork genomen.*

aufdämmern ⟨schr.⟩ **0.1** ***beginnen te gloren*** *⇒opdoemen* **0.2** ***opkomen*** *⇒duidelijk worden.*

aufdecken I ⟨onov.ww.⟩ **0.1** ***(de tafel) dekken;***
II ⟨ov.ww.⟩ **0.1** ***onthullen*** *⇒blootleggen* **0.2** ***tonen, laten zien*** **0.3** ***afdekken*** *⇒de bedekking wegnemen* **0.4** ***opleggen*** ◆ **1.1** ein Komplott ~ *een complot aan het licht brengen* **1.2** ⟨ook fig.⟩ die, seine Karten ~ *zijn kaarten op tafel leggen* **1.3** das Bett ~ *het bed openslaan;* ein keltisches Grab ~ *een Keltisch graf blootleggen* **1.4** ein Tischtuch ~ *een tafellaken opleggen;*
III sich ~ ⟨wk.ww.⟩ **0.1** ***zich blootwoelen.***

aufdonnern, sich 0.1 ***zich opdirken.***

aufdrängen I ⟨ov.ww.⟩ **0.1** ***opdringen*** ◆ **1.1** jmdm. seine Freundschaft ~ *iem. zijn vriendschap opdringen;*
II sich ~ ⟨wk.ww.⟩ **0.1** ***zich opdringen*** *⇒opdringerig zijn* **0.2** ***zich opdringen*** *⇒onwillekeurig opkomen* ◆ **1.2** ein Verdacht drängt sich mir auf *een verdenking dringt zich aan mij op.*

aufdrehen I ⟨onov.ww.; h.⟩ **0.1** ⟨inf.⟩ ***het tempo opvoeren*** *⇒gas geven* **0.2** ⟨inf.⟩ ***in de (goede) stemming komen*** **0.3** ⟨scheep.⟩ ***opdraaien*** *⇒dwars gaan liggen;*
II ⟨ov.ww.⟩ **0.1** ***opendraaien*** *⇒openzetten* **0.2** ***losdraaien*** *⇒losmaken* **0.3** ⟨inf.⟩ ***luider, harder zetten*** **0.4** ***opdraaien*** ◆ **1.2** eine Schraube ~ *een schroef losdraaien* **1.3** das Radio ~ *de radio harder zetten* **1.4** den Schnurrbart ~ *de knevel opdraaien.*

aufdringlich 0.1 ***opdringerig*** *⇒hinderlijk, storend* ◆ **1.1** ein ~er Geruch *een hinderlijke reuk;* ein ~er Mensch *een opdringerig iemand.*

aufdröhnen ⟨h/s.⟩ **0.1** ***dreunend weerklinken*** ◆ **1.1** Applaus dröhnte auf *een dreunend applaus weerklonk.*

aufdröseln ⟨inf.⟩ **0.1** ***ontwarren*** ◆ **1.1** ein schwieriges Problem ~ *een moeilijk probleem analyseren.*

Aufdruck ⟨m.; mv. ~e⟩ **0.1** ***opdruk*** *⇒het opgedrukte* **0.2** ⟨nat.⟩ ***opwaartse druk.***

aufdrucken 0.1 ***opdrukken*** ◆ **6.1** einen Stempel **auf** einen Brief ~ *een stempel op een brief zetten.*
aufdrücken I ⟨onov.ww.⟩ **0.1** ***openen, opendoen*** ⟨door op een knop te drukken⟩ **0.2** ***drukken;***
II ⟨ov.ww.⟩ **0.1** ***opendrukken*** ⇒*openduwen* **0.2** ***(op)drukken*** **0.3** ***drukken*** ◆ **1.1** das Fenster ~ *het raam openduwen* **1.2** dem Dokument ein Siegel ~ *een zegel op het document drukken;* ⟨schr.; fig.⟩ den Geschehnissen einen Stempel ~ *een stempel op de gebeurtenissen drukken* **4.¶** ⟨inf.⟩ jmdm. einen ~ *iem. een kus geven.*
aufeinander 0.1 ***op elkaar*** ⇒*opeen, boven, tegen elkaar* ◆ **3.1** ~ losgehen *elkaar in de haren vliegen.*
aufeinanderbeißen 0.1 ***op elkaar zetten.***
Aufeinanderfolge ⟨v.⟩ **0.1** ***op(een)volging*** ⇒*volgorde* ◆ **2.1** die zeitliche ~ *de chronologische volgorde* **6.1 in** rascher ~ *vlug na elkaar.*
aufeinanderprallen 0.1 ***(opeen)botsen*** ⇒*tegen elkaar botsen.*
aufeinanderstoßen 0.1 ***(opeen)botsen*** ⇒*tegen elkaar botsen* ◆ **1.1** ihre Auffassungen stoßen immer wieder aufeinander *hun opvattingen botsen steeds weer;* die Autos stießen aufeinander *de auto's botsten opeen, tegen elkaar;* die Freunde stießen in der Stadt zufällig aufeinander *de vrienden liepen elkaar in de stad toevallig tegen het lijf.*
aufeinandertreffen 0.1 ***tegen elkaar uitkomen*** ⇒*tot een treffen komen.*
Aufenthalt ⟨m.; ~(e)s, ~e⟩ **0.1** ***oponthoud*** ⇒*verblijf* **0.2** ***onderbreking*** **0.3** ⟨schr.⟩ ***verblijfplaats*** ⇒*domicilie* ◆ **3.3** bei Freunden ~ nehmen *bij vrienden verblijven* **6.1** der ~ **bei** Bekannten *het verblijf bij kennissen* **6.2** der Zug fährt **ohne** ~ weiter *de trein rijdt verder zonder te stoppen* **6.¶** **ohne** ~ an die Arbeit gehen *onverwijld aan het werk gaan.*
Aufenthalts|bewilligung, -erlaubnis, -genehmigung ⟨v.⟩ **0.1** ***verblijfsvergunning.***
Aufenthaltsort ⟨m.⟩ **0.1** ***verblijfplaats*** ⇒*woonplaats.*
Aufenthaltsraum ⟨m.⟩ **0.1** ***ruimte voor gemeenschappelijk gebruik.***
auferlegen ⟨schr.⟩ **0.1** ***opleggen*** ⇒*opdragen, voorschrijven* ◆ **1.1** jmdm. eine Geldbuße ~ *iem. een geldboete opleggen.*
auferstehen 0.1 ***verrijzen, opstaan (uit den dode)*** ◆ **7.1** ⟨bn. als zn.⟩ der Auferstandene *de Verrezene, Jezus.*
Auferstehung ⟨v.; ~, ~en⟩ **0.1** ***verrijzenis, opstanding*** ◆ **3.1** ⟨schr.⟩ seine ~ erleben, finden *herleven;* ⟨inf.; scherts.⟩ (fröhliche) ~ feiern *weer in trek, in zwang komen.*
auferwecken 0.1 ***opwekken.***
aufessen 0.1 ***op-, leegeten.***
auffädeln 0.1 ***oprijgen*** ⇒*aan(een)rijgen.*
auffahren I ⟨onov.ww.⟩ **0.1** ***botsen*** ⇒*oprijden* ⟨tegen iets⟩ **0.2** ***achter elkaar rijden*** **0.3** ***voorrijden*** **0.4** ***opschrikken, opspringen*** **0.5** ***opvliegen, opstuiven*** **0.6** ***naar boven komen, opstijgen*** ◆ **1.2** dicht ~de Wagen *dicht achter elkaar rijdende auto's* **1.5** ein auffahrendes Wesen *een opvliegend karakter* **6.1** das Schiff ist **auf** eine Sandbank aufgefahren *het schip is op een zandbank gelopen;* **auf** einen Wagen ~ *tegen een auto botsen, oprijden* **6.4 aus** seinen Gedanken, dem Schlaf ~ *uit zijn gedachten, zijn slaap opschrikken* **6.6** gen Himmel ~ *ten hemel (op)varen;*
II ⟨ov.ww.⟩ **0.1** ***aanvoeren en afladen*** **0.2** ***kapot-, stukrijden*** **0.3** ⟨inf.⟩ ***opdissen, op tafel brengen*** **0.4** ⟨mil.⟩ ***in stelling brengen*** ◆ **1.1** Erde, Kies ~ *aarde, kiezel aanvoeren en afladen* **3.3** aufs neue Bier ~ lassen *opnieuw bier laten aanrukken.*
Auffahrt ⟨v.⟩ **0.1** ***klim*** ⇒*rit naar omhoog* **0.2** ***oprit*** ⇒*toegangsweg* **0.3** ***het voorrijden*** **0.4** ⟨mijnw.⟩ ***het naar boven komen*** ◆ **6.1** die ~ **zum** Gipfel *de rit, tocht omhoog naar de top* **6.2** die ~ **zur** Autobahn *de oprit naar de autosnelweg.*
Auffahrunfall ⟨m.⟩ **0.1** ***kop-staartbotsing.***
auffallen 0.1 ***opvallen*** **0.2** ***(neer)vallen*** ◆ **1.2** ~des Licht *opvallend licht.*
auffallend 0.1 ***opvallend*** ⇒*frappant* ◆ **1.1** eine ~e Ähnlichkeit *een frappante gelijkenis* **3.¶** ⟨inf.; scherts.⟩ das stimmt ~! *dat klopt helemaal!*
auffällig 0.1 ***opvallend*** ⇒*opmerkelijk, buitengewoon.*
auffalten I ⟨ov.ww.⟩ **0.1** ***openvouwen*** ⇒*ontvouwen;*
II sich ~ ⟨wk.ww.⟩ **0.1** ***zich ontvouwen*** ⇒*opengaan* **0.2** ⟨geol.⟩ ***zich plooien*** ◆ **1.1** der Fallschirm faltet sich auf *het valscherm gaat open.*
Auffangbecken ⟨o.⟩⟨fig.⟩ **0.1** ***vergaarbak.***
auffangen 0.1 ***(op)vangen*** **0.2** ***aanhouden*** **0.3** ⟨amb.⟩ ***opnemen, oprapen*** **0.4** ⟨verk.⟩ ***onder controle krijgen*** ◆ **1.1** Wasser ~ *water opvangen* **1.2** einen Dieb ~ *een dief aanhouden* **1.3** gefallene Maschen ~ *gevallen steken oprapen* **1.4** ein abtrudelndes Flugzeug noch ~ *een afglijdend vliegtuig nog onder controle krijgen.*
Auffanglager ⟨o.⟩ **0.1** ***opvangkamp.***
auffassen 0.1 ***opvatten*** ⇒*interpreteren, uitleggen* **0.2** ***vatten*** ⇒*begrijpen* ◆ **5.2** ⟨onov. ww.⟩ gut, schnell ~ *goed, snel begrijpen* **8.1** etwas als eine Beleidigung ~ *iets als een belediging opvatten.*
Auffassung ⟨v.⟩ **0.1** ***opvatting, mening*** **0.2** ***bevattingsvermogen*** ⇒*verstand* ◆ **1.1** die ~ einer Rolle *de interpretatie van een rol* **2.1** verschiedener ~ sein *van mening verschillen* **2.2** eine schnelle ~ haben *vlug van begrip zijn* **6.1** eine ~ **von** etwas haben *een mening over iets hebben;* **zu** einer ~ gelangen *tot een mening, opvatting komen* **8.1** der ~ sein, daß ... *van mening zijn dat ...*
Auffassungsgabe ⟨v.⟩ **0.1** ***begrips-, bevattingsvermogen.***
Auffassungssache ⟨v.⟩⟨inf.⟩ ◆ **3.¶** das ist ~ *daarover kan men van mening verschillen.*
Auffassungsweise ⟨v.⟩ **0.1** ***zienswijze.***
auffindbar 0.1 ***(terug) te vinden.***
auffinden 0.1 ***(terug)vinden*** ⇒*ontdekken.*
auffischen ⟨inf.⟩ **0.1** ***opvissen*** ⇒*oppikken* **0.2** ***opscharrelen*** ◆ **1.2** ein Mädchen ~ *een meisje opscharrelen.*
aufflackern 0.1 ***opflakkeren, opflikkeren*** ⇒*oplaaien.*
aufflammen 0.1 ***opvlammen*** ⇒*oplaaien, uitbreken* ◆ **1.1** das Streichholz flammt auf *de lucifer vlamt op* **6.1 in** seinen Augen flammt Haß auf *in zijn ogen flikkert haat op.*
aufflattern 0.1 ***opfladderen*** ⇒*(fladderend) opvliegen.*
auffliegen 0.1 ***opvliegen*** ⇒*omhoogvliegen* **0.2** ***openvliegen*** **0.3** ⟨inf.⟩ ***opgerold, beëindigd worden*** ◆ **1.2** die Tür fliegt auf *de deur vliegt open* **1.3** die Organisation ist aufgeflogen *de organisatie is opgerold;* der Schwindel ist aufgeflogen *de zwendel is ontdekt;* der Verein ist aufgeflogen *de vereniging is uiteengevallen* **3.3** eine Konferenz ~ lassen *een conferentie laten mislukken* **6.1** ⟨fig.⟩ **vom** Stuhl ~ *van zijn stoel opvliegen, opspringen.*
auffordern 0.1 ***(dringend) verzoeken*** ⇒*aanmanen, sommeren* **0.2** ***uitnodigen*** ⇒*(ten dans) vragen* ◆ **3.1** jmdn. ~, sich zu melden *iem. (dringend) verzoeken, zich te melden* **6.2** jmdn. **zu** einem Ausflug, zu einem Essen ~ *iem. voor een uitstapje, op een etentje uitnodigen.*
Aufforderung ⟨v.⟩ **0.1** ***(dringend) verzoek*** ⇒*aanmaning, sommatie* **0.2** ***uitnodiging*** ◆ **3.1** einer ~ Folge leisten, nachkommen *op een verzoek ingaan* **6.1** ⟨jur.⟩ ~ **zur** Erfüllung einer Verbindlichkeit *in-morastelling.*
aufforsten 0.1 ***(her)bebossen.***
auffressen 0.1 ***opvreten*** ⇒*opeten* **0.2** ⟨inf.⟩ ***opvreten*** ⇒*(fysiek) kapotmaken* ◆ **1.2** die Arbeit frißt ihn auf *het werk*

put hem uit **6.1** ⟨fig.⟩ jmdn. **mit** den Augen ~ *iem. met de ogen verslinden;* ⟨inf.⟩ jmdn. **vor** Liebe, Wut ~ können *iem. van liefde, woede kunnen op(vr)eten.*

auffrieren 0.1 ***ontdooien.***

auffrischen I ⟨onov.ww.; h/s.⟩ **0.1** ***aanwakkeren, toenemen*** ◆ **1.1** ein ~der Wind *een aanwakkerende, toenemende wind;*
II ⟨ov.ww.⟩ **0.1** ***opfrissen*** ⇒*verversen, vernieuwen* **0.2** ***aanvullen*** ◆ **1.1** die Farben eines Gemäldes ~ *de kleuren van een schilderij opfrissen, ophalen;* ⟨fig.⟩ sein Gedächtnis ~ *zijn geheugen opfrissen* **4.1** sich ~ *zich verfrissen.*

aufführen I ⟨ov.ww.⟩ **0.1** ***opvoeren*** ⇒*vertonen, spelen* **0.2** ***vermelden, noemen, opsommen*** **0.3** ⟨schr.⟩ ***oprichten, (op)bouwen*** ◆ **1.1** eine Oper ~ *een opera opvoeren* **1.2** Beispiele ~ *voorbeelden noemen;*
II sich ~ ⟨wk.ww.⟩ **0.1** ***zich gedragen*** ◆ **5.1** er hat sich wieder einmal aufgeführt! *hij heeft zich weer eens scandaleus gedragen!*

Aufführung ⟨v.⟩ **0.1** ***op-, uitvoering*** ⇒*vertoning, voorstelling* **0.2** ***vermelding, het noemen, opsomming*** **0.3** ⟨schr.⟩ ***het optrekken*** ⇒*oprichting, bouw* **0.4** ⟨schr.⟩ ***gedrag*** ◆ **1.2** die ~ der Namen *de vermelding van de namen* **6.1** ⟨schr.⟩ ein Stück **zur** ~ bringen *een stuk opvoeren;* **zur** ~ gelangen *opgevoerd worden.*

Aufführungsrecht ⟨o.⟩ **0.1** ***vertoningsrecht.***

auffüllen 0.1 ***(bij)vullen*** **0.2** ***bijgieten*** ⇒*bijtanken* **0.3** ***aanvullen*** **0.4** ***op-, verhogen*** **0.5** ⟨inf.⟩ ***opscheppen*** ⇒*opdissen* **0.6** ⟨cul.⟩ ***aanlengen*** ◆ **1.1** das Faß, den Tank ~ *het vat, de tank (bij)vullen* **1.2** Benzin ~ *benzine bijtanken* **1.3** die Vorräte ~ *de voorraden aanvullen.*

auffüttern 0.1 ***grootbrengen*** ◆ **1.¶** einen Kranken ~ *een zieke laten aansterken.*

Aufgabe ⟨v.⟩ **0.1** ***afgifte*** ⇒*het opgeven* **0.2** ***taak*** ⇒*opdracht* **0.3** ***opgave*** ⇒*vraagstuk* **0.4** ***huiswerk*** **0.5** ***het opgeven, beëindiging, stopzetting*** **0.6** ⟨sp.⟩ ***opslag*** ◆ **1.1** die ~ eines Telegramms *de afgifte, het opgeven van een telegram* **1.5** die ~ eines Amtes *het neerleggen van een ambt;* die ~ des Geschäfts *de opheffing van de zaak* **2.3** eine rechnerische ~ ***een rekensom*** **3.2** eine ~ bewältigen, übernehmen *tegen een taak opgewassen zijn, een taak op zich nemen* **3.6** die ~ ausführen *opslaan* **6.2** sich ⟨3e nv.⟩ etwas **zur** ~ machen *zich iets tot taak stellen* **6.5** ⟨sp.⟩ **zur** ~ gezwungen werden *gedwongen worden de strijd te staken.*

aufgabeln ⟨inf.; scherts.⟩ **0.1** ***opscharrelen, opdoen.***

Aufgabenbereich ⟨m.⟩ **0.1** ***werkterrein*** ⇒*ressort, taak* ◆ **6.1** das fällt, gehört nicht **in** meinen ~ *dat behoort niet tot mijn ressort.*

Aufgabenheft ⟨o.⟩ **0.1** ***schoolagenda.***

Aufgabenstellung ⟨v.⟩ **0.1** ***taakstelling.***

Aufgabestempel ⟨m.⟩ **0.1** ***poststempel*** ⇒*postmerk.*

Aufgang ⟨m.⟩ **0.1** ***opgang*** ⇒*het opgaan* **0.2** ***trap (omhoog), weg omhoog*** ◆ **1.1** der ~ der Sonne *de opgang van de zon* **1.2** die Aufgänge eines Hauses *de trappen van een huis.*

aufgeben I ⟨onov.ww.⟩ **0.1** ***het opgeven*** ⇒*de strijd staken;*
II ⟨ov.ww.⟩ **0.1** ***afgeven*** ⇒*aanbieden, opgeven* **0.2** ***opgeven*** ⇒*opdragen* **0.3** ***opscheppen*** **0.4** ***opgeven*** ⇒*prijsgeven, eraan geven, laten varen* **0.5** ⟨tech.⟩ ***in de (hoog)-oven, de machine doen*** **0.6** ⟨ec.⟩ ***opgeven*** ⇒*bekendmaken* **0.7** ⟨sp.⟩ ***opslaan, serveren*** ◆ **1.1** jmdm. eine Bestellung ~ *iem. een bestelling opgeven* **1.2** den Schülern einen Aufsatz ~ *de leerlingen een opstel opgeven* **1.4** sein Amt ~ *zijn ambt neerleggen;* ein Geschäft ~ *een zaak sluiten;* das Rauchen ~ *ophouden met roken* **1.5** Koks ~ *cokes in de oven doen* **1.6** jmdm. seine Anschrift ~ *iem. zijn adres opgeven.*

Aufgebot ⟨o.⟩ **0.1** ***hoeveelheid*** ⇒*delegatie, afdeling* **0.2** ***huwelijksaankondiging*** **0.3** ⟨jur.⟩ ***oproep(ing)*** ◆ **1.3** das ~ der Erben *de oproep(ing) van de erfgenamen* **2.1** das belgische ~ *de Belgische delegatie* **3.2** das ~ bestellen *in ondertrouw gaan* **6.1** das ~ **an, von** Material *de (aangewende) hoeveelheid materiaal.*

aufgebracht 0.1 ***woedend*** ⇒*kwaad, boos.*

aufgedunsen 0.1 ***(op)gezwollen*** ⇒*opgezet.*

aufgehen 0.1 ***opgaan*** ⇒*opkomen, opstijgen, rijzen* **0.2** ***opengaan*** **0.3** ***opkomen, ontkiemen, ontstaan*** **0.4** ***rijzen*** **0.5** ***opgaan*** ⇒*vervuld zijn van* **0.6** ***op-, overgaan*** ⇒*zich oplossen* **0.7** ⟨fig.⟩ ***opgaan*** ⇒*duidelijk worden* **0.8** ⟨wisk.⟩ ***opgaan*** ⇒*kloppen* **0.9** ⟨jacht⟩ ***beginnen*** ◆ **1.1** der Mond geht auf *de maan gaat op* **1.2** ⟨schr.; fig.⟩ ihm ging das Herz auf *zijn hart ging open;* der Knoten, die Naht geht auf *de knoop, de naad gaat los;* der Vorhang geht auf *het doek gaat op* **1.3** ⟨schr.; fig.⟩ eine Ahnung geht in mir auf *een vermoeden komt in mij op;* der Samen geht auf *het zaad komt op, ontkiemt* **1.4** der Teig geht auf *het deeg komt op, rijst (op)* **1.7** ⟨inf.⟩ mir geht ein Licht auf *er gaat mij een licht op* **1.8** die Division geht auf *de deling gaat op* **1.9** die Jagd geht auf *het jachtseizoen begint* **6.5** **in** seinem Beruf ~ *in zijn beroep opgaan;* **in** seinen Kindern ~ *van zijn kinderen vervuld zijn* **6.6** der Betrieb ist **in** einem Großunternehmen aufgegangen *het bedrijf is in een grote onderneming opgegaan.*

aufgehoben 0.1 ***geborgen*** ⇒*veilig* ◆ **5.1** bei jmdm. gut ~ sein *bij iem. in goede handen zijn.*

aufgeilen ⟨vulg.⟩ **0.1** ***opgeilen*** ⇒*opvrijen* ◆ **6.¶** ⟨fig.⟩ sich **an** etwas ~ *op iets kicken.*

aufgeklärt 0.1 ***verlicht*** ⇒*vrijzinnig* ◆ **1.1** ein ~er Geist *een verlichte geest.*

aufgeknöpft ⟨inf.⟩ **0.1** ***spraakzaam, mededeelzaam*** ⇒*joviaal.*

aufgekratzt ⟨inf.⟩ **0.1** ***goedgehumeurd*** ⇒*goed geluimd, geanimeerd, vrolijk.*

Aufgeld ⟨o.⟩⟨ec.⟩ **0.1** ***opgeld, agio.***

aufgelegt 0.1 ***gestemd, gehumeurd*** **0.2** ⟨pej.⟩ ***duidelijk*** ◆ **6.1** **zum** Singen ~ *in de stemming om te zingen.*

aufgelöst 0.1 ***buiten zichzelf*** **0.2** ***uitgeput, afgemat.***

aufgeräumt 0.1 ***opgeruimd*** ⇒*vrolijk.*

aufgeregt 0.1 ***opgewonden.***

aufgeschlossen 0.1 ***open(hartig)*** ⇒*spraakzaam* **0.2** ***open(staand), ontvankelijk*** ◆ **3.2** neuen Ideen ~ sein *openstaan, ontvankelijk zijn voor nieuwe ideeën* **6.1** ~ **gegenüber** den Kollegen *open tegenover de collega's* **6.2** er ist **für, gegenüber** Wirtschaftsfragen ~ *hij is geïnteresseerd in economische problemen.*

aufgeschmissen ⟨inf.⟩ ◆ **3.¶** ~ sein *in de knoei zitten, niets kunnen beginnen.*

aufgeweckt 0.1 ***pienter, schrander*** ⇒*bijdehand.*

aufgezogen ⟨inf.⟩ **0.1** ***opgewekt*** ⇒*geanimeerd.*

aufgießen 0.1 ***opgieten*** ⇒*zetten* **0.2** ***erop gieten, overgieten*** ◆ **1.1** Kaffee, Tee ~ *koffie, thee opgieten.*

aufglänzen ⟨h.⟩ **0.1** ***opglanzen, beginnen te glanzen, schitteren*** ◆ **1.1** sein Gesicht glänzte auf *er kwam een glundere trek op zijn gezicht.*

aufgliedern 0.1 ***indelen, (onder)verdelen*** ◆ **6.1** etwas **in** bestimmte Gruppen ~ *iets in bepaalde groepen indelen.*

aufglimmen ⟨h.⟩⟨schr.⟩ **0.1** ***opglimmen, beginnen te glimmen*** ◆ **1.1** ⟨fig.⟩ die Hoffnung glomm auf *er kwam weer een sprankje, straaltje hoop.*

aufglühen ⟨h.⟩ **0.1** ***opgloeien, beginnen te gloeien*** ◆ **1.1** sein Gesicht glühte auf *hij kreeg een hoofd als vuur;* ⟨fig.⟩ die Leidenschaft glüht auf *de hartstocht gloeit op.*

aufgraben **0.1** ***op-, omgraven*** *⇒omspitten* **0.2** ***op-, uitgraven*** *⇒blootleggen* ◆ **1.2** einen Schatz ~ *een schat opgraven.*
aufgreifen **0.1** ***oppakken*** *⇒grijpen* **0.2** ***(weer) opnemen, opvatten*** ◆ **1.1** einen Dieb ~ *een dief grijpen* **1.2** einen Gedanken ~ *een gedachte (weer) opnemen.*
aufgrund ⟨vz. + 2⟩ **0.1** ***op grond*** ◆ **1.1** ~ einer Aussage *op grond van een verklaring.*
aufgucken ⟨inf.⟩ **0.1** ***op-, omhoogkijken.***
Aufguß ⟨m.⟩ **0.1** ***aftreksel*** **0.2** ⟨pej.; fig.⟩ ***aftreksel*** *⇒weergave* ◆ **2.2** ein schwacher ~ seines vorigen Romans *een slap aftreksel van zijn vorige roman* **6.1** ein ~ **aus, von** Lindenblüten *een aftreksel van lindebloesem.*
Aufgußbeutel ⟨m.⟩ **0.1** ***theebuiltje, theezakje.***
aufhaben ⟨inf.⟩ **I** ⟨onov.ww.; h.⟩ **0.1** ***open, geopend zijn;***
II ⟨ov.ww.⟩ **0.1** ***op hebben*** *⇒dragen* **0.2** ***op(gegeten) hebben*** **0.3** ***op(gekregen) hebben*** **0.4** ***open, geopend hebben*** **0.5** ***open(gekregen) hebben*** ◆ **1.3** einen Aufsatz ~ *een opstel opgekregen hebben* **1.4** die Augen ~ *zijn ogen open hebben* **1.5** den Verschluß ~ *het slot opengekregen hebben.*
aufhacken **0.1** ***openhakken.***
aufhaken **0.1** ***loshaken*** *⇒openen.*
aufhalsen **0.1** ***op de hals schuiven*** *⇒opzadelen met* ◆ **1.1** jmdm. eine Arbeit ~ *iem. (een) werk op de hals schuiven.*
aufhalten **I** ⟨onov.ww.; h.⟩⟨inf.⟩ **0.1** ***ophouden*** *⇒stoppen, uitscheiden;*
II ⟨ov.ww.⟩ **0.1** ***ophouden*** *⇒tegenhouden, storen* **0.2** ***opvangen*** *⇒afweren, afslaan* **0.3** ⟨inf.⟩ ***openhouden*** ◆ **1.1** eine Katastrophe nicht ~ können *een catastrofe niet kunnen verhinderen, afwenden* **1.2** einen Hieb ~ *een slag opvangen* **1.3** jmdm. die Tür ~ *voor iem. de deur openhouden* **3.1** sich nicht ~ lassen *zich niet laten storen;*
III sich ~ ⟨wk.ww.⟩ **0.1** ***zich ophouden*** *⇒verblijven* **0.2** ***zich bezighouden*** **0.3** ***zich afkeurend uitlaten*** ◆ **6.2** sich **bei, mit** Kleinigkeiten ~ *zich met kleinigheden bezighouden.*
aufhängen **0.1** ***ophangen*** **0.2** ***ophangen*** *⇒uitgaan van* **0.3** ⟨inf.⟩ ***ophangen*** *⇒opknopen* **0.4** ⟨inf.; pej.⟩ ***aansmeren*** *⇒ aanpraten* **0.5** ⟨inf.; pej.⟩ ***wijsmaken*** **0.6** ⟨inf.; pej.⟩ ***op de hals schuiven*** *⇒opzadelen met* ◆ **1.1** (den Hörer) ~ *(de hoorn) ophangen, neerleggen* **6.1** die Wäsche **zum** Trocknen ~ *de was te drogen hangen* **6.2** sein Referat **an** einem konkreten Fall ~ *zijn referaat aan een concreet geval ophangen.*
Aufhänger ⟨m.; ~s, ~⟩ **0.1** ***lus*** *⇒haakje* **0.2** ***aanleiding*** *⇒ uitgangs-, aanknopingspunt* ◆ **6.2** ein willkommener ~ **für** *een welkome aanleiding voor.*
Aufhängung ⟨v.; ~, ~en⟩⟨tech.⟩ **0.1** ***ophanging*** ◆ **1.1** die ~ der Räder eines Wagens *de wielophanging van een auto.*
aufhauen **I** ⟨onov.ww.⟩ **0.1** ***met een smak vallen, neerkomen;***
II ⟨ov.ww.⟩ **0.1** ***(open)hakken, (open)kappen*** **0.2** ⟨inf.⟩ ***op(en)halen*** *⇒verwonden, openvallen* ◆ **1.1** das Eis ~ *het ijs openhakken* **1.2** ich habe mir den Ellbogen aufgehauen *ik heb mijn elleboog opengevallen.*
aufhäufen **I** ⟨ov.ww.⟩ **0.1** ***ophopen*** *⇒opstapelen* ◆ **1.1** ⟨fig.⟩ Reichtümer, Vorräte ~ *rijkdommen, voorraden verzamelen;*
II sich ~ ⟨wk.ww.⟩ **0.1** ***zich ophopen*** *⇒zich opstapelen, aangroeien* ◆ **1.1** die Schulden häufen sich auf *de schulden lopen op.*
aufheben **I** ⟨ov.ww.⟩ **0.1** ***opheffen*** *⇒optillen* **0.2** ***opheffen*** *⇒ opsteken, verheffen* **0.3** ***bewaren*** **0.4** ***opheffen*** *⇒afschaffen, beëindigen* ◆ **1.2** den Arm, die Hand ~ *de arm, de hand opsteken* **1.4** ⟨jur.⟩ ein Säumnisurteil ~ *een vonnis bij verstek opheffen;* die Sitzung, die Versammlung ~ *de zitting, de vergadering opheffen, schorsen;* ⟨schr.⟩ die Tafel ~ *de maaltijd beëindigen* **4.4** eins hebt das andere nicht auf *het een sluit het andere niet uit* **5.3** bei jmdm. gut, schlecht aufgehoben sein *bij iem. in goede, slechte handen zijn* **6.1** einen Stein **vom** Boden ~ *een steen van de grond oprapen* **6.3** jmdm. etwas **zum** Aufheben geben *iem. iets geven om het te bewaren.* →**aufschieben;**
II sich ~ ⟨wk.ww.⟩ **0.1** ***elkaar opheffen*** ◆ **1.1** Druck und Gegendruck heben sich auf *druk en tegendruk heffen elkaar op.*
Aufheben ⟨o.; ~s⟩⟨schr.⟩ **0.1** ***ophef*** *⇒drukte* ◆ **3.1** viel ~(s), kein ~ von etwas machen *veel, geen ophef van iets maken* **6.1 ohne** (alles, jedes) ~ *zonder ophef.*
Aufhebung ⟨v.; ~, ~en⟩ **0.1** ***opheffing*** *⇒afschaffing* ◆ **1.1** ~ eines Urteils *vernietiging van een vonnis;* ~ eines Verfahrens *stopzetting van een proces.*
aufheitern **I** ⟨ov.ww.⟩ **0.1** ***opvrolijken*** *⇒opmonteren, opbeuren;*
II sich ~ ⟨wk.ww.⟩ **0.1** ***opklaren, ophelderen*** ◆ **1.1** sein Gesicht heitert sich auf *zijn gezicht klaart op* **5.1** örtlich aufheiternd *plaatselijk met opklaringen.*
aufheizen **I** ⟨ov.ww.⟩ **0.1** ***(ver)warmen;***
II sich ~ ⟨wk.ww.⟩ **0.1** ***warm worden.***
aufhelfen **0.1** ***(op)helpen*** *⇒overeind helpen* **0.2** ***verbeteren*** *⇒verhogen, versterken* ◆ **1.2** seiner finanziellen Lage ~ *zijn financiële positie verbeteren.*
aufhellen **I** ⟨ov.ww.⟩ **0.1** ***ophelderen*** *⇒lichter van kleur maken,* ⟨fig.⟩ *opvrolijken* **0.2** ***ophelderen*** *⇒blootleggen* ◆ **1.1** die Stimmung ~ *de stemming opvrolijken* **1.2** ein Geheimnis ~ *een geheim ophelderen;*
II sich ~ ⟨wk.ww.⟩ **0.1** ***ophelderen, opklaren*** **0.2** ***duidelijk worden*** *⇒opgelost worden.*
aufhetzen **0.1** ***ophitsen*** *⇒opruien, opzetten.*
aufheulen ⟨h.⟩ **0.1** ***beginnen te huilen*** ◆ **1.1** der Motor heult auf *de motor begint (plotseling) te loeien.*
aufhöhen ⟨schr.⟩ **0.1** ***ophogen*** *⇒verhogen* **0.2** ***verlevendigen, opmaken*** ◆ **1.2** eine Zeichnung mit Weiß ~ *een tekening met wit ophalen.*
aufholen **I** ⟨onov.ww.; h.⟩ **0.1** ***zijn achterstand wegwerken*** *⇒verbeteren, versterken* ◆ **1.1** ⟨ec.⟩ Auslandsaktien holen auf *de koers van buitenlandse aandelen stijgt;* ⟨scheep.⟩ der Wind holt auf *de wind zet op;* der Zug holt auf *de trein haalt zijn vertraging in;*
II ⟨ov.ww.⟩ **0.1** ***op-, inhalen*** *⇒goedmaken, wegwerken* **0.2** ⟨scheep.⟩ ***ophalen, (omhoog-, op)hijsen*** ◆ **1.1** Schlaf ~ *slaap inhalen.*
Aufholjagd ⟨v.⟩ **0.1** ***inhaalrace.***
aufhorchen **0.1** ***de oren spitsen, toehoren*** ◆ **3.1** ⟨fig.⟩ sein Film ließ das Publikum ~ *zijn film trok de aandacht van het publiek.*
aufhören ⟨h.⟩ **0.1** ***ophouden*** *⇒stoppen, eindigen* ◆ **1.1** der Regen, der Wind hört auf *het houdt op met regenen, waaien* **4.1** ⟨inf.⟩ da hört (sich) doch alles auf! *dat gaat te ver!*
aufhucken ⟨inf.⟩ **0.1** ***op de rug, schouders nemen, laden*** ◆ **1.1** jmdm. einen Sack ~ *iem. een zak op de schouders laden.*
aufjagen **0.1** ***opjagen*** *⇒(doen) opschrikken.*
aufjauchzen ⟨h.⟩ **0.1** ***in gejuich uitbarsten.***
aufjubeln ⟨h.⟩ **0.1** ***in gejubel uitbarsten.***
aufkämmen **0.1** ***op-, omhoogkammen*** **0.2** ⟨amb.⟩ ***opklampen.***
aufkaufen **0.1** ***op-, aankopen.***
aufkeimen **0.1** ***op-, ontkiemen*** *⇒opkomen* ◆ **1.1** ⟨fig.⟩ in mir ist Zweifel aufgekeimt *bij mij is twijfel opgekomen.*

aufklaffen ⟨h/s.⟩ **0.1** ***gapen*** ⇒*openstaan* ◆ **1.1** ⟨fig.⟩ die Gegensätze haben, sind aufgeklafft *de kloven van verschil zijn wijder geworden;* die Wunde klafft auf *de wond vertoont een diepe, wijde gaping.*

aufklappen I ⟨onov.ww.⟩ **0.1** ***openklappen*** ⇒*opengaan;*
II ⟨ov.ww.⟩ **0.1** ***op(en)klappen*** ⇒*openen* **0.2** ***op-, omhoogklappen*** ⇒*opslaan, opzetten.*

aufklaren I ⟨onov.ww.; h.⟩ **0.1** ***opklaren, ophelderen*** ◆ **1.1** der Himmel, das Wetter hat aufgeklart *de hemel, het weer is opgeklaard;*
II ⟨ov.ww.⟩⟨scheep.⟩ **0.1** ***opruimen.***

aufklären I ⟨ov.ww.⟩ **0.1** ***ophelderen*** ⇒*verduidelijken* **0.2** ***informeren*** ⇒*inlichten* **0.3** ***(seksueel) voorlichten*** **0.4** ⟨mil.⟩ ***verkennen*** ◆ **1.1** ein Verbrechen ~ *een misdaad ophelderen* **1.4** das Gelände ~ *het terrein verkennen* **6.2** jmdn. **über** den Ernst der Lage ~ *iem. over de ernst van de situatie informeren;*
II sich ~ ⟨wk.ww.⟩ **0.1** ***opgehelderd worden*** ⇒*duidelijk worden* **0.2** ***opklaren, ophelderen*** ◆ **1.1** das Mißverständnis klärt sich auf *het misverstand wordt uit de weg geruimd* **4.2** es klärt sich auf *het (weer) klaart, heldert op.*

Aufklärer ⟨m.; ~s, ~⟩ **0.1** ***rationalist*** ⇒*vertegenwoordiger v.d. verlichting* **0.2** ⟨mil.⟩ ***verkenner*** **0.3** ⟨mil.⟩ ***verkenningsvliegtuig.***

aufklärerisch **0.1** ***verlicht*** **0.2** ***voorlichtend*** ⇒*onderrichtend.*

Aufklärung ⟨v.; ~, ~en⟩ **0.1** ***opklaring, opheldering*** ⇒*verduidelijking, toelichting* **0.2** ***informatie*** ⇒*opheldering, voorlichting* **0.3** ***(seksuele) voorlichting*** **0.4** ***verlichting, rationalisme*** **0.5** ⟨mil.⟩ ***verkenning*** ◆ **1.5** die ~ der feindlichen Stellung *de verkenning van de vijandelijke stelling* **3.1** die Sache hat noch keine ~ gefunden *de zaak is nog niet opgehelderd* **6.2** ~ **über** Anlagemöglichkeiten *informatie over beleggingsmogelijkheden.*

Aufklärungsarbeit ⟨v.⟩ **0.1** ***voorlichtingswerk.***

Aufklärungsbuch ⟨o.⟩ **0.1** ***voorlichtingsboek.***

Aufklärungsflug ⟨m.⟩⟨mil.⟩ **0.1** ***verkenningsvlucht.***

Aufklärungsliteratur ⟨v.⟩ **0.1** ***didactische literatuur*** **0.2** ***literatuur v.d. verlichting.***

Aufklärungsmaterial ⟨o.⟩ **0.1** ***voorlichtings-, informatiemateriaal.***

Aufklärungspflicht ⟨v.⟩⟨jur.⟩ **0.1** ***informatieplicht.***

aufklatschen **0.1** ***(neer)vallen, (neer)ploffen.***

aufkleben **0.1** ***(op)plakken.***

Aufkleber ⟨m.; ~s, ~⟩ **0.1** ***sticker*** ⇒*plakkertje.*

aufklingen **0.1** ***(plotseling) klinken*** ⇒*weerklinken.*

aufklopfen I ⟨onov.ww.⟩ **0.1** ***kloppen*** ⇒*stampen, tikken;*
II ⟨ov.ww.⟩ **0.1** ***open-, stukkloppen*** ⇒*open-, stukslaan* **0.2** ***opkloppen*** ◆ **1.2** das Kissen ~ *het kussen opkloppen.*

aufknacken **0.1** ***(open)kraken*** ◆ **1.1** ⟨inf.⟩ einen Geldschrank ~ *een brandkast kraken, openbreken, forceren.*

aufknien I ⟨onov.ww.; h.⟩ **0.1** ***knielen*** ◆ **6.1** **auf** dem Boden ~ *op de grond knielen;*
II sich ~ ⟨wk.ww.⟩ **0.1** ***(neer)knielen.***

aufknöpfen **0.1** ***open-, losknopen*** ⇒*openen* **0.2** ***aan-, vastknopen.***

aufknoten **0.1** ***losknopen*** ⇒*openmaken* ◆ **1.1** ein Paket ~ *een pakket openmaken.*

aufknüpfen **0.1** ***losknopen*** ⇒*los-, openmaken* **0.2** ***op-, verhangen*** ◆ **1.1** einen Knoten ~ *een knoop ontwarren* **4.2** sich ~ *zich ophangen.*

aufkochen I ⟨onov.ww.; h.⟩ **0.1** ***opkoken*** ⇒*beginnen te koken;*
II ⟨ov.ww.⟩ **0.1** ***aan de kook brengen*** **0.2** ***opkoken*** ⇒*opwarmen* ◆ **1.2** aufgekochter Kaffee *opgewarmde koffie.*

aufkommen **0.1** ***opkomen*** ⇒*ontstaan* **0.2** ***opkomen*** ⇒*instaan, borg staan* **0.3** ***op kunnen*** ⇒*opgewassen zijn* **0.4** ***opkomen*** ⇒*omhoogkomen* **0.5** ***uitkomen*** ⇒*aan het licht komen* **0.6** ***neerkomen*** ⇒*terechtkomen* **0.7** ⟨sp.⟩ ***zijn achterstand inhalen*** ⇒*komen opzetten* **0.8** ⟨scheep.⟩ ***in zicht komen*** **0.9** ***herstellen, gezond worden*** ◆ **1.1** eine neue Mode kommt auf *een nieuwe mode komt op, komt in zwang* **1.8** der Läufer kommt auf *de loper komt opzetten* **3.3** gegen jmdn. nicht ~ können *tegen iem. niet op kunnen* **3.4** ich lasse keinen neben mir ~ *ik duld niemand naast mij* **6.2** **für** die Kinder, den Unterhalt ~ *voor de kinderen, het onderhoud instaan* **6.6** **auf** den, dem Boden ~ *op de grond neerkomen.*

Aufkommen ⟨o.; ~s, ~⟩ **0.1** ***genezing, herstel*** **0.2** ⟨ec.⟩ ***opbrengst*** ⇒*inkomsten* ◆ **6.2** ~ **aus** Steuern *inkomsten uit belastingen.*

aufkratzen **0.1** ***openkrabben*** ◆ **1.1** sich ⟨3e nv.⟩ den Arm ~ *zijn arm openkrabben.*

aufkreischen ⟨h.⟩ **0.1** ***beginnen te krijsen, te gillen*** ◆ **1.1** ~de Bremsen *gierende remmen.*

aufkrempeln **0.1** ***opstropen*** ⇒*terugslaan, oprollen.*

aufkreuzen ⟨s.⟩ **0.1** ⟨inf.⟩ ***(komen) opdagen, opduiken*** **0.2** ⟨h/s.; scheep.⟩ ***opkruisen*** ◆ **6.2** **gegen** (den) Westwind ~ *tegen de westenwind opkruisen.*

aufkriegen ⟨inf.⟩ **0.1** ***op(gegeven) krijgen*** **0.2** ***openkrijgen*** ⇒*kunnen openen* **0.3** ***op krijgen*** ⇒*kunnen opeten* **0.4** ***op (het hoofd) krijgen*** ◆ **1.1** Hausaufgaben ~ *huiswerk op krijgen* **1.4** eine Mütze ~ *een muts op krijgen.*

aufkündigen **0.1** ***opzeggen*** ⇒*beëindigen* ◆ **1.1** jmdm. den Dienst ~ *iem. de dienst opzeggen;* ⟨schr.⟩ jmdm. den Gehorsam ~ *iem. niet langer willen gehoorzamen.*

aufkurbeln **0.1** ***opendraaien, openen.***

Aufl. ⟨afk.⟩ [Auflage].

Aufladegerät ⟨o.⟩ **0.1** ***acculader.***

aufladen I ⟨ov.ww.⟩ **0.1** ***(op)laden*** ⇒*op een wagen laden* **0.2** ⟨inf.⟩ ***opladen*** ⇒*op de rug, hals laden, schuiven* **0.3** ⟨tech.⟩ ***(op)laden*** ◆ **1.¶** ein emotional aufgeladenes Gespräch *een emotioneel geladen gesprek* **3.2** eine schwere Verantwortung aufgeladen bekommen *een zware verantwoordelijkheid te dragen krijgen;*
II sich ~ ⟨wk.ww.⟩⟨nat.⟩ **0.1** ***zichzelf opladen*** ◆ **1.1** Kunstfasern laden sich elektrostatisch auf *kunstvezels laden zichzelf elektrostatisch op.*

Auflage ⟨v.⟩ **0.1** ***bedekking*** ⇒*(opgelegd) laagje, deklaag* **0.2** ***steun(punt)*** **0.3** ⟨boek.⟩ ***oplage*** **0.4** ⟨ec.⟩ ***productie-, fabricagecijfer*** **0.5** ⟨schr.⟩ ***verplichting*** ◆ **2.3** neubearbeitete ~ *opnieuw bewerkte oplage, druk* **6.1** eine ~ **aus** Gold *een opgelegd laagje goud* **6.2** **ohne** ~ schießen *zonder steun schieten* **6.5** jmdm. etwas **zur** ~ machen *iem. tot iets verplichten.*

Auflagehöhe ⟨v.⟩ **0.1** ***oplage(cijfer).***

Auflager ⟨o.⟩⟨bouwk.⟩ **0.1** ***steunvlak, -punt.***

auflagern I ⟨onov.ww.⟩ **0.1** ***liggen op, over;***
II ⟨ov.ww.⟩ **0.1** ***leggen op*** ◆ **6.1** einen Balken **auf** einen Vorsprung ~ *een balk op een uitstek laten rusten.*

Auflageziffer ⟨v.⟩ **0.1** ***oplage(cijfer).***

auflandig ⟨scheep.⟩ **0.1** ***aanlandig.***

auflassen **0.1** ⟨inf.⟩ ***openlaten*** **0.2** ⟨inf.⟩ ***op laten*** **0.3** ⟨inf.⟩ ***op laten*** ⇒*laten opblijven* **0.4** ***oplaten*** **0.5** ⟨mijnw.⟩ ***stilleggen*** **0.6** ⟨jur.⟩ ***overdoen, overdragen*** ◆ **1.1** den Wasserhahn ~ *de waterkraan laten openstaan* **1.2** den Hut ~ *zijn hoed op houden* **1.4** Tauben ~ *duiven lossen.*

auflauern **0.1** ***opwachten*** ⇒*loeren op* ◆ **1.1** dem Feind ~ *de vijand opwachten.*

Auflauf ⟨m.⟩ **0.1** ***oploop*** ⇒*samenscholing* **0.2** ⟨cul.⟩ ***ovenschotel.***

Auflaufbremse ⟨v.⟩ **0.1** *oplooprem.*

auflaufen I ⟨onov.ww.; s.⟩ **0.1** ***(op)lopen*** *⇒botsen* **0.2** ***oplopen*** *⇒groeien, toenemen* **0.3** ***oplopen*** *⇒stijgen, rijzen* **0.4** ⟨scheep.⟩ ***vastlopen, stranden*** **0.5** ⟨landb.⟩ ***opkomen*** *⇒ ontkiemen* **0.6** ***aansluiting krijgen*** ◆ **1.3** ~des Wasser *stijgend water, opkomend tij* **3.¶** ⟨sp.⟩ den Gegner ~ lassen *een obstructie begaan* **6.1 auf** jmdn. ~ *tegen iem. oplopen* **6.2** die Schuld ist **auf** 10.000 Mark aufgelaufen *de schuld is tot 10.000 mark opgelopen* **6.4 auf** eine, einer Sandbank ~ *op een zandbank lopen* **6.6 zur** Spitze ~ *naar de kop oprukken;*
II ⟨ov.ww.⟩⟨inf.⟩ **0.1** ***openlopen*** *⇒stuklopen* ◆ **1.1** ich habe mir die Füße aufgelaufen *ik heb mijn voeten opengelopen.*

aufleben 0.1 ***op-, herleven*** *⇒opnieuw tot leven komen* **0.2** ***opleven*** *⇒levendiger worden* ◆ **1.2** die Diskussion lebt auf *de discussie wordt levendiger.*

auflecken 0.1 ***oplikken.***

auflegen 0.1 ***(op)leggen*** **0.2** ***opleggen*** *⇒opdragen* **0.3** ***(ter inzage) neerleggen*** **0.4** ⟨boek.⟩ ***uitgeven, drukken*** **0.5** ⟨ec.⟩ ***in productie brengen, beginnen te produceren*** **0.6** ⟨ec.⟩ ***uitschrijven*** *⇒uitgeven, emitteren* **0.7** ⟨scheep.⟩ ***buiten de vaart brengen*** ◆ **1.1** die Ellbogen ~ *met zijn ellebogen (op de tafel) leunen;* ein Gedeck ~ *een couvert dekken;* Holz ~ *hout op het vuur doen;* (den Hörer) ~ *de hoorn op de haak leggen, ophangen;* Schminke ~ *schmink aanbrengen* **1.2** sich Entbehrungen ~ *zich ontberingen opleggen* **1.3** die Wählerlisten ~ *de kiezerslijsten ter inzage neerleggen* **1.4** ein Buch neu ~ *een boek opnieuw uitgeven* **1.6** eine Anleihe ~ *een lening uitschrijven* **6.3** eine Anleihe **zur** Zeichnung ~ *de inschrijving op een lening openstellen.*

Auflieger ⟨m.; ~s, ~⟩ **0.1** ***matras*** **0.2** ***oplegger*** ⟨v.e. trekker, opleggercombinatie⟩.

auflehnen, sich 0.1 ***in opstand komen*** *⇒zich verzetten.*

Auflehnung ⟨v.; ~, ~en⟩ **0.1** ***opstand*** *⇒verzet, rebellie.*

auflesen 0.1 ***op-, bijeenrapen*** **0.2** ⟨inf.; scherts.⟩ ***opdoen, oplopen*** **0.3** ⟨inf.; pej.⟩ ***opscharrelen*** ◆ **1.1** Fallobst ~ *afgevallen fruit oprapen* **1.3** allerhand Weisheiten ~ *allerlei wijsheden opdoen.*

aufleuchten ⟨h / s.⟩ **0.1** ***(plotseling) beginnen te lichten*** *⇒ opflikkeren, gaan stralen* ◆ **1.1** die Hoffnung leuchtet auf *de hoop flikkert op.*

auflichten ⟨schr.⟩ **I** ⟨ov.ww.⟩ **0.1** ***licht(er), helder(der) maken*** **0.2** ***uitdunnen*** ⟨ook fig.⟩ **0.3** ***opklaren, ophelderen*** ◆ **1.2** den Wald ~ *het bos uitdunnen;*
II sich ~ ⟨wk.ww.⟩ **0.1** ***opklaren, helder worden*** **0.2** ***duidelijk, doorzichtig worden*** ◆ **1.2** die Zusammenhänge lichten sich auf *de verbanden worden duidelijk.*

aufliefern 0.1 ***ter verzending afgeven.***

aufliegen I ⟨onov.ww.; h.⟩ **0.1** ***liggen, rusten op*** **0.2** ***uitgespreid liggen, uitliggen*** **0.3** ⟨scheep.⟩ ***opgelegd zijn*** *⇒ (voorlopig) buiten de vaart gesteld zijn* ◆ **1.1** das Tischtuch liegt auf *het tafelkleed ligt op (tafel)* **1.2** die Wählerlisten liegen auf *de kiezerslijsten liggen ter inzage* **6.2** die Aktien liegen **zur** Zeichnung auf *de inschrijving op de aandelen staat open;*
II ⟨ov.ww.⟩⟨inf.⟩ **0.1** ***doorliggen*** ◆ **1.1** ich habe mir den Rücken aufgelegen *ik heb mijn rug doorgelegen.*

auflisten 0.1 ***een lijst opmaken*** ◆ **1.1** alle Namen ~ *een lijst van alle namen opmaken.*

auflockern 0.1 ***losser maken, loswerken*** **0.2** ⟨fig.⟩ ***opvrolijken, ontspannen*** ◆ **1.1** aufgelockerte Bebauung *open bebouwing;* das Kopfkissen ~ *het hoofdkussen opschudden* **1.2** eine aufgelockerte Atmosphäre *een ongedwongen, ontspannen sfeer;* ein aufgelockertes Programm *een afwisselend programma* **1.¶** aufgelockerte Bewölkung *minder dichte bewolking* **4.2** ⟨wk. ww.⟩ sich ~ *zijn spieren los maken* **6.2** die Eintönigkeit eines Stadtviertels **durch** Grünanlagen ~ *de eentonigheid van een stadswijk door plantsoenen breken.*

auflodern 0.1 ***oplaaien*** ⟨ook fig.⟩ *⇒opvlammen.*

auflösen I ⟨ov.ww.⟩ **0.1** ***oplossen*** **0.2** ***opheffen*** *⇒ontbinden, liquideren* **0.3** ***oplossen*** *⇒ophelderen* **0.4** ⟨schr.⟩ ***losmaken*** *⇒ontwarren* **0.5** ⟨muz.⟩ ***ongedaan maken*** *⇒opheffen, oplossen* **0.6** ⟨foto., nat.⟩ ***scheiden*** ◆ **1.1** Zucker ~ *suiker oplossen* **1.2** ⟨jur.⟩ eine Erbengemeinschaft ~ *uit onverdeeldheid treden;* das Geschäft ~ *de zaak opheffen, liquideren;* ⟨wisk.⟩ die Klammern ~ *de haakjes wegwerken;* das Parlament ~ *het parlement ontbinden* **1.3** eine Geheimschrift ~ *een geheimschrift ontcijferen* **1.4** in aufgelöster Marschordnung *in ontbonden marsorde* **1.5** ein Kreuz ~ *een kruis opheffen* **1.6** das ~de Vermögen einer Linse *het scheidend vermogen van een lens* **6.¶ in** völlig aufgelöstem Zustand *geheel van streek, totaal ontredderd;* **vor** Hitze aufgelöst sein *van de warmte uitgeput zijn;*
II sich ~ ⟨wk.ww.⟩ **0.1** ***oplossen*** *⇒uiteenvallen, vergaan* **0.2** ***overgaan*** *⇒veranderen* **0.3** ***opgelost worden*** *⇒tot een oplossing komen* **0.4** ⟨schr.⟩ ***losgaan*** ◆ **1.1** der Verein hat sich aufgelöst *de vereniging is uiteengevallen, ontbonden* **1.3** das Mißverständnis hat sich aufgelöst *het misverstand is uit de weg geruimd* **6.1** die Hoffnung löst sich **in** Luft, Rauch auf *de hoop vervliegt in rook.*

Auflösung ⟨v.⟩ **0.1** ***oplossing*** *⇒ontbinding* **0.2** ***verwarring*** *⇒ontreddering* **0.3** ***opheffing*** *⇒ontbinding, verbreking* **0.4** ***oplossing*** *⇒opheldering* **0.5** ⟨muz.⟩ ***oplossing, opheffing*** **0.6** ⟨foto., nat.⟩ ***scheiding*** ◆ **1.3** die ~ einer Ehe *de ontbinding van een huwelijk;* die ~ eines Geschäftes *de liquidatie van een zaak* **6.1** sich **in** ~ befinden, in ~ begriffen sein *in staat van verval, ontbinding zijn* **6.2** sich **im** Zustand völliger ~ befinden *volledig van streek zijn.*

Auflösungserscheinung ⟨v.⟩ **0.1** ***ontbindingsverschijnsel.***

Auflösungszeichen ⟨o.⟩⟨muz.⟩ **0.1** ***herstellingsteken.***

aufmachen I ⟨onov.ww.; h.⟩ **0.1** ***openen*** *⇒opengaan* ◆ **1.1** hier haben viele neue Läden aufgemacht *hier zijn veel nieuwe winkels geopend;*
II ⟨ov.ww.⟩ **0.1** ***openen*** *⇒opendoen, -maken* **0.2** ***opmaken*** *⇒verzorgen* **0.3** ***opmaken*** *⇒berekenen* **0.4** ⟨inf.⟩ ***openen*** *⇒oprichten* **0.5** ⟨inf.; com.⟩ ***opmaken*** *⇒een blikvanger plaatsen* ◆ **1.1** das Haar ~ *het haar losmaken;* die Hand ~ *zijn hand (geopend) uitsteken;* mach' die Ohren auf! *luister goed, let op!* **1.3** eine Rechnung ~ *een rekening opmaken* **1.4** ein Unternehmen ~ *een onderneming oprichten* **4.1** ⟨onov. ww.⟩ jmdm. ~ *voor iem. opendoen* **5.2** ein Ereignis groß ~ *veel aandacht besteden aan een gebeurtenis;* einen Bericht tendenziös ~ *in een verslag een tendentieuze voorstelling van zaken geven* **6.5** die Zeitung **mit** einem Foto ~ *de krant met een foto als blikvanger opmaken;*
III sich ~ ⟨wk.ww.⟩ **0.1** ***zich opmaken*** *⇒zich op weg begeven* **0.2** ***zich opmaken*** **0.3** ⟨schr.⟩ ***opsteken*** *⇒beginnen te waaien* ◆ **6.2** sich **auf** jung ~ *zich jeugdig opmaken.*

Aufmacher ⟨m.; ~s, ~⟩⟨com.⟩ **0.1** ***blikvanger*** *⇒vette kop.*

Aufmachung ⟨v.; ~, ~en⟩ **0.1** ***opmaak*** *⇒verzorging, presentatie* **0.2** ***kledij*** **0.3** ⟨com.⟩ ***blikvanger, vette kop*** ◆ **6.2 in** eleganter ~ erscheinen *elegant gekleed verschijnen* **6.3** eine Nachricht **in** großer ~ bringen *iets met vette koppen berichten.*

aufmalen 0.1 ***schilderen*** **0.2** ⟨inf.⟩ ***groot en onbeholpen schrijven.***

Aufmarsch ⟨m.⟩ **0.1** ***opmars*** **0.2** ***optocht.***

aufmarschieren 0.1 ***opmarcheren*** *⇒op-, aanrukken.*

Aufmaß ⟨o.⟩⟨bouwk.⟩ **0.1** ***opmeting*** **0.2** ***opgemeten maten*** ⇒*afmetingen.*

aufmerken **0.1** ***de oren spitsen*** **0.2** ⟨schr.⟩ ***opletten*** ◆ **6.2** **auf** alles gut ~ *goed op alles letten.*

aufmerksam **0.1** ***opmerkzaam, oplettend, aandachtig*** **0.2** ***attent*** ⇒*hoffelijk* ◆ **1.1** ein ~er Zuhörer *een aandachtig toehoorder* **1.2** ein ~er Gastgeber *een attente gastheer* **6.1** jmdn. **auf** etwas, jmdn. ~ machen *iem. op iets, iem. attent maken* **6.2** **gegen** jmdn. ~, jmdm. gegenüber ~ sein *attent voor iem. zijn.*

Aufmerksamkeit ⟨v.; ~, ~en⟩ **0.1** ***opmerkzaamheid, oplettendheid, aandacht*** ⇒*attentie* **0.2** ***beleefdheid, hoffelijkheid, voorkomendheid*** **0.3** ***attentie*** ⇒*geschenkje* ◆ **3.1** einer Sache ~ schenken *aan een zaak aandacht besteden;* die ~ auf etwas ⟨4e nv.⟩ lenken *de aandacht op iets vestigen* **3.2** jmdm. ~en erweisen *iem. attenties bewijzen.*

aufmessen **0.1** ***(op)meten.***

aufmöbeln ⟨inf.⟩ **0.1** ***opkalefateren*** **0.2** ***opkikkeren*** ⇒*opvrolijken.*

aufmucken, aufmucksen ⟨inf.⟩ **0.1** ***tegenpruttelen, tegenstribbelen.***

aufmuntern **0.1** ***opmonteren*** ⇒*opvrolijken* **0.2** ***aanmoedigen*** ⇒*bemoedigen* ◆ **1.1** der Kaffee hat mich aufgemuntert *de koffie heeft mij opgekikkerd.*

aufnähen **0.1** ***op-, vastnaaien.***

Aufnahme ⟨v.; ~, ~n⟩ **0.1** ***begin, het beginnen*** ⇒*opening* **0.2** ***opneming, opname*** ⇒*onderbrenging* **0.3** ***opname*** ⇒ *ontvangst, reactie* **0.4** ***receptie*** ⟨v.e. hotel⟩, ***opname*** ⟨v.e. ziekenhuis⟩ **0.5** ***opneming*** ⇒*toelating* **0.6** ***opneming, het sluiten*** **0.7** ***opneming, opname*** ⟨ook foto.⟩ ⇒*registratie* ◆ **1.6** die ~ einer Anleihe *het sluiten van een lening* **1.7** die ~ eines Geländes *de opmeting van een terrein;* die ~ eines Protokolls *het schrijven van de notulen;* die ~ eines Unfalls *de protocollering van een ongeval;* die ~ eines Konzerts *de opname van een concert* **1.¶** die ~ der Feuchtigkeit *de opneming van het vocht* **3.3** gastliche ~ finden *gastvrij opgenomen, ontvangen worden;* (eine) begeisterte ~ finden *enthousiaste reacties krijgen* **6.1** die ~ **von** Verhandlungen *het aanknopen van onderhandelingen* **6.2** die ~ **in** den Spielplan *de opname, opneming in het repertoire* **6.3** die ~ **in** der Familie *de opname, het onthaal in het gezin* **6.5** die ~ **in** dem, in das Gymnasium *de toelating tot het gymnasium* **6.7** die ~ eines Ausdrucks **in** eine Sprache *het overnemen van een uitdrukking in een taal;* die ~ eines Wortes **in** ein Wörterbuch *de opneming van een woord in een woordenboek.*

Aufnahmebedingung ⟨v.⟩ **0.1** ***toelatings-, toetredingsvoorwaarde.***

aufnahmefähig **0.1** ***in staat om ... op te nemen*** ◆ **1.1** ~e Märkte *markten die nog producten kunnen opnemen* **6.1** ~ **für** Eindrücke *ontvankelijk voor indrukken.*

Aufnahmegebühr ⟨v.⟩ **0.1** ***inschrijfgeld*** **0.2** ***aansluitingskosten.***

Aufnahmeprüfung ⟨v.⟩ **0.1** ***toelatingsexamen.***

aufnehmen **0.1** ***(op)nemen*** ⇒*oprapen* **0.2** ***opnemen*** ⇒*beginnen* **0.3** ***opnemen*** ⇒*ontvangen, onderdak verlenen* **0.4** ***opnemen*** ⇒*toelaten, aannemen* **0.5** ***opnemen*** ⇒*(kunnen) bevatten* **0.6** ***opnemen*** ⇒*onthouden, begrijpen* **0.7** ***opnemen*** ⇒*tot zich nemen* **0.8** ***(op)nemen*** ⇒*lenen* **0.9** ***opnemen*** ⇒*reageren op* **0.10** ***opnemen*** ⇒*optekenen, opmeten* **0.11** ***opnemen*** ⇒*fotograferen, filmen* ◆ **1.1** ⟨sp.⟩ den Ball ~ *de bal aannemen;* die Küche ~ *de keuken dweilen;* Maschen ~ *steken opnemen* **1.2** eine Arbeit ~ *een werk opnemen, beginnen;* den Kampf ~ *de strijd aanbinden;* die Verfolgung ~ *de achtervolging inzetten* **1.5** der Bus nimmt fünfzig Personen auf *de bus biedt plaats aan vijftig personen* **1.7** Sauerstoff ~ *zuurstof opnemen* **1.8** eine Anleihe ~ *een lening aangaan, sluiten* **1.10** ⟨jur.⟩ die Geschworenenliste ~ *de lijst van gezworenen samenstellen;* ein Protokoll ~ *een proces-verbaal opmaken;* einen Unfall ~ *een ongeval protocolleren;* ⟨jur.⟩ eine Urkunde ~ *een akte verlijden* **5.6** ⟨onov. ww.⟩ der Schüler nimmt gut auf *de leerling leert gemakkelijk* **5.9** ein Buch günstig ~ *een boek gunstig ontvangen* **6.1** ein Kind **auf** den Arm ~ *een kind op de arm nemen;* etwas **vom** Boden ~ *iets van de grond oprapen* **6.4** einen Punkt **in** die Tagesordnung ~ *een punt op de agenda zetten* **6.9** der Film wurde **mit** Begeisterung vom Publikum aufgenommen *het publiek reageerde enthousiast op de film* **6.11** etwas **auf** Platte ~ *iets op de plaat opnemen* **6.¶** es **mit** jmdm. aufnehmen (können) *het tegen iem. kunnen opnemen.*

aufnesteln **0.1** ***loshaken, losknopen*** ⇒*losmaken.*

aufnötigen **0.1** ***opdringen.***

aufoktroyieren ⟨schr.⟩ **0.1** ***opdringen*** ⇒*(van boven af) opleggen* ◆ **4.1** jmdm. seine Meinung ~ *iem. zijn mening opdringen.*

aufopfern **0.1** ***opofferen.***

aufopfernd **0.1** ***offervaardig*** ⇒*onbaatzuchtig, onzelfzuchtig.*

aufpacken **0.1** ***(op)laden*** **0.2** ***volladen*** ⇒*volstouwen* **0.3** ⟨fig.⟩ ***belasten*** ⇒*opdragen* ◆ **1.3** jmdm. alle Arbeit ~ *iem. belasten met al het werk.*

aufpassen **0.1** ***oppassen, opletten*** **0.2** ***passen, letten*** ⇒ *zorg dragen* ◆ **6.2** **auf** die Kinder ~ *op de kinderen passen* **¶.1** paß doch auf! *kijk toch uit!*

Aufpasser ⟨m.⟩ **0.1** ***oppasser*** ⇒*bewaker* **0.2** ⟨pej.⟩ ***bespieder*** ⇒*spion.*

aufpeitschen **0.1** ***opzwepen*** ⇒*in de hoogte jagen* **0.2** ⟨fig.⟩ ***opzwepen*** ⇒*oppeppen, sterk prikkelen.*

aufpflanzen **I** ⟨ov.ww.⟩ **0.1** ***planten*** ⇒*opstellen, oprichten* **0.2** ***opsteken, op het geweer steken*** ◆ **1.2** mit aufgepflanztem Bajonett *met de bajonet op het geweer;*
II sich ~ ⟨wk.ww.⟩⟨inf.⟩ **0.1** ***zich posteren*** ⇒*wijdbeens gaan staan.*

aufpfropfen **0.1** ***enten*** **0.2** ⟨fig.⟩ ***opdringen*** ◆ **1.2** einem Volk eine fremde Kultur ~ *een volk een vreemde cultuur opdringen.*

aufpicken **0.1** ***oppikken*** **0.2** ***open-, kapotpikken.***

aufplatzen **0.1** ***openspringen*** ⇒*(open)barsten.*

aufplustern **I** ⟨ov.ww.⟩ **0.1** ***opzetten*** ⇒*overeind brengen* **0.2** ⟨inf.; pej.⟩ ***opblazen*** ⇒*overtrekken* ◆ **1.2** ein Ereignis ~ *een gebeurtenis opblazen;*
II sich ~ ⟨wk.ww.⟩ **0.1** ***zijn veren opzetten*** **0.2** ⟨inf.; pej.⟩ ***zich opblazen*** ⇒*pronken.*

aufpolieren **0.1** ***oppoetsen, polijsten*** **0.2** ⟨inf.; fig.⟩ ***oppoetsen, verfraaien*** ◆ **1.2** seine Kenntnisse ~ *zijn kennis opfrissen.*

aufprägen **0.1** ***stempelen*** ⇒*drukken.*

Aufprall ⟨m.; ~(e)s⟩ **0.1** ***botsing, het opbotsen*** **0.2** ***val*** ⇒ *smak.*

aufprallen **0.1** ***(op)botsen*** **0.2** ***met een klap, hard neerkomen*** ⇒*(neer)ploffen* **0.3** ***kletteren*** ◆ **6.1** das Auto prallt **auf** den entgegenkommenden Wagen auf *de auto botst tegen de tegenligger.*

Aufpreis ⟨m.⟩ **0.1** ***toeslag*** ⇒*bijbetaling.*

aufpumpen **I** ⟨ov.ww.⟩ **0.1** ***oppompen*** ⇒*opblazen;*
II sich ~ ⟨wk.ww.⟩⟨inf.⟩ **0.1** ***zich opblazen*** ⇒*gewichtig doen* **0.2** ***zich dik, boos maken.***

aufputschen ⟨pej.⟩ **0.1** ***opruien, opstoken*** ⇒*ophitsen* **0.2** ***prikkelen*** ⇒*oppeppen, stimuleren* ◆ **1.1** die Massen ~ *de* *massa's opruien* **1.2** die Leidenschaften ~ *de hartstochten opwekken.*

Aufputschmittel ⟨o.⟩ **0.1** ***stimulerend middel*** ⇒*pepmiddel.*

Aufputz ⟨m.; ~es⟩ **0.1** ***opsmuk, tooi*** ⇒*versiering* ◆ **6.1** die Stadt stand **in** festlichem ~ *de stad was feestelijk versierd.*

aufputzen **0.1** ***opsmukken, tooien*** ⇒*versieren* **0.2** ⟨inf.; meestal pej.⟩ ***oppoetsen*** ⇒*flatteren* ◆ **1.2** die Bilanz ~ *de balans flatteren;* sein Image ~ *zijn image oppoetsen* **4.2** sich ~ *zich groot voordoen.*

aufquellen **0.1** ***(op)zwellen*** ⇒*opzetten* **0.2** ⟨schr.⟩ ***opwellen*** ⇒*opstijgen* ◆ **1.1** ein aufgequollenes Gesicht *een (op)gezwollen gezicht* **1.2** ⟨fig.⟩ aufquellender Zorn *opwellende, opkomende toorn* **3.1** Erbsen ~ lassen *erwten in de week zetten.*

aufraffen I ⟨ov.ww.⟩ **0.1** ***op-, bijeenrapen*** ◆ **1.¶** den Rock ~ *de rok een beetje optillen;*
II sich ~ ⟨wk.ww.⟩ **0.1** ***opkrabbelen, overeind krabbelen*** **0.2** ***zich vermannen*** ⇒*moed vatten* ◆ **6.2** sich **zu** einer Entscheidung, Tat ~ *zich tot een beslissing, daad vermannen.*

aufragen ⟨h.⟩ **0.1** ***op-, omhoogrijzen*** ⇒*zich verheffen* ◆ **6.1** **in** den, **zum** Himmel ~ *ten hemel oprijzen.*

aufrappeln, sich ⟨inf.⟩ **0.1** ***opkrabbelen, overeind krabbelen*** **0.2** ***opkikkeren*** ⇒*herstellen, opknappen* **0.3** ***zich vermannen*** ⇒*moed vatten.*

aufrauen ⟨nw.spel.⟩ →**aufrauhen.**

aufrauhen **0.1** ***ruw maken.***

aufräumen I ⟨onov.ww.⟩ **0.1** ***een eind maken, definitief afrekenen*** **0.2** ⟨fig.⟩ ***huishouden*** ⇒*woeden, slachtoffers maken* ◆ **6.1** **mit** Vorurteilen ~ *aan vooroordelen een eind maken;*
II ⟨ov.ww.⟩ **0.1** ***opruimen.***

aufrechnen **0.1** ***aanrekenen*** ⇒*in rekening brengen* **0.2** ***verrekenen*** ⇒*laten opwegen* ◆ **1.1** dem Kunden alle Reparaturkosten ~ *de klant alle reparatiekosten in rekening brengen* **1.2** Forderungen (gegeneinander) ~ *vorderingen met elkaar verrekenen.*

aufrecht **0.1** ***recht(op), overeind*** ⇒*flink, stoer* **0.2** ***oprecht*** ⇒*eerlijk, rechtschapen* ◆ **1.1** ⟨schr.⟩ ~en Hauptes *met opgeheven hoofd* **1.2** ein ~er Mensch *een oprecht iemand* **3.1** ⟨fig.⟩ die Hoffnung hält mich ~ *de hoop houdt me overeind, staande.*

aufrechterhalten **0.1** ***in stand houden*** ⇒*handhaven, bewaren* ◆ **1.1** eine Behauptung ~ *een bewering staande houden;* den Schein ~ *de schijn ophouden.*

aufrecken I ⟨ov.ww.⟩ **0.1** ***op-, omhoogsteken;***
II sich ~ ⟨wk.ww.⟩ **0.1** ***zich (in zijn volle lengte) oprichten*** ⇒*zich uitrekken.*

aufreden **0.1** ***aanpraten.***

aufregen I ⟨ov.ww.⟩ **0.1** ***opwinden*** ⇒*in beweging, in beroering brengen* ◆ **1.1** ein aufregendes Erlebnis *een opwindende belevenis;*
II sich ~ ⟨wk.ww.⟩⟨inf.⟩ **0.1** ***zich opwinden*** ⇒*zich druk maken* ◆ **6.1** sich **über** etwas, jmdn. ~ *zich over iets, iem. opwinden, druk maken.*

Aufregung ⟨v.⟩ **0.1** ***opwinding*** ⇒*opgewondenheid, emotie* **0.2** ***verwarring*** ⇒*beroering, opschudding* ◆ **6.1** **in** ~ geraten *opgewonden (ge)raken;* **vor** ~ *van opwinding* **6.2** **in** heller ~ sein *in rep en roer zijn.*

aufreiben **0.1** ***stuk-, openwrijven*** **0.2** ***uitputten*** ⇒*afmatten, slopen* **0.3** ⟨mil.⟩ ***(geheel) vernietigen*** ⇒*in de pan hakken* ◆ **1.2** eine aufreibende Tätigkeit *een uitputtende bezigheid, slopend werk.*

aufreihen **0.1** ***aan(een)rijgen*** ⇒*oprijgen, aansnoeren* **0.2** ***in, op een rij zetten.***

aufreißen I ⟨onov.ww.⟩ **0.1** ***(open)scheuren*** ⇒*(open)breken, (open)springen* ◆ **1.1** die Wolken reißen auf *de lucht breekt, scheurt open;*
II ⟨ov.ww.⟩ **0.1** ***openscheuren*** ⇒*openbreken, openhalen* **0.2** ***openrukken*** ⇒*opentrekken* **0.3** ***schetsen*** **0.4** ***overeind trekken*** **0.5** ⟨inf.⟩ ***versieren*** **0.6** ⟨inf.⟩ ***komen aan*** **0.7** ⟨tech.⟩ ***in tekening brengen, tekenen*** ◆ **1.1** ⟨inf.; sp.⟩ die Abwehr ~ *de verdediging openbreken;* sich ⟨3e nv.⟩ den Ärmel ~ *zijn mouw openhalen* **1.2** ⟨inf.⟩ die Augen, den Mund ~ *zijn ogen, zijn mond opensperren* **1.3** ein Problem ~ *een probleem schetsen* **1.5** ein Mädchen ~ *een meisje aan de haak slaan, opscharrelen* **1.6** einen Job ~ *een baantje vinden* **1.¶** ⟨inf.⟩ seine Klappe, das Maul ~ *een grote mond opzetten.*

aufreizen **0.1** ***ophitsen*** ⇒*opruien* **0.2** ***prikkelen, opwinden*** ◆ **1.2** jmds. Phantasie, Sinne ~ *iemands fantasie, zinnen prikkelen.*

aufrichten I ⟨ov.ww.⟩ **0.1** ***oprichten*** ⇒*optillen, overeind zetten* **0.2** ***oprichten*** ⇒*bouwen, stichten, vestigen* **0.3** ***opbeuren*** ◆ **1.1** einen Kranken ~ *een zieke overeind helpen;* die Ohren ~ *zijn oren spitsen* **1.2** ⟨fig.⟩ einen Staat ~ *een staat stichten* **1.3** einen Kranken mit freundlichen Worten ~ *een zieke met vriendelijke woorden opbeuren;*
II sich ~ ⟨wk.ww.⟩ **0.1** ***zich oprichten*** ⇒*overeind komen* **0.2** ⟨fig.⟩ ***steun, troost vinden*** ⇒*zich optrekken.*

aufrichtig **0.1** ***oprecht*** ⇒*eerlijk* ◆ **1.1** ~en Dank! *mijn oprechte dank!;* meine ~e Teilnahme! *gecondoleerd! innige deelneming!*

Aufriß ⟨m.⟩ **0.1** ***schets*** ⇒*beknopt overzicht* **0.2** ⟨tech.⟩ ***opstand, verticale projectie*** ◆ **6.2** ein Haus **im** ~ zeichnen *een huis in opstand tekenen.*

aufritzen **0.1** ***openscheuren*** ⇒*openhalen* ◆ **1.1** ich habe mir die Haut aufgeritzt *ik heb mijn huid opengehaald.*

aufrollen I ⟨ov.ww.⟩ **0.1** ***ont-, af-, openrollen*** **0.2** ***op-, samenrollen*** **0.3** ***openrollen*** ⇒*openschuiven* **0.4** ***ter sprake brengen, aansnijden*** **0.5** ⟨inf.⟩ ***krullen, op krulspelden draaien*** **0.6** ⟨mil., sp.⟩ ***oprollen*** ◆ **1.1** eine Fahne, Landkarte ~ *een vaandel, landkaart ontrollen* **1.3** eine Schiebetür ~ *een schuifdeur openrollen* **1.4** einen Prozeß wieder ~ *een proces heropenen;*
II sich ~ ⟨wk.ww.⟩ **0.1** ***(zich) krullen*** ⇒*oprollen.*

aufrücken **0.1** ***opschuiven*** ⇒*aansluiten* **0.2** ***opklimmen*** ◆ **5.1** ein wenig näher ~ *een beetje dichter aansluiten* **6.2** **zum** Leiter ~ *tot chef bevorderd worden* **¶.1** bitte ~! *opschuiven, aansluiten a.u.b.!*

Aufruf ⟨m.⟩ **0.1** ***oproep*** ⇒*dagvaarding* **0.2** ***oproep*** ⇒*appel* **0.3** ⟨ec.⟩ ***intrekking*** ⇒*herroeping* **0.4** ⟨comp.⟩ ***commando*** ◆ **6.1** ~ **zur** Aussage vor Gericht *dagvaarding om voor het gerecht een verklaring te komen afleggen* **6.2** einen ~ **an** die Bevölkerung erlassen *een oproep tot de bevolking doen.*

aufrufen **0.1** ***afroepen*** **0.2** ***oproepen*** ⇒*een oproep doen* **0.3** ⟨schr.⟩ ***een beroep doen, appelleren*** **0.4** ⟨jur.⟩ ***oproepen*** ⇒*dagvaarden* **0.5** ⟨comp.⟩ ***oproepen*** **0.6** ⟨ec.⟩ ***intrekken, terugnemen, terugvorderen*** ◆ **1.3** jmds. Gewissen ~ *op iemands geweten een beroep doen* **6.1** jmdn. **beim, mit** Namen ~ *iemands naam afroepen* **6.2** die Bevölkerung **zum** Widerstand ~ *de bevolking tot verzet oproepen.*

Aufruhr ⟨m.⟩ **0.1** ***oproer*** ⇒*opstand* **0.2** ***beroering*** ⇒*oproer, bewogenheid* ◆ **2.1** in offenem ~ sein *openlijk in opstand zijn* **6.2** jmds. Gefühle **in** ~ versetzen *iemands gevoelens in oproer, in beroering brengen.*

aufrühren **0.1** ***oproeren*** ⇒*door roeren naar boven brengen* **0.2** ***oprakelen*** ⇒*(weer) ophalen* **0.3** ⟨schr.⟩ ***(op)wekken*** ⇒ *oproepen* **0.4** ⟨schr.⟩ ***beroeren*** ⇒*opwinden, verontrusten*

♦ **1.1** den Bodensatz ~ *het bezinksel oproeren* **1.2** alte, vergessene Geschichten (wieder) ~ *oude koeien uit de sloot (op)halen* **1.3** Gefühle, Leidenschaften ~ *gevoelens, passies opwekken.*

Aufrührer ⟨m.; ~s, ~⟩ **0.1** ***oproerling.***

aufrührerisch 0.1 ***oproerig*** ⇒*ophitsend, opruiend* **0.2** ***oproerig*** ⇒*opstandig* ♦ **1.1** ~e Reden *opruiende toespraken.*

aufrunden 0.1 ***naar boven afronden.***

aufrüsten I ⟨onov.ww.⟩ **0.1** ***de bewapening opvoeren, versterken;***
II ⟨ov.ww.⟩ **0.1** ***bewapenen*** ⇒*toe-, uitrusten* ♦ **1.¶** ein Auto mit Extras ~ *een auto van extra's voorzien* **5.1** ein Land atomar ~ *een land met atoomwapens uitrusten.*

Aufrüstung ⟨v.⟩ **0.1** ***intensivering van de bewapening.***

aufrütteln 0.1 ***wakker schudden*** ⇒*opschudden, opwekken* ♦ **1.1** ⟨fig.⟩ das Gewissen ~ *het geweten wakker schudden.*

aufsacken 0.1 ***in zakken doen*** ♦ **4.¶** ⟨fig.⟩ sich ⟨3e nv.⟩ viel Arbeit ~ *zich veel werk op de hals halen.*

aufsagen 0.1 ***opzeggen*** ⇒*voordragen* **0.2** ⟨schr.⟩ ***opzeggen*** ⇒*opgeven, van iets afzien* ♦ **1.1** ein Gedicht ~ *een gedicht opzeggen* **1.2** jmdm. das Vertrauen ~ *iem. zijn vertrouwen opzeggen.*

aufsammeln 0.1 ***op-, bijeenrapen*** **0.2** ⟨inf.⟩ ***oppikken*** ⇒*inrekenen* ♦ **1.2** einen Betrunkenen ~ *een dronken man oppikken.*

aufsässig 0.1 ***weerspannig*** ⇒*weerbarstig, ongehoorzaam* **0.2** ***oproerig*** ⇒*opstandig* ♦ **1.1** ein ~es Kind *een weerspannig kind* **1.2** eine ~ Rede *een oproerige toespraak.*

aufsatteln 0.1 ***(op)zadelen*** **0.2** ⟨tech.⟩ ***opleggen*** ♦ **1.2** ein aufgesattelter Anhänger *een oplegger.*

Aufsatz ⟨m.⟩ **0.1** ***(school)opstel*** **0.2** ***(wetenschappelijk) opstel*** ⇒*artikel, bijdrage* **0.3** ***opzet(stuk)*** ⇒*bovenstuk* ♦ **1.3** der ~ eines Schrankes *het opzetstuk van, op een kast* **3.2** einen ~ veröffentlichen *een artikel publiceren.*

aufsaugen 0.1 ***opzuigen*** ⇒*opnemen* **0.2** ⟨fig.⟩ ***absorberen*** ⇒ *volledig in beslag nemen* ♦ **1.1** das Geräusch ~ *het geluid absorberen* **1.2** die Arbeit saugt ihn auf *het werk neemt hem volledig in beslag.*

aufschauen 0.1 ***op-, omhoogkijken*** **0.2** ⟨schr.; fig.⟩ ***bewonderen.***

aufschaukeln, sich 0.1 ***steeds meer beginnen te slingeren*** **0.2** ⟨inf.⟩ ***toenemen.***

aufschäumen I ⟨onov.ww.⟩ **0.1** ***(op)schuimen*** ⇒*opbruisen;*
II ⟨ov.ww.⟩ **0.1** ***laten opschuimen, opbruisen.***

aufscheuchen 0.1 ***opschrikken*** ⇒*opjagen* **0.2** ⟨inf.⟩ ***(doen) opschrikken*** ⇒*storen* ♦ **1.1** Vögel ~ *vogels opschrikken.*

aufscheuern I ⟨ov.ww.⟩ **0.1** ***(open)schaven, kapotschuren;***
II sich ~ ⟨wk.ww.⟩ **0.1** ***(open)geschaafd, kapotgeschuurd worden.***

aufschichten 0.1 ***(op)stapelen*** ⇒*ophopen* **0.2** ***maken*** ⟨door stapelen⟩ ♦ **1.2** einen Holzstoß ~ *een houtstapel maken, aanleggen.*

aufschieben 0.1 ***uitstellen*** ⇒*op-, verschuiven* **0.2** ***opzij, wegschuiven*** **0.3** ***openschuiven*** ♦ **1.1** seine Abreise ~ *zijn afreis uitstellen* **6.1** eine Entscheidung **auf** den, **bis zum** nächsten Tag ~ *een beslissing tot de volgende dag uitstellen* **¶.1** ⟨sprw.⟩ aufgeschoben ist nicht aufgehoben *uitstel is geen afstel; wat in het vat is, verzuurt niet.*

aufschießen I ⟨onov.ww.⟩ **0.1** ***op-, omhoogschieten*** **0.2** ***opschieten*** ⇒*(snel) (op)groeien* **0.3** ***opschieten*** ⇒*opvliegen* **0.4** ⟨schr.⟩ ***(plotseling) opkomen*** ♦ **1.1** eine Flamme schießt auf *een vlam schiet op* **5.2** ein hoch, lang aufgeschossener Junge *een hoog opgeschoten jongen* **6.3 von** seinem Sitz ~ *van zijn zitplaats opschieten;*
II ⟨ov.ww.⟩⟨scheep.⟩ **0.1** ***oprollen.***

aufschirren 0.1 ***(op)tuigen.***

Aufschlag ⟨m.⟩ **0.1** ***val*** ⇒*smak, het neerstorten* **0.2** ***opslag*** ⇒*prijsverhoging* **0.3** ***op-, omslag*** ⇒*revers* **0.4** ⟨sp.⟩ ***opslag*** ⇒*service* ♦ **6.3** eine Hose **ohne** ~ *een broek zonder omslag.*

aufschlagen I ⟨onov.ww.⟩ **0.1** ***neerstorten*** ⇒*neervallen* **0.2** ***openslaan*** ⇒*opengaan* **0.3** ***opslaan*** ⇒*oplaaien* **0.4** ⟨h.⟩ ***opslaan*** ⇒*duurder worden* **0.5** ***slaan*** **0.6** ⟨sp.⟩ ***serveren, opslaan*** ♦ **1.4** der Händler hat aufgeschlagen *de handelaar is opgeslagen* **6.1 auf** der, die Erde ~ *op de grond neerstorten;*
II ⟨ov.ww.⟩ **0.1** ***stukslaan*** ⇒*verwonden, openhalen* **0.2** ***op(en)slaan*** ⇒*openleggen* **0.3** ***opslaan*** ⇒*omhoogrichten* **0.4** ***op-, omslaan*** ⇒*opzetten* **0.5** ***opslaan*** ⇒*opzetten, vestigen* **0.6** ***erbij rekenen*** ⇒*als opslag berekenen* **0.7** ⟨amb.⟩ ***opzetten*** ♦ **1.1** ich habe mir das Knie aufgeschlagen *ik heb mijn knie opengevallen* **1.3** die Augen ~ *de ogen opslaan* **1.4** den Rand eines Hutes ~ *de rand van een hoed omslaan* **1.5** ein Lager, Zelt ~ *een kamp, tent opslaan* **1.6** Gebühren auf einen Betrag ~ *een bedrag met de (on)kosten verhogen.*

Aufschläger ⟨m.⟩⟨sp.⟩ **0.1** ***serveerder.***

aufschleppen ⟨scheep.⟩ **0.1** ***aan land slepen*** ⇒*opslepen.*

aufschließen I ⟨onov.ww.; h.⟩ **0.1** ***aan(een)sluiten*** ⇒*afstand verminderen* **0.2** ***opendoen, openmaken*** ♦ **4.2** jmdm. ~ *voor iem. (de deur) opendoen* **5.1** die Autos fahren dicht aufgeschlossen *de auto's rijden bumper aan bumper* **6.1 zur** Spitzengruppe ~ *bij de kopgroep aansluiten;*
II ⟨ov.ww.⟩ **0.1** ***ontsluiten*** ⇒*openen, openmaken* **0.2** ⟨landb., mijnw.⟩ ***ontsluiten*** ⇒*exploiteren* **0.3** ⟨schei.⟩ ***ontsluiten, oplossen*** **0.4** ⟨adm.⟩ ***ontsluiten*** ♦ **1.1** ⟨schr.; fig.⟩ jmdm. ein Gedicht ~ *iem. een gedicht verklaren;* ⟨schr.; fig.⟩ jmdm. sein Herz ~ *voor iem. zijn hart ontsluiten* **1.3** Nahrung ~ *voedsel oplossen;*
III sich ~ ⟨wk.ww.⟩⟨schr.⟩ **0.1** ***zich openen*** ⇒*zich ontsluiten* **0.2** ***zich openbaren*** ⇒*zich blootgeven* ♦ **1.1** ein neuer Horizont schließt sich mir auf *een nieuwe horizon opent zich voor mij.*

aufschlitzen 0.1 ***opensnijden.***

aufschluchzen ⟨h.⟩ **0.1** ***in snikken uitbarsten.***

aufschlucken 0.1 ***opslorpen, opslokken*** ⇒*dempen.*

Aufschluß ⟨m.⟩ **0.1** ***uitsluitsel*** ⇒*opheldering, inlichting* **0.2** ***het openen (v.d. celdeur)*** **0.3** ⟨mijnw.⟩ ***ontsluiting*** ⇒*ontginning, exploitatie* **0.4** ⟨schei.⟩ ***ontsluiting*** ⇒*scheiding* ♦ **1.3** ~ neuer Ölvorkommen *ontsluiting van nieuwe olievelden* **3.1** ~ erhalten *uitsluitsel, inlichtingen krijgen.*

aufschlüsseln 0.1 ***ver-, indelen*** ⟨volgens sleutel, code, norm⟩.

aufschlußreich 0.1 ***leerzaam, instructief*** ⇒*informatief.*

aufschmelzen ⟨tech.⟩ **0.1** ***(vast)gieten.***

aufschnallen 0.1 ***losgespen*** **0.2** ***vastgespen*** ⇒*vastbinden.*

aufschnappen I ⟨onov.ww.⟩ **0.1** ***openspringen*** ⇒*opengaan;*
II ⟨ov.ww.⟩ **0.1** ***(op)vangen*** **0.2** ⟨inf.; fig.⟩ ***opvangen*** ♦ **1.2** Neuigkeiten ~ *nieuwtjes opvangen.*

aufschneiden I ⟨onov.ww.⟩ **0.1** ***opscheppen*** ⇒*snoeven, pochen;*
II ⟨ov.ww.⟩ **0.1** ***opensnijden*** ⇒*doorsnijden* **0.2** ***opsnijden*** ♦ **1.2** eine Wurst ~ *een worst opsnijden.*

aufschneiderisch 0.1 ***opschepperig.***

aufschnellen 0.1 ***opspringen, omhoogschieten.***

Aufschnitt ⟨m.⟩ **0.1** ***gesneden vleeswaar*** ⟨als broodbeleg⟩ ♦ **2.1** gemischter, kalter ~ *gevarieerde, koude (vlees)schotel.*

aufschnüren 0.1 ***los-, openrijgen*** ⇒*openmaken.*

aufschrauben 0.1 ***open-, losschroeven*** **0.2** ***(vast-, op)schroeven*** ♦ **1.1** einen Füllhalter ~ *een vulpenhouder opendraaien.*

aufschrecken **0.1** ***(doen) opschrikken*** ◆ **6.1** jmdn. **aus** seinen Gedanken ~ *iem. uit zijn gedachten opschrikken.*
Aufschrei ⟨m.⟩ **0.1** ***gil, (plotselinge, luide) kreet*** ◆ **3.1** einen ~ ausstoßen *een kreet slaken.*
aufschreiben **0.1** ***op-, neerschrijven*** ⇒*optekenen* **0.2** ***noteren*** **0.3** ***opschrijven*** ⇒*op de rekening zetten* **0.4** ⟨inf.⟩ ***opschrijven, op de bon zetten*** **0.5** ⟨inf.⟩ ***voorschrijven*** ◆ **1.2** ich schreibe (mir) das Datum auf *ik noteer de datum.*
aufschreien **0.1** ***(beginnen te) schreeuwen, gillen*** ◆ **6.1** **vor** Schmerz, Schreck ~ *het uitgillen van (de) pijn, schrik.*
Aufschrift ⟨v.⟩ **0.1** ***opschrift*** **0.2** ***inscriptie.***
Aufschub ⟨m.⟩ **0.1** ***uitstel*** ⇒*opschorting* ◆ **3.1** keinen ~ dulden *geen uitstel dulden* **6.1** **ohne** ~ *onmiddellijk, onverwijld.*
aufschürfen **0.1** ***schrammen, (open)schaven.***
Aufschürfung ⟨v.⟩ **0.1** ***schaafwond.***
aufschürzen **0.1** ***opnemen, optillen.***
aufschütteln **0.1** ***opschudden*** ◆ **1.1** ein Kissen ~ *een kussen opschudden.*
aufschütten **0.1** ***(bij)gieten, (bij)vullen*** **0.2** ***opstapelen, ophopen*** **0.3** ***opwerpen*** ⇒*oprichten, bouwen* **0.4** ***op-, verhogen*** **0.5** ⟨aardr.⟩ ***afzetten*** ⇒*laten bezinken* ◆ **1.2** Erde ~ *aarde ophopen* **6.1** Kohlen **auf** das Feuer ~ *kolen op het vuur doen.*
aufschwatzen **0.1** ***aanpraten*** ⇒*aansmeren.*
aufschweißen ⟨tech.⟩ **0.1** ***lassen*** ⇒*aan-, vastlassen* **0.2** ***openbranden.***
aufschwellen **I** ⟨onov.ww.⟩ **0.1** ***(op)zwellen*** **0.2** ⟨fig.⟩ ***aanzwellen*** ⇒*toenemen;*
II ⟨ov.ww.⟩ **0.1** ***doen (op)zwellen*** ⇒*dik maken* ◆ **1.1** der Wind schwellte die Segel auf *de wind deed de zeilen bol staan.*
aufschwemmen **0.1** ***doen opzwellen, doen opzetten*** ⇒*dik maken* ◆ **1.1** sein aufgeschwemmtes Gesicht *zijn pafferig gezicht.*
aufschwimmen **0.1** ***(beginnen te) drijven*** **0.2** ***glijden, geen grip (meer) hebben*** **0.3** ***naar boven drijven, komen.***
aufschwingen **I** ⟨onov.ww.; h.⟩ **0.1** ***openzwaaien*** ⇒*openvliegen* **0.2** ⟨turnen⟩ ***opzwaaien;***
II sich ~ ⟨wk.ww.⟩ **0.1** ***zich op-, omhoogwerken*** **0.2** ***zich vermannen*** ⇒*er (eindelijk) toe komen* **0.3** ***zich opwerpen*** **0.4** ***op-, omhoogvliegen*** ⟨ook fig.⟩ ◆ **8.3** er schwang sich als Verteidiger der Armen auf *hij wierp zich op als verdediger van de armen.*
Aufschwung ⟨m.⟩ **0.1** ***(hoge) vlucht, opleving*** ⇒*opbloei* **0.2** ⟨schr.⟩ ***impuls*** ⇒*prikkel, aansporing* **0.3** ⟨turnen⟩ ***opzwaai*** ◆ **3.1** einen großen ~ nehmen *een hoge vlucht nemen, een sterke opleving kennen.*
aufsehen **0.1** ***opzien, opkijken*** **0.2** ⟨fig.⟩ ***opzien, opkijken*** ⇒ *bewonderen* ◆ **6.2** ehrfürchtig **zu** jmdm. ~ *met respect tegen iem. opkijken.*
Aufsehen ⟨o.; ~s⟩ **0.1** ***het opzien*** ⇒*verbazing, sensatie* ◆ **3.1** ~ erregen *opzien baren.*
aufsehenerregend **0.1** ***opzienbarend*** ⇒*sensationeel.*
Aufseher ⟨m.⟩ **0.1** ***opzichter, opziener*** ⇒*toezichthouder, suppoost.*
aufsein ⟨inf.⟩ **0.1** ***open zijn*** ⇒*geopend zijn* **0.2** ***op zijn*** ⇒*opgestaan zijn.*
aufsetzen **I** ⟨onov.ww.; h.⟩ **0.1** ***landen*** ⇒*de grond raken, neerkomen;*
II ⟨ov.ww.⟩ **0.1** ***opzetten*** ⇒*op het hoofd, de neus zetten,* ⟨fig. ook⟩ *zetten, trekken* **0.2** ***opstellen, opmaken*** **0.3** ***opzetten*** ⇒*op het vuur zetten* **0.4** ***op-, aanzetten*** ⇒*op-, aannaaien* **0.5** ***(neer)zetten*** ⇒*aan, op de grond zetten* **0.6** ***opzetten*** ⇒*er(boven)op zetten* **0.7** ***overeind zetten*** **0.8** ***opzetten*** ⇒*(op het linnen, het doek) aanbrengen* **0.9** ⟨scheep.⟩ ***aan land brengen*** **0.10** ⟨jacht⟩ ***krijgen*** ⟨nieuw gewei⟩ **0.11** ⟨balsport⟩ ***laten stuiten*** **0.12** ⟨rugby⟩ ***goedleggen*** ◆ **1.1** ⟨fig.⟩ ein Lächeln ~ *een glimlach opzetten* **1.6** dem Haus ein weiteres Stockwerk ~ *op het huis nog een verdieping zetten* **1.¶** seinen Kopf, Trotzkopf ~ *koppig zijn* **4.7** ich setzte mich auf *ik ging overeind, rechtop zitten.*
Aufsetzer ⟨m.⟩⟨balsport⟩ **0.1** ***stuitende, opspringende bal.***
aufseufzen **0.1** ***een zucht slaken*** ⇒*zuchten.*
Aufsicht ⟨v.⟩ **0.1** ***toezicht*** ⇒*inspectie, controle* **0.2** ***opzichter(s), opziener(s)*** ⇒*surveillant* **0.3** ***bovenaanzicht*** ◆ **3.1** (die) ~ führen (über ⟨+ 4e nv.⟩) *toezicht houden (op)* **6.1** **unter** ärztlicher ~ stehen *onder medische controle staan;* eine Firma **unter** ~ stellen *een firma surseance van betaling verlenen.*
Aufsichtsbeamte(r) ⟨bn. als zn.; m.⟩ **0.1** ***opzichter*** **0.2** ***controleur, inspecteur.***
Aufsichtsbehörde ⟨v.⟩ **0.1** ***inspectie(dienst), controle(dienst).***
Aufsichtsbezirk ⟨m.⟩ **0.1** ***inspectiedistrict.***
aufsichtslos **0.1** ***zonder toezicht*** ⇒*zonder controle.*
Aufsichtspersonal ⟨o.⟩ **0.1** ***toezichthoudend personeel.***
Aufsichtspflicht ⟨v.⟩⟨jur.⟩ **0.1** ***verantwoordelijkheid*** ⇒ *plicht om toezicht te houden.*
Aufsichtsrat ⟨m.⟩⟨ec.⟩ **0.1** ***raad van commissarissen*** ⇒ *raad van toezicht* **0.2** ***commissaris, lid v.d. raad van commissarissen.***
aufsitzen **0.1** ⟨s.⟩ ***opstappen*** ⇒*gaan zitten* **0.2** ⟨s.⟩ ***opzitten*** ⇒*te paard stijgen* **0.3** ⟨h.⟩ ***steunen, rusten*** **0.4** ⟨s.⟩ ***het slachtoffer worden van*** ⇒*erin lopen* **0.5** ⟨h.; inf.⟩ ***opzitten*** ⇒*overeind zitten* **0.6** ⟨h.; inf.⟩ ***opzitten, opblijven*** **0.7** ⟨s.; inf.⟩ ***in de steek gelaten worden*** **0.8** ⟨h.; scheep.⟩ ***aan de grond zitten, gelopen zijn*** ◆ **1.4** einem Gerücht ~ *lichtvaardig geloof hechten aan een gerucht* **¶.2** aufgesessen! *opzitten!*
aufspalten **I** ⟨ov.ww.⟩ **0.1** ***(open)splijten, kloven*** ⇒⟨fig. ook⟩ *opsplitsen* **0.2** ⟨schei.⟩ ***splitsen*** ⇒*kraken;*
II sich ~ ⟨wk.ww.⟩ **0.1** ***zich splitsen*** ⇒*gesplitst, verdeeld worden.*
aufspannen **0.1** ***(op-, open)spannen*** ⇒*openen* ◆ **1.1** den Regenschirm ~ *de paraplu opzetten.*
aufsparen **0.1** ***(op)sparen*** ⇒*bewaren.*
aufspeichern **I** ⟨ov.ww.⟩ **0.1** ***opslaan, ophopen*** ◆ **1.1** ⟨fig.⟩ aufgespeicherter Ärger *opgekropte ergernis;*
II sich ~ ⟨wk.ww.⟩ **0.1** ***zich ophopen*** ⇒*zich verzamelen.*
aufsperren **0.1** ***opensperren*** ⇒*wijd openzetten.*
aufspielen **I** ⟨onov.ww.⟩ **0.1** ***spelen*** ⟨muziek⟩ **0.2** ⟨sp.⟩ ***spelen*** ◆ **5.2** glänzend, groß ~ *prachtig spel leveren;*
II sich ~ ⟨wk.ww.⟩⟨pej.⟩ **0.1** ***opscheppen*** ⇒*dik, gewichtig doen* **0.2** ***zich voordoen*** ⇒*uithangen.*
aufspießen **0.1** ***(op)prikken*** ⇒*op de hoorns nemen* **0.2** ⟨fig.⟩ ***aan de kaak stellen*** ⇒*bekritiseren.*
aufsplittern **I** ⟨ov. & onov.ww.⟩ **0.1** ***versplinteren*** ⇒*(doen) uiteenvallen;*
II sich ~ ⟨wk.ww.⟩ **0.1** ***versplinteren*** ⇒*uiteenvallen.*
aufsprengen **0.1** ***openbreken, forceren*** ⇒*opblazen.*
aufsprießen ⟨schr.⟩ **0.1** ***ontspruiten*** ⇒*op-, uitkomen, te voorschijn komen.*
aufspringen **0.1** ***op-, omhoogspringen*** **0.2** ***(op)springen*** **0.3** ***openspringen*** ⇒*openbarsten* **0.4** ***springen*** ⇒*barsten* **0.5** ***(plotseling) opkomen, opsteken*** ◆ **1.4** aufgesprungene Hände, Lippen *gesprongen handen, lippen* **1.5** ein Wind springt auf *er steekt wind op.*
aufspritzen **I** ⟨onov.ww.⟩ **0.1** ***opspatten;***
II ⟨ov.ww.⟩ **0.1** ***(op)spuiten.***

aufsprudeln ⟨s.⟩ 0.1 opborrelen, opbruisen.

aufsprühen I ⟨onov.ww.⟩ 0.1 opspatten;
II ⟨ov.ww.⟩ 0.1 (op)spuiten.

aufspulen 0.1 opspoelen ⇒op een spoel wikkelen.

aufspülen 0.1 aanspoelen 0.2 ⟨scheep.⟩ opspuiten ⇒verhogen.

aufspüren 0.1 opsporen, op het spoor komen ⇒vinden, ontdekken.

aufstacheln 0.1 ophitsen, opruien 0.2 aanzetten, aansporen.

aufstampfen 0.1 (op de grond) stampen, stampvoeten.

Aufstand ⟨m.⟩ 0.1 opstand ⇒oproer.

aufständisch 0.1 opstandig ⇒oproerig.

aufstapeln 0.1 (op)stapelen ⇒ophopen.

aufstäuben 0.1 opstuiven.

aufstauen I ⟨ov.ww.⟩ 0.1 opstuwen ◆ 1.1 ⟨fig.⟩ aufgestaute Wut opgekropte woede;
II sich ~ ⟨wk.ww.⟩ 0.1 zich ophopen, zich verzamelen.

aufstechen 0.1 opensteken, openprikken.

aufstecken 0.1 opsteken ⇒opspelden 0.2 (op)steken ⇒ aandoen 0.3 (op)zetten 0.4 ⟨inf.⟩ opgeven ⇒laten varen.

aufstehen 0.1 ⟨s.⟩ opstaan ⇒gaan staan 0.2 ⟨h.⟩ openstaan 0.3 ⟨h.⟩ (op de grond) staan, rusten 0.4 ⟨s.; schr.⟩ opkomen, ontstaan ◆ 4.1 ⟨inf.⟩ da mußt du (schon) früher ~! dan moet je vroeger opstaan!

aufsteigen 0.1 (op)stijgen, omhoogstijgen ⇒(op)klimmen 0.2 opklimmen ⇒carrière maken 0.3 (op)stappen ⇒op-, bestijgen 0.4 (be)klimmen 0.5 ⟨schr.⟩ opkomen ⇒ontstaan 0.6 ⟨schr.⟩ oprijzen ⇒opdoemen 0.7 ⟨sp.⟩ promoveren ◆ 1.5 ein Verdacht steigt in mir auf een verdenking komt in, bij mij op.

Aufsteiger ⟨m.⟩ 0.1 ⟨inf.⟩ iem. die promotie gemaakt heeft 0.2 ⟨sp.⟩ promoverende, gepromoveerde ploeg.

aufstellen I ⟨ov.ww.⟩ 0.1 opstellen ⇒(op)zetten, plaatsen 0.2 oprichten ⇒bouwen 0.3 (weer) overeind zetten 0.4 samenstellen ⇒vormen 0.5 voordragen ⇒voorstellen 0.6 opstellen ⇒maken, formuleren 0.7 vestigen ⇒maken ◆ 1.3 die Ohren ~ de oren oprichten, spitsen 1.6 eine Behauptung ~ iets beweren; eine Forderung ~ een eis stellen; eine Vermutung ~ een vermoeden uiten 1.7 einen Rekord ~ een record vestigen;
II sich ~ ⟨wk.ww.⟩ 0.1 (overeind) gaan staan.

aufstemmen I ⟨onov.ww.⟩⟨turnen⟩ 0.1 zich opduwen;
II ⟨ov.ww.⟩ 0.1 openbreken 0.2 steunen ⇒leunen;
III sich ~ ⟨wk.ww.⟩ 0.1 steunen ⇒leunen.

aufsticken 0.1 (op)borduren 0.2 ⟨tech.⟩ nitreren ⟨staal⟩.

Aufstieg ⟨m.; ~(e)s, ~e⟩ 0.1 vooruitgang ⇒promotie, opbloei 0.2 het opstijgen, opstijging ⇒start 0.3 beklimming ⇒het beklimmen 0.4 klim ⇒weg omhoog 0.5 ⟨sp.⟩ promotie ◆ 6.1 sein ~ in die, zur Weltspitze zijn doorbraak naar de wereldtop.

Aufstiegs|chance, -möglichkeit ⟨v.⟩ 0.1 promotiekans.

Aufstiegsrunde ⟨v.⟩⟨sp.⟩ 0.1 nacompetitie.

Aufstiegsspiel ⟨o.⟩⟨sp.⟩ 0.1 promotiewedstrijd.

aufstöbern 0.1 opsporen ⇒opsnorren 0.2 opjagen ⇒opschrikken.

aufstocken 0.1 verhogen ⇒uitbreiden, vergroten 0.2 verhogen ⇒een verdieping erop zetten ◆ 1.1 die Gesellschaft stockt auf de maatschappij verhoogt haar kapitaal.

aufstoßen I ⟨onov.ww.⟩ 0.1 ⟨s.⟩ stoten 0.2 ⟨h.⟩ (op)boeren ⇒ een boer(tje) laten 0.3 ⟨h/s.⟩ opbreken 0.4 ⟨s.; inf.⟩ opvallen ◆ 4.3 es stößt mir auf ik heb oprispingen 5.3 ⟨inf.; fig.⟩ das wird ihm sauer, übel ~ dat zal hem zuur, lelijk opbreken;
II ⟨ov.ww.⟩ 0.1 openstoten ⇒openduwen 0.2 openstoten ⇒door stoten verwonden 0.3 hard neerzetten.

aufstrahlen ⟨h.⟩ 0.1 beginnen te schitteren, stralen.

aufstreben ⟨h.⟩ 0.1 (vooruit)streven ⇒opkomen 0.2 ⟨schr.⟩ omhoog-, oprijzen ⇒zich verheffen ◆ 1.1 die ~de Industrie de opbloeiende, zich dynamisch ontwikkelende industrie.

aufstreifen 0.1 opstropen.

Aufstrich ⟨m.⟩ 0.1 (brood)beleg 0.2 ophaal ⟨handschrift⟩ 0.3 ⟨muz.⟩ opstreek.

aufstufen ⟨adm.⟩ 0.1 opwaarderen.

aufstülpen 0.1 op-, omhoogzetten, optrekken ◆ 1.1 eine aufgestülpte Nase een wipneus.

aufstützen I ⟨ov.ww.⟩ 0.1 steunen (op), leunen (op) 0.2 oprichten ⇒overeind helpen ◆ 1.1 mit aufgestützten Armen steunend op zijn armen;
II sich ~ ⟨wk.ww.⟩ 0.1 steunen, leunen.

aufsuchen 0.1 op-, bezoeken 0.2 (op)zoeken.

aufsum|men, -mieren I ⟨ov.ww.⟩⟨comp.⟩ 0.1 (be)rekenen;
II sich ~ ⟨wk.ww.⟩ 0.1 oplopen.

auftakeln, sich 0.1 zich opdirken, uitdossen.

Auftakt ⟨m.⟩ 0.1 begin, inleiding ⇒voorspel 0.2 ⟨muz.⟩ opslag, opmaat ⇒voorslag 0.3 ⟨lit.⟩ voorslag ◆ 6.1 das war der ~ zu einer dauerhaften Zusammenarbeit dat luidde een duurzame samenwerking in.

auftanken I ⟨onov.ww.⟩ 0.1 (bij)tanken;
II ⟨ov.ww.⟩ 0.1 voltanken 0.2 ⟨fig.⟩ opdoen ⇒verzamelen, bijtanken.

auftauchen 0.1 opduiken ⇒boven water komen 0.2 opduiken ⇒opdoemen 0.3 ⟨fig.⟩ opduiken ⇒rijzen ◆ 1.3 ein Problem taucht auf er doet zich een probleem voor.

auftauen 0.1 ontdooien ⟨ook fig.⟩ ⇒(doen) smelten.

aufteilen 0.1 (helemaal) verdelen ⇒op-, uitdelen 0.2 indelen ⇒verdelen.

auftischen 0.1 opdienen, voorzetten 0.2 ⟨inf.; pej.⟩ opdissen ⇒vertellen.

Auftrag ⟨m.; ~(e)s, ¨~e⟩ 0.1 opdracht ⇒taak, bevel 0.2 order ⇒bestelling 0.3 zending, opdracht ⇒missie 0.4 het aanbrengen ◆ 3.2 einen ~ an eine Firma vergeben een order plaatsen bij een firma 6.1 im ~ in opdracht ⟨onderaan in brieven⟩; eine Arbeit in ~ nehmen een werk op zich nemen, aanvaarden 6.2 jmdm. etwas in ~ geben (bij iem.) iets bestellen; ein ~ über die Lieferung eines Autos een bestelling tot levering van een auto.

auftragen I ⟨onov.ww.⟩ 0.1 dik(ker) doen lijken;
II ⟨ov.ww.⟩ 0.1 aanbrengen ⇒(op)smeren 0.2 opdragen, de opdracht geven 0.3 af-, opdragen ⇒verslijten 0.4 ⟨schr.⟩ opdienen, serveren ◆ 5.1 ⟨inf.; fig.⟩ dick, stark ~ het er dik opleggen.

Auftraggeber ⟨m.⟩ 0.1 opdrachtgever ⇒lastgever, committent.

Auftragnehmer ⟨m.⟩ 0.1 lasthebber.

Auftragsbestand ⟨m.⟩ 0.1 orderportefeuille.

Auftragsbestätigung ⟨v.⟩ 0.1 orderbevestiging.

Auftragsforschung ⟨v.⟩ 0.1 contractonderzoek.

auftragsgemäß 0.1 volgens de opdracht 0.2 volgens order, bestelling.

Auftragspolster ⟨o.⟩ 0.1 (goed gevulde) orderportefeuille.

auftreffen ⟨s.⟩ 0.1 stoten, botsen.

auftreiben I ⟨onov.ww.⟩ 0.1 (op)rijzen, (op)zwellen;
II ⟨ov.ww.⟩ 0.1 opjagen ⇒omhoogdrijven, opwaaien 0.2 doen (op)rijzen, doen (op)zwellen 0.3 ⟨inf.⟩ opscharrelen, opsnorren ◆ 5.3 das war schwer aufzutreiben er was moeilijk aan te komen.

auftrennen 0.1 lostornen.

auftreten I ⟨onov.ww.; s.⟩ 0.1 optreden ⇒zich gedragen 0.2 lopen, stappen 0.3 opduiken ⇒zich (plotseling) voordoen ◆ 1.3 Probleme treten auf er rijzen problemen;

II ⟨ov.ww.⟩ **0.1** ***opentrappen.***
Auftreten ⟨o.; ~s⟩ **0.1** ***optreden*** ⇒*gedrag.*
Auftrieb ⟨m.⟩ **0.1** ***(nieuwe) moed, kracht, impuls*** ⇒*elan* **0.2** ***aanvoer (van vee)*** **0.3** ⟨nat.⟩ ***(opwaartse) druk*** ⇒*stijgkracht* ◆ **3.1** etwas gibt jmdm. ~ *iets geeft iem. nieuwe moed, kracht;* das gab den Gerüchten neuen ~ *dat gaf de geruchten nieuw voedsel.*
Auftritt ⟨m.⟩ **0.1** ***het optreden*** ⟨ook fig.⟩ ⇒*het opkomen* **0.2** ***scène*** ⇒*ruzie, woordenwisseling* **0.3** ⟨dram.⟩ ***scène*** ◆ **2.1** heute hat er seinen großen ~ *vandaag is zijn grote dag.*
auftrocknen ⟨h.⟩ **I** ⟨onov.ww.⟩ **0.1** ***opdrogen*** ⇒*droog worden;*
II ⟨ov.ww.⟩ **0.1** ***(op)drogen*** ⇒*droogmaken.*
auftrumpfen **0.1** ***zijn overwicht bewijzen*** **0.2** ***een grote mond opzetten*** ⇒*opspelen.*
auftun **I** ⟨ov.ww.⟩⟨inf.⟩ **0.1** ***opdoen*** ⇒*ontdekken* **0.2** ***opdoen*** ⇒*opscheppen;*
II sich ~ ⟨wk.ww.⟩⟨schr.⟩ **0.1** ***opengaan, zich openen*** **0.2** ***opengaan*** ◆ **1.2** eine neue Welt tut sich jmdm. auf *een nieuwe wereld gaat voor iem. open* **6.1** ein Abgrund tat sich **vor** ihm auf *een afgrond gaapte (plotseling) voor hem.*
auftürmen **I** ⟨ov.ww.⟩ **0.1** ***(torenhoog) opstapelen;***
II sich ~ ⟨wk.ww.⟩ **0.1** ***zich opstapelen.***
aufwachen **0.1** ***ontwaken*** ⟨ook fig.⟩ ⇒*wakker worden* ◆ **6.1** **aus** der Ohnmacht ~ *weer tot bewustzijn komen.*
aufwachsen **0.1** ***opgroeien*** **0.2** ⟨schr.⟩ ***oprijzen*** ⇒*opdoemen.*
aufwallen **0.1** ⟨h/s.⟩ ***opwellen, opborrelen*** **0.2** ***opstijgen*** ⇒*opwalmen* **0.3** ⟨h/s.; schr.⟩ ***opwellen*** ⇒*opkomen* ◆ **1.1** ⟨fig.⟩ mein Blut wallt auf *mijn bloed begint te koken.*
Aufwallung ⟨v.⟩ **0.1** ***opwelling, vlaag*** ⇒*plotselinge emotie.*
Aufwand ⟨m.; ~(e)s⟩ **0.1** ***inzet*** ⇒*ge-, verbruik,* ⟨ook⟩ *moeite* **0.2** ***kosten, uitgaven*** **0.3** ***praal, uiterlijk vertoon, verkwisting*** ◆ **3.2** der ~ lohnt (sich) nicht (a) *de uitgaven lonen de moeite niet* (b) *het loont de moeite niet* **3.3** großen ~ machen, treiben *groot, veel vertoon maken* **6.1** ein großer ~ **an** Geld *een grote financiële inspanning;* **mit** ~ aller seiner Kräfte *met inzet van al zijn krachten.*
aufwändig ⟨nw.spel.⟩ →**aufwendig.**
Aufwandsentschädigung ⟨v.⟩ **0.1** ***onkostenvergoeding.***
Aufwand(s)steuer ⟨v.⟩ **0.1** ***verbruiksbelasting.***
aufwärmen **I** ⟨ov.ww.⟩ **0.1** ***opwarmen*** ⟨ook sp.⟩ ⇒*(ver)warmen;*
II sich ~ ⟨wk.ww.⟩ **0.1** ***zich (ver)warmen.***
aufwarten ⟨h.⟩ **0.1** ***te bieden hebben*** ⇒*komen aanzetten* **0.2** ⟨met 3e nv.; schr.⟩ ***aanbieden*** ⇒*voorzetten* ◆ **6.1** **mit** einer glänzenden Leistung ~ *voor een schitterende prestatie zorgen* **6.2** dem Gast **mit** Delikatessen ~ *de gast lekkernijen aanbieden.*
aufwärts **0.1** ***opwaarts*** ⇒*naar boven, stroomopwaarts* ◆ **6.1** ⟨fig.⟩ **von** 20 Mark ~ *vanaf 20 mark.*
Aufwärtsbewegung ⟨v.⟩ **0.1** ***opwaartse beweging, trend*** ⇒*stijging, stijgende lijn.*
Aufwärtsentwicklung ⟨v.⟩ **0.1** ***positieve ontwikkeling*** ⇒*opwaartse tendens, stijgende lijn.*
aufwärtsgehen **0.1** ***(steeds) beter gaan, vooruitgaan.***
Aufwasch ⟨m.; ~(e)s⟩ **0.1** ***afwas, vaat*** ◆ **6.¶** ⟨inf.⟩ das geht, das machen wir **in** einem ~, das ist ein ~ *dat gaat in één moeite door.*
aufwecken **0.1** ***wekken*** ⇒*wakker maken.*
aufweichen **I** ⟨onov.ww.⟩ **0.1** ***weken*** ⇒*week worden* **0.2** ⟨fig.⟩ ***ondermijnd, ondergraven worden;***
II ⟨ov.ww.⟩ **0.1** ***(door)weken*** ⇒*week, zacht maken* **0.2** ⟨fig.⟩ ***ondermijnen, ondergraven.***
aufweisen **0.1** ***vertonen*** ⇒*bezitten, laten zien* **0.2** ***(aan)wijzen*** ⇒*tonen* ◆ **1.2** die Bedeutung eines Buches ~ *op de betekenis van een boek wijzen* **3.2** große Erfolge aufzuweisen haben *op grote successen kunnen bogen.*
aufwenden **0.1** ***aanwenden, gebruiken, inzetten*** ◆ **1.1** viel Geld ~ *veel geld besteden, spenderen;* alle seine Kräfte ~ *al zijn krachten inspannen* **4.1** alles ~ *alles in het werk stellen.*
aufwendig **0.1** ***duur, kostbaar*** ⇒*luxueus* ◆ **1.1** die ~e Werbung *de grootscheepse reclame.*
Aufwendung ⟨v.⟩ **0.1** ***aanwending*** ⇒*gebruik, inspanning, besteding* **0.2** ***uitgave*** ⇒*kosten* ◆ **2.2** die staatlichen ~en *de staats-, rijksuitgaven.*
aufwerfen **I** ⟨ov.ww.⟩ **0.1** ***opwerpen, op-, omhooggooien*** ⇒*met een ruk opheffen* **0.2** ***opwerpen*** ⇒*op een hoop gooien* **0.3** ***opwerpen*** ⇒*aan de orde stellen, ter sprake brengen* **0.4** ***openwerpen, opengooien*** **0.5** ***(op)werpen, (op)gooien*** ◆ **1.2** einen Damm ~ *een dam opwerpen* **1.5** Kohlen ~ *kolen op het vuur gooien;*
II sich ~ ⟨wk.ww.⟩ **0.1** ***zich opwerpen*** ◆ **6.1** sich **zum** Beschützer ~ *zich als beschermer opwerpen.*
aufwerten **0.1** ***opwaarderen, revalueren*** **0.2** ***verhogen, verbeteren*** ◆ **1.1** die Währung ~ *de munt revalueren, opwaarderen.*
Aufwertung ⟨v.⟩ **0.1** ***opwaardering, revaluatie.***
aufwickeln **0.1** ***opwikkelen*** ⇒*opklossen, opwinden* **0.2** ***los-, afwikkelen*** ⇒*openmaken* ◆ **1.1** ⟨inf.⟩ ich wick(e)le mir die Haare auf *ik doe krulspelden in mijn haar.*
aufwiegeln **0.1** ***opruien, ophitsen*** ⇒*opstoken.*
aufwiegen **0.1** ***opwegen*** ⇒*niet onderdoen* ◆ **1.1** die Vorteile wiegen die Nachteile mehr als auf *de voordelen wegen ruimschoots op tegen de nadelen.*
aufwieglerisch **0.1** ***opruiend, ophitsend.***
Aufwind ⟨m.⟩ **0.1** ⟨meteo., verk.⟩ ***stijgwind, opwaartse wind*** ⇒*termiek* **0.2** ⟨fig.⟩ ***impuls(en), nieuw elan*** ⇒*opleving* ◆ **6.2** sich **im** ~ befinden *een opleving kennen, vooruitgaan.*
aufwinden **0.1** ***ophijsen, ophalen.***
aufwirbeln **I** ⟨onov.ww.⟩ **0.1** ***opdwarrelen*** ⇒*opwaaien, opstuiven;*
II ⟨ov.ww.⟩ **0.1** ***(doen) opwaaien, opjagen.***
aufwischen **0.1** ***opnemen*** ⇒*opvegen, (op)dweilen.*
Aufwischlappen ⟨m.⟩ **0.1** ***dweil.***
Aufwuchs ⟨m.⟩ **0.1** ***groei*** ⇒*het opgroeien* **0.2** ⟨landb.⟩ ***jong gewas, jonge aanplant.***
aufwühlen **0.1** ***op-, loswoelen*** **0.2** ***omwoelen*** ⇒*omwroeten* **0.3** ***in beroering brengen*** ⇒*aangrijpen* ◆ **1.3** ⟨fig.⟩ ein ~des Ereignis *een aangrijpende gebeurtenis.*
aufzählen **0.1** ***opsommen*** ⇒*opnoemen* ◆ **1.¶** jmdm. einige Hiebe ~ *iem. een paar klappen geven.*
aufzäumen **0.1** ***optomen*** ⇒*optuigen* ◆ **5.¶** ⟨inf.; fig.⟩ etwas verkehrt ~ *iets verkeerd aanpakken.* →**Pferd.**
aufzehren ⟨schr.⟩ **I** ⟨ov.ww.⟩ **0.1** ***op-, verteren*** ⇒*opgebruiken* ◆ **1.1** ⟨fig.⟩ die Sorgen zehren mich auf *de zorgen verteren mij;*
II sich ~ ⟨wk.ww.⟩ **0.1** ***verteerd worden.***
aufzeichnen **0.1** ***optekenen*** ⇒*op schrift stellen, noteren* **0.2** ***tekenen*** **0.3** ***opnemen*** ⇒*(op film, band) vastleggen.*
Aufzeichnung ⟨v.⟩ **0.1** ***optekening*** ⇒*notitie* **0.2** ⟨radio, tv⟩ ***opname, opgenomen uitzending*** **0.3** ***opname*** ⟨op film, band⟩ **0.4** ***tekening, het tekenen*** ⇒*schets.*
aufzeigen ⟨schr.⟩ **0.1** ***aantonen, aanwijzen*** ⇒*bewijzen, demonstreren* ◆ **1.1** Unzulänglichkeiten ~ *op tekortkomingen wijzen.*
aufzerren **0.1** ***openrukken*** ⇒*opentrekken* **0.2** ***overeind trekken.***

aufziehen I ⟨onov.ww.⟩ **0.1** ***optrekken*** *⇒aanrukken* **0.2** ***opkomen*** *⇒komen opzetten* ◆ **1.1** die Wache ist aufgezogen *de wacht is opgetrokken* **1.2** Gewitter, Nebel zieht auf *onweer, mist komt op(zetten);*
II ⟨ov.ww.⟩ **0.1** ***op-, omhoogtrekken*** *⇒overeind trekken* **0.2** ***opentrekken*** *⇒uit-, loshalen* **0.3** ***kweken*** *⇒opvoeden* **0.4** ***spannen*** *⇒opwinden* **0.5** ***spannen*** *⇒opzetten* **0.6** ***op-, vastplakken*** *⇒bevestigen* **0.7** ***aankleden*** **0.8** ⟨inf.⟩ ***opzetten*** *⇒op touw zetten, organiseren* **0.9** ⟨inf.⟩ ***plagen*** ◆ **1.1** den Anker ~ *het anker lichten;* eine Fahne ~ *een vlag hijsen;* eine Spritze ~ *een injectiespuit vullen* **1.2** die Strickarbeit ~ *het breiwerk uithalen* **1.4** eine Uhr ~ *een uurwerk opwinden* **1.5** einen Reifen ~ *een band monteren* **5.8** ein Unternehmen groß ~ *een onderneming groot-(scheeps) opzetten* **6.6** Bilder **auf** ein Blatt Papier ~ *foto's op een blad papier plakken* **8.4** ⟨fig.⟩ wie aufgezogen reden *aan één stuk door ratelen.*

Aufzucht ⟨v.⟩ **0.1** ***het kweken, het fokken*** *⇒aankweek, teelt.*

aufzüchten 0.1 ***opfokken, kweken*** ◆ **1.1** junge Pferde ~ *jonge paarden opfokken.*

aufzucken ⟨h/s.⟩⟨schr.⟩ **0.1** ***opflitsen*** *⇒opflikkeren.*

Aufzug ⟨m.⟩ **0.1** ***het optrekken*** *⇒het aanrukken* **0.2** ***stoet*** *⇒ optocht, processie* **0.3** ***het opkomen*** *⇒nadering* **0.4** ***lift, hijstuig*** *⇒takel* **0.5** ⟨pej.⟩ ***kostuum, pak*** *⇒kledij* **0.6** ⟨dram.⟩ ***bedrijf*** **0.7** ⟨ind.⟩ ***ketting, schering*** ◆ **1.1** der ~ der Wache *het optrekken van de wacht* **1.3** der ~ eines Gewitters *het opkomen, de nadering van een onweer* **2.2** ein feierlicher ~ *een plechtige optocht* **3.4** den ~ benützen *de lift nemen* **6.6** ein Theaterstück **in** drei Aufzügen *een toneelstuk in drie bedrijven.*

Aufzugführer ⟨m.⟩ **0.1** ***liftbediende.***

Aufzugschacht ⟨m.⟩ **0.1** ***liftschacht, -koker.***

Aufzugvorrichtung ⟨v.⟩ **0.1** ***liftinstallatie.***

aufzupfen 0.1 ***lospeuteren*** *⇒uithalen.*

aufzwingen I ⟨ov.ww.⟩ **0.1** ***opdringen*** *⇒dwingend opleggen* ◆ **1.1** einem Kind das Essen ~ *een kind dwingen te eten;*
II sich ~ ⟨wk.ww.⟩ **0.1** ***zich opdringen*** ◆ **1.1** dieser Gedanke zwang sich mir auf *deze gedachte drong zich aan mij op.*

Augapfel ⟨m.⟩ **0.1** ***oogappel*** *⇒oogbol* **0.2** ⟨fig.⟩ ***oogappel, lieveling.***

Auge ⟨o.; ~s, ~n⟩ **0.1** ***oog*** ◆ **1.¶** ⟨scherts.⟩ das ~ des Gesetzes *de sterke arm, de politie* **2.1** das geistige, innere ~ *het geestesoog;* scharfe ~n haben (a) *scherpe, goede ogen hebben* (b) *de kleinste fout opmerken;* sehenden ~s ins Unglück rennen *met open ogen zijn ongeluk tegemoet lopen;* ein sicheres ~ haben (a) *oog op iets hebben* (b) *trefzeker zijn;* ⟨inf.⟩ jmdm. verliebte ~n machen *iem. verliefd aanzien* **3.1** die ~n abwenden *de blik afwenden;* ⟨inf.⟩ die ~n aufmachen, aufsperren, auftun *uit zijn ogen, doppen kijken;* ⟨inf.⟩ (große) ~n machen *grote ogen opzetten;* jmdm. schöne ~n machen *met iem. (beginnen te) flirten;* die ~n offen haben, offenhalten *zijn ogen de kost geven;* ⟨inf.⟩ ein ~ riskieren *een kijkje wagen;* die ~n gingen ihm über (a) ⟨schr.⟩ *zijn ogen schoten vol tranen* (b) *daar stond hij van te kijken;* ⟨inf.⟩ ein ~, beide ~n zudrücken *een oogje toedrukken* **4.1** wo hattest du denn deine ~n? *jij had je ogen zeker in je zak?* **5.1** ⟨inf.⟩ ich habe hinten keine ~n *ik heb geen ogen op mijn rug;* ⟨inf.⟩ da bleibt kein ~ trocken (a) *iedereen begint te huilen* (b) *iedereen lacht tranen* (c) *niemand blijft daarvan verschoond* **6.1** jmdm. etwas **an** den ~n ablesen *iets in iemands ogen lezen;* **auf** einem ~ blind sein *aan één oog blind zijn;* ein ~ **auf** etwas, jmdn. haben (a) *een oogje in het zeil houden* (b) *een oogje op iets, iem. hebben;* ⟨inf.⟩ Tomaten **auf** den ~n haben *zijn ogen in zijn zak hebben;* jmdn. **aus** großen ~n ansehen *iem. met grote ogen aankijken;* geh mir **aus** den ~n! *uit mijn ogen!;* er ist mir **aus** den ~ gekommen *ik heb hem uit het oog verloren;* ein ~ **für** etwas haben *oog voor iets hebben;* etwas, jmdn. **im** ~ behalten *iets, iem. in het oog houden;* etwas **im** ~ haben (a) *iets in zijn oog hebben* (b) ⟨fig.⟩ *iets op het oog hebben;* **in** jmds. ~n sinken, steigen *in iemands achting dalen, stijgen;* das fällt, springt (mir) ins ~, **in** die ~n *dat springt in het oog;* ⟨inf.⟩ das sticht mir ins ~, **in** die ~n *dat steekt mij de ogen uit;* der Gefahr **ins** ~ blicken, sehen *het gevaar onder ogen zien;* ⟨inf.⟩ das hätte **ins** ~ gehen können *dat had verkeerd kunnen aflopen;* etwas **ins** ~ fassen (a) *het oog op iets hebben* (b) *iets op het oog hebben;* ⟨inf.⟩ **mit** einem blauen ~ davonkommen *er redelijk goed afkomen;* **mit** bloßem, nacktem ~ *met het blote oog;* **mit** einem lachenden und einem weinenden ~ *met een lach en een traan;* **mit** offenen ~n durch die Welt gehen *zijn ogen niet in zijn zak hebben;* ⟨inf.⟩ **mit** offenen ~n schlafen (a) *zijn ogen in zijn zak hebben* (b) *lodderogen;* ⟨inf.⟩ sich ⟨3e nv.⟩ die ~n **nach** jmdm., etwas aus (dem Kopf) gucken, schauen *voortdurend op de uitkijk naar iem., iets staan;* ~ **um** ~, Zahn um Zahn *oog om oog en tand om tand;* (dunkle) Ringe **um** die ~n haben *kringen onder de ogen hebben;* jmdm. **unter** die ~n kommen, treten *iem. onder ogen komen;* es fällt mir wie Schuppen **von** den ~n *de schellen vallen mij van de ogen;* jmdm. etwas **vor** ~n führen, halten, stellen *iem. iets onder het oog brengen;* ich halte mir das **vor** ~n *ik houd dat voor ogen;* seine Figur schwebt, steht mir **vor** (den) ~n *zijn figuur staat mij voor de geest* **8.1** ⟨inf.⟩ ganz ~ (und Ohr) sein *één en al aandacht zijn;* ⟨inf.⟩ er macht ~n wie ein gestochenes Kalb *hij staat met kalfsogen, schelvisogen te kijken;* das Kind ist ihm wie aus den ~n geschnitten *het kind lijkt sprekend op hem* **¶.1** ⟨sprw.⟩ aus den ~n, aus dem Sinn *uit het oog, uit het hart.* →**Krähe.**

äugeln I ⟨onov.ww.⟩ **0.1** ***lonken;***
II ⟨ov.ww.⟩ **0.1** ***enten*** *⇒oculeren.*

äugen 0.1 ***kijken, spieden.***

Augenarzt ⟨m.⟩ **0.1** ***oogarts.***

Augenbinde ⟨v.⟩ **0.1** ***ooglap*** *⇒blinddoek.*

Augenblick ⟨acc. wiss.⟩⟨m.⟩ **0.1** ***ogenblik, moment*** ◆ **3.1** den ~ nutzen *van het geschikte moment gebruik maken* **4.1** ⟨inf.⟩ alle ~e *telkens (weer);* jeden ~ *ieder moment* **6.1** **im** ersten ~ *aanvankelijk, in het begin;* es spielte sich **in** einem ~ ab *het speelde zich in een ommezien af;* **in** dem ~, als … *op het ogenblik, dat …* **7.1** einen (kleinen) ~, bitte! *een ogenblik(je)!*

augenblicklich 0.1 ***ogenblikkelijk*** *⇒onmiddellijk* **0.2** ***tegenwoordig, momenteel*** ◆ **1.1** keine ~e Gefahr *geen onmiddellijk gevaar* **1.2** die ~e Lage *de huidige toestand.*

augenblicks 0.1 ***ogenblikkelijk*** *⇒onmiddellijk.*

Augenblickserfolg ⟨m.⟩ **0.1** ***tijdelijk, voorbijgaand succes.***

Augenblicksidee ⟨v.⟩ **0.1** ***plotselinge ingeving.***

Augenblickssache ⟨v.⟩ **0.1** ***zaak, kwestie v.e. ogenblik.***

Augenbraue ⟨v.⟩ **0.1** ***wenkbrauw*** ◆ **3.1** die ~n emporziehen, heben *de wenkbrauwen optrekken.*

Augenbrauenstift ⟨m.⟩ **0.1** ***wenkbrauwstift.***

Augendeckel ⟨m.⟩ **0.1** ***ooglid.***

augenfällig 0.1 ***in het oog lopend*** *⇒opvallend, duidelijk.*

Augenfältchen ⟨o.⟩ **0.1** ***kraaienpootje.***

Augenfehler ⟨m.⟩ **0.1** ***oogafwijking.***

Augenglas ⟨o.; mv. ¨er⟩ **0.1** ***ooglas*** *⇒bril, monocle, lorgnet.*

Augenheilkunde ⟨v.⟩ **0.1** ***oogheelkunde.***

Augenhöhe ⟨v.⟩ ◆ **6.¶** **in** ~ *op ooghoogte.*

Augenhöhle ⟨v.⟩ **0.1** ***oogholte, -kas.***
Augenklinik ⟨v.⟩ **0.1** ***kliniek voor oogziekten.***
Augenleiden ⟨o.⟩ **0.1** ***oogziekte*** ⇒*oogkwaal.*
Augenlicht ⟨o.⟩⟨schr.⟩ **0.1** ***gezichtsvermogen.***
Augenlid ⟨o.⟩ **0.1** ***ooglid.***
Augenmaß ⟨o.⟩ **0.1** ***ogenmaat*** ⇒*inzicht* ◆ **2.¶** ein gutes ~ haben *goed op het oog kunnen schatten* **6.1** Politik **mit** ~ *politiek met inzicht;* **nach** (dem) ~ *op het oog.*
Augenmensch ⟨m.⟩⟨inf.⟩ **0.1** ***visueel ingesteld persoon.***
Augenmerk ⟨o.⟩ **0.1** ***aandacht*** ◆ **3.1** jmdm., einer Sache sein ~ zuwenden *zijn aandacht op iem., iets vestigen* **6.1** sein ~ **auf** etwas, jmdn. richten, lenken *zijn aandacht op iets, iem. vestigen.*
Augenoptiker ⟨m.⟩ **0.1** ***opticien.***
Augenpflege ⟨v.⟩ **0.1** ***verzorging v.d. ogen.***
Augen|ring, -schatten ⟨m.⟩ **0.1** ***kring onder de ogen.***
Augenschein ⟨m.⟩⟨schr.⟩ **0.1** ***ogenschouw*** ⇒*waarneming, onderzoek,* ⟨jur.⟩ *plaatsschouwing* ◆ **3.1** wie der ~ lehrt, zeigt *zoals gebleken is;* der ~ trügt *de uiterlijke schijn bedriegt;* einen (gerichtlichen) ~ vornehmen *een (gerechtelijk) onderzoek in loco instellen* **6.1** die Truppen **in** ~ nehmen *de troepen in ogenschouw nemen, inspecteren.*
augenscheinlich ⟨schr.⟩ **0.1** ***blijkbaar, klaarblijkelijk*** ⇒ *duidelijk.*
Augenschmaus ⟨m.⟩⟨scherts.⟩ **0.1** ***lust voor het oog.***
Augenschwäche ⟨v.⟩ **0.1** ***gezichtszwakte.***
Augenspiegel ⟨m.⟩ **0.1** ***oogspiegel.***
Augenstern ⟨m.⟩⟨schr.⟩ **0.1** ***pupil*** **0.2** ⟨fig.⟩ ***oogappel.***
Augentäuschung ⟨v.⟩ **0.1** ***gezichtsbedrog, optisch bedrog.***
Augentrost ⟨m.⟩⟨plantk.⟩ **0.1** ***ogentroost.***
Augenweide ⟨v.⟩ **0.1** ***lust voor het oog.***
Augenwimper ⟨v.⟩ **0.1** ***(oog)wimper.***
Augenwinkel ⟨m.⟩ **0.1** ***ooghoek.***
Augenwischerei ⟨v.⟩⟨inf.⟩ **0.1** ***boerenbedrog, nep.***
Augenzahn ⟨m.⟩ **0.1** ***oogtand.***
Augenzeuge ⟨m.⟩ **0.1** ***ooggetuige.***
Augenzittern ⟨o.⟩⟨med.⟩ **0.1** ***oogsiddering.***
Augenzwinkern ⟨o.⟩ **0.1** ***knipoog(je).***
Augment ⟨o.; ~(e)s, ~e⟩ **0.1** ***augment*** ⇒*toe-, voorvoegsel.*
Augur ⟨m.; ~s of ~en, ~en⟩⟨gesch.⟩ **0.1** ***augur*** ⇒*vogelwichelaar.*
August[1] ⟨m.; ~(e)s of ~, ~e⟩ **0.1** ***augustus*** ◆ **6.1** **im** ~ *in augustus* **7.1** der ~ *(de maand) augustus.*
August[2] ⟨m.; ~(e)s, ~e⟩ ◆ **2.¶** der dumme ~ *de clown.*
augusteisch **0.1** ***Augusteïsch, van Augustus.***
Augustiner ⟨m.; ~s, ~⟩ **0.1** ***augustijn.***
Auktion ⟨v.; ~, ~en⟩ **0.1** ***veiling*** ⇒*(openbare) verkoping.*
Auktionator ⟨m.; ~s, Auktionatoren⟩ **0.1** ***veiling-, vendumeester.***
Aula ⟨v.; ~, ~s of Aulen⟩ **0.1** ***aula.***
Aura ⟨v.; ~, Auren⟩ **0.1** ***aura*** ⇒*uitstralingskracht.*
Aureole ⟨v.; ~, ~n⟩⟨schr.; meteo.⟩ **0.1** ***aureool*** ⇒*stralenkrans.*
aus[1] ⟨bw.⟩ **0.1** ***uit*** **0.2** ***uit*** ⇒*afgelopen, ten einde* ◆ **6.1** **vom** Fenster ~ *vanuit het raam;* **von** Grund ~ *grondig, totaal;* ⟨inf.⟩ **von** mir ~ *wat mij betreft, voor mijn part;* **von** sich ~ *uit eigen beweging, op eigen houtje* **8.1** bei jmdm. ~ und ein, ein und ~ gehen *bij iem. in- en uitlopen;* nicht ein und ~, nicht ~ noch ein, weder ~ noch ein wissen *zich geen raad (meer) weten.*
aus[2] ⟨vz. + 3⟩ **0.1** ***(van)uit*** ⇒*van* **0.2** ***uit*** ⇒*om(wille van)* **0.3** ***van*** ◆ **1.1** ~ 10 m Entfernung *op een afstand van 10 m;* ~ dem Gedächtnis, Kopf hersagen *uit het hoofd, van buiten opzeggen;* ~ der Nähe *van dichtbij;* ~ alten Zeiten *uit vroeger tijd* **1.2** ~ welchem Anlaß, Grund? *om welke reden?;* ~ Mangel an Zeit *bij gebrek aan tijd;* ~ Spaß *uit gekheid, voor de grap* **1.3** eine Bank ~ Holz *een bank van hout;* ~ der Sache wird nichts *van die zaak komt niets terecht* **3.1** was ist ~ ihm geworden? *wat is er van hem terechtgekomen?* **4.1** ~ sich heraus *uit zichzelf.*
Aus ⟨o.; ~, ~⟩⟨sp.⟩ **0.1** ***ruimte buiten het speelveld*** **0.2** ***het uitvallen*** ⇒*uitschakeling* ◆ **1.2** das ~ eines Spielers *de uitschakeling van een speler* **6.1** der Ball geht **ins** ~ *de bal gaat uit.*
ausarbeiten **0.1** ***uitwerken*** ⇒*opstellen* **0.2** ***uitwerken*** ⇒*in bijzonderheden bewerken* ◆ **1.1** einen Entwurf ~ *een ontwerp opstellen* **1.2** Einzelheiten im Detail ~ *de afzonderlijke punten tot in het detail uitwerken.*
ausarten **0.1** ***ontaarden*** **0.2** ***zich misdragen*** **0.3** ⟨biol.⟩ ***uit de aard slaan*** ⇒*degenereren* ◆ **6.1** der Streit artete **in** eine, **zu** einer Schlägerei aus *de twist ontaardde in een vechtpartij.*
ausatmen **0.1** ***uitademen.***
ausbacken I ⟨onov.ww.⟩ **0.1** ***doorbakken*** ◆ **1.1** ausgebackenes Brot *(goed) doorbakken brood;*
II ⟨ov.ww.⟩ **0.1** ***gaar (laten) bakken.***
ausbaden ⟨inf.⟩ **0.1** ***de gevolgen van iets dragen, voor iets opdraaien*** ◆ **3.1** seine Nachlässigkeit ~ müssen *zijn nalatigheid moeten bezuren.*
ausbaggern **0.1** ***uit-, omhoogbaggeren.***
ausbalancieren I ⟨ov.ww.⟩ **0.1** ***(uit)balanceren*** ⟨ook fig.⟩;
II sich ~ ⟨wk.ww.⟩ **0.1** ***uitgebalanceerd worden.***
Ausball ⟨m.⟩ **0.1** ***uitbal.***
Ausbau ⟨m.⟩ **0.1** ***demontage*** **0.2** ***vergroting, verruiming, uitbreiding*** **0.3** ***verbouwing*** ◆ **1.1** der ~ eines Kühlers *de demontage van een radiator* **1.2** der ~ einer Wissenschaft *de verdere ontwikkeling van een wetenschap* **6.3** der ~ eines Hauses **zu** einem Museum *de verbouwing van een huis tot een museum.*
ausbauen **0.1** ***demonteren*** **0.2** ***vergroten, verruimen, uitbreiden*** **0.3** ***verbouwen*** ◆ **1.1** den Vergaser ~ *de carburator demonteren* **1.2** eine Straße ~ (a) *een weg doortrekken* (b) *een weg verharden;* eine Technik ~ *een techniek verbeteren.*
ausbaufähig **0.1** ***voor uitbreiding vatbaar*** ◆ **1.¶** eine ~e Stellung *een betrekking met goede toekomstmogelijkheden.*
Ausbaustrecke ⟨v.⟩ **0.1** ***traject dat geschikt gemaakt wordt voor hogesnelheidsgebruik.***
ausbedingen, sich **0.1** ***zich voorbehouden*** ⇒*als voorwaarde stellen* ◆ **3.1** ich bedinge mir die Freiheit aus *ik behoud mij die vrijheid voor.*
ausbekommen ⟨inf.⟩ **0.1** ***uit krijgen*** ⟨van kleding, drank, eten, boeken⟩.
ausbessern **0.1** ***herstellen, repareren*** ⇒*opknappen* ◆ **1.1** ein Hemd ~ *een hemd verstellen;* Netze ~ *netten boeten.*
Ausbesserungsarbeit ⟨v.⟩ **0.1** ***herstel(lings)-, reparatiewerk.***
ausbeulen I ⟨ov.ww.⟩ **0.1** ⟨door het lange dragen⟩ ***doen uitpuilen*** **0.2** ***uitdeuken*** ◆ **1.1** eine ausgebeulte Hose *een broek waar de knieën in staan;*
II sich ~ ⟨wk.ww.⟩ **0.1** ***uitpuilen.***
Ausbeute ⟨v.⟩ **0.1** ***opbrengst, winst, rendement*** ⇒*resultaat* ◆ **2.1** die wissenschaftliche ~ *het wetenschappelijk resultaat.*
ausbeuten **0.1** ***gebruiken, benutten*** ⇒*verwerken* **0.2** ***ontginnen, exploiteren*** **0.3** ⟨pej.⟩ ***uitbuiten*** ⇒*misbruik maken* ◆ **1.1** historische Quellen ~ *systematisch gebruik maken van historische bronnen* **1.2** eine Grube ~ *een mijn ontginnen, exploiteren.*

Ausbeuter ⟨m.; ~s, ~⟩ **0.1** ***uitbuiter*** ⇒*uitzuiger.*

ausbezahlen **0.1** ***uitbetalen*** ⇒*zijn deel geven.*

ausbiegen **0.1** ***rechtbuigen.***

ausbilden **I** ⟨ov.ww.⟩ **0.1** ***opleiden, scholen*** ⇒*onderrichten* **0.2** ***ontwikkelen*** ⇒*vormen* **0.3** ***vormen*** ⇒*maken, vervaardigen* ◆ **1.1** er ist ein ausgebildeter Übersetzer *hij heeft een opleiding als vertaler gevolgd* **1.2** ein stark ausgebildetes Gefühl *een sterk ontwikkeld, verfijnd gevoel* **1.3** der Baum bildet seine Zweige aus *de boom ontwikkelt zijn takken;*
II **sich** ~ ⟨wk.ww.⟩ **0.1** ***zich ontwikkelen, ontstaan*** ⇒*zich vormen.*

Ausbildende(r) ⟨bn. als zn.⟩ **0.1** ***opleider*** ⇒*leermeester, leraar.*

Ausbilder ⟨m.; ~s, ~⟩ **0.1** ***opleider, instructeur*** ⇒*leerkracht.*

Ausbildung ⟨v.⟩ **0.1** ***opleiding*** ⇒*vorming, scholing* **0.2** ***ontwikkeling, vorming*** ⇒*bekwaming* **0.3** ***ontwikkeling, voortbrenging*** ⇒*vorming* ◆ **1.2** die ~ seiner Fähigkeiten *de ontwikkeling van zijn mogelijkheden* **2.1** fachliche ~ *vakopleiding* **6.1** sich **in** der ~ befinden, in der ~ stehen *in opleiding zijn, een opleiding volgen.*

Ausbildungsbeihilfe ⟨v.⟩ **0.1** ***studietoelage.***

Ausbildungsberuf ⟨m.⟩ **0.1** ***beroep met een volledige opleiding.***

Ausbildungsförderung ⟨v.⟩ **0.1** ***studietoelage.***

Ausbildungsplan ⟨m.⟩ **0.1** ***opleidings-, studieprogramma.***

Ausbildungsplatz ⟨m.⟩ **0.1** ⟨binnen het leerlingenstelsel v.d. BRD; een scholingsplaats als leerling bij een werkgever⟩.

Ausbildungsvertrag ⟨m.⟩ **0.1** ***scholingsovereenkomst, leercontract.***

ausbitten, sich **0.1** ⟨schr.⟩ ***verzoeken, vragen*** **0.2** ***eisen*** ◆ **1.1** er bat sich ⟨3e nv.⟩ Bedenkzeit aus *hij vroeg bedenktijd* **3.2** das möchte, will ich mir ausgebeten haben! *dat beschouw ik als vanzelfsprekend!*

ausblasen **0.1** ***uitblazen.***

ausbleiben **0.1** ***uit-, wegblijven, achterwege blijven*** ⇒*stokken* ◆ **1.1** mir blieb der Atem, die Luft aus *mijn adem stokte.*

ausbleichen **0.1** ***(geheel) verbleken, verkleuren.***

ausblenden ⟨com.⟩ **0.1** ***(geleidelijk) laten wegsterven, laten verdwijnen*** ⇒*uitschakelen* ◆ **1.1** den Ton ~ *het geluid geleidelijk laten verdwijnen.*

Ausblick ⟨m.⟩ **0.1** ***uitzicht, uitkijk*** **0.2** ***blik (in de toekomst), vooruitzicht*** ⇒*perspectief* ◆ **2.2** ihm eröffnen sich interessante ~e *voor hem openen zich interessante perspectieven.*

ausblicken ⟨schr.⟩ **0.1** ***uitzien, uitkijken*** ◆ **6.1** **nach** jmdm. ~ *naar iem. uitzien.*

ausblühen **0.1** ⟨h.⟩ ***uitbloeien*** ⇒*verwelken* **0.2** ⟨geol.⟩ ***uitbloeien, uitslaan*** ⇒*uitkristalliseren* ◆ **1.2** der Salpeter blüht aus *de salpeter slaat uit.*

ausbluten **I** ⟨onov.ww.⟩ **0.1** ***uit-, doodbloeden*** **0.2** ⟨h.⟩ ***uitbloeden*** ⇒*ophouden met bloeden;*
II **sich** ~ ⟨wk.ww.⟩ **0.1** ***zich (financieel) ruïneren.***

ausbohren **0.1** ***uitboren*** ⇒*uithollen.*

ausbojen ⟨scheep.⟩ **0.1** ***betonnen*** ⇒*met tonnen afbakenen.*

ausbomben **0.1** ***door bombardement dakloos maken, verwoesten*** ◆ **1.1** ein ausgebombtes Dorf *een door een bombardement verwoest dorp.*

ausbooten **I** ⟨onov.ww.; h.⟩⟨scheep.⟩ **0.1** ***in een boot, de boten gaan;***
II ⟨ov.ww.⟩ **0.1** ⟨scheep.⟩ ***met een boot aan land zetten, ontschepen*** **0.2** ⟨inf.⟩ ***aan de dijk zetten*** ◆ **1.2** einen Rivalen ~ *een rivaal beentje lichten.*

ausborgen ⟨inf.⟩ **I** ⟨ov.ww.⟩ **0.1** ***(uit)lenen;***
II **sich** ~ ⟨wk.ww.⟩ **0.1** ***lenen*** ◆ **1.1** ich habe mir Geld von ihm ausgeborgt *ik heb geld van hem geleend.*

ausbrauchen ⟨inf.⟩ **0.1** ***tot het einde toe gebruiken*** ◆ **1.1** er hat das Werkzeug ausgebraucht *hij heeft het gereedschap niet meer nodig.*

ausbrechen **I** ⟨onov.ww.⟩ **0.1** ***uit-, losbreken*** ⇒*ontsnappen* **0.2** ***uitbreken*** ⇒*los-, uitbarsten* **0.3** ⟨sp.⟩ ***uitbreken, weigeren*** ⟨v.e. paard voor een hindernis⟩ ◆ **1.2** der Vulkan ist ausgebrochen *de vulkaan is uitgebarsten* **1.¶** der Wagen bricht in der Kurve aus *de auto vertoont neiging tot overstuur in de bocht* **6.2** **in** (ein) Gelächter, (ein) Weinen ~ *in lachen, huilen uitbarsten;*
II ⟨ov.ww.⟩ **0.1** ***uit-, losbreken*** **0.2** ***uitbraken*** ⇒*uitspuwen* **0.3** ⟨landb.⟩ ***uitbreken*** ⇒*(weg)snoeien* ◆ **1.2** das Essen ~ *het eten uitbraken* **1.3** Geize ~ *wilde loten uitbreken.*

ausbreiten **I** ⟨ov.ww.⟩ **0.1** ***uitbreiden*** ⇒*uitspreiden, uitstrekken* **0.2** ***uitspreiden*** ⇒*uitleggen* **0.3** ***uitbreiden*** ⇒ *vergroten* **0.4** ***verbreiden, verspreiden*** **0.5** ⟨fig.⟩ ***uiteenzetten*** ◆ **1.1** die Flügel ~ *de vleugels uitslaan* **1.2** eine Straßenkarte ~ *een wegenkaart ontvouwen* **1.4** ein Gerücht ~ *een gerucht verspreiden* **1.5** seine Auffassungen ~ *zijn opvattingen uiteenzetten;*
II **sich** ~ ⟨wk.ww.⟩ **0.1** ***zich uit-, verbreiden*** ⇒*zich uit-, verspreiden* **0.2** ***zich uitstrekken*** **0.3** ⟨pej.⟩ ***uitweiden, breedvoerig behandelen*** **0.4** ⟨inf.⟩ ***breeduit gaan zitten*** ◆ **1.1** elektrische Wellen breiten sich aus *elektrische golven planten zich voort* **6.3** sich **über** seine Pläne ~ *zijn plannen breedvoerig uiteenzetten.*

ausbrennen **I** ⟨onov.ww.⟩ **0.1** ***uit-, opbranden*** ⇒*uitdoven* **0.2** ⟨inf.⟩ ***(door een brand) zijn bezittingen verliezen*** ◆ **1.1** ein ausgebrannter Vulkan *een uitgedoofde vulkaan* **1.2** alle Bewohner sind ausgebrannt *alle bewoners zijn door een brand hun bezittingen kwijtgeraakt* **3.1** ⟨fig.⟩ körperlich völlig ausgebrannt sein *lichamelijk volledig op zijn;*
II ⟨ov.ww.⟩ **0.1** ***uit-, af-, wegbranden*** **0.2** ⟨textiel⟩ ***etsen*** ◆ **1.¶** eine ausgebrannte Kehle haben *een uitgedroogde keel hebben.*

ausbringen **0.1** ***uitbrengen*** **0.2** ⟨landb.⟩ ***over het land spreiden, hozen*** ⟨van gier, meststoffen⟩ **0.3** ⟨scheep.⟩ ***uitbrengen*** ⇒*uitzetten, te water laten, strijken* **0.4** ⟨inf.⟩ ***met moeite uittrekken*** ⟨van schoenen⟩ ◆ **1.2** Jauche ~ *gier over het land spreiden* **1.4** ich kann die Stiefel nicht ~ *ik kan mijn laarzen niet uit krijgen* **6.1** ein Hoch **auf** jmdn. ausbringen *op iem. toasten.*

ausbröckeln **0.1** ***uitbrokkelen*** ⇒*met brokken, stukken uitvallen* ◆ **1.1** eine ausgebröckelte Stelle *een brokkelige, uitgebrokkelde plek.*

Ausbruch ⟨m.⟩ **0.1** ***uitbraak*** ⇒*ontsnapping, vlucht* **0.2** ***uit-, losbarsting, eruptie*** **0.3** ***gevoelsuitbarsting*** ◆ **1.2** der ~ einer Epidemie *het uitbreken van een epidemie* **1.3** ein ~ der Freude, Wut *een uitbarsting van vreugde, woede.*

Ausbruchsversuch ⟨m.⟩ **0.1** ***uitbraak-, ontsnappingspoging.***

ausbrüten **0.1** ***uit-, bebroeden*** **0.2** ⟨fig.⟩ ***uitbroeden*** ⇒*beramen, smeden.*

ausbuchen **0.1** ***volboeken*** **0.2** ⟨ec.⟩ ***schrappen, storneren*** ◆ **1.2** verjährte Forderungen ~ *verjaarde vorderingen uit de boeken schrappen.*

ausbuchten **I** ⟨onov.ww.⟩ **0.1** ***een bocht maken;***
II ⟨ov.ww.⟩ **0.1** ***van een bocht voorzien*** ⇒*welven* ◆ **1.1** eine ausgebuchtete Küste *een bochtige kust.*

ausbügeln **0.1** ***(plat-, glad)strijken*** **0.2** ***wegstrijken*** **0.3** ⟨inf.; fig.⟩ ***(weer) in orde brengen, in 't reine brengen*** ◆ **1.1** Kleider ~ *kleren oppersen.*

ausbuhen ⟨inf.⟩ **0.1** ***uitjouwen.***

Ausbund ⟨m.; mv. ~̈e⟩⟨meestal iron. of pej.⟩ **0.1** ***toppunt, toonbeeld*** ◆ **6.1** ein ~ **an, von** Arroganz *het toppunt van arrogantie, de arrogantie in persoon.*

ausbürgern **0.1** ***het staatsburgerschap ontnemen.***

ausbürsten **0.1** ***(uit-, af)borstelen.***

ausdampfen **0.1** ⟨s.⟩ ***uit-, verdampen*** **0.2** ⟨h.⟩ ***damp afgeven*** ⇒*uitwasemen* **0.3** ⟨h.⟩ ***ophouden met dampen.***

Ausdauer ⟨v.⟩ **0.1** ***uithouding(svermogen), volharding(svermogen)*** ⇒*doorzetting(svermogen)* ◆ **6.1** ~ **bei** der Arbeit haben *bij het werk van doorzetten weten.*

ausdauernd **0.1** ***volhardend, met volharding*** ⇒*onvermoeibaar* **0.2** ⟨plantk.⟩ ***overblijvend*** ⇒*winterhard, -vast* ◆ **1.1** ~er Fleiß *noeste vlijt.*

ausdehnbar **0.1** ***rekbaar*** ⇒*elastisch* **0.2** ***voor uitbreiding vatbaar.***

ausdehnen I ⟨ov.ww.⟩ **0.1** ***uitbreiden, (doen) uitzetten*** ⇒*vergroten, verruimen* **0.2** ***verlengen*** ◆ **1.1** Wärme dehnt Metalle aus *door warmte zetten metalen uit* **5.2** die Versammlung lange ~ *de vergadering lang laten duren* **6.1** seine Interessen **auf** etwas ~ *zijn belangen tot iets uitbreiden* **6.2** einen Besuch **bis zum** nächsten Tag ~ *een bezoek tot de volgende dag rekken;*
II sich ~ ⟨wk.ww.⟩ **0.1** ***uitzetten, (uit)rekken*** **0.2** ***zich uit-, verspreiden, zich uitbreiden*** **0.3** ***duren*** **0.4** ***zich uitstrekken*** ◆ **1.3** eine ausgedehnte Forschungsreise *een lange en verre expeditie* **1.4** ausgedehnte Besitzungen *uitgestrekte bezittingen;* ausgedehnte Kenntnisse haben *een uitgebreide kennis bezitten* **6.2** der Außenhandel hat sich **auf** China ausgedehnt *de buitenlandse handel heeft zich tot China uitgebreid* **6.3** das Gespräch dehnte sich **bis in** den Morgen aus *het gesprek duurde tot in de morgen.*

Ausdehnung ⟨v.⟩ **0.1** ***uitzetting, (uit)rekking*** ⇒*rek* **0.2** ***uitbreiding, uitgebreidheid*** ⇒*vergroting* **0.3** ***uitgestrektheid, omvang*** ⇒*afmeting* ◆ **1.1** die ~ eines Körpers *de expansie van een lichaam* **1.2** die ~ seiner Macht *de uitbreiding van zijn macht* **1.3** die drei ~en eines Raumes *de drie dimensies van een ruimte* **6.1** die ~ **von** Geräuschen *de voortplanting van geluiden.*

Ausdehnungskoeffizient ⟨m.⟩ **0.1** ***uitzettingscoëfficiënt.***

Ausdehnungspolitik ⟨v.⟩ **0.1** ***expansiepolitiek.***

Ausdehnungsvermögen ⟨o.⟩ **0.1** ***uitzettingsvermogen.***

ausdeichen **0.1** ***buitendijken, buitenslaan.***

ausdenkbar **0.1** ***denkbaar*** ⇒*voorstelbaar* ◆ **3.1** die Folgen sind nicht ~ *de gevolgen zijn onvoorstelbaar.*

ausdenken I ⟨ov.ww.⟩ **0.1** ***uitdenken*** ⇒*ten einde denken* **0.2** ***uit-, bedenken*** ◆ **1.2** ein neues Verfahren ~ *een nieuw procédé bedenken, uitvinden* **3.1** die Folgen sind nicht auszudenken *de gevolgen zijn onvoorstelbaar;*
II sich ~ ⟨wk.ww.⟩ **0.1** ***uit-, bedenken*** ◆ **4.¶** ⟨inf.⟩ da mußt du dir schon etwas anderes ~! *maak dat de kat wijs!*

ausdeuten **0.1** ***verklaren, uitleggen*** ⇒*interpreteren.*

ausdienen ⟨inf.⟩ **0.1** ***uitdienen*** ◆ **1.1** der Apparat hat ausgedient *het apparaat heeft z'n tijd gehad.*

ausdiskutieren **0.1** ***uit-, doorpraten.***

ausdocken **0.1** ***uitdokken*** ⇒*uit het dok brengen.*

ausdorren **0.1** ***uit-, verdorren.***

ausdörren I ⟨onov.ww.⟩ **0.1** ***uit-, verdorren;***
II ⟨ov.ww.⟩ **0.1** ***verdorren*** ⇒*dor maken* ◆ **1.1** ausgedörrte Felder *verdorde velden.*

ausdrehen **0.1** ⟨inf.⟩ ***uitdraaien*** ⇒*uitdoen* **0.2** ***uitdraaien*** ⟨v.e. schroef⟩ ◆ **1.1** den Fernseher ~ *de televisie afzetten.*

Ausdruck[1] ⟨m.; mv. ~̈e⟩ **0.1** ***uitdrukking*** ⇒*woord, term* **0.2** ***uitdrukking*** ⟨meestal met woorden of gebaren⟩ **0.3** ***uitdrukkingswijze*** ⇒*formulering, stijl* **0.4** ***uitdrukking*** ⇒*gelaatsuitdrukking, expressie* **0.5** ***uitdrukking*** ⇒*uitdrukkingskracht, gevoel* **0.6** ⟨comp.⟩ ***symbool*** ◆ **3.2** seinem Dank ~ geben, verleihen *aan zijn dank uitdrukking geven* **3.4** sein Gesicht hatte, trug einen leidvollen ~ *er lag een smartelijke trek op zijn gezicht* **4.1** das ist gar kein ~ *dat is veel te zwak uitgedrukt* **6.1** ⟨schr.⟩ Ausdrücke **im** Munde führen *rauwe taal uitslaan;* sich **im** ~ vergreifen *een verkeerde term gebruiken* **6.2** die Krise fand **in** dem Streik ihren ~ *de crisis kwam in de staking tot uiting;* **mit** dem ~ meiner vorzüglichen Hochachtung *met gevoelens van hoogachting;* eine Absicht **zum** ~ bringen *een bedoeling kenbaar maken* **6.3** Flüssigkeit, Gewandtheit **im** ~ besitzen (a) *vloeiend, gemakkelijk spreken* (b) *een vlotte pen, stijl hebben* **6.4** **mit** verlorenem ~ dasitzen *in mijmeringen verzonken zitten* **6.5** dem Künstler fehlt es **an** ~ *de kunstenaar mist zeggingskracht;* ein Lied **mit** ~ vortragen *een lied met gevoel voordragen.*

Ausdruck[2] ⟨m.; mv. ~e⟩ **0.1** ⟨boek.⟩ ***beëindiging v.h. drukken*** **0.2** ⟨com.⟩ ***afgedrukte tekst*** **0.3** ⟨comp.⟩ ***uitdraai*** ⇒*print(-out).*

ausdrucken I ⟨onov.ww.; h.⟩⟨boek.⟩ **0.1** ***afdrukken;***
II ⟨ov.ww.⟩ **0.1** ***afdrukken*** **0.2** ⟨comp.⟩ ***printen, (af)drukken*** ◆ **1.¶** ein ausgedruckter Satz *versleten zetsel.*

ausdrücken I ⟨ov.ww.⟩ **0.1** ***(uit)drukken*** ⇒*(uit)persen, (uit)knijpen* **0.2** ***uitdrukken*** ⇒*doven* **0.3** ***uitdrukken, uiten, formuleren*** ◆ **1.3** jmdm. seine Anteilnahme ~ *iem. zijn deelneming betuigen;* seine Haltung drückte Müdigkeit aus *zijn houding verried vermoeidheid* **6.3** etwas **in, mit** Worten ~ *iets met woorden uitdrukken;*
II sich ~ ⟨wk.ww.⟩ **0.1** ***zich uitdrukken*** ⇒*zich uiten, spreken* ◆ **5.1** sich klar und deutlich ~ (a) *duidelijk formuleren* (b) ⟨fig.⟩ *duidelijke taal spreken.*

ausdrücklich **0.1** ***uitdrukkelijk*** ⇒*nadrukkelijk, met nadruk.*

ausdrucksfähig **0.1** ***expressief.***

ausdrucks|leer, -los **0.1** ***uitdrukkingsloos*** ⇒*zonder expressie.*

ausdrucksvoll **0.1** ***vol uitdrukking*** ⇒*expressief* ◆ **3.1** ~ sprechen *met veel gevoel spreken.*

Ausdrucksweise ⟨v.⟩ **0.1** ***uitdrukkingswijze*** ⇒*manier van uitdrukken.*

ausdünnen **0.1** ***(uit)dunnen.***

ausdunsten, ausdünsten I ⟨onov.ww.; h.⟩ **0.1** ***(uit)wasemen*** ⇒*(uit)dampen;*
II ⟨ov.ww.⟩ **0.1** ***uitwasemen*** ⇒*uitdampen, afscheiden* ◆ **1.1** der Sumpf dünstet einen üblen Geruch aus *het moeras wasemt een vieze lucht uit.*

auseinander **0.1** ***uit elkaar, uiteen*** ⇒*van elkaar (verwijderd)* ◆ **3.1** einen Ausdruck ~ schreiben *een uitdrukking in twee woorden schrijven;* ⟨inf.⟩ die beiden sind ~ *de twee zijn uit elkaar (gegaan)* **5.1** ⟨inf.⟩ im Alter nicht weit ~ sein *in leeftijd niet veel schelen.*

auseinanderbrechen I ⟨onov.ww.⟩ **0.1** ***uiteenvallen, uit elkaar vallen*** ⇒*in stukken breken* ◆ **1.1** ⟨fig.⟩ der Verein ist auseinandergebrochen *de vereniging is uiteengevallen;*
II ⟨ov.ww.⟩ **0.1** ***in stukken breken.***

auseinanderbringen ⟨inf.⟩ **0.1** ***van elkaar losmaken*** ⇒*scheiden* **0.2** ***tweedracht zaaien tussen.***

auseinanderfahren **0.1** ***zich (al rijdend) van elkaar verwijderen*** **0.2** ⟨fig.⟩ ***uiteenvliegen.***

auseinanderfallen **0.1** ***uiteenvallen, uit elkaar vallen*** ⇒*aan stukken vallen.*

auseinanderfalten I ⟨ov.ww.⟩ **0.1** ***uiteen-, openvouwen;***
II sich ~ ⟨wk.ww.⟩ **0.1** ***zich splitsen*** ⇒*uiteengaan.*

auseinanderfliegen **0.1** ***naar alle kanten vliegen*** **0.2** ***uit elkaar, in stukken vliegen.***

auseinandergehen **0.1** ***uiteengaan*** *⇒scheiden, afscheid nemen* **0.2** ***uiteenlopen*** *⇒verschillen* **0.3** ***uiteenlopen*** *⇒ zich splitsen* **0.4** ***opengaan*** **0.5** ⟨inf.⟩ ***uit raken, uiteengaan*** **0.6** ⟨inf.⟩ ***uiteenvallen*** *⇒kapot-, stukgaan* **0.7** ⟨inf.⟩ ***uitzetten*** *⇒dik worden* ◆ **1.5** die beiden sind auseinandergegangen *die twee zijn van elkaar af* **5.2** die Meinungen gehen stark auseinander *de meningen lopen sterk uiteen* **6.1** **beim** Auseinandergehen *bij het afscheid.*

auseinanderhalten **0.1** ***uiteenhouden, uit elkaar houden*** *⇒onderscheiden* ◆ **3.1** zwei Brüder nicht ~ können *twee broers niet kunnen uiteenhouden.*

auseinanderjagen **0.1** ***uiteenjagen*** *⇒uiteendrijven.*

auseinanderklaffen ⟨h.⟩ **0.1** ***gapen*** ⟨v.e. wond⟩ **0.2** ***(sterk) uiteenlopen*** *⇒(sterk) verschillen.*

auseinanderlaufen **0.1** ***uiteenlopen*** *⇒uiteenvliegen* **0.2** ***uiteenlopen*** *⇒zich splitsen* **0.3** ***uitlopen*** **0.4** ⟨inf.⟩ ***uit elkaar gaan*** ◆ **1.3** die Farbe ist auseinandergelaufen *de verf is uitgelopen* **1.4** seine Eltern sind auseinandergelaufen *zijn ouders zijn uit elkaar gegaan.*

auseinanderleben, sich **0.1** ***vervreemden*** ◆ **6.1** sich **mit** jmdm. ~ *van iem. vervreemden.*

auseinandermachen ⟨inf.⟩ **0.1** ***uit elkaar nemen, demonteren*** **0.2** ***open-, uiteenvouwen*** *⇒openspreiden* **0.3** ***(uit)-spreiden*** ◆ **1.3** die Beine ~ *de benen spreiden.*

auseinandernehmen **0.1** ***uit elkaar nemen*** *⇒demonteren.*

auseinanderreißen **0.1** ***stuk-, kapotscheuren*** **0.2** ***uiteenrukken*** ◆ **1.1** ein Buch ~ *een boek aan flarden scheuren.*

auseinanderrollen **I** ⟨ov.ww.⟩ **0.1** ***uiteenrollen*** **0.2** ***uit-, openrollen*** *⇒openspreiden* ◆ **1.2** eine Karte ~ *een kaart openrollen;*

II sich ~ ⟨wk.ww.⟩ **0.1** ***zich uiteenrollen.***

auseinanderschlagen **0.1** ***uiteenslaan*** *⇒stuk-, kapotslaan* **0.2** ***openslaan.***

auseinandersetzen **I** ⟨ov.ww.⟩ **0.1** ***uiteenzetten*** *⇒uitleggen, verklaren* **0.2** ⟨jur.⟩ ***tot een vergelijk komen*** ◆ **1.2** den Besitz ~ *de boedel scheiden;*

II sich ~ ⟨wk.ww.⟩ **0.1** ***zich (grondig) bezighouden*** **0.2** ***besprekingen voeren, van gedachten wisselen*** **0.3** ***het met iem. eens worden*** ◆ **6.1** sich **mit** einem Problem ~ *zich intensief, kritisch met een probleem bezighouden* **6.2** sich **mit** seinen Kritikern ~ *met zijn critici in nadere discussie treden.*

Auseinandersetzung ⟨v.; ~, ~en⟩ **0.1** ***uiteenzetting*** *⇒uitleg, verklaring* **0.2** ***(grondige) behandeling*** **0.3** ***discussie, debat*** **0.4** ***woordenwisseling, ruzie, controverse*** **0.5** ⟨jur.⟩ ***boedelscheiding*** ◆ **2.4** heftige ~en *hevige woordenwisselingen* **6.2** eine ~ **mit** der Psychoanalyse *een (grondige) behandeling, studie van de psychoanalyse.*

auseinanderspreizen **0.1** ***(uit)spreiden.***

auseinandersprengen **I** ⟨onov.ww.⟩⟨fig.⟩ **0.1** ***uiteenvliegen, -stuiven;***

II ⟨ov.ww.⟩ **0.1** ***doen uiteenspatten*** *⇒opblazen* **0.2** ***uiteenjagen, -drijven.***

auseinanderstieben **0.1** ***uiteenstuiven*** *⇒uiteenvliegen.*

auseinanderstreben **0.1** ***uiteenlopen*** *⇒uiteengaan* **0.2** ⟨h.⟩ ***uiteenlopen*** *⇒verschillen* ◆ **1.1** ~de Linien *divergerende, uiteenlopende lijnen.*

auseinandertreiben **0.1** ***uiteendrijven.***

auseinanderwickeln **0.1** ***uiteenwikkelen*** *⇒ontvouwen, openmaken.*

auseinanderziehen **I** ⟨onov.ww.⟩ **0.1** ***uiteengaan;***

II ⟨ov.ww.⟩ **0.1** ***uit elkaar trekken*** *⇒uitrekken, opentrekken* ◆ **1.1** ein Gummiband ~ *een elastiekje uitrekken;*

III sich ~ ⟨wk.ww.⟩ **0.1** ***(beginnen te) rekken*** *⇒langer worden* ◆ **1.1** die Spitzengruppe zieht sich auseinander *er vallen gaten in de kopgroep.*

auserkoren ⟨schr.⟩ **0.1** ***uitverkoren.***

auserlesen **0.1** ***uitgelezen*** *⇒voortreffelijk, uitmuntend* ◆ **2.1** ein ~ schöner Tag *een uitgezocht mooie dag.*

ausersehen ⟨schr.⟩ **0.1** ***uitkiezen.***

auserwählen ⟨schr.⟩ **0.1** ***uit(ver)kiezen, verkiezen*** *⇒bestemmen* ◆ **1.1** ein auserwähltes Publikum *een select publiek;* das auserwählte Volk *het, Gods uitverkoren volk.* → **berufen**[1].

ausessen **I** ⟨onov.ww.; h.⟩⟨inf.⟩ **0.1** ***klaar zijn met eten;***

II ⟨ov.ww.⟩ **0.1** ***op-, leegeten.***

ausfächern **I** ⟨onov.ww.; h.⟩ **0.1** ***uitwaaieren;***

II ⟨ov.ww.⟩⟨amb.⟩ **0.1** ***in vakken verdelen;***

III sich ~ ⟨wk.ww.⟩ **0.1** ***uitwaaieren.***

ausfädeln **I** ⟨ov.ww.⟩ **0.1** ***de draad uit de naald halen;***

II sich ~ ⟨wk.ww.⟩ **0.1** ***uit de naald gaan, glijden*** **0.2** ⟨verk.⟩ ***van rijstrook veranderen.***

ausfahrbar **0.1** ***(automatisch) uitschuifbaar, uitklapbaar*** ◆ **1.1** eine ~e Antenne *een uitschuifbare antenne.*

ausfahren **I** ⟨onov.ww.; s.⟩ **0.1** ***uitvaren*** *⇒vertrekken* **0.2** ***uitrijden, uit rijden gaan*** **0.3** ***uitschieten*** **0.4** ***(automatisch) uitschuiven, uitklappen*** **0.5** ⟨mijnw.⟩ ***de mijn-(schacht) verlaten*** ◆ **1.3** das Messer fuhr aus *het mes schoot uit* **1.4** die Landeklappen fahren aus *de landingskleppen klappen uit* **6.1** **aus** dem Hafen ~ *de haven uitvaren* **6.¶** **gegen** jmdn. ~ *tegen iem. uitvaren, te keer gaan;*

II ⟨ov.ww.⟩ **0.1** ***gaan rijden*** *⇒een ritje maken* **0.2** ***rondbrengen, bezorgen*** **0.3** ***(automatisch) uitlaten, -schuiven, -klappen*** *⇒uitbrengen* **0.4** ***uitslijten, stukrijden*** **0.5** ⟨s.⟩ ***(helemaal) afrijden*** **0.6** ***ten volle benutten*** **0.7** ⟨sp.⟩ ***verrijden*** ◆ **1.1** das Baby ~ *met de baby gaan rijden* **1.3** den Anker ~ *het anker uitbrengen* **1.4** ausgefahrene Wege *stukgereden wegen,* ⟨fig.⟩ *platgetreden paden* **1.5** ⟨h.⟩ eine Kurve ~ *de buitenbocht nemen* **1.6** eine Maschine voll ~ *een machine op volle toeren laten draaien;* einen Wagen voll ~ *een auto op topsnelheid rijden* **1.7** eine Meisterschaft ~ *een kampioenschap verrijden.*

Ausfahrsignal ⟨o.⟩⟨verk.⟩ **0.1** ***sein van vertrek.***

Ausfahrt ⟨v.⟩ **0.1** ***vertrek*** **0.2** ***uit-, afrit*** ⟨v.e. snelweg⟩, ***uitgang*** ⟨v.e. haven⟩ **0.3** ***rit(je)*** *⇒tocht(je)* ◆ **3.1** der Zug hat noch keine ~ *de trein mag nog niet vertrekken* **3.2** die ~ freihalten *de uitrit vrijhouden.*

Ausfahrt|geleise, -gleis ⟨o.⟩ **0.1** ***vertrekspoor.***

Ausfahrtsstraße ⟨v.⟩ **0.1** ***uitvalsweg.***

Ausfall ⟨m.⟩ **0.1** ***uitval, het uitvallen*** *⇒verlies* **0.2** ***het vervallen, het niet plaatsvinden*** **0.3** ***vermindering, verlies*** *⇒tekort* **0.4** ***afwezigheid*** **0.5** ***resultaat, uitslag*** **0.6** ***het wegvallen*** *⇒uitschakeling, opgave* **0.7** ⟨mil., sp.⟩ ***uitval*** **0.8** ***uitval*** *⇒beledigende opmerkingen* ◆ **1.2** der ~ einer Versammlung *het vervallen van een vergadering* **1.3** ein ~ des Einkommens *een vermindering van het inkomen* **1.5** der ~ der Abstimmung *de uitslag van de stemming* **2.¶** der Spieler ist ein glatter ~ *de speler is een grote flop* **3.7** einen ~ machen *een uitval doen* **6.8** ihre Ausfälle **gegen** die Mutter *haar grofheden aan het adres van haar moeder.*

ausfallen **0.1** ***uit-, wegvallen*** *⇒loslaten* **0.2** ***vervallen, niet plaatsvinden*** **0.3** ***uitvallen*** *⇒afwezig zijn, ontbreken* **0.4** ***uitvallen*** *⇒aflopen, eindigen* **0.5** ⟨schei.⟩ ***een neerslag vormen*** *⇒zich afscheiden* ◆ **1.1** eine Silbe ist ausgefallen *een lettergreep is weggevallen* **1.2** die Schule fällt heute aus *er is vandaag geen school* **1.3** der beste Spieler ist ausgefallen *de beste speler is uitgevallen* **5.4** die Abstimmung fiel gut aus *de stemming viel goed uit.*

ausfällen ⟨schei.⟩ **0.1** ***doen neerslaan*** *⇒afscheiden.*

ausfallend **0.1** ***grof, beledigend*** *⇒onbeschoft.*

Ausfallerscheinung ⟨v.⟩ **0.1** ***deficiëntiesymptoom.***
ausfällig 0.1 ***grof, beledigend*** ⇒*onbeschoft.*
Ausfallstraße ⟨v.⟩ **0.1** ***uitval(s)weg.***
Ausfalltor ⟨o.⟩ **0.1** ***uitval(s)poort.***
Ausfallwinkel ⟨m.⟩ **0.1** ***reflectiehoek.***
ausfalten 0.1 ***uitklappen, uiteen-, openvouwen.***
ausfärben I ⟨onov.ww.⟩ **0.1** ***kleur verliezen;***
II ⟨ov.ww.⟩ **0.1** ***helemaal verven.***
ausfechten 0.1 ***uitvechten.***
ausfedern 0.1 ⟨tech.⟩ ***van vering voorzien*** **0.2** ***(verend) opvangen*** ◆ **1.2** einen Stoß ~ *een schok verend opvangen.*
ausfeilen 0.1 ***(uit-, bij)vijlen*** **0.2** ⟨fig.⟩ ***zorgvuldig afwerken*** ⇒*bijschaven* ◆ **1.2** ein ausgefeilter Stil *een gepolijste stijl;* eine bis ins Detail ausgefeilte Technik *een uiterst verfijnde techniek.*
ausfertigen 0.1 ***afgeven*** ⇒*verstrekken* **0.2** ***uitwerken, opmaken, opstellen*** **0.3** ***uitvaardigen*** ⇒*ondertekenen* ◆ **1.1** einen Paß ~ *een paspoort verstrekken* **1.2** einen Kontoauszug ~ *een rekeningafschrift maken;* einen Vertrag ~ *een contract opmaken* **1.3** ein Gesetz ~ *een wet uitvaardigen.*
Ausfertigung ⟨v.⟩ **0.1** ***afgifte, uitreiking*** **0.2** ***het opmaken, het opstellen*** **0.3** ***uitvaardiging*** ⇒*ondertekening* ⟨v.e. wet⟩ **0.4** ***exemplaar*** ⇒⟨jur.⟩ *afschrift* ◆ **1.4** für die Richtigkeit der ~ *voor kopie conform* **2.4** eine beglaubigte ~ *een gewaarmerkt afschrift;* in doppelter ~ *in tweevoud.*
ausfindig ◆ **3.¶** ~ machen *vinden, ontdekken.*
ausfischen 0.1 ***(leeg)vissen.***
ausflicken ⟨inf.⟩ **0.1** ***(op)lappen, verstellen.***
ausfliegen I ⟨onov.ww.⟩ **0.1** ***(uit-, weg)vliegen*** ⇒*naar buiten vliegen* **0.2** ***uitvliegen*** ⇒*het nest verlaten* **0.3** ⟨inf.⟩ ***eropuit trekken*** **0.4** ⟨verk.⟩ ***een bepaald gebied verlaten*** ⟨van vliegtuigen⟩ ◆ **1.3** die Familie ist ausgeflogen *de familie maakt een uitstapje;*
II ⟨ov.ww.⟩ **0.1** ***met een vliegtuig evacueren.***
ausfliesen 0.1 ***betegelen.***
ausfließen 0.1 ***uit-, weglopen, uitstromen*** **0.2** ***leeglopen*** ◆ **1.1** die Farbe fließt aus *de kleur vloeit uit, vervloeit;* ~des Öl *weglopende olie.*
ausflippen 0.1 ***zijn toevlucht nemen tot drugs*** **0.2** ***de maatschappij ontvluchten*** **0.3** ⟨inf.⟩ ***het op de zenuwen krijgen*** ⇒*in paniek raken* **0.4** ⟨inf.⟩ ***uit zijn bol gaan*** ◆ **1.1** für den Ausgeflippten kam jede Hilfe zu spät *voor de geflipte drugsgebruiker kwam elke hulp te laat* **1.2** ausgeflippte Jugendliche *jongeren die de maatschappij ontvlucht zijn* **6.4** **vor** Freude ~ *buiten zichzelf zijn van vreugde.*
ausflocken ⟨schei.⟩ **0.1** ***(doen) uitvlokken*** ⇒*(doen) coaguleren.*
Ausflucht ⟨v.; mv. ~̈e⟩ **0.1** ***uitvlucht*** ⇒*voorwendsel, verzinsel* **0.2** ***vlucht*** ◆ **3.1** Ausflüchte machen *met uitvluchten komen.*
Ausflug ⟨m.⟩ **0.1** ***uitstap(je)*** ⇒*tochtje* **0.2** ***het uitvliegen, het uitzwermen*** ◆ **6.1** ein ~ **an** die See, **aufs** Land *een uitstapje naar zee, naar het platteland;* ⟨fig.⟩ ein ~ **in** die Vergangenheit *een kleine excursie naar het verleden.*
Ausflügler ⟨m.; ~s, ~⟩ **0.1** ***dagjesmens, iem. die een uitstapje maakt.***
Ausflugsdampfer ⟨m.⟩ **0.1** ***plezier-, excursieboot.***
Ausflugslokal ⟨o.⟩ **0.1** ***uitspanning.***
Ausflugsort ⟨m.; mv. ~e⟩ **0.1** ***toeristenplaats, toeristische trekpleister.***
Ausflugsziel ⟨o.⟩ **0.1** ***doel v.e. uitstapje/excursie.***
Ausfluß ⟨m.⟩ **0.1** ***het wegstromen*** **0.2** ***afvoer(leiding)*** **0.3** ⟨schr.⟩ ***uitvloeisel*** ⇒*consequentie* **0.4** ⟨tech.⟩ ***uitstroming*** ⟨hoeveelheid⟩ **0.5** ⟨med.⟩ ***vloeiing, afscheiding*** ◆ **1.1** der ~ des Wassers *het wegstromen van het water.*
ausformen I ⟨ov.ww.⟩ **0.1** ***vormen, (een) vorm geven*** **0.2** ***een definitieve vorm geven*** ⇒*definitief uitwerken* ◆ **1.2** ein Kunstwerk ~ *een kunstwerk zijn definitieve vorm geven;*
II sich ~ ⟨wk.ww.⟩ **0.1** ***zich vormen*** ⇒*zich ontwikkelen.*
ausformulieren 0.1 ***precies, zorgvuldig formuleren*** ⇒*helemaal uitwerken.*
ausforschen 0.1 ***uitvragen, uithoren*** ◆ **1.1** jmds. Absichten ~ *achter iemands bedoelingen komen.*
ausfragen I ⟨onov.ww.; h.⟩ **0.1** ***met vragen ophouden;***
II ⟨ov.ww.⟩ **0.1** ***uitvragen*** ⇒*uithoren* ◆ **6.1** jmdn. **nach** etwas, jmdn. **über** etwas, jmdn. ~ *iem. over iets, iem. uitvragen, uithoren.*
ausfransen I ⟨ov. & onov.ww.⟩ **0.1** ***uitrafelen;***
II sich ~ ⟨wk.ww.⟩ **0.1** ***uitrafelen.***
ausfräsen ⟨tech.⟩ **0.1** ***uit-, weg-, gladfrezen.***
ausfressen I ⟨onov.ww.; h.⟩ **0.1** ***met (vr)eten ophouden;***
II ⟨ov.ww.⟩ **0.1** ***(vr)eten*** ⇒*leeg(vr)eten* **0.2** ***uitvreten*** ⇒*uithollen, uitbijten* **0.3** ⟨inf.⟩ ***boeten (voor)*** ⇒*bezuren* **0.4** ⟨inf.⟩ ***uithalen*** ◆ **1.2** das Wasser frißt das Ufer aus *het water holt de oever uit* **3.3** eine Dummheit ~ müssen *voor een domheid moeten boeten* **4.4** etwas ~ *iets uithalen.*
ausfugen ⟨bouwk.⟩ **0.1** ***voegen*** ⇒*dichten.*
Ausfuhr ⟨v.; ~, ~en⟩ **0.1** ***uitvoer*** ⇒*export.*
Ausfuhrabfertigung ⟨v.⟩ **0.1** ***uitklaring.***
Ausfuhrabgabe ⟨v.⟩ **0.1** ***uitvoerheffing, -belasting.***
ausführbar 0.1 ***uitvoerbaar*** ⇒*realiseerbaar* **0.2** ***exporteerbaar.***
Ausfuhrbeschränkung ⟨v.⟩ **0.1** ***exportbeperking.***
Ausfuhrbewilligung ⟨v.⟩ **0.1** ***exportvergunning.***
ausführen 0.1 ***uitgaan, mee uitnemen, uitlaten*** **0.2** ***uitvoeren*** ⇒*exporteren* **0.3** ***uitvoeren*** ⇒*realiseren, verwezenlijken* **0.4** ***uitwerken*** **0.5** ***uiteenzetten, betogen*** ⇒*verklaren* ◆ **1.1** einen Hund ~ *een hond uitlaten* **1.3** eine Reparatur ~ *een reparatie uitvoeren;* die ~de Gewalt *de uitvoerende macht;* ⟨sp.⟩ einen Freistoß ~ *een vrije trap nemen* **1.4** ein Thema ~ *een thema uitwerken.*
Ausführende(r) ⟨bn. als zn.⟩ **0.1** ***uitvoerende*** ⇒*speler, medewerker.*
Ausfuhrerklärung ⟨v.⟩ **0.1** ***douaneverklaring.***
Ausfuhrgenehmigung ⟨v.⟩ **0.1** ***exportvergunning.***
Ausfuhrhandel ⟨m.⟩ **0.1** ***exporthandel.***
Ausfuhrland ⟨o.⟩ **0.1** ***uitvoer-, exportland*** **0.2** ***land van bestemming.***
ausführlich 0.1 ***uitvoerig*** ⇒*uitgebreid.*
Ausfuhrsperre ⟨v.⟩ **0.1** ***exportverbod.***
Ausführung ⟨v.⟩ **0.1** ***uitvoering*** ⇒*realisatie, verwezenlijking* **0.2** ***uitvoering*** ⇒*vervaardiging* **0.3** ***uitvoering*** ⇒*het doen, het nemen* **0.4** ***uiteenzetting*** ⇒*verklaring, betoog* ◆ **1.1** ⟨jur.⟩ die ~ einer Urkunde *het verlijden van een akte* **1.3** ⟨sp.⟩ die ~ eines Strafstoßes *het nemen van een strafschop* **1.4** die ~en des Redners *het betoog van de redenaar* **6.1** etwas **zur** ~ bringen *iets uitvoeren, realiseren;* **zur** ~ gelangen, kommen *uitgevoerd worden, van kracht worden* ⟨v.e. wet⟩ **6.2** **in** bester ~ *van de beste kwaliteit.*
Ausführungsbestimmung ⟨v.⟩ **0.1** ***uitvoeringsbepaling.***
Ausfuhrverbot ⟨o.⟩ **0.1** ***exportverbod.***
Ausfuhrware ⟨v.⟩ **0.1** ***exportartikel.***
Ausfuhrzoll ⟨m.⟩ **0.1** ***uitvoerrecht*** ⇒*belasting op de uitvoer.*
ausfüllen 0.1 ***(op)vullen*** **0.2** ***invullen*** **0.3** ***vullen*** ⟨tijd⟩ **0.4** ***vervullen*** ⇒*bekleden, uitoefenen* **0.5** ***(ver)vullen*** ⇒*beheersen, in beslag nemen* ◆ **1.1** ⟨fig.⟩ eine Lücke im Gesetz

~ *een lacune in de wet aanvullen* **1.2** einen Fragebogen ~ *een vragenlijst invullen* **1.4** einen Posten ~ *een post vervullen, bekleden* **1.5** ein Gedanke füllt mich ganz aus *een gedachte beheerst mij helemaal.*

ausfüttern 0.1 ***voeren*** **0.2** ***(overvloedig) voeren*** ⟨vee⟩ **0.3** ⟨bouwk.⟩ ***vullen.***

Ausgabe ⟨v.⟩ **0.1** ***afgifte, uitreiking*** **0.2** ***bekendmaking*** ⇒*mededeling* **0.3** ***afgifteloket*** **0.4** ***uitgave*** ⇒*kosten* **0.5** ***uitgave*** ⇒*editie* **0.6** ***uitgave*** ⇒*nummer, exemplaar* **0.7** ***uitvoering*** ⇒*versie* **0.8** ⟨ec.⟩ ***uitgifte*** **0.9** ⟨com.⟩ ***output*** ◆ **1.2** die ~ eines Befehls *de uitvaardiging van een bevel* **1.5** die erste ~ der Tagesschau *de eerste editie van de nieuwsberichten* **1.8** die ~ der Aktien *de uitgifte, emissie van de aandelen* **2.4** laufende ~n *lopende uitgaven.*

Ausgabebuch ⟨o.⟩ **0.1** ***uitgaveboek.***

Ausgabekurs ⟨m.⟩⟨ec.⟩ **0.1** ***uitgifte-, emissiekoers.***

Ausgabenseite ⟨v.⟩ **0.1** ***creditzijde.***

Ausgabestelle ⟨v.⟩ **0.1** ***afgiftekantoor, afgifteloket*** **0.2** ***plaats van uitgifte.***

Ausgang ⟨m.⟩ **0.1** ***het uitgaan*** ⇒*wandeling, uitstap(je)* **0.2** ***uitgangsdag*** **0.3** ***uitgang*** ⇒*uitgangsdeur, -poort* **0.4** ***uitgang, afloop*** ⇒*resultaat, einde* **0.5** ***uitgangspunt*** **0.6** ⟨adm.⟩ ***verzending*** **0.7** ⟨adm.⟩ ***uitgaande post, goederen*** ◆ **3.2** das Dienstmädchen hat morgen ~ *het dienstmeisje heeft morgen haar vrije dag* **3.4** einen guten ~ nehmen *goed eindigen* **3.5** seinen ~ von etwas nehmen *van iets uitgaan* **6.1** sich **zum** ~ fertigmachen *zich klaarmaken om uit te gaan* **6.4** **am** ~ des Mittelalters *op het einde van de Middeleeuwen;* ein Unfall **mit** tödlichem ~ *een ongeval met (een) dodelijke afloop.*

ausgangs[1] ⟨bw.⟩ **0.1** ***aan het eind, aan de rand*** **0.2** ***op het einde, aan het slot.***

ausgangs[2] ⟨vz. + 2⟩ **0.1** ***aan het eind, aan de rand*** ⇒*bij het verlaten* **0.2** ***op het einde*** ◆ **1.2** eine Frau ~ der Dreißiger *een vrouw van achter in de dertig.*

Ausgangspunkt ⟨m.⟩ **0.1** ***uitgangs-, vertrekpunt*** ⇒*begin.*

Ausgangssperre ⟨v.⟩⟨vooral mil.⟩ **0.1** ***uitgaansverbod*** ⇒*(kwartier)arrest.*

Ausgangsstellung ⟨v.⟩ **0.1** ⟨sp., mil.⟩ ***uitgangspositie.***

ausgären ⟨h/s.⟩ **0.1** ***uitgisten*** ⇒*rijpen* ◆ **1.1** ⟨fig.⟩ ein ausgegorener Plan *een ten volle gerijpt plan.*

ausgasen 0.1 ***met gas zuiveren, desinfecteren.***

ausgeben I ⟨ov.ww.⟩ **0.1** ***uitgeven, uitdelen*** ⇒*verdelen* **0.2** ***uitgeven*** ⇒*betalen, besteden* **0.3** ⟨inf.⟩ ***geven, betalen*** ⇒*trakteren* **0.4** ***bestempelen*** **0.5** ***uitbesteden*** ⇒*meegeven, laten doen* **0.6** ⟨ec.⟩ ***uitgeven*** **0.7** ⟨comp.⟩ ***afdrukken, printen*** ◆ **1.1** ⟨vooral mil.⟩ einen Befehl ~ *een bevel uitvaardigen* **1.2** sein ganzes Einkommen ~ *zijn hele inkomen uitgeven* **1.5** die Wäsche ~ *de was laten doen* **1.6** eine Anleihe ~ *een lening uitschrijven* **4.3** einen ~ *een rondje geven* **6.4** jmdn. **für** seinen besten Freund ~ *iem. voor zijn beste vriend laten doorgaan;*
II sich ~ ⟨wk.ww.⟩ **0.1** ***zich geven*** ⇒*zich uitputten* **0.2** ***zich uitgeven*** ⇒*doen alsof* ◆ **5.1** sich beim Spiel völlig ausgeben *zich bij het spel volledig geven* **6.2** er gibt sich **für** krank aus *hij doet alsof hij ziek is.*

ausgebufft ⟨inf.⟩ **0.1** ***uitgekookt*** ⇒*gewiekst, geslepen.*

Ausgeburt ⟨v.⟩⟨schr.; pej.⟩ **0.1** ***(wan)product*** ⇒*uitwas* **0.2** ***toppunt*** ◆ **1.1** eine ~ seiner Phantasie *een product, gedrocht van zijn fantasie.*

ausgefallen 0.1 ***ongewoon*** ⇒*merkwaardig, excentriek, apart.*

ausgefuchst 0.1 ***gewiekst.***

ausgeglichen 0.1 ***evenwichtig*** ⇒*gelijkmatig, regelmatig* ◆ **1.1** ein ~er Etat *een begroting in evenwicht.*

Ausgehanzug ⟨m.⟩ **0.1** ***uitgaanskostuum, -uniform.***

ausgehen 0.1 ***uitgaan*** ⇒*het huis verlaten* **0.2** ***uitgaan*** ⇒*afkomstig zijn, stammen* **0.3** ***uitgaan*** ⇒*vertrekken, beginnen* **0.4** ***uitgaan*** ⇒*uit zijn, het gemunt hebben* **0.5** ***eindigen, aflopen*** **0.6** ***(weg)gaan, vertrekken*** ⇒*er(van) afkomen* **0.7** ***op raken, uitgeput raken*** **0.8** ***uitvallen*** **0.9** ***uitgaan*** ⇒*doven* ◆ **1.1** die ~de Post *de uitgaande post* **1.5** das ~de Mittelalter *de late Middeleeuwen* **1.7** der Artikel ist ausgegangen *het artikel is niet meer in voorraad;* der Atem, die Luft geht mir aus *ik geraak buiten adem* **1.8** die Zähne gehen ihm aus *zijn tanden vallen uit* **1.9** die Lampe geht aus *de lamp gaat uit* **3.1** einen Befehl ~ lassen *een bevel uitvaardigen* **5.6** frei ~ *vrijuit gaan;* leer ~ *met lege handen weggaan* **6.2** **von** ihm geht Kraft aus *van hem straalt er kracht uit* **6.3** **von** etwas Bekanntem ~ *van iets bekends uitgaan* **6.4** **auf** Abenteuer ~ *op avontuur uitgaan;* **auf** Gewinn, Vorteil ~ *op winst, voordeel uit zijn.*

ausgehungert 0.1 ***uitgehongerd.***

Ausgehverbot ⟨o.⟩⟨vooral mil.⟩ **0.1** ***uitgaansverbod*** ⇒*avondklok.*

ausgekocht ⟨fig.⟩ **0.1** ***uitgekookt*** ⇒*gehaaid.*

ausgelassen 0.1 ***uitgelaten*** ⇒*uitbundig.*

ausgemacht 0.1 ***uitgemaakt*** ⇒*zeker, vaststaand* **0.2** ***uitgesproken*** ⇒*volslagen, volmaakt* ◆ **1.1** (eine) ~e Sache *een uitgemaakte zaak.*

ausgenommen[1] ⟨vz. + 4⟩ **0.1** ***behalve, met uitzondering*** ◆ **1.1** sie waren alle da, meinen Bruder ~ *zij waren er allen, behalve mijn broer.*

ausgenommen[2] ⟨vw.⟩ **0.1** ***behalve (als), met uitzondering van (als).***

ausgepicht ⟨inf.⟩ **0.1** ***geraffineerd.***

ausgeprägt 0.1 ***duidelijk uitkomend*** ⇒*uitgesproken, ontwikkeld, geprononceerd.*

ausgerechnet 0.1 ***precies, juist, net.***

ausgeschlossen 0.1 ***uitgesloten*** ⇒*onmogelijk, ondenkbaar.*

ausgeschnitten 0.1 ***(laag) uitgesneden*** ⇒*gedecolleteerd.*

ausgesprochen 0.1 ***onmiskenbaar, duidelijk*** ⇒*geprononceerd, buitengewoon.*

ausgestalten 0.1 ***organiseren*** ⇒*arrangeren* **0.2** ***inrichten*** ⇒*vorm geven* **0.3** ***uitbreiden.***

ausgestorben ⟨fig.⟩ **0.1** ***uitgestorven*** ⇒*verlaten.*

ausgesucht 0.1 ***uitgezocht*** ⇒*uitgelezen, voortreffelijk* **0.2** ***onmiskenbaar, duidelijk, buitengewoon*** **0.3** ***resterend*** ⇒*niet veel keuze biedend.*

ausgewachsen 0.1 ***volgroeid*** ⇒*volkomen, volslagen* ◆ **1.1** ein ~er Künstler *een volgroeid kunstenaar;* ein ~er Skandal *een groot schandaal.*

ausgewogen 0.1 ***evenwichtig*** ⇒*harmonisch, uitgebalanceerd.*

ausgezeichnet 0.1 ***uitstekend*** ⇒*voortreffelijk, uitmuntend.*

ausgiebig 0.1 ***overvloedig, rijkelijk, uitgebreid*** ◆ **1.1** ein ~er Spaziergang *een lange wandeling.*

ausgießen 0.1 ***uit-, weg-, leeggieten*** **0.2** ***(vol)gieten*** ⇒*(op)vullen* **0.3** ***uitgieten*** ⇒*blussen* ◆ **1.1** ⟨fig.⟩ sein Herz ~ *zijn hart uitstorten.*

Ausgleich ⟨m.; ~(e)s, ~e⟩ **0.1** ***gelijkmaking*** ⇒*schikking, compromis, vergelijk* **0.2** ***compensatie*** ⇒*schadeloosstelling* **0.3** ⟨ec.⟩ ***vereffening*** ⇒*verrekening* **0.4** ⟨sp.⟩ ***gelijkmaker*** ◆ **6.3** **zum** ~ Ihrer Rechnung *ter vereffening van uw rekening.*

ausgleichen I ⟨onov.ww.⟩⟨sp.⟩ **0.1** ***gelijkmaken;***
II ⟨ov.ww.⟩ **0.1** ***gelijkmaken*** ⇒*(ver)effenen, opheffen* **0.2** ***in evenwicht brengen*** **0.3** ***compenseren*** ⇒*vergoeden, goedmaken* **0.4** ⟨ec.⟩ ***vereffenen*** ⇒*verrekenen* ◆ **1.1** Konflikte ~ *conflicten bijleggen* **1.3** ~de Gerechtigkeit *verde-*

lende rechtvaardigheid **1.4** der Etat ist ausgeglichen *de begroting sluit* **3.4** ⟨fig.⟩ noch eine Rechnung mit jmdm. auszugleichen haben *nog een rekening met iem. te vereffenen hebben;*
III sich ~ ⟨wk.ww.⟩ **0.1** ***elkaar opheffen*** *⇒tegen elkaar opwegen* **0.2** ***vereffend worden.***
Ausgleichsabgabe ⟨v.⟩⟨ec.⟩ **0.1** ***compensatieheffing.***
Ausgleichsfonds ⟨m.⟩⟨ec.⟩ **0.1** ***egalisatiefonds.***
Ausgleichsgetriebe ⟨o.⟩⟨tech.⟩ **0.1** ***differentieel.***
Ausgleichstor ⟨o.⟩⟨sp.⟩ **0.1** ***gelijkmaker.***
Ausgleichstreffer ⟨m.⟩⟨sp.⟩ **0.1** ***gelijkmaker.***
ausgleiten **0.1** ***uitglijden*** **0.2** ***uit de hand glijden.***
ausgliedern **0.1** ***af-, uitzonderen.***
ausglühen I ⟨onov.ww.⟩ **0.1** ⟨h/s.⟩ ***uitgloeien, ten einde toe gloeien*** *⇒uitdoven* **0.2** ***(helemaal) uitbranden;***
II ⟨ov.ww.⟩ **0.1** ***uitdrogen*** *⇒verdorren* **0.2** ⟨tech.⟩ ***uitgloeien.***
ausgraben **0.1** ***uit-, opgraven*** ⟨ook fig.⟩.
Ausgrabung ⟨v.⟩ **0.1** ***opgraving.***
ausgreifen **0.1** ***grote stappen nemen*** **0.2** ***uithalen*** ◆ **5.2** weit ~ de Pläne *grootse plannen.*
ausgrenzen **0.1** ***afzonderen*** *⇒afscheiden, buiten beschouwing laten.*
Ausgrenzung ⟨v.⟩ **0.1** ***buiten-, uitsluiting*** ◆ **2.1** soziale ~ (der Arbeitslosen) *sociale buitensluiting (van de werklozen).*
ausgrübeln **0.1** ***uitpeinzen, uitdenken*** *⇒verzinnen.*
ausgründen ⟨ec.⟩ **0.1** ***oprichten*** *⇒zelfstandig maken.*
Ausguck ⟨m.; ~(e)s, ~e⟩ **0.1** ***uitkijk(post).***
ausgucken ⟨inf.⟩ **0.1** ***uitkijken*** *⇒op de uitkijk staan.*
Ausguß ⟨m.⟩ **0.1** ***gootsteen*** **0.2** ***afvoerbuis*** *⇒afvoerpijp.*
Ausgußbecken ⟨o.⟩ **0.1** ***gootsteen.***
Ausgußrohr ⟨o.⟩ **0.1** ***afvoerbuis*** *⇒afvoerpijp.*
aushaben ⟨inf.⟩ **I** ⟨onov.ww.; h.⟩ **0.1** ***vrij zijn*** ⟨mbt. school, dienst⟩;
II ⟨ov.ww.⟩ **0.1** ***uit(gelezen) hebben*** **0.2** ***uit(getrokken) hebben.***
aushacken **0.1** ***uithakken*** *⇒uitkappen* **0.2** ***uitpikken.*** → **Krähe.**
aushaken I ⟨onov.ww.⟩ ◆ **6.¶** es hakte **bei** mir aus (a) *ik begreep het niet meer* (b) *ik raakte de draad kwijt* (c) *mijn geduld was op;*
II ⟨ov.ww.⟩ **0.1** ***uit-, loshaken*** *⇒losmaken;*
III sich ~ ⟨wk.ww.⟩ **0.1** ***losraken.***
aushalten I ⟨onov.ww.⟩ **0.1** ***het uithouden*** ◆ **6.1 bei** jmdm., **mit** jmdm. ~ *het bij iem., met iem. uithouden;*
II ⟨ov.ww.⟩ **0.1** ***uithouden*** *⇒verduren* **0.2** ⟨inf.; pej.⟩ ***onderhouden*** *⇒voorzien in de levensbehoeften* **0.3** ⟨muz.⟩ ***aanhouden*** ◆ **1.1** den Druck ~ *de druk weerstaan;* den Vergleich ~ *de vergelijking doorstaan* **6.1** es ist nicht **zum** Aushalten *het is niet om uit te houden.*
aushämmern **0.1** ***uithameren*** *⇒uitkloppen.*
aushandeln **0.1** ***door onderhandelen bereiken.***
aushändigen **0.1** ***overhandigen*** *⇒ter hand stellen.*
Aushang ⟨m.⟩ **0.1** ***(openbare) bekendmaking*** *⇒bulletin, briefje met mededeling.*
aushängen I ⟨onov.ww.; h.⟩ **0.1** ***bekendgemaakt, opgehangen, aangeplakt zijn;***
II ⟨ov.ww.⟩ **0.1** ***bekendmaken, aanplakken*** **0.2** ***uithangen*** *⇒uit de hengsels lichten* **0.3** ⟨inf.⟩ ***ontwrichten*** *⇒verzwikken, verrekken;*
III sich ~ ⟨wk.ww.⟩ **0.1** ***uit de hengsels loskomen*** **0.2** ***weer glad worden*** ⟨mbt. kledingstuk⟩ **0.3** ⟨inf.⟩ ***de arm loslaten.***
Aushänger ⟨m.⟩⟨boek.⟩ **0.1** ***proefbladzijde, proefvel.***
Aushängeschild ⟨o.⟩ **0.1** ***uithangbord*** ⟨ook fig.⟩ *⇒reclame(bord).*
ausharren ⟨schr.⟩ **0.1** ***het uithouden, volhouden*** *⇒(geduldig) wachten.*
aushauchen ⟨schr.⟩ **0.1** ***uitademen, uitblazen*** **0.2** ***afgeven*** *⇒verspreiden* **0.3** ***laten horen*** *⇒fluisteren.*
aushauen **0.1** ***(uit)houwen*** *⇒(uit)hakken* **0.2** ***uithakken*** *⇒ snoeien, rooien.*
aushäusig **0.1** ***uithuizig.***
ausheben **0.1** ***(uit)graven*** *⇒weggraven, delven* **0.2** ***uitlichten*** *⇒uit de hengsels lichten* **0.3** ***uit-, leeghalen*** *⇒leegplunderen* **0.4** ***oprollen*** *⇒onschadelijk maken.*
aushebern **0.1** ***uithevelen*** *⇒leegpompen.*
aushecken ⟨inf.; pej.⟩ **0.1** ***uitbroeden*** *⇒bedenken, verzinnen.*
ausheilen **0.1** ***helemaal genezen*** *⇒herstellen, helen.*
aushelfen **0.1** ***(uit de nood) helpen*** *⇒bijspringen* ◆ **4.1** jmdm. ~ *iem. (uit de nood) helpen.*
Aushilfe ⟨v.⟩ **0.1** ***(nood)hulp*** *⇒bijstand* **0.2** ***noodhulp*** *⇒ hulpkracht, helper.*
Aushilfsarbeit ⟨v.⟩ **0.1** ***tijdelijk werk als hulpkracht.***
Aushilfskraft ⟨v.⟩ **0.1** ***hulpkracht*** *⇒helper.*
Aushilfspersonal ⟨o.⟩ **0.1** ***hulppersoneel*** *⇒tijdelijk personeel.*
aushilfsweise **0.1** ***als noodhulp.***
aushöhlen **0.1** ***uithollen*** ⟨ook fig.⟩ *⇒ondermijnen.*
Aushöhlung ⟨v.; ~, ~en⟩ **0.1** ***uitholling*** ⟨ook fig.⟩ *⇒ondermijning* **0.2** ***uitholling*** *⇒holte.*
ausholen I ⟨onov.ww.; h.⟩ **0.1** ***uithalen*** *⇒de arm uitstrekken* **0.2** ***grote stappen nemen*** **0.3** ***teruggaan, uitvoerig vertellen;***
II ⟨ov.ww.⟩ **0.1** ⟨inf.⟩ ***uitvragen*** **0.2** ⟨scheep.⟩ ***vastbinden.***
ausholzen **0.1** ***(uit)dunnen*** *⇒uitkappen, ontbossen.*
aushorchen **0.1** ***uithoren*** *⇒uitvragen.*
Aushub ⟨m.⟩⟨wwb.⟩ **0.1** ***het uitgraven, graafwerk*** **0.2** ***uitgegraven aarde.***
aushungern **0.1** ***uithongeren*** ⟨ook fig.⟩.
aushusten I ⟨ov.ww.⟩ **0.1** ***uithoesten*** *⇒opgeven;*
II sich ~ ⟨wk.ww.⟩ **0.1** ***uithoesten, ten einde hoesten.***
auskämmen **0.1** ***(uit)kammen.***
auskämpfen **0.1** ***uitvechten*** *⇒ten einde vechten* **0.2** ***uitvechten*** *⇒beslechten.*
auskaufen ⟨inf.⟩ **0.1** ***leegkopen.***
auskeilen **0.1** ***achteruitslaan*** ⟨van hoefdieren⟩.
auskeimen **0.1** ***ontkiemen*** *⇒uitkomen.*
auskennen, sich **0.1** ***(grondig) kennen*** *⇒goed bekend zijn, goed op de hoogte zijn* ◆ **5.1** ich kenne mich hier gut aus *ik weet hier goed de weg.*
Auskerbung ⟨v.⟩ **0.1** ***uitkerving*** *⇒kerf, holte.*
auskernen **0.1** ***ontpitten.***
auskippen **0.1** ***uit-, leegschudden.***
auskitten **0.1** ***dicht-, volkitten.***
ausklagen **0.1** ⟨schr.⟩ ***klagende uiten*** **0.2** ⟨jur.⟩ ***langs gerechtelijke weg opeisen, vorderen*** **0.3** ⟨jur.⟩ ***langs gerechtelijke weg verdrijven.***
ausklammern **0.1** ***buiten beschouwing laten*** *⇒niet behandelen* **0.2** ⟨wisk.⟩ ***buiten haakjes brengen.***
Ausklang ⟨m.⟩⟨schr.⟩ **0.1** ***slot(akkoord)*** **0.2** ***slot, einde.***
ausklarieren ⟨ec., scheep.⟩ **0.1** ***uitklaren.***
auskleiden **0.1** ⟨schr.⟩ ***uit-, ontkleden*** **0.2** ***(aan de binnenkant) bekleden.***
ausklingen **0.1** ⟨h/s.⟩ ***uitklinken*** *⇒ten einde klinken, wegsterven* **0.2** ***eindigen*** *⇒ophouden.*
ausklopfen **0.1** ***(uit)kloppen.***
Ausklopfer ⟨m.⟩ **0.1** ***mattenklopper.***

auskl<u>ü</u>geln 0.1 ***(spitsvondig) uitknob(b)elen*** *⇒uitkienen.*
<u>au</u>skneifen ⟨inf.⟩ **0.1** ***'m piepen*** ⟨ook fig.⟩ *⇒weglopen.*
<u>au</u>sknipsen ⟨inf.⟩ **0.1** ***uitdoen, uitdraaien, uitduwen.***
<u>au</u>sknobeln ⟨inf.⟩ **0.1** ***knobelen, dobbelen*** **0.2** ***uitknob(b)elen*** *⇒uitkienen.*
<u>au</u>skochen 0.1 ***(uit)koken*** **0.2** ⟨inf.; pej.⟩ ***uitbroeden.***
<u>au</u>skommen 0.1 ***uitkomen*** *⇒toe-, rondkomen* **0.2** ***het klaarspelen*** *⇒zich redden* **0.3** ***overweg kunnen*** *⇒'t kunnen vinden* ◆ **6.1 mit** dem Lohn ~ *met zijn loon rondkomen* **6.3 mit** jmdm. gut ~ *met iem. goed overweg kunnen.*
<u>Au</u>skommen ⟨m.; ~s⟩ **0.1** ***levensonderhoud*** *⇒inkomen* ◆ **2.1** ein sicheres ~ *een verzekerd bestaan* **3.1** ein, sein gutes ~ haben *goed zijn brood verdienen* **4.¶** mit ihm ist kein ~ (möglich) *met hem kan men niet opschieten.*
<u>au</u>skömmlich 0.1 ***voldoende*** ◆ **1.1** in ~en Verhältnissen leben *redelijk goed kunnen leven.*
<u>au</u>skosten ⟨schr.⟩ **0.1** ***(ten volle) genieten*** **0.2** ***doorstaan*** *⇒verdragen* ◆ **1.1** jeden Augenblick ~ *van elk ogenblik ten volle genieten* **3.2** seine Fehler ~ müssen *de gevolgen van zijn fouten moeten dragen.*
<u>au</u>skragen ⟨h.⟩⟨bouwk.⟩ **0.1** ***(laten) (voor)uitsteken.***
<u>au</u>skramen ⟨inf.⟩ **0.1** ***opdiepen*** ⟨ook fig.⟩ *⇒op-, bovenhalen* **0.2** ***uit-, leegruimen*** **0.3** ***verklappen*** *⇒rondvertellen* ◆ **1.1** Erinnerungen ~ *herinneringen ophalen.*
<u>au</u>skratzen I ⟨onov.ww.⟩⟨inf.⟩ **0.1** ***ervandoor gaan;***
II ⟨ov.ww.⟩ **0.1** ***uit-, wegkrabben*** *⇒uit-, wegkrassen* **0.2** ⟨med.⟩ ***afschrapen, curetteren*** ⟨mbt. de baarmoeder⟩ ◆ **1.1** eine Schüssel ~ *een kom uitschrapen.*
<u>au</u>skriechen 0.1 ***uitkomen*** *⇒uit het ei komen.*
<u>au</u>skriegen ⟨inf.⟩ **0.1** ***uit krijgen.***
<u>au</u>skristallisieren 0.1 ***uitkristalliseren.***
<u>au</u>skugeln 0.1 ***ontwrichten.***
<u>au</u>skühlen 0.1 ***(helemaal) afkoelen.***
<u>au</u>skundschaften 0.1 ***te weten komen*** *⇒opsporen, vinden, ontdekken* ◆ **1.1** ein Gelände ~ *een terrein verkennen;* die Stimmung ~ *de stemming peilen.*
<u>Au</u>skundschafter ⟨m.⟩ **0.1** ***verkenner*** *⇒spion.*
<u>Au</u>skunft ⟨v.; ~, ~̈e⟩ **0.1** ***inlichting*** *⇒informatie* **0.2** ***inlichtingendienst*** *⇒informatiebureau* ◆ **3.1** eine ~ einholen, einziehen *een inlichting inwinnen.*
Auskunft<u>ei</u> ⟨v.; ~, ~en⟩ **0.1** ***informatiebureau*** ⟨mbt. kredietwaardigheid⟩.
<u>Au</u>skunftsbüro ⟨o.⟩ **0.1** ***(toeristisch) informatiebureau.***
<u>Au</u>skunftsschalter ⟨m.⟩ **0.1** ***inlichtingen-, informatieloket.***
<u>Au</u>skunftsstelle ⟨v.⟩ **0.1** ***inlichtingendienst*** *⇒informatiebureau.*
<u>au</u>skuppeln ⟨tech.⟩ **0.1** ***ontkoppelen.***
<u>au</u>skurieren ⟨inf.⟩ **I** ⟨ov.ww.⟩ **0.1** ***helemaal genezen;***
II sich ~ ⟨wk.ww.⟩ **0.1** ***helemaal genezen*** *⇒herstellen.*
<u>au</u>slachen I ⟨onov.ww.; h.⟩ **0.1** ***uitlachen*** *⇒ophouden met lachen;*
II ⟨ov.ww.⟩ **0.1** ***uitlachen*** ◆ **6.1** jmdn. **wegen** seiner Aussprache ~ *iem. om zijn uitspraak uitlachen;*
III sich ~ ⟨wk.ww.⟩ **0.1** ***voluit, naar hartenlust lachen.***
<u>au</u>sladen 0.1 ***uit-, afladen*** *⇒lossen* **0.2** ***(laten) afzeggen*** *⇒de uitnodiging annuleren.*
<u>au</u>sladend 0.1 ***uitstekend, uitspringend*** ⟨ook fig.⟩ *⇒breed (gebouwd), weids, groots* ◆ **1.1** ~e Bäume *breed uitgegroeide bomen;* ~e Gebärden *weidse gebaren;* ein ~es Kinn *een uitstekende, spitse kin.*
<u>Au</u>sladeplatz ⟨m.⟩ **0.1** ***losplaats.***
<u>Au</u>sladerampe ⟨v.⟩ **0.1** ***losperron.***
<u>Au</u>slage ⟨v.⟩ **0.1** ***het uitstallen, uitstalling*** **0.2** ***uitstalling*** *⇒uitgestald artikel* **0.3** ***etalage(kast)*** **0.4** ***onkosten*** **0.5** ⟨sp.⟩ ***uitgangspositie*** ◆ **3.2** die ~n bewundern *de uitgestalde artikelen bewonderen.*
<u>Au</u>slagefenster ⟨o.⟩ **0.1** ***etalageraam.***
<u>au</u>slagern 0.1 ***in veiligheid brengen*** **0.2** ***uit voorraad verkopen*** ◆ **1.1** wertvolle Kunstwerke ~ *waardevolle kunstwerken elders veilig opbergen.*
<u>Au</u>slagetisch ⟨m.⟩ **0.1** ***uitstaltafel.***
<u>Au</u>sland ⟨o.⟩ **0.1** ***buitenland*** ◆ **6.1 ins** ~ gehen *naar het buitenland gaan.*
<u>Au</u>sländer ⟨m.; ~s, ~⟩ **0.1** ***buitenlander.***
<u>au</u>sländerfeindlich 0.1 ***vijandig tegenover buitenlanders.***
<u>au</u>sländisch 0.1 ***buitenlands.***
<u>Au</u>slandsabsatz ⟨m.⟩⟨ec.⟩ **0.1** ***buitenlandse afzet.***
<u>Au</u>slandsbeziehung ⟨v.⟩ **0.1** ***buitenlandse betrekking.***
<u>Au</u>slandsgeschäft ⟨o.⟩ **0.1** ***buitenlandse handel.***
<u>Au</u>slandsgespräch ⟨o.⟩ **0.1** ***internationaal (telefoon)gesprek.***
<u>Au</u>slandshilfe ⟨v.⟩ **0.1** ***buitenlandse hulp, hulp aan het buitenland.***
<u>Au</u>slandskorrespondent ⟨m.⟩ **0.1** ***buitenlandse correspondent.***
<u>Au</u>slandspresse ⟨v.⟩ **0.1** ***buitenlandse pers.***
<u>Au</u>slandsreise ⟨v.⟩ **0.1** ***reis naar het buitenland.***
<u>Au</u>slandsschutzbrief ⟨m.⟩ **0.1** ***internationale reis- en kredietbrief.***
<u>Au</u>slandssendung ⟨v.⟩ **0.1** ***postzending naar, uit het buitenland*** **0.2** ⟨com.⟩ ***uitzending v.e. buitenlandse zender.***
<u>Au</u>slandstournee ⟨v.⟩ **0.1** ***buitenlandse tournee.***
<u>Au</u>slandsvertretung ⟨v.⟩ **0.1** ***vertegenwoordiging, agentschap in het buitenland.***
<u>Au</u>slaß ⟨m.; Auslasses, Auslässe⟩⟨tech.⟩ **0.1** ***uitlaat*** ⟨ook fig.⟩ *⇒afvoer.*
<u>au</u>slassen I ⟨ov.ww.⟩ **0.1** ***weglaten*** *⇒overslaan, vergeten* **0.2** ***afreageren*** *⇒koelen* **0.3** ⟨inf.⟩ ***uit laten*** *⇒niet aandoen* **0.4** ⟨cul.⟩ ***uitsmelten*** *⇒uitbakken* **0.5** ⟨amb.⟩ ***langer, ruimer maken*** ◆ **1.1** einen Bus ~ (a) *een bus laten uitvallen* (b) *een bus overslaan;* keine Chance ~ *geen kans laten voorbijgaan* **1.3** den Ofen ~ *de kachel uit laten* **1.5** ein Kleid ~ *een jurk uitleggen* **6.2** seine Wut **an** jmdm. ~ *zijn woede op iem. koelen;*
II sich ~ ⟨wk.ww.⟩ **0.1** ***zich uitlaten*** *⇒zich uiten* ◆ **6.1** sich negativ **über** etwas, jmdn. ~ *zich negatief over iets, iem. uitlaten.*
<u>Au</u>slassung ⟨v.; ~, ~en⟩ **0.1** ***uit-, weglating*** *⇒het overslaan, het vergeten* **0.2** ***uitlating*** *⇒uiting, uitspraak.*
<u>Au</u>slassungspunkte ⟨alleen mv.⟩ **0.1** ***weglatingspunten.***
<u>Au</u>slassungssatz ⟨m.⟩⟨taal.⟩ **0.1** ***elliptische zin.***
<u>Au</u>slassungszeichen ⟨o.⟩ **0.1** ***apostrof.***
<u>au</u>slasten 0.1 ***be-, volladen*** **0.2** ***(ten volle) belasten, benutten*** **0.3** ***(helemaal) in beslag nemen*** ◆ **1.2** das Unternehmen ist (voll) ausgelastet *de productiecapaciteit van de onderneming wordt ten volle benut* **5.3** ich bin durch meine Arbeit voll ausgelastet *ik heb aan mijn werk een volledige dagtaak.*
<u>Au</u>slauf ⟨m.⟩ **0.1** ***het uit-, weglopen*** **0.2** ***uitloop*** *⇒uitweg, monding* **0.3** ***het uitlopen*** ⟨v.e. schip⟩ *⇒vertrek* **0.4** ***bewegingsvrijheid, vrije ruimte*** **0.5** ⟨sp.⟩ ***uitloop*** ◆ **1.1** der ~ einer Flüssigkeit *het weglopen van een vloeistof* **1.2** der ~ eines Flusses *de monding van een rivier* **6.4** ein ~ **für** Hühner *een kippenren.*
<u>au</u>slaufen I ⟨onov.ww.⟩ **0.1** ***uit-, weg-, leeglopen*** **0.2** ***uitlopen*** *⇒uitvaren* **0.3** ***uitlopen*** *⇒tot stilstand komen* **0.4** ***aflopen, ten einde lopen, eindigen*** **0.5** ***uitlopen*** *⇒overgaan* **0.6** ***doorlopen*** ⟨mbt. kleuren⟩ **0.7** ⟨sp.⟩ ***uitlopen*** ◆

1.1 die Milch läuft aus *de melk loopt weg* **1.2** das Schiff ist ausgelaufen *het schip is uitgevaren* **1.3** der Motor läuft aus *de motor komt tot stilstand* **1.4** dieser Artikel läuft aus *dit artikel wordt voortaan niet meer gemaakt* **5.4** böse ~ *slecht aflopen* **6.5** der Stock läuft **in** eine Spitze aus *de stok eindigt in een punt* **6.6** die Farbe läuft **beim** Waschen aus *de kleur loopt bij het wassen door;*
II sich ~ ⟨wk.ww.⟩ **0.1** ***zich door wandelen, lopen ontspannen.***

Ausläufer ⟨m.⟩ **0.1** ***uitloper*** ⇒*vertakking* **0.2** ⟨plantk.⟩ ***uitloper*** ⇒*scheut* ◆ **1.1** der ~ eines Tiefs *de uitloper van een lagedrukgebied.*

auslaugen **0.1** ***(uit)logen*** **0.2** ⟨fig.⟩ ***uitzuigen, uitputten*** ◆ **1.2** ein ausgelaugter Körper *een verzwakt, krachteloos lichaam.*

Auslaut ⟨m.⟩⟨taal.⟩ **0.1** ***eind-, slotklank.***

ausläuten **0.1** ***uitluiden.***

ausleben I ⟨ov.ww.⟩⟨schr.⟩ **0.1** ***(ten volle) ontplooien, realiseren*** ◆ **1.1** seine Persönlichkeit ~ *zijn persoonlijkheid ten volle ontplooien;*
II sich ~ ⟨wk.ww.⟩ **0.1** ***zich uitleven.***

auslecken **0.1** ***(uit)likken.***

ausleeren **0.1** ***(helemaal) ledigen*** ⇒*uit-, weg-, leeggieten* ◆ **1.1** den Weinbecher ~ *de wijnbeker helemaal leegdrinken.*

auslegen **0.1** ***uitspreiden, etaleren, ter inzage leggen*** **0.2** ***leggen*** ⇒*zetten* **0.3** ***poten*** ⇒*planten* **0.4** ***uitzetten, uitwerpen*** **0.5** ***bekleden*** ⇒*bedekken* **0.6** ***voorschieten*** **0.7** ***uitleggen*** ⇒*interpreteren* **0.8** ⟨tech.⟩ ***bouwen*** ⇒*berekenen* ◆ **1.1** Waren ~ *waren uitstallen* **1.2** ein Kabel ~ *een kabel leggen* **1.4** die Angel ~ *de (vis)haak uitwerpen* **1.6** Geld ~ *geld voorschieten* **5.7** etwas falsch ~ *iets verkeerd uitleggen* **6.5** einen Tisch **mit** Elfenbein ~ *een tafel met ivoor inleggen* **6.8** der Motor ist **für** hohe Geschwindigkeiten ausgelegt *de motor is op hoge snelheden berekend.*

Ausleger ⟨m.⟩ **0.1** ***uitlegger*** ⇒*interpretator* **0.2** ⟨tech.⟩ ***uitstekend deel*** ⇒*uitlegger, (kraan)arm.*

Auslegeteppich ⟨m.⟩ →**Auslegeware.**

Auslegeware ⟨v.⟩ **0.1** ***vaste vloerbedekking.***

ausleiern ⟨inf.⟩ **I** ⟨onov.ww.⟩ **0.1** ***uitgerekt worden*** ⇒*verslappen, stukgaan;*
II ⟨ov.ww.⟩ **0.1** ***uit-, verslijten*** ◆ **1.1** ein Gewinde ~ *een schroefdraad doldraaien;*
III sich ~ ⟨wk.ww.⟩ **0.1** ***uitgerekt worden*** ⇒*verslappen, stukgaan* ◆ **1.1** das Gummiband hat sich ausgeleiert *het elastiek is uitgerekt.*

Ausleihe ⟨v.⟩ **0.1** ***uitleen*** **0.2** ***uitleen(bureau).***

ausleihen **0.1** ***lenen*** **0.2** ***(uit)lenen*** ◆ **6.1** sich **von** jmdm. etwas ~ *van iem. iets lenen* **6.2** jmdm., **an** jmdn. etwas ~ *iem. iets (uit)lenen.*

auslernen ⟨h.⟩ **0.1** ***zijn leertijd beëindigen*** ◆ **5.1** man lernt (im Leben) nie aus *men is nooit uitgeleerd.*

Auslese ⟨v.⟩ **0.1** ***keuze, selectie*** **0.2** ***elite, keur*** ⇒*de besten* **0.3** ⟨wijn van uitgezochte druiven⟩ ◆ **1.1** eine ~ deutscher Poesie *een bloemlezing van Duitse poëzie* **3.1** eine ~ treffen *een keuze, selectie maken.*

auslesen I ⟨onov.ww.; h.⟩ **0.1** ***ophouden met lezen*** ◆ **5.1** hast du schon ausgelesen? *ben je al klaar met lezen?;*
II ⟨ov.ww.⟩ **0.1** ***uitlezen*** **0.2** ***schiften, sorteren*** **0.3** ⟨schr.⟩ ***uitkiezen, selecteren*** ◆ **1.3** die besten Schwimmer ~ *de beste zwemmers selecteren.*

ausleuchten **0.1** ***(helemaal) verlichten*** ◆ **1.1** ⟨fig.⟩ die Hintergründe ~ *de achtergronden grondig belichten.*

auslichten **0.1** ***snoeien, (uit)dunnen.***

ausliefern **0.1** ***uit-, overleveren*** **0.2** ⟨ec.⟩ ***(af)leveren*** ◆ **1.1** dem Feind ausgeliefert sein *aan de vijand overgeleverd zijn.*

Auslieferungsantrag ⟨m.⟩⟨jur.⟩ **0.1** ***uitleveringsverzoek.***

Auslieferungslager ⟨o.⟩⟨ec.⟩ **0.1** ***depot*** ⇒*magazijn.*

Auslieferungsschein ⟨m.⟩ **0.1** ***(af)leveringsbewijs*** ⇒*kwitantie.*

ausliegen ⟨h.⟩ **0.1** ***uitgestald, geëtaleerd zijn, ter inzage liggen*** **0.2** ***uitgezet, uitgeworpen zijn.***

auslöffeln **0.1** ***uit-, oplepelen*** ⇒*leegeten.*

auslöschen ⟨schr.⟩ **0.1** ***(uit)doven*** ⇒*uitdoen, blussen* **0.2** ***uitwissen*** ⟨ook fig.⟩ ⇒*uit-, wegvegen* ◆ **1.2** Erinnerungen ~ *herinneringen uitwissen.*

auslosen **0.1** ***(ver)loten*** ⇒*door het lot laten bepalen.*

auslösen I ⟨ov.ww.⟩ **0.1** ***in werking stellen*** **0.2** ***teweegbrengen, veroorzaken*** ◆ **1.1** einen Mechanismus ~ *een mechanisme in werking stellen* **1.2** Begeisterung ~ *enthousiasme wekken;* Reaktionen ~ *tot reacties leiden;* bei jmdm. Überraschung ~ *iem. verrast doen staan;*
II sich ~ ⟨wk.ww.⟩ **0.1** ***in werking treden*** ◆ **5.1** der Mechanismus löst sich automatisch aus *het mechanisme treedt automatisch in werking.*

Auslöser ⟨m.; ~s, ~⟩ **0.1** ***veroorzaker, oorzaak*** **0.2** ⟨foto.⟩ ***ontspanner*** **0.3** ⟨biol., psych.⟩ ***prikkel, stimulus.***

Auslösung ⟨v.⟩ **0.1** ***reiskostenvergoeding.***

ausloten ⟨scheep., tech.⟩ **0.1** ***(af)loden*** ⇒*peilen, doorgronden* ◆ **1.1** das Fahrwasser ~ *de diepte van het vaarwater loden, peilen;* eine Mauer ~ *een muur loden.*

auslüften I ⟨onov.ww.; h / s.⟩ **0.1** ***luchten;***
II ⟨ov.ww.⟩ **0.1** ***(uit)luchten;***
III sich ~ ⟨wk.ww.⟩⟨inf.; scherts.⟩ **0.1** ***een luchtje scheppen.***

auslutschen ⟨inf.⟩ **0.1** ***(uit)zuigen.***

ausmachen **0.1** ***uitdoen*** ⇒*uitschakelen, afzetten* **0.2** ***overeenkomen, afspreken*** **0.3** ***waarnemen*** ⇒*ontdekken, vaststellen* **0.4** ***uitmaken*** ⇒*uitvechten* **0.5** ***bedragen*** **0.6** ***uitmaken*** ⇒*vormen, zijn* **0.7** ***uitmaken*** ⇒*te betekenen hebben* ◆ **1.1** das Gas ~ *het gas uitdraaien* **1.2** das Honorar ~ *het honorarium overeenkomen* **1.3** ein Versteck ~ *een schuilplaats ontdekken* **1.5** die Schulden machen 100 Mark aus *de schulden bedragen 100 mark* **1.6** das macht den echten Künstler aus *dat is typisch voor de echte kunstenaar;* das macht den Reiz dieses Werkes aus *dat maakt de charme van dit werk uit* **3.3** das läßt sich nicht mit Sicherheit ~ *dat is niet met zekerheid te bepalen* **4.7** die paar Stunden machten mir nicht viel aus *die paar uur maakten me niet veel uit* **6.4** etwas **in** Güte ~ *iets in der minne regelen;* etwas **mit** seinem Gewissen ~ *iets voor zijn geweten verantwoorden* **8.2** wie ausgemacht *zoals afgesproken.*

ausmahlen **0.1** ***fijnmalen.***

ausmalen **0.1** ***beschilderen*** ⇒*kleuren* **0.2** ⟨fig.⟩ ***schilderen*** ⇒*beschrijven* ◆ **1.1** einen Holzschnitt ~ *een houtsnede inkleuren* **1.2** sich ⟨3e nv.⟩ etwas ~ *zich iets voorstellen* **6.1** die Wände waren **mit** Fresken ausgemalt *de muren waren met fresco's beschilderd;* Bilder **zum** Ausmalen *plaatjes om te kleuren.*

ausmanövrieren **0.1** ***uitschakelen*** ⇒*uitrangeren.*

ausmarschieren **0.1** ***uitrukken*** ⇒*uit-, wegtrekken.*

Ausmaß ⟨o.⟩ **0.1** ***omvang*** ⟨ook fig.⟩ ⇒*grootte, afmeting, maat* ◆ **1.1** die ~e eines Geländes *de afmetingen van een terrein* **2.1** ein Schwindel größten ~es, von größtem ~ *een enorme zwendel.*

ausmeißeln **0.1** ***(los-, uit)beitelen.***

ausmelken **0.1** ***(uit-, leeg)melken.***

ausmergeln **0.1** ***uitmergelen*** ⇒*uitputten.*

ausmerzen **0.1** ***uitroeien*** ⇒*verdelgen* **0.2** ***verwijderen*** ⇒ *schrappen* ◆ **6.2** etwas **aus** der Erinnerung ~ *iets uit de herinnering bannen.*

ausmessen 0.1 *op-, uitmeten.*
ausmisten 0.1 *uitmesten, verwijderen.*
ausmünden ⟨h/s.⟩ 0.1 *uitmonden* ⟨ook fig.⟩.
ausmünzen 0.1 *aanmunten* ⇒*tot geldstukken slaan* 0.2 *munt slaan uit* ⇒*uitbuiten* ◆ 5.2 etwas politisch ~ *politieke munt uit iets slaan* 6.2 Enthüllungen **für** seine Zwecke ~ *onthullingen voor eigen doeleinden gebruiken.*
ausmustern 0.1 *uitschiften, uitsorteren* ⇒*(als onbruikbaar) afdanken* 0.2 ⟨mil.⟩ *afkeuren* 0.3 ⟨ind.⟩ *monsters maken van* ◆ 1.1 Unbrauchbares ~ *wat onbruikbaar is afdanken* 1.3 neue Stoffe ~ *van nieuwe stoffen monsters maken.*
Ausnahme ⟨v.; ~, ~n⟩ 0.1 *uitzondering* ◆ 6.1 **mit** ~ von *met uitzondering van;* **ohne** ~ *zonder uitzondering;* eine ~ **von** der Regel *een uitzondering op de regel* ¶.1 ⟨sprw.⟩ ~n bestätigen die Regel *uitzonderingen bevestigen de regel.*
Ausnahmebestimmung ⟨v.⟩ 0.1 *uitzonderingsbepaling.*
Ausnahmeerscheinung ⟨v.⟩ 0.1 *uitzonderlijk verschijnsel.*
Ausnahmefall ⟨m.⟩ 0.1 *uitzonderingsgeval* ⇒*speciaal geval.*
Ausnahmegericht ⟨o.⟩ 0.1 *buitengewone rechtbank.*
Ausnahmemensch ⟨m.⟩ 0.1 *uitzonderlijk, speciaal iemand.*
Ausnahmestellung ⟨v.⟩ 0.1 *uitzonderingspositie.*
Ausnahmezustand ⟨m.⟩ 0.1 *uitzonderingstoestand* ⇒ *staat van oorlog, beleg* ◆ 3.1 den ~ ausrufen, erklären, verhängen *de uitzonderingstoestand afkondigen.*
ausnahmslos 0.1 *zonder uitzondering.*
ausnahmsweise ⟨acc. wiss.⟩ 0.1 *bij wijze van uitzondering.*
ausnehmen I ⟨ov.ww.⟩ 0.1 *(eruit-, weg)nemen* ⇒*verwijderen* 0.2 *uitnemen* ⇒*uithalen, schoonmaken* 0.3 ⟨inf.; pej.⟩ *plukken* ⇒*afzetten* 0.4 ⟨inf.; pej.⟩ *uitvragen, uithoren* 0.5 *uitzonderen* ⇒*uitsluiten* ◆ 1.1 ein Nest ~ *een nest uithalen;* ⟨fig.⟩ ein Verbrechernest ~ *een misdadigersnest oprollen* 1.2 die Eingeweide ~ *de ingewanden uitnemen* 4.5 ich nehme ihn, mich nicht aus *ik maak voor hem, voor mijzelf geen uitzondering* 6.3 jmdn. **beim** Spiel ~ *iem. bij het spel plukken, afzetten* 6.5 bitte nimm mich **davon** aus! *laat mij daar alsjeblieft buiten!;*
II sich ~ ⟨wk.ww.⟩⟨schr.⟩ 0.1 *een ... indruk maken, een ... effect hebben, het ... doen* ⇒*eruitzien* ◆ 5.1 die Musik nahm sich gut aus *de muziek klonk goed;* dat Gemälde nimmt sich dort hübsch aus *het schilderij staat, hangt daar heel aardig.*
ausnehmend ⟨schr.⟩ 0.1 *uitnemend* ⇒*uitstekend, buitengewoon.*
ausnüchtern ⟨h.⟩ 0.1 *ontnuchteren.*
ausnutzen 0.1 *(ten volle) benutten* 0.2 *uitbuiten* ◆ 1.1 die Gelegenheit ~ *de gelegenheid te baat nemen.*
auspacken I ⟨onov.ww.⟩⟨inf.⟩ 0.1 *uitpakken* ⇒*zijn gemoed luchten;*
II ⟨ov.ww.⟩ 0.1 *uitpakken* 0.2 ⟨inf.⟩ *(beginnen te) vertellen* ⇒*zijn gemoed luchten* ◆ 1.2 seine Nöte ~ *zijn nood klagen.*
ausparken 0.1 *de parkeerplaats verlaten.*
auspeitschen 0.1 *afranselen.*
auspendeln 0.1 *tot stilstand komen.*
Auspendler ⟨m.⟩ 0.1 *pendelaar.*
auspfeifen 0.1 *uitfluiten.*
auspflanzen 0.1 *uitplanten* ⇒*uitzetten.*
auspflücken 0.1 *(uit)plukken* ⇒*(uit)trekken.*
Auspizium ⟨o.; ~s, Auspizien⟩⟨schr.⟩ 0.1 *auspicium, voorteken* ◆ 6.¶ **unter** den Auspizien des Präsidenten *onder de auspiciën van de president.*
ausplaudern 0.1 *verklappen* ⇒*verraden.*
ausplündern 0.1 *uit-, leegplunderen.*
auspolstern 0.1 *(aan de binnenkant) bekleden* ⇒*capitonneren* ◆ 6.1 eine Jacke **mit** Watte ~ *een jas watteren.*
ausposaunen ⟨inf.; pej.⟩ 0.1 *uitbazuinen* ⇒*alom bekendmaken.*
auspowern ⟨inf.; pej.⟩ 0.1 *uitzuigen* ⇒*uitbuiten.*
ausprägen I ⟨ov.ww.⟩ 0.1 *(aan)munten* ⇒*tot munten slaan* ◆ 1.1 eine Medaille ~ *een medaille slaan;*
II sich ~ ⟨wk.ww.⟩ 0.1 *tot uitdrukking komen* ⇒*zich manifesteren* 0.2 *zich ontwikkelen* ⇒*zich profileren* ◆ 1.2 sein Charakter prägt sich immer mehr aus *zijn karakter ontwikkelt zich steeds duidelijker.*
Ausprägung ⟨v.; ~, ~en⟩ 0.1 *aanmunting* 0.2 *vorm* ⇒*uitdrukking, ontwikkeling.*
auspressen 0.1 *(uit)persen* 0.2 ⟨fig.⟩ *uitvragen* ◆ 8.2 jmdn. (wie eine Zitrone) ~ *iem. grondig uithoren.*
ausprobieren 0.1 *(uit)proberen* ⇒*(uit)testen* ◆ 6.1 etwas **an** jmdm. ~ *iets op iem. uitproberen, uittesten.*
Auspuff ⟨m.; ~(e)s, ~e⟩⟨tech.⟩ 0.1 *uitlaat(pijp).*
Auspufftopf ⟨m.⟩ 0.1 *knalpot.*
auspumpen 0.1 *uit-, weg-, leegpompen.*
auspunkten ⟨sp.⟩ 0.1 *op punten verslaan.*
ausputzen ⟨sp.⟩ 0.1 *als laatste man spelen.*
Ausputzer ⟨m.; ~s, ~⟩⟨sp.⟩ 0.1 *laatste man.*
ausquartieren 0.1 *elders onderbrengen.*
ausquetschen 0.1 *uitpersen* 0.2 ⟨inf.⟩ *uitvragen* ⇒*uithoren.*
ausradeln, aus|rädeln 0.1 *met een deegradertje uitsnijden* 0.2 *raderen.*
ausradieren 0.1 *uitgummen* ⇒*uitwissen, verwijderen* 0.2 *wegvagen, totaal verwoesten* ◆ 1.2 eine Stadt ~ *een stad van de aardbodem wegvagen* 6.1 ⟨fig.⟩ etwas **aus** seinem Gedächtnis ~ *iets uit zijn geheugen bannen.*
ausrangieren ⟨inf.⟩ 0.1 *afdanken* ⇒*niet meer gebruiken.*
ausrasen ⟨h.; ook sich ~⟩ 0.1 *uitrazen* ⇒*bedaren.*
ausrasieren 0.1 *uit-, wegscheren, kaal scheren.*
ausrasten ⟨tech.⟩ 0.1 *(los)springen* ◆ 6.1 **aus** der Halterung ~ *uit de houder losspringen.*
aus|rauben, -räubern 0.1 *leegroven* ⇒*leegplunderen* 0.2 *(van alles) beroven* ◆ 1.2 einen Passanten ~ *een voorbijganger beroven.*
ausräuchern 0.1 *uitroken* 0.2 ⟨fig.⟩ *oprollen* ⇒*vangen* ◆ 1.2 eine Diebesbande ~ *een dievenbende oprollen.*
ausräumen 0.1 *(uit)ruimen, ontruimen* ⇒*leegmaken* 0.2 *naar buiten brengen* 0.3 *leegstelen* 0.4 ⟨fig.⟩ *uit de weg ruimen* ◆ 1.3 die Kasse ~ *de kas leegroven* 1.4 Mißverständnisse ~ *misverstanden uit de weg ruimen* 6.2 Bücher **aus** dem Regal ~ *boeken uit het rek halen, (weg)nemen.*
ausrechnen 0.1 *uitrekenen* ⇒*berekenen* ◆ 1.1 die Entfernung ~ *de afstand berekenen* 4.¶ sich ⟨3e nv.⟩ Chancen ~ *mogelijkheden zien;* das kannst du dir leicht ~ *dat kun je wel op je vingers uitrekenen.*
ausrecken I ⟨ov.ww.⟩ 0.1 *(uit)rekken, uitstrekken;*
II sich ~ ⟨wk.ww.⟩ 0.1 *zich (uit)rekken.*
Ausrede ⟨v.⟩ 0.1 *uitvlucht* ⇒*smoesje, excuus* ◆ 2.1 eine faule ~ *een flauw smoesje.*
ausreden I ⟨onov.ww.⟩ 0.1 *uitspreken* ⇒*zijn rede(voering) beëindigen* ◆ 3.1 er hat ausgeredet *hij is klaar met spreken;*
II ⟨ov.ww.⟩ 0.1 *uit het hoofd praten* ◆ 1.1 jmdm. einen Gedanken ~ *iem. een gedachte uit het hoofd praten.*
ausregnen ⟨h.⟩ 0.1 *uitregenen* ⇒*ophouden met regenen.*
ausreiben 0.1 *uit-, schoonwrijven* ⇒*uit-, wegwissen* ◆ 4.¶ ich rieb mir die Augen aus *ik wreef mijn ogen uit.*

ausreichen ⟨h.⟩ **0.1** ***voldoende, toereikend zijn*** **0.2** ⟨inf.⟩ ***rond-, uitkomen*** ◆ **1.1** der Vorrat reicht aus *er is voldoende voorraad* **6.2 mit** dem Taschengeld nicht ~ *met zijn zakgeld niet rondkomen.*

ausreichend 0.1 ***voldoende*** ⇒*toereikend, genoeg* ◆ **1.1** das ist keine ~e Entschuldigung *dat is geen bevredigende verontschuldiging.*

ausreifen 0.1 ***(geheel) rijpen*** ⇒*tot volle ontwikkeling komen* ◆ **1.1** eine ausgereifte Arbeit *een gedegen, doorwrocht werk;* diese Technik ist noch nicht ganz ausgereift *deze techniek is nog niet geperfectioneerd.*

Ausreise ⟨v.⟩ **0.1** ***vertrek (naar het buitenland), het verlaten v.h. land*** **0.2** ***uitreisvergunning*** ◆ **6.1** Zollkontrolle **bei** der ~ *douanecontrole bij de uitreis, grensovergang.*

Ausreisegenehmigung ⟨v.⟩ **0.1** ***uitreisvergunning.***

ausreisen ⟨s.⟩ **0.1** ***(naar het buitenland) reizen*** ⇒*het land verlaten.*

Ausreisesperre ⟨v.⟩ **0.1** ***uitreisverbod.***

ausreißen I ⟨onov.ww.⟩ **0.1** ***uit-, losscheuren*** ⇒*losgaan* **0.2** ⟨inf.⟩ ***ervandoor gaan, weglopen*** **0.3** ⟨sp.⟩ ***ervandoor gaan*** ⇒*een voorsprong nemen* ◆ **1.1** die Naht ist ausgerissen *de naad is losgescheurd* **1.3** seinen Mitläufern ~ *een voorsprong nemen op zijn meelopers* **6.2 aus** dem Gefängnis ~ *uit de gevangenis ontsnappen;* **vor** einer Sache ~ *voor iets op de loop gaan;*
II ⟨ov.ww.⟩ **0.1** ***uitrukken, -trekken*** ⇒*uitscheuren.*

Ausreißer ⟨m.⟩ **0.1** ⟨inf.⟩ ***wegloper, weggelopene*** **0.2** ⟨inf.; tech.⟩ ***sterk afwijkende waarde*** **0.3** ⟨sp.⟩ ***vluchter, ontsnapte*** **0.4** ⟨sp.⟩ ***misser, afzwaaier.***

Ausreißversuch ⟨m.⟩ **0.1** ***vlucht-, ontsnappingspoging.***

ausreiten I ⟨onov.ww.; s.⟩ **0.1** ***uitrijden*** ⇒*een rit(je) maken* ◆ **6.1 aus** der Kaserne ~ *de kazerne uitrijden;* **zur** Jagd ~ *op jacht gaan;*
II ⟨ov.ww.⟩⟨sp.⟩ **0.1** ***afrijden*** ⇒*het uiterste vergen van* ◆ **1.¶** ein Rennen ~ *een wedstrijd houden* **5.1** ein Pferd nicht voll ~ *niet het uiterste vragen van een paard.*

ausrenken 0.1 ***ontwrichten, verrekken*** ◆ **6.1** ⟨inf.; fig.⟩ ich renke mir den Hals **nach** ihr aus *ik reikhals om haar goed te (kunnen) zien.*

ausrichten 0.1 ***overbrengen*** ⇒*meedelen* **0.2** ***uitrichten*** ⇒ *bereiken* **0.3** ***richten*** ⇒*in een rechte lijn brengen* **0.4** ***organiseren, inrichten*** **0.5** ⟨fig.⟩ ***richten*** ⇒*afstemmen, oriënteren* **0.6** ⟨mijnw.⟩ ***ontdekken, ontsluiten*** ◆ **1.1** jmdm. Grüße ~ *iem. de groeten doen;* ⟨tech.⟩ den Balken ~ *de balk in de juiste stand brengen* **1.4** ein Fest ~ *een feest(je) geven;* die Meisterschaften ~ *de kampioenschappen organiseren* **1.6** ein Erzlager ~ *een vindplaats van erts ontsluiten* **4.3** sich ~ *in het gelid gaan staan* **5.5** etwas einheitlich ~ *iets uniformeren* **6.2 bei** jmdm., **gegen** jmdn. nichts ~ können *bij iem., tegen iem. niets kunnen uitrichten* **6.5** die Industrie ist **auf** den Export ausgerichtet *de industrie is op de export georiënteerd;* seine Tätigkeit **nach** einem Ideal ~ *zijn activiteiten op een ideaal afstemmen.*

Ausrichter ⟨m.⟩⟨sp.⟩ **0.1** ***organisator.***

Ausritt ⟨m.⟩ **0.1** ***het uitrijden, uitrit*** ⟨te paard⟩.

ausroden 0.1 ***rooien.***

ausrollen I ⟨onov.ww.; s.⟩ **0.1** ***uitlopen, -rollen;***
II ⟨ov.ww.⟩ **0.1** ***uit-, ontrollen*** **0.2** ***uitrollen, plat rollen.***

ausrotten 0.1 ***uitroeien*** ⇒*verdelgen, totaal vernietigen.*

ausrücken I ⟨onov.ww.⟩ **0.1** ***uitrukken*** ⇒*naar buiten marcheren* **0.2** ⟨inf.⟩ ***ervandoor gaan, weglopen*** ⇒*'m smeren* ◆ **1.2** seinem Bewacher ~ *aan zijn bewaker ontsnappen;* seinen Eltern ~ *van huis weglopen;*
II ⟨ov.ww.⟩ **0.1** ⟨boek.⟩ ***laten uitspringen*** **0.2** ⟨tech.⟩ ***ontkoppelen.***

Ausruf ⟨m.⟩ **0.1** ***uitroep*** ⇒*kreet, schreeuw* ◆ **1.1** ein ~ des Entsetzens *een kreet van ontzetting.*

ausrufen 0.1 ***uitroepen*** ⇒*uitschreeuwen* **0.2** ***af-, omroepen*** **0.3** ***uitroepen*** ⇒*afkondigen* **0.4** ***te koop aanbieden*** ⇒ *venten* ◆ **1.2** die Stationen ~ *de haltes om-, afroepen* **1.3** den Notstand ~ *de noodtoestand afkondigen* **6.3** jmdn. **zum** König ~ *iem. tot koning uitroepen.*

Ausrufewort ⟨o.; mv. ¨-er⟩⟨taal.⟩ **0.1** ***tussenwerpsel, interjectie.***

Ausrufezeichen ⟨o.⟩⟨taal.⟩ **0.1** ***uitroepteken.***

ausruhen I ⟨onov.ww.; h.; meestal sich ~⟩ **0.1** ***(uit)rusten*** ◆ **6.1** sich **von** den Strapazen ~ *van de vermoeienissen uitrusten;*
II ⟨ov.ww.⟩ **0.1** ***laten rusten*** ⇒*rust gunnen.*

ausrupfen 0.1 ***uitplukken*** ⇒*uittrekken.*

ausrüsten 0.1 ***uit-, toerusten*** ⇒*voorzien* **0.2** ⟨ind.⟩ ***appreteren*** ◆ **1.1** ein Schiff ~ *een schip uitrusten* **1.2** einen Stoff ~ *een stof appreteren.*

Ausrüster ⟨m.; ~s, ~⟩⟨scheep.⟩ **0.1** ***reder*** **0.2** ***binnenschipper.***

Ausrüstung ⟨v.⟩ **0.1** ***uitrusting*** ⇒*outillage, benodigdheden* **0.2** ***uit-, toerusting.***

ausrutschen ⟨s.⟩ **0.1** ***uitglijden*** **0.2** ***uit de hand(en) glijden*** ⇒*uitschieten* **0.3** ⟨inf.; fig.⟩ ***zich misdragen*** ◆ **1.1** da ist mir die Feder ausgerutscht *daar heb ik me verschreven.*

Ausrutscher ⟨m.; ~s, ~⟩⟨inf.⟩ **0.1** ***het uitglijden*** **0.2** ***faux pas*** ⇒*misstap, verspreking* **0.3** ⟨sp.⟩ ***onverwachte nederlaag.***

Aussaat ⟨v.⟩ **0.1** ***(zaai)zaad*** ⇒*zaaigoed* **0.2** ***het (uit)zaaien.***

aussäen 0.1 ***(uit)zaaien*** **0.2** ⟨fig.⟩ ***zaaien*** ◆ **1.2** Zwietracht ~ *tweedracht zaaien.*

Aussage ⟨v.⟩ **0.1** ***uitspraak*** ⇒*oordeel, mening* **0.2** ***(getuigen)verklaring*** **0.3** ***expressie*** ⇒*expressiviteit* ◆ **2.2** eine eidliche ~ *een getuigenis onder ede* **2.3** künstlerische ~ *artistieke uitdrukking(skracht)* **3.2** eine ~ machen *een verklaring afleggen* **6.1 laut, nach** ~ des Arztes *volgens de verklaring(en) van de arts.*

Aussagekraft ⟨v.⟩ **0.1** ***uitdrukkingskracht*** ⇒*expressiviteit.*

aussagekräftig 0.1 ***veelzeggend*** ⇒*bewijskrachtig* ◆ **1.1** ~e Zahlen *bewijskrachtige cijfers.*

aussagen 0.1 ***zeggen*** ⇒*verklaren* **0.2** ***verklaren, getuigen*** **0.3** ***uitdrukken, expressief zijn*** ◆ **4.3** dieser Film sagt etwas aus *deze film heeft iets te zeggen* **5.2** falsch ~ *een vals getuigenis afleggen* **6.2 vor** Gericht ~ *voor de rechtbank getuigen.*

Aussagesatz ⟨m.⟩⟨taal.⟩ **0.1** ***mededelende zin.***

Aussageverweigerung ⟨v.⟩⟨jur.⟩ **0.1** ***weigering om een verklaring af te leggen.***

Aussageweise ⟨v.⟩⟨taal.⟩ **0.1** ***wijze, modus.***

Aussatz ⟨m.⟩ **0.1** ***melaatsheid, lepra.***

aussätzig 0.1 ***melaats, lepreus.***

aussaufen 0.1 ***uit-, leegdrinken, uit-, leegzuipen.***

aussaugen 0.1 ***uit-, leegzuigen*** **0.2** ⟨fig.⟩ ***uitzuigen*** ⇒*uitbuiten* ◆ **1.2** den Boden ~ *de grond uitputten.*

ausschaben 0.1 ***uitschaven*** ⇒*uitschrapen, uithollen* **0.2** ⟨med.⟩ ***curetteren.***

ausschachten 0.1 ***(uit-, af)graven*** ◆ **1.1** eine Baugrube ~ *een bouwput graven.*

Ausschachtungsarbeit ⟨v.⟩ **0.1** ***graafwerk(zaamheid)*** ⇒ *grondwerk.*

ausschälen 0.1 ***(uit)snijden.***

ausschalten 0.1 ***uitschakelen*** ⇒*afzetten, uitdoen* **0.2** ⟨fig.⟩ ***uitschakelen*** ⇒*elimineren* ◆ **1.2** Zweifel ~ *twijfels wegnemen.*

Ausschank ⟨m.; ~(e)s, ¨-e⟩ **0.1** ***café, kroeg*** **0.2** ***buffet, tap-***

kast **0.3** ***het schenken*** ⇒*het tappen* ◆ **1.3** der ~ alkoholischer Getränke *het schenken van alcoholische dranken.*

ausscharren 0.1 ***uit de grond krabben*** **0.2** ***(uit)graven.***

Ausschau ⟨v.⟩ ◆ **6.¶ nach** jmdm. ~ halten *naar iem. uitkijken.*

ausschauen 0.1 ***uitzien, uitkijken.***

ausschaufeln 0.1 ***uitgraven*** **0.2** ***(uit)graven*** ⇒*aanleggen, opgraven.*

ausscheiden I ⟨onov.ww.⟩ **0.1** ***aftreden*** ⇒*zijn ontslag nemen* **0.2** ***uit-, wegvallen*** ⇒*uitgeschakeld worden* **0.3** ***niet in aanmerking komen*** ⇒*wegvallen* ◆ **1.3** diese Möglichkeit scheidet aus *deze mogelijkheid valt af* **6.1 aus** dem Dienst, der Firma ~ *de dienst, de firma verlaten* **6.2 aus** dem Rennen ~ *bij een race uitvallen;*
II ⟨ov.ww.⟩ **0.1** ***uitsorteren*** ⇒*wegnemen* **0.2** ***uit-, afscheiden*** ◆ **1.1** Banknoten ~ *bankbiljetten uit de circulatie nemen.*

Ausscheidung ⟨v.⟩ **0.1** ***uit-, afscheiding*** ⇒*uitstoting* **0.2** ***uitscheiding*** ⇒*uitwerpselen* **0.3** ***het uit-, wegvallen*** ⇒*uitschakeling* **0.4** ***het niet in aanmerking komen*** **0.5** ***het uitzoeken, sortering*** **0.6** ⟨sp.⟩ ***voorronde*** ⇒*selectie-, kwalificatiewedstrijd.*

Ausscheidungskampf ⟨m.⟩⟨sp.⟩ **0.1** ***selectiewedstrijd.***

Ausscheidungsorgan ⟨o.⟩⟨med.⟩ **0.1** ***excretie-, uitscheidingsorgaan.***

Ausscheidungsrunde ⟨v.⟩⟨sp.⟩ **0.1** ***voorronde.***

ausschelten 0.1 ***een uitbrander geven*** ⇒*uitvaren.*

ausschenken 0.1 ***(uit)schenken*** ⇒*tappen* **0.2** ***inschenken*** ⇒*uitgieten.*

ausscheren ⟨s.⟩ **0.1** ***de rij, file, formatie verlaten*** ⇒*uitwijken* **0.2** ***van zijn spoor afwijken*** ◆ **1.2** ein Wagen schert bei Glätte aus *een wagen wijkt bij gladheid van zijn spoor af* **6.1 zum** Überholen ~ *naar links gaan om in te halen.*

ausschießen I ⟨onov.ww.⟩ **0.1** ***opschieten*** ◆ **1.1** das Kraut schießt aus *het kruid schiet op;*
II ⟨ov.ww.⟩ **0.1** ***uitschieten*** ◆ **1.1** jmdm. ein Auge ~ *iem. een oog uitschieten.*

ausschiffen 0.1 ***ontschepen*** ⇒*lossen* ◆ **1.1** Passagiere ~ *passagiers ontschepen.*

ausschildern 0.1 ***van verkeersborden voorzien*** **0.2** ***(met borden) aangeven*** ⇒*markeren* ◆ **1.2** eine Umleitung ~ *een omleiding aangeven.*

ausschimpfen 0.1 ***uitschelden, een uitbrander geven.***

ausschirren 0.1 ***uitspannen.***

ausschlachten 0.1 ***schoonmaken*** ⇒*van ingewanden ontdoen* **0.2** ***slopen*** **0.3** ⟨inf.; pej.⟩ ***uitbuiten*** ⇒*profiteren* ◆ **4.3** jmdn. ~ *iem. afzetten* **5.3** einen Fall politisch ~ *een geval politiek uitbuiten.*

ausschlafen I ⟨onov.ww.; h/s.; ook sich ~⟩ **0.1** ***uitslapen;***
II ⟨ov.ww.⟩ **0.1** ***uitslapen*** ◆ **1.1** seinen Rausch ~ *zijn roes uitslapen.*

Ausschlag ⟨m.⟩ **0.1** ⟨med.⟩ ***uitslag*** **0.2** ***uitslag, het uitslaan*** **0.3** ⟨fig.⟩ ***doorslag*** ◆ **1.2** der ~ der Magnetnadel *de uitslag, het uitslaan van de magneetnaald* **3.3** den ~ geben *de doorslag geven* **6.1 an** einem ~ leiden *last hebben van uitslag.*

ausschlagen I ⟨onov.ww.⟩ **0.1** ⟨h.⟩ ***(achteruit-, vooruit)slaan, trappen*** **0.2** ⟨h/s.⟩ ***uitslaan*** ⇒*overhellen* **0.3** ⟨h/s.⟩ ***uitlopen, uitschieten*** **0.4** ⟨s.⟩ ***aflopen*** ⇒*worden* **0.5** ⟨h.⟩ ***ophouden met slaan*** ◆ **1.1** das Pferd schlägt hinten aus *het paard trapt achteruit* **1.2** der Zeiger schlägt aus *de wijzer slaat uit* **1.3** der Strauch schlägt aus *de struik loopt uit* **1.4** zum Guten ~ *goed aflopen, een wending ten goede nemen* **1.5** ⟨schr.⟩ das Herz hat ausgeschlagen *het hart heeft opgehouden met slaan;*
II ⟨ov.ww.⟩ **0.1** ***(uit)slaan*** **0.2** ***afslaan*** ⇒*afwijzen, van de hand wijzen* **0.3** ***uitslaan*** ⇒*blussen* **0.4** ***stofferen*** ⇒*behangen, voeren* **0.5** ⟨amb.⟩ ***slaan*** ⇒*maken, aanbrengen* ◆ **1.1** jmdm. einen Zahn ~ *iem. een tand uitslaan* **1.2** einen Bewerber ~ *een sollicitant afwijzen;* jmds. Hand ~ *iemands huwelijksaanzoek afwijzen* **1.5** ein Loch in Pappe ~ *een gaatje in karton slaan, maken* **6.4 mit** Samt, Seide ~ *met fluweel, zijde stofferen, bekleden.*

ausschlaggebend 0.1 ***doorslaggevend*** ⇒*beslissend.*

ausschließen 0.1 ***uit-, buitensluiten*** **0.2** ⟨fig.⟩ ***uitsluiten*** ⇒*weren, niet toelaten* ◆ **1.2** jeden Zweifel ~ *iedere twijfel uitsluiten* **4.1** jmdn. ~ *iem. buitensluiten* **6.2** jmdn. **aus** einem Verein ~ *iem. royeren;* diese Waren sind **vom** Umtausch ausgeschlossen *deze waren worden niet geruild.*

ausschließlich[1] ⟨bn., bw.⟩ **0.1** ***uitsluitend*** ◆ **1.1** das stand zu meiner ~en Verfügung *dat stond uitsluitend te mijner beschikking.*

ausschließlich[2] ⟨vz. + 2; vz. + 3 indien 2e nv. in mv. niet herkenbaar⟩ **0.1** ***met uitsluiting van, zonder*** ⇒*niet inbegrepen* ◆ **1.1** ~ Porto, des Portos *port(o) niet inbegrepen.*

Ausschließung ⟨v.⟩ **0.1** ***uit-, buitensluiting*** **0.2** ⟨fig.⟩ ***uitsluiting*** ⇒*royering.*

Ausschlupf ⟨m.; ~(e)s, ~̈e of ~e⟩ **0.1** ***opening (om weg te komen).***

ausschlüpfen 0.1 ***uitkomen.***

Ausschluß ⟨m.⟩ **0.1** ***uitsluiting*** ⇒*royering* **0.2** ⟨boek.⟩ ***opvulling*** ⇒*(opvul)wit* ◆ **6.1 ohne, unter** ~ der Öffentlichkeit *met open, gesloten deuren.*

ausschmieren 0.1 ***invetten, insmeren*** **0.2** ⟨inf.⟩ ***bedriegen, oplichten*** ◆ **6.1** Fugen **mit** Gips ~ *voegen met gips dichtsmeren.*

ausschmücken 0.1 ***versieren, (op)tooien*** ◆ **1.1** ⟨fig.⟩ einen Bericht ~ *een verslag opsmukken.*

ausschneiden 0.1 ***uitsnijden*** ⇒*(uit)knippen* **0.2** ***wegsnijden*** ⇒*verwijderen* **0.3** ***snoeien*** ⇒*uitdunnen* **0.4** ***uitsnijden*** ⇒*decolleteren* ◆ **1.2** eine faule Stelle ~ *een rotte plek wegsnijden.*

Ausschnitt ⟨m.⟩ **0.1** ***knipsel*** **0.2** ***stuk, fragment*** **0.3** ***uitsparing, opening*** **0.4** ***hals, halsuitsnijding, decolleté*** ◆ **1.3** die ~e der Fensterläden *de uitsparingen in de vensterluiken* **6.1** ein ~ **aus** einer Zeitung *een krantenknipsel* **6.2** ein ~ **aus** einem Roman *een fragment uit een roman.*

ausschnittweise 0.1 ***in fragmenten, stukken.***

ausschnitzen 0.1 ***(in hout) uitsnijden.***

ausschöpfen 0.1 ***(uit-, leeg)scheppen*** ⇒*hozen* **0.2** ⟨fig.⟩ ***uitputten*** ⇒*ten volle benutten* ◆ **1.1** einen Brunnen ~ *een put leegscheppen* **1.2** alle Reserven ~ *alle reserves uitputten* **5.2** ein Thema voll ~ *een onderwerp uitputtend behandelen, uitputten.*

ausschrauben 0.1 ***uitschroeven, uitdraaien.***

ausschreiben 0.1 ***voluit schrijven*** **0.2** ***(uit)schrijven*** ⇒*opmaken* **0.3** ***schriftelijk bekendmaken, aankondigen*** ◆ **1.2** ein Rezept ~ *een recept schrijven* **1.3** einen Wettbewerb ~ *een wedstrijd uitschrijven;* eine Stelle ~ *een vacature bekendmaken.*

Ausschreibung ⟨v.⟩ **0.1** ***aanbesteding.***

ausschreien I ⟨ov.ww.⟩ **0.1** ***uitschreeuwen, uitroepen*** ◆ **1.1** eine Neuigkeit ~ *een nieuwtje uitbazuinen;*
II sich ~ ⟨wk.ww.⟩ **0.1** ***naar hartenlust schreeuwen.***

ausschreiten ⟨schr.⟩ **I** ⟨onov.ww.⟩ **0.1** ***doorstappen;***
II ⟨ov.ww.⟩ **0.1** ***afstappen*** ⟨ook fig.⟩ ⇒*met stappen meten.*

Ausschreitung ⟨v.⟩ **0.1** ***gewelddadigheid, ongeregeldheid.***

Ausschuß ⟨m.⟩ **0.1** ***commissie, comité*** **0.2** ***uitschot*** ⇒*afval, rommel* **0.3** ***uitschot(opening)*** ⟨v.e. schotwond⟩ ◆ **2.1** der geschäftsführende ~ *het dagelijks bestuur.*

Ausschußsitzung ⟨v.⟩ **0.1** ***commissievergadering.***
Ausschußware ⟨v.⟩ **0.1** ***uitschot.***
ausschütteln 0.1 ***(uit)schudden.***
ausschütten 0.1 ***uitstorten*** *⇒uit-, leeggieten* **0.2** ***uitkeren*** *⇒uitbetalen* ◆ **1.1** ⟨fig.⟩ jmdm. seinen Kummer ~ *iem. zijn zorgen meedelen, vertellen* **1.2** eine Dividende ~ *een dividend uitkeren* **4.¶** ⟨inf.; fig.⟩ ich schütte mich (vor Lachen) aus *ik lach me dood* **5.2** die Dividende nicht ~ *het dividend passeren.*
Ausschüttung ⟨v.⟩ **0.1** ***uitkering*** *⇒uitbetaling* **0.2** ***(radioactieve) neerslag*** ◆ **1.1** ~ der Dividenden *uitkering van de dividenden.*
ausschwärmen 0.1 ***(uit)zwermen*** ⟨ook fig.⟩ **0.2** ⟨mil.⟩ ***uitzwermen*** *⇒tirailleren.*
ausschwatzen ⟨pej.⟩ **0.1** ***verklappen.***
ausschweifen I ⟨onov.ww.⟩ **0.1** ***geen maat weten te houden*** *⇒overdrijven;*
II ⟨ov.ww.⟩⟨amb.⟩ **0.1** ***rond, boogvormig uitzagen*** *⇒(uit)schulpen.*
ausschweifend 0.1 ***mateloos, buitensporig*** *⇒overdreven* ◆ **1.1** ein ~es Leben führen *een losbandig leven leiden.*
Ausschweifung ⟨v.⟩ **0.1** ***buitensporigheid*** *⇒overdrijving, uitspatting.*
ausschweigen, sich 0.1 ***blijven zwijgen*** *⇒geen woord loslaten.*
ausschwemmen 0.1 ***aanspoelen*** **0.2** ***uithollen*** *⇒ondermijnen, ondergraven* **0.3** ***zuiveren*** *⇒uitwassen.*
ausschwenken I ⟨onov.ww.⟩ **0.1** ***(uit)zwenken*** *⇒een bocht maken* ◆ **¶.1** (nach) rechts ~ *naar rechts (uit)zwenken;*
II ⟨ov.ww.⟩ **0.1** ***uitspoelen*** **0.2** ***naar buiten draaien.***
ausschwingen I ⟨onov.ww.⟩ **0.1** ⟨h.⟩ ***(stilaan) ophouden met slingeren, zwaaien*** **0.2** ***uitlopen*** *⇒ophouden, eindigen* **0.3** ***in een boog verlopen;***
II ⟨ov.ww.⟩⟨turnen⟩ **0.1** ***(heen en weer) zwaaien.***
ausschwitzen I ⟨onov.ww.⟩ **0.1** ***naar buiten komen, zich afscheiden;***
II ⟨ov.ww.⟩ **0.1** ***uitzweten.***
aussehen ⟨h.⟩ **0.1** ***eruitzien*** *⇒een indruk maken* **0.2** ***uitzien, uitkijken*** ◆ **5.1** ⟨sp.⟩ schlecht ~ *een slecht figuur slaan;* ⟨inf.⟩ so siehst du aus! *dat had je gedacht!;* so siehst du gar nicht aus *daar zie ik je niet voor aan* **6.1** ⟨inf.⟩ das sieht **nach** nichts aus *dat lijkt nergens op;* es sieht **nach** Schnee aus *het ziet eruit, of we sneeuw krijgen;* er sieht **zum** Fürchten aus *hij ziet er schrikwekkend uit* **6.2 nach** jmdm. ~ *naar iem. uitzien.*
Aussehen ⟨o.; ~s⟩ **0.1** ***voorkomen*** *⇒aanzien, uiterlijk.*
aussein ⟨inf.⟩ **0.1** ***uit zijn*** ⟨ook sp.⟩ ◆ **6.1 auf** Geld aus sein *op geld uit zijn;* **mit** ihm ist es aus (a) *hij is gestorven* (b) *hij zit aan de grond.*
außen 0.1 ***buiten, aan de buitenkant*** ◆ **3.1** ⟨atletiek⟩ ~ laufen *in de buitenbaan lopen* **6.1** ⟨fig.⟩ Wirkung **nach** ~ (hin) *uiterlijk effect;* ⟨fig.⟩ Hilfe **von** ~ *hulp van buitenaf.*
Außenamt ⟨o.⟩ **0.1** ***ministerie, departement van Buitenlandse Zaken.***
Außenaufnahme ⟨v.; meestal mv.⟩ **0.1** ***buitenopname.***
Außenbezirk ⟨m.⟩ **0.1** ***buitenwijk.***
Außenborder ⟨m.; ~s, ~⟩⟨inf.⟩ **0.1** ***(boot met) buitenboordmotor.***
aussenden 0.1 ***(uit)zenden, (uit)sturen*** **0.2** ⟨nat., com.⟩ ***uitstralen*** ◆ **1.1** eine Expedition ~ *een expeditie uitsturen.*
Außendienst ⟨m.⟩ **0.1** ***buitendienst.***
Außenhandel ⟨m.⟩ **0.1** ***buitenlandse handel*** *⇒handel met het buitenland.*
Außenhandelsüberschuß ⟨m.⟩ **0.1** ***overschot op de handelsbalans.***
Außenleuchte ⟨v.⟩ **0.1** ***buitenlamp.***
Außenluft ⟨v.⟩ **0.1** ***buitenlucht.***
Außenminister ⟨m.⟩ **0.1** ***minister van Buitenlandse Zaken.***
Außenpolitik ⟨v.⟩ **0.1** ***buitenlandse politiek.***
Außenseite ⟨v.⟩ **0.1** ***buitenzijde, buitenkant*** **0.2** ⟨fig.⟩ ***buitenkant*** *⇒uiterlijk, schijn* ◆ **3.2** die ~ wahren *de schijn bewaren.*
Außenseiter ⟨m.; ~s, ~⟩ **0.1** ***buitenstaander, outsider.***
Außenspiegel ⟨m.⟩ **0.1** ***buiten-, zijspiegel.***
Außenstand ⟨m.⟩ **0.1** ***uitstaande post, vordering.***
Außenstelle ⟨v.⟩ **0.1** ***filiaal.***
Außenstürmer ⟨m.⟩⟨sp.⟩ **0.1** ***buiten-, vleugelspeler.***
Außenwand ⟨v.⟩ **0.1** ***buitenwand, buitenmuur.***
Außenwelt ⟨v.⟩ **0.1** ***buitenwereld*** *⇒omringende werkelijkheid, wereld rondom.*
Außenwinkel ⟨m.⟩⟨wisk.⟩ **0.1** ***buitenhoek.***
Außenwirtschaft ⟨v.⟩ **0.1** ***economische betrekkingen met het buitenland.***
Außenwirtschaftspolitik ⟨v.⟩ **0.1** ***economisch beleid mbt. het buitenland.***
außer[1] ⟨vz.⟩ **0.1** ⟨vz. + 3⟩ ***buiten, behalve*** *⇒uitgezonderd* **0.2** ⟨vz. + 3, zelden vz. + 4⟩ ***buiten*** *⇒zonder, uit* ◆ **1.1** ~ Betrieb, Tätigkeit sein *buiten werking zijn* **1.2** Offizier ~ Dienst *officier buiten dienst;* ~ Haus(e) *buitenshuis;* ~ Landes leben *in het buitenland leven;* ~ Sicht sein *uit het gezicht zijn* **4.1** ~ ihm hat sie keinen Freund *buiten, behalve hem heeft zij geen vriend* **4.2** ich geriet ~ mir, mich *ik geraakte buiten mezelf.*
außer[2] ⟨vw.⟩ **0.1** ***behalve (als), tenzij*** ◆ **4.1** das möchte keiner, ~ ich selbst *dat zou niemand willen, behalve ikzelf* **8.1** es ist eine schöne Stadt, ~ daß es keine interessanten Museen gibt *het is een mooie stad, alleen er zijn geen interessante musea* **¶.1** es gibt keinen Ausweg, ~ wir helfen uns selber *er is geen uitweg, tenzij we ons zelf helpen.*
äußer 0.1 ***uitwendig, buitenst, buiten-*** **0.2** ***uiterlijk, uitwendig*** **0.3** ***buitenlands*** ◆ **1.1** eine ~e Verletzung *een uitwendige kwetsuur* **1.2** ein ~er Anlaß *een van buiten komende aanleiding* **7.3** der Minister des Äußeren *de minister van Buitenlandse Zaken.*
außeramtlich 0.1 ***buitenambtelijk*** *⇒niet-officieel.*
außerdem 0.1 ***bovendien, daarenboven.***
außerdeutsch 0.1 ***niet-Duits.***
außerdienstlich 0.1 ***buiten de dienst.***
außerehelich 0.1 ***buitenechtelijk.***
Äußere(s) ⟨bn. als zn.; o.⟩ **0.1** ***uiterlijk*** *⇒voorkomen, het uitwendige* ◆ **2.1** ein gepflegtes Äußeres *een verzorgd uiterlijk.*
außergerichtlich ⟨jur.⟩ **0.1** ***buitengerechtelijk.***
außergewöhnlich 0.1 ***buitengewoon*** *⇒bijzonder.*
außerhalb[1] ⟨bw.⟩ **0.1** ***buiten(af)*** ◆ **3.1** ⟨fig.⟩ sich ~ halten *zich er niet mee bemoeien;* ⟨fig.⟩ ~ stehen *een buitenstaander zijn* **6.1** ~ **von** Bonn *buiten Bonn.*
außerhalb[2] ⟨vz. + 2⟩ **0.1** ***buiten*** ◆ **1.1** ~ der Arbeitszeit *buiten de werktijd;* ~ des Hauses *buitenshuis.*
außerhäuslich 0.1 ***buitenshuis.***
außerirdisch 0.1 ***buiten-, bovenaards.***
Außerkraftsetzung ⟨v.; ~, ~en⟩ **0.1** ***buitenwerkingstelling.***
äußerlich 0.1 ***uiterlijk, uitwendig*** **0.2** ***uitwendig*** **0.3** ***onbelangrijk, bijkomstig*** ◆ **1.1** eine ~e Ähnlichkeit *een uiterlijke gelijkenis* **1.2** für den ~en Gebrauch *voor uitwendig gebruik.*
Äußerlichkeit ⟨v.; ~, ~en⟩ **0.1** ***uiterlijkheid, uitwendigheid*** **0.2** ***bijkomstigheid.***

äußern I ⟨ov.ww.⟩ **0.1** ***uiten*** ⇒*te kennen geven, uitspreken* ◆ **1.1** seine Ansicht ~ *zijn mening te kennen geven;*
II sich ~ ⟨wk.ww.⟩ **0.1** ***zich uiten, zich uitlaten*** ⇒*zijn mening geven* **0.2** ***zich uiten*** ⇒*zich openbaren* ◆ **6.1** sich **über** jmdn. ~ *zich over iem. uiten;* sich **zu** einer Sache ~ *zijn mening over iets geven* **8.1** sich dahingehend ~, daß … *zich in die zin uitlaten, dat …*

außerordentlich ⟨acc. wiss.⟩ **0.1** ***buitengewoon*** ⇒*ongewoon, bijzonder* ◆ **1.1** ein ~es Ereignis *een buitengewone gebeurtenis;* ~er Professor *buitengewoon hoogleraar;* sie ist von ~er Schönheit *zij is een uitzonderlijk mooie vrouw.*

außerparlamentarisch 0.1 ***buiten-, extraparlementair.***

außerplanmäßig 0.1 ***bijkomend, extra*** ⇒*buiten de formatie* **0.2** ***buiten de dienstregeling*** ◆ **1.1** ~er Professor *docent met de titel professor* **1.2** ~e Züge *extra treinen.*

außerschulisch 0.1 ***buitenschools*** ⇒*buiten schoolverband.*

äußerst 0.1 ***uiterst*** ⇒*verst* **0.2** ***uiterst*** ⇒*grootst, sterkst* **0.3** ***uiterst*** ⇒*laatst* **0.4** ***uiterst*** ⇒*ergst, ongunstigst* ◆ **1.1** ⟨pol.; fig.⟩ die ~e Linke, Rechte *uiterst links, uiterst rechts* **4.3** sein Äußerstes tun *zijn uiterste best doen* **6.2 aufs** ~e erschrocken sein *hevig geschrokken zijn;* **von** ~er Wichtigkeit *van het allergrootste belang* **6.3** (bis) **zum** Äußersten *tot het uiterste* **6.4 auf** das Äußerste gefaßt *op het ergste voorbereid.*

außerstand(e) 0.1 ***niet in staat*** ◆ **3.1** jmdn. ~ setzen, etwas zu tun *het iem. onmogelijk maken iets te doen.*

Äußerung ⟨v.; ~, ~en⟩ **0.1** ***uiting, uitlating*** **0.2** ***uiting*** ⇒*blijk, teken* ◆ **1.2** die ~ eines Gefühls *de uiting van een gevoel* **3.1** eine ~ tun *een uitspraak doen.*

aussetzen I ⟨onov.ww.; h.⟩ **0.1** ***(tijdelijk) ophouden*** ⇒*stokken, pauzeren* **0.2** ***het werk onderbreken*** ◆ **1.1** ~ des Fieber *wisselkoorts;* der Motor setzt aus *de motor slaat af* **6.1 mit** der Arbeit ~ *het werk onderbreken* **6.2 beim** Kartenspiel einmal ~ *bij het kaartspel eens niet meedoen;*
II ⟨ov.ww.⟩ **0.1** ***uit-, buitenzetten*** **0.2** ***blootstellen*** ⇒*prijsgeven* **0.3** ***uitloven*** ⇒*toekennen* **0.4** ***onderbreken*** **0.5** ***aanmerken*** **0.6** ⟨jur.⟩ ***opschorten, schorsen*** ◆ **1.1** das Schiff setzt Boote aus *het schip zet sloepen uit;* ein Kind ~ *een kind te vondeling leggen;* Passagiere ~ *passagiers aan land zetten* **1.2** einer Gefahr ausgesetzt sein *aan een gevaar blootgesteld zijn* **1.3** jmdm. eine Rente ~ *iem. een rente toekennen* **1.4** den Unterricht ~ *de les onderbreken* **1.6** ein Urteil ~ *een vonnis opschorten* **1.¶** einen Billardball ~ *acquit geven* **6.5** etwas **an** jmdm. auszusetzen haben *iets op iem. aan te merken hebben* **6.6** eine Strafe **auf, zur** Bewährung ~ *iem. voorwaardelijk veroordelen.*

Aussicht ⟨v.⟩ **0.1** ***uitzicht*** ⇒*(ver)gezicht* **0.2** ***(voor)uitzicht*** ⇒*verwachting* ◆ **2.2** das sind ja schöne ~en! *dat belooft wat!* **3.1** jmdm. die ~ nehmen, verbauen *iem. het uitzicht benemen* **6.1** ~ **aufs** Meer haben *uitzien op de zee* **6.2** ~ **auf** Erfolg haben *kans op succes hebben;* jmdn. für einen Posten **in** ~ nehmen *iem. voor een post voorzien;* jmdm. etwas **in** ~ stellen *iem. iets in het vooruitzicht stellen.*

aussichtslos 0.1 ***uitzichtloos*** ⇒*zonder vooruitzichten* ◆ **1.1** eine ~e Lage *een uitzichtloze situatie.*

Aussichtspunkt ⟨m.⟩ **0.1** ***uitkijk(plaats).***

aussichtsreich 0.1 ***met goede vooruitzichten*** ⇒*veelbelovend.*

Aussichtsturm ⟨m.⟩ **0.1** ***uitkijktoren.***

aussieben 0.1 ***uitzeven, uitziften*** ⟨ook fig.⟩ **0.2** ***selecteren.***

aussiedeln 0.1 ***uit een bepaald gebied wegzenden*** ⇒*evacueren, expatriëren.*

Aussiedler ⟨m.⟩ **0.1** ***emigrant*** ⟨met name Duitstalige emigrant uit Oost-Europa⟩.

aussingen 0.1 ***uit-, ten einde zingen*** **0.2** ***uitzingen*** ⇒*zingend uiten* ◆ **1.1** der Sänger hatte gerade ausgesungen *de zanger had juist uitgezongen.*

aussinnen ⟨schr.⟩ **0.1** ***bedenken, uitdenken*** ⇒*verzinnen.*

aussöhnen I ⟨ov.ww.⟩ **0.1** ***(met elkaar) verzoenen;***
II sich ~ ⟨wk.ww.⟩ **0.1** ***zich verzoenen*** ◆ **6.1** sich **mit** seinem Schicksal ~ *vrede hebben met zijn lot.*

aussondern 0.1 ***(uit)sorteren, schiften*** ⇒*selecteren.*

aussortieren 0.1 ***uitsorteren*** ⇒*uitzoeken.*

ausspähen I ⟨onov.ww.⟩ **0.1** ***(scherp) uitzien, uitkijken;***
II ⟨ov.ww.⟩ **0.1** ***achterhalen, uitvissen*** ◆ **1.1** ein Geheimnis ~ *achter een geheim trachten te komen* **4.¶** jmdn. ~ *heimelijk iemands gangen nagaan.*

ausspannen I ⟨onov.ww.; h.⟩ **0.1** ***uitrusten, zich ontspannen*** ◆ **1.1** ein paar Wochen ~ *een paar weken rust nemen;*
II ⟨ov.ww.⟩ **0.1** ***(uit)spannen*** ⇒*uitspreiden* **0.2** ***uitspannen*** ⇒*losmaken* **0.3** ⟨inf.⟩ ***lenen, te leen vragen*** **0.4** ⟨inf.⟩ ***afhandig maken*** ◆ **1.2** einen Pflug, einen Wagen ~ *een ploeg, een wagen afspannen* **1.4** jmdm. die Freundin ~ *iem. zijn vriendin afsnoepen* **6.1** eine Leine **zwischen** zwei Bäumen ~ *een touw tussen twee bomen (uit)spannen* **6.2** einen Bogen **aus** der Schreibmaschine ~ *een blad uit de schrijfmachine nemen.*

Ausspannung ⟨v.⟩ **0.1** ***ontspanning, rust.***

aussparen 0.1 ***uitsparen*** ⇒*openlaten* **0.2** ***overslaan, weglaten*** ◆ **1.1** eine Lücke in der Wand ~ *een opening in de muur uitsparen* **1.2** ein heikles Thema ~ *een netelig thema overslaan.*

ausspeien ⟨schr.⟩ **0.1** ***(uit)spuwen, uitbraken.***

aussperren 0.1 ***buiten-, uitsluiten*** **0.2** ⟨ec.⟩ ***uitsluiten*** ◆ **1.2** Arbeiter ~ *arbeiders uitsluiten.*

Aussperrung ⟨v.⟩ **0.1** ***buiten-, uitsluiting*** **0.2** ⟨ec.⟩ ***uitsluiting, lock-out.***

ausspielen I ⟨onov.ww.; h.⟩⟨sp.⟩ **0.1** ***uitkomen*** ⇒*beginnen;*
II ⟨ov.ww.⟩ **0.1** ***uitspelen*** ⇒*in het geding brengen* **0.2** ⟨sp.⟩ ***uitkomen*** **0.3** ⟨sp.⟩ ***spelen om*** ⇒*betwisten* **0.4** ***verloten*** **0.5** ⟨sp.⟩ ***overspelen*** ⇒*niet aan bod laten komen* **0.6** ⟨dram.⟩ ***een rol treffend uitbeelden*** ◆ **1.2** ⟨fig.⟩ seinen letzten Trumpf ~ *zijn laatste troef uitspelen* **1.3** eine Meisterschaft ~ *om een kampioenschap spelen* **1.4** eine Million ~ *een miljoen aan prijzen beschikbaar stellen* **1.¶** ⟨inf.; fig.⟩ er hat (seine Rolle) ausgespielt *zijn rol is uitgespeeld* **6.1** zwei Freunde **gegeneinander** ~ *twee vrienden tegen elkaar uitspelen.*

ausspionieren 0.1 ***achterhalen*** ⇒*te weten komen, uitvissen* **0.2** ***uitvragen, uithoren*** ◆ **1.1** jmds. Versteck ~ *iemands schuilplaats ontdekken.*

Aussprache ⟨v.⟩ **0.1** ***gedachtewisseling, onderhoud*** ⇒*discussie* **0.2** ***uitspraak*** ⇒*articulatie* ◆ **2.1** eine rege ~ *een levendige discussie* **2.2** er hat eine niederländische ~ *hij spreekt met een Nederlands accent.*

aussprechen I ⟨onov.ww.; h.⟩ **0.1** ***uitspreken, ten einde spreken;***
II ⟨ov.ww.⟩ **0.1** ***uitspreken*** ⇒*articuleren* **0.2** ***uitspreken*** ⇒*zeggen, uiten* ◆ **1.2** jmdm. seinen Dank ~ *iem. zijn dank betuigen;* ein Urteil ~ *een oordeel vellen;* der Regierung das Vertrauen ~ *zijn vertrouwen in de regering uitspreken;*
III sich ~ ⟨wk.ww.⟩ **0.1** ***uit te spreken zijn*** **0.2** ***zich uitlaten*** ⇒*zijn mening kenbaar maken* **0.3** ***tot uitdrukking komen, zich uiten*** ⇒*zich openbaren* **0.4** ***zijn hart uitstorten*** **0.5** ***het uitpraten*** ◆ **3.1** dieses Wort spricht sich schwer aus *dit woord is moeilijk uit te spreken* **5.5** wir müssen uns einmal ~ *we moeten het eens uitpraten.*

aussprengen 0.1 ***(be)sprenkelen*** ⇒*(be)sproeien* **0.2** ⟨schr.; fig.⟩ ***uit-, rondstrooien*** **0.3** ***opblazen*** ◆ **1.2** ein Gerücht ~

een gerucht verspreiden **1.3** einen Stollen ~ *een mijngang schieten.*

ausspritzen 0.1 ***uit-, leegspuiten*** ⇒*afscheiden* **0.2** ***uitspuiten*** ⇒*spuitend reinigen* ◆ **1.2** ein Ohr ~ *een oor uitspuiten* **6.1** ⟨fig.⟩ sein Gift **gegen** jmdn. ~ *zijn venijn tegen iem. uitspuwen.*

Ausspruch ⟨m.⟩ **0.1** ***uitspraak*** ⇒*gezegde.*

ausspucken 0.1 ***(uit)spuwen, uitbraken*** ◆ **1.1** ⟨fig.⟩ der Computer spuckt seine Daten aus *de computer werpt zijn gegevens uit* **3.1** ⟨inf.; fig.⟩ viel Geld ~ müssen *flink moeten dokken* **4.1** ⟨inf.; fig.⟩ spuck's aus! *voor de dag ermee!*

ausspülen 0.1 ***(uit)spoelen*** ⇒*reinigen* **0.2** ***wegspoelen*** ⇒ *meesleuren* ◆ **1.2** das Wasser spült Erdreich aus *het water spoelt aarde weg.*

Ausstand ⟨m.⟩ **0.1** ***staking*** ◆ **6.1** sich **im** ~ befinden, im ~ sein *in staking zijn;* **in** (den) ~ treten *in staking gaan.*

ausstanzen 0.1 ***(uit)ponsen.***

ausstatten 0.1 ***uitrusten, voorzien*** **0.2** ***inrichten*** ⇒*verzorgen, aankleden* ◆ **1.2** ein gut ausgestattetes Buch *een goed verzorgd boek* **6.1 mit** vielen guten Eigenschaften ausgestattet sein *vele goede eigenschappen bezitten* **6.2** ein Zimmer **mit** Möbeln ~ *een kamer meubileren.*

Ausstattung ⟨v.; ~, ~en⟩ **0.1** ***inrichting, stoffering*** **0.2** ***uitrusting, outillage*** **0.3** ***(binnenhuis)inrichting*** ⇒*ameublement* **0.4** ***verzorging*** ⇒*uitvoering, opmaak* **0.5** ⟨jur.⟩ ***(huwelijks)uitzet, bruidsschat*** ◆ **1.2** die technische ~ eines Autos *de technische uitrusting van een auto* **1.4** die ~ einer Ware *de opmaak, verpakking van een artikel* **6.4** ein Film **in** großer ~ *een film in grote opmaak.*

Ausstattungsfilm ⟨m.⟩ **0.1** ***spektakelfilm.***

ausstechen 0.1 ***(uit)steken*** **0.2** ***graven*** **0.3** ***uitsnijden*** **0.4** ***overtroeven, overtreffen*** **0.5** ⟨amb.⟩ ***uitsteken*** ⇒*graveren* ◆ **1.3** Plätzchen ~ *koekjes uitsnijden* **1.4** einen Nebenbuhler ~ *een mededinger de loef afsteken* **6.4** jmdn. **bei** einem Mädchen ~ *iem. uit de gunst van een meisje verdringen.*

ausstecken 0.1 ***markeren*** ⇒*afpalen, afbakenen* ◆ **1.1** eine Slalomstrecke ~ *een slalomparcours uitzetten.*

ausstehen I ⟨onov.ww.⟩ **0.1** ⟨h.⟩ ***uitgestald zijn*** ⇒*in de etalage staan* **0.2** ⟨h.⟩ ***op zich laten wachten, (nog) ontbreken*** ◆ **1.2** ~de Forderungen, Gelder *uitstaande vorderingen, gelden;*

II ⟨ov.ww.⟩ **0.1** ***uitstaan*** ⇒*lijden, verdragen* ◆ **1.1** Angst ~ *angst uitstaan;* die Sache ist ausgestanden *het leed is geleden* **3.1** jmdn., etwas nicht ~ können *iem., iets niet kunnen uitstaan.*

aussteigen 0.1 ***uitstappen*** ⇒*uitklimmen* **0.2** ⟨inf.⟩ ***gaan uit, verlaten*** **0.3** ***opgeven, ermee ophouden*** ◆ **1.3** der Athlet stieg aus *de atleet gaf op* **4.1** Endstation, alles ~! *eindstation, iedereen uitstappen!* **6.2 aus** dem Geschäft ~ *zich uit de zaak terugtrekken.*

Aussteiger ⟨m.⟩ **0.1** ***iem. die zich v.d. maatschappij afgewend heeft*** ⇒*drop-out.*

ausstellen 0.1 ***uitstallen, tentoonstellen*** ⇒*etaleren* **0.2** ***(uit)zetten*** ⇒*plaatsen* **0.3** ***afgeven, uitreiken*** **0.4** ***uitzetten*** ⇒*naar buiten zetten* **0.5** ⟨mode⟩ ***(breed) laten uitlopen*** **0.6** ⟨inf.⟩ ***afzetten*** ⇒*uitschakelen* ◆ **1.2** Fischnetze ~ *visnetten uitzetten* **1.3** jmdm. einen Paß ~ *iem. een paspoort afgeven;* eine Quittung ~ *een kwitantie uitschrijven;* eine Urkunde ~ *een akte opmaken, verlijden;* ein Zeugnis ~ *een getuigschrift afgeven* **1.4** das Fenster ~ *het raam uitzetten* **1.5** ein leicht ausgestellter Rock *een licht gerende, klokkende rok.*

Aussteller ⟨m.; ~s, ~⟩ **0.1** ***exposant, etaleur.***

Ausstellfenster ⟨o.⟩ **0.1** ***uitzetbaar raam.***

Ausstellung ⟨v.⟩ **0.1** ***tentoonstelling, expositie*** **0.2** ***afgifte, uitreiking*** ⇒*het (uit)schrijven* ◆ **1.2** der Ort der ~ *de plaats van afgifte.*

Ausstellungsfläche ⟨v.⟩ **0.1** ***tentoonstellings-, expositieruimte.***

Ausstellungsgelände ⟨o.⟩ **0.1** ***tentoonstellings-, expositieterrein.***

Ausstellungsstand ⟨m.⟩ **0.1** ***stand (op een tentoonstelling, expositie).***

Ausstellungsstück ⟨o.⟩ **0.1** ***tentoongesteld, geëxposeerd stuk*** ◆ **4.¶** das ist kein ~ *daarmee kan je geen eer inleggen.*

aussterben 0.1 ***uitsterven*** ⇒*ten onder gaan.*

Aussteuer ⟨v.⟩ **0.1** ***uitzet*** ⇒*bruidsschat.*

aussteuern 0.1 ***een uitzet geven*** **0.2** ***(v.d. lijst) afvoeren*** **0.3** ***door bijsturen onder controle brengen*** **0.4** ⟨tech.⟩ ***moduleren*** ◆ **1.4** einen Verstärker ~ *een versterker moduleren* **3.2** ausgesteuert sein *geen recht meer hebben op steun, uitkeringen.*

Ausstieg ⟨m.; ~(e)s, ~e⟩ **0.1** ***het uitstappen*** ⇒*het uitklimmen* **0.2** ***uitgang*** ◆ **3.2** bitte den hinteren ~ benutzen *s.v.p. achter uitstappen.*

ausstopfen 0.1 ***(op)vullen*** **0.2** ***opzetten.***

Ausstoß ⟨m.⟩ **0.1** ***productie*** **0.2** ***uitstoot*** ◆ **6.1** der tägliche ~ **an, von** Fernsehapparaten *de dagproductie van televisietoestellen.*

ausstoßen 0.1 ***uitstoten*** ⇒*uitsteken* **0.2** ***uitstoten*** ⇒*uitblazen* **0.3** ***uitstoten*** ⇒*uiten, slaken* **0.4** ***uit-, verstoten*** ⇒*uitbannen* **0.5** ***produceren*** ◆ **1.2** Torpedos ~ *torpedo's lanceren* **1.3** Schreie ~ *kreten uitstoten, slaken* **1.5** jede Minute 20 Flaschen ~ *elke minuut 20 flessen produceren* **6.4** jmdn. **aus** einer Partei ~ *iem. uit een partij (uit)stoten.*

ausstrahlen I ⟨onov.ww.⟩ **0.1** ⟨h/s.⟩ ***uitstralen*** ⇒*zich verspreiden* **0.2** ⟨h.⟩ ***afstralen*** ⇒*invloed hebben op* ◆ **6.1 von** dem Ofen strahlt Wärme aus *de kachel straalt warmte uit;*

II ⟨ov.ww.⟩ **0.1** ***uitstralen*** ⇒*verspreiden* **0.2** ***(geheel) verlichten*** **0.3** ⟨com.⟩ ***uitzenden*** ◆ **1.3** ein Programm ~ *een programma uitzenden.*

Ausstrahlung ⟨v.⟩ **0.1** ***uit-, afstraling*** **0.2** ***uitstraling*** ⇒*invloed* **0.3** ⟨com.⟩ ***uitzending.***

Ausstrahlungskraft ⟨v.⟩ **0.1** ***uitstralingseffect*** ⇒*invloed.*

ausstrecken I ⟨ov.ww.⟩ **0.1** ***uitstrekken*** ⇒*uitsteken;*

II sich ~ ⟨wk.ww.⟩ **0.1** ***zich uitstrekken.***

ausstreichen 0.1 ***uit-, bestrijken*** ⇒*uitsmeren* **0.2** ***uitstrijken*** ⇒*gladstrijken* **0.3** ***instrijken*** ⇒*opvullen* **0.4** ***schrappen*** ⇒*doorhalen* ◆ **1.4** die Vergangenheit ~ *het verleden uitwissen* **6.1** eine Backform **mit** Butter ~ *een bakvorm met boter insmeren* **6.3** die Fugen **mit** Kalk ~ *de voegen met kalk instrijken.*

ausstreuen 0.1 ***uit-, rond-, bestrooien*** ⇒*verspreiden.*

Ausstrich ⟨m.⟩ ⟨med.⟩ **0.1** ***uitstrijk(je), uitstrijkpreparaat.***

ausströmen I ⟨onov.ww.⟩ **0.1** ***uit-, naar buitenstromen*** ⇒ *ontsnappen* **0.2** ***uitstralen, uitgaan*** ◆ **6.2 von** ihr strömt eine herzliche Wärme aus *er gaat een warme hartelijkheid van haar uit;*

II ⟨ov.ww.⟩ **0.1** ***uitstralen, verspreiden*** ◆ **1.1** dieser Raum strömt Behaglichkeit aus *deze ruimte ademt behaaglijkheid.*

ausstülpen 0.1 ***uitstulpen.***

aussuchen 0.1 ***uitzoeken*** ⇒*uitkiezen, (uit)lezen* ◆ **1.1** Erbsen ~ *erwten lezen, sorteren.*

austarieren 0.1 ***uitbalanceren.***

Austausch ⟨m.⟩ **0.1** ***ruil, uit-, verwisseling*** ⇒*vervanging* ◆ **6.1 im** ~ **für, gegen** neue Waffen *in ruil voor nieuwe wapens;* der ~ **von** Gedanken *de gedachtewisseling.*

austauschbar 0.1 ***ruilbaar*** *⇒verwisselbaar, vervangbaar.*
austauschen I ⟨ov.ww.⟩ **0.1** ***(uit)ruilen, (uit)wisselen*** *⇒ vervangen* **◆ 1.1** Briefe ~ *met elkaar corresponderen;* Gedanken ~ *van gedachten wisselen;* Zärtlichkeiten ~ *elkaar liefkozen;*
II sich ~ ⟨wk.ww.⟩ **0.1** ***van gedachten wisselen*** **◆ 6.1** sich **mit** jmdm. **über** einen Film ~ *met iem. over een film van gedachten wisselen.*
Austauschmotor ⟨m.⟩ **0.1** ***ruilmotor.***
Austauschschüler ⟨m.⟩ **0.1** ***leerling met een uitwisselingsbeurs.***
Austauschstoff ⟨m.⟩ **0.1** ***kunststof.***
austeilen 0.1 ***uitdelen*** *⇒uitreiken* **◆ 1.1** den Segen ~ *de zegen geven* **6.1** Bücher **an** die Teilnehmer ~ *boeken aan de deelnemers uitdelen* **¶.1** ⟨sprw.⟩ wer austeilt, muß auch einstecken *wie kaatst, moet de bal verwachten.*
Auster ⟨v.; ~, ~n⟩ **0.1** ***oester.***
Austernbank ⟨v.; mv. ~̈e⟩ **0.1** ***oesterbank.***
Austernfischer ⟨m.⟩⟨biol.⟩ **0.1** ***oestervisser, scholekster.***
Austernpilz ⟨m.⟩ **0.1** ***oesterzwam.***
Austernzucht ⟨v.⟩ **0.1** ***oestercultuur, -teelt.***
austesten 0.1 ***testen*** *⇒onderzoeken.*
austiefen 0.1 ***uit-, verdiepen*** *⇒uitgraven.*
austilgen 0.1 ***verdelgen, uitroeien*** **0.2** ***uitwissen*** *⇒schrappen.*
austoben I ⟨onov.ww.; h.⟩ **0.1** ***uitwoeden, uitrazen;***
II ⟨ov.ww.⟩ **0.1** ***afreageren*** **◆ 6.1** seine Wut **an** jmdm. ~ *zijn woede op iem. koelen;*
III sich ~ ⟨wk.ww.⟩ **0.1** ***uitwoeden, uitrazen*** *⇒zich uitleven* **◆ 1.1** Kinder wollen sich ~ *kinderen willen zich uitleven.*
austollen, sich ⟨inf.⟩ **0.1** ***uittollen*** *⇒zich uitleven.*
Austrag ⟨m.; ~(e)s, ~̈e⟩ **0.1** ⟨schr.⟩ ***het uitvechten*** *⇒beslissing, regeling* **0.2** ⟨sp.⟩ ***het houden*** ⟨v.e. wedstrijd⟩ *⇒het spelen, het verrijden* **◆ 6.1** einen Streit **zum** ~ bringen *een zaak uitvechten* **6.2** das Spiel kommt nächste Woche **zum** ~ *de wedstrijd wordt de volgende week gespeeld.*
austragen 0.1 ***bezorgen, rondbrengen*** **0.2** ***uitvechten*** *⇒ beslissen* **0.3** ***uitdragen, ten einde dragen*** **0.4** ***verspreiden*** *⇒uit-, rondstrooien* **0.5** ***schrappen, doorhalen*** **0.6** ⟨sp.⟩ ***houden*** *⇒organiseren, spelen, verrijden* **◆ 1.2** einen Konflikt ~ *een conflict uitvechten* **1.3** ein ausgetragenes Kind *een voldragen kind* **1.4** Neuigkeiten ~ *nieuwtjes rondvertellen* **1.6** ein Pokalspiel ~ *een bekerwedstrijd spelen.*
Austräger ⟨m.⟩ **0.1** ***besteller, bezorger*** *⇒bode.*
Austragung ⟨v.; ~, ~en⟩ **0.1** ***het uitvechten*** *⇒beslissing* **0.2** ⟨sp.⟩ ***het houden*** ⟨v.e. wedstrijd⟩ **◆ 6.2 zur** ~ gelangen, kommen *gehouden worden.*
Austragungsort ⟨m.⟩ **0.1** ***plaats waar een wedstrijd plaatsvindt.***
austrainiert ⟨sp.⟩ **0.1** ***in topconditie verkerend.***
Australien ⟨o.; ~s⟩ **0.1** ***Australië.***
Australier ⟨o.; ~s, ~⟩ **0.1** ***Australiër.***
australisch 0.1 ***Australisch.***
austräumen I ⟨onov.ww.; h.⟩ **0.1** ***ophouden met dromen;***
II ⟨ov.ww.⟩ **0.1** ***uitdromen, ten einde dromen.***
austreiben I ⟨onov.ww.; h.⟩ **0.1** ***uitlopen, uitbotten;***
II ⟨ov.ww.⟩ **0.1** ***naar de weide drijven*** **0.2** ***afleren*** **0.3** ***voortbrengen*** **0.4** ***uit-, verdrijven*** *⇒uitjagen* **◆ 1.2** jmdm. seine Grillen, Mucken ~ *iem. zijn grillen, fratsen afleren* **1.4** den Teufel ~ *de duivel uitdrijven.*
Austreibung ⟨v.; ~, ~en⟩ **0.1** ***uit-, verdrijving*** *⇒verjaging, verbanning.*
austreten I ⟨onov.ww.⟩ **0.1** ***uittreden*** *⇒(vrijwillig) verlaten* **0.2** ***uittreden, vrijkomen*** *⇒ontsnappen* **0.3** ⟨inf.⟩ ***zich even verwijderen*** *⇒naar het toilet gaan* **◆ 1.2** dort tritt Wasser aus *daar komt water naar buiten;*
II ⟨ov.ww.⟩ **0.1** ***uittrappen*** *⇒met de voet uitdoven* **0.2** ***uitlopen*** *⇒uitwijden* **0.3** ***uittreden*** *⇒uithollen* **0.4** ***plattrappen, platlopen, banen*** **◆ 1.2** ausgetretene Schuhe *uitgelopen schoenen* **1.4** einen Pfad ~ *een pad plattreden, banen;* ⟨fig.⟩ ausgetretene Wege *platgetreden wegen.*
austricksen 0.1 ***te slim af zijn.***
austrinken 0.1 ***uit-, op-, leegdrinken.***
Austritt ⟨m.⟩ **0.1** ***het uittreden, uittreding*** **0.2** ***het uittreden*** *⇒het te voorschijn komen* **◆ 1.2** der ~ des Gases *het ontsnappen van het gas* **6.1** seinen ~ **aus** der Partei erklären *officieel bedanken als lid van de partij.*
Austrittserklärung ⟨v.⟩ **0.1** ***opzegging v.h. lidmaatschap.***
austrocknen I ⟨onov.ww.⟩ **0.1** ***uit-, verdrogen*** *⇒droog worden;*
II ⟨ov.ww.⟩ **0.1** ***(uit)drogen*** *⇒droogmaken.*
austrompeten ⟨inf.; fig.⟩ **0.1** ***uit-, rondbazuinen.***
austüfteln ⟨inf.⟩ **0.1** ***uitknobbelen, uitpiekeren.***
austupfen 0.1 ***uit-, droogbetten*** *⇒zuiveren.*
ausüben 0.1 ***uit-, beoefenen*** *⇒verrichten, bedrijven* **0.2** ***uitoefenen*** *⇒doen gelden, aanwenden* **◆ 1.1** ein ~der Arzt *een praktiserend geneesheer;* die Jagd ~ *op jacht gaan;* ~der Künstler sein *als kunstenaar werkzaam zijn* **1.2** die ~de Gewalt *de uitvoerende macht;* eine magische Wirkung ~ *een magisch effect hebben.*
Ausübung ⟨v.⟩ **0.1** ***uitoefening*** **◆ 6.1 in** ~ seines Amtes (a) *krachtens zijn ambt* (b) *in, tijdens de dienst;* ⟨jur.⟩ **zur** ~ der Rechtsanwaltschaft zugelassen sein *tot de balie toegelaten zijn.*
ausufern 0.1 ***buiten de oevers treden*** **0.2** ⟨fig.⟩ ***ontaarden, alle perken te buiten gaan*** **◆ 6.2 in** Streitereien ~ *in eindeloos geharrewar ontaarden.*
Ausverkauf ⟨m.⟩ **0.1** ***uitverkoop*** **0.2** ***(seizoen)opruiming.***
ausverkaufen 0.1 ***uitverkopen*** **◆ 1.1** vor ausverkauftem Haus spielen *voor een uitverkochte zaal spelen.*
auswachsen I ⟨onov.ww.⟩ **0.1** ***uitgroeien*** *⇒tot volle wasdom komen* **0.2** ***ontkiemen*** **0.3** ⟨inf.⟩ ***uit z'n vel springen*** **◆ 1.2** das Getreide wächst aus *het graan ontkiemt* **3.¶** das, es ist zum Auswachsen *het is hopeloos, het is om gek van te worden;*
II sich ~ ⟨wk.ww.⟩ **0.1** ***uitgroeien*** *⇒zich ontwikkelen* **0.2** ***vergroeien*** **0.3** ⟨schr.⟩ ***(aan)groeien*** *⇒toenemen* **◆ 1.2** die Narbe wächst sich aus *het litteken vergroeit* **6.1** sich **zu** einem Star ~ *tot een ster uitgroeien.*
Auswahl ⟨v.⟩ **0.1** ***het uitkiezen, selecteren, keuze*** **0.2** ***keuze(mogelijkheid)*** *⇒sortering, aanbod* **0.3** ***keuze*** *⇒bloemlezing, selectie* **0.4** ⟨sp.⟩ ***selectie*** *⇒geselecteerde spelers* **◆ 3.1** eine ~ treffen *een keuze doen* **6.1 zur** ~ stehen *ter keuze staan* **6.2 in** reichster ~ *te kust en te keur* **6.3** eine ~ **aus, von** Heines Werken *een keuze uit de werken van Heine.*
Auswahlband ⟨m.⟩ **0.1** ***bloemlezing.***
auswählen 0.1 ***(uit)kiezen*** *⇒uitzoeken, selecteren* **◆ 1.1** ausgewählte Speisen *een keur van spijzen.*
Auswahlmannschaft ⟨v.⟩ **0.1** ***selectie*** *⇒geselecteerde spelers.*
Auswahlverfahren ⟨o.⟩ **0.1** ***selectiemethode.***
Auswahlwette ⟨v.⟩ **0.1** ***voetbaltoto.***
auswalzen 0.1 ***(uit)walsen, uitrollen*** **◆ 1.¶** einen Vorfall breit ~ *een gebeurtenis breed uitspinnen, uitmeten.*
Auswanderer ⟨m.⟩ **0.1** ***emigrant.***
auswandern 0.1 ***emigreren.***
auswärtig 0.1 ***elders gevestigd*** *⇒van elders, van buiten*

0.2 het buitenland, de buitenlandse zaken betreffend ⇒ *buitenlands* ◆ **1.1** ein ~er Schüler *een leerling van buiten de stad* **1.2** das Auswärtige Amt *het ministerie van Buitenlandse Zaken.*

Auswärtige(r) ⟨bn. als zn.⟩ **0.1** ***niet-ingezetene*** ⇒*iem. van buiten het dorp, de stad, vreemde.*

auswärts **0.1** ***naar buiten*** **0.2** ***buiten(shuis)*** ⇒*elders* ◆ **3.2** ~ arbeiten *buiten zijn woonplaats werken;* ⟨sp.⟩ ~ spielen *uit spelen* **3.¶** ⟨inf.; scherts.⟩ ~ reden, sprechen *een vreemd dialect spreken.*

Auswärtssieg ⟨m.⟩⟨sp.⟩ **0.1** ***uitzege.***

Auswärtsspiel ⟨o.⟩⟨sp.⟩ **0.1** ***uitwedstrijd.***

auswaschen **0.1** ***uitwassen*** ⇒*uitspoelen* **0.2** ***uitslibben, uithollen*** ⇒*eroderen* ◆ **1.2** ausgewaschene Felsen *geërodeerde rotsen.*

Auswaschung ⟨v.⟩⟨geol.⟩ **0.1** ***erosie.***

Auswechselbank ⟨v.; mv. ⁼e⟩⟨sp.⟩ **0.1** ***reservebank.***

auswechseln **0.1** ***uit-, verwisselen*** ⇒*vervangen* ◆ **6.1** den alten Motor **gegen** einen neuen ~ *de oude motor door een nieuwe vervangen* **8.¶** er war wie ausgewechselt *hij was veranderd als een blad aan een boom.*

Auswechselspieler ⟨m.⟩⟨sp.⟩ **0.1** ***wisselspeler.***

Ausweg ⟨m.⟩ **0.1** ***uitweg*** ⟨ook fig.⟩ ⇒*uitkomst, redding.*

ausweglos **0.1** ***zonder uitweg, uitzichtloos*** ⇒*hopeloos.*

Ausweiche ⟨v.⟩ **0.1** ***uitwijkplaats*** ⇒*uitwijkspoor.*

ausweichen **0.1** ***uit-, ontwijken*** ⇒*opzij gaan* **0.2** ***noodgedwongen iets anders doen, kiezen*** ◆ **1.1** eine ~de Antwort *een ontwijkend antwoord;* einem Auto ~ *voor een auto uitwijken* **6.2** **auf** eine andere Frequenz ~ *op een andere frequentie overgaan;* **auf** eine andere Straße ~ *via een andere weg rijden.*

Ausweichklausel ⟨v.⟩⟨ec.⟩ **0.1** ***ontsnappingsclausule.***

Ausweichmanöver ⟨o.⟩ **0.1** ***uitwijkmanoeuvre.***

ausweinen **0.1** ***uitwenen*** ⇒*uithuilen* ◆ **6.1** sich **bei** jmdm. ~ *bij iem. uithuilen.*

Ausweis ⟨m.; ~es, ~e⟩ **0.1** ***legitimatie-, persoonsbewijs*** **0.2** ***(bank)staat*** ◆ **3.1** einen ~ ausgeben, ausstellen *een legitimatiebewijs uitreiken* **6.¶** ⟨schr.⟩ **nach** ~ des Kontos *volgens (de stand van) de rekening.*

ausweisen I ⟨ov.ww.⟩ **0.1** ***uitwijzen, het land uit zetten*** **0.2** ***aantonen, bewijzen*** ◆ **1.2** seine Fähigkeiten ~ *het bewijs leveren van zijn capaciteiten;* die Zeit wird es ~ *de tijd zal het leren;*

II sich ~ ⟨wk.ww.⟩ **0.1** ***zich legitimeren*** **0.2** ***bewijzen te zijn, blijken*** **0.3** ***het bewijs leveren*** ⇒*zich kwalificeren* ◆ **6.3** sich **durch** eine wichtige Leistung ~ *door een belangrijke prestatie het bewijs van zijn kunnen leveren* **8.2** sich als falsch ~ *fout blijken te zijn;* sich als guter Wissenschaftler ~ *bewijzen een goed wetenschapsman te zijn.*

Ausweispapiere ⟨alleen mv.⟩ **0.1** ***legitimatiepapieren.***

Ausweisung ⟨v.⟩ **0.1** ***uitwijzing.***

ausweiten I ⟨ov.ww.⟩ **0.1** ***(uit)rekken, uitwijden*** ⇒*wijder maken* **0.2** ***uitbreiden*** ⇒*vergroten;*

II sich ~ ⟨wk.ww.⟩ **0.1** ***(uit)rekken, uitwijden*** ⇒*wijder worden* **0.2** ***zich uitbreiden*** ⇒*aan-, uitgroeien* ◆ **6.2** der Konflikt drohte sich **zu** einem Streik auszuweiten *het conflict dreigde tot een staking uit te groeien.*

Ausweitung ⟨v.⟩ **0.1** ***uitbreiding*** ⇒*groei, vergroting.*

auswendig **0.1** ***van buiten, uit het hoofd*** ◆ **3.¶** ⟨inf.⟩ etwas in- und ~ kennen *iets kennen als het abc.*

auswerfen **0.1** ***uitwerpen, uitgooien*** **0.2** ***uitwerpen*** ⇒*(uit)braken* **0.3** ***uitgooien*** **0.4** ***uitgraven*** **0.5** ***bestemmen*** ⇒*beschikbaar stellen* **0.6** ***produceren*** ◆ **1.1** einen Anker ~ *een anker uitwerpen* **1.2** Asche, Lava ~ *as, lava uitspuwen;* ⟨schr.⟩ Blut ~ *bloed opgeven, ophoesten* **1.3** jmdm. ein Auge ~ *iem. een oog uitgooien* **1.4** einen Graben ~ *een sloot graven* **1.5** Gratifikationen ~ *gratificaties uitkeren* **1.6** die Maschine wirft jede Minute 100 Nägel aus *de machine produceert 100 spijkers per minuut.*

auswertbar **0.1** ***bruikbaar, te benutten.***

auswerten **0.1** ***resultaten vaststellen, evalueren*** **0.2** ***gebruik maken van, in praktijk brengen*** ◆ **1.1** das Zahlenmaterial ~ *het cijfermateriaal op zijn waarde toetsen* **5.1** Ergebnisse praktisch ~ *uitkomsten aan de praktijk toetsen* **5.2** eine Erfindung kommerziell ~ *een uitvinding commercieel productief maken.*

Auswertung ⟨v.⟩ **0.1** ***gebruik, verwerking*** ⇒*evaluatie.*

auswickeln **0.1** ***loswikkelen, uitpakken.***

auswiegen **0.1** ***(af)wegen*** ⇒*het juiste gewicht bepalen.*

auswirken, sich **0.1** ***een uitwerking, effect hebben, zich doen gevoelen*** ◆ **5.1** sich negativ ~ *negatieve gevolgen hebben.*

Auswirkung ⟨v.⟩ **0.1** ***(uit)werking, gevolg, effect*** ◆ **6.1** die ~en **auf** die Natur *de invloeden op, de gevolgen voor de natuur;* **zur** ~ kommen *zich doen gevoelen.*

auswischen **0.1** ***uitwissen, uitvegen*** ⇒*schoonmaken, verwijderen* ◆ **4.¶** ⟨inf.⟩ jmdm. eins ~ *iem. een kool stoven, een loer draaien.*

Auswuchs ⟨m.⟩ **0.1** ***uitwas, woekering*** ⇒*gezwel* **0.2** ⟨fig.⟩ ***uitwas*** ⇒*woekering* ◆ **1.2** Auswüchse der Demokratie *uitwassen van de democratie.*

auswuchten ⟨tech.⟩ **0.1** ***uitbalanceren, uitlijnen.***

Auswurf ⟨m.⟩ **0.1** ***het uitwerpen*** **0.2** ⟨med.⟩ ***spuwsel*** ⇒ *slijm, uitbraaksel* **0.3** ⟨pej.; fig.⟩ ***uitschot*** ◆ **3.2** starken ~ haben *veel slijm opgeven* **3.3** der ~ der Gesellschaft *het schuim van de maatschappij.*

Auswurfmasse ⟨v.⟩⟨geol.⟩ **0.1** ***uitgeworpen massa.***

auswüten ⟨h.⟩ **0.1** ***uitwoeden*** ⇒*uitrazen* ◆ **1.1** der Sturm hat (sich) ausgewütet *de storm is uitgeraasd.*

auszahlen I ⟨ov.ww.⟩ **0.1** ***(uit)betalen*** ⇒*uitkeren* ◆ **1.1** die Anteilhaber ~ *de aandeelhouders uitkopen;*

II sich ~ ⟨wk.ww.⟩ **0.1** ***de moeite lonen*** ⇒*renderen* ◆ **1.1** die Anlage zahlt sich aus *de belegging rendeert.*

auszählen **0.1** ***(uit)tellen*** **0.2** ⟨sp.⟩ ***uittellen*** ◆ **1.2** einen Boxer ~ *een bokser uittellen.*

Auszahlung ⟨v.⟩ **0.1** ***uitbetaling*** ⇒*uitkering.*

Auszählung ⟨v.⟩ **0.1** ***(uit)telling.***

Auszahlungsanweisung ⟨v.⟩ **0.1** ***betalingsopdracht.***

auszehren **0.1** ***uitteren*** ⇒*verzwakken* ◆ **1.1** ein ausgezehrtes Land *een uitgemergeld land.*

auszeichnen I ⟨ov.ww.⟩ **0.1** ***(eervol) onderscheiden*** ⇒*huldigen, eren* **0.2** ***doen uitblinken*** ⇒*(in positieve zin) kenmerken* **0.3** ⟨ec.⟩ ***prijzen*** ◆ **1.3** Waren ~ *goederen prijzen* **6.1** jmdn. **mit** einem Preis ~ *iem. met een prijs onderscheiden* **6.2** Fleiß zeichnet ihn **vor** seinen Kollegen aus *ijver doet hem boven zijn collega's uitblinken;*

II sich ~ ⟨wk.ww.⟩ **0.1** ***zich onderscheiden*** ⇒*uitblinken, uitmunten* ◆ **6.1** sich **gegenüber**, **vor** allen ~ *boven allen uitblinken.*

Auszeichnung ⟨v.⟩ **0.1** ***onderscheiding*** ⇒*huldiging* **0.2** ***onderscheiding*** ⇒*medaille* **0.3** ⟨ec.⟩ ***het prijzen*** ◆ **6.¶** die Prüfung **mit** ~ bestehen *voor het examen met lof slagen.*

Auszeichnungspflicht ⟨v.⟩ **0.1** ***verplichting om koopwaar te prijzen.***

Auszeit ⟨v.⟩⟨sp.⟩ **0.1** ***time-out.***

ausziehbar **0.1** ***uittrekbaar*** ⇒*uitschuifbaar.*

ausziehen I ⟨onov.ww.⟩ **0.1** ***er op uit trekken*** **0.2** ***trekken*** ⇒ *verhuizen* **0.3** ***wegtrekken*** ⇒*verdwijnen* ◆ **6.1** **auf** Abenteuer ~ *op avontuur uitgaan* **6.2** **aus** einem Haus ~ *uit een huis trekken;*

II ⟨ov.ww.⟩ **0.1** ***uittrekken*** **0.2** ***uitkleden, ontkleden*** **0.3** ***uittrekken*** ⇒*een aftreksel maken van* **0.4** ***doen verschieten, doen verbleken*** **0.5** ***een uittreksel maken*** ⇒*excerperen* **0.6** ***over-, natrekken*** ⇒*overtekenen* ◆ **1.1** einen Zahn ~ *een tand trekken* **1.2** ⟨inf.; fig.⟩ einen Kunden ~ *een klant (tot op het hemd) uitkleden* **1.3** Kräuter ~ *kruiden uittrekken* **1.4** die Farben ~ *de kleuren doen verbleken* **1.5** ein Buch ~ *een boek uittrekken, excerperen.*

Ausziehtisch ⟨m.⟩ **0.1** ***uittrektafel.***

auszirkeln **0.1** ***afpassen, (precies) afmeten*** ⟨ook fig.⟩.

auszischen **0.1** ***uitfluiten, uitjouwen.***

Auszubildende(r) ⟨bn. als zn.⟩⟨adm.⟩ **0.1** ***leerling*** ⇒*leerjongen, -meisje.*

Auszug ⟨m.⟩ **0.1** ***uittocht*** ⇒*emigratie, vertrek* **0.2** ***verhuizing*** ⇒*het verlaten* **0.3** ***extract*** ⇒*aftreksel, afkooksel* **0.4** ***uittreksel*** ⇒*excerpt, (korte) samenvatting* **0.5** ***uittrekbaar, uitschuifbaar deel*** ⟨v.e. toestel⟩ ◆ **1.4** ein ~ einer Abhandlung *een korte samenvatting van een verhandeling* **6.1** der ~ **aus** Ägypten *de uittocht, exodus uit Egypte* **6.2** der ~ **aus** der Wohnung *het verlaten van de woning* **6.3** ein ~ **aus** Kräutern *een aftreksel van kruiden* **6.4** ein ~ **aus** dem Konto *dagafschrift van een rekening;* Auszüge **aus** einer Rede *stukken uit een redevoering;* **im** ~, in Auszügen *in uittreksel.*

Auszugsmehl ⟨o.⟩ **0.1** ***bloem*** ⟨mbt. meel⟩.

auszugsweise **0.1** ***in uittreksel*** ⇒*gedeeltelijk, in fragmenten.*

auszupfen **0.1** ***uitplukken*** ⇒*uittrekken.*

Autarkie ⟨v.; ~, ~n⟩ **0.1** ***autarkie.***

authentisch **0.1** ***authentiek*** ⇒*betrouwbaar, echt* ◆ **1.1** ein ~es Manuskript *een authentiek manuscript.*

Autismus ⟨m.; ~⟩ **0.1** ***autisme.***

Auto ⟨o.; ~s, ~s⟩ **0.1** ***auto*** ⇒*wagen* ◆ **2.1** ein gebrauchtes ~ *een tweedehands auto* **8.¶** ⟨inf.⟩ wie ein ~ gucken *grote ogen opzetten.*

Autoatlas ⟨m.⟩ **0.1** ***atlas van autokaarten.***

Autobahn ⟨v.⟩ **0.1** ***autosnelweg.***

Autobahnauffahrt ⟨v.⟩ **0.1** ***oprit v.e. autosnelweg.***

Autobahnausfahrt ⟨v.⟩ **0.1** ***uitrit, afrit v.d. autosnelweg.***

Autobahngebühr ⟨v.⟩ **0.1** ***tol*** ⟨voor gebruik v.e. autosnelweg⟩.

Autobahnkreuz ⟨o.⟩ **0.1** ***ongelijkvloerse kruising van twee autosnelwegen, klaverblad.***

Autobahnzubringer ⟨m.⟩ **0.1** ***toegangsweg naar de autosnelweg.***

Autobiograph ⟨m.⟩ **0.1** ***autobiograaf.***

Autobiographie ⟨v.⟩ **0.1** ***autobiografie.***

Autobus ⟨m.⟩ **0.1** ***(auto)bus.***

autochthon **0.1** ***autochtoon*** ⇒*oorspronkelijk, inheems.*

Autodidakt ⟨m.; ~en, ~en⟩ **0.1** ***autodidact.***

Autofähre ⟨v.⟩ **0.1** ***autoveerboot.***

Autofahrer ⟨m.⟩ **0.1** ***automobilist, autobestuurder.***

Autofahrt ⟨v.⟩ **0.1** ***autorit, -tocht.***

Autofokus ⟨m.⟩⟨foto.⟩ **0.1** ***autofocus, automatische scherpstelling.***

autofrei **0.1** ***autoloos*** ⇒*verkeersvrij.*

Autofriedhof ⟨m.⟩⟨inf.⟩ **0.1** ***autokerkhof.***

Autogas ⟨o.⟩ **0.1** ***LPG.***

autogen **0.1** ***autogeen.***

Autogramm ⟨o.⟩ **0.1** ***autogram.***

Autograph ⟨o.; ~(e)s, ~e(n)⟩ **0.1** ***autograaf.***

Autohilfe ⟨v.⟩ **0.1** ***wegenwacht.***

Autokarte ⟨v.⟩ **0.1** ***auto-, wegenkaart.***

Autokino ⟨o.⟩ **0.1** ***drive-in*** ⟨bioscoop⟩.

Autoknacker ⟨m.⟩⟨inf.⟩ **0.1** ***kraker van auto's*** ⇒*autodief.*

Autokratie ⟨v.; ~, ~n⟩ **0.1** ***autocratie*** ⇒*alleenheerschappij.*

Autolackiererei ⟨v.; ~, ~en⟩ **0.1** ***autospuiterij.***

Automarder ⟨m.⟩⟨inf.⟩ →**Autoknacker.**

Automat ⟨m.; ~en, ~en⟩ **0.1** ***automaat*** ◆ **8.1** wie ein ~ arbeiten *als een automaat werken.*

Automatik ⟨v.; ~, ~en⟩ **0.1** ***automatiek.***

Automation ⟨v.; ~⟩ **0.1** ***automatisering.***

automatisch **0.1** ***automatisch*** ◆ **3.1** ~ ablaufen, gehen *automatisch, vanzelf gaan.*

automatisieren **0.1** ***automatiseren.***

Automatisierung ⟨v.; ~, ~en⟩ **0.1** ***automatisering.***

Automatismus ⟨m.; ~, Automatismen⟩ **0.1** ***automatisme.***

Automechaniker ⟨m.⟩ **0.1** ***autotechnicus, -monteur.***

Autominute ⟨v.⟩ **0.1** ***minuut (rijden, ver) met de auto.***

Autonomie ⟨v.; ~, ~n⟩ **0.1** ***autonomie*** ⇒*onafhankelijkheid, zelfbeschikking.*

Autopanne ⟨v.⟩ **0.1** ***autopech.***

Autopilot ⟨m.⟩ **0.1** ***automatische piloot.***

Autopsie ⟨v.; ~, ~n⟩ **0.1** ***autopsie, lijkschouwing.***

Autor ⟨m.; ~s, Autoren⟩ **0.1** ***auteur*** ⇒*schrijver, maker* ◆ **1.1** der ~ eines Films *de maker van een film.*

Autoreisezug ⟨m.⟩ **0.1** ***autoslaaptrein.***

Autorennen ⟨o.⟩ **0.1** ***autorace.***

Autorin ⟨v.; ~, ~nen⟩ **0.1** ***(vrouwelijk) auteur*** ⇒*schrijfster, maakster.*

autorisieren **0.1** ***autoriseren, machtigen, goedkeuren*** ◆ **6.1** jmdn. **zu** etwas ~ *iem. tot iets machtigen.*

autoritär **0.1** ***autoritair.***

Autorität ⟨v.; ~, ~en⟩ **0.1** ***gezag, autoriteit*** **0.2** ***autoriteit*** ⇒ *persoon van gezag* ◆ **2.1** die väterliche ~ *het vaderlijk gezag* **2.2** eine medizinische ~ *een autoriteit op het gebied van de geneeskunde.*

Autoritätsglaube ⟨m.⟩⟨pej.⟩ **0.1** ***blind autoriteitsgeloof.***

Autorschaft ⟨v.; ~⟩ **0.1** ***auteurschap.***

Autoschalter ⟨m.⟩ **0.1** ***autoloket*** ⟨v.e. bank⟩.

Autoschlange ⟨v.⟩ **0.1** ***file (van auto's).***

Autoschlosser ⟨m.⟩ **0.1** ***automonteur.***

Autoschlüssel ⟨m.⟩ **0.1** ***autosleutel(tje).***

Autoskooter ⟨m.⟩ **0.1** ***kermis-, botsauto(otje).***

Autostopp ⟨m.⟩ ◆ **8.¶** ~ machen, mit, per ~ fahren *liften.*

Autostraße ⟨v.⟩ **0.1** ***autoweg.***

Autostrich ⟨m.⟩⟨inf.⟩ **0.1** ***bermprostitutie*** **0.2** ***straat, gebied met bermprostitutie.***

Autostunde ⟨v.⟩ **0.1** ***uur (rijden, ver) met de auto.***

Autosuggestion ⟨v.⟩ **0.1** ***autosuggestie.***

Autounfall ⟨m.⟩ **0.1** ***auto-ongeluk.***

Autoverleih ⟨m.⟩ **0.1** ***autoverhuur.***

Autowerkstatt ⟨v.⟩ **0.1** ***garagebedrijf.***

Autozubehör ⟨o.⟩ **0.1** ***autoaccessoires.***

Autozug ⟨m.⟩ **0.1** ***autoslaaptrein.***

autsch **0.1** ***au!, ai!***

auweh **0.1** ***au, ai, o wee!*** ⇒*ach!*

Aval ⟨m.⟩ **0.1** ***aval, wisselborgtocht.***

Avance ⟨v.; ~, ~n⟩ ◆ **3.¶** jmdm. ~n machen (a) ⟨schr.⟩ *bij iem. avances maken* (b) *iem. tegemoet komen.*

avancieren **0.1** ***opklimmen*** ⟨soms iron.⟩.

Avantgarde ⟨v.; ~, ~n⟩⟨fig.⟩ **0.1** ***avant-garde*** ⇒*voorvechters.*

AvD ⟨m.; ~⟩⟨afk.⟩ [Automobilclub von Deutschland].

Ave ⟨o.; ~(s), ~(s)⟩ **0.1** ***Ave-Maria.***

Avemaria, Ave-Maria ⟨o.; ~(s), ~(s)⟩ **0.1** ***Ave-Maria.***

Avers ⟨m.; ~es, ~e⟩ **0.1** ***avers, voor-, beeldzijde*** ⟨v.e. munt, medaille⟩.

Aversion ⟨v.; ~, ~en⟩ **0.1** ***aversie, afkeer*** ◆ **6.1** eine ~ **gegen** etwas, jmdn. haben *een aversie tegen iets, iem. hebben.*

Aviarium ⟨o.; ~s, Aviarien⟩ **0.1** ***aviarium, vogelhuis.***
Avis ⟨m. & o.; ~(es), ~(e)⟩⟨ec.⟩ **0.1** ***advies*** ⇒*bericht (van verzending).*
avisieren 0.1 ***(vooraf schriftelijk) aankondigen.***
a vista 0.1 ⟨ec.⟩ ***a vista, op zicht.***
Avistawechsel ⟨m.⟩ **0.1** ***wissel a vista, zichtwissel.***
Avocado ⟨v.; ~, ~s⟩ **0.1** ***avocado(peer).***
axial 0.1 ***axiaal*** ⇒*de as volgend.*
Axillarknospe ⟨v.⟩⟨plantk.⟩ **0.1** ***okselknop.***
Axiom ⟨o.; ~s, ~e⟩ **0.1** ***axioma*** ⇒*grondstelling.*
Axt ⟨v.; ~, ⸚e⟩ **0.1** ***(grote) bijl*** ◆ **6.1** die ~ **im** Haus erspart den Zimmermann *wie zelf handig met gereedschap weet om te gaan, heeft geen vakman nodig* **8.¶** ⟨inf.⟩ wie die, eine ~ im Walde *lomp, onbehouwen.*
Axthieb ⟨m.⟩ **0.1** ***bijlslag.***
a. Z. ⟨afk.; auf Zeit⟩ **0.1** ***in tijdelijke dienst.***
Azalie ⟨v.; ~, ~n⟩ **0.1** ***azalea.***
Azetat ⟨o.; ~s, ~e⟩ **0.1** ***acetaat.***
Azeton ⟨o.; ~s⟩ **0.1** ***aceton.***
Azetylen ⟨o.; ~s⟩ **0.1** ***acetyleen*** ⇒*ethyn.*
Azteke ⟨m.; ~n, ~n⟩ **0.1** ***Azteek.***
Azubi ⟨m.; ~(s), ~s⟩⟨afk.⟩ →**Auszubildende(r).**
Azur ⟨m.; ~s⟩⟨schr.⟩ **0.1** ***azuur*** ⇒*hemelsblauw(e kleur), blauwe hemel.*
azurn 0.1 ***azuren*** ⇒*hemelsblauw.*
azyklisch 0.1 ***acyclisch.***

b, B ⟨o.; ~, ~⟩ **0.1** ***b, B*** ⇒*klank b, letter b, B.*
b. →**bei.**
B →**Bor; Bundesstraße.**
BAB ⟨v.⟩ →**Bundesautobahn.**
babbeln ⟨reg.⟩ **0.1** ***brabbelen*** **0.2** ***kletsen.***
Babel ⟨o.⟩ ◆ **6.¶** der Turm **zu** ~ *de toren van Babel.*
Baby ⟨o.; ~s, ~s of Babies⟩ **0.1** ***baby.***
Babyausstattung ⟨v.⟩ **0.1** ***babyuitzet.***
Bacchanal ⟨o.; ~(e)s, ~e of ~ien⟩ **0.1** ***bacchanaal, drinkgelag.***
Bach ⟨m.; ~(e)s, ⸚e⟩ **0.1** ***beek*** ⇒*riviertje* ◆ **3.¶** ⟨kind.⟩ (einen) ~ machen *een plasje doen;* mit dem Geschäft geht es den ~ herunter *met die zaak gaat het bergaf.*
Bachstelze ⟨v.⟩ **0.1** ***kwikstaart(je).***
Back ⟨v.; ~, ~en⟩⟨scheep.⟩ **0.1** ***bak*** **0.2** ***klaptafel(tje).***
Backblech ⟨o.⟩ **0.1** ***bakplaat*** **0.2** ***bakblik.***
Backbord ⟨o., Oostr. m.; ~(e)s, ~e⟩ **0.1** ***bakboord.***
backbord(s) 0.1 ***(aan) bakboord.***
Backe ⟨v.; ~, ~n⟩ **0.1** ***wang*** ⇒*kaak* **0.2** ***(rem)blok(je)*** **0.3** ***kaak, klauw, bek*** ⇒*grijper, wang* ⟨v.e. werktuig⟩ **0.4** ***bil*** ◆ **9.1** au ~! *oei (oei)!, goeie genade!*
backen ⟨→t1⟩ **0.1** ***bakken*** **0.2** ***braden*** **0.3** ***stoven*** **0.4** ***drogen.***
Backenbart ⟨m.⟩ **0.1** ***bakkebaard.***
Backenknochen ⟨m.⟩ **0.1** ***kaak(s)-, jukbeen.***
Backentasche ⟨v.⟩⟨biol.⟩ **0.1** ***wangzak.***
Backenzahn ⟨m.⟩ **0.1** ***kies.***
Bäcker ⟨m.; ~s, ~⟩ **0.1** ***bakker.***
Backerbse ⟨v.⟩⟨Oostr.⟩ **0.1** ***knapperbolletje.***
Bäckerei ⟨v.; ~, ~en⟩ **0.1** ***bakkerij*** **0.2** ***het bakken*** **0.3** ***bakkersvak*** **0.4** ⟨Oostr.⟩ ***koekjes, gebak(jes).***
Bäckerhandwerk ⟨o.⟩ **0.1** ***bakkersvak.***
Bäckermeister ⟨m.⟩ **0.1** ***meester-bakker*** ⇒*chef-bakker.*
backfertig 0.1 ***kant-en-klaar*** **0.2** ***panklaar.***
Backfisch ⟨m.⟩ **0.1** ***bakvis*** ⇒*panvis* **0.2** ***gebakken vis*** **0.3** ⟨vero.; fig.⟩ ***bakvis(je).***
Backhähnchen ⟨o.⟩ **0.1** ***gepaneerde (gebraden) kip, gepaneerd (gebraden) haantje.***
Backhendl ⟨o.⟩⟨Oostr.⟩ →**Backhähnchen.**
Backobst ⟨o.⟩ **0.1** ***gedroogd fruit*** **0.2** ***stooffruit*** ◆ **6.¶** danke **für** ~ *dank je feestelijk.*
Backofen ⟨m.⟩ **0.1** ***bak(kers)oven.***
Backpfeife ⟨v.⟩⟨reg.⟩ **0.1** ***oorvijg, muilpeer.***
Backpfeifengesicht ⟨o.⟩ **0.1** ***irritant provocerend gezicht.***
Backpflaume ⟨v.⟩ **0.1** ***gedroogde pruim.***
Backpulver ⟨o.⟩ **0.1** ***bakpoeder.***
Backschaft ⟨v.; ~, ~en⟩⟨scheep.⟩ **0.1** ***baksvolk.***
Backstein ⟨m.⟩ **0.1** ***baksteen.***
Backsteinbau ⟨m.; ~(e)s, ~ten⟩ **0.1** ***bakstenen gebouw.***
Backware ⟨v.⟩ **0.1** ***brood en banket, bakkerijproduct.***
Backwerk ⟨o.⟩ **0.1** ***gebak, koekjes, banket.***
Backzutat ⟨v.⟩ **0.1** ***ingrediënt*** ⟨om te bakken⟩.
Bad ⟨o.; ~(e)s, ⸚er⟩ **0.1** ***bad*** **0.2** ***het zwemmen, bad*** **0.3** ***badkamer*** **0.4** ***zwembad*** **0.5** ***badplaats*** ⇒*kuuroord* ◆ **6.1** **ins** ~ gehen *in bad gaan* **6.4** **ins** ~ gehen *naar het zwembad gaan.*
Bade|anlage, -anstalt ⟨v.⟩ **0.1** ***zwembad.***
Badeanzug ⟨m.⟩ **0.1** ***badpak.***

Badehose ⟨v.⟩ **0.1** *zwembroek.*
Badekabine ⟨v.⟩ **0.1** *kleed-, badhokje.*
Badekappe ⟨v.⟩ **0.1** *badmuts.*
Bademantel ⟨m.⟩ **0.1** *badjas.*
baden I ⟨onov.ww.⟩ **0.1** *baden, een bad nemen* **0.2** *zwemmen* ◆ **3.¶** ~ gehen *schipbreuk lijden, in het water vallen* **6.1 in** Schweiß gebadet *badend in het zweet;*
II ⟨ov.ww.⟩ **0.1** *baden, een bad geven* **0.2** *(met water) schoonmaken, baden;*
III sich ~ ⟨wk.ww.⟩ **0.1** *(zich) baden, een bad nemen* **0.2** *zwelgen, baden.*
Badenser[1] ⟨m.; ~s, ~⟩ **0.1** *inwoner van Baden* **0.2** *Badense wijn.*
Badenser[2], **badensisch** ⟨bn.⟩ →**badisch.**
Baden-Württemberg ⟨o.; ~s⟩ **0.1** *Baden-Württemberg.*
baden-württembergisch 0.1 *Baden-Württembergs.*
Badeofen ⟨m.⟩ **0.1** *badkachel, badgeiser.*
Badeort ⟨m.⟩ **0.1** *badplaats* ⇒*kuuroord.*
Badesachen ⟨alleen mv.⟩ **0.1** *badspullen* **0.2** *zwemspullen.*
Badeschuh ⟨m.⟩ **0.1** *badslipper* ⇒*badschoen.*
Badetuch ⟨o.⟩ **0.1** *badhanddoek.*
Badewanne ⟨v.⟩ **0.1** *badkuip.*
badewarm 0.1 *op badtemperatuur.*
Badezelle ⟨v.⟩ **0.1** *kleedhokje* **0.2** *badcabine.*
Badezeug ⟨o.⟩ →**Badesachen.**
Badezimmer ⟨o.⟩ **0.1** *badkamer.*
Badezusatz ⟨v.⟩ **0.1** *badextract.*
badisch 0.1 *Badens* ⇒*uit Baden afkomstig.*
baff 0.1 *paf, verstomd.*
BAFÖG, Bafög ⟨o.; ~(s)⟩⟨afk.; Bundesausbildungsförderungsgesetz⟩ **0.1** ⟨Duitse⟩ *studiebeurs.*
Bagage ⟨v.; ~⟩ **0.1** *gespuis, tuig.*
Bagatelldelikt ⟨o.⟩ **0.1** *kleine overtreding.*
Bagatelle ⟨v.; ~, ~n⟩ **0.1** *bagatel, futiliteit.*
Bagatellfall ⟨m.⟩ **0.1** *kruimelzaak* ⇒*(kleine) rechtszaak* **0.2** *bagatel, futiliteit.*
bagatellisieren 0.1 *bagatelliseren.*
Bagatellschaden ⟨m.⟩ **0.1** *geringe schade.*
Bagger ⟨m.; ~s, ~⟩ **0.1** *graafmachine* ⇒*dragline* **0.2** *baggermolen* **0.3** ⟨sp.⟩ *onderhandse slag.*
Baggerführer ⟨m.⟩ **0.1** *draglinemachinist* **0.2** *baggeraar.*
baggern 0.1 *baggeren* **0.2** ⟨sp.⟩ *onderhands slaan.*
bäh! 0.1 *bah!* **0.2** *bè!* **0.3** *bè!, mè!* ⟨v.e. schaap⟩.
bähen ⟨Zdd., Oostr., Zwi.⟩ **0.1** *roosteren.*
Bählamm ⟨o.⟩⟨kind.⟩ **0.1** *lammetje.*
Bahn ⟨v.; ~, ~en⟩ **0.1** *baan* ⇒*loop* **0.2** *weg, pad* ⇒*spoor, baan* **0.3** *baan* ⇒*reep, strook* **0.4** *trein* ⇒*station* **0.5** *tram* **0.6** *spoor(weg)* ⇒*spoorlijn, Spoorwegen* **0.7** *rijstrook* **0.8** ⟨sp.⟩ *baan* ⇒*piste* ◆ **2.2** etwas in die richtige ~ lenken *iets in (de) juiste banen leiden;* ~ frei! *uit de weg!;* freie ~ haben *vrij spel hebben;* auf die abschüssige, schiefe ~ geraten, kommen *op een hellend vlak geraken, op het verkeerde pad terechtkomen* **3.2** ⟨fig.⟩ sich ~ brechen *baan breken, zich een weg banen;* den neuen Ideen ~ brechen *de nieuwe ideeën veld doen winnen* **6.1** jmdn. **aus** der ~ werfen *iem. uit zijn gewone doen brengen;* sich **in** neuen ~en bewegen *nieuwe wegen bewandelen* **6.4 per** ~ *per trein.*
Bahnanlage ⟨v.⟩ **0.1** *spoorwegterrein, -installatie* **0.2** *spoorlijn.*
Bahnarbeiter ⟨m.⟩ **0.1** *spoorwegarbeider* ⇒*spoorwegman.*
Bahnbeamte(r) ⟨bn. als zn.; m.⟩ **0.1** *spoorwegbeambte.*
Bahnbrecher ⟨m.⟩ **0.1** *baanbreker* ⇒*pionier.*
Bahnbrücke ⟨v.⟩ **0.1** *spoor(weg)brug.*
Bahnbus ⟨m.⟩ **0.1** *streekbus* **0.2** *railbus* ⇒*sprinter.*
Bahndamm ⟨m.⟩ **0.1** *spoordijk.*
bahnen 0.1 *banen.*
Bahnfahrer ⟨m.⟩ **0.1** *pisterijder.*
Bahnfahrt ⟨v.⟩ **0.1** *treinreis.*
bahnfrei 0.1 *franco station.*
Bahngelände ⟨o.⟩ **0.1** *spoorwegterrein.*
Bahngleis ⟨o.⟩ **0.1** *(trein-, tram)spoor, (trein-, tram)rails.*
Bahnhof ⟨m.⟩ **0.1** *station* **0.2** ⟨inf.⟩ *ceremonieel, vertoon* ⇒ *tamtam* ◆ **3.2** einen großen ~ bekommen *met groots ceremonieel ontvangen, ingehaald worden* **3.¶** (immer) nur ~ verstehen (a) *er geen snars, barst van begrijpen* (b) *zich van den domme houden.*
Bahnhofsgaststätte ⟨v.⟩ **0.1** *stationsrestauratie.*
Bahnhofsmission ⟨v.⟩ **0.1** *stationswerk.*
Bahnhofs|vorstand, -vorsteher ⟨m.⟩ **0.1** *stationschef.*
Bahnkörper ⟨m.⟩ **0.1** *baanlichaam.*
bahnlagernd 0.1 *station restante.*
Bahnlinie ⟨v.⟩ **0.1** *spoorlijn.*
Bahnmeisterei ⟨v.⟩ **0.1** *spoorwegwerkplaats.*
Bahnpolizei ⟨v.⟩ **0.1** *spoorwegrecherche, -politie.*
Bahnschranke ⟨v.⟩ **0.1** *spoor-, slagboom.*
Bahnschwelle ⟨v.⟩ **0.1** *biel(s), dwarsligger.*
Bahnsteig ⟨m.; ~(e)s, ~e⟩ **0.1** *perron.*
Bahnstrecke ⟨v.⟩ **0.1** *baanvak, sectie* **0.2** *(trein)traject.*
Bahnüberführung ⟨v.⟩ **0.1** *spoorwegviaduct.*
Bahnübergang ⟨m.⟩ **0.1** *spoorwegovergang, overweg* ◆ **2.1** (un)beschrankter ~ *(on)bewaakte spoorwegovergang.*
Bahnunterführung ⟨v.⟩ **0.1** *spoorwegtunnel.*
Bahnwärter ⟨m.⟩ **0.1** *baanwachter.*
Bahre ⟨v.; ~, ~n⟩ **0.1** *(draag)baar.*
Bahrtuch ⟨o.⟩ **0.1** *lijk-, baarkleed.*
Bai ⟨v.; ~, ~en⟩ **0.1** *baai* ⇒*golf, inham, bocht.*
bairisch ⟨taal.⟩ **0.1** *Beiers.*
Baiser ⟨o.; ~s, ~s⟩ **0.1** *baiser, schuimgebakje.*
Baisse ⟨v.; ~, ~n⟩ **0.1** *baisse* ◆ **6.1 auf** (die) ~ spekulieren *à la baisse speculeren.*
Bajazzo ⟨m.; ~s, ~s⟩ **0.1** *paljas.*
Bajonett ⟨o.; ~(e)s, ~e⟩ **0.1** *bajonet.*
Bajonettfassung ⟨v.⟩ **0.1** *bajonetvoet.*
Bajonettverschluß ⟨m.⟩ **0.1** *bajonetsluiting.*
Bajuware ⟨m.; ~n, ~n⟩ **0.1** ⟨scherts.⟩ *Oer-Beier* **0.2** ⟨gesch.⟩ *oude Beier.*
Bake ⟨v.; ~, ~n⟩ **0.1** *baken, baak* **0.2** *baak, jalon.*
Bakschisch ⟨o.; ~(e)s, ~e⟩ **0.1** *baksjisj* ⇒*fooi, steekpenningen.*
Bakterie ⟨v.; ~, ~n⟩ **0.1** *bacterie.*
Bakterienkrieg ⟨m.⟩ **0.1** *bacteriologische oorlog.*
bakteriologisch 0.1 *bacteriologisch.*
Balance ⟨v.; ~, ~n⟩ **0.1** *evenwicht* ⇒*balans.*
Balanceakt ⟨m.⟩ **0.1** *evenwichtsoefening* **0.2** ⟨fig.⟩ *dans op het slappe koord, het schipperen.*
balancieren 0.1 *balanceren.*
Balancierstange ⟨v.⟩ **0.1** *balanceerstok.*
bald[1] ⟨bw.; eher, am ehesten; inf. bälder, am bäldesten⟩ **0.1** *gauw* ⇒*spoedig, weldra* **0.2** *gauw* ⇒*vlug, gemakkelijk* **0.3** *kort* **0.4** ⟨inf.⟩ *bijna, haast* **0.5** ⟨inf.⟩ *(nou) eindelijk (eens), (nou) wel eens* ◆ **3.2** das ist ~ gesagt, aber schwer getan *dat is gemakkelijker gezegd dan gedaan* **3.4** ich hätte es ~ vergessen! *ik was het bijna vergeten!* **5.1** möglichst ~, so ~ wie, als möglich *zo gauw, spoedig mogelijk* **5.3** ~ darauf *kort daarop* **6.1 bis, auf** ~! *tot kijk!, tot ziens!*
bald[2] ⟨vw.⟩ ◆ **3.¶** ~ regnete es, ~ schien die Sonne *nu eens regende het, dan weer scheen de zon.*
Baldachin ⟨m.; ~s, ~e⟩ **0.1** *baldakijn.*
Bälde ⟨v.⟩⟨schr.⟩ ◆ **6.¶ in** ~ *spoedig, binnenkort.*
baldig 0.1 *spoedig* ◆ **1.1** auf ~es Wiedersehen! *tot ziens!*

baldigst 0.1 *zo spoedig mogelijk.*
baldmöglichst ⟨schr.⟩ 0.1 *ten spoedigste.*
Baldrian ⟨m.; ~s, ~e⟩ 0.1 *valeriaan.*
Balg[1] ⟨m.; ~(e)s, ~̈e⟩ 0.1 ***huid*** ⇒*vel* 0.2 ***balg*** ⇒*blaasbalg* 0.3 ***buik, romp*** 0.4 ⟨inf.⟩ ***pens*** ⇒*buik* 0.5 ***harmonica*** ⇒*verbindingsstuk* ◆ 3.2 die Bälge der Orgel treten *orgel trappen* 6.1 ⟨inf.⟩ jmdm. **auf** den ~ rücken (a) *bijna op iemands schoot gaan zitten* (b) *iem. het vuur na aan de schenen leggen.* →**Fuchs.**
Balg[2] ⟨m. & o.; ~(e)s, ~̈e(r)⟩⟨inf.⟩ 0.1 ***bengel*** ⇒*rotjong(en)* 0.2 ***jong, kleintje.***
balgen, sich 0.1 ***ravotten, stoeien*** 0.2 ***vechten, knokken.***
Balgerei ⟨v.; ~, ~en⟩ 0.1 ***gestoei*** 0.2 ***stoeipartij*** 0.3 ***vecht-, knokpartij.***
Balken ⟨m.; ~s, ~⟩ 0.1 ***balk*** 0.2 ***(draag)balk, ligger*** 0.3 ***(balans)arm*** ◆ 3.1 er lügt, daß sich die ~ biegen *hij liegt dat hij zwart, scheel ziet.*
Balkendecke ⟨v.⟩ 0.1 ***balkenzoldering.***
Balkenträger ⟨m.⟩ 0.1 ***draagbalk.***
Balkenüberschrift ⟨v.⟩ 0.1 ***vette (kranten)kop.***
Balkenwaage ⟨v.⟩ 0.1 ***balans*** ⇒*weegschaal.*
Balkon ⟨m.; ~s, ~s of ~e⟩ 0.1 ***balkon.***
Ball ⟨m.; ~(e)s, ~̈e⟩ 0.1 ⟨sp. en danspartij⟩ ***bal*** 0.2 ***bol*** ⇒*bal* 0.3 ***prop, bal*** ◆ 3.1 ~ spielen *ballen, met de bal spelen* 6.1 **am** ~ bleiben, sein (a) *aan de bal blijven, zijn* (b) ⟨fig.⟩ *zijn zaakjes bijhouden, attent blijven.*
Ballade ⟨m.; ~, ~n⟩ 0.1 ***ballade.***
balla|denhaft, -desk 0.1 ***balladesk.***
Ballast ⟨m.; ~(e)s, ~e⟩ 0.1 ***ballast*** ⟨ook fig.⟩.
ballen I ⟨ov.ww.⟩ 0.1 ***ballen*** ⇒*een bal, prop maken van* ◆ 1.1 die Hand zur Faust ~ *de vuist ballen, een vuist maken;* Papier zu einer Kugel ~ *van papier een prop maken;* **II sich** ~ ⟨wk.ww.⟩ 0.1 ***pakken, ballen*** 0.2 ***zich samenpakken*** 0.3 ⟨fig.⟩ ***zich opstapelen*** ◆ 1.1 der Schnee ballt sich leicht *de sneeuwt pakt gemakkelijk.*
Ballen ⟨m.; ~s, ~⟩ 0.1 ***baal*** ⇒*pak* 0.2 ***bal*** 0.3 ⟨med.⟩ ***kraakbeengezwel.***
Balleneisen ⟨o.⟩ 0.1 ***fermoor.***
ballenweise 0.1 ***in balen*** 0.2 ***per baal.***
Ballerina ⟨v.; ~, Ballerinen⟩ 0.1 ***ballerina.***
Ballermann ⟨m.⟩ 0.1 ***schietijzer.***
ballern I ⟨onov.ww.⟩ 0.1 ***knallen*** 0.2 ***bonken;*** **II** ⟨ov.ww.⟩ 0.1 ***knallen*** 0.2 ***kwakken, donderen*** ◆ 4.1 jmdm. eine ~ *iem. een klap voor zijn kop geven.*
Ballett ⟨o.; ~(e)s, ~e⟩ 0.1 ***ballet.***
Ballettruppe ⟨v.⟩ 0.1 ***balletgroep, balletensemble.***
Ballführung ⟨v.⟩ 0.1 ***balcontrole.***
Balljunge ⟨m.⟩ 0.1 ***ballenjongen.***
Ballkleid ⟨o.⟩ 0.1 ***baljurk.***
Ballon ⟨m.; ~s, ~s of ~e⟩ 0.1 ***ballon*** 0.2 ***kop*** ◆ 6.2 ein paar **an, vor** den ~ bekommen *een klap voor zijn kop krijgen.*
Ballonmütze ⟨v.⟩ 0.1 ***pofpet.***
Ballonreifen ⟨m.⟩ 0.1 ***ballonband.***
Ballung ⟨v.; ~, ~en⟩ 0.1 ***opeenhoping, concentratie*** 0.2 ***samenpakking.***
Ballungsgebiet ⟨o.⟩ 0.1 ***dichtbevolkt (industrie)gebied.***
Ballungsraum ⟨m.⟩ →**Ballungsgebiet.**
Ballwechsel ⟨m.⟩⟨tennis⟩ 0.1 ***rally.***
Balsam ⟨m.; ~s, ~e⟩ 0.1 ***balsem.***
balsamieren 0.1 ***balsemen.***
Baltikum ⟨o.; ~s⟩ 0.1 ***de Baltische landen.***
Balustrade ⟨v.⟩ 0.1 ***balustrade.***
Balz ⟨v.; ~, ~en⟩ 0.1 ***balts*** ⇒*het paren* 0.2 ***balts-, paartijd.***
balzen 0.1 ***baltsen, balderen.***
Bambus ⟨m.; ~(ses), ~se⟩ 0.1 ***bamboe.***
Bambusrohr ⟨o.⟩ 0.1 ***bamboe(stengel, -stok).***
Bammel ⟨m.; ~s⟩⟨inf.⟩ 0.1 ***bibber(atie), schrik*** ◆ 6.1 **vor** jmdm., etwas ~ haben *voor iem., iets in de zenuwen zitten.*
bammeln ⟨inf.⟩ 0.1 ***bengelen, bungelen.***
banal 0.1 ***banaal.***
Banalität ⟨v.; ~, ~en⟩ 0.1 ***banaliteit.***
Banane ⟨v.; ~, ~n⟩ 0.1 ***banaan.***
Bananenschale ⟨v.⟩ 0.1 ***bananenschil.***
Banause ⟨m.; ~n, ~n⟩ 0.1 ***bekrompen (burger)man*** 0.2 ***(cultuur)barbaar.***
banausisch 0.1 ***bekrompen, burgerlijk.***
Band[1] ⟨m.; ~(e)s, ~̈e⟩ 0.1 ***band, (boek)deel*** ◆ 3.1 das spricht Bände *dat spreekt boekdelen.*
Band[2] ⟨v.; ~, ~s⟩ 0.1 ***band*** ⇒*muziekband.*
Band[3] ⟨o.; ~(e)s, ~̈er⟩ 0.1 ***lint, band*** 0.2 ***band*** ⇒*montageband, geluidsband, gewrichtsband, hoepel* 0.3 ***hengsel*** ◆ 2.1 ⟨scheep.⟩ das Blaue ~ *de blauwe wimpel* 6.2 ein neues Modell **auf** ~ legen *een nieuw model, type in productie nemen.*
Band[4] ⟨o.; ~(e)s, ~e⟩ 0.1 ***band*** 0.2 ***boei*** ⇒*band* ◆ 1.1 das ~ der Ehe *de huwelijksband* 2.1 zarte ~e knüpfen *een liefdesbetrekking aanknopen* 6.2 **in** ~e legen *in (de) boeien kluisteren.*
Bandage ⟨v.; ~, ~n⟩ 0.1 ***verband, zwachtel*** ◆ 6.1 ⟨fig.⟩ **mit** harten ~n kämpfen *(flink) in de clinch (met elkaar) liggen, gaan.*
bandagieren 0.1 ***bandageren, omzwachtelen.***
Bandaufzeichnung ⟨v.⟩ 0.1 ***bandopname*** 0.2 ***video-opname.***
Bandbreite ⟨v.⟩ 0.1 ***bandbreedte*** 0.2 ⟨fig.⟩ ***spectrum.***
Bande ⟨v.; ~, ~n⟩ 0.1 ***(biljart)band*** 0.2 ***hek, balustrade, band*** 0.3 ***bende*** ⇒*troep.*
Bandenführer ⟨m.⟩ 0.1 ***bendeleider, -hoofd.***
Banden(un)wesen ⟨o.; ~s⟩ 0.1 ***bendewezen.***
Bandenwerbung ⟨v.⟩ 0.1 ***reclame in stadions*** 0.2 ***reclameborden langs het speelveld.***
bändern 0.1 ***met linten versieren*** 0.2 ***strepen*** 0.3 ***repen, in repen trekken.***
Banderole ⟨v.; ~, ~n⟩ 0.1 ***banderol.***
Bänderzerrung ⟨v.⟩ 0.1 ***verzwikking v.d. (gewrichts)banden.***
Bandförderer ⟨m.⟩ 0.1 ***transportband.***
bandförmig 0.1 ***bandvormig*** 0.2 ***lintvormig.***
bändigen 0.1 ***temmen*** 0.2 ***intomen, beteugelen*** ⇒*bedwingen* 0.3 ***overmeesteren, overweldigen.***
Bändiger ⟨m.; ~s, ~⟩ 0.1 ***temmer.***
Bandit ⟨m.; ~en, ~en⟩ 0.1 ***bandiet, schurk*** ◆ 2.1 einarmiger ~ *fruitautomaat.*
Bandmaß ⟨o.⟩ 0.1 ***meetband, meetlint.***
Bandnudel ⟨v.⟩ 0.1 ***lintmacaroni.***
Bandsäge ⟨v.⟩ 0.1 ***lint-, bandzaag.***
Bandscheibe ⟨v.⟩ 0.1 ***tussenwervelschijf.***
Band|scheibenschaden, -scheibenvorfall ⟨m.⟩ 0.1 ***hernia.***
Bandschleife ⟨v.⟩ 0.1 ***strik, lint.***
Bandwurm ⟨m.⟩ 0.1 ***lintworm*** 0.2 ⟨pej.⟩ ***ellenlang (iets).***
bange ⟨~r of ~̈r, bangst of bängst⟩ 0.1 ***bang*** ⇒*angstig* ◆ 3.1 ~ machen gilt nicht! *niet bang zijn!* 4.1 mir wurde ~ (zumute) *ik werd bang, ongerust* 6.1 ihr war ~ **nach** ihm *in angstige zorg en spanning verlangde zij naar hem;* mir ist ~ **um** ihn *ik maak me ongerust over hem;* mir war ~ **ums** Herz *de schrik sloeg me om het hart.*
Bange ⟨v.; ~⟩ 0.1 ***angst, schrik*** ◆ 4.1 (nur) keine ~! *niet bang zijn!*
bangen ⟨schr.⟩ **I** ⟨onov.ww.⟩ 0.1 ***bang zijn*** 0.2 ***ongerust, bezorgd zijn, zich ongerust maken*** 0.3 ***(sterk) verlangen*** ◆

6.1 mir bangt (es) **vor** der Fahrprüfung *ik ben bang voor het rijexamen* **6.2** die Ärzte bangten **um** sein Leben *de artsen vreesden voor zijn leven;*
II sich ~ (wk.ww.) **0.1** ***ongerust, bezorgd zijn, zich ongerust maken*** **0.2** ***(sterk) verlangen.***
Bangigkeit (v.; ~, ~en) **0.1** ***bang(ig)heid, angst.***
bänglich 0.1 ***vreesachtig, bang(elijk)*** ⇒*benauwd.*
Bangnis (v.; ~, ~se)(schr.) **0.1** ***angst, bangheid.***
Banjo (o.; ~s, ~s) **0.1** ***banjo.***
Bank[1] (v.; ~, ~̈e) **0.1** ***bank*** ⇒*zitbank, schoolbank* **0.2** ***bank*** ⇒ *zandbank, oesterbank, wolkenbank* **0.3** ***werk-, draaibank*** ◆ **6.¶** etwas **auf** die lange ~ schieben *iets op de lange baan schuiven;* (alle) **durch** die ~ *allemaal, zonder uitzondering.*
Bank[2] (v.; ~, ~en) **0.1** ***bank*** ◆ **3.1** die ~ sprengen *de bank laten springen.*
Bankaktie (v.) **0.1** ***bankaandeel.***
Bankangestellte(r) (bn. als zn.) **0.1** ***bankemployé.***
Bankanweisung (v.) **0.1** ***bankassignatie.***
Bankaufsicht (v.) **0.1** ***(raad van) toezicht op het bankwezen.***
Bankauftrag (m.) **0.1** ***(betalings)opdracht aan de bank.***
Bankausweis (m.) **0.1** ***bankstaat.***
Bankauszug (m.) **0.1** ***rekening-, bankafschrift.***
Bankeinlage (v.) **0.1** ***bankdeposito.***
Bänkellied (o.) **0.1** ***straat-, kermislied(je).***
Banker (m.; ~s, ~) **0.1** ***bankier*** **0.2** ***bankexpert.***
Bankett (o.; ~s, ~e) **0.1** ***banket*** **0.2** ***berm*** ◆ **2.2** ~ nicht befahrbar! *zachte berm!*
Bankfach (o.) **0.1** ***bankvak*** **0.2** ***bankkluis.***
Bankgeschäft (o.) **0.1** ***banktransactie*** **0.2** ***bankwezen.***
Bankguthaben (o.) **0.1** ***tegoed op de bank, banksaldo.***
Bankhaus (o.) **0.1** ***bank, bankiersfirma.***
Bankier (m.; ~s, ~s) **0.1** ***bankier.***
Bankinstitut (o.) **0.1** ***bankinstelling.***
Bankkaufmann (m.) **0.1** ***bankemployé.***
Bankkonto (o.) **0.1** ***bankrekening.***
Banklehre (v.) **0.1** ***opleiding in het bankvak.***
Bankleitzahl (v.) **0.1** ***bank(code)nummer.***
Banknote (v.) **0.1** ***bankbiljet.***
Banknotenumlauf (m.) **0.1** ***(bank)biljettencirculatie.***
bankrott 0.1 ***bankroet, failliet*** ◆ **3.1** sich (für) ~ erklären (a) *faillissement aanvragen* (b) (fig.) *zijn totale mislukking toegeven.*
Bankrott (m.; ~(e)s, ~e) **0.1** ***bankroet, faillissement*** **0.2** (fig.) ***bankroet, failliet, fiasco*** ◆ **3.1** seinen, den ~ anmelden *faillissement aanvragen;* den ~ erklären *het faillissement uitspreken;* seinen, den ~ erklären (a) *faillissement aanvragen* (b) (fig.) *zijn totale mislukking toegeven;* ~ machen (a) *failliet gaan* (b) (fig.) *schipbreuk lijden.*
Bankrotteur (m.; ~s, ~e) **0.1** ***bankroetier.***
Banktresen (m.) **0.1** ***balie (in de bank).***
Banküberweisung (v.) **0.1** ***overschrijving per bankgiro.***
Bankverbindung (v.) **0.1** ***bankrelatie.***
Bann (m.; ~(e)s) **0.1** ***ban*** ⇒*kerkban* **0.2** (fig.) ***ban, fascinatie, betovering*** **0.3** (gesch.) ***rechtsgebied*** ◆ **1.2** den ~ des Schweigens brechen *het stilzwijgen verbreken* **6.1** jmdn. **mit** dem ~ belegen *iem. in de ban doen* **6.2** jmdn. **in** ~ halten *iem. in zijn ban houden, iem. fascineren;* jmdn. **in** seinen ~ ziehen, zwingen *iem. weten te fascineren, biologeren.*
Bannbulle (v.) **0.1** ***excommunicatiebul.***
bannen 0.1 ***in de ban doen*** **0.2** ***verbannen*** **0.3** (fig.) ***fascineren, betoveren, biologeren, boeien*** **0.4** ***verdrijven, bezweren, uitbannen*** **0.5** ***uit-, verdrijven, bezweren*** ⇒*(uit)bannen* **0.6** ***vastleggen*** ◆ **1.4** eine Gefahr ~ *een gevaar bezweren* **1.5** Geister ~ *geesten uitdrijven* **6.6** etwas **auf** die Leinwand ~ *iets op het doek vastleggen.*
Banner (o.; ~s, ~) **0.1** ***vaandel, banier.***
Banngut (o.) **0.1** ***contrabande.***
Bannkreis (m.) **0.1** ***fascinatie, invloed(ssfeer).***
Bannmeile (v.) **0.1** ***verboden zone*** **0.2** (gesch.) ***banmijl.***
Bannware (v.) **0.1** ***contrabande.***
Bantamgewichtler (m.; ~s, ~) **0.1** ***bantamgewicht.***
Baptist (m.; ~en, ~en) **0.1** ***baptist.***
bar 0.1 ***contant, cash*** **0.2** (schr.) ***naakt, bloot*** ⇒*kaal* **0.3** ***puur, zuiver*** ⇒*klinkklaar* **0.4** (met 2e nv.; schr.) ***zonder, ontbloot van, gespeend van*** ◆ **1.1** ~es Geld *contanten, contant geld* **1.3** ~er Unsinn *klinkklare onzin;* die ~e Wahrheit *de naakte waarheid* **1.4** er war ~ allen Mitleids *hij had geen greintje medelijden* **6.1** **gegen** ~ *à contant.*
Bar[1] (v.; ~, ~s) **0.1** ***bar.***
Bar[2] (o.; ~s, ~s)(meteo.) **0.1** ***bar.***
Bär (m.; ~en, ~en) **0.1** ***beer*** ◆ **2.1** er ist ein grober ~ *hij is een ongelikte beer* **3.¶** jmdm. einen ~en aufbinden *iem. iets op de mouw spelden* **8.1** ich bin hungrig wie ein ~ *ik heb een honger als een paard.*
Baracke (v.; ~, ~n) **0.1** ***barak.***
Baratt (m.; ~(e)s) **0.1** ***ruilhandel.***
Barbar (m.; ~en, ~en) **0.1** ***barbaar.***
Barbarei (v.; ~, ~en) **0.1** ***barbaarsheid*** ⇒*wreedheid.*
barbarisch 0.1 ***barbaars, onmenselijk*** **0.2** ***vreselijk, hels.***
Barbe (v.; ~, ~n)(biol.) **0.1** ***barbeel.***
bärbeißig 0.1 ***nors, knorrig.***
Barbestand (m.) **0.1** ***geld in kas, kasgeld, contanten (in kas).***
Barbiturat (o.; ~s, ~e) **0.1** ***barbituraat.***
barbusig 0.1 ***topless.***
Barde[1] (m.; ~n, ~n) **0.1** ***bard.***
Barde[2] (v.; ~, ~n) **0.1** ***lapje spek.***
Bärendienst (m.) ◆ **3.¶** jmdm. einen ~ erweisen, leisten *iem. een slechte dienst bewijzen.*
Bärendreck (m.)(inf.) **0.1** ***drop.***
bärenhaft 0.1 ***als (van) een beer, kolossaal*** **0.2** ***lomp.***
Bärenhaut (v.) **0.1** ***berenhuid*** ◆ **6.¶** **auf** der ~ liegen *luilakken.*
Bärenhunger (m.) **0.1** ***reuzehonger.***
Bärenkälte (v.)(inf.) **0.1** ***ijzige kou.***
Bärenkerl (m.) **0.1** ***beer v.e. vent.***
Bärenklau (m. & v.; ~(s), ~)(plantk.) **0.1** ***berenklauw.***
Bärenruhe (v.) **0.1** ***onverstoorbare kalmte.***
bärenstark 0.1 ***bere-, oersterk, sterk als een beer.***
Bärentatze (v.) **0.1** ***berenklauw*** (ook plantk.).
Bärenzwinger (m.) **0.1** ***berenkuil, berenhok.***
Barett (o.; ~(e)s, ~e of ~s) **0.1** ***baret.***
bar|fuß, -füßig 0.1 ***barre-, blootsvoets.***
Bargeld (o.) **0.1** ***contant geld, contanten.***
bargeldlos 0.1 ***giraal, per giro*** ◆ **1.1** ~er Zahlungsverkehr *giroverkeer.*
barhäuptig 0.1 ***met onbedekt hoofd.***
Barhocker (m.) **0.1** ***barkruk.***
Bärin (v.; ~, ~nen) **0.1** ***berin.***
Bark (v.; ~, ~en) **0.1** ***bark.***
Barkasse (v.; ~, ~n) **0.1** ***barkas.***
Barkauf (m.) **0.1** ***koop à contant, tegen contante betaling.***
Barke (v.; ~, ~n) **0.1** ***kleine boot.***
Bärlauch (m.)(plantk.) **0.1** ***daslook.***
barmherzig 0.1 ***barmhartig*** ◆ **1.1** ~er Gott! *goeie God!*
Barmittel (alleen mv.) **0.1** ***contanten.***
barock (ook fig.) **0.1** ***barok.***
Barock (m. & o.; ~(s)) **0.1** ***barok.***

Barometer ⟨o.⟩ **0.1** ***barometer.***
Baron ⟨m.; ~s, ~e⟩ **0.1** ***baron.***
Baronin ⟨v.; ~, ~nen⟩ **0.1** ***barones.***
Barras ⟨m.; ~⟩⟨sold.⟩ **0.1** ***(militaire) dienst*** ◆ **6.1 beim** ~ *in dienst, bij het leger.*
Barren ⟨m.; ~s, ~⟩ **0.1** ***baar, staaf*** **0.2** ⟨sp.⟩ ***brug.***
Barrengold ⟨o.⟩ **0.1** ***staafgoud, goud in staven.***
Barrenturnen ⟨o.⟩ **0.1** ***het brugturnen.***
Barriere ⟨v.; ~, ~n⟩ **0.1** ***barrière.***
Barrikade ⟨v.; ~, ~n⟩ **0.1** ***barricade*** ◆ **6.1 auf** die ~n gehen (a) *in 't geweer komen* (b) *de straat opgaan.*
barsch 0.1 ***bars*** ⇒*nors.*
Barsch ⟨m.; ~es, ~e⟩ **0.1** ***baars.***
Barschaft ⟨v.; ~, ~en⟩ **0.1** ***contanten, contant geld.***
Barscheck ⟨m.⟩ **0.1** ***betaalcheque.***
Barsortiment ⟨o.⟩ **0.1** ***boekhandel in 't groot, en gros.***
Bart ⟨m.; ~(e)s, ⸚e⟩ **0.1** ***baard*** **0.2** ***snor*** ⇒*knevel* ◆ **3.1** der Witz hat (so) einen ~! *dat is een mop met (zo) een baard!* **3.¶** ⟨inf.⟩ der ~ ist ab *het is afgelopen, er is niets meer aan te doen* **6.1** ich lachte mir **in** den ~ *ik lachte in mijn vuistje;* jmdm. **um** den ~ gehen *iem. stroop om de mond smeren.*
Barte ⟨v.; ~, ~n⟩ **0.1** ***(walvis)baard.***
Barteln ⟨alleen mv.⟩ **0.1** ***baarden*** ⟨bij vissen⟩.
Bartenwal ⟨m.⟩ **0.1** ***balein-, baardwalvis.***
Bartflaum ⟨m.⟩ **0.1** ***baarddons.***
Bartflechte ⟨v.⟩ **0.1** ⟨med.⟩ ***baardschurft*** **0.2** ⟨plantk.⟩ ***baardmos.***
Bartgeier ⟨m.⟩ **0.1** ***baard-, lammergier.***
Barthel ◆ **¶.¶** ⟨sprw.⟩ wissen, wo ~ (den) Most holt *weten waar Abraham de mosterd haalt.*
bärtig 0.1 ***baardig, gebaard.***
Bartnelke ⟨v.⟩ **0.1** ***duizendschoon.***
Bartwuchs ⟨m.⟩ **0.1** ***baardgroei*** ⇒*baard.*
Barvermögen ⟨o.⟩ **0.1** ***vermogen in geld, in contanten.***
Barzahlung ⟨v.⟩ **0.1** ***contante betaling.***
Basalt ⟨m.; ~(e)s, ~e⟩ **0.1** ***basalt.***
Basar ⟨m.; ~s, ~e⟩ **0.1** ***bazaar*** **0.2** ***rommelmarkt.***
Base ⟨v.; ~, ~n⟩ **0.1** ⟨schei.⟩ ***base*** **0.2** ⟨vero.⟩ ***nicht*** **0.3** ⟨Zwi.⟩ ***tante.***
basieren I ⟨onov.ww.⟩ **0.1** ***gebaseerd zijn, steunen, berusten;***
II ⟨ov.ww.⟩ **0.1** ***baseren*** ⇒*gronden.*
Basilika ⟨v.; ~, Basiliken⟩ **0.1** ***basiliek, basilica.***
Basilikum ⟨o.; ~s, Basiliken of ~s⟩ **0.1** ***basilicum, basiliekruid.***
Basis ⟨v.; ~, Basen⟩ **0.1** ***basis*** ⇒⟨fig. ook⟩ *grondslag.*
Basisarbeit ⟨v.⟩ **0.1** ***werk aan de basis.***
Basisgruppe ⟨v.⟩ **0.1** ***actie-, werkgroep.***
Baskenmütze ⟨v.⟩ **0.1** ***alpino(pet).***
Basküle ⟨v.; ~, ~n⟩ **0.1** ***bascule-, spanjoletsluiting.***
baß ⟨vero.⟩ **0.1** ***uiterst, buitengewoon, ten zeerste.***
Baß ⟨m.; Basses, Bässe⟩ **0.1** ***bas*** ⇒*baszanger, -stem, -partij* **0.2** ***contrabas*** ⇒*bas.*
Baßgeige ⟨v.⟩ **0.1** ***contrabas.***
Bassin ⟨o.; ~s, ~s⟩ **0.1** ***bassin*** ⇒*(water)bekken.*
Baßlage ⟨v.⟩ **0.1** ***basregister.***
Baßstimme ⟨v.⟩ **0.1** ***basstem*** **0.2** ***baspartij.***
Bast ⟨m.; ~(e)s, ~e⟩ **0.1** ***bast.***
Bastard ⟨m.; ~(e)s, ~e⟩ **0.1** ***bastaard.***
Baste ⟨v.; ~, ~n⟩ **0.1** ***klaverenaas, basta*** **0.2** ***troefkaart.***
Bastei ⟨v.; ~, ~en⟩ **0.1** ***bastion, bolwerk.***
Bastelarbeit ⟨v.⟩ **0.1** ***knutselwerk(je).***
Bastelei ⟨v.; ~, ~en⟩ **0.1** ***knutselwerk(je)*** **0.2** ***geknutsel*** **0.3** ⟨pej.⟩ ***gepruts.***
basteln 0.1 ***(in elkaar) knutselen*** **0.2** ⟨pej.⟩ ***(in elkaar) prutsen.***
basten 0.1 ***van bast.***
Bastion ⟨v.; ~, ~en⟩ **0.1** ***bastion.***
Bastler ⟨m.; ~s, ~⟩ **0.1** ***knutselaar.***
Bataillon ⟨o.; ~s, ~e⟩ **0.1** ***bataljon.***
Bataver ⟨m.; ~s, ~⟩ **0.1** ***Batavier*** **0.2** ⟨fig.⟩ ***Nederlander.***
batavisch 0.1 ***Bataafs.***
Batist ⟨m.; ~(e)s, ~e⟩ **0.1** ***batist.***
Batterie ⟨v.; ~, ~n⟩ **0.1** ***batterij*** ⟨ook mil.⟩ **0.2** ***accu*** ⟨van auto⟩.
batteriebetrieben 0.1 ***op batterij(en) (werkend).***
Batterieempfänger ⟨m.⟩ **0.1** ***radio op batterijen*** ⇒*portable.*
Batteriegerät ⟨o.⟩ **0.1** ***apparaat op batterijen.***
Batzen ⟨m.; ~s, ~⟩ **0.1** ***hoop, bom*** **0.2** ***klomp, kluit*** **0.3** ⟨gesch.⟩ ***geldstuk.***
Bau[1] ⟨m.; ~(e)s⟩ **0.1** ***bouw*** ⇒*aanleg, constructie* **0.2** ***structuur, bouw*** ⇒*opbouw* **0.3** ***lichaamsbouw*** ⇒*bouw* **0.4** ⟨sold.⟩ ***arrest*** **0.5** ⟨sold.⟩ ***arrestgebouw, arrestlokaal*** ◆ **6.1 auf** dem ~ arbeiten (a) *in de bouw werken* (b) *op de bouwwerf werken;* **im, in** ~ sein *in aanbouw, aanleg zijn;* **zum** ~, **auf** den ~ gehen *de bouw ingaan* **6.¶** Leute **vom** ~ *mannen van 't vak, vakgenoten.*
Bau[2] ⟨m.; ~(e)s, ~ten⟩ **0.1** ***gebouw, bouwwerk.***
Bau[3] ⟨m.; ~(e)s, ~e⟩ **0.1** ***hol*** **0.2** ⟨inf.⟩ ***huis*** ⇒*tent* **0.3** ***mijngang*** ◆ **6.2** sich nicht **aus** seinem ~ rühren *zijn huis niet uitkomen* **6.¶** jmdn. **aus** seinem ~ locken *iem. uit zijn tent lokken.*
Bauabnahme ⟨v.⟩ **0.1** ***oplevering.***
Bauabschnitt ⟨m.⟩ **0.1** ***bouwfase.***
Bauamt ⟨o.⟩ **0.1** ***bouw- en woningtoezicht*** **0.2** ***gebouwendienst*** **0.3** ***Dienst Openbare Werken, Publieke Werken.***
Bauanschlag ⟨m.⟩ **0.1** ***bouwbegroting.***
Bauarbeiter ⟨m.⟩ **0.1** ***bouwvakker, bouwvakarbeider.***
Bauart ⟨v.⟩ **0.1** ***constructie*** ⇒*bouw, makelij* **0.2** ***bouwstijl, bouwtrant.***
Bau|aufsicht, -behörde ⟨v.⟩ **0.1** ***bouw- en woningtoezicht*** **0.2** ***bouwpolitie.***
Baubewilligung ⟨v.⟩ **0.1** ***bouwvergunning.***
Baubude ⟨v.⟩ **0.1** ***bouw-, directiekeet.***
Bauch ⟨m.; ~(e)s, ⸚e⟩ **0.1** ***buik*** ◆ **3.1** einen ~ ansetzen *een buikje krijgen;* ich hielt mir (vor Lachen) den ~ *ik hield mijn buik vast (van het lachen)* **5.1** ~ herein! *buik intrekken!* **6.1** ⟨fig.⟩ **auf** den ~ fallen *de mist ingaan* **¶.1** ⟨sprw.⟩ ein voller ~ studiert nicht gern *een volle maag studeert niet graag.*
Bauchbinde ⟨v.⟩ **0.1** ***buikband, -gordel*** **0.2** ***sigarenbandje*** **0.3** ***reclamebandje*** ⟨om boek⟩.
Bauchdecke ⟨v.⟩ **0.1** ***buikwand.***
Bauchfell ⟨o.⟩ **0.1** ***buikvlies.***
Bauchhöhle ⟨v.⟩ **0.1** ***buikholte.***
Bauchhöhlenschwangerschaft ⟨v.⟩ **0.1** ***buitenbaarmoederlijke zwangerschap.***
bauchig, bäuchig 0.1 ***buikig.***
Bauch|kneifen, -kneipen ⟨o.; ~s⟩ **0.1** ***buikpijn.***
Bauchladen ⟨m.⟩ **0.1** ***(verkoop)tablet, (verkoop)plateau.***
Bauchlage ⟨v.⟩ **0.1** ***ligging op de buik.***
Bauchlandung ⟨v.⟩ **0.1** ***buiklanding.***
bäuchlings 0.1 ***op de buik*** ⇒*voorover, plat.*
Bauchredner ⟨m.⟩ **0.1** ***buikspreker.***
Bauchschmerz ⟨m.⟩ **0.1** ***buikpijn.***
Bauchschuß ⟨m.⟩ **0.1** ***schot in de buik.***
Bauchspeicheldrüse ⟨v.⟩ **0.1** ***alvleesklier.***
bauchtanzen 0.1 ***buikdansen.***
Bauchung ⟨v.; ~, ~en⟩ **0.1** ***ronding, welving*** ⇒*uitpuiling.*
Bauchweh ⟨o.⟩ **0.1** ***buikpijn.***

Baudenkmal ⟨o.⟩ **0.1** ***historisch gebouw, monument.***
bauen I ⟨onov.ww.⟩ **0.1** ***bouwen, werken*** **0.2** ***bouwen*** *⇒vertrouwen* **0.3** ***gebouwd, geconstrueerd zijn*** ◆ **6.2 auf** jmdn. ~ *op iem. bouwen;*
II ⟨ov.ww.⟩ **0.1** ***bouwen*** **0.2** ***aanleggen*** **0.3** ***construeren, maken*** **0.4** ⟨landb.⟩ ***verbouwen*** **0.5** ⟨inf.⟩ ***doen, afleggen*** **0.6** ⟨inf.⟩ ***veroorzaken, hebben*** *⇒aanrichten* ◆ **1.3** ⟨inf.⟩ die Betten ~ *de bedden opmaken* **1.5** seinen Doktor ~ *promoveren* **1.6** einen Unfall ~ *een ongeval veroorzaken, hebben.*
Bauer[1] ⟨m.; ~n of ~s, ~n⟩ **0.1** ***boer, landbouwer*** **0.2** ***pion*** ⟨schaakspel⟩ ◆ **¶.1** ⟨sprw.⟩ der dümmste ~ hat die größten Kartoffeln *de domste boeren hebben de dikste aardappels;* ⟨sprw.⟩ was der ~ nicht kennt, das frißt er nicht *wat een boer niet kent, dat vreet hij niet.*
Bauer[2] ⟨m. & o.; ~s, ~⟩ **0.1** ***(vogel)kooi.***
Bäuerchen ⟨o.; ~s, ~⟩ **0.1** ***boertje*** ◆ **3.1** (ein) ~ machen *een boertje laten.*
Bäuerin ⟨v.; ~, ~nen⟩ **0.1** ***boerin.***
bäuerlich **0.1** ***landelijk, boeren-*** **0.2** ***agrarisch, boeren-.***
Bauernfang ⟨m.⟩ ◆ **6.¶ auf** ~ ausgehen (a) *boerenbedrog willen plegen* (b) *op zieltjesjacht gaan.*
Bauernfänger ⟨m.⟩ **0.1** ***oplichter, kwartjesvinder.***
Bauernfrühstück ⟨o.⟩ **0.1** ***boerenomelet.***
Bauerngut ⟨o.⟩ **0.1** ***boerderij, hofstede, hoeve.***
Bauernhof ⟨m.⟩ **0.1** ***boerderij, hoeve.***
Bauernkittel ⟨m.⟩ **0.1** ***boerenkiel.***
Bauernlegen ⟨o.⟩⟨gesch.⟩ **0.1** ⟨uitbreiding v.h. grootgrondbezit ten koste v.d. kleine boeren⟩.
Bauernschädel ⟨m.⟩ **0.1** ***stijfkop.***
Bauernschaft ⟨v.; ~⟩ **0.1** ***boeren*** *⇒boerenstand.*
Bauernschläue ⟨v.⟩ **0.1** ***boerenslimheid.***
Bauernsterben ⟨o.⟩ **0.1** ***ontvolking v.h. platteland.***
Bauerntum ⟨o.; ~s⟩ **0.1** ***boeren*** *⇒boerenstand* **0.2** ***boerenaard.***
Bauernverband ⟨m.⟩ **0.1** ***landbouworganisatie, boerenbond.***
Bauernwirtschaft ⟨v.⟩ **0.1** ***boerenbedrijf.***
Bauersfrau ⟨v.⟩ **0.1** ***boerin.***
Bauerwartungsland ⟨o.; ~(e)s⟩ **0.1** ***toekomstige bouwgrond, toekomstig bouwterrein.***
Baufach ⟨o.⟩ **0.1** ***bouwvak*** *⇒bouw(sector).*
baufällig **0.1** ***bouwvallig, vervallen.***
Baufirma ⟨v.⟩ **0.1** ***bouwonderneming, aannemersbedrijf.***
Bauflucht(linie) ⟨v.⟩ **0.1** ***rooilijn.***
Bauführer ⟨m.⟩ **0.1** ***bouwopzichter*** **0.2** ***uitvoerder.***
Baugelände ⟨o.⟩ **0.1** ***bouwterrein, -grond.***
Baugenehmigung ⟨v.⟩ **0.1** ***bouwvergunning.***
Baugenossenschaft ⟨v.⟩ **0.1** ***coöperatieve woningbouwvereniging.***
Baugerüst ⟨o.⟩ **0.1** ***(bouw)steiger, stelling.***
Baugesellschaft ⟨v.⟩ **0.1** ***bouwmaatschappij.***
Baugewerbe ⟨o.⟩ **0.1** ***bouw(sector), bouwnijverheid.***
Baugrube ⟨v.⟩ **0.1** ***bouwput.***
Bauherr ⟨m.⟩ **0.1** ***opdrachtgever*** *⇒bouwheer.*
Bauhof ⟨m.⟩ **0.1** ***bouwwerf.***
Bauhütte ⟨v.⟩ **0.1** ***bouw-, directiekeet*** **0.2** ⟨gesch.⟩ ***bouwloods, -hut.***
Bauingenieur ⟨m.⟩ **0.1** ***bouwkundig ingenieur.***
Baukasten ⟨m.⟩ **0.1** ***bouw-, blokkendoos.***
Baukastensystem ⟨o.⟩ **0.1** ***systeembouw*** **0.2** ***aanbouwsysteem*** **0.3** ⟨fig.⟩ ***modulesysteem.***
Bauklotz ⟨m.⟩ **0.1** ***(bouw)blokje*** ◆ **3.¶** ⟨inf.⟩ Bauklötze(r) staunen *grote ogen opzetten.*
baukünstlerisch **0.1** ***architectonisch, qua architectuur.***
Bauland ⟨o.⟩ **0.1** ***bouwgrond(en).***
Bauleiter ⟨m.⟩ **0.1** ***bouwcoördinator, hoofdopzichter.***
Bauleitung ⟨v.⟩ **0.1** ***leiding v.d. bouw*** **0.2** ***directie (v.e. aannemersbedrijf).***
baulich **0.1** ***bouwkundig, bouw-*** ◆ **1.1** ~e Veränderungen *verbouwingen.*
Baulichkeit ⟨v.; ~, ~en⟩ **0.1** ***gebouw, bouwwerk*** **0.2** ***opstal.***
Baulöwe ⟨m.⟩⟨inf.; meestal pej.⟩ **0.1** ***grote aannemer, projectontwikkelaar.***
Baum ⟨m.; ~(e)s, ¨~e⟩ **0.1** ***boom*** ◆ **1.1** der ~ der Erkenntnis *de boom der kennis* **3.1** ⟨fig.⟩ Bäume ausreißen *bergen verzetten* **6.1** es ist, um **auf** die Bäume zu klettern (a) *het is om er grijze haren van te krijgen* (b) *het is om uit je vel te springen;* die Bäume werden (schon) nicht **in** den Himmel wachsen *alles heeft zijn grenzen;* **zwischen** ~ und Borke sitzen, stecken *tussen twee stoelen, vuren zitten* **8.1** stark wie ein ~ *oersterk* **¶.1** ⟨sprw.⟩ ein ~ fällt nicht auf den ersten Hieb *een boom valt niet met de eerste slag.*
Baumbestand ⟨m.⟩ **0.1** ***bomen, (bomen)bestand.***
Baumblüte ⟨v.⟩ **0.1** ***bloei (der bomen)*** **0.2** ***boombloesem.***
Bäumchen ⟨o.; ~s, ~⟩ **0.1** ***boompje*** ◆ **3.¶** ~ wechsle dich *stuivertje-wisselen.*
Baumeister ⟨m.⟩ **0.1** ***bouwmeester*** **0.2** ***bouwkundige.***
baumeln **0.1** ***bengelen, bungelen*** **0.2** ***hangen.***
bäumen, sich **0.1** ***steigeren*** ⇒⟨fig.⟩ *in opstand komen* **0.2** ***opspringen, overeind schieten.***
Baumfrevel ⟨m.⟩ **0.1** ***boomschenderij.***
Baumgarten ⟨m.⟩ **0.1** ***boomgaard.***
Baumgärtner ⟨m.⟩ **0.1** ***boomkweker.***
Baumgürtel ⟨m.⟩ **0.1** ***groene zone (van bomen).***
Baumkrone ⟨v.⟩ **0.1** ***boomkruin.***
baumlang **0.1** ***hoog opgeschoten.***
Baumläufer ⟨m.⟩ **0.1** ***boomlopertje.***
Baummarder ⟨m.⟩ **0.1** ***edelmarter.***
Baumrinde ⟨v.⟩ **0.1** ***boomschors.***
Baumschere ⟨v.⟩ **0.1** ***boom-, snoeischaar.***
Baumschule ⟨v.⟩ **0.1** ***boomkwekerij.***
baumstark **0.1** ***oersterk, sterk als een boom.***
Baumstumpf ⟨m.⟩ **0.1** ***boomstronk.***
Baumwolle ⟨v.⟩ **0.1** ***katoen.***
baumwollen **0.1** ***katoenen.***
Baumwollhemd ⟨o.⟩ **0.1** ***katoenen hemd.***
Baumwuchs ⟨m.⟩ **0.1** ***boomgroei*** **0.2** ***(boom)vorm.***
Bauordnung ⟨v.⟩ **0.1** ***bouwverordening.***
Bauplatz ⟨m.⟩ **0.1** ***bouwterrein, bouwlokatie.***
Baupolizei ⟨v.⟩ **0.1** ***bouwpolitie, bouw- en woningtoezicht.***
Baurat ⟨m.⟩ **0.1** ***bouwkundig hoger ambtenaar.***
bäurisch **0.1** ***boers*** *⇒lomp.*
Bausatz ⟨m.⟩ **0.1** ***bouwpakket.***
Bausch ⟨m.; ~(e)s, ~e of ¨~e⟩ **0.1** ***dot(je)*** **0.2** ***prop*** **0.3** ***kussentje*** ◆ **1.1** ein ~ Watte *een dot watten* **6.¶ in** ~ und Bogen *en bloc, in zijn geheel.*
Bauschein ⟨m.⟩ **0.1** ***bouwvergunning.***
bauschen I ⟨onov.ww.⟩ **0.1** ***(op)bollen, bol (gaan) staan*** ◆ **1.1** gebauschte Ärmel *pofmouwen;*
II ⟨ov.ww.⟩ **0.1** ***opblazen, opbollen;***
III sich ~ ⟨wk.ww.⟩ **0.1** ***bollen, bol (gaan) staan.***
bauschig **0.1** ***bol, opbollend*** **0.2** ***wijd (vallend).***
Bauschlosser ⟨m.⟩ **0.1** ***bankwerker in de bouw.***
Bauschreiner ⟨m.⟩ **0.1** ***timmerman in de bouw.***
Bauschutt ⟨m.⟩ **0.1** ***puin, afbraak.***
Bausparer ⟨m.⟩ **0.1** ***spaarder voor een eigen huis.***
Bausparkasse ⟨v.⟩ **0.1** ***bouwspaarkas, -fonds.***
Baustein ⟨m.⟩ **0.1** ***bouwsteen*** ⇒⟨fig.⟩ *steentje* **0.2** ***blok(je)*** ⟨v.e. blokkendoos⟩.

Baustelle ⟨v.⟩ **0.1** ***bouwterrein, bouwlokatie*** **0.2** ***werk*** ⇒*bouwwerf* **0.3** ***opgebroken stuk weg*** ◆ **1.2** Achtung, ~! *werk in uitvoering!*
Baustufe ⟨v.⟩ **0.1** ***bouwfase.***
Bautätigkeit ⟨v.⟩ **0.1** ***bouwactiviteit.***
Bautechniker ⟨m.⟩ **0.1** ***bouwkundige.***
Bauteil ⟨o.⟩ **0.1** ***bouwelement.***
Bautischler ⟨m.⟩ **0.1** ***timmerman in de bouw.***
Bauträger ⟨m.⟩ **0.1** ***opdrachtgever.***
Bauunternehmer ⟨m.⟩ **0.1** ***aannemer.***
Bauvorhaben ⟨o.⟩ **0.1** ***bouwplan.***
Bauwerker ⟨m.; ~s, ~⟩ **0.1** ***ongeschoold bouwvakker.***
Bauwirtschaft ⟨v.⟩ **0.1** ***bouwnijverheid.***
Bauxit ⟨m.; ~(e)s, ~e⟩ **0.1** ***bauxiet.***
bauz! **0.1** ***boem!, bons!, pats!***
Bauzaun ⟨m.⟩ **0.1** ***schutting*** ⟨om bouwterrein⟩.
Bauzeichnung ⟨v.⟩ **0.1** ***bouwtekening.***
Bauzuschuß ⟨m.⟩ **0.1** ***bouwpremie*** ⇒*bouwsubsidie.*
Bayer ⟨m.; ~n, ~n⟩ **0.1** ***Beier.***
bay(e)risch **0.1** ***Beiers.***
Bayern ⟨o.; ~s⟩ **0.1** ***Beieren.***
Bazar ⟨m.⟩ →**Basar.**
Bazi ⟨m.; ~s, ~s⟩ ⟨Zdd., Oostr.⟩ **0.1** ***snoever*** **0.2** ⟨scherts.⟩ ***schurk*** ⇒*rakker* **0.3** ⟨pej.⟩ ***Beier.***
Bazille ⟨v.; ~, ~n⟩ →**Bazillus.**
Bazillus ⟨m.; ~, Bazillen⟩ **0.1** ***bacil*** ⟨ook fig.⟩.
Bd. ⟨afk.⟩ →**Band**[1].
Bde. ⟨afk.⟩ [Bände, Band].
beabsichtigen **0.1** ***van plan zijn*** ⇒*voornemens zijn* **0.2** ***bedoelen, beogen*** ◆ **3.1** es ist beabsichtigt, ... *het ligt in de bedoeling (om) ...* **8.1** wie beabsichtigt *zoals gepland.*
beachten **0.1** ***in acht nemen, opvolgen*** ⇒*zich houden aan, nakomen* **0.2** ***letten op, aandacht schenken aan*** ⇒*notitie nemen van* ◆ **1.1** die Vorfahrt ~ *voorrang verlenen.*
beachtenswert **0.1** ***opmerkelijk.***
beachtlich **0.1** ***aanzienlijk*** ⇒*groot, opmerkelijk.*
Beachtung ⟨v.; ~, ~en⟩ **0.1** ***inachtneming*** ⇒*opvolging* **0.2** ***aandacht*** ◆ **3.2** (viel) ~ finden *(sterk) de aandacht trekken, krijgen* **6.2** **zur** ~! *(ter) attentie!*
beackern **0.1** ⟨landb.⟩ ***bewerken*** ⇒*bebouwen* **0.2** ⟨inf.⟩ ***doorwerken*** ⇒*uitpluizen* **0.3** ⟨inf.⟩ ***bewerken*** ⇒*bepraten.*
beampeln **0.1** ***van verkeerslichten voorzien, verkeers-, stoplichten plaatsen.***
Beamtenlaufbahn ⟨v.⟩ **0.1** ***carrière als ambtenaar*** **0.2** ***ambtsloopbaan.***
Beamtenschaft ⟨v.; ~⟩ **0.1** ***ambtenarenkorps.***
Beamtenstelle ⟨v.⟩ **0.1** ***overheidsbetrekking, betrekking als ambtenaar.***
Beamtentum ⟨o.; ~s⟩ **0.1** ***ambtenarenkorps*** **0.2** ***ambtenarij*** **0.3** ***ambtenaarschap.***
Beamtenverhältnis ⟨o.⟩ **0.1** ***rechtspositie v.d. ambtenaar*** ◆ **6.1** **im** ~ stehen *ambtenaar zijn.*
Beamte(r) ⟨bn. als zn.; m.⟩ **0.1** ***ambtenaar*** ⇒*beambte.*
beamtet **0.1** ***in overheidsdienst*** ⇒*als ambtenaar aangesteld.*
Beamtin ⟨v.; ~, ~nen⟩ **0.1** ***ambtenares.***
beängstigen **0.1** ***beangstigen, benauwen*** ⇒*angst, schrik aanjagen.*
beanschriften ⟨adm.⟩ **0.1** ***adresseren.***
beanspruchen **0.1** ***aanspraak maken op, (op)eisen*** ⇒*claimen* **0.2** ***in beslag nemen*** ⇒*beslag leggen op, opeisen, vergen van* **0.3** ***gebruik maken van*** ⇒*uitbuiten* **0.4** ⟨tech.⟩ ***belasten*** ⇒*veel vergen van* ◆ **5.2** er ist stark beansprucht *hij heeft het erg druk.*
beanstanden **0.1** ***(be)kritiseren*** ⇒*aanmerking(en) maken op* **0.2** ***bezwaar maken tegen*** ⇒*aanvechten* **0.3** ***afkeuren, reclameren over.***
Beanstandung ⟨v.; ~, ~en⟩ **0.1** ***kritiek, aanmerking(en)*** ⇒*commentaar, opmerking(en)* **0.2** ***bezwaar*** ⇒*aanvechting, protest, verzet* **0.3** ***afkeuring, reclamatie*** ⇒*klacht.*
beantragen **0.1** ***aanvragen, verzoeken om*** ⇒*voorstellen* **0.2** ⟨jur.⟩ ***eisen.***
beantworten **0.1** ***beantwoorden*** ⇒*antwoorden op.*
Beantwortung ⟨v.; ~, ~en⟩ **0.1** ***beantwoording*** ⇒*antwoord* ◆ **6.1** **in** ~ Ihres Schreibens *in antwoord op uw schrijven.*
bearbeiten **0.1** ***bewerken*** **0.2** ***be-, afhandelen*** ⇒*afwerken, gaan over, belast zijn met* **0.3** ***bestuderen*** ⇒*onderzoeken.*
Bearbeiter ⟨m.; ~s, ~⟩ **0.1** ***bewerker*** **0.2** ***verantwoordelijke, bevoegde ambtenaar*** ⇒*referent, verantwoordelijke.*
Bearbeitungsgebühr ⟨v.⟩ **0.1** ***administratiekosten*** ⇒*leges.*
beargwöhnen **0.1** ***argwaan hebben tegen*** ⇒*achterdocht koesteren tegen, wantrouwen.*
beaten **0.1** ***beatmuziek spelen*** **0.2** ***beat dansen.***
beatmen **0.1** ***kunstmatige beademing toepassen op*** ⇒*mond-op-mondbeademing toepassen op.*
beaufsichtigen **0.1** ***toezicht houden, uitoefenen op, toezien op*** ⇒*bewaken* **0.2** ***surveilleren.***
beauftragen **0.1** ***belasten, opdragen*** ⇒*gelasten, opdracht geven* **0.2** ***machtigen, volmacht geven.***
Beauftragte(r) ⟨bn. als zn.⟩ **0.1** ***ge(vol)machtigde*** ◆ **1.1** der Beauftragte der Regierung *de regeringscommissaris.*
beäugen **0.1** ***bekijken, kijken naar*** ⇒*in de gaten houden.*
beaugenscheinigen **0.1** ***bekijken*** ⇒*in ogenschouw nemen.*
bebändern **0.1** ***met linten (en strikken) versieren.***
bebartet **0.1** ***met een baard, gebaard.***
bebauen **0.1** ***bebouwen*** **0.2** ***bebouwen*** ⇒*bewerken.*
Bebauungsplan ⟨m.⟩ **0.1** ***bouwplan*** **0.2** ***bestemmingsplan.***
beben **0.1** ***beven, trillen*** ⇒*rillen* **0.2** ***in angst zitten (over), zich ongerust maken (over)*** ◆ **6.1** **vor** Angst ~ *van angst beven, sidderen;* **vor** jmdm. ~ *voor iem. beven, bang zijn.*
Beben ⟨o.; ~s, ~⟩ **0.1** ***trilling*** ⇒*rilling* **0.2** ***aardbeving.***
bebildern **0.1** ***illustreren, verluchten.***
bebrillt **0.1** ***met een bril, gebrild.***
bebrüten **0.1** ***bebroeden, (zitten) broeden op*** **0.2** ⟨fig.⟩ ***uitbroeden, broeden op*** **0.3** ⟨inf.⟩ ***piekeren, dubben over*** **0.4** ⟨biol.⟩ ***kweken.***
Becher ⟨m.; ~s, ~⟩ **0.1** ***beker*** **0.2** ⟨plantk.⟩ ***dop, beker, bolster*** ◆ **1.1** ein ~ Eis *een coupe ijs* **6.1** zu tief **in** den ~ geschaut haben *te diep in het glaasje gekeken hebben.*
bechern **0.1** ***pimpelen, tetteren.***
Becherwerk ⟨o.⟩ **0.1** ***emmer-, jakobsladder.***
becircen ⟨inf.⟩ →**bezirzen.**
Becken ⟨o.; ~s, ~⟩ **0.1** ***bekken, bak*** ⇒*kom, schaal, bassin* **0.2** ⟨aardr.⟩ ***bekken, laagte*** ⇒*bassin.*
Beckengurt ⟨m.⟩ **0.1** ***heupgordel.***
Beckenhöhle ⟨v.⟩ **0.1** ***bekkenholte.***
beckmessern **0.1** ***muggenziften, vitten, haarkloven.***
bedachen **0.1** ***overdekken, bekappen.***
bedacht **0.1** ***bedachtzaam, omzichtig, weloverwogen*** ◆ **6.¶** **auf** eine Sache ~ sein *op iets letten, iets in het oog houden.*
Bedacht ⟨m.; ~(e)s⟩ ⟨schr.⟩ **0.1** ***bedachtzaamheid, overleg, beraad*** ◆ **2.1** voll ~ *bedachtzaam, met overleg* **6.1** **auf** eine Sache ~ nehmen *aan iets aandacht schenken;* **mit** (gutem) ~ *weloverwogen;* **ohne** ~ *onbezonnen* **¶.1** ⟨sprw.⟩ sacht mit ~ hat's weit gebracht *langzaam aan, dan breekt het lijntje niet.*
bedächtig **0.1** ***bedacht-, behoedzaam*** **0.2** ***bedaard, bezadigd.***

Bedachung ⟨v.; ~, ~en⟩ **0.1** ***bedaking.***
bedanken I ⟨ov.ww.⟩ **0.1** ***bedanken;***
II sich ~ ⟨wk.ww.⟩ **0.1** ***(be)danken*** ◆ **6.1** sich **bei** jmdm. für eine Sache ~ *iem. voor iets (be)danken.*
Bedarf ⟨m.; ~(e)s⟩ **0.1** ***het benodigde, benodigdheden*** **0.2** ***behoefte*** ⇒*vraag* ◆ **2.1** für den persönlichen ~ *voor eigen gebruik* **6.2 bei** ~ *indien nodig, desgewenst;* **über** ~ eingedeckt *volop voorzien.*
Bedarfsartikel ⟨m.⟩ **0.1** ***gebruiksartikel*** ⇒⟨mv. vooral⟩ *benodigdheden.*
Bedarfsfall ⟨m.⟩⟨schr.⟩ ◆ **6.¶ im** ~(e), **für** den ~ *zo nodig.*
Bedarfsgüter ⟨alleen mv.⟩ **0.1** ***consumptie-, verbruiksgoederen.***
bedarfsorientiert **0.1** ***op de behoefte(n) afgestemd.***
bedauerlich **0.1** ***betreurenswaardig*** ⇒*beklagenswaardig.*
bedauerlicherweise **0.1** ***helaas, jammer genoeg.***
bedauern **0.1** ***betreuren*** **0.2** ***beklagen, medelijden hebben met*** ◆ **4.1** ich bedaure! *het spijt me!*
Bedauern ⟨o.; ~s⟩ **0.1** ***spijt, leedwezen*** **0.2** ***medelijden, medeleven.***
bedauernswert **0.1** ***betreurenswaardig*** **0.2** ***beklagenswaardig.***
bedauernswürdig ⟨schr.⟩ →**bedauernswert.**
bedecken I ⟨ov.ww.⟩ **0.1** ***bedekken*** **0.2** ⟨Oostr.; ec.⟩ ***dekken;***
II sich ~ ⟨wk.ww.⟩ **0.1** ***betrekken.***
Bedeckung ⟨v.⟩ **0.1** ***bedekking*** **0.2** ***escorte*** **0.3** ⟨Oostr.⟩ ***dekking.***
bedenken I ⟨ov.ww.⟩ **0.1** ***overdenken, nadenken over, overwegen*** **0.2** ***bedenken, denken aan*** **0.3** ***bedenken, bedelen*** ◆ **3.1** zu ~ geben *in overweging geven* **5.1** wenn ich es so recht bedenke *als ik er zo eens goed over nadenk;*
II sich ~ ⟨wk.ww.⟩ **0.1** ***zich bedenken, nadenken over.***
Bedenken ⟨o.; ~s, ~⟩ **0.1** ***overweging*** ⇒*het nadenken* **0.2** ***bedenking, twijfel, bezwaar*** ◆ **3.2** ~ haben, hegen *aarzelen, twijfelen, (zijn) bedenkingen hebben;* ich habe keine ~ *ik heb er geen bezwaar tegen* **6.2 ohne** ~ *zonder (enig) bezwaar.*
bedenkenlos **0.1** ***zonder (enig) bezwaar*** **0.2** ***onbekommerd, zorgeloos*** **0.3** ***geweten-, meedogenloos.***
bedenklich **0.1** ***bedenkelijk*** ⇒*zorgelijk, twijfelachtig* ◆ **3.1** das stimmt mich ~ *dat zet me aan het denken.*
bedeppert ⟨inf.⟩ **0.1** ***beduusd, beteuterd.***
bedeuten **0.1** ***betekenen*** ⇒*van belang zijn* **0.2** ⟨schr.⟩ ***beduiden*** ⇒*te verstaan geven, duidelijk maken.*
bedeutend **0.1** ***belangrijk*** ⇒*aanzienlijk.*
bedeutsam **0.1** ***belangrijk*** **0.2** ***veelbetekenend, veelzeggend.***
Bedeutsamkeit ⟨v.; ~, ~en⟩ **0.1** ⟨schr.⟩ ***betekenis*** **0.2** ***belang.***
Bedeutung ⟨v.; ~, ~en⟩ **0.1** ***betekenis*** ⇒*zin* **0.2** ***belang.***
bedeutungslos **0.1** ***onbetekenend, onbeduidend, onbelangrijk.***
Bedeutungslosigkeit ⟨v.; ~⟩ **0.1** ***onbelangrijkheid, onbeduidendheid.***
bedeutungsschwer ⟨schr.⟩ **0.1** ***veelbetekenend*** **0.2** ***zeer belangrijk, van grote betekenis.***
bedeutungsvoll **0.1** ***belangrijk*** **0.2** ***veelbetekenend, veelzeggend.***
bedienen I ⟨ov. & onov.ww.⟩ **0.1** ***bedienen*** ⇒*helpen, van dienst zijn* **0.2** ***onderhouden*** **0.3** ⟨sp.⟩ ***toespelen*** ⟨v.d. bal⟩ **0.4** ⟨kaartspel⟩ ***bekennen*** **0.5** ⟨ec.⟩ ***rente betalen over, voor*** ◆ **3.1** ich bin bedient! *ik heb mijn portie wel gehad!, ik heb er genoeg van!;* werden Sie schon bedient? *wordt u al geholpen?* **5.4** falsch ~ *niet bekennen;*
II sich ~ ⟨wk.ww.⟩ **0.1** ***zich bedienen*** ⇒*toetasten* **0.2** ⟨met 2e nv.⟩ ***gebruik maken van, gebruiken.***
Bedieneroberfläche ⟨v.⟩⟨comp.⟩ →**Benutzeroberfläche.**
bedienstet **0.1** ***in dienst.***
Bedienstete(r) ⟨bn. als zn.⟩ **0.1** ***ambtenaar*** ⇒*employé, werknemer* ⟨in overheidsdienst⟩ **0.2** ***bediende, dienaar.***
Bedienung ⟨v.; ~⟩ **0.1** ***bediening*** ⇒*het bedienen, kelner(in), verkoper, verkoopster, bedieningsgeld* **0.2** ⟨Oostr.⟩ ***(betrekking als) hulp in de huishouding.***
Bedienungsanleitung ⟨v.⟩ **0.1** ***handleiding, gebruiksaanwijzing.***
bedingen[1] ⟨ov.ww.→t20⟩⟨vero.⟩ **0.1** ***bedingen.***
bedingen[2] ⟨ov.ww.⟩ **0.1** ***(ver)eisen, veronderstellen*** **0.2** ***veroorzaken, teweegbrengen*** ⇒*(met zich) meebrengen* ◆ **5.2** psychologisch bedingt sein *een psychologische achtergrond hebben* **6.2** das ist **durch** sein Alter bedingt *dat brengt zijn leeftijd mee.*
bedingt **0.1** ***afhankelijk, veroorzaakt*** **0.2** ***voorwaardelijk*** **0.3** ***beperkt, betrekkelijk, tot op zekere hoogte.***
Bedingtgut ⟨o.⟩ **0.1** ***commissiegoed(eren).***
Bedingung ⟨v.; ~, ~en⟩ **0.1** ***voorwaarde, conditie*** ⇒*omstandigheid* ◆ **6.1 unter** keiner ~ *onder geen enkele voorwaarde, onder geen beding;* **zu** günstigen ~en *op, tegen voordelige voorwaarden.*
bedingungslos **0.1** ***onvoorwaardelijk.***
bedingungsweise **0.1** ***voorwaardelijk.***
bedrängen **0.1** ***benauwen, bezwaren*** ⇒*kwellen* **0.2** ***in het nauw brengen, lastig vallen*** **0.3** ***(sterk, met klem) aandringen bij*** **0.4** ***bedreigen*** ◆ **1.1** eine bedrängte Lage *een benarde, hachelijke positie.*
Bedrängnis ⟨v.; ~, ~se⟩⟨schr.⟩ **0.1** ***nood, benauwdheid, benarde toestand*** ◆ **6.1** jmdn. **in** (arge) ~ bringen *iem. (erg) in het nauw drijven.*
Bedrängung ⟨v.; ~, ~en⟩ **0.1** ***nood, benauwdheid, benauwenis, kwelling.***
bedrohen **0.1** ***bedreigen.***
bedrohlich **0.1** ***onheilspellend, dreigend*** ⇒*gevaarlijk.*
Bedrohung ⟨v.; ~, ~en⟩ **0.1** ***(be)dreiging.***
bedrucken **0.1** ***bedrukken.***
bedrücken **0.1** ***beklemmen, bezwaren, bedrukt maken*** ⇒ *deprimeren, terneerdrukken* **0.2** ***verdrukken, onderdrukken*** ◆ **1.1** eine bedrückte Stimmung *een gedrukte stemming.*
bedürfen ⟨met 2e nv.⟩ **0.1** ***behoeven, nodig hebben*** ⇒*behoefte hebben aan* ◆ **1.1** es bedurfte keiner weiteren Worte *verdere woorden waren overbodig.*
Bedürfnis ⟨o.; ~ses, ~se⟩ **0.1** ***behoefte, verlangen*** **0.2** ⟨natuurlijke⟩ ***behoefte, hoge nood*** ◆ **3.2** sein ~ verrichten *zijn behoefte doen* **6.1** das ~ **nach** Ruhe *de behoefte aan rust.*
Bedürfnisanstalt ⟨v.⟩⟨schr.⟩ **0.1** ***openbaar toilet.***
bedürfnislos **0.1** ***bescheiden, pretentieloos.***
bedürftig **0.1** ***behoeftig, armoedig*** ◆ **1.¶** ⟨schr.⟩ des Schutzes, Trostes ~ sein *bescherming, troost nodig hebben.*
beduseln, sich ⟨inf.⟩ **0.1** ***zich bedrinken, te diep in het glaasje kijken.***
Beefsteak ⟨o.; ~s, ~s⟩ **0.1** ***biefstuk*** **0.2** ***tartaar, biefstuk à la tartare*** **0.3** ***gehakt*** ◆ **2.3** deutsches ~ *gebraden gehakt.*
beehren I ⟨ov.ww.⟩ **0.1** ***vereren*** ⇒*(alle) eer aandoen* **0.2** ⟨schr.⟩ ***met een bezoek vereren;***
II sich ~ ⟨wk.ww.⟩ **0.1** ***de eer hebben.***
beeiden **0.1** ***onder ede bevestigen, een eed afleggen op*** ⇒ *bezweren.*
beeidigen ⟨vero.⟩ →**beeiden.**
beeilen, sich **0.1** ***zich haasten, voortmaken.***
beeindrucken **0.1** ***indruk maken op*** ⇒*imponeren* ◆ **1.1** eine ~de Leistung *een indrukwekkende prestatie* **3.1** beeindruckt werden *onder de indruk komen, raken.*

beeinflussen **0.1** *beïnvloeden.*
beeinträchtigen **0.1** *benadelen, afbreuk doen aan* ⇒*schaden, verminderen* ◆ **6.1** jmdn. **in** seiner Freiheit ~ *iem. in zijn vrijheid belemmeren.*
beenden **0.1** *beëindigen, afmaken, besluiten* ⇒*voltooien* ◆ **3.1** die Krise ist noch nicht beendet *de crisis is nog niet ten einde, voorbij.*
beendigen ⟨vero.⟩ →**beenden.**
beengen **0.1** *benauwen, beklemmen* **0.2** ⟨fig.⟩ *beperken, inperken, beknotten* ◆ **3.1** sehr beengt wohnen *erg klein behuisd zijn.*
beerben **0.1** *erven van* ⇒*beërven.*
beerdigen **0.1** *begraven, ter aarde bestellen.*
Beerdigung ⟨v.; ~, ~en⟩ **0.1** *begrafenis, teraardebestelling.*
Beere ⟨v.; ~, ~n⟩ **0.1** *bes.*
Beerenobst ⟨o.⟩ **0.1** *bessen.*
Beet ⟨o.; ~(e)s, ~e⟩ **0.1** *(bloem)bed, perk.*
Beete ⟨v.⟩ →**Bete.**
befähigen **0.1** *bekwamen, in staat stellen.*
befähigt **0.1** *geschikt, bekwaam* **0.2** *begaafd.*
Befähigung ⟨v.; ~, ~en⟩ **0.1** *bekwaamheid, geschiktheid* **0.2** *begaafdheid, aanleg* **0.3** *bevoegdheid.*
Befähigungsnachweis ⟨m.⟩ **0.1** *akte, proeve van bekwaamheid, diploma.*
befahrbar **0.1** *berijd-, begaanbaar* **0.2** *bevaarbaar.*
befahren[1] ⟨bn.⟩ **0.1** *druk (bereden)* **0.2** ⟨scheep.⟩ *bevaren.*
befahren[2] ⟨ov.ww.⟩ **0.1** *berijden, rijden in, op, door, over* **0.2** *bevaren, varen op* **0.3** ⟨mijnw.⟩ *afdalen.*
Befall ⟨m.⟩ **0.1** *aantasting.*
befallen ⟨h.⟩ **0.1** *aantasten, overvallen* ⇒*bevangen, treffen* ◆ **1.1** eine Ohnmacht hat ihn ~ *hij is flauwgevallen;* Fieber befiel mich *ik kreeg (plotseling) koorts* **6.1** **von** einer Krankheit ~ werden *een ziekte krijgen.*
befangen **0.1** *verlegen, geremd* ⇒*schuchter* **0.2** *bevooroordeeld, vooringenomen* **0.3** *verstrikt, gevangen* ◆ **8.3** in dem Wahn ~ sein, daß ... *in de waan verkeren, dat ...*
befassen I ⟨ov.ww.⟩ **0.1** *belasten* **0.2** *betasten, aanraken* ◆ **6.1** das Gericht **mit** einer Anklage ~ *bij de rechtbank een klacht indienen;*
II sich ~ ⟨wk.ww.⟩ **0.1** *zich bezighouden.*
befehden ⟨schr.⟩ **0.1** *strijd voeren tegen* ⇒*bestrijden.*
Befehl ⟨m.; ~(e)s, ~e⟩ **0.1** *bevel* ⇒*opdracht, order* **0.2** ⟨comp.⟩ *commando* ◆ **2.1** ein dienstlicher ~ *een dienstbevel* **6.1** **auf** höheren ~ *op bevel van hogerhand;* bis **auf** weiteren ~ *tot nader order;* ⟨mil.⟩ **zu** ~! *tot uw orders!*
befehlen ⟨→t2⟩ **0.1** *bevelen* ⇒*gebieden* **0.2** *bevelen te gaan, te komen, sturen* ⇒*ontbieden* **0.3** *het bevel voeren over* ⇒*heersen over* **0.4** ⟨schr.⟩ *(aan)bevelen, toevertrouwen aan* ◆ **1.¶** ⟨schr.⟩ wie der Herr ~! *zoals mijnheer wenst!* **6.2** er wurde **zu** seinem Vorgesetzten befohlen *hij werd bij zijn chef geroepen, ontboden.*
befehlerisch **0.1** *bevelend, gebiedend.*
befehligen ⟨mil.⟩ **0.1** *commanderen, aanvoeren.*
Befehlsempfänger ⟨m.⟩ **0.1** *ondergeschikte* **0.2** ⟨pej.⟩ *lakei, marionet.*
Befehlsform ⟨v.⟩⟨taal.⟩ **0.1** *gebiedende wijs* ⇒*imperatief.*
befehlsgemäß **0.1** *volgens bevel, conform het bevel.*
Befehlsgewalt ⟨v.⟩ **0.1** *commando, gezag.*
Befehlshaber ⟨m.; ~s, ~⟩⟨mil.⟩ **0.1** *bevelhebber, -voerder.*
Befehlsnotstand ⟨m.⟩ **0.1** ⟨noodzaak om een gegeven bevel ondanks gewetensconflict onvoorwaardelijk op te volgen, gewetensconflict bij een bevel⟩.
Befehlsverweigerung ⟨v.⟩ **0.1** *insubordinatie.*
befeinden I ⟨ov.ww.⟩ **0.1** *bestrijden* ⇒*ten strijde trekken tegen;*
II sich ~ ⟨wk.ww.⟩ **0.1** *een vijandige houding aannemen, vijandig gezind worden, ruzie krijgen.*
befestigen **0.1** *bevestigen* ⇒*vastmaken* **0.2** *verstevigen, (ver)sterken* **0.3** *verharden.*
Befestigungsanlage ⟨v.⟩ **0.1** *versterkingswerken.*
befeuchten **0.1** *bevochtigen, natmaken.*
befeuern **0.1** *stoken* **0.2** *onder vuur nemen* **0.3** ⟨schr.; fig.⟩ *aanvuren, aanwakkeren* **0.4** ⟨inf.⟩ *bekogelen* **0.5** ⟨scheep.⟩ *van lichtbakens voorzien.*
Beffchen ⟨o.; ~s, ~⟩ **0.1** *bef(je).*
befinden I ⟨onov.ww.⟩ **0.1** *bevinden, (be)oordelen* ⇒*achten;*
II sich ~ ⟨wk.ww.⟩ **0.1** *zich bevinden* ⇒*zijn, staan* **0.2** *zich voelen* ◆ **4.2** wie ~ Sie sich? *hoe maakt u het?*
Befinden ⟨o.; ~s⟩ **0.1** *(gezondheids)toestand* **0.2** ⟨schr.⟩ *oordeel, advies.*
befindlich ⟨schr.⟩ **0.1** *zich bevindend, aanwezig* ⇒*voorhanden, bestaand* **0.2** *zijnde* ◆ **6.2** **in** Vorbereitung ~ *in voorbereiding (zijnde).*
befingern ⟨inf.⟩ **0.1** *bepotelen* ⇒*be-, aftasten.*
beflaggen **0.1** *met vlaggen versieren, tooien, bevlaggen.*
beflecken **0.1** *bevlekken* ⇒*vuilmaken,* ⟨fig.⟩ *bezoedelen.*
befleißigen, sich ⟨schr.⟩ **0.1** *zijn best doen, moeite doen* ⇒ *zich toeleggen op* ◆ **1.1** sich der Pünktlichkeit ~ *proberen steeds op tijd te komen.*
beflissen ⟨schr.⟩ **0.1** *ijverig, naarstig* ⇒*gedienstig.*
beflügeln **0.1** *bevleugelen* ⇒*bespoedigen,* ⟨fig.⟩ *aansporen.*
befolgen **0.1** *opvolgen, naleven* ⇒*in acht nemen* **0.2** *volgen, hanteren.*
Beförderer ⟨m.; ~s, ~⟩ **0.1** *transporteur* **0.2** *verzender, expediteur.*
befördern **0.1** *transporteren, vervoeren* **0.2** *verzenden* **0.3** *bevorderen, promoveren.*
Beförderung ⟨v.; ~, ~en⟩ **0.1** *transport, vervoer* **0.2** *expeditie, verzending* **0.3** *promotie, bevordering.*
Beförderungsaussichten ⟨alleen mv.⟩ **0.1** *promotiekansen.*
Beförderungsmittel ⟨o.⟩ **0.1** *vervoer-, transportmiddel.*
befrachten **0.1** *bevrachten, laden* **0.2** ⟨fig.⟩ *belasten.*
befrackt **0.1** *in rok(kostuum).*
befragen I ⟨ov.ww.⟩ **0.1** *(onder)vragen* ⇒*raadplegen, informeren bij;*
II sich ~ ⟨wk.ww.⟩⟨vero.⟩ **0.1** *informeren* ⇒*raadplegen.*
Befragte(r) ⟨bn. als zn.⟩ **0.1** *ondervraagde (persoon).*
Befragung ⟨v.; ~, ~en⟩ **0.1** *ondervraging* ⇒*raadpleging* **0.2** *enquête.*
befreien **0.1** *bevrijden* ⇒*vrijmaken, verlossen* **0.2** *ontslaan, vrijstellen* ⇒*ontheffen.*
Befreiungskampf ⟨m.⟩ **0.1** *vrijheidsstrijd.*
Befreiungskrieg ⟨m.⟩ **0.1** *bevrijdings-, vrijheidsoorlog.*
befremden **0.1** *bevreemden* ⇒*verwonderen.*
Befremden ⟨o.; ~s⟩ **0.1** *bevreemding* ⇒*verwondering.*
befremdlich ⟨schr.⟩ **0.1** *bevreemdend, vreemd* ⇒*zonderling.*
befreunden, sich **0.1** *vriendschap sluiten, bevriend raken* **0.2** *vertrouwd raken, zich vertrouwd maken.*
befrieden **0.1** *de rust herstellen in* ⇒*pacificeren* **0.2** ⟨schr.⟩ *omheinen* **0.3** ⟨vero.; schr.⟩ *verzoenen, kalmeren.*
befriedigen **0.1** *bevredigen, tevredenstellen* ⇒*voldoen aan* ◆ **1.1** ein Bedürfnis ~ *in een behoefte voorzien.*
befriedigend **0.1** *bevredigend, voldoende* **0.2** ⟨school.⟩ *(ruim) voldoende.*
Befriedigung ⟨v.; ~⟩ **0.1** *bevrediging* **0.2** *tevredenheid.*
befristen **0.1** *een termijn (vast)stellen voor* ⇒*aan een termijn binden* ◆ **1.1** ein befristetes Arbeitsverhältnis *een tij-*

delijk arbeidscontract; eine befristete Spareinlage *spaardeposito op termijn* **5.1** zeitlich befristet sein *een tijdelijk karakter hebben.*
befruchten **0.1** ***bevruchten*** ⇒(fig.) *inspireren.*
Befugnis (v.; ~, ~se) **0.1** ***bevoegdheid*** ⇒*competentie.*
befugt **0.1** ***bevoegd*** ⇒*gerechtigd.*
befühlen **0.1** ***bevoelen, be-, aftasten.***
befummeln (inf.) **0.1** ***frunniken, friemelen aan*** ⇒*pulken aan.*
Befund (m.) **0.1** ***bevinding(en)*** ⇒*uitslag, diagnose* ◆ **6.1** (je) **nach** ~ *naar bevind (van zaken);* (med.) **ohne** ~ *(uitslag) negatief.*
befürchten **0.1** ***vrezen*** ⇒*duchten.*
Befürchtung (v.; ~, ~en) **0.1** ***vrees.***
befürworten **0.1** ***voorstaan, bepleiten*** ⇒*ondersteunen.*
Befürworter (m.; ~s, ~) **0.1** ***bepleiter, voorstander*** ⇒*pleitbezorger.*
begaben **0.1** ***begiftigen, bedenken.***
begabt **0.1** ***begaafd*** ⇒*talentvol* ◆ **6.1** **dafür** ist er nicht ~ *daar heeft hij geen aanleg voor.*
Begabung (v.; ~, ~en) **0.1** ***begaafdheid, gave*** ⇒*aanleg, talent* **0.2** ***begaafd, talentvol persoon, talent.***
begaffen **0.1** ***aangapen*** ⇒*begapen.*
begatten **I** (ov.ww.) **0.1** ***dekken, paren met;***
II sich ~ (wk.ww.) **0.1** ***paren.***
begaunern (inf.) **0.1** ***afzetten, oplichten.***
begebbar **0.1** ***verhandelbaar.***
begeben **I** (ov.ww.) (ec.) **0.1** ***uitgeven*** ⇒*emitteren;*
II sich ~ (wk.ww.) **0.1** ***zich begeven*** **0.2** (met 2e nv.; schr.) ***afzien van, opgeven*** **0.3** (met 2e nv.; schr.) ***verspelen, verliezen*** **0.4** (schr.) ***zich voordoen, geschieden, gebeuren.***
Begebenheit (v.; ~, ~en) (schr.) **0.1** ***gebeurtenis, voorval.***
begegnen (s.; met 3e nv.) **0.1** ***ontmoeten, tegenkomen*** **0.2** ***overkomen, wedervaren*** **0.3** ***bejegenen, behandelen*** **0.4** ***optreden tegen, het hoofd bieden (aan)*** ⇒*reageren op* **0.5** ***staan tegenover*** ⇒*opnemen* **0.6** ***voorkomen.***
Begegnung (v.; ~, ~en) **0.1** ***ontmoeting*** ⇒*samenkomst* **0.2** ***contact*** ⇒*confrontatie.*
begehen **0.1** ***begaan, gaan over, lopen over*** **0.2** ***begaan*** ⇒ *bedrijven, plegen* **0.3** ***controleren, patrouilleren langs*** **0.4** (schr.) ***vieren.***
Begehr (m. & o.; ~s) (vero.; schr.) **0.1** ***wens, verlangen.***
begehren **0.1** ***begeren, wensen, verlangen*** ◆ **1.1** eine begehrte Tänzerin *een veelgevraagde danspartner* **3.1** die Anlagen sind begehrt *die beleggingen zijn in trek, gewild.*
Begehren (o.; ~s, ~) **0.1** ***verlangen, wens.***
begehrenswert **0.1** ***begerenswaard(ig), begeerlijk.***
begehrlich **0.1** ***begerig*** ⇒*gretig.*
begeifern **0.1** ***bezwadderen, belasteren*** **0.2** ***bekwijlen.***
begeistern **I** (ov.ww.) **0.1** ***bezielen, verrukken, in geestdrift brengen;***
II sich ~ (wk.ww.) **0.1** ***geestdriftig worden, in vuur en vlam raken*** ⇒*warmlopen.*
begeisternd **0.1** ***bezielend, meeslepend.***
begeistert **0.1** ***enthousiast, geestdriftig.***
Begeisterung (v.; ~, ~en) **0.1** ***geestdrift, enthousiasme.***
Begier (v.; ~) →**Begierde.**
Begierde (v.; ~, ~n) **0.1** ***begeerte*** ⇒*lust, zucht.*
begierig **0.1** ***begerig*** ⇒*verlangend, gretig, gulzig* **0.2** ***nieuwsgierig, benieuwd.***
begießen **0.1** ***begieten*** **0.2** (inf.) ***drinken op.***
Begine (v.; ~, ~n) **0.1** ***begijn.***
Beginn (m.; ~(e)s) **0.1** ***begin, aanvang*** ◆ **6.1** **bei, zu** ~ *bij, aan het begin;* **mit** ~ *bij, met de aanvang;* **von** ~ an *van het begin af aan.*
beginnen (h.→t4) **0.1** ***beginnen, aanvangen.***
Beginnen (o.; ~s) (schr.) **0.1** ***onderneming.***
beglaubigen **0.1** ***waarmerken, legaliseren*** **0.2** ***accrediteren.***
Beglaubigungsschreiben (o.) **0.1** ***geloofsbrief.***
begleichen **0.1** ***vereffenen*** ⇒*betalen, aanzuiveren.*
Begleitadresse (v.) **0.1** ***gelei(de)biljet.***
begleiten **0.1** ***begeleiden*** (ook muz.) ⇒*vergezellen, escorteren.*
Begleiterscheinung (v.) **0.1** ***bijkomend, begeleidend verschijnsel, bijverschijnsel.***
Begleitflugzeug (o.) **0.1** ***escorterend vliegtuig.***
Begleitpapiere (alleen mv.) (ec.) **0.1** ***geleidepapieren, documenten.***
Begleitperson (v.) **0.1** ***begeleider.***
Begleitschein (m.) (ec.) **0.1** ***gelei(de)biljet.***
Begleitschiff (o.) **0.1** ***konvooischip*** ⇒*escortevaartuig.*
Begleitschreiben (o.) **0.1** ***begeleidend schrijven.***
Begleitumstand (m.) **0.1** ***bijkomende omstandigheid.***
Begleitung (v.; ~, ~en) **0.1** ***begeleiding*** (ook muz.) ⇒*gezelschap* **0.2** (mil.) ***escorte, konvooi*** ⇒*geleide.*
beglotzen **0.1** ***(staan) aangapen*** ⇒*aanstaren.*
beglücken **0.1** ***verblijden, gelukkig maken.***
Beglücker (m.; ~s, ~) (meestal iron.) **0.1** ***weldoener, gelukaanbrenger.***
beglückwünschen **0.1** ***feliciteren, gelukwensen*** ◆ **6.1** jmdn. **zum** Geburtstag ~ *iem. met zijn verjaardag feliciteren.*
begnadet **0.1** ***begenadigd.***
begnadigen **0.1** ***begenadigen, gratie verlenen aan.***
begnügen, sich **0.1** ***genoegen nemen, zich vergenoegen.***
Begonie (v.; ~, ~n) **0.1** ***begonia.***
begönnern **0.1** ***begunstigen*** **0.2** ***de beschermheer spelen over*** ⇒*betuttelen.*
begraben **0.1** ***begraven*** ⇒*bedelven,* (fig. ook) *opgeven, vergeten.*
Begräbnis (o.; ~ses, ~se) **0.1** ***begrafenis, teraardebestelling.***
Begräbnisstätte (v.) **0.1** ***grafstede, laatste rustplaats.***
begradigen **0.1** ***rechtmaken, corrigeren*** ⇒*rechttrekken* **0.2** (wwb.) ***regulariseren.***
begreifen **I** (ov. & onov.ww.) **0.1** ***begrijpen*** ⇒*(be)vatten, zien* **0.2** ***omvatten;***
II sich ~ (wk.ww.) ◆ **4.¶** es begreift sich *het is begrijpelijk, het spreekt vanzelf.*
begreiflich **0.1** ***begrijpelijk*** ◆ **3.1** jmdm. etwas ~ machen *iem. iets duidelijk maken.*
begrenzen **0.1** ***begrenzen*** ⇒*afbakenen* **0.2** ***beperken*** ◆ **3.2** etwas begrenzt einsetzen *iets in beperkte mate inzetten.*
Begriff (m.; ~(e)s, ~e) **0.1** ***begrip*** ⇒*betekenis, bevattingsvermogen* **0.2** ***idee, denkbeeld*** ⇒*opvatting* ◆ **4.1** das ist mir kein ~ *dat zegt me niets* **6.2** langsam, schwer **von** ~ sein *traag van begrip zijn* **6.¶** **im** ~ sein, stehen *op het punt staan.*
begriffen **0.1** ***bezig*** ◆ **6.1** **im** Aufbruch ~ sein *op het punt staan te vertrekken;* **im** Bau, Entstehen ~ sein *in aanbouw, wording zijn;* ~ sein **in** (a) *bezig zijn met* (b) *op het punt staan;* **in** einem Gespräch ~ *in een gesprek gewikkeld.*
begrifflich **0.1** ***abstract, theoretisch*** ⇒*begripsmatig.*
Begriffsbestimmung (v.) **0.1** ***begripsbepaling, definitie.***
begriffsstutzig (pej.) **0.1** ***traag van begrip.***
begründen **I** (ov.ww.) **0.1** ***motiveren, een reden aanvoeren voor*** ⇒*staven* **0.2** ***funderen, baseren*** ⇒*bouwen* **0.3** ***oprichten, stichten*** ◆ **6.1** **durch** eine Sache, **in** einer Sache begründet sein *zijn oorzaak vinden in iets;*

II sich ~ ⟨wk.ww.⟩ **0.1** ***gebaseerd zijn, berusten*** ⇒*steunen.*
Begründer ⟨m.⟩ **0.1** ***oprichter, stichter*** ⇒*grondlegger.*
Begründung ⟨v.⟩ **0.1** ***motivatie, motivering*** ⇒*grond, verklaring* **0.2** ***stichting, oprichting.***
begrünen I ⟨ov.ww.⟩ **0.1** ***van groen voorzien;***
II sich ~ ⟨wk.ww.⟩ **0.1** ***groen worden*** ⇒*uitlopen.*
Begrünung ⟨v.; ~⟩ **0.1** ***groenvoorziening(en).***
begrüßen 0.1 ***begroeten, verwelkomen*** **0.2** ***toejuichen, begroeten*** **0.3** ⟨Zwi.⟩ ***raadplegen.***
begrüßenswert 0.1 ***verheugend, toe te juichen.***
Begrüßungs|ansprache, -rede ⟨v.⟩ **0.1** ***welkomstrede, welkomstwoord.***
begucken 0.1 ***bekijken*** ⇒*aankijken.*
begünstigen 0.1 ***begunstigen, steunen*** ⇒*bevorderen* **0.2** ***begunstigen, bevoordelen*** ⇒*voortrekken* ◆ **1.1** ein Verbrechen ~ *medeplichtig zijn aan een misdaad.*
Begünstigung ⟨v.; ~, ~en⟩ **0.1** ***bevoordeling*** **0.2** ***begunstiging*** ⟨ook jur.⟩, ***steun*** ⇒*bevordering* ◆ **2.2** steuerliche ~ *fiscale voordelen.*
begutachten 0.1 ***advies, rapport uitbrengen over, beoordelen*** ⇒*kritisch bekijken.*
Begutachter ⟨m.; ~s, ~⟩ **0.1** ***deskundige*** **0.2** ***adviseur, rapporteur.***
Begutachtung ⟨v.; ~, ~en⟩ **0.1** ***deskundig advies, rapport, attest*** **0.2** ***beoordeling*** ⇒*advies* ◆ **6.2 zur** ~ *voor, ter fine van advies.*
begütert 0.1 ***gegoed, bemiddeld.***
begütigen 0.1 ***kalmeren, tot bedaren brengen*** ⇒*sussen.*
behaaren, sich 0.1 ***haren krijgen.***
behaart 0.1 ***behaard*** ⇒*harig.*
Behaarung ⟨v.; ~, ~en⟩ **0.1** ***haargroei, haren.***
behäbig 0.1 ***dik en sloom, log*** ⇒*plomp* **0.2** ***sloom, loom, traag*** **0.3** ***omvangrijk, kolossaal*** ⇒*zwaar, massief* **0.4** ⟨Zwi.⟩ ***gegoed, welgesteld.***
behacken 0.1 ***loshakken, loswerken*** **0.2** ***openhakken*** **0.3** ⟨inf.⟩ ***bedonderen, belazeren.***
behaftet 0.1 ***behept*** **0.2** ***belast.***
behagen ⟨met 3e nv.⟩ **0.1** ***behagen*** ⇒*bevallen.*
Behagen ⟨o.; ~s⟩ **0.1** ***(wel)behagen, welgevallen.***
behaglich 0.1 ***behaaglijk*** ⇒*gezellig, knus.*
behalten 0.1 ***(be)houden*** ⇒*bewaren* **0.2** ***onthouden*** **0.3** ***behouden, bij zich houden*** **0.4** ***overhouden*** **0.5** ***inhouden*** ◆ **6.2** etwas **im** Gedächtnis, im Kopf ~ *iets onthouden* **6.3** ein Geheimnis **für** sich ~ *een geheim voor zich houden.*
Behälter ⟨m.; ~s, ~⟩ **0.1** ***reservoir*** ⇒*tank, vergaarbak, ketel* **0.2** ***bus, blik, fles*** ⇒*kan* **0.3** ***kist(je), trommel, doos*** **0.4** ***laadkist*** ⇒*container* **0.5** ***kom*** **0.6** ***(gas)houder*** **0.7** ***koffer*** **0.8** ***tas, zak.***
Behältnis ⟨o.; ~ses, ~se⟩⟨schr.⟩ →**Behälter.**
behämmert 0.1 ***gek, (van lotje) getikt.***
behände ⟨nw.spel.⟩ →**behende.**
behandeln 0.1 ***behandelen*** **0.2** ***bewerken.***
Behandlung ⟨v.⟩ **0.1** ***behandeling*** **0.2** ***bewerking*** ◆ **2.1** sich in ärztliche ~ begeben *zich onder doktersbehandeling stellen.*
Behang ⟨m.; ~(e)s, ~̈e⟩ **0.1** ***wandtapijt, behang*** **0.2** ***fruit*** **0.3** ***versiering*** ⟨v.d. kerstboom⟩ **0.4** ⟨jacht⟩ ***behang, (hang)oren.***
behangen 0.1 ***beladen.***
behängen ⟨zwak ww.⟩ **0.1** ***be-, volhangen.***
beharken I ⟨ov.ww.⟩ **0.1** ⟨sold.⟩ ***beschieten, bestoken;***
II sich ~ ⟨wk.ww.⟩ **0.1** ⟨inf.⟩ ***elkaar in de haren vliegen.***
beharren 0.1 ***volharden*** ⇒*blijven, staan* **0.2** ***volhouden, staande houden*** ◆ **1.1** die ~den Kräfte in der Politik *de behoudende krachten in de politiek* **6.1 auf, bei** seiner Meinung ~ *bij zijn mening blijven;* **auf** seinem Recht ~ *op zijn recht staan.*
beharrlich 0.1 ***volhardend, standvastig*** ⇒*vasthoudend.*
Beharrlichkeit ⟨v.; ~⟩ **0.1** ***volharding, standvastigheid*** ⇒ *vasthoudendheid* ◆ **¶.1** ⟨sprw.⟩ ~ führt zum Ziel *de aanhouder wint.*
Beharrung ⟨v.; ~⟩ **0.1** ⟨nat.⟩ ***traagheid.***
Beharrungsvermögen ⟨o.⟩ **0.1** ***doorzettingsvermogen, volharding*** **0.2** ⟨nat.⟩ ***traagheid(svermogen), inertie.***
behauchen 0.1 ***beademen, bewasemen*** **0.2** ⟨taal.⟩ ***aspireren, aanblazen.***
behauen 0.1 ***behouwen, bewerken.***
behaupten I ⟨ov.ww.⟩ **0.1** ***beweren*** **0.2** ***handhaven*** ⇒ *staande houden, behouden;*
II sich ~ ⟨wk.ww.⟩ **0.1** ***zich handhaven*** ⇒*zich staande houden, standhouden* **0.2** ⟨ec.⟩ ***prijshoudend zijn*** **0.3** ⟨sp.⟩ ***standhouden*** ⇒*met succes verdedigen.*
behauptet ⟨ec.⟩ **0.1** ***prijshoudend.***
Behauptung ⟨v.; ~, ~en⟩ **0.1** ***bewering*** **0.2** ***handhaving, verdediging*** **0.3** ⟨wisk.⟩ ***stelling.***
beheben 0.1 ***opheffen, uit de weg ruimen*** ⇒*verhelpen, herstellen, uit de wereld helpen* **0.2** ⟨Oostr.⟩ ***opnemen, af-, ophalen.***
beheimaten 0.1 ***een nieuw thuis, vaderland geven*** ⇒*onderbrengen, invoeren* **0.2** ***binnen zijn muren, grenzen hebben*** ⇒*tellen.*
beheimatet 0.1 ***gedomicilieerd, woonachtig, thuis*** ⇒*gevestigd.*
beheizen 0.1 ***verwarmen*** ⇒*stoken, verhitten.*
Behelf ⟨m.; ~(e)s, ~e⟩ **0.1** ***noodoplossing*** ⇒*hulp-, redmiddel, surrogaat.*
behelfen, sich 0.1 ***zich behelpen*** ⇒*zich redden.*
Behelfsausfahrt ⟨v.⟩ **0.1** ***provisorische afrit, afslag.***
behelfsmäßig 0.1 ***voorlopig, provisorisch*** **0.2** ***nood-.***
behelfsweise 0.1 ***provisorisch, voorlopig, als noodoplossing.***
behelligen 0.1 ***lastig vallen*** ⇒*hinderen.*
behende 0.1 ***handig, behendig*** ⇒*vlug, rap.*
beherbergen 0.1 ***herbergen, huisvesten*** **0.2** ***plaats bieden aan.***
beherrschen 0.1 ***beheersen*** ⇒*meester zijn, beteugelen* **0.2** ***heersen in, over, regeren*** ⇒*overheersen* **0.3** ***uitsteken boven, zich verheffen boven.***
Beherrscher ⟨m.; ~s, ~⟩ **0.1** ***heerser, gebieder.***
Beherrschung ⟨v.; ~⟩ **0.1** ***beheersing*** ⇒*beteugeling* **0.2** ***heerschappij*** ⇒*overheersing.*
beherzigen 0.1 ***ter harte nemen*** ⇒*behartigen.*
beherzt 0.1 ***moedig, dapper*** ⇒*kordaat, kloek.*
behexen 0.1 ***betoveren, beheksen.***
behilflich 0.1 ***behulpzaam*** ⇒*hulp-, dienstvaardig.*
behindern 0.1 ***hinderen*** ⇒*belemmeren.*
Behinderte(r) ⟨bn. als zn.⟩ **0.1** ***gehandicapte.***
Behinderung ⟨v.; ~, ~en⟩ **0.1** ***het hinderen*** ⇒*belemmering* **0.2** ***handicap, gebrek.***
behobeln 0.1 ***(be-, af)schaven.***
behorchen 0.1 ***afluisteren*** ⇒*beluisteren.*
Behörde ⟨v.; ~, ~n⟩ **0.1** ***instantie, autoriteit(en), (overheids)orgaan*** **0.2** ***overheid, autoriteit(en), bestuur*** **0.3** ***bureau, dienst, kantoor.***
Behördendeutsch ⟨o.⟩ →**Amtsdeutsch.**
behördlich 0.1 ***v.d. overheid, van overheidswege, officieel.***
behördlicherseits 0.1 ***van overheidswege.***
Behuf ⟨m.⟩⟨vero.; adm.⟩ ◆ **6.¶ zu** diesem ~(e) *voor dit doel, te dien einde;* **zum** ~(e) der Kinder *ten behoeve, ten bate van de kinderen.*

behüten 0.1 ***behoeden*** ⇒*bewaren, bewaken, hoeden, onder zijn hoede hebben* ◆ **1.1** Gott behüte! *God beware (me)!* **4.1** behüt(e) dich Gott! *moge God je behoeden!* **¶.1** behüte! *om de drommel niet!*

behutsam 0.1 ***behoedzaam*** ⇒*omzichtig.*

bei ⟨vz. + 3⟩ **0.1** ***bij*** **0.2** ***aan*** **0.3** ***met*** **0.4** ***op*** **0.5** ***in*** **0.6** ***van*** **0.7** ***achter*** **0.8** ***tijdens*** ◆ **1.1** beim Bahnhof *bij, in de buurt van het station* **1.2** ~ der Arbeit sein *aan het werk zijn;* Haus ~ Haus *huis aan huis;* ~ Hofe *aan het hof;* ~ Tisch sitzen *aan tafel zitten* ⟨te eten⟩ **1.3** ~ alledem *met dat al;* beim besten Willen nicht *met de beste wil niet* **1.4** ~ Jahren sein *op jaren, op leeftijd zijn;* ~ Strafe verboten *op straffe verboden* **1.5** ~ guter Gesundheit *in goede gezondheid* **1.6** das Unangenehme ~ der Sache *het vervelende van de zaak;* die Schlacht ~ Waterloo *de slag van, bij Waterloo* **1.7** ~ verschlossenen Türen *achter gesloten deuren* **1.8** ~ Lebzeiten *tijdens het, zijn leven* **3.2** beim Lesen, Schreiben sein *aan 't lezen, schrijven zijn, zitten (te) lezen, schrijven* **4.1** ~ sich sein *bij kennis zijn.*

beibehalten 0.1 ***(be)houden, handhaven*** ⇒*blijven bij, aanhouden, vasthouden aan.*

Beibehaltung ⟨v.; ~⟩ **0.1** ***behoud, handhaving.***

beibiegen I ⟨onov.ww.⟩ **0.1** ⟨scheep.⟩ ***bijdraaien;***
II ⟨ov.ww.⟩ **0.1** ⟨inf.⟩ ***(voorzichtig) duidelijk maken, aan het verstand brengen.***

Beiblatt ⟨o.⟩ **0.1** ***bijlage.***

Beiboot ⟨o.⟩ **0.1** ***sloep*** ⇒*jol.*

beibringen 0.1 ***bijbrengen*** ⇒*aan het verstand brengen, leren* **0.2** ***(voorzichtig) meedelen, zeggen*** **0.3** ***toedienen, geven*** **0.4** ***toebrengen*** **0.5** ***aanvoeren, overleggen*** ⇒ *voorleggen* **0.6** ***bij elkaar krijgen, brengen.***

Beichte ⟨v.; ~, ~n⟩ **0.1** ***biecht*** ◆ **3.1** die ~ ablegen *biecht spreken, biechten* **6.1 zur** ~ gehen *te biechte gaan.*

beichten 0.1 ***biechten*** **0.2** ⟨fig.⟩ ***opbiechten.***

Beichtkind ⟨o.⟩ **0.1** ***biechteling.***

Beichtstuhl ⟨m.⟩ **0.1** ***biechtstoel.***

beide 0.1 ***beide*** ⇒*alle twee, allebei, beiden* ◆ **3.1** ich habe schon ~s probiert *ik heb het al allebei geprobeerd.*

beiderlei 0.1 ***beider-, tweeërlei*** ◆ **1.1** ~ Geschlechts *van beiderlei kunne.*

beiderseitig 0.1 ***wederzijds, onderling*** **0.2** ***aan beide zijden, kanten*** ⇒*beiderzijds.*

beiderseits[1] ⟨bw.⟩ **0.1** ***aan weerszijden, aan, van weerskanten*** ⇒*aan beide kanten* **0.2** ***wederzijds, wederkerig.***

beiderseits[2] ⟨vz. + 2⟩ **0.1** ***aan weerskanten, weerszijden van.***

Beidhänder ⟨m.; ~s, ~⟩ **0.1** ***ambidexter*** ⇒*rechts- en linkshandige tegelijk.*

beidrehen ⟨scheep.⟩ **0.1** ***bijdraaien.***

beidseitig →**beiderseitig.**

beidseits ⟨vz. + 2⟩⟨Zwi.⟩ →**beiderseits**[2].

beieinander 0.1 ***bijeen, bij elkaar*** ⇒*samen.*

beieinanderhaben ⟨inf.⟩ **0.1** ***bijeen, bij elkaar hebben*** ◆ **4.¶** sie nicht richtig, nicht alle ~ *niet goed bij zijn hoofd zijn.*

beieinandersein ⟨inf.⟩ **0.1** ***in orde, netjes zijn*** ◆ **5.¶** gut ~ (a) *vitaal, flink zijn* (b) *zich goed voelen;* nicht ganz ~ *niet goed bij zijn hoofd zijn.*

Beifahrer ⟨m.⟩ **0.1** ***bijrijder*** **0.2** ***duopassagier.***

Beifahrersitz ⟨m.⟩ **0.1** ***plaats naast de chauffeur*** **0.2** ***duo-(zitting).***

Beifall ⟨m.⟩ **0.1** ***applaus*** **0.2** ***bijval*** ⇒*goedkeuring, instemming* ◆ **3.1** ~ auslösen *met applaus begroet worden;* (jmdm.) ~ klatschen *(voor iem.) applaudisseren, klappen* **3.2** ~ äußern *zijn instemming betuigen;* jmdm. ~ zollen *iem. bijvallen* **6.1** ~ **auf** offener Bühne *een open doekje.*

beifällig 0.1 ***instemmend, goedkeurend.***

Beifallklatschen ⟨o.; ~s⟩ **0.1** ***applaus.***

Beifalls|bezeigung, -kundgebung ⟨v.⟩ **0.1** ***applaus*** **0.2** ***bijvals-, adhesiebetuiging.***

Beifallsruf ⟨m.⟩ **0.1** ***toejuiching.***

beifügen 0.1 ***toevoegen aan*** ⇒*insluiten bij, bijvoegen.*

Beifügung ⟨v.; ~, ~en⟩ **0.1** ***toe-, bijvoeging.***

Beifuß ⟨m.⟩⟨plantk.⟩ **0.1** ***(gemene) alsem.***

Beigabe ⟨v.⟩ **0.1** ***toegift*** **0.2** ***toevoeging*** ⇒*aanvulling* **0.3** ***(graf)gift.***

beige 0.1 ***beige.***

Beige ⟨o.; ~, ~; inf. mv. ~s⟩ **0.1** ***beige.***

beigeben 0.1 ***toevoegen (aan)*** ⇒*erbij doen, bijvoegen* **0.2** ***ter beschikking stellen*** ◆ **5.¶** klein ~ *bakzeil halen, inbinden.*

beigeordnet 0.1 ***toegevoegd*** **0.2** ⟨taal.⟩ ***nevengeschikt.***

Beigeordnete(r) ⟨bn. als zn.⟩ **0.1** ***wethouder.***

Beigeschmack ⟨m.⟩ **0.1** ***bijsmaak.***

beigesellen ⟨schr.⟩ **I** ⟨ov.ww.⟩ **0.1** ***voegen bij, als gezelschap (mee)geven;***
II sich ~ ⟨wk.ww.; met 3e nv.⟩ **0.1** ***zich aansluiten bij.***

Beiheft ⟨o.⟩ **0.1** ***supplement*** ⇒*hulp-, werkboek, extra aflevering.*

beiheften 0.1 ***vasthechten aan*** ⇒*vastnieten aan* **0.2** ***bij-, toevoegen aan.***

Beihilfe ⟨v.⟩ **0.1** ⟨financiële⟩ ***hulp, bijstand, ondersteuning*** ⇒*steun, beurs, subsidie, toelage* **0.2** ***medeplichtigheid*** ◆ **2.1** eine einmalige ~ *een eenmalige uitkering* **3.2** ~ zu einem Mord leisten *medeplichtig zijn, worden aan een moord.*

beihilfefähig 0.1 ***subsidiabel.***

Beiklang ⟨m.⟩ **0.1** ***bijgeluid, bijklank*** **0.2** ⟨fig.⟩ ***ondertoon.***

Beikoch ⟨m.⟩ **0.1** ***hulp-, bijkok.***

beikommen ⟨met 3e nv.⟩ **0.1** ***vat krijgen op, in zijn greep krijgen*** ⇒*de baas worden, ingaan tegen, op kunnen tegen* **0.2** ***inhalen, bereiken*** **0.3** ***op het idee komen*** ◆ **3.3** laß es dir nicht ~! *laat het uit je hoofd!* **4.1** jmdm. nicht ~ können (a) *op iem. geen vat krijgen* (b) *tegen iem. niet op kunnen.*

Beikost ⟨v.⟩ **0.1** ***bijvoeding.***

Beil ⟨o.; ~(e)s, ~e⟩ **0.1** ***bijl*** ⟨ook fig.⟩.

beiladen 0.1 ***bijladen*** **0.2** ⟨jur.⟩ ***mede dagvaarden.***

Beilage ⟨v.⟩ **0.1** ***bijlage*** **0.2** ***bijgerecht*** **0.3** ***bij-, toevoeging*** ◆ **6.2** Fleisch **ohne** ~ *vlees zonder iets (er)bij.*

beiläufig 0.1 ***terloops*** ⇒*in het voorbijgaan* **0.2** ***onverschillig, nonchalant*** **0.3** ⟨Oostr.⟩ ***ongeveer.***

Beiläufigkeit ⟨v.; ~, ~en⟩ **0.1** ***bijzaak, bijkomstigheid*** **0.2** ***onverschilligheid, nonchalance.***

beilegen 0.1 ***bijleggen*** ⟨ook scheep.⟩ **0.2** ***insluiten, bij-, toevoegen*** **0.3** ***toekennen (aan)*** ⇒*geven, schenken, hechten* ◆ **1.2** dem Brief einen Antwortschein ~ *bij de brief een antwoordformulier insluiten* **4.3** ich legte mir ein Pseudonym bei *ik nam een pseudoniem aan.*

beileibe ◆ **5.¶** ~ nicht! *beslist, zeker niet!*

Beileid ⟨o.⟩ **0.1** ***deelneming, medeleven*** ⇒*rouwbeklag, condoléance* ◆ **2.1** herzliches ~! *gecondoleerd!*

Beileidsbesuch ⟨m.⟩ **0.1** ***condoléancebezoek*** ⇒*rouwbezoek* ◆ **6.1 von** ~en bitten wir abzusehen *liever geen bezoek.*

Beileids|bezeigung, -bezeugung ⟨v.⟩ **0.1** ***condoléance, betuiging van deelneming.***

beiliegen 0.1 ***ingesloten zijn (bij), bijgevoegd zijn*** **0.2** ⟨scheep.⟩ ***bijliggen.***

beiliegend 0.1 ***ingesloten, bijgaand.***

beimengen 0.1 ***mengen met, onder, bijmengen.***

beimessen 0.1 ***toekennen, toeschrijven (aan)*** ⇒*hechten, geven* ◆ **1.1** einer Angelegenheit geringe Bedeutung ~ *een zaak weinig betekenis toekennen.*

beimischen I ⟨ov.ww.⟩ **0.1** ***(ver)mengen met, mengen onder*** *⇒bijmengen;*
II sich ~ ⟨wk.ww.; met 3e nv.⟩ **0.1** ***zich vermengen met.***
Bein ⟨o.; ~(e)s, ~e⟩ **0.1** ***been*** **0.2** ***poot*** **0.3** ***been, bot*** **0.4** ***(broeks)pijp*** **0.5** ***ivoor*** **0.6** ⟨mv.⟩ ***loopwerk*** ⟨v.e. auto⟩ **0.7** ⟨reg.⟩ ***voet*** ◆ **3.1** ich lief mir die ~e ab nach einem Visum *ik liep mij het vuur uit mijn sloffen voor een visum;* ⟨inf.⟩ sich ⟨3e nv.⟩ kein ~ ausreißen *zich niet overwerken;* mein Portemonnaie hat ~e bekommen *mijn portemonnee is foets(ie);* ⟨inf.⟩ jmdm. ~e machen (a) *iem. achter de broek zitten* (b) *iem. ver-, wegjagen;* soll ich dir ~e machen? *maak dat je wegkomt!;* er nahm die ~e in die Hand, unter den Arm *hij nam de benen;* jmdm. ein ~ stellen ⟨ook fig.⟩ *iem. beentje lichten;* die ~e unter jmds. Tisch strecken *op de zak van iem. leven* **6.1** ⟨inf.; fig.⟩ jmdm. etwas **ans** ~ binden *iem. met iets opschepen, opzadelen;* ⟨fig.⟩ etwas **auf** die ~e bringen (a) *iets op poten zetten* (b) *iets op de been helpen;* eine Armee **auf** die ~e bringen *een leger op de been brengen;* ⟨inf.; fig.⟩ immer wieder **auf** die ~e fallen *steeds weer op zijn pootjes terechtkomen;* ⟨fig.⟩ (wieder) **auf** die ~e kommen *er (weer) bovenop komen;* sich **auf** die ~e machen *opstappen;* ⟨inf.; fig.⟩ **auf** schwachen ~en stehen *niet erg sterk in zijn schoenen staan;* das geht **in** die ~e (a) *het gaat in je benen zitten* (b) *het gooit de beentjes los;* sich ⟨3e nv.⟩ die ~e **in** den Bauch, in den Leib stehen *uren staan wachten;* er ist heute wohl **mit** dem linken ~ zuerst aufgestanden *hij is vandaag vast met het verkeerde been uit bed gestapt* **6.3** der Schreck war ihm **in** die ~e gefahren *de schrik was hem in de benen geslagen.* →**Lüge.**
beinah, beinahe ⟨acc. wiss.⟩ **0.1** ***bijna, haast.***
Beinbruch ⟨m.⟩ **0.1** ***beenbreuk*** ◆ **4.1** das ist (doch) kein ~! *dat is (toch) geen ramp!*
beinern 0.1 ***benen, van been*** **0.2** ***benig, knokig*** **0.3** ***ivoren.***
beinhalten 0.1 ***inhouden*** *⇒behelzen* **0.2** ***omvatten.***
beinhart ⟨Oostr., Zdd.⟩ **0.1** ***keihard.***
Beinhaus ⟨o.⟩ **0.1** ***knekelhuis.***
Beinkleid ⟨o.⟩⟨vero. of scherts.⟩ **0.1** ***broek.***
Beinling ⟨m.; ~s, ~e⟩ **0.1** ***been*** ⟨v.e. kous⟩ **0.2** ***(broeks)pijp.***
Beinschiene ⟨v.⟩ **0.1** ⟨med.⟩ ***(been)spalk*** **0.2** ⟨sp.⟩ ***beenkap, -beschermer*** **0.3** ⟨gesch.⟩ ***beenplaat.***
Bein|schoner, -schützer ⟨m.⟩ **0.1** ***beenbeschermer, -kap.***
Beinwerk ⟨o.⟩ **0.1** ***benen.***
beiordnen 0.1 ***toevoegen (aan)*** **0.2** ***rekenen tot.***
beiordnend ⟨taal.⟩ **0.1** ***nevenschikkend.***
Beipack ⟨m.⟩ **0.1** ***bijartikel*** **0.2** ***extra vracht.***
beipacken 0.1 ***bijvoegen, insluiten bij.***
Beipackzettel ⟨m.⟩ **0.1** ***bijsluiter.***
beipflichten ⟨met 3e nv.⟩ **0.1** ***instemmen met*** *⇒zijn instemming betuigen met* **0.2** ***het eens zijn met*** *⇒kunnen meegaan met, bijvallen* **0.3** ***instemmend zeggen, beamen, bevestigen.***
Beirat ⟨m.⟩ **0.1** ***adviescollege, adviescommissie*** *⇒stuurgroep* **0.2** ⟨vero.⟩ ***adviseur, raadsman.***
beirren 0.1 ***van de wijs, in de war brengen.***
beisammen 0.1 ***bijeen, bij elkaar*** *⇒samen.*
beisammenhaben 0.1 ***bijeen hebben, bij elkaar hebben*** ◆ **1.¶** seinen Verstand, seine fünf Sinne nicht (ganz) ~ *ze niet allemaal hebben* **4.¶** er hat wohl nicht alle (fünfe) beisammen! *hij heeft ze niet alle vijf!*
beisammensein 0.1 ⟨geestelijk of lichamelijk⟩ ***flink, in goede conditie zijn*** ◆ **2.¶** er ist nicht richtig beisammen *hij heeft ze niet allemaal.*
Beisammensein ⟨o.⟩ **0.1** ***het samenzijn.***
beischießen 0.1 ***bijdragen.***
Beischlaf ⟨m.⟩ **0.1** ***bijslaap, (geslachts)gemeenschap.***
Beisein ⟨o.⟩ **0.1** ***het bijzijn*** *⇒tegenwoordigheid* ◆ **6.1 ohne** jmds. ~ *in iemands afwezigheid, zonder iem.*
beiseite 0.1 ***opzij*** *⇒aan, langs de kant* **0.2** ***terzijde*** ◆ **3.1** ~ gehen, treten *opzij gaan;* etwas ~ lassen *iets buiten beschouwing laten* **3.2** ~ bringen ⟨fig.⟩ *achteroverdrukken;* ~ schaffen (a) *uit de weg ruimen* (b) *doen verdwijnen* (c) *achteroverdrukken.*
beisetzen 0.1 ***bijzetten.***
Beisetzungsfeier(lichkeit) ⟨v.⟩ **0.1** ***uitvaart(plechtigheid), bijzetting.***
Beisitz ⟨m.⟩ **0.1** ***bijzitterschap*** **0.2** ***duozit*** ⟨op motorfiets⟩.
Beisitzer ⟨m.; ~s, ~⟩ **0.1** ***bijzitter, assessor.***
Beispiel ⟨o.; ~s, ~e⟩ **0.1** ***voorbeeld*** ◆ **2.1** (jmdm.) mit gutem ~ vorangehen *het goede voorbeeld (voor iem.) geven* **6.1 ohne** ~ *zonder weerga, ongeëvenaard;* **zum** ~ *bijvoorbeeld* **¶.1** ⟨sprw.⟩ man muß mit dem guten ~ vorangehen *goed voorgaan doet goed volgen.*
beispiel|gebend, -haft 0.1 ***voorbeeldig.***
beispiellos 0.1 ***weergaloos, ongekend, ongeëvenaard*** *⇒zonder weerga.*
beispielsweise 0.1 ***bijvoorbeeld.***
beißen ⟨→t5⟩ **I** ⟨ov. & onov.ww.⟩ **0.1** ***bijten*** ◆ **3.1** nichts zu ~ und zu brechen haben *niets te bikken (of te bijten) hebben.* →**Hund;**
II sich ~ ⟨wk.ww.⟩ **0.1** ***vloeken*** *⇒niet bij elkaar passen.*
Beißerchen ⟨o.; ~s, ~⟩⟨inf.⟩ **0.1** ***tandje, bijtertje.***
Beißkorb ⟨m.⟩ **0.1** ***muilkorf.***
beißwütig 0.1 ***bijtgraag, bijterig.***
Beißzange ⟨v.⟩ **0.1** ***nijptang*** **0.2** ***feeks, haaibaai.***
Beistand ⟨m.⟩ **0.1** ***bijstand, hulp*** **0.2** ⟨jur.⟩ ***raadsman, (rechtskundig) adviseur*** ◆ **3.1** jmdm. ~ leisten *iem. bijstand verlenen, bijstaan.*
beistehen ⟨met 3e nv.⟩ **0.1** ***bijstaan*** *⇒helpen.*
beistellen 0.1 ***aankoppelen*** **0.2** ⟨Oostr.⟩ ***ter beschikking stellen*** *⇒zorgen voor.*
Beistellmöbel ⟨o.⟩ **0.1** ***combinatiemeubel(tje).***
Beisteuer ⟨v.⟩ **0.1** ***bijdrage.***
beisteuern 0.1 ***bijdragen*** *⇒inbrengen, leveren.*
beistimmen ⟨met 3e nv.⟩ **0.1** ***instemmen met, zijn instemming betuigen met*** *⇒het eens zijn met, bijvallen.*
Beistrich ⟨m.⟩ **0.1** ***komma.***
Beitrag ⟨m.; ~(e)s, ~̈e⟩ **0.1** ***bijdrage*** **0.2** ***premie*** ⟨v.e. verzekering⟩ **0.3** ***contributie*** *⇒bijdrage* ◆ **6.2** die Beiträge **für** die, **zur** Sozialversicherung *de premies volksverzekeringen.*
beitragen 0.1 ***bijdragen*** *⇒een bijdrage leveren.*
Beiträger ⟨m.⟩ **0.1** ***medewerker*** ⟨v.e. tijdschrift⟩.
Beitragsbemessungsgrenze ⟨v.⟩ **0.1** ***premiegrens.***
beitragsfrei 0.1 ***premievrij*** **0.2** ***vrij van contributie.***
Beitragsklasse ⟨v.⟩ **0.1** ***premieklasse.***
Beitragspflicht ⟨v.⟩ **0.1** ***verzekeringsplicht*** **0.2** ***verplichting tot contributie.***
Beitragssatz ⟨m.⟩ **0.1** ***premietarief*** *⇒premiepercentage, -voet* **0.2** ***hoogte v.d. contributie.***
beitreiben 0.1 ***invorderen, innen.***
beitreten ⟨met 3e nv.⟩ **0.1** ***toetreden tot*** *⇒lid worden van, zich aansluiten bij* **0.2** ***(mee) optreden, erbij komen.***
Beitritt ⟨m.; ~(e)s, ~e⟩ **0.1** ***toetreding.***
Beitrittserklärung ⟨v.⟩ **0.1** ***aanmelding (van lidmaatschap), toetreding.***
Beitrittsgebühr ⟨v.⟩ **0.1** ***inschrijvingsgeld.***
Beiwagen ⟨m.⟩ **0.1** ***zijspan*** **0.2** ***aanhang-, bijwagen*** *⇒wagon.*
Beiwagenmaschine ⟨v.⟩ **0.1** ***zijspanmachine.***
Beiwerk ⟨o.⟩ **0.1** ***bijzaak*** **0.2** ***bijkomstigheden, bijzaken***

0.3 ***accessoires, toebehoren*** **0.4** ***opsmuk(king)*** ⇒(fig. ook) *franje* ◆ **2.4** schmückendes ~ *opsmuk(king).*

beiwohnen (met 3e nv.) **0.1** ***bijwonen*** **0.2** (vero.) ***beslapen.***

Beiwort (o.) **0.1** ***bijvoeglijk naamwoord*** **0.2** ***epitheton, attribuut.***

Beize (v.; ~, ~n) **0.1** ***beits*** **0.2** ***beitskleurstof*** (voor textiel) **0.3** ***het beitsen, beitsing*** **0.4** ***tabakssaus*** **0.5** (cul.) ***marinade*** **0.6** (jacht) ***valkenjacht, valkerij.***

beizeiten **0.1** ***bijtijds, tijdig, op tijd.***

beizen **0.1** ***beitsen*** **0.2** ***sausen*** **0.3** ***branden, bijten*** **0.4** ***uitbijten, uitbranden*** **0.5** (cul.) ***marineren.***

beiziehen **0.1** ***erbij betrekken*** ⇒*erbij halen, raadplegen.*

Beizjagd (v.) **0.1** ***valkenjacht, valkerij.***

bejahen **0.1** ***bevestigen*** ⇒*beamen, bevestigend antwoorden op* **0.2** ***positief staan tegenover*** ⇒*aanvaarden* ◆ **1.1** (schr.) im ~den Falle *bij een bevestigend antwoord, zo ja* **1.2** das Leben ~ *positief tegenover het leven staan.*

bejahrt (schr.) **0.1** ***bejaard*** ⇒*van gevorderde leeftijd.*

bejammern **0.1** ***bejammeren, beklagen*** ⇒*betreuren.*

bejammernswert **0.1** ***betreurens-, beklagenswaardig, deerniswekkend.***

bejubeln **0.1** ***bejubelen, toejuichen*** ⇒*juichen om.*

bekakeln **0.1** ***bepraten*** ⇒*praten over.*

bekämpfen **0.1** ***bestrijden*** ⇒*strijden tegen, ingaan tegen* **0.2** ***bevechten.***

Bekämpfungsmittel (o.) **0.1** ***bestrijdingsmiddel.***

bekannt **0.1** ***bekend*** ◆ **3.1** ich machte ihn mit ihr ~ *ik stelde hem aan haar voor;* darf ich ~ machen? *mag ik voorstellen?;* ich habe ihn mit der Regelung ~ gemacht *ik heb hem van de regeling in kennis gesteld;* mit jmdm. ~ werden *met iem. kennis maken, iem. leren kennen* **5.1** sie sind gut (miteinander) ~ *ze kennen elkaar goed.*

Bekanntenkreis (m.) **0.1** ***kennissenkring.***

Bekannte(r) (bn. als zn.) **0.1** ***kennis*** **0.2** (inf.) ***vriend(in)*** ⇒ *vriendje, vriendinnetje.*

bekanntermaßen (schr.) →**bekanntlich.**

Bekanntgabe (v.) **0.1** ***bekendmaking*** ⇒*kennisgeving.*

bekanntgeben **0.1** ***bekendmaken*** ⇒*verklaren* **0.2** ***me(d)edelen*** ⇒*laten weten, op de hoogte brengen van.*

bekanntlich **0.1** ***zoals bekend, zoals men, iedereen weet.***

bekanntmachen **0.1** ***bekendmaken*** ⇒*me(d)edelen.*

Bekanntmachung (v.; ~, ~en) **0.1** ***bekendmaking*** ⇒*(officiële) mededeling, aankondiging.*

Bekanntschaft (v.; ~, ~en) **0.1** ***kennismaking*** **0.2** ***kennissen(kring)*** **0.3** ***kennis*** ⇒*kennisje* **0.4** ***het feit iem., elkaar te kennen*** ⇒*relatie* **0.5** ***kennis, bekendheid*** ◆ **3.1** jmds. ~ machen *kennis met iem. maken, iem. leren kennen.*

bekanten **0.1** ***kanten, kant(ig) maken.***

Bekassine (v.; ~, ~n) **0.1** ***water-, poelsnip.***

bekehren **0.1** ***bekeren.***

bekennen I (ov.ww.) **0.1** ***bekennen*** ⇒*erkennen, toegeven* **0.2** ***belijden*** ⇒*getuigenis afleggen van* ◆ **4.1** er bekannte ihr seine Liebe *hij verklaarde haar zijn liefde;*
II sich ~ (wk.ww.) **0.1** ***belijden*** ⇒*getuigenis afleggen* **0.2** ***zich uitspreken, uitkomen*** ⇒*een aanhanger zijn, voorstaan* **0.3** ***het opnemen*** ⇒*opkomen* **0.4** ***zich verklaren, zich bekennen, uitkomen*** **0.5** ***zich bekend maken*** ◆ **6.1** sich **zum** Christentum ~ *het christendom belijden* **6.2** sich **zu** einer Partei ~ *zich voor een partij uitspreken* **6.3** er bekannte sich tapfer **zu** ihm *hij nam het dapper voor hem op* **6.4** sich **zu** einem Anschlag ~ *een aanslag opeisen.*

Bekenner (m.; ~s, ~) **0.1** ***belijder*** **0.2** ***aanhanger, voorstander.***

Bekennerbrief (m.)(jur.) **0.1** (brief waarin men de verantwoordelijkheid voor een politiek misdrijf, voor een aanslag opeist).

Bekennermut (m.) **0.1** ***moed om getuigenis af te leggen.***

Bekenntnis (o.; ~ses, ~se) **0.1** ***bekentenis*** **0.2** ***adhesiebetuiging, getuigenis*** ⇒*standpunt voor* **0.3** ***belijdenis, getuigenis*** **0.4** ***geloof*** **0.5** ***verklaring*** ◆ **1.5** ein ~ seiner Liebe *zijn liefde(s)verklaring.*

Bekenntnisbuch (o.) **0.1** ***religieus geschrift.***

Bekenntnisfreiheit (v.) **0.1** ***godsdienstvrijheid.***

Bekenntnisschule (v.) **0.1** ***confessionele school.***

bekiest **0.1** ***bekiezeld, begrind.***

beklagen I (ov.ww.) **0.1** ***beklagen, betreuren;***
II sich ~ (wk.ww.) **0.1** ***klagen, zich beklagen*** ⇒*zijn beklag doen.*

beklagenswert **0.1** ***beklagenswaardig*** **0.2** ***betreurenswaardig.***

beklagt (jur.) **0.1** ***aangeklaagd.***

Beklagte(r) (bn. als zn.) **0.1** ***gedaagde*** (in een civiel proces).

beklatschen **0.1** ***applaudisseren voor*** **0.2** ***kletsen over.***

beklauen (inf.) **0.1** ***bestelen.***

bekleben **0.1** ***beplakken*** ⇒*plakken op, volplakken.*

bekleckern **0.1** ***knoeien, morsen op, bemorsen*** ◆ **4.1** du hast dich bekleckert! *jij hebt geknoeid!*

beklecksen **0.1** ***bekladden.***

bekleiden **0.1** ***kleden*** **0.2** ***bekleden*** (ook fig.) ⇒*behangen, beschieten, overtrekken, voeren.*

Bekleidung (v.; ~, ~en) **0.1** ***kleding, kledij*** **0.2** ***bekleding*** (ook fig.) ⇒*behang, lambrisering, voering, kleed.*

Bekleidungsindustrie (v.) **0.1** ***confectie-industrie.***

bekleistern **0.1** ***volplakken*** **0.2** ***insmeren, (in)pappen.***

beklemmen **0.1** ***beklemmen, benauwen*** ⇒*klemmen.*

Beklemmung (v.; ~, ~en) **0.1** ***beklemming, benauwdheid.***

beklommen **0.1** ***benauwd, gedrukt, bedrukt*** ⇒*benepen.*

beklopfen **0.1** ***bekloppen*** ⇒(med.) *percuteren.*

bekloppt **0.1** ***(van lotje) getikt, niet goed snik, wijs.***

beknabbern **0.1** ***beknabbelen, knabbelen aan.***

beknackt **0.1** ***maf, suf, stom*** **0.2** ***rot, belabberd.***

beknien (inf.) **0.1** ***smeken, een knieval doen voor.***

bekochen (inf.) **0.1** ***koken voor.***

bekommen I (onov.ww.) **0.1** ***bekomen*** ⇒*bevallen, goeddoen* ◆ **5.1** wohl bekomm's! *wel bekome het u, jullie, je!;*
II (ov.ww.) **0.1** ***krijgen*** ⇒*ontvangen, verkrijgen* **0.2** ***halen*** ◆ **1.1** Fahrt ~ *op snelheid komen, vaart krijgen* **1.2** den Bus gerade noch ~ *de bus nog net halen* **3.1** etwas geborgt, geliehen ~ *iets te leen krijgen;* etwas geschenkt ~ *iets cadeau krijgen* **4.1** bitte, was ~ Sie? *wat wou u hebben?* **5.1** ~ Sie schon? *wordt u al geholpen?* **6.1** etwas nicht **über** sich (4e nv.) ~ *iets niet over zijn hart (ver)krijgen.*

bekömmlich **0.1** ***licht (verteerbaar), gezond, goed bekomend*** ◆ **5.1** leicht ~e Speisen *licht verteerbare, lichte gerechten;* ein schwer ~er Pudding *een machtige pudding;* schwer ~e Kost *zware kost.*

beköstigen **0.1** ***de kost geven, onderhouden.***

Beköstigung (v.; ~, ~en) **0.1** ***kost*** ⇒*onderhoud, voeding.*

bekräftigen **0.1** ***bekrachtigen*** **0.2** ***bevestigen*** **0.3** ***versterken.***

bekränzen **0.1** ***be-, omkransen.***

bekreuzen I (ov.ww.) **0.1** ***een kruisje geven, zegenen;***
II sich ~ (wk.ww.) **0.1** ***een kruis(teken) maken.***

bekreuzigen, sich **0.1** ***een kruis(teken) maken*** ⇒*een kruis slaan* **0.2** ***als de dood zijn.***

bekriegen **0.1** ***beoorlogen*** (ook fig.), ***oorlog voeren tegen*** ⇒ (fig. ook) *in de clinch liggen met.*

bekritteln **0.1** ***vitten, kankeren op, (kleingeestig) bekritiseren.***

bekritzeln **0.1** ***volkrabbelen, krabbelen op.***

bekrönen 0.1 *bekronen* ⟨ook fig.⟩ **0.2** ***kronen.***

bekümmern I ⟨ov.ww.⟩ **0.1** ***bedroeven, verdriet doen* 0.2** ***zorg baren, bezorgd maken* 0.3** ***aangaan*** ◆ **4.2** das bekümmerte ihn gar nicht *het kon hem helemaal niets schelen;* das braucht Sie nicht zu ~ *daar hoeft u zich geen zorgen om te maken* **4.3** was bekümmert Sie das? *wat gaat u dat aan?;*
II sich ~ ⟨wk.ww.⟩ **0.1** ***zich bekommeren*** ⇒*zich aantrekken, zich bekreunen* **0.2** ***zorgen*** **0.3** ⟨vero.⟩ ***zich zorgen maken.***

Bekümmernis ⟨v.; ~, ~se⟩⟨schr.⟩ **0.1** ***droefenis, bedroefdheid, droefheid, verdriet* 0.2** ***bekommering, beslommering, zorg.***

bekunden I ⟨ov.ww.⟩ **0.1** ***laten blijken, tonen*** ⇒*te kennen geven, betuigen* **0.2** ⟨jur.⟩ ***verklaren;***
II sich ~ ⟨wk.ww.⟩⟨schr.⟩ **0.1** ***blijken, duidelijk worden.***

belächeln 0.1 ***glimlachen om.***

belachen 0.1 ***lachen om.***

belackmeiern 0.1 ***belazeren, bedonderen.***

beladen 0.1 ***beladen*** ⇒*laden, bepakken* **0.2** ***belasten*** **0.3** ⟨fig.⟩ ***overladen*** ⇒*overstelpen.*

Belag ⟨m.; ~(e)s, ⁼e⟩ **0.1** ***(vloer)bedekking* 0.2** ***beleg(sel)*** **0.3** ***aanslag* 0.4** ***(rem)voering* 0.5** ***(weg)dek* 0.6** ***garnering.***

Belagerer ⟨m.; ~s, ~⟩ **0.1** ***belegeraar.***

belagern 0.1 ***belegeren*** ⟨ook fig.⟩.

Belagerung ⟨v.; ~, ~en⟩ **0.1** ***belegering*** ⟨ook fig.⟩, ***beleg.***

Belagerungszustand ⟨m.⟩ **0.1** ***staat van beleg*** ◆ **3.1** den ~ ausrufen *de staat van beleg afkondigen.*

belämmert ⟨nw.spel.⟩ →**belemmert.**

Belang ⟨m.; ~(e)s, ~e⟩ **0.1** ***belang*** **0.2** ⟨schr.⟩ ***opzicht.***

belangen 0.1 ***vervolgen, voor de rechter dagen, in rechte aanspreken*** ⇒*aanklagen* **0.2** ***ter verantwoording roepen*** ⇒*rekenschap eisen, aanspreken* **0.3** ⟨vero.⟩ ***betreffen.***

belanglos 0.1 ***onbelangrijk*** ⇒*van geen belang.*

Belanglosigkeit ⟨v.; ~, ~en⟩ **0.1** ***onbelangrijkheid* 0.2** ***banaliteit*** ⇒*banale opmerking* **0.3** ***futiliteit, bijzaak.***

belangvoll 0.1 ***belangrijk*** ⇒*van belang.*

belassen 0.1 ***laten* 0.2** ***overlaten aan* 0.3** ***handhaven.***

Belastbarkeit ⟨v.; ~, ~en⟩ **0.1** ***belastbaarheid, draagkracht*** ⟨ook fig.⟩ **0.2** ⟨tech.⟩ ***toelaatbaar vermogen.***

belasten 0.1 ***belasten*** ⟨ook fig.⟩ ⇒*beladen, bezwaren, drukken op,* ⟨fig. ook⟩ *bedrukken, een blaam werpen op* **0.2** ***afschrijven, debiteren, belasten*** **0.3** ⟨jur.⟩ ***bezwarende verklaringen afleggen voor*** ⇒*bezwaren* ◆ **1.3** ~de Aussagen *bezwarende verklaringen* **6.2** ein Konto **mit** 100 Gulden ~ *100 gulden van een rekening afschrijven.*

belästigen 0.1 ***lastig vallen, storen, hinderen.***

Belästigung ⟨v.; ~, ~en⟩ **0.1** ***het lastig vallen, hinder, storing, overlast.***

Belastung ⟨v.; ~, ~en⟩ **0.1** ***belasting*** ⟨ook fig.⟩ ⇒*belading, bezwaring,* ⟨fig. ook⟩ *last, druk* **0.2** ***debitering, belasting, afschrijving*** **0.3** ⟨jur.⟩ ***bezwarende verklaring(en)*** ◆ **2.1** die monatlichen ~en *de maandelijkse (vaste) lasten.*

belastungsfähig 0.1 ***draagkrachtig.***

Belastungsmaterial ⟨o.⟩⟨jur.⟩ **0.1** ***bezwarende feiten, stukken.***

Belastungszeuge ⟨m.⟩ **0.1** ***getuige à charge.***

belauben, sich 0.1 ***bladeren krijgen*** ◆ **5.1** wenig belaubt *dun bebladerd.*

belauern 0.1 ***beloeren, bespieden*** ⇒⟨fig.⟩ *belagen.*

belaufen I ⟨ov.ww.⟩ **0.1** ***belopen, lopen over, aflopen;***
II sich ~ ⟨wk.ww.⟩ **0.1** ***belopen, bedragen*** ◆ **6.1** sich **auf** 100 Mark ~ *100 mark bedragen.*

belauschen 0.1 ***afluisteren* 0.2** ***bespieden*** ⇒*bestuderen.*

beleben I ⟨ov.ww.⟩ **0.1** ***verlevendigen, opwekken, doen op-, herleven*** ⇒*stimuleren* **0.2** ***(weer) tot leven brengen, (weer) leven inblazen, de levensgeesten (weer) opwekken*** **0.3** ***bevolken, bewonen;***
II sich ~ ⟨wk.ww.⟩ **0.1** ***opleven*** ⇒*levendig(er) worden* **0.2** ***druk(ker) worden.***

belebt 0.1 ***druk*** ⇒*levendig* **0.2** ***levend*** ⇒*organisch.*

Belebungsversuch ⟨m.⟩ **0.1** ***reanimatiepoging.***

belecken 0.1 ***(be)likken, likken aan* 0.2** ***schoon likken*** ◆ **6.1** ⟨inf.; vaak iron.⟩ **von** der Kultur beleckt *gecultiveerd, door de beschaving verfijnd.*

Beleg ⟨m.; ~(es), ~e⟩ **0.1** ***bewijs*** ⇒*bewijsstuk, document* **0.2** ***bewijs-, vindplaats*** **0.3** ***kwitantie, bon.***

belegen 0.1 ***bewijzen, aantonen, staven*** ⇒*documenteren* **0.2** ***beleggen*** ⇒*leggen op, (be)dekken, voeren, boorden* **0.3** ***bezetten* 0.4** ***zich inschrijven voor, volgen* 0.5** ***bespreken, reserveren*** ⇒*vrijhouden, bezet houden* **0.6** ***opleggen*** **0.7** ***beschieten*** ⇒*bombarderen, bestoken* **0.8** ***geven*** ◆ **1.3** den 2. Platz ~ *de 2e plaats bezetten, behalen* **1.4** eine Vorlesung ~ *zich inschrijven voor een college, een college volgen* **1.¶** ⟨scheep.⟩ ein Boot ~ *een boot meren;* ein Tau ~ *een touw beleggen, vastmaken* **6.2** den Fußboden **mit** Teppichfliesen ~ *tapijttegels op de vloer leggen;* ein Zimmer **mit** 10 Personen ~ *10 personen op één kamer leggen* **6.6** **mit** einer Strafe ~ *een straf opleggen* **6.8** **mit** einem Spitznamen ~ *een bijnaam geven.*

Belegexemplar ⟨o.⟩ **0.1** ***bewijsexemplaar.***

Belegschaft ⟨v.; ~, ~en⟩ **0.1** ***personeel.***

Belegstelle ⟨v.⟩ **0.1** ***bewijs-, vindplaats.***

Belegstück ⟨o.⟩ **0.1** ***bewijsexemplaar* 0.2** ***bewijsstuk.***

belegt 0.1 ***bewezen, aangetoond* 0.2** ***belegd*** ⇒*bedekt* **0.3** ***bezet* 0.4** ***beslagen* 0.5** ***dof*** ⇒*hees* ◆ **1.3** alle Betten waren ~ *alle bedden waren bezet* **6.1** dieses Wort ist auch **für** die Schweiz ~ *dit woord komt ook in Zwitserland voor.*

belehren 0.1 ***onderrichten, leren*** ⇒*onderwijzen* **0.2** ***inlichten, op de hoogte brengen*** ⇒*informeren, voorlichten, instrueren* **0.3** ***de les lezen*** ⇒*corrigeren, moraliseren,* ⟨pej. ook⟩ *schoolmeesteren* ◆ **1.3** jmdn. eines Besseren ~ *iem. uit de droom helpen* **4.3** du läßt dich einfach nicht ~! *je wilt ook niets (van mij) aannemen!*

Belehrung ⟨v.; ~, ~en⟩ **0.1** ***onderrichting*** ⇒*lering, raad* **0.2** ***in-, voorlichting, informatie*** ⇒*instructie* **0.3** ***les*** ⇒*moralisering* ◆ **3.1** das Stück dient der ~ *het stuk strekt tot lering.*

beleibt 0.1 ***(zwaar)lijvig, gezet*** ⇒*corpulent.*

beleidigen 0.1 ***beledigen*** ⇒*krenken,* ⟨fig. ook⟩ *een belediging zijn voor* ◆ **1.1** ein beleidigtes Gesicht machen *een verongelijkt gezicht zetten.*

Beleidigung ⟨v.; ~, ~en⟩ **0.1** ***belediging*** ⇒*krenking, smaad.*

Beleidigungsklage ⟨v.⟩ **0.1** ***aanklacht wegens belediging, smaad.***

beleihen 0.1 ***belenen* 0.2** ***toekennen, begiftigen.***

belemmert 0.1 ***belabberd, beroerd* 0.2** ***bedremmeld, beteuterd.***

belesen 0.1 ***belezen.***

beleuchten 0.1 ***verlichten*** ⇒*beschijnen, schijnen op* **0.2** ⟨fig.⟩ ***belichten.***

Beleuchtung ⟨v.; ~, ~en⟩ **0.1** ***verlichting*** ⇒*licht* **0.2** ⟨fig.⟩ ***belichting.***

Beleuchtungsanlage ⟨v.⟩ **0.1** ***verlichtings-, lichtinstallatie.***

Beleuchtungseffekt ⟨m.⟩ **0.1** ***lichteffect.***

beleumdet, beleumundet 0.1 ***bekend staande, een naam hebbende*** ◆ **5.1** gut, übel ~ sein *goed, slecht aangeschreven staan, een goede, slechte naam hebben.*

belfern ⟨inf.⟩ **0.1** ***keffen*** *⇒blaffen,* ⟨fig. ook⟩ *snauwen* **0.2** ***knetteren.***
Belgien ⟨o.; ~s⟩ **0.1** ***België.***
Belgier ⟨m.; ~s, ~⟩ **0.1** ***Belg*** **0.2** ***Belgisch, Brabants (trek)-paard.***
belgisch **0.1** ***Belgisch.***
belichten **0.1** ***belichten*** **0.2** ⟨tech.⟩ ***verlichten.***
belieben ⟨schr.⟩ **0.1** ***wensen, believen*** **0.2** ⟨iron.⟩ ***zich verwaardigen*** ◆ **3.1** der Herr beliebt, Sie ~ zu scherzen! *dat meent u niet!* **4.1** wie Sie ~! *zoals u wenst!;* wann immer es Ihnen beliebt *wanneer u maar wenst.*
Belieben ⟨o.; ~s⟩ **0.1** ***believen, goeddunken*** ◆ **6.1** das steht (ganz) **in** Ihrem ~ *zoals u wilt, verkiest;* (je) **nach** ~ *naar believen.*
beliebig[1] ⟨bn.⟩ **0.1** ***willekeurig*** *⇒om 't even welk* **0.2** ***(helemaal) vrij*** ◆ **4.1** jeder ~e *om 't even wie, iedereen.*
beliebig[2] ⟨bw.⟩ **0.1** ***naar believen, naar (eigen) goeddunken*** **0.2** ***willekeurig*** ◆ **5.1** ~ oft *zo dikwijls als men maar wil.*
beliebt **0.1** ***geliefd, populair*** *⇒geliefkoosd, favoriet* **0.2** ***in trek*** *⇒gewild, gezocht.*
beliefern **0.1** ***leveren aan*** *⇒voorzien, bezorgen, bevoorraden.*
bellen **0.1** ***blaffen*** *⇒snauwen, bulderen* ◆ **1.1** ein ~ der Husten ⟨ook⟩ *een blafhoest.* →**Hund.**
Belletristik ⟨v.; ~⟩ **0.1** ***bellettrie, letterkunde.***
belobhudeln ⟨pej.⟩ **0.1** ***met loftuitingen overstelpen, ophemelen.***
belobigen **0.1** ***loven, prijzen.***
Belobigung ⟨v.; ~, ~en⟩ **0.1** ***lof(tuiging, -prijzing).***
Belobigungsschreiben ⟨o.⟩ **0.1** ***waarderend, loffelijk schrijven.***
belohnen **0.1** ***belonen.***
belüften **0.1** ***ventileren, (ver)luchten.***
belügen **0.1** ***beliegen*** *⇒liegen tegen.*
belustigen I ⟨ov.ww.⟩ **0.1** ***amuseren, vermaken;***
II sich ~ ⟨wk.ww.⟩ **0.1** ***zich vrolijk maken*** *⇒genoegen scheppen* **0.2** ⟨vero.⟩ ***zich amuseren.***
belustigend **0.1** ***vermakelijk, amusant.***
Belustigung ⟨v.; ~, ~en⟩ **0.1** ***vermaak*** *⇒amusement* **0.2** ***vrolijkheid*** *⇒hilariteit* **0.3** ***vermakelijkheid, attractie.***
bemachen I ⟨ov.ww.⟩ **0.1** ***bevuilen;***
II sich ~ ⟨wk.ww.⟩ **0.1** ***zich bevuilen*** **0.2** ***zich druk maken.***
bemächtigen, sich ⟨met 2e nv.⟩ **0.1** ***zich meester maken van*** *⇒bemachtigen* **0.2** ***overmeesteren.***
bemäkeln **0.1** ***vitten op, bevitten*** *⇒kankeren op.*
bemalen **0.1** ***beschilderen*** *⇒schilderen op.*
bemängeln **0.1** ***(be)kritiseren, aanmerkingen maken op*** *⇒ kritiek hebben op.*
bemannen I ⟨ov.ww.⟩ **0.1** ***bemannen;***
II sich ~ ⟨wk.ww.⟩⟨inf.; scherts.⟩ **0.1** ***een man inpikken.***
bemänteln **0.1** ***vergoelijken, goedpraten*** **0.2** ***verdoezelen, bemantelen.***
bemausen ⟨inf.⟩ **0.1** ***bestelen, jatten van.***
bemeistern ⟨schr.⟩ **I** ⟨ov.ww.⟩ **0.1** ***beheersen*** *⇒meester worden, zijn;*
II sich ~ ⟨wk.ww.⟩⟨met 2e nv.⟩ **0.1** ***zich meester maken van.***
bemerkbar **0.1** ***merkbaar, zichtbaar*** ◆ **3.1** sich ~ machen (a) *zich doen gevoelen, merkbaar worden* (b) *de aandacht trekken.*
bemerken **0.1** ***(op-, be)merken, waarnemen*** *⇒zien* **0.2** ***opmerken, zeggen*** **0.3** ***notitie nemen van, opmerken*** *⇒ aandacht schenken aan* ◆ **5.2** nebenbei, am Rande bemerkt *(even) tussen haakjes, (dit even) terloops.*
Bemerken ⟨o.⟩ ◆ **6.¶ mit** dem ~ *met de opmerking.*
bemerkenswert **0.1** ***opmerkelijk*** *⇒opvallend.*
Bemerkung ⟨v.; ~, ~en⟩ **0.1** ***opmerking*** *⇒aantekening* **0.2** ⟨vero.⟩ ***waarneming.***
bemessen I ⟨ov.ww.⟩ **0.1** ***vaststellen, bepalen*** *⇒afmeten, berekenen, doseren* ◆ **5.1** die Frist war kurz ~ *de (voorziene) termijn was kort;*
II sich ~ ⟨wk.ww.⟩ **0.1** ***berekend, vastgesteld worden*** *⇒ zich richten.*
bemitleiden **0.1** ***medelijden hebben met, te doen hebben met*** *⇒beklagen.* →**beneiden.**
bemitleidenswert **0.1** ***meelijwekkend, beklagenswaardig.***
bemittelt ⟨vero.⟩ **0.1** ***bemiddeld, gegoed.***
bemogeln **0.1** ***bedotten, beetnemen, foppen.***
bemoost **0.1** ***bemost*** **0.2** ⟨fig.⟩ ***oud, vergrijsd.***
bemühen I ⟨ov.ww.⟩ **0.1** ***(de hulp) inroepen (van), inschakelen, in de arm nemen*** **0.2** ***lastig vallen*** **0.3** ***zich beroepen op, aanvoeren*** **0.4** ***ontbieden;***
II sich ~ ⟨wk.ww.⟩ **0.1** ***zijn best doen, moeite doen, zich inspannen*** **0.2** ***zich inzetten*** *⇒(trachten te) zorgen voor* **0.3** ***trachten te bereiken, te winnen, te (ver)krijgen*** **0.4** ***solliciteren, kandideren*** *⇒dingen* **0.5** ***zich begeven*** ◆ **4.1** ~ Sie sich nicht! *doet u geen moeite!* **5.5** wenn Sie sich hierher ~ wollen *als u zo goed zou willen zijn hier te komen* **6.2** sie bemühte sich **um** den Patienten *zij zorgde, zette zich in voor de patiënt.*
Bemühen ⟨o.; ~s⟩⟨schr.⟩ **0.1** ***moeite*** *⇒inspanning(en), streven.*
bemüht **0.1** ***ingespannen*** *⇒ijverig, met veel inspanning, moeite* **0.2** ***gezocht, gewild*** *⇒geforceerd* ◆ **3.1** ~ sein *zijn best doen, zich inspannen.*
Bemühung ⟨v.; ~, ~en⟩ **0.1** ***moeite, inspanning(en), poging(en)*** *⇒inzet* **0.2** ***prestatie*** *⇒geleverd werk.*
bemüßigt ⟨schr.⟩ ◆ **3.¶** sich ~ fühlen, sehen *zich genoodzaakt voelen, zien.*
bemustern ⟨ec.⟩ **0.1** ***van monsters voorzien.***
bemuttern **0.1** ***bemoederen.***
benachbart **0.1** ***naburig*** *⇒nabijgelegen* **0.2** ***belendend.***
benachrichtigen **0.1** ***op de hoogte brengen, inlichten*** **0.2** ***waarschuwen.***
Benachrichtigung ⟨v.; ~, ~en⟩ **0.1** ***bericht*** **0.2** ***inlichting, informatie*** *⇒kennisgeving* **0.3** ***waarschuwing.***
benachteiligen **0.1** ***benadelen*** *⇒duperen, achterstellen.*
benageln **0.1** ***bespijkeren, benagelen.***
benagen **0.1** ***beknagen*** *⇒knagen aan, aanvreten.*
benähen **0.1** ***naaien op*** *⇒benaaien* **0.2** ⟨inf.⟩ ***naaien voor.***
benannt **0.1** ***genoemd.***
benebeln **0.1** ***benevelen.***
Benediktiner ⟨m.; ~s, ~⟩ **0.1** ***benedictijn*** **0.2** ***benedictine.***
Benefiz ⟨o.; ~es, ~e⟩ **0.1** ***benefiet(voorstelling).***
benehmen I ⟨ov.ww.⟩ **0.1** ***benemen*** *⇒weg-, ontnemen* **0.2** ***bedwelmen, benevelen*** ◆ **4.1** das benahm mir die Sprache, die Worte *dat maakte mij sprakeloos;*
II sich ~ ⟨wk.ww.⟩ **0.1** ***zich gedragen.***
Benehmen ⟨o.; ~s⟩ **0.1** ***gedrag*** *⇒manier (van doen)* **0.2** ⟨schr.⟩ ***overleg*** *⇒ruggespraak* ◆ **3.1** kein ~ haben *geen manieren hebben* **6.2** sich mit jmdm. **ins** ~ setzen *met iem. overleggen, overleg plegen.*
beneiden **0.1** ***benijden*** ◆ **¶.1** ⟨sprw.⟩ besser beneidet als bemitleidet *beter benijd dan beklaagd.*
beneidenswert **0.1** ***benijdenswaardig.***
Benelux(staaten) ⟨alleen mv.⟩ **0.1** ***Benelux.***
benennen **0.1** ***noemen*** *⇒benoemen* **0.2** ***aanwijzen.***
Benennung ⟨v.; ~, ~en⟩ **0.1** ***benaming, naam*** **0.2** ***benoeming, naamgeving*** **0.3** ***aanwijzing.***

benetzen ⟨schr.⟩ **0.1** *bevochtigen ⇒natmaken.*
bengalisch 0.1 *Bengaals.*
Bengel ⟨m.; ~s, ~; inf. mv. ~s⟩ **0.1** *bengel, kwajongen ⇒vlegel* **0.2** *knaap, jongen* **0.3** *lief ventje, schatje.*
bengelhaft 0.1 *vlegelachtig, onbehouwen.*
Benimm ⟨m.; ~s⟩⟨inf.⟩ **0.1** *manieren.*
benommen 0.1 *versuft, verdoofd ⇒suf* **0.2** *bevangen* **0.3** *beneveld.*
benoten 0.1 *een cijfer, cijfers geven ⇒waarderen* ◆ **1.1** ein benoteter Schein *een testimonium met een cijfer (erop).*
benötigen 0.1 *nodig hebben.*
benötigt 0.1 *benodigd ⇒nodig.*
Benotung ⟨v.; ~, ~en⟩ **0.1** *het geven v.e. cijfer, van cijfers ⇒ waardering* **0.2** *cijfer.*
benutzbar 0.1 *bruikbaar ⇒dienstig.*
benutzen, benützen 0.1 *gebruiken ⇒gebruik maken van* **0.2** *waarnemen, te baat nemen, aangrijpen ⇒benutten.*
Benutzer ⟨m.; ~s, ~⟩ **0.1** *gebruiker.*
Benutzeridentifikation ⟨v.⟩⟨comp.⟩ →**Benutzerkennung.**
Benutzerkennung ⟨v.⟩⟨comp.⟩ **0.1** *gebruikersidentificatie.*
Benutzeroberfläche ⟨v.⟩⟨comp.⟩ **0.1** *gebruikersinterface, user interface* ◆ **2.1** grafische ~ *grafische gebruikersinterface.*
Benutzung, Benützung ⟨v.; ~⟩ **0.1** *gebruik ⇒aanwending* **0.2** *gebruikmaking ⇒benutting* ◆ **6.1** die Straße wurde **zur** ~ freigegeben *de weg werd voor het verkeer opengesteld* **6.2 unter** ~ aller Mittel *met gebruikmaking van alle middelen.*
Benutzungsgebühr ⟨v.⟩ **0.1** *vergoeding voor het gebruik ⇒ huurprijs.*
Benutzungsordnung ⟨v.⟩ **0.1** *reglement.*
Benzin ⟨o.; ~s, ~e⟩ **0.1** *benzine.*
Benziner ⟨m.; ~s, ~⟩⟨inf.⟩ **0.1** *wagen, auto met benzinemotor.*
Benzinkanister ⟨m.⟩ **0.1** *benzineblik, jerrycan.*
Benzinuhr ⟨v.⟩ **0.1** *benzinemeter.*
Benzoe ⟨v.; ~⟩ **0.1** *benzoë.*
Benzoesäure ⟨v.⟩ **0.1** *benzolzuur.*
beobachten 0.1 *gadeslaan, in het oog houden, observeren* **0.2** *waarnemen, (be)merken ⇒zien* **0.3** ⟨schr.⟩ *in acht nemen* ◆ **5.1** er wird ärztlich beobachtet *hij staat onder medische controle.*
Beobachter ⟨m.; ~s, ~⟩ **0.1** *waarnemer.*
Beobachtung ⟨v.; ~, ~en⟩ **0.1** *waarneming, observatie ⇒ constatering, bevinding* **0.2** ⟨vero.⟩ *inachtneming* ◆ **3.1** ~en anstellen *observeren, gadeslaan* **6.1 unter** ~ stehen (a) *geobserveerd worden* (b) ⟨med.⟩ *onder controle staan; in observatie liggen.*
Beobachtungsgabe ⟨v.⟩ **0.1** *waarnemingsvermogen.*
Beobachtungsstand ⟨m.⟩ **0.1** *waarnemingspost.*
Beobachtungsstation ⟨v.⟩ **0.1** *waarnemingsstation.*
beordern 0.1 *zenden, sturen* **0.2** *ontbieden, laten komen ⇒roepen* **0.3** *bevelen* **0.4** *bestellen.*
bepacken 0.1 *bepakken, beladen.*
bepflanzen 0.1 *beplanten.*
bepflastern 0.1 *plaveien, bestraten* **0.2** *bepleisteren, pleisters doen op.*
bepinkeln 0.1 *plassen op.*
bepinseln ⟨inf.⟩ **0.1** *beschilderen* **0.2** *bestrijken, insmeren* **0.3** *volkriebelen.*
bequatschen ⟨inf.⟩ **0.1** *om-, bepraten, overhalen* **0.2** *bepraten.*
bequem 0.1 *(ge)makkelijk ⇒gerieflijk, comfortabel* **0.2** *gemakzuchtig* **0.3** *aangenaam* ◆ **4.1** mach es dir ~ hier! *maak het je hier gemakkelijk!*
bequemen, sich ⟨schr.⟩ **0.1** *(ongaarne) overgaan, (ongaarne) besluiten* **0.2** *zich verwaardigen, zo goed zijn* ◆ **6.2** er bequemte sich **zu** einer Antwort *hij verwaardigde zich te antwoorden.*
Bequemlichkeit ⟨v.; ~, ~en⟩ **0.1** *gemak ⇒comfort, gerieflijkheid* **0.2** *gemakzucht* ◆ **3.1** die ~ lieben *(erg) op zijn gemak gesteld zijn* **5.1** der ~ halber *gemakshalve, voor het gemak* **6.1 in** aller ~ *op zijn gemak;* **mit** allen ~en ausgestattet *van alle gemakken, van alle comfort voorzien.*
berappen I ⟨ov.ww.⟩ **0.1** *berapen, ruw bepleisteren;*
II ⟨ov. & onov.ww.⟩⟨inf.⟩ **0.1** *dokken (voor) ⇒opbrengen, betalen.*
beraten I ⟨ov. & onov.ww.⟩ **0.1** *adviseren, raad geven* **0.2** *bespreken ⇒behandelen, overleggen* ◆ **5.1** jmdn. schlecht, übel ~ *iem. een slechte raad geven;* du wärst gut ~ mitzukommen *het is raadzaam mee te komen;*
II sich ~ ⟨wk.ww.⟩ **0.1** *overleggen ⇒overleg plegen.*
beratend 0.1 *adviserend, raadgevend.*
Berater ⟨m.; ~s, ~⟩ **0.1** *adviseur, raadgever ⇒consulent.*
beratschlagen 0.1 *beraadslagen ⇒overleg plegen.*
Beratung ⟨v.; ~, ~en⟩ **0.1** *beraadslaging, bespreking, overleg ⇒beraad* **0.2** *advies ⇒raadgeving, advisering* **0.3** *consult(atie)* **0.4** *advies-, consultatiebureau.*
Beratungsgremium ⟨o.⟩ **0.1** *adviescollege, -orgaan.*
Beratungspunkt ⟨m.⟩ **0.1** *punt van overleg.*
Beratungsstelle ⟨v.⟩ **0.1** *consultatiebureau* **0.2** *adviesbureau.*
berauben 0.1 *beroven* **0.2** *ontrieven.*
berauschen I ⟨ov.ww.⟩ **0.1** *dronken maken ⇒*⟨fig. ook⟩ *bedwelmen,* ⟨fig. ook⟩ *in vervoering brengen* ◆ **3.1** berauscht sein (a) *een roes hebben* (b) *in een roes verkeren;*
II sich ~ ⟨wk.ww.⟩ **0.1** *zich bedrinken ⇒zich een roes drinken* **0.2** *zich laten meeslepen, in vervoering (ge)raken.*
berauschend 0.1 *bedwelmend ⇒meeslepend* **0.2** *verrukkelijk* ◆ **5.1** ⟨iron.⟩ nicht (sehr) ~! *niet fameus!, niet veel zaaks!*
Berber ⟨m.; ~s, ~⟩ **0.1** *Berber* **0.2** *Barbarijs paard* **0.3** *Berbers tapijt.*
berechnen 0.1 *berekenen* ⟨ook fig.⟩ *⇒uitrekenen, becijferen* **0.2** *in rekening brengen, berekenen* ◆ **5.2** er berechnete mir das sehr billig *hij vroeg er maar weinig voor.*
berechnend 0.1 *berekenend.*
berechtigen 0.1 *het recht geven ⇒recht geven* **0.2** *reden geven, rechtvaardigen.*
berechtigt 0.1 *gerechtigd, bevoegd* **0.2** *gerechtvaardigd, terecht.*
berechtigterweise ⟨schr.⟩ **0.1** *terecht.*
Berechtigung ⟨v.; ~, ~en⟩ **0.1** *recht ⇒bevoegdheid* **0.2** *gegrondheid, gerechtvaardigdheid* ◆ **2.1** mit voller ~ *met het volste recht* **2.2** volle ~ haben *ten volste gerechtvaardigd zijn* **6.1** die ~ **zur** Teilnahme *het recht op deelneming* **6.2 ohne** ~ sein *niet gerechtvaardigd zijn;* nicht **ohne** ~ *niet zonder grond, reden.*
Berechtigungsschein ⟨m.⟩ **0.1** *bewijs, legitimatie.*
bereden I ⟨ov.ww.⟩ **0.1** *bespreken, bepraten* **0.2** *overhalen, overreden* **0.3** *kletsen over;*
II sich ~ ⟨wk.ww.⟩ **0.1** *spreken, overleggen.*
beredsam 0.1 *welbespraakt, welsprekend.*
beredt 0.1 *welbespraakt, welsprekend* **0.2** *veelbetekenend, veelzeggend.*
bereedern 0.1 *in de vaart hebben.*
Beregnungsanlage ⟨v.⟩ **0.1** *besproeiingsinstallatie* **0.2** *sprinklerinstallatie.*
Bereich ⟨m.; ~(e)s, ~e⟩ **0.1** *gebied ⇒domein, terrein, rayon*

0.2 *sector* 0.3 *bereik* 0.4 *ressort* ⇒*domein* 0.5 *toepassingsgebied* ◆ 6.3 das liegt **im** ~ der Möglichkeiten *dat behoort tot de mogelijkheden.*

bereichern 0.1 *verrijken.*

bereifen 0.1 *v.e. band, van banden voorzien* 0.2 *met rijp bedekken* ◆ ¶.2 bereift *berijpt.*

Bereifung ⟨v.; ~, ~en⟩ 0.1 *banden.*

bereinigen I ⟨ov.ww.⟩ 0.1 *in het reine brengen* ⇒*(weer) rechttrekken* 0.2 *uit de weg ruimen* 0.3 *bijleggen* 0.4 *verbeteren* ⇒*zuiveren, saneren* 0.5 *vereffenen* ⇒*aanzuiveren;*
II **sich** ~ ⟨wk.ww.⟩ 0.1 *opgelost worden, zijn, zich oplossen.*

bereisen 0.1 *bereizen* ⇒*reizen door.*

bereit 0.1 *bereid* 0.2 *klaar, gereed* ◆ 3.1 ich fand mich ~, ihm zu helfen *ik was bereid om hem te helpen.*

bereiten[1] I ⟨ov.ww.⟩ 0.1 *bereiden, klaar-, gereedmaken* ⇒ *maken* 0.2 *veroorzaken* ⇒*baren* 0.3 *(aan)doen* 0.4 *bezorgen* ◆ 1.2 jmdm. Sorge ~ *iem. zorg(en) baren* 1.3 jmdm. eine Freude ~ *iem. een plezier doen;*
II **sich** ~ ⟨wk.ww.⟩⟨schr.⟩ 0.1 *zich klaarmaken, zich voorbereiden.*

bereiten[2] ⟨ov.ww.→t97⟩ 0.1 *berijden.*

bereithalten 0.1 *klaar houden, gereedhouden* ⇒*(klaar) hebben, paraat houden* 0.2 *bevatten, inhouden.*

bereits 0.1 *reeds, al.*

Bereitschaft ⟨v.; ~, ~en⟩ 0.1 *bereid(willig)heid* 0.2 *gereedheid* 0.3 ⟨mil.⟩ *paraatheid* 0.4 *parate politie-eenheid* ◆ 3.2 der Arzt hat heute ~ *de arts heeft vandaag dienst* 3.3 die Armee hatte ~ *het leger was in staat van paraatheid gebracht* 6.2 etwas **in** ~ haben *iets klaar hebben liggen;* alles war **in** ~ *alles was, stond klaar.*

Bereitschaftsarzt ⟨m.⟩ 0.1 *dienstdoend(e) arts.*

Bereitschaftsdienst ⟨m.⟩ 0.1 *dienst.*

Bereitschaftspolizei ⟨v.⟩ 0.1 ⟨gekazerneerde⟩ *parate politie(-eenheden)* ⇒*mobiele eenheid.*

Bereitschaftswagen ⟨m.⟩ 0.1 *politie-, overvalwagen* 0.2 *ziekenwagen.*

bereitstellen 0.1 *klaar-, gereedzetten* 0.2 *beschikbaar stellen* ⇒*uittrekken* 0.3 *opstellen.*

bereitwillig 0.1 *bereidwillig.*

berennen 0.1 *bestormen* ⇒*stormlopen op, tegen.*

berenten ⟨schr.⟩ 0.1 *pensioneren.*

bereuen 0.1 *spijt hebben van, berouwen, berouw hebben over.*

Berg ⟨m.; ~(e)s, ~e⟩ 0.1 *berg* 0.2 *stapel, berg, hoop* 0.3 ⟨alleen mv.; mijnw.⟩ *gesteente zonder erts* ◆ 6.1 mit seiner Meinung nicht **hinter** dem ~(e) halten *zijn mening niet onder stoelen of banken steken;* **über** alle ~e sein *ervandoor zijn;* **über** den ~ sein *het ergste achter de rug hebben.*

bergab 0.1 *bergaf(waarts)* ⟨ook fig.⟩.

Bergakademie ⟨v.⟩ 0.1 *mijnbouwhogeschool.*

Bergamt ⟨o.⟩ 0.1 *staatstoezicht op de mijnen.*

bergan →**bergauf.**

Bergarbeiter ⟨m.⟩ 0.1 *mijnwerker.*

bergauf(wärts) 0.1 *bergop(waarts)* ⟨ook fig.⟩.

Bergbahn ⟨v.⟩ 0.1 *bergspoor(weg)* 0.2 *bergtrein(tje).*

Bergbau ⟨m.⟩ 0.1 *mijnbouw.*

Bergbehörde ⟨v.⟩ 0.1 *staatstoezicht op de mijnen.*

bergehoch 0.1 *hemel-, huizenhoog.*

Bergelohn ⟨m.⟩ 0.1 *berg-, bergingsloon.*

bergen ⟨→t6⟩ 0.1 *bergen* ⇒*in veiligheid brengen, opbergen, binnenhalen* 0.2 *inhouden, bevatten* ⇒*in zich dragen* 0.3 ⟨schr.⟩ *verbergen* ⇒*beschermen, bewaren.*

bergeweise 0.1 *bij bergen, bij hopen.*

Bergfahrt ⟨v.⟩ 0.1 *bergtocht* 0.2 *tocht stroomopwaarts.*

Bergfex ⟨m.⟩⟨inf.⟩ 0.1 *berg-, klimgeit* ⟨fanatiek bergbeklimmer⟩.

Bergfink ⟨m.⟩ 0.1 *berg-, bosvink.*

Bergfried ⟨m.; ~(e)s, ~e⟩ 0.1 *burcht-, wachttoren* 0.2 *belfort.*

Bergführer ⟨m.⟩ 0.1 *berggids.*

Berggrat ⟨m.⟩ 0.1 *bergkam, -graat.*

Berghang ⟨m.⟩ 0.1 *berghelling.*

berghoch →**bergehoch.**

bergig 0.1 *bergachtig.*

Bergingenieur ⟨m.⟩ 0.1 *mijningenieur.*

Bergkette ⟨v.⟩ 0.1 *bergketen.*

Bergkuppe ⟨v.⟩ 0.1 *bergkruin, -rug.*

Berglehne ⟨v.⟩ 0.1 *berghelling.*

Bergler ⟨m.; ~s, ~⟩ 0.1 *bergbewoner.*

Bergmann ⟨m.; mv. Bergleute of ~̈er⟩ 0.1 *mijnwerker.*

bergmännisch 0.1 *mijnwerkers-.*

Bergnot ⟨v.⟩ 0.1 *gevaar in de bergen.*

Bergpartie ⟨v.⟩ 0.1 *bergformatie* 0.2 *uitstap(je) in de bergen, bergtocht.*

Bergpredigt ⟨v.⟩⟨rel.⟩ 0.1 *bergrede.*

Bergrecht ⟨o.⟩ 0.1 *mijnrecht.*

Bergrennen ⟨o.⟩ 0.1 *bergrit.*

Bergrutsch ⟨m.⟩ 0.1 *aard-, bergverschuiving.*

Bergschaden ⟨m.⟩ 0.1 *mijnschade.*

bergsteigen 0.1 *bergen beklimmen.*

Bergsteiger ⟨m.⟩ 0.1 *bergbeklimmer, alpinist.*

bergsteigerisch 0.1 *alpinistisch.*

Bergstraße ⟨v.⟩ 0.1 *bergweg, weg in de bergen* 0.2 *Bergstraße* ⟨streek ten westen v.h. Odenwald⟩.

Bergsturz ⟨m.⟩ 0.1 *berg-, aardverschuiving.*

Bergtour ⟨v.⟩ 0.1 *bergtocht.*

Berg-und-Tal-Bahn ⟨v.⟩ 0.1 *achtbaan.*

Bergung ⟨v.; ~, ~en⟩ 0.1 *berging* 0.2 *het binnenhalen.*

Bergungsarbeit ⟨v.⟩ 0.1 *bergingswerk.*

Bergungsgesellschaft ⟨v.⟩ 0.1 *bergingsmaatschappij.*

Bergwacht ⟨v.⟩ 0.1 *reddingsdienst in de bergen.*

bergwärts 0.1 *(verder) de berg op* 0.2 *stroomopwaarts.*

Bergwerk ⟨o.⟩ 0.1 *mijn.*

Bergwerksgesellschaft ⟨v.⟩ 0.1 *mijnbouwmaatschappij.*

Bergwesen ⟨o.⟩ 0.1 *mijnwezen.*

Bericht ⟨m.; ~(e)s, ~e⟩ 0.1 *verslag* ⇒*rapport, verhaal, reportage, bijdrage* 0.2 *bericht, mededeling* ◆ 3.1 ~ erstatten *verslag uitbrengen, doen.*

berichten 0.1 *me(d)edelen, melden, berichten* ⇒*mededeling doen, melding, gewag maken* 0.2 *verslag, rapport uitbrengen, verslag doen.*

Berichter ⟨m.; ~s, ~⟩ 0.1 *berichter, verteller, informant* 0.2 *verslaggever.*

Berichterstatter ⟨m.; ~s, ~⟩ 0.1 *verslaggever* 0.2 *rapporteur.*

Berichterstattung ⟨v.⟩ 0.1 *verslag-, berichtgeving* 0.2 *rapportage.*

berichtigen 0.1 *verbeteren, corrigeren* 0.2 *rectificeren, rechtzetten* ⇒*herstellen.*

Berichtsjahr ⟨o.⟩ 0.1 *verslagjaar.*

beriechen 0.1 *beruiken* ⇒*ruiken aan* 0.2 ⟨inf.; fig.⟩ *om elkaar heendraaien.*

berieseln 0.1 *besproeien* 0.2 *bevloeien, irrigeren* 0.3 *in stukjes neerkomen op* 0.4 ⟨fig.; voortdurend⟩ *bewerken, beïnvloeden* ⇒*overspoelen* 0.5 ⟨fig.⟩ *over de hoofden komen, gaan van.*

Berieselungsanlage ⟨v.⟩ 0.1 *sproei-, besproeiingsinstallatie.*

beringen **0.1** ***ringen.***
beritten **0.1** ***bereden*** *⇒te paard.*
Berlin ⟨o.; ~s⟩ **0.1** ***Berlijn.***
Bernhardiner ⟨m.; ~s, ~⟩ **0.1** ***sint-bernard(shond).***
Bernstein ⟨m.⟩ **0.1** ***barnsteen.***
Berserker ⟨m.; ~s, ~⟩ **0.1** ***berserker*** *⇒*⟨fig.⟩ *dolleman.*
bersten ⟨→t7⟩⟨schr.⟩ **0.1** ***barsten*** *⇒springen* ◆ **6.1** **vor** Lachen ~ *zich te barsten lachen;* **vor** Wut ~ *(van woede) uit zijn vel springen;* (bis) **zum** Bersten voll *tot barstens toe vol, propvol.*
berüchtigt **0.1** ***berucht.***
berücken ⟨schr.⟩ **0.1** ***betoveren*** *⇒verrukken, bekoren.*
berücksichtigen **0.1** ***rekening houden met, in aanmerking nemen*** *⇒bedenken.*
Berücksichtigung ⟨v.; ~, ~en⟩ **0.1** ***inachtneming, het rekening houden met*** *⇒over-, afweging* ◆ **3.1** ~ finden *in aanmerking genomen worden, in aanmerking komen* **6.1** **unter** ~ der Umstände *de omstandigheden in aanmerking genomen.*
Beruf ⟨m.; ~(e)s, ~e⟩ **0.1** ***beroep*** **0.2** ⟨vero.⟩ ***roeping*** ◆ **6.1** **im** ~ stehen *een beroep uitoefenen.*
berufen[1] ⟨bn.⟩ **0.1** ***geroepen*** **0.2** ***bevoegd, deskundig*** ◆ **1.2** von ~er Seite *van bevoegde zijde* **¶.1** ⟨sprw.⟩ viele sind ~, aber wenige auserwählt *velen zijn geroepen, maar weinigen uitverkoren.*
berufen[2] **I** ⟨ov.ww.⟩ **0.1** ***benoemen, aanstellen*** **0.2** ***ontbieden*** *⇒(laten) roepen* **0.3** ⟨Oostr.⟩ ***in (hoger) beroep gaan*** ◆ **5.¶** berufe es nicht! *klop het maar af!;*
II sich ~ ⟨wk.ww.⟩ **0.1** ***zich beroepen.***
beruflich **0.1** ***van, in het beroep, beroeps-, beroepsmatig*** *⇒ voor zijn beroep* ◆ **1.1** eine ~e Ausbildung *een beroepsopleiding;* meine ~e Stellung *mijn (maatschappelijke) positie, mijn beroep* **2.1** ~ tätig sein *werken, een beroep uitoefenen* **6.1** **aus** ~en Gründen *voor zijn beroep, beroepshalve.*
Berufsarbeit ⟨v.⟩ **0.1** ***beroepsbezigheden*** *⇒werk.*
Berufsaufbauschule ⟨v.⟩ **0.1** ⟨(avond)school ter voorbereiding op het middelbaar beroepsonderwijs⟩.
Berufsausbildung ⟨v.⟩ **0.1** ***beroepsopleiding.***
Berufsaussicht ⟨v.⟩ **0.1** ***beroepskans.***
Berufsberater ⟨m.⟩ **0.1** ***beroepskeuzeadviseur.***
Berufsberatung ⟨v.⟩ **0.1** ***beroeps(keuze)voorlichting.***
berufsbezogen **0.1** ***beroepsgeoriënteerd.***
berufserfahren **0.1** ***met praktijkervaring.***
Berufsfachschule ⟨v.⟩ **0.1** ***vakschool, school voor lager beroepsonderwijs.***
Berufsfahrer ⟨m.⟩ **0.1** ***beroepschauffeur*** **0.2** ***beroepsrenner.***
berufsfremd **0.1** ***buiten het (aangeleerde) beroep, niet in het beroep opgeleid.***
Berufsgenossenschaft ⟨v.⟩ **0.1** ***ongevallenverzekering.***
Berufsjahr ⟨o.⟩ **0.1** ***jaar met beroepservaring, praktijkjaar.***
Berufskrankheit ⟨v.⟩ **0.1** ***beroepsziekte.***
berufsmäßig **0.1** ***beroeps-, beroepsmatig, van beroep*** *⇒ beroeps(halve).*
Berufsschule ⟨v.⟩ **0.1** ***vak-, nijverheidsschool, streekschool*** ⟨in het kader v.h. leerlingenstelsel⟩.
Berufsspieler ⟨m.⟩ **0.1** ***beroepsspeler, prof(essional).***
Berufssportler ⟨m.⟩ **0.1** ***prof(essional).***
Berufsstand ⟨m.⟩ **0.1** ***beroepsgroep.***
berufsständisch **0.1** ***beroeps-.***
berufstätig **0.1** ***werkend*** ◆ **5.1** halbtags ~ sein *voor halve dagen werken.*
Berufstätige(r) ⟨bn. als zn.⟩ **0.1** ***werkende (mens), werknemer.***
Berufstätigkeit ⟨v.⟩ **0.1** ***beroep(swerkzaamheid).***
Berufsunfähigkeit ⟨v.⟩ **0.1** ***arbeidsongeschiktheid.***
Berufsverkehr ⟨m.⟩ **0.1** ***spits-, piekuur.***
Berufswahl ⟨v.⟩ **0.1** ***beroepskeuze.***
Berufung ⟨v.; ~, ~en⟩ **0.1** ***benoeming*** **0.2** ***het zich beroepen op*** *⇒beroep, inroeping* **0.3** ***roeping*** **0.4** ⟨jur.⟩ ***(hoger) beroep, appel*** *⇒beroeps-, appelzaak* ◆ **3.4** ~ einlegen *in (hoger) beroep gaan, (hoger) beroep aantekenen* **6.1** eine ~ **auf** einen Lehrstuhl *een benoeming op een leerstoel* **6.2** **unter** ~ auf ⟨4e nv.⟩ *met een beroep op, zich beroepend(e) op* **6.4** **in** die ~ gehen *in (hoger) beroep gaan.*
Berufungsbeklagte(r) ⟨bn. als zn.⟩ **0.1** ***geïntimeerde*** *⇒gedaagde in beroep.*
Berufungsfrist ⟨v.⟩ **0.1** ***beroepstermijn*** *⇒termijn voor hoger beroep.*
Berufungsgericht ⟨o.⟩ **0.1** ***hof van appel.***
Berufungsinstanz ⟨v.⟩ **0.1** ***hogere instantie, beroepsinstantie.***
Berufungskläger ⟨m.⟩ **0.1** ***appellant.***
Berufungsverfahren ⟨o.⟩ **0.1** ***behandeling in hoger beroep*** *⇒beroeps-, appelzaak.*
beruhen **0.1** ***berusten*** ◆ **6.1** etwas **auf** sich ~ lassen *iets laten rusten, zitten.*
beruhigen I ⟨ov.ww.⟩ **0.1** ***geruststellen, kalmeren*** *⇒tot bedaren, kalmte brengen, stabiliseren;*
II sich ~ ⟨wk.ww.⟩ **0.1** ***bedaren, kalmeren*** *⇒tot rust, bedaren komen, rustig(er), kalm(er) worden* ◆ **5.1** beruhige dich doch! (a) *word, wees toch (eens) rustig!* (b) *wees gerust!*
Beruhigung ⟨v.; ~, ~en⟩ **0.1** ***kalmering*** *⇒bedaring* **0.2** ***geruststelling*** *⇒gerustheid* **0.3** ***stabilisering*** *⇒herstel v.d. rust* **0.4** ⟨meteo.⟩ ***kalm(er), stabiel(er) weer.***
Beruhigungsmittel ⟨o.⟩ **0.1** ***kalmeringsmiddel*** *⇒tranquillizer.*
berühmt **0.1** ***beroemd*** *⇒vermaard, befaamd* ◆ **5.1** ⟨iron.⟩ nicht gerade ~ *niet veel zaaks, bijzonders.*
berühren **0.1** ***aanraken, aankomen aan*** **0.2** ***aanroeren, aanstippen*** **0.3** ***raken*** ⟨ook wisk.⟩ *⇒treffen, (een) indruk maken op* **0.4** ***(even) aandoen, (even) gaan, komen langs*** ◆ **1.4** einen Hafen ~ *een haven aandoen.*
Berührung ⟨v.; ~, ~en⟩ **0.1** ***aanraking, contact*** *⇒verbinding, voeling* **0.2** ***het aanroeren, het aanstippen*** *⇒aanstipping* **0.3** ⟨wisk.⟩ ***het raken.***
Berührungslinie ⟨v.⟩ **0.1** ***raaklijn.***
Berührungspunkt ⟨m.⟩ **0.1** ⟨wisk.⟩ ***raakpunt*** **0.2** ⟨fig.⟩ ***aanrakingspunt.***
berußen **0.1** ***met roet bedekken.***
Beryll ⟨m.; ~s, ~e⟩ **0.1** ***beril.***
besab|beln, -bern **0.1** ***bekwijlen.***
besäen **0.1** ***bezaaien.***
besagen **0.1** ***zeggen, luiden*** **0.2** ***betekenen*** *⇒zeggen* ◆ **4.2** das hat nichts zu ~ *dat wil niets zeggen.*
besagt **0.1** ***(reeds) genoemd*** *⇒deze.*
besaiten **0.1** ***besnaren*** *⇒van snaren voorzien.*
besamen **0.1** ***bevruchten.***
besammeln ⟨Zwi.⟩ **0.1** ***verzamelen.***
Besamung ⟨v.; ~, ~en⟩ **0.1** ***bevruchting*** ◆ **2.1** künstliche ~ *kunstmatige inseminatie, KI.*
Besamungs|station, -zentrale ⟨v.⟩ **0.1** ***KI-station.***
Besan ⟨m.; ~s, ~e⟩⟨scheep.⟩ **0.1** ***bezaan*** **0.2** ***bezaansmast.***
besänftigen **0.1** ***kalmeren, sussen*** *⇒tot bedaren brengen.*
Besansegel ⟨o.⟩ **0.1** ***bezaan.***
Besatz ⟨m.; ~es, ⸚e⟩ **0.1** ***garnering*** *⇒belegsel.*
Besatzband ⟨o.; mv. ⸚er⟩ **0.1** ***garneerband.***
Besatzer ⟨m.; ~s, ~⟩⟨inf.; pej.⟩ **0.1** ***bezetter.***

Besatzung ⟨v.; ~, ~en⟩ **0.1** ***bemanning*** **0.2** ***bezetting*** **0.3** ***garnizoen.***

Besatzungsmacht ⟨v.⟩ **0.1** ***bezettende mogendheid.***

besaufen, sich 0.1 ***zich bezuipen, zich bezatten.***

Besäufnis ⟨v.; ~, ~se⟩ **0.1** ***bezopenheid*** ⇒*beschonkenheid* **0.2** ⟨ook o.; ~ses, ~se⟩ ***zuippartij.***

besäuseln, sich 0.1 ***een beetje te diep in het glaasje kijken.***

beschädigen 0.1 ***beschadigen*** ⇒*havenen.*

Beschädigte(r) ⟨bn. als zn.⟩ **0.1** ***invalide.***

beschaffen[1] ⟨bn.⟩ **0.1** ***geaard, van dien aard, zo*** ◆ **6.1** wie ist es **damit** ~? *hoe is het daarmee gesteld?*

beschaffen[2] ⟨ov.ww.⟩ **0.1** ***bezorgen, verschaffen, zorgen voor*** **0.2** ***verkrijgen, verwerven, komen aan*** ⇒*halen.*

Beschaffenheit ⟨v.; ~⟩ **0.1** ***gesteldheid, aard*** ⇒*geaardheid* **0.2** ***hoedanigheid, kwaliteit.***

Beschaffung ⟨v.; ~⟩ **0.1** ***aanschaffing, bezorging*** ⇒*aanschaf* **0.2** ***verkrijging, verwerving.***

Beschaffungsamt ⟨o.⟩ **0.1** ***inkoopbureau v.h. leger.***

Beschaffungskriminalität ⟨v.⟩⟨jur.⟩ **0.1** ***verwervingscriminaliteit*** ⟨ivm. drugs⟩.

beschäftigen I ⟨ov.ww.⟩ **0.1** ***tewerkstellen, in dienst hebben, werk verschaffen, geven aan*** ⇒*draaiende houden* **0.2** ***bezighouden;***
II sich ~ ⟨wk.ww.⟩ **0.1** ***zich bezighouden*** ⇒*zich ophouden.*

beschäftigt 0.1 ***bezig*** **0.2** ***werkzaam*** ◆ **1.1** er ist ein (sehr) ~er Mann *hij heeft het (erg) druk* **3.1** unsere Firma ist immer noch gut ~ *onze firma heeft nog altijd genoeg werk.*

Beschäftigte(r) ⟨bn. als zn.⟩ **0.1** ***werknemer*** ⇒⟨mv.⟩ *personeel.*

Beschäftigung ⟨v.; ~, ~en⟩ **0.1** ***bezigheid, werk*** ⇒*beslommering* **0.2** ***betrekking, baan*** ⇒*werk* **0.3** ***tewerkstelling, werkgelegenheid*** **0.4** ***bedrijvigheid, werk*** **0.5** ***het zich bezighouden*** ⇒*bemoeienis, bemoeiing, studie* ◆ **3.2** einer ~ nachgehen (a) *werken* (b) *zijn werk doen.*

Beschäftigungslage ⟨v.⟩ **0.1** ***werkgelegenheidssituatie*** **0.2** ***bedrijvigheid.***

beschäftigungslos 0.1 ***zonder werk, werk(e)loos*** **0.2** ***werkeloos, niets doende.***

Beschäftigungstherapie ⟨v.⟩ **0.1** ***bezigheidstherapie.***

Beschäftigungsverhältnis ⟨o.⟩ **0.1** ***(dienst)betrekking.***

beschälen 0.1 ***dekken.***

Beschäler ⟨m.; ~s, ~⟩ **0.1** ***dekhengst.***

beschallen 0.1 ***met geluid, lawaai overspoelen*** ⇒*galmen over, door, in* **0.2** ⟨med., tech.⟩ ***ultrasoon behandelen.***

beschämen 0.1 ***beschamen*** ⇒*beschaamd maken.*

Beschämung ⟨v.; ~, ~en⟩ **0.1** ***schaamte, beschaming*** ◆ **6.1** **mit** ~ *beschaamd;* **zu** meiner ~ *tot mijn schande.*

beschatten 0.1 ***be-, overschaduwen*** ⇒⟨fig.⟩ *een schaduw werpen op* **0.2** ***schaduwen*** **0.3** ⟨sp.⟩ ***bewaken, dekken.***

Beschatter ⟨m.; ~s, ~⟩ **0.1** ***achtervolger*** **0.2** ***bewaker.***

Beschau ⟨v.⟩ **0.1** ***keuring.***

beschauen 0.1 ***bekijken.***

Beschauer ⟨m.; ~s, ~⟩ **0.1** ***keurmeester, schouwer*** **0.2** ***toeschouwer.***

beschaulich 0.1 ***beschouwelijk*** ⇒*bespiegelend* **0.2** ***rustig, teruggetrokken*** ⇒*ingetogen* ◆ **1.1** ein ~er Orden *een contemplatieve orde.*

Bescheid ⟨m.; ~(e)s, ~e⟩ **0.1** ***inlichting(en)*** ⇒*antwoord* **0.2** ***bericht*** ⇒*mededeling, beslissing, beschikking* ◆ **3.1** jmdm. ~ sagen (a) *iem. op de hoogte brengen* (b) *iem. zijn mening, de waarheid zeggen* **3.¶** jmdm. ~ stoßen *iem. flink de waarheid zeggen;* ⟨schr.⟩ ~ tun *een toast beantwoorden;* ~ wissen (a) *op de hoogte zijn* (b) *er alles van weten* (c) *veel af weten van* **6.¶ in** einer Stadt ~ wissen *in een stad bekend zijn;* er wußte **um** alles ~ *hij wist er alles van.*

bescheiden[1] ⟨bn.⟩ **0.1** ***bescheiden*** **0.2** ⟨inf.; euf.⟩ ***miserabel.***

bescheiden[2] **I** ⟨ov.ww.⟩⟨schr.⟩ **0.1** ***schenken, gunnen*** ⇒*ten deel doen vallen, bescheren* **0.2** ***ontbieden*** ⇒*laten komen, roepen* **0.3** ***(een beslissing, beschikking) meedelen*** ⇒*inlichten* ◆ **5.3** einen Antrag abschlägig ~ *een aanvraag afwijzen;*
II sich ~ ⟨wk.ww.⟩ **0.1** ***zich tevredenstellen, genoegen nemen*** **0.2** ***matigen, versoberen.***

Bescheidung ⟨v.; ~⟩ **0.1** ***matiging, bescheidenheid.***

bescheinen 0.1 ***beschijnen*** ⇒*schijnen op, over.*

bescheinigen 0.1 ***(schriftelijk) bevestigen*** **0.2** ***attesteren, schriftelijk verklaren*** ⇒*een bewijs(je) geven voor.*

Bescheinigung ⟨v.; ~, ~en⟩ **0.1** ***attest, (schriftelijke) verklaring, bewijs*** **0.2** ***attestering*** ⇒*bevestiging.*

bescheißen 0.1 ***beschijten*** **0.2** ***belazeren.***

beschenken 0.1 ***bedenken, (een geschenk, geschenken) geven (aan), schenken.***

Beschenkte(r) ⟨bn. als zn.⟩ **0.1** ***begiftigde*** ⇒*ontvanger v.e. geschenk, van geschenken.*

bescheren 0.1 ***bezorgen*** ⇒*opleveren* **0.2** ***(met Kerstmis) schenken, cadeau geven*** **0.3** ***ten deel doen vallen, bescheren*** ◆ **1.2** den Kindern wurde viel Spielzeug beschert *de kinderen kregen veel speelgoed als kerstgeschenk.*

Bescherung ⟨v.; ~, ~en⟩ **0.1** ***pakjesavond onder, rond de kerstboom*** **0.2** ***(kerst)geschenken, pakjes*** **0.3** ⟨inf.; iron.⟩ ***gedonder (in de glazen), gelazer*** ◆ **2.3** das ist (mir) ja eine schöne ~! *dat is me wat moois, fraais!* **3.3** da liegt die (ganze) ~! *daar ligt de (hele) rommel!*

bescheuert 0.1 ***(van lotje) getikt*** **0.2** ***te gek om los te lopen.***

beschichten 0.1 ***v.e. laag voorzien, een laag aanbrengen op.***

beschicken 0.1 ***afgevaardigden, een delegatie, deelnemers sturen, zenden naar*** **0.2** ***inzenden op*** **0.3** ⟨tech.⟩ ***laden, (bij)vullen*** ⇒*regelen.*

beschickert ⟨inf.⟩ **0.1** ***aangeschoten.***

Beschickung ⟨v.; ~, ~en⟩ **0.1** ***het sturen van afgevaardigden, deelnemers*** **0.2** ***inzending*** ⇒*aanvoer, bevoorrading* **0.3** ***vulling.***

beschießen 0.1 ***beschieten*** **0.2** ⟨fig.; nat.⟩ ***bombarderen*** ⇒⟨fig.⟩ *bestoken.*

beschildern 0.1 ***bewegwijzeren en markeren*** **0.2** ***markeren*** ⇒*van naambordjes voorzien.*

beschimpfen 0.1 ***uitschelden, beledigen, beschimpen*** ◆ **8.1** als Lügner ~ *voor leugenaar uitmaken.*

beschirmen ⟨schr.⟩ **0.1** ***beschermen, beschutten*** **0.2** ***overdekken.***

Beschiß ⟨m.⟩ **0.1** ***verneukerij, verlakkerij.***

beschissen 0.1 ***rot, klote-, miserabel*** ⇒*belabberd.*

beschlafen 0.1 ***beslapen*** **0.2** ***een nachtje slapen over.***

Beschlag ⟨m.⟩ **0.1** ***beslag*** **0.2** ***aanslag*** ⇒*wasem* ◆ **6.¶ in** ~ halten, nehmen *in beslag nemen;* **mit** ~ belegen *beslag leggen op.*

beschlagen[1] ⟨bn.⟩ **0.1** ***onderlegd.***

beschlagen[2] **I** ⟨onov.ww.; ook sich ~⟩ **0.1** ***be-, aanslaan;***
II ⟨ov.ww.⟩ **0.1** ***beslaan*** ⇒*bekleden* **0.2** ***doen aan-, beslaan.***

Beschlagnahme ⟨v.; ~, ~n⟩ **0.1** ***inbeslagneming, beslag(legging).***

beschlagnahmen 0.1 ***in beslag nemen, beslag leggen op.***

beschleichen 0.1 ***besluipen*** **0.2** ⟨fig.⟩ ***bekruipen.***

beschleunigen I ⟨ov.ww.⟩ **0.1** ***versnellen*** ⟨ook tech.⟩ ⇒*optrekken, accelereren* **0.2** ***bespoedigen, verhaasten*** ◆ **1.1**

⟨jur.⟩ ein beschleunigtes Verfahren *een spoedprocedure, een snelle berechting* **3.2** etwas beschleunigt behandeln *iets met spoed behandelen;*
II sich ~ ⟨wk.ww.⟩ **0.1** ***versnellen*** ⇒*sneller worden.*
Beschleuniger ⟨m.; ~s, ~⟩⟨nat.⟩ **0.1** ***versneller.***
Beschleunigung ⟨v.; ~, ~en⟩ **0.1** ***versnelling*** **0.2** ***het optrekken, acceleratie*** **0.3** ***bespoediging, verhaasting.***
Beschleunigungsspur ⟨v.⟩ **0.1** ***invoegstrook*** ⟨op autosnelweg⟩.
Beschleunigungsvermögen ⟨o.⟩ **0.1** ***acceleratievermogen.***
beschließen **0.1** ***besluiten (tot)*** ⇒*beslissen, aannemen* **0.2** ***besluiten*** ⇒*beëindigen* ◆ **1.1** das Parlament hat den Antrag beschlossen *het parlement heeft de motie aangenomen;* das ist beschlossene Sache *dat is een uitgemaakte zaak.*
Beschließerin ⟨v.; ~, ~nen⟩⟨vero.⟩ **0.1** ***huishoudster.***
Beschluß ⟨m.⟩ **0.1** ***besluit, beslissing*** **0.2** ⟨vero.⟩ ***besluit, slot*** ◆ **3.1** einen ~ fassen *een besluit nemen.*
beschlußfähig **0.1** ***met beslissingsbevoegdheid*** ⇒*in staat besluiten te nemen* ◆ **3.1** die Versammlung war nicht mehr ~ *de vergadering had geen quorum meer voor een besluit.*
Beschlußfassung ⟨v.⟩ **0.1** ***beslissing, besluitvorming.***
beschlußreif **0.1** ***rijp voor een beslissing.***
beschmeißen **0.1** ***begooien, bekogelen.***
beschmieren **0.1** ***besmeren*** **0.2** ***besmeuren, bevuilen*** **0.3** ***bekladden*** ◆ **¶.3** ⟨sprw.⟩ Narrenhände ~ Tisch und Wände *gekken en dwazen schrijven hun namen op deuren en glazen.*
beschmunzeln **0.1** ***gnuiven, glimlachen om.***
beschmutzen **0.1** ***bevuilen, vuilmaken*** **0.2** ⟨fig.⟩ ***bezoedelen, bevlekken.***
beschneiden **0.1** ***afsnijden*** ⇒*afknippen* **0.2** ***besnoeien, beknotten*** ⇒*beperken* **0.3** ***korten op, verlagen*** **0.4** ***snoeien*** **0.5** ***korten*** ⇒*kortwieken* **0.6** ***besnijden*** ◆ **1.3** jmdm. das Gehalt ~ *op iemands salaris korten* **1.5** einem Vogel die Flügel ~ *een vogel kortwieken* **6.2** jmdn. **in** seiner Freiheit ~ *iemands vrijheid beknotten.*
Beschneidung ⟨v.; ~, ~en⟩ **0.1** ***het afsnijden/afknippen*** **0.2** ***beknotting*** **0.3** ***korting, verlaging*** **0.4** ***het snoeien*** **0.5** ***korting, kortwieking*** **0.6** ***besnijdenis, circumcisie*** ◆ **1.2** die ~ der Gewerkschaftsmacht *de beknotting van de vakbondsmacht.*
beschnüffeln **0.1** ***besnuffelen*** **0.2** ***(onderzoekend) om elkaar heendraaien*** **0.3** ***bespioneren.***
beschnuppern **0.1** ***besnuffelen*** **0.2** ⟨onderzoekend⟩ ***om elkaar heendraaien.***
beschönigen **0.1** ***vergoelijken, goedpraten*** **0.2** ***flatteren*** ⇒*mooier voorstellen dan het is.*
beschränken **I** ⟨ov.ww.⟩ **0.1** ***beperken*** ⇒*beknotten;*
II sich ~ ⟨wk.ww.⟩ **0.1** ***zich beperken*** ⇒*zich bepalen* ◆ **6.1** sich ~ **auf** ⟨4e nv.⟩ *zich beperken tot.*
beschrankt **0.1** ***bewaakt*** ⇒*met slagbomen.*
beschränkt **0.1** ***beperkt*** ⇒*bekrompen* ◆ **5.1** räumlich ~ sein (a) *(slechts) een beperkte ruimte hebben* (b) *(slechts) een beperkt gebied beslaan, bestrijken* (c) *klein behuisd zijn;* zeitlich ~ sein *van tijdelijke aard zijn.*
Beschränkung ⟨v.; ~, ~en⟩ **0.1** ***beperking*** ◆ **6.1** **in** der ~ zeigt sich der Meister *in de zelfbeperking blijkt het meesterschap.*
beschreiben **0.1** ***beschrijven*** ⇒*volschrijven, uitleggen.*
beschreien ◆ **5.¶** beschreie es nicht! *klop het maar af!*
beschreiten ⟨schr.⟩ **0.1** ***lopen op, langs*** **0.2** ***betreden*** ⇒*opgaan, bewandelen* ◆ **1.2** den Rechtsweg ~ *de gerechtelijke weg bewandelen.*
beschriften **0.1** ***beschrijven, tekst aanbrengen op*** ⇒*merken.*
Beschriftung ⟨v.; ~, ~en⟩ **0.1** ***opschrift*** ⇒*tekst.*
beschuldigen **0.1** ***beschuldigen*** ◆ **1.1** jmdn. des Diebstahls ~ *iem. van diefstal beschuldigen.*
Beschuldigte(r) ⟨bn. als zn.⟩ **0.1** ***beschuldigde*** **0.2** ⟨jur.⟩ ***verdachte.***
beschummeln **0.1** ***beduvelen, bedonderen.***
beschuppt **0.1** ***geschubd.***
beschupsen ⟨inf.⟩ **I** ⟨onov.ww.⟩ **0.1** ***vals spelen;***
II ⟨ov.ww.⟩ **0.1** ***bedonderen, beduvelen.***
Beschuß ⟨m.⟩ **0.1** ***beschieting*** ⇒*bestoking* **0.2** ⟨nat.⟩ ***bombardement*** ◆ **6.1** **unter** ~ nehmen (a) *onder vuur nemen, bestoken* (b) ⟨fig.⟩ *met kritiek bestoken.*
beschütten **0.1** ***begieten, gieten op*** ⇒*morsen op* **0.2** ***bestrooien*** ⇒*begrinden* **0.3** ***storten op*** **0.4** ***vullen.***
beschützen **0.1** ***beschermen, beschutten.***
Beschützer ⟨m.; ~s, ~⟩ **0.1** ***beschermer*** **0.2** ***beschermheer.***
beschwatzen, beschwätzen **0.1** ***bepraten*** ⇒*overhalen, praten, bomen, leuteren over.*
Beschwerde ⟨v.; ~, ~n⟩ **0.1** ***moeite, last, inspanning(en)*** **0.2** ***ongemak, bezwaar*** **0.3** ⟨mv.⟩ ***klacht, ongemak*** ⇒*kwaal* **0.4** ***klacht*** ⇒*beklag, grief, bezwaar* ◆ **3.4** ~ einlegen, einreichen (a) *protesteren, protest aantekenen* (b) ⟨jur.⟩ *verzet aantekenen* **6.4** er führte ~ **über** den Zustand *hij beklaagde zich over de toestand.*
Beschwerdebuch ⟨o.⟩ **0.1** ***klachtenboek.***
beschwerdefrei **0.1** ***vrij van klachten, zonder klachten.***
Beschwerdeführer ⟨m.⟩ **0.1** ***klager, reclamant.***
Beschwerdeinstanz ⟨v.⟩ **0.1** ***instantie voor klachten*** ⇒*klachtenbureau.*
Beschwerdestelle ⟨v.⟩ **0.1** ***klachtenbureau*** **0.2** ***meldpunt.***
Beschwerdeweg ⟨m.⟩ **0.1** ***procedure via, door een klacht*** ◆ **3.1** den ~ beschreiten, gehen *een klacht indienen* **6.1** **auf** dem ~(e) *via, door een klacht.*
beschweren **I** ⟨ov.ww.⟩ **0.1** ***bezwaren*** ⇒*verzwaren, beladen,* ⟨fig. vooral⟩ *belasten* **0.2** ***iets zwaars leggen op;***
II sich ~ ⟨wk.ww.⟩ **0.1** ***zijn beklag doen, zich beklagen.***
beschwerlich **0.1** ***bezwaarlijk, lastig*** ⇒*vermoeiend.*
Beschwerlichkeit ⟨v.; ~, ~en⟩ **0.1** ***ongemak, last.***
Beschwernis ⟨v.; ~, ~se; zelden o.; ~ses, ~se⟩⟨schr.⟩ **0.1** ***ongemak*** ⇒*last, moeite.*
beschwichtigen **0.1** ***kalmeren, sussen*** ⇒*paaien, tot bedaren brengen.*
Beschwichtigungspolitik ⟨v.⟩ **0.1** ***appeasementpolitiek.***
beschwindeln ⟨inf.⟩ **0.1** ***beliegen*** ⇒*jokken tegen* **0.2** ***bij de neus nemen, bedotten*** ⇒*afzetten.*
beschwingen **0.1** ***bevleugelen, bezielen, doen opleven*** ⇒*opmonteren.*
beschwingt **0.1** ***zwierig, vol elan*** ⇒*bezield* **0.2** ***gevleugeld.***
beschwipst **0.1** ***aangeschoten, lichtjes beneveld.***
beschwören **0.1** ***bezweren*** ⇒*zweren op, oproepen.*
beseelen **0.1** ***bezielen*** ⇒*leven inblazen.*
besegeln **0.1** ***bezeilen*** **0.2** ***van zeilen voorzien.***
besehen **0.1** ***bekijken, bezien*** ◆ **5.1** genau, recht, bei Lichte ~ *op de keper, alles wel beschouwd.*
beseitigen **0.1** ***uit de weg ruimen*** ⇒*uitschakelen, uit de wereld helpen* **0.2** ***verhelpen*** ⇒*eruit halen, wegwerken* **0.3** ***opruimen*** **0.4** ***verwijderen*** ⇒*wegnemen* **0.5** ***afschaffen.***
beseligt **0.1** ***zalig, verzaligd.***
Besen ⟨m.; ~s, ~⟩ **0.1** ***bezem*** **0.2** ***helleveeg, feeks*** ◆ **2.1** ⟨fig.⟩ mit eisernem ~ auskehren, ausfegen *schoon schip maken* **3.¶** ich fresse einen ~, wenn ... *ik ben een boon als ...* **6.¶** jmdn. **auf** den ~ laden *iem. voor de gek houden* **¶.1** ⟨sprw.⟩ neue ~ kehren gut *nieuwe bezems vegen schoon.*

Besenginster ⟨m.⟩ **0.1** ***(bezem)brem.***
Besenheide ⟨v.⟩ **0.1** ***struik-, bezemheide.***
Besenkammer ⟨v.⟩ **0.1** ***berghok, -ruimte.***
Besenstiel ⟨m.⟩ **0.1** ***bezemsteel*** ◆ **3.1** einen ~ verschluckt haben *een bezem(steel) ingeslikt hebben.*
besessen 0.1 ***bezeten*** **0.2** ***verwoed, fervent.***
besetzen 0.1 ***bezetten*** ⇒*vrijhouden* **0.2** ***bemannen, bezetten, verdelen*** ⇒*opstellen* **0.3** ***afzetten, bezetten*** ⇒*omboorden, beleggen, garneren* **0.4** ***uitzetten.***
besetzt 0.1 ***bezet*** **0.2** ***in gesprek.***
Besetztzeichen ⟨o.⟩ **0.1** ***bezettoon.***
Besetzung ⟨v.; ~, ~en⟩ **0.1** ***bezetting*** ⇒*bemanning, rolverdeling, opstelling* **0.2** ***het uitzetten.***
besichtigen 0.1 ***bezichtigen*** **0.2** ***inspecteren, schouwen.***
Besichtigungsfahrt ⟨v.⟩ **0.1** ***rondrit, sightseeing.***
Besichtigungsreise ⟨v.⟩ **0.1** ***rondreis*** **0.2** ***inspectiereis.***
Besichtigungszeit ⟨v.⟩ **0.1** ***openingstijd.***
besiedeln 0.1 ***bevolken, zich vestigen in*** ⇒*voorkomen in* **0.2** ***koloniseren*** **0.3** ***begroeien*** ⇒*groeien op.*
Besiedelung ⟨v.; ~, ~en⟩ **0.1** ***vestiging, bevolking*** ⇒*nederzetting(en)* **0.2** ***kolonisatie.***
besiegeln 0.1 ***bezegelen.***
besiegen 0.1 ***overwinnen*** ⇒*winnen van, verslaan* ◆ **3.1** sich (für) besiegt erklären *zich gewonnen geven* **6.1** ⟨sp.⟩ jmdn. **nach** Punkten ~ *iem. op punten verslaan.*
besingen 0.1 ***bezingen*** **0.2** ***opnemen*** ◆ **6.2** eine Platte **mit** Schlagern ~ *hits op de plaat opnemen.*
besinnen, sich ⟨schr. +2e nv.⟩ **0.1** ***nadenken*** ⇒*zich bedenken* **0.2** ***zich (weer) bewust worden, zich bezinnen*** ⇒*zich (weer) voor de geest halen, terugvallen* **0.3** ***zich herinneren*** ◆ **5.1** ich habe mich anders, eines Besseren besonnen *ik ben van gedachte(n) veranderd* **6.3** ich kann mich nicht **auf** deinen Namen ~ *ik kan niet op jouw naam komen.*
besinnlich 0.1 ***beschouwelijk*** ⇒*ingetogen, stemmig* **0.2** ***(ernstig) nadenkend*** ⇒*ernstig.*
Besinnung ⟨v.; ~⟩ **0.1** ***bewustzijn*** **0.2** ***bezinning*** ⇒*rede(lijkheid)* **0.3** ***bewustwording, het zich bezinnen.***
besinnungslos 0.1 ***bewusteloos*** **0.2** ***buiten zichzelf, onbeheerst*** ⇒*radeloos.*
Besitz ⟨m.; ~es, ~e⟩ **0.1** ***bezit*** **0.2** ***bezitting(en)*** ◆ **3.1** ⟨fig.⟩ von jmdm. ~ ergreifen *zich van iem. meester maken.*
Besitzanspruch ⟨m.⟩ **0.1** ***aanspraak.***
besitzanzeigend ◆ **1.¶** ~es Fürwort *bezittelijk voornaamwoord.*
besitzen 0.1 ***bezitten*** ⇒*hebben.*
Besitzer ⟨m.; ~s, ~⟩ **0.1** ***eigenaar, bezitter*** ◆ **3.1** den ~ wechseln *van eigenaar veranderen.*
Besitzergreifung ⟨v.⟩ **0.1** ***inbezitneming.***
besitzlos 0.1 ***bezitloos, niet-bezittend, zonder bezit*** ⇒*onbemiddeld.*
Besitznahme ⟨v.; ~⟩ **0.1** ***inbezitneming.***
Besitzrecht ⟨o.⟩ **0.1** ***bezitsrecht.***
Besitzstand ⟨m.⟩ **0.1** ***(verworven) bezit(tingen)*** **0.2** ***verworven rechten, verworvenheden.***
Besitztum ⟨o.; ~s, ~̈er⟩ **0.1** ***bezitting(en), bezit.***
Besitzwechsel ⟨m.⟩ **0.1** ***wisseling van eigenaar*** **0.2** ⟨inf.; iron.⟩ ***diefstal.***
besoffen 0.1 ***bezopen, dronken*** ⇒*zat.*
besohlen 0.1 ***(ver)zolen.***
besolden 0.1 ***bezoldigen, salariëren*** **0.2** ***soldij geven, uitkeren.***
Besoldung ⟨v.; ~, ~en⟩ **0.1** ***salaris, bezoldiging*** **0.2** ***soldij*** **0.3** ***bezoldiging, salariëring.***
Besoldungsgruppe ⟨v.⟩ **0.1** ***salarisschaal.***
Besoldungsordnung ⟨v.⟩ **0.1** ***salarisregeling(en).***
besonder 0.1 ***bijzonder*** ⇒*speciaal* **0.2** ***apart*** ⇒*eigen* ◆ **6.1** **im** ~en *in het bijzonder.*
Besonderheit ⟨v.; ~, ~en⟩ **0.1** ***bijzonderheid, eigenaardigheid.***
besonders 0.1 ***bijzonder*** ⇒*erg* **0.2** ***vooral, in het bijzonder*** ⇒*speciaal* **0.3** ***afzonderlijk, apart, speciaal*** ◆ **5.1** nicht ~ *niet zo bijzonder (goed).*
besonnen 0.1 ***bezonnen, bedachtzaam, omzichtig.***
besonnt 0.1 ***zonnig*** ⟨ook fig.⟩ ⇒*zonovergoten.*
besorgen 0.1 ***bezorgen*** ⇒*halen, kopen* **0.2** ***verzorgen, doen, zorgen voor*** ⇒*uitvoeren, afhandelen* **0.3** ***versieren*** ⇒⟨op een oneerlijke wijze⟩ *aankomen* **0.4** ***op de post doen*** **0.5** ⟨vero.; schr.⟩ ***vrezen*** ◆ **4.¶** es jmdm. ~ (a) *iem. op zijn nummer zetten* (b) *het iem. betaald zetten* **¶.2** ⟨sprw.⟩ was du heute kannst ~, das verschiebe nicht auf morgen *laat nimmer iets tot morgen staan, wat nog voor heden kan gedaan.*
Besorgnis ⟨v.; ~, ~se⟩ **0.1** ***bezorgdheid, zorg*** ⇒*ongerustheid, vrees.*
besorgniserregend 0.1 ***zorgwekkend*** ⇒*zorgelijk.*
besorgt 0.1 ***bezorgd*** ⇒*ongerust.*
Besorgung ⟨v.; ~, ~en⟩ **0.1** ***boodschap*** ⇒*inkoop* **0.2** ***verzorging*** ⇒*uitvoering, afhandeling* **0.3** ***bezorging, het bezorgen*** ◆ **3.1** ~en machen *boodschappen doen.*
bespannen 0.1 ***bespannen.***
bespeien 0.1 ***bespuwen, bespugen.***
bespicken 0.1 ***larderen*** ⟨ook fig.⟩ **0.2** ⟨fig.⟩ ***beladen, bezaaien.***
bespiegeln I ⟨ov.ww.⟩ **0.1** ***beschrijven, belichten*** **0.2** ***beschouwen;***
II sich ~ ⟨wk.ww.⟩ **0.1** ***zich spiegelen*** **0.2** ***over zichzelf praten.***
bespielen 0.1 ***opnemen*** **0.2** ***bespelen*** ⇒*spelen in.*
bespitzeln 0.1 ***bespioneren.***
bespötteln, bespotten 0.1 ***bespotten, spotten met.***
besprechen I ⟨ov.ww.⟩ **0.1** ***bespreken*** ⇒*spreken over* **0.2** ***inspreken*** **0.3** ***belezen, bezweren;***
II sich ~ ⟨wk.ww.⟩ **0.1** ***(be)spreken, beraadslagen.***
Besprechung ⟨v.; ~, ~en⟩ **0.1** ***bespreking*** ⇒*recensie* **0.2** ***belezing.***
besprengen 0.1 ***besprenkelen*** **0.2** ***besproeien.***
bespritzen, besprühen 0.1 ***bespuiten, besproeien*** **0.2** ***bespatten.***
bespucken 0.1 ***bespugen, bespuwen.***
besser 0.1 ***beter*** ⇒*(nogal) goed* ◆ **4.1** der ~e der beiden *de beste van beide, van de twee* **5.1** das wäre ja noch ~! *(wel) nu nog mooier!* **8.1** der eine noch ~ als der andere ⟨ook⟩ *de ene nog meer, erger dan de ander(e);* um so, desto ~! *des te beter!*
Bessere(s) ⟨bn. als zn.; o.⟩ **0.1** ***(iets) beters*** ◆ **3.1** jmdn. eines Besseren belehren *iem. uit de droom helpen;* sich eines Besseren besinnen *zich bedenken* **4.1** er wollte schon immer etwas Besseres sein *hij wou altijd al wat meer zijn dan een ander* **6.1** sich **zum** Besseren wenden *zich ten goede keren.*
bessergestellt ◆ **1.¶** die Bessergestellten *de mensen in goeden doen, de welgestelden.*
bessern I ⟨ov.ww.⟩ **0.1** ***verbeteren, beter maken;***
II sich ~ ⟨wk.ww.⟩ **0.1** ***beter worden, (ver)beteren*** **0.2** ***zich, zijn leven beteren*** **0.3** ***stijgen, verbeteren*** **0.4** ⟨vero.⟩ ***vooruitgaan, herstellen.***
besserstellen 0.1 ***promotie geven, loons-, salarisverhoging geven*** ⇒*een hogere, beter betaalde positie geven.*
Besserstellung ⟨v.⟩ **0.1** ***positie-, lotsverbetering.***
Besserung ⟨v.; ~⟩ **0.1** ***verbetering*** **0.2** ***beterschap*** ◆ **1.2**

sich auf dem Wege der ~ befinden *aan de beterhand zijn* **2.2** gute ~! *(veel) beterschap!*

Besserungsanstalt ⟨v.⟩⟨vero.⟩ **0.1** ***verbeteringsgesticht.***

Besserwisser ⟨m.; ~s, ~⟩ **0.1** ***betweter.***

besserwisserisch 0.1 ***betweterig.***

best →**beste.**

bestallen 0.1 ***benoemen, aanstellen.***

Bestallung ⟨v.; ~, ~en⟩ **0.1** ***benoeming, aanstelling* 0.2 *akte van benoeming.***

Bestand ⟨m.⟩ **0.1** ***voorraad* 0.2 *saldo*** ⇒*stand* **0.3** ***bezit*** ⇒ *inventaris, bezittingen* **0.4** ***het (voort)bestaan* 0.5 *duurzaamheid, bestendigheid*** ◆ **2.1** eiserner ~ *noodvoorraad, -rantsoen* **3.5** das hat ~ *dat is duurzaam* **6.5 von** ~ sein *(voort)duren, blijven bestaan* **6.¶ zum** eisernen ~ gehören *bij het vaste repertoire horen.*

bestanden 0.1 ***begroeid* 0.2** ⟨Zwi.⟩ ***bejaard.***

beständig 0.1 ***duurzaam, bestendig*** ⇒*standvastig* **0.2** ***voortdurend* 0.3 *constant, gelijkmatig* 0.4 *bestand*** ◆ **6.4** ~ gegen(**über**) Hitze *bestand tegen hitte.*

Bestandsaufnahme ⟨v.⟩ **0.1** ***inventarisatie*** ⇒⟨fig.⟩ *balans.*

Bestandteil ⟨m.⟩ **0.1** ***bestand-, onderdeel.***

bestärken I ⟨ov.ww.⟩ **0.1** ***stijven, sterken* 0.2 *versterken, bevestigen;***
II sich ~ ⟨wk.ww.⟩ **0.1** ***versterken, sterker worden.***

bestätigen I ⟨ov.ww.⟩ **0.1** ***bevestigen*** ⇒*bekrachtigen, staven* ◆ **3.1** sich bestätigt fühlen (a) *zich gestaafd voelen* (b) ⟨fig.⟩ *zich erkend, gewaardeerd voelen;*
II sich ~ ⟨wk.ww.⟩ **0.1** ***bevestigd, bewaarheid worden*** ⇒ *uitkomen.*

Bestätigung ⟨v.; ~, ~en⟩ **0.1** ***bevestiging*** ⇒*bekrachtiging, staving* **0.2** ***schriftelijke bevestiging, verklaring* 0.3 *geloofsbrieven*** ⇒*accreditering.*

bestatten 0.1 ***ter aarde bestellen, begraven.***

Bestattung ⟨v.; ~, ~en⟩ **0.1** ***teraardebestelling, begrafenis.***

Bestattungs|institut, -unternehmen ⟨o.⟩ **0.1** ***begrafenisonderneming.***

bestauben I ⟨ov.ww.⟩ **0.1** ***onder het stof bedelven;***
II sich ~ ⟨wk.ww.⟩ **0.1** ***stoffig worden, onder het stof raken.***

bestäuben 0.1 ***bestuiven*** ⇒*bevruchten, bestrooien.*

bestaunen 0.1 ***bewonderen, met bewondering (staan) kijken naar* 0.2 *verwonderd, verbaasd (staan) kijken naar.***

beste 0.1 ***beste*** ◆ **1.1** im ~n Falle *in het gunstigste geval* **2.1** der erste, nächste ~ *de eerste de beste* **6.1 am** ~n *'t best(e);* **aufs** ~ (a) *zo goed mogelijk* (b) *opperbest, uitstekend;* etwas **zum** ~n geben (a) *iets ten beste geven* (b) ⟨vero.⟩ *trakteren op;* jmdn. **zum** ~n haben, halten *iem. voor de gek houden;* es stand nicht **zum** ~n mit ihm *het ging niet al te best met hem.*

bestechen 0.1 ***omkopen* 0.2 *voor zich innemen, bekoren.***

bestechend 0.1 ***innemend*** ⇒*bekoorlijk* **0.2** ***aantrekkelijk* 0.3 *uitstekend, schitterend* 0.4 *overtuigend.***

bestechlich 0.1 ***omkoopbaar*** ⇒*corrupt.*

Bestechung ⟨v.; ~, ~en⟩ **0.1** ***omkoping, omkoperij.***

Bestechungsgeld ⟨o.⟩ **0.1** ***steekpenning, smeergeld.***

Bestechungsversuch ⟨m.⟩ **0.1** ***poging tot omkoping.***

Besteck ⟨o.; ~(e)s, ~e⟩ **0.1** ***couvert*** ⟨lepel, mes en vork⟩ **0.2** ***bestek*** ⟨ook scheep.⟩ **0.3** ⟨med.⟩ ***instrumenten(set, -etui).***

bestecken 0.1 ***besteken, volsteken* 0.2 *versieren.***

bestehen I ⟨onov.ww.⟩ **0.1** ***bestaan*** ⇒*blijven bestaan* **0.2** ***zich handhaven, zich staande houden, standhouden*** ⇒ *doorstaan* **0.3** ***staan* 0.4 *slagen* 0.5 *zich waarmaken*** ⇒ *voldoen* ◆ **6.2 gegen** jmdn. ~ *tegen iem. op kunnen;* **vor** der Kritik ~ *elke kritiek doorstaan* **6.3** ich bestehe **auf** meinen Rechten, ⟨zelden⟩ meine Rechte *ik sta op mijn rechten* **6.4 im** Examen ~ *voor het examen slagen;*
II ⟨ov.ww.⟩ **0.1** ***slagen voor* 0.2 *doorstaan.***

bestehlen 0.1 ***bestelen*** ⇒*stelen van.*

besteigen 0.1 ***bestijgen, beklimmen* 0.2 *stappen op, opstappen* 0.3 *bespringen, betreden.***

Bestelleingang ⟨m.⟩ **0.1** ***orderontvangst, ontvangen bestelling* 0.2 *het binnenkomen van orders.***

bestellen 0.1 ***bestellen*** ⇒*reserveren, bezorgen* **0.2** ***ontbieden*** ⇒*laten komen, afspreken met, sturen* **0.3** ***zeggen, meedelen, laten weten* 0.4 *aanstellen, benoemen* 0.5 *doen, overbrengen* 0.6 *bewerken*** ◆ **1.1** das ist bestellte Arbeit *dat is werk in opdracht* **1.5** bestelle ihm schöne, meine Grüße! *doe hem de groeten (van mij)!* **3.¶** du hast hier nichts zu ~! *je hebt hier niets te zeggen, vertellen!* **6.2** ich bin um 10 Uhr **beim** Zahnarzt bestellt *ik moet om 10 uur bij de tandarts zijn* **8.1** es kam wie bestellt *het kwam als geroepen* **8.2** ⟨inf.⟩ er sah aus wie bestellt und nicht abgeholt *hij stond er wat uit zijn lood geslagen bij.*

Bestellgeld ⟨o.⟩ **0.1** ***bezorgingskosten.***

Bestellschein ⟨m.⟩ **0.1** ***bestelbon.***

bestellt 0.1 ***gesteld*** ◆ **6.1** wie ist es **mit** seiner, **um** seine Gesundheit ~? *hoe is het met zijn gezondheid gesteld?*

Bestellung ⟨v.; ~, ~en⟩ **0.1** ***bestelling*** ⇒*order, bezorging* **0.2** ***afspraak* 0.3 *aanstelling, benoeming* 0.4 *boodschap, bericht* 0.5 *bewerking* 0.6 *regeling.***

Bestellzettel ⟨m.⟩ **0.1** ***bestelbiljet, -formulier(tje).***

bestenfalls 0.1 ***in het gunstigste geval.***

bestens 0.1 ***opperbest, uitstekend*** ⇒*prima* **0.2** ***(zeer) hartelijk*** ◆ **3.2** sie läßt ~ grüßen *ze laat de hartelijke groeten doen.*

besternt 0.1 ***vol sterren, besterd* 0.2 *gedecoreerd.***

Beste(s) ⟨bn. als zn.; o.⟩ **0.1** ***het beste*** ◆ **3.1** sein Bestes tun *zijn best doen* **4.1** ich will nur dein Bestes *ik doe het alleen (maar) om je eigen bestwil* **6.1 zu** seinem Besten *om, voor zijn bestwil.*

besteuern 0.1 ***belasten, belasting(en) heffen op.***

Besteuerung ⟨v.; ~, ~en⟩ **0.1** ***belasting(heffing).***

Bestform ⟨v.⟩ **0.1** ***topvorm, topconditie.***

bestialisch 0.1 ***beestachtig.***

besticken 0.1 ***borduren*** ⇒*bestikken, garneren* **0.2** ⟨met stro⟩ ***versterken.***

Bestie ⟨v.; ~, ~n⟩ **0.1** ***beest*** ⟨ook fig.⟩, ***wild dier.***

bestimmen I ⟨ov. & onov.ww.⟩ **0.1** ***bepalen*** ⇒*vaststellen* **0.2** ***bestemmen*** ⇒*voorbestemmen* **0.3** ***beslissen*** ⇒*te zeggen hebben* **0.4** ***overhalen, (weten te) bewegen*** ⇒*ertoe brengen* **0.5** ***definiëren* 0.6 *aanwijzen* 0.7** ⟨plantk.⟩ ***determineren;***
II sich ~ ⟨wk.ww.⟩ **0.1** ***bepaald worden*** ⇒*zich richten.*

bestimmt[1] ⟨bn.⟩ **0.1** ***bepaald, zeker* 0.2 *beslist, vastbesloten* 0.3 *precies, duidelijk* 0.4** ⟨taal.⟩ ***bepaald*** ◆ **3.3** Bestimmteres war nicht zu erfahren *preciezere, nadere gegevens waren niet te krijgen* **6.2 auf** das ~este *zeer beslist.*

bestimmt[2] ⟨bw.⟩ **0.1** ***zeker, beslist*** ⇒*vast (en zeker)* ◆ **5.1** ganz ~! *vast en zeker!*

Bestimmtheit ⟨v.; ~⟩ **0.1** ***zekerheid* 0.2 *beslistheid.***

Bestimmung ⟨v.; ~, ~en⟩ **0.1** ***bepaling*** ⟨ook taal.⟩ ⇒*vaststelling, voorschrift* **0.2** ***bestemming*** ⇒*doel, lot, roeping, (voor)beschikking* **0.3** ***definitie* 0.4 *aanwijzing, aanstelling*** ◆ **2.2** höhere ~ *hogere beschikking* **3.2** das war ~ *dat was zo voorbestemd.*

bestimmungsgemäß 0.1 ***volgens, conform de bepalingen, voorschriften, reglementair.***

Bestimmungshafen ⟨m.⟩ **0.1** ***haven van bestemming.***

Bestimmungsort ⟨m.⟩ **0.1** ***plaats van bestemming.***

Bestimmungswort ⟨o.; mv. ⸚er⟩ **0.1** ***bepalend deel v.e. samenstelling.***

Bestimmwort ⟨o.; mv. ⸚er⟩ **0.1** ***bepalend woord.***

bestirnt **0.1** ***besterd, vol (met) sterren.***

Best|leistung, -marke ⟨v.⟩⟨sp.⟩ **0.1** ***record.***

bestmöglich **0.1** ***zo goed mogelijk*** ⇒*optimaal.*

bestocken I ⟨ov.ww.⟩⟨landb.⟩ **0.1** ***bebossen*** ⇒*beplanten;* **II sich** ~ ⟨wk.ww.⟩⟨plantk.⟩ **0.1** ***be-, uitstoelen.***

bestrafen **0.1** ***(be)straffen*** ⇒*afstraffen.*

bestrahlen **0.1** ***bestralen*** ⟨ook med.⟩, ***beschijnen.***

bestreben, sich **0.1** ***trachten, streven, zich beijveren.***

Bestreben ⟨o.; ~s⟩ **0.1** ***het streven.***

bestrebt ◆ **3.¶** ~ sein *trachten, streven, zich beijveren.*

Bestrebung ⟨v.; ~, ~en⟩ **0.1** ***poging, het streven*** ◆ **2.1** politische ~en *politieke ambities/aspiraties.*

bestreichen **0.1** ***bestrijken*** ⇒*strijken over, op* **0.2** ***besmeren*** **0.3** ***beschilderen*** **0.4** ⟨mil.⟩ ***bestrijken*** ⇒*bestoken.*

bestreiken **0.1** ⟨door een staking⟩ ***platleggen*** ⇒*door een staking treffen, stilleggen.*

bestreiten **0.1** ***ontkennen*** **0.2** ***betwisten, tegenspreken*** **0.3** ***bestrijden, dragen, bekostigen*** **0.4** ***zorgen voor, verzorgen*** ⇒*uitvoeren, voorzien in* **0.5** ***deelnemen aan, spelen*** ◆ **1.4** seinen Unterhalt ~ *in zijn onderhoud voorzien.*

bestreuen **0.1** ***bestrooien.***

bestricken **0.1** ***betoveren*** **0.2** ***breien voor*** **0.3** ⟨pej.⟩ ***inpalmen, inpakken.***

bestrumpft **0.1** ***met kousen aan.***

bestücken **0.1** ***uitrusten.***

Bestückung ⟨v.; ~, ~en⟩ **0.1** ***uitrusting*** **0.2** ⟨mil.⟩ ***bewapening.***

Bestuhlung ⟨v.; ~, ~en⟩ **0.1** ***de stoelen, zitplaatsen*** **0.2** ***plaatsing van (de) stoelen.***

bestürmen **0.1** ***bestormen*** ⇒*stormlopen op, tegen,* ⟨fig. ook⟩ *overstelpen.*

bestürzen **0.1** ***ontstellen, verbijsteren.***

bestürzt **0.1** ***ontdaan, ontsteld, verbijsterd*** ⇒*ontzet.*

Bestürzung ⟨v.; ~⟩ **0.1** ***ontzetting, ontsteltenis, verbijstering.***

bestußt **0.1** ***stom*** **0.2** ***niet goed snik.***

Bestzeit ⟨v.⟩⟨sp.⟩ **0.1** ***recordtijd*** ⇒*record* **0.2** ***beste tijd.***

Besuch ⟨m.; ~(e)s, ~e⟩ **0.1** ***bezoek*** ⇒*visite* **0.2** ***opkomst, deelneming*** **0.3** ⟨med.⟩ ***consult*** **0.4** ⟨med.⟩ ***visite, (huis)-bezoek*** ◆ **3.1** jmdm. einen ~ abstatten, machen *bij iem. een bezoek afleggen, op bezoek gaan* **6.1** **zu**, ⟨zelden⟩ **auf** ~ sein (a) *op bezoek zijn* (b) *logeren.*

besuchen **0.1** ***bezoeken*** ⇒*komen opzoeken, op bezoek komen.*

Besucher ⟨m.; ~s, ~⟩ **0.1** ***bezoeker.***

Besucherstrom ⟨m.⟩ **0.1** ***stroom (van) bezoekers, toeloop.***

Besuchskarte ⟨v.⟩ **0.1** ***visitekaartje.***

Besuchszimmer ⟨o.⟩ **0.1** ***visite-, ontvangkamer.***

besudeln **0.1** ***bezoedelen*** ⟨ook fig.⟩. →**Pech.**

betagt ⟨schr.⟩ **0.1** ***bejaard, bedaagd, op jaren.***

betakeln **0.1** ***(be)takelen, optuigen.***

betanken **0.1** ***bijtanken*** ⇒*de tank(s) vullen van.*

betasten **0.1** ***betasten*** ⇒*bevoelen.*

betätigen I ⟨ov.ww.⟩ **0.1** ***in werking stellen, brengen*** ⇒ *doen werken, aanzetten* **0.2** ***bedienen, hanteren*** ⇒*draaien aan, drukken op* **0.3** ⟨schr.⟩ ***in praktijk brengen, in daden omzetten*** ⇒*beoefenen, uitvoeren;* **II sich** ~ ⟨wk.ww.⟩ **0.1** ***werkzaam, bezig zijn, zich bezighouden*** ⇒*actief zijn, worden, optreden* **0.2** ***deelnemen, meewerken*** **0.3** ***werken.***

Betätigung ⟨v.; ~, ~en⟩ **0.1** ***werkzaamheid, activiteit*** ⇒*bezigheid, werk* **0.2** ***inwerkingstelling*** **0.3** ***bediening, hantering, gebruik*** **0.4** ⟨schr.⟩ ***het in praktijk brengen, omzetting in daden*** ⇒*beoefening* **0.5** ***deelneming.***

Betätigungsfeld ⟨o.⟩ **0.1** ***arbeids-, werkterrein.***

betatschen **0.1** ***bepotelen.***

betäuben **0.1** ***verdoven*** ⇒*bedwelmen, versuffen* **0.2** ⟨fig.⟩ ***sussen, smoren.***

betäubend **0.1** ***verdovend*** **0.2** ***oorverdovend*** **0.3** ***bedwelmend.***

Betäubung ⟨v.; ~, ~en⟩ **0.1** ***verdoving*** ⇒*narcose, bedwelming.*

Betäubungsmittelgesetz ⟨o.⟩ **0.1** ***opiumwet.***

betauen **0.1** ***bedauwen.***

Betbruder ⟨m.⟩ **0.1** ***kwezel, femelaar.***

Bete ⟨v.; ~, ~n⟩ ◆ **2.¶** rote ~ *rode biet.*

beteiligen I ⟨ov.ww.⟩ **0.1** ***betrekken, doen delen, deelgenoot maken*** ⇒*doen deelnemen* ◆ **3.1** beteiligt sein *delen, deel hebben, betrokken zijn* **6.1** jmdn. **am** Ertrag ~ *iem. een aandeel in de opbrengst geven;* **II sich** ~ ⟨wk.ww.⟩ **0.1** ***deelnemen*** ⇒*deel hebben, een aandeel hebben, bijdragen.*

Beteiligte(r) ⟨bn. als zn.⟩ **0.1** ***betrokkene*** **0.2** ***belanghebbende*** **0.3** ***deelnemer.***

Beteiligung ⟨v.; ~, ~en⟩ **0.1** ***deelneming, deelname*** ⇒*medewerking* **0.2** ***deling*** ◆ **6.2** eine ~ **am** Gewinn *een deling, aandeel in de winst.*

Betel ⟨m.; ~s⟩ **0.1** ***sirih(plant), betel.***

beten **0.1** ***bidden.***

Beter ⟨m.; ~s, ~⟩ **0.1** ***bidder.***

beteuern **0.1** ***betuigen*** **0.2** ***verzekeren, bezweren.***

Beteuerung ⟨v.; ~, ~en⟩ **0.1** ***(plechtige) verzekering*** ⇒*betuiging, bezwering.*

betexten **0.1** ***een tekst schrijven voor*** **0.2** ***ondertitelen.***

betölpeln **0.1** ***om de tuin leiden, in de boot nemen.***

Beton ⟨m.; ~s, ~s of ~e⟩ **0.1** ***beton.***

Betonbau ⟨m.; mv. ~ten⟩ **0.1** ***betonconstructie*** **0.2** ***betonbouw.***

Betondecke ⟨v.⟩ **0.1** ***betonnen wegdek*** **0.2** ***betonvloer*** **0.3** ***betonnen plafond.***

betonen **0.1** ***beklemtonen, benadrukken, de nadruk leggen op*** **0.2** ***accentueren*** ⇒*sterk(er), beter doen uitkomen.*

betonieren **0.1** ***betonneren*** ⇒*beton storten* **0.2** ⟨fig.⟩ ***verharden*** **0.3** ⟨sp.⟩ ***betonvoetbal spelen.***

Betonklotz ⟨m.⟩ **0.1** ***betonblok*** **0.2** ⟨pej.⟩ ***(betonnen) blok.***

Betonkopf ⟨m.⟩⟨pol.⟩ **0.1** ***(starre) dogmaticus.***

Betonkorrosion ⟨v.⟩ **0.1** ***betonrot.***

Betonmischer ⟨m.; ~s, ~⟩ **0.1** ***betonmolen.***

betont **0.1** ***bijzonder*** **0.2** ***nadrukkelijk.***

Betonträger ⟨m.⟩ **0.1** ***betonbalk, draagbalk van beton.***

Betonung ⟨v.; ~, ~en⟩ **0.1** ***nadruk, klem*** **0.2** ***accent, klemtoon*** **0.3** ***beklemtoning*** ⟨ook fig.⟩, ***accentuering.***

Betonwüste ⟨v.⟩ **0.1** ***stenen woestenij.***

betören **0.1** ***betoveren, inpalmen*** **0.2** ***verleiden, verblinden*** ⇒*het hoofd op hol brengen.*

betr. ⟨afk.⟩ →**betreffend; betreffs.**

Betr. ⟨afk.⟩ →**Betreff.**

Betracht ⟨m.⟩ ◆ **6.¶** **außer** ~ bleiben, lassen *buiten beschouwing blijven, laten;* **in** ~ kommen, ziehen *in aanmerking komen, nemen.*

betrachten **0.1** ***beschouwen*** ⇒*aanzien, aankijken tegen* **0.2** ***bekijken*** ⇒*zien* ◆ **5.1** genau(er), bei Lichte betrachtet *op de keper, alles wel beschouwd.*

Betrachter ⟨m.; ~s, ~⟩ **0.1** ***toeschouwer, kijker*** **0.2** ***waarnemer.***

beträchtlich 0.1 ***aanzienlijk*** *⇒aanmerkelijk, belangrijk* ◆ **6.1 um** ein ~es *in aanzienlijke mate.*

Betrachtung ⟨v.; ~, ~en⟩ **0.1** ***beschouwing*** *⇒benadering, bespiegeling* **0.2** ***be-, aanschouwing*** *⇒waarneming* ◆ **3.1** ~en anstellen *zijn gedachten laten gaan, overdenken.*

Betrachtungsweise ⟨v.⟩ **0.1** ***beschouwingswijze*** *⇒benaderingswijze.*

Betrag ⟨m.; ~(e)s, ~̈e⟩ **0.1** ***bedrag*** *⇒som* ◆ **3.1** ~ dankend erhalten ⟨op een rekening⟩ *voldaan.*

betragen I ⟨ov.ww.⟩ **0.1** ***bedragen*** *⇒belopen;*
II sich ~ ⟨wk.ww.⟩ **0.1** ***zich gedragen.***

Betragen ⟨o.; ~s⟩ **0.1** ***gedrag.***

betrauen 0.1 ***opdragen, toevertrouwen*** ◆ **6.1** jmdn. **mit** einem Auftrag ~ *iem. een opdracht geven, met een taak belasten.*

betrauern 0.1 ***rouwen over, om*** **0.2** ***betreuren.***

beträufeln 0.1 ***bedruppelen, druppelen op.***

betreff ⟨vz. + 2⟩⟨adm., ec.⟩ ◆ **6.¶ in** ~ *met betrekking tot, wat ... betreft.*

Betreff ⟨m.; ~(e)s, ~e⟩⟨adm., ec.⟩ **0.1** ***opzicht*** **0.2** ***onderwerp*** ◆ **6.1 in** diesem ~ *in dit opzicht.*

betreffen 0.1 ***betreffen*** *⇒aangaan, gelden* **0.2** ***treffen*** *⇒ confronteren, raken, overkomen.*

betreffend[1] ⟨bn.⟩ **0.1** ***desbetreffend, bedoeld*** *⇒bewust, genoemd* **0.2** ***bevoegd, desbetreffend, betrokken.***

betreffend[2] ⟨vz. + 4⟩⟨zelden⟩ **0.1** ***met betrekking tot.***

Betreffnis ⟨o.; ~ses, ~se⟩⟨Zwi.⟩ **0.1** ***aandeel.***

betreffs ⟨vz. + 2⟩⟨adm., ec.⟩ **0.1** ***met betrekking tot, wat ... betreft.***

betreiben 0.1 ***doen*** *⇒verrichten, uitvoeren* **0.2** ***drijven*** *⇒ leiden, runnen* **0.3** ***uitoefenen*** **0.4** ***exploiteren*** *⇒in bedrijf hebben* **0.5** ***voeren*** **0.6** ***beoefenen*** *⇒doen aan* **0.7** ***bedienen*** *⇒laten lopen, werken, (aan)drijven, besturen* **0.8** ***aansturen op*** *⇒nastreven, bespoedigen* **0.9** ⟨Zwi.; jur.⟩ ***manen, invorderen*** ◆ **1.1** Geschäfte ~ *zaken doen* **1.2** ein Büro, Institut ~ *een bureau, instituut runnen, leiden, hebben* **1.5** eine Politik ~ *een politiek voeren* **1.6** Sport ~ *aan sport doen* **6.7** dieser Motor wird **mit** Diesel betrieben *deze motor loopt op dieselolie.*

Betreiben ⟨o.; ~s⟩ **0.1** ***aansporing, aandrijving*** *⇒*⟨pej. in het bijz.⟩ *instigatie, toedoen* ◆ **6.1 auf** sein ~ (hin) *op zijn aandringen, op aansporing van hem.*

Betreiber ⟨m.⟩ **0.1** ***exploitant.***

betreten[1] ⟨bn.⟩ **0.1** ***bedremmeld, verlegen, beteuterd.***

betreten[2] ⟨ov.ww.⟩ **0.1** ***betreden*** *⇒binnenkomen, komen in, op.*

Betretenheit ⟨v.; ~⟩ **0.1** ***verlegenheid, bedremmeldheid.***

betreuen 0.1 ***verzorgen, zorgen voor*** *⇒onder zijn hoede hebben* **0.2** ***begeleiden.***

Betreuer ⟨m.; ~s, ~⟩ **0.1** ***verzorger*** *⇒*⟨sp.⟩ *coach* **0.2** ***begeleider*** *⇒helper, reisleider.*

Betreuung ⟨v.; ~⟩ **0.1** ***verzorging*** **0.2** ***begeleiding*** *⇒hulp.*

Betrieb ⟨m.; ~(e)s, ~e⟩ **0.1** ***bedrijf*** *⇒onderneming, zaak* **0.2** ***werking*** *⇒werk, gebruik, dienst* **0.3** ***drukte, bedrijvigheid*** *⇒druk verkeer, gedoe, bedoening* **0.4** ***exploitatie*** *⇒ werking, gebruik* **0.5** ***aandrijving*** *⇒werking, besturing* ◆ **2.3** ein lahmer ~ *een saaie boel;* ein starker ~ *een grote drukte* **3.2** etwas dem ~ übergeben (a) *iets in dienst stellen, in gebruik nemen* (b) *iets in werking stellen* **3.3** es gibt, ist (dort) immer ~ *het is (er) altijd druk;* ich habe den (ganzen) ~ satt! *ik ben het hele gedoe zat!* **6.2 in (außer)** ~ sein *in (buiten) werking, gebruik zijn, (niet) werken;* **in, außer** ~ setzen (a) *in, buiten werking stellen* (b) *in, buiten dienst stellen.*

betrieblich 0.1 ***bedrijfs-, van, binnen het bedrijf.***

betriebsam 0.1 ***bedrijvig, nijver, actief.***

Betriebsamkeit ⟨v.; ~⟩ **0.1** ***bedrijvigheid*** *⇒drukte.*

Betriebsangehörige(r) ⟨bn. als zn.⟩ **0.1** ***personeelslid.***

Betriebsanleitung ⟨v.⟩ **0.1** ***gebruiksaanwijzing, handleiding.***

betriebsärztlich 0.1 ***bedrijfsgeneeskundig.***

Betriebsausflug ⟨m.⟩ **0.1** ***uitstapje v.h. personeel.***

Betriebsausschuß ⟨m.⟩ **0.1** ***dagelijks bestuur v.e. ondernemingsraad.***

betriebsbereit 0.1 ***bedrijfsklaar.***

betriebseigen 0.1 ***v.h. bedrijf, bedrijfs-.***

Betriebserlaubnis ⟨v.⟩ **0.1** ***(exploitatie)vergunning*** *⇒bedrijfsvergunning* **0.2** ***(wettelijke) goedkeuring.***

betriebsfähig 0.1 ***geschikt voor exploitatie*** **0.2** ***in staat om te werken.***

betriebsfertig →betriebsbereit.

betriebsfremd 0.1 ***van buiten het bedrijf*** *⇒onbevoegd.*

Betriebsfrieden ⟨m.⟩ **0.1** ***arbeidsvrede*** ⟨in het bedrijf⟩.

Betriebsführer ⟨m.⟩ **0.1** ***bedrijfsleider.***

Betriebskapital ⟨o.⟩ **0.1** ***bedrijfskapitaal*** **0.2** ***maatschappelijk kapitaal.***

Betriebsklima ⟨o.⟩ **0.1** ***werkklimaat, werksfeer*** *⇒sfeer in het bedrijf.*

Betriebskosten ⟨alleen mv.⟩ **0.1** ***exploitatiekosten*** **0.2** ***bedrijfskosten.***

Betriebslehre ⟨v.⟩ **→Betriebswirtschaft(slehre).**

Betriebsmittel ⟨o.⟩ **0.1** ***productiemiddel*** **0.2** ***bedrijfskapitaal*** *⇒vlottend kapitaal.*

Betriebsrat ⟨m.⟩ **0.1** ***ondernemingsraad*** **0.2** ***lid v.d. ondernemingsraad.***

Betriebsschluß ⟨m.⟩ **0.1** ***einde v.h. werk*** *⇒sluiting(stijd).*

betriebssicher 0.1 ***veilig, betrouwbaar.***

Betriebsstillegung ⟨v.⟩ **0.1** ***bedrijfssluiting.***

Betriebsstoff ⟨m.⟩ **0.1** ***brandstof*** **0.2** ***grondstof.***

Betriebsunfall ⟨m.⟩ **0.1** ***bedrijfsongeval*** **0.2** ⟨inf.⟩ ***ongelukje.***

Betriebsvereinbarung ⟨v.⟩ **0.1** ***ondernemingsovereenkomst.***

Betriebsverfassung ⟨v.⟩ **0.1** ***bedrijfsstatuten, -reglement.***

Betriebsverfassungsgesetz ⟨o.⟩ **0.1** ***Wet op de Ondernemingsraden.***

Betriebswirt ⟨m.⟩ **0.1** ***bedrijfseconoom.***

Betriebs|wirtschaft, -wirtschaftslehre ⟨v.⟩ **0.1** ***bedrijfseconomie, -leer.***

Betriebszeit ⟨v.⟩ **0.1** ***werkingstijd, -duur*** **0.2** ***gebruiksduur*** **0.3** ***exploitatietijd*** **0.4** ***campagne, seizoen.***

betrinken, sich 0.1 ***zich bedrinken.***

betroffen 0.1 ***onthutst, ontsteld, (pijnlijk) getroffen*** **0.2** ***bedremmeld, beteuterd*** **0.3** ***getroffen, gedupeerd, betrokken.***

Betroffene(r) ⟨bn. als zn.⟩ **0.1** ***getroffene, gedupeerde*** *⇒ slachtoffer* **0.2** ***betrokkene.***

betrüben I ⟨ov.ww.⟩ **0.1** ***bedroeven, verdriet doen;***
II sich ~ ⟨wk.ww.⟩ **0.1** ⟨vero.; schr.⟩ ***zich bedroeven*** *⇒bedroefd zijn, worden.*

betrüblich 0.1 ***bedroevend, droevig.***

Betrübnis ⟨v.; ~, ~se⟩⟨schr.⟩ **0.1** ***droefenis, droefheid.***

betrübt 0.1 ***bedroefd, droevig.***

Betrug ⟨m.; ~(e)s⟩ **0.1** ***bedrog*** *⇒oplichterij, fraude.*

betrügen 0.1 ***bedriegen*** **0.2** ***oplichten*** *⇒afzetten, ontfutselen* **0.3** ***vals spelen*** ◆ **6.2** jmdn. **um** seine Rechte ~ *iem. zijn rechten ontfutselen, afhandig maken.*

Betrüger ⟨m.; ~s, ~⟩ **0.1** ***bedrieger, oplichter.***

Betrügerei ⟨v.; ~, ~en⟩ **0.1** ***bedriegerij, bedrog*** *⇒oplichting.*

betrügerisch **0.1** ***bedrieglijk*** ⇒*frauduleus.*
betrunken **0.1** ***dronken*** ⇒*beschonken* ◆ **5.1** sinnlos, völlig ~ *stomdronken.*
Betschwester ⟨v.⟩ **0.1** ***kwezel.***
Bett ⟨o.; ~(e)s, ~en⟩ **0.1** ***bed*** ⟨ook tech.⟩ **0.2** ***dekbed*** **0.3** ***bedding*** **0.4** ***laag*** ◆ **2.1** ⟨fig.⟩ sich ins gemachte ~ legen *in een opgemaakt bed komen* **6.1** **ins, zu** ~ gehen, sich zu ~ legen *naar bed gaan;* **zu** ~ sein *in (zijn) bed zijn, liggen.*
Bettag ⟨m.⟩ **0.1** ***bid-, bededag.***
Bettbezug ⟨m.⟩ **0.1** ***dekbedovertrek.***
Bettcouch ⟨v.⟩ **0.1** ***slaapbank.***
Bettdecke ⟨v.⟩ **0.1** ***(bedden)deken*** **0.2** ***(bedden)sprei.***
Bettel ⟨m.; ~s⟩ **0.1** ⟨vero.⟩ ***bedelarij*** **0.2** ⟨inf.⟩ ***rommel*** ⇒*rotzooi.*
bettelarm **0.1** ***straat-, doodarm.***
Bettelei ⟨v.; ~, ~en⟩ **0.1** ***bedelarij, gebedel.***
betteln **0.1** ***bedelen*** ⇒⟨fig.⟩ *smeken.*
Bettelstab ⟨m.⟩ **0.1** ***bedelstaf*** ◆ **6.1** **an** den ~ geraten, kommen *tot de bedelstaf komen.*
betten **0.1** ***leggen*** ⇒*(neer)vlijen* **0.2** ***inbedden, verzinken*** **0.3** ***in bed leggen*** ◆ **6.1** jmdn. **in** die Erde ~ *iem. ter aarde bestellen;* jmdn. **zur** letzten Ruhe ~ *iem. naar zijn laatste rustplaats brengen* ¶.**1** ⟨sprw.⟩ wie man sich bettet, so liegt man ± *wie zijn billen brandt, moet op de blaren zitten.*
Bettfeder ⟨v.⟩ **0.1** ***bedden-, spiraalveer*** **0.2** ⟨steeds mv.⟩ ***veren.***
Bettgestell ⟨o.⟩ **0.1** ***ledikant*** ⇒*bedframe.*
Bettjacke ⟨v.⟩ **0.1** ***bedjasje.***
Bettkante ⟨v.⟩ **0.1** ***bedrand.***
bettlägerig **0.1** ***bedlegerig.***
Bettler ⟨m.; ~s, ~⟩ **0.1** ***bedelaar.***
Bettnässer ⟨m.; ~s, ~⟩ **0.1** ***bedplasser, -pisser.***
Bettpfanne ⟨v.⟩ **0.1** ***ondersteek.***
Bettpfosten ⟨m.⟩ **0.1** ***bedstijl.***
Bettschwere ⟨v.⟩ ◆ **3.**¶ die nötige ~ haben *naar bed moeten, willen.*
Bettstatt ⟨v.⟩ **0.1** ***legerstede, bed*** **0.2** ***ledikant.***
Bettstelle ⟨v.⟩ **0.1** ***ledikant*** ⇒*bedframe.*
Bettüberzug ⟨m.⟩ **0.1** ***(bed)overtrek.***
Bettuch ⟨o.; mv. ~̈er⟩ **0.1** ***(bedden)laken.***
Bettung ⟨v.; ~, ~en⟩ **0.1** ***bedding*** ⇒*bed.*
Bettvorleger ⟨m.⟩ **0.1** ***slaapkamermatje.***
Bettwäsche ⟨v.⟩ **0.1** ***beddenlinnen.***
Bettzeug ⟨o.⟩ **0.1** ***beddengoed.***
Bettzipfel ⟨m.⟩ ◆ **6.**¶ **nach** dem ~ schielen *(van de slaap) niet meer uit zijn ogen kunnen kijken.*
betucht ⟨inf.⟩ **0.1** ***gefortuneerd, vermogend.***
betulich **0.1** ***vriendelijk-bezorgd*** **0.2** ***gezapig.***
betun, sich **0.1** ***zich aanstellen*** **0.2** ***van vriendelijkheid overlopend druk bezig zijn.***
betupfen **0.1** ***betten*** ⇒*afbetten* **0.2** ***(aan)tippen*** **0.3** ***bespikkelen.***
Beuge ⟨v.; ~, ~n⟩ **0.1** ***buiging*** **0.2** ***knieholte*** **0.3** ***binnenkant v.d. elleboog*** **0.4** ***kromming.***
Beugehaft ⟨v.⟩ **0.1** ***gijzeling.***
Beugel ⟨o.; ~s, ~⟩⟨Oostr.⟩ **0.1** ***croissant, halvemaantje.***
Beugemuskel ⟨m.⟩ **0.1** ***buigspier.***
beugen **I** ⟨ov.ww.⟩ **0.1** ***buigen*** ⟨ook nat.⟩ ⇒*krommen* **0.2** ***breken*** ⇒*verkrachten* **0.3** ⟨taal.⟩ ***verbuigen*** **0.4** ⟨taal.⟩ ***vervoegen;***
II sich ~ ⟨wk.ww.⟩ **0.1** ***zich buigen*** ⇒*buigen, (zich) bukken,* ⟨fig. ook⟩ *zich onderwerpen.*
Beuger ⟨m.; ~s, ~⟩ **0.1** ***buigspier, buiger.***
Beugung ⟨v.; ~, ~en⟩ **0.1** ***buiging*** **0.2** ***rechts-, wetsverkrachting*** **0.3** ⟨taal.⟩ ***verbuiging*** **0.4** ⟨taal.⟩ ***vervoeging.***

Beule ⟨v.; ~, ~n⟩ **0.1** ***buil*** ⇒*bult* **0.2** ***deuk, bluts.***
beulen **0.1** ***bollen, bol (gaan) staan.***
beulig **0.1** ***gedeukt, geblutst*** **0.2** ***vol builen.***
beunruhigen **I** ⟨ov.ww.⟩ **0.1** ***verontrusten, zorg baren;***
II sich ~ ⟨wk.ww.⟩ **0.1** ***zich ongerust maken.***
Beunruhigung ⟨v.; ~, ~en⟩ **0.1** ***verontrusting*** **0.2** ***ongerustheid*** ⇒*onrust.*
beurkunden **0.1** ***(een) akte opmaken van*** ⇒*(schriftelijk) vastleggen, opnemen, bekrachtigen.*
beurlauben **0.1** ***verlof geven, met verlof zenden*** **0.2** ***schorsen.***
beurteilen **0.1** ***beoordelen.***
Beute ⟨v.; ~, ~n⟩ **0.1** ***buit*** **0.2** ***prooi*** ⇒*slachtoffer* ◆ **3.2** ~ schlagen *zich op de prooi werpen.*
Beutegut ⟨o.⟩ **0.1** ***buit*** ⇒*buitgemaakte goederen.*
Beutel ⟨m.; ~s, ~⟩ **0.1** ***zak(je)*** ⇒*buil(tje)* **0.2** ***beurs, portemonnee*** **0.3** ⟨biol.⟩ ***buidel*** ◆ **6.2** tief **in** den ~ greifen müssen *diep in zijn beurs, portemonnee moeten tasten.*
beuteln **I** ⟨onov.ww.⟩ **0.1** ***flodderen, lubberen*** ⇒*(op)bollen;*
II ⟨ov.ww.⟩ **0.1** ***schudden, kloppen*** **0.2** ⟨Zdd., Oostr.⟩ ***door elkaar schudden.***
Beutelratte ⟨v.⟩ **0.1** ***buidelrat.***
Beutelschneider ⟨m.⟩⟨inf.; pej.⟩ **0.1** ***zakkenroller*** **0.2** ***nepper, afzetter.***
Beuteltier ⟨o.⟩ **0.1** ***buideldier.***
Beutezug ⟨m.⟩ **0.1** ***strooftocht.***
Beutler ⟨m.; ~s, ~⟩ **0.1** ***buideldier.***
bevölkern **I** ⟨ov.ww.⟩ **0.1** ***bevolken;***
II sich ~ ⟨wk.ww.⟩ **0.1** ***bevolkt worden.***
Bevölkerung ⟨v.; ~, ~en⟩ **0.1** ***bevolking.***
Bevölkerungsdichte ⟨v.⟩ **0.1** ***bevolkingsdichtheid.***
Bevölkerungskreis ⟨m.⟩ **0.1** ***bevolkingsgroep, -laag.***
bevölkerungspolitisch **0.1** ***mbt. de bevolkingspolitiek.***
Bevölkerungsschicht ⟨v.⟩ **0.1** ***bevolkingslaag.***
Bevölkerungszahl ⟨v.⟩ **0.1** ***bevolkingscijfer.***
Bevölkerungszuwachs ⟨m.⟩ **0.1** ***bevolkingsaanwas.***
bevollmächtigen **0.1** ***machtigen, volmacht geven*** ◆ **1.1** ein bevollmächtigter Minister *een gevolmachtigd minister.*
Bevollmächtigte(r) ⟨bn. als zn.⟩ **0.1** ***ge(vol)machtigde.***
bevor **0.1** ***voor(dat), alvorens, (vooral)eer.***
bevormunden **0.1** ***bevoogden, betuttelen.***
bevorrechtigen **0.1** ***bevoorrechten*** ⇒*voortrekken.*
bevorrechtigt **0.1** ***bevoorrecht, geprivilegieerd*** ⇒*preferent.*
bevorschussen ⟨schr.⟩ **0.1** ***voorschieten, een voorschot geven (op).***
bevorstehen **0.1** ***voor de deur staan, op komst, ophanden zijn*** ⇒*naken* **0.2** ***te wachten staan.***
bevorstehend **0.1** ***aanstaand, komend.***
bevorteilen **0.1** ***bevoordelen*** ⇒*begunstigen.*
bevorzugen **0.1** ***verkiezen, prefereren*** ⇒*de voorkeur geven aan* **0.2** ***bevoorrechten, voortrekken*** ⇒*favoriseren.*
bevorzugt **0.1** ***favoriet, geliefkoosd*** ⇒*bij voorkeur* **0.2** ***bevoorrecht*** **0.3** ***met voorrang*** ⇒*preferent* ◆ **1.1** eine ~e Lage *een gunstige ligging.*
bewachen **0.1** ***bewaken.***
bewachsen **0.1** ***begroeien.***
bewaffnen **0.1** ***(be)wapenen*** ◆ **1.1** mit bewaffnetem Auge *met het gewapende oog.*
bewahren **I** ⟨ov.ww.⟩ **0.1** ***bewaren*** ⇒*behouden* **0.2** ***behoeden*** ⇒*beschermen, besparen* ◆ **1.1** Gott bewahre!, i bewahre! *God bewaar me!* **6.2** etwas **vor** Feuchtigkeit ~ ***iets*** *tegen vochtigheid beschermen;*
II sich ~ ⟨wk.ww.⟩ **0.1** ***bewaard blijven.***
bewähren **I** ⟨ov.ww.⟩⟨vero.⟩ **0.1** ***bewijzen, (aan)tonen;***

II sich ~ ⟨wk.ww.⟩ **0.1** ***voldoen, aan de verwachtingen beantwoorden*** ⇒*zijn waarde, deugdelijkheid bewijzen* **0.2** ***zich waarmaken*** ⇒*de proef doorstaan.*
bewahrheiten, sich **0.1** ***bewaarheid worden, waar blijken (te zijn).***
bewährt **0.1** ***beproefd*** ⇒*probaat, deugdelijk* **0.2** ***betrouwbaar, kundig.***
Bewahrung ⟨v.; ~, ~en⟩ **0.1** ***bewaren, bewaring*** ⇒*behoud* **0.2** ***bescherming.***
Bewährung ⟨v.; ~, ~en⟩ **0.1** ***(bewijs van) geschiktheid, deugdelijkheid, betrouwbaarheid*** **0.2** ***het zich waarmaken*** ⇒*doorzettingsvermogen, standvastigheid* **0.3** ⟨jur.⟩ ***voorwaardelijke veroordeling*** **0.4** ⟨jur.⟩ ***proeftijd*** ◆ **6.3** **auf, mit** ~ *voorwaardelijk;* eine Strafe **auf, zur** ~ aussetzen *een voorwaardelijke straf opleggen;* einen Monat Gefängnis **mit** ~ *één maand voorwaardelijk;* **ohne** ~ *onvoorwaardelijk.*
Bewährungsauflage ⟨v.⟩ **0.1** ***verplichting bij een voorwaardelijke veroordeling.***
Bewährungsfrist ⟨v.⟩⟨jur.⟩ **0.1** ***proeftijd.***
Bewährungshelfer ⟨m.⟩ **0.1** ***reclasseringsambtenaar.***
Bewährungsprobe ⟨v.⟩ **0.1** ***proef, toets*** ⇒*proeve van geschiktheid, beproeving.*
bewalden **I** ⟨ov.ww.⟩ **0.1** ***bebossen;***
II sich ~ ⟨wk.ww.⟩ **0.1** ***zich met een bos, met bossen bedekken.***
bewältigen **0.1** ***aankunnen*** ⇒*onder de knie krijgen, kunnen bolwerken, de baas worden* **0.2** ***overwinnen*** ⇒*oplossen, te boven komen* **0.3** ***verwerken*** **0.4** ***afhandelen, afdoen*** **0.5** ***afleggen*** ◆ **1.1** eine Aufgabe nicht ~ können *niet tegen een taak, opgave opgewassen zijn.*
bewandert **0.1** ***goed thuis*** ⇒*doorkneed, ervaren.*
Bewandtnis ⟨v.; ~, ~se⟩ **0.1** ***gesteldheid*** ◆ **2.1** damit hatte es, das hatte folgende ~ *dat zat zo, het was er zo mee gesteld.*
bewässern **0.1** ***bevloeien*** ⇒*irrigeren* **0.2** ***besproeien.***
Bewässerungsanlage ⟨v.⟩ **0.1** ***irrigatie-, bevloeiingswerk.***
bewegen[1] **I** ⟨ov.ww.⟩ **0.1** ***bewegen*** ⇒*in beweging brengen* **0.2** ⟨fig.⟩ ***roeren, bewegen*** ⇒*treffen, ontroeren* **0.3** ***bezighouden*** **0.4** ***verzetten*** ⇒*verplaatsen* **0.5** ⟨schr.⟩ ***overdenken*** ⇒*overwegen* ◆ **5.2** das hat mich schmerzlich bewegt *dat heeft me pijnlijk getroffen* **6.1** etwas **von** der Stelle ~ *iets verplaatsen;*
II sich ~ ⟨wk.ww.⟩ **0.1** ***bewegen*** ⇒*zich bewegen, zich verroeren* ◆ **5.1** ich möchte mich etwas ~ *ik zou eventjes mijn benen willen strekken.*
bewegen[2] ⟨ov.ww.→t8⟩ **0.1** ***bewegen*** ⇒*overhalen.*
Beweggrund ⟨m.⟩ **0.1** ***beweegreden*** ⇒*motief.*
beweglich **0.1** ***beweeglijk*** ⟨ook fig.⟩ ⇒*veranderlijk,* ⟨fig. ook⟩ *levendig* **0.2** ***beweegbaar*** ⇒*bewegend* **0.3** ***roerend*** **0.4** ***rollend*** **0.5** ***verplaatsbaar, mobiel*** **0.6** ⟨vero.⟩ ***(ont)roerend, aandoenlijk*** ◆ **1.1** die ~en Feste *de veranderlijke feesten* **1.3** ~e Güter, Habe *roerende goederen, roerend goed* **1.4** das ~e Material *het rollend materieel* **1.5** ~es Gerät *mobiele apparatuur.*
bewegt **0.1** ***bewogen*** ⇒⟨fig.⟩ *levendig, roerig.*
Bewegung ⟨v.; ~, ~en⟩ **0.1** ***beweging*** **0.2** ⟨fig.⟩ ***bewogenheid, ontroering*** **0.3** ***het verzetten*** ⇒*verplaatsing* ◆ **3.1** ich machte mir etwas ~ *ik nam een beetje beweging.*
bewegungslos **0.1** ***onbeweeglijk, roerloos.***
bewegungsunfähig **0.1** ***niet in staat zich te bewegen*** ⇒ *niet in beweging te brengen.*
bewehren **0.1** ⟨vero.⟩ ***(be)wapenen*** ⇒*versterken* **0.2** ⟨tech.⟩ ***wapenen.***
beweiden **0.1** ***beweiden, afgrazen.***
beweihräuchern **0.1** ***bewieroken.***
beweinen **0.1** ***bewenen, betreuren.***
Beweis ⟨m.; ~es, ~e⟩ **0.1** ***bewijs*** ⇒*blijk* ◆ **3.1** den ~ antreten, beibringen, erbringen, führen *het bewijs leveren, aanvoeren;* ⟨jur.⟩ ~ erheben *bewijsmateriaal verzamelen* **6.1** **unter** ~ stellen *bewijzen.*
Beweisaufnahme ⟨v.⟩⟨jur.⟩ **0.1** ***(gerechtelijk) vooronderzoek, instructie*** **0.2** ***(getuigen)verhoor.***
beweisen **0.1** ***bewijzen*** ⇒*aantonen, betonen, betuigen.*
Beweiserhebung ⟨v.⟩⟨jur.⟩ **0.1** ***(gerechtelijk) vooronderzoek, instructie.***
Beweisgrund ⟨m.⟩ **0.1** ***bewijsgrond.***
Beweispflicht ⟨v.⟩⟨jur.⟩ **0.1** ***bewijslast.***
Beweisstelle ⟨v.⟩ **0.1** ***bewijsplaats.***
bewenden ◆ **6.¶** es **bei, mit** etwas ~ lassen *het bij iets laten.*
Bewenden ⟨o.⟩ ◆ **6.¶** sein ~ haben **bei, mit** etwas *blijven bij iets.*
bewerben, sich **0.1** ***solliciteren*** **0.2** ***aanvragen*** **0.3** ***dingen, trachten te winnen*** ⇒*moeite doen* **0.4** ***kandideren*** ◆ **6.1** sich **um** eine Stelle ~ *naar een betrekking solliciteren* **6.4** sich **um** die Präsidentschaft ~ *voor het presidentschap kandideren.*
Bewerber ⟨m.; ~s, ~⟩ **0.1** ***sollicitant*** **0.2** ***kandidaat*** ⇒*gegadigde* **0.3** ***mededinger*** **0.4** ***aanbidder, bewonderaar*** **0.5** ***inschrijver.***
Bewerbung ⟨v.; ~, ~en⟩ **0.1** ***sollicitatie*** **0.2** ***kandidatuur*** **0.3** ***aanzoek*** **0.4** ***mededinging, het dingen.***
Bewerbungsschreiben ⟨o.⟩ **0.1** ***sollicitatiebrief.***
Bewerbungsunterlage ⟨v.⟩ **0.1** ***sollicitatiestuk.***
bewerfen **0.1** ***begooien*** ⇒*gooien naar, bekogelen* **0.2** ***berapen, bepleisteren.***
bewerkstelligen ⟨schr.⟩ **0.1** ***bewerkstelligen.***
bewerten **0.1** ***beoordelen*** ⇒*waarderen, evalueren* **0.2** ***schatten, ramen*** ⇒*taxeren.*
Bewertungsmaßstab ⟨m.⟩ **0.1** ***beoordelingsmaatstaf.***
bewilligen **0.1** ***toestaan*** ⇒*verlenen, toekennen* **0.2** ***goedkeuren*** ⇒*toestemmen in.*
bewillkommnen **0.1** ***verwelkomen.***
bewimpeln **0.1** ***met wimpels (en vlaggetjes) versieren.***
bewirken **0.1** ***teweegbrengen, veroorzaken*** ⇒*bewerken* **0.2** ***leiden tot*** ⇒*bewerkstelligen, uithalen.*
bewirten **0.1** ***onthalen*** ⇒*vergasten, trakteren* **0.2** ⟨Zwi.⟩ ***beheren, exploiteren.***
bewirtschaften **0.1** ***exploiteren, beheren*** ⇒*runnen* **0.2** ***rantsoeneren*** ⇒*distribueren* **0.3** ***reglementeren*** ⇒*controleren* **0.4** ***bewerken.***
Bewirtschaftung ⟨v.; ~, ~en⟩ **0.1** ***beheer, exploitatie*** **0.2** ***rantsoenering, distributie*** **0.3** ***reglementering, controle*** **0.4** ***bewerking*** ◆ **3.2** der ~ unterliegen *gerantsoeneerd zijn.*
Bewirtung ⟨v.; ~, ~en⟩ **0.1** ***onthaal*** ⇒*(gastvrije) ontvangst* **0.2** ***bediening*** **0.3** ***traktatie.***
Bewirtungskosten ⟨alleen mv.⟩ **0.1** ***representatiekosten.***
bewitzeln **0.1** ***grappen maken over*** ⇒*lachen om.*
bewohnen **0.1** ***bewonen.***
Bewohner ⟨m.; ~s, ~⟩ **0.1** ***bewoner*** **0.2** ⟨steeds mv.; inf.⟩ ***beestjes, ongedierte.***
Bewohnerschaft ⟨v.; ~⟩ **0.1** ***bewoners.***
bewölken, sich **0.1** ***bewolken, betrekken*** ⟨ook fig.⟩.
Bewölkungsauflockerung ⟨v.⟩ **0.1** ***opklaring(en).***
Bewölkungszunahme ⟨v.⟩ **0.1** ***toenemende bewolking.***
bewuchern **0.1** ***overwoekeren.***
Bewuchs ⟨m.⟩ **0.1** ***begroeiing.***
Bewunderer ⟨m.; ~s, ~⟩ **0.1** ***bewonderaar.***
bewundern **0.1** ***bewonderen.***

bewundernswert 0.1 ***bewonderenswaardig.***
Bewurf ⟨m.⟩ **0.1** ***bepleistering, beraping*** **0.2** ***pleisterkalk.***
bewußt 0.1 ***bewust*** ⇒*opzettelijk, overtuigd* ◆ **3.1** ⟨met 2e nv.⟩ ich bin mir der Gefahren ~ *ik ben mij van de gevaren bewust* **5.1** das war mir durchaus ~ *ik was er mij wel degelijk van bewust.*
bewußtlos 0.1 ***bewusteloos*** ⇒*buiten kennis* ◆ **3.1** ~ werden *flauwvallen, buiten kennis raken.*
Bewußtlosigkeit ⟨v.; ~⟩ **0.1** ***bewusteloosheid*** ◆ **6.1** ⟨fig.⟩ bis **zur** ~ *tot ik erbij neerviel.*
Bewußtsein ⟨o.; ~s, ~e⟩ **0.1** ***bewustzijn*** ⇒*besef* ◆ **3.1** das ~ wiedererlangen *weer tot bewustzijn komen* **6.1** jmdm. etwas **zum** ~ bringen *iem. van iets bewust maken.*
Bewußtseinseinengung ⟨v.⟩ **0.1** ***bewustzijnsvernauwing.***
bewußtseinserweiternd 0.1 ***bewustzijnsverruimend.***
Bewußtseinsspaltung ⟨v.⟩ **0.1** ***schizofrenie.***
bezahlen 0.1 ***betalen*** ⇒⟨fig.⟩ *bekopen* ◆ **3.1** sich bezahlt machen *de moeite lonen, de moeite waard zijn, renderen* **8.¶** er läuft, als ob er's bezahlt bekäme *hij loopt alsof zijn leven ervan afhangt.*
bezähmen 0.1 ***bedwingen*** ⇒*beteugelen.*
bezastert ⟨inf.⟩ **0.1** ***goed in de slappe was zittend.***
bezaubern 0.1 ***betoveren*** ⇒*verrukken.*
bezaubernd 0.1 ***betoverend, verrukkelijk*** ⇒*charmant, bekoorlijk.*
bezechen, sich 0.1 ***zich bedrinken*** ◆ **5.1** er war stark bezecht *hij had een stuk in zijn kraag.*
bezeichnen 0.1 ***aanduiden*** ⇒*noemen, bestempelen* **0.2** ***merken, aangeven*** ⇒*markeren* **0.3** ***kenmerken*** ⇒*karakteriseren* **0.4** ***beschrijven.***
bezeichnend 0.1 ***kenmerkend, typisch, karakteristiek*** ⇒ *typerend.*
bezeichnenderweise 0.1 ***typisch genoeg.***
Bezeichnung ⟨v.; ~, ~en⟩ **0.1** ***benaming*** ⇒*naam* **0.2** ***aanduiding*** ⇒*markering, omschrijving.*
Bezeichnungslehre ⟨v.⟩⟨taal.⟩ **0.1** ***onomasiologie.***
bezeigen I ⟨ov.ww.⟩ **0.1** ***blijk geven van, te kennen geven, betuigen*** ⇒*(be)tonen, bewijzen;*
II sich ~ ⟨wk.ww.⟩ **0.1** ***zich betonen.***
bezeugen 0.1 ***getuigen (van)*** ⇒*documenteren, verklaren, verzekeren, bevestigen* **0.2** ***betuigen, betonen.***
bezichtigen 0.1 ***betichten*** ⇒*beschuldigen* ◆ **1.1** jmdn. des Diebstahls ~ *iem. van diefstal betichten, beschuldigen.*
beziehbar 0.1 ***te betrekken*** ⇒*te aanvaarden.*
beziehen I ⟨ov.ww.⟩ **0.1** ***ontvangen*** ⇒*betrekken, krijgen, trekken* **0.2** ***overtrekken*** ⇒*betrekken* **0.3** ***betrekken*** ⇒*bezetten, innemen* **0.4** ***betrekken*** ⇒*kopen, afnemen, halen* **0.5** ***laten slaan op, in verband brengen met*** ⇒*relateren, betrekken, toepassen* **0.6** ***bespannen*** **0.7** ***geabonneerd zijn op*** **0.8** ***bedekken*** **0.9** ⟨Zwi.⟩ ***innen, invorderen*** ◆ **1.1** ein Gehalt ~ *een salaris ontvangen, genieten;* Schläge ~ *een pak slaag krijgen* **1.2** ein Kissen ~ *een kussen overtrekken* **1.3** einen Standpunkt ~ *een standpunt innemen* **1.7** eine Zeitung ~ *op een krant geabonneerd zijn* **5.2** ein Bett frisch, neu ~ *een bed verschonen* **6.3** Quartier, Unterkunft **in** einem Hotel ~ *zijn intrek in een hotel nemen* **6.5** bezogen **auf** diese Erlebnisse *mbt. deze belevenissen;*
II sich ~ ⟨wk.ww.⟩ **0.1** ***verwijzen*** ⇒*terugkomen, zich beroepen, refereren* **0.2** ***slaan, betrekking hebben (op)*** **0.3** ***betrekken.***
Bezieher ⟨m.; ~s, ~⟩ **0.1** ***afnemer, koper*** **0.2** ***ontvanger, trekker*** **0.3** ***abonnee.***
Beziehung ⟨v.; ~, ~en⟩ **0.1** ***betrekking*** ⇒*relatie, verhouding* **0.2** ***verband*** ⇒*samenhang* **0.3** ***opzicht*** **0.4** ***houding, instelling*** **0.5** ⟨steeds mv.; inf.⟩ ***(persoonlijke) relaties*** ⇒ *connecties* ◆ **6.1 in, mit** ~ **auf** die Zukunft *mbt. de toekomst* **6.2** Dinge **zueinander in** ~ setzen *dingen met elkaar in verband brengen* **6.3 in** gewisser, keiner ~ *in zeker, geen enkel opzicht.*
Beziehungskiste ⟨v.⟩⟨inf.⟩ **0.1** ***relatie.***
beziehungslos 0.1 ***zonder (enig) verband, zonder (enige) samenhang.***
beziehungs|reich, -voll 0.1 ***toepasselijk, veelbetekenend.***
beziehungsweise 0.1 ***respectievelijk*** ⇒*onderscheidenlijk, (of) beter gezegd* **0.2** ⟨jur.⟩ ***subsidiair.***
Beziehungswort ⟨o.; mv. ¨er⟩⟨taal.⟩ **0.1** ***antecedent.***
beziffern I ⟨ov.ww.⟩ **0.1** ***becijferen*** ⟨ook muz.⟩ ⇒*ramen, taxeren* **0.2** ***nummeren;***
II sich ~ ⟨wk.ww.⟩ **0.1** ***bedragen, belopen*** ◆ **6.1** sich **auf** eine Million ~ *één miljoen bedragen, belopen.*
Bezirk ⟨m.; ~(e)s, ~e⟩ **0.1** ***district*** ⇒⟨pol.⟩ *arrondissement, provincie* **0.2** ***wijk*** **0.3** ***rayon*** **0.4** ***gebied*** ⟨ook fig.⟩ **0.5** ⟨Oostr.⟩ ***district, kanton.***
Bezirksgericht ⟨o.⟩ **0.1** ***kantongerecht.***
Bezirksliga ⟨v.⟩⟨sp.⟩ **0.1** ***regionale afdeling.***
bezirzen ⟨inf.⟩ **0.1** ***betoveren*** ⇒*inpalmen, strikken.*
Bezogene(r) ⟨bn. als zn.⟩⟨ec.⟩ **0.1** ***betrokkene, trassaat.***
bezug ◆ **6.¶** ⟨met 4e nv.⟩ **in** ~ auf *met betrekking tot.*
Bezug ⟨m.; ~(e)s, ¨e⟩ **0.1** ***overtrek*** ⇒*bekleding, sloop* **0.2** ***aankoop*** ⇒*afname, inkoop* **0.3** ***het ontvangen*** **0.4** ***abonnement*** **0.5** ***betrekking*** ⇒*referte* **0.6** ***verband, samenhang*** ⇒*link, kader, zinspeling* **0.7** ***besnaring*** ⇒*snaren* **0.8** ⟨alleen mv.⟩ ***salaris*** ⇒*inkomsten, inkomen* ◆ **1.5** ~: Ihr Schreiben vom 5.1. *Referte: uw schrijven d.d. 5-1* **6.5 mit, unter** ~ auf Ihr Schreiben *onder referte aan uw schrijven* **6.6** ~ **auf** ein Ereignis nehmen *naar een gebeurtenis verwijzen;* ~ nehmend **auf** Ihr Schreiben *onder referte aan uw schrijven.*
bezüglich[1] ⟨bn.⟩ **0.1** ⟨schr.⟩ ***betrekking hebbend*** ◆ **1.¶** das ~e Fürwort *het betrekkelijk voornaamwoord.*
bezüglich[2] ⟨vz. + 2⟩ **0.1** ***met betrekking tot*** ⇒*aangaande.*
Bezugnahme ⟨v.; ~, ~n⟩⟨schr.⟩ **0.1** ***verwijzing*** ⇒*referte* ◆ **6.1 unter** ~ auf Ihr Schreiben *onder verwijzing naar, onder referte aan uw schrijven.*
Bezugsbedingung ⟨v.⟩ **0.1** ***leverings-, abonnementsvoorwaarde.***
bezugsfertig 0.1 ***klaar om te betrekken*** ⇒*direct te aanvaarden.*
Bezugsperson ⟨v.⟩ **0.1** ***vaste contactpersoon.***
Bezugspreis ⟨m.⟩ **0.1** ***inkoopsprijs*** **0.2** ***abonnementsprijs.***
Bezugspunkt ⟨m.⟩ **0.1** ***oriëntatiepunt*** ⇒*uitgangspunt.*
Bezugsquelle ⟨v.⟩ **0.1** ***adres*** ⟨voor inkopen⟩ **0.2** ***herkomst*** ⇒ *bron* **0.3** ***leverancier.***
Bezugsrahmen ⟨m.⟩ **0.1** ***referentiekader.***
Bezugsrecht ⟨o.⟩ **0.1** ***voorkeurs-, claimrecht.***
Bezugsschein ⟨m.⟩ **0.1** ***(distributie)bon.***
Bezugsstoff ⟨m.⟩ **0.1** ***bekledingsstof.***
Bezugssystem ⟨o.⟩ **0.1** ***referentiesysteem*** ⇒*referentiekader.*
bezuschussen 0.1 ***subsidiëren.***
bezwecken 0.1 ***beogen*** ⇒*bedoelen, op het oog hebben.*
bezweifeln 0.1 ***betwijfelen*** ⇒*twijfelen aan.*
bezwingen 0.1 ***bedwingen*** ⇒*beheersen, in bedwang houden, overmeesteren* **0.2** ***overwinnen*** ◆ **1.¶** einen Berg ~ *een berg beklimmen.*
bezwingend 0.1 ***innemend*** **0.2** ***dwingend.***
bfr ⟨afk.⟩ [belgische(r) Franc].
BGB ⟨o.; ~⟩⟨afk.⟩ [Bürgerliches Gesetzbuch].
BH ⟨m.; ~(s), ~(s)⟩ **0.1** ***beha, bh.***
Bhf. ⟨afk.⟩ →**Bahnhof.**

bibbern 0.1 *bibberen* ⇒*rillen.*

Bibel ⟨v.; ~, ~n⟩ **0.1** ***bijbel*** ⇒⟨inf. ook⟩ *pil* ⟨dik boek⟩.

Bibelgesellschaft ⟨v.⟩ **0.1** ***bijbelgenootschap.***

Bibelstelle ⟨v.⟩ **0.1** ***bijbelplaats.***

Bibelstunde ⟨v.⟩ **0.1** ***bijbellezing.***

Biber[1] ⟨m.; ~s, ~⟩ **0.1** ***bever*** ⇒*beverbont.*

Biber[2] ⟨m. & o.; ~s⟩ **0.1** ***bever(bont).***

Biberbau ⟨m.; mv. ~e⟩ **0.1** ***beverhol.***

Biberburg ⟨v.⟩ →**Biberbau.**

Bibernelle ⟨v.; ~, ~n⟩ **0.1** ***bevernel, pimpernel.***

Bibliographie ⟨v.; ~, ~n⟩ **0.1** ***bibliografie.***

Bibliothek ⟨v.; ~, ~en⟩ **0.1** ***bibliotheek.***

Bibliothekar ⟨m.; ~s, ~e⟩ **0.1** ***bibliothecaris.***

biblisch 0.1 ***bijbels*** ◆ **1.1** ein ~es Alter *een gezegende leeftijd.*

bieder 0.1 ⟨pej.⟩ ***naïef, onnozel*** ⇒*argeloos* **0.2** ⟨vero.⟩ ***braaf, rechtschapen*** ⇒*eerzaam.*

Biedermann ⟨m.⟩ **0.1** ***(bekrompen) burgerman(netje)*** **0.2** ⟨vero.⟩ ***rechtschapen burger*** ⇒*brave ziel.*

biedermännisch 0.1 ***burgerlijk*** ⇒*bekrompen* **0.2** ⟨vero.⟩ ***braaf.***

biedermeierlich 0.1 ***biedermeier.***

Biedersinn ⟨m.⟩⟨schr.⟩ **0.1** ***braafheid, rechtschapenheid.***

biegbar 0.1 ***buigbaar.***

biegen ⟨→t9⟩ **I** ⟨onov.ww.⟩ **0.1** ***buigen*** ⇒*krommen* **0.2** ***omslaan*** ⇒*oprijden, omgaan* **0.3** ***uitwijken*** ⇒*draaien* ◆ **6.1** es geht **auf** Biegen oder Brechen *het wordt buigen of barsten* **6.2** er bog **auf** die Hauptstraße *hij reed de hoofdweg op;* **in** eine Straße ~ *een straat, weg inslaan;* **um** die Ecke ~ *de hoek omgaan;*
II ⟨ov.ww.⟩ **0.1** ***buigen*** ⇒*krommen, ombuigen* **0.2** ⟨Oostr.⟩ ***verbuigen*** **0.3** ⟨pej.⟩ ***regelen, arrangeren;***
III sich ~ ⟨wk.ww.⟩ **0.1** ***(zich) buigen*** ⇒*bukken* **0.2** ***buigen*** ⇒*doorzakken.*

biegsam 0.1 ***buigzaam*** ⇒⟨fig.⟩ *handel-, plooibaar, soepel* **0.2** ***lenig*** ⇒*soepel.*

Biegung ⟨v.; ~, ~en⟩ **0.1** ***bocht*** ⇒*kromming* **0.2** ***buiging*** ⇒ *kromming, doorbuiging* **0.3** ⟨Oostr.⟩ ***verbuiging.***

Biene ⟨v.; ~, ~n⟩ **0.1** ***bij*** **0.2** ⟨inf.⟩ ***griet(je)*** ◆ **3.¶** eine ~ drehen, machen *ervandoor gaan, 'm smeren.*

Bienenfleiß ⟨m.⟩ **0.1** ***noeste vlijt.***

bienenhaft 0.1 ***als (v.d.) bijen, als een bij*** ◆ **2.1** sein ~er Fleiß *zijn noeste vlijt.*

Bienenhaltung ⟨v.⟩ **0.1** ***bijenteelt.***

Bienenhaube ⟨v.⟩ **0.1** ***bijenkap.***

Bienenhaus ⟨o.⟩ **0.1** ***bijenhuis, -stal*** **0.2** ⟨fig.⟩ ***bijenkorf.***

Bienenstich ⟨m.⟩ **0.1** ***bijensteek*** **0.2** ⟨soort gebak⟩.

Bienenstock ⟨m.⟩ **0.1** ***bijenkorf*** ⟨ook fig.⟩.

Bienenwabe ⟨v.⟩ **0.1** ***honi(n)graat.***

Bienenzüchter ⟨m.⟩ **0.1** ***bijenhouder, imker.***

Bier ⟨o.; ~(e)s, ~e⟩ **0.1** ***bier*** **0.2** ***pils(je), biertje*** ⇒*(glas) bier, pint(je)* ◆ **2.2** ein kleines ~ *een kleintje pils* **4.¶** ⟨inf.⟩ das ist nicht mein ~! *dat gaat mij niets aan!;* ⟨inf.⟩ das ist sein ~! *dat moet hij (maar) weten!* **6.2 beim** ~ sitzen *een biertje zitten drinken* **8.1** ⟨inf.⟩ etwas wie sauer, saures ~ anpreisen *iets aan de straatstenen proberen te slijten.*

Bierbankpolitik ⟨v.⟩ **0.1** ***politieke tinnegieterij, beunhazerij.***

Bierbaß ⟨m.⟩⟨scherts.⟩ **0.1** ***grog-, bromstem.***

Bierdeckel ⟨m.⟩ **0.1** ***bierviltje.***

Bierdose ⟨v.⟩ **0.1** ***bierblik(je).***

Biereifer ⟨m.⟩ **0.1** ***blinde ijver.***

bierernst ⟨inf.⟩ **0.1** ***komisch ernstig.***

Bierernst ⟨m.⟩⟨inf.⟩ **0.1** ***komisch aandoende ernst.***

Bierfilz ⟨m.⟩ **0.1** ***bierviltje.***

Bierkasten ⟨m.⟩ **0.1** ***bierkrat.***

Bierkneipe ⟨v.⟩ **0.1** ***café, (bier)kroeg.***

Bierkrug ⟨m.⟩ **0.1** ***bierpul.***

Bierleiche ⟨v.⟩⟨inf.⟩ **0.1** ***laveloze vent.***

Bierreise ⟨v.⟩ **0.1** ***kroegentocht.***

Bierruhe ⟨v.⟩⟨inf.⟩ **0.1** ***onverstoorbare kalmte.***

Bierrunde ⟨v.⟩ **0.1** ***ronde van stamgasten.***

Bierstube ⟨v.⟩ **0.1** ***cafeetje.***

Bierverlag ⟨m.⟩ **0.1** ***bierhandel.***

Bierverleger ⟨m.⟩ **0.1** ***bierhandelaar, slijter.***

Biese ⟨v.; ~, ~n⟩ **0.1** ***bies*** ⟨op kleding⟩ **0.2** ***stiksel*** ⟨op schoen⟩.

Biest[1] ⟨m.; ~(e)s⟩ **0.1** ***biest.***

Biest[2] ⟨o.; ~(e)s, ~er⟩ **0.1** ***beest*** **0.2** ⟨fig.⟩ ***kreng*** ⇒*loeder.*

Biesterei ⟨v.; ~, ~en⟩ **0.1** ***smeerlapperij*** **0.2** ***geploeter.***

biestig 0.1 ***ploertig, schofterig*** ⇒*walgelijk* **0.2** ***schandalig*** **0.3** ***beestachtig.***

Biestmilch ⟨v.⟩ **0.1** ***biest.***

bieten ⟨→t10⟩ **I** ⟨ov.ww.⟩ **0.1** ***bieden*** ⇒*aanbieden, geven, een bod doen, verlenen* **0.2** ***vertonen, te zien geven, (op)leveren*** ⇒*vormen* ◆ **1.1** jmdm. die Hand ~ *iem. de hand reiken* **3.¶** das lasse ich mir nicht ~! *dat laat ik mij niet welgevallen, dat neem, pik ik niet!;*
II sich ~ ⟨wk.ww.⟩ **0.1** ***zich aanbieden, zich voordoen*** ⇒ *zich vertonen.*

Bigamie ⟨v.; ~, ~n⟩ **0.1** ***bigamie.***

bigott 0.1 ***bigot*** ⇒*kwezelachtig.*

Bikini ⟨m., Zwi. o.; ~s, ~s⟩ **0.1** ***bikini.***

Bilanz ⟨v.; ~, ~en⟩ **0.1** ***balans*** ⟨ook fig.⟩ ◆ **3.1** die ~ aufstellen, frisieren *de balans opmaken, flatteren;* ⟨fig.⟩ (die) ~ ziehen *de balans opmaken.*

bilanzieren I ⟨onov.ww.⟩ **0.1** ***sluiten, in evenwicht zijn;***
II ⟨ov.ww.⟩ **0.1** ***de balans opmaken van*** ⟨ook fig.⟩.

Bilanzprüfer ⟨m.⟩ **0.1** ***accountant.***

Bilch ⟨m.; ~(e)s, ~e⟩ **0.1** ***zevenslaper, relmuis.***

Bilchmaus ⟨v.⟩ →**Bilch.**

Bild ⟨o.; ~(e)s, ~er⟩ **0.1** ***beeld*** ⇒*afbeelding, voorstelling, evenbeeld* **0.2** ***plaat, prent*** ⇒*tekening* **0.3** ***portret*** **0.4** ***foto*** **0.5** ***schilderij*** **0.6** ***tafereel*** ⇒*gezicht, aanblik* **0.7** ***figuur*** **0.8** ***toonbeeld*** ⇒*beeld* ◆ **6.1** ⟨fig.⟩ das paßt nicht **ins** ~ *dat hoort hier niet thuis* **6.6** ⟨inf.; scherts.⟩ ein ~ **für** (die) Götter *een kostelijke aanblik* **6.¶ im** ~e sein *op de hoogte zijn;* jmdn. über einen Vorfall **ins** ~ setzen *iem. op de hoogte brengen van een voorval.*

Bildarchiv ⟨o.⟩ **0.1** ***fotoarchief.***

Bildaufzeichnung ⟨v.⟩ **0.1** ***(film)opname, (film)registratie.***

Bildausschnitt ⟨m.⟩ **0.1** ***fragment*** ⟨v.e. foto, prent⟩.

Bildband ⟨m.; mv. ~̈e⟩ **0.1** ***platenboek*** ⇒*prentenboek.*

bildbar 0.1 ***vormbaar, plastisch, modelleerbaar.***

Bildbeilage ⟨v.⟩ **0.1** ***geïllustreerd bijvoegsel.***

Bildbericht ⟨m.⟩ **0.1** ***fotoreportage.***

Bildberichterstatter ⟨m.⟩ **0.1** ***fotoreporter.***

bilden I ⟨ov.ww.⟩ **0.1** ***vormen*** **0.2** ***vormen*** ⇒*ontwikkelen, opleiden* **0.3** ***vormen, modelleren;***
II sich ~ ⟨wk.ww.⟩ **0.1** ***zich vormen*** ⇒*zich ontwikkelen.*

bildend 0.1 ***beeldend*** **0.2** ***vormend*** ⇒*ontwikkelend.*

Bilderatlas ⟨m.⟩ **0.1** ***platenatlas.***

Bilderbogen ⟨m.⟩ **0.1** ***kinderprent*** ⇒*beeldverhaal.*

Bilderbuch ⟨o.⟩ **0.1** ***prentenboek*** ◆ **6.1** ein Wetter, wie es **im** ~ steht, wie im ~ *een fantastisch weer(tje).*

Bildergeschichte ⟨v.⟩ →**Bildgeschichte.**

Bilderrätsel ⟨o.⟩ **0.1** ***rebus*** **0.2** ***zoekplaatje.***

bilderreich 0.1 ***(rijk) geïllustreerd*** **0.2** ⟨fig.⟩ ***beeldrijk*** ⇒ *rijk aan beeldspraak.*

Bildersprache ⟨v.⟩ **0.1** ***beeldspraak.***

Bilderstürmer ⟨m.⟩ **0.1** ***beeldenstormer*** ⟨ook fig.⟩.

Bildfläche ⟨v.⟩ **0.1** ***beeldvlak*** **0.2** ***(beeld)scherm, doek*** ◆ **6.¶ auf** der ~ erscheinen *op het toneel verschijnen.*

Bildfolge ⟨v.⟩ **0.1** ⟨g.mv.⟩ ***opeenvolging van beelden*** **0.2** ***reeks beelden.***

Bildfunk ⟨m.⟩ **0.1** ***draadloze beeldtelegrafie.***

Bildgeschichte ⟨v.⟩ **0.1** ***beeldverhaal.***

bildhaft **0.1** ***plastisch*** ⟨ook fig.⟩, ***aanschouwelijk, beeldend.***

Bildhauer ⟨m.⟩ **0.1** ***beeldhouwer.***

Bildhauerarbeit ⟨v.⟩ **0.1** ***beeldhouwwerk*** **0.2** ***het beeldhouwen.***

Bildhauerei ⟨v.⟩ **0.1** ***beeldhouwkunst*** **0.2** ⟨Zwi.⟩ ***beeldhouwwerk.***

bildhübsch **0.1** ***beeldschoon, beeldig*** ⇒*prachtig.*

Bildkarte ⟨v.⟩ **0.1** ***prent(brief)kaart, ansicht(kaart)*** **0.2** ***figuratieve kaart.***

Bildkonserve ⟨v.⟩⟨inf.⟩ **0.1** ***ingeblikt filmmateriaal.***

Bildkraft ⟨v.⟩ **0.1** ***beeldende kracht.***

bildlich **0.1** ***figuratief*** ⇒*in beeld(en), visueel* **0.2** ⟨fig.⟩ ***figuurlijk, overdrachtelijk.***

bildnerisch **0.1** ***beeldend*** ⇒*vormgevend.*

Bildnis ⟨o.; ~ses, ~se⟩ **0.1** ***beeltenis*** ⇒*portret, beeld* **0.2** ***beeldenaar, beeldzijde.***

Bildplatte ⟨v.⟩ **0.1** ***beeld-, videoplaat.***

Bildreporter ⟨m.⟩ **0.1** ***fotoreporter.***

Bildröhre ⟨v.⟩ **0.1** ***beeldbuis.***

bildsam ⟨schr.⟩ **0.1** ***vorm-, kneedbaar*** ⇒*buigzaam,* ⟨fig. ook⟩ *vatbaar voor ontwikkeling.*

Bildschirm ⟨m.⟩ **0.1** ***(beeld)scherm*** ⇒*tv.*

Bildschirmeinheit ⟨v.⟩⟨comp.⟩ **0.1** ***terminal.***

Bildschirmlexikon ⟨o.⟩ **0.1** ***elektronisch woordenboek.***

Bildschirmschoner ⟨m.⟩⟨comp.⟩ **0.1** ***beeldschermbeveiliging, schermbeveiliger*** ⇒*screensaver.*

Bildschirmtext ⟨m.⟩ **0.1** ***viewdata*** ⇒*viditel, videotex.*

Bildschirmzeitung ⟨v.⟩ **0.1** ***videokrant.***

Bildschnitt ⟨m.⟩ **0.1** ***filmmontage.***

Bildschnitzer ⟨m.⟩ **0.1** ***beeldsnijder.***

bildschön **0.1** ***beeldschoon, beeldig.***

Bildseite ⟨v.⟩ **0.1** ***beeldenaar, beeldzijde*** **0.2** ***bladzijde met illustraties.***

Bildstelle ⟨v.⟩ **0.1** ***mediatheek, mediacentrale*** **0.2** ***fotobureau, -dienst.***

Bildstock ⟨m.⟩ **0.1** ***cliché*** **0.2** ⟨houten of stenen zuil aan de wegrand met crucifix, heiligenbeeld(en) of vrome spreuk⟩ ***wegkruis.***

Bildstreifen ⟨m.⟩ **0.1** ***rolprent, film.***

Bildtafel ⟨v.⟩ **0.1** ***(bladzijde met) afbeelding(en), illustratie(s).***

Bildtelefon ⟨o.⟩ **0.1** ***videofoon, beeldtelefoon.***

Bildtelegramm ⟨o.⟩ **0.1** ***beeldtelegram.***

Bildung ⟨v.; ~, ~en⟩ **0.1** ***vorming*** ⇒⟨fig.⟩ *ontwikkeling, beschaving* **0.2** ***vorm*** ⇒*gestalte* ◆ **6.1** ein Mann **von** ~ (a) *een man met ontwikkeling* (b) *een man met beschaving.*

Bildungsanstalt ⟨v.⟩ **0.1** ***onderwijsinstelling.***

bildungsfähig **0.1** ***vatbaar voor ontwikkeling, kunnende leren*** ⇒*leerzaam.*

Bildungsgang ⟨m.⟩ **0.1** ***(verloop v.d.) opleiding, (gang v.d.) studie*** **0.2** ***ontwikkelingsgang.***

Bildungsgut ⟨o.⟩ **0.1** ***cultuurgoed*** ⇒*geestelijk goed.*

Bildungslücke ⟨v.⟩ **0.1** ***gebrek in de (algemene) ontwikkeling.***

Bildungsplanung ⟨v.⟩ **0.1** ***onderwijsbeleid.***

Bildungspolitik ⟨v.⟩ **0.1** ***onderwijspolitiek, -beleid.***

Bildungsreise ⟨v.⟩ **0.1** ***studiereis.***

Bildungsroman ⟨m.⟩ **0.1** ***ontwikkelingsroman.***

Bildungsstand ⟨m.⟩ **0.1** ***ontwikkelingsniveau, -peil.***

Bildungsstätte ⟨v.⟩ **0.1** ***vormingscentrum*** **0.2** ***onderwijs-, opleidingsinstelling.***

Bildungsstufe ⟨v.⟩ **0.1** ***ontwikkelingsniveau, -peil*** **0.2** ***beschavingspeil.***

Bildungssystem ⟨o.⟩ **0.1** ***onderwijsstelsel.***

Bildungsurlaub ⟨m.⟩ **0.1** ***educatief verlof.***

Bildungsweg ⟨m.⟩ **0.1** ***(verloop v.d.) opleiding, studie*** ◆ **2.1** der zweite ~ *het tweedekansonderwijs.*

Bildungswert ⟨m.⟩ **0.1** ***vormende waarde.***

Bildungswesen ⟨o.⟩ **0.1** ***onderwijsstelsel*** ⇒*onderwijs.*

Bildwand ⟨v.⟩ **0.1** ***(beeld-, projectie)scherm, (witte) doek.***

Bildwerfer ⟨m.⟩ **0.1** ***projectietoestel, projector.***

Bildwerk ⟨o.⟩⟨schr.⟩ **0.1** ***beeld(houw)werk, plastiek, sculptuur.***

Bildzuschrift ⟨v.⟩ **0.1** ***brief met foto.***

bilingu|al, -isch **0.1** ***tweetalig.***

Billard ⟨o.; ~s, ~e; Oostr. mv. ~s⟩ **0.1** ***biljart.***

Billardkugel ⟨v.⟩ **0.1** ***biljartbal.***

Billardstock ⟨m.⟩ **0.1** ***biljartkeu.***

Billett ⟨o.; ~(e)s, ~e of ~s⟩ **0.1** ***biljet, kaartje*** **0.2** ⟨Oostr.; elders vero.⟩ ***briefje.***

Billiarde ⟨v.; ~, ~n⟩ **0.1** ***biljard*** ⟨duizend biljoen⟩.

billig **0.1** ***goedkoop*** ⟨ook fig.⟩ **0.2** ***billijk, redelijk*** ⇒*rechtmatig.* →**recht.**

billigen **0.1** ***goedkeuren, billijken*** ⇒*goedvinden.*

billigerweise **0.1** ***redelijker-, billijkerwijs.***

Billigflug ⟨m.⟩ **0.1** ***goedkope vlucht.***

Billigkeit ⟨v.; ~⟩ **0.1** ***goedkoopte*** **0.2** ***billijkheid*** ◆ **6.2 aus** (Gründen der) ~ *billijkheidshalve.*

Billigland ⟨o.⟩ **0.1** ***goedkoop land.***

Billigpreis ⟨m.⟩ **0.1** ***lage prijs.***

Billigung ⟨v.; ~, ~en⟩ **0.1** ***goedkeuring, billijking*** ⇒*goedvinden.*

Billion ⟨v.; ~, ~en⟩ **0.1** ***biljoen.***

Bilsenkraut ⟨o.⟩ **0.1** ***bilzekruid.***

Bimbam ⟨m.⟩ ◆ **2.¶** (ach, du) heiliger ~! *goeie grutjes, gutten!*

Bimmel ⟨v.; ~, ~n⟩ **0.1** ***belletje.***

Bimmelbahn ⟨v.⟩ **0.1** ***boemeltje, lokaaltje.***

bimmeln **0.1** ***tingelen, tinkelen*** **0.2** ***rinkelen.***

Bims ⟨m.; ~es, ~e⟩ **0.1** ***puim(steen).***

bimsen I ⟨onov.ww.⟩ **0.1** ***blokken*** ⇒*studeren* **0.2** ***neuken, naaien;***
II ⟨ov.ww.⟩ **0.1** ***puimen*** ⇒*afpuimen* **0.2** ***afrossen, afranselen*** **0.3** ***afbeulen, afjakkeren*** ⇒*drillen* **0.4** ***erin stampen*** ⇒*erin pompen.*

Bimsstein ⟨m.⟩ **0.1** ***puimsteen.***

Binde ⟨v.; ~, ~n⟩ **0.1** ***verband*** ⇒*zwachtel, windsel* **0.2** ***band*** **0.3** ***draag(ver)band, mitella*** **0.4** ***(oog)lapje*** **0.5** ***blinddoek*** ◆ **6.¶** ich goß, kippte (mir) einen **hinter** die ~ *ik pakte, vatte er eentje.*

Bindegewebe ⟨o.⟩ **0.1** ***bindweefsel.***

Bindeglied ⟨o.⟩ **0.1** ***schakel*** ⇒*verbindend element.*

Bindehaut ⟨v.⟩ **0.1** ***bindvlies.***

binden ⟨→t11⟩ **0.1** ***binden*** ⇒*vastbinden, verbinden, inbinden* **0.2** ***beslag leggen op*** ⇒*(voor zich) opeisen, vereisen, vergen* **0.3** ***maken*** **0.4** ***strikken*** ◆ **1.1** gebundene Preise *vastgestelde prijzen;* gebundene Rede *gebonden stijl, poëzie;* die Suppe ~ *de soep binden* **1.4** eine Krawatte ~ *een das strikken* **6.3** Blumen **zu** einem Kranz ~ *van bloemen een krans maken.*

bindend **0.1** ***bindend*** ⇒*verplichtend.*

Binder ⟨m.; ~s, ~⟩ **0.1** ***(strop)das*** **0.2** ***zelf-, maaibinder*** **0.3**

binder **0.4** *bintbalk* **0.5** *kopsteen, kopse steen* **0.6** *bindmiddel.*

Bindestrich ⟨m.⟩ **0.1** ***koppelteken*** ⇒*verbindingsstreepje.*

Bindewort ⟨o.; ~(e)s, ⸚er⟩ **0.1** ***voegwoord.***

Bindfaden ⟨m.⟩ **0.1** ***touw(tje)*** ◆ **3.¶** es regnete Bindfäden *het regende pijpenstelen.*

Bindung ⟨v.; ~, ~en⟩ **0.1** ***binding*** ⟨ook amb., schei.⟩ ⇒*verbinding,* ⟨fig. ook⟩ *band, betrekking* **0.2** ***verplichting*** ⇒*verbintenis* **0.3** ***skibinding.***

binnen ⟨vz. + 3; schr. ook vz. met 2e nv.⟩ **0.1** ***binnen*** ⇒*in* ◆ **2.1** ~ kurzem *binnenkort.*

binnendeutsch **0.1** ***Centraal-Duits.***

Binnengewässer ⟨o.⟩ **0.1** ***binnenwater.***

Binnenland ⟨o.⟩ **0.1** ***binnenland.***

Binnenmarkt ⟨m.⟩ **0.1** ***binnenmarkt*** **0.2** ***binnenlandse markt.***

Binnenmeer ⟨o.⟩ **0.1** ***binnenzee.***

Binnenschiffahrt ⟨v.⟩ **0.1** ***binnen(scheep)vaart.***

Binnenschiffer ⟨m.⟩ **0.1** ***binnenschipper.***

Binnenverkehr ⟨m.⟩ **0.1** ***binnenlands verkeer.***

Binom ⟨o.; ~s, ~e⟩ **0.1** ***binomium, tweeterm.***

Binse ⟨v.; ~, ~n⟩ **0.1** ***bies, rus*** ⇒*biesgewas* ◆ **6.¶** **in** die ~n gehen (a) *om zeep gaan* (b) *in het water vallen.*

Binsen|wahrheit, -weisheit ⟨v.⟩ **0.1** ***waarheid als een koe.***

Bio ⟨v.; ~⟩⟨stud.⟩ **0.1** ***biologie(les).***

Bio-Bauer ⟨m.; mv. ~n⟩ **0.1** ***volgens ecologische principes telende boer*** ⇒*alternatieve boer.*

Biochemie ⟨v.⟩ **0.1** ***biochemie.***

Biographie ⟨v.; ~, ~n⟩ **0.1** ***biografie.***

Bioladen ⟨m.⟩ **0.1** ***natuurvoedingswinkel.***

Biologie ⟨v.; ~⟩ **0.1** ***biologie.***

biologisch **0.1** ***biologisch.***

Biomüll ⟨m.⟩ **0.1** ***gft-afval*** ⇒*groente-, fruit- en tuinafval, bioafval.*

Biotechnologie ⟨v.⟩ **0.1** ***biotechnologie.***

Biotop ⟨m. & o.; ~s, ~e⟩ **0.1** ***biotoop.***

bipolar **0.1** ***bipolair, tweepolig.***

biquadratisch **0.1** ***bikwadraats-.***

Birke ⟨v.; ~, ~n⟩ **0.1** ***berk.***

birken **0.1** ***berken*** ⇒*berkenhouten.*

Birkenpilz ⟨m.⟩ **0.1** ***berkenboleet.***

Birkhahn ⟨m.⟩ **0.1** ***korhaan.***

Birkhuhn ⟨o.⟩ **0.1** ***korhoen.***

Birnbaum ⟨m.⟩ **0.1** ***perenboom*** **0.2** ***peren(boom)hout.***

Birne ⟨v.; ~, ~n⟩ **0.1** ***peer*** **0.2** ***lamp*** ⇒*gloeilamp, peer* **0.3** ***perenboom*** ⇒*peer* **0.4** ⟨inf.⟩ ***kop, knikker*** ⇒*raap* ◆ **2.4** eine weiche ~ haben *niet van de slimsten zijn* **6.4** jmdm. eins **auf, vor** die ~ geben *iem. op zijn hersens slaan.*

bis[1] ⟨vz. + 4⟩ **0.1** ***tot*** ⇒*tegen* **0.2** ***à*** ⇒*tot* **0.3** ***voor*** ◆ **2.1** ~ 12 Uhr ist er hier (a) *tot 12 uur is hij hier* (b) *tegen, vóór 12 uur is hij hier* **2.2** 20 ~ 30 Kinder *20 à 30 kinderen* **5.1** ~ einschließlich *tot en met;* ~ heute *tot op heden;* ~ jetzt *tot nu toe, tot nog toe;* ~ wann? (a) *tot wanneer?* (b) *tegen, voor wanneer?* **6.1** ~ **auf** (a) *tot op* (b) *op ... na;* ~ **in** 8 Tagen! *tot over 8 dagen!;* ~ **nach** Berlin fahren *tot Berlijn rijden;* ~ **um** 2 Uhr *tot 2 uur;* jmdn. ~ **vor** das Tor begleiten *iem. tot aan de poort begeleiden;* ~ **zu** (a) *tot* (b) *tot en met* (c) *hoogstens, ten hoogste* (d) *vóór, uiterlijk;* Kinder ~ **zu** 12 Jahren *kinderen tot (en met) 12 jaar;* das kann ~ **zu** einem Jahr dauern *dat kan wel, hoogstens een jaar duren;* ~ **zum** nächsten Jahr! *tot volgend jaar!*

bis[2] ⟨vw.⟩ **0.1** ***tot(dat)*** **0.2** ***voor(dat)*** ⇒*vooraleer* **0.3** ⟨Oostr.⟩ ***zodra*** ⇒*als* ◆ **3.1** warte, ~ er kommt! *wacht tot hij komt!* **3.2** es dauerte lange, ~ er kam *het duurde lang voor hij kwam.*

Bisam ⟨m.; ~s, ~e of ~s⟩ **0.1** ***bisambont*** **0.2** ***muskus, bisam.***

Bisamratte ⟨v.⟩ **0.1** ***muskus-, bisamrat.***

Bischof ⟨m.; ~s, ⸚e⟩ **0.1** ***bisschop*** ⟨ook drank⟩.

bischöflich **0.1** ***bisschoppelijk*** ⇒*episcopaal.*

Bischofsmütze ⟨v.⟩ **0.1** ***bisschopsmijter*** **0.2** ⟨plantk.⟩ ***bisschopsmuts.***

Bischofssitz ⟨m.⟩ **0.1** ***bisschopszetel.***

bisher **0.1** ***tot nu toe*** ⇒*tot nog toe, tot dusver(re).*

bisherig **0.1** ***tot nu toe (geldend, aanwezig)*** ◆ **1.1** die ~en Nachrichten *de tot nu toe binnengekomen berichten;* mein ~es Leben *mijn leven tot nu toe;* die ~e Regierung (a) *de (nu nog) zittende regering* (b) *de aftredende regering* **6.1** **im** ~en (a) *in het voorafgaande* (b) *tot dusver(re).*

Biskuit ⟨o.; ook m.; ~(e)s, ~s; mv. ook ~e⟩ **0.1** ***biskwietje).***

bislang **0.1** ***tot nu toe*** ⇒*tot dusver(re), tot nog toe.*

Bismarckhering ⟨m.⟩ **0.1** ⟨van de graat ontdane ingelegde haring⟩.

Bison ⟨m.; ~s, ~s⟩ **0.1** ***bizon.***

Biß ⟨m.; Bisses, Bisse⟩ **0.1** ***beet*** ⇒*hap* **0.2** ⟨fig.⟩ ***wond, steek*** ⇒ ⟨fig. ook⟩ *wroeging* **0.3** ⟨sp.⟩ ***inzet, vuur.***

bißchen **0.1** ***beetje*** ◆ **2.1** (ach,) du liebes ~! *lieve hemel, help!;* nicht ein ~! *helemaal, in 't geheel niet!* **4.1** kein ~ *helemaal, hoegenaamd niet.*

bissel ⟨Zdd., Oostr.⟩ →**bißchen.**

Bissen ⟨m.; ~s, ~⟩ **0.1** ***hap, beet*** ⇒*hapje, stuk(je), brok* ◆ **2.1** ⟨fig.⟩ jmdm. die besten ~ zuschieben, zustecken *iem. (steeds) alle voordeeltjes toespelen;* ⟨fig.⟩ ein fetter ~ *(een) rijke buit, een voordelig, lucratief zaakje;* ⟨fig.⟩ ein harter ~ *een harde, zware dobber, een moeilijk geval.*

bissig **0.1** ***bijtachtig*** ⇒*bijtend* **0.2** ⟨fig.⟩ ***bits*** ⇒*scherp, vinnig* **0.3** ⟨sp.⟩ ***fel*** ⇒*vinnig* ◆ **1.1** Vorsicht, ~er Hund! *Pas op, gevaarlijke hond!*

Bißwunde ⟨v.⟩ **0.1** ***bijtwond, beet.***

Bistum ⟨o.; ~s, ⸚er⟩ **0.1** ***bisdom.***

bisweilen ⟨schr.⟩ **0.1** ***somtijds, soms.***

Bit ⟨o.; ~(s), ~(s)⟩⟨comp.⟩ **0.1** ***bit.***

Bittag ⟨m.⟩ **0.1** ***kruisdag.***

Bittbrief ⟨m.⟩ **0.1** ***verzoekschrift*** ⇒*rekest* **0.2** ***bedelbrief.***

bitte **0.1** ***alstublieft*** ⇒*alsjeblieft, graag* **0.2** ***pardon?*** ⇒*wat, hoe zegt u?, wat zeg je?* **0.3** ***tot uw, je dienst, graag gedaan*** **0.4** ***nou*** **0.5** ***ja*** ⇒*gaat u uw gang!, ga je gang!* **0.6** ***pardon*** ◆ **1.3** danke, vielen Dank! Bitte! *dank u, je wel! Graag gedaan!, Tot uw, je dienst!* **1.6** ~, wo kann ich ...? *pardon, waar kan ik ...?* **3.1** ~, bedienen Sie sich! *bedient u zich!, ga uw gang (alstublieft)!* **5.1** ~, ~! *och, alstublieft, alsjeblieft!;* ja, ~? *ja (, wat is er)?,* ⟨aan telefoon vooral⟩ *hallo?, hallo!;* ~ schön, sehr! *alstublieft!, alsjeblieft!* **5.2** wie ~? *wat zegt u?, wat zeg je?, pardon?* **9.1** aber ~, meine Herren! *mijne heren, alstublieft!* **9.4** na ~! *zie je nou wel!*

Bitte ⟨v.; ~, ~n⟩ **0.1** ***verzoek*** ⇒*vraag* ◆ **6.1** **auf** meine ~ (hin) *op mijn verzoek.*

bitten ⟨object steeds in 4e nv.→t12⟩ **0.1** ***vragen, verzoeken*** **0.2** ***uitnodigen*** ⇒*vragen* **0.3** ***smeken*** **0.4** ⟨schr.⟩ ***voorspreken*** ◆ **3.1** wenn ich ~ darf! (a) *alstublieft!, asjeblieft)!* (b) *komt u, kom binnen!;* darf ich ~? *mag ik deze dans van u, jou?;* der Herr Direktor läßt ~! *de directeur verwacht u, je!* **4.1** (aber) ich bitte Sie! *hoe kunt u zoiets, dat nou zeggen!* **5.1** da muß ich doch sehr ~! *zo gaat dat niet!* **6.1** da möchte ich doch sehr **darum** gebeten haben! *dat zou ik toch denken!;* ich bitte **um** Entschuldigung, Verzeihung! *pardon!;* darf ich **um** Ihren Namen ~? *hoe is uw naam?;* darf ich **um** das Salz ~? *mag ik het zout (, alstublieft)?* **6.2** jmdn. **auf** eine Tasse Tee ~ *iem. voor een kopje thee uitnodigen;* ich bat ihn **ins** Zimmer *ik vroeg hem de kamer binnen te komen;* ich habe Sie **zu** mir gebeten *ik heb u ge-*

vraagd (om) bij mij te komen; jmdn. zum Essen, **zu** Tisch ~ *iem. ten eten vragen;* jmdn. **zum** Tanz ~ *iem. ten dans vragen.*
bitter 0.1 ***bitter*** (ook fig.).
bitterböse 0.1 ***(spin)nijdig, erg kwaad*** **0.2** ***bar slecht, abominabel (slecht)*** **0.3** ***erg bitter.***
bitterernst 0.1 ***bitter ernstig, bloedserieus.***
bitterkalt 0.1 ***bitter koud.***
bitterlich 0.1 ***bitter*** ⇒*bitterlijk* **0.2** ***bitterachtig*** ⇒*enigszins bitter.*
Bitterling (m.; ~s, ~e)(biol.) **0.1** ***bittervoorn*** (vis) **0.2** ***bitterling*** (plant).
Bitternis (v.; ~, ~se) **0.1** ***bitterheid*** (ook fig.).
Bittersalz (o.) **0.1** ***Engels zout*** ⇒*bitterzout.*
bittersüß 0.1 ***bitterzoet*** (ook fig.).
Bitter|wurz, -wurzel (v.) **0.1** ***gele gentiaan.***
Bittgang (m.) **0.1** ***bedeltocht*** **0.2** ***processie.***
Bittgesuch (o.) **0.1** ***verzoekschrift*** ⇒*rekest.*
Bittschrift (v.)(vero.) **0.1** ***verzoekschrift*** ⇒*rekest.*
Bittsteller (m.; ~s, ~) **0.1** ***indiener v.e. verzoekschrift*** ⇒*rekestrant.*
Biwak (o.; ~s, ~s of ~e) **0.1** ***bivak.***
biwakieren 0.1 ***bivakkeren.***
bizarr 0.1 ***bizar*** ⇒*grillig.*
Bizeps (m.; ~es, ~e) **0.1** ***biceps.***
Blabla (o.; ~(s)) **0.1** ***blabla*** ⇒*gezwam.*
blaffen 0.1 (kort) ***blaffen*** ⇒*keffen* **0.2** ***knetteren*** **0.3** (fig.) ***blaffen, snauwen.***
Blag (o.; ~s, ~en) **0.1** ***blaag, snotneus.***
Blage (v.; ~, ~n) →**Blag.**
blähen I (onov.ww.) **0.1** ***opzetten*** ⇒*wind(en) veroorzaken;*
II (ov.ww.) **0.1** ***opblazen*** ⇒*doen zwellen* **0.2** ***doen bol staan, opbollen;***
III sich ~ (wk.ww.) **0.1** ***opzetten*** ⇒*(op)zwellen* **0.2** ***bollen, bol (gaan) staan*** **0.3** (fig.) ***zich opblazen.***
Blähsucht (v.) **0.1** ***trommelzucht.***
Blähung (v.; ~, ~en) **0.1** ***wind*** ⇒(mv. ook) *wind(en), winderigheid.*
bläken 0.1 ***blèren.***
blamabel 0.1 ***blamabel*** ⇒*beschamend.*
Blamage (v.; ~, ~n) **0.1** ***blamage*** ⇒*schande.*
blamieren 0.1 ***blameren*** ⇒*voor schut zetten.*
bland (med.) **0.1** ***zacht*** **0.2** ***slepend*** ⇒*chronisch* **0.3** ***nietbesmettelijk.***
blank 0.1 ***blinkend*** ⇒*blank, helder, glimmend* **0.2** ***bloot*** ⇒ *blank, ongeïsoleerd* **0.3** ***puur*** ⇒*klinkklaar* **0.4** ***platzak, blut*** **0.5** (Oostr.) ***zonder jas*** ◆ **1.3** ~es Entsetzen *pure ontzetting;* ~er Unsinn *klinkklare onzin* **1.¶** (schr.) der ~e Hans *de Noordzee bij storm* **3.4** ~ sein *platzak, blut zijn.*
Blankett (o.; ~s, ~e) **0.1** ***blanket, in blanco getekend stuk*** **0.2** ***blanco wissel.***
Blankounterschrift (v.) **0.1** ***handtekening in blanco.***
Blankvers (m.) **0.1** ***blank vers.***
Blase (v.; ~, ~n) **0.1** ***blaas*** **0.2** ***blaar*** **0.3** ***bel*** ⇒*lucht-, gasbel, bobbel* **0.4** ***bende, troep*** ⇒(pej. bijz.) *gespuis* ◆ **3.¶** ~n ziehen *een staartje krijgen.*
Blasebalg (m.) **0.1** ***blaasbalg.***
blasen (→t13) **0.1** ***blazen*** **0.2** (inf.) ***waaien*** ◆ **4.¶** ich blase dir (et)was! *je kunt de pot op!* **6.1** ich blies **in** die Hände *ik blies in mijn handen.*
blasenartig 0.1 ***blaasachtig*** **0.2** ***blaarachtig, bobbelig.***
Blasensprung (m.) **0.1** ***het breken v.d. (vrucht)vliezen.***
Blasenstein (m.) **0.1** ***blaassteen, graveel.***
Blasenwurm (m.) **0.1** ***blaasworm, vin.***
blasenziehend 0.1 ***blaartrekkend.***
Bläser (m.; ~s, ~) **0.1** ***blazer.***
Bläserchor (m.) **0.1** ***blaaskapel*** ⇒*fanfare, harmonie.*
blasiert 0.1 ***blasé, geblaseerd.***
blasig 0.1 ***vol blazen*** ⇒*vol bellen* **0.2** ***vol blaren.***
Blasphemie (v.; ~, ~n) **0.1** ***blasfemie, godslastering.***
Blasrohr (o.) **0.1** ***blaaspijp*** (ook tech.).
blaß (blasser, (am) blassest(en)) **0.1** ***bleek*** ⇒*vaal, flets* **0.2** (fig.) ***flauw*** ⇒*kleurloos, mat, vaag* **0.3** (fig.) ***puur*** ◆ **1.2** eine blasse Erinnerung *een vage herinnering* **1.3** blasser Neid *pure nijd.*
Blässe (v.; ~) **0.1** ***bleekheid*** ⇒*bleke kleur, flets-, vaalheid* **0.2** (fig.) ***flauwheid*** ⇒*kleurloosheid, matheid.*
Bläßgans (v.) **0.1** ***kolgans.***
Bläßhuhn (o.)(biol.) **0.1** ***meerkoet.***
bläßlich 0.1 ***bleekachtig*** ⇒*flets, bleekjes* **0.2** (fig.) ***kleurloos, mat.***
Blatt (o.; ~(e)s, ~er) **0.1** ***blad*** ⇒*vel* (papier), *krant* **0.2** (sp.) ***kaart*** ⇒*kaarten* **0.3** (jacht) ***schouder(blad)*** ◆ **2.1** fliegende, lose Blätter *losse bladen* **2.2** ein gutes ~ haben *goede kaarten hebben* **3.1** das ~ hat sich gewendet *de tijden zijn veranderd* **6.1** das steht **auf** einem anderen ~ *dat is een ander verhaal, een verhaal apart.*
Blattader (v.) **0.1** ***bladnerf.***
blätterig 0.1 ***dicht gebladerd*** **0.2** ***bladerig, feuilletee.***
Blättermagen (m.) **0.1** ***boekpens, boekmaag.***
blättern I (onov.ww.) **0.1** ***bladeren*** **0.2** (s.) ***bladderen*** **0.3** (s.) ***schilferen;***
II (ov.ww.) **0.1** ***neertellen*** **0.2** (landb.) ***ontbladeren.***
Blattern (alleen mv.) **0.1** ***pokken.***
Blatternarbe (v.) **0.1** ***pokput.***
blatternarbig 0.1 ***pokdalig.***
Blätterteig (m.) **0.1** ***blader-, feuilleteedeeg.***
Blätterwald (m.)(scherts.) **0.1** ***pers, perswereld(je).***
Blätterwerk (o.) **0.1** ***gebladerte, lover*** **0.2** (bouwk.) ***blad-, lo(o)fwerk.***
blättrig →**blätterig.**
Blattrippe (v.) **0.1** ***bladnerf.***
Blattsalat (m.) **0.1** ***kropsla.***
blattweise 0.1 ***bladsgewijze, in, bij bladen*** **0.2** ***blad voor blad.***
Blattwerk (o.) →**Blätterwerk.**
blau 0.1 ***blauw*** **0.2** ***dronken, bezopen*** **0.3** ***gekookt*** ◆ **1.1** ~e Jung(en)s *jantjes, matrozen* **1.3** Forelle ~ *gekookte forel* **5.2** völlig ~ *smoor-, stomdronken* **8.2** ~ wie eine Strandhaubitze, ein Veilchen *dronken als een kanon, Maleier.*
Blau (o.; ~s, ~; inf. mv. ~s) **0.1** ***blauw.***
Blaualgen (alleen mv.) **0.1** ***blauwwier.***
blauäugig 0.1 ***blauwogig*** **0.2** (fig.) ***naïef.***
Blaubeere (v.) **0.1** ***blauwe bosbes.***
Bläue (v.; ~) **0.1** ***blauw(heid), blauwe kleur.***
bläuen 0.1 ***blauwen*** ⇒*blauw maken, blauw verven.*
Blaue(s) (bn. als zn.; o.) **0.1** ***blauw*** ◆ **6.¶ ins** Blaue (hinein) *in het wilde weg, erop los;* eine Fahrt **ins** Blaue *tocht(je), uitstapje met onbekende bestemming;* das Blaue **vom** Himmel herunterlügen *liegen dat men zwart ziet;* das Blaue **vom** Himmel herunterreden *er (maar) op los praten;* jmdm. das Blaue **vom** Himmel (herunter)versprechen *iem. van alles en nog wat beloven.*
Blaufelchen (o.)(biol.) **0.1** ***blauwe houting.***
Blaufuchs (m.) **0.1** ***blauwe vos*** ⇒*pool-, blauwvos.*
Blauhai (m.) **0.1** ***blauwe haai, mensenhaai.***
Blauhelm (m.) **0.1** ***blauwhelm.***
Blauhelmeinsatz (m.) **0.1** ***het inzetten van blauwhelmen.***
Blaujacke (v.) **0.1** ***jantje, matroos.***
Blaukehlchen (o.; ~s, ~) **0.1** ***blauwborstje, -keeltje.***

Blaukraut ⟨o.⟩⟨Zdd.⟩ **0.1** ***rodekool.***
bläulich **0.1** ***blauwig, blauwachtig.***
Blaulicht ⟨o.⟩ **0.1** ***(blauw) zwaailicht.***
Bläuling ⟨m.; ~s, ~e⟩⟨biol.⟩ **0.1** ***blauwtje.***
blaumachen ⟨inf.⟩ **0.1** ***niet werken, niet naar zijn werk gaan.***
Blaumann ⟨m.⟩⟨inf.⟩ **0.1** ***(blauwe) overall.***
Blaumeise ⟨v.⟩ **0.1** ***pimpelmees.***
Blaupapier ⟨o.⟩ **0.1** ***blauw calqueerpapier.***
Blaupause ⟨v.⟩ **0.1** ***blauwdruk.***
Blausäure ⟨v.⟩ **0.1** ***blauwzuur.***
Blaustern ⟨m.⟩ **0.1** ***sterhyacint.***
Blaustrumpf ⟨m.⟩⟨vero.⟩ **0.1** ***blauwkous.***
Blauwal ⟨m.⟩ **0.1** ***blauwe walvis.***
Blazer ⟨m.; ~s, ~⟩ **0.1** ***blazer.***
Blech ⟨o.; ~(e)s, ~e⟩ **0.1** ***blik*** **0.2** ***plaatstaal*** ⇒*metalen plaat* **0.3** ***bakplaat*** ⇒*bakvorm* **0.4** ⟨muz.⟩ ***koper*** ◆ **3.¶** ~ reden *onzin uitkramen.*
Blechbläser ⟨m.⟩⟨muz.⟩ **0.1** ***koperblazer.***
Blechblasinstrument ⟨o.⟩ **0.1** ***koperen blaasinstrument.***
Blechbüchse ⟨v.⟩ **0.1** ***blik(je)*** ⇒*blikken bus.*
Blechdose ⟨v.⟩ **0.1** ***blik(je)*** ⇒*trommel(tje).*
blechen **0.1** ***dokken*** ⇒*neertellen, betalen.*
blechern **0.1** ***blikken*** ⇒*van blik* **0.2** ***hol(klinkend), metaalachtig.***
Blechkiste ⟨v.⟩⟨inf.; iron.⟩ **0.1** ***blikken geval*** ⟨auto⟩.
Blechmusik ⟨v.⟩ **0.1** ***kopermuziek.***
Blechnapf ⟨m.⟩ **0.1** ***eetketel(tje).***
Blechsalat ⟨m.⟩⟨inf.⟩ **0.1** ***total loss gereden auto('s).***
Blechschaden ⟨m.⟩ **0.1** ***blikschade.***
Blechschmied ⟨m.⟩ **0.1** ***blikslager.***
Blechtrommel ⟨v.⟩⟨muz.⟩ **0.1** ***blikken (kinder)trommel(tje).***
Blechwalzwerk ⟨o.⟩ **0.1** ***plaatwalserij.***
blecken I ⟨onov.ww.⟩ **0.1** ***blinken, plotseling zichtbaar worden;***
II ⟨ov.ww.⟩ **0.1** ***laten zien*** **0.2** ***uitsteken.***
Blei[1] ⟨m.; ~(e)s, ~e⟩ **0.1** ***blei, bliek*** ⇒*brasem.*
Blei[2] ⟨o.; ~(e)s, ~e⟩ **0.1** ***lood*** ⟨ook fig.⟩ ⇒⟨inf. vooral⟩ *blauwe boon, bonen, kogel(s)* **0.2** ***diep-, peillood*** **0.3** ***schietlood*** ◆ **8.1** wie ~ *loodzwaar* ⟨ook fig.⟩.
Blei[3] ⟨m. & o.; ~(e)s, ~e⟩⟨inf.⟩ **0.1** ***potlood.***
Bleibe ⟨v.; ~, ~n⟩ **0.1** ***onderdak*** ⇒*onderkomen.*
bleiben ⟨→t14⟩ **0.1** ***blijven*** ⇒*blijven bestaan* **0.2** ***(over)blijven*** ⇒*rest(er)en* ◆ **3.1** das bleibt abzuwarten *dat moeten we (maar) afwachten;* liegen, sitzen, stehen ~ *blijven liggen, zitten, staan* **3.2** es bleibt zu hoffen, daß ... *rest (nog) de hoop dat ...* **4.1** ⟨schr.⟩ hier ist nicht meines Bleibens *hier kan ik niet blijven* **4.2** was blieb mir denn sonst? *wat zat er voor mij anders op?* **5.1** sie müssen sehen, wo sie ~ *ze moeten maar zien waar ze terechtkomen,* ⟨fig. vooral⟩ *hoe ze het rooien* **6.1** **bei** der Arbeit ~ *aan, bij het werk blijven, doorwerken;* sie blieben **für**, **unter** sich *ze bleven onder elkaar;* das war mir **in** Erinnerung, im Gedächtnis geblieben *dat was mij bijgebleven;* **zum** Essen ~ *blijven eten, voor het eten blijven* **6.2** nichts **davon** ist geblieben *er is niets van overgebleven.* →**Land.**
bleibenlassen **0.1** ***(achterwege) laten.***
bleich **0.1** ***bleek*** ◆ **1.¶** ~es Entsetzen *pure ontzetting.*
Bleiche ⟨v.; ~, ~n⟩ **0.1** ***bleekheid*** **0.2** ***bleek(veld).***
bleichen I ⟨onov.ww.⟩ **0.1** ***verbleken*** ⇒*verschieten;*
II ⟨ov.ww.⟩ **0.1** ***bleken*** **0.2** ***blonderen.***
Bleichgesicht ⟨o.⟩ **0.1** ***bleekgezicht*** **0.2** ***bleekneus.***
Bleichsucht ⟨v.⟩ **0.1** ***bleekzucht.***
bleiern **0.1** ***loden*** ⇒*van lood* **0.2** ***loodkleurig*** **0.3** ⟨fig.⟩ ***loodzwaar.***
Bleifarbe ⟨v.⟩ **0.1** ***loodverf.***
bleifrei **0.1** ***loodvrij.***
Bleifuß ⟨m.⟩ ◆ **6.¶** **mit** (dem) ~ fahren *steeds maar met plankgas rijden.*
Bleiglanz ⟨m.⟩ **0.1** ***loodglans, galeniet.***
bleihaltig **0.1** ***loodhoudend.***
Bleikristall ⟨o.⟩ **0.1** ***loodkristal.***
Bleilot ⟨o.⟩ **0.1** ***peil-, dieplood*** **0.2** ***schietlood.***
Bleiplombe ⟨v.⟩ **0.1** ***loodje.***
bleischwer **0.1** ***loodzwaar.***
Bleisoldat ⟨m.⟩ **0.1** ***loden soldaatje.***
Bleistift ⟨m.; ~(e)s, ~e⟩ **0.1** ***potlood.***
Bleistiftabsatz ⟨m.⟩ **0.1** ***naaldhak.***
Bleistiftspitzer ⟨m.⟩ **0.1** ***potloodslijper*** ⇒*potloodpunter.*
Bleiweiß ⟨o.⟩ **0.1** ***loodwit.***
Blende ⟨v.; ~, ~n⟩ **0.1** ***scherm, afscherming*** ⇒*(zonne)klep, (afscherm)kap* **0.2** ***luik*** ⇒*blind, zonnewering* **0.3** ***oogklep*** **0.4** ***bies, strook*** ⟨op kleding⟩ **0.5** ⟨foto.⟩ ***diafragma*** **0.6** ⟨film.⟩ ***vloeiende overgang*** **0.7** ⟨bouwk.⟩ ***blindering*** **0.8** ⟨scheep.⟩ ***blindeerklep, patrijspoortluik.***
blenden **0.1** ***verblinden*** **0.2** ***(fel) schijnen*** **0.3** ***groot, gewichtig doen*** **0.4** ***blind maken*** ⇒*de ogen uitsteken* **0.5** ⟨amb.⟩ ***donker verven.***
Blendenautomatik ⟨v.⟩ **0.1** ***automatisch diafragma.***
blendend **0.1** ***schitterend, betoverend*** ⇒*fantastisch* **0.2** ***stralend, helder.***
Blender ⟨m.; ~s, ~⟩ **0.1** ***poseur, grootdoener.***
blendfrei **0.1** ***niet-verblindend*** **0.2** ***ontspiegeld.***
Blendlaterne ⟨v.⟩ **0.1** ***dievenlantaarn.***
Blendrahmen ⟨m.⟩ **0.1** ***kozijn*** ⇒*raam-, deurkozijn* **0.2** ***spieraam*** ⟨van schilder⟩.
Blendschirm ⟨m.⟩ **0.1** ***zonneklep*** ⟨in auto⟩ **0.2** ***oogscherm, klep.***
Blendschutz ⟨m.⟩ **0.1** ***scherm tegen verblinding*** ⇒*(afscherm)kap, zonneklep.*
Blendwerk ⟨o.⟩⟨schr.⟩ **0.1** ***(oog)verblinding, begoocheling(en).***
Blesse ⟨v.; ~, ~n⟩ **0.1** ***bles*** ⟨ook dier met witte vlek⟩.
Blick ⟨m.; ~(e)s, ~e⟩ **0.1** ***blik*** ⇒*oog(opslag), kijk(je)* **0.2** ***uitzicht*** ◆ **2.1** ⟨fig.⟩ der böse ~ *het boze oog* **3.1** jmdm. den ~ schärfen *iem. scherper doen zien;* jmdm. keinen ~ schenken *iem. geen blik gunnen* **6.1** **auf** den ersten ~ *op het eerste gezicht;* ich lenkte, zog alle ~e **auf** mich *ik trok aller aandacht;* das Ziel gerät **aus** dem ~ *het doel wordt uit het oog verloren;* keinen ~ **für** etwas haben (a) *geen oog voor iets hebben* (b) *geen kijk op iets hebben;* **mit** einem ~ *met één oogopslag.*
blicken **0.1** ***kijken*** ⇒*blikken* **0.2** ***uitkijken, uitzien*** **0.3** ***stralen*** ◆ **3.1** sich ~ lassen *zich laten zien* **5.1** das läßt tief ~! *dat geeft te denken!*
Blickfang ⟨m.⟩ **0.1** ***blikvanger.***
Blickfeld ⟨o.⟩ **0.1** ***gezichtsveld*** ⟨ook fig.⟩ ⇒*gezichtskring* ◆ **6.1** etwas steht **im** ~ *iets staat in de (volle, algemene) belangstelling;* etwas **ins** ~ rücken *iets onder de (algemene) aandacht brengen.*
blicklos ⟨schr.⟩ **0.1** ***dof, glansloos.***
Blickpunkt ⟨m.⟩ **0.1** ***oogpunt*** ⇒*gezichts-, standpunt* **0.2** ***belangstelling*** ⇒*aandacht* ◆ **6.2** etwas rückt **in** den ~ *iets komt in de (algemene, volle) belangstelling te staan.*
Blickrichtung ⟨v.⟩ **0.1** ***richting (waarin men kijkt)*** **0.2** ⟨fig.⟩ ***oriëntering, oriëntatie*** ⇒*belangstellingssfeer.*
Blickwinkel ⟨m.⟩ **0.1** ***gezichtshoek*** ⇒⟨fig.⟩ *oogpunt.*
blind **0.1** ***blind*** ⇒⟨bouwk.⟩ *loos* **0.2** ***dof*** ⇒*mat* **0.3** ***loos*** **0.4** ***met los kruit*** ◆ **3.1** ⟨sp.⟩ sie verstehen sich ~ *zij zijn helemaal op elkaar ingespeeld* **6.1** **auf** einem Auge ~ *aan één*

oog blind; **für, gegen** alle Warnungen ~ *blind voor alle waarschuwingen.* →**Eifer, Huhn.**

Blinddarm ⟨m.⟩ **0.1** ***blindedarm.***

Blindekuh ⟨v.⟩ ◆ **3.¶** ~ spielen *blindemannetje spelen.*

Blindenanstalt ⟨v.⟩ **0.1** ***blindeninstituut.***

Blindenführer ⟨m.⟩ **0.1** ***gids, geleide(r) v.e. blinde.***

Blindenheim ⟨o.⟩ **0.1** ***blindeninstituut.***

Blindenhund ⟨m.⟩ **0.1** ***(blinden)geleidehond.***

Blindenschrift ⟨v.⟩ **0.1** ***blinden-, brailleschrift.***

Blinde(r) ⟨bn. als zn.⟩ **0.1** ***blinde*** ◆ **3.1** das sieht doch ein Blinder (mit dem Krückstock)! *dat ziet zelfs een blinde!* **¶.1** ⟨sprw.⟩ unter den Blinden ist der Einäugige König *in het land der blinden is eenoog koning.*

Blindflug ⟨m.⟩ **0.1** ***het blind-, instrumentvliegen*** **0.2** ***blinde vlucht.***

Blindgänger ⟨m.; ~s, ~⟩ **0.1** ***blindganger*** **0.2** ⟨inf.⟩ ***mislukkeling, nul.***

blindgläubig **0.1** ***blindelings gelovend.***

Blindheit ⟨v.; ~⟩ **0.1** ***blindheid*** ⟨ook fig.⟩ ◆ **6.1** ~ **gegen** Gefahren *blindheid voor gevaren;* (wie) **mit** ~ geschlagen sein *(als) met blindheid geslagen zijn.*

blindlings **0.1** ***blindelings.***

Blindschleiche ⟨v.⟩ **0.1** ***hazelworm.***

blindwü|tend, -tig **0.1** ***in blinde woede*** ⇒*woest.*

blink ◆ **8.¶** ~ und blank *spiegelblank.*

blinken **0.1** ***blinken, schitteren*** ⇒*fonkelen* **0.2** ***knipperen*** **0.3** ***seinen.***

Blinker ⟨m.; ~s, ~⟩ **0.1** ***knipperlicht*** ⇒*clignoteur* **0.2** ***blinkerd*** ⟨kunstaas⟩.

blinkern **0.1** ***flikkeren*** ⇒*fonkelen* **0.2** ***knipogen*** ⇒*knipperen.*

Blinkfeuer ⟨o.⟩ **0.1** ***flikkerlicht*** ⇒⟨verk. bijz.⟩ *knipperlicht, schitterlicht* ⟨van vuurtorens⟩.

Blinkleuchte ⟨v.⟩ **0.1** ***knipperlicht*** ⇒*clignoteur.*

Blinklicht ⟨o.⟩ **0.1** ***knipperlicht*** ⇒*flikkerlicht.*

Blinkzeichen ⟨o.⟩ **0.1** ***lichtsignaal, -sein.***

blinzeln **0.1** ***knipogen*** **0.2** ***(met de ogen) knipperen.***

Blitz ⟨m.; ~es, ~e⟩ **0.1** ***bliksem*** ◆ **8.1** (schnell) wie der ~, wie ein geölter ~ *als de gesmeerde bliksem;* wie ein ~ aus heiterem Himmel *als een donderslag bij heldere hemel;* ⟨fig.⟩ wie ein ~ einschlagen *als een bom inslaan.*

Blitzableiter ⟨m.; ~s, ~⟩ **0.1** ***bliksemafleider.***

blitzartig **0.1** ***bliksemsnel*** ⇒*(als) in een flits.*

blitzblank **0.1** ***spiegelblank.***

blitzblau **0.1** ***helblauw*** **0.2** ***stom-, smoordronken.***

blitzen **0.1** ***bliksemen, lichten*** **0.2** ***fonkelen*** ⇒*schitteren, blinken* **0.3** ⟨foto.⟩ ***flitsen*** ◆ **6.¶** **bei** dir blitzt es *je vlagt.*

Blitzer ⟨m.; ~s, ~⟩ **0.1** ***streaker, naaktholler.***

Blitzesschnelle ⟨v.⟩ ◆ **6.¶** **in, mit** ~ *bliksemsnel.*

Blitzgerät ⟨o.⟩ **0.1** ***flitstoestel, flitsapparaat.***

blitzgescheit **0.1** ***(erg) pienter, schrander.***

Blitzgespräch ⟨o.⟩ **0.1** ***ijlgesprek, zeer dringend telefoongesprek.***

Blitzkrieg ⟨m.⟩ **0.1** ***bliksemoorlog.***

Blitzlicht ⟨o.⟩ **0.1** ***flitslicht*** ⇒*flitslamp.*

blitzsauber **0.1** ***kraakhelder, brandschoon*** **0.2** ⟨Zdd.⟩ ***vlot, leuk.***

Blitzschlag ⟨m.⟩ **0.1** ***bliksem(in)slag.***

Blitzstrahl ⟨m.⟩ **0.1** ***bliksemschicht.***

Blitztelegramm ⟨o.⟩ **0.1** ***ijltelegram.***

Blitzwürfel ⟨m.⟩ **0.1** ***flitsblokje.***

Block[1] ⟨m.; ~(e)s, ~̈e⟩ **0.1** ***blok*** ◆ **6.1** ein ~ **von** Marmor *een blok marmer.*

Block[2] ⟨m.; ~(e)s, ~s of ~̈e⟩ **0.1** ***blok*** ⟨ook pol.⟩ **0.2** ***(schrijf)blok, blocnote.***

Blockade ⟨v.; ~, ~n⟩ **0.1** ***blokkade.***

Blockbuchstabe ⟨m.⟩ **0.1** ***blokletter.***

blocken I ⟨onov.ww.⟩⟨jacht⟩ **0.1** ***zitten*** ⟨van roofvogels⟩;
II ⟨ov.ww.⟩ **0.1** ***blokk(er)en*** **0.2** ⟨Zdd.⟩ ***boenen*** **0.3** ⟨sp.⟩ ***stoppen, afslaan.***

Blockflöte ⟨v.⟩ **0.1** ***blokfluit.***

blockfrei **0.1** ***niet-gebonden.***

Blockhütte ⟨v.⟩ **0.1** ***blokhut, blokhuis.***

blockieren **0.1** ***blokkeren*** ⇒⟨verk.⟩ *blokken.*

blöd **0.1** ***stom*** ⇒*idioot, rot-* **0.2** ***zwakzinnig, idioot*** ◆ **1.1** ~er Affe, Hund, Kerl! *stommeling!;* ~e Gans! *stomme trut!* **8.1** zu ~! *wat stom!*

Blödelei ⟨v.; ~, ~en⟩ **0.1** ***flauwe kul*** **0.2** ***mal gedoe*** ⇒*fratsen.*

blödeln **0.1** ***flauwe kul verkopen.***

blöderweise **0.1** ***stom genoeg.***

Blödhammel ⟨m.⟩ **0.1** ***stommeling.***

Blödheit ⟨v.; ~, ~en⟩ **0.1** ***stommiteit*** **0.2** ***flauwe kul*** **0.3** ***stompzinnigheid*** **0.4** ***zwakzinnigheid.***

Blödian ⟨m.; ~s, ~e⟩ **0.1** ***stommeling, sufferd*** ⇒*stommerd.*

Blödling ⟨m.; ~s, ~e⟩ **0.1** ***stommeling.***

Blödmann ⟨m.⟩ **0.1** ***stommeling.***

Blödsinn ⟨m.⟩ **0.1** ***flauwe kul*** ⇒*apekool, larie* ◆ **2.1** höherer, lauter ~ *klinkklare, baarlijke onzin* **3.1** ~ anstellen, machen (a) *stom doen* (b) *flauwe kul verkopen.*

blödsinnig **0.1** ***stom, idioot*** **0.2** ***zwakzinnig, idioot.***

blöken **0.1** ***blaten*** ⟨van schaap⟩ **0.2** ***loeien*** ⟨van rund⟩.

blond **0.1** ***blond*** **0.2** ***helder, licht(gekleurd).***

Blonde ⟨v. & o.; ~n, ~n⟩ **0.1** ***helder, licht bier*** ⇒*pils(je)* **0.2** ***Berlijns witbier.***

blondieren **0.1** ***blonderen.***

Blondine ⟨v.; ~, ~n⟩ **0.1** ***blondine.***

Blondkopf ⟨m.⟩ **0.1** ***blond hoofd*** **0.2** ***blond kind.***

blondlockig **0.1** ***blondgelokt.***

bloß[1] ⟨bn.⟩ **0.1** ***bloot*** ⇒*naakt, onbedekt* **0.2** ***alleen maar, enkel*** **0.3** ***alleen al*** **0.4** ***puur*** ◆ **1.3** (schon) der ~e Gedanke *de gedachte alleen al* **6.1** **im** ~en Hemd *in zijn hemd.*

bloß[2] ⟨bw.⟩ **0.1** ***alleen (maar), maar*** ⇒*enkel* **0.2** ***toch*** ◆ **5.1** (das) ~ nicht! *(dat) in geen geval!*

Blöße ⟨v.; ~, ~n⟩ **0.1** ***blootheid*** ⇒*naaktheid* **0.2** ***open plek*** ⟨in het bos⟩ **0.3** ⟨fig.⟩ ***zwakheid, zwakke plek*** **0.4** ⟨amb.⟩ ***bloot*** ◆ **3.3** dem Gegner eine ~ bieten *zich tegenover de tegenstander, tegenpartij blootgeven.*

bloßlegen **0.1** ***blootleggen.***

bloßstellen **0.1** ***blameren, compromitteren*** ⇒*voor schut zetten.*

blubbern **0.1** ***borrelen*** **0.2** ***klotsen*** **0.3** ***brabbelen.***

Blücher ⟨m.⟩⟨inf.⟩ ◆ **3.¶** rangehen wie ~ *er flink tegenaan gaan.*

Bluff ⟨m.; ~s, ~s⟩ **0.1** ***bluf.***

bluffen I ⟨onov.ww.⟩ **0.1** ***bluffen;***
II ⟨ov.ww.⟩ **0.1** ***overbluffen.***

blühen **0.1** ***bloeien*** ⇒⟨fig.⟩ *welig tieren* **0.2** ⟨inf.⟩ ***te wachten staan*** ⇒*overkomen.*

blühend **0.1** ***bloeiend*** ⇒⟨fig.⟩ *blakend* ◆ **1.¶** ~er Unsinn *klinkklare onzin.*

Blume ⟨v.; ~, ~n⟩ **0.1** ***bloem*** ⟨ook fig.⟩ **0.2** ***boeket*** ⟨van wijn⟩ **0.3** ***schuim, kraag*** ⟨van bier⟩ **0.4** ⟨jacht⟩ ***(hazen)pluim*** ◆ **6.1** etwas **durch** die ~ sagen *iets in bedekte termen zeggen.*

Blumenbeet ⟨o.⟩ **0.1** ***bloembed, -perk(je).***

Blumenerde ⟨v.⟩ **0.1** ***potgrond.***

Blumenfrau ⟨v.⟩ **0.1** ***bloemenverkoopster.***

Blumengeschäft ⟨o.⟩ **0.1** ***bloemenwinkel, bloemist(erij).***

Blumengewinde ⟨o.⟩⟨schr.⟩ **0.1** ***guirlande, bloemfestoen.***

Blumenkasten ⟨m.⟩ **0.1** *bloembak.*
Blumenkohl ⟨m.⟩ **0.1** *bloemkool.*
Blumenmuster ⟨o.⟩ **0.1** *bloemdessin.*
Blumenrabatte ⟨v.⟩ **0.1** *bloemperk(je).*
blumenreich 0.1 *bloemrijk* ⟨ook fig.⟩.
Blumenschmuck ⟨m.⟩ **0.1** *bloementooi.*
Blumenstand ⟨m.⟩ **0.1** *bloemenstalletje.*
Blumenstock ⟨m.⟩ **0.1** *(bloeiende) potplant.*
Blumenstrauß ⟨m.⟩ **0.1** *ruiker, bos bloemen.*
Blumentopf ⟨m.⟩ **0.1** *bloempot.*
Blumenzucht ⟨v.⟩ **0.1** *bloementeelt.*
Blumenzwiebel ⟨v.⟩ **0.1** *bloembol.*
blümerant ⟨inf.⟩ **0.1** *slap, duizelig.*
blumig 0.1 *bloemrijk* **0.2** *bloemig, bebloemd* **0.3** *met (een heerlijk, vol) boeket ⇒fruitig.*
Bluse ⟨v.; ~, ~n⟩ **0.1** *bloes.*
blu|senartig, -sig 0.1 *als een bloes.*
Blut ⟨o.; ~(e)s⟩ **0.1** *bloed* ◆ **2.1** das macht, schafft böses ~ *dat zet kwaad bloed;* ruhig ~! *rustig (maar)!, kalmte!;* ruhig ~ behalten, kaltes, ruhig ~ bewahren *het hoofd koel houden* **3.1** ⟨fig.⟩ er hat ~ geleckt *hij heeft er de smaak van beet, te pakken* **6.1** bis **aufs** ~ (a) *tot bloedens toe* (b) ⟨fig.⟩ *tot het uiterste* ¶**.1** ⟨sprw.⟩ ~ ist dicker als Wasser ± *het bloed kruipt waar het niet gaan kan.*
Blutalkohol(gehalt) ⟨m.⟩ **0.1** *bloedalcoholgehalte.*
blutarm 0.1 *bloedarm* **0.2** *dood-, bloedarm.*
Blutbad ⟨o.⟩ **0.1** *bloedbad.*
Blutblase ⟨v.⟩ **0.1** *bloedblaar.*
Blutbuche ⟨v.⟩ **0.1** *bloedbeuk, rode beuk.*
blutdrucksenkend 0.1 *bloeddrukverlagend.*
Blutdurst ⟨m.⟩⟨schr.⟩ **0.1** *bloeddorst(igheid).*
Blüte ⟨v.; ~, ~n⟩ **0.1** *bloesem ⇒bloesems* **0.2** *bloei ⇒bloeiperiode* **0.3** *puistje, pukkel* **0.4** ⟨fig.⟩ *bloem* **0.5** ⟨inf.⟩ *vals bankbiljet* **0.6** ⟨inf.⟩ *sufferd, sukkel* ◆ **3.1** ~n treiben *knoppen krijgen;* ⟨fig.⟩ seltsame, üppige, wundersame ~n treiben *zonderlinge vormen aannemen, tot excessen leiden.*
Blutegel ⟨m.⟩ **0.1** *bloedzuiger.*
bluten 0.1 *bloeden* **0.2** ⟨fig.⟩ *boeten ⇒(de tol) betalen.*
Blütenhonig ⟨m.⟩ **0.1** *bloesemhoning.*
Blütenkelch ⟨m.⟩ **0.1** *bloemkelk.*
Blütenlese ⟨v.⟩ **0.1** *bloemlezing.*
Blütenpflanze ⟨v.⟩ **0.1** *bloeiende plant, bloeier.*
Blütenstand ⟨m.⟩ **0.1** *bloeiwijze.*
Blütenstaub ⟨m.⟩ **0.1** *stuifmeel.*
Blutentnahme ⟨v.⟩ **0.1** *bloedafname.*
blütenweiß 0.1 *hagel-, spierwit* **0.2** ⟨fig.⟩ *zuiver, onbesmet.*
Bluter ⟨m.; ~s, ~⟩⟨med.⟩ **0.1** *bloeder.*
Bluterguß ⟨m.⟩ **0.1** *bloeduitstorting.*
Bluterkrankheit ⟨v.⟩ **0.1** *bloederziekte, hemofilie.*
Blütezeit ⟨v.⟩ **0.1** *bloeitijd, -periode.*
Blutgefäß ⟨o.⟩ **0.1** *bloedvat.*
Blutgerinnsel ⟨o.⟩ **0.1** *bloedstolsel.*
Blutgruppe ⟨v.⟩ **0.1** *bloedgroep.*
Blutharnen ⟨o.; ~s⟩ **0.1** *het bloedwateren, bloedwatering.*
Bluthochdruck ⟨m.⟩ **0.1** *(te) hoge, verhoogde bloeddruk.*
blutig 0.1 *bloedig ⇒bebloed* **0.2** *volslagen* **0.3** *bitter* ◆ **1.2** ein ~er Anfänger *een kersverse nieuweling* **3.1** jmdn. ~ schlagen *iem. tot bloedens toe slaan.*
blutjung 0.1 *piepjong.*
Blutkonserve ⟨v.⟩ **0.1** *kolf bloed.*
Blutkörperchen ⟨o.⟩ **0.1** *bloedlichaampje.*
Blutkreislauf ⟨m.⟩ **0.1** *bloedsomloop.*
Blutlache ⟨v.⟩ **0.1** *bloedplas.*
blut|leer, -los 0.1 *bloedeloos.*
Blutorange ⟨v.⟩ **0.1** *bloedsinaasappel.*
Blutprobe ⟨v.⟩ **0.1** *bloedproef.*
Blutrausch ⟨m.⟩ **0.1** *bloedige roes.*
blutrünstig 0.1 *bloeddorstig* **0.2** *bloederig.*
blutschänderisch 0.1 *bloedschendig.*
Blutschwamm ⟨m.⟩ **0.1** *bloedvatgezwel.*
Blutsenkung ⟨v.⟩ **0.1** *bloedbezinking.*
Blutsfreund ⟨m.⟩ **0.1** *bloedbroeder.*
blutsmäßig 0.1 *in den bloede, in, door afstamming.*
Blutspender ⟨m.⟩ **0.1** *bloedgever, donor.*
Blutspucken ⟨o.; ~s⟩ **0.1** *bloedspuwing.*
blutstillend 0.1 *bloedstelpend.*
Blutstropfen ⟨m.⟩ **0.1** *bloeddruppel, druppel bloed.*
Blutsturz ⟨m.⟩ **0.1** *bloedspuwing* **0.2** *bloedstorting.*
blutsverwandt 0.1 *(in den bloede) verwant.*
Bluttat ⟨v.⟩⟨schr.⟩ **0.1** *bloedige daad.*
bluttriefend 0.1 *druipend v.h. bloed ⇒bloederig.*
blutüberströmt 0.1 *helemaal bebloed, badend in het bloed.*
Blutübertragung ⟨v.⟩ **0.1** *bloedtransfusie.*
Blutung ⟨v.; ~, ~en⟩ **0.1** *bloeding* **0.2** *menstruatie.*
blutunterlaufen 0.1 *bloeddoorlopen.*
blutverschmiert 0.1 *met bloed besmeurd.*
blutvoll 0.1 *levendig.*
blutwenig 0.1 *bedroevend weinig.*
Blutzeuge ⟨m.⟩ **0.1** *bloedgetuige ⇒martelaar.*
Blutzoll ⟨m.⟩ **0.1** *(bloedige) tol ⇒slachtoffers.*
BMX-Rad ⟨o.⟩ **0.1** *terreinfiets, ATB, mountainbike.*
Bö ⟨v.; ~, ~en⟩ **0.1** *(wind)vlaag, rukwind.*
Boa ⟨v.; ~, ~s⟩ **0.1** *boa* ⟨ook bont⟩.
Bob ⟨m.; ~s, ~s⟩ **0.1** *bob(slee)* ◆ **3.1** ~ fahren *bobsleeën.*
Bobrennen ⟨o.⟩ **0.1** *bobsleewedstrijd.*
Bock[1] ⟨m.; ~(e)s, ~̈e⟩ **0.1** *bok ⇒*⟨tech.⟩ *schraag* **0.2** *bok, blunder, flater* ◆ **2.1** ein sturer ~ *een stijfkop;* einen, den ~ haben *(zitten te) bokken;* ihn stößt der ~ (a) *hij zit te drenzen, grienen* (b) *hij zit te bokken* **3.2** einen ~ schießen *een blunder, flater slaan* **6.**¶ keinen, Null ~ haben **auf** eine Sache *geen zin hebben in iets;* (einfach, nur so) **aus** ~ *(zomaar) voor de lol, gein* ¶**.1** ⟨sprw.⟩ man soll den ~ nicht zum Gärtner machen *men moet niet de wolf tot herder maken.*
Bock[2] ⟨o.; ~s, ~⟩ **0.1** *bock(bier), bok.*
bocken 0.1 *bokken, bokkig, koppig zijn* **0.2** *haperen ⇒kuren hebben* **0.3** *bokken, tochtig, ritsig zijn.*
bockig 0.1 *bokkig, koppig.*
Bockkäfer ⟨m.⟩ **0.1** *boktor.*
Bockkitz ⟨o.⟩ **0.1** *bokje.*
Bockleiter ⟨v.⟩ **0.1** *dubbele ladder ⇒trapladder.*
Bockmist ⟨m.⟩ **0.1** *flauwe kul, onzin.*
Bocksbart ⟨m.⟩ **0.1** *boks-, bokkenbaard* ⟨ook plantk.⟩.
Bocksbeutel ⟨m.⟩ **0.1** *plat-ronde wijnfles* ⟨uit Franken⟩ **0.2** *frankenwijn.*
Bocksdorn ⟨m.⟩ **0.1** *boksdoorn.*
Bockshorn ⟨o.⟩ **0.1** *bokshoorn* ◆ **6.**¶ ich lasse mich nicht **ins** ~ jagen *ik laat me niet bang maken.*
Bocksprung ⟨m.⟩ **0.1** *bokkensprong* **0.2** *haasje-over* **0.3** *sprong over de bok.*
bocksteif 0.1 *stokstijf.*
Bockwurst ⟨v.⟩ **0.1** *gekookte worst, kookworst.*
Bodden ⟨m.; ~s, ~⟩ **0.1** *strandmeer* **0.2** *ondiepe baai.*
Boden ⟨m.; ~s, ~̈⟩ **0.1** *bodem ⇒grond,* ⟨fig. ook⟩ *terrein* **0.2** *grond* **0.3** *vloer* **0.4** ⟨reg.⟩ *zolder* **0.5** *grondslag ⇒kader, basis* ◆ **2.2** der ~ wurde ihm zu heiß *de grond werd hem te heet onder de voeten* **3.1** festen ~ betreten *vaste grond*

onder de voeten krijgen; ~ gewinnen *veld, terrein winnen;* ~ gut-, wettmachen *terrein herwinnen, terugkomen* **3.2** dem Verdacht den ~ entziehen *alle reden tot verdenking wegnemen;* etwas dem ~ gleichmachen *iets met de grond gelijkmaken* **6.1 an** ~ verlieren *terrein verliezen;* (fig.) ein Faß **ohne** ~ *een bodemloos vat* **6.2 am** ~ zerstört sein *totaal op zijn;* **auf** dem ~ der Tatsachen stehen (a) *zich aan de feiten houden* (b) *met beide benen op de grond blijven;* den ~ **unter** den Füßen verlieren *te gronde gaan,* (ook) *zijn houvast verliezen;* jmdm. den ~ **unter** den Füßen wegziehen *de poten onder iem. af-, wegzagen;* **zu** ~ gehen *tegen de grond, vlakte gaan;* die Augen **zu** ~ schlagen *de ogen neerslaan* **6.5 auf** dem ~ der Verfassung *binnen het grondwettelijk kader.* →**Handwerk.**

Bodenbearbeitung (v.) **0.1** ***grondbewerking.***

Bodenbelag (m.) **0.1** ***vloerbedekking.***

Bodenbeschaffenheit (v.) **0.1** ***bodemgesteldheid.***

Boden|bestellung, -bewirtschaftung (v.) **0.1** ***grondbewerking.***

Bodenerzeugnis (o.) **0.1** ***bodemproduct.***

Bodenfläche (v.) **0.1** ***grondoppervlak(te).***

Bodenfliese (v.) **0.1** ***vloertegel.***

Bodenfreiheit (v.) **0.1** ***vrije ruimte, vrije hoogte.***

Bodenfrost (m.) **0.1** ***nachtvorst, vorst aan de grond.***

Bodenfund (m.) **0.1** (archeologische) ***vondst in de bodem.***

Bodengymnastik (v.) **0.1** ***grondoefeningen.***

Bodenhaftung (v.) **0.1** ***wegligging*** ⇒*grip.*

Bodenheizung (v.) **0.1** ***vloerverwarming.***

Bodenkampf (m.) **0.1** ***grondgevecht.***

bodenlang 0.1 ***tot op de grond (hangend).***

Bodenleger (m.) **0.1** ***legger van vloeren, van vloerbedekking*** ⇒*stoffeerder.*

bodenlos 0.1 ***bodemloos*** (ook fig.) **0.2** ***ongehoord*** ⇒*grenzeloos.*

Bodennähe (v.) ◆ **6.¶ in** ~ *laag boven de grond.*

Bodennebel (m.) **0.1** ***laaghangende mist.***

Bodenorganisation (v.) **0.1** ***grondorganisatie.***

Bodenpersonal (o.) **0.1** ***grondpersoneel.***

Bodenprobe (v.) **0.1** ***grondmonster.***

Bodenrecht (o.) **0.1** ***grondeigendomsrecht.***

Bodenreform (v.) **0.1** ***landhervorming.***

Bodensatz (m.) **0.1** ***bezinksel*** ⇒*droesem, drab.*

Bodensee (m.) **0.1** ***Bodenmeer, Meer van Konstanz.***

Bodenspekulation (v.) **0.1** ***grondspeculatie.***

bodenständig 0.1 ***eigen*** ⇒*autochtoon, van eigen bodem.*

Bodenstation (v.) **0.1** ***grondstation.***

Bodentruppen (alleen mv.) **0.1** ***grondstrijdkrachten.***

Bodenturnen (o.) **0.1** ***het vrije turnen*** ⇒*vrije oefeningen.*

Bodenverhältnisse (alleen mv.) **0.1** ***bodemgesteldheid.***

Bodenwelle (v.) **0.1** ***terreingolving, -plooi*** **0.2** ***oneffenheid (in de weg).***

bodigen (Zwi.) **0.1** ***overwinnen*** **0.2** ***aan-, afkunnen.***

Böe (v.; ~, ~n) →**Bö.**

Bofist (m.; ~(e)s, ~e) (plantk.) **0.1** ***bovist.***

Bogen (m.; ~s, ~; mv. ook ⸚) **0.1** ***boog*** ⇒*kromming, handboog* **0.2** ***vel (papier)*** ⇒*blad* **0.3** ***strijkstok*** ◆ **3.1** (fig.) den ~ überspannen *het onderste uit de kan willen* **3.¶** den ~ heraus-, spitzhaben *de slag te pakken hebben;* große ~ spucken *hoog van de toren blazen* **6.1** (fig.) einen ~ **um** jmdn. machen *iem. uit de weg gaan* **¶.1** (sprw.) allzu straff gespannt, zerspringt der ~ *de boog kan niet altijd gespannen zijn.*

Bogenführung (v.) (muz.) **0.1** ***stokvoering, streek.***

Bogenpfeiler (m.) **0.1** ***steunboog.***

Bogenschütze (m.) **0.1** ***boogschutter.***

Bohle (v.; ~, ~n) **0.1** ***(dikke) plank.***

Bohlenbelag (m.) **0.1** ***plankenvloer.***

Böhme (m.; ~n, ~n) **0.1** ***Bohemer.***

Böhmerwald (m.) **0.1** ***Bohemer Woud.***

böhmisch 0.1 *Boheems* ◆ **1.¶** das sind für mich ~e Dörfer! *ik snap er geen bal, fluit van!* **3.¶** das kommt mir ~ vor *ik vind het raar, vreemd.*

Bohne (v.; ~, ~n) **0.1** ***boon*** ◆ **4.¶** nicht die, keine ~ (a) *(voor) geen greintje, zier* (b) *totaal, helemaal niet(s), geen jota* (c) *(voor) geen cent;* nicht die ~ verstehen *er geen snars van snappen* **6.¶** ~n **in** den Ohren haben *watjes in de oren hebben.*

Bohnenkaffee (v.) **0.1** ***echte koffie.***

Bohnenkraut (o.) **0.1** ***bonenkruid.***

Bohnenstange (v.) **0.1** ***bonenstaak*** (ook fig.).

Bohnenstroh (o.) ◆ **8.¶** dumm wie ~ *zo stom als het achtereind van een varken.*

Bohner|, -besen (m.; ~s, ~) **0.1** ***boender*** ⇒*parketwrijver.*

Bohnerlappen (m.) **0.1** ***boendoek.***

bohnern 0.1 ***boenen.***

Bohnerwachs (o.) **0.1** ***boenwas.***

bohren 0.1 ***boren*** **0.2** ***aandringen*** ⇒*(aan iemands hoofd) zeuren* ◆ **1.1** eine ~de Frage *een indringende vraag;* ~der Kummer *knagend verdriet* **6.1 in** der Nase ~ *in zijn neus pulken, peuteren.*

Bohrer (m.; ~s, ~) **0.1** ***boor*** **0.2** ***boorder.***

Bohrgerät (o.) **0.1** ***boorgereedschap*** ⇒*boor(machine)* **0.2** ***boormaterieel.***

Bohrinsel (v.) **0.1** ***booreiland.***

Bohrloch (o.) **0.1** ***boorgat*** **0.2** ***boorput.***

Bohrplattform (v.) **0.1** ***boorplatform.***

böig 0.1 ***winderig*** ⇒*buiig* ◆ **1.1** ~er Wind *rukwind(en).*

Boje (v.; ~, ~n) **0.1** ***boei.***

Bolivien (o.; ~s) **0.1** ***Bolivië.***

bollern (s.) **0.1** (reg.) ***bolderen*** ⇒*bonzen* **0.2** (reg.) ***bulderen*** **0.3** (sp.) ***(erop los) knallen, schieten.***

böllern 0.1 ***knallen*** ⇒*(in de lucht) schieten* **0.2** ***met een mortier schieten*** **0.3** ***bulderen.***

Böllerschuß (m.) **0.1** ***knaller*** ⇒*knal, (knallend) schot.*

Bollerwagen (m.) (Ndd.) **0.1** ***bolderwagen.***

Bollwerk (o.; ~(e)s, ~e) **0.1** ***bolwerk*** **0.2** ***kade.***

Bolschewismus (m.; ~) **0.1** ***bolsjewisme.***

bolzen 0.1 ***knallen, trappen*** ⇒*lukraak schieten.*

Bolzen (m.; ~s, ~) **0.1** ***bout*** ⇒*schroefbout, strijkbout* **0.2** ***plug*** ⇒*wig* **0.3** ***pen, pin*** **0.4** ***pijl.***

bolzengerade 0.1 ***kaarsrecht.***

Bombardement (o.; ~s, ~s) **0.1** ***bombardement.***

bombardieren 0.1 ***bombarderen*** ⇒(fig.) *bestoken.*

bombastisch 0.1 ***bombastisch.***

Bombe (v.; ~, ~n) **0.1** ***bom*** **0.2** ***kanjer (v.e. bal), kanonschot*** **0.3** ***bombe (glacée)*** ◆ **3.1** (fig.) die ~ ist geplatzt *de bom is gebarsten* **6.1 mit** ~n belegen *met bommen bestoken, bombarderen* **6.¶ mit** ~n und Granaten durchfallen *als een baksteen, met glans zakken.*

bomben (inf.) **0.1** (sp.) ***knallen, schieten*** **0.2** ***bombarderen.***

Bombenabwurf (m.) **0.1** ***het werpen van bommen*** ⇒*bombardement.*

Bombendrohung (v.) **0.1** ***dreiging met een bomaanslag.***

Bombenerfolg (m.) **0.1** ***reuzesucces.***

bombenfest 0.1 ***bomvrij*** **0.2** (inf.) ***vast (en zeker)*** ⇒*geheid* ◆ **3.2** das steht ~ *dat staat als een paal boven water.*

Bombenflugzeug (o.) **0.1** ***bommenwerper.***

Bombenform (v.; ~) (inf.) **0.1** ***topvorm.***

Bombengeld (o.) **0.1** ***hoop geld, bom duiten.***

bombengeschädigt ◆ **3.¶** ~ sein *schade door bombardementen geleden hebben.*

Bombengeschäft ⟨o.⟩ **0.1** ***reuzezaak*** ⇒*gouden zaken.*

Bombengeschwader ⟨o.⟩ **0.1** ***eskader bommenwerpers.***

Bombenhitze ⟨v.⟩ **0.1** ***moordende hitte.***

Bombenkrieg ⟨m.⟩ **0.1** ***oorlog waarin systematisch gebombardeerd wordt*** ⇒*luchtoorlog.*

Bombenleger ⟨m.⟩ **0.1** ***pleger v.e. bomaanslag.***

Bombenrolle ⟨v.⟩⟨dram.⟩ **0.1** ***prachtrol.***

Bombenschuß ⟨m.⟩⟨sp.⟩ **0.1** ***kanonschot, loeier.***

bombensicher **0.1** ***bomvrij*** **0.2** ⟨inf.⟩ ***vast (en zeker)*** **0.3** ⟨inf.⟩ ***absoluut veilig*** ◆ **3.2** ~ sein *als een paal boven water staan.*

Bombenstellung ⟨v.⟩⟨inf.⟩ **0.1** ***reuzebaan, reuzepositie.***

Bombenstimmung ⟨v.⟩⟨inf.⟩ **0.1** ***reuzestemming.***

Bombenteppich ⟨m.⟩ **0.1** ***bomtapijt.***

Bombenterror ⟨m.⟩ **0.1** ***bommenterreur*** **0.2** ***terreur door bomaanslagen.***

Bomber ⟨m.; ~s, ~⟩⟨inf.⟩ **0.1** ***bommenwerper*** **0.2** ⟨sp.⟩ ***kanon(nier), goalgetter.***

Bomberverband ⟨m.⟩ **0.1** ***formatie, eskader bommenwerpers.***

bombieren **0.1** ***bomberen*** ⇒*(zich) welven, opbollen.*

bombig ⟨inf.⟩ **0.1** ***reusachtig, enorm*** ⇒*kolossaal, reuze* ◆ **1.1** ein ~es Mädchen *een moordgriet.*

Bon ⟨m.; ~s, ~⟩ **0.1** ***bon*** ⇒*bonnetje.*

Bonbon ⟨m. & o.; ~s, ~s⟩ **0.1** ***bonbon*** ⇒*snoepje, zuurtje* **0.2** ⟨fig.⟩ ***iets om van te snoepen*** ⇒*extraatje, neusje v.d. zalm* ◆ **2.1** saure ~s *zuurtjes.*

bongen ⟨inf.⟩ **0.1** ***intikken, registreren.*** →**gebongt.**

Bonifikation ⟨v.; ~, ~en⟩ **0.1** ***bonificatie*** ⇒*vergoeding.*

Bonität ⟨v.; ~, ~en⟩ **0.1** ***boniteit*** ⟨ook landb.⟩, ***soliditeit.***

Bonze ⟨m.; ~n, ~n⟩ **0.1** ***bonze*** ⇒*bons, bobo.*

Bonzokratie ⟨v.; ~, ~n⟩ **0.1** ***heerschappij der bonzen.***

Boom ⟨m.; ~s, ~s⟩ **0.1** ***boom*** ⇒*(sterke) opleving.*

Boot ⟨o.; ~(e)s, ~e; zelden mv. Böte⟩ **0.1** ***boot(je)*** ⇒*schuit(je), sloep* ◆ **3.1** ~ fahren *bootje varen* **6.1** ⟨fig.⟩ **im** gleichen, in einem ~ sitzen *in hetzelfde schuitje zitten.*

booten ⟨comp.⟩ **0.1** ***opstarten, booten.***

Böotien ⟨o.; ~s⟩ **0.1** ***Beotië.***

Bootsanhänger ⟨m.⟩ **0.1** ***boottrailer.***

Bootsdeck ⟨o.⟩ **0.1** ***sloependek.***

Bootsfahrt ⟨v.⟩ **0.1** ***boottocht(je).***

Bootsgast ⟨m.; ~(e)s, ~en⟩ **0.1** ***bootsgezel, matroos.***

Bootshaus ⟨o.⟩ **0.1** ***boothuis.***

Bootslänge ⟨v.⟩ **0.1** ***bootlengte.***

Bootsmann ⟨m.; mv. Bootsleute⟩ **0.1** ***bootsman.***

Bootssteg ⟨m.⟩ **0.1** ***(landings)steiger.***

Bootsverleih ⟨m.⟩ **0.1** ***verhuur van boten.***

Bor ⟨o.; ~s⟩ **0.1** ***boor, borium.***

Bord[1] ⟨m.; ~(e)s, ~e⟩ **0.1** ***boord*** ◆ **6.1** **über** ~ *overboord.*

Bord[2] ⟨o.; ~(e)s, ~e⟩ **0.1** ***plank*** ⟨aan de muur⟩.

Bordbuch ⟨o.⟩ **0.1** ***logboek*** ⇒*(scheeps)journaal* **0.2** ***rittenboek.***

Börde ⟨v.; ~, ~n⟩ **0.1** ***(vruchtbare) vlakte.***

Bordell ⟨o.; ~s, ~e⟩ **0.1** ***bordeel.***

Bordellwirt ⟨m.⟩ **0.1** ***bordeelhouder.***

bördeln **0.1** ***ombuigen, omzetten*** ⟨van rand⟩.

Borde|reau, -ro ⟨m. & o.; ~s, ~s⟩⟨ec.⟩ **0.1** ***borderel.***

Bordfunk ⟨m.⟩ **0.1** ***scheepsradio*** **0.2** ***vliegtuigradio.***

Bordfunker ⟨m.⟩ **0.1** ***marconist.***

Bordkante ⟨v.⟩ **0.1** ***trottoir-, stoepband.***

Bordküche ⟨v.⟩ **0.1** ***kombuis.***

Bordmonteur ⟨m.⟩ **0.1** ***boordwerktuigkundige.***

Bordstein ⟨m.⟩ **0.1** ***trottoir-, stoeprand.***

Bordüre ⟨v.; ~, ~n⟩ **0.1** ***boord(sel)*** ⇒*galon, rand.*

Bordverpflegung ⟨v.⟩ **0.1** ***het eten aan boord.***

Bordwand ⟨v.⟩ **0.1** ***scheepswand*** **0.2** ***(vliegtuig)romp.***

Bordzeitung ⟨v.⟩ **0.1** ***scheepskrant.***

Borg ⟨m.⟩ ◆ **6.¶** **auf** ~ *op krediet.*

borgen **0.1** ***lenen*** ◆ **4.1** jmdm. etwas ~ *iem. iets lenen;* ich borgte mir Geld (von ihm) *ik leende geld (van hem).*

Borke ⟨v.; ~, ~n⟩⟨Ndd.⟩ **0.1** ***schors*** **0.2** ***roof*** ⇒*korst* ⟨op wond⟩.

Borkenkäfer ⟨m.⟩ **0.1** ***schors-, bastkever.***

Born ⟨m.; ~(e)s, ~e⟩⟨schr.⟩ **0.1** ***bron*** ⟨ook fig.⟩ ⇒*wel.*

borniert **0.1** ***bekrompen (van geest), geborneerd.***

Borretsch ⟨m.; ~(e)s⟩⟨plantk.⟩ **0.1** ***bernage.***

Börse ⟨v.; ~, ~n⟩ **0.1** ⟨ec.⟩ ***beurs*** **0.2** ⟨vero.; schr.⟩ ***beurs*** ⇒*portemonnee* **0.3** ⟨sp.⟩ ***gage*** ◆ **6.1** **an** der ~ zugelassen *ter beurze genoteerd.*

Börsenbericht ⟨m.⟩ **0.1** ***beursbericht, -overzicht.***

börsen|fähig, -gängig **0.1** ***courant, ter beurze genoteerd.***

Börsengeschäft ⟨o.⟩ **0.1** ***beurshandel*** **0.2** ***beurstransactie.***

Börsennotierung ⟨v.⟩ **0.1** ***beursnotering.***

Börsenschluß ⟨m.⟩ **0.1** ***beurssluiting.***

Börsensturz ⟨m.⟩ **0.1** ***het instorten van de beurskoersen*** ⇒*beurskrach.*

Börsenverein ⟨m.⟩ **0.1** ***vereniging van effectenhandelaren.***

Börsenzettel ⟨m.⟩ **0.1** ***koerslijst.***

Börsenzulassung ⟨v.⟩ **0.1** ***toelating tot de beurs*** **0.2** ***opname in de beursnotering.***

Börsianer ⟨m.; ~s, ~⟩ **0.1** ***beursmakelaar*** **0.2** ***beursspeculant.***

Borste ⟨v.; ~, ~n⟩ **0.1** ***borstel*** ⟨v.e. varken⟩ ⇒⟨mv. vooral⟩ *varkenshaar* **0.2** ***haar*** **0.3** ⟨inf.⟩ ***stug haar*** ⇒*stekel-, borstelhaar* **0.4** ⟨inf.⟩ ***borstel*** ⟨van baard⟩ ◆ **3.3** ⟨fig.⟩ seine ~n aufstellen, zeigen *zijn stekels opzetten.*

borstenartig **0.1** ***borstelachtig*** ⇒*borstelig, stekelig.*

Borstenhaar ⟨o.⟩ **0.1** ***stekel-, stoppelhaar.***

Borstenpinsel ⟨m.⟩ **0.1** ***ruige, harde kwast.***

Borstenvieh ⟨o.⟩⟨inf.⟩ **0.1** ***varkens*** **0.2** ***varken.***

borstig **0.1** ***borstelig*** ⇒*stekelig* **0.2** ⟨fig.⟩ ***grimmig, nors.***

Borte ⟨v.; ~, ~n⟩ **0.1** ***rand, boordsel*** ⇒*galon.*

bös →**böse.**

bösartig **0.1** ***boos-, kwaadaardig.***

böschen **0.1** ***afschuinen, glooiend maken.***

Böschung ⟨v.; ~, ~en⟩ **0.1** ***berm, talud*** **0.2** ***glooiing, helling.***

Böschungswinkel ⟨m.⟩ **0.1** ***glooiings-, hellingshoek.***

böse **0.1** ***kwaad, boos*** **0.2** ***slecht*** ⇒*erg, naar* **0.3** ***pijnlijk, zeer*** **0.4** ***stout, ondeugend*** ◆ **1.1** aus, in ~r Absicht *met kwaad, boos opzet* **1.2** eine ~ Angelegenheit *een nare zaak,* ⟨ook⟩ *een kwalijke zaak* **3.2** ~ ausgehen *slecht aflopen;* jmdm. ~ mitspielen *iem. lelijk te pakken hebben* **4.1** jmdm. ~ sein *kwaad, boos op iem. zijn* **5.2** ~ dran sein *er erg, slecht aan toe zijn* **6.1** **auf** jmdn., **mit** jmdm. ~ sein *kwaad op iem. zijn;* **im** ~n *boos, kwaad;* **miteinander** ~ sein *kwaad, boos op elkaar zijn.*

Böse ⟨m.; ~n⟩⟨schr.⟩ **0.1** ***Boze, Satan.***

Böse(s) ⟨bn. als zn.; o.⟩ **0.1** ***kwaad*** ◆ **3.1** ich ahne schon Böses! *ik voorzie niet veel goeds!;* jmdm. (etwas) Böses antun *iem. kwaad doen* **6.¶** etwas nur **im** Bösen erreichen *iets alleen onder dwang, met geweld bereiken.*

Bösewicht ⟨m.; ~(e)s, ~er of ~e⟩ **0.1** ***booswicht*** **0.2** ⟨inf.; scherts.⟩ ***kwajongen.***

boshaft **0.1** ***boos-, kwaadaardig*** ◆ **3.1** ~ lächeln, grinsen *grijnslachen.*

Bosheit ⟨v.; ~, ~en⟩ **0.1** ***boos-, kwaadaardigheid*** ⇒*verdorvenheid* **0.2** ***hatelijkheid*** ◆ **2.1** keiner ~ fähig sein *geen vlieg kwaad (kunnen) doen* **6.¶** **mit** konstanter ~ *(in de boosheid) volhardend.*

Boskop ⟨m.; ~s, ~⟩ **0.1** ***goudrenet.***
Boß ⟨m.; Bosses, Bosse⟩ **0.1** ***baas*** ⇒*chef.*
bosseln **0.1** ***knutselen*** ⇒⟨fig. vooral⟩ *vijlen.*
bossieren **0.1** ***in reliëf bewerken, reliëf(werk) maken, reliëf geven*** **0.2** ***boetseren, modelleren.***
Bossierer ⟨m.; ~s, ~⟩ **0.1** ***boetseerder.***
böswillig **0.1** ***kwaadwillig*** ⇒*boosaardig, hatelijk.*
Bot ⟨o.; ~(e)s, ~e⟩⟨Zwi.⟩ **0.1** ***(leden)vergadering.***
Botanik ⟨v.; ~⟩ **0.1** ***botanie, plantkunde.***
botanisch **0.1** ***botanisch, plantkundig.***
Bote ⟨m.; ~n, ~n⟩ **0.1** ***bode*** ⇒⟨fig. vooral⟩ *voorbode* ◆ **2.¶** der hinkende ~ kommt hinterher *het hinkende paard komt achteraan.*
Botschaft ⟨v.; ~, ~en⟩ **0.1** ***ambassade*** **0.2** ***boodschap*** ⇒*tijding.*
Botschafter ⟨m.; ~s, ~⟩ **0.1** ***ambassadeur.***
Botschafterebene ⟨v.⟩ ◆ **6.¶ auf** ~ *op ambassadeursniveau.*
Böttcher ⟨m.; ~s, ~⟩ **0.1** ***kuiper.***
Böttcherei ⟨v.; ~, ~en⟩ **0.1** ***kuiperij, kuiphuis.***
Bottich ⟨m.; ~s, ~e⟩ **0.1** ***kuip, tobbe.***
bottnisch ◆ **1.¶** der Bottnische Meerbusen *de Botnische Golf.*
Botulismus ⟨m.; ~⟩ **0.1** ***botulisme.***
Bouillonwürfel ⟨m.⟩ **0.1** ***bouillonblokje.***
Boulevard ⟨m.; ~s, ~s⟩ **0.1** ***boulevard.***
Bouquet ⟨o.⟩ →**Bukett.**
Bourgeois ⟨m.; ~, ~⟩ **0.1** ***bourgeois.***
Boutique ⟨v.; ~, ~s of ~n⟩ **0.1** ***boetiek.***
Bowle ⟨v.; ~, ~n⟩ **0.1** ***bowl*** ⟨ook kom⟩ ◆ **3.1** eine ~ ansetzen, brauen *een bowl maken, bereiden, brouwen.*
Box ⟨v.; ~, ~en⟩ **0.1** ***box*** ⟨ook sp.⟩ **0.2** ⟨autosport⟩ ***pits.***
Boxe ⟨v.⟩ →**Box.**
boxen I ⟨ov. & onov.ww.⟩ **0.1** ***stompen*** ⇒*duwen* **0.2** ***boksen;*** **II sich** ~ ⟨wk.ww.⟩ **0.1** ***knokken, op de vuist gaan (met)*** **0.2** ***zich worstelen.***
Boxer ⟨m.; ~s, ~⟩ **0.1** ***bokser*** **0.2** ***boxer*** ⟨hond⟩ **0.3** ⟨inf.⟩ ***stomp*** ⇒*stoot, duw.*
Boxhieb ⟨m.⟩ **0.1** ***slag, stoot.***
Boxkalf ⟨o.; ~s⟩ **0.1** ***boxcalf.***
Boxkampf ⟨m.⟩ **0.1** ***bokswedstrijd*** **0.2** ***het boksen.***
Boxmeister ⟨m.⟩ **0.1** ***bokskampioen.***
Boykott ⟨m.; ~(e)s, ~s of ~e⟩ **0.1** ***boycot*** ◆ **6.1** ein Land **mit** ~ belegen *een land boycotten.*
boykottieren **0.1** ***boycotten.***
BP ⟨v.⟩⟨afk.⟩ [Bundespost].
Br. ⟨afk.⟩ [Breite; Bruder; Brief].
brabbeln **0.1** ***brabbelen, mompelen.***
brach ⟨vero.⟩ **0.1** ***braakliggend.***
Brache ⟨v.; ~, ~n⟩ **0.1** ***braak*** ⇒*braakland.*
brachial **0.1** ⟨schr.⟩ ***ruw, bruut*** **0.2** ⟨med.⟩ ***brachiaal, met de arm(en).***
Brachialgewalt ⟨v.⟩ **0.1** ***ruw, bruut geweld.***
Brachland ⟨o.⟩ **0.1** ***braakland, -grond*** ⇒*braakakker(s).*
brachlegen **0.1** ***braak laten liggen.***
brachliegen **0.1** ***braak liggen*** ⟨ook fig.⟩.
Brachse ⟨v.; ~, ~n⟩ →**Brachsen.**
Brachsen ⟨m.; ~s, ~⟩ **0.1** ***brasem.***
Brachvogel ⟨m.⟩ **0.1** ***(grote) wulp.***
Bracke ⟨m.; ~n, ~n of v.; ~, ~n⟩⟨jacht⟩ **0.1** ***brak*** ⇒*jachthond.*
brackig **0.1** ***brak*** ⇒*zilt.*
Brackwasser ⟨o.⟩ **0.1** ***brak water.***
Brahmane ⟨m.; ~n, ~n⟩ **0.1** ***brahmaan.***
Bram ⟨v.; ~, ~en⟩⟨scheep.⟩ **0.1** ***bram.***
Bramsegel ⟨o.⟩ **0.1** ***bramzeil.***
Branche ⟨v.; ~, ~n⟩ **0.1** ***branche*** ⇒*tak.*
Branchefübrer ⟨m.⟩ **0.1** ***grootste, nummer één in de branche.***
branchekundig **0.1** ***op de hoogte v.d. branche, v.h. vak.***
Branchenfernsprechbuch ⟨o.⟩ **0.1** ***gouden gids.***
Branchenverzeichnis ⟨o.⟩ **0.1** ***handelsadresboek*** **0.2** ***gouden gids.***
brancheüblich **0.1** ***in de branche, het vak gebruikelijk.***
Brand ⟨m.; ~(e)s, ~̈e⟩ **0.1** ***brand, vuur*** ⇒⟨fig.⟩ *hevigheid, gloed* **0.2** ⟨reg.⟩ ***brandstof*** **0.3** ***brandend stuk (hout)*** **0.4** ⟨inf.⟩ ***dorst*** **0.5** ⟨med.⟩ ***koudvuur, gangreen*** **0.6** ⟨biol.⟩ ***(koren)brand*** **0.7** ⟨amb.⟩ ***het branden*** ⇒*het bakken* ◆ **6.1** etwas **in** ~ stecken, setzen *iets in brand steken.*
brandaktuell ⟨inf.⟩ **0.1** ***zeer actueel*** ⇒*heet v.d. naald.*
Brandblase ⟨v.⟩ **0.1** ***brandblaar.***
Brandbrief ⟨m.⟩ **0.1** ***brandbrief*** ⇒*maanbrief.*
Branddirektor ⟨m.⟩ **0.1** ***brandweercommandant.***
brandeilig ⟨inf.⟩ **0.1** ***vreselijk gehaast*** **0.2** ***dringend.***
branden **0.1** ***breken, slaan*** ⟨van golven⟩ **0.2** ***woeden*** ⇒*razen* ◆ **1.2** ~der Beifall *donderend applaus;* ~der Verkehr *razend druk verkeer.*
Brandgasse ⟨v.⟩ **0.1** ***brandgang.***
Brandgeruch ⟨m.⟩ **0.1** ***brandlucht.***
Brandgeschoß ⟨o.⟩ **0.1** ***brandprojectiel.***
brandheiß **0.1** ***zeer actueel*** ⇒*heet v.d. naald* **0.2** ***dringend.***
Brandherd ⟨m.⟩ **0.1** ***brand-, vuurhaard*** **0.2** ⟨fig.⟩ ***haard.***
brandig **0.1** ***branderig*** ⇒*aangebrand, verbrand.*
Brandleiter ⟨v.⟩ **0.1** ***brandladder.***
Brandmal ⟨o.⟩ **0.1** ***brandmerk*** ⇒⟨fig.⟩ *schandvlek.*
Brandmalerei ⟨v.⟩ **0.1** ***brandschilderkunst.***
brandmarken **0.1** ***brandmerken.***
brandneu **0.1** ***gloed-, fonkelnieuw.***
Brandopfer ⟨o.⟩ **0.1** ***slachtoffer*** ⟨van, bij een brand⟩ **0.2** ⟨rel.⟩ ***brandoffer.***
Brandrede ⟨v.⟩ **0.1** ***vlammende rede, filippica.***
brandrot **0.1** ***vuur-, knalrood.***
brandschatzen **0.1** ***brandschatten.***
Brandschutz ⟨m.⟩ **0.1** ***brandbeveiliging, -preventie.***
Brandsohle ⟨v.⟩ **0.1** ***brandzool*** ⇒*binnenzool.*
Brandstelle ⟨v.⟩ **0.1** ***plaats v.d. brand*** **0.2** ***brandvlek.***
Brandstifter ⟨m.⟩ **0.1** ***brandstichter.***
Brandstiftung ⟨v.⟩ **0.1** ***brandstichting.***
Brandung ⟨v.; ~, ~en⟩ **0.1** ***branding.***
Brandungsreiten ⟨o.⟩ **0.1** ***surfing.***
Brandverhütung ⟨v.⟩ **0.1** ***brandpreventie.***
Brandwache ⟨v.⟩ **0.1** ***brandwacht.***
Brandwunde ⟨v.⟩ **0.1** ***brandwond.***
Branntkalk ⟨m.⟩ **0.1** ***ongebluste, gebrande kalk.***
Branntwein ⟨m.⟩ **0.1** ***brandewijn.***
Branntweinbrenner ⟨m.⟩ **0.1** ***brandewijnstoker.***
Branntweinsteuer ⟨v.⟩ **0.1** ***accijns op brandewijn*** ⇒ *drankaccijns.*
Brasil[1] ⟨m.; ~s, ~e of ~s⟩ **0.1** ***Braziliaanse tabak.***
Brasil[2] ⟨v.; ~⟩ **0.1** ***Braziliaanse sigaar.***
Brasilien ⟨o.; ~s⟩ **0.1** ***Brazilië.***
Brasse ⟨v.; ~, ~n⟩⟨scheep.⟩ **0.1** ***bras.***
brassen ⟨scheep.⟩ **0.1** ***brassen.***
Brassen ⟨m.; ~s, ~⟩ **0.1** ***brasem.***
Bratapfel ⟨m.⟩ **0.1** ***gebakken appel.***
bräteln **0.1** ***even lichtjes (laten) braden*** **0.2** ***aanbraden.***
braten ⟨→t15⟩ **0.1** ***braden*** **0.2** ***bakken*** **0.3** ⟨inf.; fig.⟩ ***bakken, branden.***
Braten ⟨m.; ~s, ~⟩ **0.1** ***gebraad, gebraden vlees*** ◆ **2.1** ⟨fig.⟩ ein fetter ~ *een vette kluif, een buitenkansje* **3.1** ⟨fig.⟩ den ~ riechen, wittern (a) *lont ruiken* (b) *lucht krijgen van;* ⟨fig.⟩ dem ~ nicht trauen *het zaakje niet vertrouwen.*

Bratenduft ⟨m.⟩ **0.1** *braadgeur, -lucht.*
Bratenfett ⟨o.⟩ **0.1** *braadvet, uitgebraden vet.*
Bratenplatte ⟨v.⟩ **0.1** *vleesschaal.*
Bratensaft ⟨m.⟩ **0.1** *vleessap.*
Braten|sauce, -soße ⟨v.⟩ **0.1** *braad-, vleesjus.*
Bratenwender ⟨m.⟩ **0.1** *vleesvork, spit.*
bratfertig 0.1 *panklaar.*
Bratfisch ⟨m.⟩ **0.1** *gebakken vis* **0.2** *bakvis.*
Brathähnchen ⟨o.⟩ **0.1** *gebraden haantje, kip* **0.2** *braadkip.*
Brathendl ⟨o.; ~s, ~⟩⟨Zdd., Oostr.⟩ →**Brathähnchen.**
Brathering ⟨m.⟩ **0.1** *panharing.*
Brathuhn ⟨o.⟩ **0.1** *gebraden kip* **0.2** *braadkip.*
Bratkartoffel ⟨v.⟩ **0.1** *gebakken aardappel.*
Bratpfanne ⟨v.⟩ **0.1** *braad-, koekenpan.*
Bratröhre ⟨v.⟩ **0.1** *braadoven.*
Bratrost ⟨m.⟩ **0.1** *grill, braadrooster.*
Bratsche ⟨v.; ~, ~n⟩ **0.1** *altviool.*
Bratschist ⟨m.; ~en, ~en⟩ **0.1** *altviolist.*
Bratspieß ⟨m.⟩ **0.1** *(braad)spit.*
Bratwurst ⟨v.⟩ **0.1** *braadworst.*
Brauch ⟨m.; ~(e)s, ~̈e⟩ **0.1** *gebruik, gewoonte* ⇒*traditie.*
brauchbar 0.1 *bruikbaar* ⇒*geschikt* **0.2** *goed, behoorlijk.*
brauchen 0.1 *hoeven, nodig hebben* ⇒*behoeven* **0.2** *gebruiken* ◆ **1.2** seinen Verstand ~ *zijn verstand gebruiken* **3.1** das braucht doch nicht (so) zu sein! *dat hoeft toch niet!* **3.2** ⟨iron.⟩ das könnte ich so ~! *dat ontbrak er nog maar aan!* **6.1** wie lange braucht man **bis** dahin? *hoe lang doet men erover, hoeveel tijd heb je nodig om daar te komen?*
Brauchtum ⟨o.; ~s, ~̈er⟩ **0.1** *gebruiken (en gewoonten)* ⟨v.e. volk⟩.
Brauchwasser ⟨o.⟩ **0.1** ⟨water voor industriële of agrarische doeleinden⟩.
Braue ⟨v.; ~, ~n⟩ **0.1** *wenkbrauw.*
brauen I ⟨onov.ww.⟩⟨schr.⟩ **0.1** *opstijgen, dampen* ⟨van nevel⟩ **0.2** ⟨fig.⟩ *gisten* ⇒*dreigen;*
II ⟨ov.ww.⟩ **0.1** *brouwen* ⟨ook fig.⟩ ⇒*(klaar)maken* ◆ **4.1** ⟨inf.⟩ ich braute mir einen Kaffee *ik zette (een kop, bakje) koffie.*
Brauer ⟨m.; ~s, ~⟩ **0.1** *brouwer.*
Brauerei ⟨v.; ~, ~en⟩ **0.1** *brouwerij* **0.2** *het brouwen.*
Brauer|innung, -zunft ⟨v.⟩ **0.1** *brouwersgilde.*
Brauhaus ⟨o.⟩ **0.1** *brouwerij.*
braun 0.1 *bruin* **0.2** ⟨pej.⟩ *nationaal-socialistisch, nazi-* ◆ **3.1** jmdn. ~ und blau schlagen *iem. bont en blauw slaan.*
Braun ⟨o.; ~s⟩ **0.1** *bruin* ◆ **1.¶** Meister ~ *Bruin(tje) (de beer).*
braunäugig 0.1 *bruinogig, met bruine ogen.*
Braune ⟨m.; ~n, ~n⟩ **0.1** *bruin* ⟨paard⟩ **0.2** ⟨Oostr.; bep. soort⟩ *koffie.*
Bräune ⟨v.; ~⟩ **0.1** *bruinheid, bruine kleur* ⇒*bruine teint.*
Braunelle ⟨v.; ~, ~n⟩ **0.1** *bru(i)nel* **0.2** *bastaardnachtegaal.*
bräunen I ⟨onov.ww.; ook sich ~⟩ **0.1** *bruinen, bruin worden;*
II ⟨ov.ww.⟩ **0.1** *bruinen* ⇒*bruin maken* **0.2** *bruineren* ⇒ *bruin braden, fruiten.*
Braunhemd ⟨o.⟩⟨pej.⟩ **0.1** *bruinhemd, nationaal-socialist* **0.2** *bruin uniformhemd.*
Braunkehlchen ⟨o.; ~s, ~⟩ **0.1** *paapje.*
Braunkohle ⟨v.⟩ **0.1** *bruinkool.*
Braunkohlenrevier ⟨o.⟩ **0.1** *bruinkoolbekken.*
bräunlich 0.1 *bruinachtig, bruinig.*
Braunschweig ⟨o.; ~s⟩ **0.1** *Brunswijk.*
Bräunung ⟨v.; ~, ~en⟩ **0.1** *bruinering* **0.2** *bruine teint, kleur* **0.3** *het bruin worden.*
Bräunungsstudio ⟨o.⟩ **0.1** *zonnestudio* ⇒*solarium.*
Brause ⟨v.; ~, ~n⟩ **0.1** *prik, (prik)limonade* **0.2** ⟨vero.⟩ *douche* ⇒*stortbad* **0.3** *sproeier.*
Brausebad ⟨o.⟩⟨vero.⟩ **0.1** *douche.*
Brausekopf ⟨m.⟩⟨vero.⟩ **0.1** *heethoofd, driftkop.*
Brauselimonade ⟨v.⟩ **0.1** *prik, (prik)limonade.*
brausen I ⟨onov.ww.⟩ **0.1** *bruisen* ⇒*ruisen, donderen, daveren, borrelen* **0.2** ⟨inf.⟩ *stuiven, suizen* ⇒*razen* ◆ **1.1** ~der Beifall *daverend applaus;*
II ⟨ov.ww.⟩ **0.1** ⟨vero.⟩ *douchen* ⇒*afsproeien.*
Brausepulver ⟨o.⟩ **0.1** *bruispoeder.*
Braut ⟨v.; ~, ~̈e⟩ **0.1** *bruid* **0.2** *verloofde* **0.3** *meisje, vriendin* **0.4** ⟨pej.⟩ *liefje, grietje* ◆ **6.¶** ⟨plantk.⟩ ~ **in** Haaren *juffertje-in-'t-groen.*
Brautbukett ⟨o.⟩ **0.1** *bruidsboeket.*
Brauteltern ⟨alleen mv.⟩ **0.1** *ouders v.d. bruid.*
Brautführer ⟨m.⟩ **0.1** *bruidsjonker.*
Bräutigam ⟨m.; ~s, ~e; inf. mv. ~s⟩ **0.1** *bruidegom* **0.2** *verloofde.*
Brautjungfer ⟨v.⟩ **0.1** *bruidsmeisje.*
Brautkleid ⟨o.⟩ **0.1** *bruids-, trouwjurk.*
Brautleute ⟨alleen mv.⟩ **0.1** *bruidspaar* **0.2** *verloofden.*
bräutlich 0.1 *als (van) een bruid, bruids-.*
Brautnacht ⟨v.⟩ **0.1** *bruids-, huwelijksnacht.*
Brautpaar ⟨o.⟩ **0.1** *bruidspaar* **0.2** *verloofd paar, stel.*
Brautschau ⟨v.⟩⟨inf.⟩ ◆ **3.¶** ~ halten *op zoek naar een vrouw zijn.*
brav 0.1 *braaf* ⇒*zoet, lief, rechtschapen* **0.2** *braaf, behoorlijk* **0.3** ⟨vero.⟩ *dapper, moedig, braaf* **0.4** ⟨vero.⟩ *goed, juist.*
Bravo ⟨o.; ~s, ~s⟩ **0.1** *bravo, toejuiching.*
Bravoruf ⟨m.⟩ **0.1** *bravogeroep.*
Bravour ⟨v.; ~, ~en⟩ **0.1** *bravoure* ⇒*meesterschap, lef* **0.2** *bravourestuk(je).*
Bravourleistung ⟨v.⟩ **0.1** *bravourestuk(je).*
bravourös 0.1 *meesterlijk* **0.2** *gedurfd.*
BRD ⟨v.; ~⟩⟨afk.; Bundesrepublik Deutschland⟩ **0.1** *BRD.*
Brechbohne ⟨v.⟩ **0.1** *sperzie-, prinsessenboon.*
Brechdurchfall ⟨m.⟩ **0.1** *maag-darmcatarre.*
Brecheisen ⟨o.⟩ **0.1** *breekijzer, koevoet.*
brechen ⟨→t16⟩ **I** ⟨onov.ww.⟩ **0.1** *breken* **0.2** *overgeven, braken* **0.3** *(te voorschijn) schieten, stormen* ◆ **5.1** ~d, zum Brechen voll *tot barstens toe vol, propvol* **6.2** das ist **zum** Brechen *dat is om (van) te kotsen;*
II ⟨ov.ww.⟩ **0.1** *breken* **0.2** *(ver)breken* ⇒*doorbreken, schenden* **0.3** *opgeven, braken* **0.4** *delven* **0.5** ⟨schr.⟩ *plukken* ◆ **1.2** sein Ehrenwort ~ *zijn erewoord breken;* das Gesetz ~ *de wet schenden* **4.1** ich hatte mir den Arm gebrochen *ik had mijn arm gebroken;*
III sich ~ ⟨wk.ww.⟩ **0.1** *breken.*
Brecher ⟨m.; ~s, ~⟩ **0.1** *breker* ⇒*zware golf* **0.2** *breekmachine, breker.*
Brechmittel ⟨o.⟩ **0.1** *braakmiddel* **0.2** ⟨inf.⟩ *(iem., iets) om misselijk van te worden.*
Brechreiz ⟨m.⟩ **0.1** *braakneiging.*
Brechstange ⟨v.⟩ **0.1** *breekijzer, koevoet.*
Brechungswinkel ⟨m.⟩ **0.1** *brekingshoek.*
Bredouille ⟨v.; ~, ~n⟩ **0.1** *penarie* ⇒*moeilijkheden.*
Brei ⟨m.; ~(e)s, ~e⟩ **0.1** *pap, brij* ⇒*moes, puree, prakje* ◆ **3.1** jmdm. ~ um den Mund, ums Maul schmieren *iem. stroop om de mond smeren* **6.1 um** den heißen ~ herumreden *om de hete brij heen draaien;* jmdn. **zu** ~ schlagen *iem. tot moes slaan.* →**Koch.**
breiig 0.1 *brijig.*
breit 0.1 *breed* ⟨ook fig.⟩ ⇒*ruim* **0.2** *breedvoerig, uitvoerig*

⇒*breedsprakig* ◆ **1.¶** eine ~e Aussprache *een breedgerekte, platte uitspraak.*

breitbeinig 0.1 ***wijdbeens.***

Breite ⟨v.; ~, ~n⟩ **0.1** ***breedte* 0.2** ***breedvoerigheid, -sprakigheid* 0.3** ***streek, zone*** ◆ **2.1** (auf, unter) 40° nördlicher ~ *40° noorderbreedte* **6.1** ⟨fig.⟩ **in** die ~ gehen *dikker, zwaarder worden;* der ~ **nach** *in de breedte;* ~ **über** alles *totale breedte* **6.2** einen Vorgang **in** aller ~ schildern *een gebeurtenis in geuren en kleuren vertellen;* sein Stil geht **in** die ~ *hij heeft een breedvoerige stijl;* die Studie geht **in** die ~ *de studie is breed opgezet.*

breiten I ⟨ov.ww.⟩ **0.1** ***uitbreiden, (uit)spreiden, uitstrekken;***
II sich ~ ⟨wk.ww.⟩ **0.1** ***zich uitstrekken, zich uitbreiden, zich verspreiden.***

Breitengrad ⟨m.⟩ **0.1** ***breedtegraad.***

Breitenkreis ⟨m.⟩ **0.1** ***breedtecirkel.***

Breitensport ⟨m.⟩ **0.1** ***breedte-, volkssport*** ⇒*recreatie-, massasport.*

Breitenwirkung ⟨v.⟩ **0.1** ***werking in de breedte.***

breitgefächert 0.1 ***veelzijdig, ruim*** ⇒*wijdvertakt.*

Breitling ⟨m.; ~s, ~e⟩ **0.1** ***sprot* 0.2** ***brasem* 0.3** ***steenkarper.***

breitmachen, sich 0.1 ***veel plaats innemen*** ⇒*zich installeren* **0.2** ***gewichtig, dik doen* 0.3** ***zich doen gelden, om zich heen grijpen* 0.4** ⟨pej.⟩ ***intrekken*** ⇒*komen wonen.*

breitrandig 0.1 ***breedgerand.***

breitschlagen ⟨inf.⟩ **0.1** ***overreden, overhalen*** ⇒*vermurwen.*

breit|schulterig, -schultrig 0.1 ***breedgeschouderd.***

Breitseite ⟨v.⟩ **0.1** ***lange kant*** ⇒⟨scheep.⟩ *langszij* **0.2** ⟨mil.: fig.⟩ ***volle laag*** ◆ **3.2** eine ~ abgeben, abfeuern *de volle laag geven.*

breitspurig 0.1 ***met breedspoor* 0.2** ***aanmatigend, dikdoend, opschepperig.***

breittreten ⟨inf.; pej.⟩ **0.1** ***uitspinnen, uitweiden over* 0.2** ***rondvertellen.***

breitwalzen ⟨pej.⟩ **0.1** ***uitentreuren behandelen.***

Breitwand ⟨v.⟩ **0.1** ***cinemascope(scherm).***

Bremsbacke ⟨v.⟩ **0.1** ***remblok(je).***

Bremsbelag ⟨m.⟩ **0.1** ***remvoering.***

Bremse ⟨v.; ~, ~n⟩ **0.1** ***rem*** ⟨ook fig.⟩ **0.2** ***paardenvlieg, brems, daas*** ◆ **3.1** die ~ anziehen, betätigen *remmen, de rem in werking stellen;* die ~ ziehen (a) *aan de rem trekken* (b) *op de rem zetten;* die ~ durchtreten *op de rem gaan staan.*

bremsen 0.1 ***(af)remmen*** ⇒⟨fig. ook⟩ *beperken, stoppen* ◆ **5.1** scharf ~ *krachtig remmen.*

Bremser ⟨m.; ~s, ~⟩ **0.1** ⟨verk.⟩ ***remmer* 0.2** ⟨fig.⟩ ***rem* 0.3** ⟨sp.; bobsleeën⟩ ***laatste man.***

Bremsflüssigkeit ⟨v.⟩ **0.1** ***remvloeistof.***

Bremshebel ⟨m.⟩ **0.1** ***remhendel, remhefboom.***

Bremsklotz ⟨m.⟩ **0.1** ***remblok.***

Bremskraftverstärker ⟨m.⟩ **0.1** ***rembekrachtiging, servorem.***

Bremsleuchte ⟨v.⟩ **0.1** ***rem-, stoplicht.***

Bremspedal ⟨o.⟩ **0.1** ***rempedaal.***

Bremsspur ⟨v.⟩ **0.1** ***remspoor.***

Bremsvorrichtung ⟨v.⟩ **0.1** ***reminrichting.***

Bremsweg ⟨m.⟩ **0.1** ***remweg.***

brennbar 0.1 ***brandbaar.***

Brennelement ⟨o.⟩ **0.1** ***brandstofelement.***

brennen ⟨→t17⟩ **I** ⟨onov.ww.⟩ **0.1** ***branden*** ⇒⟨fig.⟩ *gloeien, staan te trappelen* ◆ **4.1** die Augen ~ mir (vor Müdigkeit) *mijn ogen branden (van vermoeidheid);* es brennt! (a) *(er is) brand!* (b) ⟨fig.; sp.⟩ *(je bent) warm!* **5.1** ⟨fig.⟩ wo brennt es denn? (a) *wat is er aan de hand?* (b) *waarom zo'n haast?* **6.1** **auf** etwas ⟨4e nv.⟩ ~ (a) *op iets gebrand, uit zijn* (b) *naar iets snakken, heftig verlangen;* er brannte **auf** Rache *hij zon op wraak;* **vor** Neugier ~ *van nieuwsgierigheid branden, staan te trappelen;*
II ⟨ov.ww.⟩ **0.1** ***branden* 0.2** ***stoken*** ⇒*branden* **0.3** ***branden*** ⇒*distilleren, stoken, roosteren, bakken* **0.4** ***brandmerken*** ⇒*branden* ◆ **4.1** was dich nicht brennt, das blase nicht *bemoei je niet met zaken die je niet aangaan.* → **Kind.**

brennend 0.1 ***brandend*** ⇒⟨fig.⟩ *gloeiend* **0.2** ***dringend, uiterst*** ◆ **2.2** ~ nötig *hoognodig* **5.2** ~ gern *vreselijk graag.*

Brenner ⟨m.; ~s, ~⟩ **0.1** ***brander, pit* 0.2** ***brander*** ⇒*stoker* **0.3** ⟨aardr.⟩ ***Brenner(pas).***

Brennerei ⟨v.; ~, ~en⟩ **0.1** ***branderij*** ⇒*stokerij, distilleerderij* **0.2** ***het branden.***

Brennessel ⟨v.⟩ **0.1** ***brandnetel.***

Brennfläche ⟨v.⟩ **0.1** ***brand(punts)vlak.***

Brennglas ⟨o.⟩ **0.1** ***brandglas.***

Brennholz ⟨o.⟩ **0.1** ***brandhout.***

Brennmaterial ⟨o.⟩ **0.1** ***brandstof.***

Brennofen ⟨m.⟩ **0.1** ***brand-, smeltoven.***

Brennpunkt ⟨m.⟩ **0.1** ***brandpunt, focus*** ⇒⟨fig.⟩ *middelpunt* ◆ **1.1** ein ~ des Verkehrs *een verkeersknooppunt, een middelpunt van het verkeer.*

Brennschere ⟨v.⟩ **0.1** ***krultang.***

Brennspiegel ⟨m.⟩ **0.1** ***brandspiegel.***

Brennstab ⟨m.⟩⟨nat.⟩ **0.1** ***brandstofelement.***

Brennstoff ⟨m.⟩ **0.1** ***brandstof.***

Brennweite ⟨v.⟩ **0.1** ***brandpuntsafstand.***

Brennwert ⟨m.⟩ **0.1** ***verbrandingswaarde* 0.2** ***verwarmingsvermogen.***

brenzlig 0.1 ***netelig, hachelijk*** ⇒*bedenkelijk* **0.2** ⟨vero.⟩ ***branderig, aangebrand.***

Bresche ⟨v.; ~, ~n⟩ **0.1** ***bres*** ◆ **6.1** ⟨fig.⟩ für jmdn. **in** die ~ springen, treten *voor iem. in de bres springen.*

bretonisch 0.1 ***Bretons.***

Brett ⟨o.; ~(e)s, ~er⟩ **0.1** ***plank* 0.2** ***(speel)bord* 0.3** ⟨mv.⟩ ***toneel, de planken* 0.4** ⟨mv.⟩ ***ski's*** ◆ **2.1** am Schwarzen ~ *op het mededelingen-, prikbord* **3.1** ⟨fig.⟩ das ~ bohren, wo es am dünnsten ist *er de kantjes aflopen* **3.3** die ~er, die die Welt bedeuten *het toneel, de toneelwereld* **6.1** ⟨fig.⟩ dort ist die Welt **mit** ~ern vernagelt *daar is de wereld met krantenpapier dichtgeplakt;* ⟨fig.⟩ ein ~ **vor** dem Kopf haben *een plank voor het hoofd, de kop hebben* **6.3** ein Stück geht **über** die ~er *een stuk wordt opgevoerd.*

Brettel ⟨o.; ~s, ~ of ~n⟩⟨Zdd., Oostr.⟩ **0.1** ***plankje* 0.2** ***ski*** ◆ **3.2** ~ fahren *skiën.*

Bretterbude ⟨v.⟩ **0.1** ***houten keet.***

brettern 0.1 ***planken*** ⇒*van planken, houten.*

Bretterverschlag ⟨m.⟩ **0.1** ***kamertje, hok(je)*** ⟨achter een plankenbeschot⟩ **0.2** ***houten beschot, plankenbeschot.***

Bretterwand ⟨v.⟩ **0.1** ***houten beschot, plankenbeschot.***

Bretterzaun ⟨m.⟩ **0.1** ***(houten) schutting.***

Brettl[1] ⟨o.; ~s, ~⟩⟨inf.⟩ **0.1** ***cabaret, kleinkunst.***

Brettl[2] ⟨o.⟩ →**Brettel.**

Brettsegeln ⟨o.⟩ **0.1** ***het surfen/plankzeilen.***

Brettspiel ⟨o.⟩ **0.1** ***bordspel.***

Brevier ⟨o.; ~s, ~e⟩ **0.1** ***brevier*** ⟨ook rel.⟩ ⇒*getijden-, gebedenboek, bloemlezing, gedragsregels.*

Brezel ⟨v.; ~, ~n⟩ **0.1** ⟨bep. soort⟩ ***krakeling.***

Bridge ⟨o.; ~⟩ **0.1** ***bridge.***

Bridgeturnier ⟨o.⟩ **0.1** ***bridgedrive, bridgewedstrijd.***

Brief ⟨m.; ~(e)s, ~e⟩ **0.1** ***brief*** ⇒*schrijven* **0.2** ***brief, mapje***

0.3 ⟨ec.⟩ *laten ⇒laat-, verkoopkoers* ◆ **1.2** ein ~ Nähnadeln *een mapje naainaalden* **2.1** ⟨fig.⟩ ein blauer ~ (a) *een ontslagbrief* (b) *een mededeling aan de ouders over slechte prestaties van de leerling(e);* ein eingeschriebener, offener ~ *een aangetekende, open brief* **3.1** mit jmdm. ~e wechseln *met iem. corresponderen* **8.1** jmdm. ~ und Siegel (auf etwas ⟨4e nv.⟩) geben *iem. iets op een briefje geven.*

Briefbeschwerer ⟨m.⟩ **0.1** ***presse-papier.***

Briefblock ⟨m.; mv. ~s⟩ **0.1** ***schrijfblok.***

Briefbogen ⟨m.⟩ **0.1** ***vel(letje) schrijf-, postpapier.***

Briefeinwurf ⟨m.⟩ **0.1** ***(gleuf v.d.) brievenbus.***

Brieffreund ⟨m.⟩ **0.1** ***correspondentievriend, penfriend.***

Briefkarte ⟨v.⟩ **0.1** ***correspondentiekaart.***

Briefkasten ⟨m.⟩ **0.1** ***brievenbus*** **0.2** ***lezers-, vragenrubriek*** ◆ **2.1** ein lebender ~ *een contactpersoon* ⟨als spion⟩; ein toter ~ *een contactadres, geheime plaats.*

Briefkopf ⟨m.⟩ **0.1** ***briefhoofd.***

Briefkurs ⟨m.⟩⟨ec.⟩ **0.1** ***laat-, verkoopkoers.***

brieflich **0.1** ***schriftelijk, per brief*** *⇒per post.*

Briefmarke ⟨v.⟩ **0.1** ***postzegel*** ◆ **8.1** ⟨inf.⟩ platt wie eine ~ *stomverbaasd.*

Briefmarkenalbum ⟨o.⟩ **0.1** ***postzegelalbum.***

Briefmarkenblock ⟨m.; mv. ~s⟩ **0.1** ***postzegelserie.***

Briefmarkensammler ⟨m.⟩ **0.1** ***postzegelverzamelaar.***

Brieföffner ⟨m.⟩ **0.1** ***briefopener*** *⇒vouwbeen.*

Briefordner ⟨m.⟩ **0.1** ***briefhouder, -ordner.***

Briefpapier ⟨o.⟩ **0.1** ***postpapier.***

Briefpartner ⟨m.⟩ **0.1** ***correspondentievriend, penfriend.***

Briefpost ⟨v.⟩ **0.1** ***brievenpost.***

Briefschaften ⟨alleen mv.⟩⟨vero.⟩ **0.1** ***brieven, correspondentie.***

Briefschuld ⟨v.⟩ **0.1** ***onbeantwoorde brief, post.***

Briefsteller ⟨m.; ~s, ~⟩ **0.1** ***briefschrijver, boek met briefmodellen.***

Brieftasche ⟨v.⟩ **0.1** ***portefeuille.***

Brieftaube ⟨v.⟩ **0.1** ***postduif.***

Brieftelegramm ⟨o.⟩ **0.1** ***brieftelegram.***

Briefträger ⟨m.⟩ **0.1** ***postbode.***

Briefumschlag ⟨m.⟩ **0.1** ***envelop(pe)*** *⇒couvert.*

Briefwaage ⟨v.⟩ **0.1** ***brievenweger.***

Briefwahl ⟨v.⟩ **0.1** ***het schriftelijk stemmen (bij verkiezingen).***

Briefwechsel ⟨m.⟩ **0.1** ***briefwisseling, correspondentie*** ◆ **6.1 in**, im ~ mit jmdm. stehen *in briefwisseling met iem. staan, zijn, met iem. corresponderen.*

Briefzusteller ⟨m.⟩ **0.1** ***postbode.***

Bries ⟨o.; ~es, ~e⟩ **0.1** ***zwezerik*** *⇒*⟨med.⟩ *thymusklier.*

Brieschen ⟨o.; ~s, ~⟩ **0.1** ***kalfszwezerik.***

Brigade ⟨v.; ~, ~n⟩ **0.1** ***brigade*** **0.2** ⟨cul.⟩ ***keukenploeg.***

Brigadeführer ⟨m.⟩ **0.1** ***brigadegeneraal.***

Brigadier ⟨m.; ~s, ~s⟩ **0.1** ***brigadier.***

Brigg ⟨v.; ~, ~s⟩⟨scheep.⟩ **0.1** ***brik.***

Brikett ⟨o.; ~(e)s, ~s⟩ **0.1** ***briket.***

brikolieren **0.1** ***bricoleren, over de band spelen.***

brillant **0.1** ***briljant, schitterend*** *⇒uitstekend.*

Brillant ⟨m.; ~en, ~en⟩ **0.1** ***briljant.***

Brillantschmuck ⟨m.; ~(e)s⟩ **0.1** ***briljanten sieraden*** **0.2** ***briljanten sieraad.***

Brillanz ⟨v.; ~⟩ **0.1** ***virtuositeit*** *⇒glans* **0.2** ***zuiverheid van weergave.***

Brille ⟨v.; ~, ~n⟩ **0.1** ***bril*** ⟨ook fig.⟩ ◆ **6.1** alles **durch** eine gefärbte, rosa ~ sehen, betrachten *alles door een gekleurde, roze bril zien;* alles **durch** die schwarze ~ sehen *een zwartkijker zijn;* eine ~ **für** die Ferne, Nähe *een bril voor veraf, dichtbij.*

Brillenbügel ⟨m.⟩ **0.1** ***brillenarm, -veer.***

Brillenfassung ⟨v.⟩ **0.1** ***(bril)montuur.***

Brillenfutteral ⟨o.⟩ **0.1** ***brillendoos, -koker.***

Brillengestell ⟨o.⟩ **0.1** ***(bril)montuur.***

Brillenschlange ⟨v.⟩ **0.1** ***brilslang*** **0.2** ⟨inf.; scherts.⟩ ***brildraagster.***

brillieren **0.1** ***uitblinken, schitteren.***

Brimborium ⟨o.; ~s⟩ **0.1** ***tamtam, (kouwe) drukte*** **0.2** ***geklets, geleuter*** ◆ **6.1 um** alles viel ~ machen *overal veel drukte over maken.*

bringen ⟨→t18⟩ **0.1** ***brengen*** **0.2** ***opleveren*** *⇒opbrengen, leveren, afwerpen* **0.3** ***klaarspelen*** *⇒halen* **0.4** ***beroven*** *⇒ ontnemen, afhandig maken* **0.5** ⟨inf.⟩ ***publiceren*** **0.6** ⟨inf.⟩ ***(uit)zenden*** *⇒vertonen* ◆ **1.2** Gewinn ~ *winst opleveren* **1.3** ich bringe diese Übung nicht *ik kan deze oefening niet* **1.5** die Zeitung hat es gebracht *de krant heeft erover geschreven* **4.2** das bringt nichts *dat haalt niets uit;* was bringt das? *wat levert dat op?* **4.3** das bringe ich nicht *dat krijg ik niet voor elkaar* **6.1** jmdn. **an** die Bahn ~ *iem. naar het station brengen;* etwas **an** sich ~ *zich meester maken van iets;* jmdn. **auf** eine Lösung ~ *iem. een oplossing doen vinden, aan de hand doen;* ich habe die Arbeit **hinter** mich gebracht *ik heb het werk af gekregen;* du mußt es **hinter** dich ~! *je moet erdoorheen!;* jmdn. **ins** Bett ~ *iem. naar bed brengen;* das brachte viel Arbeit **mit** sich *dat bracht veel werk met zich mee;* jmdn. **nach** Hause ~ *iem. thuisbrengen, naar huis brengen;* etwas nicht **über** sich ~ *iets niet over zijn hart kunnen (ver)krijgen;* jmdn. wieder **zu** sich, zum Bewußtsein ~ *iem. weer tot bewustzijn brengen;* es **zu** etwas ~ *iets bereiken (in het leven), er iets van maken;* er hat es **zu** nichts gebracht *hij heeft niets bereikt (in het leven);* jmdn. **zum** Lachen, Schweigen ~ *iem. doen lachen, zwijgen;* das Auto **zum** Stehen ~ *de auto tot stilstand, staan brengen* **6.2 für** mich bringt das wenig *daar heb ik niet veel aan* **6.3** die beiden haben es **auf** 5 Kinder gebracht *die twee hebben 5 kinderen gekregen;* es **auf** 70 Jahre ~ *70 jaar worden, de zeventig halen;* der Wagen hat es **auf** 100.000 Kilometer gebracht *die wagen heeft er 100.000 kilometer op zitten* **6.4** das brachte mich **um** meine Geduld *dat deed mij mijn geduld verliezen;* jmdn. **um** sein Vermögen ~ *iem. van zijn vermogen beroven.*

brisant **0.1** ***brisant, explosief*** **0.2** ⟨fig.⟩ ***explosief*** *⇒brandend.*

Brisanz ⟨v.; ~, ~en⟩ **0.1** ***explosieve kracht*** ⟨ook fig.⟩.

Brise ⟨v.; ~, ~n⟩ **0.1** ***bries.***

Brite ⟨m.; ~n, ~n⟩ **0.1** ***Brit.***

britisch **0.1** ***Brits.***

Bröckchen ⟨o.; ~s, ~⟩ **0.1** ***brokje*** *⇒stukje.*

bröckelig →**bröcklig.**

bröckeln **0.1** ***(af)brokkelen*** *⇒kruimelen, bladderen.*

brocken **0.1** ***brokkelen*** *⇒afbrokkelen, kruimelen* **0.2** ⟨Zdd., Oostr.⟩ ***plukken.***

Brocken ⟨m.; ~s, ~⟩ **0.1** ***brok, stuk*** *⇒hap* **0.2** ***brokstuk, gedeelte*** **0.3** ***boom v.e. kerel*** ◆ **2.1** ⟨fig.⟩ ich nehme mir immer die besten ~ (heraus) *ik zoek er voor mezelf altijd het beste uit;* ⟨fig.⟩ ein dicker, harter ~ *een harde dobber, noot;* ⟨fig.⟩ er hat mir einen fetten ~ weggeschnappt *hij heeft mij een dikke, vette kluif voor de neus weggekaapt;* ⟨fig.⟩ mit gelehrten ~ um sich werfen *geleerd doen;* ⟨fig.⟩ an einem harten ~ zu kauen haben *aan iets een zware dobber hebben;* ein paar ~ Deutsch *een paar woorden, een mondje Duits* **2.2** ein paar ~ eines Gesprächs *flarden van een gesprek* **6.3** ein ~ **von** Mann *een bonk van een vent.*

brockenweise **0.1** ***broksgewijs*** *⇒bij stukjes en beetjes.*

bröcklig **0.1** ***brokkelig*** *⇒kruimelig, bros.*

brodeln 0.1 ***borrelen, pruttelen*** 0.2 ⟨fig.⟩ ***koken*** ⇒*gisten* 0.3 ⟨Oostr.⟩ ***treuzelen.***
Brodem ⟨m.; ~s, ~⟩⟨schr.⟩ 0.1 ***damp, lucht*** ⇒*uitwasemingen(en), wasem.*
Brokat ⟨m.; ~(e)s, ~e⟩ 0.1 ***brokaat.***
Broker ⟨m.; ~s, ~⟩ 0.1 ***effectenmakelaar, broker.***
Brom ⟨o.; ~s⟩⟨schei.⟩ 0.1 ***broom, bromium.***
Brombeere ⟨v.; ~, ~n⟩ 0.1 ***braambes*** 0.2 ***braamstruik.***
Brombeerstrauch ⟨m.⟩ 0.1 ***braamstruik.***
Bromid ⟨o.; ~(e)s, ~e⟩ 0.1 ***bromide.***
Bromsäure ⟨v.⟩ 0.1 ***broom(waterstof)zuur.***
bronchial 0.1 ***bronchiaal.***
Bronchialkatarrh ⟨m.⟩ 0.1 ***acute bronchitis.***
Bronchie ⟨v.; ~, ~n⟩ 0.1 ***bronchus*** ⇒⟨mv.⟩ *bronchiën.*
Bronchitis ⟨v.; ~, Bronchitiden⟩ 0.1 ***bronchitis.***
Bronze ⟨v.; ~, ~n⟩ 0.1 ***brons*** 0.2 ⟨schr.⟩ ***bronzen voorwerp*** 0.3 ⟨sp.⟩ ***brons, bronzen medaille*** 0.4 ***bronsverf.***
Bronzefarbe ⟨v.⟩ 0.1 ***bronsverf*** 0.2 ***bronskleur.***
bronzen 0.1 ***bronzen*** 0.2 ***bronskleurig.***
Bronzezeit ⟨v.⟩ 0.1 ***bronstijd, bronzen tijdperk.***
bronzieren 0.1 ***bronzen.***
Brosame ⟨v.; ~, ~n⟩⟨vero.; schr.⟩ 0.1 ***kruimel.***
brosch. ⟨afk.⟩ →**broschieren.**
Brosche ⟨v.; ~, ~n⟩ 0.1 ***broche.***
Bröschen ⟨o.; ~s, ~⟩ 0.1 ***(kalfs)zwezerik.***
broschieren ⟨boek.⟩ 0.1 ***brocheren, innaaien.***
Broschüre ⟨v.; ~, ~n⟩ 0.1 ***brochure.***
Brösel ⟨m.; ~s, ~⟩ 0.1 ***kruimel*** 0.2 ⟨mv.⟩ ***paneermeel.***
bröselig 0.1 ***kruimelig.***
bröseln 0.1 ***kruimelen*** ⇒*verkruimelen.*
Brot ⟨o.; ~(e)s, ~e⟩ 0.1 ***brood*** ⇒⟨fig.⟩ *kost, levensonderhoud* 0.2 ***boterham*** ⇒*snee brood* ◆ 2.1 dunkles ~ *donker brood, roggebrood;* ⟨scherts.⟩ flüssiges ~ *bier;* ⟨fig.⟩ ein hartes, schweres ~ *een zuur verdiende boterham;* weißes ~ *wittebrood, wit brood* 3.1 ⟨fig.⟩ ich finde überall mein ~ *ik kan overal aan de kost komen;* wie verdienst du (dir) dein ~? *hoe verdien jij de kost?* 3.2 jmdm. ~e machen *boterhammen voor iem. klaarmaken* 6.2 ⟨fig.⟩ etwas **aufs** ~ geschmiert bekommen *iets op zijn brood krijgen* ¶.1 ⟨sprw.⟩ des einen ~ ist des andern Tod *de één zijn dood is de ander zijn brood;* ⟨sprw.⟩ wes ~ ich esse, des Lied ich singe *wiens brood men eet, diens woord men spreekt.*
Brot|aufstrich, -belag ⟨m.⟩ 0.1 ***broodbeleg(sel).***
Brotberuf ⟨m.⟩ 0.1 ***beroep om den brode.***
Brotbeutel ⟨m.⟩ 0.1 ***broodzakje.***
Brotbüchse ⟨v.⟩ 0.1 ***broodtrommel(tje).***
Brötchen ⟨o.; ~s, ~⟩ 0.1 ***broodje*** ⇒*kadetje* ◆ 2.1 ⟨fig.⟩ kleine(re) ~ backen müssen *een toontje lager moeten zingen, moeten inbinden* 3.1 ⟨inf.⟩ seine ~ verdienen *zijn brood verdienen.*
Brötchengeber ⟨m.⟩⟨scherts.⟩ →**Brotgeber.**
Broterwerb ⟨m.⟩ 0.1 ***broodwinning.***
Brotgeber ⟨m.⟩ 0.1 ***broodheer, patroon.***
Brotkasten ⟨m.⟩ 0.1 ***broodtrommel.***
Brotkorb ⟨m.⟩ 0.1 ***broodmandje*** ◆ 1.1 ⟨fig.⟩ jmdm. den ~ höher hängen *iem. de broodkorf hoog hangen, iem. kort houden.*
Brotkrume ⟨v.⟩ 0.1 ***broodkruimel.***
Brotlaib ⟨m.⟩ 0.1 ***brood.***
brotlos 0.1 ***brodeloos.***
Brotmaschine ⟨v.⟩ 0.1 ***broodsnijmachine.***
Brotneid ⟨m.⟩ 0.1 ***broodnijd.***
Brotrinde ⟨v.⟩ 0.1 ***broodkorst.***
Brotröster ⟨m.⟩ 0.1 ***broodrooster.***
Brot|scheibe, -schnitte ⟨v.⟩ 0.1 ***boterham*** ⇒*snee brood.*
Brotzeit ⟨v.⟩⟨reg.⟩ 0.1 ***etenstijd, pauze*** ⇒*lunchpauze, vieruurtje* 0.2 ***broodmaaltijd*** ⇒*brood.*
brotzeln →**brutzeln.**
brr! 0.1 ***br!*** 0.2 ***ho!***
BRT ⟨v.⟩⟨afk.⟩ →**Bruttoregistertonne.**
Bruch[1] ⟨m.; ~(e)s, ¨~e⟩ 0.1 ***breuk*** ⟨ook geol., med., wisk.⟩ ⇒ *het (ver)breken, schending, barst, scheur, fractuur, brekage, afval* 0.2 ***vouw, plooi*** 0.3 ⟨vero.⟩ ***steengroeve*** 0.4 ⟨inf.⟩ ***inbraak*** ◆ 3.1 ~ machen *brokken, stukken maken* 4.1 das ist alles ~! *dat is allemaal breuk, afval,* ⟨ook⟩ *troep!* 6.1 **in** die Brüche gehen *stuk-, kapotgaan;* die Ehe ist **in** die Brüche gegangen *het huwelijk is stukgelopen;* **zu** ~ fahren *in de soep, prak rijden;* **zu** ~ gehen (a) *stuk-, kapotgaan* (b) *spaak lopen, stuklopen.*
Bruch[2] ⟨m. & o.; ~(e)s, ¨~e⟩ 0.1 ***broek(land)*** ⇒*moerasland.*
Bruchband ⟨o.; ~(e)s, ¨~er⟩ 0.1 ***breukband.***
Bruchbude ⟨v.⟩ 0.1 ***krot*** ⇒*bouwval* 0.2 ***hok.***
bruchfest 0.1 ***onbreekbaar, breukvast.***
brüchig 0.1 ***(licht, gemakkelijk) breekbaar, brokkelig*** ⇒ *bros, broos, krakkemikkig* 0.2 ***krakend*** ◆ 1.2 eine ~e Stimme *een krakende, schorre, broze stem.*
Bruchlandung ⟨v.⟩ 0.1 ***landing waarbij brokken, stukken gemaakt worden.***
Bruchpilot ⟨m.⟩⟨inf.⟩ 0.1 ***brokkenpiloot.***
bruchrechnen 0.1 ***met breuken rekenen.***
bruchsicher 0.1 ***onbreekbaar.***
Bruchstein ⟨m.⟩ 0.1 ***breuk-, natuursteen.***
Bruchstelle ⟨v.⟩ 0.1 ***breukvlak, breekpunt*** ⇒⟨fig.⟩ *breuklijn.*
Bruchstrich ⟨m.⟩⟨wisk.⟩ 0.1 ***breukstreep(je).***
Bruchstück ⟨o.⟩ 0.1 ***brok(stuk), stuk*** ⇒*scherf* 0.2 ***fragment.***
bruchstück|haft, -weise 0.1 ***fragmentarisch*** ⇒*bij stukjes en beetjes, gedeeltelijk.*
Bruchteil ⟨m.⟩ 0.1 ***fractie, klein gedeelte.***
Bruchzahl ⟨v.⟩⟨wisk.⟩ 0.1 ***breuk.***
Brücke ⟨v.; ~, ~n⟩ 0.1 ***brug*** ⟨ook fig.; sp.⟩ ⇒***viaduct*** 0.2 ***karpet(je), (vloer)kleedje*** ⇒*tapijtje* 0.3 ***(aanleg)steiger*** ◆ 2.1 eine fliegende ~ *een gierpont;* ⟨fig.⟩ jmdm. eine (goldene) ~, (goldene) ~n bauen (a) *iem. gouden bruggen bouwen* (b) *iem. verregaand tegemoet komen* 3.1 ⟨fig.⟩ ich habe alle, die ~n hinter mir abgebrochen *ik heb alle schepen achter mij verbrand.*
Brückenbau ⟨m.; mv. ~ten⟩ 0.1 ***brug*** 0.2 ***brug(gen)bouw.***
Brückengeländer ⟨o.⟩ 0.1 ***brugleuning.***
Brückengeld ⟨o.⟩ 0.1 ***bruggengeld, tol.***
Brückenkopf ⟨m.⟩ 0.1 ***bruggenhoofd*** ⟨ook mil.⟩.
Brückenschlag ⟨m.⟩ 0.1 ***brugslag, -bouw*** ⇒*het slaan v.e. brug* ⟨ook fig.⟩.
Brückenzoll ⟨m.⟩ 0.1 ***bruggengeld, tol.***
Bruder ⟨m.; ~s, ¨~⟩ 0.1 ***broer*** ⇒*broeder* 0.2 ***broeder, kameraad, medemens*** 0.3 ⟨rel.⟩ ***(leken)broeder*** 0.4 ⟨inf.⟩ ***knaap, kerel*** ◆ 1.1 die Brüder Schmidt ⟨ook⟩ *de gebroeders Schmidt* 1.4 ⟨vero.⟩ ~ Leichtfuß, Liederlich *losbol, lichtmis;* ⟨vero.⟩ ~ Lustig *vrolijke klant, Frans* 2.1 mein leiblicher ~ *mijn eigen broer* 2.3 gleiche Brüder, gleiche Kappen *gelijke monniken, gelijke kappen* 2.4 ein übler ~ *een valse broeder;* ⟨inf.; pej.⟩ ein warmer ~ *een flikker, homo* 6.2 ⟨inf.⟩ **unter** Brüdern (a) *onder ons (gezegd), onder vrienden* (b) *voor een vriendenprijsje.*
Bruderherz ⟨o.⟩⟨vero.; scherts.⟩ 0.1 ***broertje(lief)*** 0.2 ***beste kerel, broeder.***
Bruderkrieg ⟨m.⟩ 0.1 ***broederoorlog*** ⇒*broederstrijd.*
brüderlich 0.1 ***broederlijk.***
Bruderliebe ⟨v.⟩ 0.1 ***broederliefde*** 0.2 ***naastenliefde.***
Bruderschaft ⟨v.; ~, ~en⟩⟨rel.⟩ 0.1 ***broederschap.***

Brüderschaft ⟨v.; ~, ~en⟩ 0.1 ***broederschap, nauwe vriendschap*** ◆ 3.1 jmdm. ~ anbieten, antragen *met iem. broederschap sluiten, iem. voorstellen elkaar te tutoyeren.*

Brühe ⟨v.; ~, ~n⟩ 0.1 ***nat*** ⇒*vocht* 0.2 ***saus, jus, vleesnat*** 0.3 ***bouillon*** 0.4 ⟨inf.⟩ ***slootwater*** ⟨koffie, thee, soep⟩ 0.5 ⟨inf.⟩ ***zweet*** 0.6 ⟨amb.⟩ ***afkooksel, oplossing, saus*** ◆ 2.1 eine schmutzige ~ *goor, vuil water, smurrie* 2.3 klare ~ *heldere bouillon* 2.4 eine dünne ~ *een slappe soep* 3.5 mir läuft die ~ *ik zweet me kapot.*

brühen 0.1 ***broeien, met kokend water overgieten*** ◆ 1.1 Kaffee, Tee ~ *koffie, thee zetten.*

brühheiß 0.1 ***gloeiend, kokend heet.***

brühwarm ⟨inf.⟩ 0.1 ***gloednieuw*** ⇒*heet v.d. naald* 0.2 ***direct, meteen*** ◆ 1.1 eine ~e Neuigkeit *een nieuwtje heet van de naald* 3.2 etwas ~ weitererzählen *iets direct, meteen verder vertellen.*

Brühwürfel ⟨m.⟩ 0.1 ***bouillonblokje.***

Brühwurst ⟨v.⟩ 0.1 ***gekookte worst*** ⇒*kookworst.*

Brüllaffe ⟨m.⟩ 0.1 ***brulaap*** ⇒⟨fig.⟩ *schreeuwlelijk.*

brüllen 0.1 ***brullen*** ⇒*bulken, loeien, briesen* 0.2 ***brullen, schreeuwen*** 0.3 ***donderen, razen*** ⇒*gieren* ◆ 6.2 ~ **vor** Lachen *bulderen, gieren van het lachen;* ~ **vor** Schmerz *schreeuwen van de pijn;* das ist (ja) **zum** Brüllen! *dat is om te gillen!*

Brüller ⟨m.; ~s, ~⟩⟨inf.⟩ 0.1 ***brulaap*** ⇒*schreeuwlelijk* 0.2 ***gebrul.***

Brumm|bär, -bart ⟨m.⟩ 0.1 ***brombeer*** ⇒*knorre-, brom-, mopperpot.*

Brummbaß ⟨m.⟩⟨inf.⟩ 0.1 ***bromstem, diepe bas(stem)*** 0.2 ***contrabas.***

brummeln 0.1 ***(zachtjes) brommen.***

brummen I ⟨onov.ww.⟩ 0.1 ***brommen*** ⇒⟨fig.⟩ *knorren* 0.2 ***zoemen, gonzen*** ⇒*brommen* 0.3 ***dreunen*** ⟨ook fig.⟩ ⇒ *brommen* 0.4 ***brommen, (in de gevangenis) zitten*** 0.5 ***na-, schoolblijven*** ◆ 4.3 mir brummt der Kopf, Schädel *mijn hoofd dreunt, bonst;*
II ⟨ov.ww.⟩ 0.1 ***brommen*** 0.2 ***neuriën*** 0.3 ⟨sp.⟩ ***knallen, schieten.***

Brummer ⟨m.; ~s, ~⟩ 0.1 ***bromvlieg*** 0.2 ***(zware) vrachtauto*** 0.3 ***log, plomp persoon*** 0.4 ***bromstem, brommer*** ◆ 2.2 ein dicker ~ *een zware vrachtauto.*

Brummi ⟨m.; ~s, ~s⟩⟨inf.; scherts.⟩ 0.1 ***truck.***

brummig 0.1 ***brommerig*** ⇒*knorrig.*

Brummkreisel ⟨m.⟩ 0.1 ***bromtol.***

Brummschädel ⟨m.⟩⟨inf.⟩ 0.1 ***duf, zwaar hoofd*** ⇒*kater.*

Brunelle ⟨v.⟩ →**Braunelle.**

Brünette ⟨v.; ~, ~n⟩ 0.1 ***brunette.***

Brunft ⟨v.; ~, ~̈e⟩⟨jacht⟩ 0.1 ***bronst*** ⇒*bronsttijd.*

brunften 0.1 ***bronstig zijn.***

brunftig 0.1 ***bronstig*** ⇒*tochtig.*

Brunftzeit ⟨v.⟩ 0.1 ***bronsttijd.***

Brunnen ⟨m.; ~s, ~⟩ 0.1 ***put*** 0.2 ***bron*** ⟨ook fig.⟩, ***wel*** 0.3 ***bron-, mineraalwater*** 0.4 ***fontein*** ◆ 2.1 ein artesischer ~ *een artesische put.* →**Kind.**

Brunnenanlage ⟨v.⟩ 0.1 ***put*** 0.2 ***fontein*** 0.3 ***brongebouw.***

Brunnenkresse ⟨v.⟩ 0.1 ***waterkers.***

Brunnenkur ⟨v.⟩ 0.1 ***bron-, drinkkuur.***

Brunnenvergifter ⟨m.; ~s, ~⟩ 0.1 ⟨fig.⟩ ***lasteraar*** ⇒*(op)stoker, kwaadspreker* 0.2 ⟨jur.; iem. die het drinkwater vergiftigt⟩.

Brunnenvergiftung ⟨v.⟩ 0.1 ⟨fig.⟩ ***laster*** ⇒*leugens* 0.2 ⟨jur.⟩ ***drinkwater-, bronvergiftiging.***

Brunnenwasser ⟨o.⟩ 0.1 ***bronwater*** 0.2 ***putwater*** 0.3 ***pompwater.***

Brunst ⟨v.; ~, ~̈e⟩ 0.1 ***bronst*** ⇒*bronsttijd, bronstigheid.*

brunsten 0.1 ***bronstig zijn.***

brünstig 0.1 ***bronstig*** ⇒*tochtig, loops* 0.2 ***heet, wellustig*** ⟨van mensen⟩ ⇒*ritsig* 0.3 ⟨schr.⟩ ***innig, vurig.***

Brunstzeit ⟨v.⟩ 0.1 ***bronsttijd.***

brüsk 0.1 ***bruusk*** ⇒*bot, ruw.*

brüskieren 0.1 ***bruuskeren*** ⇒*voor het hoofd stoten.*

Brüssel ⟨o.; ~s⟩ 0.1 ***Brussel.***

Brust ⟨v.; ~, ~̈e⟩ 0.1 ***borst*** 0.2 ⟨sp.⟩ ***schoolslag, het borstzwemmen*** ◆ 3.1 ihm schwoll die ~ vor Stolz *zijn borst zwol van trots* 5.1 ~ heraus! *borst vooruit!* 6.1 jmdn. **an** die ~ drücken, ziehen *iem. aan zijn borst drukken;* sich **an** die ~ schlagen *zich op de borst kloppen, slaan;* ⟨inf.⟩ schwach **auf** der ~ sein (a) *het op de borst hebben* (b) *platzak zijn* (c) *niet veel in zijn mars hebben* (d) *ondergemotoriseerd zijn;* **aus** voller ~ *uit volle borst;* sich **in** die ~ werfen *een hoge borst (op)zetten;* ⟨inf.⟩ einen **zur** ~ nehmen *pimpelen, er eentje pakken.*

Brustbein ⟨o.⟩ 0.1 ***borstbeen.***

Brustbeutel ⟨m.⟩ 0.1 ***borstzak(je).***

Brustbild ⟨o.⟩ 0.1 ***borstbeeld*** ⇒*buste.*

Brustbreite ⟨v.⟩ 0.1 ***borstbreedte, borstomvang*** ◆ 6.1 **mit, um** ~ siegen *met een borstbreedte verschil winnen.*

Brustdrüse ⟨v.⟩ 0.1 ***borstklier.***

brüsten, sich 0.1 ***pochen (op), opscheppen*** ⇒*prat gaan.*

Brustfell ⟨o.⟩ 0.1 ***borstvlies.***

Brusthöhle ⟨v.⟩ 0.1 ***borstholte.***

Brust|kasten, -korb ⟨m.⟩ 0.1 ***borstkas*** ⇒*ribbenkast.*

Brustkrebs ⟨m.⟩ 0.1 ***borstkanker.***

Brustlage ⟨v.⟩ 0.1 ***schoolslag.***

Brustschwimmen ⟨o.⟩ 0.1 ***schoolslag.***

Brusttasche ⟨v.⟩ 0.1 ***borstzakje*** 0.2 ***binnenzak.***

Brustton ⟨m.⟩ ◆ 6.¶ **im** ~ der Überzeugung *op een toon van volle overtuiging.*

Brüstung ⟨v.; ~, ~en⟩ 0.1 ***balustrade, leuning*** 0.2 ***borstwering.***

Brustwarze ⟨v.⟩ 0.1 ***tepel.***

Brustwehr ⟨v.⟩⟨mil.⟩ 0.1 ***borstwering.***

Brustwirbel ⟨m.⟩ 0.1 ***borstwervel.***

Brut ⟨v.; ~, ~en⟩ 0.1 ***broed(sel), gebroed*** ⇒*jongen* 0.2 ***het (uit)broeden*** 0.3 ⟨fig.⟩ ***gebroed, gespuis*** 0.4 ⟨scherts.⟩ ***kroost*** ⟨kinderen⟩.

brutal 0.1 ***bruut, ruw*** ⇒*meedogenloos* 0.2 ⟨inf.⟩ ***geweldig, te gek.***

Brutalität ⟨v.; ~, ~en⟩ 0.1 ***bruutheid, ruwheid*** ⇒*meedogenloosheid, gewelddadigheid.*

Brutapparat ⟨m.⟩ 0.1 ***broedmachine.***

brüten I ⟨onov.ww.⟩ 0.1 ***broeden*** 0.2 ⟨schr.⟩ ***broeien*** ⇒ *drukken* 0.3 ⟨fig.⟩ ***broeden, (zitten) tobben, prakkeseren*** ⇒*dubben, piekeren* 0.4 ⟨nat.⟩ ***kweken*** ◆ 6.2 die Hitze brütet **über** der Stadt *de hitte ligt drukkend, broeierig op de stad* 6.3 **über** einem Entschluß ~ *over een besluit (zitten) prakkeseren, piekeren;* **über** seinen Schularbeiten ~ *met zijn huiswerk zitten tobben;*
II ⟨ov.ww.⟩ 0.1 ***beramen, (uit)broeden*** ◆ 1.1 Rache ~ *op wraak zinnen.*

brütendheiß 0.1 ***smoor-, snikheet.***

Brüter ⟨m.; ~s, ~⟩ 0.1 ***broedvogel*** 0.2 ⟨nat.⟩ ***kweekreactor.***

Bruthenne ⟨v.⟩ 0.1 ***klok-, broedhen*** ⇒*kloek.*

Brutherd ⟨m.⟩ 0.1 ⟨fig.⟩ ***broeinest*** 0.2 ⟨med.⟩ ***haard.***

Bruthitze ⟨v.⟩ 0.1 ***broeierige hitte.***

brütig 0.1 ***broeds*** ⇒*broedziek.*

Brutkasten ⟨m.⟩ 0.1 ***couveuse*** 0.2 ⟨fig.⟩ ***broeikas.***

Brutreaktor ⟨m.⟩⟨nat.⟩ 0.1 ***kweekreactor.***

Brutrevier ⟨o.⟩ 0.1 ***broedgebied.***

Brutschrank ⟨m.⟩ 0.1 ***broedstoof*** 0.2 ***broedmachine.***

Brutstätte ⟨v.⟩ **0.1** ***broedplaats*** **0.2** ⟨fig.⟩ ***broeinest.***

brutto **0.1** ***bruto.***

Bruttoeinnahme ⟨v.⟩ **0.1** ***bruto-ontvangst.***

Bruttoertrag ⟨m.⟩ **0.1** ***bruto-opbrengst.***

Bruttoregistertonne ⟨v.⟩ **0.1** ***(bruto)registerton.***

Bruttosozialprodukt ⟨o.⟩ **0.1** ***bruto nationaal product.***

Bruttoverdienst ⟨m.⟩ **0.1** ***brutoloon*** **0.2** ***brutowinst.***

brutzeln **I** ⟨onov.ww.⟩ **0.1** ***kissen, sissen*** ⇒*spetteren;* **II** ⟨ov.ww.⟩ **0.1** ***bakken, braden.***

Bub ⟨m.; ~en, ~en⟩⟨Zdd., Oostr., Zwi.⟩ **0.1** ***jongen, knaap.***

Bube ⟨m.; ~n, ~n⟩ **0.1** ⟨vero.⟩ ***schurk, schavuit, boef*** **0.2** ⟨kaartspel⟩ ***boer.***

Bubenstreich ⟨m.⟩ **0.1** ***kwajongensstreek*** **0.2** ⟨vero.⟩ ***schurkenstreek.***

Bubenstück ⟨o.⟩ **0.1** ***schurkenstreek.***

Büberei ⟨v.; ~, ~en⟩⟨vero.; schr.⟩ →**Bubenstück.**

Bubi ⟨m.; ~s, ~s⟩ **0.1** ⟨Oostr.⟩ ***joch(ie), jongetje*** **0.2** ⟨pej.⟩ ***lummel.***

Bubikopf ⟨m.⟩ **0.1** ***pagekopje.***

Buch ⟨o.; ~es, ¨~er⟩ **0.1** ***boek*** **0.2** ***draaiboek, scenario*** ⇒ *script* **0.3** ⟨kaartspel⟩ ***spel, stok (kaarten)*** **0.4** ⟨paardenrennen⟩ ***totalisator*** ◆ **2.1** ein aufgeschlagenes, offenes ~ für jmdn. sein *een open boek voor iem. zijn;* das Goldene ~ *het Gulden Boek;* ⟨inf.⟩ ein schlaues ~ *een geleerd, interessant boek* **3.1** die Bücher führen *de boeken bijhouden, boekhouden* **6.1** **hinter, über** den Büchern sitzen *achter de boeken zitten;* ein Lehrer, wie er **im** ~e steht *een volmaakte, echte leraar;* das ist für mich ein ~ **mit** sieben Siegeln *dat blijft voor mij een boek met zeven zegelen, een gesloten boek;* **zu** ~e schlagen (a) *komen (staan), aantikken* (b) ⟨fig.⟩ *(zwaar) doorwegen, doorwerken;* **zu** ~(e) stehen *te boek staan* **8.1** wie ein ~ reden *welbespraakt zijn.*

buchbindern **0.1** ***boekbinden*** ⇒*boeken binden.*

Buchdeckel ⟨m.⟩ **0.1** ***boekomslag.***

Buchdruck ⟨m.⟩ **0.1** ***boekdrukkunst*** **0.2** ***boekdruk*** ⇒*hoogdruk.*

Buchdruckerei ⟨v.⟩ **0.1** ***boekdrukkerij*** **0.2** ***boekdrukkunst, het boekdrukken.***

Buchdruckerkunst ⟨v.⟩ **0.1** ***boekdrukkunst.***

Buche ⟨v.; ~, ~n⟩ **0.1** ***beuk(enboom)*** **0.2** ***beukenhout.***

Buchecker ⟨v.⟩ **0.1** ***beukennootje.***

Bucheinband ⟨m.⟩ **0.1** ***boekband, kaft.***

buchen[1] ⟨bn.⟩ **0.1** ***beuken, beukenhouten.***

buchen[2] ⟨ov. & onov.ww.⟩ **0.1** ***boeken*** ⟨ook fig.⟩.

Buchenscheit ⟨o.⟩ **0.1** ***blok beukenhout, beukenblok.***

Bücher|bord, -brett ⟨o.⟩ **0.1** ***boekenplank.***

Bücherei ⟨v.; ~, ~en⟩ **0.1** ***(openbare) bibliotheek, boekerij.***

Bücherfreund ⟨m.⟩ **0.1** ***boekenliefhebber.***

Büchergestell ⟨o.⟩ **0.1** ***boekenrek.***

Büchergutschein ⟨m.⟩ **0.1** ***boekenbon.***

Bücherkunde ⟨v.⟩ **0.1** ***bibliografische wetenschap, bibliologie.***

Büchernarr ⟨m.⟩ **0.1** ***boekengek, bibliomaan.***

Bücherregal ⟨o.⟩ **0.1** ***boekenrek.***

Bücherrevisor ⟨m.⟩ **0.1** ***accountant.***

Büchersammlung ⟨v.⟩ **0.1** ***boekenverzameling, collectie boeken.***

Bücherschrank ⟨m.⟩ **0.1** ***boekenkast.***

Bücherstütze ⟨v.⟩ **0.1** ***boekensteun.***

Bücherverzeichnis ⟨o.⟩ **0.1** ***bibliografie*** **0.2** ***(boeken)catalogus, boekenlijst.***

Bücherwurm ⟨m.⟩ **0.1** ***boekenwurm, -worm*** ⟨ook fig.⟩.

Buchfink ⟨m.⟩ **0.1** ***(boek-, schild)vink.***

Buchforderung ⟨v.⟩⟨ec.⟩ **0.1** ***boekvordering.***

Buchführung ⟨v.⟩ **0.1** ***boekhouding.***

Buchgeld ⟨o.⟩ **0.1** ***giraal geld.***

Buchgemeinschaft ⟨v.⟩ **0.1** ***boekenclub.***

Buchgewerbe ⟨o.⟩ **0.1** ***boekenbedrijf.***

Buchhalter ⟨m.⟩ **0.1** ***boekhouder.***

buchhalterisch **0.1** ***boekhoudkundig.***

Buchhaltung ⟨v.⟩ **0.1** ***boekhouding*** ⇒*het boekhouden, boekhoudafdeling.*

Buchhändler ⟨m.⟩ **0.1** ***boekhandelaar.***

Buchhandlung ⟨v.⟩ **0.1** ***boekhandel, -winkel.***

Buchhülle ⟨v.⟩ **0.1** ***boekomslag, kaft (v.e. boek).***

Buchmacher ⟨m.⟩ **0.1** ***bookmaker.***

Buchmalerei ⟨v.⟩ **0.1** ***miniatuur, boekversiering*** **0.2** ***miniatuurschilderkunst, boekversieringskunst.***

Buchmesse ⟨v.⟩ **0.1** ***boekenbeurs.***

Buchprüfer ⟨m.⟩ **0.1** ***accountant.***

Buchs ⟨m.; ~es, ~e⟩ **0.1** ***buks(boom)*** ⇒*palmboompje.*

Buchsbaum ⟨m.⟩ →**Buchs.**

Buchse ⟨v.; ~, ~n⟩ **0.1** ***bus, naaf, mof*** **0.2** ***stopcontact.***

Büchse ⟨v.; ~, ~n⟩ **0.1** ***(conserven)blik*** **0.2** ***bus, pot(je), doos(je)*** **0.3** ***buks*** ⟨jachtgeweer⟩ **0.4** ***collectebus*** ◆ **1.2** die ~ der Pandora *de doos van Pandora* **6.3** etwas **vor** die ~ bekommen *iets onder schot krijgen.*

Büchsenfleisch ⟨o.⟩ **0.1** ***vlees in, uit blik.***

Büchsengemüse ⟨o.⟩ **0.1** ***blikgroente.***

Büchsenmacher ⟨m.⟩ **0.1** ***geweer-, buksenmaker.***

Büchsenmilch ⟨v.⟩ **0.1** ***blikjesmelk, melk in blik.***

Büchsenöffner ⟨m.⟩ **0.1** ***blikopener.***

Buchstabe ⟨m.; ~ns, ~n; 2e nv. zelden ~n⟩ **0.1** ***letter*** ⇒*letterteken* ◆ **2.1** große ~n *hoofdletters* **6.1** sich zu sehr **an** den ~n halten *te zeer naar de letter handelen;* **bis auf** den letzten ~n *naar de letter, tot het uiterste;* **nach** dem ~n gehen *naar de letter handelen* **6.¶** ⟨inf.; scherts.⟩ sich **auf** seine vier ~n setzen *(op zijn achterste) gaan zitten.*

Buchstabenfolge ⟨v.⟩ **0.1** ***alfabetische volgorde.***

buchstabengetreu **0.1** ***letterlijk.***

Buchstabenglaube ⟨m.⟩ **0.1** ***geloof naar de letter.***

Buchstabenrätsel ⟨o.⟩ **0.1** ***letterraadsel*** ⇒*logogrief.*

Buchstabenschloß ⟨o.⟩ **0.1** ***letterslot.***

buchstabieren **0.1** ***spellen.***

Buchstabiertafel ⟨v.⟩ **0.1** ***telefoonalfabet.***

buchstäblich **0.1** ***letterlijk*** ⇒⟨fig.⟩ *finaal, gewoonweg.*

Bucht ⟨v.; ~, ~en⟩ **0.1** ***baai*** ⇒*inham, bocht.*

buchtig **0.1** ***met talrijke baaien, inhammen, bochtig.***

Buchung ⟨v.; ~, ~en⟩ **0.1** ***boeking.***

Buchungsgebühr ⟨v.⟩ **0.1** ***boekingskosten.***

Buchungsmaschine ⟨v.⟩ **0.1** ***boekhoudmachine.***

Buchverleih ⟨m.⟩ **0.1** ***uitleenbibliotheek.***

Buchweizen ⟨m.⟩ **0.1** ***boekweit.***

Buchwert ⟨m.⟩⟨ec.⟩ **0.1** ***boekwaarde.***

Buchwissen ⟨o.⟩ **0.1** ***boekenwijsheid.***

Buchzeichen ⟨o.⟩ **0.1** ***blad-, leeswijzer*** **0.2** ***boekmerk, ex-libris.***

Buckel[1] ⟨m.; ~s, ~⟩ **0.1** ⟨inf.⟩ ***rug*** **0.2** ***bochel, bult*** ⇒*hoge rug* **0.3** ***heuvelrug, bult*** **0.4** ***beslag, knop*** ⟨v.e. schild⟩ **0.5** ⟨inf.⟩ ***hobbel, bult*** ◆ **2.1** einen breiten ~ haben *een brede rug hebben,* ⟨fig. ook⟩ *veel kunnen hebben* **3.1** du kannst mir den ~ runterrutschen, raufsteigen! *je kunt naar de maan lopen!;* jmdm. den ~ vollhauen *iem. een pak slaag geven* **3.2** einen ~ machen *met een kromme rug lopen, zitten* **5.1** den ~ voll bekommen *een pak slaag krijgen;* den ~ voll Schulden haben *diep in de schuld(en) zitten* **6.1** viel **auf** dem ~ haben *veel aan zijn hoofd hebben;* schon viele Jahre **auf** dem ~ haben *er al heel wat jaren op hebben zitten;* es lief mir kalt **über** den ~ *ik kreeg er koude rillingen van.*

Buckel[2] ⟨v.; ~, ~n⟩ **0.1** ***beslag, knop*** ⟨v.e. schild⟩.

buckelig →**bucklig**.

buckeln I ⟨onov.ww.⟩ 0.1 *een hoge rug zetten* 0.2 ⟨fig.⟩ *kruipen;*
II ⟨ov.ww.⟩ 0.1 *dragen, sjouwen.*

Buckelrind ⟨o.⟩ 0.1 *bultrund, zeboe.*

Buckelwal ⟨m.⟩⟨biol.⟩ 0.1 *bultrug.*

bücken, sich 0.1 *(zich) bukken* ◆ 6.1 ⟨fig.⟩ sich **vor** jmdm. ~ *voor iem. kruipen, iemands hielen likken.*

bucklig 0.1 *gebocheld, bochelig* 0.2 *hobbelig, bultig.*

Bückling ⟨m.; ~s, ~e⟩ 0.1 *bokking* ⟨vis⟩ 0.2 ⟨inf.; scherts.⟩ *diepe, onderdanige buiging.*

Buddel ⟨v.; ~, ~n⟩⟨inf.⟩ 0.1 *fles.*

Buddelei ⟨v.; ~, ~en⟩ 0.1 *gegraaf, gewroet.*

buddeln I ⟨onov.ww.⟩ 0.1 *spelen* ⟨in het zand⟩ ⇒*scheppen;*
II ⟨ov.ww.⟩ 0.1 *graven* ⇒*wroeten* 0.2 ⟨reg.⟩ *rooien* ◆ 1.2 Kartoffeln ~ *aardappels rooien.*

Buddhismus ⟨m.; ~⟩ 0.1 *boeddhisme.*

Bude ⟨v.; ~, ~n⟩ 0.1 *kraam, stalletje* 0.2 *(bouw)keet, barak* 0.3 *bouwval, keet* 0.4 *kermistent* 0.5 ⟨inf.⟩ *kamer* 0.6 ⟨inf.; pej.⟩ *tent, zaak* ◆ 2.5 ⟨scherts.⟩ eine sturmfreie ~ *een kamer waar men vrijelijk bezoek kan ontvangen* 3.5 jmdm. die ~ einlaufen *bij iem. de deur platlopen* 6.5 mir fällt die ~ **auf** den Kopf *de muren komen op me af;* jmdm. **auf** die ~ rücken (a) *het met iem. komen uitpraten* (b) *bij iem. komen binnenwaaien;* (jmdm.) die ~ **auf** den Kopf stellen *(bij iem.) de boel op zijn kop zetten.*

Budenbesitzer ⟨m.⟩ 0.1 *eigenaar v.e. kraam, kiosk* ⇒*spullenbaas, standhouder.*

Budget ⟨o.; ~s, ~s⟩ 0.1 *budget, begroting.*

Budgetberatung ⟨v.⟩ 0.1 *bespreking v.d. begroting* ⇒*begrotingsdebat.*

budgetieren 0.1 *begroten, budgetteren.*

Budgetvorlage ⟨v.⟩ 0.1 *begrotingsvoorstel, -ontwerp.*

Büfett ⟨o.; ~(e)s, ~e of ~s⟩ 0.1 *buffet* ⇒*bar* 0.2 ⟨Oostr., Zwi.⟩ *restauratie, cafetaria.*

Büfettdame ⟨v.⟩ 0.1 *buffetjuffrouw.*

Büfettier ⟨m.; ~s, ~s⟩ 0.1 *buffethouder.*

Büffel ⟨m.; ~s, ~⟩ 0.1 *buffel.*

Büffelei ⟨v.; ~, ~en⟩ 0.1 *geblok, gezwoeg.*

büffeln 0.1 *blokken, zwoegen.*

Bug ⟨m.; ~(e)s, ~e of ⸗e⟩ 0.1 *boeg* 0.2 ⟨biol.⟩ *schoft, boeg* 0.3 ⟨cul.⟩ *schouderstuk* 0.4 ⟨mv. alleen Büge; bouwk.⟩ *karbeel, schoorbalk* ◆ 6.1 jmdm. eine **vor** den ~ knallen (a) *iem. een schot voor de boeg geven* (b) *iem. een klap geven.*

Bügel ⟨m.; ~s, ~⟩ 0.1 *beugel* 0.2 *kleer-, klerenhanger* ⇒ *hanger(tje)* 0.3 *stijgbeugel* 0.4 ⟨tech.⟩ *beugel, stroomafnemer.*

Bügelautomat ⟨m.⟩ 0.1 *strijkmachine.*

Bügelbrett ⟨o.⟩ 0.1 *strijkplank.*

Bügeleisen ⟨o.⟩ 0.1 *strijkijzer.*

Bügelfalte ⟨v.⟩ 0.1 *(scherpe) vouw* ⟨in broek⟩.

bügelfest 0.1 *strijkecht.*

bügelfrei 0.1 *zelfstrijkend, no-iron.*

bügeln 0.1 *strijken* 0.2 *persen* 0.3 ⟨sp.⟩ *inmaken* ⇒*overklassen* ◆ 3.¶ gebügelt sein *paf staan.*

Bügelsäge ⟨v.⟩ 0.1 *beugel-, spanzaag.*

Büglerin ⟨v.; ~, ~nen⟩ 0.1 *strijkster* 0.2 *persster.*

Bugrad ⟨o.⟩ 0.1 *neuswiel.*

bugsieren 0.1 ⟨scheep.⟩ *boegseren, slepen* 0.2 ⟨fig.⟩ *loodsen* ⇒*dirigeren, slepen.*

Bugsierer ⟨m.; ~s, ~⟩ 0.1 *boegseer-, sleepboot.*

Buh ⟨o.; ~s, ~s⟩ 0.1 *gejouw, boegeroep.*

Bühel ⟨m.; ~s, ~⟩ →**Bühl.**

buhen 0.1 *jouwen, boe roepen.*

Bühl ⟨m.; ~(e)s, ~e⟩⟨Zdd., Oostr., Zwi.⟩ 0.1 *heuvel.*

buhlen 0.1 *dingen* 0.2 ⟨vero.; schr.⟩ *boel(er)en, minnen* ⇒ *een verhouding hebben* ◆ 6.1 **um** jmds. Gunst ~ *naar iemands gunst dingen.*

Buhler ⟨m.; ~s, ~⟩⟨vero.; schr.⟩ 0.1 *geliefde, minnaar* 0.2 *mededinger* 0.3 ⟨pej.⟩ *vrijer.*

Buhlerin ⟨v.; ~, ~nen⟩⟨vero.; schr.⟩ 0.1 *geliefde, minnares* 0.2 ⟨pej.⟩ *vrijster, maîtresse.*

buhlerisch ⟨vero.; schr.; pej.⟩ 0.1 *onkuis, zinnelijk* 0.2 *verleidelijk.*

Buhmann ⟨m.⟩ 0.1 *boeman.*

Buhne ⟨v.; ~, ~n⟩ 0.1 *krib, hoofd* ⇒*golfbreker.*

Bühne ⟨v.; ~, ~n⟩ 0.1 *toneel* ⇒*podium, platform, planken* 0.2 *toneel(wezen)* 0.3 *toneel(groep), theater* 0.4 *hefbrug* 0.5 ⟨reg.⟩ *zolder* 0.6 ⟨mijnw.⟩ *platform, portaal* ◆ 2.1 auf offener ~ *bij open doek* 2.3 die Städtische(n) ~(n) *de stadsschouwburg* 6.1 ein Stück **auf** die ~ bringen *een stuk opvoeren;* **auf** die ~ treten *het toneel opkomen;* ⟨fig.⟩ etwas **über** die ~ bringen *iets afhandelen, ten uitvoer brengen;* erfolgreich **über** die ~ gehen *met succes opgevoerd worden;* das ist glatt **über** die ~ gegangen *dat is zonder problemen, vlot gegaan;* **von** der ~ abtreten, verschwinden ⟨ook fig.⟩ *van het toneel verdwijnen;* ⟨fig.⟩ **von** der ~ des Lebens abtreten *op aarde zijn rol uitgespeeld hebben.*

Bühnenaussprache ⟨v.⟩ 0.1 *beschaafde, zuivere uitspraak.*

Bühnenautor ⟨m.⟩ 0.1 *toneelschrijver, -dichter.*

Bühnenbild ⟨o.⟩ 0.1 *(toneel)decor.*

Bühnenbildner ⟨m.⟩ 0.1 *decorontwerper.*

Bühnendichter ⟨m.⟩ 0.1 *toneelschrijver, -dichter.*

Bühnendichtung ⟨v.⟩ 0.1 *dramatische kunst* 0.2 *dramatische poëzie* 0.3 *drama, toneelstuk.*

Bühnenfassung ⟨v.⟩ 0.1 *toneelbewerking, bewerking voor het toneel.*

bühnengerecht 0.1 *geschikt voor het toneel, speelbaar.*

Bühnenkünstler ⟨m.⟩ 0.1 *toneelspeler, acteur.*

bühnenmäßig 0.1 *toneelmatig.*

Bühnenmeister ⟨m.⟩ 0.1 *toneelmeester.*

bühnenreif 0.1 *speelbaar, geschikt voor het toneel.*

Bühnenstück ⟨o.⟩ 0.1 *toneelstuk.*

Bühnenwerk ⟨o.⟩ 0.1 *toneel-, theaterstuk.*

bühnenwirksam 0.1 *geschikt voor het toneel, met toneeleffect* ◆ 3.1 das Stück ist nicht ~ *dat stuk doet het niet op het toneel.*

Buhruf ⟨m.⟩ 0.1 *gejouw, boegeroep* ⇒*gejoel.*

Bukanier ⟨m.; ~s, ~⟩ 0.1 *boekanier.*

Bukett ⟨o.; ~(e)s, ~s of ~e⟩ 0.1 *boeket, bos, ruiker* 0.2 *boeket* ⇒*aroma.*

Bukolik ⟨v.; ~⟩ 0.1 *bucolische dichtkunst.*

Bulette ⟨v.; ~, ~n⟩⟨reg.⟩ 0.1 *(gebraden) gehaktbal, bal gehakt* ◆ 6.¶ ⟨inf.⟩ ran **an** die ~n! *nou, vooruit (met de geit)!*

Bulgare ⟨m.; ~n, ~n⟩ 0.1 *Bulgaar.*

Bulgarien ⟨o.; ~s⟩ 0.1 *Bulgarije.*

bulgarisch 0.1 *Bulgaars.*

Bullauge ⟨o.⟩ 0.1 *patrijspoort* 0.2 *voorlader, klep.*

Bulldogge ⟨v.⟩ 0.1 *buldog.*

Bulldozer ⟨m.; ~s, ~⟩ 0.1 *bulldozer.*

Bulle[1] ⟨m.; ~n, ~n⟩ 0.1 *stier, bul* 0.2 *potig figuur, onbehouwen kerel* 0.3 ⟨inf.⟩ *smeris, klabak* 0.4 ⟨inf.⟩ *hoge piet, ome.*

Bulle[2] ⟨v.; ~, ~n⟩ 0.1 *bul* ⇒*oorkonde* 0.2 *zegel.*

Bullenbeißer ⟨m.⟩ 0.1 *buldog* 0.2 ⟨fig.⟩ *bullebak.*

Bullenhitze ⟨v.⟩⟨inf.⟩ 0.1 *vreselijke hitte.*

Bullenkalb ⟨o.⟩ 0.1 *stierkalf.*

bullenstark 0.1 ***oersterk.***
bullern ⟨inf.⟩ **0.1** ***borrelen, bobbelen*** **0.2** ***brullen, dreunen.***
Bulletin ⟨o.; ~s, ~s⟩ **0.1** ***bulletin*** ⇒*communiqué.*
bullig **0.1** ***fors, stoer*** ⇒*potig* **0.2** ⟨inf.⟩ ***ontzettend, vreselijk*** ◆ **1.2** eine ~e Hitze *een ondraaglijke hitte.*
Bully ⟨o.; ~s, ~s⟩⟨hockey⟩ **0.1** ***bully.***
Bülte ⟨v.; ~, ~n⟩ **0.1** ***bult, hoogte*** ⟨in moerasland⟩.
Bumerang ⟨m.; ~s, ~e of ~s⟩ **0.1** ***boemerang.***
Bummel ⟨m.; ~s, ~⟩ **0.1** ***wandeling*** ⇒*rondgang, tochtje* **0.2** ***boemel, kroegentocht*** ◆ **3.1** einen ~ machen *flaneren, rondslenteren.*
Bummelant ⟨m.; ~en, ~en⟩ **0.1** ***treuzelaar*** **0.2** ***leegloper, lanterfant(er).***
Bummelei ⟨v.; ~, ~en⟩ **0.1** ***getreuzel, gesukkel*** **0.2** ***leegloperij, gelanterfant.***
bummeln **0.1** ***(rond)slenteren*** ⇒*wandelen, flaneren* **0.2** ***treuzelen*** **0.3** ***lanterfanten*** ⇒*luilakken, lijntrekken* **0.4** ***aan de zwier gaan, de kroegen aflopen.***
Bummelstreik ⟨m.⟩ **0.1** ***langzaam-aan-actie.***
Bummelzug ⟨m.⟩ **0.1** ***stop-, boemeltrein.***
Bummler ⟨m.; ~s, ~⟩ **0.1** ***wandelaar, slenteraar*** **0.2** ***treuzelaar*** **0.3** ***lanterfant(er), leegloper*** **0.4** ***nachtbraker.***
bummlig **0.1** ***langzaam, traag*** **0.2** ***nonchalant, laks.***
bums! **0.1** ***boem!, bons!, bom!***
Bums ⟨m.; ~es, ~e⟩ **0.1** ***bons, klap*** **0.2** ***tent, ordinaire dancing*** **0.3** ⟨voetbal⟩ ***schot.***
bumsen ⟨inf.⟩ **I** ⟨ov. & onov.ww.⟩ **0.1** ***naaien, neuken*** **0.2** ⟨sp.⟩ ***schieten, knallen;***
II ⟨onov.ww.⟩ **0.1** ***dreunen*** **0.2** ***bonzen*** ⇒*kloppen* ◆ **4.2** es hat mal wieder gebumst! *het is weer eens raak geweest!* ⟨er is een ongeluk gebeurd⟩.
Bumslokal ⟨o.⟩ **0.1** ***tent, ordinaire dancing.***
Bumsmusik ⟨v.⟩ **0.1** ***hoempamuziek.***
Bund[1] ⟨m.; ~(e)s, ⁓e⟩ **0.1** ***bond, verbond, vereniging*** ⇒*partij, groep, federatie* **0.2** ***bond*** ⇒*band, verbond, bondgenootschap, (con)federatie* **0.3** ***band*** ⟨van broek, rok⟩ **0.4** ***bondsregering, federale, nationale, centrale regering*** **0.5** ⟨inf.⟩ ***het Duitse leger*** **0.6** ⟨muz.⟩ ***dwarsstaafje*** ◆ **1.2** den ~ der Ehe eingehen, schließen *in de echt treden* **2.2** der Alte und der Neue ~ *het Oude en het Nieuwe Verbond* **6.2** den ~ **fürs** Leben schließen *in de echt, het huwelijk treden;* **im** ~e mit *in vereniging, samen met;* **mit** jmdm. **im** ~e sein, stehen *met iem. verbonden zijn* **6.5** **beim** ~ sein (a) *bij het leger zijn* (b) *in dienst zijn* (c) ⟨inf.⟩ *werkzaam zijn op een ministerie.*
Bund[2] ⟨o.; ~(e)s, ~e⟩ **0.1** ***bos*** ⇒*bosje* **0.2** ***bundel, pak.***
Bündel ⟨o.; ~s, ~⟩ **0.1** ***bundel, bos*** ⇒*pak(je), hoop, stapel* **0.2** ⟨fig.⟩ ***pakket*** ⇒*bundel, reeks* **0.3** ⟨inf.⟩ ***wurm(pje), baby*** **0.4** ⟨wisk.⟩ ***bundel*** ◆ **1.1** ein ~ Nerven *één brok, bonk zenuwen* **3.1** ⟨fig.⟩ sein ~ schnüren *zijn boeltje pakken.*
bündeln **0.1** ***bundelen*** ⟨ook fig.⟩ ⇒***(in bosjes) binden.***
bündelweise **0.1** ***gebundeld, in bundels*** ⇒*in, bij bosjes.*
Bundesamt ⟨o.⟩ **0.1** ***federale dienst, instantie*** ⇒*rijksbureau.*
Bundesanstalt ⟨v.⟩ **0.1** ***federaal bureau, instituut*** ⇒*rijksinstituut.*
Bundesanwalt ⟨m.⟩ **0.1** ***procureur bij het hoogste federale gerechtshof*** ⟨in de BRD⟩ **0.2** ⟨Zwi.⟩ ***officier van justitie.***
Bundesautobahn ⟨v.⟩ **0.1** ***autosnelweg*** ⟨in de BRD en Oostr.⟩.
Bundesbahn ⟨v.⟩ **0.1** ***de Spoorwegen*** ⟨in de BRD, Oostr., Zwi.⟩.
Bundesbank ⟨v.⟩ **0.1** ***Nationale Bank*** ⟨v.d. BRD⟩.
Bundesbehörde ⟨v.⟩ **0.1** ***federale instantie, dienst.***
Bundesbruder ⟨m.⟩⟨stud.⟩ **0.1** ***lid van eenzelfde studentencorps.***
Bundesbürger ⟨m.⟩ **0.1** ***Duitser, burger v.d. Duitse Bondsrepubliek.***
bundesdeutsch **0.1** ***Duits, v.d. Duitse Bondsrepubliek.***
Bundesdeutsche(r) ⟨bn. als zn.⟩ →**Bundesbürger.**
Bundesebene ⟨v.⟩ ◆ **6.¶** **auf** ~ *op landelijk, nationaal niveau.*
bundeseigen **0.1** ***(in) eigendom v.d. federale overheid*** ⇒*staats-, rijks-.*
bundeseinheitlich **0.1** ***uniform voor, in de hele Bondsrepubliek*** ⇒*landelijk (uniform).*
Bundesgebiet ⟨o.⟩ **0.1** ***gebied v.d. Duitse Bondsrepubliek.***
Bundesgenosse ⟨m.⟩ **0.1** ***bondgenoot.***
Bundesgerichtshof ⟨m.⟩ **0.1** ***hoogste federale gerechtshof*** ⟨in de BRD⟩.
Bundesgesetzblatt ⟨o.⟩ **0.1** ***Staatsblad.***
Bundesgrenzschutz ⟨m.⟩ **0.1** ***grensbewakingskorps*** ⟨v.d. BRD⟩.
Bundeshaus ⟨o.⟩ **0.1** ***nationaal parlement(sgebouw).***
Bundeshaushalt ⟨m.⟩ **0.1** ***nationale begroting, rijksbegroting.***
Bundeskanzler ⟨m.⟩ **0.1** ***bondskanselier*** **0.2** ⟨Zwi.⟩ ***griffier, kanselier v.h. parlement.***
Bundeskriminalamt ⟨o.⟩ **0.1** ***federale recherche*** ⟨v.d. BRD⟩.
Bundeslade ⟨v.⟩⟨rel.⟩ **0.1** ***bondkist, ark des verbonds.***
Bundesland ⟨o.⟩ **0.1** ***deelstaat*** ◆ **2.1** die alten, neuen ⁓er *de oude, nieuwe deelstaten.*
Bundesliga ⟨v.⟩⟨sp.⟩ **0.1** ***Duitse eredivisie.***
Bundesminister ⟨m.⟩ **0.1** ***federaal minister, bondsminister.***
Bundespost ⟨v.⟩ **0.1** ***posterijen*** ⟨v.d. BRD⟩.
Bundespräsident ⟨m.⟩ **0.1** ***bondspresident*** ⟨v.d. BRD en Oostr.⟩ **0.2** ⟨Zwi.⟩ ***minister-president.***
Bundesrat ⟨m.⟩ **0.1** ***Bondsraad, federale senaat*** **0.2** ⟨Zwi.⟩ ***(bonds)regering*** ⇒*nationale, federale regering* **0.3** ⟨Oostr.⟩ ***bondsraadslid*** **0.4** ⟨Zwi.⟩ ***minister.***
Bundesrechnungshof ⟨m.⟩ **0.1** ***algemene rekenkamer*** ⟨v.d. BRD⟩.
Bundesregierung ⟨v.⟩ **0.1** ***bondsregering*** ⇒*federale, nationale regering.*
Bundesrepublik ⟨v.⟩ **0.1** ***Bondsrepubliek*** ◆ **1.1** ~ Deutschland *Duitse Bondsrepubliek.*
bundesrepublikanisch **0.1** ***Duits, v.d. Duitse Bondsrepubliek.***
Bundesstaat ⟨m.⟩ **0.1** ***bondsstaat*** ⇒*confederatie* **0.2** ***deelstaat.***
bundesstaatlich **0.1** ***federaal*** ⇒*federatief, federalistisch.*
Bundesstraße ⟨v.⟩ **0.1** ***rijksweg.***
Bundestag ⟨m.⟩ **0.1** ***Bondsdag.***
Bundestagsabgeordnete(r) ⟨bn. als zn.⟩ **0.1** ***parlementariër, parlementslid.***
Bundestagswahl ⟨v.⟩ **0.1** ***parlementsverkiezing(en).***
Bundesverfassung ⟨v.⟩ **0.1** ***federale grondwet.***
Bundesverfassungsgericht ⟨o.⟩ **0.1** ***federaal constitutioneel (gerechts)hof.***
Bundesversammlung ⟨v.⟩ **0.1** ⟨kiescollege van afgevaardigden v.d. 'Bundestag' en de 'Landtage' ter verkiezing v.d. Duitse 'Bundespräsident'⟩ **0.2** ⟨Zwi.⟩ ***nationaal parlement.***
Bundesvorstand ⟨m.⟩ **0.1** ***bonds-, federatiebestuur.***
Bundeswehr ⟨v.⟩ **0.1** ***leger*** ⟨v.d. BRD⟩.
bundesweit **0.1** ***in de hele Bondsrepubliek, landelijk, nationaal.***
Bundhose ⟨v.⟩ **0.1** ***kniebroek*** ⇒*knickerbocker.*
bündig **0.1** ***bondig*** ⇒*krachtig* **0.2** ***overtuigend, afdoend*** ⇒

logisch **0.3** ***vlak, gelijk*** ◆ **3.3** die Balken liegen ~ *die balken liggen in één vlak, gelijk.*

Bündigkeit ⟨v.; ~, ~en⟩ **0.1** ***bondigheid*** ⇒*kracht* **0.2** ***bewijskracht, geldigheid.***

bündisch **0.1** ***bij de jeugdbeweging aangesloten*** ⇒*georganiseerd.*

Bündnis ⟨o.; ~ses, ~es⟩ **0.1** ***bondgenootschap*** ⇒*alliantie, verbond* **0.2** ***band*** ⇒*het samengaan, verbintenis* ◆ **6.1** **im ~ mit** *samen, in vereniging met.*

bündnisfrei **0.1** ***niet-gebonden, neutraal.***

Bündnisgrüne ⟨alleen mv.⟩⟨pol.⟩ **0.1** ***coalitie van groene partijen in Duitsland.***

Bündnispartner ⟨m.⟩ **0.1** ***bondgenoot*** ⇒*verdragspartner.*

Bündnispolitik ⟨v.⟩ **0.1** ***gemeenschappelijke politiek*** ⇒*politiek v.e. bondgenootschap, alliantie.*

Bundweite ⟨v.⟩ **0.1** ***taillewijdte.***

Bungalow ⟨m.; ~s, ~s⟩ **0.1** ***bungalow.***

Bunge ⟨v.; ~, ~n⟩ **0.1** ***fuik.***

Bunker ⟨m.; ~s, ~⟩ **0.1** ***bunker*** **0.2** ***bajes.***

bunkern **0.1** ***bunkeren*** ⇒*inslaan.*

Bunsenbrenner ⟨m.⟩ **0.1** ***bunsenbrander.***

bunt **0.1** ***bont*** ⇒*kleurig* **0.2** ***bont, gevarieerd*** **0.3** ***bont, rommelig*** ◆ **1.¶** ⟨pol.⟩ ~e Parteien *linkse milieupartijen* **5.3** es zu ~ treiben *het te bont maken;* das wird mir zu ~! *dat wordt, is me al te gortig!*

Buntdruck ⟨m.⟩ **0.1** ***kleurendruk.***

buntfarbig **0.1** ***bont, veelkleurig.***

buntgemischt **0.1** ***bont, gemengd, bont geschakeerd*** ⇒*gevarieerd.*

Buntheit ⟨v.; ~, ~en⟩ **0.1** ***bontheid, kleurenrijkdom*** **0.2** ⟨fig.⟩ ***gevarieerdheid, verscheidenheid.***

Buntmetall ⟨o.⟩ **0.1** ***non-ferrometaal.***

Buntpapier ⟨o.⟩ **0.1** ***(gegomd) gekleurd papier.***

buntscheckig **0.1** ***bontgevlekt.***

buntschillernd **0.1** ***veelkleurig, iriserend.***

Buntspecht ⟨m.⟩ **0.1** ***bonte specht.***

Buntstift ⟨m.⟩ **0.1** ***kleurpotlood.***

Buntwäsche ⟨v.⟩ **0.1** ***bontgoed, bonte was.***

Bürde ⟨v.; ~, ~n⟩⟨schr.⟩ **0.1** ***(drukkende) last*** ⇒*vracht* ◆ **3.1** ⟨fig.⟩ jmdm. eine große ~ auferlegen, aufladen *iem. een grote, zware last opleggen.* →**Würde.**

bürden ⟨vero.⟩ **0.1** ***belasten*** ⇒*op de hals schuiven.*

Burenkrieg ⟨m.⟩ **0.1** ***Boerenoorlog.***

Bürette ⟨v.; ~, ~n⟩ **0.1** ***buret, maatglas.***

Burg ⟨v.; ~, ~en⟩ **0.1** ***burcht*** ⇒*slot, kasteel* **0.2** ***(zand)kuil, put*** ⇒*(zand)wal* **0.3** ***beverhol.***

Bürge ⟨m.; ~n, ~n⟩ **0.1** ***borg*** ⇒*borgsteller.*

bürgen **0.1** ***borg staan, instaan*** ⇒*zich borg stellen.*

Bürger ⟨m.; ~s, ~⟩ **0.1** ***burger.***

Bürgerbegehren ⟨o.⟩ **0.1** ***actie voor een referendum.***

Bürgerin ⟨v.; ~, ~nen⟩ **0.1** ***burgeres.***

Bürgerinitiative ⟨v.⟩ **0.1** ***actiegroep.***

Bürgerkrieg ⟨m.⟩ **0.1** ***burgeroorlog.***

bürgerlich **0.1** ***burgerlijk*** ⇒*civiel* **0.2** ⟨pej.⟩ ***(klein)burgerlijk, bourgeois*** ◆ **1.1** das Bürgerliche Gesetzbuch *het Burgerlijk Wetboek.*

Bürgermeister ⟨m.⟩ **0.1** ***burgemeester*** **0.2** ***wethouder.***

Bürgermeisteramt ⟨o.⟩ **0.1** ***gemeentehuis*** **0.2** ***burgemeesterschap*** **0.3** ***gemeentesecretarie.***

bürgernah **0.1** ***dicht bij de mensen (staand), naar de mensen toe.***

Bürgerrecht ⟨o.⟩ **0.1** ***burgerrecht*** ⇒*burgerschap.*

Bürgerrechtler ⟨m.; ~s, ~⟩ **0.1** ***strijder voor burgerrechten.***

Bürgerschaft ⟨v.; ~, ~en⟩ **0.1** ***burgerij*** **0.2** ***parlement*** ⟨van hanzesteden⟩.

Bürgerschreck ⟨m.⟩⟨inf.; iron.⟩ **0.1** ***schrik v.d. burgerij.***

Bürgersteig ⟨m.⟩ **0.1** ***trottoir, stoep.***

Bürgertum ⟨o.; ~s⟩ **0.1** ***burgerij, bourgeoisie.***

Bürgerwehr ⟨v.⟩ **0.1** ***burgerwacht.***

Burgfriede(n) ⟨m.⟩ **0.1** ***godsvrede*** ⇒⟨pol. vooral⟩ *wapenstilstand.*

Burggraben ⟨m.⟩ **0.1** ***burcht-, slotgracht.***

Burggraf ⟨m.⟩ **0.1** ***burggraaf.***

Burghof ⟨m.⟩ **0.1** ***burcht-, slotplein.***

Bürgschaft ⟨v.; ~, ~en⟩ **0.1** ***borgtocht, borgstelling*** ⇒*borg, waarborg(som)* ◆ **3.1** eine ~ übernehmen *borg staan, instaan;* ~ leisten *borg staan, blijven* **6.1** eine ~ **von** 2.000 Mark *een borgsom van 2.000 mark.*

Burgund ⟨o.; ~s⟩ **0.1** ***Bourgondië.***

Burgunder ⟨m.; ~s, ~⟩ **0.1** ***bourgogne(wijn)*** **0.2** ***Bourgondiër.***

Burgverlies ⟨o.⟩ **0.1** ***onderaardse kerker.***

Burgvogt ⟨m.⟩ **0.1** ***burchtvoogd, slotheer.***

burisch **0.1** ***v.d. Boeren, Boeren-.***

burlesk **0.1** ***burlesk, kluchtig, potsierlijk*** ⇒*plat, boertig.*

Burleske ⟨v.; ~, ~n⟩ **0.1** ***burleske.***

Burnout ⟨acc. wiss.⟩⟨o.; ~s, ~s⟩⟨med.⟩ **0.1** ***burn(t)-outsyndroom.***

Burnus ⟨m.; ~(ses), ~se⟩ **0.1** ***boernoes.***

Büro ⟨o.; ~, ~s⟩ **0.1** ***bureau, kantoor*** ◆ **6.1** **ins** ~ gehen, fahren *naar kantoor gaan.*

Büroangestellte(r) ⟨bn. als zn.⟩ **0.1** ***employé, kantoorbediende*** ⇒*administratief medewerk(st)er.*

Büroarbeit ⟨v.⟩ **0.1** ***kantoorwerk(zaamheden).***

Bürobedarf ⟨m.⟩ **0.1** ***kantoorbenodigdheden, -behoeften.***

Bürogehilfin ⟨v.⟩ **0.1** ***kantoormeisje.***

Bürohaus ⟨o.⟩ **0.1** ***kantoorgebouw, -flat.***

Bürohengst ⟨m.⟩⟨inf.; pej.⟩ **0.1** ***bureauhengst*** ⇒*bureelrat.*

Büroklammer ⟨v.⟩ **0.1** ***paperclip.***

Bürokraft ⟨v.⟩ **0.1** ***employé, kantoorbediende.***

Bürokrat ⟨m.; ~en, ~en⟩ **0.1** ***bureaucraat.***

bürokratisieren **0.1** ***verbureaucratiseren.***

Büromaschine ⟨v.⟩ **0.1** ***kantoormachine.***

Büromöbel ⟨o.⟩ **0.1** ***kantoormeubel.***

Büroraum ⟨m.⟩ **0.1** ***kantoor(ruimte).***

Büroschluß ⟨m.⟩ ◆ **6.¶** **nach** ~ *na kantoor(tijd).*

Bürotätigkeit ⟨v.⟩ **0.1** ***kantoorwerk(zaamheden).***

Bursch ⟨m.; ~en, ~en⟩ **0.1** ⟨reg.⟩ ***kerel, knaap*** **0.2** ⟨stud.⟩ ***lid v.e. studentencorps.***

Bürschchen ⟨o.; ~s, ~⟩ **0.1** ***jochie, kerel, knaap(je).***

Bursche ⟨m.; ~n, ~n⟩ **0.1** ***knaap, jongen*** ⇒*kerel* **0.2** ⟨pej.⟩ ***kerel*** ⇒*vent, vlegel* **0.3** ⟨mil.⟩ ***oppasser*** **0.4** ⟨inf.⟩ ***kanjer, prachtexemplaar*** **0.5** ⟨iron.⟩ ***snuiter*** ◆ **2.1** ein lustiger ~ *een vrolijke klant;* ein niedlicher ~ *een aardig ventje, kereltje;* ein strammer ~ *een stevige jongen, een flinke, potige kerel;* ein toller ~ *een toffe kerel* **2.2** ein sauberer ~! *een lieve, mooie jongen!*

Burschenschaft ⟨v.; ~, ~en⟩ **0.1** ***studentencorps.***

burschikos **0.1** ***jongensachtig*** ⇒*ongedwongen, vlot* **0.2** ***studentikoos.***

Bürste ⟨v.; ~, ~n⟩ **0.1** ***borstel*** ⟨ook tech.⟩ **0.2** ***stekelhaar.***

bürsten **0.1** ***borstelen.***

Bürstenbinder ⟨m.⟩ ◆ **8.¶** ⟨inf.⟩ wie ein ~ *ontzettend, als een gek.*

Bürstenfrisur ⟨v.⟩ **0.1** ***bebop(kapsel).***

Bürstenschnitt ⟨m.⟩ **0.1** ***bebop(kapsel).***

Bürzel ⟨m.; ~s, ~⟩ **0.1** ⟨biol.⟩ ***stuit*** **0.2** ⟨jacht⟩ ***staart.***

Bus ⟨m.; ~ses, ~se⟩ **0.1** ***bus.***

Busch ⟨m.; ~es, ~̈e⟩ **0.1** ***struik, heester*** **0.2** ***struikgewas, kreupelhout*** **0.3** ***oerwoud, wildernis*** ⇒*jungle, rimboe* **0.4**

bos, boeket **0.5** ***pluk, bosje*** ⇒*pluim* ◆ **6.¶ auf** den ~ klopfen *polsen, een balletje opgooien;* es ist etwas **im** ~ *er is iets op til, komst;* sich seitwärts **in** die Büsche schlagen *zich uit de voeten maken;* **mit** etwas **hinterm** ~ halten *iets achterhouden.*

Buschbohne ⟨v.⟩ **0.1** ***stamboon.***

Büschel ⟨o.; ~s, ~⟩ **0.1** ***bos(je), bundel*** ⇒*pluk.*

büschelweise 0.1 ***in, bij bosjes.***

Buschhemd ⟨o.⟩ **0.1** ***ruim, lang hemd, kiel(tje).***

buschig 0.1 ***ruig*** ⇒*borstelig* **0.2** ***dichtbegroeid*** ⇒*dicht, vol.*

Buschmann ⟨m.⟩ **0.1** ***Bosjesman.***

Buschmesser ⟨o.⟩ **0.1** ***hak-, kapmes.***

Buschneger ⟨m.⟩ **0.1** ***bosneger.***

Buschrose ⟨v.⟩ **0.1** ***struikroos.***

Buschwerk ⟨o.⟩ **0.1** ***struikgewas.***

Buschwindröschen ⟨o.⟩ **0.1** ***bosanemoon.***

Busen ⟨m.; ~s, ~⟩ **0.1** ***boezem*** ⇒*borst* **0.2** ⟨schr.⟩ ***hart, gemoed, boezem*** **0.3** ***baai, golf, boezem*** ◆ **6.1 am** ~ der Natur *in contact met de natuur* **6.2** ein Geheimnis **in** seinem ~ verschließen *een geheim in zijn hart wegsluiten.*

busenfrei 0.1 ***topless.***

Busenfreund ⟨m.⟩ **0.1** ***boezemvriend.***

Busenstar ⟨m.⟩ **0.1** ***seksbom.***

Busfahrer ⟨m.⟩ **0.1** ***buschauffeur.***

busig 0.1 ***met een grote, volle, weelderige boezem.***

Bussard ⟨m.; ~s, ~e⟩ **0.1** ***buizerd.***

Buße ⟨v.; ~, ~n⟩ **0.1** ⟨rel.⟩ ***boete*** ⇒*boetedoening, biecht* **0.2** ⟨jur.⟩ ***boete, straf*** ⇒*schadevergoeding* ◆ **6.2** jmdn. (**für** etwas) **mit** einer ~ belegen *iem. (voor iets) een straf opleggen.*

busseln ⟨Zdd., Oostr.⟩ **0.1** ***kussen, zoenen.***

büßen 0.1 ***boeten*** ⇒*boete doen,* ⟨fig. ook⟩ *moeten bekopen, de tol betalen* **0.2** ⟨Zwi.⟩ ***beboeten*** ◆ **4.1** das sollst du mir ~! *daar zul je voor boeten!* **6.1** etwas **mit** dem Leben ~ *iets met de dood (moeten) bekopen.*

Büßer ⟨m.; ~s, ~⟩ **0.1** ***boetvaardige, boeteling.***

Büßergewand ⟨o.⟩ **0.1** ***boetekleed, boetgewaad.***

Busserl ⟨o.; ~s, ~(n)⟩⟨Zdd., Oostr.⟩ **0.1** ***kus, zoen.***

bußfertig 0.1 ***boetvaardig, berouwvol.***

Bußgang ⟨m.⟩⟨schr.⟩ **0.1** ***(gang ter) boetedoening, boetetocht.***

Bußgebet ⟨o.⟩ **0.1** ***boetgebed.***

Bußgeld ⟨o.⟩ **0.1** ***(geld)boete*** ⇒*bekeuring, straf.*

Bußgeldbescheid ⟨m.⟩ **0.1** ***proces-verbaal*** ⇒*bekeuring.*

Bussole ⟨v.; ~, ~n⟩ **0.1** ***boussole.***

Bußpredigt ⟨v.⟩ **0.1** ***boetpredikatie, boet(e)preek.***

Bußtag ⟨m.⟩ **0.1** ***boete-, vastendag*** **0.2** ***boete- en biddag.***

Bußübung ⟨v.⟩ **0.1** ***boetedoening*** ⇒*penitentie.*

Buß- und Bettag ⟨m.⟩ **0.1** ***boete- en biddag.***

Büste ⟨v.; ~, ~n⟩ **0.1** ***buste.***

Büstenhalter ⟨m.⟩ **0.1** ***bustehouder, beha, bh.***

Butan ⟨o.; ~s, ~e⟩ **0.1** ***butaan.***

Butt ⟨m.; ~(e)s, ~e⟩ **0.1** ***bot*** ⟨vis⟩.

Bütt ⟨v.; ~, ~en⟩⟨reg.⟩ **0.1** ***buut, carnavalstobbe.***

Butte ⟨v.; ~, ~n⟩⟨Zdd., Oostr., Zwi.⟩ **0.1** ***tobbe, kuip*** **0.2** ⟨wijnbouw⟩ ***mand, draagkorf*** ⟨voor druiven⟩.

Bütte ⟨v.; ~, ~n⟩ **0.1** ***tobbe, kuip*** **0.2** ⟨ind.⟩ ***werk-, papierkuip.***

Büttel ⟨m.; ~s, ~⟩ **0.1** ***voetveeg, knechtje*** **0.2** ⟨vero.⟩ ***gerechtsdienaar, beulsknecht*** **0.3** ⟨vero.; pej.⟩ ***smeris*** ◆ **4.1** ich bin nicht dein ~! *ik ben je knechtje niet!*

Bütten ⟨o.; ~s⟩ **0.1** ***geschept, Oud-Hollands papier.***

Büttenrede ⟨v.⟩ **0.1** ***carnavalsspeech.***

Butter ⟨v.; ~⟩ **0.1** ***boter*** ⇒*roomboter* ◆ **6.1** jmdm. die ~ **auf** dem Brot nicht gönnen *iem. het licht in de ogen niet gunnen;* alles (ist) **in** (bester) ~! *alles (is) in orde, voor mekaar!;* jmdm. fällt die ~ **vom** Brot *iem. staat perplex;* ich lasse mir die ~ nicht **vom** Brot nehmen *ik laat me de kaas niet van het brood eten* **8.1** schmelzen wie ~ an der Sonne *verdwijnen als sneeuw voor de zon;* weich wie ~ (a) *(zo) zacht, mals als boter* (b) ⟨fig.⟩ *weekhartig, met een klein hartje.*

Butterbrot ⟨o.⟩ **0.1** ***boterham*** ◆ **6.1** ⟨fig.⟩ jmdm. etwas **aufs** ~ schmieren, streichen *iem. iets op zijn brood geven;* **für** ein ~ arbeiten *voor een krats werken;* etwas **für**, **um** ein ~ bekommen *iets voor een appel en een ei krijgen.*

Buttercremetorte ⟨v.⟩ **0.1** ***crèmetaart.***

Butterdose ⟨v.⟩ **0.1** ***botervloot(je).***

Butterflystil ⟨m.⟩⟨sp.⟩ **0.1** ***vlinderslag.***

Buttergebäck ⟨o.⟩ **0.1** ***(room)botergebak(je).***

butterig →**buttrig.**

Butterkäse ⟨m.⟩ **0.1** ***roomkaas.***

Butterkeks ⟨m.⟩ **0.1** ***boterkoekje.***

Butterkuchen ⟨m.⟩ **0.1** ***kruimeltjesvlaai*** **0.2** ***botercake.***

Buttermilch ⟨v.⟩ **0.1** ***karnemelk.***

buttern I ⟨onov.ww.⟩ **0.1** ***karnen*** ⇒*boter maken* **0.2** ***boteren, tot boter worden;***

II ⟨ov.ww.⟩ **0.1** ***beboteren, met boter (be)smeren*** **0.2** ⟨sp.⟩ ***knallen, schieten*** ◆ **6.¶** Geld **in** ein Projekt ~ *geld in een project steken, stoppen.*

butterweich 0.1 ***(zo) zacht, mals als boter, boterzacht, smeuïg*** **0.2** ⟨fig.⟩ ***weekhartig, toegeeflijk.***

buttrig 0.1 ***boterachtig.***

Butzemann ⟨m.⟩ **0.1** ***boeman.***

Butzenscheibe ⟨v.⟩ **0.1** ⟨in lood gevat rond ruitje met een verdikking in het midden⟩.

Buxtehude ⟨o.⟩ ◆ **6.¶ in, aus, nach** ~ *in, uit, naar Nergenshuizen.*

b.w. ⟨afk.⟩ [bitte wenden!].

Bypass ⟨m.; ~, ~̈e⟩⟨med.⟩ **0.1** ***bypass.***

Byte ⟨o.; ~(s), ~(s)⟩⟨comp.⟩ **0.1** ***byte.***

byzantinisch 0.1 ***Byzantijns.***

Byzanz ⟨o.; ~⟩ **0.1** ***Byzantium.***

bzw. ⟨afk.⟩ →**beziehungsweise.**

c, C ⟨o.; ~, ~⟩ **0.1** ***c, C*** ⇒*klank c, letter c, C.*
ca. ⟨afk.⟩ →**zirka.**
Café ⟨o.; ~s, ~s⟩ **0.1** ***tea-, lunchroom.***
Camion ⟨m.; ~s, ~s⟩⟨Zwi.⟩ **0.1** ***vrachtwagen.***
campen 0.1 ***kamperen.***
Camper ⟨m.; ~s, ~⟩ **0.1** ***kampeerder.***
Camping ⟨o.; ~s⟩ **0.1** ***het kamperen, camping*** ◆ **6.1** zum ~ fahren *gaan kamperen.*
Campingbeutel ⟨m.⟩ **0.1** ***sporttas.***
Campingführer ⟨m.⟩ **0.1** ***kampeergids.***
Campingliege ⟨v.⟩ **0.1** ***stretcher.***
Campingplatz ⟨m.⟩ **0.1** ***camping, kampeerterrein.***
Campingzubehör ⟨o.⟩ **0.1** ***kampeerbenodigdheden.***
cand. ⟨afk.⟩ →**Kandidat.**
Cannabis ⟨m.; ~⟩ **0.1** ***cannabis, hennep*** **0.2** ***hasjiesj.***
Cape ⟨o.; ~s, ~s⟩ **0.1** ***cape.***
Caravan ⟨m.; ~s, ~s⟩ **0.1** ***stationcar*** **0.2** ***caravan.***
Cäsar ⟨m.; ~s⟩ **0.1** ***Caesar.***
Cäsarentum ⟨o.; ~s⟩ **0.1** ***cesarisme.***
Cäsium ⟨o.; ~s⟩ **0.1** ***cesium.***
CD ⟨v.; ~, ~(s)⟩ **0.1** ***cd*** ⇒*compact disc.*
CD-Platte ⟨v.⟩ **0.1** ***compact disc, cd.***
CD-Player ⟨m.; ~s, ~⟩ →**CD-Spieler.**
CD-ROM ⟨v.; ~, ~(s)⟩⟨comp.⟩ **0.1** ***cd-rom.***
CD-ROM-Laufwerk ⟨o.⟩ **0.1** ***cd-romspeler.***
CD-Spieler ⟨m.⟩ **0.1** ***cd-speler*** ⇒*compactdiscspeler.*
CDU ⟨v.; ~⟩⟨afk.⟩ [Christlich-Demokratische Union (Deutschlands)].
Cellist ⟨m.; ~en, ~en⟩ **0.1** ***cellist.***
Cello ⟨o.; ~, ~s of Celli⟩ **0.1** ***cello, violoncel.***
Cellophan ⟨o.; ~s⟩ **0.1** ***cellofaan.***
Cembalo ⟨o.; ~s, ~s of Cembali⟩ **0.1** ***cembalo.***
Cercle ⟨m.; ~s, ~s⟩ **0.1** ⟨Oostr.⟩ ***eerste, voorste rijen.***
cf ⟨afk.⟩ [cost and freight].
cf(r). ⟨afk.⟩ →**confer.**
CH ⟨afk.⟩ [Confoederatio Helvetica, Zwitserland].
Chagrin ⟨o.; ~s⟩ **0.1** ***segrijn*** ⟨leer⟩.
Chaise longue ⟨v.; ~, ~n of ~s; inf. ook o.; ~s, ~s⟩ **0.1** ***chaise longue.***
chaldäisch 0.1 ***Chaldeeuws.***
Chalet ⟨o.; ~s, ~s⟩ **0.1** ***chalet.***
Chamäleon ⟨o.; ~s, ~s⟩ **0.1** ***kameleon*** ⟨ook fig.⟩.
Champagner ⟨m.; ~s, ~⟩ **0.1** ***champagne(wijn).***
Champignon ⟨m.; ~s, ~s⟩ **0.1** ***champignon.***
Chance ⟨v.; ~, ~n⟩ **0.1** ***kans*** ◆ **2.1** nicht die geringste ~ *geen schijn van kans* **3.1** ~n haben *kans maken, goede kansen hebben;* die ~n waren gering *de kans was klein.*
Chancengleichheit ⟨v.⟩ **0.1** ***gelijke kansen.***
changieren 0.1 ***changeren*** ⟨van stoffen⟩.
Chanson ⟨o.; ~s, ~s⟩ **0.1** ***chanson.***
Chaos ⟨o.; ~⟩ **0.1** ***chaos.***
Chaot ⟨m.; ~en, ~en⟩ **0.1** ***gewelddadige anarchist*** **0.2** ***chaoot*** ⇒*warhoofd.*
chaotisch 0.1 ***chaotisch.***
Charakter ⟨m.; ~s, Charaktere⟩ **0.1** ***karakter*** ⟨ook letter⟩ ⇒ *geaardheid.*
Charakteranlage ⟨v.⟩ **0.1** ***aanleg v.h. karakter, inborst.***
charakterbildend 0.1 ***karaktervormend.***
Charakterdarsteller ⟨m.⟩ **0.1** ***karakterspeler.***
charakterfest 0.1 ***karaktervast, vast van karakter.***
charakterisieren 0.1 ***karakteriseren*** ⇒*kenmerken, kenschetsen.*
Charakteristik ⟨v.; ~, ~en⟩ **0.1** ***karakteristiek*** ⟨ook wisk.⟩.
Charakteristikum ⟨o.; ~s, Charakteristika⟩ **0.1** ***kenmerkende eigenschap.***
charakteristisch 0.1 ***karakteristiek*** ⇒*kenmerkend.*
Charakterkopf ⟨m.⟩ **0.1** ***markante, karakteristieke kop*** **0.2** ***iem. met een markante, karakteristieke kop.***
charakterlich 0.1 ***qua karakter*** ⇒*karakter-.*
charakterlos 0.1 ***karakterloos*** ⇒*zonder karakter.*
Charakterstärke ⟨v.⟩ **0.1** ***karaktersterkte, vastheid van karakter.***
charaktervoll 0.1 ***karaktervol*** ⇒*markant.*
Charakterzug ⟨m.⟩ **0.1** ***karaktertrek.***
Charge ⟨v.; ~, ~n⟩ **0.1** ***charge*** ⟨ook tech.⟩, ***ambt*** **0.2** ⟨mil. en fig.⟩ ***graad, rang*** **0.3** ⟨mil.⟩ ***gegradueerde*** ⇒*meerdere* **0.4** ⟨stud.⟩ ***bestuurslid*** ⟨v.e. studentencorps⟩ **0.5** ⟨dram.⟩ ***kleine (gechargeerde) typerol.***
chargieren I ⟨onov.ww.⟩ **0.1** ⟨stud.⟩ ***in uniform verschijnen, optreden;***
II ⟨ov.ww.⟩ **0.1** ***chargeren*** ⟨ook dram., tech.⟩.
Charisma ⟨acc. wiss.⟩⟨o.; ~s, Charismen of ~ta⟩ **0.1** ***charisma*** ⟨ook fig.⟩.
charmant 0.1 ***charmant.***
Charme ⟨m.; ~s⟩ **0.1** ***charme.***
Charta ⟨v.; ~, ~s⟩ **0.1** ***charta*** ⇒*handvest.*
Charte ⟨v.; ~, ~n⟩ **0.1** ***charter, charta*** ⇒*handvest.*
Charter ⟨m.; ~s, ~s⟩ **0.1** ***charter.***
Chartergesellschaft ⟨v.⟩ **0.1** ***chartermaatschappij.***
Chartermaschine ⟨v.⟩ **0.1** ***chartervliegtuig.***
chartern 0.1 ***charteren*** ⟨ook fig.⟩.
Chassis ⟨o.; ~, ~⟩ **0.1** ***chassis.***
Chauffeur ⟨m.; ~s, ~e⟩ **0.1** ***chauffeur.***
chauffieren ⟨vero.⟩ **I** ⟨onov.ww.⟩ **0.1** ***chaufferen*** ⇒*rijden;*
II ⟨ov.ww.⟩ **0.1** ***besturen*** **0.2** ***rijden*** ⇒*brengen.*
Chaussee ⟨v.; ~, ~n⟩⟨vero.⟩ **0.1** ***straatweg, chaussee.***
Chausseegraben ⟨m.⟩ **0.1** ***greppel.***
Chauvinismus ⟨m.; ~, Chauvinismen⟩ **0.1** ***chauvinisme.***
Chauvinist ⟨m.; ~en, ~en⟩ **0.1** ***chauvinist.***
checken 0.1 ***checken*** ⇒*controleren* **0.2** ⟨inf.⟩ ***snappen*** **0.3** ⟨sp.⟩ ***een bodycheck geven.***
Chef ⟨m.; ~s, ~s⟩ **0.1** ***chef*** ⇒*baas, patroon, hoofd* **0.2** ***leider, aanvoerder*** **0.3** ⟨inf.⟩ ***chef(fie).***
Chefarzt ⟨m.⟩ **0.1** ***geneesheer-directeur*** **0.2** ***afdelingshoofd*** ⟨in ziekenhuis⟩.
Chefdirigent ⟨m.⟩ **0.1** ***eerste dirigent.***
Chefetage ⟨v.⟩ **0.1** ***directie-etage.***
Chefideologe ⟨m.⟩ **0.1** ***toonaangevende (partij-)ideoloog.***
Chefin ⟨v.; ~, ~nen⟩ **0.1** ***vrouwelijke chef, cheffin.***
Chefingenieur ⟨m.⟩ **0.1** ***hoofdingenieur.***
Chefredakteur ⟨m.⟩ **0.1** ***hoofdredacteur.***
Chefsache ⟨v.⟩ ◆ **3.¶** das ist ~ *dat is van zeer groot belang.*
Chefsekretärin ⟨v.⟩ **0.1** ***directiesecretaresse.***
Chemie ⟨v.; ~⟩ **0.1** ***scheikunde, chemie.***
Chemieingenieur ⟨m.⟩ **0.1** ***scheikundig ingenieur.***
Chemikalie ⟨v.; ~, ~n⟩ **0.1** ***chemische stof*** ⇒⟨mv. ook⟩ *chemicaliën.*
Chemiker ⟨m.; ~s, ~⟩ **0.1** ***scheikundige, chemicus.***
chemisch 0.1 ***scheikundig, chemisch.***
Chemotechniker ⟨m.⟩ **0.1** ***analist*** **0.2** ***laborant.***
Cherub ⟨m.; ~s, ~im of ~inen⟩ **0.1** ***cherub(ijn).***
Chianti ⟨m.; ~(s)⟩ **0.1** ***chianti.***
chic →**schick.**

Chicorée ⟨m.; ~s of v.; ~, g.mv.⟩ **0.1** ***witlof, Brussels lof.***
Chiffon ⟨m.; ~s, ~s; Oostr. mv. ook ~e⟩ **0.1** ***(crêpe) chiffon.***
Chiffre ⟨v.; ~, ~n⟩ **0.1** ***codeteken, geheim teken*** **0.2** ***nummer*** ⟨in advertenties⟩ **0.3** ***getal, cijfer*** **0.4** ⟨fig.⟩ ***code.***
Chiffreschrift ⟨v.⟩ **0.1** ***geheim-, cijferschrift.***
chiffrieren **0.1** ***coderen*** ⇒*in geheimschrift schrijven, in code omzetten.*
Chile ⟨o.; ~s⟩ **0.1** ***Chili.***
Chilesalpeter ⟨m.⟩ **0.1** ***chilisalpeter.***
Chimäre ⟨v.; ~, ~n⟩ **0.1** ***hersenschim, chimère*** **0.2** ***bastaardplant.***
China ⟨o.; ~s⟩ **0.1** ***China.***
Chinakohl ⟨m.⟩ **0.1** ***Chinese kool.***
Chinarinde ⟨v.⟩ **0.1** ***kina(bast).***
Chinchilla[1] ⟨v.; ~, ~s⟩ **0.1** ***chinchilla*** ⟨dier⟩.
Chinchilla[2] ⟨o.; ~s, ~s⟩ **0.1** ***chinchilla*** ⟨bont⟩.
Chinese ⟨m.; ~n, ~n⟩ **0.1** ***Chinees.***
chinesisch **0.1** ***Chinees*** ⟨ook fig.⟩.
Chinin ⟨o.; ~s⟩ **0.1** ***kinine.***
Chip ⟨m.; ~s, ~s⟩ **0.1** ***chip*** ⟨ook cul.⟩.
Chipkarte ⟨v.⟩ **0.1** ***chipkaart.***
Chiromant ⟨m.; ~en, ~en⟩ **0.1** ***chiromant, handlezer.***
Chiropraktiker ⟨m.⟩ **0.1** ***chiropracticus.***
Chirurg ⟨m.; ~en, ~en⟩ **0.1** ***chirurg.***
Chirurgie ⟨v.; ~, ~n⟩ **0.1** ***chirurgie*** **0.2** ***chirurgische afdeling.***
Chlor ⟨o.; ~s⟩ **0.1** ***chloor.***
Chlorid ⟨o.; ~s, ~e⟩ **0.1** ***chloride.***
chlorieren **0.1** ***chloren*** ⇒*chloreren* **0.2** ⟨schei.⟩ ***chloreren.***
chlorig **0.1** ***chloorhoudend*** **0.2** ***chloorachtig.***
Chloroform ⟨o.; ~s⟩ **0.1** ***chloroform.***
chloroformieren **0.1** ***chloroform(is)eren.***
Chlorophyll ⟨o.; ~s⟩ **0.1** ***chlorofyl*** ⇒*bladgroen.*
Chlorung ⟨v.; ~, ~en⟩ **0.1** ***het chloren.***
Choke ⟨m.; ~s, ~s⟩ **0.1** ***choke*** ⟨in auto⟩.
Cholera ⟨v.; ~⟩ **0.1** ***cholera.***
Choleriker ⟨m.; ~s, ~⟩ **0.1** ***cholericus*** ⇒*driftkop.*
cholerisch **0.1** ***cholerisch*** ⇒*choleriek, opvliegend.*
Cholesterin ⟨o.; ~s⟩ **0.1** ***cholesterol.***
Chor[1] ⟨m.; ~(e)s, ~̈e⟩ ⟨muz.⟩ **0.1** ***koor*** ⇒*zangkoor, koorlied, rei* ◆ **6.1** **im** ~ *in koor.*
Chor[2] ⟨m., zelden o.; ~(e)s, ~e of ~̈e⟩ **0.1** ***koor*** ⇒*priesterkoor.*
Choral ⟨m.; ~s, ~̈e⟩ **0.1** ***koraal*** ⇒*koor(ge)zang.*
Choreographie ⟨v.; ~, ~n⟩ **0.1** ***choreografie.***
Chorgesang ⟨m.⟩ **0.1** ***koor(ge)zang.***
Chorgestühl ⟨o.⟩ **0.1** ***koorgestoelte.***
Chorherr ⟨m.⟩ **0.1** ***kanunnik, koorheer.***
Chorist ⟨m.; ~en, ~en⟩ **0.1** ***korist, koorzanger.***
Chorus ⟨m.; ~, ~se⟩ **0.1** ***koor.***
Chose ⟨v.; ~, ~n⟩ ⟨inf.⟩ **0.1** ***zaakje, chose*** ⇒*affaire* **0.2** ***spullen, rommel.***
Christ ⟨m.; ~en, ~en⟩ **0.1** ***christen.***
Christbaum ⟨m.⟩ **0.1** ***kerstboom.***
Christbaumschmuck ⟨m.⟩ **0.1** ***kerstboomversiering.***
Christdemokrat ⟨m.⟩ **0.1** ***christen-democraat.***
Christenglaube(n) ⟨m.⟩ **0.1** ***christengeloof.***
Christenheit ⟨v.; ~⟩ **0.1** ***christenheid.***
Christenlehre ⟨v.⟩ **0.1** ***catechese.***
Christenmensch ⟨m.⟩ **0.1** ***christenmens.***
Christentum ⟨o.; ~s⟩ **0.1** ***christendom.***
christianisieren **0.1** ***kerstenen.***
Christin ⟨v.; ~, ~nen⟩ **0.1** ***christin, christenvrouw.***
christkatholisch ⟨Zwi.⟩ **0.1** ***oud-katholiek.***
Christkind ⟨o.⟩ **0.1** ***Kindje Jezus, Kerstkind*** ⟨ook als brenger der kerstgeschenken⟩ **0.2** ***kerstgeschenk.***
christlich **0.1** ***christelijk.***
Christmesse ⟨v.⟩ **0.1** ***kerst(nacht)mis.***
Christmette ⟨v.⟩ **0.1** ***kerst(nacht)mis, kerstdienst*** ⟨'s avonds⟩.
Christrose ⟨v.⟩ **0.1** ***kerstroos.***
Christstollen ⟨m.⟩ **0.1** ***kerstbrood, kerststol.***
Christus ⟨m.; Christi, 3e nv. Christo of ~, 4e nv. Christum of ~⟩ **0.1** ***Christus*** ◆ **6.1** **nach, vor** Christo, ~, Christi Geburt *na, voor Christus.*
Chrom ⟨o.; ~s⟩ **0.1** ***chroom.***
chromatisch **0.1** ***chromatisch*** ⟨muz., nat.⟩.
chromblitzend **0.1** ***fonkelend v.h. chroom.***
Chromosom ⟨o.; ~s, ~en⟩ **0.1** ***chromosoom.***
Chronik ⟨v.; ~, ~en⟩ **0.1** ***kroniek*** ◆ **6.1** ⟨fig.⟩ **in** die ~ eingehen *in de annalen geboekstaafd worden.*
chronisch **0.1** ***chronisch.***
Chronist ⟨m.; ~en, ~en⟩ **0.1** ***kroniekschrijver.***
Chronologie ⟨v.; ~⟩ **0.1** ***chronologie.***
chronologisch **0.1** ***chronologisch.***
Chronometer ⟨o.; ~s, ~⟩ **0.1** ***chronometer.***
Chrysantheme ⟨v.; ~, ~n⟩ **0.1** ***chrysant.***
Chuzpe ⟨v.; ~⟩ ⟨inf.⟩ **0.1** ***gotspe, brutaliteit*** ⇒*vrijpostigheid.*
Cie. ⟨Zwi.; elders vero.; afk.⟩ →**Kompanie.**
cif ⟨afk.⟩ [cost, insurance, freight].
circa →**zirka.**
Circe ⟨v.; ~, ~n⟩ **0.1** ***Circe*** ⟨ook fig.⟩.
City ⟨v.; ~s, ~s of Cities⟩ **0.1** ***city.***
Clan ⟨m.; ~s, ~e of ~s⟩ **0.1** ***clan*** ⟨ook fig.⟩.
Claqueur ⟨m.; ~s, ~e⟩ **0.1** ***claqueur.***
claro ⟨inf.⟩ **0.1** ***allicht.***
Clearing ⟨o.; ~s, ~s⟩ **0.1** ***clearing, onderlinge verrekening.***
Clearingstelle ⟨v.⟩ **0.1** ***clearinginstituut.***
Cleverneß ⟨v.; ~⟩ **0.1** ***slim-, snuggerheid.***
Clinch ⟨m.; ~(e)s⟩ **0.1** ***clinch*** ⟨sp.; fig.⟩.
Clique ⟨v.; ~, ~n⟩ **0.1** ***kliek.***
Cliquenbildung ⟨v.⟩ **0.1** ***kliekvorming.***
Cliquen(un)wesen ⟨o.⟩ **0.1** ***machtsbetoon v.e. kliek, kongsie.***
Cliquenwirtschaft ⟨v.⟩ **0.1** ***machtsbetoon v.e. kliek, kongsie.***
Clivia ⟨v.; ~, Clivien⟩ ⟨plantk.⟩ **0.1** ***clivia.***
Clou ⟨m.; ~s, ~s⟩ **0.1** ***clou.***
Clown ⟨m.; ~s, ~s⟩ **0.1** ***clown*** ◆ **3.1** den ~ spielen (a) *voor clown spelen* (b) ⟨fig.⟩ *de clown uithangen.*
Clownerie ⟨v.; ~, ~n⟩ **0.1** ***clownerietje, clownesk gedoe*** ⇒*dwaasheid.*
c/o ⟨afk.⟩ [care of, per adres].
Co. ⟨afk.⟩ →**Kompanie.**
Cocktail ⟨m.; ~s, ~s⟩ **0.1** ***cocktail.***
Cocktailkleid ⟨o.⟩ **0.1** ***cocktailjurk, cocktailjapon.***
Cognac ⟨m.; ~s, ~s⟩ **0.1** ***cognac.***
Coiffeur ⟨m.; ~s, ~e⟩ ⟨Zwi.; elders schr.⟩ **0.1** ***kapper.***
Coiffure ⟨v.; ~, ~n⟩ **0.1** ⟨schr.⟩ ***coiffure*** ⇒*kapsel* **0.2** ⟨Zwi.⟩ ***kapsalon.***
Colt ⟨m.; ~s, ~s⟩ **0.1** ***colt*** ⇒*revolver.*
Combo ⟨v.; ~, ~s⟩ **0.1** ***combo.***
Comer See ⟨m.⟩ **0.1** ***Comomeer.***
Comic ⟨m.; ~s, ~s⟩ **0.1** ***stripverhaal*** ⇒*stripboek.*
Computer ⟨m.; ~s, ~⟩ **0.1** ***computer.***
Computerfahndung ⟨v.⟩ **0.1** ***opsporing met behulp v.d. computer.***
computergerecht **0.1** ***op de computer afgestemd, aan de computer aangepast.***
computergestützt **0.1** ***computerondersteund.***
computerisieren **0.1** ***voor de computer geschikt maken*** ⇒*automatiseren* **0.2** ***in de computer opslaan, stoppen.***

computern 0.1 ***computeren.***
Computerprogramm (o.) **0.1** ***computerprogramma.***
Computerspiel (o.) **0.1** ***computerspel(letje).***
Computertomogramm (o.)(med.) **0.1** ***CT-scan.***
Computervirus (m. & o.) **0.1** ***computervirus.***
conf. (afk.) →**confer.**
confer **0.1** ***confer, vergelijk.***
Conférencier (m.; ~s, ~s) **0.1** ***conferencier.***
Container (m.; ~s, ~) **0.1** ***container.***
Contergankind (o.) **0.1** ***softenonkind.***
Cord (m.; ~(e)s, ~e) **0.1** ***ribfluweel, corduroy.***
Corner (m.; ~s, ~) **0.1** (Oostr.; elders vero.) ***hoekschop, corner*** **0.2** (ec.) ***corner.***
Couch (v.; ~, ~es) **0.1** ***divan, couch.***
Couchgarnitur (v.) **0.1** ***bankstel.***
Couchtisch (m.) **0.1** ***salontafel.***
Couleur (v.; ~, ~s) **0.1** ***kleur*** **0.2** ***aard, gekleurdheid*** ⇒*tendens* **0.3** (kaartspel) ***troef*** **0.4** (stud.; (muts en lint in de) kleur(en) v.h. corps).
Coup (m.; ~s, ~s) **0.1** ***coup*** ⇒(pol.) *staatsgreep* ◆ **3.1** einen ~ landen, starten *zijn slag slaan, een streek uithalen.*
Couplet (o.; ~s, ~s) **0.1** ***couplet.***
Courage (v.; ~) **0.1** ***courage, moed*** ⇒*durf.*
couragiert **0.1** ***moedig, dapper.***
Cousin (m.; ~s, ~s) **0.1** ***neef*** (zoon van oom of tante).
Cousine (v.; ~, ~n) **0.1** ***nicht*** (dochter van oom of tante).
Creme (v.; ~, ~s; Zwi. mv. ~n) **0.1** ***crème*** (ook fig.).
cremen **0.1** ***insmeren*** ⇒*oliën.*
Cremeschnitte (v.) **0.1** ***tompoes.***
cremig **0.1** ***romig*** **0.2** ***crèmeachtig.***
Crêpe (v.; ~, ~s) **0.1** ***pannenkoek(je), crêpe.***
Croupier (m.; ~s, ~s) **0.1** ***croupier.***
Crux (v.; ~)(inf.) **0.1** ***crux*** ⇒*kruis, last, (lastig) probleem.*
CSU (v.; ~)(afk.) [Christlich-Soziale Union].
Curry (o.; ~s, ~) **0.1** ***kerrie*** **0.2** ***kerrieschotel.***
Cursor (m.; ~s)(comp.) **0.1** ***cursor.***
Cut(away) (m.; ~s, ~s) **0.1** ***cut-away, jacquet.***
cutte(r)n **0.1** ***cutten.***
Cyberspace (m.; ~, ~s) **0.1** ***cyberspace.***

d

d, D (o.; ~, ~) **0.1** ***d, D*** ⇒*klank d, letter d, D.*
da[1] (bw.) **0.1** ***daar*** ⇒*er* **0.2** ***toen*** ⇒*dan* **0.3** ***dan*** **0.4** ***(daar) nou*** ◆ **3.1** ~ haben wir's! *daar heb je het nou!;* ~ sind wir! *daar zijn we dan!;* ~ wären wir! *daar zijn we dan!* **3.2** haben wir ~ gelacht! *wat hebben we toen toch gelachen!* **3.4** wer ~ meint, daß ... *wie (nou) meent dat ...* **5.1** ~ drüben *daarginds* **6.2** **von** ~ an *van toen af(aan)* **8.1** ~ und ~ *daar en daar;* ~ und dort (a) *hier en daar* (b) *(zo) nu en dan, af en toe.*
da[2] (vw.) **0.1** ***daar, omdat*** **0.2** ***toen*** ◆ **1.2** zu der Zeit, ~ man ... *in de tijd dat, toen men ...* **5.1** jetzt, ~ ich weiß, daß ... *nu ik weet dat ...*
d. Ä. (afk.) [der Ältere].
DAAD (m.)(afk.) [Deutscher Akademischer Austauschdienst].
dabehalten **0.1** ***(hier) houden*** ⇒*bij zich houden* **0.2** ***(achter)houden*** ⇒*vasthouden.*
dabei **0.1** ***daarbij*** ⇒*erbij* **0.2** ***terwijl*** ⇒*alhoewel* **0.3** ***toch*** **0.4** ***bovendien*** ⇒*daarbij (ook)* ◆ **3.1** was hast du dir ~ gedacht? *wat had je (daarmee) op het oog?;* er fand nichts ~ *hij zag er niets verkeerds in.*
dabeibleiben **0.1** ***(erbij) blijven*** ⇒*(blijven) meedoen.*
dabeihaben **0.1** ***bij zich hebben*** ⇒*meegebracht hebben.*
dabeisein **0.1** ***erbij zijn*** ⇒*meedoen, betrokken zijn* **0.2** ***bezig zijn*** ◆ **4.1** ich bin dabei! *ik doe mee!* **5.2** ich bin schon dabei! *ik ben al bezig!*
dableiben **0.1** ***blijven*** ⇒*hier, er blijven.*
Dach (o.; ~(e)s, ~̈er) **0.1** ***dak*** ⇒*bedaking, dakwerk,* (bij uitbr.) *huis* **0.2** ***dak, kap*** ⇒*bedekking, dekstuk* **0.3** (inf.) ***kop*** ⇒*hersenpan, hersens* **0.4** (geol.) ***daklaag*** ◆ **6.1** eine Wohnung **unter** dem ~ *een woning onder de hanenbalken;* die Ernte **unter** ~ und Fach bringen *de oogst binnenhalen;* die Arbeit **unter** ~ und Fach bringen *een zaak rond krijgen;* **unter** ~ und Fach sein *in kannen en kruiken zijn* **6.3** eins, etwas **aufs** ~ bekommen (a) *een klap op zijn hersens krijgen* (b) (fig.) *op zijn kop, een standje krijgen;* (fig.) jmdm. **aufs** ~ steigen *iem. behoorlijk de les lezen;* bei ihm ist es **unter** dem ~ nicht ganz richtig *hij is niet goed wijs;* einen **unterm** ~ haben *'m om hebben* **¶.1** (sprw.) jedes ~ hat sein Ungemach *ieder huisje heeft zijn kruisje.* →**Spatz.**
dachartig **0.1** ***dakvormig.***
Dachbalken (m.) **0.1** ***dak-, hanenbalk.***
Dachboden (m.) **0.1** ***zolder.***
Dachdecker (m.; ~s, ~) **0.1** ***dak-, lei-, pannendekker*** ⇒ *pannenlegger.*
Dachfahne (v.) **0.1** ***windijzer, windvaan.***
Dachgepäckträger (m.) **0.1** ***imperiaal.***
Dachgeschoß (o.) **0.1** ***zolderverdieping.***
Dachgesellschaft (v.) **0.1** ***moedermaatschappij*** ⇒*holding company.*
Dachgiebel (m.) **0.1** ***punt-, topgevel.***
Dachhaut (v.) **0.1** ***dakhuid, dakbedekking.***
Dachkammer (v.) **0.1** ***zolderkamer(tje).***
Dachluke (v.) **0.1** ***dakluik, dakraam.***
Dachorganisation (v.) **0.1** ***overkoepelende organisatie.***
Dachpappe (v.) **0.1** ***dakvilt, asfaltpapier.***
Dachpfanne (v.) **0.1** ***dakpan.***
Dachreiter (m.) **0.1** ***dakruiter.***

Dachrinne ⟨v.⟩ **0.1** ***dakgoot.***

Dachs ⟨m.; ~es, ~e⟩ **0.1** ***das*** ⟨dier⟩ **0.2** ⟨fig.⟩ ***groentje, melkmuil*** **0.3** ⟨fig.⟩ ***bijdehandje, brutaal nest*** ◆ **3.1** schlafen wie ein ~ *slapen als een marmot.*

Dachschaden ⟨m.⟩ **0.1** ***schade aan het dak*** ◆ **3.¶** einen ~ haben *niet goed snik zijn.*

Dachschalung ⟨v.⟩ **0.1** ***dakbeschot.***

Dachschindel ⟨v.⟩ **0.1** ***dakspaan, schindel.***

Dachshund ⟨m.⟩ **0.1** ***dashond, teckel.***

Dachsparren ⟨m.⟩ **0.1** ***dakspar.***

Dachstübchen ⟨o.⟩ **0.1** ***dak-, zolderkamertje*** ◆ **6.¶** ⟨inf.⟩ bei jmdm. ist es **im** ~ nicht ganz richtig *het mankeert iem. in zijn bovenkamer.*

Dachstuhl ⟨m.⟩ **0.1** ***dakstoel*** ⇒*dakconstructie.*

Dachtraufe ⟨v.⟩ **0.1** ***overstek, dakrand.***

Dachverband ⟨m.⟩ **0.1** ***overkoepelende organisatie.***

Dachwohnung ⟨v.⟩ **0.1** ***zolderwoning.***

Dachziegel ⟨m.⟩ **0.1** ***dakpan.***

Dackel ⟨m.; ~s, ~⟩ **0.1** ***teckel*** ⇒*dashond.*

Dackelbeine ⟨alleen mv.⟩⟨inf.; scherts.⟩ **0.1** ***korte kromme benen.***

Dada ⟨m.; ~s⟩ **0.1** ***dadaïsme*** **0.2** ***dadaïst.***

Dadaismus ⟨m.; ~⟩ **0.1** ***dadaïsme.***

Daddelautomat ⟨m.⟩⟨inf.; vooral Ndd.⟩ **0.1** ***speelautomaat*** ⇒*gokkast.*

dadurch ⟨acc. wiss.⟩ **0.1** ***daardoor*** ⇒*door middel van, om die reden* **0.2** ***daardoor*** ⇒*daar doorheen* ◆ **8.1** ~, daß *doordat.*

dafür ⟨acc. wiss.⟩ **0.1** ***daarvoor*** ⇒*er voor, voor iets* **0.2** ***daarvoor*** ⇒*ervoor, er mee eens* **0.3** ***daarvoor*** ⇒*met dat doel* **0.4** ***in plaats daarvan*** ⇒*in vergelijking met* **0.5** ***daartegen*** **0.6** ***immers*** ⇒*dan ook* ◆ **3.2** alle sind ~ *iedereen is er voor* **3.4** sie arbeitet langsam, ~ um so gründlicher *ze werkt langzaam, daarentegen des te grondiger* **3.5** ~ weiß ich ein gutes Mittel *daartegen weet ik een goed middel.*

dafürhalten ⟨h.⟩ **0.1** ***van mening zijn*** ⇒*denken.*

Dafürhalten ⟨o.; ~s⟩ **0.1** ***mening, opvatting.***

dafürkönnen ⟨inf.⟩ ◆ **4.¶** nichts ~ *er niets aan kunnen doen, iets niet kunnen helpen.*

DAG ⟨v.; ~⟩⟨afk.⟩ [Deutsche Angestelltengewerkschaft].

dagegen[1] ⟨acc. wiss.⟩⟨bw.⟩ **0.1** ***er tegen*** ⇒*er, daar tegenaan* **0.2** ***daartegen*** **0.3** ***ertegen*** ⇒*niet mee eens* **0.4** ***vergeleken met*** ⇒*in tegenstelling tot* **0.5** ***in plaats daarvan*** ⇒ *daarvoor* ◆ **3.4** seine Arbeit ist hervorragend, ~ ist meine nichts *zijn werk is uitstekend, dat van mij is daarbij vergeleken niets.*

dagegen[2] ⟨vw.⟩ **0.1** ***daarentegen*** ⇒*echter.*

dagegenhalten **0.1** ***antwoorden*** ⇒*er tegenin brengen.*

dagegenstellen I ⟨ov.ww.⟩ **0.1** ***er tegenaan zetten;***
II sich ~ ⟨wk.ww.⟩ **0.1** ***zich verzetten tegen.***

dagegenstemmen, sich **0.1** ***zich kanten tegen.***

dagegenwirken **0.1** ***tegenwerken.***

daheim **0.1** ***thuis*** **0.2** ***in de plaats, streek waar men geboren is*** ⇒*in het vaderland* ◆ **3.1** ich bin für niemanden ~ *ik ben voor niemand te spreken;* ~ ist ~ *oost west, thuis best;* ⟨fig.⟩ auf einem Gebiet ~ sein *op een gebied deskundig zijn* **¶.1** ⟨sprw.⟩ Ost und West, ~ das Best *oost west, thuis best.*

Daheim ⟨o.; ~s⟩ **0.1** ***tehuis*** **0.2** ***geboorteplaats, geboortestreek*** ⇒*vaderland.*

daher[1] ⟨acc. wiss.⟩⟨bw.⟩ **0.1** ***daar vandaan*** ⇒*van die plaats* **0.2** ***daar*** ⇒*op die plaats, zover* ◆ **3.1** ⟨fig.⟩ ~ weht also der Wind! *uit die hoek waait dus de wind!*

daher[2] ⟨vw.⟩ **0.1** ***daarom*** ⇒*om die reden, vandaar dat.*

daherfliegen **0.1** ***komen aanvliegen.***

dahergelaufen **0.1** ***van twijfelachtige herkomst.***

daherkommen **0.1** ***er aankomen*** ⇒*naderbij komen.*

daherreden **0.1** ***leuteren*** ⇒*zwetsen.*

dahin[1] ⟨acc. wiss.⟩⟨bw.⟩ **0.1** ***daar*** ⇒*op die plaats, op dat punt* **0.2** ***daar*** ⇒*op dat ogenblik, op die tijd* **0.3** ***daarheen*** ⇒*erheen, zover* ◆ **3.1** seine Bemühungen gehen ~ *hij streeft ernaar* **6.1** **bis** ~ wären wir *zover zijn we dan eindelijk;* ⟨inf.⟩ ich hab's **bis** ~! *'t zit me tot hier!* **6.2** **bis** ~! *tot straks!* **8.3** meine Meinung geht ~, daß *ik neig ertoe te denken, dat.*

dahin[2] ⟨bw.⟩ **0.1** ***verloren*** ⇒*weg, voorbij.*

dahinab **0.1** ***daar naar beneden*** ⇒*daaraf, daarheen.*

dahinauf **0.1** ***daar naar boven*** ⇒*daarop, daarheen.*

dahinaus **0.1** ***die kant uit*** ⇒*daaruit, daarheen.*

dahindämmern **0.1** ***nauwelijks bij bewustzijn zijn.***

dahineilen **0.1** ***voortsnellen*** ⇒*zich voortspoeden* **0.2** ⟨fig.⟩ ***snel voorbijgaan*** ⇒*voorbijvliegen, vervliegen.*

dahinein **0.1** ***daar naar binnen*** ⇒*daarin.*

dahinfahren **0.1** ***heenrijden*** ⇒*voorbij-, wegrijden.*

dahinfliegen **0.1** ***wegvliegen*** ⇒*voorbijvliegen.*

dahinfließen **0.1** ***voorbijstromen*** ⇒*wegstromen, voortstromen* **0.2** ⟨fig.⟩ ***voorbijgaan.***

dahingegen **0.1** ***daarentegen*** ⇒*echter.*

dahingehen **0.1** ***voorbijlopen*** ⇒*heen-, weggaan* **0.2** ***verstrijken*** ⇒*voorbijgaan, vergaan* **0.3** ⟨schr.⟩ ***heengaan*** ⇒ *sterven.*

dahingestellt ◆ **3.¶** ~ sein, bleiben *nog onzeker zijn* **8.¶** es bleibt ~ *het is nog de vraag.*

dahinkränkeln ⟨s.⟩ **0.1** ***tobben/sukkelen met de gezondheid.***

dahinleben **0.1** ***verder leven*** ⇒*rustig verder leven, er op los leven.*

dahinraffen ⟨schr.⟩ **0.1** ***uit het leven rukken*** ⇒*slachtoffers maken.*

dahinschleppen, sich **0.1** ⟨ook fig.⟩ ***zich voortslepen.***

dahinschmelzen **0.1** ***wegsmelten*** ⇒*verdwijnen, minder worden* ◆ **1.1** ⟨fig.⟩ sein Ärger schmolz dahin *zijn boosheid verdween.*

dahinschwinden **0.1** ***verdwijnen*** ⇒*afnemen, verminderen, slinken* **0.2** ⟨schr.⟩ ***wegkwijnen*** **0.3** ⟨fig.⟩ ***voorbijgaan*** ⇒ *vergaan.*

dahinsiechen **0.1** ***wegkwijnen.***

dahinstehen **0.1** ***nog onzeker zijn*** ⇒*nog niet beslist zijn.*

dahinten **0.1** ***daar achter*** ⇒*daar ginds.*

dahinter **0.1** ***daarachter*** ⇒*erachter* ◆ **3.1** ⟨fig.⟩ Druck, Dampf ~ machen *er vaart achter zetten* **4.1** ⟨fig.⟩ es ist nicht viel ~ *het stelt niet veel voor.*

dahinterher ◆ **3.¶** ~ sein *er achteraan zitten.*

dahinterklemmen, sich ⟨inf.⟩ **0.1** ***zich inspannen voor*** ⇒ *zich inzetten voor.*

dahinterkommen ⟨inf.⟩ **0.1** ***erachter komen*** ⇒*ontdekken, begrijpen.*

dahinterstecken **0.1** ***erachter zitten*** ⇒*te betekenen hebben.*

dahinterstehen **0.1** ***erachter staan*** ⇒*ondersteunen, het er mee eens zijn.*

dahinüber **0.1** ***daarheen*** ⇒*daar ginds heen, in die richting.*

dahinunter **0.1** ***daar naar beneden*** ⇒*daarheen.*

Dahlie ⟨v.; ~, ~n⟩ **0.1** ***dahlia.***

Daktylogramm ⟨o.; ~s, ~e⟩ **0.1** ***vingerafdruk.***

Daktylus ⟨v.; ~, Daktylen⟩⟨lit.⟩ **0.1** ***dactylus.***

dalassen **0.1** ***achterlaten*** ⇒*laten liggen.*

Dalbe ⟨v.; ~, ~n⟩⟨scheep.⟩ **0.1** ***dalf*** ⇒*dukdalf.*

daliegen **0.1** ***(er) liggen*** ⇒*uitgestrekt liggen.*

Dalles ⟨m.; ~⟩⟨inf.⟩ **0.1** ***dalles*** ⇒*geldgebrek, armoede.*

dalli! ⟨inf.⟩ **0.1** *schiet op!* ⇒*snel!, vooruit!*
Dalmatiner ⟨m.; ~s, ~⟩ **0.1** *Dalmatiër* **0.2** *dalmatiër, dalmatiner* ⟨hondenras⟩ **0.3** *Dalmatische wijn.*
damalig 0.1 *toenmalig* ⇒*van toen, uit die tijd.*
damals 0.1 *toentertijd* ⇒*toen, destijds.*
Damast ⟨m.; ~(e)s, ~e⟩ **0.1** *damast.*
damaszieren 0.1 *damasceren.*
Dambock ⟨m.⟩ **0.1** *damhert.*
Dämchen ⟨o.; ~s, ~⟩ **0.1** *dametje* **0.2** ⟨pej.⟩ *prostituee* ⇒*snol.*
Dame ⟨v.; ~, ~n⟩ **0.1** *dame* ⇒*vrouw* **0.2** ⟨sp. dammen⟩ *dam* **0.3** ⟨sp. schaken⟩ *koningin* ⇒*dame* **0.4** ⟨sp. kaarten⟩ *vrouw* ◆ **1.1** ⟨inf.; scherts.⟩ ~ auf Abruf *callgirl* **3.2** ~ spielen *dammen.*
Damebrett ⟨o.⟩ **0.1** *dambord.*
Damenbart ⟨m.⟩ **0.1** *baardgroei bij vrouwen.*
Damenbekanntschaft ⟨v.⟩ **0.1** *kennis aan een dame, aan een vrouw.*
Damenbinde ⟨v.⟩ **0.1** *maandverband.*
Damendoppel ⟨o.⟩⟨sp.⟩ **0.1** *damesdubbelspel* ⟨bij tennis⟩.
Dameneinzel ⟨o.⟩⟨sp.⟩ **0.1** *damesenkelspel* ⟨bij tennis⟩.
Damengesellschaft ⟨v.⟩ **0.1** *groep, gezelschap dames* **0.2** *gezelschap v.e. dame.*
damenhaft 0.1 *als (van) een dame* ⇒*damesachtig.*
Damenkränzchen ⟨o.⟩ **0.1** *dameskransje.*
Damenmannschaft ⟨v.⟩ **0.1** *damesteam* ⇒*dameselftal.*
Damensalon ⟨m.⟩ **0.1** *dameskapsalon.*
Damensitz ⟨m.⟩⟨sp.⟩ **0.1** *amazonenzit.*
Damentoilette ⟨v.⟩ **0.1** *damestoilet* ⇒*wc voor dames* **0.2** *japon* ⇒*toilet.*
Damenwahl ⟨v.⟩ **0.1** *schrikkeldans.*
Damenwäsche ⟨v.⟩ **0.1** *damesondergoed* ⇒*lingerie.*
Damespiel ⟨o.⟩ **0.1** *damspel, dammen.*
Damestein ⟨m.⟩ **0.1** *damsteen, -schijf.*
Damhirsch ⟨m.⟩ **0.1** *damhert.*
damisch ⟨Zdd., Oostr.; inf.⟩ **0.1** *dwaas, dom* ⇒*getikt* **0.2** *duizelig, in de war* **0.3** ⟨bw.⟩ *enorm* ⇒*zeer, danig.*
damit[1] ⟨acc. wiss.⟩⟨bw.⟩ **0.1** *daarmee* ⇒*ermee* **0.2** *dus* ⇒*dientengevolge* ◆ **3.1** man muß ~ rechnen *men moet er rekening mee houden* **5.1** her ~! *geef hier!;* heraus ~! *voor de draad ermee!;* es ist aus ~ *het is afgelopen;* es ist nichts ~ *het deugt niet.*
damit[2] ⟨vw.⟩ **0.1** *opdat* ⇒*met de bedoeling, het doel dat.*
Damkuh ⟨v.⟩ **0.1** *wijfjeshert, damhinde.*
dämlich ⟨inf.⟩ **0.1** *stom* ⇒*dom, suf.*
Damm ⟨m.; ~(e)s, ⸚e⟩ **0.1** *dam* ⇒*wal* **0.2** *dijk* ⇒*kade* **0.3** *rijweg* ⇒*rijbaan, straat* **0.4** ⟨med.⟩ *dam* ⟨perineum⟩ ◆ **6.1** ⟨inf.⟩ jmdn. **auf** den ~ bringen *iem. er weer bovenop helpen;* ⟨inf.⟩ nicht **auf** dem ~ sein *niet fit zijn.*
Dammbau ⟨m.⟩ **0.1** *aanleg v.e. dijk, dam.*
Dammbruch ⟨m.⟩ **0.1** *dijk-, damdoorbraak.*
dämmen 0.1 *afdammen* ⇒*indijken* **0.2** *tegengaan* ⇒*inperken, beteugelen* **0.3** *verminderen* ⇒*verlichten, verzachten, temperen* **0.4** *dempen* ⟨geluid⟩ **0.5** *isoleren* ◆ **1.2** eine Seuche ~ *een epidemie onderdrukken.*
Dämmer ⟨m.; ~s⟩⟨schr.⟩ →**Dämmerung.**
dämmerig 0.1 *schemerig* ◆ **3.1** es wird ~ *het begint te schemeren.*
Dämmerlicht ⟨o.⟩ **0.1** *schemerlicht, schemer.*
dämmern I ⟨onov.ww.⟩ **0.1** *schemeren* **0.2** *dommelen;* **II** ⟨onp.ww.⟩ **0.1** ⟨inf.; fig.⟩ *schemeren* ⇒*langzaam duidelijk worden, dagen* ◆ **4.1** jetzt dämmert's ihm *nu begint het hem duidelijk te worden.*
Dämmerschlaf ⟨m.⟩ **0.1** *halfslaap, sluimer.*
Dämmerung ⟨v.; ~, ~en⟩ **0.1** *schemering.*
Dämmerzustand ⟨m.⟩ **0.1** *schemertoestand* **0.2** *toestand tussen waken en slapen.*
Dammkrone ⟨v.⟩ **0.1** *kruin v.e. dijk.*
dämmrig →**dämmerig.**
Dämmstoff ⟨m.⟩ **0.1** *isolatiemateriaal.*
Dämmung ⟨v.; ~⟩⟨tech.⟩ **0.1** *isolatie.*
Dämon ⟨m.; ~s, Dämonen⟩ **0.1** *demon, duivel* ⇒*boze geest.*
dämonenhaft 0.1 *demonisch.*
dämonisch 0.1 *demonisch, duivels* ⇒*bezeten* **0.2** *angstaanjagend* ⇒*onheilspellend.*
Dampf ⟨m.; ~(e)s, ⸚e⟩ **0.1** *stoom* **0.2** *rook* ⇒*walm* **0.3** *damp* ⇒*nevel, wasem* ◆ **3.1** ~ ablassen *stoom afblazen;* ⟨inf.⟩ ~ haben vor jmdm. *voor iem. bang zijn;* ~ drauf haben (a) ⟨inf.⟩ *snel rijden* (b) ⟨inf.; fig.⟩ *veel temperament hebben;* ⟨inf.⟩ jmdm. ~ machen *iem. tot spoed aandrijven;* ⟨inf.⟩ hinter etwas ~ machen *ergens vaart achter zetten* **6.1 unter** ~ stehen *klaar om te vertrekken.*
Dampfantrieb ⟨m.⟩ **0.1** *stoomaandrijving.*
Dampfbad ⟨o.⟩ **0.1** *stoombad.*
Dampfboot ⟨o.⟩ **0.1** *stoomboot.*
Dampfbügeleisen ⟨o.⟩ **0.1** *stoomstrijkijzer.*
dampfen 0.1 *dampen* ⇒*uitwasemen, nevelen* **0.2** *stomen* **0.3** ⟨inf.⟩ *reizen* ⟨met stoomtrein, -schip⟩ ◆ **1.1** die Pferde ~ *de paarden staan te dampen.*
dämpfen 0.1 *stoven* ⇒*smoren, (gaar) stomen* **0.2** *met een stoomstrijkijzer strijken* **0.3** *dempen* ⟨van geluid⟩ **0.4** *dempen* ⟨van licht, kleur⟩ **0.5** *dempen* ⇒*afzwakken* **0.6** *dempen* ⇒*onderdrukken* **0.7** ⟨fig.⟩ *verminderen* ⇒*verzachten, temperen* ◆ **1.2** einen Anzug ~ *een pak oppersen* **1.5** einen Aufprall noch ~ können *de kracht van een botsing nog kunnen verminderen.*
Dampfer ⟨m.; ~s, ~⟩ **0.1** *stoomboot, -schip* ⇒*schip, boot* ◆ **6.1** ⟨inf.; fig.⟩ **auf** dem falschen ~ sein *het bij het verkeerde eind hebben.*
Dämpfer ⟨m.; ~s, ~⟩ **0.1** *demper* ⇒*geluiddemper, sordino* **0.2** *stoofpan, -pot* **0.3** ⟨fig.⟩ *domper* ◆ **3.3** jmdm. einen ~ aufsetzen *iem. een domper geven;* einen ~ bekommen *een snee door de neus krijgen* **6.1** ⟨muz.⟩ **mit** ~ spielen *con sordino spelen.*
Dampferfahrt ⟨v.⟩ **0.1** *reis met een (stoom)schip.*
dampfig 0.1 *dampig* ⇒*nevelig, wazig.*
dämpfig 0.1 *dampig, kortademig* ⟨v.e. paard⟩ **0.2** *broeierig warm* ⇒*zwoel.*
Dampfkessel ⟨m.⟩ **0.1** *stoomketel.*
Dampf|kocher, -kochtopf ⟨m.⟩ **0.1** *drukpan, snelkookpan.*
Dampfkompresse ⟨v.⟩ **0.1** *warm kompres.*
Dampfkraft ⟨v.⟩ **0.1** *stoomkracht.*
Dampfkraftwerk ⟨o.⟩ **0.1** *stoomkrachtcentrale.*
Dampf|lok, -lokomotive ⟨v.⟩ **0.1** *stoomlocomotief.*
Dampfmaschine ⟨v.⟩ **0.1** *stoommachine.*
Dampfnudel ⟨v.⟩⟨cul.⟩ **0.1** *knoedeltje* ◆ **8.1** ⟨inf.⟩ aufgehen wie eine ~ *moddervet worden.*
Dampfschiff ⟨o.⟩ **0.1** *stoomschip, -boot.*
Dampfschiffahrt ⟨v.⟩ **0.1** *stoomvaart.*
Dampfturbine ⟨v.⟩ **0.1** *stoomturbine.*
Dämpfung ⟨v.; ~, ~en⟩ **0.1** *demping* ⟨van geluid⟩ **0.2** ⟨med.⟩ *onderdrukking* ⇒*vermindering* **0.3** ⟨fig.⟩ *vermindering* ⇒*afzwakking* ◆ **1.3** die ~ der Konjunktur *het dempen van de conjunctuur.*
Dampfventil ⟨o.⟩ **0.1** *stoomklep.*
Dampfwalze ⟨v.⟩ **0.1** *stoomwals* **0.2** ⟨inf.; scherts.⟩ *dikzak, schommel.*
Damwild ⟨o.⟩ **0.1** *damhert.*
danach ⟨acc. wiss.⟩ **0.1** *daarna* ⇒*daarachter, er achteraan* **0.2** *daarna* ⇒*vervolgens, daaropvolgend* **0.3** *daarnaar,*

ernaar **0.4** *ernaar* ⇒*overeenkomstig, zo* ◆ **1.2** eine Stunde ~ *een uur later* **3.3** ⟨inf.⟩ mir ist nicht ~ *ik heb er geen zin in* **3.4** er hat es ~ getrieben *hij heeft het ernaar gemaakt.*

dandyhaft **0.1** ***dandyachtig.***

Däne ⟨m.; ~n, ~n⟩ **0.1** ***Deen.***

daneben **0.1** ***daarnaast*** ⇒*ernaast, naast dat* **0.2** ***in vergelijking daarmee*** ⇒*vergelijkenderwijs* **0.3** ***daarnaast*** ⇒*bovendien, tevens.*

danebenbenehmen, sich ⟨inf.⟩ **0.1** ***zich slecht, onbehoorlijk gedragen.***

danebengehen **0.1** ***ernaast gaan*** ⇒*(het doel) missen* **0.2** ⟨inf.⟩ ***mislukken*** ⇒*misgaan, op niets uitlopen.*

danebengreifen **0.1** ***misgrijpen*** ⇒*verkeerd, ernaast grijpen* **0.2** ⟨inf.⟩ ***ernaast zijn*** ⇒*een fout maken.*

danebenhalten ⟨inf.⟩ **0.1** ***vergelijken met.***

danebenhauen **0.1** ***misslaan*** ⇒*ernaast slaan* **0.2** ***zich vergissen*** ⇒*de plank misslaan, een blunder maken.*

danebenliegen ⟨inf.⟩ **0.1** ***zich vergissen*** ⇒*ernaast zijn.*

danebenraten ⟨inf.⟩ **0.1** ***misraden*** ⇒*verkeerd raden.*

danebenschießen **0.1** ***misschieten*** ⇒*ernaast schieten* **0.2** ⟨inf.⟩ ***ernaast zijn*** ⇒*de plank misslaan.*

danebensein ⟨inf.⟩ **0.1** ***maf/gestoord zijn*** **0.2** ***niet lekker zijn.***

danebentippen ⟨inf.⟩ **0.1** ***een fout maken*** ⇒*verkeerd taxeren.*

danebentreffen **0.1** ***missen*** ⇒*niet raken* **0.2** ⟨inf.⟩ ***ernaast zijn.***

Dänemark ⟨o.; ~s⟩ **0.1** ***Denemarken.***

daniederliegen ⟨schr.⟩ **0.1** ***terneerliggen*** ⇒*bedlegerig zijn, ziek zijn* **0.2** ***kwijnen*** ⇒*verzwakken, braak liggen.*

dänisch **0.1** ***Deens.***

dank ⟨vz. + 2,3; bij woorden in het mv. meestal vz. + 2⟩ **0.1** ***dankzij.***

Dank ⟨m.; ~(e)s⟩ **0.1** ***dank*** ⇒*dankbaarheid, erkentelijkheid* ◆ **2.1** besten, schönen, vielen ~! *hartelijk bedankt!;* ⟨inf.⟩ tausend ~! *heel hartelijk bedankt!* **3.1** dem Himmel sei ~! *de hemel zij dank!;* ⟨schr.⟩ (es) jmdm. ~ wissen *iem. dankbaar zijn* **6.1** vielen ~ **für** die Blumen! ⟨iron.⟩ *daar pas ik voor!;* jmdm. etwas **zu** ~ machen *iem. iets naar de zin maken.*

Dankadresse ⟨v.⟩ **0.1** ***bedankbrief*** ⇒*schriftelijke dankbetuiging.*

dankbar **0.1** ***dankbaar*** ⇒*erkentelijk* **0.2** ***dankbaar*** ⇒*de moeite waard* **0.3** ⟨inf.⟩ ***deugdelijk*** ⇒*degelijk* **0.4** ⟨inf.⟩ ***dankbaar*** ⇒*gemakkelijk in de verzorging* ◆ **3.3** dieser Stoff ist sehr ~ *deze stof kan overal tegen.*

Dankbarkeit ⟨v.; ~⟩ **0.1** ***dankbaarheid.***

Dankbarkeitsgefühl ⟨o.⟩ **0.1** ***gevoel(ens) van dank.***

Dankbrief ⟨m.⟩ **0.1** ***bedankbrief, schrijven van dank.***

danke **0.1** ***dankjewel, dank u, bedankt*** **0.2** ***alstublieft, graag!*** ◆ **3.1** 'Wie geht's?' 'Mir geht's ~!' *'Hoe gaat het?' 'Het gaat wel, dank je!'* **5.1** ~ schön *hartelijk bedankt.*

danken ⟨met 3e nv.⟩ **I** ⟨onov.ww.⟩ **0.1** ***danken*** ⇒*bedanken, dank betonen* **0.2** ***teruggroeten*** **0.3** ⟨inf.⟩ ***(ervoor) bedanken*** ⇒*niet wensen* ◆ **3.1** eine Einladung ~d ablehnen *een uitnodiging onder dank afwijzen* **5.1** tausendmal, vielmals ~ *zeer dankbaar zijn* **6.3** ⟨inf.⟩ ich danke **für** Obst und Südfrüchte! *dank je lekker!;*

II ⟨ov.ww.⟩ **0.1** ***(be)danken voor*** ⇒*dankbaar zijn voor* **0.2** ***te danken hebben aan*** **0.3** ⟨iron.⟩ ***vergelden*** ⇒*beantwoorden.*

dankenswert **0.1** ***dankenswaardig*** ⇒*dank verdienend* **0.2** ***dankbaar*** ⇒*de moeite waard.*

dankerfüllt **0.1** ***vol dankbaarheid.***

Dankesbezeigung ⟨v.⟩ **0.1** ***dankbetuiging*** ⇒*uiting van dank.*

Dankesbrief ⟨m.⟩ **0.1** ***bedankbrief*** ⇒*schrijven van dank.*

Dankeschön ⟨o.; ~s⟩ **0.1** ***bedankje*** ⇒*woord van dank* ◆ **3.1** ~ sagen *bedanken.*

Dankeswort ⟨o.; mv. ~e⟩ **0.1** ***woord(en) van dank.***

Dankfeier ⟨v.⟩ **0.1** ***dankplechtigheid*** ⇒*dankdienst.*

Dankgebet ⟨o.⟩ **0.1** ***dankgebed*** ⇒*dankzegging.*

Dankgefühl ⟨o.⟩ **0.1** ***gevoel van dank.***

Dankgottesdienst ⟨m.⟩ **0.1** ***dankdienst.***

Dankopfer ⟨o.⟩ **0.1** ***dankoffer.***

danksagen **0.1** ***dankzeggen*** ⇒*z'n dank betuigen.*

Danksagung ⟨v.; ~, ~en⟩ **0.1** ***dankzegging*** ⇒*dankbetuiging* **0.2** ⟨rel.⟩ ***dankzegging*** ⇒*dankgebed.*

Dankschreiben ⟨o.⟩ **0.1** ***schriftelijke dankbetuiging.***

dann **0.1** ***dan*** ⇒*daarna, vervolgens* **0.2** ***dan*** ⇒*daarachter, daaropvolgend* **0.3** ***dan*** ⇒*in dat geval* **0.4** ***dan*** ⇒*bovendien, verder* **0.5** ***dan*** ⇒*op dat ogenblik* ◆ **3.1** ⟨inf.⟩ erst so, ~ so *eerst zus, dan weer zo* **3.4** zuletzt fiel ~ noch der Strom aus *ten slotte viel ook nog de stroom uit;* hinzu kommt ~ noch *daar komt verder nog bij* **8.5** ~ und wann *af en toe.*

daran ⟨acc. wiss.⟩ **0.1** ***daaraan*** ⇒*daarop(volgend), daarna* **0.2** ***daaraan*** ⇒*tengevolge daarvan* **0.3** ***daaraan, eraan*** ⇒*aan die zaak* ◆ **3.3** ⟨inf.⟩ ich denke gar nicht ~! *ik denk er niet aan!;* mir liegt gar nicht(s) ~ *er is mij hoegenaamd niet(s) aan gelegen;* was liegt ~? *wat maakt dat nu uit?;* er will nicht recht ~ *hij heeft er geen zin in* **3.¶** es ist etwas ~ (a) *er is iets van aan* (b) *daar zit iets in;* er ist übel ~ *hij is er slecht aan toe;* er war nahe ~ zu verzweifeln *hij was de wanhoop nabij;* ⟨inf.⟩ da sind wir schön ~ *nu zijn we in de aap gelogeerd* **6.¶** **mit** jmdm. gut ~ sein *met iem. goed kunnen opschieten;* ich weiß nicht, wie ich **mit** ihm ~ bin *ik weet niet, wat ik aan hem heb.*

daran- →**dran-**.

darangeben **0.1** ***eraan geven*** ⇒*opofferen, prijsgeven.*

darangehen **0.1** ***(eraan) beginnen*** ⇒*aanvatten, aan de slag gaan.*

darankommen **0.1** ***aan de beurt komen.***

daranmachen, sich ⟨inf.⟩ **0.1** ***(ermee) beginnen*** ⇒*aan de slag gaan.*

daransetzen **I** ⟨ov.ww.⟩ **0.1** ***inzetten*** ⇒*op het spel zetten* ◆ **1.1** alle Kräfte ~ *alles in het werk stellen;*

II sich ~ ⟨wk.ww.⟩ **0.1** ***(ermee) beginnen*** ⇒*aan de slag gaan.*

daranwenden **0.1** ***eraan besteden*** ⇒*ervoor overhebben.*

darauf ⟨acc. wiss.⟩ **0.1** ***daarop, erop*** **0.2** ***daarop*** ⇒*daarna, dan, daaropvolgend* **0.3** ***daarop*** ⇒*om die reden* **0.4** ***daarop, erop*** ⇒*met het doel* **0.5** ⟨fig.⟩ ***daarop, erop*** ◆ **1.2** kurze Zeit ~ *korte tijd later* **3.1** man kann sich ~ setzen *men kan erop gaan zitten* **3.4** ~ ausgehen *erop uit zijn, beogen;* ~ wollte ich hinaus *dat was mijn bedoeling* **3.5** ~ beharren *erbij blijven;* ich bestehe ~ *ik sta erop;* nicht viel ~ geben *er niet aan hechten;* nicht ~ hören *er niet naar luisteren;* großen Wert ~ legen *er veel waarde aan hechten.*

darauffolgend **0.1** ***(daarop)volgend*** ◆ **1.1** am ~en Tag *de dag daarop.*

daraufhin **0.1** ***vervolgens*** ⇒*dientengevolge* **0.2** ***met het oog daarop.***

daraus ⟨acc. wiss.⟩ **0.1** ***daaruit, eruit*** **0.2** ***daarvan*** ⇒*van die stof, daaruit* **0.3** ⟨fig.⟩ ***daaruit, eruit*** ◆ **3.2** sie hat sich ein Kleid ~ gemacht *ze heeft er een jurk van gemaakt* **3.3** ~ ergeben sich Probleme *daar komen problemen uit voort;* sich nichts ~ machen *zich er niets van aantrekken;* ~ wird nichts *daar komt niets van terecht.*

darben ⟨schr.⟩ **0.1** ***gebrek lijden*** ⇒*honger lijden, in kommer en gebrek leven.*

darbieten ⟨schr.⟩ **I** ⟨ov.ww.⟩ **0.1** ***opvoeren*** ⇒*vertonen, ten gehore brengen* **0.2** ***aanbieden*** ⇒*presenteren* ◆ **1.2** die Hand zur Versöhnung ~ *de hand reiken ten teken van verzoening;*
II sich ~ ⟨wk.ww.⟩ **0.1** ***zich vertonen*** ⇒*zichtbaar worden* **0.2** ***zich voordoen*** ⇒*aangeboden worden* ◆ **1.1** eine herrliche Aussicht bot sich uns dar *een prachtig uitzicht vertoonde zich aan ons oog.*

Darbietung ⟨v.; ~, ~en⟩ **0.1** ***opvoering*** ⇒*voordracht, vertoning.*

Darbietungskunst ⟨v.⟩ **0.1** ***voordrachtskunst.***

darbringen ⟨schr.⟩ **0.1** ***aanbieden*** ⇒*schenken, betuigen* ◆ **1.1** jmdm. Dank ~ *iem. dank betuigen;* Opfer ~ *offers brengen.*

darein ⟨acc. wiss.⟩⟨schr.⟩ **0.1** ***daarin, erin.***

darein- →**drein-.**

dareinfinden, sich ⟨schr.⟩ **0.1** ***zich erin schikken*** ⇒*erin berusten.*

dareinmengen I ⟨ov.ww.⟩ **0.1** ***erdoor mengen*** ⇒*erdoor roeren;*
II sich ~ ⟨wk.ww.⟩ **0.1** ***zich ermee bemoeien.***

dareinmischen, sich 0.1 ***zich ermee bemoeien.***

Dargebot ⟨o.; ~(e)s⟩⟨tech.⟩ **0.1** ***aanbod*** ⇒*beschikbare hoeveelheid.*

darin ⟨acc. wiss.⟩ **0.1** ***daarin, erin*** ⇒*in die ruimte* **0.2** ***daarin, erin*** ⇒*wat dat betreft* ◆ **2.2** einig ~ sein *het erover eens zijn* **3.2** ⟨inf.⟩ da ist noch alles ~ *er zijn nog mogelijkheden genoeg.*

darin- →**drin-.**

darlegen 0.1 ***uiteenzetten*** ⇒*verklaren, uitleggen* ◆ **6.1** etwas **mit** vielen Worten ~ *iets omslachtig uiteenzetten.*

Darlegung ⟨v.; ~, ~en⟩ **0.1** ***uiteenzetting*** ⇒*uitleg, verklaring.*

Darlehen ⟨o.; ~s, ~⟩ **0.1** ***lening, geleend bedrag*** ⇒*krediet, voorschot* ◆ **2.1** ein ungesichertes ~ *blanco krediet* **3.1** ein ~ abschließen *een lening aangaan, sluiten* **8.1** als ~ geben *te leen geven;* als ~ erhalten *in leen ontvangen.*

Darlehensgeber ⟨m.⟩ **0.1** ***leningverstrekker, kredietgever.***

Darlehensgeschäft ⟨o.⟩ **0.1** ***kredietverstrekking*** **0.2** ***kredietzaken.***

Darlehenskasse ⟨v.⟩ **0.1** ***kredietbank*** ⇒*kredietinstelling.*

Darlehenssumme ⟨v.⟩ **0.1** ***leensom, geleend bedrag.***

Darlehensvertrag ⟨m.⟩ **0.1** ***leencontract.***

Darlehenszins ⟨m.⟩ **0.1** ***leningsrente.***

Darlehenszinsen ⟨alleen mv.⟩ **0.1** ***renteopbrengst v.e. lening*** **0.2** ***rentepercentage.***

Darleiher ⟨m.⟩⟨jur.⟩ **0.1** ***geldschieter*** ⇒*kredietgever.*

Darm ⟨m.; ~(e)s, ¨~e⟩ **0.1** ***darm*** **0.2** ***darm(materiaal).***

Darmausgang ⟨m.⟩ **0.1** ***endeldarm.***

Darm|bruch, -durchbruch ⟨m.⟩ **0.1** ***darmbreuk, -perforatie.***

Darmentleerung ⟨v.⟩ **0.1** ***ontlasting, stoelgang.***

Darmentzündung ⟨v.⟩ **0.1** ***darmontsteking.***

Darmerkrankung ⟨v.⟩ **0.1** ***darmaandoening.***

Darmkrebs ⟨m.⟩ **0.1** ***darmkanker.***

Darmriß ⟨m.⟩ **0.1** ***darmbreuk.***

Darmsaite ⟨v.⟩ **0.1** ***darmsnaar.***

Darmspülung ⟨v.⟩ **0.1** ***darmspoeling, lavement.***

Darmtätigkeit ⟨v.⟩ **0.1** ***peristaltiek.***

Darmverschlingung ⟨v.⟩ **0.1** ***darmkronkel, darmkink.***

Darmwind ⟨m.⟩ **0.1** ***darmgas*** ⇒*flatus.*

darnach →**danach.**

Darre ⟨v.; ~, ~n⟩ **0.1** ***eest*** ⇒*droogvloer, ast* **0.2** ***eesting.***

darreichen ⟨schr.⟩ **0.1** ***aanbieden*** ⇒*presenteren, overhandigen* **0.2** ***toesteken*** ⇒*aangeven, reiken.*

darren 0.1 ***eesten*** ⇒*drogen.*

Darrofen ⟨m.⟩ **0.1** ***eestoven.***

darstellbar 0.1 ***vertoonbaar*** ⇒*weer te geven, te beschrijven.*

darstellen I ⟨ov.ww.⟩ **0.1** ***afbeelden*** ⇒*voorstellen* **0.2** ***uitbeelden*** ⇒*(toneel)spelen* **0.3** ***beschrijven*** ⇒*schetsen, vertellen* **0.4** ***vormen*** ⇒*betekenen* **0.5** ***produceren*** ⇒*maken, vervaardigen* **0.6** ***vertonen aan*** ⇒*tonen* ◆ **1.1** die ~de Geometrie *de beschrijvende meetkunde* **1.2** die ~de Kunst *de toneel- en danskunst* **1.3** den Hergang ~ *de toedracht beschrijven* **1.4** den Höhepunkt ~ *het hoogtepunt vormen* **1.6** seinen Einfluß ~ *z'n invloed tonen;*
II sich ~ ⟨wk.ww.⟩ **0.1** ***blijken te zijn*** ⇒*moeten worden gezien* **0.2** ***op de voorgrond treden*** ⇒*zich als belangrijk voordoen* ◆ **5.1** das Problem stellte sich sehr kompliziert dar *het probleem bleek erg gecompliceerd te zijn.*

Darsteller ⟨m.; ~s, ~⟩ **0.1** ***acteur, (toneel)speler.***

darstellerisch 0.1 ***uitbeeldend*** ⇒*wat acteren betreft.*

Darstellung ⟨v.; ~, ~en⟩ **0.1** ***afbeelding*** ⇒*voorstelling* **0.2** ***uitbeelding*** ⇒*spel, creatie* **0.3** ***beschrijving*** ⇒*behandeling* **0.4** ***vervaardiging*** ⇒*productie.*

Darstellungsgabe ⟨v.⟩ **0.1** ***acteertalent.***

dartun ⟨schr.⟩ **0.1** ***uiteenzetten*** ⇒*duidelijk maken* **0.2** ***aantonen*** ⇒*blijk geven van* ◆ **1.1** seine Gründe ~ *z'n redenen uiteenzetten.*

darüber ⟨acc. wiss.⟩ **0.1** ***daar-, erboven*** **0.2** ***daar-, erover*** ⇒ *erover heen* **0.3** ***daarboven*** ⇒*meer dan, later dan* **0.4** ***ondertussen*** ⇒*in de tussentijd* **0.5** ***daardoor*** **0.6** ⟨voornaamwoordelijk bw.⟩ ***daarover, erover*** ◆ **3.3** es geht nichts ~ *er bestaat niets beters;* ~ hinaussein *iets te boven zijn gekomen* **3.4** sie hat gelesen und ist ~ eingeschlafen *al lezende is zij in slaap gevallen* **3.6** ~ kann ich nur lachen *daarom kan ik alleen maar lachen* **4.3** zehn Mark oder etwas ~ *tien mark of iets meer* **5.3** ~ hinaus *bovendien.*

darüberfahren 0.1 ***eroverheen strijken*** ⇒*eroverheen gaan.*

darübermachen, sich 0.1 ***op iets aanvallen*** ⇒*met iets beginnen, iets aanpakken.*

darüberstehen 0.1 ***erboven staan*** ⇒*erboven verheven zijn.*

darübersteigen 0.1 ***over iem., iets klimmen, stappen*** **0.2** ⟨fig.⟩ ***hoger gaan dan.***

darum ⟨acc. wiss.⟩ **0.1** ***daarom*** ⇒*eromheen, er rondom* **0.2** ***daarom, erom*** ⇒*om die reden* **0.3** ***daarom, erom*** ⇒*wat dat betreft* ◆ **3.3** sich ~ bemühen *er moeite voor doen;* ich gäbe etwas ~ *ik zou er wat voor overhebben;* ~ handelt es sich *daar gaat het om, over;* kaum ~ herumkommen *er nauwelijks onderuit kunnen;* sei es ~! *het zij zo!;* er weiß ~ *hij is ervan op de hoogte.*

darumbringen 0.1 ***afhandig maken.***

darumkommen 0.1 ***iets niet krijgen*** ⇒*verliezen* ◆ **4.1** durch Spekulationen ~ *door speculaties kwijtraken.*

darunter ⟨acc. wiss.⟩ **0.1** ***daaronder, eronder*** ⇒*daar beneden* **0.2** ***daaronder*** ⇒*daartussen, daarbij* **0.3** ***daaronder*** ⇒*minder, lager* **0.4** ***er-, daaronder*** ◆ **3.2** viele Touristen, ~ zahlreiche Ausländer *veel toeristen, daaronder talrijke buitenlanders;* ~ gehören *erbij horen* **3.3** er tut's nicht ~ *hij doet het niet goedkoper.*

darunterfallen 0.1 ***eronder vallen*** ⇒*ertoe gerekend worden.*

daruntergehen 0.1 ⟨inf.⟩ ***eronder passen*** **0.2** ⟨fig.⟩ ***voor minder verkopen.***

darunterheben ⟨cul.⟩ **0.1** ***(ver)mengen met.***

daruntermischen I ⟨ov.ww.⟩ **0.1** ***(ver)mengen met;*** **II sich** ~ ⟨wk.ww.⟩ **0.1** ***zich mengen onder.***

darunterziehen 0.1 ***eronder aantrekken*** **0.2** ⟨cul.⟩ ***(ver)-mengen met.***

Darwinismus ⟨m.; ~⟩ **0.1** ***darwinisme.***

das[1] ⟨aanw.vnw.⟩ **0.1** ***dat, dit*** ◆ **3.1** ~ heißt *dat wil zeggen;* ~ ist er! *dat is 'm!* **5.1** nur ~ nicht! *dat in geen geval!*

das[2] ⟨aanw.vnw.⟩ **0.1** ***dat, hetgeen.***

das[3] ⟨betr.vnw.⟩ **0.1** ***dat*** ◆ **1.1** das Kind, ~ dort spielt *het kind, dat daar speelt.*

das[4] ⟨lidw.⟩ **0.1** ***de, het*** ◆ **1.1** ~ Boot *de boot;* ~ Haus *het huis.*

dasein 0.1 ***er zijn*** ⇒*voorradig zijn, beschikbaar zijn* **0.2** ***er zijn*** ⇒*bestaan, leven* **0.3** ***er zijn*** ⇒*aanwezig, erbij zijn* **0.4** ***er zijn*** ⇒*gebeuren, zich voordoen* **0.5** ⟨inf.⟩ ***bij bewustzijn zijn*** ⇒*wakker zijn* ◆ **1.4** ein noch nie dagewesener Erfolg *een uniek, weergaloos succes* **4.4** alles schon mal dagewesen *niets nieuws onder de zon.*

Dasein ⟨o.; ~s⟩ **0.1** ***bestaan*** ⇒*existentie* **0.2** ***bestaan*** ⇒*leven* **0.3** ***aanwezigheid*** ◆ **1.1** das ~ Gottes *het bestaan van God* **3.3** sein bloßes ~ beruhigte alle *alleen al zijn aanwezigheid stelde iedereen gerust* **6.2** etwas **ins** ~ rufen *iets in het leven roepen;* **ins** ~ treten *ter wereld komen;* der Kampf **ums** ~ *de strijd om het bestaan.*

Daseinsangst ⟨v.⟩ **0.1** ***bestaansangst.***

Daseinsbedingung ⟨v.⟩ **0.1** ***bestaans-, levensvoorwaarde.***

Daseinsberechtigung ⟨v.⟩ **0.1** ***recht van bestaan.***

Daseinsfreude ⟨v.⟩ **0.1** ***levensvreugde.***

Daseinskampf ⟨m.⟩ **0.1** ***strijd om het bestaan.***

Daseinsrecht ⟨o.⟩ **0.1** ***recht van bestaan.***

Daseinszweck ⟨m.⟩ **0.1** ***bestaanszin, levensdoel.***

dasitzen 0.1 ***er(bij) zitten.***

dasjenige 0.1 ***datgene*** ⇒*dat, wat* ◆ **1.1** in demjenigen Haus, wo er übernachtete *in het huis, waar hij overnachtte.*

daß 0.1 ***dat*** **0.2** ***dat*** ⇒*opdat* **0.3** ***dat*** ⇒*zodat* **0.4** ***dat*** ⇒*omdat* ◆ **3.4** dadurch, ~ er immer zu spät ist *omdat hij altijd te laat is* **5.1** kaum ~ er hier war, begann der Streit *nauwelijks was hij hier, of de ruzie begon* **6.1 bis** ~ der Tod euch scheidet *tot de dood jullie scheidt* **¶.1** ~ ich nicht lache! *laat me niet lachen!;* ~ er doch noch bei uns wäre! *was hij toch nog maar bij ons.*

dasselbe 0.1 ***dezelfde, hetzelfde*** ◆ **8.1** das ist doch ein und ~ *dat maakt toch niets uit, geen verschil.*

Dasselfliege ⟨v.⟩ **0.1** ***horzel.***

dastehen 0.1 ***er(bij) staan*** **0.2** ⟨fig.⟩ ***ervoor staan*** ◆ **1.2** eine einzig ~de Leistung *een unieke prestatie* **4.1** nun, wie stehe ich nun da? *heb ik hem dat niet goed geleverd?*

Datei ⟨v.; ~, ~en⟩ **0.1** ***verzamelde data, gegevens*** **0.2** ⟨comp.⟩ ***bestand.***

Daten ⟨alleen mv.⟩ **0.1** ***gegevens, data*** ⇒*feiten, informatie.*

Datenautobahn ⟨v.⟩⟨comp.⟩ **0.1** ***digitale/elektronische snelweg*** ⇒*informatiesnelweg.*

Datenbank ⟨v.; mv. ~en⟩⟨comp.⟩ **0.1** ***databank.***

Datenbestand ⟨m.⟩⟨comp.⟩ **0.1** ***bestand*** ⇒*beschikbare gegevens, hoeveelheid gegevens.*

Datenschutz ⟨m.⟩⟨jur.⟩ **0.1** ⟨bescherming tegen misbruik van persoonlijke gegevens⟩.

Datenschutzbeauftragte(r) ⟨bn. als zn.⟩ **0.1** ⟨persoon die dient te waken tegen het misbruik van opgeslagen informatie⟩.

Datenspeicher ⟨m.⟩⟨comp.⟩ **0.1** ***geheugen.***

Datenspeicherung ⟨v.⟩ **0.1** ***opslag van gegevens.***

Datenträger ⟨m.⟩⟨comp.⟩ **0.1** ***informatiedrager.***

Datenverarbeitung ⟨v.⟩ **0.1** ***verwerking van data, gegevens*** ◆ **2.1** elektronische ~ *verwerking van gegevens met de computer, elektronische gegevensverwerking.*

Datenverarbeitungsanlage ⟨v.⟩ **0.1** ***computer.***

Datenzentrum ⟨o.⟩ **0.1** ***datacentrum, -bank.***

datierbar 0.1 ***dateerbaar.***

datieren I ⟨onov.ww.⟩ **0.1** ***dateren, bestaan*** **0.2** ***dateren, afkomstig zijn*** ◆ **6.2** die Vase datiert **aus** dem zweiten Jahrhundert *de vaas stamt uit de tweede eeuw;* **II** ⟨ov.ww.⟩ **0.1** ***dateren, dagtekenen*** **0.2** ***dateren, de tijd van ontstaan bepalen;*** **III sich** ~ ⟨wk.ww.⟩ **0.1** ***dateren, bestaan.***

Dativ ⟨m.; ~(e)s, ~e⟩ **0.1** ***derde naamval, datief*** **0.2** ***meewerkend voorwerp.***

Dativobjekt ⟨o.⟩ **0.1** ***datiefobject*** **0.2** ***meewerkend voorwerp.***

dato ⟨ec.⟩ **0.1** ***dato, heden*** ◆ **6.1 bis** ~ *tot heden.*

Datowechsel ⟨m.⟩⟨ec.⟩ **0.1** ***datowissel.***

Dattel ⟨v.; ~, ~n⟩ **0.1** ***dadel.***

Datterich ⟨m.⟩ →**Tatterich.**

Datum ⟨o.; ~s, Daten⟩ **0.1** ***datum, dag, dagtekening*** **0.2** ***datum, tijdstip*** **0.3** ⟨meestal mv.⟩ ***gegeven*** ⇒*feit* ◆ **2.1** neueren ~s *van de laatste tijd.*

Datumsgrenze ⟨v.⟩⟨aardr.⟩ **0.1** ***datumgrens, datumlijn.***

Datumsstempel ⟨m.⟩ **0.1** ***datum-, dagtekeningstempel.***

Daube ⟨v.; ~, ~n⟩ **0.1** ***duig*** **0.2** ⟨sp.⟩ ***doel*** ⟨bij curling⟩.

Daubenholz ⟨o.⟩ **0.1** ***duig-, vat-, kuiphout.***

Dauer ⟨v.; ~⟩ **0.1** ***duur, tijdsduur*** **0.2** ***duurzaamheid, bestendigheid*** ⇒*eeuwigheid* ◆ **2.1** eine kurze ~ *een korte tijd* **6.2 auf** die ~ *op de(n) duur;* **auf** ~ (a) *op lange termijn* (b) *(voor) vast;* **auf** die ~ gemacht *duurzaam gemaakt;* nicht **von** ~ sein *niet duurzaam zijn.*

Dauerarbeitslose(r) ⟨bn. als zn.⟩ **0.1** ***langdurig werk(e)loze.***

Dauerauftrag ⟨m.⟩⟨ec.⟩ **0.1** ***machtiging tot automatische afschrijving.***

Dauerbeschäftigung ⟨v.⟩ **0.1** ***vast werk.***

Dauerbetrieb ⟨m.⟩ **0.1** ***continubedrijf.***

Dauerbrenner ⟨m.⟩ **0.1** ***vulkachel*** **0.2** ⟨inf.⟩ ***successtuk, -film, -nummer*** **0.3** ⟨scherts.⟩ ***lange zoen.***

Dauereinrichtung ⟨v.⟩ **0.1** ***vaste, permanente instelling.***

Dauerfeuer ⟨o.⟩ **0.1** ***trommelvuur.***

Dauerflug ⟨m.⟩ **0.1** ***non-stopvlucht.***

Dauergast ⟨m.⟩ **0.1** ***vaste gast*** **0.2** ***gast voor langere tijd.***

dauerhaft 0.1 ***duurzaam*** ⇒*bestendig, solide* ◆ **1.1** ~es Material *stevig materiaal.*

Dauerkarte ⟨v.⟩ **0.1** ***abonnementskaart.***

Dauerkrise ⟨v.⟩ **0.1** ***langdurige crisis.***

Dauerkunde ⟨m.⟩ **0.1** ***vaste klant*** **0.2** ⟨scherts.⟩ ***recidivist.***

Dauerlauf ⟨m.⟩ **0.1** ***langeafstandsloop.***

Dauerleistung ⟨v.⟩ **0.1** ***constante prestatie.***

Dauerlutscher ⟨m.⟩ **0.1** ***lolly.***

Dauermarsch ⟨m.⟩ **0.1** ***langeafstandsmars.***

Dauermieter ⟨m.⟩ **0.1** ***vaste huurder.***

dauern I ⟨onov.ww.⟩ **0.1** ***duren*** ⇒*aanhouden* **0.2** ***duurzaam zijn*** ⇒*blijven bestaan, voortduren* ◆ **2.1** dieser Eindruck wird ~ *deze indruk zal blijven (bestaan);* **II** ⟨ov.ww.⟩⟨schr.⟩ **0.1** ***medelijden hebben met*** ⇒*te doen hebben met* ◆ **1.1** ⟨fig.⟩ mich dauerte das viele Geld *ik vond het zonde van het vele geld* **4.1** das wird dich ~! *daar zul je spijt van krijgen!*

dauernd 0.1 ***voortdurend*** ⇒*constant, vast* **0.2** ***voortdurend*** ⇒*telkens weer* ◆ **1.2** ~e Störungen *voortdurende storingen* **2.1** ~ getrennt leben *duurzaam gescheiden leven.*

Dauerparker ⟨m.⟩ **0.1** ***langparkeerder.***

Dauerregelung ⟨v.⟩ **0.1** ***permanente regeling.***

Dauerregen ⟨m.⟩ **0.1** ***langdurige regenval.***

Dauersitzung ⟨v.⟩ **0.1** ***marathonzitting.***
Dauerstellung ⟨v.⟩ **0.1** ***vaste baan, betrekking.***
Dauertest ⟨m.⟩ **0.1** ***duurzaamheidstest.***
Dauerton ⟨m.⟩ **0.1** ***aanhoudende toon.***
Dauerware ⟨v.⟩ **0.1** ***verduurzaamde, geconserveerde levensmiddelen, waar.***
Dauerwelle ⟨v.⟩ **0.1** ***permanent (wave).***
Dauerwirkung ⟨v.⟩ **0.1** ***duurzaam effect*** **0.2** ***(lang) aanhoudende werking.***
Dauerwurst ⟨v.⟩ **0.1** ***droge, gerookte worst.***
Dauerzustand ⟨m.⟩ **0.1** ***blijvende toestand.***
Daumen ⟨m.; ~s, ~⟩ **0.1** ***duim*** ⟨ook lengtemaat⟩ **0.2** ⟨tech.⟩ ***nok*** ⇒*tand, kam* ◆ **3.1** ⟨fig.⟩ ~, Däumchen drehen *duimendraaien, zich vervelen;* jmdm., für jmdn. den ~ drücken, halten *voor iem. duimen;* den ~ daraufdrücken *bij iets blijven;* den ~ auf etwas halten *zuinig zijn met iets* **6.1** **am** ~ lutschen *duimzuigen;* **über** den ~ peilen *ruwweg schatten.*
Daumenballen ⟨m.⟩ **0.1** ***muis v.d. hand.***
daumenbreit **0.1** ***zo breed als een duim.***
Daumenbreite ⟨v.⟩ **0.1** ***duimbreed.***
Daumenlutscher ⟨m.⟩ **0.1** ***duimzuiger.***
Daumenregister ⟨o.⟩ **0.1** ***duimgreep*** ⟨v.e. boek⟩.
Daumenschraube ⟨v.⟩ **0.1** ***duimschroef.***
Däumling ⟨m.; ~(e)s, ~e⟩ **0.1** ***duim v.d. handschoen*** **0.2** ***duimpje*** ⟨duimbekleedsel⟩ **0.3** ***Kleinduimpje.***
Daune ⟨v.; ~, ~n⟩ **0.1** ***donsveer, dons.***
Daunenbett ⟨o.⟩ **0.1** ***donzen dekbed.***
daunenweich **0.1** ***zacht als dons.***
Daus[1] ⟨m.; ~es, ~e⟩ ⟨vero.⟩ ◆ **9.¶** ei der ~! was der ~! *wel alle duivels!*
Daus[2] ⟨o.; ~es, ⁻̈er of ~e⟩ ⟨sp.⟩ **0.1** ***aas*** ⟨kaarten⟩ **0.2** ***twee*** ⟨dobbelen⟩.
David(s)stern ⟨m.⟩ **0.1** ***davidster.***
davon ⟨acc. wiss.⟩ **0.1** ***daarvandaan*** ⇒*daarvan verwijderd* **0.2** ***daarvan, ervan*** ⇒*daardoor* **0.3** ***daarvan, ervan*** ⇒ *van die hoeveelheid* **0.4** ***daarvan, ervan*** ⇒*van dit materiaal* **0.5** ***daarvan, ervan*** ◆ **1.1** ⟨inf.⟩ Pfoten ~! *blijf der af met je poten!* **3.2** ⟨inf.⟩ was habe ich ~! ich habe nur Ärger ~! *wat heb ik eraan! ik krijg er alleen maar ergernissen door!* **3.5** er hält viel ~ *hij verwacht er veel van;* was halten Sie ~? *wat vindt u ervan?;* reden wir nicht mehr ~! *laten we er niet meer over praten!* **5.5** genug ~!, nichts mehr ~! *ik wil er niets meer over horen* **8.1** sich auf und ~ machen *ervandoor gaan.*
davonbleiben **0.1** ***uit de buurt blijven*** ⇒*er niet aan komen.*
davonbrausen **0.1** ***wegstuiven, -scheuren.***
davoneilen **0.1** ***hard weglopen, wegsnellen.***
davongehen **0.1** ***weggaan, weglopen*** **0.2** ⟨schr.⟩ ***sterven, heengaan.***
davonkommen **0.1** ***er afkomen, het redden*** ◆ **6.1** **mit** dem Leben ~ *het er levend afbrengen;* **mit** knapper Not ~ *door het oog van de naald kruipen.*
davonlassen **0.1** ***er afblijven, niet aanraken*** ◆ **1.1** du sollst die Finger ~ *je moet er met je vingers afblijven.*
davonlaufen **0.1** ***weglopen, ervandoor gaan*** **0.2** ***uit de hand lopen*** ◆ **6.1** ⟨fig.⟩ es ist **zum** Davonlaufen! *het is niet om te harden!*
davonmachen, sich **0.1** ***er tussenuit knijpen*** ⇒*onopvallend vertrekken* **0.2** ⟨fig.⟩ ***sterven, heengaan.***
davonschleichen **I** ⟨onov.ww.; s.⟩ **0.1** ***stilletjes weggaan;*** **II sich** ~ ⟨wk.ww.; h.⟩ **0.1** ***er stiekem vandoor gaan.***
davonsein ⟨inf.⟩ **0.1** ***er vandoor zijn*** ◆ **8.1** auf und ~ *wegwezen.*
davonstehlen, sich **0.1** ***er tussenuit knijpen.***
davontragen **0.1** ***wegdragen*** **0.2** ***oplopen, krijgen*** **0.3** ⟨schr.⟩ ***verkrijgen*** ⇒*winnen, verwerven* ◆ **1.2** eine Verletzung ~ *een verwonding oplopen* **1.3** Ruhm ~ *roem verwerven;* den Sieg ~ *de zege behalen.*
davonziehen **0.1** ***wegtrekken*** **0.2** ⟨sp.⟩ ***een voorsprong nemen.***
davor ⟨acc. wiss.⟩ **0.1** ***daar-, ervoor*** ⇒*voor dat punt* **0.2** ***daar-, ervoor*** ⇒*voor dat tijdstip* **0.3** ***daar-, ervoor*** ⇒*wat dat betreft* ◆ **3.3** Angst ~ haben *er bang voor zijn;* ~ warnen *ervoor, ertegen waarschuwen.*
davorlegen **0.1** ***ervoor leggen.***
davorstehen **0.1** ***ervoor staan, voor iets staan.***
dawider ⟨schr.⟩ **0.1** ***er-, daartegen.***
dazu ⟨acc. wiss.⟩ **0.1** ***daartoe*** ⇒*met het doel, daarvoor* **0.2** ***daarbij*** **0.3** ***bovendien*** ⇒*ook nog, daarenboven* **0.4** ***ertoe, erbij (behorend)*** **0.5** ***wat dat betreft*** ⇒*in dit opzicht* ◆ **1.5** meine Meinung ~ *mijn mening daarover* **3.4** man muß ~ geboren sein *daar moet je voor geboren zijn* **3.5** sich ~ äußern *er iets over zeggen;* was meinen Sie ~? *wat denkt u ervan?* **8.2** ~ kommt noch, daß ... *daarbij komt nog, dat ...*
dazugeben **0.1** ***erbij geven, extra geven.***
dazugehören **0.1** ***ertoe, erbij (be)horen*** ◆ **1.1** es gehört Mut dazu *er is moed voor nodig.*
dazugehörig **0.1** ***bijbehorend*** ⇒*bijpassend.*
dazukommen **0.1** ***erbij komen, arriveren*** **0.2** ***erbij komen, toegevoegd worden.***
dazukönnen ⟨inf.⟩ ◆ **5.¶** nichts ~ *er niets aan kunnen doen, het niet kunnen helpen.*
dazumal ⟨vero.⟩ **0.1** ***toen, destijds*** ◆ **1.1** Anno ~ *heel lang geleden.*
dazuschlagen **0.1** ***erbij optellen.***
dazutun **0.1** ***erbij doen*** ◆ **6.1** **ohne** jmds. Dazutun *zonder iemands toedoen.*
dazuverdienen **0.1** ***bijverdienen.***
dazwischen **0.1** ***daar-, ertussen*** **0.2** ***daartussen*** ⇒*tussen die tijden* **0.3** ***daartussen*** ⇒*daarbij* **0.4** ***daar-, ertussen*** ◆ **3.2** eine Pause ~ einschieben *een pauze inlassen* **3.3** sein Brief war nicht ~ *zijn brief was er niet bij.*
dazwischenfahren **0.1** ***tussenbeide komen*** ⇒*ingrijpen* **0.2** ***in de rede vallen.***
dazwischenfunken ⟨inf.; fig.⟩ **0.1** ***ertussen komen*** ⇒*storen.*
dazwischengeraten **0.1** ***ertussen raken, komen*** **0.2** ⟨fig.⟩ ***verzeild raken in.***
dazwischenkommen **0.1** ***ertussen komen, raken*** **0.2** ***tussenbeide komen*** ⇒*ingrijpen* **0.3** ***ertussen komen*** ⇒*storen* ◆ **6.1** **mit** den Fingern ~ *er met de vingers tussenkomen.*
dazwischenreden **0.1** ***in de rede vallen*** **0.2** ***meepraten*** ⇒ *zich in het gesprek mengen.*
dazwischenrufen **0.1** ***interrumperen*** ⇒*er tussendoor schreeuwen.*
dazwischenschlagen **0.1** ***erop slaan.***
dazwischenstehen **0.1** ***ertussen(in) staan.***
dazwischentreten **0.1** ***ertussen komen*** **0.2** ***tussenbeide komen.***
DB ⟨v.; ~⟩ ⟨afk.⟩ [Deutsche Bahn].
DDR ⟨v.; ~⟩ ⟨afk.; Deutsche Demokratische Republik (1949-1990)⟩ **0.1** ***DDR.***
Debakel ⟨o.; ~s, ~⟩ ⟨schr.⟩ **0.1** ***debacle*** ⇒*afgang, nederlaag.*
Debatte ⟨v.; ~, ~n⟩ **0.1** ***debat*** **0.2** ⟨pol.⟩ ***debat*** ⇒*openbare bespreking* ◆ **6.1** das steht **zur** ~ *dat staat ter discussie.*
Debatter ⟨m.; ~s, ~⟩ **0.1** ***debater.***
debattieren **I** ⟨onov.ww.⟩ **0.1** ***debatteren;*** **II** ⟨ov.ww.⟩ **0.1** ***bespreken*** ⇒*behandelen.*
Debet ⟨o.; ~s, ~s⟩ **0.1** ***debet*** ◆ **6.1** **in** das ~ stellen *in debet brengen.*

Debetsaldo ⟨o.⟩ **0.1** ***saldotekort.***
debil **0.1** ***debiel, zwakzinnig.***
Debilität ⟨v.; ~⟩ **0.1** ***debiliteit.***
debitieren **0.1** ***debiteren.***
Debitor ⟨m.; ~s, Debitoren⟩ **0.1** ***debiteur.***
Debitorenkonto ⟨o.⟩ **0.1** ***debiteurenrekening.***
Debüt ⟨o.; ~s, ~s⟩ **0.1** ***debuut.***
Debütant ⟨m.; ~en, ~en⟩ **0.1** ***debutant.***
debütieren **0.1** ***debuteren, z'n debuut maken.***
Dechant ⟨m.; ~en, ~en⟩⟨rel.⟩ **0.1** ***deken, decaan.***
dechargieren **0.1** ***dechargeren, ontheffen.***
dechiffrieren **0.1** ***ontcijferen, decoderen.***
Deck ⟨o.; ~(e)s, ~e of ~s⟩ **0.1** ***dek*** ⇒*scheepsvloer* **0.2** ***dek, etage*** **0.3** ***bovenverdieping*** ⟨v.e. bus⟩ ◆ **6.1** alle Mann **an** ~! *alle hens aan dek!;* **auf** ~ sein *aan dek zijn;* ⟨inf.⟩ nicht (recht) **auf** ~ sein *niet helemaal fit zijn;* **unter** ~ gehen *van dek gaan.*
Deck|adresse, -anschrift ⟨v.⟩ **0.1** ***schuiladres, correspondentieadres.***
Deckbett ⟨o.⟩ **0.1** ***dekbed.***
Deckblatt ⟨o.⟩ **0.1** ***dek-, schutblad*** ⟨v.e. sigaar⟩ **0.2** ***titelpagina*** **0.3** ⟨plantk.⟩ ***dek-, schutblad*** **0.4** ⟨sp.⟩ ***bovenste kaart*** **0.5** ⟨boek.⟩ ***inlegblad met correcties.***
Decke ⟨v.; ~, ~n⟩ **0.1** ***deken*** ⇒*dek* **0.2** ***plafond, zoldering*** **0.3** ***(weg)dek*** ⇒*plaveisel* **0.4** ***buitenband*** **0.5** ***dek*** ⇒*huid, vel* **0.6** ***kleed(je)*** ⇒*tafelkleed* **0.7** ***bovenblad*** ⟨v.e. viool⟩ **0.8** ***boekband*** ⇒*omslag* **0.9** ⟨biol.⟩ ***dekveren*** ◆ **3.2** ⟨inf.⟩ jmdm. fällt die ~ auf den Kopf (a) *iem. voelt zich beklemd* (b) *iem. verveelt zich thuis stierlijk* **6.1** ⟨inf.⟩ **mit** jmdm. unter einer ~ stecken *met iem. onder een hoedje spelen;* **unter** der ~ der Nacht *onder bedekking van de nacht* **6.2** ⟨inf.⟩ **an** die ~ gehen *woedend worden* ¶.**2** ⟨sprw.⟩ man muß sich nach der ~ strecken *men moet de tering naar de nering zetten.*
Deckel ⟨m.; ~s, ~⟩ **0.1** ***deksel*** ⇒*kap, klep* **0.2** ***(boek)band*** **0.3** ⟨inf.⟩ ***hoed*** ◆ **6.3** ⟨inf.⟩ jmdm. eins **auf** den ~ geben *iem. op zijn donder geven, iem. afkatten.* →**Topf.**
Deckelkrug ⟨m.⟩ **0.1** ***(bier)pul met deksel.***
deckeln **0.1** ***afsluiten*** ⇒*v.e. deksel voorzien* **0.2** ⟨inf.⟩ ***(iem.) op zijn nummer zetten.***
decken I ⟨ov.ww.⟩ **0.1** ***dekken*** ⇒*bedekken* **0.2** ***dekken*** ⇒*beschermen, beveiligen* **0.3** ***dekken*** ⇒*bevruchten, bespringen* **0.4** ***dekken*** ⇒*voldoen aan, voorzien in, bestrijden* **0.5** ***dekken*** ⇒*overeenkomen met* **0.6** ⟨schei.⟩ ***dekken*** ⇒*reinigen, uitwassen* **0.7** ⟨sp.⟩ ***dekken*** ⇒*afschermen, bewaken* **0.8** ⟨ec.⟩ ***dekken*** ◆ **1.2** die Nacht deckte den Dieb *de nacht beschermde de dief;* ⟨fig.⟩ jmdm. den Rücken ~ *iem. rugdekking geven* **1.4** den Bedarf ~ *in de behoefte voorzien* **5.7** hautnah ~ *scherp dekken;*
II sich ~ ⟨wk.ww.⟩ **0.1** ***overeenkomen*** ⇒*aan elkaar gelijk zijn* **0.2** ***zichzelf beschermen*** **0.3** ⟨wisk.⟩ ***congruent zijn*** ◆ **6.2** decke dich **gegen** seine Absichten *bescherm je tegen zijn bedoelingen.*
Deckenbeleuchtung ⟨v.⟩ **0.1** ***plafondverlichting.***
Deckengemälde ⟨o.⟩ **0.1** ***plafondschildering.***
Decken|lampe, -leuchte ⟨v.⟩ **0.1** ***plafondlamp, plafonnière.***
Deckenmalerei ⟨v.⟩ **0.1** ***plafond(be)schildering.***
deckfähig **0.1** ***ter dekking staande*** ⟨van zoogdieren⟩.
Deckfarbe ⟨v.⟩ **0.1** ***dekverf, dekkende verf.***
Deckfeder ⟨v.⟩ **0.1** ***dekveren.***
Deckflügler ⟨m.; ~s, ~⟩ **0.1** ***schildvleugelige.***
Deckhaar ⟨o.⟩ **0.1** ***kruinhaar.***
Deckhengst ⟨m.⟩ **0.1** ***dek-, fokhengst.***
Deckmantel ⟨m.⟩ **0.1** ***dekmantel, voorwendsel.***
Deckname ⟨m.⟩ **0.1** ***schuilnaam, pseudoniem.***
Deckung ⟨v.; ~, ~en⟩ **0.1** ***bedekking*** **0.2** ***dekking*** ⇒*bescherming* **0.3** ***dekking*** ⇒*bevruchting* **0.4** ***overeenkomst*** ⇒*gelijkheid* **0.5** ***dekking*** ⇒*voldoen aan, voorzien in* **0.6** ⟨ec.⟩ ***dekking*** **0.7** ⟨sp.⟩ ***dekking*** ⇒*afscherming, bewaking.*
deckungsgleich ⟨wisk.⟩ **0.1** ***congruent.***
Deckungslücke ⟨v.⟩⟨ec.⟩ **0.1** ***dekkingstekort.***
Deckungssumme ⟨v.⟩ **0.1** ***verzekerd bedrag.***
Deckweiß ⟨o.⟩ **0.1** ***dekwit, dekkend wit.***
Deckzeit ⟨v.⟩ **0.1** ***paartijd.***
Dedikation ⟨v.; ~, ~en⟩ **0.1** ***dedicatie*** ⇒*opdracht* **0.2** ***schenking*** ⇒*stichting.*
dedizieren ⟨schr.⟩ **0.1** ***opdragen, wijden*** **0.2** ***schenken.***
Deduktion ⟨v.; ~, ~en⟩ **0.1** ***deductie, afleiding.***
deduzieren **0.1** ***deduceren, (logisch) afleiden.***
deeskalieren **0.1** ***deëscaleren.***
Defätismus ⟨m.; ~⟩ **0.1** ***defaitisme.***
defätistisch **0.1** ***defaitistisch*** ⇒*somber.*
defekt **0.1** ***defect*** ⇒*stuk, niet in orde.*
Defekt ⟨m.; ~(e)s, ~e⟩ **0.1** ***defect*** ⇒*mankement, fout* **0.2** ***tekort, deficit*** **0.3** ⟨med.⟩ ***defect, gebrek*** **0.4** ⟨graf.⟩ ***defecten*** **0.5** ⟨boek.⟩ ***ontbrekende bladen.***
defektiv **0.1** ***defectueus*** ⇒*geschonden, onvolledig.*
defensiv **0.1** ***defensief, verdedigend.***
Defensivbündnis ⟨o.⟩ **0.1** ***defensief verbond.***
Defensive ⟨v.; ~, ~n⟩ **0.1** ***defensief, verdediging.***
Defensivstellung ⟨v.⟩ **0.1** ***defensief, verdedigende houding.***
Defilé, Defilee ⟨o.; ~s, ~s of Defileen⟩⟨mil.⟩ **0.1** ***defilé.***
defilieren **0.1** ***defileren.***
definieren **0.1** ***definiëren*** ◆ **1.1** ein Wort ~ *een woord verklaren.*
Definition ⟨v.; ~, ~en⟩ **0.1** ***definitie*** **0.2** ⟨rel.⟩ ***onfeilbare uitspraak.***
definitiv **0.1** ***definitief*** ⇒*blijvend, voorgoed.*
Defizit ⟨acc. wiss.⟩⟨o.; ~(e)s, ~e⟩ **0.1** ***deficit*** ⇒*ontbrekend bedrag, tekort* **0.2** ***gebrek, tekort.***
defizitär **0.1** ***deficitair.***
Deflation ⟨v.; ~, ~en⟩ **0.1** ***deflatie, waardevermeerdering van geld*** **0.2** ⟨geol.⟩ ***deflatie.***
defla|tionär, -torisch **0.1** ***deflatoir.***
Deflektor ⟨m.; ~s, Deflektoren⟩ **0.1** ***deflector*** ⇒*afzuig-, schoorsteenkap.*
Defloration ⟨v.; ~, ~en⟩ **0.1** ***defloratie, ontmaagding.***
deflorieren **0.1** ***defloreren, ontmaagden.***
Deformation ⟨v.; ~, ~en⟩ **0.1** ⟨nat.⟩ ***deformatie, vormverandering*** **0.2** ⟨med.⟩ ***deformatie, misvorming.***
deformieren **0.1** ***deformeren.***
deftig **0.1** ***stevig*** ⇒*krachtig, voedzaam* **0.2** ***ruw*** ⇒*grof, schuin* **0.3** ***flink*** ⇒*zeer, erg* ◆ **1.3** eine ~e Kritik bekommen *heel wat kritiek krijgen.*
Degen ⟨m.; ~s, ~⟩ **0.1** ***degen*** **0.2** ⟨schr.⟩ ***held.***
Degeneration ⟨v.; ~, ~en⟩ **0.1** ⟨biol.⟩ ***degeneratie*** **0.2** ⟨fig.⟩ ***degeneratie*** ⇒*ontaarding, verval.*
degenerieren **0.1** ***degenereren*** ⇒*vervallen, ontaarden.*
Degenfechten ⟨o.⟩ **0.1** ***het schermen op, met de degen.***
Degengriff ⟨m.⟩ **0.1** ***degengreep, degengevest.***
Degenkorb ⟨m.⟩ **0.1** ***degengevest.***
Degenschlucker ⟨m.⟩ **0.1** ***degenslikker.***
Degradation ⟨v.; ~, ~en⟩ **0.1** ***degradatie*** **0.2** ⟨landb.⟩ ***verslechtering van grond.***
degradieren **0.1** ***degraderen*** **0.2** ⟨landb.⟩ ***de grond verslechteren.***
Degression ⟨v.; ~, ~en⟩ **0.1** ***degressie.***
degressiv **0.1** ***degressief*** ⇒*dalend in waarde, afnemend.*

dehnbar 0.1 ***rekbaar*** *⇒elastisch* **0.2** ***rekbaar*** *⇒vaag.*
dehnen I ⟨ov.ww.⟩ **0.1** ***(uit)rekken*** *⇒langer, breder maken* **0.2** ***(uit)strekken*** **0.3** ***slepend spreken*** **◆ 1.3** eine gedehnte Sprechweise *een slepende manier van spreken;*
II sich ~ ⟨wk.ww.⟩ **0.1** ***langer, breder worden*** **0.2** ***lang, eindeloos duren*** **0.3** ***zich uitstrekken*** **◆ 1.2** das Essen dehnte sich endlos *de maaltijd duurde eindeloos lang.*
dehnfähig 0.1 ***rekbaar*** *⇒elastisch.*
Dehnung ⟨v.; ~, ~en⟩ **0.1** ***(uit)rekking*** **0.2** ***rekbaarheid, rek*** **0.3** ⟨taal.⟩ ***rekking, verlenging.***
Deibel ⟨m.; ~s⟩ →**Deiwel.**
Deich ⟨m.; ~(e)s, ~e⟩ **0.1** ***dijk.***
Deichamt ⟨o.⟩ **0.1** ***heemraadschap.***
Deichbruch ⟨m.⟩ **0.1** ***dijkbreuk, dijkdoorbraak.***
deichen 0.1 ***bedijken.***
Deichgenossenschaft ⟨v.⟩ **0.1** ***ingelanden.***
Deich|graf, -hauptmann ⟨m.⟩ **0.1** ***dijkgraaf.***
Deichkrone ⟨v.⟩ **0.1** ***kruin v.d. dijk.***
Deichsel ⟨v.; ~, ~n⟩ **0.1** ***dissel(boom)*** ⟨v.e. wagen⟩.
deichseln 0.1 ⟨amb.⟩ ***disselen, met de dissel bewerken*** **0.2** ⟨inf.⟩ ***bedisselen, klaarspelen.***
Deichselstange ⟨v.⟩ **0.1** ***disselboom.***
Deichverband ⟨m.⟩ **0.1** ***ingelanden.***
Deichvorland ⟨o.⟩ **0.1** ***uiterland*** *⇒uiterwaard, kwelder.*
dein 0.1 ***jouw, uw*** **◆ 4.1** der, die, das ~e / Deine *de jouwe, de uwe;* du mußt das Deine tun *jij moet jouw deel doen;* der Deine *jouw man.*
deinerseits 0.1 ***van jouw, uw kant.***
deinesgleichen 0.1 ***jouws gelijke, uws gelijke(n)*** **◆ 3.1** mit ~ verkehre ich nicht *met mensen zoals jij ga ik niet om.*
deinet|halben, -wegen 0.1 ***ter wille van jou, u*** *⇒om jouwent-, uwentwil, om jou, u.*
deinetwillen 0.1 ***ter wille van jou, u.***
deinige 0.1 ***(de, het) jouwe, uwe*** *⇒(die, dat) van jou, u.*
Deismus ⟨m.; ~⟩ **0.1** ***deïsme.***
Deist ⟨m.; ~en, ~en⟩ **0.1** ***deïst.***
Deiwel ⟨m.; ~s, ~⟩ **◆ 9.¶** pfui ~! *wat deksel! ajakkes!*
Deka ⟨o.; ~s, ~⟩⟨Oostr.⟩ **0.1** ***decagram.***
Dekade ⟨v.; ~, ~n⟩ **0.1** ***decade.***
dekadent 0.1 ***decadent.***
Dekadenz ⟨v.; ~⟩ **0.1** ***decadentie*** *⇒achteruitgang.*
dekadisch 0.1 ***decimaal, tiendelig.***
Dekagramm ⟨o.; ~(e)s, ~e; na telwoord ~⟩ **0.1** ***decagram.***
Dekalog ⟨m.; ~(e)s⟩ **0.1** ***decaloog, de Tien Geboden.***
Dekameter ⟨m. & o.⟩ **0.1** ***decameter.***
Dekan ⟨m.; ~(e)s, ~e⟩ **0.1** ⟨school.⟩ ***decaan*** **0.2** ⟨rel.⟩ ***deken.***
Dekanat ⟨o.; ~(e)s, ~e⟩ **0.1** ***decanaat.***
Dekanei ⟨v.; ~, ~en⟩ **0.1** ***woning v.e. deken.***
dekantieren 0.1 ***decanteren.***
dekartel|lieren, -lisieren 0.1 ***een kartel ontbinden.***
Deklamation ⟨v.; ~, ~en⟩ **0.1** ***declamatie.***
Deklamator ⟨m.; ~s, Deklamatoren⟩ **0.1** ***declamator.***
deklamieren 0.1 ***declameren, voordragen.***
Deklaration ⟨v.; ~, ~en⟩ **0.1** ***declaratie, plechtige verklaring*** **0.2** ***declaratie, opgave.***
deklarieren 0.1 ***declareren*** *⇒plechtig verklaren* **0.2** ***declareren, opgeven.***
deklariert 0.1 ***uitgesproken*** *⇒voor iedereen duidelijk.*
deklassieren 0.1 ***declasseren.***
Deklination ⟨v.; ~, ~en⟩ **0.1** ***declinatie.***
deklinieren ⟨taal.⟩ **0.1** ***declineren, verbuigen.***
dekodieren 0.1 ***decoderen*** *⇒ontcijferen.*
Dekolleté ⟨o.; ~s, ~s⟩ **0.1** ***decolleté.***
dekolletieren I ⟨ov.ww.⟩ **0.1** ***decolleteren;***
II sich ~ ⟨wk.ww.⟩ **0.1** ⟨inf.⟩ ***zich blootgeven.***
Dekolonisation ⟨v.; ~, ~en⟩ **0.1** ***dekolonisatie.***
dekonzentrieren 0.1 ***deconcentreren*** *⇒verdelen, spreiden.*
Dekor ⟨m. & o.; ~s, ~e of ~s⟩ **0.1** ***decor.***
Dekorateur ⟨m.; ~(e)s, ~e⟩ **0.1** ***decorateur.***
Dekoration ⟨v.; ~, ~en⟩ **0.1** ***decoratie*** **0.2** ***decoratie*** *⇒ridderorde* **0.3** ⟨dram.⟩ ***toneeldecor(atie).***
Dekorationsmaler ⟨m.⟩ **0.1** ***decoratieschilder.***
Dekorationsmalerei ⟨v.⟩ **0.1** ***het decoratieschilderen*** **0.2** ***decoratieschilderwerk.***
dekorativ 0.1 ***decoratief.***
dekorieren 0.1 ***decoreren*** *⇒versieren* **0.2** ***decoreren*** *⇒onderscheiden, ridderen.*
Dekorum ⟨o.; ~s⟩ **0.1** ***decorum.***
Dekret ⟨o.; ~(e)s, ~e⟩ **0.1** ***decreet*** *⇒beschikking, besluit.*
dekretieren 0.1 ***decreteren*** *⇒verordenen, voorschrijven.*
dekupieren 0.1 ***decouperen*** *⇒uitzagen, uitsnijden.*
Dekupiersäge ⟨v.⟩ **0.1** ***decoupeerzaag.***
dekuvrieren ⟨schr.⟩ **I** ⟨ov.ww.⟩ **0.1** ***ontmaskeren*** *⇒blootleggen;*
II sich ~ ⟨wk.ww.⟩ **0.1** ***zich blootgeven.***
Delegat ⟨m.; ~en, ~en⟩ **0.1** ***gedelegeerde*** *⇒afgevaardigde.*
Delegation ⟨v.; ~, ~en⟩ **0.1** ***delegatie*** *⇒afvaardiging* **0.2** ***delegatie*** *⇒overdracht.*
delegieren 0.1 ***delegeren*** *⇒afvaardigen* **0.2** ***delegeren*** *⇒overdragen.*
Delegierte(r) ⟨bn. als zn.⟩ **0.1** ***gedelegeerde*** *⇒afgevaardigde.*
delikat 0.1 ***delicaat.***
Delikatesse ⟨v.; ~, ~n⟩ **0.1** ***delicatesse*** *⇒lekkernij* **0.2** ⟨schr.⟩ ***delicatesse*** *⇒kiesheid, omzichtigheid.*
Delikatessengeschäft ⟨o.⟩ **0.1** ***delicatessewinkel.***
Delikt ⟨o.; ~(e)s, ~e⟩ **0.1** ***delict, strafbaar feit*** *⇒misdrijf.*
delinquent ⟨schr.⟩ **0.1** ***misdadig.***
Delinquent ⟨m.; ~en, ~en⟩ **0.1** ***delinquent*** *⇒misdadiger, dader.*
delirieren 0.1 ***delireren, ijlen.***
Delirium ⟨o.; ~s, Delirien⟩ **0.1** ***delirium.***
deliziös 0.1 ***delicieus*** *⇒kostelijk.*
Delle ⟨v.; ~, ~n⟩ **0.1** ⟨aardr.⟩ ***del, komvormige laagte*** **0.2** ⟨inf.⟩ ***deuk*** *⇒bluts.*
Delphin[1] ⟨m.; ~(e)s, ~e⟩ **0.1** ***dolfijn.***
Delphin[2] ⟨o.; ~s⟩⟨sp.⟩ **0.1** ***vlinderslag.***
Delphinarium ⟨o.; ~s, Delphinarien⟩ **0.1** ***dolfinarium.***
Delphinschwimmen ⟨o.⟩ **0.1** ***vlinderslag.***
delphisch 0.1 ***raadselachtig*** *⇒duister* **◆ 1.1** ein ~es Orakel *iets onbegrijpelijks.*
Delphisch 0.1 ***van Delphi.***
Delta ⟨o.; ~s, ~s of Delten⟩ **0.1** ***delta.***
Deltamuskel ⟨m.⟩⟨med.⟩ **0.1** ***deltaspier.***
dem[1] ⟨aanw.vnw.⟩ **0.1** ***het, dit, dat*** **0.2** ⟨inf.⟩ ***hem, die daar*** **◆ 3.1** ~ ist (nicht) so *dat is (niet) zo;* wie ~ auch sei *hoe het ook zij* **3.2** ~ hast du das gesagt? *heb je hem dat gezegd?*
dem[2] ⟨aanw.vnw.⟩ **0.1** ***dit, dat, hetgeen, datgene.***
dem[3] ⟨betr.vnw.⟩ **0.1** ***die, dat.***
dem[4] ⟨lidw.⟩ **0.1** ***de, het*** **◆ 1.1** ⟨inf.⟩ ~ Fritz sein Buch *het boek van Frits.*
Demagoge ⟨m.; ~n, ~n⟩ **0.1** ***demagoog.***
Demagogie ⟨v.; ~⟩ **0.1** ***demagogie.***
demagogisch 0.1 ***demagogisch*** *⇒ophitsend, opruiend.*
Demarkationslinie ⟨v.⟩ **0.1** ***demarcatie-, bestandslijn.***
demarkieren 0.1 ***demarqueren*** *⇒afbakenen.*
demaskieren I ⟨ov.ww.⟩ **0.1** ***demaskeren, ontmaskeren*** **0.2** ⟨mil.⟩ ***de camouflage wegnemen;***
II sich ~ ⟨wk.ww.⟩ **0.1** ***het masker afnemen*** **0.2** ⟨fig.⟩ ***zich ontmaskeren*** *⇒het ware gezicht laten zien.*

Dementi ⟨o.; ~s, ~s⟩ **0.1** ***dementi*** ⇒*ontkenning, loochening* **0.2** ***rectificatie*** ⇒*herroeping.*
dementieren **0.1** ***dementeren*** ⇒*ontkennen, loochenen* **0.2** ***rectificeren*** ⇒*herroepen.*
dementsprechend **0.1** ***dienovereenkomstig*** ⇒*navenant.*
Demenz ⟨v.; ~, ~en⟩⟨med.⟩ **0.1** ***dementie.***
demgegenüber **0.1** ***daarentegen, daartegenover.***
demgemäß **0.1** ***dienovereenkomstig.***
demilitarisieren **0.1** ***demilitariseren.***
Demission ⟨v.; ~, ~en⟩ **0.1** ***demissie.***
demissionieren **I** ⟨onov.ww.; h.⟩ **0.1** ***demitteren, aftreden;*** **II** ⟨ov.ww.⟩ **0.1** ***demitteren, ontslaan.***
demnach **0.1** ***dus*** ⇒*dientengevolge.*
demnächst **0.1** ***binnenkort*** ⇒*spoedig, eerstdaags.*
Demo ⟨v.; ~, ~s⟩⟨inf.; afk.⟩ [Demonstration].
Demobilisation ⟨v.; ~, ~en⟩ **0.1** ***demobilisering.***
demobilisieren **0.1** ***demobiliseren.***
Demographie ⟨v.; ~, ~n⟩ **0.1** ***demografie.***
Demokrat ⟨m.; ~en, ~en⟩ **0.1** ***democraat.***
Demokratie ⟨v.; ~, ~n⟩ **0.1** ***democratie.***
demokratisch **0.1** ***democratisch.***
demolieren **0.1** ***vernielen*** **0.2** ***afbreken*** ⇒*slopen.*
demonetisieren ⟨ec.⟩ **0.1** ***demonetiseren, (geld) buiten omloop stellen.***
Demonstrant ⟨m.; ~en, ~en⟩ **0.1** ***demonstrant.***
Demonstration ⟨v.; ~, ~en⟩ **0.1** ***demonstratie.***
Demonstrationszug ⟨m.⟩ **0.1** ***protestmars.***
demonstrativ **0.1** ***demonstratief*** ⇒*nadrukkelijk* **0.2** ***demonstratief*** ⇒*aanschouwelijk* **0.3** ⟨taal.⟩ ***aanwijzend.***
Demonstrativpronomen ⟨o.⟩⟨taal.⟩ **0.1** ***aanwijzend voornaamwoord.***
demonstrieren **I** ⟨onov.ww.⟩ **0.1** ***demonstreren*** ⇒*betogen;* **II** ⟨ov.ww.⟩ **0.1** ***demonstreren*** ⇒*aantonen, bewijzen* **0.2** ***demonstreren*** ⇒*blijk geven van.*
demontabel **0.1** ***demonteer-, uitneembaar.***
Demontage ⟨v.; ~, ~n⟩ **0.1** ***demontage.***
demontieren **0.1** ***demonteren, afbreken*** ⇒*ontmantelen* **0.2** ***demonteren, uit elkaar nemen.***
Demoralisation ⟨v.; ~, ~en⟩ **0.1** ***demoralisatie, moreel verval.***
demoralisieren **0.1** ***demoraliseren.***
Demoskopie ⟨v.; ~, ~n⟩ **0.1** ***demoscopie, opinieonderzoek.***
Demut ⟨v.; ~⟩ **0.1** ***deemoed*** ⇒*nederigheid.*
demütig **0.1** ***deemoedig*** ⇒*nederig, ootmoedig.*
demütigen **I** ⟨ov.ww.⟩ **0.1** ***deemoedigen*** ⇒*vernederen;* **II sich** ~ ⟨wk.ww.⟩ **0.1** ***zich verootmoedigen*** ⇒*zich vernederen.*
Demütigung ⟨v.; ~, ~en⟩ **0.1** ***vernedering.***
demutsvoll **0.1** ***vol deemoed, heel deemoedig.***
demzufolge **0.1** ***dientengevolge*** ⇒*daarom, daardoor.*
den[1] ⟨aanw.vnw.⟩ **0.1** ***deze, dit*** **0.2** ⟨inf.⟩ ***hem, die daar*** ◆ **3.2** ~ kann ich nicht leiden *die (vent) kan ik niet uitstaan.*
den[2] ⟨aanw.vnw.⟩ **0.1** ***die, deze.***
den[3] ⟨betr.vnw.⟩ **0.1** ***die, dat*** ◆ **1.1** der Begriff, ~ er erklärte *het begrip, dat hij verklaarde.*
den[4] ⟨lidw.⟩ **0.1** ***de, het*** ◆ **1.1** hast du ~ Fritz gesehen? *heb je Frits gezien?;* wer spielt ~ Wallenstein? *wie speelt de rol van Wallenstein?*
denaturalisieren **0.1** ***denaturaliseren.***
denaturieren **0.1** ***denatureren.***
denazifizieren **0.1** ***zuiveren van nationaal-socialistische besmetting.***
Dendrit ⟨m.; ~en, ~en⟩ **0.1** ***dendriet.***
dengeln **0.1** ***scherpen, haren*** ⟨v.e. zeis⟩.
Denkansatz ⟨m.⟩ **0.1** ***uitgangspunt voor een gedachtegang.***
Denkanstoß ⟨m.⟩ **0.1** ***prikkel, suggestie.***
Denkarbeit ⟨v.⟩ **0.1** ***denkwerk.***
Denkart ⟨v.⟩ **0.1** ***denkwijze.***
denkbar[1] ⟨bn.⟩ **0.1** ***denkbaar*** ⇒*voorstelbaar* ◆ **1.1** eine ~e Lösung *een mogelijke oplossing.*
denkbar[2] ⟨bw.⟩ **0.1** ***uiterst, zeer*** ◆ **2.1** die ~ beste Lösung *de best denkbare oplossing;* eine ~ einfache Sache *een uiterst eenvoudige zaak.*
denken ⟨→t19⟩ **I** ⟨onov.ww.⟩ **0.1** ***denken*** ◆ **1.1** ⟨inf.⟩ Denken ist Glückssache! *dat had je gedacht!* **3.1** ⟨inf.⟩ gedacht, getan *zo gezegd, zo gedaan;* solange ich ~ kann *zo lang ik me kan herinneren* **4.1** ⟨inf.⟩ denkste! *dat had je gedacht!* **5.1** erst ~, dann handeln *bezint eer ge begint, eerst denken, dan doen* **6.1** er denkt nur **an** seinen eigenen Vorteil *hij is alleen op eigen voordeel bedacht;*
II ⟨ov.ww.⟩ **0.1** ***denken*** ⇒*geloven, vermoeden* ◆ **1.1** nichts Böses ~ *niets kwaads vermoeden;*
III sich ~ ⟨wk.ww.⟩ **0.1** ***denken*** ⇒*zich voorstellen, vermoeden* **0.2** ***denken*** ⇒*zich verbeelden* ◆ **1.1** ⟨inf.⟩ ich denke mir mein Teil dabei *ik denk er het mijne van* **3.1** ich hätte es mir ~ können *ik had het kunnen weten* **4.2** ⟨inf.⟩ was ~ Sie sich eigentlich? *wat verbeeldt u zich eigenlijk?* **6.1** denke dich **in** meine Lage! *verplaats je eens in mijn situatie!*
Denker ⟨m.; ~s, ~⟩ **0.1** ***denker, filosoof.***
denkerisch **0.1** ***filosofisch*** ⇒*als denker.*
Denkerstirn ⟨v.⟩⟨inf.⟩ **0.1** ***hoog voorhoofd, denkersvoorhoofd.***
denkfähig **0.1** ***in staat om (na) te denken.***
Denkfähigkeit ⟨v.⟩ **0.1** ***denkvermogen.***
denkfaul **0.1** ***lui, traag in het denken.***
Denkfreiheit ⟨v.⟩ **0.1** ***vrijheid van denken.***
Denkhilfe ⟨v.⟩ **0.1** ***steuntje bij 't nadenken.***
Denkmal ⟨o.; ~(e)s, ~e of ¨~er⟩ **0.1** ***gedenkteken, monument*** **0.2** ⟨fig.⟩ ***(cultuur)monument*** ⇒*schepping.*
Denkmal(s)pflege ⟨v.⟩ **0.1** ***monumentenzorg.***
Denkmal(s)schutz ⟨m.⟩ **0.1** ***monumentenzorg*** ◆ **6.1** ein Gebäude **unter** ~ stellen *een gebouw op de monumentenlijst plaatsen.*
Denkschrift ⟨v.⟩ **0.1** ***memorie, memorandum.***
Denkspruch ⟨m.⟩ **0.1** ***motto, devies*** ⇒*zinspreuk.*
denkste! ⟨inf.⟩ **0.1** ***dat dacht je maar!*** ⇒*dat had je gedacht!*
Denkstein ⟨m.⟩ **0.1** ***gedenksteen.***
Denkvermögen ⟨o.⟩ **0.1** ***denkvermogen.***
Denkvorgang ⟨m.⟩ **0.1** ***denkproces.***
Denkweise ⟨v.⟩ **0.1** ***denkwijze.***
denkwürdig **0.1** ***gedenkwaardig.***
Denkzettel ⟨m.⟩ **0.1** ***memorandum*** **0.2** ⟨fig.⟩ ***afstraffing, lesje*** ◆ **3.2** da hast du deinen ~! *ziezo, dat lesje zal je heugen!*
denn[1] ⟨bw.⟩ **0.1** ***dan*** ⇒*toch, eigenlijk* **0.2** ***dan*** ⇒*dus, uiteindelijk* **0.3** ⟨schr.⟩ ***tenzij*** **0.4** ⟨inf.⟩ ***dan*** ◆ **3.1** wer war ~ das? *wie was dat eigenlijk?* **4.1** wozu ~? *waarvoor eigenlijk?* **8.3** es sei ~, daß *tenzij.*
denn[2] ⟨vw.⟩ **0.1** ***want*** ⇒*omdat, daar* **0.2** ***dan*** ⟨na vergr. trap⟩ ◆ **2.2** mehr ~ je *meer dan ooit.*
dennoch **0.1** ***toch*** ⇒*nochtans, evenwel.*
dennschon →**wennschon.**
Denomination ⟨v.; ~, ~en⟩ **0.1** ***denominatie.***
dental **0.1** ***dentaal.***
Dental, Dentallaut ⟨m.⟩⟨taal.⟩ **0.1** ***dentaal, tandklank.***
Dentist ⟨m.; ~en, ~en⟩ **0.1** ***dentist, tandheelkundige.***
Dentologie ⟨v.; ~⟩ **0.1** ***tandheelkunde.***
Denunziant ⟨m.; ~en, ~en⟩ **0.1** ***aanbrenger, verklikker*** ⇒ *verrader.*

Denunziation ⟨v.; ~, ~en⟩ **0.1** ***aanbrenging.***
denunziatorisch **0.1** ***als een verklikker*** **0.2** ***openlijk veroordelend.***
denunzieren **0.1** ***aanbrengen, verklikken*** **0.2** ***brandmerken*** *⇒openlijk veroordelen.*
Departement ⟨o.; ~s, ~s⟩ **0.1** ***departement*** *⇒bestuurlijk gewest* **0.2** ⟨Zwi.⟩ ***departement, ministerie.***
Dependenz ⟨v.; ~, ~en⟩ **0.1** ***dependentie, afhankelijkheid.***
Depesche ⟨v.; ~, ~n⟩⟨vero.⟩ **0.1** ***telegram.***
depeschieren ⟨vero.⟩ **0.1** ***telegraferen.***
depilieren **0.1** ***ontharen.***
deplaciert **0.1** ***misplaatst*** ◆ **3.1** ich fühle mich hier ~ *ik voel me hier niet op m'n plaats.*
Depolarisation ⟨v.; ~⟩⟨nat.⟩ **0.1** ***depolarisatie.***
depolarisieren ⟨nat.⟩ **0.1** ***depolariseren.***
Deponie ⟨v.; ~, ~n⟩ **0.1** ***vuilstortplaats.***
deponieren **0.1** ***deponeren, neerleggen*** **0.2** ***deponeren, in bewaring geven.***
Deportation ⟨v.; ~, ~en⟩ **0.1** ***deportatie.***
deportieren **0.1** ***deporteren.***
Deposi|tar, -tär ⟨m.; ~(e)s, ~e⟩ **0.1** ***depositaire, depothouder.***
Depositen ⟨alleen mv.⟩ **0.1** ***deposito's.***
Depositenbank ⟨v.⟩ **0.1** ***depositobank.***
Depositenkasse ⟨v.⟩ **0.1** ***depositobank.***
Depositum ⟨o.; ~s, Deposita⟩ **0.1** ***deposito.***
Depot ⟨o.; ~s, ~s⟩ **0.1** ***depot*** **0.2** ***remise*** ⟨tram, bus⟩.
Depotgebühr ⟨v.⟩ **0.1** ***depositokosten.***
Depotschein ⟨m.⟩ **0.1** ***depositobewijs.***
Depp ⟨m.; ~s of ~en, ~en⟩⟨inf.⟩ **0.1** ***sukkel.***
deppert ⟨Oostr., Zdd.⟩ **0.1** ***dom*** *⇒onnozel, gek.*
Depravation ⟨v.; ~, ~en⟩ **0.1** ***depravatie.***
depravieren I ⟨onov.ww.⟩ **0.1** ***ontaarden*** *⇒bederven;* **II** ⟨ov.ww.⟩ **0.1** ***in waarde doen dalen.***
Depression ⟨v.; ~, ~en⟩ **0.1** ***depressie.***
depressiv **0.1** ***depressief.***
deprimieren **0.1** ***deprimeren*** *⇒ontmoedigen.*
deprivieren ⟨psych.⟩ **0.1** ***depriveren.***
Deputat ⟨o.; ~(e)s, ~e⟩ **0.1** ***deputaat.***
Deputation ⟨v.; ~, ~en⟩ **0.1** ***deputatie, afvaardiging.***
deputieren **0.1** ***deputeren, afvaardigen.***
Deputierte(r) ⟨bn. als zn.⟩ **0.1** ***lid v.e. deputatie*** **0.2** ***afgevaardigde.***
der[1] ⟨aanw.vnw.⟩ **0.1** ***deze, die*** **0.2** ⟨inf.⟩ ***hij, die daar*** ◆ **3.2** ~ war es! *hij was het!*
der[2] ⟨aanw.vnw.⟩ **0.1** ***deze, die, degene.***
der[3] ⟨betr.vnw.⟩ **0.1** ***die, dat*** ◆ **1.1** ein Unterschied, ~ sehr klein ist *een verschil, dat erg klein is.*
der[4] ⟨lidw.⟩ **0.1** ***de, het.***
derangieren **0.1** ***derangeren*** *⇒hinderen, lastig vallen* **0.2** ***in wanorde brengen*** *⇒toetakelen, verfomfaaien.*
derart **0.1** ***zo(danig)*** *⇒dusdanig.*
derartig[1] ⟨bn.⟩ **0.1** ***zulk*** *⇒zo'n dergelijk* ◆ **1.1** etwas Derartiges *iets dergelijks.*
derartig[2] ⟨bw.⟩ **0.1** ***zo(danig)*** *⇒dusdanig.*
derb **0.1** ***stevig*** *⇒solide, stabiel* **0.2** ***stevig*** *⇒voedzaam* **0.3** ***stevig*** *⇒krachtig, hevig* **0.4** ***(grof)korrelig*** **0.5** ***ruw*** *⇒ lomp, grof* **0.6** ***bars*** *⇒onvriendelijk* ◆ **1.5** eine ~e Redensart *een lompe uitdrukking;* ~e Züge *grove trekken* **3.5** sich ~ ausdrücken *grove taal uitslaan.*
Derbheit ⟨v.; ~, ~en⟩ **0.1** ***ruwheid*** *⇒grofheid, ruwe aard* **0.2** ***ruwe grap*** *⇒lompe uitdrukking.*
dereinst ⟨schr.⟩ **0.1** ***eens*** *⇒later, te eniger tijd.*
derentwillen ◆ **6.¶ um** ~ *ter wille van haar, hen.*
dergestalt ⟨schr.⟩ **0.1** ***zo(danig), dusdanig.***
dergleichen **0.1** ***zulke, dergelijke*** **0.2** ***zoiets, iets dergelijks*** ◆ **5.2** nichts ~ *niets van dien aard* **8.2** und ~ mehr *en wat dies meer zij.*
Derivat ⟨o.; ~(e)s, ~e of Derivata⟩ **0.1** ***derivaat.***
Derivation ⟨v.; ~, ~en⟩⟨taal.⟩ **0.1** ***derivatie, afleiding.***
derjenige **0.1** ***degene, hij die*** ◆ **1.1** ~ Fahrer, der ... *de chauffeur, die ...*
derlei **0.1** ***zulk, zo'n*** **0.2** ***zoiets, iets dergelijks.***
dermaßen **0.1** ***dermate, zo(danig).***
Dermatologe ⟨m.; ~n, ~n⟩ **0.1** ***dermatoloog, huidarts.***
derselbe **0.1** ***de-, hetzelfde*** ◆ **8.1** es ist ein und ~ Mann *het is een en dezelfde man.*
derweil[1] ⟨bw.⟩ **0.1** ***ondertussen.***
derweil[2] ⟨vw.⟩ **0.1** ***terwijl.***
Derwisch ⟨m.; ~(e)s, ~e⟩ **0.1** ***derwisj.***
derzeitig **0.1** ***tegenwoordig*** *⇒huidig.*
Desaster ⟨o.; ~s, ~⟩ **0.1** ***ramp*** *⇒onheil.*
Deserteur ⟨m.; ~(e)s, ~e⟩ **0.1** ***deserteur.***
desertieren **0.1** ***deserteren*** ◆ **6.1 zum** Feind ~ *naar de vijand overlopen.*
Desertion ⟨v.; ~, ~en⟩ **0.1** ***desertie.***
desgleichen[1] ⟨aanw.vnw.⟩ **0.1** ***iets dergelijks, zo iets, zodanigs.***
desgleichen[2] ⟨bw.⟩ **0.1** ***evenzo*** *⇒des-, insgelijks.*
deshalb **0.1** ***daarom*** *⇒derhalve, om die reden.*
Desiderat ⟨o.; ~(e)s, ~e⟩ **0.1** ***desideratum.***
designieren **0.1** ***bestemmen voor*** *⇒voorlopig benoemen* **0.2** ***aanwijzen*** *⇒bepalen.*
Desillusion ⟨v.; ~, ~en⟩ **0.1** ***desillusie*** *⇒ontgoocheling.*
desillusionieren **0.1** ***desillusioneren*** *⇒ontgoochelen.*
Desinfektionsmittel ⟨o.⟩ **0.1** ***ontsmettingsmiddel.***
desinfizieren **0.1** ***desinfecteren, ontsmetten.***
Desintegration ⟨v.; ~, ~en⟩ **0.1** ***desintegratie.***
Desinteresse ⟨o.; ~s⟩ **0.1** ***ongeïnteresseerdheid*** *⇒onverschilligheid.*
desinteressiert **0.1** ***ongeïnteresseerd*** *⇒zonder enige belangstelling.*
Deskription ⟨v.; ~, ~en⟩ **0.1** ***descriptie, beschrijving.***
deskriptiv **0.1** ***descriptief, beschrijvend.***
Desktop ⟨o.; ~s, ~s⟩⟨comp.⟩ **0.1** ***desktop, kleine computer.***
desodo|rieren, -risieren **0.1** ***desodoriseren.***
desolat **0.1** ***desolaat*** *⇒troosteloos, verlaten.*
Desorganisation ⟨v.; ~⟩ **0.1** ***desorganisatie.***
desorganisieren **0.1** ***desorganiseren.***
desorientieren **0.1** ***desoriënteren*** *⇒verwarren.*
Desorientierung ⟨v.; ~⟩ **0.1** ***desoriëntatie.***
desperat **0.1** ***desperaat*** *⇒radeloos, wanhopig.*
Despot ⟨m.; ~en, ~en⟩ **0.1** ***despoot.***
Despotie ⟨v.; ~, ~n⟩ **0.1** ***despotie*** *⇒dwingelandij.*
despotisch **0.1** ***despotisch.***
Despotismus ⟨m.; ~⟩ **0.1** ***despotisme*** *⇒dwingelandij.*
dessentwillen ◆ **6.¶ um** ~ *waarvoor, ter wille waarvan, daarom.*
dessenungeachtet **0.1** ***desondanks*** *⇒desniettegenstaande.*
Dessert ⟨o.; ~s, ~s⟩ **0.1** ***dessert, nagerecht.***
Dessertwein ⟨m.⟩ **0.1** ***zoete wijn, likeur.***
Dessin ⟨o.; ~s, ~s⟩ **0.1** ***dessin.***
Destillat ⟨o.; ~(e)s, ~e⟩⟨schei.⟩ **0.1** ***distillaat.***
Destillation ⟨v.; ~, ~en⟩ **0.1** ***distillatie*** **0.2** ***distilleerderij*** **0.3** ***cafeetje.***
destillieren **0.1** ***distilleren*** **0.2** ⟨fig.⟩ ***distilleren, afleiden.***
desto **0.1** ***des te, zoveel te.***
Destruktion ⟨v.; ~, ~en⟩ **0.1** ***destructie, vernietiging.***
destruktiv **0.1** ***destructief, vernietigend*** **0.2** ⟨med.⟩ ***kwaadaardig.***

deswegen 0.1 *daarom, om die reden.*
Deszendent ⟨m.; ~en, ~en⟩ 0.1 *descendent, nakomeling* 0.2 ⟨astrol.⟩ *descendant.*
Deszendenztheorie ⟨v.⟩ 0.1 *descendentie-, afstammingsleer.*
Detail ⟨o.; ~s, ~s⟩ 0.1 *detail* ⇒*bijzonderheid* ◆ 6.1 **im** ~ verkaufen *en détail verkopen;* **ins** ~ gehen *in bijzonderheden, in detail(s) treden.*
Detailbericht ⟨m.⟩ 0.1 *gedetailleerd verslag.*
detaillieren 0.1 *detailleren* 0.2 ⟨ec.⟩ *en détail verkopen* ◆ 1.1 einen Plan ~ *de bijzonderheden van een plan geven.*
Detaillist ⟨m.; ~en, ~en⟩ 0.1 *detaillist, kleinhandelaar.*
Detektei ⟨v.; ~, ~en⟩ 0.1 *detectivebureau.*
Detektiv ⟨m.; ~es, ~e⟩ 0.1 *(particulier) detective* 0.2 *detective, geheim politieagent.*
Detektivroman ⟨m.⟩ 0.1 *detectiveroman.*
Determinante ⟨v.; ~, ~n⟩⟨biol., wisk.⟩ 0.1 *determinant.*
Determination ⟨v.; ~, ~en⟩ 0.1 *determinatie.*
determinativ 0.1 *determinatief, bepalend.*
Determinativ ⟨o.; ~(e)s, ~e⟩⟨taal.⟩ 0.1 *bepalingaankondigend voornaamwoord.*
Determinativpronomen ⟨o.⟩ 0.1 *bepalingaankondigend voornaamwoord.*
determinieren 0.1 *determineren, bepalen.*
Detonation ⟨v.; ~, ~en⟩ 0.1 *detonatie.*
detonieren 0.1 *detoneren.*
Deut ⟨m.; ~s, ~s⟩ ◆ 3.¶ keinen ~, nicht einen ~ wert sein *geen cent, stuiver waard zijn.*
deutbar 0.1 *verklaarbaar.*
Deutelei ⟨v.; ~, ~en⟩⟨pej.⟩ 0.1 *haarkloverij* ⇒*muggenzifterij.*
deuteln ⟨pej.⟩ 0.1 *spitsvondig uitleggen.*
deuten I ⟨onov.ww.⟩ 0.1 *wijzen* ⇒*duiden* 0.2 *wijzen op* ⇒ *doen vermoeden* ◆ 6.1 **auf** jmdn. ~ *naar iem. wijzen* 6.2 das deutet **auf** nichts Gutes *dat doet geen goeds verwachten;*
II ⟨ov.ww.⟩ 0.1 *uitleggen* ⇒*verklaren, interpreteren* ◆ 5.1 jmdm. etwas übel ~ *iem. iets euvel, ten kwade duiden.*
Deuter ⟨m.; ~s, ~⟩ 0.1 *uitlegger, verklaarder.*
Deutler ⟨m.; ~s, ~⟩⟨pej.⟩ 0.1 *haarklover.*
deutlich 0.1 *duidelijk* ◆ 3.1 das war aber ~! *dat was niet mis te verstaan!;* ~ werden *er niet langer om heen draaien.*
Deutlichkeit ⟨v.; ~, ~en⟩ 0.1 ⟨g.mv.⟩ *duidelijkheid* 0.2 *grofheid* ⇒*grove uitlating* ◆ 2.1 etwas mit aller ~ sagen *iets in alle duidelijkheid zeggen* 3.2 einige ~en sagen *geen blad voor de mond nemen.*
deutlichkeitshalber 0.1 *voor, ter wille v.d. duidelijkheid.*
deutsch[1] ⟨bn.⟩ 0.1 *Duits* ◆ 1.1 die ~e Bundesrepublik *de Duitse Bondsrepubliek;* Deutsche Demokratische Republik, DDR *Duitse Democratische Republiek, DDR;* Deutscher Gewerkschaftsbund, DGB *Duitse Bond van Vakverenigingen;* ⟨boek.⟩ ~e Schrift *Duits schrift, fractuurschrift.*
deutsch[2] ⟨bw.⟩ 0.1 *Duits, in het Duits* ◆ 3.1 ⟨inf.⟩ mit jmdm. mal ~ reden *iem. eens flink zeggen waar het op staat* 6.1 wie heißt das **auf** ~? *hoe zegt men dat in het Duits?;* ⟨inf.⟩ **auf** gut ~ *in duidelijke bewoordingen.*
Deutsch ⟨o.; ~(s)⟩ 0.1 *Duits, de Duitse taal* 0.2 *Duits, het vak Duits* ⇒*Duitse taal- en letterkunde* ◆ 3.1 ⟨inf.⟩ du verstehst wohl kein ~? *kun je niet gehoorzamen?* 6.2 **in** ~ eine Zwei haben *voor (het vak) Duits een acht hebben.*
Deutschamerikaner ⟨m.⟩ 0.1 *Amerikaan van Duitse afkomst.*
Deutsche ⟨o.; ~n; alleen met lidw.⟩ 0.1 *het Duits, de Duitse taal* 0.2 *het Duitse, wat (typisch) Duits is* ◆ 1.1 die Aussprache des ~n *de uitspraak van het Duits.*
Deutschenfeind ⟨m.⟩ 0.1 *iem. die anti-Duits is.*
Deutschenfreund ⟨m.⟩ 0.1 *iem. die pro-Duits is.*
Deutsche(r) ⟨bn. als zn.⟩ 0.1 *Duitse(r)* ◆ 3.1 seine Frau ist (eine) Deutsche *zijn vrouw is een Duitse.*
deutschfeindlich 0.1 *anti-Duits.*
deutschfreundlich 0.1 *pro-Duits, Duitsgezind.*
Deutschkunde ⟨v.⟩ 0.1 *kennis v.d. Duitse taal en cultuur.*
Deutschland ⟨o.⟩ 0.1 *Duitsland.*
Deutschlandfrage ⟨v.⟩⟨pol.⟩ 0.1 *Duitse kwestie.*
Deutschlandlied ⟨o.⟩ 0.1 *het Duitse volkslied.*
Deutschlandpolitik ⟨v.⟩ 0.1 *politiek mbt. de Duitse kwestie* 0.2 *door niet-Duitse staten mbt. tot Duitsland gevoerde politiek.*
Deutschlehrer ⟨m.⟩ 0.1 *leraar Duits.*
deutschsprachig 0.1 *Duits sprekend, Duitstalig* 0.2 *Duits, in het Duits.*
deutschsprachlich 0.1 *het Duits betreffend, in het Duits.*
Deutschstunde ⟨v.⟩ 0.1 *Duitse les.*
Deutschtum ⟨o.; ~s⟩ 0.1 *Duitse (volks)aard* 0.2 *de Duitsers* ⟨in het buitenland⟩ 0.3 *Duitse nationaliteit* ⇒*Duitser-zijn.*
Deutschtümelei ⟨v.; ~⟩⟨pej.⟩ 0.1 *gedweep met alles wat Duits is.*
Deutschunterricht ⟨m.⟩ 0.1 *onderwijs in de Duitse taal.*
Deutung ⟨v.; ~, ~en⟩ 0.1 *uitleg* ⇒*interpretatie, verklaring.*
Deutungsversuch ⟨m.⟩ 0.1 *poging tot interpretatie.*
devalvieren 0.1 *devalueren* ⟨van regeringswege⟩ 0.2 *in waarde doen verminderen.*
Deviation ⟨v.; ~, ~en⟩ 0.1 *deviatie, afwijking.*
deviieren 0.1 *afwijken.*
Devise ⟨v.; ~, ~n⟩ 0.1 *devies* ⇒*leus.*
Devisen ⟨alleen mv.⟩ 0.1 *deviezen.*
Devisenbewirtschaftung ⟨v.⟩ 0.1 *deviezenbeleid.*
Devisenbringer ⟨m.⟩⟨inf.⟩ 0.1 *bron van deviezen.*
Devisensperre ⟨v.⟩ 0.1 *deviezenhandelsverbod.*
devot 0.1 *devoot.*
Devotion ⟨v.; ~⟩ 0.1 *devotie.*
Devotionalien ⟨alleen mv.⟩ 0.1 *religieuze voorwerpen.*
Dextrose ⟨v.; ~⟩ 0.1 *dextrose, druivensuiker.*
Dezember ⟨m.; ~(s), ~⟩ 0.1 *december* ◆ 6.1 **im** ~ *in december* 7.1 der ~ *(de maand) december.*
Dezennium ⟨o.; ~s, Dezennien⟩ 0.1 *decennium.*
dezent 0.1 *decent* ⇒*tactvol, passend* 0.2 *decent* ⇒*niet opvallend, beschaafd* ◆ 1.2 ein ~es Rot *een stemmig rood.*
dezentral 0.1 *niet centraal* ◆ 1.1 eine ~e Lage *ver van het centrum gelegen.*
Dezentralisation ⟨v.; ~, ~en⟩ 0.1 *decentralisatie.*
dezentralisieren 0.1 *decentraliseren* ⇒*spreiden.*
Dezenz ⟨v.; ~⟩ 0.1 *decentie.*
Dezernat ⟨o.; ~(e)s, ~e⟩ 0.1 *afdeling* ⇒*instantie, dienst.*
Dezernent ⟨m.; ~en, ~en⟩ 0.1 *afdelingschef.*
Dezibel ⟨o.; ~s, ~s⟩ 0.1 *decibel.*
dezidieren 0.1 *decideren, beslissen.*
dezidiert 0.1 *gedecideerd* ⇒*vastberaden, beslist.*
Dezigramm ⟨o.⟩ 0.1 *decigram.*
dezimal 0.1 *decimaal, tientallig, tiendelig.*
Dezimale ⟨v.; ~, ~n⟩ 0.1 *decimaal.*
dezimalisieren 0.1 *in het tientallig stelsel brengen.*
Dezimalsystem ⟨v.⟩ 0.1 *decimaal stelsel.*
Dezimalzahl ⟨v.⟩ 0.1 *getal met decimalen.*
Dezime ⟨v.; ~, ~n⟩⟨muz.⟩ 0.1 *decime, tiende toon.*
Dezimeter ⟨m. & o.⟩ 0.1 *decimeter.*
dezimieren I ⟨ov.ww.⟩ 0.1 *decimeren;*
II sich ~ ⟨wk.ww.⟩ 0.1 *afnemen* ⇒*sterk verminderen.*
dg ⟨afk.⟩ →**Dezigramm.**

Dg ⟨afk.⟩ →**Dekagramm.**
DGB ⟨m.⟩⟨afk.⟩ [Deutscher Gewerkschaftsbund].
dgl. ⟨afk.⟩ →**dergleichen.**
d.h. ⟨afk.; das heißt⟩ **0.1** ***dat wil zeggen, d.w.z.***
Dia ⟨o.; ~s, ~s⟩ **0.1** ***dia(positief).***
Diabetes ⟨m.; ~⟩ **0.1** ***diabetes, suikerziekte.***
Diabetiker ⟨m.; ~s, ~⟩ **0.1** ***diabeticus, suikerzieke.***
diabetisch 0.1 ***suikerziek.***
diabolisch 0.1 ***duivels*** ⇒*satanisch.*
Diadem ⟨o.; ~(e)s, ~e⟩ **0.1** ***diadeem.***
Diagnose ⟨v.; ~, ~n⟩ **0.1** ***diagnose*** ◆ **2.1** die ärztliche ~ *de diagnose van de arts.*
Diagnostik ⟨v.; ~⟩ **0.1** ***diagnostiek.***
Diagnostiker ⟨m.; ~s, ~⟩ **0.1** ***diagnosticus.***
diagnostizieren 0.1 ***diagnosticeren.***
diagonal 0.1 ***diagonaal.***
Diagonale ⟨v.; ~, ~n⟩ **0.1** ***diagonaal, hoeklijn.***
Diagramm ⟨o.; ~(e)s, ~e⟩ **0.1** ***diagram.***
Diakon ⟨m.; ~(e)s, ~e(n)⟩ **0.1** ***diaken.***
Diakonat ⟨o.; ~(e)s, ~e⟩ **0.1** ***diaconaat*** **0.2** ***woning v.e. diaken.***
Diakonie ⟨v.; ~⟩ **0.1** ***diaconie.***
diakonisch 0.1 ***diaconaal.***
Diakonissenanstalt ⟨v.⟩ **0.1** ***diaconessenhuis.***
Diakrise ⟨v.; ~, ~n⟩⟨med.⟩ **0.1** ***crisis, beslissend stadium.***
Dialekt ⟨m.; ~(e)s, ~e⟩ **0.1** ***dialect.***
dialektal 0.1 ***dialectisch.***
Dialektdichtung ⟨v.⟩ **0.1** ***literatuur in dialect, streektaal.***
Dialektforschung ⟨v.⟩ **0.1** ***(wetenschappelijk) dialectenonderzoek*** ⇒*dialectologie.*
Dialektik ⟨v.; ~⟩ **0.1** ***dialectiek.***
dialektisch 0.1 ***dialectisch.***
Dialektologie ⟨v.; ~⟩ **0.1** ***dialectologie*** ⇒*dialectonderzoek.*
Dialog ⟨m.; ~(e)s, ~e⟩ **0.1** ***dialoog, twee-, samenspraak.***
dialogisieren 0.1 ***dialogiseren.***
Dialyse ⟨v.; ~, ~n⟩⟨med., nat.⟩ **0.1** ***dialyse.***
dialysieren 0.1 ***een dialyse uitvoeren, dialyseren.***
Diamant ⟨m.; ~en, ~en⟩ **0.1** ***diamant*** ◆ **2.1** ⟨fig.⟩ schwarze ~en *het zwarte goud, steenkool.*
diamantartig 0.1 ***als (een) diamant.***
diamanten 0.1 ***diamanten, diamant-*** ◆ **1.1** ein ~er Glanz *een glans als van diamant.*
Diamantnadel ⟨v.⟩ **0.1** ***siernaald met diamant*** **0.2** ***diamantnaald*** ⟨v.e. grammofoon⟩.
Diamantschleifer ⟨m.⟩ **0.1** ***diamantslijper.***
Diamantschmuck ⟨m.⟩ **0.1** ***diamanten sieraad.***
Diameter ⟨m.; ~s, ~⟩ **0.1** ***diameter.***
diametral 0.1 ***diametraal*** ⇒*tegenovergesteld.*
diametrisch ⟨wisk.⟩ **0.1** ***diametraal.***
Diaphragma ⟨o.; ~s, Diaphragmen⟩ **0.1** ***diafragma.***
Diapositiv ⟨o.; ~(e)s, ~e⟩ **0.1** ***dia(positief).***
Diarrhö(e) ⟨v.; ~, ~n⟩ **0.1** ***diarree, buikloop.***
Diaspora ⟨v.; ~⟩ **0.1** ***diaspora.***
diät 0.1 ***volgens dieet*** ◆ **3.1** ~ leben *op dieet leven.*
Diät ⟨v.; ~, ~en⟩ **0.1** ***dieet*** **0.2** ***dieet(voeding).***
Diätassistentin ⟨v.⟩ **0.1** ***diëtiste.***
Diäten ⟨alleen mv.⟩ **0.1** ***vacatiegeld(en), presentiegeld*** **0.2** ***inkomen v.e. privaatdocent.***
Diätetik ⟨v.; ~, ~en⟩ **0.1** ***diëtetiek, dieetleer.***
Diathek ⟨v.; ~, ~en⟩ **0.1** ***diatheek, diaverzameling.***
Diathermie ⟨v.; ~⟩⟨med.⟩ **0.1** ***diathermie, warmtebehandeling.***
diätisch 0.1 ***diëtisch, volgens dieet.***
Diätistin ⟨v.; ~, ~nen⟩ **0.1** ***diëtiste.***
Diätküche ⟨v.⟩ **0.1** ***dieetkeuken*** **0.2** ***dieetvoeding.***
Diatonik ⟨v.; ~⟩⟨muz.⟩ **0.1** ***diatonisch toonsysteem.***
Diavortrag ⟨m.⟩ **0.1** ***dialezing*** ⇒*lezing/voordracht met dia's.*
dibbeln 0.1 ***dibbelen, met de dibbelmachine zaaien.***
dich ⟨pers.vnw.⟩ **0.1** ***je, jou.***
dichromatisch 0.1 ***tweekleurig.***
dicht[1] ⟨bn.⟩ **0.1** ***dicht*** ◆ **1.1** ein ~es Programm *een vol programma* **3.1** ⟨inf.⟩ nicht ganz ~ sein *niet goed snik zijn* **6.1** ~ **an** ~, ~ **bei** ~ *dicht opeen.*
dicht[2] ⟨bw.⟩ **0.1** ***dichtbij*** ◆ **6.1** ~ **an** jmdm. vorbeigehen *vlak langs iem. lopen;* ~ **beim** Wind segeln *vlak onder de wind zeilen;* ~ **danach** *direct daarna;* ~ **vor** dem Ablauf einer Frist *vlak voor het verstrijken van een termijn.*
dichtauf 0.1 ***op de voet.***
dichtbesiedelt 0.1 ***dichtbevolkt, dichtbewoond.***
dichtbewölkt 0.1 ***zwaar bewolkt.***
Dichte ⟨v.; ~⟩ **0.1** ***dichtheid*** ◆ **1.1** die ~ seiner Beweisführung *zijn consistent betoog.*
Dichtemesser ⟨m.⟩⟨nat.⟩ **0.1** ***densimeter.***
dichten I ⟨ov. & onov.ww.⟩ **0.1** ***dichten*** ⇒*schrijven* **0.2** ⟨inf.⟩ ***bedenken*** ⇒*fantaseren, dromen* ◆ **5.2** du dichtest wohl! *dat zou je wel willen!;*
II ⟨ov.ww.⟩ **0.1** ***dichten*** ⇒*dicht maken.*
Dichter ⟨m.; ~s, ~⟩ **0.1** ***dichter*** ⇒*schrijver, poëet* ◆ **2.1** ein dramatischer ~ *een schrijver van toneelstukken.*
dichterisch 0.1 ***dichterlijk*** ◆ **1.1** Goethes ~er Ruhm *Goethes roem als dichter.*
Dichterkomponist ⟨m.⟩ **0.1** ***dichter en componist (tegelijk).***
Dichterlesung ⟨v.⟩ **0.1** ***het lezen, voordracht uit eigen werk.***
Dichterling ⟨m.; ~(e)s, ~e⟩⟨pej.⟩ **0.1** ***rijmelaar, pruldichter.***
Dichtersprache ⟨v.⟩ **0.1** ***dichterlijke taal.***
Dichtertum ⟨o.; ~s⟩ **0.1** ***dichterschap.***
dichtgedrängt 0.1 ***dicht opeengepakt.***
dichthalten ⟨inf.⟩ **0.1** ***voor zich houden*** ⇒*niet verder vertellen.*
Dichtheit, Dichtigkeit ⟨v.; ~⟩ **0.1** ***dichtheid*** ⇒*ondoordringbaarheid.*
Dichtkunst ⟨v.; ~⟩ **0.1** ***dichtkunst.***
dichtmachen ⟨inf.⟩ **I** ⟨onov.ww.⟩ **0.1** ***sluiten;***
II ⟨ov.ww.⟩ **0.1** ***sluiten*** **0.2** ⟨sp.⟩ ***versterken*** ⇒*ondoordringbaar maken* ◆ **1.1** den Laden ~ (a) *de winkel sluiten* (b) ⟨inf.⟩ *een zaak opdoeken.*
Dichtung ⟨v.; ~, ~en⟩ **0.1** ***dichtwerk*** ⇒*(literair) werk* **0.2** ***literatuur*** ⇒*dichtkunst* **0.3** ***dichting, het dichtmaken*** **0.4** ⟨tech.⟩ ***pakking*** ⇒*(af)sluiting* **0.5** ⟨inf.⟩ ***verzinsel.***
Dichtwerk ⟨o.⟩⟨schr.⟩ **0.1** ***dichtwerk, literair werk.***
dick[1] ⟨bn.⟩ **0.1** ***dik*** ⇒*groot, zwaar* **0.2** ***dik*** ⇒*dicht, ondoordringbaar* **0.3** ***dik*** ⇒*sterk, stevig* **0.4** ***dik*** ⇒*opgezwollen* **0.5** ***dik*** ⇒*taai* **0.6** ⟨fig.⟩ ***dik*** ⇒*innig, nauw* ◆ **1.1** ⟨fig.⟩ ein ~es Auto *een grote slee;* ⟨fig.⟩ ein ~es Lob ernten *veel lof oogsten* **1.2** hier ist ~e Luft *er hangt hier een gespannen sfeer* **3.1** ⟨fig.⟩ ~ auftragen *zwaar overdrijven;* es nicht so ~ haben *het niet zo breed hebben;* ⟨inf.⟩ eine Sache ~ haben *genoeg van iets hebben;* sich mit etwas ~ machen *met iets pralen.*
dick[2] ⟨bw.⟩ **0.1** ***zeer*** ⇒*erg, zwaar* ◆ **6.1** es ~ **hinter** den Ohren haben *ze achter de ellebogen hebben.*
dickbändig 0.1 ***dik, lijvig.***
dickbauchig 0.1 ***(dik)buikig.***
dickbäuchig 0.1 ***dikbuikig*** ⇒*gebuikt.*
Dickblatt ⟨o.⟩⟨plantk.⟩ **0.1** ***dikblad, vette kip.***
Dickdarm ⟨m.⟩ **0.1** ***dikke darm.***

dicke ⟨inf.⟩ **0.1** ***overvloedig*** ⇒*volop, royaal.*
Dicke ⟨v.; ~, ~n⟩ **0.1** ***dikte.***
dicken I ⟨onov.ww.⟩ **0.1** ***dik worden, dikken;***
II ⟨ov.ww.⟩ **0.1** ***dik maken, dikken.***
Dicke(r) ⟨bn. als zn.⟩⟨inf.⟩ **0.1** ***dikkerd(je), dikzak.***
dickfellig 0.1 ***dikhuidig*** **0.2** ⟨inf.; fig.⟩ ***dikhuidig*** ⇒*bot.*
dickflüssig 0.1 ***dikvloeibaar*** ⇒*taai.*
dickfüttern 0.1 ***vetmesten.***
Dickhäuter ⟨m.; ~s, ~⟩ **0.1** ***dikhuidige*** **0.2** ⟨inf.; fig.⟩ ***iem. met een dikke huid.***
dickhäutig 0.1 ***dikhuidig.***
Dickicht ⟨o.; ~(e)s, ~e⟩ **0.1** ***struikgewas, kreupelhout*** **0.2** ⟨fig.⟩ ***warwinkel*** ◆ **1.2** im ~ der Großstadt *in de jungle van de grote stad.*
Dickkopf ⟨m.⟩ **0.1** ***stijfkop, eigenzinnig persoon*** **0.2** ***eigenzinnigheid*** ◆ **3.2** seinen ~ aufsetzen *stijfkoppig zijn.*
dickköpfig 0.1 ***stijfhoofdig*** ⇒*eigenzinnig.*
dickleibig 0.1 ***lijvig, dik*** **0.2** ***zwaarlijvig.***
dicklich 0.1 ***dikachtig*** ⇒*nogal dik, gezet* **0.2** ***dikvloeibaar*** ◆ **1.1** ein ~es Kind *een mollig kind.*
Dickmilch ⟨v.⟩ **0.1** ***dikke zure melk.***
Dickschädel ⟨m.⟩ **0.1** ***dik-, stijfkop.***
dickschalig 0.1 ***met een dikke schil.***
dicktun, sich ⟨inf.⟩ **0.1** ***dik doen, opscheppen.***
dickwandig 0.1 ***met een dikke wand.***
Dickwanst ⟨m.⟩⟨inf.⟩ **0.1** ***dikbuik, -zak.***
Didaktik ⟨v.; ~⟩ **0.1** ***didactiek.***
Didaktiker ⟨m.; ~s, ~⟩ **0.1** ***didacticus.***
didaktisch 0.1 ***didactisch.***
die[1] ⟨aanw.vnw.⟩ **0.1** ***deze, die*** **0.2** ⟨inf.⟩ ***zij, die daar.***
die[2] ⟨aanw.vnw.⟩ **0.1** ***deze, die, degene(n).***
die[3] ⟨betr.vnw.⟩ **0.1** ***die, dat*** ◆ **1.1** die Antwort, ~ er gab *het antwoord, dat hij gaf.*
die[4] ⟨lidw.⟩ **0.1** ***de, het*** ◆ **1.1** ~ Meiers *de familie Meier.*
Dieb ⟨m.; ~(e)s, ~e⟩ **0.1** ***dief.*** →**Gelegenheit.**
Dieberei ⟨v.; ~, ~en⟩ **0.1** ***diefstal, dieverij.***
Diebesbande ⟨v.⟩ **0.1** ***dievenbende.***
Diebesgut ⟨o.⟩ **0.1** ***gestolen goed.***
Diebeshöhle ⟨v.⟩ **0.1** ***dievenhol.***
Diebesnest ⟨o.⟩ **0.1** ***dievenhol.***
Diebespack ⟨o.⟩ **0.1** ***dievengespuis.***
diebessicher 0.1 ***veilig tegen diefstal.***
Diebestour ⟨v.⟩ **0.1** ***rooftocht.***
Diebeszug ⟨m.⟩ **0.1** ***rooftocht.***
Diebin ⟨v.; ~, ~nen⟩ **0.1** ***dievegge.***
diebisch 0.1 ***diefachtig*** **0.2** ***heimelijk*** ⇒*met leedvermaak* **0.3** ***zeer*** ⇒*enorm.*
Diebstahl ⟨m.; ~(e)s, ~̈e⟩ **0.1** ***diefstal*** ◆ **2.1** geistiger, literarischer ~ *plagiaat.*
Diebstahl(s)versicherung ⟨v.⟩ **0.1** ***verzekering tegen diefstal.***
diejenige 0.1 ***degene, zij die.***
Diele ⟨v.; ~, ~n⟩ **0.1** ***(lange) vloerplank*** ⇒*deel* **0.2** ***portaal*** ⇒*vestibule, hal.*
dielen 0.1 ***met planken bevloeren.***
Dielenboden ⟨m.⟩ **0.1** ***planken vloer.***
Dielenbrett ⟨o.⟩ **0.1** ***vloerplank.***
Dielenlampe ⟨v.⟩ **0.1** ***hal-, vestibulelamp.***
dienen ⟨met 3e nv.⟩ **0.1** ***dienen*** ◆ **1.¶** ~der Bruder *lekenbroeder* **4.1** womit kann ich Ihnen ~? *waarmee kan ik u van dienst zijn?* **6.1 mit** schönen Worten ist uns nicht gedient *met mooie woorden zijn we niet geholpen;* **zu** ~! *tot uw dienst!*
Diener ⟨m.; ~s, ~⟩ **0.1** ***bediende*** ⇒*knecht, oppasser* **0.2** ⟨schr.⟩ ***dienaar*** ◆ **2.1** ⟨inf.⟩ ein stummer ~ *een stomme-knecht, bijzettafeltje.*
Dienerin ⟨v.; ~, ~nen⟩ **0.1** ***bediende*** ⇒*serveerster.*
dienern ⟨pej.⟩ **0.1** ***buigingen maken*** ⇒*onderdanig doen.*
Dienerschaft ⟨v.; ~⟩ **0.1** ***alle, de bedienden.***
dienlich 0.1 ***dienstig*** ⇒*nuttig, van dienst* ◆ **3.1** einer Sache ~ sein *voor iets van nut zijn.*
Dienst ⟨m.; ~(e)s, ~e⟩ **0.1** ***dienst*** ⇒*betrekking, baan* **0.2** ***dienst*** ⇒*hulp, service* **0.3** ***dienst(tak)afdeling, beheer*** ⇒*instelling* **0.4** ⟨g.mv.⟩ ***dienst*** ⟨ook fig.⟩ ⇒*werk* ◆ **3.1** jmdm. den ~ kündigen *iem. ontslaan* **3.2** gute ~e erweisen, leisten *goede diensten bewijzen;* jmdm. den ~ versagen *het begeven, het laten afweten* **3.3** dem mittleren ~ angehören *tot het middenkader behoren* **3.4** den ~ antreten *met het werk beginnen* **6.1 außer** ~ *in ruste, gepensioneerd* **6.2** ~ **am** Kunden *klantenservice;* jmdm. **zu** ~en stehen *tot iemands dienst staan* **6.4** ~ **nach** Vorschrift machen *een stiptheidsactie houden, voeren;* Offizier **vom** ~ *dienstdoend officier.*
Dienstabteil ⟨o.⟩ **0.1** ***dienstcompartiment.***
Dienstag ⟨m.⟩ **0.1** ***dinsdag.***
dienstags 0.1 ***op dinsdag, ('s) dinsdags.***
Dienstalter ⟨o.⟩ **0.1** ***anciënniteit, diensttijd.***
Dienstälteste(r) ⟨bn. als zn.⟩ **0.1** ***degene met de meeste dienstjaren.***
Dienstantritt ⟨m.⟩ **0.1** ***indiensttreding.***
Dienstanweisung ⟨v.⟩ **0.1** ***dienstvoorschrift.***
Dienstausgabe ⟨v.⟩⟨mil.⟩ **0.1** ***orders voor de volgende dag.***
dienstbar 0.1 ***gedienstig*** ⇒*dienstbaar, dienstwillig.*
Dienstbarkeit ⟨v.; ~, ~en⟩ **0.1** ***gedienstigheid*** **0.2** ***dienstbaarheid*** ⇒*betrekking als bediende* **0.3** ***dienstbaarheid, afhankelijkheid.***
Dienstbefehl ⟨m.⟩ **0.1** ***dienstbevel.***
dienstbeflissen 0.1 ***zeer gedienstig.***
Dienstbehörde ⟨v.⟩⟨adm.⟩ **0.1** ***dienst, inspectie.***
Dienstbereich ⟨m.⟩ **0.1** ***ressort*** ⇒*competentie.*
dienstbereit 0.1 ***gedienstig*** **0.2** ***geopend*** ⟨v.e. apotheek⟩.
Dienstbezeichnung ⟨v.⟩ **0.1** ***titel, aanduiding v.d. functie.***
Dienstbezüge ⟨alleen mv.⟩ **0.1** ***salaris, traktement.***
Dienstbote ⟨m.⟩ **0.1** ***dienstbode, huisbediende.***
Diensteid ⟨m.⟩ **0.1** ***ambtseed*** ◆ **6.1** ⟨inf.; scherts.⟩ einen **auf** den ~ nehmen *een borreltje drinken tijdens de dienst.*
diensteifrig 0.1 ***(zeer) gedienstig.***
diensten ⟨inf.⟩ **0.1** ***werken.***
Dienstentlassung ⟨v.⟩ **0.1** ***ontslag uit de dienst.***
dienstfähig ⟨mil.⟩ **0.1** ***goedgekeurd (voor de dienst).***
dienstfertig 0.1 ***gedienstig*** **0.2** ***klaar voor het werk.***
dienstfrei 0.1 ***vrij van dienst, v.h. werk.***
Dienstgeheimnis ⟨o.⟩ **0.1** ***dienst-, ambtsgeheim*** **0.2** ***zwijgplicht.***
Dienstgrad ⟨m.⟩ **0.1** ***rang*** **0.2** ⟨mil.⟩ ***iem. met onderofficiersrang.***
diensthabend 0.1 ***dienstdoend.***
Dienstherr ⟨m.⟩ **0.1** ***werkgever, patroon.***
Dienstjahr ⟨o.⟩ **0.1** ***dienstjaar.***
Dienstkleidung ⟨v.⟩ **0.1** ***dienst-, ambtskleding.***
Dienstleistung ⟨v.⟩ **0.1** ***dienst*** ⇒*hulp, bewezen dienst* **0.2** ***service, dienstverlening*** ◆ **3.2** ~en verrichten *service verlenen.*
Dienstleistungsabend ⟨m.⟩ **0.1** ***koopavond.***
Dienstleistungsbetrieb ⟨m.⟩ **0.1** ***dienstverlenend bedrijf.***
dienstlich 0.1 ***de dienst betreffend*** **0.2** ***ambtelijk, officieel*** ◆ **1.2** ein ~er Befehl *een dienstbevel.*
Dienstmädchen ⟨o.⟩ **0.1** ***dienstmeisje.***
Dienstmann ⟨m.; ~(e)s, ~en⟩ **0.1** ***vazal, leenman.***
Dienstmarke ⟨v.⟩ **0.1** ***portvrijzegel*** **0.2** ***legitimatiepenning*** ⟨v.d. politie⟩.

Dienstpflicht ⟨v.⟩ **0.1** ***plicht(en) v.h. dagelijkse werk.***
dienstpflichtig ⟨mil.⟩ **0.1** ***dienstplichtig.***
Dienstplan ⟨m.⟩ **0.1** ***dienstrooster.***
Dienstrang ⟨m.⟩ **0.1** ***rang.***
Dienstsache ⟨v.⟩ **0.1** ***dienstaangelegenheid*** **0.2** ***dienstbrief.***
Dienstschluß ⟨m.⟩ ◆ **6.¶ nach** ~ *na werktijd.*
Dienststelle ⟨v.⟩ **0.1** ***instantie, bureau.***
Dienststellung ⟨v.⟩ **0.1** ***functie, werkkring.***
Dienststunde ⟨v.⟩ **0.1** ***dienst-, werktijd*** **0.2** ***kantooruren, openingstijd.***
diensttauglich ⟨mil.⟩ **0.1** ***goedgekeurd voor de dienst.***
dienstuntauglich ⟨mil.⟩ **0.1** ***afgekeurd voor de dienst.***
Dienstvergehen ⟨o.⟩ **0.1** ***dienstvergrijp.***
Dienstverhältnis ⟨o.⟩ **0.1** ***dienstverband.***
Dienstvertrag ⟨m.⟩ **0.1** ***arbeidscontract.***
Dienstverweigerer ⟨m.⟩ **0.1** ***dienstweigeraar.***
Dienstwagen ⟨m.⟩ **0.1** ***dienstauto, dienstwagen*** **0.2** ***auto v.d. zaak.***
Dienstweg ⟨m.⟩ **0.1** ***officiële, voorgeschreven weg*** ◆ **6.1 auf** dem ~ erledigen *langs de officiële weg afhandelen.*
dienstwidrig **0.1** ***in strijd met de dienst(voorschriften).***
dienstwillig **0.1** ***dienstwillig, gedienstig.***
Dienstzeit ⟨v.⟩ **0.1** ***(militaire) diensttijd*** **0.2** ***werkuren, werktijd.***
Dienstzimmer ⟨o.⟩ **0.1** ***bureau, werkkamer*** ⟨v.e. ambtenaar⟩.
dies **0.1** ***deze, dit, dat*** ◆ **8.1** über ~ und das reden *over koetjes en kalfjes praten.*
diesbezüglich **0.1** ***desbetreffend*** ⇒*er-, daarop betrekking hebbend.*
diese **0.1** ***deze, dit, dat, die.***
Diesel ⟨m.; ~(s), ~⟩ **0.1** ***diesel(motor)*** **0.2** ***diesel(auto)*** **0.3** ***diesel(olie).***
Dieselantrieb ⟨m.⟩ **0.1** ***dieselaandrijving.***
dieselbe **0.1** ***de-, hetzelfde.***
Dieselkraftstoff ⟨m.⟩ **0.1** ***dieselbrandstof.***
Dieselmotor ⟨m.⟩ **0.1** ***diesel(motor).***
dieseln **0.1** ***dieselen.***
Dieseltriebwagen ⟨m.⟩ **0.1** ***dieselmotorwagen.***
dieser **0.1** ***deze, die, dat, dit*** ◆ **1.1** ~ Tage *(een) dezer dagen* **8.1** ~ oder jener *deze of gene.*
dieserart **0.1** ***zulke*** ⇒*dat soort.*
dieses **0.1** ***dit, dat, deze, die*** ◆ **5.1** ~ hier! *dit, dat hier!* **8.1** ~ und jenes *allerlei.*
diesig **0.1** ***heiig*** ⇒*nevelig, wazig, niet goed te onderscheiden.*
diesjährig **0.1** ***van dit jaar.***
diesmal **0.1** ***(voor) deze keer.***
diesmalig **0.1** ***van deze keer*** ⇒*tegenwoordig.*
diesseitig **0.1** ***aan, van deze kant*** **0.2** ⟨schr.; fig.⟩ ***aards, van deze wereld.***
Diesseitigkeit ⟨v.; ~⟩ **0.1** ***aardsgezindheid.***
diesseits ⟨vz. + 2⟩ **0.1** ***aan deze kant.***
Diesseits ⟨o.; ~⟩ **0.1** ***het aardse leven.***
Dietrich ⟨m.; ~(e)s, ~e⟩ **0.1** ***loper, valse sleutel.***
Diffamation ⟨v.; ~, ~en⟩ **0.1** ***laster, kwaadsprekerij.***
Diffamie ⟨v.; ~, ~n⟩ **0.1** ***lasterlijke aantijging*** **0.2** ⟨g.mv.⟩ ***lasterlijke gezindheid.***
diffamieren **0.1** ***belasteren.***
different **0.1** ***verschillend, ongelijk.***
Differential ⟨o.; ~(e)s, ~e⟩ **0.1** ⟨wisk.⟩ ***differentiaal*** **0.2** ⟨tech.⟩ ***differentieel*** ⟨v.e. auto⟩.
Differentialgeometrie ⟨v.⟩⟨wisk.⟩ **0.1** ***differentiële meetkunde.***
Differentialgetriebe ⟨o.⟩ **0.1** ***differentieel*** ⟨v.e. auto⟩.
Differentialgleichung ⟨v.⟩⟨wisk.⟩ **0.1** ***differentiaalvergelijking.***
Differentiation ⟨v.; ~, ~en⟩ **0.1** ***differentiatie.***
differentiell **0.1** ***differentieel.***
Differenz ⟨v.; ~, ~en⟩ **0.1** ***differentie*** ⇒*verschil* **0.2** ⟨wisk.⟩ ***differentie*** **0.3** ⟨ec.⟩ ***tekort, deficit*** **0.4** ***meningsverschil*** ⇒*onenigheid.*
Differenzbetrag ⟨m.⟩ **0.1** ***verschil (in bedrag).***
Differenzgeschäft ⟨o.⟩⟨ec.⟩ **0.1** ***termijnhandel.***
Differenzial ⟨o.⟩⟨nw.spel.⟩ →**Differential.**
differenzieren I ⟨onov.ww.⟩ **0.1** ***differentiëren*** ⇒*onderscheid maken* ◆ **6.1 bei** einem Problem ~ *een probleem gedifferentieerd beoordelen, aanpakken;*
II ⟨ov.ww.⟩ **0.1** ⟨wisk.⟩ ***differentiëren;***
III sich ~ ⟨wk.ww.⟩ **0.1** ***differentiëren*** ⇒*uiteenlopen.*
differenziert **0.1** ***gedifferentieerd*** ⇒*verfijnd, genuanceerd* **0.2** ***gedifferentieerd*** ⇒*verschillend* ◆ **3.1** ~ urteilen *genuanceerd oordelen.*
differieren **0.1** ***verschillen*** ⇒*van elkaar afwijken.*
diffizil **0.1** ***moeilijk*** ⇒*lastig, gecompliceerd* **0.2** ***uiterst nauwkeurig*** **0.3** ***precair, netelig*** ◆ **1.1** eine ~e Aufgabe *een grote precisie vereisende opgave* **1.3** eine ~ Angelegenheit *een precaire aangelegenheid.*
diffundieren **0.1** ***diffunderen*** ⇒*vermengen* **0.2** ⟨nat.⟩ ***verspreiden*** ⟨van stralen⟩.
diffus **0.1** ***diffuus, verspreid*** **0.2** ⟨fig.⟩ ***diffuus, vaag.***
Diffusion ⟨v.; ~⟩ **0.1** ***diffusie.***
Diffusor ⟨m.; ~s, Diffusoren⟩ **0.1** ***diffusor.***
digerieren **0.1** ***digereren, verteren*** **0.2** ⟨schei.⟩ ***digereren, (uit)logen.***
Digestion ⟨v.; ~, ~en⟩ **0.1** ***digestie, (spijs)vertering*** **0.2** ⟨schei.⟩ ***uitloging.***
digestiv **0.1** ***digestief.***
digital **0.1** ***digitaal.***
Digitalanzeige ⟨v.⟩ **0.1** ***aanduiding in cijfers.***
Digitalis ⟨v.; ~⟩⟨plantk.⟩ **0.1** ***digitalis, vingerhoedskruid.***
Digitalrechner ⟨m.⟩ **0.1** ***digitale rekenmachine.***
Digitaluhr ⟨v.⟩ **0.1** ***digitaal horloge, digitale klok.***
Dignitar ⟨m.; ~s, ~e⟩ **0.1** ***dignitaris, waardigheidsbekleder.***
Diktat ⟨o.; ~(e)s, ~e⟩ **0.1** ***dictaat, het dicteren*** **0.2** ***dictaat, het gedicteerde*** **0.3** ***dictee*** **0.4** ***dictaat*** ⇒*opgelegd (vredes)verdrag* ◆ **6.1 nach** ~ schreiben *een dictaat opnemen.*
Diktator ⟨m.; ~s, Diktatoren⟩ **0.1** ***dictator, alleenheerser.***
diktatorisch **0.1** ***dictatoriaal, als een dictator*** **0.2** ***dictatoriaal, dictatorisch*** ⇒*geen tegenspraak duldend.*
Diktatur ⟨v.; ~, ~en⟩ **0.1** ***dictatuur.***
diktieren **0.1** ***dicteren*** ⇒*voorschrijven* ◆ **1.1** das Tempo ~ *het tempo bepalen;* ein diktierter Vertrag *een opgelegd verdrag.*
Diktiergerät ⟨o.⟩ **0.1** ***dicteerapparaat, dictafoon.***
Diktion ⟨v.; ~⟩ **0.1** ***dictie*** ⇒*wijze van spreken, schrijven.*
Dilatation ⟨v.; ~, ~en⟩ **0.1** ***dilatatie*** ⇒*uitzetting, verwijding* **0.2** ⟨med.⟩ ***dotterbehandeling.***
dilatieren ⟨med.⟩ **0.1** ***dotteren.***
dilatorisch **0.1** ***dilatoir, dilatorisch*** ⇒*opschortend* ◆ **1.1** ⟨jur.⟩ ~e Einrede *opschortende exceptie.*
Dilemma ⟨o.; ~s, ~s of ~ta⟩ **0.1** ***dilemma.***
Dilettant ⟨m.; ~en, ~en⟩ **0.1** ***dilettant, amateur*** **0.2** ⟨pej.⟩ ***prutser, knoeier.***
dilet|tantenhaft, -tantisch **0.1** ***dilettantisch, amateuristisch*** **0.2** ⟨pej.⟩ ***stumperig.***
Dilettantismus ⟨m.; ~⟩ **0.1** ***dilettantisme*** **0.2** ⟨pej.⟩ ***prutswerk.***

dilettieren 0.1 *liefhebberen ⇒grasduinen.*
Dill ⟨m.; ~(e)s, ~e⟩⟨plantk.⟩ **0.1** *dille.*
diluvial 0.1 *diluviaal, uit de ijstijd.*
Diluvialzeit ⟨v.⟩ **0.1** *Diluvium.*
Dimension ⟨v.; ~, ~en⟩ **0.1** *dimensie* **0.2** ⟨meestal mv.⟩ *dimensie ⇒afmeting, vorm* **0.3** ⟨fig.⟩ *dimensie ⇒omvang, grootte* ◆ **1.2** die ~en einer Katastrophe *de afmetingen van een catastrofe.*
dimensional 0.1 *dimensionaal.*
dimensionieren 0.1 *dimensioneren, de dimensies bepalen.*
Diminution ⟨v.; ~, ~en⟩ **0.1** *verkleining ⇒vermindering.*
Diminutiv ⟨o.; ~(e)s, ~e⟩⟨taal.⟩ **0.1** *diminutief, verkleinwoord.*
Dimmer ⟨m.; ~s, ~⟩ **0.1** *dimmer.*
dimorph 0.1 ⟨biol.⟩ *dimorf.*
DIN ⟨afk.⟩ [Deutsches Institut für Normung].
Diner ⟨o.; ~s, ~s⟩ **0.1** *diner.*
Ding[1] ⟨o.; ~(e)s, ~e⟩ **0.1** *ding ⇒voorwerp* **0.2** *ding ⇒gebeurtenis, voorval* **0.3** *ding ⇒zaak, aangelegenheid* **0.4** ⟨alleen mv.⟩ *dingen ⇒feiten* ◆ **1.3** es ist ein ~ der Unmöglichkeit *het is (totaal) onmogelijk* **1.4** nach Lage der ~e *al naar de omstandigheden* **2.4** geschehene ~e sind nicht zu ändern *gedane zaken nemen geen keer;* ⟨schr.⟩ guter ~e sein (a) *goed gehumeurd zijn* (b) *vol goede moed, opgewekt zijn* **3.4** wie die ~e liegen *zoals de feiten liggen* **6.2 an** vergangene ~e rühren *oude koeien uit de sloot halen* **6.3** sich **aus** fremden ~en heraushalten *met vreemde zaken niets te maken willen hebben;* **vor** allen ~en *in de eerste plaats, allereerst* **6.4** das geht nicht **mit** rechten ~en zu *die zaak is niet pluis* **¶.1** den Weg aller ~e gehen *de weg van alle vlees gaan, sterven, vergaan;* ⟨sprw.⟩ aller guten ~e sind drei *alle goede dingen bestaan in drieën; de derde streng houdt de kabel;* ⟨sprw.⟩ gut ~ will Weile haben *langzaam maar zeker* **¶.¶** ⟨sprw.⟩ jedes ~ hat zwei Seiten *elke medaille heeft haar keerzijde.*
Ding[2] ⟨o.; ~(e)s, ~er⟩⟨inf.⟩ **0.1** *ding ⇒kind, meisje* **0.2** *ding(etje) ⇒iets, wat* **0.3** *ding ⇒zaak(je), affaire* **0.4** ⟨euf.⟩ *ding ⇒geslachtsdeel* ◆ **2.1** ein freches ~ *een brutaal nest* **2.3** ein tolles ~ *iets geweldigs* **3.3** ein ~ drehen *een kraak zetten;* krumme ~er machen *slinkse streken uithalen;* jmdm. ein ~ verpassen (a) *iem. een oplawaai verkopen* (b) *iem. de mantel uitvegen.*
Dingelchen ⟨o.; ~s, ~⟩ **0.1** *dingetje* **0.2** *klein meisje ⇒ schatje.*
dingen ⟨→t2o⟩ **0.1** ⟨pej.⟩ *huren ⇒in z'n dienst nemen* ◆ **1.1** ein gedungener Mörder *een huurmoordenaar.*
dingfest ◆ **3.¶** ~ machen *arresteren.*
dinglich 0.1 *concreet ⇒reëel* **0.2** ⟨jur.⟩ *zakelijk* ◆ **1.2** ~er Arrest *conservatoir beslag.*
Dings[1] ⟨o.; ~, Dinger⟩⟨inf.⟩ **0.1** *ding(etje).*
Dings[2] ⟨o.⟩⟨zonder lidwoord; inf.⟩ **0.1** *dinges ⇒je-weet-wel.*
Dingsbums ⟨m. & o.⟩⟨inf.⟩ **0.1** *dinges ⇒je-weet-wel.*
Dingsda ⟨m., v., o.⟩⟨inf.⟩ →**Dings**[1], [2].
Dingwort ⟨o.⟩ **0.1** *zelfstandig naamwoord.*
dinieren 0.1 *dineren.*
Dinkel ⟨m.; ~s, g.mv.⟩ **0.1** *spelt.*
Dinosaurier ⟨m.; ~s, ~⟩ **0.1** *dinosaurus.*
Diode ⟨v.; ~, ~n⟩⟨tech.⟩ **0.1** *diode.*
dionysisch 0.1 ⟨mbt. de god⟩ *Dionysisch* **0.2** ⟨fig.⟩ *dionysisch.*
dioptrisch 0.1 *dioptrisch* **0.2** *doorzichtig.*
Dioskuren ⟨alleen mv.⟩ **0.1** *Dioscuren* ⟨ook fig.⟩.
Dioxid, Dioxyd ⟨o.; ~(e)s, ~s⟩ **0.1** *dioxide.*
diözesan 0.1 *diocesaan.*
Diözesan ⟨m.; ~en, ~en⟩ **0.1** *diocesaan.*
Diözese ⟨v.; ~, ~n⟩ **0.1** *diocees, bisdom.*
Diphtherie ⟨v.; ~, ~n⟩ **0.1** *difterie, difteritis.*
Diphthong ⟨m.; ~(e)s, ~e⟩ **0.1** *diftong, tweeklank.*
diphthongieren 0.1 *diftongeren.*
Dipl. ⟨afk.⟩ →**Diplom.**
Diplom ⟨o.; ~(e)s, ~e⟩ **0.1** *diploma ⇒bul, brief* **0.2** *diploma ⇒oorkonde* ◆ **3.1** das ~ als Chemiker erwerben *afstuderen als chemicus.*
Diplomand ⟨m.; ~en, ~en⟩ **0.1** ⟨vergelijkbaar met⟩ *student in de doctorale fase.*
Diplomarbeit ⟨v.⟩ **0.1** ⟨vergelijkbaar met⟩ *doctoraalscriptie.*
Diplomat ⟨m.; ~en, ~en⟩ **0.1** *diplomaat.*
Diplomatenlaufbahn ⟨v.⟩ **0.1** *diplomatieke carrière.*
Diplomatenpaß ⟨m.⟩ **0.1** *diplomatiek paspoort.*
Diplomatie ⟨v.; ~⟩ **0.1** *diplomatie.*
Diplomatik ⟨v.; ~⟩ **0.1** *diplomatiek, oorkondeleer.*
Diplomatiker ⟨m.; ~s, ~⟩ **0.1** *diplomaticus, oorkondekenner.*
diplomatisch 0.1 *diplomatiek, diplomatisch* **0.2** *diplomatiek, tactvol* **0.3** *diplomatisch, gelijk aan het origineel.*
Diplomchemiker ⟨m.⟩ **0.1** *scheikundig ingenieur.*
diplomieren 0.1 *diplomeren.*
Diplomingenieur ⟨m.⟩ **0.1** *ingenieur v.e. TU.*
Diplomkaufmann ⟨m.⟩ **0.1** *doctorandus handelswetenschappen.*
Diplomlandwirt ⟨m.⟩ **0.1** *landbouwkundig ingenieur.*
dippen 0.1 ⟨reg.⟩ *dippen* ◆ **1.¶** ⟨scheep.⟩ die Flagge ~ *met de vlag groeten.*
dir[1] ⟨pers.vnw.⟩ **0.1** *(aan) jou, je* ◆ **3.1** ich danke ~ *ik dank je.* →**mir.**
dir[2] ⟨wdk.vnw.⟩ **0.1** *je* ◆ **3.1** schau ~ das mal an! *moet je dat eens zien!*
direkt[1] ⟨bn.⟩ **0.1** *direct ⇒rechtstreeks* ◆ **1.1** ~en Anschluß haben *meteen aansluiting hebben;* ~es Interesse *persoonlijk belang;* eine ~e Lüge *een aperte leugen.*
direkt[2] ⟨bw.⟩ **0.1** *direct ⇒vlak(bij)* **0.2** ⟨inf.⟩ *uitgesproken ⇒ bepaald* ◆ **2.2** sie war ~ stolz auf ihn *ze was bepaald trots op hem.*
Direktflug ⟨m.⟩ **0.1** *non-stopvlucht.*
Direktheit ⟨v.; ~, ~en⟩ **0.1** ⟨pej.⟩ *onverbloemde uitspraak* **0.2** *openhartigheid* ◆ **2.1** seine ~en *zijn uitlatingen recht op de man af.*
Direktion ⟨v.; ~, ~en⟩ **0.1** *directie, leiding* **0.2** *directievertrek(ken)* ◆ **3.2** die ~ im ersten Stock *de directiekamer op de eerste verdieping.*
Direktive ⟨v.; ~, ~n⟩ **0.1** *directief, richtlijn.*
Direktmandat ⟨o.⟩⟨pol.⟩ **0.1** *zetel op grond van directe verkiezing.*
Direktor ⟨m.; ~s, Direktoren⟩ **0.1** *directeur* **0.2** *rector.*
Direktorat ⟨o.; ~(e)s, ~e⟩ **0.1** *directoraat* **0.2** *rectoraat* **0.3** *directeurs-, rectorskamer.*
Direktorenposten ⟨m.⟩ **0.1** *directeurspost.*
direktorial 0.1 *als (van) een directeur.*
Direktorin ⟨v.; ~, ~nen⟩ **0.1** *directrice* **0.2** *rectrix.*
Direktorium ⟨o.; ~s, Direktorien⟩ **0.1** *directorium.*
Direkt|sendung, -übertragung ⟨v.⟩ **0.1** *rechtstreekse uitzending.*
Direktwahl ⟨v.⟩ **0.1** *rechtstreekse verkiezing* **0.2** ⟨com.⟩ *doorkiessysteem.*
Direktwerbung ⟨v.⟩ **0.1** *op de consument gerichte reclame.*
Direx ⟨m.; ~, ~e⟩⟨inf.; school.⟩ **0.1** *dirk.*
Dirigat ⟨o.; ~(e)s, ~e⟩ **0.1** *orkestdirectie.*

Dirigent ⟨m.; ~en, ~en⟩ **0.1** ***dirigent.***
Dirigentenstab ⟨m.⟩ **0.1** ***dirigeerstok.***
dirigieren 0.1 ***dirigeren*** ⇒*leiden* ◆ **1.1** einen Betrieb ~ *een bedrijf leiden.*
Dirigismus ⟨m.; ~⟩ **0.1** ***dirigisme, geleide economie.***
Dirndl ⟨o.; ~s, ~n⟩⟨Oostr.; Beieren⟩ **0.1** ***(jong) meisje* 0.2** ***dirndljurk.***
Dirne ⟨v.; ~, ~n⟩ **0.1** ***prostituee*** ⇒*hoer* **0.2** ⟨vero.⟩ ***deern-(tje), meisje.***
Disharmonie ⟨v.; ~, ~n⟩ **0.1** ***disharmonie*** ◆ **6.1** ~n **in** der Familie *onenigheid in het gezin.*
disharmonieren 0.1 ***disharmoniëren.***
disharmonisch 0.1 ***disharmonisch.***
disjunktiv 0.1 ***disjunctief*** ⇒*elkaar uitsluitend.*
Diskant ⟨m.; ~(e)s, ~e⟩⟨muz.⟩ **0.1** ***discant.***
Diskantschlüssel ⟨m.⟩ **0.1** ***discant-, c-sleutel.***
Diskette ⟨v.; ~, ~n⟩⟨comp.⟩ **0.1** ***floppy(disk), diskette.***
Diskettenlaufwerk ⟨o.⟩ **0.1** ***diskdrive, floppydrive.***
Disko ⟨v.; ~, ~s⟩ **0.1** ***disco(theek).***
Diskont ⟨m.; ~(e)s, ~e⟩ **0.1** ***disconto* 0.2** ***discontovoet.***
Diskontgeschäft ⟨o.⟩ **0.1** ***wisseltransactie.***
diskontierbar 0.1 ***discontabel.***
diskontieren 0.1 ***disconteren.***
diskontinuierlich 0.1 ***discontinu, onderbroken.***
Diskontinuität ⟨v.; ~, ~en⟩ **0.1** ***discontinuïteit.***
Diskonto ⟨m.; ~s, ~ of Diskonti⟩ →**Diskont.**
Diskontsatz ⟨m.⟩ **0.1** ***discontovoet.***
diskordant ⟨geol.⟩ **0.1** ***discordant.***
Diskordanz ⟨v.; ~, ~en⟩ **0.1** ***discordantie* 0.2** ⟨fig.⟩ ***onenigheid, wanklank.***
Diskothek ⟨v.; ~, ~en⟩ **0.1** ***discotheek.***
Diskredit ⟨m.; ~(e)s⟩ **0.1** ***diskrediet.***
diskreditieren 0.1 ***in diskrediet brengen.***
Diskrepanz ⟨v.; ~, ~en⟩ **0.1** ***discrepantie*** ⇒*tegenstrijdigheid.*
diskret 0.1 ***discreet*** ⟨ook nat., wisk.⟩ ⇒*vertrouwelijk, geheim* **0.2** ***discreet*** ⇒*tactvol, kies* ◆ **1.2** ein ~es Parfüm *een decent parfum.*
Diskretion ⟨v.; ~⟩ **0.1** ***discretie.***
Diskretionslinie ⟨v.⟩ **0.1** ***wachtstreep.***
Diskrimination ⟨v.; ~, ~en⟩ **0.1** ***discriminatie.***
diskriminieren 0.1 ***discrimineren.***
Diskurs ⟨m.; ~(e)s, ~e⟩⟨schr.⟩ **0.1** ***verhandeling*** ⇒*rede* **0.2** ***gesprek, conversatie* 0.3** ***discussie*** ⇒*woordenwisseling.*
diskursiv 0.1 ***discursief, (logisch) redenerend.***
Diskus ⟨m.; ~, ~se of Disken⟩ **0.1** ⟨sp.⟩ ***discus* 0.2** ⟨plantk.⟩ ***discus, bolstoel.***
Diskussion ⟨v.; ~, ~en⟩ **0.1** ***discussie*** ⇒*debat* ◆ **6.1** sich **auf** keine ~ einlassen *niet in discussie treden;* **zur** ~ stehen *ter discussie staan.*
Diskussionsbeitrag ⟨m.⟩ **0.1** ***bijdrage tot de discussie.***
diskussionsfreudig 0.1 ***graag discussiërend.***
Diskussionsgegenstand ⟨m.⟩ **0.1** ***onderwerp van discussie.***
Diskussionsgrundlage ⟨v.⟩ **0.1** ***uitgangspunt, grondslag voor een discussie.***
Diskussionsleiter ⟨m.⟩ **0.1** ***discussieleider.***
Diskussionsthema ⟨o.⟩ **0.1** ***onderwerp van discussie.***
Diskuswerfen ⟨o.; ~s⟩ **0.1** ***het discuswerpen.***
Diskuswerfer ⟨m.⟩ **0.1** ***discuswerper.***
diskutabel 0.1 ***discutabel*** ◆ **1.1** ein diskutabler Vorschlag *een aannemelijk voorstel.*
diskutieren I ⟨onov.ww.⟩ **0.1** ***discussiëren, discuteren*** ⇒ *een discussie houden* ◆ **6.1** **über** ein Thema ~ *over een onderwerp discussiëren;*
II ⟨ov.ww.⟩ **0.1** ***discussiëren over*** ◆ **1.1** politische Fragen ~ *over politieke kwesties discussiëren.*
Dislokation ⟨v.; ~, ~en⟩ **0.1** ***dislokatie.***
dislozieren 0.1 ***dislokeren.***
Dispens ⟨m.; ~es, ~e; Oostr. v.; ~, ~en⟩ **0.1** ***dispensatie, ontheffing, vrijstelling.***
Dispensation ⟨v.; ~, ~en⟩ **0.1** ***dispensatie* 0.2** ***bereiding en verkoop van medicamenten.***
dispensieren 0.1 ***dispenseren, vrijstellen.***
Dispensierrecht ⟨o.⟩ **0.1** ***dispensatierecht.***
dispers 0.1 ***verstrooid, fijn verdeeld.***
Dispersion ⟨v.; ~, ~en⟩ **0.1** ***dispersie.***
disponibel 0.1 ***disponibel, beschikbaar*** ⟨van geld⟩.
Disponibilität ⟨v.; ~⟩ **0.1** ***disponibiliteit, beschikbaarheid.***
disponieren I ⟨onov.ww.⟩ **0.1** ***disponeren*** ⇒*beschikken over* ◆ **3.¶** ⟨schr.⟩ schlecht disponiert sein (a) *slechtgeluimd zijn* (b) *slecht gedisponeerd zijn* ⟨van kunstenaars bij uitvoeringen⟩;
II ⟨ov.ww.⟩ **0.1** ***disponeren*** ⇒*regelen, plannen* ◆ **1.1** den Vorrat entsprechend der Nachfrage ~ *de omvang van de voorraad bepalen overeenkomstig de vraag.*
Disposition ⟨v.; ~, ~en⟩ **0.1** ***dispositie*** ◆ **2.1** seine körperliche ~ *zijn fysieke toestand* **6.1** etwas **zu** seiner freien ~ haben *vrij over iets kunnen beschikken;* jmdn. **zur** ~ stellen *iem. op non-actief stellen.*
dispositionsfähig 0.1 ***handelingsbekwaam.***
Dispositionskredit ⟨m.⟩ **0.1** ***krediet op de lopende rekening.***
Disproportion ⟨v.; ~, ~en⟩⟨schr.⟩ **0.1** ***wanverhouding.***
disproportioniert ⟨schr.⟩ **0.1** ***slecht geproportioneerd.***
Disput ⟨m.; ~(e)s, ~e⟩ **0.1** ***dispuut, twistgesprek.***
disputabel 0.1 ***disputabel, omstreden.***
Disputation ⟨v.; ~, ~en⟩ **0.1** ***disputatie, twistgesprek.***
disputieren 0.1 ***disputeren, redetwisten.***
Disqualifikation ⟨v.; ~, ~en⟩ **0.1** ***diskwalificatie.***
disqualifizieren I ⟨ov.ww.⟩ **0.1** ***diskwalificeren*** ◆ **4.1** jmdn. ~ *iem. ongeschikt verklaren;*
II sich ~ ⟨wk.ww.⟩ **0.1** ***zichzelf diskwalificeren.***
Dissertation ⟨v.; ~, ~en⟩ **0.1** ***dissertatie, proefschrift.***
dissertieren 0.1 ***een dissertatie schrijven.***
Dissident ⟨m.; ~en, ~en⟩ **0.1** ***dissident* 0.2** ***andersdenkende.***
dissimulieren ⟨med.; psych.⟩ **0.1** ***dissimuleren*** ⇒*verbergen, veinzen.*
dissonant 0.1 ⟨muz.⟩ ***dissonant, dissonerend* 0.2** ⟨fig.⟩ ***uit de toon vallend, storend.***
Dissonanz ⟨v.; ~, ~en⟩ **0.1** ⟨muz.⟩ ***dissonantie* 0.2** ⟨fig.⟩ ***wanklank, onenigheid.***
Distanz ⟨v.; ~, ~en⟩ **0.1** ***distantie, afstand* 0.2** ⟨fig.⟩ ***distantie*** ⇒*terughoudendheid* **0.3** ⟨sp.⟩ ***afstand* 0.4** ⟨sp.⟩ ***aantal ronden*** ⟨boksen⟩ ◆ **6.1** **auf** 100 Meter ~ *op honderd meter afstand* **6.2** **auf** ~ achten *afstand bewaren* **6.4** eine ~ **von** 15 Runden *een (boks)wedstrijd van 15 rondes.*
distanzieren I ⟨ov.ww.⟩⟨sp.⟩ **0.1** ⟨sp.⟩ ***achter zich laten*** ◆ **1.1** den Gegner ~ *de tegenstander op afstand zetten;*
II sich ~ ⟨wk.ww.⟩ **0.1** ***zich distantiëren, afstand nemen.***
distanziert ⟨schr.⟩ **0.1** ***afstandelijk*** ⇒*koel, terughoudend.*
Distanzwechsel ⟨m.⟩⟨ec.⟩ **0.1** ***wissel aan toonder.***
Distel ⟨v.; ~, ~n⟩ **0.1** ***distel.***
Distelfalter ⟨m.⟩ **0.1** ***distelvlinder.***
Distelfink ⟨m.⟩ **0.1** ***distelvink, putter.***
Distichon ⟨o.; ~s, Distichen⟩ **0.1** ***distichon.***
distinguiert 0.1 ***gedistingeerd*** ⇒*voornaam, verfijnd.*
Distinktion ⟨v.; ~, ~en⟩ **0.1** ***distinctie, onderscheiding* 0.2** ***distinctie, voornaamheid.***

distinktiv 0.1 *distinctief, onderscheidend.*
distribuieren 0.1 *distribueren.*
Distribution ⟨v.; ~, ~en⟩ 0.1 *distributie.*
distributiv 0.1 *distributief.*
Distributivum ⟨o.; ~s, Distributiva⟩ 0.1 *distributief (getal).*
Distributivzahl ⟨v.⟩ 0.1 *distributief (getal).*
Distrikt ⟨m.; ~(e)s, ~e⟩ 0.1 *(kies)district.*
Disziplin ⟨v.; ~, ~en⟩ 0.1 ⟨g.mv.⟩ *discipline* ⇒*tucht, orde* 0.2 *discipline* ⇒*tak van wetenschap* 0.3 *tak van sport* ♦ 3.1 die ~ wahren *de discipline handhaven.*
Disziplinargericht ⟨o.⟩ 0.1 *tuchtkamer.*
Disziplinargewalt ⟨v.⟩ 0.1 *tuchtrecht.*
disziplinarisch 0.1 *disciplinair* 0.2 ⟨fig.⟩ *streng* ♦ 3.2 jmdn. ~ bestrafen *iem. streng bestraffen.*
Disziplinarrecht ⟨o.⟩ 0.1 *tuchtrecht.*
Disziplinarstrafe ⟨v.⟩ 0.1 *disciplinaire straf, tuchtstraf.*
Disziplinarverfahren ⟨o.⟩ 0.1 *tuchtzaak.*
Disziplinarvergehen ⟨o.⟩ 0.1 *overtreding v.d. dienstvoorschriften.*
disziplinieren 0.1 *disciplineren, discipline bijbrengen.*
diszipliniert 0.1 *gedisciplineerd* 0.2 *met zelfbeheersing* ⇒ *beheerst.*
disziplinlos 0.1 *ongedisciplineerd* ⇒*ordeloos.*
Disziplinlosigkeit ⟨v.; ~, ~en⟩ 0.1 *overtreding v.d. discipline* ⇒*wanordelijkheid* 0.2 *ongedisciplineerdheid* ⇒*gebrek aan discipline.*
disziplinwidrig 0.1 *tegen de discipline in.*
Diva ⟨v.; ~, ~s of Diven⟩ 0.1 *diva* 0.2 ⟨fig.⟩ *excentrieke dame.*
Divan ⟨m.⟩ →**Diwan.**
divergent 0.1 *divergent, uiteenlopend.*
Divergenz ⟨v.; ~, ~en⟩ 0.1 *divergentie.*
divergieren 0.1 *divergeren, uiteenlopen.*
divers 0.1 *diverse* ⇒*verschillende, enige.*
diversifizieren 0.1 *diversifiëren.*
Diversion ⟨v.; ~, ~en⟩ 0.1 *diversie.*
Dividend ⟨m.; ~en, ~en⟩ ⟨wisk.⟩ 0.1 *deeltal, teller.*
Dividende ⟨v.; ~, ~n⟩ ⟨ec.⟩ 0.1 *dividend* ♦ 3.1 ~ ausschütten *dividend uitkeren.*
dividieren 0.1 *delen* ♦ 6.1 durch 5 ~ *door 5 delen.*
Division ⟨v.; ~, ~en⟩ 0.1 ⟨wisk.⟩ *deling* 0.2 ⟨mil.⟩ *divisie, vlootafdeling* ♦ 3.1 eine ~ vornehmen *een deling maken.*
Divisionskommandeur ⟨m.⟩ 0.1 *divisiecommandant.*
Divisor ⟨m.; ~s, Divisoren⟩ ⟨wisk.⟩ 0.1 *deler, noemer.*
Diwan ⟨m.; ~s, ~e⟩ 0.1 *divan* 0.2 ⟨lit.⟩ *divan* ⟨oriëntaalse gedichtenbundel⟩.
d. J. ⟨afk.⟩ [dieses Jahres; der Jüngere].
DJH ⟨v.⟩ ⟨afk.⟩ [Deutsche Jugendherberge].
DKP ⟨v.; ~⟩ ⟨afk.⟩ [Deutsche Kommunistische Partei].
d. M. ⟨afk.⟩ [dieses Monats].
DM ⟨v.⟩ ⟨afk.⟩ [Deutsche Mark].
d. O. ⟨afk.⟩ [der, die Obige].
Döbel ⟨m.; ~s, ~⟩ 0.1 *meun, kopvoorn.*
doch[1] ⟨bw.⟩ 0.1 *toch* ⇒*immers, toch maar* ♦ 3.1 käme er ~! *kwam hij toch maar!*; komm ~ mal her! *kom eens even hier!*; sie ist ~ kein Kind mehr *ze is immers geen kind meer;* wie war das ~? *hoe was dat toch ook weer?* 5.1 also ~! *dus toch!*; ja ~! *ja zeker!*
doch[2] ⟨vw.⟩ 0.1 *echter* ⇒*maar, toch* 0.2 ⟨inf.⟩ *ja(wel)!* ⇒*zeker! o ja!* ♦ ¶.2 'das weißt du wohl nicht mehr?' 'Doch, ~!' *'dat weet je zeker niet meer?' 'O ja, (dat weet ik nog wel)!'.*
Docht ⟨m.; ~(e)s, ~e⟩ 0.1 *pit, kousje* ⟨v.e. kaars, lamp⟩.
Dochtschere ⟨v.⟩ 0.1 *snuiter.*
Dock ⟨o.; ~s, ~s of zelden mv. ~e⟩ 0.1 *dok.*
Docke ⟨v.; ~, ~n⟩ 0.1 *knot, streng* ⟨garen⟩ 0.2 *dok, baluster* 0.3 ⟨landb.⟩ *(koren)schoof.*
docken I ⟨onov.ww.⟩ 0.1 *dokken, in het dok liggen, brengen;*
II ⟨ov.ww.⟩ 0.1 *opwinden, een streng, knot maken.*
Docker ⟨m.; ~s, ~⟩ 0.1 *dokker, dokwerker.*
Dockingmanöver ⟨o.⟩ ⟨ruim.⟩ 0.1 *koppelingsmanoeuvre.*
Doge ⟨m.; ~n, ~n⟩ 0.1 *doge.*
Dogge ⟨v.; ~, ~n⟩ 0.1 *dog.*
Dogger ⟨m.; ~s, ~⟩ 0.1 *doggerboot.*
Dogma ⟨o.; ~s, Dogmen⟩ 0.1 *dogma* 0.2 ⟨vaak pej.; fig.⟩ *dogma* ⇒*starre opvatting.*
Dogmatik ⟨v.; ~, ~en⟩ 0.1 *dogmatiek.*
Dogmatiker ⟨m.; ~s, ~⟩ 0.1 *dogmaticus.*
dogmatisch 0.1 *dogmatisch* 0.2 ⟨pej.; fig.⟩ *dogmatisch* ⇒ *star.*
Dogmatismus ⟨m.; ~⟩ ⟨vaak pej.⟩ 0.1 *dogmatisme.*
Dohle ⟨v.; ~, ~n⟩ 0.1 *torenkraai, kauw.*
Dohne ⟨v.; ~, ~n⟩ 0.1 *vogelstrik.*
doktern ⟨inf.⟩ 0.1 *dokteren.*
Doktor ⟨m.; ~s, Doktoren⟩ ⟨afk. Dr.⟩ 0.1 *doctor* 0.2 ⟨g.mv.⟩ *doctorsgraad* 0.3 ⟨inf.⟩ *dokter* ♦ 1.2 ~ Ehren halber *eredoctor;* ~ der Medizin *doctor in de medicijnen* 2.2 den medizinischen ~ haben *doctor in de medicijnen zijn* 3.2 seinen ~ machen *promoveren.*
Doktorand ⟨m.; ~en, ~en⟩ 0.1 *promovendus.*
Doktorandin ⟨v.; ~, ~nen⟩ 0.1 *promovenda.*
Doktorarbeit ⟨v.⟩ 0.1 *proefschrift, dissertatie.*
Doktordiplom ⟨o.⟩ 0.1 *doctorsbul.*
Doktorgrad ⟨m.⟩ 0.1 *doctorsgraad.*
Doktorhut ⟨m.⟩ 0.1 *doctorshoed* 0.2 ⟨inf.; fig.⟩ *doctorsgraad* ♦ 3.2 den ~ erwerben *promoveren.*
doktorieren 0.1 *tot doctor promoveren.*
Doktorin ⟨v.; ~, ~nen⟩ 0.1 *doctores* 0.2 *vrouwelijke dokter.*
Doktorschrift ⟨v.⟩ ⟨scherts.⟩ 0.1 *dokterspootje, hanenpoot.*
Doktorvater ⟨m.⟩ 0.1 *promotor.*
Doktorwürde ⟨v.⟩ 0.1 *doctoraat.*
Doktrin ⟨v.; ~, ~en⟩ 0.1 *doctrine, leer.*
doktrinär 0.1 *doctrinair.*
Dokument ⟨o.; ~(e)s, ~e⟩ 0.1 *document* 0.2 *document* ⇒ *bewijsstuk* ♦ 1.2 ~e des guten Willens *bewijzen van goede wil* 6.1 ~e für eine Tagung *stukken voor een congres.*
Dokumentalist ⟨m.; ~en, ~en⟩ 0.1 *documentalist.*
Dokumentar ⟨m.; ~(e)s, ~e⟩ 0.1 *documentalist.*
Dokumentarbericht ⟨m.⟩ 0.1 *documentaire.*
Dokumentarfilm ⟨m.⟩ 0.1 *(film)documentaire.*
dokumentarisch 0.1 *documentair* ♦ 3.1 ~ erhärten *met bewijsstukken staven.*
Dokumentation ⟨v.; ~, ~en⟩ 0.1 *documentatie.*
dokumentieren I ⟨ov.ww.⟩ 0.1 *tonen* ⇒*laten blijken* 0.2 *documenteren* ⇒*met documenten aantonen;*
II sich ~ ⟨wk.ww.⟩ 0.1 *duidelijk worden* ♦ 1.1 hier ~ sich seine Anschauungen *hier komen zijn opvattingen naar voren.*
Dolch ⟨m.; ~(e)s, ~e⟩ 0.1 *dolk.*
Dolchstoß ⟨m.⟩ 0.1 *dolkstoot* 0.2 ⟨fig.⟩ *dolkstoot* ⇒*aanval in de rug.*
Dolchstoßlegende ⟨v.⟩ ⟨gesch., pol.⟩ 0.1 *dolkstootlegende.*
Dolde ⟨v.; ~, ~n⟩ ⟨plantk.⟩ 0.1 *(bloem)scherm.*
Doldenblütler ⟨m.; ~s, ~⟩ 0.1 *schermbloemige.*
doldenständig 0.1 *schermdragend.*
doldig ⟨plantk.⟩ 0.1 *schermvormig.*
Dole ⟨v.; ~, ~n⟩ 0.1 *(afvoer)riool, afvoergreppel.*
doll →**toll.**
Dollar ⟨m.; ~(s), ~s; na telw. onverbogen⟩ 0.1 *dollar.*
Dollbord ⟨o.; ~(e)s, ~e⟩ ⟨scheep.⟩ 0.1 *dolboord.*

Dolle ⟨v.; ~, ~n⟩⟨scheep.⟩ **0.1** *dol.*
Dolman ⟨m.; ~(e)s, ~e⟩ **0.1** ***dolman, huzarenbuis*** **0.2** ***dolman, huis-, damesjasje.***
Dolmen ⟨m.; ~s, ~⟩ **0.1** *dolmen.*
dolmetschen I ⟨onov.ww.⟩ **0.1** ***tolken, tolk zijn;***
II ⟨ov.ww.⟩ **0.1** ***vertalen.***
Dolmetscher ⟨m.; ~s, ~⟩ **0.1** ***tolk.***
Dolomit ⟨m.; ~(e)s, ~e⟩ **0.1** ***dolomiet, bitterkalk.***
Dom ⟨m.; ~(e)s, ~e⟩ **0.1** ***dom(kerk), kathedraal.***
Domäne ⟨v.; ~, ~n⟩ **0.1** ***domein*** **0.2** ⟨fig.⟩ ***domein*** ⇒*gebied, terrein.*
Domanialgut ⟨o.⟩ **0.1** *domein.*
Domchor ⟨m.⟩ **0.1** ***koor v.e. dom(kerk).***
Dom|dechant, -dekan ⟨m.⟩ **0.1** *domdeken.*
Domestik ⟨m.; ~en, ~en⟩⟨sp.⟩ **0.1** ***knecht, waterdrager*** ⟨v.e. wielrenner⟩.
Domestikation ⟨v.; ~, ~en⟩ **0.1** *domesticatie.*
domestizieren 0.1 *domesticeren.*
Domherr ⟨m.⟩ **0.1** ***domheer, kanunnik.***
Domina ⟨v.; ~, Dominä⟩ **0.1** ***abdis, moeder-overste.***
dominant 0.1 *dominant.*
Dominante ⟨v.; ~, ~n⟩ **0.1** *dominant.*
Dominanz ⟨v.; ~, ~en⟩ **0.1** ***dominantie.***
dominieren 0.1 ***domineren*** ⇒*over-, beheersen* ◆ **1.1** die politische Szene ~ *het politieke gebeuren beheersen.*
Dominikaner ⟨m.; ~s, ~⟩ **0.1** ***dominicaan, predikheer.***
Domino ⟨o.; ~s, ~s⟩ **0.1** ***domino(spel).***
Domizil ⟨o.; ~(e)s, ~e⟩ **0.1** ***domicilie.***
domizilieren I ⟨onov.ww.⟩ **0.1** ***gevestigd zijn;***
II ⟨ov.ww.⟩⟨ec.⟩ **0.1** ***domiciliëren.***
Domizilwechsel ⟨m.⟩⟨ec.⟩ **0.1** ***domiciliewissel.***
Domkapitel ⟨o.⟩ **0.1** ***domkapittel.***
Domkapitular ⟨m.⟩ **0.1** ***domheer, kanunnik.***
Dompfaff ⟨m.; ~en of ~s, ~en⟩ **0.1** ***goud-, bloedvink.***
Dompteur ⟨m.; ~(e)s, ~e⟩ **0.1** ***dompteur.***
Domschweizer ⟨m.⟩ **0.1** ***suppoost in een dom.***
Domstift ⟨o.⟩ **0.1** ***domkapittel*** ⇒*sticht.*
Donatar ⟨m.; ~(e)s, ~e⟩⟨jur.⟩ **0.1** ***donataris, begiftigde.***
Donja ⟨v.; ~, ~s⟩⟨inf.; iron.⟩ **0.1** ***liefje, vriendin.***
Donner ⟨m.; ~s, ~⟩ **0.1** ***donder*** **0.2** ***gebulder, donder*** ◆ **1.2** der ~ der Lokomotive *het denderen van de locomotief* **6.1** ⟨fig.⟩ wie **vom** ~ gerührt, getroffen *als versteend* **8.1** ⟨inf.⟩ ~ und Blitz!, ~ und Doria! *wel alle donders!*
Donnerkeil ⟨m.⟩ **0.1** ***donderbeitel*** ⇒*pijlsteen.*
Donnerkeil! ⟨inf.⟩ **0.1** ***donders!***
donnern I ⟨onov.ww.⟩ **0.1** ***donderen*** ⇒*denderen* **0.2** ***donderen*** ⇒*voortrazen* **0.3** ***donderen*** ⇒*beuken* **0.4** ***(op)donderen*** ⇒*botsen* **0.5** ⟨inf.⟩ ***tieren*** ⇒*razen* ◆ **6.3 an** die Tür ~ *tegen de deur rammen* **6.4 gegen** einen Baum ~ *tegen een boom knallen;*
II ⟨ov.ww.⟩ **0.1** ***donderen*** ⇒*kwakken, knallen* **0.2** ⟨inf.⟩ ***brullen*** ⇒*brallen* ◆ **1.1** den Ball ins Tor ~ *de bal in het doel knallen;*
III ⟨onp.ww.⟩ **0.1** ***donderen.***
Donnerschlag ⟨m.⟩ **0.1** ***donderslag.***
Donnerschlag! ⟨inf.⟩ **0.1** ***donders!***
Donnerstag ⟨m.⟩ **0.1** ***donderdag*** ◆ **2.1** Grüner ~ *Witte Donderdag.*
donnerstags 0.1 ***op donderdag, ('s) donderdags.***
Donnerwetter! ⟨inf.⟩ **0.1** ***(pot)verdorie!*** ⇒*wel alle donders!* **0.2** ***gossie(mijne)!*** ◆ **¶.2** ~, was für ein Tempo! *allemachtig, wat een tempo!*
Donnerwetter ⟨o.⟩ **0.1** ⟨inf.⟩ ***gedonder*** ⇒*heibel, ruzie* ◆ **3.1** wenn du heimkommst, gibt's, setzt's ein ~! *als je thuiskomt, zwaait er wat!*
doof ⟨inf.⟩ **0.1** ***stom*** ⇒*onnozel* **0.2** ***stomvervelend*** ⇒*duf* **0.3** ***stom*** ⇒*waardeloos* ◆ **1.1** ein ~er Heini, eine ~e Nuß *een onnozele hals* **1.3** ein ~es Kleid *een snertjurk.*
Doofi ⟨m.; ~(s), ~s⟩⟨inf.⟩ **0.1** ***sukkel*** ⇒*sul* ◆ **2.1** ⟨scherts.⟩ Klein ~ mit Plüschohren *een onnozele hals.*
Doofkopp ⟨m.; ~s, ~̈e⟩⟨inf.; pej.⟩ **0.1** ***sul, sukkel.***
Dope ⟨o.; ~s⟩ **0.1** ***dope, stimulerend middel.***
dopen ⟨sp.⟩ **0.1** ***dopen, dope geven.***
Doping ⟨o.; ~s, ~s⟩⟨sp.⟩ **0.1** ***doping.***
Doppel ⟨o.; ~s, ~⟩ **0.1** ***duplicaat, afschrift*** **0.2** ⟨sp.⟩ ***dubbel(spel).***
Doppelagent ⟨m.⟩ **0.1** ***dubbelspion.***
Doppelband ⟨m.⟩⟨boek.⟩ **0.1** ***twee delen in één (band)*** **0.2** ***extra dikke band.***
Doppelbelastung ⟨v.⟩ **0.1** ***dubbele (werk)taak.***
Doppelbett ⟨o.⟩ **0.1** ***tweepersoonsbed.***
Doppelbier ⟨o.⟩ **0.1** ***dubbel, sterk bier.***
Doppelboden ⟨m.⟩ **0.1** ***dubbele bodem.***
doppel|bodig, -bödig ⟨fig.⟩ **0.1** ***met een dubbele bodem.***
Doppelbrief ⟨m.⟩ **0.1** ***brief met dubbel porto.***
Doppelbruch ⟨m.⟩⟨wisk.⟩ **0.1** ***samengestelde breuk.***
Doppeldecker ⟨m.; ~s, ~⟩ **0.1** ***tweedekker*** ⟨vliegtuig⟩ **0.2** ***dubbeldekker*** ⟨bus⟩.
doppeldeutig 0.1 ***voor tweeërlei uitleg vatbaar*** **0.2** ***dubbelzinnig*** ◆ **1.2** ein ~er Witz *een schuine mop.*
Doppelehe ⟨v.⟩ **0.1** ***bigamie.***
Doppelfehler ⟨m.⟩⟨sp.⟩ **0.1** ***dubbele fout.***
Doppelfenster ⟨o.⟩ **0.1** ***dubbele ramen.***
Doppelflinte ⟨v.⟩ **0.1** ***dubbelloops (jacht)geweer.***
Doppelgänger ⟨m.; ~s, ~⟩ **0.1** ***dubbelganger.***
doppelgesichtig 0.1 ***met twee gezichten*** **0.2** ⟨pej.; fig.⟩ ***onbetrouwbaar.***
doppelgleisig 0.1 ***dubbelsporig*** **0.2** ⟨fig.⟩ ***dubieus*** ⇒*onbetrouwbaar.*
Doppelgriff ⟨m.⟩⟨muz.⟩ **0.1** ***dubbelgreep.***
Doppelhaus ⟨o.⟩ **0.1** ***twee (huizen) onder één kap.***
Doppelheft ⟨o.⟩ **0.1** ***dubbele aflevering.***
Doppelhochzeit ⟨v.⟩ **0.1** ***dubbele bruiloft.***
Doppelkinn ⟨o.⟩ **0.1** ***onderkin.***
Doppelklick ⟨m.⟩⟨comp.⟩ **0.1** ***dubbelklik.***
Doppelkopf ⟨m.⟩ **0.1** ***dubbel kaartspel.***
Doppelkorn ⟨m.⟩ **0.1** ***jenever*** ⇒*oude, jonge klare.*
doppelläufig 0.1 ***dubbelloops.***
Doppellaut ⟨m.⟩ **0.1** ***dubbele klinker, medeklinker*** **0.2** ***diftong.***
Doppelleben ⟨o.⟩ **0.1** ***dubbel leven.***
Doppelmord ⟨m.⟩ **0.1** ***dubbele moord.***
Doppelname ⟨m.⟩ **0.1** ***dubbele naam.***
Doppelnummer ⟨v.⟩ **0.1** ***dubbele aflevering.***
Doppelpaß ⟨m.⟩⟨sp.⟩ **0.1** ***een-tweecombinatie.***
Doppelpunkt ⟨m.⟩ **0.1** ***dubbele punt.***
doppelreihig 0.1 ***in, met twee rijen.***
Doppelrumpfboot ⟨o.⟩ **0.1** ***catamaran.***
Doppelschicht ⟨v.⟩ **0.1** ***twee ploegendiensten achter elkaar.***
doppelseitig 0.1 ***aan twee, beide kanten*** **0.2** ***van twee bladzijden.***
Doppelsinn ⟨m.⟩ **0.1** ***dubbelzinnigheid.***
Doppelspiel ⟨o.⟩ **0.1** ⟨sp.⟩ ***dubbel(spel)*** **0.2** ⟨pej.; fig.⟩ ***dubbel, vals spel.***
doppelstöckig 0.1 ***met, van twee verdiepingen.***
doppelt 0.1 ***dubbel*** ⇒*tweemaal zo veel* **0.2** ***dubbel*** ⇒*bijzonder* **0.3** ⟨pej.⟩ ***dubbel*** ⇒*vals* ◆ **1.1** einen ~en Klaren trinken *een dubbele klare drinken* **1.3** ein ~es Spiel *een vals spel(letje);* mit ~er Zunge sprechen *met twee monden*

spreken **3.1** ⟨inf.⟩ ~ hält besser *zeker is zeker;* ⟨inf.⟩ ~ gemoppelt *dubbelop;* ⟨inf.⟩ ~ und dreifach *dubbel en dwars.*

doppeltürig 0.1 ***met een dubbele deur.***

Doppelverdiener ⟨m.⟩ **0.1** ***iem. met twee inkomens*** **0.2** ⟨alleen mv.⟩ ***tweeverdieners.***

Doppelverdienst ⟨m.⟩ **0.1** ***gezamenlijk inkomen.***

Doppelvokal ⟨m.⟩ **0.1** ***dubbele klinker.***

Doppelzentner ⟨m.⟩ **0.1** ***honderd kilo.***

Doppelzimmer ⟨o.⟩ **0.1** ***tweepersoonskamer.***

doppelzüngig ⟨pej.⟩ **0.1** ***onbetrouwbaar*** ⇒*onoprecht.*

Dorf ⟨o.; ~(e)s, ⸚er⟩ **0.1** ***dorp*** **0.2** ⟨inf.⟩ ***dorp, dorpsbewoners*** ◆ **2.1** ⟨inf.⟩ das sind mir, für mich böhmische Dörfer *daar begrijp, weet ik totaal niets van* **5.1** ⟨inf.⟩ die Welt ist (doch) ein ~! *wat is de wereld toch klein!* **6.1 auf** die Dörfer gehen (a) *de boer opgaan* (b) ⟨sp.⟩ *eerst de bijkaarten uitspelen;* ⟨inf.; sp.⟩ **aus, in** jedem ~ einen Hund haben *slechte kaarten hebben;* ⟨inf.⟩ du bist wohl **vom** ~! *wat ben je een boer(enkinkel)!;* jmd. stammt **vom** ~ *iem. komt van het platteland.*

Dorfbewohner ⟨m.⟩ **0.1** ***dorpsbewoner, dorpeling.***

Dorfgemeinde ⟨v.⟩ **0.1** ***dorpsgemeente.***

dörfisch ⟨pej.⟩ **0.1** ***boers*** ⇒*lomp.*

Dörfler ⟨m.; ~s, ~⟩ **0.1** ***dorpeling, dorpsbewoner.***

dörflich 0.1 ***dorps*** ⇒*landelijk.*

Dorfschöne ⟨v.; ~, ~n⟩⟨inf.⟩ **0.1** ***dorpsschoonheid.***

Dorftrottel ⟨m.⟩ **0.1** ***dorpsgek.***

Doria ⟨inf.⟩ ◆ **8.¶** Donner und ~! *wel alle donders!*

dorisch 0.1 ***Dorisch.***

Dorn[1] ⟨m.; ~(e)s, ~en⟩ **0.1** ***doorn*** ⇒*stekel* ◆ **6.1** ⟨fig.⟩ jmdm. ein ~ **im** Auge sein *iem. een doorn in het oog zijn;* keine Rose **ohne** ~en *geen rozen zonder doorns.*

Dorn[2] ⟨m.; ~(e)s, ~e⟩⟨tech.⟩ **0.1** ***doorn*** ⇒*stift* **0.2** ***doorn*** ⇒ *kern, leest.*

Dornbusch ⟨m.⟩ **0.1** ***doornstruik.***

dornengekrönt ⟨schr.⟩ **0.1** ***met doornen gekroond.***

Dornenhecke ⟨v.⟩ **0.1** ***doornhaag.***

Dornenkrone ⟨v.⟩ **0.1** ***doornenkroon.***

Dornenpfad ⟨m.⟩ **0.1** ***doornig pad.***

dornenreich ⟨schr.; fig.⟩ **0.1** ***doornig*** ⇒*vol tegenslag.*

Dornenstrauch ⟨m.⟩ **0.1** ***doornstruik.***

Dornfortsatz ⟨m.⟩⟨med.⟩ **0.1** ***doornuitsteeksel.***

Dornhai ⟨m.⟩ **0.1** ***doornhaai.***

dornig 0.1 ***doornig*** **0.2** ***netelig*** ⇒*lastig.*

Dornröschenschlaf ⟨m.⟩⟨iron.; pej.⟩ **0.1** ***doornroosjesslaap.***

dorren ⟨schr.⟩ **0.1** ***(ver)dorren, (uit)drogen.***

dörren I ⟨onov.ww.⟩ **0.1** ***(uit)drogen;***
II ⟨ov.ww.⟩ **0.1** ***(laten) drogen*** ◆ **1.1** Äpfel ~ *appels drogen.*

Dörrkammer ⟨v.⟩ **0.1** ***droogkamer, eest.***

Dörrobst ⟨o.⟩ **0.1** ***gedroogde vruchten.***

Dörrpflaume ⟨v.⟩ **0.1** ***gedroogde pruim.***

Dorsch ⟨m.; ~(e)s, ~e⟩ **0.1** ***dors, jonge kabeljauw.***

dort 0.1 ***daar*** ⇒*ginds* ◆ **3.1** ⟨com.⟩ wer (ist) ~? *met wie spreek ik?* **6.1** ~ **an** der Straßenecke *ginds op de hoek van de straat.*

dorther 0.1 ***daarvandaan*** ◆ **6.1 von** ~ droht keine Gefahr *van die kant dreigt geen gevaar.*

dorthin 0.1 ***daarheen*** ⇒*daar* ◆ **3.1** wie kommt man am schnellsten ~? *hoe kom je daar het snelst?;* stell dich ~! *ga daar staan!*

dorthinab 0.1 ***daar naar beneden.***

dorthinauf 0.1 ***daar naar boven.***

dorthinaus 0.1 ***die kant op*** ⇒*in die richting* ◆ **6.¶** sich **bis** ~ ärgern *zich mateloos ergeren.*

dorthinein 0.1 ***daar naar binnen.***

dorthinunter 0.1 ***daar naar beneden.***

dortig 0.1 ***(al)daar*** ⇒*van, in die plaats* ◆ **1.1** die ~en Verhältnisse *de toestanden aldaar.*

dortzulande 0.1 ***(daar) in dat land.***

Dose ⟨v.; ~, ~n⟩ **0.1** ***doos(je)*** ⇒*potje* **0.2** ***(conserven)blik*** **0.3** ***stopcontact.***

dösen ⟨inf.⟩ **0.1** ***dommelen*** ⇒*dutten* **0.2** ***(zitten te) suffen*** ◆ **1.1** die Katze döst in der Sonne *de kat ligt te soezen in de zon.*

Dosenbier ⟨o.⟩ **0.1** ***bier in, uit blik.***

Dosenblech ⟨o.⟩ **0.1** ***blik voor conserven.***

dosenfertig 0.1 ***klaar in het blik.***

Dosengemüse ⟨o.⟩ **0.1** ***blikgroente.***

Dosenöffner ⟨m.; ~s, ~⟩ **0.1** ***blikopener.***

dosieren 0.1 ***doseren.***

Dosierung ⟨v.; ~, ~en⟩ **0.1** ***dosering.***

dösig 0.1 ***slaperig, doezelig*** ⇒*soezig* **0.2** ***suffig*** ⇒*dromerig.*

Dosis ⟨v.; ~, Dosen⟩ **0.1** ***dosis*** ⇒*hoeveelheid, portie.*

Döskopp ⟨m.⟩⟨inf.⟩ **0.1** ***sufferd*** ⇒*sukkel.*

Dossier ⟨m. & o.; ~s, ~s; Zwi. o.⟩ **0.1** ***dossier*** ⇒*processtukken.*

Dost ⟨m.; ~(e)s, ~e⟩ **0.1** ***(wilde) marjolein.***

Dotation ⟨v.; ~, ~en⟩ **0.1** ***dotatie, schenking.***

dotieren 0.1 ***doteren*** ⇒*begiftigen* **0.2** ***betalen*** ⇒*bezoldigen* **0.3** ⟨tech.⟩ ***doteren*** ◆ **1.2** eine gut dotierte Stellung *een goed betaalde baan.*

Dotter ⟨m. & o.; ~s, ~⟩ **0.1** ***dooier*** **0.2** ⟨plantk.⟩ ***huttentut.***

Dotterblume ⟨v.⟩ **0.1** ***dotterbloem.***

dottergelb 0.1 ***eigeel.***

Dotterpilz ⟨m.⟩ **0.1** ***dooier-, eierzwam.***

doubeln ⟨dram.⟩ **0.1** ***als double optreden*** ◆ **1.1** eine Stimme ~ *een stem dubbel bezetten.*

Double ⟨o.; ~s, ~s⟩ **0.1** ***double.***

Douglasie ⟨v.; ~, ~n⟩ **0.1** ***douglasspar.***

Doxale ⟨o.; ~s, ~s⟩ **0.1** ***(d)oksaal.***

Dozent ⟨m.; ~en, ~en⟩ **0.1** ***docent.***

Dozentenschaft ⟨v.; ~, ~en⟩ **0.1** ***docentenkorps.***

Dozentin ⟨v.; ~, ~nen⟩ **0.1** ***docente.***

Dozentur ⟨v.; ~, ~en⟩ **0.1** ***leeropdracht*** **0.2** ***docentschap.***

dozieren 0.1 ***doceren*** **0.2** ⟨pej.⟩ ***schoolmeesteren*** ◆ **6.1 über** deutsche Literatur ~ *colleges geven over Duitse literatuur.*

DP ⟨v.; ~⟩⟨afk.⟩ [Deutsche Post].

dpa, DPA ⟨v.; ~⟩⟨afk.⟩ [Deutsche Presse-Agentur].

Dr. ⟨afk.⟩ →**Doktor.**

Drache ⟨m.; ~n, ~n⟩ **0.1** ***draak.***

Drachen ⟨m.; ~s, ~⟩ **0.1** ***vlieger*** **0.2** ***Draak*** ⟨sterrenbeeld⟩ **0.3** ⟨pej.⟩ ***draak, haaibaai*** **0.4** ⟨sp.⟩ ***draak(jacht)*** **0.5** ⟨sp.⟩ ***deltazweefvliegtuig*** ◆ **3.1** einen ~ steigen lassen *een vlieger oplaten.*

Drachenballon ⟨m.⟩ **0.1** ***kabelballon.***

Drachenfliegen ⟨o.⟩⟨sp.⟩ **0.1** ***deltavliegen, hanggliding.***

Dragoner ⟨m.; ~s, ~⟩ **0.1** ***dragonder*** **0.2** ⟨pej.; fig.⟩ ***dragonder, manwijf.***

Draht ⟨m.; ~(e)s, ⸚e⟩ **0.1** ***(metaal)draad*** **0.2** ***leiding, telefoon-, telegraafdraad*** **0.3** ***prikkeldraad(versperring)*** ◆ **2.2** ⟨fig.⟩ der heiße ~ *de hotline* **3.2** ⟨fig.⟩ der ~ ist gerissen *het contact is verbroken* **6.2** ⟨inf.; fig.⟩ er ist nicht **auf** ~ *hij is niet op dreef;* ⟨inf.⟩ dieses Mädchen ist **auf** ~ *dat is een pittig ding;* ⟨inf.⟩ jmdn. **auf** ~ bringen *iem. oppeppen;* **über** (den) ~ *telegrafisch.*

Drahtanschrift ⟨v.⟩ **0.1** ***telegramadres.***

Drahtantwort ⟨v.⟩ **0.1** ***telegrafisch antwoord.***

Drahtauslöser ⟨m.⟩⟨foto.⟩ **0.1** ***draadontspanner.***

Drahtbürste ⟨v.⟩ **0.1** ***staalborstel.***
drahten 0.1 ***van (metaal)draad.***
Drahtesel ⟨m.⟩⟨inf.; iron.⟩ **0.1** ***stalen ros, fiets.***
Drahtfunk ⟨m.⟩ **0.1** ***radiodistributie.***
Drahtgeflecht ⟨o.⟩ **0.1** ***draadwerk, metalen vlechtwerk.***
Drahtgitter ⟨o.⟩ **0.1** ***draad-, kippengaas*** **0.2** ***ijzeren hek, traliewerk.***
drahthaarig 0.1 ***draadharig.***
drahtig ⟨v.⟩ **0.1** ***ruwharig*** ⇒*ruig* **0.2** ***pezig*** ⇒*gespierd.*
Drahtkommode ⟨v.⟩⟨inf.; iron.⟩ **0.1** ***rammelkast, piano.***
drahtlos ⟨com.⟩ **0.1** ***draadloos.***
Drahtnachricht ⟨v.⟩ **0.1** ***telegram.***
Drahtnagel ⟨m.⟩ **0.1** ***draadnagel.***
Drahtseil ⟨o.⟩ **0.1** ***draadkabel.***
Drahtseilbahn ⟨v.⟩ **0.1** ***kabelbaan.***
Drahtverhau ⟨m.⟩ **0.1** ***prikkeldraadversperring.***
Drahtzange ⟨v.⟩ **0.1** ***draadtang.***
Drahtzaun ⟨m.⟩ **0.1** ***draadafrastering.***
Drahtzieher ⟨m.; ~s, ~⟩ **0.1** ***draadtrekker*** ⟨werkman⟩ **0.2** ⟨fig.⟩ ***figuur achter de schermen.***
Drain ⟨m.; ~s, ~s⟩ **0.1** ***draineerbuis(je).***
Drainage ⟨v.; ~, ~n⟩ **0.1** ***drainage, drainering.***
drainieren 0.1 ***draineren.***
Draisine ⟨v.; ~, ~n⟩ **0.1** ***draisine, lorrie*** **0.2** ⟨gesch.⟩ ***loopfiets.***
drakonisch 0.1 ***draconisch*** ⇒*hard(vochtig)* ◆ **1.1** ~e Maßnahmen *harde maatregelen.*
drall 0.1 ***struis*** ⇒*stevig, ferm* ◆ **1.1** ein ~es Gesicht *een bolle toet.*
Drall ⟨m.; ~(e)s, ~e⟩ **0.1** ***draaiing*** **0.2** ***trek*** ⟨v.e. vuurwapen⟩ **0.3** ***twist*** ⟨van garen⟩.
Drama ⟨o.; ~s, Dramen⟩ **0.1** ***drama*** ⟨ook fig.⟩ ⇒*toneelstuk* ◆ **2.1** ihre Ehe war ein einziges ~ *haar huwelijk was één groot drama* **3.1** ein ~ aufführen *een toneelstuk opvoeren.*
Dramatik ⟨v.; ~⟩ **0.1** ***dramatiek, toneelkunst*** **0.2** ***dramatiek*** ⇒*dramatisch karakter* ◆ **1.2** die ~ eines Wettkampfes *de enorme spanning van een wedstrijd.*
Dramatiker ⟨m.; ~s, ~⟩ **0.1** ***dramaticus, toneelschrijver.***
dramatisch 0.1 ***dramatisch.***
dramatisieren 0.1 ***dramatiseren*** **0.2** ***dramatiseren*** ⇒ *sterk overdrijven* ◆ **1.2** seine Krankheiten ~ *dramatisch doen over z'n ziekten.*
Dramaturg ⟨m.; ~en, ~en⟩ **0.1** ***dramaturg.***
Dramaturgie ⟨v.; ~⟩ **0.1** ***dramaturgie, leer v.h. drama*** **0.2** ***afdeling drama*** ⟨bv. v.d. radio⟩ **0.3** ***bewerking en enscenering v.e. drama.***
dran[1] ⟨bw.⟩⟨inf.⟩ **0.1** ***daar-, eraan*** ◆ **3.1** jetzt bist du ~ (a) *nu ben jij aan de beurt* (b) *nu ben je d'r bij;* an dem Gerücht ist was (Wahres) ~ *van dat gerucht is iets waar;* ich weiß wie ich mit ihm ~ bin *ik weet waar ik met hem aan toe ben;* ich bin gut mit ihm ~ *ik kan goed met hem opschieten;* an dem Mädchen ist nichts ~ *dat meisje is niet veel bijzonders;* da war alles ~! *dat was dik voor mekaar!* **6.1** ⟨scherts.⟩ **am** ~sten sein *aan de beurt zijn.*
dran[2] ⟨bw.⟩⟨inf.⟩ →**daran.**
Drän ⟨m.; ~(e)s, ~e of ~s⟩ **0.1** ***draineersloot*** **0.2** ***draineerbuis(je).***
Dränage ⟨v.⟩ →**Drainage.**
dranbleiben ⟨inf.⟩ **0.1** ***eraan, erbij blijven*** ◆ **6.1 am** Apparat ~ *aan het (telefoon)toestel blijven.*
Drang ⟨m.; ~(e)s, ~̈e⟩ **0.1** ***drang*** ⇒*aandrang, drift* **0.2** ***drang*** ⇒*druk, dwang* ◆ **1.2** der ~ der Umstände *de druk van de omstandigheden* **6.2 im** ~ der Vorbereitungen *door grote drukte bij de voorbereidingen.*
drangeben ⟨inf.⟩ **0.1** ***eraan geven*** ⇒*ervoor over hebben.*
Drängelei ⟨v.; ~, ~en⟩⟨pej.⟩ **0.1** ***gedrang*** **0.2** ***(voortdurend) gezeur.***
drängeln ⟨inf.⟩ **I** ⟨onov.ww.⟩ **0.1** ***dringen*** **0.2** ***(blijven) (door)zeuren*** ◆ **5.2** so lange ~, bis *zo lang blijven zeuren, tot;*
II ⟨ov.ww.⟩ **0.1** ***dringen*** **0.2** ***(blijven) doorzeuren*** ◆ **1.2** das Kind drängelte die Mutter *het kind bleef maar doorzeuren bij zijn moeder;*
III sich ~ ⟨wk.ww.⟩ **0.1** ***(zich) dringen*** ⇒*(zich) wurmen* **0.2** ***elkaar verdringen.***
drängen I ⟨onov.ww.⟩ **0.1** ***dringen*** **0.2** ***dringen*** ⇒*geen uitstel dulden* **0.3** ***aandringen, aansporen*** **0.4** ⟨sp.⟩ ***opdringen*** ◆ **1.2** die Situation drängt *de toestand duldt geen uitstel* **6.3 auf** Zahlung ~ *op betaling aandringen;* **zum** Aufbruch ~ *aansporen om te vertrekken;*
II ⟨ov.ww.⟩ **0.1** ***dringen*** ⇒*duwen, drukken* **0.2** ***aandringen bij*** ⇒*aansporen* ◆ **3.1** gedrängt marschieren *met gesloten gelederen marcheren* **6.1** jmdn. **in** die Defensive ~ *iem. tot het defensief dwingen;* **zur** Seite ~ *aan de kant duwen* **6.2** jmdn. **zur** Eile ~ *iem. tot haast aansporen;*
III sich ~ ⟨wk.ww.⟩ **0.1** ***(zich) dringen*** **0.2** ***elkaar verdringen*** ◆ **6.1** eine Frage drängt sich **auf** die Lippen *een vraag brandt op de lippen;* sich **durch** die Menge ~ *naar voren dringen* **6.2** sich **um** Karten ~ *elkaar verdringen om kaartjes te krijgen;*
IV ⟨onp.ww.⟩ **0.1** ***behoefte gevoelen*** ⇒*zich gedrongen voelen.*
Drängerei ⟨v.; ~, ~en⟩⟨pej.⟩ **0.1** ***gedrang*** **0.2** ***(voortdurend) gezeur.***
Drangsal ⟨v.; ~, ~e⟩⟨schr.⟩ **0.1** ***kwelling*** ⇒*lijden, nood.*
drangsalieren 0.1 ***kwellen*** ⇒*treiteren, pijnigen.*
Drangsalierung ⟨v.; ~, ~en⟩ **0.1** ***getreiter*** ⇒*pijniging.*
dranhalten, sich ⟨inf.⟩ **0.1** ***opschieten, voortmaken*** ⇒*zich haasten* **0.2** ***steeds maar doorgaan*** ◆ **1.2** das Kind hielt sich dran *het kind wist van geen ophouden.*
dranhängen ⟨inf.⟩ **I** ⟨onov.ww.⟩ **0.1** ***eraan vastzitten*** ⇒*erbij horen* ◆ **1.1** da hängt viel Arbeit dran *daar zit veel werk aan vast;*
II ⟨ov.ww.⟩ **0.1** ***eraan toevoegen*** ⇒*eraan vastplakken.*
drankommen ⟨inf.⟩ **0.1** ***aan de beurt komen.***
drankriegen ⟨inf.⟩ **0.1** ***te pakken nemen*** ⇒*beetnemen.*
drannehmen ⟨inf.⟩ **0.1** ***(op de beurt) af-, behandelen*** **0.2** ***een beurt geven*** ⇒*overhoren* ◆ **1.2** einen Schüler ~ *een leerling een beurt geven.*
Dränung ⟨v.; ~, ~en⟩ **0.1** ***drainage.***
drapieren 0.1 ***draperen*** ⇒*in plooien leggen* **0.2** ***draperen, versieren.***
Drastik ⟨v.; ~⟩ **0.1** ***drastische manier*** ⇒*directheid.*
Drastikum ⟨o.; ~s, Drastika⟩⟨far.⟩ **0.1** ***drastisch laxeermiddel.***
drastisch 0.1 ***drastisch.***
drauf[1] ⟨bw.⟩⟨inf.⟩ →**darauf.**
drauf[2] ⟨bw.⟩⟨inf.⟩ **0.1** ***daar-, erop*** ◆ **3.1** etwas ~ haben *iets beheersen;* er hatte 160 Kilometer ~ *hij reed 160;* er hat nichts ~ *hij stelt niet veel voor;* gut, schlecht ~ sein *een goede, slechte bui hebben* **8.1** ~ und dran sein *op het punt staan.*
draufbekommen ⟨inf.⟩ ◆ **4.¶** eins ~ (a) *een tik krijgen* (b) ⟨fig.⟩ *op zijn kop krijgen.*
draufbrummen ⟨inf.⟩ **0.1** ***(met kracht) tegen iets botsen.***
Draufgabe ⟨v.⟩ **0.1** ***handgeld*** ⇒*premie.*
Draufgänger ⟨m.; ~s, ~⟩ **0.1** ***waaghals*** ⇒*haantje-de-voorste* **0.2** ***vechtjas*** ⇒*fanatiekeling.*
draufgängerisch 0.1 ***waaghalzig*** ⇒*roekeloos* **0.2** ***vol energie*** ⇒*fanatiek, vechtlustig.*

draufgeben ⟨inf.⟩ **0.1** ***erbij, extra geven*** ◆ **4.1** jmdm. eins ~ (a) *iem. een mep geven* (b) *iem. de les lezen.*

draufgehen ⟨inf.⟩ **0.1** ***eraan gaan*** ⇒*omkomen* **0.2** ***eraan gaan*** ⇒*verloren gaan* ◆ **6.1 bei** einem Unfall ~ *bij een ongeluk omkomen.*

Draufgeld ⟨o.⟩ **0.1** ***handgeld.***

draufhalten ⟨inf.⟩ **I** ⟨onov.ww.⟩ **0.1** ***op iets aanhouden*** ⇒ *gaan, varen in de richting van iets;*
II ⟨ov.ww.⟩ **0.1** ***erop houden*** ◆ **1.1** den Daumen ~ *goed op zijn geld passen.*

draufhauen ⟨inf.⟩ **0.1** ***erop slaan*** ◆ **4.¶** einen ~ *de bloemetjes flink buitenzetten.*

draufknallen ⟨inf.⟩ **I** ⟨onov.ww.⟩ **0.1** ***met een klap tegen iets op lopen, rijden;***
II ⟨ov.ww.⟩ **0.1** ***er bovenop doen*** ⇒*verhogen.*

draufkommen ⟨inf.⟩ **0.1** ***erachter komen*** ⇒*doorzien* ◆ **4.1** jmdm. ~ *achter iemands streken komen.*

draufkriegen ⟨inf.⟩ ◆ **4.¶** eins ~ (a) *ervan langs krijgen* ⟨ook fig.⟩ (b) *het onderspit delven.*

drauflegen ⟨inf.⟩ **0.1** ***erop leggen*** **0.2** ***er (geld) bijleggen*** ⇒ *erop toeleggen.*

drauflos **0.1** ***erop los, af*** ◆ **5.1** immer ~! *zet 'm op!, vooruit!*

drauflosgehen ⟨inf.⟩ **0.1** ***erop afgaan*** ⇒*er (flink) tegenaan gaan* **0.2** ***recht op zijn doel afgaan.***

drauflosreden **0.1** ***kletsen*** ⇒*uit de nek praten.*

draufmachen ⟨inf.⟩ ◆ **4.¶** einen ~ *een feestje bouwen.*

Draufsicht ⟨v.⟩ **0.1** ***bovenaanzicht.***

draufzahlen ⟨inf.⟩ **0.1** ***erbij leggen*** ⇒*extra betalen* **0.2** ***erop toeleggen.***

draus ⟨inf.⟩ →**daraus.**

drausbringen ⟨fig.; inf.⟩ **0.1** ***van zijn stuk, apropos brengen.***

drauskommen ⟨inf.⟩ **0.1** ***in de war, van zijn stuk raken*** **0.2** ***eruit komen*** ⇒*erachter komen, uit iets wijs worden.*

draußen **0.1** ***buiten*** **0.2** ***(ergens) ver weg*** ⇒*niet hier* **0.3** ⟨inf.⟩ ***op zee*** **0.4** ⟨inf.⟩ ***aan het front*** ⇒*op het slagveld* ◆ **3.1** ⟨inf.⟩ er ist wieder ~ *hij is weer op vrije voeten* **6.1 nach** ~ gehen *naar buiten gaan* **6.2** ~ **auf** dem Lande *op het platteland.*

Drechselei ⟨v.; ~, ~en⟩ **0.1** ***gedraaid voorwerp*** **0.2** ***het draaien.***

drechseln **0.1** ⟨amb.⟩ ***draaien*** ⇒*op de draaibank bewerken* **0.2** ⟨fig.⟩ ***vakkundig vervaardigen*** ⇒*in elkaar draaien* ◆ **1.2** gedrechselte Worte *fraaie bewoordingen* **8.1** wie gedrechselt *houterig.*

Drechsler ⟨m.; ~s, ~⟩ **0.1** ***(kunst)draaier.***

Drechslerarbeit ⟨v.⟩ **0.1** ***draaiwerk, gedraaid werk.***

Drechslerbank ⟨v.⟩ **0.1** ***draaibank.***

Drechslerei ⟨v.; ~, ~en⟩ **0.1** ***draaierij*** ⇒*werkplaats v.d. draaier* **0.2** ***draaikunst*** **0.3** ***(kunst)draaiersambacht.***

drechslern **0.1** ***(kunst)draaiwerk maken.***

Dreck ⟨m.; ~(e)s⟩⟨inf.⟩ **0.1** ***vuil, smeer*** **0.2** ***modder, slijk*** **0.3** ***drek*** ⇒*stront, poep* **0.4** ***rommel*** ⇒*rotzooi, troep* **0.5** ***zaakje(s)*** ⇒*kleinigheid* ◆ **3.1** diese Arbeit machte viel ~ *van dat werk werd je smerig;* ⟨fig.⟩ ~ am Stecken haben *niet vrijuit gaan, boter op het hoofd hebben* **3.5** macht euren ~ alleine! *knappen jullie je zaakjes zelf maar op!;* das geht dich einen (feuchten) ~ an *dat gaat je geen zier aan* **6.2** ⟨fig.⟩ jmdn. **aus** dem ~ ziehen *iem. uit de moeilijkheden halen;* ⟨fig.⟩ **aus** dem (größten, gröbsten) ~ heraus sein *het ergste achter de rug hebben, uit de grootste penarie zijn;* ⟨fig.⟩ **im** ~ stecken, sitzen *in de misère zitten;* ⟨fig.⟩ jmdn. **in** den ~ ziehen *iem. door het slijk halen* **7.¶** einen ~ *geen moer* **8.1** in ~ und Speck *vuil en wel;* jmdn. wie den letzten ~ behandeln *iem. als een stuk vuil behandelen.*

Dreckarbeit ⟨v.⟩⟨inf.⟩ **0.1** ***smerig werk*** **0.2** ***rotwerk.***

Dreckeimer ⟨m.⟩⟨inf.⟩ **0.1** ***vuilnisemmer*** ◆ **8.1** ⟨scherts.⟩ strahlen wie ein frisch geputzter ~ *glunderen.*

Dreckfink ⟨m.⟩⟨inf.⟩ **0.1** ***smeerpoe(t)s*** ⇒*knoeipot* **0.2** ⟨pej.⟩ ***viezerik.***

Dreckhaufen ⟨m.⟩⟨inf.⟩ **0.1** ***hoop rotzooi.***

dreckig ⟨inf.⟩ **0.1** ***smerig*** ⇒*vies, vuil* **0.2** ***smerig*** ⇒*gemeen, vuns* ◆ **1.2** eine ~e Bemerkung *een vunze opmerking* **3.¶** es geht ihm ~ *het gaat beroerd met hem.*

Dreckkerl ⟨m.⟩ →**Dreckskerl.**

Dreckliese ⟨v.⟩⟨inf.; pej.⟩ **0.1** ***vuilpoes.***

Dreckloch ⟨o.⟩⟨inf.; pej.⟩ **0.1** ***smerig vertrek, huis.***

Drecknest ⟨o.⟩⟨inf.; pej.⟩ **0.1** ***boerengat.***

Dreckpfote ⟨v.⟩⟨vulg.⟩ **0.1** ***smerige klauw, poot.***

Drecksack ⟨m.⟩⟨vulg.⟩ **0.1** ***smeerlap.***

Drecksau ⟨v.⟩⟨vulg.⟩ **0.1** ***viespeuk*** **0.2** ***smeerlap.***

Dreckschaufel ⟨v.⟩⟨inf.⟩ **0.1** ***(vuilnis)blik.***

Dreckschleuder ⟨v.⟩⟨vulg.⟩ **0.1** ***vuile bek*** **0.2** ***vuilbek*** ⇒*vuilspuiter.*

Dreckschwein ⟨o.⟩⟨vulg.⟩ **0.1** ***smeerlap*** ⇒*viezerik.*

Dreckskerl ⟨m.⟩⟨vulg.⟩ **0.1** ***smeerlap*** ⇒*viezerik* **0.2** ***smeerlap*** ⇒*gemenerik.*

Dreckspatz ⟨m.⟩⟨inf.⟩ **0.1** ***smeerpoes*** **0.2** ⟨pej.⟩ ***smeerlap*** ⇒ *gemenerik.*

Dreckwetter ⟨o.⟩⟨inf.; pej.⟩ **0.1** ***rotweer.***

Dreckzeug ⟨o.⟩⟨inf.; pej.⟩ **0.1** ***rotzooi*** ⇒*troep.*

Dregge ⟨v.; ~, ~n⟩ **0.1** ***dreg*** **0.2** ***dreg-, sleepnet.***

dreggen **0.1** ***met het dregnet vissen.***

Dreh ⟨m.; ~(e)s, ~s⟩ **0.1** ***draai, draaiing*** **0.2** ***draai*** ⇒*kunst, truc* **0.3** ***inval*** ⇒*idee* ◆ **2.2** einer Sache den richtigen ~ geben *iets vlot laten verlopen;* den richtigen ~ finden, heraushaben *de slag te pakken hebben* **6.2 im** ~ sein *lekker op dreef zijn* **6.3 auf** einen guten ~ verfallen *op een goed idee komen* **6.¶** ⟨inf.; fig.⟩ **um** den ~ *zo ongeveer, om de rooi.*

Drehachse ⟨v.⟩ **0.1** ***draai(ings)as.***

Dreharbeit ⟨v.⟩ **0.1** ***(film)opname(n).***

Drehbank ⟨v.⟩ **0.1** ***draaibank.***

drehbar **0.1** ***draaibaar.***

Drehbleistift ⟨m.⟩ **0.1** ***vulpotlood.***

Drehbrücke ⟨v.⟩ **0.1** ***draaibrug.***

Drehbuch ⟨o.⟩⟨film.⟩ **0.1** ***draaiboek.***

Drehbühne ⟨v.⟩ **0.1** ***draaitoneel.***

drehen **I** ⟨onov.ww.⟩ **0.1** ***draaien*** ◆ **1.1** der Wind hat gedreht *de wind is gedraaid* **6.1** ⟨inf.⟩ da hat doch jmd. **dran** gedreht! *daar klopt toch iets niet!* **8.1** daran ist nichts zu ~ und zu deuteln *dat is zo klaar als een klontje;*
II ⟨ov.ww.⟩ **0.1** ***draaien*** ⇒*wenden, keren* **0.2** ***draaien*** ⇒ *maken* **0.3** ⟨inf.⟩ ***uitvreten*** ⇒*uithalen* **0.4** ⟨inf.; pej.⟩ ***misdoen*** **0.5** ⟨inf.⟩ ***voor elkaar krijgen*** ⇒*fiksen, flikken* **0.6** ⟨film.⟩ ***draaien*** ⇒*maken, filmen* ◆ **1.1** ⟨inf.⟩ die Daumen ~ *duimen draaien;* das Recht ~ *het recht verdraaien* **1.4** ein Ding ~ *een kraak zetten* **1.6** einen Film ~ *een film maken* **5.5** das hat er sehr geschickt gedreht *dat heeft ie 'm heel handig geflikt* **6.1** das Gas **auf** klein ~ *het gas op de lage stand zetten;*
III sich ~ ⟨wk.ww.⟩ **0.1** ***draaien*** **0.2** ***zich omdraaien*** **0.3** ⟨scheep.⟩ ***de steven wenden*** ◆ **1.1** die Erde dreht sich um die Sonne *de aarde draait om de zon* **4.1** mir dreht sich alles *alles begint me te draaien, ik voel me draaierig* **6.1** sich **im** Kreise ~ *in een cirkel ronddraaien* **8.2** ⟨inf.⟩ sich ~ und wenden *zich in allerlei bochten wringen.*

Dreher ⟨m.; ~s, ~⟩ **0.1** ***draaier.***

drehfreudig **0.1** ***lekker/soepel lopend*** ⟨v.e. motor⟩.

Drehgestell ⟨o.⟩ **0.1** ***draaistel, bogie.***

Drehkolbenmotor ⟨m.⟩ **0.1** *wankel-, draaizuigermotor.*
Drehkran ⟨m.⟩ **0.1** *draaikraan.*
Drehkrankheit ⟨v.⟩ **0.1** *draaiziekte.*
Drehkreuz ⟨o.⟩ **0.1** *draaihek, -kruis, tourniquet.*
Drehmaschine ⟨v.⟩ **0.1** *draaibank.*
Drehmoment ⟨o.⟩⟨nat., tech.⟩ **0.1** *draaimoment, koppel.*
Drehorgel ⟨v.⟩ **0.1** *draaiorgel.*
Drehort ⟨m.⟩ **0.1** *lokatie.*
Drehpause ⟨v.⟩ **0.1** *pauze tijdens de (film)opnames.*
Drehpunkt ⟨m.⟩ **0.1** *draai-, slingerpunt.*
Drehscheibe ⟨v.⟩ **0.1** *draaischijf* **0.2** *draai-, pottenbakkersschijf* **0.3** ⟨fig.⟩ *knooppunt* ⇒*centrum.*
Drehschuß ⟨m.⟩⟨sp.⟩ **0.1** *draaiende bal.*
Drehstuhl ⟨m.⟩ **0.1** *draaistoel.*
Drehtür ⟨v.⟩ **0.1** *draaideur.*
Drehung ⟨v.; ~, ~en⟩ **0.1** *draai(ing)* ⇒*omwenteling* **0.2** *draai* ⇒*wending* **0.3** ⟨tech.⟩ *rotatie, torsie.*
Drehwurm ⟨m.⟩ **0.1** *draaiworm* ◆ **3.1** ⟨inf.⟩ den ~ haben *duizelig zijn.*
Drehzahl ⟨v.⟩ **0.1** *toerental.*
Dreh|zähler, -zahlmesser ⟨m.⟩ **0.1** *toerenteller.*
drei 0.1 *drie* ◆ **1.1** ⟨inf.⟩ bleib mir ~ Schritte vom Leibe! *blijf uit m'n buurt!;* ⟨inf.⟩ in ~ Teufels Namen! *wel alle duivels!* **6.1** nicht **bis** ~ zählen können *niet tot drie kunnen tellen;* **für** ~ arbeiten *werken voor twee;* **zu** ~ *met z'n drieën.* → **Ding**[1].
Drei ⟨v.; ~, ~en⟩ **0.1** *drie* ⟨getal, cijfer⟩ **0.2** *(ruim) voldoende* ⟨cijfer op rapport⟩ **0.3** *lijn drie* ⟨tram⟩.
Dreiakter ⟨m.; ~s, ~⟩ **0.1** *spel in drie bedrijven.*
dreibändig 0.1 *driedelig, in drie delen.*
dreibeinig 0.1 *met drie poten.*
dreiblätt(e)rig 0.1 *driebladig.*
dreidimensional 0.1 *driedimensionaal.*
Dreieck ⟨o.; ~(e)s, ~e⟩ **0.1** *driehoek.*
dreieckig 0.1 *driehoekig.*
Dreiecksverhältnis ⟨o.⟩ **0.1** *driehoeksverhouding.*
dreieinhalb 0.1 *drieëneenhalf.*
dreieinig 0.1 *drie-enig.*
Dreier ⟨m.; ~s, ~⟩⟨inf.⟩ **0.1** *drie* ⟨getal, cijfer⟩ **0.2** *lijn drie* ⟨tram⟩ **0.3** *drie juiste getallen* ⟨bij lottospel⟩ **0.4** *(ruim) voldoende* ⟨cijfer op rapport⟩.
dreierlei 0.1 *drieërlei.*
Dreierreihe ⟨v.⟩ **0.1** *rij van drie.*
dreifach 0.1 *drievoudig* ◆ **1.1** in ~er Ausfertigung *in triplo;* ein ~es Hoch! *een driewerf hoera!* **3.1** das Dreifache *driemaal zoveel.*
Dreifaltigkeit ⟨v.; ~⟩ **0.1** *Drievuldigheid, Drie-eenheid, triniteit.*
Dreifaltigkeitsfest ⟨o.⟩ **0.1** *drievuldigheids(zon)dag, Trinitatis.*
Dreifarbendruck ⟨m.⟩ **0.1** *driekleurendruk.*
dreifarbig 0.1 *driekleurig, in drie kleuren.*
dreifenstrig 0.1 *met drie ramen.*
Dreifuß ⟨m.⟩ **0.1** *driepoot* **0.2** *treeft.*
dreifüßig 0.1 *drievoetig.*
Dreigangschaltung ⟨v.⟩ ◆ **6.**¶ ein Fahrrad **mit** ~ *een fiets met drie versnellingen.*
dreigeschossig 0.1 *van, met drie verdiepingen.*
Dreigespann ⟨o.⟩ **0.1** *driespan* ⇒*trojka.*
dreigestrichen ⟨muz.⟩ **0.1** *driegestreept.*
dreigeteilt 0.1 *in drieën verdeeld.*
dreigliedrig 0.1 *drieledig.*
Dreigroschenheft ⟨o.⟩⟨pej.⟩ **0.1** *stuiversroman.*
Dreiheit ⟨v.; ~, ~en⟩ **0.1** *drie-eenheid* ⇒*vast drietal.*
dreijährig 0.1 *driejarig.*
dreijährlich 0.1 *driejaarlijks, om de drie jaar.*
Dreikampf ⟨m.⟩⟨sp.⟩ **0.1** *driekamp, triatlon.*
Dreikant ⟨m. & o.; ~(e)s, ~e⟩ **0.1** *drievlakshoek.*
Dreikäsehoch ⟨m.; ~s, ~s⟩⟨inf.; scherts.⟩ **0.1** *dreumes.*
dreiklassig 0.1 *uit drie klassen bestaande.*
Dreikönige ⟨alleen mv.⟩ **0.1** *Driekoningen* ⟨6 januari⟩.
dreiköpfig 0.1 *van drie personen, uit drie personen bestaand.*
Dreiländereck ⟨o.⟩ **0.1** *drielandenpunt.*
dreimal 0.1 *driemaal, drie keer.*
dreimalig 0.1 *driemaal (herhaald), drie keer.*
Dreimaster ⟨m.; ~s, ~⟩ **0.1** *driemaster.*
dreimastig 0.1 *met drie masten.*
Dreimeilenzone ⟨v.⟩ **0.1** *driemijlszone, -grens.*
dreimonatig 0.1 *van drie maand(en), drie maand(en) oud* **0.2** *drie maanden durend.*
dreimonatlich 0.1 *driemaandelijks, om de drie maanden.*
drein ⟨inf.⟩ →**darein.**
dreinblicken 0.1 *kijken* ◆ **5.1** düster ~ *somber kijken.*
dreinfahren ⟨inf.⟩ **0.1** *tussenbeide komen.*
dreinreden ⟨inf.⟩ **0.1** *in de rede vallen* **0.2** *laten gezeggen* ⇒*voorschrijven* ◆ **4.2** jmdm. ~ *zich met iemands zaken bemoeien.*
dreinschauen ⟨inf.⟩ **0.1** *kijken.*
dreinschlagen ⟨inf.⟩ **0.1** *erop los slaan.*
Dreipaß ⟨m.⟩⟨bouwk.⟩ **0.1** *driepas.*
Dreiphasenstrom ⟨m.⟩ **0.1** *draaistroom.*
dreiprozentig 0.1 *van, tegen drie procent* ◆ **1.1** mit ~er Verzinsung *tegen drie procent rente.*
Dreipunktgurt ⟨m.⟩ **0.1** *driepuntsgordel.*
Dreirad ⟨o.⟩ **0.1** *driewieler.*
Dreisatz ⟨m.⟩⟨wisk.⟩ **0.1** *regel van drieën.*
dreiseitig 0.1 *driezijdig.*
dreisilbig 0.1 *van drie lettergrepen.*
dreispaltig 0.1 *in, van drie kolommen.*
Dreispitz ⟨m.; ~es, ~e⟩ **0.1** *steek, punthoed.*
dreisprachig 0.1 *drietalig.*
Dreisprung ⟨m.⟩⟨sp.⟩ **0.1** *hink-stap-sprong.*
dreißig 0.1 *dertig.*
Dreißig ⟨v.; ~⟩ **0.1** *het getal dertig.*
Dreißiger ⟨m.; ~s, ~⟩ **0.1** *dertiger* ⇒*dertigjarige* **0.2** ⟨mv.⟩ *dertig* ⟨leeftijd⟩ **0.3** ⟨mv.⟩ *jaren dertig* ⟨v.e. eeuw⟩.
dreißigjährig 0.1 *dertigjarig.*
dreist 0.1 *driest* ⇒*ongegeneerd, vrijpostig* ◆ **1.1** eine ~e Behauptung *een boute bewering.*
dreistellig 0.1 *van drie cijfers.*
Dreistigkeit ⟨v.; ~, ~en⟩ **0.1** *drieste, onbesuisde daad* **0.2** *driestheid* ⇒*vrijpostigheid.*
dreistimmig 0.1 *driestemmig.*
dreistöckig 0.1 *van, met drie verdiepingen.*
Dreistufenrakete ⟨v.⟩ **0.1** *drietrapsraket.*
dreistufig 0.1 *uit drie trappen bestaande.*
dreistündig 0.1 *van drie uur, drie uur durend.*
dreistündlich 0.1 *elke drie uur, om de drie uur.*
Dreitagefieber ⟨o.⟩ **0.1** *derdendaagse koorts.*
dreitägig 0.1 *van drie dagen, drie dagen durend.*
dreitäglich 0.1 *elke derde dag, om de drie dagen.*
Dreitausender ⟨m.⟩ **0.1** *berg tussen de drie- en vierduizend meter.*
dreiteilig 0.1 *driedelig.*
Dreiteilung ⟨v.⟩ **0.1** *verdeling in drieën.*
dreiviertel ⟨acc. wiss.⟩ **0.1** *driekwart* ◆ **2.1** ~ fünf (Uhr) *kwart voor vijf.*
Dreiviertelstunde ⟨v.⟩ **0.1** *drie kwartier.*
Dreivierteltakt ⟨m.⟩ **0.1** *driekwartsmaat.*

Dreiwegekatalysator ⟨m.⟩ **0.1** ***driewegkatalysator.***

dreiwöchentlich 0.1 ***driewekelijks, elke drie weken.***

dreiwöchig 0.1 ***van drie weken, drie weken oud* 0.2** ***drieweeks, drie weken durend.***

Dreizack ⟨m.; ~(e)s, ~e⟩ **0.1** ***drietand.***

dreizackig 0.1 ***drietandig, met drie tanden.***

dreizehn 0.1 ***dertien*** ◆ **3.1** ⟨inf.⟩ nun schlägt's (aber) ~! *nu wordt het al te bont!*

Dreizehn ⟨v.⟩ **0.1** ***het getal dertien.***

dreizeilig 0.1 ***drieregelig.***

Dreizimmerwohnung ⟨v.⟩ **0.1** ***driekamerflat.***

dreizinkig 0.1 ***drietandig.***

Drell ⟨m.; ~(e)s, ~e⟩ **0.1** ***dril*** ⟨gekeperde stof⟩.

Dreschboden ⟨m.⟩ **0.1** ***dorsvloer.***

Dresche ⟨v.; ~⟩⟨inf.⟩ **0.1** ***slaag*** ⇒*ransel.*

dreschen ⟨→t21⟩ **0.1** ***dorsen* 0.2** ⟨inf.⟩ ***afranselen* 0.3** ⟨inf.⟩ ***slaan*** ⇒*beuken* **0.4** ⟨inf.⟩ ***knallen*** ⇒*schieten* ◆ **1.1** ⟨inf.⟩ Skat ~ *skaat spelen* **1.3** das Klavier ~ *op de piano zitten te beuken* **1.4** den Ball ins Tor ~ *de bal in het doel knallen* **6.3** ⟨onov. ww.⟩ **auf** die Tasten ~ *op de toetsen hameren, beuken.*

Drescher ⟨m.; ~s, ~⟩ **0.1** ***dorser.***

Dreschflegel ⟨m.⟩ **0.1** ***dorsvlegel.***

Dreß ⟨m.; Dresses, Dresse⟩ **0.1** ***(sport)tenue.***

Dresseur ⟨m.; ~(e)s, ~e⟩ **0.1** ***dresseur, dresseerder.***

dressieren 0.1 ***dresseren, africhten* 0.2** ⟨cul.⟩ ***garneren*** ⇒ *opmaken* **0.3** ⟨ind.⟩ ***in een vorm brengen*** ◆ **1.3** einen Filzhut ~ *een vilten hoed (door stoom) in een vorm brengen.*

Dressiersack ⟨m.⟩⟨cul.⟩ **0.1** ***spuitzak.***

Dressman ⟨m.; ~s, Dressmen⟩ **0.1** ***mannelijk(e) fotomodel, dressman.***

Dressur ⟨v.; ~, ~en⟩ **0.1** ***dressuurnummer* 0.2** ***dressuur, africhting.***

Dressurakt ⟨m.⟩ **0.1** ***uitvoering v.e. dressuurnummer.***

Dressurprüfung ⟨v.⟩ **0.1** ***dressuurproef.***

Dressurreiten ⟨o.⟩ **0.1** ***dressuursport.***

dribbeln 0.1 ⟨sp.⟩ ***dribbelen* 0.2** ⟨inf.⟩ ***trippelen.***

Drift ⟨v.; ~, ~en⟩ **0.1** ***drift*** ⇒*stroming* **0.2** ***drift, het drijven.***

Drifteis ⟨o.⟩ **0.1** ***drijfijs.***

driften 0.1 ***(op het water) drijven*** ◆ **6.1** ⟨fig.⟩ **in** die Drogenszene ~ *in de wereld van de junkies terechtkomen.*

Drill ⟨m.; ~(e)s, ~e⟩ **0.1** ***dril*** ⟨gekeperde stof⟩ **0.2** ⟨g.mv.⟩ ***dril, het drillen.***

Drillbohrer ⟨m.⟩ **0.1** ***drilboor.***

drillen 0.1 ***drillen* 0.2** ***drillen*** ⇒*boren* ◆ **6.1** jmdn. **auf** Höchstleistung ~ *iem. voor het leveren van een topprestatie drillen.*

Drillich ⟨m.; ~s, ~e⟩ **0.1** ***dril*** ⟨gekeperde stof⟩.

Drilling ⟨m.; ~s, ~e⟩ **0.1** ***drieling* 0.2** ***drieloop(sgeweer).***

Drillmaschine ⟨v.⟩ **0.1** ***dril- rijenzaaimachine.***

drin[1] ⟨bw.⟩⟨inf.⟩ **0.1** ***er-, daarin*** ⇒*(er) binnen* ◆ **3.1** das ist alles ~ *dat is allemaal mogelijk;* mehr ist nicht ~ *meer zit er niet in;* dieser Preis ist bei mir nicht ~ *die prijs is mij te hoog.*

drin[2] ⟨bw.⟩⟨inf.⟩ →**darin.**

dringen ⟨→t22⟩ **0.1** ***dringen*** ⇒*zich een weg banen* **0.2** ***aandringen (op)*** ⇒*staan op* ◆ **3.2** sich gedrungen fühlen *zich gedrongen voelen* **6.1** ⟨fig.⟩ **hinter** die Geheimnisse ~ *achter de geheimen weten te komen;* Tränen ~ **in** die Augen *tranen komen in de ogen* **6.2** **auf** sofortige Zahlung ~ *directe betaling verlangen;* mit Bitten **in** jmdn. ~ *iem. met aandrang verzoeken.*

dringend 0.1 ***dringend*** ⇒*urgent* **0.2** ***dringend*** ⇒*nadrukkelijk, ernstig* ◆ **1.1** eine ~e Sache *een urgente zaak* **1.2** ein ~er Verdacht *een ernstige verdenking.*

dringlich 0.1 ***dringend*** ⇒*urgent* **0.2** ***dringend*** ⇒*nadrukkelijk.*

Dringlichkeit ⟨v.; ~⟩ **0.1** ***urgentie*** ⇒*spoed.*

Dringlichkeitsantrag ⟨m.⟩ **0.1** ***voorstel tot urgentieverklaring.***

Dringlichkeitssitzung ⟨v.⟩ **0.1** ***spoedvergadering, -bijeenkomst.***

Drink ⟨m.; ~s, ~s⟩ **0.1** ***drankje*** ⇒*glas, borrel.*

drinnen 0.1 ***(er)binnen*** ◆ **8.1** ~ und draußen (a) *binnen en buiten* (b) ⟨fig.⟩ *in het binnen- en buitenland.*

drinsitzen ⟨inf.⟩ **0.1** ***erin zitten* 0.2** ***in de moeilijkheden zitten.***

drinstecken ⟨inf.⟩ **0.1** ***erin zitten*** ⟨werk, moeilijkheden⟩ **0.2** ***aanleg hebben*** ⇒*erin zitten* ◆ **5.¶** da steckt man nicht drin *dat kun je nooit weten, het is moeilijk, daar iets zinnigs over te zeggen* **6.2** **in** diesem Jungen steckt was drin *er zit wat in die jongen.*

drinstehen ⟨inf.⟩ **0.1** ***erin staan* 0.2** ***op de hoogte zijn.***

dritt ◆ **6.¶** **zu** ~ *met z'n drieën.*

drittältest 0.1 ***op twee na oudste.***

dritte 0.1 ***derde*** ◆ **1.1** an einem ~n Ort *op een neutrale plaats;* das Dritte Reich *het Derde Rijk;* das ist sein ~s Wort *dat woord ligt hem in de mond bestorven.*

Drittel ⟨o.; ~s, ~⟩ **0.1** ***derde (deel).***

dritteln 0.1 ***in drieën (ver)delen.***

drittens 0.1 ***ten derde*** ⇒*in, op de derde plaats.*

Dritte(r) ⟨bn. als zn.⟩ **0.1** ***derde*** ◆ **1.1** in den Augen Dritter *in de ogen van derden, anderen* **2.1** der lachende Dritte *de lachende derde* **3.1** es gibt hier kein Drittes *er is geen derde mogelijkheid* **6.1** der Dritte im Bunde *de derde man, partij.* →**streiten.**

Dritte-Welt-Land ⟨o.⟩ **0.1** ***derdewereldland.***

drittgrößt 0.1 ***op twee na de grootste.***

Drittland ⟨o.; mv. ¨~er⟩ **0.1** ***derde/ander land*** ⟨bv. mbt. handel⟩.

drittletzt 0.1 ***op twee na laatst.***

Drittmittelfinanzierung ⟨v.⟩ **0.1** ***financiering (van onderzoek) via de derde geldstroom.***

drittrangig 0.1 ***derderangs.***

DRK ⟨o.⟩⟨afk.⟩ [Deutsches Rotes Kreuz].

droben ⟨schr.⟩ **0.1** ***(daar)boven.***

Droge ⟨v.; ~, ~n⟩ **0.1** ***drug, verdovend middel* 0.2** ***drogerij(en)*** ◆ **2.1** weiche ~n *soft drugs.*

drogenabhängig 0.1 ***aan drugs verslaafd.***

Drogenabhängige(r) ⟨bn. als zn.⟩ **0.1** ***drugsverslaafde.***

Drogengeschäft ⟨o.⟩ **0.1** ***drugshandel, handel in verdovende middelen.***

Drogenhändler ⟨m.⟩ **0.1** ***drug(s)dealer.***

Drogenkonsum ⟨m.⟩ **0.1** ***drugsgebruik.***

Drogensucht ⟨v.⟩ **0.1** ***drugsverslaving.***

Drogenszene ⟨v.⟩ **0.1** ***wereld v.d. drugshandel, drugsscene.***

Drogentote(r) ⟨bn. als zn.⟩ **0.1** ***drugsdode.***

Drogerie ⟨v.; ~, ~n⟩ **0.1** ***drogisterij.***

Drogist ⟨m.; ~en, ~en⟩ **0.1** ***drogist.***

Drohbrief ⟨m.⟩ **0.1** ***dreig-, brandbrief.***

drohen ⟨met 3e nv.⟩ **0.1** ***dreigen*** ⇒*bang maken* **0.2** ***dreigen*** ⇒*te wachten staan* **0.3** ***dreigen*** ⇒*op het punt staan* ◆ **1.2** Krankheiten ~ jedem *ziekten vormen voor ieder een bedreiging.*

Drohne ⟨v.; ~, ~n⟩ **0.1** ***dar* 0.2** ⟨pej.; fig.⟩ ***parasiet*** ⇒*nietsnut.*

dröhnen 0.1 ***dreunen*** ⇒*(dof) weerklinken* **0.2** ***dreunen*** ⇒ *trillen, beven* ◆ **1.1** ein ~des Gelächter *een bulderend gelach.*

Drohnen|dasein, -leben ⟨o.⟩ **0.1** ***parasitair bestaan*** *⇒lui leventje.*
Drohung ⟨v.; ~, ~en⟩ **0.1** ***(be)dreiging*** *⇒dreigement* ◆ **2.1** leere ~en *loze dreigementen.*
Drohwort ⟨o.; mv. ~e⟩ **0.1** ***dreigement.***
drollig **0.1** ***koddig*** *⇒grappig, komiek* **0.2** ***snoezig klein*** **0.3** ***zonderling*** ◆ **1.3** ein ~er Kauz *een vreemde snuiter.*
Drolligkeit ⟨v.; ~, ~en⟩ **0.1** ***komische scene*** **0.2** ***grappigheid.***
Dromedar ⟨o.; ~s, ~e⟩ **0.1** ***dromedaris.***
Drops ⟨m. & o.; ~, ~(e)⟩ **0.1** ***zuurtje(s), vruchtenbonbons.***
Droschke ⟨v.; ~, ~n⟩ **0.1** ⟨gesch.⟩ ***huurrijtuig*** **0.2** ⟨vero.⟩ ***taxi.***
Droschkengaul ⟨m.⟩⟨pej.⟩ **0.1** ***ouwe knol.***
Drossel ⟨v.; ~, ~n⟩ **0.1** ***lijster*** **0.2** ⟨tech.⟩ ***klep, ventiel.***
Drosselklappe ⟨v.⟩ **0.1** ***regel-, smoorklep.***
drosseln **0.1** ***de toevoer verminderen*** *⇒(af)knijpen* **0.2** ***lager zetten*** **0.3** ⟨fig.⟩ ***verminderen*** *⇒beperken, afremmen* ◆ **1.2** einen Motor ~ *een motor lager afstellen* **1.3** die Einfuhr ~ *de invoer beperken.*
Drosselspule ⟨v.⟩⟨tech.⟩ **0.1** ***smoorspoel.***
Drosselung ⟨v.; ~⟩ **0.1** ***verlaging*** *⇒beperking, besnoeiing, vermindering.*
Drosselventil ⟨o.⟩ **0.1** ***regelventiel.***
drüben **0.1** ***aan de overkant, andere kant*** *⇒(daar)ginds* **0.2** ⟨inf.; pol.⟩ ***in de (voormalige) DDR.***
drüber[1] ⟨bw.⟩⟨inf.⟩ **0.1** ***erboven, erover.***
drüber[2] ⟨bw.⟩⟨inf.⟩ →**darüber.**
Druck[1] ⟨m.; ~(e)s, ~e⟩ **0.1** ***druk*** *⇒gedrukt exemplaar* **0.2** ***druk, het drukken*** **0.3** ***druk*** ⟨wijze van drukken⟩ **0.4** ⟨mv. ~s⟩ ***bedrukte stof*** ◆ **6.2** **im** ~ erschienen *in druk verschenen;* etwas **in** ~ geben *iets laten drukken.*
Druck[2] ⟨m.; ~(e)s, ~̈e of ~e⟩ **0.1** ***druk*** ◆ **6.1** einen ~ **im** Magen haben *een drukkend gevoel in de maag hebben;* ⟨inf.⟩ **in**, im ~ sein *in tijdnood zitten* **6.¶** ~ **hinter** etwas machen *gang achter iets zetten.*
Druckabfall ⟨m.⟩ **0.1** ***drukvermindering.***
Druckanstieg ⟨m.⟩ **0.1** ***drukverhoging.***
Druckbleistift ⟨m.⟩ **0.1** ***vulpotlood.***
Druckbogen ⟨m.⟩⟨boek.⟩ **0.1** ***vel druks.***
Druckbuchstabe ⟨m.⟩ **0.1** ***druk-, blokletter.***
Drückeberger ⟨m.; ~s, ~⟩⟨inf.⟩ **0.1** ***iem. die zich drukt, er de kantjes afloopt*** **0.2** ***bangerd.***
drucken **0.1** ***drukken*** ◆ **8.1** er lügt wie gedruckt *hij liegt of het gedrukt staat.*
drücken **I** ⟨onov.ww.⟩ **0.1** ***drukken*** *⇒druk uitoefenen* **0.2** ***drukken*** *⇒drukkend zijn* **0.3** ***knellen*** ◆ **6.1** **aufs** Tempo ~ *het tempo verhogen;*
II ⟨ov.ww.⟩ **0.1** ***drukken*** **0.2** ⟨sp.⟩ ***ecarteren*** ◆ **1.1** die Mutter drückt das Kind *de moeder knuffelt het kind;* einen Rekord ~ *een record breken;* die Schulbank ~ *naar school gaan;* Sorgen ~ ihn *zorgen drukken op hem, hij gaat onder zorgen gebukt* **1.2** Karten ~ *kaarten ter zijde schuiven, ecarteren* **6.1** ⟨fig.⟩ jmdm. etwas **in** die Hand ~ *iem. iets in de hand stoppen;* ⟨fig.⟩ **ins** Gedächtnis ~ *inprenten;*
III sich ~ ⟨wk.ww.⟩⟨inf.⟩ **0.1** ***zich drukken*** *⇒zich onttrekken aan* ◆ **6.1** sich **um** einen Auftrag ~ *zich aan een opdracht onttrekken.*
Drucker ⟨m.; ~s, ~⟩ **0.1** ***(boek)drukker*** **0.2** ⟨comp.⟩ ***printer.***
Drücker ⟨m.; ~s, ~⟩ **0.1** ***drukker*** *⇒knop* **0.2** ***deurklink, kruk*** **0.3** ***sleutel*** ⟨zonder baard⟩ **0.4** ***trekker*** ⟨v.e. geweer⟩ **0.5** ⟨inf.⟩ ***colporteur*** *⇒leurder* ◆ **6.1** ⟨inf.; fig.⟩ **am** ~ sein, sitzen *beslissende invloed hebben* **6.4** ⟨inf.; fig.⟩ die Hand **am** ~ haben *op alles voorbereid zijn* **6.¶** ⟨inf.; fig.⟩ **auf** den letzten ~ kommen *op het laatste moment komen.*
Druckerei ⟨v.; ~, ~en⟩ **0.1** ***(boek)drukkerij.***
Druckerfarbe ⟨v.⟩ **0.1** ***drukinkt.***
Druckerlaubnis ⟨v.⟩ **0.1** ***drukvergunning, imprimatur.***
Druckerpresse ⟨v.⟩ **0.1** ***drukpers.***
Druckerschwärze ⟨v.⟩ **0.1** ***drukinkt.***
Druckerzeichen ⟨o.⟩ **0.1** ***drukkersmerk.***
Druck-Erzeugnis ⟨o.⟩ **0.1** ***drukwerk, gedrukt stuk.***
Druckfahne ⟨v.⟩ **0.1** ***drukproef.***
Druckfarbe ⟨v.⟩ **0.1** ***drukinkt.***
Druckfehler ⟨m.⟩ **0.1** ***drukfout.***
druckfertig **0.1** ***persklaar.***
druckfest **0.1** ***bestand tegen druk.***
Druckform ⟨v.⟩⟨boek.⟩ **0.1** ***drukvorm.***
druckfrisch **0.1** ***vers v.d. pers, pas gedrukt.***
Druckgenehmigung ⟨v.⟩ **0.1** ***drukvergunning.***
Druckgewerbe ⟨o.⟩ **0.1** ***grafische industrie.***
Druckknopf ⟨m.⟩ **0.1** ***drukknop*** **0.2** ***drukknoop.***
Druckkochtopf ⟨m.⟩ **0.1** ***druk-, snelkookpan.***
Drucklegung ⟨v.; ~, ~en⟩ **0.1** ***het in druk bezorgen.***
Druckluft ⟨v.⟩ **0.1** ***perslucht.***
Drucklufthammer ⟨m.⟩ **0.1** ***pneumatische hamer.***
Druckluftkrankheit ⟨v.⟩ **0.1** ***caissonziekte.***
Druckluftpumpe ⟨v.⟩ **0.1** ***compressor.***
Druckmaschine ⟨v.⟩ **0.1** ***drukpers.***
Druckmesser ⟨m.⟩ **0.1** ***mano-, drukmeter.***
Druckmittel ⟨o.⟩⟨fig.⟩ **0.1** ***pressiemiddel.***
Druckort ⟨m.⟩⟨boek.⟩ **0.1** ***drukplaats.***
Druckplatte ⟨v.⟩ **0.1** ***drukplaat, stereotype.***
Druckposten ⟨m.⟩⟨inf.⟩ **0.1** ***veilig, gemakkelijk baantje.***
Druckpresse ⟨v.⟩ **0.1** ***drukpers.***
Druckprobe ⟨v.⟩ **0.1** ***proefdruk.***
druckreif **0.1** ***persklaar.***
Drucksache ⟨v.⟩ **0.1** ***drukwerk.***
Druckschrift ⟨v.⟩ **0.1** ***drukschrift, -letters*** **0.2** ***blokletters*** **0.3** ***gedrukt stuk.***
Druckseite ⟨v.⟩ **0.1** ***gedrukte pagina.***
drucksen ⟨inf.⟩ **0.1** ***er omheen draaien.***
Druckstelle ⟨v.⟩ **0.1** ***moet, spoor van druk of knelling.***
Druckstock ⟨m.⟩⟨boek.⟩ **0.1** ***cliché.***
Drucktaste ⟨v.⟩ **0.1** ***druktoets.***
Drucktype ⟨v.⟩ **0.1** ***lettertype.***
Druckverfahren ⟨o.⟩ **0.1** ***druktechniek.***
Druckvorlage ⟨v.⟩ **0.1** ***kopij.***
Druckwalze ⟨v.⟩ **0.1** ***drukwals, -cilinder.***
Druckwelle ⟨v.⟩ **0.1** ***luchtdrukgolf.***
Drudel ⟨m. & o.; ~s, ~⟩⟨sp.⟩ **0.1** ***droedel, zoekplaatje.***
Druide ⟨m.; ~n, ~n⟩ **0.1** ***druïde.***
drum[1] ⟨bw.⟩⟨inf.⟩ **0.1** ***daar-, erom(heen)*** ◆ **3.1** sei's ~ *het zij zo* **8.1** mit allem, was ~ und dran ist, hängt *met alles wat er bij hoort;* das ganze Drum und Dran *het hele gedoe.*
drum[2] ⟨bw.⟩⟨inf.⟩ →**darum.**
Drumherum ⟨o.; ~s⟩⟨inf.⟩ ◆ **2.¶** das ganze ~ *alles wat eromheen zit, ermee samenhangt.*
drunten **0.1** ***daar beneden, daarginds.***
drunter[1] ⟨bw.⟩ **0.1** ***daar-, eronder*** ◆ **8.1** ~ und drüber gehen *in de war lopen.*
drunter[2] ⟨bw.⟩⟨inf.⟩ →**darunter.**
Drusch ⟨m.; ~(e)s⟩ **0.1** ***het dorsen*** **0.2** ***het gedorste (graan).***
Drüse ⟨v.; ~, ~n⟩ **0.1** ***klier.***
Drüsenfieber ⟨o.⟩ **0.1** ***klierkoorts*** ◆ **2.1** das Pfeiffersche ~ *de ziekte van Pfeiffer.*
drüsig **0.1** ***klierachtig, vol klieren.***
Dschihad ⟨m.; ~, g.mv.⟩ **0.1** ***jihad.***
Dschungel ⟨m.; ~s, ~⟩ **0.1** ***jungle, rimboe*** ◆ **1.1** ⟨fig.⟩ der ~ der Verordnungen *de wirwar van voorschriften.*

Dschungelfieber ⟨o.⟩ **0.1** ***gele koorts.***
Dschunke ⟨v.; ~, ~n⟩⟨scheep.⟩ **0.1** ***jonk.***
du ⟨in brieven met hoofdletter⟩ **0.1** ***jij, je, u*** **0.2** ***jij*** ⇒*men* ◆ **1.1** ~ Dummkopf! *domoor die je bent!* **3.1** jmdm. das Du anbieten *iem. voorstellen elkaar te tutoyeren;* jmdn. ~ nennen *jij en jou tegen iem. zeggen;* wenn ich ~ wäre *als ik jou was* **6.1 auf** ~ und ~ stehen mit jmdm. *met iem. op vertrouwelijke voet staan;* mit jmdm. **per** ~ sein *elkaar tutoyeren.*
Dual ⟨m.; ~(e)s⟩⟨taal.⟩ **0.1** ***dualis, tweevoud.***
Dualismus ⟨m.; ~⟩ **0.1** ***dualisme.***
Dualität ⟨v.; ~⟩ **0.1** ***dualiteit.***
Dualsystem ⟨o.⟩ **0.1** ***binair systeem, tweetallig stelsel.***
Dübel ⟨m.; ~s, ~⟩ **0.1** ***plug, pin.***
dübeln 0.1 ***met pluggen bevestigen*** **0.2** ***vastpinnen.***
dubios, dubiös 0.1 ***dubieus*** ⇒*onzeker, twijfelachtig.*
Dubiosen ⟨alleen mv.⟩⟨ec.⟩ **0.1** ***dubieuze posten.***
dubitativ 0.1 ***twijfelachtig.***
Doublee ⟨o.; ~s, ~s⟩ **0.1** ***doublé*** **0.2** ⟨sp.⟩ ***carambole over de band.***
Dublette ⟨v.; ~, ~n⟩ **0.1** ***doublet.***
dublieren 0.1 ***doubleren*** **0.2** ***voorzien v.e. laag doublé.***
Dublüre ⟨v.; ~, ~n⟩ **0.1** ***revers*** ⟨v.e. uniform⟩.
Ducht ⟨v.; ~, ~en⟩ **0.1** ***doft, roeibank.***
Duckdalbe, Dückdalbe ⟨v.; ~, ~n⟩ **0.1** ***dukdalf.***
ducken I ⟨ov.ww.⟩ **0.1** ***snel intrekken*** **0.2** ⟨fig.⟩ ***kleineren*** ⇒ *klein krijgen* ◆ **1.2** er duckt seine ganze Familie *hij tiranniseert zijn hele gezin;*
II sich ~ ⟨wk.ww.⟩ **0.1** ***snel bukken*** ⇒*wegduiken* **0.2** ⟨fig.⟩ ***zich onderwerpen*** ⇒*in z'n schulp kruipen.*
Duckmäuser ⟨m.; ~s, ~⟩⟨inf.; pej.⟩ **0.1** ***stiekemerd, achterbakse vent*** **0.2** ***schuchtere figuur.***
Duckmäuserei ⟨v.; ~⟩⟨inf.; pej.⟩ **0.1** ***stiekem gedoe*** ⇒ *schijnheiligheid.*
Dudelei ⟨v.; ~, ~en⟩ **0.1** ***gedoedel, gejengel.***
Dudeler ⟨m.; ~s, ~⟩⟨inf.⟩ **0.1** ***jengelaar.***
dudeln 0.1 ***doedelen, op de doedelzak spelen*** **0.2** ⟨inf.⟩ ***jengelen.***
Dudelsack ⟨m.⟩ **0.1** ***doedel(zak).***
Dudelsackpfeifer ⟨m.⟩ **0.1** ***doedelzakblazer.***
Duden ⟨m.; ~s, ~⟩ **0.1** ***het (orthografisch) woordenboek van Duden.***
Duell ⟨o.; ~(e)s, ~e⟩ **0.1** ***duel, tweegevecht.***
Duellant ⟨m.; ~en, ~en⟩ **0.1** ***duellist.***
duellieren, sich 0.1 ***duelleren.***
Duett ⟨o.; ~(e)s, ~e⟩ **0.1** ⟨muz.⟩ ***duet*** **0.2** ⟨inf.⟩ ***duo*** ⇒*span.*
Düffel ⟨m.; ~s, ~⟩ **0.1** ***duffel.***
Duft ⟨m.; ~(e)s, ¨~e⟩ **0.1** ***geur*** ⇒*reuk, aroma* **0.2** ⟨fig.⟩ ***bekoring*** ⇒*eigen sfeer* **0.3** ⟨schr.⟩ ***fijne nevel*** ⇒*waas, damp.*
dufte ⟨inf.⟩ **0.1** ***jofel*** ⇒*tof, prima* ◆ **1.1** eine ~ Biene *een leuke, vlotte meid.*
duften 0.1 ***geuren*** ⇒*ruiken.*
duftig 0.1 ***ragfijn*** ⇒*teer, luchtig* **0.2** ⟨schr.⟩ ***nevelig*** ⇒*wazig.*
Duftmarke ⟨v.⟩⟨biol.⟩ **0.1** ***geurvlag.***
Duftnote ⟨v.⟩ **0.1** ***aparte, specifieke geur.***
Duftorgan ⟨o.⟩ **0.1** ***reukklier.***
Duftwasser ⟨o.⟩ **0.1** ***reukwater.***
Duftwolke ⟨v.⟩⟨inf.⟩ **0.1** ***wolk van parfum.***
Dukaten ⟨m.; ~s, ~⟩⟨gesch.⟩ **0.1** ***dukaat.***
Düker ⟨m.; ~s, ~⟩ **0.1** ***duiker*** ⟨bv. onder een weg⟩ **0.2** ***duikereend.***
Duktus ⟨m.; ~⟩⟨schr.⟩ **0.1** ***karakteristieke trekken, vormgeving.***
dulden I ⟨onov.ww.⟩⟨schr.⟩ **0.1** ***(stil) lijden;***
II ⟨ov.ww.⟩ **0.1** ***dulden*** ⇒*toestaan, gedogen* **0.2** ***dulden*** ⇒ *lijden, verdragen* ◆ **1.1** eine Ausnahme kann ich nicht ~ *een uitzondering kan ik niet toestaan.*
Dulder ⟨m.; ~s, ~⟩ **0.1** ***dulder*** ⇒*geduldige lijder.*
Duldermiene ⟨v.⟩⟨inf.; iron.⟩ **0.1** ***martelaarsgezicht.***
duldsam 0.1 ***vol geduld*** **0.2** ***verdraagzaam, tolerant*** ◆ **1.1** eine ~e Mutter *een moeder met veel geduld.*
Duldsamkeit ⟨v.; ~⟩ **0.1** ***verdraagzaamheid, tolerantie.***
Duldungsstatus ⟨m.⟩ **0.1** ***gedoogstatus*** ⟨van asielzoekers⟩.
Dulzinea ⟨v.; ~, ~s of Dulzineen⟩⟨scherts.; fig.⟩ **0.1** ***liefje, vriendin.***
dumm ⟨dümmer, (am) dümmst(en)⟩ **0.1** ***dom*** ⇒*stom* **0.2** ***dom*** ⇒*dwaas, onnozel* **0.3** ***dom*** ⇒*onverstandig, ondoordacht* **0.4** ***onaangenaam*** ⇒*naar, pijnlijk* **0.5** ***duizelig*** ⇒ *dizzy* ◆ **1.2** der ~e August *de clown (in een circus);* ein ~es Gesicht machen *heel onnozel kijken;* ~es Zeug reden *onzin verkopen* **1.4** eine ~e Geschichte *een vervelende geschiedenis* **3.1** immer wieder einen Dummen finden *steeds weer iem. vinden, die erin trapt;* ~ geboren, nichts dazugelernt *hopeloos dom;* der Dumme sein *de klos zijn* **3.2** sich ~ stellen *zich van den domme houden* **3.4** das hätte ~ ausgehen können *dat had vervelend kunnen aflopen;* er ist mir ~ gekommen *hij is brutaal tegen mij geworden* **3.5** der Lärm macht mich ganz ~ *het lawaai maakt me helemaal suf* **6.1** du willst mich wohl **für** ~ verkaufen *je denkt zeker dat ik achterlijk ben* **6.4** schließlich wurde es mir **zu** ~ *ten slotte werd het me al te bont, te bar* **8.1** dümmer, als die Polizei erlaubt *te dom om voor de duivel te dansen;* sich ~ und dämlich suchen *zich suf zoeken* ¶.**1** ⟨sprw.⟩ die Dummen werden nicht alle *geen jaarmarkt zonder ezels.* →**Bauer**[1].
Dummbart ⟨m.⟩⟨inf.⟩ **0.1** ***domkop.***
dummdreist 0.1 ***dom en brutaal*** ⇒*plomp, onbeschaamd.*
Dummejungenstreich ⟨m.⟩⟨inf.⟩ **0.1** ***kwajongensstreek*** ⇒ *domme streek.*
Dummenfang ⟨m.⟩⟨pej.⟩ ◆ **6.¶ auf** ~ (aus)gehen, aussein *naïevelingen proberen te vinden, die erin trappen.*
Dummerchen ⟨o.; ~s, ~⟩⟨inf.⟩ **0.1** ***onnozele hals*** ⇒*naïeveling* **0.2** ***domkopje.***
Dummerjan ⟨m.; ~s, ~e⟩⟨inf.⟩ **0.1** ***domkop, -oor.***
Dummerling ⟨m.; ~(e)s, ~e⟩ **0.1** ***domkop, -oor.***
dummerweise 0.1 ***ergerlijk genoeg*** ⇒*vervelend genoeg* **0.2** ***dom genoeg*** ◆ **3.2** ich habe ~ bereits unterschrieben *ik was helaas zo dom al te tekenen.*
Dummheit ⟨v.; ~, ~en⟩ **0.1** ***stommiteit*** ⇒*domme, stomme streek* **0.2** ***domheid*** ⇒*onnozelheid* ◆ **3.1** mach keine ~en! *haal geen domme streken uit!;* mir ist eine ~ passiert *ik heb een stommiteit begaan* **6.2** ⟨inf.⟩ **vor** ~ brüllen *oliedom zijn* ¶.**2** ⟨sprw.⟩ ~ und Stolz wachsen auf einem Holz *domheid en hoogmoed groeien op dezelfde stam;* ⟨sprw.⟩ gegen ~ kämpfen Götter selbst vergebens *tegen onverstand is geen kruid gewassen.*
Dummkopf ⟨m.⟩ **0.1** ***domkop, -oor.***
dümmlich 0.1 ***onnozel*** ⇒*beperkt.*
Dümmling ⟨m.; ~(e)s, ~e⟩⟨inf.⟩ **0.1** ***onnozele hals.***
Dummrian ⟨m.; ~(e)s, ~e⟩⟨inf.⟩ →**Dummerjan.**
dummstolz 0.1 ***dom en trots.***
dümpeln ⟨scheep.⟩ **0.1** ***dompen*** ⇒*schommelen, wiegen.*
dumpf 0.1 ***dof*** ⇒*gedempt, zwaar* **0.2** ***muf*** ⇒*bedompt, benauwd* **0.3** ***duf*** ⇒*bekrompen* **0.4** ***vaag*** ⇒*onbestemd* ◆ **1.2** die ~e Luft eines Kellers *de muffe lucht van een kelder* **1.3** ~e Ergebung *doffe berusting* **1.4** eine ~e Sehnsucht *een onbestemd verlangen.*
Dumpfbacke ⟨v.⟩⟨inf.⟩ **0.1** ***sukkel, idioot*** ⇒*domoor.*
Dumpfheit ⟨v.; ~⟩ **0.1** ***dofheid*** **0.2** ***muffigheid*** **0.3** ***dufheid*** ⇒*bekrompenheid* **0.4** ***vaagheid*** ⇒*onduidelijkheid.*

dumpfig 0.1 *muf* ⇒*bedompt, vunzig.*
Düne ⟨v.; ~, ~n⟩ **0.1** ***duin.***
Dünengras ⟨o.⟩ **0.1** ***helm(gras).***
Dünenkessel ⟨m.⟩ **0.1** ***duinpan.***
Dünenkette ⟨v.⟩ **0.1** ***duinenrij.***
Dung ⟨m.; ~(e)s⟩ **0.1** ***mest.***
Dungablage ⟨v.⟩ **0.1** ***mestvaalt.***
Düngemittel ⟨o.⟩ **0.1** ***meststof.***
düngen I ⟨onov.ww.⟩ **0.1** ***als meststof dienen*** ◆ **1.1** das faulende Laub düngt gut *het rottende loof is een goede meststof;*
II ⟨ov.ww.⟩ **0.1** ***(be)mesten.***
Dünger ⟨m.; ~s, ~⟩ **0.1** ***mest, meststof.***
Düngerhaufen ⟨m.⟩ **0.1** ***mestvaalt.***
Dungkäfer ⟨m.⟩ **0.1** ***mestkever.***
dunkel **0.1** ***donker*** ⇒*duister* **0.2** ***donker (van kleur)*** **0.3** ***zwaar (van toon)*** ⇒*donker, laag* **0.4** ***donker*** ⇒*somber, triest* **0.5** ***duister*** ⇒*verdacht* **0.6** ***duister*** ⇒*vaag* ◆ **1.2** ein dunkles Blau *een donkerblauwe kleur;* ⟨fig.⟩ der dunkle Erdteil *het zwarte werelddeel* **1.4** ein dunkles Kapitel der Geschichte *een zwarte bladzijde in de geschiedenis* **1.5** dunkle Geschäfte machen *duistere zaakjes bij de hand hebben* **1.6** eine dunkle Ahnung *een vaag vermoeden* **3.1** mir wurde es ~ vor den Augen *het werd mij zwart voor de ogen* **6.1** ⟨fig.⟩ **im** Dunkeln bleiben *anoniem blijven;* ⟨fig.⟩ noch **im** ~n liegen *nog verborgen zijn* **6.6** **im** ~n tappen *in het duister tasten* **¶.1** ⟨sprw.⟩ im Dunkeln ist gut munkeln *in het duister is het goed vrijen, smoezen.*
Dunkel ⟨o.; ~s⟩ **0.1** ⟨schr.⟩ ***donker(heid)*** ⇒*duisternis* **0.2** ⟨fig.⟩ ***duisternis*** ⇒*geheimzinnigheid, anonimiteit* ◆ **2.2** über diesem Fall liegt ein geheimnisvolles ~ *dit geval is in geheimzinnige duisternis gehuld.*
Dünkel ⟨m.; ~s⟩ **0.1** ***verwaandheid*** ⇒*eigendunk.*
Dunkelarrest ⟨m.⟩ **0.1** ***opsluiting in het donker.***
dunkeläugig **0.1** ***met donkere ogen.***
dunkelfarbig **0.1** ***donker van kleur.***
dünkelhaft ⟨pej.⟩ **0.1** ***verwaand*** ⇒*laatdunkend, hooghartig* ◆ **1.1** ein ~er Mensch *een verwaande kwast.*
Dunkelhaft ⟨v.⟩ **0.1** ***opsluiting in het donker.***
Dünkelhaftigkeit ⟨v.; ~⟩ **0.1** ***verwaandheid*** ⇒*eigendunk, laatdunkendheid.*
dunkelhäutig **0.1** ***met een donkere huidskleur.***
Dunkelheit ⟨v.; ~, ~en⟩ **0.1** ***donker(heid)*** ⇒*duisternis* **0.2** ⟨schr.⟩ ***donkere kleur.***
Dunkelkammer ⟨v.⟩⟨foto.⟩ **0.1** ***donkere kamer.***
Dunkelmann ⟨m.; mv. ¨~er⟩⟨pej.⟩ **0.1** ***obscuur persoon.***
dunkeln **0.1** ***donker worden*** **0.2** ⟨schr.⟩ ***zich donker aftekenen*** **0.3** ⟨schr.⟩ ***donkerheid verspreiden.***
dunkelweiß ⟨scherts.; iron.⟩ **0.1** ***smoezelig, niet al te schoon.***
Dunkelwolken ⟨alleen mv.⟩⟨ster.⟩ **0.1** ***donkere (interstellaire) wolken.***
Dunkelziffer ⟨v.⟩ **0.1** ***het niet officieel geregistreerde aantal*** ◆ **1.1** die ~ der illegalen Abtreibungen *het 'grijze' getal der illegale vruchtafdrijvingen.*
dünken ⟨→t23⟩ **I sich** ~ ⟨wk.ww.⟩ **0.1** ***zich wanen*** ⇒*zich verbeelden;*
II ⟨onp.ww.⟩ **0.1** ***dunken*** ⇒*voorkomen, menen.*
dünn **0.1** ***dun*** **0.2** ⟨inf.; fig.⟩ ***magertjes*** ⇒*pover* ◆ **1.1** ein ~er Geruch *een zwakke geur;* eine ~e Stelle am Ärmel *een versleten plek aan de mouw;* ein ~er Wald *een ijl bos* **1.2** ~e Resultate *povere resultaten* **3.1** ~ besiedelt, bevölkert *dun bevolkt;* ⟨inf.⟩ ~ gesät *dun gezaaid;* ~ lächeln *zwak(jes) glimlachen;* ⟨inf.⟩ sich ~ machen *maar een klein plaatsje nodig hebben.*
dünnbehaart **0.1** ***licht, dun behaard.***
dünnbeinig **0.1** ***met dunne benen*** **0.2** ***met dunne poten.***
Dünnbier ⟨o.⟩⟨inf.⟩ **0.1** ***dun-, scharbier, gering bier*** ⟨met weinig alcohol⟩.
dünnblütig ⟨schr.; pej.⟩ **0.1** ***krachteloos*** ⇒*van weinig gehalte.*
Dünndarm ⟨m.⟩ **0.1** ***dunne darm.***
Dünndruck ⟨m.; mv. ~e⟩ **0.1** ***dundruk*** **0.2** ***dundrukuitgave.***
Dünne[1] ⟨m.; ~n, ~n⟩⟨inf.⟩ **0.1** ***loop, diarree.***
Dünne[2] ⟨v.; ~⟩ **0.1** ***dunheid.***
dünnemachen, sich →**dünnmachen.**
dünnflüssig **0.1** ***dunvloeibaar.***
dünnhäutig **0.1** ***met een dunne huid*** **0.2** ⟨schr.; fig.⟩ ***erg gevoelig*** ⇒*sensibel.*
dünnmachen, sich ⟨inf.⟩ **0.1** ***ertussenuit knijpen*** ⇒*'m smeren.*
Dünnmann ⟨m.; mv. ¨~er⟩⟨inf.; pej.⟩ **0.1** ***prutser*** ⇒*mislukkeling, nul* **0.2** ***slappeling*** ⇒*lafaard.*
Dünnpfiff ⟨m.⟩⟨inf.⟩ **0.1** ***loop*** ⇒*kakkerij, diarree.*
dünnschalig **0.1** ***met een dunne schaal, schil.***
Dünnschiß ⟨m.⟩⟨vulg.⟩ **0.1** ***schijterij.***
Dünnschliff ⟨m.⟩ **0.1** ***slijpplaatje.***
dünnwandig **0.1** ***met (een) dunne wand(en).***
Dunst ⟨m.; ~(e)s, ¨~e⟩ **0.1** ***damp*** ⇒*nevel* **0.2** ***damp*** ⇒*wasem, uitwaseming* **0.3** ***walm*** ⇒*stank* **0.4** ***beschieting*** ◆ **2.1** ⟨inf.⟩ jmdm. blauen ~ vormachen *iem. iets op de mouw spelden;* keinen (blassen) ~ von etwas haben *ergens geen flauw benul van hebben* **3.4** ~ kriegen *beschoten worden* **6.1** sich **in** (blauen) ~ auflösen *in rook opgaan.*
dunsten ⟨schr.⟩ **0.1** ***(uit)dampen, (uit)wasemen*** **0.2** ***uitwasemen*** ⇒*walmen, geur verspreiden* ◆ **1.2** ~des Leder *leer dat een (sterke) geur verspreidt.*
dünsten[1] ⟨onov.ww.⟩ →**dunsten.**
dünsten[2] ⟨ov.ww.⟩ **0.1** ***stoven.***
Dunst|glocke, -haube ⟨v.⟩ **0.1** ***koepelwolk, stolp van walm*** ⟨boven industriegebied⟩ ⇒*smog.*
dunstig **0.1** ***dampig, wasemig*** ⇒*nevelig* **0.2** ***bedompt*** ⇒*vol rook* ◆ **1.2** ein ~er Wartesaal *een bedompte wachtkamer.*
Dunstkreis ⟨m.⟩ **0.1** ***dampkring*** **0.2** ⟨schr.; fig.⟩ ***atmosfeer*** ⇒*sfeer, invloedssfeer* ◆ **6.2** **im** ~ der Macht *binnen de machtssfeer.*
Dunstschleier ⟨m.⟩ **0.1** ***fijne nevel, mist.***
Dunstwolke ⟨v.⟩ **0.1** ***een wolk van damp, van wasem.***
Dünung ⟨v.; ~, ~en⟩ **0.1** ***deining.***
Duo ⟨o.; ~s, ~s⟩ **0.1** ⟨muz.⟩ ***duo, duet*** **0.2** ⟨muz.⟩ ***duo, tweetal*** **0.3** ⟨inf.; iron.⟩ ***duo*** ⇒*span, stel.*
Duodezband ⟨m.⟩⟨boek.⟩ **0.1** ***boek in duodecimo.***
duodezimal **0.1** ***duodecimaal, twaalftallig.***
düpieren ⟨schr.⟩ **0.1** ***misleiden.***
duplieren ⟨schr.⟩ **0.1** ***verdubbelen.***
Duplikat ⟨o.; ~(e)s, ~e⟩ **0.1** ***duplicaat.***
Duplikation ⟨v.; ~, ~en⟩ **0.1** ***verdubbeling.***
duplizieren **0.1** ***verdubbelen.***
Dur ⟨o.; ~⟩ **0.1** ***majeur, grote terts*** ◆ **6.1** **in** C-Dur *in C grote terts.*
durativ ⟨taal.⟩ **0.1** ***duratief.***
durch[1] ⟨vz. + 4⟩ **0.1** ***door*** ⇒*doorheen* **0.2** ***door*** ⇒*door middel van, per* **0.3** ***gedurende*** ⇒*voor de tijd van* ◆ **1.1** ~s Examen fallen *(voor het examen) zakken* **1.2** einen Brief ~ Eilboten senden *een brief per expres sturen;* ~ Funk *via de radio;* ~ die Post *per post;* ~ Zufall *toevallig, bij toeval;* ~ Zuruf *bij acclamatie.*
durch[2] ⟨bw.⟩ **0.1** ***door*** ⇒*doorheen, voorbij* **0.2** ***door*** ⇒*kapot, versleten* ◆ **3.1** der Bus ist schon ~ *de bus is al gepasseerd;* es ist schon acht Uhr ~ *het is al acht uur geweest;*

⟨inf.⟩ er ist ~ *hij is geslaagd* **8.¶** der Schrei ging mir ~ und ~ *de kreet ging me door merg en been.*

durchackern ⟨inf.; fig.⟩ **0.1** ***doorwerken*** ⇒*grondig doornemen.*

durcharbeiten I ⟨onov.ww.⟩ **0.1** ***(ononderbroken) doorwerken;***
II ⟨ov.ww.⟩ **0.1** ***doorwerken*** ⇒*doornemen* **0.2** ***nauwkeurig uitwerken*** **0.3** ***(door)kneden*** ⇒*bewerken* ◆ **1.2** ein gut durchgearbeiteter Aufsatz *een doorwrocht opstel* **1.3** die Muskeln ~ *de spieren kneden;*
III sich ~ ⟨wk.ww.⟩ **0.1** ***zich een weg banen*** ⇒*zich worstelen door.*

durchatmen 0.1 ***diep ademhalen.***

durchaus ⟨acc. wiss.⟩ **0.1** ***in ieder geval*** ⇒*beslist, absoluut* **0.2** ***helemaal*** ⇒*totaal, volledig* ◆ **2.2** das ist ~ richtig *dat is zeer juist* **3.1** er will ~ mitmachen *hij wil met alle geweld meedoen.*

durchbacken[1] **I** ⟨onov.ww.⟩ **0.1** ***doorbakken, blijven bakken;***
II ⟨ov.ww.⟩ **0.1** ***doorbakken, goed gaar bakken.***

durchbacken[2] ⟨bn.⟩ **0.1** ***erdoor gebakken.***

durchbeißen[1] **I** ⟨ov.ww.⟩ **0.1** ***doorbijten*** ⇒*kapot bijten;*
II sich ~ ⟨wk.ww.⟩ **0.1** ⟨inf.⟩ ***zich er doorheen slaan, bijten*** ◆ **3.1** er wird sich schon ~ *hij zal er zich wel doorslaan.*

durchbeißen[2] ⟨ov.ww.⟩ **0.1** ***doorheen bijten*** ⇒*kapot, lek bijten* ◆ **1.1** mit durchbissener Kehle *met een doorgebeten keel.*

durchbekommen ⟨inf.⟩ **0.1** ***erdoor, er doorheen krijgen*** **0.2** ⟨fig.⟩ ***erdoor krijgen*** ⇒*erdoor slepen* **0.3** ***in tweeën, doormidden krijgen.***

durchberaten 0.1 ***uitvoerig beraadslagen over*** ⇒*bediscussiëren* **0.2** ***achtereenvolgens bespreken.***

durchbetteln, sich 0.1 ***bedelend aan de kost komen.***

durchbeuteln 0.1 ***flink door elkaar schudden.***

durchbiegen I ⟨ov.ww.⟩ **0.1** ***doorbuigen;***
II sich ~ ⟨wk.ww.⟩ **0.1** ***doorzakken, -buigen.***

durchbilden 0.1 ***ontwikkelen*** ⇒*trainen* **0.2** ***uitwerken.***

durchblasen[1] **I** ⟨onov.ww.⟩ **0.1** ***doorblazen, blijven blazen*** **0.2** ***blazen door;***
II ⟨ov.ww.⟩ **0.1** ***door-, schoonblazen.***

durchblasen[2] ⟨ov.ww.⟩ **0.1** ***blazen door.***

durchblättern 0.1 ***doorbladeren.***

durchbleuen ⟨inf.⟩ **0.1** ***afranselen*** ⇒*aframmelen.*

Durchblick ⟨m.⟩ **0.1** ***doorkijk(je)*** **0.2** ⟨inf.; fig.⟩ ***overzicht.***

durchblicken 0.1 ***erdoor kijken, kijken door*** **0.2** ⟨inf.; fig.⟩ ***doorhebben*** ⇒*snappen, doorzien* ◆ **3.¶** etwas ~ lassen *iets laten doorschemeren* **5.2** da blicke ich nicht ganz durch *dat is me niet helemaal duidelijk.*

durchblitzen 0.1 ***flitsen door.***

durchbluten[1] ⟨onov.ww.⟩ **0.1** ***erdoor bloeden*** ⇒*met bloed doordrongen worden.*

durchbluten[2] ⟨ov.ww.⟩ **0.1** ***doorbloeden.***

durchbohren[1] **I** ⟨onov.ww.⟩ **0.1** ***boren door, er doorheen boren;***
II sich ~ ⟨wk.ww.⟩ **0.1** ***zich boren door.***

durchbohren[2] ⟨ov.ww.⟩ **0.1** ***doorboren.***

durchboxen ⟨inf.⟩ **I** ⟨ov.ww.⟩⟨fig.⟩ **0.1** ***erdoor weten te krijgen*** ⇒*erdoor jagen;*
II sich ~ ⟨wk.ww.⟩ **0.1** ***zich een weg banen*** **0.2** ⟨fig.⟩ ***zich er doorheen slaan.***

durchbraten I ⟨onov.ww.⟩ **0.1** ***goed gaar worden;***
II ⟨ov.ww.⟩ **0.1** ***doorbraden, goed braden.***

durchbrausen[1] ⟨onov.ww.⟩ **0.1** ***razen, suizen door*** ◆ **1.1** der Zug ist eben durchgebraust *de trein is zojuist voorbijgeraasd.*

durchbrausen[2] ⟨ov.ww.⟩ **0.1** ***bruisen door.***

durchbrechen[1] **I** ⟨onov.ww.⟩ **0.1** ***doorbreken*** ⇒*te voorschijn komen* **0.2** ***doorbreken*** ⇒*tot een uitbraak komen* **0.3** ***erdoor zakken*** ◆ **1.1** die Sonne bricht durch *de zon breekt door* **6.3** er ist **durch** das Eis durchgebrochen *hij is door het ijs gezakt;*
II ⟨ov.ww.⟩ **0.1** ***door-, stukbreken*** **0.2** ***eruit breken.***

durchbrechen[2] ⟨ov.ww.⟩ **0.1** ***doorbreken*** **0.2** ***doorbreken*** ⇒ *openwerken* **0.3** ⟨fig.⟩ ***doorbreken*** ⇒*in strijd handelen met* ◆ **1.2** durchbrochene Strümpfe *ajourkousen.*

durchbrennen I ⟨onov.ww.⟩ **0.1** ***doorbranden*** ⇒*doorsmelten* **0.2** ***goed branden*** **0.3** ***doorbranden*** ⇒*blijven branden* **0.4** ⟨inf.⟩ ***ervandoor gaan*** ⇒*de benen nemen* ◆ **1.2** der Ofen ist durchgebrannt *de kachel brandt (nu) goed* **6.4** **von** zu Hause ~ *van huis weglopen;*
II ⟨ov.ww.⟩ **0.1** ***doorbranden*** ⇒*snijbranden.*

Durchbrenner ⟨m.; ~s, ~⟩⟨inf.⟩ **0.1** ***deserteur.***

durchbringen 0.1 ***erdoor brengen*** ⇒*over de grens brengen* **0.2** ***erdoor slepen, halen*** **0.3** ***erdoor jagen*** ⇒*verkwisten* ◆ **1.2** die Großeltern auch ~ müssen *ook voor de grootouders moeten zorgen* **5.2** ⟨wk. ww.⟩ sich mühsam ~ *met moeite z'n brood verdienen, het hoofd boven water houden.*

durchbrochen 0.1 ***ajour*** ⇒*opengewerkt.*

Durchbruch ⟨m.⟩ **0.1** ***doorbraak, het doorbreken*** **0.2** ***(plaats v.d.) doorbraak*** **0.3** ⟨fig.⟩ ***doorbraak*** ◆ **6.3** einer Sache **zum** ~ verhelfen *het succes van iets bewerkstelligen.*

durchbummeln[1] ⟨onov.ww.⟩⟨inf.⟩ **0.1** ***boemelen, slenteren door*** **0.2** ***blijven boemelen, feestvieren.***

durchbummeln[2] ⟨ov.ww.⟩ **0.1** ***verboemelen*** ⇒*boemelend doorbrengen.*

durchdenken[1] ⟨ov.ww.⟩ **0.1** ***doordenken*** ⇒*grondig nagaan, overwegen.*

durchdenken[2] ⟨ov.ww.⟩ **0.1** ***doordenken*** ⇒*grondig denken over* ◆ **1.1** alle Einzelheiten ~ *over alle details goed nadenken.*

durchdrängen, sich ⟨inf.⟩ **0.1** ***zich moeizaam een weg banen*** ⇒*erdoor dringen.*

durchdrehen I ⟨onov.ww.⟩ **0.1** ***doorslaan*** ⇒*slippen* **0.2** ⟨inf.; fig.⟩ ***over z'n toeren raken*** ⇒*de kluts kwijt raken;*
II ⟨ov.ww.⟩ **0.1** ***erdoor draaien.***

durchdringen[1] ⟨onov.ww.⟩ **0.1** ***doordringen*** **0.2** ⟨fig.⟩ ***doorzetten*** ⇒*gedaan krijgen* ◆ **6.2** **mit** einer Forderung ~ *een eis vervuld krijgen.*

durchdringen[2] ⟨ov.ww.⟩ **0.1** ***doordringen, dringen door*** **0.2** ⟨fig.⟩ ***doordringen*** ⇒*vervullen* ◆ **6.2** **von** etwas durchdrungen sein *van iets doordrongen zijn.*

Durchdringung ⟨v.; ~⟩ **0.1** ***doordringing, het doordringen*** **0.2** ⟨fig.⟩ ***het doordringen in*** ⇒*het zich eigen maken.*

durchdröhnen 0.1 ***dreunen door.***

durchdrucken ⟨h.⟩ **0.1** ***doordrukken.***

durchdrücken 0.1 ***erdoor drukken*** ⇒*persen, drukken door* **0.2** ***voorzichtig (op de hand) wassen*** **0.3** ⟨sp.⟩ ***(helemaal) strekken*** **0.4** ⟨inf.; fig.⟩ ***erdoor drukken.***

durchdrungen →**durchdringen**[2].

durchdürfen 0.1 ***erdoor, erlangs mogen.***

durcheilen[1] ⟨onov.ww.⟩ **0.1** ***snel, haastig lopen door.***

durcheilen[2] ⟨ov.ww.⟩ **0.1** ***snel lopen, gaan door*** **0.2** ⟨fig.⟩ ***snel doorwerken, opnemen*** ◆ **1.1** die Nachricht durcheilte die Stadt *het bericht ging als een lopend vuurtje door de stad.*

durcheinander 0.1 ***door elkaar*** ⇒*dooreen, in de war* ◆ **3.1** ⟨fig.⟩ er ist völlig ~ *hij is totaal overstuur.*

Durcheinander ⟨o.; ~s, ~⟩ **0.1** ***wanorde*** ⇒*warboel* **0.2** ***ver-***

warring *⇒chaotische toestand* ◆ **2.1** ⟨inf.⟩ ein tolles ~ *een puinhoop.*

durcheinanderbringen 0.1 ***in de war brengen*** *⇒er een warboel van maken* **0.2** ***(met elkaar) verwisselen*** **0.3** ⟨fig.⟩ ***in verwarring brengen.***

durcheinandergehen ⟨inf.⟩ **0.1** ***een chaos zijn*** *⇒in de soep lopen.*

durcheinandergeraten 0.1 ***in de war raken.***

durcheinanderkommen ⟨inf.⟩ **0.1** ***door elkaar komen*** *⇒in de war raken.*

durcheinandermengen 0.1 ***dooreen-, vermengen.***

durcheinanderwerfen 0.1 ***door elkaar, overhoop gooien*** **0.2** ⟨fig.⟩ ***door elkaar halen*** *⇒met elkaar verwisselen.*

durchexerzieren ⟨inf.; fig.⟩ **0.1** ***grondig doornemen*** *⇒oefenen.*

durchfahren[1] ⟨onov.ww.⟩ **0.1** ***rijden, varen door*** **0.2** ***(aan één stuk) doorrijden.***

durchfahren[2] ⟨ov.ww.⟩ **0.1** ***rijden door*** *⇒doorkruisen* **0.2** ***afleggen*** **0.3** ⟨fig.⟩ ***flitsen, schieten door*** ◆ **1.3** ein Schreck durchfuhr ihn *een schrik voer hem door de leden.*

Durchfahrt ⟨v.⟩ **0.1** ***doorrit, -vaart*** *⇒inrit* ◆ **6.1 auf** der ~ sein *op doorreis zijn.*

Durchfahrtsrecht ⟨o.⟩ **0.1** ***doorgangsrecht.***

Durchfahrtsstraße ⟨v.⟩ **0.1** ***doorgaande weg.***

Durchfall ⟨m.⟩ **0.1** ***diarree*** **0.2** ⟨inf.⟩ ***fiasco*** *⇒echec* **0.3** ⟨inf.⟩ ***het zakken*** ⟨voor een examen⟩.

durchfallen[1] ⟨onov.ww.⟩ **0.1** ***erdoor vallen, vallen door*** **0.2** ⟨inf.⟩ ***mislukken*** *⇒een flop worden* **0.3** ⟨inf.⟩ ***zakken*** *⇒sjezen* **0.4** ⟨verk.⟩ ***vrij vallen*** ◆ **6.3 bei** der Wahl ~ *het niet redden bij de verkiezingen.*

durchfallen[2] ⟨ov.ww.⟩ **0.1** ***vallen, vallend afleggen.***

durchfärben I ⟨onov.ww.⟩ **0.1** ***kleur afgeven;***
II ⟨ov.ww.⟩ **0.1** ***goed verven, kleuren.***

durchfaulen 0.1 ***volledig verrotten.***

durchfechten I ⟨ov.ww.⟩ **0.1** ***tot een goed eind brengen*** *⇒uitvechten;*
II sich ~ ⟨wk.ww.⟩ **0.1** ***zich er doorheen slaan*** **0.2** ***bedelend aan de kost komen.***

durchfedern 0.1 ***(diep) doorveren.***

durchfeiern[1] ⟨onov.ww.⟩ **0.1** ***blijven feestvieren.***

durchfeiern[2] ⟨ov.ww.⟩ **0.1** ***feestend doorbrengen.***

durchfeilen 0.1 ***doorvijlen*** **0.2** ***bijvijlen*** *⇒vervolmaken.*

durchfeuchten 0.1 ***helemaal nat, vochtig maken.***

durchfinden, sich ⟨inf.⟩ **0.1** ***de, zijn weg vinden*** **0.2** ⟨fig.⟩ ***de weg weten*** *⇒er wijs uit kunnen worden.*

durchflechten[1] ⟨ov.ww.⟩ **0.1** ***vlechten door.***

durchflechten[2] ⟨ov.ww.⟩ **0.1** ***doorvlechten.***

durchfliegen[1] ⟨onov.ww.⟩ **0.1** ***vliegen door, erdoor vliegen*** **0.2** ***(aan één stuk) doorvliegen*** **0.3** ⟨inf.⟩ ***zakken*** *⇒bakken, sjezen.*

durchfliegen[2] ⟨ov.ww.⟩ **0.1** ***vliegen door*** **0.2** ***(vliegend) afleggen*** **0.3** ⟨fig.⟩ ***doorvliegen*** *⇒vluchtig doorlezen, -werken.*

durchfließen[1] ⟨onov.ww.⟩ **0.1** ***stromen, vloeien door.***

durchfließen[2] ⟨ov.ww.⟩ **0.1** ***doorstromen*** *⇒stromen, vloeien door.*

Durchflug ⟨m.⟩ **0.1** ***het vliegen door.***

Durchfluß ⟨m.⟩ **0.1** ***doorlaat*** **0.2** ***het stromen door.***

durchfluten[1] ⟨onov.ww.⟩⟨schr.⟩ **0.1** ***stromen door.***

durchfluten[2] ⟨ov.ww.⟩⟨schr.⟩ **0.1** ***doorstromen.***

durchformulieren 0.1 ***nauwkeurig formuleren.***

durchforschen 0.1 ***doorvorsen*** *⇒(wetenschappelijk) onderzoeken* **0.2** ***afzoeken*** *⇒onderzoeken op* ◆ **6.1 nach** Spuren ~ *op sporen onderzoeken.*

durchfragen, sich ⟨inf.⟩ **0.1** ***door vragen de weg vinden.***

durchfressen I ⟨ov.ww.⟩ **0.1** ***door-, stukvreten;***
II sich ~ ⟨wk.ww.⟩ **0.1** ⟨inf.⟩ ***op andermans kosten eten*** **0.2** ***zich worstelen door*** ◆ **6.2** sich **durch** die Akten ~ *zich door de stukken worstelen.*

durchfrieren 0.1 ***helemaal bevriezen*** **0.2** ***verkleumen*** ◆ **1.2** ganz durchgefroren, durchfroren *totaal verkleumd.*

durchfühlen 0.1 ***voelen door*** **0.2** ⟨fig.⟩ ***aanvoelen*** *⇒bespeuren.*

Durchfuhr ⟨v.; ~⟩ **0.1** ***doorvoer, transito.***

durchführbar 0.1 ***uitvoerbaar.***

durchführen 0.1 ***doorvoeren, voeren door*** **0.2** ***uitvoeren*** *⇒realiseren, ten uitvoer brengen* **0.3** ***uitvoeren*** *⇒verrichten, doen* **0.4** ***laten plaatsvinden*** *⇒organiseren* ◆ **1.3** eine Operation ~ *een operatie verrichten* **1.4** einen Kulturabend ~ *een culturele avond organiseren.*

Durchfuhrerlaubnis ⟨v.⟩ **0.1** ***doorvoervergunning.***

Durchfuhrhandel ⟨m.⟩ **0.1** ***doorvoer-, transitohandel.***

Durchführung ⟨v.⟩ **0.1** ***uitvoering*** *⇒verwezenlijking* **0.2** ***uitvoering*** *⇒verrichting* **0.3** ***organisatie*** **0.4** ***het leiden, voeren door*** ◆ **6.1 zur** ~ gelangen, kommen *uitgevoerd, verwezenlijkt worden.*

durchfurchen 0.1 ***doorploegen*** *⇒doorklieven* ◆ **1.1** ⟨fig.⟩ eine durchfurchte Stirn *een voorhoofd met diepe rimpels.*

durchfuttern, sich ⟨inf.⟩ **0.1** ***op andermans kosten eten.***

durchfüttern ⟨inf.⟩ **0.1** ***te eten geven.***

Durchgabe ⟨v.⟩ **0.1** ***het doorgeven.***

Durchgang ⟨m.⟩ **0.1** ***doorgang*** *⇒passage* **0.2** ***ronde*** *⇒manche, serie* **0.3** ***het gaan door*** *⇒doortocht, -voer* ◆ **2.2** ⟨pol.⟩ im ersten ~ *in eerste lezing.*

durchgängig 0.1 ***algemeen*** *⇒geregeld, doorgaans.*

Durchgangsbahnhof ⟨m.⟩ **0.1** ***doorgangsstation.***

Durchgangshafen ⟨m.⟩ **0.1** ***doorvoer-, transitohaven.***

Durchgangslager ⟨o.⟩ **0.1** ***doorgangskamp.***

Durchgangsstraße ⟨v.⟩ **0.1** ***doorgaande weg.***

Durchgangsverkehr ⟨m.⟩ **0.1** ***doorgaand verkeer*** **0.2** ***doorvoer-, transitohandel.***

durchgaren I ⟨onov.ww.⟩ **0.1** ***helemaal gaar worden;***
II ⟨ov.ww.⟩ **0.1** ***goed gaar laten worden.***

durchgeben 0.1 ***door-, verdergeven.***

durchgehen I ⟨onov.ww.⟩ **0.1** ***erdoor gaan, gaan door*** **0.2** ***(aan één stuk) doorgaan, -lopen*** **0.3** ***ervandoor gaan, op hol slaan*** ⟨van paarden⟩ **0.4** ***aangenomen, goedgekeurd worden*** **0.5** ***uit de hand lopen*** ◆ **1.5** die Nerven gingen ihm durch *de zenuwen werden hem de baas* **6.3 mit** dem Geld ~ *er met het geld vandoor gaan* **6.4 im** Parlament ~ *door het parlement aangenomen worden;*
II ⟨ov.ww.⟩ **0.1** ⟨s.⟩ ***doornemen*** *⇒nagaan, doorkijken* **0.2** ***doorlopen*** *⇒meemaken, volgen* ◆ **1.2** eine Lehre ~ müssen *een opleiding moeten volgen, doorlopen* **3.¶** (jmdm.) etwas ~ lassen *(iem.) iets door de vingers zien* **4.¶** das kann ich nicht ~ lassen *dat kan ik niet tolereren.*

durchgehends ⟨inf.⟩ **0.1** ***algemeen*** *⇒doorgaans.*

durchgeistigt ⟨schr.⟩ **0.1** ***vergeestelijkt*** ◆ **1.1** ein ~es Antlitz *een vergeestelijkt, spiritueel gelaat.*

durchgerben ⟨inf.⟩ **0.1** ***afranselen*** *⇒bont en blauw slaan.*

durchgestalten 0.1 ***(helemaal) uitwerken.***

durchgliedern 0.1 ***nauwkeurig in-, onderverdelen.***

durchglühen[1] ⟨onov.ww.⟩ **0.1** ***doorgloeien, door en door gloeien.***

durchglühen[2] ⟨ov.ww.⟩⟨schr.⟩ **0.1** ***doorgloeien.***

durchgreifen 0.1 ***erdoor grijpen*** **0.2** ⟨fig.⟩ ***doortasten*** *⇒aanpakken, (energiek) optreden* ◆ **1.2** ~de Änderungen *ingrijpende veranderingen;* ~de Maßnahmen *doortastende maatregelen.*

durchhalten I ⟨onov.ww.⟩ **0.1** ***volhouden*** *⇒doorzetten* ◆ **5.1** tapfer ~ *moedig volhouden;*

II ⟨ov.ww.⟩ **0.1** ***volhouden*** *⇒niet opgeven.*
durchhängen 0.1 ***doorhangen*** *⇒doorbuigen* **0.2** ⟨inf.⟩ ***zich slap voelen*** *⇒geen fut hebben* ◆ **5.2** völlig durchgehängt *helemaal futloos.*
durchhauen[1] **I** ⟨ov.ww.⟩ **0.1** ⟨hieb durch⟩ ***doorhouwen, -hakken*** **0.2** ⟨haute durch; inf.⟩ ***afranselen*** *⇒afrossen;*
II sich ~ ⟨wk.ww.⟩ **0.1** ⟨haute sich durch⟩ ***zich een weg banen, hakken.***
durchhauen[2] ⟨ov.ww.⟩ **0.1** ***doorhouwen, -hakken*** **0.2** ***een weg hakken door*** ◆ **1.2** einen Wald ~ *een weg door een bos hakken.*
durchhecheln 0.1 ***hekelen, over de hekel halen.***
durchheizen I ⟨onov.ww.⟩ **0.1** ***doorstoken;***
II ⟨ov.ww.⟩ **0.1** ***goed warm stoken.***
durchhelfen ⟨+ 3e nv.⟩ **0.1** ***erdoor helpen.***
Durchhieb ⟨m.⟩ **0.1** ***brandgang*** *⇒tra, sleuf.*
durchhören 0.1 ***erdoor, er bovenuit horen*** **0.2** ⟨fig.⟩ ***beluisteren.***
durchhungern, sich 0.1 ***er zich hongerlijdend doorheen slaan.***
durchirren 0.1 ***dwalen, dolen door.***
durchjagen[1] **I** ⟨onov.ww.⟩ **0.1** ***jagen, razen door;***
II ⟨ov.ww.⟩ **0.1** ***erdoor jagen*** *⇒snel afhandelen.*
durchjagen[2] ⟨ov.ww.⟩ **0.1** ***jagen door.***
durchkämmen 0.1 ***(door)kammen, goed kammen*** **0.2** ⟨fig.⟩ ***uitkammen*** *⇒zuiveren.*
durchkämpfen[1] **I** ⟨onov.ww.⟩ **0.1** ***doorvechten, blijven vechten;***
II ⟨ov.ww.⟩ **0.1** ***uitvechten*** *⇒tot een goed eind brengen;*
III sich ~ ⟨wk.ww.⟩ **0.1** ***zich (met geweld) een weg banen*** **0.2** ⟨fig.⟩ ***zich erdoor slaan*** ◆ **6.1** sich **durch** die Menge ~ *zich door de menigte een weg banen* **6.2** sich **zu** einer Entscheidung ~ *na veel strijd tot een beslissing komen.*
durchkämpfen[2] ⟨ov.ww.⟩⟨fig.⟩ **0.1** ***doorworstelen.***
durchkauen 0.1 ***goed, grondig kauwen*** **0.2** ⟨fig.⟩ ***herkauwen*** *⇒tot vervelens toe behandelen.*
durchklingen[1] ⟨onov.ww.⟩ **0.1** ***erdoor, er bovenuit klinken*** **0.2** ⟨fig.⟩ ***doorklinken*** *⇒te beluisteren zijn.*
durchklingen[2] ⟨ov.ww.⟩⟨schr.⟩ **0.1** ***doorklinken, klinken door.***
durchkneten 0.1 ***grondig, terdege kneden.***
durchknöpfen 0.1 ***helemaal met knopen sluiten.***
durchkommen 0.1 ***erdoor, er doorheen komen*** **0.2** ***doorkomen*** *⇒doorgegeven worden* **0.3** ***langs komen*** *⇒passeren* **0.4** ⟨fig.⟩ ***slagen (voor een examen)*** **0.5** ⟨fig.⟩ ***er goed doorheen komen*** *⇒het redden* ◆ **1.1** ⟨fig.⟩ der Chef kommt immer wieder bei ihm durch *steeds weer laat hij merken, dat hij de chef is* **1.5** der Kranke ist durchgekommen *de patiënt heeft het gehaald* **3.1** es war nicht durchzukommen *er was geen doorkomen aan* **6.4 mit** deinen Ausreden kommst du bei mir nicht durch *met je smoesjes heb je bij mij geen succes.*
durchkomponieren 0.1 ⟨muz.⟩ ***doorcomponeren*** **0.2** ⟨fig.⟩ ***nauwkeurig uitwerken.***
durchkönnen 0.1 ***erdoor, er langs kunnen.***
durchkosten ⟨schr.⟩ **0.1** ***(alles) proeven, proberen*** **0.2** ⟨fig.⟩ ***(moeten) meemaken*** *⇒doormaken, ondergaan.*
durchkreuzen[1] ⟨ov.ww.⟩ **0.1** ***doorstrepen.***
durchkreuzen[2] ⟨ov.ww.⟩ **0.1** ***doorkruisen*** *⇒bereizen* **0.2** ***tegenwerken*** *⇒verijdelen* ◆ **1.2** jmds. Pläne ~ *iemands plannen verijdelen.*
durchkriechen[1] ⟨onov.ww.⟩ **0.1** ***erdoor kruipen, kruipen door.***
durchkriechen[2] ⟨ov.ww.⟩ **0.1** ***kruipen door.***
durchkriegen ⟨inf.⟩ **0.1** ***doormidden krijgen*** **0.2** ***erdoor krijgen*** **0.3** ⟨fig.⟩ ***erdoor slepen*** ◆ **1.3** den Patienten ~ *de patiënt erdoor slepen.*
Durchlaß ⟨m.; Durchlasses, Durchlässe⟩ **0.1** ***doorlaat*** *⇒opening, doorgang* **0.2** ***het doorlaten*** ◆ **3.2** jmdm. freien ~ geben *iem. vrije doorgang geven.*
durchlassen 0.1 ***erdoor laten (gaan)*** *⇒toelaten, laten passeren* **0.2** ***doorlaten, niet dicht zijn*** **0.3** ⟨inf.; fig.⟩ ***laten passeren*** *⇒door de vingers zien* ◆ **4.3** jmdm. etwas ~ *iem. iets door de vingers zien.*
durchlässig 0.1 ***doorlatend*** *⇒poreus, lek* **0.2** ⟨fig.⟩ ***flexibel*** *⇒soepel* ◆ **3.2** etwas ~ gestalten *zorgen dat iets flexibel wordt.*
Durchlaucht ⟨acc. wiss.⟩⟨v.; ~, ~en⟩ **0.1** ***Doorluchtigheid.***
Durchlauf ⟨m.⟩ **0.1** ⟨comp.⟩ ***run, het laten lopen v.e. programma*** **0.2** ⟨sp.⟩ ***manche.***
durchlaufen[1] **I** ⟨onov.ww.⟩ **0.1** ***erdoor lopen, lopen door*** **0.2** ***er langs lopen*** *⇒passeren* **0.3** ***doorlopen*** *⇒doorsijpelen* **0.4** ***doorlopen*** *⇒één geheel vormen* **0.5** ⟨inf.⟩ ***(aan een stuk) doorlopen;***
II ⟨ov.ww.⟩ **0.1** ***doorlopen*** *⇒stuklopen.*
durchlaufen[2] ⟨ov.ww.⟩ **0.1** ***lopen door*** **0.2** ***(lopend) afleggen*** **0.3** ***doorlopen.***
Durchlauferhitzer ⟨m.; ~s, ~⟩ **0.1** ***geiser.***
durchleben 0.1 ***doorleven*** *⇒doormaken.*
durchleiden ⟨schr.⟩ **0.1** ***doorstaan*** *⇒moeten doormaken.*
durchlesen 0.1 ***(helemaal) doorlezen.***
durchleuchten[1] ⟨ov.ww.⟩ **0.1** ***erdoor schijnen, schijnen door.***
durchleuchten[2] ⟨ov.ww.⟩ **0.1** ***doorschijnen*** **0.2** ***doorlichten*** **0.3** ⟨fig.⟩ ***doorlichten*** *⇒onder de loep nemen* ◆ **1.3** eine Angelegenheit ~ *een kwestie kritisch bekijken.*
durchliegen I ⟨ov.ww.⟩ **0.1** ***door-, stukliggen;***
II sich ~ ⟨wk.ww.⟩ **0.1** ***doorliggen.***
durchlochen 0.1 ***perforeren*** *⇒doorboren, ponsen.*
durchlöchern 0.1 ***gaten maken in*** *⇒doorzeven, perforeren* **0.2** ⟨fig.⟩ ***uithollen*** *⇒ondermijnen* ◆ **1.2** Vorschriften ~ *voorschriften uithollen.*
durchlotsen 0.1 ***loodsen, manoeuvreren door.***
durchlüften 0.1 ***ventileren*** *⇒(goed) luchten.*
durchmachen ⟨inf.⟩ **I** ⟨onov.ww.⟩ **0.1** ***(aan een stuk) doorgaan;***
II ⟨ov.ww.⟩ **0.1** ***doorlopen*** *⇒volgen* **0.2** ***doormaken*** *⇒meemaken* ◆ **1.1** eine Berufsausbildung ~ *een beroepsopleiding volgen.*
Durchmarsch ⟨m.⟩ **0.1** ***doormars, -tocht*** **0.2** ⟨inf.; scherts.⟩ ***diarree.***
durchmengen 0.1 ***goed mengen.***
durchmessen[1] ⟨ov.ww.⟩ **0.1** ***(op)meten.***
durchmessen[2] ⟨ov.ww.⟩⟨schr.⟩ **0.1** ***schrijden, lopen door*** **0.2** ***afleggen.***
Durchmesser ⟨m.; mv. ~⟩ **0.1** ***middellijn*** *⇒diameter, doorsnede.*
durchmischen 0.1 ***met elkaar vermengen.***
durchmogeln, sich ⟨inf.; pej.⟩ **0.1** ***met bedrog, knoeierijen aan de kost komen.***
durchmüssen ⟨inf.⟩ **0.1** ***erdoor, er doorheen moeten.***
durchmustern 0.1 ***grondig nazien.***
Durchnahme ⟨v.; ~⟩ **0.1** ***het doornemen, -werken.***
durchnässen 0.1 ***doornat maken*** ◆ **6.1** bis **auf** die Haut durchnäßt *helemaal doorweekt.*
durchnehmen 0.1 ***doornemen*** *⇒behandelen* **0.2** ⟨inf.; pej.⟩ ***over de hekel halen.***
durchorganisieren 0.1 ***tot in de puntjes organiseren.***
durchpauken ⟨inf.⟩ **0.1** ***er grondig instampen*** **0.2** ***doorzetten*** *⇒erdoor slepen.*

durchpausen **0.1** *calqueren, doortrekken.*
durchpeitschen **0.1** *met de zweep afranselen* **0.2** ⟨fig.⟩ *erdoor jagen.*
durchpflügen[1] ⟨ov.ww.⟩ **0.1** *goed, grondig ploegen.*
durchpflügen[2] ⟨ov.ww.⟩ **0.1** *doorploegen, ploegen door* **0.2** ⟨fig.⟩ *grondig doorwerken* ⇒*secuur nagaan.*
durchplanen **0.1** *tot in details plannen.*
durchplumpsen ⟨inf.⟩ **0.1** *erdoor vallen, smakken* **0.2** ⟨fig.⟩ *zakken* ⇒*bakken, sjezen.*
durchproben ⟨dram.⟩ **0.1** *helemaal repeteren.*
durchprügeln ⟨inf.⟩ **0.1** *afranselen* ⇒*afrossen.*
durchqueren **0.1** *(dwars) oversteken* ⇒*doorkruisen.*
durchrasen[1] ⟨onov.ww.⟩ **0.1** *erdoor, er langs razen.*
durchrasen[2] ⟨ov.ww.⟩ **0.1** *razen door.*
durchrasseln ⟨inf.⟩ **0.1** *zakken* ⇒*bakken, sjezen.*
durchrationalisieren **0.1** *geheel, grondig rationaliseren.*
durchrauschen **0.1** *ruisend gaan door* **0.2** ⟨inf.⟩ *zakken* ⇒ *bakken, sjezen.*
durchrechnen **0.1** *doorrekenen* ⇒*goed, vanaf het begin narekenen.*
durchreiben **0.1** *doorwrijven* ⇒*stukwrijven.*
Durchreiche ⟨v.; ~, ~n⟩ **0.1** *doorgeef-, dienluik.*
durchreichen **0.1** *(aan)reiken door.*
Durchreise ⟨v.⟩ **0.1** *doorreis, -tocht.*
durchreisen[1] ⟨onov.ww.⟩ **0.1** *reizen door* **0.2** *door-, verderreizen.*
durchreisen[2] ⟨ov.ww.⟩ **0.1** *doorreizen* ⇒*reizend doortrekken, erdoor reizen.*
Durchreisende(r) ⟨bn. als zn.⟩ **0.1** *iem. op doorreis.*
durchreißen **I** ⟨onov.ww.⟩ **0.1** *scheuren* ⇒*kapotgaan;*
II ⟨ov.ww.⟩ **0.1** *door-, stukscheuren.*
durchreiten[1] **I** ⟨onov.ww.⟩ **0.1** *te paard rijden door, langs* **0.2** *(aan één stuk) doorrijden;*
II ⟨ov.ww.⟩ **0.1** *door-, open-, stukrijden* **0.2** *dresseren* ◆ **1.2** ein durchgerittenes Pferd *een afgericht paard.*
durchreiten[2] ⟨ov.ww.⟩ **0.1** *(te paard) rijden door.*
durchrieseln[1] ⟨onov.ww.⟩ **0.1** *druppelen door.*
durchrieseln[2] ⟨ov.ww.⟩⟨fig.⟩ **0.1** *vervullen* ⇒*stromen, gaan door* ⟨van gevoelens⟩ ◆ **5.1** es durchrieselt ihn kalt *de koude rillingen lopen hem over de rug.*
durchringen, sich **0.1** *terrein winnen* ⇒*doordringen* ◆ **6.1** ⟨fig.⟩ sich **zu** einem Entschluß ~ *na innerlijke strijd tot een besluit komen.*
durchrinnen[1] ⟨onov.ww.⟩ **0.1** *stromen, vloeien door.*
durchrinnen[2] ⟨ov.ww.⟩ **0.1** *doorstromen, stromen, vloeien door.*
durchrollen **0.1** *erdoor rollen, rollen door* **0.2** *door-, verderrollen.*
durchrufen ⟨inf.⟩ **0.1** *opbellen, telefoneren.*
durchrühren **0.1** *(goed) doorroeren* ⇒*omroeren* **0.2** *erdoor roeren.*
durchrutschen **0.1** *erdoor glippen, glijden* **0.2** *ontglippen* ⇒*per ongeluk doen.*
durchrütteln **0.1** *door elkaar schudden.*
Durchsage ⟨v.; ~, ~n⟩ **0.1** *mededeling* ⇒*melding.*
durchsagen **0.1** *omroepen* **0.2** *doorgeven.*
durchsägen **0.1** *doorzagen.*
durchsausen ⟨inf.⟩ **0.1** *erdoor suizen, razen* **0.2** *zakken* ⇒ *bakken, sjezen.*
durchschaben **0.1** *doorschuren* ⇒*doorslijten.*
durchschallen[1] ⟨onov.ww.⟩ **0.1** *klinken, schallen door.*
durchschallen[2] ⟨ov.ww.⟩ **0.1** *doorklinken* ⇒*schallen, klinken door.*
durchschalten **0.1** *doorverbinden* **0.2** *snel opschakelen* ⟨v.e. motor⟩.
durchschaubar **0.1** *te doorzien* ⇒*begrijpelijk.*
durchschauen[1] ⟨onov.ww.⟩ **0.1** *erdoor kijken, zien* **0.2** ⟨fig.⟩ *begrijpen* ⇒*doorhebben* ◆ **5.2** endlich schaue ich durch *eindelijk heb ik 't in de gaten.*
durchschauen[2] ⟨ov.ww.⟩ **0.1** *doorzien* ⇒*doorgronden, door hebben.*
durchschauern **0.1** *doorhuiveren* ⇒*als een huivering gaan door.*
durchscheinen[1] ⟨onov.ww.⟩ **0.1** *schijnen door.*
durchscheinen[2] ⟨ov.ww.⟩ **0.1** *doorschijnen.*
durchscheinend **0.1** *doorschijnend* ⇒*doorzichtig.*
durchscheuern **0.1** *door-, stukschuren.*
durchschieben **0.1** *erdoor schuiven, duwen.*
durchschießen[1] ⟨ov.ww.⟩ **0.1** *erdoor schieten, schieten door.*
durchschießen[2] ⟨ov.ww.⟩ **0.1** *schieten door* ⇒*met een kogel doorboren* **0.2** ⟨boek.⟩ *doorschieten* **0.3** ⟨boek.⟩ *meer tussenruimte, wit aanbrengen* **0.4** ⟨fig.⟩ *schieten, flitsen door* ◆ **1.1** ganz durchschossen *helemaal met kogels doorzeefd.*
durchschimmern **0.1** *doorschemeren.*
durchschlafen[1] ⟨onov.ww.⟩ **0.1** *(aan een stuk) doorslapen.*
durchschlafen[2] ⟨ov.ww.⟩ **0.1** *slapend doorbrengen.*
Durchschlag ⟨m.⟩ **0.1** *doorslag* ⇒*drevel* **0.2** *doorslag* ⇒ *vergiet(test)* **0.3** *doorslag* ⇒*doorgeslagen opening* **0.4** *doorslag* ⟨bij het typen⟩.
durchschlagen[1] **I** ⟨onov.ww.⟩ **0.1** *doorslaan* ⇒*(vocht) doorlaten* **0.2** *doorwerken* ⇒*gevolgen hebben voor* **0.3** *laxerend werken* **0.4** ⟨tech.⟩ *doorslaan* ◆ **1.2** das Temperament des Vaters schlägt bei ihm durch *het temperament van de vader vind je bij hem terug* **6.2** die hohen Löhne schlagen **auf** die Preise durch *de hoge lonen werken door in de prijzen;*
II ⟨ov.ww.⟩ **0.1** *doorslaan* ⇒*in tweeën slaan* **0.2** *doorslaan, er doorheen slaan* **0.3** *zeven* ⇒*builen, doorslaan* **0.4** *een doorslag maken van;*
III sich ~ ⟨wk.ww.⟩ **0.1** *zich erdoor slaan* ⇒*zich een weg banen* **0.2** ⟨fig.⟩ *zich er doorheen slaan* ⇒*het wel redden.*
durchschlagen[2] ⟨ov.ww.⟩ **0.1** *doorboren* ⇒*er doorheen slaan.*
durchschlagend **0.1** *doorslaand* ⇒*afdoend, overtuigend.*
Durchschlagskraft ⟨v.⟩ **0.1** ⟨mil.⟩ *doordringingsvermogen* **0.2** ⟨fig.⟩ *effect* ⇒*(uit)werking, overtuigingskracht.*
durchschlängeln, sich **0.1** *(zich) kronkelen, slingeren door* ◆ **6.1** ⟨fig.⟩ sich **durch** die Gesetze ~ *tussen de klippen van de wetten door manoeuvreren.*
durchschleichen[1] ⟨onov.ww.⟩ **0.1** *erdoor sluipen, sluipen door.*
durchschleichen[2] ⟨ov.ww.⟩ **0.1** *sluipend gaan door, sluipen door.*
durchschleppen **0.1** *erdoor slepen.*
durchschleusen **0.1** *schutten, sluizen* **0.2** ⟨fig.⟩ *erdoor loodsen.*
Durchschlupf ⟨m.; ~(e)s, ~e⟩ **0.1** *sluipgaatje.*
durchschlüpfen **0.1** *erdoor glippen, doorglippen.*
durchschneiden[1] ⟨ov.ww.⟩ **0.1** *doorsnijden, -knippen.*
durchschneiden[2] ⟨ov.ww.⟩ **0.1** *doorsnijden* ⇒*in tweeën snijden* **0.2** ⟨fig.⟩ *doorsnijden* ⇒*doorklieven.*
Durchschnitt ⟨m.⟩ **0.1** *doorsnede* ⇒*snijvlak, profiel* **0.2** *doorsne(d)e* ⇒*gemiddelde* **0.3** ⟨wisk.⟩ *gemiddelde* ◆ **2.2** er ist guter ~ *hij is iets meer dan gemiddeld* **6.2** **im** ~ zwei Wochen *gemiddeld twee weken.*
durchschnittlich[1] ⟨bn.⟩ **0.1** *gemiddeld* **0.2** *gewoon* ⇒*normaal, gebruikelijk, modaal* **0.3** *gemiddeld* ⇒*middelmatig* ◆ **1.3** eine ~e Begabung *een middelmatige aanleg.*

durchschnittlich[2] ⟨bw.⟩ **0.1** ***gemiddeld*** ⇒*in doorsne(d)e, in het algemeen.*

Durchschnittsalter ⟨o.⟩ **0.1** ***gemiddelde leeftijd.***

Durchschnittsbegabung ⟨v.⟩ **0.1** ***middelmatige aanleg.***

Durchschnittseinkommen ⟨o.⟩ **0.1** ***gemiddeld inkomen*** **0.2** ***modaal inkomen.***

Durchschnittsgeschwindigkeit ⟨v.⟩ **0.1** ***gemiddelde snelheid.***

Durchschnittsgesicht ⟨o.⟩ **0.1** ***alledaags gezicht.***

Durchschnittstemperatur ⟨v.⟩ **0.1** ***gemiddelde temperatuur.***

durchschnüffeln ⟨acc. wiss.⟩ **0.1** ***snuffelen door, doorsnuffelen.***

Durchschreibeblock ⟨m.⟩ **0.1** ***doorschrijfblok.***

durchschreiben **0.1** ***doorschrijven, een doorslag maken*** **0.2** ***per telex doorgeven.***

durchschreiten ⟨schr.⟩ **0.1** ***erdoor (heen) stappen, lopen*** **0.2** ***stappen, lopen door.***

Durchschrift ⟨v.⟩ **0.1** ***doorslag*** ⇒*afschrift.*

Durchschuß ⟨m.⟩ **0.1** ***doorboring*** ⇒*schot er (dwars) doorheen* **0.2** ⟨boek.⟩ ***interlinie, regelafstand*** **0.3** ⟨ind.⟩ ***inslag*** ⇒*schietdraad.*

durchschütteln **0.1** ***doorschudden, door elkaar schudden.***

durchschweifen ⟨schr.⟩ **0.1** ***dwalen, zwerven door.***

durchschwimmen[1] ⟨onov.ww.⟩ **0.1** ***zwemmen door*** **0.2** ***(aan één stuk) doorzwemmen.***

durchschwimmen[2] ⟨ov.ww.⟩ **0.1** ***zwemmen door.***

durchsegeln[1] ⟨onov.ww.⟩ **0.1** ***zeilen door*** **0.2** ⟨school.⟩ ***sjezen*** ⇒*bakken.*

durchsegeln[2] ⟨ov.ww.⟩ **0.1** ***met een zeilschip bevaren.***

durchsehen I ⟨onov.ww.⟩ **0.1** ***kijken door*** **0.2** ⟨inf.⟩ ***het door hebben*** ⇒*snappen;*
II ⟨ov.ww.⟩ **0.1** ***doorkijken*** ⇒*vluchtig doornemen* **0.2** ***nagaan*** ⇒*grondig doornemen.*

durchseihen **0.1** ***zeven, filtreren*** ⇒*klenzen.*

durchsein ⟨inf.⟩ **0.1** ***erdoor, er langs zijn*** **0.2** ***erdoor zijn*** ⇒ *het achter de rug hebben* **0.3** ***door, kapot zijn*** **0.4** ***rijp, gaar zijn*** ⇒*goed doortrokken* ◆ **5.¶** ⟨inf.⟩ bei jmdm. unten ~ *het bij iem. verbruid hebben.*

durchsetzbar **0.1** ***realiseerbaar*** ⇒*uitvoerbaar, haalbaar.*

durchsetzen[1] **I** ⟨ov.ww.⟩ **0.1** ***doorzetten*** ⇒*doordrijven* ◆ **1.1** ⟨inf.⟩ immer seinen Kopf ~ *altijd zijn zin doordrijven;*
II sich ~ ⟨wk.ww.⟩ **0.1** ***zich handhaven*** ⇒*terrein winnen, succes hebben* ◆ **1.1** die Neuerung setzte sich durch *de vernieuwing won terrein.*

durchsetzen[2] ⟨ov.ww.⟩ **0.1** ***vermengen*** ⇒*afwisselen, doorspekken* ◆ **6.1 mit** Witzen durchsetzt *doorspekt met grappen.*

Durchsetzungsvermögen ⟨o.⟩ **0.1** ***doorzettingsvermogen*** ⇒*vasthoudendheid.*

Durchsicht ⟨v.⟩ **0.1** ***het doorzien*** ⇒*het doornemen, inzage* **0.2** ***doorkijk(je)*** ◆ **1.1** die ~ der Posteingänge *het doornemen van de binnengekomen post.*

durchsichtig **0.1** ***doorzichtig*** **0.2** ⟨fig.⟩ ***doorzichtig*** ⇒*duidelijk* ◆ **1.2** ~e Absichten *duidelijke bedoelingen.*

Durchsichtigkeit ⟨v.; ~⟩ **0.1** ***doorzichtigheid.***

durchsickern **0.1** ***doorsijpelen*** ⇒*uitlekken, langzaam doordringen.*

durchsieben[1] ⟨ov.ww.⟩ **0.1** ***door de zeef doen, roeren*** **0.2** ⟨fig.⟩ ***streng selecteren.***

durchsieben[2] ⟨ov.ww.⟩ **0.1** ***doorzeven.***

durchsitzen I ⟨ov.ww.⟩ **0.1** ***doorzitten*** ◆ **1.1** eine Hose ~ *een broek doorzitten;*
II sich ~ ⟨wk.ww.⟩ **0.1** ***door zitten verslijten.***

durchspielen I ⟨onov.ww.⟩ **0.1** ***door-, verderspelen;***
II ⟨ov.ww.⟩ **0.1** ***doorspelen, van begin tot eind spelen*** **0.2** ***goed nadenken over*** ⇒*nagaan* ◆ **1.1** eine Szene nochmal ~ *een scène nog een keer doorspelen;*
III sich ~ ⟨wk.ww.⟩ **0.1** ***door de verdediging breken.***

durchsprechen **0.1** ***doorspreken*** ⇒*uitvoerig bespreken.*

durchspringen[1] ⟨onov.ww.⟩ **0.1** ***erdoor springen, springen door.***

durchspringen[2] ⟨ov.ww.⟩ **0.1** ***springen door.***

durchspülen **0.1** ***doorspoelen*** ⇒*goed (uit)spoelen.*

durchstarten **0.1** ***doorstarten*** ⟨v.e. vliegtuig⟩ **0.2** ***flink gas geven*** ⟨bij het starten⟩.

durchstechen[1] **I** ⟨onov.ww.⟩ **0.1** ***erdoor steken;***
II ⟨ov.ww.⟩ **0.1** ***steken door.***

durchstechen[2] ⟨ov.ww.⟩ **0.1** ***doorsteken*** ⇒*doorboren.*

Durchstecherei ⟨v.; ~, ~en⟩ **0.1** ***bedrog, knoeierij.***

durchstehen ⟨acc. wiss.⟩ **0.1** ***doorstaan*** ⇒*doormaken* **0.2** ⟨sp.⟩ ***niet vallen*** ⟨skiën⟩ ◆ **1.1** Schwierigkeiten ~ *moeilijkheden doorstaan.*

Durchstehvermögen ⟨o.⟩ **0.1** ***volhardingsvermogen.***

durchsteigen[1] ⟨onov.ww.⟩ **0.1** ***klimmen door*** **0.2** ⟨inf.; fig.⟩ ***snappen*** ⇒*doorhebben.*

durchsteigen[2] ⟨ov.ww.⟩ **0.1** ***beklimmen.***

durchstellen **0.1** ***doorverbinden.***

durchsteppen **0.1** ***doorstikken.***

Durchstich ⟨m.⟩ **0.1** ***het doorsteken*** **0.2** ***doorsteek.***

Durchstieg ⟨m.; ~(e)s, ~e⟩ **0.1** ***opening om door te klimmen.***

durchstöbern **0.1** ***doorsnuffelen*** ⇒*grondig doorzoeken.*

Durchstoß ⟨m.⟩ **0.1** ***het doorstoten*** ⇒*doorbraak.*

durchstoßen[1] **I** ⟨onov.ww.⟩ **0.1** ***doorstoten*** ⇒*doorbreken;*
II ⟨ov.ww.⟩ **0.1** ***stoten door*** **0.2** ***door-, kapotstoten.***

durchstoßen[2] ⟨ov.ww.⟩ **0.1** ***doorstoten*** ⇒*doorbreken.*

durchstreichen[1] ⟨ov.ww.⟩ **0.1** ***doorstrepen, -halen.***

durchstreichen[2] ⟨ov.ww.⟩ **0.1** ***doorzwerven*** ⇒*zwervend trekken door.*

durchstreifen **0.1** ***zwerven door*** ⇒*zwervend trekken door* **0.2** ***patrouilleren door.***

durchströmen[1] ⟨onov.ww.⟩ **0.1** ***stromen door.***

durchströmen[2] ⟨ov.ww.⟩ **0.1** ***doorstromen*** **0.2** ⟨fig.⟩ ***doorstromen*** ⇒*vervullen.*

durchsuchen **0.1** ***doorzoeken*** ⇒*fouilleren.*

Durchsuchungsbefehl ⟨m.⟩ **0.1** ***bevel tot huiszoeking.***

durchsumpfen ⟨inf.⟩ **0.1** ***doorzakken*** ⇒*doorpimpelen.*

durchtanzen[1] **I** ⟨onov.ww.⟩ **0.1** ***doordansen, doorgaan met dansen;***
II ⟨ov.ww.⟩ **0.1** ***door-, stukdansen.***

durchtanzen[2] ⟨ov.ww.⟩ **0.1** ***dansend doorbrengen.***

durchtasten, sich **0.1** ***tastend z'n weg vinden.***

durchtelefonieren **0.1** ***telefonisch doorgeven.***

durchtesten **0.1** ***grondig testen.***

durchtrainieren **0.1** ***grondig, door en door trainen.***

durchtränken **0.1** ***doordrenken.***

durchtreiben **0.1** ***erdoor drijven, jagen*** **0.2** ***erdoor slaan, hameren.***

durchtrennen ⟨acc. wiss.⟩ **0.1** ***doorsnijden, -knippen.***

durchtreten I ⟨onov.ww.; s.⟩ **0.1** ***naar buiten dringen, stromen*** **0.2** ***doorlopen*** ⇒*opschuiven* ◆ **6.1 durch** die Wand war Strahlung durchgetreten *door de wand was straling gedrongen;*
II ⟨ov.ww.; h.⟩ **0.1** ***intrappen*** **0.2** ***door-, stuklopen.***

durchtrieben **0.1** ***geslepen*** ⇒*doortrapt, sluw.*

Durchtriebenheit ⟨v.; ~, ~en⟩ **0.1** ***doortrapte, sluwe streek*** **0.2** ***doortraptheid.***

Durchtrittsstelle ⟨v.⟩ **0.1** ***plaats waar iets naar buiten dringt.***

durchwachen[1] (onov.ww.) **0.1** ***blijven waken.***

durchwachen[2] (ov.ww.) **0.1** ***wakend doorbrengen.***

durchwachsen[1] (onov.ww.) **0.1** ***erdoor, er doorheen groeien.***

durchwachsen[2] (bn.) **0.1** ***doorgroeid*** **0.2** (inf.; scherts.) ***middelmatig*** *⇒het houdt niet over, nogal wisselend* ◆ **1.1** ~er Speck *doorregen spek* **3.2** das Wetter war ziemlich ~ *het weer was nogal veranderlijk.*

Durchwahleinrichtung (v.) **0.1** ***doorkiessysteem.***

durchwählen (com.) **0.1** ***doorkiezen.***

Durchwahlnummer (v.) **0.1** ***doorkiesnummer.***

durchwandern[1] (onov.ww.) **0.1** ***verder trekken, gaan.***

durchwandern[2] (ov.ww.) **0.1** ***een voettocht maken, trekken door.***

durchwärmen (acc. wiss.) **I** (ov.ww.) **0.1** ***goed, door en door (ver)warmen;***
II sich ~ (wk.ww.) **0.1** ***(weer) helemaal warm worden.***

durchwaten[1] (onov.ww.) **0.1** ***waden door.***

durchwaten[2] (ov.ww.) **0.1** ***doorwaden.***

durchweben[1] (ov.ww.) **0.1** ***doorweven, door iets heen weven.***

durchweben[2] (ov.ww.) **0.1** ***doorweven, erdoor weven.***

durchweg **0.1** ***altijd*** *⇒geheel en al* ◆ **4.1** ~ alle sind einverstanden *ze zijn het er allen zonder uitzondering mee eens.*

durchwehen[1] (onov.ww.) **0.1** ***waaien door.***

durchwehen[2] (ov.ww.) **0.1** ***doorwaaien.***

durchweichen[1] (onov.ww.) **0.1** ***door en door nat, helemaal week worden.***

durchweichen[2] (ov.ww.) **0.1** ***doorweken, doornat maken.***

durchwetzen **0.1** ***door-, stukslijpen*** *⇒door-, stukslijten.*

durchwinden[1]**, sich** (wk.ww.) **0.1** ***zich wringen door.***

durchwinden[2] (ov.ww.) **0.1** ***erdoor winden, vlechten.***

durchwintern **0.1** ***door de winter heen brengen.***

durchwirken[1] (ov.ww.) **0.1** ***goed kneden.***

durchwirken[2] (ov.ww.) **0.1** ***doorweven.***

durchwollen (inf.) **0.1** ***erdoor, er langs willen (gaan).***

durchwühlen[1] **I** (ov.ww.) **0.1** ***woelen door, doorwoelen;***
II sich ~ (wk.ww.) **0.1** ***erdoor woelen*** *⇒(zich) erdoor wroeten.*

durchwühlen[2] (ov.ww.) **0.1** ***(woelend) doorzoeken*** **0.2** ***dooreen-, omwoelen*** *⇒overhoop halen.*

Durchwurf (m.) **0.1** ***grote (staande) zeef.***

durchwursteln, sich (inf.) **0.1** ***zich erdoor slaan*** *⇒het met moeite klaarspelen, redden.*

durchzählen **I** (onov.ww.) (mil.) **0.1** ***nummeren;***
II (ov.ww.) **0.1** ***af-, natellen.***

durchzeichnen **0.1** ***calqueren*** *⇒door-, overtrekken.*

durchziehen[1] **I** (onov.ww.) **0.1** ***trekken door*** *⇒er langs trekken, gaan* **0.2** (cul.) ***doortrekken;***
II (ov.ww.) **0.1** ***erdoor trekken, halen*** **0.2** ***er helemaal doortrekken*** **0.3** (inf.) ***tot een goed einde brengen*** *⇒voor elkaar krijgen* ◆ **1.3** trotz Schwierigkeiten ein Programm ~ *ondanks moeilijkheden een programma uitvoeren;*
III sich ~ (wk.ww.) (fig.) **0.1** ***gaan door*** ◆ **6.1** das Motiv zieht sich **durch** den ganzen Roman durch *het motief gaat door de hele roman heen.*

durchziehen[2] (ov.ww.) **0.1** ***trekken, gaan door*** **0.2** ***doorsnijden*** *⇒lopen door* **0.3** (schr.) ***vervullen*** *⇒zich meester maken van* **0.4** (fig.) ***gaan door*** ◆ **1.2** Flüsse ~ die Landschaft *rivieren doorsnijden het landschap.*

durchzittern **0.1** ***doortrillen, trillen door.***

durchzucken **0.1** ***flitsen, schieten door.***

Durchzug (m.) **0.1** ***het trekken door*** *⇒doortocht* **0.2** ***trek*** *⇒tocht* ◆ **3.2** ~ machen *laten doorwaaien* **6.2** (inf.) **auf** ~ schalten *het ene oor in, het andere uit laten gaan.*

Durchzügler (m.; ~s, ~) **0.1** ***vogel op doortrek.***

dürfen (→t24) **I** (ov.ww.) **0.1** ***mogen*** *⇒toestemming hebben* ◆ **4.1** dürft ihr das? *mogen jullie dat?;*
II (hww.) **0.1** ***mogen*** *⇒toestemming hebben* **0.2** ***mogen*** *⇒reden hebben tot* **0.3** ***mogen*** *⇒behoren* **0.4** ***mogen*** *⇒zou wenselijk, beter zijn* **0.5** (verleden tijd aanvoegende wijs) ***waarschijnlijk, mogelijk zijn*** *⇒zou kunnen* ◆ **3.2** Sie ~ stolz auf ihn sein *u kunt trots op hem zijn* **3.3** das hättest du nicht tun ~ *dat had je niet mogen doen* **3.4** das darf nicht wahr sein *dat kan niet waar zijn* **3.5** da dürften Sie sich irren *daar zou u zich wel eens kunnen vergissen.*

dürftig **0.1** ***armelijk*** *⇒schamel, karig* **0.2** (pej.) ***gebrekkig*** *⇒schamel(tjes), pover* ◆ **1.1** eine ~e Mahlzeit *een karig maal* **1.2** ~e Kenntnisse *gebrekkige kennis.*

Dürftigkeit (v.; ~) **0.1** ***behoeftigheid*** *⇒gebrek* **0.2** ***gebrekkigheid*** *⇒poverheid.*

dürr **0.1** ***dor*** *⇒uitgedroogd, verdord* **0.2** ***dor*** *⇒onvruchtbaar* **0.3** ***schraal, erg mager*** **0.4** (fig.) ***dor*** *⇒pover, schaars* ◆ **1.3** (inf.) er ist ein ~es Gerippe *hij is zo mager als een lat* **1.4** mit ~en Worten *met heel weinig woorden.*

Dürre (v.; ~, ~n) **0.1** ***droogte(periode)*** **0.2** ***dorheid*** ◆ **2.2** eine geistige ~ *schraalheid op geestelijk gebied.*

Dürrejahr (o.) **0.1** ***jaar van grote droogte.***

Dürrekatastrophe (v.) **0.1** ***rampzalige droogte.***

Durst (m.; ~(e)s) **0.1** ***dorst*** **0.2** (schr.; fig.) ***dorst*** *⇒sterk verlangen, begeerte* ◆ **6.1** ~ **auf** Bier *zin in bier;* (inf.) einen **über** den ~ trinken *te diep in het glaasje kijken.*

dursten, dürsten (schr.) **0.1** ***dorsten.***

durstig **0.1** ***dorstig*** ◆ **1.1** eine ~e Kehle *iem. die dorstig is.*

Durststrecke (v.) (fig.) **0.1** ***periode van ontberingen.***

Dusche (v.; ~, ~n) **0.1** ***douche*** **0.2** ***douche(cel)*** **0.3** ***douche*** *⇒stortbad* ◆ **2.3** (fig.) eine kalte ~ *een koude douche, een teleurstelling, ontnuchtering.*

duschen **0.1** ***douchen.***

Duschhaube (v.) **0.1** ***douchemuts.***

Duschkabine (v.) **0.1** ***douchecabine, -cel.***

Duschvorhang (m.) **0.1** ***douchegordijn.***

Düse (v.; ~, ~n) **0.1** ***sproeier*** *⇒sproeierdop* **0.2** ***straalpijp.***

Dusel (m.; ~s) (inf.) **0.1** ***mazzel*** *⇒geluk.*

duselig (inf.) **0.1** ***slaapdronken*** *⇒duizelig, versuft.*

duseln (inf.) **0.1** ***soezen*** *⇒dommelen.*

düsen (inf.) **0.1** ***(voort)razen*** *⇒stuiven.*

Düsenantrieb (m.) **0.1** ***straalaandrijving.***

Düsenbomber (m.) **0.1** ***straalbommenwerper.***

Düsenflugzeug (o.) **0.1** ***straalvliegtuig, jet.***

Düsenjäger (m.) **0.1** ***straaljager.***

Düsentriebwerk (o.) **0.1** ***straalmotor.***

Dussel (m.; ~, ~(s)) (inf.) **0.1** ***sufferd*** *⇒ezel.*

Dusselei (v.; ~, ~en) (inf.) **0.1** ***stommiteit*** *⇒dwaasheid.*

dusselig (inf.) **0.1** ***suf*** *⇒stom.*

Dusseligkeit (v.; ~, ~en) (inf.) **0.1** ***stommiteit*** *⇒dwaasheid.*

dußlig →**dusselig.**

duster (Ndd.; inf.) **0.1** ***donker*** *⇒duister.*

düster **0.1** ***donker*** **0.2** ***duister*** *⇒pessimistisch, somber* **0.3** ***duister*** *⇒obscuur* **0.4** ***vaag*** *⇒onduidelijk* **0.5** ***donker*** *⇒beklemmend, akelig* **0.6** ***somber*** *⇒zwaarmoedig, triest* ◆ **1.2** eine ~e Prognose *een sombere prognose* **1.4** eine ~e Ahnung *een vaag vermoeden* **1.6** ein ~er Mensch *een zwaarmoedig iemand.*

Dutt (m.; ~(e)s, ~e) (inf.) **0.1** ***(haar)knoet(je), dot.***

Dutzend (o.; ~s, ~e) **0.1** ***dozijn*** ◆ **6.1** (inf.) davon gehen zwölf **aufs** ~ *daarvan gaan er twaalf, dertien in een dozijn;* sie kamen **in, zu** ~en *ze kwamen bij tientallen;* ~e **von** Menschen *tientallen mensen.*

dutzendfach **0.1** ***dikwijls*** *⇒herhaaldelijk, vaak.*

Dutzendgesicht (o.)(pej.) **0.1** ***heel alledaags gezicht.***
dutzendmal (inf.) **0.1** ***(zo) vaak, dikwijls.***
Dutzendware (v.)(pej.) **0.1** ***massaproduct*** ⇒*ramsj.*
dutzendweise 0.1 ***bij dozijnen*** ⇒*bij tientallen* **0.2** ***per dozijn.***
Duzbruder (m.) **0.1** ***goeie vriend, intimus.***
duzen 0.1 ***met jij en jou aanspreken, tutoyeren.***
Duzfreund (m.) **0.1** ***goeie vriend.***
Duzfuß (m.) ◆ **¶.¶** mit jmdm. auf (dem) ~ stehen *iem. tutoyeren.*
DVU (v.; ~)(afk.) [Deutsche Volksunion].
Dynamik (v.; ~) **0.1** ***dynamiek*** ⇒*vaart* **0.2** (nat.) ***dynamica.***
dynamisch 0.1 ***dynamisch*** ◆ **1.1** ~e Gesetze *wetten uit de dynamica.*
Dynamismus (m.; ~s) **0.1** (nat.) ***dynamica*** **0.2** (fil.) ***dynamisme.***
Dynamit (o.; ~s) **0.1** ***dynamiet.***
Dynamo (m.; ~s, ~s) **0.1** ***dynamo.***
Dynamomaschine (v.) **0.1** ***generator.***
Dynamometer (o.) **0.1** ***dynamo-, krachtmeter.***
Dynast (m.; ~en, ~en) **0.1** ***dynast*** ⇒*vorst, heerser.*
Dynastie (v.; ~, ~n) **0.1** ***dynastie, vorstenhuis.***
dynastisch 0.1 ***dynastiek.***
D-Zug (m.) **0.1** ***D-trein.***
D-Zug-Tempo (o.)(inf.) **0.1** ***sneltreinvaart.***

e, E (o.; ~, ~) **0.1** ***e, E*** ⇒*klank e, letter e, E.*
E (afk.) →**Eilzug.**
Ebbe (v.; ~, ~n) **0.1** ***eb(be), laagwater*** **0.2** (fig.) ***eb*** ⇒*achteruitgang, recessie* ◆ **3.¶** (inf.) bei mir herrscht, ist ~ *ik ben blut.* →**Flut.**
ebben 0.1 ***ebben, eb worden.***
ebd. (afk.) →**ebenda.**
eben[1] (bn.) **0.1** ***effen, egaal*** ⇒*glad, plat* ◆ **3.1** ein Terrain ~ machen *een terrein egaliseren* **6.1 zu** ~er Erde wohnen *gelijkvloers wonen.*
eben[2] (bw.) **0.1** ***(zo)juist, pas*** **0.2** ***net, met pijn en moeite*** **0.3** ***bepaald*** ⇒*uitgesproken* **0.4** ***nu eenmaal*** ⇒*eenvoudig-, gewoonweg* **0.5** ***juist, precies*** **0.6** ***inderdaad, zeker*** **0.7** (reg.; inf.) ***eventjes, snel even, vlug*** ◆ **3.5** das ist es ~ *dat is het 'm juist* **5.4** dann ~ nicht! *dan maar niet!* **¶.6** Sie waren doch in Köln? ~! *u was toch in Keulen? Inderdaad!*
Ebenbild (o.) **0.1** ***evenbeeld.***
ebenbürtig 0.1 ***gelijkwaardig, opgewassen tegen*** ◆ **3.1** er ist ihr ~ *hij is haars gelijke.*
ebenda 0.1 ***(al)daar*** ⇒*terzelfder, ter aangehaalder plaatse.*
ebendaher (acc. wiss.) **0.1** (bw. van plaats) ***er juist vandaan*** **0.2** (voornaamwoordelijk bw.) ***juist daarom, vandaar.***
ebendahin 0.1 (bw. van plaats) ***juist daarheen*** **0.2** (voornaamwoordelijk bw.) ***juist in die richting.***
ebendarum 0.1 ***juist daarom, om die reden.***
ebender 0.1 ***juist die(gene).***
Ebene (v.; ~, ~n) **0.1** ***vlakte*** **0.2** ***gebied, terrein*** ⇒*niveau* **0.3** (wisk.) ***plat vlak*** ◆ **6.2 auf** höchster ~ *op het hoogste niveau* **6.3** (fig.) er ist **auf** die schiefe ~ geraten *hij is op het hellend vlak geraakt.*
ebenen →**ebnen.**
ebenerdig 0.1 ***gelijkvloers.***
ebenfalls 0.1 ***eveneens, evenzo*** ⇒*insgelijks, mede.*
Ebenholz (o.) **0.1** ***ebbenhout.***
Ebenmaß (o.) **0.1** ***gelijkmatigheid*** ⇒*harmonie, regelmatigheid.*
ebenmäßig 0.1 ***gelijkmatig*** ⇒*harmonisch, regelmatig.*
ebenso 0.1 ***even, evenzo.***
ebensosoviel 0.1 ***evenveel, net zo veel.***
ebensowenig[1] (onb.vnw.) **0.1** ***even weinig, net zo weinig.***
ebensowenig[2] (bw.) **0.1** ***evenmin, net zo min.***
Eber (m.; ~s, ~) **0.1** ***beer, mannetjesvarken.***
Eberesche (v.)(plantk.) **0.1** ***lijsterbes, kwalster.***
ebnen 0.1 ***effenen*** ⇒*egaliseren, glad maken* ◆ **1.1** jmdm. den Weg ~ *het pad voor iem. effenen.*
Ebonit (o.; ~s) **0.1** ***eboniet.***
EC (m.)(afk.) [EuroCity].
Echo (o.; ~s, ~s) **0.1** ***echo, weerklank*** ⇒*reactie, respons* ◆ **3.1** kein ~ finden *geen respons krijgen.*
echoen I (ov.ww.) **0.1** ***echoën*** ⇒*herhalen, nabootsen;* **II** (onp.ww.) **0.1** ***echoën, weergalmen.***
Echolot (o.) **0.1** ***echolood.***
Echo|lotung, -ortung (v.) **0.1** ***echopeiling.***
Echse (v.; ~, ~n) **0.1** ***hagedis.***
echt 0.1 ***echt*** ⇒*onvervalst, origineel* **0.2** ***echt*** ⇒*oprecht, waar(achtig)* **0.3** ***echt*** ⇒*kenmerkend voor, typisch* **0.4** ***echt*** ⇒*heus, werkelijk* **0.5** (wisk.) ***echt (v.e. breuk)*** **0.6**

⟨schei.⟩ *(kleur)echt* ◆ **1.1** ein ~er Pudel *een rasechte poedel* **1.4** ein ~es Problem *een werkelijk probleem.*
Echtheit ⟨v.; ~⟩ **0.1** ***echtheid.***
Echtsilber ⟨o.⟩ **0.1** ***echt, massief zilver.***
Eck ⟨o.; ~(e)s, ~e; Oostr. mv. ~en⟩ **0.1** ⟨Zdd., Oostr.⟩ ***hoek*** **0.2** ⟨sp.⟩ ***hoek*** ⟨v.e. doel⟩ ◆ **6.1 über(s)** ~ *diagonaal* **6.¶** ⟨sp.⟩ **im** ~ sein *niet in vorm zijn.*
Eckball ⟨m.⟩ **0.1** ***corner, hoekbal, -schop.***
Eckdaten ⟨alleen mv.⟩ **0.1** ***doelstellingen, uitgangspunten*** **0.2** ***basisgegevens.***
Ecke ⟨v.; ~, ~n⟩ **0.1** ***(straat)hoek*** **0.2** ⟨sp.⟩ ***corner, hoekbal, -schop*** **0.3** ⟨sp.⟩ ***hoek*** ⟨in de boks- en worstelsport⟩ **0.4** ⟨wisk.⟩ ***hoek*** ◆ **6.1** ⟨inf.⟩ **an, in** allen ~n (und Enden) *in alle hoeken en gaten, overal;* ⟨inf.⟩ **um** die ~ gehen *het hoekje omgaan* **6.¶** ⟨inf.⟩ es fehlt, hapert **an** allen ~n und Kanten *het rammelt aan alle kanten;* ⟨inf.⟩ mit jmdm. **über, um** ein paar, sieben ~n verwandt sein *in de verte familie van iem. zijn;* ⟨inf.⟩ jmdn. **um** die ~ bringen *iem. om zeep brengen.*
Eckenband ⟨o.; mv. ¨er⟩ **0.1** ***boor(d)lint.***
Ecker ⟨v.; ~, ~n⟩ **0.1** ⟨plantk.⟩ ***beukennoot(je)*** **0.2** ⟨alleen mv.; sp.⟩ ***klaveren.***
Eckfahne ⟨v.⟩ ⟨sp.⟩ **0.1** ***hoekvlag.***
Eckhaus ⟨o.⟩ **0.1** ***hoekhuis, -woning.***
eckig **0.1** ***hoekig, kantig*** **0.2** ⟨fig.⟩ ***hoekig, onbeholpen*** ⇒ *onbehouwen, ruw* ◆ **1.2** ein ~es Wesen *een stug karakter* **3.¶** ⟨inf.; scherts.⟩ sich ~ lachen *zich slap lachen.*
Ecklohn ⟨m.⟩ **0.1** ***basis-, cao-loon.***
Eckpfeiler ⟨m.⟩ **0.1** ***hoekpilaar*** ⇒ ⟨fig.⟩ *hoeksteen.*
Eckplatz ⟨m.⟩ **0.1** ***hoekplaats.***
Eckstange ⟨v.⟩ ⟨sp.⟩ **0.1** ***cornerpaal.***
Eckstein ⟨m.⟩ **0.1** ⟨ook fig.⟩ ***hoeksteen*** **0.2** ⟨sp.⟩ ***ruiten.***
Eckstoß ⟨m.⟩ ⟨sp.⟩ **0.1** ***corner, hoekschop.***
Eckwert ⟨m.⟩ **0.1** ***richtwaarde.***
Eckzahn ⟨m.⟩ **0.1** ***hoektand.***
Eckzins ⟨m.⟩ ⟨ec.⟩ **0.1** ***basisrente voor grote kredieten, prime rate.***
Eclat ⟨m.⟩ →**Eklat.**
Ecu, ECU ⟨m.; ~(s), ~(s) of v.; ~, ~⟩ ⟨afk.; European currency unit⟩ **0.1** ***ecu.***
ed. ⟨afk.⟩ →**edieren.**
Ed. ⟨afk.⟩ →**Edition.**
Edamer ⟨m.; ~s, ~⟩ **0.1** ***edammer (kaas).***
edel **0.1** ***edel*** ⇒ *kostbaar, voortreffelijk* **0.2** ***edel*** ⟨van planten en dieren⟩ ⇒ *(ras)zuiver* **0.3** ***edel*** ⇒ *harmonisch* **0.4** ***edel*** ⇒ *edelmoedig* ◆ **1.1** edle Weine *uitgelezen wijnen* **1.4** eine edle Gesinnung *een nobele inborst* **2.3** eine ~ geformte Hand *een sierlijk gevormde hand.*
Edelfrau ⟨v.⟩ ⟨gesch.⟩ **0.1** ***edelvrouw, adellijke dame.***
Edelfräulein ⟨o.⟩ ⟨gesch.⟩ **0.1** ***freule, jonkvrouw.***
Edelholz ⟨o.⟩ **0.1** ***edel, fijn hout.***
Edelkastanie ⟨v.⟩ **0.1** ***tamme kastanje.***
Edelknabe ⟨m.⟩ ⟨gesch.⟩ **0.1** ***edel-, schildknaap.***
Edelkommunist ⟨m.⟩ ⟨vaak pej.⟩ **0.1** ***saloncommunist.***
Edelkoralle ⟨v.⟩ **0.1** ***bloedkoraal.***
Edelmann ⟨m.; mv. ¨er of Edelleute⟩ ⟨gesch.⟩ **0.1** ***edelman.***
edelmännisch **0.1** ***adellijk, edel*** ⇒ *ridderlijk.*
Edelmarder ⟨m.⟩ **0.1** ***boom-, edelmarter.***
Edelmetall ⟨o.⟩ **0.1** ***edel metaal.***
Edelmut ⟨m.⟩ **0.1** ***edelmoedigheid.***
edelmütig **0.1** ***edelmoedig*** ⇒ *grootmoedig.*
Edelnutte ⟨v.⟩ ⟨inf.⟩ **0.1** ***luxesnolletje, luxehoer.***
Edelobst ⟨o.⟩ **0.1** ***eerste klas fruit.***
Edelrost ⟨m.⟩ **0.1** ***patina.***
Edelstahl ⟨m.⟩ **0.1** ***roestvrij staal.***
Edelstein ⟨m.⟩ **0.1** ***edelsteen.***
Edeltanne ⟨v.⟩ **0.1** ***zilverspar.***
Edelweiß ⟨o.; ~(es), ~e⟩ ⟨plantk.⟩ **0.1** ***edelweiss.***
Edelwild ⟨o.⟩ **0.1** ***rood wild.***
Eden ⟨o.; ~s⟩ **0.1** *Eden* **0.2** ***paradijs*** ◆ **1.1** der Garten ~ *de hof van Eden.*
edieren **0.1** ***publiceren, uitgeven.***
Edikt ⟨o.; ~(e)s, ~(e)⟩ ⟨gesch.⟩ **0.1** ***edict*** ⇒ *verordening.*
Edition ⟨v.; ~, ~en⟩ ⟨boek.⟩ **0.1** ⟨g.mv.⟩ ***editie, uitgave*** ⇒ *het uitgeven* **0.2** ***publicatie, uitgave.***
Editor ⟨m.; ~s, Editoren⟩ ⟨boek.⟩ **0.1** ***uitgever.***
Editorial ⟨o.; ~(s), ~s⟩ **0.1** ***voorwoord v.d. uitgever*** **0.2** ***hoofdartikel v.e. krant*** **0.3** ***impressum.***
EDV ⟨afk.⟩ [elektronische Datenverarbeitung].
EDV-Anlage ⟨v.⟩ **0.1** ***computer(systeem).***
EEG ⟨afk.⟩ [Elektroenzephalogramm].
Efeu ⟨m.; ~s⟩ **0.1** ***klimop.***
Effeff ⟨o.; ~⟩ ◆ **6.¶** ⟨inf.⟩ etwas **aus** dem ~ können *iets op z'n duimpje kennen.*
Effekt ⟨m.; ~(e)s, ~e⟩ **0.1** ***effect, uitwerking*** **0.2** ***effect, succes*** ⇒ *indruk* ◆ **3.1** ~ erzielen *effect sorteren* **6.1** **im** ~ war alles dasselbe *het kwam op hetzelfde neer.*
Effekten ⟨alleen mv.⟩ **0.1** ***effecten, fondsen.***
Effektenbank ⟨v.; mv. ~en⟩ **0.1** ***effectenbank.***
Effektenbörse ⟨v.⟩ **0.1** ***effectenbeurs.***
Effektengeschäft ⟨o.⟩ **0.1** ***effectenhandel.***
Effekthascherei ⟨v.; ~, ~en⟩ ⟨pej.⟩ **0.1** ***effectbejag, zucht naar effect.***
effektiv **0.1** ***effectief, werkelijk*** ⇒ *reëel* **0.2** ***doeltreffend, effectief*** ⇒ *lonend* **0.3** ⟨inf.⟩ ***absoluut, zeer beslist*** ◆ **¶.3** er hat ~ keine Zeit *hij heeft absoluut geen tijd.*
Effektivbestand ⟨m.⟩ ⟨ec., mil.⟩ **0.1** ***effectieve, werkelijke voorraad.***
Effektivgeschäft ⟨o.⟩ ⟨ec.⟩ **0.1** ***effectieve handel.***
Effektivität ⟨v.; ~⟩ **0.1** ***effectiviteit.***
Effektivleistung ⟨v.⟩ ⟨tech.⟩ **0.1** ***effectief vermogen.***
Effektivlohn ⟨m.⟩ **0.1** ***reëel, werkelijk loon.***
effektuieren ⟨ec.⟩ **I** ⟨ov.ww.⟩ **0.1** ***effectueren, ten uitvoer brengen*** ⇒ *verrichten* ⟨een betaling⟩;
II sich ~ ⟨wk.ww.⟩ **0.1** ***zich lonen, rendabel zijn.***
effektvoll **0.1** ***vol effect.***
Effet ⟨m., zelden o.; ~s, ~s⟩ ⟨sp.⟩ **0.1** ***effect.***
Effetstoß ⟨m.⟩ ⟨sp.⟩ **0.1** ***stoot met effect.***
effilieren ⟨amb.⟩ **0.1** ***uitdunnen, effileren.***
effizient **0.1** ***efficiënt, doelmatig.***
EG ⟨v.⟩ ⟨afk.⟩ [Europäische Gemeinschaft].
egal **0.1** ***egaal, gelijkmatig*** **0.2** ⟨inf.⟩ ***om het even, onverschillig*** ◆ **3.2** das ist mir ~ *dat kan mij niets schelen.*
egalisieren **0.1** ***egaliseren, gelijk maken*** **0.2** ⟨sp.⟩ ***evenaren, gelijk maken*** ◆ **1.2** einen Rekord ~ *een record evenaren.*
Egel ⟨m.; ~s, ~⟩ **0.1** ***bloedzuiger.***
Egge ⟨v.; ~, ~n⟩ **0.1** ***eg(ge)*** **0.2** ***neg.***
eggen **0.1** ***eggen.***
eGmbH, EGmbH ⟨v.⟩ ⟨afk.⟩ [eingetragene, Eingetragene Genossenschaft mit beschränkter Haftpflicht].
Ego ⟨o.; ~, ~s⟩ **0.1** ***ego, ik.***
Egoismus ⟨m.; ~, Egoismen⟩ **0.1** ***egoïsme.***
Egoist ⟨m.; ~en, ~en⟩ **0.1** ***egoïst.***
egoistisch **0.1** ***egoïstisch, zelfzuchtig.***
egozentrisch **0.1** ***egocentrisch.***
eh[1] ⟨bw.⟩ **0.1** ***eertijds, toen*** **0.2** ⟨Oostr., Zdd.⟩ ***toch al*** ◆ **6.1** **(seit)** ~ und je *sinds mensenheugenis* **8.1** wie ~ und je *zoals altijd.*
eh[2] ⟨tw.⟩ ⟨inf.⟩ **0.1** ***hé*** ⟨uitroep⟩ **0.2** ***nou.***
e.h., E.h. ⟨afk.⟩ →**ehrenhalber.**

ehe **0.1** ***alvorens, voor(dat).***

Ehe ⟨v.; ~, ~n⟩ **0.1** ***huwelijk, echt*** ◆ **3.1** die ~ brechen *echtbreuk plegen* **6.1** **außer** der ~ geboren *buitenechtelijk;* **in** zweiter ~ verheiratet *voor de tweede keer getrouwd.*

eheähnlich **0.1** ***met een huwelijk vergelijkbaar.***

Eheanbahnung ⟨v.⟩ **0.1** ***huwelijksbemiddeling.***

Eheberatungsstelle ⟨v.⟩ **0.1** ***huwelijksadviesbureau.***

Ehebrecher ⟨m.⟩ **0.1** ***echtbreker.***

ehebrecherisch **0.1** ***overspelig.***

Ehebruch ⟨m.⟩ **0.1** ***echtbreuk.***

Ehebund ⟨m.⟩ **0.1** ***echtverbintenis.***

ehedem **0.1** ***eertijds, voorheen*** ⇒*toen(tertijd).*

ehefähig **0.1** ***huwelijksbevoegd*** ⇒*huwbaar.*

Ehefrau ⟨v.⟩ **0.1** ***echtgenote.***

Ehegatte ⟨m.⟩⟨schr.⟩ **0.1** ***echtgenoot.***

Eheglück ⟨o.⟩ **0.1** ***echtelijk geluk, huwelijksgeluk.***

Ehehälfte ⟨v.⟩⟨inf.; scherts.⟩ **0.1** ***wederhelft.***

Ehekrach ⟨m.⟩⟨inf.⟩ **0.1** ***echtelijke ruzie.***

Eheleute ⟨alleen mv.⟩ **0.1** ***echtelieden, echtgenoten.***

ehelich **0.1** ***wettig*** **0.2** ***echtelijk*** ◆ **1.2** das ~e Glück *het huwelijksgeluk.*

Ehelicherklärung ⟨v.⟩⟨jur.⟩ **0.1** ***echting, wettiging.***

Ehelichkeit ⟨v.; ~⟩ **0.1** ***het wettig-zijn.***

ehelos **0.1** ***echteloos, ongehuwd.***

Ehelosigkeit ⟨v.; ~⟩ **0.1** ***ongehuwde staat, het niet gehuwd zijn.***

ehemalig **0.1** ***gewezen, voormalig*** ⇒*ex-, oud-.*

ehemals **0.1** ***eertijds, vroeger.***

Ehemann ⟨m.; mv. ⸚er⟩ **0.1** ***echtgenoot, man.***

ehemündig ⟨jur.⟩ **0.1** ***naar leeftijd huwelijksbevoegd*** ⇒ *huwbaar.*

Ehepaar ⟨o.⟩ **0.1** ***echtpaar.***

eher ⟨vergr. trap van 'bald'⟩ **0.1** ***eerder, vroeger*** **0.2** ***eerder, liever*** ⇒*beter* **0.3** ***meer, veeleer*** ◆ **3.3** es ist ~ anzunehmen, daß *veeleer moet men aannemen, dat.*

Eherecht ⟨o.⟩⟨jur.⟩ **0.1** ***huwelijksrecht.***

Ehering ⟨m.⟩ **0.1** ***trouwring.***

ehern ⟨schr.⟩ **0.1** ***metalen, ijzeren*** ⇒⟨fig.⟩ *onbuigzaam, onverzettelijk* ◆ **1.1** ein ~es Gesetz *een onverbiddelijke wet* **6.1** **mit** ~er Stirn *met een stalen gezicht.*

Ehescheidung ⟨v.⟩ **0.1** ***echtscheiding.***

Eheschließung ⟨v.⟩ **0.1** ***huwelijkssluiting, -voltrekking.***

ehest ⟨overtr. trap van 'bald'⟩ **0.1** ***zo snel, spoedig mogelijk*** **0.2** ***liefst*** **0.3** ***makkelijkst*** ◆ **6.1** **bei, mit** ~er Gelegenheit *bij de eerste de beste gelegenheid;* ⟨ec.⟩ **mit** ~em *zo spoedig mogelijk* **6.2** **am** ~en *het liefst.*

Ehestand ⟨m.⟩ **0.1** ***gehuwde, huwelijkse staat*** ⇒*huwelijk.*

ehestens **0.1** ***op z'n snelst, vroegst.***

Ehestreit ⟨m.⟩ **0.1** ***echtelijke ruzie, twist.***

Ehetragödie ⟨v.⟩ **0.1** ***echtelijk drama.***

Ehetrennung ⟨v.⟩⟨jur.⟩ **0.1** ***scheiding van tafel en bed.***

Ehevermittlung ⟨v.⟩ **0.1** ***huwelijksbemiddeling*** **0.2** ***huwelijksbureau.***

Ehevertrag ⟨m.⟩⟨jur.⟩ **0.1** ***huwelijkscontract, huwelijkse voorwaarden.***

ehig ⟨biol.⟩ **0.1** ***paarsgewijs samenlevend.***

Ehrauffassung ⟨v.⟩ **0.1** ***begrip, opvatting van eer.***

ehrbar ⟨schr.⟩ **0.1** ***eerzaam, achtenswaardig.***

Ehrbegriff ⟨m.⟩ **0.1** ***begrip, opvatting van eer.***

Ehrbeleidigung ⟨v.⟩ **0.1** ***aantasting van iemands eer.***

Ehre ⟨v.; ~, ~n⟩ **0.1** ***eer, aanzien*** ⇒*reputatie, lof* **0.2** ***eer(gevoel), zelfrespect*** **0.3** ***eer*** ⇒*maagdelijkheid* ◆ **3.1** jmdm. ~ bringen *iem. tot eer strekken;* wir geben uns die ~ *we hebben de eer;* ⟨Oostr., Zdd.⟩ hab' die ~! *goedendag!;* diese Tat macht ihm alle ~ *deze daad strekt hem zeer tot eer* **6.1** **auf** ~ (und Gewissen)! *op mijn woord (van eer)!;* **bei** meiner ~! *op mijn erewoord!;* **daraus** mache ich mir eine ~ *dat is voor mij een erezaak;* **in, mit** ~n bestehen *met lof slagen;* **in** ~n halten *in ere houden;* sein Wort **in** ~n, aber ... *alles goed en wel, maar ...;* jmdn. wieder **zu** ~n bringen *iem. rehabiliteren;* ihm **zu** ~n *ter ere van hem;* etwas gereicht jmdm. **zur** ~ *iets strekt iem. tot eer* **6.2** das geht mir **gegen** die ~ *dat is mijn eer te na* ¶.**1** ⟨sprw.⟩ ~, dem Ehre gebührt *ere wie ere toekomt.* →**Feind.**

ehren **0.1** ***achting, eer bewijzen, (ver)eren*** **0.2** ***eer aandoen, eren*** ⇒*sieren* ◆ **1.1** ein ~des Angebot *een eervol aanbod* **4.2** deine Ehrlichkeit ehrt dich *je eerlijkheid siert je.* →**Pfennig.**

Ehrenabzeichen ⟨o.⟩ **0.1** ***onderscheidingsteken*** ⇒*decoratie, insigne.*

Ehrenamt ⟨o.⟩ **0.1** ***ereambt, -baantje.***

ehrenamtlich **0.1** ***als ereambt, honorair.***

Ehrenbeleidigung ⟨v.⟩ **0.1** ***aantasting van iemands eer.***

Ehrenbezeigung ⟨v.⟩ **0.1** ***militair eerbetoon*** ⇒*saluut.*

Ehrenbürger ⟨m.⟩ **0.1** ***ereburger*** **0.2** ⟨inf.⟩ ***ereburgerschap.***

Ehrendoktor ⟨m.⟩ **0.1** ***eredoctor, doctor honoris causa*** **0.2** ***titel 'eredoctor'*** ◆ **3.2** jmdm. den ~ verleihen *iem. een eredoctoraat verlenen.*

Ehrengabe ⟨v.⟩ **0.1** ***huldeblijk.***

Ehrengast ⟨m.⟩ **0.1** ***eregast.***

Ehrengeleit ⟨o.⟩⟨ook scherts.⟩ **0.1** ***ere-escorte, -geleide.***

Ehrengericht ⟨o.⟩ **0.1** ***ereraad.***

ehrenhaft **0.1** ***achtenswaardig*** ⇒*fatsoenlijk.*

ehrenhalber **0.1** ***eershalve, honoris causa.***

Ehrenlegion ⟨v.⟩ **0.1** ***Legioen van Eer.***

Ehrenmal ⟨o.; mv. ~e of ⸚er⟩ **0.1** ***gedenkteken, monument.***

Ehrenmann ⟨m.; mv. ⸚er⟩ **0.1** ***man van eer.***

Ehrennadel ⟨v.⟩ **0.1** ***insigne, onderscheidingsspeld.***

Ehrenname ⟨m.⟩ **0.1** ***erenaam.***

Ehrenpreis[1] ⟨m.⟩ **0.1** ***ereprijs.***

Ehrenpreis[2] ⟨m. & o.; ~es, ~⟩⟨plantk.⟩ **0.1** ***ereprijs, veronica.***

Ehrenrechte ⟨alleen mv.⟩ **0.1** ***ererechten*** ◆ **1.1** Aberkennung der bürgerlichen ~ *ontzetting uit de burgerlijke en politieke rechten.*

ehrenreich **0.1** ***eervol.***

Ehrenrettung ⟨v.⟩ **0.1** ***eerherstel, rehabilitatie.***

ehrenrührig **0.1** ***beledigend.***

Ehrensache ⟨v.⟩ **0.1** ***erezaak*** **0.2** ***vanzelfsprekende plicht, zaak*** ◆ ¶.**2** ⟨inf.; scherts.⟩ 'kommst du?' '~!' *'kom je?' 'vanzelfsprekend!'.*

Ehrenschuld ⟨v.⟩ **0.1** ***ereschuld.***

Ehrenstrafe ⟨v.⟩ **0.1** ***onterende straf*** **0.2** ***ontzetting uit de burgerlijke en politieke rechten.***

ehrenvoll **0.1** ***eervol, vererend.***

ehrenwert ⟨schr.⟩ **0.1** ***achtenswaardig, eerzaam.***

Ehrenwort ⟨o.; mv. ~e⟩ **0.1** ***erewoord, woord van eer.***

Ehrenzeichen ⟨o.⟩ **0.1** ***ere-, onderscheidingsteken.***

ehrerbietig ⟨schr.⟩ **0.1** ***respectvol, vol achting, respect*** ⇒ *eerbiedig.*

Ehrfurcht ⟨v.⟩ **0.1** ***eerbied, hoogachting*** ⇒*ontzag* ◆ **6.1** **in** tiefer ~ *met diep respect.*

ehrfürchtig **0.1** ***eerbiedig*** ⇒*vol ontzag.*

ehrfurchtslos **0.1** ***oneerbiedig*** ⇒*zonder ontzag.*

ehrfurchtsvoll ⟨schr.⟩ **0.1** ***eerbiedig*** ⇒*vol ontzag.*

Ehrgefühl ⟨o.⟩ **0.1** ***eergevoel.***

Ehrgeiz ⟨m.⟩ **0.1** ***eerzucht, ambitie.***

ehrgeizig **0.1** ***eerzuchtig, ambitieus.***

Ehrgeizling ⟨m.; ~s, ~e⟩⟨inf.; pej.⟩ **0.1** ***overdreven eerzuchtig iem., streber.***

ehrlich 0.1 ***eerlijk, oprecht*** *⇒werkelijk (waar)* **0.2** ***eerlijk*** *⇒betrouwbaar* ◆ **1.1** er hat ~e Absichten auf sie *hij meent het serieus met haar* **3.1** ~ erstaunt sein *oprecht verbaasd zijn* **¶.1** ⟨inf.⟩ ich war krank, ~ *ik was ziek, heus;* ⟨sprw.⟩ ~ währt am längsten *eerlijk duurt het langst.*

ehrlos 0.1 ***eerloos*** *⇒schandelijk.*

ehr|pusselig, -pußlig ⟨inf.; iron.⟩ **0.1** ***overdreven bedacht op eer en goede naam.***

Ehrsucht ⟨v.⟩ **0.1** ***eerzucht, ambitie.***

Ehrung ⟨v.; ~, ~en⟩ **0.1** ***huldiging, eerbetoon*** **0.2** ***eerbewijs.***

Ehrverlust ⟨m.⟩ **0.1** ***eerverlies*** **0.2** ⟨jur.⟩ ***verlies van burgerlijke en politieke rechten.***

ehrwürdig 0.1 ***eer(bied)waardig*** **0.2** ⟨rel.⟩ ***eerwaard.***

ei! ⟨vaak kind.⟩ **0.1** ***ei!, hé!*** **0.2** ***suja*** ⟨uitdrukking van tederheid⟩.

Ei ⟨o.; ~(e)s, ~er⟩ **0.1** ***ei*** **0.2** ⟨sp.⟩ ***ei, bal*** **0.3** ⟨inf.⟩ ***bom, handgranaat*** **0.4** ⟨mv.; inf.⟩ ***eierkolen*** **0.5** ⟨mv.; inf.⟩ ***mark*** *⇒piek, pegels* **0.6** ⟨meestal mv.; vulg.⟩ ***eieren*** *⇒ballen, kloten* **0.7** ⟨inf.⟩ ***onsympathiek iem., ei*** ◆ **1.1** das ~ des Kolumbus *het ei van Columbus* **2.1** ⟨inf.; fig.⟩ er ist ein rohes ~ *je moet hem met handschoenen aanpakken;* ein taubes ~ *een windei;* kümmere dich nicht um ungelegte ~er! *maak je geen zorgen vóór de tijd!* **3.1** ein ~ legen (a) *een ei leggen* (b) ⟨inf.; fig.⟩ *iets uitbroeden* (c) ⟨vulg.⟩ *drollen draaien;* ⟨fig.⟩ das ~ unterm Huhn verkaufen *zijn korentje groen eten* **3.6** ⟨vulg.⟩ jmdm. die ~er polieren *iem. rot slaan* **6.1** du bist ja kaum **aus** dem ~ gekrochen! *je bent nog niet droog achter je oren!;* ⟨inf.⟩ er war wie **aus** dem ~ gepellt *men kon hem door een ringetje halen* **8.1** sich gleichen wie ein ~ dem andern *als twee druppels water op elkaar lijken* **¶.¶** ⟨inf.⟩ das ist ein dickes ~ (a) *dat is een (verdomd) moeilijke zaak* (b) *een brutaliteit* (c) *een blunder* (d) *uitstekend;* ⟨inf.⟩ ach, du dickes ~! *jeminee!, goeie genade!*

eiapopeia ⟨kind.⟩ **0.1** ***slaap, kindje, slaap!***

Eibe ⟨v.; ~, ~n⟩ ⟨plantk.⟩ **0.1** ***taxus.***

Eibisch ⟨m.; ~(e)s, ~e⟩ ⟨plantk.⟩ **0.1** ***heemst.***

Eichamt ⟨o.⟩ **0.1** ***ijkkantoor, ijkwezen.***

Eichapfel ⟨m.⟩ **0.1** ***eiken-, galappel.***

Eichbaum ⟨m.⟩ **0.1** ***eik(enboom).***

Eichbehörde ⟨v.⟩ **0.1** ***dienst v.h. ijkwezen.***

Eiche ⟨v.; ~, ~n⟩ **0.1** ***eik(enboom)*** **0.2** ***eikenhout*** **0.3** ***'t ijken, ijking.***

Eichel ⟨v.; ~, ~n⟩ **0.1** ***eikel*** ⟨ook med.⟩ **0.2** ⟨mv. zonder lidw.; sp.⟩ ***klaveren.***

Eichelhäher ⟨m.⟩ ⟨biol.⟩ **0.1** ***Vlaamse gaai.***

Eichelmast ⟨v.⟩ **0.1** ***eikelmast*** *⇒varkensvoer.*

eichen[1] ⟨bn.⟩ **0.1** ***eiken, van eikenhout.***

eichen[2] ⟨ov.ww.⟩ **0.1** ***ijken*** ◆ **6.¶** ⟨inf.⟩ **auf** etwas geeicht sein *geknipt voor iets zijn.*

Eichenlaub ⟨o.⟩ **0.1** ***eikenloof, krans van eikenloof.***

Eicher ⟨m.; ~s, ~⟩ **0.1** ***ijker, ijkmeester.***

Eichgewicht ⟨o.⟩ **0.1** ***ijk-, standaardgewicht.***

Eichhörnchen ⟨o.⟩ **0.1** ***eekhoorn(tje)*** ◆ **¶.¶** ⟨inf.; scherts.⟩ mühsam (er)nährt sich das ~ *dat is een moeizame en langdurige geschiedenis.*

Eichkätzchen ⟨o.⟩ **0.1** ***eekhoorn(tje).***

Eichmaß ⟨o.⟩ **0.1** ***ijk-, standaardmaat.***

Eichstempel ⟨m.⟩ **0.1** ***ijkmerk, -teken.***

Eid ⟨m.; ~(e)s, ~e⟩ **0.1** ***eed*** ◆ **2.1** ein falscher ~ *een valse eed* **3.1** seinen ~ halten *zijn eed gestand doen* **6.1** ⟨jur.⟩ etwas **an** ~es Statt erklären *iets onder belofte verklaren;* etwas **auf** seinen ~ nehmen *een eed op iets willen doen;* **unter** ~ aussagen *onder ede verklaren.*

Eidbruch ⟨m.⟩ **0.1** ***eedbreuk.***

eidbrüchig 0.1 ***schuldig aan eedbreuk, eedbreukig*** ◆ **3.1** ~ werden *zijn eed breken.*

Eidechse ⟨v.; ~, ~n⟩ **0.1** ***hagedis.***

Eiderdaune ⟨v.⟩ **0.1** ***eiderdons.***

Eiderente ⟨v.⟩ **0.1** ***eidereend.***

eidesfähig 0.1 ***bevoegd tot het afleggen v.e. eed.***

Eidesformel ⟨v.⟩ **0.1** ***eed(s)formule.***

Eidesleistung ⟨v.⟩ **0.1** ***eed(s)aflegging.***

Eidespflicht ⟨v.⟩ **0.1** ***plicht tot eedaflegging*** **0.2** ***trouw aan een onder ede gedane belofte.***

eidespflichtig 0.1 ***eedplichtig.***

eidesstattlich 0.1 ***in plaats v.e. eed*** *⇒plechtig.*

eidetisch ⟨psych.⟩ **0.1** ***eidetisch*** *⇒aanschouwelijk, visueel.*

Eidgenosse ⟨m.⟩ **0.1** ***eedgenoot*** *⇒Zwitser.*

Eidgenossenschaft ⟨v.⟩ **0.1** ***eedgenootschap*** ◆ **2.1** die Schweizerische ~ *de republiek Zwitserland.*

eidgenössisch 0.1 ***eedgenootschappelijk*** *⇒Zwitsers.*

eidlich 0.1 ***bij, onder ede, met een eed.***

Eidotter ⟨m. & o.⟩ **0.1** ***ei(er)dooier.***

Eierbecher ⟨m.⟩ **0.1** ***eierdopje.***

Eierhandgranate ⟨v.⟩ **0.1** ⟨eivormige⟩ ***handgranaat.***

Eierkopf ⟨m.⟩ ⟨inf.⟩ **0.1** ***eihoofd.***

Eierkuchen ⟨m.⟩ **0.1** ***eierpannenkoek*** *⇒omelet.*

Eierlikör ⟨m.⟩ **0.1** ***advocaat.***

eiern ⟨inf.⟩ **0.1** ***slingeren, een slag hebben*** **0.2** ***waggelen.***

Eierpilz ⟨m.⟩ **0.1** ***dooierzwam, hanenkam.***

Eierschale ⟨v.⟩ **0.1** ***eierdop, -schaal*** ◆ **6.¶** noch die ~n **hinter** den Ohren haben *nog niet droog achter de oren zijn.*

Eierschnee ⟨m.⟩ **0.1** ***(stijf)geklopt eiwit.***

Eierschwamm ⟨m.⟩ **0.1** ***dooierzwam, hanenkam.***

Eierspeise ⟨v.⟩ **0.1** ***eiergerecht.***

Eierstich ⟨m.⟩ ⟨cul.⟩ **0.1** ***bouillon met ei.***

Eierstock ⟨m.⟩ ⟨biol., med.⟩ **0.1** ***eierstok, ovarium.***

Eiertanz ⟨m.⟩ ⟨inf.⟩ **0.1** ***eierdans*** ◆ **3.1** ⟨scherts.⟩ einen ~ vollführen *uiterst behoedzaam te werk gaan.*

Eieruhr ⟨v.⟩ **0.1** ***eierwekker.***

Eifer ⟨m.; ~s⟩ **0.1** ***ijver, drang*** *⇒geestdrift, vuur* ◆ **6.1** ⟨inf.⟩ **im** ~ des Gefechts *in de haast;* **in** ~ geraten *in vuur (en vlam) raken* **¶.1** ⟨sprw.⟩ blinder ~ schadet nur *al te scherp maakt schaarden.*

Eiferer ⟨m.; ~s, ~⟩ **0.1** ***ijveraar*** *⇒dweper.*

eifern ⟨vaak pej.⟩ **0.1** ***ijveren (voor, tegen)*** ◆ **6.1 für** eine Angelegenheit ~ *voor een zaak opkomen.*

Eifersucht ⟨v.⟩ **0.1** ***jaloezie, afgunst*** ◆ **3.1** ~ empfinden *jaloers zijn.*

Eifersüchtelei ⟨v.; ~, ~en⟩ **0.1** ***kleingeestige jaloezie.***

eifersüchtig 0.1 ***jaloers, afgunstig.***

eiförmig 0.1 ***eivormig, ovaal.***

eifrig 0.1 ***ijverig, naarstig*** *⇒enthousiast, vurig.*

Eigelb ⟨o.; ~(e)s, ~e of ~⟩ **0.1** ***eigeel*** *⇒ei(er)dooier.*

eigen 0.1 ***eigen*** *⇒zelf* **0.2** ⟨met 3e nv.⟩ ***eigen, kenmerkend*** *⇒typerend* ◆ **1.1** es ist deine ~ste Angelegenheit *het is helemaal je eigen zaak* **1.2** der ihr ~e Charme *de haar eigen charme* **6.1 auf** ~e Gefahr *op eigen risico;* **in** ~er Sache *pro domo, voor zijn eigen persoon(tje);* sich etwas **zu** ~ machen *zich iets eigen maken, iets leren.* →**Herd.**

Eigenart ⟨v.⟩ **0.1** ⟨g.mv.⟩ ***eigen aard, het karakteristieke*** **0.2** ***eigenaardigheid, karakteristieke eigenschap.***

eigenartig 0.1 ***karakteristiek, kenmerkend*** **0.2** ***eigenaardig, zonderling.***

Eigenbau ⟨m.⟩ **0.1** ***zelfgebouwde constructie*** **0.2** ⟨inf.; scherts.⟩ ***eigen teelt.***

Eigenbedarf ⟨m.⟩ **0.1** ***eigen behoefte.***

Eigenbesitz ⟨m.⟩ ⟨jur.⟩ **0.1** ***eigendom.***

Eigenbrötler ⟨m.; ~s, ~⟩ ⟨vaak pej.⟩ **0.1** ***eenzelvige zonderling*** *⇒vreemde vogel.*

Eigenbrötlerei ⟨v.; ~, ~en⟩ **0.1** ***eenzelvig-excentriek gedrag.***

eigengesetzlich **0.1** ***eigen wetten volgend*** ⇒*autonoom.*

Eigengewicht ⟨o.⟩ **0.1** ⟨ook fig.⟩ ***eigen gewicht*** **0.2** ⟨ec.⟩ ***nettogewicht*** **0.3** ⟨tech.⟩ ***dood gewicht, leeggewicht.***

eigenhändig **0.1** ***eigenhandig.***

Eigenheim ⟨o.⟩ **0.1** ***eigen huis.***

Eigenheimer ⟨m.; ~s, ~⟩⟨inf.⟩ **0.1** ***bezitter v.e. eigen huis.***

Eigenheit ⟨v.; ~, ~en⟩ **0.1** ***eigenaardigheid, karakteristieke eigenschap.***

Eigenhilfe ⟨v.⟩ **0.1** ***eigen hulp, het zichzelf helpen.***

Eigenkapital ⟨o.⟩⟨ec.⟩ **0.1** ***eigen vermogen, kapitaal.***

Eigenleben ⟨o.⟩ **0.1** ***eigen leven, privéleven.***

Eigenleistung ⟨v.⟩ **0.1** ***eigen werk(zaamheid), prestatie.***

Eigenliebe ⟨v.⟩ **0.1** ***eigenliefde*** ⇒*zelfzucht.*

Eigenlob ⟨o.⟩ **0.1** ***eigen lof.***

eigenmächtig **0.1** ***eigenmachtig, -gerechtig.***

Eigenname ⟨m.⟩ **0.1** ***eigennaam.***

Eigennutz ⟨m.⟩ **0.1** ***eigenbelang, -baat*** ⇒*zelfzucht.*

eigennützig **0.1** ***baatzuchtig*** ⇒*zelfzuchtig.*

eigens **0.1** ***speciaal, in 't bijzonder*** **0.2** ***uitsluitend, enkel.***

Eigenschaft ⟨v.; ~, ~en⟩ **0.1** ***eigenschap*** **0.2** ***hoedanigheid*** ⇒*karaktertrek* ◆ **6.2** **in** amtlicher ~ *ambtshalve.*

Eigenschaftswort ⟨o.; mv. ¨er⟩⟨taal.⟩ **0.1** ***bijvoeglijk naamwoord.***

Eigensinn ⟨m.⟩ **0.1** ***eigenzinnigheid*** ◆ **2.1** ⟨inf.⟩ sie ist ein kleiner ~ *het is een eigenzinnig meisje.*

eigensinnig **0.1** ***eigenzinnig*** ⇒*koppig.*

eigenstaatlich **0.1** ***de eigen staat betreffend*** **0.2** ***soeverein*** ⇒*autonoom.*

eigenständig **0.1** ***zelfstandig*** ⇒*autonoom.*

eigentlich[1] ⟨bn.⟩ **0.1** ***eigenlijk, werkelijk*** ⇒*oorspronkelijk* ◆ **1.1** sein ~er Name *zijn oorspronkelijke naam.*

eigentlich[2] ⟨bw.⟩ **0.1** ***eigenlijk, in wezen*** ⇒*strikt genomen* **0.2** ⟨meestal in vraagzinnen⟩ ***dan wel, eigenlijk (wel)*** ◆ **3.2** was denkst du dir ~? *wat denk je eigenlijk wel?*

Eigentor ⟨o.⟩⟨sp.⟩ **0.1** ***eigen doelpunt, eigen goal.***

Eigentum ⟨o.⟩ **0.1** ***eigendom*** ⇒*bezit(tingen)* ◆ **3.1** in jmds ~ übergehen *iemands eigendom worden.*

Eigentümer ⟨m.; ~s, ~⟩⟨ook jur.⟩ **0.1** ***eigenaar*** ⇒*bezitter.*

eigentümlich **0.1** ⟨met 3e nv.⟩ ***eigen, kenmerkend*** **0.2** ***eigenaardig, zonderling*** ◆ **1.1** der ihm ~e Stil *de hem eigen stijl.*

eigentümlicherweise **0.1** ***merkwaardigerwijs.***

Eigentümlichkeit ⟨acc. wiss.⟩⟨v.; ~, ~en⟩ **0.1** ***het eigene, karakteristieke*** **0.2** ***het eigenaardige, merkwaardige*** **0.3** ***kenmerkende eigenschap.***

Eigentumsbildung ⟨v.⟩⟨vooral pol.⟩ **0.1** ***bezitsvorming.***

Eigentumsrecht ⟨o.⟩ **0.1** ***eigendomsrecht*** ⇒*auteursrecht.*

Eigentumsstreuung ⟨v.⟩ **0.1** ***bezitsspreiding.***

Eigentumswohnung ⟨v.⟩ **0.1** ***eigen woning*** ⇒*koopflat.*

Eigenvorsorge ⟨v.⟩ **0.1** ***zelfredzaamheid, zelfzorg.***

Eigenwechsel ⟨m.⟩⟨ec.⟩ **0.1** ***promesse.***

Eigenwert ⟨m.⟩ **0.1** ***eigenwaarde, innerlijke waarde.***

Eigenwille ⟨m.⟩ **0.1** ***(sterke) eigen wil*** ⇒*eigenzinnigheid.*

eigenwillig **0.1** ***met een (sterke) eigen wil, eigenzinnig.***

eignen I ⟨onov.ww.⟩⟨schr.⟩ **0.1** ***eigen zijn, een eigenschap zijn van;***
II sich ~ ⟨wk.ww.⟩ **0.1** ***geschikt zijn*** ⇒*passend, bruikbaar zijn* ◆ **6.1** sich **für** etwas, **zu** einer Sache ~ *voor iets geschikt zijn.*

Eigner ⟨m.; ~s, ~⟩ **0.1** ***(scheeps)eigenaar.***

Eignung ⟨v.; ~⟩ **0.1** ***geschiktheid*** ⇒*bekwaamheid, deugdelijkheid.*

Eignungsprüfung ⟨v.⟩ **0.1** ***onderzoek naar geschiktheid.***

Eignungstest ⟨m.⟩ **0.1** ***onderzoek naar geschiktheid*** ⇒*test.*

eigtl. ⟨afk.⟩ →**eigentlich.**

Eiklar ⟨o.; ~s, ~⟩⟨Oostr.; vooral cul.⟩ **0.1** ***eiwit.***

Eilbote ⟨m.⟩ **0.1** ***ijlbode, koerier*** ◆ **6.1** **durch** ~n *per expresse.*

Eilbrief ⟨m.⟩ **0.1** ***expresbrief.***

Eile ⟨v.; ~⟩ **0.1** ***spoed, haast*** ◆ **3.1** damit hat es keine ~ *dat heeft geen haast* **6.1** **in** ~ sein *haast hebben;* jmdn. **zur** ~ treiben *iem. tot spoed aanzetten.*

Eileiter ⟨m.⟩ **0.1** ***eileider.***

eilen I ⟨onov.ww.⟩ **0.1** ⟨s.⟩ ***ijlen, zich haasten*** ◆ **6.1** **nach** Hause ~ *zich naar huis spoeden;* jmdm. **zu** Hilfe ~ *iem. te hulp snellen* **¶.1** ⟨sprw.⟩ eile mit Weile *haastige spoed is zelden goed* **¶.¶** eilt! *spoed!* ⟨op brieven, nota's enz.⟩;
II sich ~ ⟨wk.ww.⟩ **0.1** ***zich haasten, haast maken;***
III ⟨onp.ww.⟩ **0.1** ⟨h.⟩ ***dringend, spoedeisend zijn*** ◆ **4.1** damit eilt es nicht *dat heeft geen haast.*

eilends **0.1** ***ijlings, haastig.***

eilfertig ⟨schr.⟩ **0.1** ***overhaast, overijld*** **0.2** ***gedienstig.***

Eilgut ⟨o.⟩ **0.1** ***ijl-, snelgoed.***

eilig **0.1** ***haastig, vlug*** **0.2** ***spoedeisend, urgent*** ◆ **3.1** ich habe es ~, ich bin ~ *ik heb haast.*

eiligst ⟨overtr. trap van 'eilig'⟩ **0.1** ***ijlings, in aller ijl.***

Eilmarsch ⟨m.⟩⟨vooral mil.⟩ **0.1** ***geforceerde mars.***

Eilpaket ⟨o.⟩ **0.1** ***spoedpakket.***

Eilschritt ⟨m.⟩ **0.1** ***gezwinde, versnelde pas.***

Eilsendung ⟨v.⟩ **0.1** ***spoedzending, expressebestelling.***

Eiltempo ⟨o.⟩⟨inf.⟩ **0.1** ***ijltempo.***

Eilverfahren ⟨o.⟩⟨jur.⟩ **0.1** ***kort geding.***

Eilzug ⟨m.⟩ **0.1** ***sneltrein.***

Eilzug(s)tempo ⟨o.⟩⟨inf.⟩ **0.1** ***sneltreinvaart.***

Eimer ⟨m.; ~s, ~⟩ **0.1** ***emmer*** **0.2** ⟨inf.; pej.⟩ ***ouwe schuit*** ◆ **6.1** ⟨inf.⟩ es gießt wie **aus, mit** ~n *het regent pijpenstelen* **6.¶** ⟨inf.⟩ **im** ~ sein *naar de maan zijn.*

Eimerbagger ⟨m.⟩⟨tech.⟩ **0.1** ***emmerbaggermolen.***

eimerweise **0.1** ***met emmers tegelijk.***

ein[1] ⟨telw.⟩ **0.1** ***één*** ◆ **1.1** ~er Meinung sein *het eens zijn* **3.1** ~(e)s muß ich bemerken *één ding moet ik opmerken;* es ist mir ~s *het is mij om het even* **6.1** ~ **für** allemal *eens voor al(tijd);* **in** ~em fort *aan één stuk door* **8.1** sie ist mein ~ und alles *zij is mijn alles.*

ein[2] ⟨onb.vnw.⟩ **0.1** ***iemand, men, je*** ◆ **1.1** ~er seiner Brüder *een van zijn broers* **3.1** ⟨inf.⟩ und das soll ~er glauben! *maak dat de kat wijs!;* das tut ~em wohl *dat doet je goed* **4.1** sie helfen ~er dem anderen *zij helpen elkaar.*

ein[3] ⟨bw.⟩ **0.1** ***in, naar binnen*** ◆ **8.1** weder aus noch ~ wissen *geen raad weten;* bei jmdm. ~ und aus gehen *bij iem. kind aan huis zijn.*

ein[4] ⟨lidw.⟩ **0.1** ***een*** ◆ **1.1** das Amt ~es Bürgermeisters *het ambt van burgemeester;* ~es Tages *op zekere dag.*

ein- →**meer samenstellingen bij drei-.**

einachsig **0.1** ***eenassig.***

Einakter ⟨m.; ~s, ~⟩ **0.1** ***eenakter.***

einander ⟨meestal schr.⟩ **0.1** ***elkander, elkaar.***

einarbeiten **0.1** ***inwerken*** **0.2** ***verwerken (in)*** ⇒*invoegen* **0.3** ***inhalen*** ◆ **6.2** Zusätze **in** ein Buch ~ *toevoegingen in een boek verwerken.*

einarmig **0.1** ***met (maar) één arm, eenarmig.***

einäschern **0.1** ***in de as leggen*** ⇒*platbranden* **0.2** ***verassen, cremeren.***

Einäscherungshalle ⟨v.⟩ **0.1** ***crematorium.***

einatmen **0.1** ***inademen.***

einätzen **0.1** ⟨graf.⟩ ***inetsen*** **0.2** ⟨schei.⟩ ***inbranden, -bijten.***

einäugig **0.1** ***met (maar) één oog, eenogig.***

Einäugige(r) ⟨bn. als zn.⟩ **0.1** ***eenoog.*** →**Blinde(r).**
einbahnig ⟨verk.⟩ **0.1** ***met eenrichtingsverkeer, eenrichtings-.***
Einbahnstraße ⟨v.⟩ **0.1** ***straat met eenrichtingsverkeer.***
Einbahnverkehr ⟨m.⟩⟨verk.; ook fig.⟩ **0.1** ***eenrichtingsverkeer.***
einbalsamieren **0.1** ***balsemen*** ◆ **4.**¶ ⟨inf.⟩ sich ~ lassen können *nergens voor deugen.*
Einband ⟨m.; mv. ⁼̈e⟩ **0.1** ***(boek)band.***
Einbau ⟨m.; mv. ~ten⟩ **0.1** ***ingebouwd gedeelte*** **0.2** ***het inbouwen*** **0.3** ***inpassing, invoeging.***
einbauen **0.1** ***inbouwen*** **0.2** ***inpassen, (zinvol) invoegen*** ◆ **1.2** ⟨sp.⟩ einen Spieler in die Mannschaft ~ *een speler in het elftal inpassen.*
einbaufertig **0.1** ***klaar om ingebouwd te worden.***
Einbauküche ⟨v.⟩ **0.1** ***inbouwkeuken.***
Einbaum ⟨m.⟩ **0.1** ***boomstamkano.***
Einbaumöbel ⟨o.⟩ **0.1** ***inbouwmeubel.***
Einbeere ⟨v.⟩ **0.1** ***eenbes, dolwortel.***
einbegriffen **0.1** ***inbegrepen, meegerekend*** ⇒*inclusief* ◆ **6.1 im** Preis (mit) ~ sein *bij de prijs inbegrepen zijn.*
einbehalten **0.1** ***inhouden, niet uitbetalen.***
einbeinig **0.1** ***met (maar) één been, eenbenig.***
einberufen **0.1** ***bijeenroepen*** ⇒*convoceren* **0.2** ***oproepen, onder de wapenen roepen.***
Einberufungsbefehl ⟨m.⟩ **0.1** ***oproepingsbevel.***
einbeschreiben ⟨wisk.⟩ **0.1** ***inschrijven.***
einbetonieren **0.1** ***in beton inbedden, vastzetten.***
einbetten **0.1** ***inbedden*** ⟨ook fig.⟩ ⇒⟨tech.⟩ *inlaten, verzinken.*
Einbettzimmer ⟨o.⟩ **0.1** ***eenpersoonskamer.***
einbeulen **I** ⟨ov.ww.⟩ **0.1** ***indeuken;***
II sich ~ ⟨wk.ww.⟩ **0.1** ***een deuk krijgen, ingedeukt worden.***
einbeziehen **0.1** ***betrekken in, bij*** ⇒*ook rekening houden met, meetellen* ◆ **6.1** jmdn. **in** ein Gespräch ~ *iem. bij een gesprek betrekken.*
Einbeziehung ⟨v.⟩ **0.1** ***het erin, erbij betrekken*** ◆ **6.1 unter** ~ von *rekening houdend met.*
einbiegen **I** ⟨onov.ww.; s.⟩ **0.1** ***in-, afslaan*** **0.2** ***uitkomen op*** ◆ **6.1 in** eine Seitenstraße ~ *een zijstraat inslaan;*
II ⟨ov.ww.⟩ **0.1** ***inbuigen, naar binnen buigen*** **0.2** ***doen door-, inbuigen*** ⇒*krombuigen;*
III sich ~ ⟨wk.ww.⟩ **0.1** ***in-, doorbuigen*** ⇒*krombuigen, -trekken.*
einbilden **I** ⟨ov.ww.⟩ **0.1** ***suggereren, aanpraten;***
II sich ~ ⟨wk.ww.⟩ **0.1** ***zich inbeelden, zich aanpraten*** **0.2** ***zich verbeelden, zich laten voorstaan*** ◆ **4.2** ⟨inf.⟩ was bildest du dir eigentlich ein? *wat denk je eigenlijk wel?;* sich ⟨3e nv.⟩ viel ~ *een hoge dunk van zichzelf hebben* **6.2** sich ⟨3e nv.⟩ etwas **auf** etwas ~ *zich op iets laten voorstaan.*
Einbildung ⟨v.⟩ **0.1** ***inbeelding*** ⇒*hersenschim* **0.2** ***verbeelding, fantasie*** **0.3** ***verbeelding*** ⇒*verwaandheid, eigendunk.*
Einbildungskraft ⟨v.⟩ **0.1** ***verbeeldingskracht, fantasie.***
einbimsen ⟨inf.⟩ **0.1** ***inheien, -stampen.***
einbinden **0.1** ***inbinden*** ⟨van boeken enz.⟩ **0.2** ⟨ook fig.⟩ ***inbinden, -pakken*** ◆ **6.2** jmd. **mit** eingebundenem Arm *iem. met een arm in een mitella.*
einblasen **I** ⟨ov.ww.⟩ **0.1** ***inblazen, blazen in*** **0.2** ***in elkaar blazen, om-, omverblazen*** **0.3** ***inblazen*** ⟨v.e. nieuw muziekinstrument⟩ **0.4** ⟨inf.; pej.⟩ ***inblazen, -fluisteren*** ⇒ *aanpraten* ◆ **1.4** jmdm. eine Torheit ~ *iem. een dwaasheid aanpraten;*
II sich ~ ⟨wk.ww.⟩ **0.1** ***zich inblazen*** ⟨op een muziekinstrument⟩.
einbläuen ⟨nw.spel.⟩ →**einbleuen.**
einblenden **I** ⟨ov.ww.⟩⟨com., film.⟩ **0.1** ***(in een uitzending, film) invoegen, -lassen*** ⟨van geluid of beeld⟩;
II sich ~ ⟨wk.ww.⟩⟨com.⟩ **0.1** ***in de uitzending komen, met een uitzending beginnen.***
einbleuen **0.1** ***onzacht aan het verstand brengen.***
Einblick ⟨m.⟩ **0.1** ***inkijk (in)*** **0.2** ***inzage*** **0.3** ***kijk (op), inzicht (in)*** ◆ **6.2** ~ **in** die Unterlagen nehmen *de bescheiden inzien.*
einbohren **I** ⟨ov.ww.⟩ **0.1** ***inboren, boren in;***
II sich ~ ⟨wk.ww.⟩ **0.1** ***zich boren in*** ⇒*binnendringen (in).*
einbooten ⟨scheep.⟩ **I** ⟨onov.ww.⟩ **0.1** ***zich inschepen;***
II ⟨ov.ww.⟩ **0.1** ***inschepen.***
einbrechen **I** ⟨onov.ww.⟩ **0.1** ⟨h/s.⟩ ***inbreken, inbraak plegen*** **0.2** ⟨s.⟩ ***binnendringen, -vallen*** **0.3** ⟨s.⟩ ***(in)vallen, aanbreken*** **0.4** ⟨s.⟩ ***instorten, -zakken*** **0.5** ⟨s.; inf.⟩ ***voor de bijl gaan*** ⇒*een zware nederlaag lijden* ◆ **6.2 in** ein Land ~ *een land binnenvallen* **6.3 bei, mit** ~ der Dämmerung *bij, met het (in)vallen van de schemering* **6.4 auf** dem Eis ~ *door het ijs zakken;*
II ⟨ov.ww.; h.⟩ **0.1** ***openbreken, met geweld indrukken*** ◆ **1.1** eine Tür ~ *een deur forceren.*
Einbrecher ⟨m.; ~s, ~⟩ **0.1** ***inbreker.***
einbrennen **I** ⟨ov.ww.⟩ **0.1** ***inbranden*** **0.2** ***bruin braden, fruiten*** ⟨van meel⟩ **0.3** ***met gefruit meel bereiden;***
II sich ~ ⟨wk.ww.⟩ **0.1** ***diep gegrift, (in)geprent worden.***
Einbrennlack ⟨m.⟩ **0.1** ***moffel-, vuurlak.***
einbringen **0.1** ***binnenbrengen, -halen*** **0.2** ***opbrengen, oppakken*** ⇒*naar de gevangenis brengen* **0.3** ***indienen, officieel voorleggen*** **0.4** ***opbrengen, -leveren*** **0.5** ***inhalen, goed maken*** **0.6** ⟨adm.⟩ ***inbrengen*** **0.7** ⟨boek.⟩ ***inwinnen*** ◆ **1.1** die Ernte ~ *de oogst binnenhalen* **1.4** das Geld bringt Zinsen ein *het geld levert rente op* **1.7** eine Zeile ~ *een regel inwinnen.*
einbringlich **0.1** ***winstgevend, lucratief.***
einbrocken **0.1** ***inbrokk(el)en, brokk(el)en in*** **0.2** ⟨inf.⟩ ***op de hals schuiven, een koopje leveren*** ◆ **4.2** sich ⟨3e nv.⟩ etwas ~ *zich iets op de hals halen.*
Einbruch ⟨m.; ~(e)s, ⁼̈e⟩ **0.1** ***het inbreken, inbraak*** **0.2** ***het binnendringen*** ⇒⟨mil.⟩ *inval* **0.3** ***het aanbreken, het (in)vallen*** **0.4** ***het instorten*** **0.5** ⟨geol.⟩ ***breukgebied, slenk*** **0.6** ⟨inf.⟩ ***afstraffing*** ◆ **1.4** ⟨ec.⟩ der ~ der Konjunktur *het inzakken van de conjunctuur* **6.2** der ~ **von** Warmluft *het binnendringen van warme lucht.*
einbruch(s)sicher **0.1** ***beveiligd tegen inbraak.***
einbuchten ⟨inf.⟩ **0.1** ***achter slot en grendel zetten.***
Einbuchtung ⟨v.; ~, ~en⟩ **0.1** ***inham, bocht.***
einbuddeln ⟨inf.⟩ **0.1** ***ingraven.***
einbüffeln ⟨inf.⟩ **0.1** ***instampen, -heien.***
einbunkern **0.1** ***in een bunker opslaan*** **0.2** ⟨inf.⟩ ***in de bak zetten, opsluiten.***
einbürgern **I** ⟨ov.ww.⟩ **0.1** ***inburgeren*** ⇒*naturaliseren;*
II sich ~ ⟨wk.ww.⟩ **0.1** ***ingeburgerd raken*** ⇒*gebruikelijk worden.*
Einbuße ⟨v.⟩ **0.1** ***verlies, schade.***
einbüßen **I** ⟨onov.ww.⟩ **0.1** ***inboeten, verliezen*** ◆ **6.1 an** Wert ~ *in waarde verminderen;*
II ⟨ov.ww.⟩ **0.1** ***erbij inschieten, verliezen.***
einchecken **0.1** ***inchecken.***
eindämmen **0.1** ***indammen, indijken*** **0.2** ⟨fig.⟩ ***indammen, inperken*** ⇒*beteugelen.*
eindämmern **0.1** ***indommelen, -sluimeren.***
eindampfen ⟨schei.⟩ **0.1** ***(door verdamping) indrogen, indampen.***

eindecken I ⟨ov.ww.⟩ **0.1** ***toe-, afdekken*** **0.2** ⟨inf.⟩ ***overladen, -stelpen*** ◆ **6.2 mit** Arbeit (voll) eingedeckt sein *tot over zijn oren in het werk zitten;*
II sich ~ ⟨wk.ww.⟩ **0.1** ***een voorraad aanleggen, zich voorzien (van)*** ◆ **6.1** sich **mit** Öl ~ *een olievoorraad aanleggen.*
Eindecker ⟨m.; ~s, ~⟩ **0.1** ⟨scheep.⟩ ***schip met één dek*** **0.2** ⟨verk.⟩ ***eendekker.***
eindeichen 0.1 ***in-, bedijken.***
eindeutig 0.1 ***(volkomen) duidelijk, ondubbelzinnig*** **0.2** ⟨vooral vaktaal⟩ ***maar één uitleg toelatend.***
Eindeutigkeit ⟨v.; ~, ~en⟩ **0.1** ***ondubbelzinnigheid*** **0.2** ***onbeschofte uitlating, grofheid.***
eindeutschen 0.1 ***verduitsen*** ⇒*Duits maken, tot Duitser maken.*
eindicken I ⟨onov.ww.; s.⟩ **0.1** ***dikker worden, indikken;***
II ⟨ov.ww.; h.⟩ **0.1** ***dikker maken, indikken.***
eindocken ⟨scheep.⟩ **0.1** ***in het dok brengen, dokken.***
eindorren 0.1 ***indrogen, verschrompelen.***
eindosen 0.1 ***inblikken.***
eindösen ⟨inf.⟩ **0.1** ***insoezen, -dommelen.***
eindrängen I ⟨onov.ww.⟩ **0.1** ***afkomen, -stormen (op)*** ◆ **6.1** die Fans drängten **auf** ihn ein *de fans bestormden hem;*
II sich ~ ⟨wk.ww.⟩ **0.1** ***(zich) indringen, binnendringen*** ◆ **6.1** sich **in** jmds. Angelegenheiten ~ *zich (ongevraagd) met iemands zaken bemoeien.*
eindrehen I ⟨onov.ww.⟩ **0.1** ***een zwenking maken, zwenken;***
II ⟨ov.ww.⟩ **0.1** ***indraaien, draaien in*** **0.2** ***naar binnen draaien*** ◆ **1.1** sich ⟨3e nv.⟩ die Haare ~ *krulspelden indoen.*
eindreschen ⟨inf.⟩ ◆ **6.¶ auf** jmdn. ~ *op iem. los ranselen.*
eindressieren 0.1 ***door dressuur aanleren*** ⇒*drillen.*
eindrillen ⟨inf.⟩ **0.1** ***indrillen, -stampen.***
eindringen 0.1 ***in-, binnen-, doordringen*** **0.2** ***(zich) indringen, binnendringen*** **0.3** ***in het nauw brengen, bedreigen*** ◆ **6.1 in** die Zusammenhänge ~ *het onderling verband doorgronden.*
eindringlich 0.1 ***zeer nadrukkelijk, krachtig*** ⇒*opvallend.*
Eindringling ⟨m.; ~s, ~e⟩ **0.1** ***indringer.***
Eindruck ⟨m.; mv. ¨~e⟩ **0.1** ***indruk*** ◆ **3.1** ⟨inf.⟩ er will ~ schinden *hij wil indruk maken;* seine Worte haben ihren ~ nicht verfehlt *zijn woorden hebben hun uitwerking niet gemist.*
eindrucken 0.1 ***indrukken, drukken in.***
eindrücken I ⟨ov.ww.⟩ **0.1** ***indrukken, -duwen*** ⇒*stukdrukken* **0.2** ***indrukken, persen in*** ◆ **6.2** eine Spur **in** den Boden ~ *een spoor in de grond drukken;*
II sich ~ ⟨wk.ww.⟩ **0.1** ***een spoor achterlaten*** ⇒⟨fig.⟩ *zich inprenten.*
eindrucksvoll 0.1 ***indrukwekkend*** ⇒*aangrijpend, imponerend.*
eindübeln 0.1 ***vastpluggen.***
einduseln ⟨inf.⟩ **0.1** ***indommelen.***
einebnen 0.1 ***vlak maken, effenen*** ⇒*nivelleren.*
eineiig 0.1 ***eeneiig.***
eineinhalb 0.1 ***anderhalf.***
einengen 0.1 ***in zijn bewegingsvrijheid beperken, beknellen*** **0.2** ***beperken, begrenzen*** ◆ **1.2** einen Begriff ~ *een begrip afbakenen.*
Einer ⟨m.; ~s, ~⟩ **0.1** ***eenheid*** ⟨getal tussen een en tien⟩ **0.2** ⟨sp.⟩ ***skiff, eenpersoonskano.***
einerlei 0.1 ***enerlei, om het even*** **0.2** ***eender, hetzelfde*** ⇒ *eentonig* ◆ **1.2** ~ Arbeit *eentonig werk.*
Einerlei ⟨o.; ~s⟩ **0.1** ***gelijkvormigheid, eentonigheid*** ⇒*monotonie* ◆ **2.1** ⟨inf.⟩ immer das ewige ~! *altijd maar hetzelfde liedje!*
einerseits 0.1 ***aan de ene kant, enerzijds.***
einesteils 0.1 ***eensdeels, enerzijds.***
einexerzieren 0.1 ***door exercitie bijbrengen, erin stampen*** **0.2** ***africhten, drillen.***
einfach 0.1 ***eenvoudig*** ⇒*simpel, gemakkelijk* **0.2** ***eenvoudig*** ⇒*bescheiden, gewoon* **0.3** ***enkel(voudig)*** **0.4** ***eenvoudig(weg), gewoon(weg)*** ◆ **1.1** die ~e Wahrheit *de simpele waarheid* **1.3** ~e Buchführung *enkele boekhouding;* ⟨verk.⟩ ~e Fahrt *enkele reis;* eine ~e Fahrkarte *kaartje enkele reis* **2.4** das ist ~ wunderschön! *dat is gewoonweg prachtig!* **3.4** sie lief ~ weg *ze liep zo maar weg.*
Einfachheit ⟨v.; ~⟩ **0.1** ***eenvoud*** ⇒*simpelheid* **0.2** ***eenvoud*** ⇒*bescheidenheid* ◆ **5.2** der ~ halber *voor het gemak, gemakshalve.*
einfädeln I ⟨ov.ww.⟩ **0.1** ***(een draad, garen, touw) insteken, -rijgen*** **0.2** ⟨inf.⟩ ***op touw zetten, opzetten*** ◆ **1.1** einen Film ~ *een film inleggen;*
II sich ~ ⟨wk.ww.⟩⟨verk.⟩ **0.1** ***(zich) invoegen.***
Einfä|delspur, -delungsspur ⟨v.⟩ **0.1** ***invoegstrook.***
einfahren I ⟨onov.ww.; s.⟩ **0.1** ***binnenvaren, -rijden*** ◆ **1.1** ⟨mijnw.⟩ die Bergleute fahren (in die Grube) ein *de mijnwerkers dalen (in de mijn) af;*
II ⟨ov.ww.; h.⟩ **0.1** ***inrijden, binnenbrengen*** **0.2** ***in-, stukrijden*** **0.3** ***inrijden*** ⟨v.e. auto⟩ **0.4** ***intrekken*** ◆ **1.1** die Ernte ~ *de oogst binnenhalen* **1.3** Pferde ~ *paarden in het tuig leren lopen;*
III sich ~ ⟨wk.ww.⟩ **0.1** ***zich inrijden, leren rijden*** **0.2** ***gewoon worden, ingeburgerd raken*** ◆ **1.2** die Sache hat sich gut eingefahren *de zaak is goed op gang gekomen.*
Einfahrsignal ⟨o.⟩⟨verk.⟩ **0.1** ***inrijsein.***
Einfahrt ⟨v.; ~, ~en⟩ **0.1** ***het binnenrijden, -varen*** **0.2** ***inrit, -vaart*** ⇒*oprit, oprijlaan* **0.3** ***afslag*** ⟨naar de autoweg⟩, ***oprit*** ◆ **6.1** ⟨mijnw.⟩ die ~ **in** die Grube *het afdalen in de mijn.*
Einfahrt(s)erlaubnis ⟨v.⟩⟨verk.⟩ **0.1** ***toestemming (het station) binnen te lopen, rijden, varen.***
Einfall ⟨m.⟩ **0.1** ***inval*** ⇒*idee, vondst* **0.2** ***het invallen, het in (een)storten*** **0.3** ***inval, het binnendringen*** **0.4** ***het invallen, inval*** ⟨van licht⟩ ◆ **3.1** mir kam der ~ *ik kwam op het idee* **8.1** ⟨scherts.⟩ Einfälle wie ein altes Haus *zonderlinge invallen.*
einfallen 0.1 ***invallen, te binnen schieten*** **0.2** ***invallen, in(een)storten*** **0.3** ***invallen*** **0.4** ***binnenvallen*** ◆ **3.1** laß dir das ja nicht ~! *dat zou ik maar niet doen!;* du mußt dir etwas ~ lassen *je moet een oplossing zien te vinden* **4.1** was fällt dir denn ein! *hoe kom je erbij!* **5.1** ⟨inf.⟩ das fällt mir nicht im Traum ein! *geen haar op mijn hoofd dat er aan denkt!* **6.3 in** das Gelächter ~ *mee gaan lachen.*
einfallslos 0.1 ***zonder ideeën, fantasieloos.***
einfallsreich 0.1 ***rijk aan ideeën, fantasievol.***
Einfallswinkel ⟨m.⟩⟨nat., wisk.⟩ **0.1** ***invalshoek.***
Einfalt ⟨v.; ~⟩⟨schr.⟩ **0.1** ***eenvoud*** ⇒*simpelheid, naïviteit* **0.2** ***eenvoud*** ⇒*ongekunsteldheid* ◆ **2.1** (o) heilige ~! *wat een onnozelheid!*
einfältig 0.1 ***onnozel*** ⇒*naïef, simpel.*
Einfaltspinsel ⟨m.⟩⟨inf.⟩ **0.1** ***simpele ziel, onnozele hals.***
Einfamilienhaus ⟨o.⟩ **0.1** ***eengezinshuis.***
einfangen I ⟨ov.ww.⟩ **0.1** ***(weer) vangen, te pakken krijgen*** **0.2** ⟨schr.⟩ ***(treffend) weergeven, uitbeelden*** ◆ **1.1** ein schleuderndes Auto ~ *een slippende auto weer onder controle krijgen;*
II sich ~ ⟨wk.ww.⟩⟨inf.⟩ **0.1** ***zich op de hals halen, oplopen.***
einfärben 0.1 ***verven, kleuren*** ⟨ook fig.⟩.
einfarbig 0.1 ***van één kleur, eenkleurig.***

einfassen **0.1** ***omranden, invatten*** ⇒*afzetten, (om)boorden, omlijsten* ◆ **1.1** Edelsteine ~ *edelstenen invatten.*
einfetten **0.1** ***(met vet) insmeren, invetten.***
einfeuchten **0.1** ***flink vochtig maken, invochten.***
einfinden, sich **0.1** ***verschijnen, aankomen.***
einflechten **0.1** ***invlechten, vlechten in*** **0.2** ***ineen-, samenvlechten*** **0.3** ***invlechten, tussenvoegen.***
einflicken ⟨inf.⟩ **0.1** ***inzetten, -lassen.***
einfliegen I ⟨onov.ww.; s.⟩ **0.1** ***in-, binnenvliegen*** ◆ **6.1** **nach** Frankreich ~ *Frankrijk binnenvliegen;*
II ⟨ov.ww.; h.⟩ **0.1** ***per vliegtuig aanvoeren, aanvliegen*** **0.2** ***invliegen;***
III sich ~ ⟨wk.ww.⟩ **0.1** ***leren vliegen.***
Einflieger ⟨m.⟩ **0.1** ***invlieger, testpiloot.***
einfließen **0.1** ***in-, binnenstromen*** ◆ **3.1** ⟨fig.⟩ etwas ~ lassen *terloops iets opmerken.*
einflößen **0.1** ⟨voorzichtig⟩ ***te drinken geven*** ⇒*toedienen* **0.2** ***inboezemen*** ◆ **1.2** jmdm. Vertrauen ~ *iem. vertrouwen inboezemen.*
Einflug ⟨m.⟩ **0.1** ***het binnenvliegen.***
Einflugloch ⟨o.; mv. ⁻̈er⟩⟨biol.⟩ **0.1** ***vlieggat.***
Einflugschneise ⟨v.⟩⟨verk.⟩ **0.1** ***aanvliegroute.***
Einfluß ⟨m.; Einflusses, Einflüsse⟩ **0.1** ***invloed*** ◆ **6.1** ~ **auf** jmdn. nehmen *iem. beïnvloeden.*
Einflußbereich ⟨m.⟩ **0.1** ***invloedssfeer.***
einflußlos **0.1** ***zonder invloed.***
Einflußnahme ⟨v.; ~⟩ **0.1** ***beïnvloeding.***
einflußreich **0.1** ***invloedrijk, machtig.***
einflüstern I ⟨onov.ww.⟩ **0.1** ***op fluisterende toon in praten op;***
II ⟨ov.ww.⟩ **0.1** ⟨vaak pej.⟩ ***influisteren, -blazen*** **0.2** ***voorzeggen, souffleren.***
einfordern **0.1** ***in-, opvorderen, opeisen.***
einförmig **0.1** ***eentonig, -vormig.***
einfressen, sich **0.1** ***invreten*** ⇒*inbijten.*
einfrieden **0.1** ***omheinen.***
Einfriedung ⟨v.; ~, ~en⟩ **0.1** ***(om)heining, haag.***
einfrieren I ⟨onov.ww.; s.⟩ **0.1** ***in-, vast-, bevriezen*** **0.2** ⟨fig.⟩ ***bevroren worden*** ◆ **1.1** der Teich ist eingefroren *de vijver is dichtgevroren* **1.2** die Unterhaltung friert ein *de conversatie stokt;*
II ⟨ov.ww.; h.⟩ **0.1** ***in-, diepvriezen*** **0.2** ⟨fig.⟩ ***bevriezen, op de huidige stand handhaven*** ◆ **1.2** Kredite ~ *kredieten bevriezen;* die Löhne ~ *de lonen bevriezen;* die Verhandlungen ~ *de onderhandeling bevriezen, stopzetten.*
einfugen **0.1** ***inpassen, invoegen.***
einfügen I ⟨ov.ww.⟩ **0.1** ***invoegen, inpassen*** ◆ **1.1** ein Zitat in einen Text ~ *een citaat in een tekst inlassen;*
II sich ~ ⟨wk.ww.⟩ **0.1** ***zich schikken, zich aanpassen (aan).***
einfühlen, sich **0.1** ***zich inleven (in), aanvoelen.***
einfühlsam **0.1** ***zich kunnende verplaatsen, inleven (in).***
Einfühlungsvermögen ⟨o.⟩ **0.1** ***inlevings-, aanvoelingsvermogen.***
Einfuhr ⟨v.; ~, ~en⟩ **0.1** ***invoer, import.***
einführen **0.1** ***inbrengen, steken in*** **0.2** ***invoeren, importeren*** **0.3** ***introduceren, invoeren*** **0.4** ***inwerken, instrueren*** **0.5** ***inleiden (in), vertrouwd maken (met)*** **0.6** ***inleiden (in, bij), introduceren*** ◆ **1.1** den Schlüssel ~ *de sleutel in het slot steken* **1.3** eine (gut) eingeführte Firma *een algemeen bekende firma* **4.6** sich gut ~ *goed voor de dag komen* **6.6** eine Person **in** einem Roman ~ *een persoon in een roman opvoeren.*
Einfuhr|erlaubnis, -genehmigung ⟨v.⟩ **0.1** ***invoervergunning, importlicentie.***
Einfuhrsperre ⟨v.⟩ **0.1** ***invoerstop, -verbod.***
Einführungskurs ⟨m.⟩ **0.1** ***inleidende cursus*** **0.2** ⟨ec.⟩ ***introductiekoers.***
Einführungspreis ⟨m.⟩ **0.1** ***introductieprijs.***
Einführungsvortrag ⟨m.⟩ **0.1** ***inleidende voordracht.***
Einfuhrzoll ⟨m.⟩ **0.1** ***invoerrecht.***
einfüllen **0.1** ***ingieten, -scheppen.***
einfüttern **0.1** ***voeren (met)*** **0.2** ⟨comp.⟩ ***invoeren.***
Eingabe ⟨v.⟩ **0.1** ***verzoek(schrift), rekest*** **0.2** ***toediening*** **0.3** ⟨comp.⟩ ***invoer, input.***
Eingabegerät ⟨o.⟩⟨comp.⟩ **0.1** ***invoerapparaat.***
Eingang ⟨m.⟩ **0.1** ***ingang*** ⇒*deur, poort* **0.2** ***in-, toegang*** **0.3** ***begin, aanvang*** **0.4** ⟨adm.⟩ ***het binnen-, inkomen, ontvangst*** **0.5** ⟨adm.⟩ ***ingekomen post, stukken*** ◆ **1.3** der ~ eines Aufsatzes *de inleiding van een opstel* **3.2** einer Sache ~ verschaffen *iets ingang doen vinden* **6.2** **am** ~ des Dorfes *daar, waar het dorp begint.*
eingängig **0.1** ***begrijpelijk, in het gehoor liggend.***
eingangs[1] ⟨bw.⟩ **0.1** ***aan het begin, in de aanhef.***
eingangs[2] ⟨vz. + 2⟩ **0.1** ***aan het begin, in de aanhef van*** ◆ **1.1** ~ des Schreibens *in de aanhef van het schrijven.*
Eingangsbestätigung ⟨v.⟩⟨adm.⟩ **0.1** ***ontvangstbevestiging.***
Eingangsdatum ⟨o.⟩⟨adm.⟩ **0.1** ***datum van ontvangst.***
Eingangshalle ⟨v.⟩ **0.1** ***entree-, toegangshal.***
Eingangstor ⟨o.⟩ **0.1** ***toegangspoort.***
Eingangswort ⟨o.; mv. ~e⟩ **0.1** ***inleidend woord.***
eingeben **0.1** ***ingeven, toedienen*** **0.2** ⟨comp.⟩ ***ingeven, -voeren*** **0.3** ⟨schr.⟩ ***ingeven, -blazen.***
eingebildet ⟨pej.⟩ **0.1** ***ingebeeld, verwaand*** ◆ **6.1** er ist ~ **bis** dorthinaus *hij is ontzettend verwaand.*
eingeboren **0.1** ***ingeboren, inheems*** **0.2** ***in-, aangeboren.***
Eingeborene(r) ⟨bn. als zn.⟩ **0.1** ***inboorling.***
Eingebung ⟨v.; ~, ~en⟩⟨schr.⟩ **0.1** ***ingeving*** ⇒*inval.*
eingedenk ⟨met 2e nv.⟩⟨schr.⟩ **0.1** ***indachtig (aan), gedachtig aan.***
eingefleischt **0.1** ***diep (in)geworteld*** **0.2** ⟨vaak pej.⟩ ***onverbeterlijk, verstokt*** ⇒*in hart en nieren* ◆ **1.2** ein ~er Junggeselle *een verstokte vrijgezel.*
eingefrieren **0.1** ***in-, diepvriezen.***
eingehen I ⟨onov.ww.⟩ **0.1** ***krimpen*** **0.2** ***(af)sterven, ophouden te bestaan*** **0.3** ***ingaan, reageren (op)*** **0.4** ⟨schr.⟩ ***ingang vinden, opgenomen worden*** **0.5** ⟨schr.⟩ ***binnengaan, -treden*** **0.6** ⟨vooral kantoorwezen⟩ ***binnenkomen*** **0.7** ⟨inf.⟩ ***er in gaan*** ⇒*begrepen worden* **0.8** ⟨inf.⟩ ***erbij inschieten, aan het kortste eind trekken*** **0.9** ⟨sp.jargon⟩ ***afgaan*** ◆ **1.2** die Firma ist eingegangen *de firma bestaat niet meer* **1.6** die eingegangene Post *de binnengekomen post* **3.7** es will mir nicht ~, daß *het wil er bij mij niet in, dat* **6.4** **in** die Geschichte ~ *historische betekenis krijgen* **6.5** **zur** ewigen Ruhe ~ *de eeuwige rust ingaan* **6.8** **bei** einem Geschäft schön ~ *er bij een transactie behoorlijk wat bij inschieten;*
II ⟨ov.ww.; s.⟩ **0.1** ***aangaan*** ⇒*(af)sluiten* ◆ **1.1** Bedingungen ~ *voorwaarden accepteren;* ein Risiko ~ *een risico op zich nemen.*
eingehend **0.1** ***grondig, nauwkeurig*** ⇒*uitvoerig.*
Eingekochte(s), Eingemachte(s) ⟨bn. als zn.; o.⟩ **0.1** ***het ingemaakte, inmaak*** ⇒⟨mv. ook⟩ *conserven.*
eingemeinden **0.1** ***(in een grotere gemeente) inlijven.***
eingeschlechtig **0.1** ***eenslachtig, tweehuizig.***
eingeschnappt **0.1** ***beledigd, gepikeerd.***
eingeschossig **0.1** ***met (maar) één verdieping.***
eingeschränkt **0.1** ***beperkt, begrensd*** **0.2** ***spaarzaam, zuinig.***

eingesessen 0.1 ***reeds lang woonachtig, bestaand*** ⇒*gevestigd.*

Eingesessene(r) ⟨bn. als zn.⟩ **0.1** ***ingezetene.***

eingestandenermaßen 0.1 ***zoals toegegeven wordt.***

Eingeständnis ⟨o.; ~ses, ~se⟩ **0.1** ***het toegeven, bekentenis.***

eingestehen 0.1 ***toegeven, bekennen.***

eingestellt 0.1 ***gezind, georiënteerd*** ◆ **6.1 gegen** jmdn. ~ sein *een negatieve houding ten opzichte van iem. innemen.*

Eingeweide ⟨o.; ~s, ~⟩ **0.1** ***ingewanden*** ⇒*gedarmte.*

Eingeweihte(r) ⟨bn. als zn.⟩ **0.1** ***ingewijde, insider.***

eingewöhnen I ⟨ov.ww.⟩ **0.1** ***gewennen, doen wennen*** ⇒ *acclimatiseren;*
II sich ~ ⟨wk.ww.⟩ **0.1** ***wennen, (zich) gewennen*** ⇒*acclimatiseren.*

eingießen 0.1 ***inschenken.***

eingipsen 0.1 ***met gips vastzetten*** **0.2** ***in het gips zetten.***

eingittern 0.1 ***met traliewerk omgeven.***

eingleisig 0.1 ***met enkel spoor, enkelsporig*** ⟨ook fig.⟩.

eingliedern 0.1 ***opnemen, inpassen (in)*** ⇒*integreren (in)* ◆ **6.1** jmdn. **in** den Arbeitsprozeß ~ *iem. in het arbeidsproces inschakelen.*

eingraben I ⟨ov.ww.⟩ **0.1** ***in-, begraven*** **0.2** ***(in)planten*** ⇒ *poten* **0.3** ⟨ook fig.⟩ ***diep drukken, (in)prenten*** **0.4** ⟨schr.⟩ ***ingraveren*** ◆ **6.3** sich ⟨3e nv.⟩ etwas **ins** Gedächtnis ~ *iets in zijn geheugen prenten;*
II sich ~ ⟨wk.ww.⟩ **0.1** ***zich ingraven*** ⇒⟨mil. ook⟩ *zich verschansen.*

eingravieren 0.1 ***graveren (in).***

eingreifen 0.1 ***ingrijpen*** ⇒*tussenbeide komen* **0.2** ⟨tech.⟩ ***pakken, grijpen*** ◆ **6.1** ⟨jur.⟩ **in** jmds. Rechte ~ *inbreuk maken op iemands rechten.*

eingreifend 0.1 ***ingrijpend*** ⇒*verstrekkend.*

Eingreiftruppe ⟨v.⟩ **0.1** ***interventiemacht*** ◆ **2.¶** schnelle UN-~ *snel inzetbare VN-brigade.*

eingrenzen 0.1 ***omgrenzen, aan alle kanten begrenzen*** **0.2** ***begrenzen, beperken.***

Eingriff ⟨m.⟩ **0.1** ***het ingrijpen, ingreep*** ⇒*inbreuk* **0.2** ⟨tech.⟩ ***het in-elkaar-grijpen*** **0.3** ⟨med.⟩ ***ingreep*** ⇒*operatie* ◆ **3.3** einen ~ vornehmen *een operatie verrichten.*

eingrünen ⟨landb.⟩ **0.1** ***met gras inzaaien.***

eingruppieren 0.1 ***(in een groep) indelen.***

Einguß ⟨m.; Eingusses, Eingüsse⟩⟨gieterij⟩ **0.1** ***het ingieten*** **0.2** ***gietgat.***

einhacken 0.1 ***in hakken, steeds maar hakken (op).***

einhaken I ⟨onov.ww.⟩ **0.1** ***een aanknopingspunt geven, bieden*** **0.2** ⟨inf.⟩ ***tussenbeide komen, inhaken op;***
II ⟨ov.ww.⟩ **0.1** ***met een haak bevestigen, inhaken;***
III sich ~ ⟨wk.ww.⟩ **0.1** ***een arm geven, inhaken*** ◆ **6.1** sich **bei** jmdm. ~ *iem. een arm geven.*

Einhalt ⟨m.⟩⟨schr.⟩ ◆ **3.¶** jmdm., einer Sache ~ gebieten, tun *iem., iets een halt toeroepen.*

einhalten I ⟨onov.ww.⟩⟨schr.⟩ **0.1** ***in-, ophouden*** ◆ **6.1 mit** dem Spiel ~ *stoppen met spelen;*
II ⟨ov.ww.⟩ **0.1** ***zich houden aan, in acht nemen*** ⇒*nakomen* ◆ **1.1** einen Kurs ~ *een koers aanhouden;* ein Versprechen ~ *een belofte nakomen.*

einhämmern I ⟨onov.ww.⟩ **0.1** ***inhameren, hakken (op)*** ⟨ook fig.⟩;
II ⟨ov.ww.⟩⟨fig.⟩ **0.1** ***instampen, erin hameren.***

einhandeln 0.1 ***(door handel, ruiling) verkrijgen, verwerven*** ◆ **1.1** Zugeständnisse ~ *concessies weten te bereiken* **4.1** ⟨inf.⟩ sich ⟨3e nv.⟩ etwas ~ (a) *zich iets op de hals halen* (b) *iets opdoen, oplopen* ⟨v.e. ziekte⟩.

einhändig 0.1 *eenhandig.*

einhändigen 0.1 ***ter hand stellen, overhandigen.***

einhängen I ⟨onov.ww.⟩ **0.1** ***ophangen*** ⇒*de hoorn op de haak leggen;*
II ⟨ov.ww.⟩ **0.1** ***inhangen*** **0.2** ***op de haak leggen*** ⟨v.d. telefoon⟩ **0.3** ***inhaken, -steken*** ⟨v.e. arm⟩;
III sich ~ ⟨wk.ww.⟩ **0.1** ***een arm geven, inhaken*** ◆ **3.1** eingehängt gehen *gearmd lopen.*

einhauchen ⟨schr.⟩ **0.1** ***inademen, inblazen.***

einhauen I ⟨onov.ww.⟩ **0.1** ***in houwen, in hakken (op)*** **0.2** ⟨inf.⟩ ***gulzig eten, bunkeren;***
II ⟨ov.ww.⟩ **0.1** ***uithakken, -houwen*** **0.2** ***in iets slaan*** **0.3** ***stuk-, kapotslaan*** ◆ **1.3** jmdm. den Schädel ~ *iem. de schedel inslaan.*

einhäusig ⟨plantk.⟩ **0.1** ***eenhuizig.***

einheften 0.1 ***opbergen*** ⟨in een klapper⟩ **0.2** ⟨boek.⟩ ***innaaien, brocheren.***

einhegen ⟨vooral landb.⟩ **0.1** ***omheinen.***

einheimisch 0.1 ***inheems, inlands*** **0.2** ***ter plaatse, plaatselijk*** **0.3** ⟨sp.⟩ ***thuisspelend.***

Einheimische(r) ⟨bn. als zn.⟩ **0.1** ***ingezetene*** ⇒*inwoner,* ⟨mv. ook⟩ *inheemsen.*

einheimsen ⟨inf.; fig.⟩ **0.1** ***(in)oogsten, binnenhalen.***

einheiraten ⟨h.⟩ **0.1** ***introuwen.***

Einheit ⟨v.; ~, ~en⟩ **0.1** ***eenheid.***

einheitlich 0.1 ***een eenheid vormend, uniform*** ⇒*homogeen* **0.2** ***algemeen geldend, uniform.***

Einheitsmaß ⟨o.⟩ **0.1** ***standaardmaat.***

Einheitsstreben ⟨o.⟩ **0.1** ***streven naar (nationale) eenheid.***

einheizen I ⟨onov.ww.⟩ **0.1** ***stoken*** **0.2** ⟨inf.⟩ ***stevig drinken*** ⇒*zuipen* **0.3** ⟨inf.⟩ ***opjagen*** **0.4** ⟨inf.⟩ ***flink de waarheid zeggen*** ◆ **1.3** den Arbeitern ~ *de arbeiders opjagen;*
II ⟨ov.ww.⟩ **0.1** ***stoken, (de kachel) aanmaken.***

einhellig 0.1 ***eenstemmig, -parig.***

einhergehen ⟨schr.⟩ **0.1** ***voortgaan, -lopen*** **0.2** ***voorbijgaan, -bijlopen*** **0.3** ***gepaard gaan, verbonden zijn.***

einhöckerig 0.1 ***eenbultig.***

einholen I ⟨ov. & onov.ww.⟩⟨inf.⟩ **0.1** ***inkopen, boodschappen doen;***
II ⟨ov.ww.⟩ **0.1** ***inhalen, binnenhalen*** **0.2** ***inhalen*** ⇒*gelijk komen met* **0.3** ***plechtig of feestelijk inhalen*** **0.4** ***trachten te verkrijgen, inwinnen*** ◆ **1.1** die Fahne ~ *de vlag neerhalen* **1.2** einen Verlust ~ *een verlies weer goedmaken* **1.4** Auskunft ~ *inlichtingen inwinnen.*

Einhorn ⟨o.; mv. ¨-er⟩ **0.1** ***eenhoorn.***

Einhufer ⟨m.; ~s, ~⟩⟨biol.⟩ **0.1** ***eenhoevig dier*** ⇒⟨mv. ook⟩ *eenhoevigen.*

einhüllen 0.1 ***hullen in, inhullen.***

einhundert 0.1 ***honderd.***

einig 0.1 ***eensgezind, eens*** **0.2** ***verenigd*** ⇒*ondeelbaar* ◆ **3.1** ⟨inf.⟩ die beiden sind sich ~ *die twee zijn het samen eens* **6.1** (sich) **mit** jmdm. ~ sein *'t met iem. eens zijn.*

einig- 0.1 ⟨enk.⟩ ***enig*** ⇒*een beetje, wat* **0.2** ⟨mv.⟩ ***enige, enkele*** **0.3** ⟨enk. en mv.⟩ ***enig(e)*** ⇒*tamelijk veel* ◆ **2.2** ~e hundert (a) *een paar honderd* (b) ⟨inf.⟩ *ruim honderd* **3.1** ~es bemerken *het een en ander opmerken* **4.2** ~e wenige *een paar (mensen).*

einigeln, sich 0.1 ***zich als een egel oprollen*** **0.2** ⟨mil.⟩ ***zich in een egelstelling verschansen*** ⇒⟨fig.⟩ *zich v.d. wereld afsluiten.*

einigemal 0.1 ***enige malen.***

einigen I ⟨ov.ww.⟩ **0.1** ***één maken, verenigen*** **0.2** ***tot overeenstemming brengen*** ⇒*verzoenen;*
II sich ~ ⟨wk.ww.⟩ **0.1** ***het eens worden, tot overeen-***

stemming komen ◆ **6.1** sich **auf** jmdn. ~ *eenstemmig iem. uitkiezen.*

Einiger ⟨m.; ~s, ~⟩ **0.1** ***eenmaker.***

einigermaßen 0.1 ***enigermate, enigszins*** **0.2** ⟨inf.⟩ ***tamelijk, nogal.***

einiggehen 0.1 ***het eens zijn, overeenstemmen.***

Einigkeit ⟨v.; ~, ~en⟩ **0.1** ***overeenstemming, eensgezindheid*** ◆ **¶.1** ⟨sprw.⟩ ~ macht stark *eendracht maakt macht.*

Einigung ⟨v.; ~, ~en⟩ **0.1** ***overeenstemming*** ⇒*verzoening, schikking* **0.2** ***eenmaking, -wording.***

einimpfen 0.1 ***inenten*** **0.2** ⟨inf.⟩ ***inprenten.***

einjagen 0.1 ***aanjagen*** ◆ **1.1** jmdm. Angst ~ *iem. angst aanjagen.*

einkalkulieren 0.1 ***meerekenen, incalculeren*** ⇒⟨fig. ook⟩ *mede in aanmerking nemen, rekening houden met.*

einkapseln I ⟨ov.ww.⟩ **0.1** ***inkapselen, -sluiten;***
II sich ~ ⟨wk.ww.⟩ **0.1** ***zich inkapselen.***

einkassieren 0.1 ***innen, incasseren*** **0.2** ⟨inf.⟩ ***inpikken, weggappen*** **0.3** ⟨inf.⟩ ***inrekenen*** ⇒*in verzekerde bewaring brengen.*

Einkauf ⟨m.⟩ **0.1** ***het inkopen, inkoop*** ⇒*(aan)koop* **0.2** ⟨ec.⟩ ***inkoop(afdeling)*** **0.3** ⟨sp.⟩ ***aankoop*** ◆ **3.1** ⟨ec.⟩ Einkäufe tätigen *inkopen.*

einkaufen I ⟨ov. & onov.ww.⟩ **0.1** ***inkopen*** ⇒*boodschappen doen, winkelen* ◆ **5.1** ⟨scherts.⟩ kostenlos ~ *winkeldiefstal plegen;*
II ⟨ov.ww.⟩ **0.1** ***inkopen (in)*** **0.2** ⟨inf.; sp.⟩ ***aankopen, contracteren.***

Einkäufer ⟨m.⟩ **0.1** ***inkoper.***

Einkaufsbummel ⟨m.⟩ ◆ **3.¶** einen ~ machen *(gaan) winkelen.*

Einkaufsgenossenschaft ⟨v.⟩ **0.1** ***inkoopcoöperatie.***

Einkaufstasche ⟨v.⟩ **0.1** ***boodschappentas.***

Einkaufswagen ⟨m.⟩ **0.1** ***winkelwagen(tje).***

Einkaufszentrum ⟨o.⟩ **0.1** ***winkelcentrum.***

Einkaufszettel ⟨m.⟩ **0.1** ***boodschappenlijstje.***

einkehren ⟨s.⟩ **0.1** ***aanleggen*** ⟨bij een café, restaurant⟩ **0.2** ⟨schr.; fig.⟩ ***zijn intrede doen, komen*** ◆ **1.2** die Ruhe kehrte wieder ein *de rust keerde weer.*

einkeilen 0.1 ***vastklemmen, klem zetten*** ◆ **3.1** eingekeilt sein *vastgeklemd zitten.*

einkellern 0.1 ***(in)kelderen, in de kelder opslaan.***

einkerben 0.1 ***inkerven, -kepen.***

einkerkern ⟨schr.⟩ **0.1** ***in een kerker opsluiten.***

einkesseln ⟨vooral mil.⟩ **0.1** ***aan alle kanten insluiten, omsingelen.***

einklagen 0.1 ***(langs gerechtelijke weg) opeisen.***

einklammern 0.1 ***tussen haakjes zetten.***

Einklang ⟨m.; mv. ⸗e⟩ **0.1** ***overeenstemming*** ◆ **6.1** **im**, in ~ mit einer Sache sein *met iets overeenstemmen.*

einklappen 0.1 ***opklappen.***

einklarieren ⟨scheep.⟩ **0.1** ***inklaren.***

einkleben 0.1 ***inplakken.***

einkleiden 0.1 ***in de kleren steken, kleden*** **0.2** ***inkleden*** ⇒ *in uniform steken,* ⟨rel.⟩ *met het ordekleed bekleden* **0.3** ⟨schr.; fig.⟩ ***inkleden.***

einklemmen 0.1 ***(af)knellen, (af)klemmen*** **0.2** ***in-, vastklemmen*** ◆ **1.1** ⟨med.⟩ ein eingeklemmter Bruch *een beklemde breuk.*

einklinken I ⟨onov.ww.; s.⟩ **0.1** ***in het slot vallen, dichtvallen;***
II ⟨ov.ww.; h.⟩ **0.1** ***op de klink doen, met de klink sluiten.***

einkneifen 0.1 ***op elkaar persen, samentrekken*** **0.2** ***in-, vastklemmen.***

einknicken I ⟨onov.ww.; s.⟩ **0.1** ***een knik, knak krijgen*** ⇒ *door de knieën zakken;*
II ⟨ov.ww.; h.⟩ **0.1** ***(enigszins) knikken, knakken*** ⇒*doorbuigen.*

einknöpfen 0.1 ***in iets (in)knopen.***

Einknöpffutter ⟨o.⟩ **0.1** ***inknoopbare, ingeknoopte voering.***

einknoten 0.1 ***in iets knopen.***

einkochen I ⟨onov.ww.; s.⟩ **0.1** ***inkoken, in-, verdikken*** **0.2** ***verkoken, verdampen;***
II ⟨ov.ww.; h.⟩ **0.1** ***inmaken*** ⇒*wecken.*

Einkochtopf ⟨m.⟩ **0.1** ***inmaakpot.***

einkommen 0.1 ***binnen-, inkomen*** ⟨van geld⟩ **0.2** ⟨vooral sp.⟩ ***aan de finish komen*** **0.3** ⟨schr.⟩ ***verzoeken (om).***

Einkommen ⟨o.; ~s, ~⟩ **0.1** ***inkomen, inkomsten.***

einkommensschwach 0.1 ***met een laag inkomen.***

einkommensstark 0.1 ***met een hoog inkomen.***

Einkommen(s)steuer ⟨v.⟩⟨ec.⟩ **0.1** ***inkomstenbelasting.***

einköpfen ⟨sp.⟩ **0.1** ***in het doel koppen, inkoppen.***

einkrachen ⟨inf.⟩ **0.1** ***krakend ineen-, instorten*** **0.2** ***met een krak door iets heen zakken*** **0.3** ***inslaan*** ⟨van granaten enz.⟩.

einkratzen I ⟨ov.ww.⟩ **0.1** ***in iets krassen, inkrassen;***
II sich ~ ⟨wk.ww.⟩⟨inf.⟩ **0.1** ***zich bij iem. in de gunst dringen, met iem. flikflooien.***

einkräuseln ⟨amb.⟩ **0.1** ***in losse plooitjes leggen, (in)rimpelen.***

einkreisen 0.1 ***omcirkelen*** ⇒*markeren* **0.2** ***aan alle kanten insluiten, omsingelen*** ⇒⟨ook fig.⟩ *in het nauw drijven* **0.3** ***(steeds) meer tot de kern van iets doordringen*** ⇒*afbakenen.*

einkreuzen ⟨biol.⟩ **0.1** ***inkruisen.***

Einkünfte ⟨alleen mv.⟩ **0.1** ***inkomsten*** ⇒*inkomen.*

einkuppeln ⟨tech.⟩ **0.1** ***de koppeling inschakelen, koppelen.***

einkuscheln ⟨inf.⟩ **I** ⟨ov.ww.⟩ **0.1** ***warm toedekken en instoppen;***
II sich ~ ⟨wk.ww.⟩ **0.1** ***zich vlijen, neervlijen.***

einladen I ⟨ov. & onov.ww.⟩ **0.1** ***laden (in), inladen*** **0.2** ⟨inf.⟩ ***zich volproppen, bunkeren;***
II ⟨ov.ww.⟩ **0.1** ***uitnodigen, inviteren*** ◆ **6.1** jmdn. **ins** Konzert ~ *iem. uitnodigen om mee naar het concert te gaan;* jmdn. **zum** Essen ~ *iem. voor het eten uitnodigen.*

einladend 0.1 ***uitnodigend*** ⇒*aantrekkelijk, verleidelijk.*

Einladung ⟨v.; ~, ~en⟩ **0.1** ⟨g.mv.⟩ ***het inladen, inlading*** **0.2** ***uitnodigingskaart, uitnodiging.***

Einladungsschreiben ⟨o.⟩ **0.1** ***uitnodigingsbrief, invitatie.***

Einlage ⟨v.; ~, ~n⟩ **0.1** ***bijgevoegd stuk, bijlage*** **0.2** ***inlegwerk*** **0.3** ***steunzool*** **0.4** ***ingevoegd nummer, intermezzo*** **0.5** ***ingelegd geld, inleg*** **0.6** ⟨conf.⟩ ***tussenvoering, inleg*** **0.7** ⟨cul.⟩ ***vast ingrediënt*** **0.8** ⟨med.⟩ ***provisorische vulling.***

einlagern I ⟨ov.ww.⟩ **0.1** ***opslaan*** ⟨van goederen⟩;
II sich ~ ⟨wk.ww.⟩ **0.1** ***zich af-, vastzetten*** ⇒*bezinken.*

Einlaß ⟨m.; Einlasses, Einlässe⟩ **0.1** ***toegang, toelating.***

einlassen I ⟨ov.ww.⟩ **0.1** ***in-, binnen-, toelaten*** **0.2** ***laten lopen, stromen (in)*** **0.3** ***aanbrengen, inzetten*** ◆ **1.3** eingelassene Arbeit *inlegwerk;*
II sich ~ ⟨wk.ww.⟩ **0.1** ***zich inlaten, zich bemoeien (met)*** ⇒*beginnen (aan)* **0.2** ⟨meestal pej.⟩ ***zich afgeven, omgang hebben (met)*** ◆ **6.1** sich **in** ein Gespräch ~ *een gesprek beginnen, willen praten.*

Einlaßkarte ⟨v.⟩ **0.1** ***toegangskaart.***

Einlassung ⟨v.; ~, ~en⟩⟨jur.⟩ **0.1** ***verklaring*** ⟨v.d. verdachte⟩.

Einlauf ⟨m.; mv. ⸗e⟩ **0.1** ***het binnenlopen, -komen*** **0.2** ***binnengekomen post*** **0.3** ⟨sp.⟩ ***het finishen, finish*** **0.4** ⟨sp.⟩

volgorde van binnenkomst **0.5** ⟨sp.⟩ *eindstreep* **0.6** ⟨med.⟩ *darmspoeling, klysma.*

einlaufen I ⟨onov.ww.; s.⟩ **0.1** *binnenkomen, -lopen* **0.2** *lopen, stromen in* **0.3** *(in)krimpen* **0.4** ⟨vooral adm.⟩ *binnen-, inkomen* **0.5** ⟨sp.⟩ *het speelveld betreden, opkomen* **0.6** ⟨sp.⟩ *ingaan, beginnen* ◆ **1.3** dieser Stoff läuft nicht ein *deze stof krimpt niet* **6.6 in** die Zielgerade ~ *het laatste rechte eind voor de finish ingaan;*
II ⟨ov.ww.; h.⟩ **0.1** *inlopen* ◆ **1.¶** ⟨inf.; vaak pej.⟩ jmdm. die Tür ~ *bij iem. de deur platlopen;*
III sich ~ ⟨wk.ww.⟩ **0.1** *op gang komen.*

einläuten 0.1 *inluiden* ⟨ook fig.⟩.

einleben, sich 0.1 *(zich) gewennen* ⇒*aarden* **0.2** *zich inleven, zich verplaatsen.*

Einlegearbeit ⟨v.⟩⟨amb.⟩ **0.1** *inlegwerk.*

einlegen 0.1 *leggen in* **0.2** *inlassen, -voegen* **0.3** *(officieel) uitspreken* **0.4** ⟨cul.⟩ *inleggen, -maken* **0.5** ⟨amb.⟩ *inleggen* **0.6** ⟨ec.⟩ *inleggen* ⇒*storten* **0.7** ⟨amb.⟩ *in model brengen* ⇒*watergolven* ◆ **1.1** den 4. Gang ~ *in de vierde versnelling schakelen, zetten* **1.2** einen Sonderzug ~ *een extratrein inleggen* **1.3** ⟨jur.⟩ Berufung ~ *in (hoger) beroep gaan;* Beschwerde ~ *beklag indienen;* Protest ~ *protest aantekenen* **1.5** ein eingelegter Schrank *een kast met inlegwerk.*

Einleger ⟨m.; ~s, ~⟩⟨ec.⟩ **0.1** *inlegger.*

Einlegesohle ⟨v.⟩ **0.1** *inlegzool.*

einleiten 0.1 *op gang brengen* ⇒*instellen, ondernemen* **0.2** *inleiden, openen* ⇒*beginnen* ◆ **1.1** Maßnahmen ~ *maatregelen treffen;* ⟨jur.⟩ einen Prozeß ~ *een proces aanhangig maken.*

einlenken I ⟨onov.ww.⟩ **0.1** ⟨h/s.⟩ *indraaien, -slaan* **0.2** ⟨h.⟩ *bijdraaien, inbinden* ◆ **6.1 nach** links ~ *links afslaan;*
II ⟨ov.ww.; h.⟩ **0.1** *doen inslaan, insturen.*

einlesen I ⟨ov.ww.⟩⟨comp.⟩ **0.1** *inlezen;*
II sich ~ ⟨wk.ww.⟩ **0.1** *zich inlezen (in).*

einleuchten 0.1 *(volkomen) duidelijk zijn, overtuigen.*

einleuchtend 0.1 *helder, duidelijk* ⇒*plausibel.*

einliefern 0.1 *binnenbrengen* **0.2** *inleveren, afgeven* ◆ **4.1** jmdn. ins Krankenhaus ~ *iem. naar het ziekenhuis brengen.*

Einlieferungsschein ⟨m.⟩ **0.1** *bewijs van afgifte, reçu.*

einliegend ⟨adm.⟩ **0.1** *inliggend, bijgesloten.*

Einliegerwohnung ⟨v.⟩ **0.1** ⟨zelfstandige wooneenheid in een eengezinshuis⟩.

einlochen ⟨inf.⟩ **0.1** *in de bak zetten, opsluiten.*

einloggen ⟨comp.⟩ **0.1** *inloggen* ◆ **4.1** sich ins Internet ~ *op het internet inloggen.*

einlösen 0.1 *ter uitbetaling aanbieden* ⇒*innen, verzilveren* **0.2** *inlossen* ⇒*vrij-, terugkopen* **0.3** ⟨schr.⟩ *inlossen, nakomen* ⇒*(zich) houden (aan)* ◆ **1.3** sein Wort ~ *zijn woord gestand doen.*

Einlösesumme ⟨v.⟩ **0.1** *te innen bedrag, som* **0.2** *inlossingsbedrag* ⇒*terugkoopsom.*

einlullen ⟨inf.⟩ **0.1** *in slaap zingen, sussen.*

einmachen 0.1 *inmaken* ⇒*inleggen, conserveren.*

Einmachglas ⟨o.⟩ **0.1** *inmaakglas, -fles* ⇒*weckglas, -fles.*

einmahnen 0.1 *(met aandrang, manend) herinneren aan* ⇒*invorderen.*

einmal 0.1 ⟨met klemtoon op de eerste lettergreep⟩ *eenmaal, één keer* **0.2** ⟨klemtoon wisselt⟩ *ooit (eens), eens* **0.3** ⟨onbeklemtoond⟩ *(nu) eenmaal* ◆ **4.1** ~ dies, ~ das *nu eens dit, dan weer dat* **5.1** ~ mehr *eens te meer* **6.1** ⟨inf.⟩ **auf** ~ *opeens;* ~ **übers, ums** andere *keer op keer* **¶.1** ⟨sprw.⟩ ~ ist keinmal *eenmaal is geenmaal.*

Einmaleins ⟨o.; ~⟩ **0.1** *tafels (van vermenigvuldiging)* **0.2** *allereerste beginselen* ◆ **2.1** das kleine ~ *de tafels van 1-10;* das große ~ *de tafels van 11-20.*

Einmalhandtuch ⟨o.⟩ **0.1** *wegwerphanddoek.*

einmalig 0.1 *maar één keer voorkomend, eenmalig* **0.2** *uniek* **0.3** *enig in zijn soort, uniek* ◆ **3.3** das Wetter war ~ (schön) *het weer was fantastisch (mooi).*

Einmanngesellschaft ⟨v.⟩⟨ec.⟩ **0.1** *eenmansvennootschap.*

Einmarkstück ⟨o.⟩ **0.1** *muntstuk van één mark, markstuk.*

Einmarsch ⟨m.⟩ **0.1** *het binnenrukken, intocht.*

einmarschieren 0.1 *binnenrukken, -trekken* ◆ **6.1 in** ein Stadion ~ *een stadion binnenmarcheren.*

einmauern 0.1 *inmetselen, metselen in.*

einmeißeln 0.1 *inbeitelen, beitelen in.*

einmieten, sich 0.1 *kamers huren, op kamers gaan.*

einmischen, sich 0.1 *zich mengen in, zich bemoeien met* ◆ **6.1** sich ~ **in** etwas ⟨4e nv.⟩ *zich met iets bemoeien.*

einmotorig 0.1 *eenmotorig.*

einmotten 0.1 *tegen mot behandelen* **0.2** ⟨mil.⟩ *in de mottenballen leggen.*

einmummeln ⟨inf.⟩ **0.1** *(warm) inpakken.*

einmünden 0.1 *uitmonden (in)* ⟨ook fig.⟩ ⇒*uitkomen (in, op).*

einmütig 0.1 *eensgezind, eenstemmig.*

einnähen 0.1 *innaaien, (vast)naaien in* **0.2** *innaaien, innemen.*

Einnahme ⟨v.; ~, ~n⟩ **0.1** *ontvangst* ⇒*inkomsten* **0.2** *het innemen* ⇒*het nuttigen* **0.3** *inneming, inname* ⇒*verovering.*

Einnahmeausfall ⟨m.⟩ **0.1** *inkomstenderving.*

Einnahmequelle ⟨v.⟩ **0.1** *bron van inkomsten.*

Einnahmeseite ⟨v.⟩ **0.1** *creditzijde.*

einnebeln 0.1 *in een rookgordijn, in nevelen hullen.*

einnehmen 0.1 *ontvangen, beuren* ⇒*verdienen* **0.2** *innemen, tot zich nemen* ⇒*nuttigen* **0.3** *innemen, in bezit nemen* ⇒*veroveren* **0.4** *innemen* ⇒*beslaan, in beslag nemen* **0.5** *innemen* ◆ **1.4** ⟨mil.⟩ Haltung ~ *in de houding gaan staan;* eine abwartende Haltung ~ *een afwachtende houding aannemen* **1.5** ein ~des Äußeres *een innemend uiterlijk* **3.5** sich ~ lassen von *onder de invloed raken van* **6.5** jmdn. **für** etwas ~ *iem. voor iets winnen;* **gegen** jmdn. eingenommen sein *een vooroordeel tegen iem. hebben;* ⟨pej.⟩ **von** sich eingenommen sein *met zichzelf ingenomen zijn.*

einnicken ⟨inf.⟩ **0.1** *indutten, indommelen.*

einnisten, sich 0.1 *zich innestelen, zich nestelen in.*

Einöde ⟨v.; ~, ~n⟩ **0.1** *eenzame, afgelegen streek* ⇒*woestenij.*

einölen 0.1 *met olie insmeren* **0.2** *oliën, smeren.*

einordnen I ⟨ov.ww.⟩ **0.1** *rangschikken, ordenen* ⇒*categoriseren* **0.2** *voorsorteren;*
II sich ~ ⟨wk.ww.⟩ **0.1** *voorsorteren* ⟨in het verkeer⟩ **0.2** *zich aanpassen.*

Einordnungsspur ⟨v.⟩ **0.1** *opstelstrook.*

einpacken I ⟨onov.ww.⟩⟨inf.⟩ ◆ **3.¶** da(mit) kannst du ~! *op die manier kun je wel inpakken!* **¶.¶** pack ein! *maak dat je wegkomt!;*
II ⟨ov.ww.⟩ **0.1** *in iets pakken, inpakken* **0.2** ⟨inf.⟩ *warm aankleden, inpakken.*

Einpackpapier ⟨o.⟩ **0.1** *pakpapier.*

einparken 0.1 *(invoegend) parkeren.*

einpassen I ⟨ov.ww.⟩ **0.1** *inpassen* ⇒*inbouwen, monteren;*
II sich ~ ⟨wk.ww.⟩ **0.1** *zich aanpassen.*

einpauken ⟨inf.; vaak pej.⟩ **0.1** *inpompen, -stampen* ◆ **4.1** jmdm. etwas ~ *iem. iets inpompen.*

Einpauker ⟨m.; ~s, ~⟩⟨inf.⟩ **0.1** *repetitor.*

einpeitschen I ⟨onov.ww.⟩⟨zelden⟩ **0.1** ***in ranselen, in slaan (op);***
II ⟨ov.ww.⟩ **0.1** ***inpompen, -hameren.***
Einpeitscher ⟨m.; ~s, ~⟩ **0.1** ***ophitser, -ruier.***
einpendeln, sich 0.1 ***een evenwicht vinden.***
Einpendler ⟨m.; ~s, ~⟩ **0.1** ***forens.***
einpferchen 0.1 ***samendrijven, opsluiten*** **0.2** ***opeenpakken, samendringen.***
einpflanzen 0.1 ***inplanten, planten in.***
einplanen 0.1 ***in de planning opnemen, plannen.***
einpökeln 0.1 ***inpekelen, -zouten.***
einpoldern 0.1 ***inpolderen, bedijken.***
einprägen I ⟨ov.ww.⟩ **0.1** ***instempelen, indrukken*** **0.2** ***inprenten, in het geheugen prenten*** ⇒*doordringen van* ◆ **4.2** sich ⟨3e nv.⟩ etwas ~ *iets goed in zijn geheugen prenten;*
II sich ~ ⟨wk.ww.⟩ **0.1** ***in het geheugen geprent, gegrift raken*** ⇒*onvergetelijk zijn.*
einprägsam 0.1 ***gemakkelijk te onthouden*** ⇒*pakkend.*
Einprägung ⟨v.⟩ **0.1** ⟨boek.⟩ ***bandstempel.***
einprasseln 0.1 ***als een stortvloed neerkomen op.***
einprügeln I ⟨onov.ww.⟩ **0.1** ***inranselen, -slaan (op);***
II ⟨ov.ww.⟩⟨inf.; pej.⟩ **0.1** ***(er) inranselen.***
einpudern 0.1 ***met poeder bestrooien, poederen.***
einquartieren 0.1 ***inkwartieren*** ⟨ook mil.⟩ ⇒*huisvesten, herbergen.*
Einquartierung ⟨v.; ~, ~en⟩ **0.1** ⟨vooral mil.⟩ ***inkwartiering.***
einquetschen 0.1 ***bekneld doen raken, knellen.***
einrahmen 0.1 ***inlijsten, encadreren.***
einrammen 0.1 ***inheien, -rammeien*** **0.2** ***in elkaar rammen, beuken.***
einrangieren 0.1 ***ergens in manoeuvreren*** **0.2** ***indelen, rangschikken*** ◆ **4.2** sich ~ in *zich aanpassen aan.*
einrasten ⟨tech.⟩ **0.1** ***in elkaar sluiten, klikken.***
einräuchern 0.1 ***be-, doorroken*** ⇒⟨inf.⟩ *in rook hullen.*
einräumen 0.1 ***inruimen*** **0.2** ***onderbrengen, opbergen (in)*** **0.3** ***afstaan (aan)*** **0.4** ***verlenen, geven*** ⇒*toestaan, -geven* ◆ **1.4** ⟨taal.⟩ eine ~de Konjunktion *een concessieve conjunctie;* jmdm. einen Kredit ~ *iem. een krediet verlenen.*
Einräumung ⟨v.; ~, ~en⟩ **0.1** ***concessie.***
Einraumwohnung ⟨v.⟩ **0.1** ***eenkamerwoning.***
einrechnen 0.1 ***meerekenen, erbij rekenen.***
Einrede ⟨v.; ~, ~n⟩ **0.1** ***tegenspraak, -werping.***
einreden I ⟨onov.ww.⟩ **0.1** ***in praten (op);***
II ⟨ov.ww.⟩ **0.1** ***in-, aanpraten*** ◆ **4.1** sich ⟨3e nv.⟩ etwas ~ *zich(zelf) iets wijsmaken.*
einregnen I ⟨onov.ww.⟩ **0.1** ***natregenen*** **0.2** ***door de regen niet verder kunnen;***
II sich ~ ⟨wk.ww.⟩ **0.1** ***blijven regenen.***
einregulieren 0.1 ***instellen*** ⇒*afstellen.*
einreiben 0.1 ***inwrijven.***
einreichen 0.1 ***indienen*** ⇒*inleveren, aanbieden* **0.2** ⟨inf.⟩ ***voorstellen*** ◆ **1.1** seinen Abschied ~ *zijn ontslag indienen* **6.2** jmdn. **für** einen Posten ~ *iem. voor een functie voorstellen.*
Einreichungsfrist ⟨v.⟩ **0.1** ***inleveringstermijn.***
einreihen I ⟨ov.ww.⟩ **0.1** ***indelen (bij)*** ⇒*op zijn plaats zetten* ◆ **6.1** jmdn. **in** den Arbeitsprozeß ~ *iem. in het arbeidsproces inschakelen;*
II sich ~ ⟨wk.ww.⟩ **0.1** ***plaatsnemen in*** ⇒*zich aansluiten aan, bij.*
Einreiher ⟨m.; ~s, ~⟩ **0.1** ***colbert, jas(je) met één rij knopen.***
Einreise ⟨v.⟩ **0.1** ***inreis, het binnenkomen (in een land)*** ◆ **3.1** jmdm. die ~ verweigern *iem. de toegang tot een land ontzeggen* **6.1** die ~ **nach** Österreich *het binnenkomen van Oostenrijk, het passeren van de Oostenrijkse grens.*
Einreiseerlaubnis ⟨v.⟩ **0.1** ***inreisvisum.***
einreisen 0.1 ***een land inreizen, binnenkomen.***
einreißen I ⟨onov.ww.⟩ **0.1** ***inscheuren*** ⇒*scheuren krijgen* **0.2** ***in zwang komen*** ⇒*om zich heen grijpen* ◆ **1.2** ein tief eingerissenes Übel *een diep ingeworteld kwaad;*
II ⟨ov.ww.⟩ **0.1** ***afbreken*** ⇒*slopen* **0.2** ***inscheuren, een scheur maken in*** ◆ **1.¶** sich ⟨3e nv.⟩ einen Splitter ~ *een splinter in de huid krijgen.*
einreiten I ⟨onov.ww.⟩ **0.1** ***(te paard) binnenrijden;***
II ⟨ov.ww.⟩ **0.1** ***(een paard) dresseren, africhten;***
III sich ~ ⟨wk.ww.⟩ **0.1** ***het paardrijden oefenen.***
einrenken 0.1 ⟨med.⟩ ***zetten*** ⇒*in het lid brengen* **0.2** ⟨fig.⟩ ***in het reine brengen*** ⇒*in orde brengen* ◆ **1.2** die Sache wird sich schon wieder ~ *de zaak zal wel weer in orde komen.*
einrennen 0.1 ***(komen) binnenrennen*** **0.2** ***stuk, kapot rennen*** ◆ **1.1** ⟨inf.; fig.⟩ jmdm. die Tür ~ *bij iem. de deur platlopen.*
einrichten I ⟨ov.ww.⟩ **0.1** ***inrichten*** **0.2** ***regelen*** ⇒*schikken, indelen* **0.3** ***instellen*** ⇒*oprichten, openen* **0.4** ⟨med.⟩ ***zetten*** **0.5** ⟨wisk.⟩ ***herleiden*** ◆ **3.2** das wird sich ~ lassen *dat valt wel te regelen;*
II sich ~ ⟨wk.ww.⟩ **0.1** ***zijn woning inrichten*** **0.2** ***zich instellen (op)*** ⇒*zich voorbereiden* **0.3** ***de uitgaven aanpassen*** ⇒*versoberen* ◆ **3.3** sie weiß sich einzurichten *ze weet hoe ze moet rondkomen.*
Einrichtung ⟨v.; ~, ~en⟩ **0.1** ***(woning)inrichting*** **0.2** ***installatie*** ⇒*voorzieningen* **0.3** ***instelling*** ⇒*instituut, lichaam* **0.4** ***instelling*** ⇒*gewoonte, gebruik.*
Einrichtungshaus ⟨o.⟩ **0.1** ***zaak, winkel voor woninginrichting.***
Einriß ⟨m.⟩ **0.1** ***scheur(tje).***
einritzen 0.1 ***inkrassen*** ⇒*inkerven.*
einrollen I ⟨onov.ww.⟩ **0.1** ***(komen) binnenrollen;***
II ⟨ov.ww.⟩ **0.1** ***in-, oprollen;***
III sich ~ ⟨wk.ww.⟩ **0.1** ***(tot) een rol worden, zich oprollen.***
einrosten 0.1 ***in-, vastroesten.***
einrücken I ⟨onov.ww.⟩⟨mil.⟩ **0.1** ***binnenrukken, -trekken*** **0.2** ***opkomen*** ⇒*in (militaire) dienst gaan* ◆ **6.1** ⟨fig.⟩ **in** jmds. Stelle ~ *iemands plaats overnemen;*
II ⟨ov.ww.⟩ **0.1** ***inschakelen*** ⇒*koppelen, aanzetten* **0.2** ***plaatsen*** ⇒*zetten, opnemen* **0.3** ⟨boek.⟩ ***laten inspringen*** ◆ **3.2** eine Annonce in eine Zeitung ~ lassen *een advertentie in een krant plaatsen.*
einrühren 0.1 ***(om)roeren*** ⇒*aanmaken* **0.2** ***erdoor roeren.***
einrüsten 0.1 ***in de steigers zetten.***
eins[1] ⟨bn.⟩ **0.1** ***eens, om het even*** ◆ **3.1** ⟨inf.⟩ jmdm. ~ sein *iem. onverschillig laten;* mit jmdm. ~ werden *het met iem. eens worden* **6.1** es kommt alles **auf** ~ heraus *het komt allemaal op hetzelfde neer;* etwas **in** ~ sehen *iets als een geheel beschouwen.*
eins[2] ⟨telw.⟩ **0.1** ***één*** ◆ **1.1** die Note ~ erhalten *een tien krijgen* **3.1** es schlägt ~ *het slaat één uur.*
Eins ⟨v.; ~, ~en⟩ **0.1** ***één*** ⟨getal, cijfer⟩ **0.2** ***lijn een*** ⟨tram⟩ **0.3** ***zeer goed*** ⟨cijfer op rapport⟩ ◆ **8.1** wie eine ~ stehen *kaarsrecht staan.*
Einsaat ⟨v.⟩ **0.1** ***zaaigoed, zaaisel*** **0.2** ***het inzaaien.***
einsacken I ⟨onov.ww.⟩ **0.1** ***weg-, verzakken;***
II ⟨ov.ww.⟩ **0.1** ***in een zak, zakken doen*** **0.2** ⟨inf.⟩ ***in de zak steken*** ⇒*inpikken* ◆ **1.2** den Gewinn ~ *de winst verduisteren.*
einsäen 0.1 ***inzaaien.***

einsägen **0.1** ***inzagen.***
einsalben **0.1** ***met zalf bestrijken.***
einsalzen **0.1** ***inzouten*** ◆ **3.1** ⟨inf.⟩ sich (mit etwas) ~ lassen können *zich (met iets) kunnen opzouten.*
einsam **0.1** ***eenzaam*** ⇒*alleen* **0.2** ***eenzaam (gelegen)*** **0.3** ***eenzaam*** ⇒*verlaten, stil* ◆ **1.2** ein ~er Bauernhof *een afgelegen boerderij.*
Einsamkeit ⟨v.; ~, ~en⟩ **0.1** ***eenzaamheid*** **0.2** ***eenzaamheid*** ⇒*verlatenheid, eenzame plaats.*
einsammeln **0.1** ***inzamelen*** ⇒*oogsten* **0.2** ***inzamelen*** ⇒*ophalen, collecteren* **0.3** ***oppikken*** ⇒*meenemen.*
einsargen **0.1** ***kisten, in de (dood)kist leggen.***
Einsatz ⟨m.⟩ **0.1** ***inzetstuk*** ⇒*in-, tussenzetsel* **0.2** ***inzet*** ⇒ *pot, inleg* **0.3** ***statiegeld*** **0.4** ⟨mil.⟩ ***ingezette troepen, ingezet materiaal*** **0.5** ***inzet, het inzetten*** ◆ **6.4** ⟨euf.⟩ nicht **vom** ~ zurückkehren *sneuvelen* **6.5** **im** ~ sein *in actie zijn,* ⟨ook⟩ *in de weer zijn;* **unter** ~ seines Lebens *met inzet van zijn leven.*
einsatzbereit **0.1** ***bereid zich in te zetten*** **0.2** ***klaar voor gebruik*** **0.3** ⟨mil.⟩ ***paraat.***
einsatzfähig **0.1** ***inzetbaar.***
einsatzfreudig **0.1** ***dynamisch*** ⇒*met inzet* **0.2** ⟨sp.⟩ ***strijdlustig.***
Einsatzkommando ⟨o.⟩⟨mil.⟩ **0.1** ***commando(groep) met speciale taak*** ⇒*mobiele eenheid.*
Einsatzwagen ⟨m.⟩ **0.1** ⟨verk.⟩ ***extra wagon, extra wagen*** **0.2** ⟨mil.⟩ ***speciaal voertuig.***
einsäuern **0.1** ***inzulten, in zuur inleggen.***
einsaugen **0.1** ***in-, opzuigen.***
einsäumen **0.1** ***zomen, een zoom leggen in*** **0.2** ⟨fig.⟩ ***omgeven*** ⇒*omzomen.*
einschalen **0.1** ***bekisten*** ⇒*beschieten.*
einschalten **I** ⟨ov.ww.⟩ **0.1** ***inschakelen, aanzetten, aandoen*** **0.2** ***in-, tussenvoegen*** ⇒*inlassen* ◆ **1.1** den zweiten Gang ~ *in de tweede versnelling zetten* **1.2** ein Pause ~ *een pauze inlassen;*
II **sich** ~ ⟨wk.ww.⟩ **0.1** ***ingrijpen*** ⇒*tussenbeide komen* **0.2** ***in werking treden.***
Einschaltquote ⟨v.⟩ **0.1** ***kijkcijfer, kijk-, luisterdichtheid.***
einschärfen **0.1** ***inscherpen*** ⇒*inprenten.*
einscharren **0.1** ***in, onder de grond stoppen.***
einschätzen **0.1** ***(in)schatten*** ⇒*taxeren, beoordelen* **0.2** ***aanslaan*** ◆ **6.2** jmdn. **zur** Steuer ~ *iem. voor de belasting aanslaan.*
einschaufeln **0.1** ***opscheppen, met de schep doen in.***
einschenken **0.1** ***inschenken.***
einscheren ⟨verk.⟩ **0.1** ***zich invoegen.***
einschichtig **0.1** ***uit één laag bestaand*** **0.2** ⟨ind.⟩ ***met één ploeg*** ⟨geen continuwerk⟩.
einschicken **0.1** ***inzenden*** ⇒*opsturen.*
einschieben **0.1** ***inschuiven, naar binnen schuiven*** **0.2** ***inschieten*** ⟨brood⟩ **0.3** ***invoegen*** ⇒*inlassen, (er later) tussenvoegen* ◆ **4.3** sich ⟨4e nv.⟩ in die Reihe der Wartenden ~ *in de rij van wachtenden plaats nemen.*
Einschiebsel ⟨o.; ~s, ~⟩ **0.1** ***tussenvoegsel.***
Einschiebung ⟨v.; ~, ~en⟩ **0.1** ***tussen-, invoegsel*** **0.2** ***het invoegen, inlassen.***
Einschienenbahn ⟨v.⟩ **0.1** ***monorail.***
einschießen **I** ⟨onov.ww.⟩ **0.1** ***schieten*** ⟨v.d. melk⟩;
II ⟨ov.ww.⟩ **0.1** ***stuk-, inschieten*** **0.2** ***inschieten*** ⟨v.e. wapen⟩ **0.3** ***inschieten*** ⇒*inslaan* ⟨weven⟩ **0.4** ⟨sp.⟩ ***erin schieten*** ⇒*erin knallen* **0.5** ⟨ec.⟩ ***inleggen*** ⇒*inbrengen* **0.6** ⟨amb.⟩ ***inschieten*** ⟨brood⟩ **0.7** ⟨boek.⟩ ***inschieten*** ⇒ *tussenvoegen;*
III ⟨wk.ww.⟩ ◆ **6.¶** ⟨fig.⟩ sich **auf** jmdn. ~ *iem. op de korrel nemen, de aanval op iem. openen.*
einschiffen **I** ⟨ov.ww.⟩ **0.1** ***inschepen;***
II **sich** ~ ⟨wk.ww.⟩ **0.1** ***zich inschepen, aan boord gaan.***
einschl. ⟨afk.⟩ →**einschließlich.**
einschlafen **0.1** ***inslapen*** ⇒*in slaap vallen* **0.2** ***slapen*** ⟨lichaamsdeel⟩ **0.3** ⟨euf.; fig.⟩ ***inslapen*** ⇒*ontslapen* **0.4** ⟨fig.⟩ ***inslapen*** ⇒*afnemen, doven* ◆ **1.4** die Gerüchte sind eingeschlafen *de geruchten zijn verstomd.*
einschläferig **0.1** ***eenpersoons*** ⟨bed⟩.
einschläfern **0.1** ***in slaap brengen*** **0.2** ***narcotiseren, verdoven*** **0.3** ***pijnloos doden*** ⟨van dieren⟩ **0.4** ⟨fig.⟩ ***in slaap sussen, wiegen*** ◆ **1.1** ~de Musik *slaapverwekkende muziek.*
Einschlag ⟨m.⟩ **0.1** ***inslag, het inslaan*** **0.2** ***(plaats v.d.) inslag*** ⇒*gat* **0.3** ***inslag, dwarse draad*** **0.4** ⟨amb.⟩ ***inslag*** ⇒ *ingeslagen gedeelte, zoom* **0.5** ⟨landb.⟩ ***kap, het kappen*** **0.6** ⟨fig.⟩ ***zweem, trekje*** ⇒*spoor.*
einschlagen **I** ⟨onov.ww.⟩ **0.1** ***inslaan, slaan in*** **0.2** ***inslaan*** ⇒*succes hebben, aanslaan* **0.3** ***erop los slaan*** ⇒*ranselen* ◆ **4.1** es hat eingeschlagen *de bliksem is ingeslagen;*
II ⟨ov.ww.⟩ **0.1** ***inslaan, slaan in*** **0.2** ***inslaan*** ⇒*stuk-, kapotslaan* **0.3** ***kappen*** ⇒*vellen* **0.4** ***inpakken*** ⇒*slaan, wikkelen in* **0.5** ***inslaan*** ⇒*nemen, kiezen* **0.6** ***inslaan*** ⇒*naar binnen slaan, vouwen* ◆ **1.5** ein schnelleres Tempo ~ *overgaan op een sneller tempo;* ein neues Verfahren ~ *aan een nieuw procédé beginnen* **6.4** **in** Zeitungspapier ~ *in krantenpapier wikkelen.*
einschlägig **0.1** ***desbetreffend*** ⇒*daarop betrekking hebbend* ◆ **3.1** ~ vorbestraft sein *al eerder wegens hetzelfde feit bestraft zijn.*
Einschlagpapier ⟨o.⟩ **0.1** ***inpak-, kaftpapier.***
einschleichen, sich ⟨ook fig.⟩ **0.1** ***binnensluipen*** ◆ **1.1** ein Mißbrauch schlich sich ein *een misbruik breidde zich ongemerkt uit.*
einschleifen **0.1** ***inslijpen*** ⟨ook fig.⟩.
einschleppen **0.1** ***binnenslepen, naar binnen slepen*** **0.2** ***binnensmokkelen*** **0.3** ⟨med.⟩ ***van elders overbrengen.***
einschleusen **0.1** ***binnenloodsen*** ⇒*binnensmokkelen.*
einschließen **I** ⟨ov.ww.⟩ **0.1** ***in-, opsluiten*** **0.2** ***omsluiten*** ⇒ *(geheel) omgeven* **0.3** ***omsingelen*** ⇒*insluiten;*
II **sich** ~ ⟨wk.ww.⟩ **0.1** ***zichzelf op-, insluiten*** **0.2** ***zichzelf meerekenen.***
einschließlich[1] ⟨bw.⟩ **0.1** ***tot en met*** ⇒*meegerekend.*
einschließlich[2] ⟨vz. + 2,3⟩ **0.1** ***met inbegrip van*** ⇒*inclusief* ◆ **1.1** alle Gegenstände ~ Büchern *alle voorwerpen inclusief boeken.*
einschlummern **0.1** ***insluimeren.***
Einschlupf ⟨m.; ~(e)s, ~e of ¨~e⟩ **0.1** ***gaatje, opening om binnen te komen, wippen.***
einschlürfen **0.1** ***in-, opslurpen.***
Einschluß ⟨m.⟩ **0.1** ⟨geol.⟩ ***(in steen) ingesloten voorwerp*** **0.2** ***het in-, opsluiten*** **0.3** ***inbegrip*** ◆ **6.3** alle Orte **mit, unter** ~ der Hauptstadt *alle plaatsen met inbegrip van de hoofdstad.*
einschmeicheln, sich **0.1** ***in 't gevlij proberen te komen*** ⇒ *flikflooien.*
einschmeißen ⟨inf.⟩ **0.1** ***in-, stuksmijten.***
einschmelzen **I** ⟨onov.ww.⟩ **0.1** ***(ver)smelten, wegsmelten;***
II ⟨ov.ww.⟩ **0.1** ***(ver)smelten, vloeibaar maken.***
einschmieren **0.1** ***insmeren, -vetten*** **0.2** ***smerig maken.***
einschmuggeln **0.1** ***binnensmokkelen.***
einschnappen **I** ⟨onov.ww.⟩ **0.1** ***dichtklikken*** ⇒*toeklappen* **0.2** ***snel beledigd zijn*** ⇒*vallen over* ◆ **5.2** leicht ~ *gauw gepikeerd zijn;*
II ⟨ov.ww.⟩ **0.1** ***op slot doen*** ⇒*(af)sluiten, dichtdoen.*
einschneiden **I** ⟨onov.ww.⟩ **0.1** ***insnijden, inknippen;***

II ⟨ov.ww.⟩ **0.1** ***snijden, knippen in*** ⇒*inkerven* **0.2** ⟨cul.⟩ ***snipperen*** ⇒*fijn snijden.*
einschneidend ⟨fig.⟩ **0.1** ***ingrijpend*** ⇒*verstrekkend.*
einschneien 0.1 ***insneeuwen.***
Einschnitt ⟨m.⟩ **0.1** ***insnijding*** **0.2** ⟨lit.⟩ ***cesuur*** **0.3** ⟨fig.⟩ ***belangrijke episode, fase.***
einschnitzen 0.1 ***insnijden.***
einschnüren 0.1 ***insnoeren, -rijgen*** ◆ **1.1** ⟨fig.⟩ Angst schnürte mir die Kehle ein *angst snoerde mijn keel dicht.*
einschränken I ⟨ov.ww.⟩ **0.1** ***in-, beperken*** ⇒*beknotten, inkrimpen* ◆ **6.1 auf** das Notwendigste ~ *tot het allernoodzakelijkste beperken;*
II sich ~ ⟨wk.ww.⟩ **0.1** ***bezuinigen*** ⇒*zuinig leven* **0.2** ***zich beperken.***
Einschränkung ⟨v.; ~, ~en⟩ **0.1** ***be-, inperking*** ⇒*inkrimping* **0.2** ***voorbehoud.***
Einschreibebrief ⟨m.⟩ **0.1** ***aangetekende brief.***
einschreiben 0.1 ***inschrijven, schrijven in*** **0.2** ***inschrijven*** ⇒*aantekenen, registreren* **0.3** ***aantekenen*** ◆ **6.2** sich **in** ein Album ~ *zijn naam in een album zetten.*
Einschreiben ⟨o.; ~s, ~⟩ **0.1** ***aangetekend stuk, aangetekende brief.***
Einschreibung ⟨v.; ~, ~en⟩ **0.1** ***inschrijving*** **0.2** ***het aantekenen.***
einschreien 0.1 ***tekeergaan*** ⇒*tieren* ◆ **6.1 auf** jmdn. ~ *iem. toeschreeuwen.*
einschreiten 0.1 ***ingrijpen*** ⇒*tussenbeide komen* ◆ **5.1** gerichtlich ~ *gerechtelijke stappen ondernemen.*
einschrumpfen 0.1 ***ineen-, verschrompelen*** **0.2** ⟨fig.⟩ ***verminderen.***
Einschub ⟨m.⟩ **0.1** ***inlassing.***
einschüchtern 0.1 ***bang maken*** ⇒*intimideren.*
Einschüchterungsversuch ⟨m.⟩ **0.1** ***poging tot intimidatie.***
einschulen 0.1 ***op een school plaatsen.***
Einschuß ⟨m.; Einschusses, Einschüsse⟩ **0.1** ***plaats v.d. inslag*** **0.2** ***inslag*** ⇒*dwarse draad* **0.3** ***toevoeging*** ⇒ *spoortje* **0.4** ⟨sp.⟩ ***schot op het doel*** **0.5** ⟨ec.⟩ ***storting*** ⇒*inleg.*
einschütten 0.1 ***ingieten*** ⇒*instorten, -schenken.*
einschwärzen 0.1 ***zwart maken, verven.***
einschweißen 0.1 ***(vast)lassen in*** **0.2** ***in folie verpakken.***
einschwenken 0.1 ***inzwenken, -draaien*** ⇒*binnendraaien* **0.2** ⟨fig.⟩ ***bijdraaien.***
einschwören 0.1 ***doen zweren*** ⇒*beëdigen.*
einsegnen 0.1 ***inzegenen, (in)wijden*** **0.2** ***kerkelijk bevestigen.***
einsehen 0.1 ***inkijken*** ⇒*zien, waarnemen* **0.2** ***inzien*** ⇒*(kritisch) bekijken* **0.3** ***inzien*** ⇒*begrijpen, beseffen.*
Einsehen ⟨o.⟩ ◆ **3.¶** (k)ein ~ haben *(geen) begrip tonen.*
einseifen 0.1 ***inzepen*** **0.2** ⟨inf.⟩ ***belazeren.***
einseitig 0.1 ***eenzijdig*** ◆ **1.1** eine ~e Zuneigung *een genegenheid die van een kant komt.*
Einseitigkeit ⟨v.; ~, ~en⟩ **0.1** ***eenzijdigheid.***
einsenden 0.1 ***inzenden*** ⇒*opsturen.*
Einsender ⟨m.; ~s, ~⟩ **0.1** ***inzender.***
Einsendeschluß ⟨m.⟩ **0.1** ***uiterste inzendingstermijn.***
Einsendung ⟨v.; ~, ~en⟩ **0.1** ***inzending.***
einsenken 0.1 ***laten zinken, zakken*** **0.2** ⟨amb.⟩ ***verzinken*** ⇒*inlaten.*
Einsenkung ⟨v.; ~, ~en⟩ **0.1** ***inzinking.***
Einser ⟨m.; ~s, ~⟩⟨inf.⟩ **0.1** ***één*** ⟨getal, cijfer⟩ **0.2** ***lijn een*** ⟨tram⟩ **0.3** ***zeer goed*** ⟨cijfer op rapport⟩.
einsetzen I ⟨onov.ww.; h.⟩ **0.1** ***inzetten*** ⇒*beginnen* ◆ **1.1** ~de Schmerzen *opkomende pijn;*
II ⟨ov.ww.⟩ **0.1** ***inzetten, zetten in*** **0.2** ***instellen*** ⇒*benoemen, aanstellen* **0.3** ***inzetten*** ⇒*inschakelen* **0.4** ***inmaken*** ⟨van vruchten⟩ **0.5** ***op het spel zetten*** ⇒*riskeren* **0.6** ⟨sp.⟩ ***inzetten*** ⇒*inleggen* ◆ **1.1** einen neuen Film ~ *een nieuwe film inleggen* **1.3** Sonderbusse ~ *extra bussen inleggen* **1.5** sein Leben ~ *zijn leven riskeren;*
III sich ~ ⟨wk.ww.⟩ **0.1** ***moeite doen*** ⇒*zich inspannen* **0.2** ***opkomen voor.***
Einsicht ⟨v.⟩ **0.1** ***inzicht*** ⇒*opvatting* **0.2** ***verstand*** **0.3** ***inzage*** ◆ **3.2** hab' doch ~! *wees toch redelijk!* **6.2** endlich ist er **zur** ~ gekommen *eindelijk is hij verstandig geworden* **6.3** ~ **in** etwas nehmen *iets kritisch doornemen.*
einsichtig 0.1 ***verstandig*** ⇒*vol begrip* **0.2** ***begrijpelijk*** ⇒ *aannemelijk.*
einsichtsvoll 0.1 ***met veel inzicht*** ⇒*oordeelkundig.*
einsickern 0.1 ***binnensijpelen*** ⇒*infiltreren.*
Einsiedelei ⟨v.; ~, ~en⟩ **0.1** ***kluizenaarswoning.***
Einsiedler ⟨m.; ~s, ~⟩ **0.1** ***kluizenaar*** ⟨ook fig.⟩ ⇒*(h)eremiet.*
einsiedlerisch 0.1 ***als een kluizenaar.***
Einsilber ⟨m.; ~s, ~⟩ **0.1** ***woord van één lettergreep.***
einsilbig 0.1 *eenlettergrepig* **0.2** ⟨fig.⟩ ***weinig spraakzaam.***
Einsilbigkeit ⟨v.; ~⟩⟨fig.⟩ **0.1** ***weinig spraakzame aard.***
einsinken 0.1 ***wegzinken, -zakken*** **0.2** ***inzakken*** ⇒*in elkaar zakken, vallen.*
einsitzen ⟨jur.⟩ **0.1** ***in de gevangenis, gevangen zitten.***
Einsitzer ⟨m.; ~s, ~⟩ **0.1** ***eenpersoonsboot, -wagen*** ⟨enz.⟩.
einsitzig 0.1 ***eenpersoons.***
einspannen 0.1 ***spannen, zetten in*** **0.2** ***in-, voorspannen, voor de wagen spannen*** **0.3** ⟨inf.; fig.⟩ ***aan het werk zetten*** ◆ **6.1** einen Bogen ~ *een vel papier in de schrijfmachine doen.*
Einspänner ⟨m.; ~s, ~⟩ **0.1** ***rijtuig met één paard*** **0.2** ***eenzelvig iem.***
einspännig 0.1 ***met, voor één paard*** **0.2** ⟨inf.⟩ ***ongetrouwd.***
einsparen 0.1 ***besparen*** ⇒*bezuinigen.*
Einsparungsmaßnahme ⟨v.⟩ **0.1** ***bezuinigingsmaatregel.***
einspeichern ⟨comp.⟩ **0.1** ***invoeren.***
einspeisen 0.1 ⟨tech.⟩ ***toevoeren*** **0.2** ⟨comp.⟩ ***invoeren.***
einsperren 0.1 ***op-, insluiten*** ⇒*gevangenzetten.*
einspielen I ⟨ov.ww.⟩ **0.1** ***inspelen*** **0.2** ***opnemen*** ⇒*een grammofoonplaat maken van* **0.3** ***opbrengen*** ⇒*opleveren* ◆ **1.3** der Film hat die Kosten eingespielt *de film heeft de kosten opgebracht;*
II sich ~ ⟨wk.ww.⟩ **0.1** ***zich inspelen*** **0.2** ⟨fig.⟩ ***inburgeren*** **0.3** ⟨fig.⟩ ***zich instellen op*** ⇒*inspelen op* **0.4** ⟨tech.⟩ ***blijven staan*** ⇒*aangeven.*
einspinnen, sich 0.1 ***zich inspinnen*** **0.2** ⟨fig.⟩ ***zich overgeven aan*** ⇒*zich inkapselen.*
einsprachig 0.1 ***eentalig, in één taal.***
einsprechen I ⟨onov.ww.⟩ **0.1** ***(toe)spreken;***
II ⟨ov.ww.⟩ **0.1** ***inspreken*** ◆ **1.1** einen Text ~ *een tekst inspreken.*
einsprengen 0.1 ***invochten*** ⇒*(be)sproeien* **0.2** ***dmv. een explosie openbreken.***
einspringen 0.1 ***inspringen*** ⇒*invallen* **0.2** ***dichtspringen*** ⇒*in het slot springen* **0.3** ***inspringen*** ◆ **6.1 mit** einer großen Summe ~ *met een groot bedrag bijspringen.*
einspritzen 0.1 ***invochten*** **0.2** ***inspuiten.***
Einspritzer ⟨m.⟩⟨tech.⟩ **0.1** ***injectiemotor*** **0.2** ⟨inf.⟩ ***auto met injectiemotor.***
Einspritzmotor ⟨m.⟩ **0.1** ***injectie-, inspuitmotor.***
Einspritznadel ⟨v.⟩ **0.1** ***injectienaald.***
Einspruch ⟨m.⟩ **0.1** ***protest*** ⇒*verzet, tegenspraak* ◆ **3.1** ~ erheben gegen *protest aantekenen tegen.*

einspurig 0.1 ***eensporig*** **0.2** ***met één rijbaan.***
einst 0.1 ***eens*** *⇒eertijds* **0.2** ***eens*** *⇒eenmaal, in de toekomst.*
einstallen ⟨landb.⟩ **0.1** ***op stal zetten.***
einstampfen 0.1 ***in-, vaststampen*** **0.2** ***vernietigen*** ⟨van papier⟩.
Einstand ⟨m.; ~(e)s, ~̈e⟩ **0.1** ⟨sp.⟩ ***deuce*** **0.2** ⟨sp.⟩ ***eerste wedstrijd, spel.***
einstanzen 0.1 ***ponsen in, inponsen.***
einstauben 0.1 ***stoffig worden.***
einstäuben 0.1 ***(be)poederen*** **0.2** ***verstuiven.***
einstechen 0.1 ***steken, prikken in*** **0.2** ⟨sp.⟩ ***troeven.***
einstecken 0.1 ***insteken*** *⇒stoppen in* **0.2** ***meenemen*** *⇒in de zak steken* **0.3** ⟨inf.⟩ ***op de post doen*** **0.4** ⟨inf.⟩ ***in zijn zak steken*** *⇒achterover drukken* **0.5** ⟨inf.⟩ ***slikken*** *⇒incasseren* **0.6** ⟨inf.⟩ ***in de zak steken*** *⇒de baas zijn* **0.7** ⟨inf.⟩ ***op-, insluiten*** *⇒gevangen zetten* ◆ **3.5** eine Beleidigung ~ müssen *een belediging moeten slikken.* →**austeilen.**
Einstecktuch ⟨o.⟩ **0.1** ***pochet(te).***
einstehen 0.1 ***instaan voor*** *⇒garanderen* **0.2** ***opkomen voor*** ◆ **6.2 für** den Schaden ~ *voor de schade opdraaien.*
einsteigen 0.1 ***instappen, stappen in*** **0.2** ***naar binnen klimmen*** **0.3** ⟨fig.; inf.⟩ ***meedoen aan*** **0.4** ⟨sp.⟩ ***hard, grof aanvallen*** ◆ **6.3 in** die Firma ~ *tot de firma toetreden.*
einstellen I ⟨ov.ww.⟩ **0.1** ***zetten, plaatsen in*** **0.2** ***zetten in*** *⇒stallen* **0.3** ***instellen*** *⇒(af)stellen* **0.4** ***aanstellen*** *⇒in dienst nemen* **0.5** ***staken*** *⇒stoppen* **0.6** ⟨fig.⟩ ***instellen*** **0.7** ⟨sp.⟩ ***evenaren*** ◆ **1.5** die Arbeit ~ *het werk neerleggen;* ⟨jur.⟩ das Verfahren ~ *de zaak seponeren;*
II sich ~ ⟨wk.ww.⟩ **0.1** ***zich instellen*** **0.2** ***verschijnen*** *⇒komen* **0.3** ***optreden*** *⇒zich voordoen.*
Einstellplatz ⟨m.⟩ **0.1** ***(overdekte) parkeerplaats.***
Einstellung ⟨v.; ~, ~en⟩ **0.1** ***instelling*** *⇒houding* **0.2** ***af-, instelling*** **0.3** ***aanstelling*** **0.4** ***stopzetting, staking*** *⇒beëindiging.*
Einstellungsgespräch ⟨o.⟩ **0.1** ***sollicitatiegesprek.***
Einstellungsstopp ⟨m.⟩ **0.1** ***personeelsstop.***
Einstellungsvertrag ⟨m.⟩ **0.1** ***aanstellingscontract.***
Einstich ⟨m.; ~(e)s, ~e⟩ **0.1** ***steek, plaats waar gestoken is*** **0.2** ***het steken, prikken.***
Einstieg ⟨m.; ~(e)s, ~e⟩ **0.1** ***instap*** *⇒plaats om naar binnen te gaan* **0.2** ***toe-, ingang.***
Einstiegsdroge ⟨v.⟩ **0.1** ⟨soft drug die vaak leidt tot het gebruik van hard drugs⟩.
einstig 0.1 ***vroeger*** *⇒van toen, weleer.*
einstimmen I ⟨onov.ww.⟩ **0.1** ⟨muz.⟩ ***invallen*** *⇒inzetten* **0.2** ⟨fig.⟩ ***instemmen*** ◆ **6.1 in** den Gesang ~ *gaan meezingen;*
II ⟨ov.ww.⟩ **0.1** ⟨muz.⟩ ***stemmen*** **0.2** ⟨fig.⟩ ***in de (juiste) stemming brengen.***
einstimmig 0.1 ***eenstemmig*** **0.2** ⟨fig.⟩ ***eenstemmig, unaniem.***
Einstimmigkeit ⟨v.; ~, ~en⟩ **0.1** ***eenstemmigheid.***
einstoßen 0.1 ***stoten in*** **0.2** ***instoten*** *⇒kapot stoten.*
einstrahlen 0.1 ***naar binnen stralen, schijnen.***
einstreichen 0.1 ***insmeren*** *⇒in-, bestrijken* **0.2** ⟨inf.⟩ ***opstrijken*** ◆ **1.2** den Ruhm ~ *met de eer gaan strijken.*
einstreifig ⟨verk.⟩ **0.1** ***met één rijstrook.***
einstreuen 0.1 ***strooien in*** **0.2** ***helemaal bestrooien.***
einströmen 0.1 ***binnen-, instromen*** ⟨ook fig.⟩.
einstudieren 0.1 ***instuderen.***
einstufen 0.1 ***classificeren*** *⇒indelen, inschalen.*
einstufig 0.1 ***eentraps-.***
einstülpen 0.1 ***instulpen, naar binnen stulpen.***
einstürmen 0.1 ***binnenstormen*** **0.2** ***bestormen*** *⇒afstormen op.*
Einsturz ⟨m.⟩ **0.1** ***in(een)storting.***
einstürzen I ⟨onov.ww.⟩ **0.1** ***in(een)storten;***
II ⟨ov.ww.⟩ **0.1** ***doen, laten instorten.***
Einsturzgefahr ⟨v.⟩ **0.1** ***gevaar voor instorting.***
einstweilen 0.1 ***voorlopig*** **0.2** ***ondertussen*** *⇒onderhand.*
einstweilig 0.1 ***voorlopig*** *⇒tijdelijk.*
Eintagsfliege ⟨v.⟩ **0.1** ***eendagsvlieg.***
eintasten 0.1 ⟨comp.⟩ ***intoetsen*** **0.2** ⟨tech.⟩ ***door een druk op een toets inschakelen, in werking stellen.***
eintauchen I ⟨onov.ww.⟩ **0.1** ***in-, onderduiken;***
II ⟨ov.ww.⟩ **0.1** ***indopen*** *⇒indompelen.*
eintauschen 0.1 ***(in)ruilen*** *⇒inwisselen.*
eintausend 0.1 ***duizend.***
einteilen 0.1 ***indelen.***
einteilig 0.1 ***eendelig, bestaande uit één deel.***
Einteilung ⟨v.; ~, ~en⟩ **0.1** ***indeling.***
Eintel ⟨o.; ~s, ~⟩ **0.1** ***geheel.***
eintönig 0.1 ***eentonig*** *⇒monotoon.*
Eintopf ⟨m.⟩ **0.1** ***eenpansgerecht.***
eintopfen 0.1 ***in (bloem)potten zetten.***
Eintracht ⟨v.; ~⟩ **0.1** ***eendracht(igheid)*** *⇒eensgezindheid* ◆ **¶.1** ⟨sprw.⟩ ~ ernährt, Zwietracht verzehrt *eendracht maakt macht, tweedracht breekt kracht.*
einträchtig 0.1 ***eendrachtig.***
Eintrag ⟨m.; ~(e)s, ~̈e⟩ **0.1** ***aantekening*** *⇒notitie, boeking* **0.2** ⟨ind.⟩ ***inslag, dwarse draad*** **0.3** ⟨school.⟩ ***slechte aantekening*** **0.4** ***het aantekenen*** ◆ **3.¶** ⟨schr.⟩ einer Sache (3e nv.) ~ tun *afbreuk doen aan iets.*
eintragen 0.1 ***naar binnen dragen*** **0.2** ***inschrijven*** *⇒boeken, registreren* **0.3** ***opleveren*** *⇒opbrengen* ◆ **1.2** eingetragener Verein *officieel geregistreerde vereniging* **6.2** ⟨wk. ww.⟩ sich **ins** Gästebuch ~ *zijn naam in het gastenboek zetten.*
einträglich 0.1 ***winstgevend*** *⇒lucratief.*
Eintragung ⟨v.; ~, ~en⟩ **0.1** ***aantekening*** *⇒notitie, boeking.*
eintränken ◆ **4.¶** jmdm. etwas ~ *iem. iets betaald zetten.*
eintreffen 0.1 ***aankomen, arriveren*** **0.2** ***uitkomen*** *⇒werkelijkheid worden.*
eintreiben 0.1 ***binnendrijven*** *⇒naar binnen jagen* **0.2** ***drijven, slaan in*** **0.3** ***innen*** *⇒invorderen.*
eintreten I ⟨onov.ww.⟩ **0.1** ***binnentreden*** *⇒binnenkomen* **0.2** ***trappen, schoppen naar*** **0.3** ***toetreden tot*** **0.4** ***beginnen aan*** **0.5** ***zich voordoen*** *⇒plaatsvinden* **0.6** ***uitkomen*** *⇒werkelijkheid worden* **0.7** ***verdedigen*** *⇒opkomen voor* **0.8** ***beginnen*** *⇒ontstaan, inzetten* ◆ **6.2 auf** den Hund ~ *naar de hond trappen* **6.4 in** sein siebzigstes Jahr ~ *zeventig jaar worden* **6.7 für** jmdn. ~ *voor iem. opkomen;*
II ⟨ov.ww.⟩ **0.1** ***intrappen*** *⇒in elkaar trappen* **0.2** ***trappen, schoppen in.***
eintrichtern 0.1 ***met een trechter ingieten*** **0.2** ⟨fig.⟩ ***inpompen.***
Eintritt ⟨m.⟩ **0.1** ***entree*** *⇒toegang* **0.2** ***intrede*** *⇒begin, aanvang* **0.3** ***entree(geld)*** **0.4** ***het binnentreden*** ◆ **6.2 bei** ~ der Dämmerung *bij het invallen van de schemering.*
Eintrittsgeld ⟨o.⟩ **0.1** ***entree(geld).***
Eintrittskarte ⟨v.⟩ **0.1** ***toegangsbewijs, entreebiljet.***
eintrocknen 0.1 ***(in)drogen.***
eintrüben I ⟨ov.ww.⟩ **0.1** ***troebel maken, vertroebelen;***
II sich ~ ⟨wk.ww.⟩ **0.1** ***betrekken*** ⟨v.d. lucht⟩.
Eintrübung ⟨v.⟩ **0.1** ***toenemende bewolking.***
eintunken 0.1 ***indopen.***
einüben 0.1 ***oefenen*** *⇒instuderen.*
einverleiben 0.1 ***inlijven*** *⇒annexeren.*
Einvernehmen ⟨o.; ~s⟩ **0.1** ***(goede) verstandhouding*** *⇒overeenstemming* ◆ **6.1 im** gegenseitigen ~ *met weder-*

zijds goedvinden; ⟨schr.⟩ sich mit jmdm. **ins** ~ setzen *met iem. gaan overleggen, tot overeenstemming geraken.*

einverstanden 0.1 ***eens*** ⇒*akkoord* ◆ **6.1** sich **mit** etwas ~ erklären *met iets akkoord gaan.*

Einverständnis ⟨o.; ~ses, ~se⟩ **0.1** ***goedkeuring*** ⇒*toestemming* **0.2** ***overeenstemming, (goede) verstandhouding*** ◆ **3.1** sein ~ erklären *zijn goedkeuring geven.*

Einwaage ⟨v.⟩ **0.1** ***uitlekgewicht*** **0.2** ***gewichtsverlies*** ⟨bij het wegen⟩.

einwachsen[1] ⟨onov.ww.→t175⟩ **0.1** ***ingroeien*** **0.2** ⟨plantk.⟩ ***wortelen.***

einwachsen[2] ⟨ov.ww.⟩ **0.1** ***in de was zetten.***

Einwand ⟨m.; ~(e)s, ~e⟩ **0.1** ***tegenwerping*** ⇒*bedenking, bezwaar* ◆ **3.1** Einwände erheben *bezwaren opperen.*

Einwanderer ⟨m.; ~s, ~⟩ **0.1** ***immigrant.***

einwandern 0.1 ***immigreren.***

einwandfrei 0.1 ***onberispelijk*** ⇒*foutloos, vlekkeloos* **0.2** ***onweerlegbaar*** ⇒*overtuigend.*

einwärts 0.1 ***binnenwaarts.***

einweben 0.1 ***inweven, erin weven.***

einwechseln 0.1 ***in-, omwisselen.***

einwecken 0.1 ***wecken*** ⇒*inmaken.*

Einwegflasche ⟨v.⟩ **0.1** ***wegwerpfles.***

einweichen 0.1 ***weken*** ⇒*in de week zetten.*

einweihen 0.1 ***inwijden*** ◆ **6.1** jmdn. **in** die Pläne ~ *iem. in de plannen inwijden.*

einweisen 0.1 ***plaatsen*** ⇒*laten opnemen, onder dak brengen* **0.2** ***installeren*** ⇒*bevestigen* **0.3** ***inwerken*** ⇒*wegwijs maken* **0.4** ⟨verk.⟩ ***dirigeren*** ◆ **6.1** jmdn. **ins** Krankenhaus ~ *iem. in het ziekenhuis laten opnemen.*

Einweisung ⟨v.; ~, ~en⟩ **0.1** ***plaatsing*** ⇒*opname.*

einwenden 0.1 ***tegenwerpen*** ⇒*inbrengen tegen* ◆ **6.1 dagegen** läßt sich nichts ~ *daar valt niets tegen in te brengen.*

Einwendung ⟨v.; ~, ~en⟩ **0.1** ***bedenking*** ⇒*tegenwerping, bezwaar.*

einwerfen 0.1 ***inwerpen, -gooien*** **0.2** ***ingooien*** ⇒*kapot gooien* **0.3** ***tegenwerpen*** ⇒*ertegen inbrengen* **0.4** ⟨sp.⟩ ***ingooien.***

einwertig ⟨schei.⟩ **0.1** ***eenwaardig.***

einwickeln 0.1 ***inwikkelen*** ⇒*inpakken* **0.2** ⟨inf.⟩ ***in de luren leggen*** ⇒*inpakken.*

einwiegen[1] ⟨ov.ww.→t185⟩ **0.1** ***afwegen*** **0.2** ***inwegen*** ⇒ *aan gewicht verliezen.*

einwiegen[2] ⟨ov.ww.⟩ **0.1** ***in slaap wiegen.***

einwilligen 0.1 ***inwilligen*** ⇒*toestaan* ◆ **6.1 in** einen Vorschlag ~ *met een voorstel akkoord gaan.*

einwindeln 0.1 ***een luier omdoen, geven.***

einwirken I ⟨onov.ww.⟩ **0.1** ***inwerken*** ⇒*invloed, uitwerking hebben;*
II ⟨ov.ww.⟩ **0.1** ***inweven*** ⇒*erin borduren.*

Einwirkung ⟨v.⟩ **0.1** ***inwerking*** ⇒*invloed.*

Einwohner ⟨m.; ~s, ~⟩ **0.1** ***inwoner.***

Einwohnermeldeamt ⟨o.⟩ **0.1** ***bevolkingsbureau.***

Einwohnerschaft ⟨v.; ~⟩ **0.1** ***bevolking, de inwoners.***

Einwohnerverzeichnis ⟨o.⟩ **0.1** ***bevolkingsregister.***

Einwohnerzahl ⟨v.⟩ **0.1** ***inwonertal.***

Einwurf ⟨m.⟩ **0.1** ***tegenwerping*** ⇒*bedenking* **0.2** ***gleuf*** **0.3** ⟨sp.⟩ ***ingooi*** **0.4** ***het inwerpen.***

einwurzeln I ⟨onov.ww.⟩ **0.1** ***(in)wortelen, wortel vatten*** ◆ **8.1** wie eingewurzelt *als versteend;*
II sich ~ ⟨wk.ww.⟩ **0.1** ***(in)wortelen, wortel vatten.***

Einzahl ⟨v.⟩ **0.1** ***enkelvoud.***

einzahlen 0.1 ***storten, betalen*** ⇒*overmaken op.*

Einzahler ⟨m.; ~s, ~⟩ **0.1** ***betaler.***

Einzahlung ⟨v.⟩ **0.1** ***storting, betaling.***

Einzahlungsbeleg ⟨m.⟩ **0.1** ***stortingsbewijs.***

einzäunen 0.1 ***omheinen*** ⇒*een schutting zetten om.*

einzeichnen I ⟨ov.ww.⟩ **0.1** ***intekenen*** ⇒*inschrijven;*
II sich ~ ⟨wk.ww.⟩ **0.1** ***zijn naam zetten in, op*** ⇒*intekenen.*

Einzel ⟨o.; ~s, ~⟩⟨sp.⟩ **0.1** ***enkelspel*** ⟨tennis⟩.

Einzelbett ⟨o.⟩ **0.1** ***eenpersoonsbed.***

Einzeldruck ⟨m.; mv. ~e⟩⟨boek.⟩ **0.1** ***overdruk.***

Einzelfahrschein ⟨m.⟩ **0.1** ***biljet enkele reis.***

Einzelfall ⟨m.⟩ **0.1** ***afzonderlijk, op zichzelf staand geval.***

Einzelgänger ⟨m.; ~s, ~⟩ **0.1** ***eenzelvig iem., eenling*** ⇒*iem. die (altijd) z'n eigen gang gaat* **0.2** ⟨biol.⟩ ***solitair (dier).***

Einzelgewicht ⟨o.⟩ **0.1** ***gewicht per stuk.***

Einzelhaft ⟨v.⟩ **0.1** ***eenzame opsluiting.***

Einzelhandel ⟨m.⟩ **0.1** ***detail-, kleinhandel.***

Einzelhandelskaufmann ⟨m.⟩ **0.1** ***detaillist, detailhandelaar*** ⇒*winkelier.*

Einzelhandelsverband ⟨m.⟩ **0.1** ***winkeliersvereniging, bond van detailhandelaren.***

Einzelhändler ⟨m.⟩ →**Einzelhandelskaufmann.**

Einzelhaus ⟨o.⟩ **0.1** ***vrijstaand huis.***

Einzelheft ⟨o.⟩ **0.1** ***los nummer.***

Einzelheit ⟨v.; ~, ~en⟩ **0.1** ***detail*** ⇒*bijzonderheid* ◆ **6.1** bis **in** die letzte ~ gehen *tot in de kleinste details treden.*

Einzelinteresse ⟨o.⟩ **0.1** ***individueel belang.***

Einzelkampf ⟨m.⟩ **0.1** ***gevecht van man tegen man*** **0.2** ⟨sp.⟩ ***individueel nummer.***

Einzelkind ⟨o.⟩ **0.1** ***enig kind.***

Einzeller ⟨m.; ~s, ~⟩ **0.1** ***eencellig organisme.***

einzellig 0.1 ***eencellig, uit één cel bestaand.***

einzeln 0.1 ***afzonderlijk, apart*** ⇒*alleenstaand* **0.2** ***sporadisch*** ⇒*enkel, hier en daar* ◆ **1.1** jeder ~e Gast *iedere gast afzonderlijk, voor zich* **1.2** ~e Häuser *hier en daar een huis* **6.1 im** ~en *in bijzonderheden;* bis **ins** ~e gehen *in details treden.*

Einzelnummer ⟨v.⟩ **0.1** ***los nummer.***

Einzelperson ⟨v.⟩ **0.1** ***particulier persoon.***

Einzelpreis ⟨m.⟩ **0.1** ***prijs per stuk.***

Einzelradaufhängung ⟨v.⟩ **0.1** ***onafhankelijke wielophanging.***

Einzelstück ⟨o.⟩ **0.1** ***afzonderlijk exemplaar, stuk.***

Einzelstunde ⟨v.⟩ **0.1** ***privéles aan één persoon.***

Einzelteil ⟨o.⟩ **0.1** ***afzonderlijk deel, onderdeel.***

Einzelverkauf ⟨m.⟩ **0.1** ***detailverkoop.***

Einzelwesen ⟨o.⟩ **0.1** ***individu*** ⇒*enkeling.*

Einzelzimmer ⟨o.⟩ **0.1** ***eenpersoonskamer.***

einziehen I ⟨onov.ww.⟩ **0.1** ***binnentrekken*** ⇒*z'n intocht houden* **0.2** ***trekken in (een woning)*** **0.3** ***trekken in*** ⇒*indringen* ◆ **6.2 in** eine eigene Wohnung ~ *een eigen woning betrekken;*
II ⟨ov.ww.⟩ **0.1** ***intrekken*** ⇒*binnenhalen* **0.2** ***inademen*** **0.3** ***innen*** ⇒*incasseren* **0.4** ***verbeurd verklaren*** ⇒*beslag laten leggen op* **0.5** ***uit de roulatie nemen*** **0.6** ***oproepen*** ⇒*onder de wapens roepen* **0.7** ***inwinnen*** **0.8** ***(laten) inspringen*** **0.9** ***niet meer bezetten*** ⇒*opheffen* ◆ **1.3** Schulden ~ *schulden innen* **1.4** jmds. Vermögen ~ *op iemands vermogen beslag laten leggen* **1.7** Erkundigungen ~ *inlichtingen inwinnen.*

einzig[1] ⟨bn.⟩ **0.1** ***enig*** **0.2** ***uniek*** ⇒*enig in zijn soort* ◆ **1.1** das ~e Kind *het enig kind;* eine ~e Ruine *één grote ruïne.*

einzig[2] ⟨bw.⟩ **0.1** ***enig*** ⇒*alleen, enkel* ◆ **2.1** das ist das ~ Richtige *dat is het enig juiste* **8.1** ~ und allein *enkel en alleen.*

einzigartig 0.1 ***enig in zijn soort, uniek.***

Einzigartigkeit ⟨v.; ~⟩ **0.1** ***het uniek-zijn.***
Einzimmerwohnung ⟨v.⟩ **0.1** ***eenkamerflat, -woning.***
Einzug ⟨m.⟩ **0.1** ***intocht*** **0.2** ***het betrekken*** ⟨bv. v.e. woning⟩ **0.3** ***het inspringen*** ⟨v.e. regel⟩ **0.4** ***inning*** **0.5** ⟨schr.⟩ ***begin*** ⇒*intrede.*
Einzugsgebiet ⟨o.⟩ **0.1** ***verzorgingsgebied*** **0.2** ***regio*** **0.3** ⟨aardr.⟩ ***stroomgebied.***
einzwängen I ⟨ov.ww.⟩ **0.1** ***erin persen, inpersen*** ⇒*erin proppen;*
II sich ~ ⟨wk.ww.⟩ **0.1** ***zich persen in.***
Eis ⟨o.; ~es⟩ **0.1** ***ijs*** ◆ **2.1** ⟨fig.⟩ sich auf dünnes ~ begeben *zich op ijs van één nacht wagen* **6.1** ~ **am** Stiel *ijslolly;* ein Herz **aus, von** ~ *een hart zo koud als ijs* **6.¶** ⟨inf.⟩ etwas **auf** ~ legen (a) *iets in de ijskast zetten, opschorten* (b) *iets opzij leggen, sparen* (c) *iets opkroppen.* →**Esel.**
Eisbär ⟨m.⟩ **0.1** ***ijsbeer.***
Eisbecher ⟨m.⟩ **0.1** ***ijscoupe*** **0.2** ***coupe (met) ijs.***
Eisbein ⟨o.⟩ **0.1** ***ijsbeen, varkenspoot(je)*** ⇒*kluif* **0.2** ⟨mv.; inf.; scherts.⟩ ***koude voeten.***
Eisbeutel ⟨m.⟩ **0.1** ***ijszak.***
Eisbrecher ⟨m.⟩ **0.1** ***ijsbok, -breker*** **0.2** ⟨scheep.⟩ ***ijsbreker.***
Eischnee ⟨m.⟩ **0.1** ***geklopt eiwit.***
Eiscreme ⟨v.⟩ **0.1** ***(consumptie)ijs.***
Eisdecke ⟨v.⟩ **0.1** ***ijsvloer, -korst.***
Eisdiele ⟨v.⟩ **0.1** ***ijssalon.***
eisen **0.1** ***diep-, invriezen*** **0.2** ***met ijs koelen.***
Eisen ⟨o.; ~s, ~⟩ **0.1** ***ijzer*** **0.2** ***ijzeren voorwerp, ijzer*** ◆ **1.2** die ~ eines Pferdes *de (hoef)ijzers van een paard* **2.1** ⟨fig.⟩ ein heißes ~ *een heet hangijzer* **6.1** wie **aus, von** ~ sein *als van ijzer zijn;* ⟨fig.⟩ noch ein ~ **im** Feuer haben *nog een ijzer in het vuur hebben;* ⟨inf.; fig.⟩ **zum** alten ~ gehören, zählen *afgedankt zijn* **6.2** ⟨schr.⟩ jmdn. **in** ~ legen *iem. in de boeien slaan, sluiten* **¶.1** ⟨sprw.⟩ man soll das ~ schmieden, solang es heiß ist *men moet het ijzer smeden als het heet is.*
Eisenbahn ⟨v.⟩ **0.1** ***spoor(trein)*** **0.2** ***spoorweg, -baan, spoor*** **0.3** ***spoorwegmaatschappij, spoorwegen*** ◆ **2.¶** ⟨inf.⟩ es ist (die) (aller)höchste ~ *het is de (aller)hoogste tijd* **6.3** **mit** der, **per** ~ befördern *per spoor vervoeren.*
Eisenbahnabteil ⟨o.⟩ **0.1** ***coupé.***
Eisenbahnbrücke ⟨v.⟩ **0.1** ***spoorbrug.***
Eisenbahner ⟨m.; ~s, ~⟩⟨inf.⟩ **0.1** ***spoorwegbeambte*** **0.2** ***iem. die bij de spoorwegen werkt.***
Eisenbahnfähre ⟨v.⟩ **0.1** ***spoorwegveer.***
Eisenbahngesellschaft ⟨v.⟩ **0.1** ***spoorwegmaatschappij.***
Eisenbahnknotenpunkt ⟨m.⟩ **0.1** ***spoorwegknooppunt.***
Eisenbahnlinie ⟨v.⟩ **0.1** ***spoorlijn.***
Eisenbahnstrecke ⟨v.⟩ **0.1** ***spoorwegtraject.***
Eisenbahnstunde ⟨v.⟩ **0.1** ***uur reizen per trein.***
Eisenbergwerk ⟨o.⟩ **0.1** ***ijzermijn.***
Eisenbeton ⟨m.⟩ **0.1** ***gewapend beton.***
Eisenblech ⟨o.⟩ **0.1** ***plaatijzer, -staal.***
eisenfest **0.1** ***zo hard als ijzer*** **0.2** ⟨fig.⟩ ***ijzersterk*** ⇒*standvastig, keihard.*
Eisenfresser ⟨m.⟩⟨inf.; pej.⟩ **0.1** ***ijzervreter, vechtersbaas*** **0.2** ***bluffer, pocher.***
Eisengitter ⟨o.⟩ **0.1** ***ijzeren hek(werk), rooster.***
Eisenguß ⟨m.⟩ **0.1** ***het gieten van ijzer*** **0.2** ***gegoten ijzer.***
eisenhaltig **0.1** ***ijzerhoudend.***
Eisenhütte ⟨v.⟩ **0.1** ***ijzersmelterij.***
Eisenofen ⟨m.⟩ **0.1** ***ijzeren kachel.***
Eisenspan ⟨m.⟩ **0.1** ***ijzervijlsel.***
Eisenverhüttung ⟨v.⟩ **0.1** ***winning en verwerking van ijzer.***
Eisenwalzwerk ⟨o.⟩ **0.1** ***ijzerwalserij.***
Eisenwarengeschäft ⟨o.⟩ **0.1** ***ijzerhandel, -winkel.***
Eisenwerk ⟨o.⟩ **0.1** ***ijzersmelterij.***
Eisenzeit ⟨v.⟩ **0.1** ***ijzertijd, -tijdperk.***
eisern **0.1** ***ijzeren, van ijzer*** **0.2** ⟨fig.⟩ ***ijzeren, hard*** ⇒*onwrikbaar* ◆ **1.2** ~e Nerven *stalen zenuwen* **3.2** ~ entschlossen *uiterst vastberaden;* ~ schweigen *onverstoorbaar, hardnekkig zwijgen* **¶.2** ⟨inf.⟩ (aber) ~! *vast en zeker!, ja natuurlijk!*
Eisfach ⟨o.⟩ **0.1** ***vriesvak*** ⟨in een koelkast⟩.
Eisfischerei ⟨v.⟩ **0.1** ***visserij onder het ijs.***
Eisfuchs ⟨m.⟩ **0.1** ***ijs-, poolvos.***
Eisgang ⟨m.⟩ **0.1** ***ijsgang, het kruien*** ⟨van ijs⟩.
eisgekühlt **0.1** ***met ijs gekoeld.***
Eisgetränk ⟨o.⟩ **0.1** ***drankje met ijs(blokjes).***
eisglatt **0.1** ***spiegelglad.***
Eisglätte ⟨v.⟩ **0.1** ***gladheid door ijs.***
eisgrau **0.1** ***asgrauw.***
Eisheiligen ⟨alleen mv.⟩ **0.1** ***ijsheiligen.***
Eishöhle ⟨v.⟩ **0.1** ***ijsgrot.***
eisig **0.1** ***ijskoud, ijzig (koud)*** **0.2** ⟨fig.⟩ ***ijzig*** ⇒*onbewogen, ongenaakbaar* **0.3** ***ijselijk*** ⇒*uiterst, zeer groot.*
eisigkalt **0.1** ***ijskoud, ijzig koud*** **0.2** ⟨fig.⟩ ***ijzig, uiterst koel.***
eiskalt **0.1** ***ijskoud*** **0.2** ⟨fig.⟩ ***ijskoud, ijzig*** ⇒*uiterst koel(bloedig)* ◆ **1.2** ein ~er Mensch *een totaal gevoelloos mens* **3.1** ⟨fig.⟩ ihm wurde ~ *hij huiverde.*
Eiskälte ⟨v.⟩ **0.1** ***ijzige kou.***
Eiskappe ⟨v.⟩ **0.1** ***ijskap, -dek.***
Eiskruste ⟨v.⟩ **0.1** ***ijskorst, ijslaag.***
Eiskübel ⟨m.⟩ **0.1** ***ijsemmer, koeler.***
Eiskunstlauf ⟨m.⟩ **0.1** ***kunstrijden op de schaats.***
Eislauf ⟨m.⟩ **0.1** ***het schaatsen(rijden).***
eislaufen ⟨s.⟩ **0.1** ***schaatsen(rijden).***
Eisläufer ⟨m.⟩ **0.1** ***schaatsenrijder, schaatser.***
Eismann ⟨m.; mv. ¨er⟩ **0.1** ***ijscoman, ijsventer.***
Eismaschine ⟨v.⟩ **0.1** ***(consumptie)ijsmachine.***
Eispalast ⟨m.⟩ **0.1** ***overdekt ijsstadion.***
Eispende ⟨v.⟩ **0.1** ***eiceldonatie.***
Eispickel ⟨m.⟩⟨sp.⟩ **0.1** ***ijshouweel.***
Eisprung ⟨m.⟩ **0.1** ***eisprong, ovulatie.***
Eispunkt ⟨m.⟩ **0.1** ***vriespunt.***
Eisregen ⟨m.⟩ **0.1** ***ijsregen*** **0.2** ***ijzel.***
Eisreifen ⟨m.⟩ **0.1** ⟨soort⟩ ***winterband.***
Eissalat ⟨m.⟩ **0.1** ***ijssla, ijsbergsla.***
Eisschießen ⟨o.⟩⟨sp.⟩ **0.1** ***klootschieten op het ijs.***
Eisschnellauf ⟨m.⟩⟨sp.⟩ **0.1** ***hardrijden op de schaats.***
Eisscholle ⟨v.⟩ **0.1** ***ijsschol, schots.***
Eisschrank ⟨m.⟩⟨inf.⟩ **0.1** ***koelkast.***
Eissegeln ⟨o.⟩⟨sp.⟩ **0.1** ***ijszeilen.***
Eisspalte ⟨v.⟩ **0.1** ***kloof, spleet in het ijs.***
Eisstau ⟨m.⟩ **0.1** ***kruiend ijs.***
Eisstockschießen ⟨o.⟩⟨sp.⟩ **0.1** ***het klootschieten op het ijs.***
Eisumschlag ⟨m.⟩⟨med.⟩ **0.1** ***ijskompres.***
Eisverkäufer ⟨m.⟩ **0.1** ***ijsventer, ijscoman.***
Eisvogel ⟨m.⟩ **0.1** ***ijsvogel*** **0.2** ***ijsvlinder.***
Eiswagen ⟨m.⟩ **0.1** ***ijscowagen, ijskar.***
Eiswasser ⟨o.⟩ **0.1** ***ijskoud water*** **0.2** ***water met stukjes ijs, ijswater.***
Eiswolke ⟨v.⟩⟨meteo.⟩ **0.1** ***vederwolk, cirrus.***
Eiswürfel ⟨m.⟩ **0.1** ***ijsblokje.***
Eiszapfen ⟨m.⟩ **0.1** ***ijskegel, -pegel.***
Eiszeit ⟨v.⟩⟨geol.⟩ **0.1** ***ijstijd, -periode.***
Eiszeitalter ⟨o.⟩⟨geol.⟩ **0.1** ***ijstijd(vak).***
eitel **0.1** ⟨pej.⟩ ***ijdel, verwaand*** **0.2** ⟨schr.⟩ ***ijdel, vergeefs*** **0.3** ⟨schr.⟩ ***louter, enkel (en alleen)*** ◆ **1.3** es herrschte ~ Freude *er heerste pure, enkel, louter vreugde* **8.1** ~ wie ein Pfau *zo trots als een pauw.*

Eitelkeit ⟨v.; ~, ~en⟩ **0.1** *ijdelheid.*
Eiter ⟨m.; ~s⟩ **0.1** *etter, pus.*
Eiterbeule ⟨v.⟩ **0.1** ⟨ook fig.⟩ *etterbuil, abces.*
Eiterflechte ⟨v.⟩ **0.1** *krentenbaard, impetigo.*
Eitergeschwür ⟨o.⟩ **0.1** *ettergezwel, steenpuist.*
eitern **0.1** *etteren, etter afscheiden.*
Eiterpickel ⟨m.⟩ **0.1** *etterende mee-eter.*
eitrig **0.1** *etterig, etterend.*
Eiweiß ⟨o.; ~es, ~e⟩ **0.1** *eiwit.*
eiweißhaltig **0.1** *eiwithoudend.*
Ejakulation ⟨v.; ~, ~en⟩ **0.1** *ejaculatie, zaadlozing.*
EK ⟨afk.⟩ [Eisernes Kreuz].
EKD ⟨v.; ~⟩⟨afk.⟩ [Evangelische Kirche in Deutschland].
Ekel[1] ⟨m.; ~s⟩ **0.1** *weerzin, walging* ◆ **6.1** ~ **vor** jmdm. *afkeer van iem.*
Ekel[2] ⟨o.; ~s, ~⟩⟨inf.; pej.⟩ **0.1** *mispunt, etter.*
ekelerregend **0.1** *walgelijk, weerzinwekkend.*
ekelhaft **0.1** *walgelijk, weerzinwekkend* **0.2** ⟨inf.⟩ *ontzettend, verschrikkelijk.*
ekelig →**eklig.**
ekeln I ⟨ov.ww.⟩ **0.1** *met weerzin vervullen, tegenstaan* **0.2** *wegpesten;*
II sich ~ ⟨wk.ww.⟩ **0.1** *een afkeer hebben, walgen;*
III ⟨onp.ww.⟩ **0.1** *een afkeer hebben, walgen* ◆ **6.1** mich, mir ekelt (es) **vor** jmdm. *ik walg van iem.*
Eklat ⟨m.; ~s, ~s⟩ **0.1** *éclat* ⇒*sensatie, schandaal.*
eklatant **0.1** *eclatant.*
eklektisch **0.1** *eclectisch* ⇒⟨pej.⟩ *niet-oorspronkelijk, onzelfstandig, verbrokkeld.*
eklig **0.1** *weerzinwekkend, walgelijk* **0.2** ⟨inf.⟩ *onhebbelijk, vervelend* **0.3** ⟨inf.⟩ *flink, behoorlijk erg.*
Eklipse ⟨v.; ~, ~n⟩⟨ster.⟩ **0.1** *eclips, verduistering.*
Ekliptik ⟨v.; ~, ~en⟩ **0.1** *ecliptica.*
ekrü **0.1** *ecru* ⇒*crèmekleurig.*
Ekstase ⟨v.; ~, ~n⟩ **0.1** *extase, verrukking.*
ekstatisch **0.1** *in, als in extase, extatisch.*
Ekzem ⟨o.; ~s, ~e⟩⟨med.⟩ **0.1** *eczeem.*
Elaborat ⟨o.; ~(e)s, ~e⟩ **0.1** *elaboraat* **0.2** ⟨pej.⟩ *(prullig) geschrijf.*
Elan ⟨m.; ~s⟩ **0.1** *elan* ⇒*bezieling, geestdrift.*
Elastik ⟨v.; ~, ~en of o.; ~s, ~s⟩ **0.1** *elastiek.*
elastisch **0.1** *elastisch* **0.2** *soepel, flexibel.*
Elastizität ⟨v.; ~, ~en⟩ **0.1** *elasticiteit.*
Elch ⟨m.; ~(e)s, ~e⟩ **0.1** *eland.*
Eldorado ⟨o.; ~s, ~s⟩ **0.1** *eldorado.*
Elefant ⟨m.; ~en, ~en⟩ **0.1** *olifant* ◆ **8.1** ⟨inf.; fig.⟩ sich wie ein ~ im Porzellanladen benehmen *zich bijzonder lomp, onhandig, tactloos gedragen.*
Elefantenbaby ⟨o.⟩⟨pej.⟩ **0.1** *kamerolifantje.*
Elefantenbulle ⟨m.⟩ **0.1** *mannetjesolifant.*
Elefantenhaut ⟨v.⟩⟨ook fig.⟩ **0.1** *olifantshuid.*
Elefantenhochzeit ⟨v.⟩⟨fig.⟩ **0.1** *fusie van twee grote concerns, mammoetfusie.*
Elefantenkalb ⟨o.⟩ **0.1** *olifantsjong.*
Elefantenkuh ⟨v.⟩ **0.1** *wijfjesolifant.*
Elefantenrobbe ⟨v.⟩ **0.1** *zeeolifant.*
elegant **0.1** *elegant.*
Eleganz ⟨v.; ~⟩ **0.1** *elegantie* ⇒*élégance.*
Elegie ⟨v.; ~, ~n⟩ **0.1** *elegie, klaaglied.*
elegisch **0.1** *elegisch.*
elektrifizieren **0.1** *elektrificeren.*
Elektrifizierung ⟨v.; ~, ~en⟩ **0.1** *elektrificatie.*
Elektrik ⟨v.; ~⟩⟨inf.⟩ **0.1** *elektra, elektriciteit* **0.2** *elektrotechniek.*
Elektriker ⟨m.; ~s, ~⟩ **0.1** *elektricien.*
elektrisch **0.1** *elektrisch.*
elektrisieren I ⟨ov.ww.⟩ **0.1** *elektriseren;*
II sich ~ ⟨wk.ww.⟩ **0.1** *een elektrische schok krijgen.*
Elektrizität ⟨v.; ~⟩ **0.1** *elektriciteit.*
Elektrizitätswerk ⟨o.⟩ **0.1** *elektriciteitscentrale.*
Elektrizitätswirtschaft ⟨v.⟩ **0.1** *elektriciteitsbedrijf.*
Elektrizitätszähler ⟨m.⟩ **0.1** *elektriciteitsmeter.*
Elektrofahrzeug ⟨o.⟩ **0.1** *accuvoertuig.*
Elektroherd ⟨m.⟩ **0.1** *elektrisch fornuis.*
Elektroingenieur ⟨m.⟩ **0.1** *elektrotechnisch ingenieur.*
Elektroinstallateur ⟨m.⟩ **0.1** *elektrotechnisch installateur.*
Elektromechaniker ⟨m.⟩ **0.1** *elektricien.*
Elektron ⟨acc. wiss.⟩⟨o.; ~s, Elektronen⟩ **0.1** *elektron.*
Elektronenhülle ⟨v.⟩ **0.1** *elektronenmantel.*
Elektronenrechner ⟨m.⟩ **0.1** *elektronische rekenmachine* ⇒*computer.*
Elektronik ⟨v.; ~, ~en⟩ **0.1** *elektronische apparatuur.*
Elektroniker ⟨m.; ~s, ~⟩ **0.1** *elektronicamonteur.*
elektronisch **0.1** *elektronisch* ◆ **1.1** ~e Datenverarbeitung *verwerking van gegevens met de computer, elektronische gegevensverwerking.*
Elektrorasierer ⟨m.⟩ **0.1** *elektrisch scheerapparaat.*
Elektrotechnik ⟨v.⟩ **0.1** *elektrotechniek.*
Elektrotechniker ⟨m.⟩ **0.1** *elektrotechnicus.*
Elektrozeitnahme ⟨v.⟩⟨sp.⟩ **0.1** *elektronische tijdopneming.*
Element ⟨o.; ~(e)s, ~e⟩ **0.1** *element* **0.2** ⟨g.enk.⟩ *elementen* ⇒*grondslagen, eerste beginselen* ◆ **1.2** die ~e der Mathematik *de eerste beginselen van de wiskunde.*
elementar **0.1** *elementair* ◆ **1.1** ~e Kenntnisse *basiskennis;* die ~en Rechte *de fundamentele rechten.*
Elementarbegriff ⟨m.⟩ **0.1** *basisbegrip.*
Elementargewalt ⟨v.⟩ **0.1** *natuurkracht* ⇒*oerkracht.*
Elementarkenntnis ⟨v.⟩ **0.1** *basiskennis.*
Elementarklasse ⟨v.⟩ **0.1** *klas v.d. lagere school.*
Elementarschule ⟨v.⟩ **0.1** *lagere school, basisschool.*
Elementarteilchen ⟨o.⟩⟨nat.⟩ **0.1** *elementair deeltje.*
Elementarunterricht ⟨m.⟩ **0.1** *elementair onderwijs, basisonderwijs.*
Elen ⟨m. & o.; ~s, ~⟩ **0.1** *eland.*
elend **0.1** *ellendig* ◆ **1.1** ⟨inf.⟩ eine ~e Hütte *een armzalig krot;* ein ~er Teufel *een arme drommel;* ein ~er Verräter *een doortrapt gemene verrader* **2.1** ~ heiß *ontzettend heet* **3.1** mir ist ~ *ik ben misselijk.*
Elend ⟨o.; ~(e)s⟩ **0.1** *ellende* **0.2** *armoede, nood* ◆ **2.1** ⟨inf.; vaak scherts.⟩ das graue, heulende ~ kriegen *zich diep ellendig voelen;* ⟨inf.⟩ ein langes ~ *een lange slungel* **6.1** jmdn. **ins** ~ stürzen *iem. in het ongeluk storten* **8.1** aussehen wie das leibhaftige ~ *eruitzien als de dood van Ieperen.*
Elendsquartier ⟨o.⟩ **0.1** *krot(woning).*
Elendsviertel ⟨o.⟩ **0.1** *krottenwijk, -buurt.*
Eleve ⟨m.; ~n, ~n⟩ **0.1** *leerling* ⟨mbt. ballet, toneel, bos- en landbouw⟩.
elf **0.1** *elf.*
Elf[1] ⟨m.; ~en, ~en⟩ **0.1** *elf* ⇒*sprookjesfiguur.*
Elf[2] ⟨v.; ~, ~en⟩⟨sp.⟩ **0.1** *elftal.*
Elfe ⟨v.; ~, ~n⟩ **0.1** *elf(je).*
Elfenbein ⟨o.; ~s, ~e⟩ **0.1** *ivoor* **0.2** *ivoren voorwerp.*
Elfenbeinarbeit ⟨v.⟩ **0.1** *ivoorsnijwerk.*
elfenbeinern **0.1** *ivoren, van ivoor.*
Elfenbeinküste ⟨v.; ~⟩ **0.1** *Ivoorkust.*
Elfenbeinschnitzerei ⟨v.⟩ **0.1** *ivoorsnijkunst* **0.2** *ivoorsnijwerk.*

Elfenbeinturm (m.)(fig.) **0.1** ***ivoren toren.***

elfenhaft **0.1** ***als een elfje)*** ⇒*sprookjesachtig.*

Elfer (m.; ~s, ~)(inf.; sp.) **0.1** ***strafschop.***

Elferrat (m.) **0.1** ***raad van elf.***

Elfmeter (m.; ~s, ~)(sp.) **0.1** ***strafschop, penalty*** ◆ **3.1** einen ~ ausführen, schießen *een strafschop nemen;* einen ~ verhängen *een strafschop geven;* einen ~ verwandeln *een strafschop benutten.*

Elfmetermarke (v.)(sp.) **0.1** ***strafschoppunt, -stip.***

Elfmeterschießen (o.) **0.1** ***penaltyschieten.***

eliminieren **0.1** ***elimineren.***

elitär **0.1** ***elitair.***

Elite (v.; ~, ~n) **0.1** ***elite.***

Elixier (o.; ~s, ~e) **0.1** ***elixer.***

Ellbogen (m.; ~s, ~) **0.1** ***elleboog*** ◆ **3.1** keine ~ haben *zich niet weten te handhaven.*

Ellbogenfreiheit (v.)(inf.; fig.) **0.1** ***armslag*** ⇒*bewegingsvrijheid, speelruimte.*

Elle (v.; ~, ~n) **0.1** ***el*** **0.2** ***el(lenstok)*** **0.3** (med.) ***ellepijp*** **0.4** (fig.) ***maatstaf*** ◆ **6.4** alles **mit** der gleichen ~ messen *geen onderscheid maken;* alles **nach** seiner ~ messen *alles vanuit zijn oogpunt beoordelen.*

Ellenbeuge (v.) **0.1** ***binnenkant v.d. elleboog.***

Ellenbogen (m.) →**Ellbogen.**

ellenlang **0.1** ***ellenlang.***

Ellipse (v.; ~, ~n)(taal., wisk.) **0.1** ***ellips.***

elliptisch (wisk.) **0.1** ***elliptisch*** ⇒*ellipsvormig.*

Eloquenz (v.; ~) **0.1** ***eloquentie*** ⇒*welsprekendheid.*

Elsaß (o.; ~) **0.1** ***Elzas.***

Elster (v.; ~, ~n) **0.1** ***ekster*** ◆ **2.1** (inf.) eine diebische ~ *een dievegge.*

Elter (m. & o.; ~s, ~n) **0.1** ***ouder, één v.d. ouders.***

elterlich **0.1** ***ouderlijk*** ◆ **1.1** ~e Liebe *ouderliefde.*

Eltern (alleen mv.) **0.1** ***ouders*** ◆ **6.1** (inf.) der Wein war nicht **von** schlechten ~ *die wijn mocht er wezen.*

Elternbeirat (m.)(school.) **0.1** ***oudercommissie, -raad.***

Elternhaus (o.) **0.1** ***ouderlijk huis*** **0.2** ***gezin.***

Elternliebe (v.) **0.1** ***ouderliefde.***

elternlos **0.1** ***ouderloos.***

Elternrecht (o.) **0.1** ***ouderlijk recht.***

Elternschaft (v.) **0.1** ***gezamenlijke, alle ouders*** **0.2** ***ouderschap.***

Elternteil (o.) **0.1** ***ouder, één v.d. ouders.***

Email (o.; ~, ~s) **0.1** ***email.***

E-mail (v.; ~, g.mv.) **0.1** ***e-mail, elektronische post.***

Emaille (v.; ~, ~n) →**Email.**

Emailleur (m.; ~s, ~e) **0.1** ***emailleerder.***

emaillieren **0.1** ***emailleren.***

Emanze (v.; ~, ~n)(inf.; vaak pej.) **0.1** ***geëmancipeerde vrouw.***

Emanzipation (v.; ~, ~en) **0.1** ***emancipatie.***

emanzipatorisch **0.1** ***op emancipatie gericht.***

emanzipieren **I** (ov.ww.) **0.1** ***emanciperen;***
II sich ~ (wk.ww.) **0.1** ***zich vrijmaken, bevrijden.***

emanzipiert **0.1** ***geëmancipeerd.***

Emblem (o.; ~s, ~e of Emblemata) **0.1** ***embleem.***

emblematisch **0.1** ***emblematisch*** ⇒*zinnebeeldig.*

Embolie (v.; ~, ~n)(med.) **0.1** ***embolie.***

Embryo (m.; ~s, ~nen of ~s) **0.1** ***embryo.***

embryonal (ook fig.) **0.1** ***embryonaal.***

Emerit (m.; ~en, ~en) **0.1** ***emeritus.***

emeritieren **0.1** ***zijn emeritaat geven.***

Emeritus (m.; ~, Emeriti) **0.1** ***emeritus.***

Emigrant (m.; ~en, ~en) **0.1** ***emigrant.***

Emigration (v.; ~, ~en) **0.1** ***emigratie*** ◆ **2.1** (fig.) die innere ~ *het zich in zichzelf terugtrekken* **6.1** **in** die ~ gehen *(vrijwillig) in ballingschap gaan.*

emigrieren **0.1** ***emigreren.***

eminent **0.1** ***eminent*** ⇒*voortreffelijk* **0.2** ***uiterst*** ◆ **2.2** ~ wichtig *buitengewoon belangrijk.*

Eminenz (v.; ~, ~en)(rel.) **0.1** ***eminentie*** ◆ **2.1** (fig.) graue ~ *grijze eminentie.*

Emission (v.; ~, ~en)(ec., nat.) **0.1** ***emissie.***

Emissionswerte (alleen mv.)(nat.) **0.1** ***emissiecijfers.***

Emmchen (o.; ~s, ~)(inf.; scherts.) **0.1** ***mark*** (geld).

Emmentaler (m.; ~s, ~) **0.1** ***inwoner v.h. Emmental*** **0.2** ***emmentaler (kaas).***

Emotion (v.; ~, ~en) **0.1** ***emotie.***

emo|tional, -tionell **0.1** ***emotioneel.***

Empfang (m.; ~(e)s, ~̈e) **0.1** ***ontvangst*** **0.2** ***receptie*** (bv. v.e. hotel) ◆ **3.¶** einen ~ geben *een receptie geven.*

empfangen (→t31) **0.1** ***ontvangen*** ⇒*krijgen* **0.2** ***ontvangen*** ⇒*begroeten* **0.3** (schr.) ***ontvangen*** ⇒*zwanger worden* ◆ **1.1** (rel.) die Weihe zum Priester ~ *tot priester gewijd worden.*

Empfänger (m.; ~s, ~) **0.1** ***ontvanger*** **0.2** (com.) ***ontvanger, ontvangtoestel.***

empfänglich **0.1** ***ontvankelijk*** ⇒*gevoelig* **0.2** (med.) ***vatbaar.***

Empfängnis (v.; ~) **0.1** ***ontvangenis, bevruchting.***

empfängnisverhütend **0.1** ***anticonceptioneel.***

Empfängnisverhütung (v.) **0.1** ***anticonceptie*** ⇒*geboorteregeling.*

Empfängnisverhütungsmittel (o.) **0.1** ***anticonceptie-, voorbehoedmiddel.***

Empfangsapparat (m.)(com.) **0.1** ***ontvanger, ontvangtoestel.***

Empfangsdame (v.) **0.1** ***dame de réception*** ⇒*receptioniste.*

Empfangsgerät (o.) **0.1** ***(radio-)ontvanger.***

Empfangsraum (m.) **0.1** ***receptiehal, ontvangkamer.***

Empfangsschein (m.) **0.1** ***reçu, ontvangstbewijs.***

Empfangszimmer (o.) **0.1** ***ontvangkamer*** ⇒*salon.*

empfehlen (→t25) **I** (ov.ww.) **0.1** ***aanbevelen*** ⇒*aanprijzen* **0.2** ***aanbevelen*** ⇒*aanraden* **0.3** (schr.) ***toevertrouwen*** ⇒ *overgeven* ◆ **1.2** jmdm. Geduld ~ *iem. aanraden geduld te hebben;*
II sich ~ (wk.ww.) **0.1** (schr.) ***afscheid nemen*** ⇒*weggaan* **0.2** ***zich aanbevelen*** **0.3** ***zijn diensten aanbieden;***
III (onp.ww.; ook sich ~) **0.1** ***aanbeveling verdienen*** ⇒ *raadzaam zijn.*

empfehlenswert **0.1** ***aanbevelenswaardig*** ⇒*raadzaam.*

Empfehlung (v.; ~, ~en) **0.1** ***aanbeveling*** ⇒*voorspraak, goed woordje* **0.2** ***advies*** ⇒*raad* **0.3** (schr.) ***groet, compliment*** ◆ **6.2** **auf** ~ meines Arztes *op aanraden van mijn arts.*

empfinden (→t33) **0.1** ***(ge)voelen*** ⇒*bespeuren, gewaarworden* **0.2** ***(ge)voelen*** ⇒*ervaren, ondergaan* **0.3** ***voelen*** ⇒ *opvatten* ◆ **1.2** Dankbarkeit ~ *een gevoel van dankbaarheid hebben* **6.2** Ekel **vor** jmdm. ~ *van iem. walgen* **8.3** als beleidigend ~ *als beledigend ervaren.*

empfindlich **0.1** ***gevoelig*** **0.2** ***(fijn)gevoelig*** ⇒*fijnbesnaard* **0.3** ***lichtgeraakt*** ⇒*prikkelbaar* **0.4** ***vatbaar*** ⇒*niet sterk* **0.5** ***kwetsbaar*** ⇒*teer* **0.6** ***gevoelig*** ⇒*hard, stevig* ◆ **1.5** eine ~e Tapete *besmettelijk behang* **1.6** eine ~e Strafe *een harde straf* **3.3** ~ reagieren *geprikkeld reageren* **6.4** ~ **gegen** Schnupfen *vatbaar voor verkoudheid.*

Empfindlichkeit (v.; ~, ~en) **0.1** ***gevoeligheid*** **0.2** ***vatbaarheid*** **0.3** ***kwetsbaarheid.***

empfindsam **0.1** ***fijn-, teergevoelig*** **0.2** ***sentimenteel.***

Empfindsamkeit ⟨v.; ~⟩ **0.1** ***fijngevoeligheid*** **0.2** ***sentimentaliteit*** **0.3** ⟨gesch., lit.⟩ ***periode v.d. sentimentaliteit*** ⟨18e eeuw⟩.
Empfindung ⟨v.; ~, ~en⟩ **0.1** ***(innerlijk) gevoel.***
empfindungsfähig **0.1** ***tot (diepere) gevoelens in staat.***
empfindungslos **0.1** ***gevoelloos*** ⇒*ongevoelig.*
Empfindungsnerven ⟨alleen mv.⟩⟨med.⟩ **0.1** ***gevoelszenuwen.***
Empirismus ⟨m.; ~⟩⟨fil.⟩ **0.1** ***empirisme.***
empor ⟨schr.⟩ **0.1** ***omhoog*** ⇒*naar boven.*
emporarbeiten, sich **0.1** ***zich op-, omhoogwerken.***
emporblicken ⟨ook fig.⟩ **0.1** ***omhoogkijken*** ⇒*opkijken tegen, naar.*
Empore ⟨v.; ~, ~n⟩ **0.1** ***galerij, gaanderij*** ⟨vooral in kerken⟩.
empören **I** ⟨ov.ww.⟩ **0.1** ***verontwaardigen*** ⇒*woedend maken* ◆ **3.1** empört sein *verontwaardigd zijn;*
II sich ~ ⟨wk.ww.⟩ **0.1** ***verontwaardigd worden*** ⇒*boos, woedend worden* **0.2** ***in opstand komen*** ⇒*rebelleren.*
empörend **0.1** ***stuitend*** ⇒*schandelijk, ten hemel schreiend.*
Empörer ⟨m.; ~s, ~⟩⟨schr.⟩ **0.1** ***rebel*** ⇒*oproermaker.*
empörerisch **0.1** ***rebels*** ⇒*opstandig.*
emporfahren **0.1** ***naar boven rijden*** **0.2** ***opvliegen*** ⇒*opspringen (van schrik).*
emporheben **0.1** ***opheffen*** ⇒*op-, omhooghijsen.*
emporkommen **0.1** ***omhoog-, opkomen*** **0.2** ⟨fig.⟩ ***carrière, fortuin maken.***
Emporkömmling ⟨m.; ~(e)s, ~e⟩ **0.1** ***parvenu.***
emporragen **0.1** ***op-, omhoogrijzen*** ⇒*uitsteken* ◆ **6.1** ⟨fig.⟩ **über** seine Mitschüler ~ *boven zijn medeleerlingen uitsteken.*
emporschwingen **I** ⟨ov.ww.⟩ **0.1** ***op-, omhoogzwaaien;***
II sich ~ ⟨wk.ww.⟩⟨fig.⟩ **0.1** ***het brengen tot*** ⇒*zich opwerken.*
emporsteigen **0.1** ***opstijgen, -klimmen*** ⇒*omhoogklimmen* **0.2** ⟨fig.⟩ ***opklimmen*** ⇒*carrière maken.*
Empörung ⟨v.; ~, ~en⟩ **0.1** ***verontwaardiging*** ⇒*woede* **0.2** ***opstand*** ⇒*oproer.*
emporwinden **I** ⟨ov.ww.⟩ **0.1** ***omhooghijsen, -draaien;***
II sich ~ ⟨wk.ww.⟩ **0.1** ***zich naar boven slingeren.***
emsig **0.1** ***druk (doende)*** ⇒*naarstig, nijver* ◆ **1.1** ~e Hände *altijd bezige handen.*
Emsigkeit ⟨v.; ~⟩ **0.1** ***naarstigheid.***
Emu ⟨m.; ~s, ~s⟩⟨biol.⟩ **0.1** ***emoe.***
emulgieren **0.1** ***emulgeren, een emulsie maken van, met.***
Emulsion ⟨v.; ~, ~en⟩ **0.1** ***emulsie.***
Enddarm ⟨m.⟩ **0.1** ***endeldarm.***
Ende ⟨o.; ~s, ~n⟩ **0.1** ***einde*** ⇒*eindpunt, begrenzing* **0.2** ***einde*** ⇒*afloop, slot* **0.3** ***einde, eindje*** ⇒*(laatste) stuk* **0.4** ***eind*** ⇒*afstand, stuk* ◆ **1.2** er ist ~ der Vierziger *hij is eind veertig* **1.3** ein ~ Draht *een eindje draad* **2.2** letzten ~s *uiteindelijk, ten slotte* **2.4** ein weites ~ laufen *een heel eind lopen* **3.2** kein ~ finden können *er geen punt achter kunnen zetten* **6.1** etwas **zu** ~ lesen *iets uitlezen* **6.2** ⟨inf.⟩ mit etwas **am** ~ sein *aan het eind van zijn Latijn zijn;* **am** ~ sein *uitgeput, op zijn;* ein ~ **mit** Schrecken *een verschrikkelijke afloop;* eine Arbeit **zu** ~ bringen *een werk afmaken* **8.2** Regen und kein ~ *een onafgebroken regen* ¶**.2** ⟨sprw.⟩ das dicke ~ kommt noch nach *onder in de zak vindt men de rekening;* ⟨sprw.⟩ ~ gut, alles gut *eind goed, al goed.* → **Hand.**
Endeffekt ⟨m.⟩ **0.1** ***uiteindelijk effect/resultaat*** ◆ **6.1** **im** ~ *uiteindelijk.*
endemisch **0.1** ***inheems, endemisch.***
enden ⟨h.⟩ **0.1** ***eindigen*** ⇒*ophouden* **0.2** ***eindigen*** ⇒*besluiten, aflopen* **0.3** ⟨euf.⟩ ***sterven*** ⇒*omkomen* ◆ **6.3** **am** Galgen ~ *aan de galg sterven.*
Endergebnis ⟨o.⟩ **0.1** ***eindresultaat, -uitslag.***
Endfassung ⟨v.⟩ **0.1** ***definitieve versie.***
endgültig **0.1** ***definitief*** ⇒*onherroepelijk, voorgoed* ◆ **1.1** die ~e Fassung eines Werkes *de laatste versie van een werk.*
Endgültigkeit ⟨v.; ~⟩ **0.1** ***definitief karakter, het definitief zijn.***
Endivie ⟨v.; ~, ~n⟩ **0.1** ***andijvie.***
Endkampf ⟨m.⟩ **0.1** ***eindstrijd*** ⇒*laatste, beslissende slag* **0.2** ⟨sp.⟩ ***eindstrijd, finale.***
Endlagerung ⟨v.⟩ **0.1** ***definitieve opslag.***
Endlauf ⟨m.⟩⟨sp.⟩ **0.1** ***finale.***
endlich[1] ⟨bn.⟩ **0.1** ***eindig.***
endlich[2] ⟨bw.⟩ **0.1** ***eindelijk*** ⇒*ten langen leste* **0.2** ***eindelijk*** ⇒*tenslotte, uiteindelijk.*
Endlichkeit ⟨v.; ~, ~en⟩ **0.1** ***eindigheid*** ⇒*begrensdheid.*
endlos **0.1** ***eindeloos, zonder einde*** **0.2** ⟨fig.⟩ ***eindeloos*** ⇒ *oneindig, onuitputtelijk* ◆ **1.1** ein ~es Seil *een touw zonder einde* **6.2** bis **ins** Endlose *tot in het oneindige.*
Endlosformular ⟨o.⟩ **0.1** ***kettingformulier.***
Endlosigkeit ⟨v.; ~⟩ **0.1** ***eindeloosheid.***
Endlospapier ⟨o.⟩ **0.1** ***papier voor kettingformulieren*** **0.2** ***kettingformulier.***
Endlösung ⟨v.⟩⟨nazi⟩ **0.1** ***vernietiging v.d. joden.***
Endpunkt ⟨m.⟩ **0.1** ***eindpunt.***
Endreim ⟨m.⟩ **0.1** ***eindrijm.***
Endrunde ⟨v.⟩⟨sp.⟩ **0.1** ***finale, laatste ronde.***
Endsilbe ⟨v.⟩ **0.1** ***laatste lettergreep.***
Endspiel ⟨o.⟩⟨sp.⟩ **0.1** ***finale*** **0.2** ***eindspel*** ⟨schaken⟩.
Endstation ⟨v.⟩ **0.1** ***eindstation, laatste halte.***
Endsumme ⟨v.⟩ **0.1** ***eind-, totaalbedrag.***
Endung ⟨v.; ~, ~en⟩⟨taal.⟩ **0.1** ***uitgang.***
Endurteil ⟨o.⟩⟨jur.⟩ **0.1** ***eind-, slotvonnis.***
Endverbraucher ⟨m.⟩ **0.1** ***consument, eindverbruiker.***
Endziel ⟨o.⟩ **0.1** ***einddoel.***
Endzweck ⟨m.⟩ **0.1** ***einddoel, eigenlijke doel.***
Energetik ⟨v.; ~⟩ **0.1** ***energetica.***
Energie ⟨v.; ~, ~n⟩ **0.1** ***energie.***
Energieaufwand ⟨m.⟩ **0.1** ***energiegebruik, -verbruik.***
Energiedach ⟨o.⟩ **0.1** ***dak met zonnepanelen.***
energiepolitisch **0.1** ***mbt., op het stuk van het energiebeleid.***
Energiesatz ⟨m.⟩⟨nat.⟩ **0.1** ***energieprincipe.***
energiesparend **0.1** ***energiezuinig.***
Energieträger ⟨m.⟩ **0.1** ***energiedrager.***
Energieversorgung ⟨v.⟩ **0.1** ***energievoorziening.***
energisch **0.1** ***energiek*** ⇒*krachtig, wilskrachtig.*
enervieren **0.1** ***enerveren.***
eng **0.1** ***eng*** ⇒*smal, nauw* **0.2** ***dicht op, bij elkaar, dicht opeen*** **0.3** ***eng*** ⇒*nauwsluitend* **0.4** ***innig*** ⇒*vertrouwd, intiem* **0.5** ***bekrompen*** ⇒*beperkt* ◆ **1.4** im ~en Kreis der Familie *in de intieme kring van het gezin* **1.5** in ~en Verhältnissen leben *bekrompen leven.*
engagieren **I** ⟨ov.ww.⟩ **0.1** ***engageren;***
II sich ~ ⟨wk.ww.⟩ **0.1** ***zich binden*** ⇒*partij kiezen voor.*
enganliegend **0.1** ***nauw(sluitend).***
engbrüstig **0.1** ***aamborstig, kortademig*** **0.2** ***smal gebouwd*** ⇒*tenger.*
Enge ⟨v.; ~, ~n⟩ **0.1** ***engte*** ⇒*nauwheid* **0.2** ***engte*** ⇒*ruimtegebrek, bekrompenheid* ◆ **6.1** **in** die ~ geraten *in het nauw raken;* jmdn. **in** die ~ treiben *iem. in het nauw drijven.*
Engel ⟨m.; ~s, ~⟩⟨ook fig.⟩ **0.1** ***engel*** ◆ **2.1** ein blonder ~ *een knappe blondine;* ⟨inf.⟩ die gelben ~ *de wegenwacht* **3.1**

⟨inf.⟩ es geht ein ~ durchs Zimmer *er gaat een dominee voorbij;* ⟨inf.⟩ die ~ (im Himmel) pfeifen, singen hören *verschrikkelijke pijn hebben.*

engelgleich 0.1 ***als een engel.***

Engelmacherin ⟨v.; ~, ~nen⟩ **0.1** ***engeltjesmaakster* 0.2** ⟨euf.⟩ ***aborteuse.***

Engelsgeduld ⟨v.⟩ **0.1** ***engelengeduld.***

Engelszunge ⟨v.⟩ ◆ **6.¶ mit** ~n reden *met (grote) overredingskracht spreken.*

Engerling ⟨m.; ~s, ~e⟩⟨biol.⟩ **0.1** ***engerling.***

engherzig 0.1 ***enghartig*** ⇒*bekrompen.*

England ⟨o.; ~s⟩ **0.1** ***Engeland.***

Engländer ⟨m.; ~s, ~⟩ **0.1** ***Engelsman* 0.2** ***Engelse sleutel.***

englisch 0.1 ***Engels*** ◆ **3.1** ⟨inf.; euf.⟩ ~ einkaufen *stelen.*

Englischhorn ⟨o.⟩ **0.1** ***Engelse hoorn.***

engmaschig 0.1 ***fijnmazig.***

Engpaß ⟨m.⟩ **0.1** ***(nauwe) pas*** ⇒*nauwe doorgang* **0.2** ⟨fig.⟩ ***knelpunt*** ⇒*tekort.*

engstirnig 0.1 ***bekrompen*** ⇒*beperkt, kortzichtig.*

Enjambement ⟨o.; ~s, ~s⟩ **0.1** ***enjambement.***

Enkel ⟨m.; ~s, ~⟩ **0.1** ***kleinkind* 0.2** ***kleinzoon* 0.3** ⟨mv.⟩ ***nazaten.***

Enkelin ⟨v.; ~, ~nen⟩ **0.1** ***kleindochter.***

Enkelkind ⟨o.⟩ **0.1** ***kleinkind.***

Enkelsohn ⟨m.⟩ **0.1** ***kleinzoon.***

Enkeltochter ⟨v.⟩ **0.1** ***kleindochter.***

Enklave ⟨v.; ~, ~n⟩ **0.1** ***enclave.***

enorm 0.1 ***geweldig, enorm.***

Enormität ⟨v.; ~, ~en⟩ **0.1** ***enormiteit.***

Enquete ⟨v.; ~, ~n⟩ **0.1** ***(ambtelijk) onderzoek, enquête.***

Ensemble ⟨o.; ~s, ~s⟩ **0.1** ***ensemble.***

Ensemblespiel ⟨o.⟩ **0.1** ***(muzikaal) samenspel, ensemblespel.***

entarten 0.1 *ontaarden.*

Entartung ⟨v.; ~, ~en⟩ **0.1** ***ontaardingsverschijnsel* 0.2** ***ontaarding.***

entäußern, sich ⟨met 2e nv.⟩⟨schr.⟩ **0.1** ***afzien, afstand doen van* 0.2** ***zich ontdoen van, weggeven.***

entbehren I ⟨onov.ww.⟩⟨schr.; met 2e nv.⟩ **0.1** ***gespeend zijn van, missen*** ◆ **1.1** jeder Grundlage ~ *van elke grond ontbloot zijn;*

II ⟨ov.ww.⟩ **0.1** ***missen, ontberen.***

entbehrlich 0.1 ***overbodig, ontbeerlijk.***

Entbehrung ⟨v.; ~, ~en⟩ **0.1** ***ontbering.***

entbeinen 0.1 ***uit-, ontbenen.***

entbinden I ⟨onov.ww.⟩ **0.1** ***een kind ter wereld brengen, baren*** ◆ **3.1** sie hat gestern entbunden *zij is gisteren bevallen;*

II ⟨ov.ww.⟩ **0.1** ***ontslaan, -heffen* 0.2** ***bij de bevalling helpen, verlossen*** ◆ **6.2** sie ist **von** einem Mädchen entbunden worden *zij heeft het leven geschonken aan een meisje.*

Entbindung ⟨v.; ~, ~en⟩ **0.1** ***ontslag, ontheffing* 0.2** ***verlossing, bevalling.***

Entbindungsanstalt ⟨v.⟩ **0.1** ***kraamkliniek, -inrichting.***

Entbindungssaal ⟨m.⟩ **0.1** ***verloskamer.***

Entbindungsstation ⟨v.⟩ **0.1** ***kraamafdeling.***

entblättern I ⟨ov.ww.⟩ **0.1** ***ontbladeren;***

II sich ~ ⟨wk.ww.⟩ **0.1** ***zich van de bladeren ontdoen* 0.2** ⟨inf.; scherts.⟩ ***zich ont-, uitkleden.***

entbleien 0.1 ***loodvrij maken, ontloden*** ⟨van benzine⟩.

entblöden, sich ◆ **3.¶** ⟨schr.; pej.⟩ sich nicht ~, etwas zu tun *zich niet schamen iets te doen.*

entblößen 0.1 ***ontbloten*** ⇒⟨ook fig.⟩ *blootleggen* **0.2** ***ontdoen, beroven van*** ◆ **1.1** mit entblößtem Kopf *met ongedekt hoofd, blootshoofds* **6.2 von** allen Mitteln entblößt sein *platzak zijn.*

entbrennen ⟨schr.⟩ **0.1** ***ontbranden, -vlammen.***

entbürokratisieren 0.1 ***minder bureaucratisch maken.***

Entchristlichung ⟨v.; ~⟩ **0.1** ***ontkerstening.***

entdecken 0.1 ***ontdekken*** ⇒*bespeuren, vinden* **0.2** ⟨schr.⟩ ***(in vertrouwen) mededelen*** ◆ **1.1** einen Dieb ~ *een dief opsporen;* sein Herz für jmdn. ~ *van iem. beginnen te houden.*

Entdecker ⟨m.; ~s, ~⟩ **0.1** ***ontdekker.***

Entdeckung ⟨v.; ~, ~en⟩ **0.1** ***ontdekking*** ⇒*onthulling.*

Entdeckungs|fahrt, -reise ⟨v.⟩ **0.1** ***ontdekkingsreis.***

Entdeckungsreisende(r) ⟨bn. als zn.⟩ **0.1** ***ontdekkingsreiziger.***

Ente ⟨v.; ~, ~n⟩ **0.1** ***eend* 0.2** ⟨inf.; fig.⟩ ***canard* 0.3** ⟨inf.⟩ ***pisglas, urinaal*** ◆ **2.¶** kalte ~ ⟨soort⟩ *bowl;* ⟨inf.; pej.⟩ eine lahme ~ *een futloos type* **8.¶** ⟨scherts.⟩ schwimmen wie eine bleierne ~ *onbeholpen zwemmen.*

entehren 0.1 ***v.d. eer beroven, onteren.***

enteignen 0.1 ***onteigenen.***

enteisen 0.1 ***ijsvrij maken.***

Entenbraten ⟨m.⟩ **0.1** ***gebraden eend.***

Entengrün ⟨o.⟩ **0.1** ***eendenkroos.***

Entengrütze ⟨v.⟩ **0.1** ***eendenkroos.***

Enter ⟨m.; ~s, ~(s)⟩ **0.1** ***éénjarig dier, enter.***

enterben 0.1 ***onterven*** ⇒⟨fig.⟩ *misdelen.*

Enterich ⟨m.; ~s, ~e⟩ **0.1** ***mannetjeseend, woerd.***

entern I ⟨onov.ww.; s.⟩⟨scheep.⟩ **0.1** ***(in de takelage) klimmen, enteren;***

II ⟨ov.ww.; h.⟩ **0.1** ***enteren* 0.2** ⟨inf.⟩ ***beklimmen.***

entfachen ⟨schr.⟩ **0.1** ***ontsteken, doen ontvlammen*** ⇒⟨fig.⟩ *ontketenen.*

entfahren 0.1 ***ontglippen, -snappen, -schieten.***

Entfall ⟨m.; ~(e)s⟩ **0.1** ***het weg-, vervallen.***

entfallen 0.1 ***ontschieten* 0.2** ***toevallen, ten deel vallen* 0.3** ⟨adm.⟩ ***weg-, vervallen*** ◆ **1.1** sein Name ist mir ~ *zijn naam is mij ontschoten* **3.3** die Diskussion muß leider ~ *de discussie moet helaas komen te vervallen* **6.2** der Gewinn entfällt **auf** die Losnummer 1094 *de prijs valt op lotnummer 1094.*

entfalten I ⟨ov.ww.⟩ **0.1** ***open-, ontvouwen* 0.2** ***ontwikkelen, -plooien* 0.3** ***ontvouwen, op tafel leggen* 0.4** ***ontplooien, ten toon spreiden*** ◆ **1.3** vor jmdm. seine Pläne ~ *voor iem. zijn plannen ontvouwen;*

II sich ~ ⟨wk.ww.⟩ **0.1** ***zich ontvouwen, -plooien* 0.2** ***zich ontwikkelen, -plooien*** ◆ **6.1** sich **zu** hoher Blüte ~ *tot hoge bloei komen.*

entfärben I ⟨ov.ww.⟩ **0.1** ***ontkleuren*** ⇒*bleken;*

II sich ~ ⟨wk.ww.⟩ **0.1** ***zijn kleur verliezen*** ⇒*verbleken.*

Entfärber ⟨m.; ~s, ~⟩ **0.1** ***ontkleuringsmiddel*** ⇒*bleekmiddel.*

entfernen I ⟨ov.ww.⟩ **0.1** ***verwijderen*** ⇒*wegvoeren, -halen* ◆ **6.1** einen Schüler **aus, von** der Schule ~ *een leerling van de school verwijderen;*

II sich ~ ⟨wk.ww.⟩ **0.1** ***zich verwijderen, weggaan*** ⇒⟨fig.⟩ *zich vervreemden.*

entfernt 0.1 ***ver, verwijderd, afgelegen* 0.2** ***gering, vaag*** ◆ **1.2** eine ~e Ähnlichkeit *een vage gelijkenis* **3.1** weit davon ~ sein, etwas zu tun *er niet aan denken iets te doen* **3.¶** ~ verwandt sein *in de verte familie zijn* **5.1** nicht ~ *absoluut niet* **6.1** nicht **im** ~esten *in de verste verte niet.*

Entfernung ⟨v.; ~, ~en⟩ **0.1** ***afstand* 0.2** ***het verwijderen, verwijdering* 0.3** ***afwezigheid, absentie*** ◆ **6.1 aus** einiger ~ *van enige afstand;* **über** diese ~ *op deze afstand.*

Entfernungsmesser ⟨m.⟩ **0.1** ***afstandmeter.***

entfesseln 0.1 ***ontboeien, ontketenen*** ⟨ook fig.⟩ ◆ **1.1** entfesselte Leidenschaften *tomeloze hartstochten.*

Entfesselungskünstler ⟨m.⟩ **0.1** ***boeienkoning.***
entfetten **0.1** ***ontvetten.***
entflammbar ⟨ook fig.⟩ **0.1** ***ontvlambaar.***
entflammen ⟨schr.⟩ **I** ⟨onov.ww.; s.⟩⟨meestal fig.⟩ **0.1** ***ontvlammen;***
II ⟨ov.ww.; h.⟩⟨fig.⟩ **0.1** ***ontvlammen*** ⇒*doen oplaaien* ◆ **3.1** ihr Blick hat mich entflammt *haar blik heeft mij hevig verliefd gemaakt.*
entflechten ⟨entflicht of entflechtet, entflocht of entflechtete, hat entflochten⟩ **0.1** ***uit elkaar halen, ontwarren*** **0.2** ⟨ec.⟩ ***splitsen, dekartelleren.***
entfliegen **0.1** ***wegvliegen.***
entfliehen **0.1** ***ontvluchten, -snappen*** **0.2** ⟨schr.⟩ ***snel vergaan*** ◆ **1.1** der Gefahr ~ *aan het gevaar ontsnappen.*
entfremden **0.1** ***vervreemden*** **0.2** ***aan zijn bestemming onttrekken*** ◆ **3.1** jmdm. entfremdet sein *van iem. vervreemd zijn.*
Entfremdung ⟨v.; ~, ~en⟩ **0.1** ***vervreemding.***
entfrosten **0.1** ***ontdooien.***
Entfroster ⟨m.; ~s, ~⟩ **0.1** ***ruitontdooier, -verwarmer*** **0.2** ***defroster.***
entführen **0.1** ***ontvoeren*** ⇒*schaken* **0.2** ⟨scherts.⟩ ***wegkapen, -pakken*** ◆ **1.1** ein Flugzeug ~ *een vliegtuig kapen.*
Entführer ⟨m.; ~s, ~⟩ **0.1** ***ontvoerder*** ⇒*kidnapper, kaper.*
entgegen ⟨vz. + 3⟩ **0.1** ***tegemoet*** **0.2** ***tegen, in strijd met*** ◆ **1.1** dem Feind ~ *de vijand tegemoet* **1.2** ~ meinem Vorschlag, meinem Vorschlag ~ *in strijd met mijn voorstel.*
entgegenarbeiten ⟨met 3e nv.⟩ **0.1** ***tegenwerken.***
entgegenbringen **0.1** ***tegemoet brengen*** **0.2** ***toedragen, schenken*** ◆ **1.2** einer Sache großes Interesse ~ *grote belangstelling voor iets tonen.*
entgegenfahren ⟨met 3e nv.⟩ **0.1** ***tegemoet rijden, reizen.***
entgegenfiebern ⟨met 3e nv.⟩ **0.1** ***koortsachtig uitzien naar.***
entgegengehen ⟨met 3e nv.⟩ **0.1** ***tegemoet gaan, tegemoet lopen.***
entgegengesetzt **0.1** ***tegen(over)gesteld*** ⇒*omgekeerd* ◆ **1.1** sich ~ den Erwartungen verhalten *zich tegengesteld aan de verwachtingen gedragen.*
entgegenhalten **0.1** ***voorhouden*** ⇒*(toe)reiken, uitsteken naar* **0.2** ***inbrengen tegen, tegenwerpen*** ◆ **8.2** man hielt mir entgegen, daß ... *men wierp mij tegen, dat ...*
entgegenhandeln ⟨met 3e nv.⟩ **0.1** ***handelen tegen, in strijd met.***
entgegenkommen ⟨met 3e nv.⟩ **0.1** ***toekomen op, tegemoet komen*** **0.2** ⟨fig.⟩ ***tegemoet komen*** ⇒*ingaan op.*
Entgegenkommen ⟨o.; ~s⟩ **0.1** ***tegemoetkomendheid, welwillendheid*** **0.2** ***concessie.***
entgegenkommend **0.1** ***tegemoetkomend, voorkomend.***
entgegenlaufen ⟨met 3e nv.⟩ **0.1** ***toelopen op*** **0.2** ***niet in overeenstemming zijn met.***
Entgegennahme ⟨v.; ~⟩ **0.1** ***inontvangstneming.***
entgegennehmen **0.1** ***in ontvangst nemen*** ⇒*aanvaarden.*
entgegenrufen ⟨met 3e nv.⟩ **0.1** ***toeroepen.***
entgegensehen ⟨met 3e nv.⟩ **0.1** ***tegemoet zien, uitzien naar*** ⇒*verwachten* **0.2** ***uitkijken naar*** ◆ **1.1** der baldigen Niederkunft ~ *hoogzwanger zijn.*
entgegensetzen **I** ⟨ov.ww.⟩ **0.1** ***tegenoverstellen*** ⇒*inbrengen tegen* ◆ **4.1** einer Beschuldigung nichts ~ *tegen een beschuldiging niets inbrengen;*
II sich ~ ⟨wk.ww.⟩ **0.1** ***zich tegenoverstellen*** ⇒*zich verzetten tegen.*
entgegenstehen ⟨met 3e nv.⟩ **0.1** ***in de weg staan*** **0.2** ***in tegenspraak zijn met.***
entgegenstellen **I** ⟨ov.ww.⟩ **0.1** ***tegenoverstellen*** ⇒*inbrengen tegen;*
II sich ~ ⟨wk.ww.⟩ **0.1** ***in de weg gaan staan*** ⇒*tegenstand bieden.*
entgegentreten ⟨met 3e nv.⟩ **0.1** ***tegemoet treden, afgaan op*** **0.2** ***onder ogen komen, stoten op*** **0.3** ***optreden tegen, bestrijden*** ◆ **1.1** dem Tod gefaßt ~ *de dood kalm onder ogen zien* **1.3** einem Vorurteil ~ *een vooroordeel bestrijden.*
entgegenwerfen **I** ⟨ov.ww.⟩ **0.1** ***toewerpen;***
II sich ~ ⟨wk.ww.⟩ **0.1** ***zich te weer stellen tegen*** **0.2** ***zich storten in.***
entgegnen **0.1** ***tegenwerpen, antwoorden.***
Entgegnung ⟨v.; ~, ~en⟩ **0.1** ***tegenwerping, antwoord.***
entgehen **0.1** ***ontgaan, -snappen*** **0.2** ***ontgaan*** ⇒*onbemerkt blijven, niet opvallen* ◆ **3.1** da hast du dir wirklich etwas ~ lassen! *je hebt werkelijk wat gemist!*
entgeistert **0.1** ***verbijsterd, verwezen.***
Entgelt ⟨o.; ~(e)s, ~e⟩ **0.1** ***beloning, vergoeding*** ◆ **6.1** **für, gegen** (ein) geringes ~ *tegen een kleine vergoeding.*
entgelten ⟨schr.⟩ **0.1** ***het moeten ontgelden, boeten voor*** **0.2** ***vergoeden, belonen.***
entgiften **0.1** ***het vergif verwijderen uit*** ⇒⟨fig.⟩ *zuiveren.*
entgleisen ⟨ook fig.⟩ **0.1** ***ontsporen.***
entgleiten ⟨schr.; ook fig.⟩ **0.1** ***ontglijden, -glippen.***
entgräten **0.1** ***ontgraten*** ⇒*fileren.*
enthaaren **0.1** ***ontharen*** ⇒*epileren.*
enthalten **I** ⟨ov.ww.⟩ **0.1** ***bevatten, inhouden*** ◆ **6.1** die Verpackung ist **im** Preis ~ *de verpakking is bij de prijs begrepen;* wie oft ist 3 **in** 15 ~? *hoeveel keer 3 is 15?;*
II sich ~ ⟨wk.ww.⟩⟨schr.⟩ **0.1** ***zich onthouden, afzien van*** ⇒*nalaten* ◆ **1.1** sich der Tränen nicht ~ können *zijn tranen niet kunnen bedwingen.*
enthaltsam **0.1** ***matig, sober*** **0.2** ***in onthouding, abstinent.***
Enthaltung ⟨v.⟩ **0.1** ***matigheid, soberheid*** **0.2** ***onthouding.***
enthärten **0.1** ***ontharden.***
enthaupten ⟨schr.⟩ **0.1** ***onthoofden.***
enthäuten **0.1** ***onthuiden, villen.***
entheben ⟨schr.⟩ **0.1** ***bevrijden, verlossen van*** **0.2** ***ontheffen van, ontslaan uit*** ◆ **1.2** jmdn. seines Amtes ~ *iem. van zijn ambt ontheffen, uit zijn ambt ontslaan.*
entheiligen **0.1** ***(ver)ontheiligen, ontwijden.***
enthemmen **0.1** ***v.d. rem zetten, halen*** **0.2** ⟨psych.⟩ ***van remmingen bevrijden.***
enthüllen **I** ⟨ov.ww.⟩ **0.1** ***onthullen, -sluieren*** **0.2** ⟨schr.; fig.⟩ ***onthullen*** ⇒*aan het licht brengen* **0.3** ⟨schr.; fig.⟩ ***ontmaskeren;***
II sich ~ ⟨wk.ww.⟩ **0.1** ***zich onthullen, -poppen*** ⇒*blijken (te zijn)* **0.2** ***langzaam aan zichtbaar worden*** ◆ **1.1** sein wahrer Charakter enthüllt sich jetzt *zijn ware karakter blijkt nu.*
enthülsen **0.1** ***v.d. huls, schil ontdoen.***
enthusiasmieren **0.1** ***enthousiast maken, enthousiasmeren.***
Enthusiasmus ⟨m.; ~⟩ **0.1** ***geestdrift, enthousiasme.***
Enthusiast ⟨m.; ~en, ~en⟩ **0.1** ***enthousiast, enthousiasteling.***
enthusiastisch **0.1** ***geestdriftig, enthousiast.***
entjungfern **0.1** ***ontmaagden.***
entkalken **0.1** ***ontkalken.***
entkeimen **I** ⟨onov.ww.⟩⟨schr.⟩ **0.1** ***ontkiemen, -spruiten*** ⇒*voortkomen uit;*
II ⟨ov.ww.⟩ **0.1** ***ontsmetten, steriliseren*** ⇒*desinfecteren* **0.2** ***v.d. kiemen, uitlopers ontdoen.***
entkernen **0.1** ***ontpitten.***
entkleiden ⟨schr.⟩ **0.1** ***ont-, uitkleden*** **0.2** ***ontdoen, beroven van*** ◆ **1.2** jmdn. seiner Würde ~ *iem. van zijn waardigheid beroven.*

entknospen ⟨s.⟩ **0.1** *uitbotten, ontspruiten.*
entknoten **0.1** *losknopen, ontknopen.*
entkommen **0.1** *ontkomen, -snappen* ◆ **6.1 ins** Ausland ~ *naar het buitenland ontkomen.*
entkorken **0.1** *ontkurken.*
entkräften **0.1** *krachteloos maken, verzwakken* ⇒*uitputten* **0.2** *weerleggen, ontzenuwen.*
entkrampfen **0.1** *van verkramptheid ontdoen, bevrijden* ⇒*los(ser) maken.*
entkriminalisieren **0.1** *uit de criminele sfeer halen.*
entkuppeln **0.1** *ont-, loskoppelen.*
entladen **I** ⟨ov.ww.⟩ **0.1** *ontladen* ◆ **1.1** eine Bombe ~ *een bom onschadelijk maken;*
II sich ~ ⟨wk.ww.⟩⟨ook fig.⟩ **0.1** *zich ontladen.*
entlang[1] ⟨bw.⟩ **0.1** *aan de rand, langs* ◆ **6.1 am** Ufer des Sees ~ *langs de oever van het meer.*
entlang[2] ⟨vz.⟩ **0.1** *langs* ◆ **1.1** ~ des Flusses, den Fluß ~ *langs de rivier.*
entlangfahren **0.1** *langs iets rijden, iets af-, uitrijden* **0.2** *langs iets gaan, strijken* ◆ **1.1** die Straße ~ *de straat af-, uitrijden;* den Wald ~ *langs het bos rijden.*
entlangführen **I** ⟨onov.ww.⟩ **0.1** *langs iets lopen;*
II ⟨ov.ww.⟩ **0.1** *over, langs iets leiden.*
entlanggehen **0.1** *langs iets gaan, lopen.*
entlangkommen **0.1** *langs iets, door iets (heen) komen.*
entlanglaufen **0.1** *langs iets lopen, stromen* **0.2** ⟨inf.⟩ *langs iets gaan, lopen, aflopen.*
entlarven **0.1** *aan het licht brengen, ontmaskeren.*
entlassen **0.1** *ontslaan* ⇒*vrijlaten* **0.2** *ontslag geven, ontslaan* ⇒*afdanken* ◆ **6.1 aus** der Schule ~ werden *de school verlaten, van school gaan* (met een getuigschrift).
Entlassung ⟨v.; ~, ~en⟩ **0.1** *ontslag* **0.2** *ontslagbrief* ◆ **2.1** eine bedingte ~ *een voorwaardelijke invrijheidstelling.*
Entlassungsfeier ⟨v.⟩ **0.1** *eindexamenfeest, -fuif.*
Entlassungspapiere ⟨alleen mv.⟩ **0.1** *ontslagpapieren* ⇒ ⟨mil.⟩ *paspoort.*
Entlassungszeugnis ⟨o.⟩ **0.1** *getuigschrift, einddiploma.*
entlasten **0.1** *ontlasten* ⇒*verlichten, bevrijden* **0.2** ⟨jur.⟩ *(gedeeltelijk) vrijspreken, dechargeren* **0.3** ⟨ec.⟩ *dechargeren* **0.4** ⟨ec.⟩ *crediteren* ◆ **2.2** ~der Umstand *verzachtende omstandigheid.*
Entlastungsmaterial ⟨o.⟩⟨jur.⟩ **0.1** *ontlastend materiaal.*
Entlastungsort ⟨m.⟩ **0.1** *groeikern.*
Entlastungszeuge ⟨m.⟩⟨jur.⟩ **0.1** *getuige à decharge.*
Entlastungszug ⟨m.⟩⟨verk.⟩ **0.1** *extratrein.*
Entlaubungsmittel ⟨o.⟩ **0.1** *ontbladeringsmiddel.*
entlaufen **0.1** *ont-, weglopen.*
entlausen **0.1** *ontluizen.*
entledigen ⟨schr.⟩ **I** ⟨ov.ww.⟩ **0.1** *ontdoen, bevrijden van;*
II sich ~ ⟨wk.ww.⟩ **0.1** *zich ontdoen, bevrijden van* ⇒*uitdoen, -trekken* **0.2** *zich kwijten van* ⇒*volbrengen* ◆ **1.1** sich eines Gegners ~ *zich van een tegenstander ontdoen.*
entleeren **I** ⟨ov.ww.⟩ **0.1** *ledigen, leegmaken, legen* **0.2** *ontdoen, beroven van* ◆ **4.1** sich ~ (a) *zijn behoefte doen* (b) *overgeven, braken;*
II sich ~ ⟨wk.ww.⟩ **0.1** *leeg worden, raken.*
entlegen **0.1** *(ver) afgelegen* **0.2** ⟨schr.⟩ *niet voor de hand liggend, niet alledaags.*
entlehnen **0.1** *ontlenen, overnemen* ◆ **1.1** (aus) dem Englischen entlehnt *aan het Engels ontleend.*
entleihen **0.1** *lenen* **0.2** *ontlenen, overnemen* ◆ **6.1** Geld **von** jmdm. ~ *geld van iem. lenen.*
Entlein ⟨o.; ~s, ~⟩ **0.1** *eendje* ◆ **2.1** ⟨inf.; scherts.⟩ häßliches ~ *lelijk eendje.*
entloben, sich **0.1** *de verloving verbreken.*
entlocken **0.1** *ontlokken.*
entlohnen **0.1** *(uit)betalen.*
Entlohnung ⟨v.; ~, ~en⟩ **0.1** *(uit)betaling.*
entlüften **0.1** *ventileren* **0.2** ⟨tech.⟩ *ontluchten.*
Entlüfter ⟨m.; ~s, ~⟩ **0.1** *afzuigventilator* **0.2** ⟨tech.⟩ *ontluchter.*
Entlüftung ⟨v.; ~, ~en⟩ **0.1** *ventilatie* **0.2** *ontluchting.*
Entlüftungsventil ⟨o.⟩ **0.1** *luchtuitlaatklep, luchtventiel.*
entmachten **0.1** *uit de macht ontzetten.*
entmannen **0.1** *ontmannen* **0.2** ⟨fig.⟩ *van zijn kracht beroven.*
ent|menschen, -menschlichen **0.1** *v.h. menselijke beroven, ontmenselijken.*
entmilitarisieren **0.1** *demilitariseren.*
entminen **0.1** *van mijnen vrijmaken.*
entmobilisieren **0.1** *demobiliseren.*
entmündigen **0.1** *onder curatele stellen.*
entmutigen **0.1** *ontmoedigen.*
Entnahme ⟨v.; ~, ~n⟩ **0.1** *het ont-, weg-, afnemen* **0.2** ⟨mv.; ec.⟩ *aan het bedrijf onttrokken gelden of goederen.*
entnationalisieren **0.1** *denationaliseren.*
entnazifizieren **0.1** *denazificeren.*
Entnazifizierung ⟨v.; ~, ~en⟩ **0.1** *denazificatie, denazificering.*
entnehmen **0.1** *ont-, weg-, afnemen* ⇒⟨fig.⟩ *ontlenen aan* **0.2** *afleiden, opmaken uit* ◆ **1.1** Proben ~ *monsters trekken;* ein Zitat einem Roman ~ *een citaat aan een roman ontlenen* **6.1 bei** jmdm. Waren ~ *van iem. goederen betrekken* **8.2** (aus) deinem Brief entnehme ich *uit je brief maak ik op.*
entnerven **0.1** *(psychisch) uitputten* ⇒*krachteloos maken* ◆ **1.1** eine ~de Wartezeit *een zenuwslopende wachttijd.*
entprivatisieren **0.1** *socialiseren, nationaliseren.*
entpuppen, sich **0.1** ⟨ook fig.⟩ *zich ontpoppen* ⇒*blijken te zijn.*
entrahmen **0.1** *ont-, afromen.*
Entrahmer ⟨m.; ~s, ~⟩ **0.1** *melkcentrifuge, ontromer.*
enträtseln **I** ⟨ov.ww.⟩ **0.1** *ontraadselen;*
II sich ~ ⟨wk.ww.⟩ **0.1** *zijn raadselachtigheid verliezen.*
entrechten **0.1** *van zijn rechten beroven, ontrechten.*
Entrechtete(r) ⟨bn. als zn.⟩ **0.1** *ontrechte.*
Entree ⟨o.; ~s, ~s⟩ **0.1** *entree.*
Entreetür ⟨v.⟩ **0.1** *toegangsdeur* ⇒*voordeur.*
entreißen **0.1** ⟨ook fig.⟩ *ont-, wegrukken, afhandig maken* **0.2** ⟨schr.⟩ *onttrekken, -rukken aan* ⇒*redden van, uit* ◆ **1.1** jmdm. den Sieg ~ *iem. de zege (voor de neus) wegkapen* **6.1** seine Frau wurde ihm **durch** den Tod entrissen *zijn vrouw ontviel hem door de dood.*
entrichten ⟨adm.⟩ **0.1** *voldoen, betalen.*
entriegeln **0.1** *ontgrendelen.*
entrinden **0.1** *ontschorsen, schillen.*
entringen **I** ⟨ov.ww.⟩ **0.1** *ontworstelen, -wringen* ⇒⟨fig.⟩ *afdwingen;*
II sich ~ ⟨wk.ww.⟩ **0.1** *zich ontworstelen, -wringen aan.*
entrinnen ⟨schr.⟩ **0.1** *ontkomen, -snappen aan* **0.2** *(weg)vloeien, -stromen uit* **0.3** *verstrijken, vervliegen, vlieden* ◆ **3.1** es gibt kein Entrinnen *er is geen ontkomen aan.*
entrollen ⟨schr.⟩ **I** ⟨onov.ww.; s.⟩ **0.1** *ontrollen, rollen uit;*
II ⟨ov.ww.; h.⟩ **0.1** *ont-, openrollen* ⇒⟨fig.⟩ *ontvouwen;*
III sich ~ ⟨wk.ww.; h.⟩ **0.1** *zich ontrollen, zich vertonen.*
entrosten **0.1** *van roest ontdoen, ontroesten.*
entrücken ⟨h.⟩ **0.1** *ontrukken, -trekken aan* **0.2** *overplaatsen, wegvoeren.*
entrückt ⟨schr.⟩ **0.1** *ver (weg)* **0.2** *extatisch* ⇒*in hoger sferen (verkerend).*

Entrückung ⟨v.; ~, ~en⟩⟨schr.⟩ **0.1** *het ontrukken, wegrukken* **0.2** *vervoering, verrukking.*
entrümpeln 0.1 *van oude rommel ontdoen* ⇒⟨inf.⟩ *uitmesten.*
entrüsten I ⟨ov.ww.⟩ **0.1** *verontwaardigen, boos maken;*
II sich ~ ⟨wk.ww.⟩ **0.1** *verontwaardigd, boos worden, zich boos maken.*
Entrüstung ⟨v.; ~, ~en⟩ **0.1** *verontwaardiging, boosheid.*
entsaften 0.1 *uitpersen* ⟨van vruchten⟩.
Entsafter ⟨m.; ~s, ~⟩ **0.1** *vruchtenpers.*
entsagen ⟨schr.; met 3e nv.⟩ **0.1** *zich schikken, berusten* **0.2** ⟨met 3e nv.⟩ *zich ontzeggen, afstand doen van* ⇒*zich afkeren van* ◆ **1.2** der Herrschaft ~ *afstand doen van de macht.*
Entsagung ⟨v.; ~, ~en⟩⟨schr.⟩ **0.1** *zelfverloochening* ⇒ *overgave, berusting.*
entsalzen 0.1 *ontzouten, -zilten.*
Entsatz ⟨m.; ~es⟩⟨mil.⟩ **0.1** *ontzet, ontzetting* **0.2** *ontzettingstroepen.*
entsäuern 0.1 *ontzuren.*
entschädigen 0.1 *schadeloosstellen* ◆ **6.1** das entschädigte mich **für** alles Leid *dat deed mij alle leed vergeten.*
Entschädigung ⟨v.⟩ **0.1** *schadevergoeding, schadeloosstelling.*
Entschädigungsanspruch ⟨m.⟩ **0.1** *aanspraak op schadevergoeding.*
entschärfen 0.1 *de ontsteking verwijderen van, onschadelijk maken* **0.2** ⟨fig.⟩ *van zijn scherpe kanten ontdoen* **0.3** ⟨fig.⟩ *minder streng letten op* ◆ **1.2** die internationale Lage ~ *ontspanning brengen in de internationale toestand.*
Entscheid ⟨m.; ~(e)s, ~e⟩ **0.1** *beslissing* ⇒*uitspraak, vonnis.*
entscheiden I ⟨ov. & onov.ww.⟩ **0.1** *beslissen* ⇒*een besluit nemen (over), uitmaken* **0.2** *beslissen* ⇒*de doorslag geven* ◆ **6.1** der Richter entschied **auf** Gefängnis *de uitspraak van de rechter luidde: gevangenisstraf* **6.2** ⟨sp.⟩ das Spiel **für** sich ~ *de wedstrijd in zijn voordeel beslissen;*
II sich ~ ⟨wk.ww.⟩ **0.1** *een beslissing nemen, beslissen* ⇒ *de voorkeur geven, kiezen* **0.2** *beslist worden.*
entscheidend 0.1 *beslissend, doorslaggevend* ⇒*afdoend.*
Entscheidung ⟨v.⟩ **0.1** *beslissing, besluit* ⇒*oordeel, vonnis* ◆ **3.1** eine ~ treffen *een beslissing nemen.*
Entscheidungsfrage ⟨v.⟩⟨taal.⟩ **0.1** ⟨vraag waarop met ja of nee geantwoord moet worden⟩.
Entscheidungslauf ⟨m.⟩⟨sp.⟩ **0.1** *serie* ⟨bij atletiekwedstrijden⟩.
Entscheidungsprozeß ⟨m.⟩ **0.1** *besluitvorming.*
Entscheidungsschlacht ⟨v.⟩ **0.1** *beslissende (veld)slag.*
entscheidungsschwer ⟨schr.⟩ **0.1** *van verstrekkende betekenis.*
Entscheidungsspiel ⟨o.⟩⟨sp.⟩ **0.1** *beslissingswedstrijd.*
entschieden 0.1 *vastberaden, beslist* **0.2** *overduidelijk, beslist* ◆ **6.1 aufs** ~ste ablehnen *ten stelligste afwijzen.*
entschlafen ⟨schr.⟩ **0.1** *ontslapen* ⇒*sterven.*
entschleiern I ⟨ov.ww.⟩ **0.1** *ontsluieren* **0.2** ⟨fig.⟩ *ontsluieren, -hullen* ⇒*aan het licht brengen;*
II sich ~ ⟨wk.ww.⟩ **0.1** *onthuld worden, aan het licht komen.*
entschließen, sich 0.1 *een besluit nemen, besluiten* ◆ **5.1** sich kurz ~ *snel besluiten* **6.1 zu** allem entschlossen sein *tot alles in staat zijn.*
Entschließung ⟨v.⟩ **0.1** *besluit* ⇒*beslissing* **0.2** *resolutie* ⇒ *motie.*
entschlossen 0.1 *vastberaden* ⇒*vastbesloten, beslist.*
Entschlossenheit ⟨v.; ~⟩ **0.1** *vastberadenheid* ⇒*beslist-, vastbeslotenheid.*
entschlummern ⟨schr.⟩ **0.1** *insluimeren* ⇒⟨euf. ook⟩ *ontslapen.*
entschlüpfen ⟨met 3e nv.⟩ **0.1** *ontsnappen (aan), ontglippen (aan)* **0.2** *ontvallen.*
Entschluß ⟨m.⟩ **0.1** *besluit* ⇒*beslissing* ◆ **3.1** einen ~ fassen *een besluit nemen* **6.1 aus** eigenem ~ *uit (eigen) vrije wil.*
entschlüsseln 0.1 *decoderen* ⇒*ontcijferen* **0.2** ⟨fig.⟩ *ontraadselen.*
entschlußfähig 0.1 *besluitvaardig.*
Entschlußkraft ⟨v.⟩ **0.1** *besluitvaardigheid.*
entschlußlos 0.1 *besluiteloos.*
entschuldbar 0.1 *te verontschuldigen* ⇒*vergeeflijk.*
entschulden 0.1 *de schuldenlast verlichten van.*
entschuldigen ⟨meestal ov. ww.⟩ **0.1** *verontschuldigen* ⇒ *excuseren* ◆ **4.1** ~ Sie (bitte)! *pardon!, neemt u mij niet kwalijk!* **6.1** sich (**bei** jmdm.) ~ *iem. zijn verontschuldigingen aanbieden.*
Entschuldigung ⟨v.; ~, ~en⟩ **0.1** *verontschuldiging* ⇒*excuus* ◆ **6.1 dafür** gibt es keine ~! *dat is onvergeeflijk!;* ich bitte **um** ~ *neem, neemt u mij niet kwalijk* ¶**.1** ~! *pardon!*
Entschuldigungsgrund ⟨m.⟩ **0.1** *excuus* ⇒*reden ter verontschuldiging.*
Entschuldigungsschreiben ⟨o.⟩ **0.1** *brief met excuus* ⇒ *schriftelijke verontschuldiging.*
entschuppen 0.1 *schubben* ⟨vis⟩.
entschweben ⟨schr.; vaak iron.⟩ **0.1** *wegzweven.*
entschwinden ⟨schr.⟩ **0.1** *verdwijnen* **0.2** *vervliegen* ⇒*vergaan.*
entseelt ⟨schr.⟩ **0.1** *ontzield* ⇒*levenloos.*
entsenden ⟨schr.⟩ **0.1** *sturen, zenden* ⇒*uitzenden* **0.2** *afvaardigen* ⇒*delegeren.*
entsetzen I ⟨ov.ww.⟩ **0.1** *ontstellen* ⇒*met ontzetting slaan* **0.2** ⟨mil.⟩ *ontzetten* ◆ **6.1** ganz entsetzt sein *totaal ontdaan zijn;*
II sich ~ ⟨wk.ww.⟩ **0.1** *ontstellen, ontzet zijn.*
Entsetzen ⟨o.; ~s⟩ **0.1** *ontzetting* ⇒*ontsteltenis, ontdaanheid* ◆ **6.1** zum ~ aller, **zu** aller ~ *tot ieders ontzetting.*
entsetzenerregend 0.1 *ontstellend* ⇒*ontzettend.*
Entsetzensschrei ⟨m.⟩ **0.1** *kreet van ontzetting.*
entsetzlich 0.1 *ontzettend* ⟨ook fig.⟩ ⇒*ontstellend, vreselijk.*
Entsetzung ⟨v.; ~, ~en⟩ **0.1** *ontzet* ⇒*bevrijding.*
entseuchen 0.1 *ontsmetten.*
entsichern 0.1 *uit de rust, op scherp stellen.*
entsiegeln 0.1 *het zegel verbreken, ontzegelen.*
entsinken ⟨schr.⟩ **0.1** *ontzinken, -vallen.*
entsinnen, sich 0.1 *zich herinneren.*
entsorgen ⟨adm.⟩ **0.1** *van afval(stoffen) ontdoen.*
Entsorgungsanlage ⟨v.⟩ **0.1** *installatie voor het verwerken van (atoom)afval.*
entspannen I ⟨onov.ww.⟩⟨zelden⟩ **0.1** *tot rust komen, ontspannen;*
II ⟨ov.ww.⟩ **0.1** ⟨ook fig.⟩ *ontspannen* ◆ **1.1** die politische Lage ~ *ontspanning brengen in de politieke toestand;*
III sich ~ ⟨wk.ww.⟩ **0.1** ⟨ook fig.⟩ *zich ontspannen* ⇒*zich verpozen.*
Entspannung ⟨v.⟩ **0.1** *het ontspannen, ontspanning.*
entspiegeln 0.1 *ontspiegelen.*
entspinnen, sich 0.1 *zich ontspinnen, -wikkelen.*
entsprechen ⟨met 3e nv.⟩ **0.1** *overeenstemmen met, beantwoorden aan* **0.2** *gevolg geven, voldoen aan* ⇒*inwilligen, vervullen* ◆ **1.1** seinem Zweck ~ *aan zijn doel beantwoorden* **1.2** einem Wunsch ~ *aan een wens voldoen.*

entsprechend[1] ⟨bn.⟩ **0.1** ***passend bij, in overeenstemming met*** **0.2** ***passend, gepast*** **0.3** ***bevoegd, gerechtigd*** ◆ **1.2** eine ~e Belohnung *een passende, redelijke beloning* **1.3** die ~e Behörde *de bevoegde autoriteiten.*

entsprechend[2] ⟨vz. + 3⟩ **0.1** ***overeenkomstig, in overeenstemming met*** ◆ **1.1** ihrem Wunsch ~ *overeenkomstig haar, hun wens.*

Entsprechung ⟨v.; ~, ~en⟩ **0.1** ***overeenkomst, -stemming*** **0.2** ***tegenhanger, pendant*** ⇒*equivalent.*

entsprießen ⟨schr.⟩ **0.1** ***ont-, voortspruiten, voortkomen uit*** ◆ **1.1** einer vornehmen Familie ~ *van een voorname familie afstammen.*

entspringen **0.1** ***ontspringen, zijn oorsprong hebben*** **0.2** ***voortkomen, -spruiten uit*** ⇒*zijn verklaring vinden in* **0.3** ***ontsnappen (uit), ontspringen*** **0.4** ⟨schr.⟩ ***voortkomen uit, ontspringen*** ⇒*geboren worden, ontstaan.*

entstammen **0.1** ***stammen uit, afstammen van.***

entstehen **0.1** ***ontstaan*** ⇒*tot ontwikkeling komen, zich ontwikkelen* ◆ **1.1** es entstand der Eindruck, daß ... *de indruk werd gewekt, dat ...*

Entstehung ⟨v.; ~⟩ **0.1** ***het ontstaan, wording.***

Entstehungsgeschichte ⟨v.⟩ **0.1** ***ontstaans-, wordingsgeschiedenis*** **0.2** ***scheppingsverhaal.***

entsteigen ⟨met 3e nv.⟩⟨schr.⟩ **0.1** ***uitstappen, -stijgen*** **0.2** ***opstijgen uit.***

entsteinen **0.1** ***ontpitten.***

entstellen **0.1** ***misvormen, -maken*** ⇒*verbasteren* **0.2** ***verkeerd voorstellen, verdraaien*** ◆ **1.1** ein von Schmerz entstelltes Gesicht *een van pijn vertrokken gezicht;* einen Namen ~ *een naam verbasteren* **1.2** ein entstellter Text *een verminkte tekst.*

entstören **0.1** ***ontstoren, storingvrij maken.***

Entstörungsdienst ⟨m.⟩ **0.1** ***storingsdienst.***

entströmen ⟨schr.⟩ **0.1** ***stromen uit, ontstromen.***

enttarnen **0.1** ***ontmaskeren*** ⇒*onthullen.*

enttäuschen **0.1** ***teleurstellen, ontgoochelen*** ⇒*beschamen* ◆ **1.1** jmds. Hoffnung(en) ~ *iemands hoop beschamen* **5.1** ⟨inf.; scherts.⟩ angenehm enttäuscht sein *aangenaam verrast zijn, het zich erger voorgesteld hebben.*

Enttäuschung ⟨v.⟩ **0.1** ***teleurstelling, ontgoocheling*** ⇒*tegenvaller.*

entthronen ⟨schr.⟩ **0.1** ***onttronen.***

entvölkern **0.1** ***ontvolken*** ◆ **4.1** sich ~ *ontvolkt raken.*

entwachsen **0.1** ***ontgroeien, -wassen*** **0.2** ⟨schr.⟩ ***ontspruiten uit, ontgroeien.***

entwaffnen **0.1** ***ontwapenen*** ⟨ook fig.⟩.

entwalden **0.1** ***ontbossen.***

entwarnen **0.1** ***het signaal 'veilig' geven*** ⟨na een alarmtoestand⟩.

entwässern I ⟨onov.ww.⟩ **0.1** ***uitwateren, uitmonden;***
II ⟨ov.ww.⟩ **0.1** ***af-, ontwateren*** ⇒*droogleggen* **0.2** ⟨med.⟩ ***draineren.***

Entwässerung ⟨v.⟩ **0.1** ***af-, ont-, uitwatering*** ⇒*drooglegging* **0.2** ***kanalisatie.***

entweder ◆ **8.¶** ~ ...(,) oder *of(wel) ...(,) of(wel);* ~, oder! *'t een of 't ander!*

Entweder-Oder ⟨o.; ~, ~⟩ **0.1** ***de keuze tussen twee dingen, alternatief.***

entweichen **0.1** ***ontsnappen, wegstromen*** ⇒⟨fig.⟩ *wijken, verdwijnen* **0.2** ***ontsnappen*** ⇒⟨fig.⟩ *trachten te ontkomen aan, ontwijken* ◆ **1.1** die Spannung entwich vollends *de spanning verdween geheel en al.*

entweihen **0.1** ***ontwijden, -heiligen.***

entwenden ⟨schr.⟩ **0.1** ***ontvreemden, verduisteren.***

entwerfen **0.1** ***ontwerpen*** ⇒⟨ook fig.⟩ *schetsen.*

Entwerfer ⟨m.; ~s, ~⟩ **0.1** ***ontwerper*** ⇒*designer.*

entwerten **0.1** ***ongeldig, waardeloos maken*** ⇒*afstempelen, knippen* **0.2** ***in waarde verminderen, doen dalen*** ◆ **1.1** eine Briefmarke ~ *een postzegel stempelen.*

Entwerter ⟨m.; ~s, ~⟩ **0.1** ***stempelautomaat.***

entwesen ⟨vaktaal⟩ **0.1** ***van ongedierte zuiveren.***

entwickeln I ⟨ov.ww.⟩ **0.1** ***ontwikkelen*** ◆ **1.1** ein neues Modell ~ *een nieuw model ontwerpen;* jmdm. seine Pläne ~ *iem. zijn plannen ontvouwen;*
II sich ~ ⟨wk.ww.⟩ **0.1** ***zich ontwikkelen*** ◆ **6.1** das Dorf hat sich **zu** einer Stadt entwickelt *het dorp is tot stad uitgegroeid.*

Entwickler ⟨m.; ~s, ~⟩ **0.1** ***ontwerper, constructeur*** **0.2** ⟨foto.⟩ ***ontwikkelaar.***

Entwicklerbad ⟨o.⟩⟨foto.⟩ **0.1** ***ontwikkelingsbad.***

Entwicklerschale ⟨v.⟩⟨foto.⟩ **0.1** ***ontwikkelbak.***

Entwicklung ⟨v.⟩ **0.1** ***ontwikkeling, ontplooiing, vorming.***

Entwicklungsabschnitt ⟨m.⟩ **0.1** ***ontwikkelingsfase.***

Entwicklungsdienst ⟨m.⟩ **0.1** ***vrijwilligerskorps voor ontwikkelingssamenwerking.***

entwicklungsfähig **0.1** ***in staat zich te ontwikkelen.***

Entwicklungshelfer ⟨m.⟩ **0.1** ***ontwikkelingswerker.***

Entwicklungshilfe ⟨v.⟩ **0.1** ***ontwikkelingshulp*** ⟨de hulp zelf en de gelden⟩.

Entwicklungsinstitut ⟨o.⟩ **0.1** ***researchinstituut.***

Entwicklungsjahre ⟨alleen mv.⟩ **0.1** ***puberteitsjaren.***

Entwicklungsland ⟨o.; mv. ~er⟩ **0.1** ***ontwikkelingsland.***

Entwicklungsministerium ⟨o.⟩ **0.1** ***ministerie van Ontwikkelingssamenwerking.***

Entwicklungsroman ⟨m.⟩⟨lit.⟩ **0.1** ***ontwikkelingsroman.***

Entwicklungsstufe ⟨v.⟩ **0.1** ***ontwikkelingstrap, -niveau.***

Entwicklungszeit ⟨v.⟩ **0.1** ***voor een ontwikkeling noodzakelijke tijd*** **0.2** ***puberteit.***

entwinden ⟨schr.⟩ **0.1** ***uit de handen rukken, ontrukken*** ⇒ ⟨fig.⟩ *afdwingen.*

entwirrbar **0.1** ***te ontwarren.***

entwirren **0.1** ***ontwarren*** ⇒⟨fig. ook⟩ *ophelderen.*

entwischen ⟨inf.⟩ **0.1** ***ontglippen, -snappen*** ◆ **1.1** der Polizei ~ *aan de politie ontsnappen.*

entwöhnen **0.1** ***(van de borst of speen) afwennen, spenen*** **0.2** ⟨schr.⟩ ***ont-, afwennen*** ⇒*afleren.*

entwölken, sich ⟨schr.⟩ **0.1** ***wolkeloos worden, opklaren.***

entwürdigen **0.1** ***vernederen, te schande maken.***

Entwurf ⟨m.; ~(e)s, ~e⟩ **0.1** ***ontwerp, schets*** ◆ **6.1 im** ~ fertig sein *in grote lijnen gereed zijn.*

entwurzeln **0.1** ***ontwortelen*** ⇒⟨fig. ook⟩ *uitroeien* ◆ **1.1** ein entwurzelter Mensch *een losgeslagen mens.*

entzerren **0.1** ***minder dicht op elkaar laten volgen*** **0.2** ⟨com.⟩ ***van vervormingen ontdoen*** **0.3** ⟨foto.⟩ ***van vertekeningen ontdoen.***

Entzerrer ⟨m.; ~s, ~⟩⟨foto., tech.⟩ **0.1** ***compensator, rectificator.***

entziehen I ⟨ov.ww.⟩ **0.1** ***onttrekken, -nemen*** **0.2** ⟨inf.⟩ ***aan een ontwenningskuur onderwerpen, laten afkicken*** ◆ **1.1** jmdm. den Führerschein ~ *iemands rijbewijs intrekken;* jmdm. das Vertrauen ~ *het vertrouwen in iem. opzeggen;*
II sich ~ ⟨wk.ww.⟩ **0.1** ***zich bevrijden, losmaken van, uit*** **0.2** ***zich onttrekken aan*** ◆ **1.1** er konnte sich ihrem Reiz nicht ~ *hij kon haar charme niet weerstaan* **1.2** das entzieht sich meiner Kenntnis *dat is mij onbekend* **1.¶** sich der Welt ~ *zich uit de wereld terugtrekken.*

Entziehungsanstalt ⟨v.⟩ **0.1** ***kliniek, inrichting voor verslaafden*** ⇒*afkickcentrum.*

Entziehungserscheinung ⟨v.⟩ **0.1** ***ontwenningsverschijnsel.***

Entziehungskur ⟨v.⟩ **0.1** *ontwenningskuur.*

entziffern **0.1** *ontcijferen* ⇒*ontraadselen.*

entzücken I ⟨ov.ww.⟩ **0.1** *in verrukking, vervoering brengen* ⇒*verrukken* ◆ **6.1 über** eine, **von** einer Reise entzückt sein *enthousiast over een reis zijn;*
II sich ~ ⟨wk.ww.⟩⟨zelden⟩ **0.1** *in verrukking, vervoering (ge)raken.*

Entzücken ⟨o.; ~s⟩⟨schr.⟩ **0.1** *verrukking, vervoering* ⇒*enthousiasme* ◆ **2.1** helles ~ *laaiend enthousiasme* **6.1** ~ **an** jmdm. haben *opgetogen zijn over iem.*

entzückend **0.1** *verrukkelijk* ⇒*schitterend, allerliefst.*

Entzug ⟨m.; ~(e)s⟩ **0.1** *het onttrekken, -nemen* ⇒*intrekking* ⟨v.e. rijbewijs⟩ **0.2** *ontwenning.*

Entzugserscheinung ⟨v.⟩ →**Entziehungserscheinung.**

entzündbar **0.1** *ontbrandbaar, -vlambaar.*

entzünden I ⟨ov.ww.⟩ **0.1** ⟨schr.⟩ *ont-, aansteken, doen ontbranden* **0.2** ⟨schr.; fig.⟩ *ontsteken* ⇒*in vuur en vlam zetten* **0.3** ⟨med.⟩ *ontsteken* ◆ **1.2** jmds. Liebe ~ *iemands liefde opwekken;*
II sich ~ ⟨wk.ww.⟩ **0.1** *vlam vatten, ontvlammen* **0.2** *ontstaan, losbarsten* **0.3** *zich opwinden* **0.4** ⟨med.⟩ *ontsteken* ◆ **6.2 daran** hat sich der Streit entzündet *daarover is de ruzie ontstaan.*

entzündlich **0.1** ⟨ook fig.⟩ *(licht) ontvlambaar* **0.2** ⟨med.⟩ *ontstekings-.*

Entzündung ⟨v.⟩ **0.1** *ontsteking, infectie.*

entzündungshemmend **0.1** *ontstekingsremmend* ◆ **1.1** ein ~es Mittel *een ontstekingsremmer.*

entzwei **0.1** *aan stukken, stuk, kapot.*

entzweien I ⟨ov.ww.⟩ **0.1** *uit elkaar drijven, tweedracht zaaien tussen;*
II sich ~ ⟨wk.ww.⟩ **0.1** *in onmin geraken, zich brouilleren.*

entzweigehen **0.1** *stuk-, kapotgaan.*

entzweireißen I ⟨onov.ww.; s.⟩ **0.1** *doormidden, middendoor scheuren;*
II ⟨ov.ww.; h.⟩ **0.1** *in stukken scheuren, middendoor scheuren.*

Entzweiung ⟨v.; ~, ~en⟩ **0.1** *onenigheid* ⇒*onmin.*

Enzephalogramm ⟨o.; ~s, ~e⟩⟨med.⟩ **0.1** *encefalogram.*

Enzian ⟨m.; ~s, ~e⟩ **0.1** ⟨plantk.⟩ *gentiaan* **0.2** *gentianine.*

Enzyklika ⟨v.; ~, Enzykliken⟩ **0.1** *encycliek.*

Enzyklopädie ⟨v.; ~, ~n⟩ **0.1** *encyclopedie.*

enzyklopädisch **0.1** *encyclopedisch.*

Enzym ⟨o.; ~s, ~e⟩ **0.1** *enzym, ferment.*

Epaulette ⟨v.; ~, ~n⟩ **0.1** *epaulet.*

ephemer **0.1** *efemeer.*

Epidemie ⟨v.; ~, ~n⟩ **0.1** *epidemie* ⟨ook fig.⟩.

epidemisch **0.1** *epidemisch.*

Epigone ⟨m.; ~n, ~n⟩⟨schr.⟩ **0.1** *epigoon, navolger.*

Epigramm ⟨o.; ~s, ~e⟩⟨lit.⟩ **0.1** *epigram, puntdicht.*

epigrammatisch ⟨schr.⟩ **0.1** *epigrammatisch, puntig.*

Epigraph ⟨o.; ~s, ~e⟩⟨gesch.⟩ **0.1** *epigraaf, op-, inschrift.*

Epik ⟨v.; ~⟩ **0.1** *epiek, verhalende dichtkunst.*

Epiker ⟨m.; ~s, ~⟩ **0.1** *epicus, episch dichter.*

epikureisch ⟨schr.⟩ **0.1** *epicurisch, genotzuchtig.*

Epikureismus ⟨m.; ~⟩ **0.1** *epicurisme.*

Epilepsie ⟨v.; ~, ~n⟩⟨med.⟩ **0.1** *epilepsie, vallende ziekte.*

Epileptiker ⟨m.; ~s, ~⟩ **0.1** *epilepticus.*

epilieren ⟨med.⟩ **0.1** *epileren, ontharen.*

Epilog ⟨m.; ~s, ~e⟩ **0.1** *epiloog* ⇒*slotwoord.*

Epiphyse ⟨v.; ~, ~n⟩⟨biol., med.⟩ **0.1** *epifyse.*

episch **0.1** *episch* ⇒*verhalend, vertellend.*

episkopal **0.1** *episcopaal, bisschoppelijk.*

Episkopat ⟨m. & o.; ~(e)s, ~e⟩ **0.1** *episcopaat.*

episkopisch **0.1** *episcopaal, bisschoppelijk.*

Episode ⟨v.⟩⟨ook lit., muz.⟩ **0.1** *episode* ⇒*tussenspel.*

episo|denhaft, -disch **0.1** *episodisch* ⇒*kort, bijkomstig.*

Epistel ⟨v.; ~, ~n⟩ **0.1** ⟨rel.⟩ *epistel, (zend)brief* **0.2** ⟨rel.⟩ *epistel, (schrift)lezing.*

Epitaph ⟨o.; ~s, ~e⟩ **0.1** *epitaaf* ⇒*grafschrift, -teken.*

Epitheton ⟨o.; ~s, Epitheta⟩⟨taal.⟩ **0.1** *epitheton* ⇒*attribuut.*

Epizentrum ⟨o.⟩⟨geol.⟩ **0.1** *epicentrum.*

epochal ⟨schr.⟩ **0.1** *een nieuw tijdperk inluidend, baanbrekend* **0.2** ⟨soc.⟩ *in (thematische) blokken opgesplitst* ⟨van onderwijs⟩.

Epoche ⟨v.; ~, ~n⟩ **0.1** *tijdvak, tijdperk* ◆ **3.1** ~ machen *een nieuw tijdperk inluiden.*

epochemachend **0.1** *een nieuw tijdperk inluidend, baanbrekend.*

Epos ⟨o.; ~, Epen⟩ **0.1** *epos, heldendicht.*

Equipe ⟨v.; ~, ~n⟩⟨vooral sp.⟩ **0.1** *equipe, ploeg.*

er ⟨pers.vnw.⟩ **0.1** *hij* ◆ **3.1** wenn ich ~ wäre *als ik hem was.*

erachten ⟨schr.⟩ **0.1** *achten, beschouwen (als)* ◆ **5.1** etwas für notwendig ~ *iets nodig achten.*

Erachten ⟨o.; ~s⟩ **0.1** *mening, gevoelen* ◆ **4.1** meines ~s *mijns inziens.*

erahnen **0.1** *een voorgevoel hebben van.*

erarbeiten **0.1** *met werk, door werken verdienen* **0.2** *zich (door studie) eigen maken* **0.3** *opstellen, uitwerken* ◆ **1.3** einen Plan ~ *een plan uitwerken.*

Erbadel ⟨m.⟩ **0.1** *geërfde adel, geboorteadel.*

Erbänderung ⟨v.⟩⟨biol.⟩ **0.1** *mutatie.*

Erbanlage ⟨v.⟩⟨biol.⟩ **0.1** *erfelijke aanleg.*

Erbanspruch ⟨m.⟩ **0.1** *aanspraak op een erfenis.*

Erbanteil ⟨m.⟩ **0.1** *erfdeel.*

erbarmen I ⟨ov.ww.⟩ **0.1** *medelijden inboezemen, medelijden opwekken;*
II sich ~ ⟨wk.ww.⟩⟨schr.⟩ **0.1** *zich erbarmen, zich ontfermen* ◆ **1.1** sie erbarmte sich des alten Mannes *zij ontfermde zich over de oude man* **4.1** erbarme dich mein, meiner! *heb medelijden met mij!*

Erbarmen ⟨o.; ~s⟩ **0.1** *erbarming, ontferming* ⇒*medelijden* ◆ **6.1** ⟨inf.⟩ **zum** ~ *erbarmelijk.*

erbarmenswert **0.1** *deerniswekkend, beklagenswaardig.*

erbärmlich **0.1** *erbarmelijk, deerniswekkend* ⇒*armzalig* **0.2** *erbarmelijk* ⇒*zeer slecht* **0.3** *erbarmelijk, afschuwelijk* ⇒*vreselijk* **0.4** ⟨pej.⟩ *erbarmelijk, verfoeilijk* ◆ **1.2** ein ~er Lohn *een bedroevend slecht loon* **1.3** ~e Angst haben *ontzettend bang zijn* **3.4** sich ~ benehmen *zich verfoeilijk gedragen.*

Erbarmung ⟨v.; ~, ~en⟩ **0.1** *erbarming, ontferming.*

erbarmungslos **0.1** *onbarmhartig, meedogenloos* ⇒ *wreed.*

erbarmungsvoll ⟨schr.⟩ **0.1** *vol erbarmen, mededogen.*

erbarmungswürdig ⟨schr.⟩ **0.1** *deerniswekkend.*

erbauen I ⟨ov.ww.⟩ **0.1** *bouwen, oprichten* **0.2** ⟨fig.⟩ *stichten* ◆ **6.2 über**, **von** etwas nicht erbaut sein *over iets niet te spreken zijn;*
II sich ~ ⟨wk.ww.⟩⟨schr.⟩ **0.1** ⟨fig.⟩ *gesticht worden, zich laten stichten.*

Erbauer ⟨m.; ~s, ~⟩ **0.1** *bouwer* ⇒*stichter.*

erbaulich ⟨vero.⟩ **0.1** *stichtelijk* ◆ **1.1** ein nicht gerade ~er Anblick *niet bepaald een hartverheffend gezicht.*

Erbauung ⟨v.; ~, ~en⟩ **0.1** *stichting.*

Erbauungsbuch ⟨o.⟩ **0.1** *stichtelijk boek.*

Erbbauer ⟨m.⟩ **0.1** *boer met erfelijk grondbezit, erfpachter.*

Erbbegräbnis ⟨o.⟩ **0.1** *familiegraf.*

Erbbild ⟨o.⟩⟨biol.⟩ **0.1** *genotype.*

Erbbiologie ⟨v.⟩ **0.1** ***erfelijkheidsleer, genetica.***
erbbiologisch **0.1** ***genetisch.***
Erbdiagnose ⟨v.⟩ **0.1** ***genenpaspoort.***
Erbe[1] ⟨m.; ~n, ~n⟩ **0.1** ***erfgenaam*** **0.2** ⟨mv.; ook⟩ ***nakomelingen, nageslacht*** ◆ **6.1** jmdn. **als, zum** ~n einsetzen *iem. tot erfgenaam maken.*
Erbe[2] ⟨o.; ~s⟩ **0.1** ***erfenis, erfgoed*** ◆ **2.1** das väterliche ~ *het vaderlijk erfdeel* **3.1** ein ~ antreten *een erfenis, nalatenschap aanvaarden.*
erbeben **0.1** ***beginnen te beven, trillen*** **0.2** ⟨schr.⟩ ***beven, trillen.***
erbeigen **0.1** ***door erfenis verkregen, geërfd.***
Erbeigenschaft ⟨v.⟩⟨biol.⟩ **0.1** ***erfelijke eigenschap.***
erbeingesessen **0.1** ***sedert generaties woonachtig.***
Erbeinsetzung ⟨v.⟩⟨jur.⟩ **0.1** ***erfstelling.***
erben **0.1** ***erven*** **0.2** ***overerven, erven*** ⇒*hebben van* **0.3** ⟨inf.⟩ ***overnemen, halen*** ◆ **3.3** hier gibt es, ist nichts zu ~ *hier valt niets te halen.*
Erbengemeinschaft ⟨v.⟩ **0.1** ***gezamenlijke erfgenamen.***
erbeten **0.1** ***afbidden, -smeken.***
erbetteln **0.1** ***bij elkaar bedelen, afbedelen*** **0.2** ***afsmeken, -bedelen.***
erbeuten **0.1** ***buit maken*** ⇒*veroveren.*
erbfähig ⟨jur.⟩ **0.1** ***erfgerechtigd.***
Erbfall ⟨m.⟩⟨jur.⟩ **0.1** ***het openvallen v.e. erfenis.***
Erbfehler ⟨m.⟩ **0.1** ***erfelijk gebrek.***
Erbfeind ⟨m.⟩ **0.1** ***erfvijand*** ⇒*aartsvijand.*
Erbfolge ⟨v.⟩ **0.1** ⟨ook jur.⟩ ***erfopvolging, successie.***
Erbfolgekrieg ⟨m.⟩ **0.1** ***erfopvolgings-, successieoorlog.***
Erbfolger ⟨m.⟩ **0.1** ⟨ook jur.⟩ ***erfopvolger.***
Erbfolgerecht ⟨o.⟩⟨jur.⟩ **0.1** ***successiewet.***
Erbforschung ⟨v.⟩ **0.1** ***erfelijkheidsonderzoek.***
erbieten, sich ⟨schr.⟩ **0.1** ***aanbieden, zich bereid verklaren.***
Erbin ⟨v.; ~, ~nen⟩ **0.1** ***erfgename.***
erbitten ⟨schr.⟩ **0.1** ***vragen, verzoeken om*** ◆ **1.1** jmds. Rat ~ *iem. om raad vragen.*
erbittern I ⟨ov.ww.⟩ **0.1** ***tot verbittering brengen, verbitteren;***
II sich ~ ⟨wk.ww.⟩ **0.1** ***verbitterd raken.***
erbittert **0.1** ***verbitterd.***
Erbkrankheit ⟨v.⟩⟨med.⟩ **0.1** ***erfelijke, hereditaire ziekte.***
erblassen ⟨schr.⟩ **0.1** ***bleek worden, verbleken.***
Erblassenschaft ⟨v.; ~, ~en⟩⟨jur.⟩ **0.1** ***nalatenschap, erflating.***
Erblasser ⟨m.; ~s, ~⟩⟨jur.⟩ **0.1** ***erflater.***
Erblassung ⟨v.; ~, ~en⟩⟨jur.⟩ **0.1** ***erflating.***
erbleichen ⟨schr.⟩ **0.1** ***bleek worden, verbleken.***
erblich **0.1** ***erfelijk.***
erblicken ⟨schr.⟩ **0.1** ***zien, in het oog krijgen*** **0.2** ***beschouwen als.***
erblinden **0.1** ***blind worden*** **0.2** ***mat, dof worden.***
erblos **0.1** ***zonder erfgenaam*** ⇒*zonder opvolger* **0.2** ***zonder nalatenschap.***
erblühen ⟨schr.⟩ **0.1** ***tot bloei komen, opbloeien*** ⇒⟨fig. ook⟩ *tot volle ontplooiing komen.*
Erbmasse ⟨v.⟩ **0.1** ⟨biol.⟩ ***erfmassa, -goed*** **0.2** ⟨jur.⟩ ***boedel, nalatenschap.***
Erbmerkmal ⟨o.⟩ **0.1** ***erfelijke eigenschap.***
Erbmonarchie ⟨v.⟩ **0.1** ***erfelijke monarchie.***
Erbonkel ⟨m.⟩⟨inf.; scherts.⟩ **0.1** ***erfoom, suikeroom.***
erbosen I ⟨ov.ww.⟩ **0.1** ***boos, kwaad maken*** ◆ **6.1** **auf, über** jmdn. erbost sein *kwaad op iem. zijn;*
II sich ~ ⟨wk.ww.⟩ **0.1** ***zich boos, kwaad maken.***
erbötig ◆ **4.¶** sich ~ machen, erklären *bereid, genegen zijn.*
Erbpacht ⟨v.⟩⟨jur.⟩ **0.1** ***erfpacht.***
Erbpächter ⟨m.⟩ **0.1** ***erfpachter.***
erbrechen I ⟨onov.ww.⟩ **0.1** ***braken, overgeven;***
II ⟨ov.ww.⟩ **0.1** ***(uit)braken, -spuwen*** **0.2** ⟨schr.⟩ ***openbreken*** ◆ **6.1** ⟨inf.; pej.⟩ bis **zum** Erbrechen *uitentreuren;*
III sich ~ ⟨wk.ww.⟩ **0.1** ***braken, overgeven.***
Erbrecht ⟨o.⟩⟨jur.⟩ **0.1** ***erfrecht.***
erbringen **0.1** ***opbrengen, -leveren*** ◆ **1.1** den Beweis für etwas ~ *het bewijs van iets leveren.*
Erbschaden ⟨m.⟩⟨biol.⟩ **0.1** ***erfelijk gebrek.***
Erbschaft ⟨v.; ~, ~en⟩ **0.1** ***nalatenschap, erfenis*** ◆ **3.1** eine ~ machen *een erfenis krijgen.*
Erbschaft(s)steuer ⟨v.⟩⟨ec.⟩ **0.1** ***successierecht, -belasting.***
Erbschein ⟨m.⟩⟨jur.⟩ **0.1** ***bewijs van erfgenaamschap.***
Erbschleicher ⟨m.⟩⟨pej.; ook scherts.⟩ **0.1** ***erfenisjager.***
Erbse ⟨v.; ~, ~n⟩ **0.1** ***erwt*** **0.2** ⟨inf.⟩ ***hoofd, kop*** ◆ **6.2** etwas **an** der ~ haben *niet goed bij zijn verstand zijn.*
Erbsensuppe ⟨v.⟩ **0.1** ***erwtensoep, snert.***
Erbstück ⟨o.⟩ **0.1** ***erfstuk.***
Erbsünde ⟨v.⟩⟨rel.⟩ **0.1** ***erfzonde.***
Erbteil ⟨o.⟩ **0.1** ***erfdeel*** **0.2** ***erfelijke aanleg.***
Erbteilung ⟨v.⟩ **0.1** ***verdeling v.d. nalatenschap.***
Erbvertrag ⟨m.⟩⟨jur.⟩ **0.1** ***erfovereenkomst.***
Erbverzicht ⟨m.⟩⟨jur.⟩ **0.1** ***het afzien v.e. erfenis.***
Erdachse ⟨v.⟩ **0.1** ***aardas.***
Erdaltertum ⟨o.⟩ **0.1** ***Paleozoïcum.***
Erdanziehung ⟨v.⟩ **0.1** ***aantrekkingskracht v.d. aarde*** ⇒ *zwaartekracht.*
Erdarbeiten ⟨alleen mv.⟩⟨amb.⟩ **0.1** ***grondwerk.***
Erdatmosphäre ⟨v.⟩ **0.1** ***atmosfeer, dampkring.***
Erdbahn ⟨v.⟩⟨ster.⟩ **0.1** ***aardbaan.***
Erdball ⟨m.⟩⟨schr.⟩ **0.1** ***aardbol.***
Erdbeben ⟨o.⟩ **0.1** ***aardbeving.***
Erdbebenherd ⟨m.⟩ **0.1** ***aardbevingshaard, hypocentrum.***
Erdbebenmesser ⟨m.⟩ **0.1** ***seismometer, aardbevingsmeter.***
Erdbebenwarte ⟨v.⟩ **0.1** ***seismologisch instituut, station.***
Erdbeere ⟨v.⟩ **0.1** ***aardbei.***
Erdbevölkerung ⟨v.⟩ **0.1** ***wereldbevolking.***
Erdbewegung ⟨v.⟩ **0.1** ***beweging in de aardkorst*** **0.2** ***grondverzet(ting).***
Erdboden ⟨m.⟩ **0.1** ***aardbodem, aardoppervlak(te)*** ⇒*aarde, grond* ◆ **3.1** ⟨fig.⟩ etwas dem ~ gleichmachen *iets met de grond gelijk maken* **6.1** ⟨fig.⟩ wie **vom** ~ verschluckt sein *als van de aardbodem verdwenen zijn.*
Erde ⟨v.; ~, ~n⟩ **0.1** ***aarde*** ⇒*grond, bodem, land* ◆ **3.1** ⟨rel.⟩ du bist ~ und sollst zu ~ werden *gij zijt stof, en tot stof zult gij wederkeren* **6.1** ⟨inf.⟩ **auf** der blanken ~ schlafen *zomaar op de grond slapen;* ⟨inf.⟩ **auf** der ~ bleiben *met beide benen op de grond blijven;* etwas **aus** der ~ stampfen *iets uit de grond stampen;* ⟨fig.⟩ ich hätte **in** die ~ versinken mögen *ik had het liefst door de grond willen zakken;* ⟨inf.⟩ jmdn. **unter** die ~ bringen (a) *een nagel aan iemands doodskist zijn* (b) *iem. onder de grond stoppen;* **zu** ebener ~ *op de begane grond.*
erden ⟨tech.⟩ **0.1** ***aarden.***
Erdenbürger ⟨m.⟩ **0.1** ***aardbewoner, wereldburger.***
Erdenglück ⟨o.⟩ **0.1** ***aards geluk.***
erdenken **0.1** ***uit-, bedenken, verzinnen.***
Erdenkind ⟨o.⟩ **0.1** ***sterveling.***
erdenklich **0.1** ***denkbaar, mogelijk*** ◆ **1.1** sich alle ~e Mühe geben *alle mogelijke moeite doen.*
Erdenwinkel ⟨m.⟩ **0.1** ***afgelegen hoekje v.d. aarde.***
Erdenwurm ⟨m.⟩ **0.1** ***aardworm, nietig schepsel.***

erd|farben, -farbig 0.1 *aardkleurig.*
Erdferkel ⟨o.⟩⟨biol.⟩ 0.1 *aardvarken.*
Erdferne ⟨v.⟩⟨ster.⟩ 0.1 *grootste afstand v.d. maan tot de aarde* ⇒*apogeum.*
Erdfrucht ⟨v.⟩ 0.1 *aardvrucht.*
Erdgas ⟨o.⟩ 0.1 *aardgas.*
Erdgaslagerstätte ⟨v.⟩ 0.1 *aardgasveld.*
Erdgasvorkommen ⟨o.⟩ →**Erdgaslagerstätte.**
erdgebunden 0.1 *met de aarde verbonden* ⇒*aards.*
Erdgeist ⟨m.⟩ 0.1 *aardgeest.*
Erdgeschichte ⟨v.⟩ 0.1 *ontwikkelingsgeschiedenis der aarde, geologie.*
erdgeschichtlich 0.1 *geologisch, aardkundig.*
Erdgeschoß ⟨o.⟩ 0.1 *benedenverdieping, begane grond, parterre.*
Erdhaufen ⟨m.⟩ 0.1 *hoop(je) aarde.*
erdichten ⟨schr.⟩ 0.1 *verdichten, verzinnen.*
erdig 0.1 *aardachtig, van aarde* 0.2 *gronderig* 0.3 ⟨schr.⟩ *met aarde bedekt, bevuild.*
Erdinnere(s) ⟨bn. als zn.; o.⟩ 0.1 *binnenste v.d. aarde.*
Erdkabel ⟨o.⟩ 0.1 *grondkabel.*
Erdkreis ⟨m.⟩⟨schr.⟩ 0.1 *de hele wereld.*
Erdkröte ⟨v.⟩⟨biol.⟩ 0.1 *pad.*
Erdkruste ⟨v.⟩ 0.1 *aardkorst.*
Erdkugel ⟨v.⟩ 0.1 *aardbol* 0.2 *(aard)globe.*
Erdkunde ⟨v.⟩ 0.1 *aardrijkskunde, geografie.*
Erdkundler ⟨m.; ~s, ~⟩ 0.1 *aardrijkskundige, geograaf.*
Erdleitung ⟨v.⟩⟨tech.⟩ 0.1 *aardleiding.*
Erdnähe ⟨v.⟩⟨ster.⟩ 0.1 *kleinste afstand v.d. maan tot de aarde* ⇒*perigeum.*
Erdneuzeit ⟨v.⟩ 0.1 *Neozoïcum.*
Erdnuß ⟨v.⟩ 0.1 *aard-, olienoot, pinda.*
Erdnußbutter ⟨v.⟩ 0.1 *pindakaas.*
Erdöl ⟨o.⟩ 0.1 *aardolie.*
Erdölchemie ⟨v.⟩ 0.1 *petrochemie.*
erdolchen ⟨schr.⟩ 0.1 *met een dolk doden.*
Erdölförderländer ⟨alleen mv.⟩ 0.1 *olieproducerende landen.*
Erdölförderung ⟨v.⟩ 0.1 *oliewinning.*
Erdölkrise ⟨v.⟩ 0.1 *oliecrisis.*
Erdölleitung ⟨v.⟩ 0.1 *(olie)pijpleiding.*
Erdölvorkommen ⟨o.⟩ 0.1 *aanwezigheid van aardolie* 0.2 *aangetroffen hoeveelheid aardolie.*
Erdreich ⟨o.⟩ 0.1 *grond, aardrijk.*
erdreisten, sich ⟨schr.⟩ 0.1 *zich vermeten, zich verstouten.*
erdröhnen 0.1 *(plotseling beginnen te) dreunen.*
erdrosseln 0.1 *(ver)wurgen* 0.2 ⟨fig.⟩ *smoren, verhinderen.*
erdrücken 0.1 *plat-, dooddrukken* ⇒⟨ook fig.⟩ *bedelven, verpletteren.*
erdrückend ⟨fig.⟩ 0.1 *verpletterend, overweldigend.*
Erdrutsch ⟨m.⟩ 0.1 *aardverschuiving* ⟨ook fig.⟩.
Erdsatellit ⟨m.⟩ 0.1 *aardsatelliet* ◆ 2.1 ein künstlicher ~ *een kunstmaan.*
Erdschatten ⟨m.⟩⟨ster.⟩ 0.1 *aardschaduw.*
Erdschluß ⟨m.⟩⟨tech.⟩ 0.1 *aardsluiting.*
Erdscholle ⟨v.⟩ 0.1 *aardkluit, -klomp.*
Erdstoß ⟨m.⟩ 0.1 *aardschok.*
Erdteil ⟨m.⟩ 0.1 *werelddeel, continent.*
Erdtrabant ⟨m.⟩⟨schr.⟩ 0.1 *maan v.d. aarde.*
erdulden 0.1 *(geduldig) verdragen, dulden.*
Erdumkreisung ⟨v.⟩ 0.1 *omloop om de aarde.*
Erdumlauf ⟨m.⟩ 0.1 *omloop om de aarde.*
erdumspannend 0.1 *wereldomspannend, -omvattend.*
Erdung ⟨v.; ~, ~en⟩⟨tech.⟩ 0.1 *aardverbinding, aarde* 0.2 *aarding.*
Erdwall ⟨m.⟩ 0.1 *aarden wal.*
Erdzeitalter ⟨o.⟩ 0.1 *geologisch tijdperk.*
ereifern, sich 0.1 *zich boos maken, zich opwinden.*
ereignen, sich 0.1 *gebeuren, plaatsvinden.*
Ereignis ⟨o.; ~ses, ~se⟩ 0.1 *gebeurtenis* ⇒*voorval* ◆ 2.1 ein freudiges ~ *een blijde gebeurtenis* ⟨geboorte⟩.
ereignislos 0.1 *zonder bijzondere gebeurtenissen.*
ereignisreich 0.1 *rijk aan gebeurtenissen.*
ereilen ⟨schr.⟩ 0.1 *overvallen, verrassen* ◆ 3.1 da ereilte sie das Schicksal *toen achterhaalde haar het noodlot.*
Erektion ⟨v.; ~, ~en⟩ 0.1 *erectie.*
Eremit ⟨m.; ~en, ~en⟩ 0.1 *kluizenaar, (h)eremiet.*
Eremitage ⟨v.; ~, ~n⟩ 0.1 *(h)ermitage.*
ererbt 0.1 *door erfenis verkregen, geërfd* 0.2 *(over)erfelijk.*
erfahren[1] ⟨bn.⟩ 0.1 *ervaren* ⇒*kundig, bedreven.*
erfahren[2] ⟨ov.ww.⟩ 0.1 *te weten komen, vernemen* 0.2 *ondergaan, beleven, doormaken* 0.3 ⟨schr.⟩ *ervaren, ondervinden* ◆ 1.2 eine gute Behandlung ~ *een goede behandeling krijgen* 1.3 viel Liebe ~ *veel liefde ondervinden* 3.1 etwas zu ~ suchen *ergens achter proberen te komen* 6.3 etwas **am** eigenen Leibe ~ *iets aan den lijve ervaren.*
Erfahrung ⟨v.; ~, ~en⟩ 0.1 *ervaring* ⇒*routine* 0.2 *ervaring* ⇒*ondervinding* ◆ 2.1 berufliche ~ *ervaring in een beroep* 6.2 **aus** ~ *uit ondervinding;* etwas **in** ~ bringen *iets te weten komen.*
Erfahrungsaustausch ⟨m.⟩ 0.1 *uitwisseling van ervaringen.*
erfahrungsgemäß 0.1 *zoals de ervaring leert.*
erfahrungsmäßig 0.1 *op ervaring berustend, proefondervindelijk.*
Erfahrungssache ⟨v.⟩⟨inf.⟩ 0.1 *kwestie van ervaring.*
Erfahrungstatsache ⟨v.⟩ 0.1 *ervaringsfeit.*
Erfahrungswissenschaft ⟨v.⟩ 0.1 *empirische wetenschap.*
erfaßbar 0.1 *vatbaar, begrijpelijk* 0.2 *meet-, registreerbaar.*
erfassen 0.1 *grijpen* ⇒*aanrijden, scheppen* 0.2 *begrijpen, beseffen* 0.3 ⟨fig.⟩ *te pakken, in zijn greep krijgen* 0.4 *(vast)grijpen, beet-, vastpakken* 0.5 ⟨adm.⟩ *in een lijst opnemen, registreren* 0.6 ⟨adm.⟩ *omvatten, inhouden* ◆ 1.3 Angst erfaßte mich *angst maakte zich van mij meester* 3.2 ⟨inf.⟩ du hast es erfaßt! *jij hebt het door!* 5.5 etwas statistisch ~ *iets statistisch vastleggen* 6.4 etwas **mit** den Augen ~ *iets in het oog krijgen.*
Erfassung ⟨v.; ~, ~en⟩ 0.1 *begrip, besef* 0.2 *registratie.*
erfinden 0.1 *uitvinden, -denken* 0.2 *bedenken, verzinnen* ⇒*fingeren* ◆ 1.2 Ausreden ~ *smoesjes verzinnen.*
Erfinder ⟨m.; ~s, ~⟩ 0.1 *uitvinder, -denker.*
Erfindergeist ⟨m.⟩ 0.1 *inventieve geest.*
erfinderisch 0.1 *vindingrijk, inventief.*
erfindlich ◆ 3.¶ nicht ~ sein *onverklaarbaar zijn.*
Erfindung ⟨v.; ~, ~en⟩ 0.1 *uitvinding* 0.2 *verzinsel, verdichtsel* ⇒*fictie* ◆ 3.1 eine ~ machen *een uitvinding doen.*
Erfindungs|gabe, -kraft ⟨v.⟩ 0.1 *vindingrijkheid, inventiviteit.*
erfindungsreich 0.1 *vindingrijk.*
erflehen ⟨schr.⟩ 0.1 *afsmeken.*
Erfolg ⟨m.; ~(e)s, ~e⟩ 0.1 *succes* ⇒*afloop, resultaat* ◆ 2.1 ein voller ~ *in alle opzichten een succes* 3.1 einen ~ erzielen *een succes behalen.*
erfolgen 0.1 *plaatshebben, gebeuren* ◆ 1.1 es erfolgte keine Antwort *er kwam geen antwoord;* der Tod erfolgte kurze Zeit später *de dood trad korte tijd later in.*
Erfolghascherei ⟨v.; ~, ~en⟩⟨pej.⟩ 0.1 *jacht op, zucht naar succes.*

erfolglos 0.1 *zonder succes, vergeefs.*
erfolgreich 0.1 *met (veel) succes, succesvol.*
Erfolgsautor (m.) **0.1** *succesvol schrijver.*
Erfolgschance (v.) **0.1** *kans/uitzicht op succes.*
Erfolgserlebnis (o.) **0.1** *succesgevoel, gevoel iets gepresteerd te hebben.*
Erfolgshonorar (o.) **0.1** *honorarium naar rato v.h. succes, de resultaten.*
Erfolgskurs (m.)(fig.) **0.1** *succesvolle koers* ◆ **6.1 auf** dem ~ sein (a) *een succesvolle koers varen* (b) *op de succesvolle toer zijn.*
Erfolgsmensch (m.) **0.1** *(in zijn beroep) succesvol mens.*
erfolgssicher 0.1 *zeker van succes* **0.2** *vol zelfvertrouwen.*
Erfolgsstück (o.) **0.1** *kasstuk.*
Erfolgszwang (m.) **0.1** *prestatiedruk, -dwang.*
erfolgversprechend 0.1 *succes belovend* ⇒*veelbelovend.*
erforderlich 0.1 *vereist, noodzakelijk* ◆ **3.1** alles Erforderliche veranlassen *alle noodzakelijke maatregelen treffen.*
erfordern 0.1 *vereisen, vergen* ◆ **1.1** das erfordert Mut *daar is moed voor nodig.*
Erfordernis (o.; ~ses, ~se) **0.1** *vereiste, noodzakelijke voorwaarde* ◆ **3.1** die täglichen ~se *de dagelijkse behoeften.*
erforschen 0.1 *door-, uitvorsen* ⇒*(wetenschappelijk) onderzoeken, exploreren.*
Erforscher (m.; ~s, ~) **0.1** *onderzoeker, navorser.*
Erforschung (v.; ~, ~en) **0.1** *onderzoek, bestudering* ⇒*exploratie.*
erfragen 0.1 *door vragen te weten (proberen te) komen.*
erfreuen I (ov.ww.) **0.1** *verheugen, blij maken;*
II sich ~ (wk.ww.) **0.1** *genieten (van)* **0.2** (met 2e nv.; schr.) *zich verheugen in, in het gelukkige bezit zijn van* ◆ **1.2** sich großer Beliebtheit ~ *een grote populariteit genieten.*
erfreulich 0.1 *verheugend, verblijdend* ⇒*aangenaam.*
erfreulicherweise 0.1 *gelukkigerwijze, gelukkig.*
erfrieren 0.1 *bevriezen, doodvriezen* **0.2** (fig.) *verstarren* ◆ **4.1** sich (3e nv.) die Füße erfroren haben *bevroren voeten (opgelopen) hebben.*
Erfrierungstod (m.) **0.1** *bevriezingsdood.*
erfrischen 0.1 *verfrissen, -kwikken* (ook fig.).
Erfrischung (v.; ~, ~en) **0.1** *verversing, -frissing.*
Erfrischungsgetränk (o.) **0.1** *frisdrank.*
Erfrischungsraum (m.) **0.1** *kantine, lunchroom.*
Erfrischungstuch (o.) **0.1** *verfrissingsdoekje, -tissue.*
erfühlen (schr.) **0.1** *aanvoelen.*
erfüllbar 0.1 *vervulbaar, te verwezenlijken.*
erfüllen I (ov.ww.) **0.1** *(geheel en al) vullen* **0.2** *volledig in beslag nemen, vervullen* **0.3** *voldoen aan, vervullen* **0.4** (schr.) *vervullen (met)* **0.5** (wisk.) *oplosbaar maken* ◆ **1.2** Haß erfüllt ihn *hij is vol haat* **1.3** ein Versprechen ~ *een belofte nakomen;* seinen Zweck ~ *aan zijn doel beantwoorden* **3.¶** (schr.) sein Schicksal ist erfüllt *zijn lot is bezegeld;*
II sich ~ (wk.ww.) **0.1** *in vervulling gaan, verwezenlijkt worden* ⇒*uitkomen* ◆ **1.1** ein erfülltes Leben *een welbesteed leven.*
Erfüllung (v.; ~, ~en) **0.1** *vervulling* ⇒*bevrediging* **0.2** *vervulling* ⇒*verwezenlijking* **0.3** (jur.) *schulddelging, betaling* ◆ **1.2** die ~ eines Vertrags *het nakomen van een verdrag.*
Erfüllungsort (m.)(jur.) **0.1** *plaats van levering, betaling* ⇒*plaats van handeling.*
ergänzen 0.1 *aanvullen, volledig maken* ⇒*completeren.*
Ergänzung (v.; ~, ~en) **0.1** *aanvulling, completering* ⇒*supplement* **0.2** (taal.) *complement.*
Ergänzungsabgabe (v.) **0.1** *aanvullende belasting.*
Ergänzungsband (m.; mv. ⸗e)(boek.) **0.1** *supplement(deel).*
Ergänzungsfarbe (v.) **0.1** *complementaire kleur.*
Ergänzungssatz (m.)(taal.) **0.1** *complementaire bijzin.*
ergattern (inf.) **0.1** *te pakken krijgen, in de wacht slepen.*
ergaunern (inf.) **0.1** *op oneerlijke manier verkrijgen.*
ergeben[1] (bn.) **0.1** *toegedaan, -genegen* **0.2** *berustend, gelaten* **0.3** (schr.) *onderdanig, dienstwillig.*
ergeben[2] **I** (ov.ww.) **0.1** *opleveren, tot resultaat hebben* ◆ **8.1** die Untersuchung hat ~, daß ... *bij het onderzoek is gebleken, dat ...;*
II sich ~ (wk.ww.) **0.1** *blijken, voortkomen (uit)* ⇒*aan de dag komen* **0.2** *zich overgeven, wijden aan* **0.3** *verslaafd raken aan* **0.4** *zich schikken (in, naar), berusten (in)* **0.5** *zich overgeven* ⇒*capituleren* ◆ **1.1** es ergab sich eine lebhafte Diskussion *er ontstond een levendige discussie* **1.3** sich dem Trunk ~ *aan de drank raken* **6.4** sich **in** sein Schicksal ~ *zich in zijn lot schikken* **8.1** daraus ergibt sich *daaruit blijkt.*
Ergebenheit (v.; ~) **0.1** *toegenegenheid, gehechtheid* ⇒*trouw* **0.2** *berusting, gelatenheid.*
Ergebnis (o.; ~ses, ~se) **0.1** *uitslag, resultaat* **0.2** (wisk.) *uitkomst* ◆ **6.1 im** ~ *alles bij elkaar genomen.*
ergebnislos 0.1 *zonder succes, resultaat.*
Ergebung (v.; ~)(schr.) **0.1** *berusting, gelatenheid.*
ergehen I (onov.ww.)(schr.) **0.1** *uitgevaardigd worden, uitgaan* ◆ **3.1** Gnade für, vor Recht ~ lassen *genade voor recht laten gelden* **3.¶** etwas über sich (4e nv.) ~ lassen *iets over zich heen laten gaan;*
II sich ~ (wk.ww.) **0.1** *zich uitputten (in), uitweiden (over)* **0.2** (schr.) *zich vertreden* ◆ **6.1** sich **in** Einzelheiten ~ *over details uitweiden;*
III (onp.ww.) **0.1** *wedervaren, vergaan.*
ergiebig 0.1 *veel opleverend* ⇒*vruchtbaar, winstgevend, rijk.*
ergießen I (onov.ww.)(schr.) **0.1** *uitgieten, -storten* (ook fig.);
II sich ~ (wk.ww.) **0.1** *zich uitstorten, uitgestort worden* (ook fig.).
erglühen (schr.) **0.1** *beginnen te gloeien, ontbranden* **0.2** *rood worden, blozen.*
Ergo|nomie, -nomik (v.; ~) **0.1** *ergonomie, arbeidsleer.*
ergötzen (schr.) **I** (ov.ww.) **0.1** *vermaken, amuseren;*
II sich ~ (wk.ww.) **0.1** *zich vermaken, genieten* ◆ **6.1** sich **an** einer Sache ~ *van iets genieten.*
ergötzlich 0.1 *vermakelijk, amusant.*
ergrauen 0.1 *grijs worden, (ver)grijzen.*
ergreifen 0.1 *(vast)grijpen, (vast)pakken* **0.2** *grijpen, in de kraag vatten* ⇒*arresteren* **0.3** *(aan)grijpen, roeren* ◆ **1.1** einen Beruf ~ *een beroep kiezen;* von etwas Besitz ~ *iets in bezit nemen;* die Flucht ~ *op de vlucht slaan;* die Initiative ~ *het initiatief nemen;* Maßnahmen ~ *maatregelen nemen;* für jmdn. Partei ~ *partij voor iem. kiezen;* das Wort ~ *het woord nemen.*
ergriffen 0.1 *aangedaan, ontroerd.*
ergrimmen (schr.) **I** (onov.ww.) **0.1** *verbolgen, boos worden;*
II (ov.ww.) **0.1** *verbolgen, boos maken.*
ergründen 0.1 *doorgronden, uitvorsen.*
Erguß (m.; Ergusses, Ergüsse) **0.1** (med.) *uitvloeiing, -storting* **0.2** (geol.) *lavastroom, uitbarsting v.e. vulkaan* **0.3** (schr.; pej.) *(gevoels)uitbarsting.*

Ergußgestein ⟨o.⟩⟨geol.⟩ **0.1** ***vulkanisch gesteente, stollingsgesteente.***

erhaben 0.1 ***verheven, luisterrijk*** **0.2** ***verheven (boven)*** ⇒ ⟨pej.⟩ *hoogmoedig* **0.3** ⟨amb., bk.⟩ ***verheven*** ⇒*in, en reliëf* ◆ **1.3** ~e Arbeit *reliëf* **6.2 über** alles Lob ~ sein *boven iedere lof verheven zijn.*

Erhalt ⟨m.; ~(e)s⟩ **0.1** ***behoud*** ⇒*redding, conservering* **0.2** ⟨adm.⟩ ***inontvangstneming, ontvangst*** ◆ **1.1** ~ der Kaufkraft *koopkrachthandhaving.*

erhalten I ⟨ov.ww.⟩ **0.1** ***krijgen*** ⇒*ontvangen, verkrijgen* **0.2** ***(be)houden, bewaren*** ⇒*onderhouden* **0.3** ***onderhouden, zorgen voor*** ◆ **1.2** Gott erhalte Sie! *moge God u behoeden!;* ein altes Haus ~ *een oud huis voor verval behoeden* **1.3** eine Familie ~ *een gezin onderhouden* **2.2** gut ~ sein *in goede staat verkeren* **5.2** ⟨scherts.⟩ er ist noch gut ~ *hij ziet er nog goed uit;*
II sich ~ ⟨wk.ww.⟩ **0.1** ***blijven (bestaan), in stand blijven*** ◆ **1.1** dieser Brauch hat sich ~ *dit gebruik is bewaard gebleven.*

Erhalter ⟨m.; ~s, ~⟩ **0.1** ***bewaarder, behoeder*** ⇒*conservator* **0.2** ***kostwinner.***

erhältlich 0.1 ***verkrijgbaar, te koop.***

Erhaltung ⟨v.; ~⟩ **0.1** ***instandhouding, behoud*** ⇒*onderhoud* **0.2** ***onderhoud, verzorging.***

Erhaltungskosten ⟨alleen mv.⟩ **0.1** ***onderhoudskosten.***

Erhaltungstrieb ⟨m.⟩ **0.1** ***drang tot zelfbehoud.***

erhandeln 0.1 ***door handelen verwerven*** ⇒*aankopen, verwerven* **0.2** ***door onderhandelingen tot stand brengen, overeenkomen.***

erhängen I ⟨ov.ww.⟩ **0.1** ***ophangen;***
II sich ~ ⟨wk.ww.; erhängte of erhing sich, hat sich erhängt⟩ **0.1** ***zich ver-, ophangen.***

erhärten I ⟨onov.ww.; s.⟩⟨schr.; ook fig.⟩ **0.1** ***hard worden, verharden;***
II ⟨ov.ww.; h.⟩ **0.1** ***staven, bekrachtigen*** **0.2** ⟨schr.⟩ ***hard maken, verharden*** ◆ **6.1 durch** Beweise ~ *met bewijzen staven.*

erhaschen 0.1 ***te pakken krijgen*** **0.2** ***opvangen*** ⇒*toevallig horen, zien.*

erheben I ⟨ov.ww.⟩ **0.1** ***(op)heffen, verheffen*** **0.2** ***stichten, verheffen*** **0.3** ***verheffen (in, tot)*** **0.4** ***heffen, invorderen*** **0.5** ***naar voren brengen, aanvoeren*** ⇒*opperen* ◆ **1.1** die Hand ~ *de hand opsteken* **1.4** Steuern ~ *belasting heffen* **1.5** eine Anklage gegen jmdn. ~ *een beschuldiging tegen iem. inbrengen;* Anspruch auf etwas ~ *aanspraak op iets maken;* ein Geschrei ~ *een geschreeuw aanheffen;* Protest gegen etwas ~ *protest tegen iets aantekenen* **6.1 mit** erhobener Stimme *met stemverheffing;*
II sich ~ ⟨wk.ww.⟩ **0.1** ***zich verheffen, overeind komen*** ⇒ *opstijgen* **0.2** ***zich verheffen, uitreiken (boven)*** **0.3** ***in opstand komen*** **0.4** ⟨schr.⟩ ***opsteken, ontstaan*** ◆ **1.1** vor uns erhebt sich der Dom *voor ons rijst de dom op* **1.4** die Frage erhebt sich *de vraag rijst;* der Sturm erhebt sich *de storm steekt op.*

erhebend ⟨fig.⟩ **0.1** ***verheffend.***

erheblich 0.1 ***aanzienlijk, aanmerkelijk.***

Erhebung ⟨v.; ~, ~en⟩ **0.1** ***verheffing, hoogte*** **0.2** ***verheffing, het verheffen*** **0.3** ***gelukzalig gevoel*** **0.4** ***opstand, oproer*** **0.5** ***heffing, invordering, inning*** **0.6** ***(officieel) onderzoek*** ⇒*enquête* ◆ **3.6** ~en anstellen, machen (a) *inlichtingen inwinnen* (b) *een onderzoek instellen* (c) *enquêtes verrichten.*

erheiraten 0.1 ***door huwelijk verkrijgen.***

erheischen ⟨schr.⟩ **0.1** ***vereisen, verlangen.***

erheitern I ⟨ov.ww.⟩ **0.1** ***vermaken, amuseren;***
II sich ~ ⟨wk.ww.⟩⟨schr.⟩ **0.1** ***ophelderen, -klaren*** **0.2** ***vrolijk worden.***

erhellen I ⟨ov.ww.⟩ **0.1** ***verlichten*** **0.2** ***opmonteren, -vrolijken*** **0.3** ***duidelijk maken, verklaren;***
II sich ~ ⟨wk.ww.⟩ **0.1** ***ophelderen, -klaren*** **0.2** ***vrolijk worden;***
III ⟨onp.ww.⟩ **0.1** ***duidelijk worden, blijken.***

erheucheln 0.1 ***huichelen, voorwenden.***

erhitzen I ⟨ov.ww.⟩ **0.1** ***heet maken, verhitten*** **0.2** ⟨fig.⟩ ***verhitten, sterk prikkelen;***
II sich ~ ⟨wk.ww.⟩ **0.1** ***heet worden, verhit raken*** **0.2** ⟨fig.⟩ ***zich opwinden, verhit raken.***

erhoffen 0.1 ***(vurig) hopen*** ◆ **4.1** sich ⟨3e nv.⟩ viel vom Leben ~ *veel van het leven verwachten.*

erhöhen I ⟨ov.ww.⟩ **0.1** ***ver-, ophogen*** **0.2** ***verhogen*** ⇒*vergroten, vermeerderen* **0.3** ***verhogen, bevorderen*** **0.4** ⟨muz.⟩ ***verhogen*** ◆ **1.2** die Geschwindigkeit ~ *de snelheid opvoeren* **6.3** jmdn. **im** Rang ~ *iem. bevorderen;*
II sich ~ ⟨wk.ww.⟩ **0.1** ***hoger worden, stijgen, groeien.***

Erhöhungszeichen ⟨o.⟩⟨muz.⟩ **0.1** ***verhogingsteken, kruis.***

erholen, sich 0.1 ***herstellen, op krachten komen*** **0.2** ***zich ontspannen, uitrusten*** ⇒*recreëren* **0.3** ⟨ec.⟩ ***zich herstellen, aantrekken*** ◆ **6.1** sich **von** dem Schrecken ~ *van de schrik bekomen.*

erholsam 0.1 ***ontspannend, verkwikkend.***

Erholung ⟨v.; ~⟩ **0.1** ***herstel, beterschap*** **0.2** ***ontspanning, rust, recreatie*** **0.3** ⟨ec.⟩ ***(koers)herstel.***

Erholungsaufenthalt ⟨m.⟩ **0.1** ***verblijf in een herstellingsoord.***

Erholungsgebiet ⟨o.⟩ **0.1** ***recreatiegebied.***

Erholungsheim ⟨o.⟩ **0.1** ***herstellingsoord.***

Erholungsort ⟨m.⟩ **0.1** ***herstellings-, recreatieoord.***

Erholungspause ⟨v.⟩ **0.1** ***rustpauze.***

Erholungsreise ⟨v.⟩ **0.1** ***ontspannings-, plezierreis.***

Erholungssuchende(r) ⟨bn. als zn.⟩ **0.1** ***iem. die ontspanning/rust zoekt*** ⇒*recreant.*

erhören ⟨schr.⟩ **0.1** ***verhoren, voldoen aan.***

Erika ⟨v.; ~, ~s of Eriken⟩ **0.1** ***dopheide, erica*** **0.2** ***heidekruid, hei.***

erinnerlich 0.1 ***in de herinnering, nog bekend*** ◆ **3.1** dieses Ereignis ist mir nicht (mehr) ~ *deze gebeurtenis kan ik mij niet meer herinneren.*

erinnern I ⟨ov.ww.⟩ **0.1** ***herinneren (aan)*** ◆ **6.1** diese Frau erinnert mich **an** meine Mutter *deze vrouw doet mij aan mijn moeder denken;*
II sich ~ ⟨wk.ww.⟩ **0.1** ***zich herinneren*** ◆ **6.1 daran** kann ich mich nicht mehr ~ *dat kan ik mij niet meer herinneren.*

Erinnerung ⟨v.; ~, ~en⟩ **0.1** ***herinnering*** ◆ **6.1 nach** meiner ~, meiner ~ nach *voor zover ik me kan herinneren.*

Erinnerungsbuch ⟨o.⟩ **0.1** ***gedenkschriften, memoires.***

Erinnerungshilfe ⟨v.⟩ **0.1** ***geheugensteuntje.***

Erinnerungsstätte ⟨v.⟩⟨schr.⟩ **0.1** ***gedenkplaats.***

Erinnerungsstück ⟨o.⟩ **0.1** ***aandenken.***

Erinnerungsvermögen ⟨o.⟩ **0.1** ***herinneringsvermogen.***

erjagen 0.1 ***met jagen buit maken*** **0.2** ***verwerven*** ⇒*bemachtigen.*

erkalten 0.1 ***koud worden*** ⇒⟨fig.⟩ *bekoelen.*

erkälten I ⟨ov.ww.⟩⟨schr.⟩ **0.1** ***koud maken, koud laten worden;***
II sich ~ ⟨wk.ww.⟩ **0.1** ***verkouden worden, kou vatten*** **0.2** ***kou vatten op*** ◆ **1.2** ich habe mir den Magen erkältet *ik heb kou gevat op de maag.*

Erkältung ⟨v.; ~, ~en⟩ **0.1** ***verkoudheid, kou.***

erkämpfen 0.1 ***bevechten, behalen.***

erkaufen 0.1 ***duur betalen, kopen*** **0.2** ***met geld, steekpenningen verwerven.***

erkennbar 0.1 ***(her)kenbaar, te onderscheiden.***

erkennen I ⟨onov.ww.⟩ **0.1** ⟨jur.⟩ ***vonnissen*** ⇒*veroordelen (tot)* **0.2** ⟨sp.⟩ ***beslissen (tot)*** ◆ **6.1** der Richter erkannte **auf** Freispruch *het vonnis van de rechter luidde: vrijspraak;* **für** Recht ~ *vonnis wijzen;*
II ⟨ov.ww.⟩ **0.1** ***onderscheiden, waarnemen*** **0.2** ***herkennen*** ⇒*identificeren* **0.3** ***beseffen, inzien*** **0.4** ⟨ec.⟩ ***belasten (met), crediteren (voor)*** ◆ **1.2** eine Krankheit ~ *een ziekte onderkennen* **1.3** den Ernst der Lage ~ *de ernst van de situatie beseffen* **3.2** ~ lassen *blijk geven van* **4.2** etwas zu ~ geben *iets te verstaan geven* **¶.¶** ⟨sprw.⟩ erkenne dich selbst *ken u zelf.*

erkenntlich 0.1 ***(her)kenbaar, duidelijk zichtbaar*** **0.2** ***erkentelijk, dankbaar.***

Erkenntlichkeit ⟨v.; ~, ~en⟩ **0.1** ***blijk van erkentelijkheid*** ⇒*attentie* **0.2** ***erkentelijkheid, dankbaarheid.***

Erkenntnis ⟨v.; ~, ~se⟩ **0.1** ***inzicht, besef*** **0.2** ***weten, kennis*** ⇒⟨ook fil.⟩ *het kennen* ◆ **1.1** ~se der Forschung *wetenschappelijke verworvenheden* **1.2** ⟨rel.⟩ der Baum der ~ *de boom der kennis (van goed en kwaad).*

Erkenntnislehre ⟨v.⟩⟨fil.⟩ **0.1** ***kennisleer, -theorie.***

Erkennungsdienst ⟨m.⟩ **0.1** ***identificatiedienst*** ⟨v.d. recherche⟩.

Erkennungsmarke ⟨v.⟩ **0.1** ***identiteitsplaatje.***

Erkennungsmelodie ⟨v.⟩ **0.1** ***herkenningsmelodie, tune.***

Erkennungszeichen ⟨o.⟩ **0.1** ***herkenningsteken.***

Erker ⟨m.; ~s, ~⟩ **0.1** ***erker, uitbouw.***

erklärbar 0.1 ***verklaarbaar, begrijpelijk.***

erklären I ⟨ov.ww.⟩ **0.1** ***verklaren, duidelijk maken*** **0.2** ***verklaren, duiden*** **0.3** ***(officieel) meedelen, kenbaar maken*** **0.4** ***noemen, betitelen*** ◆ **1.3** seinen Austritt ~ *(als lid) bedanken;* seinen Beitritt ~ *lid worden, toetreden* **6.4** sich **für** besiegt ~ *zich gewonnen geven;* jmdn. **für** schuldig ~ *iem. schuldig verklaren;* jmdn. **zum** Erben ~ *iem. als erfgenaam aanwijzen;*
II sich ~ ⟨wk.ww.⟩ **0.1** ***zijn verklaring vinden, begrijpelijk zijn*** **0.2** ***zich verklaren, zijn mening geven*** ◆ **4.2** er hat sich ihr erklärt *hij heeft haar zijn liefde verklaard* **5.2** sich einverstanden ~ *akkoord gaan* **6.2** sich **zu** einer Frage ~ *zijn mening over een kwestie geven.*

Erklärer ⟨m.; ~s, ~⟩ **0.1** ***verklaarder, uitlegger*** ⇒*explicateur.*

erklärlich 0.1 ***verklaarbaar, begrijpelijk.***

erklärt 0.1 ***verklaard, overtuigd*** **0.2** ***uitgesproken, onbetwist.***

erklärtermaßen 0.1 ***met zoveel woorden.***

Erklärung ⟨v.; ~, ~en⟩ **0.1** ***verklaring*** ⇒*uitleg, toelichting* **0.2** ***verklaring*** ⇒*(officiële) mededeling, liefdesverklaring.*

erklecklich ⟨schr.⟩ **0.1** ***aanzienlijk, aanmerkelijk.***

erklettern 0.1 ***beklimmen, -stijgen.***

erklingen 0.1 ***op-, weerklinken.***

erkranken 0.1 ***ziek worden*** ◆ **6.1 auf** den Tod erkrankt sein *doodziek zijn.*

Erkrankung ⟨v.; ~, ~en⟩ **0.1** ***ziekte*** ⇒*aandoening.*

erkühnen, sich ⟨schr.⟩ **0.1** ***zich verstouten.***

erkunden 0.1 ***te weten komen, uitvorsen*** ⇒⟨meestal mil.⟩ *verkennen.*

Erkunder ⟨m.; ~s, ~⟩ **0.1** ***verkenner.***

erkundigen, sich 0.1 ***inlichtingen inwinnen, informeren*** ◆ **6.1** sich ~ **nach** einer Sache *over iets inlichtingen inwinnen.*

Erkundigung ⟨v.; ~, ~en⟩ **0.1** ***inlichting, informatie.***

Erkundung ⟨v.⟩⟨meestal mil.⟩ **0.1** ***verkenning, onderzoek*** ⇒ *exploratie.*

Erkundungsflug ⟨m.⟩ **0.1** ***verkenningsvlucht.***

erkünstelt 0.1 ***gekunsteld, gemaakt.***

erlahmen 0.1 ***moe, zwakker worden, verlammen*** **0.2** ⟨schr.⟩ ***verflauwen, afnemen.***

erlangen 0.1 ***verwerven, verkrijgen*** **0.2** ***bereiken*** ◆ **1.1** hohe Bedeutung ~ *van grote betekenis worden.*

Erlaß ⟨m.; Erlasses, Erlasse of Oostr. Erlässe⟩ **0.1** ***decreet, verordening*** **0.2** ***kwijtschelding*** ◆ **6.1 durch** ministeriellen ~ *bij ministeriële beschikking.*

erlassen 0.1 ***uitvaardigen, decreteren*** **0.2** ***kwijtschelden*** ◆ **1.1** eine Amnestie ~ *een amnestie afkondigen.*

erlauben 0.1 ***veroorloven, toestaan*** **0.2** ***toelaten, mogelijk maken*** **0.3** ***veroorloven, permitteren*** ◆ **1.1** Eintritt nicht erlaubt! *verboden toegang!* **1.3** sich ⟨3e nv.⟩ mit jmdm. einen Scherz ~ *een geintje met iem. uithalen* **4.1** meine Mutter erlaubt (mir) das nicht *dat mag (ik) niet van mijn moeder* **4.3** was erlaubst du dir denn! *wat denk je wel!*

Erlaubnis ⟨v.; ~, ~se⟩ **0.1** ***toestemming, verlof.***

erlaucht ⟨schr.⟩ **0.1** ***doorlucht(ig).***

Erlaucht ⟨v.; ~, ~en⟩ **0.1** ***Doorluchtigheid.***

erläutern 0.1 ***(nader) verklaren, toelichten*** ⇒*annoteren, commentariëren.*

Erle ⟨v.; ~, ~n⟩ **0.1** ***els, elzenboom*** **0.2** ***elzenhout.***

erleben 0.1 ***beleven, meemaken*** ⇒*ondervinden* ◆ **1.1** erlebte Geschichte *bewust meegemaakte geschiedenis;* erlebte Musik *doorvoelde muziek* **3.1** wir werden es ja ~ *we zullen het wel zien* **6.1 am** eigenen Leibe ~ *aan den lijve ondervinden.*

Erlebnis ⟨o.; ~ses, ~se⟩ **0.1** ***(aangrijpende) ervaring, belevenis*** ⇒⟨mv. ook⟩ *lotgevallen* ◆ **6.1** die Ferienreise ist mir **zum** ~ geworden *de vakantiereis heeft een diepe indruk op mij gemaakt.*

Erlebnisfähigkeit ⟨v.⟩⟨psych.⟩ **0.1** ***belevingsvermogen.***

Erlebnisroman ⟨m.⟩ **0.1** ***naar het leven geschreven roman.***

Erlebnisurlaub ⟨m.⟩ **0.1** ***doevakantie.***

Erlebniswelt ⟨v.⟩ **0.1** ***ervarings-, leefwereld.***

erledigen I ⟨ov.ww.⟩ **0.1** ***uitvoeren, afhandelen*** **0.2** ***uitschakelen, vernietigen*** ⇒*uit de weg ruimen* ◆ **1.1** Besorgungen ~ *boodschappen doen* **3.1** viel zu ~ haben *veel te doen hebben* **3.2** er ist als Politiker erledigt *als politicus is het met hem gedaan* **¶.1** ⟨inf.⟩ erledigt! *afgelopen uit!;*
II sich ~ ⟨wk.ww.⟩ **0.1** ***in orde komen, zich regelen*** ◆ **4.1** das erledigt sich alles von selbst *dat komt allemaal vanzelf in orde.*

erledigt ⟨inf.⟩ **0.1** ***uitgeput, leeg.***

Erledigung ⟨v.; ~, ~en⟩ **0.1** ***(het verrichten van) werkzaamheden, dienstzaak*** **0.2** ***afdoening, afhandeling.***

erlegen ⟨schr.⟩ **0.1** ***neerschieten.***

erleichtern I ⟨ov.ww.⟩ **0.1** ***lichter maken*** **0.2** ***verlichten, verzachten*** **0.3** ***van een last bevrijden, opluchten*** **0.4** ⟨inf.; scherts.⟩ ***lichter maken, beroven (van)*** ◆ **1.3** sein Herz ~ *zijn hart luchten* **3.3** erleichtert aufatmen *opgelucht ademhalen;*
II sich ~ ⟨wk.ww.⟩⟨inf.⟩ **0.1** ***het zich gemakkelijk maken*** **0.2** ***zijn gevoeg doen, zich ontlasten.***

Erleichterung ⟨v.; ~, ~en⟩ **0.1** ***verlichting*** ⇒*vermindering v. druk* **0.2** ***verlichting, verzachting*** **0.3** ***verlichting, opluchting*** **0.4** ***faciliteit.***

erleiden 0.1 ***lijden, doorstaan*** ◆ **1.1** eine Einbuße an Ansehen ~ *aanzien verliezen;* den Tod ~ *sterven;* Verletzungen ~ *verwondingen oplopen.*

Erlenbaum ⟨m.⟩ **0.1** ***elzenboom, els.***

erlernbar 0.1 ***(aan) te leren, leerbaar.***

erlernen 0.1 ***(aan)leren.***

erlesen 0.1 ***uitgelezen*** ⇒*voortreffelijk, uitmuntend.*

erleuchten I ⟨ov.ww.⟩⟨schr.; ook fig.⟩ **0.1** ***verlichten;***
II sich ~ ⟨wk.ww.⟩ **0.1** ***opklaren, oplichten.***
Erleuchtung ⟨v.; ~, ~en⟩ **0.1** ***(plotselinge) ingeving, inzicht*** *⇒openbaring.*
erliegen 0.1 ⟨met 3e nv.⟩ ***het onderspit delven (voor), bezwijken (voor, aan)*** ◆ **1.1** einem Irrtum ~ *zich vergissen;* einer Krankheit ~ *aan een ziekte bezwijken* **6.¶ zum** Erliegen kommen *tot stilstand komen.*
erlisten 0.1 ***door list verkrijgen.***
Erlkönig ⟨m.⟩ **0.1** ***elfenkoning*** **0.2** ⟨jargon⟩ ***(gecamoufleerde) testwagen.***
Erlös ⟨m.; ~es, ~e⟩ **0.1** ***opbrengst*** ⟨in geld⟩ *⇒winst.*
erlöschen ⟨→t27⟩ **0.1** ***uitgaan, -doven*** ⇒⟨schr.⟩ *sterven* **0.2** ***zwakker worden, afnemen*** **0.3** ***ophouden te bestaan*** *⇒ vervallen, verdwijnen* **0.4** ***uitsterven*** ◆ **1.2** sein Interesse erlischt *zijn belangstelling verflauwt* **1.3** das Eigentumsrecht erlischt *het eigendomsrecht vervalt* **3.3** die Firma ist erloschen *de firma heeft opgehouden te bestaan.*
erlösen 0.1 ***verlossen, bevrijden.***
Erlöser ⟨m.; ~s, ~⟩ **0.1** ***verlosser, redder*** **0.2** ⟨rel.⟩ ***Verlosser.***
erlügen 0.1 ***liegen, verzinnen.***
ermächtigen 0.1 ***volmacht geven, machtigen.***
Ermächtigung ⟨v.⟩ **0.1** ***volmacht, machtiging.***
ermahnen 0.1 ***aan-, vermanen, aansporen.***
ermangeln 0.1 ⟨met 2e nv.; schr.⟩ ***ontbreken, niet hebben, missen.***
Ermang(e)lung ⟨v.; ~⟩ ◆ **6.¶** ⟨schr.⟩ **in** ~ eines Besseren *bij gebrek aan beter.*
ermannen, sich ⟨schr.⟩ **0.1** ***zich vermannen.***
ermäßigen 0.1 ***matigen, verminderen.***
Ermäßigung ⟨v.; ~, ~en⟩ **0.1** ***matiging, vermindering*** **0.2** ***korting, reductie.***
ermatten ⟨schr.⟩ **I** ⟨onov.ww.; s.⟩ **0.1** ***moe, afgemat raken*** *⇒ verflauwen* **0.2** ***mat, dof worden;***
II ⟨ov.ww.; h.⟩ **0.1** ***afmatten, uitputten, vermoeien.***
ermessen 0.1 ***(in zijn volle omvang) beseffen, begrijpen*** ◆ **4.1** daran ermißt sich seine Bedeutung *daaraan is zijn betekenis af te meten.*
Ermessen ⟨o.; ~s⟩ **0.1** ***oordeel, goeddunken*** ◆ **6.1 aus, nach** eigenem ~ handeln *naar eigen goeddunken handelen;* ich stelle es **in** dein (freies) ~ *ik laat het aan je eigen beoordeling over;* **nach** menschlichem ~ *menselijkerwijs gesproken.*
Ermessensfrage ⟨v.⟩ **0.1** ***kwestie die ieder voor zichzelf (maar) moet beoordelen.***
ermitteln I ⟨onov.ww.⟩⟨jur.⟩ **0.1** ***een (gerechtelijk) onderzoek instellen;***
II ⟨ov.ww.⟩ **0.1** ***ontdekken, opsporen*** **0.2** ***berekenen, vaststellen*** ◆ **8.1** es läßt sich nicht ~, ob *het valt niet te achterhalen, of.*
Ermittler ⟨m.⟩ **0.1** ***speurder, rechercheur, opsporingsambtenaar*** ◆ **2.1** verdeckte(r) ~ *undercoveragent.*
Ermittlung ⟨v.; ~, ~en⟩ **0.1** ***vaststelling, opsporing*** **0.2** ***(gerechtelijk) onderzoek.***
Ermittlungsbeamte(r) ⟨bn. als zn.; m.⟩⟨jur.⟩ **0.1** ***opsporingsambtenaar*** *⇒rechercheur.*
Ermittlungsrichter ⟨m.⟩⟨jur.⟩ **0.1** ***rechter-commissaris, rechter van instructie.***
Ermittlungsverfahren ⟨o.⟩⟨jur.⟩ **0.1** ***(gerechtelijk) (voor)-onderzoek.***
ermöglichen 0.1 ***mogelijk maken.***
ermorden 0.1 ***vermoorden.***
ermüden I ⟨onov.ww.; s.⟩ **0.1** ***moe worden, vermoeid raken*** **0.2** ⟨tech.⟩ ***aan metaalmoeheid gaan lijden;***
II ⟨ov.ww.; h.⟩ **0.1** ***moe maken, vermoeien.***
Ermüdung ⟨v.; ~, ~en⟩ **0.1** ***vermoeidheid, moeheid.***
ermuntern I ⟨ov.ww.⟩ **0.1** ***aan-, bemoedigen, opwekken;***
II sich ~ ⟨wk.ww.⟩ **0.1** ***wakker, monter worden*** **0.2** ***zich vermannen.***
Ermunterung ⟨v.; ~, ~en⟩ **0.1** ***opvrolijking, -montering*** **0.2** ***bemoediging, bemoedigende woorden.***
ermutigen 0.1 ***aan-, bemoedigen.***
ernähren I ⟨ov.ww.⟩ **0.1** ⟨ook fig.⟩ ***voeden*** **0.2** ***onderhouden*** ◆ **3.2** eine Familie zu ~ haben *een gezin te onderhouden hebben;*
II sich ~ ⟨wk.ww.⟩ **0.1** ***zich voeden, leven (van)*** **0.2** ***in zijn levensonderhoud voorzien, zijn brood verdienen.***
Ernährer ⟨m.; ~s, ~⟩ **0.1** ***kostwinner, verzorger.***
Ernährung ⟨v.; ~⟩ **0.1** ***voeding*** **0.2** ***onderhoud*** *⇒voedselvoorziening.*
Ernährungslage ⟨v.⟩ **0.1** ***voedselsituatie.***
Ernährungslehre ⟨v.⟩⟨med.⟩ **0.1** ***voedingsleer.***
ernennen 0.1 ***benoemen.***
Ernennungsurkunde ⟨v.⟩ **0.1** ***akte van aanstelling, benoemingsakte.***
Erneuerer ⟨m.; ~s, ~⟩ **0.1** ***vernieuwer.***
erneuern I ⟨ov.ww.⟩ **0.1** ***vernieuwen*** **0.2** ***doen herleven, hernieuwen*** **0.3** ***hernieuwen*** *⇒herhalen, (laten) verlengen* ◆ **1.1** einen Reifen ~ *een band vervangen* **1.2** Beziehungen ~ *betrekkingen weer aanknopen;*
II sich ~ ⟨wk.ww.⟩ **0.1** ***zich vernieuwen, (weer) nieuw worden.***
erneuerungsbedürftig 0.1 ***aan een opknapbeurt toe.***
erneut 0.1 ***ver-, hernieuwd, nieuw*** **0.2** ***opnieuw, nogmaals.***
erniedrigen 0.1 ***vernederen, kleineren*** **0.2** ***lager maken, verlagen*** ◆ **1.2** die Preise ~ *de prijzen verlagen.*
Erniedrigungszeichen ⟨o.⟩⟨muz.⟩ **0.1** ***verlagingsteken, mol(teken).***
ernst 0.1 ***ernstig*** ◆ **1.1** ⟨inf.⟩ ~e Absichten *serieuze bedoelingen* **3.1** jmdn. ~ nehmen *iem. au sérieux nemen;* es steht ~ um den Kranken *de toestand van de zieke is ernstig.*
Ernst ⟨m.; ~(e)s⟩ **0.1** ***ernst*** ◆ **2.1** tierischer ~ *volkomen gebrek aan humor* **3.1** es wird ~ *het wordt menens* **4.1** das ist nicht Ihr ~! *dat meent u niet!* **6.1 im** ~? *meent u dat echt?, serieus?;* **im** ~! *dat is geen grapje!*
Ernstfall ⟨m.⟩ **0.1** ***ernstig geval*** *⇒noodtoestand* ◆ **6.1 im** ~ *in geval van nood.*
ernsthaft 0.1 ***ernstig*** ◆ **1.1** ein ~er Forscher *een serieus te nemen onderzoeker* **3.1** etwas ~ meinen *iets oprecht bedoelen.*
ernstlich 0.1 ***ernstig*** ◆ **2.1** jmdm. ~ böse werden *behoorlijk kwaad op iem. worden* **3.1** ~ schmerzen *erg pijn doen.*
Ernte ⟨v.; ~, ~n⟩ **0.1** ***oogst*** ⟨ook fig.⟩ *⇒opbrengst* ◆ **3.1** ⟨inf.; fig.⟩ jmdm. ist die ganze ~ verhagelt *iem. is volledig ontgoocheld.* →**Saat.**
Ernteausfall ⟨m.⟩ **0.1** ***kwaliteit en omvang v.e. oogst*** **0.2** ⟨mv.⟩ ***oogstderving.***
Ernteertrag ⟨m.⟩ **0.1** ***opbrengst v.d. oogst.***
ernten 0.1 ***oogsten, inoogsten*** ⟨ook fig.⟩.
ernüchtern I ⟨ov.ww.⟩ **0.1** ***nuchter maken, ontnuchteren*** **0.2** ***ontgoochelen, ontnuchteren;***
II sich ~ ⟨wk.ww.⟩ **0.1** ***tot bezinning komen.***
Eroberer ⟨m.; ~s, ~⟩ **0.1** ***veroveraar.***
erobern 0.1 ***veroveren*** ◆ **1.1** neue Märkte ~ *nieuwe markten ontsluiten.*
Eroberung ⟨v.; ~, ~en⟩ **0.1** ***verovering*** ◆ **6.1** ⟨scherts.⟩ **auf** ~en ausgehen *op de versiertoer gaan.*
Eroberungskrieg ⟨m.⟩ **0.1** ***veroveringsoorlog.***
Eroberungszug ⟨m.⟩ **0.1** ***veroveringstocht.***

erodieren ⟨geol.⟩ **0.1** ***eroderen.***
eröffnen I ⟨onov.ww.⟩⟨ec.⟩ **0.1** ***openen;***
II ⟨ov.ww.⟩ **0.1** ***openen*** ⇒*beginnen* **0.2** ***mededelen, in kennis stellen*** ◆ **1.1** das Angebot eröffnet neue Aussichten *het aanbod biedt nieuwe perspectieven* **4.2** jmdm. etwas ~ *iem. van iets in kennis stellen;*
III sich ~ ⟨wk.ww.⟩ **0.1** ***zich openbaren, zich aandienen*** **0.2** ⟨schr.⟩ ***zijn hart uitstorten.***
Eröffnung ⟨v.; ~, ~en⟩ **0.1** ***opening, begin*** **0.2** ***(onverwachte) mededeling.***
Eröffnungsansprache ⟨v.⟩ **0.1** ***openingstoespraak.***
Eröffnungsperiode ⟨v.⟩⟨med.⟩ **0.1** ***ontsluiting*** ⟨bij bevalling⟩.
erörtern **0.1** ***(uitvoerig) bespreken*** ⇒*uiteenzetten.*
Erörterung ⟨v.; ~, ~en⟩ **0.1** ***(uitvoerige) bespreking, discussie*** ⇒*uiteenzetting.*
Erosion ⟨v.; ~, ~en⟩ **0.1** ***erosie.***
Erotik ⟨v.; ~⟩ **0.1** ***erotiek.***
Erotiker ⟨m.; ~s, ~⟩ **0.1** ***eroticus*** **0.2** ***zinnelijk iemand.***
erotisch **0.1** ***erotisch.***
Erpel ⟨m.; ~s, ~⟩ **0.1** ***woerd, mannetjeseend.***
erpicht **0.1** ***belust, verlekkerd (op).***
erpressen **0.1** ***afpersen*** ⇒*chanteren* **0.2** ***afpersen, afdwingen.***
Erpresser ⟨m.; ~s, ~⟩ **0.1** ***afperser*** ⇒*chanteur.*
erpresserisch **0.1** ***afpersings-*** ⇒*chantage-.*
Erpressung ⟨v.; ~, ~en⟩ **0.1** ***afpersing*** ⇒*chantage.*
erproben **0.1** ***beproeven, toetsen*** ⇒*testen* ◆ **6.1** ein Medikament **an** einem Patienten ~ *een medicament op een patiënt uitproberen.*
erprobt **0.1** ***beproefd, deugdelijk bevonden*** ⇒*betrouwbaar.*
Erprobungsflug ⟨m.⟩ **0.1** ***proefvlucht.***
erquicken ⟨schr.⟩ **0.1** ***verkwikken, verfrissen.***
erraten **0.1** ***raden, er achter komen.***
Erratum ⟨o.; ~s, Errata⟩⟨boek.⟩ **0.1** ***erratum*** ⇒*drukfout.*
errechnen I ⟨ov.ww.⟩ **0.1** ***uit-, berekenen*** ◆ **4.1** ich hatte es mir anders errechnet *ik had het me anders voorgesteld;*
II sich ~ ⟨wk.ww.⟩⟨schr.⟩ **0.1** ***te berekenen zijn.***
erregbar **0.1** ***gevoelig, lichtgeraakt.***
erregen **0.1** ***opwinden*** **0.2** ***veroorzaken, (ver)wekken*** **0.3** ***prikkelen*** ◆ **1.2** Anstoß ~ *aanstoot geven;* Aufsehen ~ *opzien baren;* Neugierde ~ *nieuwsgierigheid opwekken;* Staunen ~ *verbazing wekken* **5.1** tief erregt sein *diep getroffen zijn.*
Erreger ⟨m.; ~s, ~⟩ **0.1** ***veroorzaker, verwekker*** ⟨vooral van ziektes⟩.
Erregtheit ⟨v.; ~⟩ **0.1** ***opgewondenheid, opwinding.***
Erregung ⟨v.; ~, ~en⟩ **0.1** ***opwinding, opgewondenheid*** **0.2** ***veroorzaking, verwekking*** **0.3** ***prikkeling.***
erreichbar **0.1** ***te bereiken, bereikbaar.***
erreichen **0.1** ***bereiken, reiken tot, aan*** ◆ **1.1** das Klassenziel ~ *overgaan;* den Zug nicht mehr ~ *de trein niet meer halen.*
erretten ⟨schr.⟩ **0.1** ***redden*** ◆ **6.1** jmdn. **vor** dem Ertrinken ~ *iem. van de verdrinkingsdood redden.*
Erretter ⟨m.; ~s, ~⟩⟨schr.⟩ **0.1** ***redder*** ⇒*bevrijder, verlosser.*
errichten **0.1** ***oprichten, opstellen*** **0.2** ***oprichten, stichten*** ◆ **1.1** eine Barrikade ~ *een barricade opwerpen* **1.2** ein Geschäft ~ *een zaak beginnen, vestigen.*
erringen **0.1** ***(met moeite, inspanning) verwerven, bevechten*** ◆ **1.1** einen Erfolg ~ *een succes behalen.*
erröten ⟨s.⟩⟨schr.⟩ **0.1** ***blozen, een kleur krijgen*** ◆ **6.1** jmdn. **zum** Erröten bringen *iem. doen blozen.*
Errungenschaft ⟨v.; ~, ~en⟩ **0.1** ***verworvenheid*** ◆ **2.1** ⟨inf.; scherts.⟩ das ist meine neueste ~ *dat is mijn nieuwste aanwinst;* technische ~en *verworvenheden van de techniek.*
Ersatz ⟨m.⟩ **0.1** ***vervanging, vervangingsmiddel*** ⇒*surrogaat* **0.2** ***vervanger, invaller*** ⇒⟨sp. ook⟩ *reserve, wisselspeler* **0.3** ***vergoeding, schadeloosstelling*** **0.4** ⟨mil.⟩ ***reserve(troepen)*** ◆ **3.1** ~ beschaffen *voor een vervanging zorgen* **3.3** jmdm. ~ für etwas leisten *iem. voor iets schadeloos stellen.*
Ersatzanspruch ⟨m.⟩ **0.1** ***eis tot schadeloosstelling, schadeclaim.***
Ersatzbank ⟨v.⟩⟨sp.⟩ **0.1** ***reservebank.***
Ersatzdienst ⟨m.⟩ **0.1** ***vervangende dienst(plicht).***
Ersatzkasse ⟨v.⟩ **0.1** ***vrijwillige ziekenfondsverzekering.***
Ersatzleistung ⟨v.⟩ **0.1** ***schadeloosstelling.***
ersatzlos **0.1** ***zonder vervangen te worden.***
Ersatzmann ⟨m.; mv. ¨er of Ersatzleute⟩ **0.1** ***vervanger.***
Ersatzrad ⟨o.⟩ **0.1** ***reservewiel.***
Ersatzreifen ⟨m.⟩ **0.1** ***reserveband.***
Ersatzspieler ⟨m.⟩ **0.1** ***reservespeler.***
Ersatzteil ⟨m. & o.⟩ **0.1** ***reserveonderdeel, vervangstuk.***
ersatzweise **0.1** ***ter vervanging, als vergoeding.***
ersaufen **0.1** ***onderlopen, overstroomd worden*** **0.2** ⟨inf.⟩ ***verzuipen, -drinken.***
ersäufen **0.1** ***verzuipen, -drinken.***
erschaffen ⟨→t105⟩⟨schr.⟩ **0.1** ***scheppen, voortbrengen.***
erschallen ⟨→t106⟩⟨schr.⟩ **0.1** ***luid klinken, (weer)klinken.***
erscheinen **0.1** ***verschijnen, zich vertonen*** **0.2** ***verschijnen, komen opdagen*** **0.3** ***verschijnen, uitkomen*** **0.4** ***toeschijnen, lijken*** ◆ **2.4** seine Erklärung erscheint mir lückenhaft *zijn verklaring lijkt mij onvolledig* **6.2** **vor** Gericht ~ *voorkomen;* nicht **zum** Dienst ~ *niet op het werk verschijnen.*
Erscheinung ⟨v.; ~, ~en⟩ **0.1** ***verschijnsel*** ⇒*fenomeen* **0.2** ***verschijning*** ⇒*uiterlijke gestalte* **0.3** ***verschijning, visioen*** ◆ **6.¶ in** ~ treten *zichtbaar worden.*
Erscheinungsbild ⟨o.⟩ **0.1** ***verschijningsvorm.***
Erscheinungsort ⟨m.⟩ **0.1** ***plaats van verschijning*** ⟨v.e. boek⟩.
erschießen **0.1** ***doodschieten*** ⇒*fusilleren* ◆ **3.1** ⟨inf.; fig.⟩ erschossen sein (a) *bekaf zijn* (b) *totaal verbouwereerd zijn.*
Erschießung ⟨v.⟩ **0.1** ***het doodschieten, fusillering*** ◆ **6.1** **durch** ~ *door de kogel.*
erschlaffen I ⟨onov.ww.⟩ **0.1** ***verslappen*** ⇒*verzwakken* **0.2** ***slap, rimpelig worden;***
II ⟨ov.ww.; h.⟩ **0.1** ***slap maken, verzwakken.***
erschlagen **0.1** ***doodslaan*** ◆ **3.1** ⟨inf.; fig.⟩ sich ~ fühlen *zich uitgeput voelen;* ⟨inf.; fig.⟩ (wie) ~ sein *kapot, verbluft zijn.*
erschleichen ⟨pej.⟩ **0.1** ***op slinkse wijze verkrijgen.***
erschließen **0.1** ***ontsluiten, toegankelijk maken*** ⇒*openleggen* **0.2** ***voor exploitatie geschikt maken*** **0.3** ***afleiden, opmaken*** ⇒*concluderen* ◆ **1.1** Baugelände ~ *bouwterrein bouwrijp maken* **1.2** neue Einnahmequellen ~ *nieuwe bronnen van inkomsten aanboren* **1.3** ⟨taal.⟩ eine erschlossene Wortform *een gereconstrueerde woordvorm.*
Erschließungskosten ⟨alleen mv.⟩ **0.1** ***kosten voor het bouwrijp maken v.e. gebied.***
erschmeicheln **0.1** ***door vleien verkrijgen.***
erschöpfen I ⟨ov.ww.⟩ **0.1** ***uitputten, volledig verbruiken*** ◆ **1.1** eine ~de Auskunft *een volledige informatie* **3.1** etwas ~d behandeln, darstellen *iets uitputtend behandelen, van alle kanten belichten;*
II sich ~ ⟨wk.ww.⟩ **0.1** ***enkel omvatten*** ⇒*zich beperken tot* **0.2** ***uitgeput raken*** ⇒*afnemen, verminderen* **0.3** ***zich uitputten (in).***

erschöpft **0.1** ***uitgeput, afgemat.***

Erschöpfung ⟨v.; ~, ~en; meestal enk.⟩ **0.1** ***uitputting, het uitputten*** **0.2** ***uitputting, afmatting.***

erschrecken ⟨→t126⟩ **I** ⟨onov.ww.; s.⟩ **0.1** ***schrikken, ontsteld raken;***
II ⟨ov.ww.; h.⟩ **0.1** ***doen schrikken, verschrikken.***

erschreckend **0.1** ***angstaanjagend, beangstigend.***

erschüttern **0.1** ***doen schudden, beven*** **0.2** ***schokken, aan het wankelen brengen*** **0.3** ***schokken, diep aangrijpen*** ◆ **1.2** eine erschütterte Gesundheit *een aangetaste gezondheid* **3.3** ⟨inf.⟩ ihn kann so leicht nichts ~ *hij is niet zo gemakkelijk van zijn stuk te brengen.*

Erschütterung ⟨v.⟩ **0.1** ***schok, trilling, beving*** **0.2** ***ontsteltenis.***

erschütterungsfrei **0.1** ***schokvrij.***

erschweren **I** ⟨ov.ww.⟩ **0.1** ***bemoeilijken, verzwaren*** ◆ **1.1** jmdm. das Leben ~ *iem. het leven lastig maken;*
II **sich** ~ ⟨wk.ww.⟩ **0.1** ***zwaarder, moeilijker worden.***

Erschwernis ⟨v.; ~, ~se⟩ **0.1** ***(extra) moeilijkheid, belasting.***

Erschwerniszulage ⟨v.⟩ **0.1** ***toeslag voor extra zwaar werk.***

erschwing|bar, -lich **0.1** ***betaalbaar, te betalen.***

ersehen **0.1** ***besluiten, opmaken (uit)*** ◆ **6.1** ich ersehe **daraus**, daß *ik maak daaruit op, dat.*

ersehnen ⟨schr.⟩ **0.1** ***hevig verlangen, smachten naar*** ◆ **1.1** der ersehnte Tag *de langverwachte dag.*

ersetzen **0.1** ***vervangen*** **0.2** ***vergoeden*** ⇒*terugbetalen, restitueren* ◆ **1.1** Talent durch Fleiß ~ *talent met vlijt compenseren.*

ersetzlich **0.1** ***vervangbaar, te vervangen.***

ersichtlich **0.1** ***duidelijk (zichtbaar)*** ◆ **3.1** daraus ist ~, daß *daaruit blijkt, dat.*

ersinnen ⟨schr.⟩ **0.1** ***verzinnen, bedenken.***

erspähen ⟨schr.⟩ **0.1** ***in het oog krijgen, ontdekken.***

ersparen **0.1** ***(bij elkaar) sparen*** **0.2** ***besparen, behoeden voor*** ◆ **1.1** erspartes Geld *spaarcenten* **1.2** jmdm. jede Aufregung ~ *iem. voor elke opwinding behoeden.*

Ersparnis ⟨v.; ~, ~se⟩ **0.1** ***besparing*** **0.2** ⟨mv.⟩ ***spaargeld.***

ersprießen ⟨schr.⟩ **0.1** ***ontspruiten*** ⇒⟨fig. ook⟩ *voortspruiten.*

ersprießlich ⟨schr.⟩ **0.1** ***vruchtbaar, gunstig.***

erst[1] ⟨bw.⟩ **0.1** ⟨bw. van tijd⟩ ***het eerst, eerst*** **0.2** ⟨bw. van tijd⟩ ***eerst, pas, niet eerder dan*** **0.3** ⟨bw. van wijze⟩ ***pas, maar, niet meer dan*** **0.4** ⟨bw. van wijze⟩ ***dan vooral, dan wel, dan*** ◆ **3.1** wäre ich doch ~ zu Hause! *was ik maar vast thuis!* **5.4** so geht es ~ recht nicht! *zo gaat het juist helemaal niet!*

erst[2] ⟨telw.⟩ **0.1** ***eerst*** ◆ **1.1** der Erste der Klasse *de beste van de klas* **2.1** der ~e beste *de eerste de beste* **6.1** **fürs** ~e *voorlopig;* **zum** Ersten (des Monats) kündigen *met ingang van de eerste (van de maand) opzeggen* **8.1** als ~es *ten eerste, op de eerste plaats.*

erstarken ⟨schr.; ook fig.⟩ **0.1** ***sterk(er) worden, aansterken.***

erstarren **0.1** ***verstijven, stollen*** **0.2** ***stijf worden, verstijven*** **0.3** ***verstijven, -starren*** ⇒*verstommen* ◆ **1.3** das Flüstern erstarrte *het fluisteren verstomde* **6.1** ⟨fig.⟩ **zu** Stein ~ *zo hard worden als steen* **6.3** **vor** Schreck ~ *verstijven van schrik.*

erstatten **0.1** ***terugbetalen, vergoeden*** **0.2** ⟨vooral adm.⟩ ***doen, geven*** ◆ **1.2** Anzeige ~ *aangifte doen;* Bericht ~ *verslag uitbrengen.*

Erstaufführung ⟨v.⟩ **0.1** ***première, eerste opvoering.***

Erstauflage ⟨v.⟩ **0.1** ***eerste druk.***

erstaunen **I** ⟨onov.ww.; s.⟩ **0.1** ***zich verbazen;***
II ⟨ov.ww.; h.⟩ **0.1** ***verbaasd doen staan, verbazen.***

Erstaunen ⟨o.; ~s⟩ **0.1** ***verbazing, -wondering*** ◆ **6.1** jmdn. **in** ~ (ver)setzen *iem. verbaasd doen staan.*

erstaunlich **0.1** ***verbazingwekkend, verbazend.***

erstaunlicherweise **0.1** ***merkwaardigerwijs.***

Erstausgabe ⟨v.⟩ **0.1** ***eerste uitgave*** ⟨v.e. boek, postzegel⟩.

erstbest ◆ **7.¶** der (die, das) ~e *de (het) eerste de (het) beste.*

Erstdruck ⟨m.; mv. ~e⟩ **0.1** ***drukproef*** **0.2** ***eerste uitgave.***

erstechen **0.1** ***doodsteken.***

erstehen **I** ⟨onov.ww.; s.⟩⟨schr.⟩ **0.1** ***opstaan, verrijzen*** **0.2** ***ontstaan, voortkomen;***
II ⟨ov.ww.; h.⟩ **0.1** ***door koop (weten te) verwerven*** ⇒*kopen.*

Erste-Hilfe-Leistung ⟨v.⟩ **0.1** ***eerstehulpverlening.***

ersteigen **0.1** ***beklimmen, bestijgen.***

ersteigern **0.1** ***op een veiling kopen.***

erstellen ⟨schr.⟩ **0.1** ***bouwen, oprichten*** **0.2** ***vervaardigen, uitwerken*** ◆ **1.2** einen Plan ~ *een plan opstellen, uitwerken.*

erstemal ◆ **6.¶** das ~ *de eerste keer.*

erstenmal ◆ **6.¶** **beim**, **zum** ~ *voor de eerste keer.*

erstens **0.1** ***in de eerste plaats, ten eerste.***

erster **0.1** ***eerste, eerstgenoemde*** ◆ **2.1** ~er *de eerste, eerstgenoemde.*

Erste(r) ⟨bn. als zn.⟩ **0.1** ***(de, het) eerste.***

Erstgeborene(r) ⟨bn. als zn.⟩ **0.1** ***eerstgeborene*** ⇒*oudste.*

erstgenannt **0.1** ***eerstgenoemd.***

ersticken **I** ⟨onov.ww.; s.⟩ **0.1** ***stikken, verstikken*** ⇒*smoren* ◆ **1.1** ersticktes Gelächter *onderdrukt gelach* **6.1** **zum** Ersticken heiß *stikheet, smoorheet;*
II ⟨ov.ww.; h.⟩ **0.1** ***doen stikken, verstikken*** ◆ **1.1** eine von Tränen erstickte Stimme *een in tranen gesmoorde stem.*

Erstickungstod ⟨m.⟩ **0.1** ***verstikkingsdood.***

Erstklässer ⟨m.; ~s, ~⟩ **0.1** ***eersteklasser, leerling(e) v.d. eerste klas.***

erstklassig **0.1** ***eerste klas*** ⇒*uitstekend, prima* **0.2** ⟨sp.⟩ ***in de eerste, hoogste klasse.***

Erstkläßler ⟨m.⟩⟨Zdd., Zwi.⟩ →**Erstklässer.**

Erstkommunikant ⟨m.⟩⟨rel.⟩ **0.1** ***communicant(je).***

Erstkommunion ⟨v.⟩ **0.1** ***eerste communie.***

Erstligaverein ⟨m.⟩ **0.1** ***eredivisieclub.***

Erstling ⟨m.; ~s, ~e⟩ **0.1** ***eerste werk*** ⟨v.e. kunstenaar⟩, ***eersteling*** ⇒*debuut.*

Erstlingsarbeit ⟨v.⟩ **0.1** ***eerste werk*** ⟨v.e. kunstenaar⟩.

Erstlingsausstattung ⟨v.⟩ **0.1** ***babyuitzet.***

erstmal ⟨inf.⟩ **0.1** ***eerst eens.***

erstmalig **0.1** ***voor de eerste keer.***

erstmals **0.1** ***voor de eerste keer.***

erstrahlen **0.1** ***stralen, schitteren.***

erstrangig **0.1** ***v.d. eerste rang*** ⇒*zeer belangrijk* **0.2** ***eersterangs, eerste klas*** ⇒*voortreffelijk.*

erstreben ⟨schr.⟩ **0.1** ***streven naar.***

erstrebenswert **0.1** ***waard om na te streven.***

erstrecken, sich **0.1** ***zich uitstrekken, zich uitbreiden*** ◆ **6.1** die Maßnahmen ~ sich **auf** *de maatregelen hebben betrekking op.*

Erstsatz ⟨m.⟩ **0.1** ***drukproef.***

Erstsemester ⟨o.⟩ **0.1** ***student(e) in het eerste semester*** ⇒ *eerstejaars.*

Erststimme ⟨v.⟩ **0.1** ⟨op een kandidaat v.h. eigen kiesdistrict uitgebrachte stem⟩.

Ersttagsbrief ⟨m.⟩⟨filatelie⟩ **0.1** ***eerstedagenveloppe.***

erstunken ⟨inf.⟩ ◆ **8.¶** das ist ~ und erlogen *dat is een gemene leugen.*

erstürmen **0.1** ***stormenderhand veroveren.***

Erstwähler ⟨m.⟩ **0.1** ***iem. die voor de eerste keer mag stemmen.***

ersuchen ⟨schr.⟩ **0.1** ***(beleefd) verzoeken, vragen.***

Ersuchen ⟨o.; ~s, ~⟩ **0.1** ***(dringend) verzoek.***

ertappen I ⟨ov.ww.⟩ **0.1** ***betrappen*** ◆ **6.1** jmdn. **auf** frischer Tat ~ *iem. op heterdaad betrappen;*
II sich ~ ⟨wk.ww.⟩ **0.1** ***zich betrappen (op).***

erteilen **0.1** ***verstrekken, doen toekomen, geven*** ◆ **1.1** jmdm. eine Lehre ~ *iem. een lesje geven;* jmdm. das Wort ~ *iem. het woord geven.*

ertönen **0.1** ***(weer)klinken.***

Ertrag ⟨m.; ~(e)s, ~̈e⟩ **0.1** ***opbrengst*** ⇒*oogst* **0.2** ***winst*** ◆ **3.1** reiche Erträge bringen *een rijke oogst opleveren.*

ertragbar **0.1** ***te verdragen, draaglijk.***

ertragen **0.1** ***verdragen, dulden, uithouden.***

ertragfähig **0.1** ***vruchtbaar, rendabel.***

erträglich **0.1** ***te verdragen, draaglijk*** **0.2** ⟨inf.⟩ ***draaglijk, vrij behoorlijk.***

ertraglos **0.1** ***zonder vrucht, onrendabel.***

ertragreich **0.1** ***winstgevend, productief.***

Ertragssteigerung ⟨v.⟩ **0.1** ***stijging, toename v.d. opbrengst.***

ertränken I ⟨ov.ww.⟩ **0.1** ***verdrinken;***
II sich ~ ⟨wk.ww.⟩ **0.1** ***zich door verdrinking v.h. leven beroven.***

erträumen **0.1** ***dromen (van).***

ertrinken **0.1** ***verdrinken*** ⟨ook fig.⟩.

ertüchtigen **0.1** ***harden, stalen.***

erübrigen I ⟨ov.ww.⟩ **0.1** ***overhouden, besparen*** ◆ **1.1** Zeit für etwas ~ *tijd voor iets vrijmaken;*
II sich ~ ⟨wk.ww.⟩ **0.1** ***overbodig zijn.***

eruieren ⟨schr.⟩ **0.1** ***achterhalen, ontdekken.***

Eruption ⟨v.⟩ **0.1** ***eruptie.***

eruptiv **0.1** ***eruptief.***

erwachen **0.1** ***wakker worden, ontwaken*** **0.2** ***gewekt worden*** ◆ **1.2** sein Argwohn erwacht *zijn argwaan wordt gewekt.*

erwachsen[1] ⟨bn.⟩ **0.1** ***volwassen.***

erwachsen[2] ⟨onov.ww.⟩ **0.1** ***(geleidelijk aan) ontstaan, voortvloeien*** ⇒*zich ontwikkelen* ◆ **1.1** die daraus ~den Unkosten *de daaruit voortvloeiende onkosten.*

Erwachsene(r) ⟨bn. als zn.⟩ **0.1** ***volwassene.***

erwägen **0.1** ***overwegen, nadenken over*** ◆ **1.1** die Vor- und Nachteile ~ *de voor- en nadelen tegen elkaar afwegen.*

erwägenswert **0.1** ***het overwegen waard.***

Erwägung ⟨v.⟩ **0.1** ***overweging, -denking*** ◆ **6.1** etwas **in** ~ ziehen *iets in overweging nemen;* **nach** reiflicher ~ *na rijp beraad.*

erwählen ⟨schr.⟩ **0.1** ***(uit)kiezen.***

Erwählte(r) ⟨bn. als zn.⟩ **0.1** ***uitverkorene.***

erwähnen **0.1** ***vermelden, melding, gewag maken van*** ⇒*noemen.*

erwähnenswert **0.1** ***vermeldenswaard(ig).***

Erwähnung ⟨v.; ~, ~en⟩ **0.1** ***het vermelden, vermelding.***

erwärmen I ⟨ov.ww.⟩ **0.1** ***warm maken, verwarmen*** ⇒⟨fig. ook⟩ *opwarmen* ◆ **6.1** **auf** 80 Grad ~ *tot 80 graden verhitten;*
II sich ~ ⟨wk.ww.⟩ **0.1** ⟨ook fig.⟩ ***warm worden*** **0.2** ***warmlopen, enthousiast worden (voor).***

erwarten **0.1** ***wachten op, verwachten*** **0.2** ***verwachten*** ⇒*voorzien, rekenen op* ◆ **3.2** er läßt noch viel ~ *van hem valt nog veel te verwachten.*

Erwarten ⟨o.; ~s⟩ **0.1** ***verwachting*** ◆ **6.1** **über** (alles) ~ *buiten (alle) verwachting.*

Erwartung ⟨v.; ~, ~en⟩ **0.1** ***af-, verwachting*** **0.2** ⟨meestal mv.⟩ ***verwachting*** ⇒*hoop* ◆ **6.2** ~en **auf**, **in** jmdn. setzen *van iem. iets verwachten.*

erwartungsgemäß **0.1** ***overeenkomstig de verwachting(en).***

erwartungsvoll **0.1** ***verwachtingsvol.***

erwecken **0.1** ***opwekken, tot leven wekken*** **0.2** ***(op)wekken, oproepen*** ◆ **1.2** Argwohn ~ *argwaan (op)wekken.*

Erweckung ⟨v.; ~, ~en⟩ ⟨rel.⟩ **0.1** ***opwekking*** ⇒*bekering.*

erwehren, sich ⟨met 2e nv.⟩ ⟨schr.⟩ **0.1** ***afweren, zich verweren tegen*** ◆ **1.1** sich des Eindrucks nicht ~ können *zich niet aan de indruk kunnen onttrekken.*

erweichen I ⟨onov.ww.; s.⟩ **0.1** ***week worden*** ⇒⟨fig. ook⟩ *milder worden;*
II ⟨ov.ww.; h.⟩ **0.1** ***week maken, weken*** ⇒⟨fig. ook⟩ *vermurwen, mild stemmen.*

erweisen I ⟨ov.ww.⟩ **0.1** ***bewijzen, aantonen*** **0.2** ***ten deel doen vallen, betonen*** ◆ **1.2** jmdm. seine Anteilnahme ~ *iem. zijn deelneming betuigen;*
II sich ~ ⟨wk.ww.⟩ **0.1** ***zich betonen, blijken (te zijn)*** ◆ **8.1** sich als wahr ~ *waar blijken (te zijn).*

erweitern I ⟨ov.ww.⟩ **0.1** ***wijder maken, verwijden*** ⇒*uitbreiden* ◆ **1.1** eine erweiterte Auflage *een vermeerderde druk;* ⟨fig.⟩ seinen Horizont ~ *zijn horizon verruimen* **6.1** **in** erweitertem Sinne *in ruimere zin;*
II sich ~ ⟨wk.ww.⟩ **0.1** ***wijder worden, zich verwijden*** ⇒*zich uitbreiden.*

Erwerb ⟨m.; ~(e)s, ~e⟩ **0.1** ***het verwerven, verkrijgen*** **0.2** ***kost-, broodwinning*** **0.3** ***aankoop, koop*** **0.4** ***het verworvene*** ⇒*verdienste* ◆ **3.2** seinem ~ nachgehen *voor zijn brood werken* **6.1** der ~ **von** Fertigkeiten *het zich eigen maken van vaardigheden.*

erwerben **0.1** ***verwerven, verkrijgen*** ⇒*verdienen* **0.2** ***aankopen, kopen*** ◆ **1.1** (sich ⟨3e nv.⟩) große Verdienste um etwas ~ *zich zeer verdienstelijk voor iets maken* **5.2** etwas käuflich ~ *iets aankopen.*

Erwerber ⟨m.; ~s, ~⟩ **0.1** ***verwerver*** ⇒*koper.*

Erwerbsalter ⟨o.⟩ **0.1** ***leeftijd waarop iem. in het arbeidsproces kan worden ingeschakeld*** ⟨15 tot 65 jaar⟩.

Erwerbsarbeit ⟨v.⟩ **0.1** ***werk als kost-, broodwinning.***

Erwerbsausfall ⟨m.⟩ **0.1** ***inkomstenderving.***

Erwerbsbeschränkte(r) ⟨bn. als zn.⟩ **0.1** ***onvolwaardige (arbeidskracht).***

Erwerbsbevölkerung ⟨v.⟩ **0.1** ***beroepsbevolking.***

erwerbsfähig **0.1** ***in staat de kost te verdienen.***

Erwerbsleben ⟨o.⟩ **0.1** ***beroepsleven.***

erwerbslos **0.1** ***werkloos.***

Erwerbsquelle ⟨v.⟩ **0.1** ***bron van inkomsten.***

Erwerbssinn ⟨m.⟩ **0.1** ***handelsgeest.***

Erwerbsstreben ⟨o.⟩ **0.1** ***het streven naar winst.***

erwerbstätig **0.1** ***in een beroep werkzaam*** ⇒*werkend.*

erwerbsunfähig **0.1** ***arbeidsongeschikt.***

Erwerbsunfähigkeitsrente ⟨v.⟩ **0.1** ***WAO-uitkering.***

Erwerbszweig ⟨m.⟩ **0.1** ***tak van nijverheid, bedrijfstak*** ⇒*branche.*

erwidern I ⟨ov.ww.⟩ **0.1** ***antwoorden;***
II ⟨ov.ww.⟩ **0.1** ***beantwoorden*** ◆ **6.1** Gutes **mit** Bösem ~ *goed met kwaad vergelden.*

erwiesenermaßen **0.1** ***zoals bewezen is.***

erwirken **0.1** ***gedaan weten te krijgen, bewerkstelligen.***

erwirtschaften **0.1** ***door een verstandig beheer bereiken, behalen.***

erwischen ⟨inf.⟩ **I** ⟨ov.ww.⟩ **0.1** ***pakken, vatten*** ⇒*gevangennemen* **0.2** ***betrappen*** **0.3** ***te pakken krijgen, pakken*** ◆ **1.3** den Zug gerade noch ~ *de trein nog net halen;*

II ⟨onp.ww.⟩ **0.1** ***in de greep krijgen, treffen, overkomen*** ◆ **3.1** ihn hat's erwischt (a) *hij heeft het te pakken, is ziek geworden* (b) *hij is gewond geraakt* (c) *hem is iets (ergs) overkomen* (d) ⟨scherts.⟩ *hij heeft het te pakken, is verliefd.*

erwünscht 0.1 ***gewenst*** ⇒*welkom.*

erwürgen 0.1 ***wurgen*** ⟨ook fig.⟩.

Erz ⟨o.; ~es, ~e⟩ **0.1** ***erts*** ◆ **6.1** wie **aus, in** ~ gegossen dastehen *er als een standbeeld bijstaan.*

erzählen 0.1 ***vertellen*** ⇒*verhalen,* ⟨inf. ook⟩ *wijsmaken* ◆ **1.1** ~de Dichtkunst *epische poëzie* **3.1** ⟨inf.⟩ ihm werd' ich was ~! *hem zal ik eens goed vertellen waar het op staat!* **4.1** man erzählt sich, daß *men zegt, dat* **5.1** ⟨inf.⟩ mir kannst du nichts, viel ~! *mij maak je niets wijs!* **6.1** ⟨inf.⟩ **davon** kann ich etwas ~ *daar kan ik over meepraten.*

erzählenswert 0.1 ***waard verteld te worden.***

Erzähler ⟨m.; ~s, ~⟩ ⟨ook lit.⟩ **0.1** ***verteller*** ⇒*verhaler.*

erzählerisch 0.1 ***vertellend, vertellers-.***

Erzählung ⟨v.; ~, ~en⟩ ⟨lit.⟩ **0.1** ***vertelling, verhaal.***

Erzbischof ⟨m.⟩ **0.1** ***aartsbisschop.***

Erzbistum ⟨o.⟩ **0.1** ***aartsbisdom.***

erzböse 0.1 ***door en door slecht.***

erzdumm 0.1 ***aartsdom.***

erzeigen ⟨schr.⟩ **I** ⟨ov.ww.⟩ **0.1** ***ten deel doen vallen, betonen*** **0.2** ***doen voorkomen*** ◆ **1.1** jmdm. Gerechtigkeit ~ *iem. recht doen wedervaren;*

II sich ~ ⟨wk.ww.⟩ **0.1** ***zich (be)tonen, zich doen kennen als*** **0.2** ***blijken (te zijn).***

Erzengel ⟨m.⟩ **0.1** ***aartsengel.***

erzeugen 0.1 ***veroorzaken, verwekken*** **0.2** ***voortbrengen, produceren*** **0.3** ***verwekken.***

Erzeuger ⟨m.; ~s, ~⟩ **0.1** ***verwekker*** **0.2** ***voortbrenger, producent.***

Erzeugerland ⟨o.⟩ **0.1** ***land van oorsprong, herkomst.***

Erzeugnis ⟨o.; ~ses, ~se⟩ **0.1** ***voortbrengsel, product*** ⇒*fabrikaat.*

erzfaul 0.1 ***aartslui.***

Erzfeind ⟨m.⟩ **0.1** ***aarts-, doodsvijand.***

Erzförderung ⟨v.⟩ **0.1** ***ertswinning.***

Erzgrube ⟨v.⟩ **0.1** ***ertsgroeve.***

erzhaltig 0.1 ***ertshoudend.***

Erzherzog ⟨m.⟩ **0.1** ***aartshertog.***

Erzhütte ⟨v.⟩ **0.1** ***metaalsmelterij.***

erziehbar 0.1 ***opvoedbaar.***

erziehen 0.1 ***opvoeden*** **0.2** ⟨landb.⟩ ***aan-, opkweken.***

Erzieher ⟨m.; ~s, ~⟩ **0.1** ***opvoeder*** ⇒*pedagoog.*

erzieherisch 0.1 ***opvoedkundig*** ⇒*pedagogisch.*

Erziehung ⟨v.; ~⟩ **0.1** ***opvoeding.***

Erziehungsbeihilfe ⟨v.⟩ **0.1** ***studietoelage.***

Erziehungsberatung ⟨v.⟩ **0.1** ***adviesdienst op het gebied van opvoedkundige aangelegenheden.***

Erziehungsgeld ⟨o.⟩ **0.1** ***opvoedingstoelage, opvoedingsgeld.***

Erziehungsheim ⟨o.⟩ **0.1** ***opvoedingsgesticht.***

Erziehungsurlaub ⟨m.⟩ **0.1** ± ***ouderschapsverlof*** ⟨van ten hoogste een jaar, voor moeder of vader na de geboorte v.e. kind⟩.

Erziehungswissenschaft ⟨v.⟩ **0.1** ***opvoedkunde, pedagogiek.***

erzielen 0.1 ***behalen, bereiken*** ◆ **1.1** Erfolge ~ *successen boeken;* Wirkung ~ *effect sorteren.*

erzittern 0.1 ***(beginnen te) sidderen, trillen*** ⟨ook fig.⟩.

Erzlagerstätte ⟨v.⟩ **0.1** ***ertsvindplaats.***

Erzübel ⟨o.⟩ **0.1** ***ergste kwaad, hoofdzonde.***

erzürnen I ⟨ov.ww.; h.⟩ **0.1** ***toornig maken, vertoornen;***

II sich ~ ⟨wk.ww.⟩ **0.1** ***boos, toornig worden.***

Erzvater ⟨m.⟩ ⟨rel.⟩ **0.1** ***aartsvader.***

Erzvorkommen ⟨o.⟩ **0.1** ***ertsvindplaats.***

erzwingen 0.1 ***afdwingen, afpersen.***

erzwungenermaßen 0.1 ***onder dwang, onvrijwillig.***

es ⟨pers.vnw.⟩ **0.1** ***het*** **0.2** ***er*** ◆ **3.1** ⟨inf.⟩ er bekam es mit der Angst zu tun *hij kreeg het benauwd;* es brennt! *(er is) brand!;* es lebe die Freiheit! *leve de vrijheid!;* es wohnt sich hier angenehm *het is hier prettig wonen* **3.2** es fallen die ersten Tropfen *de eerste druppels vallen;* es gibt *er is, er zijn;* es klingelt *er wordt gebeld.*

Esche ⟨v.; ~, ~n⟩ **0.1** ***es*** **0.2** ***essenhout.***

eschen 0.1 ***essenhouten, essen.***

Esel ⟨m.; ~s, ~⟩ **0.1** ***ezel*** ⇒⟨inf. ook⟩ *stommeling, domoor* **0.2** ***ezel*** ⇒*schraag* ◆ ¶**.1** ⟨sprw.⟩ ein ~ schilt den andern Langohr ± *de pot verwijt de ketel, dat hij zwart is;* ⟨sprw.⟩ wenn dem ~ zu wohl ist, so geht er aufs Eis tanzen *als een ezel het te goed heeft, gaat hij op het ijs dansen.*

Eselei ⟨v.; ~, ~en⟩ ⟨inf.⟩ **0.1** ***domheid, stommiteit.***

eselhaft ⟨inf.⟩ **0.1** ***ezelachtig*** ⇒*onnozel.*

Eselsbrücke ⟨v.⟩ ⟨inf.⟩ **0.1** ***ezelsbrug(getje)*** ⇒*geheugensteuntje.*

Eselsohr ⟨o.⟩ **0.1** ***ezelsoor*** ⟨inf. ook in boek⟩.

Eselsrücken ⟨m.⟩ **0.1** ***ezelsrug*** ⟨ook bouwk.⟩.

Eskalation ⟨v.; ~, ~en⟩ **0.1** ***escalatie.***

eskalieren 0.1 ***escaleren.***

Eskapade ⟨v.; ~, ~n⟩ **0.1** ***zijsprong*** ⟨v.e. paard⟩ **0.2** ⟨schr.⟩ ***escapade.***

Eskimo ⟨m.; ~(s), ~(s)⟩ **0.1** ***eskimo*** ◆ **3.1** ⟨inf.; fig.⟩ das haut den stärksten ~ vom Schlitten! *dat is een sterk staaltje!*

Eskorte ⟨v.; ~, ~n⟩ **0.1** ***escorte.***

eskortieren ⟨vooral mil.⟩ **0.1** ***escorteren.***

esoterisch ⟨schr.⟩ **0.1** ***alleen voor ingewijden bestemd, esoterisch.***

Espagnolette ⟨v.; ~, ~n⟩ **0.1** ***espagnolet*** ⟨van raam⟩.

Esparto ⟨m.; ~s, ~s⟩ **0.1** ***esparto(gras), (h)alfagras.***

Espe ⟨v.; ~, ~n⟩ **0.1** ***esp, ratelpopulier.***

Espenlaub ⟨o.⟩ **0.1** ***espenloof*** ◆ **8.1** ⟨inf.⟩ wie ~ zittern *trillen als een espenblad.*

Esperanto ⟨o.; ~(s)⟩ **0.1** ***Esperanto.***

Esplanade ⟨v.; ~, ~n⟩ **0.1** ***esplanade*** ⇒*wandelplein.*

Espresso[1] ⟨m.; ~(s), ~s of Espressi⟩ **0.1** ***espresso(koffie).***

Espresso[2] ⟨o.; ~(s), ~(s)⟩ **0.1** ***espressobar.***

Essay ⟨m. & o.; ~s, ~s⟩ **0.1** ***verhandeling, essay.***

Essayist ⟨m.; ~en, ~en⟩ **0.1** ***essayist.***

eßbar 0.1 ***eetbaar.***

Esse ⟨v.; ~, ~n⟩ **0.1** ***rookvang*** ⟨boven een smidse⟩.

essen ⟨→t28⟩ **0.1** ***eten*** ◆ **6.1 zu** Abend ~ *het avondeten gebruiken* ¶**.1** ⟨sprw.⟩ es wird nichts so heiß gegessen, wie es gekocht wird *de soep wordt nooit zo heet gegeten als ze wordt opgediend.*

Essen ⟨o.; ~s, ~⟩ **0.1** ***het eten, (het gebruiken v.d.) maaltijd*** **0.2** ***maal(tijd), etentje*** ⇒*diner* **0.3** ***eten, maaltijd*** ⇒*voedsel* ◆ **2.3** drei ~ *drie porties eten, maaltijden* **3.3** das ~ einnehmen *de maaltijd gebruiken* **6.1 beim** ~ sein, sitzen *aan tafel zitten;* bitte **zum** ~! *aan tafel!;* **zum** ~ gehen *gaan eten* ¶**.1** ⟨sprw.⟩ ~ und Trinken hält Leib und Seele zusammen ± *op een volle buik staat een vrolijk hoofd.*

Essen(s)ausgabe ⟨v.⟩ **0.1** ***verstrekking van eten.***

Essenszeit ⟨v.⟩ **0.1** ***tijd om te gaan eten, etenstijd.***

essentiell 0.1 ***essentieel.***

Essenz ⟨v.; ~, ~en⟩ **0.1** ***essence*** **0.2** ⟨schr.; fil.⟩ ***essentie.***

essenziell ⟨nw.spel.⟩ →**essentiell.**

Esser ⟨m.; ~s, ~⟩ **0.1** ***eter.***

Esserei ⟨v.; ~, ~en; zelden mv.⟩ ⟨inf.; pej.⟩ **0.1** ***manier van eten*** **0.2** ***eterij.***

Eßgeschirr ⟨o.⟩ **0.1** ***eet-, tafelservies.***
Essig ⟨m.; ~s, ~e⟩ **0.1** ***azijn*** ◆ **3.¶** ⟨inf.⟩ es ist ~ damit *dat wordt niets meer.*
Essiggurke ⟨v.⟩ **0.1** ***augurk in het zuur, zure augurk.***
essigsauer **0.1** ***azijnzuur.***
Essigsäure ⟨v.⟩⟨schei.⟩ **0.1** ***azijnzuur.***
Eßkastanie ⟨v.⟩ **0.1** ***eetbare, tamme kastanje.***
Eßlöffel ⟨m.⟩ **0.1** ***eetlepel.***
Eßtisch ⟨m.⟩ **0.1** ***eettafel.***
Eßwaren ⟨alleen mv.⟩ **0.1** ***etens-, eetwaren.***
Eßzimmer ⟨o.⟩ **0.1** ***eetkamer.***
Este ⟨m.; ~n, ~n⟩ **0.1** ***Est, Estlander.***
Ester ⟨m.; ~s, ~⟩⟨schei.⟩ **0.1** ***ester.***
Estland ⟨o.; ~s⟩ **0.1** ***Estland.***
Estländer ⟨m.; ~s, ~⟩ →**Este.**
estländisch →**estnisch.**
estnisch **0.1** ***Estlands, Ests, Estisch.***
Estragon ⟨m.; ~s⟩⟨plantk.⟩ **0.1** ***dragon.***
Estrich ⟨m.; ~s, ~e⟩ **0.1** ***(harde) vloer, estrik.***
Eszett ⟨o.; ~, ~⟩ **0.1** ***eszet, ringel-s, ß.***
etablieren I ⟨ov.ww.⟩ **0.1** ***grondvesten, oprichten*** ◆ **1.1** eine Ordnung ~ *een orde vestigen;*
II sich ~ ⟨wk.ww.⟩ **0.1** ***zich vestigen*** **0.2** ***zich een plaats veroveren, vaste voet krijgen.***
etabliert **0.1** ***gevestigd, vaststaand*** **0.2** ***gesetteld*** ◆ **7.2** die Etablierten *het establishment.*
Etablissement ⟨o.; ~s, ~s⟩ **0.1** ***etablissement.***
Etage ⟨v.; ~, ~n⟩ **0.1** ***verdieping, etage*** **0.2** ***etage(woning), flat*** ◆ **6.1** **auf, in** der zweiten ~ wohnen *op de tweede etage wonen.*
Etagenbett ⟨o.⟩ **0.1** ***etagebed*** ⇒*stapelbed.*
Etagenhaus ⟨o.⟩ **0.1** ***flatgebouw.***
Etagenwohnung ⟨v.⟩ **0.1** ***etagewoning, flat.***
Etappe ⟨v.; ~, ~n⟩ **0.1** ***etappe.***
etappenweise **0.1** ***in etappes.***
Etat ⟨m.; ~s, ~s⟩ **0.1** ***(staats)begroting*** ⇒*budget.*
Etatlücke ⟨v.⟩ **0.1** ***tekort op de begroting.***
etatmäßig **0.1** ***volgens de begroting*** **0.2** ***met een vaste aanstelling.***
etc. ⟨afk.⟩ [et cetera].
etepetete ⟨inf.⟩ **0.1** ***gemaakt*** ⇒*aanstellerig.*
Eternit ⟨m. & o.; ~s⟩ **0.1** ***eterniet.***
Ethik ⟨v.; ~, ~en⟩ **0.1** ***ethiek, ethica.***
Ethiker ⟨m.; ~s, ~⟩ **0.1** ***ethicus.***
ethisch **0.1** ***ethisch, moreel.***
ethnisch **0.1** ***etnisch.***
Etikett ⟨o.; ~(e)s, ~en of ~e of ~s⟩ **0.1** ***etiket.***
Etikette ⟨v.; ~, ~n⟩ **0.1** ***etiquette*** ◆ **3.1** die ~ einhalten, wahren *de etiquette in acht nemen.*
etikettieren **0.1** ***v.e. etiket voorzien, etiketteren*** ⟨ook fig.; meestal pej.⟩.
etlich **0.1** ***tamelijk veel, nogal wat*** **0.2** ***ettelijke, enige*** ◆ **1.1** ~es Geld *heel wat geld* **1.2** ~e Male *enige, ettelijke malen* **3.1** das hat ~es gekostet *dat heeft nogal wat gekost.*
Etmal ⟨o.; ~(e)s, ~e⟩⟨scheep.⟩ **0.1** ***etmaal*** **0.2** ***in één etmaal afgelegd traject.***
Etüde ⟨v.; ~, ~n⟩ **0.1** ***etude.***
Etui ⟨o.; ~s, ~s⟩ **0.1** ***etui*** **0.2** ⟨inf.; scherts.⟩ ***smal bed.***
etwa **0.1** ***ongeveer*** ⇒*bij benadering* **0.2** ***bijvoorbeeld*** **0.3** ***misschien, soms*** ◆ **5.3** ~ nicht? *niet soms?;* Sie denken doch nicht ~, daß ... *u denkt toch zeker niet, dat ...* **6.1** **in** ~ *enigszins, ongeveer, tot op zekere hoogte* **8.2** wie ~ *zoals bijvoorbeeld.*
etwaig **0.1** ***mogelijk, eventueel.***
etwas **0.1** ***iets*** ⇒*wat* **0.2** ***een beetje*** ⇒*iets* ◆ **1.2** ~ Brot *wat, een beetje brood* **2.1** ~ Ähnliches *iets dergelijks* **3.1** sich ⟨3e nv.⟩ ~ antun *zelfmoord plegen;* seine Meinung gilt ~ *zijn mening is van gewicht;* das will schon ~ heißen *dat betekent heel wat* **3.2** ⟨inf.⟩ der Plan hat ~ für sich *voor dat plan valt iets te zeggen* **5.1** irgend ~ *het een of ander* **8.1** nein, so ~! *wel, heb je van je leven!*
Etwas ⟨o.; ~, ~; scherts. ook ~se⟩ **0.1** ***iets*** **0.2** ***wezen(tje), kereltje*** ◆ **2.1** das gewisse ~ *dat (heel) speciale, bijzondere, hét.*
Etymologie ⟨v.; ~, ~n⟩⟨taal.⟩ **0.1** ***etymologie.***
EU ⟨v.⟩⟨afk.; Europäische Union⟩ **0.1** ***EU, Europese Unie.***
euch[1] ⟨pers.vnw.; in brieven met hoofdletter⟩ **0.1** ***jullie.***
euch[2] ⟨wdk.vnw.⟩ **0.1** ***je*** ◆ **3.1** merkt ~ ⟨3e nv.⟩ das gut! *onthoudt dat goed!*
euch[3] ⟨wdk.vnw.⟩ **0.1** ***elkaar*** ◆ **3.1** wann seid ihr ~ ⟨3e nv.⟩ begegnet? *wanneer hebben jullie elkaar ontmoet?*
Eucharistie ⟨v.; ~, ~n⟩⟨rel.⟩ **0.1** ***eucharistieviering*** ⇒*mis.*
euer[1] ⟨bez.vnw.⟩ **0.1** ⟨in brieven met hoofdletter⟩ ***jullie, van jullie*** **0.2** ⟨met hoofdletter; schr.⟩ ***uw, van u*** ◆ **7.1** grüßt die Eu(e)ren! *doe de groeten aan jullie familie.*
euer[2] ⟨pers.vnw.; in brieven met hoofdletter⟩ **0.1** ***van jullie*** ◆ **4.1** in ~ beider Namen *in naam van jullie beiden.*
Eukalyptus ⟨m.; ~, Eukalypten of ~⟩ **0.1** ***eucalyptus.***
Eule ⟨v.; ~, ~n⟩ **0.1** ***uil*** **0.2** ⟨inf.; pej.⟩ ***(vrouw)mens, wijf*** ◆ **¶.1** ⟨sprw.⟩ jeder sieht seine ~ für einen Nachtigall an *elk meent zijn uil een valk te zijn.*
eulenhaft **0.1** ***als een uil, uilachtig.***
Eulenspiegel ⟨m.⟩ ◆ **1.¶** Till ~ *Tijl Uilenspiegel.*
Eulenspiegelei ⟨v.; ~, ~en⟩ **0.1** ***schelmenstreek.***
Eumel ⟨m.; ~s, ~⟩ **0.1** ⟨jeugdtaal⟩ ***oen, sul*** **0.2** ⟨inf.⟩ ***ding.***
Eunuch ⟨m.; ~en, ~en⟩ **0.1** ***eunuch.***
Eunuche ⟨m.; ~n, ~n⟩ **0.1** ***eunuch.***
Euphemismus ⟨m.; ~, Euphemismen⟩ **0.1** ***eufemisme.***
euphemistisch **0.1** ***eufemistisch*** ⇒*verbloemend.*
Euphorie ⟨v.; ~, ~n⟩ **0.1** ***euforie.***
euphorisieren **0.1** ***in een euforische toestand brengen.***
Euro ⟨m.; ~(s), ~s⟩ **0.1** ***euro, euromunt.***
Eurocheque ⟨m.; ~s, ~s⟩ **0.1** ***eurocheque.***
Europa ⟨o.; ~s⟩ **0.1** ***Europa.***
Europäer ⟨m.; ~s, ~⟩ **0.1** ***Europeaan*** **0.2** ***Europeeër.***
europäisch **0.1** ***Europees.***
Europameister ⟨m.⟩⟨sp.⟩ **0.1** ***Europees kampioen.***
Europapokal ⟨m.⟩⟨sp.⟩ **0.1** ***Europacup.***
Europarat ⟨m.⟩ **0.1** ***Raad van Europa.***
europaweit **0.1** ***van/in heel Europa, in Europa voorkomend, voor heel Europa geldend.***
Eurovision ⟨v.; ~⟩ **0.1** ***Eurovisie.***
Eustachisch ◆ **1.¶** ~e Röhre, Tube *buis van Eustachius.*
Euter ⟨o.; ~s, ~⟩ **0.1** ***uier.***
Euthanasie ⟨v.; ~⟩ **0.1** ***euthanasie.***
e.V., E.V. ⟨afk.⟩ [ein-, Eingetragener Verein].
Eva ⟨v.; ~, ~s⟩⟨inf.; scherts.⟩ **0.1** ***Eva*** ⇒*meisje, vrouw.*
Evakuation ⟨v.; ~, ~en⟩ **0.1** ***evacuatie*** ⇒*ontruiming* **0.2** ⟨nat.⟩ ***het evacueren.***
evakuieren **0.1** ***evacueren.***
Evaluation ⟨v.; ~, ~en⟩ **0.1** ***evaluatie.***
evaluieren **0.1** ***evalueren*** ⇒*beoordelen.*
Evangeliar ⟨o.; ~s, ~e⟩ **0.1** ***evangeliarium*** ⇒*evangelieboek.*
Evangelisation ⟨v.; ~, ~en⟩ **0.1** ***evangelisatie.***
evangelisch **0.1** ***evangelisch*** **0.2** ***protestants.***
evangelisieren **0.1** ***evangeliseren.***
Evangelist ⟨m.; ~en, ~en⟩ **0.1** ***evangelist.***
Evangelium ⟨o.; ~s, Evangelien⟩ **0.1** ***evangelie.***
Evaporator ⟨m.; ~s, Evaporatoren⟩ **0.1** ***evaporator*** ⇒*verdamper.*

evaporieren I ⟨onov.ww.⟩ **0.1** ***evaporeren*** *⇒verdampen;*
II ⟨ov.ww.⟩⟨schei.⟩ **0.1** ***evaporeren*** *⇒indampen.*

Evaskostüm ⟨o.⟩⟨inf.; scherts.⟩ **0.1** ***evakostuum.***

Evastochter ⟨v.⟩⟨scherts.⟩ **0.1** ***dochter Eva's*** *⇒vrouw, meisje.*

Eventualfall ⟨m.⟩ **0.1** ***eventualiteit*** *⇒mogelijk geval.*

Eventualhaushalt ⟨m.⟩⟨pol.⟩ **0.1** ***alternatieve begroting*** *⇒ crisisbegroting.*

Eventualität ⟨v.; ~, ~en⟩ **0.1** ***eventualiteit.***

eventuell **0.1** ***eventueel, mogelijk.***

Evertebrat ⟨m.; ~en, ~en⟩⟨biol.⟩ **0.1** ***evertebraat, ongewerveld dier.***

evident **0.1** ***evident*** *⇒zonneklaar* ◆ **3.1** etwas ~ machen *iets duidelijk aantonen.*

Evidenz ⟨v.; ~, ~en⟩ **0.1** ***evidentie*** *⇒volstrekte duidelijkheid.*

Evokation ⟨v.; ~, ~en⟩ **0.1** ***evocatie.***

Evolution ⟨v.; ~, ~en⟩ **0.1** ***evolutie.***

Evolutions|lehre, -theorie ⟨v.⟩ **0.1** ***evolutieleer, -theorie.***

evozieren **0.1** ***evoceren*** *⇒oproepen* **0.2** ⟨jur.⟩ ***dagvaarden.***

EWG ⟨v.; ~⟩⟨afk.; Europäische Wirtschaftsgemeinschaft⟩ **0.1** ***EEG.***

ewig **0.1** ***eeuwig*** ◆ **1.1** der Ewige Jude *de Wandelende Jood;* ⟨rel.⟩ die Ewige Lampe, das Ewige Licht *de godslamp* **6.1** **auf** ~ *voor eeuwig* **8.1** ⟨inf.; scherts.⟩ ~ und drei Tage *eeuwig en nog een tijdje.*

Ewiggestrige(r) ⟨bn. als zn.⟩⟨pej.⟩ **0.1** ***iem. die niet met z'n tijd meegaat.***

Ewigkeit ⟨v.; ~, ~en⟩ **0.1** ***eeuwigheid*** ◆ **6.1** ⟨schr.⟩ **in** die ~ eingehen *de eeuwigheid ingaan, sterven;* **von** ~en her *sedert onheuglijke tijden.*

Ewigkeitswert ⟨m.⟩⟨schr.⟩ **0.1** ***eeuwigheidswaarde.***

ex ⟨inf.⟩ **0.1** ***in één teug leeg, ad fundum*** **0.2** ***uit, voorbij*** **0.3** ***het hoekje om, kassie wijlen*** ◆ **3.2** die Freundschaft ist ~ *het is uit met de vriendschap.*

exakt **0.1** ***exact*** *⇒nauwkeurig, precies.*

Exaltation ⟨v.; ~, ~en⟩⟨psych.⟩ **0.1** ***exaltatie*** *⇒geestvervoering.*

exaltieren, sich **0.1** ***geëxalteerd raken.***

exaltiert **0.1** ***geëxalteerd.***

Examen ⟨o.; ~s, ~ of Examina⟩ **0.1** ***examen*** ◆ **3.1** ⟨inf.⟩ sein ~ bauen *zijn examen doen* **6.1** **ins** ~ gehen, steigen *examen gaan doen.*

Examensangst ⟨v.⟩ **0.1** ***examenvrees.***

Examinand ⟨m.; ~en, ~en⟩ **0.1** ***examinandus*** *⇒kandidaat.*

Examinator ⟨m.; ~s, Examinatoren⟩ **0.1** ***examinator.***

examinieren **0.1** ***examineren*** **0.2** ***uithoren, ondervragen*** **0.3** ***onderzoeken*** *⇒keuren.*

Exegese ⟨v.; ~, ~n⟩ **0.1** ***exegese.***

Exeget ⟨m.; ~en, ~en⟩ **0.1** ***exegeet.***

exekutieren **0.1** ***executeren*** *⇒terechtstellen.*

Exekution ⟨v.; ~, ~en⟩ **0.1** ***executie, terechtstelling.***

Exekutionskommando ⟨o.⟩ **0.1** ***vuur-, executiepeloton.***

exekutiv ⟨vooral jur., pol.⟩ **0.1** ***executief.***

Exekutive ⟨v.; ~, ~n⟩⟨jur., pol.⟩ **0.1** ***uitvoerende macht.***

Exekutor ⟨m.; ~s, Exekutoren⟩ **0.1** ***executeur.***

Exempel ⟨o.; ~s, ~⟩ **0.1** ***voorbeeld*** ◆ **3.1** ein ~ statuieren *een (afschrikwekkend) voorbeeld stellen* **6.¶** die Probe **aufs** ~ machen *de proef op de som nemen.*

Exemplar ⟨o.; ~s, ~s⟩ **0.1** ***exemplaar.***

exemplarisch **0.1** ***voorbeeldig*** *⇒tot voorbeeld strekkend.*

Exequien ⟨alleen mv.⟩⟨rel.⟩ **0.1** ***exequiën*** *⇒uitvaartplechtigheid.*

exerzieren I ⟨onov.ww.⟩ **0.1** ⟨mil.⟩ ***exerceren*** **0.2** ⟨inf.⟩ ***oefenen;***
II ⟨ov.ww.⟩ **0.1** ***uitproberen, testen*** **0.2** ⟨mil.⟩ ***drillen*** **0.3** ⟨inf.⟩ ***(steeds opnieuw) oefenen.***

Exerzierplatz ⟨m.⟩⟨mil.⟩ **0.1** ***exercitieterrein, -veld, -plein.***

Exerzitien ⟨alleen mv.⟩⟨rel.⟩ **0.1** ***geestelijke oefeningen.***

exhalieren ⟨geol., med.⟩ **0.1** ***exhaleren*** *⇒uitdampen, uitademen.*

Exhibitionismus ⟨m.; ~⟩ **0.1** ***exhibitionisme.***

exhumieren **0.1** ***opgraven*** ⟨v.e. lijk⟩.

Exil ⟨o.; ~s, ~e⟩ **0.1** ***ballingschap, verbanningsoord*** ◆ **6.1** **ins** ~ gehen *in ballingschap gaan.*

exilieren **0.1** ***exileren*** *⇒verbannen.*

Exilliteratur ⟨v.⟩ **0.1** ***in ballingschap geschreven literatuur*** ⟨ten tijde v.h. nationaal-socialisme⟩.

existential ⟨fil.⟩ **0.1** ***existentieel.***

Existentialismus ⟨m.; ~⟩ **0.1** ***existentialisme.***

Existentialist ⟨m.; ~en, ~en⟩ **0.1** ***existentialist.***

existentiell ⟨fil.⟩ **0.1** ***existentieel.***

Existenz ⟨v.; ~, ~en⟩ **0.1** ***existentie*** **0.2** ⟨pej.⟩ ***individu, sujet*** ◆ **2.1** seine nackte ~ retten *het vege lijf redden* **2.2** gescheiterte ~en *mislukkelingen* **3.1** sich ⟨3e nv.⟩ eine ~ aufbauen, gründen *een bestaan opbouwen, beginnen.*

Existenzangst ⟨v.⟩ **0.1** ***bestaans-, levensangst.***

Existenzberechtigung ⟨v.⟩ **0.1** ***recht van bestaan.***

existenzfähig **0.1** ***levensvatbaar.***

Existenzgrundlage ⟨v.⟩ **0.1** ***bestaansbasis.***

Existenzialismus ⟨m.⟩⟨nw.spel.⟩ →**Existentialismus.**

existenziell ⟨nw.spel.⟩ →**existentiell.**

Existenzkampf ⟨m.⟩ **0.1** ***strijd om het bestaan.***

Existenzminimum ⟨o.⟩ **0.1** ***bestaansminimum.***

Existenzphilosophie ⟨v.⟩ **0.1** ***existentialisme, existentiefilosofie.***

existieren **0.1** ***bestaan, existeren.***

exkl. ⟨afk.⟩ →**exklusive.**

exklusiv **0.1** ***exclusief.***

Exklusivbericht ⟨m.⟩ **0.1** ***exclusief verslag.***

exklusive ⟨vz. + 2,3⟩ **0.1** ***exclusief, niet inbegrepen.***

Exklusivität ⟨v.; ~⟩ **0.1** ***exclusiviteit.***

Exkommunikation ⟨v.; ~, ~en⟩⟨rel.⟩ **0.1** ***excommunicatie.***

exkommunizieren ⟨rel.⟩ **0.1** ***excommuniceren.***

Exkrement ⟨o.; ~(e)s, ~e⟩ **0.1** ***excrement*** *⇒uitwerpsel.*

Exkretion ⟨v.; ~, ~en⟩ **0.1** ***excretie*** *⇒af-, uitscheiding.*

Exkurs ⟨m.; ~es, ~e⟩ **0.1** ***excursie*** *⇒uitweiding.*

Exkursion ⟨v.; ~, ~en⟩ **0.1** ***excursie*** *⇒uitstapje.*

exmatrikulieren **0.1** ***schrappen v.d. lijst van inschrijving, uitschrijven*** ⟨als student⟩.

exorbitant **0.1** ***exorbitant*** *⇒buitensporig.*

Exorzist ⟨m.; ~en, ~en⟩ **0.1** ***exorcist, geesten-, duivelbanner.***

Exot ⟨m.; ~en, ~en⟩ →**Exote.**

Exote ⟨m.; ~n, ~n⟩ **0.1** ***exoot*** **0.2** ⟨mv.⟩ ***overzeese waardepapieren.***

exotisch **0.1** ***exotisch.***

expandieren I ⟨onov.ww.⟩ **0.1** ⟨ec., pol.⟩ ***expanderen*** *⇒zich uitbreiden* **0.2** ⟨nat.⟩ ***(zich) uitzetten;***
II ⟨ov.ww.⟩⟨nat.⟩ **0.1** ***in volume doen toenemen.***

Expansion ⟨v.; ~, ~en⟩ **0.1** ***expansie.***

Expansionspolitik ⟨v.⟩ **0.1** ***expansiepolitiek.***

expansiv **0.1** ***expansief.***

expedieren **0.1** ***expediëren*** *⇒af-, verzenden.*

Expedition ⟨v.; ~, ~en⟩ **0.1** ***expeditie*** **0.2** ***afvaardiging.***

Expeditionsteilnehmer ⟨m.⟩ **0.1** ***expeditielid.***

Experiment ⟨o.; ~(e)s, ~e⟩ **0.1** ***experiment*** ◆ **3.1** ~e anstellen *proeven nemen* **6.1** ~e **an** Tieren *experimenten op dieren.*

Experimentalphysik ⟨v.⟩ **0.1** ***experimentele natuurkunde.***

experimentell **0.1** ***experimenteel.***
experimentieren **0.1** ***experimenteren.***
Experimentierfreude ⟨v.⟩ **0.1** ***plezier in het experimenteren.***
Experte ⟨m.; ~n, ~n⟩ **0.1** ***expert, deskundige.***
Expertise ⟨v.; ~, ~n⟩ **0.1** ***expertise.***
Explikation ⟨v.; ~, ~en⟩ **0.1** ***explicatie*** ⇒*uitleg(ging).*
explizit **0.1** ***expliciet*** ⇒*uitdrukkelijk.*
explodieren **0.1** ***exploderen, ontploffen.***
explosibel **0.1** ***explosief.***
Explosion ⟨v.; ~, ~en⟩ **0.1** ***explosie, ontploffing.***
Explosionsmotor ⟨m.⟩ **0.1** ***verbrandings-, explosiemotor.***
explosionssicher **0.1** ***beveiligd tegen ontploffing.***
explosiv **0.1** ***explosief*** ◆ **1.1** ein ~es Temperament *een licht ontvlambaar temperament.*
Explosivstoff ⟨m.⟩ **0.1** ⟨tech.⟩ ***explosief, ontplofbare stof*** **0.2** ⟨ook fig.⟩ ***springstof.***
Exponat ⟨o.; ~(e)s, ~e⟩⟨schr.⟩ **0.1** ***tentoonstellings-, museumstuk.***
Exponent ⟨m.; ~en, ~en⟩ **0.1** ***exponent.***
exponieren **0.1** ***exponeren*** ◆ **1.1** seine Gefühle ~ *zijn gevoelens blootleggen.*
exponiert **0.1** ***geëxponeerd*** ◆ **1.1** an ~er Stelle *op een onbeschermde plaats.*
Export ⟨m.; ~(e)s, ~e⟩ **0.1** ***export, uitvoer.***
Exporten ⟨alleen mv.⟩ **0.1** ***exportartikelen, -goederen.***
Exporteur ⟨m.; ~s, ~e⟩ **0.1** ***exporteur.***
Exportgeschäft ⟨o.⟩ **0.1** ***exportzaak, -firma*** **0.2** ***exportcontract*** **0.3** ***exporthandel.***
exportieren **0.1** ***exporteren, uitvoeren.***
Exportquote ⟨v.⟩ **0.1** ***exportvolume.***
Exportware ⟨v.⟩ **0.1** ***exportartikel.***
Exportwirtschaft ⟨v.⟩ **0.1** ***exportsector.***
Exposé ⟨o.; ~s, ~s⟩ **0.1** ***exposé.***
Exposition ⟨v.; ~, ~en⟩ **0.1** ***opzet, indeling*** ⟨v.e. boek, essay⟩ **0.2** ***expositie.***
Expreßgut ⟨o.⟩ **0.1** ***expresgoed.***
Expressionismus ⟨m.; ~⟩ **0.1** ***expressionisme.***
Expressionist ⟨m.; ~en, ~en⟩ **0.1** ***expressionist.***
expressiv **0.1** ***expressief.***
Expressivität ⟨v.; ~⟩ **0.1** ***expressiviteit.***
exquisit **0.1** ***exquis, uitgelezen.***
extensiv **0.1** ***extensief.***
extensivieren **0.1** ***extensiveren.***
Exterieur ⟨o.; ~s, ~s of ~e⟩ **0.1** ***exterieur, uiterlijk.***
extern **0.1** ***extern*** ◆ **1.1** ein ~er Abiturient *een van buiten toegewezen abituriënt.*
Externat ⟨o.; ~(e)s, ~e⟩ **0.1** ***externaat.***
Externe(r) ⟨bn. als zn.⟩ **0.1** ***extraneus*** **0.2** ***externe (leerling).***
extra **0.1** ***extra*** ⇒*bijzonder, speciaal* **0.2** ***afzonderlijk, apart*** **0.3** ***speciaal, in het bijzonder*** ◆ **3.2** etwas ~ schicken *iets apart sturen* **5.3** ich bin ~ deswegen gekommen *ik ben speciaal daarom gekomen.*
Extra ⟨o.; ~s, ~s⟩ **0.1** ***bijkomend iets, extra*** ⇒*accessoire.*
extrahieren **0.1** ***extraheren.***
Extraklasse ⟨v.⟩ **0.1** ***speciale klasse, kwaliteit.***
Extrakt ⟨m.; ~(e)s, ~e⟩ **0.1** ***extract.***
Extraktion ⟨v.; ~, ~en⟩ **0.1** ***extractie.***
Extraordinarius ⟨m.; ~, Extraordinarien⟩ **0.1** ***extraordinarius, buitengewoon hoogleraar.***
Extratour ⟨v.⟩⟨inf.; pej.⟩ **0.1** ***buitenissigheid, rare frats.***
extravagant **0.1** ***extravagant*** ⇒*buitensporig.*
Extravaganz ⟨v.; ~, ~en⟩ **0.1** ***extravagantie.***
extravertiert ⟨psych.⟩ **0.1** ***extravert.***
Extrawurst ⟨v.⟩⟨inf.; fig.⟩ **0.1** ***speciale behandeling*** ⇒*voorkeursbehandeling* ◆ **3.1** jmdm. eine ~ braten *iem. een speciale behandeling, voorkeursbehandeling geven;* Extrawürste werden nicht gebraten *lieverkoekjes worden niet gebakken.*
extrem **0.1** ***extreem, uiterst*** ⇒*buitengewoon.*
Extrem ⟨o.; ~s, ~e⟩ **0.1** ***extreem, uiterste*** ◆ **6.1** etwas **ins** ~ treiben *iets tot het uiterste drijven.*
Extreme(r) ⟨bn. als zn.⟩ **0.1** ***extremist.***
Extremfall ⟨m.⟩ **0.1** ***extreem geval.***
Extremismus ⟨m.; ~, Extremismen⟩ **0.1** ***extremisme.***
Extremist ⟨m.; ~en, ~en⟩ **0.1** ***extremist.***
Extremität ⟨v.; ~, ~en⟩ **0.1** ***extremiteit*** **0.2** ⟨mv.⟩ ***ledematen, extremiteiten.***
Extremwert ⟨m.⟩ **0.1** ***uiterste, extreme waarde.***
Ex-und-hopp-Flasche ⟨v.⟩⟨inf.⟩ **0.1** ***wegwerpfles.***
Exvoto ⟨o.; ~s, ~s of Exvoten⟩ **0.1** ***ex-voto.***
exzellent **0.1** ***excellent*** ⇒*voortreffelijk.*
Exzellenz ⟨v.; ~, ~en⟩ **0.1** ***excellentie*** ⟨titel⟩.
exzellieren **0.1** ***excelleren*** ⇒*uitmunten.*
Exzentriker ⟨m.; ~, ~s⟩ **0.1** ***clownesk artiest*** **0.2** ⟨schr.⟩ ***excentriek(eling).***
exzentrisch **0.1** ***excentriek.***
Exzentrizität ⟨v.; ~, ~en⟩ **0.1** ***excentriciteit.***
exzeptionell **0.1** ***exceptioneel*** ⇒*buitengewoon.*
exzerpieren **0.1** ***excerperen*** ⇒*uittrekken.*
Exzerpt ⟨o.; ~(e)s, ~e⟩ **0.1** ***excerpt*** ⇒*uittreksel.*
Exzeß ⟨m.; Exzesses, Exzesse⟩ **0.1** ***exces, uitspatting.***
exzessiv **0.1** ***excessief*** ⇒*buitensporig.*

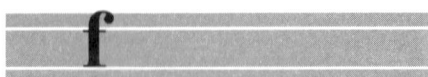

f, F ⟨o.; ~, ~⟩ **0.1** *f, F* ⇒*klank f, letter f, F.*
f. ⟨afk.⟩ [folgende].
F ⟨afk.⟩ [Fahrenheit].
Fa. ⟨afk.⟩ →**Firma.**
Fabel ⟨v.; ~, ~n⟩ **0.1** *fabel(tje)* ⇒*verzinsel* ◆ **3.1** ⟨inf.⟩ jmdm. eine ~ aufbinden *iem. een mooi verhaal opdissen.*
fabelhaft 0.1 *fabelachtig* ⇒*geweldig, buitengewoon* ◆ **1.1** eine ~e Leistung *een ongelofelijke prestatie* **3.1** das ist ja ~! *dat is reuze, enorm!*
fabeln ⟨fig.⟩ **0.1** *fabeltjes vertellen* ⇒*fantaseren* ◆ **4.1** was fabelst du denn da? *wat vertel je toch allemaal?*
Fabeltier ⟨o.⟩ **0.1** *fabeldier.*
Fabelwelt ⟨v.⟩ **0.1** *fabelachtige wereld* ⇒*sprookjeswereld.*
Fabelzeit ⟨v.⟩⟨sp.⟩ **0.1** *fantastische tijd.*
Fabrik ⟨v.; ~, ~en⟩ **0.1** *fabriek* ⇒*fabrieksgebouw, -personeel* ◆ **6.1** ⟨inf.⟩ **in** die ~ gehen *in de fabriek werken.*
Fabrikanlage ⟨v.⟩ **0.1** *fabriekscomplex.*
Fabrikant ⟨m.; ~en, ~en⟩ **0.1** *fabrikant.*
Fabrikarbeit ⟨v.⟩ **0.1** *fabrieksarbeid, -werk.*
Fabrikat ⟨o.; ~(e)s, ~e⟩ **0.1** *fabrikaat* ⇒*product.*
Fabrikation ⟨v.; ~, ~en⟩ **0.1** *fabricage.*
Fabrikationsfehler ⟨m.⟩ **0.1** *fabricagefout.*
Fabrikationsverfahren ⟨o.⟩ **0.1** *fabricageprocédé* ⇒*fabricagemethode.*
Fabrikbesitzer ⟨m.⟩ **0.1** *fabriekseigenaar* ⇒*fabrikant.*
Fabrikgelände ⟨o.⟩ **0.1** *fabrieksterrein.*
Fabrikhalle ⟨v.⟩ **0.1** *fabriekshal.*
fabrikmäßig 0.1 *(zoals) in de fabriek* ⇒*in serie, machinaal* ◆ **1.1** ~e Herstellung *machinale vervaardiging.*
fabrikneu 0.1 *fabrieks-, gloednieuw.*
Fabrikpreis ⟨m.⟩ **0.1** *fabrieksprijs.*
Fabrikschlot ⟨m.⟩ **0.1** *fabrieksschoorsteen.*
Fabriksiedlung ⟨v.⟩ **0.1** *fabrieks-, arbeiderswijk.*
Fabriktor ⟨o.⟩ **0.1** *fabriekspoort.*
Fabrikzeichen ⟨o.⟩ **0.1** *fabrieksmerk.*
fabrizieren 0.1 *fabriceren* ◆ **1.1** ein Eigentor ~ *in eigen doel schieten.*
fabulieren 0.1 *fantaseren* ⇒*verzinnen, beeldend vertellen.*
fabulös ⟨inf.⟩ **0.1** *fabelachtig* ⇒*fantastisch.*
Facette ⟨v.; ~, ~n⟩ **0.1** *facet.*
Fach ⟨o.; ~(e)s, ¨~er⟩ **0.1** *vak* **0.2** ⟨dram.⟩ *genre* **0.3** ⟨ind.⟩ *sprong* ◆ **6.1** das schlägt nicht **in** mein ~ *daar heb ik geen verstand van, daartoe ben ik niet competent;* (ein Mann) **vom** ~ sein *een vakman, deskundige zijn.*
Facharbeiter ⟨m.⟩ **0.1** *vakarbeider* ⇒*vakman.*
Facharbeiterbrief ⟨m.⟩ **0.1** *getuigschrift van vakarbeider* ⇒*vakdiploma.*
Facharzt ⟨m.⟩⟨med.⟩ **0.1** *specialist.*
Fachausbildung ⟨v.⟩ **0.1** *vakopleiding* ⇒*vakonderwijs.*
Fachausdruck ⟨m.⟩ **0.1** *vakuitdrukking, -term.*
Fachberater ⟨m.⟩ **0.1** *vakkundig, deskundig adviseur.*
Fachbereich ⟨m.⟩ **0.1** *vakgebied* **0.2** ⟨school.⟩ *vakgroep* ⇒ *afdeling, sectie.*
fachbezogen 0.1 *op een, het vak(gebied) betrekking hebbende.*
fachchinesisch 0.1 *Chinees* ⇒*vakjargon.*
fächeln 0.1 *(zachtjes) toewaaien, toeblazen* **0.2** ⟨schr.⟩ *zachtjes heen en weer (doen) bewegen* ◆ **1.1** eine leichte Brise fächelte mir das Gesicht *een lichte bries blies me in het (aan)gezicht;* ich fächelte mir die Stirn *ik waaide mijn voorhoofd koelte toe.*
Fächer ⟨m.; ~s, ~⟩ **0.1** *waaier* ⟨ook plantk.⟩ ◆ **2.1** ⟨fig.⟩ der breite ~ von Möglichkeiten *de brede waaier van mogelijkheden.*
fächerförmig, fächerig 0.1 *waaiervormig.*
fächern I ⟨ov.ww.⟩ **0.1** *in vakken verdelen* ⇒*onderverdelen* **0.2** ⟨jacht⟩ *waaiervormig uitspreiden* ◆ **1.1** den Unterricht ~ *het onderwijs in vakken verdelen;*
II sich ~ ⟨wk.ww.⟩ **0.1** *uitwaaieren* ⇒*zich uitspreiden.*
Fächerpalme ⟨v.⟩ **0.1** *waaierpalm.*
Fachfrage ⟨v.⟩ **0.1** *vakprobleem.*
fachfremd 0.1 *niet met het vak bekend, vertrouwd* ⇒*ongeschoold.*
Fachgebiet ⟨o.⟩ **0.1** *vakgebied.*
fach|gemäß, -gerecht 0.1 *vak-, deskundig.*
Fachgeschäft ⟨o.⟩ **0.1** *speciaalzaak.*
Fachgutachten ⟨o.⟩ **0.1** *vakkundig advies.*
Fachhandel ⟨m.⟩ **0.1** *gespecialiseerde handel.*
Fachhochschule ⟨v.⟩ **0.1** *school voor hoger beroepsonderwijs, hbo-school.*
Fachkenntnis ⟨v.⟩ **0.1** *vakkennis.*
Fachkollege ⟨m.⟩ **0.1** *vakgenoot.*
Fachkraft ⟨v.⟩ **0.1** *vakman.*
Fachkreis ⟨m.⟩ **0.1** *vakkring.*
fachkundig 0.1 *vak-, deskundig* ⇒*met vakkennis.*
Fachlehrer ⟨m.⟩ **0.1** *vakleraar, vakdocent.*
fachlich 0.1 *vakkundig* ⇒*mbt. een vak.*
Fachmann ⟨m.; mv. ¨~er of Fachleute⟩ **0.1** *vakman* ⇒*deskundige* ◆ **1.1** ein ~ der Maurerei *een vakman in het metselen* **3.1** ⟨inf.; scherts.⟩ da staunt der ~ (und der Laie wundert sich) *zoiets houd je niet voor mogelijk.*
fachmännisch 0.1 *vak-, deskundig* ◆ **3.1** jmdn. ~ beraten *iem. (een) vakkundige raad geven.*
Fachoberschule ⟨v.⟩ **0.1** *school voor middelbaar beroepsonderwijs, mbo-school.*
Fachpersonal ⟨o.⟩ **0.1** *geschoold personeel.*
Fachpresse ⟨v.⟩ **0.1** *vakpers* ⇒*vakbladen.*
Fachreferat ⟨o.⟩ **0.1** *vakvoordracht* **0.2** *afdeling, dienst* ⟨v.e. ministerie of bestuur⟩.
Fachreferent ⟨m.⟩ **0.1** *verantwoordelijke ambtenaar* ⟨v.e. ministerie of bestuur⟩.
Fachrichtung ⟨v.⟩ **0.1** *studierichting, discipline.*
Fachschaft ⟨v.; ~, ~en⟩ **0.1** *vakgroep.*
Fachschule ⟨v.⟩ **0.1** *vakschool.*
fachsimpeln ⟨inf.⟩ **0.1** *alsmaar over zijn vak praten.*
fachübergreifend 0.1 *interdisciplinair.*
Fachverband ⟨m.⟩ **0.1** *vakvereniging.*
Fachwelt ⟨v.⟩ **0.1** *vakwereld* ⇒*vakmensen.*
Fachwerk ⟨o.⟩ **0.1** *vakwerk.*
Fachwerkbau ⟨m.⟩ **0.1** *vakwerk(bouw)* **0.2** *vakwerkhuis.*
Fachwissen ⟨o.⟩ **0.1** *vakkennis.*
Fachzeitschrift ⟨v.⟩ **0.1** *vaktijdschrift* ⇒*vakblad.*
Fackel ⟨v.; ~, ~n⟩ **0.1** *fakkel* ⇒*toorts.*
fackeln ⟨inf.⟩ **0.1** *treuzelen* ⇒*aarzelen.*
Fackelschein ⟨m.⟩ **0.1** *schijnsel van fakkels.*
Fackelträger ⟨m.⟩ **0.1** *fakkeldrager* ⟨ook fig.⟩.
Fackelzug ⟨m.⟩ **0.1** *fakkel(op)tocht.*
fade 0.1 *flauw, smaakloos* **0.2** ⟨inf.⟩ *flauw, vervelend* ◆ **1.1** ~s Licht *flauw licht* **1.2** ~s Zeug reden *flauwiteiten vertellen.*
fädeln 0.1 *(in)steken* **0.2** *(aan elkaar) rijgen* **0.3** ⟨inf.⟩ *voor elkaar brengen, klaarspelen* ◆ **5.3** etwas geschickt ~ *iets handig klaarspelen* **6.1** den Faden **durchs** Nadelöhr ~ *de draad door het oog van de naald steken.*

Faden[1] ⟨m.; ~s, ⁻⟩ **0.1** ***draad*** ⟨ook fig.⟩ **0.2** ⟨med.⟩ ***hechtdraad, hechting*** ◆ **1.1** ein ~ Blut *een straaltje bloed;* der ~ eines Gespräches *de draad van een gesprek* **2.1** ⟨inf.⟩ keinen guten ~ an jmdm. lassen *aan iem. geen draad heel laten* **2.¶** keinen ganzen, heilen ~ auf dem Leibe haben *volledig versleten kleren dragen* **3.1** ⟨fig.⟩ alle Fäden (fest) in der Hand halten *de touwtjes (vast) in handen houden;* ⟨fig.⟩ alle Fäden laufen hier zusammen *hier worden de touwtjes in handen gehouden* **3.¶** immer den gleichen ~ spinnen *altijd weer hetzelfde vertellen;* ⟨inf.; fig.⟩ (k)einen guten ~ miteinander spinnen *(niet) goed met elkaar overweg kunnen.*

Faden[2] ⟨m.; ~s, ~⟩ **0.1** ***vadem, vaam.***

fadendünn **0.1** ***zeer dun, haarfijn*** ⟨ook fig.⟩.

fadengerade ⟨amb.⟩ **0.1** ***volgens de draad, met de draad mee*** ⇒*kaars-, lijnrecht.*

Fadenkreuz ⟨o.⟩ **0.1** ***dradenkruis*** ◆ **6.¶** ⟨fig.⟩ jmdn. **im** ~ haben *iem. in het vizier hebben.*

Fadenlauf ⟨m.⟩ **0.1** ***richting v.d. draad.***

Fadennudeln ⟨alleen mv.⟩ **0.1** ***vermicelli.***

Fadenpilz ⟨m.⟩ **0.1** ***draadzwam.***

fadenscheinig **0.1** ***versleten*** ⇒*afgedragen* **0.2** ⟨pej.⟩ ***ongeloofwaardig, doorzichtig*** ◆ **1.2** eine ~e Moral *een twijfelachtige moraal.*

Fadenwurm ⟨m.⟩ **0.1** ***draadworm*** ⇒*spoel-, haarworm.*

Fadheit ⟨v.; ~, ~en⟩ **0.1** ***flauwheid, smakeloosheid*** **0.2** ⟨pej.⟩ ***flauwiteit*** ⇒*flauwe opmerking.*

fädig **0.1** ***drad(er)ig van*** ⇒*met draden.*

Fading ⟨o.; ~s⟩⟨com.⟩ **0.1** ***fading.***

Fagott ⟨o.; ~(e)s, ~e⟩ **0.1** ***fagot.***

Fähe ⟨v.; ~, ~n⟩⟨jacht⟩ **0.1** ***wijfje, teef*** ⟨v.e. vos, das, marter⟩.

fähig **0.1** ***bekwaam*** ⇒*kundig, begaafd* **0.2** ***bekwaam, in staat (tot)*** ◆ **1.1** ein ~er Kopf *een knappe kop* **1.2** eines Mordes ~ *tot een moord in staat* **1.¶** ⟨schr.⟩ keiner Beschreibung ~ *niet te beschrijven* **6.2** **zu** allem ~ *tot alles in staat.*

Fähigkeit ⟨v.; ~, ~en⟩ **0.1** ***bekwaamheid*** ⇒*gave* **0.2** ***vermogen*** ◆ **6.1** ein Mann **von** hervorragenden ~en *een man met buitengewone capaciteiten* **6.2** jmdm. die ~ **zu** einer Arbeit absprechen *iem. tot een werk niet in staat achten.*

fahl **0.1** ***vaal*** ⇒*bleek, kleurloos* ◆ **6.1** ~ **vor** Schreck *bleek van schrik.*

Fahlerz ⟨o.⟩ **0.1** ***vaalerts.***

fahlgrau **0.1** ***vaalgrauw, -grijs.***

Fähnchen ⟨o.; ~s, ~⟩ **0.1** ***vlag(get)je*** **0.2** ⟨inf.; pej.⟩ ***niemendalletje, goedkoop japonnetje.***

fahnden **0.1** ***zoeken, speuren*** ◆ **6.1** **nach** der Beute, dem Täter ~ *de buit, de dader opsporen.*

Fahndung ⟨v.; ~, ~en⟩ **0.1** ***opsporing*** ◆ **6.1** die ~ **nach** einem Verbrecher *de opsporing van een misdadiger.*

Fahndungsdienst ⟨m.⟩ **0.1** ***opsporingsdienst, recherche.***

Fahndungsliste ⟨v.⟩ **0.1** ***opsporingsregister.***

Fahne ⟨v.; ~, ~n⟩ **0.1** ***vaandel, vlag*** ⟨ook fig.⟩ ⇒*banier* **0.2** ⟨inf.⟩ ***kegel*** ⇒*dranklucht* **0.3** ⟨boek.⟩ ***drukproef*** ◆ **1.1** ⟨schr.; fig.⟩ die ~ der Freiheit *het vaandel van de vrijheid* **3.1** ⟨fig.⟩ die ~ nach dem Wind drehen, hängen *de huik naar de wind hangen* **3.2** eine ~ haben *naar alcohol ruiken* **6.1** etwas **auf** seine ~(n) schreiben *iets in zijn vaandel schrijven;* ⟨fig.⟩ **mit** fliegenden ~n überlaufen *met vliegende vaandels overlopen.*

Fahnenabzug ⟨m.⟩⟨boek.⟩ **0.1** ***drukproef.***

Fahneneid ⟨m.⟩⟨mil.⟩ **0.1** ***eed op de vlag.***

Fahnenflucht ⟨v.⟩⟨mil.⟩ **0.1** ***desertie.***

Fahnenkorrektur ⟨v.⟩ **0.1** ***verbetering v.e. drukproef.***

Fahnenmast ⟨m.⟩ **0.1** ***vlaggenmast.***

Fahnenschwingen ⟨o.; ~s⟩ **0.1** ***het vendelzwaaien.***

Fahnenstange ⟨v.⟩ **0.1** ***vlaggenstok.***

Fähnrich ⟨m.; ~s, ~e⟩⟨gesch., mil.⟩ **0.1** ***vaandrig*** ◆ **6.1** ~ **zur** See *vaandrig-adelborst.*

Fahrauftrag ⟨m.⟩ **0.1** ***rijopdracht.***

Fahrausweis ⟨m.⟩ **0.1** ***kaartje, reisbiljet.***

Fahrbahn ⟨v.⟩ **0.1** ***rijbaan, rijweg.***

Fahrbahnmarkierung ⟨v.⟩ **0.1** ***wegmarkering.***

Fahrbahnverengung ⟨v.⟩ **0.1** ***versmalling v.d. rijbaan/rijweg.***

Fahrbahnwechsel ⟨m.⟩ **0.1** ***het veranderen van rijbaan/rijstrook.***

fahrbar **0.1** ***rijdbaar*** ⇒*verplaatsbaar* **0.2** ⟨vero.⟩ ***berijdbaar*** ⟨v.e. weg⟩.

fahrbereit **0.1** ***startklaar.***

Fährbetrieb ⟨m.⟩ **0.1** ***veerdienst.***

Fahrdienst ⟨m.⟩ **0.1** ***dienst*** ⟨bij het openbaar vervoer⟩ **0.2** ⟨spoorwegen⟩ ***treindienst.***

Fahrdienstleiter ⟨m.⟩ **0.1** ***treindienstleider.***

Fahrdraht ⟨m.⟩ **0.1** ***bovenleiding, trolleydraad.***

Fähre ⟨v.; ~, ~n⟩ **0.1** ***veer(boot), pont*** **0.2** ***maanlander.***

fahren ⟨→t29⟩ **I** ⟨onov.ww.⟩ **0.1** ***rijden*** ⇒*gaan, reizen* **0.2** ***varen*** **0.3** ***vertrekken*** **0.4** ⟨fig.⟩ ***springen, vliegen, schieten*** ⇒*gaan* **0.5** ⟨h/s.⟩ ***wrijven, strijken*** ⇒*gaan* ◆ **1.3** wann fährt dieser Zug? *wanneer vertrekt deze trein?* **3.1** spazieren ~ *uit rijden gaan* **3.4** der Schlitten fährt über das Eis *de slee glijdt over het ijs* **6.1** **auf**, **in** Urlaub ~ *met vakantie gaan;* **mit** dem Fahrstuhl ~ *met de lift gaan* **6.2** ⟨scheep.⟩ **auf** Grund ~ *aan de grond raken, vastlopen* **6.4** **aus** dem Bett, den Federn ~ *uit bed springen, vliegen;* ein Gedanke fuhr ihr **durch** den Kopf *een gedachte schoot haar door het hoofd;* was ist bloß, nur **in** ihn gefahren? *wat bezielt hem toch?;* **in** die Kleider ~ *zijn kleren aanschieten* **6.5** jmdm. **durchs**, **übers** Haar ~ *door, over iemands haar strijken, gaan;*

II ⟨ov.ww.⟩ **0.1** ***rijden*** ⇒*besturen* **0.2** ⟨s.⟩ ***rijden, varen*** **0.3** ***rijden op*** **0.4** ⟨h/s.⟩ ***rijden*** ⇒*nemen, doen* **0.5** ***(af)rijden*** **0.6** ***(ver)voeren*** **0.7** ⟨tech.⟩ ***bedienen, draaiende houden*** **0.8** ⟨film, radio, tv⟩ ***uitzenden*** ◆ **1.1** ein kleines Auto ~ *met een kleine auto rijden* **1.2** Eisenbahn ~ *met de trein rijden* **1.3** auch Normalbenzin ~ *ook op normale benzine rijden* **1.4** ⟨film.⟩ eine Aufnahme ~ *(met de camerawagen) een opname maken;* eine Kurve ~ *een bocht nemen;* eine Strecke ~ *een traject afleggen* **1.6** Sand ~ *zand vervoeren* **1.7** eine Kamera ~ *een camera bedienen* **1.8** die Nachrichten ~ *de nieuwsberichten uitzenden;*

III **sich** ~ ⟨wk.ww.⟩ **0.1** ***rijden*** ◆ **1.1** dieses Auto fährt sich gut *deze auto rijdt goed.*

fahrend **0.1** ***rondreizend*** ◆ **1.¶** ⟨jur.⟩ ~es Gut, ~e Habe *roerend goed.*

Fahrenheitskala ⟨v.⟩ **0.1** ***schaal van Fahrenheit.***

fahrenlassen **0.1** ***loslaten*** **0.2** ***laten varen*** ⇒*opgeven, afzien van.*

Fahrer ⟨m.; ~s, ~⟩ **0.1** ***(auto)bestuurder, chauffeur*** ◆ **1.1** der ~ der Straßenbahn *de trambestuurder.*

Fahrerei ⟨v.; ~, ~en⟩ **0.1** ***gerij, het rijden.***

Fahrerflucht ⟨v.⟩ **0.1** ***het doorrijden*** ⟨na ongeval⟩ ◆ **3.1** ~ begehen *na een ongeval doorrijden.*

Fahrerlaubnis ⟨v.⟩ **0.1** ***vergunning, toestemming tot het besturen v.e. motorvoertuig*** **0.2** ***rijbewijs.***

Fahrersitz ⟨m.⟩ **0.1** ***bestuurders-, chauffeursplaats.***

Fahrgast ⟨m.⟩ **0.1** ***passagier*** ⇒*reiziger.*

Fahrgastschiff ⟨o.⟩ **0.1** ***passagiersschip.***

Fahrgeld ⟨o.⟩ **0.1** ***reisgeld*** ⇒*vervoersprijs, tarief.*

Fahrgemeinschaft ⟨v.⟩ **0.1** ***carpool*** ◆ **3.1** eine ~ bilden *carpoolen.*

Fahrgeschwindigkeit ⟨v.⟩ **0.1** ***(rij)snelheid.***
Fahrgestell ⟨o.⟩ **0.1** ***onderstel, chassis*** **0.2** ***landingsgestel*** **0.3** ⟨inf.; scherts.⟩ ***onderstel*** ⇒*benen.*
fahrig **0.1** ***nerveus, onrustig*** ⇒*ongecontroleerd, onevenwichtig* **0.2** ***afwezig, verstrooid*** ⇒*onoplettend, ongeconcentreerd.*
Fahrkarte ⟨v.⟩ **0.1** ***kaartje, reisbiljet*** ◆ **3.1** eine ~ lösen *een kaartje kopen.*
Fahrkartenausgabe ⟨v.⟩ **0.1** ***(plaatskaarten)loket.***
Fahrkartenschalter ⟨m.⟩ →**Fahrkartenausgabe.**
Fahrkilometer ⟨m.⟩ **0.1** ***gereden, afgelegde kilometer.***
Fahrkorb ⟨m.⟩ **0.1** ***liftkooi.***
Fahrkosten ⟨alleen mv.⟩ **0.1** ***reiskosten.***
Fahrkostenpauschale ⟨v.⟩ **0.1** ***reiskostenforfait.***
fahrlässig **0.1** ***nalatig, onachtzaam*** ⇒*nonchalant* ◆ **1.1** ~e Brandstiftung *brandstichting door onachtzaamheid;* ⟨jur.⟩ ~e Tötung *dood door schuld.*
Fahrlehrer ⟨m.⟩ **0.1** ***rij-instructeur.***
Fahrleistung ⟨v.⟩ **0.1** ***rijprestatie.***
Fährmann ⟨m.; mv. ≃er of Fährleute⟩ **0.1** ***veerman.***
Fahrnis ⟨v.; ~, ~se⟩⟨jur.⟩ **0.1** ***roerend goed.***
Fahrplan ⟨m.⟩ **0.1** ***dienstregeling*** **0.2** ***spoorboekje*** **0.3** ⟨inf.⟩ ***plan(nen)*** ⇒*bedoeling, programma* **0.4** ⟨inf.; dram.⟩ ***speelplan*** ◆ **3.3** jmdm. den ~ durcheinanderbringen *iemands plannen in de war sturen.*
fahrplanmäßig **0.1** ***volgens de dienstregeling*** ⇒*op tijd, stipt.*
Fahrpraxis ⟨v.⟩ **0.1** ***rijervaring.***
Fahrpreis ⟨m.⟩ **0.1** ***vracht-, vervoerprijs*** ⇒*tarief.*
Fahrprüfung ⟨v.⟩ **0.1** ***rijexamen.***
Fahrrad ⟨o.⟩ **0.1** ***rijwiel, fiets.***
Fahrradständer ⟨m.⟩ **0.1** ***fietsstandaard.***
Fahrrinne ⟨v.⟩ **0.1** ***vaargeul.***
Fahrschein ⟨m.⟩ **0.1** ***kaartje, reisbiljet.***
Fährschiff ⟨o.⟩ **0.1** ***veerboot, pont.***
Fahrschreiber ⟨m.⟩ **0.1** ***tachograaf.***
Fahrschule ⟨v.⟩ **0.1** ***autorijschool.***
Fahrspur ⟨v.⟩ **0.1** ***rijstrook.***
Fahrsteiger ⟨m.⟩⟨mijnw.⟩ **0.1** ***meester-opzichter.***
Fahrstraße ⟨v.⟩ **0.1** ***(rij)weg.***
Fahrstrecke ⟨v.⟩ **0.1** ***traject*** ⇒*afstand.*
Fahrstreifen ⟨m.⟩ **0.1** ***rijstrook.***
Fahrstuhl ⟨m.⟩ **0.1** ***lift(kooi).***
Fahrstuhlführer ⟨m.⟩ **0.1** ***liftbediende.***
Fahrstunde ⟨v.⟩ **0.1** ***(auto)rijles.***
Fahrt ⟨v.; ~, ~en⟩ **0.1** ***het rijden, rit*** **0.2** ***het varen, vaart*** **0.3** ***vaart, snelheid*** **0.4** ***rit, vaart*** ⇒*tocht* **0.5** ⟨mijnw.⟩ ***ladder*** ◆ **2.1** ⟨fig.⟩ freie ~ bekommen, haben (a) *mogen beginnen* (b) *kunnen doen en laten wat men wil* **2.3** ⟨scheep.⟩ volle ~ voraus! *volle kracht vooruit!* **2.4** gute ~! *goede reis!* **6.2** ⟨scheep.⟩ **auf** ~ gehen *gaan varen;* ein Schiff **in** ~ setzen *een schip in de vaart brengen* **6.3** **in** ~ kommen *op snelheid komen* **6.4** eine ~ **ins** Blaue *een uitstapje met onbekende bestemming* **6.¶** ⟨inf.⟩ jmdn. **in** ~ bringen (a) *iem. in een goede stemming brengen* (b) *iem. kwaad, woedend maken.*
Fahrtausweis ⟨m.⟩ **0.1** ***kaartje, reisbiljet.***
Fahrtdauer ⟨v.⟩ **0.1** ***reisduur.***
Fährte ⟨v.; ~, ~en⟩ **0.1** ***spoor*** ◆ **2.1** auf falscher ~ sein *op het verkeerde spoor zijn* **6.1** jmdm. **auf** der ~ sein *iem. op het spoor zijn.*
Fahrtenbuch ⟨o.⟩ **0.1** ***rijtijdenboekje.***
Fahrtenschreiber ⟨m.⟩ **0.1** ***tachograaf.***
Fahrtrichtung ⟨v.⟩ **0.1** ***rijrichting*** **0.2** ***koers.***
Fahrtrinne ⟨v.⟩ **0.1** ***vaargeul.***
Fahrtstrecke ⟨v.⟩ **0.1** ***traject, afstand.***
fahrtüchtig **0.1** ***geschikt, in staat om te rijden*** **0.2** ***rij-, startklaar.***
Fahrtwind ⟨m.⟩ **0.1** ***rijwind.***
Fahrverbot ⟨o.⟩ **0.1** ***rijverbod.***
Fahrverhalten ⟨o.⟩ **0.1** ***rijgedrag*** **0.2** ***rijeigenschap.***
Fahrwasser ⟨o.⟩ **0.1** ***vaarwater, -geul*** ◆ **1.1** ⟨fig.⟩ in das ~ der Politik geraten *in politiek vaarwater terechtkomen* **6.1** ⟨inf.; fig.⟩ **in** jmds. ~ schwimmen, segeln *in iemands kielzog varen;* ⟨inf.⟩ **in** seinem, im richtigen ~ sein *in zijn element zijn.*
Fahrweg ⟨m.⟩ **0.1** ***af te leggen, afgelegde afstand*** **0.2** ***rijweg.***
Fahrweise ⟨v.⟩ **0.1** ***rijstijl.***
Fahrwerk ⟨o.⟩ **0.1** ***landingsgestel*** **0.2** ***onderstel, chassis.***
Fahrwind ⟨m.⟩ **0.1** ***rijwind*** **0.2** ***zeilwind.***
Fahrzeit ⟨v.⟩ **0.1** ***reisduur, reis-, rijtijd.***
Fahrzeug ⟨o.⟩ **0.1** ***voer-, vaartuig.***
Fahrzeugbrief ⟨m.⟩ **0.1** ***kentekenbewijs.***
Fahrzeugführer ⟨m.⟩ **0.1** ***bestuurder.***
Fahrzeughalter ⟨m.⟩ **0.1** ***bezitter v.e. voertuig.***
Fahrzeugpark ⟨m.⟩ **0.1** ***wagen-, autopark.***
fair **0.1** ***fair*** ⟨ook sp.⟩.
Fair|neß, -ness ⟨v.; ~⟩ **0.1** ***fairheid*** ⇒*eerlijkheid, fatsoenlijkheid.*
Fäkalien ⟨alleen mv.⟩ **0.1** ***fecaliën, feces*** ⇒*uitwerpselen.*
Fakir ⟨m.; ~s, ~e⟩ **0.1** ***fakir.***
Faksimile ⟨o.; ~s, ~s⟩⟨boek.⟩ **0.1** ***facsimile*** ⇒*afdruk.*
Fakt ⟨m. & o.; ~(e)s, ~en of ~s⟩ **0.1** ***feit.***
faktisch **0.1** ***factisch*** ⇒*werkelijk.*
Faktor ⟨m.; ~s, Faktoren⟩ **0.1** ***factor*** **0.2** ⟨technisch leider v.e. zetterij, drukkerij⟩.
Faktotum ⟨o.; ~s, ~s of Faktoten⟩ **0.1** ***factotum*** ⇒*manusje-van-alles.*
fakturieren ⟨ec.⟩ **I** ⟨onov.ww.⟩ **0.1** ***een factuur opmaken;*** **II** ⟨ov.ww.⟩ **0.1** ***factureren.***
Fakultät ⟨v.; ~, ~en⟩ **0.1** ***faculteit(sgebouw)*** **0.2** ⟨wisk.⟩ ***faculteit*** ◆ **6.¶** ⟨scherts.⟩ **von** der anderen ~ sein (a) *er anders over denken* (b) *homoseksueel zijn.*
fakultativ **0.1** ***facultatief*** ⇒*niet verplicht.*
Falke ⟨m.; ~n, ~n⟩ **0.1** ***valk*** **0.2** ***havik*** ⟨voorstander v.e. militante politiek⟩.
Falkenauge ⟨o.⟩⟨fig.⟩ **0.1** ***valkenoog*** ⇒*scherpziend oog.*
Falkenjagd ⟨v.⟩ **0.1** ***valkenjacht.***
Falkner ⟨m.; ~s, ~⟩ **0.1** ***valkenier.***
Fall ⟨m.; ~(e)s, ≃e⟩ **0.1** ***val, het vallen*** **0.2** ***geval*** ⇒*omstandigheid* **0.3** ***geval*** ⇒*voorval, gebeurtenis* **0.4** ⟨fig.⟩ ***val*** ⇒*ondergang, ongeluk* **0.5** ***val*** ⟨van water⟩ ⇒***het dalen, zakken*** **0.6** ⟨jur., med.⟩ ***geval*** **0.7** ⟨taal.⟩ ***naamval*** ◆ **2.3** ⟨inf.⟩ klarer ~! *dat is duidelijk!* **3.2** den ~ nehmen, setzen *(veronder)stellen, aannemen;* gesetzt den ~, (daß) *gesteld, in de veronderstelling dat* **3.3** der ~ liegt so *de zaak zit zo* **3.¶** ⟨inf.⟩ jmds. ~ sein *iem. bevallen* **6.1** **zu** ~ bringen, kommen *ten val brengen, komen;* ⟨jur.⟩ eine Klage **zu** ~ bringen *een aanklacht afwijzen* **6.2** **auf** alle Fälle, jeden ~ *in ieder geval;* ⟨inf.⟩ **für** den ~, **im** ~(e), daß *voor het geval dat;* **von** ~ **zu** ~ *van geval tot geval* **6.3** **im** vorliegenden ~ *in het onderhavige geval.*
Fallbeil ⟨o.⟩ **0.1** ***valbijl*** ⇒*guillotine.*
Fallbeschleunigung ⟨v.⟩⟨nat.⟩ **0.1** ***valversnelling.***
Falle ⟨v.; ~, ~n⟩ **0.1** ***val(strik)*** ⟨ook fig.⟩ **0.2** ⟨inf.⟩ ***bed*** ⇒***kooi, nest*** ◆ **3.1** ⟨fig.⟩ jmdm. eine ~ stellen *(voor) iem. een val zetten* **6.1** **in** die ~ gehen *in de val lopen, erin tuinen* **6.2** sich **in** die ~ hauen *naar (de) kooi gaan.*
fallen ⟨→t30⟩ **0.1** ***vallen*** ⟨ook fig.⟩ **0.2** ***dalen*** ⇒*afnemen, ver-*

minderen **0.3** ***vallen*** *⇒sneuvelen* **0.4** ***wegvallen*** *⇒opgeheven, afgewezen worden* **0.5** ***(binnen)vallen*** *⇒binnendringen* **0.6** ***(neer)vallen*** *⇒(neer)komen* **0.7** ***ten deel, te beurt vallen*** **0.8** ***overgaan in*** ◆ **1.2** ⟨ec.⟩ der Kurs fällt *de koers daalt* **1.4** ein Antrag ist gefallen *een amendement is afgewezen* **3.1** einen Plan ~ lassen *een plan laten varen, opgeven* **6.1** das Haar fiel ihr bis **auf** die Schultern *haar haar viel tot op haar schouders;* ⟨fig.⟩ die Ratschläge fielen **auf** fruchtbaren Boden *de raadgevingen vielen in goede aarde;* **im** Fallen *al vallend;* einem Pferd **in** die Zügel ~ *een paard bij de teugels grijpen;* das fällt **unter** das neue Gesetz *dat valt onder de nieuwe wet;* sich **zu** Tode ~ *doodvallen* **6.2** **im** Preis ~ *in prijs dalen* **6.5** der Feind ist **ins** Land gefallen *de vijand is het land binnengevallen* **6.7** eine Erbschaft fällt **an** jmdn. *een erfenis valt iem. toe;* die meiste Arbeit fiel **auf** ihn *hij kreeg het meeste werk te verrichten* **6.8** die Pferde fielen **in** Galopp *de paarden begonnen te galopperen.* →**Fest, Grube, Kind, Würfel.**

fällen **0.1** ***vellen*** ⟨ook fig.⟩ *⇒omhouwen, neerslaan* **0.2** ***vellen*** *⇒uitspreken* **0.3** ⟨mil.⟩ ***vellen*** *⇒horizontaal richten* **0.4** ⟨schei.⟩ ***(doen) neerslaan*** ◆ **1.¶** ⟨wisk.⟩ ein Lot auf eine Gerade ~ *een loodlijn op een rechte neerlaten* **4.1** ⟨fig.⟩ jmdn. ~ *iem. ten val brengen* **6.1** **vom** Blitz gefällt *door de bliksem geveld.*

fallenlassen **0.1** ***laten varen, afzien van*** **0.2** ⟨fig.⟩ ***laten vallen*** *⇒niet langer steunen* **0.3** ⟨fig.⟩ ***laten vallen*** *⇒terloops vermelden* ◆ **1.1** seine Pläne ~ *zijn plannen laten varen* **1.3** über etwas, jmdn. kein Wort ~ *over iets, iem. met geen woord reppen.*

Fallgeschwindigkeit ⟨v.⟩⟨nat.⟩ **0.1** ***valsnelheid.***

Fallgitter ⟨o.⟩ **0.1** ***valhek*** *⇒stormeg.*

Fallgrube ⟨v.⟩ **0.1** ***valkuil*** ⟨ook fig.⟩.

Fallhammer ⟨m.⟩ **0.1** ***val-, stoomhamer.***

Fallhöhe ⟨v.⟩⟨nat.; dram.⟩ **0.1** ***valhoogte.***

fallieren ⟨h.⟩ **0.1** ***failliet gaan.***

fällig **0.1** ***te betalen*** *⇒opeisbaar, vervallen* **0.2** ***(sedert lang) noodzakelijk, verwacht*** ◆ **1.2** die längst ~en Maßnahmen *de al lang noodzakelijke maatregelen* **3.1** die Miete ist ~ *de huur moet betaald worden* **3.2** das Urteil ist morgen ~ *het vonnis is morgen te verwachten* **3.¶** ⟨inf.⟩ dieser Kerl ist morgen ~! *ik zal die kerel morgen eens onder handen nemen!*

Fälligkeitstermin ⟨m.⟩ **0.1** ***vervaldatum.***

Fallobst ⟨o.⟩ **0.1** ***afgevallen fruit.***

Fallrohr ⟨o.⟩ **0.1** ***val-, afvoerpijp.***

Fallrückzieher ⟨m.⟩⟨sp.⟩ **0.1** ***omhaal.***

falls **0.1** ***voor het geval dat, indien*** ◆ **¶.1** ~ es regnen sollte *mocht het regenen.*

Fallschirm ⟨m.⟩ **0.1** ***parachute.***

Fallschirmjäger ⟨m.⟩⟨mil.⟩ **0.1** ⟨enk.⟩ ***para,*** ⟨mv.⟩ ***parachutetroepen, para's.***

Fallschirmspringer ⟨m.⟩ **0.1** ***parachutist, para.***

Fallstrick ⟨m.⟩⟨fig.⟩ **0.1** ***valstrik.***

Fallstudie ⟨v.⟩ **0.1** ***casestudy.***

Falltür ⟨v.⟩ **0.1** ***valdeur, valluik.***

fallweise **0.1** ***van geval tot geval.***

Fallwind ⟨m.⟩ **0.1** ***valwind.***

falsch **0.1** ***vals*** **0.2** ***(ver)vals(t)*** *⇒nagemaakt* **0.3** ***verkeerd*** *⇒onjuist, foutief* **0.4** ***vals*** *⇒niet gepast* **0.5** ***vals*** *⇒onwaar* **0.6** ⟨pej.⟩ ***vals*** *⇒onbetrouwbaar* ◆ **1.1** ~er Alarm *blind, loos alarm* **1.2** ~es Geld *vals geld;* unter ~em Namen *onder een valse naam* **1.4** ~e Scham *valse schaamte* **1.5** ~e Angaben machen *onware gegevens verstrekken* **1.6** ein ~er Freund *een valse vriend* **3.3** ⟨inf.; fig.⟩ ~ liegen *het mis hebben;* ⟨inf.; fig.⟩ da bist du ~ verbunden! *nu heb je het toch mis!* **3.5** ~ schwören *een valse eed afleggen* **7.3** an den Falschen, die Falsche geraten *aan het verkeerde adres komen.*

Falsch ⟨m. & o.⟩⟨schr.⟩ **0.1** ***valsheid, bedrog*** ◆ **4.1** an, in jmdm. ist kein ~ *in iem. steekt geen kwaad* **6.1** **ohne** ~ (sein) *oprecht (zijn).*

Falschaussage ⟨v.⟩⟨jur.⟩ **0.1** ***valse verklaring, getuigenis.***

Falschbuchung ⟨v.⟩⟨ec.⟩ **0.1** ***foutieve boeking.***

fälschen **0.1** ***vervalsen.***

Falschfahrer ⟨m.⟩ **0.1** ***spookrijder.***

Falschgeld ⟨o.⟩ **0.1** ***vals geld.***

Falschheit ⟨v.; ~, ~en⟩ **0.1** ***valsheid*** *⇒onechtheid* **0.2** ***onwaarheid, onjuistheid*** **0.3** ⟨pej.⟩ ***valsheid, valse aard*** *⇒onbetrouwbaarheid* ◆ **1.2** die ~ einer Nachricht *de onjuistheid van een bericht.*

fälschlich **0.1** ***verkeerd*** *⇒ten onrechte, foutief.*

Falschmeldung ⟨v.⟩ **0.1** ***onjuist bericht.***

Falschmünzer ⟨m.⟩ **0.1** ***vals(e)munter.***

Fälschung ⟨v.; ~, ~en⟩ **0.1** ***vervalsing*** ◆ **1.1** eine ~ der Tatsachen *een verdraaiing van de feiten.*

fälschungssicher **0.1** ***fraudebestendig.***

Falsifikat ⟨o.; ~(e)s, ~e⟩ **0.1** ***falsificaat*** *⇒vervalsing.*

falsifizieren **0.1** ***falsificeren*** *⇒vervalsen* **0.2** ***falsificeren*** *⇒de onjuistheid aantonen van.*

faltbar **0.1** ***(op)vouwbaar.***

Faltblatt ⟨o.⟩ **0.1** ***vouwblad*** *⇒folder.*

Falte ⟨v.; ~, ~n⟩ **0.1** ***vouw, plooi*** **0.2** ***rimpel*** **0.3** ⟨geol.⟩ ***plooi*** ◆ **6.2** die Stirn **in** ~n legen, ziehen *het voorhoofd fronsen.*

fälteln **0.1** ***plooien, plisseren*** ⟨mbt. stoffen⟩.

falten I ⟨ov.ww.⟩ **0.1** ***(op)vouwen*** **0.2** ***vouwen*** *⇒ineenstrengelen* **0.3** ***rimpelen, fronsen*** **0.4** ⟨geol.⟩ ***plooien*** ◆ **3.2** die Hände gefaltet halten *de handen gevouwen houden;*
II sich ~ ⟨wk.ww.⟩ **0.1** ***rimpelen, rimpels krijgen*** ◆ **1.1** ein gefaltetes Gesicht *een rimpelig gezicht.*

Faltenbildung ⟨v.⟩ **0.1** ***vorming van rimpels*** **0.2** ⟨geol.⟩ ***plooiing.***

Faltengebirge ⟨o.⟩⟨geol.⟩ **0.1** ***plooiingsgebergte.***

faltenlos **0.1** ***zonder plooi(en)*** **0.2** ***ongerimpeld.***

Faltenrock ⟨m.⟩ **0.1** ***plooi-, plissérok.***

Faltenwurf ⟨m.⟩ **0.1** ***plooienval, drapering.***

Falter ⟨m.; ~s, ~⟩ **0.1** ***vlinder.***

faltig **0.1** ***met veel plooien*** **0.2** ***gekreukt*** **0.3** ***(sterk) gerimpeld.***

Faltkarte ⟨v.⟩ **0.1** ***vouwkaart*** *⇒opvouwbare landkaart.*

Falttür ⟨v.⟩ **0.1** ***vouw-, harmonicadeur.***

Faltung ⟨v.; ~, ~en⟩ **0.1** ***het vouwen*** **0.2** ⟨geol.⟩ ***plooiing.***

Falz ⟨m.; ~es, ~e⟩ **0.1** ⟨boek.⟩ ***vouw, kneep*** **0.2** ⟨bouwk.⟩ ***sponning, gleuf*** **0.3** ⟨tech.⟩ ***fels(rand).***

falzen **0.1** ⟨boek.⟩ ***vouwen*** **0.2** ⟨bouwk.⟩ ***groeven*** *⇒van een sponning, gleuf voorzien* **0.3** ⟨tech.⟩ ***felsen*** **0.4** ⟨amb.⟩ ***(af)schaven*** ⟨mbt. huiden⟩.

familiär **0.1** ***in verband met de familie*** **0.2** ***familiair*** *⇒vertrouwelijk, vrijpostig* ◆ **1.1** ~e Angelegenheiten *familieaangelegenheden.*

Familie ⟨v.; ~, ~n⟩ **0.1** ***(huis)gezin, familie*** ⟨ook fig.⟩ **0.2** ***familie*** *⇒geslacht, bloedverwanten* **0.3** ⟨biol.⟩ ***familie*** ◆ **2.1** ⟨iron.⟩ eine feine, schöne ~! *het is me wat fraais!* **2.2** aus guter ~ sein *van goede afkomst zijn* **3.¶** er hat (keine) ~ *hij heeft (geen) vrouw en kinderen* **6.1** ⟨inf.⟩ das bleibt **in** der ~ *dat blijft in de familie, onder ons.*

Familienähnlichkeit ⟨v.⟩ **0.1** ***familiegelijkenis*** *⇒familietrek.*

Familienangehörige(r) ⟨bn. als zn.⟩ **0.1** ***gezins-, familielid.***

Familienanschluß ⟨m.⟩ **0.1** ***aansluiting bij het gezin, huiselijk verkeer.***

Familienanzeige ⟨v.⟩ **0.1** ***familiebericht.***
Familienbild ⟨o.⟩ **0.1** ***gezins-, familiefoto.***
Familienbuch ⟨o.⟩ **0.1** ***trouwboekje.***
Familienfeier ⟨v.⟩ **0.1** ***familiefeest.***
Familienfürsorge ⟨v.⟩ **0.1** ***gezinszorg.***
Familienkreis ⟨m.⟩ **0.1** ***familiekring*** ⇒*huiselijke kring.*
Familienkunde ⟨v.⟩ **0.1** ***genealogie.***
Familienleben ⟨o.⟩ **0.1** ***gezinsleven.***
Familienmitglied ⟨o.⟩ **0.1** ***gezins-, familielid.***
Familienname ⟨m.⟩ **0.1** ***familie-, achternaam.***
Familienoberhaupt ⟨o.⟩ **0.1** ***gezins-, familiehoofd.***
Familienplanung ⟨v.⟩ **0.1** ***gezinsplanning.***
Familiensinn ⟨m.⟩ **0.1** ***familiezin, gevoel voor huiselijkheid.***
Familienstand ⟨m.⟩ **0.1** ***burgerlijke staat.***
Familienvater ⟨m.⟩ **0.1** ***huisvader*** ⇒*gezinshoofd.*
Familienverband ⟨m.⟩ **0.1** ***gezinsverband*** **0.2** ⟨soc.⟩ ***(alle) gezinsleden.***
Familienverhältnisse ⟨alleen mv.⟩ **0.1** ***gezinssituatie.***
Familienvorstand ⟨m.⟩ **0.1** ***gezins-, familiehoofd.***
Familienzusammenführung ⟨v.⟩ **0.1** ***gezinshereniging.***
Familienzuwachs ⟨m.⟩ **0.1** ***gezinsuitbreiding.***
famos ⟨inf.⟩ **0.1** ***fameus*** ⇒*prachtig.*
Famula ⟨v.; ~, Famulä⟩ ⟨schr.⟩ **0.1** ***coassistente.***
Famulus ⟨m.; ~, ~s of Famuli⟩ ⟨schr.⟩ **0.1** ***coassistent.***
Fan ⟨m.; ~, ~s⟩ **0.1** ***fan*** ⇒*supporter.*
Fanatiker ⟨m.; ~s, ~⟩ **0.1** ***fanaticus*** ⇒*fanatiekeling.*
fanatisch **0.1** ***fanatiek.***
Fanfare ⟨v.; ~, ~n⟩ **0.1** ***klaroen*** **0.2** ***fanfare.***
Fanfarenbläser ⟨m.⟩ **0.1** ***klaroenblazer.***
Fang ⟨m.; ~(e)s, ~̈e⟩ **0.1** ***vangst, het vangen*** ⟨ook fig.⟩ ⇒*buit, succes* **0.2** ⟨jacht⟩ ***bek, hoektand, klauw*** ◆ **3.1** einen guten ~ haben, machen, tun (a) *een goede vangst doen* (b) ⟨fig.⟩ *succes hebben* **6.2** ⟨inf.; fig.⟩ **in** jmds. Fänge geraten *in iemands klauwen geraken.*
Fangarm ⟨m.⟩ **0.1** ***vangarm*** ⇒*tentakel.*
Fangball ⟨m.⟩ **0.1** ***vangbal*** ◆ **3.1** ⟨fig.⟩ mit jmdm. ~ spielen *met iem. doen wat men wil.*
Fangeisen ⟨o.⟩ **0.1** ***vangijzer*** ⇒*klem, val.*
fangen ⟨→t31⟩ **I** ⟨ov.ww.⟩ **0.1** ***vangen*** ⇒*grijpen, pakken* **0.2** ***gevangen nemen*** **0.3** ⟨fig.⟩ ***vangen*** ⇒*beetnemen* **0.4** ⟨fig.⟩ ***betoveren*** ⇒*boeien* ◆ **1.1** Feuer ~ *vlam vatten* ⟨ook fig.⟩ **5.4** etwas, jmd. hat mich ganz gefangen *iets, iem. heeft me helemaal betoverd* **6.3** jmdn. **mit** Versprechungen ~ *iem. met beloftes vangen;*
II sich ~ ⟨wk.ww.⟩ **0.1** ***zich(zelf) vangen*** ⟨ook fig.⟩ **0.2** ***blijven hangen*** ⇒*zich verzamelen* **0.3** ***zijn evenwicht herVinden, zich herstellen*** ⟨ook fig.⟩ ◆ **5.3** ⟨fig.⟩ sich nach einem Unglück wieder ~ *na een ongeluk zijn evenwicht hervinden* **6.1** sich **in** der eigenen Schlinge, den eigenen Worten ~ *zich vastpraten* **6.2** der Rauch fing sich **im** Schornstein *de rook bleef in de schoorsteen hangen.*
Fangen ⟨o.; ~s⟩ ◆ **3.¶** ~ spielen *krijgertje spelen.*
Fangfrage ⟨v.⟩ **0.1** ***strikvraag.***
Fanggrube ⟨v.⟩ **0.1** ***vangkuil*** ⇒*valkuil.*
Fanggrund ⟨m.⟩ **0.1** ***vangstplaats, visgrond.***
Fangleine ⟨v.⟩ ⟨scheep.⟩ **0.1** ***vanglijn*** ⇒*meertouw, -tros.*
Fangmesser ⟨o.⟩ ⟨jacht⟩ **0.1** ***hartsvanger*** ⇒*jachtmes.*
Fangnetz ⟨o.⟩ **0.1** ***vang-, valnet.***
fangsicher ⟨sp.⟩ **0.1** ***klemvast.***
Fangspiel ⟨o.⟩ **0.1** ***vangspel*** ⇒*krijgertje, vangertje.*
Fangzaun ⟨m.⟩ **0.1** ***sneeuwschutting.***
Fangzeit ⟨v.⟩ **0.1** ***vang-, vistijd.***
Faradaykäfig ⟨m.⟩ **0.1** ***kooi van Faraday.***
faradisch ◆ **1.¶** ~er Strom *faradische stroom, inductiestroom.*

Farbabstimmung ⟨v.⟩ **0.1** ***kleur(en)combinatie*** **0.2** ⟨foto.⟩ ***kleurafstelling.***
Farbabstufung ⟨v.⟩ **0.1** ***kleurnuancering, -schakering.***
Farbabweichung ⟨v.⟩ **0.1** ***kleurfout*** ⇒*kleurafwijking.*
Farbaufnahme ⟨v.⟩ **0.1** ***kleurenopname*** ⇒*kleurenfoto.*
Farbband ⟨o.; mv. ~̈er⟩ **0.1** ***(schrijfmachine)lint*** ⇒*schrijflint.*
Farbbeutel ⟨m.⟩ **0.1** ***verfbom.***
Farbbild ⟨o.⟩ **0.1** ***kleurenfoto.***
Farbdruck ⟨m.; mv. ~e⟩ **0.1** ***kleurendruk.***
Farbe ⟨v.; ~, ~n⟩ **0.1** ***kleur, tint*** ⟨ook fig.⟩ **0.2** ***kleur, verf*** **0.3** ***gelaats-, huidskleur*** **0.4** ***kleur*** ⟨ook kaartspel, wapen⟩ ⇒ *politieke gezindheid* ◆ **2.2** ⟨fig.⟩ etwas in den leuchtendsten, schwärzesten ~n (aus)malen *iets zeer positief, zeer negatief voorstellen* **2.4** die belgischen ~n *de Belgische kleuren* **3.2** etwas ~ auftragen *er een beetje kleur op leggen, zich wat schminken* **3.3** sein Gesicht verlor alle ~ *hij werd helemaal bleek, hij trok wit weg* **3.4** ~ bekennen *kleur bekennen, zijn mening zeggen;* die ~ wechseln *van partij, politieke overtuiging veranderen.*
farbecht **0.1** ***kleurecht.***
Färbemittel ⟨o.⟩ **0.1** ***kleurstof, kleursel.***
farbempfindlich **0.1** ***kleurgevoelig*** **0.2** ***niet kleurecht.***
färben I ⟨onov.ww.; h.⟩ ⟨inf.⟩ **0.1** ***kleur afgeven;***
II ⟨ov.ww.⟩ **0.1** ***kleuren, verven*** ⟨ook fig.⟩ **0.2** ⟨fig.⟩ ***kleuren*** ⇒*tinten* ◆ **1.1** ⟨fig.⟩ Schamrot färbte ihre Wangen *schaamrood kleurde haar wangen* **1.2** etwas durch eine gefärbte Brille sehen *iets door een gekleurde bril zien;*
III sich ~ ⟨wk.ww.⟩ **0.1** ***kleuren, (een) kleur krijgen*** ◆ **1.1** der Himmel färbte sich rot *de lucht kleurde rood.*
farbenblind **0.1** ***kleurenblind.***
farben|freudig, -froh **0.1** ***kleurrijk*** ⇒*bont, fleurig* **0.2** ***van opvallende, levendige kleuren houdend.***
Farbenlehre ⟨v.⟩ **0.1** ***kleurenleer.***
Farbenpalette ⟨v.⟩ **0.1** ***schilderspalet*** **0.2** ***kleurenrijkdom.***
farbenreich **0.1** ***kleurrijk*** ⇒*kleurig, bont.*
Farbensinn ⟨m.⟩ **0.1** ***kleurzin.***
Färber ⟨m.; ~s, ~⟩ **0.1** ***(textiel)verver.***
Färberpflanze ⟨v.⟩ **0.1** ***verfplant.***
Farbfernsehen ⟨o.⟩ **0.1** ***kleurentelevisie.***
Farbfernseher ⟨m.⟩ **0.1** ***kleurentelevisie(toestel).***
Farbfilm ⟨m.⟩ **0.1** ***kleurenfilm.***
Farbfilter ⟨m.⟩ **0.1** ***kleur(en)filter.***
Farbfoto ⟨o.⟩ **0.1** ***kleurenfoto.***
Farbgestaltung ⟨v.⟩ **0.1** ***kleurgeving, coloriet.***
farbig **0.1** ***kleurig*** ⇒*kleurrijk, bont* **0.2** ***gekleurd*** **0.3** ***gekleurd*** ⟨mbt. ras⟩ ⇒*niet blank* **0.4** ⟨fig.⟩ ***kleurrijk, levendig, aanschouwelijk*** ◆ **1.1** ein ~es Bild *een kleurig beeld* **1.2** ~es Glas *gekleurd glas* **1.4** eine ~e Schilderung *een levendige beschrijving.*
Farbige(r) ⟨bn. als zn.⟩ **0.1** ***kleurling(e).***
Farbkasten ⟨m.⟩ **0.1** ***verf-, schilderdoos.***
Farbkörper ⟨m.⟩ **0.1** ***kleurstof, pigment.***
farblos **0.1** ***kleurloos*** **0.2** ⟨fig.⟩ ***kleurloos*** ⇒*zonder karakter, saai* ◆ **1.2** ein ~er Mensch *een kleurloos, saai mens.*
Farbschicht ⟨v.⟩ **0.1** ***verflaag.***
Farbstich ⟨m.⟩ **0.1** ***gekleurde gravure.***
Farbstift ⟨m.⟩ **0.1** ***kleurpotlood.***
Farbstoff ⟨m.⟩ **0.1** ***kleurstof*** ⇒*kleurmiddel.*
Farbton ⟨m.⟩ **0.1** ***kleurnuance, tint.***
Färbung ⟨v.; ~, ~en⟩ **0.1** ***het kleuren, het verven*** **0.2** ***kleur, het gekleurd-zijn*** ⟨ook fig.⟩ ⇒*kleurschakering* **0.3** ***strekking, tint.***
Farbwalze ⟨v.⟩ **0.1** ***inktrol.***
Farce ⟨v.; ~, ~n⟩ **0.1** ***farce*** ⇒*lachwekkend voorval, grap* **0.2** ⟨lit.⟩ ***klucht(spel)*** **0.3** ⟨cul.⟩ ***farce*** ⇒*vulling.*

Farin ⟨m.; ~s⟩ **0.1** ***basterd-, poedersuiker.***
Farm ⟨v.; ~, ~en⟩ **0.1** ***farm*** **0.2** ***fokbedrijf.***
Farn ⟨m.; ~(e)s, ~e⟩⟨plantk.⟩ **0.1** ***varen.***
Färse ⟨v.; ~, ~n⟩ **0.1** ***vaars*** ⟨jonge koe⟩.
Fasan ⟨m.; ~(e)s, ~e(n)⟩ **0.1** ***fazant.***
Faschierte(s) ⟨bn. als zn.; o.⟩⟨Oostr.⟩ **0.1** ***gehakt*** **0.2** ***uit gehakt bereide spijs.***
Fasching ⟨m.; ~s, ~e of ~s⟩⟨vooral Zdd., Oostr.⟩ **0.1** ***carnaval.***
Faschismus ⟨m.; ~⟩ **0.1** ***fascisme.***
Faschist ⟨m.; ~en, ~en⟩ **0.1** ***fascist.***
Faselei ⟨v.; ~, ~en⟩⟨inf.; pej.⟩ **0.1** ***geleuter, gebeuzel*** ⇒*gezwam.*
faselig ⟨inf.; pej.⟩ **0.1** ***verstrooid*** ⇒*gedachteloos, onoplettend.*
faseln ⟨inf.; pej.⟩ **0.1** ***leuteren, beuzelen*** ⇒*zwammen.*
Faser ⟨v.; ~, ~n⟩ **0.1** ***vezel*** ⟨ook fig.⟩ ⇒*draad(je), rafel* ◆ **2.1** es ist keine gute ~ an ihm *er is niets goeds aan hem* **6.1** ⟨schr.; fig.⟩ **mit** allen ~n, mit jeder ~ seines Herzens *met heel zijn hart* **6.¶** ⟨inf.⟩ **mit** keiner ~ *helemaal niet.*
faserig **0.1** ***vezelig*** ⟨ook fig.⟩ ⇒*draderig, vezelachtig.*
fasern ⟨h.⟩ **0.1** ***uitvezelen*** ⇒*uitrafelen* ◆ **1.1** gefasertes Holz *vezelig hout.*
Faserplatte ⟨v.⟩ **0.1** ***vezelplaat, (vezel)board.***
Faserschreiber ⟨m.⟩ **0.1** ***viltstift.***
Faß ⟨o.; Fasses, Fässer⟩ **0.1** ***vat*** ⇒*ton, drum* ◆ **3.1** ein ~ anstechen, anzapfen *een vat aansteken;* ⟨inf.⟩ ein ~ aufmachen *een feestje bouwen;* ⟨fig.⟩ das schlägt dem ~ den Boden aus! *dat is het toppunt, nu is de maat vol!;* ⟨inf.⟩ er ist ein (richtiges) ~ *hij is zo rond als een ton* **6.1** ⟨fig.⟩ ein ~ **ohne** Boden *een bodemloos vat* **8.1** ⟨inf.⟩ trinken wie ein ~ *drinken als een tempelier.*
Fassade ⟨v.; ~, ~n⟩ **0.1** ***façade, voorgevel*** **0.2** ⟨fig.⟩ ***façade*** ⇒*schijn* **0.3** ⟨inf.; vaak pej.⟩ ***voorkant*** ⇒*gezicht* ◆ **2.3** nichts als eine hübsche ~ *alleen maar een mooi snoetje* **3.2** die ~ erhalten, wahren *de schijn bewaren, redden.*
Fassadenkletterer ⟨m.⟩ **0.1** ***geveltoerist.***
faßbar **0.1** ***te vatten*** ⇒*tastbaar, concreet* **0.2** ***te verstaan, begrijpelijk*** ⇒*duidelijk* ◆ **1.1** ~e Ergebnisse *tastbare, concrete resultaten* **5.2** ein kaum ~er Text *een nauwelijks begrijpelijke tekst.*
Faßbier ⟨o.⟩ **0.1** ***bier v.h. vat.***
fassen I ⟨onov.ww.; h.⟩ **0.1** ***pakken, grijpen*** ⇒*vat krijgen* **0.2** ***grijpen*** ⇒*aanraken* ◆ **1.1** die Schraube faßt *de schroef pakt* **6.1** der Wind faßt **ins** Segel *de wind krijgt vat in het zeil* **6.2** **nach** einem Glas ~ *naar een glas grijpen;*
II ⟨ov.ww.⟩ **0.1** ***(vast)grijpen*** ⟨ook fig.⟩ ⇒*(vast)nemen, (vast)pakken* **0.2** ***grijpen*** ⇒*arresteren, gevangennemen* **0.3** ***opdoen, inslaan*** ⇒*innemen* **0.4** ***kunnen bevatten*** ⇒*ruimte bieden* **0.5** ***vatten*** ⇒*omsluiten, inlijsten* **0.6** ***vatten*** ⇒*uitdrukken, formuleren* **0.7** ***voor mogelijk houden*** ⇒*geloven* **0.8** ***meepakken, grijpen*** **0.9** ⟨fig.⟩ ***(op)vatten*** ⇒*krijgen* **0.10** ⟨schr.⟩ ***aangrijpen*** ⇒*overvallen* **0.11** ⟨schr.⟩ ***begrijpen*** ◆ **1.2** einen Verbrecher ~ *een misdadiger arresteren* **1.3** die Lokomotive mußte Kohlen ~ *de locomotief had kolen nodig* **1.4** diese Flasche faßt einen Liter *deze fles kan een liter bevatten* **1.8** das Zahnrad faßt das Getriebe *het tandrad grijpt in het drijfwerk* **1.9** keinen Gedanken ~ können *tot enig denkwerk niet in staat zijn;* Vertrauen zu jmdm. ~ *vertrouwen in iem. krijgen;* einen Vorsatz ~ *zich iets voornemen;* Wurzel ~ *wortel schieten* ⟨ook fig.⟩ **1.10** Angst, Entsetzen faßte mich *angst, ontzetting greep mij aan* **3.1** ⟨fig.⟩ jmdn. zu ~ bekommen *iem. te spreken krijgen* **3.7** das ist nicht zu ~! *je houdt het niet voor mogelijk!* **5.6** seine Gedanken klar ~ *zijn gedachten duidelijk uitdrukken* **6.1** jmdn. **an**, **bei** seiner schwachen Seite, Stelle ~ *iem. op zijn zwakke plek raken;* ⟨fig.⟩ jmdn. **bei** seiner Ehre zu ~ versuchen *op iemands eer(gevoel) proberen te werken* **6.5** Edelsteine **in** Gold ~ *edelstenen in goud vatten;* einen Weg **mit** Bäumen ~ *een weg met bomen omzomen* **6.6** etwas **in** Worte ~ *iets onder woorden brengen* **6.9** etwas **ins** Auge ~ *iets onder ogen zien;* jmdn. **ins** Auge ~ *iem. op het oog hebben;*
III sich ~ ⟨wk.ww.⟩ **0.1** ***tot bedaren komen, zich beheersen*** ⇒*opnieuw zijn evenwicht vinden* **0.2** ***zich uitdrukken*** ◆ **5.2** sich kurz ~ *het kort maken* **¶.1** faß dich! *beheers je!*
fässerweise **0.1** ***met hele vaten*** ◆ **3.1** Abfälle ~ ins Meer schütten *afval met hele vaten in zee storten.*
Fassette ⟨v.⟩⟨nw.spel.⟩ →**Facette.**
faßlich **0.1** ***begrijpelijk*** ⇒*verstaanbaar, duidelijk* ◆ **1.1** in ~er Form *in bevattelijke vorm.*
Fasson[1] ⟨v.; ~, ~s, Oostr., Zdd., Zwi. ~en⟩ **0.1** ***snit, coupe*** **0.2** ***vorm*** ⇒*model* ◆ **3.2** ⟨fig.⟩ einer Sache ~ geben *aan iets vorm geven* **6.1** ein Anzug **nach** neuester ~ *een pak naar de nieuwste snit* **6.2** jeder soll **auf** seine ~, **nach** seiner ~ selig werden *ieder moet op zijn eigen manier zalig worden.*
Fasson[2] ⟨o.; ~s, ~s⟩⟨amb.⟩ **0.1** ***revers.***
Fassonschnitt ⟨m.⟩ **0.1** ***regelmatige haarsnit, coupe.***
Fassung ⟨v.; ~, ~en⟩ **0.1** ***vatting*** ⇒*(om)rand(ing), inlijsting, montuur* **0.2** ***tekst*** ⇒*versie, redactie* **0.3** ***kalmte, zelfbeheersing*** ⇒*innerlijk evenwicht* **0.4** ***het vatten*** ⇒*formulering* **0.5** ⟨fig.⟩ ***het (op)vatten*** ⇒*het krijgen, het begrijpen* **0.6** ⟨elektriciteit⟩ ***fitting*** ◆ **1.1** die ~ eines Edelsteins *de vatting van een edelsteen* **1.5** die ~ eines Problems *het vatten, begrijpen van een probleem* **2.2** die endgültige ~ eines Textes *de definitieve versie van een tekst;* die verschiedenen ~en eines Begriffes *de verschillende definities van een begrip* **3.3** (die) ~ behalten, bewahren *zijn kalmte, zelfbeheersing bewaren* **6.3** jmdn. **aus** der ~ bringen *iem. van zijn stuk brengen;* etwas **in**, **mit** ~ ertragen *iets met kalmte verdragen.*
Fassungskraft ⟨v.⟩ **0.1** ***bevattings-, begripsvermogen.***
fassungslos **0.1** ***in de war, van zijn stuk*** ⇒*sprakeloos* **0.2** ***buiten zichzelf, onbeheerst*** ◆ **3.1** jmdn. ~ anstarren *iem. sprakeloos, verbijsterd aanstaren* **6.2** ~ **vor** Glück *buiten zichzelf van geluk.*
Fassungsvermögen ⟨o.⟩ **0.1** ***capaciteit*** ⇒*(beschikbare) ruimte, inhoud.*
fast **0.1** ***bijna*** ⇒*haast, op weinig na.*
fasten ⟨h.⟩ **0.1** ***vasten.***
Fasten ⟨alleen mv.⟩⟨rel.⟩ **0.1** ***vasten(tijd)*** ◆ **3.1** die ~ beobachten, halten *de vasten onderhouden.*
Fastenkur ⟨v.⟩ **0.1** ***vermageringskuur.***
Fastnacht ⟨v.⟩ **0.1** ***carnaval*** ⇒*Vastenavond.*
Fasttag ⟨m.⟩ **0.1** ***vastendag.***
Faszikel ⟨m.; ~s, ~⟩⟨schr.⟩ **0.1** ***bundel, lias*** **0.2** ***aflevering, fascikel.***
Faszination ⟨v.; ~, ~en⟩ **0.1** ***fascinatie*** ⇒*aantrekkingskracht* ◆ **3.1** eine ~ auf jmdn. ausüben *een fascinerende invloed op iem. hebben.*
faszinieren **0.1** ***fascineren.***
fatal **0.1** ***fataal*** ⇒*naar, beroerd* **0.2** ***fataal*** ⇒*noodlottig* ◆ **1.1** eine ~e Lage *een nare, pijnlijke situatie* **5.1** das war mir sehr ~ *dat was me zeer onaangenaam.*
Fatzke ⟨m.; ~n of ~s⟩⟨inf.; pej.⟩ **0.1** ***ijdeltuit, arrogant iemand*** ⇒*fat, kwast, blaaskaak.*
fauchen I ⟨onov.ww.; h.⟩ **0.1** ***sissen, blazen*** ⟨ook fig.⟩ ⇒*snuiven* ◆ **1.1** die Lokomotive faucht *de locomotief sist;*
II ⟨ov.ww.⟩ **0.1** ***sissen*** ⇒*toesnauwen.*

faul 0.1 *rot* ⇒*bedorven* **0.2** *lui* **0.3** ⟨inf.; pej.⟩ ***niet in orde*** ⇒ *corrupt, verdacht* **0.4** ***nalatig, talmend, traag*** ◆ **1.1** ein ~er Geruch *een rotte geur;* ⟨mijnw.⟩ ~es Gestein *bros, brokkelig gesteente* **1.2** sich ⟨3e nv.⟩ einen ~en Tag machen *een dag luieren* **1.3** ~e Aktien *onzekere, waardeloze aandelen;* ~e Ausreden *smoesjes;* ein ~er Friede *een onzekere vrede, schijnvrede;* ein ~er Wechsel *een ongedekte wissel;* ~e Witze *flauwe moppen* **1.4** ~e Kunden, Zahler *nalatige klanten, betalers* **3.1** ~ riechen *onfris ruiken* **3.3** an dieser Sache ist etwas ~ *aan deze zaak zit een luchtje;* etwas ist ~ im Staate Dänemark *er is iets niet in orde* **5.2** ⟨inf.⟩ er, nicht ~, antwortete, ... *hij antwoordde zonder dralen, snel reagerend* ... **¶.2** ⟨sprw.⟩ abends werden die Faulen fleißig *tegen de avond en de noen heeft de luiaard meest te doen.*

Faulbaum ⟨m.⟩ **0.1** ***vuilboom*** ⇒*sporkehout.*

Fäule ⟨v.; ~, ~n⟩ **0.1** ***verrotting*** ⇒*bederf, gisting.*

faulen ⟨h/s.⟩ **0.1** ***(ver)rotten*** ⟨ook fig.⟩ ⇒*bederven.*

faulenzen 0.1 ***luieren, luilakken.***

Faulenzer ⟨m.; ~s, ~⟩ **0.1** ***luiaard, luilak.***

Faulgas ⟨o.⟩ **0.1** ***methaangas*** ⇒*moeras-, mijngas.*

Faulheit ⟨v.; ~, ~en⟩ **0.1** ***luiheid*** ◆ **6.1 vor** ~ stinken *aartslui zijn.*

faulig 0.1 ***rottend*** ⟨ook fig.⟩.

Fäulnis ⟨v.; ~⟩ **0.1** ***(ver)rotting*** ⟨ook fig.⟩ ⇒*bederf, gisting* ◆ **1.1** ⟨fig.⟩ die ~ einer Gesellschaft *de voosheid van een maatschappij* **6.1 in** ~ geraten, übergehen *beginnen te (ver)rotten.*

Fäulniserreger ⟨m.⟩ **0.1** ***rottingsbacterie.***

fäulnisverhütend 0.1 ***bederfwerend.***

Faulpelz ⟨m.⟩⟨inf.⟩ **0.1** ***luilak, luiaard.***

Faulschlamm ⟨m.⟩ **0.1** ***rottingsslik*** **0.2** ***(riool)slib.***

Faultier ⟨o.⟩ **0.1** ⟨biol.⟩ ***luiaard, ai*** **0.2** ⟨inf.⟩ ***luilak, luiaard.***

Faun ⟨m.; ~(e)s of ~en, ~e(n)⟩ **0.1** ***faun*** ⇒*sater, wellusteling.*

Fauna ⟨v.; ~, Faunen⟩ **0.1** ***fauna.***

Faust ⟨v.; ~, ~̈e⟩ **0.1** ***vuist*** ◆ **3.1** jmdm. eine ~ machen *tegen iem. een vuist maken;* die ~ im Nacken spüren *zich stevig onderdrukt voelen* **6.1** ⟨inf.⟩ das paßt wie die ~ **aufs** Auge (a) *dat slaat als een tang op een varken* (b) *dat past als een bus;* etwas **aus** der ~, **von** der ~ weg essen *iets uit het vuistje eten;* **mit** eiserner ~ *met ijzeren vuist, met geweld* **6.¶ auf** eigene ~ *op eigen houtje;* ⟨fig.⟩ jmdn. **unter** der ~ halten *iem. onder de duim houden.*

Faustabwehr ⟨v.⟩⟨sp.⟩ **0.1** ***het wegstompen.***

Faustball ⟨m.⟩⟨sp.⟩ **0.1** ***vuistbal(spel).***

Fäustchen ⟨o.; ~s, ~⟩ ◆ **6.¶** sich ⟨3e nv.⟩ (eins) **ins** ~ lachen *in zijn vuistje lachen.*

faustdick 0.1 ***zo dik als een vuist*** ◆ **1.¶** ⟨inf.⟩ eine ~e Lüge *een grove leugen* **3.1** ⟨inf.; fig.⟩ ~ auftragen *het er dik op leggen.*

fausten ⟨sp.⟩ **0.1** ***wegstompen.***

Fausthandschuh ⟨m.⟩ **0.1** ***want.***

Fausthieb ⟨m.⟩ **0.1** ***vuistslag*** ⇒*stomp.*

Faustkeil ⟨m.⟩⟨gesch.⟩ **0.1** ***vuistbijl.***

Fäustling ⟨m.; ~s, ~e⟩ **0.1** ***want.***

Faustpfand ⟨o.⟩ **0.1** ***vuistpand*** ⟨ook fig.⟩.

Faustrecht ⟨o.⟩ **0.1** ***vuistrecht*** ⇒*recht v.d. sterkste.*

Faustregel ⟨v.⟩ **0.1** ***vuistregel*** ⇒*algemene regel.*

Fautfracht ⟨v.⟩ **0.1** ***foutvracht.***

favorisieren 0.1 ⟨schr.⟩ ***begunstigen*** ⇒*bevoordelen* **0.2** ⟨sp.⟩ ***als favoriet beschouwen*** ⇒*tippen op* ◆ **1.2** die favorisierte Mannschaft *de favoriete ploeg.*

Favorit ⟨m.; ~en, ~en⟩ **0.1** ***favoriet*** ⟨ook fig.; sp.⟩ ◆ **2.1** ein hoher ~ *een groot favoriet.*

Fax ⟨o.; ~, ~(e)⟩ **0.1** ***fax*** ⟨bericht, toestel⟩.

Faxe ⟨v.; ~, ~n⟩ **0.1** ***grimas*** ⇒*gek gezicht, gekke beweging* **0.2** ⟨alleen mv.⟩ ***grappen, onzin*** ⇒*gekheid* ◆ **3.1** ~n machen, schneiden, ziehen *gekke gezichten trekken, gek doen* **4.2** alles ~n! *allemaal onzin, smoesjes!*

faxen ⟨com.⟩ **0.1** ***faxen.***

FAZ ⟨afk.⟩ [Frankfurter Allgemeine Zeitung].

Fäzes ⟨alleen mv.⟩⟨med.⟩ **0.1** ***feces*** ⇒*fecaliën.*

Fazilität ⟨v.; ~, ~en⟩⟨ec.⟩ **0.1** ***faciliteit, tegemoetkoming.***

Fazit ⟨o.; ~s, ~s of ~e⟩ **0.1** ***conclusie, slotsom*** ⇒*samenvatting* ◆ **1.1** das ~ der Untersuchungen *het eindresultaat van de onderzoekingen.*

FCKW ⟨m.; ~s, ~s; meestal mv.⟩⟨afk.; Fluorchlorkohlenwasserstoff⟩ **0.1** ***cfk, chloorfluorkoolwaterstof.***

FDP ⟨v.; ~⟩⟨afk.⟩ [Freie Demokratische Partei].

Februar ⟨m.; ~(s), ~e⟩ **0.1** ***februari*** ◆ **6.1 im** ~ *in februari* **7.1** der ~ *(de maand) februari.*

Fechtdegen ⟨m.⟩ **0.1** ***schermdegen, floret.***

fechten ⟨→t32⟩ **I** ⟨onov.ww.⟩ **0.1** ***schermen*** **0.2** ⟨schr.⟩ ***(als soldaat) vechten*** ⇒*strijden* **0.3** ⟨inf.⟩ ***bedelen*** ◆ **6.1 auf** Hieb ~ *met een houwwapen schermen;* **auf** Stoß ~ *met een steekwapen schermen;* ein Meister **im** Fechten *een schermmeester* **6.2** ⟨fig.⟩ **für** ein Ideal ~ *voor een ideaal vechten;*

II ⟨ov.ww.⟩ **0.1** ***schermen*** **0.2** ***(uit)vechten*** **0.3** ⟨inf.; fig.⟩ ***bedelen*** ◆ **1.1** Florett ~ *met, op de floret schermen* **1.2** einen Gang ~ *een partij schermen.*

Fechter ⟨m.; ~s, ~⟩ **0.1** ***schermer.***

Fechtkampf ⟨m.⟩ **0.1** ***schermwedstrijd.***

Feder ⟨v.; ~, ~n⟩ **0.1** ***veer*** ⟨van vogels⟩ ⇒*pen, pluim* **0.2** ***(schrijf)pen*** **0.3** ⟨mv.; inf.⟩ ***veren*** ⇒*bed* **0.4** ⟨tech., amb.⟩ ***veer*** ◆ **2.1** ⟨fig.⟩ sich mit fremden ~n schmücken *zich met andermans veren tooien* **3.1** ⟨inf.⟩ ~n lassen *veren laten* **3.2** eine scharfe, spitze ~ führen, schreiben *een scherpe pen hebben* **6.2** viele Romane sind **aus** seiner ~ geflossen, stammen aus, **von** seiner ~ *vele romans zijn uit zijn pen gevloeid;* **zur** ~ greifen *naar de pen grijpen* **6.3 aus** den ~n müssen *uit de veren moeten.*

Federball ⟨m.⟩ **0.1** ***pluimbal, shuttle*** **0.2** ***badminton.***

Federballschläger ⟨m.⟩ **0.1** ***badmintonracket.***

Federbett ⟨o.⟩ **0.1** ***veren dekbed.***

Federbusch ⟨m.⟩ **0.1** ***kuif*** ⟨bij vogels⟩ **0.2** ***veder-, helmbos.***

Federfuchser ⟨m.; ~s, ~⟩⟨pej.⟩ **0.1** ***pennenlikker, pedant*** **0.2** ***prulschrijver, scribent.***

federführend 0.1 ***bevoegd, verantwoordelijk*** **0.2** ***toon(aan)gevend.***

Federführung ⟨v.⟩ **0.1** ***bevoegdheid, verantwoordelijkheid*** ◆ **6.1 unter** (der) ~ des Ministers *onder de bevoegdheid van de minister.*

federgewandt ⟨schr.⟩ **0.1** ***vaardig met de pen*** ⇒*schrijfvaardig.*

Federgewicht ⟨o.⟩⟨sp.⟩ **0.1** ***vedergewicht.***

Federgras ⟨o.⟩ **0.1** ***vedergras.***

Federhalter ⟨m.⟩ **0.1** ***pen(nen)houder.***

federig 0.1 ***veder-, pluimachtig.***

Federkernmatratze ⟨v.⟩ **0.1** ***springveren matras.***

Federkiel ⟨m.⟩ **0.1** ***pennenschacht.***

Federkissen ⟨o.⟩ **0.1** ***veren kussen.***

Federkleid ⟨o.⟩⟨schr.⟩ **0.1** ***verenkleed*** ⟨v.e. vogel⟩ ⇒*gevederte, pluimage.*

federleicht 0.1 ***licht als een veer.***

Federlesen ⟨o.; ~s⟩ ◆ **3.¶** nicht viel ~(s) mit jmdm., etwas machen *niet veel complimenten met iem., iets maken* **4.¶** zu viel ~s *te veel omslag, drukte* **6.¶ ohne** langes ~, viel ~(s) *zonder veel plichtplegingen.*

Federmappe ⟨v.⟩ **0.1** ***penetui.***
Federmesser ⟨o.⟩ **0.1** ***pennenmes.***
federn I ⟨onov.ww.; h.⟩ **0.1** ***veren*** ⇒*elastisch zijn, op en neer wippen* ◆ **1.1** ein ~der Gang *een verende manier van lopen;*
II ⟨ov.ww.⟩ **0.1** ***van veren, vering voorzien*** ◆ **5.1** ein gut gefederter Wagen *een auto met goede vering.*
Federnelke ⟨v.⟩ **0.1** ***grasanjer.***
Federschale ⟨v.⟩ **0.1** ***pennenbakje.***
Federschmuck ⟨m.⟩ **0.1** ***vedertooi*** **0.2** ⟨schr.⟩ ***gevederte, vederkleed*** ⟨v.e. vogel⟩.
Federstrich ⟨m.⟩ **0.1** ***pennenstreek*** ⟨ook fig.⟩ ◆ **3.1** ⟨inf.⟩ keinen ~ tun *geen klap uitvoeren* **6.1** ⟨fig.⟩ **durch** einen ~, **mit** einem (einzigen) ~ *met één (enkele) pennenstreek.*
Federung ⟨v.; ~, ~en⟩ **0.1** ***vering.***
Federvieh ⟨o.⟩⟨inf.⟩ **0.1** ***pluimvee*** ⇒*gevogelte.*
Federwaage ⟨v.⟩ **0.1** ***veerbalans.***
Federweiße(r) ⟨bn. als zn.; m.⟩ **0.1** ***most*** ⟨jonge, nog gistende en troebele wijn⟩.
Federwild ⟨o.⟩ **0.1** ***vederwild.***
Federwisch ⟨m.⟩ **0.1** ***plumeau.***
Federwolke ⟨v.⟩ **0.1** ***vederwolk*** ⇒*cirrus.*
Federzeichnung ⟨v.⟩ **0.1** ***pentekening*** **0.2** ***het pentekenen.***
Federzug ⟨m.⟩⟨schr.⟩ **0.1** ***pennenstreek*** ⟨ook fig.⟩.
Fee ⟨v.; ~, ~n⟩ **0.1** ***fee.***
feenhaft **0.1** ***feeëriek*** ⇒*sprookjesachtig.*
Fegefeuer ⟨v.⟩ **0.1** ***vagevuur*** ⟨ook fig.⟩.
fegen I ⟨onov.ww.⟩ **0.1** ***vliegen, stuiven*** ◆ **6.1** der Wind fegt **über** die Fläche *de wind raast over de vlakte;*
II ⟨ov.ww.⟩ **0.1** ***(schoon-, weg)vegen*** **0.2** ***jagen, drijven*** **0.3** ⟨ijshockey⟩ ***(voort)schuiven*** ◆ **1.1** eine Eisbahn ~ *een ijsbaan vegen* **6.1** der Wind fegte die Blätter **von** den Bäumen *de wind veegde, rukte de bladeren van de bomen* **6.2** Bettler **aus** einem Park ~ *bedelaars uit een park jagen.*
Feger ⟨m.; ~s, ~⟩⟨inf.⟩ **0.1** ***wildebras*** **0.2** ***energieke vrouw.***
Fehde ⟨v.; ~, ~n⟩ **0.1** ***vete*** ⇒*vijandschap, strijd* ◆ **6.1** **in** ununterbrochener ~ leben *voortdurend in ruzie leven.*
Fehdehandschuh ⟨m.⟩⟨schr.⟩ ◆ **3.¶** den ~ aufheben, aufnehmen *de handschoen opnemen, de uitdaging aannemen;* jmdm. den ~ hinwerfen, ins Gesicht schleudern, vor die Füße werfen *iem. de handschoen toewerpen, uitdagen.*
fehl ◆ **6.¶** ⟨schr.⟩ ~ **am** Ort, Platz(e) *niet op zijn plaats, misplaatst.*
Fehl ⟨m. & o.; ~(e)s, ~e⟩⟨schr.⟩ **0.1** ***feil, fout*** ⇒*tekortkoming* ◆ **6.1** **ohne** ~ sein *zonder feilen, volmaakt zijn.*
Fehlanzeige ⟨v.⟩ **0.1** ***negatief bericht*** **0.2** ⟨mil.⟩ ***afzwaaier, misser*** ◆ **¶.1** Bier: ~! *bier: ho maar!, had je gedacht!*
fehlbesetzen **0.1** ***verkeerd bezetten*** ⟨mbt. plaats, rol⟩ ⇒*de verkeerde persoon kiezen voor.*
Fehlbestand ⟨m.⟩ **0.1** ***tekort.***
Fehlbetrag ⟨m.⟩ **0.1** ***tekort*** ⇒*ontbrekende som.*
Fehlbitte ⟨v.⟩ ◆ **3.¶** ⟨schr.⟩ (k)eine ~ tun *(g)een vergeefs verzoek doen.*
Fehldeutung ⟨v.⟩ **0.1** ***verkeerde interpretatie.***
Fehldiagnose ⟨v.⟩ **0.1** ***verkeerde diagnose.***
Fehldruck ⟨m.; mv. ~e⟩ **0.1** ***misdruk*** ⟨ook mbt. postzegels⟩.
fehlen I ⟨onov.ww.; h.⟩ **0.1** ***ontbreken, mankeren*** ⇒*afwezig zijn, missen* **0.2** ***mankeren, schelen*** **0.3** ⟨schr.⟩ ***falen*** ⇒ *zondigen, een fout begaan* **0.4** ⟨schr.⟩ ***uitblijven*** ◆ **1.1** es fehlte ihm Mut *het ontbrak hem aan moed;* es fehlten drei Schüler *er waren drie leerlingen afwezig* **3.4** das konnte nicht ~ *dat kon niet uitblijven* **4.1** ⟨inf.; scherts.⟩ das fehlte gerade noch! *dat ontbrak er nog maar aan!* **4.2** fehlt dir etwas? *mankeert jou iets?;* wo fehlt's denn? *waar hapert het?* **4.¶** es fehlte nicht viel, und er wäre gefallen *het scheelde niet veel of hij was gevallen* **5.1** weit gefehlt! *glad mis!* **6.3** **gegen** das Gesetz ~ *de wet overtreden;* **gegen** jmdn. ~ *tegenover iem. falen;*
II ⟨onp.ww.⟩ **0.1** ***ontbreken*** ◆ **6.1** es fehlt ihm **am** Notwendigsten *het ontbreekt hem aan het noodzakelijkste* **6.¶** **bei** dir fehlt's wohl (im Kopf)? *jij bent niet goed wijs.*
Fehlentscheidung ⟨v.⟩ **0.1** ***foutieve beslissing.***
Fehlentwicklung ⟨v.⟩ **0.1** ***verkeerde ontwikkeling, scheefgroei.***
Fehler ⟨m.; ~s, ~⟩ **0.1** ***fout*** ⇒*vergissing, misslag* **0.2** ***fout*** ⇒ *gebrek* ◆ **2.2** ein körperlicher ~ *een lichaamsgebrek* **3.1** einen ~ begehen *een fout begaan, maken;* jmdm. unterläuft ein ~ *iem. maakt een fout.*
fehlerfrei **0.1** ***fout-, feilloos*** ⇒*zonder fouten.*
fehlerhaft **0.1** ***fout(ief), verkeerd*** ⇒*met fouten, gebreken.*
fehlerlos →**fehlerfrei.**
Fehlermeldung ⟨v.⟩⟨comp.⟩ **0.1** ***foutmelding.***
Fehlerquelle ⟨v.⟩ **0.1** ***bron, oorzaak van fouten.***
Fehlerquote ⟨v.⟩ **0.1** ***(berekende) foutenmarge.***
Fehlfarbe ⟨v.⟩ **0.1** ⟨kaartspel⟩ ***renonce, niet-troefkleur*** **0.2** ⟨ind.⟩ ***miskleur.***
Fehlgeburt ⟨v.⟩ **0.1** ***miskraam*** **0.2** ***misgeboorte*** ⟨onvoldragen vrucht⟩.
fehlgehen ⟨schr.⟩ **0.1** ***verkeerd lopen*** **0.2** ***zijn doel missen*** ⇒*ernaast gaan* **0.3** ***zich vergissen*** ◆ **3.1** so können Sie nicht ~ *zo kunt u niet verkeerd lopen* **8.3** gehe ich fehl, wenn ich das sage? *vergis ik me als ik dat zeg?*
fehlgreifen ⟨schr.⟩ **0.1** ***mistasten*** ⇒*iets verkeerds doen.*
Fehlgriff ⟨m.⟩⟨fig.⟩ **0.1** ***misgreep, miskleun*** ⇒*foutieve beslissing.*
Fehlinformation ⟨v.⟩ **0.1** ***verkeerde informatie.***
Fehlinvestition ⟨v.⟩ **0.1** ***verkeerde investering.***
Fehlkalkulation ⟨v.⟩ **0.1** ***verkeerde calculatie, berekening*** ⇒*verkeerde veronderstelling.*
Fehlkauf ⟨m.⟩ **0.1** ***miskoop.***
Fehlleistung ⟨v.⟩⟨psych.⟩ **0.1** ***onbewust verkeerde handeling*** ◆ **2.1** eine Freudsche ~ *een freudiaanse vergissing.*
fehlleiten ⟨schr.⟩ **0.1** ***de verkeerde weg op sturen*** ⟨ook fig.⟩.
Fehlpaß ⟨m.⟩⟨sp.⟩ **0.1** ***slechte, verkeerde pass.***
fehlschießen ⟨schr.⟩ **0.1** ***misschieten*** ⇒*missen.*
Fehlschlag ⟨m.⟩ **0.1** ***mislukking*** ⇒*fiasco, echec* **0.2** ***misslag*** ⇒*verkeerde slag.*
fehlschlagen **0.1** ***mislukken*** ⇒*falen.*
Fehlschluß ⟨m.⟩ **0.1** ***verkeerde conclusie, gevolgtrekking.***
Fehlsichtigkeit ⟨v.⟩ **0.1** ***gezichtsstoornis.***
Fehlstart ⟨m.⟩ **0.1** ⟨sp.⟩ ***valse start*** **0.2** ⟨tech., verk.⟩ ***mislukte start.***
Fehltritt ⟨m.⟩ **0.1** ***misstap*** ⇒*verkeerde stap, daad* ◆ **3.1** einen ~ begehen *een misstap begaan.*
Fehlurteil ⟨o.⟩ **0.1** ***verkeerd vonnis*** **0.2** ***verkeerd oordeel.***
Fehlverhalten ⟨o.⟩ **0.1** ***verkeerd gedrag.***
Fehlzündung ⟨v.⟩⟨tech.⟩ **0.1** ***het overslaan v.d. ontsteking*** ◆ **3.¶** ⟨inf.⟩ ~ haben (a) *iets verkeerd begrijpen* (b) *traag van begrip zijn.*
feien ⟨schr.⟩ **0.1** ***vrijwaren*** ⇒*beschermen, behoeden* ◆ **6.1** **gegen** eine Krankheit gefeit sein *voor een ziekte immuun zijn.*
Feier ⟨v.; ~, ~n⟩ **0.1** ***feest*** **0.2** ***viering*** ◆ **3.1** eine ~ veranstalten *een feest geven* **6.2** ⟨meestal scherts.⟩ **zur** ~ des Tages *om de dag te vieren, ter ere van deze, die dag.*
Feierabend ⟨m.⟩ **0.1** ***einde v.d. werktijd*** **0.2** ***vrije tijd, rust na de werktijd*** ◆ **3.1** ~ haben, machen *ophouden met werken* **3.¶** ⟨inf.⟩ für mich ist ~! *voor mij is het genoeg!;* ⟨inf.⟩ damit ist bei mir ~ *ik beschouw die zaak als afgesloten;* ⟨inf.⟩ nun ist ~! *nu is het gedaan!*

Feierabendverkehr ⟨m.⟩ **0.1** ***avondspits.***

feierlich **0.1** ***plechtig*** ⇒*stemmig, in de vereiste vorm* ◆ **3.¶** ⟨inf.⟩ das ist ja (schon) nicht mehr ~! *dat gaat te ver!*

Feierlichkeit ⟨v.⟩ **0.1** ***plechtigheid*** ⇒*viering* **0.2** ***plechtige verklaring, woorden*** **0.3** ***plechtig karakter*** ⇒*ernst, waardigheid.*

feiern I ⟨onov.ww.⟩ **0.1** ***feestvieren*** **0.2** ⟨inf.⟩ ***vieren*** ⇒*niet werken;*
II ⟨ov.ww.⟩ **0.1** ***vieren*** **0.2** ***vieren*** ⇒*vereren, huldigen* ◆ **1.1** ein Fest ~ *een feest vieren* **1.2** einen Sportler ~ *een sportman huldigen.* →**Fest.**

Feierschicht ⟨v.⟩ **0.1** ***uitgevallen ploegendienst.***

Feierstunde ⟨v.⟩ **0.1** ***(herdenkings)plechtigheid.***

Feiertag ⟨m.⟩ **0.1** ***feestdag*** ⇒*rustdag, bijzonder mooie dag* ◆ **2.1** Frohe ~e! *prettige feestdagen!*

feig, feige ⟨pej.⟩ **0.1** ***laf*** ⇒*zonder moed, gemeen* ◆ **1.1** eine feige Memme *een lafaard* **3.1** jmdn. ~ verraten *iem. op een laffe, achterbakse manier verraden.*

Feige ⟨v.; ~, ~n⟩ **0.1** ***vijg(enboom).***

Feigenblatt ⟨o.⟩ **0.1** ***vijgenblad.***

Feigheit ⟨v.⟩⟨pej.⟩ **0.1** ***lafheid.***

Feigling ⟨m.; ~s, ~e⟩⟨pej.⟩ **0.1** ***lafaard.***

feil ⟨schr.; pej.⟩ **0.1** ***veil, te koop*** ⇒*omkoopbaar.*

feilbieten ⟨schr.⟩ **0.1** ***te koop aanbieden.***

Feile ⟨v.; ~, ~n⟩ **0.1** ***vijl*** ◆ **2.1** ⟨fig.⟩ (an) diesem Roman fehlt die letzte ~ *aan deze roman ontbreekt de finishing touch;* ⟨schr.; fig.⟩ die letzte ~ an sein Werk legen *de laatste hand aan zijn werk leggen.*

feilen **0.1** ***vijlen.***

feilschen ⟨pej.⟩ **0.1** ***pingelen, marchanderen*** ⇒*afdingen* ◆ **6.1** **um** den Preis ~ *op de prijs afdingen.*

Feilspan ⟨m.⟩ **0.1** ***vijlspaan*** ⇒*vijlsel.*

Feilstaub ⟨m.⟩ **0.1** ***vijlsel.***

fein[1] ⟨bn.⟩ **0.1** ***fijn*** ◆ **1.1** ~e Arbeit *fijn, zorgvuldig werk;* eine ~e Bemerkung *een fijn(zinnig)e opmerking;* ein ~es Gehör *een fijn, scherp gehoor;* die ~e Gesellschaft, Welt *de chic;* ein ~er Herr *een fijne, voorname meneer* **3.1** sich ~ anziehen *zich mooi, netjes kleden;* ~ lächeln *fijntjes glimlachen;* sich ~ machen *zich mooi maken;* ~ (he)raussein *goed af zijn* **7.1** das Feinste vom Feinen *het neusje van de zalm.*

fein[2] ⟨bw.⟩⟨inf.⟩ **0.1** ***mooi, netjes*** ⇒*zeer* ◆ **2.1** ~ brav, ruhig sein *mooi braaf, rustig zijn.*

Feinabstimmung ⟨v.⟩⟨tech.⟩ **0.1** ***precieze afstemming.***

Feinarbeit ⟨v.⟩ **0.1** ***fijn werk*** ⟨ook fig.⟩ ⇒*precisiewerk.*

Feinbäckerei ⟨v.⟩ **0.1** ***banketbakkerij.***

Feinblech ⟨o.⟩ **0.1** ***plaatblik*** ⇒*dunne plaat.*

Feind ⟨m.; ~(e)s, ~e⟩ **0.1** ***vijand*** ◆ **6.1** jmdn. **zum** ~ haben *iem. als vijand hebben* **6.¶** ⟨inf.⟩ ran **an** den ~! *vooruit!, komaan!* **¶.1** ⟨sprw.⟩ viel Feind', viel Ehr! *hoe meerder vijand, hoe groter zegepraal.*

Feindberührung ⟨v.⟩⟨mil.⟩ **0.1** ***contact met de vijand.***

Feindbild ⟨o.⟩ **0.1** ***beeld/voorstelling v.d. vijand.***

Feindesmacht ⟨v.⟩⟨schr.⟩ **0.1** ***vijandelijke legermacht.***

Feindherrschaft ⟨v.⟩ **0.1** ***vijandelijke heerschappij.***

feindlich **0.1** ***vijandelijk*** **0.2** ***vijandig*** ⇒*boos, dreigend* ◆ **1.1** das ~e Heer *het vijandelijke leger* **1.2** zwei ~e Schwestern *twee elkaar vijandig gezinde zusters* **3.2** jmdm., gegen jmdn. ~ gesinnt sein *iem. vijandig gezind zijn.*

Feindlichkeit ⟨v.; ~, ~en⟩ **0.1** ***vijandigheid*** ⇒*vijandelijke daad, houding.*

Feindschaft ⟨v.; ~, ~en⟩ **0.1** ***vijandschap*** ⇒*haat, vijandige gezindheid* ◆ **6.1** mit jmdm. **in** ~ leben, liegen *met iem. in vijandschap leven.*

feindschaftlich **0.1** ***vijandig.***

feindselig **0.1** ***vijandig (gezind)*** ⇒*vol haat.*

Feindseligkeit ⟨v.⟩ **0.1** ***vijandigheid*** ⇒*vijandige houding, daad* **0.2** ***vijandelijkheid*** ⇒*vijandige daad* ◆ **3.2** die ~en einstellen *de vijandelijkheden staken;* die ~en eröffnen *de vijandelijkheden beginnen, openen.*

feinen ⟨tech.⟩ **0.1** ***zuiveren, louteren, (af)fineren*** ⟨van metalen⟩.

feinfühlend **0.1** ***fijngevoelig*** ⇒*tactvol.*

feinfühlig **0.1** ***fijngevoelig, sensibel*** ⇒*tactvol* **0.2** ⟨tech.⟩ ***gevoelig.***

Feingefühl ⟨o.⟩ **0.1** ***fijngevoeligheid.***

Feingehalt ⟨m.⟩⟨tech.⟩ **0.1** ***allooi*** ⇒*gehalte.*

Feingewicht ⟨o.⟩ **0.1** ***fijn gewicht*** ⇒*muntgewicht.*

feinglied(e)rig **0.1** ***fijngebouwd*** ⇒*slank.*

Feingold ⟨o.⟩ **0.1** ***fijn goud*** ⇒*zuiver goud.*

Feinheit ⟨v.; ~, ~en⟩ **0.1** ***fijnheid*** ⇒*sierlijkheid, elegantie* **0.2** ***fijnheid*** ⇒*nuance* **0.3** ***toespeling*** ⇒*zinspeling.*

feinkörnig **0.1** ***fijnkorrelig.***

Feinkost ⟨v.⟩ **0.1** ***fijne eetwaren, delicatessen.***

Feinkostgeschäft ⟨o.⟩ **0.1** ***delicatessewinkel.***

feinmachen, sich **0.1** ***zich mooi maken, kleden.***

Feinmechanik ⟨v.⟩ **0.1** ***fijne mechaniek*** ⇒*instrumentmakerswerk.*

Feinmessung ⟨v.⟩ **0.1** ***precisiemeting.***

Feinschmecker ⟨m.⟩ **0.1** ***fijnproever, gourmet*** ⇒*lekkerbek.*

Feinschnitt ⟨m.⟩ **0.1** ***fijne snee, shag.***

feinsinnig **0.1** ***fijn-, kunstzinnig.***

Feinwäsche ⟨v.⟩ **0.1** ***fijne was.***

feist ⟨vaak pej.⟩ **0.1** ***vet, dik*** ⟨ook fig.⟩.

feixen ⟨h.⟩⟨inf.⟩ **0.1** ***grijnzen, grinniken.***

Feld ⟨o.; ~(e)s, ~er⟩ **0.1** ***veld*** ⇒*terrein, gebied, akker* ◆ **1.1** die ~er eines Formulars *de vakjes van een formulier* **2.1** ein weites ~ liegt noch vor jmdm. *een ruim veld van mogelijkheden ligt nog vóór iem.;* ein weites ~ sein *een ingewikkelde zaak zijn* **3.1** ein ~ bebauen, bestellen *een veld bebouwen, bewerken;* das ~ anführen *het veld, de groep aanvoeren;* das ~ behaupten *zijn positie handhaven;* das ~ beherrschen *toonaangevend zijn;* jmdm. das ~ räumen, überlassen *voor iem. het veld ruimen;* jmdm. das ~ streitig machen *iem. concurrentie aandoen* **6.1** **auf** freiem, offenem ~e *in het vrije, open veld;* ⟨schr.⟩ jmdn. **aus** dem ~(e) schlagen *iem. overwinnen;* **im** ~ bleiben *vallen, sneuvelen;* ⟨schr.⟩ etwas (gegen jmdn., etwas) **ins** ~ führen *iets (tegen iem., iets) aanvoeren;* ⟨schr.⟩ für, gegen jmdn., etwas **zu** ~e ziehen *voor iem., iets strijden.*

Feldarbeit ⟨v.⟩ **0.1** ***veldarbeid*** ⇒*akker-, landbouw* **0.2** ***veldwerk, fieldwork.***

Feldbau ⟨m.⟩ **0.1** ***akkerbouw.***

Feldbereinigung ⟨v.⟩ **0.1** ***ruilverkaveling.***

Feldbett ⟨o.⟩ **0.1** ***veldbed.***

feldein(wärts) **0.1** ***het veld, de velden in.***

Feldflasche ⟨v.⟩ **0.1** ***veldfles.***

Feldflur ⟨v.⟩ **0.1** ***eng, enk.***

Feldforschung ⟨v.⟩ **0.1** ***fieldwork.***

Feldfrucht ⟨v.⟩ **0.1** ***veldvrucht*** ⇒*veldgewas.*

Feldgraswirtschaft ⟨v.⟩ **0.1** ***akker-weidestelsel.***

Feldheer ⟨o.⟩ **0.1** ***veldleger*** ⇒*leger te velde, staand leger.*

Feldhuhn ⟨o.⟩ **0.1** ***veldhoen, patrijs.***

Feldjäger ⟨m.⟩ **0.1** ***lid v.d. militaire politie, marechaussee*** ⟨Duitse Bondsrepubliek⟩.

Feldküche ⟨v.⟩ **0.1** ***veldkeuken*** ⇒*veldketel.*

Feldlazarett ⟨o.⟩⟨mil.⟩ **0.1** ***veldlazaret, -hospitaal.***

Feldmarschall ⟨m.⟩ **0.1** ***veldmaarschalk.***

Feldmaus ⟨v.⟩ **0.1** ***veldmuis.***

Feldpost ⟨v.⟩ **0.1** ***veldpost.***

Feldposten ⟨m.⟩⟨mil.⟩ **0.1** ***wachtpost te velde.***

Feldsalat (m.) **0.1** ***veldsla.***
Feldschütz (m.) **0.1** ***veldwachter.***
Feldspat (m.) **0.1** ***veldspaat.***
Feldstärke (v.)(nat.) **0.1** ***veldsterkte.***
Feldstecher (m.) **0.1** ***veld-, verrekijker.***
Feldstudie (v.) **0.1** ***veldonderzoek, -studie.***
Feldüberlegenheit (v.)(sp.) **0.1** ***veldoverwicht.***
Feldverweis (m.) →**Platzverweis.**
Feld-Wald-und-Wiesen- (inf.) **0.1** ***huis-, tuin- en, of keuken-, doodgewoon*** ⇒*gemiddeld, derderangs-.*
Feldwebel (m.; ~s, ~) **0.1** ***sergeant-majoor, opperwachtmeester*** **0.2** (inf.; pej.) ***manwijf, kenau.***
Feldweg (m.) **0.1** ***veld-, landweg.***
Feldzug (m.) **0.1** ***veldtocht*** ⇒(fig.) *campagne, actie.*
Felge (v.; ~, ~n) **0.1** ***velg*** **0.2** (turnen) ***(reuzen)zwaai.***
Felgenbremse (v.) **0.1** ***velgrem.***
Fell (o.; ~(e)s, ~e) **0.1** ***(dieren)vel, huid*** ⇒*vacht, pels* **0.2** ***vel, huid*** (afgestroopt) ⇒*pels* **0.3** (inf.) ***vel, huid*** (mbt. mens) ◆ **1.2** das ~ einer Trommel *het vel van een trommel* **2.3** (fig.) ein dickes ~ haben *een dikke huid hebben* **3.1** einer Katze das ~ streicheln *een kat over haar vacht strelen* **3.3** (fig.) jmdm. das ~ gerben, versohlen *iem. op zijn huid geven;* (fig.) ihm, ihn juckt das ~ *hij verlangt een pak slaag* **3.¶** (inf.) jmdm. sind alle ~e davon-, weggeschwommen *iem. heeft alle hoop verloren* **6.3** (fig.) jmdm. das ~ **über** die Ohren ziehen *iem. het vel over de oren halen, trekken* **8.3** nur noch ~ und Knochen sein *vel over been zijn.*
Felljacke (v.) **0.1** ***pelsjas, leren jak.***
Fellmütze (v.) **0.1** ***bont-, pelsmuts.***
Fels (m.; ~en, ~en) **0.1** ***rots*** (ook fig.).
Felsbild (o.) **0.1** ***rotstekening, rotsschildering.***
Felsblock (m.; mv. ⸚e) **0.1** ***rotsblok.***
Felsbrocken (m.) **0.1** ***rotsblok.***
Felsen (m.; ~s, ~) **0.1** ***rots(blok)*** ◆ **6.1** **auf** einen ~ klettern *een rots beklimmen.*
Felsenbein (o.)(med.) **0.1** ***rotsbeen.***
felsenfest **0.1** ***rotsvast*** (vooral fig.) ⇒*onwrikbaar.*
Felsenhöhle (v.) **0.1** ***rotshol(te)*** ⇒*rotsspelonk.*
Felsenkluft (v.) **0.1** ***rotskloof*** ⇒*rotsspleet.*
Felsennest (o.) **0.1** ***rotsburcht*** ⇒(fig.) *arendsnest, schuilplaats in de rotsen.*
Felsenschlucht (v.) **0.1** ***rotskloof, rotsspleet.***
Felsenspitze (v.) **0.1** ***rotspunt.***
Felsenvorsprung (m.) **0.1** ***uitstekende rotspunt.***
felsig **0.1** ***rots(acht)ig*** ◆ **1.1** ein ~es Gelände *een rotsachtig terrein;* ein ~es Plateau *een rotsachtig plateau.*
Felsmalerei (v.) →**Felsbild.**
Felsnase (v.) **0.1** ***uitstekende rotspunt.***
Feme (v.; ~, ~n) **0.1** ***veem(gericht).***
Femegericht (o.) **0.1** ***veem(gericht).***
Fememord (m.) **0.1** ***veemmoord.***
feminin **0.1** (schr.; taal.) ***vrouwelijk*** ⇒*eigen aan de vrouw* **0.2** (pej.) ***verwijfd*** ⇒*vervrouwelijkt* ◆ **1.1** ~en Geschlechts sein *van het vrouwelijke geslacht zijn* **1.2** ein ~er Typ *een verwijfd type.*
Femininum (acc. wiss.)(o.; ~s, Feminina)(taal.) **0.1** ***femininum, vrouwelijk substantief.***
Feminismus (m.; ~, Feminismen) **0.1** ***feminisme.***
Feministin (v.; ~, ~nen) **0.1** ***feministe.***
Fenchel (m.; ~s, ~) **0.1** ***venkel.***
Fenn (o.; ~(e)s, ~e) **0.1** ***veen(land)*** ⇒*ven.*
Fenster (o.; ~s, ~) **0.1** ***venster(opening)*** (ook fig.) ⇒*raam, ruit* **0.2** (inf.) ***etalage*** **0.3** (comp.) ***venster, window*** ◆ **1.2** die ~ eines Ladens *de etalages van een winkel* **3.1** das ~ geht auf die, zur Straße *het raam ziet op de straat uit* **6.1** (fig.) **aus** dem, **zum** ~ hinausreden, -sprechen (a) *voor stoelen en banken spreken* (b) *voor de tribune, galerij spreken;* (inf.; fig.) sein Geld **zum** ~ hinauswerfen *met geld smijten* **6.¶** (inf.) weg **vom** ~ sein *niet langer in de belangstelling staan.*
Fensterbank (v.; mv. ⸚e) **0.1** ***vensterbank.***
Fensterbogen (m.)(bouwk.) **0.1** ***vensterboog.***
Fensterbriefumschlag (m.) **0.1** ***vensterenvelop(pe).***
Fensterbrüstung (v.) **0.1** ***borstwering onder het raam.***
Fensterfront (v.) **0.1** ***gevel met vensters.***
Fenstergips (m.) **0.1** ***gipsverband met opening.***
Fenstergitter (o.) **0.1** ***traliewerk voor een raam.***
Fensterglas (o.; mv. ⸚er) **0.1** ***vensterglas.***
Fenstergriff (m.) **0.1** ***raamgreep, raamhandvat.***
Fensterkitt (m.) **0.1** ***raamkit*** ⇒*stopverf.*
Fensterkreuz (o.) **0.1** ***vensterkruis.***
Fensterladen (m.; mv. ⸚ of ~) **0.1** ***(venster)luik.***
Fensterleder (o.) **0.1** ***zeem(lap).***
Fensternische (v.) **0.1** ***vensternis.***
Fensteröffnung (v.) **0.1** ***venstergat*** ⇒*venster-, raamopening.*
Fensterplatz (m.) **0.1** ***(zit)plaats aan het raam.***
Fensterputzer (m.) **0.1** ***glazenwasser.***
Fensterrahmen (m.) **0.1** ***(raam)kozijn.***
Fensterrose (v.) **0.1** ***vensterrozet*** ⇒*roosvenster.*
Fensterscheibe (v.) **0.1** ***(venster)ruit.***
Fenstersitz (m.) **0.1** ***(zit)plaats aan het raam.***
Fenstersturz[1] (m.; mv. ⸚e) **0.1** ***val uit een raam.***
Fenstersturz[2] (m.; mv. ~e) **0.1** ***bovendorpel v.e. raam, latei.***
Fensterverband (m.)(med.) **0.1** ***verband met een opening.***
Fensterzarge (v.) **0.1** ***raamkozijn.***
Ferien (alleen mv.) **0.1** ***vakantie*** ◆ **3.1** ~ machen *vakantie houden* **6.1** **in** die ~ fahren, gehen *met, op vakantie gaan;* **in** den ~ sein *op vakantie zijn.*
Ferienarbeit (v.) **0.1** ***vakantiewerk.***
Ferienaufenthalt (m.) **0.1** ***vakantieverblijf.***
Feriengast (m.) **0.1** ***vakantiegast*** ⇒*vakantieganger.*
Ferienhaus (o.) **0.1** ***vakantiehuis(je).***
Ferienheim (o.) **0.1** ***vakantietehuis*** ⇒*vakantiekamp.*
Ferienjob (m.) **0.1** ***vakantiejob, -baantje.***
Ferienkolonie (v.) **0.1** ***vakantiekolonie*** ⇒*vakantiekindertehuis.*
Ferienkurs(us) (m.) **0.1** ***vakantieleergang, -cursus.***
Ferienlager (o.) **0.1** ***vakantiekamp.***
Ferienordnung (v.) **0.1** ***vakantieregeling(en).***
Ferienort (m.) **0.1** ***vakantieplaats.***
Ferienreise (v.) **0.1** ***vakantiereis.***
Ferienwohnung (v.) **0.1** ***vakantiehuis(je).***
Ferkel (o.; ~s, ~) **0.1** ***big(getje)*** **0.2** ***varken, viezerik.***
Ferkelei (v.; ~, ~en)(inf.; pej.) **0.1** ***vuiligheid, viezigheid.***
ferkeln **0.1** ***biggen, biggen werpen*** ⇒*jongen* **0.2** (inf.) ***morsen*** **0.3** (inf.; pej.) ***vieze praat vertellen.***
Fermentation (v.; ~, ~en) **0.1** ***fermentatie*** ⇒*gisting.*
fern[1] (bn.) **0.1** ***ver(re)*** ⇒*afgelegen, veraf, in de verte* ◆ **1.1** der Ferne Orient, Osten *het Verre Oosten;* eines ~en Tages *op een goede dag;* aus ~en Tagen *uit lang vervlogen dagen;* die ~ere Umgebung *de niet al te verre omgeving* **3.1** jmdm. ~ sein (a) *ver van iem. weg zijn* (b) *iem. in geestelijk opzicht vreemd zijn;* das sei mir ~! *dat zij verre van mij!* **6.1** **von** ~ betrachtet *van verre (beschouwd)* **8.1** aus, von nah und ~ *van heinde en ver.*
fern[2] (vz. + 3)(schr.) **0.1** ***ver van*** ◆ **1.1** ~ der bewohnten Welt *ver van de bewoonde wereld.*
fernab (schr.) **0.1** ***ver(af)*** ⇒*ver verwijderd.*

Fernabfrage ⟨v.⟩ **0.1** ***beluisteren via afstandsbediening*** ⟨v.e. antwoordapparaat⟩.
Fernamt ⟨o.⟩ **0.1** ***telefooncentrale (interlokaal).***
Fernbahn ⟨v.⟩ **0.1** ***spoorbaan voor het snelverkeer.***
fernbedienen **0.1** ***op afstand bedienen*** ◆ **1.1** fernbediente Anlagen *op afstand bediende installaties.*
fernbleiben ⟨schr.⟩ **0.1** ***wegblijven (uit, op)*** *⇒niet komen* ***(naar)*** ◆ **1.1** dem Unterricht ~ *uit de les wegblijven.*
Fernblick ⟨m.⟩ **0.1** ***vergezicht*** *⇒uitzicht, perspectief* ⟨ook fig.⟩.
Fernbrille ⟨v.⟩⟨inf.⟩ **0.1** ***afstandsbril.***
Ferne ⟨v.; ~, ~n⟩ **0.1** ***verte*** *⇒afstand* **0.2** ***verte*** *⇒(verre) toekomst, (verre) verleden* **0.3** ⟨schr.⟩ ***verafgelegen streek, land*** ◆ **2.1** in weiter ~ *heel in de verte, op grote afstand* **6.2** einen Plan **in** die ~ rücken *een plan op de lange baan schuiven;* schon **in** graue, nebelhafte ~ gerückt sein *reeds tot het grauwe, grijze verleden behoren* **6.3** ein Gruß **aus** der ~ *een groet uit verre streken;* **in** die ~ ziehen *de wijde wereld in trekken.*
ferner[1] ⟨bn.⟩⟨schr.⟩ **0.1** ***verder*** *⇒overig, nader* ◆ **1.1** ~e Aufträge *verdere opdrachten, orders* **7.1** des ~en *bovendien.*
ferner[2] ⟨bw.⟩⟨schr.⟩ **0.1** ***verder*** *⇒in de toekomst.*
ferner[3] ⟨vw.⟩ **0.1** ***verder*** *⇒bovendien* ◆ **3.¶** ⟨inf.⟩ er rangiert unter '~ liefen' *hij is maar een tweederangsfiguur.*
fernerhin[1] ⟨bw.⟩ **0.1** ***verder*** *⇒in de toekomst.*
fernerhin[2] ⟨vw.⟩ **0.1** ***verder*** *⇒bovendien.*
Fernexpreß ⟨m.⟩ **0.1** ***exprestrein (naar verre bestemming)*** **0.2** ***internationale exprestrein.***
Fernfahrer ⟨m.⟩ **0.1** ***vrachtwagenchauffeur voor internationaal transport.***
Fernflug ⟨m.⟩ **0.1** ***langeafstandsvlucht.***
ferngelenkt **0.1** ***op afstand bestuurd, met afstandsbesturing.***
Ferngespräch ⟨o.⟩ **0.1** ***interlokaal telefoongesprek.***
ferngesteuert →**ferngelenkt.**
Fernglas ⟨o.; mv. ¨-er⟩ **0.1** ***verrekijker.***
ferngucken ⟨inf.⟩ **0.1** ***naar de televisie kijken.***
fernhalten ⟨schr.⟩ **I** ⟨ov.ww.⟩ **0.1** ***weghouden, verwijderd houden*** ◆ **6.1** jmdn. **von** einem Kranken ~ *iem. van een zieke weghouden;*
II sich ~ ⟨wk.ww.⟩ **0.1** ***zich afzijdig houden*** *⇒wegblijven, op een afstand blijven* ◆ **6.1** sich **von** den Diskussionen ~ *zich van de discussies afzijdig houden;* sich **von** jmdm. ~ *iem. uit de weg gaan.*
Fernheizung ⟨v.⟩ **0.1** ***afstandsverwarming*** *⇒stads-, blok-, wijkverwarming.*
fernher ⟨schr.⟩ **0.1** ***van verre*** *⇒uit de verte.*
fernhin ⟨schr.⟩ **0.1** ***ver*** *⇒tot in de verte.*
Fernkopie ⟨v.⟩ **0.1** ***telekopie.***
Fernkurs(us) ⟨m.⟩ **0.1** ***schriftelijke cursus, radio-, televisiecursus.***
Fernlaster ⟨m.⟩⟨inf.⟩ **0.1** ***vrachtwagen voor lange afstanden, internationaal transport.***
Fernlehrgang ⟨m.⟩ →**Fernkurs(us).**
Fernleihe ⟨v.⟩ **0.1** ***interbibliothecaire uitleendienst.***
fernlenken **0.1** ***op afstand besturen*** *⇒draadloos besturen.*
Fernlicht ⟨o.⟩ **0.1** ***groot licht*** ⟨v.e. auto⟩.
fernliegen ⟨h.⟩ **0.1** ***veraf, ver weg liggen*** *⇒niet voor de hand liggen* **0.2** ***niet opkomen bij, in*** *⇒niet de bedoeling zijn* ◆ **3.2** das liegt mir fern *dat komt niet bij, in me op.*
Fernmeldeamt ⟨o.⟩ **0.1** ***telefoon- en telegraafkantoor.***
Fernmeldedienst ⟨m.⟩ **0.1** ***telecommunicatiedienst.***
Fernmeldetechnik ⟨v.⟩ **0.1** ***telecommunicatietechniek.***
Fernmeldetruppe ⟨v.⟩ **0.1** ***verbindingstroepen.***
Fernmeldewesen ⟨o.⟩ **0.1** ***telecommunicatie.***
fernmündlich **0.1** *telefonisch.*
Fernost ⟨m.⟩ **0.1** *het Verre Oosten.*
Fernrohr ⟨o.⟩ **0.1** *verrekijker, telescoop.*
Fernruf ⟨m.⟩ **0.1** *telefoonnummer.*
Fernschreiben ⟨o.⟩ **0.1** ***telex(bericht).***
Fernschreiber ⟨m.⟩ **0.1** ***telex(apparaat).***
Fernschreibnetz ⟨o.⟩ **0.1** ***telexnet.***
fernschriftlich **0.1** ***per, langs de, via de telex.***
Fernsehansager ⟨m.⟩ **0.1** ***televisieomroeper.***
Fernsehanstalt ⟨v.⟩ **0.1** ***televisieomroep.***
Fernsehapparat ⟨m.⟩ **0.1** ***televisie(toestel).***
Fernsehempfang ⟨m.⟩ **0.1** ***televisieontvangst.***
fernsehen **0.1** ***naar de televisie kijken.***
Fernsehen ⟨o.; ~s⟩ **0.1** ***televisie*** **0.2** ⟨inf.⟩ ***teevee(toestel)*** ◆ **3.1** was bringt, sendet das ~? *wat is er op de televisie?* **6.1** **im** ~ *op de televisie.*
Fernseher ⟨m.⟩⟨inf.⟩ **0.1** ***teevee(toestel)*** **0.2** ***(televisie)kijker.***
Fernsehfassung ⟨v.⟩ **0.1** ***televisiebewerking.***
Fernsehgebühren ⟨alleen mv.⟩ **0.1** ***kijkgeld.***
Fernsehgerät ⟨o.⟩ **0.1** ***televisie(toestel).***
Fernsehjournalist ⟨m.⟩ **0.1** ***televisiejournalist.***
Fernsehkamera ⟨v.⟩ **0.1** ***televisiecamera.***
Fernsehprogramm ⟨o.⟩ **0.1** ***televisieprogramma.***
Fernsehreporter ⟨m.⟩ →**Fernsehjournalist.**
Fernsehröhre ⟨v.⟩ **0.1** ***televisie-, beeldbuis.***
Fernsehsatellit ⟨m.⟩ **0.1** ***communicatiesatelliet*** ⟨voor televisie⟩.
Fernsehschirm ⟨m.⟩ **0.1** ***televisie-, beeldscherm.***
Fernsehsender ⟨m.⟩ **0.1** ***televisiezender, -station.***
Fernsehsendung ⟨v.⟩ **0.1** ***televisie-uitzending.***
Fernsehübertragung ⟨v.⟩ **0.1** ***televisie-uitzending.***
Fernsehvolk ⟨o.⟩⟨scherts.⟩ **0.1** ***(televisie)kijkers*** *⇒kijkend volkje.*
Fernsehzuschauer ⟨m.⟩ **0.1** ***(televisie)kijker.***
Fernsicht ⟨v.⟩ **0.1** ***vergezicht*** *⇒uitzicht, panorama.*
fernsichtig **0.1** ***verziend*** ⟨ook fig.⟩.
Fernsprechamt ⟨o.⟩ **0.1** ***telefoonkantoor, -station.***
Fernsprechanlage ⟨v.⟩ **0.1** ***telefooninstallatie.***
Fernsprechansagedienst ⟨m.⟩ **0.1** ***klantenservice (v.d. PTT).***
Fernsprechanschluß ⟨m.⟩ **0.1** ***telefoonaansluiting.***
Fernsprechbuch ⟨o.⟩ **0.1** ***telefoongids.***
Fernsprecher ⟨m.⟩ **0.1** ***telefoon(toestel).***
Fernsprechgebühr ⟨v.⟩ **0.1** ***telefoontarief, -kosten.***
Fernsprechkabine ⟨v.⟩ **0.1** ***(publieke) telefooncel.***
Fernsprechnetz ⟨o.⟩ **0.1** ***telefoonnet.***
Fernsprechteilnehmer ⟨m.⟩ **0.1** ***telefoonabonnee.***
Fernsprechverzeichnis ⟨o.⟩ **0.1** ***telefoongids.***
Fernsprechzelle ⟨v.⟩ **0.1** ***telefooncel.***
Fernspruch ⟨m.⟩ **0.1** ***telegrafische mededeling.***
fernstehen ⟨schr.; fig.⟩ **0.1** ***ver afstaan van*** *⇒niets te maken hebben met* ◆ **1.1** jmdm. ~ *voor iem. vreemd zijn.*
fernsteuern **0.1** ***op afstand, draadloos besturen*** *⇒op afstand bedienen* ◆ **1.1** ferngesteuerte Computer *op afstand bediende computers.*
Fernsteuerung ⟨v.⟩ **0.1** ***afstandsbesturing*** *⇒afstandsbediening.*
Fernstraße ⟨v.⟩ **0.1** ***grote verkeersweg (voor doorgaand verkeer).***
Fernstudium ⟨o.⟩ **0.1** ***onderwijs via radio, televisie, schriftelijk cursusmateriaal.***
Ferntransport ⟨m.⟩ **0.1** ***transport over lange afstanden*** *⇒internationaal transport.*
fernübermitteln **0.1** ***telekopiëren.***

Fernuniversität ⟨v.⟩ **0.1** ***open universiteit.***
Fernunterricht ⟨m.⟩ →**Fernstudium.**
Fernverkehr ⟨m.⟩ **0.1** ***interlokaal telefoonverkeer*** **0.2** ***(trein)verkeer op de grote lijnen.***
Fernverkehrsstraße ⟨v.⟩ **0.1** ***grote verkeersweg.***
Fernwärme ⟨v.⟩ **0.1** ***stadsverwarming.***
Fernweh ⟨o.⟩⟨schr.⟩ **0.1** ***drang naar verre landen.***
Fernziel ⟨o.⟩ **0.1** ***op lange termijn te bereiken doel.***
Fernzug ⟨m.⟩ **0.1** ***(snel)trein op de grote lijnen*** ⇒*internationale trein.*
Fernzündung ⟨v.⟩ **0.1** ***ontsteking van op een afstand*** ⇒ *draadloze ontsteking.*
Ferse ⟨v.; ~, ~n⟩ **0.1** ***hiel, hak*** ◆ **3.1** ⟨schr.⟩ (jmdm.) die ~n zeigen *(iem.) zijn hielen laten zien* **6.1** sich jmdm. **an** die ~n hängen, heften *iem. hardnekkig op de hielen zitten;* jmdm. **auf** den ~n bleiben *iem. op de hielen blijven zitten;* jmdm. **auf** den ~n sein, sitzen *iem. op de hielen zitten.*
Fersenbein ⟨o.⟩ **0.1** ***hielbeen.***
Fersengeld ⟨o.⟩⟨inf.; scherts.⟩ ◆ **3.¶** ~ geben *zijn hielen lichten.*
Fersensitz ⟨m.⟩⟨sp.⟩ **0.1** ***hurkzit.***
fertig **0.1** ***klaar, gereed*** **0.2** ***rijp*** ⇒*bekwaam, volwassen* **0.3** ⟨inf.⟩ ***uitgeput, afgemat*** ⇒*aan het eind van zijn krachten* ◆ **1.1** ein ~er Anzug *een confectiepak* **1.2** ein ~er Autor *een rijp auteur;* eine ~e Hand *een vaardige hand* **3.1** die Koffer ~ packen *de koffers klaarmaken;* nicht ~ werden können zu erzählen *niet uitverteld raken* **3.3** ~ sein (a) *uitgeput zijn* (b) *verbluft zijn* (c) *geruïneerd zijn* **6.1** schnell ~ sein **mit** seinen Antworten *niet om een antwoord verlegen zijn;* **mit** einem Erlebnis ~ werden *een belevenis verwerken;* ⟨inf.⟩ **mit** jmdm. ~ sein *met iem. niets meer te maken (willen) hebben;* ⟨inf.⟩ **mit** jmdm. ~ werden *iem. klein krijgen;* **mit** einem Problem ~ werden *een probleem aankunnen;* ~ **zum** Abfahren *klaar om te vertrekken* **6.3** **mit** den Nerven ~ sein *een zenuwinzinking nabij zijn* **¶.1** du gehst nicht dahin, (und) ~! *je gaat er niet heen, en hiermee basta!*
Fertigbau ⟨m.; mv. ~ten⟩ **0.1** ⟨g.mv.⟩ ***systeembouw*** **0.2** ***geprefabriceerde woning.***
Fertigbauweise ⟨v.⟩ **0.1** ***systeem-, montagebouw.***
fertigbekommen ⟨inf.⟩ →**fertigbringen.**
fertigbringen **0.1** ***klaarkrijgen, af krijgen*** **0.2** ***klaarkrijgen*** ⇒*voor elkaar krijgen* ◆ **3.2** es nicht ~, ein Tier zu töten *het niet over zich kunnen verkrijgen een dier te doden.*
fertigen ⟨schr.⟩ **0.1** ***vervaardigen*** ⇒*fabriceren, produceren* ◆ **6.1** etwas **mit** der Hand, **von** Hand ~ *iets met de hand vervaardigen.*
Fertig|erzeugnis, -fabrikat ⟨o.⟩ **0.1** ***eindproduct.***
Fertiggericht ⟨o.⟩ **0.1** ***kant-en-klaargerecht, panklaar gerecht.***
Fertighaus ⟨o.⟩ **0.1** ***geprefabriceerd huis.***
Fertigkeit ⟨v.; ~, ~en⟩ **0.1** ⟨g.mv.⟩ ***vaardigheid*** ⇒*bekwaamheid, bedrevenheid* **0.2** ⟨g.enk.⟩ ***vaardigheid, kennis*** ◆ **6.1** ~ **im** Schreiben *vaardigheid in het schrijven.*
Fertigkleidung ⟨v.⟩ **0.1** ***confectie(kleding).***
fertigkochen **I** ⟨onov.ww.⟩ **0.1** ***gaar koken;***
II ⟨ov.ww.⟩ **0.1** ***klaar zijn met het koken van.***
fertigkriegen ⟨inf.⟩ →**fertigbringen.**
fertigmachen ⟨inf.⟩ **0.1** ***klaar-, gereedmaken*** **0.2** ***klaar-, afmaken*** **0.3** ***afmaken*** ⇒*murw maken, uitputten* **0.4** ***op zijn nummer zetten*** **0.5** ***af-, kapotmaken*** ⇒*ombrengen* ◆ **1.3** der Lärm macht mich noch ganz fertig! *ik word stapelgek van dat lawaai!* **6.1** sich **zum** Essen ~ *zich voor het eten klaarmaken.*
Fertigmenü ⟨o.⟩ →**Fertiggericht.**
Fertigprodukt ⟨o.⟩ **0.1** ***eindproduct.***
fertigstellen **0.1** ***afmaken, voltooien.***
Fertigteil ⟨o.⟩ **0.1** ***geprefabriceerd element.***
Fertigung ⟨v.; ~, ~en⟩ **0.1** ***vervaardiging*** ⇒*fabricage, productie* ◆ **2.1** fließende ~ *fabricatie aan de lopende band* **6.1** **in** die ~ gehen *in productie komen.*
Fertigungsablauf ⟨m.⟩ **0.1** ***productieproces.***
Fertigungsstraße ⟨v.⟩ **0.1** ***productielijn.***
Fertigungsverfahren ⟨o.⟩ **0.1** ***productiemethode*** ⇒*procédé.*
Fertigware ⟨v.⟩ **0.1** ***eindproduct.***
Fertilität ⟨v.; ~⟩ **0.1** ***fertiliteit, vruchtbaarheid.***
Fes ⟨m.; ~ of Fesses, ~ of Fesse⟩ **0.1** ***fez.***
fesch **0.1** ⟨Oostr.; inf.⟩ ***leuk, vlot*** ⇒*elegant, sportief* **0.2** ⟨Oostr.⟩ ***aardig, lief.***
Fessel ⟨v.; ~, ~n⟩ **0.1** ***boei*** ⟨ook fig.⟩ ⇒*keten, knellende band* **0.2** ***koot*** ⟨van hoefdieren⟩ **0.3** ***enkel*** ⟨onderste deel v.h. onderbeen⟩ ◆ **2.2** ein Pferd mit weißen ~n *een paard met witte sokjes* **3.1** jmdm. ~n anlegen *iem. de boeien aandoen* **6.1** ⟨fig.⟩ **in** ~n halten *in toom houden, beperken* **8.1** etwas als ~ empfinden *iets als een belemmering ervaren.*
Fesselballon ⟨m.⟩ **0.1** ***kabelballon.***
fessellos **0.1** ***ongeboeid, zonder boeien*** **0.2** ***teugelloos, tomeloos*** ⇒*ongeremd.*
fesseln **0.1** ***boeien*** ⇒*ketenen, kluisteren* **0.2** ⟨fig.⟩ ***boeien*** ⇒ *fascineren* **0.3** ⟨worstelen⟩ ***klem zetten*** ◆ **1.2** ein ~des Bild *een boeiend, fascinerend schouwspel* **6.1** ⟨fig.⟩ jmdn. **an** sich ~ *iem. aan zich binden* **6.2** **von** jmdm. gefesselt sein *van iem. gecharmeerd zijn.*
fest[1] ⟨bn.⟩ **0.1** ***vast*** ⇒*stevig, flink, solide* **0.2** ***vast*** ⇒*onveranderlijk, bindend, standvastig* ◆ **1.1** ~e Form(en), ~e Gestalt annehmen *vaste vormen aannemen;* er gehört unter eine ~e Hand *hij heeft een strenge hand nodig;* ein ~er Händedruck *een stevige, krachtige handdruk;* ~en Schrittes, mit ~em Schritt *met vaste tred;* ~e Schuhe *stevige schoenen* **1.2** eine ~e Anstellung *een vaste aanstelling;* ein ~er Charakter *een standvastig karakter;* eine ~e Freundschaft *een vaste, hechte vriendschap;* ~es Geld, ~e Gelder *vast geld, deposito met vaste termijn;* ein ~es Vertrauen *een vast, onwankelbaar vertrouwen;* einen ~en Wohnsitz haben *een vast verblijf hebben* **2.2** irgendwo ~ ansässig sein *ergens een vast verblijf hebben* **3.1** ~ antworten *vastberaden antwoorden;* die Tür ~ schließen *de deur krachtig sluiten;* die Saiten ~er spannen *de snaren strakker spannen* **3.2** ~ entschlossen *vast besloten;* etwas ~ verabreden *iets definitief afspreken* **3.¶** in Chemie ist er ~ *in chemie is hij goed thuis* **6.1** ~ **auf** den Beinen sein, stehen *stevig op zijn benen staan.*
fest[2] ⟨bw.⟩⟨inf.⟩ **0.1** ***duchtig, goed, flink*** ◆ **5.1** immer ~(e)! *vooruit, erop los!*
Fest ⟨o.; ~(e)s, ~e⟩ **0.1** ***feest, feestdag*** ⇒*kerkelijk feest* ◆ **2.1** bewegliche, unbewegliche ~e *veranderlijke, vaste feestdagen* **3.1** ein ~ begehen, feiern *een feest vieren;* ⟨inf.; scherts.⟩ es ist mir ein ~ *het is mij een waar genoegen* **¶.1** ⟨sprw.⟩ man muß die ~e feiern, wie sie fallen ± *pluk de dag.*
Festakt ⟨m.⟩ **0.1** ***feestelijke plechtigheid.***
Festangebot ⟨o.⟩⟨ec.⟩ **0.1** ***vaste offerte.***
Festansprache ⟨v.⟩ **0.1** ***feestrede.***
Festaufführung ⟨v.⟩ **0.1** ***feestelijke opvoering.***
festbeißen, sich **0.1** ***zich vastbijten*** ⟨ook fig.⟩ ⇒*niet meer loslaten.*
Festbeitrag ⟨m.⟩ **0.1** ***bijdrage tot een feest.***
Festbeleuchtung ⟨v.⟩ **0.1** ***feestverlichting.***
festbesoldet **0.1** ***met een vaste bezoldiging.***

festbinden 0.1 ***vastbinden*** *⇒bevestigen.*
festbleiben 0.1 ***standvastig blijven*** *⇒op zijn standpunt blijven.*
festdrücken 0.1 ***vastdrukken*** *⇒samen-, aandrukken.*
Festessen ⟨o.⟩ 0.1 ***feestmaal*** ◆ **3.¶** ⟨inf.; scherts.⟩ es ist mir ein ~ *het is mij een waar genoegen.*
festfahren I ⟨onov.ww.⟩ 0.1 ***vastrijden, -varen*** *⇒blijven steken* ⟨ook fig.⟩ ◆ **1.1** das Schiff ist festgefahren *het schip is aan de grond gelopen;* die Verhandlungen sind festgefahren *de onderhandelingen zijn vastgelopen;*
II sich ~ ⟨wk.ww.⟩ 0.1 ***vastrijden*** *⇒vastlopen, blijven steken* ⟨ook fig.⟩.
festfressen, sich 0.1 ***vastlopen*** *⇒geblokkeerd, klem raken* **0.2** ***zich vastbijten*** ⟨vooral fig.⟩ *⇒niet (meer) loslaten* ◆ **6.2** die Idee fraß sich **in** ihm fest *het idee liet hem niet meer los.*
Festgabe ⟨v.⟩⟨schr.⟩ 0.1 ***feestgeschenk.***
festgefügt 0.1 ***gevestigd*** *⇒onwrikbaar, niet omver te werpen* ◆ **1.1** eine ~e Ordnung *een gevestigde orde.*
festgegründet ⟨schr.⟩ 0.1 ***op vaste grond rustend*** ⟨ook fig.⟩ *⇒vast gefundeerd* ◆ **1.1** eine ~e Überzeugung *een onwrikbare overtuiging.*
Festgelage ⟨o.⟩⟨pej.⟩ 0.1 ***gelag*** *⇒smulpartij.*
Festgeld ⟨o.⟩ 0.1 ***vast geld, deposito met vaste termijn.***
Festgottesdienst ⟨m.⟩ 0.1 ***godsdienstplechtigheid*** ⟨ter gelegenheid v.e. feest⟩.
festhaken I ⟨ov.ww.⟩ 0.1 ***(vast)haken;***
II sich ~ ⟨wk.ww.⟩ 0.1 ***(zich vast)haken, blijven haken*** *⇒niet meer loslaten.*
Festhalle ⟨v.⟩ 0.1 ***feesthal, -zaal.***
festhalten I ⟨onov.ww.⟩ 0.1 ***vasthouden;***
II ⟨ov.ww.⟩ 0.1 ***vast-, tegenhouden*** **0.2** ***vastleggen*** *⇒registreren, noteren* ◆ **1.1** ⟨fig.⟩ einen Brief ~ *een brief achterhouden* **6.2** die Ergebnisse **in** einem Buch ~ *de resultaten in een boek vastleggen;*
III sich ~ ⟨wk.ww.⟩ 0.1 ***zich vasthouden*** *⇒zich vastklampen.*
festhängen ⟨h.⟩ 0.1 ***blijven hangen.***
festheften 0.1 ***(vast)hechten*** *⇒vastmaken.*
festigen 0.1 ***bevestigen, consolideren*** *⇒verstevigen, versterken* ◆ **1.1** die Beziehungen ~ *de betrekkingen consolideren, verstevigen;* den Charakter ~ *het karakter harden;* eine gefestigte Persönlichkeit *een sterke, consistente persoonlijkheid* **4.1** seine Gesundheit festigte sich *zijn gezondheid verbeterde.*
Festiger ⟨m.; ~s, ~⟩ 0.1 ***haarversteviger.***
Festigkeit ⟨v.; ~⟩ 0.1 ***vastheid*** *⇒hardheid, stevigheid* **0.2** ***standvastigheid, vastberadenheid*** ◆ **1.1** die ~ einer Regierungsform *de stabiliteit van een regeringsvorm.*
Festival ⟨o.⟩ 0.1 ***festival.***
Festkalender ⟨m.⟩ 0.1 ***heiligenkalender.***
festklammern I ⟨ov.ww.⟩ 0.1 ***vastklemmen;***
II sich ~ ⟨wk.ww.⟩ 0.1 ***zich vastklampen*** ⟨ook fig.⟩.
festkleben 0.1 ***vastkleven, -plakken.***
Festkleid ⟨o.⟩ 0.1 ***feestgewaad*** **0.2** ⟨mv.⟩ ***feestkleding.***
festklemmen I ⟨onov.ww.⟩ 0.1 ***klemmen*** *⇒vastzitten;*
II ⟨ov.ww.⟩ 0.1 ***(vast)klemmen.***
Festkörper ⟨m.⟩ 0.1 ***vast lichaam.***
festkrallen, sich 0.1 ***zich vastklampen*** ⟨ook fig.⟩.
Festland ⟨o.; mv. ¨er⟩ 0.1 ***vasteland*** *⇒continent.*
festländisch 0.1 ***vastelands-, v.h. vasteland*** *⇒continentaal.*
Festland(s)sockel ⟨m.⟩ 0.1 ***continentaal plat.***
festlaufen I ⟨onov.ww.⟩ 0.1 ***vastlopen, -varen*** *⇒blijven steken;*
II sich ~ ⟨wk.ww.⟩ 0.1 ***(zich) vastlopen*** ⟨ook fig.⟩ *⇒stranden, blijven steken* ◆ **6.1** ⟨sp.⟩ sich **an** der gegnerischen Abwehr ~ *(zich) vastlopen op de verdediging van de tegenstander.*
festlegen I ⟨ov.ww.⟩ 0.1 ***vastleggen, -stellen*** *⇒bepalen, besluiten* **0.2** ***vastzetten, beleggen*** ◆ **1.2** Geld ~ *geld vastzetten, beleggen* **5.1** etwas vertraglich ~ *iets contractueel vastleggen* **6.¶** jmdn. **auf** seine Behauptungen ~ *iem. op zijn beweringen vastnagelen;*
II sich ~ ⟨wk.ww.⟩ 0.1 ***zich vastleggen*** *⇒zich binden* ◆ **6.1** sich **durch** eine, **mit** einer Äußerung ~ *zich door, met een uitspraak binden.*
festlich 0.1 ***feestelijk, feest-*** *⇒plechtig* ◆ **3.1** einen Tag ~ begehen *een dag feestelijk vieren.*
Festlichkeit ⟨v.; ~, ~en⟩ 0.1 ***feestelijkheid*** *⇒feestelijke stemming* **0.2** ***feest*** *⇒festiviteit* ◆ **1.1** die ~ des Tages *het feestelijk karakter van de dag.*
festliegen 0.1 ***vastzitten, aan de grond zitten*** **0.2** ***vaststaan, -liggen*** *⇒vastgesteld, bepaald zijn* ◆ **1.2** der Termin liegt fest *de termijn staat vast* **1.¶** ⟨ec.⟩ der Kurs liegt fest *de koers is stabiel.*
Festlohn ⟨m.⟩ 0.1 ***vast loon*** *⇒minimumloon.*
festmachen I ⟨onov.ww.⟩⟨scheep.⟩ 0.1 ***(af)meren, aanleggen;***
II ⟨ov.ww.⟩ 0.1 ***vastmaken*** *⇒vastbinden, bevestigen* **0.2** ***vastleggen*** *⇒bepalen, overeenkomen* ◆ **1.2** ein Geschäft ~ *een transactie afsluiten* **3.¶** sich ~ lassen *aangetoond kunnen worden.*
Festmahl ⟨o.⟩⟨schr.⟩ 0.1 ***feestmaal, -diner.***
Festmeter ⟨m. & o.⟩ 0.1 ***stère, wisse, kubieke meter*** ⟨hout⟩.
festnageln 0.1 ***vastnagelen, -spijkeren*** **0.2** ⟨inf.; fig.⟩ ***vastnagelen, -pinnen*** ◆ **6.2** jmdn. **auf** ein Versprechen ~ *iem. aan een belofte houden* **8.1** wie festgenagelt *als aan de grond vastgenageld.*
festnähen 0.1 ***vast-, aannaaien.***
Festnahme ⟨v.; ~, ~n⟩ 0.1 ***(voorlopige) gevangen-, inhechtenisneming.***
festnehmen 0.1 ***(voorlopig) gevangennemen, in (voorlopige) hechtenis nemen*** ◆ **1.1** einen Demonstranten ~ *een demonstrant aanhouden.*
Festofferte ⟨v.⟩⟨ec.⟩ 0.1 ***vaste offerte.***
Festordner ⟨m.⟩ 0.1 ***ceremoniemeester*** *⇒commissaris van orde (bij een feest).*
Festplatte ⟨v.⟩⟨comp.⟩ 0.1 ***harde schijf, harddisk.***
Festplatz ⟨m.⟩ 0.1 ***feestterrein.***
Festpreis ⟨m.⟩⟨ec.⟩ 0.1 ***vastgestelde prijs.***
Festrede ⟨v.⟩ 0.1 ***feestrede.***
festrennen, sich 0.1 ⟨inf.; fig.⟩ ***zich vastbijten*** **0.2** ⟨sp.⟩ ***zich vastlopen*** ◆ **6.1** sich **in** einer Idee ~ *zich op een idee blind staren.*
Festsaal ⟨m.⟩ 0.1 ***feestzaal.***
festsaugen, sich 0.1 ***zich vastzuigen.***
Festschmuck ⟨m.⟩ 0.1 ***feestversiering, -tooi.***
festschnallen I ⟨ov.ww.⟩ 0.1 ***vastgespen, -binden;***
II sich ~ ⟨wk.ww.⟩ 0.1 ***zich vastmaken, de veiligheidsgordel vastmaken.***
festschrauben 0.1 ***vastschroeven.***
festschreiben 0.1 ***schriftelijk vastleggen*** **0.2** ⟨fig.⟩ ***als onveranderlijk beschouwen.***
Festschrift ⟨v.⟩ 0.1 ***feestbundel, -album.***
festsetzen I ⟨ov.ww.⟩ 0.1 ***vast-, gevangenzetten*** **0.2** ***vastleggen, -stellen*** *⇒bepalen, besluiten* ◆ **1.2** zur festgesetzten Zeit *op de vastgestelde tijd;*
II sich ~ ⟨wk.ww.⟩ 0.1 ***zich vastzetten*** ⟨ook fig.⟩ *⇒vast gaan zitten* **0.2** ⟨inf.⟩ ***zich vestigen*** *⇒zich nestelen* ◆ **6.1**

der Gedanke hat sich **in** ihm festgesetzt *de gedachte heeft zich in hem vastgezet* **6.2** der Feind hat sich **im** Wald festgesetzt *de vijand heeft zich in het bos verschanst.*

festsitzen ⟨h.⟩ **0.1** ***vastzitten*** ⟨ook fig.⟩ **0.2** ***vastzitten*** ⇒*gestrand zijn, blijven steken* ◆ **6.2** ⟨inf.⟩ **mit** einem Problem ~ *bij een probleem blijven steken.*

Festsitzung ⟨v.⟩ **0.1** ***feestelijke, plechtige zitting.***

Festspiel ⟨o.⟩ **0.1** ***voor een feestelijke gelegenheid geschreven toneelstuk*** **0.2** ⟨mv.⟩ ***festival.***

Festspielhaus ⟨o.⟩ **0.1** ***concert-, theatergebouw.***

feststampfen **0.1** ***vast-, aanstampen*** ⇒*vasttrappen.*

feststecken **I** ⟨onov.ww.; h.⟩ **0.1** ***vastzitten*** ⇒*blijven steken;*
II ⟨ov.ww.⟩ **0.1** ***vaststeken*** ⇒*vastspelden.*

feststehen ⟨h.⟩ **0.1** ***vaststaan*** ◆ **1.1** ~de Redensarten *vaste uitdrukkingen* **4.1** eines, soviel steht fest *één ding staat vast.*

feststellbar **0.1** ***vast te zetten, vast te maken*** **0.2** ***vast te stellen, te constateren*** ◆ **5.2** objektiv ~ *objectief vast te stellen.*

feststellen **0.1** ***vastzetten, -maken*** **0.2** ***vaststellen, constateren*** **0.3** ***(uitdrukkelijk) stellen*** ⇒*(uitdrukkelijk) betogen* ◆ **1.2** jmds. Personalien ~ *iemands identiteit vaststellen.*

Feststelltaste ⟨v.⟩ **0.1** ***hoofdlettertoets.***

Feststellung ⟨v.⟩ **0.1** ***vaststelling, constatering*** ◆ **3.1** ~en machen, treffen *constateren, betogen.*

Feststellungsklage ⟨v.⟩⟨jur.⟩ **0.1** ***eis, rechtsvordering tot bevestiging*** ⟨v.e. recht, oorkonde⟩.

Feststimmung ⟨v.⟩ **0.1** ***feeststemming.***

Festtafel ⟨v.⟩⟨schr.⟩ **0.1** ***feestdis.***

Festtag ⟨m.⟩ **0.1** ***feestdag*** ⟨ook fig.⟩ **0.2** ⟨mv.⟩ ***(dagen v.e.) festival.***

festtags **0.1** ***op een feestdag, op feestdagen.***

festtreten **I** ⟨ov.ww.⟩ **0.1** ***vasttreden, -trappen*** ◆ **1.1** ein festgetretener Weg *een platgelopen weg;*
II sich ~ ⟨wk.ww.⟩ **0.1** ***door erover te lopen vast worden.***

festumrissen **0.1** ***vastomlijnd*** ⇒*nauwkeurig (bepaald)* ◆ **1.1** ein ~er Begriff *een duidelijk afgegrensd begrip.*

Festumzug ⟨m.⟩ **0.1** ***feestelijke optocht.***

Festung ⟨v.; ~, ~en⟩ **0.1** ***vesting*** ◆ **3.1** eine ~ stürmen *een vesting bestormen.*

Festungsbau ⟨m.; mv. ~ten⟩ **0.1** ⟨g.mv.⟩ ***vestingbouw*** **0.2** ***vesting.***

Festungshaft ⟨v.⟩ **0.1** ***vestingstraf.***

Festveranstaltung ⟨v.⟩ **0.1** ***feestelijke manifestatie.***

Festversammlung ⟨v.⟩ **0.1** ***feestvergadering.***

festverwurzelt **0.1** ***vastgeworteld*** ⇒*ingeworteld, onwankelbaar.*

festverzinslich ⟨ec.⟩ **0.1** ***met een vast rentepercentage*** ⇒ *vastrentend.*

festwachsen **0.1** ***vastgroeien.***

Festwertspeicher ⟨m.⟩⟨comp.⟩ **0.1** ***ROM-geheugen.***

Festwoche ⟨v.⟩ **0.1** ***feestweek*** **0.2** ⟨mv.⟩ ***festival.***

Festzeit ⟨v.⟩ **0.1** ***feesttijd.***

Festzelt ⟨o.⟩ **0.1** ***feesttent.***

festziehen **0.1** ***vasttrekken*** ⇒*vast aantrekken.*

Festzug ⟨m.⟩ **0.1** ***feestelijke optocht.***

Fete ⟨v.; ~, ~n⟩⟨inf.; scherts.⟩ **0.1** ***feestje, fuif.***

Fetisch ⟨m.; ~(e)s, ~e⟩ **0.1** ***fetisj.***

fett **0.1** ***vet*** ◆ **1.1** ~er Boden *vette, vruchtbare grond;* ~e Kohle *vette steenkool;* eine ~e Lache *een vette lach;* ~e Schlagzeilen *vette, vet gedrukte koppen* **3.1** ⟨inf.; fig.⟩ davon wirst du, wird man nicht ~ *daar zul je niet vet van soppen, dat brengt niet veel op.*

Fett ⟨o.; ~(e)s, ~e⟩ **0.1** ***vet*** **0.2** ***vet*** ⟨v.h. lichaam⟩ ◆ **2.1** pflanzliche, tierische ~e *plantaardige, dierlijke vetten* **3.1** ⟨inf.⟩ sein ~ (ab)bekommen, (ab)kriegen *zijn vet krijgen;* ⟨inf.⟩ sein ~ (weg)haben *zijn (verdiende) loon, straf gekregen hebben* **3.2** ~ ansetzen *vet, dik worden* **6.2** ⟨inf.⟩ **im** eigenen ~ ersticken *aan zijn welstand te gronde gaan;* ⟨inf.; fig.⟩ **von** seinem ~ zehren *op zijn vet teren* **6.¶** ⟨inf.⟩ **im** ~ schwimmen, sitzen *in het geld zwemmen.*

Fettablagerung ⟨v.⟩ **0.1** ***vetafzetting*** ⇒*vetvorming.*

Fettansatz ⟨m.⟩ →**Fettablagerung.**

fettarm **0.1** ***vetarm.***

Fettauge ⟨o.⟩ **0.1** ***vetoogje.***

Fettcreme ⟨v.⟩ **0.1** ***vette huidcrème.***

Fettdruck ⟨m.⟩⟨boek.⟩ **0.1** ***vette druk*** ⇒*vette letters.*

fetten **I** ⟨onov.ww.⟩ **0.1** ***vet afgeven*** **0.2** ***vet doorlaten, opnemen;***
II ⟨ov.ww.⟩ **0.1** ***(in)vetten*** ⇒*(in)smeren.*

Fettfilm ⟨m.⟩ **0.1** ***(dunne) vetlaag.***

Fettfleck(en) ⟨m.⟩ **0.1** ***vetvlek.***

fettfrei **0.1** ***vetvrij.***

fettfüttern **0.1** ***vetmesten.***

fettgedruckt **0.1** ***vet gedrukt.***

Fettgeruch ⟨m.⟩ **0.1** ***vetlucht.***

Fettgewebe ⟨o.⟩⟨med.⟩ **0.1** ***vetweefsel.***

fetthaltig **0.1** ***vethoudend*** ⇒*vetrijk.*

Fettheit ⟨v.; ~⟩ **0.1** ***vetheid*** ⇒*zwaarlijvigheid.*

Fetthenne ⟨v.⟩⟨plantk.⟩ **0.1** ***vetkruid, sedum.***

fettig **0.1** ***vet(tig)*** ⇒*vethoudend* ◆ **1.1** ~es Haar *vet(tig) haar.*

Fettigkeit ⟨v.; ~, ~en⟩ **0.1** ⟨g.mv.⟩ ***vet(tig)heid*** **0.2** ⟨mv.⟩ ***vettigheden*** ⇒*vette spijzen.*

Fettkloß ⟨m.⟩⟨inf.; pej.⟩ **0.1** ***vetzak.***

Fettkohle ⟨v.⟩ **0.1** ***vette steenkool.***

Fettleber ⟨v.⟩⟨med.⟩ **0.1** ***vervette lever.***

fettleibig ⟨schr.⟩ **0.1** ***zwaarlijvig.***

fettlöslich **0.1** ***in vet oplosbaar.***

Fettnäpfchen ⟨o.⟩⟨inf.; scherts.⟩ ◆ **6.¶ ins** ~ treten *klunzen, blunderen.*

Fettpolster ⟨o.⟩ **0.1** ***vetkussen*** ⇒*vetlaag* **0.2** ***reserve(kapitaal).***

Fettpresse ⟨v.⟩ **0.1** ***vetspuit*** ⇒*smeerpistool.*

Fettsäure ⟨v.⟩⟨schei.⟩ **0.1** ***vetzuur.***

Fettschicht ⟨v.⟩ **0.1** ***vetlaag.***

Fettschwein ⟨o.⟩ **0.1** ***mestvarken.***

Fettstift ⟨m.⟩ **0.1** ***vetstift*** ⇒*glaspotlood* **0.2** ***vethoudende lippenstift.***

Fettsucht ⟨v.⟩⟨med.⟩ **0.1** ***vetzucht.***

Fettwanst ⟨m.⟩ **0.1** ***dik-, vetzak.***

Fettwulst ⟨m. & v.⟩ **0.1** ***vetknobbel*** ⇒*vetgezwel.*

Fetus ⟨m.; ~(ses), ~se of Feten⟩⟨med.⟩ **0.1** ***foetus.***

fetzen **I** ⟨onov.ww.⟩⟨stud.; fig.⟩ **0.1** ***racen*** ◆ **4.¶** das fetzt (rein) *dat is te gek!;*
II ⟨ov.ww.⟩⟨inf.⟩ **0.1** ***stuktrekken, -scheuren.***

Fetzen ⟨m.; ~s, ~⟩ **0.1** ***stuk, lap, vod*** **0.2** ***flard*** ⇒*(brok)stuk* **0.3** ⟨inf.; pej.⟩ ***vod*** ⟨v.e. jurk⟩ ◆ **1.2** ~ eines Gesprächs *flarden van een gesprek* **3.1** ⟨inf.⟩ arbeiten, daß die ~ (nur so) fliegen *werken dat er de stukken afvliegen* **6.1 in** ~ gekleidet gehen *in lompen gekleed gaan.*

fetzig ⟨inf.⟩ **0.1** ***keigoed, tof, gaaf.***

feucht **0.1** ***vochtig*** ◆ **1.1** ⟨inf.; euf.⟩ ein ~er Abend *een avond waarop veel gedronken wordt;* das ~e Element *het natte element, het water;* ~e Hände *klamme handen;* ~e Luft *vochtige lucht* **3.1** jmds. Augen werden ~ *iem. krijgt de tranen in de ogen.*

Feuchte ⟨v.; ~, ~n⟩⟨schr.⟩ **0.1** ***vochtigheid.***

feuchtfröhlich ⟨inf.; scherts.⟩ **0.1** ***vrolijk, uitgelaten*** ⟨door de drank⟩.

feuchtheiß 0.1 *vochtig en heet.*
Feuchtigkeit ⟨v.; ~, ~en⟩ **0.1** ***vochtigheid, vocht.***
Feuchtigkeitsgrad ⟨m.⟩ **0.1** ***vochtigheidsgraad, vochtgehalte.***
Feuchtigkeitsmesser ⟨m.⟩ **0.1** ***vochtigheids-, hygrometer.***
feuchtkalt 0.1 ***vochtig en koud*** ⇒*kil.*
Feuchtraumleitung ⟨v.⟩ **0.1** ***geïsoleerde (vochtwerende) elektrische leiding.***
feuchtwarm 0.1 ***vochtig en warm.***
feudal 0.1 ***feodaal*** **0.2** ⟨marxistisch pej.⟩ ***reactionair*** **0.3** ⟨inf.⟩ ***deftig, chic*** ◆ **1.1** ~e Kreise *feodale, aristocratische kringen.*
Feudalherrschaft ⟨v.⟩ **0.1** ***feodale heerschappij*** ⇒*feodalisme.*
Feudalismus ⟨m.; ~⟩ **0.1** ***feodalisme.***
Feuer ⟨o.; ~s, ~⟩ **0.1** ***vuur*** ⇒*brand, enthousiasme, glans* ◆ **2.1** ~ frei! (a) *vuren (is) toegestaan* (b) ⟨inf.; scherts.⟩ *roken (is) toegestaan* **3.1** ~ anlegen (a) *een vuur aanleggen* (b) *brandstichten;* das ~ einstellen *het vuren staken;* ~ fangen (a) *vlam vatten* (b) *in vuur en vlam raken;* haben Sie bitte ~? *mag ik een vuurtje van u?;* ⟨inf.⟩ ~ machen *de kachel, verwarming aandoen* **6.1** ~ **an** ein Haus legen *een huis in brand steken;* etwas **bei** schwachem ~ kochen *iets op een kleine vlam koken;* ~ **hinter** etwas machen *haast achter iets zetten;* ⟨inf.; ook fig.⟩ **im** ~ des Gefechts *in de hitte van de strijd;* **im, unter** ~ liegen, stehen *onder vuur liggen;* ⟨fig.⟩ **mit** dem ~ spielen *met vuur spelen;* ⟨fig.⟩ **zwischen** zwei ~ geraten *tussen twee vuren raken* **8.1** ⟨inf.⟩ ~ und Flamme für etwas sein *vuur en vlam voor iets zijn;* ⟨schr.⟩ mit ~ und Schwert *te vuur en te zwaard;* die beiden sind wie ~ und Wasser *die twee zijn water en vuur* **¶.1** ~! (a) *brand!* (b) *vuur!* →**Kind.**
Feueralarm ⟨m.⟩ **0.1** ***brandalarm.***
Feueranzünder ⟨m.⟩ **0.1** ***vuur(aan)steker*** ⇒*aanmaakblokje* **0.2** ***gasaansteker.***
Feuerball ⟨m.⟩ **0.1** ⟨schr.⟩ ***vuurbol, vurige bol*** **0.2** ***centrum v.e. atoomexplosie.***
Feuerbefehl ⟨m.⟩⟨mil.⟩ **0.1** ***bevel tot vuren.***
feuerbeständig 0.1 ***vuurvast, tegen het vuur bestand.***
Feuerbestattung ⟨v.⟩ **0.1** ***lijkverbranding, crematie.***
Feuerdorn ⟨m.⟩⟨plantk.⟩ **0.1** ***vuurdoorn.***
Feuereifer ⟨m.⟩ **0.1** ***vurige, (zeer) grote ijver.***
Feuereinstellung ⟨v.⟩ **0.1** ***het staakt-het-vuren.***
feuerfest 0.1 ***vuurvast, tegen het vuur bestand.***
Feuerfresser ⟨m.⟩⟨inf.⟩ **0.1** ***vuur(vr)eter.***
Feuergefahr ⟨v.⟩ **0.1** ***brandgevaar.***
feuergefährdet 0.1 ***aan brandgevaar blootstaande.***
feuergefährlich 0.1 ***brandgevaarlijk, licht brandbaar, ontvlambaar.***
Feuergeschwindigkeit ⟨v.⟩ **0.1** ***vuursnelheid*** ⟨v.e. wapen⟩.
feuerhemmend 0.1 ***brandwerend.***
Feuerherd ⟨m.⟩ **0.1** ***vuur-, brandhaard.***
Feuerholz ⟨o.⟩ **0.1** ***brandhout.***
Feuerkiste ⟨v.⟩ **0.1** ***vuurkist, -kast.***
Feuerkommando ⟨o.⟩⟨mil.⟩ **0.1** ***bevel tot vuren.***
Feuerkraft ⟨v.⟩⟨mil.⟩ **0.1** ***vuurkracht.***
Feuerleiter ⟨v.⟩ **0.1** ***brandladder*** **0.2** ***brandweerladder.***
Feuerlilie ⟨v.⟩ **0.1** ***vuur-, oranjelelie.***
Feuerlöschboot ⟨o.⟩ **0.1** ***blusboot.***
Feuerlöscher ⟨m.⟩ **0.1** ***brandblusser, blusapparaat.***
Feuerlöschgerät ⟨o.⟩ **0.1** ***blusapparaat, brandblusser.***
Feuermauer ⟨v.⟩ **0.1** ***brandmuur*** ⇒*brandgevel.*
Feuermeer ⟨o.⟩⟨schr.⟩ **0.1** ***vuurzee*** ⇒*vlammenzee.*
Feuermelder ⟨m.⟩ **0.1** ***brandmelder.***
feuern I ⟨onov.ww.⟩ **0.1** ***stoken*** **0.2** ***vuren*** ⇒*schieten* ◆ **6.1** **im** Wohnzimmer ~ *in de huiskamer vuur maken;*
II ⟨ov.ww.⟩ **0.1** ***stoken*** ⇒*(doen) branden* **0.2** ⟨inf.⟩ ***afvuren, afschieten*** **0.3** ⟨inf.⟩ ***gooien, smijten*** **0.4** ⟨inf.⟩ ***eruit gooien, ontslaan*** ◆ **1.1** einen Ofen ~ *een kachel stoken* **1.2** eine Salve ~ *een salvo afvuren* **4.¶** ⟨inf.⟩ jmdm. eine ~ *iem. een oorveeg geven* **6.4** jmdn. **von** der Schule ~ *iem. van school schoppen.*
Feuerpolice ⟨v.⟩ **0.1** ***brandverzekeringspolis.***
Feuerpolizei ⟨v.⟩ **0.1** ***voor de brandbeveiliging verantwoordelijke overheid*** ⇒*brandweer.*
Feuerprobe ⟨v.⟩ **0.1** ***vuurproef*** ⟨ook fig.⟩ ◆ **3.1** die ~ bestehen *de vuurproef doorstaan.*
Feuerrad ⟨o.⟩ **0.1** ⟨folk.; met brandend stro omwonden rad⟩ **0.2** ⟨vuurwerk⟩ ***vuurrad*** ⇒*vuurmolen.*
Feuerraum ⟨m.⟩ **0.1** ***stookplaats.***
feuerrot 0.1 ***vuurrood.***
Feuersbrunst ⟨v.⟩⟨schr.⟩ **0.1** ***grote brand, vuurzee.***
Feuerschaden ⟨m.⟩ **0.1** ***brandschade.***
Feuerschein ⟨m.⟩ **0.1** ***vuurgloed, -glans.***
Feuerschiff ⟨o.⟩ **0.1** ***vuur-, lichtschip.***
Feuerschirm ⟨m.⟩ **0.1** ***vuur-, haardscherm.***
Feuerschlucker ⟨m.⟩⟨inf.⟩ **0.1** ***vuur(vr)eter.***
Feuerschutz ⟨m.⟩ **0.1** ***brandbeveiliging*** **0.2** ⟨mil.⟩ ***vuurdekking.***
feuersicher 0.1 ***tegen vuur bestand*** ⇒*brandvrij, onbrandbaar* **0.2** ***tegen brand beveiligd.***
Feuersirene ⟨v.⟩ **0.1** ***alarmsirene bij brand.***
Feuerspritze ⟨v.⟩ **0.1** ***brandspuit.***
Feuerstätte ⟨v.⟩ **0.1** ***stookplaats, vuur.***
Feuerstein ⟨m.⟩ **0.1** ***vuursteen(tje).***
Feuerstelle ⟨v.⟩ **0.1** ***stookplaats, vuur.***
Feuerstoß ⟨m.⟩ **0.1** ***vuurstoot*** ⇒*salvo.*
Feuertaufe ⟨v.⟩ **0.1** ***vuurdoop.***
Feuerteufel ⟨m.⟩⟨inf.⟩ **0.1** ***brandstichter.***
Feuertod ⟨m.⟩ **0.1** ***vuurdood.***
Feuertreppe ⟨v.⟩ **0.1** ***brandtrap.***
Feuerüberfall ⟨m.⟩⟨mil.⟩ **0.1** ***onverwacht artillerievuur.***
Feuerung ⟨v.; ~, ~en⟩ **0.1** ***verwarming, het stoken*** **0.2** ***brandstof(fen)*** **0.3** ***vuur, kachel*** ◆ **6.1** ~ **mit** Gas *verwarming met gas.*
Feuerungsanlage ⟨v.⟩ **0.1** ***verwarmings-, stookinstallatie.***
Feuerversicherung ⟨v.⟩ **0.1** ***brandverzekering.***
feuerverzinkt 0.1 ***gegalvaniseerd, thermisch verzinkt.***
Feuerwache ⟨v.⟩ **0.1** ***brandweerkazerne*** **0.2** ***brandwacht.***
Feuerwaffe ⟨v.⟩ **0.1** ***vuurwapen.***
Feuerwasser ⟨o.⟩⟨inf.⟩ **0.1** ***vuurwater, brandewijn.***
Feuerwehr ⟨v.⟩ **0.1** ***brandweer*** ◆ **8.¶** ⟨inf.⟩ wie die ~ herankommen *bliksemsnel komen aanzetten.*
Feuerwehrhauptmann ⟨m.⟩ **0.1** ***brandweercommandant.***
Feuerwehrleiter ⟨v.⟩ **0.1** ***brandweerladder.***
Feuerwehrmann ⟨m.; mv. ¨er of Feuerwehrleute⟩ **0.1** ***brandweerman.***
Feuerwehrschlauch ⟨m.⟩ **0.1** ***brandslang.***
Feuerwehrspritze ⟨v.⟩ **0.1** ***brandspuit.***
Feuerwerk ⟨o.⟩ **0.1** ***vuurwerk*** ⟨ook fig.⟩ ◆ **3.1** ein ~ abbrennen *vuurwerk afsteken.*
Feuerwerker ⟨m.; ~s, ~⟩ **0.1** ***vuurwerkmaker, pyrotechnicus*** **0.2** ⟨mil.⟩ ***specialist in springstoffen.***
Feuerwerkskörper ⟨m.⟩ **0.1** ***stuk vuurwerk.***
Feuerzange ⟨v.⟩ **0.1** ***vuurtang.***
Feuerzeichen ⟨o.⟩ **0.1** ***vuur-, lichtsignaal.***
Feuerzeug ⟨o.⟩ **0.1** ***aansteker.***
Feuilleton ⟨acc. wiss.⟩⟨o.; ~s, ~s⟩ **0.1** ***culturele bijlage, supplement*** **0.2** ***feuilleton.***
feurig 0.1 ⟨fig.⟩ ***vurig*** ⇒*hartstochtelijk, temperamentvol* **0.2** ⟨schr.⟩ ***vurig*** ⇒*vuurrood* **0.3** ⟨schr.⟩ ***fonkelend*** ◆ **1.1** ~er

Wein *koppige, pittige wijn* **1.3** ein ~er Diamant *een fonkelende diamant.*

Fez[1] ⟨m.; ~(es), ~(e)⟩ **0.1** ***fez.***

Fez[2] ⟨m.; ~es⟩⟨inf.⟩ **0.1** ***plezier, lol.***

ff ⟨o.⟩ ◆ **¶.¶** etwas aus dem ~ können *iets op zijn duimpje kennen.*

ff. ⟨afk.⟩ [(und) folgende (Seiten)].

FF ⟨afk.⟩ [französischer Franc].

Fiasko ⟨o.; ~s, ~s⟩ **0.1** ***fiasco*** ⇒*echec, mislukking* ◆ **3.1** ein ~ erleben, erleiden *fiasco lijden.*

Fibel ⟨v.; ~, ~n⟩ **0.1** ***elementair leer-, handboek*** ⇒*inleiding.*

Fiche[1] ⟨m.; ~s, ~s⟩ **0.1** ***microfiche.***

Fiche[2] ⟨v.; ~, ~s⟩ **0.1** ***fiche, speelpenning.***

Fichte ⟨v.; ~, ~n⟩ **0.1** ***spar(renboom), sparrenhout.***

fichten **0.1** ***van sparrenhout*** ⇒*vurenhouten.*

Fichtenholz ⟨o.⟩ **0.1** ***sparren-, vurenhout.***

Fichtenzapfen ⟨m.⟩ **0.1** ***sparappel*** ⇒*sparrenkegel.*

ficken ⟨vulg.⟩ **0.1** ***naaien, neuken.***

fidel ⟨inf.⟩ **0.1** ***fideel*** ⇒*vrolijk, jolig* ◆ **1.1** er ist ein ~es Haus *hij is een fidele kerel.*

Fidel ⟨v.; ~, ~n⟩ **0.1** ***ve(d)el*** ⇒*viool.*

Fieber ⟨o.; ~s, ~⟩ **0.1** ***koorts*** **0.2** ⟨schr.⟩ ***koorts*** ⇒*hevige opwinding* ◆ **1.2** das ~ des Ruhms *de koorts naar roem* **6.1** **im** ~ liegen *met koorts liggen.*

Fieberfrost ⟨m.⟩ **0.1** ***koortskoude.***

fieberhaft **0.1** ***koorts(acht)ig*** ⇒*met koorts gepaard gaand* **0.2** ⟨fig.⟩ ***koorts(acht)ig*** ⇒*gejaagd* **0.3** ⟨fig.⟩ ***betoverend*** ◆ **1.2** ~e Betriebsamkeit *koortsachtige bedrijvigheid.*

Fieberhitze ⟨v.⟩ **0.1** ***koortshitte.***

fieberkrank **0.1** ***ziek v.d. koorts.***

Fieberkurve ⟨v.⟩ **0.1** ***koortscurve.***

fieberlos **0.1** ***koortsvrij.***

Fiebermesser ⟨m.⟩⟨inf.⟩ **0.1** ***koortsthermometer.***

Fiebermücke ⟨v.⟩ **0.1** ***malariamug, muskiet.***

fiebern ⟨h.⟩ **0.1** ***koorts hebben*** **0.2** ⟨fig.⟩ ***onrustig, opgewonden zijn*** **0.3** ***koortsachtig, hevig verlangen*** ◆ **5.1** heftig, stark ~ *hoge koorts hebben* **6.2** **vor** Spannung ~ *opgewonden zijn van de spanning.*

Fieberphantasie ⟨v.⟩ **0.1** ***koortsfantasie*** ⟨ook fig.⟩ ⇒*koortsdroom.*

fiebersenkend **0.1** ***koortsverdrijvend, -werend.***

Fiebertabelle ⟨v.⟩ **0.1** ***tabel met koortscurve.***

Fieberthermometer ⟨o.⟩ **0.1** ***koortsthermometer.***

fiebrig **0.1** ***koorts(acht)ig*** **0.2** ⟨fig.⟩ ***koorts(acht)ig*** ⇒*gejaagd, onrustig* ◆ **1.2** in ~er Eile *met koorts(acht)ige haast.*

Fiedel ⟨v.; ~, ~n⟩⟨pej. of scherts.⟩ **0.1** ***fiedel*** ⇒*viool.*

fiedeln ⟨h.⟩⟨pej. of scherts.⟩ **0.1** ***(op de viool) fiedelen.***

fiederig **0.1** ***gevederd.***

Fiedler ⟨m.; ~s, ~⟩⟨pej. of scherts.⟩ **0.1** ***vedelaar*** ⇒*muzikant.*

fieren ⟨scheep.⟩ **0.1** ***vieren.***

fies ⟨inf.⟩ **0.1** ***vies*** ⇒*walgelijk, onsympathiek* ◆ **1.1** ein ~er Kerl *een vieze, gemene kerel.*

Figur ⟨v.; ~, ~en⟩ **0.1** ***figuur*** ⇒*lichaamsbouw* **0.2** ***figuur*** ⇒ *persoon(lijkheid)* **0.3** ***figuur*** ⇒*beeld(je), afbeelding* **0.4** ***(dans)figuur*** **0.5** ⟨sp.⟩ ***schaakfiguur, -stuk*** **0.6** ⟨muz., taal., wisk.⟩ ***figuur*** ◆ **1.2** die ~en eines Buches *de personages van een boek* **2.1** ein Bild in ganzer ~ *een portret ten voeten uit;* von kleiner ~ sein *klein van gestalte zijn* **2.6** geometrische ~en *meetkundige figuren* **3.2** eine lächerliche ~ abgeben, machen *een belachelijk figuur maken, slaan;* ⟨inf.⟩ eine gute ~ machen *heel wat voorstellen; goed voor de dag komen* **3.3** ~en zeichnen *figuurtekenen* **4.2** ⟨inf.⟩ ich kenne diese ~en *ik ken die typen.*

Figurant ⟨m.; ~en, ~en⟩ **0.1** ***figurant.***

figurenreich **0.1** ***met veel figuren*** ⇒*met veel personages, rollen.*

Figurentheater ⟨o.⟩ **0.1** ***poppen-, marionettentheater.***

figurieren I ⟨onov.ww.⟩⟨schr.⟩ **0.1** ***figureren*** ◆ **6.1** irgendwo **in** einer Liste ~ *ergens op een lijst voorkomen;*

II ⟨ov.ww.⟩ **0.1** ***figureren*** ⇒*versieren.*

figürlich **0.1** ***qua figuur, lichaamsbouw*** **0.2** ⟨bk.⟩ ***met figuren*** **0.3** ⟨taal.⟩ ***figuurlijk*** ⇒*overdrachtelijk* ◆ **5.1** jmdm. ~ ähnlich sehen *qua figuur op iem. lijken.*

Fiktion ⟨v.; ~, ~en⟩ **0.1** ***fictie.***

fiktiv **0.1** ***fictief.***

Filet ⟨o.; ~s, ~s⟩ **0.1** ⟨cul.⟩ ***filet*** **0.2** ⟨amb.⟩ ***filet(werk)*** ◆ **6.1** ~ **vom** Schwein *varkensfilet.*

Filetbraten ⟨m.⟩⟨cul.⟩ **0.1** ***filet, ossenhaas.***

filetieren ⟨cul.⟩ **0.1** ***fileren.***

Filiale ⟨v.; ~, ~n⟩ **0.1** ***filiaal*** ⇒*bijkantoor.*

Filialist ⟨m.; ~en, ~en⟩ **0.1** ***filiaalhouder*** **0.2** ***hoofd v.e. filiaalkerk.***

Filialkirche ⟨v.⟩ **0.1** ***filiaalkerk*** ⇒*hulpkerk.*

Filialleiter ⟨m.⟩ **0.1** ***filiaalhouder.***

filieren **0.1** ⟨cul.⟩ ***fileren*** **0.2** ⟨ind.⟩ ***filetwerk maken.***

Filigran ⟨o.; ~(e)s, ~e⟩ **0.1** ***filigraan*** ⟨ook fig.⟩.

Film ⟨m.; ~(e)s, ~e⟩ **0.1** ***film*** ⇒*laagje, vliesje* **0.2** ***filmpje, fotorolletje*** **0.3** ***film(industrie)*** ◆ **2.1** ein öliger ~ *een olieachtige film* **3.3** einen ~ (ab)drehen, machen *een film draaien, maken;* der ~ läuft seit drei Monaten *die film draait al drie maanden* **3.¶** ⟨inf.⟩ (bei) ihm ist der ~ gerissen *hij is de draad, de kluts kwijt* **6.3** ⟨inf.⟩ **in** einen ~ gehen *naar een film gaan kijken;* ⟨inf.⟩ **zum** ~ (gehen) wollen *filmacteur, filmactrice willen worden.*

Filmamateur ⟨m.⟩ **0.1** ***amateurfilmer.***

Filmautor ⟨m.⟩ **0.1** ***auteur v.h. draaiboek, scenarioschrijver.***

Filmbericht ⟨m.⟩ **0.1** ***filmverslag, gefilmd verslag.***

Filmbesprechung ⟨v.⟩ **0.1** ***filmkritiek.***

Filmbranche ⟨v.⟩ **0.1** ***filmwereld*** ⇒*filmindustrie.*

Filmdarsteller ⟨m.⟩ **0.1** ***filmacteur, -speler.***

Filmemacher ⟨m.⟩⟨inf.⟩ **0.1** ***filmregisseur.***

filmen I ⟨onov.ww.⟩ **0.1** ***filmen*** **0.2** ***als filmacteur, als filmactrice spelen;***

II ⟨ov.ww.⟩ **0.1** ***filmen.***

Filmerei ⟨v.; ~⟩⟨een weinig pej.⟩ **0.1** ***het filmen.***

Filmfestspiele ⟨alleen mv.⟩ **0.1** ***filmfestival.***

Filmfritze ⟨m.; ~n, ~n⟩⟨inf.⟩ **0.1** ***iemand v.d. film.***

Filmgröße ⟨v.⟩⟨inf.⟩ **0.1** ***een grote v.d. film, filmster*** ⇒*gevierd filmacteur, gevierde filmactrice.*

Filmgroteske ⟨v.⟩ **0.1** ***komische stomme film.***

filmisch **0.1** ***filmisch.***

Filmkamera ⟨v.⟩ **0.1** ***filmcamera.***

Filmkomiker ⟨m.⟩ **0.1** ***komiek*** ⟨in films⟩.

Filmkomponist ⟨m.⟩ **0.1** ***componist, schrijver van filmmuziek.***

Filmkritiker ⟨m.⟩ **0.1** ***filmcriticus.***

Filmplakat ⟨o.⟩ **0.1** ***affiche voor een film.***

Filmprojektor ⟨m.⟩ **0.1** ***filmprojector.***

Filmregisseur ⟨m.⟩ **0.1** ***filmregisseur.***

Filmreportage ⟨v.⟩ **0.1** ***gefilmde reportage.***

Filmriß ⟨m.⟩⟨inf.⟩ **0.1** ***het scheuren v.d. film*** ◆ **3.¶** einen ~ haben *de kluts kwijt zijn.*

Filmrolle ⟨v.⟩ **0.1** ***filmrol*** ⇒*rol in een film* **0.2** ***filmspoel.***

Filmschaffen ⟨o.⟩ **0.1** ***filmproductie.***

Filmschauspieler ⟨m.⟩ **0.1** ***filmspeler, -acteur.***

Filmschönheit ⟨v.⟩⟨inf.⟩ **0.1** ***(mooie) filmster.***

Filmstar ⟨m.⟩ **0.1** ***filmster.***

Filmstreifen ⟨m.⟩ **0.1** ***film(band).***
Filmstudio ⟨o.⟩ **0.1** ***filmstudio, -atelier.***
Filmtheater ⟨o.⟩ **0.1** ***bioscoop.***
Filmverleih ⟨m.⟩ **0.1** ***filmverhuur(kantoor).***
Filmvorführer ⟨m.⟩ **0.1** ***(film)operateur.***
Filmvorführung ⟨v.⟩ **0.1** ***filmvoorstelling, -vertoning.***
Filmwirtschaft ⟨v.⟩ **0.1** ***filmindustrie*** ⇒*filmbedrijf.*
Filmzensur ⟨v.⟩ **0.1** ***filmcensuur, -keuring.***
Filou ⟨m.; ~s, ~s⟩⟨pej.; scherts.⟩ **0.1** ***schurk.***
Filter ⟨m., vaktaal meestal o.; ~s, ~⟩ **0.1** ***filter.***
Filterkaffee ⟨m.⟩ **0.1** ***filterkoffie.***
filtern **0.1** ***filtreren, filteren.***
Filterpapier ⟨o.⟩ **0.1** ***filterpapier.***
Filtertuch ⟨o.; mv. ~e of ¨~er⟩ **0.1** ***filtreer-, filterdoek.***
Filtertüte ⟨v.⟩ **0.1** ***filterzakje.***
Filterzigarette ⟨v.⟩ **0.1** ***filtersigaret.***
Filtrat ⟨o.; ~(e)s, ~e⟩ **0.1** ***filtraat.***
filtrieren **0.1** ***filtreren, filteren.***
Filtrierpapier ⟨o.⟩ **0.1** ***filtreerpapier.***
Filtriertuch ⟨o.; mv. ~e of ¨~er⟩ **0.1** ***filtreer-, filterdoek.***
Filz ⟨m.; ~es, ~e⟩ **0.1** ***(stuk) vilt*** **0.2** ***vilt(laag)*** ⇒*dichte massa* **0.3** ***vilthoed*** **0.4** ⟨inf.⟩ ***(bier)viltje*** **0.5** ⟨inf.; pej.⟩ ***gieriggaard*** **0.6** ⟨inf.; pej.⟩ ***lomperik*** ◆ **6.1** eine Unterlage **aus** ~ *een vilten onderlegger.*
filzen[1] ⟨bn.⟩ **0.1** ***vilten, van vilt.***
filzen[2] **I** ⟨onov.ww.⟩ **0.1** ⟨h/s.⟩ ***(ver)vilten*** **0.2** ⟨h.; inf.⟩ ***gierig zijn*** **0.3** ⟨h.; inf.⟩ ***maffen;***
II ⟨ov.ww.⟩ **0.1** ***(ver)vilten, tot vilt maken*** **0.2** ⟨inf.⟩ ***doorzoeken, fouilleren*** **0.3** ⟨inf.⟩ ***beroven.***
Filzhut ⟨m.⟩ **0.1** ***vilthoed.***
filzig **0.1** ***vilt(acht)ig*** **0.2** ⟨inf.; pej.⟩ ***gierig.***
Filzokratie ⟨v.; ~, ~n⟩ **0.1** ⟨verstrengeling van persoonlijke en gemeenschapsbelangen bij overheidsinstanties⟩.
Filz|schreiber, -stift ⟨m.⟩ **0.1** ***viltschrijver, -stift.***
Fimmel ⟨m.; ~s, ~⟩⟨inf.; pej.⟩ **0.1** ***manie*** ⇒*(ziekelijke) neiging, raar aanwensel* **0.2** ***idee-fixe*** ◆ **3.1** der hat doch einen ~! *die is toch niet goed wijs!*
final **0.1** ⟨schr.⟩ ***finaal, slot-, eind-*** **0.2** ⟨taal.⟩ ***finaal, van doel.***
Finale ⟨o.; ~s, ~(s)⟩ **0.1** ***finale.***
Finalist ⟨m.; ~en, ~en⟩ **0.1** ***finalist.***
Finalsatz ⟨m.⟩⟨taal.⟩ **0.1** ***bijzin van doel, doelzin.***
Finanz ⟨v.; ~⟩⟨inf.⟩ **0.1** ***geldwezen*** **0.2** ***de financiers.***
Finanzabteilung ⟨v.⟩ **0.1** ***afdeling financiën.***
Finanzamt ⟨o.⟩ **0.1** ***belastingkantoor.***
Finanzaristokratie ⟨v.⟩ **0.1** ***geldaristocratie.***
Finanzausschuß ⟨m.⟩ **0.1** ***financiële commissie.***
Finanzbeamte(r) ⟨bn. als zn.; m.⟩ **0.1** ***belastingambtenaar.***
Finanzbuchhalter ⟨m.⟩ **0.1** ***accountant.***
Finanzen ⟨alleen mv.⟩ **0.1** ***financiën*** ⇒*geldmiddelen.*
Finanzexperte ⟨m.⟩ **0.1** ***financieel deskundige.***
Finanzfrage ⟨v.⟩ **0.1** ***geldkwestie, financiële kwestie.***
Finanzgebaren ⟨o.⟩ **0.1** ***financieel beleid.***
Finanzgesetz ⟨o.⟩ **0.1** ***belastingwet*** ⇒*wet i.v.m. de staatsfinanciën.*
Finanzhoheit ⟨v.⟩ **0.1** ***recht om belastingen te heffen.***
finanziell **0.1** ***financieel*** ◆ **1.1** ~e Mittel *financiële middelen, geldmiddelen.*
Finanzier ⟨m.; ~s, ~s⟩ **0.1** ***financier.***
finanzieren **0.1** ***financieren*** **0.2** ***op krediet kopen*** ◆ **1.2** einen Wagen ~ *een auto op krediet kopen.*
Finanzierung ⟨v.; ~, ~en⟩ **0.1** ***financiering*** **0.2** ***kredietverlening.***
Finanzierungslücke ⟨v.⟩ **0.1** ***financieringstekort.***
Finanzjahr ⟨o.⟩ **0.1** ***begrotingsjaar.***
Finanzkontrolle ⟨v.⟩ **0.1** ***controle v.d. staatsfinanciën.***
finanzkräftig **0.1** ***kapitaalkrachtig.***
Finanzlage ⟨v.⟩ **0.1** ***financiële toestand, positie.***
Finanzmann ⟨m.; mv. ¨~er of Finanzleute⟩ **0.1** ***financier.***
Finanzministerium ⟨o.⟩ **0.1** ***ministerie van Financiën.***
Finanzplan ⟨m.⟩ **0.1** ***begroting(sontwerp).***
Finanzplanung ⟨v.⟩ **0.1** ***financiële planning.***
Finanzpolitik ⟨v.⟩ **0.1** ***financiële politiek.***
Finanzspritze ⟨v.⟩ **0.1** ***financiële injectie.***
Finanzverwaltung ⟨v.⟩ **0.1** ***financieel beheer*** **0.2** ***fiscus.***
Finanzwesen ⟨o.⟩ **0.1** ***geldwezen, financiën.***
Finanzwirtschaft ⟨v.⟩ **0.1** ***financieel beheer, beleid.***
Findelkind ⟨o.⟩ **0.1** ***vondeling.***
finden ⟨→t33⟩ **I** ⟨onov.ww.; h.⟩ **0.1** ***de weg vinden*** ⟨ook fig.⟩ ⇒*geraken* ◆ **6.1** **nach** Hause ~ *de weg naar huis vinden;* **zur** Musik ~ *door de muziek aangetrokken worden;*
II ⟨ov.ww.⟩ **0.1** ***vinden*** ⇒*(aan)treffen* **0.2** ***vinden*** ⇒*van oordeel zijn* **0.3** ***(onder)vinden*** ◆ **1.1** Mittel und Wege ~ *raad weten* **1.3** seinen Abschluß ~ *afgesloten worden;* etwas findet Beachtung, Berücksichtigung *op iets wordt gelet;* in bestimmte Kreise Eingang ~ *tot bepaalde kringen toegang krijgen;* Gefallen an etwas, jmdm. ~ *behagen in iets, iem. scheppen;* den Mut zu etwas ~ *de moed voor iets kunnen opbrengen* **3.2** ich finde, er sieht blaß aus *ik vind dat hij er bleek uitziet* **4.1** ihre Blicke ~ sich *hun blikken ontmoeten elkaar* **5.1** jmdn. krank ~ *iem. ziek aantreffen* **6.2** nichts **dabei** ~, daß ... *er niets op tegen hebben dat ...;*
III sich ~ ⟨wk.ww.⟩ **0.1** ***te vinden zijn*** ⇒*voorkomen* **0.2** ***teruggevonden worden*** **0.3** ⟨schr.⟩ ***zich schikken*** ⇒*berusten* **0.4** ⟨schr.⟩ ***zich beheersen*** ◆ **1.2** der Ring hat sich gefunden *de ring is terecht* **4.1** das, es wird sich (alles) ~ (a) *dat zal allemaal wel blijken* (b) *alles komt wel in orde;* es fand sich keiner, der ... *er was niemand te vinden die ...* **6.3** sich **in** sein Schicksal ~ *zich in zijn lot schikken.*
Finder ⟨m.; ~s, ~⟩ **0.1** ***vinder.***
Findergeld ⟨o.⟩ **0.1** ***vindloon.***
findig **0.1** ***vindingrijk*** ⇒*slim, schrander* ◆ **1.1** ein ~er Kopf *een schrandere kop.*
Find|lingsblock, -lingsstein ⟨m.⟩⟨geol.⟩ **0.1** ***zwerfblok, erratisch blok, zwerfsteen.***
Finesse ⟨v.; ~, ~n⟩ **0.1** ***finesse*** ⇒*kneep, truc(je)* **0.2** ***finesse*** ⇒*snufje.*
Finger ⟨m.; ~s, ~⟩ **0.1** ***vinger*** ◆ **2.1** ⟨inf.; fig.⟩ klebrige ~ haben, krumme, lange ~ machen *lange, kromme vingers hebben;* der kleine ~ *de pink* **3.1** ⟨inf.; fig.⟩ die ~ von etwas lassen *zich niet met iets inlaten, van iets afblijven;* ⟨inf.; fig.⟩ den, seinen ~ darauf haben *iets onder controle hebben;* ⟨inf.; fig.⟩ keinen ~ krumm machen, rühren *geen vinger uitsteken;* ⟨inf.⟩ sich ⟨3e nv.⟩ die, alle zehn ~ nach etwas lecken *zijn vingers naar iets aflikken;* ⟨fig.⟩ den ~ auf die (brennende) Wunde legen *de vinger op de wonde plek leggen;* ⟨ook fig.⟩ sich ⟨3e nv.⟩ die ~ verbrennen *z'n vingers verbranden* **5.1** ~ weg! *handen thuis, afblijven!* **6.1** ⟨inf.; fig.⟩ sich ⟨3e nv.⟩ etwas **an** den (fünf, zehn) ~n abzählen können *iets op zijn vingers kunnen natellen;* ⟨inf.⟩ etwas **an** den (fünf) ~n hersagen können *iets op zijn duimpje kennen;* ⟨inf.; fig.⟩ eins, etwas **auf** die ~ bekommen *op de vingers getikt worden;* etwas, jmdn. nicht **aus** den ~n geben, lassen *iets, iem. niet uit handen geven;* ⟨inf.⟩ laß die ~ **davon**! *handen thuis, afblijven!;* ⟨inf.⟩ er hat überall seine ~ **dazwischen** *hij heeft overal een vinger in de pap;* ⟨inf.; fig.⟩ etwas **im** kleinen ~ haben *iets op zijn duimpje weten, kennen;* ⟨inf.; fig.⟩ die, seine ~ **im** Spiel haben *de hand in het spel hebben, achter iets steken;* ⟨inf.⟩ jmdm. **in** die ~ fallen *in iemands handen vallen;* ⟨inf.; fig.⟩ sich ⟨3e nv.⟩ **in**

den ~ schneiden *zich grondig, lelijk vergissen;* jmdm. **in, unter, vor, zwischen** die ~ geraten, kommen *in iemands handen vallen;* etwas **mit** spitzen ~n anfassen *iets heel voorzichtig aanpakken;* ⟨inf.⟩ etwas **mit** dem kleinen ~ machen *iets met het grootste gemak doen, ergens zijn hand niet voor omdraaien;* ⟨inf.; fig.⟩ jmdn. **um** den (kleinen) ~ wickeln *iem. om de, een vinger winden.*

Fingerabdruck ⟨m.; mv. ⁻̈e⟩ **0.1** ***vingerafdruk*** ◆ **1.1** jmdm. Fingerabdrücke abnehmen *iemands vingerafdrukken nemen.*

Fingerbreit ⟨m.; ~, ~⟩ **0.1** ***vingerbreedte*** ⇒*duimbreedte* ◆ **4.1** (um) keinen ~ von einem Standpunkt abgehen *geen vingerbreed van een standpunt afwijken.*

fingerfertig 0.1 ***vingervlug, handig met de vingers.***

Fingerglied ⟨o.⟩ **0.1** ***vingerlid, kootje.***

Fingerhut ⟨m.⟩ **0.1** ***vingerhoed*** **0.2** ⟨plantk.⟩ ***vingerhoedskruid*** ◆ **7.1** ⟨fig.⟩ ein ~ (voll) *een kleinigheid.*

Finger|knöchel, -knochen ⟨m.⟩ **0.1** ***vingerknokkel.***

Fingerkraut ⟨o.⟩⟨plantk.⟩ **0.1** ***ganzerik.***

Fingerkuppe ⟨v.⟩ **0.1** ***vingertop.***

Fingerling ⟨m.; ~(e)s, ~e⟩ **0.1** ***vingerling.***

fingern I ⟨onov.ww.⟩ **0.1** ***vingeren*** ⇒*friemelen* ◆ **6.1 an** einem Türschloß ~ *aan een deurslot morrelen;* **nach** einem Schlüssel ~ *naar een sleutel tasten;*
II ⟨ov.ww.⟩ **0.1** ⟨inf.⟩ ***klaarspelen*** ⇒*fiksen* **0.2** ⟨inf.⟩ ***gappen, jatten*** **0.3** ***(met de vingers) opvissen*** ◆ **6.3** eine Karte **aus** einer Schulmappe ~ *een kaart uit een boekentas opvissen.*

Fingernagel ⟨m.⟩ **0.1** ***vingernagel*** ◆ **6.1** ⟨inf.⟩ jmdm. nicht das Schwarze **unter** dem ~ gönnen *iem. het licht in de ogen niet gunnen.*

Fingersatz ⟨m.⟩⟨muz.⟩ **0.1** ***vingerzetting.***

Fingerspitze ⟨v.⟩ **0.1** ***vingertop*** ◆ **6.1** das muß man **in** den ~n haben *dat moet je in je vingers, vingertoppen hebben;* ⟨inf.⟩ jmdm. kribbelt es (ordentlich) **in** den ~n *iem. popelt van ongeduld.*

Fingerspitzengefühl ⟨o.⟩ **0.1** ***fijn aanvoelingsvermogen.***

Fingersprache ⟨v.⟩ **0.1** ***vingertaal.***

Fingerspur ⟨v.⟩ **0.1** ⟨nagelaten⟩ ***vingerafdruk.***

Fingerzeig ⟨m.; ~(e)s, ~e⟩ **0.1** ***vingerwijzing*** ⇒*wenk, teken* ◆ **3.1** jmdm. einen ~ geben *iem. een tip geven.*

fingieren ⟨schr.⟩ **0.1** ***fingeren*** ⇒*verzinnen.*

Finish ⟨o.; ~s, ~s⟩ **0.1** ⟨vaktaal⟩ ***afwerking*** ⇒*finishing touch* **0.2** ⟨sp.⟩ ***finish*** ⇒*finale.*

Fink ⟨m.; ~en, ~en⟩ **0.1** ***vink.***

Finn-Ding(h)i ⟨o.; ~s, ~s⟩ **0.1** ***finnjol.***

Finne[1] ⟨m.; ~n, ~n⟩ **0.1** ***Fin.***

Finne[2] ⟨v.; ~, ~n⟩⟨med.⟩ **0.1** ***mee-eter, pukkel, puist.***

finnisch 0.1 ***Fins.***

Finnland ⟨o.; ~s⟩ **0.1** ***Finland.***

Finnwal ⟨m.⟩ **0.1** ***vinvis.***

finster 0.1 ***duister, (zeer) donker*** **0.2** ***somber, onvriendelijk, vijandig*** **0.3** ⟨pej.⟩ ***duister*** ⇒*verdacht, obscuur* ◆ **1.1** das ~e Mittelalter *de donkere Middeleeuwen;* eine ~e Nacht *een duistere nacht* **1.2** ein ~er Blick *een vijandige blik* **1.3** eine ~e Angelegenheit *een duistere, verdachte zaak;* ein ~er Kerl *een ongure kerel;* ~e Wege gehen, wandeln *duistere paden bewandelen* **3.¶** ⟨inf.⟩ die Sache sieht ~ aus *de zaak staat er slecht voor* **6.1** ⟨fig.⟩ **im** ~n tappen *in het duister tasten.*

Finsternis ⟨v.; ~, ~se⟩ **0.1** ***duister(nis)*** **0.2** ⟨ster.⟩ ***verduistering, eclips*** ◆ **1.1** ⟨rel.⟩ die Mächte der ~ *de machten van de duisternis.*

Finte ⟨v.; ~, ~n⟩ **0.1** ⟨schr.⟩ ***truc(je), list*** ⇒*uitvlucht* **0.2** ⟨sp.⟩ ***schijnbeweging.***

fipsig ⟨inf.⟩ **0.1** ***nietig*** ⇒*onbeduidend.*

Firlefanz ⟨m.; ~es, ~e⟩⟨inf.; pej.⟩ **0.1** ***snuisterij*** ⟨ook fig.⟩ ⇒ *rommel, waardeloos spul* **0.2** ***onzin, nonsens.***

Firma ⟨v.; ~, Firmen⟩ **0.1** ***firma*** ⟨ook fig.⟩ ⇒*bedrijf, zaak, onderneming* **0.2** ⟨ec.⟩ ***firma(naam)*** ⇒*handelsnaam* ◆ **3.2** die ~ ist erloschen, wurde gelöscht, getilgt *de firma(naam) is, werd uit het handelsregister geschrapt* **3.¶** ⟨inf.; scherts.⟩ die ~ dankt (a) *dank u!* (b) *neen, dank u!*

Firmament ⟨o.; ~(e)s, ~e⟩ **0.1** ***firmament.***

firmen ⟨r.-k.⟩ **0.1** ***vormen, het vormsel toedienen.***

Firmenaufdruck ⟨m.⟩ **0.1** ***briefhoofd.***

Firmenchef ⟨m.⟩ **0.1** ***bedrijfsleider.***

Firmeninhaber ⟨m.⟩ **0.1** ***eigenaar v.d. firma.***

Firmenname ⟨m.⟩ **0.1** ***firma-, handelsnaam.***

Firmenregister ⟨o.⟩ **0.1** ***handelsregister.***

Firmenwagen ⟨m.⟩ **0.1** ***auto v.d. zaak, v.h. bedrijf.***

Firmenwert ⟨m.⟩⟨ec.⟩ **0.1** ***goodwill.***

Firmenzeichen ⟨o.⟩ **0.1** ***handels-, fabrieks-, firmamerk.***

firmieren 0.1 ***als firmanaam hebben*** ◆ **6.1 mit, unter** dem Namen Schmidt ~ *onder de firmanaam Schmidt werken.*

Firmling ⟨m.; ~(e)s, ~e⟩⟨r.-k.⟩ **0.1** ***vormeling(e).***

Firmung ⟨v.; ~, ~en⟩⟨r.-k.⟩ **0.1** ***vormsel.***

Firn ⟨m.; ~(e)s, ~e(n)⟩ **0.1** ***firn(sneeuw).***

Firnis ⟨m.; ~ses, ~se⟩ **0.1** ***vernis*** **0.2** ⟨fig.⟩ ***vernis(je)*** ⇒ *schijn.*

firnissen 0.1 ***vernissen.***

First ⟨m.; ~(e)s, ~e⟩ **0.1** ***(dak)vorst, nok.***

Fisch ⟨m.; ~(e)s, ~e⟩ **0.1** ***vis*** **0.2** ⟨meestal mv.; astrol.⟩ ***Vis(sen)*** ⟨ook fig.⟩ ◆ **2.¶** ⟨inf.; scherts.; fig.⟩ ein dicker, großer ~ (a) *een gewichtig persoon* (b) *een zware jongen;* ⟨inf.; fig.⟩ faule ~e *smoesjes, leugens;* ⟨inf.; fig.⟩ ein (kalter) ~ *een koude, gevoelloze natuur;* ⟨inf.; fig.⟩ kleine ~e *onbelangrijke dingen* **8.1** ⟨inf.⟩ das ist weder ~ noch Fleisch *dat is geen vis en geen vlees;* gesund wie ein ~ im Wasser *zo gezond als een vis(je).*

Fischadler ⟨m.⟩ **0.1** ***visarend.***

Fischauge ⟨o.⟩ **0.1** ***vis(sen)oog*** ⟨ook fig.⟩ **0.2** ***visooglens.***

Fischbehälter ⟨m.⟩ **0.1** ***(vis)kaar.***

Fischbestand ⟨m.⟩ **0.1** ***visstand.***

Fischblut ⟨o.⟩ **0.1** ***vissenbloed*** ⟨ook fig.⟩.

Fischbrut ⟨v.⟩ **0.1** ***visbroed(sel).***

Fischdampfer ⟨m.⟩ **0.1** ***stoomtrawler.***

fischen I ⟨onov.ww.⟩ **0.1** ***vissen*** ⟨ook fig.⟩ ◆ **6.1 auf** Kabeljau ~ *naar kabeljauw vissen;* ⟨inf.; fig.⟩ **nach** Komplimenten ~ *naar complimentjes vissen.* →**trübe;**
II ⟨ov.ww.⟩ **0.1** ***vissen (naar)*** ⟨ook fig.⟩ ⇒*vangen.*

Fischer ⟨m.; ~s, ~⟩ **0.1** ***visser.***

Fischerboot ⟨o.⟩ **0.1** ***vissersboot.***

Fischerei ⟨v.; ~⟩ **0.1** ***visserij, visvangst.***

Fischereiflotte ⟨v.⟩ **0.1** ***visserij-, vissersvloot.***

Fischereihafen ⟨m.⟩ **0.1** ***visserij-, vissershaven.***

Fischereirecht ⟨o.⟩ **0.1** ***visrecht*** **0.2** ⟨g.mv.⟩ ***visserijrecht.***

Fischergarn ⟨o.⟩ **0.1** ***visnet, vissersgaren.***

Fischergerät ⟨o.⟩ **0.1** ***vistuig, visgerei.***

Fischernetz ⟨o.⟩ **0.1** ***visnet.***

Fischfang ⟨m.⟩ **0.1** ***visvangst.***

Fischgeschäft ⟨o.⟩ **0.1** ***viswinkel.***

Fischglas ⟨o.⟩ **0.1** ***viskom.***

Fischgrat[1] ⟨m.; ~(e)s, ~s⟩ **0.1** ***(stof met) visgraatmotief.***

Fischgrat[2] ⟨o.; ~(e)s, ~s⟩ **0.1** ***visgraatpatroon.***

Fischgräte ⟨v.⟩ **0.1** ***visgraat.***

Fischgrund ⟨m.⟩ **0.1** ***visgrond*** ⇒*visgebied.*

fischhaft 0.1 ***visachtig.***

fischig 0.1 ***naar vis ruikend, smakend*** **0.2** ***visachtig*** ◆ **1.2** ~e Augen *visachtige ogen.*

Fischkasten ⟨m.⟩ **0.1** ***(vis)kaar.***
Fischlaich ⟨m.⟩ **0.1** ***(vis)kuit.***
Fischleim ⟨m.⟩ **0.1** ***vislijm.***
Fischmilch ⟨v.⟩ **0.1** ***hom.***
Fischnetz ⟨o.⟩ **0.1** ***visnet.***
Fischotter ⟨m.⟩ **0.1** ***(vis)otter.***
Fischpaß ⟨m.⟩ **0.1** ***vistrap*** ⇒*vislift.*
Fischreiher ⟨m.⟩ **0.1** ***visreiger, blauwe reiger.***
Fischreuse ⟨v.⟩ **0.1** ***(vis)fuik.***
Fischschwarm ⟨m.⟩ **0.1** ***school vissen.***
Fischstäbchen ⟨o.⟩ **0.1** ***visstick.***
Fischsterben ⟨o.; ~s⟩ **0.1** ***vissterfte.***
Fischteich ⟨m.⟩ **0.1** ***visvijver.***
Fischung ⟨v.; ~⟩⟨scheep.⟩ **0.1** ***vissing.***
Fischwanderung ⟨v.⟩ **0.1** ***vistrek.***
Fischwehr ⟨o.⟩ **0.1** ***visweer.***
Fischweib ⟨o.⟩ **0.1** ***meermin.***
Fischwirtschaft ⟨v.⟩ **0.1** ***visserij, visvangst*** ⇒*visindustrie.*
Fischzucht ⟨v.⟩ **0.1** ***visteelt, -kwekerij.***
Fischzug ⟨m.⟩ **0.1** ***(vis)vangst, haal met het net*** **0.2** ***winstgevende onderneming*** ⇒*vangst.*
Fisimatenten ⟨alleen mv.⟩⟨inf.⟩ **0.1** ***uitvluchten*** ⇒*praatjes, drukte.*
fiskalisch **0.1** ***fiscaal.***
Fiskus ⟨m.; ~, Fisken of ~(se)⟩ **0.1** ***fiscus*** ⇒*schatkist, staatskas.*
Fistelstimme ⟨v.⟩ **0.1** ***falset(stem), fausset(stem)*** ⇒*kopstem* **0.2** ***zeer hoge (en fijne) stem.***
fit **0.1** ***fit*** ⇒*in vorm, in goede conditie.*
Fit|ness, -neß ⟨v.; ~⟩ **0.1** ***fitheid*** ⇒*vorm, conditie.*
Fittich ⟨m.; ~(e)s, ~e⟩⟨schr.⟩ **0.1** ***vleugel, vlerk*** ◆ **6.1** ⟨inf.; scherts.⟩ jmdn. **unter** seine ~e nehmen *iem. onder zijn vleugels, hoede nemen.*
Fitting ⟨o.; ~s, ~s⟩ **0.1** ***fitting.***
fix **0.1** ***vast*** ⟨mbt. een bedrag⟩ **0.2** ⟨inf.⟩ ***vlug, snel*** ⇒*behendig* ◆ **1.1** ~e Kosten, Preise *vaste kosten, prijzen* **1.2** ein ~er Kerl *een handige kerel* **8.¶** ⟨inf.⟩ ~ und fertig (a) *kant en klaar* (b) *totaal uitgeput* (c) *geruïneerd, failliet;* ⟨inf.⟩ jmdn. ~ und fertig machen (a) *iem. ruïneren* (b) *iem. afmatten.*
Fixe ⟨v.; ~, ~n⟩⟨inf.⟩ **0.1** ***drugsspuit.***
fixen **0.1** ***in blanco verkopen*** ⇒*à la baisse speculeren* **0.2** ⟨inf.⟩ ***(drugs) spuiten.***
Fixer ⟨m.; ~s, ~⟩ **0.1** ***baissier, baissespeculant*** **0.2** ⟨inf.⟩ ***(drugs)spuiter.***
Fixierbad ⟨o.⟩ **0.1** ***fixeerbad.***
fixieren I ⟨ov.ww.⟩ **0.1** ***fixeren*** ◆ **5.1** jmds. Worte schriftlich ~ *iemands woorden schriftelijk vastleggen;*
II sich ~ ⟨wk.ww.⟩⟨psych.⟩ **0.1** ***zich (emotioneel) binden*** ◆ **6.1 an, auf** etwas, jmdn. fixiert sein *op iets, iem. gefixeerd zijn.*
Fixiermittel ⟨o.⟩ **0.1** ***fixeermiddel.***
Fixierung ⟨v.; ~, ~en⟩ **0.1** ***fixatie, het fixeren.***
Fixkosten ⟨alleen mv.⟩ **0.1** ***vaste kosten.***
Fixpunkt ⟨m.⟩ **0.1** ***vast punt.***
Fixstern ⟨m.⟩ **0.1** ***vaste ster.***
Fixum ⟨o.; ~s, Fixa⟩ **0.1** ***fixum*** ⇒*vast salaris.*
Fjord ⟨m.; ~(e)s, ~e⟩ **0.1** ***fjord.***
FKK ⟨afk.⟩ →**Freikörperkultur.**
FKKler ⟨m.; ~s, ~⟩⟨inf.⟩ **0.1** ***nudist.***
fl., Fl. ⟨afk.⟩ →**Florin.**
flach **0.1** ***vlak*** ⇒*effen, plat* **0.2** ***laag, plat*** **0.3** ***vlak*** ⇒*niet steil* **0.4** ***vlak*** ⟨ook fig.⟩ ⇒*ondiep* **0.5** ⟨pej.; fig.⟩ ***vlak*** ⇒*oppervlakkig, nietszeggend* ◆ **1.1** mit der ~en Klinge *met de rug van het lemmer;* auf dem ~en Lande *op het platteland* **1.2** ~e Absätze *lage hakken* **1.3** eine ~e Brust, Nase *een platte borst, neus* **1.4** eine ~e Schüssel *een platte schaal* **1.5** ein ~er Mensch *een oppervlakkig mens* **3.1** ~ liegen (a) *platliggen* (b) ⟨inf.⟩ *languit liggen.*
Flachbau ⟨m.; mv. ~ten⟩ **0.1** ***laagbouw.***
Flachdach ⟨o.⟩ **0.1** ***plat dak.***
Flachdruck ⟨m.; mv. ~e⟩ **0.1** ⟨g.mv.⟩ ***vlakdruk(techniek)*** **0.2** ***met vlakdruk(techniek) vervaardigd stuk.***
Fläche ⟨v.; ~, ~n⟩ **0.1** ***vlak(te)*** ⇒*plat terrein* **0.2** ***vlak, vlakke zijde*** **0.3** ⟨wisk.⟩ ***oppervlakte*** ◆ **3.3** die ~ eines Dreiecks berechnen *de oppervlakte van een driehoek berekenen.*
Flächenausdehnung ⟨v.⟩ **0.1** ***oppervlakte.***
Flächenbrand ⟨m.⟩ **0.1** ***uitgestrekte brand.***
flächengleich ⟨wisk.⟩ **0.1** ***in oppervlakte gelijk.***
flächenhaft **0.1** ***(als, in de vorm v.e.) vlak*** ⇒*zich over een groter oppervlak uitstrekkend.*
Flächeninhalt ⟨m.⟩⟨wisk.⟩ **0.1** ***oppervlakte.***
Flächennutzungsplan ⟨m.⟩ **0.1** ***bestemmingsplan.***
Flächenstillegung ⟨v.⟩ **0.1** ***braaklegging*** ⟨van landbouwgrond⟩.
flachfallen ⟨inf.⟩ **0.1** ***niet doorgaan*** ⇒*in het water vallen, wegvallen* ◆ **1.1** die Reise fällt flach *de reis gaat niet door.*
Flachfeuergeschütz ⟨o.⟩ **0.1** ***vlakbaangeschut.***
Flachhang ⟨m.⟩ **0.1** ***zacht glooiende helling.***
Flachheit ⟨v.; ~, ~en⟩ **0.1** ***vlakheid*** **0.2** ***oppervlakkigheid, oppervlakkige opmerking.***
flächig **0.1** ***vlak, plat.***
Flachkopf ⟨m.⟩⟨pej.⟩ **0.1** ***oppervlakkig mens*** ⇒*sufferd.*
Flachland ⟨o.⟩ **0.1** ***vlakte*** ⇒*vlak gebied, laagland.*
flachlegen ⟨inf.⟩ **0.1** ***op de grond leggen, drukken*** ◆ **4.1** ⟨scherts.⟩ sich ~ ***(een tijdje) gaan maffen.***
flachliegen ⟨h.⟩⟨inf.⟩ **0.1** ***platliggen*** ⇒*ziek te bed liggen.*
Flachrelief ⟨o.⟩ **0.1** ***vlak reliëf, bas-reliëf.***
Flachs ⟨m.; ~es⟩ **0.1** ***vlas*** **0.2** ⟨inf.⟩ ***gekheid, grapje*** ◆ **3.2** bei jmdm. blüht der ~ *iem. maakt graag grapjes* **6.2** (jetzt mal) **ohne** ~ *zonder gekheid* **8.1** Haare wie ~ *vlasblond haar.*
Flachsbau ⟨m.⟩ **0.1** ***vlasbouw, -teelt.***
flachsen ⟨inf.⟩ **0.1** ***gekheid, grapjes maken*** ⇒*plagen.*
flächse(r)n **0.1** ***vlassen, van vlas.***
Flachshaar ⟨o.⟩ **0.1** ***vlashaar, vlasblond haar.***
Flachskopf ⟨m.⟩ **0.1** ***vlaskop*** ⟨hoofd of kind⟩ ⇒*witkop.*
Flachziegel ⟨m.⟩ **0.1** ***platte dakpan.***
flackerig **0.1** ***flakkerend.***
Flackerlicht ⟨o.⟩ **0.1** ***flikkerlicht*** ⟨ook fig.⟩.
flackern **0.1** ***flakkeren*** ⇒*flikkeren, opvlammen* **0.2** ***trillen*** ⇒*beven* ◆ **1.2** jmds. Stimme flackert *iemands stem trilt.*
Fladen ⟨m.; ~s, ~⟩ **0.1** ***vla(ai)*** ⇒*koek* **0.2** ***koek, brij*** ⟨ook fig.⟩.
Flagellant ⟨m.; ~en, ~en⟩ **0.1** ***flagellant, geselbroeder.***
Flageolett ⟨o.; ~s, ~e of ~s⟩ **0.1** ***flageolet.***
Flagge ⟨v.; ~, ~n⟩ **0.1** ***vlag*** ◆ **3.1** die ~ einholen *de vlag strijken* ⟨ook fig.⟩; die deutsche ~ führen *onder Duitse vlag varen;* ⟨fig.⟩ ~ zeigen *duidelijk zijn mening te kennen geven* **6.1** ⟨fig.⟩ **unter** falscher, fremder ~ segeln *onder valse vlag varen.*
flaggen **0.1** ***vlaggen, de vlag uitsteken*** ◆ **5.1** halbmast ~ *de vlag halfstok hijsen.*
Flaggenalphabet ⟨o.⟩ **0.1** ***vlaggenschrift.***
Flaggenmast ⟨m.⟩ **0.1** ***vlaggenmast, -stok.***
Flaggenparade ⟨v.⟩ **0.1** ***het ceremonieel hijsen, strijken v.d. vlag.***
Flaggenstange ⟨v.⟩ **0.1** ***vlaggenstok.***
Flaggschiff ⟨o.⟩ **0.1** ***vlaggenschip.***

flagrant 0.1 *flagrant* ⇒*overduidelijk.*

Flair (m. & o.; ~s, ~s) **0.1** ***uitstraling*** ⇒*atmosfeer, fluïdum* ◆ **1.1** das ~ einer Stadt *de speciale atmosfeer van een stad.*

Flak (v.; ~, ~(s)) **0.1** ***(stuk) luchtdoelgeschut.***

Flakbatterie (v.) **0.1** ***luchtafweerbatterij.***

Flakon (m. & o.; ~s, ~s) **0.1** ***flacon.***

flambieren (cul.) **0.1** ***flamberen.***

Flamboyant (o.; ~s) (bouwk.) **0.1** ***flamboyante stijl.***

Flame (m.; ~n, ~n) **0.1** ***Vlaming.***

Flamingo (m.; ~s, ~s) **0.1** ***flamingo.***

flämisch **0.1** ***Vlaams.***

Flämmchen (o.; ~s, ~) **0.1** ***vlammetje*** (ook fig.) ⇒*vuurtje.*

Flamme (v.; ~, ~n) **0.1** ***vlam*** (ook fig.) ⇒*vuur* **0.2** ***gaspit*** ◆ **6.1** **in** (Rauch und) ~n aufgehen *in vlammen opgaan;* **in** ~n geraten *vlam, vuur vatten;* **in** ~n setzen *in brand steken;* **in** (hellen) ~n stehen *in lichte(r)laaie staan* **6.2** **auf** kleiner ~ kochen *op een laag pitje koken.*

flammen (schr.; fig.) **0.1** ***vlammen (schieten)*** ⇒*fonkelen* ◆ **1.1** jmds. Augen ~ vor Zorn *iemands ogen vlammen van toorn.*

flammend **0.1** ***vlammend*** ⇒*fonkelend, gloeiend* ◆ **1.1** ein ~er Protest *een vlammend protest.*

Flammenmeer (o.) (schr.) **0.1** ***vuurzee.***

Flammentod (m.) (schr.) **0.1** ***dood in de vlammen.***

Flammenwerfer (m.) (mil.) **0.1** ***vlammenwerper.***

Flandern (o.; ~s) **0.1** ***Vlaanderen.***

flandrisch **0.1** ***Vlaams.***

Flanell (m.; ~s, ~e) **0.1** ***flanel.***

flanellen **0.1** ***flanellen, van flanel.***

flanieren (h/s.) **0.1** ***flaneren*** ⇒*rondslenteren, drentelen.*

Flanke (v.; ~, ~n) **0.1** ***flank*** (v.e. dier) **0.2** ***flank*** (ook mil.) ⇒ *zijde, zijkant* **0.3** (sp.) ***flank, vleugel*** **0.4** (sp.) ***voorzet*** **0.5** (turnen) ***zijwaartse sprong*** ◆ **3.4** eine ~ schlagen *een voorzet geven.*

flanken **0.1** (sp.) ***een voorzet geven, voorzetten*** **0.2** (turnen) ***een zijwaartse sprong uitvoeren.***

Flankenangriff (m.) (mil.) **0.1** ***aanval vanaf de flank.***

Flankenhieb (m.) (schermen) **0.1** ***tiërsstoot.***

flankieren **0.1** ***flankeren*** (ook fig.) ◆ **1.1** ~de Maßnahmen *ondersteunende maatregelen.*

flappen **0.1** ***flappen*** ⇒*klappen, slaan.*

Flaps (m.; ~es, ~e) (inf.) **0.1** ***(brutale) vlegel.***

Flasche (v.; ~, ~n) **0.1** ***fles*** **0.2** (inf.) ***prullenvent, nul*** (vooral op sportief gebied) ⇒*kruk, knoeier, sukkel* ◆ **3.1** (inf.; scherts.; fig.) einer ~ den Hals brechen *een fles soldaat maken* **6.1** **auf** ~n füllen, ziehen *bottelen;* **zur** ~ greifen *naar de fles grijpen.*

Flaschenbier (o.) **0.1** ***flessenbier.***

Flaschengestell (o.) **0.1** ***flessenrek.***

flaschengrün **0.1** ***flesgroen.***

Flaschenhals (m.) **0.1** ***flessenhals*** (ook fig.).

Flaschenmilch (v.) **0.1** ***flessenmelk.***

Flaschenöffner (m.) **0.1** ***flesopener.***

Flaschenpfand (o.) **0.1** ***statiegeld.***

Flaschenzug (m.) **0.1** ***takel, katrol.***

Flaser (v.; ~, ~n) **0.1** ***ader*** (in gesteente).

Flash (m.; ~(s), ~s) (film.) **0.1** ***flash, flashback.***

Flattergeist (m.) **0.1** ***onstandvastig, wispelturig persoon.***

flatterhaft (pej.) **0.1** ***onstandvastig, wispelturig.***

flatterig **0.1** ***onrustig*** ⇒*onregelmatig* **0.2** (pej.) ***onstandvastig, wispelturig*** ◆ **1.1** ein ~er Puls *een onregelmatige pols.*

Flattermann (m.; mv. ⸚er) (inf.) **0.1** ***zenuwachtig persoon*** **0.2** (g.mv.) ***zenuwachtigheid*** ⇒*opgewondenheid* **0.3** (scherts.) ***gebraden haantje*** ◆ **3.2** einen ~ haben *plankenkoorts hebben.*

flattern **0.1** (s.) ***fladderen*** (ook fig.) ⇒*vliegen* **0.2** (h.) ***fladderen, wapperen*** ⇒*klapperen* **0.3** (s.) ***dwarrelen*** **0.4** (h.) ***trillen*** **0.5** (h.) ***onstandvastig, wispelturig zijn*** **0.6** (h.; inf.) ***slingeren*** ◆ **1.1** Fledermäuse ~ *vleermuizen fladderen* **1.2** Segel ~ *zeilen klapperen, flappen* **1.4** jmds. Herz, Puls flattert *iemands hart, pols slaat onregelmatig* **6.3** Papiere ~ **auf** die Erde *papieren dwarrelen op de grond.*

flau **0.1** ***flauw*** ⇒*zwak, slap, mat* **0.2** (ec.) ***flauw*** ⇒*slap, mat* ◆ **1.1** eine ~e Brise *een flauwe, lichte bries* **3.1** jmdm. ist, wird ~ vor Hunger *iem. is, wordt flauw van de honger* **3.2** die Börse eröffnete ~ *de beurs opende flauw.*

Flaue, Flauheit (v.; ~) **0.1** ***flauwheid*** (ook ec.) ⇒*matheid, slapte.*

Flaum (m.; ~(e)s) **0.1** ***dons(veren)*** (van vogels) **0.2** ***dons(haar)*** (ook plantk.) ◆ **1.2** der ~ eines Pfirsichs *het dons van een perzik.*

Flaumbart (m.) **0.1** ***melkbaard.***

Flaumfeder (v.) **0.1** ***donsveer.***

flaumig **0.1** ***donzig*** ⇒*met dons begroeid.*

flaumweich **0.1** ***donszacht.***

Flausch (m.; ~(e)s, ~e) **0.1** ***duffel*** (stof, jas).

flauschig **0.1** ***zacht en wollig.***

Flause (v.; ~, ~n) **0.1** ***onzin, gekheid*** **0.2** ***smoesje, uitvlucht*** ◆ **3.2** mach keine ~n! *geen smoesjes!* **6.1** nur ~n **im** Kopf haben *vol gekke ideeën zitten.*

Flaute (v.; ~, ~n) **0.1** ***lusteloosheid, korte inzinking*** **0.2** (ec.) ***slapte, malaise*** **0.3** (scheep.) ***flauwte*** ⇒*windstilte* ◆ **3.1** die ~ überwinden *de inzinking te boven komen.*

Fläz (m.; ~es, ~e) (inf.; pej.) **0.1** ***vlegel, lummel, vlerk.***

Flechse (v.; ~, ~n) **0.1** ***pees*** (vooral van dieren).

Flechte (v.; ~, ~n) **0.1** (med.) ***huiduitslag*** **0.2** (plantk.) ***korstmos*** **0.3** (schr.) ***(haar)vlecht, staart.***

flechten (→t34) **0.1** ***vlechten*** (ook fig.) ◆ **6.1** Zitate **in** ein Gespräch ~ *citaten in een gesprek vlechten, verweven;* das Haar **in** Zöpfe, **zu** Zöpfen ~ *het haar in staarten vlechten.*

Flechter (m.; ~s, ~) **0.1** ***vlechter*** ⇒*mandenmaker.*

Flechtwerk (o.) **0.1** ***vlechtwerk*** (ook fig.) **0.2** ***hordewerk*** (bij hellingen en gebouwen) **0.3** (bouwk.) ***vlechtband.***

Fleck (m.; ~(e)s, ~e) **0.1** ***vlek*** ⇒*vuile plek, smet, klad* **0.2** ***vlek*** ⇒*plek* **0.3** (inf.) ***plek*** ⇒*plaats, punt* ◆ **2.2** weiße ~e auf der Landkarte *witte plekken op de landkaart* **6.1** (inf.; fig.) einen ~ **auf** der, seiner (weißen) Weste haben *een smet op zijn naam hebben* **6.3** (fig.) **am** falschen ~ *op het verkeerde ogenblik;* noch immer **auf** dem alten, demselben ~ sein, stehen *nog niet verder gekomen zijn;* ein Auto nicht **vom** ~ bringen können *een auto niet vooruitkrijgen;* nicht **vom** ~ gehen, kommen *niet opschieten, vorderen;* sich nicht **vom** ~ rühren *geen vin verroeren;* (fig.) **vom** ~ weg *terstond, onmiddellijk.*

flecken I (onov.ww.) **0.1** ***vlekken (maken)*** **0.2** ***vlekken (krijgen)*** **0.3** (inf.) ***opschieten*** ◆ **1.3** die Arbeit fleckt heute nicht *het werk vlot vandaag niet;*

II (ov.ww.) **0.1** ***lappen*** ⇒*repareren* **0.2** (schr.) ***bevlekken, vlekken (maken).***

Flecken (m.; ~s, ~) **0.1** ***vlek*** ⇒*vuile plek, smet, klad* **0.2** ***vlek*** ⇒*plek* **0.3** ***vlek*** ⇒*dorp, gehucht* ◆ **2.3** ein verlassener ~ *een verlaten vlek.*

fleckenlos **0.1** ***vlekkeloos, smetteloos*** ◆ **1.1** ein ~er Lebenswandel *een onberispelijke levenswandel.*

Fleckentferner (m.; ~s, ~) **0.1** ***vlekkenmiddel.***

Fleckenwasser (o.; mv. ⸚) **0.1** ***vlekkenwater.***

Fleckfieber (o.) **0.1** ***epidemische vlektyfus.***

fleckig **0.1** ***vlekkerig*** ⇒*vol (vuile) vlekken* **0.2** ***gevlekt*** ⇒*vol vlekken.*

Flecktyphus ⟨m.⟩ **0.1** ***epidemische vlektyfus.***
Fleckvieh ⟨o.⟩ **0.1** ***gevlekt vee.***
fleddern 0.1 ⟨dieventaal⟩ ***beroven*** **0.2** ⟨inf.; scherts.⟩ ***plunderen, meepikken.***
Fledermaus ⟨v.⟩ **0.1** ***vleermuis.***
Flederwisch ⟨m.⟩ **0.1** ***vederborstel, plumeau*** **0.2** ⟨inf.⟩ ***onrustig, oppervlakkig persoon.***
Fleet ⟨o.; ~(e)s, ~e⟩ **0.1** ***gracht, vaart.***
Flegel ⟨m.; ~s, ~⟩⟨pej.⟩ **0.1** ***vlegel*** ⇒*lummel, onbeschofte kerel.*
Flegelei ⟨v.; ~, ~en⟩⟨pej.⟩ **0.1** ***lompheid, onbeschoftheid.***
flegelhaft ⟨pej.⟩ **0.1** ***vlegelachtig*** ⇒*onbeschoft, onbehouwen.*
Flegeljahre ⟨alleen mv.⟩ **0.1** ***vlegeljaren.***
flegeln, sich ⟨inf.; pej.⟩ **0.1** ***op een onbehouwen manier gaan zitten*** ⇒*neervallen.*
flehen 0.1 ***smeken*** ◆ **6.1 zu** Gott, zum Himmel ~ *God, de hemel smeken, bidden.*
flehentlich 0.1 ***smekend*** ⇒*dringend, met aandrang* ◆ **1.1** eine ~e Bitte *een dringend verzoek, een smeekbede.*
Fleisch ⟨o.; ~(e)s⟩ **0.1** ***vlees*** ⟨ook fig.⟩ ⇒*vruchtvlees* **0.2** ⟨boek.⟩ ***vlees, baard, spek*** ◆ **3.1** viel ~ auf der Bühne zeigen *veel bloot op het toneel tonen* **6.1** ⟨inf.⟩ wenig ~ **auf** den Knochen haben *weinig vlees op zijn botten hebben;* ⟨fig.⟩ sich ⟨3e of 4e nv.⟩ **ins** eigene ~ schneiden *in eigen vlees snijden;* ⟨inf.⟩ **vom** ~(e) fallen *afvallen, vermageren;* **zu** ~e kommen *aankomen, bijkomen* **8.1** ⟨schr.⟩ sein (eigen(es)) ~ und Blut *zijn eigen vlees en bloed, zijn eigen kind(eren)* **8.¶** etwas geht jmdm. in ~ und Blut über *iets wordt voor iem. routine.*
Fleischbeschau ⟨v.⟩ **0.1** ***vleeskeuring*** ⟨ook scherts.⟩.
Fleischbeschauer ⟨m.⟩ **0.1** ***keurmeester.***
Fleischbrühe ⟨v.⟩ **0.1** ***(vlees)bouillon.***
Fleischeinlage ⟨v.⟩ **0.1** ***stukjes, brokjes vlees*** ⟨in de soep⟩.
Fleischeinwaage ⟨v.⟩ **0.1** ***netto vleesgewicht.***
Fleischer ⟨m.; ~s, ~⟩ **0.1** ***slager*** ◆ **3.1** ⟨inf.⟩ ~ lernen *voor slager leren.*
Fleischerei ⟨v.; ~, ~en⟩ **0.1** ***slagerij, slagerswinkel.***
Fleischerhaken ⟨m.⟩ **0.1** ***vleeshaak.***
Fleischerlehrling ⟨m.⟩ **0.1** ***leerling-slager.***
Fleischermeister ⟨m.⟩ **0.1** ***meester-slager, gediplomeerd slager.***
fleischern 0.1 ***vlezen, van vlees*** ◆ **3.1** gern Fleischernes essen *graag vlees eten.*
Fleischfliege ⟨v.⟩ **0.1** ***aas-, bromvlieg.***
fleischfressend 0.1 ***vleesetend.***
Fleischfresser ⟨m.⟩ **0.1** ***vleeseter, vleesetend dier.***
Fleischgang ⟨m.⟩ **0.1** ***vleesgang, -gerecht.***
fleischig 0.1 ***vlezig*** ⇒*dik.*
Fleischkloß ⟨m.⟩ **0.1** ***frikadel, vleesbal*** **0.2** ⟨pej.⟩ ***vleesklomp.***
Fleischklößchen ⟨o.⟩ **0.1** ***(vlees)balletje.***
Fleischklumpen ⟨m.⟩⟨inf.⟩ **0.1** ***vleesklomp, klomp vlees.***
fleischlos 0.1 ***vleesloos, zonder vlees*** ◆ **1.1** die ~e Küche *de vegetarische keuken.*
Fleischsaft ⟨m.⟩ **0.1** ***vleessap.***
Fleischsoße ⟨v.⟩ **0.1** ***hachee.***
Fleischton ⟨m.⟩ **0.1** ***vleeskleurige tint.***
Fleischtopf ⟨m.⟩ **0.1** ***vleespan, -pot*** ◆ **1.1** ⟨inf.⟩ zu Mutters Fleischtöpfen zurückkehren *naar moeders pappot terugkeren.*
Fleischware ⟨v.⟩ **0.1** ***vleeswaar.***
Fleischwolf ⟨m.⟩ **0.1** ***vleesmolen.***
Fleischwurst ⟨v.⟩ **0.1** ***vleesworst.***
Fleiß ⟨m.; ~es⟩ **0.1** ***vlijt, ijver*** ⇒*toewijding* ◆ **2.1** beharrlicher ~ *noeste vlijt* **3.1** viel ~ auf etwas (ver)wenden *veel energie in iets steken* **¶.1** ⟨sprw.⟩ ohne ~ kein Preis *zonder strijd geen overwinning; ± wie niet zaait, zal niet oogsten.*
Fleißarbeit ⟨v.⟩ **0.1** ***werk dat veel vlijt vergt*** ⟨soms pej.⟩ ⇒*monnikenwerk.*
fleißig 0.1 ***vlijtig, ijverig*** ⇒*naarstig* **0.2** ***vlijtig*** ⇒*blijk gevend van vlijt* **0.3** ⟨inf.⟩ ***geregeld*** ⇒*vaak, druk* ◆ **1.1** ⟨plantk.⟩ Fleißiges Lieschen *vlijtig liesje* **1.2** eine ~e Arbeit *een vlijtig stuk werk* **3.3** ⟨iron.⟩ ~ bezahlen müssen *behoorlijk, stevig moeten dokken.* →**faul.**
Fleiverkehr ⟨m.⟩ **0.1** ***gecombineerd vliegtuig- en spoorweggoederenverkeer.***
flektieren ⟨taal.⟩ **0.1** ***flecteren.***
flennen ⟨h.⟩⟨inf.; pej.⟩ **0.1** ***grienen, janken.***
fletschen 0.1 ***blekken, ontbloten*** ⇒*laten zien* ◆ **1.1** die Zähne ~ *de tanden laten zien.*
flexibel ⟨flexibler, (am) flexibelst(en)⟩ **0.1** ***flexibel.***
Flexibilität ⟨v.; ~⟩ **0.1** ***flexibiliteit.***
Flexion ⟨v.; ~, ~en⟩⟨taal.⟩ **0.1** ***flexie, buiging*** ⇒*verbuiging, declinatie, vervoeging, conjugatie.*
Flexodruck ⟨m.⟩⟨boek.⟩ **0.1** ***flexografie.***
Flexur ⟨v.; ~, ~en⟩ **0.1** ***flexuur.***
Flickarbeit ⟨v.⟩ **0.1** ***verstel-, reparatiewerk*** **0.2** ⟨inf.; pej.⟩ ***lap-, knoeiwerk.***
flicken 0.1 ***(op)lappen, verstellen*** ⇒*repareren* **0.2** ⟨inf.⟩ ***stoppen*** ⇒*verstellen* ◆ **1.1** ein Netz ~ *een net boeten;* Schuhe ~ *schoenen lappen.*
Flicken ⟨m.; ~s, ~⟩ **0.1** ***lap, stuk.***
Flickendecke ⟨v.⟩ **0.1** ***lappendeken.***
Flickkorb ⟨m.⟩ **0.1** ***verstel-, naaimandje.***
Flickwerk ⟨o.⟩⟨pej.⟩ **0.1** ***lap-, knoeiwerk.***
Flickwort ⟨o.; mv. ~̈er⟩ **0.1** ***stoplap, -woord.***
Flickzeug ⟨o.⟩⟨inf.⟩ **0.1** ***naaigerei*** **0.2** ***reparatiemateriaal.***
Flieboot ⟨o.⟩ **0.1** ***vlieboot*** **0.2** ***sloep.***
Flieder ⟨m.; ~s, ~⟩ **0.1** ***sering.***
fliederblau 0.1 ***lichtpaars.***
Fliederbusch ⟨m.⟩ **0.1** ***seringenstruik.***
Fliedertee ⟨m.⟩ **0.1** ***vlierbloesemthee.***
Fliege ⟨v.; ~, ~n⟩ **0.1** ***vlieg*** **0.2** ***vlinderdasje, strikje*** **0.3** ***snorretje, sikje*** ◆ **3.1** keiner ~ etwas zuleide tun *geen vlieg kwaad doen;* ⟨inf.⟩ die, eine ~ machen *zich uit de voeten maken;* ⟨inf.; fig.⟩ zwei ~n mit einer Klappe schlagen *twee vliegen in één klap slaan* **6.¶** ⟨inf.⟩ jmd. ärgert sich über, jmdn. stört die ~ **an** der Wand *iem. stoort zich aan elke kleinigheid* **8.1** sterben wie die ~n *als vliegen, bij honderden sterven.*
fliegen ⟨→t35⟩ **I** ⟨onov.ww.⟩ **0.1** ***vliegen*** ⟨ook fig.⟩ **0.2** ***vliegen*** ⇒*wapperen* **0.3** ⟨h/s.⟩ ***vliegen*** ⇒*een vliegtuig besturen* **0.4** ⟨schr.⟩ ***vliegen*** ⇒*snellen* **0.5** ⟨h.; schr.⟩ ***onrustig (op en neer) gaan*** ⇒*trillen, beven* **0.6** ⟨inf.⟩ ***(eruit) vliegen*** ⇒*de laan uit gestuurd worden* **0.7** ⟨inf.⟩ ***vallen, tuimelen, donderen*** **0.8** ⟨inf.⟩ ***zakken*** ◆ **1.1** die Funken ~ (nur so) *de vonken vliegen in het rond* **1.2** mit ~den Fahnen *met vliegende vaandels* **1.5** jmds. Puls fliegt *iemands pols gaat onrustig;* mit ~den Händen *met bevende handen* **6.1 in** die Luft ~ (a) *opvliegen* (b) ⟨inf.⟩ *in de lucht vliegen;* **in** Stücke ~ *aan stukken vliegen;* **in** den Urlaub ~ *met het vliegtuig op vakantie gaan;* ⟨inf.⟩ **ins** Gefängnis ~ *de gevangenis in vliegen* **6.2** die Fahnen ~ **im** Wind *de vlaggen wapperen in de wind* **6.4 nach** Hause ~ *naar huis vliegen, snellen;* eine Nachricht fliegt **von** Mund zu Mund *een nieuwtje gaat snel van mond tot mond* **6.5 am** ganzen Körper ~ *over het hele lichaam beven* **6.6 aus** der, seiner Stellung ~ *op straat gezet worden* **6.7 auf** die Nase ~ (a) *op zijn neus vallen, donderen* (b) *erin lopen;* **von** einer Leiter

~ *van een ladder donderen* **6.8 durchs** Examen ~ *bij het examen zakken* **6.¶ auf** hübsche Mädchen ~ *op mooie meisjes vallen;*
II ⟨ov.ww.⟩ **0.1** ***vliegen*** ⇒*besturen* **0.2** ***vliegen*** ⇒*per vliegtuig vervoeren* **0.3** ⟨h/s.⟩ ***(met een vliegtuig) uitvoeren*** **0.4** ⟨s.⟩ ***vliegen*** ◆ **1.2** Passagiere nach Athen ~ *passagiers naar Athene vliegen* **1.3** ⟨mil.⟩ einen Angriff ~ *een luchtaanval uitvoeren* **1.4** jmd. ist 5000 km geflogen *iem. heeft 5000 km met het vliegtuig afgelegd.*

fliegend 0.1 ***vliegend*** **0.2** ***vliegend*** ⇒*mobiel, verplaatsbaar* ◆ **1.1** ~e Blätter (a) ⟨gesch.⟩ *vlugschriften, pamfletten* (b) *losse bladen* **1.2** eine ~e Ambulanz *een mobiele ambulance;* ein ~er Händler *een rondtrekkend koopman* **1.¶** ~e Hitze *plotselinge bloedaandrang naar het hoofd;* ~er Sommer *herfstdraden, najaarszomer.*

Fliegendreck ⟨m.⟩ **0.1** ***vliegendrek*** ⇒*vliegenstront.*

Fliegenfänger ⟨m.⟩ **0.1** ***vliegenvanger.***

Fliegenfenster ⟨o.⟩ **0.1** ***hor, vliegengaas.***

Fliegengewicht ⟨o.⟩ **0.1** ⟨sp.⟩ ***vlieggewicht*** ⟨klasse; persoon⟩ **0.2** ⟨inf.; fig.⟩ ***lichtgewicht.***

Fliegen|klappe, -klatsche ⟨v.⟩ **0.1** ***vliegenmepper.***

Fliegenpilz ⟨m.⟩ **0.1** ***vliegenzwam.***

Flieger ⟨m.; ~s, ~⟩ **0.1** ***vliegenier*** ⇒*piloot* **0.2** ***vlieger*** **0.3** ⟨inf.⟩ ***vliegtuig*** **0.4** ⟨inf.⟩ ***lid v.d. luchtmacht*** **0.5** ⟨paardensport, wielrennen⟩ ***sprinter*** ◆ **2.2** Möwen sind ausgezeichnete ~ *meeuwen zijn uitstekende vliegers.*

Fliegeralarm ⟨m.⟩ **0.1** ***luchtalarm.***

Fliegerangriff ⟨m.⟩ **0.1** ***luchtaanval.***

Fliegerei ⟨v.; ~⟩ ⟨inf.⟩ **0.1** ***vliegerij*** ⇒*vliegwezen.*

Fliegerhorst ⟨m.⟩ **0.1** ***luchtmachtbasis.***

fliegerisch 0.1 ***mbt. het vliegen, vlieg-.***

Fliegerrennen ⟨o.⟩ ⟨paardensport, wielrennen⟩ **0.1** ***sprintwedstrijd.***

Fliegerschule ⟨v.⟩ **0.1** ***luchtvaartschool.***

fliehen ⟨→t36⟩ **I** ⟨onov.ww.⟩ **0.1** ***vluchten*** ⇒*op de vlucht slaan* ◆ **1.1** ⟨schr.⟩ die Zeit flieht *de tijd vliegt (voorbij);*
II ⟨ov.ww.⟩ **0.1** ⟨schr.⟩ ***(ver)mijden, schuwen*** ◆ **1.1** die Gesellschaft ~ *het gezelschap mijden, schuwen.*

fliehend 0.1 ***wijkend, terugspringend*** ◆ **1.1** eine ~e Stirn *een wijkend voorhoofd.*

Fliehkraft ⟨v.⟩ **0.1** ***middelpuntvliedende kracht, centrifugaalkracht.***

Fliese ⟨v.; ~, ~n⟩ **0.1** ***(muur-, vloer-, tapijt)tegel*** ⇒*plavuis* ◆ **6.1** die Küche **mit** ~n auslegen *in de keuken tegels leggen.*

fliesen 0.1 ***betegelen*** ◆ **5.1** ein braun gefliestes Badezimmer *een met bruine tegels beklede badkamer.*

Fliesenboden ⟨m.⟩ **0.1** ***tegelvloer.***

Fliesenleger ⟨m.⟩ **0.1** ***tegellegger, -zetter.***

Fließarbeit ⟨v.⟩ **0.1** ***werk aan de lopende band.***

Fließband ⟨o.; mv. ¨er⟩ **0.1** ***(lopende) band*** ⇒*transportband* ◆ **6.1** ein Auto **am** ~ fertigen *een auto aan de band produceren;* **vom** ~ rollen *van de band komen.*

Fließei ⟨o.⟩ **0.1** ***windei.***

fließen ⟨→t37⟩ **0.1** ***vloeien, stromen*** ⟨ook fig.⟩ ⇒*lopen* **0.2** ***voortvloeien*** ⇒*volgen* **0.3** ***(zacht) golvend vallen*** ◆ **1.1** ⟨schr.⟩ die Arbeit fließt *het werk vordert goed;* jmds. Nase fließt *iemands neus loopt;* der ~de Verkehr *de verkeersstroom* **1.3** ~de Seide *zacht golvend vallende zijde* **5.1** die Zeit fließt unaufhaltsam *de tijd staat niet stil* **6.1** Staub fließt **durch** die Hand *stof glijdt tussen de vingers door;* kühle Meeresluft fließt **in** den Alpenraum *koele zeelucht stroomt naar het Alpengebied;* die Arbeit fließt ihm leicht **von** der Hand *het werk valt hem makkelijk* **6.2** eine Tat fließt **aus** der anderen *de ene daad vloeit uit de andere voort.*

fließend 0.1 ***vloeiend, vlot*** ◆ **1.1** ~e Grenzen *vloeiende grenzen;* eine ~e Produktion *een continue productie* **3.1** ~ Englisch sprechen *vloeiend Engels spreken.*

Fließheck ⟨o.⟩ **0.1** ***fastback, hatchback.***

Fließpapier ⟨o.⟩ **0.1** ***vloeipapier.***

Fließwasser ⟨o.⟩ **0.1** ***stromend water.***

Flimmer ⟨m.; ~s⟩ ⟨schr.⟩ **0.1** ***flikkering, flikkerlicht*** ⇒*glinstering* **0.2** ***glitter, klatergoud*** ◆ **1.1** der ~ der Sterne *de flikkering van de sterren.*

Flimmerepithel ⟨o.⟩ **0.1** ***trilhaarepitheel.***

Flimmerkiste ⟨v.⟩ ⟨scherts.⟩ **0.1** ***kijkkast, televisietoestel.***

flimmern 0.1 ***flikkeren*** ⇒*glinsteren, fonkelen* **0.2** ***trillen*** ◆ **1.2** ein abgespielter Film flimmert *een versleten film heeft een trillend beeld;* die Luft flimmert vor Hitze *de lucht trilt, zindert van de hitte* **6.2** es flimmert jmdm. **vor** den Augen *het schemert iem. voor de ogen.*

flimmrig 0.1 ***flikkerend*** ⇒*glinsterend, fonkelend* **0.2** ***trillend.***

flink 0.1 ***vlug, rap, behendig*** ◆ **1.1** noch ~e Beine haben *nog goed ter been zijn;* ein ~es Mundwerk, eine ~e Zunge haben *goed van de tongriem gesneden zijn* **8.1** ⟨inf.⟩ ~ wie ein Wiesel *watervlug, zo vlug als water.*

flinkzüngig ⟨schr.⟩ **0.1** ***rad van tong.***

Flinte ⟨v.; ~, ~n⟩ **0.1** ***(jacht)geweer*** ◆ **3.¶** ⟨inf.; fig.⟩ die ~ ins Korn werfen *het bijltje erbij neergooien* **6.1** etwas **vor** die ~ bekommen *iets in het vizier krijgen;* ⟨inf.⟩ der soll mir nur **vor** die ~ kommen! *die krijg ik nog wel!*

Flintglas ⟨o.⟩ **0.1** ***flintglas.***

Flipper ⟨m.; ~s, ~⟩ **0.1** ***flipper(kast).***

flippern ⟨inf.⟩ **0.1** ***flipperen.***

flippig ⟨inf.⟩ **0.1** ***leuk, vlot, tof*** **0.2** ***apart, excentriek.***

flirren ⟨schr.⟩ **0.1** ***flikkeren*** ⇒*glinsteren, fonkelen* **0.2** ***trillen, zinderen*** ◆ **1.1** die Sterne ~ *de sterren flikkeren.*

Flirt ⟨m.; ~s, ~s⟩ **0.1** ***flirt.***

flirten 0.1 ***flirten.***

Flittchen ⟨o.; ~s, ~⟩ ⟨inf.; pej.⟩ **0.1** ***snolletje, hoertje.***

Flitter ⟨m.; ~s, ~⟩ **0.1** ***lovertje, paillette*** **0.2** ⟨pej.⟩ ***glitter, klatergoud.***

Flitterglanz ⟨m.⟩ ⟨pej.⟩ **0.1** ***glitter, klatergoud.***

Flittergold ⟨o.⟩ **0.1** ***klatergoud.***

Flitterwochen ⟨alleen mv.⟩ **0.1** ***wittebroodsweken.***

Flitzbogen ⟨m.⟩ **0.1** ***boog*** ⟨speelgoed⟩ ◆ **8.1** ⟨inf.; fig.⟩ gespannt sein wie ein ~ *branden van nieuwsgierigheid.*

flitzen ⟨inf.⟩ **0.1** ***flitsen*** ⇒*schieten, stuiven* **0.2** ***flitsen, streaken*** ◆ **6.1 über** die Autobahn ~ *over de autosnelweg razen.*

Flitzer ⟨m.; ~s, ~⟩ ⟨inf.⟩ **0.1** ***sportwagentje, speedbootje*** **0.2** ***flitser, streaker.***

floaten ⟨h.⟩ ⟨ec.⟩ **0.1** ***floaten, zweven.***

Floating ⟨o.; ~s, ~s⟩ ⟨ec.⟩ **0.1** ***floating, het zweven.***

Flocke ⟨v.; ~, ~n⟩ **0.1** ***(sneeuw-, schuim)vlok, plukje*** **0.2** ***bles*** **0.3** ***vlokken*** ⟨haver, maïs e.d.⟩.

flocken ⟨schr.⟩ **0.1** ***vlokken, vlokken vormen*** ◆ **1.1** Eiweiß flockt *eiwit vlokt.*

flockig 0.1 ***vlokkig, vlokvormig.***

Flockseide ⟨v.⟩ **0.1** ***vloszijde.***

Flockung ⟨v.; ~, ~en⟩ **0.1** ***vlokvorming.***

Flockungstest ⟨m.⟩ ⟨med.⟩ **0.1** ***vlokkentest.***

Floh ⟨m.; ~(e)s, ¨e⟩ **0.1** ***vlo*** **0.2** ⟨mv.; inf.⟩ ***duiten, centen*** ◆ **3.1** ⟨inf.⟩ die Flöhe husten, niesen hören *het gras horen groeien;* lieber einen Sack voll Flöhe hüten als das (tun)! *alles liever dan dat!* **6.1** ⟨inf.⟩ jmdm. einen ~ **ins** Ohr setzen *bij iem. een bepaalde gedachte wekken die hem niet meer loslaat.*

flöhen 0.1 ***vlooien.***

Flohmarkt ⟨m.⟩ **0.1** ***vlooien-, rommelmarkt.***
Flohzirkus ⟨m.⟩ **0.1** ***vlooientheater.***
Flor[1] ⟨m.; ~(e)s, ~e⟩⟨schr.⟩ **0.1** ***bloei, fleur*** ⟨ook fig.⟩ **0.2** ***bloemenweelde, -pracht*** ◆ **1.2** ein ~ schöner Blumen *een overvloed aan mooie bloemen;* ⟨fig.⟩ ein ~ hübscher Mädchen *een keur mooie meisjes* **6.1** der Handel kommt **in** ~ *de handel komt tot bloei.*
Flor[2] ⟨m.; ~(e)s, ~e of ⍨e⟩ **0.1** ***floers, krip*** **0.2** ***rouwband*** **0.3** ***velours, vleug.***
Flora ⟨v.; ~, Floren⟩ **0.1** ***flora.***
Florband ⟨o.; mv. ⍨er⟩ **0.1** ***rouwband.***
Florentiner ⟨m.; ~s, ~⟩ **0.1** ***Florentijn*** **0.2** ⟨strooien dameshoed⟩.
Florenz ⟨o.⟩ **0.1** ***Florence.***
Florett ⟨o.; ~(e)s, ~e⟩ **0.1** ***floret(schermen).***
Florettseide ⟨v.⟩ **0.1** ***floret(zijde).***
florieren **0.1** ***floreren*** ⇒*bloeien, gedijen.*
Florin ⟨m.; ~(e)s, ~e of ~s⟩ **0.1** ***(Nederlandse) gulden, florijn.***
Florist ⟨m.; ~en, ~en⟩ **0.1** ***florist*** ⇒*plantenkenner* **0.2** ***bloemist.***
floristisch **0.1** ***floristisch, flora-*** ⇒*plantkundig.*
Floskel ⟨v.; ~, ~n⟩ **0.1** ***frase*** ⇒*formule* ◆ **2.1** inhaltslose ~n *holle frasen.*
floskelhaft **0.1** ***vol frasen, in de vorm van frasen.***
Floß ⟨o.; ~es, ⍨e⟩ **0.1** ***(hout)vlot*** **0.2** ***dobber, vlotter.***
Floßbrücke ⟨v.⟩ **0.1** ***vlotbrug.***
Flosse ⟨v.; ~, ~n⟩ **0.1** ***vin*** **0.2** ***(stabilisatie)vin*** **0.3** ⟨sp.⟩ ***zwemvlies*** **0.4** ⟨inf.; pej. of scherts.⟩ ***poot*** ⇒*hand, voet* ◆ **2.1** paarige, unpaare ~n *gepaarde, ongepaarde vinnen* **6.4** jmdm. **auf** die ~n treten *op iemands poten trappen.*
flößen **0.1** ***vlotten*** ⇒*met een vlot vervoeren* **0.2** ***ingeven*** ⇒ *ingieten* ◆ **1.1** Holz ~ *hout vlotten* **6.2** jmdm. etwas **in** den Mund ~ *iem. iets ingieten, te drinken geven.*
Flossen|füßer, -füßler ⟨m.⟩ **0.1** ***rob, zeehond.***
Flößer ⟨m.; ~s, ~⟩ **0.1** ***(hout)vlotter, vlotvoerder.***
Floßfahrt ⟨v.⟩ **0.1** ***tocht met een vlot.***
Flotation ⟨v.; ~, ~en⟩⟨tech.⟩ **0.1** ***flotatie.***
Flöte ⟨v.; ~, ~n⟩ **0.1** ***fluit*** **0.2** ***fluit(glas)*** **0.3** ***fluitregister*** ◆ **2.¶** die ganze ~ von Karo *alle kaarten in ruiten* **3.1** (die) ~ blasen, spielen *op de fluit spelen.*
flöten **0.1** ***fluiten, op de fluit spelen*** **0.2** ***met een hoge (en vleiende) stem spreken*** ◆ **1.1** eine Amsel flötet *een merel fluit.*
Flötenbläser ⟨m.⟩ **0.1** ***fluitblazer, fluitist.***
flötengehen ⟨inf.⟩ **0.1** ***verloren gaan*** ⇒*naar de maan gaan.*
Flötenspieler ⟨m.⟩ **0.1** ***fluitspeler, fluitist.***
Flötenton ⟨m.; mv. ⍨e⟩ **0.1** ***fluittoon*** ◆ **3.¶** ⟨inf.⟩ jmdm. die Flötentöne beibringen *iem. mores leren.*
Flötenwerk ⟨o.⟩ **0.1** ***fluitwerk*** **0.2** ***klein orgel.***
flotieren ⟨tech.⟩ **0.1** ***floteren.***
Flötist ⟨m.; ~en, ~en⟩ **0.1** ***fluitist, fluitspeler.***
flott **0.1** ***vlot*** ⇒*levenslustig* **0.2** ⟨inf.⟩ ***vlot*** ⇒*vlug, vloeiend* **0.3** ⟨inf.⟩ ***vlot*** ⇒*attractief, modieus* **0.4** ⟨scheep.⟩ ***vlot*** ⇒ *drijvend* ◆ **1.1** ein ~es Leben führen *een vrolijk leven leiden* **1.2** ~e Geschäfte machen *goede zaken doen;* ein ~es Mundwerk haben *rad van tong zijn;* ~e Musik *vlotte, zwierige muziek* **3.1** ~ mit Geld umgehen *royaal met geld omgaan* **3.2** ~ vorangehen, vorankommen *snel opschieten, vorderen* **3.4** das Auto ist wieder ~ *de auto is weer in orde.*
Flott ⟨o.; ~(e)s⟩ **0.1** ***dobber*** **0.2** ⟨plantk.⟩ ***(eenden)kroos.***
Flotte ⟨v.; ~, ~n⟩ **0.1** ***vloot*** ⇒*handels-, vissers-, oorlogsvloot* **0.2** ***groot (vracht)wagenpark*** **0.3** ⟨ind.⟩ ***(verf)bad.***
Flottenabkommen ⟨o.⟩ **0.1** ***vlootverdrag.***
Flottenbasis ⟨v.⟩ **0.1** ***vlootbasis.***
Flottenkommando ⟨o.⟩ **0.1** ***(opper)bevel over de vloot.***
Flottenstützpunkt ⟨m.⟩ **0.1** ***vlootsteunpunt*** ⇒*vlootbasis.*
Flottenverband ⟨m.⟩⟨mil.⟩ **0.1** ***vlooteskader, -eenheid.***
flottieren **0.1** ⟨schr.; vaktaal⟩ ***vlotten*** ⇒*zweven, schommelen* **0.2** ⟨ind., med.⟩ ***flotteren*** ◆ **1.1** ~de Bevölkerung *vlottende bevolking;* ⟨jur.⟩ ~de Schuld *vlottende schuld;* ~de Währung *zwevende valuta.*
Flottille ⟨v.; ~, ~n⟩ **0.1** ***flottielje*** **0.2** ***groep vissersschepen.***
Flottillenadmiral ⟨m.⟩ **0.1** ***commandeur*** ⟨bij de marine⟩.
flottmachen **0.1** ***vlot maken, brengen*** ⇒*op gang brengen* ◆ **1.1** ein Auto ~ *een auto aan het rijden brengen.*
flottweg ⟨acc. wiss.⟩⟨inf.⟩ **0.1** ***vlot(weg).***
Flöz ⟨o.; ~es, ~e⟩ **0.1** ***(steenkolen-, erts)laag.***
Fluch ⟨m.; ~(e)s, ⍨e⟩ **0.1** ***vloek(woord)*** **0.2** ***vervloeking*** ⇒ *verwensing* **0.3** ***vloek*** ⇒*straf, onheil* ◆ **1.3** das ist der ~ der bösen Tat *dat is de straf voor de snode daad* **3.2** ein ~ erfüllt sich *een vloek gaat in vervulling.*
fluchbeladen ⟨schr.⟩ **0.1** ***vervloekt, gevloekt.***
fluchen **0.1** ***vloeken*** ⇒*schelden* **0.2** ⟨schr.⟩ ***vervloeken*** ⇒ *verwensen* ◆ **1.2** etwas, jmdm. ~ *iets, iem. vervloeken* **6.1** **auf**, **gegen**, **über** etwas, jmdn. ~ *op iets, iem. vloeken, schelden.*
Flucht ⟨v.; ~, ~en⟩ **0.1** ***vlucht*** ⟨ook fig.⟩ ⇒*ontsnapping* **0.2** ***(rechte) lijn*** ⇒*rooi-, richtingslijn* **0.3** ***loodrechte lijn*** ⟨waarin een muur staat⟩ **0.4** ⟨schr.⟩ ***(aaneengesloten) rij, reeks kamers*** ◆ **3.1** die ~ ergreifen *op de vlucht slaan* **6.1** jmdn. **in** die ~ schlagen *iem. op de vlucht drijven;* jmdm. **zur** ~ verhelfen *iem. helpen vluchten* **6.2** die Häuser stehen **in** einer ~ *de huizen staan op één lijn* **6.3** eine Mauer **in** die ~ bringen *een muur in het lood brengen* **6.4** eine ~ **von** Zimmern *een rij (ineenlopende) kamers.*
fluchtartig **0.1** ***overhaast, zeer snel.***
flüchten **I** ⟨onov.ww.⟩ **0.1** ***vluchten*** ⇒*op de vlucht slaan, ontsnappen;*
II sich ~ ⟨wk.ww.⟩ **0.1** ***vluchten*** ⟨ook fig.⟩ ⇒*zichzelf in veiligheid brengen* ◆ **6.1** sich **in** jmds. Arme ~ *in iemands armen bescherming zoeken.*
Fluchthelfer ⟨m.⟩ **0.1** ***helper bij een vlucht, ontsnapping.***
flüchtig **0.1** ***vluchtend, voortvluchtig*** ⇒*ontsnapt* **0.2** ***vluchtig*** ⇒*haastig, oppervlakkig* **0.3** ***vluchtig*** ⇒*kortstondig, vergankelijk* **0.4** ⟨schei.⟩ ***vluchtig*** ⇒*snel vervliegend* ◆ **1.1** ein ~er Verbrecher *een voortvluchtige misdadiger;* ~es Wild *snel wegvluchtend wild* **1.2** nach ~er Prüfung *na een vluchtige, oppervlakkige controle* **1.3** ein ~er Besuch *een vluchtig, kortstondig bezoek* **1.4** ein ~es Öl *een vluchtige olie* **3.2** jmdn. nur ~ kennen *iem. maar oppervlakkig kennen.*
Flüchtige(r) ⟨bn. als zn.⟩ **0.1** ***voortvluchtige*** ⇒*vluchteling.*
Flüchtigkeit ⟨v.; ~, ~en⟩ **0.1** ***vluchtigheid*** ◆ **6.1** eine Arbeit **mit** viel ~en *een werk met veel fouten door onoplettendheid.*
Flüchtigkeitsfehler ⟨m.⟩ **0.1** ***aan vluchtigheid, oppervlakkigheid te wijten fout.***
Flüchtling ⟨m.; ~(e)s, ~e⟩ **0.1** ***vluchteling*** ⇒*voortvluchtige* ◆ **2.1** ein politischer ~ *een politieke vluchteling.*
Flüchtlingslager ⟨o.⟩ **0.1** ***vluchtelingenkamp.***
Fluchtlinie ⟨v.⟩ **0.1** ***rooilijn, alignement*** **0.2** ***in het verlengde liggende lijn.***
Fluchtpunkt ⟨m.⟩ **0.1** ***vlucht-, verdwijnpunt.***
Fluchtverdacht ⟨m.⟩ **0.1** ***verdenking dat iem. wil vluchten.***
fluchtverdächtig **0.1** ***verdacht te willen vluchten.***
Fluchtversuch ⟨m.⟩ **0.1** ***ontsnappingspoging.***
Fluchtweg ⟨m.⟩ **0.1** ***vluchtweg*** **0.2** ***vluchtroute.***
Flug ⟨m.; ~(e)s, ⍨e⟩ **0.1** ***vlucht*** ⟨ook fig.⟩ ⇒*het vliegen* **0.2** ***vlucht*** ⇒*vliegreis* **0.3** ⟨sp.⟩ ***(ski)sprong*** ◆ **2.1** der hohe ~

seiner Gedanken *de hoge vlucht van zijn gedachten* **2.2** der ~ der Vögel nach dem Süden *de trek van de vogels naar het zuiden* **6.1** etwas **im** ~(e) behandeln *iets in vogelvlucht behandelen;* die Stunden vergehen (wie) **im** ~e *de uren gaan vliegensvlug voorbij.*

Flugabwehr ⟨v.⟩⟨mil.⟩ **0.1** ***luchtafweer.***

Flugangst ⟨v.⟩ **0.1** ***vliegangst.***

Flugasche ⟨v.⟩ **0.1** ***vlieg-, stuifas.***

Flugbahn ⟨v.⟩ **0.1** ***vliegbaan.***

Flugball ⟨m.⟩⟨sp.⟩ **0.1** ***volley.***

Flugbegleiterin ⟨v.⟩ **0.1** ***stewardess.***

Flugbenzin ⟨o.⟩ **0.1** ***vliegtuigbenzine.***

Flugbereich ⟨m.⟩ **0.1** ***actieradius.***

flugbereit **0.1** ***startklaar, klaar om te vertrekken.***

Flugbetrieb ⟨m.⟩ **0.1** ***luchtverkeer.***

Flugblatt ⟨o.⟩ **0.1** ***vlugschrift, pamflet.***

Flugboot ⟨o.⟩ **0.1** ***vliegboot.***

Flugdatenschreiber ⟨m.⟩ →**Flugschreiber.**

Flugdauer ⟨v.⟩ **0.1** ***vliegtijd*** ⇒*duur v.d. vlucht.*

Flugdrachen ⟨m.⟩ **0.1** ***deltavlieger.***

Flügel ⟨m.; ~s, ~⟩ **0.1** ***vleugel*** ◆ **1.1** ein ~ der Lunge *een longkwab;* die ~ einer Mühle *de wieken van een molen* **2.1** der linke ~ einer Armee *de linkerflank van een leger;* der rechte ~ einer Partei *de rechtervleugel van een partij* **3.1** die ~ ausbreiten, spreizen *de vleugels uitslaan;* jmdm. die ~ beschneiden, stutzen *iem. kortwieken;* ⟨inf.⟩ die ~ hängenlassen, sinken lassen *de moed laten zakken;* ⟨schr.⟩ etwas verleiht jmdm. ~ *iets geeft iem. vleugels* **6.1** ⟨sp.⟩ **über** die ~ angreifen *via de vleugels aanvallen.*

Flügeldecke ⟨v.⟩⟨biol.⟩ **0.1** ***vleugel-, dekschild.***

Flügelfenster ⟨o.⟩ **0.1** ***vleugelraam, openslaand raam.***

Flügelhorn ⟨o.⟩⟨muz.⟩ **0.1** ***vleugelhoorn.***

flügellahm **0.1** ***vleugellam*** ⇒*moedeloos.*

Flügelmutter ⟨v.; mv. ~n⟩ **0.1** ***vleugelmoer.***

Flügelpaar ⟨o.⟩ **0.1** ***vleugelpaar, paar vleugels.***

Flügelstürmer ⟨m.⟩⟨sp.⟩ **0.1** ***vleugelspeler.***

Flügeltür ⟨v.⟩ **0.1** ***vleugeldeur, openslaande deur.***

flugfähig **0.1** ***in staat om te vliegen*** ⇒*luchtwaardig.*

Flugfunk ⟨m.⟩ **0.1** ***radioverkeer*** ⟨tussen vliegtuigen of met de grond⟩ **0.2** ***vliegtuigradio*** ⇒*boordradio.*

Fluggast ⟨m.⟩ **0.1** ***passagier.***

flügge **0.1** ⟨biol.⟩ ***in staat om te vliegen*** **0.2** ⟨fig.⟩ ***zelfstandig.***

Fluggesellschaft ⟨v.⟩ **0.1** ***luchtvaartmaatschappij.***

Flughafen ⟨m.⟩ **0.1** ***luchthaven*** ⇒*vliegveld.*

Flughaut ⟨v.⟩ **0.1** ***vlieghuid.***

Flughöhe ⟨v.⟩ **0.1** ***vlieghoogte.***

Flughund ⟨m.⟩ **0.1** ***vliegende hond, kalong.***

Flugkapitän ⟨m.⟩ **0.1** ***gezagvoerder*** ⇒*eerste piloot.*

Flugkörper ⟨m.⟩ **0.1** ***vliegend voorwerp*** **0.2** ***raket*** **0.3** ***ruimteschip.***

Fluglärm ⟨m.⟩ **0.1** ***lawaai van vliegtuigen.***

Fluglehrer ⟨m.⟩ **0.1** ***vlieginstructeur.***

Flugleiter ⟨m.⟩ **0.1** ***verkeersleider.***

Flugleitung ⟨v.⟩ **0.1** ***verkeers-, vluchtleiding.***

Fluglinie ⟨v.⟩ **0.1** ***luchtvaartlijn*** ⇒*traject* **0.2** ⟨inf.⟩ ***luchtvaartmaatschappij.***

Fluglotse ⟨m.⟩ **0.1** ***verkeersleider.***

Flugnummer ⟨v.⟩ **0.1** ***vluchtnummer.***

Flugobjekt ⟨o.⟩ **0.1** ***vliegend voorwerp*** ◆ **2.1** unbekanntes ~ *ufo, vliegende schotel.*

Flugpersonal ⟨o.⟩ **0.1** ***vliegtuigbemanning, crew.***

Flugplan ⟨m.⟩ **0.1** ***vlieg-, luchtdienstregeling.***

Flugplatz ⟨m.⟩ **0.1** ***vliegveld*** ⇒*luchthaven.*

Flugpost ⟨v.⟩ **0.1** ***luchtpost.***

Flugreise ⟨v.⟩ **0.1** ***vlieg-, luchtreis.***

Flugsand ⟨m.⟩ **0.1** ***stuifzand.***

Flugschau ⟨v.⟩ →**Flugtag.**

Flugschein ⟨m.⟩ **0.1** ***vliegbiljet, -ticket*** **0.2** ***vliegbrevet.***

Flugschneise ⟨v.⟩ **0.1** ***luchtcorridor.***

Flugschreiber ⟨m.⟩ **0.1** ***zwarte doos.***

Flugschrift ⟨v.⟩ **0.1** ***vlugschrift, pamflet.***

Flugschüler ⟨m.⟩ **0.1** ***leerling-vlieger.***

Flugsicherung ⟨v.⟩ **0.1** ***luchtverkeersbeveiliging.***

Flugstunde ⟨v.⟩ **0.1** ***vlieguur.***

Flugtag ⟨m.⟩ **0.1** ***lucht(vaart)show, vliegshow.***

flugtauglich **0.1** ***geschikt om een vliegtuig te besturen.***

Flugtechnik ⟨v.⟩ **0.1** ***techniek v.h. vliegen, v.d. vliegtuigbouw.***

Flugverbindung ⟨v.⟩ **0.1** ***luchtverbinding*** ⇒*lucht(vaart)lijn.*

Flugverkehr ⟨m.⟩ **0.1** ***luchtverkeer.***

Flugwesen ⟨o.⟩ **0.1** ***vliegwezen*** ⇒*luchtvaart.*

Flugzeit ⟨v.⟩ **0.1** ***vliegtijd.***

Flugzeug ⟨o.⟩ **0.1** ***vliegtuig*** ◆ **3.1** ein ~ setzt sanft auf *een vliegtuig maakt een zachte landing.*

Flugzeugabsturz ⟨m.⟩ **0.1** ***vliegtuigongeluk.***

Flugzeugabwehrgeschütz ⟨o.⟩ **0.1** ***luchtafweergeschut.***

Flugzeugbau ⟨m.⟩ **0.1** ***vliegtuigbouw.***

Flugzeugentführer ⟨m.⟩ **0.1** ***vliegtuigkaper.***

Flugzeugführer ⟨m.⟩ **0.1** ***piloot.***

Flugzeughalle ⟨v.⟩ **0.1** ***vliegtuigloods*** ⇒*hangar.*

Flugzeugmutterschiff ⟨o.⟩ **0.1** ***vliegdek-, vliegkampschip.***

Flugzeugträger ⟨m.⟩ **0.1** ***vliegdek-, vliegkampschip.***

fluid ⟨schei.⟩ **0.1** ***fluïde*** ⇒*vloeibaar.*

Fluidum ⟨o.; ~s, Fluida⟩⟨fig.⟩ **0.1** ***fluïdum*** ⇒*uitstraling(skracht).*

Fluktuation ⟨v.; ~, ~en⟩ **0.1** ***fluctuatie.***

fluktuieren **0.1** ***fluctueren.***

Flunder ⟨v.; ~, ~n⟩ **0.1** ***bot*** ⟨vis⟩ ◆ **8.¶** ⟨inf.; fig.⟩ platt wie eine ~ *perplex.*

Flunkerei ⟨v.; ~, ~en⟩⟨inf.⟩ **0.1** ***opschepperij*** ⇒*grootspraak.*

flunkern ⟨inf.⟩ **0.1** ***opscheppen, snoeven.***

Flunsch ⟨m.; ~(e)s, ~e⟩ **0.1** ***pruilmond, pruillip.***

Fluor ⟨o.; ~s⟩⟨schei.⟩ **0.1** ***fluor.***

fluoreszieren **0.1** ***fluoresceren.***

Flur[1] ⟨m.; ~(e)s, ~e⟩ **0.1** ***gang, hal, vestibule.***

Flur[2] ⟨v.; ~, ~en⟩ **0.1** ***eng, es*** ⇒*akkers* **0.2** ***stuk, perceel grond*** **0.3** ⟨schr.⟩ ***veld(en), akker(s)*** ⇒*beemd* ◆ **6.¶** allein **auf** weiter ~ sein *eenzaam en verlaten zijn* **8.3** durch Feld und ~, durch Wald und ~ *over velden en akkers, door beemd en bos.*

Flurbereinigung ⟨v.⟩ **0.1** ***ruilverkaveling.***

Flurbuch ⟨o.⟩ **0.1** ***kadaster.***

Flurgarderobe ⟨v.⟩ **0.1** ***garderobe in een gang, hal.***

Flurhüter ⟨m.⟩ **0.1** ***veldwachter.***

Flurname ⟨m.⟩ **0.1** ***veldnaam.***

Flurschaden ⟨m.⟩ **0.1** ***veldschade.***

Flurstein ⟨m.⟩ **0.1** ***grenssteen.***

Fluß ⟨m.; Flusses, Flüsse⟩ **0.1** ***rivier*** **0.2** ⟨fig.⟩ ***gang, (ver)loop*** **0.3** ⟨tech.⟩ ***vloeibare, gesmolten toestand*** **0.4** ⟨med.⟩ ***vloeiing*** ◆ **1.2** der ~ des Gesprächs *de loop van het gesprek;* der ~ der Rede *de woordenvloed;* der ~ des Verkehrs *de verkeersstroom* **4.1** alle Flüsse laufen ins Meer (a) *alle wegen leiden naar Rome* (b) *alle rivieren monden in zee uit* **6.1** **über** einen ~ setzen *een rivier oversteken* **6.2** **im** ~ sein *in ontwikkeling, aan de gang zijn;* ein Gespräch **in** ~ bringen *een gesprek op gang brengen;* **in** ~ geraten, kommen *op gang, op dreef geraken, komen* **6.3** sich **im**, in ~ befinden *in vloeibare toestand zijn.*

Flußaal ⟨m.⟩ **0.1** *rivieraal, -paling.*
flußab(wärts) 0.1 *stroomaf(waarts).*
Flußarm ⟨m.⟩ **0.1** *rivierarm.*
flußauf(wärts) 0.1 *stroomop(waarts).*
Flußbett ⟨o.⟩ **0.1** *rivierbedding.*
Flußdiagramm ⟨o.⟩⟨com.⟩ **0.1** ***stroomschema*** *⇒flowchart.*
Flußfisch ⟨m.⟩ **0.1** ***riviervis.***
flüssig 0.1 ***vloeibaar*** **0.2** ⟨fig.⟩ ***vloeiend, vlot*** *⇒soepel* **0.3** ⟨ec.⟩ ***liquide, baar*** ◆ **1.1** ~e Nahrung *vloeibaar voedsel* **1.2** ein ~er Stil *een vlotte stijl;* ~er Verkehr *vlot verkeer* **1.3** ~e Mittel *liquide, vlottende middelen* **3.3** ⟨inf.⟩ ~ sein *over baar geld beschikken.*
Flüssiggas ⟨o.⟩ **0.1** ***vloeibaar gas.***
Flüssigkeit ⟨v.; ~, ~en⟩ **0.1** ***vloeistof*** **0.2** ***vloeiendheid, vlotheid*** *⇒soepelheid.*
Flüssigkeitsbremse ⟨v.⟩ **0.1** ***hydraulische rem.***
Flüssigkeitspresse ⟨v.⟩ **0.1** ***hydraulische pers.***
flüssigmachen 0.1 ***te gelde maken*** **0.2** ***beschikbaar stellen*** ◆ **1.2** Gelder für den Bau ~ *geld voor de bouw ter beschikking stellen.*
Flußlandschaft ⟨v.⟩ **0.1** ***rivierlandschap*** ⟨ook bk.⟩.
Flußlauf ⟨m.⟩ **0.1** ***loop v.e. rivier.***
Flußmündung ⟨v.⟩ **0.1** ***riviermond(ing).***
Flußpferd ⟨o.⟩ **0.1** ***nijlpaard.***
Flußregulierung ⟨v.⟩ **0.1** ***riviernormalisering.***
Flußsäure ⟨v.⟩ **0.1** ***fluorwaterstofzuur.***
Flußschiffahrt ⟨v.⟩ **0.1** ***rivierscheepvaart.***
Flußstahl ⟨m.⟩ **0.1** ***vloeibaar staal.***
Flußtal ⟨o.⟩ **0.1** ***rivier-, stroomdal.***
Flußufer ⟨o.⟩ **0.1** ***rivieroever.***
Flüstergewölbe ⟨o.⟩ **0.1** ***fluister-, echogewelf.***
flüstern 0.1 ***fluisteren*** ◆ **4.¶** ⟨inf.; fig.⟩ dem werde ich was ~! *die zal ik eens de waarheid zeggen!;* ⟨inf.⟩ das kann ich dir ~! *dat kan ik je verzekeren!;* ⟨inf.⟩ wer hat ihm denn das geflüstert? *wie heeft hem dat toevertrouwd?* **6.1** jmdm. etwas **ins** Ohr ~ *iem. iets in het oor fluisteren.*
Flüsterpropaganda ⟨v.⟩ **0.1** ***fluistercampagne.***
Flüsterstimme ⟨v.⟩ **0.1** ***fluisterstem.***
Flüsterton ⟨m.⟩ **0.1** ***fluistertoon*** ◆ **6.1 im** ~ sprechen *fluisterend spreken.*
Flut ⟨v.; ~, ~en⟩ **0.1** ***vloed*** **0.2** ⟨schr.⟩ ***water(massa)*** *⇒golf* **0.3** ⟨fig.⟩ ***vloed, stroom*** *⇒grote massa* ◆ **1.2** die ~en des Meeres *de zeebaren* **6.2 in** den ~en umkommen *in de golven omkomen* **6.3** eine ~ **von** Briefen *een vloed, stroom van brieven* **8.1** Ebbe und ~ *eb en vloed* **¶.1** ⟨sprw.⟩ jede ~ hat ihre Ebbe *het getij kan keren.*
fluten I ⟨onov.ww.⟩⟨schr.⟩ **0.1** ***stromen*** ⟨ook fig.⟩ *⇒golven* ◆ **6.1** das Wasser flutet **über** die Ufer *het water stroomt over de oevers;*
II ⟨ov.ww.⟩⟨scheep.⟩ **0.1** ***laten vollopen.***
Fluthöhe ⟨v.⟩ **0.1** ***vloedpeil, getijhoogte.***
Flutkatastrophe ⟨v.⟩ **0.1** ***overstromingsramp.***
Flutlicht ⟨o.⟩ **0.1** ***spreidlicht, floodlight*** ◆ **6.1 bei, unter** ~ spielen *bij strijklicht spelen.*
flutschen ⟨inf.⟩ **0.1** ***glijden, glippen*** **0.2** ⟨h.⟩ ***opschieten, lukken.***
Flutwarnung ⟨v.⟩ **0.1** ***waarschuwing voor hoge vloed.***
Flutwelle ⟨v.⟩ **0.1** ***vloedgolf.***
Flutzeit ⟨v.⟩ **0.1** ***vloed(tijd).***
fluvial, fluviatil 0.1 ***fluviatiel.***
FM ⟨v.⟩⟨afk.⟩ [Frequenzmodulation].
Fock ⟨v.; ~, ~en⟩⟨scheep.⟩ **0.1** ***fok(zeil).***
Fockmast ⟨m.⟩ **0.1** ***fokkenmast.***
föderal 0.1 ***federaal*** *⇒federatief, bonds-.*
Föderation ⟨v.; ~, ~en⟩ **0.1** ***federatie*** *⇒bond.*
Föderativstaat ⟨m.⟩ **0.1** ***bondsstaat, federatieve staat.***
fohlen 0.1 ***een veulen krijgen.***
Fohlen ⟨o.; ~s, ~⟩ **0.1** ***veulen*** **0.2** ***veulen*** ⟨soort bont⟩.
Föhn[1] ⟨m.; ~(e)s, ~e⟩ **0.1** ***föhn*** ⟨wind⟩.
Föhn[2] ⟨m.⟩⟨nw.spel.⟩ →**Fön.**
Föhre ⟨v.; ~, ~n⟩⟨reg.⟩ **0.1** ***grove den.***
Fokus ⟨m.; ~, ~; inf. mv. ~se⟩ **0.1** ⟨nat.⟩ ***focus, brandpunt*** **0.2** ⟨med.⟩ ***ziektehaard.***
fokussieren ⟨nat.⟩ **0.1** ***focusseren*** *⇒in een brandpunt verenigen* **0.2** ***scherp instellen*** **0.3** ***stralen bundelen.***
Fol. ⟨afk.⟩ →**Folio.**
Folge ⟨v.; ~, ~n⟩ **0.1** ***gevolg*** *⇒uitvloeisel* **0.2** ***opeenvolging, reeks*** *⇒serie* **0.3** ***aflevering*** *⇒deel, nummer* ◆ **2.2** in zwangloser ~ erscheinen *op ongeregelde tijden verschijnen* **3.1** üble ~ nach sich ziehen *ernstige gevolgen hebben;* ⟨schr.⟩ einer Einladung ~ leisten *aan een uitnodiging gevolg geven* **6.1** etwas **zur** ~ haben *iets ten gevolge hebben* **6.2** eine ~ **von** Noten *een reeks van noten* **6.3** ein Film **in** zwei ~n *een film in twee afleveringen* **6.¶** bitte beachten Sie das **für** die, **in** der ~ *let u a.u.b. hierop in het vervolg.*
Folgeerscheinung ⟨v.⟩ **0.1** ***gevolg, nawerking.***
Folgekosten ⟨alleen mv.⟩ **0.1** ***financiële gevolgen.***
folgen ⟨s.; + 3e nv.⟩ **0.1** ***volgen*** ⟨ook fig.⟩ *⇒achternagaan* **0.2** ***volgen*** *⇒komen na, opvolgen* **0.3** ***volgen*** *⇒voortvloeien* **0.4** ***volgen*** *⇒gevolg geven aan* **0.5** ⟨h.⟩ ***gehoorzamen*** ◆ **1.1** einem Beispiel, der Mode ~ *een voorbeeld, de mode volgen* **1.2** Fortsetzung folgt *wordt vervolgd;* dem Frühling folgt der Sommer *op, na de lente volgt de zomer* **1.4** seinen Gefühlen ~ *zijn gevoelens volgen;* einer Einladung ~ *aan een uitnodiging gevolg geven* **3.1** kannst du mir folgen? *kun je me volgen, begrijpen?* **4.2** die Explosionen folgten einander, sich *de explosies volgden elkaar op* **6.1 in** jmds. Fußstapfen ~ *in iemands voetstappen treden* **6.2 auf** Regen folgt Sonne(nschein) *na regen volgt zonneschijn;* jmdm. **auf** den, dem Thron ~ *iem. op de troon opvolgen;* **im** ~den *hierna, hieronder* **6.3 aus** seinen Worten folgt, daß *... uit zijn woorden volgt dat ...*
folgendermaßen 0.1 ***op de volgende manier, als volgt.***
folgenschwer 0.1 ***met ernstige, verstrekkende gevolgen*** ◆ **3.1** sich ~ auswirken, ~ sein *ernstige, verstrekkende gevolgen hebben.*
folge|recht, -richtig 0.1 ***consequent, logisch (juist)*** *⇒consistent.*
Folgerichtigkeit ⟨v.⟩ **0.1** ***consequentie, logische juistheid.***
folgern 0.1 ***opmaken, afleiden, concluderen*** ◆ **3.1** daraus läßt sich ~, daß *... daaruit kan men concluderen dat ...*
Folgerung ⟨v.; ~, ~en⟩ **0.1** ***gevolgtrekking, conclusie.***
Folgesatz ⟨m.⟩ **0.1** ***bijwoordelijke bijzin van gevolg.***
folgewidrig 0.1 ***inconsequent, onlogisch.***
Folgewidrigkeit ⟨v.⟩ **0.1** ***inconsequentie, logische onjuistheid.***
Folgezeit ⟨v.⟩ **0.1** ***(daarop) volgende tijd*** *⇒vervolg* ◆ **6.1 in** der ~ *in de daarop volgende tijd, daarna.*
folglich 0.1 ***bijgevolg*** *⇒derhalve.*
folgsam 0.1 ***volgzaam*** *⇒gezeglijk, gehoorzaam.*
Folie ⟨v.; ~, ~n⟩ **0.1** ***fo(e)lie*** **0.2** ⟨fig.⟩ ***achtergrond.***
Folio ⟨o.; ~s, Folien of ~s⟩ **0.1** ***folio.***
Folklore ⟨v.; ~⟩ **0.1** ***folklore.***
folkloristisch 0.1 ***folkloristisch*** **0.2** ***volkskundig.***
Follikel ⟨m.; ~s, ~⟩ **0.1** ***follikel.***
Follikelsprung ⟨m.⟩ **0.1** ***ovulatie.***
Folter ⟨v.; ~, ~n⟩ **0.1** ***foltering, marteling*** **0.2** ***folter-, pijnbank*** **0.3** ⟨schr.; fig.⟩ ***kwelling, marteling*** ◆ **3.1** jmdn. der ~ unterwerfen *iem. aan foltering onderwerpen* **6.2** ⟨fig.⟩ jmdn. **auf** die ~ spannen *iem. op de pijnbank leggen, iem. met opzet in spanning houden.*

Folterbank ⟨v.; mv. ¨-e⟩ **0.1** ***folter-, pijnbank.***
Folterer ⟨m.; ~s, ~⟩ **0.1** ***folteraar.***
Foltergerät ⟨o.⟩ **0.1** ***folter-, martelwerktuig.***
Folterkammer ⟨v.⟩⟨gesch.⟩ **0.1** ***folterkamer.***
foltern 0.1 ***folteren, martelen*** ⇒*kwellen* ◆ **6.1** jmdn. **zu** Tode ~ *iem. doodmartelen.*
Folterqual ⟨v.⟩ **0.1** ***folter-, martelpijn, kwelling.***
Folterwerkzeug ⟨o.⟩ **0.1** ***folter-, martelwerktuig.***
Fön ⟨m.; ~(e)s, ~e⟩ **0.1** ***föhn*** ⇒*haardroger.*
Fond ⟨m.; ~s, ~s⟩ **0.1** ***achterste deel, zitplaats achterin*** ⟨mbt. auto⟩ **0.2** ***achtergrond*** **0.3** ***grondslag, basis*** **0.4** ⟨cul.⟩ ***fond*** ◆ **3.3** den ~ legen zu einem Erfolg *de grondslag leggen voor een succes* **6.1 in** den ~ steigen *achter instappen.*
Fondant ⟨m. & o.; ~s, ~s⟩ **0.1** ***fondant, bonbon van fondant.***
Fonds ⟨m.; ~, ~⟩ **0.1** ***fonds*** ⇒*kapitaal, (geld)reserve* **0.2** ⟨schr.; fig.⟩ ***schat*** ⇒*kapitaal* **0.3** ⟨mv.; ec.⟩ ***fonds*** ⇒*schuldbrief* ◆ **1.2** ein ~ langer Erfahrung *een schat aan lange ervaring* **3.1** einen ~ bilden *een fonds, reserve vormen.*
Fondtür ⟨v.⟩ **0.1** ***derde/vijfde deur*** ⟨v.e. auto⟩.
Fondue ⟨v. & o.; ~(s), ~s⟩ **0.1** ***fondue.***
fönen 0.1 ***föhnen.***
Fontäne ⟨v.; ~, ~n⟩ **0.1** ***fontein.***
foppen 0.1 ***foppen*** ⇒*bij de neus hebben.*
forcieren 0.1 ***forceren*** ◆ **1.1** einen Plan ~ *een plan doordrijven;* die Produktion ~ *de productie opdrijven.*
forciert 0.1 ***geforceerd*** ⇒*gekunsteld.*
Förde ⟨v.; ~, ~n⟩ **0.1** ***fjord.***
Förderband ⟨o.; mv. ¨-er⟩⟨tech.⟩ **0.1** ***transportband*** ⇒*lopende band.*
Förderer ⟨m.; ~s, ~⟩ **0.1** ***bevorderaar, begunstiger*** ⇒*promotor* ◆ **1.1** ein ~ talentierter Künstler *een mecenas van begaafde kunstenaars.*
Förderkorb ⟨m.⟩⟨mijnw., tech.⟩ **0.1** ***liftkooi*** ⇒*mijnlift.*
förderlich 0.1 ***bevorderlijk*** ⇒*nuttig* ◆ **1.1** der Gesundheit ⟨3e nv.⟩ ~ *goed voor de gezondheid;* ~e Lektüre *nuttige lectuur.*
Fördermaschine ⟨v.⟩⟨mijnw.⟩ **0.1** ***ophaalmachine.***
Fördermaßnahme ⟨v.⟩ **0.1** ***stimulerende maatregel.***
Fördermitglied ⟨o.⟩ **0.1** ***donateur.***
fordern 0.1 ***(op)eisen, vorderen*** **0.2** ***uitdagen*** ⇒*dagen* **0.3** ***een uiterste krachtsinspanning vergen*** ⇒*op de proef stellen* ◆ **1.1** ein ~der Blick *een gebiedende blik;* Freispruch für jmdn. ~ *vrijspraak voor iem. eisen;* ⟨fig.⟩ das Unglück forderte viele Opfer *het ongeluk eiste vele slachtoffers;* einen hohen Preis ~ *een hoge prijs verlangen* **1.3** den Torwart ~ *de doelman tot een uiterste krachtsinspanning dwingen* **6.2** jmdn. **auf** Pistolen ~ *iem. tot een duel met pistolen uitdagen;* jmdn. **vor** Gericht ~ *iem. voor de rechtbank dagen.*
fördern 0.1 ***bevorderen*** ⇒*(onder)steunen* **0.2** ⟨mijnw.⟩ ***delven*** **0.3** ⟨tech.⟩ ***vervoeren, transporteren*** ◆ **1.1** jmds. Bestrebungen ~ *iemands pogingen ondersteunen* **5.2** ⟨fig.⟩ ein Geheimnis zutage ~ *een geheim aan het licht brengen.*
Förderpreis ⟨m.⟩ **0.1** ***aanmoedigingsprijs*** ⟨bv. voor kunstenaar⟩.
Förderprogramm ⟨o.⟩ **0.1** ***stimuleringsprogramma.***
Förderquote ⟨v.⟩ **0.1** ***toegestane productiehoeveelheid.***
Förderschacht ⟨m.⟩⟨mijnw.⟩ **0.1** ***hijsschacht.***
Förderseil ⟨o.⟩⟨mijnw.⟩ **0.1** ***hijskabel.***
Förderstufe ⟨v.⟩⟨school.⟩ **0.1** ***brugklas(sen).***
Förderturm ⟨m.⟩⟨mijnw.⟩ **0.1** ***schacht-, boortoren.***
Forderung ⟨v.; ~, ~en⟩ **0.1** ***vordering, eis*** ⇒*aanspraak, claim* **0.2** ⟨ec.⟩ ***vordering*** **0.3** ⟨gesch.⟩ ***uitdaging*** ◆ **3.1** eine ~ anmelden *een claim indienen;* eine ~ erfüllen *aan een eis voldoen;* eine ~ erheben *een eis stellen;* an jmdn. hohe ~en stellen *aan iem. hoge eisen stellen* **3.2** ~en eintreiben, einziehen *vorderingen innen;* eine ~ an jmdn. haben *een vordering op iem. hebben* **6.3** eine ~ **auf** Pistolen *een uitdaging op het pistool* **6.¶** eine ~ **vor** Gericht *een dagvaarding.*
Förderung ⟨v.; ~, ~en⟩ **0.1** ***bevordering, begunstiging*** ⇒*steun* **0.2** ⟨mijnw.⟩ ***productie*** **0.3** ⟨tech.⟩ ***vervoer, transport*** ◆ **1.1** die ~ des Fremdenverkehrs *de bevordering van het vreemdelingenverkeer.*
Förderungsmaßnahme ⟨v.⟩ **0.1** ***stimuleringsmaatregel.***
Förderungsmittel ⟨o.⟩ **0.1** ***stimuleringsmiddel, financiële steun.***
Förderwagen ⟨m.⟩⟨mijnw.⟩ **0.1** ***mijnwagen.***
Förderwerk ⟨o.⟩⟨tech.⟩ **0.1** ***transportinstallatie.***
Forelle ⟨v.; ~, ~n⟩ **0.1** ***forel*** ◆ **1.1** ⟨cul.⟩ ~ Müllerin *gebakken forel* **2.1** ⟨cul.⟩ ~ blau *gekookte forel.*
forensisch 0.1 ***forensisch, gerechtelijk.***
Form ⟨v.; ~, ~en⟩ **0.1** ***vorm*** ◆ **1.1** ⟨biol.⟩ die ~en einer Gattung *de variëteiten van een soort* **2.1** das ist eine bloße ~ *dat is maar een formaliteit;* feine ~en *fijne omgangsvormen* **3.1** (feste) ~(en) annehmen *vaste vorm krijgen;* einem Hut wieder ~ geben *een hoed weer zijn vorm geven;* etwas tun, um der ~ zu genügen *iets pro forma doen;* seine ~ verbessern *zijn conditie verbeteren;* die ~ wahren *de vorm respecteren* **6.1** der ~ **halber, wegen** *voor de vorm, pro forma;* **in** aller ~ *in alle vorm, formeel;* **in** ~ eines Geschenks *in de vorm van een geschenk;* ein Mensch **ohne** ~en *een mens zonder (nette) manieren.*
formal 0.1 ***formeel*** ⇒*naar de vorm* **0.2** ***formeel*** ⇒*voor de vorm* ◆ **1.2** die rein ~e Anwendung *de zuiver formele toepassing* **2.1** ~ verschieden *formeel verschillend.*
Formalie ⟨v.; ~, ~n⟩ **0.1** ***formaliteit.***
Formalin ⟨o.; ~s⟩ **0.1** ***formaline.***
formalisieren 0.1 ***formaliseren.***
Formalismus ⟨m.; ~, Formalismen⟩ **0.1** ***formalisme.***
Formalität ⟨v.; ~, ~en⟩ **0.1** ***formaliteit.***
formaliter ⟨schr.⟩ **0.1** ***formaliter*** ⇒*formeel.*
formalrechtlich 0.1 ***naar de letter van de wet.***
Formanstieg ⟨m.⟩⟨sp.⟩ **0.1** ***vormverbetering.***
Format ⟨o.; ~(e)s, ~e⟩ **0.1** ***formaat*** ⇒*afmeting* **0.2** ⟨fig.⟩ ***formaat*** ⇒*betekenis* ◆ **3.2** ⟨inf.⟩ er hat ~ *hij is een man van formaat* **6.2** ein Opernhaus **von** (internationalem) ~ *een opera van (internationale) betekenis.*
formatieren ⟨comp.⟩ **0.1** ***formatteren.***
Formation ⟨v.; ~, ~en⟩ **0.1** ***formatie, vorming*** **0.2** ⟨geol., mil., plantk.⟩ ***formatie*** ◆ **2.2** eine neue musikalische ~ *een nieuwe muzikale groep* **6.2** ⟨mil.⟩ **in** geschlossener ~ *in gesloten formatie.*
Formationsflug ⟨m.⟩ **0.1** ***formatievlucht.***
formbar 0.1 ***vormbaar, kneedbaar*** ⟨ook fig.⟩.
formbeständig 0.1 ***vormvast.***
Formblatt ⟨o.⟩ **0.1** ***formulier*** ⇒*model.*
Formeisen ⟨o.⟩ **0.1** ***profielijzer.***
Formel ⟨v.; ~, ~n⟩ **0.1** ***formule*** ⟨ook fig.⟩ ⇒*vaste uitdrukking, vorm* **0.2** ⟨nat., schei., wisk.⟩ ***formule*** **0.3** ⟨fig.⟩ ***formulering*** **0.4** ⟨sp.⟩ ***formule*** ⇒*categorie* ◆ **1.1** die ~ des Eides *de eedformule* **2.3** etwas auf eine einfache ~ bringen *iets kort en raak formuleren;* etwas auf eine gemeinsame ~ bringen *iets onder één noemer brengen* **6.2** etwas **in** eine ~ bringen *iets in een formule uitdrukken.*
formelhaft 0.1 ***als een formule, (ver)star(d)*** ◆ **1.1** ein ~er Ausdruck *een staande uitdrukking.*
formell 0.1 ***formeel.***

Formelsammlung ⟨v.⟩⟨nat., schei., wisk.⟩ **0.1** ***verzameling formules.***
Formelsprache ⟨v.⟩ **0.1** ***formuletaal.***
Formelzeichen ⟨o.⟩⟨nat., schei., wisk.⟩ **0.1** ***symbool*** *⇒teken.*
formen I ⟨ov.ww.⟩ **0.1** ***vormen*** *⇒modelleren, een vorm geven* **0.2** ⟨fig.⟩ ***vormen*** *⇒ontwikkelen* ◆ **1.1** Teig, Ton ~ *deeg, klei vormen, kneden* **1.2** den Charakter ~ *het karakter vormen;*
II sich ~ ⟨wk.ww.⟩ **0.1** ***gevormd worden*** *⇒gestalte krijgen, ontstaan* ◆ **6.1** sich **zu** größeren Einheiten ~ *grotere eenheden worden.*
Formenfülle ⟨v.⟩ **0.1** ***vormenrijkdom.***
Formenlehre ⟨v.⟩⟨biol., muz., taal.⟩ **0.1** ***vormleer.***
Formensinn ⟨m.⟩ **0.1** ***vormgevoel, gevoel voor vorm.***
Formfehler ⟨m.⟩ **0.1** ***fout tegen de vorm(en), vormfout*** **0.2** ⟨biol.⟩ ***misvorming*** ◆ **3.1** bei einer Abstimmung einen ~ begehen *bij een stemming een procedurefout begaan.*
Formfrage ⟨v.⟩ **0.1** ***formele kwestie.***
Formgebung ⟨v.; ~, ~en⟩ **0.1** ***vormgeving*** ◆ **2.1** industrielle ~ *industriële vormgeving, design.*
Formgefühl ⟨o.⟩ **0.1** ***vormgevoel, gevoel voor vorm.***
formgerecht **0.1** ***in de goede, vereiste vorm.***
Formgestalter ⟨m.⟩ **0.1** ***ontwerper*** *⇒designer.*
Formgestaltung ⟨v.⟩ **0.1** ***vormgeving*** *⇒design.*
formgewandt **0.1** ***welgemanierd.***
formidabel **0.1** ***formidabel*** *⇒fantastisch.*
formieren I ⟨ov.ww.⟩ **0.1** ***formeren*** ◆ **1.1** eine Mannschaft ~ *een ploeg samenstellen;*
II sich ~ ⟨wk.ww.⟩ **0.1** ***zich opstellen*** **0.2** ***zich aaneensluiten*** *⇒zich organiseren* ◆ **6.1** sich **zu** einem Zug ~ *een stoet vormen.*
förmlich **0.1** ***formeel*** *⇒officieel* **0.2** ***formeel*** *⇒stijf, onpersoonlijk* **0.3** ***echt, letterlijk, gewoon(weg)*** ◆ **1.1** eine ~e Abmachung *een formele overeenkomst* **1.3** ein ~es Chaos *een complete chaos* **3.3** jmdn. ~ zu etwas zwingen *iem. gewoonweg, letterlijk tot iets dwingen.*
Förmlichkeit ⟨v.; ~, ~en⟩ **0.1** ***vormelijkheid*** *⇒formaliteit.*
formlos **0.1** ***vorm(e)loos*** *⇒zonder vorm* **0.2** ***ongedwongen*** *⇒zonder formaliteiten* ◆ **1.2** eine ~e Begrüßung *een informele begroeting* **3.2** es geht dort ~ zu *het gaat daar ongedwongen toe.*
Formsache ⟨v.⟩ **0.1** ***formaliteit, formele kwestie.***
formschön **0.1** ***mooi, fraai van vorm.***
Formstein ⟨m.⟩ **0.1** ***profielsteen.***
Formtief ⟨o.⟩⟨sp.⟩ **0.1** ***dieptepunt qua vorm, conditie.***
formtreu **0.1** ***vormvast.***
Formular ⟨o.; ~s, ~e⟩ **0.1** ***formulier.***
formulieren **0.1** ***formuleren.***
Formung ⟨v.; ~, ~en⟩ **0.1** ***vormgeving*** **0.2** ***vorming*** *⇒het ontwikkelen* ◆ **2.1** künstlerische ~ *artistieke vormgeving.*
form|voll, -vollendet **0.1** ***perfect (in de omgangsvormen)*** **0.2** ***volmaakt (van vorm)*** *⇒volkomen.*
forsch **0.1** ***fors, krachtig*** *⇒resoluut* ◆ **1.1** einen ~en Eindruck machen *een gedecideerde indruk maken;* ein ~er Stil *een gespierde stijl.*
forschen **0.1** ***(onder)zoeken, (na)vorsen*** ◆ **6.1 auf** einem Gebiet ~ *op een terrein onderzoek verrichten;* **nach** jmdm. ~ *naar iem. zoeken, navraag doen;* **nach** den Ursachen ~ *de oorzaken trachten te weten te komen.*
Forscher ⟨m.; ~s, ~⟩ **0.1** ***(wetenschappelijk) onderzoeker.***
Forscherarbeit ⟨v.⟩ **0.1** ***wetenschappelijk onderzoek.***
Forschergeist ⟨m.⟩ **0.1** ***onderzoekingsgeest.***
forscherisch **0.1** ***mbt. de onderzoeker, het onderzoek.***
Forschheit ⟨v.; ~⟩ **0.1** ***forsheid*** *⇒kordaatheid, resoluutheid.*
Forschung ⟨v.; ~, ~en⟩ **0.1** ***(wetenschappelijk) onderzoek*** *⇒speurwerk, research* **0.2** ***navorsing, onderzoek, het (onder)zoeken.***
Forschungsarbeit ⟨v.⟩ **0.1** ***(wetenschappelijk) onderzoek*** *⇒speur-, researchwerk.*
Forschungsbeitrag ⟨m.⟩ **0.1** ***bijdrage tot het wetenschappelijk onderzoek.***
Forschungsbericht ⟨m.⟩ **0.1** ***verslag, rapport van onderzoeksresultaten.***
Forschungsergebnis ⟨o.⟩ **0.1** ***onderzoeksresultaat.***
Forschungsgebiet ⟨o.⟩ **0.1** ***onderzoeksterrein.***
Forschungsgemeinschaft ⟨v.⟩ **0.1** ***organisatie voor zuiver wetenschappelijk onderzoek.***
Forschungsinstitut ⟨o.⟩ **0.1** ***researchinstituut*** *⇒instituut voor wetenschappelijk onderzoek.*
Forschungsmethode ⟨v.⟩ **0.1** ***onderzoekmethode.***
Forschungsreise ⟨v.⟩ **0.1** ***wetenschappelijke expeditie.***
Forschungsreisende(r) ⟨bn. als zn.⟩ **0.1** ***ontdekkingsreiziger.***
Forschungsstation ⟨v.⟩ **0.1** ***onderzoeks-, proefstation.***
Forschungsstätte ⟨v.⟩⟨schr.⟩ **0.1** ***researchinstituut*** *⇒instituut voor wetenschappelijk onderzoek.*
Forschungszentrum ⟨o.⟩ **0.1** ***researchcentrum*** *⇒centrum voor wetenschappelijk onderzoek.*
Forschungszweig ⟨m.⟩ **0.1** ***tak v.h. wetenschappelijk onderzoek.***
Forst ⟨m.; ~(e)s, ~e(n)⟩⟨vaktaal⟩ **0.1** ***bos.***
Forstamt ⟨o.⟩ **0.1** ***bureau v.h. bosbeheer.***
Forstbeamte(r) ⟨bn. als zn.; m.⟩ **0.1** ***bosbeambte, ambtenaar v.h. bosbeheer.***
Forstbehörde ⟨v.⟩ **0.1** ***bosbeheer.***
Förster ⟨m.; ~s, ~⟩ **0.1** ***boswachter, houtvester.***
Försterei ⟨v.; ~, ~en⟩ **0.1** ***boswachterij, houtvesterij.***
Forstfach ⟨o.⟩ **0.1** ***bosbouw(kunde).***
Forstfrevel ⟨m.⟩ **0.1** ***overtreding v.d. voorschriften v.h. bosbeheer.***
forstlich **0.1** ***mbt. het bos(wezen), de bosbouw.***
Forstmann ⟨m.; mv. ¨er of Forstleute⟩ **0.1** ***boswachter, houtvester.***
Forstmeister ⟨m.⟩ **0.1** ***houtvester*** ⟨in hogere dienst⟩.
Forstnutzung ⟨v.⟩ **0.1** ***bosexploitatie.***
Forstrevier ⟨o.⟩ **0.1** ***bosdistrict.***
Forstschaden ⟨m.⟩ **0.1** ***schade aan het bos.***
Forstschädling ⟨m.⟩ **0.1** ***voor het bos schadelijk dier, schadelijke plant.***
Forstschule ⟨v.⟩ **0.1** ***bosbouwschool.***
Forstverwaltung ⟨v.⟩ **0.1** ***bosbeheer.***
Forstwesen ⟨o.⟩ **0.1** ***boswezen*** *⇒bosbouw.*
Forstwirt ⟨m.⟩ **0.1** ***bosbouwkundige*** **0.2** ***eigenaar v.e. bos.***
Forstwirtschaft ⟨v.⟩ **0.1** ***bosbedrijf, bosbouw*** *⇒bosbeheer.*
Forstwissenschaft ⟨v.⟩ **0.1** ***bosbouw(kunde).***
Forstzeichen ⟨o.⟩ **0.1** ***merkteken*** ⟨op te vellen bomen⟩.
Forsythie ⟨v.; ~, ~n⟩ **0.1** ***forsythia.***
fort **0.1** ***weg*** *⇒heen, verdwenen* **0.2** ***voort, vooruit*** *⇒verder* ◆ **3.1** ⟨inf.⟩ du mußt ~ *je moet weg, gaan* **3.2** ⟨inf.⟩ nicht mehr ~ können *niet meer voort, verder kunnen* **5.1** ~ damit! *weg ermee!;* schnell ~! *vlug voort, weg!* **5.2** nur immer so ~! *ga zo maar door!;* und so ~ *enzovoort, en zo verder* **6.2 in** einem ~ *aan één stuk door.*
Fort ⟨o.; ~s, ~s⟩⟨mil.⟩ **0.1** ***fort*** *⇒vesting.*
fortan **0.1** ***voortaan*** *⇒in het vervolg, van nu af.*
fortbegeben, sich ⟨schr.⟩ **0.1** ***weggaan.***
fortbestehen ⟨h.⟩ **0.1** ***voortbestaan, blijven bestaan.***
fortbewegen I ⟨ov.ww.⟩ **0.1** ***voortbewegen*** *⇒verplaatsen;*
II sich ~ ⟨wk.ww.⟩ **0.1** ***zich voortbewegen*** *⇒zich verplaatsen.*

fortbilden 0.1 ***verder ontwikkelen*** ⇒*bijscholen.*
Fortbildung ⟨v.⟩ 0.1 ***verdere ontwikkeling*** ⇒*bijscholing.*
Fortbildungskurs(us) ⟨m.⟩ 0.1 ***bijscholings-, vervolgcursus.***
fortbleiben 0.1 ***wegblijven.***
fortbringen 0.1 ***wegbrengen*** 0.2 ***van de plaats, weg krijgen*** ◆ 6.2 er ist **vom** Schaufenster nicht fortzubringen *hij is van de etalage niet weg te krijgen.*
fortdauern 0.1 ***voortduren*** ⇒*aanhouden, voortbestaan.*
fortdenken 0.1 ***wegdenken.***
fortdrängen 0.1 ***weg-, verdringen*** ⇒*wegduwen.*
forteilen 0.1 ***wegsnellen.***
fortentwickeln 0.1 ***verder ontwikkelen.***
forterben, sich 0.1 ***overerven*** ⟨ook fig.⟩ ⇒*overgaan* ◆ 6.1 sich **auf** jmdn. ~ *op iem. overerven, overgaan.*
fortfahren I ⟨onov.ww.⟩ 0.1 ***wegrijden, wegvaren*** ⇒*weggaan* 0.2 ⟨h/s.⟩ ***verder-, doorgaan*** ◆ 3.2 ~ zu sprechen *verder spreken* 6.2 **in** seiner Rede ~ *met zijn redevoering voortgaan;*
II ⟨ov.ww.⟩ 0.1 ***vervoeren, wegbrengen*** ◆ 6.1 etwas, jmdn. **mit** dem Wagen ~ *iets, iem. met de auto wegbrengen.*
fortfallen 0.1 ***weg-, vervallen.***
fortfliegen 0.1 ***wegvliegen*** ⇒*ontsnappen.*
fortführen 0.1 ***voortzetten*** ⇒*doorgaan met* 0.2 ***wegvoeren*** ⇒*wegleiden* ◆ 1.1 ⟨fig.⟩ die Linie ~ *de lijn doortrekken.*
Fortgang ⟨m.⟩ 0.1 ***het weggaan*** ⇒*vertrek* 0.2 ***voort-, vooruitgang*** ⇒*vordering* ◆ 3.2 seinen ~ nehmen *doorgaan, verder gaan.*
fortgeben 0.1 ***weggeven, uitbesteden*** ◆ 1.1 Schuhe zur Reparatur ~ *schoenen in reparatie geven.*
fortgehen 0.1 ***weg-, heengaan*** 0.2 ***verder-, doorgaan.***
fortgeschritten 0.1 ***(ver)gevorderd*** ⇒*geavanceerd* ◆ 6.1 ein Kurs(us) **für** Fortgeschrittene *een cursus voor gevorderden.*
fortgesetzt 0.1 ***aanhoudend, voortdurend.***
fortjagen I ⟨onov.ww.; s.⟩ 0.1 ***wegstuiven, zich snel uit de voeten maken;***
II ⟨ov.ww.⟩ 0.1 ***weg-, verjagen.***
fortkommen 0.1 ***weg-, ontkomen*** 0.2 ***verdwijnen, weggebracht worden*** 0.3 ***weg, verloren raken*** 0.4 ***voort-, vooruitkomen*** 0.5 ⟨fig.⟩ ***vooruitkomen*** ⇒*vooruitgaan* ◆ 1.3 mir ist mein Geld fortgekommen *ik ben mijn geld kwijtgeraakt* 5.1 sicher ~ *veilig wegkomen* 6.5 **mit** seiner Arbeit recht gut ~ *met zijn werk aardig opschieten.*
Fortkommen ⟨o.; ~s⟩ 0.1 ***het voort-, vooruitkomen*** 0.2 ***het vooruitkomen*** ⟨mbt. beroep⟩ 0.3 ***levensonderhoud, bestaan*** ◆ 3.3 sein ~ finden *zijn brood verdienen.*
fortkriegen 0.1 ***van de plaats, weg krijgen.***
fortlassen 0.1 ***laten (weg)gaan*** 0.2 ***weglaten*** ⇒*overslaan.*
fortlaufen 0.1 ***weglopen, wegrennen*** 0.2 ⟨fig.⟩ ***doorlopen*** ⇒*zich voortzetten* ◆ 1.1 seine Frau ist ihm fortgelaufen *zijn vrouw is ervandoor* 3.2 die Seiten ~d numerieren *de bladzijden doorlopend nummeren.*
fortleben 0.1 ***voortleven, -bestaan*** ◆ 6.1 **in** seinem Werk ~ *in zijn werk voortleven.*
fortloben 0.1 ***wegpromoveren.***
Fortluft ⟨v.⟩⟨tech.⟩ 0.1 ***afgezogen lucht.***
fortmachen ⟨inf.⟩ I ⟨onov.ww.⟩ 0.1 ***wegtrekken, weggaan*** 0.2 ⟨h.⟩ ***verder-, doorgaan*** ◆ 5.2 mach nur so fort! *ga zo voort!;*
II **sich** ~ ⟨wk.ww.⟩ 0.1 ***ervandoor gaan, zich uit de voeten maken.***
fortnehmen 0.1 ***wegnemen*** 0.2 ***afpakken, afnemen*** ◆ 6.1 ein Kind **aus, von** der Schule ~ *een kind van school nemen.*
fortpflanzen I ⟨ov.ww.⟩ 0.1 ***voortplanten;***
II **sich** ~ ⟨wk.ww.⟩ 0.1 ***zich voortplanten*** ⟨ook fig.⟩.
Fortpflanzung ⟨v.; ~, ~en⟩ 0.1 ***voortplanting.***
Fortpflanzungstrieb ⟨m.⟩ 0.1 ***geslachtsdrift.***
forträumen 0.1 ***weg-, opruimen*** ⟨ook fig.⟩.
fortreißen 0.1 ***meesleuren, meeslepen*** ⟨ook fig.⟩ 0.2 ***ontrukken*** ⇒*afpakken* ◆ 6.1 jmdn. **zu** heller Begeisterung ~ *iem. tot laaiende geestdrift opzwepen.*
fortrollen 0.1 ***wegrollen.***
fortrücken I ⟨onov.ww.⟩ 0.1 ***wegschuiven*** ⇒*zich verwijderen;*
II ⟨ov.ww.⟩ 0.1 ***wegschuiven, opzij schuiven*** ⇒*verplaatsen* ◆ 1.1 die Stühle ~ *de stoelen wegschuiven.*
fortrühren, sich 0.1 ***zich verroeren*** ⇒*zich verwijderen.*
Fortsatz ⟨m.⟩ 0.1 ***verlengsel, voortzetting*** ⇒*aangroeisel.*
fortschaffen 0.1 ***wegbrengen, wegdoen.***
fortscheren, sich ⟨inf.⟩ 0.1 ***zich wegscheren*** ⇒*zich uit de voeten maken.*
fortscheuchen 0.1 ***weg-, verjagen.***
fortschicken 0.1 ***weg-, versturen*** ⇒*wegzenden* ◆ 1.1 einen Brief ~ *een brief verzenden.*
fortschleichen 0.1 ***wegsluipen*** ⇒*stil ervandoor gaan.*
fortschleppen ⟨inf.⟩ I ⟨ov.ww.⟩ 0.1 ***wegslepen;***
II **sich** ~ ⟨wk.ww.⟩ 0.1 ***zich voortslepen*** ⟨ook fig.⟩.
fortschreiben 0.1 ***aanvullen, bijwerken*** ⟨mbt. statistieken⟩ 0.2 ***opnieuw vaststellen, bepalen*** 0.3 ***voortzetten*** ⇒*actualiseren* ◆ 1.2 den Einheitswert eines Grundstücks ~ *de fiscale waarde van een stuk grond opnieuw vaststellen.*
fortschreiten ⟨fig.⟩ 0.1 ***voortschrijden, voortgaan*** ⇒*zich verder ontwikkelen* ◆ 1.1 die Zeit ist schon weit fortgeschritten *de tijd is al ver gevorderd* 6.1 **mit** der Zeit ~ *met zijn tijd meegaan.*
Fortschritt ⟨m.⟩ 0.1 ***vooruitgang*** ⇒*vordering* ◆ 3.1 ~e machen, erzielen *vorderingen maken.*
fortschrittlich 0.1 ***vooruitstrevend, progressief.***
fortschrittsfeindlich 0.1 ***conservatief*** ⇒*reactionair, de vooruitgang vijandig gezind.*
Fortschrittsglaube ⟨m.⟩ 0.1 ***vooruitgangsgeloof*** ⇒*vooruitgangsoptimisme.*
fortschwemmen 0.1 ***wegspoelen*** ⇒*meesleuren.*
fortschwimmen 0.1 ***wegzwemmen*** 0.2 ***wegdrijven*** ⟨ook fig.⟩ ◆ 1.2 ein Brett schwimmt auf dem Wasser fort *een plank drijft op het water.*
fortsehnen, sich 0.1 ***ernaar snakken weg te komen.***
fortsetzen I ⟨ov.ww.⟩ 0.1 ***voortzetten*** ⇒*vervolgen, continueren;*
II **sich** ~ ⟨wk.ww.⟩ 0.1 ***zich voortzetten*** ⇒*doorlopen, doorgaan* ◆ 6.1 das Gespräch setzte sich **bis in** die Nacht fort *het gesprek werd tot in de nacht voortgezet.*
Fortsetzung ⟨v.; ~, ~en⟩ 0.1 ***voortzetting*** ⇒*vervolg* 0.2 ***(volgende) aflevering, vervolg*** ◆ 3.1 seine ~ finden *voortgezet worden;* ~ folgt *wordt vervolgd* 6.2 ein Roman **in** ~en *een vervolgroman.*
Fortsetzungsroman ⟨m.⟩ 0.1 ***vervolgroman*** ⇒*feuilleton.*
fortspülen 0.1 ***wegspoelen*** ⟨ook fig.⟩ ⇒*door spoelen verwijderen.*
fortstehlen, sich 0.1 ***wegsluipen*** ⇒*stil ervandoor gaan.*
fortstellen 0.1 ***wegzetten, opzij zetten.***
fortstoßen 0.1 ***wegstoten opzij stoten*** ⇒*wegduwen.*
fortstreben 0.1 ***weg willen.***
fortstürmen 0.1 ***wegstormen*** ⇒*wegsnellen.*
forttreiben I ⟨onov.ww.⟩ 0.1 ***weg-, afdrijven;***
II ⟨ov.ww.⟩ 0.1 ***weg-, verdrijven*** ⇒*weg-, verjagen* 0.2 ***doorgaan*** ◆ 4.2 so kannst du es nicht mehr lange ~ *zo kan je niet langer meer doorgaan* 6.1 jmdn. **aus** seinem Haus ~ *iem. zijn huis uit jagen.*

Fortuna ⟨v.; ~⟩⟨schr.⟩ **0.1** ***fortuin, Fortuna*** *⇒geluk, voorspoed* ◆ **3.1** ~ lächelt, lacht mir *de fortuin, het geluk lacht mij toe.*

fortwähren ⟨schr.⟩ **0.1** ***voortduren*** *⇒aanhouden.*

fortwährend 0.1 ***voortdurend*** *⇒aanhoudend, onophoudelijk* ◆ **1.1** eine ~e Störung *een voortdurende storing.*

fortwälzen I ⟨ov.ww.⟩ **0.1** ***wegwentelen, -rollen;***
II sich ~ ⟨wk.ww.⟩ **0.1** ***zich traag voortbewegen*** *⇒voortschuiven.*

fortwenden 0.1 ***afwenden.***

fortwerfen 0.1 ***wegwerpen.***

fortwirken ⟨h.⟩ **0.1** ***doorwerken, blijven werken*** *⇒invloed blijven uitoefenen.*

fortwischen 0.1 ***weg-, uitwissen, wegvegen*** ⟨ook fig.⟩.

fortzahlen 0.1 ***doorbetalen.***

fortziehen I ⟨onov.ww.⟩ **0.1** ***wegtrekken*** *⇒vertrekken, verhuizen;*
II ⟨ov.ww.⟩ **0.1** ***weg-, meetrekken*** ◆ **4.1** es zieht mich nach der Ferne fort *de verte trekt mij.*

Forum ⟨o.; ~s, Foren⟩ **0.1** ***forum*** ◆ **1.1** das ~ der Öffentlichkeit *het forum van de publieke opinie.*

fossil 0.1 ***fossiel.***

Foto ⟨o.; ~s, ~s; Zwi. v.; ~, ~s⟩ **0.1** ***foto.***

Foto- →**Photo-.**

fotogen 0.1 ***fotogeniek.***

Fotogramm ⟨o.; ~(e)s, ~e⟩ **0.1** ***fotogram.***

Fotograph ⟨m.; ~en, ~en⟩ **0.1** ***fotograaf.***

Fotographie ⟨v.; ~, ~n⟩ **0.1** ***fotografie.***

fotographieren 0.1 ***fotograferen.***

Fotographik ⟨v.; ~⟩ **0.1** ***leer, techniek v.h. fotograferen.***

fotographisch 0.1 ***fotografisch.***

Fotokopie ⟨v.⟩ **0.1** ***fotokopie.***

fotokopieren 0.1 ***fotokopiëren.***

Fotolabor ⟨o.⟩ **0.1** ***foto-ontwikkelcentrale.***

Fotomontage ⟨v.⟩ **0.1** ***fotomontage.***

Fotothek ⟨v.; ~, ~en⟩ **0.1** ***fotoarchief.***

Fötus ⟨m.; ~ses, ~se of Föten⟩ →**Fetus.**

Foul ⟨o.; ~s, ~s⟩⟨sp.⟩ **0.1** ***overtreding.***

foulen ⟨sp.⟩ **0.1** ***een overtreding begaan*** ◆ **1.1** einen Gegenspieler ~ *een overtreding begaan tegen een tegenspeler.*

Foxterrier ⟨m.⟩ **0.1** ***foxterriër.***

Foxtrott ⟨m.; ~s, ~e of ~s⟩ **0.1** ***foxtrot.***

Foyer ⟨o.; ~s, ~s⟩ **0.1** ***foyer.***

fr ⟨afk.⟩ [Franc; frei].

Fr. ⟨afk.⟩ [Franken; Frau].

Fracht ⟨v.; ~, ~en⟩ **0.1** ***vracht(goed)*** ⟨ook fig.⟩ *⇒lading* **0.2** ***vrachtprijs*** *⇒vrachtkosten* ◆ **6.1** etwas per ~ schicken *iets als vracht sturen.*

Frachtbrief ⟨m.⟩ **0.1** ***vrachtbrief.***

Frachter ⟨m.; ~s, ~⟩ **0.1** ***vrachtboot, -schip.***

frachtfrei 0.1 ***vrachtvrij, franco.***

Frachtführer ⟨m.⟩ **0.1** ***vrachtvervoerder.***

Frachtgut ⟨o.⟩ **0.1** ***vrachtgoed.***

Frachtraum ⟨m.⟩ **0.1** ***vrachtruimte.***

Frachtschein ⟨m.⟩ **0.1** ***vrachtbrief.***

Frachtschiff ⟨o.⟩ **0.1** ***vrachtschip*** *⇒vrachtboot.*

Frachtstück ⟨o.⟩ **0.1** ***vrachtstuk*** *⇒collo, colli.*

Frachtverkehr ⟨m.⟩ **0.1** ***vrachtverkeer*** *⇒expeditie.*

Frachtvertrag ⟨m.⟩ **0.1** ***vrachtcontract*** *⇒vervoersovereenkomst.*

Frack ⟨m.; ~(e)s, ~̈e; inf. ook ~s⟩ **0.1** ***rok(jas)*** ◆ **2.¶** ⟨inf.; scherts.⟩ ein alter ~ *een ouderwets, afgedragen jasje* **3.¶** ⟨inf.⟩ jmdm. den ~ voll hauen *iem. een pak slaag geven.*

Frackhose ⟨v.⟩ **0.1** ***broek v.e. rokkostuum.***

Frackschoß ⟨m.⟩ **0.1** ***rokpand.***

Frackzwang ⟨m.⟩ **0.1** ***verplichting in rok te verschijnen.***

Frage ⟨v.; ~, ~n⟩ **0.1** ***vraag*** **0.2** ***vraag(stuk)*** *⇒kwestie, probleem* ◆ **2.1** eine verfängliche ~ *een strikvraag* **2.2** die soziale ~ *de sociale kwestie* **3.1** was soll diese ~? *dat spreekt toch vanzelf!* **3.2** eine ~ klären *een probleem oplossen;* das ist hier die ~ *daar gaat het om* **6.1** ~n **über** ~n stellen *de ene vraag na de andere stellen;* eine ~ **zum** Inhalt *een vraag naar de inhoud* **6.¶** das ist, steht **außer** ~ *dat staat buiten kijf;* **in** ~ kommen *in aanmerking komen;* ⟨inf.⟩ das kommt nicht **in** ~! *(daar is) geen sprake van!;* etwas **in** ~ stellen *iets in twijfel trekken;* alles wird dadurch **in** ~ gestellt *alles komt daardoor op losse schroeven te staan;* **ohne** ~ *zonder twijfel* **8.2** es erhebt sich die ~, ob ... *de vraag rijst, of ...*

Fragebogen ⟨m.⟩ **0.1** ***vragenlijst.***

Fragefürwort ⟨o.⟩⟨taal.⟩ **0.1** ***vragend voornaamwoord.***

Frageliste ⟨v.⟩ **0.1** ***vragenlijst.***

fragen I ⟨ov.ww.⟩ **0.1** ***vragen*** *⇒een vraag stellen* **0.2** ***vragen*** *⇒informeren* **0.3** ***vragen*** *⇒verzoeken* **0.4** ⟨ec.⟩ ***vragen*** *⇒willen kopen* ◆ **1.4** ein gefragter Artikel *een gevraagd, gewild artikel* **3.1** Fragen kostet (ja) nichts *vragen staat vrij;* ⟨inf.⟩ du bist nicht gefragt! *jou wordt niets gevraagd!* **5.1** da fragst du noch! *moet je dat nog vragen?* **6.2** **nach** Arbeit ~ *navraag doen of er werk is;* er fragt nicht **nach** dem alten Vater *hij bekommert zich niet om zijn oude vader* **6.3** jmdn. **um** Rat ~ *iem. om raad vragen* **8.1** ich wurde gefragt, ob ... *er werd mij gevraagd of ...;*
II sich ~ ⟨wk.ww.⟩ **0.1** ***zich afvragen*** ◆ **6.1** sich **nach** jmds. Gründen ~ *zich afvragen welke iemands redenen zijn;*
III ⟨onp.ww.⟩ **0.1** ***(zeer) de vraag zijn*** *⇒twijfelachtig zijn* ◆ **4.1** das fragt sich noch *dat is nog zeer de vraag, nog niet zeker.*

Fragenkomplex ⟨m.⟩ **0.1** ***complex van vragen, problemen.***

Fragenkreis ⟨m.⟩ **0.1** ***complex van vragen, problemen.***

Frager ⟨m.; ~s, ~⟩ **0.1** ***vrager*** *⇒vraagsteller.*

Fragerei ⟨v.; ~, ~en⟩⟨pej.⟩ **0.1** ***gevraag.***

Fragesatz ⟨m.⟩⟨taal.⟩ **0.1** ***vraagzin.***

Fragesteller ⟨m.; ~s, ~⟩ **0.1** ***vraagsteller.***

Fragestellung ⟨v.⟩ **0.1** ***vraagstelling*** **0.2** ***vraagstuk*** *⇒kwestie.*

Fragestunde ⟨v.⟩⟨pol.⟩ **0.1** ***vragenuurtje.***

Fragewort ⟨o.; mv. ~̈er⟩⟨taal.⟩ **0.1** ***vraagwoord.***

Fragezeichen ⟨o.⟩ **0.1** ***vraagteken*** ⟨ook fig.⟩ ◆ **2.¶** sie ist ein wandelndes ~ *zij houdt niet op met vragen* **3.1** ein ~ setzen *een vraagteken plaatsen* **4.1** ⟨fig.⟩ es bleiben noch einige ~ *er blijven nog enkele onopgeloste problemen* **8.1** ⟨inf.⟩ dasitzen, dastehen wie ein ~ *er als een vraagteken, lamlendig bij zitten, staan.*

fragil ⟨fig.⟩ **0.1** ***fragiel, breekbaar.***

fraglich 0.1 ***twijfelachtig, onzeker*** **0.2** ***bedoeld*** *⇒in kwestie, kwestieus* ◆ **1.2** die ~e Person *de persoon in kwestie;* zur ~en Zeit *op het bewuste ogenblik.*

Fraglichkeit ⟨v.; ~, ~en⟩ **0.1** ***twijfelachtigheid, onzekerheid.***

fraglos 0.1 ***ongetwijfeld.***

Fragment ⟨o.; ~(e)s, ~e⟩ **0.1** ***fragment*** ⟨ook fig.⟩ ◆ **6.1** **im** ~ steckenbleiben *onvoltooid blijven.*

fragmentarisch 0.1 ***fragmentarisch*** *⇒onvoltooid.*

fragwürdig 0.1 ***twijfelachtig, bedenkelijk*** *⇒problematisch* **0.2** ⟨pej.⟩ ***twijfelachtig, dubieus*** ◆ **1.1** eine ~e Meinung *een betwistbare mening* **1.2** ein ~es Lokal *een dubieuze, obscure tent* **3.1** das kommt mir ~ vor *dat komt mij bedenkelijk voor.*

Fraktion ⟨v.; ~, ~en⟩ **0.1** ⟨pol.⟩ ***fractie*** **0.2** ⟨schei.⟩ ***fractie*** ⇒*distillaat.*

Fraktionsführer ⟨m.⟩ **0.1** ***fractieleider.***

Fraktionssitzung ⟨v.⟩ **0.1** ***fractievergadering.***

Fraktionszwang ⟨m.⟩ **0.1** ***verplichting om met de fractie mee te stemmen.***

Fraktur ⟨v.; ~, ~en⟩ **0.1** ⟨med.⟩ ***fractuur, beenbreuk*** **0.2** ⟨boek.⟩ ***gotisch schrift, fractuur*** ◆ **3.¶** ⟨inf.⟩ ~ mit jmdm. reden *iem. eens flink de waarheid zeggen.*

Frakturschrift ⟨v.⟩ **0.1** ***gotisch schrift, fractuurschrift.***

Frame ⟨m.; ~n, ~n⟩⟨tech.⟩ **0.1** ***frame*** ⇒*raamwerk.*

Franc ⟨m.; ~, ~s⟩⟨ec.⟩ **0.1** ⟨Franse, Belgische⟩ ***franc, frank.***

Franchise[1] ⟨v.; ~, ~n⟩⟨ec.⟩ **0.1** ***franchise.***

Franchise[2] ⟨o.; ~⟩⟨ec.⟩ **0.1** ***franchise*** ⇒*franchising.*

frank **0.1** ***frank*** ◆ **8.1** ~ und frei *frank en vrij.*

Franke ⟨m.; ~n, ~n⟩ **0.1** ***Frank.***

Franken ⟨m.; ~s, ~⟩ **0.1** ⟨Zwitserse⟩ ***franc, frank.***

Frankfurt ⟨o.; ~s⟩ **0.1** ***Frankfurt.***

Frankfurter ⟨v.; ~, ~⟩ **0.1** ***Frankforter worstje.***

frankieren **0.1** ***frankeren.***

fränkisch **0.1** ***Frankisch.***

Frankophilie ⟨v.; ~⟩ **0.1** ***francofilie.***

frankophon **0.1** ***francofoon, Franssprekend.***

Frankostempel ⟨m.⟩ **0.1** ***frankeerstempel.***

Frankreich ⟨o.; ~s⟩ **0.1** ***Frankrijk*** ◆ **6.1** wie Gott **in** ~ leben *leven als God in Frankrijk.*

Franse ⟨v.; ~, ~n⟩ **0.1** ***franje, rafel*** ◆ **1.1** die ~n eines Teppichs *de franjes van een tapijt.*

fransen **0.1** ***uitrafelen, franjes vormen.***

fransig **0.1** ***uitgerafeld*** **0.2** ***met franje(s) bezet.***

Franzbranntwein ⟨m.⟩ **0.1** ***kamferspiritus.***

Franzbrot ⟨o.⟩ **0.1** ***cadet, pistolet.***

Franziskaner ⟨m.; ~s, ~⟩ **0.1** ***franciscaan.***

Franzose ⟨m.; ~n, ~n⟩ **0.1** ***Fransman*** **0.2** ⟨tech.⟩ ***verstelbare schroefsleutel.***

Französin ⟨v.; ~, ~nen⟩ **0.1** ***Française.***

französisch **0.1** ***Frans*** ◆ **1.¶** ein ~es Bett *een lits-jumeaux;* ein ~es Fenster *een venster tot op de grond* **6.1** ⟨inf.⟩ sich **(auf)** ~ empfehlen, verabschieden *stilletjes weggaan.*

frappant **0.1** ***frappant*** ⇒*opvallend, verbluffend.*

frappieren **0.1** ***frapperen*** ⇒*verrassen, verbazen* **0.2** ⟨vaktaal⟩ ***frapperen*** ⇒*in ijs zetten, laten afkoelen.*

Fräse ⟨v.; ~, ~n⟩ **0.1** ***frees*** ⟨werktuig⟩ **0.2** ***freesmachine.***

fräsen **0.1** ***frezen.***

Fraß ⟨m.; ~es, ~e⟩ **0.1** ***voer, het vreten*** ⇒*vraat.*

Frater ⟨m.; ~s, Fratres⟩⟨rel.⟩ **0.1** ***broeder, frater.***

fraternisieren ⟨schr.⟩ **0.1** ***(zich) verbroederen, fraterniseren*** ⟨ook fig.⟩.

Fratz ⟨m.; ~es, ~e; Oostr. ~en, ~en⟩ **0.1** ⟨inf.; ted.⟩ ***snoes*** ⇒*lief, guitig kind, meisje* **0.2** ⟨vooral Oostr., Zdd.; pej.⟩ ***nest, blaag*** ⇒*ondeugend, vrijpostig kind, rakker.*

Fratze ⟨v.; ~, ~n⟩ **0.1** ***tronie, smoel*** ⟨ook fig.⟩ ⇒*lelijk gezicht* **0.2** ⟨inf.⟩ ***grimas*** ⇒*frats* **0.3** ⟨inf.⟩ ***gezicht*** ⇒*snoet, persoon(tje)* ◆ **3.2** ~n schneiden, ziehen *smoelen trekken.*

fratzenhaft **0.1** ***als een tronie, een smoel*** **0.2** ***als (in) een grimas.***

Frau ⟨v.; ~, ~en⟩ **0.1** ***vrouw*** ⇒*dame, echtgenote, bazin* **0.2** ***mevrouw*** ⟨met namen, titels, verwantschapsnamen, in aanspreking⟩ ◆ **1.2** ~ Doktor Meier (a) *doctor Meier* ⟨gepromoveerde dame⟩ (b) *dokter Meier* ⟨vrouwelijke arts⟩; ~ Minister *mevrouw de minister;* ⟨schr.⟩ Ihre ~ Mutter *uw moeder* **2.2** ⟨aanschrijfvorm⟩ sehr geehrte, verehrte ~ Meier *(zeer) geachte Mevrouw Meier;* ⟨aanspreking⟩ gnädige ~ *mevrouw.*

Frauchen ⟨o.; ~s, ~⟩ **0.1** ***vrouwtje*** ⇒*kleine vrouw, echtgenote, bazin v.e. huisdier.*

Frauenarbeit ⟨v.⟩ **0.1** ***vrouwenwerk*** ⇒*werk voor een vrouw* **0.2** ***vrouwenarbeid*** **0.3** ***werk ter behartiging v.d. vrouwenbelangen.***

Frauenarzt ⟨m.⟩ **0.1** ***vrouwenarts, gynaecoloog.***

Frauenfarn ⟨m.⟩ **0.1** ***wijfjesvaren.***

Frauenfeind ⟨m.⟩ **0.1** ***vrouwenhater.***

frauenfeindlich **0.1** ***vrouwonvriendelijk*** **0.2** ***vijandig tegenover vrouwen.***

Frauenfrage ⟨v.⟩ **0.1** ***vrouwenkwestie*** ⇒*problematiek v.d. vrouw.*

Frauengeschichten ⟨alleen mv.⟩ **0.1** ***avontuurtje.***

Frauenhaar ⟨o.⟩ **0.1** ***vrouwenhaar*** ⇒*haar v.e. vrouw* **0.2** ⟨plantk.⟩ ***haarmos*** ⇒*venushaar.*

frauenhaft **0.1** ***vrouwelijk*** ⇒*als v.e. vrouw.*

Frauenhaus ⟨o.⟩ **0.1** ***vrouwenhuis*** ⇒*blijf-van-mijn-lijfhuis.*

Frauenheilkunde ⟨v.⟩ **0.1** ***gynaecologie.***

Frauenkrankheit ⟨v.⟩ **0.1** ***vrouwenziekte.***

Frauenleiden ⟨o.⟩ **0.1** ***vrouwenkwaal.***

Frauenmantel ⟨m.⟩⟨plantk.⟩ **0.1** ***vrouwenmantel.***

Frauenrechtlerin ⟨v.; ~, ~nen⟩ **0.1** ***feministe*** ⇒*strijdster voor de gelijke rechten v.d. vrouw.*

Frauenroman ⟨m.⟩ **0.1** ***damesroman.***

Frauenschutz ⟨m.⟩ **0.1** ⟨beschermende maatregelen voor vrouwen met een beroepsactiviteit⟩.

Frauenstation ⟨v.⟩ **0.1** ***vrouwenafdeling*** ⟨v.e. ziekenhuis⟩.

Frauenstimmrecht ⟨o.⟩ **0.1** ***vrouwenkiesrecht.***

Frauentum ⟨o.; ~s⟩⟨schr.⟩ **0.1** ***vrouwelijkheid, het vrouwzijn.***

Frauenverein ⟨m.⟩ **0.1** ***vrouwenorganisatie.***

Frauenwelt ⟨v.⟩ **0.1** ***(de) vrouwen*** ⇒*het vrouwelijke geslacht.*

Frauenzimmer ⟨o.⟩⟨inf.; pej.⟩ **0.1** ***vrouwspersoon, vrouw.***

Fräulein ⟨o.; ~s, ~; inf. mv. ~s⟩ **0.1** ***(me)juffrouw*** ⇒*jongedame* **0.2** ⟨inf.⟩ ***juffrouw*** ⟨verkoopster, serveerster, lerares⟩ ◆ **1.1** ~ Elise! *juffrouw Elise!* **6.2** ⟨inf.⟩ das ~ **vom** Amt *de telefoniste* **¶.2** ~, zahlen bitte! *juffrouw, (mag ik) afrekenen!*

fraulich **0.1** ***vrouwelijk.***

frech **0.1** ***brutaal*** ⇒*onbeschaamd, respectloos* **0.2** ***ondeugend*** ⇒*guitig, vlot* ◆ **1.2** eine ~e Frisur *een uitdagend, vlot kapsel* **3.1** jmdm. ~ kommen *iem. brutaal behandelen, antwoorden* **6.1** ~ **zu** jmdm. *brutaal tegen iem.*

Frechdachs ⟨m.⟩⟨inf.; meestal scherts.⟩ **0.1** ***brutaaltje, brutaal nest.***

Frechheit ⟨v.; ~, ~en⟩ **0.1** ***brutaliteit*** ⇒*onbeschaamdheid, onbeschoftheid* ◆ **1.1** die ~en der Kinder *de brutaliteiten van de kinderen.*

Frechling ⟨m.; ~s, ~e⟩⟨schr.⟩ **0.1** ***brutale kerel, klant.***

Freesie ⟨v.; ~, ~n⟩ **0.1** ***fresia.***

Fregatte ⟨v.; ~, ~n⟩ **0.1** ***fregat(schip).***

Fregattenkapitän ⟨m.⟩ **0.1** ***kapitein-luitenant ter zee.***

frei **0.1** ***vrij*** ◆ **1.1** ein ~er Arbeitsplatz *een vacante arbeidsplaats;* ein ~er Architekt *een zelfstandig (werkend) architect;* ~er Eintritt, Zutritt *vrije toegang, vrij entree;* aus ~er Hand zeichnen *uit de (losse) hand tekenen;* ~ Haus *franco thuis;* ein Kleid mit ~em Hals *een jurk met een blote hals;* etwas ~en Lauf lassen *iets de vrije loop laten;* ein ~es Leben führen *een ongebonden leven leiden;* ein ~er Mitarbeiter *een freelance medewerker;* eine ~e Rede halten *een rede houden zonder manuscript;* ~ Schiff *free on ship, f.o.s.;* hier herrscht ein ~er Ton *hier heerst een ongedwongen toon;* Zimmer ~! *kamers vrij!* **3.1** ~ erfunden *gefantaseerd;* 20 Kilogramm Gepäck ~ haben *20 kilo bagage zonder betalen mogen meenemen;* sich von etwas, jmdm. ~ machen *zich van iets, iem. losmaken;* den Oberkörper ~ machen *het bovenlichaam ontbloten* **3.¶** ~ ausgehen *vrij-*

uit gaan **6.1 im** Freien *in de open lucht, buiten;* ~ **im** Gespräch sein *open spreken* **7.1** das Freie seines Benehmens *de ongedwongenheid van zijn gedrag* **8.1** ~ und ledig *ongehinderd;* ~ und offen *frank en vrij.*

Freibad ⟨o.⟩ **0.1** ***openluchtzwembad.***

Freiballon ⟨m.⟩ **0.1** ***vrije, bestuurbare ballon.***

freibekommen 0.1 ***vrij krijgen*** ◆ **1.1** Geiseln ~ *gijzelaars vrij krijgen.*

Freiberufler ⟨m.; ~s, ~⟩ **0.1** ***iem. die een vrij beroep uitoefent*** ⇒*freelancer.*

freiberuflich 0.1 ***zelfstandig, freelance.***

Freibetrag ⟨m.⟩⟨ec.⟩ **0.1** ***belastingvrij bedrag.***

Freibeuter ⟨m.; ~s, ~⟩ **0.1** ***vrijbuiter*** ⇒*zeerover, profiteur.*

Freibeuterschiff ⟨o.⟩ **0.1** ***kaperschip*** ⇒*piratenschip.*

Freibier ⟨o.⟩ **0.1** ***vrij, gratis bier.***

freibleibend ⟨ec.⟩ **0.1** ***vrijblijvend.***

Freibord ⟨m.⟩⟨scheep.⟩ **0.1** ***overboord, uitwatering.***

Freibrief ⟨m.⟩⟨gesch.⟩ **0.1** ***vrijbrief*** ⟨ook fig.⟩ ⇒*machtiging, toestemming* ◆ **3.1** einen ~ für etwas haben *gemachtigd zijn iets te doen* **6.1** das ist kein ~ **für** Faulheit *dat geeft niet het recht lui te zijn.*

Freidemokrat ⟨m.⟩ **0.1** ***lid van de Duitse liberale partij (FDP).***

Freidenker ⟨m.⟩ **0.1** ***vrijdenker.***

freidenkerisch 0.1 ***vrijdenkend.***

freien ⟨vero.⟩ **0.1** ***huwen, trouwen*** ◆ **¶.1** ⟨sprw.⟩ jung gefreit hat oft gereut *vroeg trouwen, vroeg rouwen.*

Freie(r) ⟨bn. als zn.⟩⟨gesch.⟩ **0.1** ***vrije*** ⇒*vrijgeborene.*

Freiersfüße ⟨alleen mv.⟩⟨scherts.⟩ ◆ **6.¶ auf** ~n gehen *op vrijersvoeten gaan.*

Freiexemplar ⟨o.⟩⟨boek.⟩ **0.1** ***presentexemplaar.***

Freifahrkarte ⟨v.⟩ **0.1** ***gratis reisbiljet.***

Freifahrt ⟨v.⟩ **0.1** ***vrije rit, reis.***

Freifrau ⟨v.⟩ **0.1** ***barones.***

Freifräulein ⟨o.⟩ **0.1** ***barones.***

Freigabe ⟨v.⟩ **0.1** ***vrijlating, het vrij-, loslaten*** **0.2** ***het vrijgeven*** ◆ **1.1** die ~ der Wechselkurse *het laten zweven van de wisselkoersen.*

freigeben 0.1 ***vrij-, loslaten*** ⇒*in vrijheid stellen* **0.2** ***vrijgeven*** ⇒*ter beschikking stellen* **0.3** ***vrijgeven, vrijaf geven*** ◆ **1.1** ⟨voetbal⟩ den Ball ~ *het spel laten hervatten* **1.2** einen Blick auf das Meer ~ *een blik op de zee bieden;* Sperrguthaben ~ *geblokkeerde tegoeden deblokkeren;* jmdm. den Weg ~ *voor iem. de weg vrijmaken* **6.2** die Straße **für** den Verkehr ~ *de straat voor het verkeer openstellen.*

freigebig 0.1 ***vrijgevig*** ⇒*mild, royaal* ◆ **1.1** ⟨iron.⟩ in recht ~er Weise *verkwistend.*

Freigehege ⟨o.⟩ **0.1** ***buitenverblijf*** ⟨voor dieren in de dierentuin⟩ **0.2** ***safaripark.***

Freigeist ⟨m.; ~(e)s, ~er⟩ **0.1** ***vrijdenker.***

Freigepäck ⟨o.⟩ **0.1** ***vrachtvrije bagage.***

Freigericht ⟨o.⟩⟨gesch.⟩ **0.1** ***veem(gericht).***

Freigrenze ⟨v.⟩⟨ec.⟩ **0.1** ***belastingvrije voet, grens.***

Freigut ⟨o.⟩⟨ec.⟩ **0.1** ***vrij te importeren goederen.***

freihaben ⟨inf.⟩ **0.1** ***vrij(af) hebben.***

Freihafen ⟨m.⟩ **0.1** ***vrijhaven.***

freihalten 0.1 ***vrijhouden*** ⇒*trakteren, reserveren, beschermen* ◆ **1.1** die Ausfahrt ~ *de uitrit vrijhouden* **6.1** jmdn. **von** Krankheiten ~ *iem. voor ziekten vrijwaren, behoeden.*

Freihandbibliothek ⟨v.⟩ **0.1** ***openbare bibliotheek (met openkastsysteem).***

Freihandel ⟨m.⟩ **0.1** ***vrijhandel.***

Freihandelszone ⟨v.⟩ **0.1** ***vrijhandelszone*** ◆ **2.1** die Europäische ~ *de Europese vrijhandelsassociatie.*

freihändig 0.1 ***uit de (losse) hand*** ⇒*zonder hulpmiddel(en)* **0.2** ⟨adm.⟩ ***uit de hand, onder(s)hands*** ◆ **3.1** ~ radfahren *met losse handen fietsen;* ~ schießen *uit de vrije hand schieten.*

Freihandzeichnen ⟨o.; ~s⟩ **0.1** ***handtekenen.***

Freiheit ⟨v.; ~, ~en⟩ **0.1** ***vrijheid*** **0.2** ***vrijheid*** ⇒*(voor)recht* ◆ **1.1** die ~ der Presse *de vrijheid van drukpers* **1.2** die ~en des Adels *de privileg(i)es van de adel* **3.1** ich nehme mir die ~ zu gehen *ik ben zo vrij weg te gaan* **6.1** ⟨nat., schei.⟩ dabei werden Dämpfe **in** ~ gesetzt *daarbij komen dampen vrij;* **mit** großer ~ reden *zeer vrij spreken.*

freiheitlich 0.1 ***op vrijheid gericht*** ⇒*vrijheidlievend, liberaal* ◆ **1.1** eine ~e Gesinnung, Verfassung *een op vrijheid gerichte gezindheid, grondwet.*

Freiheitsberaubung ⟨v.⟩⟨jur.⟩ **0.1** ***wederrechtelijke vrijheidsbeneming.***

Freiheitsbestrebung ⟨v.⟩ **0.1** ***het streven naar vrijheid.***

Freiheitsdrang ⟨m.⟩ **0.1** ***vrijheidsdrang.***

Freiheitsentziehung ⟨v.⟩⟨jur.⟩ **0.1** ***vrijheidsbeneming, hechtenis, gevangenisstraf*** ◆ **1.1** zu fünf Jahren ~ verurteilen *tot vijf jaar gevangenisstraf veroordelen.*

Freiheitsentzug ⟨m.⟩⟨jur.⟩ →**Freiheitsentziehung.**

Freiheitskampf ⟨m.⟩ **0.1** ***vrijheidsstrijd.***

Freiheitskrieg ⟨m.⟩ **0.1** ***vrijheidsoorlog.***

Freiheitsstatue ⟨v.⟩ **0.1** ***vrijheids(stand)beeld.***

Freiheitsstrafe ⟨v.⟩⟨jur.⟩ **0.1** ***vrijheidsstraf*** ⇒*gevangenisstraf, hechtenis.*

freiheraus 0.1 ***vrij-, ronduit*** ⇒*onomwonden.*

Freiherr ⟨m.⟩ **0.1** ***baron, vrijheer.***

freiherrlich 0.1 ***vrijheerlijk.***

Freiin ⟨v.; ~, ~nen⟩ **0.1** ***barones.***

freikämpfen 0.1 ***vrijvechten*** ⇒*bevrijden.*

Freikarte ⟨v.⟩ **0.1** ***vrijkaart(je).***

freikaufen I ⟨ov.ww.⟩ **0.1** ***vrij-, loskopen;***
II sich ~ ⟨wk.ww.⟩ **0.1** ***afkopen*** ◆ **6.1** ich habe mich **von** diesen Verpflichtungen freigekauft *ik heb die verplichtingen afgekocht.*

Freikirche ⟨v.⟩ **0.1** ***vrije kerk.***

freikommen 0.1 ***vrijkomen*** ⇒*los raken* ◆ **6.1 von** Ängsten ~ *angsten kwijtraken.*

Freikörperkultur ⟨v.⟩ **0.1** ***nudisme.***

Freikorps ⟨o.⟩⟨gesch.⟩ **0.1** ***vrijwilligerskorps.***

Freiladebahnhof ⟨m.⟩⟨verk.⟩ **0.1** ***openbaar overslagstation.***

Freiladegleis ⟨o.⟩⟨verk.⟩ **0.1** ***openbaar laadspoor.***

Freiland ⟨o.⟩ **0.1** ***koude, volle grond*** ◆ **6.1** junge Pflanzen **ins**, im ~ auspflanzen *jonge planten in de koude, volle grond uitplanten.*

Freilandpflanze ⟨v.⟩ **0.1** ***plant v.d. koude, volle grond*** **0.2** ***winterharde plant.***

freilassen 0.1 ***vrij-, loslaten*** ◆ **6.1** jmdn. **gegen** eine Kaution ~ *iem. tegen een borgsom vrijlaten.*

Freilauf ⟨m.⟩⟨tech.⟩ **0.1** ***vrijloop*** ⇒*freewheel.*

freilaufen, sich ⟨sp.⟩ **0.1** ***zich vrijlopen.***

freilebend 0.1 ***in het wild levend.***

freilegen 0.1 ***blootleggen*** ⟨ook fig.⟩ ⇒*uit-, opgraven.*

Freileitung ⟨v.⟩ **0.1** ***bovengrondse (elektrische) leiding.***

freilich 0.1 ***evenwel*** ⇒*maar, weliswaar* **0.2** ⟨vooral Zdd.⟩ ***natuurlijk*** ⇒*vanzelfsprekend, ja* ◆ **5.2** ja, ~! *ja, natuurlijk!*

Freilichtaufführung ⟨v.⟩ **0.1** ***openluchtopvoering.***

Freilichtbühne ⟨v.⟩ **0.1** ***openluchttheater.***

Freilichtmalerei ⟨v.⟩ **0.1** ***plein-air(schilderkunst).***

Freilichtmuseum ⟨o.⟩ **0.1** ***openluchtmuseum.***

Freilichttheater ⟨o.⟩ **0.1** ***openluchttheater.***

Freilos ⟨o.⟩ **0.1** ***gratis lot*** **0.2** ⟨sp.; lot waardoor een ploeg of speler automatisch naar de volgende ronde gaat, bye⟩.

Freiluftbehandlung ⟨v.⟩⟨med.⟩ **0.1** ***luchtkuur.***
freimachen I ⟨onov.ww.⟩⟨inf.⟩ **0.1** ***vrijaf nemen;***
II ⟨ov.ww.⟩ **0.1** ***frankeren*** ◆ **1.1** eine Postkarte ~ *een briefkaart frankeren;*
III sich ~ ⟨wk.ww.⟩ **0.1** ⟨inf.⟩ ***zich vrijmaken.***
Freimarke ⟨v.⟩ **0.1** ***frankeer-, postzegel.***
Freimaurer ⟨m.⟩ **0.1** ***vrijmetselaar.***
Freimaurerei ⟨v.⟩ **0.1** ***vrijmetselarij.***
Freimut ⟨m.⟩ **0.1** ***vrijmoedigheid*** ⇒*open(hartig)heid* ◆ **6.1 mit** großem ~ sprechen *zeer vrijmoedig spreken.*
freimütig 0.1 ***vrijmoedig*** ⇒*openhartig.*
Freiplastik ⟨v.⟩⟨bk.⟩ **0.1** ***in de open lucht opgestelde plastiek.***
Freiplatz ⟨m.⟩ **0.1** ***kosteloze plaats*** ⟨in school⟩ ⇒*kosteloze studie* **0.2** ***vrije, gratis (zit)plaats*** ◆ **6.1** ein ~ **für** begabte Schüler *een kosteloze studie voor begaafde leerlingen.*
freipressen 0.1 ⟨een gevangene⟩ ***door het nemen van gijzelaars of dreiging met geweld bevrijden.***
Freiraum ⟨m.⟩⟨fig.⟩ **0.1** ***ontplooiingsmogelijkheid, ruimte voor (zelf)ontplooiing.***
freischaffend 0.1 ***vrij*** ⇒*zelfstandig, freelance* ◆ **1.1** ein ~er Architekt, Übersetzer *een zelfstandig architect, vertaler.*
Freischärler ⟨m.; ~s, ~⟩ **0.1** ***guerrillastrijder.***
freischaufeln 0.1 ***met een schop vrijmaken*** ⇒*ruimen.*
freischleppen ⟨scheep.⟩ **0.1** ***vlot trekken.***
freischwimmen, sich 0.1 ***zijn eerste zwemdiploma behalen*** **0.2** ⟨fig.⟩ ***op eigen benen leren staan*** ⇒*zelfstandig worden.*
freisetzen 0.1 ⟨med., nat., schei.⟩ ***vrijmaken, laten vrijkomen*** **0.2** ⟨ec.⟩ ***vrijstellen*** ◆ **6.2** Arbeitskräfte **für** eine andere Aufgabe ~ *arbeidskrachten voor een andere taak vrijstellen.*
freisprechen 0.1 ***vrijspreken*** ⇒*niet schuldig verklaren* **0.2** ⟨amb.⟩ ***het diploma, getuigschrift van gezel, vakman uitreiken aan*** ◆ **6.1** jmdn. **von** Eigensinn nicht ~ können *iem. van eigenzinnigheid niet kunnen vrijpleiten.*
Freispruch ⟨m.⟩⟨jur.⟩ **0.1** ***vrijspraak*** ◆ **6.1 auf** ~ für jmdn. erkennen *iem. vrijspreken.*
Freistaat ⟨m.⟩ **0.1** ***vrijstaat*** ⇒*vrije republiek.*
Freistatt ⟨v.; ~, ¨-en⟩⟨schr.⟩ **0.1** ***vrijplaats*** ⇒*asiel, toevluchtsoord.*
Freistätte ⟨v.⟩⟨schr.⟩ →**Freistatt.**
freistehen 0.1 ***vrijstaan*** ⇒*geoorloofd zijn* **0.2** ***leegstaan*** ⇒*onbezet zijn* ◆ **3.1** es steht dir frei, zu bleiben oder wegzugehen *het staat je vrij te blijven of weg te gaan.*
freistellen 0.1 ***vrijlaten*** ⇒*de keuze laten* **0.2** ***vrijstellen*** ◆ **6.2** jmdn. **für** einen Kurs ~ *iem. in de gelegenheid stellen om een cursus te bezoeken;* jmdn. **vom** Wehrdienst ~ *iem. vrijstellen van militaire dienst.*
Freistempel ⟨m.⟩ **0.1** ***frankeer-, poststempel.***
Freistil ⟨m.⟩ **0.1** ⟨zwemmen⟩ ***vrije slag*** **0.2** ⟨worstelen⟩ ***vrije stijl.***
Freistoß ⟨m.⟩⟨voetbal⟩ **0.1** ***vrije schop*** ◆ **3.1** einen ~ ausführen, treten *een vrije schop nemen* **6.1 auf** ~ entscheiden *een vrije trap geven.*
Freistück ⟨o.⟩ **0.1** ***presentexemplaar.***
Freistunde ⟨v.⟩ **0.1** ***vrij uur.***
Freitag ⟨m.⟩ **0.1** ***vrijdag*** ◆ **2.1** der Stille ~ *Goede, Stille Vrijdag.*
freitags 0.1 ***op vrijdag, ('s) vrijdags.***
Freitod ⟨m.⟩⟨euf.⟩ **0.1** ***zelfdoding.***
Freitreppe ⟨v.⟩ **0.1** ***buitentrap.***
Freiübung ⟨v.⟩⟨sp.⟩ **0.1** ***vrije oefening.***
Freiumschlag ⟨m.⟩ **0.1** ***gefrankeerde envelop(pe).***
Freiwache ⟨v.⟩⟨scheep.⟩ **0.1** ***dienstvrije tijd*** **0.2** ***dienstvrij deel v.d. bemanning*** ◆ **3.1** ~ haben *vrij zijn van wacht.*
freiweg ⟨inf.⟩ **0.1** ***vrijuit*** ⇒*ronduit.*
Freiwild ⟨o.⟩⟨fig.⟩ **0.1** ***vogelvrijverklaarde.***
freiwillig 0.1 ***vrijwillig*** ⇒*uit vrije wil* ◆ **1.¶** ~e Gerichtsbarkeit *oneigenlijke, vrijwillige rechtspraak.*
Freiwurf ⟨m.⟩⟨sp.⟩ **0.1** ***vrije worp.***
Freizeichen ⟨o.⟩⟨com.⟩ **0.1** ***kiestoon.***
Freizeit ⟨v.⟩ **0.1** ***vrije tijd*** **0.2** ***bezinning(sdag)*** ⇒*werkweek, discussiedag(en)* ◆ **6.2 an** einer ~ teilnehmen *aan een werkweek deelnemen.*
Freizeitbeschäftigung ⟨v.⟩ **0.1** ***vrijetijdsbesteding*** ⇒*liefhebberij, hobby.*
Freizeitgesellschaft ⟨v.⟩ **0.1** ***vrijetijdsmaatschappij.***
Freizeitgestaltung ⟨v.⟩ **0.1** ***vrijetijdsbesteding.***
Freizeithemd ⟨o.⟩ **0.1** ***sporthemd.***
Freizeitkleidung ⟨v.⟩ **0.1** ***vrijetijdskleding.***
Freizeitsport ⟨m.⟩ **0.1** ***recreatiesport.***
Freizeitwert ⟨m.⟩ **0.1** ***recreatieve waarde.***
Freizeitzentrum ⟨o.⟩ **0.1** ***ontspannings-, recreatiecentrum.***
freizügig 0.1 ***vrij om zich te vestigen*** **0.2** ***royaal*** ⇒*ruim* **0.3** ***vrij*** ⇒*breed van opvatting* ◆ **1.1** sie führt ein ~es Leben *zij heeft geen vaste woonplaats* **1.2** ~er Gebrauch von Heilmitteln *royaal gebruik van geneesmiddelen* **1.3** ein ~er Film *een vrije, gedurfde film.*
fremd 0.1 ***vreemd*** ⇒*buitenlands* **0.2** ***vreemd*** ⇒*andermans* **0.3** ***vreemd*** ⇒*onbekend, ongewoon* ◆ **1.2** sich in ~e Angelegenheiten mischen *zich met andermans zaken bemoeien;* ⟨ec.⟩ ~e Mittel *middelen van derden* **3.3** Bescheidenheit ist ihm ~ *bescheidenheid kent hij niet;* jmdm. ~ werden *van iem. vervreemden* **3.¶** sich ~ stellen, ~ tun *zich inhouden, gereserveerd doen.*
Fremdarbeiter ⟨m.⟩ **0.1** ***buitenlandse arbeider.***
fremdartig 0.1 ***vreemd*** ⇒*ongewoon* ◆ **1.1** ein ~es Aussehen *een ongewoon voorkomen.*
Fremdbestäubung ⟨v.⟩⟨plantk.⟩ **0.1** ***kruisbestuiving.***
Fremde ⟨v.; ~⟩⟨schr.⟩ **0.1** ***vreemde*** ⇒*vreemd land* ◆ **6.1 in** die ~ ziehen *naar den vreemde trekken.*
fremdeln ⟨h.⟩ **0.1** ***verlegen zijn.***
Fremdenbett ⟨o.⟩ **0.1** ***hotel-, logeerbed.***
fremdenfeindlich 0.1 ***vijandig tegenover vreemdelingen/ buitenlanders.***
Fremdenführer ⟨m.⟩ **0.1** ***(reis)gids.***
Fremdenhaß ⟨m.⟩ **0.1** ***vreemdelingenhaat.***
Fremdenheim ⟨o.⟩ **0.1** ***pension.***
Fremdenlegion ⟨v.⟩ **0.1** ***vreemdelingenlegioen.***
Fremdenlegionär ⟨m.⟩ **0.1** ***soldaat v.h. vreemdelingenlegioen.***
Fremdenliste ⟨v.⟩ **0.1** ***lijst v.d. (hotel)gasten.***
Fremdenpension ⟨v.⟩ **0.1** ***pension.***
Fremdenpolizei ⟨v.⟩ **0.1** ***vreemdelingenpolitie.***
Fremdenverkehr ⟨m.⟩ **0.1** ***vreemdelingenverkeer*** ⇒*toerisme.*
Fremdenverkehrsamt ⟨o.⟩ **0.1** ***bureau voor toerisme/ vreemdelingenverkeer*** ⇒*toeristenbureau, verkeersbureau.*
Fremdenverkehrsverein ⟨m.⟩ **0.1** ***VVV, vereniging voor vreemdelingenverkeer.***
Fremdenzimmer ⟨o.⟩ **0.1** ***hotel-, logeerkamer.***
Fremde(r) ⟨bn. als zn.⟩ **0.1** ***vreemde(ling)*** ⇒*buitenlander, onbekende* **0.2** ***(hotel)gast.***
Fremdfinanzierung ⟨v.⟩⟨ec.⟩ **0.1** ***externe financiering.***
fremdgehen ⟨inf.⟩ **0.1** ***vreemd gaan.***
Fremdheit ⟨v.; ~, ~en⟩ **0.1** ***vreemdheid*** **0.2** ***gereserveerdheid.***
Fremdherrschaft ⟨v.⟩⟨pol.⟩ **0.1** ***vreemde heerschappij, overheersing.***

Fremdkapital ⟨o.⟩⟨ec.⟩ **0.1** ***vreemd vermogen, kapitaal.***
Fremdkörper ⟨m.⟩ **0.1** ⟨fig.⟩ ***indringer*** ⟨niet passend voorwerp, niet passende persoon⟩ **0.2** ⟨biol., med.⟩ ***vreemd voorwerp, lichaam*** ◆ **3.1** der moderne Stuhl ist ein ~ im alten Haus *de moderne stoel past niet in het oude huis.*
fremdländisch 0.1 ***vreemd*** ⇒*uitheems, exotisch* ◆ **1.1** ein ~er Akzent *een buitenlands accent.*
Fremdsprache ⟨v.⟩ **0.1** ***vreemde taal.***
fremdsprachig 0.1 ***vreemd-, anderstalig*** ⇒*in een vreemde taal* ◆ **1.1** ~e Literatur *literatuur in een vreemde taal;* ~e Nachbarn *vreemdtalige buren.*
fremdsprachlich 0.1 ***vreemdetalen-*** ⇒*mbt., over een vreemde taal* **0.2** ***vreemd*** ⇒*uit een vreemde taal* ◆ **1.1** ~er Unterricht *onderwijs in een vreemde taal, vreemde talen.*
fremdstämmig 0.1 ***van (een) vreemde stam, herkomst.***
Fremdstoff ⟨m.⟩⟨med.⟩ **0.1** ***vreemde, giftige stof*** **0.2** ***allergeen.***
Fremdwort ⟨o.; mv. ¨er⟩ **0.1** ***vreemd woord.***
Fremdwörterbuch ⟨o.⟩ **0.1** ***woordenboek van vreemde woorden.***
frenetisch 0.1 ***frenetiek*** ⇒*onstuimig, hartstochtelijk.*
frequent 0.1 ***frequent*** ⇒*vaak voorkomend* **0.2** ⟨med.⟩ ***versneld.***
frequentieren ⟨schr.⟩ **0.1** ***frequenteren*** ◆ **1.1** eine stark frequentierte Zugverbindung *een druk gebruikte treinverbinding.*
Frequenz ⟨v.; ~, ~en⟩ **0.1** ***aantal (bezoekers)*** ⇒*toeloop* **0.2** ***verkeersdichtheid*** **0.3** ⟨med., nat.⟩ ***frequentie*** ◆ **2.2** eine Kreuzung mit starker ~ *een kruispunt met een grote verkeersdichtheid.*
Frequenzbereich ⟨m.⟩⟨com.⟩ **0.1** ***frequentiegebied.***
frequenzmoduliert ⟨com.⟩ **0.1** ***met frequentiemodulatie.***
Fresko ⟨o.; ~s, Fresken⟩ **0.1** ***fresco.***
Fressalien ⟨alleen mv.⟩⟨inf.; vaak scherts.⟩ **0.1** ***bik*** ⇒*eten, levensmiddelen.*
Fresse ⟨v.; ~, ~n⟩⟨inf.⟩ **0.1** ***bek*** **0.2** ***bakkes*** ⇒*smoel* ◆ **3.1** die ~ weit aufreißen *een grote bek opzetten;* halt die ~! *kop dicht!* **3.2** jmdm. die ~ polieren *iem. op zijn smoel slaan* **4.¶** (ach du) meine ~! *nee maar! wel allemachtig!*
fressen ⟨→t38⟩ **I** ⟨onov.ww.⟩ **0.1** ***vreten*** ⟨vulg. mbt. mensen⟩ ⇒*(gulzig) eten* **0.2** ⟨fig.⟩ ***(aan-, in)vreten*** ◆ **1.2** Säure frißt *zuur vreet, bijt in* **3.1** den Kühen zu ~ geben *de koeien te eten geven* **6.2** diese Musik frißt **an** den Nerven *deze muziek vreet aan, sloopt de zenuwen;* das Feuer fraß weiter **um** sich *het vuur greep verder om zich heen;*
II ⟨ov.ww.⟩ **0.1** ***(op)vreten*** ⟨vulg. mbt. mensen; ook fig.⟩ ⇒ *(op)eten* **0.2** ⟨fig.⟩ ***(vr)eten*** ⇒*verbruiken* ◆ **1.2** ⟨pej.⟩ Kilometer ~ *kilometers vreten;* der Neid frißt ihn *hij wordt door nijd verteerd* **3.1** ⟨inf.; scherts.⟩ (keine Angst,) ich will dich nicht ~! *(wees maar niet bang,) ik zal je niet opeten!* **3.¶** wie's kommt, (so) wird's gefressen *men moet de dingen nemen zoals ze zijn* **4.1** ⟨inf.; fig.⟩ etwas gefressen haben *iets begrepen hebben;* ⟨inf.; fig.⟩ etwas, jmdn. gefressen haben *iets, iem. niet kunnen verdragen* **6.1** seinen Ärger **in** sich ~ *zijn ergernis opkroppen;* ⟨fig.⟩ **zum** Fressen aussehen, (süß) sein *om in te bijten zijn, er beeldig uitzien.* → **Bauer**[1];
III sich ~ ⟨wk.ww.⟩ **0.1** ***invreten, dringen*** ◆ **6.1** die Motten ~ sich **in** den Pullover *de motten vreten gaten in de pullover.*
Fressen ⟨o.; ~s⟩ **0.1** ***(vr)eten*** ⟨vulg. mbt. mensen⟩ ⇒*(vee)voeder* ◆ **2.¶** ⟨inf.⟩ das ist ein gefundenes ~ für mich *dat komt mij zeer gelegen* **3.¶** ⟨inf.⟩ sich ⟨3e nv.⟩ ein ~ aus etwas machen *iets waar een ander de pest aan heeft, met genoegen doen.*

Fresser ⟨m.; ~s, ~⟩ **0.1** ***eter*** ⇒⟨mbt. mensen; vulg.⟩ *vreter, veelvraat.*
Fresserei ⟨v.; ~, ~en⟩⟨vulg.⟩ **0.1** ***vreterij, gevreet, gelag.***
Freßgier ⟨v.⟩ **0.1** ***vraatzucht.***
Freßnapf ⟨m.⟩ **0.1** ***eetbakje.***
Freßsucht ⟨v.⟩ **0.1** ***eetverslaving.***
Freßzangen ⟨alleen mv.⟩⟨biol.⟩ **0.1** ***mondwerktuigen, tangen.***
Freßzelle ⟨v.⟩⟨biol., med.⟩ **0.1** ***fagocyt, eetcel.***
Frett ⟨o.; ~(e)s, ~e⟩ **0.1** ***fret.***
Frettchen ⟨o.; ~, ~⟩ **0.1** ***fret.***
Freude ⟨v.; ~, ~n⟩ **0.1** ***vreugde*** ⇒*plezier, genoegen* **0.2** ⟨mv.⟩ ***vreugden*** ⇒*genoegens, aangenaamheden* ◆ **2.1** das ist keine reine ~ *dat is geen onverdeeld genoegen* **2.2** sinnliche ~n *zinnelijk genot* **3.1** seine (helle) ~ an einer Sache haben *(groot) plezier in iets hebben* **6.1** die ~ **an** der Arbeit *het plezier in het werk;* **aus** ~ an der Sache *voor zijn plezier;* **mit** (tausend) ~n! *met (veel) genoegen, plezier!* **6.2** herrlich und **in** ~n leben *in vreugde leven* **8.1** ⟨schr.⟩ Freud und Leid (mit jmdm.) teilen *lief en leed (met iem.) delen.*
Freudenausbruch ⟨m.⟩ **0.1** ***uitbarsting van vreugde.***
Freudenbecher ⟨m.⟩⟨schr.⟩ **0.1** ***vreugdebeker, vreugdekelk*** ◆ **3.1** den ~ leeren *van zijn geluk ten volle genieten.*
Freudenbotschaft ⟨v.⟩ **0.1** ***vreugdevolle, blijde boodschap.***
Freudengeschrei ⟨o.⟩ **0.1** ***vreugdegejubel, vreugdekreten.***
Freudenhaus ⟨o.⟩⟨euf.⟩ **0.1** ***huis van plezier*** ⇒*bordeel.*
Freudenmädchen ⟨o.⟩⟨schr.; euf.⟩ **0.1** ***meisje van plezier*** ⇒ *prostituee.*
Freudenmahl ⟨o.⟩⟨schr.⟩ **0.1** ***feestmaal.***
Freuden|ruf, -schrei ⟨m.⟩ **0.1** ***vreugdekreet.***
Freudensprung ⟨m.⟩ **0.1** ***vreugdesprong*** ⇒*luchtsprong.*
Freudentag ⟨m.⟩ **0.1** ***dag van vreugde, geluk.***
Freudentanz ⟨m.⟩ **0.1** ***vreugdedans*** ◆ **3.1** einen ~ aufführen, vollführen *een vreugdedans uitvoeren.*
Freudentaumel ⟨m.⟩ **0.1** ***roes van vreugde.***
Freudenträne ⟨v.⟩ **0.1** ***vreugdetraan*** ⇒*traan van vreugde.*
freudestrahlend 0.1 ***stralend van vreugde, blijdschap.***
Freudianer ⟨m.; ~s, ~⟩ **0.1** ***Freudiaan.***
freudig 0.1 ***blij*** ⇒*vrolijk, verblijdend* ◆ **1.1** ein ~es Ereignis *een heuglijke gebeurtenis* **3.1** eine Einladung ~ annehmen *een uitnodiging met plezier aannemen.*
freuen I ⟨ov.ww.⟩ **0.1** ***verheugen*** ⇒*plezier doen* ◆ **4.1** freut mich sehr! *(zeer) aangenaam!;* es hat mich gefreut *het heeft me verheugd;*
II sich ~ ⟨wk.ww.⟩ **0.1** ***zich verheugen*** ⇒*blij zijn, plezier hebben* ◆ **3.1** ich freue mich, Sie wiederzusehen (a) *ik ben blij u weer te zien* (b) *ik verheug me erop u weer te zien* **6.1** ich freue mich **an** den Blumen *ik beleef plezier aan de bloemen;* ich freue mich **auf** einen Besuch *ik verheug me op een bezoek;* ich freue mich **über** das Geschenk *ik verheug me over, ben blij met het geschenk.*
Freund ⟨m.; ~(e)s, ~e⟩ **0.1** ***vriend*** ⇒*geestverwant* ◆ **1.1** ⟨euf.⟩ ~ Hein *vriend Hein, magere Hein;* ein ~ der Musik *een liefhebber van muziek* **2.1** alter ~! *oude vriend, ouwe jongen!* **3.1** einen ~ haben *een vriend(je), vrijer hebben;* mit jmdm. gut ~ sein *met iem. goede maatjes zijn* **6.1** kein ~ **vom** Angeben sein *niet van opsnijden houden;* jmdn. **zum** ~ gewinnen, sich ⟨3e nv.⟩ jmdn. **zum** ~(e) machen *zich iem. te vriend maken* **8.1** ~ und Feind *vriend en vijand, iedereen* **¶.1** ⟨sprw.⟩ allermanns ~, allermanns Narr *al te goed is buurmans gek;* ⟨sprw.⟩ ~e in der Not geh'n viele auf ein Lot *vrienden in de nood, honderd in een lood;* ⟨sprw.⟩ den ~ erkennt man in der Not *in de nood leert men zijn vrienden kennen.*

Freundchen ⟨o.; ~s, ~⟩⟨aanspreekvorm⟩ **0.1** ***vriend(je).***
Freundesdienst ⟨m.⟩⟨schr.⟩ **0.1** ***vriendendienst.***
Freundeskreis ⟨m.⟩ **0.1** ***vriendenkring.***
Freundestreue ⟨v.⟩⟨schr.⟩ **0.1** ***vriendentrouw.***
Freundin ⟨v.; ~, ~nen⟩ **0.1** ***vriendin*** **0.2** ***vriendin(netje)*** ⇒*minnares.*
freundlich **0.1** ***vriendelijk*** ⇒*welwillend, aangenaam* ◆ **1.1** ~e Farben *vrolijke, levendige kleuren;* ein ~es Klima *een vriendelijk, aangenaam klimaat;* ⟨ec.⟩ eine ~e Stimmung an der Börse *een gunstige stemming op de beurs* **3.1** einem Plan ~ gegenüberstehen *welwillend staan tegenover een plan;* ⟨ec.⟩ diese Wertpapiere liegen ~ *deze effecten hebben een gunstige koers* **6.1** ~ **zu** jmdm. sein *vriendelijk tegen iem. zijn.*
freundlicherweise **0.1** ***vriendelijk*** ⇒*welwillend.*
Freundlichkeit ⟨v.; ~, ~en⟩ **0.1** ***vriendelijkheid*** ⇒*hartelijkheid, aangenaamheid* **0.2** ***attentie*** ⇒*genoegen, dienst* ◆ **1.1** die ~ des Klimas *de aangenaamheid van het klimaat* **3.1** hätten Sie die ~, mir zuzuhören? *zou u zo vriendelijk willen zijn naar mij te luisteren?* **3.2** jmdm. ~en erweisen *iem. attenties bewijzen.*
freundnachbarlich **0.1** ***als goede buren*** ⇒*vriendschappelijk.*
Freundschaft ⟨v.; ~, ~en⟩ **0.1** ***vriendschap*** ◆ **6.1 in** (aller) ~ jmdm. etwas sagen *in alle vriendschappelijkheid iem. iets zeggen.* →**Geschenk.**
freundschaftlich **0.1** ***vriendschappelijk*** ◆ **3.1** mit jmdm. ~ verbunden sein *met iem. bevriend zijn.*
Freundschaftsbande ⟨alleen mv.⟩⟨schr.⟩ **0.1** ***vriendschapsbanden*** ⇒*vriendschappelijke betrekkingen.*
Freundschaftsbesuch ⟨m.⟩⟨vooral pol.⟩ **0.1** ***vriendschappelijk bezoek.***
Freundschaftsbeweis ⟨m.⟩ **0.1** ***bewijs van vriendschap.***
Freundschaftsdienst ⟨m.⟩ **0.1** ***vriendendienst.***
Freundschaftspreis ⟨m.⟩ **0.1** ***vriendenprijs(je).***
Freundschaftsspiel ⟨o.⟩⟨sp.⟩ **0.1** ***vriendschappelijke wedstrijd.***
Freundschaftsvertrag ⟨m.⟩⟨pol.⟩ **0.1** ***vriendschapsverdrag.***
Frevel ⟨m.; ~s, ~⟩⟨schr.⟩ **0.1** ***euveldaad*** ⇒*misdaad, misdrijf.*
frevelhaft ⟨schr.⟩ **0.1** ***misdadig*** ⇒*schandelijk* ◆ **1.1** mit ~em Leichtsinn *met schandelijke lichtzinnigheid;* eine ~e Tat *een snode daad.*
Freveltat ⟨v.⟩ **0.1** ***euveldaad*** ⇒*misdaad, misdrijf.*
Frevler ⟨m.; ~s, ~⟩⟨schr.⟩ **0.1** ***misdadiger*** **0.2** ***(gods)lasteraar*** ◆ **6.1** ein ~ **gegen** das Gesetz *een wetsovertreder.*
frevlerisch **0.1** ***misdadig*** ⇒*schandelijk.*
Friede ⟨m.; ~ns, ~n⟩⟨vero.; schr.⟩ →**Frieden.**
Frieden ⟨m.; ~s, ~⟩ **0.1** ***vrede*** **0.2** ***vrede*** ⇒*harmonie, rust* ◆ **1.2** der ~ des Herzens *de innerlijke rust;* der ~ der Natur *de rust, stilte van de natuur;* ⟨schr.; rel.⟩ Friede seiner Asche! *zijn as ruste in vrede!* **2.1** der Westfälische ~ *de Vrede van Munster* **2.2** ⟨rel.⟩ der ewige ~ *de eeuwige rust* **3.1** ~ schließen, stiften *vrede sluiten, stichten;* den ~ unterzeichnen *de vrede, het vredesverdrag ondertekenen* **3.2** die Kinder geben, halten nicht eine Minute ~ *de kinderen maken voortdurend ruzie;* ich will nur meinen ~ *ik wil met rust gelaten worden* **6.2** laß mich **in** ~! *laat mij met rust!;* seinen ~ **mit** jmdm. machen *zich met iem. verzoenen;* ⟨inf.⟩ **um** des lieben ~s willen *ter wille van de lieve vrede;* ich hatte keinen ~ **vor** ihm *hij liet mij niet met rust* **8.2** in Ruhe und ~ *in pais en vrede* **¶.1** ⟨sprw.⟩ Friede ernährt, Unfriede verzehrt *vrede gedijt, oorlog verslijt.*
Friedensaufruf ⟨m.⟩ **0.1** ***oproep tot vrede.***
Friedensbedingung ⟨v.⟩ **0.1** ***vredesvoorwaarde.***
Friedensbereitschaft ⟨v.⟩ **0.1** ***bereidheid tot vrede.***
Friedensbewegung ⟨v.⟩ **0.1** ***vredesbeweging.***
Friedensbruch ⟨m.⟩ **0.1** ***vredebreuk.***
Friedensforschung ⟨v.⟩ **0.1** ***vredesonderzoek.***
Friedensfreund ⟨m.⟩ **0.1** ***aanhanger v.d. vrede, v.d. vredesbeweging.***
Friedensfürst ⟨m.⟩⟨rel.⟩ **0.1** ***Vredevorst*** ⇒*Christus.*
Friedensfuß ⟨m.⟩ ◆ **6.¶** mit jmdm. **auf** ~ stehen *met iem. op voet van vrede leven.*
Friedensglocke ⟨v.⟩ **0.1** ***vredesklok.***
Friedenshand ⟨v.⟩⟨schr.; fig.⟩ ◆ **3.¶** jmdm. die ~ reichen *iem. de hand reiken, tot vrede bereid zijn.*
Friedensheer ⟨o.⟩ **0.1** ***staand leger*** ⟨in vredessterkte⟩.
Friedenskonferenz ⟨v.⟩ **0.1** ***vredesconferentie.***
Friedenskundgebung ⟨v.⟩ **0.1** ***vredesdemonstratie.***
Friedenskurs ⟨m.⟩ **0.1** ***vredeskoers*** ⇒*op vrede gerichte politiek.*
Friedensliebe ⟨v.⟩ **0.1** ***vredelievendheid*** ⇒*pacifisme.*
Friedensnobelpreis ⟨m.⟩ **0.1** ***Nobelprijs voor de vrede.***
Friedenspflicht ⟨v.⟩⟨jur.⟩ **0.1** ⟨verplichting tot het bewaren v.d. arbeidsrust gedurende de tijd v.e. cao⟩.
Friedenspolitik ⟨v.⟩ **0.1** ***vredespolitiek.***
Friedensrichter ⟨m.⟩ **0.1** ***vrede-, kanton-, politierechter.***
Friedensschluß ⟨m.⟩ **0.1** ***vredesluiting, het sluiten van vrede.***
Friedenssicherung ⟨v.⟩ **0.1** ***veiligstelling v.d. vrede.***
Friedensstifter ⟨m.⟩ **0.1** ***vredestichter*** ⇒*bemiddelaar.*
Friedensstörer ⟨m.⟩ **0.1** ***vrede-, rustverstoorder.***
Friedenstaube ⟨v.⟩ **0.1** ***vredesduif.***
Friedens|unterhandlung, -verhandlung ⟨v.⟩ **0.1** ***vredesonderhandeling.***
Friedensvertrag ⟨m.⟩ **0.1** ***vredesverdrag.***
Friedenszeit ⟨v.⟩ **0.1** ***vredestijd.***
Friedenszustand ⟨m.⟩ **0.1** ***toestand van vrede.***
friedfertig **0.1** ***vredelievend, vreedzaam*** ⇒*verdraagzaam.*
Friedhof ⟨m.⟩ **0.1** ***kerkhof*** ⇒*begraafplaats.*
friedlich **0.1** ***vreedzaam*** ⇒*geweldloos* **0.2** ***vreedzaam, vredelievend*** ⇒*verdraagzaam* **0.3** ⟨schr.⟩ ***vredig, rustig*** ◆ **1.1** ~e Atomforschung *atoomonderzoek voor vreedzame doeleinden* **1.2** ein ~er Mensch *een vreedzaam, vredelievend mens* **3.1** einen Streit ~ beilegen *een geschil in der minne schikken* **3.3** ⟨euf.⟩ ~ einschlafen *vredig, zacht in-, ontslapen.*
friedlos **0.1** ⟨schr.⟩ ***rusteloos*** **0.2** ⟨gesch.⟩ ***vogelvrij.***
friedvoll ⟨schr.⟩ **0.1** ***vredig*** ⇒*vreedzaam.*
frieren ⟨→t39⟩ **I** ⟨onov.ww.⟩ **0.1** ⟨h.⟩ ***het koud hebben*** **0.2** ⟨s.⟩ ***bevriezen*** ◆ **1.1** die Füße ~ mir *ik heb (ijs)koude voeten* **1.2** der Boden ist gefroren *de grond is bevroren* **4.1** ich friere *ik heb het koud* **5.1** leicht ~ *het gauw koud hebben* **6.1** ich friere **an** den Händen *ik heb (ijs)koude handen;* ⟨inf.⟩ sich **zu** Tode ~ *vergaan van de kou;*
II ⟨onp.ww.⟩ **0.1** ***vriezen*** **0.2** ***het koud hebben*** ◆ **4.2** es friert mich, mich friert (es) *ik heb het koud.*
Fries ⟨m.; ~es, ~e⟩⟨bouwk.⟩ **0.1** ***fries*** ⇒*lijst.*
Friese ⟨m.; ~n, ~n⟩ **0.1** ***Fries.***
friesisch **0.1** ***Fries.***
frigid(e) ⟨med.⟩ **0.1** ***frigide.***
Frikadelle ⟨v.; ~, ~n⟩ **0.1** ***frikadel.***
Frikassee ⟨o.; ~s, ~s⟩ **0.1** ***fricassee*** ⇒*vleesragout* ◆ **3.1** ⟨inf.; scherts.⟩ ich mache ~ aus dir! *ik sla je tot moes!*
Friktion ⟨v.; ~, ~en⟩⟨ec., med., tech.⟩ **0.1** ***frictie, wrijving.***
frisch **0.1** ***vers*** ⇒*(nog) nieuw* **0.2** ***schoon, proper*** **0.3** ***fris*** ⇒*gezond, vrolijk* **0.4** ***fris*** ⇒*koel* ◆ **1.1** ein ~es Blatt Papier *een nieuw blad papier;* in ~er Erinnerung *vers in het ge-*

heugen; mit ~em Mut *met frisse, nieuwe moed;* mit ~en Kräften *met verse krachten* **1.3** ein ~es Aussehen *een fris, gezond uiterlijk;* ~e Farben *frisse kleuren* **1.¶** ~en Datums *van recente datum* **3.1** ~ gestrichen! *pas geverfd!* **3.2** das Bett ~ beziehen *het bed verschonen;* sich ~ machen *zich verfrissen* **8.3** ⟨inf.⟩ ~ und munter *gezond en fris.*

frischauf 0.1 ***welaan, komaan, vooruit!***

frischbacken 0.1 ***vers(gebakken).***

Frische ⟨v.; ~⟩ **0.1** ***versheid*** *⇒frisheid, fitheid, kracht* **0.2** ***frisheid*** *⇒fris gevoel* **0.3** ***frisheid*** *⇒gezond voorkomen, vrolijkheid* **0.4** ***frisheid*** *⇒koelte* ◆ **1.1** die ~ des Geistes *de levendigheid van de geest* **1.3** die ~ der Gesichtsfarbe *de frisheid van de gelaatskleur;* die ~ der Erzählung *de levendigheid van het verhaal* **1.4** die ~ der Luft *de friste, koelte van de lucht* **3.2** ~ schenken *een fris gevoel geven* **6.1 mit** ~ vortragen *op een frisse, levendige manier voordragen.*

Frischfisch ⟨m.⟩ **0.1** ***verse vis.***

frischfröhlich, frisch-fröhlich 0.1 ***opgewekt*** *⇒opgeruimd.*

frischgebacken ⟨inf.; fig.⟩ **0.1** ***nieuwbakken*** ◆ **1.1** ein ~es Ehepaar *een pas gehuwd paar.*

Frischhaltebeutel ⟨m.⟩ **0.1** ***plastic zakje.***

Frischkäse ⟨m.⟩ **0.1** ***ongerijpte, kwarkachtige kaas.***

Frischkost ⟨v.⟩ **0.1** ***kost van verse groenten en fruit.***

Frischling ⟨m.; ~(e)s, ~e⟩ **0.1** ⟨jacht⟩ ***jong wild zwijn*** **0.2** ⟨scherts.⟩ ***groentje*** *⇒nieuweling.*

Frischluft ⟨v.⟩ **0.1** ***verse, frisse lucht.***

frischverheiratet 0.1 ***pas gehuwd.***

Frischwasser ⟨o.⟩ **0.1** ***vers water.***

frischweg ⟨acc. wiss.⟩ **0.1** ***onbekommerd, onbezorgd*** ◆ **3.1** ~ erzählen *vrijuit vertellen.*

Frischzellentherapie ⟨v.⟩⟨med.⟩ **0.1** ***therapie met levende cellen.***

Friseur ⟨m.; ~s, ~e⟩ **0.1** ***kapper.***

Friseursalon ⟨m.⟩ **0.1** ***kapsalon*** *⇒kapperszaak.*

Friseuse ⟨v.; ~, ~n⟩ **0.1** ***kapster.***

frisieren 0.1 ***kappen*** ⟨ook fig.⟩ **0.2** ⟨inf.; fig.⟩ ***flatteren*** *⇒verbeteren, verfraaien* **0.3** ⟨inf.; tech.⟩ ***opvoeren*** ◆ **1.2** eine Bilanz ~ *een balans flatteren* **1.3** einen Motor ~ *een motor opvoeren* **5.1** eine modisch frisierte Dame *een dame met een modieus kapsel.*

Frisierkommode ⟨v.⟩ **0.1** ***kap-, toilettafel.***

Frisierumhang ⟨m.⟩ **0.1** ***kapmantel.***

Frisör ⟨m.⟩ →**Friseur.**

Frist ⟨v.; ~, ~en⟩ **0.1** ***termijn*** *⇒tijd(stip)* **0.2** ***uitstel*** *⇒verlenging* ◆ **3.1** eine ~ festsetzen *een termijn vaststellen;* eine ~ einhalten *zich aan een termijn houden* **3.2** jmdm. eine ~ bewilligen, gewähren *iem. uitstel verlenen* **6.1 auf** ~ *voor een tijdje;* **zu** dieser ~ *op dit tijdstip;* **zu** jeder ~ *te allen tijde.*

fristen 0.1 ***met moeite behouden*** *⇒rekken* ◆ **1.1** sein Leben mühsam ~ *zijn leven met moeite rekken.*

Fristen|lösung, -regelung ⟨v.⟩⟨med.⟩ **0.1** ⟨wettelijke regeling die abortus binnen een bepaalde termijn toestaat⟩.

fristge|mäß, -recht 0.1 ***binnen de gestelde termijn*** *⇒op tijd, tijdig* ◆ **1.1** die ~e Lieferung *levering binnen de gestelde termijn.*

fristlos 0.1 ***onmiddellijk*** *⇒zonder uitstel, op staande voet* ◆ **1.1** eine ~e Entlassung *een ontslag op staande voet.*

Fristung ⟨v.; ~, ~en⟩ **0.1** ***uitstel*** *⇒verlenging.*

Fristwechsel ⟨m.⟩⟨ec.⟩ **0.1** ***datowissel.***

Frisur ⟨v.; ~, ~en⟩ **0.1** ***kapsel*** **0.2** ⟨tech.⟩ ***het opvoeren*** ◆ **1.2** die ~ eines Motors *het opvoeren van een motor.*

fritieren 0.1 ***frituren.***

Fritte ⟨v.; ~, ~n⟩ **0.1** ***frit(te)*** *⇒glazuur* **0.2** ⟨mv.⟩ ***frieten*** *⇒patates frites.*

frittieren ⟨nw.spel.⟩ →**fritieren.**

Fritüre ⟨v.; ~, ~n⟩ **0.1** ***frituurvet*** **0.2** ***frituur, het gefrituurde*** **0.3** ***friteuse, frituurpan.***

frivol 0.1 ***frivool*** *⇒lichtzinnig* **0.2** ***zedeloos*** *⇒losbandig.*

Frivolität ⟨v.; ~, ~en⟩ **0.1** ***frivoliteit*** *⇒lichtzinnige, dubbelzinnige opmerking* **0.2** ***zedeloos gedrag*** *⇒losbandigheid.*

Frl. ⟨afk.⟩ →**Fräulein.**

froh 0.1 ***vrolijk, blij*** **0.2** ⟨inf.⟩ ***opgelucht*** *⇒tevreden* **0.3** ***blij, verheugend*** ◆ **1.1** ⟨inf.⟩ seines Lebens nicht mehr ~ werden *in zijn leven geen plezier meer hebben* **1.3** die ~e Botschaft *de Blijde Boodschap, het evangelie* **3.2** du kannst ~ sein, daß ... *je mag van geluk spreken dat ...* **6.1** ~ **über** ein Geschenk *blij met een geschenk.*

frohgelaunt 0.1 ***vrolijk gestemd.***

frohgemut 0.1 ***vrolijk, blij te moede*** *⇒welgemoed, opgeruimd* **0.2** ***vol vertrouwen.***

fröhlich 0.1 ***vrolijk*** *⇒blij, opgeruimd* **0.2** ***vermakelijk*** **0.3** ⟨inf.⟩ ***vrolijk*** *⇒onbekommerd* ◆ **1.1** ~es Treiben *vrolijke drukte* **3.3** ~ drauflosschießen *er vrolijk, onbekommerd op los schieten.*

Fröhlichkeit ⟨v.; ~⟩ **0.1** ***vrolijkheid, plezier, genoegen.***

frohlocken ⟨schr.⟩ **0.1** ***jubelen, juichen*** **0.2** ***leedvermaak hebben*** ◆ **6.2 über** jmds. Unglück ~ *om iemands ongeluk leedvermaak hebben.*

Frohmut ⟨m.⟩⟨schr.⟩ **0.1** ***blijmoedigheid*** *⇒opgeruimdheid.*

Frohnatur ⟨v.⟩ **0.1** ***vrolijke natuur, aard*** **0.2** ***opgewekt, vrolijk iemand.***

Frohsinn ⟨m.⟩ **0.1** ***vrolijkheid*** *⇒blijmoedigheid.*

fromm ⟨frommer of frömmer, (am) frommst(en) of (am) frömmst(en)⟩ **0.1** ***vroom*** *⇒(diep)gelovig* **0.2** ***schijnheilig*** **0.3** ***mak, gedwee*** ⟨meestal mbt. dieren⟩ *⇒zachtaardig* ◆ **1.2** ~es Getue *schijnheilig gedoe* **8.3** ~ wie ein Lamm *mak als een lammetje.*

Frömmelei ⟨v.; ~, ~en⟩⟨pej.⟩ **0.1** ***kwezelarij.***

frömmeln 0.1 ***kwezelen, femelen.***

frommen ⟨vero.⟩ **0.1** ***baten*** *⇒helpen, van nut zijn.*

Frömmigkeit ⟨v.; ~⟩ **0.1** ***vroomheid*** *⇒godsvrucht, gelovigheid.*

Frömmler ⟨m.; ~s, ~⟩⟨pej.⟩ **0.1** ***kwezel(aar).***

Fronarbeit ⟨v.⟩ **0.1** ***vroon-, leendienst*** **0.2** ***lastig, zwaar werk*** *⇒last, corvee.*

Frondienst ⟨m.⟩ **0.1** ***vroon-, leendienst.***

fronen 0.1 ⟨gesch.⟩ ***vroon-, leendienst(en) verrichten*** **0.2** ⟨schr.⟩ ***hard werken.***

frönen ⟨schr.⟩ **0.1** ***zich overgeven, verslaafd zijn*** ◆ **1.1** einem Hobby ~ *zich volledig aan een hobby wijden;* seinen Leidenschaften ~ *zijn hartstochten botvieren.*

Fronleichnam ⟨m.; g.lidw.⟩⟨rel.⟩ **0.1** ***Sacramentsdag.***

Front ⟨v.; ~, ~en⟩ **0.1** ***front*** ◆ **1.1** die ~ eines Hauses *de voorzijde van een huis;* die ~ eines Tiefs *het front van een depressie* **2.1** auf breiter ~ *over een breed front;* die gegnerische ~ *de vijandelijke linies* **3.¶** (gegen jmdn., vor jmdm.) ~ machen *(voor iem.) in de houding gaan staan;* ⟨fig.⟩ ~ gegen etwas, jmdn. machen *front maken tegen iets, iem.;* ⟨fig.⟩ klare ~en schaffen, ziehen *de standpunten duidelijk afbakenen;* ⟨fig.⟩ die ~en verhärten sich *de tegenstellingen worden scherper* **6.¶ in** ~ des Rathauses *voor het stadhuis;* ⟨sp.⟩ **in** ~ liegen *de leiding hebben.*

frontal 0.1 ***frontaal.***

Frontalunterricht ⟨m.⟩ **0.1** ***frontaal onderwijs*** *⇒klassikaal onderwijs.*

Frontalzusammenstoß ⟨m.⟩ **0.1** ***frontale botsing.***

Frontantrieb ⟨m.⟩⟨tech.⟩ **0.1** ***voorwielaandrijving.***

frontdienstfähig 0.1 ***geschikt voor de dienst aan het front.***

Frontgiebel ⟨m.⟩ **0.1** ***voorgevel*** ⇒*façade.*
Frontispiz ⟨o.; ~es, ~e⟩ **0.1** ⟨bouwk.⟩ ***frontispice, fronton*** **0.2** ⟨boek.⟩ ***frontispice*** ⟨versierd titelblad⟩.
Frontlinie ⟨v.⟩ **0.1** ***frontlinie, -lijn.***
Frontscheibe ⟨v.⟩ **0.1** ***voorruit.***
Frontseite ⟨v.⟩ **0.1** ***voorkant.***
Frontsoldat ⟨m.⟩ **0.1** ***frontsoldaat.***
Frontstellung ⟨v.⟩ **0.1** ***uitgesproken vijandige houding.***
Fronturlaub ⟨m.⟩⟨mil.⟩ **0.1** ***verlof van het front.***
Frontwechsel ⟨m.⟩ **0.1** ***verandering van (politieke) opvatting.***
Frontzahn ⟨m.⟩⟨med.⟩ **0.1** ***voortand.***
Frosch ⟨m.; ~(e)s, ~̈e⟩ **0.1** ***kikvors, kikker*** **0.2** ***voetzoeker*** **0.3** ⟨muz.⟩ ***slof*** ⟨v.e. strijkstok⟩ ◆ **3.1** ⟨fig.⟩ die Arbeit ist kein ~ *dat werk loopt niet weg* **3.2** Frösche abbrennen *voetzoekers doen ontploffen* **3.¶** ⟨inf.⟩ sei doch kein ~! *wees toch geen spelbederver en doe mee!*
Froschauge ⟨o.⟩ **0.1** ***kikvorsoog*** ⇒*groot uitpuilend oog, grote koplamp.*
Froschlaich ⟨m.⟩ **0.1** ***kikkerdril.***
Froschlurch ⟨m.⟩ **0.1** ***kikvors(achtige)*** ⇒*staartloze amfibie.*
Froschmann ⟨m.; mv. ~̈er⟩ **0.1** ***kikvorsman.***
Froschperspektive ⟨v.⟩ **0.1** ***kikkerperspectief*** **0.2** ⟨pej.; fig.⟩ ***beperkt perspectief, standpunt*** ◆ **6.2** etwas **aus** der ~ betrachten *iets vanuit een zeer beperkte hoek bekijken.*
Froschschenkel ⟨m.⟩ **0.1** ***kikkerbilletje.***
Froschtest ⟨m.⟩⟨med.⟩ **0.1** ***kikkerproef.***
Frost ⟨m.; ~(e)s, ~̈e⟩ **0.1** ***vorst*** **0.2** ⟨med.⟩ ***(koude) rilling*** ◆ **2.1** die ersten Fröste des Jahres *de eerste vorst van het jaar* **6.2** der Kranke wurde **von** ~ geschüttelt *de zieke had koortsrillingen.*
frostanfällig **0.1** ***vorstgevoelig, gevoelig voor vorst.***
Frostaufbruch ⟨m.⟩ **0.1** ***(door vorst, opdooi ontstane) spleet, barst*** ⟨in wegdek⟩.
frostbeständig **0.1** ***bestand tegen vorst*** ⇒*winterhard* ◆ **1.1** ~e Pflanzen *winterharde planten.*
Frostbeule ⟨v.⟩ **0.1** ***vorstbuil*** ⇒*winterhanden, -voeten.*
Frosteinbruch ⟨m.⟩ **0.1** ***koude-inval, plotseling optredende vorst.***
frösteln I ⟨onov.ww.⟩ **0.1** ***rillen, huiveren (van de kou)*** ⟨ook fig.⟩ ◆ **6.1** ~ **vor** Angst, Kälte *rillen, huiveren van angst, van de kou;*
II ⟨onp.ww.⟩ **0.1** ***rillen, huiveren (van de kou)*** ◆ **4.1** es fröstelt mich, mich fröstelt (es) *ik ril van de kou.*
fröstelnd **0.1** ***koud, kil*** ⟨ook fig.⟩.
frostempfindlich **0.1** ***vorstgevoelig.***
Froster ⟨m.; ~s, ~⟩ **0.1** ***vriesvak.***
frostfrei **0.1** ***vorstvrij, zonder vorst.***
Frostgefahr ⟨v.⟩ **0.1** ***gevaar voor vorst.***
Frostgrenze ⟨v.⟩⟨meteo.⟩ **0.1** ***vorstgrens.***
frosthart ⟨plantk.⟩ **0.1** ***vorstresistent, winterhard.***
frostig **0.1** ***koud*** ⇒*vriezend* **0.2** ***kouwelijk*** ⇒*rillerig* **0.3** ⟨fig.⟩ ***koel*** ⇒*terughoudend, onvriendelijk* ◆ **1.1** ~e Winde *ijzige winden* **1.3** ein ~er Empfang *een koele ontvangst.*
Frostigkeit ⟨v.; ~, ~en⟩ **0.1** ***kou*** ⇒*vriesweer* **0.2** ***kouwelijkheid*** ⇒*rillerigheid* **0.3** ⟨fig.⟩ ***koelheid*** ⇒*terughoudendheid, koele opmerking.*
frostkalt ⟨schr.⟩ **0.1** ***ijskoud.***
frostklar **0.1** ***vrieshelder*** ◆ **1.1** ein ~er Himmel *een heldere vrieslucht.*
frostklirrend **0.1** ***ijskoud.***
Frostschaden ⟨m.⟩ **0.1** ***vorstschade.***
Frostschutz ⟨m.⟩ **0.1** ***bescherming tegen (de gevolgen van) bevriezing.***
Frostschutzmittel ⟨o.⟩ **0.1** ***beschermingsmiddel tegen (de gevolgen van) bevriezing*** **0.2** ***antivriesmiddel, antivries.***
Frostverwitterung ⟨v.⟩⟨geol.⟩ **0.1** ***vorstverwering.***
Frostwetter ⟨o.⟩ **0.1** ***vriesweer.***
Frottee ⟨m. & o.; ~s, ~s⟩ **0.1** ***frotteer-, badstof.***
frottieren **0.1** ***krachtig wrijven*** ⇒*afdrogen.*
Frottierhandschuh ⟨m.⟩ **0.1** ***washandje*** ⟨van badstof⟩.
Frottierhandtuch ⟨o.⟩ **0.1** ***handdoek*** ⟨van badstof⟩.
frotzeln ⟨inf.⟩ **I** ⟨onov.ww.⟩ **0.1** ***spotten, lachen*** ◆ **6.1** **über** etwas, jmdn. ~ *met iets, iem. spotten;*
II ⟨ov.ww.⟩ **0.1** ***plagen, jennen.***
Frucht ⟨v.; ~, ~̈e⟩ **0.1** ***vrucht*** ⇒*veld-, tuinvrucht, stuk fruit* **0.2** ***vrucht*** ⇒*foetus* **0.3** ⟨schr.⟩ ***vrucht*** ⇒*resultaat, product* **0.4** ⟨jur.⟩ ***vrucht*** ⇒*opbrengst* ◆ **3.1** der Baum setzt ~ an *de boom zet vrucht* **3.3** ⟨fig.⟩ ~, Früchte tragen, zeitigen *vruchten afwerpen, opleveren.*
Fruchtansatz ⟨m.⟩ **0.1** ***vruchtzetting.***
fruchtbar **0.1** ***vruchtbaar*** ⇒*(veel) vrucht voortbrengend, productief* **0.2** ⟨fig.⟩ ***vruchtbaar*** ⇒*lonend, winstgevend* ◆ **1.1** ein ~er Schriftsteller *een productief schrijver* **1.2** eine ~e Arbeit *een vruchtbaar, lonend werk.*
Fruchtbarkeit ⟨v.; ~⟩ **0.1** ***vruchtbaarheid*** ⇒⟨fig.⟩ *nut, productiviteit.*
Fruchtbecher ⟨m.⟩ **0.1** ***ijscoupe met vruchten, fruit.***
Fruchtblase ⟨v.⟩⟨med.⟩ **0.1** ***vruchtblaas.***
Fruchtblatt ⟨o.⟩⟨plantk.⟩ **0.1** ***vruchtblad.***
fruchtbringend **0.1** ***vruchtbaar*** ⇒*vruchtdragend,* ⟨fig.⟩ *nuttig, lonend.*
Früchtchen ⟨o.; ~s, ~⟩ **0.1** ***vruchtje*** **0.2** ⟨inf.; pej.⟩ ***deugniet*** ◆ **2.2** ein nettes, sauberes ~! *een lieverdje!*
fruchten **0.1** ***baten, helpen*** ⇒*nut hebben* ◆ **6.1** es fruchtet nicht **bei** ihm *het baat niet bij hem.*
Fruchtfaser ⟨v.⟩ **0.1** ***bastvezel.***
Fruchtfleisch ⟨o.⟩ **0.1** ***vruchtvlees.***
Fruchtfliege ⟨v.⟩ **0.1** ***fruit-, bananenvlieg.***
Fruchtfolge ⟨v.⟩⟨landb.⟩ **0.1** ***vruchtwisseling.***
Fruchtgeschmack ⟨m.⟩ **0.1** ***fruitsmaak.***
fruchtig **0.1** ***fruitig.***
Fruchtknoten ⟨m.⟩⟨plantk.⟩ **0.1** ***vruchtbeginsel.***
fruchtlos **0.1** ***vruchteloos*** ⇒*(te)vergeefs, nutteloos.*
Fruchtpresse ⟨v.⟩ **0.1** ***fruitpers.***
fruchtreich ⟨schr.⟩ **0.1** ***vruchtbaar*** ⇒*rijk aan vruchten.*
Fruchtsaft ⟨m.⟩ **0.1** ***vruchtensap.***
Fruchtsalat ⟨m.⟩ **0.1** ***vruchten-, fruitsalade.***
Fruchtschale ⟨v.⟩ **0.1** ***vruchtenschil*** **0.2** ***fruitschaal.***
Fruchtwasser ⟨o.⟩⟨med.⟩ **0.1** ***vruchtwater.***
Fruchtwechsel ⟨m.⟩⟨landb.⟩ **0.1** ***vruchtwisseling.***
Fruchtwein ⟨m.⟩ **0.1** ***vruchtenwijn.***
Fruchtzucker ⟨m.⟩ **0.1** ***vruchtensuiker.***
frugal **0.1** ***frugaal*** ⇒*eenvoudig, karig* ◆ **1.1** ein ~es Mahl *een sober maal.*
früh[1] ⟨bn.⟩ **0.1** ***vroeg*** ◆ **1.1** von ~ester Jugend an *van de prilste jeugd af;* am ~en Morgen *vroeg in de morgen* **3.1** es ist noch ~ am Tage *het is nog vroeg op de dag* **6.1** **von** ~ an, auf *van jongs af, van kindsbeen (af)* **8.1** ~er oder später *vroeg of laat.* →**üben.**
früh[2] ⟨bw.⟩ **0.1** ***vroeg (in de morgen), 's morgens vroeg*** ◆ **1.1** um sechs Uhr ~ *om zes uur 's morgens* **5.1** morgen ~ *morgenochtend vroeg* **6.1** **von** ~ bis spät *van 's morgens vroeg tot 's avonds laat.*
Frühabgänger ⟨m.⟩⟨school.⟩ **0.1** ***voortijdig schoolverlater.***
Frühaufsteher ⟨m.⟩ **0.1** ***vroege opstaander, matineus iemand.***
Frühbeet ⟨o.⟩ **0.1** ***broeibak, -bed.***

Frühbegabung ⟨v.⟩ **0.1** ***vroeg merkbare begaafdheid*** **0.2** ***jong talent*** ◆ **2.2** er ist eine musikalische ~ *hij is een jong talent op muzikaal gebied* **6.1** eine ~ **für** Musik haben *van jongs af muzikaal begaafd zijn.*
Frühdienst ⟨m.⟩ **0.1** ***ochtenddienst.***
Frühdruck ⟨m.; mv. ~e⟩⟨boek.⟩ **0.1** ***vroege druk, wiegendruk.***
Frühe ⟨v.; ~⟩⟨schr.⟩ **0.1** ***vroegte*** ⇒*begin, vroege morgen* ◆ **6.1 in** aller ~ *in alle vroegte.*
Frühehe ⟨v.⟩ **0.1** ***tienerhuwelijk.***
früher[1] ⟨bn.⟩ **0.1** ***vroeger*** ⇒*voorbij* **0.2** ***vroeger*** ⇒*voormalig, ex-* ◆ **1.2** der ~e Minister *de voormalige minister.*
früher[2] ⟨bw.⟩ **0.1** ***vroeger*** ⇒*eertijds, voorheen* ◆ **3.1** das ~ erwähnte Werk *het hierboven vermelde werk.*
Früherkennung ⟨v.⟩⟨med.⟩ **0.1** ***vroegtijdige herkenning, diagnose.***
frühestens **0.1** ***op zijn vroegst.***
frühestmöglich **0.1** ***vroegst mogelijk.***
Frühgeburt ⟨v.⟩ **0.1** ***voortijdige geboorte*** **0.2** ***voortijdig geboren baby.***
Frühgemüse ⟨o.⟩ **0.1** ***vroege groente.***
Frühgeschichte ⟨v.⟩ **0.1** ***vroegste, oudste geschiedenis*** **0.2** ***geschiedenis v.e. beginperiode.***
Frühgotik ⟨v.⟩ **0.1** ***vroege gotiek.***
Frühgottesdienst ⟨m.⟩ **0.1** ***vroegdienst.***
Frühjahr ⟨o.⟩ **0.1** ***voorjaar.***
Frühjahrsmesse ⟨v.⟩ **0.1** ***voorjaars-, lentebeurs.***
Frühjahrsputz ⟨m.⟩ **0.1** ***voorjaarsschoonmaak.***
frühkindlich **0.1** ***mbt. de vroegste kindsheid.***
Frühkultur ⟨v.⟩ **0.1** ***beginperiode v.e. cultuur*** ◆ **2.1** die griechische ~ *de beginperiode van de Griekse cultuur.*
Frühling ⟨m.; ~s, ~e⟩ **0.1** ***lente*** ⇒⟨fig.⟩*jeugd, bloei* ◆ **1.1** der ~ des Lebens *de lente van het leven* **3.1** er erlebt seinen zweiten ~ *hij beleeft zijn tweede jeugd;* die Wirtschaft erlebt einen neuen ~ *de economie beleeft een nieuwe bloei.*
frühlingshaft **0.1** ***lenteachtig.***
Frühlingspunkt ⟨m.⟩⟨ster.⟩ **0.1** ***lentepunt.***
Frühlingsrolle ⟨v.⟩⟨cul.⟩ **0.1** ***loempia.***
Frühlingszeit ⟨v.⟩ **0.1** ***lente(tijd).***
Frühmesse ⟨v.⟩⟨rel.⟩ **0.1** ***vroegmis.***
frühmorgens **0.1** ***'s morgens vroeg.***
Frühnebel ⟨m.⟩ **0.1** ***ochtendnevel.***
Frühobst ⟨o.⟩ **0.1** ***vroeg fruit.***
frühreif **0.1** ***vroegrijp*** ⟨ook fig.⟩.
Frühreif ⟨m.⟩ **0.1** ***(morgen)rijp.***
Frühreife ⟨v.⟩ **0.1** ***vroegrijpheid*** ⇒*voorlijkheid* **0.2** ***vroege rijpheid.***
Frührenaissance ⟨v.⟩ **0.1** ***vroege renaissance.***
Frührentner ⟨o.⟩ **0.1** ***vutter, iem. die met vervroegd pensioen is.***
Frühromantik ⟨v.⟩ **0.1** ***vroege romantiek.***
Frühschicht ⟨v.⟩ **0.1** ***ochtendploeg.***
Frühschoppen ⟨m.⟩ **0.1** ***glaasje 's morgens.***
Frühsommer ⟨m.⟩ **0.1** ***voorzomer.***
Frühstadium ⟨o.⟩ **0.1** ***beginstadium.***
Frühstart ⟨m.⟩⟨sp.⟩ **0.1** ***valse start.***
Frühstück ⟨o.; ~(e)s, ~e⟩ **0.1** ***ontbijt*** **0.2** ⟨inf.⟩ ***ontbijtpauze*** ◆ **3.1** das ~ (ein)nehmen *ontbijten.*
frühstücken **I** ⟨onov.ww.⟩ **0.1** ***ontbijten;***
II ⟨ov.ww.⟩ **0.1** ***als ontbijt eten*** ◆ **1.1** Brötchen ~ *broodjes voor zijn ontbijt eten.*
Frühstücksbrot ⟨o.⟩ **0.1** ***brood met beleg*** ⟨als ontbijt of lunch op het werk⟩.
Frühstückspause ⟨v.⟩ **0.1** ***ontbijtpauze.***
frühverstorben **0.1** ***vroeg gestorven.***
Frühwerk ⟨o.⟩ **0.1** ***vroeg werk*** ⟨mbt. kunst⟩ ⇒*jeugdwerk.*
Frühzeit ⟨v.⟩ **0.1** ***begin(periode)*** ⇒*vroegste, eerste periode* ◆ **1.1** die ~ der Antike *het begin van de Oudheid.*
frühzeitig **0.1** ***vroeg(tijdig)*** **0.2** ***voortijdig*** ◆ **3.1** eine Krankheit ~ entdecken *een ziekte vroegtijdig ontdekken.*
Frust ⟨m.; ~(e)s⟩⟨inf.⟩ **0.1** ***frustratie.***
frusten ⟨inf.⟩ **0.1** ***frustreren.***
Frustration ⟨v.; ~, ~en⟩ **0.1** ***frustratie.***
frustrieren **0.1** ***frustreren.***
Fuchs ⟨m.; ~es, ⸚e⟩ **0.1** ***vos*** **0.2** ***vossenbont*** ⇒*mantel uit vossenbont* **0.3** ***vos(paard)*** **0.4** ⟨inf.⟩ ***vos*** ⇒*listig mens* **0.5** ⟨inf.; vaak pej.⟩ ***rosse, rooie*** ⇒*roodharige* **0.6** ⟨vlinder⟩ ***vos*** **0.7** ⟨stud.⟩ ***groentje*** **0.8** ⟨tech.⟩ ***rookkanaal*** ◆ **1.1** Reineke ~ *Reinaert de Vos* **2.4** ⟨fig.⟩ ein alter, schlauer ~ *een oude, sluwe vos* **3.1** ⟨fig.⟩ Füchse prellen *iem. te slim af zijn, een lelijke poets bakken;* ⟨scherts.; fig.⟩ wo sich die Füchse, wo sich ~ und Hase gute Nacht sagen *aan het einde van de wereld, op een zeer afgelegen plaats* **3.2** einen ~ tragen *een vos dragen* **6.1** ⟨fig.⟩ ~ **im** eigenen Bau *heer (en meester) in eigen huis* **¶.1** ⟨sprw.⟩ der ~ ändert den Balg und behält den Schalk *een vos verliest wel zijn haren, maar niet zijn streken;* ⟨sprw.⟩ wenn der ~ predigt, so hüte die Gänse *als de vos de passie preekt, boer pas op je ganzen.*
Fuchsbau ⟨m.; mv. ~e⟩ **0.1** ***vossenhol.***
Fuchseisen ⟨o.⟩ **0.1** ***vossenklem.***
fuchsen ⟨inf.⟩ **I** ⟨ov.ww.⟩ **0.1** ***ergeren*** ⇒*dwars zitten;*
II sich ~ ⟨wk.ww.⟩ **0.1** ***zich (dood) ergeren*** ◆ **6.1** sich **über** eine Sache ~ *zich aan, over iets ergeren.*
Fuchsfalter ⟨m.⟩ **0.1** ***vos*** ⟨vlinder⟩.
Fuchsia, -sie ⟨v.; ~, Fuchsien⟩ **0.1** ***fuchsia.***
fuchsig **0.1** ***voskleurig*** ⇒*rossig* **0.2** ***heftig*** ⇒*ongeduldig* **0.3** ⟨inf.⟩ ***woedend*** ⇒*razend* ◆ **1.2** ein ~es Temperament *een heftig temperament.*
Fuchsin ⟨o.; ~s⟩ **0.1** ***fuchsine*** ⟨kleurstof⟩.
Füchsin ⟨v.; ~, ~nen⟩ **0.1** ***wijfjes-, moervos.***
Fuchsjagd ⟨v.⟩ **0.1** ***vossenjacht.***
Fuchsloch ⟨o.⟩ **0.1** ***vossenhol.***
Fuchspelz ⟨m.⟩ **0.1** ***vos(senpels), vossenbont*** ⇒*mantel van vos(senpels).*
fuchsrot **0.1** ***vosrood*** ⇒*voskleurig.*
Fuchsschwanz ⟨m.⟩ **0.1** ***vossenstaart*** **0.2** ⟨plantk.⟩ ***kattenstaartamarant, vossenstaart*** **0.3** ⟨tech.⟩ ***handzaag.***
fuchsteufelswild **0.1** ***ziedend van woede.***
Fuchtel ⟨v.; ~, ~n⟩ **0.1** ⟨gesch.⟩ ***degen met brede kling*** **0.2** ⟨inf.⟩ ***heerschappij*** ⇒*strenge tucht* ◆ **6.2** jmdn. **unter** der, seiner ~ haben, halten *iem. onder de knoet, de duim hebben.*
fuchteln ⟨inf.⟩ **0.1** ***zwaaien*** ⇒*gesticuleren* ◆ **6.1 mit** den Händen ~ *met zijn handen zwaaien.*
fuchtig ⟨inf.⟩ **0.1** ***woedend.***
Fuder ⟨o.; ~s, ~⟩ **0.1** ***(wagen)vracht*** ⇒*lading* **0.2** ⟨inf.⟩ ***grote hoeveelheid, massa.***
Fuffziger ⟨m.; ~s, ~⟩⟨reg.⟩ **0.1** ***50-pfennigstuk*** ◆ **2.¶** ⟨inf.⟩ ein falscher ~ *een valse, onbetrouwbare kerel.*
Fug ◆ **6.¶ mit** ~ (und Recht) *met recht (en reden), volkomen terecht.*
Fuge ⟨v.; ~, ~n⟩ **0.1** ***voeg*** ⇒*gleuf, naad* **0.2** ⟨muz.⟩ ***fuga*** ◆ **3.1** die ~n verschmieren *de voegen dichtstrijken* **6.1 aus** den ~n gehen (a) *uit elkaar vallen* (b) *zijn samenhang verliezen* (c) *in de war geraken.*
fugen ⟨amb.⟩ **0.1** ***samenvoegen*** ⇒*verbinden* **0.2** ***voegen*** ◆ **1.2** eine Mauer ~ *een muur voegen.*
fügen **I** ⟨ov.ww.⟩ **0.1** ***(toe)voegen*** ⇒*plaatsen* **0.2** ⟨schr.⟩ ***samenvoegen*** **0.3** ⟨schr.⟩ ***beschikken, laten gebeuren*** ◆ **3.3** er wußte es so zu ~, daß ... *hij wist het zo te plooien, schik-*

ken, dat ... **4.3** der Zufall fügte es, daß ... *het toeval wilde dat* ... **5.2** einen Satz anders ~ *een zin anders bouwen;* ⟨fig.⟩ ein fest gefügtes Bündnis *een hecht (en sterk) verbond* **6.1** einen Satz **an** den anderen ~ *de ene zin met de andere verbinden;* **zu** einem Geschenk noch etwas Wertvolles ~ *aan een geschenk nog iets waardevols toevoegen* **6.2** ⟨fig.⟩ Dinge **zu** einem Ganzen ~ *zaken tot een geheel samenvoegen, verbinden;*
II sich ~ ⟨wk.ww.⟩ **0.1** ***zich voegen, zich schikken*** ⇒*zich aanpassen* **0.2** ***uitkomen*** ⇒*gebeuren* ◆ **1.1** sich jmds. Wünschen ~ *zich naar iemands wensen voegen, schikken* **3.2** es wollte sich nicht ~ *het wilde niet lukken* **6.1** sich **in** sein Schicksal ~ *zich in zijn lot schikken.*

fugenlos **0.1** ***zonder voeg(en)*** ⇒*perfect.*

füglich **0.1** ***terecht*** ⇒*met recht, gevoeglijk.*

fügsam **0.1** ***volgzaam*** ⇒*zonder tegenstribbelen.*

Fügung ⟨v.; ~, ~en⟩ **0.1** ***beschikking*** ⇒*speling, samenloop (van omstandigheden)* **0.2** ⟨taal.⟩ ***woordgroep*** ⇒*verbinding* ◆ **2.1** eine göttliche ~ *een goddelijke beschikking.*

fühlbar **0.1** ***voelbaar, merkbaar*** ◆ **1.1** ein ~er Verlust *een gevoelig verlies* **3.1** sich ~ machen *zich doen (ge)voelen.*

fühlen I ⟨onov.ww.; h.⟩ **0.1** ***(mee)voelen*** ⇒*gevoel hebben* **0.2** ***voelen*** ⇒*tasten, grijpen* ◆ **1.1** ein ~des Herz *een meevoelend, meelevend hart;*
II ⟨ov.ww.⟩ **0.1** ***voelen*** ⇒*gewaarworden, onderzoeken* **0.2** ***voelen*** ⇒*ondervinden, (be)merken* ◆ **1.1** ⟨inf.⟩ alle Knochen ~ *al zijn botten voelen;* jmdm. den Puls ~ *iem. de pols voelen* **1.2** Achtung, Liebe für jmdn. ~ *achting, liefde voor iem. voelen;*
III sich ~ ⟨wk.ww.⟩ **0.1** ***zich voelen*** ◆ **4.1** ⟨inf.⟩ der fühlt sich aber! *die voelt zich, heeft een hoge dunk van zichzelf!* →**hören.**

Fühler ⟨m.; ~s, ~⟩ **0.1** ***voeler*** ⟨ook tech.⟩ ⇒*voelhoorn, -spriet* ◆ **3.1** die, seine ~ ausstrecken *zijn voelhoorns uitsteken.*

Fühlerfisch ⟨m.⟩ **0.1** ***antennevis.***

Fühlung ⟨v.; ~⟩ **0.1** ***voeling*** ⇒*contact* ◆ **6.1** mit jmdm. **in** ~ bleiben *met iem. in contact blijven.*

Fuhrbetrieb ⟨m.⟩ **0.1** ***vervoer-, transportbedrijf.***

Fuhre ⟨v.; ~, ~n⟩ **0.1** ***vracht*** ⇒*(wagen)lading* **0.2** ***transport, vervoer.***

führen I ⟨onov.ww.⟩ **0.1** ***leiden, de leiding hebben*** ⇒*vooraan staan* **0.2** ***voeren, leiden*** **0.3** ***leiden*** ⇒*als resultaat hebben* ◆ **6.1** dieses Land führt **in** der Computertechnik *dit land is toonaangevend in de computertechniek;* **nach** Punkten ~ *op punten leiden* **6.2** die Tür führt **auf** die Straße *de deur leidt naar de straat;* das Rennen führt **über** 800 Meter *de wedstrijd gaat over 800 meter* **6.3** das führt **zu** keinem Ergebnis *dat levert geen resultaat op;*
II ⟨ov.ww.⟩ **0.1** ***voeren, leiden*** ⇒*brengen* **0.2** ***leiden, de leiding hebben*** ⇒*besturen* **0.3** ***hanteren, gebruiken*** **0.4** ***brengen, leggen*** ⇒*halen* **0.5** ***voeren, hebben*** ⇒*dragen* **0.6** ***houden, uitoefenen*** **0.7** ***bijhouden*** ⇒*registreren* **0.8** ⟨adm.⟩ ***(be)sturen*** ◆ **1.1** Besucher in einem Museum ~ *bezoekers in een museum rondleiden* **1.2** eine Delegation ~ *een delegatie leiden;* ein großes Haus ~ *een luxueus leven leiden* **1.3** die Feder ~ *de pen voeren* ⟨ook voor een vereniging⟩ **1.5** einen Artikel ~ *een artikel hebben, verkopen;* der Fluß führt Hochwasser *de rivier heeft een hoge waterstand;* die Leitung führt keinen Strom *er zit geen stroom op de leiding;* der Zug führt einen Schlafwagen *de trein heeft een slaapwagen* **1.6** ein Doppelleben ~ *een dubbel leven leiden* **1.7** eine Liste ~ *een lijst bijhouden* **1.8** ein Flugzeug, einen Wagen ~ *een vliegtuig, een auto besturen* **3.1** die Kinder spazieren ~ *met de kinderen gaan wandelen* **6.1** einen Hund **an** der Leine ~ *een hond aan de leiband houden;* ein Gebäude **in** die Höhe ~ *een gebouw optrekken;* meine Reise führte mich **nach** Amerika *mijn reis bracht mij naar Amerika* **6.4** das Glas **an** die Lippen ~ *het glas aan de lippen zetten;* eine Straße **bis an** die Grenze ~ *een straat tot aan de grens doortrekken* **6.5** etwas **bei, mit** sich ~ *iets bij zich hebben;* Ausflüge **im** Programm ~ *uitstapjes in zijn programma (opgenomen) hebben* **6.7** **an** erster Stelle (in einer Liste) geführt werden *op de eerste plaats staan (in een lijst);*
III sich ~ ⟨wk.ww.⟩ **0.1** ***zich gedragen*** ⇒*zich houden* ◆ **5.1** sich gut ~ *zich goed gedragen.*

führend **0.1** ***leidend*** ⇒*toonaangevend, vooraanstaand* ◆ **1.1** ⟨muz.⟩ die ~e Stimme *de eerste partij.*

Führer ⟨m.; ~s, ~⟩ **0.1** ***leider*** ⇒*aanvoerder* **0.2** ***gids*** ◆ **3.2** den ~ machen *voor gids spelen, gids zijn* **6.2** ein ~ **durch** das Museum *een museumgids.*

Führerhaus ⟨o.⟩ **0.1** ***(bestuurders)cabine.***

führerlos **0.1** ***zonder leider, gids, chauffeur.***

Führerrolle ⟨v.⟩ **0.1** ***leidersrol*** ⇒*leidende rol.*

Führerschaft ⟨v.; ~, ~en⟩ **0.1** ***leiderschap, leiding*** **0.2** ⟨fig.⟩ ***leiding.***

Führerschein ⟨m.⟩ **0.1** ***rijbewijs.***

Führerscheinentzug ⟨m.⟩ **0.1** ***intrekking v.h. rijbewijs.***

Führersitz ⟨m.⟩ **0.1** ***bestuurders-, chauffeursplaats.***

Fuhrgeschäft ⟨o.⟩ **0.1** ***vervoer-, transportbedrijf.***

Fuhrlohn ⟨m.⟩ **0.1** ***vervoer-, transportkosten.***

Fuhrmann ⟨m.; mv. Fuhrleute⟩ **0.1** ***voerman, vervoerder.***

Fuhrpark ⟨m.⟩ **0.1** ***wagenpark.***

Führung ⟨v.; ~, ~en⟩ **0.1** ***leiding*** ⟨ook fig.⟩ ⇒*bestuur, beheer* **0.2** ***rondleiding*** **0.3** ***leiding*** ⇒*voorsprong* **0.4** ***gedrag*** **0.5** ***het voeren*** ⇒*het hanteren, gebruiken* **0.6** ***het dragen, hebben*** **0.7** ***het (bij)houden*** **0.8** ⟨tech.⟩ ***geleiding*** **0.9** ⟨adm.⟩ ***het besturen*** ◆ **1.5** ⟨muz.⟩ die ~ des Bogens *de stokvoering;* die ~ einer Kamera *het hanteren van een camera* **1.7** die ~ der Geschäftsbücher *het bijhouden van de handelsboeken* **1.8** die ~ eines Rades *de geleiding van een wiel* **1.9** die ~ eines Kraftfahrzeugs *het besturen van een auto* **2.4** wegen guter ~ *wegens goed gedrag* **3.3** seine ~ ausbauen *zijn voorsprong vergroten* **6.1** **unter** (der) ~ von *onder leiding van* **6.3** **in** ~ gehen *de leiding nemen;* **in** ~ liegen, sein, stehen *de leiding hebben.*

Führungsanspruch ⟨m.⟩ **0.1** ***aanspraak op de leidende positie.***

Führungsaufgabe ⟨v.⟩ **0.1** ***leidende taak, functie.***

Führungskraft ⟨v.⟩ **0.1** ***leidende, leidinggevende (werk)kracht.***

Führungsring ⟨m.⟩⟨tech.⟩ **0.1** ***leiring.***

Führungsschicht ⟨v.⟩ **0.1** ***leidende klasse.***

Führungsschiene ⟨v.⟩⟨tech.⟩ **0.1** ***geleispoor.***

Führungsschwäche ⟨v.⟩ **0.1** ***zwakke leiding.***

Führungsspitze ⟨v.⟩ **0.1** ***hoogste leiding.***

Führungsstab ⟨m.⟩ **0.1** ***staf, leiding.***

Führungstreffer ⟨m.⟩⟨sp.⟩ **0.1** ***doelpunt waardoor men op voorsprong komt.***

Führungswechsel ⟨m.⟩ **0.1** ***wijziging in het bestuur, in de leiding.***

Führungszeugnis ⟨o.⟩ **0.1** ***bewijs van goed gedrag*** **0.2** ***attest v.d. werkgever over een werknemer.***

Fuhrunternehmen ⟨o.⟩ **0.1** ***transportbedrijf.***

Fuhrwerk ⟨o.⟩ **0.1** ***(vracht)kar.***

Fülle ⟨v.; ~, ~n⟩ **0.1** ***massa*** ⇒*heleboel* **0.2** ***volheid*** ⇒*rijkdom, overvloed* **0.3** ***omvang, zwaarlijvigheid*** ◆ **1.1** eine ~ interessanter Beobachtungen *een massa, heleboel interessante waarnemingen* **1.2** die ~ ihrer Locken *haar weelderige lokken* **6.1** **in** ~ *in overvloed* **6.2** **in** der ~ seiner Kraft op het toppunt van zijn kracht 6.3 in, mit seiner ganzen ~ met zijn hele gewicht; zur ~ neigen neiging hebben tot zwaarlijvigheid.

füllen I ⟨ov.ww.⟩ 0.1 vullen ⇒vol maken 0.2 gieten, doen ⟨in⟩ 0.3 vullen ⇒beslaan, innemen ◆ 1.1 Trauer füllte sein Herz droefheid vervulde zijn hart 1.3 sein Werk füllt 2.000 Seiten zijn werk beslaat 2.000 bladzijden 6.2 Bier auf Flaschen ~ bier op flessen doen; die Suppe auf den Teller ~ de soep in het bord doen;
II sich ~ ⟨wk.ww.⟩ 0.1 zich vullen ⇒vol worden, geraken, lopen ◆ 6.1 ⟨schr.⟩ seine Augen füllten sich mit Tränen zijn ogen sprongen vol tranen.

Füllen ⟨o.; ~s, ~⟩⟨schr.⟩ 0.1 veulen ⟨ook fig.⟩.

Füller ⟨m.; ~s, ~⟩ 0.1 ⟨inf.⟩ vulpen(houder) 0.2 ⟨inf.; com.⟩ bladvulling, stopper.

Füllfederhalter ⟨m.⟩ 0.1 vulpen(houder).

Füllgewicht ⟨o.⟩ 0.1 gewicht bij verpakking.

Füllhalter ⟨m.⟩ 0.1 vulpen(houder).

Füllhorn ⟨o.⟩ 0.1 hoorn des overvloeds ⟨ook schr., fig.⟩.

füllig 0.1 gevuld, vol ⟨ook fig.⟩ ⇒mollig ◆ 1.¶ ein ~er Wein een wijn met een vol boeket 3.¶ ~ frisiert, geschnitten breeduit gekapt, ruim gesneden.

Füllmaschine ⟨v.⟩ 0.1 vulmachine.

Füllmasse ⟨v.⟩⟨cul.⟩ 0.1 vulling.

Füllort ⟨m. & o.⟩⟨mijnw.⟩ 0.1 laadplaats.

Füllung ⟨v.; ~, ~en⟩ 0.1 vulling 0.2 (deur)paneel ◆ 1.1 die ~ eines Zahns de vulling van een tand.

Füllwort ⟨o.; mv. ¨er⟩⟨lit., taal.⟩ 0.1 stopwoord.

fummelig ⟨inf.⟩ 0.1 lastig 0.2 nerveus, opgewonden.

fummeln ⟨inf.⟩ I ⟨onov.ww.⟩ 0.1 prutsen, friemelen ⇒peuteren 0.2 frunniken ◆ 6.1 an einem Türschloß ~ aan een deurslot morrelen;
II ⟨ov.ww.⟩ 0.1 wriemelen ◆ 6.1 den Fuß in den Schuh ~ zijn voet in zijn schoen wringen.

Fund ⟨m.; ~(e)s, ~e⟩ 0.1 vondst ⇒ontdekking, gevonden voorwerp ◆ 2.1 ein archäologischer ~ een archeologische vondst.

Fundament ⟨o.; ~(e)s, ~e⟩ 0.1 fundament ⇒fundering 0.2 ⟨fig.⟩ fundament ⇒basis ◆ 1.2 die ~e der Demokratie de grondslagen van de democratie 6.2 etwas in seinem ~, seinen ~en erschüttern iets op zijn grondvesten doen beven; das ~ zu etwas legen de basis voor iets leggen.

fundamental 0.1 fundamenteel.

Fund|amt, -büro ⟨o.⟩ 0.1 bureau voor gevonden voorwerpen.

Fundgegenstand ⟨m.⟩ 0.1 gevonden voorwerp, vondst.

Fundgeld ⟨o.⟩ 0.1 vindloon.

Fundgrube ⟨v.⟩⟨fig.⟩ 0.1 rijke bron, goudmijn.

Fundi ⟨m.; ~s, ~s⟩⟨inf.⟩ 0.1 fundamentalist ⟨vooral mbt. milieupartij⟩.

fundieren 0.1 ⟨ec.⟩ funderen ⇒financieel veilig stellen 0.2 ⟨fig.⟩ funderen ⇒ondersteunen ◆ 1.1 ein gut fundiertes Unternehmen een financieel solide onderneming 5.2 etwas theoretisch ~ iets een theoretische basis geven.

fündig ⟨geol., mijnw.⟩ 0.1 rijk ⟨aan bodemschatten⟩ ◆ 3.¶ ~ werden een ontdekking doen, iets vinden ⟨ook fig.⟩.

Fundort ⟨m.⟩ 0.1 vindplaats.

Fundsache ⟨v.⟩ 0.1 gevonden voorwerp.

Fundstelle ⟨v.⟩ 0.1 vindplaats 0.2 bureau voor gevonden voorwerpen.

Fundstück ⟨o.⟩ 0.1 archeologische vondst.

Fundus ⟨m.; ~, ~⟩ 0.1 voorraad ⇒schat, rijke bron.

fünf 0.1 vijf ◆ 3.¶ ⟨inf.⟩ ~(e) gerade sein lassen niet al te nauw kijken.

fünf- →meer samenstellingen bij drei-.

Fünf ⟨v.; ~, ~en⟩ 0.1 vijf ⟨getal, cijfer⟩ 0.2 lijn vijf ⟨tram⟩ 0.3 onvoldoende ⟨cijfer op rapport⟩.

Fünfer ⟨m.; ~s, ~⟩⟨inf.⟩ 0.1 vijf ⟨getal, cijfer⟩ 0.2 lijn vijf ⟨tram⟩ 0.3 onvoldoende ⟨cijfer op rapport⟩ 0.4 vijf juiste getallen ⟨bij lottospel⟩ 0.5 5-pfennigstuk.

Fünfganggetriebe ⟨o.⟩ 0.1 vijfversnellingsbak.

Fünfjahr(es)plan ⟨m.⟩ 0.1 vijfjarenplan.

Fünfmarkschein ⟨m.⟩ 0.1 5-markbiljet ⇒biljet van 5 Mark.

Fünfmarkstück ⟨o.⟩ 0.1 5-markstuk.

Fünfpaß ⟨m.⟩⟨bouwk.⟩ 0.1 vijfpas.

Fünfprozentklausel ⟨v.⟩ 0.1 ⟨kiesdrempel van 5% in de Duitse Bondsrepubliek⟩.

fünft 0.1 vijfde ◆ 6.1 zu ~ met zijn vijven.

Fünftagewoche ⟨v.⟩ 0.1 vijfdaagse werkweek.

fünftel 0.1 vijfde.

Fünftel ⟨o.⟩ 0.1 vijfde (deel).

fünftens 0.1 ten vijfde.

fünfzackig 0.1 vijftandig, met vijf tanden.

fünfzig 0.1 vijftig.

Fünfziger ⟨m.; ~s, ~⟩ 0.1 50-pfennigstuk 0.2 vijftiger ⇒ vijftigjarige 0.3 ⟨mv.⟩ vijftiger ⟨leeftijd⟩ 0.4 ⟨mv.⟩ jaren vijftig ⟨v.e. eeuw⟩.

fungieren 0.1 fungeren ◆ 8.1 als Vorsitzender ~ als voorzitter fungeren, optreden.

fungizid 0.1 schimmeldodend.

Fungus ⟨m.; ~, Fungi⟩ 0.1 fungus, zwam 0.2 ⟨med.⟩ sponsachtige woekering.

Funk ⟨m.; ~(e)s⟩ 0.1 radiotelegrafie 0.2 zendontvangapparaat, mobilofoon 0.3 radio ◆ 6.1 eine Nachricht durch ~ übermitteln een bericht radiotelegrafisch overbrengen.

Funkamateur ⟨m.⟩ 0.1 radio-, zendamateur.

Funkanlage ⟨v.⟩ 0.1 radiozendinstallatie.

Funkausstellung ⟨v.⟩ 0.1 beurs voor consumentenelektronica, 'Firato'.

Funkbearbeitung ⟨v.⟩ 0.1 radiobewerking ⇒bewerking voor de radio.

Funkbild ⟨o.⟩ 0.1 radio-, telefoto.

Fünkchen ⟨o.; ~s, ~⟩ 0.1 vonkje ⟨ook fig.⟩ ⇒sprankje.

Funkdienst ⟨m.⟩ 0.1 radiotelegrafische dienst.

Funke ⟨m.; ~ns, ~n⟩ 0.1 vonk ⟨ook fig.⟩ ⇒sprankje ◆ 1.1 kein ~ Anstandsgefühl geen greintje fatsoen 2.1 ⟨fig.⟩ der auslösende, zündende ~ de vonk die de vlam in de pan doet slaan; ⟨fig.⟩ den ~n ins Pulverfaß werfen de lont in het kruitvat werpen 3.¶ ⟨fig.⟩ …, daß die ~n fliegen, sprühen, stieben … dat de stukken in het rond vliegen.

funkeln 0.1 fonkelen ⟨ook fig.⟩ ⇒flikkeren, schitteren ◆ 6.1 seine Augen funkelten vor Zorn zijn ogen fonkelden van toorn.

funkelnagelneu ⟨inf.⟩ 0.1 spiksplinternieuw ⇒gloednieuw.

funken I ⟨onov.ww.⟩ 0.1 vonken ⇒vonken schieten 0.2 ⟨inf.⟩ schieten, vuren ◆ 3.¶ ⟨inf.⟩ es funkt (a) er vallen klappen (b) er is ruzie (c) de frank is gevallen (d) het lukt, de zaak marcheert (e) het klikt;
II ⟨ov.ww.⟩ 0.1 (over-, door)seinen.

Funkenentladung ⟨v.⟩ 0.1 vonkontlading.

Funkenkammer ⟨v.⟩ 0.1 vonkkamer.

funkensprühend 0.1 vonke(le)nd ⟨ook fig.⟩ ⇒vonken spattend.

funkentstören 0.1 ontstoren.

Funker ⟨m.; ~s, ~⟩ 0.1 radiotelegrafist, marconist.

Funkerzählung ⟨v.⟩ 0.1 radiovertelling.

Funkfeuer ⟨o.⟩ 0.1 radiobaken.

Funkgerät ⟨o.⟩ 0.1 zendontvangapparaat, mobilofoon.

Funkhaus ⟨o.⟩ 0.1 omroepgebouw ⇒studio.

Funkkolleg ⟨o.⟩ **0.1** ***radiocollege.***
Funkmeßgerät ⟨o.⟩ **0.1** ***radar(apparaat).***
Funkmeßtechnik ⟨v.⟩ **0.1** ***radartechniek.***
Funknavigation ⟨v.⟩ **0.1** ***radionavigatie.***
Funkortung ⟨v.⟩ **0.1** ***radioplaatsbepaling.***
Funksendung ⟨v.⟩ **0.1** ***radio-uitzending.***
Funksprechgerät ⟨o.⟩ **0.1** ***mobilofoon.***
Funksprechverkehr ⟨m.⟩ **0.1** ***radiotelefonie.***
Funkspruch ⟨m.⟩ **0.1** ***radiotelegrafisch bericht*** ⇒*radiobericht.*
Funkstation ⟨v.⟩ **0.1** ***radiostation.***
Funkstreife ⟨v.⟩ **0.1** ***met mobilofoon uitgeruste politiepatrouille.***
Funkstreifenwagen ⟨m.⟩ **0.1** ***met mobilofoon uitgeruste surveillancewagen.***
Funktaxi ⟨o.⟩ **0.1** ***met mobilofoon uitgeruste taxi.***
Funktelefon ⟨o.⟩ **0.1** ***radiotelefoon.***
Funktelegram ⟨o.⟩ **0.1** ***radio(tele)gram.***
Funktion ⟨v.; ~, ~en⟩ **0.1** ***functie*** ⇒*werking, taak* **0.2** ***het functioneren*** ◆ **6.1** **außer** ~ sein, setzen *buiten werking zijn, stellen;* **in** ~ sein, treten *in functie, werking zijn, treden.*
funktional **0.1** ***functioneel.***
Funktionär ⟨m.; ~(e)s, ~e⟩ **0.1** ***functionaris.***
funktionell **0.1** ***functioneel.***
Funktionentheorie ⟨v.⟩⟨wisk.⟩ **0.1** ***functieleer.***
funktionieren **0.1** ***functioneren*** ⇒*werken.*
funktionsfähig **0.1** ***in staat zijn functie te vervullen*** ⇒ *goed functionerend.*
funktionstüchtig **0.1** ***goed functionerend.***
Funktionswechsel ⟨m.⟩ **0.1** ***wijziging, verandering qua functie*** ⟨ook biol.⟩.
Funkturm ⟨m.⟩ **0.1** ***zendmast.***
Funkverbindung ⟨v.⟩ **0.1** ***radiocontact.***
Funkverkehr ⟨m.⟩ **0.1** ***radioverkeer.***
Funkwagen ⟨m.⟩ **0.1** ***radiowagen.***
Funkwerbung ⟨v.⟩ **0.1** ***radio-, etherreclame.***
Funkwesen ⟨o.⟩ **0.1** ***radio(wezen).***
Funkzeichen ⟨o.⟩ **0.1** ***sein-, morseteken.***
Funzel ⟨v.; ~, ~n⟩⟨inf.; pej.⟩ **0.1** ***slecht brandende, weinig licht gevende lamp*** ⇒*lichtje, pitje.*
für ⟨vz. + 4⟩ **0.1** ***voor*** ◆ **1.1** Jahr ~ Jahr *jaar na jaar;* ich ~ meine Person, ~ mein Teil *wat mij betreft;* Tag ~ Tag *dag aan dag;* ~ alle Zeit(en) *voor altijd* **2.1** ~s erste *voorlopig* **3.1** nichts ~ etwas können *aan iets niets kunnen doen* **4.1** ~ nichts und wieder nichts *helemaal voor niets;* etwas ~ sich betrachten *iets op zichzelf beschouwen;* die Sache hat viel ~ sich *daar valt veel voor te zeggen;* ~ sich wohnen *alleen, op zich zelf wonen* **5.1** ein ~ allemal *eens en voorgoed;* ~ gewöhnlich *gewoonlijk* **7.1** das Für und Wider *het voor en tegen* **8.1** an und ~ sich *op zichzelf beschouwd.*
Fürbitte ⟨v.⟩ **0.1** ***voorspraak*** ◆ **3.1** ~ für jmdn. einlegen, tun *voor iem. een goed woord(je) doen.*
Furche ⟨v.; ~, ~n⟩ **0.1** ***voor*** ⟨ook scheep.⟩ ⇒*groef, rimpel* ◆ **3.1** ~n ziehen *voren trekken.*
furchen **0.1** ***voren*** ⇒*voren trekken* **0.2** ***rimpelen*** ⇒*fronsen* **0.3** ***doorklieven*** ◆ **1.2** die Stirn ~ *het voorhoofd rimpelen, fronsen.*
furchig **0.1** ***rimpelig*** ⇒*vol rimpels.*
Furcht ⟨v.; ~⟩ **0.1** ***vrees*** ⇒*angstig gevoel* ◆ **1.¶** die ~ des Herrn *de vreze des Heren* **3.1** ⟨inf.⟩ jmdm. ~ einjagen *iem. vrees aanjagen* **6.1** jmdn. **in** ~ (und Schrecken) versetzen *iem. vrees aanjagen;* in ~ **um** jmdn., etwas sein *voor iem., iets vrezen* ⟨vrezen dat er wat gebeurt met iem., iets⟩; **vor** ~ zittern *van vrees sidderen;* ~ **vor** jmdm., einer Sache *vrees voor iem., iets.*
furchtbar **0.1** ***vreselijk*** ⇒*ontzettend, verschrikkelijk* **0.2** ⟨inf.⟩ ***vreselijk*** ⇒*geweldig, zeer* ◆ **3.1** ⟨inf.⟩ jmdm. ~ sein *voor iem. onverdraaglijk zijn.*
Furchtbarkeit ⟨v.; ~, ~en⟩ **0.1** ***vreselijkheid*** ⇒*schrikwekkendheid.*
fürchten I ⟨onov.ww.⟩ **0.1** ***vrezen*** ⇒*beducht, bekommerd zijn* ◆ **6.1** **für, um** jmdn., etwas ~ *voor iem., iets vrezen* ⟨vrezen dat er wat gebeurt met iem., iets⟩;
II ⟨ov.ww.⟩ **0.1** ***vrezen*** ⇒*bang zijn* ◆ **4.1** jmdn., etwas ~ *(voor) iem., iets vrezen;* jmdn. das Fürchten lehren *iem. leren om bang te zijn* **6.1** ⟨inf.⟩ **zum** Fürchten langweilig *vreselijk vervelend;*
III sich ~ ⟨wk.ww.⟩ **0.1** ***vrezen*** ⇒*bang zijn* ◆ **6.1** sich **vor** jmdm., einer Sache ~ *voor iem., iets bang zijn.*
fürchterlich **0.1** ***vreselijk*** ⇒*ontzettend, verschrikkelijk* **0.2** ⟨inf.⟩ ***vreselijk*** ⇒*geweldig, zeer.*
furchterregend **0.1** ***vreesaanjagend*** ⇒*vervaarlijk.*
furchtlos **0.1** ***onbevreesd*** ⇒*zonder vrees.*
furchtsam **0.1** ***bang*** ⇒*vreesachtig, angstig.*
füreinander **0.1** ***voor elkaar.***
Furie ⟨v.; ~, ~n⟩ **0.1** ⟨gesch.⟩ ***furie, wraakgodin*** **0.2** ⟨pej.⟩ ***furie*** ⇒*razende vrouw* ◆ **1.1** die ~n des Krieges *de verschrikkingen van de oorlog.*
Furnier ⟨o.; ~s, ~e⟩ **0.1** ***fineer(blad).***
furnieren **0.1** ***fineren.***
Furore ⟨v. & o.⟩ ◆ **3.¶** ~ machen *furore maken, opzien baren.*
Fürsorge ⟨v.; ~⟩ **0.1** ***zorg*** **0.2** ***sociale voorzorg, steun*** **0.3** ***sociale dienst, dienst van sociale zaken*** **0.4** ⟨inf.⟩ ***steun(geld), bijstandsuitkering.***
Fürsorgeerziehung ⟨v.⟩ **0.1** ***opvoeding in een pleeggezin of rijksjeugdinternaat.***
Fürsorgeheim ⟨o.⟩ **0.1** ***opvoedingsinrichting.***
Fürsorgepflicht ⟨v.⟩ **0.1** ***verantwoordelijkheid v.d. werkgever jegens zijn personeel*** ⇒*zorgplicht.*
Fürsorger ⟨m.; ~s, ~⟩ **0.1** ***sociaal, maatschappelijk werker.***
fürsorglich **0.1** ***zorgzaam*** ⇒*liefdevol.*
Fürsprache ⟨v.⟩ **0.1** ***voorspraak*** ◆ **3.1** ~ für jmdn. einlegen *voor iem. een goed woord(je) doen.*
Fürsprecher ⟨m.⟩ **0.1** ***voorspreker*** ⇒*verdediger, pleitbezorger.*
Fürst ⟨m.; ~en, ~en⟩ **0.1** ***vorst*** ⟨ook fig.⟩ ⇒*heerser* **0.2** ⟨gesch.⟩ ***prins*** ⟨titel tussen graaf en hertog⟩ ◆ **8.1** wie ein ~ leben *als een vorst, prins leven.*
Fürstbischof ⟨m.⟩⟨gesch.⟩ **0.1** ***prins-bisschop.***
Fürstenhaus ⟨o.⟩ **0.1** ***vorstenhuis*** ⇒*vorstengeslacht, dynastie.*
Fürstensitz ⟨m.⟩ **0.1** ***vorstelijke residentie.***
Fürstenstand ⟨m.⟩ **0.1** ***stand van prins.***
Fürstentum ⟨o.; ~(e)s, ⸚er⟩ **0.1** ***vorstendom.***
fürstlich **0.1** ***vorstelijk, v.e. vorst*** **0.2** ***vorstelijk*** ⇒*rijkelijk, prachtig.*
Furt ⟨v.; ~, ~en⟩ **0.1** ***doorwaadbare plaats.***
Furunkel ⟨m. & o.; ~s, ~⟩⟨med.⟩ **0.1** ***furunkel, steenpuist.***
Fürwort ⟨o.; mv. ⸚er⟩ **0.1** ***voornaamwoord.***
Furz ⟨m.; ~es, ⸚e⟩⟨vulg.⟩ **0.1** ***scheet*** ⇒*wind.*
Fusel ⟨m.; ~s, ~⟩⟨inf.; pej.⟩ **0.1** ***foezel*** ⇒*slechte jenever.*
füsilieren **0.1** ***fusilleren.***
Fusion ⟨v.; ~, ~en⟩ **0.1** ***fusie*** ⇒*samensmelting.*
fusionieren ⟨h.⟩ **0.1** ***fuseren*** ⇒*samensmelten.*
Fuß[1] ⟨m.; ~es, ⸚e⟩ **0.1** ***voet*** ⇒⟨mbt. meubelen, dieren⟩ *poot* ◆ **2.1** mit bloßen Füßen *op blote voeten, blootsvoets;* ⟨fig.⟩ auf eigenen Füßen stehen *op (zijn) eigen benen staan;* ⟨inf.; fig.⟩ mit dem linken ~ zuerst aufgestanden sein *met het verkeerde been uit bed gestapt zijn;* jmdn. auf freien ~ set-

zen *iem. op vrije voeten stellen;* auf großem ~ leben *op grote voet leven;* ⟨inf.⟩ sich ⟨3e nv.⟩ kalte Füße holen *geen succes hebben;* ⟨inf.; fig.⟩ kalte Füße bekommen, kriegen *nattigheid voelen, terugkrabbelen;* ⟨schr.⟩ leichten ~es *lichtvoetig;* ⟨fig.⟩ auf schwachen, tönernen Füßen stehen *zwak staan, een zwakke basis hebben;* stehenden ~es *op staande voet* **3.1** Füße bekommen haben *spoorloos verdwenen zijn;* (festen) ~ fassen *(vaste) voet krijgen;* sich ⟨3e nv.⟩ die Füße vertreten *de benen strekken* **6.1** den ~ **an** Land setzen *voet aan wal zetten;* ⟨fig.⟩ **auf** die Füße fallen *op zijn pootjes terechtkomen;* sich **auf** den Füßen halten *zich op de been, staande houden;* jmdm. **auf** die Füße helfen *iem. op de been helpen* ⟨ook fig.⟩; ⟨schr.; fig.⟩ jmdm. den ~ **auf** den Nacken setzen *iem. onder de voet houden;* ⟨inf.⟩ jmdm. **auf** den ~, die Füße treten (a) *iem. op zijn tenen trappen* (b) *iem. tot spoed aanzetten;* von Kopf **bis** ~ *van top tot teen;* ⟨fig.⟩ **mit** einem ~ im Grabe stehen *met één voet in het graf staan;* etwas **mit** Füßen treten *iets met voeten treden;* ⟨inf.⟩ jmdm. **über**, **vor** die Füße laufen *iem. voor de voet komen;* jmdm. **zu** Füßen fallen *aan iemands voeten vallen;* ⟨schr.⟩ jmdm. **zu**, zu jmds. Füßen liegen *aan iemands voeten liggen* ⟨ook fig.⟩; gut **zu** ~, Füßen sein *goed ter been zijn.*

Fuß[2] ⟨m.; ~es, ~⟩ **0.1** ***voet*** ⟨lengtemaat⟩.

Fußangel ⟨v.⟩ **0.1** ***voetangel*** ⟨ook fig.⟩ ⇒*klem.*

Fußbad ⟨o.⟩ **0.1** ***voetbad.***

Fußball ⟨m.⟩ **0.1** ***voetbal(spel).***

Fußballen ⟨m.⟩ **0.1** ***bal v.d. voet.***

Fußballer ⟨m.; ~s, ~⟩⟨inf.⟩ **0.1** ***voetballer.***

Fußballfeld ⟨o.⟩ **0.1** ***voetbalveld, -terrein.***

Fußballmannschaft ⟨v.⟩ **0.1** ***voetbalploeg*** ⇒*elftal.*

Fußballmeisterschaft ⟨v.⟩ **0.1** ***voetbalcompetitie.***

Fußballplatz ⟨m.⟩ **0.1** ***voetbalveld, -terrein.***

Fußballspiel ⟨o.⟩ **0.1** ***voetbalwedstrijd.***

Fußballspieler ⟨m.⟩ **0.1** ***voetbalspeler, voetballer.***

Fußbank ⟨v.; mv. ⸗e⟩ **0.1** ***voetenbank(je).***

Fußbekleidung ⟨v.⟩ **0.1** ***schoeisel.***

Fußboden ⟨m.⟩ **0.1** ***vloer.***

Fußbodenbelag ⟨m.⟩ **0.1** ***vloerbedekking.***

Fußbodenleger ⟨m.⟩ **0.1** ***vloerenlegger.***

Fußbreit ⟨m.; ~(e)s⟩ **0.1** ***voetbreed*** ⟨ook fig.⟩.

Fußbremse ⟨v.⟩ **0.1** ***voetrem.***

Fussel ⟨v.; ~, ~n⟩ **0.1** ***pluis(je).***

fusselig **0.1** ***pluiz(er)ig, pluisachtig*** **0.2** ***uitgerafeld*** **0.3** ⟨inf.⟩ ***onrustig en ongeconcentreerd.***

fusseln **0.1** ***pluizen.***

fußen **0.1** ***steunen*** ⇒*berusten, gebaseerd zijn* **0.2** ⟨jacht⟩ ***(gaan) zitten*** ◆ **6.1** **auf** Experimenten ~ *op experimenten steunen.*

Fußende ⟨o.⟩ **0.1** ***voeteneinde.***

Fußfall ⟨m.⟩ **0.1** ***voet-, knieval*** ◆ **3.1** einen ~ vor jmdm. machen, tun *een voetval voor iem. doen* ⟨ook fig.⟩.

Fußgänger ⟨m.; ~s, ~⟩ **0.1** ***voetganger.***

Fußgängerzone ⟨v.⟩ **0.1** ***voetgangerszone.***

Fußgelenk ⟨o.⟩ **0.1** ***voetgewricht.***

Fußhebel ⟨m.⟩ **0.1** ***voethefboom*** ⇒*pedaal.*

Fußlage ⟨v.⟩⟨med.⟩ **0.1** ***voetligging.***

Fußleiden ⟨v.⟩ **0.1** ***voetkwaal.***

Fußleiste ⟨v.⟩ **0.1** ***plint.***

Füßling ⟨m.; ~(e)s, ~e⟩ **0.1** ***voet*** ⟨aan kous⟩ **0.2** ***sokje.***

Fußmarsch ⟨m.⟩ **0.1** ***(lange) voettocht.***

Fußnagel ⟨m.⟩ **0.1** ***teennagel.***

Fußnote ⟨v.⟩ **0.1** ***voetnoot.***

Fußpfad ⟨m.⟩ **0.1** ***voetpad, paadje.***

Fußpflege ⟨v.⟩ **0.1** ***voetverzorging, pedicure.***

Fußpilz ⟨m.⟩⟨inf.⟩ **0.1** ***voetschimmel.***

Fußpunkt ⟨m.⟩⟨wisk., ster.⟩ **0.1** ***voetpunt.***

Fußraste ⟨v.⟩ **0.1** ***voetsteun.***

Fußschemel ⟨m.⟩ **0.1** ***voetenbankje*** ⟨ook fig.⟩.

Fußsohle ⟨v.⟩ **0.1** ***voetzool.***

Fußsoldat ⟨m.⟩ **0.1** ***infanterist.***

Fußspitze ⟨v.⟩ **0.1** ***punt v.d. voet*** ◆ **6.1** **auf** den ~n gehen *op de toppen van zijn tenen lopen.*

Fußspur ⟨v.⟩ **0.1** ***voetspoor.***

Fußstapfe ⟨v.⟩ **0.1** ***voetstap*** ◆ **6.1** ⟨fig.⟩ **in** jmds. ~n treten *in iemands voetsporen treden.*

Fußsteig ⟨m.⟩ **0.1** ***trottoir.***

Fußtritt ⟨m.⟩ **0.1** ***trap*** ⇒*schop.*

Fußtruppe ⟨v.⟩ **0.1** ***voetvolk, infanterie.***

Fußvolk ⟨o.⟩⟨pej.⟩ **0.1** ***voetvolk*** ⇒*massa* ◆ **6.1** ⟨inf.⟩ **unters** ~ geraten sein *onder het voetvolk geraakt zijn.*

Fußwanderung ⟨v.⟩ **0.1** ***voettocht.***

Fußwanne ⟨v.⟩ **0.1** ***voetbad.***

Fußweg ⟨m.⟩ **0.1** ***voetpad, paadje*** **0.2** ***(weg) te voet*** ◆ **1.2** eine Stunde ~ *een uur te voet.*

futil **0.1** ***futiel*** ⇒*onbeduidend.*

futsch ⟨inf.⟩ **0.1** ***foetsie*** ⇒*verdwenen.*

Futter ⟨o.; ~s, ~⟩ **0.1** ⟨g.mv.⟩ ***voe(de)r*** ⇒*eten, voedsel* **0.2** ***voering*** ⟨ook tech.⟩ **0.3** ***lijstwerk*** ⇒*kozijn* ◆ **6.1** ⟨inf.⟩ gut **im** ~ sein, stehen *goed gevoe(r)d zijn* ⟨ook scherts.⟩.

Futterage ⟨v.; ~⟩⟨inf.⟩ **0.1** ***foerage, proviand.***

Futteral ⟨o.; ~(e)s, ~e⟩ **0.1** ***foedraal*** ⟨ook fig.⟩ ⇒*koker, etui.*

Futterbeutel ⟨m.⟩ **0.1** ***voe(de)rzak.***

Futtergetreide ⟨o.⟩ **0.1** ***voedergraan.***

Futterkrippe ⟨v.⟩ **0.1** ***ruif*** ◆ **6.1** ⟨inf.; fig.⟩ ran **an** die ~! *eten!;* ⟨inf.; fig.⟩ **an** die ~ kommen *aan het laatje komen;* ⟨inf.; fig.⟩ **an** der ~ sitzen *mee van de ruif eten, een lucratieve betrekking hebben, aan het laatje zitten.*

futtern ⟨inf.⟩ **0.1** ***(vr)eten.***

füttern **0.1** ***voeren*** ⇒*(als) eten geven* **0.2** ***voeren*** ⟨ook fig.⟩ ⇒ *helpen eten* **0.3** ***voeden*** ⟨mbt. computer, machine⟩ **0.4** ***voeren*** ⇒*(van binnen) bekleden* ◆ **1.3** einem Computer Daten ~ *een computer met gegevens voeden.*

Futternapf ⟨m.⟩ **0.1** ***etensbakje.***

Futterneid ⟨m.⟩ **0.1** ***afgunst v.e. dier om het voer v.e. ander dier*** **0.2** ⟨inf.⟩ ***afgunst om het eten v.e. ander*** **0.3** ⟨inf.⟩ ***broodnijd.***

Futterpflanze ⟨v.⟩ **0.1** ***voederplant*** ⇒*voedergewas.*

Futterraufe ⟨v.⟩ **0.1** ***ruif.***

Futterrübe ⟨v.⟩ **0.1** ***voederbiet.***

Futtersack ⟨m.⟩ **0.1** ***voe(de)rzak.***

Futterschneidemaschine ⟨v.⟩ **0.1** ***hakselmachine.***

Futterseide ⟨v.⟩ **0.1** ***voeringzijde.***

Futtertaft ⟨m.⟩ **0.1** ***voeringtaf.***

Futtertrog ⟨m.⟩ **0.1** ***voedertrog.***

Fütterung ⟨v.; ~, ~en⟩ **0.1** ***het voeren*** **0.2** ***voering*** ⇒*binnenkleding.*

Futur ⟨o.; ~s, ~e⟩⟨taal.⟩ **0.1** ***toekomende tijd*** ◆ **2.1** erstes ~ *onvoltooid toekomende tijd;* zweites ~ *voltooid toekomende tijd.*

Futurismus ⟨m.; ~⟩ **0.1** ***futurisme.***

Fuzzi ⟨m.; ~s, ~s⟩⟨inf.; meestal pej.⟩ **0.1** ***figuur, vogel*** ⇒*snijboon.*

g

g¹, G ⟨o.; ~, ~⟩ **0.1** ***g, G*** ⇒*klank g, letter g, G.*
g² ⟨afk.⟩ →**Gramm; Groschen.**
G ⟨afk.⟩ →**Geld.**
Gabardine ⟨m.; ~s, ~ of v.; ~, ~⟩ **0.1** ***gabardine.***
gäbe →**gang.**
Gabe ⟨v.; ~, ~n⟩ **0.1** ***gift*** **0.2** ***gave*** ⇒*talent* **0.3** ⟨schr.⟩ ***geschenk*** **0.4** ⟨med.⟩ ***dosis*** **0.5** ⟨med.⟩ ***toediening*** **0.6** ⟨Zwi.⟩ ***prijs.***
Gabel ⟨v.; ~, ~n⟩ **0.1** ***vork*** **0.2** ***haak*** ⟨van telefoon⟩ **0.3** ***splitsing*** ⇒*vork, vertakking* **0.4** ***gaffel, vork*** **0.5** ⟨jacht⟩ ***gaffelgewei.***
Gabelbock ⟨m.⟩ **0.1** ***gaffelbok.***
Gabeldeichsel ⟨v.⟩ **0.1** ***gaffeldissel.***
gabelförmig **0.1** ***gevorkt, gaffelvormig.***
Gabelfrühstück ⟨o.⟩⟨vero.⟩ **0.1** ***(warme) lunch*** ⇒*(hartig) hapje.*
Gabelkreuz ⟨o.⟩ **0.1** ***gaffelkruis.***
gabeln I ⟨ov.ww.⟩ **0.1** ***op de vork nemen, steken*** ⇒*opsteken* **0.2** ***(met de vork) pikken*** ⇒*prikken;*
II sich ~ ⟨wk.ww.⟩ **0.1** ***zich splitsen*** ⇒*zich vertakken.*
Gabelschlüssel ⟨m.⟩ **0.1** ***gaffelsleutel.***
Gabelstapler ⟨m.; ~s, ~⟩ **0.1** ***vorkheftruck.***
Gabelstütze ⟨v.⟩ **0.1** ***gaffelvormige steun.***
Gabelung ⟨v.; ~, ~en⟩ **0.1** ***splitsing*** ⇒*vertakking.*
Gabelweihe ⟨v.⟩⟨biol.⟩ **0.1** ***rode wouw.***
Gabentisch ⟨m.⟩ **0.1** ***tafel met (de) geschenken.***
gack, gack! **0.1** ***tok tok!*** ⟨van kip⟩.
gackeln, gackern **0.1** ***kakelen*** ⇒⟨fig.⟩ *snateren, kwebbelen.*
Gaden ⟨m.; ~s, ~⟩⟨bouwk.⟩ **0.1** ***lichtbeuk.***
Gaffel ⟨v.; ~, ~n⟩⟨scheep.⟩ **0.1** ***gaffel.***
Gaffelschoner ⟨m.⟩ **0.1** ***gaffelschoener.***
Gaffelsegel ⟨o.⟩ **0.1** ***gaffelzeil.***
gaffen **0.1** ***gapen*** ⇒*met open mond (staan) kijken.*
Gaffer ⟨m.; ~s, ~⟩ **0.1** ***gaper.***
Gag ⟨m.; ~s, ~s⟩ **0.1** ***gag.***
Gagat ⟨m.; ~(e)s, ~e⟩ **0.1** ***gagaat, git.***
Gage ⟨v.; ~, ~n⟩ **0.1** ***gage*** ⇒*honorarium.*
gähnen **0.1** ***geeuwen, gapen*** ⟨ook fig.⟩ ◆ **1.1** ~de Langeweile *afgrijselijke, dodelijke verveling.*
Gala ⟨v.; ~⟩ **0.1** ***gala*** ⇒*galakleding, -kostuum* **0.2** ***galavoorstelling*** ◆ **6.1** ⟨inf.⟩ sich **in** ~ werfen *zich in gala(kostuum) steken.*
Galaktose ⟨v.; ~, ~n⟩ **0.1** ***galactose, melksuiker.***
Galan ⟨m.; ~s, ~e⟩ **0.1** ⟨vero.⟩ ***galant*** ⇒*aanbidder* **0.2** ⟨inf.⟩ ***vrijer.***
galant **0.1** ***galant*** ⇒*hoffelijk* **0.2** ***amoureus.***
Galanterie ⟨v.; ~, ~n⟩⟨vero.⟩ **0.1** ***galanterie*** ⇒*hoffelijkheid.*
Galaterbrief ⟨m.⟩⟨rel.⟩ **0.1** ***brief aan de Galaten.***
Galaxie ⟨v.; ~, ~n⟩⟨ster.⟩ **0.1** ***melkwegstelsel*** **0.2** ***spiraalnevel.***
Galaxis ⟨v.; ~, Galaxien⟩⟨ster.⟩ **0.1** ***melkweg*** **0.2** ***melkwegstelsel*** **0.3** ***spiraalnevel.***
Galeere ⟨v.; ~, ~n⟩ **0.1** ***galei.***
Galeerensklave ⟨m.⟩ **0.1** ***galeislaaf.***
Galeone ⟨v.; ~, ~n⟩ **0.1** ***galjoen.***
Galerie ⟨v.; ~, ~n⟩ **0.1** ***galerij*** ⟨ook scheep.⟩ ⇒*gaanderij,* ⟨mijnw.⟩ *gang* **0.2** ***collectie, verzameling*** ◆ **6.1** ⟨fig.⟩ **für** die ~ spielen *op het publiek spelen.*
Galerist ⟨m.; ~en, ~en⟩ **0.1** ***galeriehouder.***
Galgen ⟨m.; ~s, ~⟩ **0.1** ***galg*** ⟨ook tech.⟩.
Galgenfrist ⟨v.⟩ **0.1** ***uitstel van executie*** ⇒*(even) respijt.*
Galgenhumor ⟨m.⟩ **0.1** ***galgenhumor.***
Galgen|strick, -vogel ⟨m.⟩ **0.1** ***galgenbrok, galgenaas*** **0.2** ***gehaaid, leep kereltje.***
Galion ⟨o.; ~s, ~s⟩⟨scheep.⟩ **0.1** ***galjoen, scheg*** ⟨boeg⟩.
Galione ⟨v.⟩ →**Galeone.**
Galionsfigur ⟨v.⟩ **0.1** ***boegbeeld*** **0.2** ⟨fig.⟩ ***kopstuk*** ⇒*uithangbord.*
Gallapfel ⟨m.⟩ **0.1** ***galappel, galnoot.***
Galle ⟨v.; ~, ~n⟩ **0.1** ***gal*** ◆ **3.1** ⟨fig.⟩ die ~ steigt ihm hoch, die ~ läuft ihm über *de gal komt bij hem boven, hij wordt nijdig;* ⟨fig.⟩ (seine) ~ verspritzen *zijn gal (uit)spuwen.*
galle(n)bitter **0.1** ***bitter als gal.***
Gallenblase ⟨v.⟩ **0.1** ***galblaas.***
Gallenleiden ⟨o.⟩ **0.1** ***galaandoening, -ziekte.***
Gallenstein ⟨m.⟩ **0.1** ***galsteen.***
Gallert ⟨o.; ~(e)s, ~e⟩ **0.1** ***gelei, gelatine, dril.***
Gallerte ⟨v.; ~, ~n⟩ →**Gallert.**
gallertig **0.1** ***gelei-, gelatineachtig.***
Gallien ⟨o.; ~s⟩ **0.1** ***Gallië.***
gallig **0.1** ***galachtig*** **0.2** ⟨fig.⟩ ***bitter*** ⇒*nijdig, zuur.*
gallikanisch **0.1** ***gallicaans.***
Gallone ⟨v.; ~, ~n⟩ **0.1** ***gallon.***
Gallussäure ⟨v.⟩ **0.1** ***galluszuur.***
Galon ⟨m.; ~s, ~s⟩ **0.1** ***galon, tres.***
Galone ⟨v.; ~, ~n⟩ →**Galon.**
galonieren **0.1** ***galonneren.***
Galopp ⟨m.; ~s, ~s of ~e⟩ **0.1** ***galop*** ⟨ook dans⟩ ◆ **3.1** ~ reiten *in galop rijden* **6.1** **in** gestrecktem ~ *in gestrekte galop.*
galoppieren **0.1** ***galopperen.***
Galosche ⟨v.; ~, ~n⟩ **0.1** ***overschoen, galoche.***
galvanisch **0.1** ***galvanisch.***
galvanisieren **0.1** ***galvaniseren.***
Galvanometer ⟨o.⟩ **0.1** ***galvanometer.***
Gamander ⟨m.; ~s, ~⟩⟨plantk.⟩ **0.1** ***gamander.***
Gamasche ⟨v.; ~, ~n⟩ **0.1** ***slobkous, (leren) beenkap*** ⇒*gamasch(e)* **0.2** ***puttee, beenwindsel.***
Gambe ⟨v.; ~, ~n⟩ **0.1** ***gambe, knieviool.***
gambisch **0.1** ***Gambiaans.***
Gambit ⟨o.; ~s, ~s⟩⟨schaken⟩ **0.1** ***gambiet.***
Gamma ⟨o.; ~(s), ~s⟩ **0.1** ***gamma.***
Gammastrahlen ⟨alleen mv.⟩ **0.1** ***gammastralen.***
Gammel ⟨m.; ~s, ~⟩ **0.1** ***rommel*** ⇒*rotzooi.*
Gammelbruder ⟨m.⟩⟨inf.; pej.⟩ **0.1** ***nietsnut, leegloper*** **0.2** ***dakloze zwerver.***
Gammelei ⟨v.; ~⟩ **0.1** ***het rondlummelen*** ⇒*leegloperij.*
gammelig ⟨inf.⟩ **0.1** ***bedorven*** **0.2** ***slordig, slonzig.***
Gammelkluft ⟨v.⟩⟨inf.⟩ **0.1** ***slordige, slonzige kleding*** **0.2** ***vrijetijdsplunje.***
Gammelleben ⟨o.⟩ **0.1** ***het rondlummelen*** ⇒*leegloperij.*
gammeln **0.1** ***(wat) rondhangen, (rond)lummelen*** **0.2** ⟨inf.⟩ ***liggen rotten.***
Gammler ⟨m.; ~s, ~⟩ **0.1** ***leegloper, nietsnut*** ⇒*hippie, nozem, beatnik.*
Gams ⟨m., v., o.; ~, ~(en)⟩⟨jacht en reg.⟩ **0.1** ***gems.***
Gamsbart ⟨m.⟩ **0.1** ***gemsbaard*** **0.2** ***kwast van gemshaar*** ⟨op hoed⟩.
Gämse ⟨v.⟩⟨nw.spel.⟩ →**Gemse.**
gang ◆ **8.**¶ ~ und gäbe *algemeen gebruikelijk, heel gewoon.*
Gang¹ ⟨m.; ~(e)s, ~̈e⟩ **0.1** ***gang*** ⟨ook cul. en in huis⟩ ⇒*loop, manier van lopen, werking* ⟨van machine⟩ **0.2** ***tocht*** ⇒ *wandeling* **0.3** ***boodschap*** **0.4** ⟨tech.⟩ ***versnelling*** **0.5** ⟨sp.⟩ ***ronde*** **0.6** ⟨cricket⟩ ***innings*** **0.7** ⟨tech.⟩ ***spoed*** ⟨van

schroef⟩ **0.8** ⟨geol.⟩ ***(mijn-, erts)ader, gang*** ◆ **2.2** seinen letzten ~ tun *zijn laatste tocht aanvaarden;* ⟨schr.⟩ jmdn. auf seinem letzten ~ begleiten *iem. naar zijn laatste rustplaats brengen;* einen schweren, bitteren ~ tun, gehen ⟨ook fig.⟩ *een zware, moeilijke tocht ondernemen* **2.8** toter ~ *dode, verloren gang* **3.1** ⟨schr.⟩ gemessenen ~es *met afgemeten stappen, plechtstatig;* seinen (alten, gewohnten) ~ gehen *zijn (gewone) gang(etje) gaan* **3.4** den dritten ~ einlegen *in de derde versnelling zetten;* ⟨fig.⟩ einen ~ zulegen *er een schepje (boven)op doen;* ⟨inf.⟩ den ~ rausnehmen *de wagen in zijn vrij zetten;* ⟨fig.⟩ einen ~ zurückschalten *het kalmer aan doen, gas terugnemen* **6.1 im** ~e, in ~ sein (a) *werken, in werking zijn* (b) ⟨fig.⟩ *aan de gang zijn, gaande zijn;* etwas **in** ~ bringen, setzen (a) *iets aanzetten* (b) ⟨fig.⟩ *iets op gang brengen;* etwas **in** ~ halten *iets aan de gang houden;* **in** ~ kommen *op gang komen* **6.2 auf** meinem ~ **zur** Schule *op (mijn) weg naar school;* der ~ **zum** Verfassungsgericht *het zich-wenden-tot, het in-beroep-gaan bij het Constitutioneel Hof* **6.3** ich habe noch einen ~ **in** die Stadt *ik moet nog even de stad in om een boodschap.*

Gang[2] ⟨m.; ~s⟩ ⟨scheep.⟩ **0.1** ***ploeg.***

Gang[3] ⟨v.; ~, ~s⟩ **0.1** ***gang*** ⇒*bende.*

Gangart ⟨v.⟩ **0.1** ***gang, loop, manier van lopen*** **0.2** ⟨sp.⟩ ***optreden, manier van spelen*** ⇒*spel* **0.3** ⟨geol.⟩ ***ganggesteente*** ◆ **3.1** eine schnellere ~ anschlagen *zijn gang verhaasten.*

gangbar **0.1** ***gangbaar*** ⇒*courant, gebruikelijk* **0.2** ***begaanbaar.***

Gängelband ⟨o.⟩ ◆ **6.¶** jmdn. **am** ~ führen, halten *iem. aan de leiband laten lopen, iem. kort houden.*

Gängelei ⟨v.; ~, ~en⟩ **0.1** ***betutteling, het ringeloren.***

gängeln **0.1** ***aan de leiband laten lopen, in het gareel brengen*** ⇒*ringeloren.*

gängig **0.1** ***gangbaar*** ⇒*gebruikelijk, courant* **0.2** ***gemakkelijk werkend, bewegend*** ⇒*goed, licht lopend.*

Ganglion ⟨o.; ~s, Ganglien⟩ **0.1** ***ganglion.***

Gangrän ⟨v.; ~, ~en of o.; ~s, ~e⟩ **0.1** ***gangreen, koudvuur.***

Gangschaltung ⟨v.⟩ **0.1** ***schakeling*** ⇒*versnellingen.*

Gangspill ⟨o.; ~(e)s, ~e⟩ ⟨scheep.⟩ **0.1** ***gangspil, kaapstander.***

Gangster ⟨m.; ~s, ~⟩ **0.1** ***gangster.***

Gangster|tum, -unwesen ⟨o.⟩ **0.1** ***banditisme, gangsterwezen.***

Gangway ⟨v.; ~, ~s⟩ **0.1** ***gangway*** ⇒*(vliegtuig)trap.*

Ganove ⟨m.; ~n, ~n⟩ **0.1** ***boef, schurk.***

Ganovensprache ⟨v.⟩ **0.1** ***boeven-, dieventaal*** ⇒*Bargoens.*

Gans ⟨v.; ~, ⸚e⟩ **0.1** ***gans*** ⇒⟨fig.⟩ *gansje, wicht* ◆ **2.1** blöde, dumme ~! *stomme trut!, domme gans!* →**Fuchs.**

Gänseblume ⟨v.⟩ ⟨plantk.⟩ **0.1** ***madeliefje.***

Gänsebraten ⟨m.⟩ **0.1** ***gebraden gans.***

Gänsebrust ⟨v.⟩ **0.1** ***ganzenborst.***

Gänsedistel ⟨v.⟩ **0.1** ***melk-, ganzendistel.***

Gänsefingerkraut ⟨o.⟩ ⟨plantk.⟩ **0.1** ***zilverschoon.***

Gänsefüßchen ⟨o.⟩ ⟨inf.⟩ ◆ **6.¶ in** ~ *tussen aanhalingstekens.*

Gänsehaut ⟨v.⟩ **0.1** ***kippenvel*** ◆ **3.1** er bekam eine ~, ihm lief eine ~ über den Rücken *hij kreeg kippenvel.*

Gänsekeule ⟨v.⟩ **0.1** ***ganzenbout.***

Gänsekiel ⟨m.⟩ **0.1** ***ganzenveer, -pen.***

Gänseklein ⟨o.⟩ **0.1** ***ganzenpeper.***

Gänsemarsch ⟨m.⟩ ◆ **6.¶ im** ~ *in ganzenmars.*

Gänserich ⟨m.; ~s, ~e⟩ **0.1** ***gent, gander, mannetjesgans.***

Gänsewein ⟨m.⟩ ⟨inf.; scherts.⟩ **0.1** ***ganzenwijn, water.***

ganz[1] ⟨bn.⟩ **0.1** ***heel*** ⇒*geheel, al, gans* **0.2** ⟨inf.⟩ ***heel*** ⇒*gaaf, ongeschonden* **0.3** ⟨inf.; met telw.⟩ ***volle*** ⇒*wel* **0.4** ⟨inf.; met telw.⟩ ***maar*** ⇒*slechts* ◆ **1.1** das ist ~e Arbeit! *dat is prima (afgewerkt)!;* sein ~es Geld *al zijn geld;* ein ~er Kerl *een kerel uit één stuk;* eine ~e Menge *een hele hoop, heel wat;* er ist ~ der Vater, ⟨inf.⟩ der ~e Vater *hij is precies zijn vader;* die ~e Zeit (über) *de hele tijd, al die tijd;* die ~en Bäume *alle bomen* **2.3** eine ~e Million *wel een miljoen;* ~e 3 Stunden *volle, wel 3 uur* **2.4** ~e 10 Mark kosten *maar 10 mark kosten* **3.2** ⟨inf.⟩ wieder ~ machen *repareren* **6.1 im** ~en gesehen, genommen *over 't geheel bekeken, genomen;* **im** (großen und) ~en *over 't geheel (genomen), in het algemeen.*

ganz[2] ⟨bw.⟩ **0.1** ***helemaal*** ⇒*geheel, gans* **0.2** ⟨beklemtoond⟩ ***heel*** ⇒*erg, zeer* **0.3** ⟨onbeklemtoond⟩ ***nogal, tamelijk*** ◆ **3.1** sie waren ~ Eifer *zij waren één en al ijver;* du bist ~ der Mann dazu *jij bent geknipt voor zoiets;* ich bin ~ deiner Meinung! *ik ben het helemaal met jou eens!;* er hat ~ recht *hij heeft volkomen gelijk* **4.1** das ist etwas ~ anderes, ⟨inf.⟩ ~ was anderes! *dat is heel iets anders!* **5.1** ~ gleich, was du machst *wat je ook doet;* ~ gleich, wie es ausgeht *hoe het ook afloopt;* ~ gleich wann *om 't even wanneer* **5.2** ~ gewiß! *zeer, heel zeker!;* da hast du dich aber ~ schön getäuscht! *je hebt je (daarin) danig, schromelijk vergist!* **5.3** ich finde sie ~ nett *ik vind haar wel aardig* **8.1** ~ und gar *geheel en al, compleet;* ~ und gar nicht *helemaal niet.*

Gänze ⟨v.⟩ ⟨schr.⟩ ◆ **6.¶ in** seiner ~ *in zijn totaliteit, in zijn volle omvang;* **zur** ~ *geheel (en al), volkomen.*

Ganze(s) ⟨bn. als zn.; o.⟩ **0.1** ***geheel*** ⇒*totaliteit* ◆ **3.1** das Ganze gefiel mir nicht *het beviel me allemaal niet* **4.1** nichts Ganzes und nichts Halbes *vlees noch vis* **6.1 aufs** Ganze gehen *alles op alles zetten;* **aufs** Ganze gesehen *over 't geheel bekeken;* es geht **ums** Ganze *het gaat erom, het is erop of eronder.*

Ganzfoto ⟨o.⟩ **0.1** ***foto ten voeten uit.***

Ganzheit ⟨v.; ~, ~en⟩ **0.1** ***geheel*** ⇒*totaliteit.*

ganzheitlich **0.1** ***in zijn totaliteit, geheel*** **0.2** ***holistisch.***

Ganzheitsmedizin ⟨v.⟩ **0.1** ***psychosomatische geneeskunde.***

Ganzheitsmethode ⟨v.⟩ **0.1** ***globale leesmethode.***

ganzjährig **0.1** ***het hele jaar (door).***

Ganzlederband ⟨m.; mv. ⸚e⟩ **0.1** ***leren band.***

ganzleinen **0.1** ***(geheel in) linnen.***

gänzlich **0.1** ***volkomen, totaal*** ⇒*geheel en al.*

ganzseitig **0.1** ***v.e. hele pagina*** ⇒*een hele pagina beslaand.*

ganztägig **0.1** ***de hele dag, heel de dag*** ⇒*voor hele dagen* ◆ **3.1** ~ arbeiten *voor hele dagen werken.*

ganztags **0.1** ***de hele dag*** ⇒*voor hele dagen.*

Ganz|tagsarbeit, -tagsbeschäftigung ⟨v.⟩ **0.1** ***werk voor hele dagen*** ⇒*volledige dagtaak.*

Ganztagsschule ⟨v.⟩ **0.1** ⟨school met zowel 's morgens als 's middags onderwijs⟩.

Ganztagsstelle ⟨v.⟩ **0.1** ***voltijdbaan*** ⇒*volledige betrekking.*

gar[1] ⟨bn.⟩ **0.1** ***gaar*** **0.2** ⟨landb.⟩ ***geschikt voor bebouwing, rijp*** **0.3** ⟨Zdd., Oostr.⟩ ***op*** ⇒*verbruikt.*

gar[2] ⟨bw.⟩ **0.1** ***zelfs*** ⇒*ook nog* **0.2** ***soms*** ⇒*toch* **0.3** ⟨in verbinding met 'zu'⟩ ***(maar) al (te)*** **0.4** ⟨met negatie⟩ ***helemaal*** ⇒*in 't geheel, hoegenaamd (niet)* **0.5** ⟨vero.⟩ ***heel*** ⇒*erg, zeer* **0.6** ***dan, eerst*** ⇒*nog meer* **0.7** ***echt, werkelijk*** ◆ **1.6** dieser Mann! Und ~ seine Frau! *deze man! En dan, nog erger, zijn vrouw!* **3.2** er wird doch nicht ~ weg sein? *hij zal toch niet weg zijn?* **3.7** er ist ~ zu allem fähig! *hij is echt tot alles in staat!* **5.3** ~ zu gern *(maar) al te graag* **5.4** warum nicht ~! *wel ja!, nou nog mooier!;* ~ nichts *helemaal niets* **5.5** ~ sehr *heel erg, ten zeerste;* ~ zu wenig *veel te weinig.*

Garage ⟨v.; ~, ~n⟩ **0.1** ***garage.***

Garageneinfahrt ⟨v.⟩ **0.1** ***inrit (v.e. garage).***
Garant ⟨m.; ~en, ~en⟩ **0.1** ***garant*** ⇒*borg.*
Garantie ⟨v.; ~, ~n⟩ **0.1** ***garantie*** ⇒*waarborg* ◆ **3.1** ~ leisten *garantie geven* **6.1** ~ **auf, für** ein Gerät *garantie op een toestel;* das geht **auf** ~ *dat valt onder de garantie;* er übernahm die volle ~ **dafür** *hij stond er ten volle voor in;* ⟨inf.⟩ **ohne** ~! *onder voorbehoud!, ik weet het niet zeker!;* ⟨inf.⟩ **unter** ~ *gegarandeerd, beslist.*
Garantieanspruch ⟨m.⟩ **0.1** ***garantieclaim.***
Garantiefrist ⟨v.⟩ **0.1** ***garantietermijn.***
Garantieleistung ⟨v.⟩ **0.1** ***garantievergoeding.***
garantieren **0.1** ***garanderen*** ⇒*waarborgen, instaan voor* ◆ **6.1 für** gute Behandlung wird garantiert *goede behandeling is gewaarborgd, gegarandeerd.*
Garantieschein ⟨m.⟩ **0.1** ***garantiebewijs.***
Garaus ⟨m.⟩ ◆ **3.¶** jmdm. den ~ machen (a) ⟨inf.; scherts.⟩ *iem. van kant maken* (b) ⟨fig.⟩ *iem. de genadeslag geven* (c) ⟨fig.⟩ *iem. het leven onmogelijk maken;* einer Sache den ~ machen *iets uit de wereld helpen.*
Garbe ⟨v.; ~, ~n⟩ **0.1** ***garve, schoof*** **0.2** ⟨mil.; fig.⟩ ***bundel*** ⇒ *(gericht) salvo.*
Garde ⟨v.; ~, ~n⟩ **0.1** ***garde*** ⟨ook fig.⟩ ◆ **2.1** ⟨fig.⟩ zur alten ~ gehören *bij de oude garde horen.*
Gardemaß ⟨o.; ~es⟩⟨scherts.⟩ **0.1** ***groot postuur.***
Garderobe ⟨v.; ~, ~n⟩ **0.1** ***garderobe*** ⇒*kleren, vestiaire, kleedkamer* **0.2** ***kapstok.***
Garderobenfrau ⟨v.⟩ **0.1** ***vestiaire-, garderobejuffrouw.***
Garderobenhaken ⟨m.⟩ **0.1** ***kleren-, kleerhaak.***
Garderobenmarke ⟨v.⟩ **0.1** ***garderobepenning.***
Garderobenständer ⟨m.⟩ **0.1** ***kapstok.***
Gardine ⟨v.; ~, ~n⟩ **0.1** ***gordijn*** ⇒*vitrage, glasgordijn* ◆ **2.1** ⟨inf.⟩ hinter schwedischen ~n *achter de tralies, in de bak.*
Gardinenleiste ⟨v.⟩ **0.1** ***gordijnlijst, -lat.***
Gardinenpredigt ⟨v.⟩ **0.1** ***bedsermoen.***
Gardinenstange ⟨v.⟩ **0.1** ***gordijnroede*** **0.2** ***gordijnrail*** **0.3** ***gordijnstok.***
Gardist ⟨m.; ~en, ~en⟩ **0.1** ***gardesoldaat.***
Gare ⟨v.; ~⟩ **0.1** ***gaarheid*** **0.2** ⟨landb.⟩ ***rijpheid v.d. bodem.***
garen I ⟨onov.ww.⟩ **0.1** ***gaar worden;***
II ⟨ov.ww.⟩ **0.1** ***gaar maken.***
gären ⟨→t40⟩ **I** ⟨onov.ww.; h/s.⟩ **0.1** ***gisten*** ⇒⟨fig.⟩ *bruisen, woelen, broeien* ◆ **6.1 im** Volk gärte, ⟨zelden⟩ gor es, der Aufruhr gärte, ⟨zelden⟩ gor **im** Volk *het volk was in beroering (gekomen);*
II ⟨ov.ww.⟩ **0.1** ***doen gisten.***
Garküche ⟨v.⟩ **0.1** ***gaarkeuken*** ⇒*centrale keuken.*
Gärmittel ⟨o.⟩ **0.1** ***gistmiddel.***
Garn ⟨o.; ~(e)s, ~e⟩ **0.1** ***garen*** **0.2** ***net*** ⇒⟨fig. vooral⟩ *val* **0.3** ⟨fig.⟩ ***(fantastisch) verhaal*** ⇒*vertelsel* ◆ **3.3** (s)ein ~ spinnen *(zijn) verhalen, een verhaal vertellen, afsteken* **6.2** ⟨fig.⟩ jmdm. **ins** ~ gehen *zich door iem. laten verschalken;* ⟨fig.⟩ er ist der Polizei **ins** ~ gegangen *de politie heeft hem gepakt.*
Garnele ⟨v.; ~, ~n⟩ **0.1** ***garnaal.***
garni →**Hotel.**
Garnichts ⟨m. & o.; ~, ~e⟩ **0.1** ***nul*** ⇒*niemendal.*
garnieren **0.1** ***garneren*** **0.2** ⟨fig.⟩ ***opsmukken, versieren.***
Garnierung ⟨v.; ~, ~en⟩ **0.1** ***garnering*** ⇒*garneersel* **0.2** ⟨fig.⟩ ***versiering, opsmukking.***
Garnison ⟨v.; ~, ~en⟩ **0.1** ***garnizoen.***
Garnitur ⟨v.; ~, ~en⟩ **0.1** ***garnituur*** ⇒*stel, set, (as)sortiment* **0.2** ***kleding, uitrusting*** ⇒⟨mil. vooral⟩ *tenue, uniform* **0.3** ***garnering*** ⟨ook cul.⟩ **0.4** ⟨inf.; fig.⟩ ***keus*** **0.5** ⟨scherts.⟩ ***geval, spullen*** ⟨geslachtsdelen⟩ ◆ **1.1** eine ~ Knöpfe *een kaartje, set knopen* **2.2** meine zweite ~ *mijn gewone, dagelijkse kleren* **2.4** zur ersten ~ gehören *bij de top horen;* die zweite ~ *de tweederangsfiguren.*
Garnknäuel ⟨m. & o.⟩ **0.1** ***kluwen garen*** ⇒*bolletje, knotje garen.*
Garnrolle ⟨v.⟩ **0.1** ***klosje garen, garenklosje.***
Garnspule ⟨v.⟩ **0.1** ***garenspoel.***
Gärprozeß ⟨m.⟩ **0.1** ***gistingsproces.***
garstig **0.1** ***vervelend, naar*** ⇒*stout* **0.2** ***akelig*** ⇒*walgelijk* **0.3** ***rot, beroerd*** ◆ **1.1** ein ~es Kind *een vervelend kind* **1.3** ~es Wetter *rotweer.*
Garten ⟨m.; ~s, ⌣⟩ **0.1** ***tuin*** ⇒*hof* ◆ **1.1** der ~ Eden *de hof van Eden* **6.1** ⟨inf.⟩ quer **durch** den ~ (a) ⟨fig.⟩ *van alles (wat), kriskras door elkaar* (b) ⟨scherts.⟩ *allerlei groente;* das ist nicht **in** seinem ~ gewachsen *dat komt niet uit zijn koker.*
Gartenamt ⟨o.⟩ **0.1** ***plantsoenendienst.***
Gartenanlage ⟨v.⟩ **0.1** ***plantsoen.***
Gartenarbeit ⟨v.⟩ **0.1** ***tuin(iers)werk.***
Gartenbau ⟨m.⟩ **0.1** ***tuinbouw.***
Gartenbeet ⟨o.⟩ **0.1** ***tuinbed.***
Gartenbohne ⟨v.⟩ **0.1** ***boon.***
Gartenerbse ⟨v.⟩ **0.1** ***erwt.***
Gartenerde ⟨v.⟩ **0.1** ***tuinaarde, -grond.***
Gartenfreund ⟨m.⟩ **0.1** ***tuinliefhebber.***
Gartengerät ⟨o.⟩ **0.1** ***tuingereedschap.***
Gartenhaus ⟨o.⟩ **0.1** ***tuinhuisje*** ⇒*prieel.*
Gartenkolonie ⟨v.⟩ **0.1** ***(complex) volkstuintjes.***
Gartenkresse ⟨v.⟩ **0.1** ***tuin-, ster(ren)kers.***
Gartenkunst ⟨v.⟩ **0.1** ***tuinarchitectuur.***
Gartenland ⟨o.⟩ **0.1** ***tuinbouwland.***
Gartenlaube ⟨v.⟩ **0.1** ***prieel(tje).***
Gartenpflege ⟨v.⟩ **0.1** ***tuinonderhoud.***
Gartenschau ⟨v.⟩ **0.1** ***tuinbouwtentoonstelling.***
Gartenschirm ⟨m.⟩ **0.1** ***(tuin)parasol.***
Gartenschlauch ⟨m.⟩ **0.1** ***tuinslang.***
Gartenstadt ⟨v.⟩ **0.1** ***tuinstad, stad in het groen.***
Gartenwirtschaft ⟨v.⟩ **0.1** ***uitspanning*** ⇒*buitencafé.*
Gartenzaun ⟨m.⟩ **0.1** ***(tuin)hek, (tuin)schutting.***
Gartenzimmer ⟨o.⟩ **0.1** ***tuinkamer*** ⇒*serre.*
Gartenzwerg ⟨m.⟩ **0.1** ***tuinkabouter*** **0.2** ⟨inf.⟩ ***vent(je) van niks, niemendal*** **0.3** ⟨inf.⟩ ***kleine drol*** ⟨persoon⟩.
Gärtner ⟨m.; ~s, ~⟩ **0.1** ***tuinman, tuinder, tuinier.*** →**Bock**[1].
Gärtnerei ⟨v.; ~, ~en⟩ **0.1** ***tuinderij, kwekerij, tuinbouwbedrijf*** ⇒*tuincentrum* **0.2** ***tuinbouw*** **0.3** ***het tuinieren.***
Gärtnerin ⟨v.; ~, ~nen⟩ **0.1** ***tuinierster.***
Gärtnerinart ⟨v.⟩⟨cul.⟩ ◆ **6.¶ nach** ~ *met groente gegarneerd.*
gärtnerisch **0.1** ***tuin(bouw)-, tuinmans-*** ⇒*tuinbouwkundig.*
gärtnern **0.1** ***tuinieren.***
Gärung ⟨v.; ~, ~en⟩ **0.1** ***gisting*** ⇒⟨fig.⟩ *beroering.*
Gärungsvorgang ⟨m.⟩ **0.1** ***gistingsproces.***
Garzeit ⟨v.⟩ **0.1** ***tijd waarin iets gaar wordt*** ⇒*kooktijd.*
Gas ⟨o.; ~es, ~e⟩ **0.1** ***gas*** ◆ **3.1** ⟨fig.⟩ jmdm. das ~ abdrehen (a) *iem. ruïneren* (b) *iem. van kant maken;* das ~ bedienen, betätigen *de gastoevoer regelen,* ⟨ook⟩ *gas geven;* ⟨inf.⟩ das ~ stehenlassen *gas blijven geven* **6.1 aufs** ~ treten *gas geven, het gaspedaal indrukken, intrappen;* **vom** ~ weggehen *gas terugnemen.*
Gasableser ⟨m.⟩ **0.1** ***gasman, meteropnemer.***
Gasabzug ⟨m.⟩ **0.1** ***afzuiginstallatie*** **0.2** ***het afzuigen van gas(sen).***
Gasanlage ⟨v.⟩ **0.1** ***gasinstallatie.***
Gasausbruch ⟨m.⟩ **0.1** ***gasontsnapping, -lekkage*** **0.2** ***gaseruptie.***

Gasbehälter ⟨m.⟩ **0.1** *gashouder ⇒gasreservoir.*
gasbeheizt 0.1 *met gas verwarmd.*
Gasbetrieb ⟨m.⟩ **0.1** *het lopen, werken op gas.*
Gasblase ⟨v.⟩ **0.1** *gasbel.*
Gasbrand ⟨m.⟩ **0.1** *gasgangreen.*
Gasbrenner ⟨m.⟩ **0.1** *gaspit(je), -brander.*
Gasfeuerung ⟨v.⟩ **0.1** *het stoken op, met gas ⇒gasverwarming.*
Gasfuß ⟨m.⟩⟨inf.⟩ **0.1** *rechtervoet, voet waarmee men gas geeft.*
gasgefüllt 0.1 *met gas gevuld, met gasvulling.*
Gasgemisch ⟨o.⟩ **0.1** *gasmengsel.*
Gasgeruch ⟨m.⟩ **0.1** *gaslucht.*
Gasgriff ⟨m.⟩ **0.1** *gashendel.*
Gashahn ⟨m.⟩ **0.1** *gaskraan* ◆ **3.1** ⟨fig.⟩ jmdm. den ~ abdrehen (a) *iem. ruïneren* (b) *iem. van kant maken.*
gashaltig 0.1 *gashoudend.*
Gashebel ⟨m.⟩ **0.1** *gaspedaal* **0.2** *gashendel.*
Gasheizung ⟨v.⟩ **0.1** *gasverwarming.*
Gasherd ⟨m.⟩ **0.1** *gasfornuis.*
Gashülle ⟨v.⟩ **0.1** *dampkring, atmosfeer.*
gasig 0.1 *gasachtig.*
Gasinstallateur ⟨m.⟩ **0.1** *gasfitter.*
Gaskammer ⟨v.⟩ **0.1** *gaskamer.*
Gaskocher ⟨m.⟩ **0.1** *gas(toe)stel, gasstelletje.*
Gasmann ⟨m.⟩⟨inf.⟩ **0.1** *gasman, meteropnemer.*
Gasmaske ⟨v.⟩ **0.1** *gasmasker.*
Gasofen ⟨m.⟩ **0.1** *gaskachel* **0.2** *gasradiator* **0.3** *gasoven.*
Gasolin ⟨o.; ~s⟩ **0.1** *gasoline.*
Gaspedal ⟨o.⟩ **0.1** *gaspedaal* ◆ **6.1** voll **aufs** ~ treten, das ~ (voll) durchtreten *het gaspedaal intrappen, plankgas geven.*
Gasrohr ⟨o.⟩ **0.1** *gasbuis, -pijp.*
Gasschlauch ⟨m.⟩ **0.1** *gasslang.*
Gasschwaden ⟨m.⟩ **0.1** *gaswolk.*
Gasse ⟨v.; ~, ~n⟩ **0.1** *steeg ⇒straatje* **0.2** *doorgang ⇒haag, sleuf* **0.3** ⟨Oostr.⟩ *straat* **0.4** ⟨voetbal⟩ *opening* **0.5** ⟨kegelen⟩ *poort* **0.6** ⟨rugby⟩ *line-out* ◆ **3.2** eine ~ bilden *een haag vormen* **6.1** ⟨pej.⟩ das war **auf** allen ~n zu hören *dat was van alle kanten te horen.*
Gassendreck ⟨m.⟩⟨inf.⟩ ◆ **8.¶** frech wie ~ *hondsbrutaal.*
Gassenhauer ⟨m.⟩ **0.1** *straatdeuntje, -liedje.*
Gassenjunge ⟨m.⟩ **0.1** *straatjongen.*
Gassenwitz ⟨m.⟩ **0.1** *platte, ordinaire mop.*
Gassenwort ⟨o.; mv. ¨-er⟩ **0.1** *ordinair, plat woord.*
Gassi ⟨inf.⟩ ◆ **3.¶** ~ gehen *de hond uitlaten.*
Gassicherung ⟨v.⟩ **0.1** *gasvlambeveiliging.*
Gast[1] ⟨m.; ~(e)s, ¨-e⟩ **0.1** *gast ⇒logé, introducé,* ⟨sp.⟩ *bezoeker* **0.2** ⟨inf.; vooral Ndd.⟩ *vent ⇒kerel, snuiter* ◆ **2.1** für geladene Gäste *voor genodigden;* ein lieber ~ *een welkome, graag geziene gast;* liebe Gäste! *beste, geachte aanwezigen!;* ein ständiger ~ *een vaste gast, stamgast* **6.1** ⟨schr.⟩ jmdn. **zu** ~(e) bitten, laden *iem. te gast vragen,* ⟨ook⟩ *iem. te logeren vragen.*
Gast[2] ⟨m.; ~(e)s, ~en; mv. zelden ¨-e⟩⟨scheep.⟩ **0.1** *gast ⇒ matroos.*
Gastarbeiter ⟨m.⟩ **0.1** *gastarbeider.*
Gastbett ⟨o.⟩ **0.1** *logeerbed.*
Gästehaus ⟨o.⟩ **0.1** *gastenverblijf, huis voor gasten.*
Gästezimmer ⟨o.⟩ **0.1** *logeerkamer* **0.2** *(hotel)kamer* **0.3** *vertrek voor de gasten, gelagkamer.*
gastfreundlich 0.1 *gastvrij ⇒gul, hartelijk.*
Gastfreundschaft ⟨v.⟩ **0.1** *gastvrijheid.*
Gastgeber ⟨m.⟩ **0.1** *gastheer* **0.2** ⟨sp.⟩ *thuisclub, gastheren.*
Gastgeberin ⟨v.⟩ **0.1** *gastvrouw.*
Gastgewerbe ⟨o.⟩⟨vooral Oostr. en Zwi.⟩ **0.1** *horecasector, -bedrijf.*
Gasthaus ⟨o.⟩ **0.1** *logement ⇒pension, hotel* **0.2** *restaurant.*
Gasthof ⟨m.⟩ **0.1** *logement ⇒pension(netje), hotel* **0.2** *restaurant, eethuisje.*
Gasthörer ⟨m.⟩ **0.1** *toehoorder* ⟨aan universiteit⟩.
gastieren 0.1 ⟨dram.⟩ *als gast(en) optreden* **0.2** ⟨sp.⟩ *te gast zijn ⇒uitspelen.*
Gastland ⟨o.; mv. ¨-er⟩ **0.1** *gastland.*
gastlich 0.1 *gastvrij.*
Gastmahl ⟨o.⟩⟨schr.⟩ **0.1** *gast-, feestmaal.*
Gastmannschaft ⟨v.⟩⟨sp.⟩ **0.1** *gasten ⇒bezoekers, bezoekende club.*
Gastpflanze ⟨v.⟩ **0.1** *parasiet, woekerplant.*
Gastprofessor ⟨m.⟩ **0.1** *gasthoogleraar.*
Gastredner ⟨m.⟩ **0.1** *gastspreker.*
Gastronomie ⟨v.; ~⟩ **0.1** *gastronomie.*
Gastspiel ⟨o.⟩ **0.1** *gastvoorstelling* **0.2** *gastrol* **0.3** ⟨sp.⟩ *uitwedstrijd.*
Gastspielreise ⟨v.⟩ **0.1** *tournee.*
Gaststätte ⟨v.⟩ **0.1** *restaurant.*
Gaststättenbetrieb ⟨m.⟩ **0.1** *horecabedrijf ⇒restaurant.*
Gaststättengewerbe ⟨o.⟩ **0.1** *horecasector.*
Gaststättenleiter ⟨m.⟩ **0.1** *restauranthouder ⇒bedrijfsleider, manager v.e. restaurant.*
Gaststube ⟨v.⟩ **0.1** *gelagkamer ⇒café, restaurant.*
Gasttier ⟨o.⟩ **0.1** *parasiet.*
Gastvortrag ⟨m.⟩ **0.1** *voordracht (v.e. gastspreker).*
Gastwirt ⟨m.⟩ **0.1** *waard ⇒herbergier, kastelein.*
Gastwirtschaft ⟨v.⟩ **0.1** *(eenvoudig) restaurant ⇒eethuisje* **0.2** *café.*
Gastzimmer ⟨o.⟩ **0.1** *logeerkamer* **0.2** *(hotel)kamer* **0.3** *gelagkamer.*
Gasuhr ⟨v.⟩ **0.1** *gasmeter.*
Gasversorgung ⟨v.⟩ **0.1** *gasvoorziening ⇒gasdistributie.*
Gaswerk ⟨o.⟩ **0.1** *gasfabriek, -bedrijf* ◆ **2.1** die städtischen ~e *het gemeentelijk gasbedrijf.*
Gaszähler ⟨m.⟩ **0.1** *gasmeter.*
Gatte ⟨m.; ~n, ~n⟩⟨schr.⟩ **0.1** *echtgenoot ⇒man.*
Gatter ⟨o.; ~s, ~⟩ **0.1** *hek-, traliewerk ⇒tralies* **0.2** *afrastering ⇒omheining* **0.3** *hek* ⟨ook paardensport⟩ *⇒poortje* **0.4** ⟨jacht⟩ *(jacht)terrein* **0.5** ⟨tech.⟩ *zaagraam* **0.6** ⟨tech.⟩ *raamzaag* **0.7** ⟨elektronica⟩ *poort, gate.*
Gattertor ⟨o.⟩ **0.1** *hek ⇒poort.*
Gattin ⟨v.; ~, ~nen⟩⟨schr.⟩ **0.1** *echtgenote ⇒eega.*
Gattung ⟨v.; ~, ~en⟩ **0.1** *soort ⇒klasse, aard, genre* ⟨ook lit.⟩ **0.2** ⟨biol.⟩ *geslacht* **0.3** ⟨mil.⟩ *wapen(soort).*
Gattungsbegriff ⟨m.⟩ **0.1** *soort-, geslachtsbegrip.*
Gattungsbezeichnung ⟨v.⟩ **0.1** *soortaanduiding, -naam.*
Gattungskauf ⟨m.⟩⟨jur.⟩ **0.1** *genus-, soortkoop.*
Gattungsname ⟨m.⟩ **0.1** *soortnaam* ⟨ook taal.⟩.
Gau ⟨m.; ~(e)s, ~e⟩ **0.1** *gouw ⇒gewest.*
GAU ⟨m.; ~s⟩⟨afk.; größter anzunehmender Unfall⟩ **0.1** ⟨zwaarst voorstelbare storing in een kerncentrale⟩.
Gäu ⟨o.; ~(e)s, ~e⟩ **0.1** ⟨Oostr., Zwi.⟩ *gouw ⇒gewest* **0.2** ⟨Oostr.⟩ *district, gebied.*
Gaube ⟨v.; ~, ~n⟩ **0.1** *koekoek* ⟨in schilddak⟩.
Gauchheil ⟨m.; ~(e)s, ~e⟩ **0.1** *guichelheil, -kruid.*
Gaucho ⟨m.; ~(s), ~s⟩ **0.1** *gaucho.*
Gaudi ⟨o.; ~s of v.; ~, g.mv.⟩⟨inf.⟩ **0.1** *lol, pret ⇒plezier.*
Gaudium ⟨o.; ~s⟩⟨schr.⟩ **0.1** *plezier ⇒vreugde, pret.*
Gaukelbild ⟨o.⟩⟨schr.⟩ **0.1** *begoocheling, hersenschim.*
Gaukelei ⟨v.; ~, ~en⟩⟨schr.⟩ **0.1** *begoocheling ⇒boerenbedrog* **0.2** *klucht, grap* **0.3** *goochelarij ⇒gegoochel.*

gaukelhaft ⟨schr.; pej.⟩ **0.1** ***misleidend, bedrieglijk.***
gaukeln 0.1 ⟨vero.⟩ ***goochelen*** ⇒*goochelkunsten uithalen* **0.2** ⟨s.; schr.⟩ ***dartelen*** ⇒*fladderen, dwarrelen.*
Gaukelspiel ⟨o.⟩⟨pej.⟩ **0.1** ***gegoochel*** ⇒*goochelkunstje(s)* **0.2** ***zinsbedrog.***
Gaukler ⟨m.; ~s, ~⟩⟨schr.⟩ **0.1** ⟨vero.⟩ ***goochelaar, kunstenmaker* 0.2** ***bedrieger*** ⇒*charlatan.*
gauklerisch →**gaukelhaft.**
Gaul ⟨m.; ~(e)s, ⸚e⟩ **0.1** ⟨reg.⟩ ***paard* 0.2** ⟨pej.⟩ ***knol*** ◆ **2.1** ⟨inf.⟩ jmdm. zureden wie einem lahmen ~ *iem. met zachte drang trachten te overreden* **3.1** ⟨inf.⟩ ihm ging der ~ durch *hij raakte buiten zichzelf;* den ~ beim Schwanz aufzäumen *het paard achter de wagen spannen;* ⟨inf.⟩ das wirft einen ~, den stärksten ~ um! *daar kan zelfs de sterkste niet tegenop!* **¶.1** ⟨sprw.⟩ auch der beste ~ stolpert einmal *het beste paard struikelt wel eens;* ⟨sprw.⟩ einem geschenkten ~ sieht man nicht ins Maul *een gegeven paard moet men niet in de bek zien.*
Gaumen ⟨m.; ~s, ~⟩ **0.1** ***gehemelte*** ⇒*verhemelte,* ⟨fig. ook⟩ *smaak* ◆ **2.1** ⟨fig.⟩ einen feinen ~ haben *een fijnproever zijn* **3.1** ⟨fig.⟩ es kitzelt den ~ *het streelt het gehemelte.*
Gaumenkitzel ⟨m.⟩⟨schr.⟩ **0.1** ***streling van, voor het gehemelte.***
Gaumenlaut ⟨m.⟩ **0.1** ***keelklank, gutturaal.***
Gaumenmandel ⟨v.⟩ **0.1** ***keelamandel.***
Gaumensegel ⟨o.⟩ **0.1** ***zacht gehemelte.***
Gaumenspalte ⟨v.⟩ **0.1** ***gehemeltespleet.***
Gaumenzäpfchen ⟨o.⟩ **0.1** ***huig.***
gaumig 0.1 ***keelachtig*** ⇒*met keelgeluid, velaar.*
Gauner ⟨m.; ~s, ~⟩ **0.1** ***schurk*** ⇒*boef* **0.2** ***bedrieger, afzetter* 0.3** ⟨inf.⟩ ***leperd, goochemerd.***
Gaunerbande ⟨v.⟩ **0.1** ***schurken-, boevenbende.***
Gaunerei ⟨v.; ~, ~en⟩ **0.1** ***schurken-, boevenstreek* 0.2** ***oplichterij*** ⇒*bedrog.*
gau|nerhaft, -nerisch 0.1 ***schurkachtig*** ⇒*schofterig.*
gaunern 0.1 ***schurkenstreken uithalen* 0.2** ***bedriegen*** ⇒ *oplichten.*
Gaunersprache ⟨v.⟩ **0.1** ***boeventaal*** ⇒*Bargoens.*
Gazastreifen ⟨m.⟩ **0.1** ***Gazastrook.***
Gaze ⟨v.; ~, ~n⟩ **0.1** ***gaas.***
Gazebausch ⟨m.⟩ **0.1** ***gaaspropje.***
Gazelle ⟨v.; ~, ~n⟩ **0.1** ***gazel(le)*** ⇒⟨fig.⟩ *hinde.*
geachtet 0.1 ***gezien*** ⇒*gewaardeerd.*
Geächtete(r) ⟨bn. als zn.⟩ **0.1** ***vogelvrijverklaarde, uitgestotene.***
Geächze ⟨o.; ~s⟩ **0.1** ***gekreun, gesteun.***
Geäder ⟨o.; ~s, ~⟩ **0.1** ***aderstelsel*** ⇒⟨fig. ook⟩ *netwerk.*
ge|adert, -ädert 0.1 ***geaderd.***
geartet 0.1 ***geaard*** ⇒*van ... aard, van ... natuur* ◆ **5.1** besonders ~ *speciaal;* gut ~ *goed van aard.*
Geäst ⟨o.; ~(e)s⟩ **0.1** ***takwerk, takken.***
geb. ⟨afk.⟩ [geboren; gebunden].
Gebäck ⟨o.; ~(e)s, ~e⟩ **0.1** ***gebak* 0.2** ***koekjes.***
Gebalge ⟨o.; ~s⟩ **0.1** ***vechtpartij*** ⇒*geknok* **0.2** ⟨fig.⟩ ***geruzie, geharrewar.***
Gebälk ⟨o.; ~(e)s, ~e⟩ **0.1** ***gebint, balkwerk.***
Gebärde ⟨v.; ~, ~n⟩ **0.1** ***gebaar* 0.2** ⟨schr.⟩ ***manier van doen, houding.***
gebärden, sich 0.1 ***zich gedragen*** ⇒*zich voordoen, zich houden* ◆ **8.1** du gebärdetest dich wie ein Verrückter, wie wahnsinnig! *je ging als een gek, bezetene tekeer!*
Gebärdensprache ⟨v.⟩ **0.1** ***gebarentaal.***
gebären ⟨→t41⟩ **0.1** ***ter wereld brengen*** ⇒*baren, bevallen (van), voortbrengen* ◆ **4.1** ⟨schr.⟩ sie hat ihm einen Jungen geboren *zij heeft hem een jongen geschonken.*
Gebaren ⟨o.; ~s⟩ **0.1** ***gedrag, manier van doen*** ⇒*optreden.*
gebär|fähig, -freudig 0.1 ***vruchtbaar.***
Gebärmutter ⟨v.⟩ **0.1** ***baarmoeder.***
Gebärmuttersenkung ⟨v.⟩ **0.1** ***baarmoederverzakking.***
Gebarung ⟨v.; ~, ~en⟩ **0.1** ⟨g.mv.; schr.⟩ ***gedrag, optreden* 0.2** ⟨Oostr.⟩ ***boekhouding*** ⇒*(financieel) beheer* **0.3** ⟨Oostr.⟩ ***jaarverslag.***
gebauch|kitzelt, -pinselt ⟨inf.; scherts.⟩ ◆ **3.¶** sich ~ fühlen *zich zeer vereerd voelen.*
gebaucht 0.1 ***gebuikt, buikig*** ⇒*bol.*
Gebäude ⟨o.; ~s, ~⟩ **0.1** ***gebouw*** ⇒*bouwwerk* **0.2** ⟨fig.⟩ ***stelsel, systeem*** ⇒*gebouw* **0.3** ⟨mijnw.⟩ ***mijn(installaties).***
Gebäudereinigung ⟨v.⟩ **0.1** ***schoonmaakdienst (van gebouwen)* 0.2** ***het schoonmaken (van gebouwen).***
gebefreudig 0.1 ***vrijgevig, gul*** ⇒*goedgeefs, royaal.*
Gebein ⟨o.; ~(e)s, ~e⟩ **0.1** ***gebeente*** ⇒*beenderen* ◆ **4.1** ⟨schr.⟩ seine ~e (a) *zijn stoffelijk overschot* (b) ⟨vero.⟩ *zijn gebeente, beenderen.*
Gebelfer ⟨o.; ~s⟩⟨inf.; pej.⟩ **0.1** ***geblaf, gekef.***
Gebell ⟨o.; ~(e)s⟩ **0.1** ***geblaf*** ⇒*gekef.*
geben ⟨→t42⟩ **I** ⟨ov. & onov.ww.⟩ **0.1** ***geven*** ⇒*toedienen, schenken, onderwijzen* **0.2** ***spelen*** ◆ **1.1** das wird noch viel Ärger ~! *daar zal nog heel wat narigheid van komen!;* ein Wort gab das andere *van het ene woord kwam het andere* **1.2** den Vater ~ *de vaderrol spelen* **2.1** 8 geteilt durch 2 gibt 4 *8 gedeeld door 2 is 4* **3.1** er wird einen guten Lehrer ~ *hij zal een goede leraar worden* **4.1** es jmdm. ~ *iem. ervan langs geven;* gib (es) ihm! *geef het hem!;* was wird das ~? ⟨inf.⟩ was gibt das? *wat zal dat worden?* **5.1** gut gegeben! *goed zo, gedaan!* **6.1** nichts **auf** eine Sache ~ *geen waarde aan iets hechten;* ich gebe etwas **auf** mich (a) *ik respecteer mezelf* (b) *ik verzorg mijn uiterlijk;* ⟨sp.⟩ den Ball **in** die Mitte ~ *de bal naar het midden spelen;* den Wagen **in** die Werkstatt ~ *de wagen naar de garage brengen;* ich gäbe viel **darum** *ik zou er heel wat voor overhebben;* ⟨inf.⟩ ich konnte es nicht so recht **von** mir ~ *ik kwam niet zo goed uit mijn woorden;* ⟨inf.⟩ er gab alles wieder **von** sich *alles kwam er bij hem weer uit;* eine Meinung **von** sich ~ *een mening uiten* **¶.1** ⟨sprw.⟩ ~ ist seliger denn nehmen *het is zaliger te geven dan te ontvangen;*
II sich ~ ⟨wk.ww.⟩ **0.1** ***zich gedragen*** ⇒*optreden, zich houden* **0.2** ***afnemen*** ⇒*overgaan, verdwijnen* **0.3** ***zich geven* 0.4** ***zich schikken* 0.5** ***zich voordoen*** ◆ **3.3** ich gebe mich besiegt, geschlagen *ik geef me gewonnen* **5.1** sich freundlich ~ *vriendelijk zijn* **5.2** das wird sich schon ~ (a) *dat komt wel in orde* (b) *dat zal wel overgaan* **5.5** das übrige wird sich schon noch ~ *de rest komt nog wel* **6.4** sich **in** sein Schicksal ~ *zich in zijn lot schikken;*
III ⟨onp.ww.; met 4e nv.⟩ ◆ **¶.¶** das gibt's bei uns nicht *dat kennen, hebben wij niet;* so was gibt es bei mir nicht! *dat mag bij mij niet!;* was gibt es im Kino? *wat draait er in de bioscoop?;* es gibt *er is, er zijn, er bestaat, er bestaan;* hier gibt es nur Briefmarken *hier zijn alleen postzegels verkrijgbaar;* es gab kein Entkommen *er was geen ontkomen aan;* es wird Regen ~ *we krijgen regen;* es wird ein Unglück ~ *daar komen ongelukken van;* was gibt's? *wat is er?;* was gibt es zu essen? *wat krijgen we te eten?;* ⟨inf.⟩ was es nicht alles gibt! *wat er (toch) niet allemaal mogelijk is!;* ⟨inf.⟩ gibt es dich auch noch? *leef jij ook nog?;* ⟨inf.⟩ da gibt's nichts! (a) *daar is niets aan te doen!* (b) *vast en zeker!* (c) *zonder pardon!* (d) *geen sprake van!;* so was gibt's *dat komt wel (eens) voor;* gibt's denn so was! *heb je van je leven!;* ⟨inf.⟩ gleich gibt's was! *dadelijk zwaait er wat!;* das gibt es nicht! *dat bestaat, kan niet!*
Geber ⟨m.; ~s, ~⟩ **0.1** ⟨vero.⟩ ***gever* 0.2** ⟨com.⟩ ***zendapparaat* 0.3** ⟨com.⟩ ***(sein)sleutel* 0.4** ⟨tech.⟩ ***transducent.***

Geberlaune ⟨v.⟩ **0.1** ***gulle, goedgeefse bui.***

Gebet ⟨o.; ~(e)s, ~e⟩ **0.1** ***gebed*** ◆ **3.1** ein ~ verrichten *een gebed doen* **6.¶** jmdn. **ins** ~ nehmen *iem. flink onder handen nemen.*

Gebetbuch ⟨o.⟩ **0.1** ***gebedenboek*** **0.2** ⟨inf.; scherts.⟩ ***spel kaarten.***

Gebetsmühle ⟨v.⟩ **0.1** ***gebedsmolen.***

Gebettel ⟨o.; ~s⟩ **0.1** ***gebedel.***

Gebiet ⟨o.; ~(e)s, ~e⟩ **0.1** ***gebied*** ⟨ook fig.⟩ ⇒*domein, terrein.*

gebieten ⟨schr.⟩ **I** ⟨onov.ww.⟩ **0.1** ***gebieden*** ⇒*heersen, het bevel voeren* **0.2** ***beschikken*** ◆ **6.1 über** ein Land ~ *over een land heersen, gebieden* **6.2 über** die Mittel ~ *over de middelen beschikken;*
II ⟨ov.ww.⟩ **0.1** ***gebieden*** ⇒*bevelen, afdwingen, vereisen* ◆ **1.1** Ehrfurcht ~ *eerbied afdwingen;* Eile war geboten *er was haast bij.*

gebieterisch ⟨schr.⟩ **0.1** ***gebiedend, bevelend.***

Gebietsanspruch ⟨m.⟩ **0.1** ***aanspraak op een gebied.***

Gebietserweiterung ⟨v.⟩ **0.1** ***gebiedsuitbreiding.***

Gebietshoheit ⟨v.⟩ **0.1** ***soevereiniteit.***

Gebietskörperschaft ⟨v.⟩⟨jur.⟩ **0.1** ***territoriaal publiekrechtelijk lichaam.***

Gebietsreform ⟨v.⟩ **0.1** ***ruimtelijke herindeling.***

gebietsweise ◆ **1.¶** ~ Aufheiterungen *plaatselijk opklaringen.*

Gebilde ⟨o.; ~s, ~⟩ **0.1** ***geheel*** ⇒*complex, constructie* **0.2** ***maaksel*** ⇒*schepping, product* **0.3** ***formatie*** ⇒*compositie.*

gebildet **0.1** ***ontwikkeld*** ⇒*beschaafd, met niveau* ◆ **5.1** akademisch ~ sein *een universitaire opleiding (gehad) hebben.*

Gebildete(r) ⟨bn. als zn.⟩ **0.1** ***beschaafd, ontwikkeld mens*** ⇒*intellectueel.*

Gebimmel ⟨o.; ~s⟩⟨inf.⟩ **0.1** ***gebeier, gelui.***

Gebinde ⟨o.; ~s, ~⟩ **0.1** ***bundel, bos*** ⇒*schoof, krans* **0.2** ***streng*** ⇒*kluwen* **0.3** ⟨amb.⟩ ***kapspant, (kap)gebint*** **0.4** ⟨amb.⟩ ***rij dakpannen*** **0.5** ⟨vooral Oostr.⟩ ***vat, fust.***

Gebirge ⟨o.; ~s, ~⟩ **0.1** ***gebergte*** **0.2** ⟨fig.⟩ ***berg.***

gebirgig **0.1** ***bergachtig.***

Gebirgler ⟨m.; ~s, ~⟩ **0.1** ***bergbewoner.***

Gebirgsbahn ⟨v.⟩ **0.1** ***bergspoor(weg).***

Gebirgsdorf ⟨o.⟩ **0.1** ***bergdorp.***

Gebirgsjäger ⟨m.⟩⟨mil.⟩ **0.1** ***bergjager.***

Gebirgskette ⟨v.⟩ **0.1** ***bergketen.***

Gebirgslage ⟨v.⟩ **0.1** ***ligging in de bergen.***

Gebirgsschlucht ⟨v.⟩ **0.1** ***bergkloof*** ⇒*ravijn.*

Gebirgsstock ⟨m.; mv. ~e⟩ **0.1** ***bergmassief.***

Gebirgszug ⟨m.⟩ **0.1** ***bergketen.***

Gebiß ⟨o.; Gebisses, Gebisse⟩ **0.1** ***gebit*** **0.2** ***(ge)bit*** ⟨van paard⟩.

Geblase ⟨o.; ~s⟩⟨inf.⟩ **0.1** ***geblaas*** **0.2** ***getoeter.***

Gebläse ⟨o.; ~s, ~⟩ **0.1** ***blaastoestel*** ⇒*blazer, ventilator, blaasbalg* **0.2** ***compressor*** **0.3** ***hooiblazer*** **0.4** ***lasbrander.***

Geblök ⟨o.; ~(e)s⟩ **0.1** ***geblaat*** **0.2** ***geloei*** ⇒*gebulk.*

geblümt **0.1** ***gebloemd*** **0.2** ⟨fig.⟩ ***geaffecteerd.***

Geblüt ⟨o.; ~(e)s⟩⟨schr.⟩ **0.1** ***bloed*** ⇒⟨fig.⟩ *afkomst* **0.2** ***gemoedsgesteldheid*** ◆ **2.1** aus königlichem ~e *van koninklijken bloede* **6.1** das lag ihm **im** ~ *dat zat hem in het bloed.*

gebongt ⟨inf.⟩ ◆ **3.¶** ist ~ (a) *komt voor elkaar* (b) *afgesproken.*

geboren **0.1** ***geboren*** **0.2** ***met de meisjesnaam*** **0.3** ***van geboorte*** ◆ **1.2** Frau Müller ~e Schmidt *mevrouw Müller, met haar meisjesnaam Schmidt, mevrouw Müller-Schmidt;* sie ist eine ~e Schmidt *haar meisjesnaam is Schmidt* **6.1 zum** Lehrer ~ *voor leraar geboren.*

Geborgenheit ⟨v.; ~⟩ **0.1** ***geborgenheid.***

Gebot ⟨o.; ~(e)s, ~e⟩ **0.1** ***gebod*** ⇒*bevel, richtsnoer, leidraad* **0.2** ***vereiste*** ⇒*eis* **0.3** ⟨ec.⟩ ***bod*** ◆ **1.2** das ~ der Stunde *de eis van het ogenblik;* das ~ der Vernunft *de redelijkheid* **2.3** erstes ~ *inzet* ⟨op een veiling⟩ **3.3** ein ~ abgeben *een bod doen* **6.1** jmdm. **zu** ~(e) stehen *iem. ten dienste staan.* →**Not.**

Gebr. ⟨alleen mv.⟩⟨afk.⟩ →**Gebrüder.**

Gebratene(s) ⟨bn. als zn.; o.⟩ **0.1** ***gebraden, gebakken spijzen*** ⇒*gebraad.*

Gebräu ⟨o.; ~(e)s, ~e⟩ **0.1** ***brouwsel.***

Gebrauch ⟨m.; ~(e)s, ~̈e⟩ **0.1** ***gebruik*** **0.2** ***gebruik, gewoonte*** ⇒*zede* ◆ **6.1 außer** ~ *buiten gebruik;* ⟨schr.⟩ **außer** ~ setzen *buiten werking stellen;* **im**, in ~ sein *in gebruik zijn* **6.2 außer** ~ kommen *in onbruik raken;* **in** ~ kommen *in zwang komen.*

gebrauchen **0.1** ***gebruiken*** ◆ **3.1** einen Wagen gebraucht kaufen *een auto tweedehands kopen.*

gebräuchlich **0.1** ***gebruikelijk.***

Gebrauchs|anleitung, -anweisung ⟨v.⟩ **0.1** ***gebruiksaanwijzing.***

gebrauchsfähig **0.1** ***bruikbaar*** ⇒*te gebruiken.*

gebrauchsfertig **0.1** ***gebruiksklaar.***

Gebrauchsgegenstand ⟨m.⟩ **0.1** ***gebruiksvoorwerp.***

Gebrauchsmuster ⟨o.⟩⟨jur.⟩ **0.1** ***gebruiksmodel.***

Gebrauchswert ⟨m.⟩ **0.1** ***gebruikswaarde.***

Gebrauchszweck ⟨m.⟩ **0.1** ***gebruiksdoeleinde*** ⇒*praktisch doeleinde.*

Gebrauchtwagen ⟨m.⟩ **0.1** ***tweedehands auto*** ⇒*occasion.*

Gebrause ⟨o.; ~s⟩ **0.1** ***gebruis*** ⇒*gesuis* **0.2** ***geraas.***

gebrechen ⟨schr.⟩ **0.1** ***ontbreken*** ◆ **6.1** es gebricht mir **an** Geld *het ontbreekt mij aan geld.*

Gebrechen ⟨o.; ~s, ~⟩⟨schr.⟩ **0.1** ***gebrek*** ⇒*ongemak, kwaal.*

gebrechlich **0.1** ***gebrekkig*** ⇒*zwak* **0.2** ***teer*** ⇒*broos.*

gebrochen **0.1** ***gebroken*** **0.2** ***gestoord*** ◆ **1.2** ein ~es Verhältnis *een gestoorde relatie.*

Gebrodel ⟨o.; ~s⟩ **0.1** ***geprutteI*** **0.2** ***geborrel*** **0.3** ***borrelende massa.***

Gebrüder ⟨alleen mv.⟩ **0.1** ***gebroeders.***

Gebrüll ⟨o.; ~(e)s⟩ **0.1** ***gebrul*** **0.2** ***geloei*** **0.3** ***geraas.***

Gebrumm ⟨o.; ~(e)s⟩ **0.1** ***gebrom*** **0.2** ***gegons*** **0.3** ***geneurie.***

Gebrummel ⟨o.; ~s⟩⟨inf.⟩ →**Gebrumm.**

Gebühr ⟨v.; ~, ~en⟩ **0.1** ***tarief*** **0.2** ***leges*** ⇒*recht, kosten* **0.3** ***vergoeding*** ⇒*betaling* **0.4** ***loon*** ⇒*provisie* **0.5** ***port(o)*** ◆ **2.1** zu ermäßigter ~ *tegen verminderd, gereduceerd tarief* **3.5** ~ zahlt Empfänger *kan ongefrankeerd worden verzonden* **6.¶ nach** ~ *naar verdienste;* **über** ~ *overmatig.*

gebühren ⟨schr.⟩ **I** ⟨onov.ww.⟩ **0.1** ***toekomen*** ⇒*passen, verdienen.* →**Ehre;**
II sich ~ ⟨wk.ww.⟩⟨onpers. ww.⟩ **0.1** ***betamen*** ⇒*passen, horen.*

Gebührenanzeiger ⟨m.⟩⟨com.⟩ **0.1** ***kostenteller.***

gebührend **0.1** ***passend, behoorlijk*** ⇒*naar behoren.*

gebühren|dermaßen, -derweise **0.1** ***op passende wijze*** ⇒ *naar behoren, behoorlijk.*

Gebühreneinheit ⟨v.⟩⟨com.⟩ **0.1** ***gesprekseenheid.***

Gebührenerlaß ⟨m.⟩ **0.1** ***vrijstelling van leges/rechten*** ⇒ *vrijstelling van betaling/kosten.*

Gebührenfernsehen ⟨o.⟩ **0.1** ***betaaltelevisie, pay-tv.***

gebührenfrei **0.1** ***kosteloos*** ⇒*gratis* **0.2** ***portvrij.***

Gebührenordnung ⟨v.⟩ **0.1** ***tariefregeling*** ⇒*vastgestelde tarieven.*

gebührenpflichtig **0.1** ***tegen betaling*** ⇒*aan rechten, leges onderworpen.*

Gebührensatz ⟨m.⟩ **0.1** ***tarief.***

Gebührenzähler ⟨m.⟩⟨com.⟩ **0.1** ***kostenteller.***

gebum(s)fiedelt ⟨inf.⟩ ◆ **3.¶** sich ~ fühlen *zich zeer vereerd voelen.*

Gebundenheit ⟨v.; ~⟩ **0.1** ***gebondenheid*** ⇒*verplichting.*

Geburt ⟨v.; ~, ~en⟩ **0.1** ***geboorte*** ⟨ook fig.⟩ ⇒*bevalling* **0.2** ***afkomst*** ⇒*afstamming* **0.3** ⟨schr.; pej.⟩ ***schepping*** ⇒*product, voortbrengsel* ◆ **2.1** ⟨inf.; fig.⟩ eine schwere ~ *een harde dobber* **2.2** von niedriger ~ *van geringe afkomst, lage komaf* **6.1 nach, vor** Christi ~ *na, vóór Christus;* **von** ~ (an) taub *doofgeboren.*

Geburtenbeschränkung ⟨v.⟩ **0.1** ***geboortebeperking.***

Geburtenkontrolle ⟨v.⟩ **0.1** ***geboorteregeling.***

Geburtenrückgang ⟨m.⟩ **0.1** ***geboortedaling.***

geburtenschwach 0.1 ***met een laag geboortecijfer.***

geburtenstark 0.1 ***met een hoog geboortecijfer.***

Geburten|zahl, -ziffer ⟨v.⟩ **0.1** ***geboortecijfer.***

gebürtig 0.1 ***geboortig*** ⇒*afkomstig, van geboorte* ◆ **6.1 aus** Rotterdam ~ sein *uit Rotterdam komen.*

Geburtsanzeige ⟨v.⟩ **0.1** ***geboorteaankondiging*** **0.2** ***geboorteaangifte.***

Geburtsfehler ⟨m.⟩ **0.1** ***aangeboren gebrek.***

Geburtshelfer ⟨m.⟩ **0.1** ***verloskundige.***

Geburtshilfe ⟨v.⟩ **0.1** ***verloskunde*** ⇒*verloskundige hulp.*

Geburtsmal ⟨o.⟩ **0.1** ***moedervlek.***

Geburtsort ⟨m.⟩ **0.1** ***geboorteplaats.***

Geburtsschein ⟨m.⟩ **0.1** ***geboortebewijs.***

Geburtstag ⟨m.⟩ **0.1** ***verjaardag*** **0.2** ⟨adm.⟩ ***geboortedag*** ◆ **3.1** ~ haben *jarig zijn, verjaren* **6.1** etwas **zum** ~ (geschenkt) bekommen *iets voor zijn verjaardag (cadeau) krijgen.*

Geburtstagskind ⟨o.⟩ **0.1** ***jarige*** ⇒*feestvarken.*

Geburtsurkunde ⟨v.⟩ **0.1** ***geboorteakte*** ⇒*geboortebewijs.*

Geburtswehen ⟨alleen mv.⟩ **0.1** ***(barens)weeën.***

Geburtszange ⟨v.⟩ **0.1** ***verlostang.***

Gebüsch ⟨o.; ~(e)s, ~e⟩ **0.1** ***struikgewas*** ⇒*struiken.*

geck →**jeck.**

Geck ⟨m.; ~en, ~en⟩ **0.1** ***fat*** ⇒*dandy* **0.2** ⟨vero.; nog reg.⟩ ***gek, zot*** **0.3** ⟨vero.; nog reg.⟩ ***vastenavondgek.***

geckenhaft 0.1 ***fatterig*** ⇒*dandyachtig.*

Geckerei ⟨v.; ~, ~en⟩ **0.1** ***fatterigheid*** ⇒*dandyisme* **0.2** ⟨vero.⟩ ***dwaas-, zotheid.***

gedacht 0.1 ***bestemd*** ⇒*toegedacht* **0.2** ***bedoeld*** ⇒*gedacht* **0.3** ***denkbeeldig.***

Gedächtnis ⟨o.; ~ses, ~se⟩ **0.1** ***geheugen*** **0.2** ***nagedachtenis*** ⇒*herdenking, herinnering* **0.3** ⟨Zwi.⟩ ***herdenkingsplechtigheid*** ◆ **2.1** ⟨inf.⟩ ein kurzes ~ *een slecht geheugen* **3.1** soll ich deinem ~ mal nachhelfen? *moet ik je geheugen een beetje opfrissen?* **3.2** jmdm. ein ehrenvolles ~ bewahren *iemands nagedachtenis in ere houden* **6.1 aus** dem ~ *van buiten, uit het hoofd;* jmdn. **aus** dem ~ verlieren *iem. vergeten;* etwas **im** ~ behalten, bewahren *iets onthouden* **8.1** ein ~ wie ein Sieb *een geheugen als een garnaal.*

Gedächtnisfeier ⟨v.⟩ **0.1** ***herdenkingsplechtigheid.***

Gedächtnishilfe ⟨v.⟩ **0.1** ***geheugensteuntje.***

Gedächtnislücke ⟨v.⟩ **0.1** ***lacune in de herinnering(en).***

Gedächtnisrede ⟨v.⟩ **0.1** ***herdenkingsrede.***

Gedächtnisschwund ⟨m.⟩ **0.1** ***geheugenverlies.***

gedackt ⟨muz.⟩ **0.1** ***gedekt, gesloten*** ⟨van orgelpijp⟩.

Gedanke ⟨m.; ~ns, ~n⟩ **0.1** ***gedachte*** ⇒*denkbeeld, idee* ◆ **2.1** auf dumme ~n kommen *domme dingen gaan doen;* keinen klaren ~n fassen können *niet helder kunnen denken;* der leitende ~ *de hoofdgedachte* **3.1** seine ~n nicht beisammenhaben *er met zijn gedachten niet bij zijn;* ~n sind (zoll)frei *denken staat vrij* **4.1** du brauchst dir (darüber, deswegen) keine ~n zu machen *je hoeft je (daarover) niet ongerust te maken;* sich ⟨3e nv.⟩ über etwas ~n machen ⟨ook⟩ *zijn gedachten over iets laten gaan;* ⟨inf.⟩ kein ~ (daran)! *geen denken aan!* **6.1 auf** andere ~n kommen *tot andere gedachten komen;* jmdn. **auf** andere ~n bringen *iem. afleiden, verstrooien;* das kommt mir nicht **aus** den ~n *ik raak de gedachte daaraan maar niet kwijt;* sich **mit** einem ~n tragen *met een idee rondlopen.*

Gedankenarbeit ⟨v.⟩ **0.1** ***denkwerk.***

gedankenarm 0.1 ***arm aan gedachten, ideeën.***

Gedankenaustausch ⟨m.⟩ **0.1** ***gedachtewisseling.***

Gedankenblitz ⟨m.⟩⟨inf.⟩ **0.1** ***gedachteflits.***

Gedankenfreiheit ⟨v.⟩ **0.1** ***vrijheid van gedachte.***

Gedankenfülle ⟨v.⟩ **0.1** ***ideeënrijkdom.***

Gedankengang ⟨m.⟩ **0.1** ***gedachtegang.***

Gedankengut ⟨o.⟩ **0.1** ***geestelijk, ideëel bezit.***

gedankenleer 0.1 ***zonder inhoud, zonder (diepere) gedachten*** **0.2** ***gedachteloos.***

gedankenlos 0.1 ***gedachteloos*** ⇒*onnadenkend.*

gedankenreich 0.1 ***rijk aan gedachten, ideeën.***

gedankenschwer ⟨schr.⟩ **0.1** ***vol (diepe) gedachten*** ⇒*diepzinnig.*

Gedankensplitter ⟨m.⟩ **0.1** ***losse gedachte.***

Gedankenstrich ⟨m.⟩ **0.1** ***gedachtestreep.***

Gedankenübertragung ⟨v.⟩ **0.1** ***gedachteoverbrenging, telepathie.***

Gedankenverbindung ⟨v.⟩ **0.1** ***(gedachte)associatie.***

gedankenverloren 0.1 ***in gedachten verzonken*** ⇒*peinzend.*

gedankenvoll 0.1 ***in gedachten verzonken*** ⇒*peinzend* **0.2** ***vol gedachten*** ⇒*diepzinnig, (inhoudelijk) diepgaand.*

gedanklich 0.1 ***als, v.d. gedachte*** ⇒*abstract, theoretisch, ideëel.*

Gedärm ⟨o.; ~(e)s, ~e⟩ **0.1** ***ingewanden*** ⇒*darmen.*

Gedeck ⟨o.; ~(e)s, ~e⟩ **0.1** ***couvert*** **0.2** ***menu*** **0.3** ***verplichte consumptie*** ◆ **2.2** ein trockenes ~ *een menu zonder (de) drank.*

gedeckt 0.1 ***mat, dof, gedempt*** ◆ **1.1** ~e Farben *gedekte kleuren.*

Gedeih ⟨m.; ~s⟩ ◆ **¶.¶** auf ~ und Verderb (a) *in voor- en tegenspoed* (b) *onvoorwaardelijk, door dik en dun.*

gedeihen ⟨→t43⟩ **0.1** ***gedijen*** ⟨ook fig.⟩ ⇒*tieren, bloeien* **0.2** ***vorderen, opschieten.*** →**Gut.**

Gedeihen ⟨o.; ~s⟩ **0.1** ***voorspoed*** ⇒*bloei.*

gedeihlich ⟨schr.⟩ **0.1** ***voorspoedig*** ⇒*gunstig, positief* **0.2** ***vruchtbaar.***

gedenken 0.1 ***voornemens, van plan zijn*** **0.2** ⟨met 2e nv.; Zwi. met 3e nv.; schr.⟩ ***gedenken*** ⇒*herdenken* **0.3** ⟨met 2e nv.; schr.⟩ ***denken aan*** ⇒*zich herinneren* ◆ **4.2** gedenke meiner *gedenk mij, denk aan mij.*

Gedenken ⟨o.; ~s⟩ **0.1** ***gedachtenis*** ⇒*herinnering, nagedachtenis, herdenking.*

Gedenkfeier ⟨v.⟩ **0.1** ***herdenkingsplechtigheid.***

Gedenkmarke ⟨v.⟩ **0.1** ***herdenkingspostzegel.***

Gedenkminute ⟨v.⟩ **0.1** ***minuut stilte.***

Gedenkmünze ⟨v.⟩ **0.1** ***gedenkpenning.***

Gedenkstätte ⟨v.⟩ **0.1** ***gedenkplaats.***

Gedenktafel ⟨v.⟩ **0.1** ***gedenkplaat.***

Gedenktag ⟨m.⟩ **0.1** ***gedenk-, herdenkingsdag.***

Gedicht ⟨o.; ~(e)s, ~e⟩ **0.1** ***gedicht*** **0.2** ⟨inf.⟩ ***droom*** ⇒*iets fantastisch, subliems.*

Gedichtband ⟨m.; mv. ~̈e⟩ **0.1** ***gedichtenbundel.***

Gedichtform ⟨v.⟩ **0.1** ***dicht-, versvorm.***

Gedichtsammlung ⟨v.⟩ →**Gedichtband.**

gediegen 0.1 ***degelijk*** ⇒*gedegen, grondig* **0.2** ***gedegen, zui-***

ver **0.3** ⟨inf.⟩ ***vreemd*** ⇒*raar* **0.4** ⟨inf.⟩ ***komisch, grappig*** ◆ **3.4** das ist ~! *die is goed!*

gedient 0.1 ***oud-, ex-*** ⇒*gewezen.*

Gedränge ⟨o.; ~s⟩ **0.1** ***gedrang*** ⇒*drukte* **0.2** ⟨fig.⟩ ***nauw*** ⇒ *gedrang* **0.3** ⟨rugby⟩ ***scrum*** **0.4** ⟨voetbal⟩ ***(doel)worsteling*** ◆ **6.2 ins** ~ geraten *in het gedrang komen.*

Gedrängel ⟨o.; ~s⟩⟨inf.⟩ **0.1** ***gedrang.***

gedrängt 0.1 ***(opeen)gedrongen*** ⇒*dicht opeen* **0.2** ⟨fig.⟩ ***bondig*** ⇒*compact, beknopt* ◆ **2.1** ~ voll *propvol* **3.1** ~ schreiben (a) *dicht op elkaar schrijven* (b) ⟨fig.⟩ *(in) een bondige stijl schrijven.*

Gedröhn ⟨o.; ~(e)s⟩ **0.1** ***gedreun*** ⇒*gedaver.*

gedrückt 0.1 ***be-, gedrukt*** ⇒*neerslachtig.*

gedrungen 0.1 ***gedrongen.***

Gedudel ⟨o.; ~s⟩⟨inf.; pej.⟩ **0.1** ***gejank*** ⇒*geschetter.*

Geduld ⟨v.; ~⟩ **0.1** ***geduld*** ◆ **3.1** jetzt reißt mir aber die ~! *nu is mijn geduld op!* **6.1** sich **in** ~ fassen *geduld oefenen, zijn ziel in lijdzaamheid bezitten* ¶**.1** ⟨sprw.⟩ mit ~ und Spucke fängt man manche Mucke *geduld overwint alles.*

gedulden, sich 0.1 ***geduld hebben*** ⇒*wachten.*

geduldig 0.1 ***geduldig*** ⇒*lijdzaam.*

Geduldsfaden ⟨m.⟩⟨inf.⟩ ◆ ¶**.**¶ jmdm. reißt der ~ *iemands geduld is op, ten einde.*

Geduldsprobe ⟨v.⟩ **0.1** ***geduldproef.***

gedunsen 0.1 ***(op)gezwollen*** ⇒*opgezet, opgeblazen.*

geehrt 0.1 ***geacht*** ⇒*geëerd* ◆ **1.1** ⟨in brief⟩ (sehr) ~er Herr *(zeer) geachte Heer;* sehr ~e Damen und Herren! *dames en heren!*

geeignet 0.1 ***geschikt*** ⇒*gepast, passend* ◆ **1.1** die ~sten Mittel *de meest geschikte middelen* **3.1** ~ sein ⟨ook⟩ *zich lenen.*

Geest ⟨v.; ~, ~en⟩ **0.1** ***geest(grond).***

Gefach ⟨o.; ~(e)s, ~e⟩ **0.1** ⟨bouwk.⟩ ***vak*** **0.2** ***vak*** ⇒*laatje.*

Gefackel ⟨o.; ~s⟩⟨inf.⟩ **0.1** ***geteut*** ⇒*gezeik.*

Gefahr ⟨v.; ~, ~en⟩ **0.1** ***gevaar*** ⇒*risico* ⟨ook ec.⟩ ◆ **6.1 auf** eigene ~ *op, voor eigen risico;* **auf** die ~ hin *op (het) gevaar af.*

gefahrbringend 0.1 ***gevaarlijk*** ⇒*dreigend.*

gefährden 0.1 ***in gevaar brengen*** ⇒*bedreigen, een bedreiging vormen voor.*

gefahrdrohend 0.1 ***gevaarlijk*** ⇒*dreigend.*

Gefährdung ⟨v.; ~, ~en⟩ **0.1** ***bedreiging*** ⇒*gevaar.*

Gefahre ⟨o.; ~s⟩⟨inf.⟩ **0.1** ***gerij.***

Gefahrenbereich ⟨m.⟩ **0.1** ***gevarenzone.***

Gefahrenmoment ⟨o.⟩ **0.1** ***risicofactor.***

Gefahrenstelle ⟨v.⟩ **0.1** ***gevaarlijke plaats.***

Gefahrenzulage ⟨v.⟩ **0.1** ***gevarentoeslag.***

gefährlich 0.1 ***gevaarlijk.***

gefahrlos 0.1 ***ongevaarlijk, zonder gevaar.***

Gefährt ⟨o.; ~(e)s, ~e⟩⟨schr.⟩ **0.1** ***voertuig*** ⇒*rijtuig.*

Gefährte ⟨m.; ~n, ~n⟩⟨schr.⟩ **0.1** ***(met)gezel, kameraad, makker*** ◆ **2.1** ein ständiger ~ *een vaste vriend.*

Gefährtin ⟨v.; ~, ~nen⟩ **0.1** ***(met)gezellin*** ⇒*kameraad, vriendin, partner.*

gefahrvoll 0.1 ***gevaarvol*** ⇒*gevaarlijk, zeer riskant.*

Gefälle ⟨o.; ~s, ~⟩ **0.1** ***helling*** ⇒*stijging, daling* **0.2** ***hoogte-, niveauverschil*** **0.3** ***verval*** ⟨van rivier⟩ **0.4** ⟨fig.⟩ ***(niveau)verschil*** **0.5** ⟨vooral Zwi.⟩ ***neiging*** ◆ **2.4** das soziale ~ *de sociale verschillen* **2.**¶ ⟨inf.⟩ ein gutes ~ haben *goed, vlot kunnen drinken.*

gefallen I ⟨onov.ww.; h.; met 3e nv.⟩ **0.1** ***bevallen*** ⇒*aanstaan, behagen, in de smaak vallen* **0.2** ***plezier hebben (in), genoegen scheppen (in)*** ◆ **3.1** das lasse ich mir nicht ~! *dat laat ik mij niet welgevallen!;* ⟨inf.⟩ das lasse ich mir ~! *dat mag ik wel!* **5.1** wie gefalle ich dir? *hoe vind je me?;* **II sich** ~ ⟨wk.ww.; met 3e nv.⟩ **0.1** ***plezier hebben, zich verlustigen*** ⇒*genoegen scheppen.*

Gefallen[1] ⟨m.; ~s, ~⟩ **0.1** ***genoegen*** ⇒*plezier* ◆ **3.1** jmdm. einen ~ tun, ⟨schr.⟩ erweisen *iem. een plezier doen.*

Gefallen[2] ⟨o.; ~s⟩ **0.1** ***plezier*** ⇒*welbehagen* ◆ **6.1** ~ finden **an** einer Sache *plezier hebben in iets;* ⟨schr.⟩ **nach** ~ *naar believen;* jmdm. **zu** ~ *om iem. een plezier te doen.*

Gefallene(r) ⟨bn. als zn.⟩ **0.1** ***gesneuvelde.***

gefällig 0.1 ***voorkomend, vriendelijk*** ⇒*gedienstig, attent* **0.2** ***bevallig*** ⇒*aardig* **0.3** ***prettig*** ⇒*aardig* **0.4** ***gewenst*** ◆ **1.1** ⟨vero.; adm., ec.⟩ zur ~en Beachtung *ter kennisgeving* **1.4** noch ein Bier ~? *wenst u nog een bier(tje)?* **3.1** sich jmdm. ~ erweisen, zeigen *vriendelijk voor iem. zijn, iem. een dienst bewijzen* **3.4** was ist ~? *wat is er van uw dienst?* **4.1** jmdm. ~ sein *iem. een plezier doen* **4.**¶ da ist (et)was ~! *daar valt wat te beleven!*

Gefälligkeit ⟨v.; ~, ~en⟩ **0.1** ***dienst*** ⇒*plezier, attentie* **0.2** ***gedienstigheid, vriendelijkheid*** **0.3** ***bevalligheid*** ◆ **3.1** jmdm. eine ~ erweisen *iem. een dienst bewijzen.*

Gefälligkeitsakzept ⟨o.⟩ **0.1** ***schoorsteenwissel.***

gefälligst ⟨inf.⟩ **0.1** ***a(l)sjeblieft*** ⟨ook pej.⟩.

Gefällstrecke ⟨v.⟩ **0.1** ***hellend weggedeelte*** ⇒*helling.*

Gefallsucht ⟨v.⟩ **0.1** ***behaagzucht*** ⇒*koketterie.*

gefallsüchtig 0.1 ***behaagziek*** ⇒*koket.*

Gefangenenaufseher ⟨m.⟩ **0.1** ***gevangenbewaarder, cipier.***

Gefangenenfürsorge ⟨v.⟩ **0.1** ***reclassering.***

Gefangenenlager ⟨o.⟩ **0.1** ***gevangen(en)kamp.***

Gefangene(r) ⟨bn. als zn.⟩ **0.1** ***gevangene*** ⇒*gedetineerde.*

gefangenhalten 0.1 ***gevangen houden*** ⟨ook fig.⟩.

Gefangennahme ⟨v.; ~⟩ **0.1** ***gevangenneming.***

gefangennehmen 0.1 ***gevangen nemen*** **0.2** ⟨fig.⟩ ***fascineren, betoveren, boeien.***

Gefangenschaft ⟨v.; ~⟩ **0.1** ***gevangenschap.***

gefangensetzen ⟨vero.; schr.⟩ **0.1** ***insluiten, gevangen zetten.***

Gefängnis ⟨o.; ~ses, ~se⟩ **0.1** ***gevangenis, huis van arrest*** **0.2** ***gevangenisstraf.***

Gefängnisaufseher ⟨m.⟩ **0.1** ***gevangenbewaarder, cipier.***

Gefängnisinsasse ⟨m.⟩ **0.1** ***gedetineerde, gevangene.***

Gefängnisstrafe ⟨v.⟩ **0.1** ***gevangenisstraf, hechtenis.***

Gefängniswärter ⟨m.⟩ **0.1** ***gevangenbewaarder, cipier.***

Gefasel ⟨o.; ~s⟩⟨inf.⟩ **0.1** ***geleuter, gebazel.***

Gefäß ⟨o.; ~es, ~e⟩ **0.1** ***vat*** ⟨ook med., plantk.⟩ **0.2** ***bak*** **0.3** ***schaal*** ⇒*kom* **0.4** ***beker*** **0.5** ***vaas*** **0.6** ***gevest*** ⟨v.e. degen⟩.

gefäßerweiternd 0.1 ***vaatverwijdend.***

Gefäßsystem ⟨o.⟩ **0.1** ***vaatstelsel.***

gefaßt 0.1 ***kalm*** ⇒*bedaard, beheerst* **0.2** ***voorbereid*** ◆ **6.2** sich **auf** eine Sache ~ machen *zich op iets voorbereiden;* ⟨inf.⟩ du kannst dich **auf** (et)was ~ machen! *er zwaait wat (voor jou)!,* ⟨ook⟩ *maak je borst maar nat!*

Gefäßverengung ⟨v.⟩ **0.1** ***vaatvernauwing.***

Gefecht ⟨o.; ~(e)s, ~e⟩ **0.1** ***gevecht*** ⇒*strijd* ◆ **6.1** jmdn. **außer** ~ setzen *iem. buiten gevecht stellen;* ⟨schr.⟩ Argumente **ins** ~ führen *argumenten aanvoeren.*

gefechtsbereit 0.1 ***gevechtsklaar.***

Gefechtsstand ⟨m.⟩ **0.1** ***commandopost.***

Gefeilsch(e) ⟨o.; ~s⟩ **0.1** ***gemarchandeer, gepingel.***

gefeit ◆ **6.**¶ **gegen** eine Sache ~ (a) *van iets gevrijwaard* (b) *voor iets immuun.*

Gefieder ⟨o.; ~s, ~⟩ **0.1** ***gevederte*** ⇒*verenkleed.*

gefiedert 0.1 ***gevederd*** ⇒*gepluimd* **0.2** ⟨plantk.⟩ ***geveerd.***

Gefilde ⟨o.; ~s, ~⟩⟨schr.⟩ **0.1** ***veld*** **0.2** ***(land)streek, landouw*** **0.3** ⟨fig.⟩ ***domein, terrein*** ◆ **1.1** die ~ der Seligen *de Elyzeese velden.*

gefl. ⟨afk.⟩ →**gefällig(st).**
Geflacker ⟨o.; ~s⟩ **0.1** ***geflakker*** ⇒*geflikker.*
Geflatter ⟨o.; ~s⟩ **0.1** ***gefladder*** **0.2** ***gewapper*** **0.3** ***geslinger.***
Geflecht ⟨o.; ~(e)s, ~e⟩ **0.1** ***vlechtwerk*** ⇒⟨fig.⟩ *netwerk, web.*
Geflenne ⟨o.; ~s⟩ **0.1** ***gegrien, gejank.***
Geflimmer ⟨o.; ~s⟩ **0.1** ***geflikker*** ⇒*gefonkel.*
geflissentlich **0.1** ***opzettelijk, met opzet*** ⇒*expres.*
Gefluche ⟨o.; ~s⟩ **0.1** ***gevloek*** ⇒*gefoeter.*
Geflügel ⟨o.; ~s⟩ **0.1** ***gevogelte*** ⇒*pluimvee.*
Geflügelfarm ⟨v.⟩ **0.1** ***pluimveehouderij*** ⇒*hoenderpark.*
Geflügelhändler ⟨m.⟩ **0.1** ***poelier.***
Geflügelsalat ⟨m.⟩ **0.1** ***kippensalade.***
Geflügelschere ⟨v.⟩ **0.1** ***wildschaar.***
geflügelt **0.1** ***gevleugeld*** ⟨ook fig.⟩ ◆ **1.1** ~e Worte *gevleugelde woorden.*
Geflügelzucht ⟨v.⟩ **0.1** ***pluimveefokkerij, -teelt.***
Geflunker ⟨o.; ~s⟩⟨inf.⟩ **0.1** ***gesnoef, snoeverij(en).***
Geflüster ⟨o.; ~s⟩ **0.1** ***gefluister.***
Gefolge ⟨o.; ~s, ~⟩ **0.1** ***gevolg*** ◆ **6.1** ⟨adm.⟩ **im** ~ haben *tot gevolg, ten gevolge hebben.*
Gefolgschaft ⟨v.; ~, ~en⟩ **0.1** ***volgelingen, aanhangers*** ⇒ *gevolg* ◆ **3.1** jmdm. ~ leisten *iem. volgen, gehoorzamen.*
Gefolgsmann ⟨m.; mv. Gefolgsleute of ~̈er⟩ **0.1** ***volgeling, aanhanger.***
gefragt **0.1** ***gewild, gevraagd*** ⇒*gezocht, in trek.*
gefräßig **0.1** ***vraatzuchtig*** ⇒*gulzig.*
Gefreite(r) ⟨bn. als zn.; m.⟩ **0.1** ***soldaat eerste klasse.***
Gefrieranlage ⟨v.⟩ **0.1** ***diepvriesinstallatie.***
gefrieren **0.1** ***bevriezen.***
Gefrierfach ⟨o.⟩ **0.1** ***vriesvak.***
Gefrierfleisch ⟨o.⟩ **0.1** ***diepgevroren vlees.***
Gefriermaschine ⟨v.⟩ **0.1** ***koude-, ijsmachine.***
Gefrierpunkt ⟨m.⟩ **0.1** ***vriespunt.***
Gefrierraum ⟨m.⟩ **0.1** ***vries-, koelkamer.***
Gefrierschrank ⟨m.⟩ **0.1** ***diepvrieskast.***
Gefriertrocknung ⟨v.⟩ **0.1** ***vriesdroging, lyofilisatie.***
Gefriertruhe ⟨v.⟩ **0.1** ***diepvrieskist.***
Gefror(e)ne(s) ⟨bn. als zn.; o.⟩⟨Zdd., Oostr.⟩ **0.1** ***(consumptie)ijs.***
Gefüge ⟨o.; ~s, ~⟩ **0.1** ***bouw, samenstel(ling)*** ⇒*constructie, structuur* **0.2** ***systeem*** ⇒*bestel* **0.3** ⟨tech.⟩ ***structuur*** ⇒ *textuur.*
gefügig **0.1** ***gewillig, volgzaam, gedwee*** ⇒*meegaand* ◆ **3.1** jmdn. seinem Verlangen ~ machen *iem. aan zijn wensen onderwerpen.*
Gefühl ⟨o.; ~s, ~e⟩ **0.1** ***gevoel*** ⇒*gevoelen* ◆ **2.1** ⟨inf.⟩ das ist das höchste der ~e (a) *meer is er niet bij, meer zit er niet in* (b) *dat is het einde, het summum* **6.1** etwas **im** ~ haben (a) *iets aanvoelen* (b) *iets in zijn vingers hebben;* dem ~ **nach** *op het gevoel (af), zo te voelen.*
gefühllos **0.1** ***gevoelloos*** ⇒*ongevoelig* ◆ **6.1** ~ **gegen** Schmerzen *ongevoelig, gevoelloos voor pijn;* ~ **gegen** jmdn. *gevoelloos tegenover iem.*
Gefühllosigkeit ⟨v.; ~, ~en⟩ **0.1** ***gevoelloosheid, ongevoeligheid.***
Gefühlsausbruch ⟨m.⟩ **0.1** ***gevoelsuitbarsting, -explosie.***
gefühlsbedingt **0.1** ***gevoelsmatig.***
gefühlsbetont **0.1** ***met (veel) gevoel*** ⇒*emotioneel, (over)gevoelig.*
Gefühlsduselei ⟨v.; ~⟩⟨inf.⟩ **0.1** ***(overdreven) sentimentaliteit.***
gefühlskalt **0.1** ***koud, ongevoelig*** **0.2** ***frigide.***
gefühlsmäßig **0.1** ***op het gevoel (af)*** ⇒*gevoelsmatig, intuïtief.*
Gefühlsregung ⟨v.⟩ **0.1** ***gevoelsopwelling, emotie.***
Gefühlssache ⟨v.⟩ ◆ **2.¶** das ist reine ~! *dat is zuiver, puur een kwestie van gevoel!*
Gefühlssinn ⟨m.⟩ **0.1** ***gevoel(szin).***
Gefühlsüberschwang ⟨m.⟩ **0.1** ***overdaad van gevoel*** ⇒*roes van gevoelens.*
Gefühlswallung ⟨v.⟩ **0.1** ***gevoelsopwelling.***
gefühlvoll **0.1** ***gevoelvol, gevoelig*** ⇒⟨pej.⟩ *sentimenteel.*
Gefummel(e) ⟨o.; ~s⟩ **0.1** ***gefriemel, gefrunnik.***
Gefunkel ⟨o.; ~s⟩ **0.1** ***gefonkel*** ⇒*fonkeling(en).*
gefurcht **0.1** ***gegroefd*** ⇒*doorgroefd.*
Gegacker ⟨o.; ~s⟩ **0.1** ***gekakel*** ⇒⟨fig.⟩ *gekwebbel.*
gegeben **0.1** ***gegeven*** **0.2** ***geschikt*** ⇒*aangewezen* ◆ **1.1** im ~en Fall (a) *in voorkomend geval* (b) *in dit geval;* das ist das ~e *het meest voor de hand liggende, de beste oplossing.*
gegebenenfalls **0.1** ***eventueel*** ⇒*zo nodig.*
Gegebenheit ⟨v.; ~, ~en⟩ **0.1** ***gegeven*** ⇒*(gegeven) omstandigheid, feitelijkheid* **0.2** ***feit.***
gegen ⟨vz. + 4⟩ **0.1** ***tegen*** ⇒*in strijd met, tegen ... in* **0.2** ***naar*** ⇒*in de richting van* **0.3** ***tegenover*** **0.4** ***in vergelijking met, (vergeleken) bij*** ⇒*tegen* **0.5** ⟨vero.⟩ ***voor*** ⇒*jegens* ◆ **1.1** ~ Abend *tegen de avond* **1.2** ~ Westen *naar het westen, in westelijke richting* **1.4** ~ seinen Vater ist er ... *vergeleken bij zijn vader is hij ...* **1.5** meine Abneigung ~ ihn *mijn afkeer van hem* **2.1** ~ zwölf *tegen twaalven, tegen twaalf uur* **2.3** gefühllos ~ jmdn. *gevoelloos tegenover iem.* **2.5** aufmerksam, freundlich ~ jmdn. *attent, vriendelijk voor iem.* **3.1** ~ jmdn. gewinnen *tegen, van iem. winnen.*
Gegenangriff ⟨m.⟩ **0.1** ***tegenaanval*** ⟨ook sp.⟩.
Gegenantrag ⟨m.⟩ **0.1** ***tegenvoorstel, motie van tegenovergestelde strekking.***
Gegenanzeige ⟨v.⟩⟨med.⟩ **0.1** ***contra-indicatie.***
Gegenbehauptung ⟨v.⟩ **0.1** ***tegen(over)gestelde bewering.***
Gegenbesuch ⟨m.⟩ **0.1** ***tegenbezoek.***
Gegenbeweis ⟨m.⟩ **0.1** ***tegenbewijs.***
Gegenbuchung ⟨v.⟩ **0.1** ***tegenboeking.***
Gegend ⟨v.; ~, ~en⟩ **0.1** ***streek*** ⇒*landschap, gebied* **0.2** ***buurt*** ⇒*omgeving, omstreken* **0.3** ***richting*** ⇒*wind-, luchtstreek* **0.4** ⟨inf.⟩ ***rondte*** ⇒*rond* ◆ **6.2** ⟨inf.⟩ **in** der ~ um Weihnachten *rond Kerstmis* **6.4** **durch** die ~ fahren *een toertje maken, (maar) wat rondrijden;* **in** die ~ (a) *er (maar) op los, in het wilde weg* (b) *in de rondte.*
Gegendarstellung ⟨v.⟩ **0.1** ***recht van antwoord*** ⇒*rechtzetting* **0.2** ***rectificatie.***
Gegendienst ⟨m.⟩ **0.1** ***wederdienst.***
Gegendruck ⟨m.⟩ **0.1** ***tegendruk*** ⇒*weer-, tegenstand* ⟨ook fig.⟩.
gegeneinander **0.1** ***tegen elkaar*** ⇒*tegen mekaar* **0.2** ***voor, jegens elkaar*** **0.3** ***tegenover elkaar.***
Gegeneinander ⟨o.; ~(s)⟩ **0.1** ***het tegenover-elkaar-staan*** ⇒*vijandigheid, confrontatie.*
gegeneinanderhalten **0.1** ***tegen elkaar houden*** ⇒⟨fig.⟩ *(met elkaar) vergelijken.*
gegeneinanderstellen **0.1** ***tegen elkaar zetten, plaatsen*** **0.2** ⟨fig.⟩ ***tegenover elkaar plaatsen, stellen*** ⇒*met elkaar confronteren.*
Gegenerklärung ⟨v.⟩ **0.1** ***tegenverklaring.***
Gegenfahrbahn ⟨v.⟩ **0.1** ***andere weghelft.***
Gegenforderung ⟨v.⟩ **0.1** ***tegenvordering, -eis.***
Gegenfrage ⟨v.⟩ **0.1** ***wedervraag.***
Gegengewicht ⟨o.⟩ **0.1** ***tegenwicht*** ⟨ook fig.⟩ ⇒*contragewicht.*
Gegengrund ⟨m.⟩ **0.1** ***tegenargument*** ⇒*tegengrond.*
Gegengruß ⟨m.⟩ **0.1** ***wedergroet.***

Gegenklage ⟨v.⟩⟨jur.⟩ **0.1** ***wedereis, tegeneis.***
Gegenkultur ⟨v.⟩ **0.1** ***alternatieve cultuur.***
gegenläufig 0.1 ***in tegengestelde richting (lopend)*** ⇒*tegengesteld.*
Gegenleistung ⟨v.⟩ **0.1** ***tegenprestatie.***
Gegenlicht ⟨o.⟩ **0.1** ***tegenlicht.***
Gegenliebe ⟨v.⟩ **0.1** ***wederliefde*** ◆ **3.1** (wenig) ~ finden *(weinig) weerklank, bijval vinden.*
Gegenmaßnahme ⟨v.⟩ **0.1** ***tegenmaatregel.***
Gegenmutter ⟨v.; mv. ~n⟩ **0.1** ***contramoer.***
Gegenpart ⟨m.; ~(e)s, ~e⟩⟨sp.⟩ **0.1** ***tegenstander*** ⇒*tegenspeler.*
Gegenpartei ⟨v.⟩ **0.1** ***tegenpartij*** ⟨ook sp.⟩.
Gegenposition ⟨v.⟩ **0.1** ***tegen(over)gestelde positie.***
Gegenprobe ⟨v.⟩ **0.1** ***controleproef*** ⇒*proef op de som.*
Gegenrede ⟨v.⟩ **0.1** ***tegenspraak*** ⇒*protest* **0.2** ⟨schr.⟩ ***repliek, weerwoord.***
Gegenreformation ⟨v.⟩ **0.1** ***Contrareformatie.***
Gegenrevolution ⟨v.⟩ **0.1** ***contrarevolutie.***
Gegenrichtung ⟨v.⟩ **0.1** ***tegen(over)gestelde richting.***
Gegensatz ⟨m.; ~es, ~̈e⟩ **0.1** ***tegenstelling*** ⇒*contrast* ◆ **6.1 im** ~ zu *in tegenstelling met, tot.*
gegensätzlich 0.1 ***tegen(over)gesteld*** ⇒*tegenstrijdig.*
Gegensätzlichkeit ⟨v.; ~⟩ **0.1** ***tegenstelling(en)*** ⇒*tegenstrijdigheid.*
Gegenschlag ⟨m.⟩ **0.1** ***counter*** ⟨ook sp.⟩ ⇒*het terugslaan* **0.2** ***tegenaanval*** ⇒*tegenactie.*
Gegenseite ⟨v.⟩ **0.1** ***tegenpartij*** **0.2** ***tegenoverliggende kant*** ⇒*overkant.*
gegenseitig 0.1 ***wederzijds*** ⇒*wederkerig, onderling.*
Gegenseitigkeit ⟨v.; ~⟩ **0.1** ***wederkerigheid*** ◆ **6.1 auf** ~ *op basis van wederkerigheid;* eine Versicherungsgesellschaft **auf** ~ *een onderlinge verzekeringsmaatschappij.*
Gegensinn ⟨m.⟩ ◆ **6.¶ im** ~ *in tegengestelde richting.*
Gegenspionage ⟨v.⟩ **0.1** ***contraspionage.***
Gegensprechanlage ⟨v.⟩ **0.1** ***intercom(installatie).***
Gegenstand ⟨m.; ~(e)s, ~̈e⟩ **0.1** ***voorwerp*** ⇒*ding, zaak, object* **0.2** ***onderwerp*** ⇒*thema, inhoud, object* **0.3** ⟨Oostr.⟩ ***(school)vak*** ◆ **6.2 zum** ~ haben *tot onderwerp hebben.*
gegenständlich 0.1 ***concreet*** ⇒*zakelijk, figuratief.*
Gegenständlichkeit ⟨v.; ~⟩ **0.1** ***concreet karakter, concreetheid.***
Gegenstandpunkt ⟨m.⟩ **0.1** ***tegen(over)gesteld standpunt.***
gegenstandslos 0.1 ***overbodig*** ⇒*vervallen* **0.2** ***ongegrond*** **0.3** ***abstract*** ◆ **3.1** etwas ~ machen *iets tenietdoen;* ~ werden *(komen te) vervallen.*
Gegenstimme ⟨v.⟩ **0.1** ***stem tegen*** **0.2** ⟨muz.⟩ ***tegenstem.***
Gegenstoß ⟨m.⟩ **0.1** ***counter*** ⇒*tegenstoot* **0.2** ⟨mil., sp.⟩ ***tegenaanval.***
Gegenstück ⟨o.⟩ **0.1** ***tegenhanger*** ⇒*pendant* **0.2** ***tegendeel*** ⇒*het tegenovergestelde.*
Gegenteil ⟨o.⟩ **0.1** ***tegendeel*** ⇒*het tegenovergestelde* ◆ **6.1 im** ~ *integendeel;* sich **ins** ~ verkehren, wenden *in het tegendeel verkeren, radicaal omslaan.*
gegenteilig 0.1 ***tegen(over)gesteld*** ⇒*tegenstrijdig* ◆ **1.1** ~er Ansicht, Meinung sein *van tegengestelde mening zijn.*
Gegentor ⟨o.⟩ **0.1** ***tegendoelpunt.***
gegenüber[1] ⟨bw.⟩ **0.1** ***aan de overkant*** ⇒*tegenover.*
gegenüber[2] ⟨vz. + 3⟩ **0.1** ***tegenover*** **0.2** ***vergeleken bij, in vergelijking met*** ⇒*tegen(over)* ◆ **1.1** ~ dem Laden, ⟨ook⟩ dem Laden ~ *tegenover de winkel.*
Gegenüber ⟨o.; ~s, ~⟩ **0.1** ***overbuur*** **0.2** ***huis, huizen aan de overkant*** ⇒*overburen.*
gegenüberliegen ⟨met 3e nv.⟩ **0.1** ***liggen tegenover*** ◆ **1.1** die ~de Seite *de overkant, -zijde.*
gegenübersehen, sich 0.1 *zich geplaatst zien tegenover.*
gegenüberstehen I ⟨onov.ww.; met 3e nv.⟩ **0.1** ***staan tegenover*** ⇒*staan voor* ◆ **1.1** einer Gefahr ~ *met een gevaar geconfronteerd worden;*
II sich ~ ⟨wk.ww.⟩ **0.1** ***tegenover elkaar staan.***
gegenüberstellen 0.1 *confronteren* **0.2** ***tegenover elkaar plaatsen*** ⇒*tegenoverstellen* ◆ **1.1** den Angeklagten einem Zeugen ~ *de beklaagde met een getuige confronteren.*
Gegenüberstellung ⟨v.⟩ **0.1** ***confrontatie.***
gegenübertreten ⟨met 3e nv.⟩ **0.1** ***tegemoet treden*** ⇒*verschijnen voor, onder ogen komen* **0.2** ***optreden tegen*** ⇒ *onder ogen zien.*
Gegenunterschrift ⟨v.⟩ **0.1** ***medeondertekening, contrasignatuur.***
Gegenverkehr ⟨m.⟩ **0.1** ***tegemoetkomend verkeer*** ⇒*tegenliggers* **0.2** ***verkeer in beide richtingen.***
Gegenvorschlag ⟨m.⟩ **0.1** ***tegenvoorstel.***
Gegenwart ⟨v.; ~⟩ **0.1** ***tegenwoordige tijd*** ⇒*dag van vandaag, het heden,* ⟨taal. ook⟩ *presens* **0.2** ***tegenwoordigheid, aanwezigheid*** ◆ **1.1** die Kunst der ~ *de hedendaagse kunst* **6.1 bis in** die (jüngste) ~ (hinein) *tot op de dag van vandaag;* **in** der ~ ⟨ook⟩ *vandaag de dag.*
gegenwärtig 0.1 ***tegenwoordig*** ⇒*huidig,* ⟨als bw. ook⟩ *nu, thans* **0.2** ***aanwezig*** ⇒*vertegenwoordigd* ◆ **3.2** ⟨schr.⟩ halte es dir ~! *hou het je voor ogen!;* ⟨schr.⟩ ich habe es nicht ~, das ist mir nicht ~ *dat staat me niet meer voor de geest.*
gegenwartsbezogen 0.1 *actueel* ⇒*eigentijds.*
Gegenwartsfrage ⟨v.⟩ **0.1** ***actueel, eigentijds probleem.***
Gegenwartskunde ⟨v.⟩ **0.1** ***maatschappijleer.***
gegenwartsnah(e) 0.1 ***eigentijds*** ⇒*actueel.*
Gegenwartssprache ⟨v.⟩ **0.1** ***hedendaagse taal.***
Gegenwehr ⟨v.⟩ **0.1** ***verzet*** ⇒*tegen-, weerstand* ◆ **3.1** ~ leisten *verzet plegen, tegenstand bieden.*
Gegenwert ⟨m.⟩ **0.1** ***tegenwaarde.***
Gegenwind ⟨m.⟩ **0.1** ***tegenwind*** ⇒*wind op kop.*
Gegenwirkung ⟨v.⟩ **0.1** ***tegenkracht*** ⇒*tegenwerking* **0.2** ⟨fig.⟩ ***reactie.***
Gegenwort ⟨o.⟩ **0.1** ⟨mv. Gegenwörter⟩ ***antoniem*** **0.2** ⟨mv. ~e; reg.⟩ ***antwoord.***
gegenzeichnen 0.1 ***medeondertekenen, contrasigneren.***
Gegenzeuge ⟨m.⟩ **0.1** ***getuige à decharge*** **0.2** ***getuige v.d. tegenpartij.***
Gegenzug ⟨m.⟩ **0.1** ***tegenzet*** ⟨ook fig.⟩ **0.2** ***trein uit de tegenovergestelde richting.***
Geglitzer ⟨o.; ~s⟩ **0.1** ***geglinster*** ⇒*gefonkel.*
Gegner ⟨m.; ~s, ~⟩ **0.1** ***tegenstander*** ⟨ook sp.⟩ ⇒*tegenpartij, tegenstrever, vijand* ⟨ook mil.⟩.
gegnerisch 0.1 ***v.d. tegenpartij*** ⇒*tegenoverstaand, oppositioneel* **0.2** ***vijandelijk*** ◆ **1.1** die ~e Mannschaft, Partei *de tegenpartij.*
Gegnerschaft ⟨v.; ~, ~en⟩ **0.1** ***vijandschap*** ⇒*gekantheid, vijandigheid* **0.2** ***tegenpartij*** ⇒*tegenstanders.*
gegr. ⟨afk.⟩ [gegründet].
Gegröl(e) ⟨o.; ~s⟩ **0.1** ***gebrul*** ⇒*geloei, gejoel.*
Gegrunze ⟨o.; ~s⟩ **0.1** ***geknor*** ⟨van varkens⟩.
Gehabe ⟨o.; ~s⟩ **0.1** ***aanstellerij, (aanstellerig) gedoe*** ⇒*gemaaktheid* **0.2** ***gedrag*** ⇒*manier van doen.*
gehaben, sich ⟨Oostr.; elders vero.⟩ **0.1** ***zich gedragen*** ◆ **5.¶** ⟨vero.; nog scherts.⟩ gehab dich wohl! *vaarwel!, adieu!*
Gehaben ⟨o.; ~s⟩ **0.1** ***gedrag*** ⇒*manier van doen.*
gehabt ⟨inf.⟩ ◆ **8.¶** wie ~ *(zo)als gewoonlijk, (zo)als altijd.*
Gehackte(s) ⟨bn. als zn.; o.⟩ **0.1** ***gehakt.***
Gehader ⟨o.; ~s⟩ **0.1** ***gekibbel*** ⇒*gekrakeel* **0.2** ⟨schr.⟩ ***gemor*** ⇒*ongenoegen.*

Gehalt[1] ⟨m.; ~(e)s, ~e⟩ **0.1** ***gehalte*** ⟨ook fig.⟩.

Gehalt[2] ⟨o.; ~(e)s, ~̈er⟩ **0.1** ***salaris*** ⇒*bezoldiging, wedde* ◆ **3.1** ein ~ beziehen *een salaris ontvangen, genieten.*

gehalten ⟨schr.⟩ **0.1** ***gehouden*** ⇒*verplicht* **0.2** ⟨vero.⟩ ***waardig, beheerst*** ⇒*kalm.*

gehaltlos **0.1** ***weinig voedzaam*** ⇒*minderwaardig* **0.2** ⟨fig.⟩ ***zonder inhoud, onbeduidend.***

gehaltreich **0.1** ***voedzaam*** **0.2** ⟨fig.⟩ ***rijk aan inhoud.***

Gehaltsabrechnung ⟨v.⟩ **0.1** ***salarisspecificatie*** **0.2** ***salarisadministratie.***

Gehaltsabzug ⟨m.⟩ **0.1** ***salarisaftrek*** ⇒*inhouding op het salaris.*

Gehaltsanspruch ⟨m.⟩ **0.1** ***aanspraak op salaris*** **0.2** ⟨bij sollicitatie⟩ ***gewenst salaris*** **0.3** ***salariseis.***

Gehaltsaufbesserung ⟨v.⟩ **0.1** ***salarisverhoging.***

Gehaltsempfänger ⟨m.⟩ **0.1** ***gesalarieerde.***

Gehaltsgruppe ⟨v.⟩ **0.1** ***salarisgroep.***

Gehaltskonto ⟨o.⟩ **0.1** ***salarisrekening.***

Gehaltsstreifen ⟨m.⟩ **0.1** ***salarisstrook.***

Gehaltsstufe ⟨v.⟩ **0.1** ***salarisklasse.***

Gehaltswunsch ⟨m.⟩ **0.1** ***gewenst salaris.***

gehaltvoll **0.1** ***voedzaam*** **0.2** ⟨fig.⟩ ***rijk aan inhoud*** ⇒*waardevol.*

Gehämmer ⟨o.; ~s⟩ **0.1** ***gehamer, geklop.***

Gehänge ⟨o.; ~s, ~⟩ **0.1** ***hanger(s)*** ⇒*sieraden, hangertje(s), oorhangers* **0.2** ***guirlande*** ⇒*festoen* **0.3** ⟨tech.⟩ ***ophanginrichting*** **0.4** ⟨Oostr.⟩ ***helling.***

Gehänsel ⟨o.; ~s⟩ **0.1** ***geplaag, gesol.***

geharnischt **0.1** ⟨fig.⟩ ***fel*** ⇒*heftig, vinnig* **0.2** ***geharnast*** ◆ **1.1** ein ~er Brief *een brief op poten.*

gehässig **0.1** ***hatelijk.***

Gehäuse ⟨o.; ~s, ~⟩ **0.1** ***omhulsel*** ⇒*koker, foedraal* **0.2** ***kast*** ⇒*huis* **0.3** ***(slakken)huis*** **0.4** ***klokhuis*** **0.5** ⟨sp.⟩ ***goal.***

gehbehindert **0.1** ***slecht ter been (zijnde)*** ⇒*moeilijk kunnende lopen.*

Gehege ⟨o.; ~s, ~⟩ **0.1** ***omheind gebied*** ⇒*verblijf, paviljoen, omheining* **0.2** ⟨jacht⟩ ***wildbaan*** ◆ **6.¶** jmdm. **ins** ~ kommen *in iemands vaarwater komen.*

geheim **0.1** ***geheim*** **0.2** ***verborgen*** ⇒*geheim(zinnig)* ◆ **6.1** **im** ~en *in het geheim,* ⟨ook⟩ *heimelijk.*

Geheimagent ⟨m.⟩ **0.1** ***geheim agent.***

Geheimbund ⟨m.⟩ **0.1** ***geheim genootschap.***

Geheimdienst ⟨m.⟩ **0.1** ***geheime (inlichtingen)dienst.***

Geheimfach ⟨o.⟩ **0.1** ***geheim vak(je)*** ⇒*geheim laatje.*

Geheimfavorit ⟨m.⟩⟨vooral sp.⟩ **0.1** ***stille favoriet.***

geheimhalten **0.1** ***geheimhouden.***

Geheimnis ⟨o.; ~ses, ~se⟩ **0.1** ***geheim*** ◆ **2.1** ein offenes ~ *een publiek geheim.*

Geheimniskrämer ⟨m.⟩ →**Geheimnistuer.**

Geheimnisträger ⟨m.⟩ **0.1** ***persoon met vertrouwelijke functie.***

Geheimnistuer ⟨m.; ~s, ~⟩ **0.1** ***iem. die (altijd) geheimzinnig doet.***

Geheimnistuerei ⟨v.; ~⟩ **0.1** ***geheimzinnig gedoe*** ⇒*geheimzinnigheid.*

geheimnistuerisch **0.1** ***geheimzinnig (doend).***

geheimnisvoll **0.1** ***geheimzinnig.***

Geheimnummer ⟨v.⟩ **0.1** ***geheim nummer*** **0.2** ***pincode.***

Geheimpolizei ⟨v.⟩ **0.1** ***geheime politie.***

Geheimpolizist ⟨m.⟩ **0.1** ***stille, rechercheur, geheime politieagent.***

Geheimrat ⟨m.⟩⟨gesch.⟩ **0.1** ***geheimraad*** ⟨titel⟩.

Geheimratsecken ⟨alleen mv.⟩⟨inf.⟩ **0.1** ***kalende zijvlakken v.h. voorhoofd.***

Geheimsender ⟨m.⟩ **0.1** ***geheime zender.***

Geheimsprache ⟨v.⟩ **0.1** ***geheimtaal.***

Geheimtip ⟨m.⟩ **0.1** ***coming man*** **0.2** ***geheime tip.***

Geheimwaffe ⟨v.⟩ **0.1** ***geheim wapen*** ⟨ook fig.⟩.

Geheimzahl ⟨v.⟩ **0.1** ***pincode*** ◆ **2.1** die persönliche ~ *de pincode.*

Geheiß ⟨o.; ~es⟩⟨schr.⟩ **0.1** ⟨mondeling⟩ ***bevel*** ⇒*aanmaning, sommatie* ◆ **6.1** **auf** mein ~ *op mijn bevel.*

gehen ⟨→t44⟩ **I** ⟨onov.ww.; s.⟩ **0.1** ***gaan*** ⇒*zich begeven* **0.2** ***lopen*** **0.3** ***vallen*** ⇒*slaan* **0.4** ***uitzien*** **0.5** ***komen, reiken*** **0.6** ⟨inf.⟩ ***(aan)zitten*** ⇒*(vast)pakken* ◆ **1.2** ich war eine Stunde gegangen *ik had een uur gelopen* **1.¶** der Teig geht *het deeg rijst* **3.1** schlafen, schwimmen ~ *gaan slapen, zwemmen* **3.¶** ⟨inf.⟩ einen ~ lassen *er eentje laten (vliegen)* **4.1** so gut es (eben) geht *zo goed en zo kwaad als het gaat;* mir ist es ebenso, genauso gegangen (a) *mij is het ook zo vergaan* (b) *op mij is het ook zo overgekomen;* nichts geht mehr (a) *er gaat, functioneert niets meer* (b) *rien ne va plus* **5.1** ⟨inf.⟩ wie geht's, wie steht's? *hoe staat het leven?* **6.1** **an** die Arbeit ~ *aan het werk gaan;* **auf** die Jagd ~ *op jacht gaan;* davon ~ fünf aufs, **auf** ein Kilo *daar gaan er vijf van in een kilo;* **aus** dem Haus ~ *het huis uit gaan;* das ging **gegen** seine Überzeugung *dat ging tegen zijn overtuiging in;* **in** die Stadt ~ *naar de stad gaan, de stad ingaan;* **in** die 2. Klasse ~ (a) *naar de 2e klas gaan* (b) *in de 2e klas zitten;* ich ging **in** mich *ik keerde in mezelf;* **in** die Schule ~ *naar school gaan;* **in** Schwarz ~ *in het zwart (gekleed) gaan;* sie geht **ins** zehnte Jahr *ze gaat haar tiende jaar in;* **ins** Kino ~ *naar de bioscoop gaan;* **mit** der Zeit ~ *met zijn tijd meegaan;* **nach** dem Äußeren ~ *op het uiterlijk afgaan;* wenn es **nach** mir ginge *als het aan mij lag;* mir geht nichts **über** ein Bier *er gaat mij niets boven een pilsje;* das geht **über** meine Kräfte *dat gaat mijn krachten te boven;* **von** jmdm. ~ *bij iem. weggaan;* ⟨schr.⟩ sie ist **von** uns gegangen *zij is van ons heengegaan* ⟨gestorven⟩; ich gehe **zu** meinem Onkel *ik ga naar mijn oom;* **zur** Schule ~ *naar school gaan* **6.2** **am** Stock ~ *met een stok lopen;* er geht **auf** die 50 *hij loopt naar de 50;* **in** die Hunderte, Tausende ~ *in de honderden, duizenden lopen;* **über** die Straße ~ *de straat, weg oversteken;* **vor** jmdm. ~ *voor iem. (uit) lopen* **6.3** das geht **auf** dich *dat slaat op jou* **6.4** das Fenster geht **auf** die Straße, **nach** der Straße *het raam ziet uit op de straat, weg* **6.5** das Wasser ging ihm **bis an** die Knie, **bis zu** den Knien *het water kwam, reikte tot aan zijn knieën* **6.6** wer ist **an** meine Bücher gegangen? *wie heeft er aan mijn boeken gezeten?* **6.¶** ⟨inf.⟩ die Rechnung geht **auf** mich *de rekening is voor mij;* es ging nicht alles **nach** ihm *hij kreeg niet in alles zijn zin;* **vor** sich ~ *gebeuren, (in zijn werk) gaan* **8.¶** wie jmd. geht und steht *zoals iem. er (net) bij loopt, zomaar, spontaan* **9.¶** ⟨Zdd., Oostr.⟩ (ach,) geh! (a) *och!, hé!* (b) *vooruit!, kom (nou)!;*

II ⟨ov.ww.; s.⟩ **0.1** ***gaan*** ⇒*lopen* ◆ **1.1** ich bin diesen Weg schon oft gegangen *ik heb deze weg al vaak gedaan, gelopen* **3.¶** ⟨inf.; scherts.⟩ er wurde gegangen *hij werd eruit gegooid;*

III sich ~ ⟨wk.ww.⟩ **0.1** ***lopen*** ⇒*gaan* ◆ **4.1** es geht sich hier ganz gut *je kunt hier heel goed lopen.*

Gehen ⟨o.; ~s⟩ **0.1** ***het lopen*** ⇒*het gaan* **0.2** ⟨sp.⟩ ***het snelwandelen*** ◆ **6.1** **im** ~ *onder het lopen.*

gehenkelt **0.1** ***met een hengsel, met hengsels*** **0.2** ***met een oor, met oren.***

Gehenkte(r) ⟨bn. als zn.⟩ **0.1** ***gehangene.***

gehenlassen **I** ⟨ov.ww.⟩ **0.1** ***met rust laten*** ⇒*laten (doen)* **0.2** ***loslaten;***

II sich ~ ⟨wk.ww.⟩ **0.1** ***zich laten gaan.***

Geher ⟨m.; ~s, ~⟩ **0.1** ***snelwandelaar*** **0.2** ***loper, marcheerder.***

Gehetz ⟨o.; ~es⟩ **0.1** ***gejakker, gejaag.***
geheuer ◆ **5.**¶ nicht ~ (a) *niet pluis* (b) *niet in de haak, niet te vertrouwen;* mir ist das nicht ~ *ik vertrouw dat zaakje niet.*
Gehilfe ⟨m.; ~n, ~n⟩ **0.1** ***assistent*** *⇒hulp, (kantoor)bediende, employé* **0.2** ⟨jur.⟩ ***medeplichtige.***
Gehilfin ⟨v.; ~, ~nen⟩ **0.1** ***assistente*** *⇒hulp, juffrouw* **0.2** ⟨jur.⟩ ***medeplichtige.***
Gehirn ⟨o.; ~(e)s, ~e⟩ **0.1** ***hersenen, hersens*** *⇒*⟨fig.⟩ *brein* ◆ **2.1** ein elektronisches ~ *een elektronisch brein.*
Gehirnerschütterung ⟨v.⟩ **0.1** ***hersenschudding.***
Gehirnerweichung ⟨v.⟩ **0.1** ***hersenverweking.***
Gehirnhaut ⟨v.⟩ **0.1** ***hersenvlies.***
Gehirnschlag ⟨m.⟩ **0.1** ***(hersen)beroerte, herseninfarct.***
Gehirnwäsche ⟨v.⟩ **0.1** ***hersenspoeling.***
gehoben **0.1** ***hoger*** *⇒hoog* **0.2** ***verheven*** *⇒plechtig* **0.3** ***beter*** *⇒hoogwaardig* **0.4** ***opgewekt, vrolijk*** ◆ **1.1** der ~e Dienst *het hoger kader;* in ~er Stellung sein *een hoge positie bekleden* **1.2** ~e Sprache *hogere, verheven taal* **1.3** für den ~en Geschmack *voor de betere smaak* **1.4** in ~er Stimmung *in een vrolijke, opgewekte stemming.*
Gehöft ⟨o.; ~(e)s, ~e⟩ **0.1** ***hoeve*** *⇒hofstede.*
Gehölz ⟨o.; ~es, ~e⟩ **0.1** ***bosje, klein bos*** **0.2** ⟨steeds mv.⟩ ***struikgewas.***
Gehops ⟨o.; ~es⟩⟨inf.⟩ **0.1** ***gehuppel*** *⇒gehos, gestoei.*
Gehör ⟨o.; ~(e)s⟩ **0.1** ***gehoor*** ◆ **2.1** ⟨jur.⟩ rechtliches ~ *gehoor voor de rechtbank* **3.1** jmdm. kein ~ schenken *aan iem. geen gehoor schenken* **6.1** ein ~ **für** Musik *een muzikaal gehoor;* **nach** dem ~ *op het gehoor;* etwas **zu** ~ bringen *iets ten gehore brengen;* das ist mir **zu** ~ gekommen *dat is mij ter ore gekomen.*
gehorchen ⟨met 3e nv.⟩ **0.1** ***gehoorzamen*** *⇒luisteren naar.*
gehören I ⟨onov.ww.⟩ **0.1** ***(be)horen*** *⇒toebehoren, zijn van, toekomen* **0.2** ***nodig zijn*** **0.3** ⟨vooral Zdd.⟩ ***verdienen*** *⇒moeten, horen* ◆ **3.3** er gehört eingesperrt! *hij hoort in de gevangenis!* **4.1** das gehört mir! *dat is van mij!* **5.1** das gehört nicht hierher *dat hoort hier niet thuis* **6.1** das gehört nicht **in** dieses Buch *dat hoort niet in dit boek (thuis);* **zu** einer Sache ~ *bij, tot iets (be)horen;* **zur** Sache ~ *ter zake doen* **6.2** es gehört Mut **dazu** *er is moed voor nodig;*
II sich ~ ⟨wk.ww.⟩ **0.1** ***(be)horen*** *⇒passen, betamen* ◆ **4.1** wie es sich gehört *zoals het hoort.*
gehörgeschädigt **0.1** ***gehoorgestoord, slechthorend.***
gehörig **0.1** ***passend*** *⇒behoorlijk, gepast, naar behoren* **0.2** ***toebehorend*** *⇒behorend, eigen* **0.3** ⟨inf.⟩ ***flink, behoorlijk*** *⇒duchtig* **0.4** ⟨inf.⟩ ***(thuis)horend.***
Gehörknöchelchen ⟨alleen mv.⟩ **0.1** ***gehoorbeentjes.***
gehörlos **0.1** ***doof, gehoorloos.***
Gehörlosenschule ⟨v.⟩ **0.1** ***doofstommeninstituut.***
Gehörn ⟨o.; ~(e)s, ~e⟩ **0.1** ***hoorns*** **0.2** ***gewei.***
gehörnt **0.1** ***gehoornd*** ⟨ook fig.⟩ *⇒met hoorns.*
gehorsam **0.1** ***gehoorzaam*** ◆ **4.1** ⟨schr.⟩ jmdm. ~ sein *iem. gehoorzamen, (aan) iem. gehoorzaam zijn.*
Gehorsam ⟨m.; ~s⟩ **0.1** ***gehoorzaamheid*** ◆ **3.1** ~ leisten *gehoorzamen;* den ~ verweigern *weigeren te gehoorzamen,* ⟨ook⟩ *insubordinatie plegen* **6.1** ~ **gegen** das Gesetz, **gegenüber** seinem Chef *gehoorzaamheid aan de wet, tegenover zijn chef.*
Gehorsamsverweigerung ⟨v.⟩⟨vooral mil.⟩ **0.1** ***insubordinatie*** *⇒ongehoorzaamheid.*
Gehörsinn ⟨m.⟩ **0.1** ***gehoorzin*** *⇒hoorzin.*
Gehrock ⟨m.⟩⟨vero.⟩ **0.1** ***geklede jas*** *⇒rok(kostuum).*
Gehrung ⟨v.; ~, ~en⟩⟨tech.⟩ **0.1** ***verstek*** **0.2** ***verstekvoeg.***
Gehsteig ⟨m.⟩ **0.1** ***stoep*** *⇒trottoir, voetpad.*
Gehupe ⟨o.; ~s⟩ **0.1** ***geclaxonneer, getoeter.***
Gehverband ⟨m.⟩ **0.1** ***loopgips.***
Gehversuch ⟨m.⟩ **0.1** ***loopoefening*** **0.2** ⟨fig.⟩ ***probeersel, poging.***
Gehweg ⟨m.⟩ **0.1** ***(voet)pad*** *⇒weggetje* **0.2** ***stoep*** *⇒trottoir.*
Gehwerk ⟨o.⟩ **0.1** ***raderwerk v.e. horloge*** *⇒mechanisme.*
Geier ⟨m.; ~s, ~⟩ **0.1** ***gier*** ⟨ook fig.⟩ ◆ **3.**¶ ⟨inf.⟩ hol' dich, hol's der ~! *loop naar de duivel!;* ⟨inf.⟩ weiß der ~! *Joost mag (het) weten!* →**Aas**[1].
Geifer ⟨m.; ~s⟩ **0.1** ***kwijl*** *⇒speeksel, zever* **0.2** ⟨schr.; fig.⟩ ***venijn, gal*** *⇒gif.*
Geiferer ⟨m.; ~s, ~⟩ **0.1** ***gifkikker, -schijter.***
geifern **0.1** ***kwijlen*** **0.2** ⟨schr.; fig.⟩ ***tekeergaan*** *⇒venijn spuwen.*
Geige ⟨v.; ~, ~n⟩ **0.1** ***viool*** ◆ **2.1** die erste ~ spielen ⟨ook fig.⟩ *de eerste viool spelen* **3.1** ~ spielen *viool spelen* **6.1** ⟨fig.⟩ **nach** jmds. ~ tanzen *naar iemands pijpen dansen.*
geigen ⟨inf.⟩ **0.1** ***viool spelen*** **0.2** ***neuken, naaien*** **0.3** ***gonzen*** ◆ **1.1** ein Musikstück ~ *een muziekstuk op de viool spelen* **4.**¶ ⟨inf.⟩ es jmdm. ~, jmdm. die Meinung ~ *iem. zeggen waar het op staat.*
Geigenbogen ⟨m.⟩ **0.1** ***strijkstok.***
Geigenkasten ⟨m.⟩ **0.1** ***vioolkist.***
Geigenspieler ⟨m.⟩⟨vero.⟩ **0.1** ***violist, vioolspeler.***
Geigenstunde ⟨v.⟩ **0.1** ***vioolles.***
Geiger ⟨m.; ~s, ~⟩ **0.1** ***violist.***
Geigerzähler ⟨m.⟩⟨nat.⟩ **0.1** ***geigerteller.***
geil **0.1** ***geil*** *⇒wulps, heet, vet* **0.2** ⟨jeugdtaal⟩ ***tof, gaaf*** ◆ **6.1** ~ **auf** jmdn. *geil op iem.;* ~ **nach** einer Sache *tuk, belust op iets.*
Geisel ⟨v.; ~, ~n; zelden m.; ~s, ~⟩ **0.1** ***gijzelaar*** *⇒gijzelaarster, gegijzelde* ◆ **6.1** jmdn. **als, zur** ~ nehmen *iem. gijzelen.*
Geiselnahme ⟨v.; ~, ~n⟩ **0.1** ***gijzeling.***
Geiselnehmer ⟨m.⟩ **0.1** ***gijzelhouder, gijzelaar*** *⇒kaper.*
Geiser ⟨m.⟩ →**Geysir.**
Geisha ⟨v.; ~, ~s⟩ **0.1** ***geisha.***
Geiß ⟨v.; ~, ~en⟩⟨Zdd., Oostr., Zwi.⟩ **0.1** ***geit.***
Geißbart ⟨m.⟩⟨plantk.⟩ **0.1** ***geitenbaard.***
Geißblatt ⟨o.⟩⟨plantk.⟩ **0.1** ***kamperfoelie.***
Geißel ⟨v.; ~, ~n⟩ **0.1** ***gesel*** *⇒*⟨biol.⟩ *zweephaar* **0.2** ⟨reg.⟩ ***zweep*** *⇒karwats.*
geißeln **0.1** ***geselen*** *⇒kastijden,* ⟨fig.⟩ *hekelen* ◆ **1.1** Mißstände ~ *wantoestanden geselen, hekelen.*
Geißelung ⟨v.; ~, ~en⟩ **0.1** ***geseling.***
Geißfuß ⟨m.⟩ **0.1** ***V-vormige guts*** **0.2** ***koevoet, breekijzer*** **0.3** ⟨plantk.⟩ ***zevenblad.***
Geist[1] ⟨m.; ~(e)s, ~er⟩ **0.1** ***geest*** *⇒verstand, spook* **0.2** ***esprit, geest*** *⇒spirit, pit* ◆ **2.1** ⟨inf.⟩ große ~er stört das nicht! *daar sta ik boven!;* er ist ein kleiner ~ *hij is bekrompen van geest* **3.1** ⟨inf.⟩ den, seinen ~ aufgeben, ⟨schr.⟩ aushauchen *de geest geven;* da scheiden sich die ~er *op dit punt lopen de meningen uiteen* **6.1** ⟨inf.⟩ jmdm. **auf** den ~ gehen *iem. op de zenuwen werken;* **im** ~(e) sah ich ... *in gedachte(n) zag ik ...;* **von** allen guten ~ern verlassen sein *zijn gezond verstand verloren hebben* **6.2** ein Mann **von** ~ *een man met spirit, esprit.*
Geist[2] ⟨m.; ~(e)s, ~e⟩ **0.1** ***(wijn)geest*** *⇒essence, spiritus.*
Geisterbahn ⟨v.⟩ **0.1** ***spookhuis*** ⟨op de kermis⟩.
Geistererscheinung ⟨v.⟩ **0.1** ***geestverschijning.***
Geisterfahrer ⟨m.⟩ **0.1** ***spookrijder.***
geisterhaft **0.1** ***spookachtig*** *⇒schimmig.*
Geisterhand ⟨v.⟩ ◆ **6.**¶ wie **von, durch** ~ *als door een geheimzinnige, magische kracht bewogen.*
geistern ⟨h/s.⟩ **0.1** ***spoken*** ⟨ook fig.⟩ *⇒rondwaren, -spoken.*
Geisterstadt ⟨v.⟩ **0.1** ***spookstad.***

Geisterstunde (v.) **0.1** ***spookuur.***
geistesabwesend 0.1 ***afwezig*** ⇒*verstrooid.*
Geistesanlage (v.) **0.1** ***verstandelijke aanleg.***
Geistesarbeit (v.) **0.1** ***geestesarbeid*** ⇒*intellectuele arbeid.*
Geistesarmut (v.) **0.1** ***armoede van geest*** ⇒*geestelijke armoede.*
Geistesbildung (v.) **0.1** ***geestesontwikkeling.***
Geistesblitz (m.) **0.1** ***(ingenieuze, vernuftige) inval.***
Geistesflug (m.) **0.1** ***gedachtevlucht*** ⇒*vlucht v.d. geest.*
Geistesgaben (alleen mv.) **0.1** ***geestesgaven.***
geistesgegenwärtig 0.1 ***met tegenwoordigheid van geest*** ⇒*alert.*
Geistesgeschichte (v.) **0.1** ***geestesgeschiedenis.***
geistesgestört 0.1 ***geestelijk gestoord.***
Geistesgröße (v.) **0.1** ***grote geest*** ⇒*genie* **0.2** ***grootheid van geest.***
Geisteshaltung (v.) **0.1** ***geesteshouding*** ⇒*mentaliteit.*
geisteskrank 0.1 ***geestesziek*** ⇒*krankzinnig.*
geistesschwach 0.1 ***zwakzinnig.***
Geistesstörung (v.) **0.1** ***geestesstoornis.***
Geistesverfassung (v.) **0.1** ***geestesgesteldheid.***
geistesverwandt 0.1 ***geestverwant.***
Geistesverwirrung (v.) **0.1** ***verstandsverbijstering.***
Geisteswissenschaften (alleen mv.) **0.1** ***geesteswetenschappen.***
geistig 0.1 ***geestelijk*** ⇒*intellectueel, spiritueel, verstandelijk* **0.2** ***intelligent*** ⇒*ontwikkeld* **0.3** ***onstoffelijk*** ◆ **1.1** die ~ und körperlich Behinderten *de geestelijk en lichamelijk gehandicapten;* die ~en Berufe *de intellectuele beroepen;* der ~e Vater *de geestelijke vader* **1.¶** ~e Getränke *geestrijke, sterke dranken* **2.1** ~ beschränkt, rege *beperkt, levendig van geest.*
geistlich 0.1 ***geestelijk*** ⇒*religieus, kerkelijk.*
Geistliche(r) (bn. als zn.) **0.1** ***geestelijke.***
Geistlichkeit (v.; ~) **0.1** ***geestelijkheid*** ⇒*clerus.*
geistlos 0.1 ***geesteloos*** ⇒*leeg, stompzinnig.*
geistreich 0.1 ***geestrijk*** ⇒*ingenieus, vol esprit* **0.2** ***geestig*** ⇒*puntig.*
geistreicheln 0.1 ***geestig, leuk willen zijn*** ⇒*quasi geestig doen.*
geistvoll 0.1 ***intelligent*** ⇒*ingenieus, diepzinnig.*
Geiz (m.; ~es) **0.1** ***gierigheid.***
geizen 0.1 ***gierig zijn*** **0.2** (fig.) ***zuinig zijn*** ⇒*zuinig omspringen* ◆ **6.1** **mit** jedem Pfennig ~ *elke cent twee keer omdraaien, op een cent dood blijven* **6.2** **mit** Worten ~ *weinig spraakzaam zijn.*
Geizhals (m.) **0.1** ***gierigaard, vrek.***
geizig 0.1 ***gierig.***
Geizkragen (m.) (inf.) →**Geizhals.**
Gejaul (o.; ~(e)s) **0.1** ***gejank*** ⇒*gehuil* **0.2** ***gejoel*** ⇒*gejouw.*
Gejohle (o.; ~s) **0.1** ***gejoel*** ⇒*gejouw.*
Gekeuche (o.; ~s) **0.1** ***gehijg.***
Gekicher (o.; ~s) **0.1** ***gegiechel.***
Gekläff (o.; ~(e)s) **0.1** ***gekef*** ⇒*geblaf.*
Geklapper (o.; ~s) **0.1** ***geklepper*** ⇒*gerammel.*
Geklatsche (o.; ~s) **0.1** ***(hand)geklap*** **0.2** (inf.) ***geklets.***
Geklimper (o.; ~s) **0.1** ***getingel*** **0.2** ***getokkel.***
Geklingel(e) (o.; ~s) **0.1** ***gebel*** **0.2** ***gerinkel.***
Geklirr (o.; ~(e)s) **0.1** ***gekletter*** ⇒*gerammel* **0.2** ***gerinkel.***
Geknatter (o.; ~s) **0.1** ***geknetter.***
Geknirsche (o.; ~s) **0.1** ***geknars.***
Geknister (o.; ~s) **0.1** ***geritsel*** **0.2** ***geknetter.***
geknüppelt (inf.) ◆ **2.¶** ~ voll *stamp-, mudvol.*
gekonnt 0.1 ***kundig*** ⇒*vak-, deskundig, knap* ◆ **1.1** eine ~e Arbeit *een knap stuk werk.*
geköpert 0.1 ***gekeperd.***
gekörnt 0.1 ***gekorreld.***
Gekrächz (o.; ~es) **0.1** ***gekras*** **0.2** ***geknars.***
Gekratze (o.; ~s) **0.1** ***gekrab*** **0.2** ***gekras*** **0.3** ***geschuur.***
Gekräusel (o.; ~s) (schr.) **0.1** ***het rimpelen*** ⇒*rimpeling(en)* **0.2** ***fronsels.***
Gekreisch (o.; ~(e)s) **0.1** ***gekrijs*** ⇒*gegil* **0.2** ***gesnerp*** **0.3** ***gepiep*** **0.4** ***geknars.***
Gekritzel (o.; ~s) **0.1** ***gekrabbel, gekriebel.***
Gekröse (o.; ~s, ~) **0.1** ***ingewanden*** ⇒(cul.) *pens* **0.2** (med.) ***darmscheil, mesenterium.***
gekünstelt 0.1 ***gekunsteld, gemaakt.***
Gel (o.; ~s, ~e) (schei.) **0.1** ***gel.***
Gelächter (o.; ~s, ~) **0.1** ***gelach*** **0.2** (vero.; schr.) ***voorwerp van spot*** ◆ **2.1** schallendes ~ *geschater* **6.1** **in** (ein) ~ ausbrechen *in gelach uitbarsten* **6.2** **zum** ~ werden *een voorwerp van spot worden.*
gelackmeiert (inf.) **0.1** ***(bij de neus) genomen*** ⇒*gefopt* ◆ **3.1** der Gelackmeierte sein *de gedupeerde, dupe zijn.*
geladen (inf.) ◆ **3.¶** ~ sein *geladen, woedend, woest zijn.*
Gelage (o.; ~s, ~) **0.1** ***gelag*** ⇒*festijn, (feest)maal.*
Gelähmtheit (v.; ~) **0.1** ***verlamming, lamheid*** (ook fig.).
Gelände (o.; ~s, ~) **0.1** ***terrein*** ◆ **2.1** auf freiem ~ *in het open, vrije veld.*
Geländefahrzeug (o.) **0.1** ***terreinwagen.***
geländegängig 0.1 ***geschikt voor alle terreinen.***
Geländelauf (m.) **0.1** ***veldloop, cross-country.***
Geländer (o.; ~s, ~) **0.1** ***leuning*** ⇒*balustrade, borstwering.*
Geländeritt (m.) **0.1** ***terreinrit.***
Geländeübung (v.) (mil.) **0.1** ***veld(dienst)oefening, oefening in het vrije veld.***
gelangen 0.1 ***komen*** ⇒*geraken, bereiken* **0.2** ***worden*** **0.3** (Zwi.) ***zich richten*** ⇒*een beroep doen* ◆ **6.1** **an** die Öffentlichkeit ~ *openbaar, publiek worden;* **ans** Ziel ~ *het doel bereiken;* **zu** Geld ~ *geld krijgen, rijk worden;* **zu** Ruhm ~ *beroemd worden* **6.2** **zum** Abschluß ~ *zijn beslag krijgen, afgesloten worden;* **zur** Abstimmung ~ *in stemming komen.*
Gelärm(e) (o.; ~s) **0.1** ***lawaai*** ⇒*herrie.*
Gelaß (o.; Gelasses, Gelasse) (schr.) **0.1** ***kamertje*** ⇒*vertrek.*
gelassen 0.1 ***beheerst*** ⇒*kalm, bedaard* ◆ **3.1** sich ~ geben, ~ tun *zich groot, goed houden.*
Gelassenheit (v.; ~) **0.1** ***kalmte, beheerstheid.***
Geläster (o.; ~s) **0.1** ***geroddel*** **0.2** ***gescheld*** **0.3** ***het lasteren*** ⇒*lastering(en).*
Gelatine (v.; ~) **0.1** ***gelatine.***
geläufig 0.1 ***vertrouwd, gangbaar*** ⇒*(algemeen) bekend, (algemeen) gebruikelijk* **0.2** ***vlot, vloeiend*** ⇒*vlug, gemakkelijk* ◆ **4.1** das war mir nicht ~ *dat was mij niet bekend.*
Geläufigkeit (v.; ~) **0.1** ***gebruikelijkheid*** ⇒*bekendheid* **0.2** ***vaardigheid*** ⇒*vlotheid, gemak(kelijkheid).*
gelaunt 0.1 ***geluimd, gehumeurd*** **0.2** (vero.) ***gestemd*** ⇒*in de stemming* ◆ **6.1** **aufs** beste ~ *in een uitstekend humeur.*
Geläut (o.; ~(e)s, ~e) **0.1** ***klokken(spel)*** **0.2** ***gelui*** ⇒*gebeier* **0.3** ***gebel*** ⇒*gerinkel.*
Geläute (o.; ~s) **0.1** ***(klok)gelui*** ⇒*gebeier* **0.2** ***gebel*** ⇒*gerinkel* **0.3** (jacht) ***geblaf.***
gelb 0.1 ***geel*** ◆ **6.1** das Gelbe **vom** Ei (a) *de ei(er)dooier* (b) (inf.; fig.) *je van het, dé oplossing;* **vor** Neid ~ (und grün) werden *groen en geel worden van nijd.*
Gelb (o.; ~s, ~; inf. mv. ~s) **0.1** ***geel*** **0.2** (verk.) ***oranje, geel.***
Gelbfieber (o.) **0.1** ***gele koorts.***
gelblich 0.1 ***gelig, geelachtig.***
Gelblicht (o.) (verk.) **0.1** ***oranje (licht).***
Gelbsucht (v.) **0.1** ***geelzucht.***

gelbsüchtig **0.1** ***aan geelzucht lijdend.***

Gelbwurzel ⟨v.⟩ **0.1** ***geelwortel.***

Geld ⟨o.; ~es, ~er⟩ **0.1** ***geld*** ⇒⟨mv.⟩ *fonds* **0.2** ⟨ec.⟩ ***geld-, biedkoers*** ⇒*bieden* ◆ **2.1** ⟨inf.⟩ für billiges, teures ~ *voor weinig, veel geld;* ⟨inf.⟩ das große ~ machen, verdienen *grof geld verdienen;* heißes ~ (a) ⟨ec.⟩ *hot money* (b) *geld dat opgespoord wordt, verdacht, besmet geld;* leichtes ~ *gemakkelijk verdiend geld;* öffentliche ~er *overheidsgeld(en), gemeenschapsgelden;* ⟨inf.⟩ schweres, teures ~ *veel, grof geld* **3.1** sein ~ zum Fenster hinauswerfen *met zijn geld smijten;* ⟨inf.⟩ viel ~ machen *veel geld verdienen;* ⟨inf.⟩ ~ schafft alles *geld vermag alles* **6.1** da liegt das ~ **auf** der Straße *daar ligt het geld voor het oprapen;* jmdm. ~ **aus** der Tasche locken, ziehen *iem. geld uit de zak kloppen;* sein ~ **bis** auf den letzten Heller, Pfennig ausgeben *zijn geld tot op de laatste cent uitgeven;* nicht **für** ~ und gute Worte *voor geen geld (ter wereld);* **im** ~ schwimmen *bulken van het geld;* das läuft **ins** ~ *dat loopt in de papieren;* wenn es **ums** ~ geht, hört die Freundschaft auf *met vrienden is het slecht zaken doen;* **zu** ~ kommen *rijk worden;* etwas **zu** ~e machen *iets te gelde maken* **8.1** ~ wie Heu *geld als water.*

Geldangelegenheit ⟨v.⟩ **0.1** ***geldkwestie, -zaak.***

Geldanlage ⟨v.⟩ **0.1** ***geldbelegging.***

Geldautomat ⟨m.⟩ **0.1** ***geldautomaat.***

Geldbetrag ⟨m.⟩ **0.1** ***geldbedrag, -som.***

Geldbeutel ⟨m.⟩ **0.1** ***beurs, portemonnee*** ◆ **6.1** **auf** dem, seinem ~ sitzen *op zijn centen zitten;* ⟨inf.⟩ tief **in** den ~ greifen *diep in zijn zak, beurs tasten.*

Geldbombe ⟨v.⟩ **0.1** ***geldcassette.***

Geldbörse ⟨v.⟩⟨schr.⟩ **0.1** ***geldbeurs, portemonnee.***

Geldbuße ⟨v.⟩ **0.1** ***geldboete.***

Geldeinwurf ⟨m.⟩ **0.1** ***gleuf, sleuf (voor het inwerpen van geld).***

Geldentwertung ⟨v.⟩ **0.1** ***geldontwaarding.***

Gelderwerb ⟨m.⟩ **0.1** ***geldwinning*** **0.2** ***kostwinning.***

Geldeswert ⟨m.⟩ **0.1** ***geldswaarde*** ◆ **8.1** für, mit Geld und ~ *voor geld of geldswaardige dingen.*

Geldfrage ⟨v.⟩ **0.1** ***geldkwestie*** ⇒*kwestie van geld.*

Geldgeber ⟨m.⟩ **0.1** ***geldschieter.***

Geldgeschäft ⟨o.⟩ **0.1** ***geldzaak*** **0.2** ***financiële transactie.***

Geldgier ⟨v.⟩ **0.1** ***geldzucht.***

Geldhahn ⟨m.⟩ **0.1** ***geldkraan.***

Geldinstitut ⟨o.⟩ **0.1** ***financiële instelling.***

Geldknappheit ⟨v.⟩ **0.1** ***geldschaarste.***

Geldkurs ⟨m.⟩ **0.1** ***bied-, geldkoers.***

Geldleistung ⟨v.⟩⟨adm.⟩ **0.1** ***geldelijke prestatie*** ⇒*uitkering, (financiële) bijdrage.*

geldlich **0.1** ***financieel*** ⇒*geldelijk.*

Geldmangel ⟨m.⟩ **0.1** ***geldgebrek.***

Geldmann ⟨m.; mv. Geldleute⟩ **0.1** ***geldmagnaat*** ⇒*financier.*

Geldmenge ⟨v.⟩ **0.1** ***geldhoeveelheid.***

Geldmittel ⟨alleen mv.⟩ **0.1** ***financiële middelen.***

Geldquelle ⟨v.⟩ **0.1** ***geldbron*** ⇒*financiële bron.*

Geldreform ⟨v.⟩ **0.1** ***geldzuivering.***

Geldsache ⟨v.⟩ **0.1** ***geldzaak*** ◆ **6.1** **in** ~n hört die Gemütlichkeit auf *met vrienden is het slecht zaken doen.*

Geldsack ⟨m.⟩ **0.1** ***geldzak*** **0.2** ***rijke stinker*** ◆ **6.1** **auf** seinem ~ sitzen *op zijn centen zitten.*

Geldschein ⟨m.⟩ **0.1** ***bankbiljet.***

Geldschneider ⟨m.⟩⟨inf.⟩ **0.1** ***afzetter.***

Geldschrank ⟨m.⟩ **0.1** ***brandkast, safe.***

Geldschrankknacker ⟨m.⟩ **0.1** ***brandkastkraker.***

Geldspende ⟨v.⟩ **0.1** ***gift in geld, geldschenking.***

Geldspritze ⟨v.⟩ **0.1** ***financiële injectie.***

Geldstrafe ⟨v.⟩ **0.1** ***geldboete.***

Geldstück ⟨o.⟩ **0.1** ***geldstuk.***

Geldsumme ⟨v.⟩ **0.1** ***geldsom*** ⇒*som gelds.*

Geldumlauf ⟨m.⟩ **0.1** ***geldomloop, -circulatie.***

Geldumtausch ⟨m.⟩ **0.1** ***het wisselen van geld.***

Geldwäsche ⟨v.⟩ **0.1** ***het witten/witwassen van geld.***

Geldwechsel ⟨m.⟩ **0.1** ***het wisselen van geld*** **0.2** ***wisselkantoor.***

geldwert **0.1** ***geldswaardig*** **0.2** ***financieel, geldelijk.***

Geldwert ⟨m.⟩ **0.1** ***waarde v.h. geld*** **0.2** ***geldswaarde, waarde in geld.***

Geldwertschwund ⟨m.⟩ **0.1** ***geldontwaarding, inflatie.***

Geldwirtschaft ⟨v.⟩ **0.1** ***geldeconomie.***

Geldzuwendung ⟨v.⟩ **0.1** ***schenking, gift in geld*** **0.2** ***financiële steun, ondersteuning, toelage.***

geleckt ⟨inf.⟩ ◆ **¶.¶** wie ~ aussehen *er piekfijn uitzien.*

Gelee ⟨m. & o.; ~s, ~s⟩ **0.1** ***gelei.***

Gelege ⟨o.; ~s, ~⟩ **0.1** ***legsel*** ⇒*nest eieren.*

gelegen **0.1** ***gelegen*** ⇒*geschikt, van pas* ◆ **6.1** es ist mir viel **an** der Sache ~ *er is mij veel aan die zaak gelegen.*

Gelegenheit ⟨v.; ~, ~en⟩ **0.1** ***gelegenheid*** ⇒*mogelijkheid, kans* **0.2** ***koopje, gelegenheidsaanbieding*** **0.3** ***toilet*** ◆ **3.1** wenn sich eine ~ bietet, (er)gibt *als er zich een gelegenheid voordoet;* die ~ beim Schopf(e) ergreifen, fassen, nehmen *de gelegenheid aangrijpen, te baat nemen;* jmdm. (die) ~ geben *iem. in de gelegenheid stellen* **¶.1** ⟨sprw.⟩ ~ macht Diebe *gelegenheid maakt de dief.*

Gelegenheitsarbeit ⟨v.⟩ **0.1** ***los werk*** ⇒⟨mv. vooral⟩ *karweitje, klusje.*

Gelegenheitsarbeiter ⟨m.⟩ **0.1** ***klusjesman, los werkman.***

Gelegenheitskauf ⟨m.⟩ **0.1** ***(gelegenheids)koopje.***

gelegentlich[1] ⟨bn.⟩ **0.1** ***occasioneel, incidenteel*** ⇒⟨als bw. vooral⟩ *bij gelegenheid, soms.*

gelegentlich[2] ⟨vz. + 2⟩⟨schr.⟩ **0.1** ***ter gelegenheid van.***

gelehrig, gelehrsam **0.1** ***goedleers*** ⇒*leergierig.*

gelehrt **0.1** ***geleerd.***

Gelehrte(r) ⟨bn. als zn.⟩ **0.1** ***geleerde.***

Geleier ⟨o.; ~s⟩ **0.1** ***(eentonig) gedreun*** **0.2** ***geleuter, gezeur.***

Geleise ⟨o.; ~s, ~⟩⟨Oostr.; elders schr.⟩ →**Gleis.**

Geleit ⟨o.; ~(e)s, ~e⟩ **0.1** ***escorte*** ⇒*gevolg,* ⟨scheep. vooral⟩ *konvooi* **0.2** ⟨schr.⟩ ***geleide*** ◆ **2.2** freies, sicheres ~ *vrijgeleide;* jmdm. das letzte ~ geben *iem. naar zijn laatste rustplaats begeleiden* **3.2** jmdm. das ~ geben (a) *iem. uitgeleide doen* (b) *iem. begeleiden, escorteren* **6.2** **zum** ~ *ten geleide* ⟨woord vooraf⟩.

geleiten ⟨schr.⟩ **0.1** ***(be)geleiden*** ⇒*vergezellen.*

Geleitschiff ⟨o.⟩ **0.1** ***konvooischip, escortevaartuig.***

Geleitschutz ⟨m.⟩ **0.1** ***geleide, escorte*** ◆ **3.1** jmdm. ~ geben, gewähren *iem. escorteren, geleide doen* **6.1** **im** ~ *onder geleide, escorte.*

Geleitwort ⟨o.; mv. ~e⟩ **0.1** ***woord vooraf.***

Geleitzug ⟨m.⟩⟨mil.⟩ **0.1** ***konvooi.***

Gelenk ⟨o.; ~(e)s, ~e⟩ **0.1** ***gewricht*** ⇒⟨tech.⟩ *scharnier.*

Gelenkfahrzeug ⟨o.⟩ **0.1** ***harmonicavoertuig*** ⟨bv. tram⟩.

gelenkig **0.1** ***lenig*** ⇒*soepel, buigzaam* **0.2** ⟨tech.⟩ ***beweeglijk, soepel.***

Gelenkkopf ⟨m.⟩ **0.1** ***gewrichtskop.***

Gelenkpfanne ⟨v.⟩ **0.1** ***gewrichtskom.***

Gelenkpuppe ⟨v.⟩ **0.1** ***ledenpop.***

Gelenkwelle ⟨v.⟩⟨tech.⟩ **0.1** ***cardanas.***

gelernt **0.1** ***geschoold*** ⇒*gediplomeerd.*

Gelichter ⟨o.; ~s⟩ **0.1** ***gespuis*** ⇒*tuig.*

Geliebte ⟨bn. als zn.; v.⟩ **0.1** ***minnares*** ⇒*vriendin, maîtresse* **0.2** ⟨vero.⟩ ***geliefde.***

Geliebte(r) ⟨bn. als zn.; m.⟩ **0.1** ***minnaar*** ⇒*vriend* **0.2** ⟨vero.⟩ ***geliefde.***

geliefert ⟨inf.⟩ ◆ **3.¶** ~ sein *hangen, verloren, erbij zijn.*

gelind(e) **0.1** ***zacht*** ⇒*matig, licht, mild,* ⟨als bw. ook⟩ *zachtjes* **0.2** ⟨inf.⟩ ***flink, fiks*** ◆ **3.1** ~ gesagt *zacht uitgedrukt, op zijn zachtst gezegd.*

gelingen ⟨→t45⟩ **0.1** ***(ge)lukken*** ⇒*slagen* ◆ **4.1** die Flucht gelang ihm *hij slaagde in zijn vlucht;* das ist dir schlecht gelungen *dat is je slecht afgegaan.*

Gelingen ⟨o.; ~s⟩ **0.1** ***het (wel)slagen*** ⇒*succes* ◆ **6.1** **auf** ein gutes ~! *op het welslagen, succes!*

gell[1] ⟨bn.⟩⟨schr.⟩ **0.1** ***schril*** ⇒*schel.*

gell[2] ⟨tw.⟩⟨Zdd.⟩ →**gelt.**

gellen **0.1** ***gillen*** ⇒*schel klinken, snerpen* **0.2** ***schallen, (weer)galmen*** ⇒*(weer)klinken* ◆ **1.2** mir ~ die Ohren *mijn oren tuiten, suizen.*

geloben ⟨schr.⟩ **I** ⟨ov.ww.⟩ **0.1** ***plechtig beloven;***
II sich ~ ⟨wk.ww.; 3e nv.⟩ **0.1** ***zich (vast, serieus) voornemen.***

Gelöbnis ⟨o.; ~ses, ~se⟩⟨schr.⟩ **0.1** ***gelofte.***

Gelock ⟨o.; ~(e)s⟩⟨schr.⟩ **0.1** ***krullen*** ⇒*krulhaar.*

gelöst **0.1** ***ontspannen*** ⇒*los, ongedwongen.*

gelt ⟨Zdd., Oostr.⟩ **0.1** ***niet (waar)?*** ⇒*hè* **0.2** ***hoor.***

gelten ⟨→t46⟩ **I** ⟨onov.ww.⟩ **0.1** ***gelden*** ⇒*geldig zijn, doorgaan, gehouden worden* **0.2** ***waard zijn*** ⇒*aangeslagen worden* **0.3** ***doelen, slaan op*** ⇒*bedoeld zijn voor, gemunt zijn op* **0.4** ⟨schr.⟩ ***betreffen*** ⇒*gaan om, uitgaan naar* ◆ **1.1** nach ~der Meinung *volgens de heersende mening* **1.2** sein Rat gilt viel *zijn raad wordt hoog aangeslagen* **1.4** sein Interesse galt der Politik *zijn belangstelling gold de politiek, ging uit naar de politiek* **3.1** etwas ~ lassen *iets laten gelden, iets ook goed vinden;* andere ~ lassen *anderen in hun recht laten* **4.1** es gilt! *afgesproken!;* das gilt nicht! *dat telt, geldt niet!* **4.2** deine Liebe gilt mir viel *jouw liefde betekent veel voor mij* **4.3** diese Bemerkung galt mir *deze opmerking sloeg, doelde op mij* **8.1** als, für dumm ~ *als dom gelden, voor dom doorgaan;*
II ⟨onp.ww.⟩ **0.1** ***gelden*** **0.2** ***erop aan komen*** **0.3** ***gelegen zijn, hechten aan*** **0.4** ⟨schr.⟩ ***gaan om*** ◆ **1.2** es gilt einen Versuch *het is te proberen* **1.4** es galt meine Ehre *het ging om mijn eer* **3.2** es gilt, uns zu entscheiden *we moeten een beslissing nemen.*

geltend ◆ **3.¶** etwas ~ machen (a) *iets doen gelden, doen gevoelen* (b) *iets kenbaar maken, opperen.*

Geltung ⟨v.; ~⟩ **0.1** ***geldigheid*** ⇒*waarde* **0.2** ***gelding*** ◆ **3.1** ~ haben *geldig zijn, gelden* **3.2** dem Gesetz ~ verschaffen *de wet doen eerbiedigen;* du solltest dir mehr ~ verschaffen *je zou je sterker moeten doen gelden* **6.2** ein Mann **von** ~ *een man van aanzien;* etwas **zur** ~ bringen *iets doen gelden,* ⟨ook⟩ *iets doen uitkomen;* **zur** ~ kommen *tot zijn recht komen, uitkomen.*

Geltungsbedürfnis ⟨o.⟩ **0.1** ***geldingsdrang.***

Geltungsbereich ⟨m.⟩ **0.1** ***geldigheidsgebied*** ⇒*toepasselijkheid, toepassingsgebied* **0.2** ***verspreidingsgebied.***

Geltungsdauer ⟨v.⟩ **0.1** ***geldigheidsduur.***

Geltungsdrang ⟨m.⟩ **0.1** ***geldingsdrang.***

Gelübde ⟨o.; ~s, ~⟩ **0.1** ***gelofte.***

Gelump ⟨o.; ~(e)s⟩ **0.1** ***rommel, rotzooi*** **0.2** ***gespuis.***

gelungen **0.1** ***geslaagd*** ⇒*gelukt* **0.2** ⟨inf.⟩ ***grappig, leuk*** ⇒ *origineel.*

Gelüst ⟨o.; ~(e)s, ~e⟩⟨schr.⟩ **0.1** ***lust, begeerte*** **0.2** ***zin, trek*** ◆ **6.2** ein ~ **auf** eine Sache, **nach** einer Sache *zin in iets.*

gelüsten ⟨schr.⟩ **0.1** ***zin hebben*** ⇒*begeren* ◆ **6.1** es gelüstet mich **nach** einer Sache *ik heb zin in iets.*

gemach ⟨vero.⟩ ◆ **5.¶** nur ~!, ~, ~! *kalmpjes aan!*

Gemach ⟨o.; ~(e)s, ~er⟩⟨schr.⟩ **0.1** ***vertrek*** ⇒*kamer.*

gemächlich **0.1** ***gezapig, kalm*** ⇒*rustig, bedaard,* ⟨als bw. ook⟩ *op zijn gemak* ◆ **5.1** ganz ~ *doodgemoedereerd, op zijn dooie gemak.*

Gemächlichkeit ⟨v.; ~⟩ **0.1** ***gezapigheid, gemak*** ⇒*kalmte, bedaardheid.*

gemacht ⟨inf.⟩ ◆ **1.¶** ein ~er Mann *een geslaagd man.*

Gemahl ⟨m.; ~s, ~e⟩⟨schr.⟩ **0.1** ***gemaal, echtgenoot*** ◆ **1.1** Ihr Herr ~ *uw echtgenoot.*

Gemahlin ⟨v.; ~, ~nen⟩⟨schr.⟩ **0.1** ***gemalin, echtgenote*** ⇒ *eega* ◆ **1.1** Ihre Frau ~ *uw echtgenote.*

gemahnen ⟨schr.⟩ **0.1** ***herinneren*** ⇒*doen denken.*

Gemälde ⟨o.; ~s, ~⟩ **0.1** ***schilderij*** ⇒*schilderstuk,* ⟨fig.⟩ *beschrijving, beeld.*

Gemäldegalerie ⟨v.⟩ **0.1** ***schilderijenmuseum*** ⇒*galerie* **0.2** ***schilderijenverzameling.***

Gemansche ⟨o.; ~s⟩⟨inf.⟩ **0.1** ***geploeter*** ⇒*geklieder.*

Gemarkung ⟨v.; ~, ~en⟩ **0.1** ***gemeentegebied*** ⇒*grondgebied.*

gemäß[1] ⟨bn.⟩ **0.1** ***passend*** ⇒*adequaat, (aan)gepast* ◆ **4.1** jmdm., einer Sache ~ sein *bij iem., iets passen.*

gemäß[2] ⟨vz. + 3⟩ **0.1** ***volgens, overeenkomstig*** ⇒*naar, conform* ◆ **1.1** dem Befehl ~ *conform, overeenkomstig het bevel;* ~ Paragraph 1 *volgens paragraaf 1.*

gemäßigt **0.1** ***gematigd.***

Gemäuer ⟨o.; ~s, ~⟩⟨schr.⟩ **0.1** ***muren*** ⇒*muur-, metselwerk* **0.2** ***ruïne*** ⇒*vervallen gebouw.*

Gemauschel ⟨o.; ~s⟩⟨inf.⟩ **0.1** ***geknoei, gekonkel.***

gemein **0.1** ***gemeen*** ⇒*laag(hartig), ordinair* **0.2** ⟨vero.⟩ ***gemeenschappelijk*** ⇒*gemeen* **0.3** ***(al)gemeen*** **0.4** ***gewoon*** ⟨ook plantk., biol.⟩ ⇒*gemeen* ◆ **1.3** ~es Recht *(al)gemeen recht* **1.4** ⟨vero.⟩ der ~e Mann *de gemene, gewone man;* ⟨vero.⟩ das ~e Volk *het gewone volk, de goegemeente* **6.2** etwas **mit** jmdm. ~ hebben *iets met iem. gemeen hebben;* sich **mit** jmdm. ~ machen *zich met iem. afgeven, zich met iem. encanailleren.*

Gemeinbesitz ⟨m.⟩ **0.1** ***gemeenschappelijk, gezamenlijk bezit.***

Gemeinde ⟨v.; ~, ~n⟩ **0.1** ***gemeente*** ⇒⟨rel.⟩ *parochie* **0.2** ***groep*** ⇒*gemeenschap* **0.3** ***kring*** ⇒*aanhang* **0.4** ⟨inf.⟩ ***gemeentehuis*** ◆ **2.1** eine ländliche ~ *een plattelandsgemeente* **6.1** **von** seiten der ~ *van gemeentewege* **6.4** **auf** die ~, **zur** ~ gehen *naar het gemeentehuis gaan.*

Gemeindeabgaben ⟨alleen mv.⟩ **0.1** ***gemeentebelastingen.***

Gemeindeamt ⟨o.⟩ **0.1** ***gemeentehuis*** ⇒*(gemeente)secretarie.*

Gemeindebezirk ⟨m.⟩ **0.1** ***gemeentegebied*** **0.2** ⟨Oostr.⟩ ***stadsdistrict.***

Gemeindeglied ⟨o.⟩ **0.1** ***inwoner v.e. gemeente*** **0.2** ⟨rel.⟩ ***lid v.e. gemeente, gemeentelid*** **0.3** ⟨rel.⟩ ***parochiaan.***

Gemeindehaus ⟨o.⟩ **0.1** ***(gemeentelijk) cultureel centrum*** **0.2** ⟨rel.⟩ ***parochiehuis*** **0.3** ⟨rel.⟩ ***wijkgebouw.***

Gemeindehelfer ⟨m.⟩ **0.1** ⟨protestants⟩ ***diaken*** ⇒*ouderling, wika.*

Gemeindepflege ⟨v.⟩⟨protestants⟩ **0.1** ***kerkelijk sociaal werk, kerkelijk hulpbetoon.***

Gemeinderat ⟨m.⟩ **0.1** ***gemeenteraad*** **0.2** ***(gemeente)-raadslid.***

Gemeindeschwester ⟨v.⟩ **0.1** ***wijkzuster*** ⇒⟨protestants⟩ *wika.*

Gemeindesteuer ⟨v.⟩ **0.1** ***gemeentebelasting.***

gemeindeutsch **0.1** ***algemeen Duits.***

Gemeindeväter ⟨alleen mv.⟩⟨inf.⟩ **0.1** ***vroede vaderen.***

Gemeindevertretung ⟨v.⟩ **0.1** ***gemeenteraad.***

Gemeindevorstand ⟨m.⟩ **0.1** ***gemeentebestuur*** **0.2** ***burgemeester.***

Gemeindevorsteher ⟨m.⟩ **0.1** *burgemeester.*
Gemeindewahl ⟨v.⟩ **0.1** *gemeenteraadsverkiezing(en).*
gemeindlich 0.1 *gemeentelijk.*
Gemeineigentum ⟨o.⟩ **0.1** *gemeenschappelijk eigendom* **0.2** *staatseigendom.*
gemeinfaßlich →**gemeinverständlich.**
gemeingefährlich 0.1 *gevaarlijk voor de openbare veiligheid.*
Gemeingeist ⟨m.⟩ **0.1** *gemeenschapszin.*
gemeingültig 0.1 *algemeen geldig.*
Gemeingut ⟨o.; ~s⟩⟨schr.⟩ **0.1** *gemeengoed.*
Gemeinheit ⟨v.; ~, ~en⟩ **0.1** *gemeenheid* ⇒*gemene streek* **0.2** ⟨inf.⟩ *rotstreek.*
gemeinhin 0.1 *gemeenlijk* ⇒*gewoonlijk.*
Gemeinnutz ⟨m.; ~es⟩ **0.1** *algemeen belang, nut.*
gemeinnützig 0.1 *van algemeen nut, tot nut v.h. algemeen* ⇒*zonder winstoogmerk* ◆ **1.1** eine ~e Einrichtung *een het algemeen nut beogende instelling.*
Gemeinnützigkeit ⟨v.; ~⟩ →**Gemeinnutz.**
Gemeinplatz ⟨m.⟩ **0.1** *gemeenplaats.*
gemeinsam 0.1 *gemeenschappelijk* ⇒*gezamenlijk, gemeen,* ⟨als bw. ook⟩ *samen* ◆ **1.1** ⟨wisk.⟩ der größte ~e Teiler *de grootste gemene deler* **3.1** wir haben vieles (miteinander) ~ *we hebben veel met elkaar gemeen* **4.1** alle ~ *allemaal samen,* ⟨ook⟩ *met z'n allen.*
Gemeinsamkeit ⟨v.; ~, ~en⟩ **0.1** *gemeenschappelijk kenmerk* ⇒*(punt van) overeenkomst, overeenstemming* **0.2** *saam-, samenhorigheid* ⇒*verstandhouding.*
Gemeinschaft ⟨v.; ~, ~en⟩ **0.1** *gemeenschap* ⇒*vereniging, omgang* ◆ **1.1** ⟨rel.⟩ die ~ der Heiligen *de gemeenschap der heiligen* **2.1** in häuslicher ~ *in gezinsverband* **6.1 in** ~ **mit** jmdm. *in samenwerking, samen met iem.;* ⟨jur.⟩ **in** ~ mit Verbrechern *in vereniging met misdadigers;* mit jmdm. **in** (enger) ~ leben *met iem. samenleven.*
gemeinschaftlich 0.1 *gemeenschappelijk* ⇒*gezamenlijk,* ⟨als bw. ook⟩ *samen* ◆ **1.1** ein ~er Diebstahl *een samen, in vereniging met anderen gepleegde diefstal.*
Gemeinschaftsantenne ⟨v.⟩ **0.1** *centrale antenne* ⇒*centraal antennesysteem.*
Gemeinschaftsarbeit ⟨v.⟩ **0.1** *gemeenschappelijk, gezamenlijk werk(stuk)* **0.2** *samenwerking.*
Gemeinschaftsküche ⟨v.⟩ **0.1** *centrale keuken.*
Gemeinschaftskunde ⟨v.⟩ **0.1** *maatschappijleer.*
Gemeinschaftspraxis ⟨v.⟩ **0.1** *groepspraktijk.*
Gemeinschaftsproduktion ⟨v.⟩ **0.1** *coproductie.*
Gemeinschaftsraum ⟨m.⟩ **0.1** *recreatie-, conversatiezaal.*
Gemeinschaftsschule ⟨v.⟩ **0.1** *openbare school.*
Gemeinschaftssendung ⟨v.⟩⟨com.⟩ **0.1** *gemeenschappelijke uitzending.*
Gemeinschaftsverpflegung ⟨v.⟩ **0.1** *eten uit een centrale keuken.*
Gemeinschuldner ⟨m.⟩ **0.1** *gefailleerde.*
Gemeinsinn ⟨m.⟩ **0.1** *gemeenschapszin.*
Gemeinsprache ⟨v.⟩ **0.1** *algemene taal.*
gemeinverständlich 0.1 *algemeen, voor iedereen begrijpelijk.*
Gemeinwesen ⟨o.⟩ **0.1** *gemeenschap* ⇒*gemenebest* **0.2** *publiekrechtelijk lichaam* **0.3** *gewest* ⇒*regio.*
gemeinwirtschaftlich ⟨ec.⟩ **0.1** *genationaliseerd, geleid* **0.2** *non-profit-* **0.3** *coöperatief.*
Gemeinwohl ⟨o.⟩ **0.1** *algemeen welzijn* ⇒*algemeen belang, gemenebest.*
Gemenge ⟨o.; ~s, ~⟩ **0.1** *mengsel* ⇒*mengeling* **0.2** *mengelmoes* ⇒*mengeling* **0.3** *gedrang* ⇒*drukte.*
Gemengsel ⟨o.; ~s, ~⟩ **0.1** *mengeling* ⇒*mengsel.*
gemessen 0.1 *waardig, afgemeten* ⇒*plechtstatig* **0.2** *passend* ⇒*gepast* **0.3** *gereserveerd* ⇒*ingehouden* **0.4** ⟨vero.⟩ *strikt* ⇒*afgemeten.*
Gemetzel ⟨o.; ~s, ~⟩ **0.1** *slachting, bloedbad.*
Gemination ⟨v.; ~, ~en⟩⟨taal.⟩ **0.1** *geminatie, verdubbeling (van medeklinkers).*
Gemisch ⟨o.; ~(e)s, ~e⟩ **0.1** *mengsel* ⇒*mengeling, mengelmoes* **0.2** ⟨tech.⟩ *brandstof met mengsmering.*
gemischt 0.1 *gemengd* ⇒*gemêleerd, gevarieerd* **0.2** *twijfelachtig* ⇒*bedenkelijk, ordinair.*
gemischtrassig 0.1 *multiraciaal.*
gemischtsprachig 0.1 *gemengdtalig, meertalig.*
Gemischtwarenhandlung ⟨v.⟩⟨vero.⟩ **0.1** *kruidenier(szaak) annex bazaar.*
Gemme ⟨v.; ~, ~n⟩ **0.1** *gem(me)* ⇒*gesneden steen.*
Gemse ⟨v.; ~, ~n⟩ **0.1** *gems* ⇒*klipgeit.*
Gemsleder ⟨o.⟩ **0.1** *gems-, gemzenleer.*
Gemunkel ⟨o.; ~s⟩ **0.1** *gemompel, geklets.*
Gemurmel ⟨o.; ~s⟩ **0.1** *gemompel* ⇒*gemurmel.*
Gemurre ⟨o.; ~s⟩ **0.1** *gemor.*
Gemüse ⟨o.; ~s, ~⟩ **0.1** *groente* **0.2** ⟨inf.; scherts.⟩ *blommen, struik* ◆ **2.1** junges ~ (a) *jonge groente(n)* (b) ⟨inf.⟩ *jong volk, grut, groentjes.*
Gemüseanbau ⟨m.⟩ **0.1** *groenteteelt.*
Gemüsebeet ⟨o.⟩ **0.1** *groentebed.*
Gemüsebeilage ⟨v.⟩ **0.1** *groente (bij het eten)* ⇒*diverse groenten.*
Gemüsegarten ⟨m.⟩ **0.1** *moestuin.*
Gemüsehändler ⟨m.⟩ **0.1** *groenteman, -boer.*
Gemüt ⟨o.; ~(e)s, ~er⟩ **0.1** *gemoed* ⇒*gevoel, hart, inborst* **0.2** *ziel* ⇒*geest* ◆ **2.1** ein goldenes ~ *een hart van goud;* ⟨inf.⟩ du hast vielleicht ein kindliches, sonniges ~! *wat ben jij naïef!* **6.1** jmdm. **aufs** ~ schlagen *iem. deprimeren, verpletteren;* jmdm. **nach** dem ~e sprechen *naar iemands hart spreken;* jmdm. etwas **zu** ~e führen *iem. iets op het hart drukken;* sich ⟨3e nv.⟩ etwas **zu** ~e führen (a) *iets ter harte nemen* (b) *zich aan iets te goed doen* **8.1** ⟨inf.⟩ ein ~ haben wie ein Fleischerhund *een hart van steen hebben;* ⟨inf.⟩ ein ~ haben wie ein Veilchen, Schaukelpferd *erg naïef zijn.*
gemütlich 0.1 *gezellig* ⇒*prettig, fijn, knus* **0.2** *gemoedelijk* **0.3** *(ge)makkelijk* **0.4** *gezapig* ◆ **4.3** machen Sie es sich ⟨3e nv.⟩ ~! *maak het u gemakkelijk.*
Gemütlichkeit ⟨v.; ~⟩ **0.1** *gezelligheid* **0.2** *gemoedelijkheid* ◆ **3.1** ⟨inf.⟩ da hört aber die ~ auf! *(maar) dat gaat te ver!* **4.1** in aller ~ (a) *heel gezellig* (b) *doodgemoedereerd.*
gemütlos 0.1 *gevoelloos, ongevoelig.*
Gemütsart ⟨v.⟩ **0.1** *inborst, gemoedsgesteldheid.*
Gemütsbewegung ⟨v.⟩ **0.1** *gemoedsaandoening* ⇒*emotie.*
gemütskrank 0.1 *zielsziek, depressief.*
Gemütslage ⟨v.⟩ **0.1** *gemoedstoestand.*
Gemütsleiden ⟨o.⟩ **0.1** *zielsziekte.*
Gemütsmensch ⟨m.⟩⟨inf.⟩ **0.1** *gevoelsmens* **0.2** ⟨iron.⟩ *(stuk) onmens.*
Gemütsregung ⟨v.⟩ **0.1** *gemoedsopwelling, -aandoening.*
Gemütsruhe ⟨v.⟩ **0.1** *gemoedsrust* ◆ **4.1** in aller ~ *doodgemoedereerd, doodbedaard, op zijn dooie gemak.*
Gemütsverfassung ⟨v.⟩ **0.1** *gemoedsgesteldheid, -toestand.*
Gemütszustand ⟨m.⟩ **0.1** *gemoedstoestand, -gesteldheid.*
gemütvoll 0.1 *gevoelvol, warmhartig.*
gen ⟨vz. + 4⟩⟨vero.; schr.⟩ **0.1** *naar* ⇒*ten* ◆ **1.1** ~ Himmel *ten hemel.*
gen. ⟨afk.⟩ [genannt].
Gen ⟨o.; ~s, ~e⟩⟨biol.⟩ **0.1** *gen.*

Gen. ⟨afk.⟩ →**Genitiv; Genossenschaft.**
genäschig ⟨schr.⟩ **0.1** ***snoepzuchtig, -lustig.***
Genäsel ⟨o.; ~s⟩ **0.1** ***het nasaleren.***
genau **0.1** ***precies*** ⇒*nauwkeurig, accuraat, secuur, stipt, strikt* **0.2** ***zuinig*** ◆ **3.1** ~ besehen, ~(er) betrachtet *op de keper beschouwd;* es nicht (so) ~ nehmen *het niet zo nauw nemen;* ~er gesagt *om precies te zijn* **4.1** ~ das ist es! (a) *dát is het!* (b) *dat is het hem juist!* **5.1** es ist nichts Genaues bekannt *nadere gegevens ontbreken* **6.1** die Uhr geht **auf** die Minute ~ *het horloge loopt precies gelijk;* **auf** den Millimeter ~ *tot op de millimeter;* **aufs** ~(e)ste *uiterst nauwkeurig, precies.*
genaugenommen **0.1** ***strikt genomen.***
Genauigkeit ⟨v.; ~⟩ **0.1** ***nauwkeurigheid, precisie*** ⇒*stiptheid, nauwgezetheid, accuratesse* **0.2** ***zuinigheid.***
genauso **0.1** ***net zo*** ⇒*even, precies zo, evengoed* ◆ **2.1** ~ viel *evenveel.*
genausogut **0.1** ***evengoed*** ⇒*net zo goed.*
Genbank ⟨v.; mv. ~en⟩⟨biol.⟩ **0.1** ***genenbank.***
Gendarm ⟨m.; ~en, ~en⟩⟨Oostr., Zwi.; elders vero.⟩ **0.1** ***wachtmeester v.d. rijkspolitie*** **0.2** ***marechaussee*** ⇒ ⟨Belg.⟩ *rijkswachter, gendarme* **0.3** ⟨gesch.⟩ ***gendarme.***
Gendarmerie ⟨v.; ~, ~n⟩⟨Oostr., reg.; elders vero.⟩ **0.1** ***rijkspolitie*** **0.2** ***marechaussee*** ⇒⟨Belg.⟩ *rijkswacht* **0.3** ⟨gesch.⟩ ***gendarmerie.***
Genealogie ⟨v.; ~, ~n⟩ **0.1** ***genealogie.***
genehm ⟨schr.⟩ **0.1** ***aangenaam, welkom*** ⇒*gelegen* ◆ **3.1** jmdm. ~ sein *iem. gelegen komen, schikken, aanstaan.*
genehmigen I ⟨ov.ww.⟩ **0.1** ***inwilligen*** ⇒*fiatteren, goedkeuren, toestaan;*
II sich ~ ⟨wk.ww.; 3e nv.; zelden ov. ww.⟩ **0.1** ⟨inf.; scherts.⟩ ***zichzelf trakteren op*** ⇒*pakken, zich gunnen* ◆ **4.1** sich einen ~ *er eentje pakken.*
Genehmigung ⟨v.; ~, ~en⟩ **0.1** ***vergunning*** ⇒*inwilliging, toelating* **0.2** ***goedkeuring*** ⇒*toestemming* ◆ **2.1** eine polizeiliche ~ *een politievergunning* **3.1** die ~ ausstellen, erteilen *de vergunning verlenen;* eine ~ einholen *een vergunning, toelating aanvragen* **3.2** der ~ bedürfen *de goedkeuring behoeven.*
genehmigungspflichtig **0.1** ***waarvoor een vergunning nodig is*** ⇒*aan (officiële) goedkeuring onderworpen.*
geneigt **0.1** ***geneigd, genegen*** ⇒*bereid* **0.2** ⟨schr.⟩ ***genegen*** ⇒*goedgunstig, welwillend.*
General ⟨m.; ~s, ~e of ¨~e⟩ **0.1** ***generaal.***
Generalagent ⟨m.⟩ **0.1** ***hoofdvertegenwoordiger*** ⇒*hoofdagent, algemeen vertegenwoordiger.*
Generalagentur ⟨v.⟩ **0.1** ***hoofdvertegenwoordiging.***
Generalamnestie ⟨v.⟩ **0.1** ***algemene amnestie.***
Generalat ⟨o.; ~(e)s, ~e⟩ **0.1** ***generaalschap*** ⇒*generaalsrang* **0.2** ⟨rel.⟩ ***generalaat.***
Generalbebauungsplan ⟨m.⟩ **0.1** ***structuurplan.***
Generalbevollmächtigte(r) ⟨bn. als zn.⟩ **0.1** ***algemeen ge(vol)machtigde.***
Generalbundesanwalt ⟨m.⟩ **0.1** ***procureur-generaal bij het hoogste federale gerechtshof.***
Generaldirektor ⟨m.⟩ **0.1** ***directeur-generaal*** **0.2** ***president-directeur.***
Generalfeldmarschall ⟨m.⟩ **0.1** ***veldmaarschalk.***
Generalinspekteur ⟨m.⟩ **0.1** ***inspecteur-generaal.***
Generalinspektion ⟨v.⟩ **0.1** ***algemene inspectie*** **0.2** ***algemene revisie.***
Generalintendant ⟨m.⟩ **0.1** ***intendant-generaal.***
generalisieren **0.1** ***generaliseren*** ⇒*veralgemenen.*
Generalität ⟨v.; ~, ~en⟩⟨mil.⟩ **0.1** ***de generaals.***
Generalkapitel ⟨o.⟩⟨rel.⟩ **0.1** ***generaal kapittel.***
Generalklausel ⟨v.⟩⟨jur.⟩ **0.1** ***algemene clausule.***
Generalkonsul ⟨m.⟩ **0.1** ***consul-generaal.***
Generalleutnant ⟨m.⟩ **0.1** ***luitenant-generaal.***
Generalmusikdirektor ⟨m.⟩ **0.1** ***eerste dirigent.***
Generalnenner ⟨m.⟩ **0.1** ***kleinste gemene veelvoud*** **0.2** ⟨fig.⟩ ***één, algemene noemer.***
Generalpardon ⟨m.⟩ **0.1** ***generaal pardon*** ⟨ook fig.⟩, ***algemene amnestie.***
Generalprobe ⟨v.⟩ **0.1** ***generale repetitie.***
Generalsekretär ⟨m.⟩ **0.1** ***algemeen secretaris*** ⇒⟨pol. vooral⟩ *secretaris-generaal.*
Generalstaaten ⟨alleen mv.⟩ **0.1** ***Staten-Generaal.***
Generalstaatsanwalt ⟨m.⟩ **0.1** ***procureur-generaal.***
Generalstab ⟨m.⟩ **0.1** ***generale staf.***
Generalstäbler ⟨m.; ~s, ~⟩ **0.1** ***stafofficier.***
Generalstände ⟨alleen mv.⟩⟨gesch.⟩ **0.1** ***Staten-Generaal.***
Generalstreik ⟨m.⟩ **0.1** ***algemene staking.***
Generalüberholung ⟨v.⟩ **0.1** ***algehele revisie*** ⇒*grote beurt* ⟨van auto⟩.
Generalversammlung ⟨v.⟩ **0.1** ***algemene vergadering.***
Generalvertreter ⟨m.⟩ **0.1** ***hoofdvertegenwoordiger, -agent.***
Generalvertretung ⟨v.⟩ **0.1** ***hoofdagentschap.***
Generalvollmacht ⟨v.⟩ **0.1** ***algemene volmacht.***
Generation ⟨v.; ~, ~en⟩ **0.1** ***generatie*** ⟨ook fig.⟩ ⇒*geslacht.*
Generationswechsel ⟨m.⟩ **0.1** ***generatiewisseling.***
generativ ⟨biol., taal.⟩ **0.1** ***generatief.***
Generator ⟨m.; ~s, Generatoren⟩ **0.1** ***generator.***
generell **0.1** ***algemeen*** ⇒*generaal,* ⟨als bw. ook⟩ *over het algemeen.*
generieren **0.1** ***genereren*** ⟨ook taal.⟩.
generös ⟨schr.⟩ **0.1** ***genereus*** ⇒*edelmoedig.*
Genese ⟨v.; ~, ~n⟩ **0.1** ***genese*** ⇒*het ontstaan, wording.*
genesen ⟨→t47⟩⟨schr.⟩ **0.1** ***genezen*** ⇒*herstellen* **0.2** ⟨met 2e nv.⟩ ***bevallen (van).***
Genesis ⟨v.; ~⟩ **0.1** ***genese*** ⇒*wording* **0.2** ⟨rel.⟩ ***Genesis.***
Genesung ⟨v.; ~, ~en⟩⟨schr.⟩ **0.1** ***genezing*** ⇒*herstel* ◆ **1.1** auf dem Wege der ~ *herstellende, aan de beterhand.*
Genesungsheim ⟨o.⟩ **0.1** ***herstellingsoord.***
Genetik ⟨v.; ~⟩ **0.1** ***genetica, erfelijkheidsleer.***
Genever ⟨m.; ~s, ~⟩ **0.1** ***jenever.***
Genf ⟨o.; ~s⟩ **0.1** ***Genève.***
Genfer[1] ⟨m.; ~s, ~⟩ **0.1** ***inwoner van Genève.***
Genfer[2] ⟨bn.⟩ **0.1** ***van Genève, Geneefs*** ◆ **1.1** der ~ See *het Meer van Genève.*
genial(isch) **0.1** ***geniaal.***
Genialität ⟨v.; ~⟩ **0.1** ***genialiteit.***
Genick ⟨o.; ~(e)s, ~e⟩ **0.1** ***nek*** ◆ **6.1** ⟨fig.⟩ jmdm. **im** ~ sitzen *iem. achter de vodden, de broek zitten.*
Genickschuß ⟨m.⟩ **0.1** ***nekschot.***
Genickstarre ⟨v.⟩ **0.1** ***nekkramp.***
Genie ⟨o.; ~s, ~s⟩ **0.1** ***genie.***
genieren I ⟨ov.ww.⟩⟨vero.⟩ **0.1** ***generen*** ⇒*hinderen, storen;*
II sich ~ ⟨wk.ww.⟩ **0.1** ***zich generen.***
genierlich **0.1** ***gênant*** **0.2** ***verlegen*** ⇒*gegeneerd.*
genießbar **0.1** ***genietbaar*** ⇒*eet-, drinkbaar* **0.2** ⟨fig.⟩ ***te genieten.***
genießen ⟨→t48⟩ **0.1** ***genieten (van)*** ⟨ook fig.⟩ **0.2** ***gebruiken*** ⇒*genieten, eten, drinken.*
Genießer ⟨m.; ~s, ~⟩ **0.1** ***genieter.***
genießerisch **0.1** ***genietend*** ⇒*met, vol genot, genoeglijk* **0.2** ***genotzuchtig.***
Geniestreich ⟨m.⟩ **0.1** ***geniale streek, geniaal ontwerp.***
Genitale ⟨o.; ~s, Genitalien⟩ **0.1** ***geslachtsdeel*** ⇒⟨mv.⟩ *genitaliën.*

Genitiv ⟨m.; ~s, ~e⟩ **0.1** ***genitief, tweede naamval.***
Genius ⟨m.; ~, Genien⟩⟨schr.⟩ **0.1** ***genius*** **0.2** ***genie.***
Genkarte ⟨v.⟩ **0.1** ***genenpaspoort.***
Genmanipulation ⟨v.⟩ **0.1** ***genetische manipulatie*** ⇒*recombinant-DNA-techniek.*
Genmutation ⟨v.⟩ **0.1** ***genetische mutatie.***
Genörgel ⟨o.; ~s⟩ **0.1** ***gekanker*** ⇒*gemopper.*
Genosse ⟨m.; ~, ~n⟩ **0.1** ⟨pol.⟩ ***kameraad*** ⇒*partijgenoot* **0.2** ⟨vero.⟩ ***kameraad, maat*** ⇒*gezel.*
Genossenschaft ⟨v.; ~, ~en⟩ **0.1** ***coöperatie.***
Genossenschaft(l)er ⟨m.; ~s, ~⟩ **0.1** ***lid v.e. coöperatie.***
genossenschaftlich **0.1** *coöperatief* ◆ **1.1** ein ~er Betrieb *een coöperatie.*
Genossenschaftsbank ⟨v.; mv. ~en⟩ **0.1** ***coöperatieve bank.***
Genossenschaftswesen ⟨o.⟩ **0.1** ***coöperatiewezen, coöperatief stelsel.***
Genozid ⟨m. & o.; ~(e)s, ~e of ~ien⟩⟨schr.⟩ **0.1** ***genocide.***
Genre ⟨o.; ~s, ~s⟩ **0.1** ***genre*** ⇒*soort.*
Genrebild ⟨o.⟩ **0.1** ***genrestuk(je).***
Genremalerei ⟨v.⟩ **0.1** ***genrekunst.***
Gent ⟨m.; ~s, ~s⟩ **0.1** ***fat, dandy*** ⇒*kwast.*
Gentechnologie ⟨v.⟩ **0.1** ***gentechnologie, genetic engineering, DNA-technologie.***
genug **0.1** ***genoeg*** ◆ **2.1** es ist ihm alles nicht gut ~ *niets is goed genoeg voor hem* **3.1** ich habe ~! (a) ⟨van eten en drinken⟩ *ik heb genoeg!* (b) ⟨fig.⟩ *ik heb er genoeg van!;* ich bin mir selbst ~ *ik heb genoeg aan mezelf;* etwas ~ sein lassen *het erbij laten* **6.1** ~ **damit**! *en nou is het genoeg!;* nicht ~ **damit** *alsof dat nog niet genoeg was.*
Genüge ⟨v.; ~⟩⟨schr.⟩ **0.1** ***voldoening*** ⇒*tevredenheid* ◆ **3.1** einer Sache ~ leisten, tun *aan iets voldoen* **6.1** **zur** ~ *voldoende, genoeg(zaam).*
genügen ⟨met 3e nv.⟩ **0.1** ***volstaan*** ⇒*genoeg, voldoende, toereikend zijn* **0.2** ***voldoen (aan)*** ⇒*nakomen* ◆ **1.2** den Anforderungen ~ *aan de eisen voldoen* **4.1** das genügt mir! *ik vind het genoeg!*
genügend **0.1** ***voldoende*** ⇒*genoeg(zaam).*
genugsam ⟨schr.⟩ **0.1** ***voldoende*** ⇒*genoegzaam.*
genügsam **0.1** ***sober*** ⇒*bescheiden, met weinig tevreden.*
genugtun ⟨met 3e nv.⟩⟨vero.⟩ **0.1** ***voldoening geven*** ⇒*voldoen aan, tevredenstellen* ◆ **4.1** ich konnte mir nicht ~ *ik kon er niet genoeg van krijgen.*
Genugtuung ⟨v.; ~, ~en⟩ **0.1** ***genoegdoening*** ⇒*voldoening, tevredenheid* **0.2** ⟨schr.⟩ ***satisfactie*** ⇒*genoegdoening.*
genuin **0.1** ⟨schr.⟩ ***echt, zuiver*** **0.2** ⟨med.⟩ ***aangeboren*** ⇒*genuïen.*
Genus ⟨o.; ~, Genera⟩ **0.1** ***genus*** ⇒⟨taal.⟩ *geslacht, soort.*
Genuß ⟨m.; Genusses, Genüsse⟩ **0.1** ***genot*** ⇒*genieting* **0.2** ***gebruik*** ⇒*consumptie* ◆ **6.1** **in** den ~ einer Sache kommen *in het genot van iets komen.*
genußfreudig **0.1** ***genietend*** ⇒*genotzuchtig.*
genüßlich **0.1** ***met genot, genietend*** ⇒*genoeglijk* **0.2** ***met smaak*** ⇒*smakelijk.*
Genußmensch ⟨m.⟩ **0.1** ***genieter*** ⇒*genotzoeker.*
Genußmittel ⟨o.⟩ **0.1** ***genotmiddel.***
Genußschein ⟨m.⟩⟨ec.⟩ **0.1** ***winstbewijs*** ⇒*action de jouissance.*
Genußsucht ⟨v.⟩ **0.1** ***genotzucht.***
genußvoll **0.1** ***genotvol*** ⇒*genoeglijk, met genot* **0.2** ***fijn, heerlijk.***
Geodäsie ⟨v.; ~⟩ **0.1** ***geodesie.***
Geograph ⟨m.; ~en, ~en⟩ **0.1** ***geograaf, aardrijkskundige.***
Geographie ⟨v.; ~⟩ **0.1** ***geografie, aardrijkskunde.***
geographisch **0.1** ***geografisch, aardrijkskundig.***
Geologe ⟨m.; ~n, ~n⟩ **0.1** ***geoloog.***
Geologie ⟨v.; ~⟩ **0.1** ***geologie.***
Geometrie ⟨v.; ~⟩ **0.1** ***geometrie, meetkunde.***
geophysikalisch **0.1** ***geofysisch.***
Georgine ⟨v.; ~, ~n⟩ **0.1** ***dahlia.***
Gepäck ⟨o.; ~(e)s⟩ **0.1** ***bagage*** **0.2** ⟨mil.⟩ ***bepakking.***
Gepäckabfertigung ⟨v.⟩ **0.1** ***bagagedepot*** **0.2** ***inschrijving v.d. bagage*** **0.3** ***inklaring v.d. bagage.***
Gepäckablage ⟨v.⟩ **0.1** ***bagagerek, -net.***
Gepäckannahme ⟨v.⟩ **0.1** ***bagagebureau*** **0.2** ***inontvangstneming v.d. bagage.***
Gepäckaufbewahrung ⟨v.⟩ **0.1** ***bagagedepot*** **0.2** ***bewaring v.d. bagage.***
Gepäckaufgabe ⟨v.⟩ **0.1** ***bagagebureau*** **0.2** ***aangifte v.d. bagage.***
Gepäckausgabe ⟨v.⟩ **0.1** ***bagagebureau*** **0.2** ***afgifte v.d. bagage.***
Gepäckschein ⟨m.⟩ **0.1** ***bagagereçu, -bewijs.***
Gepäckstück ⟨o.⟩ **0.1** ***stuk bagage.***
Gepäckträger ⟨m.⟩ **0.1** ***kruier*** ⇒*witkiel* **0.2** ***bagagedrager*** ⟨van fiets⟩.
Gepard ⟨m.; ~s, ~e⟩ **0.1** ***jachtluipaard, cheeta.***
gepfeffert ⟨inf.⟩ **0.1** ***gepeperd*** **0.2** ***pikant*** ⇒*schuin* **0.3** ***fel*** ⇒*onverbiddelijk* **0.4** ***pittig*** ⇒*moeilijk* ◆ **1.2** ~e Witze *pikante, schuine moppen* **1.4** eine ~e Prüfung *een pittig tentamen, examen.*
Gepfeife ⟨o.; ~s⟩ **0.1** ***gefluit.***
gepflegt **0.1** ***verzorgd*** ⇒*goed onderhouden, keurig* **0.2** ***gecultiveerd*** ⇒*beschaafd* **0.3** ⟨van producten⟩ ***goed verzorgd*** ⇒*met zorg bereid, omringd.*
Gepflogenheit ⟨v.; ~, ~en⟩⟨schr.⟩ **0.1** ***gewoonte*** ⇒*gebruik.*
Geplänkel ⟨o.; ~s, ~⟩ **0.1** ⟨vero.; mil.⟩ ***schermutseling*** **0.2** ⟨fig.⟩ ***gehakketak.***
Geplapper ⟨o.; ~s⟩ **0.1** ***geklets*** ⇒*gebabbel* **0.2** ***gebrabbel.***
Geplärr ⟨o.; ~(e)s⟩ **0.1** ***gegrien, geblèr*** ⇒*gejank.*
Geplätscher ⟨o.; ~s⟩ **0.1** ***geklater*** ⇒*gekletter* **0.2** ***geklots*** ⇒*gekabbel* **0.3** ⟨fig.⟩ ***het voortkabbelen.***
geplättet **0.1** ***paf*** ⇒*perplex, versteld.*
Geplauder ⟨o.; ~s⟩⟨schr.⟩ **0.1** ***gebabbel, gepraat.***
Gepolter ⟨o.; ~s⟩ **0.1** ***geraas*** ⇒*spektakel* **0.2** ***gefoeter.***
Gepräge ⟨o.; ~s, ~⟩ **0.1** ***stempel*** ⇒⟨fig.⟩ *cachet, karakter.*
Gepränge ⟨o.; ~s⟩⟨schr.⟩ **0.1** ***pronk*** ⇒*luister, praal.*
Geprassel ⟨o.; ~s⟩ **0.1** ***geknetter*** **0.2** ***gekletter.***
Gequake ⟨o.; ~s⟩ **0.1** ***gekwaak*** **0.2** ***gebazel.***
Ge|quassel, -quatsche ⟨o.; ~s⟩ **0.1** ***gezwam, geleuter.***
Gequengel ⟨o.; ~s⟩ **0.1** ***gedrens*** ⇒*gezeur.*
Ger ⟨m.; ~(e)s, ~e⟩ **0.1** ***speer, werpspies.***
gerade[1] ⟨bn.⟩ **0.1** ***recht*** **0.2** ***rondborstig, eerlijk*** ⇒*open, oprecht* **0.3** ***rechtop*** ⇒*recht, overeind* **0.4** ***precies, juist*** **0.5** ⟨wisk.⟩ ***even*** ⇒*paar* ◆ **1.1** in ~r Richtung *rechtdoor, rechtuit* **1.3** eine ~ Haltung *een rechte houding* **1.4** das ~ Gegenteil *precies het tegenovergestelde* **1.5** eine ~ Zahl *een even getal.*
gerade[2] ⟨bw.⟩ **0.1** ***net, juist*** ⇒*pas, nauwelijks, amper* **0.2** ***vlak, recht*** ⇒*direct, meteen* **0.3** ***bepaald*** **0.4** ⟨inf.⟩ ***even(tjes)*** **0.5** ⟨inf.⟩ ***zeker*** ⇒*juist (wel)* ◆ **3.1** das fehlt ~ noch! *dat ontbreekt er nog maar aan!;* in einer Stunde schreibt er ~ eine Seite *in één uur (tijd) schrijft hij amper één bladzijde* **3.2** ~ um die Ecke *vlak om de hoek* **5.1** das ist es ja ~! *dat is het hem nou juist, nou net!;* das kommt ~ recht *dat komt net goed uit, van pas* **5.2** ~ gegenüber *recht tegenover* **5.3** nicht ~ angenehm *(nou) niet bepaald aangenaam.*
Gerade ⟨v.; ~n, ~n⟩ **0.1** ***rechte (lijn)*** **0.2** ⟨sp.⟩ ***recht stuk*** ⟨v.e. baan⟩ **0.3** ⟨boksen⟩ ***rechte stoot.***

geradeaus 0.1 ***rechtdoor*** ⇒*rechtuit, recht vooruit* **0.2** ⟨fig.⟩ ***openhartig, ronduit*** ⇒*rechtlijnig.*

geradebiegen 0.1 ***rechtbuigen*** **0.2** ⟨inf.; fig.⟩ ***rechttrekken*** ⇒*rechtbreien.*

geradeheraus 0.1 ***ronduit*** ⇒*op de man af, rondborstig.*

geradehin 0.1 ***zomaar*** ⇒*lichtvaardig.*

geradenwegs ⟨inf.⟩ →**geradewegs.**

geraderichten 0.1 ***maken*** ⇒*rechtmaken, repareren.*

gerädert ⟨inf.⟩ **0.1** ***geradbraakt.***

geradeso 0.1 ***ook zo*** ⇒*net zo* **0.2** ***even.***

geradestehen 0.1 ***(recht) staan*** **0.2** ⟨fig.⟩ ***instaan*** ⇒*opkomen, staan (achter).*

geradewegs 0.1 ***recht(streeks)*** ⇒*direct* **0.2** ⟨fig.⟩ ***zonder (veel) omhaal, op de man af.***

geradezu 0.1 ***gewoon(weg), bepaald*** ⇒*in één woord, welhaast.*

Geradheit ⟨v.; ~⟩ **0.1** ***eerlijkheid, rondborstigheid*** ⇒*directheid.*

geradlinig 0.1 ***rechtlijnig*** ⟨ook fig.⟩.

geradsinnig 0.1 ***rechtschapen, rechtgeaard.***

gerammelt ◆ 2.¶ ~ voll *prop-, stamp-, mudvol.*

Gerangel ⟨o.; ~s⟩ **0.1** ***gestoei*** ⇒*geravot* **0.2** ***vecht-, knokpartij*** **0.3** ⟨fig.⟩ ***gehakketak.***

Geranie ⟨v.; ~, ~n⟩⟨plantk.⟩ **0.1** ***geranium*** **0.2** ***ooievaarsbek.***

Geraschel ⟨o.; ~s⟩ **0.1** ***geritsel.***

Gerassel ⟨o.; ~s⟩ **0.1** ***geratel*** ⇒*gerammel.*

Gerät ⟨o.; ~(e)s, ~e⟩ **0.1** ***apparaat, toestel*** ⟨ook sp.⟩ **0.2** ***gereedschap*** ⇒*gerei* **0.3** ***materieel*** ⇒*materiaal, apparatuur.*

geraten[1] ⟨bn.⟩ **0.1** ***geraden, raadzaam.***

geraten[2] ⟨onov.ww.⟩ **0.1** ***(ge)raken*** ⇒*(terecht)komen, belanden* **0.2** ***(ge)lukken, slagen*** **0.3** ***uitvallen*** **0.4** ***(beginnen te) lijken*** **◆ 1.2** die Kinder ~ (gut) *de kinderen groeien flink op* **4.2** ihm gerät nichts *niets lukt hem* **5.2** seine Kinder sind gut ~ ⟨ook⟩ *zijn kinderen hebben het tot iets gebracht in het leven* **5.3** es geriet etwas klein *het viel wat klein uit* **6.1** ich geriet außer mir, mich **vor** Wut *ik raakte buiten mezelf van woede* **6.4** sie gerät **nach** ihrer Mutter *ze begint op haar moeder te lijken.*

Geräteschuppen ⟨m.⟩ **0.1** ***gereedschapshok*** ⇒*schuur(tje).*

Geräteturnen ⟨o.⟩ **0.1** ***het toestelturnen.***

Geräteübung ⟨v.⟩ **0.1** ***toesteloefening.***

Geratewohl ⟨o.⟩⟨inf.⟩ **◆ 6.¶ aufs** ~ *op goed geluk,* ⟨ook⟩ *lukraak.*

Gerätschaften ⟨alleen mv.⟩ **0.1** ***gereedschap*** ⇒*gerei.*

geraum ⟨schr.⟩ **0.1** ***geruim*** **◆ 1.1** vor ~er Zeit *geruime tijd geleden.*

geräumig 0.1 ***ruim*** ⇒*groot.*

Geräumigkeit ⟨v.; ~⟩ **0.1** ***ruimte*** ⇒*grootte.*

Geraune ⟨o.; ~s⟩ **0.1** ***gefluister*** ⇒*gemompel.*

Geräusch ⟨o.; ~(e)s, ~e⟩ **0.1** ***geluid*** ⇒*geruis, gerucht* **0.2** ***gedruis*** ⇒*rumoer, leven* **◆ 6.2** ⟨iron.⟩ **mit** viel ~ *met veel omhaal, drukte.*

geräuscharm 0.1 ***geluids-, geruisarm.***

Gerausche ⟨o.; ~s⟩ **0.1** ***geruis*** ⇒*het ruisen, ruis.*

Geräuschkulisse ⟨v.⟩ **0.1** ***achtergrondgeluiden*** **0.2** ⟨dram.⟩ ***geluidseffecten, achtergrondgeluiden.***

geräuschlos 0.1 ***geruisloos*** ⟨ook fig.⟩ ⇒*geluidloos.*

geräuschvoll 0.1 ***luidruchtig*** ⇒*lawaaierig, druk.*

gerben 0.1 ***looien*** **0.2** ***tanen.***

Gerber ⟨m.; ~s, ~⟩ **0.1** ***(leer)looier.***

Gerberei ⟨v.; ~, ~en⟩ **0.1** ***(leer)looierij.***

Gerbsäure ⟨v.⟩ **0.1** ***looizuur.***

gerecht 0.1 ***rechtvaardig*** ⇒*billijk* **0.2** ***gerechtvaardigd*** ⇒*rechtmatig, terecht* **0.3** ***passend*** ⇒*aangepast, geschikt* **◆ 1.3** jedem Wetter ~ *voor elk weer(type) geschikt* **3.1** jmdm. ~ werden *iem. recht laten wedervaren,* ⟨ook⟩ *iem. in zijn recht laten* **3.3** einer Sache ~ werden *aan iets voldoen, beantwoorden.*

gerechterweise 0.1 ***billijker-, redelijkerwijs.***

Gerechtigkeit ⟨v.; ~⟩ **0.1** ***rechtvaardigheid*** ⇒*gerechtigheid* **0.2** ⟨schr.⟩ ***gerecht*** **◆ 3.1** ⟨schr.⟩ ~ walten lassen *rechtvaardig zijn, handelen;* jmdm. ~ verschaffen, ⟨schr.⟩ widerfahren lassen *iem. recht, gerechtigheid laten wedervaren.*

Gerechtigkeitssinn ⟨m.⟩ **0.1** ***rechtvaardigheidszin.***

Gerede ⟨o.; ~s⟩ **0.1** ***geklets*** ⇒*praatjes, gezwam* **0.2** ⟨Zwi.⟩ ***gesprek*** ⇒*onderhoud* **◆ 2.1** böswilliges ~ *achterklap, laster;* dummes ~ *kletspraatjes;* leeres ~ *geleuter, beuzelpraat* **6.1** er ist **im** ~ der Leute *hij rijdt (bij iedereen) op de tong;* **ins** ~ bringen *in opspraak brengen.*

gereichen ⟨schr.⟩ **0.1** ***strekken*** ⇒*dienen* **◆ 6.1** es gereichte mir **zum** Nutzen *ik had het nut, profijt ervan;* **zur** Unzierde ~ *ontsieren.*

Gereime ⟨o.; ~s⟩ **0.1** ***gerijmel*** ⇒*rijmelarij.*

gereizt 0.1 ***geprikkeld*** ⇒*geïrriteerd.*

gereuen ⟨meestal onpers. ww.⟩⟨vero.; schr.⟩ **0.1** ***berouwen*** ⇒*spijten, spijt hebben van* **◆ 4.1** es gereut mich *het spijt mij.*

Gerfalke ⟨m.⟩ **0.1** ***giervalk.***

Geriatrie ⟨v.; ~⟩ **0.1** ***geriatrie.***

Gericht ⟨o.; ~(e)s, ~e⟩ **0.1** ***gerecht*** ⇒*rechtbank* **0.2** ***(ge)rechtsgebouw, rechtbank*** **0.3** ***rechtspraak*** **0.4** ***gerecht*** ⇒*schotel, maal(tijd)* **◆ 2.1** Hohes ~! *Edelachtbare (Heren)!;* eine ordentliches ~ *een gewone rechtbank* **2.3** ⟨rel.⟩ das Jüngste ~ *het Laatste Oordeel* **3.1** ein höheres ~ anrufen *in hoger beroep gaan* **6.1** damit gehe ich **vor** ~! *dat breng ik voor de rechter!;* **vor** ~ laden, zitieren *voor het gerecht dagen* **6.3** mit jmdm. (hart, scharf) **ins** ~ gehen *iem. aanpakken, afkraken;* **über** jmdn. ~ halten, **zu** ~ sitzen (a) *recht spreken over iem.* (b) ⟨fig.⟩ *de staf over iem. breken, met iem. afrekenen.*

gerichtlich 0.1 ***gerechtelijk*** ⇒*justitieel, rechterlijk, in rechte* **◆ 1.1** ~e Medizin *gerechtelijke, forensische geneeskunde* **3.1** gegen jmdn. ~ vorgehen *iem. in rechte aanspreken, een proces tegen iem. aanspannen;* ~ klagen *een klacht (bij de rechtbank) indienen* **8.1** ~ und außergerichtlich *in en buiten rechte.*

Gerichtsakte ⟨v.⟩ **0.1** ***gerechtelijk stuk*** ⇒⟨mv. vooral⟩ *dossier.*

Gerichtsarzt ⟨m.⟩ **0.1** ***forensisch patholoog-anatoom.***

Gerichtsbarkeit ⟨v.; ~, ~en⟩ **0.1** ***jurisdictie*** ⇒*(gerechtelijke) competentie, rechtspraak, rechtsmacht.*

Gerichtsbezirk ⟨m.⟩ **0.1** ***rechtsgebied*** ⇒*ressort.*

Gerichtshof ⟨m.⟩ **0.1** ***gerechtshof.***

Gerichtskanzlei ⟨v.⟩ **0.1** ***griffie.***

gerichts|kundig, -notorisch 0.1 ***bij de justitie bekend (staand).***

Gerichtspräsident ⟨m.⟩ **0.1** ***president, voorzitter v.d. rechtbank.***

Gerichtssprache ⟨v.⟩ **0.1** ***gerechtelijke voertaal.***

Gerichtsstand ⟨m.⟩⟨jur.⟩ **0.1** ***bevoegde rechtbank.***

Gerichtstag ⟨m.⟩ **0.1** ***gerechts-, zittingsdag.***

Gerichtstermin ⟨m.⟩ **0.1** ***rechtszitting.***

Gerichtsverfahren ⟨o.⟩ **0.1** ***(gerechtelijke) procedure, proces, rechtsgeding.***

Gerichtsverfassung ⟨v.⟩ **0.1** ***rechterlijke organisatie*** ⇒ ⟨Belg.⟩ *rechterlijke inrichting.*

Gerichtsverhandlung ⟨v.⟩ **0.1** ***rechtszitting.***

Gerichtsvollzieher ⟨m.⟩ **0.1** ***(gerechts)deurwaarder.***
Gerichtsweg ⟨m.⟩ ◆ **6.¶ auf** dem ~ *langs gerechtelijke weg.*
Gerichtswesen ⟨o.⟩ **0.1** ***rechtswezen.***
gerieben 0.1 ***gewiekst, geslepen*** ⇒*doortrapt, gehaaid.*
Geriesel ⟨o.; ~s⟩ **0.1** ***geruis*** **0.2** ***gekabbel*** ⇒*gemurmel.*
gering 0.1 ***gering*** ⇒*weinig, klein* **0.2** ***laag*** ⇒*gering* ◆ **1.1** nicht die ~ste Lust *niet de minste zin* **3.1** nicht das ~ste *helemaal niets* **6.1** nicht **im** ~sten *niet in het minst, helemaal niet* **8.1** kein Geringerer als er *niemand minder dan hij.*
geringachten →**geringschätzen.**
geringfügig 0.1 ***onbeduidend, gering*** ⇒*nietig, onbenullig,* ⟨als bw. ook⟩ *lichtjes.*
Geringfügigkeit ⟨v.; ~, ~en⟩ **0.1** ***kleinigheid, futiliteit*** ⇒ *onbenulligheid* **0.2** ***onbeduidendheid*** ⇒*nietig-, onbelangrijkheid.*
geringschätzen 0.1 ***geringschatten*** ⇒*minachten.*
geringschätzig 0.1 ***geringschattend*** ⇒*minachtend.*
gerinnbar →**gerinnungsfähig.**
Gerinne ⟨o.; ~s, ~⟩ **0.1** ***(stort)goot*** **0.2** ⟨vero.⟩ ***beekje.***
gerinnen 0.1 ***stollen*** ⇒*stremmen* **0.2** ***schiften*** ◆ **1.1** geronnenes Blut *gestold, geronnen bloed.*
Gerinnsel ⟨o.; ~s, ~⟩ **0.1** ⟨med.⟩ ***vaatprop*** ⇒*(bloed)stolsel, bloedpropje* **0.2** ⟨vero.⟩ ***beekje*** ⇒*waterloopje.*
gerinnungsfähig 0.1 ***stolbaar*** ⇒*strembaar.*
Gerippe ⟨o.; ~s, ~⟩ **0.1** ***geraamte*** ⇒*skelet,* ⟨fig. ook⟩ *schema, abstract,* ⟨tech. ook⟩ *frame,* ⟨plantk. ook⟩ *nervatuur.*
gerissen ⟨inf.; fig.⟩ **0.1** ***geslepen, gehaaid*** ⇒*gewiekst.*
geritzt ◆ **3.¶** ~ sein *voor de bakker, voor mekaar zijn.*
Germane ⟨m.; ~n, ~n⟩ **0.1** ***Germaan.***
germanisch 0.1 ***Germaans.***
Germanismus ⟨m.; ~, Germanismen⟩ **0.1** ***germanisme.***
Germanist ⟨m.; ~en, ~en⟩ **0.1** ***germanist.***
Germanistik ⟨v.; ~⟩ **0.1** ***germanistiek.***
gern(e) ⟨lieber, am liebsten⟩ **0.1** ***graag*** ⇒*gaarne* **0.2** ⟨inf.⟩ ***gemakkelijk*** ⇒*vlug* ◆ **3.1** ~ geschehen! *graag gedaan!;* jmdn. ~ haben (a) *iem. mogen, sympathiek vinden* (b) *van iem. houden;* etwas ~ haben *van iets houden, iets graag hebben;* ich hätte ~ ein Kilo Äpfel *mag ik een kilo appels van je, u?;* ⟨iron.⟩ du kannst mich ~ haben! *je kunt me de pot op!* **5.1** (gar, nur) zu ~! *maar wat graag!, maar al te graag!* **8.1** ~ oder ungern *graag of niet.*
Gernegroß ⟨m.; ~, ~e⟩ **0.1** ***blaaskaak, opschepper.***
Gerneklug ⟨m.; ~, ~e⟩ **0.1** ***wijsneus*** ⇒*betweter.*
gerngesehen 0.1 ***graag gezien.***
Geröll ⟨o.; ~(e)s, ~e⟩ **0.1** ***keien, rolstenen.***
Geröllschutt ⟨m.⟩ **0.1** ***steengruis.***
Gerontologe ⟨m.; ~n, ~n⟩ **0.1** ***gerontoloog.***
Gerste ⟨v.; ~, ~n⟩ **0.1** ***gerst.***
Gerstel ⟨o.; ~s, ~(n)⟩ **0.1** ⟨Oostr.⟩ ***gepelde gerst, gort*** **0.2** ⟨Zdd., Oostr.⟩ ***centjes, centen.***
Gerstengraupe ⟨v.⟩ **0.1** ***gepelde gerst.***
Gerstengrütze ⟨v.⟩ **0.1** ***gort, grutten.***
Gerstenkorn ⟨o.⟩ **0.1** ***gerstekorrel*** **0.2** ⟨med.⟩ ***strontje (aan het oog).***
Gerstenmalz ⟨o.⟩ **0.1** ***gerstemout.***
Gerstensaft ⟨m.⟩⟨scherts.⟩ **0.1** ***gerstenat*** ⟨bier⟩.
Gerte ⟨v.; ~, ~n⟩ **0.1** ***twijg*** ⇒*teen, gard* **0.2** ***(rij)zweepje.***
gertenschlank 0.1 ***tenger, rank, erg slank.***
Geruch ⟨m.; ~(e)s, ¨~e⟩ **0.1** ***geur*** ⇒*reuk(zin), lucht(je)* **0.2** ⟨schr.⟩ ***reputatie*** ⇒*naam, geur, reuk* ◆ **6.2 im** ~ der Heiligkeit *in een geur, reuk van heiligheid;* **im** ~ stehen *de naam, reputatie hebben.*
geruchlos 0.1 ***reukloos*** ⇒*geurloos.*
Geruchsbelästigung ⟨v.⟩ **0.1** ***stankoverlast.***
Geruchsempfindung ⟨v.⟩ **0.1** ***reukgewaarwording*** **0.2** ***reukzin.***
Geruchsorgan ⟨o.⟩ **0.1** ***reukorgaan.***
Geruchssinn ⟨m.⟩ **0.1** ***reukzin.***
Geruchsstoff ⟨m.⟩ **0.1** ***reukstof.***
Geruchsverschluß ⟨m.⟩ **0.1** ***sifon*** ⇒*stankafsluiter.*
Gerücht ⟨o.; ~(e)s, ~e⟩ **0.1** ***gerucht*** ⇒*praatje* ◆ **3.1** ein ~ aufbringen *een gerucht in omloop brengen;* es geht das ~ *het gerucht gaat, doet de ronde.*
Gerüchteküche ⟨v.⟩ **0.1** ***broeinest van geruchten, praatjes.***
gerüchtweise 0.1 ***bij wijze van gerucht*** ⇒*volgens bepaalde geruchten.*
geruhen ⟨schr.; vero.; nog iron.⟩ **0.1** ***zich verwaardigen*** ⇒ *goedvinden, behagen* ◆ **1.1** seine Majestät haben geruht *het heeft Zijne Majesteit behaagd.*
geruhsam 0.1 ***gemoedelijk*** ⇒*behaaglijk* **0.2** ***rustig, kalm.***
Gerumpel ⟨o.; ~s⟩ **0.1** ***gedaver*** ⇒*geraas, gebons.*
Gerümpel ⟨o.; ~s⟩ **0.1** ***(oude) rommel*** ⇒*rotzooi.*
Gerundium ⟨o.; ~s, Gerundien⟩⟨taal.⟩ **0.1** ***gerundium.***
Gerundiv ⟨o.; ~s, ~e⟩⟨taal.⟩ **0.1** ***gerundivum.***
Gerüst ⟨o.; ~(e)s, ~e⟩ **0.1** ***steiger, stelling*** ⇒*stellage* **0.2** ***geraamte*** ⇒*stellage* **0.3** ⟨fig.⟩ ***geraamte*** ⇒*ontwerp, grond-, kerngedachten.*
Gerüttel ⟨o.; ~s⟩ **0.1** ***geschud*** ⇒*geschok.*
gesalzen ⟨inf.; fig.⟩ **0.1** ***gepeperd*** **0.2** ***schuin, aangebrand*** **0.3** ***fel*** ⇒*bits* ◆ **1.1** ~e Preise *gepeperde prijzen* **1.2** ~e Witze *schuine, aangebrande moppen* **1.3** ein ~er Brief *een brief op poten.*
gesammelt 0.1 ***geconcentreerd*** ⇒*beheerst.*
gesamt 0.1 ***totaal, (ge)heel*** ⇒⟨mv.⟩ *alle, al de.*
Gesamtausgabe ⟨v.⟩⟨boek.⟩ **0.1** ***volledige uitgave.***
Gesamtbetrag ⟨m.⟩ **0.1** ***totaal bedrag*** ⇒*totaal.*
gesamtdeutsch ⟨gesch.⟩ **0.1** ***mbt. heel Duitsland, de beide Duitslanden.***
Gesamteindruck ⟨m.⟩ **0.1** ***globale, totale indruk.***
Gesamterbe ⟨m.⟩ **0.1** ***universeel, enig erfgenaam.***
Gesamtergebnis ⟨o.⟩ **0.1** ***eindresultaat, -uitslag.***
Gesamtfläche ⟨v.⟩ **0.1** ***totale oppervlakte.***
Gesamtheit ⟨v.; ~⟩ **0.1** ***geheel, totaal*** ⇒*totaliteit* **0.2** ***gemeenschap, algemeen.***
Gesamthochschule ⟨v.⟩ **0.1** ***geïntegreerde universiteit*** ⟨met integratie van universiteit en hoger beroepsonderwijs⟩.
Gesamtkosten ⟨alleen mv.⟩ **0.1** ***totale kosten*** ⇒*overheadkosten.*
Gesamtlage ⟨v.⟩ **0.1** ***algemene toestand.***
Gesamtnote ⟨v.⟩ **0.1** ***eindcijfer.***
Gesamtschau ⟨v.⟩ **0.1** ***algemeen, globaal overzicht*** ⇒*synopsis.*
Gesamtschuldner ⟨alleen mv.⟩ **0.1** ***hoofdelijke schuldenaars.***
Gesamtschule ⟨v.⟩ **0.1** ***middenschool*** **0.2** ***scholengemeenschap*** ◆ **2.1** integrierte ~ *middenschool.*
Gesamtstrafe ⟨v.⟩⟨jur.⟩ **0.1** ***gecombineerde straf.***
Gesamtübersicht ⟨v.⟩ **0.1** ***algemeen overzicht.***
Gesamtumsatz ⟨m.⟩ **0.1** ***totale omzet.***
Gesamtwerk ⟨o.⟩ **0.1** ***(hele) oeuvre.***
Gesamtwert ⟨m.⟩ **0.1** ***totale waarde.***
Gesamtwertung ⟨v.⟩⟨sp.⟩ **0.1** ***algemeen klassement*** **0.2** ***puntentotaal.***
Gesamtzahl ⟨v.⟩ **0.1** ***totaal (aantal).***
Gesandte(r) ⟨bn. als zn.⟩ **0.1** ***gezant.***
Gesandtschaft ⟨v.; ~, ~en⟩ **0.1** ***gezantschap, legatie.***
Gesang ⟨m.; ~(e)s, ¨~e⟩ **0.1** ***(ge)zang*** ⇒*lied, het zingen.*

Gesangbuch ⟨o.⟩ **0.1** ***gezangboek*** ◆ **3.¶** ⟨inf.; scherts.⟩ das falsche ~ haben *geen (politiek) geloofsgenoot zijn, niet tot dezelfde bloedgroep behoren.*
Gesanglehrer ⟨m.⟩ **0.1** ***zangleraar.***
Gesangstunde ⟨v.⟩ **0.1** ***zangles.***
Gesangverein ⟨m.⟩ **0.1** ***zangvereniging.***
Gesäß ⟨o.; ~es, ~e⟩ **0.1** ***zitvlak*** ⇒*achterste.*
Gesäßbacke ⟨v.⟩ **0.1** ***bil.***
Gesäßtasche ⟨v.⟩ **0.1** ***achterzak.***
Gesause ⟨o.; ~s⟩ **0.1** ***geraas*** ⇒*gebruis, gesuis.*
Gesäusel ⟨o.; ~s⟩ **0.1** ***gesuizel*** ⇒*geritsel.*
Geschädigte(r) ⟨bn. als zn.⟩ **0.1** ***gedupeerde, benadeelde*** ⇒*slachtoffer* **0.2** ⟨Zwi.; jur.⟩ ***gewonde.***
geschafft **0.1** ***doodop, bekaf.***
Geschäft ⟨o.; ~(e)s, ~e⟩ **0.1** ***zaak*** ⇒*winkel, kantoor, bedrijf* **0.2** ***zaken*** ⇒*handel, business* **0.3** ***transactie, zaak*** ⇒*affaire, deal* **0.4** ***taak, zaak, werk*** ⇒*aangelegenheid, bezigheid* ◆ **2.¶** ⟨inf.⟩ sein großes, kleines ~ machen, verrichten *een grote, kleine boodschap doen* **3.1** ein ~ betreiben *een zaak drijven, hebben* **3.2** ~e betreiben, machen *zaken doen;* jmdm. das ~ verderben (a) *iemands handel ruïneren, iemands zaken bederven* (b) ⟨fig.⟩ *iem. dwars zitten* **3.4** sein ~ verstehen *zijn vak verstaan* **6.1** **ins** ~ gehen *naar de zaak, naar kantoor gaan* **6.2** ⟨fig.⟩ noch immer **im** ~ sein *nog altijd in de running zijn, meedraaien;* **in** ~en reisen *voor zaken op reis zijn;* mit jmdm. **ins** ~ kommen *met iem. zaken doen;* ⟨fig.⟩ das ~ **mit** der Angst *het bespelen, uitbuiten van de angst* **6.3** **aus** einer Sache ein ~ machen *uit iets munt slaan;* ⟨inf.; fig.⟩ **aus** einem ~ aussteigen *niet meer meedoen, iets laten schieten;* ⟨inf.; fig.⟩ **in** ein ~ einsteigen *meedoen.*
Geschäftemacher ⟨m.⟩ **0.1** ***moneymaker*** ⇒*gehaaide zakenman.*
Geschäftemacherei ⟨v.; ~⟩ **0.1** ***winstbejag*** ⇒*geldklopperij.*
geschäftig **0.1** ***bedrijvig*** ⇒*druk, bezig.*
Geschäftigkeit ⟨v.; ~⟩ **0.1** ***bedrijvigheid*** ⇒*drukte, werkzaamheid.*
Geschaftlhuber ⟨m.; ~s, ~⟩ ⟨vooral Zdd., Oostr.⟩ **0.1** ***druktemaker.***
geschäftlich **0.1** ***zaken-, de zaak betreffend*** ⇒*zakelijk, commercieel,* ⟨als bw. ook⟩ *in, voor zaken* **0.2** ***zakelijk*** ⇒*officieel.*
Geschäftsabschluß ⟨m.⟩ **0.1** ***transactie.***
Geschäfts|aufgabe, -auflösung ⟨v.⟩ **0.1** ***opheffing, liquidatie v.d. zaak.***
Geschäftsbank ⟨v.; mv. ~en⟩ **0.1** ***handelsbank.***
Geschäftsbedingung ⟨v.⟩ **0.1** ***(handels)voorwaarde, conditie.***
Geschäftsbeginn ⟨m.⟩ **0.1** ***opening(suur), openstelling v.d. winkel(s), zaak, zaken*** **0.2** ***begin v.d. kantoortijd.***
Geschäftsbereich ⟨m.⟩ **0.1** ***ressort*** ⇒*ambtsgebied, bevoegdheid* ◆ **6.1** Minister **ohne** ~ *minister zonder portefeuille.*
Geschäftsbericht ⟨m.⟩ **0.1** ***jaarverslag.***
Geschäftsbeziehung ⟨v.⟩ **0.1** ***zakenrelatie*** ⇒*handelsbetrekking.*
Geschäftsbrief ⟨m.⟩ **0.1** ***handels-, zakenbrief.***
Geschäftsbuch ⟨o.⟩ **0.1** ***handelsboek.***
Geschäftsessen ⟨o.⟩ **0.1** ***zakenlunch, -diner.***
geschäftsfähig ⟨jur.⟩ **0.1** ***handelingsbekwaam.***
Geschäftsfreund ⟨m.⟩ **0.1** ***zakenvriend*** ⇒*(zaken)relatie.*
geschäftsführend **0.1** ***dienstdoend*** ⇒*beherend, verantwoordelijk* ◆ **1.1** der ~e Ausschuß *het dagelijks bestuur;* die ~e Regierung *het demissionaire kabinet.*
Geschäftsführer ⟨m.⟩ **0.1** ***bedrijfsleider, beheerder, gerant*** ⇒*zaakwaarnemer* **0.2** ***secretaris*** ⟨v.e. vereniging, fractie⟩.
Geschäftsführung ⟨v.⟩ **0.1** ***bedrijfsleiding, directie*** **0.2** ***beheer, leiding*** ⇒*beleid.*
Geschäftsgang ⟨m.⟩ **0.1** ***gang van zaken*** **0.2** ***boodschap.***
Geschäftsgebaren ⟨o.⟩ **0.1** ***wijze, manier van zakendoen.***
Geschäftsgeheimnis ⟨o.⟩ **0.1** ***handelsgeheim.***
Geschäftshaus ⟨o.⟩ **0.1** ***handelshuis*** ⇒*firma* **0.2** ***zakenpand.***
Geschäftsinhaber ⟨m.⟩ **0.1** ***eigenaar v.e. zaak.***
Geschäftsjahr ⟨o.⟩ **0.1** ***boekjaar*** **0.2** ***verenigingsjaar.***
Geschäftskapital ⟨o.⟩ **0.1** ***bedrijfskapitaal.***
Geschäftskosten ⟨alleen mv.⟩ ◆ **6.¶** **auf** ~ *op kosten van de zaak.*
geschäftskundig **0.1** ***ervaren in zaken, zaakkundig*** ⇒*handig in zaken.*
Geschäftslage ⟨v.⟩ **0.1** ***toestand in zaken*** ⇒*stand van zaken* ◆ **6.¶** **in** guter ~ *op goede stand.*
Geschäftsleben ⟨o.⟩ **0.1** ***zaken-, bedrijfsleven.***
Geschäftsleitung ⟨v.⟩ **0.1** ***bedrijfsleiding*** ⇒*directie.*
Geschäftsleute ⟨alleen mv.⟩ **0.1** ***zakenmensen, -lui.***
Geschäftsmann ⟨m.; mv. Geschäftsleute⟩ **0.1** ***zakenman.***
geschäftsmäßig **0.1** ***zakelijk*** **0.2** ***volgens zakengebruik, handelsusance.***
Geschäftsordnung ⟨v.⟩ **0.1** ***reglement (van orde)*** ⇒*huishoudelijk reglement.*
Geschäftspartner ⟨m.⟩ **0.1** ***handelspartner.***
Geschäftsraum ⟨m.⟩ **0.1** ***kantoor(ruimte)*** ⇒*bureau.*
Geschäftsreise ⟨v.⟩ **0.1** ***zakenreis.***
Geschäftsschluß ⟨m.⟩ **0.1** ***sluitingstijd*** ⇒*winkel-, kantoorsluiting.*
Geschäftssinn ⟨m.⟩ **0.1** ***handelsgeest*** ⇒*feeling voor zaken.*
Geschäftssitz ⟨m.⟩ **0.1** ***zetel v.e. zaak.***
Geschäftssprache ⟨v.⟩ **0.1** ***handelstaal*** **0.2** ***voertaal.***
Geschäftsstelle ⟨v.⟩ **0.1** ***bureau*** ⇒*filiaal, secretariaat* **0.2** ⟨jur.⟩ ***griffie.***
Geschäftsstraße ⟨v.⟩ **0.1** ***winkelstraat.***
Geschäftsstunden ⟨alleen mv.⟩ **0.1** ***kantooruren*** **0.2** ***openingstijden.***
Geschäftsträger ⟨m.⟩ **0.1** ***zaakgelastigde.***
geschäftstüchtig **0.1** ***handig, bekwaam (in zaken).***
geschäftsunfähig ⟨jur.⟩ **0.1** ***handelingsonbekwaam.***
Geschäftsverbindung ⟨v.⟩ **0.1** ***(zaken)relatie.***
Geschäftsverkehr ⟨m.⟩ **0.1** ***handelsverkeer.***
Geschäftsviertel ⟨o.⟩ **0.1** ***zaken-, handelswijk*** ⇒*winkelcentrum.*
Geschäftswelt ⟨v.⟩ **0.1** ***zakenwereld*** ⇒*zakenleven.*
Geschäftswert ⟨m.⟩ **0.1** ***goodwill.***
Geschäftszeichen ⟨o.⟩ **0.1** ***referentienummer*** **0.2** ***handelsmerk.***
Geschäftszeit ⟨v.⟩ **0.1** ***openingstijd(en), openingsuren (der winkels).***
Geschäftszimmer ⟨o.⟩ **0.1** ***kantoor, bureau*** **0.2** ***secretariaat.***
Geschäftszweig ⟨m.⟩ **0.1** ***bedrijfstak, branche.***
Gescharre ⟨o.; ~s⟩ **0.1** ***gescharrel*** ⇒*gewroet* **0.2** ***gekrab*** ⇒*geschraap* **0.3** ***getrappel*** ⇒*geschuifel.*
Geschaukel ⟨o.; ~s⟩ **0.1** ***geschommel*** ⇒*geslinger.*
gescheckt **0.1** ***gevlekt, bont.***
geschehen ⟨→t49⟩ **0.1** ***gebeuren*** ⇒*geschieden* **0.2** ***overkomen*** ⇒*gebeuren, aangedaan worden* ◆ **1.2** ihm ist (ein) Unrecht ~ *hem is onrecht (aan)gedaan* **3.1** das Geschehene ~ sein lassen *het verleden laten rusten* **4.2** er wußte nicht, wie ihm geschah *hij wist niet wat (er) hem overkwam, hoe hij het had;* es geschieht dir nichts (Böses) *er zal jou niets gebeuren* **5.1** gern ~! *graag gedaan!* **5.2** ihm geschieht (ganz) recht *hij heeft, krijgt zijn verdiende loon* **6.1** es war

um ihn ~ (a) *het was met hem gedaan, afgelopen* (b) *hij had het erg, lelijk te pakken* ⟨was verliefd geworden⟩ ¶**.1** ⟨sprw.⟩ ~ ist geschehen *gedane zaken nemen geen keer.* → **Unglück.**

Geschehen ⟨o.; ~s, ~⟩ **0.1** ***het gebeuren*** ⇒*gebeurtenis(sen), voorval(len).*

Geschehnis ⟨o.; ~ses, ~se⟩⟨schr.⟩ **0.1** ***gebeurtenis*** ⇒*voorval.*

gescheit 0.1 ***verstandig, schrander*** ⇒*knap* ◆ **4.1** nichts Gescheites *niets zinnigs* **5.1** nicht ganz, recht ~ sein *niet goed wijs zijn* **6.1 aus** einer Sache nicht ~ werden *uit iets niet wijs worden.*

Gescheitheit ⟨v.; ~⟩ **0.1** ***schranderheid*** ⇒*verstand.*

Geschenk ⟨o.; ~(e)s, ~e⟩ **0.1** ***geschenk, cadeau*** ◆ **1.1** ein ~ des Himmels *een geschenk uit de hemel* **3.1** jmdm. ein ~ machen *iem. iets cadeau doen* **6.1** ein ~ **zu** deinem Geburtstag *een cadeau voor je verjaardag;* jmdm. etwas **zum** ~ machen *iem. iets ten geschenke geven, cadeau doen* ¶**.1** ⟨sprw.⟩ kleine ~e erhalten die Freundschaft *kleine geschenken onderhouden de vriendschap.*

Geschenkpackung ⟨v.⟩ **0.1** ***geschenk-, cadeauverpakking.***

Geschichte ⟨v.; ~, ~n⟩ **0.1** ***verhaal*** ⇒*vertelling, vertelsel* **0.2** ***geschiedenis*** ⇒*historie* **0.3** ⟨inf.⟩ ***affaire, zaak*** ⇒*geval, geschiedenis* **0.4** ⟨inf.⟩ ***(liefdes)affaire*** ◆ **2.2** Mittlere, Neue ~ *middeleeuwse, moderne geschiedenis* **2.3** das sind alte ~n *dat is ouwe koek;* das ist die alte ~ *dat is het oude liedje;* eine dumme ~ *een nare, vervelende geschiedenis, zaak;* die ganze ~ hat mich viel gekostet *de hele grap heeft me veel (geld) gekost;* mach keine langen ~n! (a) *doe geen moeite!* (b) *doe niet zo moeilijk!;* das sind ja schöne ~n! *dat is me ook wat moois, fraais!* **3.1** erzähl mir doch keine ~n! *maak me toch niets wijs!* **3.2** ~ machen *geschiedenis maken* **3.3** alte ~n wieder aufrühren, aufwärmen *oude koeien uit de sloot halen;* mach keine ~n! (a) *stel je niet aan!* (b) *doe geen domme dingen!* **6.3** sie hat eine böse ~ **mit** dem Herzen *zij heeft iets ernstigs, het nogal erg aan haar hart.*

Geschichtenbuch ⟨o.⟩ **0.1** ***verhalenbundel.***

geschichtlich 0.1 ***historisch*** ⇒*geschiedkundig.*

Geschichtsbewußtsein ⟨o.⟩ **0.1** ***historisch bewustzijn, besef.***

Geschichtsbuch ⟨o.⟩ **0.1** ***geschiedenisboek.***

Geschichtsfälschung ⟨v.⟩ **0.1** ***geschiedvervalsing.***

Geschichtsforscher ⟨m.⟩ **0.1** ***geschiedvorser, historicus.***

geschichtslos 0.1 ***ahistorisch.***

Geschichtsschreibung ⟨v.⟩ **0.1** ***geschiedschrijving.***

Geschichtswissenschaft ⟨v.⟩ **0.1** ***geschiedeniswetenschap(pen), historische wetenschap.***

Geschichtszahl ⟨v.⟩ **0.1** ***historisch jaartal.***

Geschick ⟨o.; ~(e)s, ~e⟩ **0.1** ⟨g.mv.⟩ ***handigheid*** ⇒*behendigheid, bekwaamheid* **0.2** ⟨schr.⟩ ***(nood)lot*** ⇒*gesternte, lotgeval* ◆ **2.1** staatsmännisches ~ *staatsmanskunst, staatsmanschap* **6.1** ~ **für, zu** etwas haben *handig in iets zijn.*

Geschicklichkeit ⟨v.; ~⟩ **0.1** ***behendig-, handigheid*** ⇒ *vaardigheid.*

Geschicklichkeitsprüfung ⟨v.⟩ **0.1** ***behendigheidsproef.***

Geschicklichkeitsspiel ⟨o.⟩ **0.1** ***behendigheidsspel.***

geschickt 0.1 ***handig*** ⇒*behendig, vaardig* **0.2** ⟨Zdd.⟩ ***praktisch*** ⇒*geschikt.*

Geschiebe ⟨o.; ~s, ~⟩ **0.1** ⟨g.mv.; inf.⟩ ***gedrang*** ⇒*geduw* **0.2** ⟨geol.⟩ ***berg-, gletsjerpuin, afgebrokkeld gesteente.***

geschieden 0.1 ***gescheiden*** ◆ **1.1** ⟨fig.⟩ wir sind ~e Leute *het is uit tussen ons.*

Geschimpfe ⟨o.; ~s⟩⟨inf.⟩ **0.1** ***gescheld*** ⇒*gekijf.*

Geschirr ⟨o.; ~(e)s, ~e⟩ **0.1** ***servies*** **0.2** ***vaat(werk)*** ⇒*afwas* **0.3** ***(paarden)tuig*** ⇒*gareel* ◆ **3.2** das ~ abwaschen, spülen *de vaat doen* **6.3** sich **ins** ~ legen (a) *het op een draf(je) zetten* (b) ⟨fig.⟩ *er flink tegenaan gaan.*

Geschirraufzug ⟨m.⟩ **0.1** ***keukenlift.***

Geschirrschrank ⟨m.⟩ **0.1** ***glazenkast*** **0.2** ***keukenkast(je).***

Geschirrspüler ⟨m.⟩⟨inf.⟩ →**Geschirrspülmaschine.**

Geschirrspülmaschine ⟨v.⟩ **0.1** ***vaatwasser, vaatwas-, afwasmachine.***

Geschirrspülmittel ⟨o.⟩ **0.1** ***afwasmiddel.***

Geschirrtuch ⟨o.; mv. ¨er⟩ **0.1** ***thee-, afdroogdoek.***

Geschlecht ⟨o.; ~(e)s, ~er⟩ **0.1** ***geslacht*** ⇒*kunne, sekse, generatie* ◆ **2.1** das dritte ~ *de homoseksuelen.*

geschlechtlich 0.1 ***geslachtelijk*** ⇒*seksueel.*

Geschlechtsakt ⟨m.⟩ **0.1** ***geslachtsdaad.***

Geschlechtskrankheit ⟨v.⟩ **0.1** ***geslachtsziekte.***

geschlechtslos 0.1 ***geslachtloos*** ⇒*aseksueel.*

Geschlechtsteil ⟨o.; ook m.⟩ **0.1** ***geslachtsdeel.***

Geschlechtstrieb ⟨m.⟩ **0.1** ***geslachtsdrift.***

Geschlechtsumwandlung ⟨v.⟩ **0.1** ***geslachtsverandering.***

Geschlechtsunterschied ⟨m.⟩ **0.1** ***sekseverschil.***

Geschlechtsverkehr ⟨m.⟩ **0.1** ***geslachtsgemeenschap, seksuele omgang.***

Geschlechtswort ⟨o.; mv. ¨er⟩⟨taal.⟩ **0.1** ***lidwoord.***

Geschleck ⟨o.; ~(e)s⟩⟨inf.⟩ **0.1** ***gelik, het likken*** **0.2** ***gesnoep*** **0.3** ***snoep(goed)*** ⇒*snoepjes.*

geschliffen 0.1 ***geslepen*** **0.2** ⟨fig.⟩ ***gepolijst, gecultiveerd*** **0.3** ⟨fig.⟩ ***scherp.***

Geschling ⟨o.; ~(e)s, ~e⟩ **0.1** ⟨hart, longen en lever van geslacht dier⟩.

geschlossen 0.1 ***en bloc*** ⇒*gezamenlijk, met z'n allen* **0.2** ***gesloten*** ⇒*in gesloten formatie, besloten* **0.3** ***harmonisch*** ⇒*afgerond* ◆ **1.2** in ~er Ortschaft *in de bebouwde kom* **1.3** eine ~e Mannschaft *een hechte ploeg* **3.1** ~ gegen eine Sache stimmen *en bloc, unaniem tegen iets stemmen* **6.3** eine **in** sich ~e Persönlichkeit *een harmonische persoonlijkheid.*

Geschluchze ⟨o.; ~s⟩⟨inf.⟩ **0.1** ***gesnik.***

Geschmack ⟨m.; ~(e)s, ¨e; mv. inf.; scherts. ¨er⟩ **0.1** ***smaak*** ⟨ook fig.⟩ **0.2** ⟨Zwi.⟩ ***geur, reuk*** ◆ **3.1** einer Sache ⟨3e nv.⟩ ~ abgewinnen *smaak, plezier in iets krijgen* **6.1 an** einer Sache ~ finden (a) *plezier in iets hebben, iets leuk vinden* (b) *iets kunnen waarderen;* **auf** den ~ kommen *er de smaak van te pakken krijgen;* **für** meinen ~ *naar mijn smaak* ¶**.1** ⟨sprw.⟩ über den ~ läßt sich nicht streiten *over smaak valt niet te twisten.*

geschmäcklerisch ⟨pej.⟩ **0.1** ***kieskeurig.***

geschmacklich 0.1 ***qua smaak*** ⇒*van (de) smaak.*

geschmacklos 0.1 ***smaakloos*** ⇒*smakeloos* **0.2** ⟨fig.⟩ ***smakeloos*** ⇒*zonder (goede) smaak.*

Geschmacklosigkeit ⟨v.; ~, ~en⟩ **0.1** ***smaakloosheid*** **0.2** ⟨fig.⟩ ***smakeloosheid.***

geschmacksneutral 0.1 ***neutraal van smaak.***

Geschmacksrichtung ⟨v.⟩ **0.1** ***smaak*** ⟨ook fig.⟩.

Geschmackssache ⟨v.⟩ ◆ **3.**¶ das ist ~ *dat is een kwestie van smaak.*

Geschmacksverstärker ⟨m.⟩ **0.1** ***smaakversterker.***

geschmackvoll 0.1 ***smaakvol.***

Geschmatze ⟨o.; ~s⟩⟨inf.⟩ **0.1** ***gesmak.***

Geschmause ⟨o.; ~s⟩⟨inf.⟩ **0.1** ***gesmul*** ⇒*smulpartij.*

Geschmeide ⟨o.; ~s, ~⟩⟨schr.⟩ **0.1** ***sieraad*** ⇒*kleinood* **0.2** ***juwelen, sieraden.***

geschmeidig 0.1 ***soepel*** ⟨ook fig.⟩ ⇒*lenig.*

Geschmeiß ⟨o.; ~es⟩ **0.1** ***ongedierte*** **0.2** ***gespuis, schorriemorrie*** **0.3** ⟨jacht⟩ ***uitwerpselen*** ⟨van roofvogels⟩.

Geschmetter ⟨o.; ~s⟩ **0.1** ***geschal*** **0.2** ***gekletter.***

Geschmier ⟨o.; ~(e)s⟩⟨inf.⟩ **0.1** ***gekrabbel, geklieder*** ⇒*geknoei* **0.2** ***geklad*** ⇒*prul(werk)* **0.3** ***klieder(boel).***

geschmiert ◆ **8.¶** es läuft/geht wie ~ *het loopt op rolletjes, het gaat/loopt als gesmeerd.*
Geschmorte(s) ⟨bn. als zn.; o.⟩ **0.1** ***stoofvlees.***
Geschmuse ⟨o.; ~s⟩ **0.1** ***geflikflooi*** **0.2** ***geknuffel*** ⇒*gevrij.*
Geschnäbel ⟨o.; ~s⟩ **0.1** ***trekkebekkerij*** ⇒*minnekozerij.*
Geschnarche ⟨o.; ~s⟩ **0.1** ***gesnurk, gesnork.***
Geschnatter ⟨o.; ~s⟩⟨inf.⟩ **0.1** ***gesnater*** ⇒⟨fig.⟩ *gekakel.*
geschniegelt ⟨inf.⟩ **0.1** ***keurig*** ⇒*in de puntjes (verzorgd, gekleed)* **0.2** ⟨pej.⟩ ***opgedoft, opgedirkt*** ◆ **8.1** ~ und gebügelt *piekfijn, tot in de puntjes verzorgd.*
Geschnörkel ⟨o.; ~s⟩⟨inf.⟩ **0.1** ***krulwerk*** ⇒*tierelantijntjes.*
Geschöpf ⟨o.; ~(e)s, ~e⟩ **0.1** ***schepsel*** ⇒*wezen,* ⟨pej. ook⟩ *creatuur* **0.2** ⟨lit.⟩ ***gestalte*** ⇒*schepping, figuur* ◆ **2.1** ein reizendes, süßes ~ *een leuk kind, meisje.*
Geschoß ⟨o.; Geschosses, Geschosse⟩ **0.1** ***verdieping, etage*** **0.2** ***projectiel*** **0.3** ⟨sp.⟩ ***loeier, schot.***
geschraubt **0.1** ***opgeschroefd, geaffecteerd*** ⇒*gekunsteld.*
Geschrei ⟨o.; ~s⟩ **0.1** ***geschreeuw*** ⇒*geroep* **0.2** ⟨inf.⟩ ***(kouwe) drukte*** ⇒*gejeremieer, gepiep* ◆ **3.2** mach doch kein solches ~ deswegen! *zit daar toch niet zo over te jeremiëren, piepen!* **6.2** viel ~ **um** eine Sache machen *veel kouwe drukte over iets maken.*
Geschütz ⟨o.; ~es, ~e⟩ **0.1** ***geschut*** ⟨ook fig.⟩ ⇒⟨mil.⟩ *stuk (geschut)* ◆ **3.1** ⟨fig.⟩ grobes, schweres ~, mit grobem ~ gegen jmdn. auffahren *tegen iem. met grof geschut beginnen.*
Geschützstand ⟨m.⟩ **0.1** ***geschutstelling.***
Geschwader ⟨o.; ~s⟩ **0.1** ***eskader*** ⇒*smaldeel* **0.2** ⟨luchtvaart⟩ ***wing, eskader.***
Geschwafel ⟨o.; ~s⟩ **0.1** ***gewauwel*** ⇒*gezwets, gebazel.*
geschwänzt **0.1** ***gestaart*** ⇒*met staart.*
Geschwätz ⟨o.; ~es⟩ **0.1** ***geklets, geleuter*** ⇒*gezwets* **0.2** ***kletspraatjes*** ⇒*geroddel.*
geschwätzig **0.1** ***praat-, babbelziek.***
geschweift **0.1** ***gestaart*** ⇒*met staart* **0.2** ***gebogen*** ⇒*gekromd, gewelfd* ◆ **2.1** schön ~e Augenbrauen, Lippen *fraai gewelfde wenkbrauwen, lippen.*
geschweige ◆ **¶.¶** ~ (denn) *laat staan, om maar niet te spreken van.*
geschwind ⟨reg.⟩ **0.1** ***vlug*** ⇒*gezwind, snel.*
Geschwindigkeit ⟨v.; ~, ~en⟩ **0.1** ***snelheid*** ⇒*vlugheid* ◆ **2.1** mit affenartiger ~ *bliksemsnel, vliegensvlug.*
Geschwindigkeits|begrenzung, -beschränkung ⟨v.⟩ **0.1** ***snelheidsbeperking.***
Geschwindigkeitsüberschreitung ⟨v.⟩ **0.1** ***snelheidsovertreding.***
Geschwindschritt ⟨m.⟩⟨vero.⟩ **0.1** ***versnelde, gezwinde pas.***
Geschwirr ⟨o.; ~s⟩ **0.1** ***gegons*** ⇒*gezoem* **0.2** ***gefladder.***
Geschwister ⟨o.; ~s, ~⟩⟨steeds mv.⟩ **0.1** ***broer(s) en zus(sen)*** ⟨kinderen uit één gezin⟩.
Geschwisterkind ⟨o.⟩⟨vero.; nog reg.⟩ **0.1** ***neef of nicht*** **0.2** ⟨steeds mv.⟩ ***neven en nichten.***
geschwisterlich **0.1** ***van, tussen broer(s) en zus(sen)*** **0.2** ***broederlijk.***
Geschwisterpaar ⟨o.⟩ **0.1** ***broer en zus.***
Geschworene(r) ⟨bn. als zn.⟩ **0.1** ***gezworene, jurylid.***
Geschwulst ⟨v.; ~, ~̈e⟩ **0.1** ***gezwel.***
geschwungen **0.1** ***gebogen, gewelfd.***
Geschwür ⟨o.; ~s, ~e⟩ **0.1** ***zweer*** ⇒*verzwering.*
Geseier ⟨o.; ~s⟩ **0.1** ***gezeur*** ⇒*gejeremieer.*
Geselchte(s) ⟨bn. als zn.; o.⟩⟨Zdd., Oostr.⟩ **0.1** ***gerookt vlees.***
Gesell ⟨m.; ~en, ~en⟩⟨gesch.⟩ **0.1** ***rondtrekkend gezel.***
Geselle ⟨m.; ~n, ~n⟩ **0.1** ***gezel, knecht*** **0.2** ⟨vaak pej.⟩ ***vent, kerel*** **0.3** ⟨zelden⟩ ***makker, (met)gezel.***
gesellen, sich **0.1** ***zich voegen*** **0.2** ***(erbij) komen*** ◆ **6.1** sich **zu** jmdm. ~ *zich bij iem. voegen.* →**gleich**[1].
Gesellenbrief ⟨m.⟩ **0.1** ***diploma van gezel*** ⟨na beëindiging v.d. leertijd⟩.
Gesellenjahre ⟨alleen mv.⟩ **0.1** ***leerjaren*** ⟨als gezel⟩.
gesellig **0.1** ***gezellig*** **0.2** ***sociaal*** **0.3** ***in kudden, groepen, troepen, scholen levend*** ⇒*in gemeenschap levend* ◆ **1.2** der Mensch ist ein ~es Wesen *de mens is een sociaal wezen.*
Geselligkeit ⟨v.; ~, ~en⟩ **0.1** ***gezellig samenzijn*** ⇒*partijtje, feestje* **0.2** ***gezelligheid.***
Gesellschaft ⟨v.; ~, ~en⟩ **0.1** ***maatschappij, samenleving*** **0.2** ***maatschappij, firma*** ⇒*vennootschap* **0.3** ***gezelschap*** **0.4** ***genootschap*** ⇒*maatschappij, vereniging* **0.5** ***hogere kringen*** ⇒*society* **0.6** ***partij(tje)*** ⇒*feestje* ◆ **1.4** die ~ Jesu *de Sociëteit van Jezus* ⟨jezuïetenorde⟩ **1.5** eine Dame der ~ *een dame uit hogere, uit de betere kringen* **2.1** die feine, vornehme ~ *de hogere, voorname kringen, de elite* **2.3** in geschlossener ~ *in besloten kring* **2.6** eine geschlossene ~ *een besloten partij(tje)* **3.3** jmdm. ~ leisten *iem. gezelschap houden* **6.2** ~ **mit** beschränkter Haftung *besloten (naamloze) vennootschap, besloten vennootschap met beperkte aansprakelijkheid* **6.3** sich **in** guter ~ befinden ⟨ook fig.⟩ *in goed gezelschap zijn.*
Gesellschafter ⟨m.; ~s, ~⟩ **0.1** ***vennoot, compagnon*** ⇒*firmant* **0.2** ***(met)gezel, kameraad*** ◆ **2.1** stiller ~ *stille vennoot* **2.2** ein guter ~ *een onderhoudend, gezellig persoon.*
gesellschaftlich **0.1** ***maatschappelijk*** **0.2** ***beschaafd, welgemanierd*** **0.3** ⟨marxisme⟩ ***nationaal, genationaliseerd*** ⇒*staats-* ◆ **1.2** ~e Bildung, Formen *goede manieren, fatsoen;* ~e Gewandtheit, ~er Schliff *gemak om zich te bewegen, savoir-vivre;* ohne jeden ~en Zwang *ongedwongen* **1.3** ~es Eigentum *staatseigendom.*
Gesellschaftsanzug ⟨m.⟩ **0.1** ***avondkostuum.***
gesellschaftsfähig **0.1** ***geschikt voor een beschaafd milieu*** ⇒*maatschappelijk, sociaal aanvaard, beschaafd.*
gesellschaftsfeindlich **0.1** ***tegen de maatschappij gericht*** ⇒*anti-maatschappelijk.*
Gesellschaftskapital ⟨o.⟩ **0.1** ***maatschappelijk kapitaal.***
Gesellschaftskleid ⟨o.⟩ **0.1** ***avondtoilet*** ⇒*avondjurk.*
Gesellschaftskritik ⟨v.⟩ **0.1** ***maatschappijkritiek.***
gesellschaftskritisch **0.1** ***maatschappijkritisch.***
Gesellschaftslehre ⟨v.⟩ **0.1** ***maatschappijleer*** **0.2** ***sociologie.***
Gesellschaftsordnung ⟨v.⟩ **0.1** ***maatschappelijke orde.***
gesellschaftspolitisch **0.1** ***mbt. de sociale politiek*** ⇒*sociaal, maatschappelijk.*
Gesellschaftsraum ⟨m.⟩ **0.1** ***conversatiezaal, salon, ontvangkamer.***
Gesellschaftsroman ⟨m.⟩ **0.1** ***sociale roman.***
Gesellschaftsspiel ⟨o.⟩ **0.1** ***gezelschapsspel(letje).***
Gesellschaftssystem ⟨o.⟩ **0.1** ***maatschappelijk systeem.***
Gesellschaftsvertrag ⟨m.⟩ **0.1** ***maatschappelijk verdrag, contrat social*** **0.2** ***akte (van oprichting) van vennootschap.***
Gesellschaftswissenschaft ⟨v.⟩ **0.1** ***maatschappijwetenschap.***
Gesetz ⟨o.; ~es, ~e⟩ **0.1** ***wet*** ◆ **1.1** das ~ der Serie *de wetten van de kans-, waarschijnlijkheidsrekening* **2.1** das ist mir oberstes ~ *dat is voor mij opperste plicht, richtsnoer* **6.1** **durch** das ~ *bij de wet;* **nach** geltendem ~ *volgens de vigerende, van kracht zijnde wet;* das ~ **über** die Ehescheidung *de wet op de echtscheiding.*
Gesetzblatt ⟨o.⟩ **0.1** ***staatsblad.***
Gesetzbuch ⟨o.⟩ **0.1** ***wetboek.***
Gesetzentwurf ⟨m.⟩ **0.1** ***wetsontwerp.***

Gesetzesbrecher ⟨m.⟩ **0.1** ***wetsovertreder, overtreder v.d. wet, wetschender.***
Gesetzeshüter ⟨m.⟩⟨vaak iron.⟩ **0.1** ***handhaver v.d. wet.***
Gesetzeskraft ⟨v.⟩ **0.1** ***kracht van wet.***
gesetzeskundig **0.1** ***bekend met de wetgeving.***
Gesetzeslücke ⟨v.⟩ **0.1** ***hiaat in de wet.***
Gesetzesnovelle ⟨v.⟩ **0.1** ***wetswijziging.***
Gesetzestafel ⟨v.⟩⟨rel.⟩ **0.1** ***tafel der wet.***
Gesetzesvorlage ⟨v.⟩ **0.1** ***wetsontwerp.***
Gesetzeswerk ⟨o.⟩ **0.1** ***wetgeving (op een bepaald gebied).***
gesetzgebend **0.1** ***wetgevend*** ⇒*legislatief.*
Gesetzgeber ⟨m.⟩ **0.1** ***wetgever.***
gesetzgeberisch **0.1** ***wetgevend.***
Gesetzgebung ⟨v.; ~, ~en⟩ **0.1** ***wetgeving.***
gesetzlich **0.1** ***wettelijk*** ⇒*wettig* ◆ **1.1** ~e Bestimmungen *wettelijke bepalingen;* der ~e Vertreter *de wettige vertegenwoordiger;* auf ~em Wege *langs wettelijke weg* **2.1** ~ geschützt *wettig gedeponeerd.*
Gesetzlichkeit ⟨v.; ~⟩ **0.1** ***wettelijkheid*** ⇒*wettigheid* **0.2** ***wetmatigheid.***
gesetzlos **0.1** ***wetteloos.***
gesetzmäßig **0.1** ***wetmatig*** **0.2** ***wettig*** ⇒*wettelijk.*
gesetzt[1] ⟨bn.⟩ **0.1** ***bezadigd, bedaard*** ◆ **1.1** im ~en Alter *op rijpere leeftijd.*
gesetzt[2] ⟨vw.⟩ ◆ **1.**¶ ~ den Fall, daß ... *gesteld het geval dat ..., stel dat ...*
gesetzwidrig **0.1** ***in strijd met de wet*** ⇒*onwettig.*
Geseufze ⟨o.; ~s⟩ **0.1** ***gezucht.***
Gesicht[1] ⟨o.; ~(e)s, ~er⟩ **0.1** ***gezicht*** ◆ **2.1** mach nicht so ein böses ~! *kijk niet zo kwaad!;* ein langes ~ machen *een lang gezicht zetten, trekken;* das Zweite ~ *het tweede gezicht, de helderziendheid* **3.1** ein anderes ~ aufsetzen, machen *een ander gezicht trekken, anders kijken;* das gibt der Sache ein anderes ~ *dat geeft de zaak een ander aanzien;* das ~ retten, wahren *zijn gezicht redden;* ~er schneiden *(lelijke) gezichten,* ⟨ook⟩ *grimassen trekken;* das ~ verlieren *zijn gezicht verliezen;* sein wahres ~ zeigen *zijn ware gezicht laten zien* **6.1** jmdm. etwas **am** ~ ablesen *iets op iemands gezicht lezen;* jmdm. wie **aus** dem ~ geschnitten sein *iem. uit het gezicht gesneden zijn, sprekend op iem. lijken;* es stand ihm **im** ~ geschrieben *het was van zijn gezicht te lezen;* **ins** ~ fallen, springen *in het oog lopen, springen;* jmdm. **ins** ~ lachen *iem. in zijn gezicht uitlachen;* jmdm. **ins** ~ lügen *onbeschaamd tegen iem. (staan) liegen;* jmdm. etwas glatt **ins** ~ sagen *iem. iets recht in zijn gezicht zeggen;* jmdm. Vorwürfe **ins** ~ schleudern *iem. verwijten naar het hoofd slingeren;* den Tatsachen **ins** ~ sehen *de feiten onder ogen zien;* das trieb mir die Schamröte **ins** ~ *dat joeg me het schaamrood op de kaken;* **zu** ~ bekommen, ⟨schr.⟩ jmdm. **zu** ~ kommen *te zien, onder ogen krijgen;* das steht dir schlecht **zu** ~(e) *dat staat je slecht, past slecht bij jou* **8.1** ein ~ machen wie drei, sieben, acht, vierzehn Tage Regenwetter *een gezicht zetten als een oorwurm.*
Gesicht[2] ⟨o.; ~(e)s, ~e⟩ **0.1** ***visioen*** ⇒*droomgezicht, verschijning.*
Gesichtsausdruck ⟨m.⟩ **0.1** ***gelaats-, gezichtsuitdrukking.***
Gesichtserker ⟨m.⟩⟨inf.⟩ **0.1** ***voorgevel*** ⟨neus⟩.
Gesichtsfarbe ⟨v.⟩ **0.1** ***gelaatskleur.***
Gesichtsfeld ⟨o.⟩ **0.1** ***gezichtsveld.***
Gesichtskreis ⟨m.⟩ **0.1** ⟨fig.⟩ ***horizon*** ⇒*gezichtskring, blik* **0.2** ***gezichtsveld*** ⇒*gezicht.*
Gesichtsplastik ⟨v.⟩ **0.1** ***plastische, cosmetische chirurgie v.h. aangezicht.***
Gesichtspunkt ⟨m.⟩ **0.1** ***gezichts-, oogpunt*** ⇒*optiek* ◆ **6.1** **unter** einem bestimmten ~ *(van)uit een bepaald gezichts-, oogpunt.*
Gesichtssinn ⟨m.⟩ **0.1** ***gezichtsvermogen.***
Gesichtsverlust ⟨m.⟩ **0.1** ***gezichtsverlies.***
Gesichtswinkel ⟨m.⟩ **0.1** ***gezichtshoek*** ⇒⟨fig. vooral⟩ *gezichts-, oogpunt* ◆ **6.1** **unter** diesem ~ (betrachtet) *vanuit deze optiek.*
Gesichtszug ⟨m.⟩ **0.1** ***gelaatstrek.***
Gesims ⟨o.; ~es, ~e⟩ **0.1** ***rand, richel*** **0.2** ***(kroon)lijst.***
Gesinde ⟨o.; ~s, ~⟩⟨vero.⟩ **0.1** ***personeel*** ⟨op een boerderij⟩ ⇒*bedienden, knechten en meiden.*
Gesindel ⟨o.; ~s⟩ **0.1** ***gespuis*** ⇒*gepeupel.*
gesinnt **0.1** ***gezind*** ⇒*ingesteld* ◆ **4.1** jmdm. günstig, gut ~ sein *iem. een goed hart toedragen.*
Gesinnung ⟨v.; ~, ~en⟩ **0.1** ***gezindheid*** ⇒*overtuiging, gezindte* **0.2** ***karakter*** ⇒*inborst.*
Gesinnungs|freund, -genosse ⟨m.⟩ **0.1** ***geestverwant*** ⇒*gelijkgezinde.*
gesinnungslos **0.1** ***karakterloos.***
Gesinnungsschnüffelei ⟨v.⟩ **0.1** ***geheim onderzoek naar iemands politieke overtuiging.***
Gesinnungstäter ⟨m.⟩ **0.1** ***dader uit overtuiging.***
Gesinnungs|wandel, -wechsel ⟨m.⟩ **0.1** ***verandering van overtuiging, gezindheid.***
gesittet **0.1** ***beschaafd, welgemanierd*** ⇒*welopgevoed* **0.2** ***beschaafd, geciviliseerd.***
Gesittung ⟨v.; ~⟩⟨schr.⟩ **0.1** ***beschaving.***
Gesocks ⟨o.; ~⟩ **0.1** ***gespuis*** ⇒*schorriemorrie.*
Gesöff ⟨o.; ~(e)s, ~e⟩ **0.1** ***brouwsel, bocht*** ⇒*spul.*
gesondert **0.1** ***afzonderlijk*** ⇒*apart, separaat.*
gesonnen **0.1** ***van plan, van zins*** ⇒*geneigd* **0.2** ***gezind.***
Gesottene(s) ⟨bn. als zn.; o.⟩⟨reg.⟩ **0.1** ***gekookt vlees.***
Gespann ⟨o.; ~(e)s, ~e⟩ **0.1** ***span*** ⇒⟨fig.⟩ *stel, paar* **0.2** ***auto met aanhangwagen*** **0.3** ***rijtuig met gespan.***
gespannt **0.1** ***nieuwsgierig*** ⇒*benieuwd* **0.2** ***gespannen*** ◆ **1.2** eine ~e Lage *een gespannen situatie, toestand* **6.1** **auf** eine Sache ~ *benieuwd naar iets.*
Gespanntheit ⟨v.; ~⟩ **0.1** ***spanning*** **0.2** ***gespannenheid*** ⇒ *gespannen toestand.*
Gespenst ⟨o.; ~(e)s, ~er⟩ **0.1** ***spook*** ⟨ook fig.⟩ ◆ **8.1** aussehen wie ein ~ *er als een geest, levend lijk uitzien.*
Gespensterfurcht ⟨v.⟩ **0.1** ***vrees, angst voor spoken.***
Gespensterglaube ⟨m.⟩ **0.1** ***geloof aan spoken.***
gespensterhaft **0.1** ***spookachtig.***
gespenstern **0.1** ***(rond)spoken.***
Gespensterschiff ⟨o.⟩ **0.1** ***spookschip.***
Gespensterstunde ⟨v.⟩ **0.1** ***spookuur.***
gespen|stig, -stisch **0.1** ***spookachtig.***
Gespiele[1] ⟨m.; ~n, ~n⟩ **0.1** ***speelmakker, -kameraad(je)*** **0.2** ⟨pej.⟩ ***vrijer, vriendje.***
Gespiele[2] ⟨o.; ~s⟩⟨inf.⟩ **0.1** ***gespeel*** ⇒*het spelen.*
Gespinst ⟨o.; ~(e)s, ~e⟩ **0.1** ***weefsel*** ⇒*spinsel* **0.2** ***web*** ⟨ook fig.⟩.
Gespött ⟨o.; ~(e)s⟩ **0.1** ***(ge)spot*** ⇒*voorwerp, mikpunt van spot* ◆ **6.1** **zum** ~ der Leute werden *het mikpunt van spot (van de anderen) worden.*
Gespöttel ⟨o.; ~s⟩ **0.1** ***(ge)spot.***
Gespräch ⟨o.; ~(e)s, ~e⟩ **0.1** ***gesprek*** ⇒*onderhoud, bespreking,* ⟨mv. ook⟩ *overleg* ◆ **6.1** das ist noch **im** ~ *daar wordt nog over gepraat, dat is nog onderwerp van gesprek;* als neuer Minister ist X. **im** ~ *als nieuwe minister wordt X. genoemd;* **zum** ~ der Stadt werden *bij iedereen over de tong gaan.*
gesprächig **0.1** ***spraakzaam*** ⇒*praatlustig.*
gesprächsbereit **0.1** ***bereid tot een gesprek.***

Gesprächsgebühr ⟨v.⟩⟨telefoon⟩ **0.1** ***gesprekkosten.***

Gesprächsgegenstand ⟨m.⟩ **0.1** ***onderwerp van gesprek.***

Gesprächsrunde ⟨v.⟩ **0.1** ***gespreksronde.***

Gesprächsteilnehmer ⟨m.⟩ **0.1** ***deelnemer aan het gesprek*** ⇒*gesprekspartner.*

Gesprächsthema ⟨o.⟩ **0.1** ***onderwerp van (het) gesprek*** ⇒ *gesprekspunt.*

gespreizt **0.1** ***hoogdravend, bombastisch*** ⇒*gemaakt* **0.2** ***aanstellerig*** **0.3** ***gespreid*** ◆ **1.3** mit ~en Beinen *wijdbeens.*

gesprenkelt **0.1** ***gespikkeld, gevlekt.***

Gespür ⟨o.; ~s⟩ **0.1** ***gevoel*** ⇒*neus, feeling* ◆ **6.1** ein feines, sicheres ~ **für** eine Sache haben *een fijne neus voor iets hebben, iets goed aanvoelen.*

gest. ⟨afk.⟩ [gestorben].

Gestade ⟨o.; ~s, ~⟩⟨schr.⟩ **0.1** ***oever*** ⇒*kust, strand.*

Gestalt ⟨v.; ~, ~en⟩ **0.1** ***gestalte*** ⇒*gedaante, figuur, vorm* **0.2** ⟨dram., lit.⟩ ***personage*** ⇒*figuur* ◆ **3.1** ~ annehmen, gewinnen *(een) vorm aannemen, gestalte krijgen* **6.1** sich **in** seiner wahren ~ zeigen *zich in zijn ware gedaante vertonen.*

gestalten **I** ⟨ov.ww.⟩ **0.1** ***vormen, (een) vorm geven*** ⇒*inrichten, gestalte geven* **0.2** ***organiseren*** **0.3** ***opstellen*** ◆ **1.2** ein Fest ~ *een feest(je) organiseren* **1.3** ein Programm ~ *een programma opstellen* **5.1** den Abend frei ~ *de avond vrij(elijk) invullen, besteden;* etwas neu ~ *iets reorganiseren, vernieuwen;*

II sich ~ ⟨wk.ww.⟩ **0.1** ***een vorm aannemen, zich ontwikkelen*** ⇒*worden, verlopen.*

Gestalter ⟨m.; ~s, ~⟩ **0.1** ***schepper, maker*** **0.2** ***vormgever*** ⇒*ontwerper* **0.3** ***constructeur.***

gestalterisch **0.1** ***vormgevend*** ⇒*creatief, artistiek* **0.2** ***decoratief*** ⇒*artistiek.*

gestaltlos **0.1** ***vormloos*** **0.2** ⟨nat.⟩ ***amorf.***

Gestaltung ⟨v.; ~, ~en⟩ **0.1** ***vormgeving*** **0.2** ***organisatie*** ⇒ *inrichting, regeling, samen-, opstelling* **0.3** ***gestalte, vorm*** ⇒*gedaante* ◆ **1.2** die ~ der Löhne *de loonvorming.*

Gestaltungskraft ⟨v.⟩ **0.1** ***vormgevend vermogen*** ⇒*uitbeeldend, plastisch vermogen.*

Gestaltungsweise ⟨v.⟩ **0.1** ***vormgeving.***

Gestammel ⟨o.; ~s⟩ **0.1** ***gestamel*** ⇒*gehakkel.*

gestanden **0.1** ***ervaren*** ⇒*kundig, bedreven.*

geständig ◆ **3.¶** ~ sein *bekennen, een bekentenis afleggen.*

Geständnis ⟨o.; ~ses, ~se⟩ **0.1** ***bekentenis*** ◆ **3.1** jmdm. ein ~ machen *iem. iets bekennen.*

Gestänge ⟨o.; ~s, ~⟩ **0.1** ***stangenstelsel*** ⇒*stangen, hefboomstelsel* **0.2** ***buizenstelsel*** ⇒*frame.*

Gestank ⟨m.; ~(e)s⟩ **0.1** ***stank.***

Gestänker ⟨o.; ~s⟩⟨inf.⟩ **0.1** ***gekanker*** **0.2** ***gestook.***

Gestapo ⟨v.; ~⟩⟨nazi; afk.⟩ [Geheime Staatspolizei].

gestatten **0.1** ***toestaan*** ⇒*veroorloven, permitteren* **0.2** ***in staat stellen*** ⇒*in de gelegenheid stellen* ◆ **4.1** ~ Sie?, Sie ~? *pardon!, mag ik?*

Geste ⟨v.; ~, ~n⟩ **0.1** ***geste, gebaar.***

Gesteck ⟨o.; ~(e)s, ~e⟩ **0.1** ***bloemstuk(je)*** ⇒*arrangement* **0.2** ⟨Beiers, Oostr.⟩ ***hoedversiering.***

gestehen **0.1** ***bekennen*** ⇒*toegeven* ◆ **1.1** jmdm. seine Liebe ~ *iem. zijn liefde bekennen* **5.1** offen gestanden *eerlijk gezegd.*

Gestehungskosten ⟨alleen mv.⟩ **0.1** ***kostprijs.***

Gestein ⟨o.; ~(e)s, ~e⟩ **0.1** ***gesteente*** ⇒*steen.*

Gesteinskunde ⟨v.⟩ **0.1** ***kennis, leer v.d. gesteenten.***

Gestell ⟨o.; ~(e)s, ~e⟩ **0.1** ***onderstel*** ⇒*voetstuk, schraag, statief* **0.2** ***frame*** ⇒*lijst, raam, buizenstelsel* **0.3** ***rek*** ⇒ *stellage* **0.4** ***chassis*** ⟨van auto⟩ **0.5** ***montuur*** ⟨van bril⟩ ◆ **2.¶** ein dünnes, dürres, langes ~ *een bonenstaak.*

Gestellung ⟨v.; ~, ~en⟩⟨adm.⟩ **0.1** ***beschikbaarstelling.***

gestern **0.1** ***gisteren*** ◆ **5.1** ~ nachmittag *gister(en)middag.*

Gestichel ⟨o.; ~s⟩ **0.1** ***speldenprikken*** ⇒*stekeligheden.*

gestiefelt **0.1** ***gelaarsd*** ◆ **1.1** der Gestiefelte Kater *de Gelaarsde Kat* **8.1** ⟨inf.⟩ ~ und gespornt *gelaarsd en gespoord, gepakt en gezakt.*

gestielt **0.1** ***met (een) steel*** **0.2** ⟨plantk.⟩ ***gesteeld.***

Gestik ⟨v.; ~⟩ **0.1** ***gebaren(spel).***

gestikulieren **0.1** ***gesticuleren*** ⇒*gebaren.*

Gestimmtheit ⟨v.; ~, ~en⟩⟨schr.⟩ **0.1** ***stemming.***

Gestirn ⟨o.; ~(e)s, ~e⟩ **0.1** ***hemellichaam*** ⇒*ster* **0.2** ***gesternte*** ⇒*sterrenbeeld.*

gestirnt ⟨schr.⟩ **0.1** ***gesternd*** ⇒*met sterren bezaaid.*

Gestöber ⟨o.; ~s, ~⟩ **0.1** ***sneeuwjacht.***

gestochen **0.1** ***keurig*** ⇒*precies, zuiver* ⟨ook sp.⟩ ◆ **8.1** wie ~ schreiben *als gegraveerd schrijven.*

Gestöhne ⟨o.; ~s⟩ **0.1** ***gesteun*** ⇒*gekreun, gekerm.*

Gestolper ⟨o.; ~s⟩ **0.1** ***gestrompel*** **0.2** ***gestruikel.***

Gestotter ⟨o.; ~s⟩ **0.1** ***gestotter*** ⇒*gestamel.*

Gestrampel ⟨o.; ~s⟩ **0.1** ***getrappel*** **0.2** ***getrap.***

Gesträuch ⟨o.; ~(e)s⟩ **0.1** ***struikgewas*** ⇒*struiken.*

gestreift **0.1** ***gestreept*** ⇒*met strepen, streepjes.*

Gestreite ⟨o.; ~s⟩ **0.1** ***getwist, geruzie.***

gestreng ⟨schr.⟩ **0.1** ***gestreng*** ⇒*streng.*

gestrichelt **0.1** ***gestippeld*** **0.2** ***gearceerd.***

Gestrick ⟨o.; ~(e)s, ~e⟩ **0.1** ***breiwerk*** ⇒*gebreid goed.*

gestrig **0.1** ***van gisteren*** ⇒⟨fig.⟩ *ouderwets.*

Gestrüpp ⟨o.; ~(e)s, ~e⟩ **0.1** ***kreupelhout*** ⇒*struikgewas* **0.2** ⟨fig.⟩ ***wirwar*** ⇒*jungle.*

Gestühl ⟨o.; ~(e)s, ~e⟩ **0.1** ***gestoelte*** ⇒*stoelen, banken.*

Gestümper ⟨o.; ~s⟩ **0.1** ***geklungel*** ⇒*gestuntel.*

Gestus ⟨m.; ~⟩⟨schr.⟩ **0.1** ***gebaren(spel)*** **0.2** ***expressie.***

Gestüt ⟨o.; ~(e)s, ~e⟩ **0.1** ***stoeterij*** ⇒*stal(len).*

Gestüthengst ⟨m.⟩ **0.1** ***fokhengst.***

Gesuch ⟨o.; ~(e)s, ~e⟩ **0.1** ***verzoek(schrift), rekest*** ⇒*schriftelijk verzoek.*

gesucht **0.1** ***gezocht*** ⟨ook fig.⟩ ⇒*(erg) gewild, veelgevraagd, in trek* ◆ **5.1** der Artikel ist sehr, stark ~ *er is veel vraag naar dat artikel.*

Gesudel ⟨o.; ~s⟩ **0.1** ***geknoei, geklieder.***

Gesumm ⟨o.; ~(e)s⟩ **0.1** ***gezoem*** ⇒*gegons, gebrom.*

gesund ⟨gesünder of gesunder, (am) gesündest(en) of (am) gesundest(en)⟩ **0.1** ***gezond*** ⟨ook fig.⟩ ◆ **3.1** jmdn. ~ schreiben *iem. gezond verklaren* **5.¶** ⟨inf.⟩ du bist wohl nicht (ganz) ~? *jij bent zeker niet goed wijs?* **8.1** ~ und munter *fris en gezond.*

gesundbeten **0.1** ***gezondbidden*** ⇒*door gebed genezen.*

Gesundbeter ⟨m.⟩ **0.1** ***gebedsgenezer.***

Gesundbrunnen ⟨m.⟩ **0.1** ***geneeskrachtige bron.***

gesunden ⟨schr.⟩ **I** ⟨onov.ww.⟩ **0.1** ***herstellen, gezond worden*** ⟨ook fig.⟩, ***genezen*** ⇒*opknappen;*

II ⟨ov.ww.⟩ **0.1** ***gezond maken*** ⇒⟨fig.⟩ *saneren.*

Gesundheit ⟨v.; ~⟩ **0.1** ***gezondheid*** ⟨ook fig.⟩ ◆ **6.1** **auf** Ihre ~! *(op uw) gezondheid!, proost!;* **bei** bester ~ *in goede gezondheid* **¶.1** ⟨sprw.⟩ ~ ist der größte Reichtum *gezondheid is een grote schat.*

gesundheitlich **0.1** ***wat de gezondheid betreft, gezondheids-*** ⇒*hygiënisch* ◆ **1.1** ~e Schäden *schade voor de gezondheid.*

Gesundheitsamt ⟨o.⟩ **0.1** ***gezondheidsdienst, geneeskundige dienst.***

Gesundheitsattest ⟨o.⟩ **0.1** ***medisch attest, gezondheidsverklaring.***

Gesundheitsbehörde ⟨v.⟩ →**Gesundheitsamt.**

Gesundheitsfürsorge ⟨v.⟩ **0.1** ***gezondheidszorg.***

gesundheitshalber 0.1 *om gezondheidsredenen.*
Gesundheitslehre ⟨v.⟩ 0.1 *gezondheidsleer, hygiëne.*
Gesundheitspflege ⟨v.⟩ 0.1 *gezondheidszorg ⇒hygiëne.*
gesundheitsschädlich 0.1 *schadelijk voor de gezondheid.*
Gesundheitswesen ⟨o.⟩ 0.1 *gezondheidszorg, zorgsector.*
Gesundheitszeugnis ⟨o.⟩ 0.1 *medische verklaring.*
gesundmachen, sich ⟨inf.⟩ 0.1 *er (financieel) bovenop komen ⇒zijn slag slaan.*
gesundschrumpfen ⟨inf.⟩ 0.1 *afslanken* ⟨v.e. bedrijf⟩ *⇒inkrimpen.*
Gesundschrumpfung ⟨v.⟩⟨inf.⟩ 0.1 *afslanking, sanering.*
Gesundung ⟨v.; ~⟩ 0.1 *herstel, gezondmaking, genezing ⇒* ⟨fig.⟩ *sanering.*
Getäfel ⟨o.; ~s⟩ 0.1 *betimmering, lambrisering.*
Getändel ⟨o.; ~s⟩ 0.1 *gebeuzel ⇒gedartel* 0.2 *geflirt.*
Getier ⟨o.; ~(e)s⟩ 0.1 *gedierte ⇒dieren.*
getigert 0.1 *getijgerd, gevlekt.*
Getöne ⟨o.; ~s⟩ 0.1 *geluid(en)* 0.2 ⟨inf.⟩ *opschepperij.*
Ge|tose, -töse ⟨o.; ~s⟩ 0.1 *getier, geraas ⇒kabaal* ◆ 3.1 mach nicht so ein ~! (a) *maak niet zoveel kabaal!* (b) *maak je niet zo druk, dik!*
getragen 0.1 *gedragen ⇒plechtig.*
Getrampel ⟨o.; ~s⟩ 0.1 *getrappel ⇒gestamp.*
Getränk ⟨o.; ~(e)s, ~e⟩ 0.1 *drank ⇒drankje.*
Getränkesteuer ⟨v.⟩ 0.1 *drankaccijns.*
Getränkezwang ⟨m.⟩ 0.1 *verplichte consumptie.*
Getratsch ⟨o.; ~(e)s⟩⟨inf.⟩ 0.1 *geklets ⇒geroddel.*
getrauen, sich 0.1 *(aan)durven, wagen* ◆ 1.1 ⟨schr.⟩ ich getraute mir eine Bemerkung *ik waagde, riskeerde een opmerking* 3.1 ich getraute mich, ⟨zelden⟩ mir nicht, das zu tun *ik durfde dat niet te doen.*
Getreide ⟨o.; ~s, ~⟩ 0.1 *graan ⇒koren.*
Getreide(an)bau ⟨m.⟩ 0.1 *graanbouw.*
Getreidekammer ⟨v.⟩⟨fig.⟩ 0.1 *graanschuur.*
Getreideland ⟨o.⟩ 0.1 *graanland* 0.2 *koren-, graanvelden.*
Getreidespeicher ⟨m.⟩ 0.1 *graanschuur ⇒graansilo.*
Getrenntschreibung ⟨v.⟩ 0.1 *het (los) van elkaar schrijven.*
getreu 0.1 *(ge)trouw* 0.2 ⟨met 3e nv.⟩ *overeenkomstig ⇒volgens, trouw (aan).*
getreulich ⟨schr.⟩ 0.1 *(ge)trouw ⇒getrouwelijk.*
Getriebe ⟨o.; ~s, ~⟩ 0.1 *transmissie, overbrenging(smechanisme) ⇒drijfwerk, aandrijving, versnelling(sbak)* ⟨van auto⟩ 0.2 *drukte ⇒gewoel, bedrijvigheid* ◆ 1.1 ⟨fig.⟩ das ~ eines Staates *de staatsmachinerie.*
Getriebeautomatik ⟨v.⟩ 0.1 *automatische versnelling.*
Getriebegehaüse ⟨o.⟩ 0.1 *versnellingsbak.*
Getriebeöl ⟨o.⟩ 0.1 *cardanolie.*
Getriller ⟨o.; ~s⟩ 0.1 *gekweel* ⟨ook fig.⟩, *getierelier.*
getrost 0.1 *getroost ⇒gerust, rustig.*
getrösten, sich ⟨met 2e nv.⟩⟨schr.⟩ 0.1 *vertrouwen (op) ⇒hopen (op).*
Getto ⟨o.; ~s, ~s⟩ 0.1 *getto* ⟨ook fig.⟩.
Getue ⟨o.; ~s⟩ 0.1 *gedoe, (kouwe) drukte ⇒drukdoenerij* ◆ 3.1 ein (großes) ~ machen *zich dik maken, veel kapsones hebben.*
Getümmel ⟨o.; ~s, ~⟩ 0.1 *gewoel ⇒drukte, tumult.*
Getuschel ⟨o.; ~s⟩ 0.1 *gefluister ⇒gesmiespel.*
geübt 0.1 *geoefend ⇒bedreven.*
Geuse ⟨m.; ~n, ~n⟩⟨gesch.⟩ 0.1 *geus.*
Gevatter ⟨m.; ~s, ~n; 2e nv. vero. ook ~n⟩⟨vero.⟩ 0.1 *peetoom, peter ⇒peet* 0.2 ⟨nog scherts.⟩ *vriend* ◆ 1.2 ~ Tod *vriend Hein* 3.1 ~ stehen *een kind ten doop houden, peet(oom) zijn.*
Gevatterin ⟨v.; ~, ~nen⟩⟨vero.⟩ 0.1 *peettante, meter* 0.2 ⟨nog scherts.⟩ *vriendin ⇒vrouwtje.*
Geviert ⟨o.; ~(e)s, ~e⟩ 0.1 *vierkant, kwadraat* ◆ 6.1 **im**, ins ~ *in het vierkant, kwadraat;* ein ~ **von** Häusern *een blok huizen (in het vierkant).*
Gewächs ⟨o.; ~es, ~e⟩ 0.1 *gewas ⇒plant* 0.2 *wijn(soort)* 0.3 ⟨med.⟩ *gezwel* 0.4 ⟨inf.⟩ *schepsel ⇒persoon.*
gewachsen ◆ 3.¶ jmdm., einer Sache ~ sein *tegen iem., iets opgewassen zijn.*
Gewächshaus ⟨o.⟩ 0.1 *serre, (broei)kas.*
Gewackel(e) ⟨o.; ~s⟩ 0.1 *gewaggel ⇒gewiebel.*
gewagt 0.1 *gewaagd ⇒gedurfd, riskant.*
gewählt 0.1 *keurig ⇒select, verzorgd.*
gewahr ◆ 3.¶ jmdn., eine Sache, jmds., einer Sache ~ werden *iem., iets gewaarworden, opmerken.*
Gewähr ⟨v.; ~⟩ 0.1 *waarborg, garantie ⇒borg(tocht), zekerheid* ◆ 3.1 für eine Sache ~ leisten, die ~ übernehmen *borg zijn, instaan voor iets, iets garanderen* 6.1 **ohne** ~ *onder voorbehoud.*
gewahren ⟨schr.⟩ 0.1 *(op)merken, waarnemen ⇒gewaarworden, bespeuren, ontwaren.*
gewähren 0.1 *verlenen ⇒geven, verschaffen* 0.2 *toestaan ⇒inwilligen* ◆ 3.¶ jmdn. ~ lassen *iem. laten begaan, betijen.*
gewährleisten 0.1 *waarborgen, garanderen ⇒instaan, borg staan voor,* ⟨ook⟩ *zorgen voor.*
Gewährleistung ⟨v.⟩ 0.1 *waarborg, borgstelling* 0.2 ⟨jur.⟩ *vrijwaring.*
Gewahrsam ⟨m.; ~s⟩ 0.1 *bewaring ⇒hoede, bescherming* 0.2 *verzekerde bewaring, hechtenis* ◆ 6.1 etwas **in** ~ nehmen *iets ter bewaring in ontvangst nemen* 6.2 jmdn. **in** (polizeilichen) ~ bringen, nehmen *iem. in hechtenis nemen.*
Gewährsmann ⟨m.; mv. ¨er of Gewährsleute⟩ 0.1 *zegsman.*
Gewalt ⟨v.; ~, ~en⟩ 0.1 *geweld ⇒kracht* 0.2 *macht ⇒gezag, autoriteit* ◆ 2.2 die elterliche ~ *de ouderlijke macht,* ⟨ook⟩ *het ouderlijk(e) gezag;* höhere ~ *overmacht, force majeure;* die staatliche ~ *het staatsgezag* 3.1 der Wahrheit ~ antun *de waarheid geweld aandoen* 6.2 jmdn., etwas **in** seine ~ bringen *iem., iets in zijn macht krijgen;* sich **in** der ~ haben *zichzelf onder controle hebben;* **in**, **unter** jmds. ~ stehen *in iemands macht zijn.*
Gewaltakt ⟨m.⟩ 0.1 *gewelddaad.*
Gewaltandrohung ⟨v.⟩ 0.1 *(be)dreiging met geweld.*
Gewaltanwendung ⟨v.⟩ 0.1 *gebruik(making) van geweld ⇒geweld(pleging).*
Gewaltenteilung ⟨v.⟩⟨pol.⟩ 0.1 *machtenscheiding, trias politica.*
Gewaltherrschaft ⟨v.⟩ 0.1 *dwingelandij, tirannie.*
Gewaltherrscher ⟨m.⟩ 0.1 *dwingeland, tiran, despoot.*
gewaltig 0.1 *geweldig ⇒enorm, kolossaal,* ⟨als bw. ook; inf.⟩ *ontzettend, vreselijk* 0.2 *sterk, machtig.*
Gewaltkur ⟨v.⟩ 0.1 *paardenkuur.*
Gewaltleistung ⟨v.⟩ 0.1 *topprestatie, geforceerde prestatie.*
Gewaltmarsch ⟨m.⟩ 0.1 *geforceerde mars.*
Gewaltmaßnahme ⟨v.⟩ 0.1 *dwangmaatregel.*
Gewaltmensch ⟨m.⟩ 0.1 *geweldenaar ⇒bruut.*
Gewaltmittel ⟨o.⟩ 0.1 *paardenmiddel.*
gewaltsam 0.1 *gewelddadig ⇒agressief, bruut,* ⟨als bw. vooral⟩ *met geweld.*
Gewaltschuß ⟨m.⟩⟨sp.⟩ 0.1 *keihard schot ⇒loeier (v.e. schot).*
Gewalttat ⟨v.⟩ 0.1 *gewelddaad ⇒gewelddadigheid, geweldmisdrijf.*
gewalttätig 0.1 *gewelddadig ⇒agressief, baldadig.*
Gewaltverbrechen ⟨o.⟩ 0.1 *geweldmisdrijf.*

Gewaltverbrecher ⟨m.⟩ **0.1** ***geweld gebruikend misdadiger.***

Gewaltverzicht ⟨m.⟩ **0.1** ***het afzien (v.h. gebruik) van geweld*** ⟨bij conflicten⟩.

Gewaltverzichtsabkommen ⟨o.⟩ **0.1** ***non-agressiepact.***

Gewand ⟨o.; ~(e)s, ¨er⟩ ⟨schr.⟩ **0.1** ***gewaad*** ⇒*kleed,* ⟨fig.⟩ *kleedje.*

Gewandhaus ⟨o.⟩ ⟨gesch.⟩ **0.1** ***lakenhal.***

gewandt **0.1** ***vlot*** ⇒*gemakkelijk* **0.2** ***handig*** ⇒*behendig, vlug.*

Gewandtheit ⟨v.; ~⟩ **0.1** ***gemak*** ⇒*vlotheid* **0.2** ***handig-, behendigheid*** ⇒*vlug-, bedrevenheid* ◆ **2.1** gesellschaftliche ~ *gemak om zich te bewegen, savoir-vivre.*

Gewandung ⟨v.; ~, ~en⟩ ⟨schr.⟩ **0.1** ***(be)kleding*** ⇒*kledij, gewaden.*

gewärtig ◆ **3.¶** einer Sache ⟨2e nv.⟩ ~ sein *iets (kunnen) verwachten, op iets voorbereid zijn.*

gewärtigen ⟨zelden sich ~; met 2e nv.⟩ ⟨schr.⟩ **0.1** ***verwachten*** ⇒*voorbereid zijn op, wachten* ◆ **3.1** er hat eine Strafe zu ~ *hem staat een straf te wachten.*

Gewäsch ⟨o.; ~(e)s⟩ **0.1** ***geleuter, geklets*** ⇒*kletspraatje(s).*

Gewässer ⟨o.; ~s, ~⟩ **0.1** ***water*** ⇒*waterloop, rivier, zee, meer.*

Gewässergüte ⟨v.⟩ **0.1** ***kwaliteit v.h. (oppervlakte)water.***

Gewebe ⟨o.; ~s, ~⟩ **0.1** ***weefsel*** **0.2** ⟨fig.⟩ ***web, net(werk), weefsel*** ⇒*samenstel.*

Gewebs|übertragung, -verpflanzung ⟨v.⟩ **0.1** ***weefseltransplantatie.***

geweckt **0.1** ***levendig*** ⇒*vlug, pienter, bijdehand.*

Gewehr ⟨o.; ~(e)s, ~e⟩ **0.1** ***geweer*** **0.2** ⟨jacht⟩ ***slagtand*** ◆ **5.1** ⟨mil.⟩ ~ ab! *zet af (het) geweer!;* ⟨mil.⟩ das ~ über! *draagt geweer!* **6.1** ⟨mil.⟩ **an** die ~e! *in het geweer!;* ⟨inf.⟩ ran **an** die ~e! *kom op!;* ~ **bei** Fuß *met het geweer bij de voet,* ⟨fig. vooral⟩ *in afwachtende houding;* **ins, unters** ~ treten *met het geweer aantreden;* **mit** gesenktem ~ *met verdekt geweer.*

Gewehrkolben ⟨m.⟩ **0.1** ***geweerkolf.***

Gewehrschloß ⟨o.⟩ **0.1** ***geweergrendel.***

Gewehrschrank ⟨m.⟩ **0.1** ***geweerkast.***

Geweih ⟨o.; ~(e)s, ~e⟩ **0.1** ***gewei*** ⇒*hoorns.*

Gewerbe ⟨o.; ~s, ~⟩ **0.1** ***beroep*** ⇒*ambacht, nering* **0.2** ***bedrijf(stak), branche*** **0.3** ***nijverheid*** **0.4** ⟨Zwi.⟩ ***boerderij, landbouwbedrijf*** ◆ **2.1** ⟨scherts.⟩ das älteste ~ der Welt *het oudste beroep van de wereld* **2.2** das ambulante ~ *de straathandel, het venten, colporteren* **3.1** sein ~ (be)treiben, seinem ~ nachgehen *zijn beroep uitoefenen* **6.1** sich ⟨3e nv.⟩ ein ~ **aus** etwas machen *zijn beroep van iets maken.*

Gewerbe(aufsichts)amt ⟨o.⟩ **0.1** ***arbeidsinspectie.***

Gewerbeausstellung ⟨v.⟩ **0.1** ***nijverheidstentoonstelling.***

Gewerbebetrieb ⟨m.⟩ **0.1** ***(industrieel) bedrijf.***

Gewerbefreiheit ⟨v.⟩ **0.1** ***vrijheid van uitoefening van een ambacht, beroep.***

Gewerbegebiet ⟨o.⟩ **0.1** ***industrieterrein.***

Gewerbekapitalsteuer ⟨v.⟩ **0.1** ***belasting op bedrijfsvermogen.***

Gewerbeordnung ⟨v.⟩ **0.1** ***bedrijfsvergunningenwet.***

Gewerbeschein ⟨m.⟩ **0.1** ***bedrijfsvergunning, patent.***

Gewerbeschule ⟨v.⟩ **0.1** ***nijverheidsschool*** ⇒*(lagere) technische school, vakschool.*

Gewerbesteuer ⟨v.⟩ **0.1** ***bedrijfsbelasting.***

Gewerbetätigkeit ⟨v.⟩ **0.1** ***uitoefening v.e. zelfstandig beroep.***

Gewerbetreibende(r) ⟨bn. als zn.⟩ **0.1** ***neringdoende.***

Gewerbezweig ⟨m.⟩ **0.1** ***bedrijfstak.***

gewerblich **0.1** ***als, van, qua beroep*** **0.2** ***industrieel*** ⇒*van, in het bedrijfsleven, bedrijfs-* ◆ **1.1** eine ~e Tätigkeit *een beroep(sbezigheid);* für ~e Zwecke *voor commerciële doeleinden* **1.2** zu ~er Nutzung, für ~e Zwecke *voor bedrijfsdoeleinden;* die ~e Wirtschaft *het bedrijfsleven* **3.1** etwas ~ betreiben *iets als beroep doen, zijn beroep van iets maken.*

gewerbsmäßig **0.1** ***als, van beroep, beroeps-*** ⇒*beroepsmatig* ◆ **3.1** etwas ~ betreiben *iets als beroep uitoefenen, zijn beroep van iets maken.*

Gewerkschaft ⟨v.; ~, ~en⟩ **0.1** ***vakbond*** ⇒*vakvereniging,* ⟨AZN⟩ *syndicaat.*

Gewerkschaft(l)er ⟨m.; ~s, ~⟩ **0.1** ***vakbondslid*** **0.2** ***vakbondsfunctionaris*** ⇒*vakbondsman.*

gewerkschaftlich **0.1** ***vakbonds-*** ⇒*v.d. vakbond(en),* ⟨AZN⟩ *syndicalistisch* ◆ **3.1** ~ organisiert *bij een vakbond aangesloten.*

Gewerkschaftsbund ⟨m.⟩ **0.1** ***vakcentrale*** ⇒*vakverbond.*

Gewese ⟨o.; ~s⟩ **0.1** ***gedoe*** ⇒*drukte, omhaal* ◆ **3.1** ~ (von einer Sache) machen *veel drukte (om iets), veel ophef (van iets) maken.*

Gewicht ⟨o.; ~(e)s, ~e⟩ **0.1** ***gewicht*** ⇒⟨fig.⟩ *belang, betekenis, invloed* ◆ **2.1** spezifisches ~ *specifiek, soortelijk gewicht* **3.1** ⟨fig.⟩ einer Sache ~ beimessen *waarde, belang hechten aan iets;* ⟨fig.⟩ seine Stimme hat ~ *zijn stem telt, heeft invloed, gezag* **6.1** ⟨fig.⟩ großes ~ **auf** eine Sache legen *veel belang, waarde aan iets hechten;* ⟨fig.⟩ sein (ganzes) ~ **in** die Waagschale legen *(heel) zijn gewicht in de schaal werpen;* ⟨fig.⟩ **ins** ~ fallen *van belang, invloed zijn, zwaar wegen;* **nach** dem ~ *per gewicht;* eine Meinung **von** ~ *een gezaghebbende mening.*

gewichten **0.1** ⟨fig.⟩ ***op zijn waarde toetsen, schatten*** ⇒*waarderen* **0.2** ⟨statistiek⟩ ***wegen.***

Gewichtheben ⟨o.; ~s⟩ **0.1** ***het gewichtheffen.***

gewichtig **0.1** ⟨vero.⟩ ***zwaar*** ⇒*dik, lijvig* **0.2** ⟨fig.⟩ ***gewichtig*** ⇒*belangrijk, van belang* ◆ **1.2** ~e Gründe *gewichtige, zwaarwegende redenen.*

Gewichtsabnahme ⟨v.⟩ **0.1** ***gewichtsvermindering.***

Gewichtszoll ⟨m.⟩ **0.1** ***specifiek recht.***

gewieft **0.1** ***gewiekst, gehaaid*** ⇒*slim, handig.*

gewiegt **0.1** ***ervaren*** ⇒*doorkneed, handig.*

Gewieher ⟨o.; ~s⟩ **0.1** ***gehinnik*** **0.2** ⟨inf.⟩ ***gegier.***

gewillt **0.1** ***van zins*** ⇒*genegen, geneigd, van plan.*

Gewimmel ⟨o.; ~s⟩ **0.1** ***gekrioel*** ⇒*gewriemel.*

Gewimmer ⟨o.; ~s⟩ **0.1** ***gekerm*** ⇒*geklaag.*

Gewinde ⟨o.; ~s, ~⟩ **0.1** ***(schroef)draad*** **0.2** ⟨vero.⟩ ***guirlande, krans.***

Gewindebohrer ⟨m.⟩ **0.1** ***(schroefsnij)tap, draadtap.***

Gewinn ⟨m.; ~(e)s, ~e⟩ **0.1** ***winst*** ⇒*voordeel, profijt,* ⟨fig. ook⟩ *verrijking, nut* **0.2** ***prijs (in de loterij)*** ◆ **3.1** (einen) ~ abwerfen, (ein)bringen *winst opleveren;* ~(e) erzielen, machen *winst(en) maken, behalen;* aus einer Sache ~ schlagen, ziehen *uit iets winst, munt slaan* ⟨ook fig.⟩ **3.2** im Lotto einen ~ haben, machen *prijs hebben in de lotto* **6.1** ⟨fig.⟩ ein Buch **mit** großem ~ lesen *veel opsteken bij het lezen van een boek.*

Gewinnabführung ⟨v.⟩ **0.1** ***afdracht v.d. winst.***

Gewinnanteil ⟨m.⟩ **0.1** ***winstaandeel.***

Gewinnausfall ⟨m.⟩ **0.1** ***winstderving.***

Gewinnausschüttung ⟨v.⟩ **0.1** ***winstuitkering.***

Gewinnbeteiligung ⟨v.⟩ **0.1** ***aandeel in de winst.***

gewinnbringend **0.1** ***winstgevend*** ⇒*lucratief.*

Gewinneinbuße ⟨v.⟩ **0.1** ***winstderving*** **0.2** ***terugval v.d. winst(en).***

gewinnen ⟨→t50⟩ **0.1** ***winnen*** **0.2** ***behalen*** ⇒*(ver)krijgen,* *verwerven* **0.3** ⟨schr.⟩ ***bereiken*** ⇒*winnen* **0.4** ⟨onov. ww.⟩ ***(erop) vooruitgaan*** ⇒*er beter op worden* ◆ **1.2** den Anschein ~, als ob ... *er de schijn van krijgen dat ...;* die Überzeugung ~ *tot de overtuiging komen* **1.3** das Ufer ~ *de oever bereiken* **4.1** das Buch hat ihm viele Freunde gewonnen *door het boek heeft hij veel vrienden gemaakt, gekregen* **6.1** **an** Bedeutung ~ *in betekenis toenemen;* **an** Höhe ~ *hoogte winnen;* **an** Klarheit ~ *er duidelijker op worden;* **aus** Milch Käse ~ *van melk kaas maken;* alle **für** sich ~ *iedereen voor zich innemen;* **gegen** jmdn. ~ *tegen, van iem. winnen;* ⟨vero.; schr.⟩ ich gewann es nicht **über** mich *ik (ver)kreeg het niet over mijn hart;* jmdn. **zum** Freund ~ *iemands vriendschap winnen* **6.2** jmdn. **für** eine Vorstellung ~ *iemands medewerking voor een voorstelling weten te verkrijgen* **6.4** er gewinnt **bei** näherer Betrachtung *bij nadere kennismaking valt hij mee* **¶.1** ⟨sprw.⟩ wie gewonnen, so zerronnen *zo gewonnen, zo geronnen.* →**wagen.**

gewinnend **0.1** ***innemend.***

Gewinner ⟨m.; ~s, ~⟩ **0.1** ***winnaar*** ⇒*winner.*

Gewinnermittlung ⟨v.⟩ **0.1** ***winstbepaling, -calculatie.***

Gewinnerstraße ⟨v.⟩⟨inf.; sp.⟩ ◆ **6.¶** **auf** der ~ sein *aan de winnende hand zijn.*

Gewinnliste ⟨v.⟩ **0.1** ***trekkings-, loterijlijst.***

Gewinnlos ⟨o.⟩ **0.1** ***winnend lot.***

Gewinnprinzip ⟨o.⟩ **0.1** ***profijtbeginsel.***

Gewinnquote ⟨v.⟩ **0.1** ***winstaandeel.***

Gewinnsatz ⟨m.⟩⟨sp.⟩ **0.1** ***gewonnen set.***

Gewinnspanne ⟨v.⟩ **0.1** ***winstmarge.***

Gewinnsteuer ⟨v.⟩ **0.1** ***winstbelasting.***

Gewinnsucht ⟨v.⟩ **0.1** ***winstbejag.***

gewinnsüchtig **0.1** ***op winstbejag uit, tuk op winst*** ⇒*baatzuchtig.*

gewinnträchtig **0.1** ***winstgevend, lucratief.***

Gewinnummer ⟨v.⟩ **0.1** ***winnend nummer.***

Gewinn-und-Verlust-Rechnung ⟨v.⟩ **0.1** ***winst-en-verliesrekening.***

Gewinnung ⟨v.; ~, ~en⟩ **0.1** ***winning*** ⟨ook mijnw.⟩.

Gewinnvortrag ⟨m.⟩⟨ec.⟩ **0.1** ***winst(saldo) (van) vorig boekjaar.***

Gewinnzahl ⟨v.⟩ **0.1** ***winnend getal*** ⟨bij kansspel⟩.

Gewinsel ⟨o.; ~s⟩ **0.1** ***gejank*** ⇒*gekerm.*

Gewirr ⟨o.; ~(e)s⟩ **0.1** ***wirwar*** ⇒⟨fig.⟩ *warboel, verwarring* **0.2** ***geroezemoes.***

Gewisper ⟨o.; ~s⟩ **0.1** ***gefluister.***

gewiß[1] ⟨bn.⟩ **0.1** ***zeker*** ⇒*bepaald* **0.2** ***zeker*** ⇒*stellig, vast* ◆ **1.1** ein gewisser Herr X. *een zekere meneer X.* **1.2** ein gewisser Tod *een wisse dood* **3.2** einer Sache ⟨2e nv.⟩ ~ sein *zeker zijn van iets, van iets op aan kunnen* **4.1** sie hat so ein gewisses Etwas *ze heeft zo iets over zich, zo iets bepaalds* **4.2** eine Belohnung war ihm ~ *hij kon op een beloning rekenen.*

gewiß[2] ⟨bw.⟩ **0.1** ***zeker*** ⇒*beslist, voorzeker, stellig, vast* ◆ **5.1** aber ~ doch! *maar zeker!;* ganz ~! *zeer, heel zeker!, vast en zeker!*

Gewissen ⟨o.; ~s, ~⟩ **0.1** ***geweten*** ◆ **2.1** guten, ruhigen ~s *met een gerust geweten* **3.1** sich ⟨3e nv.⟩ kein ~ aus einer Sache machen *geen gewetenszaak van iets maken;* sein ~ regte sich, ⟨schr.⟩ ihm schlug das ~ *zijn geweten sprak, hij had een slecht geweten* **6.1** etwas, jmdn. **auf** dem ~ haben *iets, iem. op zijn geweten hebben;* jmdm. etwas **aufs** ~ binden *iem. iets op het hart drukken;* jmdm. **ins** ~ reden *op iemands gemoed werken, er bij iem. op hameren;* **mit** gutem ~ *met een goed geweten;* **vor** seinem ~ bestehen *met zijn geweten in het reine zijn.*

gewissenhaft **0.1** ***nauwgezet*** ⇒*consciëntieus, gewetensvol.*

Gewissenhaftigkeit ⟨v.; ~⟩ **0.1** ***nauwgezetheid*** ⇒*stiptheid.*

gewissenlos **0.1** ***gewetenloos.***

Gewissensbiß ⟨m.; meestal mv.⟩ **0.1** ***(gewetens)wroeging.***

Gewissenserforschung ⟨v.⟩ **0.1** ***gewetensonderzoek.***

Gewissensfrage ⟨v.⟩ **0.1** ***gewetensvraag*** ⇒*gewetenskwestie.*

Gewissensfreiheit ⟨v.⟩ **0.1** ***gewetensvrijheid.***

Gewissensgründe ⟨alleen mv.⟩ ◆ **6.¶** **aus** ~n *uit gewetensovertuiging.*

Gewissenswurm ⟨m.⟩⟨inf.; scherts.⟩ **0.1** ***gewetenswroeging.***

gewissermaßen **0.1** ***in zekere zin*** ⇒*zogezegd, tot op zekere hoogte.*

Gewißheit ⟨v.; ~, ~en⟩ **0.1** ***zekerheid*** ◆ **6.1** **zu** der ~ gelangen *de zekerheid krijgen.*

gewißlich ⟨vero.; schr.⟩ **0.1** ***beslist, stellig.***

Gewitter ⟨o.; ~s, ~⟩ **0.1** ***onweer*** ⇒⟨fig. vooral⟩ *donderbui* ◆ **3.1** es gibt ein ~ *er komt onweer, we krijgen onweer.*

Gewitterfliege ⟨v.⟩ **0.1** ***donderbeestje.***

Gewitterluft ⟨v.⟩ **0.1** ***onweerslucht.***

gewittern **0.1** ***onweren*** ⇒⟨fig.⟩ *rommelen.*

Gewitterneigung ⟨v.⟩ **0.1** ***(toenemende) kans op onweer.***

Gewitter|regen, -schauer ⟨m.⟩ **0.1** ***onweersbui, -vlaag.***

Gewitterwand ⟨v.⟩ **0.1** ***onweersbank, muur van onweerswolken.***

Gewitterwolke ⟨v.⟩ **0.1** ***onweers-, donderwolk*** ⟨ook fig.⟩.

gewittrig **0.1** ***onweerachtig.***

Gewitzel ⟨o.; ~s⟩ **0.1** ***(het verkopen van) geestigheidjes, geestigheden.***

gewitzigt **0.1** ***(door schade en schande) wijs geworden*** ⇒ *wijzer (geworden)* **0.2** ***gewiekst*** ⇒*slim.*

gewitzt **0.1** ***gewiekst, handig*** ⇒*slim.*

Gewoge ⟨o.; ~s⟩ **0.1** ***deining*** ⇒*golving(en).*

gewogen ⟨schr.⟩ **0.1** ***(toe)genegen*** ⇒*welgezind, gunstig gezind* ◆ **3.1** er zeigte sich meinem Plan ~ *hij stond welwillend tegenover mijn plan.*

gewöhnen I ⟨ov.ww.⟩ **0.1** ***(ge)wennen*** ◆ **6.1** jmdn. **an** eine Sache ~ *iem. aan iets wennen,* ⟨ook⟩ *laten wennen;*
II sich ~ ⟨wk.ww.⟩ **0.1** ***wennen*** ⇒*gewend raken* ◆ **6.1** sich **an** eine Sache ~ *aan iets wennen.*

Gewohnheit ⟨v.; ~, ~en⟩ **0.1** ***gewoonte*** ◆ **6.1** **aus** alter ~ *uit vaste gewoonte;* das geht, ist **gegen** meine ~en *dat is tegen, strookt niet met mijn gewoonten;* **nach** alter ~ *naar, volgens een oude gewoonte* **¶.1** ⟨sprw.⟩ ~ stiftet Recht *gewoonte maakt wet.*

gewohnheitsgemäß **0.1** ***als naar gewoonte*** ⇒*gewoontegetrouw.*

gewohnheitsmäßig **0.1** ***gewoonte-*** ⇒*routine-, uit gewoonte, habitueel.*

Gewohnheitsmensch ⟨m.⟩ **0.1** ***gewoontedier*** ⇒*sleurmens.*

Gewohnheitsrecht ⟨o.⟩ **0.1** ***gewoonterecht.***

Gewohnheitssache ⟨v.⟩ **0.1** ***kwestie van gewoonte.***

Gewohnheitstier ⟨o.⟩⟨scherts.⟩ **0.1** ***gewoontedier.***

Gewohnheitsverbrecher ⟨m.⟩ **0.1** ***gewoontemisdadiger.***

gewöhnlich **0.1** ***gewoon*** ⇒*normaal, alledaags* **0.2** ***(nogal) ordinair*** ⇒*plat, gewoontjes* **0.3** ⟨bw.⟩ ***gewoonlijk*** ◆ **6.3** **für** ~ *gewoonlijk, in de regel.*

Gewöhnlichkeit ⟨v.; ~⟩ **0.1** ***gewoonheid*** ⇒*alledaagsheid, platheid.*

gewohnt **0.1** ***gewoon*** ⇒*gewend, vertrouwd, bekend* ◆ **3.1** eine Sache ~ sein *iets gewoon, gewend zijn* **¶.1** ⟨sprw.⟩ jung ~, alt getan *jong gewend, oud gedaan.*

gewohntermaßen **0.1** ***(zo)als gewoonlijk*** ⇒*naar gewoonte.*

Gewöhnung ⟨v.; ~⟩ **0.1** ***gewenning*** ⇒*het wennen, aanwenning.*

Gewölbe ⟨o.; ~s, ~⟩ **0.1** ***gewelf.***
Gewölk ⟨o.; ~(e)s⟩ **0.1** ***wolken*** ⇒*wolkenmassa.*
Gewölle ⟨o.; ~s, ~⟩ **0.1** ***braakbal(len)*** ⟨van vogels⟩.
Gewühl ⟨o.; ~(e)s⟩ **0.1** ***gewoel*** ⇒*gedrang, drukte.*
gewürfelt 0.1 ***geruit*** ⇒*geblokt, met ruitjes, ruitjes-.*
Gewürm ⟨o.; ~(e)s, ~e⟩ **0.1** ***wormen*** ⇒*kruipend ongedierte.*
Gewurstel ⟨o.; ~s⟩ **0.1** ***geploeter, gesukkel*** ⇒*gehannes.*
Gewürz ⟨o.; ~es, ~e⟩ **0.1** ***kruiden*** ⇒*specerij(en), kruiderij(en).*
Gewürzglas ⟨o.⟩ **0.1** ***potje, flesje (met) kruiden.***
Gewürzgurke ⟨v.⟩ **0.1** ***augurk(je) (in het zuur).***
gewürzig 0.1 ***kruidig, pittig*** ⇒*gekruid, pikant.*
Gewürzkuchen ⟨m.⟩ **0.1** ***kruid(en)koek.***
Gewürznelke ⟨v.⟩ **0.1** ***kruidnagel.***
Gewürzpflanze ⟨v.⟩ **0.1** ***specerijplant.***
Gewürzständer ⟨m.⟩ **0.1** ***kruidenrek(je).***
Geysir ⟨m.; ~s, ~e⟩ **0.1** ***geiser.***
gez. ⟨afk.; gezeichnet⟩ **0.1** ***getekend.***
gezackt 0.1 ***getand*** ⇒*puntig.*
Gezänk ⟨o.; ~(e)s⟩ **0.1** ***gekijf, gekibbel*** ⇒*geruzie.*
Gezappel ⟨o.; ~s⟩⟨inf.⟩ **0.1** ***gespartel.***
Gezauder ⟨o.; ~s⟩⟨inf.⟩ **0.1** ***getreuzel, geteut, getalm.***
Gezeiten ⟨alleen mv.⟩ **0.1** ***getijden*** ⟨ook fig.⟩ ⇒*eb en vloed.*
Gezeitenstrom ⟨m.⟩ **0.1** ***getijdestroom, -stroming.***
Gezeitenwechsel ⟨m.⟩ **0.1** ***kentering (v.h. getijde).***
Gezerre ⟨o.; ~s⟩ **0.1** ***getrek*** ⇒*heen-en-weergetrek* **0.2** ⟨fig.⟩ ***geruzie*** ⇒*het touwtrekken.*
Gezeter ⟨o.; ~s⟩ **0.1** ***getier*** ⇒*gefoeter, gescheld* **0.2** ***gejeremieer*** ⇒*jeremiades.*
gezielt 0.1 ***gericht*** ⇒*doelbewust, -gericht.*
geziemen ⟨vero.; schr.⟩ **I** ⟨onov.ww.⟩ **0.1** ***passen, betamen*** ⇒ *toekomen, (be)horen* ◆ **3.1** ihm geziemt zu schweigen *hij (be)hoort te zwijgen;*
II sich ~ ⟨wk.ww.⟩ **0.1** ***betamen, (be)horen*** ⇒*passen.*
geziemend ⟨schr.⟩ **0.1** ***betamelijk*** ⇒*passend, behoorlijk.*
geziert 0.1 ***aanstellerig*** ⇒*gemaakt, geaffecteerd* ◆ **3.1** sich ~ benehmen, geben *zich aanstellen.*
Gezische ⟨o.; ~s⟩ **0.1** ***gesis*** ⇒*geblaas.*
Gezischel ⟨o.; ~s⟩ **0.1** ***gefluister*** ⇒*gesmiespel.*
Gezücht ⟨o.; ~(e)s, ~e⟩ **0.1** ***gebroed.***
Gezweig ⟨o.; ~(e)s⟩ **0.1** ***takken*** ⇒*takwerk.*
Gezwitscher ⟨o.; ~s⟩ **0.1** ***getjilp, gesjilp*** ⇒⟨fig.⟩ *gekwebbel.*
gezwungen 0.1 ***gedwongen, geforceerd*** ⟨ook fig.⟩.
gezwungenermaßen 0.1 ***noodgedwongen.***
GG ⟨afk.⟩ →**Grundgesetz.**
ggf. ⟨afk.⟩ →**gegebenenfalls.**
GI, G.I. ⟨m.; ~(s), ~(s)⟩⟨inf.⟩ **0.1** ***Amerikaans soldaat.***
Gibbon ⟨m.; ~s, ~s⟩ **0.1** ***gibbon*** ⟨aap⟩.
Gibelline ⟨m.; ~n, ~n⟩⟨gesch.⟩ **0.1** ***Ghibellijn.***
Gicht ⟨v.; ~⟩⟨med.⟩ **0.1** ***jicht.***
Gichtanfall ⟨m.⟩ **0.1** ***jichtaanval, aanval van jicht.***
gich|tig, -tisch 0.1 ***jichtig*** ⇒*aan jicht lijdend.*
Gichtknoten ⟨m.⟩ **0.1** ***jichtknobbel.***
gichtkrank 0.1 ***jichtig*** ⇒*aan jicht lijdend.*
gicks ⟨inf.⟩ ◆ **¶.¶** das weiß ~ und gacks *dat weet Jan en alleman;* weder ~ noch gacks sagen *boe noch bah zeggen.*
Giebel ⟨m.; ~s, ~⟩ **0.1** ***punt-, topgevel*** **0.2** ***fronton, timpaan.***
Giebeldach ⟨o.⟩ **0.1** ***gevel-, punt-, zadeldak.***
Giebelfeld ⟨o.⟩ **0.1** ***geveldriehoek*** ⇒*fronton, timpaan.*
Giebelfenster ⟨o.⟩ **0.1** ***raampje in een puntgevel*** **0.2** ***gevelvenster.***
Giebelhaus ⟨o.⟩ **0.1** ***puntgevelhuis.***
Giebelseite ⟨v.⟩ **0.1** ***gevel onder zadeldak*** ⇒*zijgevel, smalle zijde v.e. huis.*
Giebelzimmer ⟨o.⟩ **0.1** ***zolder-, dakkamer(tje).***
Giekbaum ⟨m.⟩⟨scheep.⟩ **0.1** ***giek.***
Gier ⟨v.; ~⟩ **0.1** ***begerigheid*** ⇒*begeerte, zucht, hebzucht* **0.2** ***gretigheid*** ⇒*gulzigheid* ◆ **3.1** eine ~ nach einer Sache empfinden *heftig naar iets verlangen.*
gieren 0.1 ⟨schr.⟩ ***gretig, heftig verlangen*** ⇒*tuk zijn, snakken* **0.2** ⟨scheep.⟩ ***gieren*** ⇒*slingeren.*
Gierfähre ⟨v.⟩ **0.1** ***gier-, kabelpont.***
gierig 0.1 ***gretig (verlangend), begerig*** ⇒*hunkerend, belust* **0.2** ***begerig, gulzig*** ⇒*gretig* ◆ **6.2** ~ **auf** ein Eis, **nach** einem Eis sein *naar een ijsje snakken.*
Gießbach ⟨m.⟩ **0.1** ***stortbeek.***
Gießbad ⟨o.⟩ **0.1** ***stortbad.***
gießen ⟨→t51⟩ **I** ⟨ov. & onov.ww.⟩ **0.1** ***gieten*** ⟨ook tech.⟩ ⇒ *schenken, (be)sproeien;*
II sich ~ ⟨wk.ww.⟩ **0.1** ***schenken*** ⇒*kunnen gegoten worden* ◆ **6.1 aus, mit** dieser Flasche gießt es sich leicht *deze fles schenkt gemakkelijk;*
III ⟨onp.ww.⟩ **0.1** ***gieten, stortregenen*** ◆ **6.1** es gießt **in** Strömen *het stortregent, het regent pijpenstelen.*
Gießer ⟨m.; ~s, ~⟩ **0.1** ***gieter*** ⟨werkman⟩.
Gießerei ⟨v.; ~, ~en⟩ **0.1** ***gieterij(bedrijf)*** **0.2** ***het gieten, gieterij, gietproces.***
Gießkanne ⟨v.⟩ **0.1** ***gieter*** **0.2** ⟨inf.; scherts.⟩ ***piemel.***
Gießkannenprinzip ⟨o.⟩ **0.1** ***principe van gelijkheid voor iedereen*** ⟨ongeacht individuele verschillen⟩.
Gießverfahren ⟨o.⟩ **0.1** ***gietproces*** **0.2** ***gietprocédé.***
Gift ⟨o.; ~(e)s, ~e⟩ **0.1** ***vergif, gif*** ⟨ook fig.⟩ **0.2** ***venijn, boosaardigheid*** ⇒*giftigheid* ◆ **2.1** ⟨inf.⟩ ein blondes ~ *een verleidelijk blondje* **2.2** voller ~ sein *giftig, woedend zijn* **3.2** sein ~ verspritzen, von sich geben *zijn gal (uit)spuwen* **6.1** ⟨fig.⟩ **darauf** kannst du ~ nehmen! *daar kun je donder op zeggen!* **8.2** ~ und Galle speien, spucken *zijn gal (uit)spuwen.*
Giftampulle ⟨v.⟩ **0.1** ***gifflesje.***
Giftbecher ⟨m.⟩ **0.1** ***gifbeker.***
Giftdrüse ⟨v.⟩ **0.1** ***gifklier.***
giften ⟨inf.⟩ **I** ⟨onov.ww.⟩ **0.1** ***zich giftig uitlaten, zijn gal spuwen*** ◆ **6.1 gegen** jmdn. ~ *zich giftig uitlaten tegenover iem., tegen iem. (staan) tieren;*
II ⟨ov.ww.⟩ **0.1** ***ergeren, kwaad maken;***
III sich ~ ⟨wk.ww.⟩ **0.1** ***zich doodergeren.***
giftfrei 0.1 ***gifvrij.***
giftgrün 0.1 ***fel groen.***
gifthaltig 0.1 ***(ver)giftig.***
giftig 0.1 ***(ver)giftig*** **0.2** ***venijnig, giftig*** ⇒*hatelijk, nijdig* **0.3** ***schreeuwend, schel, vals*** ⟨van kleuren⟩ **0.4** ⟨sp.⟩ ***verbeten, gevaarlijk*** ◆ **1.3** ein ~es Grün *een fel groene kleur* **6.2** ~ **auf** jmdn. *giftig, woest op iem.*
Giftkröte ⟨v.⟩⟨fig.⟩ **0.1** ***gifkikker, stuk venijn, vergif.***
Giftmischer ⟨m.⟩ **0.1** ***gifmenger*** **0.2** ⟨scherts.⟩ ***pillendraaier.***
Giftmüll ⟨m.⟩ **0.1** ***giftig afval.***
Giftmüllskandal ⟨m.⟩ **0.1** ***gifschandaal.***
Giftnudel ⟨v.⟩⟨fig.⟩ **0.1** ***gifkikker, stuk venijn*** **0.2** ⟨scherts.⟩ ***stinkstok.***
Giftpfeil ⟨m.⟩ **0.1** ***giftige pijl*** **0.2** ***giftige, venijnige opmerking.***
Giftpflanze ⟨v.⟩ **0.1** ***gifplant, giftige plant.***
Giftpilz ⟨m.⟩ **0.1** ***giftige paddestoel.***
Giftschlange ⟨v.⟩ **0.1** ***gifslang.***
Giftstengel ⟨m.⟩⟨scherts.⟩ **0.1** ***stinkstok(je).***
Giftstoff ⟨m.⟩ **0.1** ***giftige stof.***
Giftzahn ⟨m.⟩ **0.1** ***giftand.***
Giftzwerg ⟨m.⟩⟨fig.⟩ **0.1** ***gifkikker.***

Gigant ⟨m.; ~en, ~en⟩ **0.1** ***gigant, reus.***
gigantisch 0.1 ***gigantisch, reusachtig.***
Gigolo ⟨m.; ~s, ~s⟩ **0.1** ***gigolo.***
gilben ⟨schr.⟩ **0.1** ***vergelen, geel worden.***
Gilde ⟨v.; ~, ~n⟩ **0.1** ***gilde*** ⇒*gild.*
Gildemeister ⟨m.⟩⟨gesch.⟩ **0.1** ***gildemeester, -deken, overman.***
Gimpel ⟨m.; ~s, ~⟩ **0.1** ⟨biol.⟩ ***goud-, bloedvink*** **0.2** ⟨fig.⟩ ***onnozele hals.***
Gin ⟨m.; ~s, ~s⟩ **0.1** ***gin.***
Ginster ⟨m.; ~s, ~⟩ **0.1** ***(heide-, hei)brem.***
Gipfel ⟨m.; ~s, ~⟩ **0.1** ***top*** ⇒*spits,* ⟨pol.⟩ *topconferentie* **0.2** ⟨fig.⟩ ***top-, hoogtepunt*** ◆ **3.2** das ist doch der ~! *dat is het toppunt!*
Gipfelkonferenz ⟨v.⟩⟨pol.⟩ **0.1** ***topconferentie.***
Gipfelleistung ⟨v.⟩ **0.1** ***topprestatie*** ⇒*record.*
gipfeln 0.1 ***zijn hoogtepunt hebben, bereiken*** ⇒*culmineren.*
Gipfelpunkt ⟨m.⟩ **0.1** ***hoogtepunt*** ⇒*toppunt* **0.2** ***culminatiepunt, hoogste punt*** ⟨v.e. vliegend voorwerp⟩.
Gipfeltreffen ⟨o.⟩⟨pol.⟩ **0.1** ***topconferentie.***
Gips ⟨m.; ~es, ~e⟩ **0.1** ***gips, pleister*** **0.2** ***gips(verband).***
Gipsabguß ⟨m.⟩ **0.1** ***gipsafgietsel.***
Gipsbein ⟨o.⟩⟨inf.⟩ **0.1** ***been in het gips.***
Gipsbüste ⟨v.⟩ **0.1** ***buste van gips, gipsen buste.***
gipsen 0.1 ***pleisteren, gipsen*** ⇒*stukadoren* **0.2** ***in het gips zetten*** **0.3** ***gipsen*** ⟨wijn⟩.
Gipser ⟨m.; ~s, ~⟩ **0.1** ***stukadoor.***
gipsern 0.1 ***gipsen, van gips, gips-.***
Gipsfigur ⟨v.⟩ **0.1** ***gipsbeeld(je).***
Gipskopf ⟨m.⟩⟨inf.⟩ **0.1** ***domkop, onnozele hals.***
Gipsverband ⟨m.⟩ **0.1** ***gipsverband.***
Giraffe ⟨v.; ~, ~n⟩ **0.1** ***giraf.***
Giralgeld ⟨o.⟩ **0.1** ***giraal geld.***
Girant ⟨m.; ~en, ~en⟩ **0.1** ***girant, endossant, indossant.***
Girat ⟨m.; ~en, ~en⟩ **0.1** ***geëndosseerde.***
girieren 0.1 ***gireren*** ⇒*overmaken, endosseren.*
Girlande ⟨v.; ~, ~n⟩ **0.1** ***guirlande, bloemenslinger*** **0.2** ***slinger.***
Girlitz ⟨m.; ~es, ~e⟩⟨biol.⟩ **0.1** ***geelvink.***
Giro ⟨o.; ~s, ~s; Oostr. mv. ook Giri⟩ **0.1** ***giro*** ⇒*overschrijving* **0.2** ***endossement*** ◆ **6.1 durch** ~ *per giro.*
Girokonto ⟨o.⟩ **0.1** ***girorekening.***
Girondist ⟨m.; ~en, ~en⟩⟨gesch.⟩ **0.1** ***Girondijn.***
girren 0.1 ***kirren*** ⟨ook fig.⟩.
Gischt ⟨m.; ~es, ~e of v.; ~, ~en⟩ **0.1** ***(bruisend, ziedend) schuim.***
gischten 0.1 ***schuimen, bruisen*** ⇒*zieden.*
gissen ⟨scheep., luchtvaart⟩ **0.1** ***gissen.***
Gitarre ⟨v.; ~, ~n⟩ **0.1** ***gitaar.***
Gitarrenverstärker ⟨m.⟩ **0.1** ***versterker voor gitaar.***
Gitarrist ⟨m.; ~en, ~en⟩ **0.1** ***gitarist.***
Gitter ⟨o.; ~s, ~⟩ **0.1** ***(tralie)hek*** ⇒*tralies, traliewerk* **0.2** ***rooster, raster(werk)*** **0.3** ⟨nat., schei., tech.⟩ ***rooster*** **0.4** ⟨wisk.⟩ ***raster*** ◆ **6.1 hinter** ~n sitzen *achter de tralies zitten.*
Gitterbett ⟨o.⟩ **0.1** ***spijltjesbed.***
Gitterfenster ⟨o.⟩ **0.1** ***tralieraam, -venster.***
Gitterrost ⟨m.⟩ **0.1** ***(tralie)rooster.***
Gitterstab ⟨m.⟩ **0.1** ***tralie, spijl.***
Gittertür ⟨v.⟩ **0.1** ***traliedeur*** ⇒*(tralie)hek.*
Gitterwerk ⟨o.⟩ **0.1** ***traliewerk.***
Gitterzaun ⟨m.⟩ **0.1** ***(tralie)hek.***
Glacéhandschuh ⟨m.⟩ **0.1** ***glacé(handschoen)*** ◆ **6.1** ⟨fig.⟩ **mit** ~en anfassen *met fluwelen handschoenen aanpakken.*
glacieren 0.1 ***glaceren.***
Gladiator ⟨m.; ~s, Gladiatoren⟩ **0.1** ***gladiator*** ⇒*zwaardvechter.*
Gladiole ⟨v.; ~, ~n⟩ **0.1** ***gladiool, zwaardlelie.***
Glamour ⟨m. & o.; ~s⟩ **0.1** ***glamour.***
glamourös 0.1 ***betoverend*** ⇒*met veel glamour.*
Glanz ⟨m.; ~es, ~e of ¨~e⟩ **0.1** ***glans*** ⇒*schittering,* ⟨fig. ook⟩ *luister, glorie, praal* ◆ **2.1** hohler, trügerischer ~ *ijdele glans, bedrieglijke schijn* **3.1** einer Sache ~ geben, verleihen *iets luister bijzetten* **6.1 auf** ~ polieren *glimmend, blinkend poetsen;* ⟨fig.⟩ **im** höchsten ~ *in volle glorie;* **in** neuem ~ erscheinen *een nieuwe glans gekregen hebben;* **mit** ~ *met glans, glansrijk, eervol* **8.1** mit ~ und Gloria *met veel ophef, tamtam;* mit ~ und Gloria durchfallen *zakken als een baksteen;* ⟨inf.⟩ mit ~ und Gloria hinausgeworfen werden *op staande voet ontslagen worden.*
Glanzbürste ⟨v.⟩ **0.1** ***polijst-, uitwrijfborstel.***
glänzen 0.1 ***glanzen, blinken, schitteren*** **0.2** ***schitteren, uitblinken*** ◆ **1.2** seine Sprachkenntnisse ~ lassen *met zijn talenkennis pralen, paraderen* **6.1 vor** Freude ~ *van vreugde, plezier stralen.*
glänzend 0.1 ***glanzend, blinkend, schitterend*** **0.2** ⟨fig.⟩ ***schitterend*** ⇒*briljant, uitstekend* ◆ **1.2** in ~er Laune *goedgemutst* **3.2** es geht mir ~! *met mij gaat alles prima, tof!;* ⟨fig.⟩ ~ hinein-, hereinfallen *er mooi, fijntjes intuinen.*
Glanzform ⟨v.⟩⟨inf.⟩ **0.1** ***topvorm, -conditie.***
Glanzidee ⟨v.⟩⟨inf.⟩ **0.1** ***schitterend idee.***
Glanzleder ⟨o.⟩ **0.1** ***glacéleer, geglansd leer.***
Glanzleistung ⟨v.⟩ **0.1** ***topprestatie, schitterende prestatie*** ⇒*hoogstandje.*
Glanzlicht ⟨o.⟩ **0.1** ***glimlicht(je)*** ⟨ook bk.⟩ **0.2** ⟨fig.⟩ ***lichtpuntje*** ◆ **3.1** einer Sache ~er aufsetzen *iets beter, extra doen uitkomen.*
glanzlos 0.1 ***glansloos, mat, dof.***
Glanzpunkt ⟨m.⟩ **0.1** ***hoogtepunt*** ⇒*clou, klapstuk.*
Glanzstück ⟨o.⟩ **0.1** ***meesterstuk*** ⇒⟨fig.⟩ *meesterstukje* **0.2** ***hoogtepunt*** ⇒*klapstuk* **0.3** ***pronkstuk*** ⇒*juweeltje.*
Glanztat ⟨v.⟩ **0.1** ***schitterende, meesterlijke prestatie.***
glanzvoll 0.1 ***schitterend, uitstekend*** **0.2** ***glansrijk, luisterrijk.***
Glanzzeit ⟨v.⟩ **0.1** ***bloeitijd, glans-, bloeiperiode.***
Glas[1] ⟨o.; ~es, ¨~er⟩ **0.1** ⟨g.mv.⟩ ***glas*** **0.2** ***(drink)glas*** **0.3** ***(brillen)glas*** **0.4** ***pot(je)*** ⇒*fles* **0.5** ***(verre)kijker*** **0.6** ***bril*** ◆ **1.1** Vorsicht, ~! *voorzichtig, breekbaar!* **1.2** ein ~ guter Wein, ⟨schr.⟩ guten Weines *een glas goede wijn* **1.4** ein ~ Honig *een potje honing* **2.2** drei ~ Bier *drie glazen bier* **3.6** seine Gläser aufsetzen *zijn bril opzetten* **6.1 aus** ~ *van glas* **6.2** du bist nicht **aus** ~! *ik kan niet door je heen kijken!;* zu tief **ins** ~ gucken, schauen, ein ~ **über** den Durst trinken *te diep in het glaasje kijken.*
Glas[2] ⟨o.; ~es, ~en⟩⟨vero.; scheep.⟩ **0.1** ***glas*** ⟨halfuur⟩.
Glasaal ⟨m.⟩ **0.1** ***glasaal(tje).***
Glasarbeit ⟨v.⟩ **0.1** ***(kunst)voorwerp van glas*** **0.2** ***glaswerk.***
glasartig 0.1 ***glasachtig*** ⇒*doorschijnend.*
Glasauge ⟨o.⟩ **0.1** ***glazen oog*** ⇒*kunstoog.*
Glasbläser ⟨m.⟩ **0.1** ***glasblazer.***
Glasbruch ⟨m.⟩ **0.1** ***gebroken glas*** ⇒*glasscherven* **0.2** ***glasschade.***
Glasbruchversicherung ⟨v.⟩ →**Glasversicherung.**
Gläschen ⟨o.; ~s, ~⟩ **0.1** ***glaasje.***
Glascontainer ⟨m.⟩ **0.1** ***glasbak, glascontainer.***
Glasdach ⟨o.⟩ **0.1** ***glazen dak*** ⇒*lichtkoepel.*
glasen ⟨scheep.⟩ ◆ **4.¶** es glast *de glazen worden geslagen.*
Glaser ⟨m.; ~s, ~⟩ **0.1** ***glazenmaker.***

Glaserei ⟨v.; ~, ~en⟩ **0.1** ***glazenmakerswerkplaats, -bedrijf*** **0.2** ***glazenmakersvak.***
Glaserkitt ⟨m.⟩ **0.1** ***stopverf.***
gläsern 0.1 ***glazen*** ⇒*van glas* **0.2** ⟨schr.; fig.⟩ ***glazig, star*** **0.3** ⟨schr.; fig.⟩ ***breekbaar, teer, broos*** **0.4** ⟨schr.; fig.⟩ ***glashelder.***
Glasfaden ⟨m.⟩ **0.1** ***glasdraad.***
Glasfaser ⟨v.⟩ **0.1** ***glasvezel.***
Glasfenster ⟨o.⟩ **0.1** ***ruit, (glas)raam*** **0.2** ***ruitje, raampje, glazen deurtje.***
Glasfiberstab ⟨m.⟩ **0.1** ***polsstok van glasvezel.***
Glasfluß ⟨m.⟩⟨amb.⟩ **0.1** ***glasvloed.***
Glasgefäß ⟨o.⟩ **0.1** ***glazen vat, bak.***
Glasgeschirr ⟨o.⟩ **0.1** ***glaswerk, -servies.***
Glasglocke ⟨v.⟩ **0.1** ***glazen stolp*** **0.2** ***glazen klok(je).***
glashart 0.1 ***hard als glas*** ⇒*kei-, glashard* **0.2** ***broos, breekbaar.***
Glashaus ⟨o.⟩ **0.1** ***(broei)kas, serre*** ◆ **¶.1** ⟨sprw.⟩ wer im ~ sitzt, darf andere nicht mit Steinen bewerfen *wie in een glazen huis woont, moet niet met stenen gooien.*
Glashütte ⟨v.⟩ **0.1** ***glasblazerij, -fabriek.***
glasieren 0.1 ***glazuren*** **0.2** ***glaceren*** ◆ **1.1** Kacheln, Töpfe ~ *tegels, pannen glazuren* **1.2** ein glasierter Kuchen *een geglaceerde cake.*
glasig 0.1 ***glazig, star*** **0.2** ***glazig, doorschijnend*** ⇒*glasachtig, -helder* **0.3** ***broos, breekbaar, dun.***
Glaskasten ⟨m.⟩ **0.1** ***(broei)kas*** **0.2** ***glazen bak, vitrine*** **0.3** ***glazen kastje*** ⇒*mededelingenbord achter glas* **0.4** ⟨inf.⟩ ***(glazen) hok*** **0.5** ⟨inf.⟩ ***gebouw met veel glas.***
glasklar 0.1 ***glashelder*** ⇒*helder,* ⟨fig.⟩ *duidelijk.*
Glaskolben ⟨m.⟩ **0.1** ***glazen kolf*** **0.2** ***ballon*** ⟨van lamp⟩.
Glaskörper ⟨m.⟩⟨med.⟩ **0.1** ***glaslichaam*** ⟨v.h. oog⟩.
Glaskugel ⟨v.⟩ **0.1** ***glazen bol, bal*** **0.2** ***kerstbal*** **0.3** ***knikker.***
Glasmaler ⟨m.⟩ **0.1** ***glasschilder, glazenier.***
Glasmalerei ⟨v.⟩ **0.1** ***glasschilderkunst.***
Glaspalast ⟨m.⟩ **0.1** ***glazen paleis*** ⇒*gebouw met veel glas.*
Glasperle ⟨v.⟩ **0.1** ***(glas)kraal*** **0.2** ***valse parel, glasparel.***
Glasrahmen ⟨m.⟩ **0.1** ***lijst*** ⟨v.e. schilderij⟩ ⇒*glasplaat* **0.2** ***bewerkte glazen lijst, omlijsting.***
Glasröhrchen ⟨o.⟩ **0.1** ***glazen buisje.***
Glasscheibe ⟨v.⟩ **0.1** ***ruit, raam.***
Glasschrank ⟨m.⟩ **0.1** ***glazenkast*** **0.2** ***vitrine, glazen kast.***
Glassturz ⟨m.⟩⟨Zdd., Oostr. en Zwi.⟩ **0.1** ***glazen stolp.***
Glastür ⟨v.⟩ **0.1** ***glazen deur.***
Glasüberdachung ⟨v.⟩ **0.1** ***glazen dak.***
Glasur ⟨v.; ~, ~en⟩ **0.1** ***glazuur*** ⟨ook cul.⟩.
Glasveranda ⟨v.⟩ **0.1** ***serre.***
Glasversicherung ⟨v.⟩ **0.1** ***glasverzekering.***
Glaswand ⟨v.⟩ **0.1** ***glazen wand.***
Glasware ⟨v.⟩ **0.1** ***glaswaar, -werk, voorwerp van glas.***
glasweise 0.1 ***glas voor glas, per glas.***
Glaswerk ⟨o.⟩ **0.1** ***glasfabriek.***
Glaswolle ⟨v.⟩ **0.1** ***glaswol.***
Glasziegel ⟨m.⟩ **0.1** ***glazen steen, glassteen.***
glatt 0.1 ***glad, vlak, effen*** **0.2** ***glad, glibberig*** **0.3** ***vlot*** ⇒ *voorspoedig, zonder problemen, op rolletjes, vloeiend* **0.4** ***gewiekst, gehaaid*** ⇒*glad* **0.5** ***glad-, rond-, gewoonweg, ronduit*** ⇒*direct* **0.6** ***volkomen, volslagen, totaal*** ⇒*puur* ◆ **1.4** ~es Benehmen *schijnheilig gedrag;* ein ~er Typ *een gladde vogel, een gladjanus* **1.5** eine ~e Absage *een botte weigering* **1.6** ~er Betrug *puur, je reinste bedrog;* ein ~er Beweis *een duidelijk bewijs;* eine ~e Drei *een dikke, goede zeven* ⟨als schoolcijfer⟩; ein ~er Sieg *een overtuigende overwinning* **3.1** ~ anliegen *nauw sluiten;* die Rechnung ging ~ auf *de rekening klopte precies;* ~ stricken *effen breien* **3.5** ~ erfunden *gewoonweg verzonnen* **3.6** ~ tausend Mark *(goed en) wel duizend mark;* das habe ich ~ vergessen! *dat ben ik glad, totaal vergeten!*
Glätte ⟨v.; ~⟩ **0.1** ***glad-, effen-, vlakheid*** ⇒*politoer* **0.2** ***glad-, glibberigheid*** **0.3** ***gehaaid-, gewiekstheid*** ⇒*huichelachtigheid* **0.4** ***vlotheid*** ⟨van stijl⟩.
Glatteis ⟨o.⟩ **0.1** ***ijzel*** **0.2** ⟨fig.⟩ ***glad ijs, gevaarlijk terrein*** ◆ **6.2** jmdn. **aufs** ~ führen (a) *iem. beetnemen, erin laten lopen* (b) *iem. op gevaarlijk terrein lokken.*
Glatteisbildung ⟨v.⟩ **0.1** ***ijzelafzetting, vorming van ijzel.***
glätten I ⟨ov.ww.⟩ **0.1** ***gladstrijken, gladmaken*** ⇒*gladschaven, politoeren* **0.2** ⟨fig.⟩ ***tot bedaren brengen, sussen*** **0.3** ⟨Zwi.⟩ ***strijken*** **0.4** ⟨fig.⟩ ***polijsten, (bij)schaven;*** **II sich** ~ ⟨wk.ww.⟩ **0.1** ***glad, rustig worden*** **0.2** ⟨fig.⟩ ***tot bedaren komen, bedaren.***
glatterdings 0.1 ***gewoonweg*** ⇒*volstrekt, absoluut* **0.2** ***ronduit, -weg.***
glattgehen 0.1 ***vlot, voorspoedig verlopen*** ⇒*v.e. leien dakje lopen.*
Glattheit ⟨v.⟩ →**Glätte.**
glattlegen 0.1 ***opvouwen.***
glattmachen 0.1 ***gladstrijken, -maken, -vouwen*** **0.2** ***afhandelen, in orde brengen, regelen*** **0.3** ***betalen, vereffenen.***
glattrandig 0.1 ***met gladde, ongekartelde rand.***
glattstellen 0.1 ***afhandelen, afwikkelen*** **0.2** ⟨ec.⟩ ***vereffenen*** ⇒*liquideren.*
Glättung ⟨v.; ~, ~en⟩ **0.1** ***het gladstrijken, het gladmaken*** **0.2** ⟨fig.⟩ ***het sussen.***
glattweg 0.1 ***glad-, gewoonweg, zonder meer.***
glattzüngig ⟨schr.; pej.⟩ **0.1** ***glad van tong.***
Glattzüngigkeit ⟨v.; ~⟩⟨schr.; pej.⟩ **0.1** ***vleierij, mooie praatjes*** **0.2** ***gewiekst-, gehaaidheid.***
Glatze ⟨v.; ~, ~n⟩ **0.1** ***kaal hoofd*** ⇒*kale kruin* **0.2** ***kale plek(ken) op het hoofd.***
Glatzkopf ⟨m.⟩ **0.1** ***kaal hoofd*** ⇒*kale kruin, kop* **0.2** ⟨inf.; fig.⟩ ***kaalkop, kale knikker.***
glatzköpfig 0.1 ***kaal(hoofdig).***
Glaube ⟨m.; ~ns⟩ **0.1** ***geloof*** ⟨ook rel.⟩ ⇒*mening, overtuiging, vertrouwen* ◆ **2.1** guten ~ns *te goeder trouw, in goed vertrouwen* **3.1** jmdm. seinen ~n lassen *iem. in zijn geloof laten;* jmds. Worten keinen ~n schenken *aan iemands woorden geen geloof hechten* **6.1** der ~ **an** die Ehrlichkeit *het geloof in de eerlijkheid;* **im** ~n, daß ... *in de overtuiging, mening dat ...;* **im** guten ~n, in gutem ~n *op goed geloof, te goeder trouw;* **in** dem ~n leben *in de mening verkeren;* sich **in** dem ~n wiegen, daß ... *in de waan verkeren dat ...*
glauben 0.1 ***geloven*** ⟨ook rel.⟩ ⇒*menen, denken, aannemen* **0.2** ***wanen*** ⇒*menen* ◆ **1.1** jmds. Worte(n) ~ *iemands woorden geloven;* ich glaube dir jedes Wort *ik geloof alles wat je zegt;* ich glaube dir kein Wort *ik geloof geen woord van wat je zegt* **3.1** jmdn. ~ lassen, machen *iem. doen geloven;* kaum zu ~! *niet te geloven, ongelofelijk!* **3.2** er glaubte die Sache verloren *hij waande de zaak verloren* **4.1** jmdm. ~ *iem. geloven;* jmdm. etwas ~ *iets aannemen van iem.;* ich glaube ihm seine Krankheit nicht *ik geloof niet zo in zijn ziekte;* man glaubte ihm den Sinneswandel nicht *men was er (nog) niet zo van overtuigd dat hij van mening, opvatting veranderd is;* das kannst du mir ~! *dat kun je van mij aannemen!;* wer hätte das geglaubt! *wie had dat gedacht, kunnen denken!;* wer's glaubt, wird selig! *een gek die het gelooft!* **5.1** ich glaube gar! *nee toch!, nee, nou nog mooier!;* das glaube ich gern! *ik geloof het graag!;* ich glaube, ja *ik geloof, denk van wel;* ich glaube, nein *ik geloof, denk van niet;* ich glaube schon *ik geloof van wel;* das glau-

be ich wohl! *dat wil, kan ik wel geloven!* **6.1 an** die Wahrheit ~ *in de waarheid geloven;* **daran** ~ müssen *eraan moeten geloven* ⟨ook sterven⟩. →**lügen.**

Glauben ⟨m.; ~s⟩ →**Glaube.**

Glaubensartikel ⟨m.⟩ **0.1** ***geloofsartikel.***

Glaubensbekenntnis ⟨o.⟩ **0.1** ***geloofsbelijdenis*** ⟨ook pol.⟩.

Glaubensbruder ⟨m.⟩ **0.1** ***geloofsgenoot.***

Glaubensdinge ⟨alleen mv.⟩ ◆ **6.¶ in** ~n *in geloofszaken.*

Glaubensfrage ⟨v.⟩ **0.1** ***geloofskwestie*** **0.2** ***kwestie van geloven.***

Glaubensfreiheit ⟨v.⟩ **0.1** ***geloofsvrijheid.***

Glaubensgenosse ⟨m.⟩ **0.1** ***geloofsgenoot*** ⇒⟨pol.⟩ *medestander.*

Glaubenskampf ⟨m.⟩ **0.1** ***godsdienst-, geloofsstrijd.***

Glaubenskrieg ⟨m.⟩ **0.1** ***godsdienstoorlog.***

Glaubenslehre ⟨v.⟩ **0.1** ***geloofsleer.***

Glaubenssache ⟨v.⟩ **0.1** ***kwestie van geloven*** **0.2** ***geloofszaak, -kwestie.***

Glaubenssatz ⟨m.⟩ **0.1** ***geloofsartikel, -punt*** **0.2** ***dogma.***

Glaubensspaltung ⟨v.⟩ **0.1** ***schisma*** ⇒*scheuring.*

glaubensstark **0.1** ***standvastig in het geloof.***

Glaubensstreit ⟨m.⟩ **0.1** ***geloofsstrijd, -geschil*** ⇒*godsdienstig dispuut.*

Glaubenszweifel ⟨m.⟩ **0.1** ***religieuze twijfel.***

Glaubersalz ⟨o.⟩ **0.1** ***glauberzout.***

glaubhaft **0.1** ***geloofwaardig*** ⇒*aannemelijk, plausibel* ◆ **3.1** jmdm. etwas ~ machen *voor iem. iets aannemelijk maken.*

Glaubhaftigkeit ⟨v.; ~⟩ **0.1** ***geloofwaardigheid.***

gläubig **0.1** ***gelovig*** ⇒*godsdienstig, godvruchtig* **0.2** ***vol vertrouwen*** ⇒*naïef, goedgelovig.*

Gläubiger ⟨m.; ~s, ~⟩ **0.1** ***schuldeiser, crediteur*** ◆ **2.1** bevorzugte ~ *preferente schuldeisers.*

Gläubige(r) ⟨bn. als zn.⟩ **0.1** ***gelovige.***

Gläubigerversammlung ⟨v.⟩ **0.1** ***crediteurenvergadering.***

glaublich ◆ **5.¶** kaum ~ *nauwelijks te geloven, ongelofelijk.*

glaubwürdig **0.1** ***geloofwaardig*** ⇒*aannemelijk, betrouwbaar.*

Glaukom ⟨o.; ~s, ~e⟩ **0.1** ***glaucoom, groene staar.***

glazial ⟨geol.⟩ **0.1** ***glaciaal*** ⇒*v.d. ijstijd.*

Glazial ⟨o.; ~s, ~e⟩ ⟨geol.⟩ **0.1** ***ijstijd.***

gleich[1] ⟨bn.⟩ **0.1** ***gelijk, (de-, het)zelfde*** ⇒*identiek* **0.2** ***onverschillig, om het even, hetzelfde*** **0.3** ***even*** ◆ **1.1** ⟨wisk.⟩ ~es Dreieck *congruente driehoek;* er machte einen ~ Fehler *hij maakte een zelfde fout;* die ~e Größe haben (a) *dezelfde maat hebben* (b) *even groot zijn;* am ~en Tage *d(i)ezelfde dag;* zur ~en Zeit *tegelijk(ertijd), gelijktijdig* **2.1** zweimal zwei (ist) ~ vier *twee maal twee is (gelijk aan) vier* **2.3** ~ alt *even oud;* ~ viel *evenveel* **3.1** ~es gilt für ... *hetzelfde geldt voor ...;* Unfall ist nicht ~ Unfall *het ene ongeval is het andere niet;* ein ~es tun *(ongeveer) hetzelfde, iets gelijkaardigs doen* **4.2** ganz ~, was du machst *wat je ook doet* **5.1** in dieser Hinsicht sind wir uns, einander ziemlich ~ *in dit opzicht zijn we een beetje hetzelfde* **5.2** er ist mir ganz ~ *hij laat me totaal onverschillig;* es ist mir völlig ~ *dat is me (echt) om het even, kan me helemaal niets schelen;* ganz ~, wie ... *hoe ... ook* **6.1** das kommt, läuft **aufs** ~e hinaus *dat komt op hetzelfde neer;* ⟨schr.⟩ etwas **ins** ~e bringen *iets in orde brengen, maken;* Gleiches **mit** Gleichem vergelten *kwaad met kwaad vergelden;* **von** ~ zu ~ *op voet van gelijkheid;* ~ **zu** ~ teilen *gelijk op delen* **8.2** ~ ob Mann oder Frau *onverschillig of het gaat om een man of een vrouw* **¶.1** ⟨sprw.⟩ ~ und gleich gesellt sich gern *soort zoekt soort.*

gleich[2] ⟨bw.⟩ **0.1** ***meteen, dadelijk*** ⇒*zo, onmiddellijk, vlak* **0.2** ***ineens*** ⇒*(te)gelijk* **0.3** ***maar liefst, (maar) wel*** **0.4** ***ook al weer*** ⇒*toch (ook) weer* ◆ **1.2** ~ mehrere Bücher *meerdere boeken ineens, tegelijk* **2.3** ~ 10 Busse standen da *er stonden maar liefst, wel 10 bussen* **3.1** ich komme ~! *ik kom zó, eraan!;* es muß nicht ~ sein *het hoeft niet meteen* **3.4** wie heißt er doch ~? *hoe heet hij ook al weer?* **5.1** ~ anfangs *meteen in het begin al;* warum nicht ~ so? *waarom heb je dat niet meteen zo gedaan?* **6.1 bis** ~! *tot dadelijk, zó!;* ~ **neben** dir *vlak naast je.*

gleich[3] ⟨vz. + 3⟩ **0.1** ***(zo)als, gelijk (aan)*** ⇒*net als* ◆ **1.1** ~ einer Bombe *als een bom.*

gleich[4] ⟨vw.⟩ ⟨schr.⟩ **0.1** ***alhoewel*** **0.2** ***of*** ◆ **2.2** mochte er ~ blind sein *of hij nu blind was of niet* **8.1** ob, wenn ~ *alhoewel, ofschoon, ook al.*

gleichalt(e)rig **0.1** ***van dezelfde leeftijd, even oud*** ◆ **6.1 mit** Gleichalt(e)rigen *met leeftijdgenoten, leeftijdgenootjes.*

gleichartig **0.1** ***gelijksoortig*** ⇒*van gelijke aard, gelijkaardig.*

gleichauf ⟨acc. wiss.⟩ ⟨sp.⟩ **0.1** ***gelijk op*** ◆ **3.1** ~ liegen *gelijkstaan, gelijk liggen.*

gleichbedeutend **0.1** ***met dezelfde betekenis, synoniem*** ◆ **6.1** ~ sein **mit** *hetzelfde, zoveel betekenen als, gelijkstaan met.*

gleichberechtigt **0.1** ***gelijkgerechtigd*** ⇒*gelijkgesteld, gelijkwaardig.*

Gleichberechtigung ⟨v.⟩ **0.1** ***gelijk(gerechtigd)heid*** ⇒*gelijkstelling, rechtsgelijkheid, gelijke rechten* ◆ **1.1** auf der Grundlage der ~ *op voet van gelijkheid.*

gleichbleiben **0.1** ***gelijk blijven, niet veranderen*** ◆ **4.1** das bleibt sich völlig gleich *dat doet er niet toe, dat is om het even;* du bist dir völlig gleichgeblieben *je bent helemaal dezelfde gebleven.*

gleichbleibend **0.1** ***gelijk blijvend, constant*** ⇒*onveranderlijk* ◆ **1.1** von ~er Freundlichkeit sein *altijd even vriendelijk zijn.*

gleichen ⟨→t52⟩ **0.1** ***lijken op*** ⇒*veel weg hebben van* ◆ **1.1** ich gleiche meiner Mutter *ik lijk op, heb veel weg van mijn moeder* **6.1** jmdm. **an** Gestalt ~ *qua figuur, postuur op iem. lijken;* jmdm. **im** Aussehen ~ *(qua) uiterlijk op iem. lijken.*

gleichermaßen **0.1** ***in dezelfde, gelijke mate, evenzeer, even(eens).***

gleicherweise ⟨acc. wiss.⟩ **0.1** ***op dezelfde wijze, evenzo*** ⇒ *gelijkelijk.*

gleichfalls **0.1** ***eveneens, evenzo*** ⇒*insgelijks* ◆ **3.1** danke, ~! *dank u, je, insgelijks, (van) hetzelfde!*

gleichfarbig **0.1** ***van, met dezelfde kleur.***

gleichförmig **0.1** ***gelijkvormig*** ⇒*overeenstemmend* **0.2** ***eentonig, saai*** ⇒*monotoon* **0.3** ⟨nat.⟩ ***eenparig.***

gleichgeartet **0.1** ***gelijksoortig.***

gleichgelagert **0.1** ***gelijksoortig, vergelijkbaar*** ⇒*dergelijk.*

gleichgeschlechtlich **0.1** ***gelijkgeslachtelijk, van hetzelfde geslacht*** **0.2** ***homoseksueel.***

gleichgesinnt **0.1** ***gelijkgezind*** ⇒*geestverwant.*

gleichgestimmt **0.1** ***gelijkgestemd*** ⟨ook muz.⟩ ⇒⟨fig.⟩ *gelijkgezind.*

Gleichgewicht ⟨o.⟩ **0.1** ***evenwicht*** ⟨ook fig.⟩ ⇒*balans, harmonie* ◆ **6.1** sich **im** ~ halten *elkaar in balans, evenwicht houden;* **ins** ~ bringen *in evenwicht brengen.*

gleichgewichtig **0.1** ***evenwichtig*** ⇒*in balans (zijnde).*

Gleichgewichtsorgan ⟨o.⟩ **0.1** ***evenwichtsorgaan.***

Gleichgewichtssinn ⟨m.⟩ **0.1** ***evenwichtsgevoel.***

Gleichgewichtsstörung ⟨v.⟩ **0.1** ***evenwichtsstoornis.***

gleichgültig **0.1** ***onverschillig*** ⇒*ongeïnteresseerd, om het* *even* **0.2** ***onbelangrijk, onbetekenend*** ◆ **3.1** das ist doch ~ *dat is toch om het even, doet er niet toe* **4.1** es ist mir ~ *het is me om het even, kan me niets schelen;* er ist mir völlig ~ *hij laat me totaal onverschillig, koud.*

Gleichgültigkeit ⟨v.⟩ **0.1** ***onverschilligheid*** ⇒*ongeïnteresseerdheid* **0.2** ***onbelangrijkheid.***

Gleichheit ⟨v.; ~⟩ **0.1** ***gelijkheid*** ⇒*identiteit, gelijkgerechtigdheid.*

Gleichheitszeichen ⟨o.⟩⟨wisk.⟩ **0.1** ***gelijkteken.***

Gleichklang ⟨m.⟩ **0.1** ***gelijkluidendheid*** ⟨ook muz.⟩ **0.2** ⟨fig.⟩ ***overeenstemming, harmonie.***

gleichkommen **0.1** ***evenaren*** **0.2** ***overeenkomen, gelijkstaan met*** ◆ **1.2** das kommt einer Absage gleich *dat staat gelijk met, betekent zoveel als een weigering* **4.1** jmdm. ~ *iem. evenaren, tegen iem. op kunnen* **6.1** jmdm. **an** Fleiß ~ *iem. in vlijt evenaren.*

gleichlaufend **0.1** ***gelijklopend, evenwijdig, parallel*** **0.2** ⟨fig.⟩ ***tegelijk, parallel.***

gleichlautend **0.1** ***gelijk-, eensluidend.***

gleichmachen **0.1** ***gelijkmaken*** **0.2** ⟨fig.⟩ ***nivelleren*** ◆ **1.1** etwas dem Erdboden ~ *iets met de grond gelijkmaken.*

Gleichmacherei ⟨v.; ~⟩ **0.1** ***nivellering(smanie).***

Gleichmaß ⟨o.⟩ **0.1** ***gelijkmatigheid*** ⇒*evenwicht(igheid), harmonie, symmetrie* **0.2** ***eentonigheid, sleur.***

gleichmäßig **0.1** ***gelijk-, regelmatig*** **0.2** ***gelijk(elijk)*** ⇒ *evenredig.*

Gleichmut ⟨m.⟩ **0.1** ***gelijkmoedigheid*** ⇒*bedaardheid, kalmte.*

gleichmütig **0.1** ***gelijkmoedig*** ⇒*bedaard, kalm.*

gleichnamig **0.1** ***gelijknamig.***

Gleichnis ⟨o.; ~ses, ~se⟩ **0.1** ***gelijkenis*** ⇒*parabel, vergelijking.*

gleichrangig **0.1** ***van gelijke rang*** ⇒*gelijk, gelijkwaardig.*

Gleichrichter ⟨m.⟩⟨tech.⟩ **0.1** ***gelijkrichter.***

gleichsam **0.1** ***als het ware*** ⇒*in zekere zin* ◆ **8.1** ~ als (ob, wenn) *alsof.*

gleichschalten I ⟨ov.& onov.ww.⟩ **0.1** ***gelijkschakelen;*** **II sich** ~ ⟨wk.ww.⟩ **0.1** ***zich aanpassen, zich conformeren.***

gleichschenk(e)lig ⟨wisk.⟩ **0.1** ***gelijkbenig.***

Gleichschritt ⟨m.⟩ **0.1** ***gelijke pas, maat*** ◆ **6.1** ⟨mil.⟩ **im** ~, marsch! *voorwaarts, mars!*

gleichsehen ⟨met 3e nv.⟩ **0.1** ***lijken op*** ⇒*veel weg hebben van* ◆ **4.1** ⟨inf.⟩ das sieht dir gleich! *dat is net iets voor jou!*

gleichseitig ⟨wisk.⟩ **0.1** ***gelijkzijdig.***

gleichsetzen **0.1** ***gelijkstellen*** ⇒*identificeren, vereenzelvigen* ◆ **4.1** sich mit jmdm. ~ *zich met iem. vereenzelvigen.*

Gleichstand ⟨m.⟩ **0.1** ⟨sp.⟩ ***gelijke stand*** ⇒⟨tennis⟩ *deuce* **0.2** ⟨pol.⟩ ***(militair) evenwicht.***

gleichstehen **0.1** ***gelijkstaan (met)*** ◆ **1.1** im Rang einem Minister ~ *in rang gelijk zijn aan een minister* **4.1** jmdm. ~ *iemands gelijke zijn,* ⟨ook⟩ *voor iem. niet onderdoen.*

gleichstellen **0.1** ***gelijkstellen*** ◆ **4.1** jmdn. einem anderen ~ *iem. met iem. anders gelijkstellen.*

Gleichstellung ⟨v.⟩ **0.1** ***gelijkstelling*** ⇒*gelijkheid* ⟨van rang, stand⟩.

Gleichstellungsbeauftragte ⟨bn. als zn.; v.⟩ **0.1** ***ambtenaar emancipatiezaken.***

Gleichstrom ⟨m.⟩ **0.1** ***gelijkstroom.***

gleichtun ◆ **4.¶** es jmdm. ~ (a) *het iem. nadoen* (b) *iem. evenaren.*

Gleichung ⟨v.; ~, ~en⟩⟨wisk.⟩ **0.1** ***vergelijking.***

gleichviel ⟨acc. wiss.⟩ **0.1** ***onverschillig, om het even*** ◆ **3.1** ~, wir werden ... *hoe het ook zij, hoe dan ook, we zullen ...*

gleichwertig **0.1** ***gelijkwaardig.***

gleichwie ⟨schr.⟩ **0.1** ***zoals, (even)als.***

gleichwink(e)lig ⟨wisk.⟩ **0.1** ***gelijkhoekig.***

gleichwohl ⟨acc. wiss.⟩ **0.1** ***(en) toch, (desal)niettemin, evenwel.***

gleichzeitig **0.1** ***gelijktijdig*** ⇒⟨als bw. vooral⟩ *tegelijk(ertijd), tevens.*

gleichziehen **0.1** ***zijn achterstand wegwerken, inhalen, goedmaken*** ⇒*niet achterblijven* **0.2** ***aanpassen*** ⇒*in overeenstemming brengen, tot hetzelfde niveau optrekken* **0.3** ⟨sp.⟩ ***gelijkmaken, de gelijkmaker maken*** ◆ **6.1** **mit** jmdm. ~ *met iem. gelijk op trekken, zijn achterstand tegenover iem. inlopen.*

Gleis ⟨o.; ~es, ~e⟩ **0.1** ***spoor*** ⇒*rails* **0.2** ***spoor, perron*** **0.3** ⟨fig.⟩ ***loop, baan*** ⇒*sleur, gewoonte* ◆ **2.3** alles geht im alten ~ weiter *alles blijft bij het oude, alles volgt zijn oude sleur;* sich in ausgefahrenen ~en bewegen *de oude sleur volgen;* auf, in ein falsches ~ geraten *op een verkeerd spoor (terecht)komen;* auf ein totes ~ geraten *op een dood spoor terechtkomen, belanden; doodbloeden;* jmdn. auf ein totes ~, aufs tote ~ schieben *iem. uitrangeren, uitschakelen;* etwas auf ein totes ~, aufs tote ~ schieben *iets in de ijskast zetten, laten doodbloeden* **6.3** jmdn. **aus** dem ~ bringen, werfen *iem. uit zijn gewone doen, in de war brengen;* etwas wieder **ins** (rechte) ~ bringen *iets weer in de juiste banen leiden;* **ins** (rechte) ~ kommen *in orde komen.*

Gleisanlage ⟨v.⟩ **0.1** ***spoorwegemplacement.***

Gleisanschluß ⟨m.⟩ **0.1** ***spoor-, treinverbinding, spooraansluiting.***

Gleiskörper ⟨m.⟩ **0.1** ***baanlichaam*** ⇒*spoorbaan.*

gleißen ⟨→t53⟩⟨schr.⟩ **0.1** ***glanzen, glinsteren, schitteren.***

Gleitboot ⟨o.⟩ **0.1** ***glijboot.***

gleiten ⟨→t54⟩ **0.1** ⟨s.⟩ ***glijden*** ⇒*glippen, zweven* ⟨ook fig.⟩ **0.2** ⟨s.⟩ ***(uit)glijden*** ⇒*slippen* **0.3** ⟨h.⟩ ***variabele werktijden hebben*** ◆ **1.1** ~de Arbeitszeit *variabele werktijd(en)* **6.2** **ins** Gleiten kommen (a) *uitglijden* (b) *slippen, in een slip raken.*

Gleiter ⟨m.; ~s, ~⟩ **0.1** ***zweefvliegtuig.***

Gleitfläche ⟨v.⟩⟨tech.⟩ **0.1** ***glijvlak.***

Gleitflug ⟨m.⟩ **0.1** ***glij-, zweefvlucht.***

Gleitflugzeug ⟨o.⟩ **0.1** ***zweefvliegtuig.***

Gleitklausel ⟨v.⟩ **0.1** ***trendclausule.***

Gleitschiene ⟨v.⟩ **0.1** ***glijrail.***

Gleitschirmfliegen ⟨o.; ~s, g.mv.⟩ **0.1** ***delta-, zeilvliegen, hanggliding.***

Gleitschutz ⟨m.⟩⟨tech.⟩ **0.1** ***antislip(middel).***

gleitsicher **0.1** ***slipvrij, stroef, niet glad*** ⇒*antislip.*

Gleitsichtglas ⟨o.⟩ **0.1** ***bifocaal (brillen)glas.***

Gleitzeit ⟨v.⟩ **0.1** ***variabele werktijd(en)*** **0.2** ***werkuren*** ⟨in het kader v.d. variabele werktijd⟩.

Gletscher ⟨m.; ~s, ~⟩ **0.1** ***gletsjer.***

Gletscherspalte ⟨v.⟩ **0.1** ***gletsjerspleet.***

Gletscher|tour, -wanderung ⟨v.⟩ **0.1** ***gletsjertocht.***

glibbern ⟨h.⟩⟨Ndd.⟩ **0.1** ***wiebelen*** ⇒*onvast zijn* ⟨van bodem⟩.

Glied ⟨o.; ~(e)s, ~er⟩ **0.1** ***lid*** ⇒*lidmaat,* ⟨med.⟩ *kootje* **0.2** ***lid, deel*** ⇒*schakel, schalm,* ⟨wisk.⟩ *term* **0.3** ⟨mil., sp.⟩ ***gelid*** **0.4** ⟨rel.; schr.⟩ ***gelid, geslacht*** ◆ **3.1** du wirst dir noch die ~er brechen! *jij zult nog eens je nek breken!;* kein ~ mehr rühren können *geen vin meer kunnen verroeren;* alle ~er tun mir weh *al mijn botten doen pijn* **6.1** **an** allen ~ern beben, zittern *over al zijn leden, over het hele lichaam beven;* die Angst, der Schreck lag, saß, steckte mir noch **in** den, allen ~ern *de schrik zat nog in mijn benen;* eine Krankheit saß, steckte mir **in** den ~ern *ik had een ziekte onder de leden;* **mit** gesunden ~ern *gezond van lijf en leden* **6.3** in

Linien, Reihen **zu** drei ~ern antreten *in rijen van drie aantreden* **6.4** bis **ins** dritte ~ *tot in het derde geslacht.*
Gliederarmband ⟨o.⟩ **0.1** ***schakelarmband.***
Gliederbau ⟨m.⟩ **0.1** ***lichaamsbouw, bouw der ledematen.***
Gliederfüß(l)er ⟨m.; ~s, ~⟩⟨biol.⟩ **0.1** ***geleedpotige.***
Gliederkette ⟨v.⟩ **0.1** ***schakelketting.***
gliedern I ⟨ov.& onov.ww.⟩ **0.1** ***ver-, indelen, onderverdelen*** *⇒ordenen, geleden* ◆ **5.1** eine gegliederte Küste *een gelede kust* **6.1 in** Abschnitte ~ *in alinea's in-, onderverdelen;*
II sich ~ ⟨wk.ww.⟩ **0.1** ***ingedeeld worden, zijn.***
Gliederpuppe ⟨v.⟩ **0.1** ***ledenpop, marionet.***
Gliederreißen ⟨o.; ~s⟩⟨inf.⟩ **0.1** ***(gewrichts)reumatiek.***
Gliedertier ⟨o.⟩ **0.1** ***geleed dier.***
Gliederung ⟨v.; ~, ~en⟩ **0.1** ***indeling, onderverdeling*** *⇒ structurering* **0.2** ***(op)bouw, structuur*** *⇒indeling, geleding* **0.3** ***formatie, geleding, afdeling.***
Gliederzucken ⟨o.; ~s⟩ **0.1** ***zenuw-, spiertrekking(en)*** *⇒ stuiptrekking(en).*
Gliedmaße ⟨v.; ~, ~n⟩ **0.1** ***lidmaat*** *⇒*⟨mv.⟩ *ledematen.*
Gliedsatz ⟨m.⟩⟨taal.⟩ **0.1** ***bijzin.***
Gliedstaat ⟨m.⟩ **0.1** ***deelstaat.***
glimmen ⟨→t55⟩ **0.1** ***glimmen, smeulen*** ⟨ook fig.⟩ *⇒zwak gloeien.*
Glimmer ⟨m.; ~s, ~⟩ **0.1** ***glimmer, mica*** **0.2** ***schijnsel, glans.***
glimmern 0.1 ***glanzen, glinsteren, glimmen.***
Glimmstengel ⟨m.⟩⟨inf.⟩ **0.1** ***stinkstok.***
glimpflich 0.1 ***schappelijk, redelijk*** *⇒mild, vrij goed* ◆ **3.1** das ist ~ abgegangen *dat is nog goed afgelopen;* ~ davonkommen *er (nog) goed, schappelijk afkomen.*
glitschen ⟨inf.⟩ **0.1** ***glijden*** *⇒uit-, wegglijden* **0.2** ⟨reg.⟩ ***glijden, glibberen.***
glitscherig 0.1 ***glibberig, glad*** ◆ **1.1** ein ~er Fisch *een glibberige vis* **3.1** der Boden ist ~ *de grond, vloer is glad.*
glitschig 0.1 ***glibberig, glad*** **0.2** ⟨reg.⟩ ***klef*** *⇒week.*
glitzerig 0.1 ***glinsterend, fonkelend.***
glitzern 0.1 ***glinsteren, fonkelen*** *⇒schitteren.*
global 0.1 ***wereldomvattend, mondiaal*** **0.2** ***globaal, over het geheel genomen*** *⇒algemeen.*
Globalisierung ⟨v.⟩ **0.1** ***globalisering, mondialisering.***
Globalstrategie ⟨v.⟩ **0.1** ***wereldomvattende strategie.***
Globalurteil ⟨o.⟩ **0.1** ***globaal, algemeen oordeel.***
Globin ⟨o.; ~(e)s, ~e⟩⟨med.⟩ **0.1** ***globine.***
Globus ⟨m.; ~(ses), ~se of Globen⟩ **0.1** ***globe, aard-, wereldbol*** ◆ **6.1** rund **um** den ~ (a) *de (hele) wereld rond* (b) *over de hele wereld.*
Glöckchen ⟨o.; ~s, ~⟩ **0.1** ***klokje*** **0.2** ***belletje.***
Glocke ⟨v.; ~, ~n⟩ **0.1** ***klok*** **0.2** ***klok, stolp*** *⇒ballon* ⟨v.e. lamp⟩, *lampenkap* **0.3** ***bol-, dophoed*** **0.4** ***cape*** **0.5** ⟨vero.; nog reg.⟩ ***bel*** **0.6** ⟨plantk.⟩ ***klokje*** ◆ **3.1** die ~ läuten hören, aber nicht wissen, wo sie hängt *de klok horen luiden, maar niet weten waar de klepel hangt;* ⟨fig.⟩ wissen, was die ~ geschlagen hat *weten hoe laat het is* **6.1** etwas **an** die große ~ hängen *iets aan de grote klok hangen* **6.2** die Stadt lag **unter** einer ~ von Dunst, Rauch *de stad lag onder een koepelwolk van dampen, rook.*
Glockenblume ⟨v.⟩ **0.1** ***klokje.***
glockenförmig 0.1 ***klokvormig.***
Glockengeläut(e) ⟨o.; ~s⟩ **0.1** ***klokgelui, gebeier.***
glockenhell 0.1 ***zuiver, helder als een klok(je).***
Glockenklang ⟨m.⟩ **0.1** ***klokkenklank(en)*** *⇒klokgelui.*
Glockenmantel ⟨m.⟩ **0.1** ***cape.***
glockenrein →**glockenhell.**
Glockenrock ⟨m.⟩ **0.1** ***klokrok.***
Glockenschlag ⟨m.⟩ **0.1** ***klokslag*** ◆ **6.1 auf** den, **mit** dem ~ *stipt, precies op tijd.*
Glockenschwengel ⟨m.⟩ **0.1** ***(klok)klepel.***
Glockenseil ⟨o.⟩ **0.1** ***klokkentouw.***
Glockenspiel ⟨o.⟩ **0.1** ***klokkenspel*** *⇒carillon, beiaard, schellenboom* ⟨in orkest⟩.
Glockenstuhl ⟨m.⟩ **0.1** ***klokkenstoel, -galg.***
Glockenton ⟨m.⟩ **0.1** ***klokkentoon, -klank.***
Glockenturm ⟨m.⟩ **0.1** ***klokkentoren.***
Glockenzeichen ⟨o.⟩ **0.1** ***belsignaal*** *⇒kloksignaal.*
Glockenzug ⟨m.⟩ **0.1** ***klokkentouw*** **0.2** ⟨vero.; nog reg.⟩ ***schelkoord.***
glockig 0.1 ***klokkend*** ⟨jurk, rok⟩.
Glöckner ⟨m.; ~s, ~⟩⟨vero.⟩ **0.1** ***klokkenluider.***
Gloria[1] ⟨v.; ~ of o.; ~s, g.mv.⟩ **0.1** ***glorie, roem.***
Gloria[2] ⟨o.; ~s, ~s⟩⟨rel.⟩ **0.1** ***gloria.***
Glorie ⟨v.; ~, ~n⟩ **0.1** ***glorie, roem, glans*** **0.2** ***glorie, krans*** **0.3** ⟨schr.⟩ ***aureool.***
Glorienschein ⟨m.⟩ **0.1** ***aureool, stralenkrans.***
Glorifikation ⟨v.; ~, ~en⟩ **0.1** ***glorificatie, verheerlijking.***
glorifizieren 0.1 ***verheerlijken*** *⇒roemen.*
Gloriole ⟨v.; ~, ~n⟩ **0.1** ***aureool, stralenkrans.***
glorios 0.1 ***roem-, luisterrijk, glorieus*** **0.2** ***schitterend, fantastisch.***
glorreich 0.1 ***roem-, luister-, glorierijk.***
Glossar ⟨o.; ~s, ~e of ~ien⟩ **0.1** ***glossarium*** *⇒*⟨taal.⟩ *lijst van glossen, verklarende woordenlijst.*
Glosse ⟨v.; ~, ~n⟩ **0.1** ***kanttekening(en), glos(se), commentaar*** *⇒opmerking, cursiefje* **0.2** ⟨taal.⟩ ***glos(se).***
glossieren 0.1 ***(be)commentariëren*** *⇒kanttekeningen plaatsen (bij)* **0.2** ***spottende, stekelige opmerkingen maken (over)*** **0.3** ⟨taal.⟩ ***glosseren.***
Glottisschlag ⟨m.⟩⟨taal., muz.⟩ **0.1** ***glottisslag*** *⇒harde steminzet.*
Glotzauge ⟨o.⟩ **0.1** ⟨inf.; pej.⟩ ***uitpuilend oog*** *⇒koeienoog* **0.2** ⟨med.⟩ ***kalfs-, koeienoog.***
glotzäugig ⟨inf.; pej.⟩ **0.1** ***met uitpuilende ogen.***
Glotze ⟨v.; ~, ~n⟩⟨inf.⟩ **0.1** ***kijkkast, buis*** ⟨televisie⟩ *⇒kastje.*
glotzen 0.1 ***grote ogen opzetten*** *⇒wezenloos, met grote ogen staren* **0.2** ⟨inf.⟩ ***kastje kijken*** *⇒voor de buis zitten* ◆ **5.1** dumm ~ *dom, onnozel staan kijken.*
Glotzer ⟨alleen mv.⟩⟨inf.⟩ **0.1** ***kijkers, grote ronde ogen.***
Glotzkiste ⟨v.⟩⟨inf.⟩ **0.1** ***kijkkast, kastje*** ⟨televisie⟩ *⇒buis.*
Gloxinie ⟨v.; ~, ~n⟩⟨plantk.⟩ **0.1** ***gloxinia.***
glubschen →**glupschen.**
gluck 0.1 ***tok*** ⟨v.e. kip⟩ **0.2** ***klok*** ⟨v.e. vloeistof⟩.
Glück ⟨o.; ~(e)s, ~e⟩ **0.1** ***geluk*** *⇒voorspoed, fortuin* ◆ **3.1** damit hast du bei mir kein ~ *daarmee hoef je bij mij niet aan te komen;* ~ muß man, der Mensch haben! *je moet maar boffen, geluk hebben!;* das ~ lächelt, lacht, winkt jmdm. *de fortuin lacht iem. toe;* sein ~ machen *zijn fortuin, het maken;* jmdm. zu der Hochzeit (viel) ~ wünschen *iem. met zijn huwelijk gelukwensen, feliciteren* **6.1** ~ **auf**! ⟨mijnwerkersgroet⟩ (a) *goedendag!* (b) *(veel) succes!;* **auf** gut ~ *op goed geluk;* ein ~ **im** Unglück *een geluk bij een ongeluk;* **in** ~ und Unglück *in voor- en tegenspoed;* **von** ~ reden, sagen können *van geluk mogen spreken;* **zu** meinem ~ *gelukkig (voor mij), tot mijn geluk;* ⟨iron.⟩ das hat mir **zu** meinem ~ (gerade) noch gefehlt! *dat ontbrak er nog (maar) aan!;* **zum** ~ *gelukkig* **8.1** mehr ~ als Verstand *meer geluk dan wijsheid* **¶.1** ⟨sprw.⟩ das ~ ist dem Kühnen hold *het geluk helpt de dapperen;* ⟨sprw.⟩ ein jeder ist seines ~es Schmied *ieder is de smid van zijn eigen fortuin.*
glückbringend 0.1 ***gelukaanbrengend.***
Glucke ⟨v.; ~, ~n⟩ **0.1** ***kloek, klokhen*** **0.2** ⟨biol.⟩ ***spinner.***

glucken 0.1 ***klokken, tokken*** ⟨v.d. hen⟩ ⇒*kakelen* **0.2** ***broeds zijn*** ⟨v.d. hen⟩ **0.3** ⟨inf.⟩ ***hokken.***
glücken 0.1 ***lukken*** ⇒*gelukken, (erin) slagen.*
gluckern 0.1 ***klokken*** ⇒*klotsen, borrelen* ⟨v.e. vloeistof⟩.
glückhaft ⟨schr.⟩ **0.1** ***voorspoedig, fortuinlijk*** **0.2** ***gelukaanbrengend.***
Gluckhenne ⟨v.⟩ **0.1** ***kloek, klok(hen).***
glücklich[1] ⟨bn.⟩ **0.1** ***gelukkig*** ⇒*voorspoedig, fortuinlijk* ◆ **3.1** ~ enden *goed aflopen* **6.1** ~ **über** eine Sache *gelukkig, blij met iets.*
glücklich[2] ⟨bw.⟩⟨inf.⟩ **0.1** ***(uit)eindelijk, gelukkig*** ◆ **3.1** der ist ~ fort! *die zijn we gelukkig, eindelijk kwijt!*
glücklicherweise 0.1 ***gelukkig.***
glücklos 0.1 ***ongelukkig*** ⇒*troosteloos, onfortuinlijk.*
Glücksautomat ⟨m.⟩ **0.1** ***gok-, speelautomaat.***
Glücksbringer ⟨m.⟩ **0.1** ***gelukaanbrenger*** ⇒*mascotte, talisman.*
Glücksbude ⟨v.⟩ **0.1** ***goktent, gokkraam*** ⟨op kermis⟩.
glückselig 0.1 ***gelukzalig*** ⇒*over-, dolgelukkig.*
glucksen 0.1 ***klokken*** ⇒*klotsen, borrelen* ⟨v.e. vloeistof⟩ **0.2** ***hikken*** ⇒*onderdrukt lachen.*
Glücksfall ⟨m.⟩ **0.1** ***geluk(je)*** ⇒*bof(fer), buitenkans(je), meevaller* ◆ **6.1 im** ~ kannst du ... *als je geluk hebt, kun je ...*
Glücksfee ⟨v.⟩ **0.1** ***goede fee, toverfee.***
Glücksgöttin ⟨v.⟩ **0.1** ***geluksgodin.***
Glücksjäger ⟨m.⟩ **0.1** ***gelukzoeker, avonturier.***
Glückskind ⟨o.⟩ **0.1** ***gelukskind.***
Glücksklee ⟨m.⟩ **0.1** ***geluksklaver, klavertjevier.***
Glückspilz ⟨m.⟩ **0.1** ***geluksvogel.***
Glücksrad ⟨o.⟩ **0.1** ***rad van avontuur*** ⟨op kermis⟩ **0.2** ***rad der fortuin, v.h. geluk.***
Glücksritter ⟨m.⟩ **0.1** ***gelukzoeker, avonturier.***
Glückssache ⟨v.⟩ **0.1** ***(kwestie van) geluk*** ◆ **3.1** reine ~! *zuiver geluk, puur toeval!*
Glücksspiel ⟨o.⟩ **0.1** ***kansspel.***
Glücksstern ⟨m.⟩ **0.1** ***gelukssster*** ⇒*gelukkig gesternte.*
Glückssträhne ⟨v.⟩⟨inf.⟩ **0.1** ***(korte) periode van geluk*** ◆ **3.1** eine ~ erwischen, haben *boffen, een goede dag hebben.*
glückstrahlend 0.1 ***stralend van geluk.***
Glückstreffer ⟨m.⟩ **0.1** ***geluks-, toevalstreffer, bof(fer).***
Glücksumstand ⟨m.⟩ **0.1** ***gelukkige omstandigheid*** ⇒*geluk(je).*
Glückwunsch ⟨m.⟩ **0.1** ***gelukwens, felicitatie*** ◆ **2.1** herzlichen ~!, meine herzlichen Glückwünsche! *van harte, hartelijk gefeliciteerd!* **6.1** Glückwünsche **zum** Geburtstag *gelukwensen, felicitaties met de verjaardag.*
Glückwunschadresse ⟨v.⟩ **0.1** ***plechtige felicitatie, gelukwens.***
Glückwunschtelegramm ⟨o.⟩ **0.1** ***gelukstelegram.***
Glucose ⟨v.; ~⟩ **0.1** ***glucose, druivensuiker.***
Glühbirne ⟨v.⟩ **0.1** ***gloeilamp.***
glühen I ⟨onov.ww.⟩ **0.1** ***gloeien, branden*** ⟨ook fig.⟩ ◆ **1.1** ein ~der Gegner *een fel tegenstander;* ein ~der Verehrer *een hartstochtelijk, vurig aanbidder, vereerder;* mit ~den Wangen *met een kleur als vuur* **6.1** ⟨schr.⟩ **für** eine Sache ~ *voor iets in vuur en vlam staan;* ~ **vor** Verlangen *branden van verlangen;*
II ⟨ov.ww.⟩ **0.1** ***gloeien*** ⇒*verhitten, smelten.*
Glühfaden ⟨m.⟩ **0.1** ***gloeidraad.***
Glühhitze ⟨v.⟩ **0.1** ***gloeiende, verzengende hitte.***
Glühkerze ⟨v.⟩⟨tech.⟩ **0.1** ***gloeipatroon*** ⟨in dieselmotor⟩.
Glühofen ⟨m.⟩⟨tech.⟩ **0.1** ***gloeioven, -haard.***
Glühstrumpf ⟨m.⟩ **0.1** ***gloeikous(je), pit.***
Glühwein ⟨m.⟩ **0.1** ***bisschopswijn.***
Glühwürmchen ⟨o.⟩⟨inf.⟩ **0.1** ***glimworm(pje).***
glupschen ⟨Ndd.⟩ **0.1** ***met grote ogen staren, met koeienogen staan kijken.***
Glut ⟨v.; ~, ~en⟩ **0.1** ***(vuur)gloed, hitte*** ⇒⟨fig.⟩ *vuur, hartstocht, bezieling.*
glutheiß 0.1 ***gloeiend heet*** ⇒*bloedheet.*
Gluthitze ⟨v.⟩ **0.1** ***gloeiende, verzengende hitte.***
glutrot 0.1 ***vuurrood*** ⇒*bloed-, dieprood.*
glutvoll 0.1 ***vol vuur, hartstocht*** ⇒*enthousiast, gloedvol.*
Glypte ⟨v.; ~, ~n⟩ **0.1** ***gesneden steen.***
Glyzerin ⟨o.; ~s⟩ **0.1** ***glycerol, glycerine.***
Glyzin(i)e ⟨v.; ~, ~n⟩⟨plantk.⟩ **0.1** ***blauweregen.***
GmbH ⟨v.; ~, ~s⟩⟨afk.⟩ [Gesellschaft mit beschränkter Haftung].
Gnade ⟨v.; ~, ~n⟩ **0.1** ***genade*** ⟨ook rel.⟩ ⇒*gunst, goed(ertieren)heid, gratie* ◆ **3.1** ⟨iron.⟩ die ~ haben *zo goed zijn* **6.1** **auf** ~ oder Ungnade *op genade of ongenade, onvoorwaardelijk;* ~ **für**, **vor** Recht ergehen lassen *genade voor recht laten gelden;* bei jmdm. **in** (hohen) ~n stehen *bij iem. in de gunst staan, in de gratie zijn;* König **von** Gottes ~n *koning bij de gratie Gods.*
gnaden ◆ **4.¶** gnade mir Gott! *God zij mij genadig!*
Gnadenakt ⟨m.⟩ **0.1** ***begenadiging*** ⇒*gratie.*
Gnadenbeweis ⟨m.⟩ **0.1** ***genade-, gunstbewijs.***
Gnadenbezeigung ⟨v.⟩ →**Gnadenbeweis.**
Gnadenbild ⟨o.⟩⟨rel.⟩ **0.1** ***genadebeeld.***
Gnadenbrot ⟨o.⟩ **0.1** ***genadebrood.***
Gnadenerlaß ⟨m.⟩⟨jur.⟩ **0.1** ***gratiebesluit.***
Gnadenfrist ⟨v.⟩⟨fig.⟩ **0.1** ***uitstel van executie*** ⇒*laatste uitstel.*
Gnadengesuch ⟨o.⟩ **0.1** ***gratieverzoek.***
gnadenlos 0.1 ***genadeloos, meedogenloos.***
Gnadenort ⟨m.⟩⟨rel.⟩ **0.1** ***genadeoord, bedevaartplaats.***
gnadenreich 0.1 ***genaderijk, genadig.***
Gnadenstoß ⟨m.⟩ **0.1** ***genadestoot, -slag.***
Gnadentod ⟨m.⟩⟨schr.⟩ **0.1** ***(dood door) euthanasie.***
Gnadenweg ⟨m.⟩ ◆ **6.¶ auf** dem, **über** den ~ *door gratie.*
gnädig 0.1 ***genadig, barmhartig, goedertieren*** ⇒*goedgunstig, welwillend* ◆ **1.1** ⟨schr.⟩ ~es Fräulein! *juffrouw!;* ⟨schr.⟩ ~e Frau! *mevrouw!* **4.1** das Glück ist jmdm. ~ *het geluk is iem. welgezind;* ⟨vero.; schr.⟩ meine Gnädigste *mevrouw,* ⟨iron. ook⟩ *mevrouwtje* **6.1** **zu** jmdm. ~ sein *iem. genadig zijn.*
Gneis ⟨m.; ~es, ~e⟩⟨geol.⟩ **0.1** ***gneis.***
Gnom ⟨m.; ~en, ~en⟩ **0.1** ***gnoom, aardmannetje, dwerg.***
Gnu ⟨o.; ~s, ~s⟩⟨biol.⟩ **0.1** ***gnoe.***
Gobelin ⟨m.; ~s, ~s⟩ **0.1** ***gobelin.***
Gockel ⟨m.; ~s, ~⟩⟨vooral Zdd.; elders inf.; scherts.⟩ **0.1** ***haan.***
Go-Kart ⟨m.; ~s, ~s⟩ **0.1** ***skelter.***
Gold ⟨o.; ~(e)s⟩ **0.1** ***goud*** ⇒*gouden kleur, gouden medaille* ◆ **2.1** das ist ~(es) wert! *dat is goud waard!* **6.1** das ist nicht **in**, **mit** ~ zu bezahlen, aufzuwiegen *dat is met geen goud te betalen;* ~ **in** der Kehle haben *een gouden, prachtige stem hebben* **8.1** treu, zuverlässig wie ~ *trouw, eerlijk als goud.* →**Herd, Morgenstunde.**
Goldammer ⟨v.⟩⟨biol.⟩ **0.1** ***geelgors.***
Goldamsel ⟨v.⟩⟨biol.⟩ **0.1** ***goudmerel, wielewaal.***
Goldarbeit ⟨v.⟩ **0.1** ***goud(smids)werk, voorwerp van goudsmeedkunst.***
Goldauflage ⟨v.⟩ **0.1** ***goudlaag(je).***
Goldbarren ⟨m.⟩ **0.1** ***baar, staaf goud.***
goldbestickt 0.1 ***met gouddraad bewerkt.***
Goldblättchen ⟨o.⟩ **0.1** ***blaadje goud, stukje bladgoud.***
Goldborte ⟨v.⟩ **0.1** ***goudgalon, -borduursel.***
Goldbrassen ⟨m.⟩ **0.1** ***goudbrasem.***

Golddeckung ⟨v.⟩ **0.1** ***goudddekking.***
golden **0.1** ***gouden*** ⇒*gulden, goudkleurig, goudglanzend, heerlijk* ◆ **1.1** ein ~es Angebot *een unieke aanbieding.*
Goldesel ⟨m.⟩⟨fig.⟩ **0.1** ***goudmijn(tje), melkkoe.***
gold|farben, -farbig **0.1** ***goudkleurig.***
Goldfasan ⟨m.⟩ **0.1** ***goudfazant*** **0.2** ⟨inf.⟩ ***schat, engel, lieveling.***
Goldfisch ⟨m.⟩ **0.1** ***goudvis*** ⇒⟨inf.; scherts.⟩ *goudvisje, rijke bruid.*
Goldfischglas ⟨o.⟩ **0.1** ***goudviskom.***
Goldfuchs ⟨m.⟩ **0.1** ***goudvos*** ⟨paard⟩.
goldführend **0.1** ***goudhoudend, goud bevattend.***
Goldgehalt ⟨m.⟩ **0.1** ***goudgehalte.***
goldgelb **0.1** ***goudgeel.***
goldgerändert **0.1** ***goudgerand, met een gouden rand(je).***
Goldgewicht ⟨o.⟩ **0.1** ***goudgewicht.***
Goldgräber ⟨m.⟩ **0.1** ***gouddelver, -zoeker.***
Goldgrube ⟨v.⟩ **0.1** ***goudmijn*** ⟨ook fig.⟩.
Goldgrund ⟨m.⟩⟨bk.⟩ **0.1** ***goudkleurige achter-, ondergrond.***
Goldhähnchen ⟨o.⟩⟨biol.⟩ **0.1** ***goudhaantje.***
goldhaltig **0.1** ***goudhoudend, goud bevattend.***
Goldhamster ⟨m.⟩ **0.1** ***goudhamster.***
goldig **0.1** ***goudglanzend, -kleurig*** ⇒*gulden, gouden* **0.2** ⟨fig.⟩ ***schattig, lief*** ⇒*snoezig, fantastisch.*
Goldjunge ⟨m.⟩ **0.1** ⟨inf.⟩ ***lieve jongen, lieverd*** **0.2** ⟨sp.⟩ ***winnaar v.e. gouden medaille.***
Goldkind ⟨o.⟩⟨inf.⟩ **0.1** ***schat, engel, lieveling*** ⇒*schat v.e. kind.*
Goldkrone ⟨v.⟩ **0.1** ***gouden kroon*** ⟨ook med.⟩ **0.2** ***gouden munt, kroon.***
Goldlack ⟨m.⟩⟨plantk.⟩ **0.1** ***muurbloem, goudlak.***
Goldleiste ⟨v.⟩ **0.1** ***gouden, gulden lijst, rand.***
Goldmedaille ⟨v.⟩ **0.1** ***gouden medaille.***
Goldplombe ⟨v.⟩ **0.1** ***goudvulling, gouden vulling.***
Goldrausch ⟨m.⟩ **0.1** ***goudkoorts.***
Goldregen ⟨m.⟩ **0.1** ⟨plantk.⟩ ***goudenregen*** **0.2** ⟨inf.; fig.⟩ ***onverwachte rijkdom, financiële meevaller.***
Goldreif ⟨m.⟩ **0.1** ***gouden band, diadeem*** **0.2** ***gouden ring.***
Goldrenette ⟨v.⟩ **0.1** ***goudrenet.***
goldrichtig ⟨inf.⟩ **0.1** ***prima, volkomen juist.***
Goldrute ⟨v.⟩⟨plantk.⟩ **0.1** ***goud-, guldenroede.***
Goldschatz ⟨m.⟩ **0.1** ***schat van goud*** **0.2** ***schat, lieveling.***
Goldschmied ⟨m.⟩ **0.1** ***goudsmid.***
Goldschmiedearbeit ⟨v.⟩ **0.1** ***goudsmederij, het goudsmeden*** **0.2** ***voorwerp(en) van goudsmeedkunst.***
Goldschmuck ⟨m.⟩ **0.1** ***gouden sieraad*** **0.2** ***gouden sieraden.***
Goldschnitt ⟨m.⟩⟨boek.⟩ ◆ **6.¶ mit** ~ *verguld op snee.*
Goldstandard ⟨m.⟩⟨ec.⟩ **0.1** ***gouden standaard.***
Goldstickerei ⟨v.⟩ **0.1** ***goudborduursel.***
Goldstück ⟨o.⟩ **0.1** ***goudstuk, gouden munt*** **0.2** ⟨fig.⟩ ***iem. uit duizenden*** ⇒*juweel.*
Goldwaage ⟨v.⟩ **0.1** ***goudschaal(tje)*** ◆ **6.1** ⟨fig.⟩ jedes Wort, alles **auf** die ~ legen *ieder woord op een goudschaaltje wegen, leggen.*
Goldwährung ⟨v.⟩⟨ec.⟩ **0.1** ***gouden standaard.***
Goldwäscher ⟨m.⟩ **0.1** ***goudwasser.***
Goldwasser ⟨o.⟩ **0.1** ***guldenwater*** ⟨likeur⟩.
Golf[1] ⟨m.; ~(e)s, ~e⟩ **0.1** ***golf*** ⇒*baai, boezem.*
Golf[2] ⟨o.; ~(e)s⟩⟨sp.⟩ **0.1** ***golf.***
Golfer ⟨m.; ~s, ~⟩ **0.1** ***golfspeler.***
Golfplatz ⟨m.⟩ **0.1** ***golflinks, -terrein, -baan.***
Golfschläger ⟨m.⟩ **0.1** ***golfstick.***
Goliath ⟨m.; ~s, ~s⟩⟨inf.; fig.⟩ **0.1** ***goliath, reus.***
Gondel ⟨v.; ~, ~n⟩ **0.1** ***gondel*** ⇒*cabine, schuitje* **0.2** ***gondola.***
Gondelbahn ⟨v.⟩ **0.1** ***kabelbaan*** **0.2** ⟨Zwi.⟩ ***stoeltjeslift.***
gondeln ⟨s.⟩⟨inf.⟩ **0.1** ***bootje varen*** ⇒*spelevaren* **0.2** ***gondelen, met een gondel varen*** **0.3** ***zwerven, trekken*** ⇒*reizen* **0.4** ***flaneren.***
Gong ⟨m.; zelden o.; ~s, ~s⟩ **0.1** ***gong.***
gongen **0.1** ***gongen, op de gong slaan.***
Goniometrie ⟨v.; ~⟩ **0.1** ***goniometrie, hoekmeting.***
gönnen **0.1** ***gunnen*** ⇒*veroorloven* ◆ **1.1** das gönnt mir keine Ruhe *dat laat me niet met rust;* er gönnt ihm kein gutes Wort *hij heeft geen goed woord voor hem over.*
Gönner ⟨m.; ~s, ~⟩ **0.1** ***beschermheer, begunstiger, mecenas.***
gönnerhaft **0.1** ***minzaam, neerbuigend*** ⇒*uit de hoogte.*
Gönnerschaft ⟨v.; ~⟩ **0.1** ***begunstiging, protectie, mecenaat*** **0.2** ***begunstigers, beschermheren.***
Gonokokkus ⟨m.; ~, Gonokokken⟩⟨med.⟩ **0.1** ***gonokok.***
Gonorrhöe ⟨v.; ~, ~n⟩⟨med.⟩ **0.1** ***gonorroe*** ⇒*druiper.*
Göpel ⟨m.; ~s, ~⟩ **0.1** ***kaapstander*** ⇒⟨scheep.⟩ *gangspil.*
Gör ⟨o.; ~(e)s, ~en⟩⟨Ndd.⟩ **0.1** ***(klein) kind*** ⇒⟨pej. vooral⟩ *snotaap, (snot)jong* **0.2** ***blaag, wicht, rakker*** ⟨meisje⟩ ⇒ *griet, jong.*
Gording ⟨v.; ~, ~s⟩⟨scheep.⟩ **0.1** ***gording.***
Göre ⟨v.; ~, ~n⟩ →**Gör.**
Gorilla ⟨m.; ~s, ~s⟩ **0.1** ***gorilla*** ⇒⟨fig.⟩ *lijfwacht.*
Gospel ⟨m. & o.; ~s, ~s⟩ **0.1** ***gospel(song).***
Gosse ⟨v.; ~, ~n⟩ **0.1** ***goot*** ⟨ook fig.⟩ ⇒*straatgoot* ◆ **6.1** jmdn. **aus** der ~ auflesen, ziehen *iem. uit de goot oprapen;* ⟨fig.⟩ jmdn. **durch** die ~ schleifen, ziehen *iem. door de goot, de modder halen, sleuren;* **in** der ~ enden, ⟨inf.⟩ landen *in de goot terechtkomen, aan lagerwal geraken.*
Gossenjournalismus ⟨m.⟩ **0.1** ***riooljournalistiek.***
Gote ⟨m.; ~n, ~n⟩⟨gesch.⟩ **0.1** ***Goot.***
Gotik ⟨v.; ~⟩ **0.1** ***gotiek.***
gotisch **0.1** ***gotisch*** ⇒*v.d. gotiek* **0.2** ***Gotisch*** ⇒*v.d. Goten.*
Gott ⟨m.; ~es, ~̈er; 2e nv. zelden ~s⟩ **0.1** ***god, God*** ⇒*godheid* ◆ **1.1** in ~es Namen *in godsnaam* **2.1** allmächtiger ~! *godallemachtig!;* großer, du lieber ~! *hemeltje(lief)!, lieve hemel!;* der liebe ~ *Onze-Lieve-Heer;* dem lieben ~ den Tag stehlen *zijn tijd met nietsdoen verknoeien, lanterfanten* **3.1** ~ behüte, bewahre! *God beware (me)!;* wie es ~ gefällt *zoals het God behaagt, zo God wil;* ⟨reg.⟩ grüß (dich) ~! *(goeden)dag!;* ~ hab' ihn selig *God hebbe zijn ziel;* so wahr mir ~ helfe *zo waarlijk helpe mij God almachtig;* ~ sei es geklagt! *het is godgeklaagd!;* ⟨inf.⟩ den lieben ~ einen frommen, guten Mann sein lassen *Gods water over Gods akker laten lopen;* gelobt sei ~! (a) *God zij geloofd!* (b) *goddank!;* ~ lohne es Ihnen! *God zal het u lonen!;* ~ sei Dank! *goddank!;* da sei ~ vor! *God bewaar me, ons!;* das walte ~! *zo God wil!;* das war weiß ~ nicht einfach *dat was bij God niet gemakkelijk;* das wissen die Götter *God weet, dat mag Joost weten* **4.1** jmds. ~ sein *iemands afgod zijn* **5.1** leider ~es *jammer genoeg* **6.1** ⟨inf.; scherts.⟩ ein Bild **für** die Götter *een kostelijk gezicht;* ~ **im** Himmel! *lieve hemel!;* **in** ~ entschlafen, verscheiden *in de Heer ontslapen;* ~ **mit** dir! *God zegene je!;* ~ **mit** uns! *God zij met ons!;* **um** ~es willen! (a) *in godsnaam!* (b) *heremijntijd, herejee!;* du bist wohl **von** allen Göttern verlassen! *ben je nou helemaal (een haartje betoeterd)!* **8.1** ~ und die Welt (a) *jan en alleman* (b) *koetjes en kalfjes;* leben wie (ein) ~ in Frankreich *leven als God in Frankrijk* **9.1** ach (du lieber) ~! *lieve hemel!* → **Amt, Mensch.**
gottbegnadet **0.1** ***geniaal, buitengewoon begaafd.***
gottbewahre **0.1** ***God bewaar me!***

Gottchen 0.1 ***(o) gottekes (toch), och gut.***
Gotterbarmen ⟨o.⟩ ◆ 6.¶ **zum** ~ *(gods)jammerlijk, erbarmelijk.*
Götterbild ⟨o.⟩ 0.1 ***goden-, afgodsbeeld*** 0.2 ⟨fig.⟩ ***kostelijk, prachtig beeld.***
Götterdämmerung ⟨v.⟩ 0.1 ***godenschemering*** ⇒⟨fig.⟩ *teloor-, ondergang.*
gottergeben 0.1 ***ootmoedig*** ⇒*berustend.*
göttergleich ⟨schr.⟩ 0.1 ***godgelijk, goddelijk*** ⟨ook fig.⟩.
Göttersage ⟨v.⟩ 0.1 ***mythe*** 0.2 ***mythologie.***
Götterspeise ⟨v.⟩ 0.1 ⟨gesch.⟩ ***ambrosia, ambrozijn, godenspijs*** 0.2 ⟨inf.⟩ ***godenspijs, hemelse spijs*** 0.3 ⟨cul.⟩ ***gelatinepudding.***
Göttertrank ⟨m.⟩ 0.1 ***nectar, godendrank.***
Göttervater ⟨m.⟩ 0.1 ***god der goden, oppergod.***
Gottesdienst ⟨m.⟩ 0.1 ***kerk-, eredienst, godsdienstoefening*** ⇒*dienst.*
Gottesfurcht ⟨v.⟩ 0.1 ***godsvrucht, vroomheid.***
gottesfürchtig 0.1 ***godvruchtig, vroom*** ⇒*godsdienstig.*
Gottesgabe ⟨v.⟩ 0.1 ***godsgeschenk.***
Gottesgericht ⟨o.⟩ 0.1 ***godsgericht, -oordeel.***
Gotteshaus ⟨o.⟩ 0.1 ***godshuis, kerk.***
gotteslästerlich 0.1 ***godslasterlijk*** ⇒*godlasterend.*
Gottesleugner ⟨m.⟩ 0.1 ***godloochenaar*** ⇒*atheïst.*
Gotteslohn ⟨m.⟩ 0.1 ***godsloon, goddelijke vergelding*** ◆ 6.1 **um** (einen) ~ *pro Deo, om godswil.*
Gottesmann ⟨m.⟩⟨schr.; vaak scherts.⟩ 0.1 ***geestelijke, priester.***
Gottesmutter ⟨v.⟩ 0.1 ***Moeder Gods, Moeder Maria.***
Gottessohn ⟨m.⟩ 0.1 ***Godszoon, Zoon van God.***
Gottesurteil ⟨o.⟩ 0.1 ***godsoordeel.***
gottfroh ⟨inf.⟩ 0.1 ***(dol)blij.***
gottgefällig ⟨schr.⟩ 0.1 ***godgevallig*** ⇒*Gode welgevallig.*
gottgewollt 0.1 ***door God (zo) gewild.***
Gottheit ⟨v.; ~, ~en⟩ 0.1 ***godheid, goddelijk wezen*** 0.2 ***God*** 0.3 ***goddelijkheid.***
Göttin ⟨v.; ~, ~nen⟩ 0.1 ***godin.***
göttlich 0.1 ***goddelijk*** ⇒⟨fig.⟩ *heerlijk, verrukkelijk.*
gottlob 0.1 ***goddank.***
gottlos 0.1 ***goddeloos.***
Gottmensch ⟨m.⟩ 0.1 ***Godmens*** ⟨Jezus⟩.
Gottseibeiuns ⟨acc. wiss.⟩⟨m.; ~⟩⟨euf.⟩ 0.1 ***duivel, Satan.***
gottselig ⟨vero.⟩ 0.1 ***godzalig, vroom.***
gotts|erbärmlich, -jämmerlich ⟨inf.⟩ 0.1 ***godsjammerlijk, miserabel*** 0.2 ***vreselijk, godsgruwelijk.***
Gottvater ⟨m.⟩ 0.1 ***God de Vader.***
gott|verdammt, -verflucht 0.1 ***verdomd, vervloekt.***
gottvergessen 0.1 ***godvergeten, -verlaten*** ⇒*goddeloos, eenzaam.*
gottverlassen 0.1 ***godvergeten*** ⇒*godverlaten, eenzaam* 0.2 ***door, van God verlaten.***
gottvoll ⟨inf.⟩ 0.1 ***kostelijk, schitterend, amusant.***
Götze ⟨m.; ~n, ~n⟩ 0.1 ***afgod*** ⟨ook fig.⟩ 0.2 ***afgodsbeeld.***
Götzenbild ⟨o.⟩ 0.1 ***afgodsbeeld.***
Götzendiener ⟨m.⟩ 0.1 ***afgodendienaar*** ⟨ook fig.⟩.
Götzendienst ⟨m.⟩ 0.1 ***afgodendienst, afgoderij*** ⇒⟨fig.⟩ *verafgoding* ◆ 3.1 mit etwas, jmdm. ~ treiben *iets, iem. verafgoden.*
Gouache ⟨v.; ~, ~n⟩⟨Oostr. en vaktaal⟩ →**Guasch.**
Gouda ⟨m.; ~s, ~s⟩ 0.1 ***Goudse kaas.***
Goulasch ⟨o.⟩ →**Gulasch.**
Gouvernante ⟨v.; ~, ~n⟩ 0.1 ⟨vero.⟩ ***gouvernante*** 0.2 ⟨iron.⟩ ***schooljuf.***
Gouvernement ⟨o.; ~s, ~s⟩ 0.1 ***gouvernement.***
Gouverneur ⟨m.; ~s, ~e⟩ 0.1 ***gouverneur*** ⟨ook mil.⟩.

Grab ⟨o.; ~(e)s, ¨~er⟩ 0.1 ***graf*** ⇒*einde, dood* ⟨ook fig.⟩ ◆ 2.1 ⟨schr.⟩ ein feuchtes, nasses ~ *een graf in de golven, zeemansgraf* 3.1 ⟨fig.⟩ damit habe ich mir selbst mein ~ gegraben, geschaufelt *daarmee heb ik mijn eigen graf gegraven* 6.1 bis **ans** ~, bis **ins** ~, bis **über** das ~ hinaus *tot in de dood, tot aan gene zijde van het graf;* ⟨fig.⟩ jmdn. **ins** ~ bringen *iem. ten grave slepen, iemands ondergang betekenen;* ⟨fig.⟩ **ins** ~ sinken *ten grave dalen, overlijden;* **zu** ~e tragen *ten grave dragen;* seine Hoffnungen **zu** ~e tragen *de hoop opgeven.*
Grabbeigabe ⟨v.⟩⟨gesch.⟩ 0.1 ***grafgift.***
grabbeln ⟨vooral Ndd.⟩ 0.1 ***grabbelen*** ⇒*graaien, woelen.*
graben ⟨→t56⟩ **I** ⟨ov. & onov.ww.⟩ 0.1 ***graven*** ⇒*uitgraven, spitten, scheppen, delven, opgravingen doen* ◆ 6.1 ⟨inf.⟩ etwas **aus** seiner Tasche ~ *iets diep uit zijn zak te voorschijn halen;* die Hände **in** die Taschen ~ *zijn handen diep in zijn zakken steken;*
II ⟨ov.ww.⟩ 0.1 ***graveren*** ⇒*prenten,* ⟨fig.⟩ *griffen;*
III sich ~ ⟨wk.ww.⟩ 0.1 ***(zich) boren*** ⇒*graven* ◆ 6.1 das hat sich mir **ins** Gedächtnis gegraben *dat staat in mijn geheugen gegrift.* →**Grube.**
Graben ⟨m.; ~s, ¨~⟩ 0.1 ***sloot, greppel*** ⟨droge sloot⟩ 0.2 ***gracht*** 0.3 ⟨fig.⟩ ***kloof*** ⇒*afstand* 0.4 ⟨mil.⟩ ***loopgraaf*** 0.5 ⟨geol.⟩ ***slenk*** ⇒*langgerekte kloof* ◆ 3.1 einen ~ ausheben, ziehen *een sloot graven;* ⟨sp.⟩ einen ~ nehmen *een sloot nemen, over een sloot springen.*
Grabenbruch ⟨m.⟩ 0.1 ***geologische breuklijn*** ⇒*slenk.*
Grabenkrieg ⟨m.⟩ 0.1 ***loopgravenoorlog.***
Gräberfeld ⟨o.⟩ 0.1 ***dodenakker, begraafplaats.***
Grabesrand ⟨m.⟩⟨schr.; fig.⟩ ◆ 6.¶ **am** ~ stehen *met één been in het graf staan.*
Grabesruhe ⟨v.⟩ 0.1 ***eeuwige rust (als in een graf).***
Grabesstille ⟨v.⟩ 0.1 ***doodse stilte, grafstilte.***
Grabesstimme ⟨v.⟩⟨inf.⟩ 0.1 ***grafstem.***
Grabgeläut(e) ⟨o.⟩ 0.1 ***(gelui v.d.) doodsklok.***
Grabgeleit ⟨o.⟩⟨schr.⟩ 0.1 ***lijkstoet.***
Grabgesang ⟨m.⟩ 0.1 ***graf-, lijkzang*** 0.2 ⟨fig.⟩ ***einde, ondergang.***
Grabgewölbe ⟨o.⟩ 0.1 ***grafgewelf*** ⇒*grafkelder.*
Grabhügel ⟨m.⟩ 0.1 ***grafheuvel, -terp.***
Grablegung ⟨v.; ~, ~en⟩ 0.1 ***begrafenis, teraardebestelling*** 0.2 ***graflegging*** ⟨van Christus⟩.
Grabmal ⟨o.; mv. ¨~er; schr. ook ~e⟩ 0.1 ***grafmonument.***
Grabplatte ⟨v.⟩ 0.1 ***grafplaat, -steen*** 0.2 ***epitaaf.***
Grabrede ⟨v.⟩ 0.1 ***graf-, lijkrede.***
Grabschändung ⟨v.⟩ 0.1 ***grafschennis.***
grabschen →**grapschen.**
Grabspruch ⟨m.⟩ 0.1 ***grafschrift.***
Grabstätte ⟨v.⟩ 0.1 ***grafste(d)e.***
Grabstein ⟨m.⟩ 0.1 ***grafsteen, (graf)zerk.***
Grabstichel ⟨m.⟩ 0.1 ***graveerijzer, -stift.***
Grabung ⟨v.; ~, ~en⟩ 0.1 ***het graven, graafwerk*** 0.2 ***opgraving.***
Grabwerkzeug ⟨o.⟩ 0.1 ***graafinstrument*** ⇒⟨biol.⟩ *graafklauw, -nagel, -poot.*
Gracht ⟨v.; ~, ~en⟩ 0.1 ***gracht.***
grad ⟨inf.⟩ →**gerade**[2].
grad. ⟨afk.⟩ [graduiert].
Grad ⟨m.; ~(e)s, ~e⟩ 0.1 ***graad*** ⇒*rang, titel, trap* ◆ 1.1 zehn ~ Kälte, Wärme *tien graden onder, boven nul* 2.1 ⟨wisk.⟩ eine Gleichung dritten ~es *een derdegraadsvergelijking;* ersten ~es *van de eerste graad,* ⟨fig. vooral⟩ *van de eerste orde;* ein Verwandter zweiten ~es *een bloedverwant in de tweede graad* 6.1 ein Offizier **im** ~ eines Obersten *een officier met de rang van kolonel;* **in** gering(er)em ~e *in minde-*

re mate; **um** einen ~ dunkler *ietsje donkerder;* ⟨fig.⟩ sich **um** hundertachtzig ~ drehen *het roer omgooien, overstag gaan;* bis **zu** einem gewissen ~e *tot op zekere hoogte.*

Gradation ⟨v.; ~, ~en⟩ **0.1** ***gradatie*** ⟨ook lit.⟩ **0.2** ***graadverdeling.***

Gradbogen ⟨m.⟩ **0.1** ***graad-, gradenboog.***

grade ⟨inf.⟩ →**gerade**[2].

Gradeinteilung ⟨v.⟩ **0.1** ***graadverdeling, schaal.***

gradieren **0.1** ***gradueren, in graden verdelen*** **0.2** ***trapsgewijze indelen*** **0.3** ***graderen, het gehalte verhogen.***

Gradierwerk ⟨o.⟩ **0.1** ***gradeerhuis.***

Gradmesser ⟨m.⟩⟨fig.⟩ **0.1** ***graadmeter*** ⇒*maatstaf.*

graduell **0.1** ***gradueel*** ⇒*trapsgewijze.*

graduieren **0.1** ***gradueren*** ⇒*in graden indelen, een (academische, universitaire) graad verlenen.*

Gradunterschied ⟨m.⟩ **0.1** ***gradueel verschil.***

gradweise **0.1** ***trapsgewijze*** ⇒*gradueel.*

Graf ⟨m.; ~en, ~en⟩ **0.1** ***graaf.***

Grafik ⟨v.⟩ →**Graphik.**

Grafikkarte ⟨v.⟩⟨comp.⟩ **0.1** ***grafische kaart.***

gräflich **0.1** ***grafelijk*** **0.2** ***als een graaf*** ⇒*vorstelijk.*

Grafschaft ⟨v.; ~, ~en⟩ **0.1** ***graafschap.***

Gral ⟨m.; ~(e)s⟩⟨gesch.⟩ **0.1** ***graal.***

Gralsburg ⟨v.⟩ **0.1** ***graalburcht.***

Gralshüter ⟨m.⟩ **0.1** ***bewaker v.d. graal.***

gram ⟨schr.⟩ ◆ **3.¶** jmdm. ~ sein *boos op iem. zijn.*

Gram ⟨m.; ~(e)s⟩⟨schr.⟩ **0.1** ***smart, leed, verdriet.***

grämen ⟨schr.⟩ **I** ⟨ov.ww.⟩ **0.1** ***verdrieten*** ◆ **5.1** ⟨scherts.⟩ das soll mich nicht ~ *dat kan me weinig schelen;* **II sich** ~ ⟨wk.ww.⟩ **0.1** ***treuren*** ⇒*kniezen, verdriet hebben* ◆ **6.1** sich **zu** Tode ~ *zich doodkniezen.*

gram|erfüllt, -gebeugt **0.1** ***diepbedroefd, inverdrietig.***

grämlich ⟨schr.⟩ **0.1** ***nors, korzelig, stuurs*** ⇒*nurks.*

Gramm ⟨o.; ~(e)s, ~e⟩ **0.1** ***gram.***

Grammatik ⟨v.; ~, ~en⟩ **0.1** ***grammatica, spraakkunst.***

grammatikalisch **0.1** ***grammaticaal.***

Grammatiker ⟨m.; ~s, ~⟩ **0.1** ***grammaticus.***

grammatisch **0.1** ***grammaticaal.***

Grammatom ⟨o.⟩ **0.1** ***gramatoom.***

Grammophon ⟨o.; ~s, ~e⟩⟨vero.⟩ **0.1** ***grammofoon.***

gramvoll **0.1** ***(diep)bedroefd, (zeer) verdrietig.***

Gran ⟨o.; ~(e)s, ~e⟩ **0.1** ***grein*** ⟨oude gewichtseenheid⟩ ⇒ ⟨fig.⟩ *greintje, vleugje.*

Grän ⟨o.; ~(e)s, ~e⟩ **0.1** ***grein*** ⟨oude gewichtseenheid⟩.

Granat[1] ⟨m.; ~(e)s, ~e⟩⟨biol.⟩ **0.1** ***gewone garnaal.***

Granat[2] ⟨m.; ~(e)s, ~e; Oostr. ~en, ~en⟩ **0.1** ***granaat(steen).***

Granatapfel ⟨m.⟩ **0.1** ***granaat(appel).***

Granate ⟨v.⟩ **0.1** ***granaat*** **0.2** ⟨sp.⟩ ***keihard schot, loeier.***

granatenvoll ⟨inf.⟩ **0.1** ***dronken als een kanon, stomdronken.***

Granatsplitter ⟨m.⟩ **0.1** ***granaatscherf, -splinter.***

Grand ⟨m.; ~(e)s, ~e⟩⟨kaartspel⟩ **0.1** ⟨hoogste spel bij skaat⟩.

Grande ⟨m.; ~n, ~n⟩ **0.1** ***grande*** ⟨Spaanse adelstitel⟩.

grandios **0.1** ***grandioos, groots, geweldig.***

granieren **0.1** ***korrelen, tot korrels fijnmaken*** **0.2** ***grein(er)en*** ⇒*korrelen.*

Granit ⟨m.; ~(e)s, ~e⟩ **0.1** ***graniet(steen)*** ◆ **6.1** ⟨inf.; fig.⟩ bei jmdm. **auf** ~ beißen *op iemands onwrikbare tegenstand stuiten,* ⟨ook⟩ *bij iem. bot vangen.*

graniten **0.1** ***granieten, van graniet*** **0.2** ⟨schr.⟩ ***hard als graniet*** ⇒⟨fig.⟩ *kei-, bikkelhard.*

Granitfels(en) ⟨m.⟩ **0.1** ***granietrots, rots van graniet.***

Granne ⟨v.; ~, ~n⟩ **0.1** ⟨plantk.⟩ ***naald, baard*** ⇒*kafnaald* **0.2** ⟨biol.⟩ ***bovenhaar*** ⟨v.e. pels⟩.

grannig ⟨plantk.⟩ **0.1** ***genaald*** ⇒*gebaard, stekelig.*

granteln ⟨Zdd., Oostr.⟩ **0.1** ***mopperen, knorren.***

grantig ⟨Zdd., Oostr.⟩ **0.1** ***chagrijnig, nors.***

granulieren **0.1** ***granuleren.***

Grapefruit ⟨v.; ~, ~s⟩ **0.1** ***grapefruit*** ⇒*pompelmoes.*

Graphie ⟨v.; ~, ~n⟩⟨taal.⟩ **0.1** ***grafie, schrijfwijze.***

Graphik ⟨v.; ~, ~en⟩ **0.1** ***grafisch (kunst)werk*** **0.2** ***grafiek*** ◆ **1.1** die ~en eines Künstlers *de grafische werken van een kunstenaar* **1.2** ein Meister der ~ *een meester in de grafische kunst.*

Graphiker ⟨m.; ~s, ~⟩ **0.1** ***graficus, grafisch kunstenaar.***

graphisch **0.1** ***grafisch.***

Graphit ⟨m.; ~(e)s, ~e⟩ **0.1** ***grafiet.***

Graphologe ⟨m.; ~n, ~n⟩ **0.1** ***grafoloog*** ⇒*schriftkundige.*

grapschen **0.1** ***grijpen, graaien*** ⇒*grissen, grabbelen.*

grapsen **0.1** ⟨Ndd.⟩ ***grijpen, graaien, grissen*** ⇒*grabbelen* **0.2** ⟨Oostr.; inf.⟩ ***gappen, jatten.***

Gras ⟨o.; ~es, ¨~er⟩ **0.1** ***gras*** **0.2** ⟨inf.⟩ ***stuff*** ⇒*marihuana* ◆ **3.¶** wo er hinhaut, da wächst kein ~ mehr! *als hij toeslaat, is het raak!;* darüber ist längst ~ gewachsen *dat is allang vergeten, allang in het vergeetboek geraakt;* ⟨inf.⟩ das ~ wachsen hören *het gras horen groeien;* über eine Sache ~ wachsen lassen *ergens gras over laten groeien* **6.1** ⟨fig.⟩ **ins** ~ beißen *in het gras, zand bijten;* ⟨fig.⟩ das ~ **von** unten besehen, betrachten *de wereld van de andere kant bekijken* ⟨vanuit het graf⟩.

Grasboden ⟨m.⟩ **0.1** ***grasgrond, -land.***

Grasbutter ⟨v.⟩ **0.1** ***grasboter.***

Grasdecke ⟨v.⟩ **0.1** ***grasmat.***

Grasebene ⟨v.⟩ **0.1** ***grasvlakte.***

grasen **0.1** ***grazen, weiden*** **0.2** ⟨inf.⟩ ***(alles) afzoeken*** ⇒*zitten zoeken.*

Grasfleck ⟨m.⟩ **0.1** ***grasveld(je), -perk*** **0.2** ***groene vlek.***

Grasfrosch ⟨m.⟩ **0.1** ***bruine kikvors, landkikvors.***

grasgrün **0.1** ***grasgroen.***

Grashalm ⟨m.⟩ **0.1** ***grassprietje, -halm.***

Grashüpfer ⟨m.⟩⟨inf.⟩ **0.1** ***sprinkhaan.***

grasig **0.1** ***met (welig) gras begroeid, grazig*** ⇒*grasrijk* **0.2** ***grasachtig.***

Grasland ⟨o.⟩ **0.1** ***gras-, weiland*** ⇒*weidegrond.*

Grasmäher ⟨m.⟩ **0.1** ***grasmaaier, -maaimachine.***

Grasmücke ⟨v.⟩ **0.1** ***grasmus.***

Grasnarbe ⟨v.⟩ **0.1** ***grasnerf, -vilt.***

Grasplatz ⟨m.⟩ **0.1** ***grasveld.***

Grassamen ⟨m.⟩ **0.1** ***graszaad(je).***

grassieren **0.1** ***woeden, heersen*** ⇒*om zich heen grijpen.*

gräßlich **0.1** ***afgrijselijk, afschuwelijk*** ⇒*gruwelijk, vreselijk* ◆ **5.1** ~ viel *ontzettend, akelig veel.*

Graswirtschaft ⟨v.⟩ **0.1** ***gras-, weidebouw, weidebedrijf.***

Grat ⟨m.; ~(e)s, ~e⟩ **0.1** ***graat, (berg)kam*** **0.2** ⟨amb., tech.⟩ ***braam, baard (v.e. mes)*** ⇒*graat* **0.3** ⟨bouwk.⟩ ***graat*** ⇒ *hoek v.e. dak* **0.4** ⟨ind.⟩ ***keperstreep.***

Gräte ⟨v.; ~, ~n⟩ **0.1** ***(vis)graat*** **0.2** ⟨inf.⟩ ***bot, been*** ⇒*knook* ◆ **3.2** sich ⟨3e nv.⟩ die ~n brechen *zijn benen breken* **6.2** nur noch **in** den ~n hängen (a) *vel over been zijn* (b) *bekaf, doodop zijn* **6.¶** ⟨inf.⟩ ~n **im** Gesicht haben *een baard van 3 dagen hebben.*

grätenlos **0.1** ***zonder graat(jes), graten.***

Grätenschritt ⟨m.⟩⟨skiën⟩ **0.1** ***visgraatgang.***

Gratias ⟨o.; ~, ~⟩⟨rel.⟩ **0.1** ***gratias*** ⇒*dankgebed.*

Gratifikation ⟨v.; ~, ~en⟩ **0.1** ***gratificatie*** ⇒*toelage, bonus.*

grätig **0.1** ***grat(er)ig, met veel graten*** **0.2** ⟨inf.; fig.⟩ ***kregelig, knorrig*** ⇒*chagrijnig, nors.*

gratinieren ⟨cul.⟩ **0.1** ***gratineren.***

gratis **0.1** ***gratis*** ⇒*kosteloos* ◆ **1.1** Eintritt ~! *gratis entree!, toegang vrij!* **8.1** ⟨inf.⟩ ~ und franko *helemaal voor niets.*

Gratisaktie ⟨v.⟩ **0.1** ***bonusaandeel.***
Gratisprobe ⟨v.⟩ **0.1** ***gratis monster.***
Grätsche ⟨v.; ~, ~n⟩ **0.1** ***spreidsprong*** ⇒*sprong over bok, kast, paard* **0.2** ***spreidstand*** **0.3** ⟨voetbal⟩ ***tackle, sliding.***
grätschen I ⟨onov.ww.⟩ **0.1** ***met (de) spreidsprong, gespreide benen springen;***
II ⟨ov.ww.⟩ **0.1** ***spreiden*** ⟨v.d. benen⟩.
Grätschstellung ⟨v.⟩ **0.1** ***spreidstand.***
Gratulant ⟨m.; ~en, ~en⟩ **0.1** ***gelukwenser, iem. die komt feliciteren.***
Gratulation ⟨v.; ~, ~en⟩ **0.1** ***felicitatie, gelukwens*** **0.2** ***het feliciteren, gelukwensen.***
Gratulationscour ⟨v.⟩ **0.1** ***(officiële) receptie.***
Gratulationsschreiben ⟨o.⟩ **0.1** ***schriftelijke felicitatie.***
gratulieren ⟨met 3e nv.⟩ **0.1** ***feliciteren, gelukwensen*** ◆ **3.1** du kannst dir ~, daß *je mag van geluk spreken dat;* ⟨iron.⟩ wenn du das gemacht hast, dann kannst du dir ~! *als je dat gedaan hebt, dan ben je nog niet jarig!* **4.1** (ich) gratuliere! *proficiat!, wel gefeliciteerd!* **6.1** jmdm. **zum** Geburtstag ~ *iem. met zijn verjaardag feliciteren.*
Gratwanderung ⟨v.⟩ **0.1** ***tocht over een bergkam*** ◆ **6.¶** ⟨fig.⟩ sich **auf** einer ~ befinden *op de rand van de afgrond balanceren.*
grau 0.1 ***grijs*** ⇒*grauw* ⟨vooral fig.⟩, ⟨fig. ook⟩ *somber, saai, beroerd* **0.2** ***grijs, officieus*** ⇒*semi-officieel* ◆ **6.1** sie wurde ~ **im** Gesicht *ze trok wit weg, kreeg een grauwe kleur;* ~ **in** ~ *helemaal grijs;* alles ~ **in** ~ malen ⟨fig.⟩ *alles even somber afschilderen* **8.1** blau und ~ kariert *blauwgrijs geruit.*
Grau ⟨o.; ~s; inf. mv. ~s⟩ **0.1** ***grijsheid*** ⇒*grauwheid, grijze, grauwe kleur, somberheid, troosteloosheid* ◆ **1.1** das ~ des Alltags *de alledaagse sleur;* das ~ des Morgens *de grauwe, bleke morgenschemering* **6.1** ein Anzug **in** ~ *een grijs pak.*
Graubart ⟨m.⟩⟨inf.⟩ **0.1** ***grijsaard.***
Graubrot ⟨o.⟩⟨reg.⟩ **0.1** ***soort tarwe-roggebrood.***
Grauchen ⟨o.; ~s, ~⟩⟨inf.⟩ **0.1** ***grauwtje*** ⟨ezel⟩.
Gräuel ⟨m.⟩⟨nw.spel.⟩ →**Greuel.**
grauen I ⟨onov.ww.⟩ **0.1** ⟨schr.⟩ ***grijzen, dagen, schemeren*** **0.2** ⟨zelden⟩ ***grijs worden, (ver)grijzen*** ◆ **1.1** es graut der Morgen *langzaam grijst de dageraad;* beim ersten Grauen des Tages *bij het eerste ochtendgloren;*
II sich ~ ⟨wk.ww.⟩⟨zelden⟩ **0.1** ***gruwen, huiveren, ijzen*** ◆ **6.1** ich graue mich **vor** einer Sache *ik huiver van, voor iets, ik griezel van iets;*
III ⟨onp.ww.⟩ **0.1** ***gruwen, huiveren, ijzen*** ⇒*griezelen* ◆ **6.1** mir, ⟨soms⟩ mich graut **bei** diesem Gedanken *deze gedachte doet mij ijzen;* mir, ⟨soms⟩ mich graut (es) **vor** einer Sache, jmdm. *ik huiver van, voor iets, van iem., ik griezel van iets, iem.*
Grauen ⟨o.; ~s, ~⟩ **0.1** ***gruwel(daad), schrikbeeld*** **0.2** ***afgrijzen, huivering, afschuw*** ◆ **1.2** ein Bild des ~s *een vreselijke aanblik.*
grauen|erregend, -haft, -voll 0.1 ***afgrijselijk, huiveringwekkend, ijzingwekkend*** ⇒⟨inf.⟩ *afschuwelijk.*
Grauerle ⟨v.⟩ **0.1** ***grijze els.***
Graugans ⟨v.⟩ **0.1** ***grauwe, wilde gans.***
grauhaarig 0.1 ***met grijze haren, grijsharig.***
Graukopf ⟨m.⟩⟨inf.⟩ **0.1** ***grijsaard*** **0.2** ***grijze kop, grijs hoofd.***
graulen ⟨inf.⟩ **I** ⟨ov.ww.⟩ **0.1** ***(door snauwen, grauwen) wegpesten;***
II sich ~ ⟨wk.ww.⟩ **0.1** ***huiveren*** ⇒*griezelen, rillen, bang zijn* ◆ **6.1** ich graule mich **vor** jmdm. *ik griezel van iem.;*
III ⟨onp.ww.⟩ **0.1** ***huiveren*** ⇒*griezelen, rillen* ◆ **4.1** es grault mir, mich vor einer Sache, jmdm. *ik griezel van iets, iem.*
graulich[1] ⟨bn.⟩ **0.1** ***akelig, griezelig, eng*** ⇒*angstig.*
graulich[2], **gräulich** ⟨bn.⟩ **0.1** ***grijsachtig, grijzig.***
gräulich ⟨nw.spel.⟩ →**greulich.**
graumeliert 0.1 ***met grijs ertussen(door)*** ⇒*peper-en-zoutkleurig.*
Graupe ⟨v.; ~, ~n⟩ **0.1** ***(gepelde) gerstekorrel*** **0.2** ⟨alleen mv.⟩ ***(gepelde, geparelde) gerst, gort*** ⇒*grutten, grutjes* ◆ **6.¶** (große) ~n **im** Kopf haben *hoogvliegende ideeën hebben, vol onuitvoerbare plannen zitten.*
Graupel ⟨v.; ~, ~n⟩ **0.1** ***hagelkorrel, hageltje*** ⇒⟨mv. vooral⟩ *stofhagel.*
graupeln 0.1 ***fijn hagelen*** ⇒*stofhagelen.*
Graupelschauer ⟨m.⟩ **0.1** ***stofhagelbui.***
Graupensuppe ⟨v.⟩ **0.1** ***gerstesoep*** ⇒*gortepap, grutten.*
Graus ⟨m.; ~es⟩⟨vero.⟩ **0.1** ***afschuw, ontzetting*** ⇒*verschrikking* **0.2** ⟨inf.⟩ ***verschrikking, gruwel*** ◆ **9.2** o ~! *o gruwel!*
grausam 0.1 ***wreed(aardig)*** ⇒*onmenselijk, meedogenloos* **0.2** ***bar*** ⇒*bitter, wreed* **0.3** ⟨inf.⟩ ***vreselijk*** ⇒*verschrikkelijk* ◆ **1.2** ~es Wetter *bar, boos weer* **3.3** das ist ja ~! *dat is gewoonweg verschrikkelijk!* **6.1** ~ **gegen** jmdn., **zu** jmdm. sein *iem. wreed behandelen.*
Grausamkeit ⟨v.; ~, ~en⟩ **0.1** ***wreedheid, wrede daad*** ⇒ *barbaarsheid.*
Grauschimmel ⟨m.⟩ **0.1** ***grauwschimmel*** ⟨paard⟩.
Grauschleier ⟨m.⟩ **0.1** ***grauw waas, grauwe sluier.***
grausen 0.1 ***huiveren, ijzen*** ⇒*griezelen* ◆ **4.1** mir, ⟨zelden⟩ mich graust (es) vor einer Sache, jmdm. *ik huiver van iets, iem.*
Grausen ⟨o.; ~s⟩ **0.1** ***huivering, afgrijzen*** ◆ **1.1** ein Bild des ~s *een vreselijke, ijzingwekkende aanblik* **2.1** ⟨inf.⟩ da kann man das große ~ kriegen *daar word je helemaal koud van.*
grausig 0.1 ***huiveringwekkend, afschuwelijk*** ⇒*afgrijselijk* **0.2** ***verschrikkelijk*** ⇒*vreselijk.*
Grautier ⟨o.⟩⟨inf.; scherts.⟩ **0.1** ***grauwtje*** ⟨ezel⟩ **0.2** ***muildier.***
Grauton ⟨m.⟩ **0.1** ***grijze kleur*** ⇒*grijze tint.*
Grauwerk ⟨o.⟩ **0.1** ***petit-gris*** ⟨eekhoornbont⟩.
Grauzone ⟨v.⟩ **0.1** ***grijs gebied, schemerzone, officieuze sfeer.***
Graveur ⟨m.; ~s, ~e⟩ **0.1** ***graveur, graveerder.***
Gravierarbeit ⟨v.⟩ **0.1** ***het graveren*** **0.2** ***gegraveerd voorwerp, gravering, graveersel.***
gravieren 0.1 ***graveren.***
gravierend 0.1 ***belastend, verzwarend*** **0.2** ***ernstig*** ⇒ *zwaarwegend.*
Graviernadel ⟨v.⟩ **0.1** ***graveerstift, graveer-, etsnaald.***
Gravität ⟨v.; ~⟩⟨vero.; nog iron.⟩ **0.1** ***plechtstatigheid, graviteit, waardigheid*** ⇒*deftigheid.*
Gravitation ⟨v.; ~⟩ **0.1** ***gravitatie, aantrekkings-, zwaartekracht.***
Gravitationsgesetz ⟨o.⟩ **0.1** ***gravitatiewet, wet v.d. zwaartekracht.***
gravitätisch 0.1 ***plechtstatig, waardig*** ⇒*deftig, statig.*
gravitieren 0.1 ***graviteren*** ⇒*zich richten op,* ⟨schr.; fig. ook⟩ *neigen, overhellen.*
Gravüre ⟨v.; ~, ~n⟩ **0.1** ***gravure.***
Grazie ⟨v.; ~, ~n⟩ **0.1** ***gratie*** ⇒*bevalligheid* **0.2** ***schoonheid, bevallige verschijning*** ⇒*engel* ◆ **6.1** **mit** ~ *sierlijk, gracieus, met bevalligheid.*
grazil 0.1 ***graciel, tenger, sierlijk*** ⇒*teer.*
graziös 0.1 ***gracieus, sierlijk, bevallig.***
gregorianisch 0.1 ***gregoriaans*** ◆ **1.1** Gregorianischer Gesang *gregoriaanse muziek.*

Greif ⟨m.; ~(e)s of ~en, ~e(n)⟩ **0.1** ***grijp(vogel), griffioen*** **0.2** ***roofvogel.***

Greifbagger ⟨m.⟩ **0.1** ***graafmachine*** ⇒*excavateur, dragline.*

greifbar **0.1** ***tastbaar*** ⇒*grijpbaar,* ⟨fig.⟩ *duidelijk, concreet* **0.2** ***disponibel*** ⇒*voorradig, (direct) leverbaar, beschikbaar* ◆ **2.1** ~ nahe *tastbaar nabij, vlak bij* **3.1** der Direktor war nicht ~ *de directeur was niet te bereiken;* Papiere ~ haben *documenten bij de hand hebben.*

greifen ⟨→t57⟩ **0.1** ***grijpen, pakken, vatten*** ⇒*tasten, in de kraag grijpen,* ⟨fig.⟩ *effect sorteren* ◆ **1.1** ⟨fig.⟩ dieses Argument greift nicht mehr *dit argument slaat, spreekt niet meer aan;* die Bremsen ~ nicht *de remmen pakken niet* **3.1** Greifen spielen *vangertje, krijgertje spelen* **5.1** das ist zu hoch gegriffen (a) *dat is te hoog geschat, geraamd* (b) ⟨fig.⟩ *dat is te hoog gemikt* **6.1** ich griff mir **an** den Hals *ik greep naar mijn keel, hals;* **an** seinen Hut ~ *naar zijn hoed grijpen;* ⟨sp.⟩ **hinter** sich ~ müssen *de bal uit het net moeten vissen;* eins greift **ins** andere *het een houdt verband met het ander;* **nach** seinem Mantel ~ *zijn jas pakken, grijpen;* im Dunkeln **um** sich ~ *in het duister rondtasten;* das Feuer griff **um** sich *het vuur greep om zich heen;* **zu** einer List ~ *zijn toevlucht nemen tot een list;* **zu** den Waffen ~ *naar de wapens grijpen;* **zum** Greifen nahe (a) *vlak bij* (b) ⟨fig.⟩ *binnen het bereik (der mogelijkheden), de verwezenlijking nabij.*

Greifer ⟨m.; ~s, ~⟩⟨tech.⟩ **0.1** ***grijper*** ⇒*klauw, bak.*

Greifvogel ⟨m.⟩ **0.1** ***roofvogel.***

Greifzange ⟨v.⟩ **0.1** ***tang.***

Greifzirkel ⟨m.⟩ **0.1** ***diktepasser.***

greinen ⟨inf.⟩ **0.1** ***grienen, huilen*** **0.2** ***weeklagen, jammeren.***

greis ⟨schr.⟩ **0.1** ***bejaard, oud*** ⇒*grijs.*

Greis ⟨m.; ~es, ~e⟩ **0.1** ***grijsaard*** ⇒*oude man.*

Greisenalter ⟨o.⟩ **0.1** ***hoge leeftijd, (hoge) ouderdom.***

greisenhaft **0.1** ***seniel*** ⇒*stokoud* **0.2** ***ouwelijk.***

Greisin ⟨v.; ~, ~nen⟩ **0.1** ***oude, bejaarde vrouw.***

grell **0.1** ***schel, schril, fel*** ⇒*doordringend, verblindend.*

Grelle ⟨v.; ~⟩ **0.1** ***schel-, schrilheid*** ⇒*felheid.*

grellweiß **0.1** ***fel wit*** ⇒*spierwit.*

Gremium ⟨o.; ~s, Gremien⟩ **0.1** ***commissie, comité*** ⇒*raad, college.*

Grenadier ⟨m.; ~s, ~e⟩ **0.1** ***grenadier.***

Grenadine ⟨v.; ~⟩ **0.1** ***grenadine.***

Grenzabfertigung ⟨v.⟩ **0.1** ***grens-, douanecontrole*** **0.2** ***in-, uitklaring.***

Grenzabschnitt ⟨m.⟩⟨mil.⟩ **0.1** ***grenssector.***

Grenzbaum ⟨m.⟩ **0.1** ***grensboom, boom als grensmarkering*** **0.2** ***slagboom (aan de grens)*** ⇒*tolboom.*

Grenzbeamte(r) ⟨bn. als zn.; m.⟩ **0.1** ***douanier.***

Grenzbefestigung ⟨v.⟩⟨mil.⟩ **0.1** ***grensversterking.***

Grenzbereich ⟨m.⟩ **0.1** ***grensstreek, -gebied*** **0.2** ⟨fig.⟩ ***maximum, grens.***

Grenzberichtigung ⟨v.⟩ **0.1** ***grenscorrectie.***

Grenzbezirk ⟨m.⟩ **0.1** ***grensdistrict.***

Grenze ⟨v.; ~, ~n⟩ **0.1** ***grens*** ⟨ook fig.⟩ ⇒*begrenzing, grensovergang* ◆ **2.1** die grüne ~ *de groene grens;* über die grüne ~ gehen *illegaal de grens overgaan* **3.1** ⟨fig.⟩ seine ~n beachten, wahren *zijn grenzen kennen;* ⟨fig.⟩ die ~n einhalten *binnen de perken blijven;* ⟨fig.⟩ einer Sache ~n setzen *aan iets paal en perk stellen;* jmdm. sind ~n gesetzt *iem. heeft zijn grenzen* **6.1** ⟨fig.⟩ hart **an** der ~ der Legalität *op het randje van de legaliteit;* ⟨fig.⟩ **bis zur** äußersten ~ gehen *tot het uiterste gaan;* ⟨fig.⟩ sich **in** ~n bewegen, halten *binnen de perken blijven;* ⟨fig.⟩ jmdn. **in** seine ~n verweisen *iem. terechtwijzen;* ⟨fig.⟩ **ohne** ~n sein *geen grenzen kennen, grenzeloos zijn.*

grenzen **0.1** ***grenzen*** ⟨ook fig.⟩ ◆ **6.1** das grenzt **ans** Unmögliche *dat grenst aan het onmogelijke.*

grenzenlos **0.1** ***grenzeloos*** ⟨ook fig.⟩, ***onbegrensd*** ⇒*onmetelijk.*

Grenzer ⟨m.; ~s, ~⟩⟨inf.⟩ **0.1** ***douanebeambte, grenswacht*** **0.2** ***grensbewoner.***

Grenzfall ⟨m.⟩ **0.1** ***grensgeval*** ⇒*probleemgeval.*

Grenzfluß ⟨m.⟩ **0.1** ***grensrivier.***

Grenzfrage ⟨v.⟩ **0.1** ***grensprobleem*** ⟨ook fig.⟩.

Grenzgänger ⟨m.⟩ **0.1** ***grensganger*** ⇒*grensarbeider.*

Grenzkontrollpunkt ⟨m.⟩ **0.1** ***grens-, controlepost.***

Grenzland ⟨o.⟩ **0.1** ***grensstreek, -gebied.***

Grenzlinie ⟨v.⟩ **0.1** ⟨vero.⟩ ***grens(lijn), scheiding(slijn)*** **0.2** ⟨sp.⟩ ***buitenlijn*** ⇒*(zij)lijn.*

grenznah **0.1** ***vlak bij de grens (liggend)*** ⇒*in de buurt v.d. grens.*

Grenzposten ⟨m.⟩ **0.1** ***grenswacht, -bewaker.***

Grenzschutz ⟨m.⟩ **0.1** ***grensbewaking*** ⇒*grensbeveiliging* **0.2** ***grenswacht, -politie*** **0.3** ⟨inf.⟩ ***Duitse grenspolitie.***

Grenzsperre ⟨v.⟩ **0.1** ***grensversperring*** **0.2** ***grensafsluiting, (af)sluiting v.d. grens, grenzen.***

Grenzstreitigkeit ⟨v.⟩ **0.1** ***grensgeschil, -conflict.***

Grenzübergang ⟨m.⟩ **0.1** ***grenspost, grensovergang*** **0.2** ***het passeren v.d. grens, grensoverschrijding.***

Grenzübertritt ⟨m.⟩ **0.1** ***grensoverschrijding, het passeren v.d. grens.***

Grenzverkehr ⟨m.⟩ **0.1** ***grensverkeer*** ◆ **2.1** kleiner ~ *grensverkeer voor grensbewoners, tussen grensgebieden.*

Grenzverletzung ⟨v.⟩ **0.1** ***grensschending.***

Grenzwert ⟨m.⟩ **0.1** ***grenswaarde*** ⟨ook wisk.⟩.

Grenzzwischenfall ⟨m.⟩ **0.1** ***grensincident.***

Gretchenfrage ⟨v.⟩ **0.1** ***netelige vraag*** ⇒*gewetensvraag* **0.2** ⟨fig.⟩ ***hamvraag.***

Greuel ⟨m.; ~s, ~⟩ **0.1** ***gruwel*** ⇒*afschuw, afgrijzen, walging* **0.2** ***gruwel(daad), verschrikking*** ◆ **3.1** das ist mir ein ~ *ik vind dat afschuwelijk;* er ist mir ein ~ *ik gruw(el) van hem.*

Greuelmärchen ⟨o.⟩ **0.1** ***gruwelsprookje.***

Greuel|meldung, -nachricht ⟨v.⟩ **0.1** ***gruwelijk, afgrijselijk bericht.***

Greueltat ⟨v.⟩ **0.1** ***gruweldaad.***

greulich **0.1** ***gruwelijk, afschuwelijk, afgrijselijk.***

Greyerzer ⟨m.; ~s, ~⟩ **0.1** ***gruyèrekaas.***

Griebe ⟨v.; ~, ~n⟩ **0.1** ***kaan(tje)*** **0.2** ⟨reg.⟩ ***uitslag*** ⇒*herpes.*

Grieche ⟨m.; ~n, ~n⟩ **0.1** ***Griek.***

Griechenland ⟨o.; ~s⟩ **0.1** ***Griekenland.***

Griechentum ⟨o.; ~s⟩ **0.1** ***hellenisme, Griekse cultuur en beschaving*** **0.2** ***Griekse volksaard.***

griechisch **0.1** ***Grieks*** ⇒*Helleens.*

grienen ⟨Ndd.⟩ **0.1** ***grijnzen, grijnslachen.***

grieseln ⟨Ndd.⟩ **0.1** ***huiveren, rillen.***

Griesgram ⟨m.; ~(e)s, ~e⟩ **0.1** ***brompot, kniesoor*** ⇒*zuurpruim.*

griesgrämig **0.1** ***knorrig, brommerig*** ⇒*nurks.*

Grieß ⟨m.; ~es, ~e⟩ **0.1** ***gries(meel)*** **0.2** ***gruis*** **0.3** ***griesmeelpap.***

Grießbrei ⟨m.⟩ **0.1** ***griesmeelpap.***

grießeln **I** ⟨onov.ww.⟩ **0.1** ***korrelen, korrelig worden*** ⇒*kruimelen;*
II ⟨onp.ww.⟩ **0.1** ***hagelen.***

grießig **0.1** ***(fijn)korrelig*** ⇒*gruisachtig.*

Grießsuppe ⟨v.⟩ **0.1** ***griesmeelsoep.***

Griff ⟨m.; ~(e)s, ~e⟩ **0.1** ***handvat*** ⇒*knop, steel, hengsel,* *kruk, klink* ⟨v.e. deur⟩, *zwengel, oor, heft* ⟨v.e. mes⟩, *gevest* ⟨v.e. degen⟩, *hals* ⟨v.e. muziekinstrument⟩, *greep* ⟨v.e. pistool⟩ **0.2** ***(hand)greep*** ⇒⟨mil.⟩ *handgreep*, ⟨muz.⟩ *vingerzetting* **0.3** ⟨jacht⟩ ***klauw*** ◆ **2.2** einen falschen ~ tun *een verkeerde greep doen*, ⟨muz. ook⟩ *een verkeerde noot aanslaan;* einen glücklichen ~ haben *een gelukkige hand hebben;* mit etwas, jmdm. einen glücklichen, guten ~ tun *met iets, iem. een goede greep, keus doen;* mit wenigen ~en, mit einem ~ *in een handomdraai* **2.¶** das Gewebe hat einen weichen ~ *het weefsel voelt zacht aan* **3.2** alle ~e beherrschen *alle grepen kennen*, ⟨fig. ook⟩ *alle kneepjes kennen* **6.2** ⟨fig.⟩ etwas **im** ~ haben *iets beheersen, onder de knie hebben;* die Situation fest **im** ~ haben *de situatie (stevig) in de hand hebben;* etwas **in** den ~ bekommen, ⟨inf.⟩ kriegen *iets onder de knie krijgen;* jmdn. **in** den ~ bekommen *iem. in zijn greep krijgen, vat op iem. krijgen.*

griffbereit **0.1** ***klaar, gereed*** ⇒*voor het grijpen* ◆ **3.1** etwas ~ haben *iets bij de hand hebben.*

Griffbrett ⟨o.⟩⟨muz.⟩ **0.1** ***toets, greepplank*** ⟨v.e. snaarinstrument⟩.

Griffel ⟨m.; ~s, ~⟩ **0.1** ***griffel*** **0.2** ⟨plantk.⟩ ***stijl*** **0.3** ⟨inf.⟩ ***poot*** ⇒*fik.*

griffest **0.1** ***vast, stevig*** ⇒*met een stevig handvat, heft.*

griffig **0.1** ***goed in de hand liggend*** ⇒*handig, handzaam* **0.2** ***stroef, niet glad*** ⇒*met grip* **0.3** ***stevig, vast (aanvoelend)*** ⟨van weefsel⟩ **0.4** ***handig*** ⇒*goed klinkend* **0.5** ⟨vooral Oostr.⟩ ***grof (gemalen).***

Griffnähe ⟨v.⟩ ◆ **6.¶ in** ~ *binnen handbereik, voor het grijpen.*

Grill ⟨m.; ~s, ~s⟩ **0.1** ***grill*** ⇒*barbecue, vleesrooster, spit* **0.2** ***grille, radiateurscherm*** ◆ **6.1** Hähnchen **vom** ~ *kip van het spit, van de grill.*

Grillade ⟨v.; ~, ~n⟩ **0.1** ***gegrild (stuk) vlees, gegrilde vis.***

Grille ⟨v.; ~, ~n⟩ **0.1** ***hersenschim, spookbeeld*** **0.2** ***gril, nuk, kuur*** **0.3** ⟨biol.⟩ ***krekel*** ◆ **3.1** ⟨vero.⟩ ~n fangen *spoken zien, zwartkijken;* ⟨vero.⟩ jmdn. die ~n aus-, vertreiben, verjagen *iem. opkikkeren, opmonteren* **6.1** sich ⟨3e nv.⟩ ~n **in** den Kopf setzen *zich muizenissen in het hoofd halen.*

grillen I ⟨ov. & onov.ww.⟩ **0.1** ***grillen*** ⇒*barbecueën, grilleren;*
II sich ~ ⟨wk.ww.⟩ **0.1** ***zich bruin laten bakken*** ⟨in de zon⟩.

Grillenfänger ⟨m.⟩⟨vero.⟩ **0.1** ***zwartkijker, zwartgallig iem., iem. die spoken ziet.***

grillenhaft, grillig **0.1** ***grillig*** ⇒*humeurig, nukkig, zonderling.*

Grillparty ⟨v.⟩ **0.1** ***barbecue(feest, -partij).***

Grimasse ⟨v.; ~, ~n⟩ **0.1** ***grimas*** ⇒*grijns* ◆ **3.1** ~n machen, schneiden, ziehen *grimassen maken, bekkentrekken, (gekke, lelijke) gezichten trekken.*

Grimm ⟨m.; ~(e)s⟩⟨vero.; schr.⟩ **0.1** ***grimmigheid, gramschap, woede.***

Grimmdarm ⟨m.⟩ **0.1** ***karteldarm.***

grimmig **0.1** ***grimmig, nijdig*** ⇒*toornig, woedend* **0.2** ⟨fig.⟩ ***vreselijk, hevig, ontzettend*** ⇒*razend.*

Grind ⟨m.; ~(e)s, ~e⟩ **0.1** ***schurft*** ⟨ook plantk.⟩ **0.2** ⟨reg.⟩ ***korst*** ⟨op wond⟩.

grindig **0.1** ***schurftig*** ⇒*schurftachtig.*

Grindwal ⟨m.⟩⟨biol.⟩ **0.1** ***griend.***

grinsen **0.1** ***grijnzen*** ⇒*grijnslachen, grinniken* ◆ **2.1** ein breites Grinsen *een brede grijns(lach).*

Grippe ⟨v.; ~, ~n⟩ **0.1** ***griep*** ⇒*influenza.*

grippeartig **0.1** ***op griep lijkend, grieperig.***

Grippewelle ⟨v.⟩ **0.1** ***griepepidemie.***

Grips ⟨m.; ~es, ~e⟩⟨inf.⟩ **0.1** ***hersens, verstand.***

Grislybär ⟨m.⟩ **0.1** ***grizzlybeer, grijze beer.***

grob ⟨gröber, (am) gröbst(en)⟩ **0.1** ***grof*** ⇒*ruw, hard, plomp* **0.2** ***grof, lomp, onbeschoft*** ⇒*ruw, onbehouwen* **0.3** ***grof, groot, ernstig*** **0.4** ***grof, vaag, algemeen*** **0.5** ⟨scheep.⟩ ***ruw, woelig, onstuimig*** ◆ **1.1** ~e Arbeit *grof, zwaar, vuil werk* **1.2** ein ~er Kerl, ⟨inf.⟩ Klotz *een lompe, onbehouwen kerel* **1.4** ein ~er Überblick *een algemeen, globaal overzicht* **2.4** ~ gerechnet *ruw geschat* **3.2** jmdm. ~ kommen *tegen iem. grof worden* **3.4** etwas ~ unterscheiden (a) *iets vaag, onduidelijk zien* (b) *een grove onderscheiding maken* **6.¶ aus** dem Gröbsten heraus sein *het moeilijkste, ergste gehad, achter de rug hebben.* →**Klotz.**

Grobblech ⟨o.⟩ **0.1** ***dik plaatstaal.***

grobglied(e)rig **0.1** ***grofgebouwd, grof (van lichaamsbouw).***

Grobheit ⟨v.; ~, ~en⟩ **0.1** ***grof-, onbeschoftheid*** ⇒*onbeschofte uitlating* **0.2** ***grofheid, grofte.***

Grobian ⟨m.; ~(e)s, ~e⟩ **0.1** ***(boeren)kinkel, lomp figuur, lomperd.***

grobianisch **0.1** ***lomp.***

grobknochig **0.1** ***grof(gebouwd), schonkig.***

grobkörnig **0.1** ***grofkorrelig*** ⟨ook foto.⟩, ***grofgekorreld.***

gröblich **0.1** ***ernstig, grof*** ⇒*erg, schromelijk.*

grobschlächtig **0.1** ***grof, lomp, ruw.***

Grobschnitt ⟨m.⟩ **0.1** ***grofgesneden tabak, grove snee.***

Grobzeug ⟨o.⟩ →**Kroppzeug.**

Groden ⟨m.; ~s, ~⟩⟨Ndd.⟩ **0.1** ***kwelder, schor, gors.***

Grog ⟨m.; ~s, ~s⟩ **0.1** ***grog*** ◆ **2.1** ein steifer ~ *een sterke grog.*

groggy **0.1** ⟨boksen⟩ ***groggy*** **0.2** ⟨inf.⟩ ***(dood)op, bekaf.***

grölen ⟨inf.; pej.⟩ **0.1** ***brullen, schreeuwen, blèren*** ⇒*tekeergaan.*

Groll ⟨m.; ~(e)s⟩ **0.1** ***wrok*** ⇒*verbittering* ◆ **6.1** einen ~ **auf** jmdn. haben, ⟨schr.⟩ **gegen** jmdn. hegen *een wrok tegen iem. koesteren.*

grollen **0.1** ***(een) wrok koesteren*** ⇒*wrokken* **0.2** ***mokken*** ⇒ *pruilen* **0.3** ***rommelen, rollen*** ⇒*dreunen* ◆ **1.3** der Donner grollt *de donder rommelt, rolt* **6.1 (mit)** jmdm. ~ *tegen iem. een wrok koesteren.*

Grönland ⟨o.; ~s⟩ **0.1** ***Groenland.***

Grönländer ⟨m.; ~s, ~⟩ **0.1** ***Groenlander.***

grönländisch **0.1** ***Groenlands.***

Gros[1] ⟨o.; ~, ~⟩ **0.1** ***gros*** ⇒*meerderheid, merendeel*, ⟨mil.⟩ *hoofdmacht.*

Gros[2] ⟨o.; ~ses, ~se⟩ **0.1** ***gros*** ⇒*12 dozijn, 144 stuks.*

Groschen ⟨m.; ~s, ~⟩ **0.1** ***(Duits) tienpfennigstuk, 10 pfennig*** ⇒*Duits dubbeltje* **0.2** ⟨inf.⟩ ***centen, geld*** **0.3** ⟨Oostr.⟩ ***Oostenrijkse cent, een honderdste schilling*** **0.4** ⟨gesch.⟩ ***zilveren munt*** ⇒*stuiver* ◆ **2.2** meine paar ~ *die paar centjes van mij;* ein schöner, hübscher ~ *een aardig centje, stuivertje* **3.1** jeden ~ einzeln umdrehen *ieder dubbeltje (twee keer) omdraaien* **3.2** ⟨inf.; scherts.⟩ seine paar ~ zusammenhalten *op de dubbeltjes letten, passen* **3.¶** ⟨inf.⟩ endlich ist bei ihm der ~ gefallen! *eindelijk heeft hij het door, gesnapt, begrepen!;* ⟨inf.⟩ bei ihm fällt der ~ nur langsam, pfennigweise *hij is erg traag van begrip* **4.2** das ist keinen ~ wert *dat is geen dubbeltje, cent waard* **6.¶** ⟨inf.⟩ das ist allerhand **für'n** ~ *dat is meer dan ik gedacht had.*

Groschengrab ⟨o.⟩⟨scherts.⟩ **0.1** ***slokop*** ⇒*veelvraat.*

Groschenheft ⟨o.⟩ **0.1** ***stuiversroman*** ⇒*keukenmeidenroman.*

Groschenroman ⟨m.⟩ →**Groschenheft.**

Groschenschlucker ⟨m.⟩ →**Groschengrab.**

groschenweise **0.1** ***in dubbeltjes*** ⇒*cent voor cent* **0.2** ⟨inf.; fig.⟩ ***stilletjes (aan)*** ⇒*stilaan.*

groß[1] ⟨bn., größer, (am) größt(en)⟩ **0.1** ***groot*** ⇒*groots, voornaam, aanzienlijk, grandioos, edel, bijzonder* ◆ **1.1** ein ~er Mann (a) *een grote man* (b) ⟨fig.⟩ *een groot man;* das ist ganz ~e Mode *dat is de grote mode;* ⟨fig.⟩ die Großen der Welt *de grote heren, de grote lui, de groten der aarde* **4.1** unsere Große *onze grootste dochter, oudste;* unser Großer, Größter *onze oudste (zoon, jongen)* **5.1** ⟨inf.⟩ das war ganz ~! *dat was geweldig, fantastisch!* **6.1 im** Rechnen ist er ~ *wat rekenen betreft is hij een hele piet;* **im** ~en betrachtet, gesehen *over het algemeen beschouwd, globaal genomen;* **im** ~en (und) ganzen *over het geheel genomen, in het algemeen;* **im** ~en einkaufen *in het groot inkopen;* **im** ~en handeln *in het groot handelen, (een) groothandel drijven* **8.1** ⟨fig.⟩ ~ und breit *lang en breed, uitvoerig.*

groß[2] ⟨bw.⟩ **0.1** ***groot*** **0.2** ***groots*** ⇒*edelmoedig, bijzonder* **0.3** ⟨inf.⟩ ***bijzonder*** ⇒*erg, veel* ◆ **3.1** jmdn. ~ anblicken, ansehen *iem. met grote ogen aankijken* **3.3** da gibt es nichts ~ zu erklären *daar valt niet veel te verklaren;* was ist da ~ zu sagen? *wat moet je daar nou op zeggen?* **3.¶** ein Wort ~ schreiben *een woord met een hoofdletter schrijven* **5.3** was ist das schon ~? *wat is daar nou aan?* **6.2** er ist jetzt ~ **im** Filmgeschäft *hij doet nu goede zaken in de filmbranche.*

Großabnehmer ⟨m.⟩ **0.1** ***afnemer in het groot*** ⇒*grootverbruiker.*

Großaktion ⟨v.⟩ **0.1** ***grootscheepse actie.***

Großaktionär ⟨m.⟩⟨ec.⟩ **0.1** ***grootaandeelhouder.***

großangelegt **0.1** ***groots opgezet, grootscheeps.***

Großangriff ⟨m.⟩ **0.1** ***grootscheepse aanval.***

großartig **0.1** ***grandioos, groots*** ⇒*geweldig, fantastisch* **0.2** ***dikdoend, opschepperig.***

Großartigkeit ⟨v.; ~⟩ **0.1** ***groot(s)heid*** ⇒*indrukwekkendheid* **0.2** ***grootdoenerij, opschepperij.***

Großaufnahme ⟨v.⟩ **0.1** ***close-up.***

Großbank ⟨v.; mv. ~en⟩ **0.1** ***grote bank(instelling).***

Großbauer ⟨m.⟩ **0.1** ***grote boer, herenboer.***

Großbaustelle ⟨v.⟩ **0.1** ***groot project in uitvoering*** **0.2** ***weggedeelte waarop op grote schaal werk in uitvoering is.***

Großbehälter ⟨m.⟩ **0.1** ***(grote) laadkist, container.***

Großbetrieb ⟨m.⟩ **0.1** ***grootbedrijf, grote onderneming*** **0.2** ***groot landbouwbedrijf.***

Großbrand ⟨m.⟩ **0.1** ***hevige brand.***

Großbritannien ⟨o.; ~s⟩ **0.1** ***Groot-Brittannië.***

Großbuchstabe ⟨m.⟩ **0.1** ***hoofdletter.***

Großbürgertum ⟨o.⟩ **0.1** ***bourgeoisie, gegoede burgerij.***

großdeutsch ⟨vooral gesch. en nazi⟩ **0.1** ***Groot-Duits.***

Größe ⟨v.; ~, ~n⟩ **0.1** ***grootte*** ⇒*grootheid, uitgestrektheid, omvang* **0.2** ⟨fig.⟩ ***groot(s)heid, nobel-, verhevenheid*** ⇒*edelmoedigheid* **0.3** ***betekenis, belang*** ⇒*grootsheid, omvang* **0.4** ⟨nat., wisk.; fig.⟩ ***grootheid*** ⇒⟨fig.⟩ *prominent figuur, factor* **0.5** ⟨van kleding, schoenen⟩ ***maat*** ◆ **1.3** die ~ des Augenblicks, der Stunde *het belang, de gewichtigheid van het ogenblik* **6.1 in** natürlicher ~ *op ware grootte;* **nach** der ~ aufstellen, ordnen *op volgorde van grootte opstellen;* **von** gleicher ~ sein *even groot zijn;* **zu** seiner vollen ~ *in (zijn) volle grootte.*

Großeinkauf ⟨m.⟩ **0.1** ***inkoop in het groot*** ⇒*grote boodschappen, inkopen.*

Großeinsatz ⟨m.⟩ **0.1** ***grootscheepse actie*** ⇒*het uitrukken met groot materieel.*

Großeltern ⟨alleen mv.⟩ **0.1** ***grootouders.***

Großenkel ⟨m.⟩ **0.1** ***achterkleinzoon.***

Größenordnung ⟨v.⟩ **0.1** ***orde van grootte*** ⇒*grootte, dimensie.*

großenteils **0.1** ***groten-, merendeels.***

Größenunterschied ⟨m.⟩ **0.1** ***verschil in, van grootte.***

Größenverhältnis ⟨o.⟩ **0.1** ***verhouding, proportie*** ◆ **6.1 im** richtigen ~ *in zijn juiste proporties;* **im** ~ 1 zu 1000 *in de verhouding van 1 (staat) tot 1000.*

Größenwahn(sinn) ⟨m.⟩ **0.1** ***grootheidswaan(zin), megalomanie.***

größenwahnsinnig **0.1** ***aan grootheidswaanzin lijdend, megalomaan.***

größer **0.1** ***groter*** ⇒⟨van 2⟩ *grootste* **0.2** ***vrij, tamelijk groot*** ◆ **1.1** ⟨inf.⟩ die ~e Hälfte *de grootste helft.*

größer(e)nteils →**größtenteils.**

Große(s) ⟨bn. als zn.; o.⟩ **0.1** ***iets groots*** ⇒*grootse dingen* **0.2** ***grote pils*** ⟨0,4 à 1 liter⟩.

Großfahndung ⟨v.⟩ **0.1** ***grootscheepse opsporingsactie.***

Großfeuer ⟨o.⟩ →**Großbrand.**

großflächig **0.1** ***een groot (opper)vlak beslaand*** ⇒*uitgestrekt, groot.*

Großflughafen ⟨m.⟩ **0.1** ***internationale luchthaven.***

Großgemeinde ⟨v.⟩ **0.1** ***gemeente*** ⇒*fusiegemeente, stadsgewest.*

Großgrundbesitz ⟨m.⟩ **0.1** ***grootgrondbezit.***

Großhandel ⟨m.⟩ **0.1** ***groothandel, en-groshandel.***

Großhändler ⟨m.⟩ **0.1** ***groothandelaar, grossier.***

Großhandlung ⟨v.⟩ **0.1** ***groothandelsfirma*** ⇒*groothandel.*

großherzig ⟨schr.⟩ **0.1** ***groot-, edelmoedig.***

Großherzog ⟨m.⟩ **0.1** ***groothertog.***

Großhirn ⟨o.⟩ **0.1** ***grote hersenen.***

Großindustrie ⟨v.⟩ **0.1** ***grootindustrie.***

Grossist ⟨m.; ~en, ~en⟩ →**Großhändler.**

großjährig ⟨vero.⟩ **0.1** ***meerderjarig*** ⇒*volwassen.*

Großkampfschiff ⟨o.⟩⟨gesch., mil.⟩ **0.1** ***slag-, linieschip.***

Großkaufmann ⟨m.⟩ **0.1** ***groothandelaar, grossier*** **0.2** ***groot zakenman.***

Großkind ⟨o.⟩⟨Zwi.⟩ **0.1** ***kleinkind.***

Großkopfe(r)te(r) ⟨bn. als zn.; m.⟩⟨inf.⟩ **0.1** ***hoge piet*** ⇒ *kopstuk.*

großkotzig ⟨inf.⟩ **0.1** ***opschepperig, aanmatigend*** ⇒*branieachtig.*

Großkundgebung ⟨v.⟩ **0.1** ***massabetoging*** **0.2** ***massabijeenkomst.***

großmachen, sich ⟨inf.⟩ **0.1** ***grootdoen, pochen*** ⇒*dik doen.*

Großmacht ⟨v.⟩ **0.1** ***grote mogendheid.***

Großmachtpolitik ⟨v.⟩ **0.1** ***politiek der grote mogendheden*** **0.2** ***politiek (als) v.e. grote mogendheid.***

Großmama ⟨v.⟩⟨inf.⟩ **0.1** ***oma*** ⇒*opoe.*

Großmannssucht ⟨v.⟩ **0.1** ***grootdoenerij*** ⇒*grootheidswaan, geldingsdrang.*

Großmarkt ⟨m.⟩ **0.1** ***groothandel(sfirma).***

großmaschig **0.1** ***grofmazig, met grote mazen.***

großmaßstäblich **0.1** ***op grote schaal.***

Großmaul ⟨o.⟩ **0.1** ***praatjesmaker, opschepper.***

großmäulig **0.1** ***dikdoenerig, opschepperig*** ⇒*met veel praats.*

Großmeister ⟨m.⟩ **0.1** ***grootmeester.***

Großmut ⟨v.⟩⟨schr.⟩ **0.1** ***grootmoedigheid*** ⇒*edelmoedigheid.*

großmütig **0.1** ***grootmoedig*** ⇒*edelmoedig.*

Großmutter ⟨v.⟩ **0.1** ***grootmoeder, oma*** **0.2** ⟨inf.⟩ ***grootje*** ⇒ *oudje* ◆ **3.1** erzähl das deiner ~! *maak dat je grootje wijs!*

großmütterlich **0.1** ***grootmoederlijk, van grootmoeder.***

Großneffe ⟨m.⟩ **0.1** ***achterneef.***

Großnichte ⟨v.⟩ **0.1** ***achternicht.***

Großonkel ⟨m.⟩ **0.1** ***oudoom.***

Großpapa ⟨m.⟩⟨inf.⟩ **0.1** ***opa.***

Großraum ⟨m.⟩ **0.1** ***groot gebied*** **0.2** ***grote ruimte*** ⇒*groot vertrek, groot kantoor* **0.3** ***stadsgebied met (directe) omgeving*** ⇒*agglomeratie.*
Großraumbüro ⟨o.⟩ **0.1** ***kantoortuin*** ⇒*grote kantoorruimte.*
Großraumflugzeug ⟨o.⟩ **0.1** ***groot vliegtuig.***
großräumig **0.1** ***zich over een groot oppervlak uitstrekkend, veel ruimte beslaand*** ⇒*groot, ruim,* ⟨fig.⟩ *op grote schaal.*
Großrechenanlage ⟨v.⟩⟨comp.⟩ →**Großrechner.**
Großrechner ⟨m.⟩⟨comp.⟩ **0.1** ***mainframe.***
Großreinemachen ⟨o.; ~s⟩ **0.1** ***grote schoonmaak.***
großschreiben **0.1** ***op de eerste plaats zetten, hoog in het vaandel dragen*** ◆ **3.1** großgeschrieben werden (a) *bovenaan staan, vooropstaan* (b) *schaars zijn.*
Großschreibung ⟨v.⟩ **0.1** ***gebruik van hoofdletters.***
Großsprecher ⟨m.⟩ **0.1** ***grootspreker, bluffer*** ⇒*praatjesmaker.*
großsprecherisch **0.1** ***opschepperig*** ⇒*blufferig.*
großspurig **0.1** ***aanmatigend, arrogant*** ⇒*verwaand* **0.2** ***hoogdravend.***
Großstadt ⟨v.⟩ **0.1** ***grote stad*** ⟨in Duitsland met meer dan 100.000 inwoners⟩.
Großstädter ⟨m.⟩ **0.1** ***grotestadsbewoner, -mens.***
großstädtisch **0.1** ***grootsteeds, grootstedelijk.***
Großstadtluft ⟨v.⟩ **0.1** ***grotestadslucht*** ⇒*atmosfeer v.e. grote stad.*
Großtante ⟨v.⟩ **0.1** ***oudtante.***
Großtat ⟨v.⟩ **0.1** ***grote, grootse daad*** ⇒*belangrijke prestatie.*
Großteil ⟨m.⟩ **0.1** ***grootste deel, merendeel*** ◆ **6.1** **zu** einem ~ *voor een groot deel, grotendeels.*
größtenteils **0.1** ***grotendeels, voor het merendeel.***
Größtmaß ⟨o.⟩ **0.1** ***maximum*** **0.2** ***grootste grensmaat.***
größtmöglich **0.1** ***zo groot mogelijk*** ⇒*grootste, hoogste.*
Großtuer ⟨m.⟩⟨inf.⟩ **0.1** ***opschepper, grootdoener.***
Großtuerei ⟨v.; ~⟩⟨inf.⟩ **0.1** ***opschepperij*** ⇒*gesnoef, gewichtigdoenerij.*
großtuerisch ⟨inf.⟩ **0.1** ***opschepperig*** ⇒*snoeverig.*
großtun ⟨ook sich ~⟩ **0.1** ***opscheppen*** ⇒*pronken* ◆ **6.1** (sich) **mit** etwas ~ *over iets opscheppen.*
Großunternehmen ⟨o.⟩ **0.1** ***grote onderneming, grootbedrijf.***
Großvater ⟨m.⟩ **0.1** ***grootvader, opa.***
großväterlich **0.1** ***grootvaderlijk, van grootvader.***
Großveranstaltung ⟨v.⟩ **0.1** ***massabijeenkomst*** ⇒*grote manifestatie.*
Großverdiener ⟨m.⟩ **0.1** ***iem. met een groot, hoog inkomen.***
Großwetterlage ⟨v.⟩ **0.1** ***algemene weersgesteldheid.***
großwüchsig **0.1** ***rijzig*** ⇒*groot, opgeschoten.*
großziehen **0.1** ***grootbrengen*** ⇒*opvoeden* **0.2** ***opkweken, opfokken, (vet)mesten.***
großzügig **0.1** ***royaal*** ⇒*genereus, mild, gul, onbekrompen, ruim, weids* ◆ **1.1** ein ~er Mensch *een ruimdenkend iemand;* ~e Pläne *grootse plannen.*
grotesk **0.1** ***grotesk*** ⇒*wonderlijk.*
Grotte ⟨v.; ~, ~n⟩ **0.1** ***grot*** ⇒*hol.*
Groupie ⟨o.; ~s, ~s⟩ **0.1** ***groupie.***
Grübchen ⟨o.; ~s, ~⟩ **0.1** ***kuiltje*** ⇒*putje.*
Grube ⟨v.; ~, ~n⟩ **0.1** ***kuil, gat*** ⇒*put* **0.2** ***mijn, groeve*** **0.3** ***hol*** ⟨van dieren⟩ **0.4** ***val*** ⟨voor dieren⟩ **0.5** ⟨vero.; schr.⟩ ***graf, groeve*** ◆ **3.4** ⟨fig.⟩ jmdm. eine ~ graben *iem. in de val lokken, laten lopen* **6.5** ⟨vero.; nog inf.; iron.⟩ **in** die, **zur** ~ fahren *naar het graf gaan, sterven* ¶**.1** ⟨sprw.⟩ wer andern eine ~ gräbt, fällt selbst hinein *wie een kuil graaft voor een ander, valt er zelf in.*
Grübelei ⟨v.; ~, ~en⟩ **0.1** ***getob, gepieker*** ⇒*gepeins.*
grübeln **0.1** ***tobben, piekeren*** ⇒*peinzen, prakkeseren* ◆ **6.1** **über** eine Sache, ⟨ook⟩ **über** einer Sache ~ *over iets (zitten te) piekeren, tobben.*
Grubenbau ⟨m.; mv. ~e⟩ **0.1** ***mijngang, -schacht.***
Grubenbetrieb ⟨m.⟩ **0.1** ***mijnexploitatie*** **0.2** ***ondergrondse mijninstallatie(s).***
Grubenfeld ⟨o.⟩ **0.1** ***mijn(bouw)district.***
Grubenlampe ⟨v.⟩ **0.1** ***mijn(werkers)lamp.***
Grübler ⟨m.; ~s, ~⟩ **0.1** ***tobber, piekeraar.***
grüblerisch **0.1** ***tobberig*** ⇒*zwaartillend, piekerend.*
Gruft ⟨v.; ~, ⁻̈e⟩⟨schr.⟩ **0.1** ***grafkelder, crypte*** **0.2** ***graf, groeve.***
Grufti ⟨m.; ~s, ~s⟩⟨jongerentaal⟩ **0.1** ***oudje.***
grummeln ⟨reg.⟩ **0.1** ***rommelen, donderen*** **0.2** ***mompelen.***
grün **0.1** ***groen*** ⇒*onrijp, vers* **0.2** ***groen, jong, onervaren*** ◆ **1.1** ~e Parteien *milieupartijen* **1.2** ein ~er Bengel, Junge *een groentje* **1.**¶ jmds. ~e Seite *iemands groene zijde, linkerzijde* **4.**¶ jmdm. nicht ~ sein *iem. niet mogen, moeten* **8.1** sich ~ und gelb, ~ und blau ärgern *zich groen en geel ergeren;* jmdn. ~ und blau schlagen *iem. bont en blauw slaan.*
Grün ⟨o.; ~s, ~; inf. mv. ~s⟩ **0.1** ***groen*** **0.2** ⟨kaartspel⟩ ***schoppen*** **0.3** ⟨golfspel⟩ ***green*** ◆ **3.1** die Ampel zeigt ~ *het stoplicht staat op groen* **6.**¶ das ist dasselbe **in** ~ *dat is praktisch hetzelfde, dat is van hetzelfde laken een pak.*
Grünanlage ⟨v.⟩ **0.1** ***plantsoen*** ⇒*groenvoorziening, -strook.*
Grund ⟨m.; ~(e)s, ⁻̈e⟩ **0.1** ***reden*** ⇒*grond, motief, beweegreden* **0.2** ***grond, bodem*** **0.3** ***grond(slag), basis*** ⇒*fundament* ⟨ook fig.⟩ **0.4** ***fond, onder-, achtergrond*** **0.5** ⟨vooral Oostr.⟩ ***grond*** ⇒*perceel, bouwterrein* **0.6** ⟨vero.; schr.⟩ ***(diepste punt v.e.) dal, laagte*** ◆ **2.1** ein berechtigter ~ *een gegronde reden;* es gibt nicht den geringsten, keinen ~ dazu *daar bestaat, is niet de geringste aanleiding toe;* er hat wenig ~, sich zu freuen *er is weinig reden voor hem om zich te verheugen* **3.1** das hat schon seine Gründe *daar zijn goede redenen voor* **3.2** (keinen) ~ (unter den Füßen) haben *(geen) vaste grond, bodem onder de voeten hebben* **3.3** den ~ (zu einer Sache) legen *het fundament (voor iets) leggen,* ⟨ook fig.⟩ *de grondslag (voor iets) leggen* **6.1** **auf** ~ Ihres Schreibens *naar aanleiding van uw schrijven;* **aus** diesem ~(e) *om deze reden;* **aus**, **mit** gutem ~ *met reden, terecht, op goede gronden;* **dafür** gibt es keine Gründe *daar zijn geen redenen, termen voor aanwezig;* (allen) ~ **für** eine Sache, **zu** einer Sache haben *(alle) reden tot iets hebben;* seinen ~ **in** einer Sache haben *zijn oorzaak in iets vinden;* **ohne** jeden ~ *zonder enige reden;* **ohne** ersichtlichen ~ *zonder (duidelijk) aanwijsbare oorzaak;* Gründe für und **wider** *argumenten voor en tegen* **6.2** das Schiff ist **auf** ~ gelaufen *het schip is aan de grond gelopen* **6.3** **auf** ~ ⟨met 2e nv.⟩ *op grond, basis van, naar aanleiding van, krachtens;* einer Sache **auf** den ~ gehen *een zaak grondig onderzoeken, nagaan;* ein Gebäude **bis auf** den ~ abreißen, zerstören *een gebouw met de grond gelijkmaken;* **im** ~e (genommen) *in de grond van de zaak;* **von** ~ auf, aus *door en door* **8.5** eigener ~ und Boden *eigen grond;* etwas in ~ und Boden bohren ⟨ook fig.⟩ *iets in de grond boren;* jmdn. in ~ und Boden reden (a) *iem. onder de tafel praten* (b) *iem. niet aan het woord laten;* sich in ~ und Boden schämen *zich doodschamen;* etwas in ~ und Boden schießen *iets platschieten, in puin schieten.*
Grundakkord ⟨m.⟩⟨muz.⟩ **0.1** ***grondakkoord.***
grundanständig **0.1** ***door en door fatsoenlijk.***

Grundanstrich ⟨m.⟩ **0.1** *grondverf, -laag.*

Grundausbildung ⟨v.⟩ **0.1** *basisopleiding.*

Grundausstattung ⟨v.⟩ **0.1** *basis-, standaarduitrusting.*

Grundbau ⟨m.; mv. ~ten⟩ **0.1** *fundering* ⇒*fundament.*

Grundbedingung ⟨v.⟩ **0.1** *basis-, hoofdvoorwaarde.*

Grundbedürfnis ⟨o.⟩ **0.1** *eerste behoefte.*

Grundbegriff ⟨m.⟩ **0.1** *grondbegrip* ⇒*grondbeginsel.*

Grundbesitz ⟨m.⟩ **0.1** *grondbezit.*

Grundbesitzer ⟨m.⟩ **0.1** *grondbezitter, grond-, landeigenaar.*

Grundbetrag ⟨m.⟩ **0.1** *grond-, basisbedrag* **0.2** *basispensioen.*

Grundbuch ⟨o.⟩⟨adm., jur.⟩ **0.1** *kadaster, grondboek.*

Grundbuchamt ⟨o.⟩ **0.1** *kadaster.*

grundehrlich **0.1** *goud-, doodeerlijk.*

Grundeigentum ⟨o.⟩ **0.1** *grondbezit.*

Grundeinheit ⟨v.⟩ **0.1** *grondeenheid* **0.2** *basisgroep.*

Grundeis ⟨o.⟩ **0.1** *grondijs* ◆ **3.1** ~ führen *kruien.*

Grundel, Gründel ⟨v.; ~, ~n of m.; ~s, ~⟩⟨biol.⟩ **0.1** *grondel(ing).*

gründen I ⟨onov.ww.⟩ **0.1** *gebaseerd zijn, berusten, steunen* ◆ **6.1 auf, in** einer Sache ~ *op iets gebaseerd zijn, berusten;*
II ⟨ov.ww.⟩ **0.1** *stichten, oprichten* ⇒*in het leven roepen, vestigen* **0.2** *baseren* ⇒*gronden* ◆ **1.1** eine Familie ~ *een gezin stichten;* ein Unternehmen ~ *een zaak, onderneming oprichten, vestigen* **6.2 auf** eine, ⟨ook⟩ einer Idee gegründet sein *op een idee gebaseerd zijn;*
III sich ~ ⟨wk.ww.⟩ **0.1** *berusten, steunen, gebaseerd zijn* ◆ **6.1** sich **auf** ein Testament ~ *op een testament berusten.*

Gründer ⟨m.; ~s, ~⟩ **0.1** *oprichter, stichter* ⇒*grondlegger.*

Gründeraktie ⟨v.⟩ **0.1** *oprichtersaandeel, -bewijs.*

Gründerjahre ⟨alleen mv.⟩⟨gesch.⟩ **0.1** ⟨tijd van grote economische opbloei in Duitsland (na 1871)⟩.

Grunderwerb ⟨m.⟩⟨jur.⟩ **0.1** *grondaankoop.*

Grunderwerbssteuer ⟨v.⟩ **0.1** *overdrachtsbelasting bij grondaankoop.*

Gründerzeit ⟨v.⟩ →**Gründerjahre.**

grundfalsch **0.1** *totaal, helemaal verkeerd, fout.*

Grundfarbe ⟨v.⟩ **0.1** *grond-, hoofdkleur* **0.2** *grondverf.*

Grundfehler ⟨m.⟩ **0.1** *kardinale, fundamentele fout.*

Grundfesten ⟨alleen mv.⟩ **0.1** *grondvesten* ⟨ook fig.⟩ ⇒*fundamenten, grondslag(en)* ◆ **6.1 an** den ~ einer Sache rütteln *aan de grondslagen, basis van iets tornen;* die Häuser bebten **bis in** ihre ~ *de huizen stonden op hun grondvesten te trillen;* etwas **in** seinen, bis in seine ~ erschüttern *iets op zijn grondvesten doen wankelen.*

Grundfläche ⟨v.⟩ **0.1** *grondvlak* ⇒*ondervlak.*

Grundform ⟨v.⟩ **0.1** *grondvorm* **0.2** ⟨taal.⟩ *infinitief, onbepaalde wijs.*

Grundfrage ⟨v.⟩ **0.1** *hoofd-, kernpunt.*

Grundfreibetrag ⟨m.⟩ **0.1** *belastingvrije voet.*

Grundfreiheiten ⟨alleen mv.⟩ **0.1** *elementaire, fundamentele mensenrechten.*

Grundgebühr ⟨v.⟩ **0.1** *basistarief, vastrecht* ⇒*abonnementskosten* ⟨bij telefoon⟩.

Grundgedanke ⟨m.⟩ **0.1** *grond-, hoofdgedachte.*

Grundgehalt ⟨o.⟩ **0.1** *basissalaris.*

grundgescheit **0.1** *zeer verstandig, erg knap.*

Grundgesetz ⟨o.⟩ **0.1** *grondwet* **0.2** *basis-, hoofdwet.*

grundgütig **0.1** *ingoed, door en door goed.*

Grundhaltung ⟨v.⟩ **0.1** *principiële houding, instelling* **0.2** *uitgangspositie.*

grundhäßlich **0.1** *foei-, oerlelijk.*

Grundherrschaft ⟨v.⟩⟨gesch.⟩ **0.1** *(grond)heerlijkheid.*

grundieren **0.1** *gronden, in de grondverf zetten*

Grundkapital ⟨o.⟩⟨ec.⟩ **0.1** *grond-, stamkapitaal* ⇒*maatschappelijk kapitaal.*

Grundkenntnis ⟨v.⟩ **0.1** *basiskennis, elementaire kennis.*

Grundkurs ⟨m.⟩ **0.1** *verplicht vak* **0.2** *beginners-, basiscursus.*

Grundlage ⟨v.⟩ **0.1** *grondslag* ⇒*basis, fundament, grond(beginsel)* ◆ **2.1** ⟨inf.⟩ eine gute ~ haben *een goede ondergrond, bodem (in zijn maag) hebben* **3.1** jeder ~ entbehren *nergens op berusten, op niets gebaseerd zijn* **6.1 auf** breitester ~ *in de ruimste zin, op zo breed mogelijke basis.*

Grundlagenforschung ⟨v.⟩ **0.1** *fundamenteel onderzoek.*

Grundlagenvertrag ⟨m.⟩ **0.1** *basisverdrag.*

Grundlasten ⟨alleen mv.⟩ **0.1** *grondlasten* **0.2** ⟨gesch.⟩ *herendienst.*

grundlegend **0.1** *fundamenteel* ⇒*wezenlijk, primordiaal* ◆ **3.1** etwas ~ verändern *iets totaal, radicaal veranderen.*

Grundlegung ⟨v.; ~, ~en⟩ **0.1** *fundering, grondlegging* **0.2** *stichting, oprichting.*

gründlich **0.1** *grondig, degelijk* ⇒*nauwkeurig, zorgvuldig* **0.2** ⟨als bw.; inf.⟩ *grondig* ⇒*danig.*

Gründling ⟨m.; ~s, ~e⟩⟨biol.⟩ **0.1** *grondel(ing).*

Grundlinie ⟨v.⟩ **0.1** ⟨fig.⟩ *hoofdlijn* ⇒*grote lijn* **0.2** ⟨wisk.⟩ *grond-, basislijn* **0.3** ⟨sp.⟩ *achterlijn, baseline.*

Grundlohn ⟨m.⟩ **0.1** *grond-, basisloon.*

grundlos **0.1** *ongegrond, zonder reden* ⇒*zonder (enige) aanleiding, ongemotiveerd* **0.2** *grondeloos, bodemloos* ⇒ *oneindig, onpeilbaar diep* **0.3** *grondeloos* ⇒*moerassig, onbegaanbaar.*

Grundmauer ⟨v.⟩ **0.1** *fundament* ◆ **6.1** bis **auf** die ~n niederbrennen *tot de grond toe afbranden.*

Grundnahrungsmittel ⟨o.⟩ **0.1** *primair voedings-, levensmiddel* **0.2** *voornaamste voedingsmiddel* ⇒*hoofdvoedsel.*

Gründonnerstag ⟨m.⟩ **0.1** *Witte Donderdag.*

Grundordnung ⟨v.⟩ **0.1** *bestel, inrichting.*

Grundpfeiler ⟨m.⟩ **0.1** *grondpijler, -pilaar* **0.2** ⟨fig.⟩ *steunpilaar.*

Grundpreis ⟨m.⟩ **0.1** *grond-, basisprijs* **0.2** *vastrecht.*

Grund|rechenart, -rechnungsart ⟨v.⟩⟨wisk.⟩ **0.1** *hoofdbewerking.*

Grundrecht ⟨o.⟩ **0.1** *grondrecht, fundamenteel recht.*

Grundregel ⟨v.⟩ **0.1** *grond-, hoofdregel.*

Grundrente ⟨v.⟩ **0.1** *grondrente* **0.2** *basispensioen.*

Grundriß ⟨m.⟩ **0.1** *plattegrond* ⇒*horizontale projectie, doorsnede* **0.2** ⟨fig.⟩ *schets, overzicht* ◆ **6.2 im** ~ *in grote trekken, in hoofdlijnen;* ein ~ **zur** Geschichte *een beknopte historische schets.*

Grundsatz ⟨m.⟩ **0.1** *principe, (grond)beginsel* ⇒*grondstelling.*

Grundsatzentscheidung ⟨v.⟩ **0.1** *principebesluit.*

Grundsatzerklärung ⟨v.⟩ **0.1** *beginselverklaring.*

grundsätzlich **0.1** *principieel* ⇒*fundamenteel, in principe.*

Grundschein ⟨m.⟩ **0.1** *diploma reddend zwemmen A.*

grundschlecht **0.1** *inslecht, door en door slecht* **0.2** *bar slecht.*

Grundschuld ⟨v.⟩ **0.1** *schuld op grondbezit.*

Grundschule ⟨v.⟩ **0.1** *klas 1-4 v.d. Duitse basisschool.*

Grundschüler ⟨m.⟩ **0.1** *leerling van de basisschool.*

grundsolid(e) **0.1** *oerdegelijk.*

Grundstein ⟨m.⟩ **0.1** *eerste steen* ⇒*grondsteen* **0.2** ⟨fig.⟩ *grondslag, basis.*

Grundsteinlegung ⟨v.; ~, ~en⟩ **0.1** *eerstesteenlegging.*

Grundstellung ⟨v.⟩ **0.1** ⟨sp.⟩ *uitgangspositie, oorspronkelijke stand* **0.2** ⟨muz.⟩ *grondligging.*

Grundsteuer ⟨v.⟩ **0.1** ***grondbelasting.***
Grundstimmung ⟨v.⟩ **0.1** ***algemene stemming.***
Grundstock ⟨m.⟩ **0.1** ***basis, grondslag*** ⇒*kern.*
Grundstoff ⟨m.⟩ **0.1** ***grondstof*** ⇒⟨schei.⟩ *element.*
Grundstück ⟨o.⟩ **0.1** ***stuk, lap grond, perceel*** ⇒*bouwterrein.*
Grundstücksmakler ⟨m.⟩ **0.1** ***makelaar in grond.***
Grundstudium ⟨o.⟩ **0.1** ***kandidaatsstudie.***
Grundstufe ⟨v.⟩ **0.1** ***de twee hoogste klassen v.d. Duitse basisschool*** ⟨klassen 3 en 4⟩ **0.2** ⟨taal.⟩ ***stellende trap, positief.***
Grundtarif ⟨m.⟩ **0.1** ***basistarief.***
Grundtendenz ⟨v.⟩ **0.1** ***hoofdtendens, onderliggende tendens.***
Grundtenor ⟨m.⟩ **0.1** ***onderliggende teneur.***
Grundton ⟨m.⟩ **0.1** ***grondtoon*** ⟨ook muz.⟩ ⇒*grondkleur,* ⟨fig.⟩ *grondtrek.*
Grundübel ⟨o.⟩ **0.1** ***ergste, grootste kwaad.***
Grundumsatz ⟨m.⟩⟨med.⟩ **0.1** ***grondstofwisseling*** ⇒*basale metabolie.*
Gründung ⟨v.; ~, ~en⟩ **0.1** ***oprichting, stichting*** ⇒*grondlegging, vestiging* **0.2** ***fundering.***
Gründungskapital ⟨o.⟩ **0.1** ***oprichtings-, stichtingskapitaal.***
Gründungstag ⟨m.⟩ **0.1** ***stichtingsdag, dies (natalis).***
Gründungsversammlung ⟨v.⟩⟨ec.⟩ **0.1** ***oprichtingsvergadering.***
Grundursache ⟨v.⟩ **0.1** ***hoofd-, grondoorzaak, diepere oorzaak.***
grundverkehrt **0.1** ***totaal, absoluut verkeerd, fout.***
Grundvermögen ⟨o.⟩ **0.1** ***grond-, landbezit, bezit aan onroerend goed.***
grundverschieden **0.1** ***totaal, volkomen verschillend.***
Grundvoraussetzung ⟨v.⟩ **0.1** ***hoofd-, basisvoorwaarde.***
Grundwahrheit ⟨v.⟩ **0.1** ***grondwaarheid, fundamentele waarheid.***
Grundwasser ⟨o.⟩ **0.1** ***grondwater.***
Grundwehrdienst ⟨m.⟩⟨mil.⟩ **0.1** ***rekrutentijd.***
Grundwissen ⟨o.⟩ **0.1** ***basiskennis, elementaire kennis.***
Grundwortschatz ⟨m.⟩ **0.1** ***basiswoordenschat.***
Grundzahl ⟨v.⟩ **0.1** ***hoofdtelwoord*** **0.2** ⟨wisk.⟩ ***grondtal.***
Grundzug ⟨m.⟩ **0.1** ***grondtrek, hoofdkenmerk, -lijn.***
grünen ⟨schr.⟩ **0.1** ***ontspruiten, uitlopen*** ⇒*groenen* **0.2** ⟨fig.⟩ ***opleven, opfleuren.***
Grüne(r) ⟨bn. als zn.⟩ **0.1** ***lid v.d. milieupartij*** **0.2** ⟨vero.; inf.⟩ ***agent, marechaussee, gendarme.***
Grüne(s) ⟨bn. als zn.; o.⟩ **0.1** ***vrije, open natuur, open lucht*** ⇒*buiten* **0.2** ***groen, groene kleur*** **0.3** ⟨inf.⟩ ***groen*** ⇒*bloemengroen, (groene) groente, (groene) kruiden, groenvoer* ◆ **6.1** draußen **im** Grünen *(op de) buiten, op het platteland;* **ins** Grüne gehen *naar buiten gaan.*
Grünfink ⟨m.⟩ **0.1** ***groen-, vlasvink*** ⇒*groenling.*
Grünfläche ⟨v.⟩ **0.1** ***openbaar groen*** ⇒*plantsoen, gazon,* ⟨mv. ook⟩ *groenvoorziening.*
Grünfutter ⟨o.⟩⟨landb.⟩ **0.1** ***groenvoe(de)r.***
Grüngürtel ⟨m.⟩ **0.1** ***groengordel, -strook.***
Grünkern ⟨m.⟩ **0.1** ***soort spelt.***
Grünkohl ⟨m.⟩ **0.1** ***groene kool, boerenkool.***
Grünland ⟨o.⟩ **0.1** ***groen-, weide-, grasland.***
grünlich **0.1** ***groenachtig, groenig.***
Grünling ⟨m.; ~s, ~e⟩ **0.1** ***groenling, groenvink*** **0.2** ***gele ridderzwam*** **0.3** ***groene, ongebakken (bak)steen*** **0.4** ⟨inf.⟩ ***melkmuil, snotneus.***
Grünpflanze ⟨v.⟩ **0.1** ***groene plant.***
Grünschnabel ⟨m.⟩ **0.1** ***melkmuil.***
Grünspan ⟨m.⟩ **0.1** ***kopergroen, groenspaan.***
Grünspecht ⟨m.⟩ **0.1** ***groenspecht.***
Grünstreifen ⟨m.⟩ **0.1** ***berm, groenstrook*** ⇒*(beplante) middenberm.*
grunzen ⟨fig. ook ov. ww.⟩ **0.1** ***knorren, grommen*** ⇒⟨inf.; fig.⟩ *brommen.*
Grünzeug ⟨o.⟩⟨inf.⟩ **0.1** ***groen (spul)*** ⇒*(groene) groente, kruiden, soepgroente, rauwkost* **0.2** ***groentjes, broekjes*** **0.3** ***groen*** ⇒*bomen, struiken, planten.*
Gruppe ⟨v.; ~, ~n⟩ **0.1** ***groep*** ⟨ook mil., wisk.⟩ ⇒*team, reeks, aantal, afdeling, klasse* ◆ **6.1** die Arbeit **in** der ~ *het werk(en) in groepsverband;* eine ~ **von** Arbeitern, ⟨minder vaak⟩ eine ~ Arbeiter *een groep arbeiders;* in ~n **zu** je zehn (Personen) *in groepjes van tien (personen).*
Gruppenakkord ⟨m.⟩⟨ec.⟩ **0.1** ***groepsakkoord.***
Gruppenaufnahme ⟨v.⟩ **0.1** ***groep(s)foto, groep(s)portret.***
Gruppenbild ⟨o.⟩ **0.1** ***groep(s)portret*** ⇒*groep(s)foto,* ⟨bk.⟩ *groep.*
Gruppenermäßigung ⟨v.⟩ **0.1** ***vermindering, reductie voor groepen.***
Gruppenführer ⟨m.⟩ **0.1** ***groepsleider*** **0.2** ⟨mil.⟩ ***groepscommandant*** **0.3** ⟨ec.⟩ ***teamleider.***
Gruppenreise ⟨v.⟩ **0.1** ***groeps-, gezelschapsreis.***
Gruppensex ⟨m.⟩ **0.1** ***groepsseks.***
Gruppensieg ⟨m.⟩⟨sp.⟩ **0.1** ***overwinning in een, de groep.***
Gruppenstart ⟨m.⟩⟨sp.⟩ **0.1** ***gezamenlijke start.***
Gruppentherapie ⟨v.⟩ **0.1** ***groepstherapie.***
Gruppenversicherung ⟨v.⟩ **0.1** ***groepsverzekering, collectieve verzekering.***
gruppenweise **0.1** ***groepsgewijze, in, met groepen*** ⇒*in groepsverband.*
gruppieren **I** ⟨ov.ww.⟩ **0.1** ***groeperen, groepen vormen, in groepen indelen*** ◆ **6.1** etwas **in** Kapitel ~ *iets in hoofdstukken indelen;*
II sich ~ ⟨wk.ww.⟩ **0.1** ***groepen, groepjes vormen, zich groeperen*** ⇒*zich verzamelen.*
Gruppierung ⟨v.; ~, ~en⟩ **0.1** ***groepering*** ⇒*groepvorming, groep.*
Gruselfilm ⟨m.⟩ **0.1** ***griezelfilm.***
Gruselgeschichte ⟨v.⟩ **0.1** ***griezelverhaal.***
gruselig **0.1** ***griezelig, huiveringwekkend, eng.***
gruseln ⟨ook sich ~⟩ **0.1** ***griezelen, huiveren*** ⇒*bang zijn, rillen, ijzen* ◆ **4.1** mir, ⟨ook⟩ mich gruselt es, ich grusle mich *ik griezel, huiver ervan.*
grusinisch **0.1** ***Georgisch.***
Gruskohle ⟨v.⟩ **0.1** ***gruiskool.***
Gruß ⟨m.; ~es, ~̈e⟩ **0.1** ***groet*** ◆ **2.1** der Deutsche ~ *de Hitlergroet;* ⟨rel.⟩ der Englische ~ *de engelse groet, het Ave Maria, het weesgegroet(je);* viele liebe Grüße *hartelijke groeten* **6.1** einen ~ **an** deine Frau! *de groeten aan je vrouw!;* **mit** den besten Grüßen, mit freundlichem ~, mit freundlichen, herzlichen Grüßen *met vriendelijke groeten!;* den Hut **zum** ~(e) ziehen *ter begroeting zijn hoed afnemen.*
grüßen **0.1** ***groeten*** ⇒*de groeten doen* **0.2** ***begroeten, welkom heten*** **0.3** ***zichtbaar zijn, worden*** ⇒*begroeten* ◆ **1.1** grüß(e) deinen Freund! *(doe) de groeten aan je vriend!;* ⟨reg.⟩ grüß (dich) Gott! *goedendag!* **3.1** er läßt dich ~ *je moet de groeten van hem hebben* **3.2** ⟨schr.⟩ sei (mir) gegrüßt! *(ik heet je) van harte welkom!* **4.1** grüß dich! *hallo!, hoi!*
Grußpflicht ⟨v.⟩⟨mil.⟩ **0.1** ***groetplicht.***
Grußwort ⟨o.; mv. ~e⟩ **0.1** ***officiële groet*** **0.2** ***welkomstwoord.***
Grützbrei ⟨m.⟩ **0.1** ***gort(e)brij, gort(e)pap, grutjes.***
Grütze ⟨v.; ~, ~n⟩ **0.1** ***gort(epap), grutten*** **0.2** ⟨inf.; g.mv.⟩

verstand, hersenen ◆ **2.1** ⟨cul.⟩ rote ~ *nagerecht van rode vruchtensap en bessen.*

Grützkopf ⟨m.⟩⟨inf.⟩ **0.1** ***stommeling, sufferd*** **0.2** ***verstand, hersenen.***

Guasch ⟨v.; ~, ~en⟩ **0.1** ***gouacheprent*** **0.2** ***gouache.***

gucken ⟨inf.⟩ **0.1** ***kijken*** **0.2** ***erbovenuit, eronderuit komen*** ◆ **1.1** Fernsehen ~ *(naar de) televisie kijken* **3.1** da wird er (aber) ~! *die zal opkijken!* **5.1** guck mal (da)! *kijk eens (aan)!* **6.2** die Zeitung guckt **aus** seiner Tasche *de krant steekt uit zijn zak.*

Gucker ⟨m.; ~s, ~⟩⟨inf.⟩ **0.1** ***kijker*** ⟨persoon, voorwerp⟩.

Gucki ⟨m.; ~s, ~s⟩⟨foto.⟩ **0.1** ***(dia)viewer.***

Guckindieluft ⟨m.; ~⟩⟨inf.⟩ ◆ **1.¶** Hans ~ *iem. die niet uitkijkt (waar hij loopt), uilskuiken.*

Guckindiewelt ⟨m.; ~⟩⟨inf.⟩ **0.1** ***hummel(tje).***

Guckkasten ⟨m.⟩ **0.1** ⟨vero.⟩ ***kijkkast, rarekiek*** **0.2** ⟨inf.⟩ ***kijkkast(je), televisie.***

Guckloch ⟨o.⟩ **0.1** ***kijkgat.***

Guelfe ⟨m.; ~n, ~n⟩⟨gesch.⟩ **0.1** ***Guelf, Welf.***

Guerilla[1] ⟨m.; ~(s), ~s⟩⟨vero.⟩ **0.1** ***guerrillastrijder, guerrillero.***

Guerilla[2] ⟨v.; ~, ~s⟩ **0.1** ***guerrilla*** ⇒*guerrillaoorlog* **0.2** ***guerrilla-eenheid*** ⇒*guerrillastrijders.*

Gugelhupf ⟨m.; ~(e)s, ~e⟩⟨Zdd., Oostr., Zwi.; cul.⟩ **0.1** ***tulband(cake).***

Guillotine ⟨v.; ~, ~n⟩ **0.1** ***guillotine*** ⇒*valbijl.*

guillotinieren **0.1** ***guillotineren, met de guillotine onthoofden.***

Gulasch ⟨m. & o.; Oostr. altijd o.; ~(e)s, ~e of ~s⟩ **0.1** ***goulash*** ◆ **3.1** ⟨fig.⟩ aus jmdm. ~ machen *iem. tot moes slaan.*

Gulaschkanone ⟨v.⟩⟨sold.⟩ **0.1** ***keukenwagen, veldkeuken.***

gülden ⟨schr. of iron.⟩ **0.1** ***gulden, gouden.***

Gulden ⟨m.; ~s, ~⟩ **0.1** ***gulden.***

Gülle ⟨v.; ~⟩⟨Zdd., Zwi.⟩ **0.1** ***gier, aalt.***

Gully ⟨m.; ~s, ~s⟩ **0.1** ***rioolput(je).***

gültig **0.1** ***geldig*** ⇒*rechtsgeldig, wettig, deugdelijk* ◆ **3.1** ~ werden *van kracht worden, in werking treden.*

Gültigkeit ⟨v.; ~⟩ **0.1** ***geldigheid*** ⇒*rechtsgeldig-, wettigheid, deugdelijkheid.*

Gültigkeitsdauer ⟨v.⟩ **0.1** ***geldigheidsduur.***

Gummi[1] ⟨m.; ~s, ~s⟩ **0.1** ***gum, (vlak)gom*** **0.2** ⟨inf.⟩ ***condoom, kapotje.***

Gummi[2] ⟨o.; ~s, ~s⟩ **0.1** ***elastieken band*** ⇒*elastiek* **0.2** ***elastiekje.***

Gummi[3] ⟨m. & o.; Oostr. alleen m.; ~s, ~(s)⟩ **0.1** ***rubber, gummi*** **0.2** ***gomhars*** **0.3** ***Arabische gom.***

Gummiabsatz ⟨m.⟩ **0.1** ***rubberhak.***

Gummiarabikum ⟨o.; ~s⟩ **0.1** ***Arabische gom.***

Gummiball ⟨m.⟩ **0.1** ***rubberbal*** ⇒*elastieken bal.*

Gummiband ⟨o.; mv. ~er⟩ **0.1** ***elastieken band*** ⇒*elastiek* **0.2** ***elastiekje.***

Gummibaum ⟨m.⟩ **0.1** ***gom-, rubberboom*** ⇒*eucalyptus* **0.2** ***ficus.***

Gummibelag ⟨m.⟩ **0.1** ***rubber(en) (vloer)bedekking.***

Gummibonbon ⟨m.⟩ **0.1** ***gombal*** ⟨snoep⟩.

Gummielastikum ⟨o.; ~s⟩ **0.1** ***caoutchouc, rubber.***

gummieren **0.1** ***gommen, gommeren.***

Gummigutt ⟨o.; ~(e)s⟩ **0.1** ***gitte-, guttegom.***

Gummihandschuh ⟨m.⟩ **0.1** ***rubberhandschoen.***

Gummiharz ⟨o.⟩ **0.1** ***gomhars.***

Gummiknüppel ⟨m.⟩ **0.1** ***gummiknuppel, wapenstok.***

Gummilösung ⟨v.⟩ **0.1** ***solutie.***

Gummiparagraph ⟨m.⟩⟨inf.⟩ **0.1** ***kapstokartikel, rekbaar wetsartikel.***

Gummireifen ⟨m.⟩ **0.1** ***rubberband.***

Gummiring ⟨m.⟩ **0.1** ***elastiekje*** **0.2** ***weckring*** **0.3** ***rubber ring(etje).***

Gummischlauch ⟨m.⟩ **0.1** ***rubberslang.***

Gummischuh ⟨m.⟩ **0.1** ***rubber-, gummi(over)schoen.***

Gummischutz ⟨m.⟩ **0.1** ***condoom.***

Gummistiefel ⟨m.⟩ **0.1** ***rubberlaars.***

Gummitier ⟨o.⟩ **0.1** ***rubber(en) beest(je)*** **0.2** ***opblaasbaar dier.***

Gummiüberzug ⟨m.⟩ **0.1** ***condoom.***

Gummiware ⟨v.⟩ **0.1** ***rubberartikel, -product.***

Gummizug ⟨m.⟩ **0.1** ***elastiek, elastieken band, boord, rand.***

Gundelrebe ⟨v.⟩ →**Gundermann.**

Gundermann ⟨m.⟩⟨plantk.⟩ **0.1** ***hondsdraf.***

Günsel ⟨m.; ~s, ~⟩⟨plantk.⟩ **0.1** ***zenegroen.***

Gunst ⟨v.; ~⟩ **0.1** ***gunst*** ⇒*genegenheid, welwillendheid, gratie* ◆ **1.1** die ~ des Schicksals *het gelukkige toeval, de fortuin;* die ~ der Umstände *de gunstige gelegenheid* **6.1** **nach** ~ urteilen *partijdig, vooringenomen oordelen;* **zu** meinen ~en *te mijnen gunste, in mijn voordeel.*

Gunstbeweis ⟨m.⟩ →**Gunstbezeigung.**

Gunstbezeigung ⟨v.⟩ **0.1** ***gunstbetoon, -bewijs.***

Gunstgewerblerin ⟨v.; ~, ~nen⟩⟨scherts.⟩ **0.1** ***prostituee, publieke vrouw.***

günstig **0.1** ***gunstig*** ⇒*voorspoedig* ◆ **3.1** etwas ~ kaufen *iets tegen een schappelijke prijs, voordelig kopen;* das traf sich ~ *dat kwam goed uit;* etwas ~ verkaufen *iets verkopen tegen een goede prijs.*

günstig(st)enfalls **0.1** ***in het gunstigste geval.***

Günstling ⟨m.; ~s, ~e⟩ **0.1** ***gunsteling.***

Günstlingswirtschaft ⟨v.⟩ **0.1** ***vriendjespolitiek*** ⇒*nepotisme.*

Gurgel ⟨v.; ~, ~n⟩ **0.1** ***keel, strot*** ⇒*gorgel* ◆ **3.1** jmdm. die ~ ab-, zudrehen, ab-, zudrücken, zuschnüren (a) *iem. de keel, strot dichtknijpen* (b) ⟨fig.⟩ *iem. de das omdoen, iem. ruïneren;* sich ⟨3e nv.⟩ die ~ ölen, schmieren ⟨inf.; fig.⟩ *zijn keel smeren, pimpelen* **6.1** jmdm. **an** die ~ fahren, gehen, springen *iem. naar de keel, strot vliegen;* ⟨fig.⟩ sein Geld **durch** die ~ jagen *zijn geld door de keel jagen, verbrassen.*

gurgeln **0.1** ***gorgelen*** **0.2** ***borrelen, klokken*** ⇒*klotsen* **0.3** ***met zware keelstem, kelig spreken*** ⇒*brabbelen.*

Gurgelwasser ⟨o.; mv. ~⟩ **0.1** ***gorgeldrankje*** **0.2** ***mondwater.***

Gurke ⟨v.; ~, ~n⟩ **0.1** ***komkommer*** **0.2** ***augurk(je)*** **0.3** ⟨inf.; scherts.⟩ ***kokkerd, voorgevel*** **0.4** ⟨inf.⟩ ***pik, lul*** **0.5** ⟨inf.⟩ ***(oude) rammelkar, bak*** ⟨auto⟩ **0.6** ⟨inf.⟩ ***rare snuiter*** ◆ **2.2** grüne, kleine ~n *augurken;* saure ~n *augurken in het zuur, zure bommen* **2.6** eine drollige ~ *een grappig kereltje.*

gurken ⟨inf.⟩ **I** ⟨onov.ww.⟩ **0.1** ***gaan*** ⇒*rijden, tuffen* ◆ **6.1** **über** den Markt ~ *over de markt slenteren;*
II ⟨ov.ww.⟩ **0.1** ***brengen.***

Gurkenkraut ⟨o.⟩ **0.1** ***inmaakkruiden*** ⇒*bernage, dille.*

Gurkensalat ⟨m.⟩ **0.1** ***komkommersalade.***

gurren **0.1** ***kirren, koeren*** ⟨ook fig.⟩.

Gurt ⟨m.; ~(e)s, ~e⟩ **0.1** ***gordel, riem*** ⇒*buikriem, ceintuur, veiligheidsgordel, singel* **0.2** ⟨mil.⟩ ***patroonriem, -gordel*** **0.3** ⟨bouwk.⟩ ***gording*** **0.4** ⟨bouwk., tech.⟩ ***plint*** ◆ **6.¶** sich mächtig **in** die ~e legen *er flink tegenaan gaan.*

Gurtband ⟨o.; mv. ~er⟩ **0.1** ***gordel, riem*** **0.2** ***tailleband*** ⟨van broek of rok⟩.

Gürtel ⟨m.; ~s, ~⟩ **0.1** ***gordel, riem*** ⇒*ceintuur* **0.2** ***gordel, zone*** ⇒*strook, ring, kordon* ◆ **3.1** ⟨inf.; fig.⟩ den ~ (ein Loch) enger schnallen *de buikriem aanhalen.*

Gürtellinie ⟨v.⟩ **0.1** ***gordel*** ⇒*lendestreek* **0.2** ***taille*** ⇒*heuplijn* **0.3** ***(carrosserie)lijn.***

Gürtelreifen ⟨m.⟩ **0.1** ***radiaalband.***
Gürtelrose ⟨v.⟩⟨med.⟩ **0.1** ***gordelroos.***
Gürteltier ⟨o.⟩ **0.1** ***gordeldier.***
gurten 0.1 ***zich omgorden, een gordel om-, aandoen*** **0.2** ***omgorden, singelen*** ⟨v.e. rijdier⟩.
gürten 0.1 ***(om-, aan)gorden*** **0.2** ***omgorden, singelen*** ⟨v.e. rijdier⟩ ◆ **1.1** ein gegürtetes Kleid *een jurk met (een) ceintuur.*
Gurtzwang ⟨m.⟩ **0.1** ***verplichting tot het omdoen v.e. veiligheidsgordel.***
Guru ⟨m.; ~s, ~s⟩ **0.1** ***goeroe.***
GUS ⟨v.; ~⟩⟨afk.; Gemeinschaft Unabhängiger Staaten⟩ **0.1** ***GOS, Gemenebest van Onafhankelijke Staten.***
Guß ⟨m.; Gusses, Güsse⟩ **0.1** ***het gieten, gieterij*** **0.2** ***gietsel, gietstuk*** **0.3** ***stortbad*** ⇒*douche, stortbui, straal, plens, guts* **0.4** ⟨cul.⟩ ***glazuur, couverture*** ◆ **6.1** ⟨fig.⟩ (wie) **aus** einem ~ *uit één stuk, af.*
Gußarbeit ⟨v.⟩ **0.1** ***gietstuk*** ⇒*gietwerk.*
Gußbeton ⟨m.⟩ **0.1** ***gietbeton.***
Gußeisen ⟨o.⟩ **0.1** ***gietijzer.***
Gußform ⟨v.⟩ **0.1** ***gietvorm.***
Gußregen ⟨m.⟩ **0.1** ***stortregen, plens-, stortbui.***
Gußrohr ⟨o.⟩ **0.1** ***gegoten pijp, gietijzeren buis.***
Gußstahl ⟨m.⟩ **0.1** ***gietstaal.***
Güster ⟨m.; ~s, ~⟩⟨biol.⟩ **0.1** ***blei, bliek.***
gustieren 0.1 ⟨schr.⟩ ***gouteren*** ⇒*appreciëren* **0.2** ⟨Oostr.⟩ ***proeven, proberen.***
Gusto ⟨m.; ~s, ~s⟩ **0.1** ***zin*** ⇒*trek, lust* **0.2** ***smaak.***
gut ⟨besser, (am) best(en)⟩ **0.1** ***goed*** ◆ **1.1** ~en Abend *goedenavond;* ~ die Hälfte *ruim de helft;* ein ~es Stück *een heel stuk, heel, aardig wat* **2.1** ~ befreundet sein *goede, dikke vrienden zijn* **3.1** was bringst du Gutes? (a) *wat heb jij voor goed nieuws?* (b) *wat breng jij voor moois mee?;* ihm, mir geht es ~ *met hem, mij gaat het goed;* es sich ⟨3e nv.⟩ ~ gehen lassen *het ervan nemen, pakken;* laß es dir ~ gehen! *het beste (ermee)!, het ga je goed!;* du hast ~ lachen! *jij kunt makkelijk lachen!;* hier ist ~ leben, sein *hier is het goed toeven, leef je aangenaam;* ⟨fig.⟩ ~ liegen *er goed voor, op staan;* mach's ~! *het beste (ermee)!;* schlaf ~! *wel te rusten!;* mir ist nicht ~ *ik voel me niet goed, niet (erg) lekker;* jmdm. ~ sein *iem. een warm hart toedragen,* ⟨ook⟩ *met iem. op goede voet staan;* einander wieder ~ sein *weer goede vrienden zijn;* es ~ sein lassen *het erbij laten, het wel geloven;* laß ~ sein! (a) *laat maar zitten!* (b) *nou is het welletjes geweest!;* Gutes tun *een goede daad, goede daden verrichten;* es wird alles noch, schon wieder ~ werden *het zal allemaal wel goed aflopen;* ⟨inf.; iron.⟩ das kann ja ~ werden! *dat kan nog leuk worden!, dat belooft wat!* **4.1** alles Gute! *het beste (ermee)!;* ich ahne nichts Gutes *ik verwacht, voorzie niet veel goeds;* es hat alles sein Gutes *alles heeft zijn goede kanten;* des Guten zuviel *teveel van het goede* **5.1** also ~!, nun ~! *nou goed dan!, okay!;* du bist ~ daran! *jij staat er goed voor, jij bent goed af!;* schon ~! *goed, goed!, het is (al) goed!;* dafür bin ich mir zu ~ *daar voel ik me te goed voor* **6.1 im** ~en *vriendschappelijk, in der minne;* jenseits **von** Gut und Böse *boven het goede en kwade verheven, zonder rekening te houden met de moraal;* **zu** jmdm., ⟨zelden⟩ **gegen** jmdn. ~ sein *goed voor iem. zijn;* etwas **zum** Guten lenken *iets ten goede keren;* es ist alles wieder ~ **zwischen** uns *het is weer koek en ei tussen ons* **8.1** ~ und gern *(zeker) wel, zeker;* alles ~ und schön, aber ... *alles goed en wel, maar ...;* so ~ wie sicher *zo goed als zeker;* so ~ wie möglich *zo goed mogelijk;* im ~en wie im bösen *goedschiks of kwaadschiks.* →**Ende.**
Gut ⟨o.; ~(e)s, ⸚er⟩ **0.1** ***goed*** ⇒*bezit(ting), eigendom* **0.2** ***vrachtgoed*** **0.3** ***landgoed*** ⇒*boerenbedrijf* **0.4** ⟨scheep.⟩ ***want*** ◆ **2.1** bewegliche Güter *roerende goederen, roerend goed;* liegende, unbewegliche Güter *onroerend goed* **2.4** ⟨scheep.⟩ laufendes und stehendes ~ *staand en lopend want* **6.1 mit** allen Gütern gesegnet sein *met alle aardse goederen gezegend zijn* ¶**.1** ⟨sprw.⟩ unrecht ~ gedeiht nicht *gestolen goed gedijt niet.*
gutachten 0.1 ***rapporteren, verslag, rapport uitbrengen.***
Gutachten ⟨o.; ~s, ~⟩ **0.1** ***rapport, (deskundig) advies, attest*** ⇒*expertise, verslag* ◆ **2.1** ein ärztliches ~ *een doktersattest.*
Gutachter ⟨m.; ~s, ~⟩ **0.1** ***deskundige, expert*** ⇒*adviseur.*
gutacht(er)lich 0.1 ***deskundig*** ⇒*als deskundige, expert, bij advies.*
gutartig 0.1 ***goedaardig*** ⟨ook med.⟩ ⇒*goedmoedig, vriendelijk, ongevaarlijk.*
gutaussehend 0.1 ***knap.***
gutbringen ⟨ec.⟩ →**gutschreiben.**
gutbürgerlich ◆ **1.**¶ ~e Küche *burgerpot.*
gutdotiert 0.1 ***goedbetaald.***
Gutdünken ⟨o.; ~s⟩ **0.1** ***het goeddunken*** ◆ **6.1 nach** ~ *naar believen.*
Güte ⟨v.; ~⟩ **0.1** ***goedheid*** ⇒*welwillend-, vriendelijkheid* **0.2** ***kwaliteit, deugdelijkheid*** ◆ **2.2** ein Artikel erster ~ *een artikel van prima kwaliteit* **2.**¶ (ach,) du liebe, meine ~! *lieve deugd!* **3.1** ⟨schr.⟩ hätten Sie die ~ ..., würden Sie die ~ haben ... *zou u zo goed, vriendelijk willen zijn ...* **6.1 in** ~ *in der minne;* ein Vorschlag **zur** ~ *een voorstel tot minnelijke schikking.*
Güteklasse ⟨v.⟩ **0.1** ***kwaliteit(sklasse).***
Gutenachtkuß ⟨m.⟩ **0.1** ***nachtzoen.***
Güterabfertigung ⟨v.⟩ **0.1** ***expeditie, goederenverzending*** **0.2** ***expeditie-, goederenbureau.***
Güterbahnhof ⟨m.⟩ **0.1** ***goederenstation.***
Güterbeförderung ⟨v.⟩ **0.1** ***goederentransport, expeditie.***
Güterfernverkehr ⟨m.⟩ **0.1** ***goederenverkeer over lange afstand*** ⇒*internationaal transport.*
Gütergemeinschaft ⟨v.⟩⟨jur.⟩ **0.1** ***gemeenschap van goederen.***
Güterkraftverkehr ⟨m.⟩ **0.1** ***(beroeps)goederenvervoer via de weg, vracht(wagen)verkeer.***
Güternahverkehr ⟨m.⟩ **0.1** ***goederenverkeer over korte afstand.***
Güterrecht ⟨o.⟩⟨jur.⟩ ◆ **2.**¶ das eheliche ~ *het huwelijksgoederenrecht.*
Güterstand ⟨m.⟩⟨jur.⟩ **0.1** ***huwelijkse voorwaarden.***
Gütertrennung ⟨v.⟩⟨jur.⟩ ◆ **6.**¶ **in** ~ leben *op huwelijkse voorwaarden getrouwd zijn.*
Güterumschlag ⟨m.⟩ **0.1** ***goederenoverslag.***
Güterwagen ⟨m.⟩ **0.1** ***goederenwagen.***
Güterzug ⟨m.⟩ **0.1** ***goederentrein.***
Gütesiegel ⟨o.⟩ **0.1** ***waarmerk, kwaliteitskenmerk.***
Güteverfahren ⟨o.⟩⟨jur.⟩ **0.1** ***verzoenings-, bemiddelingsprocedure.***
Gütezeichen ⟨o.⟩ **0.1** ***kwaliteitskenmerk, -aanduiding.***
gutgelaunt 0.1 ***goedgehumeurd.***
gutgemeint 0.1 ***welgemeend, goed bedoeld.***
gutgesinnt 0.1 ***goed-, welgezind*** **0.2** ***rechtschapen, edelmoedig.***
gutgläubig 0.1 ***goedgelovig*** ⇒*te goeder trouw.*
guthaben ◆ **6.**¶ **bei** jmdm. Geld ~ *van iem. geld te goed hebben.*
Guthaben ⟨o.⟩ **0.1** ***tegoed*** ⇒*positief saldo.*
gutheißen 0.1 ***goedkeuren*** ⇒*goedvinden.*
gutherzig 0.1 ***goedhartig*** ⇒*goedmoedig, goedig.*

gütig 0.1 ***goedig, goedmoedig*** ⇒*welwillend, vriendelijk* ◆ **5.1** ⟨iron.⟩ zu~! *dank u beleefd!, (nee,) merci!*
gütlich 0.1 ***minnelijk, in der minne*** ⇒*vriendschappelijk* ◆ **1.1** auf~em Wege *in der minne* ¶.¶ sich ⟨4e nv.⟩ an einer Sache ~ tun *zich aan iets te goed doen.*
gutmachen 0.1 ***goedmaken*** ⇒*ongedaan maken* **0.2** ***winnen*** ⇒*verdienen,* ⟨sp.⟩ *een voorsprong opbouwen* ◆ **6.2** ⟨sp.⟩ **gegen** jmdn. eine Minute ~ *één minuut op iem. in-, uitlopen.*
gutmütig 0.1 ***goedmoedig, -hartig, goedig.***
gutnachbarlich 0.1 ***als, van goede buren.***
gutsagen 0.1 ***borg staan, instaan.***
Gutsbesitzer ⟨m.⟩ 0.1 ***land-, grondeigenaar, landheer.***
Gutschein ⟨m.⟩ 0.1 ***bon*** ⇒*tegoedbon, distributiebon, cadeau-, waardebon.*
gutschreiben 0.1 ***crediteren*** ◆ **1.1** jmdm. einen Betrag ~ *iem. voor een bedrag crediteren.*
Gutschrift ⟨v.⟩ 0.1 ***creditering, bijboeking*** **0.2** ***creditnota*** **0.3** ***tegoed*** ⇒*positief saldo.*
Gutsherr ⟨m.⟩ 0.1 ***landeigenaar, -heer.***
Gutshof ⟨m.⟩ 0.1 ***landgoed*** ⇒*herenboerderij.*
gutsituiert 0.1 ***goed gesitueerd*** ⇒*in goeden doen.*
Gutsverwalter ⟨m.⟩ 0.1 ***rentmeester (v.e. landgoed).***
guttun 0.1 ***goeddoen*** **0.2** ⟨reg.⟩ ***het goed doen*** ⇒*zijn best doen.*
guttural 0.1 ***met een keelstem, keelgeluiden makend*** **0.2** ⟨vero.; taal.⟩ ***gutturaal.***
gutunterrichtet 0.1 ***welingelicht.***
gutwillig 0.1 ***gewillig, bereidwillig*** **0.2** ***goedwillend*** ⇒*welwillend.*
Gymnasialbildung ⟨v.⟩ 0.1 ***gymnasiale opleiding, vwo-opleiding.***
Gymnasiallehrer ⟨m.⟩ 0.1 ***leraar bij het vwo.***
Gymnasiast ⟨m.; ~en, ~en⟩ 0.1 ***gymnasiast*** ⇒*vwo-leerling.*
Gymnasium ⟨o.; ~s, Gymnasien⟩ 0.1 ***gymnasium*** ⟨ook gesch.⟩ ⇒*atheneum, lyceum* ◆ **2.1** das altsprachliche, humanistische ~ *het gymnasium, lyceum;* neusprachliches ~ *atheneum-A;* naturwissenschaftliches ~ *atheneum-B.*
Gymnastik ⟨v.; ~⟩ 0.1 ***gymnastiek*** ⇒*gym* **0.2** ***heilgymnastiek.***
Gynäkologe ⟨m.; ~n, ~n⟩ 0.1 ***gynaecoloog, vrouwenarts.***

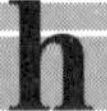

h, H ⟨o.; ~, ~⟩ 0.1 ***h, H*** ⇒*klank h, letter h, H.*
ha ⟨afk.⟩ →**Hektar.**
Haar ⟨o.; ~(e)s, ~e⟩ 0.1 ***haar*** ◆ **2.1** ⟨inf.; fig.⟩ kein gutes ~ an jmdm. lassen *geen draad aan iem. heel laten* **3.1** ⟨fig.⟩ ein ~ in der Suppe finden *ergens wat op aan te merken hebben;* ⟨inf.; fig.⟩ jmdm. die ~e vom Kopf fressen *iem. de oren van het hoofd eten;* ⟨fig.⟩ jmdm. kein ~ krümmen können *iem. geen haar kunnen krenken;* ⟨inf.; fig.⟩ ~e lassen müssen *een veer, veren moeten laten* **6.1** ⟨fig.⟩ **an** einem ~ hängen *aan een zijden draadje hangen;* ⟨fig.⟩ etwas **an** den ~en herbeiziehen *iets er met de haren bij slepen;* ⟨inf.; fig.⟩ **auf** ein ~, aufs ~ *precies, exact;* ⟨inf.; fig.⟩ sich **in** die ~e fahren *elkaar in het haar vliegen;* ⟨inf.; fig.⟩ sich **in** den ~en liegen *met elkaar overhoopliggen;* **um** ein ~ *een tik(kelt)je;* **um** ein ~ wäre, hätte ... *het scheelde maar een haar of ...*
Haaransatz ⟨m.⟩ 0.1 ***haargrens, haarinplant.***
Haarbalg ⟨m.; mv. ~̈e⟩ 0.1 ***haarzakje.***
Haarband ⟨o.; mv. ~̈er⟩ 0.1 ***haarlint.***
haarbreit 0.1 ***vlak (bij).***
Haarbreit ⟨o.⟩ ◆ **6.**¶ nicht (**um**) ein ~ *geen haar-, duimbreed.*
Haarbürste ⟨v.⟩ 0.1 ***haarborstel.***
Haarbüschel ⟨o.⟩ 0.1 ***pluk, bosje haar.***
haaren ⟨ook sich ~⟩ 0.1 ***(ver)haren*** ⇒*in de rui zijn.*
Haarersatz ⟨m.⟩ 0.1 ***haarprothese*** ⇒*pruik, haarstukje.*
Haaresbreite ⟨v.⟩ ◆ **6.**¶ **um** ~ *op het nippertje.*
Haarfarbe ⟨v.⟩ 0.1 ***haarkleur*** **0.2** ***haarverf.***
Haarfestiger ⟨m.⟩ 0.1 ***haarversteviger.***
Haarfilz ⟨m.⟩ 0.1 ***haarvilt.***
haargenau ⟨inf.⟩ 0.1 ***haarfijn*** ◆ **3.1** das stimmt ~ *dat klopt als een bus.*
haarig 0.1 ***behaard, harig*** ⇒*ruig* **0.2** ⟨inf.⟩ ***hachelijk*** ⇒*precair.*
Haarklammer ⟨v.⟩ 0.1 ***haarclip.***
haarklein ⟨fig.⟩ 0.1 ***haarfijn*** ⇒*haarklein, (heel) precies.*
Haarlocke ⟨v.⟩ 0.1 ***haarlok, krul.***
Haarnadelkurve ⟨v.⟩ 0.1 ***haarspeldbocht.***
Haarpflege ⟨v.⟩ 0.1 ***haarverzorging.***
Haarpinsel ⟨m.⟩ 0.1 ***haarpenseel.***
Haarriß ⟨m.⟩ 0.1 ***haarscheurtje.***
Haarröhrchen ⟨o.⟩⟨nat.⟩ 0.1 ***capillair.***
haarscharf ⟨fig.⟩ 0.1 ***haarfijn*** ⇒*haarscherp* **0.2** ***rakelings.***
Haarschleife ⟨v.⟩ 0.1 ***haarstrik*** ⇒*haarlint.*
Haarschmuck ⟨m.⟩ 0.1 ***haarsieraden.***
Haarschneider ⟨m.⟩⟨inf.⟩ 0.1 ***(heren)kapper.***
Haarschnitt ⟨m.⟩ 0.1 ***haarsnit*** **0.2** ***kapsel.***
Haarschopf ⟨m.⟩ 0.1 ***haarbos*** ⇒*kuif.*
Haarspalterei ⟨v.; ~, ~en⟩ 0.1 ***haarkloverij.***
Haarspange ⟨v.⟩ 0.1 ***haarspeld(je).***
Haarspitze ⟨v.⟩ 0.1 ***haarpuntje.***
Haarsträhne ⟨v.⟩ 0.1 ***haarsliert*** ⇒*pluk, streng haar.*
haarsträubend 0.1 ***ontzettend, vreselijk.***
Haarteil ⟨o.⟩ 0.1 ***haarstukje.***
Haartolle ⟨v.⟩⟨inf.⟩ 0.1 ***kuif*** **0.2** ***lok.***
Haarwäsche ⟨v.⟩ 0.1 ***haarwassing.***
Haarwasser ⟨o.; mv. ~̈⟩ 0.1 ***haarlotion, -water.***
Haarwechsel ⟨m.⟩ 0.1 ***rui*** ⇒*verharing.*

Haarwuchs ⟨m.⟩ **0.1** ***haargroei*** **0.2** ***haar(dos).***

Hab ⟨o.⟩⟨schr.⟩ ◆ **8.¶** ~ und Gut *have en goed.*

Habe ⟨v.; ~⟩⟨schr.⟩ **0.1** ***have*** ⇒*bezit(tingen)* ◆ **2.1** (un)bewegliche ~ *(on)roerende goederen.*

haben ⟨→t58⟩ **I** ⟨ov.ww.⟩ **0.1** ***hebben*** **0.2** ⟨+ zu +infinitief⟩ ***dienen*** ⇒*hebben, moeten* ◆ **1.1** ⟨schr.⟩ ~ Sie Dank! *dank u wel!* **3.1** kann ich das Handtuch mal ~? *mag ik de handdoek even?;* zu ~ sein *te krijgen zijn;* ⟨inf.⟩ sie ist noch zu ~ *zij is nog vrij;* für eine Sache zu ~ sein *voor iets te vinden zijn* **3.2** du hast zu schweigen! *jij moet zwijgen!;* ich habe noch zu tun *ik heb nog het een en ander te doen* **4.1** ⟨inf.; scherts.⟩ wir ~'s ja! *we kunnen het immers betalen!;* da ~ wir's! *daar heb je het nou!;* ⟨inf.⟩ dich hat's wohl! *ben jij een haartje betoeterd!* **4.¶** ⟨inf.⟩ haste was kannste *hals over kop* **5.1** ⟨inf.⟩ das werden wir gleich ~! (a) *daar zullen we eens meteen voor zorgen!* (b) *daar zullen we eens gauw een einde aan maken!* **6.1** er hat das so **an** sich *zo is hij nou eenmaal;* das hat nichts **auf** sich *dat heeft niets te betekenen;* nichts **davon** ~ *er niets aan hebben;* das hat viel **für** sich *daar valt veel voor te zeggen;* das hat es (so) **in** sich *dat is lang niet gemakkelijk;* ⟨inf.⟩ es **mit** einer Sache ~ *gek zijn op iets;* du hast noch einiges **vor** dir! *er staat je nog wat te wachten!;*
II sich ~ ⟨wk.ww.⟩ **0.1** ***zich aanstellen*** ⇒*zich gedragen* **0.2** ***het met elkaar aan de stok hebben*** ⇒*ruzie maken* ◆ **4.¶** es hat sich! (a) *dat was het dan!* (b) *en nou is het afgelopen!;* die Sache hat sich *daarmee is het zaakje rond;* ⟨inf.⟩ hat sich was! *geen sprake van!* **5.1** hab dich nicht so! *stel je niet zo aan!;*
III ⟨hww.⟩ **0.1** ***hebben*** ◆ **3.1** er will ihn gesehen ~ *hij beweert hem gezien te hebben.*

Haben ⟨o.; ~s⟩⟨ec.⟩ **0.1** ***credit.***

Habenichts ⟨m.; ~(es), ~e⟩ **0.1** ***have-not*** ⇒*armoedzaaier.*

Habenseite ⟨v.⟩⟨ec.⟩ **0.1** ***creditzijde.***

Habenzins ⟨m.⟩ **0.1** ***creditrente.***

Habgier ⟨v.⟩ **0.1** ***hebzucht.***

habgierig **0.1** ***hebzuchtig.***

habhaft ◆ **3.¶** einer Sache ~ werden *iets te pakken krijgen.*

Habicht ⟨m.; ~s, ~e⟩ **0.1** ***havik.***

Habilitand ⟨m.; ~en, ~en⟩ **0.1** ***iem. die zich wil habiliteren.***

Habilitation ⟨v.; ~, ~en⟩ **0.1** ***habilitatie.***

Habilitationsschrift ⟨v.⟩ **0.1** ***proefschrift ter verwerving v.d. habilitatie.***

habilitieren I ⟨onov.ww.; ook sich ~⟩ **0.1** ***zich habiliteren*** ⇒ *het doceerrecht verkrijgen;*
II ⟨ov.ww.⟩ **0.1** ***habiliteren*** ⇒*het doceerrecht verlenen.*

Habit ⟨m. & o.; ~s, ~e⟩ **0.1** ⟨pej. of iron.⟩ ***kledij*** **0.2** ⟨rel.⟩ ***habijt.***

Habseligkeit ⟨v.; ~, ~en⟩ **0.1** ***bezit(ting)*** ⇒⟨mv. ook⟩ *hebben en houden.*

Habsucht ⟨v.⟩ **0.1** ***hebzucht.***

habsüchtig **0.1** ***hebzuchtig.***

hach! **0.1** ***(ha) ha!***

Hachse ⟨v.; ~, ~n⟩ **0.1** ***schenkel*** ⟨van dieren⟩ **0.2** ⟨inf.; scherts.⟩ ***poot*** ⟨been⟩.

Hackbeil ⟨o.⟩ **0.1** ***hakbijl, hakmes.***

Hackbraten ⟨m.⟩ **0.1** ***(gebraden) gehakt*** ⟨in broodvorm⟩.

Hackbrett ⟨o.⟩ **0.1** ***hakbord*** **0.2** ⟨muz.⟩ ***hakkebord.***

Hacke ⟨v.; ~, ~n⟩ **0.1** ***houweel*** ⇒*hak* **0.2** ***schoffel*** **0.3** ⟨reg.⟩ ***hiel*** ⇒*hak* **0.4** ⟨reg.⟩ ***hak*** ◆ **3.4** sich ⟨3e nv.⟩ die ~n nach einer Sache ablaufen, abrennen *zich de benen uit zijn lijf lopen voor iets.*

hacken[1] ⟨ov. & onov.ww.⟩ **0.1** ***hakken*** ⇒*kappen, houwen* **0.2** ***pikken*** ⇒*bijten* ◆ **6.1** ⟨fig.⟩ **auf** dem Klavier ~ *op de piano zitten hakken.*

hacken[2] ⟨onov.ww.⟩⟨comp.⟩ **0.1** ***kraken v.e. computer.***

Hackfleisch ⟨o.⟩ **0.1** ***gehakt*** ◆ **3.1** ⟨inf.⟩ aus jmdm. ~ machen *gehakt van iem. maken.*

Hackfrucht ⟨v.⟩ **0.1** ***hakvrucht.***

Hacking ⟨o.; ~⟩⟨comp.⟩ **0.1** ***het kraken v.e. computer.***

Hackklotz ⟨m.⟩ **0.1** ***hakblok.***

Hackmesser ⟨o.⟩ **0.1** ***hakmes.***

Hackordnung ⟨v.⟩ **0.1** ***pikorde*** ⟨ook fig.⟩.

Häcksel ⟨m. & o.; ~s⟩ **0.1** ***haksel.***

Hacksteak ⟨o.⟩ **0.1** ***tartaartje*** ⇒*hamburger.*

Hader ⟨m.; ~s⟩⟨schr.⟩ **0.1** ***ruzie*** ⇒*gekijf, gekrakeel* **0.2** ***onvrede*** ⇒*ontevredenheid.*

hadern ⟨schr.⟩ **0.1** ***twisten*** ⇒*ruziën* **0.2** ***in opstand komen*** ⇒*morren* ◆ **6.2** **mit** seinem Schicksal ~ *tegen zijn lot in opstand komen.*

Hafen[1] ⟨m.; ~s, ~̈⟩ **0.1** ***haven*** ⟨ook fig.⟩ ◆ **1.1** ⟨scherts.⟩ den ~ der Ehe ansteuern *trouwplannen hebben;* ⟨scherts.⟩ in den ~ der Ehe einlaufen *in het huwelijksbootje stappen.*

Hafen[2] ⟨m.; ~s, ~⟩ **0.1** ⟨Zdd., Oostr., Zwi.⟩ ***(aarden) pot*** **0.2** ⟨Ndd.⟩ ***glazen kruik.***

Hafenamt ⟨o.⟩ **0.1** ***havendienst, -kantoor.***

Hafenanlagen ⟨alleen mv.⟩ **0.1** ***haveninstallaties*** ⇒*havenwerken.*

Hafenbehörde ⟨v.⟩ **0.1** ***havenautoriteiten.***

Hafendamm ⟨m.⟩ **0.1** ***havenhoofd*** ⇒*havendam.*

Hafeneinfahrt ⟨v.⟩ **0.1** ***haveningang.***

Hafengebühr ⟨v.⟩ **0.1** ***havengeld.***

Hafenkapitän ⟨m.⟩ **0.1** ***havenmeester.***

Hafenmole ⟨v.⟩ →**Hafendamm.**

Hafenviertel ⟨o.⟩ **0.1** ***havenwijk, -kwartier.***

Hafer ⟨m.; ~s, ~⟩ **0.1** ***haver*** ◆ **3.¶** jmdn. sticht der ~ *de (brood)kruimels steken iem.*

Haferbrei ⟨m.⟩ **0.1** ***havergort-, havermoutpap.***

Haferflocken ⟨alleen mv.⟩ **0.1** ***havermout, havervlokken.***

Hafergrütze ⟨v.⟩ **0.1** ***havergort*** ⟨ook pap⟩.

Haferschleim ⟨m.⟩ **0.1** ***dunne havermoutpap.***

Haff ⟨o.; ~(e)s, ~s of ~e⟩ **0.1** ***haf*** ⟨strandmeer⟩.

Haft ⟨v.; ~⟩ **0.1** ***hechtenis*** ⇒*arrest, verzekerde bewaring* **0.2** ***gevangenisstraf*** ⇒*cel(straf)* ◆ **6.1** jmdn. **aus** der ~ entlassen *iem. uit de gevangenis ontslaan.*

Haftanstalt ⟨v.⟩ **0.1** ***gevangenis*** ⇒*huis van bewaring.*

haftbar **0.1** ***aansprakelijk*** ⇒*verantwoordelijk* ◆ **6.1** jmdn. **für** eine Sache ~ machen *iem. voor iets aansprakelijk stellen.*

Haftbefehl ⟨m.⟩ **0.1** ***arrestatiebevel.***

Haftdauer ⟨v.⟩ **0.1** ***duur v.d. gevangenisstraf.***

haften **0.1** ***kleven*** ⇒*hechten, (blijven) plakken* **0.2** ***grip hebben*** **0.3** ⟨ec., jur.⟩ ***aansprakelijk, verantwoordelijk zijn*** ⇒ *borg zijn, staan* ◆ **1.1** ⟨fig.⟩ ~de Eindrücke *blijvende indrukken* **1.3** die Versicherung haftet nicht *de verzekering dekt de schade niet* **5.2** die Reifen ~ schlecht *de banden hebben weinig grip (op de weg)* **6.1** ⟨fig.⟩ sein Blick haftete **auf** ihr *zijn blik bleef op haar gevestigd;* ⟨inf.; fig.⟩ **bei** ihm haftet nichts *hij onthoudt niets* **6.3** Eltern ~ **für** ihre Kinder *ouders zijn aansprakelijk voor hun kinderen.*

haftenbleiben **0.1** ***blijven (vast)zitten*** ⇒*blijven plakken* **0.2** ⟨inf.; fig.⟩ ***blijven hangen*** ⇒*bijblijven.*

Haftentlassung ⟨v.⟩ **0.1** ***invrijheidstelling.***

haftfähig **0.1** ***klevend*** ⇒*(goed) hechtend* **0.2** ***in staat om gevangenisstraf te ondergaan.***

Haftfrist ⟨v.⟩ **0.1** ***aansprakelijkheidstermijn.***

Haftglas ⟨o.⟩ **0.1** ***contactlens.***

Häftling ⟨m.; ~s, ~e⟩ **0.1** ***gedetineerde, gevangene*** **0.2** ***arrestant.***

Haftlinse ⟨v.⟩ **0.1** ***contactlens.***

Haftorgan ⟨o.⟩⟨biol.⟩ **0.1** ***hechtorgaan.***
Haftpflicht ⟨v.⟩ **0.1** ***wettelijke aansprakelijkheid.***
haftpflichtig **0.1** ***wettelijk aansprakelijk.***
Haftpflichtversicherung ⟨v.⟩ **0.1** ***WA-verzekering.***
Haftrichter ⟨m.⟩ **0.1** ***rechter van instructie, rechter-commissaris.***
Haftschale ⟨v.⟩ **0.1** ***contactlens.***
Haftstrafe ⟨v.⟩ **0.1** ***gevangenisstraf, hechtenis.***
Haftung ⟨v.; ~⟩ **0.1** ***contact, verbinding*** **0.2** ***aansprakelijkheid*** ⇒*verantwoordelijkheid.*
Hafturlaub ⟨m.⟩ **0.1** ***proefverlof.***
Hag ⟨m.; ~(e)s, ~e⟩⟨schr.⟩ **0.1** ***heg*** ⇒*haag* **0.2** ***omheind bos(je)*** **0.3** ***klein bos*** ⇒*terrein met struiken.*
Hagebuche ⟨v.⟩ **0.1** ***haagbeuk.***
Hagebutte ⟨v.⟩ **0.1** ***rozenbottel.***
Hagedorn ⟨m.⟩ **0.1** ***haagdoorn.***
Hagel ⟨m.; ~s⟩ **0.1** ***hagel.***
Hagelkorn ⟨o.⟩ **0.1** ***hagelkorrel*** **0.2** ⟨med.⟩ ***strontje.***
hageln **0.1** ***hagelen*** ⟨ook fig.⟩.
Hagelschaden ⟨m.⟩ **0.1** ***hagelschade.***
Hagelschauer ⟨m.⟩ **0.1** ***hagelbui.***
Hagelschlag ⟨m.⟩ **0.1** ***hagelslag*** ⇒*hevige hagelbui.*
Hagelschloße ⟨v.⟩ **0.1** ***hagelsteen.***
Hagelwetter ⟨o.⟩ **0.1** ***onweer met hagelbui.***
Hagelzucker ⟨m.⟩ **0.1** ***grofkorrelige suiker.***
hager **0.1** ***lang en mager*** ⇒*knokig, schraal.*
Hagestolz ⟨m.; ~es, ~e⟩⟨inf.; schr.⟩ **0.1** ***vrijgezel.***
Hagiograph ⟨m.; ~en, ~en⟩ **0.1** ***hagiograaf.***
Häher ⟨m.; ~s, ~⟩⟨biol.⟩ **0.1** ***Vlaamse gaai, meerkol.***
Hahn ⟨m.; ~(e)s, ⸚e⟩ **0.1** ***haan*** **0.2** ***haan*** ⇒*windroos* **0.3** ***haan*** ⟨v.e. geweer⟩ **0.4** ***kraan*** ⇒*afsluiting* ◆ **3.1** ⟨fig.⟩ ~ im Korbe sein *de enige man onder veel vrouwen zijn;* er stolziert umher wie ein ~ auf dem Mist(haufen) *hij stapt als een haan van een stoter.*
Hähnchen ⟨o.; ~s, ~⟩ **0.1** ***haantje*** ⇒⟨cul. vooral⟩ *kip.*
Hahnenbalken ⟨m.⟩ **0.1** ***hanenbalk.***
Hahnenfuß ⟨m.⟩⟨plantk.⟩ **0.1** ***hanenpoot, boterbloem.***
Hahnenkamm ⟨m.⟩ **0.1** ***hanenkam.***
Hahnenschrei ⟨m.⟩ **0.1** ***hanengekraai.***
Hahnentritt ⟨m.⟩ **0.1** ***hanentred*** **0.2** ⟨ind.⟩ ***hanenvoet*** ⇒ *pied-de-poule.*
Hahnrei ⟨m.; ~s, ~s⟩⟨inf.⟩ **0.1** ***bedrogen echtgenoot, hoorndrager.***
Hai ⟨m.; ~(e)s, ~e⟩ **0.1** ***haai.***
Haifisch ⟨m.⟩ **0.1** ***haai.***
Hain ⟨m.; ~(e)s, ~e⟩ **0.1** ⟨vero.⟩ ***klein bos*** ⇒*bosschage, groep geboomte* **0.2** ⟨lit., rel.⟩ ***heilig bos.***
Hainbuche ⟨v.⟩ **0.1** ***haagbeuk.***
Häkelarbeit ⟨v.⟩ **0.1** ***haakwerk(je).***
Häkeldecke ⟨v.⟩ **0.1** ***gehaakt kleed.***
Häkelei ⟨v.; ~, ~en⟩ **0.1** ***haakwerk*** **0.2** ⟨inf.⟩ ***plagerij.***
häkeln **I** ⟨onov.ww.⟩ **0.1** ***blijven haken, vasthaken;*** **II** ⟨ov.ww.⟩ **0.1** ***haken*** **0.2** ⟨sp.⟩ ***haken, beentje lichten;*** **III sich** ~ ⟨wk.ww.⟩ **0.1** ***elkaar plagen.***
Häkelnadel ⟨v.⟩ **0.1** ***haakpen, haaknaald.***
haken **I** ⟨onov.ww.⟩ **0.1** ***blijven zitten*** ⇒*klemmen;* **II** ⟨ov.ww.⟩ **0.1** ***haken, met een haak bevestigen*** **0.2** ⟨sp.⟩ ***haken*** ⇒*laten struikelen.*
Haken ⟨m.; ~s, ~⟩ **0.1** ***haak, kram*** **0.2** ***haakje*** ⟨teken in de vorm v.e. haak⟩ **0.3** ⟨fig.⟩ ***(verborgen) moeilijkheid*** ⇒*bezwaar* **0.4** ⟨sp.⟩ ***hoekstoot*** ◆ **3.3** die Sache hat einen ~ *er schuilt nog een adder onder 't gras* **3.¶** einen ~ schlagen *een plotselinge zijsprong maken* **6.3** ⟨inf.; sp.⟩ **mit** ~ und Ösen *met alle geoorloofde en ongeoorloofde middelen* **¶.1** ⟨sprw.⟩ was ein guter ~ werden soll, krümmt sich beizeiten *het moet vroeg krommen, zal het een goede punthaak geven.*
Hakenkreuz ⟨o.⟩ **0.1** ***hakenkruis, swastika.***
Hakennase ⟨v.⟩ **0.1** ***haakneus, haviksneus.***
hakig **0.1** ***haakvormig, hakig.***
Halali ⟨o.; ~s, ~s⟩⟨jacht⟩ **0.1** ***hallali*** **0.2** ***einde v.d. jacht.***
halb **0.1** ***half, voor de helft*** **0.2** ***gedeeltelijk*** ⇒*onvolledig, onvolkomen* ◆ **1.2** das sind ja noch ~e Kinder *dat zijn eigenlijk nog kinderen;* mit ~er Stimme sprechen *op gedempte toon spreken;* auf ~em Wege *halverwege* **2.2** das ist ~ so schlimm *dat is helemaal niet zo erg* **3.2** nur ~ bei der Sache sein *er niet voor de honderd procent bij zijn* **4.1** nichts Halbes und nichts Ganzes sein *vis noch vlees zijn* **8.1** ~ und ~, halbe-halbe machen *in twee gelijke delen verdelen, samsam, fifty-fifty doen.*
halbamtlich **0.1** ***officieus.***
Halbbildung ⟨v.⟩ **0.1** ***gebrekkige ontwikkeling*** **0.2** ***halfverwerkte kennis.***
Halbblut ⟨o.⟩ **0.1** ***halfbloed.***
Halbbruder ⟨m.⟩ **0.1** ***half-, stiefbroer.***
Halbdunkel ⟨o.⟩ **0.1** ***schemerdonker.***
Halbe ⟨bn. als zn.⟩ **0.1** ***helft*** ⇒*halfje.*
halber ⟨vz. + 2⟩ **0.1** ***wegens, ter wille van*** ◆ **1.1** der Bequemlichkeit ~ *ter wille van het gemak.*
Halberzeugnis ⟨o.⟩ **0.1** ***halffabrikaat.***
Halbfertigware ⟨v.⟩ **0.1** ***halffabrikaat.***
halbfest **0.1** ***geleiachtig.***
Halbfranzband ⟨m.; mv. ⸚e⟩ **0.1** ***in halfleren band gebonden boek.***
halbgebildet **0.1** ***halfgeleerd.***
Halbgeschoß ⟨o.⟩ **0.1** ***tussenverdieping.***
Halbheit ⟨v.; ~, ~en⟩ **0.1** ***halfslachtigheid*** **0.2** ***onvolkomenheid.***
halbherzig **0.1** ***halfslachtig.***
halbieren **0.1** ***halveren.***
Halbinsel ⟨v.⟩ **0.1** ***schiereiland.***
Halbjahr ⟨o.⟩ **0.1** ***half jaar*** **0.2** ***semester.***
Halbkonsonant ⟨m.⟩ **0.1** ***halfvocaal.***
Halbkreis ⟨m.⟩ **0.1** ***halve cirkel.***
Halbkugel ⟨v.⟩ **0.1** ***halve bol*** **0.2** ⟨aardr.⟩ ***halfrond.***
halblang **0.1** ***half lang*** ◆ **3.1** ⟨inf.; fig.⟩ (nun) mach (aber) mal ~! *overdrijf niet zo!*
halblaut **0.1** ***halfluid*** **0.2** ***met gedempte stem.***
Halbleiter ⟨m.⟩⟨tech.⟩ **0.1** ***halfgeleider.***
halbmast **0.1** ***halfstok.***
Halbmesser ⟨m.⟩ **0.1** ***straal, radius*** ⟨v.e. cirkel⟩.
Halbmond ⟨m.⟩ **0.1** ***halve maan.***
halbpart **0.1** ***voor de helft, in gelijke delen*** ◆ **3.1** mit jmdm. ~ machen *met iem. gelijk op delen.*
Halbpension ⟨v.⟩ **0.1** ***halfpension.***
Halbprodukt ⟨o.⟩ **0.1** ***halffabrikaat.***
Halbreim ⟨m.⟩ **0.1** ***halfrijm, assonantie.***
Halbrund ⟨o.⟩ **0.1** ***halve cirkel.***
Halbschlaf ⟨m.⟩ **0.1** ***lichte slaap*** ⇒*sluimer.*
Halbschuh ⟨v.⟩ **0.1** ***lage schoen.***
Halbschuhtourist ⟨m.⟩⟨inf.; iron.⟩ **0.1** ***iem. die zonder goede uitrusting bergtochten maakt.***
Halbschwester ⟨v.⟩ **0.1** ***half-, stiefzuster.***
halbseiden **0.1** ***halfzijden*** **0.2** ***louche, van verdacht allooi*** **0.3** ⟨inf.; pej.⟩ ***slap*** ⇒*verwijfd.*
halbseitig **0.1** ***aan een kant*** **0.2** ***van een halve bladzij(de).***
halbstark ⟨inf.; pej.⟩ **0.1** ***nozemachtig.***
Halbstarke(r) ⟨bn. als zn.; m.⟩⟨inf.; pej.⟩ **0.1** ***nozem.***
Halbstiefel ⟨m.⟩ **0.1** ***halfhoge laars, bottine.***
halbstündig **0.1** ***van een half uur, halfuurs-, een half uur durend.***

halbstündlich **0.1** *om het halve uur, elk half uur.*
halbtags **0.1** *een halve dag durend* ◆ **3.1** ~ arbeiten *halve dagen werken.*
Halbtagskraft ⟨v.⟩ **0.1** ***parttimer voor halve dagen.***
Halbton ⟨m.⟩ **0.1** ***halve toon*** **0.2** ***tussentint.***
halbtot **0.1** ***halfdood.***
Halbwaise ⟨v.⟩ **0.1** ***halve wees.***
halbwegs **0.1** ***halverwege*** **0.2** ⟨inf.⟩ ***enigszins*** ⇒*tamelijk.*
Halbwelt ⟨v.⟩ **0.1** ***demi-monde.***
Halbwertszeit ⟨v.⟩⟨nat.⟩ **0.1** ***halveringstijd.***
Halbwissen ⟨o.⟩⟨pej.⟩ **0.1** ***niet goed verwerkte kennis*** ⇒*oppervlakkige kennis.*
Halbwüchsige(r) ⟨bn. als zn.⟩ **0.1** ***halfvolwassen persoon.***
Halbzeit ⟨v.⟩⟨sp.⟩ **0.1** ***halve speeltijd*** ⇒*speelhelft* **0.2** ***rust, halftime.***
Halbzeug ⟨o.⟩ **0.1** ***halffabrikaat.***
Halde ⟨v.; ~, ~n⟩ **0.1** ⟨schr.⟩ ***helling, glooiing*** **0.2** ***heuvel, berg*** **0.3** ⟨mijnw.⟩ ***steenberg, stortberg*** **0.4** ⟨mijnw.⟩ ***kolenvoorraad*** **0.5** ⟨fig.⟩ ***voorraad*** ◆ **6.5** mehr als 100.000 Autos stehen **auf** ~ *er is een voorraad van meer dan 100.000 onverkochte auto's.*
Hälfte ⟨v.; ~, ~n⟩ **0.1** ***helft*** ⇒*midden* ◆ **2.1** ⟨inf.; scherts.⟩ meine bessere ~ *mijn wederhelft, mijn betere helft* **3.1** da müssen wir die ~ abstreichen *we kunnen de helft ervan niet geloven* **6.1** **um** die ~ kleiner *de helft kleiner;* **zur** ~ *voor de helft.*
Halfter[1] ⟨v.; ~, ~n⟩ **0.1** ***holster*** ⇒*foedraal.*
Halfter[2] ⟨o.; ~s, ~⟩ **0.1** ***halster, toom.***
halftern **0.1** ***halsteren.***
hälftig **0.1** ***voor de helft*** ◆ **1.1** ein ~er Anteil *een aandeel dat uit de helft bestaat.*
Hall ⟨m.; ~(e)s⟩ **0.1** ***klank*** ⇒*geluid* **0.2** ***galm*** **0.3** ***echo.***
Halle ⟨v.; ~, ~n⟩ **0.1** ***hal, zaal*** ⇒*zuilengang* **0.2** ***hal, loods*** **0.3** ***hal, vestibule.***
halleluja! **0.1** ***(h)alleluja!***
Halleluja ⟨o.; ~s, ~s⟩ **0.1** ***(h)alleluja, loflied.***
Hallelujamädchen ⟨o.⟩⟨inf.; scherts.⟩ **0.1** ***hallelujazus, heilsoldate.***
hallen **0.1** ***weerklinken*** ⇒*luid klinken, schallen* **0.2** ***naklinken*** ⇒*(weer)galmen.*
Hallenbad ⟨o.⟩ **0.1** ***overdekt zwembad.***
Hallenbau ⟨m.; mv. ~ten⟩ **0.1** ***grote hal.***
Hallenfußball ⟨m.⟩ **0.1** ***zaalvoetbal.***
Hallenhandball ⟨m.⟩ **0.1** ***zaalhandbal.***
Hallenkirche ⟨v.⟩⟨bouwk.⟩ **0.1** ***hallenkerk.***
Hallenschwimmbad ⟨o.⟩ **0.1** ***overdekt zwembad.***
Hallensport ⟨m.⟩ **0.1** ***zaalsport.***
Hallig ⟨v.; ~, ~en⟩ **0.1** ⟨uit kwelderland ontstaan eilandje in de Noordzee aan de westkust v. Sleeswijk-Holstein⟩.
Halljahr ⟨o.⟩⟨rel.⟩ **0.1** ***jubeljaar.***
hallo! ⟨acc. wiss.⟩ **0.1** ***hallo!***
Hallo ⟨o.; ~s, ~s⟩ **0.1** ***drukte, hallogeroep*** ⇒*opschudding* ◆ **6.1** **mit** lautem ~ empfangen *met veel tamtam ontvangen.*
Halluzination ⟨v.; ~, ~en⟩ **0.1** ***hallucinatie.***
halluzinieren **0.1** ***hallucineren, hallucinaties hebben.***
Halm ⟨m.; ~(e)s, ~e⟩ **0.1** ***halm*** ⇒*stengel* ◆ **6.1** der Weizen steht noch **am, im** ~ *de tarwe staat nog op de akker.*
Halma ⟨o.; ~s⟩⟨sp.⟩ **0.1** ***halma.***
Halmfrucht ⟨v.⟩ **0.1** ***graan, koren.***
Halo ⟨m.; ~(s), ~s of Halonen⟩ **0.1** ⟨nat.⟩ ***halo*** **0.2** ⟨med.⟩ ***kring om de ogen.***
halogen ⟨schei.⟩ **0.1** ***halogeen, zoutvormend.***
Halogen ⟨o.; ~(e)s, ~e⟩ **0.1** ***halogeen.***
Halogenscheinwerfer ⟨m.⟩ **0.1** ***halogeenkoplamp.***
Hals[1] ⟨m.; ~es, ¨~e⟩ **0.1** ***hals*** ⟨ook fig.⟩ ⇒*nek* **0.2** ***keel*** ◆ **2.1** ⟨inf.⟩ einen langen ~ machen *de hals uitrekken* **2.2** ein rauher ~ *een schorre keel* **3.1** ⟨fig.⟩ jmdm. den ~ abschneiden *iem. ruïneren;* das wird mich / mir den ~ kosten *dat wordt mijn ondergang;* ⟨inf.⟩ er kann den ~ nicht voll genug kriegen *hij is onverzadigbaar* **6.1** ⟨inf.⟩ etwas **am** (auf dem) ~ haben *met iets opgescheept zitten;* ⟨inf.⟩ sich ⟨3e nv.⟩ die Pest **an** den ~ ärgern *zich dood ergeren;* jmdm. einen Prozeß **an** den ~ hängen *iem. een proces aandoen;* ⟨inf.⟩ sich jmdm. **an** den ~ werfen *zich aan iem. opdringen;* ⟨inf.⟩ jmdm. die Polizei **auf** den ~ schicken *iem. de politie op z'n dak sturen;* **aus** vollem ~e lachen *luidkeels lachen;* das Wasser steht ihm **bis zum** ~ *het water staat hem tot aan de lippen;* jmdm. mit etwas **vom** ~(e) bleiben *iem. met iets van 't lijf blijven;* ⟨inf.⟩ bleib mir damit **vom** ~(e)! *val me daar niet mee lastig!;* ⟨inf.⟩ sich ⟨3e nv.⟩ jmdn. **vom** ~(e) schaffen *zich van iem. ontdoen, iem. afschudden* **6.2** ⟨inf.; fig.⟩ er bekam die Bemerkung **in** den falschen ~ *die opmerking schoot bij hem in het verkeerde keelgat;* ⟨inf.⟩ das hängt mir **zum** ~(e) heraus *dat hangt me de keel uit.*
Hals[2] ⟨m.; ~es, ~en⟩⟨scheep.⟩ **0.1** ***hals.***
Halsabschneider ⟨m.⟩⟨inf.; pej.⟩ **0.1** ***afzetter.***
halsabschneiderisch **0.1** ***woekerachtig.***
Halsausschnitt ⟨m.⟩ **0.1** ***hals*** ⟨v.e. kledingstuk⟩.
Halsband ⟨o.⟩ **0.1** ***halsband.***
Halsberge ⟨v.; ~, ~n⟩ **0.1** ***halsberg*** **0.2** ***maliënkolder.***
halsbrecherisch **0.1** ***halsbrekend*** ⇒*levensgevaarlijk.*
Halseisen ⟨o.⟩ **0.1** ***halsboei, halsring.***
halsen ⟨scheep.⟩ **0.1** ***halzen.***
Halsentzündung ⟨v.⟩ **0.1** ***keelontsteking.***
halsfern **0.1** ***ruim, ruim zittend*** ⟨om de hals⟩.
Halsgericht ⟨o.⟩⟨gesch.⟩ **0.1** ***halsgerecht.***
Halskette ⟨v.⟩ **0.1** ***halsketting.***
Halskrause ⟨v.⟩ **0.1** ***plooikraag*** **0.2** ⟨biol.⟩ ***kraag, halsveren.***
Halslänge ⟨v.⟩ **0.1** ***halslengte.***
Halsleiden ⟨o.⟩ **0.1** ***keelaandoening.***
halsnah **0.1** ***hooggesloten.***
Hals-Nasen-Ohren-Arzt ⟨m.⟩ **0.1** ***keel-, neus- en oorarts.***
Halsschlagader ⟨v.⟩ **0.1** ***halsslagader.***
Halsschmerz ⟨m.⟩ **0.1** ***keelpijn.***
Halsschmuck ⟨m.⟩ **0.1** ***halssieraad.***
halsstarrig **0.1** ***halsstarrig*** ⇒*stijfkoppig.*
Halstuch ⟨o.⟩ **0.1** ***halsdoek*** ⇒*sjaal.*
Hals- und Beinbruch! ⟨inf.⟩ **0.1** ***veel geluk!, succes!***
Halsweh ⟨o.⟩ **0.1** ***keelpijn.***
Halsweite ⟨v.⟩ **0.1** ***halswijdte*** ⟨v. kleding⟩.
Halswirbel ⟨m.⟩ **0.1** ***halswervel.***
halt[1] ⟨tw.⟩ **0.1** ***halt!, stop!, sta!***
halt[2] ⟨bw.⟩⟨Zdd., Oostr., Zwi.⟩ **0.1** ***nu eenmaal*** ⇒*gewoon(weg)* ◆ **3.1** es ist ~ nicht anders *het is nu eenmaal niet anders.*
Halt ⟨m.; ~(e)s, ~e⟩ **0.1** ***steun, stut*** ⇒*stevigheid* **0.2** ***halt*** ⇒*stilstand, stop* **0.3** ⟨fig.⟩ ***steun*** ⇒*houvast, standvastigheid* ◆ **3.2** einer Sache ~ gebieten *iets een halt toeroepen;* ~ machen *stoppen* **3.3** jeden ~ verlieren *elk houvast verliezen* **6.3** ein Mensch **ohne** inneren ~ *een mens zonder ruggengraat.*
haltbar **0.1** ***houdbaar*** **0.2** ***duurzaam*** ⇒*stevig, sterk* **0.3** ***houdbaar*** ⇒*verdedigbaar* ◆ **1.3** ⟨sp.⟩ sein erster Platz ist kaum ~ *zijn eerste plaats is erg moeilijk te handhaven.*
Haltbarkeitsdatum ⟨o.⟩ **0.1** ***houdbaarheidsdatum.***
Halte ⟨v.; ~, ~n⟩⟨sp.⟩ **0.1** ***(onbeweeglijke) houding, stand*** ⟨bij het turnen⟩.
Haltebucht ⟨v.⟩⟨verk.⟩ **0.1** ***parkeerhaven.***
Haltegriff ⟨m.⟩ **0.1** ***handvat, handgreep*** ⟨bv. in een tram⟩ **0.2** ⟨sp.⟩ ***houdgreep.***

Haltegurt ⟨m.⟩ **0.1** ***veiligheidsgordel.***

Haltelinie ⟨v.⟩⟨verk.⟩ **0.1** ***stopstreep.***

halten ⟨→t59⟩ **I** ⟨onov.ww.⟩ **0.1** ***stoppen, stilstaan*** **0.2** ***houden*** ⇒*vast blijven, duurzaam zijn* **0.3** ***houden*** ⇒*richten* ⟨ook fig.⟩ ◆ **1.2** die Freundschaft hält nicht *de vriendschap is niet van lange duur* **6.3** ⟨fig.⟩ **auf** Ordnung ~ *op orde gesteld zijn;* **auf** einen Hasen ~ *op een haas aanleggen;* **auf** sich ~ *zichzelf respecteren;* **zu** jmdm. ~ *achter iem. staan* **6.¶** ich konnte nur mit Mühe **an** mich ~ *ik kon mij slechts met moeite beheersen;*
II ⟨ov.ww.⟩ **0.1** ***houden*** **0.2** ***houden voor*** **0.3** ⟨met 'es'⟩ ***doen*** ⇒*gewoon zijn* **0.4** ⟨met 'es'⟩ ***houden*** ⇒*de kant kiezen* ◆ **1.1** diese Theorie ist nicht zu ~ *deze theorie is niet houdbaar;* Frieden ~ *de vrede bewaren;* eine Zeitung ~ *op een krant geabonneerd zijn* **4.3** ich habe es immer so gehalten *zo ben ik het altijd gewend geweest* **6.2** viel **auf** etwas ~ *iets erg waarderen;* was ~ Sie **davon**? *hoe denkt u daarover?;* etwas **für** falsch ~ *iets onjuist achten;* nicht viel **von** jmdm. ~ *geen hoge dunk van iem. hebben;* **wofür** ~ Sie mich? *wat denkt u wel van mij?* **6.4** ⟨inf.⟩ es **mit** dem Chef ~ *een verhouding met de chef hebben;* er hält es **mit** den Mädchen *hij is gek op meisjes;*
III sich ~ ⟨wk.ww.⟩ **0.1** ***zich houden*** **0.2** ***zich houden*** ⇒*zich staande houden* **0.3** ***duurzaam zijn*** **0.4** ***zich handhaven*** ⇒*standhouden* **0.5** ***(aan)houden*** ⇒*blijven* ◆ **1.3** ⟨inf.⟩ die Frau hat sich gut gehalten *die vrouw ziet er goed uit voor haar leeftijd* **5.1** sich aufrecht ~ *rechtop lopen, zitten* **5.4** sich in der Diskussion wacker ~ *zich flink weren in de discussie* **6.5** sich dicht **hinter** jmdm. ~ *vlak achter iem. blijven* **6.¶** sich **an** jmdn. ~ *in iemands buurt blijven.*

Haltepunkt ⟨m.⟩ **0.1** ***klein station, stopplaats.***

Halter ⟨m.; ~s, ~⟩ **0.1** ***handgreep, handvat*** ⇒*greep, steel* **0.2** ***houder*** ⇒*standaard* **0.3** ***houder*** ⇒*eigenaar* ◆ **1.3** der ~ des Fahrzeugs *de eigenaar van het voertuig.*

Haltere ⟨v.; ~, ~n⟩ **0.1** ⟨sp.⟩ ***halter*** **0.2** ⟨biol.⟩ ***halter*** ⟨v.e. insect⟩.

haltern **0.1** ***in de houder hangen, (vast)klemmen.***

Halterung ⟨v.; ~, ~en⟩ **0.1** ***houder*** ⇒*klem.*

Halteschwung ⟨m.⟩⟨sp.⟩ **0.1** ***christiania (om te stoppen).***

Haltesignal ⟨o.⟩ **0.1** ***stopteken.***

Haltestelle ⟨v.⟩ **0.1** ***halte, stopplaats*** **0.2** ***klein station.***

Haltetau ⟨o.⟩⟨scheep.⟩ **0.1** ***touw, tros.***

Halteverbot ⟨o.⟩ **0.1** ***stopverbod*** **0.2** ***plaats, waar een stopverbod geldt*** **0.3** ***verbod voor het houden v. dieren.***

haltlos **0.1** ***onevenwichtig, labiel*** **0.2** ***onhoudbaar*** ⇒*ongegrond.*

Haltlosigkeit ⟨v.; ~⟩ **0.1** ***onevenwichtigheid*** **0.2** ***onhoudbaarheid.***

haltmachen **0.1** ***stoppen, stilstaan*** ◆ **6.1** ⟨fig.⟩ **vor** nichts ~ *voor niets terugdeinzen.*

Haltung ⟨v.; ~, ~en⟩ **0.1** ***houding*** ◆ **3.1** ~ bewahren *zich niet laten gaan;* die ~ verlieren *zijn zelfbeheersing verliezen* **6.1** etwas **mit** ~ hinnehmen *iets met waardigheid accepteren.*

Haltungsfehler ⟨m.⟩ **0.1** ***verkeerde lichaamshouding.***

Haltungsschaden ⟨m.⟩⟨med.⟩ **0.1** ***verkeerde lichaamshouding*** ⟨als gevolg v. vergroeiing⟩.

Halunke ⟨m.; ~n, ~n⟩ **0.1** ⟨pej.⟩ ***schurk*** **0.2** ⟨scherts.⟩ ***bengel.***

Hamas, Hamasbewegung ⟨v.; ~, g.mv.⟩ **0.1** ***Hamas(beweging).***

Hamburger ⟨m.; ~s, ~⟩ **0.1** ***Hamburger, inwoner v. Hamburg*** **0.2** ⟨cul.⟩ ***hamburger.***

Häme ⟨v.; ~⟩ **0.1** ***hatelijkheid.***

hämisch **0.1** ***boosaardig, vals*** ⇒*vol leedvermaak.*

Hammel ⟨m.; ~s, ~ of ~̈⟩ **0.1** ***hamel, weerschaap*** **0.2** ⟨pej.⟩ ***ezel, stommeling*** ◆ **8.1** dumm wie ein ~ *oliedom.*

Hammelbein ⟨o.⟩ **0.1** ***hamelpoot*** ⇒*schapenpoot* ◆ **3.1** ⟨inf.; scherts.⟩ jmdm. die ~e langziehen *iem. terechtwijzen, op z'n nummer zetten.*

Hammelbraten ⟨m.⟩ **0.1** ***gebraden schapenvlees.***

Hammer ⟨m.; ~s, ~̈⟩ **0.1** ***hamer, moker*** **0.2** ***hamer(werk)*** ⇒*stamper* **0.3** ⟨sp.⟩ ***slingerkogel*** **0.4** ⟨inf.⟩ ***grove fout*** ⇒*blunder* ◆ **3.1** ⟨inf.⟩ das ist ein ~! (a) *dat is fantastisch!* (b) *dat is een grof schandaal!* **3.¶** ⟨fig.⟩ einen ~ haben *een klap van de molen weg hebben* **6.1** ⟨fig.⟩ **unter** den ~ kommen *onder de hamer komen, publiek verkocht worden.*

Hammerklavier ⟨o.⟩ **0.1** ***hamerklavier, piano.***

hämmern **I** ⟨onov.ww.⟩ **0.1** ***hameren, met de hamer slaan*** **0.2** ***hameren*** ⇒*kloppen, bonzen* ◆ **1.2** das Blut hämmerte in seinen Schläfen *het bloed klopte in zijn slapen* **6.1** **an** die Tür ~ *op de deur bonzen;*
II ⟨ov.ww.⟩ **0.1** ***hameren, met de hamer bewerken*** **0.2** ***hameren, met de hamer vervaardigen*** **0.3** ⟨sp.⟩ ***kogelen, knallen*** ◆ **6.1** jmdm. etwas **in** den Schädel ~ *iets bij iem. erin hameren.*

Hammerschlag ⟨m.⟩ **0.1** ***hamerslag.***

Hammerwerfen ⟨o.⟩⟨sp.⟩ **0.1** ***kogelslingeren.***

Hammerwerk ⟨o.⟩ **0.1** ***grofsmederij, pletterij.***

Hammerwurf ⟨m.⟩⟨sp.⟩ **0.1** ***kogelslingeren*** **0.2** ***worp bij het kogelslingeren.***

Hämorrhoide ⟨v.; ~, ~n⟩⟨med.⟩ **0.1** ***aambei(en), hemorroïden.***

Hämorride ⟨v.⟩⟨nw.spel.⟩ →**Hämorrhoide.**

Hämozyt ⟨m.; ~en, ~en⟩⟨biol.⟩ **0.1** ***bloedcel, bloedlichaampje.***

Hampelei ⟨v.; ~⟩⟨inf.; meestal pej.⟩ **0.1** ***gewiebel*** ⇒*gebungel.*

Hampelmann ⟨m.; mv. ~̈er⟩ **0.1** ***hansworst*** ⇒*ledenpop* **0.2** ⟨fig.⟩ ***marionet*** ⇒*stroman* ◆ **2.2** zu Hause ist er der reine ~ *thuis heeft hij niets in te brengen.*

hampeln ⟨inf.⟩ **0.1** ***wiebelen*** ⇒*bungelen, spartelen.*

Hamster ⟨m.; ~s, ~⟩ **0.1** ***hamster.***

Hamsterbacke ⟨v.⟩⟨inf.; fig.⟩ **0.1** ***wangzak.***

Hamsterer ⟨m.; ~s, ~⟩⟨inf.⟩ **0.1** ***hamsteraar.***

Hamsterkauf ⟨m.⟩ **0.1** ***het hamsteren.***

hamstern ⟨inf.⟩ **0.1** ***hamsteren.***

Hamsterware ⟨v.⟩⟨inf.⟩ **0.1** ***hamstervoorraad, gehamsterde waar.***

Hand ⟨v.; ~, ~̈e⟩ **0.1** ***hand*** **0.2** ***hand(schrift)*** **0.3** ⟨biol.⟩ ***voor-, achterhand*** ⟨v.e. paard⟩ **0.4** ⟨sp.⟩ ***hands*** **0.5** ⟨sp.⟩ ***treffer*** ⇒*stoot* ⟨boksen⟩ **0.6** ⟨ec.⟩ ***hand*** ⇒*eigenaar* ◆ **2.1** eine hohle ~ haben *corrupt zijn;* nicht in die hohle ~! *in geen geval!;* ⟨inf.; fig.⟩ klebrige Hände haben *lange vingers hebben;* eine Ausgabe letzter ~ *de meest recente uitgave;* eine milde ~ haben *royaal zijn;* die öffentliche ~ *de regering, staatsfinanciën;* ⟨fig.⟩ saubere Hände haben *een zuiver geweten hebben;* Politik der starken ~ *machtspolitiek* **2.4** angeschossene ~ *aangeschoten hands* **3.1** ⟨inf.⟩ sich ⟨3e nv.⟩ die ~ für jmdn. abhacken lassen *de hand voor iem. in het vuur (durven) steken;* (mit) ~ anlegen *(mee)helpen, assisteren;* jmds. ~ ausschlagen *een huwelijksaanzoek afwijzen;* die Hände sind mir gebunden *ik kan niets doen, ben machteloos;* überall seine ~, seine Hände im Spiel haben *overal een vinger in de pap hebben;* die ~ auf der Tasche halten *gierig zijn;* ~ an sich legen *de hand aan zichzelf slaan;* keine ~ rühren *geen vinger uitsteken;* ⟨inf.⟩ jmdm. die Hände schmieren *iem. omkopen* **6.1** jmdm. **an** die ~ gehen *iem. terzijde staan;* jmdn. **an** der ~ haben *iem. kennen, iem. bij de hand hebben;* jmdm. **auf** etwas die ~ geben *iem. iets plechtig beloven;* **auf** der ~ liegen *voor de* *hand liggen;* **auf** die (flache) ~ zahlen *schoon in 't handje geven;* ~ **aufs** Herz! *geef het maar eerlijk toe!;* **aus** freier ~ zeichnen *vrij tekenen;* **hinter** vorgehaltener ~ *in 't geheim, officieus;* einer Sache **in** die ~, in die Hände arbeiten *iets bevorderen, in de hand werken;* **in** schlechte Hände geraten *in verkeerde handen komen;* jmdm. etwas **in** die ~ versprechen *iem. iets plechtig beloven;* **mit** eigener ~ *eigenhandig;* **mit** leichter ~ *zonder moeite;* (fig.) etwas **mit** der linken ~ machen, erledigen *iets met één hand doen, zonder enige moeite doen;* **unter** der ~ verkaufen *ondershands verkopen;* **von** ~, **mit** der ~ *handmatig;* **von** zarter ~ etwas bekommen *iets van een meisje krijgen;* **von** der ~ in den Mund leben *van de hand in de tand leven;* etwas **von** langer ~ vorbereiten *iets lang en nauwgezet voorbereiden;* **zu** Händen (von) Herrn Müller *ter attentie van dhr. Müller;* jmdm. etwas **zu** treuen Händen übergeben *iem. iets in bewaring geven, toevertrouwen om te bewaren;* **zur** rechten ~ *aan de rechterkant;* jmdm. **zur** ~ gehen *iem. (een handje) helpen;* **zur** ~ sein *bij de hand zijn* **6.6** ein Auto **aus** zweiter ~ (a) *een auto van de tweede eigenaar* (b) *een gebruikte auto* **8.1** (fig.) ~ und Fuß haben *goed in elkaar zitten* **¶.1** (sprw.) viele Hände machen schnell ein Ende *veel handen maken licht werk.* →**Spatz.**

Handabzug (m.) **0.1** (graf.) ***handdruk*** **0.2** (foto.) ***met de hand gemaakte afdruk.***

Handapparat (m.) **0.1** ***telefoonhoorn*** **0.2** ***handbibliotheek.***

Handarbeit (v.) **0.1** ***handwerk*** **0.2** ***handwerk(je)*** **0.3** ***het handwerken*** (breien enz.) **0.4** ***handwerken*** ⇒*handwerkles* **0.5** ***handenarbeid, handwerk.***

handarbeiten 0.1 ***handwerken.***

Handarbeiter (m.) **0.1** ***handarbeider, handwerksman.***

Handaufheben (o.; ~s) **0.1** ***handopsteken.***

Handauflegen (o.; ~s) (rel.) **0.1** ***handoplegging.***

Handball (m.) **0.1** ***handbal.***

Handballen (m.) **0.1** ***handbal, bal v.d. hand.***

Handbesen (m.) **0.1** ***handveger, stoffer.***

Handbetrieb (m.) **0.1** ***aandrijving met de hand, met handkracht.***

handbetrieben 0.1 ***met de hand aangedreven.***

Handbewegung (v.) **0.1** ***handbeweging*** ⇒*gebaar.*

Handbibliothek (v.) **0.1** ***handbibliotheek*** **0.2** ***afdeling naslagwerken in een leeszaal.***

Handbohrer (m.) (tech.) **0.1** ***handboor.***

handbreit (meestal bw.) **0.1** ***een hand breed.***

Handbreit (v.; ~) **0.1** ***handbreed, handbreedte.***

Handbreite (v.) **0.1** ***handbreedte, breedte v.d. hand.***

Handbremse (v.) **0.1** ***handrem.***

Handbuch (o.) **0.1** ***handboek.***

Händchen (o.; ~s, ~) **0.1** ***handje*** ◆ **3.1** (inf.) für etwas ein ~ haben *handig in, met iets zijn;* (scherts.) ~ halten *verliefd elkaars handen vasthouden.*

Händedruck (m.; mv. ~e) **0.1** ***handdruk.***

Händeklatschen (o.; ~s) **0.1** ***handgeklap, applaus.***

Handel (m.; ~s) **0.1** ***handel*** ⇒*het zakendoen* **0.2** ***handel*** ⇒*inkoop en verkoop v. goederen* **0.3** ***handel*** ⇒*transactie, zaak* ◆ **2.3** ein fauler ~ *een smerig zaakje* **6.2** der ~ **mit** Waffen *de handel in wapens* **6.3** mit jmdm. **in** den ~ kommen *met iem. zaken doen* **8.1** ~ und Gewerbe *handel en nijverheid.*

Händel (alleen mv.) (schr.) **0.1** ***ruzie*** ⇒*twist, geschil* **0.2** ***vechtpartij*** ◆ **6.1 in** Händel geraten mit jmdm. *ruzie krijgen met iem.*

handeln I (onov.ww.) **0.1** ***handelen, handel drijven*** **0.2** ***handelen, in- en verkopen*** **0.3** ***loven en bieden*** ⇒*afdingen* **0.4** ***handelen*** ⇒*te werk gaan, optreden* **0.5** ***behandelen*** ⇒*spreken over* ◆ **6.2 mit** Südfrüchten ~ *in zuidvruchten handelen* **6.3** er läßt nicht **mit** sich ~ *er valt bij hem niet op de prijs af te dingen* **6.5** das Buch handelt **über** die, **von** der Entdeckung Amerikas *het boek gaat over de ontdekking van Amerika;*

II sich ~ (wk.ww.) **0.1** ***gaan (om)*** ⇒*betreffen* **0.2** ***gaan (om)*** ⇒*aankomen (op)* ◆ **6.1** es handelt sich **um** Sekunden *het is een kwestie van seconden.*

Handelsabkommen (o.) **0.1** ***handelsverdrag, -overeenkomst.***

Handelsbeschränkung (v.) **0.1** ***beperking v.h. handelsverkeer.***

Handelsbilanz (v.) **0.1** ***handelsbalans.***

Handelsbrauch (m.) **0.1** ***handelsgebruik, -usance.***

handelseinig ◆ **3.¶** ~ sein, werden *het over een koop eens zijn, worden.*

Handelsflotte (v.) **0.1** ***handels-, koopvaardijvloot.***

Handelsgericht (o.) **0.1** ***handelsrechtbank, -kamer.***

Handelsgeschäft (o.) **0.1** ***handelszaak, -onderneming*** **0.2** (jur.) ***handelszaak.***

Handelsgesellschaft (v.) **0.1** ***handelsvennootschap*** ⇒*handelsmaatschappij* ◆ **2.1** offene ~ *handelsvennootschap onder firma.*

Handelsgesetzbuch (o.) **0.1** ***Wetboek van Koophandel.***

Handelshafen (m.) **0.1** ***overslaghaven.***

Handelskammer (v.) **0.1** ***Kamer van Koophandel en Industrie.***

Handelsklasse (v.) **0.1** ***kwaliteits-, handelsklasse.***

Handelslehrer (m.) **0.1** ***leraar aan een handelsschool.***

Handelsmacht (v.) **0.1** ***handelsmacht, -mogendheid.***

Handelsmarine (v.) **0.1** ***handels-, koopvaardijvloot.***

Handelsmesse (v.) **0.1** ***handels-, koopmansbeurs.***

Handelsmission (v.) **0.1** ***handelsvertegenwoordiging in het buitenland.***

Handelsname (m.) **0.1** ***handelsnaam*** ⇒*firmanaam.*

Handelsniederlassung (v.) **0.1** ***vestiging*** ⇒*handelsvertegenwoordiging.*

Handelsrecht (o.) (jur.) **0.1** ***handelsrecht.***

Handelsregister (o.) **0.1** ***handelsregister.***

Handelsreisende(r) (bn. als zn.) **0.1** ***handelsreiziger.***

Handelsschiff (o.) **0.1** ***koopvaardijschip.***

Handelsschiffahrt (v.) **0.1** ***koopvaardij.***

Handelsschranke (v.) **0.1** ***handelsbarrière.***

Handelsschule (v.) **0.1** ***handelsschool.***

Handelsschüler (m.) **0.1** ***leerling v.e. handelsschool.***

Handelsspanne (v.) **0.1** ***winstmarge.***

Handelssperre (v.) **0.1** ***handelsembargo.***

Handelsstraße (v.) **0.1** ***handelsweg*** ⇒*handelsroute.*

handelsüblich 0.1 ***in de handel gebruikelijk.***

händelsüchtig (schr.) **0.1** ***twistziek.***

Handelsunternehmen (o.) **0.1** ***handelsonderneming.***

Handelsverkehr (m.) **0.1** ***handelsverkeer.***

Handelsvertrag (m.) **0.1** ***handelsverdrag.***

Handelsvertreter (m.) **0.1** ***handelsvertegenwoordiger.***

Handelsvertretung (v.) **0.1** ***handelsvertegenwoordiging.***

Handelsware (v.) **0.1** ***handelswaar, koopwaar.***

Handelsweg (m.) **0.1** ***handelsweg, handelsroute*** **0.2** (ec.) ***bedrijfskolom.***

handeltreibend 0.1 ***handeldrijvend*** ⇒*neringdoende.*

Handeltreibende(r) (bn. als zn.) **0.1** ***handelaar, koopman.***

händeringend 0.1 ***handenwringend*** ⇒*wanhopig, smekend* **0.2** (inf.) ***dringend*** ⇒*zeer nodig.*

Handfeger (m.) **0.1** ***handveger, stoffer.***

Handfertigkeit (v.) **0.1** ***handvaardigheid.***

Handfessel ⟨v.⟩ **0.1** *handboei.*
handfest 0.1 *stevig, stevig gebouwd* ⇒*robuust, potig* **0.2** *stevig* ⇒*voedzaam* **0.3** *stevig* ⇒*deugdelijk, belangrijk* **0.4** *tastbaar* ⇒*concreet, duidelijk* ◆ **1.1** ~e Sprache *gespierde taal* **1.3** ~e Information *deugdelijke informatie* **1.4** eine ~e Lüge *een evidente, grove leugen.*
Handfeste ⟨v.⟩⟨gesch.⟩ **0.1** *handvest* ⇒*oorkonde.*
Handfeuerlöscher ⟨m.⟩ **0.1** *handblusapparaat.*
Handfeuerwaffe ⟨v.⟩ **0.1** *handvuurwapen.*
Handfläche ⟨v.⟩ **0.1** *handpalm.*
Handgas ⟨o.⟩ **0.1** *handgas.*
handgearbeitet 0.1 *met de hand vervaardigd.*
Handgebrauch ⟨m.⟩ **0.1** *dagelijks gebruik.*
handgebunden 0.1 *met de hand gebonden.*
handgefertigt 0.1 *met de hand vervaardigd.*
Handgeld ⟨o.⟩ **0.1** *handgeld.*
Handgelenk ⟨o.⟩ **0.1** *pols* ⇒*handgewricht* ◆ **2.1** ⟨inf.; fig.⟩ er hat ein lockeres ~ *zijn handen zitten erg los* **6.1** ⟨inf.; fig.⟩ **aus** dem ~ (heraus) (a) *voor de vuist* (b) *spelenderwijs, uit de losse pols;* etwas **aus** dem ~ schütteln *iets uit de mouw schudden.*
handgemein ◆ **3.**¶ ~ werden *handgemeen raken.*
Handgemenge ⟨o.⟩ **0.1** *handgemeen* **0.2** ⟨mil.⟩ *gevecht van man tegen man.*
Handgepäck ⟨o.⟩ **0.1** *handbagage.*
handgeschöpft 0.1 *(hand)geschept.*
handgeschrieben 0.1 *met de hand, eigenhandig geschreven.*
handgestrickt 0.1 *met de hand gebreid* ◆ **1.1** ⟨fig.; vaak pej.⟩ ~e Methoden *stumperige methoden.*
Handgranate ⟨v.⟩ **0.1** *handgranaat.*
handgreiflich 0.1 *tastbaar, concreet* ⇒*evident* **0.2** *handtastelijk* ◆ **1.1** ein ~er Beweis *een overtuigend bewijs;* ein ~es Resultat *een concreet resultaat.*
Handgreiflichkeit ⟨v.; ~, ~en⟩ **0.1** *evidentie* ⇒*tastbaarheid, duidelijkheid* **0.2** *handtastelijkheid.*
Handgriff ⟨m.⟩ **0.1** *handgreep* ⇒*handvat, steel* **0.2** *handgreep, greep met de hand* **0.3** ⟨fig.⟩ *kleine moeite* ⇒*kleine dienst* ◆ **3.2** er darf keinen ~ machen *hij moet zich ontzien* **3.3** keinen ~ tun wollen *iedere inspanning te veel vinden.*
handgroß 0.1 *ter grootte v.e. hand.*
handhabbar 0.1 *hanteerbaar.*
Handhabe ⟨v.⟩ **0.1** *aanleiding* ⇒*aanknopingspunt, gegronde reden* ◆ **2.1** eine gesetzliche ~ *een wettelijke basis.*
handhaben 0.1 *hanteren* ⇒*gebruiken, bedienen* **0.2** *hanteren* ⇒*toepassen, uitoefenen* ◆ **5.1** leicht zu ~ *gemakkelijk te bedienen.*
Handharmonika ⟨v.⟩ **0.1** *accordeon, trekharmonica.*
Handikap ⟨o.; ~s, ~s⟩ **0.1** *handicap* ⇒*belemmering, nadeel* **0.2** ⟨sp.⟩ *handicap.*
handikapen 0.1 *handicappen* ⇒*benadelen, hinderen.*
Handkante ⟨v.⟩ **0.1** *zijkant v.d. hand.*
Handkoffer ⟨m.⟩ **0.1** *handkoffer.*
handkoloriert 0.1 *met de hand (in)gekleurd.*
Handkorb ⟨m.⟩ **0.1** *hengselmand(je).*
Handkuß ⟨m.⟩ **0.1** *handkus* ◆ **6.1** ⟨fig.⟩ etwas **mit** ~ annehmen *iets met graagte aannemen.*
handlang 0.1 *zo lang als een hand.*
Handlanger ⟨m.; ~s, ~⟩ **0.1** *handlanger* ⇒*opperman* **0.2** ⟨pej.⟩ *knecht* ⇒*loopjongen, hulpje* **0.3** ⟨pej.⟩ *handlanger* ⇒*heler.*
Handlangerarbeit ⟨v.⟩⟨pej.⟩ **0.1** *ondergeschikt werk.*
Handlangerdienst ⟨m.⟩ **0.1** *hand- en spandiensten* ⟨ook pej.⟩.
handlangern ⟨inf.; scherts.⟩ **0.1** *ondergeschikt werk doen* **0.2** *opperen.*
Handlauf ⟨m.⟩⟨bouwk.⟩ **0.1** *handlijst.*
Händler ⟨m.; ~s, ~⟩ **0.1** *handelaar, koopman* ◆ **2.1** ein ambulanter ~ *een marktkoopman, straatkoopman.*
Handlesekunst ⟨v.⟩ **0.1** *handleeskunst.*
handlich 0.1 *handzaam* ⇒*handig, gemakkelijk hanteerbaar.*
Handlung ⟨v.; ~, ~en⟩ **0.1** *handeling* ⇒*daad, handelwijze* **0.2** ⟨lit.⟩ *handeling, fabel* **0.3** ⟨vero.; ec.⟩ *handel* ⇒*winkel, zaak* ◆ **1.2** Zeit und Ort der ~ *tijd en plaats van (de) handeling* **2.1** ⟨rel.⟩ die heilige ~ (der Messe) *de heilige ceremonie (van de mis)* **6.1** er muß **für** seine ~ einstehen *hij moet instaan voor wat hij doet.*
Handlungsablauf ⟨m.⟩⟨lit.⟩ **0.1** *verloop v.d. handeling.*
Handlungsbevollmächtigte(r) ⟨bn. als zn.⟩⟨ec.⟩ **0.1** *handelsgevolmachtigde.*
handlungsfähig 0.1 *tot handelen in staat* **0.2** ⟨jur.⟩ *handelingsbekwaam, -bevoegd.*
Handlungsfreiheit ⟨v.⟩ **0.1** *vrijheid van handelen.*
Handlungsgehilfe ⟨m.⟩ **0.1** *(handels)bediende.*
Handlungsreisende(r) ⟨bn. als zn.⟩ **0.1** *handelsreiziger* ⇒*vertegenwoordiger.*
Handlungsvollmacht ⟨v.⟩ **0.1** *volmacht.*
Handlungsweise ⟨v.⟩ **0.1** *handelwijze, optreden.*
Handmalerei ⟨v.⟩ **0.1** *handschildering* **0.2** *het schilderen met de hand.*
Handpferd ⟨o.⟩ **0.1** *handpaard.*
Handpflege ⟨v.⟩ **0.1** *handverzorging.*
Handreichung ⟨v.⟩ **0.1** *handreiking* ⇒*hulp, ondersteuning* **0.2** *richtlijn* ⇒*aanwijzing, instructie* ◆ **3.1** ~en leisten *hulp verlenen.*
Handrücken ⟨m.⟩ **0.1** *handrug.*
Handsatz ⟨m.⟩⟨boek.⟩ **0.1** *het handzetten* **0.2** *handzetsel.*
Handschaltung ⟨v.⟩ **0.1** *handschakeling.*
Handschelle ⟨v.⟩ **0.1** *handboei.*
Handschlag ⟨m.⟩ **0.1** *handslag, -druk* **0.2** *klap* ⇒*mep* ◆ **3.2** ⟨fig.⟩ keinen ~ tun *geen klap uitvoeren* **6.1** jmdn. **mit** ~ begrüßen *iem. met een handdruk begroeten;* einen Verkauf **mit** ~ tätigen *iets op handslag verkopen.*
Handschreiben ⟨o.⟩ **0.1** *eigenhandig geschreven brief.*
Handschrift ⟨v.⟩ **0.1** *handschrift* **0.2** ⟨fig.⟩ *hand* **0.3** ⟨boek.⟩ *handschrift* ⇒*kopij, manuscript* ◆ **3.1** eine schöne ~ schreiben *een mooie hand van schrijven hebben;* ⟨inf.; fig.⟩ eine gute, kräftige ~ haben *er flink op los slaan.*
Handschriftendeutung ⟨v.⟩ **0.1** *grafologie.*
Handschriftenkunde ⟨v.⟩ **0.1** *handschriftkunde* ⇒*codicologie, paleografie.*
handschriftlich 0.1 *eigenhandig, met de hand geschreven* **0.2** *in een handschrift overgeleverd* **0.3** ⟨fig.⟩ *in manuscript.*
Handschuh ⟨m.⟩ **0.1** *handschoen* ⇒*want* ◆ **3.1** ⟨fig.⟩ den ~ aufheben *de handschoen opnemen;* ⟨fig.⟩ jmdm. den ~ hinwerfen, den ~ vor die Füße, ins Gesicht werfen *iem. de handschoen toewerpen, uitdagen.*
Handschuhfach ⟨o.⟩ **0.1** *handschoen(en)vak, dashboardkastje.*
Handschutz ⟨m.⟩ **0.1** *handbeschermer* **0.2** *bescherming v.d. hand.*
Handsetzer ⟨m.⟩⟨boek.⟩ **0.1** *handzetter.*
handsigniert ⟨bk.⟩ **0.1** *gesigneerd.*
Handspiel ⟨o.⟩⟨sp.⟩ **0.1** *hands.*
Handstand ⟨m.⟩⟨sp.⟩ **0.1** *handstand.*
Handstandüberschlag ⟨m.⟩⟨sp.⟩ **0.1** *handstand-overslag* ⟨turnen⟩.

Handsteuerung ⟨v.⟩ **0.1** ***handbesturing.***
handstoppen ⟨sp.⟩ **0.1** ***tijd opnemen met de hand.***
Handstreich ⟨m.⟩ **0.1** ***overrompeling*** ⇒*overval* ◆ **6.1** **durch** einen ~ an die Macht kommen *door een coup aan de macht komen;* eine Festung **in** einem, **im** ~ nehmen *een vesting overrompelen.*
Handtasche ⟨v.⟩ **0.1** ***handtas(je).***
Handteller ⟨m.⟩ **0.1** ***handpalm.***
Handtuch ⟨o.; mv. ⸚er⟩ **0.1** ***handdoek*** **0.2** ⟨inf.⟩ ***lang en smal perceel grond*** **0.3** ⟨inf.⟩ ***pijpenla*** ⇒*lang en smal vertrek* ◆ **2.1** ⟨inf.; scherts.⟩ ein schmales ~ *een lange slungel* **3.1** das ~ werfen, schmeißen (a) ⟨sp.⟩ *de handdoek in de ring werpen* (b) ⟨inf.⟩ *het opgeven.*
Handtuchhalter ⟨m.⟩ **0.1** ***handdoek(en)stang, -rek.***
Handumdrehen ⟨o.⟩ ◆ **6.¶** **im** ~ *in een handomdraai.*
handverlesen **0.1** ***met de hand gesorteerd.***
Handvoll ⟨v.; ~, ~⟩ **0.1** ***handvol*** **0.2** ⟨fig.⟩ ***hand(je)vol*** ⇒*enige, een paar.*
Handwaffe ⟨v.⟩ **0.1** ***hand(vuur)wapen.***
Handwagen ⟨m.⟩ **0.1** ***handkar.***
Handwäsche ⟨v.⟩ **0.1** ***het wassen met de hand*** **0.2** ***handwas(goed).***
Handwerk ⟨o.⟩ **0.1** ***handwerk*** ⇒*ambacht, bedrijf* **0.2** ***beroep*** ⇒*broodwinning* **0.3** ⟨g.mv.⟩ ***handwerksstand*** ◆ **3.1** ein ~ erlernen *een vak leren* **3.2** ⟨fig.⟩ jmdm. das ~ legen *aan iemands praktijken een einde maken* **6.1** ⟨fig.⟩ jmdm. **ins** ~ pfuschen *onder iemands duiven schieten* **¶.1** ⟨sprw.⟩ ~ hat einen goldenen Boden *een eerlijk ambacht heeft een gulden bodem.*
handwerkeln ⟨scherts.⟩ **0.1** ***doe-het-zelfkarweitjes opknappen.***
Handwerker ⟨m.; ~s, ~⟩ **0.1** ***ambachtsman*** ⇒*handwerker, handwerksman.*
handwerklich **0.1** ***ambachtelijk*** **0.2** ***met de hand vervaardigd*** **0.3** ***vakkundig*** ⇒*vakbekwaam* ◆ **1.2** ~e Herstellung *vervaardiging met de hand* **1.3** ~es Können *vakmanschap.*
Handwerksbetrieb ⟨m.⟩ **0.1** ***ambachtelijk bedrijf.***
Handwerksgeselle ⟨m.⟩ **0.1** ***ambachts-, handwerksgezel.***
Handwerkskammer ⟨v.⟩ **0.1** ***Kamer van Ambachten en Neringen.***
Handwerksmeister ⟨m.⟩⟨amb.⟩ **0.1** ***meester.***
Handwerksrolle ⟨v.⟩ **0.1** ***ambachtsregister.***
Handwerkszeug ⟨o.⟩ **0.1** ***gereedschap.***
Handwurzelknochen ⟨m.⟩ **0.1** ***handwortelbeentje.***
Handy ⟨m. & o.; ~, ~s⟩ **0.1** ***zaktelefoon*** ⇒*draagbare/draadloze telefoon.*
Handzeichen ⟨o.⟩ **0.1** ***teken met de hand*** **0.2** ***handopsteken*** **0.3** ***handmerk*** ⇒*kruisje* ◆ **6.2** Abstimmung **durch** ~ *stemming door middel van handopsteken.*
Handzeichnung ⟨v.⟩ **0.1** ***handtekening*** ⇒*tekening uit de vrije hand* **0.2** ***schets*** ⇒*ontwerp.*
Handzeit ⟨v.⟩⟨sp.⟩ **0.1** ***met de stopwatch opgenomen tijd.***
Handzettel ⟨m.⟩ **0.1** ***strooibiljet.***
hanebüchen ⟨vero.; schr.⟩ **0.1** ***grof*** ⇒*ongehoord, ongelofelijk.*
Hanf ⟨m.; ~(e)s⟩⟨plantk.⟩ **0.1** ***hennep.***
Hanfbreche ⟨v.⟩⟨landb.⟩ **0.1** ***hennepbraak.***
hanfen **0.1** ***hennepen, van hennep.***
Hänfling ⟨m.; ~s, ~e⟩ **0.1** ⟨biol.⟩ ***kneu(tje), hennepvink*** **0.2** ⟨inf.⟩ ***tenger iem.*** ⇒*teer poppetje.*
Hanfseil ⟨o.⟩ **0.1** ***hennepen touw, koord.***
Hang ⟨m.; ~(e)s, ⸚e⟩ **0.1** ***(berg)helling, steile helling*** ⇒*glooiing* **0.2** ***neiging*** ⇒*hang, geneigdheid* ◆ **6.1** das Haus liegt **am** ~ *het huis ligt tegen de helling.*

Hangabfahrt ⟨v.⟩⟨sp.⟩ **0.1** ***afdaling*** ⟨skiën⟩.
hangab(wärts) **0.1** ***de helling af.***
Hangar ⟨acc. wiss.⟩⟨m.; ~s, ~s⟩ **0.1** ***hangar.***
Hängebacke ⟨v.⟩ **0.1** ***hangwang.***
Hängebauch ⟨m.⟩ **0.1** ***hangbuik.***
Hängeboden ⟨m.⟩ **0.1** ***hangzolder*** ⇒*tussenverdieping.*
Hängebrücke ⟨v.⟩ **0.1** ***hangbrug.***
Hängebrust ⟨v.⟩ **0.1** ***hangborst.***
Hängebuche ⟨v.⟩ **0.1** ***treurbeuk.***
hangeln **0.1** ***zich aan de handen hangend voortbewegen.***
Hängematte ⟨v.⟩ **0.1** ***hangmat.***
hangen ⟨schr.⟩ ◆ **8.¶** jmds. Rückkehr mit Hangen und Bangen erwarten *vol bange zorg op iemands terugkeer wachten.*
hängen ⟨→t60⟩ **I** ⟨onov.ww.⟩ **0.1** ***hangen*** **0.2** ***(over)hellen*** **0.3** ***hangen*** ⇒*kleven, blijven haken* **0.4** ***hangende zijn*** ⇒*niet afgehandeld zijn* **0.5** ***afhankelijk zijn van*** ⇒*afhangen van* **0.6** ***hechten, gehecht zijn aan*** **0.7** ⟨inf.⟩ ***rond-, uithangen*** ◆ **1.4** die Schachpartie hängt *de schaakpartij is afgebroken* **1.7** wo hängt der Junge bloß? *waar hangt die jongen toch uit?* **6.1** der Adler hing **in** der Luft *de adelaar stond in de lucht;* ⟨fig.⟩ **mit** ~ den Ohren *timide;* ⟨fig.⟩ **mit** ~ den Schultern *ontmoedigd* **6.3** ⟨fig.⟩ ihre Augen ~ **an** ihm *ze kijkt onafgebroken naar hem;* der Schmutz hängt **an** den Schuhsohlen *het vuil kleeft aan de schoenzolen* **6.5** der Erfolg hängt **an** seiner Mitarbeit *het succes is van zijn medewerking afhankelijk* **6.6** **am** Geld ~ *gehecht zijn aan z'n geld* **6.7** abends **in** den Kneipen ~ *'s avonds in de kroegen rondhangen;*
II ⟨ov.ww.⟩ **0.1** ***(op)hangen*** ◆ **3.1** ⟨inf.⟩ lieber lasse ich mich ~! *ik ga nog liever dood!* **5.1** ⟨fig.⟩ etwas immer höher ~ *iets steeds moeilijker maken* **6.1** Zeit **an** ein Hobby ~ *tijd aan een hobby besteden,* ⟨ook⟩ *verspillen* **8.1** mit Hängen und Würgen *met hangen en wurgen;*
III **sich** ~ ⟨wk.ww.⟩ **0.1** ***gaan hangen*** **0.2** ***blijven hangen*** ⇒*(vast)kleven* **0.3** ***op korte afstand volgen*** ⇒*schaduwen* **0.4** ***zich hechten*** **0.5** ***zich ophangen*** **0.6** ***zich mengen in*** ⇒*zich bemoeien met* ◆ **6.1** sie hängte sich **in** seinen Arm *ze gaf hem een arm* **6.2** der Lehm hängte sich **an** die Schuhe *de klei kleefde aan de schoenen.*
hängenbleiben **0.1** ***blijven steken*** ⇒*blijven haken, vast blijven zitten* **0.2** ***vastplakken*** ⇒*blijven kleven* **0.3** ***blijven hangen*** ⇒*(onnodig) lang blijven* **0.4** ⟨inf.; school.⟩ ***blijven zitten*** ◆ **6.1** ⟨sp.⟩ **am** Start ~ *niet wegkomen bij de start;* ⟨fig.⟩ sein Blick blieb **an** einem alten Gemälde hängen *zijn blik bleef op een oud schilderij rusten* **6.2** ⟨fig.⟩ es bleibt mal wieder alles **an** mir hängen *ik moet weer alles opknappen;* ⟨fig.⟩ **bei** dem Geschäft ist ganz schön viel hängengeblieben *aan dat zaakje is aardig wat geld verdiend.*
hängenlassen **I** ⟨ov.ww.⟩ **0.1** ***laten hangen*** ⇒*niet meenemen* **0.2** ***laten hangen*** ⇒*laten zakken* **0.3** ⟨inf.⟩ ***in de steek laten*** ⇒*laten zitten;*
II **sich** ~ ⟨wk.ww.⟩ **0.1** ***bij de pakken neerzitten*** ⇒*het opgeven.*
Hängeohr ⟨o.⟩⟨biol.⟩ **0.1** ***hangoor.***
Hängepartie ⟨v.⟩⟨sp.⟩ **0.1** ***hangpartij, afgebroken partij.***
Hänger ⟨m.; ~s, ~⟩ **0.1** ***swagger*** **0.2** ***overgooier*** **0.3** ⟨inf.⟩ ***aanhanger, aanhangwagen.***
Hängeschloß ⟨o.⟩ **0.1** ***hangslot.***
Hängeschrank ⟨m.⟩ **0.1** ***hangend (keuken)kastje.***
Hängeschulter ⟨v.⟩ **0.1** ***afhangende schouder.***
Hängeweide ⟨v.⟩⟨plantk.⟩ **0.1** ***treurwilg.***
hängig **0.1** ***afhellend*** ⇒*schuin af-, oplopend* **0.2** ***hangerig*** ⟨van kinderen⟩ ⇒*druilig.*
Hanglage ⟨v.⟩ **0.1** ***ligging op een helling.***

Hangtäter ⟨m.⟩⟨jur.⟩ **0.1** ***persoon met een criminele aanleg.***
Hannemann ⟨m.⟩ ◆ **¶.¶** ~, geh du voran! *ga jij maar voorop (, ik durf niet)!*
Hans ⟨m.; ~, ~̈e⟩ **0.1** ***Hans, Hannes*** ◆ **1.1** ~ Liederlich *sloddervos* **2.1** ⟨schr.⟩ der blanke ~ *de Noordzee bij storm* **3.1** ⟨fig.⟩ jeder ~ findet seine Grete *op ieder potje past een deksel* **6.1** ~ **im** Glück *geluksvogel* **¶.1** ⟨sprw.⟩ was Hänschen nicht lernt, lernt ~ nimmermehr *wat Hansje niet leert, zal Hans niet weten; jong geleerd, oud gedaan.*
Hansdampf ⟨m.⟩ ◆ **6.¶** ~ **in** allen Gassen *haantje de voorste.*
Hanse ⟨v.; ~⟩⟨gesch.⟩ **0.1** ***Hanze, hanzeverbond.***
Hanseat ⟨m.; ~en, ~en⟩ **0.1** ⟨burger van Hamburg, Lübeck of Bremen⟩ **0.2** ⟨gesch.⟩ ***hanzeaat, lid v.d. Hanze.***
hanseatisch 0.1 ***hanzeatisch.***
Hansel ⟨m.; ~s, ~(n)⟩ **0.1** ⟨ted.⟩ ***Hansje*** **0.2** ⟨pej.⟩ ***sukkel.***
Hänsel ⟨m.; ~s, ~⟩ ◆ **8.¶** ~ und Gretel *Hans en Grietje.*
Hänselei ⟨v.; ~, ~en⟩ **0.1** ***plagerij.***
hänseln 0.1 ***plagen*** ⇒*pesten.*
Hansestadt ⟨v.⟩ **0.1** ⟨een der steden Bremen, Lübeck, Hamburg⟩ **0.2** ⟨gesch.⟩ ***hanzestad.***
hansisch ⟨gesch.⟩ **0.1** ***hanzeatisch.***
Hanswurst ⟨m.; ~(e)s, ~e; scherts. mv. ~̈e⟩ **0.1** ***hansworst*** ⇒ *clown.*
Hantel ⟨v.; ~, ~n⟩⟨sp.⟩ **0.1** ***halter.***
hanteln ⟨sp.⟩ **0.1** ***halteroefeningen doen.***
hantieren 0.1 ***aan het werk zijn*** ⇒*bezig zijn* **0.2** ***hanteren, gebruiken*** ⇒*omgaan met* ◆ **1.1** die Mutter hantiert am Herd *moeder staat aan het fornuis* **6.1 an** einem Motorrad ~ *aan een motorfiets sleutelen.*
hapern ⟨inf.⟩ **0.1** ***haperen, ontbreken*** **0.2** ***niet in orde zijn*** ⇒*niet goed functioneren* ◆ **4.2** wo hapert es? *wat scheelt eraan?* **6.2 im** Rechnen hapert es bei ihm *met rekenen gaat het bij hem niet goed.*
Häppchen ⟨o.; ~s, ~⟩ **0.1** ***hapje*** ⇒*kleine hap* **0.2** ***(lekker) hapje.***
Happen ⟨m.; ~s, ~⟩⟨inf.⟩ **0.1** ***hap*** ⇒*beet* **0.2** ***(lekker) hapje*** **0.3** ***hapje*** ⇒*tussendoortje* ◆ **3.1** ⟨fig.⟩ er wird sich ⟨3e nv.⟩ diesen ~ nicht entgehen lassen *hij zal dit buitenkansje niet aan zijn neus voorbij laten gaan.*
Happening ⟨o.; ~s, ~s⟩ **0.1** ***happening.***
happig ⟨inf.⟩ **0.1** ***(al te) fors, sterk*** ⇒*al te bar* ◆ **1.1** ~e Preise *gepeperde prijzen.*
haptisch ⟨psych.⟩ **0.1** ***haptisch, de tastzin betreffend.***
Harakiri ⟨o.; ~(s), ~s⟩ **0.1** ***harakiri*** ◆ **2.1** ⟨fig.⟩ politisches ~ *politieke zelfmoord.*
Hardware ⟨v.; ~, ~s⟩⟨comp.⟩ **0.1** ***hardware.***
Harem ⟨m.; ~, ~s⟩ **0.1** ***harem, vrouwenverblijf*** **0.2** ***harem(vrouwen).***
hären ⟨schr.⟩ **0.1** ***haren, van haar*** ◆ **1.1** ein ~es Gewand *een haren kleed.*
Häresie ⟨v.; ~, ~n⟩⟨rel.⟩ **0.1** ***heresie*** ⇒*ketterij, dwaalleer.*
Häretiker ⟨m.; ~s, ~⟩ **0.1** ***ketter.***
häretisch 0.1 ***ketters.***
Harfe ⟨v.; ~, ~n⟩⟨muz.⟩ **0.1** ***harp.***
harfen 0.1 ***harp spelen.***
Harfenist ⟨m.; ~en, ~en⟩ **0.1** ***harpist, harpspeler.***
Harfenspiel ⟨o.⟩ **0.1** ***harpspel.***
Harke ⟨v.; ~, ~n⟩ **0.1** ***hark*** ◆ **¶.1** ⟨inf.; fig.⟩ jmdm. zeigen, was eine ~ ist *iem. zeggen, waar het op staat.*
harken 0.1 ***harken*** ⇒*aan-, bijeenharken.*
Harlekin ⟨m.; ~s, ~e⟩ **0.1** ***harlekijn.***
Harlekinade ⟨v.; ~, ~n⟩ **0.1** ***harlekinade.***
harlekinisch 0.1 ***als (een) harlekijn.***
härmen, sich 0.1 ***veel verdriet hebben*** ⇒*tobben* ◆ **6.1** sie härmt sich **um** ihren Sohn *haar zoon berokkent haar veel verdriet.*
harmlos 0.1 ***ongevaarlijk*** ⇒*onschadelijk, onschuldig* **0.2** ***argeloos*** ⇒*naïef* **0.3** ***eenvoudig*** ⇒*pretentieloos* ◆ **3.1** die Krankheit verlief ~ *de ziekte verliep zonder complicaties* **3.2** er spielte den Harmlosen, er tat ganz ~ *hij deed of hij van de prins geen kwaad wist.*
Harmonie ⟨v.; ~, ~n⟩ **0.1** ***harmonie*** ◆ **1.1** die ~ ihres Wesens *de evenwichtigheid van haar karakter* **2.1** die eheliche ~ *de goede verstandhouding binnen het huwelijk.*
Harmonielehre ⟨v.⟩⟨muz.⟩ **0.1** ***harmonieleer.***
harmonieren 0.1 ***harmoniëren*** ◆ **5.1** sie ~ nicht miteinander ⟨ook⟩ *ze kunnen het niet goed met elkaar vinden.*
Harmonika ⟨v.; ~, ~s of Harmoniken⟩ **0.1** ***harmonica.***
Harmonikatür ⟨v.⟩ **0.1** ***harmonicadeur*** ⇒*vouwdeur.*
harmonisch 0.1 ***harmonisch.***
harmonisieren 0.1 ***harmoniseren.***
Harmonisierung ⟨v.; ~, ~en⟩ **0.1** ⟨muz.⟩ ***harmonisering*** **0.2** ⟨ec.⟩ ***harmonisatie.***
Harmonium ⟨o.; ~s, Harmonien⟩ **0.1** ***harmonium.***
Harn ⟨m.; ~(e)s⟩ **0.1** ***urine.***
Harnblutung ⟨v.⟩ **0.1** ***bloedwateren.***
Harndrang ⟨m.⟩ **0.1** ***urinedrang.***
harnen 0.1 ***urineren, wateren.***
Harnflasche ⟨v.⟩ **0.1** ***urinaal.***
Harngrieß ⟨m.⟩⟨med.⟩ **0.1** ***niergruis.***
Harnisch ⟨m.; ~(e)s, ~e⟩ **0.1** ***harnas*** ◆ **6.1** ⟨fig.⟩ jmdn. **in** ~ bringen *iem. in het harnas jagen;* ⟨fig.⟩ **in** ~ sein *op de kast zitten.*
Harnleiter ⟨m.⟩⟨med.⟩ **0.1** ***urineleider, ureter.***
Harnröhre ⟨v.⟩⟨med.⟩ **0.1** ***urinebuis, urethra.***
Harnruhr ⟨v.⟩⟨med.⟩ **0.1** ***diabetes insipidus*** **0.2** ***suikerziekte.***
Harnstein ⟨m.⟩ **0.1** ***steen in nieren of urinewegen.***
Harnstoff ⟨m.⟩⟨med.; schei.⟩ **0.1** ***ureum.***
harntreibend ⟨med.⟩ **0.1** ***diuretisch.***
Harnwege ⟨alleen mv.⟩⟨med.⟩ **0.1** ***urinewegen.***
Harpune ⟨v.; ~, ~n⟩ **0.1** ***harpoen.***
harpunieren 0.1 ***harpoeneren.***
Harpyie ⟨v.; ~, ~n⟩ **0.1** ***harpij.***
harren ⟨schr.⟩ **0.1** ***wachten*** **0.2** ⟨met 2e nv.⟩ ***verbeiden*** ⇒ *vurig verwachten, verlangend tegemoet zien* ◆ **1.2** der Dinge ~, die da kommen sollen *wachten op de dingen die komen gaan* **4.2** wir harrten seiner *we zagen zijn komst met verlangen tegemoet.* →**hoffen.**
harsch 0.1 ***met een ijslaag, -korst bedekt*** **0.2** ⟨schr.⟩ ***onvriendelijk*** ⇒*bars* ◆ **3.2** sich ~ über etwas äußern *zich onvriendelijk over iets uitlaten.*
Harsch ⟨m.; ~(e)s⟩ **0.1** ***bevroren sneeuw, met een ijskorst bedekte sneeuw.***
harschen 0.1 ***hard, korstig zijn.***
harschig 0.1 ***bevroren, met een ijslaagje bedekt*** ⟨sneeuw⟩.
hart[1] ⟨bn.; härter, (am) härtest(en)⟩ **0.1** ***hard*** ⇒*stevig, standvastig* **0.2** ***hard*** ⇒*zwaar, moeizaam* **0.3** ***hard*** ⇒*streng, onbarmhartig* **0.4** ***hard*** ⇒*onaangenaam, onplezierig* **0.5** ***hard*** ⇒*hevig, ruw* ◆ **1.1** eine ~e Währung *een harde valuta* **1.2** eine ~e Jugend hinter sich haben *een moeilijke jeugd achter de rug hebben* **1.3** ein ~es Herz haben *geen medelijden kennen;* eine ~e Lehre *een harde les, leerschool* **1.4** ~e Drogen *hard drugs;* ~e Gegensätze *scherpe tegenstellingen;* ~es Licht *fel licht* **1.5** ein ~er Aufprall *een hevige botsing;* ~e Vorwürfe *scherpe verwijten* **3.1** ⟨fig.⟩ ~ im Nehmen sein *veel kunnen incasseren* **3.3** jmdm. ~ zusetzen *iem. erg in het nauw brengen* **3.5** ~ aneinandergeraten *slaande ruzie krijgen;* ~ aufschlagen *onzacht neer-*

komen; das hat ihn ~ mitgenommen *dat heeft hem erg aangegrepen* **6.5** ⟨inf.⟩ es geht ~ **auf** ~ *het gaat hard tegen hard.*

hart² ⟨bw.⟩ **0.1** ***vlak(bij)*** ⇒*dicht, rakelings* ◆ **6.1** ⟨sp.⟩ immer ~ **am** Ball bleiben *steeds dicht bij de bal blijven;* ⟨scheep.⟩ ~ **am** Wind segeln *scherp bij de wind zeilen;* er fuhr ~ **an** mir vorbei *hij reed mij rakelings voorbij;* ⟨scheep.⟩ ~ **auf** etwas zuhalten *recht op iets afvaren.*

hartbedrängt **0.1** ***zwaar belaagd.***

Hartbrandziegel ⟨m.⟩⟨amb.⟩ **0.1** ***klinker.***

Härte ⟨v.; ~, ~n⟩ **0.1** ***hardheid*** ⇒*weerstandsvermogen, gehardheid* **0.2** ***moeilijkheden, moeiten*** ⇒*onbillijkheden* **0.3** ***hardheid*** ⇒*strengheid, onbarmhartigheid* **0.4** ***hardheid*** ⇒*intensiteit, scherpte* **0.5** ***hardheid*** ⇒*kracht, hevigheid* ◆ **1.2** die ~n des Lebens *de moeiten des levens* **2.2** soziale ~n *sociale onrechtvaardigheden* **3.1** ⟨sp.⟩ unseren Spielern fehlt die ~ *het ontbreekt onze spelers aan hardheid* **6.1** Material **in** verschiedenen ~n *materiaal in verschillende hardheidsgraden.*

Härteausgleich ⟨m.⟩ **0.1** ***financiële compensatie*** ⟨bij sociale onbillijkheden⟩.

Härtefall ⟨m.⟩ **0.1** ***schrijnend geval*** ⇒*grote onbillijkheid.*

Härtefonds ⟨m.⟩ **0.1** ***fonds voor noodlijdenden.***

Härtegrad ⟨m.⟩ **0.1** ***hardheidsgraad.***

Härteklausel ⟨v.⟩ **0.1** ***hardheidsclausule.***

Härtemittel ⟨o.⟩ **0.1** ***hardingsmiddel.***

härten I ⟨onov.ww.⟩ **0.1** ***hard worden;***
II ⟨ov.ww.⟩ **0.1** ***harden, hard maken;***
III sich ~ ⟨wk.ww.⟩ **0.1** ***hard worden*** ⇒*verharden* **0.2** ***zich harden.***

Härteparagraph ⟨m.⟩⟨jur.⟩ **0.1** ***hardheidsclausule.***

Härteprüfung ⟨v.⟩⟨tech.⟩ **0.1** ***hardheids-, hardingsproef.***

Harte(r) ⟨bn. als zn.; m.⟩⟨inf.⟩ **0.1** ***borrel.***

Härter ⟨m.; ~s, ~⟩ **0.1** ***hardingsmiddel.***

Härteskala ⟨v.⟩⟨tech.⟩ **0.1** ***hardheidsschaal.***

Härtestufe ⟨v.⟩ **0.1** ***hardheidsgraad.***

Härteverfahren ⟨o.⟩⟨tech.⟩ **0.1** ***hardingsprocédé.***

Hartfaser ⟨v.⟩ **0.1** ***harde vezel.***

Hartfaserplatte ⟨v.⟩ **0.1** ***hardboard.***

hartgebrannt **0.1** ***hard gebakken*** ⟨van baksteen⟩.

hartgefroren **0.1** ***hard, stijf bevroren.***

Hartgeld ⟨o.⟩ **0.1** ***munten, hard geld.***

hartgesotten **0.1** ***hardgekookt*** **0.2** ***door de wol geverfd*** ⇒*keihard* **0.3** ***verstokt, onverbeterlijk.***

Hartgestein ⟨o.⟩ **0.1** ***hardsteen.***

Hartgummi ⟨o.⟩ **0.1** ***harde*** ⟨gevulkaniseerde⟩ ***rubber*** ⇒*eboniet.*

hartherzig **0.1** ***hardvochtig.***

Hartholz ⟨o.⟩ **0.1** ***hardhout.***

harthörig **0.1** ***slecht-, hardhorend*** **0.2** ***Oost-Indisch doof.***

Hartkäse ⟨m.⟩ **0.1** ***harde kaas(soort).***

hartleibig ⟨fig.⟩ **0.1** ***gierig, vrekkig*** ⇒*vasthoudend.*

Hartleibigkeit ⟨v.; ~⟩ **0.1** ***hardlijvigheid, verstopping*** **0.2** ⟨fig.⟩ ***gierigheid, vrekkigheid.***

hartlöten **0.1** ***hard solderen*** ⇒*solderen met messing.*

Hartmetall ⟨o.⟩ **0.1** ***hardmetaal.***

hartnäckig **0.1** ***hardnekkig*** ⇒*halsstarrig* ◆ **1.1** eine ~e Erkältung *een hardnekkige verkoudheid.*

Hartpackung ⟨v.⟩ **0.1** ***(kartonnen) doosje sigaretten.***

Hartplatz ⟨m.⟩⟨sp.⟩ **0.1** ***verhard sportveld, verharde baan.***

Hartriegel ⟨m.; ~s, ~⟩⟨plantk.⟩ **0.1** ***kornoelje.***

hartschalig **0.1** ***hard van schil.***

Hartspiritus ⟨m.⟩ **0.1** ***spiritusblokjes, -tabletten.***

hartumkämpft **0.1** ***waar zwaar om gevochten wordt, werd.***

Härtung ⟨v.; ~⟩⟨tech.⟩ **0.1** ***harding, het harden.***

Hartweizen ⟨m.⟩ **0.1** ***harde tarwe.***

Hartwurst ⟨v.⟩ **0.1** ***harde worst.***

Harz ⟨o.; ~es, ~e⟩ **0.1** ***hars.***

harzen I ⟨onov.ww.⟩ **0.1** ***hars afscheiden;***
II ⟨ov.ww.⟩ **0.1** ***harsen, met hars bestrijken*** **0.2** ***hars aftappen.***

harzig **0.1** ***harsig, harsachtig*** **0.2** ***harsrijk.***

Hasard ⟨o.; ~s⟩ **0.1** ***hazardspel*** ⇒*kansspel* ◆ **3.1** ⟨fig.⟩ ~ spielen *zijn geluk op het spel zetten.*

Hasardeur ⟨m.; ~s, ~e⟩⟨pej.⟩ **0.1** ***hazard-, kansspeler, gokker*** **0.2** ⟨fig.⟩ ***lichtzinnige waaghals.***

Hasardspiel ⟨o.⟩ **0.1** ***hazardspel*** ⇒*kansspel* **0.2** ⟨fig.⟩ ***gewaagde onderneming.***

Hasch ⟨o.; ~(s)⟩⟨inf.⟩ **0.1** ***hasj(iesj), haschisch.***

Haschee ⟨o.; ~s, ~s⟩⟨cul.⟩ **0.1** ***hachee*** **0.2** ***gehakt vlees.***

haschen I ⟨onov.ww.⟩ **0.1** ⟨fig.⟩ ***najagen*** ⇒*streven naar* **0.2** ⟨inf.⟩ ***hasj gebruiken, haschisch roken*** ◆ **6.1** **nach** Anerkennung ~ *op erkenning uit zijn;*
II ⟨ov.ww.⟩ **0.1** ***(snel) grijpen, pakken*** ◆ **1.1** Schmetterlinge ~ *vlinders vangen* **6.1** ⟨onov. ww.⟩ **nach** jmds. Hand ~ *iemands hand proberen te pakken.*

Hascher ⟨m.; ~s, ~⟩⟨inf.⟩ **0.1** ***hasjroker, 'blower'.***

haschieren **0.1** ***fijnhakken*** ⟨van vlees, groente⟩.

Haschisch ⟨m. & o.; ~⟩ **0.1** ***hasj(iesj), haschisch.***

Haschmich ⟨m.⟩⟨inf.⟩ ◆ **¶.¶** einen ~ haben *niet goed bij zijn verstand zijn.*

Hase ⟨m.; ~n, ~n⟩ **0.1** ***haas*** **0.2** ***rammelaar, mannetjeshaas*** **0.3** ***haas, hazenvlees*** ◆ **2.1** ⟨inf.; fig.⟩ ein alter ~ sein *een oude rot (in het vak) zijn;* ⟨inf.; fig.⟩ er ist kein heuriger ~ mehr *hij is geen beginneling meer* **2.3** ⟨cul.⟩ falscher ~ *gebraden gehakt* **3.1** ⟨inf.; fig.⟩ wissen, wie der ~ läuft *weten, waar iets op uitdraait, hoe de vork in de steel zit;* ⟨inf.⟩ da liegt der ~ im Pfeffer *daar zit 'm de kneep.* → **Hund.**

Hasel ⟨v.; ~, ~n⟩⟨plantk.⟩ **0.1** ***hazelaar, hazelnotenstruik.***

Haselbusch ⟨m.⟩ **0.1** ***hazelaar, hazelnotenstruik.***

Haselhuhn ⟨o.⟩ **0.1** ***hazelhoen.***

Haselnuß ⟨v.⟩ **0.1** ***hazelnoot*** **0.2** ***hazelnotenstruik, hazelaar.***

Haselstrauch ⟨m.⟩ **0.1** ***hazelaar, hazelnotenstruik.***

Hasenbraten ⟨m.⟩⟨cul.⟩ **0.1** ***gebraden haas.***

Hasenfell ⟨o.⟩ **0.1** ***hazenvel.***

Hasenfuß ⟨m.⟩⟨inf.; pej.⟩ **0.1** ***hazenhart, bangerik*** ⇒*lafaard.*

hasenfüßig ⟨inf.; pej.⟩ **0.1** ***bangelijk*** ⇒*laf.*

Hasenherz ⟨o.⟩⟨inf.; pej.⟩ **0.1** ***hazenhart, bangerik.***

hasenherzig ⟨inf.; pej.⟩ **0.1** ***bangelijk*** ⇒*laf.*

Hasenklein ⟨o.; ~s⟩⟨cul.⟩ **0.1** ⟨een soort⟩ ***hazenragout.***

Hasenpanier ⟨o.⟩ ◆ **¶.¶** ⟨inf.⟩ das ~ ergreifen *het hazenpad kiezen.*

Hasenpfeffer ⟨m.⟩⟨cul.⟩ **0.1** ***hazenpeper.***

hasenrein **0.1** ***hazenrein*** ⟨v.e. jachthond⟩ ◆ **1.1** ⟨fig.⟩ nicht ganz ~ *er zit een luchtje aan.*

Hasenscharte ⟨v.⟩⟨med.⟩ **0.1** ***hazenlip.***

Häsin ⟨v.; ~, ~nen⟩ **0.1** ***wijfjes-, moerhaas.***

Haspe ⟨v.; ~, ~n⟩⟨amb.⟩ **0.1** ***(deur)hengsel.***

Haspel ⟨v.; ~, ~n⟩ **0.1** ***haspel.***

haspeln I ⟨onov.ww.⟩⟨inf.⟩ **0.1** ***haspelen*** ⇒*haastig, gejaagd spreken* **0.2** ***haspelen*** ⇒*haastig, onhandig werken;*
II ⟨ov.ww.⟩ **0.1** ***haspelen*** ⇒*(op-, af)winden.*

hasplig ⟨inf.⟩ **0.1** ***gejaagd, zenuwachtig*** ⇒*verward* **0.2** ***onhandig*** ⇒*schutterig* ◆ **3.1** ~ sprechen *gejaagd spreken* **3.2** ~ arbeiten *aanmodderen.*

Haß ⟨m.; Hasses⟩ **0.1** ***haat*** ◆ **6.1** ~ **auf, gegen** jmdn. empfinden *haat jegens, tegen iem. koesteren;* **von** ~ erfüllt *vol haat* **6.¶** ⟨inf.⟩ einen ~ **auf** jmdn. haben *woedend op iem. zijn.*

Haßausbruch ⟨m.⟩ **0.1** ***uitbarsting van haat.***

hassen 0.1 ***haten*** **0.2** ***een hekel hebben aan*** *⇒verfoeien* ◆ **3.2** ich hasse es, früh aufstehen zu müssen *aan vroeg opstaan heb ik gruwelijk het land* **5.1** jmdn. blind ~ *een blinde haat tegen iem. koesteren.*

hassenswert 0.1 ***hatelijk*** *⇒onuitstaanbaar, verfoeilijk.*

Hasser ⟨m.; ~s, ~⟩ **0.1** ***hater.***

haßerfüllt 0.1 ***vol (van) haat, van haatgevoelens vervuld.***

Haßgefühl ⟨o.⟩ **0.1** ***haatgevoel.***

häßlich 0.1 ***lelijk*** *⇒niet mooi* **0.2** ***akelig*** *⇒onaangenaam, naar* **0.3** ***lelijk*** *⇒laag, gemeen* ◆ **1.2** eine ~e Geschichte *een vervelende geschiedenis* **3.3** ~ über andere sprechen *gemene dingen over andere mensen zeggen.*

Häßlichkeit ⟨v.; ~, ~en⟩ **0.1** ***lelijkheid*** *⇒gemeenheid, gemene daad* **0.2** ⟨g.mv.⟩ ***lelijkheid*** ⟨van uiterlijk⟩.

Haßliebe ⟨v.⟩ **0.1** ***haat-liefdeverhouding.***

haßverzerrt 0.1 ***van haat vertrokken, verwrongen.***

Hast ⟨v.; ~⟩ **0.1** ***(nerveuze) haast*** *⇒gejaagdheid* ◆ **1.1** die ~ des modernen Lebens *het jachtige, moderne leven* **6.1 ohne** ~ *zonder zich te haasten.*

haste ◆ **¶.¶** ~ was kannste *haastje-repje;* ~ was, biste was *geen geld, niet geteld.*

hasten ⟨schr.⟩ **0.1** ***(zich) haasten*** *⇒gehaast iets doen.*

hastig 0.1 ***gejaagd*** *⇒gehaast, overhaast* ◆ **3.1** ~ aufbrechen *overhaast vertrekken.*

Hastigkeit ⟨v.; ~⟩ **0.1** ***(nerveuze) haast*** *⇒gejaagdheid.*

Hätschelei ⟨v.; ~, ~en⟩⟨pej.⟩ **0.1** ***vertroeteling.***

Hätschelkind ⟨o.⟩⟨vaak pej.⟩ **0.1** ***troetelkind(je)*** *⇒verwend kind.*

hätscheln 0.1 ***knuffelen*** *⇒troetelen, liefkozen* **0.2** ⟨vaak pej.⟩ ***vertroetelen*** *⇒verwennen* ◆ **1.2** eine Lieblingsidee ~ *een lievelingsdenkbeeld koesteren.*

hatschi! ⟨inf.⟩ **0.1** ***hatsjie!***

Hatz ⟨v.; ~, ~en⟩ **0.1** ⟨jacht⟩ ***drijf-, parforcejacht*** ⟨vooral op wilde zwijnen⟩ **0.2** ⟨fig.⟩ ***klop-, drijfjacht.***

Hatzhund ⟨m.⟩⟨jacht⟩ **0.1** ***drijfhond, brak.***

Hau ⟨m.; ~(e)s, ~e⟩ **0.1** ⟨inf.⟩ ***klap, slag*** ◆ **3.1** ⟨inf.; fig.⟩ einen ~ (mit der Wichsbürste) haben *een tik van de molen beet hebben.*

Häubchen ⟨o.; ~s, ~⟩ **0.1** ***mutsje*** *⇒kapje.*

Haube ⟨v.; ~, ~n⟩ **0.1** ***kap*** *⇒huif, muts* **0.2** ⟨gesch.⟩ ***helm*** ⟨ook fig.⟩ **0.3** ⟨amb., tech.⟩ ***kap*** *⇒helmdak, koepel, huis* **0.4** ⟨biol.⟩ ***kuif(je)*** ⟨van vogels⟩ ◆ **1.1** die ~ einer Krankenschwester *het kapje van een verpleegster* **1.3** die ~ eines Autos *de motorkap* **6.1** ⟨inf.; scherts.⟩ ein Mädchen **unter** die ~ bringen *een meisje aan de man brengen;* ⟨inf.; scherts.⟩ **unter** die ~ kommen *trouwen;* ⟨inf.; scherts.⟩ **unter** der ~ sein *onder de pannen zijn, getrouwd zijn.*

Haubenlerche ⟨v.⟩⟨biol.⟩ **0.1** ***kuifleeuwerik.***

Haubentaucher ⟨m.⟩⟨biol.⟩ **0.1** ***fuut.***

Haubitze ⟨v.; ~, ~n⟩⟨mil.⟩ **0.1** ***houwitser*** ◆ **8.1** ⟨inf.⟩ voll wie eine ~ *stomdronken.*

Hauch ⟨m.; ~(e)s, ~e⟩ **0.1** ***adem(tocht)*** **0.2** ***tochtje, zuchtje*** ⟨v.d. lucht⟩ **0.3** ***waas, zweem, vleug(je)*** *⇒stemming* ◆ **1.3** nur der ~ eines Lächelns lag auf ihrem Gesicht *zij glimlachte slechts zwakjes* **2.1** der letzte ~ eines Sterbenden *de laatste ademtocht van een stervende* **2.3** nicht den leisesten ~ einer Verstimmung *geen spoor van ontstemming* **5.3** einen ~ dunkler färben *een tikkeltje donkerder kleuren.*

hauchdünn 0.1 ***vliesdun*** *⇒ragfijn* ◆ **1.1** ⟨fig.⟩ ein ~er Sieg *een nipte overwinning.*

hauchen I ⟨onov.ww.⟩ **0.1** ***(uit)ademen*** ◆ **6.1 auf** seine Brille ~ *op zijn bril ademen;*
II ⟨ov.ww.⟩ **0.1** ***ademen, door ademen doen ontstaan*** **0.2** ***(heel zacht) fluisteren*** **0.3** ⟨taal.⟩ ***aspireren, aanblazen*** ◆ **1.2** das Jawort ~ *het jawoord fluisteren.*

hauchfein 0.1 ***ragfijn.***

hauchzart 0.1 ***wazig-dun*** **0.2** ***ragfijn.***

Haudegen ⟨m.⟩ **0.1** ***houwdegen*** ⟨ook fig.⟩.

Haue ⟨v.; ~, ~n⟩ **0.1** ***houweel*** *⇒hakbijl* **0.2** ⟨inf.⟩ ***slaag, klappen.***

hauen ⟨→t61⟩ **I** ⟨onov.ww.⟩ **0.1** ***slaan*** *⇒houwen, stoten* ◆ **3.1** da gibt es Hauen und Stechen *dat loopt op vechten uit;* ⟨inf.; fig.⟩ das ist weder gehauen noch gestochen *dat is vlees noch vis;* ⟨inf.; fig.⟩ dat ist gehauen wie gestochen *dat is lood om oud ijzer;*
II ⟨ov.ww.⟩ **0.1** ***slaan*** **0.2** ***houwen*** *⇒kappen, omhouwen* **0.3** ***houwen*** *⇒in stukken hakken* **0.4** ***maaien*** **0.5** ***houwen*** *⇒(los)hakken* **0.6** ⟨amb.⟩ ***behouwen*** **0.7** ⟨inf.⟩ ***slaan*** *⇒kapotslaan* **0.8** ⟨inf.⟩ ***slaan*** *⇒(af)ranselen* **0.9** ⟨inf.⟩ ***smijten*** *⇒gooien* ◆ **1.2** Holz ~ *hout hakken, kappen* **1.5** Stufen ~ *treden (uit)hakken* **1.6** eine Feile ~ *een vijl kappen* **6.9** ⟨inf.⟩ sich **aufs** Sofa ~ *op de bank neerploffen;* die Schuhe **in** die Ecke ~ *de schoenen in de hoek smijten;* das haut mich **vom** Stuhl! *daar sta ik gewoon perplex van!*

Hauer ⟨m.; ~s, ~⟩ **0.1** ⟨mijnw.⟩ ***houwer*** **0.2** ⟨jacht⟩ ***houwer, slagtand*** ⟨v.e. ever⟩.

Hauerei ⟨v.; ~, ~en⟩⟨inf.⟩ **0.1** ***vechtpartij.***

Häufchen ⟨o.; ~s, ~⟩ **0.1** ***hoopje*** ◆ **8.1** ⟨fig.⟩ wie ein ~ Elend dasitzen *een beeld van ellende zijn.*

häufeln ⟨landb.⟩ **0.1** ***aan oppers zetten*** **0.2** ***aanaarden.***

häufen I ⟨ov.ww.⟩ **0.1** ***ophopen*** *⇒opstapelen, volladen* **0.2** ***bijeenbrengen*** *⇒verzamelen, vergaren* ◆ **1.1** ein gehäufter Löffel *een niet-afgestreken lepel* **1.2** Schätze ~ *schatten vergaren* **6.1** ⟨fig.⟩ Ehre **auf** jmdn. ~ *iem. met eerbewijzen overladen;*
II sich ~ ⟨wk.ww.⟩ **0.1** ***zich opstapelen, zich op(een)hopen*** **0.2** ⟨fig.⟩ ***toenemen*** *⇒steeds talrijker worden, zich opstapelen* ◆ **1.2** die Klagen ~ sich *er komen steeds meer klachten.*

Haufen ⟨m.; ~s, ~⟩ **0.1** ***hoop*** *⇒stapel* **0.2** ***hoop*** *⇒menigte, massa* **0.3** ***groep*** *⇒bende, massa* **0.4** ⟨inf.⟩ ***hoop*** *⇒heleboel* **0.5** ⟨mil.⟩ ***escouade, troep*** *⇒onderdeel* ◆ **2.3** ein übler ~ *een kwalijk gezelschap* **6.1** alles **auf** einen ~ kehren *alles op één hoop vegen;* ⟨inf.⟩ jmdn. **über** den ~ rennen *iem. omverlopen;* ⟨inf.⟩ jmdn. **über** den ~ schießen *iem. neerknallen;* ⟨inf.⟩ Pläne **über** den ~ werfen *plannen in de war sturen* **6.2 in** hellen ~ *in dichte drommen* **6.3 zum** großen ~ gehören *tot de grote massa behoren* **6.5 zu** seinem ~ zurückkehren *naar zijn onderdeel terugkeren.*

Haufendorf ⟨o.⟩ **0.1** ***kerndorp.***

haufenweise ⟨inf.⟩ **0.1** ***bij, in hopen, talrijk*** *⇒in groten getale* ◆ **3.1** er hat ~ Geld *hij heeft geld als water.*

Haufenwolke ⟨v.⟩ **0.1** ***stapelwolk, cumulus(wolk).***

häufig[1] ⟨bn.⟩ **0.1** ***veelvuldig*** *⇒veel voorkomend, talrijk* ◆ **1.1** ein ~er Fehler *een veel voorkomende fout.*

häufig[2] ⟨bw.⟩ **0.1** ***dikwijls, vaak*** *⇒herhaaldelijk.*

Häufigkeit ⟨v.; ~, ~en⟩ **0.1** ***talrijkheid*** *⇒veelvuldigheid, frequentie.*

Häufigkeits|zahl, -ziffer ⟨v.⟩ **0.1** ***frequentiecijfer.***

Häufung ⟨v.; ~, ~en⟩ **0.1** ***opeenhoping*** **0.2** ***groeiend aantal*** *⇒toename.*

Hauklotz ⟨m.⟩ **0.1** ***hakblok.***

Haumesser ⟨o.⟩ **0.1** ***kapmes.***

Haupt ⟨o.; ~(e)s, ~̈er⟩⟨schr.⟩ **0.1** ***hoofd*** **0.2** ⟨fig.⟩ ***hoofd*** *⇒leider, aanvoerder* ◆ **1.1** ⟨schr.⟩ die Häupter der Berge *de* *toppen van de bergen* **1.2** das ~ einer Verschwörung *de leider van een samenzwering* **2.1** entblößten ~es *blootshoofds;* ⟨fig.⟩ erhobenen ~es *met opgeheven hoofd;* ein gekröntes ~ *een regerend vorst(in)* **3.1** ⟨fig.⟩ sein ~ verhüllen *diep bedroefd zijn* **6.1** ⟨inf.⟩ ich habe eins **aufs** ~ bekommen *ik heb op m'n kop gekregen;* ⟨fig.⟩ den Feind **aufs** ~ schlagen *de vijand vernietigend verslaan;* **zu** Häupten einer Bahre *aan het hoofdeinde van een baar* **8.1** ⟨fig.⟩ eine Reform an ~ und Gliedern *een totale hervorming.*

Hauptabnehmer ⟨m.⟩ **0.1** ***belangrijkste afnemer.***

Hauptaktion ⟨v.⟩ ◆ **¶.¶** eine Haupt- und Staatsaktion aus etwas machen *een zaak opblazen, geweldig dramatiseren.*

Hauptakzent ⟨m.⟩ **0.1** ***hoofdaccent*** ⟨ook fig.⟩.

Hauptaltar ⟨m.⟩ **0.1** ***hoog-, hoofdaltaar.***

hauptamtlich **0.1** ***als hoofdbetrekking, -beroep.***

Hauptangeklagte(r) ⟨bn. als zn.⟩⟨jur.⟩ **0.1** ***voornaamste beschuldigde.***

Hauptanliegen ⟨o.⟩ **0.1** ***voornaamste wens, verzoek.***

Hauptanschluß ⟨m.⟩ **0.1** ***hoofdaansluiting*** ⟨v.d. telefoon⟩.

Hauptarbeit ⟨v.⟩ **0.1** ***grootste deel v.h. werk.***

Hauptbahnhof ⟨m.⟩ **0.1** ***centraal station.***

Hauptbedeutung ⟨v.⟩⟨taal.⟩ **0.1** ***hoofdbetekenis.***

Hauptbedingung ⟨v.⟩ **0.1** ***voornaamste voorwaarde.***

hauptberuflich **0.1** ***als hoofdberoep, het hoofdberoep betreffende.***

Hauptbeschäftigung ⟨v.⟩ **0.1** ***voornaamste bezigheid.***

Hauptbestandteil ⟨m.⟩ **0.1** ***hoofdbestanddeel.***

Hauptbuch ⟨o.⟩⟨ec.⟩ **0.1** ***grootboek.***

Hauptdarsteller ⟨m.⟩⟨dram., film.⟩ **0.1** ***hoofdrolspeler.***

Hauptdeck ⟨o.⟩⟨scheep.⟩ **0.1** ***hoofddek.***

Haupteingang ⟨m.⟩ **0.1** ***hoofdingang.***

Haupteinwand ⟨m.⟩ **0.1** ***grootste bezwaar.***

Haupterbe ⟨m.⟩ **0.1** ***hoofderfgenaam.***

Hauptergebnis ⟨o.⟩ **0.1** ***voornaamste resultaat.***

Haupteslänge ⟨v.⟩ ◆ **6.¶** jmdn. **um** ~ überragen *een hoofd boven iem. uitsteken.*

Hauptfach ⟨o.⟩⟨school.⟩ **0.1** ***hoofdvak.***

Hauptfehler ⟨m.⟩ **0.1** ***voornaamste fout.***

Hauptfeld ⟨o.⟩⟨sp.⟩ **0.1** ***hoofdgroep*** ⇒*groot peloton.*

Hauptfeldwebel ⟨m.⟩⟨mil.⟩ **0.1** ***sergeant-majoor, opperwachtmeester.***

Hauptfilm ⟨m.⟩ **0.1** ***hoofdfilm.***

Hauptgang ⟨m.⟩ **0.1** ***hoofdgang*** **0.2** ***hoofdgerecht.***

Hauptgefreite(r) ⟨bn. als zn.; m.⟩⟨mil.⟩ **0.1** ***korporaal 1e klasse.***

Hauptgegenstand ⟨m.⟩ **0.1** ***belangrijkste onderwerp.***

Hauptgericht ⟨o.⟩ **0.1** ***hoofdgerecht.***

Hauptgeschäft ⟨o.⟩ **0.1** ***hoofdvestiging, -kantoor.***

Hauptgeschäftsstraße ⟨v.⟩ **0.1** ***grote winkelstraat.***

Hauptgeschäftszeit ⟨v.⟩ **0.1** ***drukste winkeltijd.***

Hauptgewicht ⟨o.⟩ **0.1** ***nadruk*** ⇒*zwaartepunt.*

Hauptgewinn ⟨m.⟩ **0.1** ***hoofdprijs*** ⟨in een loterij⟩.

Hauptgrund ⟨m.⟩ **0.1** ***belangrijkste reden.***

Haupthahn ⟨m.⟩ **0.1** ***hoofdkraan.***

Hauptinteresse ⟨o.⟩ **0.1** ***grootste belangstelling.***

Hauptkampflinie ⟨v.⟩⟨mil.⟩ **0.1** ***voorste lijn eigen troepen.***

Hauptkasse ⟨v.⟩ **0.1** ***centrale kas.***

Hauptlast ⟨v.⟩ **0.1** ***grootste deel v.d. last.***

Häuptling ⟨m.; ~s, ~e⟩ **0.1** ***opperhoofd, stamhoofd*** **0.2** ⟨iron.; pej.⟩ ***hoofdman, baas*** ⟨v.e. bende⟩.

häuptlings **0.1** ***aan het hoofdeinde.***

Hauptmangel ⟨m.⟩ **0.1** ***belangrijkste gebrek, fout.***

Hauptmann ⟨m.; mv. Hauptleute⟩⟨mil.⟩ **0.1** ***kapitein*** ⇒*compagnie(s)commandant, ritmeester.*

Hauptmieter ⟨m.⟩ **0.1** ***eerste huurder, hoofdhuurder.***

Hauptnenner ⟨m.⟩⟨wisk.⟩ **0.1** ***gemeenschappelijke noemer.***

Hauptperson ⟨v.⟩ **0.1** ***hoofdpersoon.***

Hauptpostamt ⟨o.⟩ **0.1** ***hoofdpostkantoor.***

Hauptprobe ⟨v.⟩ **0.1** ***generale repetitie.***

Hauptproblem ⟨o.⟩ **0.1** ***belangrijkste probleem.***

Hauptpunkt ⟨m.⟩ **0.1** ***belangrijkste punt.***

Hauptquartier ⟨o.⟩⟨mil.⟩ **0.1** ***hoofdkwartier.***

Hauptredner ⟨m.⟩ **0.1** ***belangrijkste spreker.***

Hauptregel ⟨v.⟩ **0.1** ***hoofdregel.***

Hauptreisezeit ⟨v.⟩ **0.1** ***(vakantie)hoogseizoen.***

Hauptrolle ⟨v.⟩ **0.1** ***hoofdrol*** ⇒*voornaamste rol.*

Hauptsache ⟨v.⟩ **0.1** ***hoofdzaak*** ⟨ook jur.⟩ ◆ **6.1** **in** der, **zur** ~ *in hoofdzaak.*

hauptsächlich[1] ⟨bn.⟩ **0.1** ***belangrijkst, voornaamst*** ◆ **1.1** der ~e Beweggrund *het belangrijkste motief.*

hauptsächlich[2] ⟨bw.⟩ **0.1** ***hoofdzakelijk*** ⇒*vooral, voornamelijk* ◆ **5.1** ~ deshalb *vooral daarom.*

Hauptsaison ⟨v.⟩ **0.1** ***hoogseizoen.***

Hauptsatz ⟨m.⟩ **0.1** ⟨taal.⟩ ***hoofdzin*** **0.2** ⟨fil.⟩ ***hoofdstelling.***

Hauptschalter ⟨m.⟩ **0.1** ***hoofdschakelaar.***

Hauptschiff ⟨o.⟩⟨bouwk.⟩ **0.1** ***middenschip*** ⟨v.e. kerk⟩.

Hauptschlagader ⟨v.⟩⟨med.⟩ **0.1** ***lichaamsslagader, aorta.***

Hauptschlüssel ⟨m.⟩ **0.1** ***hoofdsleutel*** ⇒*passe-partout.*

Hauptschulabschluß ⟨m.⟩ **0.1** ***eindexamen lavo*** ⟨lager algemeen voortgezet onderwijs⟩.

Hauptschuldner ⟨m.⟩ **0.1** ***voornaamste debiteur.***

Hauptschule ⟨v.⟩⟨school.⟩ **0.1** ⟨klas 5 - 10 v.d. Duitse basisschool⟩.

Hauptsegel ⟨o.⟩⟨scheep.⟩ **0.1** ***hoofdzeil*** ⇒*groot zeil.*

Hauptseminar ⟨o.⟩⟨school.⟩ **0.1** ⟨werkcollege na de propedeuse⟩.

Hauptstadt ⟨v.⟩ **0.1** ***hoofdstad*** **0.2** ***residentie.***

Hauptstraße ⟨v.⟩ **0.1** ***hoofdstraat*** **0.2** ***hoofd(verkeers)weg.***

Haupttätigkeit ⟨v.⟩ **0.1** ***voornaamste bezigheid.***

Hauptteil ⟨m.⟩ **0.1** ***belangrijkste deel.***

Haupttitel ⟨m.⟩ **0.1** ***hoofdtitel*** **0.2** ⟨boek.⟩ ***titelblad.***

Hauptton ⟨m.⟩ **0.1** ⟨muz.⟩ ***hoofdtoon, grondtoon*** **0.2** ⟨taal.⟩ ***hoofdaccent.***

Haupttreffer ⟨m.⟩ **0.1** ***hoofdprijs*** ⟨in een loterij⟩.

Haupt- und Staatsaktion ⟨v.⟩ →**Hauptaktion.**

Hauptunterschied ⟨m.⟩ **0.1** ***belangrijkste verschil.***

Hauptverdiener ⟨m.⟩ **0.1** ***kostwinner.***

Hauptverdienst ⟨o.⟩ **0.1** ***belangrijkste verdienste.***

Hauptverfahren ⟨o.⟩⟨jur.⟩ **0.1** ***openbare behandeling*** ⇒ *proces.*

Hauptverhandlung ⟨v.⟩⟨jur.⟩ **0.1** ***openbare rechtszitting.***

Hauptverkehr ⟨m.⟩ **0.1** ***meeste verkeer.***

Hauptverkehrsstraße ⟨v.⟩ **0.1** ***hoofdverkeersader, doorgaande weg.***

Hauptverkehrszeit ⟨v.⟩ **0.1** ***spitsuur.***

Hauptversammlung ⟨v.⟩ **0.1** ***algemene vergadering*** ⇒ *jaarvergadering* **0.2** ⟨ec.⟩ ***aandeelhoudersvergadering.***

Hauptverzeichnis ⟨o.⟩⟨comp.⟩ **0.1** ***hoofddirectory.***

Hauptvorstand ⟨m.⟩ **0.1** ***hoofdbestuur.***

Hauptwache ⟨v.⟩ **0.1** ***hoofdbureau van politie.***

Hauptwachtmeister ⟨m.⟩ **0.1** ***opperwachtmeester.***

Hauptwerk ⟨o.⟩ **0.1** ***hoofdwerk*** **0.2** ***hoofdvestiging.***

Hauptwert ⟨m.⟩ **0.1** ***grootste, voornaamste waarde.***

Hauptwort ⟨o.⟩⟨taal.⟩ **0.1** ***zelfstandig naamwoord.***

Hauptzeuge ⟨m.⟩⟨jur.⟩ **0.1** ***kroongetuige, belangrijkste getuige.***

Hauptzug ⟨m.⟩ **0.1** ***doorgaande trein*** **0.2** ***hoofdtrek*** ⇒ *hoofdlijn* **0.3** ***hoofdtrek*** ⇒*karaktereigenschap.*

Hauptzweck ⟨m.⟩ **0.1** ***hoofddoel, -bedoeling.***

hau ruck! 0.1 *trek!* ⇒ *haal op!*

Haus ⟨o.; ~es, ¨~er⟩ **0.1** ***huis*** ⇒*woning, woonhuis* **0.2** ***huis*** ⇒ *gebouw, ruimte* **0.3** ***huis*** ⇒*firma, zaak* **0.4** ***bewoners*** ⇒*gezin, familie* **0.5** ***huishouding*** **0.6** ***huis*** ⇒*geslacht, dynastie* **0.7** ⟨ster.⟩ ***huis*** **0.8** ⟨inf.⟩ ***kerel*** ⇒*vriend, jongen* **0.9** ⟨amb.⟩ ***huis*** ⇒*koker, oog* ◆ **1.4** die Dame des ~es *de gastvrouw;* der Herr des ~es (a) *de heer des huizes* (b) *de gastheer* **2.1** ⟨euf.⟩ das letzte ~ *de lijkkist* **2.2** das beste ~ am Platz *het beste hotel van de stad;* das Hohe ~ *het parlement* **2.4** die ersten Häuser der Stadt *de voornaamste families van de stad* **2.5** ein glänzendes ~ führen *een hoge staat voeren* **2.8** wie geht's, altes ~? *hoe gaat het, ouwe jongen?* **3.1** sein ~ bestellen (a) *orde op zaken stellen* (b) ⟨schr.⟩ *z'n testament maken;* jmdm. das ~ einrennen *iem. de deur platlopen;* das ~ hüten *binnen moeten blijven;* jmdm. das ~ verbieten *iem. de toegang tot het huis ontzeggen* **3.5** sie führt ihm das ~ *zij doet voor hem de huishouding* **5.1** frei ~ liefern *franco (t)huis leveren* **6.1** mit jmdm. ~ **an** ~ wohnen *direct naast iem. wonen;* **außer** ~ *buitenshuis;* die Ware **ins** ~ schicken *de goederen thuis bezorgen;* ⟨inf.⟩ jmdm. **ins** ~ schneien *onverwacht bij iem. binnenvallen;* ⟨fig.⟩ **ins** ~ stehen *voor de deur staan;* kommen Sie gut **nach** ~e! *wel thuis!;* ich habe noch keinen Schritt **vor** das ~ getan *ik heb nog geen stap buiten de deur gezet;* **zu** ~e sein *thuis zijn;* sie ist in Berlin **zu** ~e *ze is een Berlijnse;* für niemanden **zu** ~e *voor niemand te spreken;* in etwas **zu** ~e sein *ergens in thuis zijn, verstand van iets hebben* **6.4 aus** gutem ~e *van goeden huize* **8.1** ~ und Herd haben *een gezin hebben.* →**Katze.**

Hausangestellte ⟨v.⟩ **0.1** ***dienstmeisje, -bode.***

Hausanzug ⟨m.⟩ **0.1** ***(gemakkelijke) huiskleding.***

Hausarbeit ⟨v.⟩ **0.1** ***huishoudelijk werk*** **0.2** ⟨school.⟩ ***huiswerk.***

Hausarrest ⟨m.⟩ **0.1** ***huisarrest.***

Hausartikel ⟨m.⟩⟨ec.⟩ **0.1** ***eigen merk.***

Hausaufgabe ⟨v.⟩⟨school.⟩ **0.1** ***huiswerk.***

hausbacken ⟨fig.⟩ **0.1** ***huisbakken*** ⇒*saai, duf, alledaags.*

Hausbank ⟨v.; mv. ~en⟩ **0.1** ***vaste bankrelatie.***

Hausbesetzer ⟨m.⟩ **0.1** ***kraker.***

Hausbesetzung ⟨v.⟩ **0.1** ***kraakactie.***

Hausbesitzer ⟨m.⟩ **0.1** ***huiseigenaar.***

Hausbesuch ⟨m.⟩ **0.1** ***huis-, patiëntenbezoek.***

Hausbock ⟨m.⟩⟨biol.⟩ **0.1** ***huisbok, boktor.***

Hausboot ⟨o.⟩ **0.1** ***woonboot.***

Hausbrandkohle ⟨v.⟩ **0.1** ***huisbrandkool, -kolen.***

Hausbuch ⟨o.⟩ **0.1** ***huisboek, vademecum.***

Hausbursche ⟨m.⟩ **0.1** ***huisknecht.***

Häuschen ⟨o.; ~s, ~⟩ **0.1** ***huisje*** **0.2** ⟨inf.⟩ ***huisje*** ⇒*wc (buitenshuis)* ◆ **6.1** ⟨inf.⟩ jmdn. **aus** dem ~ bringen *iem. dolblij maken;* ⟨inf.⟩ (ganz, rein) **aus** dem ~ geraten *buiten zichzelf van vreugde raken.*

Hausdame ⟨v.⟩ **0.1** ***huisdame*** ⇒*dame voor de huishouding* **0.2** ***gezelschapsdame.***

Hausdetektiv ⟨m.⟩ **0.1** ***warenhuisdetective.***

Hausdiener ⟨m.⟩ **0.1** ***huisbediende.***

Hausdrache(n) ⟨m.⟩⟨inf.; pej.⟩ **0.1** ***feeks, helleveeg.***

Hausecke ⟨v.⟩ **0.1** ***hoek v.h. huis.***

hauseigen 0.1 ***v.h. huis, v.d. zaak.***

Hauseigentümer ⟨m.⟩ **0.1** ***huiseigenaar.***

Hauseinfahrt ⟨v.⟩ **0.1** ***oprit, inrit v.e. huis.***

Hauseingang ⟨m.⟩ **0.1** ***ingang v.e. huis.***

hausen 0.1 ⟨inf.; pej.⟩ ***huizen*** ⇒*(slecht) wonen* **0.2** ⟨pej.⟩ ***huizen*** ⇒*(eenzaam, afgezonderd) wonen* **0.3** ⟨inf.; scherts.⟩ ***wonen*** ⇒*gehuisvest zijn* **0.4** ⟨inf.; pej.⟩ ***huishouden*** ⇒*tekeergaan, woeden.*

Hausen ⟨m.; ~s, ~⟩⟨biol.⟩ **0.1** ***(grote) steur.***

Hausenblase ⟨v.⟩ **0.1** ***vislijm.***

Häuserblock ⟨m.⟩ **0.1** ***huizenblok.***

Häuserflucht ⟨v.⟩ **0.1** ***huizenrij.***

Häuserfront ⟨v.⟩ **0.1** ***voorkant v.e. rij huizen.***

Häusermeer ⟨o.⟩ **0.1** ***huizenzee.***

Hausflur ⟨m.⟩ **0.1** ***hal*** ⇒*vestibule* **0.2** ***gang.***

Hausfrau ⟨v.⟩ **0.1** ***huisvrouw, -moeder*** **0.2** ***vrouw des huizes.***

Hausfrauenart ⟨v.⟩⟨cul.⟩ ◆ **6.¶ auf, nach** ~ *à la ménagère.*

Hausfreund ⟨m.⟩ **0.1** ***huisvriend*** **0.2** ⟨euf.; scherts.⟩ ***minnaar v.d. vrouw des huizes.***

Hausfriede(n) ⟨m.⟩ **0.1** ***huisvrede.***

Hausfriedensbruch ⟨m.⟩⟨jur.⟩ **0.1** ***huisvredebreuk.***

Hausgans ⟨v.⟩ **0.1** ***tamme gans.***

Hausgarten ⟨m.⟩ **0.1** ***tuin(tje) bij het huis.***

Hausgast ⟨m.⟩ **0.1** ***gast v.e. hotel, pension.***

Hausgebrauch ⟨m.⟩ **0.1** ***huiselijk, huishoudelijk gebruik*** ⇒ *eigen gebruik* ◆ **6.1** ⟨fig.⟩ das reicht **für** den ~ *dat kan er mee door.*

Hausgehilfin ⟨v.⟩ **0.1** ***hulp, assistente in de huishouding.***

Hausgeist ⟨m.⟩ **0.1** ⟨antr.⟩ ***huisgeest*** **0.2** ⟨scherts.⟩ ***gedienstige geest*** ⇒*trouwe dienstbode.*

hausgemacht 0.1 ***eigengemaakt, zelf bereid.***

Hausgemeinschaft ⟨v.⟩ **0.1** ***huiselijke gemeenschap*** **0.2** ⟨stud.⟩ ***woongemeenschap.***

Hausgesinde ⟨o.⟩ **0.1** ***huispersoneel.***

Hausgewerbe ⟨o.⟩ **0.1** ***huisindustrie.***

Hausglocke ⟨v.⟩ **0.1** ***huis-, deurbel.***

Haushalt ⟨m.; ~(e)s, ~e⟩ **0.1** ***huishouding, huishouden*** **0.2** ***huishouden*** ⇒*gezin* **0.3** ⟨ec.⟩ ***begroting*** ⇒*budget* ◆ **3.1** jmdm. den ~ besorgen *voor iem. het huishouden doen* **3.3** den ~ einbringen *de begroting indienen.*

haushalten ⟨→t59⟩ **0.1** ***zuinig zijn*** ⇒*sparen, goed indelen* ◆ **3.1** sie kann nicht ~ *ze kan niet met geld omgaan* **6.1 mit** den Vorräten ~ *zuinig met de voorraden omspringen.*

Haushälterin ⟨v.; ~, ~nen⟩ **0.1** ***huishoudster.***

haushälterisch 0.1 ***zuinig*** ⇒*spaarzaam, economisch.*

Haushalt(s)artikel ⟨m.⟩ **0.1** ***huishoudelijk artikel.***

Haushalt(s)ausgleich ⟨m.⟩ **0.1** ***dekking v.d. begroting.***

Haushalt(s)ausschuß ⟨m.⟩ **0.1** ***begrotingscommissie.***

Haushalt(s)buch ⟨o.⟩ **0.1** ***huishoudboek(je).***

Haushalt(s)debatte ⟨v.⟩⟨pol.⟩ **0.1** ***begrotingsdebat, algemene beschouwingen.***

Haushalt(s)entwurf ⟨m.⟩⟨pol.⟩ **0.1** ***miljoenennota.***

Haushalt(s)führung ⟨v.⟩ **0.1** ***huishouding*** **0.2** ***begrotingsbeleid.***

Haushalt(s)gerät ⟨o.⟩ **0.1** ***huishoudelijk apparaat.***

Haushalt(s)hilfe ⟨v.⟩ **0.1** ***hulp in de huishouding.***

Haushalt(s)jahr ⟨o.⟩ **0.1** ***begrotingsjaar.***

Haushalt(s)loch ⟨o.⟩⟨inf.⟩ **0.1** ***gat in de begroting, begrotingstekort.***

Haushalt(s)maschine ⟨v.⟩ **0.1** ***huishoudelijk apparaat.***

Haushalt(s)mittel ⟨alleen mv.⟩ **0.1** ***begrotingsgelden, budget.***

Haushalt(s)packung ⟨v.⟩ **0.1** ***gezinsverpakking.***

Haushalt(s)plan ⟨m.⟩ **0.1** ***begrotingsontwerp.***

Haushalt(s)planung ⟨v.⟩ **0.1** ***het opstellen v.e. begroting.***

Haushalt(s)schule ⟨v.⟩ **0.1** ***huishoudschool.***

Haushalt(s)volumen ⟨o.⟩ **0.1** ***begrotingsomvang.***

Haushalt(s)vorstand ⟨m.⟩ **0.1** ***gezinshoofd.***

Haushaltung ⟨v.⟩ **0.1** ***huishouding.***

Haus-Haus-Verkehr ⟨m.⟩ **0.1** ***afhaal- en besteldienst.***

Hausherr ⟨m.⟩ **0.1** ***heer des huizes*** ⇒*gastheer* **0.2** ***heer des huizes*** ⇒*hoofd v.h. gezin* **0.3** ⟨sp.⟩ ***thuisspelende club.***

haushoch 0.1 ***huizenhoog, zeer hoog*** ◆ **1.1** ⟨fig.⟩ der haushohe Favorit *de grote favoriet* **3.1** jmdm. ~ überlegen sein *iem. verre de baas zijn.*

Haushuhn ⟨o.⟩ **0.1** ***huishen, kip.***

hausieren 0.1 ***venten, leuren*** **0.2** ⟨inf.; fig.⟩ ***leuren*** ⇒*openlijk aan ieder rondvertellen.*

Hausierer ⟨m.; ~s, ~⟩ **0.1** ***venter, leurder*** ⇒*marskramer.*

Hausinschrift ⟨v.⟩ **0.1** ***inscriptie boven de ingang v.e. huis.***

hausintern 0.1 ***intern*** ⟨v.e. bedrijf, zaak enz.⟩.

Haus|jacke, -joppe ⟨v.⟩ **0.1** ***huisjasje.***

Hausjurist ⟨m.⟩ **0.1** ***eigen jurist*** ⟨v.e. firma⟩.

Hauskaninchen ⟨o.⟩ **0.1** ***tam konijn.***

Hauskapelle ⟨v.⟩ **0.1** ***huiskapel*** **0.2** ***huisorkest(je).***

Hauskittel ⟨m.⟩ **0.1** ***jas-, mouwschort.***

Hauskleid ⟨o.⟩ **0.1** ***huisjapon.***

Hauskonzert ⟨o.⟩ **0.1** ***huisconcert.***

Hauskost ⟨v.⟩ **0.1** ***gewone kost, burgermanskost.***

Hauslehrer ⟨m.⟩ **0.1** ***huisonderwijzer, -leraar.***

Hausleute ⟨alleen mv.⟩ **0.1** ***medebewoners v.e. huis*** **0.2** ***conciërge-echtpaar.***

häuslich 0.1 ***huiselijk*** ⇒*huishoudelijk* **0.2** ***huiselijk*** ⇒*in huis, thuis* ◆ **3.2** ⟨inf.⟩ sich irgendwo ~ einrichten *ergens voor langere tijd zijn intrek nemen.*

Häuslichkeit ⟨v.; ~⟩ **0.1** ***huiselijkheid*** **0.2** ***huishoudelijke kwaliteiten.***

Hausmacherart ⟨v.⟩⟨cul.⟩ ◆ **6.¶ nach** ~ *als zelfgemaakt.*

Hausmacherwurst ⟨v.⟩⟨cul.⟩ **0.1** ***zelfgemaakte worst*** ⇒*boerenworst.*

Hausmacht ⟨v.⟩ **0.1** ***(persoonlijke) macht, invloed.***

Hausmädchen ⟨o.⟩ **0.1** ***dienstmeisje.***

Hausmann ⟨m.; mv. ¨er⟩ **0.1** ***huisman.***

Hausmannskost ⟨v.⟩⟨cul.⟩ **0.1** ***eenvoudige burgermanspot.***

Hausmantel ⟨m.⟩ **0.1** ***huis-, kamerjas.***

Hausmärchen ⟨o.⟩ **0.1** ***sprookje voor het hele gezin.***

Hausmarke ⟨v.⟩ **0.1** ***huismerk*** ⇒*eigendomsmerk(teken)* **0.2** ***eigen wijn*** ⇒*wijn v.h. huis* **0.3** ⟨ec.⟩ ***eigen merk*** **0.4** ⟨inf.⟩ ***lievelingsmerk.***

Hausmaus ⟨v.⟩ **0.1** ***huismuis.***

Hausmeister ⟨m.⟩ **0.1** ***conciërge.***

Hausmitteilung ⟨v.⟩ **0.1** ***interne mededeling*** **0.2** ⟨ec.⟩ ***bulletin voor de (vaste) klanten.***

Hausmittel ⟨o.⟩ **0.1** ***huismiddeltje.***

Hausmüll ⟨m.⟩ **0.1** ***huisvuil.***

Hausmusik ⟨v.⟩ **0.1** ***huismuziek.***

Hausmutter ⟨v.⟩ **0.1** ***moeder, leidster (v.e. jeugdherberg, tehuis).***

Hausnummer ⟨v.⟩ **0.1** ***huisnummer.***

Hausorden ⟨m.⟩ **0.1** ***huisorde*** ⟨ridderorde⟩.

Hausordnung ⟨v.⟩ **0.1** ***huisorde, regel(s) v.h. huis.***

Hauspflege ⟨v.⟩ **0.1** ***thuiszorg.***

Hausputz ⟨m.⟩ **0.1** ***grote schoonmaak.***

Hausrat ⟨m.⟩ **0.1** ***huisraad, inboedel.***

Hausrecht ⟨o.⟩⟨jur.⟩ **0.1** ***huisrecht.***

Haussammlung ⟨v.⟩ **0.1** ***huis-aan-huiscollecte.***

hausschlachten 0.1 ***van eigen slacht.***

Hausschuh ⟨m.⟩ **0.1** ***huisschoen, pantoffel.***

Hausschwamm ⟨m.⟩⟨plantk.⟩ **0.1** ***huiszwam.***

Hausschwein ⟨o.⟩ **0.1** ***(tam) varken.***

Hausse ⟨v.; ~, ~n⟩⟨ec.⟩ **0.1** ***hausse.***

Haussegen ⟨m.⟩ **0.1** ***huiszegen*** ◆ **3.1** ⟨inf.⟩ bei ihnen hängt der ~ schief *bij hen thuis is er ruzie.*

Hausstand ⟨m.⟩ **0.1** ***huishouding*** ⇒*gezin.*

Haussuchung ⟨v.; ~, ~en⟩ **0.1** ***huiszoeking.***

Haustier ⟨o.⟩ **0.1** ***huisdier.***

Haustochter ⟨v.⟩ **0.1** ***(inwonende) hulp in de huishouding.***

Haustor ⟨o.⟩ **0.1** ***inrijpoort, poort v.e. huis.***

Haustür ⟨v.⟩ **0.1** ***huis-, voordeur.***

Hausvater ⟨m.⟩ **0.1** ***vader, leider v.e. tehuis.***

Hausverbot ⟨o.⟩ **0.1** ***verbod, een huis (of gebouw) te betreden.***

Hausverwaltung ⟨v.⟩ **0.1** ***administratie, beheer*** ⟨v.e. huis, gebouw⟩.

Hauswirt ⟨m.⟩ **0.1** ***huisbaas.***

Hauswirtschaft ⟨v.⟩ **0.1** ***huishouding.***

Hauswirtschaftslehrerin ⟨v.⟩ **0.1** ***lerares huishoudkunde.***

Hauswirtschaftsschule ⟨v.⟩ **0.1** ***huishoudschool.***

Hauswurfsendung ⟨v.⟩ **0.1** ***huis-aan-huisreclame.***

Hauswurz ⟨v.⟩⟨plantk.⟩ **0.1** ***huislook.***

Hauszeichen ⟨o.⟩ **0.1** ***huismerk.***

Hauszelt ⟨o.⟩ **0.1** ***huttent.***

Haut ⟨v.; ~, ¨e⟩ **0.1** ***huid, vel*** **0.2** ***schil, vel(letje)*** **0.3** ***vel, vlies(je)*** **0.4** ***huid, bekleding*** ⇒*buitenlaag* **0.5** ⟨inf.⟩ ***mens, persoon*** ⇒*kerel, vrouw* ◆ **2.5** ⟨fig.⟩ eine brave ~ *een brave borst* **3.1** ⟨fig.⟩ seine (eigene) ~ retten *zich in veiligheid brengen;* ⟨inf.⟩ seine ~ zu Markte tragen (a) *zijn hachje wagen* (b) ⟨scherts.⟩ *de hoer spelen* (c) ⟨scherts.⟩ *als stripteasedanseres optreden;* ⟨inf.⟩ sich seiner ~ wehren *zijn huid duur verkopen* **6.1** ⟨inf.⟩ **auf** der faulen ~ liegen *luieren;* **aus** der ~ fahren vor Wut *uit zijn vel springen van woede;* ⟨inf.⟩ niemand kann **aus** seiner ~ heraus *een mens kan zichzelf niet veranderen;* ⟨inf.⟩ sich **in** seiner ~ (nicht) wohl fühlen *zich (niet) op zijn gemak voelen;* ⟨inf.⟩ **in** keiner gesunden ~ stecken *in geen goed vel steken;* ⟨inf.⟩ **mit** heiler ~ davonkommen *er heelhuids vanaf komen;* ⟨inf.⟩ der Film ist mir **unter** die ~ gegangen *de film heeft mij sterk aangegrepen* **8.1** ⟨inf.⟩ sich einer Aufgabe mit ~ und Haar(en) verschreiben *zich met hart en ziel aan een taak wijden;* ⟨inf.⟩ er ist nur noch ~ und Knochen *hij is enkel nog vel over been.*

Hautabschürfung ⟨v.⟩⟨med.⟩ **0.1** ***schaafwond*** ⇒*ontvelling.*

Hautarzt ⟨m.⟩ **0.1** ***huidarts, dermatoloog.***

Hautausschlag ⟨m.⟩ **0.1** ***huiduitslag.***

häuten I ⟨ov.ww.⟩ **0.1** ***villen*** ⇒*van het vel ontdoen;*
II sich ~ ⟨wk.ww.⟩ **0.1** ***vervellen.***

hauteng 0.1 ***zeer nauwsluitend*** ◆ **1.1** ~e Jeans *strakke jeans.*

Hautentzündung ⟨v.⟩ **0.1** ***huidontsteking.***

Hautfalte ⟨v.⟩ **0.1** ***huidplooi.***

Hautfarbe ⟨v.⟩ **0.1** ***huidkleur.***

Hautfetzen ⟨m.⟩⟨inf.⟩ **0.1** ***stuk v.d. huid, stukje vel.***

Hautflechte ⟨v.⟩ **0.1** ***eczeem.***

Hautflügler ⟨m.; ~s, ~⟩⟨biol.⟩ **0.1** ***vliesvleugelige.***

Hautgrieß ⟨m.⟩⟨med.⟩ **0.1** ***miliën.***

hautig 0.1 ***vol, met huidplooien.***

häutig 0.1 ***huidachtig, vliezig.***

Hautjucken ⟨o.⟩ **0.1** ***jeuk.***

Hautklinik ⟨v.⟩ **0.1** ***kliniek voor huidziekten.***

Hautkrebs ⟨m.⟩ **0.1** ***huidkanker.***

hautnah 0.1 ***vlak onder de huid liggend*** **0.2** ⟨sp.⟩ ***zeer dichtbij*** ⇒*op de man* **0.3** ⟨inf.; fig.⟩ ***direct*** ⇒*zeer aanschouwelijk, plastisch* ◆ **1.2** die ~e Bewachung des Gegenspielers *de palle mandekking.*

Hautpflege ⟨v.⟩ **0.1** ***huidverzorging.***

Hautpilz ⟨m.⟩⟨med.⟩ **0.1** ***huidschimmel.***

Hautschere ⟨v.⟩ **0.1** ***nagelriemschaartje.***

hautschonend 0.1 ***niet schadelijk voor de huid.***

Hautschuppe ⟨v.⟩ **0.1** ***huidschilfer.***

Häutung ⟨v.; ~, ~en⟩ **0.1** ***vervelling, het vervellen.***

Hautverpflanzung ⟨v.⟩⟨med.⟩ **0.1** ***huidtransplantatie.***

hautverträglich 0.1 ***onschadelijk, aangenaam voor de huid.***

Hautwunde ⟨v.⟩ **0.1** ***huidwond.***
Havanna[1] ⟨m.; ~⟩ **0.1** ***havanna(tabak).***
Havanna[2] ⟨v.; ~, ~s⟩ **0.1** ***havanna(sigaar).***
Havarie ⟨v.; ~, ~n⟩ **0.1** ***averij*** **0.2** ***scheeps-, vliegtuigongeval*** **0.3** ⟨tech.⟩ ***machineschade*** ◆ **3.1** ~ erleiden *averij oplopen.*
havarieren **0.1** ⟨scheep.⟩ ***averij oplopen*** **0.2** ⟨verk.⟩ ***schade oplopen*** ⟨v.e. vliegtuig⟩.
havariert ⟨scheep., verk.⟩ **0.1** ***beschadigd*** ⇒*met averij.*
Havarist ⟨m.; ~en, ~en⟩⟨scheep.⟩ **0.1** ***schip met averij*** **0.2** ***eigenaar v.e. schip met averij.***
Hbf. ⟨afk.⟩ [Hauptbahnhof].
H-Bombe ⟨v.⟩ **0.1** ***H-bom, waterstofbom.***
Hebamme ⟨v.; ~, ~n⟩ **0.1** ***vroedvrouw.***
Hebebalken ⟨m.⟩ **0.1** ***hefbalk, -boom.***
Hebebaum ⟨m.⟩ **0.1** ***hefboom.***
Hebebock ⟨m.⟩⟨tech.⟩ **0.1** ***hijsbok, kraan.***
Hebebühne ⟨v.⟩ **0.1** ***(hef)brug.***
Hebekran ⟨m.⟩ **0.1** ***hijskraan.***
Hebel ⟨m.; ~s, ~⟩ **0.1** ***hefboom*** **0.2** ***hendel*** ◆ **3.1** ⟨inf.; fig.⟩ hier müssen wir den ~ ansetzen *hier moeten we de zaak aanpakken;* ⟨inf.; fig.⟩ alle ~ in Bewegung setzen *alles in het werk stellen* **6.1** ⟨fig.⟩ **am** längeren ~ sitzen *aan het langste eind trekken.*
Hebelarm ⟨m.⟩ **0.1** ***hefboomarm.***
Hebelgesetz ⟨o.⟩⟨nat.⟩ **0.1** ***hefboomwet, momentenstelling.***
Hebelkraft ⟨v.⟩⟨tech.⟩ **0.1** ***kracht v.e. hefboom.***
heben ⟨→t62⟩ **I** ⟨ov.ww.⟩ **0.1** ***(op)tillen*** ⇒*heffen, opsteken* **0.2** ***lichten*** ⇒*opgraven* **0.3** ***bevorderen*** ⇒*verbeteren, verhogen* ◆ **1.1** die Brauen ~ *de wenkbrauwen ophalen;* einen neuen Rekord ~ *in gewichtheffen een nieuw record vestigen;* die Schultern ~ *de schouders ophalen;* ⟨schr.⟩ die Stimme ~ *zijn stem verheffen* **1.2** einen Schatz ~ *een schat opgraven* **1.3** das hat sein Selbstbewußtsein gehoben *dat heeft zijn zelfbewustzijn versterkt* **4.¶** einen ~ *er eentje vatten;*
II sich ~ ⟨wk.ww.⟩ **0.1** ***omhoogkomen, -gaan*** ⇒*opstijgen* **0.2** ***stijgen*** ⇒*hoger, beter worden* **0.3** ⟨schr.⟩ ***omhoog-, oprijzen*** **0.4** ⟨schr.⟩ ***zich verheffen*** ⇒*opsteken* ◆ **1.1** der Vorhang hebt sich *het doek gaat op* **1.4** ein Sturm hebt sich *een storm steekt op.*
Heber ⟨m.; ~s, ~⟩ **0.1** ***hevel*** **0.2** ⟨tech.⟩ ***hefbrug, krik*** **0.3** ⟨sp.⟩ ***gewichtheffer.***
Hebesatz ⟨m.⟩⟨ec.⟩ **0.1** ***heffingspercentage.***
Hebeschiff ⟨o.⟩⟨scheep.⟩ **0.1** ***lichter(schip), bergingsvaartuig.***
Hebewerk ⟨o.⟩⟨scheep.⟩ **0.1** ***hefwerk, -sluis.***
hebräisch **0.1** ***Hebreeuws.***
Hebraist ⟨m.; ~en, ~en⟩ **0.1** ***hebraïst, hebraïcus.***
Hebung ⟨v.; ~, ~en⟩ **0.1** ***opgraving*** ⇒*berging, lichting* **0.2** ***verhoging*** ⇒*vergroting, bevordering* **0.3** ⟨geol.⟩ ***verheffing, verhevenheid*** **0.4** ⟨taal.⟩ ***heffing, beklemtoonde lettergreep.***
Hechel ⟨v.; ~, ~n⟩⟨landb.⟩ **0.1** ***hekel*** ◆ **6.1** jmdn. **durch** die ~ ziehen *iem. over de hekel halen.*
Hechelei ⟨v.; ~, ~en⟩⟨inf.; pej.⟩ **0.1** ***roddel(praat).***
hecheln **I** ⟨onov.ww.⟩ **0.1** ***hijgen*** ⟨v.e. hond⟩ **0.2** ⟨pej.; fig.⟩ ***hekelen*** ⇒*over de hekel halen, roddelen;*
II ⟨ov.ww.⟩⟨landb.⟩ **0.1** ***hekelen.***
Hecht ⟨m.; ~(e)s, ~e⟩ **0.1** ***snoek*** **0.2** ⟨inf.⟩ ***vent, kerel*** **0.3** ⟨sp.; inf.⟩ ***snoeksprong, -duik*** **0.4** ⟨inf.⟩ ***tabakswalm, bedorven lucht*** ◆ **6.1** ⟨inf.⟩ der ~ **im** Karpfenteich sein *leven in de brouwerij brengen.*
Hechtbarsch ⟨m.⟩ **0.1** ***snoekbaars.***
hechten ⟨sp.⟩ **0.1** ***een snoeksprong, -duik maken.***
Hechtsprung ⟨m.⟩⟨sp.⟩ **0.1** ***snoeksprong.***
Hechtsuppe ⟨v.⟩⟨inf.⟩ ◆ **8.¶** es zieht wie ~ *het tocht als de ziekte.*
Heck ⟨o.; ~(e)s, ~e of ~s⟩ **0.1** ***achtersteven*** ⇒*spiegel, bil* **0.2** ***staart*** ⟨v.e. vliegtuig⟩ **0.3** ***achterkant, -zijde*** ⟨v.e. auto⟩ ◆ **1.3** das ~ des Wagens bricht leicht aus *de wagen heeft een tendens tot overstuur.*
Heckantrieb ⟨m.⟩ **0.1** ***achterwielaandrijving.***
Hecke ⟨v.; ~, ~n⟩ **0.1** ***heg, haag*** **0.2** ***dicht struikgewas.***
hecken **0.1** ***jongen*** ⇒*jongen werpen, uitbroeden.*
Heckenrose ⟨v.⟩ **0.1** ***heggenroos, wilde roos.***
Heckenschere ⟨v.⟩ **0.1** ***heggenschaar.***
Heckenschütze ⟨m.⟩ **0.1** ***sluipschutter.***
Heckfenster ⟨o.⟩ **0.1** ***achterruit.***
Heckflosse ⟨v.⟩ **0.1** ***(staart)vin*** ⟨v.e. auto⟩.
Heckklappe ⟨v.⟩ **0.1** ***achterklep*** ⟨van auto⟩.
hecklastig **0.1** ***aan de achterkant doorhangend*** ⇒*achterlastig.*
Heckmeck ⟨m.; ~s⟩⟨inf.; pej.⟩ **0.1** ***onzin*** ⇒*geklets, kouwe drukte.*
Heckmotor ⟨m.⟩ **0.1** ***achterin geplaatste motor.***
Heckscheibe ⟨v.⟩ **0.1** ***achterruit*** ⟨v.e. auto⟩.
Hecktrawler ⟨m.⟩ **0.1** ***hektreiler.***
Hecktür ⟨v.⟩ **0.1** ***achterklep, derde/vijfde deur*** ⟨v.e. auto⟩.
heda! **0.1** ***hallo!, hé, jij daar!***
Hederich ⟨m.; ~s, ~e⟩⟨plantk.⟩ **0.1** ***hederik, herik.***
Hedonismus ⟨m.; ~⟩⟨fil.⟩ **0.1** ***hedonisme.***
hedonistisch **0.1** ⟨fil.⟩ ***hedonistisch*** **0.2** ⟨fig.⟩ ***genotzuchtig.***
Heer ⟨o.; ~es, ~e⟩ **0.1** ***leger*** ⇒*strijdkrachten* **0.2** ***leger*** ⇒*landmacht* **0.3** ⟨fig.⟩ ***leger*** ⇒*grote menigte* ◆ **2.1** ⟨mil.⟩ das aktive, stehende ~ *de parate troepen.*
Heerbann ⟨m.⟩⟨gesch.⟩ **0.1** ***heerban, oproep ter heervaart*** **0.2** ***heerban, leger.***
Heeresbericht ⟨m.⟩⟨mil.⟩ **0.1** ***legerbericht, -communiqué.***
Heeresbestand ⟨m.⟩⟨mil.⟩ **0.1** ***legermaterieel.***
Heeresdienst ⟨m.⟩ **0.1** ***militaire dienst, krijgsdienst*** ⟨bij de landmacht⟩.
Heeresgruppe ⟨v.⟩ **0.1** ***legergroep.***
Heeresleitung ⟨v.⟩ **0.1** ***legerleiding.***
Heereszug ⟨m.⟩ **0.1** ***veld-, krijgstocht*** **0.2** ***legertros, -trein.***
Heerführer ⟨m.⟩ **0.1** ***commanderend generaal.***
Heerlager ⟨o.⟩ **0.1** ***legerkamp.***
Heerschar ⟨v.⟩⟨inf.⟩ **0.1** ***menigte, massa*** ◆ **2.¶** ⟨rel.⟩ die himmlischen ~en *de hemelse heerscharen.*
Heerwesen ⟨o.⟩ **0.1** ***militaire apparaat.***
Heerzug ⟨m.⟩ **0.1** ***leger in marsorde*** **0.2** ***veldtocht.***
Hefe ⟨v.; ~⟩ **0.1** ***gist*** ⇒⟨fig.⟩ *stuwende kracht* **0.2** ***bezinksel, droesem*** ⇒*depot* **0.3** ⟨pej.⟩ ***hef*** ⇒*schuim, uitvaagsel.*
Hefebrot ⟨o.⟩ **0.1** ***met gist gebakken brood.***
Hefekloß ⟨m.⟩⟨cul.⟩ **0.1** ***knoedel, meelbal*** ◆ **8.1** ⟨inf.; scherts.⟩ aufgehen wie ein ~ *(pafferig) dik worden.*
Hefepilz ⟨m.⟩ **0.1** ***gistzwam.***
Hefestückchen ⟨o.⟩ **0.1** ***met gist gebakken gebakje.***
Hefeteig ⟨m.⟩ **0.1** ***gistdeeg.***
hefig **0.1** ***gistachtig*** ⇒*naar gist smakend.*
Heft ⟨o.; ~(e)s, ~e⟩ **0.1** ***schrift, cahier*** **0.2** ***nummer*** ⇒*aflevering* **0.3** ***tien vel (papier)*** **0.4** ***boekje*** ⇒*bundel, cahier* **0.5** ⟨schr.⟩ ***heft, hecht*** ⟨ook fig.⟩ ⇒*handvat* ◆ **2.2** im nächsten ~ dieser Zeitschrift *in het volgende nummer van dit tijdschrift* **3.5** ⟨fig.⟩ das ~ ergreifen *het heft in handen nemen.*
Heftchen ⟨o.; ~s, ~⟩ **0.1** ***schriftje*** **0.2** ***boekje*** ⇒*blokje* **0.3** ⟨vaak pej.⟩ ***blaadje, boekje.***
heften **I** ⟨ov.ww.⟩ **0.1** ***hechten, bevestigen*** ⇒*spelden, nieten* **0.2** ⟨schr.⟩ ***vestigen, richten*** **0.3** ⟨boek.⟩ ***innaaien, bro-***

cheren **0.4** ⟨amb.⟩ ***(ineen)rijgen*** ◆ **6.1** ⟨schr.; fig.⟩ die Armee konnte den Sieg **an** ihre Fahne ~ *het leger kon de overwinning in het vaandel schrijven* **6.2** den Blick **auf** jmdn. ~ *de blik onafgebroken op iem. gericht houden;*
II sich ~ ⟨wk.ww.⟩ **0.1** ***strak, onafgebroken gericht zijn*** **0.2** ⟨schr.⟩ ***verbonden zijn*** ◆ **6.2 an** diesen Ort heftet sich die Sage *met deze plaats is de sage verbonden.*

Hefter ⟨m.; ~s, ~⟩ **0.1** ***ordner, (klem)map*** **0.2** ***nietmachine.***

Heftfaden ⟨m.⟩ **0.1** ***rijgdraad*** **0.2** ⟨med.⟩ ***hechtdraad.***

Heftgarn ⟨o.⟩ **0.1** ***rijggaren.***

heftig 0.1 ***hevig, fel*** ⇒*sterk, vurig* **0.2** ***heftig*** ⇒*driftig, opvliegend* ◆ **1.2** ein ~er Mensch *een opvliegend iem.* **3.1** die Wunde schmerzt ~ *de wond doet verschrikkelijk pijn* **3.2** er wird leicht ~ *hij wordt gauw driftig.*

Heftigkeit ⟨v.; ~, ~en⟩ **0.1** ***hevigheid*** ⇒*felheid, kracht* **0.2** ***heftigheid*** ⇒*drift, opvliegendheid.*

Heftklammer ⟨v.⟩ **0.1** ***niet(je)*** **0.2** ***paperclip.***

Heftmaschine ⟨v.⟩⟨boek.⟩ **0.1** ***hechtmachine.***

Heftnaht ⟨v.⟩ **0.1** ***rijgnaad.***

Heftpflaster ⟨o.⟩ **0.1** ***hechtpleister.***

Heftzwecke ⟨v.⟩ **0.1** ***punaise.***

Hege ⟨v.; ~⟩ **0.1** ***verzorging*** ⟨van plant en dier⟩.

hegemonial 0.1 ***de hegemonie betreffend*** **0.2** ***hegemonie bezittend, naar hegemonie strevend.***

Hegemonialstaat ⟨m.⟩⟨pol.⟩ **0.1** ***staat, die de hegemonie bezit.***

Hegemonie ⟨v.; ~, ~n⟩ **0.1** ***hegemonie.***

hegemonisch 0.1 ***de hegemonie betreffend, op de hegemonie berustend.***

hegen 0.1 ***verzorgen*** ⇒*beschermen, bewaren* **0.2** ⟨schr.⟩ ***koesteren*** ⇒*vertroetelen* **0.3** ⟨schr.⟩ ***koesteren*** ⇒*gevoelen* ◆ **1.1** das Wild ~ *de wildstand op peil houden* **1.3** Freundschaft für jmdn. ~ *vriendschap voor iem. gevoelen;* einen innigen Wunsch ~ *vurig wensen* **8.2** jmdn. ~ und pflegen *iem. liefdevol verzorgen.*

Hegezeit ⟨v.⟩ **0.1** ***gesloten jacht- en vistijd.***

Hehl ⟨o.; ~(e)s; zelden m.⟩ ◆ **6.¶** kein(en) ~ **aus** etwas machen *ergens geen geheim van maken.*

hehlen 0.1 ***helen*** ⇒*achterhouden, verbergen.*

Hehler ⟨m.; ~s, ~⟩ **0.1** ***(ver)heler.***

Hehlerei ⟨v.; ~, ~en⟩⟨jur.⟩ **0.1** ***heling.***

hehr ⟨schr.⟩ **0.1** ***verheven*** ⇒*majestueus, groots* ◆ **1.1** ~e Ideale *hoogstaande idealen.*

Heia ⟨v.; ~, ~(s)⟩⟨kind.⟩ **0.1** ***bed(je)*** ◆ **3.1** heia machen ***(gaan) slapen.***

heiapopeia! ⟨kind.⟩ **0.1** ***slaap, kindje, slaap!***

heida 0.1 ***hei!, ha!, heisa!***

Heide[1] ⟨m.; ~n, ~n⟩ **0.1** ***heiden.***

Heide[2] ⟨v.; ~, ~n⟩ **0.1** ***hei, heide(veld)*** **0.2** ***hei, heide(struik)*** ◆ **8.¶** ⟨inf.⟩ ...daß die ~ wackelt *enorm, geweldig.*

Heidekorn ⟨o.⟩ **0.1** ***boekweit.***

Heidekraut ⟨o.⟩⟨plantk.⟩ **0.1** ***hei(de).***

Heideland ⟨o.⟩ **0.1** ***hei, heideland.***

Heidelbeere ⟨v.; ~, ~n⟩ **0.1** ***blauwe bosbes.***

Heidelerche ⟨v.⟩ **0.1** ***boomleeuwerik.***

Heidemoor ⟨o.⟩ **0.1** ***hoogveen.***

Heidenangst ⟨v.⟩⟨inf.⟩ **0.1** ***geweldige angst*** ◆ **6.1** eine ~ **vor** jmdm. haben *doodsbenauwd voor iem. zijn.*

Heidenarbeit ⟨v.⟩⟨inf.⟩ **0.1** ***heidens werk, karwei.***

Heidengeld ⟨o.⟩⟨inf.⟩ **0.1** ***massa, smak geld.***

Heidenlärm ⟨m.⟩⟨inf.⟩ **0.1** ***heidens, hels lawaai, kabaal.***

heidenmäßig ⟨inf.⟩ **0.1** ***heidens*** ⇒*verschrikkelijk groot.*

Heidenrespekt ⟨m.⟩⟨inf.⟩ **0.1** ***enorm respect.***

Heidenspaß ⟨m.⟩⟨inf.⟩ **0.1** ***reuzelol.***

Heidentum ⟨o.; ~(e)s⟩ **0.1** ***heidendom.***

Heideröschen ⟨o.⟩ **0.1** ⟨inf.⟩ ***wilde roos*** **0.2** ***peperboompje.***

heidi 0.1 ***hup! heisa!, hopsasa!*** ◆ **3.1** und ~, ging's los! *en hup, weg waren we!* **3.¶** ⟨inf.⟩ ~ gehen *kwijt raken;* ⟨inf.⟩ ~ sein (a) *verdwenen zijn* (b) *niet meer te gebruiken zijn;* die Vase ist ~ *die vaas is naar de bliksem.*

heidnisch 0.1 ***heidens*** ◆ **3.1** ~ denken *denken als een heiden.*

Heiermann ⟨m.; mv. ¨-er⟩⟨inf.⟩ **0.1** ***vijfmarkstuk.***

heikel 0.1 ***netelig*** ⇒*hachelijk, precair* ◆ **1.1** ein heikles Thema *een delicaat onderwerp.*

heil 0.1 ***heel(huids)*** ⇒*ongedeerd* **0.2** ***heel*** ⇒*onbeschadigd, intact* **0.3** ***genezen*** ⇒*weer gezond* ◆ **1.2** eine ~e Welt *een wereld waar alles in orde is.*

Heil ⟨o.; ~s⟩ **0.1** ***heil*** ⇒*geluk, voorspoed* **0.2** ***heil*** ⇒*nut, verbetering* **0.3** ⟨rel.⟩ ***heil*** ⇒*verlossing, zaligheid* ◆ **1.1** Schi ~! *veel plezier bij het skiën!* **6.2** es geschah **zu** deinem ~ *het gebeurde voor jouw bestwil.*

Heiland ⟨m.; ~(e)s, ~e⟩ **0.1** ***Heiland*** ⇒*Verlosser* **0.2** ⟨fig.⟩ ***redder.***

Heilanstalt ⟨v.⟩ **0.1** ***herstellingsoord*** ⇒*sanatorium* **0.2** ***(zenuw)inrichting.***

Heilanzeige ⟨v.⟩⟨med.⟩ **0.1** ***indicatie.***

Heilbad ⟨o.⟩ **0.1** ***badplaats met geneeskrachtige bronnen*** **0.2** ***geneeskrachtig bad.***

heilbar 0.1 ***geneeslijk, te genezen.***

Heilbehandlung ⟨v.⟩ **0.1** ***therapie.***

heilbringend 0.1 ***geneeskrachtig*** ⇒*heilzaam* **0.2** ⟨rel.⟩ ***heilbrengend.***

Heilbutt ⟨m.⟩⟨biol.⟩ **0.1** ***heilbot.***

heilen I ⟨onov.ww.⟩ **0.1** ***genezen*** ⇒*beter worden* **0.2** ⟨tech.⟩ ***regenereren;***
II ⟨ov.ww.⟩ **0.1** ***genezen, gezond maken*** **0.2** ⟨fig.⟩ ***herstellen*** ⇒*in orde brengen* ◆ **1.1** die Zeit heilt alle Wunden *de tijd heelt alle wonden* **2.1** ~de Wirkung *geneeskrachtige werking.* →**vorbeugen.**

Heiler ⟨m.; ~s, ~⟩⟨schr.⟩ **0.1** ***heelmeester.***

Heilerde ⟨v.⟩⟨far.⟩ **0.1** ***geneeskrachtige aarde.***

Heilerfolg ⟨m.⟩ **0.1** ***succesvolle medische behandeling.***

Heilfasten ⟨o.; ~s⟩⟨med.⟩ **0.1** ***vastenkuur.***

heilfroh 0.1 ***zielsblij.***

Heilfürsorge ⟨v.⟩⟨mil.⟩ **0.1** ***medische verzorging.***

Heilgymnastik ⟨v.⟩⟨med.⟩ **0.1** ***heilgymnastiek.***

heilig 0.1 ***heilig*** **0.2** ⟨inf.⟩ ***(bijzonder) groot, enorm*** ◆ **1.1** der Heilige Abend (a) *kerstavond* ⟨de avond van de 24e december⟩ (b) *de 24e december;* ⟨inf.⟩ ~er Himmel! *lieve hemel!;* die Heiligen Drei Könige *de drie koningen;* die Heilige Nacht *kerstnacht;* eine ~e Pflicht *een dure plicht;* ⟨rel.⟩ der Heilige Vater *de Heilige Vader, de paus;* ⟨rel.⟩ die ~e Woche *de goede, stille week* **1.2** mit jmdm. seine ~e Not haben *enorm veel met iem. te stellen hebben* **3.1** den Sonntag ~ halten *de zondag heiligen;* jmdn. ~ sprechen *iem. heilig verklaren.*

Heiligabend ⟨m.⟩ **0.1** ***kerstavond*** ⟨de avond van de 24e december⟩ **0.2** ***de 24e december.***

heiligen 0.1 ***heiligen*** ⇒*heilig houden* ◆ **1.1** ein geheiligtes Recht *een onaantastbaar recht.*

Heiligenbild ⟨o.⟩ **0.1** ***heiligenbeeld.***

Heiligenfigur ⟨v.⟩ **0.1** ***heiligenbeeld.***

Heiligenleben ⟨o.⟩⟨lit.⟩ **0.1** ***heiligenleven, vita.***

Heiligenschein ⟨m.⟩ **0.1** ***heiligenschijn, stralenkrans*** ◆ **3.1** seinen ~ einbüßen *zijn aureool verliezen.*

Heiligenschrein ⟨m.⟩ **0.1** ***schrijn v.e. heilige*** ⇒*relikwiekast(je).*

Heiligenverehrung ⟨v.⟩ **0.1** ***heiligenverering.***

Heilige(r) ⟨bn. als zn.⟩ **0.1** ***heilige*** ◆ **2.1** ⟨inf.; scherts.⟩ ein komischer ~r *een rare snuiter.*

heilighalten 0.1 ***heiligen, heilig houden.***
Heiligkeit ⟨v.; ~⟩ **0.1** ***heiligheid.***
heiligsprechen 0.1 ***heilig verklaren, canoniseren.***
Heiligtum ⟨o.; ~(e)s, ¨~er⟩ **0.1** ***heiligdom*** **0.2** ⟨fig.⟩ ***iets heiligs, onaantastbaars.***
Heilklima ⟨o.⟩ **0.1** ***geneeskrachtig klimaat.***
Heilkraft ⟨v.⟩ **0.1** ***geneeskracht.***
heilkräftig 0.1 ***geneeskrachtig.***
Heilkraut ⟨o.⟩ **0.1** ***geneeskrachtige plant*** ⇒⟨mv.⟩ *geneeskruiden.*
Heilkunde ⟨v.⟩ **0.1** ***geneeskunde, -kunst.***
heilkundig 0.1 ***met medische ervaring.***
Heilkundige(r) ⟨bn. als zn.⟩ **0.1** ***genees-, heelkundige, arts.***
heilkundlich 0.1 ***geneeskundig, medisch.***
Heilkunst ⟨v.⟩ **0.1** ***geneeskunst, -kunde.***
heillos 0.1 ***enorm*** ⇒*ongelofelijk, heel erg* ◆ **1.1** ein ~es Durcheinander *een vreselijke chaos.*
Heilmethode ⟨v.⟩ **0.1** ***geneesmethode, therapie.***
Heilmittel ⟨o.⟩ **0.1** ***geneesmiddel.***
Heilpädagogik ⟨v.⟩ **0.1** ***ortho-, heilpedagogie(k).***
Heilpflanze ⟨v.⟩ **0.1** ***geneeskrachtige plant*** ⇒⟨mv.⟩ *geneeskruiden.*
Heilpraktiker ⟨m.⟩ **0.1** ⟨geneeskundige zonder artsdiploma⟩.
Heilprozeß ⟨m.⟩ **0.1** ***genezingsproces.***
Heilquelle ⟨v.⟩ **0.1** ***geneeskrachtige, minerale bron.***
Heilsalbe ⟨v.⟩ **0.1** ***geneeskrachtige zalf.***
heilsam ⟨fig.⟩ **0.1** ***heilzaam*** ⇒*nuttig.*
Heilsarmee ⟨v.⟩ **0.1** ***Leger des Heils.***
Heilsarmist ⟨m.; ~en, ~en⟩ **0.1** ***heilsoldaat.***
Heilsbotschaft ⟨v.⟩⟨rel.⟩ **0.1** ***blijde boodschap.***
Heilschlaf ⟨m.⟩ **0.1** ***slaapkuur.***
Heilschlamm ⟨m.⟩ **0.1** ***geneeskrachtige modder.***
Heilsgeschichte ⟨v.⟩⟨rel.⟩ **0.1** ***heilsgeschiedenis.***
Heilstätte ⟨v.⟩ **0.1** ***sanatorium.***
Heilung ⟨v.; ~, ~en⟩ **0.1** ***genezing.***
Heilungsprozeß ⟨m.⟩ **0.1** ***genezingsproces.***
Heilverfahren ⟨o.⟩ **0.1** ***geneesmethode, therapie*** **0.2** ***revalidatie.***
Heilwirkung ⟨v.⟩ **0.1** ***geneeskracht, genezende kracht.***
Heilzweck ⟨m.⟩ ◆ **6.¶ zu** ~en *voor geneeskundige doeleinden.*
heim 0.1 ***naar huis*** ⇒*naar het vaderland, naar de geboortestreek.*
Heim ⟨o.; ~(e)s, ~e⟩ **0.1** ***huis, woning, thuis*** **0.2** ***tehuis*** ⇒*gesticht, asiel* **0.3** ***clubhuis, verenigingsgebouw*** ◆ **2.1** ein trautes ~ *een knusse woning* **6.2** ein ~ **für** Obdachlose *een asiel voor daklozen.*
Heimabend ⟨m.⟩ **0.1** ***gezellige avond in een tehuis.***
Heimarbeit ⟨v.⟩ **0.1** ***huisindustrie, -nijverheid*** ⇒*thuiswerk* **0.2** ***thuis vervaardigd artikel.***
Heimarbeiter ⟨m.⟩ **0.1** ***thuiswerker, huisarbeider.***
Heimat ⟨v.; ~, ~en⟩ **0.1** ***geboorteplaats, -streek, -land*** ⇒ *vaderland* **0.2** ***land van herkomst, van oorsprong*** ◆ **3.1** meine ~ ist Essen *ik ben in Essen geboren en getogen* **6.1 in** meiner ~ ist es Brauch ... *bij ons, in mijn geboortestreek is het gebruikelijk ...;* Österreich ist mir **zur** zweiten ~ geworden *Oostenrijk is mijn tweede vaderland geworden.*
Heimatabend ⟨m.⟩ **0.1** ***folkloristische (feest)avond.***
heimatberechtigt 0.1 ***inwonerrecht bezittend.***
Heimatdichter ⟨m.⟩ **0.1** ***streekdichter, schrijver van streekliteratuur.***
Heimatdichtung ⟨v.⟩ **0.1** ***streekliteratuur.***
Heimaterde ⟨v.⟩⟨fig.⟩ **0.1** ***geboortegrond.***
Heimatfest ⟨o.⟩ **0.1** ***folkloristisch feest.***
Heimatforscher ⟨m.⟩ **0.1** ***heemkundige.***
Heimathafen ⟨m.⟩ **0.1** ***thuishaven.***
Heimatkunde ⟨v.⟩ **0.1** ***heemkunde.***
Heimatkunst ⟨v.⟩ **0.1** ***volkskunst.***
Heimatland ⟨o.⟩ **0.1** ***geboorte-, vaderland*** **0.2** ***thuisland*** ⟨in Zuid-Afrika⟩.
heimatlich 0.1 ***vaderlands*** ⇒*van de eigen streek* **0.2** ***aan de geboortestreek herinnerend*** ⇒*net als thuis* ◆ **3.2** alles mutete mich hier ~ an *alles deed me hier vertrouwd aan.*
Heimatliebe ⟨v.⟩ **0.1** ***liefde voor de geboortestreek, het geboorteland.***
Heimatlied ⟨o.⟩ **0.1** ***vaderlands lied.***
heimatlos 0.1 ***ontheemd*** ⇒*zonder vaderland.*
Heimatlose(r) ⟨bn. als zn.⟩ **0.1** ***ontheemde*** ⇒*balling* **0.2** ⟨jur.⟩ ***stateloze.***
Heimatmuseum ⟨o.⟩ **0.1** ***streekmuseum.***
Heimatort ⟨m.⟩ **0.1** ***woonplaats*** ⇒*geboorteplaats, domicilie* **0.2** ⟨scheep.⟩ ***thuishaven.***
Heimatrecht ⟨o.⟩ **0.1** ***domicilierecht.***
Heimatroman ⟨m.⟩ **0.1** ***streekroman.***
Heimatsprache ⟨v.⟩ **0.1** ***streektaal.***
Heimatstaat ⟨m.⟩ **0.1** ***geboorte-, vaderland.***
Heimatstadt ⟨v.⟩ **0.1** ***geboortestad.***
Heimattreffen ⟨o.⟩ **0.1** ***bijeenkomst van ontheemden.***
Heimatvertriebene(r) ⟨bn. als zn.⟩ **0.1** ***ontheemde*** ⟨uit Oost-Europa en het gebied ten oosten v.d. Oder-Neissegrens⟩.
heimbegeben, sich 0.1 ***zich huiswaarts begeven.***
heimbringen 0.1 ***naar huis brengen.***
Heimchen ⟨o.; ~s, ~⟩ **0.1** ⟨biol.⟩ ***huiskrekel, heimpje*** **0.2** ⟨pej.; fig.⟩ ***huismus, -sloof*** ◆ **6.2** ein ~ **am** Herd *een echte huismus.*
Heimcomputer ⟨m.⟩ **0.1** ***huis-, homecomputer.***
heimelig 0.1 ***gezellig*** ⇒*knus, huiselijk.*
heimfahren 0.1 ***naar huis rijden, gaan, varen.***
Heimfahrt ⟨v.⟩ **0.1** ***thuisreis.***
heimfallen ⟨jur.⟩ **0.1** ***vervallen aan de staat*** ⟨v.e. erfenis⟩.
heimfinden ⟨ook sich ~⟩ **0.1** ***de weg naar huis vinden.***
heimführen 0.1 ***naar huis brengen, leiden*** **0.2** ***naar huis doen terugkeren.***
Heimgang ⟨m.⟩⟨euf.; fig.⟩ **0.1** ***het heengaan, sterven.***
heimgehen 0.1 ***naar huis gaan*** **0.2** ⟨schr.; euf.⟩ ***heengaan*** ⇒*sterven.*
Heimgewerbe ⟨o.⟩ **0.1** ***huisnijverheid.***
heimholen 0.1 ***naar huis halen*** **0.2** ⟨schr.; euf.⟩ ***thuishalen, tot zich roepen.***
Heimindustrie ⟨v.⟩ **0.1** ***huisindustrie, -nijverheid.***
heimisch 0.1 ***inheems*** ⇒*binnenlands, nationaal* **0.2** ***van deze, die streek, van dit, dat land*** **0.3** ***eigen*** ⇒*op z'n gemak, thuis* ◆ **1.3** der ~e Herd *de huiselijke haard* **3.3** in einem Fach ~ sein *in een vak thuis zijn.*
Heimkehr ⟨v.; ~⟩ **0.1** ***thuiskomst.***
heimkehren 0.1 ***terug naar huis gaan, huiswaarts keren.***
Heimkehrer ⟨m.; ~s, ~⟩ **0.1** ***teruggekeerde krijgsgevangene, soldaat*** **0.2** ***repatriant.***
Heimkind ⟨o.⟩ **0.1** ***kind uit/van een tehuis.***
Heimkino ⟨o.⟩ **0.1** ***(smal)filmprojector voor huiselijk gebruik*** **0.2** ⟨scherts.⟩ ***beeldbuis.***
heimkommen 0.1 ***thuiskomen.***
Heimkunft ⟨v.; ~⟩⟨schr.⟩ **0.1** ***thuiskomst.***
heimlich 0.1 ***heimelijk*** ⇒*geheim, clandestien* **0.2** ***heimelijk*** ⇒*stilletjes, stiekem* ◆ **1.1** ⟨fig.⟩ ~e Wege gehen *verboden dingen doen* **3.1** jmdn. ~ lieben *in 't geheim van iem. houden* **3.2** ~ lachen *in z'n vuistje lachen;* ⟨inf.⟩ ~, still und leise *heel stilletjes en ongemerkt.*

Heimlichkeit ⟨v.; ~, ~en⟩ **0.1** ***heimelijkheid*** ⇒*geheim* **0.2** ***heimelijkheid*** ⇒*geheimzinnigheid.*
Heimlichtuer ⟨m.; ~s, ~⟩⟨pej.⟩ **0.1** ***stiekemerd.***
Heimlichtuerei ⟨v.; ~, ~en⟩⟨pej.⟩ **0.1** ***stiekem gedoe.***
heimlos **0.1** ***dakloos.***
Heimmannschaft ⟨v.⟩ **0.1** ***thuisclub, ontvangende ploeg.***
Heimorgel ⟨v.⟩ **0.1** ***huisorgel.***
Heimreise ⟨v.⟩ **0.1** ***thuis-, terugreis.***
Heimspiel ⟨o.⟩⟨sp.⟩ **0.1** ***thuiswedstrijd.***
Heimstätte ⟨v.⟩ **0.1** ***onderkomen*** **0.2** ***eigen huis (met tuin)*** ⇒*eengezinswoning* **0.3** ***bakermat*** ⇒*kweekplaats* ◆ **3.1** jmdm. eine ~ bieten *iem. een tehuis bieden.*
heimsuchen **0.1** ***bezoeken*** ⟨met kwade bedoelingen⟩ ⇒*binnendringen* **0.2** ***teisteren*** ⇒*overvallen, kwellen* ◆ **1.1** Einbrecher hatten die Schatzkammer heimgesucht *inbrekers waren in de schatkamer binnengedrongen.*
Heimsuchung ⟨v.; ~, ~en⟩ **0.1** ***bezoeking*** ⇒*teistering, kwelling* ◆ **1.**¶ Mariä ~ *Onze-Lieve-Vrouwevisitatie.*
Heimtrainer ⟨m.⟩ **0.1** ***hometrainer.***
heimtrauen, sich **0.1** ***naar huis durven (gaan).***
heimtreiben **0.1** ***naar huis, naar de stal drijven.***
Heimtücke ⟨v.⟩ **0.1** ***valsheid*** ⇒*geniepigheid, arglist.*
Heimtücker ⟨m.; ~s, ~⟩ **0.1** ***geniepigerd.***
heimtückisch **0.1** ***vals*** ⇒*stiekem, achterbaks* **0.2** ***verraderlijk.***
heimwärts **0.1** ***huiswaarts.***
Heimweg ⟨m.⟩ **0.1** ***weg naar huis*** ⇒*terugweg* ◆ **3.1** den ~ antreten *zich op weg naar huis begeven.*
Heimweh ⟨o.⟩ **0.1** ***heimwee.***
heimwehkrank **0.1** ***heimwee hebbend.***
Heimwerker ⟨m.; ~s, ~⟩ **0.1** ***doe-het-zelver.***
heimzahlen **0.1** ***betaald zetten.***
heimziehen **I** ⟨onov.ww.⟩ **0.1** ***naar huis gaan, trekken;***
II ⟨onp.ww.⟩ **0.1** ***naar huis verlangen.***
heimzu ⟨inf.⟩ **0.1** ***huiswaarts.***
Heini ⟨m.; ~s, ~s⟩ **0.1** ⟨inf.⟩ ***vent, kerel*** **0.2** ⟨inf.; pej.⟩ ***domme kerel, sukkel*** ◆ **2.1** ein komischer ~ *een vreemde snuiter.*
Heinrich ⟨m.; ~s, ~e⟩ ◆ **2.**¶ ⟨inf.⟩ den flotten ~ haben *aan de dunne zijn;* ⟨inf.⟩ den müden ~ spielen *lijntrekken.*
Heinzelmännchen ⟨o.⟩ **0.1** ***kabouter(tje).***
Heirat ⟨v.; ~, ~en⟩ **0.1** ***huwelijk*** ◆ **3.1** ihre ~ steht bevor *ze gaat binnenkort trouwen.*
heiraten **I** ⟨onov.ww.; h.⟩ **0.1** ***trouwen, huwen*** ◆ **6.1** **aufs** Land, **in** die Stadt ~ *met iem. van het platteland, uit de stad trouwen en daar gaan wonen;*
II ⟨ov.ww.⟩ **0.1** ***trouwen, huwen met*** ⇒*in het huwelijk treden met.*
Heiratsantrag ⟨m.⟩ **0.1** ***huwelijksaanzoek.***
Heiratsanzeige ⟨v.⟩ **0.1** ***huwelijksadvertentie*** **0.2** ***huwelijksaankondiging, trouwkaart.***
Heiratsbüro ⟨o.⟩ **0.1** ***huwelijksbureau.***
heiratsfähig **0.1** ***huwbaar.***
Heiratskandidat ⟨m.⟩ **0.1** ***huwelijkskandidaat*** **0.2** ***aanstaande bruidegom.***
heiratslustig **0.1** ***trouwlustig.***
Heiratsmarkt ⟨m.⟩⟨inf.⟩ **0.1** ***rubriek huwelijksadvertenties*** **0.2** ⟨scherts.⟩ ***huwelijksmarkt.***
Heiratsschwindler ⟨m.⟩ **0.1** ***huwelijkszwendelaar.***
Heiratsurkunde ⟨v.⟩ **0.1** ***huwelijks-, trouwakte.***
Heiratsvermittlung ⟨v.⟩ **0.1** ***huwelijksbemiddeling.***
heischen ⟨schr.⟩ **0.1** ***eisen*** ⇒*vragen om, verlangen* ◆ **1.1** Respekt ~ *respect afdwingen.*
heiser **0.1** ***hees*** ⇒*schor.*
heiß **0.1** ***heet*** ◆ **1.1** eine ~e Begierde *een hevige begeerte;* ~e Chemie *radiochemie;* eine ~e Debatte *een verhit debat;* ein ~er Favorit *een gedoodverfde favoriet;* ⟨inf.⟩ ein ~er Ofen *een supersnelle motor, auto;* ihr ~ester Wunsch *haar innigste, vurigste wens* **3.1** ⟨inf.⟩ dich haben sie wohl (als Kind) zu ~ gebadet *jij bent zeker niet goed bij je verstand;* sich ~ reden *al pratend in vuur en vlam raken* **8.1** weder ~ noch kalt sein *geen vlees en geen vis zijn;* es überläuft jmdn. ~ und kalt *de rillingen lopen iem. over de rug.* →**essen, wissen.**
heißblütig **0.1** ***heet-, warmbloedig*** ⇒*opvliegend.*
heißen[1] ⟨→t63⟩ **I** ⟨onov.ww.⟩ **0.1** ***heten*** ⇒*de naam dragen* **0.2** ***luiden*** ⇒*zijn* **0.3** ***betekenen*** ⇒*willen zeggen* ◆ **1.2** mein Motto heißt ... *mijn motto luidt ...* **4.1** ⟨inf.⟩ wenn das stimmt, heiße ich Meier *ik mag doodvallen, als dat zo is* **4.3** das heißt *dat wil zeggen, d.w.z.;* das will schon etwas ~ *dat wil wel wat zeggen;* was heißt das?, was soll das ~? *wat moet dat betekenen?;*
II ⟨ov.ww.⟩⟨schr.⟩ **0.1** ***heten*** ⇒*noemen, aanduiden met* **0.2** ***gebieden, bevelen*** ⇒*gelasten* ◆ **1.1** das heiße ich Mut *dat noem ik nog eens moed* **3.2** wer hat dich kommen ~, geheißen? *wie heeft jou bevolen te komen?;*
III ⟨onp.ww.⟩⟨schr.⟩ **0.1** ***men zegt*** ⇒*er wordt beweerd, gezegd* **0.2** ***men moet*** ⇒*het komt er op aan* ◆ **3.2** jetzt heißt es aufpassen *nu is het zaak (goed) op te letten.*
heißen[2] ⟨ov.ww.⟩ **0.1** ***hijsen.***
heißersehnt **0.1** ***vurig verbeid.***
heißgeliebt **0.1** ***innig geliefd.***
Heißhunger ⟨m.⟩ **0.1** ***geeuwhonger*** **0.2** ***onbedwingbare trek.***
heißhungrig **0.1** ***gulzig*** ⇒*als uitgehongerd.*
heißlaufen ⟨ook sich ~⟩ **0.1** ***warmlopen*** ⟨v.e. motor⟩.
Heißluft ⟨v.⟩ **0.1** ***hete lucht.***
Heißluftbad ⟨o.⟩ **0.1** ***Turks bad.***
Heißluftheizung ⟨v.⟩ **0.1** ***heteluchtverwarming.***
Heißsporn ⟨m.; ~s, ~e⟩ **0.1** ***heethoofd*** ⇒*driftkop.*
heißumstritten **0.1** ***fel omstreden.***
Heißwasserspeicher ⟨m.⟩ **0.1** ***boiler.***
heiter **0.1** ***helder*** ⇒*zonnig, onbewolkt* **0.2** ***blij(moedig)*** ⇒ *opgewekt, opgeruimd, vrolijk* **0.3** ***licht aangeschoten*** ◆ **1.2** das ist ja eine ~e Geschichte! *het is me een fraaie geschiedenis!* **3.**¶ ⟨inf.; iron.⟩ das kann ja ~ werden! *dat belooft wat (moois)!*
Heiterkeit ⟨v.; ~⟩ **0.1** ***helderheid*** ⇒*onbewolktheid* **0.2** ***blijheid*** ⇒*opgewektheid* **0.3** ***(luid) gelach*** ⇒*hilariteit.*
Heiterkeitserfolg ⟨m.⟩ **0.1** ***lachsucces.***
Heizanlage ⟨v.⟩ **0.1** ***verwarmingsinstallatie.***
heizbar **0.1** ***te verwarmen.***
Heizdecke ⟨v.⟩ **0.1** ***elektrische deken.***
heizen **I** ⟨onov.ww.⟩ **0.1** ***warmte geven*** **0.2** ⟨inf.⟩ ***met plankgas rijden;***
II ⟨ov.ww.⟩ **0.1** ***verwarmen*** **0.2** ***stoken*** ◆ **6.1** **mit** Öl ~ *olie stoken;*
III sich ~ ⟨wk.ww.⟩ **0.1** ***te verwarmen zijn*** ◆ **1.1** das Zimmer heizt sich schlecht *de kamer is moeilijk te verwarmen.*
Heizer ⟨m.; ~s, ~⟩ **0.1** ***stoker.***
Heizfläche ⟨v.⟩ **0.1** ***verwarmingsoppervlak.***
Heizgas ⟨o.⟩ **0.1** ***stookgas.***
Heizkessel ⟨m.⟩ **0.1** ***verwarmingsketel.***
Heizkissen ⟨o.⟩ **0.1** ***(elektrisch) verwarmingskussen.***
Heizkörper ⟨m.⟩ **0.1** ***radiator*** **0.2** ***verwarmingselement.***
Heizkosten ⟨alleen mv.⟩ **0.1** ***verwarmings-, stookkosten.***
Heizkraftwerk ⟨o.⟩ **0.1** ***warmtekrachtcentrale.***
Heizlüfter ⟨m.⟩ **0.1** ***elektrische ventilatorkachel.***
Heizmaterial ⟨o.⟩ **0.1** ***brandstof.***
Heizofen ⟨m.⟩ **0.1** ***kachel.***

Heizöl ⟨o.⟩ **0.1** ***hulsbrand-, stookolie.***
Heizplatte ⟨v.⟩ **0.1** ***kookplaat*** **0.2** ***elektrisch rechaud.***
Heizsonne ⟨v.⟩ **0.1** ***(ronde) elektrische straalkachel.***
Heizstoff ⟨m.⟩ **0.1** ***brandstof.***
Heizstrahler ⟨m.⟩ **0.1** ***straalkachel.***
Heizung ⟨v.; ~, ~en⟩ **0.1** ***verwarming(sinstallatie)*** **0.2** ⟨inf.⟩ ***radiator (v.d. verwarming).***
Heizwert ⟨m.⟩ **0.1** ***calorische waarde*** ⇒*warmtegevend vermogen, verbrandingswaarde.*
Hektar ⟨acc. wiss.⟩⟨m. & o.; ~s, ~(e)⟩ **0.1** ***hectare.***
Hektik ⟨v.; ~⟩ **0.1** ***jachtigheid*** ⇒*koortsachtige haast.*
hektisch **0.1** ***jachtig*** ⇒*koortsachtig, opgewonden, druk* ◆ **1.1** ein ~es Treiben *een jachtig gedoe.*
Hektoliter ⟨acc. wiss.⟩⟨m. & o.; ~s, ~⟩ **0.1** ***hectoliter.***
Held ⟨m.; ~en, ~en⟩ **0.1** ***held*** ◆ **2.1** ⟨scherts.⟩ du bist mir ein schöner ~! *je bent me de held wel!*
Heldendarsteller ⟨m.⟩⟨dram.⟩ **0.1** ***speler v.e. heldenrol.***
Heldendichtung ⟨v.⟩⟨lit.⟩ **0.1** ***heldenpoëzie, -literatuur.***
Heldengedicht ⟨o.⟩⟨lit.⟩ **0.1** ***heldendicht, -lied.***
heldenhaft **0.1** ***heldhaftig.***
Heldenlied ⟨o.⟩⟨lit.⟩ **0.1** ***heldenlied.***
heldenmütig **0.1** ***heldhaftig.***
Heldensage ⟨v.⟩⟨lit.⟩ **0.1** ***heldensage.***
Heldenstück ⟨o.⟩⟨meestal iron.⟩ **0.1** ***bravourestuk.***
Heldentat ⟨v.⟩ **0.1** ***heldendaad.***
Heldentod ⟨m.⟩⟨schr.⟩ **0.1** ***heldendood.***
Heldentum ⟨o.; ~s⟩ **0.1** ***heldhaftigheid.***
Heldin ⟨v.; ~, ~nen⟩ **0.1** ***heldin.***
heldisch ⟨schr.⟩ **0.1** ***heldhaftig*** **0.2** ***v.d. held(en).***
helfen ⟨→t64⟩ **I** ⟨onov.ww.⟩ **0.1** ***helpen*** ⇒*steunen, behulpzaam zijn* **0.2** ***helpen*** ⇒*baten* ◆ **3.1** ⟨inf.⟩ ich werde dir ~, Blumen abzureißen! *ik zal je (af)leren bloemen af te rukken!;* ihm ist nicht zu ~ *hij is niet te redden;*
II ⟨onp.ww.⟩ **0.1** ***baten*** ⇒*bevorderlijk zijn* ◆ **5.1** es hilft nichts, wir müssen abfahren *er zit niets anders op, we moeten vertrekken.*
Helfer ⟨m.; ~s, ~⟩ **0.1** ***helper*** ⇒*medeplichtige, medewerker.*
Helfershelfer ⟨m.⟩⟨pej.⟩ **0.1** ***handlanger*** ⇒*medeplichtige.*
Helikopter ⟨m.; ~s, ~⟩ **0.1** ***helikopter.***
Helium ⟨o.; ~s⟩ **0.1** ***helium.***
hell **0.1** ***licht*** ⇒*helder, hel* **0.2** ***licht*** ⟨van kleur⟩ **0.3** ***helder*** ⇒ *hoog* ⟨van geluid⟩ **0.4** ***verstandig*** ⇒*pienter* **0.5** ***helder*** ⟨van geest⟩ **0.6** ***zeer groot*** ⇒*enorm, heel erg* ◆ **1.1** am ~en Tag *op klaarlichte dag* **1.2** ~es Bier *licht bier* **1.4** ein ~er Kopf *een helder verstand* **1.6** ⟨iron.⟩ daran wirst du noch deine ~e Freude haben! *daar kun je nog veel lol van hebben!;* ~e Tränen weinen *tranen met tuiten huilen;* ~er Unsinn *klinkklare nonsens;* ⟨inf.⟩ das ist ja der ~e Wahnsinn! *dat is volkomen onzinnig!* **3.6** ~ begeistert *laaiend enthousiast* **6.6** **in** ~er Verzweiflung *in de diepste wanhoop.*
hellauf **0.1** ***(erg) luid*** **0.2** ***bijzonder*** ⇒*(heel) erg, enorm* ◆ **2.2** sie war ~ begeistert *ze was laaiend enthousiast* **3.1** ~ lachen *uit volle borst lachen, schaterlachen.*
helläugig **0.1** ***met heldere, lichte ogen.***
hellblau **0.1** ***lichtblauw.***
Helldunkel ⟨o.⟩⟨bk.⟩ **0.1** ***clair-obscur.***
Helle ⟨v.⟩⟨schr.⟩ **0.1** ***licht*** ⇒*helder-, klaarheid.*
Hellebarde ⟨v.; ~, ~n⟩⟨gesch.⟩ **0.1** ***hellebaard.***
Hellebardier ⟨m.; ~s, ~e⟩⟨gesch.⟩ **0.1** ***hellebaardier.***
Hellene ⟨m.; ~n, ~n⟩ **0.1** ***Helleen, Griek.***
hellenisch **0.1** ***Helleens.***
Heller ⟨m.; ~s, ~⟩ **0.1** ⟨ec.⟩ ***heller*** **0.2** ⟨fig.⟩ ***duit*** ⇒*cent* ◆ **3.2** ⟨inf.⟩ keinen lumpigen ~ haben *geen rooie cent hebben* **8.2** auf ~ und Pfennig *tot op de cent.*
Helle(s) ⟨bn. als zn.; o.⟩ **0.1** ***helder licht*** **0.2** ⟨inf.⟩ ***(glas) licht bier*** ⇒*pils.*
hellfarbig **0.1** ***licht van kleur.***
hellhaarig **0.1** ***lichtharig*** ⇒*blond.*
hellhörig **0.1** ***gehorig*** **0.2** ***scherp horend*** ◆ **3.2** ⟨fig.⟩ ~ werden *(van iets) ophoren, achterdochtig worden.*
hellicht **0.1** ***klaarlicht*** ◆ **1.1** am ~en Tage *op klaarlichte dag.*
Helligkeit ⟨v.; ~, ~en⟩ **0.1** ***licht*** ⇒*lichtheid* **0.2** ***helderheid, lichtsterkte*** **0.3** ⟨ster.⟩ ***lichtkrans, -sterkte*** ◆ **1.1** die ~ dieses Raumes ist zu gering *dit vertrek is niet licht genoeg.*
Helligkeitsregler ⟨m.⟩ **0.1** ***dimmer, dimschakelaar.***
Helling ⟨v.; ~, ~en of m.; ~s, ~e⟩⟨scheep.⟩ **0.1** ***scheepshelling.***
hellrot **0.1** ***licht-, helderrood.***
hellsehen **0.1** ***helderziende zijn.***
Hellseher ⟨m.⟩ **0.1** ***helderziende.***
hellseherisch **0.1** ***helderziend*** **0.2** ***met vooruitziende blik.***
hellsichtig **0.1** ***met vooruitziende blik*** **0.2** ⟨fig.⟩ ***met een scherpe blik.***
hellwach **0.1** ***klaar wakker*** **0.2** ⟨inf.⟩ ***pienter.***
Helm ⟨m.; ~(e)s, ~e⟩ **0.1** ***helm*** **0.2** ***steel*** ⟨van gereedschap⟩.
Helmbusch ⟨m.⟩ **0.1** ***helmbos*** ⇒*vederbos, pluim op de helm.*
Helmdach ⟨o.⟩⟨bouwk.⟩ **0.1** ***helmdak*** ⇒*koepeldak.*
Helmgras ⟨o.⟩⟨plantk.⟩ **0.1** ***helm, helmgras.***
Helmsturz ⟨m.⟩⟨gesch.⟩ **0.1** ***vizier*** ⟨v.e. helm⟩.
Helvetier ⟨m.; ~s, ~⟩ **0.1** ***Helvetiër, Zwitser.***
helvetisch **0.1** ***Helvetisch, Zwitsers.***
Hemd ⟨o.; ~(e)s, ~en⟩ **0.1** ***(onder)hemd*** **0.2** ***(over)hemd*** **0.3** ⟨tech.⟩ ***mantel*** ◆ **2.1** ⟨inf.; fig.⟩ ein halbes ~ *een kleine wijsneus* **3.1** ⟨inf.⟩ sich ⟨3e nv.⟩ das ~ ausziehen lassen *zich laten uitbuiten* **6.1** ⟨inf.⟩ alles bis **aufs** ~ verlieren *praktisch alles kwijtraken;* ⟨inf.⟩ mach dir nicht **ins** ~! *stel je niet zo aan!;* ⟨inf.⟩ jmdm. das ~ **über** den Kopf ziehen *iem. tot op zijn hemd uitkleden.*
Hemdblusenkleid ⟨o.⟩ **0.1** ***overhemdjurk.***
Hemdbrust ⟨v.⟩ **0.1** ***overhemdsborst*** ⇒*plastron.*
Hemdkragen ⟨m.⟩ **0.1** ***hemdskraag.***
Hemdsärmel ⟨m.; ~s, ~⟩ **0.1** ***hemdsmouw.***
hemdsärmelig **0.1** ***in hemdsmouwen*** **0.2** ⟨inf.⟩ ***vlot*** ⇒*ongedwongen.*
Hemisphäre ⟨v.; ~, ~n⟩ **0.1** ***hemisfeer.***
hemisphärisch **0.1** ***hemisferisch.***
hemmen **0.1** ***(af)remmen*** ⇒*vertragen* **0.2** ⟨fig.⟩ ***tegenhouden*** ⇒*tot staan brengen* **0.3** ⟨fig.⟩ ***remmen*** ⇒*belemmeren, bemoeilijken* ◆ **1.1** seinen Schritt ~ *de pas inhouden* **1.3** ein ~der Faktor *een remmende factor;* Verhandlungen ~ *de onderhandelingen dwarsbomen.*
Hemmnis ⟨o.; ~ses, ~se⟩ **0.1** ***hindernis*** ⇒*beletsel* ◆ **3.1** jmdm. ein ~ sein *iem. tot hinder zijn.*
Hemmschuh ⟨m.⟩ **0.1** ***remschoen*** **0.2** ***remblok*** **0.3** ⟨fig.⟩ ***hindernis, hinderpaal*** ⇒*beletsel.*
Hemmstoff ⟨m.⟩⟨schei.⟩ **0.1** ***remstof.***
Hemmung ⟨v.; ~, ~en⟩ **0.1** ***remming*** ⇒*storing, belemmering* **0.2** ***remming, geremdheid*** **0.3** ⟨tech.⟩ ***echappement*** ⟨v.e. uurwerk⟩ ◆ **2.2** eine innere ~ *een innerlijke remming* **3.2** keine ~en haben, kennen *geen scrupules hebben* **4.1** nur keine ~en! *geneer je maar niet!* **6.2** **unter** ~en leiden *erg geremd zijn.*
hemmungslos **0.1** ***ongeremd*** ⇒*onbeheerst* ◆ **1.1** ~e Leidenschaft *ongebreidelde hartstocht.*
Hengst ⟨m.; ~(e)s, ~e⟩ **0.1** ***hengst.***
Henkel ⟨m.; ~s, ~⟩ **0.1** ***hengsel*** ⇒*handvat, oor.*
Henkelglas ⟨o.⟩ **0.1** ***glas met een oor.***
Henkelkorb ⟨m.⟩ **0.1** ***hengselmand(je).***
Henkelkrug ⟨m.⟩ **0.1** ***kruik met een oor.***

Henkelmann ⟨m.⟩⟨inf.⟩ **0.1** *eetketel(tje), gamel.*
henken **0.1** *(op)hangen.*
Henker ⟨m.; ~s, ~⟩ **0.1** ***beul*** ⇒*scherprechter* ◆ **3.1** ⟨inf.⟩ ich schere mich den ~ drum *het kan me geen barst schelen;* ⟨inf.⟩ hol mich der ~! *de duivel moge me halen!;* weiß der ~! *Joost mag weten!* **6.1 beim, zum** ~! *verduiveld!;* ⟨inf.⟩ scher dich **zum** ~! *loop naar de bliksem!*
Henkersbeil ⟨o.⟩ **0.1** ***bijl v.d. beul.***
Henkersfrist ⟨v.⟩ **0.1** ***uitstel van executie.***
Henkersmahl ⟨o.⟩⟨schr.⟩ **0.1** ⟨gesch.⟩ ***galgenmaal*** **0.2** ⟨scherts.⟩ ***galgenmaal*** ⇒*afscheidsmaal.*
Henne ⟨v.; ~, ~n⟩ **0.1** ***kip*** ⇒*hen.*
Hepatitis ⟨v.; ~, Hepatitiden⟩⟨med.⟩ **0.1** ***hepatitis, geelzucht.***
her **0.1** ***hier(heen)*** **0.2** ***heen*** ⇒*voort, uit* **0.3** ***geleden*** **0.4** ⟨als versterking v.h. voorzetsel 'von'⟩ ***(van)af, (van)uit*** ◆ **1.1** Geld ~! *geef op dat geld!* **1.3** ⟨inf.⟩ eine Ewigkeit ~ *een eeuwigheid geleden* **4.4** wo kommen Sie ~? *waar komt u vandaan?* **6.2 hinter** jmdm. ~ sein (a) *achter iem. aan zitten* (b) *iem. achter de vodden zitten;* **neben** jmdm. ~ gehen *naast iem. (voort)lopen* **6.4** das hat er **vom** Vater ~ *dat heeft hij van z'n vader;* **von** alters ~ *van oudsher;* **von** weit ~ *van verre.*
herab **0.1** ***omlaag*** ⇒*neer, naar beneden* ◆ **1.1** den Fluß ~ *stroomafwaarts* **6.1** ⟨inf.⟩ sie tat sehr **von** oben ~ *ze deed erg uit de hoogte.*
herab- →**zie ook samenstellingen met herunter-, hinab-.**
herabbeugen I ⟨ov.ww.⟩ **0.1** ***omlaag-, neerbuigen;***
II sich ~ ⟨wk.ww.⟩ **0.1** ***zich (neer)buigen*** ⇒*voorover buigen.*
herabblicken **0.1** ***naar beneden kijken*** ⇒*neerzien* **0.2** ⟨fig.⟩ ***neerkijken, -zien op.***
herabhängen **0.1** ***omlaaghangen*** ⇒*(neer)hangen.*
herablassen I ⟨ov.ww.⟩ **0.1** ***neerlaten*** ⇒*laten zakken* ◆ **1.1** die Rolläden ~ *de rolluiken neerlaten;*
II sich ~ ⟨wk.ww.⟩⟨iron.⟩ **0.1** ***zo goed (willen) zijn*** ⇒*zich verwaardigen.*
herablassend **0.1** ***minzaam*** ⇒*vriendelijk* **0.2** ***neerbuigend*** ⇒*uit de hoogte.*
herabmindern **0.1** ***verminderen*** ⇒*reduceren* **0.2** ***kleineren*** ⇒*bagatelliseren.*
herabrollen **0.1** ***omlaagrollen, naar beneden rollen.***
herabschauen →**herabblicken.**
herabschießen I ⟨onov.ww.⟩ **0.1** ***omlaag-, neerschieten;***
II ⟨ov.ww.⟩ **0.1** ***neer-, afschieten*** ⇒*neerhalen.*
herabschweben **0.1** ***omlaagzweven.***
herabsehen →**herabblicken.**
herabsenken, sich **0.1** ***(neer)dalen.***
herabsetzen **0.1** ***verlagen*** ⇒*verminderen* **0.2** ***kleineren*** ◆ **1.1** diese Waren sind stark herabgesetzt *deze artikelen zijn sterk in prijs verlaagd* **6.2** jmdn. **in** jmds. Achtung ~ *iem. in iemands achting doen dalen.*
herabsinken **0.1** ***dalen*** ⇒*(omlaag)zakken* **0.2** ⟨fig.⟩ ***afzakken*** ⇒*zinken.*
herabwürdigen I ⟨ov.ww.⟩ **0.1** ***vernederen*** ⇒*kleineren;*
II sich ~ ⟨wk.ww.⟩ **0.1** ***zich verlagen.***
Heraldik ⟨v.; ~⟩ **0.1** ***heraldiek.***
Heraldiker ⟨m.; ~s, ~⟩ **0.1** ***heraldicus.***
heran **0.1** ***nader(bij)*** ⇒*hierheen* ◆ **6.1** die Häuser standen **bis an** das Wasser ~ *de huizen stonden tot aan het water.*
heranarbeiten, sich **0.1** ***met moeite naderbij komen.***
heranbilden I ⟨ov.ww.⟩ **0.1** ***opleiden*** ⇒*vormen;*
II sich ~ ⟨wk.ww.⟩ **0.1** ***zich ontwikkelen.***
heranbrausen **0.1** ***komen aanstormen.***
heranbringen **0.1** ***dichterbij brengen*** **0.2** ***vertrouwd maken.***
heranfahren **0.1** ***komen aanrijden.***
heranführen **0.1** ***brengen (naar)*** ⇒*aanvoeren* **0.2** ⟨fig.⟩ ***in contact brengen.***
herangehen **0.1** ***naderen*** ⇒*dichterbij komen* **0.2** ***aanpakken, beginnen*** ◆ **6.2 an** die Arbeit ~ *met het werk beginnen.*
herankommen **0.1** ***naderen*** ⇒*in aantocht zijn* **0.2** ***benaderen*** ⇒*in de buurt komen* **0.3** ***evenaren*** ◆ **3.1** er läßt alles an sich ~ *hij laat alles maar op zich afkomen* **6.2 an** einen Rekord ~ *een record benaderen;* **an** die Siebzig ~ *tegen de zeventig lopen;* **an** jmdn. ist nicht heranzukommen (a) *iem. is ontoegankelijk, moeilijk te benaderen* (b) *iem. is niet te bereiken.*
heranlassen **0.1** ***dichterbij laten komen.***
heranmachen, sich ⟨inf.⟩ **0.1** ***aanpakken, -vatten*** **0.2** ⟨pej.⟩ ***trachten te benaderen*** ⇒*proberen te versieren.*
herannehmen ⟨inf.⟩ **0.1** ***onderhanden nemen.***
heranreichen **0.1** ***reiken tot*** ⇒*kunnen bereiken* **0.2** ⟨fig.⟩ ***(kunnen) evenaren*** ⇒*zich kunnen meten met* ◆ **6.2 an** jmdn. ~ *met iem. kunnen wedijveren.*
heranreifen **0.1** ***rijpen, rijp worden*** **0.2** ⟨fig.⟩ ***rijpen*** ⇒*(langzaam) groeien* ◆ **6.2 zum** Künstler ~ *tot kunstenaar rijpen.*
heranrücken I ⟨onov.ww.⟩ **0.1** ***dichterbij komen, schuiven*** ⇒*oprukken;*
II ⟨ov.ww.⟩ **0.1** ***dichterbij zetten, schuiven.***
heransprengen **0.1** ***(komen) aangalopperen.***
herantasten, sich **0.1** ***tastend een weg zoeken*** **0.2** ⟨fig.⟩ ***voorzichtig onderzoeken.***
herantragen **0.1** ***aandragen*** ⇒*brengen naar* **0.2** ⟨fig.⟩ ***voorleggen*** ⇒*uiten* ◆ **6.2** einen Wunsch **an** den Vorstand ~ *een wens aan de directie voorleggen.*
herantrauen, sich ⟨inf.⟩ **0.1** ***zich in de buurt wagen.***
herantreten **0.1** ***naderbij treden*** ⇒*naderen* **0.2** ⟨fig.⟩ ***geconfronteerd worden met*** ⇒*afkomen op* **0.3** ⟨fig.⟩ ***zich wenden tot*** ◆ **6.2 an** mich trat die Aufgabe heran *ik zag mij voor de taak gesteld.*
heranwachsen **0.1** ***opgroeien*** ⇒*volwassen worden.*
Heranwachsende(r) ⟨bn. als zn.⟩ **0.1** ***adolescent(e)*** ⇒*jongere* **0.2** ⟨jur.⟩ ***delinquent tussen 18 en 21 jaar.***
heranwagen, sich **0.1** ***zich in de buurt wagen*** ◆ **6.1** ⟨fig.⟩ sich **an** ein heikles Problem ~ *zich aan een netelig probleem wagen.*
heranziehen I ⟨onov.ww.⟩ **0.1** ***naderen, naderbij komen;***
II ⟨ov.ww.⟩ **0.1** ***naar zich toe trekken, halen*** **0.2** ***opkweken,*** ⟨fig.⟩ ***opleiden*** ⇒*grootbrengen* **0.3** ***aantrekken*** ⇒*erbij halen* ◆ **1.3** einen Arzt ~ *een arts laten komen.*
herauf **0.1** ***omhoog*** ⇒*naar boven, opwaarts* **0.2** ⟨inf.⟩ ***naar het noorden*** ◆ **1.1** den Fluß ~ *stroomopwaarts* **6.1 von** unten ~ dienen *van onderen op dienen.*
herauf- →**zie ook samenstellingen met hinauf-.**
heraufarbeiten, sich **0.1** ***zich omhoogwerken.***
heraufbemühen I ⟨ov.ww.⟩ **0.1** ***vragen, boven te komen;***
II sich ~ ⟨wk.ww.⟩ **0.1** ***zo vriendelijk zijn, boven te komen.***
heraufbeschwören **0.1** ***bezweren*** ⇒*oproepen* **0.2** ***oproepen*** ⇒*in (de) herinnering roepen* **0.3** ***veroorzaken*** ⇒*teweegbrengen* ◆ **1.3** einen Streit ~ *een ruzie veroorzaken.*
heraufbitten **0.1** ***verzoeken, (naar) boven te komen.***
heraufbringen **0.1** ***(naar) boven brengen*** **0.2** ***mee naar boven nemen.***
heraufdämmern ⟨schr.⟩ **0.1** ***beginnen te schemeren.***
heraufdürfen ⟨inf.⟩ **0.1** ***(naar) boven mogen komen.***

herauffahren I ⟨onov.ww.⟩ **0.1** ***naar boven gaan, (komen) rijden;***
II ⟨ov.ww.⟩ **0.1** ***naar boven rijden.***
heraufführen I ⟨onov.ww.⟩ **0.1** ***naar boven leiden, lopen;***
II ⟨ov.ww.⟩ **0.1** ***(naar) boven brengen*** **0.2** ***inluiden.***
heraufkommen 0.1 ***omhoogkomen*** ⇒*(naar) boven komen* **0.2** ***opstijgen, -klinken*** **0.3** ***opkomen*** ⇒*aanbreken, naderen* **0.4** ⟨fig.⟩ ***opkomen*** ⇒*opdoemen.*
heraufsetzen ⟨inf.⟩ **0.1** ***verhogen.***
heraufsteigen 0.1 ***omhoogklimmen*** ⇒*opklimmen* **0.2** ***opstijgen*** ⇒*opklinken* **0.3** ***opkomen*** **0.4** ⟨schr.⟩ ***aanbreken*** ◆ **1.4** eine neue Zeit steigt herauf *een nieuwe tijd breekt aan.*
heraufziehen I ⟨onov.ww.⟩ **0.1** ***naderen, naderbij komen*** ⇒ *komen opzetten;*
II ⟨ov.ww.⟩ **0.1** ***omhoogtrekken*** ⇒*optrekken.*
heraus 0.1 ***naar buiten, er uit*** ⟨naar de spreker toe⟩ **0.2** ⟨ter versterking van een voorzetsel⟩ ◆ **1.1** Wache ~! *wacht! in het geweer!* **6.1** ~ **mit** dem Geld! *hier met 't geld!;* ~ **mit** der Sprache *spreek op!* **6.2** ~ **aus** dem Bett! *het bed uit!*
heraus- →zie ook samenstellingen met hinaus-.
herausarbeiten I ⟨ov.ww.⟩ **0.1** ***uitwerken*** ⇒*(nauwkeurig) vormen, uitsnijden* **0.2** ***uitwerken*** ⇒*accentueren* **0.3** ⟨inf.⟩ ***door overwerk krijgen, inhalen*** ◆ **1.3** verlorene Zeit ~ *verloren tijd inhalen;*
II sich ~ ⟨wk.ww.⟩ **0.1** ***zich eruit werken*** ⇒*zich bevrijden.*
herausbekommen 0.1 ***(er)uit krijgen*** **0.2** ***(er)uit krijgen*** ⇒ *ontlokken* **0.3** ***te weten komen*** ⇒*er achter komen* **0.4** ***eruit krijgen*** ⇒*oplossen* **0.5** ***terugkrijgen*** ◆ **1.3** eine Inschrift ~ *een inscriptie ontcijferen* **1.4** ⟨bij rekenen⟩ ich habe 6 ~ *ik heb 6 als uitkomst* **1.5** Wechselgeld ~ *wisselgeld terugkrijgen.*
herausbilden I ⟨ov.ww.⟩ **0.1** ***vormen*** ⇒*ontwikkelen, doen ontstaan;*
II sich ~ ⟨wk.ww.⟩ **0.1** ***zich vormen*** ⇒*ontstaan, zich ontwikkelen.*
herausbrechen I ⟨onov.ww.⟩ **0.1** ***los-, afbrokkelen*** **0.2** ***uitbarsten*** **0.3** ***uitslaan;***
II ⟨ov.ww.⟩ **0.1** ***uitbreken*** ⇒*losmaken* **0.2** ***uitbraken.***
herausbringen 0.1 ***naar buiten brengen*** **0.2** ***uitbrengen*** ⇒ *in de handel brengen, uitgeven* **0.3** ***eruit (kunnen) krijgen*** **0.4** ***eruit krijgen*** ⇒*ontlokken* **0.5** ***te weten komen*** ⇒ *oplossen* **0.6** ***uitbrengen*** ⇒*zeggen* ◆ **1.2** ein neues Automodell ~ *een nieuw automodel op de markt brengen* **1.6** kein Wort ~ *geen woord kunnen uitbrengen.*
herausdrücken 0.1 ***eruit, naar buiten drukken*** **0.2** ***(voor)uitsteken, naar voren steken*** ◆ **1.2** die Brust ~ *de borst vooruitsteken.*
herausdürfen ⟨inf.⟩ **0.1** ***naar buiten mogen*** **0.2** ***naar het toilet mogen.***
herausfahren I ⟨onov.ww.⟩ **0.1** ***naar buiten rijden, varen*** **0.2** ***(er)uit, naar buiten schieten, stuiven*** **0.3** ⟨inf.⟩ ***ontvallen*** ⇒*ontsnappen;*
II ⟨ov.ww.⟩ **0.1** ***naar buiten rijden, varen, brengen*** **0.2** ⟨sp.⟩ ***behalen*** ⟨rensport⟩ **0.3** ⟨sp.⟩ ***uitlopen op*** ⟨rensport⟩ ◆ **1.2** eine gute Zeit ~ *in een goede tijd finishen.*
herausfallen 0.1 ***naar buiten vallen*** **0.2** ⟨mil.⟩ ***uitvallen, een uitval doen*** **0.3** ⟨fig.⟩ ***vallen buiten*** ⇒*niet passen.*
herausfinden I ⟨onov.ww.⟩ **0.1** ***de weg, uitgang vinden*** **0.2** ⟨fig.⟩ ***een uitweg, oplossing vinden*** ◆ **6.1** **aus** dem Wald nicht ~ *de weg uit het bos niet vinden;*
II ⟨ov.ww.⟩ **0.1** ***ontdekken*** ⇒*opsporen;*
III sich ~ ⟨wk.ww.⟩ **0.1** ***de weg, uitgang vinden.***
herausfischen 0.1 ***opvissen*** **0.2** ⟨inf.; fig.⟩ ***opvissen*** ⇒*opdiepen.*
herausfliegen 0.1 ***eruit, naar buiten vliegen*** ⟨ook fig.⟩.
Herausforderer ⟨m.; ~s, ~⟩ **0.1** ***uitdager.***
herausfordern 0.1 ***uitdagen*** **0.2** ***uitlokken*** ⇒*provoceren* ◆ **1.2** ein ~des Benehmen *een provocerend gedrag;* das Schicksal ~ *het noodlot tarten.*
Herausforderung ⟨v.⟩ **0.1** ***uitdaging*** **0.2** ***provocatie*** ⇒*uitlokking.*
herausfressen I ⟨ov.ww.⟩ **0.1** ***eruit vreten, wegvreten;***
II sich ~ ⟨wk.ww.⟩⟨inf.⟩ **0.1** ***zich dik eten.***
herausführen I ⟨onov.ww.⟩ **0.1** ***leiden, voeren*** ◆ **6.1** der Weg führt **aus** dem Dorf heraus *de weg voert uit het dorp;*
II ⟨ov.ww.⟩ **0.1** ***naar buiten leiden, voeren.***
Herausgabe ⟨v.; ~, ~n⟩ **0.1** ***teruggave*** ⇒*afgifte* **0.2** ***uitgave*** ⇒*publicatie.*
herausgeben 0.1 ***aanreiken, -geven*** ⟨van binnen naar buiten⟩ **0.2** ***teruggeven*** ⇒*afgeven, uitleveren* **0.3** ***teruggeven, -betalen*** **0.4** ***uitgeven*** ⇒*uitbrengen* **0.5** ***bewerken*** ⇒ *de redactie voeren van, samenstellen* **0.6** ***uitvaardigen*** ⇒ *afkondigen* ◆ **1.2** Gefangene ~ *gevangenen uitleveren;* den Schlüssel ~ *de sleutel afgeven* **1.6** einen Erlaß ~ *een decreet uitvaardigen* **6.3** **auf** 100 Mark ~ *van 100 mark teruggeven.*
Herausgeber ⟨m.⟩ **0.1** ***bewerker*** ⇒*samensteller* **0.2** ***uitgever*** ⟨v.e. krant, tijdschrift⟩.
herausgehen 0.1 ***eruit, naar buiten gaan*** **0.2** ***eruit gaan*** ⇒ *verdwijnen* ◆ **6.¶** **aus** sich ~ *z'n schuchterheid overwinnen.*
herausgreifen 0.1 ***eruit grijpen*** ⇒*eruit pikken, kiezen.*
herausgucken ⟨inf.⟩ **0.1** ***naar buiten kijken*** **0.2** ***te zien zijn*** ◆ **1.2** sein Unterhemd guckt heraus *zijn onderhemd hangt uit zijn broek.*
heraushaben ⟨inf.⟩ **0.1** ***eruit, verwijderd hebben*** **0.2** ***erachter zijn*** ⇒*het door hebben* ◆ **1.2** den Täter bald ~ *spoedig weten, wie de dader is.*
heraushalten I ⟨ov.ww.⟩ **0.1** ***naar buiten houden, steken*** **0.2** ⟨fig.⟩ ***(er)buiten houden, weren;***
II sich ~ ⟨wk.ww.⟩ **0.1** ***zich erbuiten houden*** ◆ **6.1** halte dich da **heraus**! *bemoei je er niet mee!*
heraushängen[1] ⟨onov.ww.→160⟩ **0.1** ***uitsteken, naar buiten hangen.***
heraushängen[2] ⟨ov.ww.⟩ **0.1** ***uithangen, (naar) buiten hangen*** ⟨ook fig.⟩.
heraushauen 0.1 ***uithouwen, uithakken*** **0.2** ⟨inf.⟩ ***bevrijden, ontzetten*** ◆ **1.1** eine Inschrift ~ *een inscriptie uithakken.*
herausheben I ⟨ov.ww.⟩ **0.1** ***(er)uit tillen, beuren*** **0.2** ⟨fig.⟩ ***(er)uit lichten*** ⇒*accentueren;*
II sich ~ ⟨wk.ww.⟩ **0.1** ***uitrijzen boven*** **0.2** ⟨fig.⟩ ***uitsteken boven*** ⇒*zich onderscheiden van* ◆ **6.2** sich **aus** der Masse ~ *boven de massa uitsteken.*
heraushelfen 0.1 ***(er)uit helpen, helpen uit.***
herausholen 0.1 ***(er)uit, naar buiten halen*** **0.2** ⟨fig.⟩ ***eruit halen*** ⇒*behalen* ◆ **1.2** bei einem Handel viel Geld ~ *bij een transactie veel geld verdienen.*
heraushören 0.1 ***er bovenuit horen*** **0.2** ⟨fig.⟩ ***beluisteren*** ⇒ *(er)uit opmaken.*
herauskatapultieren 0.1 ***(er)uit schieten, wegschieten.***
herauskehren 0.1 ***(er)uit, naar buiten vegen*** **0.2** ⟨fig.⟩ ***accentueren*** **0.3** ⟨fig.⟩ ***uithangen*** ⇒*doen alsof* ◆ **1.2** seine Macht ~ *duidelijk laten zien hoe machtig men is.*
herauskommen 0.1 ***(er)uit, naar buiten komen*** **0.2** ⟨fig.⟩ ***(er)uit komen*** ⇒*een (uit)weg vinden* **0.3** ***uitkomen*** ⇒*op de markt komen* **0.4** ⟨inf.⟩ ***ermee voor de dag komen*** **0.5** ⟨inf.⟩ ***opleveren*** **0.6** ⟨inf.⟩ ***uit de maat, het ritme raken*** **0.7** ⟨sp.⟩ ***uitkomen*** ⇒*beginnen* **0.8** ⟨inf.⟩ ***winnen*** ⇒*getrok-*

ken worden ⟨v.e. lot⟩ ◆ **1.3** sein neues Buch ist herausgekommen *zijn nieuwe boek is verschenen* **1.5** viel Neues ist nicht herausgekommen *veel nieuws heeft het niet opgeleverd* **5.3** noch einmal ganz groß ~ *nog een keer groots optreden* **6.2 aus** dem Lachen nicht mehr ~ *niet kunnen ophouden met lachen* **6.5** das kommt alles **auf** eins heraus *dat komt allemaal op hetzelfde neer.*

herauskönnen 0.1 ***(er)uit, naar buiten kunnen.***

herauskristallisieren I ⟨ov.ww.⟩ **0.1** ***uitkristalliseren*** **0.2** ⟨fig.⟩ ***kort samenvatten;***
II sich ~ ⟨wk.ww.⟩ **0.1** ***uitkristalliseren*** **0.2** ⟨fig.⟩ ***zich geleidelijk aftekenen*** **0.3** ⟨fig.⟩ ***zich ontwikkelen*** *⇒ontstaan.*

herauslassen ⟨inf.⟩ **0.1** ***(er)uit laten*** *⇒laten ontsnappen* **0.2** ***(er)uit laten*** *⇒weglaten, laten vervallen* ◆ **1.1** ⟨fig.⟩ eine große Neuigkeit ~ *met een belangrijk nieuwtje voor de dag komen.*

herauslaufen I ⟨onov.ww.⟩ **0.1** ***(er)uit, naar buiten lopen, gaan, stromen;***
II ⟨ov.ww.⟩⟨sp.⟩ **0.1** ***verkrijgen, behalen.***

herauslesen 0.1 ***(er)uit lezen*** *⇒(er)uit concluderen* **0.2** ***(er)uit lezen*** *⇒(er)uit zoeken.*

herauslocken 0.1 ***(er)uit lokken*** *⇒naar buiten lokken* **0.2** ***ontlokken*** *⇒loskrijgen* ◆ **6.2** jmdn. **aus** seiner Reserve ~ *iem. uit zijn tent lokken.*

herauslösen 0.1 ***door oplossen verwijderen*** **0.2** ⟨fig.⟩ ***eruit lichten.***

herauslügen I ⟨ov.ww.⟩ **0.1** ***door liegen eruit redden;***
II sich ~ ⟨wk.ww.⟩ **0.1** ***zich eruit liegen.***

herausmachen ⟨inf.⟩ **I** ⟨ov.ww.⟩ **0.1** ***eruit halen*** *⇒verwijderen;*
II sich ~ ⟨wk.ww.⟩ **0.1** ***(zich) herstellen*** *⇒op krachten komen* **0.2** ***goed groeien*** *⇒zich voorspoedig ontwikkelen* **0.3** ***voorspoed hebben*** *⇒de wind mee hebben, floreren.*

herausmüssen ⟨inf.⟩ **0.1** ***(er)uit moeten*** ◆ **4.1** so, das mußte mal heraus! *zo, dat moest eens gezegd worden!*

herausnehmen I ⟨ov.ww.⟩ **0.1** ***(er)uit nemen, halen*** ◆ **1.1** ⟨inf.⟩ den Gang ~ *in de vrijloop schakelen;*
II sich ~ ⟨wk.ww.⟩⟨inf.⟩ **0.1** ***zich aanmatigen*** *⇒zich permitteren* ◆ **4.1** nimm dir nur ja nichts heraus! *heb het hart niet brutaal te zijn!*

herauspauken ⟨inf.⟩ **0.1** ***uit de knoei helpen.***

herausplatzen 0.1 ***(er)uit barsten, scheuren*** **0.2** ***in lachen uitbarsten*** **0.3** ***(er)uit flappen*** ◆ **6.3 mit** einer Antwort ~ *er een antwoord uitflappen.*

herauspressen 0.1 ***eruit, naar buiten persen.***

herausputzen I ⟨ov.ww.⟩ **0.1** ***mooi maken*** *⇒tooien* **0.2** ***optooien, versieren;***
II sich ~ ⟨wk.ww.⟩ **0.1** ***zich opdoffen.***

herausquellen 0.1 ***(er)uit opwellen*** *⇒(er)uit, naar buiten stromen* **0.2** ***uitpuilen.***

herausragen 0.1 ***er bovenuit steken*** *⇒uitsteken* ◆ **1.1** ein ~der Gelehrter *een eminent geleerde.*

herausreden, sich 0.1 ***zich eruit praten*** ◆ **6.1** sich **auf** jmdn. ~ *zich achter iem. verschuilen.*

herausreißen 0.1 ***uitrukken, -scheuren, -trekken*** **0.2** ***(plotseling) (er)uit halen*** *⇒losrukken* **0.3** ⟨inf.⟩ ***(er)uit halen*** *⇒redden* **0.4** ⟨inf.⟩ ***weer goed maken*** **0.5** ⟨inf.⟩ ***bejubelen*** ◆ **1.4** eine schlechte Note ~ *een slecht cijfer weer goedmaken* **4.3** jmdn. vor Gericht ~ *iem. vrijpleiten.*

herausrücken I ⟨onov.ww.⟩ **0.1** ***voor de dag komen*** ◆ **6.1** nicht **mit** der Sprache ~ *om de zaak heendraaien;*
II ⟨ov.ww.⟩ **0.1** ***naar buiten schuiven*** *⇒naar buiten trekken* **0.2** ⟨inf.; fig.⟩ ***afstaan*** *⇒geven.*

herausrufen 0.1 ***(er)uit, naar buiten roepen.***

herausrutschen 0.1 ***(er)uit, naar buiten glijden*** **0.2** ⟨inf.; fig.⟩ ***ontglippen*** *⇒ontvallen.*

heraussagen 0.1 ***ronduit zeggen.***

herausschaffen ⟨inf.⟩ **0.1** ***naar buiten brengen.***

herausschälen I ⟨ov.ww.⟩ **0.1** ***(er)uit schillen*** *⇒uit de schil halen* **0.2** ⟨fig.⟩ ***(er)uit halen*** *⇒blootleggen;*
II sich ~ ⟨wk.ww.⟩ **0.1** ***zich aftekenen*** *⇒herkenbaar worden, te voorschijn treden.*

herausschauen 0.1 ***naar buiten kijken*** **0.2** ⟨inf.⟩ ***opleveren*** ◆ **6.2** dabei schaut nichts **heraus** *dat levert niets op.*

herausschießen I ⟨onov.ww.⟩ **0.1** ***naar buiten schieten, vuren*** **0.2** ***te voorschijn, (er)uit schieten*** *⇒(er)uit spuiten;*
II ⟨ov.ww.⟩ **0.1** ***(er)uit schieten.***

herausschlagen I ⟨onov.ww.⟩ **0.1** ***(er)uit, naar buiten slaan;***
II ⟨ov.ww.⟩ **0.1** ***(er)uit slaan, beuken*** ◆ **6.1** ⟨fig.⟩ Geld **aus** etwas ~ *geld uit iets slaan.*

herausschlüpfen 0.1 ***eruit, naar buiten glippen*** **0.2** ***ontglippen*** *⇒ontvallen, ontsnappen.*

herausschreiben 0.1 ***overschrijven uit.***

herausschreien 0.1 ***uitschreeuwen*** *⇒luid kenbaar maken.*

heraussein ⟨inf.⟩ **0.1** ***(er)uit zijn*** *⇒(er)buiten zijn* **0.2** ***bekend zijn*** *⇒vaststaan, beslist zijn* **0.3** ***(er)uit zijn*** *⇒eraan ontkomen zijn* **0.4** ***uit zijn*** *⇒verschenen zijn* **0.5** ***eruit zijn*** *⇒uitgesproken zijn* ◆ **1.4** der neue Roman ist heraus *de nieuwe roman is verschenen* **4.2** das ist noch gar nicht heraus *dat staat nog lang niet vast* **5.3** du bist fein heraus *jij hebt geluk.*

herausspielen ⟨sp.⟩ **0.1** ***uitspelen*** ◆ **1.1** ein schön herausgespieltes Tor *een mooi uitgespeeld doelpunt.*

herausspringen 0.1 ***(er)uit, naar buiten springen*** **0.2** ***uitpuilen*** *⇒uitsteken* **0.3** ⟨inf.⟩ ***naar buiten rennen, stuiven*** **0.4** ⟨inf.⟩ ***(voordeel) opleveren*** ◆ **1.2** die Nase springt heraus *de neus steekt naar voren.*

heraussprudeln I ⟨onov.ww.⟩ **0.1** ***(er)uit, te voorschijn borrelen*** *⇒opborrelen;*
II ⟨ov.ww.⟩ **0.1** ***gejaagd, overhaast zeggen.***

herausstechen I ⟨onov.ww.⟩ **0.1** ***uitsteken*** *⇒naar voren steken, uitspringen* **0.2** ***afsteken tegen*** *⇒in het oog springen;*
II ⟨ov.ww.⟩ **0.1** ***scherp doen uitkomen.***

herausstecken I ⟨onov.ww.⟩ **0.1** ***(er)uit steken;***
II ⟨ov.ww.⟩ **0.1** ***uitsteken*** *⇒naar buiten steken* **0.2** ⟨inf.⟩ ***verkondigen*** *⇒uitkramen* **0.3** ⟨inf.⟩ ***uithangen*** ◆ **1.3** den feinen Mann ~ *de fijne meneer uithangen.*

herausstehen 0.1 ***uitsteken*** *⇒naar buiten staan, uitpuilen.*

herausstellen I ⟨ov.ww.⟩ **0.1** ***buiten zetten*** **0.2** ***naar voren brengen*** *⇒benadrukken* **0.3** ⟨sp.⟩ ***eruit sturen;***
II sich ~ ⟨wk.ww.⟩ **0.1** ***blijken*** *⇒aan het licht komen* ◆ **8.1** sich als eine Lüge ~ *een leugen blijken te zijn.*

herausstoßen 0.1 ***uitstoten, -werpen*** *⇒naar buiten stoten.*

herausstrecken 0.1 ***(er)uit steken*** *⇒naar buiten steken* **0.2** ***naar voren steken*** ◆ **1.2** die Brust ~ *de borst vooruitsteken.*

herausstreichen 0.1 ***eruit schrappen*** **0.2** ***ophemelen*** *⇒benadrukken* ◆ **1.2** jmds. Fähigkeiten ~ *iemands kwaliteiten opvijzelen.*

herausstürzen 0.1 ***(er)uit storten, vallen*** **0.2** ***naar buiten vliegen, rennen.***

heraussuchen 0.1 ***zoeken*** **0.2** ***uitzoeken*** *⇒uitkiezen.*

heraustrennen 0.1 ***(er)uit tornen, halen.***

heraustreten 0.1 ***naar buiten stappen, treden*** **0.2** ***te voorschijn komen*** **0.3** ***uitpuilen*** ◆ **1.3** ~de Knochen *sterk uitstekende botten* **6.1** ⟨fig.⟩ **aus** seiner Zurückhaltung ~ *zijn terughoudendheid laten varen.*

herauswachsen **0.1** ***eruit groeien.***

herauswagen, sich **0.1** ***zich naar buiten wagen.***

herauswaschen **0.1** *eruit wassen.*

herauswerfen **0.1** ***eruit, naar buiten gooien*** **0.2** ⟨fig.⟩ ***weggooien*** **0.3** ⟨fig.⟩ ***eruit gooien*** ⇒*buiten de deur zetten* ♦ **1.2** herausgeworfenes Geld *weggegooid geld* **1.3** die Mieter ~ *de huurders uit het huis zetten.*

herauswinden, sich **0.1** *zich eruit draaien.*

herauswirtschaften **0.1** ***eruit halen*** ⇒*(winst) maken, behalen.*

herauswollen **0.1** ***eruit, naar buiten willen.***

herausziehen **I** ⟨onov.ww.⟩ **0.1** ***(eruit) wegtrekken;***
II ⟨ov.ww.⟩ **0.1** ***eruit trekken*** ⇒*te voorschijn halen* **0.2** ***eruit halen*** ⇒*eruit overschrijven* **0.3** ***weghalen*** ⇒*terugtrekken* ♦ **1.1** ein Messer ~ *een mes trekken.*

herb **0.1** ***wrang, zachtzuur*** ⇒*bitter, pittig* ⟨van smaak, geur⟩ **0.2** ***friszuur en wrang*** **0.3** ⟨fig.⟩ ***bitter*** ⇒*hard, wrang* **0.4** ⟨fig.⟩ ***stug*** ⇒*gesloten* **0.5** ⟨fig.⟩ ***scherp*** ⇒*hard* ♦ **1.2** ~er Wein *droge wijn* **1.3** eine ~e Enttäuschung *een bittere teleurstelling* **1.4** eine ~e Schönheit *een ongenaakbare schoonheid* **1.5** ~e Kritik *scherpe kritiek.*

Herbar(ium) ⟨o.; ~s, Herbarien⟩ **0.1** ***herbarium.***

herbei **0.1** ***hierheen, hier naar toe*** ♦ **1.1** alle Mann ~! *alle hens aan dek!*

herbeibringen **0.1** ***(aan-, bij)brengen*** ⇒*hierheen brengen* **0.2** ***verschaffen*** ⇒*aan de hand doen.*

herbeieilen **0.1** ***toesnellen.***

herbeiführen **0.1** ***veroorzaken*** ⇒*bewerkstelligen, teweegbrengen* ♦ **1.1** eine Wende ~ *een ommekeer teweegbrengen.*

herbeiholen **0.1** ***erbij halen*** ⇒*te hulp roepen.*

herbeikommen **0.1** ***erbij, naderbij komen.***

herbeilassen, sich ⟨vaak iron.⟩ **0.1** ***zich verwaardigen*** ⇒*zo goed zijn.*

herbeilaufen **0.1** ***toelopen*** ⇒*(hard) aan komen lopen.*

herbeilocken **0.1** ***naderbij lokken*** ⇒*aanlokken.*

herbeirufen **0.1** ***erbij roepen*** ⇒*te hulp roepen, laten komen.*

herbeischaffen **0.1** ***aanvoeren*** ⇒*aanbrengen, aandragen* **0.2** ***verschaffen*** ⇒*zorgen voor* ♦ **1.1** Baumaterial ~ *bouwmateriaal aanvoeren* **1.2** Beweise ~ *voor bewijzen zorgen.*

herbeischleppen **0.1** ***aanslepen.***

herbeisehnen **0.1** ***snakken naar*** ⇒*reikhalzend uitzien naar.*

herbeiströmen **0.1** ***toestromen*** ⇒*aan komen stromen.*

herbeistürzen **0.1** ***aan komen rennen*** ⇒*toesnellen.*

herbeiwinken **0.1** ***wenken, dichterbij te komen.***

herbeiwünschen **0.1** ***uitzien naar*** ⇒*naar iets verlangen.*

herbeiziehen **0.1** ***erbij trekken, halen*** ⇒*aantrekken.*

herbeizitieren **0.1** ***erbij halen*** ⇒*erbij roepen.*

herbekommen **0.1** ***hierheen krijgen*** **0.2** ***vandaan halen*** ♦ **5.2** wo soll ich das ~? *waar moet ik dat vandaan halen?*

herbemühen ⟨schr.⟩ **I** ⟨ov.ww.⟩ **0.1** ***beleefd verzoeken, (hierheen) te komen;***
II sich ~ ⟨wk.ww.⟩ **0.1** ***zo vriendelijk zijn, (hierheen) te komen.***

herbeordern **0.1** ***bevel geven te komen.***

Herberge ⟨v.; ~, ~n⟩ **0.1** ***jeugdherberg*** **0.2** ***herberg.***

Herbergseltern ⟨alleen mv.⟩ **0.1** ***jeugdherbergouders.***

Herbergsvater ⟨m.⟩ **0.1** ***vader v.e. jeugdherberg.***

herbestellen **0.1** ***laten komen*** ⇒*ontbieden.*

herbeten ⟨inf.⟩ **0.1** ***opzeggen*** ⇒*afdraaien, -raffelen.*

Herbigkeit ⟨v.; ~⟩ **0.1** ***wrangheid*** ⇒*pittige, wat bittere smaak* **0.2** ***friszure, wat wrange smaak*** **0.3** ⟨fig.⟩ ***stugheid*** **0.4** ⟨fig.⟩ ***bitterheid.***

herbitten **0.1** ***verzoeken, uitnodigen te komen.***

Herbivore ⟨m.; ~n, ~n⟩ ⟨biol.⟩ **0.1** ***herbivoor.***

herbringen **0.1** ***hierheen brengen.***

Herbst ⟨m.; ~(e)s, ~e⟩ **0.1** ***herfst*** ⇒*najaar.*

Herbstanfang ⟨m.⟩ **0.1** ***begin v.d. herfst.***

Herbstaster ⟨v.⟩ **0.1** ***herfstaster.***

herbsten ⟨schr.⟩ **0.1** ***langzamerhand herfst worden.***

Herbstfarben ⟨alleen mv.⟩ **0.1** ***herfstkleuren.***

Herbstferien ⟨alleen mv.⟩ **0.1** ***herfstvakantie.***

Herbstkleid ⟨o.⟩ **0.1** ***najaarsjurk*** **0.2** ***herfsttooi*** ⟨v.d. bladeren⟩ **0.3** ⟨biol.⟩ ***herfstkleed*** ⟨v.d. vogels⟩.

Herbstkollektion ⟨v.⟩ ⟨mode⟩ **0.1** ***najaarscollectie.***

Herbstlaub ⟨o.⟩ **0.1** ***najaarslover, -bladeren.***

herbstlich **0.1** ***herfstachtig*** **0.2** ***herfst-, v.d. herfst*** ♦ **1.2** ~e Stürme *herfststormen.*

Herbstmeister ⟨m.⟩ ⟨sp.⟩ **0.1** ***koploper in de competitie bij de winterstop.***

Herbstmesse ⟨v.⟩ ⟨ec.⟩ **0.1** ***najaarsbeurs.***

Herbstmode ⟨v.⟩ **0.1** ***najaarsmode.***

Herbstpunkt ⟨m.⟩ ⟨ster.⟩ **0.1** ***herfstpunt.***

Herbststurm ⟨m.⟩ **0.1** ***najaarsstorm.***

Herbstzeitlose ⟨v.; ~, ~n⟩ ⟨plantk.⟩ **0.1** ***herfsttijloos.***

Herd ⟨m.; ~(e)s, ~e⟩ **0.1** ***fornuis*** ⇒*oven, haard* **0.2** ⟨fig.⟩ ***haard*** ⟨ook med.⟩ ⇒*brandpunt, centrum* ♦ **¶.1** ⟨sprw.⟩ eigner ~ ist Goldes wert *eigen haard is goud waard.*

Herdbuch ⟨o.⟩ ⟨landb.⟩ **0.1** ***stamboek.***

Herde ⟨v.; ~, ~n⟩ **0.1** ***kudde*** ⟨ook fig.⟩ ♦ **3.1** ⟨pej.⟩ der ~ folgen *met de massa meelopen.*

Herdenmensch ⟨m.⟩ ⟨pej.⟩ **0.1** ***kuddedier.***

Herdentier ⟨o.⟩ **0.1** ***kuddedier*** ⟨ook fig.⟩.

Herdentrieb ⟨m.⟩ **0.1** ***kudde-instinct*** ⟨ook fig.⟩.

herdenweise **0.1** ***in kudden*** **0.2** ⟨fig.⟩ ***in drommen, scharen.***

Herdfeuer ⟨o.⟩ **0.1** ***haardvuur.***

Herdplatte ⟨v.⟩ **0.1** ***haardplaat*** **0.2** ***fornuis-, kookplaat.***

Herdstelle ⟨v.⟩ **0.1** ***fornuisplaat.***

hereditär **0.1** ***hereditair, erfelijk.***

herein **0.1** ***(naar) binnen*** ♦ **5.1** immer, nur ~! *kom maar binnen!* **¶.1** ~! *binnen!*

herein- →**zie ook samenstellingen met hinein-.**

hereinbekommen ⟨inf.⟩ **0.1** ***binnen-, aankrijgen.***

hereinbemühen ⟨schr.⟩ **I** ⟨ov.ww.⟩ **0.1** ***naar binnen helpen;***
II sich ~ ⟨wk.ww.⟩ **0.1** ***naar binnen gaan*** ⇒*binnenkomen, -treden.*

hereinbitten **0.1** ***verzoeken binnen te komen.***

hereinbrechen **0.1** ***naar binnen vallen, storten*** ⇒*instorten* **0.2** ***invallen*** ⇒*beginnen, aanbreken, losbarsten* **0.3** ⟨schr.⟩ ***treffen*** ♦ **1.2** ein ~des Gewitter *een in volle hevigheid losbarstend onweer* **6.3** eine Katastrophe brach **über** das Land herein *een catastrofe trof het land.*

hereinbringen **0.1** ***binnenbrengen*** **0.2** ⟨inf.⟩ ***terugverdienen*** ⇒*weer goedmaken* ♦ **1.2** den Zeitverlust ~ *de verloren tijd weer inhalen.*

hereindrängen **0.1** ***naar binnen dringen.***

hereindringen **0.1** ***naar binnen dringen*** ⇒*doordringen tot, binnenkomen.*

hereindürfen ⟨inf.⟩ **0.1** ***binnen mogen komen.***

hereinfahren **I** ⟨onov.ww.⟩ **0.1** ***naar binnen rijden;***
II ⟨ov.ww.⟩ **0.1** ***binnenrijden, -zetten.***

hereinfallen **0.1** ***naar binnen, erin vallen*** **0.2** ⟨inf.⟩ ***erin lopen*** ⇒*zich laten beetnemen* ♦ **6.2** **auf** einen Betrüger ~ *zich door een bedrieger laten beetnemen.*

hereinfliegen **0.1** ***naar binnen vliegen*** **0.2** ⟨inf.⟩ ***erin vliegen, lopen.***

hereinführen **0.1** ***naar binnen leiden, brengen.***

hereingeben **0.1** ***naar binnen reiken*** ⇒*aangeven* **0.2** ⟨sp.⟩ ***voorgeven*** ⇒*een voorzet geven.*
hereinholen **0.1** ***binnenhalen*** **0.2** ⟨inf.⟩ ***inhalen*** ⇒*weer goedmaken.*
hereinkommen **0.1** ***binnenkomen*** ⇒*naar binnen gaan* **0.2** ⟨inf.⟩ ***binnenkomen*** ⇒*ontvangen worden.*
hereinlassen ⟨inf.⟩ **0.1** ***binnenlaten, erin laten (komen).***
hereinlegen **0.1** ***naar binnen, erin leggen*** **0.2** ⟨inf.⟩ ***erin laten lopen, luizen.***
hereinnehmen **0.1** ***binnenhalen*** **0.2** ***opnemen*** ◆ **6.2** **ins** Sortiment ~ *in het assortiment opnemen.*
hereinplatzen ⟨inf.⟩ **0.1** ***onverwachts aan komen zetten*** ⇒ *zo maar binnenvallen.*
hereinriechen ⟨inf.⟩ **0.1** ***eraan ruiken*** ⇒*vluchtig kennis nemen van.*
hereinrufen **0.1** ***binnenroepen*** **0.2** ***verzoeken binnen te komen.***
hereinschauen ⟨inf.⟩ **0.1** ⟨reg.⟩ ***binnenkijken*** **0.2** ⟨fig.⟩ ***langskomen*** ⇒*bij iem. aankomen.*
hereinschleichen I ⟨onov.ww.⟩ **0.1** ***binnensluipen;***
II sich ~ ⟨wk.ww.⟩ **0.1** ***binnensluipen*** ⇒*stilletjes binnenkomen.*
hereinschlüpfen **0.1** ***naar binnen glippen.***
hereinschneien I ⟨onov.ww.⟩⟨inf.⟩ **0.1** ***komen aanwaaien*** ⇒*langskomen;*
II ⟨onp.ww.⟩ **0.1** ***binnensneeuwen.***
hereinsehen **0.1** ***naar binnen kijken*** **0.2** ⟨inf.; fig.⟩ ***langskomen*** ⇒*bij iem. aankomen.*
hereinspazieren ⟨inf.⟩ **0.1** ***(komen) binnenlopen*** ◆ **1.1** hereinspaziert, meine Herrschaften! *komt dat zien, dames en heren!*
hereinstellen **0.1** ***binnenzetten.***
hereinströmen **0.1** ***binnenstromen.***
hereinstürzen **0.1** ***naar binnen vallen*** **0.2** ⟨fig.⟩ ***binnen komen rennen.***
hereinwagen, sich ⟨inf.⟩ **0.1** ***zich binnen wagen.***
hereinziehen I ⟨onov.ww.⟩ **0.1** ***binnentrekken, -gaan*** **0.2** ***erin trekken*** ⇒*z'n intrek nemen;*
II ⟨ov.ww.⟩ **0.1** ***naar binnen trekken;***
III ⟨onp.ww.⟩ **0.1** ***naar binnen waaien, tochten.***
herfahren I ⟨onov.ww.⟩ **0.1** ***hierheen rijden, varen*** **0.2** ***(blijven) rijden*** ◆ **6.2** **hinter** jmdm. ~ *achter iem. aanrijden;* **vor** jmdm. ~ *voor iem. uitrijden;*
II ⟨ov.ww.⟩ **0.1** ***hierheen rijden, varen.***
Herfahrt ⟨v.⟩ **0.1** ***reis, tocht hierheen.***
herfallen **0.1** ***aanvallen*** ⇒*zich storten op, overvallen* **0.2** ***beginnen te schrokken*** ⇒*aanvallen op* ◆ **6.1** mit Fragen **über** jmdn. ~ *iem. met vragen overstelpen.*
herfinden ⟨inf.⟩ **0.1** ***de weg hierheen vinden.***
herführen I ⟨onov.ww.⟩ **0.1** ***hierheen leiden;***
II ⟨ov.ww.⟩ **0.1** ***hierheen brengen, leiden.***
Hergang ⟨m.⟩ **0.1** ***toedracht*** ⇒*verloop.*
hergeben **0.1** ***aangeven, -reiken*** **0.2** ***weggeven*** ⇒*schenken* **0.3** ***willen lenen*** **0.4** ***opleveren*** **0.5** ***geven*** ⇒*eruit halen wat erin zit* **0.6** ***teruggeven*** ◆ **1.2** sein Letztes ~ *alles weggeven* **5.4** nichts, viel, wenig ~ *niets, veel, weinig opleveren* **6.3** sich **für, zu** etwas ~ *zich tot iets lenen.*
hergebracht **0.1** ***traditioneel, gebruikelijk*** ◆ **6.1** **am** Hergebrachten hängen *aan tradities hechten.*
hergebrachtermaßen **0.1** ***zoals vanouds gebruikelijk*** ⇒ *volgens oud gebruik.*
hergehen I ⟨onov.ww.⟩ **0.1** ***(blijven) lopen*** **0.2** ⟨inf.⟩ ***erop af gaan*** ⇒*eraan beginnen* ◆ **6.1** **hinter** jmdm. ~ *achter iem. aanlopen;*
II ⟨onp.ww.⟩⟨inf.⟩ **0.1** ***toegaan*** **0.2** ***flink toetasten*** ◆ **5.1** es geht da heiter, hoch her *het is daar een vrolijke boel* **6.¶** **über** jmdn. ~ *iem. bekritiseren.*
hergehören **0.1** ***erbij, ertoe behoren.***
hergelaufen **0.1** ***v.d. straat opgeraapt*** ⇒*van twijfelachtig allooi.*
herhaben ⟨inf.⟩ **0.1** ***vandaan hebben, halen*** ⇒*hebben van.*
herhalten I ⟨onov.ww.⟩ **0.1** ***ervoor opdraaien*** ⇒*het gelag moeten betalen;*
II ⟨ov.ww.⟩ **0.1** ***ophouden*** ⇒*toereiken* ◆ **1.1** den Teller ~ *het bord ophouden.*
herholen ⟨inf.⟩ **0.1** ***hier(heen) halen*** ◆ **5.¶** diese Erklärung ist weit hergeholt *deze verklaring is er met de haren bijgesleept.*
Hering ⟨m.; ~s, ~e⟩ **0.1** ***haring*** **0.2** ***haring*** ⟨v.e. tent⟩ **0.3** ⟨inf.; fig.⟩ ***lange slungel.***
Heringsfang ⟨m.⟩ **0.1** ***haringvangst.***
Heringsfaß ⟨o.⟩ **0.1** ***harington.***
Heringsrogen ⟨m.⟩ **0.1** ***kuit v.d. haring.***
Heringsschwarm ⟨m.⟩ **0.1** ***school haringen.***
herjagen **0.1** ***hierheen jagen*** **0.2** ***(blijven) jagen*** ◆ **6.2** **vor** sich ~ *voor zich uit jagen.*
herkommen **0.1** ***hier(heen) komen*** **0.2** ***vandaan komen*** ⇒ *afkomstig zijn, afstammen* ◆ **4.2** wo kommst du her? *waar kom je vandaan?*
Herkommen ⟨o.; ~s⟩ **0.1** ***afkomst*** ⇒*afstamming, oorsprong* **0.2** ***gebruik*** ⇒*traditie.*
herkömmlich **0.1** ***gebruikelijk*** ⇒*traditioneel.*
herkömmlicherweise **0.1** ***volgens traditie.***
herkriegen ⟨inf.⟩ **0.1** ***vandaan halen*** ◆ **1.1** wo soll ich das Geld ~? *waar moet ik het geld vandaan halen?*
Herkules **0.1** ***Hercules*** **0.2** ⟨fig.⟩ ***hercules*** ⇒*reus.*
Herkulesarbeit ⟨v.⟩ **0.1** ***herculeswerk*** ⇒*reuzenkarwei.*
herkulisch **0.1** ***herculisch*** ⇒*reusachtig.*
Herkunft ⟨v.; ~, ¨~e⟩ **0.1** ***afkomst*** ⇒*komaf, afstamming* **0.2** ***oorsprong*** ⇒*herkomst* ◆ **1.2** die ~ eines Wortes *de etymologie van een woord.*
Herkunftsangabe ⟨v.⟩ **0.1** ***opgave van herkomst.***
Herkunftsort ⟨m.⟩ **0.1** ***plaats van herkomst.***
Herkunftswörterbuch ⟨o.⟩ **0.1** ***etymologisch woordenboek.***
Herkunftszeugnis ⟨o.⟩ **0.1** ***certificaat van oorsprong.***
herlangen ⟨inf.⟩ **0.1** ***aangeven, -reiken.***
herlaufen ⟨inf.⟩ **0.1** ***aan komen lopen*** ⇒*hierheen, erheen lopen* **0.2** ***(blijven) lopen.***
herleiern ⟨inf.⟩ **0.1** ***op-, afdreunen.***
herleiten I ⟨ov.ww.⟩ **0.1** ***afleiden*** **0.2** ***afleiden*** ⇒*herleiden* ◆ **1.1** eine Formel ~ *een formule afleiden* **6.1** sein Recht **von** etwas ~ *zijn recht aan iets ontlenen;*
II sich ~ ⟨wk.ww.⟩ **0.1** ***afstammen van.***
Herlitze ⟨acc. wiss.⟩⟨v.; ~, ~n⟩ **0.1** ***kornoelje.***
hermachen ⟨inf.⟩ **I** ⟨ov.ww.⟩ **0.1** ***er goed uitzien*** **0.2** ***drukte, ophef maken*** ◆ **1.1** euer Garten macht schon etwas her *jullie tuin toont aardig* **6.2** **von** einem Erfolg viel ~ *van een succes veel ophef maken;* er macht gar nichts **von** sich her *hij is uiterst bescheiden;*
II sich ~ ⟨wk.ww.⟩ **0.1** ***aanpakken*** ⇒*aanvatten, op iets aanvallen* **0.2** ***overvallen.***
Hermaphrodit ⟨m.; ~en, ~en⟩ **0.1** ***hermafrodiet, tweeslachtig wezen.***
Hermelin[1] ⟨m.; ~s, ~e⟩ **0.1** ***hermelijn(bont).***
Hermelin[2] ⟨o.; ~s, ~e⟩ **0.1** ***hermelijn.***
Hermeneutik ⟨v.; ~⟩ **0.1** ***hermeneutiek, leer der exegese.***
hermetisch **0.1** ***hermetisch.***
hermüssen ⟨inf.⟩ **0.1** ***hierheen moeten*** ⇒*(hier) moeten komen.*

hernach 0.1 *daarna* ⇒*vervolgens, later.*
hernehmen 0.1 ***vandaan halen*** ⇒*weghalen, eraan komen* ◆ **1.1** wo nimmt er den Mut her? *waar haalt hij de moed vandaan?*
Hernie ⟨v.; ~, ~n⟩⟨med.⟩ 0.1 ***hernia, ingewandsbreuk.***
hernieder ⟨schr.⟩ 0.1 ***neer*** ⇒*naar beneden, omlaag.*
herniederbrechen ⟨schr.⟩ 0.1 ***neerstorten, -vallen.***
Heroe ⟨m.; ~n, ~n⟩ 0.1 ***heros.***
Heroenkult ⟨m.⟩ 0.1 ***heldenverering.***
Heroik ⟨v.; ~⟩ 0.1 ***heroïek, het heroïsche.***
Heroin[1] ⟨v.; ~, ~en⟩⟨schr.⟩ 0.1 ***heldin.***
Heroin[2] ⟨o.; ~s⟩ 0.1 ***heroïne.***
heroinsüchtig 0.1 ***verslaafd aan heroïne.***
heroisch 0.1 ***heroïek*** ⇒*heldhaftig, heroïsch.*
heroisieren 0.1 ***heroïseren.***
Heroismus ⟨m.; ~⟩ 0.1 ***heroïsme*** ⇒*heldenmoed.*
Herold ⟨m.; ~(e)s, ~e⟩ 0.1 ***heraut.***
Heros ⟨m.; ~, Heroen⟩ 0.1 ***heros, held.***
Herr ⟨m.; ~(e)n, ~en⟩ 0.1 ***heer*** ⇒*man, meneer* **0.2** ***heer*** ⇒ *meneer* ⟨bij het aanspreken⟩ **0.3** ***heer*** ⇒*vorst, gebieder* **0.4** ⟨rel.⟩ ***Heer, Here (God)*** ◆ **1.2** ~ Direktor *meneer de directeur;* wie geht's Ihrem ~n Gemahl? *hoe gaat het met uw man?;* ~ Müller *meneer Müller* **1.3** der ~ dieses Hundes *de baas van deze hond;* ~ der Lage sein *de toestand meester zijn;* aus aller ~en Länder(n) *uit alle delen van de wereld;* nicht mehr ~ seiner Sinne sein *zichzelf niet meer onder controle hebben* **2.1** ⟨inf.⟩ mein alter ~ *mijn oude heer, mijn vader* **2.2** ⟨in brief⟩ Sehr geehrter ~ (Müller)! *Geachte heer (Müller);* ⟨in brief⟩ Sehr geehrte ~en! *Mijne heren* **2.3** sein eigener ~ sein *z'n eigen baas zijn* **¶.3** ⟨sprw.⟩ wie der ~, so's Gescherr *zo heer, zo knecht.* →**Unrecht.**
Herrchen ⟨o.; ~s, ~⟩ 0.1 ***heertje*** **0.2** ⟨inf.⟩ ***baasje.***
Herreise ⟨v.⟩ 0.1 ***reis hierheen.***
Herrenabend ⟨m.⟩ 0.1 ***herenpartijtje.***
Herrenartikel ⟨m.⟩ 0.1 ***heren(mode)artikel.***
Herrenausstatter ⟨m.⟩ 0.1 ***herenmodezaak.***
Herrenbegleitung ⟨v.⟩ 0.1 ***gezelschap v.e. heer.***
Herrenbekanntschaft ⟨v.⟩ 0.1 ***kennis aan een heer.***
Herrenbekleidung ⟨v.⟩ 0.1 ***herenkleding.***
Herrenbesuch ⟨m.⟩ 0.1 ***bezoek v.e. heer, van heren.***
Herrendoppel ⟨o.⟩⟨sp.⟩ 0.1 ***herendubbel(spel).***
Herreneinzel ⟨o.⟩⟨sp.⟩ 0.1 ***herenenkel(spel).***
Herrenhaus ⟨o.⟩ 0.1 ***herenhuis.***
Herrenleben ⟨o.⟩ 0.1 ***herenleven(tje).***
herrenlos 0.1 ***onbeheerd*** ⇒*zonder eigenaar* ◆ **1.1** ein ~er Hund *een zwerfhond.*
Herrenmensch ⟨m.⟩ 0.1 ***heersersnatuur.***
Herrenrad ⟨o.⟩ 0.1 ***herenfiets.***
Herrenrasse ⟨v.⟩⟨pej.⟩ 0.1 ***blanke ras.***
Herrensalon ⟨m.⟩ 0.1 ***heren(kap)salon.***
Herrensitz ⟨m.⟩ 0.1 ***landhuis*** **0.2** ***schrijlingse zit.***
Herrenwelt ⟨v.⟩⟨scherts.⟩ 0.1 ***alle (aanwezige) heren.***
Herrenwitz ⟨m.⟩ 0.1 ***schuine mop.***
Herrgott ⟨m.⟩ 0.1 ***(Here) God*** ⇒*Onze Lieve Heer* ◆ **5.1** ⟨inf.⟩ ~ noch mal! *wel allemachtig!*
Herrgottsfrühe ⟨v.⟩⟨inf.⟩ ◆ **¶.¶** in aller ~ *voor dag en dauw.*
herrichten I ⟨ov.ww.⟩ 0.1 ***klaarmaken, opknappen*** ⇒*in orde brengen;*
II **sich** ~ ⟨wk.ww.⟩ 0.1 ***zich klaarmaken*** ⇒*zich opmaken.*
Herrin ⟨v.; ~, ~nen⟩ 0.1 ***meesteres*** ⇒*gebiedster* **0.2** ***eigenares.***
herrisch 0.1 ***bazig*** ⇒*heerszuchtig* ◆ **1.1** in ~em Ton *op gebiedende toon.*
herrjemine! ⟨inf.⟩ 0.1 ***heremijntijd!*** ⇒*goeie genade!*
herrlich 0.1 ***heerlijk*** ⇒*kostelijk* **0.2** ***prachtig*** ⇒*schitterend* ◆ **1.2** ein ~er Ausblick *een schitterend uitzicht.*
Herrlichkeit ⟨v.; ~, ~en⟩ 0.1 ***heerlijkheid*** ⇒*iets heerlijks* **0.2** ***prachtig voorwerp*** **0.3** ***pracht*** ⇒*schoonheid, luister* ◆ **2.3** ⟨inf.; iron.⟩ die ganze ~! *de hele handel!*
Herrnhuter ⟨m.; ~s, ~⟩ 0.1 ***hernhutter, Moravische broeder.***
Herrschaft[1] ⟨v.; ~⟩ 0.1 ***heerschappij*** ⇒*macht, gezag* ◆ **1.1** die ~ eines Systems *de macht van een systeem* **6.1** er verlor die ~ **über** das Auto *hij verloor de macht over het stuur;* **unter** seiner ~ *onder zijn bewind.*
Herrschaft[2] ⟨inf.⟩ ◆ **¶.¶** ~ (noch mal)! *wel allemachtig!*
Herrschaften ⟨alleen mv.⟩ 0.1 ***dames en heren*** ⇒*mensen, lieden* ◆ **2.1** meine ~en! *dames en heren!;* vornehme ~en *voorname lieden.*
herrschaftlich 0.1 ***voornaam*** ⇒*deftig* **0.2** ***v.e. (land)heer*** ◆ **1.2** ein ~er Besitz *een heerlijkheid.*
Herrschaftsanspruch ⟨m.⟩ 0.1 ***aanspraak op de macht.***
Herrschaftsbereich ⟨m.⟩ 0.1 ***machtsgebied.***
herrschen 0.1 ***heersen*** ⇒*regeren* **0.2** ***heersen*** ⇒*de overhand hebben* ◆ **6.1** **durch** Terror ~ *terreur uitoefenen.*
Herrscher ⟨m.; ~s, ~⟩ 0.1 ***heerser*** ⇒*gebieder.*
Herrscherblick ⟨m.⟩ 0.1 ***heersersblik.***
Herrscher|geschlecht, -haus ⟨o.⟩ 0.1 ***dynastie.***
Herrscherin ⟨v.; ~, ~nen⟩ 0.1 ***heerseres*** ⇒*gebiedster.*
Herrschernatur ⟨v.⟩ 0.1 ***heerszuchtig mens*** **0.2** ⟨g.mv.⟩ ***heerszuchtige aard.***
Herrschsucht ⟨v.⟩ 0.1 ***heerszucht.***
herrschsüchtig 0.1 ***heerszuchtig*** ⇒*bazig.*
herrücken ⟨inf.⟩ I ⟨onov.ww.⟩ 0.1 ***dichterbij komen;***
II ⟨ov.ww.⟩ 0.1 ***aanschuiven*** ⇒*dichterbij zetten.*
herrühren 0.1 ***afkomstig zijn*** ⇒*vandaan komen, afstammen.*
hersagen 0.1 ***opzeggen*** ⇒*voordragen, reciteren.*
herschicken 0.1 ***hierheen, hier naar toe sturen.***
herschreiben, sich 0.1 ***afkomstig zijn (van), dateren (van, uit).***
hersehen 0.1 ***hier(heen) kijken.***
hersein 0.1 ***geleden zijn*** **0.2** ***vandaan komen*** ⇒*afkomstig, geboren zijn* ◆ **5.¶** ⟨inf.⟩ nicht weit ~ *niet veel zaaks zijn.*
hersetzen ⟨inf.⟩ I ⟨ov.ww.⟩ 0.1 ***hier neerzetten*** ◆ **6.¶** ⟨onov. ww.⟩ **hinter** jmdm. ~ *iem. achternazetten;*
II **sich** ~ ⟨wk.ww.⟩ 0.1 ***hier gaan zitten.***
herstammen 0.1 ***afstammen*** **0.2** ***afkomstig zijn*** ⇒*vandaan komen.*
herstellen I ⟨onov.ww.⟩ 0.1 ***herstellen*** ⇒*genezen* ◆ **6.1** **von** der Krankheit kaum hergestellt *van de ziekte nauwelijks genezen;*
II ⟨ov.ww.⟩ 0.1 ***vervaardigen*** ⇒*produceren, fabriceren* **0.2** ***tot stand brengen*** **0.3** ***hier (neer)zetten*** ◆ **1.1** Fernsehapparate ~ *televisietoestellen fabriceren* **5.1** maschinell ~ *machinaal vervaardigen;*
III **sich** ~ ⟨wk.ww.⟩ 0.1 ⟨inf.⟩ ***gaan staan*** ⇒*zich opstellen* **0.2** ⟨fig.⟩ ***tot stand komen.***
Hersteller ⟨m.; ~s, ~⟩ 0.1 ***vervaardiger*** ⇒*producent, maker.*
Herstellung ⟨v.; ~⟩ 0.1 ***vervaardiging, productie*** ⇒*fabricage* **0.2** ***het tot stand brengen*** **0.3** ***herstel*** ⇒*genezing.*
Herstellungskosten ⟨alleen mv.⟩ 0.1 ***productiekosten.***
Herstellungspreis ⟨m.⟩ 0.1 ***kostende prijs*** ⇒*kost-, productieprijs.*
Herstellungsverfahren ⟨o.⟩ 0.1 ***productiemethode, -wijze.***
hertreiben 0.1 ***hierheen drijven*** **0.2** ***drijven*** ⇒*opjagen* ◆ **1.2** das Vieh vor sich ~ *het vee voor zich uit drijven.*
herüber 0.1 ***hierheen*** ⇒*hier naar toe* ◆ **8.1** ~ und hinüber *herwaarts en derwaarts.*

herüber- →zie ook samenstellingen met hinüber-.
herüberbitten 0.1 *verzoeken, hierheen te komen.*
herüberfahren I ⟨onov.ww.⟩ 0.1 *hierheen (komen) rijden;* II ⟨ov.ww.⟩ 0.1 *hierheen rijden, brengen.*
herübergeben 0.1 *aangeven, -reiken.*
herüberholen 0.1 *hier naar toe halen.*
herüberkommen 0.1 *hierheen komen.*
herüberreichen I ⟨onov.ww.⟩ 0.1 *tot hier reiken;* II ⟨ov.ww.⟩ 0.1 *aanreiken, -geven.*
herüberretten 0.1 *bewaren* ⇒*niet verloren laten gaan.*
herüberschicken 0.1 *hier naar toe sturen.*
herüberspringen 0.1 *hier naar toe springen* 0.2 ⟨inf.⟩ *snel aan komen lopen.*
herüberstellen 0.1 *hier neerzetten.*
herüberziehen I ⟨onov.ww.⟩ 0.1 *hierheen trekken;* II ⟨ov.ww.⟩ 0.1 *hier naar toe trekken* 0.2 ⟨fig.⟩ *voor z'n zaak winnen.*
herum 0.1 *om(heen)* ⇒*rond(om)* 0.2 ⟨inf.⟩ *voorbij* 0.3 ⟨na 'um'⟩ *om en nabij* ⇒*ongeveer, bij benadering* 0.4 ⟨na 'um'⟩ *in de buurt van* ⇒*in de omgeving van* ◆ 3.1 die Reihe ~ *de rij rond* 6.3 **um** 1800 ~ *omstreeks het jaar 1800.*
herum- →zie ook samenstellingen met umher-.
herumalbern 0.1 *gekheid zitten te maken.*
herumärgern, sich ⟨inf.⟩ 0.1 *voortdurend overhoop liggen* ⇒*zich steeds weer ergeren.*
herumbasteln ⟨inf.⟩ 0.1 *zitten te prutsen.*
herumblättern 0.1 *zo maar wat (zitten te) bladeren.*
herumblicken 0.1 *rondkijken.*
herumbringen ⟨inf.⟩ 0.1 *(snel) doorkomen* ⇒*om krijgen* 0.2 *verder vertellen* ◆ 1.1 die Wartezeit ~ *de wachttijd om krijgen.*
herumbrüllen ⟨inf.⟩ 0.1 *maar zitten te schreeuwen.*
herumbummeln ⟨inf.⟩ 0.1 *rondslenteren.*
herumdoktern ⟨inf.⟩ 0.1 *dokteren* ⇒*zitten te prutsen.*
herumdrehen I ⟨onov.ww.⟩ 0.1 *zitten te draaien;* II ⟨ov.ww.⟩ 0.1 *om-, ronddraaien* 0.2 ⟨inf.⟩ *omturnen* ⇒ *ompraten;* III **sich** ~ ⟨wk.ww.⟩ 0.1 *zich om-, ronddraaien.*
herumdrücken I ⟨ov.ww.⟩ 0.1 *omdrukken* ⇒*omver duwen;* II **sich** ~ ⟨wk.ww.⟩⟨inf.⟩ 0.1 *rondhangen* ⇒*rondscharrelen* 0.2 *zich onttrekken aan* ⇒*zich ervoor drukken.*
herumdrucksen ⟨inf.⟩ 0.1 *eromheen draaien* ⇒*er niet mee voor de draad komen.*
herumerzählen 0.1 *overal verder vertellen.*
herumfahren I ⟨onov.ww.⟩ 0.1 *rondrijden, -trekken, -varen* 0.2 *zich plotseling omdraaien* 0.3 *ronddraaien, -zwaaien;* II ⟨ov.ww.⟩ 0.1 *rondrijden* ⇒*een rondje maken.*
herumfliegen 0.1 *eromheen vliegen* 0.2 *rondvliegen* ⇒*in het rond vliegen.*
herumfragen ⟨inf.⟩ 0.1 *rondvragen* ⇒*op de rij, beurt af vragen.*
herumfuchteln ⟨inf.⟩ 0.1 *in het rond zwaaien.*
herumführen I ⟨onov.ww.⟩ 0.1 *lopen, leiden rond;* II ⟨ov.ww.⟩ 0.1 *rondleiden.*
herumfuhrwerken ⟨inf.⟩ 0.1 *zitten te rommelen.*
herumfummeln ⟨inf.⟩ 0.1 *dokteren* ⇒*zitten te prutsen* 0.2 *zitten te friemelen.*
herumgeben 0.1 *rond-, doorgeven.*
herumgehen 0.1 *rondlopen, -gaan* ⇒*er omheen lopen, gaan* 0.2 *rondgaan* ⇒*de ronde doen* 0.3 ⟨inf.⟩ *voorbijgaan* ⇒*verstrijken* 0.4 ⟨inf.⟩ *rondlopen* ⇒*rondhangen* ◆ 6.1 ⟨fig.⟩ **um** die Schwierigkeiten ~ *de moeilijkheden omzeilen.*
herumgeistern 0.1 *rondspoken.*
herumgondeln ⟨inf.⟩ 0.1 *wat rondrijden.*
herumhacken ⟨inf.⟩ 0.1 *zitten te hakken* ⟨ook fig.⟩.
herumhantieren ⟨inf.⟩ 0.1 *zitten te rommelen* ⇒*sleutelen.*
herumhorchen ⟨inf.⟩ 0.1 *z'n oor te luisteren leggen.*
herumirren ⟨inf.⟩ 0.1 *ronddwalen, -dolen.*
herumknobeln ⟨inf.⟩ 0.1 *op iets zitten te puzzelen.*
herumkommandieren ⟨inf.⟩ 0.1 *er maar op los commanderen.*
herumkommen ⟨inf.⟩ 0.1 *er omheen (kunnen) komen, gaan* 0.2 *(kunnen) omzeilen* 0.3 *reizen* ⇒*wat v.d. wereld zien* 0.4 *bekend worden* ⇒*verder verteld worden* ◆ 5.3 er ist weit herumgekommen *hij heeft veel van de wereld gezien.*
herumkramen ⟨inf.⟩ 0.1 *rondsnuffelen* ⇒*zitten, lopen te zoeken.*
herumkrebsen ⟨inf.⟩ 0.1 *moeizaam voortkrabbelen* 0.2 *sukkelen* ⇒*maar langzaam beter worden.*
herumkriegen ⟨inf.⟩ 0.1 *omverpraten* ⇒*overhalen, ompraten* 0.2 *om krijgen.*
herumkurven ⟨inf.⟩ 0.1 *maar wat rondrijden.*
herumlaufen 0.1 *er omheen lopen, gaan* 0.2 *rondlopen* 0.3 *rondlopen* ⇒*erbij lopen.*
herumliegen 0.1 *er rondom liggen* 0.2 ⟨inf.⟩ *rondslingeren.*
herum|lümmeln, -lungern ⟨inf.⟩ 0.1 *lanterfanten* ⇒*rondhangen.*
herum|mäkeln, -meckern ⟨inf.⟩ 0.1 *zitten vitten, afgeven.*
herum|plagen, -quälen, sich ⟨inf.⟩ 0.1 *zich aftobben* ⇒*veel moeite doen.*
herumrätseln ⟨inf.⟩ 0.1 *proberen te verklaren, te ontcijferen* ◆ 6.1 **an** einer Inschrift ~ *een inscriptie trachten te ontcijferen.*
herumreden ⟨inf.⟩ 0.1 *zwetsen* 0.2 *er omheen praten.*
herumreichen I ⟨onov.ww.⟩ 0.1 *(kunnen) omspannen;* II ⟨ov.ww.⟩ 0.1 *rondreiken* 0.2 ⟨inf.; fig.⟩ *aan iedereen voorstellen.*
herumreisen ⟨inf.⟩ 0.1 *rondreizen, -trekken.*
herumreißen 0.1 *omrukken* ⇒*met een ruk omdraaien* 0.2 ⟨fig.⟩ *hevig aangrijpen* ⇒*schokken.*
herumreiten 0.1 *rondrijden* ⇒*er omheen rijden* 0.2 ⟨inf.; fig.; met 'auf'⟩ *steeds weer beginnen over* ⇒*steeds weer lastig vallen met.*
herumrennen ⟨inf.⟩ 0.1 *er omheen rennen* 0.2 *rondrennen.*
herumrühren ⟨inf.⟩ 0.1 *om-, rondroeren.*
herumrutschen ⟨inf.⟩ 0.1 *(heen en weer) zitten te schuiven.*
herumscharwenzeln ⟨inf.⟩ 0.1 *zitten te flikflooien.*
herumschlagen ⟨inf.⟩ I ⟨ov.ww.⟩ 0.1 *er omheen slaan, doen;* II **sich** ~ ⟨wk.ww.⟩ 0.1 *het aan de stok hebben* ⇒*ruzie hebben* 0.2 *problemen, last hebben.*
herumschlendern ⟨inf.⟩ 0.1 *rondslenteren.*
herumschleppen ⟨inf.⟩ 0.1 *rondslepen* ⇒*met zich meeslepen* 0.2 ⟨fig.⟩ *met zich meeslepen* ⇒*gebukt gaan onder* ◆ 6.2 einen Kummer **mit** sich ~ *een verdriet met zich meedragen.*
herumschnüffeln ⟨inf.; pej.⟩ 0.1 *rondsnuffelen.*
herumschreien ⟨inf.⟩ 0.1 *zitten te schreeuwen* 0.2 *zitten te schelden* ⇒*tekeergaan.*
herumsein ⟨inf.⟩ 0.1 *afgelopen zijn* ⇒*voorbij, om zijn* 0.2 *bekend zijn* ⇒*verder verteld zijn* 0.3 *in de buurt zijn* ◆ 6.3 immer **um** das Kind ~ *steeds in de buurt van het kind zijn.*
herumsitzen ⟨inf.⟩ 0.1 *er omheen zitten* 0.2 *zitten te niksen.*

herumspazieren 0.1 *er omheen wandelen* 0.2 ⟨inf.⟩ ***rondwandelen.***
herumsprechen, sich 0.1 ***de ronde doen*** ⇒*verder verteld worden.*
herumstehen ⟨inf.⟩ 0.1 ***er omheen, rondom staan*** 0.2 ***rondhangen*** 0.3 ***her en der staan*** ◆ 5.2 steh doch nicht so herum! *sta toch niet zo te lummelen!*
herumstöbern ⟨inf.⟩ 0.1 ***rondsnuffelen.***
herumstochern ⟨inf.⟩ 0.1 ***zitten te peuteren*** 0.2 ***zitten te roeren.***
herumstolzieren ⟨inf.⟩ 0.1 ***parmantig rondstappen.***
herumstoßen ⟨fig.⟩ 0.1 ***geen tehuis bieden*** ⇒*niet (in het gezin) opnemen.*
herumstreiten, sich ⟨inf.⟩ 0.1 ***voortdurend kibbelen.***
herumstreunen 0.1 ***rondbanjeren, -struinen.***
herumtanzen 0.1 ***ronddansen.***
herumtollen 0.1 ***uitgelaten rondspringen.***
herumtragen 0.1 ***ronddragen*** ⇒*overal bij zich hebben* 0.2 ⟨fig.⟩ ***met zich meedragen*** ⇒*er constant mee bezig zijn* 0.3 ⟨pej.⟩ ***verder vertellen*** ⇒*uitbazuinen* ◆ 6.2 Sorgen **mit** sich ~ *zorgen met zich meedragen.*
herumtreiben I ⟨ov.ww.⟩ 0.1 ***ronddrijven, in het rond drijven;***
II sich ~ ⟨wk.ww.⟩ 0.1 ⟨inf.⟩ ***rondzwerven*** 0.2 ⟨pej.⟩ ***uithangen*** ⇒*lopen te lanterfanten* ◆ 6.2 sich **in** Kneipen ~ *in kroegen rondhangen.*
Herumtreiber ⟨m.; ~s, ~⟩ 0.1 ***zwerver*** 0.2 ⟨inf.⟩ ***losbol.***
herumtreten ⟨inf.⟩ 0.1 ***staan te trappen, stampen*** ◆ 6.1 ⟨fig.⟩ **auf** jmdm. ~ *iem. voortdurend kwellen.*
herumtrödeln ⟨inf.⟩ 0.1 ***zitten te treuzelen.***
herumwälzen I ⟨ov.ww.⟩ 0.1 ***omwentelen;***
II sich ~ ⟨wk.ww.⟩ 0.1 ***steeds maar ronddraaien*** ⇒*liggen te woelen.*
herumwerfen 0.1 ***omgooien*** ⇒*snel omdraaien* 0.2 ⟨inf.⟩ ***rondslingeren*** ⇒*in het rond gooien* ◆ 1.1 das Pferd ~ *het paard snel wenden.*
herumwickeln ⟨inf.⟩ 0.1 ***er omheen wikkelen.***
herumwirbeln I ⟨onov.ww.⟩ 0.1 ***rondwervelen*** ⇒*ronddraaien;*
II ⟨ov.ww.⟩ 0.1 ***in de rondte draaien*** ⇒*ronddraaien.*
herumzeigen ⟨inf.⟩ 0.1 ***aan iedereen laten zien.***
herumziehen I ⟨onov.ww.⟩ 0.1 ***er omheen trekken*** 0.2 ***rondtrekken, -reizen*** ◆ 1.2 ~de Händler *rondtrekkende handelaars;*
II ⟨ov.ww.⟩ 0.1 ***er omheen trekken, doen;***
III sich ~ ⟨wk.ww.⟩ 0.1 ***er omheen lopen*** ⇒*omgeven* ◆ 6.1 ein Graben zieht sich **um** den Acker herum *een sloot omgeeft de akker.*
herunter 0.1 ***(naar) beneden*** ⇒*omlaag, neer, af* ◆ 6.1 er kam **vom** Berg ~ *hij daalde de berg af.*
herunter- →**zie ook samenstellingen met hinunter-, herab-.**
herunterbeten ⟨inf.⟩ 0.1 ***opdreunen*** ⇒*afraffelen.*
herunterbeugen, sich 0.1 ***(zich) vooroverbuigen.***
herunterbrennen 0.1 ***neerbranden op*** 0.2 ***af-, uit-, opbranden*** ◆ 6.1 die Sonne brannte **auf** das Land herunter *de zon brandde op het land.*
herunterbringen 0.1 ***naar beneden brengen*** 0.2 ⟨inf.⟩ ***ruïneren*** ⇒*te gronde richten* 0.3 ⟨inf.⟩ ***door de keel (kunnen) krijgen*** ◆ 1.3 keinen Bissen ~ *geen hap door de keel krijgen.*
herunterdrücken 0.1 ***omlaagdrukken*** 0.2 ⟨fig.⟩ ***verlagen*** ⇒*doen dalen* ◆ 1.2 den Preis ~ *de prijs drukken.*
herunterfahren 0.1 ***naar beneden rijden*** ⇒*afdalen.*
herunterfallen 0.1 ***naar beneden vallen*** ⇒*neervallen.*
heruntergehen 0.1 ***naar beneden gaan, omlaaggaan*** 0.2 ***dalen*** ⇒*zakken, minder worden* ◆ 1.1 die Straße ~ *de straat uitlopen.*
heruntergekommen 0.1 ***aan lager wal geraakt*** ◆ 1.1 einen ~en Eindruck machen *een verwaarloosde indruk maken.*
herunterhandeln ⟨inf.⟩ 0.1 ***afdingen*** ⇒*afpingelen.*
herunterhauen ⟨inf.⟩ 0.1 ***neerslaan*** 0.2 ⟨fig.⟩ ***snel uittypen, op-, afschrijven*** ◆ 4.1 jmdm. eine ~ *iem. een oorvijg geven.*
herunterholen 0.1 ***naar beneden halen*** 0.2 ***neerhalen*** ⇒*neerschieten.*
herunterklappen 0.1 ***neerslaan*** ⇒*naar beneden klappen.*
herunterkommen 0.1 ***(naar) beneden komen*** 0.2 ⟨fig.⟩ ***achteruitgaan*** ⇒*aan lager wal raken, verloederen* 0.3 ⟨inf.⟩ ***zich verbeteren*** ◆ 6.2 **durch** eine Krankheit ~ *door een ziekte verzwakken* 6.3 **von** einer schlechten Note ~ *een hoger cijfer halen.*
herunterkriegen ⟨inf.⟩ 0.1 ***naar beneden (kunnen) krijgen*** 0.2 ***door de keel (kunnen) krijgen.***
herunterlassen 0.1 ***neerlaten*** ⇒*laten zakken.*
herunterlaufen 0.1 ***naar beneden lopen.***
herunterleiern ⟨inf.⟩ 0.1 ***opdreunen*** 0.2 ***omlaagdraaien.***
heruntermachen ⟨inf.⟩ 0.1 ***kapittelen*** ⇒*uitkafferen* 0.2 ***afkammen*** ⇒*afkraken.*
herunternehmen 0.1 ***omlaag doen*** ⇒*wegnemen.*
herunterputzen ⟨inf.⟩ 0.1 ***de les lezen*** ⇒*uitkafferen.*
herunterreichen I ⟨onov.ww.⟩ 0.1 ***tot onder toe reiken;***
II sich ~ ⟨wk.ww.⟩ 0.1 ***naar beneden aanreiken.***
herunterreißen ⟨inf.⟩ 0.1 ***neertrekken, afscheuren*** ⇒*omlaagrukken* 0.2 ***verslijten*** 0.3 ***afkammen*** ⇒*afkraken* 0.4 ***moeten afmaken*** ⇒*moeten uitdienen* ◆ 1.3 einen Schauspieler ~ *een acteur een slechte kritiek geven.*
herunterrufen ⟨inf.⟩ 0.1 ***naar beneden roepen*** 0.2 ***roepen om beneden te komen.***
herunterrutschen 0.1 ***naar beneden glijden*** ⇒*afzakken.*
heruntersagen ⟨inf.⟩ 0.1 ***opdreunen.***
herunterschlucken 0.1 ***doorslikken*** ⇒*door de keel krijgen* 0.2 ⟨fig.⟩ ***moeten slikken*** ⇒*voor zich houden.*
herunterschnurren ⟨inf.⟩ 0.1 ***opdreunen.***
herunterschrauben 0.1 ***omlaagdraaien*** 0.2 ⟨fig.⟩ ***verlagen.***
heruntersehen 0.1 ***omlaagkijken*** 0.2 ***goed opnemen*** ⇒*van top tot teen bekijken* 0.3 ***neerzien op.***
heruntersein ⟨inf.⟩ 0.1 ***omlaag, neergelaten zijn*** 0.2 ***aan lager wal zijn*** ⇒*failliet zijn* 0.3 ***op zijn*** ⇒*aan het eind (van z'n Latijn) zijn* 0.4 ***gedaald zijn*** ⇒*laag zijn* ◆ 1.2 das Geschäft ist herunter *de zaak zit aan de grond* 6.3 **mit** den Nerven ~ *op zijn van de zenuwen.*
herunterspielen ⟨inf.⟩ 0.1 ***snel (af)spelen*** ⇒*afroffelen* 0.2 ***bagatelliseren*** ◆ 1.2 eine Affäre ~ *een affaire bagatelliseren.*
heruntersteigen 0.1 ***naar beneden klimmen*** ⇒*eraf klimmen.*
herunterstürzen I ⟨onov.ww.⟩ 0.1 ***neerstorten, -vallen*** 0.2 ***snel naar beneden lopen;***
II ⟨ov.ww.⟩ 0.1 ***opslokken*** ⇒*met grote teugen drinken;*
III sich ~ ⟨wk.ww.⟩ 0.1 ***zich naar beneden laten vallen.***
herunterwirtschaften ⟨inf.⟩ 0.1 ***ruïneren.***
herunterwürgen ⟨inf.⟩ 0.1 ***moeten slikken*** ⇒*door de keel (kunnen) krijgen.*
herunterziehen I ⟨onov.ww.⟩ 0.1 ***naar beneden trekken*** ◆ 6.1 **ins** Tal ~ *het dal in trekken;*
II ⟨ov.ww.⟩ 0.1 ***omlaagtrekken*** 0.2 ⟨fig.⟩ ***meesleuren.***
hervor 0.1 ***te voorschijn*** ⇒*naar voren, voor de dag* ◆ 6.1 **hinter** den Gardinen ~ *van achter de gordijnen.*

hervorblicken **0.1** *te zien zijn* ⇒*eruit steken* **0.2** ***kijken van achter, vanuit.***

hervorbrechen **0.1** ***te voorschijn komen*** **0.2** ***uit-, losbarsten.***

hervorbringen **0.1** ***te voorschijn halen, brengen*** **0.2** ***voortbrengen, doen ontstaan*** ⇒*scheppen* **0.3** ***uitbrengen*** ⇒*produceren.*

hervorgehen ⟨schr.⟩ **0.1** ***voortkomen, ontspruiten*** ⇒*te voorschijn komen* **0.2** ***voortvloeien*** ⇒*een gevolg zijn* **0.3** ***blijken*** ⇒*te concluderen zijn* ◆ **6.1** **aus** einem Kampf als Sieger ~ *als overwinnaar uit de strijd komen* **6.3** daraus geht **hervor** *daaruit volgt, blijkt.*

hervorgucken ⟨inf.⟩ **0.1** ***te zien zijn*** ⇒*eruit steken.*

hervorheben **0.1** ***(beter) doen uitkomen*** ⇒*op de voorgrond plaatsen* ◆ **1.1** eine Tatsache ~ *op een feit de nadruk leggen.*

hervorholen **0.1** ***te voorschijn halen.***

hervorkehren ⟨schr.⟩ **0.1** ***duidelijk laten zien*** ⇒*duidelijk laten uitkomen* ◆ **1.1** den Vorgesetzten ~ *duidelijk laten zien dat men de baas is.*

hervorkommen **0.1** ***te voorschijn komen*** ⇒*zich vertonen.*

hervorkramen **0.1** ***opsnorren*** ⇒*opdiepen.*

hervorlocken **0.1** ***te voorschijn lokken*** **0.2** ⟨fig.⟩ ***ontlokken.***

hervorquellen **0.1** ***opwellen*** **0.2** ***uitpuilen.***

hervorragen **0.1** ***uitsteken (boven)*** **0.2** ⟨fig.⟩ ***uitsteken boven*** ⇒*uitblinken, uitmunten.*

hervorragend **0.1** ***uitstekend*** ⇒*voortreffelijk, eminent* ◆ **3.1** Hervorragendes leisten *uitstekende prestaties leveren.*

Hervorruf ⟨m.⟩⟨dram.⟩ **0.1** ***het terugroepen*** ◆ **2.1** es gab sechs ~e *de acteurs werden zes keer teruggeroepen.*

hervorrufen **0.1** ***te voorschijn roepen*** **0.2** ⟨dram.⟩ ***terugroepen*** **0.3** ⟨fig.⟩ ***teweegbrengen*** ⇒*veroorzaken, wekken* ◆ **1.3** Erstaunen ~ *verbazing wekken.*

hervorsehen **0.1** ***te zien zijn*** ⇒*eruit steken.*

hervorspringen **0.1** ***te voorschijn springen*** **0.2** ***uitspringen*** ⇒*uitsteken.*

hervorsprudeln **0.1** ***opborrelen*** **0.2** ⟨ook ov. ww.; fig.⟩ ***sprankelend spreken*** ⇒*een woordenstroom gebruiken.*

hervorstechen **0.1** ***uitsteken*** ⇒*uitspringen* **0.2** ⟨fig.⟩ ***sterk opvallen*** ⇒*in 't oog lopen.*

hervorsuchen **0.1** ***opdiepen*** ⇒*voor de dag halen.*

hervortreten **0.1** ***te voorschijn komen*** ⇒*naar voren treden* **0.2** ***uitpuilen*** ⇒*uitsteken* **0.3** ***zichtbaar, duidelijker worden*** ⇒*verschijnen* **0.4** ***zich onderscheiden*** ⇒*opvallen* **0.5** ***in de publiciteit komen*** ◆ **1.2** ~de Augen *uitpuilende ogen* **6.4** **in** Mathematik ~ *zich onderscheiden in wiskunde.*

hervortun, sich **0.1** ***zich onderscheiden*** ⇒*uitmunten* **0.2** ***opscheppen*** ⇒*dik doen* ◆ **6.2** sich **mit** seinem Wissen ~ *prat gaan op zijn kennis.*

hervorwagen, sich **0.1** ***wagen te voorschijn te komen.***

hervorzaubern **0.1** ***te voorschijn toveren.***

hervorziehen **0.1** ***te voorschijn trekken, halen.***

herwärts **0.1** ***herwaarts*** ⇒*hierheen.*

Herweg ⟨m.⟩ **0.1** ***de weg hierheen*** ◆ **6.1** **auf** dem ~ *op weg hier naar toe.*

Herz ⟨o.; ~ens, ~en⟩ **0.1** ***hart*** **0.2** ***hart*** ⇒*gevoel, ziel* **0.3** ***hart*** ⇒*centrum, kern* **0.4** ⟨sp.⟩ ***harten*** ◆ **2.2** leichten ~ens *onbekommerd;* schweren ~ens *met een bezwaard gemoed;* er hat ein weiches ~ *hij is weekhartig* **3.1** ⟨fig.⟩ das ~ dreht sich mir im Leibe herum *ik ben ontdaan, ervan ondersteboven;* ⟨fig.⟩ das ~ lacht ihm im Leibe *hij is dolblij;* jmds. ~ höher schlagen lassen *iemands hart feller doen kloppen (van verwachting)* **3.2** sich ⟨3e nv.⟩ ein ~ fassen *alle moed bijeengaren;* ein ~ für jmdn. haben *hart voor iem. hebben;* sein ~ an etwas ⟨4e nv.⟩ hängen *aan iets gaan hechten;* das ~ in die Hand nehmen *al zijn moed bijeengaren;* jmdm. rutscht das ~ in die Hose *iem. zakt de moed in de schoenen;* das ~ war ihm schwer *hij was verdrietig, vol zorgen* **6.2** das liegt mir sehr **am** ~en *dat gaat me erg ter harte;* jmdm. etwas **ans** ~ legen *iem. iets op het hart binden;* das ist mir **ans** ~ gewachsen *dat is mij zeer dierbaar;* **aus** seinem ~en keine Mördergrube machen *van zijn hart geen moordkuil maken;* **aus** tiefstem ~en *uit het diepst van het hart;* das ist mir **aus** dem ~en gesprochen *dat is mij uit het hart gegrepen;* jmdn. **ins**, in sein ~ schließen *veel van iem. gaan houden;* diese Worte schnitten ihm **ins** ~ *deze woorden griefden hem zeer;* **mit** halbem ~en *halfhartig;* etwas nicht **übers** ~ bringen *iets niet over z'n hart verkrijgen;* mir wurde bang **ums** ~ *het werd me bang te moede;* seinen Kummer **vom** ~en reden *zijn verdriet helemaal uitpraten;* sich ⟨3e nv.⟩ etwas **zu** ~en nehmen *iets ter harte nemen* **8.2** ein ~ und eine Seele sein *onafscheidelijk zijn, één van hart en ziel zijn.*

herzählen **0.1** ***opnoemen*** ⇒*opzeggen.*

herzallerliebst **0.1** ***allerliefst.***

Herzanfall ⟨m.⟩ **0.1** ***hartaanval.***

Herzasthma ⟨o.⟩ **0.1** ***hartbeklemming.***

herzaubern **0.1** ***te voorschijn toveren.***

herzbeklemmend ⟨fig.⟩ **0.1** ***benauwend*** ⇒*drukkend.*

Herzbeschwerden ⟨alleen mv.⟩ **0.1** ***hartklachten.***

Herzbeutel ⟨m.⟩⟨med.⟩ **0.1** ***hartzakje.***

herzbewegend **0.1** ***aangrijpend.***

Herzblatt ⟨o.⟩⟨ted.⟩ **0.1** ***hartelap*** ⇒*lieveling.*

Herzblume ⟨v.⟩⟨plantk.⟩ **0.1** ***druipende hartjes.***

Herzblut ⟨o.⟩ **0.1** ***hartenbloed*** ◆ **6.1** etwas **mit** seinem ~ schreiben *iets met hart en ziel schrijven.*

herzbrechend **0.1** ***hartbrekend, -verscheurend.***

Herzchen ⟨o.; ~s, ~⟩ **0.1** ⟨ted.⟩ ***schatje*** **0.2** ⟨inf.; pej.⟩ ***onnozele hals.***

herzeigen ⟨inf.⟩ **0.1** ***tonen*** ⇒*laten zien.*

Herzeleid ⟨o.⟩⟨schr.⟩ **0.1** ***zielsverdriet*** ⇒*hartenleed, diepe smart.*

herzen ⟨schr.⟩ **0.1** ***liefkozen*** ⇒*aan 't hart drukken.*

Herzensangelegenheit ⟨v.⟩ **0.1** ***zaak v.h. hart.***

Herzensangst ⟨v.⟩ **0.1** ***doodsangst.***

Herzensbildung ⟨v.⟩⟨schr.⟩ **0.1** ***tact*** ⇒*kiesheid.*

Herzensbrecher ⟨m.⟩ **0.1** ***hartenbreker.***

Herzensfreundin ⟨v.⟩ **0.1** ***hartsvriendin.***

Herzensgrund ⟨m.⟩ ◆ **6.¶** **aus** ~ *uit de grond van het hart.*

herzensgut **0.1** ***ziels-, doodgoed.***

Herzenskind ⟨o.⟩ **0.1** ***lieveling(etje).***

Herzenslust ⟨v.⟩ ◆ **6.¶** **nach** ~ *naar hartenlust.*

Herzenswunsch ⟨m.⟩ **0.1** ***hartenwens.***

herzerfreuend **0.1** ***hartverblijdend.***

herzergreifend **0.1** ***aangrijpend.***

herzerschütternd **0.1** ***hartverscheurend.***

Herzfehler ⟨m.⟩⟨med.⟩ **0.1** ***hartafwijking.***

Herzflimmern ⟨o.⟩⟨med.⟩ **0.1** ***fibrilleren.***

Herzfrequenz ⟨v.⟩ **0.1** ***hart(slag)frequentie.***

Herzfunktion ⟨v.⟩ **0.1** ***hartwerking.***

Herzgegend ⟨v.⟩ **0.1** ***hartstreek.***

Herzgeräusch ⟨o.⟩ **0.1** ***hartgeruis.***

Herzgrube ⟨v.⟩ **0.1** ***hartkuil, -kolk.***

herzhaft **0.1** ***dapper*** ⇒*moedig* **0.2** ***stevig*** ⇒*flink, fors* **0.3** ***hartig*** ⇒*pittig* ◆ **1.1** ein ~er Entschluß *een kloek besluit* **1.2** einen ~en Schluck nehmen *een flinke slok nemen* **1.3** eine ~e Suppe *een hartige soep.*

herziehen I ⟨onov.ww.⟩ **0.1** ***hierheen trekken, komen*** **0.2** ⟨inf.⟩ ***(blijven) trekken, gaan*** ◆ **6.¶ über** jmdn. ~ *iem. over de hekel halen;*
II ⟨ov.ww.⟩ **0.1** ***hierheen, hier naar toe trekken.***
herzig 0.1 ***lief*** ⇒*schattig.*
Herzinfarkt ⟨m.⟩ **0.1** ***hartinfarct.***
Herzkammer ⟨v.⟩ **0.1** ***hartkamer.***
Herzkirsche ⟨v.⟩ **0.1** ***kriek.***
Herzklappe ⟨v.⟩ **0.1** ***hartklep.***
Herzklopfen ⟨o.⟩ **0.1** ***hartklopping(en).***
herzkrank 0.1 ***met een hartkwaal.***
Herzkrankheit ⟨v.⟩ **0.1** ***hartkwaal, -aandoening.***
Herzkranzgefäß ⟨o.⟩ **0.1** ***kransslagader.***
Herzkurve ⟨v.⟩⟨med.⟩ **0.1** ***cardiogram.***
Herzlähmung ⟨v.⟩ **0.1** ***hartverlamming.***
Herzleiden ⟨o.⟩ **0.1** ***hartkwaal.***
herzlich[1] ⟨bn.⟩ **0.1** ***hartelijk*** ⇒*innig* ◆ **1.1** mein ~es Beileid *wel gecondoleerd;* ~e Worte *welgemeende woorden* **3.1** ~ gratulieren *van harte feliciteren.*
herzlich[2] ⟨bw.⟩ **0.1** ***zeer*** ⇒*bar, erg* ◆ **2.1** das ist uns ~ gleichgültig *dat kan ons bitter weinig schelen.*
herzlos 0.1 ***harteloos.***
Herz-Lungen-Maschine ⟨v.⟩ **0.1** ***hart-longmachine.***
Herzmittel ⟨o.⟩⟨inf.⟩ **0.1** ***hartversterkend middel.***
Herzmuskel ⟨m.⟩ **0.1** ***hartspier.***
Herzog ⟨m.; ~(e)s, ⁻̈e⟩ **0.1** ***hertog.***
Herzogin ⟨v.; ~, ~nen⟩ **0.1** ***hertogin.***
herzoglich 0.1 ***hertogelijk.***
Herzogtum ⟨o.; ~(e)s, ⁻̈er⟩ **0.1** ***hertogdom.***
Herzschlag ⟨m.⟩ **0.1** ***hartslag*** **0.2** ***hartverlamming*** ◆ **3.2** einen ~ erleiden *een hartverlamming krijgen* **5.1** ⟨fig.⟩ einen ~ lang *heel even.*
Herzschrittmacher ⟨m.⟩⟨med.⟩ **0.1** ***pacemaker.***
Herzspender ⟨m.⟩ **0.1** ***hartdonor.***
herzstärkend 0.1 ***hartversterkend.***
Herzstück ⟨o.⟩⟨schr.⟩ **0.1** ***belangrijkste gedeelte.***
Herztätigkeit ⟨v.⟩ **0.1** ***hartwerking.***
herzu ⟨schr.⟩ **0.1** ***hierheen, hier naar toe.***
herzutreten 0.1 ***erbij komen staan.***
Herzverpflanzung ⟨v.⟩ **0.1** ***harttransplantatie.***
Herzversagen ⟨o.⟩ **0.1** ***insufficiëntie v. h. hart.***
Herzweh ⟨o.⟩ **0.1** ***pijn aan het hart*** **0.2** ⟨fig.⟩ ***hartzeer*** ⇒ *hartenpijn.*
Hesse ⟨m.; ~n, ~n⟩ **0.1** ***inwoner van Hessen.***
Hessen ⟨o.; ~s⟩ **0.1** ***Hessen.***
hessisch 0.1 ***Hessisch.***
heterogen 0.1 ***heterogeen.***
heterosexuell 0.1 ***heteroseksueel.***
Hetzartikel ⟨m.⟩ **0.1** ***opruiend artikel.***
Hetzblatt ⟨o.⟩ **0.1** ***schendblad*** ⇒*opruiend blad.*
Hetze ⟨v.; ~, ~n⟩ **0.1** ***gejaagdheid*** ⇒*grote haast* **0.2** ***(drijf)-jacht*** ⇒*lange jacht* **0.3** ***gestook*** ⇒*ophitsing, lastercampagne, hetze* ◆ **3.3** eine ~ betreiben *opruiend bezig zijn.*
hetzen I ⟨onov.ww.⟩ **0.1** ***jachten*** ⇒*erg gehaast zijn, jakkeren* **0.2** ***stoken*** ⇒*ophitsend, opruiend bezig zijn* ◆ **6.2 gegen** jmdn. ~ *tegen iem. een lastercampagne voeren;*
II ⟨ov.ww.⟩ **0.1** ***opjagen*** ⇒*achternazitten, opdrijven* **0.2** ***ophitsen*** ⇒*opruien* ◆ **6.2** den Wachhund **auf** den Fremden ~ *de waakhond op de vreemdeling loslaten;*
III sich ~ ⟨wk.ww.⟩ **0.1** ***jachten*** ⇒*zich erg haasten, jakkeren.*
Hetzer ⟨m.; ~s, ~⟩ **0.1** ***ophitser*** ⇒*opruier.*
Hetzerei ⟨v.; ~, ~en⟩ **0.1** ***gestook*** ⇒*ophitsing* **0.2** ***gejacht*** ⇒ *gejaag, gejakker.*
hetzerisch 0.1 ***opruiend*** ⇒*ophitsend.*
Hetzhund ⟨m.⟩ **0.1** ***jachthond*** ⟨voor de lange jacht⟩.
Hetzjagd ⟨v.⟩ **0.1** ***lange jacht, klopjacht.***
Hetzkampagne ⟨v.⟩ **0.1** ***lastercampagne.***
Hetzrede ⟨v.⟩ **0.1** ***opruiende rede(voering).***
Heu ⟨o.; ~(e)s⟩ **0.1** ***hooi*** **0.2** ⟨inf.; euf.⟩ ***marihuana*** ◆ **¶.1** sein ~ im trocknen haben *z'n schaapjes op het droge hebben.*
Heuboden ⟨m.⟩ **0.1** ***hooizolder*** **0.2** ⟨inf.; dram.⟩ ***schellinkje.***
Heuchelei ⟨v.; ~, ~en⟩ **0.1** ***gehuichel*** ⇒*huichelarij.*
heucheln I ⟨onov.ww.⟩ **0.1** ***huichelen*** ⇒*doen alsof;*
II ⟨ov.ww.⟩ **0.1** ***huichelen*** ⇒*voorwenden, veinzen* ◆ **1.1** Interesse ~ *doen alsof men geïnteresseerd is.*
Heuchler ⟨m.; ~s, ~⟩ **0.1** ***huichelaar.***
heuchlerisch 0.1 ***huichelachtig*** ⇒*schijnheilig* **0.2** ***gehuicheld*** ⇒*geveinsd* ◆ **1.2** ~e Worte *gehuichelde woorden.*
heuen 0.1 ***hooien.***
heuer ⟨Zdd., Oostr.⟩ **0.1** ***(in) dit jaar.***
Heuer ⟨v.; ~, ~n⟩⟨scheep.⟩ **0.1** ***gage*** **0.2** ***aanmonstering.***
Heuerbüro ⟨o.⟩ **0.1** ***aanmonsteringskantoor.***
heuern ⟨scheep.⟩ **0.1** ***(matrozen) aanmonsteren.***
Heuernte ⟨v.⟩ **0.1** ***hooioogst.***
Heuhaufen ⟨m.⟩ **0.1** ***hooiopper.***
Heulboje ⟨v.⟩ **0.1** ***brulboei*** **0.2** ⟨inf.; pej.⟩ ***waardeloze zanger.***
heulen 0.1 ***huilen*** ⟨van dieren⟩ **0.2** ***huilen*** ⇒*gieren, loeien* **0.3** ⟨inf.⟩ ***huilen*** ⇒*jammeren* ◆ **1.3** ⟨inf.⟩ das ~de Elend kriegen *diepongelukkig zijn* **6.3** es ist **zum** Heulen *het is om te huilen* **8.3** Heulen und Zähneklappern (a) *geween en tandengeknars* (b) ⟨scherts.⟩ *paniek, grote angst.*
Heuler ⟨m.; ~s, ~⟩ **0.1** ***huiler, gillende keukenmeid*** **0.2** ⟨inf.⟩ ***één huiltoon*** **0.3** ⟨inf.⟩ ***huiler*** ⟨zeehondje⟩ **0.4** ⟨inf.⟩ ***goeie stunt*** ⇒*succes* ◆ **3.4** ein ~ sein *een daverend succes zijn.*
Heulerei ⟨v.; ~, ~en⟩⟨pej.⟩ **0.1** ***(voortdurend) gehuil*** **0.2** ⟨inf.⟩ ***(eindeloos) gejammer.***
Heulliese ⟨v.; ~, ~n⟩⟨inf.⟩ **0.1** ***huilebalk*** ⟨meisje⟩.
Heulpeter ⟨m.; ~s, ~⟩⟨inf.⟩ **0.1** ***huilebalk*** ⟨jongen⟩.
Heulsuse ⟨v.; ~, ~n⟩⟨inf.⟩ **0.1** ***huilebalk*** ⟨meisje⟩.
Heuochse ⟨m.⟩⟨inf.⟩ **0.1** ***stommeling.***
Heupferd ⟨o.⟩ **0.1** ***sprinkhaan.***
heurig ⟨Zdd., Oostr.⟩ **0.1** ***van dit jaar.***
Heurige(r) ⟨bn. als zn.; m.⟩⟨Zdd., Oostr.⟩ **0.1** ***wijn van dit jaar*** **0.2** ***wijnlokaal*** ⟨voor nieuwe wijn⟩.
heuristisch 0.1 ***heuristisch, zelfvindend.***
Heuschnupfen ⟨m.⟩ **0.1** ***hooikoorts.***
Heuschober ⟨m.⟩ **0.1** ***hooimijt, -berg, -schelf.***
Heuschrecke ⟨v.; ~, ~n⟩ **0.1** ***sprinkhaan.***
heute 0.1 ***vandaag*** ⇒*op deze dag, heden* **0.2** ***vandaag*** ⇒*tegenwoordig, heden ten dage* ◆ **5.1** ~ abend *vanavond;* ~ früh *vanmorgen vroeg* **6.2** die Frau **von** ~ *de vrouw van deze tijd* **8.1** es wird nicht ~ und morgen geschehen *het zal zo'n vaart niet lopen.*
heutig 0.1 ***van vandaag*** **0.2** ***huidig*** ⇒*hedendaags, modern* ◆ **1.1** am ~en Abend *vanavond* **1.2** die ~e Jugend *de jeugd van tegenwoordig* **4.2** wir Heutigen *wij mensen van deze tijd.*
heutzutage 0.1 ***heden ten dage*** ⇒*tegenwoordig.*
Heuwagen ⟨m.⟩ **0.1** ***wagen met hooi.***
Heuwender ⟨m.⟩ **0.1** ***hooikeerder, -schudder.***
Hexaeder ⟨m.; ~s, ~⟩ **0.1** ***hexaëder, zesvlak.***
Hexagramm ⟨o.; ~(e)s, ~e⟩ **0.1** ***hexagram*** ⇒*davidster.*
Hexameter ⟨m.; ~s, ~⟩ **0.1** ***hexameter.***
Hexan ⟨o.; ~s⟩⟨schei.⟩ **0.1** ***hexaan.***
Hexe ⟨v.; ~, ~n⟩ **0.1** ***heks*** ⟨ook fig.⟩.
hexen I ⟨onov.ww.⟩ **0.1** ***heksen*** ⇒*toveren* ◆ **3.1** ich kann doch nicht ~! *ik kan toch niet heksen!* **8.1** das ging wie gehext *dat ging heel gesmeerd;*

II ⟨ov.ww.⟩ **0.1** ***(te voorschijn) toveren.***
hexenartig 0.1 ***als een heks*** **0.2** ***als bij toverij.***
Hexeneinmaleins ⟨o.⟩ **0.1** ***magisch vierkant.***
Hexenglaube ⟨m.⟩ **0.1** ***heksenwaan, -geloof.***
Hexenhäuschen ⟨o.⟩⟨lit., cul.⟩ **0.1** ***het huisje van Hans en Grietje.***
Hexenjagd ⟨v.⟩ **0.1** ***heksenjacht*** ⟨ook fig.⟩.
Hexenkessel ⟨m.⟩ **0.1** ***heksenketel*** ⟨ook fig.⟩.
Hexenküche ⟨v.⟩ **0.1** ***heksen-, toverkeuken.***
Hexenkunst ⟨v.⟩ **0.1** ***toverij.***
Hexenmeister ⟨m.⟩ **0.1** ***tovenaar.***
Hexenpilz ⟨m.⟩ **0.1** ***heksenboleet.***
Hexenprozeß ⟨m.⟩ **0.1** ***heksenproces.***
Hexenring ⟨m.⟩⟨plantk.⟩ **0.1** ***heksenkring.***
Hexensabbat ⟨m.⟩ **0.1** ***heksensabbat*** **0.2** ⟨fig.⟩ ***heksenketel.***
Hexenschuß ⟨m.⟩ **0.1** ***spit (in de rug).***
Hexenstich ⟨m.⟩ **0.1** ***flanelsteek.***
Hexentanz ⟨m.⟩ **0.1** ***heksendans*** **0.2** ⟨inf.; fig.⟩ ***heksenketel.***
Hexenwahn ⟨m.⟩ **0.1** ***heksenwaan*** ⇒*geloof aan heksen.*
Hexerei ⟨v.; ~, ~en⟩ **0.1** ***hekserij*** ⇒*toverij, heksenkunst.*
hfl. ⟨afk.⟩ [Gulden, Florin].
hg ⟨afk.⟩ [Hektogramm].
hg. ⟨afk.⟩ [herausgegeben].
Hg. ⟨afk.⟩ [Herausgeber].
Hiat ⟨m.; ~(e)s, ~e⟩ →**Hiatus.**
Hiatus ⟨m.; ~, ~⟩ **0.1** ***hiaat*** ⇒*leemte, gaping.*
Hibernation ⟨v.; ~, ~en⟩ **0.1** ***hibernatie*** ⇒*winterslaap.*
Hibiskus ⟨m.; ~, Hibisken⟩⟨plantk.⟩ **0.1** ***hibiscus.***
Hicker ⟨m.; ~s, ~⟩⟨inf.⟩ **0.1** ***hik*** ◆ **3.1** einen ~ haben *de hik hebben.*
Hickhack ⟨m. & o.; ~s, ~s⟩⟨inf.⟩ **0.1** ***gehakketak*** ⇒*gekibbel.*
Hieb ⟨m.; ~(e)s, ~e⟩ **0.1** ***slag*** ⇒*klap, stoot* **0.2** ***jaap*** ⇒*litteken* **0.3** ⟨alleen mv.⟩ ***pak slaag*** **0.4** ***het omhakken, kappen*** ◆ **3.1** ⟨fig.⟩ einen ~ einstecken *een bijtende opmerking in z'n zak kunnen steken;* ⟨inf.; fig.⟩ einen ~ haben *niet goed wijs zijn;* ⟨inf.⟩ der ~ sitzt! *die is raak!* **3.3** ~e beziehen, kriegen *een pak slaag krijgen* **6.1** **auf** einen ~ *in één keer.* →**Baum.**
hiebfest 0.1 ***onkwetsbaar*** ◆ **8.¶** hieb- und stichfest *steekhoudend, onweerlegbaar.*
Hiebwaffe ⟨v.⟩ **0.1** ***slagwapen.***
Hiebwunde ⟨v.⟩ **0.1** ***houw*** ⟨wond⟩.
hienieden ⟨schr.⟩ **0.1** ***hier op aarde*** ⇒*hier beneden.*
hier 0.1 ⟨bw. van plaats⟩ ***hier*** ⇒*op deze plaats, alhier* **0.2** ⟨bw. van tijd⟩ ***hier*** ⇒*op dit tijdstip* ◆ **3.1** ⟨inf.; pej.⟩ ein bißchen ~ sein *getikt zijn* **6.1** **von** ~ ab *vanaf dit punt;* ich bin nicht **von** ~ *ik ben hier niet geboren;* ⟨inf.⟩ du bist wohl nicht **von** ~! *je bent niet goed wijs!* **8.2** ~ und da treffe ich ihn *zo nu en dan ontmoet ik hem.*
hieran 0.1 ***hieraan*** ◆ **3.1** ~ sind wir vorbeigekommen *hier zijn we langs gekomen.*
Hierarchie ⟨v.; ~, ~n⟩ **0.1** ***hiërarchie.***
hierarchisch 0.1 ***hiërarchisch*** ⇒*hiërarchiek.*
hierauf 0.1 ⟨bw. van plaats⟩ ***hierop*** **0.2** ⟨bw. van tijd⟩ ***hierop*** ⇒*daarna* **0.3** ⟨bw. van oorzaak⟩ ***hierop*** ⇒*dientengevolge.*
hieraufhin 0.1 ***hierop*** ⇒*dientengevolge.*
hieraus 0.1 ⟨bw. van plaats⟩ ***hieruit*** **0.2** ⟨fig.⟩ ***hieruit*** ⇒*uit dit feit* **0.3** ***hiervan*** ◆ **3.2** ~ entnehmen wir *hier maken we uit op* **3.3** ~ macht sie ein Kleid *hiervan maakt ze een jurk.*
hierbehalten 0.1 ***hier houden*** ⇒*bij zich houden* **0.2** ***hier houden*** ⇒*niet vrijgeven.*
hierbei 0.1 ⟨bw. van plaats⟩ ***hierbij*** **0.2** ⟨bw. van tijd⟩ ***hierbij*** ⇒*intussen, tegelijkertijd* **0.3** ⟨fig.⟩ ***hier-, daarbij.***
hierbleiben 0.1 ***hier, op deze plaats blijven.***
hierdurch 0.1 ***hierdoor(heen)*** **0.2** ***hierdoor*** ⇒*dientengevolge* **0.3** ⟨ec.⟩ ***hierbij*** ⇒*bij dezen* ◆ **3.3** ~ teilen wir Ihnen mit *hierbij delen wij u mee.*
hierfür 0.1 ***hiervoor.***
hiergegen ⟨acc. wiss.⟩ **0.1** ***hiertegen*** **0.2** ***hierbij vergeleken.***
hierher ⟨acc. wiss.⟩ **0.1** ***hier(heen)*** ⇒*hier naar toe* ◆ **6.1** **bis** ~ ist alles gelungen *tot dusver is alles gelukt* **¶.1** ~! *hier!* ⟨bv. tegen een hond⟩.
hierher- →**zie ook samenstellingen met hierhin-.**
hierherbemühen I ⟨ov.ww.⟩ **0.1** ***verzoeken, hier te komen;***
II sich ~ ⟨wk.ww.⟩ **0.1** ***de moeite doen, hier te komen.***
hierherbitten 0.1 ***verzoeken, hier(heen) te komen.***
hierherfahren I ⟨onov.ww.⟩ **0.1** ***hierheen rijden*** ⇒*komen aanrijden;*
II ⟨ov.ww.⟩ **0.1** ***hierheen rijden, brengen.***
hierherführen 0.1 ***hierheen, hier naar toe brengen.***
hierhergehören 0.1 ***hier(bij) horen*** **0.2** ***ter zake doen*** ⇒*relevant zijn.*
hierhergehörig 0.1 ***hierbij horend*** **0.2** ***relevant*** ⇒*ter zake doend.*
hierherkommen 0.1 ***hier(heen) komen.***
hierherlegen 0.1 ***hier neerleggen.***
hierherschaffen 0.1 ***hierheen brengen.***
hierhersetzen I ⟨ov.ww.⟩ **0.1** ***hier neerzetten;***
II sich ~ ⟨wk.ww.⟩ **0.1** ***hier gaan zitten.***
hierherum 0.1 ***hieromheen*** **0.2** ⟨inf.⟩ ***hier ergens*** ⇒*hier in de buurt.*
hierherwagen, sich 0.1 ***wagen hier te komen.***
hierhin 0.1 ***hier(heen)*** ⇒*hier naar toe* ◆ **3.1** du sollst dich ~ setzen *je moet hier gaan zitten.*
hierhin- →**zie ook samenstellingen met hierher-.**
hierhinab 0.1 ***hier naar beneden.***
hierhinsetzen I ⟨ov.ww.⟩ **0.1** ***hier neerzetten;***
II sich ~ ⟨wk.ww.⟩ **0.1** ***hier gaan zitten.***
hierhinstellen I ⟨ov.ww.⟩ **0.1** ***hier neerzetten;***
II sich ~ ⟨wk.ww.⟩ **0.1** ***hier gaan staan.***
hierin 0.1 ***hierin*** **0.2** ⟨fig.⟩ ***hierin*** ⇒*in dit opzicht, wat dit betreft.*
hiermit 0.1 ***hiermee*** **0.2** ⟨schr.⟩ ***hiermee, -mede*** ⇒*bij dezen* ◆ **3.1** ~ sind wir zufrieden *hierover zijn we tevreden.*
hiernach 0.1 ***hierna*** ⇒*daarop, vervolgens* **0.2** ***hiernaar*** **0.3** ***hierop afgaand.***
Hieroglyphe ⟨v.; ~, ~n⟩ **0.1** ***hiëroglief.***
hieroglyphisch 0.1 ***hiëroglifisch.***
hierorts ⟨schr.⟩ **0.1** ***hier ter plaatse*** ⇒*alhier.*
Hiersein ⟨o.; ~s⟩ **0.1** ***verblijf, aanwezigheid alhier.***
hierüber 0.1 ***hierboven*** **0.2** ***hierover*** **0.3** ⟨fig.⟩ ***hierover*** **0.4** ⟨bw. van oorzaak; schr.⟩ ***ondertussen (erdoor)*** ◆ **3.2** kannst du ~ springen? *kun je hierover springen?* **3.3** ~ müssen wir noch sprechen *hierover moeten we nog praten* **3.4** die Predigt war so langweilig, daß er ~ eingeschlafen war *de preek was zo saai, dat hij ondertussen in slaap was gevallen.*
hierum 0.1 ***hierom(heen)*** ⟨ook fig.⟩.
hierunter 0.1 ***hieronder*** ⟨ook fig.⟩.
hiervon 0.1 ***hiervan*** ⇒*hier vandaan* **0.2** ***hiervan*** ⇒*hierdoor* **0.3** ⟨fig.⟩ ***hiervan*** ⇒*wat dit betreft* ◆ **3.2** ~ kommt es, daß *hierdoor komt het, dat* **3.3** ~ schweigen wir *hierover zwijgen we.*
hierzu 0.1 ***hiertoe, -bij*** ⇒*daartoe, -bij* **0.2** ***hiermee, -over*** ⇒*wat dit betreft* ◆ **1.2** meine Meinung ~ *mijn mening hierover.*
hierzulande 0.1 ***hier te lande*** ⇒*hier bij ons.*
hiesig 0.1 ***alhier*** ⇒*hier ter plaatse, van deze streek.*

hieven ⟨scheep.⟩ **0.1** ***hieuwen*** *⇒ophijsen, lichten.*

Hilarität ⟨v.; ~⟩ **0.1** ***hilariteit.***

Hilfe ⟨v.; ~, ~n⟩ **0.1** ***hulp*** *⇒helper, helpster* **0.2** ***hulp*** *⇒bijstand, steun* **0.3** ***(hulp)middel*** ◆ **2.2** Erste ~ *EHBO;* nachbarliche ~ *burenhulp* **3.1** eine ~ einstellen *een bediende aanstellen* **3.2** jmdm. ~ leisten *iem. hulp bieden, verlenen* **6.2 mit** ~ eines Wörterbuchs *met behulp van een woordenboek;* **ohne** fremde ~ *zonder andermans hulp;* **zu** ~! *help!*

Hilfeleistung ⟨v.⟩ **0.1** ***hulp(verlening).***

Hilferuf ⟨m.⟩ **0.1** ***hulpgeroep*** *⇒hulpkreet.*

Hilfeschrei ⟨m.⟩ **0.1** ***hulpkreet.***

Hilfestellung ⟨v.⟩⟨sp.⟩ **0.1** ***hulp bij het turnen.***

hilfesuchend **0.1** ***hulp zoekend.***

hilflos **0.1** ***hulpeloos*** **0.2** ***onbeholpen*** *⇒onhandig.*

Hilflosigkeit ⟨v.; ~⟩ **0.1** ***hulpeloosheid*** **0.2** ***onbeholpenheid.***

hilfreich **0.1** ***hulpvaardig*** *⇒behulpzaam* **0.2** ***van groot nut*** ◆ **1.2** ~e Hinweise *nuttige aanwijzingen, wenken.*

Hilfsaktion ⟨v.⟩ **0.1** ***hulpactie.***

Hilfsarbeiter ⟨m.⟩ **0.1** ***ongeschoold arbeider.***

Hilfsassistent ⟨m.⟩ **0.1** ***student-assistent v.e. hoogleraar.***

hilfsbedürftig **0.1** ***hulpbehoevend*** ◆ **1.1** ~e Familien *noodlijdende gezinnen.*

hilfsbereit **0.1** ***hulpvaardig*** *⇒behulpzaam.*

Hilfsbereitschaft ⟨v.⟩ **0.1** ***hulpvaardigheid.***

Hilfsdienst ⟨m.⟩ **0.1** ***hulp-, servicedienst*** **0.2** ***hulporganisatie.***

Hilfsfonds ⟨m.⟩ **0.1** ***ondersteuningsfonds, -kas.***

Hilfsgelder ⟨alleen mv.⟩ **0.1** ***financiële steun.***

Hilfskraft ⟨v.⟩ **0.1** ***assistent*** *⇒hulpkracht.*

Hilfslinie ⟨v.⟩⟨wisk.⟩ **0.1** ***hulplijn.***

Hilfsmittel ⟨o.⟩ **0.1** ***hulpmiddel.***

Hilfsmotor ⟨m.⟩ **0.1** ***hulpmotor.***

Hilfsprediger ⟨m.⟩ **0.1** ***hulpprediker*** *⇒vicaris.*

Hilfsrichter ⟨m.⟩ **0.1** ***rechter-plaatsvervanger.***

Hilfsschiff ⟨o.⟩ **0.1** ***hulpkruiser.***

Hilfsschule ⟨v.⟩ **0.1** ***school voor b.l.o.***

Hilfsschwester ⟨v.⟩ **0.1** ***ziekenverzorgster.***

Hilfssprache ⟨v.⟩ **0.1** ***kunsttaal*** ⟨bv. Esperanto⟩.

Hilfstätigkeit ⟨v.⟩ **0.1** ***hulpverlening.***

Hilfstruppe ⟨v.⟩⟨mil.⟩ **0.1** ***hulptroepen.***

Hilfsverb ⟨o.⟩ **0.1** ***hulpwerkwoord.***

Hilfswerk ⟨o.⟩ **0.1** ***hulporganisatie.***

hilfswillig **0.1** ***hulpvaardig.***

Hilfswissenschaft ⟨v.⟩ **0.1** ***hulpwetenschap.***

Hilfszeitwort ⟨o.⟩ **0.1** ***hulpwerkwoord.***

Hilfszug ⟨m.⟩ **0.1** ***hospitaaltrein.***

Himbeere ⟨v.; ~, ~n⟩ **0.1** ***framboos*** **0.2** ***frambozenstruik.***

Himbeermarmelade ⟨v.⟩ **0.1** ***frambozenjam.***

Himbeerstrauch ⟨m.⟩ **0.1** ***frambozenstruik.***

Himmel ⟨m.; ~s, ~⟩ **0.1** ***hemel*** *⇒lucht, firmament* **0.2** ***hemel*** *⇒baldakijn* **0.3** ⟨rel.⟩ ***hemel*** **0.4** ⟨rel.; euf.⟩ ***hemel*** *⇒God, Voorzienigheid, (nood)lot* ◆ **1.4** ⟨inf.⟩ ~, Herrgott, Sakrament! *wel potverdorie!;* ⟨inf.⟩ ~, Kreuz, Donnerwetter! *alle donders nogantoe!* **2.1** der abendliche ~ *de avondlucht;* ⟨inf.; fig.⟩ aus heiterem ~ *totaal onverwacht;* unter freiem ~ *in de open lucht;* am politischen ~ *op politiek terrein* **2.3** ⟨inf.⟩ sich (wie) im siebenten ~ fühlen *in de zevende hemel zijn* **2.4** ⟨inf.⟩ (ach) du lieber ~! *och hemel!, hemeltje!* **3.1** soweit der ~ reicht *zover het oog reikt* **3.3** ⟨schr.⟩ sich dem ~ angeloben *in het klooster gaan;* jmdm. hängt der ~ voller Geigen *iem. is in de zevende hemel* **3.4** ⟨inf.⟩ das mag der ~ wissen! *dat mag Joost weten!* **6.1** der Turm ragt **in** den ~ hinein *de toren rijst ten hemel;* ⟨inf.⟩ jmdn. **in** den ~ heben *iem. de hemel in prijzen;* etwas fällt nicht einfach **vom** ~ *iets gebeurt niet zo maar* **6.3 aus** allen ~n fallen *helemaal gedesillusioneerd worden;* ⟨inf.⟩ Gott **im** ~! *wel allemachtig!;* etwas schreit, ⟨inf.⟩ stinkt **zum** ~ *iets schreit ten hemel, iets is hemeltergend* **6.4 um** (des) ~s willen *in 's hemelsnaam* **8.3** ~ und Hölle in Bewegung setzen *hemel en aarde bewegen;* ~ und Hölle spielen *hinkelen.* → **Meister.**

himmelangst **0.1** ***doodsbenauwd, -bang*** ◆ **3.1** mir ist, wird ~ *ik ben, word doodsbenauwd.*

Himmelbett ⟨o.⟩ **0.1** ***hemelbed.***

himmelblau **0.1** ***hemelsblauw.***

Himmelfahrt ⟨v.⟩ **0.1** ***hemelvaart*** **0.2** ⟨zonder lidw.⟩ ***hemelvaartsdag*** **0.3** ⟨sold.⟩ ***levensgevaarlijke opdracht.***

Himmelfahrtskommando ⟨o.⟩⟨mil.; inf.⟩ **0.1** ***levensgevaarlijke opdracht*** **0.2** ***commandogroep voor een gevaarlijke opdracht.***

Himmelfahrtstag ⟨m.⟩ **0.1** ***hemelvaartsdag.***

himmelhoch **0.1** ***hemelhoog*** *⇒torenhoog* ◆ **3.1** ~ jauchzend, zu(m) Tode betrübt *ten hemel juichend, ten dode bedroefd.*

Himmelhund ⟨m.⟩⟨vulg.⟩ **0.1** ***schurk*** *⇒schoft.*

himmeln ⟨inf.⟩ **0.1** ***smachtend (omhoog)kijken.***

Himmelreich ⟨o.⟩ **0.1** ***hemelrijk.*** →**Mensch.**

Himmelsachse ⟨v.⟩ **0.1** ***hemelas.***

Himmelsbahn ⟨v.⟩⟨schr.⟩ **0.1** ***hemelloop*** ⟨v.e. hemellichaam⟩.

Himmelsbote ⟨m.⟩ **0.1** ***hemelbode.***

Himmelsbraut ⟨v.⟩⟨schr.⟩ **0.1** ***non.***

himmelschreiend **0.1** ***ten hemel schreiend*** *⇒hemeltergend.*

Himmelserscheinung ⟨v.⟩ **0.1** ***hemelteken.***

Himmelsgegend ⟨v.⟩ **0.1** ***windstreek.***

Himmelsgewölbe ⟨o.⟩⟨schr.⟩ **0.1** ***hemelgewelf*** *⇒uitspansel.*

Himmelsglobus ⟨m.⟩ **0.1** ***hemel-, sterrenglobe.***

Himmelsgucker ⟨m.⟩⟨inf.; scherts.⟩ **0.1** ***sterrenkijker.***

Himmelskarte ⟨v.⟩ **0.1** ***sterrenkaart.***

Himmelskönigin ⟨v.⟩ **0.1** ***hemelkoningin, de Maagd Maria.***

Himmelskörper ⟨m.⟩ **0.1** ***hemellichaam.***

Himmelskugel ⟨v.⟩ **0.1** ***hemelboog, -gewelf.***

Himmelskunde ⟨v.⟩ **0.1** ***sterrenkunde.***

Himmelsleiter ⟨v.⟩ **0.1** ***jakobsladder.***

Himmelsmacht ⟨v.⟩⟨schr.⟩ **0.1** ***hemelse macht.***

Himmelspforte ⟨v.⟩⟨schr.⟩ **0.1** ***hemelpoort.***

Himmelsrichtung ⟨v.⟩ **0.1** ***windstreek.***

Himmelsschreiber ⟨m.⟩ **0.1** ***luchtschrijver.***

Himmelsschrift ⟨v.⟩ **0.1** ***luchtschrift.***

Himmelsstrahlung ⟨v.⟩ **0.1** ***atmosferische straling.***

Himmelsstrich ⟨m.⟩⟨schr.⟩ **0.1** ***(hemel)streek.***

himmelstürmend **0.1** ***hemelbestormend.***

Himmelstürmer ⟨m.⟩ **0.1** ***hemelbestormer.***

Himmelswagen ⟨m.⟩⟨schr.⟩ **0.1** ***Grote Beer.***

Himmelszeichen ⟨o.⟩ **0.1** ***teken v.d. dierenriem.***

Himmelszelt ⟨o.⟩⟨schr.⟩ **0.1** ***uitspansel.***

himmelwärts **0.1** ***hemelwaarts*** *⇒ten hemel.*

himmelweit **0.1** ***hemelsbreed*** *⇒enorm groot.*

himmlisch **0.1** ***hemels*** *⇒uit, van de hemel* **0.2** ***hemels*** *⇒goddelijk* **0.3** ***hemels, zalig*** *⇒schitterend* **0.4** ⟨inf.⟩ ***buitengewoon*** *⇒oneindig* ◆ **1.3** ~es Wetter *verrukkelijk weer.*

hin **0.1** ⟨bw. van plaats⟩ ***heen*** **0.2** ⟨bw. van tijd⟩ ***heen*** **0.3** ⟨inf.⟩ ***heen*** *⇒weg, verloren* **0.4** ⟨inf.⟩ ***enthousiast*** *⇒weg (van)* ◆ **3.2** es ist noch ein paar Tage ~, bis ... *het duurt* *nog een paar dagen, voordat* ... **3.3** alles Geld ist ~ *al het geld is foetsie;* die schöne Vase ist ~ *de mooie vaas is stuk* **6.1 an** der Mauer ~ *langs de muur;* **nach** außen ~ wirkt er ruhig *uiterlijk maakt hij een rustige indruk;* **nach** allen Seiten ~ *naar alle kanten;* **vor** sich ~ starren *voor zich uit zitten te staren* **6.2 auf** die Zukunft ~ *met het oog op de toekomst;* **auf** die Gefahr ~ *op het gevaar af;* **auf** seinen Rat ~ *afgaande op zijn advies;* **zum** Herbst ~ *tegen het najaar* **8.1** ~ und her *heen en weer;* ~ und her überlegen *wikken en wegen;* das reicht nicht ~ und nicht her *dat is op geen stukken na voldoende;* Bruder ~, Bruder her *ook al is ie m'n broer;* das Hin und Her der Kunden *het komen en gaan van de klanten;* nach langem Hin und Her *na lang wikken en wegen;* das ist ~ wie her *dat maakt niets uit;* ~ und wider *over en weer* **8.2** ~ und wieder *zo nu en dan.*

hinab 0.1 *omlaag* ⇒*naar beneden* ◆ **1.1** den Fluß ~ *stroomafwaarts.*

hinab- →**zie ook samenstellingen met herab-, hinunter-.**

hinabblicken 0.1 *naar beneden kijken* **0.2** ⟨fig.⟩ *neerkijken.*

hinablassen I ⟨ov.ww.⟩ **0.1** *neerlaten;*
II sich ~ ⟨wk.ww.⟩ **0.1** *naar beneden komen, gaan.*

hinabsehen 0.1 *omlaagzien, -kijken* **0.2** ⟨fig.⟩ *neerzien, -kijken (op).*

hinabsenken I ⟨ov.ww.⟩ **0.1** *laten zakken;*
II sich ~ ⟨wk.ww.⟩ **0.1** *afdalen* ⇒*naar beneden gaan.*

hinan ⟨schr.⟩ **0.1** *omhoog* ⇒*naar boven.*

hinarbeiten 0.1 *toe werken naar* ⇒*streven naar* ◆ **6.1 auf** einen Krieg ~ *op een oorlog aansturen.*

hinauf 0.1 *omhoog* ⇒*naar boven* ◆ **1.1** den Fluß ~ *stroomopwaarts* **6.1 zum** Gipfel ~ *tot bovenop de top.*

hinauf- →**zie ook samenstellingen met herauf-.**

hinaufarbeiten, sich 0.1 *zich omhoog werken* ⟨ook fig.⟩.

hinaufbegeben, sich 0.1 *oplopen, -klimmen* **0.2** *zich naar boven begeven.*

hinaufgehen 0.1 *omhooggaan* ⇒*naar boven lopen, gaan* **0.2** ⟨inf.⟩ *stijgen* ⇒*oplopen, omhooggaan* ◆ **1.1** die Treppe ~ *de trap oplopen* **6.2 mit** dem Preis ~ *de prijs verhogen.*

hinaufklettern 0.1 *er tegenop klimmen* ⇒*naar boven klimmen* **0.2** ⟨inf.⟩ *stijgen* ⇒*hoger worden.*

hinauflassen ⟨inf.⟩ **0.1** *naar boven laten gaan, komen.*

hinaufreichen I ⟨onov.ww.⟩ **0.1** *reiken tot* ⇒*omhoogrijzen tot aan;*
II ⟨ov.ww.⟩ **0.1** *omhoogreiken.*

hinaufschieben I ⟨ov.ww.⟩ **0.1** *omhoogduwen* ⇒*naar boven schuiven;*
II sich ~ ⟨wk.ww.⟩ **0.1** *met moeite naar boven komen.*

hinaufschnellen ⟨fig.⟩ **0.1** *snel, met sprongen stijgen.*

hinaufschrauben I ⟨ov.ww.⟩ **0.1** *hoger draaien, schroeven* **0.2** ⟨fig.⟩ *opschroeven* ⇒*verhogen, opdrijven* ◆ **1.2** die Preise ~ *de prijzen verhogen;*
II sich ~ ⟨wk.ww.⟩ **0.1** *al draaiend stijgen.*

hinaufschwingen, sich 0.1 *met een zwaai omhooggaan.*

hinaufsein ⟨inf.⟩ **0.1** *boven zijn.*

hinaufsteigern ⟨schr.⟩ **0.1** *verhogen* ⇒*vergroten.*

hinauftreiben 0.1 *naar boven, de berg op drijven* **0.2** ⟨fig.⟩ *opdrijven.*

hinaus 0.1 ⟨bw. van plaats⟩ *naar buiten* ⇒*eruit* **0.2** *gedurende* ⇒*voor de tijd van* **0.3** *(en) bovendien* ⇒*(en) daarboven* ◆ **5.3** darüber ~ *bovendien, daarenboven* **6.1 aufs** Meer ~ *de zee op;* ~ **aus** der Stadt *de stad uit;* ~ **mit** euch! *naar buiten jullie!;* **nach** der Straße ~ wohnen *aan de straatkant wonen;* **zum** Fenster ~ *het raam uit* **6.2 auf** Jahre ~ *voor jaren* **6.3** bis **über** die Achtzig ~ *tot boven de tachtig* **¶.1** ~! *eruit!*

hinaus- →**zie ook samenstellingen met heraus-.**

hinausbefördern 0.1 *naar buiten brengen, transporteren* **0.2** ⟨inf.⟩ *eruit gooien.*

hinausbringen 0.1 *naar buiten brengen* ◆ **6.1** ⟨fig.⟩ er wird es nie **über** den Feldwebel ~ *hij zal het nooit verder brengen dan sergeant-majoor.*

hinausdenken 0.1 *verder denken dan het ogenblik.*

hinausekeln ⟨inf.⟩ **0.1** *wegpesten.*

hinausfahren I ⟨onov.ww.⟩ **0.1** *eruit, naar buiten rijden, varen;*
II ⟨ov.ww.⟩ **0.1** *naar buiten rijden.*

hinausfinden 0.1 *de weg naar buiten vinden.*

hinausfliegen 0.1 *eruit, naar buiten vliegen* **0.2** ⟨inf.⟩ *eruit gestuurd, gegooid worden.*

hinausführen I ⟨onov.ww.⟩ **0.1** *naar buiten voeren, leiden* **0.2** *verder gaan, voeren dan* ◆ **6.1** die Tür führt **auf** den Hof hinaus *de deur komt uit op de binnenplaats* **6.2 über** die ursprünglichen Absichten ~ *verder gaan dan de oorspronkelijke bedoelingen;*
II ⟨ov.ww.⟩ **0.1** *eruit, naar buiten brengen.*

hinausgehen I ⟨onov.ww.⟩ **0.1** *naar buiten, eruit gaan* **0.2** *uitkijken op* ⇒*gelegen zijn aan* ◆ **6.1 aufs** Land ~ *het platteland opgaan* **6.2 nach** Westen ~ *aan de westkant liggen;*
II ⟨onp.ww.⟩ **0.1** *de weg naar buiten zijn* ◆ **6.1 über** die Kräfte ~ *de krachten te boven gaan.*

hinausgelangen 0.1 *eruit komen* ⇒*buitenkomen* ◆ **6.¶** ~ **über** *verder komen dan.*

hinausgreifen ◆ **6.¶** ~ **über** *verder gaan dan, overtreffen.*

hinaushängen I ⟨onov.ww.⟩ **0.1** *naar buiten, eruit hangen;*
II ⟨ov.ww.⟩ **0.1** *uithangen* ⇒*naar buiten hangen.*

hinausheben 0.1 *naar buiten tillen, beuren* ◆ **6.1** sich ~ **über** *zich verheffen boven.*

hinausjagen I ⟨onov.ww.⟩ **0.1** *er snel vandoor gaan;*
II ⟨ov.ww.⟩ **0.1** *eruit, naar buiten jagen* **0.2** ⟨inf.⟩ *wegjagen* ⇒*eruit gooien* **0.3** ⟨inf.⟩ *eruit jagen* ⇒*snel afvuren.*

hinauskatapultieren ⟨inf.⟩ **0.1** *met een katapult wegschieten* **0.2** ⟨fig.⟩ *eruit gooien.*

hinauskommen 0.1 *eruit, naar buiten komen* ⇒*buitenkomen* ◆ **6.1 auf** dasselbe, eins ~ *op hetzelfde neerkomen;* nicht **über** ein bestimmtes Niveau ~ *niet boven een bepaald niveau uitkomen.*

hinauskomplimentieren 0.1 *op hoffelijke wijze uitlaten* **0.2** ⟨inf.; scherts.⟩ *op vriendelijke wijze eruit werken.*

hinauslassen 0.1 *eruit, naar buiten laten (gaan)* **0.2** *uitlaten.*

hinauslaufen 0.1 *eruit, naar buiten lopen* ◆ **6.¶** es wird **darauf** ~ *het zal erop uitdraaien.*

hinauslehnen, sich 0.1 *naar buiten leunen.*

hinausmachen, sich ⟨inf.⟩ **0.1** *maken dat men weg komt.*

hinausposaunen ⟨inf.⟩ **0.1** *uitbazuinen.*

hinausragen 0.1 *uitsteken, -springen* ◆ **6.1** ⟨fig.⟩ ~ **über** *uitmunten boven.*

hinausreichen I ⟨onov.ww.⟩ **0.1** *tot buiten toe reiken;*
II ⟨ov.ww.⟩ **0.1** *naar buiten (aan)reiken.*

hinausrücken I ⟨onov.ww.⟩ **0.1** *uitrukken;*
II ⟨ov.ww.⟩ **0.1** *eruit rukken, duwen* **0.2** *uitstellen* ⇒*opschuiven.*

hinausschaffen 0.1 *naar buiten brengen* ⇒*verwijderen.*

hinausscheren, sich ⟨vulg.⟩ **0.1** *oplazeren.*

hinausschicken 0.1 *versturen (naar)* **0.2** *eruit sturen.*

hinausschieben 0.1 *eruit, naar buiten duwen, schuiven* **0.2** *uitstellen.*

hinausschießen 0.1 *schieten (van)uit* **0.2** ⟨fig.⟩ *wegschieten.*

hinausschmeißen 0.1 *naar buiten gooien* 0.2 ⟨inf.⟩ *eruit gooien* ⇒*op de keien zetten.*
hinausschmuggeln I ⟨ov.ww.⟩ **0.1** *smokkelen uit;*
II sich ~ ⟨wk.ww.⟩ **0.1** *er tussenuit knijpen.*
hinausschwimmen 0.1 *wegzwemmen.*
hinaussein 0.1 ⟨inf.⟩ *buiten (gekomen) zijn* ◆ **6.¶ über** die Achtzig ~ *boven de tachtig zijn.*
hinaussetzen 0.1 *naar buiten zetten* **0.2** ⟨inf.⟩ *de deur uit zetten.*
hinausspringen 0.1 *naar buiten springen* **0.2** ⟨inf.⟩ *naar buiten rennen.*
hinausstehen 0.1 *uitstaan, -steken.*
hinausstehlen, sich 0.1 *stilletjes weggaan.*
hinaussteigen 0.1 *eruit, naar buiten klimmen.*
hinausstellen I ⟨ov.ww.⟩ **0.1** *buiten (neer)zetten* **0.2** ⟨sp.⟩ *het veld uit sturen;*
II sich ~ ⟨wk.ww.⟩ **0.1** *buiten gaan staan.*
Hinausstellung ⟨v.⟩⟨sp.⟩ **0.1** *rode kaart.*
hinausstrecken 0.1 *naar buiten steken.*
hinausstürmen 0.1 *naar buiten stormen.*
hinausstürzen I ⟨onov.ww.⟩ **0.1** *naar buiten stormen;*
II ⟨ov.ww.⟩ **0.1** *eruit, naar buiten storten.*
hinaustragen 0.1 *eruit, naar buiten dragen* **0.2** ⟨fig.⟩ *uitdragen* ⇒*verbreiden* ◆ **6.2 in** alle Welt ~ *overal verspreiden.*
hinaustreiben I ⟨onov.ww.⟩ **0.1** *wegdrijven;*
II ⟨ov.ww.⟩ **0.1** *eruit, naar buiten drijven* **0.2** ⟨fig.⟩ *wegjagen.*
hinaustreten I ⟨onov.ww.⟩ **0.1** *naar buiten treden, stappen;*
II ⟨ov.ww.⟩ **0.1** *eruit trappen, schoppen.*
hinaustrompeten ⟨inf.⟩ **0.1** *uitbazuinen.*
hinauswachsen 0.1 *uitgroeien boven.*
hinauswagen, sich 0.1 *zich naar buiten wagen.*
hinausweisen I ⟨onov.ww.⟩ **0.1** *wijzen naar;*
II ⟨ov.ww.⟩ **0.1** *uitwijzen* ⇒*de deur wijzen.*
hinauswerfen 0.1 *naar buiten gooien, werpen* **0.2** ⟨fig.⟩ *eruit gooien* ⇒*op de keien zetten.*
hinauswollen 0.1 *eruit, naar buiten willen* **0.2** *beogen* ⇒ *uit zijn op* ◆ **5.2** ⟨inf.⟩ hoch ~ *carrière willen maken.*
Hinauswurf ⟨m.⟩⟨inf.⟩ **0.1** *congé* ⇒*ontslag.*
hinausziehen I ⟨onov.ww.⟩ **0.1** *naar buiten trekken, gaan* **0.2** *eropuit trekken* ⇒*wegtrekken naar* ◆ **6.2 aufs** Land ~ *op het platteland gaan wonen;*
II ⟨ov.ww.⟩ **0.1** *eruit, naar buiten trekken* **0.2** *rekken* ⇒ *op de lange baan schuiven;*
III sich ~ ⟨wk.ww.⟩ **0.1** *zich uitstrekken* **0.2** *zich voortslepen.*
hinauszögern I ⟨ov.ww.⟩ **0.1** *op de lange baan schuiven;*
II sich ~ ⟨wk.ww.⟩ **0.1** *vertraagd worden.*
hinbegleiten 0.1 *vergezellen naar* ⇒*begeleiden tot.*
hinbekommen ⟨inf.⟩ **0.1** *klaarspelen* ⇒*voor elkaar krijgen.*
hinbemühen I ⟨ov.ww.⟩ **0.1** *verzoeken om erheen te gaan;*
II sich ~ ⟨wk.ww.⟩ **0.1** *de moeite doen om erheen te gaan.*
hinbestellen ⟨inf.⟩ **0.1** *(daar) laten komen* ⇒*dagvaarden.*
hinbiegen ⟨inf.⟩ **0.1** *klaarspelen* ⇒*voor elkaar krijgen.*
hinblättern 0.1 *op tafel leggen* ⟨van papiergeld⟩.
Hinblick ⟨m.⟩ ◆ **6.¶ im** ~ auf ⟨4e nv.⟩ *met het oog op, gezien.*
hinblicken 0.1 *ernaar kijken.*
hinbringen 0.1 *erheen brengen* **0.2** *doorbrengen* ⇒*slijten* **0.3** ⟨inf.⟩ *klaarspelen* ⇒*voor elkaar krijgen.*
hinbrüten ◆ **¶.¶** vor sich ~ ⟨4e nv.⟩ *zitten te prakkeseren.*
hindämmern 0.1 *in een schemertoestand voortleven.*
Hinde ⟨v.; ~, ~n⟩ **0.1** *hinde.*
hindeichseln ⟨inf.⟩ **0.1** *klaarspelen.*
hindenken ⟨inf.⟩ ◆ **4.¶** wo denken Sie hin! *wat denkt u wel!, hoe komt u erbij!*
hinderlich 0.1 *hinderlijk* ⇒*belemmerend, storend.*
hindern 0.1 *hinderen* ⇒*belemmeren, beletten* **0.2** *hinderen* ⇒*storen* ◆ **6.1** du wirst mich nicht **daran** ~ *dat zul je me niet beletten.*
Hindernis ⟨o.; ~ses, ~se⟩ **0.1** *hindernis* ⟨ook fig.; sp.⟩ ⇒*obstakel, belemmering.*
Hindernisfeuer ⟨o.⟩⟨verk.⟩ **0.1** *hindernislicht.*
Hindernislauf ⟨m.⟩ **0.1** *(wed)loop met hindernissen.*
Hinderung ⟨v.; ~, ~en⟩ **0.1** *hindering* ⇒*hindernis, beletsel.*
Hinderungsgrund ⟨m.⟩ **0.1** *reden tot verhindering.*
hindeuten 0.1 *wijzen naar* **0.2** *wijzen op* ◆ **6.2** alles deutet **auf** Regen hin *alles wijst erop, dat het gaat regenen.*
hindonnern I ⟨onov.ww.⟩ **0.1** *voortdenderen* **0.2** ⟨inf.⟩ *neerploffen* ⇒*omvallen;*
II ⟨ov.ww.⟩⟨inf.⟩ **0.1** *neersmijten.*
hindösen ⟨inf.⟩ ◆ **¶.¶** vor sich ~ *zitten te dommelen.*
hindrücken 0.1 *erop drukken.*
Hindu ⟨m.; ~(s), ~(s)⟩ **0.1** *hindoe.*
Hinduismus ⟨m.; ~⟩ **0.1** *hindoeïsme.*
hindurch 0.1 ⟨bw. van plaats⟩ *er doorheen* ⇒*erdoor* **0.2** ⟨bw. van tijd⟩ *achtereen* ⇒*gedurende* ◆ **1.2** die ganze Zeit ~ *de hele tijd door.*
hindurchgehen 0.1 *erdoor(heen) gaan, lopen* **0.2** ⟨fig.⟩ *doorlopen* ⇒*doorstaan, meemaken* ◆ **6.1 unter** der Brücke ~ *onder de brug door lopen* **6.2 durch** viel Leid ~ *veel leed doorstaan.*
hindurchkriechen 0.1 *erdoor(heen) kruipen.*
hindürfen ⟨inf.⟩ **0.1** *erheen mogen (gaan).*
hineilen 0.1 *erheen snellen* **0.2** *voortijlen* ⇒*voortjagen.*
hinein 0.1 ⟨bw. van plaats⟩ *naar binnen* ⇒*erin* **0.2** ⟨bw. van tijd⟩ *tot in* ◆ **6.1** ⟨inf.⟩ ~ **ins** Bett! *het bed in!;* ~ **mit** euch! *naar binnen jullie!* **6.2** bis tief **in** die Nacht ~ *tot diep in de nacht.*
hinein- →**zie ook samenstellingen met herein-.**
hineinarbeiten I ⟨ov.ww.⟩ **0.1** *erin (ver)werken;*
II sich ~ ⟨wk.ww.⟩ **0.1** *erin (door)dringen* **0.2** ⟨fig.⟩ *zich inwerken.*
hineinbauen 0.1 *inbouwen* **0.2** *(gaan) bouwen in.*
hineinbegeben, sich 0.1 *naar binnen gaan.*
hineinbekommen ⟨inf.⟩ **0.1** *naar binnen (kunnen) krijgen.*
hineinbemühen I ⟨ov.ww.⟩ **0.1** *verzoeken om naar binnen te gaan;*
II sich ~ ⟨wk.ww.⟩ **0.1** *de moeite doen om naar binnen te gaan.*
hineinbitten 0.1 *verzoeken om binnen te komen.*
hineinbohren I ⟨ov.ww.⟩ **0.1** *erin boren;*
II sich ~ ⟨wk.ww.⟩ **0.1** *zich erin boren* **0.2** ⟨fig.⟩ *erin doordringen.*
hineinbringen 0.1 *erin, naar binnen brengen* **0.2** ⟨inf.⟩ *erin, naar binnen (kunnen) krijgen.*
hineindenken, sich 0.1 *zich indenken* ⇒*zich verplaatsen in.*
hineindeuten ⟨lit.⟩ **0.1** *erin leggen* ⇒*erin (menen) te zien.*
hineinfahren I ⟨onov.ww.⟩ **0.1** *naar binnen rijden, varen* **0.2** *erin grijpen, schieten* **0.3** ⟨inf.⟩ *erop inrijden* ◆ **6.2** mit der Hand **in** die Tasche ~ *een snelle greep in de zak doen* **6.3 in** jmds. Auto ~ *op iemands auto inrijden;*
II ⟨ov.ww.⟩ **0.1** *naar binnen rijden, varen.*
hineinfallen 0.1 *erin, naar binnen vallen* **0.2** ⟨inf.⟩ *neerploffen in* **0.3** ⟨inf.⟩ *erin tuinen, lopen* ◆ **6.3 auf** jmdn. ~ *zich door iem. laten beetnemen.* →**Grube.**
hineinfinden I ⟨onov.ww.⟩ **0.1** *de weg vinden in, naar;*

II sich ~ ⟨wk.ww.⟩ **0.1** ***de weg vinden*** **0.2** ***zich schikken in*** ◆ **6.1** sich in die neue Arbeit ~ *met het nieuwe werk vertrouwd raken* **6.2** sich **in** sein Schicksal ~ *zich in zijn lot schikken.*
hineinfressen, sich **0.1** ***zich vreten in*** **0.2** ***opvreten*** ⇒*verslinden* **0.3** ⟨fig.⟩ ***verkroppen*** ◆ **6.3** seinen Ärger **in** sich ~ *z'n ergernis verkroppen.*
hineinführen I ⟨onov.ww.⟩ **0.1** ***leiden, voeren naar, in;***
II ⟨ov.ww.⟩ **0.1** ***naar binnen leiden, brengen.***
hineingehen **0.1** ***naar binnen gaan, lopen*** **0.2** ***erin gaan*** ⇒ *erin passen.*
hineingehören **0.1** ***horen in.***
hineingeraten **0.1** ***terechtkomen in.***
hineinhalten I ⟨onov.ww.⟩ **0.1** ***richten op*** ◆ **6.1** **in** die Demonstranten ~ *op de demonstranten richten;*
II ⟨ov.ww.⟩ **0.1** ***erin houden.***
hineininterpretieren ⟨lit.⟩ **0.1** ***er (van alles) in leggen.***
hineinknien, sich ⟨inf.⟩ ◆ **6.¶** sich ~ **in** (+ 4e nv.) *zich verdiepen in.*
hineinkommen **0.1** ***binnenkomen*** ⇒*naar binnen gaan* **0.2** ⟨inf.⟩ ***terechtkomen in*** **0.3** ⟨met 'in'⟩ ***thuis raken in*** ⇒*vertrouwd raken met.*
hineinkriegen ⟨inf.⟩ **0.1** ***erin (kunnen) krijgen.***
hineinlangen I ⟨onov.ww.⟩ **0.1** ***tot binnen toe reiken*** **0.2** ***erin grijpen;***
II ⟨ov.ww.⟩ **0.1** ***naar binnen aanreiken.***
hineinlassen ⟨inf.⟩ **0.1** ***binnenlaten.***
hineinlaufen **0.1** ***naar binnen lopen, gaan*** **0.2** ***inlopen op*** ⇒*oplopen tegen* ◆ **6.1** ⟨inf.⟩ Schnaps **in** sich ~ lassen *zich met jenever volgieten.*
hineinlegen **0.1** ***erin leggen*** **0.2** ⟨inf.⟩ ***erin laten lopen.***
hineinlesen I ⟨ov.ww.⟩ **0.1** ***erin leggen*** ⇒*erin menen te zien;*
II sich ~ ⟨wk.ww.⟩ **0.1** ***zich inlezen.***
hineinmachen, sich ⟨inf.⟩ **0.1** ***maken dat men binnenkomt.***
hinein|mengen, -mischen I ⟨ov.ww.⟩ **0.1** ***erdoor mengen;***
II sich ~ ⟨wk.ww.⟩ **0.1** ***zich (ver)mengen met*** **0.2** ⟨fig.⟩ ***zich mengen in*** ⇒*zich bemoeien met.*
hineinpassen **0.1** ***erin passen.***
hineinplatzen ⟨inf.⟩ **0.1** ***plotseling komen binnenvallen.***
hineinreden I ⟨onov.ww.⟩ **0.1** ***in de rede vallen*** **0.2** ⟨fig.⟩ ***zich bemoeien met;***
II sich ~ ⟨wk.ww.⟩ **0.1** ***al pratend geraken in*** ◆ **6.1** sich **in** Begeisterung ~ *al pratend in geestdrift raken.*
hineinreißen **0.1** ***slepen in*** ⇒*(mee)sleuren in.*
hineinriechen ⟨inf.; fig.⟩ **0.1** ***ruiken aan.***
hineinschlittern ⟨inf.; fig.⟩ **0.1** ***verzeild raken in.***
hineinschlüpfen **0.1** ***naar binnen glippen*** **0.2** ***snel aanschieten*** ◆ **6.2** **in** den Mantel ~ *de jas aanschieten.*
hineinschmuggeln I ⟨ov.ww.⟩ **0.1** ***naar binnen smokkelen;***
II sich ~ ⟨wk.ww.⟩ **0.1** ***ongemerkt binnenkomen.***
hineinschneiden I ⟨onov.ww.⟩ **0.1** ***snijden, knippen in*** **0.2** ⟨fig.⟩ ***insnijden*** ⇒*uitsteken in;*
II ⟨ov.ww.⟩ **0.1** ***erin snijden, knippen.***
hineinschneien I ⟨onov.ww.⟩⟨inf.; fig.⟩ **0.1** ***komen aanwaaien;***
II ⟨onp.ww.⟩ **0.1** ***naar binnen sneeuwen.***
hineinsehen **0.1** ***naar binnen, erin kijken*** ◆ **5.1** ⟨inf.; fig.⟩ kurz ~ *even langs-, binnenkomen.*
hineinsetzen I ⟨ov.ww.⟩ **0.1** ***binnenzetten*** **0.2** ⟨inf.; fig.⟩ ***opschepen met*** ⟨door een instantie⟩;
II sich ~ ⟨wk.ww.⟩ **0.1** ***binnen gaan zitten.***
hineinspielen I ⟨onov.ww.⟩⟨fig.⟩ **0.1** ***meespelen*** ⇒*zich doen gelden;*
II ⟨ov.ww.⟩⟨sp.⟩ **0.1** ***erin, naar binnen spelen.***
hineinstecken **0.1** ***erin, naar binnen steken*** **0.2** ⟨inf.⟩ ***erin stoppen*** **0.3** ⟨inf.⟩ ***erin steken*** ⇒*eraan spenderen* ◆ **6.1** den Kopf **zur** Tür ~ *z'n hoofd om de hoek van de deur steken.*
hineinsteigen **0.1** ***instappen*** ⇒*naar binnen klimmen.*
hineinsteigern, sich **0.1** ***steeds meer betrokken raken bij*** ◆ **6.1** sich **in** seinen Zorn ~ *steeds woedender worden.*
hineinstellen **0.1** ***binnenzetten*** ⇒*erin plaatsen.*
hineinstolpern **0.1** ***struikelen in*** **0.2** ⟨fig.⟩ ***verzeild raken in.***
hineinstopfen **0.1** ***erin stoppen, proppen*** **0.2** ⟨inf.⟩ ***naar binnen werken.***
hineinstürzen I ⟨onov.ww.⟩ **0.1** ***erin vallen, storten*** **0.2** ⟨fig.⟩ ***naar binnen stormen;***
II ⟨ov.ww.⟩ **0.1** ***erin storten, stoten.***
hineintragen **0.1** ***naar binnen dragen.***
hineintreiben I ⟨onov.ww.⟩ **0.1** ***binnendrijven;***
II ⟨ov.ww.⟩ **0.1** ***naar binnen drijven, jagen*** **0.2** ***erin drijven*** ⇒*erin hameren.*
hineintreten **0.1** ***binnentreden*** ⇒*naar binnen gaan* **0.2** ***trappen, stappen in.***
hineinversetzen **0.1** ***verplaatsen in, naar*** ◆ **6.1** sich **in** jmds. Lage, in jmdn. ~ *zich in iemands situatie verplaatsen.*
hineinwachsen **0.1** ***naar binnen groeien*** **0.2** ***erin groeien*** ◆ **6.2** **in** den neuen Beruf ~ *zich in het nieuwe beroep inwerken.*
hineinwagen, sich **0.1** ***naar binnen durven.***
hineinwählen **0.1** ***(iem.) stemmen, kiezen in.***
hineinwerfen I ⟨ov.ww.⟩ **0.1** ***erin, naar binnen gooien, werpen*** **0.2** ⟨fig.⟩ ***werpen (in);***
II sich ~ ⟨wk.ww.⟩ **0.1** ***zich storten (in)*** ⇒*neerploffen (in).*
hineinwürgen **0.1** ***door de keel krijgen*** ◆ **4.¶** jmdm. eine, eins ~ *iem. flink op zijn nummer zetten.*
hineinziehen I ⟨onov.ww.⟩ **0.1** ***binnentrekken*** ⇒*naar binnen trekken* **0.2** ***trekken in*** ⇒*betrekken;*
II ⟨ov.ww.⟩ **0.1** ***naar binnen, erin trekken*** **0.2** ⟨inf.; fig.⟩ ***betrekken, verwikkelen (in)*** ◆ **6.2** jmdn. **in** einen Skandal ~ *iem. betrokken doen raken bij een schandaal.*
hineinzwängen I ⟨ov.ww.⟩ **0.1** ***erin, naar binnen persen, wringen;***
II sich ~ ⟨wk.ww.⟩ **0.1** ***zich naar binnen wurmen, wringen.***
hinfahren I ⟨onov.ww.⟩ **0.1** ***erheen rijden, varen, reizen*** **0.2** ***wegrijden, -varen, -gaan*** **0.3** ⟨euf.⟩ ***heengaan*** ⇒*sterven* **0.4** ***heen strijken over;***
II ⟨ov.ww.⟩ **0.1** ***erheen rijden, varen, brengen.***
Hinfahrt ⟨v.⟩ **0.1** ***heenreis.***
hinfallen **0.1** ***neervallen*** ◆ **6.1** **vor** jmdm. ~ *voor iem. op de knieën vallen.*
hinfällig **0.1** ***broos*** ⇒*wrak, bouwvallig* **0.2** ⟨fig.⟩ ***zwak*** ⇒*ongegrond, nietig* ◆ **3.2** die Bedenken sind ~ geworden *de bezwaren zijn vervallen.*
Hinfälligkeit ⟨v.; ~⟩ **0.1** ***zwakheid*** ⇒*broosheid, bouwvalligheid* **0.2** ⟨fig.⟩ ***zwakheid*** ⇒*ongeldigheid, het ongegrond zijn.*
hinfinden ⟨inf.⟩ **0.1** ***de weg erheen vinden.***
hin|fläzen, -flegeln, sich ⟨inf.⟩ **0.1** ***er lummelig bij (gaan) liggen, zitten.***
hinfliegen I ⟨onov.ww.⟩ **0.1** ***erheen vliegen*** **0.2** ***heenvliegen, -schieten over*** **0.3** ⟨inf.⟩ ***neervallen*** ⇒*neersmakken;*
II ⟨ov.ww.⟩ **0.1** ***erheen vliegen.***
Hinflug ⟨m.⟩ **0.1** ***vlucht, vliegreis erheen.***
hinfort ⟨schr.⟩ **0.1** ***voortaan.***
hinführen I ⟨onov.ww.⟩ **0.1** ***leiden naar*** **0.2** ⟨fig.⟩ ***leiden tot***

◆ **1.1** wo führt dieser Weg hin? *waar loopt deze weg naar toe?;*
II ⟨ov.ww.⟩ **0.1** ***erheen brengen, leiden.***

Hingabe ⟨v.⟩ **0.1** ***overgave*** *⇒toewijding* **0.2** ***overgave*** *⇒onderwerping* **0.3** ⟨schr.⟩ ***opoffering*** *⇒het prijsgeven.*

hingabefähig 0.1 ***in staat om zich over te geven aan.***

Hingang ⟨m.⟩⟨schr.⟩ **0.1** ***het heengaan*** *⇒overlijden.*

hingeben I ⟨ov.ww.⟩ **0.1** ***aangeven*** *⇒aanreiken* **0.2** ***weggeven*** *⇒offeren, prijsgeven* ◆ **1.2** sein Leben ~ *z'n leven geven voor;*
II sich ~ ⟨wk.ww.⟩ **0.1** ***zich wijden*** *⇒zich (over)geven* **0.2** ⟨euf.⟩ ***zich geven*** ⟨v.e. vrouw⟩ ◆ **1.1** sich der Hoffnung ~ *de hoop koesteren;* sich keiner Täuschung ~ *zich geen illusies maken.*

hingebend 0.1 ***toegewijd*** *⇒vol overgave.*

hingebungsvoll 0.1 ***vol overgave.***

hingegen 0.1 ***daarentegen.***

hingegossen ⟨inf.; fig.⟩ **0.1** ***in een fraaie pose.***

hingehen 0.1 ***erheen, er naar toe gaan*** **0.2** ***heengaan*** *⇒weggaan* **0.3** ***heengaan*** *⇒verstrijken, voorbijgaan* **0.4** ⟨schr.⟩ ***heengaan*** *⇒overlijden* **0.5** ***laten passeren*** *⇒door de vingers zien* **0.6** ***ermee door kunnen*** *⇒vrij redelijk zijn* ◆ **1.6** dieser Aufsatz geht eben noch hin *dit opstel kan er nog net mee door* **6.1** wer geht **zum** Vortrag hin? *wie gaat er naar de lezing?*

hingehören 0.1 ***(er) horen*** *⇒thuishoren.*

hingelangen 0.1 ***er, daar komen.***

hingeraten ⟨inf.⟩ **0.1** ***terechtkomen*** *⇒verzeild raken.*

hingerissen 0.1 ***verrukt*** *⇒gefascineerd, helemaal in de ban.*

Hingucker ⟨m.; ~s, ~⟩⟨inf.⟩ **0.1** ***blikvanger*** *⇒eyecatcher.*

hinhaben ⟨inf.⟩ **0.1** ***hebben*** ◆ **1.1** wo willst du das Gemälde ~? *waar wil je het schilderij hebben?*

hinhalten 0.1 ***(aan)reiken*** *⇒toesteken, geven* **0.2** ***aan 't lijntje houden*** *⇒zoet houden* **0.3** ***ophouden*** *⇒vertragen.*

Hinhaltepolitik ⟨v.⟩ **0.1** ***politiek van pappen en nathouden.***

hinhängen 0.1 ***op-, neerhangen*** ◆ **3.¶** ~ lassen *op z'n beloop laten.*

hinhauen I ⟨onov.ww.⟩ **0.1** ⟨h.⟩ ***slaan*** *⇒hakken, houwen* **0.2** ⟨s.; inf.⟩ ***neervallen*** *⇒neersmakken* **0.3** ⟨h.; inf.⟩ ***gelukken*** *⇒kloppen, okay zijn* **0.4** ⟨inf.⟩ ***een succes zijn*** *⇒aanslaan* ◆ **1.3** die Sache wird schon ~ *het zal wel lukken* **4.4** das haut hin! *dat zet zoden aan de dijk!* **6.2** der Länge **nach** ~ *languit neervallen;*
II ⟨ov.ww.⟩ **0.1** ***neerslaan*** **0.2** ***neersmijten*** *⇒neerkwakken* **0.3** ⟨inf.⟩ ***neerpennen*** *⇒haastig op papier zetten* **0.4** ⟨fig.⟩ ***v.d. wijs brengen*** *⇒overdonderen* ◆ **1.3** ein Porträt ~ *vlug een portret tekenen;*
III sich ~ ⟨wk.ww.⟩⟨inf.⟩ **0.1** ***gaan liggen*** *⇒gaan maffen, pitten* **0.2** ***zich (op de grond) laten vallen.***

hinhocken, sich 0.1 ***neerhurken.***

hinhören 0.1 ***(goed) luisteren naar.***

hinkauern, sich 0.1 ***neerhurken*** *⇒op de hurken gaan zitten.*

Hinkebein ⟨o.⟩ **0.1** ***hinkend been*** **0.2** ⟨inf.⟩ ***hinkepoot.***

Hinkefuß ⟨m.⟩⟨inf.⟩ **0.1** ***hinkepoot.***

hinken 0.1 ***hinken*** **0.2** ⟨fig.⟩ ***hinken*** *⇒mank gaan, rammelen* ◆ **1.2** diese Verse ~ *deze verzen rammelen.*

hinknien ⟨ook sich ~⟩ **0.1** ***neerknielen.***

hinkommen 0.1 ***(er) komen*** *⇒er naar toe komen* **0.2** ⟨inf.⟩ ***terechtkomen*** **0.3** ⟨inf.⟩ ***rondkomen*** **0.4** ⟨inf.⟩ ***in orde komen*** *⇒kloppen* **0.5** ⟨inf.⟩ ***terechtkomen van*** *⇒worden van* ◆ **1.2** wo kommt dieses Buch hin? *waar hoort, komt dit boek te staan?;* wo ist das Buch bloß hingekommen? *waar is het boek toch gebleven?* **6.1** **zu** jmdn. ~ *naar iem. toe komen* **6.3** **mit** einem Betrag ~ *aan een bedrag voldoende hebben.*

hinkriegen ⟨inf.⟩ **0.1** ***klaarspelen*** *⇒voor elkaar krijgen* ◆ **4.1** jmdn. wieder ~ *iem. er weer bovenop helpen.*

hinlangen 0.1 ***grijpen naar*** **0.2** ⟨inf.⟩ ***onder handen nemen*** **0.3** ⟨inf.⟩ ***toetasten*** **0.4** ⟨inf.⟩ ***voldoende zijn*** *⇒rondkomen* ◆ **1.2** ⟨sp.⟩ die Mannschaft hat ganz schön hingelangt *het elftal is behoorlijk ertegenaan gegaan.*

hinlänglich 0.1 ***voldoende*** *⇒toereikend.*

hinlassen ⟨inf.⟩ **0.1** ***er naar toe laten gaan.***

hinlaufen 0.1 ***er naar toe lopen, gaan*** **0.2** ***voortlopen, -gaan.***

hinleben 0.1 ***voortleven.***

hinlegen I ⟨ov.ww.⟩ **0.1** ***neerleggen*** *⇒wegleggen* **0.2** ⟨inf.⟩ ***met flair brengen*** ◆ **1.2** einen Tango ~ *met flair een tango dansen;*
II sich ~ ⟨wk.ww.⟩ **0.1** ***gaan liggen*** ◆ **¶.1** ⟨mil.⟩ ~! *liggen!*

hinleiten 0.1 ***erheen leiden, voeren*** **0.2** ⟨fig.⟩ ***brengen, richten op.***

hinlenken 0.1 ***erheen, er naar toe sturen*** **0.2** ⟨fig.⟩ ***richten*** *⇒sturen.*

hinlocken 0.1 ***erheen lokken*** *⇒weglokken naar.*

hinlümmeln, sich ⟨inf.⟩ **0.1** ***er lummelig bij gaan liggen, zitten.***

hinmachen ⟨inf.⟩ **I** ⟨onov.ww.⟩ **0.1** ***zijn behoefte doen*** **0.2** ⟨s.⟩ ***erheen gaan, trekken;***
II ⟨ov.ww.⟩ **0.1** ***maken*** *⇒aanbrengen* **0.2** ***kapot maken*** *⇒vernielen* **0.3** ***om zeep brengen.***

hinmetzeln 0.1 ***afslachten.***

hinmorden 0.1 ***uitmoorden.***

Hinnahme ⟨v.; ~⟩ **0.1** ***aanvaarding.***

hinnehmen 0.1 ***aannemen, aanvaarden*** *⇒accepteren* **0.2** ***in beslag nemen*** *⇒opeisen* ◆ **5.1** etwas kritiklos ~ *iets voor zoete koek opeten, slikken* **6.2** **von** der Musik ganz hingenommen sein *geheel in de ban van de muziek zijn.*

hinneigen I ⟨onov.ww.⟩⟨fig.⟩ **0.1** ***neigen tot*** *⇒overhellen naar;*
II ⟨ov.ww.⟩ **0.1** ***buigen naar;***
III sich ~ ⟨wk.ww.⟩ **0.1** ***(zich) buigen naar.***

Hinneigung ⟨v.; ~, ~en⟩ **0.1** ***geneigdheid*** *⇒sympathie.*

hinopfern 0.1 ***eraan geven*** *⇒opofferen.*

hinpassen 0.1 ***erbij, erin passen*** **0.2** ***passen*** *⇒tot zijn recht komen.*

hinpfeffern ⟨inf.⟩ **0.1** ***neersmijten*** **0.2** ***scherp formuleren.***

hinpflanzen I ⟨ov.ww.⟩ **0.1** ***(daar) planten*** **0.2** ⟨inf.⟩ ***(demonstratief) neerplanten;***
II sich ~ ⟨wk.ww.⟩ **0.1** ***demonstratief gaan staan.***

hinraffen ⟨schr.⟩ **0.1** ***wegrukken*** *⇒slachtoffers maken.*

hinreichen I ⟨onov.ww.⟩ **0.1** ***voldoende zijn*** **0.2** ***reiken tot*** ◆ **6.2** bis **zum** Rand ~ *tot aan de rand reiken;*
II ⟨ov.ww.⟩ **0.1** ***aan-, toereiken*** *⇒aangeven.*

hinreichend 0.1 ***voldoende*** *⇒toereikend.*

Hinreise ⟨v.⟩ **0.1** ***heenreis.***

hinreißen 0.1 ***erheen, er naar toe trekken*** **0.2** ***in verrukking brengen*** *⇒geestdriftig maken* ◆ **3.2** sich ~ lassen *zich laten meeslepen* **6.1** jmdn. **zu** sich ~ *iem. naar zich toe trekken.*

hinreißend 0.1 ***meeslepend*** *⇒verrukkelijk.*

hinrichten 0.1 ***terechtstellen, executeren.***

Hinrichtung ⟨v.; ~, ~en⟩ **0.1** ***terechtstelling, executie.***

hinrotzen ⟨inf.⟩ **0.1** ***neerkwakken*** **0.2** ***in elkaar flansen.***

hinsagen 0.1 ***zo maar zeggen.***

hinschaffen 0.1 ***erheen, er naar toe brengen.***

hinscheiden ⟨schr.⟩ **0.1** ***overlijden*** *⇒heengaan.*

hinschicken **0.1** *toesturen* ⇒*erheen zenden, sturen.*
hinschielen **0.1** *(zitten te) gluren naar.*
hinschlachten **0.1** *afslachten.*
hinschlagen **0.1** *tegen de grond slaan* **0.2** *erop slaan* ⇒*een slag doen* ◆ **¶.1** da schlag' einer lang hin! *wel heb je ooit!*
hinschleppen **I** ⟨ov.ww.⟩ **0.1** *erheen slepen, sjouwen* **0.2** *laten slepen* ⇒*slepende houden, rekken;*
II **sich** ~ ⟨wk.ww.⟩ **0.1** *zich moeizaam voortslepen* **0.2** ⟨fig.⟩ *zich voortslepen* ⇒*traag verlopen.*
hinschmeißen ⟨inf.⟩ **0.1** *neersmijten, -kwakken* **0.2** ⟨fig.⟩ *er de brui aan geven.*
hinschmelzen **0.1** *wegsmelten* ◆ **6.1** **vor** Glück ~ *tot bezwijmens toe gelukkig zijn.*
hinschreiben **I** ⟨onov.ww.⟩ **0.1** *schrijven naar;*
II ⟨ov.ww.⟩ **0.1** *op-, neerschrijven.*
hinschustern ⟨inf.⟩ **0.1** *in elkaar flansen.*
hinschwinden **0.1** *wegkwijnen.*
hinsehen **0.1** *ernaar kijken* ⇒*de blik richten op* ◆ **6.1** **bei** genauerem Hinsehen *bij nader toezien.*
hinsein ⟨inf.⟩ **0.1** *foetsie, weg zijn* **0.2** *stuk, kapot zijn* **0.3** *leeg, uitgeput zijn* ⇒*doodmoe zijn* **0.4** *geruïneerd, aan de grond zijn* **0.5** *dood zijn, er geweest zijn* **0.6** *laaiend enthousiast zijn* ⇒*weg zijn van* **0.7** *erheen, er naar toe zijn.*
hinsetzen **I** ⟨ov.ww.⟩ **0.1** *neer-, wegzetten;*
II **sich** ~ ⟨wk.ww.⟩ **0.1** *gaan zitten* ⇒*plaatsnemen* **0.2** ⟨inf.⟩ *op z'n achterste vallen* **0.3** ⟨inf.; fig.⟩ *raar staan te kijken* ◆ **4.3** der wird sich ~! *die zal raar opkijken!*
Hinsicht ⟨v.⟩ **0.1** *opzicht* ⇒*aspect, gezichtspunt* ◆ **6.1** **in** jeder ~ *in elk opzicht;* **in** ~ auf die heutige Lage *met het oog op de huidige toestand.*
hinsichtlich ⟨vz. + 2⟩ **0.1** *met betrekking tot* ⇒*ten aanzien van.*
hinsiechen **0.1** *wegkwijnen, -teren.*
hinsinken **0.1** *neer-, ineenzinken.*
Hinspiel ⟨o.⟩⟨sp.⟩ **0.1** *heenwedstrijd.*
hinspucken **0.1** *spuwen naar* ◆ **4.¶** ⟨inf.⟩ wo man hinspuckt! *waar je ook kijkt!*
hinstellen **I** ⟨ov.ww.⟩ **0.1** *neer-, heenzetten* ⇒*plaatsen* **0.2** ⟨fig.⟩ *voorstellen als* ⇒*kwalificeren* ◆ **3.¶** ⟨inf.⟩ etwas ~ können *een veer weg kunnen blazen* **8.2** jmdn. als Vorbild ~ *iem. ten voorbeeld stellen;*
II **sich** ~ ⟨wk.ww.⟩ **0.1** *zich noemen* ⇒*pretenderen te zijn* **0.2** *(er), (daar) gaan staan.*
hinsteuern **I** ⟨onov.ww.; s.⟩ **0.1** *sturen, koersen naar;*
II ⟨ov.ww.⟩ **0.1** *sturen naar* ⇒*erheen sturen.*
hinstreben **0.1** *streven naar.*
hinstrecken **I** ⟨ov.ww.⟩ **0.1** *uitstrekken naar* ⇒*toesteken, aanreiken* **0.2** ⟨schr.⟩ *doden* ⇒*neervellen;*
II **sich** ~ ⟨wk.ww.⟩ **0.1** *zich uitstrekken* ⇒*gaan liggen* **0.2** *zich uitstrekken* ⇒*zich uitbreiden.*
hinströmen **0.1** *stromen naar.*
hinstürzen **0.1** *neervallen, -storten* **0.2** ⟨inf.⟩ *erheen rennen.*
hintansetzen ⟨schr.⟩ **0.1** *op de achtergrond plaatsen* ⇒*verwaarlozen* ◆ **1.1** seine Pflichten ~ *zijn plichten veronachtzamen.*
Hintansetzung ⟨v.; ~⟩ **0.1** *veronachtzaming* ⇒*achterstelling* ◆ **6.1** **unter** ~ der eigenen Interessen *met terzijdestelling van persoonlijke belangen.*
hintanstellen **0.1** *achterstellen* ⇒*achteruitzetten.*
hinten **0.1** *achter(aan)* ⇒*aan het eind, aan de achterkant* ◆ **3.1** ⟨inf.⟩ ~ Augen haben *ogen in de rug hebben;* ⟨inf.⟩ jmdn. ~ lassen *iem. overtroeven;* ganz ~ sitzen *helemaal achteraan zitten;* ~ sein *achterlijk zijn* **6.1** ⟨inf.⟩ jmdn. **von** ~ ansehen *iem. de nek, de rug toekeren;* ⟨inf.⟩ jmdn. am liebsten **von** ~ sehen *iem. liever zien gaan dan komen* **8.1** ⟨inf.⟩ das stimmt weder ~ noch vorn *dat klopt van geen kanten;* ⟨inf.⟩ nicht mehr wissen, wo ~ und vorn ist *helemaal in de bonen zijn, er geen kop of staart meer aan zien.*
hintendrauf ⟨inf.⟩ **0.1** *(er) achterop* ⇒*op de achterkant* ◆ **3.1** ⟨inf.⟩ ein paar ~ bekommen *een paar tikken voor z'n achterwerk krijgen.*
hintendrein **0.1** *er achteraan.*
hintenherum ⟨inf.⟩ **0.1** *achterom* **0.2** ⟨fig.⟩ *door een achterdeurtje* ⇒*clandestien, via via.*
hintenüber **0.1** *achterover.*
hinter[1] ⟨bn.⟩ **0.1** *achter-* ⇒*achterste, aan de achterkant* ◆ **1.1** die ~en Bänke *de achterste banken.*
hinter[2] ⟨vz. + 3,4⟩ **0.1** *achter* ◆ **1.1** ~ der Entwicklung zurückbleiben *bij de ontwikkeling achterblijven* **4.1** das Schwerste liegt ~ dir *je hebt het moeilijkste achter de rug;* etwas ~ sich bringen *iets tot een goed einde brengen.*
Hinterabsicht ⟨v.⟩ **0.1** *heimelijke bedoeling.*
Hinterachse ⟨v.⟩ **0.1** *achteras.*
Hinterbacke ⟨v.⟩ **0.1** *bil.*
Hinterbänkler ⟨m.; ~s, ~⟩ **0.1** *onopvallend parlementariër* ⇒*backbencher.*
Hinterbein ⟨o.⟩ **0.1** *achterbeen, -poot* ◆ **6.1** ⟨inf.⟩ sich **auf** die ~e setzen, stellen (a) *steigeren, zich verzetten* (b) *zich moeite getroosten.*
Hinterbliebenenrente ⟨v.⟩ **0.1** *nabestaandenpensioen.*
Hinterbliebene(r) ⟨bn. als zn.⟩ **0.1** *achtergeblevene, nabestaande* ⇒*nagelaten betrekkingen.*
hinterbringen[1] ⟨ov.ww.⟩ **0.1** *naar achteren brengen.*
hinterbringen[2] ⟨ov.ww.⟩ **0.1** *melden* ⇒*verklikken, verraden.*
Hinterbringer ⟨m.; ~s, ~⟩ **0.1** *verklikker* ⇒*verrader.*
Hinterdeck ⟨o.⟩ **0.1** *achterdek, -plecht.*
hinterdrein →**hinterher.**
hintereinander **0.1** ⟨bw. van plaats⟩ *achter elkaar* **0.2** ⟨bw. van tijd⟩ *aaneen* ⇒*achtereen, direct na elkaar.*
Hintereinanderschaltung ⟨v.⟩⟨tech.⟩ **0.1** *serieschakeling.*
hintereinanderweg ⟨inf.⟩ **0.1** *in één ruk.*
Hintereingang ⟨m.⟩ **0.1** *achteringang.*
hinterfotzig ⟨vulg.⟩ **0.1** *vals* ⇒*smerig, gemeen.*
hinterfragen **0.1** *vragen naar het waarom.*
Hinterfront ⟨v.⟩ **0.1** *achtergevel, -zijde.*
Hintergaumen ⟨m.⟩ **0.1** *zacht gehemelte.*
Hintergaumenlaut ⟨m.⟩ **0.1** *velaar, velare klank.*
Hintergedanke ⟨m.⟩ **0.1** *bijgedachte* ⇒*bijbedoeling.*
hintergehen **0.1** *om de tuin leiden* ⇒*bedriegen* **0.2** *omzeilen* ⇒*ontduiken.*
Hintergestell ⟨o.⟩ **0.1** *achterstel* **0.2** ⟨inf.⟩ *achterste* ⇒*achterwerk.*
Hinterglasmalerei ⟨v.⟩ **0.1** *achterglasschildering.*
Hintergrund ⟨m.⟩ **0.1** *achtergrond* ⟨ook fig.⟩ ◆ **6.1** sich **im** ~ halten *zich op de achtergrond houden;* ⟨inf.⟩ etwas **im** ~ haben *iets in petto hebben;* **in** den ~ drängen *op de achtergrond dringen.*
hintergründig **0.1** *ondoorgrondelijk* ⇒*diepzinnig, achterbaks* ◆ **1.1** eine ~e Absicht *een duistere bedoeling.*
Hintergründigkeit ⟨v.; ~, ~en⟩ **0.1** *ondoorgrondelijke opmerking* **0.2** *ondoorgrondelijkheid.*
Hinterhalt ⟨m.⟩ **0.1** *hinderlaag* ◆ **6.1** ⟨inf.⟩ etwas **im** ~ haben *iets in reserve hebben.*
hinterhältig **0.1** *achterbaks* ⇒*geniepig.*
Hinterhältigkeit ⟨v.; ~, ~en⟩ **0.1** *geniepige streek* **0.2** *geniepigheid.*

Hinterhand ⟨v.⟩ **0.1** ***achterhand, -gestel*** **0.2** ⟨sp.⟩ ***achterhand*** **0.3** ⟨fig.⟩ ***reserve*** ◆ **6.3** etwas **in** der ~ haben *iets achter de hand hebben.*
Hinterhaupt ⟨o.⟩ **0.1** ***achterhoofd.***
Hinterhaus ⟨o.⟩ **0.1** ***achterhuis.***
hinterher ⟨acc. wiss.⟩ **0.1** ⟨bw. van plaats⟩ ***er achter(aan)*** **0.2** ⟨bw. van tijd⟩ ***achteraf*** ⇒*naderhand.*
hinterhergehen **0.1** ***achternalopen.***
hinterherhinken **0.1** ***er achteraanhinken*** **0.2** ⟨fig.⟩ ***de laatste zijn, achterblijven.***
hinterherkleckern ⟨inf.⟩ **0.1** ***de laatste zijn.***
hinterherkommen **0.1** ***er achteraankomen*** **0.2** ***later komen*** ⇒*volgen.*
hinterherlaufen **0.1** ***achternalopen*** **0.2** ⟨fig.⟩ ***er achteraanzitten.***
hinterhersein **0.1** ***er achteraanzitten*** ⇒*er scherp op letten* **0.2** ***achterop zijn.***
Hinterhof ⟨m.⟩ **0.1** ***achter-, binnenplaats.***
Hinterkopf ⟨m.⟩ **0.1** ***achterhoofd.***
Hinterlader ⟨m.⟩ **0.1** ***achterlaadgeweer.***
Hinterland ⟨o.⟩ **0.1** ***achterland.***
hinterlassen **0.1** ***(bij overlijden) nalaten*** ⇒*vermaken, achterlaten* **0.2** ***achterlaten*** ⟨ook fig.⟩ ⇒*laten staan, liggen* ◆ **1.2** einen tiefen Eindruck ~ *een diepe indruk achterlaten.*
Hinterlassenschaft ⟨v.; ~, ~en⟩ **0.1** ***nalatenschap*** ⇒*erfenis, erfgoed.*
Hinterlassung ⟨v.; ~⟩ **0.1** ***achter-, nalating*** ◆ **6.1** **unter** ~ von *met achterlating van.*
hinterlastig ⟨scheep., verk.⟩ **0.1** ***achterlastig.***
hinterlegen **0.1** ***deponeren*** ⇒*in bewaring geven* ◆ **1.1** eine Kaution ~ *cautie stellen.*
Hinterlegung ⟨v.; ~⟩ **0.1** ***deposito*** ⇒*deponering, consignatie.*
Hinterlegungsschein ⟨m.⟩ **0.1** ***depositobewijs.***
Hinterleib ⟨m.⟩ **0.1** ***achterlijf*** ⟨v.e. insect⟩.
Hinterlist ⟨v.⟩ **0.1** ***gemene streek*** **0.2** ***arglist*** ⇒*sluwheid.*
hinterlistig **0.1** ***arglistig*** ⇒*vals, sluw.*
Hinterlistigkeit ⟨v.; ~, ~en⟩ **0.1** ***sluwe, slinkse streek*** **0.2** ⟨g.mv.⟩ ***arglistigheid*** ⇒*valsheid.*
Hintermann ⟨m.; mv. ~̈er⟩ **0.1** ***achterman*** ⇒*volgende op de ranglijst* **0.2** ***zegsman*** **0.3** ***latere endossant*** **0.4** ⟨pej.⟩ ***man achter de schermen*** **0.5** ⟨geen enk.; sp.⟩ ***verdedigers.***
hintermauern **0.1** ***erachter metselen.***
Hintern ⟨m.; ~s, ~⟩ ⟨inf.⟩ **0.1** ***achterste*** ⇒*achterwerk* ◆ **3.1** den ~ voll bekommen *een pak voor de billen krijgen* **6.1** sich **auf** den ~ setzen (a) *op z'n achterwerk vallen* (b) ⟨fig.⟩ *met iets flink aan het werk gaan* (c) ⟨fig.⟩ *helemaal beduusd zijn.*
Hinterrad ⟨o.⟩ **0.1** ***achterwiel, -rad.***
Hinterreifen ⟨m.⟩ **0.1** ***achterband.***
hinterrücks **0.1** ***van achteren*** **0.2** ⟨fig.⟩ ***in 't geniep*** ⇒*heimelijk.*
Hinterschiff ⟨o.⟩ **0.1** ***achterschip.***
Hinterseite ⟨v.⟩ **0.1** ***achterzijde, -kant.***
Hintersinn ⟨m.⟩ **0.1** ***diepere betekenis*** **0.2** ***bijgedachte*** ⇒ *bijbedoeling.*
hintersinnig **0.1** ***diepzinnig*** ⇒*met een diepere betekenis.*
Hintersinnigkeit ⟨v.; ~, ~en⟩ **0.1** ***diepzinnigheid.***
Hintersitz ⟨m.⟩ **0.1** ***achterbank*** ⇒*duozit.*
Hinterteil ⟨o.⟩ ⟨inf.⟩ **0.1** ***achterwerk*** ⇒*achterste.*
Hintertreffen ⟨o.; ~s⟩ **0.1** ***achterhoede*** ◆ **6.1** **im** ~ sein *in het nadeel zijn;* ⟨fig.⟩ **ins** ~ geraten *achterop raken.*
hintertreiben **0.1** ***dwarsbomen*** ⇒*verijdelen.*
Hintertreppe ⟨v.⟩ **0.1** ***achtertrap*** ◆ **6.¶** ⟨pej.; fig.⟩ **von** der ~ aus betrachten *er geen kijk op hebben.*
Hintertreppengeflüster ⟨o.⟩ ⟨pej.⟩ **0.1** ***roddelpraat.***
Hintertreppenroman ⟨m.⟩ ⟨pej.⟩ **0.1** ***keukenmeiden-, stuiversroman.***
Hintertür ⟨v.⟩ **0.1** ***achterdeur(tje)*** ⟨ook fig.⟩.
Hinterviertel ⟨o.⟩ **0.1** ***achterkwartier, -bout*** **0.2** ⟨inf.⟩ ***achterste.***
Hinterwäldler ⟨m.; ~s, ~⟩ ⟨inf.⟩ **0.1** ***heikneuter.***
hinterwäldlerisch **0.1** ***achterlijk*** ⇒*provinciaal.*
hinterziehen **0.1** ***ontduiken*** ◆ **1.1** Steuer ~ *belasting ontduiken.*
Hinterzimmer ⟨o.⟩ **0.1** ***achterkamer.***
hintreiben **I** ⟨onov.ww.⟩ **0.1** ***drijven naar*** ⇒*wegdrijven;*
II ⟨ov.ww.⟩ **0.1** ***heendrijven*** ⇒*er naar toe drijven* **0.2** ⟨fig.⟩ ***ertoe brengen*** ⇒*ertoe aanzetten.*
hintreten **0.1** ***erheen stappen*** ⇒*er gaan staan* ◆ **6.1** mit einem Wunsch **vor** jmdn. ~ *met een wens bij iem. komen.*
hintun ⟨inf.⟩ **0.1** ***neerleggen, -zetten*** ⇒*opbergen* ◆ **4.1** ⟨fig.⟩ wo soll ich ihn doch ~? *waar ken ik hem toch van?;* ich weiß nicht, wo ich ihn ~ soll *ik kan hem niet thuisbrengen.*
hinüber **0.1** ***erheen*** ⇒*naar de andere kant, daar naar toe* ◆ **6.1** **zu** dieser Seite ~ *naar deze kant toe* **8.1** ~ und herüber *over en weer.*
hinüber- →**zie ook samenstellingen met herüber-.**
hinüberbringen **0.1** ***naar de overkant brengen.***
hinüberdämmern **0.1** ***zacht, sluimerend inslapen*** **0.2** ⟨schr.⟩ ***zacht ontslapen.***
hinüberfahren **I** ⟨onov.ww.⟩ **0.1** ***naar de andere kant, over de grens rijden;***
II ⟨ov.ww.⟩ **0.1** ***naar de andere kant rijden, brengen.***
hinüberführen **I** ⟨onov.ww.⟩ **0.1** ***naar de overkant leiden;***
II ⟨ov.ww.⟩ **0.1** ***naar de overkant voeren, brengen.***
hinübergehen **0.1** ***naar de andere kant gaan*** **0.2** ⟨schr.; euf.⟩ ***heengaan*** ⇒*ontslapen.*
hinübergreifen **0.1** ***naar de andere kant grijpen*** **0.2** ⟨fig.⟩ ***ook betrekking hebben op*** ⇒*ook te maken hebben met.*
hinüberhelfen **0.1** ***er overheen helpen*** ⇒*naar de andere kant helpen* **0.2** ⟨iron.; fig.⟩ ***naar de andere wereld helpen.***
hinüberkommen **0.1** ***naar de andere kant komen*** **0.2** ⟨inf.⟩ ***komen aanwippen.***
hinüberreichen **I** ⟨onov.ww.⟩ **0.1** ***zich tot aan de overkant uitstrekken*** **0.2** ***tot de andere kant reiken;***
II ⟨ov.ww.⟩ **0.1** ***overreiken.***
hinüberretten **I** ⟨ov.ww.⟩ **0.1** ***in veiligheid brengen*** **0.2** ⟨fig.⟩ ***voor de ondergang bewaren;***
II sich ~ ⟨wk.ww.⟩ **0.1** ***bewaard blijven.***
hinüberschlafen ⟨schr.; euf.⟩ **0.1** ***ontslapen*** ⇒*heengaan.*
hinübersein ⟨inf.⟩ **0.1** ***dood zijn*** ⇒*er geweest zijn* **0.2** ***failliet zijn*** **0.3** ***stuk, kapot zijn*** ⇒*bedorven zijn* **0.4** ***bewusteloos zijn*** ⇒*dronken, versuft zijn* **0.5** ***weg zijn van*** **0.6** ***aan de overkant zijn.***
hinübersetzen **I** ⟨onov.ww.⟩ **0.1** ***erover springen, gaan;***
II ⟨ov.ww.⟩ **0.1** ***overzetten*** ⇒*naar de andere kant brengen.*
hinüberspielen **I** ⟨onov.ww.⟩ **0.1** ⟨met 'in'⟩ ***overgaan in;***
II ⟨ov.ww.⟩ ⟨sp.⟩ **0.1** ***overspelen naar.***
hinübersteigen **0.1** ***eroverheen klimmen.***
hinüberwechseln **0.1** ***naar een andere plaats, de overkant gaan*** ◆ **6.1** ⟨fig.⟩ **in** einen anderen Beruf ~ *van beroep veranderen.*
hinüberziehen **I** ⟨onov.ww.⟩ **0.1** ***naar de overkant trekken, gaan;***
II ⟨ov.ww.⟩ **0.1** ***naar de overkant trekken, brengen;***
III sich ~ ⟨wk.ww.⟩ **0.1** ***zich uitstrekken tot.***
Hin- und Herfahrt ⟨v.⟩ **0.1** ***heen- en terugreis.***

Hinundhergerede ⟨o.⟩⟨inf.; pej.⟩ **0.1** ***geklets*** ⇒*gezwam.*
hinunter 0.1 ***omlaag*** ⇒*naar beneden, neer* ◆ **6.1 nach** Bayern ~ *naar het zuiden, naar Beieren.*
hinunter- →**zie ook samenstellingen met herunter-.**
hinunterbegeben, sich 0.1 ***naar beneden gaan.***
hinunterblicken 0.1 ***omlaagkijken*** **0.2** ***neerzien, -kijken (op).***
hinunterbringen 0.1 ***naar beneden brengen*** **0.2** ⟨inf.⟩ ***door de keel (kunnen) krijgen.***
hinunterfahren I ⟨onov.ww.⟩ **0.1** ***naar beneden rijden*** ⇒*in zuidelijke richting varen, rijden;*
II ⟨ov.ww.⟩ **0.1** ***naar beneden rijden, brengen.***
hinunterführen I ⟨onov.ww.⟩ **0.1** ***omlaagvoeren;***
II ⟨ov.ww.⟩ **0.1** ***naar beneden brengen.***
hinuntergehen 0.1 ***naar beneden gaan, lopen.***
hinunterkippen I ⟨onov.ww.⟩ **0.1** ***omlaagkieperen;***
II ⟨ov.ww.⟩ **0.1** ***naar beneden kieperen, gooien*** **0.2** ⟨inf.⟩ ***achteroverslaan.***
hinunterlassen 0.1 ***laten zakken*** **0.2** ⟨inf.⟩ ***naar beneden laten (gaan).***
hinunterreichen I ⟨onov.ww.⟩ **0.1** ***tot beneden toe reiken;***
II ⟨ov.ww.⟩ **0.1** ***naar beneden (aan)reiken.***
hinunterschalten ⟨inf.⟩ **0.1** ***terugschakelen.***
hinunterschlingen ⟨inf.⟩ **0.1** ***snel naar binnen werken.***
hinunterschlucken 0.1 ***(door)slikken*** **0.2** ⟨inf.; fig.⟩ ***slikken*** ⇒*accepteren* **0.3** ⟨inf.; fig.⟩ ***wegslikken*** ⇒*verkroppen.*
hinuntersehen 0.1 ***naar beneden kijken*** ◆ **6.1 auf** jmdn. ~ *op iem. neerzien.*
hinunterstürzen I ⟨onov.ww.⟩ **0.1** ***omlaagstorten, -vallen*** **0.2** ⟨inf.⟩ ***snel naar beneden komen;***
II ⟨ov.ww.⟩ **0.1** ***naar beneden gooien, stoten*** **0.2** ⟨inf.⟩ ***achteroverslaan*** ⇒*naar binnen gieten.*
hinunterwagen, sich 0.1 ***zich naar beneden wagen.***
hinunterwürgen 0.1 ***met moeite door de keel krijgen.***
hinwagen, sich 0.1 ***erheen durven (te gaan).***
hinwärts 0.1 ***(op weg) erheen.***
hinweg 0.1 ***heen*** ⇒*weg (van hier)* ◆ **6.¶ über** eine lange Periode ~ *gedurende een lange periode.*
Hinweg ⟨m.⟩ **0.1** ***heenweg.***
hinweggehen 0.1 ***heengaan (over)*** **0.2** ⟨fig.⟩ ***geen aandacht besteden (aan)*** ⇒*negeren* ◆ **6.2 über** eine Bemerkung ~ *van een opmerking geen notitie nemen.*
hinweghelfen 0.1 ***heen helpen*** ⟨ook fig.⟩.
hinweghören 0.1 ***doen alsof men iets niet hoort.***
hinwegkommen 0.1 ***heenkomen*** ⇒*te boven komen* **0.2** ***langs komen*** ⇒*langs kunnen.*
hinweglesen 0.1 ***heenlezen*** ⇒*over het hoofd zien.*
hinwegraffen ⟨schr.⟩ **0.1** ***wegrukken*** ⇒*slachtoffers maken.*
hinwegreden 0.1 ***onvermeld laten*** ⇒*geen woorden vuil maken aan* ◆ **6.1 über** die Köpfe ~ *over de hoofden heen praten.*
hinwegsehen 0.1 ***heenkijken, -zien*** **0.2** ***niet willen zien*** **0.3** ⟨fig.⟩ ***door de vingers zien*** ◆ **6.3 über** einen Fehler ~ *een fout door de vingers zien.*
hinwegsein 0.1 ***heen, te boven zijn.***
hinwegsetzen I ⟨onov.ww.⟩ **0.1** ***(heen) springen;***
II sich ~ ⟨wk.ww.⟩⟨fig.⟩ **0.1** ***zich heenzetten*** ⇒*zich niets aantrekken, heenstappen, zich niet storen* ◆ **6.1** sich **über** Bedenken ~ *over bezwaren heenstappen.*
hinwegtäuschen I ⟨ov.ww.⟩ **0.1** ***misleiden*** ⇒*voorspiegelen, verdoezelen;*
II sich ~ ⟨wk.ww.⟩ **0.1** ***zichzelf wijsmaken, misleiden*** ◆ **6.1** sich **über** eine Sache ~ *zichzelf iets wijsmaken.*
hinwegtrösten I ⟨ov.ww.⟩ **0.1** ***doen vergeten*** ⇒*weer goedmaken;*
II sich ~ ⟨wk.ww.⟩ **0.1** ***zich troosten.***
Hinweis ⟨m.; ~es, ~e⟩ **0.1** ***aanwijzing*** ⇒*wenk, tip* **0.2** ***verwijzing*** ◆ **6.2 unter** ~ auf eine Bestimmung *met verwijzing naar een bepaling.*
hinweisen 0.1 ***(heen)wijzen*** **0.2** ***wijzen op*** ⇒*attent maken* **0.3** ***wijzen op*** ⇒*duiden op* ◆ **1.1** ein ~des Fürwort *een aanwijzend voornaamwoord* **8.1** darauf ~, daß ... *erop wijzen, dat ...*
Hinweisschild ⟨o.⟩ **0.1** ***aanwijzings-, waarschuwingsbord.***
Hinweistafel ⟨v.⟩ **0.1** ***aanwijzings-, waarschuwingsbord.***
hinwelken ⟨schr.⟩ **0.1** ***verwelken.***
hinwenden 0.1 ***wenden naar*** ⇒*toekeren.*
hinwerfen I ⟨ov.ww.⟩ **0.1** ***weg-, neerwerpen*** **0.2** ⟨inf.⟩ ***zich laten ontvallen*** ⇒*terloops zeggen* **0.3** ⟨inf.⟩ ***op papier zetten*** ⇒*neerpennen* **0.4** ⟨inf.⟩ ***erbij neergooien*** ⇒*er de brui aan geven* ◆ **1.1** ⟨fig.⟩ einen Blick ~ *er een blik op werpen* **1.4** den ganzen Kram ~ *de hele boel erbij neergooien;*
II sich ~ ⟨wk.ww.⟩ **0.1** ***zich laten vallen*** ⇒*op de knieën vallen.*
hinwirken ◆ **6.¶ auf** eine Sache ~ *aansturen op, streven naar iets.*
Hinz ⟨m.⟩⟨pej.⟩ ◆ **¶.¶** ~ und Kunz *Jan en alleman.*
hinzählen 0.1 ***neertellen.***
hinzeichnen 0.1 ***tekenen op*** **0.2** ***vlot op papier zetten.***
hinzeigen 0.1 ***wijzen naar.***
hinziehen I ⟨onov.ww.⟩ **0.1** ***trekken naar*** ⇒*erheen trekken, er gaan wonen* **0.2** ***voorttrekken, -gaan;***
II ⟨ov.ww.⟩ **0.1** ***(toe)trekken naar*** **0.2** ***rekken*** ⇒*op de lange baan schuiven, vertragen* ◆ **1.2** einen Prozeß ~ *een proces rekken* **6.1** sich **zu** jmdm. hingezogen fühlen *zich tot iem. aangetrokken voelen;*
III sich ~ ⟨wk.ww.⟩ **0.1** ***zich uitstrekken*** **0.2** ***eindeloos, lang duren*** ⇒*aanhouden.*
hinzielen ⟨fig.⟩ **0.1** ***mikken (op)*** ⇒*(erop) zinspelen* ◆ **6.1 worauf** zielt diese Bemerkung hin? *waarop doelt deze opmerking?*
hinzu 0.1 ***erbij*** ⇒*bovendien, daarbij* ◆ **3.1** vielleicht gibt es noch etwas ~ *misschien is er nog iets extra's.*
hinzubekommen 0.1 ***extra, erbij krijgen.***
hinzudenken 0.1 ***erbij denken.***
hinzudichten 0.1 ***erbij dichten*** **0.2** ***erbij fantaseren.***
hinzufügen 0.1 ***eraan toevoegen.***
hinzugesellen, sich 0.1 ***zich aansluiten.***
hinzukommen 0.1 ***erbij komen (staan)*** **0.2** ***er ook bij komen*** ⇒*zich (ook) aansluiten* **0.3** ***erbij, daarbij komen*** ◆ **8.3** hinzu kommt, daß ... *er komt bij, dat ...*
hinzunehmen 0.1 ***erbij (op)nemen.***
hinzusetzen 0.1 ***erbij zetten*** **0.2** ⟨fig.⟩ ***eraan toevoegen.***
hinzutreten 0.1 ***naderbij komen*** ⇒*erbij komen staan* **0.2** ⟨fig.⟩ ***erbij, daarbij komen.***
hinzutun ⟨inf.⟩ **0.1** ***erbij doen*** ◆ **6.1 ohne** mein Hinzutun *zonder mijn toedoen.*
hinzuzählen 0.1 ***erbij (op)tellen.***
hinzuziehen 0.1 ***erbij halen*** ⇒*consulteren.*
Hiobs|botschaft, -nachricht ⟨v.⟩ **0.1** ***jobstijding.***
Hippe ⟨v.; ~, ~n⟩ **0.1** ***hiep*** ⇒*hak-, snoeimes* **0.2** ⟨inf.; pej.⟩ ***(oude) feeks*** ⇒*helleveeg.*
Hippie ⟨m.; ~s, ~s⟩ **0.1** ***hippie.***
Hippodrom ⟨o.; ~(e)s, ~e⟩ **0.1** ***hippodroom, paardenrenbaan.***
hippokratisch 0.1 ***hippocratisch*** ◆ **1.1** der ~e Eid *de hippocratische eed.*
Hirn ⟨o.; ~(e)s, ~e⟩ **0.1** ***hersenen*** **0.2** ⟨fig.⟩ ***hersens*** ⇒*brein, verstand.*
Hirnanhang ⟨m.⟩ **0.1** ***hersenaanhangsel, pijnappelklier.***
Hirnanhangdrüse ⟨v.⟩ **0.1** ***hypofyse.***

Hirnblutung ⟨v.⟩ **0.1** ***hersenbloeding.***
hirngeschädigt 0.1 ***met hersenletsel.***
Hirngespinst ⟨o.⟩ **0.1** ***hersenschim.***
Hirnhaut ⟨v.⟩ **0.1** ***hersenvlies.***
Hirnholz ⟨o.⟩ **0.1** ***kops hout.***
Hirnkasten ⟨m.⟩⟨inf.⟩ **0.1** ***hersenpan.***
hirnlos ⟨inf.⟩ **0.1** ***dom*** ⇒*stom.*
Hirnrinde ⟨v.⟩ **0.1** ***hersenschors.***
hirnrissig ⟨inf.⟩ **0.1** ***onzinnig*** ⇒*idioot.*
Hirnschale ⟨v.⟩ **0.1** ***hersenpan.***
Hirnstrombild ⟨o.⟩ **0.1** ***elektro-encefalogram.***
hirnverbrannt ⟨pej.⟩ **0.1** ***onzinnig*** ⇒*dwaas.*
hirnverletzt 0.1 ***met hersenletsel.***
Hirnwäsche ⟨v.⟩ **0.1** ***hersenspoeling.***
Hirsch ⟨m.; ~(e)s, ~e⟩ **0.1** ***hert*** **0.2** ⟨scherts.⟩ ***stalen ros*** ⇒ *brommer* **0.3** ⟨scherts.⟩ ***bedrogen echtgenoot*** **0.4** ⟨vaak scherts.⟩ ***stommeling, ezel.***
Hirschfänger ⟨m.; ~s, ~⟩ **0.1** ***hartsvanger.***
Hirschhorn ⟨o.⟩ **0.1** ***hertshoorn.***
Hirschkäfer ⟨m.⟩ **0.1** ***vliegend hert.***
Hirschkalb ⟨o.⟩ **0.1** ***hertenjong.***
Hirschkuh ⟨v.⟩ **0.1** ***hinde.***
Hirschpark ⟨m.⟩ **0.1** ***hertenkamp.***
Hirse ⟨v.; ~⟩ **0.1** ***gierst.***
Hirsekorn ⟨o.⟩ **0.1** ***gierstkorrel.***
Hirt ⟨m.; ~en, ~en⟩ **0.1** ***herder*** ◆ **1.1** ⟨fig.⟩ der ~ der Gemeinde *de pastor van de gemeente.*
Hirtenbrief ⟨m.⟩⟨rel.⟩ **0.1** ***herderlijk schrijven.***
Hirtendichtung ⟨v.⟩⟨lit.⟩ **0.1** ***bucolische, arcadische dichtkunst.***
Hirtenflöte ⟨v.⟩ **0.1** ***herdersfluit.***
Hirtenhund ⟨m.⟩ **0.1** ***herdershond.***
Hirtenstab ⟨m.⟩ **0.1** ***herdersstaf.***
Hirtentäschel ⟨o.; ~s, ~⟩⟨plantk.⟩ **0.1** ***herderstasje.***
Hisbollah[1] ⟨m.; ~s, ~s⟩ **0.1** ***Hezbollahstrijder.***
Hisbollah[2] ⟨v.; ~, g.mv.⟩ **0.1** ***Hezbollah.***
Hispanistik ⟨v.; ~⟩ **0.1** ***Spaanse taal- en literatuurwetenschap.***
hissen 0.1 ***(op)hijsen.***
Histologie ⟨v.; ~⟩ **0.1** ***histologie, weefselleer.***
Histörchen ⟨o.; ~s, ~⟩ **0.1** ***(leuk) verhaaltje*** ⇒*anekdote.*
Historie ⟨v.; ~, ~n⟩ **0.1** ***historie*** ◆ **2.1** eine seltsame ~ *een vreemde geschiedenis.*
Historienbild ⟨o.⟩ **0.1** ***historisch tafereel.***
Historienmaler ⟨m.⟩ **0.1** ***historieschilder.***
Historik ⟨v.; ~, ~en⟩ **0.1** ***(leer v.d.) geschiedkunde.***
Historiker ⟨m.; ~s, ~⟩ **0.1** ***historicus, geschiedkundige.***
historisch 0.1 ***historisch*** ◆ **1.1** ~es Verständnis haben *inzicht in de geschiedenis hebben.*
historisieren 0.1 ***historiseren.***
Hit ⟨m.; ~(s), ~s⟩⟨inf.⟩ **0.1** ***succes(nummer)*** ⇒*kassucces* **0.2** ⟨muz.⟩ ***hit*** **0.3** ⟨euf.⟩ ***shot*** ⟨drugs⟩.
Hitlergruß ⟨m.⟩ **0.1** ***Hitlergroet.***
Hitler-Jugend ⟨v.⟩ **0.1** ***nationaal-socialistische jeugdorganisatie.***
Hitliste ⟨v.⟩⟨muz.⟩ **0.1** ***hitlijst, -parade.***
hitverdächtig 0.1 ***hitgevoelig*** ◆ **1.1** ⟨mbt. popmuziek⟩ eine ~e CD *een cd met stip.*
Hitze ⟨v.; ~⟩ **0.1** ***hitte*** **0.2** ⟨fig.⟩ ***hitte*** ⇒*onstuimigheid, toorn* **0.3** ***loopsheid*** ◆ **2.1** fliegende ~ (a) *hevige koortsaanval* (b) *opvlieging* **2.2** in der ersten ~ *in een eerste opwelling* **6.2 in** ~ geraten *zich hevig opwinden.*
hitzebeständig 0.1 ***bestand tegen hitte.***
hitzeempfindlich 0.1 ***niet bestand tegen hoge temperaturen.***
hitzefrei ⟨school.⟩ **0.1** ***warmtevrij.***
Hitzeschild ⟨m.⟩⟨ruim.⟩ **0.1** ***hitteschild.***
Hitzewallung ⟨v.⟩ **0.1** ***congestie, opvlieging, opvlieger.***
Hitzewelle ⟨v.⟩ **0.1** ***hittegolf.***
hitzig 0.1 ***heet*** ⇒*koortsachtig* **0.2** ***heet(gebakerd)*** ⇒*heethoofdig, driftig* **0.3** ***loops*** ⇒*ritsig, bronstig* **0.4** ⟨landb.⟩ ***vruchtbaar*** ⟨van grond⟩ ◆ **1.1** ~es Fieber *brandende koorts* **1.2** ein ~er Kopf *een heethoofd.*
Hitzkopf ⟨m.⟩ **0.1** ***heethoofd.***
hitzköpfig 0.1 ***heethoofdig.***
Hitzpocke ⟨v.⟩ **0.1** ***hitteblaar, -blaasje.***
Hitzschlag ⟨m.⟩ **0.1** ***zonnesteek.***
HIV-negativ 0.1 ***hiv-negatief.***
HIV-positiv 0.1 ***hiv-positief.***
HIV-Virus ⟨o.⟩ **0.1** ***hiv-virus.***
Hiwi ⟨m.; ~s, ~s⟩⟨afk.; inf.; Hilfswillige(r)⟩ **0.1** ***helper.***
hl ⟨afk.⟩ [Hektoliter].
hl., Hl. ⟨afk.⟩ →**heilig; Heilige(r).**
Hobby ⟨o.; ~s, ~s⟩ **0.1** ***hobby*** ⇒*liefhebberij.*
Hobbyraum ⟨m.⟩ **0.1** ***hobbyruimte, -kamer.***
Hobel ⟨m.; ~s, ~⟩ **0.1** ***schaaf.***
Hobelbank ⟨v.⟩ **0.1** ***schaafbank.***
hobeln 0.1 ***schaven*** **0.2** ***schaven*** ⇒*(fijn) snijden.* →**Span.**
Hobelspan ⟨m.⟩ **0.1** ***houtkrul.***
hoch ⟨höher, (am) höchst(en)⟩ **0.1** ***hoog*** **0.2** ⟨wisk.⟩ ***tot de ... macht*** ◆ **1.1** eine hohe Auflage *een grote oplage;* eine Dichtung des hohen Mittelalters *een literair werk uit de bloeiperiode van de Middeleeuwen;* von hoher Geburt *van hoge komaf;* ⟨inf.⟩ sie kamen vier Mann ~ *ze kwamen vier man sterk;* eine höhere Schule *school voor vwo;* eine hohe Strafe *een strenge straf* **2.2** drei ~ vier *drie tot de macht vier* **3.1** das Meer geht ~ *er staan hoge golven op zee;* ⟨inf.; fig.⟩ wenn es ~ kommt *in het uiterste geval;* ⟨inf.; fig.⟩ hinten nicht mehr ~ können *geen kant meer uit kunnen;* ⟨inf.⟩ das ist mir zu ~ *dat gaat me boven de pet;* ⟨sp.⟩ ~ verlieren *met groot verschil verliezen;* ~ hinauswollen *hogerop willen komen* **8.¶** ~ und heilig versprechen *plechtig beloven.*
Hoch ⟨o.; ~s, ~s⟩ **0.1** ***hoera*** ⇒*toast, heildronk* **0.2** ⟨meteo.⟩ ***hogedrukgebied*** ◆ **2.1** ein dreifaches ~ *een driewerf hoera.*
hochachten 0.1 ***hoogachten.***
Hochachtung ⟨v.⟩ **0.1** ***hoogachting*** ◆ **2.1** ⟨schr.⟩ mit vorzüglicher ~ *met de meeste hoogachting.*
hochachtungsvoll 0.1 ***hoogachtend.***
Hochadel ⟨m.⟩ **0.1** ***hoge adel.***
hochaktuell 0.1 ***uiterst actueel.***
hochalpin 0.1 ***hoog in de Alpen*** ⇒*in, van de hoge Alpen.*
Hochaltar ⟨m.⟩ **0.1** ***hoogaltaar.***
Hochamt ⟨o.⟩ **0.1** ***hoogmis.***
Hochantenne ⟨v.⟩ **0.1** ***dakantenne.***
hocharbeiten, sich 0.1 ***zich omhoog-, opwerken.***
Hochbahn ⟨v.⟩ **0.1** ***viaductspoor(weg)*** ⇒*luchtspoorweg.*
Hochbau ⟨m.⟩ **0.1** ***hoog gebouw*** **0.2** ***hoge bouw.***
hochbegabt 0.1 ***hoogbegaafd.***
hochbeinig 0.1 ***hoogbenig*** ⇒*met lange benen, poten.*
hochbesteuert 0.1 ***hoog aangeslagen (in de belasting).***
Hochbetrieb ⟨m.⟩⟨inf.⟩ **0.1** ***grote drukte*** ⇒*drukte van belang.*
Hochbett ⟨o.⟩ **0.1** ***hoogslaper.***
hochbinden 0.1 ***opbinden.***
hochblond 0.1 ***hoog-, goudblond.***
Hochblüte ⟨v.⟩ **0.1** ***volle bloei*** **0.2** ⟨fig.⟩ ***(tijd van) grote bloei.***
hochbringen 0.1 ***naar boven brengen*** **0.2** ***grootbrengen*** ⇒ *opvoeden* **0.3** ***er bovenop brengen*** ⇒*tot bloei brengen* **0.4**

nijdig, woedend maken ◆ **1.3** einen Kranken wieder ~ *een zieke er weer bovenop helpen* **4.¶** ⟨inf.⟩ einen ~ *een erectie, een stijve krijgen.*

Hochburg ⟨v.⟩⟨fig.⟩ **0.1** ***centrum*** ⇒*bolwerk* ◆ **2.1** eine sozialistische ~ *een socialistisch bolwerk.*

hochbusig 0.1 ***hoogborstig.***

hochdeutsch 0.1 ***Hoog-Duits.***

Hochdeutsch ⟨o.⟩ **0.1** ***Hoog-Duits.***

Hochdeutsche ⟨bn. als zn.; o.⟩ **0.1** ***Hoog-Duits*** ◆ **1.1** die Aussprache des ~en *de uitspraak van het Hoog-Duits.*

hochdienen, sich 0.1 ***zich op-, omhoogwerken.***

hochdotiert 0.1 ***goedbetaald.***

hochdrehen 0.1 ***omhoogdraaien*** **0.2** ⟨tech.⟩ ***het toerental opvoeren.***

Hochdruck ⟨m.⟩ **0.1** ⟨nat.⟩ ***hoge druk, spanning*** **0.2** ⟨med.⟩ ***hoge (bloed)druk*** **0.3** ⟨meteo.⟩ ***hoge (lucht)druk*** **0.4** ⟨fig.⟩ ***grote drukte*** ⇒*grote haast* **0.5** ⟨mv. ~e; graf.⟩ ***hoogdruk.***

Hochdruckgebiet ⟨o.⟩ **0.1** ***hogedrukgebied.***

Hochdruckverfahren ⟨o.⟩⟨graf.⟩ **0.1** ***hoogdruk(techniek).***

Hochebene ⟨v.⟩ **0.1** ***hoogvlakte.***

hochempfindlich 0.1 ***uiterst gevoelig.***

hochfahren I ⟨onov.ww.⟩ **0.1** ***naar boven rijden, gaan*** **0.2** ***plotseling overeind komen*** ⇒*omhoogschieten* **0.3** ***opvliegen*** ⇒*woedend worden* ◆ **6.2 aus** dem Schlaf ~ *uit de slaap opschrikken;*
II ⟨ov.ww.⟩ **0.1** ***naar boven rijden, brengen.***

hochfahrend 0.1 ***aanmatigend.***

hochfein 0.1 ***eersteklas.***

hochfliegend ⟨fig.⟩ **0.1** ***stout(moedig)*** ⇒*groots, vermetel.*

Hochflut ⟨v.⟩ **0.1** ***hoogwater*** ⇒*springvloed* **0.2** ⟨fig.⟩ ***overvloed.***

Hochform ⟨v.⟩ **0.1** ***topvorm.***

Hochformat ⟨o.⟩ **0.1** ***staand model, formaat.***

Hochfrequenz ⟨v.⟩⟨tech.⟩ **0.1** ***hoge frequentie.***

Hochfrisur ⟨v.⟩ **0.1** ***opgestoken haar.***

hochgebildet 0.1 ***zeer ontwikkeld.***

Hochgebirge ⟨o.⟩ **0.1** ***hooggebergte.***

hochgeehrt 0.1 ***zeer geëerd, hooggeëerd.***

Hochgefühl ⟨o.⟩ **0.1** ***zalig, heerlijk gevoel.***

hochgehen 0.1 ***omhooggaan, naar boven gaan*** **0.2** ***exploderen, ontploffen*** **0.3** ⟨fig.⟩ ***opvliegen*** ⇒*opstuiven* **0.4** ⟨inf.⟩ ***opgerold worden*** ⇒*gearresteerd worden* ◆ **3.4** einen Agenten ~ lassen *een agent laten arresteren.*

Hochgenuß ⟨m.⟩ **0.1** ***waar, groot genot.***

Hochgericht ⟨o.⟩ **0.1** ***gerechtsplaats*** ⇒*schavot.*

hochgeschätzt 0.1 ***zeer gewaardeerd.***

Hochgeschwindigkeitszug ⟨m.⟩ **0.1** ***hogesnelheidstrein*** ⇒ *flitstrein.*

hochgesinnt 0.1 ***edel gezind.***

hochgespannt 0.1 ⟨tech.⟩ ***onder hoogspanning*** **0.2** ⟨tech.⟩ ***onder hoge spanning, druk*** **0.3** ⟨fig.⟩ ***hooggespannen.***

hochgesteckt ⟨fig.⟩ **0.1** ***stoutmoedig*** ⇒*vergaand.*

hochgestellt 0.1 ***hoog, hoger geplaatst*** **0.2** ⟨fig.⟩ ***hooggeplaatst*** ⇒*voornaam.*

hochgestochen 0.1 ***hoogdravend*** **0.2** ***opgeblazen.***

hochgewachsen 0.1 ***rijzig*** ⇒*uit de kluiten gewassen.*

hochgiftig 0.1 ***zwaar vergiftig.***

Hochglanz ⟨m.⟩ **0.1** ***hoogglans*** ◆ **6.1** ⟨fig.⟩ etwas **auf** ~ bringen *iets grondig schoonmaken.*

Hochglanzabzug ⟨m.⟩⟨foto.⟩ **0.1** ***afdruk op glanspapier.***

Hochgotik ⟨v.⟩ **0.1** ***bloeitijd v.d. gotiek.***

hochgradig 0.1 ***in hoge mate.***

hochhalten 0.1 ***omhooghouden*** **0.2** ⟨fig.⟩ ***hoog houden*** ⇒*in ere houden.*

Hochhaus ⟨o.⟩ **0.1** ***hoogflatgebouw, torenflat.***

hochheben 0.1 ***optillen*** ⇒*omhoogheffen.*

hochherzig 0.1 ***nobel*** ⇒*edel, grootmoedig.*

hochintelligent 0.1 ***bijzonder intelligent.***

hochinteressant 0.1 ***erg interessant.***

Hochjagd ⟨v.⟩ **0.1** ***jacht op groot wild.***

hochjubeln ⟨inf.; fig.⟩ **0.1** ***opkloppen*** ⇒*veel ophef maken van.*

hochkämmen 0.1 ***opkammen, omhoog kammen.***

hochkant 0.1 ***op de smalle, korte kant*** ◆ **3.1** ⟨inf.⟩ jmdn. ~ hinauswerfen *iem. vierkant de deur uit gooien.*

hochkarätig 0.1 ***van veel karaat*** **0.2** ⟨fig.⟩ ***eersteklas.***

hochklappen 0.1 ***omhoogklappen.***

hochkommen 0.1 ***omhoogkomen, naar boven komen*** **0.2** ***beter worden*** ⇒*er weer bovenop komen* **0.3** ***opklimmen*** ⇒*zich opwerken* ◆ **6.2 nach** einer Krankheit ~ *na een ziekte weer opknappen.*

Hochkonjunktur ⟨v.⟩ **0.1** ***hoogconjunctuur.***

hochkrempeln 0.1 ***omslaan*** ⇒*opstropen* ⟨v.e. mouw⟩.

Hochland ⟨o.⟩ **0.1** ***hoogland*** ⇒*bergland.*

Hochlautung ⟨v.⟩ **0.1** ***uitspraak v.h. algemeen beschaafd.***

hochleben ◆ **3.¶** jmdn. ~ lassen *het 'lang zal ie leven' voor iem. zingen* **4.¶** er lebe hoch! *lang zal ie leven!*

Hochleistung ⟨v.⟩ **0.1** ***geweldige prestatie.***

Hochleistungssport ⟨m.⟩ **0.1** ***topsport.***

höchlich ⟨schr.⟩ **0.1** ***hooglijk*** ⇒*uitermate.*

Hochmittelalter ⟨o.⟩ **0.1** ***bloeitijd v.d. Middeleeuwen.***

hochmodern 0.1 ***zeer modern.***

Hochmoor ⟨o.⟩ **0.1** ***hoogveen.***

Hochmut ⟨m.⟩ **0.1** ***hoogmoed.***

hochmütig 0.1 ***hoogmoedig*** ⇒*trots.*

hochnäsig 0.1 ***verwaand, nuffig.***

Hochnebel ⟨m.⟩ **0.1** ***mist in de hogere regionen.***

hochnehmen 0.1 ***optillen*** ⇒*omhoogheffen* **0.2** ⟨inf.⟩ ***bij de neus nemen*** **0.3** ⟨inf.⟩ ***inrekenen*** ⇒*oprollen.*

hochnotpeinlich 0.1 ⟨gesch.⟩ ***lijfstraffelijk*** **0.2** ⟨scherts.; fig.⟩ ***heel streng.***

Hochofen ⟨m.⟩ **0.1** ***hoogoven.***

hochpäppeln ⟨inf.⟩ **0.1** ***doen aansterken*** ⇒*opkweken.*

Hochparterre ⟨o.⟩ **0.1** ***bel-etage.***

hochprozentig 0.1 ***met, v.e. hoog (alcohol)percentage.***

hochqualifiziert 0.1 ***hoog gekwalificeerd*** ⇒*eersteklas.*

hochrädrig 0.1 ***met grote wielen.***

hochrappeln, sich ⟨inf.⟩ **0.1** ***al z'n krachten vergaren.***

hochrechnen 0.1 ***op basis v.d. eerste gegevens een prognose maken.***

Hochrechnung ⟨v.⟩ **0.1** ***prognose op basis v.d. eerste gegevens.***

Hochrelief ⟨o.⟩⟨bk.⟩ **0.1** ***haut-reliëf.***

Hochrenaissance ⟨v.⟩ **0.1** ***bloeitijd v.d. renaissance.***

Hochromantik ⟨v.⟩ **0.1** ***bloeitijd v.d. romantiek.***

Hochruf ⟨m.⟩ **0.1** ***hoera(geroep).***

Hochsaison ⟨v.⟩ **0.1** ***hoogseizoen.***

hochschätzen 0.1 ***hoogachten*** ⇒*zeer waarderen.*

Hochschätzung ⟨v.⟩ **0.1** ***hoogachting*** ⇒*grote waardering.*

hochschaukeln ⟨inf.⟩ **0.1** ***opblazen*** ⇒*opkloppen.*

hochschlagen I ⟨onov.ww.⟩ **0.1** ***hoog opbruisen*** **0.2** ***hoog oplaaien;***
II ⟨ov.ww.⟩ **0.1** ***omhoogslaan*** ⇒*opzetten.*

hochschnellen 0.1 ***omhoogschieten*** ⇒*opspringen.*

Hochschrank ⟨m.⟩ **0.1** ***hang-legkast.***

hochschrauben 0.1 ***omhoogdraaien*** **0.2** ⟨fig.⟩ ***opdrijven*** ⇒ *hoog opschroeven.*

hochschrecken 0.1 ***opschrikken.***

Hochschulabschluß ⟨m.⟩ **0.1** ***diploma v.e. hogeschool/universiteit*** ⇒*doctoraal.*

Hochschul(aus)bildung ⟨v.⟩ **0.1** *academische, universitaire opleiding.*

Hochschule ⟨v.⟩ **0.1** *hogeschool* ⇒*universiteit, academie.*

Hochschüler ⟨m.⟩ **0.1** *student.*

Hochschullehrer ⟨m.⟩ **0.1** *hoogleraar, docent aan een hogeschool, academie.*

Hochschulreife ⟨v.⟩ **0.1** *diploma vwo.*

Hochschulstudium ⟨o.⟩ **0.1** *studie aan hogeschool, universiteit.*

Hochschulwesen ⟨o.⟩ **0.1** *hoger onderwijs.*

Hochsee ⟨v.⟩ **0.1** *open zee.*

Hochseeflotte ⟨v.⟩ **0.1** *vloot van zeeschepen.*

Hochseil ⟨o.⟩ **0.1** *het hoge koord.*

Hochseilakt ⟨m.⟩ **0.1** *act, nummer op het hoge koord.*

hochsein ⟨inf.⟩ **0.1** *uit de veren, op zijn.*

Hochsitz ⟨m.⟩⟨jacht⟩ **0.1** *kansel.*

Hochsommer ⟨m.⟩ **0.1** *hartje (v.d.) zomer.*

Hochspannung ⟨v.⟩ **0.1** *hoogspanning* ⟨ook fig.⟩.

hochspielen **0.1** *sterk in de publiciteit brengen* ⇒*veel ophef maken van.*

Hochsprache ⟨v.⟩ **0.1** *het algemeen beschaafd.*

hochsprachlich **0.1** *in/van de standaardtaal.*

Hochsprung ⟨m.⟩ **0.1** *sprong* **0.2** *het hoogspringen.*

höchst[1] ⟨bn.⟩ **0.1** *hoogst* ◆ **1.1** in ~em Grade *in zeer hoge mate* **6.1 aufs** ~e erstaunt *ten zeerste verbaasd.*

höchst[2] ⟨bw.⟩ **0.1** *zeer* ⇒*ten zeerste* ◆ **2.1** ~ unangenehm *zeer onaangenaam.*

hochstämmig **0.1** *hoogstammig.*

Hochstand ⟨m.⟩⟨jacht⟩ **0.1** *kansel.*

Hochstapelei ⟨v.; ~⟩ **0.1** *oplichterij.*

hochstapeln **0.1** *oplichten.*

Hochstapler ⟨m.; ~s, ~⟩ **0.1** *gentleman-oplichter* ⇒*flessentrekker.*

Höchstbelastung ⟨v.⟩ **0.1** *maximale belasting.*

Höchstbetrag ⟨m.⟩ **0.1** *maximumbedrag.*

hochstecken **0.1** *opsteken* ⟨van haar⟩.

hochstehen **0.1** *omhoogstaan* ⇒*overeind staan.*

hochstehend **0.1** *hoogstaand.*

hochsteigen **0.1** *naar boven klimmen, omhoogklimmen* **0.2** *omhoogstijgen, -gaan* ⇒*opstijgen* **0.3** ⟨fig.⟩ *naar boven komen* ◆ **1.1** den Berg ~ *de berg opklimmen* **1.3** Wut stieg in ihm hoch *woede kwam in hem op.*

höchsteigen ⟨scherts.⟩ ◆ **¶.¶** in ~er Person *in hoogsteigen persoon.*

hochstellen **0.1** *boven neerzetten* ⇒*er bovenop zetten* **0.2** *omhoogzetten* ⇒*opzetten.*

hochstemmen **0.1** *optillen* ⇒*omhoogduwen, -drukken.*

höchstenfalls **0.1** *hoogstens* ⇒*op zijn hoogst, maximaal.*

höchstens **0.1** *hoogstens* ⇒*op zijn hoogst, hooguit.*

Höchstfall ⟨m.⟩ ◆ **6.¶ im** ~ *hoogstens, op zijn hoogst.*

Höchstform ⟨v.⟩ **0.1** *topvorm.*

Höchstgeschwindigkeit ⟨v.⟩ **0.1** *maximumsnelheid.*

Höchstgrenze ⟨v.⟩ **0.1** *bovenste, uiterste grens.*

hochstilisieren ⟨inf.⟩ **0.1** *opblazen* ⇒*veel ophef maken van.*

Hochstimmung ⟨v.⟩ **0.1** *feestelijke stemming.*

Höchstleistung ⟨v.⟩ **0.1** *topprestatie* ⇒*beste prestatie* **0.2** *maximale capaciteit, vermogen.*

Höchstmaß ⟨o.⟩ **0.1** *maximum* ⇒*een zeer grote mate van.*

höchstmöglich **0.1** *zo groot, hoog mogelijk* ⇒*maximaal.*

Höchstnote ⟨v.⟩⟨sp.⟩ **0.1** *hoogste aantal punten.*

höchstpersönlich **0.1** *in hoogsteigen persoon.*

Höchstpreis ⟨m.⟩ **0.1** *maximumprijs.*

Hochstraße ⟨v.⟩ **0.1** *viaductweg* **0.2** *weg in het (hoog)gebergte.*

Höchstsatz ⟨m.⟩ **0.1** *maximumtarief.*

Höchststand ⟨m.⟩ **0.1** *maximum* ⇒*hoogste stand.*

Höchststrafe ⟨v.⟩ **0.1** *maximumstraf.*

Höchststufe ⟨v.⟩⟨taal.⟩ **0.1** *overtreffende trap.*

höchstwahrscheinlich **0.1** *hoogstwaarschijnlijk.*

Höchstwert ⟨m.⟩ **0.1** *hoogste waarde* ⇒*maximum.*

Hochtal ⟨o.⟩ **0.1** *hooggelegen dal.*

Hochtechnologie ⟨v.⟩ **0.1** *geavanceerde technologie, hightech.*

hochtönend **0.1** *hoogdravend.*

Hochtour ⟨v.⟩ **0.1** *bergtocht* **0.2** ⟨mv.⟩ *hoog aantal toeren* ◆ **6.2** ⟨fig.⟩ jmdn. **auf** ~en bringen *iem. opjagen;* ⟨ook fig.⟩ **auf** ~en laufen *op volle toeren draaien, lopen.*

hochtourig ⟨tech.⟩ **0.1** *met een hoog toerental.*

Hochtourist ⟨m.⟩ **0.1** *alpinist* ⇒*bergtoerist.*

hochtrabend **0.1** *hoogdravend.*

hochtreiben **0.1** *naar boven drijven, jagen* **0.2** ⟨fig.⟩ *opdrijven* ⇒*sterk doen stijgen.*

hochverdient **0.1** *zeer verdienstelijk.*

hochverehrt **0.1** *hooggeëerd.*

Hochverrat ⟨m.⟩ **0.1** *hoogverraad.*

Hochverräter ⟨m.⟩ **0.1** *hoogverrader.*

hochverschuldet **0.1** *diep in de schuld.*

Hochwald ⟨m.⟩ **0.1** *hoogopgaand geboomte.*

Hochwasser ⟨o.⟩ **0.1** *hoogwater* ◆ **3.¶** ⟨scherts.⟩ ~ haben *een veel te korte broek dragen.*

Hochwasserkatastrophe ⟨v.⟩ **0.1** *watersnoodramp.*

hochwertig **0.1** *hoogwaardig, van uitstekende kwaliteit.*

Hochwild ⟨o.⟩ **0.1** *grof wild.*

hochwillkommen **0.1** *zeer welkom.*

hochwinden **0.1** *opwinden.*

hochwirksam **0.1** *zeer effectief* ⇒⟨mbt. geneesmiddel⟩ *krachtig werkend.*

hochwüchsig **0.1** *hoog oprijzend, slank.*

hochwuchten ⟨inf.⟩ **0.1** *met alle macht omhoogduwen.*

Hochwürden ⟨v.; ~⟩⟨rel.⟩ **0.1** *zeer-, weleerwaarde.*

Hochzahl ⟨v.⟩⟨wisk.⟩ **0.1** *exponent.*

Hochzeit[1] ⟨v.⟩ **0.1** *bruiloft* ◆ **2.1** die grüne ~ *de trouwdag;* die goldene, silberne ~ *de gouden, zilveren bruiloft* **6.1** ⟨inf.; fig.⟩ **auf** allen ~en tanzen *overal bij willen zijn;* ⟨inf.; fig.⟩ **auf** der falschen ~ tanzen *de plank misslaan.*

Hochzeit[2] ⟨v.⟩ **0.1** *bloeitijd* ⇒*hoogtepunt.*

Hochzeitsfest ⟨o.⟩ **0.1** *bruiloft.*

Hochzeitsflug ⟨m.⟩ **0.1** *bruidsvlucht* ⟨van bijen⟩.

Hochzeitskleid ⟨o.⟩ **0.1** *bruidsjapon* **0.2** ⟨biol.⟩ *bruidstooi.*

Hochzeitskutsche ⟨v.⟩ **0.1** *trouwkoets.*

Hochzeitsnacht ⟨v.⟩ **0.1** *huwelijksnacht.*

Hochzeitsreise ⟨v.⟩ **0.1** *huwelijksreis.*

Hochzeitstag ⟨m.⟩ **0.1** *trouwdag.*

Hochzeitszug ⟨m.⟩ **0.1** *bruiloftsstoet.*

hochziehen I ⟨onov.ww.⟩ **0.1** *optrekken* ⇒*naderbij komen* ◆ **1.1** ~der Nebel *opkomende mist;*
II ⟨ov.ww.⟩ **0.1** *omhoogtrekken* ⇒*optrekken, ophalen* ◆ **1.1** ⟨inf.⟩ die Nase ~ *neusvocht optrekken;* eine Wand ~ *een muur optrekken.*

Hochzinspolitik ⟨v.⟩ **0.1** *politiek v.h. dure geld.*

Hochzucht ⟨v.⟩ **0.1** *veredeling (van gewassen)* **0.2** *stamboekfokkerij.*

hochzüchten **0.1** ⟨landb.⟩ *veredelen* **0.2** ⟨pej.; fig.⟩ *(te ver) opvoeren* ⟨v.e. motor⟩ **0.3** ⟨pej.; fig.⟩ *te sterk cultiveren.*

Hocke ⟨v.; ~, ~n⟩⟨sp.⟩ **0.1** *diepe kniebuiging.*

hocken I ⟨onov.ww.⟩ **0.1** *gehurkt zitten* ⇒*hurken* **0.2** ⟨sp.⟩ *een hurksprong maken* **0.3** ⟨inf.; fig.⟩ *(blijven) zitten* ⇒*zitten te niksen* ◆ **6.1** ⟨fig.⟩ **auf** seinem Geld ~ *op z'n geld zitten* **6.3 in** der Kneipe ~ *in de kroeg zitten;*
II sich ~ ⟨wk.ww.⟩ **0.1** *(neer)hurken.*

Hocker (m.; ~s, ~) **0.1** ***kruk(je), taboeret.***
Höcker (m.; ~s, ~) **0.1** ***(vet)bult*** **0.2** ***bult*** *⇒bochel* **0.3** ***bult*** ⇒ *knobbel, hoogte.*
Hockergrab (o.)(gesch.) **0.1** ***hurkgraf.***
höckerig 0.1 ***gebocheld*** *⇒bultig* **0.2** ***knobbelig*** *⇒oneffen, hobbelig.*
Höckerschwan (m.) **0.1** ***knobbel-, roodbekzwaan.***
Hockeyschläger (m.) **0.1** ***hockeystick.***
Hode (m.; ~n, ~n of v.; ~, ~n) **0.1** ***testikel, teel-, zaadbal.***
Hodensack (m.) **0.1** ***scrotum, balzak.***
Hof (m.; ~(e)s, ~̈e) **0.1** ***hof*** *⇒erf, binnenplaats* **0.2** ***boerderij*** *⇒hofstede, hoeve* **0.3** ***hof*** (v.e. vorst) **0.4** ***hof, halo*** **0.5** ***hofhouding*** **0.6** (met plaatsnaam) ***hotel*** *⇒pension, restaurant* ◆ **3.5** einen glänzenden ~ halten *er een schitterende hofhouding op na houden;* einem Mädchen den ~ machen *een meisje het hof maken.*
Hofdame (v.) **0.1** ***hofdame.***
Hofdienst (m.) **0.1** ***dienst aan het hof.***
hoffähig 0.1 ***gerechtigd om aan het hof te verschijnen*** **0.2** (fig.) ***gedistingeerd.***
Hoffart (v.; ~)(schr.) **0.1** ***hovaardij.***
hoffärtig (schr.) **0.1** ***hovaardig*** *⇒hoogmoedig.*
hoffen 0.1 ***hopen*** ◆ **3.1** das läßt mich ~ *dat geeft me hoop;* das will ich nicht ~ *dat hoop ik niet* **6.1 auf** Frieden ~ *op vrede hopen;* **auf** Gott ~ *z'n vertrouwen op God stellen* ¶**.1** (sprw.) Hoffen und Harren macht manchen zum Narren *hopen en wachten doet menigeen versmachten.*
Hoffenster (o.) **0.1** ***raam dat uitziet op de binnenplaats.***
hoffentlich 0.1 ***hopelijk.***
Hoffnung (v.; ~, ~en) **0.1** ***hoop*** ◆ **2.1** (schr.) guter ~ sein *in verwachting zijn;* leere ~ *ijdele hoop;* eine leise ~ *een sprankje hoop;* sich (3e nv.) vergebliche ~en machen *vergeefs hopen (op)* **3.1** seine ~en begraben *alle hoop opgeven;* jmdm. ~en machen *bij iem. verwachtingen wekken;* die ~ nähren *de hoop koesteren* **6.1** seine ~ **auf** jmdn. setzen *zijn hoop op iem. vestigen;* (schr.) **in** die ~ kommen *zwanger worden, in verwachting raken.*
Hoffnungslauf (m.)(sp.) **0.1** ***herkansing(sloop).***
hoffnungslos[1] (bn.) **0.1** ***hopeloos*** *⇒wanhopig* ◆ **1.1** ein ~es Bemühen *een wanhopige poging.*
hoffnungslos[2] (bw.)(inf.) **0.1** ***hopeloos*** *⇒bar, totaal* ◆ **2.1** ~ dumm *bar dom.*
Hoffnungslosigkeit (v.; ~) **0.1** ***hopeloosheid.***
Hoffnungs|schimmer, -strahl (m.) **0.1** ***sprankje hoop.***
Hoffnungsträger (m.) **0.1** ***iem. op wie men zijn hoop gevestigd heeft.***
hoffnungsvoll 0.1 ***hoopvol*** *⇒vol goede moed* **0.2** ***hoopvol*** ⇒ *veelbelovend* ◆ **3.1** ~ in die Zukunft sehen *de toekomst hoopvol tegemoet zien.*
Hofgarten (m.) **0.1** ***paleis-, kasteeltuin.***
hofhalten 0.1 ***resideren, hof houden.***
Hofhaltung (v.) **0.1** ***hofhouding.***
Hofhund (m.) **0.1** ***hof-, waakhond.***
hofieren 0.1 ***het hof maken*** *⇒vleien, paaien.*
höfisch 0.1 ***hoofs*** *⇒fijnbeschaafd* **0.2** (gesch.) ***hoofs*** *⇒ridderlijk.*
Hofleute (alleen mv.) **0.1** ***hovelingen*** **0.2** ***personeel op de boerderij.***
höflich 0.1 ***beleefd*** *⇒hoffelijk, wellevend.*
Höflichkeit (v.; ~, ~en) **0.1** (mv.) ***beleefdheden*** *⇒complimenten* **0.2** (g.mv.) ***beleefdheid*** *⇒hoffelijkheid.*
Höflichkeitsbesuch (m.) **0.1** ***beleefdheidsbezoek.***
höflichkeitshalber 0.1 ***uit beleefdheid, beleefdheidshalve.***
Hoflieferant (m.)(gesch.) **0.1** ***hofleverancier.***
Höfling (m.; ~(e)s, ~e) **0.1** ***hoveling*** **0.2** (pej.) ***kruiperige hofdienaar.***
Hofmarschall (m.) **0.1** ***hofmaarschalk.***
Hofnarr (m.) **0.1** ***hofnar.***
Hofschranze (v.; ~, ~n)(pej.) **0.1** ***kruiperige hoveling.***
Hofstaat (m.) **0.1** ***hofhouding.***
Hofstelle (v.) **0.1** ***keuterboerderij.***
Hoftheater (o.) **0.1** ***residentietheater.***
Hoftür (v.) **0.1** ***deur naar de binnenplaats.***
Höhe (v.; ~, ~n) **0.1** ***hoogte*** ◆ **1.1** die ~ der Kultur *het niveau van de cultuur;* die ~n der Eifel *de heuvels, bergen van de Eifel* **3.1** (inf.) das ist die ~! *dat is het toppunt!* **6.1** (inf.) nicht ganz **auf** der ~ sein *niet helemaal fit zijn;* **auf** der ~ von Rom *ter hoogte van Rome;* **in** großen ~n *op grote hoogten;* (fig.) jmdn. **in** die ~ bringen *iem. op de been helpen;* (fig.) **in** die ~ fahren *opspringen;* (fig.) **in** die ~ gehen *zich hevig opwinden;* die Preise gehen **in** die ~ *de prijzen gaan omhoog.*
Hoheit (v.; ~, ~en) **0.1** ***hoogheid*** **0.2** ***Hoogheid*** (titel) **0.3** ***hoogheid*** *⇒verhevenheid* **0.4** ***soevereiniteit*** ◆ **3.1** die ~en sind eingetroffen *de vorstelijke personen zijn aangekomen.*
hoheitlich 0.1 ***van overheidswege*** *⇒staats-.*
Hoheitsgebiet (o.) **0.1** ***soeverein gebied*** *⇒territorium.*
Hoheitsgewalt (v.) **0.1** ***soevereiniteit.***
Hoheitsgewässer (o.) **0.1** ***territoriale wateren.***
Hoheitsträger (m.) **0.1** ***soeverein*** *⇒hoogwaardigheidsbekleder.*
hoheitsvoll 0.1 ***majesteitelijk.***
Hoheitszeichen (o.) **0.1** ***nationaal embleem.***
Hohelied (o.; Hohenliedes) **0.1** (rel.) ***Hooglied*** **0.2** (fig.) ***loflied.***
Höhenangst (v.) **0.1** ***hoogtevrees.***
Höhenflug (m.) **0.1** ***hoogtevlucht*** (v.e. vliegtuig) **0.2** (fig.) ***hoge vlucht.***
höhengleich (verk.) **0.1** ***op hetzelfde niveau.***
Höhenklima (o.) **0.1** ***bergklimaat.***
Höhenkurort (m.) **0.1** ***herstellingsoord in de bergen.***
Höhenlage (v.) **0.1** ***hoogte (boven de zeespiegel).***
Höhenlinie (v.)(aardr.) **0.1** ***hoogtelijn.***
Höhenluft (v.) **0.1** ***berglucht.***
Höhenmessung (v.)(aardr.) **0.1** ***hoogtemeting.***
Höhenrücken (m.) **0.1** ***bergkam.***
Höhenruder (o.) **0.1** ***hoogteroer.***
Höhensonne (v.) **0.1** ***hoogtezon.***
Höhensteuer (o.) **0.1** ***hoogtestuur*** (v.e. vliegtuig).
Höhenstrahlung (v.) **0.1** ***hoogte-, ultrastraling.***
Höhenunterschied (m.) **0.1** ***hoogteverschil.***
Höhenwanderung (v.) **0.1** ***bergtocht.***
Höhenweg (m.) **0.1** ***bergpad, -weg.***
Höhenzahl (v.) **0.1** ***hoogte*** (op een kaart).
Höhenzug (m.) **0.1** ***bergketen, heuvelrij.***
Höhepunkt (m.) **0.1** ***hoogste punt*** *⇒top* **0.2** (fig.) ***hoogtepunt*** *⇒toppunt.*
Höherentwicklung (v.) **0.1** ***positieve ontwikkeling*** *⇒vooruitgang.*
höhererseits 0.1 ***van hoger hand.***
Hohe(r)priester (m.; Hohenpriesters, Hohenpriester)(rel.) **0.1** ***hogepriester.***
Höherstufe (v.)(taal.) **0.1** ***vergrotende trap.***
hohl 0.1 ***hol*** (ook fig.) ◆ **1.1** (fig.) aus der ~en Hand zahlen *goed in de slappe was zitten;* ein ~er Kopf *een leeghoofd.*
hohläugig 0.1 ***hologig, met holle ogen.***
Höhle (v.; ~, ~n) **0.1** ***hol*** (v.e. dier) **0.2** ***hol*** *⇒grot, spelonk* **0.3** (pej.) ***hol*** *⇒krot* **0.4** (inf.; fig.) ***hol(letje)*** *⇒knus ka-*

mertje **0.5** ***oogkas*** ◆ **1.1** sich in die ~ des Löwen begeben *in het hol van de leeuw gaan.*
Hohleisen ⟨o.⟩⟨amb.⟩ **0.1** ***guts, holijzer.***
Höhlenbär ⟨m.⟩ **0.1** ***holenbeer.***
Höhlenkunde ⟨v.⟩ **0.1** ***holenkunde, speleologie.***
Höhlenmalerei ⟨v.⟩⟨gesch.⟩ **0.1** ***grot-, rotstekening.***
Höhlenmensch ⟨m.⟩⟨gesch.⟩ **0.1** ***holenmens, holbewoner.***
Höhlenzeichnung ⟨v.⟩ **0.1** ***rotstekening.***
Hohlheit ⟨v.; ~⟩ **0.1** ***holheid, het hol-zijn*** **0.2** ⟨pej.; fig.⟩ ***leegheid*** *⇒oppervlakkigheid.*
Hohlkopf ⟨m.⟩⟨pej.⟩ **0.1** ***leeghoofd.***
Hohlkörper ⟨m.⟩ **0.1** ***hol voorwerp.***
Hohlkreuz ⟨o.⟩⟨med.⟩ **0.1** ***holle rug.***
Hohlkugel ⟨v.⟩ **0.1** ***holle bol, kogel.***
Hohlmaß ⟨o.⟩ **0.1** ***inhoudsmaat.***
Hohlnadel ⟨v.⟩ **0.1** ***canule, holle injectienaald.***
Hohlraum ⟨m.⟩ **0.1** ***holte.***
Hohlraumversiegelung ⟨v.⟩ **0.1** ***antiroestbehandeling.***
Hohlsaum ⟨m.⟩ **0.1** ***ajourzoom.***
hohlschleifen **0.1** ***hol, concaaf slijpen.***
Hohlschliff ⟨m.⟩ ◆ **6.¶ mit** ~ *holgeslepen.*
Hohlspiegel ⟨m.⟩ **0.1** ***holle, concave spiegel.***
Hohltier ⟨o.⟩ **0.1** ***holtedier.***
Höhlung ⟨v.; ~, ~en⟩ **0.1** ***uitholling.***
Hohlvene ⟨v.⟩ **0.1** ***holle ader.***
Hohlweg ⟨m.⟩ **0.1** ***holle weg.***
Hohlziegel ⟨m.⟩ **0.1** ***holle bouwsteen.***
Hohn ⟨m.; ~(e)s⟩ **0.1** ***hoon*** ◆ **2.¶** ⟨inf.⟩ das ist ja der blanke, der reinste ~! *dat is een aanfluiting!* **6.1** das ist ein ~ **auf** die Freiheit *dat is een aanfluiting van de vrijheid.*
höhnen **0.1** ***honen.***
Hohngelächter ⟨o.⟩ **0.1** ***hoongelach.***
höhnisch **0.1** ***honend*** *⇒smadelijk.*
hohnlachen **0.1** ***honend lachen*** **0.2** ⟨met 3e nv.⟩ ***spotten met*** *⇒tarten.*
hohnsprechen **0.1** ***honen*** *⇒bespotten, bespottelijk maken* ◆ **1.1** das spricht allem Anstand hohn *dat druist in tegen alle fatsoen.*
hoi! ⟨inf.⟩ **0.1** ***aha! zo, zo!*** ◆ **¶.1** ~! schon fertig? *nou, nou! nu al klaar?*
Höker ⟨m.; ~s, ~⟩ **0.1** ***venter, koopman met een stalletje.***
hökern **0.1** ***venten*** *⇒een stalletje hebben.*
Hokuspokus ⟨m.; ~⟩ **0.1** ***hocus pocus*** **0.2** ⟨pej.⟩ ***kattenkwaad*** *⇒gekheid, onzin* **0.3** ⟨pej.⟩ ***overdreven gedoe*** *⇒ aanstellerij.*
Hokuspokus! **0.1** ***hocus-pocus!*** ◆ **¶.1** ~ Fidibus, verschwindibus! *hocus pocus pas!*
hold ⟨vero.; schr.⟩ **0.1** ***liefelijk*** *⇒lieftallig* ◆ **3.¶** sie blieb ihm ~ *ze bleef hem toegenegen;* das Glück war uns nicht ~ *het geluk was ons niet gunstig gezind.*
Holdinggesellschaft ⟨v.⟩ **0.1** ***holding company.***
holdselig ⟨schr.⟩ **0.1** ***lieftallig*** *⇒liefelijk, bekoorlijk.*
holen I ⟨ov.ww.⟩ **0.1** ***halen*** *⇒ophalen* **0.2** ***halen*** *⇒erbij halen, ontbieden* **0.3** ***halen*** *⇒behalen, winnen* **0.4** ***halen*** *⇒ inhaleren* **0.5** ⟨scheep.⟩ ***halen*** ◆ **1.4** Luft ~ *lucht scheppen;* **II sich** ~ ⟨wk.ww.; 3e nv.⟩ **0.1** ***halen*** *⇒zich verschaffen* **0.2** ⟨inf.⟩ ***zich op de hals halen*** ◆ **1.1** sich Anregungen ~ *inspiratie opdoen* **1.2** sich eine Erkältung ~ *een verkoudheid oplopen.*
holla! **0.1** ***hé!, hela!***
Holland ⟨o.⟩ **0.1** ***Holland, Nederland.***
Holländer ⟨m.; ~s, ~⟩ **0.1** ***Hollander, Nederlander*** **0.2** ***hollander*** ⟨papiermaalbak⟩ **0.3** ***Hollandse kaas*** **0.4** ⟨sp.⟩ ***vliegende hollander*** **0.5** ***bovenkruier*** ⟨soort windmolen⟩.
Holländermühle ⟨v.⟩ **0.1** ***bovenkruier.***
holländisch **0.1** ***Hollands, Nederlands.***
Hölle ⟨v.; ~, ~n⟩ **0.1** ***hel*** ⟨ook fig.⟩ ◆ **3.1** die ~ ist los *de hel is losgebroken* **3.¶** jmdm. die ~ heiß machen *iem. het vuur na aan de schenen leggen* **6.1 zur** ~ mit euch! *lopen jullie naar de hel!*
Höllenangst ⟨v.⟩ **0.1** ***doodsangst.***
Höllenbrut ⟨v.⟩ **0.1** ***hels gebroed.***
Höllenfahrt ⟨v.⟩⟨rel.⟩ **0.1** ***hellevaart.***
Höllenhund ⟨m.⟩ **0.1** ***Helhond*** ⟨Cerberus⟩.
Höllenlärm ⟨m.⟩ **0.1** ***hels kabaal.***
Höllenqual ⟨v.⟩⟨inf.; fig.⟩ **0.1** ***helse, vreselijke kwelling.***
Höllenstein ⟨m.⟩⟨med.⟩ **0.1** ***helse steen.***
Höllentempo ⟨o.⟩⟨inf.⟩ **0.1** ***noodgang.***
höllisch **0.1** ***hels*** **0.2** ***hels*** *⇒verschrikkelijk, duivels* **0.3** ⟨inf.⟩ ***enorm*** *⇒verduiveld* ◆ **1.3** eine ~e Angst *doodsangst* **2.3** er ist ~ intelligent *hij is verduiveld intelligent.*
Holm ⟨m.; ~(e)s, ~e⟩ **0.1** ***boom*** ⟨v.e. ladder⟩ **0.2** ***steel*** ⟨v.e. bijl, hamer⟩ **0.3** ⟨bouwk.⟩ ***hoofdbalk*** *⇒bovensloof* **0.4** ⟨sp.⟩ ***boom*** ⟨v.e. brug⟩ **0.5** ⟨scheep.⟩ ***stuur-, helmstok.***
Holocaust ⟨m.; ~(s), ~(s)⟩ **0.1** ***holocaust.***
holographisch **0.1** ***holografisch.***
Holozän ⟨o.; ~(e)s⟩⟨geol.⟩ **0.1** ***Holoceen.***
holperig →**holprig.**
holpern **0.1** ***schokken*** *⇒hobbelen, horten* **0.2** ***strompelen*** **0.3** ***hakkelen*** *⇒horten* ◆ **1.3** ~de Verse *verzen die niet goed lopen.*
holprig **0.1** ***hobbelig*** *⇒oneffen* **0.2** ***stuntelig*** *⇒hakkelend* ◆ **1.2** er spricht ein ~es Deutsch *hij spreekt gebrekkig Duits.*
Holprigkeit ⟨v.; ~⟩ **0.1** ***stunteligheid*** *⇒gebrekkigheid.*
Holschuld ⟨v.⟩ **0.1** ***haalschuld.***
holterdiepolter ⟨inf.⟩ **0.1** ***holderdebolder*** *⇒halsoverkop.*
Holunder ⟨m.; ~s, ~⟩ **0.1** ***vlier*** **0.2** ***vlierbes.***
Holz[1] ⟨o.; ~es, ¨~er⟩ **0.1** ⟨g.mv.⟩ ***hout*** **0.2** ⟨g.mv.; muz.⟩ ***houtblazers*** **0.3** ***(stuk) hout*** *⇒houten voorwerp* **0.4** ***houtsoort*** **0.5** ⟨jacht⟩ ***bos*** *⇒woud* ◆ **3.1** ~ in den Wald tragen *water naar de zee dragen* **4.¶** ⟨inf.⟩ das ist viel ~ für ein Buch *dat is veel geld voor een boek;* ⟨inf.; scherts.⟩ sie hat viel ~ vor dem Haus, der Tür *ze heeft een weelderige boezem* **6.1 an** ~ klopfen *(iets) afkloppen;* ⟨fig.⟩ **aus** feinem ~ geschnitzt sein *(fijn)gevoelig zijn;* der Baum steht gut **im** ~ *de boom ziet er goed uit.* →**Dummheit.**
Holz[2] ⟨o.; mv. ~⟩⟨sp.⟩ **0.1** ***kegels*** ◆ **2.1** ⟨inf.⟩ gut ~! *succes!* ⟨bij het kegelen⟩.
Holzauge ⟨o.⟩⟨scherts.⟩ ◆ **¶.¶** ~, sei wachsam! *kijk uit je doppen!*
Holzbank ⟨v.; mv. ¨~e⟩ **0.1** ***houten bank*** **0.2** ***lange houtstapel.***
Holzbau ⟨m.; mv. ~ten⟩ **0.1** ***houten gebouw*** **0.2** ⟨g.mv.⟩ ***houtbouw.***
Holzbein ⟨o.⟩ **0.1** ***houten been*** ⟨prothese⟩.
Holzbläser ⟨m.⟩⟨muz.⟩ **0.1** ***houtblazer.***
Holzblasinstrument ⟨o.⟩ **0.1** ***houten blaasinstrument.***
Holzbock ⟨m.⟩ **0.1** ***hout-, zaagbok*** **0.2** ⟨biol.⟩ ***teek.***
Holzbohrer ⟨m.⟩ **0.1** ***houtboor*** **0.2** ⟨biol.⟩ ***houtboorder.***
Holzbündel ⟨o.⟩ **0.1** ***takkenbos.***
Hölzchen ⟨o.; ~s, ~⟩ **0.1** ***houtje*** ◆ **6.¶** ⟨inf.⟩ **vom** ~ aufs Stöckchen kommen (a) *van de hak op de tak springen* (b) *over koetjes en kalfjes praten.*
holzen **0.1** ***bomen hakken, kappen*** **0.2** ⟨sp.⟩ ***ruw spelen*** *⇒ er de beuk in zetten.*
hölzern **0.1** ***houten*** **0.2** ⟨fig.⟩ ***houterig*** *⇒stijf, onbeholpen.*
Holzfäller ⟨m.; ~s, ~⟩ **0.1** ***houthakker.***
Holzfaserplatte ⟨v.⟩ **0.1** ***houtvezelplaat, board.***
Holzfigur ⟨v.⟩⟨bk.⟩ **0.1** ***houten beeld.***
holzfrei **0.1** ***houtvrij.***

holzgeschnitzt **0.1** *uit hout gesneden* ⇒*van houtsnijwerk.*
holzgetäfelt **0.1** *met hout betimmerd.*
holzhaltig **0.1** *houthoudend* ⟨van papier⟩.
Holzhammer ⟨m.⟩ **0.1** *houten hamer* ◆ **6.1** ⟨inf.⟩ er hat eins **mit** dem ~ abgekriegt *hij is niet goed snik.*
Holzhammermethode ⟨v.⟩⟨inf.; pej.⟩ **0.1** *grove methode* ⇒ *met de botte bijl.*
Holzhammernarkose ⟨v.⟩⟨inf.⟩ **0.1** *knock-out.*
Holzhaus ⟨o.⟩ **0.1** *houten huis.*
holzig **0.1** *houtig* ⇒*houtachtig, stokkerig.*
Holzklotz ⟨m.⟩ **0.1** *houtblok.*
Holzkohle ⟨v.⟩ **0.1** *houtskool.*
Holzkopf ⟨m.⟩ **0.1** *houten hoofd* **0.2** ⟨inf.⟩ *domkop.*
Holznagel ⟨m.⟩ **0.1** *houten pin, nagel.*
Holzplastik ⟨v.⟩ **0.1** *houtsnijwerk, houtsneefiguur* **0.2** ⟨g.mv.⟩ *houtsnijwerk.*
Holzplatz ⟨m.⟩ **0.1** *houtwerf, -opslagplaats.*
Holzrutsche ⟨v.⟩ **0.1** *glijbaan (voor boomstammen).*
Holzscheit ⟨o.⟩ **0.1** *blok hout.*
Holzschlag ⟨m.⟩ **0.1** *houtaankap.*
Holzschneider ⟨m.⟩ **0.1** *houtsnijder, -graveur.*
Holzschnitt ⟨m.⟩ **0.1** *houtsnede* **0.2** *houtsnijkunst.*
Holzschnitzer ⟨m.⟩ **0.1** *houtsnijder.*
Holzschnitzerei ⟨v.⟩ **0.1** *houtsnijwerk* **0.2** *houtsnijkunst.*
Holzschuh ⟨m.⟩ **0.1** *klomp.*
Holzschuppen ⟨m.⟩ **0.1** *houten schuur* **0.2** *schuur(tje) voor brandhout.*
Holzspan ⟨m.⟩ **0.1** *houtspaan, -spaander* **0.2** ⟨mv.⟩ *houtkrullen.*
Holzspanplatte ⟨v.⟩ **0.1** *spaanplaat.*
Holzstift ⟨m.⟩ **0.1** *houten pin.*
Holztäfelung ⟨v.⟩ **0.1** *houten betimmering, lambrisering.*
Holztaube ⟨v.⟩ **0.1** *houtduif.*
Holzverkleidung ⟨v.⟩ **0.1** *houten betimmering.*
Holzverschlag ⟨m.⟩ **0.1** *houten beschot* **0.2** *hok(je)* ⇒*afgeschoten ruimte.*
Holzweg ⟨m.⟩⟨inf.; fig.⟩ ◆ **¶.¶** auf dem ~ sein *'t mis hebben, op de verkeerde weg zijn.*
Holzwirtschaft ⟨v.⟩ **0.1** *bosbouw en houtindustrie.*
Holzwolle ⟨v.⟩ **0.1** *houtwol.*
Holzwurm ⟨m.⟩ **0.1** *houtworm* **0.2** ⟨inf.; scherts.⟩ *timmerman, meubelmaker.*
Homburg ⟨m.; ~s, ~s⟩ **0.1** *dophoed.*
Homebanking ⟨o.; ~s, g.mv.⟩ **0.1** *thuisbankieren.*
homerisch **0.1** *homerisch* ◆ **1.1** ein ~es Gelächter *een homerisch, onbedaarlijk gelach.*
Homo[1] ⟨m.; ~, Homines⟩ **0.1** *homo, mens.*
Homo[2] ⟨m.; ~s, ~s⟩⟨inf.⟩ **0.1** *homo(seksueel).*
homogen **0.1** *homogeen.*
homogenisieren **0.1** *homogeniseren.*
homolog **0.1** *homoloog, overeenstemmend.*
Homonym ⟨o.; ~(e)s, ~e⟩⟨taal.⟩ **0.1** *homoniem.*
Homöopath ⟨m.; ~en, ~en⟩ **0.1** *homeopaat.*
Homöopathie ⟨v.; ~⟩ **0.1** *homeopathie.*
homophil **0.1** *homofiel, -seksueel.*
Homophilie ⟨v.; ~⟩ **0.1** *homofilie.*
homosexuell **0.1** *homoseksueel.*
Homosexuelle(r) ⟨bn. als zn.⟩ **0.1** *homoseksueel.*
honett ⟨schr.⟩ **0.1** *net(jes)* ⇒*fatsoenlijk, keurig.*
Honig ⟨m.; ~s⟩ **0.1** *honing* ◆ **3.1** ⟨inf.; fig.⟩ jmdm. ~ um den Bart, um den Mund schmieren *iem. honing om de mond smeren.*
Honigbiene ⟨v.⟩ **0.1** *honingbij.*
Honigbrot ⟨o.⟩ **0.1** *boterham met honing.*
Honigkuchenpferd ⟨o.⟩⟨inf.; scherts.⟩ ◆ **8.¶** lachen, strahlen wie ein ~ *stralen van plezier.*
Honiglecken ⟨o.⟩⟨inf.⟩ ◆ **¶.¶** etwas ist kein ~ *iets is geen pretje.*
Honigschleuder ⟨v.⟩ **0.1** *honingslinger.*
honigsüß **0.1** *honingzoet, zoet als honing.*
Honigwabe ⟨v.⟩ **0.1** *honingraat.*
Honigwein ⟨m.⟩ **0.1** *mede, honingwijn.*
Honorar ⟨o.; ~s, ~e⟩ **0.1** *honorarium.*
Honorarprofessor ⟨m.⟩ **0.1** *honorair, titulair professor.*
Honoratioren ⟨alleen mv.⟩ **0.1** *notabelen.*
honorieren **0.1** *honoreren.*
hopfen **0.1** *hoppen.*
Hopfen ⟨m.; ~s⟩ **0.1** *hop* ◆ **8.¶** an, bei ihm ist ~ und Malz verloren *het is bij hem boter aan de galg gesmeerd.*
Hopfenstange ⟨v.⟩ **0.1** *hopstaak* ◆ **2.1** ⟨inf.⟩ eine richtige, die reinste ~ *een lange Pierlala, een bonenstaak.*
hopp! **0.1** *hopla!, vooruit!* ◆ **3.1** bei ihm muß alles ~ gehen *bij hem moet alles in een vloek en een zucht gebeuren.*
hoppeln **0.1** *huppen* ⟨v.e. haas⟩ **0.2** *hobbelen* ⇒*schokken.*
hoppla! ⟨inf.⟩ **0.1** *hopla! pas op!, kijk uit!*
hoppnehmen ⟨inf.⟩ **0.1** *te pakken krijgen* ⇒*inrekenen.*
hops ⟨inf.⟩ **0.1** ⟨bw.⟩ *in een mum van tijd* **0.2** ⟨tw.⟩ *hop!, hopla!* ◆ **3.¶** ~ sein *naar de maan zijn.*
Hops ⟨m.; ~es, ~e⟩⟨inf.⟩ **0.1** *sprong(etje).*
hopsen ⟨inf.⟩ **0.1** *huppen* **0.2** *hossen* ◆ **8.1** ⟨fig.⟩ das ist gehopst wie gesprungen *dat is lood om oud ijzer.*
Hopser ⟨m.; ~s, ~⟩ **0.1** *snelle (huppel)dans* **0.2** ⟨inf.⟩ *sprongetje.*
hopsgehen ⟨inf.⟩ **0.1** *kapot-, stukgaan* **0.2** *ingerekend worden* **0.3** *de pijp uitgaan* ⇒*eraan gaan.*
hopsnehmen ⟨inf.⟩ **0.1** *inrekenen.*
Hörapparat ⟨m.⟩ **0.1** *(ge)hoorapparaat.*
hörbar **0.1** *hoorbaar* ⇒*te horen* ◆ **4.1** sich ~ machen *zich doen horen.*
Hörbereich ⟨m.⟩ **0.1** *hoorafstand.*
Hörbild ⟨o.⟩ **0.1** *klankbeeld.*
Hörbrille ⟨v.⟩ **0.1** *hoorbril.*
horchen **0.1** *ingespannen, aandachtig luisteren* ◆ **6.1** ⟨fig.⟩ **in** sich ~ *naar de stem in zijn binnenste luisteren.*
Horcher ⟨m.; ~s, ~⟩ **0.1** *luistervink* ⇒*luisteraar* ◆ **¶.1** ⟨sprw.⟩ der ~ an der Wand hört seine eig'ne Schand *wie luistert aan de wand, hoort zijn eigen schand.*
Horchgerät ⟨o.⟩⟨mil.⟩ **0.1** *(af)luisterapparaat.*
Horchposten ⟨m.⟩ **0.1** *luisterpost.*
Horde ⟨v.; ~, ~n⟩ **0.1** *horde* ⟨lat-, vlechtwerk⟩ ⇒*krat* **0.2** ⟨vaak pej.⟩ *horde* ⇒⟨pej. ook⟩ *bende, troep.*
hören I ⟨onov.ww.⟩ **0.1** *horen* **0.2** *horen* ⇒*luisteren, gehoorzamen* ◆ **6.2** **auf** jmdn. ~ *naar iem., iemands raad luisteren;* der Hund hört **auf** den Namen ... *de hond luistert naar de naam ...;* **auf** einen Rat ~ *een raad ter harte nemen* **8.1** mir verging Hören und Sehen (a) *horen en zien verging me* (b) *ik wist niet hoe ik het had* **¶.2** ⟨sprw.⟩ wer nicht ~ will, muß fühlen *wie niet horen wil, moet voelen;* **II** ⟨ov.ww.⟩ **0.1** *horen* ◆ **1.1** Rundfunk ~ *naar de radio luisteren;* Zeugen ~ *getuigen (aan)horen* **3.1** ⟨inf.⟩ das läßt sich ~ *dat is niet gek* **4.1** ⟨inf.⟩ hör mal, hören Sie mal (a) *hoor eens* (b) *wat denk je, denkt u wel* **6.1** **bei** Prof. X ~ *de colleges van prof. X volgen;* ⟨inf.⟩ etwas von jmdm. **zu** ~ bekommen *een uitbrander van iem. krijgen* **¶.1** hört, hört! *moet je horen!, nou, nou!*
Hörensagen ⟨o.⟩ **0.1** *horen zeggen* ◆ **6.1** **auf** bloßes ~ *alleen maar bij geruchte;* nur **vom** ~ *alleen maar van horen zeggen.*
hörenswert **0.1** *het (be)luisteren waard.*
Hörer ⟨m.; ~s, ~⟩ **0.1** *(toe)hoorder* ⇒*luisteraar* **0.2** *iem. die een college volgt* ⇒*toehoorder* **0.3** *hoorn* ⟨v.d. telefoon⟩ ◆ **3.3** den ~ auflegen *de hoorn op de haak leggen.*

Hörerkreis ⟨m.⟩ **0.1** ***kring van luisteraars.***
Hörerschaft ⟨v.; ~, ~en⟩ **0.1** ***toehoorders*** ⇒*auditorium.*
Hörfehler ⟨m.⟩ **0.1** ***iets wat verkeerd verstaan is.***
Hörfolge ⟨v.⟩ **0.1** ***serie radioprogramma's.***
Hörfunk ⟨m.⟩ **0.1** ***radio(-omroep).***
Hörgerät ⟨o.⟩ **0.1** ***(ge)hoorapparaat.***
hörgeschädigt **0.1** ***met gehoorletsel, gehoorgestoord.***
hörig **0.1** ⟨fig.⟩ ***horig*** ⇒*afhankelijk, gebonden* **0.2** ⟨gesch.⟩ ***horig*** ◆ **3.1** er ist ihr ~ *hij is (seksueel) van haar afhankelijk.*
Hörige(r) ⟨bn. als zn.⟩⟨gesch.⟩ **0.1** ***horige.***
Hörigkeit ⟨v.; ~⟩ **0.1** ⟨fig.⟩ ***afhankelijkheid*** **0.2** ⟨gesch.⟩ ***horigheid.***
Horizont ⟨m.; ~(e)s, ~e⟩ **0.1** ***horizon*** ◆ **2.1** einen beschränkten ~ haben *beperkt van begrip zijn* **3.1** neue ~e eröffnen *nieuwe perspectieven openen;* seinen ~ erweitern *zijn horizon verruimen* **6.1** ⟨inf.⟩ das geht **über** seinen ~ *dat gaat hem boven de pet.*
horizontal **0.1** ***horizontaal, waterpas.***
Horizontale ⟨v.; ~, ~n⟩ **0.1** ***horizontale lijn, ligging.***
Hormon ⟨o.; ~(e)s, ~e⟩ **0.1** ***hormoon.***
hormonal **0.1** ***hormonaal.***
Hörmuschel ⟨v.⟩ **0.1** ***hoorplaat*** ⟨v.d. telefoon⟩.
Horn[1] ⟨o.; ~(e)s, ~̈er⟩ **0.1** ***hoorn*** **0.2** ⟨muz.⟩ ***hoorn*** ◆ **3.1** ⟨fig.⟩ sich die Hörner abstoßen *door schade en schande wijs worden;* ⟨inf.⟩ jmdm. Hörner aufsetzen *iem. hoorns opzetten;* sich ⟨3e nv.⟩ ein ~ stoßen *een buil oplopen* **6.2** ⟨fig.⟩ **ins** gleiche ~ blasen *het eens zijn, één lijn trekken;* **ins** ~ blasen *op de hoorn blazen.*
Horn[2] ⟨o.; ~(e)s, ~e⟩ **0.1** ***hoorn(soort).***
hornartig **0.1** ***hoornachtig*** **0.2** ***als een hoorn.***
Hornberger ⟨inf.⟩ ◆ **¶.¶** ausgehen wie das ~ Schießen *uitgaan als een nachtkaars.*
Hornbrille ⟨v.⟩ **0.1** ***hoornen bril.***
Hörnchen ⟨o.; ~s, ~⟩ **0.1** ***hoorntje*** **0.2** ***soort croissantje*** **0.3** ⟨biol.⟩ ***eekhoornachtige.***
hörnen ⟨inf.⟩ **0.1** ***de echtgenoot bedriegen.***
hörnern **0.1** ***hoornen, van hoorn.***
Hörnerschall ⟨m.⟩ **0.1** ***hoorngeschal.***
Hörnerv ⟨m.⟩ **0.1** ***gehoorzenuw.***
Hornhaut ⟨v.⟩ **0.1** ***hoornvlies*** **0.2** ***eelt*** ⇒*verhoorning.*
Hornhauttrübung ⟨v.⟩ **0.1** ***grauwe staar.***
hornig **0.1** ***hoornen, van hoorn*** **0.2** ***hoornachtig.***
Hornisse ⟨v.; ~, ~n⟩ **0.1** ***horzel.***
Hornist ⟨m.; ~en, ~en⟩ **0.1** ***hoornblazer, hoornist.***
Hornochse ⟨m.⟩⟨pej.⟩ **0.1** ***rund*** ⇒*stommeling.*
Hornvieh ⟨o.⟩ **0.1** ***hoornvee*** **0.2** ⟨mv. Hornviecher; vulg.; pej.⟩ ***rund*** ⇒*stommeling.*
Hörorgan ⟨o.⟩ **0.1** ***gehoororgaan.***
Horoskop ⟨o.; ~s, ~e⟩ **0.1** ***horoscoop*** ◆ **3.1** jmdm. das ~ stellen *een horoscoop van iem. opmaken, trekken.*
horoskopieren **0.1** ***een horoscoop trekken.***
horrend **0.1** ***buitensporig*** ⇒*enorm.*
Hörrohr ⟨o.⟩ **0.1** ***stethoscoop.***
Horror ⟨m.; ~s⟩ **0.1** ***afgrijzen*** ⇒*afschuw.*
Horrorfilm ⟨m.⟩ **0.1** ***griezelfilm.***
Horrortrip ⟨m.⟩⟨inf.⟩ **0.1** ***bad trip.***
Hörsaal ⟨m.⟩ **0.1** ***collegezaal.***
Hörspiel ⟨o.⟩ **0.1** ***hoorspel.***
Horst ⟨m.; ~(e)s, ~e⟩ **0.1** ***horst*** ⇒*roofvogelnest* **0.2** ***vliegbasis, -veld*** **0.3** ***boomgroep*** **0.4** ⟨plantk.⟩ ***pol.***
horsten **0.1** ***nestelen*** ⟨van roofvogels⟩.
Hörsturz ⟨m.⟩ **0.1** ***plotseling optredend (tijdelijk) gehoorverlies.***
Hort ⟨m.; ~(e)s, ~e⟩ **0.1** ***toeverlaat*** ⇒*toevlucht(soord), steun* **0.2** ***crèche, kinderdagverblijf*** **0.3** ***bolwerk*** ⇒*centrum* **0.4** ⟨lit.⟩ ***(goud)schat*** ◆ **1.3** ein ~ des Lasters *een poel van zonde.*
horten **0.1** ***oppotten*** ⇒*hamsteren.*
Hortensie ⟨v.; ~, ~n⟩ **0.1** ***hortensia.***
Hortnerin ⟨v.; ~, ~nen⟩ **0.1** ***kleuterleidster.***
horuck! **0.1** ***haal op!, trekken!***
Hörweite ⟨v.⟩ **0.1** ***gehoorsafstand.***
Höschen ⟨o.; ~s, ~⟩ **0.1** ***broekje*** ◆ **2.1** ⟨inf.⟩ heiße ~ *hot pants.*
Hose ⟨v.; ~, ~n⟩ **0.1** ***broek, pantalon*** **0.2** ***broekje, slipje*** ◆ **1.1** ein Paar ~n *een broek* **2.1** ⟨inf.⟩ tote ~ *een saaie boel;* ⟨inf.⟩ die ~n (gestrichen) voll haben *het in de broek doen van angst;* die ~n voll kriegen *een pak voor de broek krijgen* **3.1** ⟨inf.⟩ die ~n runterlassen *ermee voor de draad moeten komen;* dem Jungen die ~n spannen, strammziehen *de jongen een pak voor de broek geven* **6.1** ⟨inf.⟩ sich **auf** die ~n setzen *flink aan de studie gaan;* ⟨inf.⟩ **in** die ~n gehen *op niets uitlopen.*
Hosenanzug ⟨m.⟩ **0.1** ***broekpak.***
Hosenbandorden ⟨m.⟩ **0.1** ***Orde v.d. Kouseband.***
Hosenbein ⟨o.⟩ **0.1** ***broekspijp.***
Hosenboden ⟨m.⟩ **0.1** ***zitvlak*** ⟨v.e. broek⟩ ◆ **3.1** jmdm. den ~ strammziehen *iem. een pak voor de broek geven* **6.1** ⟨fig.⟩ sich **auf** den ~ setzen *flink aan de studie gaan.*
Hosenbund ⟨m.⟩ **0.1** ***broeksband.***
Hosenklammer ⟨v.⟩ **0.1** ***broekveer, -klem.***
Hosenklappe ⟨v.⟩ **0.1** ***broeksklep.***
Hosenknopf ⟨m.⟩ **0.1** ***broeksknoop*** **0.2** ⟨inf.; fig.⟩ ***kleinigheid*** ⇒*pietluttigheid.*
Hosenlatz ⟨m.⟩ **0.1** ***borststuk, voorschot*** ⟨bv. aan tuinbroek⟩.
Hosenmatz ⟨m.; ~es, ~̈e⟩ **0.1** ***broekenman*** ⇒*dreumes.*
Hosennaht ⟨v.⟩ **0.1** ***broeksnaad.***
Hosenrock ⟨m.⟩ **0.1** ***broekrok.***
Hosenrolle ⟨v.⟩⟨dram.⟩ **0.1** ***travestierol.***
Hosenschlitz ⟨m.⟩ **0.1** ***(broeks)gulp.***
Hosenstall ⟨m.⟩⟨inf.⟩ **0.1** ***gulp.***
Hosentasche ⟨v.⟩ **0.1** ***broekzak*** ◆ **6.1** etwas **aus** der linken ~ bezahlen *iets uit z'n vestzakje betalen.*
Hosenträger ⟨m.⟩ **0.1** ***bretels.***
Hosianna ⟨o.; ~s, ~s⟩ **0.1** ***hosanna.***
Hospital ⟨o.; ~(e)s, ~e of ~̈er⟩ **0.1** ***ziekenhuis.***
hospitalisieren **0.1** ***(doen) opnemen in het ziekenhuis.***
Hospitalismus ⟨m.; ~⟩ **0.1** ***hospitalisme.***
Hospitant ⟨m.; ~en, ~en⟩ **0.1** ***hospitant.***
hospitieren **0.1** ***hospiteren.***
Hospiz ⟨o.; ~es, ~e⟩ **0.1** ***hospitium.***
Hosteß ⟨v.; ~, Hostessen⟩ **0.1** ***hostess*** **0.2** ***stewardess*** **0.3** ⟨euf.⟩ ***prostituee.***
Hostie ⟨v.; ~, ~n⟩ **0.1** ***hostie.***
Hostienbehälter ⟨m.⟩ **0.1** ***hostiekelk, ciborie.***
Hostienschrein ⟨m.⟩ **0.1** ***tabernakel.***
Hotel ⟨o.; ~s, ~s⟩ **0.1** ***hotel*** ◆ **¶.1** ~ garni *hotel voor overnachting en ontbijt.*
Hotelbetrieb ⟨m.⟩ **0.1** ***hotel*** **0.2** ⟨g.mv.⟩ ***hotellerie, hotelwezen.***
Hotelfachschule ⟨v.⟩ **0.1** ***hotelschool.***
Hotelgewerbe ⟨o.⟩ **0.1** ***hotelbedrijf, hotellerie.***
Hotelkette ⟨v.⟩ **0.1** ***hotelgroep, -keten.***
Hotelnachweis ⟨m.⟩ **0.1** ***hotelgids.***
Hotel- und Gaststättengewerbe ⟨o.⟩ **0.1** ***de horecabedrijven.***
Hotelzimmer ⟨o.⟩ **0.1** ***hotelkamer.***
hott! **0.1** ***vort!, vooruit!, hot!*** ◆ **8.1** ⟨inf.⟩ einmal ~ und einmal har sagen *telkens van mening veranderen.*

Hottepferd ⟨o.⟩⟨kind.⟩ **0.1** ***paard(je).***
hrsg. ⟨afk.⟩ [herausgegeben].
Hrsg. ⟨afk.⟩ →**Herausgeber.**
hu! 0.1 ***hu!, bah!***
hü! 0.1 ***vort!* 0.2** ***naar links* 0.3** ***ho!, halt!*** ◆ **8.2** ⟨inf.⟩ einmal ~ und einmal hott sagen *dan weer ja, dan weer nee zeggen.*
Hub ⟨m.; ~(e)s, ~̈e⟩ **0.1** ***het heffen, optillen* 0.2** ***slag*** ⟨bv. v.e. zuiger⟩ **0.3** ***hefhoogte*** ⟨bv. v.e. kraan⟩.
Hubbrücke ⟨v.⟩ **0.1** ***hefbrug.***
hüben 0.1 ***aan deze kant*** ◆ **8.1** ~ und, wie drüben *aan deze en aan de andere kant, over en weer.*
Hubinsel ⟨v.⟩ **0.1** ***kunstmatig eiland, booreiland.***
Hublader ⟨m.⟩ **0.1** ***heftruck, -wagen.***
Hubraum ⟨m.⟩ **0.1** ***cilinderinhoud.***
hübsch[1] ⟨bn.⟩ **0.1** ***mooi*** ⇒*knap, leuk* **0.2** ***plezierig*** ⇒*aardig, leuk* **0.3** ***aardig*** ⇒*behoorlijk (groot), flink* **0.4** ⟨iron.⟩ ***fraai*** ⇒*mooi* ◆ **1.1** ein ~es Mädchen *een knap meisje* **1.3** eine ~e Tracht Prügel *een flink pak slaag* **1.4** eine ~e Geschichte *een fraaie geschiedenis.*
hübsch[2] ⟨bw.⟩ **0.1** ***mooi*** ⇒*goed, behoorlijk* ◆ **2.1** immer ~ langsam! *doe maar kalmpjes aan!* **3.1** ~ aufpassen! *pas goed op!;* das werde ich ~ bleiben lassen! *dat zal ik wel (uit mijn hoofd) laten!*
Hubschrauber ⟨m.; ~s, ~⟩ **0.1** ***hefschroefvliegtuig, helikopter.***
Hubstapler ⟨m.; ~s, ~⟩ **0.1** ***heftruck, -wagen.***
Hubvolumen ⟨o.⟩ **0.1** ***cilinderinhoud.***
Hucke ⟨v.; ~, ~n⟩ **0.1** ***vracht, last op de rug*** ◆ **3.¶** ⟨inf.⟩ jmdm. die ~ voll hauen *iem. aftuigen;* ⟨inf.⟩ die ~ voll kriegen *flink op z'n falie krijgen;* ⟨inf.⟩ sich ⟨3e nv.⟩ die ~ voll lachen *zich een hoedje lachen;* ⟨inf.⟩ jmdm. die ~ voll lügen *iem. van alles voorliegen.*
hucken 0.1 ***op de rug nemen* 0.2** ***op de rug dragen, sjouwen.***
huckepack 0.1 ***op de rug*** ⟨ook fig.⟩, ***gemonteerd op*** ◆ **3.1** mit einem Kind ~ machen *een kind op de rug dragen.*
Huckepackverkehr ⟨m.⟩ **0.1** ***transport van beladen voertuigen per spoor.***
Huf ⟨m.; ~(e)s, ~e⟩ **0.1** ***hoef.***
Hufbeschlag ⟨m.⟩ **0.1** ***hoefbeslag.***
Hufeisen ⟨o.⟩ **0.1** ***hoefijzer.***
Hufeisenmagnet ⟨m.⟩ **0.1** ***hoefmagneet.***
Huflattich ⟨m.; ~es, ~e⟩⟨plantk.⟩ **0.1** ***klein hoefblad.***
Hufnagel ⟨m.⟩ **0.1** ***hoefnagel.***
Hufschlag ⟨m.⟩ **0.1** ***hoefslag.***
Hufschmied ⟨m.⟩ **0.1** ***hoefsmid.***
Hüftbein ⟨o.⟩ **0.1** ***heupbeen.***
Hüfte ⟨v.; ~, ~n⟩ **0.1** ***heup.***
Hüftgelenk ⟨o.⟩ **0.1** ***heupgewricht.***
Hüfthalter ⟨m.⟩ **0.1** ***heup-, jarretelgordel.***
hüfthoch 0.1 ***tot aan de heupen.***
Huftier ⟨o.⟩ **0.1** ***hoefdier.***
Hüftknochen ⟨m.⟩ **0.1** ***heupbeen.***
Hüftschwung ⟨m.⟩⟨sp.⟩ **0.1** ***heupzwaai.***
Hüftweite ⟨v.⟩ **0.1** ***heupomvang.***
Hügel ⟨m.; ~s, ~⟩ **0.1** ***heuvel*** ⇒*hoogte, hoop.*
hügelab 0.1 ***de heuvel af.***
hügel|an, -auf 0.1 ***(tegen) de heuvel op.***
Hügelgrab ⟨o.⟩⟨gesch.⟩ **0.1** ***grafheuvel.***
hügelig 0.1 ***heuvelachtig.***
Hügelkette ⟨v.⟩ **0.1** ***heuvelrug, -rij.***
Hügelzug ⟨m.⟩ **0.1** ***heuvelrug, -rij.***
Hugenotte ⟨m.; ~n, ~n⟩⟨gesch.⟩ **0.1** ***hugenoot.***
Huhn ⟨o.; ~(e)s, ~̈er⟩ **0.1** ***kip* 0.2** ***hen* 0.3** ⟨jacht⟩ ***patrijs* 0.4** ⟨inf.; fig.⟩ ***mens*** ⇒*persoon* ◆ **2.4** ein fideles ~ *een toffe kerel;* ein verdrehtes ~ *een rare kwibus* **3.1** ⟨inf.⟩ sein ~ im Topfe haben *zeker zijn van z'n zaak;* ⟨inf.⟩ da lachen ja die Hühner! *laat me niet lachen!* **6.1 mit** den Hühnern zu Bett gehen *met de kippen op stok gaan* **¶.1** wie Hühner auf der Stange sitzen *dicht opeen zitten;* ⟨sprw.⟩ ein blindes ~ findet auch einmal ein Korn ± *men kan niet weten hoe een koe een haas vangt.*
Hühnchen ⟨o.; ~s, ~⟩ **0.1** ***kippetje*** ◆ **3.1** ⟨inf.; fig.⟩ mit jmdm. ein ~ zu rupfen haben *met iem. een appeltje te schillen hebben.*
hühnerartig 0.1 ***hoenderachtig.***
Hühnerauge ⟨o.⟩ **0.1** ***eksteroog, likdoorn*** ◆ **6.1** ⟨inf.; fig.⟩ jmdm. **auf** die ~n treten *iem. op z'n tenen trappen.*
Hühnerbrühe ⟨v.⟩ **0.1** ***kippenbouillon.***
Hühnerbrust ⟨v.⟩⟨fig.⟩ **0.1** ***kippenborst.***
Hühnerhof ⟨m.⟩ **0.1** ***hoenderhof* 0.2** ***kippenfarm.***
Hühnerhund ⟨m.⟩ **0.1** ***patrijshond, staande hond.***
Hühnerklein ⟨o.⟩ **0.1** ***kippenpoelet.***
Hühnerleiter ⟨v.⟩ **0.1** ***kippenladder, -trap.***
Hühnerpest ⟨v.⟩ **0.1** ***vogelpest.***
Hühnerzucht ⟨v.⟩ **0.1** ***kippenfokkerij, hoenderteelt.***
huhu! 0.1 ***hallo!, hee!* 0.2** ***hu!, oeh!***
Huld ⟨v.; ~⟩⟨schr.⟩ **0.1** ***genade*** ⇒*gunst, welwillendheid.*
huldigen ⟨met 3e nv.⟩ **0.1** ***huldigen*** ◆ **1.1** einer Ansicht ~ *een mening huldigen, toegedaan zijn;* dem Fortschritt ~ *erg voor vooruitgang zijn.*
Huldigung ⟨v.; ~, ~en⟩ **0.1** ***huldiging.***
huld|reich, -voll ⟨schr.; vaak iron.⟩ **0.1** ***genadig*** ⇒*goedgunstig.*
Hülle ⟨v.; ~, ~n⟩ **0.1** ***omhulsel*** ⇒*hoes, bekleedsel* **0.2** ⟨inf.⟩ ***kleding*** ⇒*kledingstuk* **0.3** ⟨plantk.⟩ ***kelkbladeren*** ◆ **1.1** ⟨schr.⟩ die ~ der Nacht *de bescherming van de nacht* **2.1** die sterbliche ~ *het stoffelijk overschot* **6.¶** Geld **in** ~ und Fülle *geld bij de vleet* **7.¶** die ~ und Fülle *in overvloed.*
hüllen 0.1 ***hullen*** ⇒*wikkelen in, bekleden.*
hüllenlos 0.1 ***onbedekt*** ⇒*open en bloot* **0.2** ⟨inf.⟩ ***bloot*** ⇒ *naakt.*
Hüllkelch ⟨m.⟩ **0.1** ***kelkbladeren.***
Hülse ⟨v.; ~, ~n⟩ **0.1** ***huls.***
Hülsenfrucht ⟨v.⟩ **0.1** ***peulvrucht.***
Hülsenfrücht(l)er ⟨m.; ~s, ~⟩ **0.1** ***peulvrucht, -gewas.***
human 0.1 ***humaan*** ◆ **1.1** eine ~e Bestrafung *een milde bestraffing.*
Humangenetik ⟨v.⟩ **0.1** ***erfelijkheidsleer v.d. mens.***
humanisieren 0.1 ***humaniseren.***
Humanismus ⟨m.; ~⟩ **0.1** ***humanisme.***
Humanist ⟨m.; ~en, ~en⟩ **0.1** ***humanist.***
humanistisch 0.1 ***humanistisch*** ◆ **1.1** eine ~e Bildung *een klassieke opleiding;* das ~e Gymnasium *het gymnasium met Grieks en Latijn.*
humanitär 0.1 ***humanitair.***
Humanität ⟨v.; ~⟩ **0.1** ***humaniteit*** ⇒*menselijkheid.*
Humanmedizin ⟨v.⟩ **0.1** ***geneeskunde.***
Humanökologie ⟨v.⟩ **0.1** ***sociale ecologie.***
Humanwissenschaft ⟨v.; meestal mv.⟩ **0.1** ***menswetenschappen.***
Humbug ⟨m.; ~⟩ **0.1** ***humbug.***
humid ⟨meteo.⟩ **0.1** ***rijk aan neerslag*** ⇒*vochtig.*
Hummel ⟨v.; ~, ~n⟩ **0.1** ***hommel*** ◆ **2.1** ⟨inf.; fig.⟩ eine wilde ~ *een dartel meisje* **3.1** ⟨inf.⟩ ~n im Hintern haben *erg ongedurig zijn.*
Hummer ⟨m.; ~s, ~⟩ **0.1** ***hommer, zeekreeft.***
Humor ⟨m.; ~s, ~e⟩ **0.1** ***humor*** ◆ **3.1** für diesen Witz habe ich keinen ~ *die grap vind ik niet leuk meer.*

Humoreske ⟨v.; ~, ~n⟩⟨lit., muz.⟩ **0.1** ***humoreske.***
humorig 0.1 ***humoristisch.***
Humorist ⟨m.; ~en, ~en⟩ **0.1** ***humorist.***
humoristisch 0.1 ***humoristisch.***
humorlos 0.1 ***zonder humor.***
humorvoll 0.1 ***humoristisch.***
humos 0.1 ***humusrijk.***
Humpelei ⟨v.; ~⟩⟨inf.⟩ **0.1** ***gehompel*** ⇒*gestrompel.*
humpeln 0.1 ***hompelen*** ⇒*hinken, strompelen* **0.2** ***hobbelen*** ⇒*horten en stoten.*
Humpen ⟨m.; ~s, ~⟩ **0.1** ***homp*** ⇒*groot drinkglas.*
Humus ⟨m.; ~⟩ **0.1** ***humus.***
Humusboden ⟨m.⟩ **0.1** ***humusgrond.***
Hund ⟨m.; ~(e)s, ~e⟩ **0.1** ***hond*** **0.2** ⟨inf.; fig.⟩ ***man*** ⇒*kerel, iemand* **0.3** ⟨pej.; fig.⟩ ***schurk*** ⇒*boef, hond* **0.4** ⟨mijnw.⟩ ***(ijzeren) hond*** ⟨wagen⟩ ◆ **2.1** ⟨inf.; fig.⟩ ein dicker ~ (a) *een onbeschoftheid* (b) *een miskleun* **2.2** ein feiner ~ (a) *een fidele kerel* (b) *een chique vent* **3.1** ⟨inf.⟩ mit etwas keinen ~ hinter dem Ofen hervorlocken können *voor iets geen enkele belangstelling weten te krijgen;* ⟨inf.⟩ da liegt der ~ begraben *daar zit 'm de kneep* **6.1** ⟨inf.⟩ jmdn. **auf** den ~ bringen *iem. ruïneren;* **auf** den ~ kommen *aan lager wal raken;* ⟨inf.⟩ **mit** allen ~en gehetzt sein *door de wol geverfd zijn;* ⟨inf.⟩ **vor** die ~e gehen *naar de haaien gaan* **8.1** ⟨inf.⟩ wie ~ und Katze leben *leven als kat en hond* **¶.1** ⟨sprw.⟩ bellende ~e beißen nicht *blaffende honden bijten niet;* ⟨sprw.⟩ viele ~e sind des Hasen Tod *veel honden zijn der hazen dood;* ⟨sprw.⟩ schlafende ~e soll man nicht wecken *men moet geen slapende honden wakker maken.* →**letzt.**
Hundeblick ⟨m.⟩⟨fig.⟩ **0.1** ***trouwhartige blik.***
hundeelend 0.1 ***hondsberoerd.***
Hundefänger ⟨m.; ~s, ~⟩ **0.1** ***hondenmepper.***
Hundefraß ⟨m.⟩⟨pej.; fig.⟩ **0.1** ***hondenvoer*** ⇒*slecht eten.*
Hundehütte ⟨v.⟩ **0.1** ***hondenhok.***
hundekalt ⟨inf.⟩ **0.1** ***bar, verduiveld koud.***
Hundeleben ⟨o.⟩⟨inf.⟩ **0.1** ***hondenleven.***
Hundemarke ⟨v.⟩ **0.1** ***hondenpenning.***
hundemäßig ⟨inf.⟩ **0.1** ***honds*** ⇒*ellendig.*
hundemüde ⟨inf.⟩ **0.1** ***hondsmoe*** ⇒*bekaf.*
hundert 0.1 ***honderd*** **0.2** ⟨inf.⟩ ***honderd*** ⇒*talloos* ◆ **6.¶** ⟨inf.⟩ jmdn. **auf** ~ bringen *iem. nijdig maken.*
Hundert[1] ⟨v.; ~, ~en⟩ **0.1** ***(het getal) honderd.***
Hundert[2] ⟨o.; ~s, ~e⟩ **0.1** ***honderd(tal)*** ◆ **6.1** drei **vom** ~ *drie procent;* ~e **von** Briefen *honderden brieven;* sie kamen **zu** ~en *ze kwamen bij honderden.*
Hunderter ⟨m.; ~s, ~⟩ **0.1** ⟨wisk.⟩ ***honderdtal*** **0.2** ⟨inf.⟩ ***briefje van honderd.***
hunderterlei 0.1 ***honderderlei, talloos*** ⇒*allerlei, heel veel* **0.2** ***van alles*** ⇒*allerlei dingen.*
Hundertfünfundsiebziger ⟨m.; ~s, ~⟩⟨scherts.; euf.⟩ **0.1** ***homo(seksueel).***
Hundertjahrfeier ⟨v.⟩ **0.1** ***eeuwfeest.***
Hundertmarkschein ⟨m.⟩ **0.1** ***bankbiljet, briefje van 100 mark.***
hundertprozentig 0.1 ***(van) honderd procent*** **0.2** ⟨fig.⟩ ***volledig*** ⇒*helemaal* ◆ **1.2** eine ~e Sicherheit *een volledige zekerheid.*
Hundertsatz ⟨m.⟩ **0.1** ***percentage.***
Hundertschaft ⟨v.; ~, ~en⟩⟨mil.⟩ **0.1** ***(eenheid van) honderd man.***
hundertste 0.1 ***honderdste*** ◆ **6.1 vom** Hundertsten ins Tausendste kommen *van de hak op de tak springen.*
Hundertstel ⟨o.; ~s, ~⟩ **0.1** ***honderdste (deel).***
hundertzehn ⟨inf.⟩ ◆ **6.¶ auf** ~ sein *woedend zijn.*
Hundeschlitten ⟨m.⟩ **0.1** ***hondenslee.***
Hundeschnauze ⟨v.⟩ **0.1** ***hondensnoet, -snuit*** ◆ **8.1** ⟨inf.; fig.⟩ kalt wie (eine) ~ sein *geen gevoel in z'n lijf hebben.*
Hundesohn ⟨m.⟩⟨vulg.; pej.⟩ **0.1** ***schoft.***
Hundesperre ⟨v.⟩ **0.1** ***verbod honden los te laten lopen.***
Hundestaupe ⟨v.⟩ **0.1** ***hondenziekte, ziekte van Carré.***
Hundevieh ⟨o.⟩⟨inf.; pej.⟩ **0.1** ***rothond.***
Hundewetter ⟨o.⟩ **0.1** ***hondenweer.***
Hundezwinger ⟨m.⟩ **0.1** ***kennel.***
Hündin ⟨v.; ~, ~nen⟩ **0.1** ***teef.***
hündisch 0.1 ***kruiperig*** ⇒*slaafs* **0.2** ***honds*** ⇒*gemeen.*
Hundsfott ⟨m.; ~(e)s, ~e of ¨~er⟩⟨inf.⟩ **0.1** ***hondsvot*** ⇒ *ploert.*
hundsföttisch ⟨inf.⟩ **0.1** ***gemeen*** ⇒*smerig.*
hundsgemein ⟨inf.⟩ **0.1** ***uiterst gemeen*** ⇒*ingemeen* **0.2** ***heel grof*** ⇒*vulgair* **0.3** ***bar*** ⇒*ontzettend.*
Hundskamille ⟨v.⟩ **0.1** ***gele kamille.***
hundsmiserabel ⟨inf.⟩ **0.1** ***allerberoerdst.***
Hundsrose ⟨v.⟩ **0.1** ***wilde roos, hondsroos.***
Hundsstern ⟨m.⟩⟨ster.⟩ **0.1** ***Hondsster, Sirius.***
Hundstage ⟨alleen mv.⟩ **0.1** ***hondsdagen.***
Hüne ⟨m.; ~n, ~n⟩ **0.1** ***reus*** ⇒*boom v.e. kerel.*
Hünengestalt ⟨v.⟩ **0.1** ***reuzengestalte.***
Hünengrab ⟨o.⟩ **0.1** ***hunebed.***
hünenhaft 0.1 ***reusachtig*** ⇒*erg fors.*
Hunger ⟨m.; ~s⟩ **0.1** ***honger*** ⟨ook fig.⟩ ◆ **2.1** ⟨inf.⟩ guten ~! *eet ze!* **6.1** ⟨inf.⟩ ~ **auf** frisches Brot *trek in vers brood.*
Hungerjahr ⟨o.⟩ **0.1** ***jaar van hongersnood.***
Hungerkünstler ⟨m.⟩ **0.1** ***hongerkunstenaar.***
Hungerleider ⟨m.; ~s, ~⟩⟨inf.; pej.⟩ **0.1** ***hongerlijder.***
Hungerlohn ⟨m.⟩ **0.1** ***hongerloon.***
hungern I ⟨onov.ww.⟩ **0.1** ***honger lijden*** **0.2** ⟨fig.⟩ ***hongeren*** ⇒*sterk verlangen;*
II sich ~ ⟨wk.ww.⟩ **0.1** ***honger lijden*** ◆ **5.1** sich schlank ~ *door honger lijden slank worden.*
Hungerödem ⟨o.⟩ **0.1** ***hongeroedeem.***
Hungerration ⟨v.⟩⟨inf.⟩ **0.1** ***karige portie.***
Hungersnot ⟨v.⟩ **0.1** ***hongersnood.***
Hungerstreik ⟨m.⟩ **0.1** ***hongerstaking.***
Hungertod ⟨m.⟩ **0.1** ***hongerdood.***
Hungertuch ⟨o.⟩ **0.1** ***hongerdoek, vastengordijn*** ◆ **6.1** ⟨inf.; fig.⟩ **am** ~ nagen *gebrek lijden.*
hungrig 0.1 ***hongerig*** **0.2** ⟨fig.⟩ ***hongerig*** ⇒*begerig, verlangend.*
Hunne ⟨m.; ~n, ~n⟩ **0.1** ***Hun(nen)*** **0.2** ⟨fig.⟩ ***barbaar*** ⇒ *woesteling.*
Hupe ⟨v.; ~, ~n⟩ **0.1** ***claxon.***
hupen 0.1 ***claxonneren, toeteren.***
hüpfen 0.1 ***huppen*** ⇒*huppelen, dartelen* ◆ **8.1** ⟨inf.⟩ das ist gehüpft wie gesprungen *dat is lood om oud ijzer.*
Hüpfer ⟨m.; ~s, ~⟩ **0.1** ***sprongetje.***
Hupkonzert ⟨o.⟩ **0.1** ***claxonconcert.***
Hürde ⟨v.; ~, ~n⟩ **0.1** ***horde*** **0.2** ***(met horden) omheinde weide*** ⇒*schaapskooi* ◆ **3.1** ⟨fig.⟩ eine ~ nehmen *een hindernis nemen.*
Hürdenlauf ⟨m.⟩⟨sp.⟩ **0.1** ***hordeloop.***
Hure ⟨v.; ~, ~n⟩ **0.1** ***hoer, prostituee.***
huren ⟨pej.⟩ **0.1** ***hoeren*** ⇒*naar de hoeren lopen.*
Hurenbock ⟨m.⟩ **0.1** ***hoerenloper.***
Hurensohn ⟨m.⟩⟨vulg.⟩ **0.1** ***gluiperd*** ⇒*grote schoft.*
Hurerei ⟨v.; ~⟩ **0.1** ***hoererij.***
hurra! ⟨acc. wiss.⟩ **0.1** ***hoera!***
Hurra ⟨acc. wiss.⟩⟨o.; ~s, ~s⟩ **0.1** ***hoera.***
Hurraruf ⟨m.⟩ **0.1** ***hoeraatje, hoerageroep.***
Hurrikan ⟨m.; ~(e)s, ~e⟩ **0.1** ***wervelstorm.***
Husar ⟨m.; ~en, ~en⟩⟨gesch.⟩ **0.1** ***huzaar.***

Husaren|streich, -stück ⟨m.⟩ **0.1** ***huzarenstukje*** ⇒*bravourestuk.*
husch 0.1 ***vlug*** ⇒*snel, gezwind.*
husch! 0.1 ***snel!, schiet op!, vooruit!***
Husch ⟨m.; ~es, ~e⟩ **0.1** ***vlugge beweging*** ⇒*flits* ◆ **6.1** jmdn. **auf** einen ~ besuchen *even bij iem. aanwippen;* etwas **im** ~ erledigen *iets in een mum afhandelen.*
huschen 0.1 ***(voort)glippen*** ⇒*(voort)glijden* ◆ **6.1** ein Gedanke huschte **durch** sein Gehirn *een gedachte flitste door zijn hoofd.*
hüsteln 0.1 ***kuchen.***
husten I ⟨onov.ww.⟩ **0.1** ***hoesten, de hoest hebben*** ◆ **6.¶** ⟨inf.⟩ **auf** etwas ⟨4e nv.⟩ ~ *maling aan iets hebben;*
II ⟨ov.ww.⟩ **0.1** ***(op)hoesten*** ◆ **4.¶** ⟨inf.⟩ ich werde dir eins ~! *je kunt me wat!*
Husten ⟨m.; ~s⟩ **0.1** ***hoest.***
Hustenanfall ⟨m.⟩ **0.1** ***hoestbui.***
Hustenbonbon ⟨o.⟩ **0.1** ***hoestpastille, -bonbon.***
Hustenreiz ⟨m.⟩ **0.1** ***hoestprikkel.***
Huster ⟨m.; ~s, ~⟩⟨inf.⟩ **0.1** ***hoest.***
Hut[1] ⟨m.; ~(e)s, ⸗e⟩ **0.1** ***hoed*** ◆ **2.1** ⟨inf.; fig.⟩ ein alter ~ *iets dat iedereen al weet* **3.1** ⟨inf.⟩ da geht einem der ~ hoch *dat is om razend van te worden;* ⟨inf.⟩ seinen ~ nehmen (müssen) *(moeten) aftreden* **5.1** ⟨inf.⟩ ~ ab! *alle respect!, m'n complimenten!* **6.1** ⟨inf.⟩ mit etwas nichts **am** ~ haben *met iets niks te maken hebben;* ⟨inf.⟩ das kann er sich **an** den ~ stecken *dat mag ie houden;* ⟨inf.⟩ eins **auf** den ~ bekommen, kriegen *op z'n kop krijgen;* ⟨inf.⟩ etwas **aus** dem ~ machen *iets improviseren;* ⟨inf.⟩ **unter** einen ~ bringen *overeenstemming bereiken.*
Hut[2] ⟨v.; ~⟩ **0.1** ***hoede*** ⇒*bescherming, bewaring* **0.2** ***hoede*** ⇒ *waakzaamheid* ◆ **6.2** vor jmdm. **auf** der ~ sein *voor iem. op z'n hoede zijn.*
Hutablage ⟨v.⟩ **0.1** ***hoedenplank.***
Hutband ⟨o.⟩ **0.1** ***hoedenband*** **0.2** ***hoedenlint.***
Hütchenspiel ⟨o.⟩ **0.1** ***balletje-balletje(spel).***
Hütehund ⟨m.⟩ **0.1** ***herdershond.***
Hütejunge ⟨m.⟩ **0.1** ***herdersjongen.***
hüten I ⟨ov.ww.⟩ **0.1** ***hoeden*** **0.2** ***oppassen*** ⇒*zorgen voor, bewaren* ◆ **1.2** das Bett ~ *(ziek) in bed blijven;* das Haus ~ *(ziek) thuis blijven;* seine Zunge ~ *op zijn woorden passen;*
II sich ~ ⟨wk.ww.⟩ **0.1** ***oppassen*** ⇒*zich wachten, uitkijken* ◆ **6.1** sich **vor** Anstrengungen ~ *zich voor inspanningen in acht nemen.*
Hüter ⟨m.; ~s, ~⟩ **0.1** ***hoeder*** ⇒*bewaker, beschermer* **0.2** ⟨sp.⟩ ***doelman, keeper.***
Hutform ⟨v.⟩ **0.1** ***vorm v.e. hoed*** **0.2** ***hoedenbol.***
Hutkrempe ⟨v.⟩ **0.1** ***hoedrand.***
Hutmacher ⟨m.⟩ **0.1** ***hoedenmaker.***
Hutnadel ⟨v.⟩ **0.1** ***hoedenspeld.***
Hutpilz ⟨m.⟩ **0.1** ***paddestoel met een hoed.***
Hutschachtel ⟨v.⟩ **0.1** ***hoedendoos.***
Hutschnur ⟨v.⟩⟨inf.⟩ ◆ **6.¶** das geht mir **über** die ~! *dat gaat me te ver!*
Hütte ⟨v.; ~, ~n⟩ **0.1** ***hut*** **0.2** ***berghut*** **0.3** ***hoogoven, smelterij*** **0.4** ***glasfabriek.***
Hüttenabend ⟨m.⟩ **0.1** ***gezellige avond in een berghut.***
Hüttenbetrieb ⟨m.⟩ **0.1** ***hoogovenbedrijf.***
Hüttenkäse ⟨m.⟩ **0.1** ***korrelig soort kwark, cottage cheese.***
Hüttenkunde ⟨v.⟩ **0.1** ***metallurgie.***
Hüttenschuh ⟨m.⟩ **0.1** ***gebreide wollen pantoffel.***
Hüttenwerk ⟨o.⟩ **0.1** ***hoogovenbedrijf*** **0.2** ***glasfabriek.***
hutzelig 0.1 ***verschrompeld*** ⇒*gerimpeld.*
Hutzelmännchen ⟨o.⟩ **0.1** ***kabouter*** **0.2** ***oud rimpelig mannetje.***
Hutzucker ⟨m.⟩ **0.1** ***broodsuiker.***
Hyäne ⟨v.; ~, ~n⟩ **0.1** ***hyena.***
Hyazinthe ⟨v.; ~, ~n⟩⟨plantk.⟩ **0.1** ***hyacint.***
hybrid 0.1 ***hybridisch, tweeslachtig*** **0.2** ⟨schr.⟩ ***overmoedig*** ⇒*vermetel.*
Hybride ⟨v.; ~, ~n⟩ **0.1** ***hybride*** ⇒*bastaard, hybridisch wezen.*
Hybris ⟨v.; ~⟩ **0.1** ***hybris*** ⇒*overmoed, aanmatiging.*
Hydra ⟨v.; ~, Hydren⟩⟨biol., gesch.⟩ **0.1** ***hydra.***
Hydrant ⟨m.; ~en, ~en⟩ **0.1** ***hydrant, brandkraan.***
Hydrat ⟨o.; ~(e)s, ~e⟩⟨schei.⟩ **0.1** ***hydraat.***
Hydraulik ⟨v.; ~⟩ **0.1** ***hydraulica*** **0.2** ***hydraulisch systeem.***
hydraulisch 0.1 ***hydraulisch.***
Hydrid ⟨o.; ~(e)s, ~e⟩⟨schei.⟩ **0.1** ***hydride.***
Hydrometer ⟨o.⟩ **0.1** ***hydro-, vochtmeter.***
Hygiene ⟨v.; ~⟩ **0.1** ***hygiëne.***
Hygieniker ⟨m.; ~s, ~⟩ **0.1** ***hygiënist.***
hygienisch 0.1 ***hygiënisch.***
Hygrometer ⟨o.⟩ **0.1** ***hygro-, vochtigheidsmeter.***
Hymne ⟨v.; ~, ~n⟩ **0.1** ⟨lit., rel.⟩ ***hymne, loflied*** **0.2** ***volkslied.***
hymnisch 0.1 ***hymnisch.***
Hyperbel ⟨v.; ~, ~n⟩ **0.1** ***hyperbool.***
hyperbolisch 0.1 ***hyperbolisch.***
Hypnose ⟨v.; ~, ~n⟩ **0.1** ***hypnose.***
Hypnotik ⟨v.; ~⟩ **0.1** ***leer v.d. hypnose.***
hypnotisieren 0.1 ***hypnotiseren.***
Hypochonder ⟨m.; ~s, ~⟩ **0.1** ***hypochonder.***
Hypochondrie ⟨v.; ~⟩ **0.1** ***hypochondrie.***
Hypokrisie ⟨v.; ~⟩ **0.1** ***hypocrisie, schijnheiligheid.***
Hypophyse ⟨v.; ~, ~n⟩ **0.1** ***hypofyse.***
Hypotenuse ⟨v.; ~, ~n⟩ **0.1** ***hypotenusa.***
Hypothek ⟨v.; ~, ~en⟩ **0.1** ***hypotheek.***
Hypothekar ⟨m.; ~(e)s, ~e⟩ **0.1** ***hypothecaris.***
hypothekarisch 0.1 ***hypothecair.***
Hypothekenbrief ⟨m.⟩ **0.1** ***hypotheekakte.***
Hypothekengläubiger ⟨m.⟩ **0.1** ***hypothecaire schuldeiser.***
Hypothekenschuldner ⟨m.⟩ **0.1** ***hypothecaire schuldenaar.***
Hypothese ⟨v.; ~, ~n⟩ **0.1** ***hypothese.***
hypothetisch 0.1 ***hypothetisch.***
Hypozentrum ⟨o.⟩ **0.1** ***aardbevingshaard.***
Hysterie ⟨v.; ~, ~n⟩ **0.1** ***hysterie.***
Hysteriker ⟨m.; ~s, ~⟩ **0.1** ***hystericus.***
Hysterikerin ⟨v.; ~, ~nen⟩ **0.1** ***hysterica.***
hysterisch 0.1 ***hysterisch.***

i

i, I ⟨o.; ~, ~⟩ **0.1** ***i, I*** ⇒*klank i, letter i, I.*
i! ◆ **¶.¶** ⟨inf.⟩ ~ bewahre! ~ wo! *geen denken aan!;* ~, schmeckt das scheußlich! *jakkes, bah, wat smaakt dat afschuwelijk!*
i.A., I.A. ⟨afk.; im Auftrag⟩ **0.1** ***i.o., in opdracht.***
iahen 0.1 ***balken.***
Ibis ⟨m.; ~ses, ~se⟩⟨biol.⟩ **0.1** ***ibis.***
IC ⟨m.⟩⟨afk.⟩ [Intercity-Zug].
ich ⟨pers.vnw.⟩ **0.1** ***ik*** ◆ **1.1** ~ Esel! *ezel die ik ben!* **4.1** ~, der ~ mich so bemüht habe *ik, die zo mijn best gedaan heb;* ~ bleibe immer ~ selbst *ik blijf altijd mezelf* **8.1** ein Mensch wie du und ~ *een mens als ieder ander.*
Ich ⟨o.; ~(s), ~(s)⟩ **0.1** ***ik*** ◆ **2.1** mein anderes, besseres ~ *mijn andere, betere ik.*
Ichbewußtsein ⟨o.⟩ **0.1** ***ik-besef.***
ichbezogen 0.1 ***egocentrisch.***
Ich-Laut ⟨m.⟩⟨taal.⟩ **0.1** ⟨de ch-klank in ich⟩.
Ich-Mensch ⟨m.⟩ **0.1** ***egoïst.***
Ichsucht ⟨v.⟩⟨schr.⟩ **0.1** ***zelfzucht, egoïsme.***
id. ⟨afk.⟩ [idem].
ideal 0.1 ***ideaal*** ⇒*volmaakt, voorbeeldig* **0.2** ***ideëel*** ◆ **1.2** ~e Werte *ideële waarden.*
Ideal ⟨o.; ~s, ~e⟩ **0.1** ***ideaal (beeld)*** **0.2** ***ideaal*** ⇒*het hoogste (doel)* ◆ **1.1** das ~ der, einer Frau *de ideale vrouw* **3.1** in jmdm. sein ~ sehen *iem. als ideaal voor ogen hebben.*
Idealfall ⟨m.⟩ **0.1** ***ideaal geval.***
Idealfigur ⟨v.⟩ **0.1** ***ideale figuur, persoon*** **0.2** ***ideaal, perfect figuur.***
idealisieren 0.1 ***idealiseren*** ◆ **3.1** etwas idealisiert darstellen *iets geïdealiseerd voorstellen.*
Idealismus ⟨m.; ~⟩ **0.1** ***idealisme.***
Idealist ⟨m.; ~en, ~en⟩ **0.1** ***idealist.***
idealtypisch 0.1 ***volmaakt*** ⇒*ideaal.*
Idealwert ⟨m.⟩ **0.1** ***ideële waarde.***
Idealzustand ⟨m.⟩ **0.1** ***ideale toestand.***
Idee ⟨v.; ~, ~n⟩ **0.1** ***idee*** ⇒*gedachte, voorstelling, denkbeeld* **0.2** ⟨inf.⟩ ***ietsje*** ⇒*snufje, beetje* ◆ **1.2** eine ~ mehr Salz *een snufje meer zout* **2.1** eine fixe ~ *een idee-fixe;* eine klare ~ haben *een duidelijke voorstelling hebben;* die tragende ~ *de grondgedachte* **4.1** keine ~ von etwas haben *geen idee, flauw benul van iets hebben* **5.2** eine ~ langsamer *een tikkeltje langzamer* **6.1** die ~ **zu** einem historischen Drama *het ontwerp voor een historisch drama.*
Idée fixe ⟨v.; ~, Idées fixes⟩ **0.1** ***idee-fixe, waandenkbeeld.***
ideell 0.1 ***ideëel*** ◆ **1.1** der ~e Gehalt *het ideële gehalte.*
ideenarm 0.1 ***arm aan ideeën.***
Ideenaustausch ⟨m.⟩ **0.1** ***ideeënuitwisseling.***
ideenreich 0.1 ***rijk aan, vol ideeën.***
Identifikation ⟨v.; ~, ~en⟩ **0.1** ***identificatie, het identificeren.***
identifizieren I ⟨ov.ww.⟩ **0.1** ***identificeren;***
II sich ~ ⟨wk.ww.⟩ **0.1** ***zich identificeren, vereenzelvigen.***
identisch 0.1 ***identiek*** ◆ **1.1** ⟨wisk.⟩ eine ~e Gleichung *een identiteit.*
Identität ⟨v.; ~⟩ **0.1** ***identiteit*** ◆ **1.1** die ~ zweier Begriffe *het identiek zijn van twee begrippen.*
Ideologe ⟨m.; ~n, ~n⟩ **0.1** ***ideoloog.***
Idiom ⟨o.; ~s, ~e⟩ **0.1** ***idioom, taaleigen*** **0.2** ***idiomatische uitdrukking*** ◆ **1.2** die ~e einer Fremdsprache *de idiomatische uitdrukkingen van een vreemde taal.*
Idiot ⟨m.; ~en, ~en⟩ **0.1** ***idioot*** ⇒*stommeling, gek* ◆ **4.1** ich ~! *stommeling, die ik ben!*
Idiotenhügel ⟨m.⟩⟨sp.; scherts.⟩ **0.1** ***beginnersheuveltje*** ⟨skiën⟩.
idiotensicher ⟨inf.; scherts.⟩ **0.1** ***doodsimpel.***
Idiotie ⟨v.; ~, ~n⟩ **0.1** ***idiotie, idioterie*** ⇒*dwaasheid* ◆ **2.1** angeborene ~ *aangeboren idiotie, zwakzinnigheid;* die Maßnahme ist reine ~ *die maatregel is je reinste dwaasheid.*
idiotisch 0.1 ***idioot*** ⇒*dwaas, onzinnig.*
Idol ⟨o.; ~s, ~e⟩ **0.1** ***idool, afgod(sbeeld).***
idolisieren 0.1 ***tot idool verheffen.***
Idyll ⟨o.; ~s, ~e⟩ **0.1** ***idylle.***
Idylle ⟨v.; ~, ~n⟩ **0.1** ***idylle*** ⟨ook bk., lit.⟩ ⇒*herdersdicht, -tafereel.*
Idyllik ⟨v.; ~⟩ **0.1** ***idyllisch karakter.***
idyllisch 0.1 ***idyllisch*** ⟨ook lit.⟩ ⇒*liefelijk.*
IG ⟨afk.⟩ [Industriegewerkschaft, Interessengemeinschaft].
Igel ⟨m.; ~s, ~⟩ **0.1** ***egel*** ◆ **2.1** ⟨fig.⟩ er ist ein borstiger, richtiger ~ *hij zet meteen zijn stekels overeind.*
Igelstachel ⟨m.⟩ **0.1** ***stekel v.e. egel.***
Igelstellung ⟨v.⟩⟨mil.⟩ **0.1** ***egelstelling.***
Iglu ⟨m. & o.; ~s, ~s⟩ **0.1** ***iglo.***
ignorant ⟨pej.⟩ **0.1** ***dom*** ⇒*onwetend.*
Ignoranz ⟨v.; ~⟩ **0.1** ***ignorantie*** ⇒*onwetendheid.*
ignorieren 0.1 ***negeren*** ⇒*ignoreren* ◆ **3.1** wir sollten nicht ~, daß ... *wij mogen niet over het hoofd zien, dat ...*
IHK ⟨afk.⟩ →**Industrie- und Handelskammer.**
ihm ⟨pers.vnw.⟩ **0.1** ***hem, het.***
ihn ⟨pers.vnw.⟩ **0.1** ***hem.***
ihnen ⟨pers.vnw.⟩ **0.1** ***hun, hen, ze.***
Ihnen ⟨pers.vnw.⟩ **0.1** ***u.***
ihr[1] ⟨bez.vnw.⟩ **0.1** ***haar*** ◆ **1.1** das ist nicht meine Sache, sondern ~e *dat is niet mijn zaak, maar die van haar.*
ihr[2] ⟨bez.vnw.⟩ **0.1** ***hun, haar*** ◆ **7.1** eure Vorschläge und die ~en *jullie voorstellen en de hunne.*
ihr[3] ⟨pers.vnw.⟩ **0.1** ***jullie, gij.***
Ihr 0.1 ***uw*** ◆ **1.1** mein Zimmer und ~es *mijn kamer en de uwe* **7.1** tun Sie bitte das ~e *doet u alstublieft het uwe.*
ihrerseits 0.1 ***harerzijds, van haar kant*** **0.2** ***hunnerzijds, van hun kant.***
Ihrerseits 0.1 ***uwerzijds, van uw kant.***
ihresgleichen 0.1 ***haars gelijke, huns gelijke*** ◆ **3.1** eine Frechheit, die ~ sucht *een ongehoorde brutaliteit* **6.1** sie verkehrt nur **mit** ~ *ze gaat alleen met mensen zoals zij om.*
ihretwegen 0.1 ***harentwege*** ⇒*ter wille van, om haar* **0.2** ***hunnentwege*** ⇒*ter wille van, om hen.*
ihrige 0.1 ***hare, van haar*** **0.2** ***hunne, van hen*** ◆ **7.1** der, die, das ~ *de, het hare.*
Ihrige 0.1 ***uwe, van u*** ◆ **7.1** grüßen Sie die ~n *doet u de groeten aan de uwen.*
i.J. ⟨afk.⟩ [im Jahre].
Ikone ⟨v.; ~, ~n⟩ **0.1** ***icoon.***
ill. ⟨afk.⟩ [illustriert].
illegal 0.1 ***illegaal, onwettig*** ◆ **3.1** einige Illegale verhaften *enige illegalen arresteren.*
Illegalität ⟨v.; ~, ~en⟩ **0.1** ***illegale, onwettige handeling*** **0.2** ***illegaliteit*** ◆ **1.2** die ~ einer Aktion *de illegaliteit van een actie.*
illegitim 0.1 ***illegitiem*** ◆ **1.1** eine ~e Forderung *een illegitieme, ongerechtvaardigde eis.*
illiberal 0.1 ***illiberaal*** ⇒*bekrompen.*
illuminieren 0.1 ***illumineren*** ⇒*feestelijk verlichten, ver-*

luchten ◆ **1.1** illuminierte Handschriften *geïllumineerde handschriften* **1.¶** ~de Information *verhelderende informatie.*

Illusion ⟨v.; ~, ~en⟩ **0.1** ***illusie*** ◆ **3.1** sich ⟨3e nv.⟩ ~en machen *zich illusies maken;* jmdm. seine ~en rauben *iem. zijn illusies ontnemen* **6.1** jmdn. **aus** seinen ~en reißen *iemands illusies (wreed) verstoren.*

Illusionismus ⟨m.; ~⟩⟨bk., fil.⟩ **0.1** ***illusionisme.***

illusorisch **0.1** ***illusoir*** ⇒*bedrieglijk, overbodig, zinloos* ◆ **1.1** ~e Maßnahmen *zinloze maatregelen.*

Illustration ⟨v.; ~, ~en⟩ **0.1** ***illustratie*** ⇒*verduidelijking* **0.2** ⟨boek.⟩ ***illustratie*** ⇒*plaat(je).*

illustrieren **0.1** ***illustreren*** ⇒*verduidelijken* **0.2** ⟨boek.⟩ ***illustreren*** **0.3** ⟨cul.⟩ ***garneren.***

Illustrierte ⟨bn. als zn.; v.⟩ **0.1** ***geïllustreerd tijdschrift.***

Iltis ⟨m.; ~ses, ~se⟩ **0.1** ***bunzing(bont)*** ◆ **3.1** einen ~ tragen *een jas van bunzingbont dragen.*

IM ⟨v.⟩⟨afk.; Inoffizielle(r) Mitarbeiter⟩ **0.1** ⟨euf. voor denunciant, verklikker die in het geheim voor de Stasi werkte in de voormalige DDR⟩.

Image ⟨o.; ~(s), ~s⟩ **0.1** ***image, imago*** ◆ **3.1** sein ~ ist angeschlagen *zijn image heeft een deuk gekregen;* sein ~ pflegen *aan zijn image werken.*

imaginär **0.1** ***imaginair, denkbeeldig*** ◆ **1.1** ⟨wisk.⟩ eine ~e Einheit *een imaginaire grootheid.*

Imagination ⟨v.; ~, ~en⟩ **0.1** ***imaginatie*** ⇒*fantasie.*

imbezil(l) **0.1** ***imbeciel.***

Imbiß ⟨m.; Imbisses, Imbisse⟩ **0.1** ***kleine, lichte maaltijd*** **0.2** ***snack*** ⇒*hapje* **0.3** ***snackbar*** ⇒*cafetaria.*

Imbiß|bar, -halle, -stube ⟨v.⟩ **0.1** ***snackbar*** ⇒*cafetaria.*

Imitation ⟨v.; ~, ~en⟩ **0.1** ***imitatie.***

Imitator ⟨m.; ~s, Imitatoren⟩ **0.1** ***imitator.***

imitieren **0.1** ***imiteren*** ⇒*nabootsen, nadoen* ◆ **1.1** imitiertes Leder *namaak-, imitatieleer.*

Imker ⟨m.; ~s, ~⟩ **0.1** ***imker, bijenhouder.***

Imkerei ⟨v.; ~, ~en⟩ **0.1** ***bijenhof*** ⇒*bijenstal* **0.2** ***imkerij, bijenhouderij.***

imkern **0.1** ***imkeren.***

immanent **0.1** ***immanent*** ◆ **3.1** einer Sache ~ sein *immanent zijn aan iets.*

immateriell **0.1** ***immaterieel*** ⇒*geestelijk* ◆ **1.1** ⟨jur.⟩ ~er Schaden *immateriële, geestelijke schade.*

Immatrikulation ⟨v.; ~, ~en⟩ **0.1** ***immatriculatie, inschrijving*** ⟨hogeschool, universiteit⟩.

Immatrikulationsgebühr ⟨v.⟩⟨school.⟩ **0.1** ***inschrijfgeld.***

immatrikulieren I ⟨ov.ww.⟩ **0.1** ***immatriculeren, inschrijven*** ⟨hogeschool, universiteit⟩;
II sich ~ ⟨wk.ww.⟩ **0.1** ***zich laten inschrijven.***

immens **0.1** ***immens*** ⇒*onmetelijk, ontzaglijk* ◆ **3.1** ⟨inf.⟩ ~ aufpassen *enorm goed opletten.*

immer **0.1** ***altijd*** ⇒*steeds* **0.2** ***ook*** ⟨in toegevende zinnen⟩ **0.3** ***maar*** ◆ **3.3** laß ihn nur ~ kommen! *laat hem maar komen!;* was treibst du denn ~? *wat voer jij eigenlijk uit?* **4.1** ⟨inf.⟩ ~ ich! *ik ben altijd het haasje!* **4.2** was ~ er sagen mag *wat hij ook mag zeggen;* wie ~ es dir gehen mag *hoe het je ook gaat* **5.1** ⟨inf.⟩ ~ mal *af en toe;* eins ist ~ schöner als das andere *het een is nog mooier dan het ander;* ~ zwei auf einmal *met twee tegelijk* **5.3** ~ langsam (voran)! *kalm aan maar!;* so schnell er ~ konnte *zo snel hij maar (enigszins) kon;* nur ~ zu! *en nu aan het werk!* **6.1** **auf** ~ *voor altijd* **6.3** ⟨inf.⟩ ~ zu! *erop af!* **8.1** ⟨inf.⟩ ~ und ewig *eeuwig en altijd;* ~ und ~ *steeds maar weer;* wie ~ *zoals altijd.*

immerdar ⟨schr.⟩ **0.1** ***immer*** ⇒*voor altijd.*

immerfort **0.1** ***voortdurend*** ⇒*aldoor, steeds weer.*

immergrün ⟨plantk.⟩ **0.1** ***groenblijvend.***

Immergrün ⟨o.; ~s, ~e⟩⟨plantk.⟩ **0.1** ***maagdenpalm.***

immerhin **0.1** ***tenminste*** ⇒*in elk geval* **0.2** ***desondanks*** ⇒*toch (maar)* **0.3** ***altijd nog*** ⇒*tenslotte, toch (nog)* ◆ **1.1** hier ist ~ eine Unterkunft *hier is tenminste een onderdak* **1.3** schimpf nicht so laut, er ist ~ dein Vater *ga niet zo te keer, hij is altijd nog je vader* **8.1** es ist zwar wenig, aber ~! *het is wel weinig, maar altijd beter dan niets!* **8.2** ich will nicht engherzig sein, aber ~ *ik wil niet bekrompen zijn, maar toch.*

Immersion ⟨v.; ~, ~en⟩ **0.1** ***immersie, onderdompeling*** **0.2** ⟨med.⟩ ***langdurig bad*** **0.3** ⟨aardr.⟩ ***overstroming*** ⟨door de zee⟩ **0.4** ⟨aardr., nat.⟩ ***immersie.***

immerwährend[1] ⟨bn.⟩ **0.1** ***eeuwigdurend.***

immerwährend[2] ⟨bw.⟩ **0.1** ***voortdurend*** ⇒*onophoudelijk, onafgebroken* ◆ **3.1** ~ reden *onafgebroken praten.*

immerzu ⟨acc. wiss.⟩⟨inf.⟩ **0.1** ***voortdurend*** ⇒*aldoor, onafgebroken* ◆ **3.1** ~ über sein Hobby reden *altijd maar over zijn hobby praten.*

Immigrant ⟨m.; ~en, ~en⟩ **0.1** ***immigrant.***

immigrieren **0.1** ***immigreren.***

immobil **0.1** ***immobiel, onbeweeglijk*** **0.2** ⟨mil.⟩ ***non-combattant.***

Immobiliarkredit ⟨m.⟩ **0.1** ***hypothecair krediet.***

Immobiliarversicherung ⟨v.⟩ **0.1** ***onroerendgoedverzekering.***

Immobilie ⟨v.; ~, ~n⟩ **0.1** ***onroerend goed.***

Immobilienhändler ⟨m.⟩ **0.1** ***makelaar in onroerend goed.***

Immobilität ⟨v.; ~⟩ **0.1** ***immobiliteit.***

immoralisch **0.1** ***immoreel*** ⇒*onzedelijk.*

Immortalität ⟨v.; ~⟩ **0.1** ***immortaliteit, onsterfelijkheid.***

immun **0.1** ⟨med.⟩ ***immuun*** ⇒*onvatbaar, ongevoelig* **0.2** ⟨jur.⟩ ***immuun*** ⇒*onschendbaar* ◆ **6.1** ⟨fig.⟩ ~ **gegen** eine Versuchung sein *ongevoelig zijn voor een verleiding.*

Immunabwehr ⟨v.⟩ **0.1** ***weerstandsvermogen tegen infectieziekten.***

Immunität ⟨v.; ~, ~en⟩ **0.1** ⟨med.⟩ ***immuniteit*** ⇒*ongevoeligheid* **0.2** ⟨jur.⟩ ***immuniteit*** ⇒*onschendbaarheid.*

Immunkörper ⟨m.⟩⟨med.⟩ **0.1** ***antistof.***

Immunsystem ⟨o.⟩ **0.1** ***(immunologisch) afweersysteem, immuunsysteem.***

imperativ **0.1** ***imperatief*** ⇒*bevelend, gebiedend* ◆ **1.1** eine ~e Forderung *een imperatieve, dwingende eis.*

Imperativ ⟨m.; ~s, ~e⟩ **0.1** ⟨taal.⟩ ***imperatief, gebiedende wijs*** **0.2** ⟨fil.⟩ ***imperatief, zedelijk gebod*** ◆ **2.2** Kants kategorischer ~ *de categorische imperatief van Kant.*

Imperfekt ⟨o.; ~s, ~e⟩⟨taal.⟩ **0.1** ***imperfect(um), onvoltooid verleden tijd.***

imperial **0.1** ***imperiaal, keizerlijk*** **0.2** ***het imperium, de imperator betreffend.***

Imperialismus ⟨m.; ~⟩ **0.1** ***imperialisme.***

Imperium ⟨o.; ~s, Imperien⟩ **0.1** ***imperium, wereldrijk*** ⟨ook fig.⟩.

impertinent **0.1** ***impertinent*** ⇒*onbeschaamd, brutaal.*

Impertinenz ⟨v.; ~, ~en⟩ **0.1** ***impertinentie*** ⇒*brutaliteit.*

Impfausweis ⟨m.⟩ **0.1** ***inentings-, vaccinatiebewijs.***

impfen **0.1** ⟨med.⟩ ***inenten*** ⇒*vaccineren* **0.2** ⟨biol., landb.⟩ ***enten*** ◆ **4.1** ⟨inf.⟩ jmdn. ~ *iem. iets goed inprenten.*

Impfpflicht ⟨v.⟩ **0.1** ***vaccinatiedwang.***

Impfreis ⟨o.⟩⟨landb.⟩ **0.1** ***entrijs.***

Impfschein ⟨m.⟩ **0.1** ***inentings-, vaccinatiebewijs.***

Impfstoff ⟨m.⟩⟨med.⟩ **0.1** ***vaccin, entstof.***

Impfung ⟨v.; ~, ~en⟩ **0.1** ⟨med.⟩ ***inenting, vaccinatie*** **0.2** ⟨biol., landb.⟩ ***enting.***

Implantat ⟨o.; ~(e)s, ~e⟩⟨med.⟩ **0.1** ***ingeplant stuk weefsel.***

implementieren 0.1 ***implementeren*** (ook comp.).
Implikation (v.; ~, ~en) **0.1** ***implicatie.***
implizieren 0.1 ***impliceren*** *⇒inhouden.*
implizit 0.1 ***impliciet*** *⇒eronder begrepen.*
imponieren (met 3e nv.) **0.1** ***imponeren*** *⇒indruk maken.*
Imponiergehabe (o.)(biol.) **0.1** ***imponeergedrag.***
Import (m.; ~(e)s, ~e) **0.1** ***import*** *⇒invoer, ingevoerde waar* ◆ **3.1** ~e versteuern *ingevoerde waren aangeven.*
Importanz (v.; ~) **0.1** ***importantie*** *⇒belang, gewicht.*
Importeur (m.; ~s, ~e) **0.1** ***importeur.***
Importgeschäft (o.) **0.1** ***importfirma*** **0.2** ***importtransactie.***
Importgut (o.) **0.1** ***importgoederen.***
importieren 0.1 ***importeren, invoeren.***
imposant 0.1 ***imposant*** *⇒indrukwekkend.*
impotent 0.1 ***impotent.***
imprägnieren 0.1 ***impregneren*** *⇒doordrenken, doortrekken* ◆ **1.1** einen Anorak ~ *een anorak waterdicht maken;* Holz ~ *hout impregneren.*
Impression (v.; ~, ~en) **0.1** ***impressie*** *⇒indruk.*
Impressionismus (m.; ~) **0.1** ***impressionisme.***
Impressum (o.; ~s, Impressen)(boek.) **0.1** ***impressum.***
Improvisation (v.; ~, ~en) **0.1** ***improvisatie.***
improvisieren 0.1 ***improviseren*** ◆ **1.1** eine Entscheidung ~ *voor de vuist weg een beslissing nemen.*
Impuls (m.; ~es, ~e) **0.1** ***impuls*** (ook med., nat.) ◆ **2.1** im ersten ~ *in een eerste opwelling* **6.1** den ~ **zu** einer Diskussion geben *de stoot, aanzet tot een discussie geven.*
impulsiv 0.1 ***impulsief.***
imstande 0.1 ***in staat*** *⇒in de gelegenheid* ◆ **3.1** er ist ~ und erzählt alles weiter *hij is in staat om alles verder te vertellen.*
in[1] (vz. + 3,4) **0.1** (mbt. plaats) ***in, naar*** **0.2** (mbt. tijd) ***in, op, over*** **0.3** (mbt. wijze) ***in, op*** **0.4** (in vaste uitdrukkingen) ***in*** ◆ **1.1** ~s Bett gehen *naar bed gaan;* ~ die Schule gehen *naar school gaan, een school bezoeken;* ~ die Stadt fahren *naar de stad gaan;* ~ der Stadt sein *in de stad zijn* **1.2** ~ diesem Augenblick *op dit moment;* ~ der Nacht *in de nacht, 's nachts;* ~ einer Stunde, Woche *over een uur, week* **1.3** ~ Stiefeln gehen *op laarzen lopen;* ~ vielen Arten *in vele soorten* **1.4** ~ den Ferien *in de vakantie;* eine gute Note ~ Mathematik *een goed cijfer voor wiskunde;* Mitglied ~ einer Partei sein *lid van een partij zijn;* ~ Urlaub fahren *met, op vakantie gaan* **4.4** ~ sich gehen *in zichzelf keren;* (inf.) der hat's ~ sich! *dat is me er een!*
in[2] (bw.) ◆ **3.¶** in sein *in zijn, in de mode zijn.*
inadäquat 0.1 ***inadequaat.***
inakkurat 0.1 ***inaccuraat, onnauwkeurig.***
inaktiv 0.1 ***inactief*** *⇒niet actief, passief* ◆ **1.1** (med.) eine ~e Tuberkulose *een niet-acute tuberculose.*
inakzeptabel (schr.) **0.1** ***niet acceptabel.***
Inangriffnahme (v.; ~)(schr.) **0.1** ***begin*** *⇒start, het beginnen.*
Inanspruchnahme (v.; ~)(schr.) **0.1** ***gebruikmaking*** **0.2** ***het opeisen*** *⇒het beslag leggen op, belasting* ◆ **2.2** eine ständige ~ durch ein Studium *een constante belasting tengevolge van de studie.*
inaugurieren 0.1 ***inaugureren, inwijden*** **0.2** ***in het leven roepen, invoeren*** ◆ **1.2** eine Methode, Tradition ~ *een methode, traditie invoeren.*
Inbegriff (m.; ~(e)s, ~e) **0.1** ***summum*** *⇒toonbeeld, toppunt* **0.2** (fil.) ***alomvattend begrip*** *⇒wezen* ◆ **1.1** er ist der ~ des Gelehrten *hij is het prototype van de geleerde;* der ~ der Gemütlichkeit *het toppunt van gezelligheid.*
inbegriffen 0.1 ***inclusief, met inbegrip van*** ◆ **1.1** Bedienung ~ *inclusief bediening.*
Inbesitznahme (v.; ~) **0.1** ***inbezitneming, het in bezit nemen.***
Inbetriebnahme (v.; ~, ~n) **0.1** ***ingebruikneming*** **0.2** ***inbedrijfstelling*** ◆ **1.2** die ~ einer Maschine *de inbedrijfstelling van een machine.*
Inbetriebsetzung (v.; ~, ~en) **0.1** ***inbedrijfstelling.***
Inbild (o.)(schr.) **0.1** ***ideaal.***
Inbrunst (v.; ~)(schr.) **0.1** ***innigheid*** *⇒vuur, vurigheid.*
inbrünstig (schr.) **0.1** ***innig*** *⇒vurig, hartstochtelijk.*
Indefinitpronomen (o.)(taal.) **0.1** ***onbepaald voornaamwoord.***
indeklinabel (taal.) **0.1** ***indeclinabel, onverbuigbaar.***
indem 0.1 ***terwijl*** **0.2** ***doordat, door te*** ◆ **¶.2** wir können Geld sparen, ~ wir es selbst tun *wij kunnen geld sparen, door het zelf te doen.*
Independenz (v.; ~) **0.1** ***independentie, onafhankelijkheid.***
Inder (m.; ~s, ~) **0.1** ***Indiër.***
indessen[1] (bw.) **0.1** ***in-, ondertussen*** **0.2** ***evenwel*** *⇒echter, maar* ◆ **¶.2** jeder war nett zu ihm, er blieb ~ verdrießlich *iedereen was aardig voor hem, hij bleef evenwel korzelig.*
indessen[2] (vw.)(schr.) **0.1** ***terwijl (daarentegen).***
Index (m.; ~(es), ~e of Indizes) **0.1** ***index*** *⇒lijst* ◆ **6.1 auf** dem ~ stehen *op de index staan.*
indexieren 0.1 ***indexeren.***
Indexlohn (m.) **0.1** ***indexloon.***
Indexzahl (v.)(ec.) **0.1** ***indexcijfer.***
indezent 0.1 ***indecent*** *⇒onwelvoeglijk.*
Indianer (m.; ~s, ~) **0.1** ***indiaan.***
Indianerhäuptling (m.) **0.1** ***opperhoofd van de indianen.***
indianisch 0.1 ***indiaans.***
Indien (o.; ~s) **0.1** ***India.***
indifferent 0.1 ***indifferent*** *⇒onverschillig.*
Indigestion (v.; ~, ~en)(med.) **0.1** ***indigestie.***
Indignation (v.; ~) **0.1** ***indignatie, verontwaardiging, misnoegen.***
Indigo (m. & o.; ~s, ~s) **0.1** ***indigo.***
Indikation (v.; ~, ~en)(med.) **0.1** ***indicatie*** ◆ **2.1** medizinische, soziale ~ *medische, sociale indicatie.*
Indikativ (m.; ~s, ~e)(taal.) **0.1** ***indicatief, aantonende wijs.***
Indikator (m.; ~s, Indikatoren) **0.1** ***indicator*** *⇒aanwijzing* **0.2** (schei., tech.) ***indicator*** **0.3** (tech.) ***indicateur.***
indirekt 0.1 ***indirect, niet rechtstreeks*** ◆ **1.1** ~e Wahlen *getrapte, niet rechtstreekse verkiezingen.*
indisch 0.1 ***Indiaas, Indisch*** (van Voor-Indië).
indiskret 0.1 ***indiscreet*** *⇒tactloos* ◆ **1.1** eine ~e Frage *een indiscrete, onbescheiden vraag.*
Indiskretion (v.; ~, ~en) **0.1** ***indiscretie*** **0.2** ***loslippigheid.***
indiskutabel 0.1 ***niet discutabel, niet voor discussie vatbaar.***
indisponibel 0.1 ***indisponibel, niet beschikbaar.***
indisponiert 0.1 ***niet gedisponeerd.***
Individualbereich (m.) **0.1** ***privésfeer.***
Individualität (v.; ~, ~en) **0.1** ***individualiteit*** *⇒persoonlijkheid.*
Individualverkehr (m.) **0.1** ***particulier vervoer.***
individuell 0.1 ***individueel*** *⇒persoonlijk* **0.2** ***eigen, privé*** ◆ **1.1** ein ~er Geschmack *een eigen, persoonlijke smaak* **1.2** ~e Autos *eigen auto's.*
Individuum (o.; ~s, Individuen) **0.1** ***individu*** **0.2** (pej.) ***individu*** *⇒vent, sujet.*
Indiz (o.; ~es, ~ien) **0.1** ***indicatie*** *⇒teken* **0.2** (jur.) ***indicatie*** *⇒aanwijzing, (grond van) verdenking* ◆ **6.2** das Urteil stützt sich **auf** ~ien *het vonnis is op verdenkingen van schuld gebaseerd.*

Indizienbeweis ⟨m.⟩⟨jur.⟩ **0.1** ***bewijs op grond van indicaties, aanwijzingen, verdenkingen.***
indizieren 0.1 ***indiceren*** ⇒*aanduiden* **0.2** ⟨vooral rel.⟩ ***indiceren, op de index plaatsen*** ◆ **1.1** die Richtigkeit einer Methode ~ *een aanwijzing zijn voor de juistheid van een methode.*
indoeuropäisch 0.1 ***Indo-Europees, Indo-Germaans.***
indogermanisch 0.1 ***Indo-Europees, Indo-Germaans.***
Indoktrination ⟨v.; ~, ~en⟩ **0.1** ***indoctrinatie.***
indoktrinieren 0.1 ***indoctrineren.***
indolent 0.1 ***indolent*** ⇒*lusteloos, traag* **0.2** ⟨med.⟩ ***ongevoelig voor pijn, vrij van pijn, pijnloos.***
Indonesien ⟨o.; ~s⟩ **0.1** ***Indonesië.***
Indossament ⟨o.; ~(e)s, ~e⟩⟨ec.⟩ **0.1** ***endossement.***
Indossat ⟨m.; ~en, ~en⟩ **0.1** ***geëndosseerde.***
Indossent ⟨m.; ~en, ~en⟩⟨ec.⟩ **0.1** ***endossant.***
indossieren ⟨ec.⟩ **0.1** ***endosseren.***
Induktion ⟨v.; ~, ~en⟩ **0.1** ***inductie.***
Induktionsapparat ⟨m.⟩⟨nat.⟩ **0.1** ***inductor.***
induktiv ⟨fil., nat.⟩ **0.1** ***inductief.***
Induktor ⟨m.; ~s, Induktoren⟩⟨nat.⟩ **0.1** ***inductor.***
Indulgenz ⟨v.; ~, ~en⟩ **0.1** ***indulgentie.***
industrialisieren 0.1 ***industrialiseren.***
Industrialisierung ⟨v.; ~⟩ **0.1** ***industrialisatie.***
Industrie ⟨v.; ~, ~n⟩ **0.1** ***industrie, nijverheid*** ⇒*fabriekswezen* ◆ **6.1** ⟨inf.⟩ er wird **in** die ~ gehen *hij gaat in de industrie werken.*
Industrieabwässer ⟨alleen mv.⟩ **0.1** ***industrieel afvalwater.***
Industrieanlage ⟨v.⟩ **0.1** ***fabrieks-, industriecomplex.***
Industrieausstellung ⟨v.⟩ **0.1** ***nijverheidstentoonstelling, jaarbeurs.***
Industriebaron ⟨m.⟩⟨inf.; pej.⟩ **0.1** ***industriemagnaat, grootindustrieel.***
Industrieberater ⟨m.⟩ **0.1** ***industrieel adviseur.***
Industriegesellschaft ⟨v.⟩ **0.1** ***geïndustrialiseerde maatschappij.***
Industriegewerkschaft ⟨v.⟩ **0.1** ***industriebond.***
Industriekapitän ⟨m.⟩⟨inf.⟩ **0.1** ***industriemagnaat, grootindustrieel.***
Industriekaufmann ⟨m.⟩ **0.1** ***commercieel-administratief medewerker in de industrie.***
industriell 0.1 ***industrieel*** ◆ **1.1** ~e Erzeugnisse *producten van de industrie.*
Industrielle(r) ⟨bn. als zn.⟩ **0.1** ***industrieel.***
Industriepark ⟨m.⟩ **0.1** ***industriepark.***
Industrie- und Handelskammer ⟨v.⟩ **0.1** ***Kamer van Koophandel en Fabrieken.***
Industriezweig ⟨m.⟩ **0.1** ***tak van industrie, bedrijfstak.***
induzieren 0.1 ***induceren.***
ineinander 0.1 ***in elkaar, ineen.***
ineinanderfließen 0.1 ***ineenvloeien.***
ineinanderfügen I ⟨ov.ww.⟩ **0.1** ***ineen-, samenvoegen;***
II sich ~ ⟨wk.ww.⟩ **0.1** ***in elkaar grijpen*** ⇒*ineensluiten.*
ineinandergreifen 0.1 ***in elkaar grijpen.***
ineinanderlaufen 0.1 ***doorlopen, in elkaar overgaan*** ◆ **1.1** die Farben sind ineinandergelaufen *de kleuren zijn doorgelopen.*
infam 0.1 ***infaam*** ⇒*schandelijk gemeen* **0.2** ⟨inf.⟩ ***infaam*** ⇒ *schandelijk, heel erg* ◆ **1.1** eine ~e Lüge *een infame, schandelijke leugen* **1.2** ~e Schmerzen *ontzaglijke, ontzettende pijn.*
Infamie ⟨v.; ~, ~n⟩ **0.1** ***infamie.***
Infanterie ⟨v.; ~, ~n⟩⟨mil.⟩ **0.1** ***infanterie.***
Infanterist ⟨m.; ~en, ~en⟩⟨mil.⟩ **0.1** ***infanterist.***
infantil 0.1 ***infantiel.***
Infarkt ⟨m.; ~(e)s, ~e⟩⟨med.⟩ **0.1** ***infarct.***
Infekt ⟨m.; ~(e)s, ~e⟩⟨med.⟩ **0.1** ***infectieziekte, besmettelijke ziekte.***
Infektion ⟨v.; ~, ~en⟩⟨med.⟩ **0.1** ***infectie*** ⇒*besmetting, ontsteking* **0.2** ***afdeling besmettelijke ziekten*** ⟨v.e. ziekenhuis⟩ ◆ **3.1** eine ~ übertragen *een infectie, besmetting overbrengen.*
Infektionsherd ⟨m.⟩⟨med.⟩ **0.1** ***infectie-, besmettingshaard.***
Infektionskrankheit ⟨v.⟩⟨med.⟩ **0.1** ***infectieziekte, besmettelijke ziekte.***
infektiös ⟨med.⟩ **0.1** ***infectueus*** ⇒*besmettelijk.*
inferior 0.1 ***inferieur*** ⇒*ondergeschikt* **0.2** ***inferieur*** ⇒*minder in waarde, de mindere* ◆ **1.1** eine ~e Stellung *een ondergeschikte positie.*
infernalisch 0.1 ***infernaal*** ⇒*hels, duivels* **0.2** ***hels*** ⇒*ondraaglijk.*
Inferno ⟨o.; ~s⟩ **0.1** ***inferno, hel*** ◆ **1.1** das ~ eines Erdbebens *het inferno van een aardbeving* **3.1** ein ~ erleben *door een hel gaan.*
infiltrieren 0.1 ***infiltreren*** ⇒*(tersluiks) binnendringen* ◆ **1.1** Streitkräfte ~ *strijdkrachten infiltreren* **1.¶** einem Kranken flüssige Nahrung ~ *een zieke vloeibaar voedsel toedienen* **6.1** **in** das Trinkwasser ~ *het drinkwater infiltreren.*
infinit ⟨taal.⟩ **0.1** ***onverbogen.***
Infinitiv ⟨m.; ~s, ~e⟩⟨taal.⟩ **0.1** ***infinitief, onbepaalde wijs.***
Infix ⟨o.; ~es, ~e⟩⟨taal.⟩ **0.1** ***infix, tussenvoegsel.***
infizieren ⟨med.⟩ **I** ⟨ov.ww.⟩ **0.1** ***infecteren, besmetten;***
II sich ~ ⟨wk.ww.⟩ **0.1** ***geïnfecteerd worden*** ⇒*infectie oplopen* ◆ **1.1** der Arzt hatte sich infiziert *de arts had een infectie opgelopen.*
in flagranti ⟨schr.⟩ **0.1** ***op heterdaad.***
Inflation ⟨v.; ~, ~en⟩ **0.1** ***inflatie*** ⇒*geldontwaarding* **0.2** ***inflatieperiode*** **0.3** ⟨fig.⟩ ***overmatig gebruik*** ◆ **1.1** die ~ des Guldens *de waardevermindering van de gulden.*
inflationär 0.1 ***inflatoir.***
inflationieren 0.1 ***inflateren, inflationeren.***
inflationistisch 0.1 ***inflatoir.***
Inflationsrate ⟨v.⟩ **0.1** ***inflatiepercentage.***
inflationstreibend 0.1 ***de inflatie bevorderend.***
inflatorisch 0.1 ***inflatoir.***
inflexibel 0.1 ***niet flexibel*** **0.2** ⟨taal.⟩ ***onverbuigbaar.***
Info ⟨o.; ~s, ~s⟩⟨inf.; afk.⟩ **0.1** ***info.***
infolge ⟨vz. + 2⟩ **0.1** ***tengevolge van, als gevolg van*** ◆ **1.1** ~ eines Unfalls *tengevolge van een ongeval* **6.1** ~ **von** Umleitungen *tengevolge van wegomleggingen.*
infolgedessen 0.1 ***dientengevolge.***
Informant ⟨m.; ~en, ~en⟩ **0.1** ***informant*** ⇒*zegsman.*
Informatik ⟨v.; ~⟩ **0.1** ***informatica.***
Informatiker ⟨m.; ~s, ~⟩ **0.1** ***informaticus.***
Information ⟨v.; ~, ~en⟩ **0.1** ***informatie*** ⇒*inlichting* **0.2** ***informatie*** ⇒*het informeren, voorlichting* **0.3** ***(afdeling) inlichtingen*** ◆ **3.1** ~en einholen, erteilen *inlichtingen inwinnen, verstrekken;* ~en speichern *informatie, gegevens opslaan* **3.3** die ~ anrufen *inlichtingen opbellen* **6.2** **zu** Ihrer ~ *te uwer informatie.*
Informationsaustausch ⟨m.⟩ **0.1** ***uitwisseling van informatie.***
Informationsbank ⟨v.⟩ **0.1** ***databank.***
Informationsbüro ⟨o.⟩ **0.1** ***informatie-, voorlichtingsbureau.***
Informationsquelle ⟨v.⟩ **0.1** ***informatiebron.***
Informationsspeicherung ⟨v.⟩ **0.1** ***opslag van informatie.***

Informationsstand ⟨m.⟩ **0.1** ***informatiestand*** **0.2** ***mate van geïnformeerd zijn.***

Informationsträger ⟨m.⟩ **0.1** ***informatiedrager.***

Informationsverarbeitung ⟨v.⟩ **0.1** ***informatieverwerking.***

informativ **0.1** ***informatief.***

informell **0.1** ***informeel*** ⇒*vrijblijvend* **0.2** ***informeel*** ⇒*zonder formaliteiten, niet officieel* ◆ **1.2** ein ~er Empfang *een informele ontvangst;* die ~e Kunst *de vrije kunst* **3.1** etwas ~ ausüben *iets op eigen initiatief uitoefenen.*

informieren **0.1** ***informeren*** ⇒*inlichten* ◆ **4.1** sich ~ *informeren, zich op de hoogte stellen* **5.1** gut informierte Kreise *welingelichte kringen.*

infrarot **0.1** ***infrarood.***

Infrarotheizung ⟨v.⟩ **0.1** ***infraroodstraler*** ⇒*kachel met infrarode straling.*

Infrarotstrahler ⟨m.⟩ **0.1** ***infraroodstraler.***

Infraschall ⟨m.⟩⟨nat.⟩ **0.1** ***infrasoon geluid.***

Infrastruktur ⟨v.⟩ **0.1** ***infrastructuur.***

Infusion ⟨v.; ~, ~en⟩ **0.1** ***infuus, infusie.***

Infusionstierchen ⟨o.⟩ **0.1** ***infusie-, wimperdiertje.***

Ing. ⟨afk.⟩ →**Ingenieur.**

Ingebrauchnahme ⟨v.; ~⟩ **0.1** ***ingebruikneming.***

Ingenieur ⟨m.; ~s, ~e⟩ **0.1** ***ingenieur, hts'er*** ◆ **1.1** ein ~ der Elektrotechnik *een elektrotechnisch ingenieur.*

Ingenieurakademie ⟨v.⟩ **0.1** ***hogere technische school.***

Ingenieurbau ⟨m.⟩ **0.1** ***bouwkunde.***

Ingenieurschule ⟨v.⟩ **0.1** ***hogere technische school.***

ingeniös **0.1** ***ingenieus*** ⇒*vindingrijk, vernuftig.*

Ingredienz ⟨v.; ~, ~en⟩ **0.1** ***ingrediënt, bestanddeel.***

Ingwer ⟨m.; ~s⟩ **0.1** ***gember.***

Inhaber ⟨m.; ~s, ~⟩ **0.1** ***eigenaar*** ⇒*bezitter* **0.2** ***houder*** ⇒ *drager, toonder* **0.3** ***bekleder*** ⟨v.e. ambt⟩ ◆ **1.2** der ~ eines Passes, des Weltrekords *de houder van een paspoort, van het wereldrecord;* der ~ eines Wechsels *de houder, toonder van een wissel* **6.2** **auf** den ~ lauten *aan toonder gesteld zijn.*

Inhaberaktie ⟨v.⟩ **0.1** ***aandeel aan toonder.***

Inhaberpapier ⟨o.⟩⟨ec.⟩ **0.1** ***papier aan toonder, toonderpapier.***

Inhaberscheck ⟨m.⟩ **0.1** ***cheque aan toonder.***

inhaftieren **0.1** ***in hechtenis nemen, arresteren.***

Inhaftierung ⟨v.; ~, ~en⟩ **0.1** ***inhechtenisneming, arrestatie.***

Inhalation ⟨v.; ~, ~en⟩ **0.1** ***inhalatie.***

inhalieren **0.1** ⟨med.⟩ ***inhaleren, inademen*** **0.2** ⟨inf.⟩ ***inhaleren, over de longen roken.***

Inhalt ⟨m.; ~(e)s, ~e⟩ **0.1** ***inhoud*** ◆ **1.1** ⟨nat., wisk.⟩ der ~ eines Körpers *de inhoud van een lichaam;* der ~ eines Wortes *de inhoud, betekenis van een woord* **6.1** **an** ~ gewinnen *meer inhoud krijgen;* etwas **zum** ~ haben *iets als inhoud hebben.*

inhaltlich **0.1** ***inhoudelijk, qua inhoud.***

Inhaltsangabe ⟨v.⟩ **0.1** ***inhoudsopgave.***

inhaltsarm **0.1** ***weinig inhoud hebbend.***

Inhaltserklärung ⟨v.⟩ **0.1** ***douaneverklaring.***

inhalts|leer, -los **0.1** ***zonder inhoud, leeg.***

inhaltsreich **0.1** ***rijk aan inhoud, waardevol.***

inhaltsschwer **0.1** ***bijzonder belangrijk.***

Inhaltsverzeichnis ⟨o.⟩ **0.1** ***inhoudsopgave.***

inhärent **0.1** ***inherent*** ◆ **1.1** das ist einem solchen Verfahren ~ *dat is inherent aan een dergelijke methode.*

inhomogen **0.1** ***niet homogeen.***

inhuman **0.1** ***inhumaan, mensonwaardig.***

initial **0.1** ***initiaal, het begin betreffend*** ◆ **1.1** die ~e Phase *de beginfase.*

Initiale ⟨v.; ~, ~n⟩ **0.1** ***initiaal, beginletter.***

Initialzündung ⟨v.⟩ **0.1** ***ontsteking*** ⟨van projectielen⟩ **0.2** ⟨fig.⟩ ***idee dat aanslaat.***

Initiant ⟨m.; ~en, ~en⟩ **0.1** ***initiatiefnemer.***

Initiation ⟨v.; ~, ~en⟩ **0.1** ***initiatie*** ⇒*inwijding.*

initiativ **0.1** ***vol initiatief*** ⇒*ondernemend.*

Initiativantrag ⟨m.⟩ **0.1** ***initiatiefvoorstel.***

Initiative ⟨v.; ~, ~n⟩ **0.1** ***initiatief*** **0.2** ***actiegroep*** **0.3** ⟨pol.⟩ ***(recht van) initiatief*** ◆ **3.1** die ~ ergreifen *het initiatief nemen* **3.3** die ~ ausüben *gebruik maken van het recht van initiatief* **6.1** **aus** eigener ~ *op eigen initiatief* **6.2** eine ~ **gegen** die Kernkraft *een actiegroep tegen de kernenergie.*

Initiativrecht ⟨o.⟩⟨pol.⟩ **0.1** ***recht van initiatief.***

Initiator ⟨m.; ~s, Initiatoren⟩ **0.1** ***initiatiefnemer.***

initiieren **0.1** ***initiëren*** ⇒*inwijden, de stoot geven* ◆ **1.1** ein Projekt ~ *de stoot tot een project geven.*

Injektion ⟨v.; ~, ~en⟩ **0.1** ***injectie.***

Injektionsspritze ⟨v.⟩⟨med.⟩ **0.1** ***injectiespuit(je).***

Injektor ⟨m.; ~s, Injektoren⟩⟨tech.⟩ **0.1** ***injector.***

injizieren ⟨med.⟩ **0.1** ***injecteren, inspuiten.***

Inkarnation ⟨v.; ~, ~en⟩ **0.1** ***incarnatie*** ⇒*belichaming* **0.2** ⟨rel.⟩ ***incarnatie*** ⇒*vlees-, menswording.*

Inkasso ⟨o.; ~s, ~s of Inkassi⟩⟨ec.⟩ **0.1** ***incasso, het incasseren.***

Inkaufnahme ⟨v.; ~⟩ **0.1** ***het op de koop toe nemen*** ◆ **6.1** **unter** ~ von Verlusten *verliezen op de koop toe nemend.*

inkl. ⟨afk.⟩ →**inklusive.**

Inklination ⟨v.; ~, ~en⟩ **0.1** ***inclinatie*** ⟨ook aardr., wisk., ster.⟩.

inklusive ⟨vz.⟩ **0.1** ***inclusief*** ⇒*met inbegrip van* ◆ **1.1** ein Menü ~ Getränken *een menu met inbegrip van dranken;* ~ des Honorars *het honorarium inbegrepen.*

Inkognito ⟨o.; ~s, ~s⟩ **0.1** ***incognito*** ◆ **3.1** sein ~ lüften, wahren *het incognito opgeven, bewaren.*

inkohärent **0.1** ***incoherent, onsamenhangend.***

inkompetent **0.1** ***incompetent*** ⟨ook jur.⟩ ⇒*ondeskundig, onbevoegd.*

inkomplett **0.1** ***incompleet*** ⇒*onvolledig.*

Inkongruenz ⟨v.; ~, ~en⟩ **0.1** ***incongruentie.***

Inkonsequenz ⟨v.; ~, ~en⟩ **0.1** ***inconsequentie.***

inkonvertibel ⟨ec.⟩ **0.1** ***niet converteerbaar.***

inkorporieren **0.1** ***incorporeren.***

inkorrekt **0.1** ***incorrect*** ⇒*onjuist, ongepast.*

Inkraftsetzung ⟨v.; ~, ~en⟩ **0.1** ***het in werking laten treden.***

Inkrafttreten ⟨o.; ~s⟩ **0.1** ***inwerkingtreding*** ⇒*het van kracht worden.*

Inkreis ⟨m.⟩⟨wisk.⟩ **0.1** ***ingeschreven cirkel.***

Inkubation ⟨v.; ~, ~en⟩ **0.1** ***incubatie.***

inkulant **0.1** ***niet coulant*** ⇒*niet tegemoetkomend.*

Inkunabel ⟨v.; ~, ~n⟩ **0.1** ***incunabel, wiegendruk.***

inkurabel **0.1** ***incurabel, ongeneeslijk.***

Inland ⟨o.⟩ **0.1** ***binnenland*** ◆ **6.1** nur **für** das ~ produzieren *alleen voor eigen land produceren;* **im** ~ und an der Küste *in het binnenland en aan de kust;* **im** ~ *in eigen land.*

Inländer ⟨m.; ~s, ~⟩ **0.1** ***bewoner v.h. (eigen) land*** ⇒*autochtone bewoner.*

Inlandflug ⟨m.⟩ **0.1** ***binnenlandse vlucht.***

inländisch **0.1** ***binnenlands*** ⇒*inheems, inlands.*

Inlandsbrief ⟨m.⟩ **0.1** ***brief met binnenlandse bestemming.***

Inlandsgespräch ⟨o.⟩ **0.1** ***binnenlands telefoongesprek.***

Inlandsmarkt ⟨m.⟩ **0.1** ***binnenlandse markt.***

Inlett ⟨o.; ~(e)s, ~e⟩ **0.1** ***overtrek, beddentijk.***

inmitten ⟨vz.⟩ **0.1** ***te midden van, midden tussen, in*** ◆ **1.1** ~

dieses Gebietes *midden in dit gebied* **6.1** ~ **von** Blumen *te midden van bloemen.*

in natura **0.1** ***in werkelijkheid*** ⇒*in levenden lijve* **0.2** ⟨inf.⟩ ***in natura*** ◆ **1.2** Vergütung ~ *vergoeding in natura.*

innehaben **0.1** ***bekleden*** ⇒*innemen, hebben* ◆ **1.1** ein Amt ~ *een ambt bekleden.*

innehalten **0.1** ***(even) ophouden*** ⇒*onderbreken* ◆ **6.1 im** Lesen ~ *even ophouden met lezen;* **mit** seiner Arbeit ~ *het werk onderbreken.*

innen **0.1** ***binnen*** ⇒*van binnen, aan de binnenkant* ◆ **3.1** ⟨sp.⟩ ~ laufen *in de binnenbaan lopen* **6.1** die Tür **von** ~ schließen *de deur van de binnenkant sluiten.*

Innenarbeiten ⟨alleen mv.⟩⟨bouwk.⟩ **0.1** ***binnenwerk.***

Innenarchitekt ⟨m.⟩ **0.1** ***binnenhuisarchitect.***

Innenausstattung ⟨v.⟩ **0.1** ***(woning)inrichting, interieur(verzorging)*** **0.2** ⟨mode⟩ ***afwerking aan de binnenkant.***

Innendienst ⟨m.⟩ **0.1** ***binnendienst.***

Innendruck ⟨m.⟩ **0.1** ***druk van binnen uit.***

Inneneinrichtung ⟨v.⟩ **0.1** ***woninginrichting.***

Innenfläche ⟨v.⟩ **0.1** ***binnenkant.***

Innenhof ⟨m.⟩ **0.1** ***binnenplaats.***

Innenleben ⟨o.⟩ **0.1** ***innerlijk leven, gemoeds-, gevoelsleven.***

Innenministerium ⟨o.⟩ **0.1** ***ministerie van Binnenlandse Zaken.***

Innenpfosten ⟨m.⟩⟨sp.⟩ **0.1** ***binnenkant v.d. paal.***

Innenpolitik ⟨v.⟩ **0.1** ***binnenlandse politiek.***

Innenraum ⟨m.⟩ **0.1** ***binnenruimte, interieur.***

Innenseite ⟨v.⟩ **0.1** ***binnenzijde.***

Innenstadt ⟨v.⟩ **0.1** ***binnenstad.***

Innenstürmer ⟨m.⟩⟨sp.⟩ **0.1** ***rechts-, linksbinnen.***

Innentasche ⟨v.⟩ **0.1** ***binnenzak.***

Innenwinkel ⟨m.⟩⟨wisk.⟩ **0.1** ***binnenhoek.***

inner ⟨innerst⟩ **0.1** ***binnenste*** ⇒*binnen-* **0.2** ***innerlijk*** ⇒ *geestelijk* **0.3** ***intern*** **0.4** ***binnenlands*** ⇒*intern* **0.5** ⟨med.⟩ ***inwendig*** ⇒*intern* ◆ **1.1** ⟨sp.⟩ die ~e Bahn *de binnenbaan;* ⟨fig.⟩ im ~sten Herzen *in het diepst van het hart;* ⟨nat.⟩ ~e Spannung *eigen spanning;* die ~en Stadtbezirke *de wijken van de binnenstad* **1.2** das ~e Auge *het geestesoog;* der ~e Halt *het innerlijk evenwicht;* ⟨lit.⟩ ~er Monolog *monologue intérieur;* eine ~e Stimme *een innerlijke stem* **1.3** ein ~er Konflikt *een intern conflict* **1.4** das Ministerium des Inneren *het ministerie van Binnenlandse Zaken* **1.5** ~e Medizin *interne geneeskunde;* ⟨scherts.⟩ etwas für den ~en Menschen tun *de inwendige mens versterken;* ~e Organe *inwendige organen.*

innerbetrieblich **0.1** ***bedrijfsintern, in het bedrijf*** ◆ **1.1** ~e Mitteilungen *mededelingen, alleen voor medewerkers van het bedrijf bestemd.*

innerdeutsch **0.1** ***in, binnen Duitsland*** **0.2** ⟨gesch.⟩ ***de beide Duitse staten betreffend*** ◆ **1.2** die ~en Beziehungen *de betrekkingen tussen de BRD en de voormalige DDR.*

innerdienstlich **0.1** ***binnen de dienst*** ⇒*intern* ◆ **1.1** ein ~es Gespräch *een intern telefoongesprek.*

Innereien ⟨alleen mv.⟩ **0.1** ***inwendige organen en ingewanden.***

Innere(s) ⟨bn. als zn.; o.⟩ **0.1** ***binnenste*** ⇒*inwendige* **0.2** ***innerlijk*** ⇒*binnenste* **0.3** ***kern*** ⇒*diepste wezen* ◆ **1.1** das ~ des Gebäudes muß renoviert werden *het gebouw moet van binnen gerenoveerd worden;* das ~ einer Weltraumkapsel *het inwendige van een ruimtevaartcapsule* **1.3** ins ~ der Kunst eindringen *tot de kern, het wezen van de kunst doordringen* **3.1** das ~ nach außen kehren *het binnenste buiten keren* **4.2** jmdm. sein ~s öffnen *zijn hart voor iem. openstellen* **6.1 im** ~n Sibiriens *in het hartje van Siberië.*

innerhalb ⟨vz.⟩ **0.1** ***binnen*** **0.2** ***binnen*** ⇒*gedurende, in het verloop van* ◆ **1.1** ~ des Möglichen *binnen de grenzen van het mogelijke* **1.2** ~ einiger Jahre *binnen, in het verloop van enkele jaren* **6.1** ~ **von** Berlin *binnen Berlijn.*

innerlich **0.1** ***innerlijk*** ⇒*psychisch, geestelijk* ◆ **1.1** ~es Glück *innerlijk geluk;* ~e Hemmungen *psychische remmingen* **3.1** ~ lachen *in zichzelf lachen.*

innerörtlich **0.1** ***binnen de bebouwde kom.***

innerparteilich **0.1** ***binnen de partij.***

innersprachlich **0.1** ***binnen een taal*** **0.2** ***de eigen taal betreffend.***

innerst **0.1** ***binnenst*** **0.2** ⟨fig.⟩ ***diepst*** ◆ **1.1** der ~e Teil des Landes *het hartje van het land* **1.2** seine ~e Überzeugung *zijn diepste overtuiging.*

innerstaatlich **0.1** ***binnenlands.***

Innerste(s) ⟨bn. als zn.; o.⟩ **0.1** ***diepste wezen, diepst v.d. ziel*** ◆ **6.1 im** ~n gekränkt *gekrenkt tot in het diepst van zijn ziel.*

innesein ⟨met 2e nv.⟩ **0.1** ***zich bewust zijn van*** ⇒*zich realiseren* ◆ **1.1** des Verlustes ~ *zich bewust zijn van het verlies.*

innewerden ⟨met 2e nv.⟩ **0.1** ***zich bewust worden*** ⇒*gaan beseffen, zich realiseren.*

innewohnen **0.1** ***kleven aan*** ⇒*aanwezig zijn, inherent zijn* ◆ **1.1** die dem Menschen ~den Fähigkeiten *de bekwaamheden die in de mens aanwezig zijn.*

innig **0.1** ***innig*** ⇒*diepgevoeld, teder* **0.2** ***innig*** ⇒*nauw* ◆ **1.1** ~e Anteilnahme *innig medeleven;* ~e Blicke *innige, tedere blikken* **3.2** ~ zusammenhängen *nauw met elkaar verband houden.*

Innovation ⟨v.; ~, ~en⟩ **0.1** ***innovatie.***

innovieren **0.1** ***innoveren.***

Innung ⟨v.; ~, ~en⟩ **0.1** ***vakvereniging, vakbond*** ◆ **1.1** die ~ der Bäcker *de bakkersbond.*

inoffiziell **0.1** ***inofficieel*** ⇒*officieus* **0.2** ***informeel*** ⇒*ongedwongen.*

inopportun **0.1** ***inopportuun.***

in puncto ⟨schr.⟩ **0.1** ***wat betreft*** ◆ **1.1** ~ seines Benehmens *wat zijn gedrag betreft.*

Inquisition ⟨v.; ~, ~en⟩ **0.1** ***inquisitie*** ⟨ook rel., gesch.⟩ ⇒ *streng onderzoek.*

Inquisitionsgericht ⟨o.⟩⟨gesch.⟩ **0.1** ***inquisitie.***

Inquisitor ⟨m.; ~s, Inquisitoren⟩⟨gesch.⟩ **0.1** ***inquisiteur.***

Insasse ⟨m.; ~n, ~n⟩ **0.1** ***inzittende*** ⇒*passagier* **0.2** ***bewoner*** ◆ **1.2** die ~n eines Altersheims *de bewoners van een bejaardentehuis.*

Insassenversicherung ⟨v.⟩ **0.1** ***inzittendenverzekering.***

insbesondere **0.1** ***in het bijzonder*** ⇒*vooral, speciaal.*

Inschrift ⟨v.; ~, ~en⟩ **0.1** ***inscriptie*** ⇒*in-, opschrift* ◆ **6.1** die ~en **auf** einem Grabstein *de inscripties op een grafsteen;* die ~ **auf** einer Münze *het opschrift op een munt.*

Inschriftenkunde ⟨v.⟩ **0.1** ***epigrafie.***

Insekt ⟨o.; ~s, ~en⟩ **0.1** ***insect.***

Insektenbekämpfungsmittel ⟨o.⟩ **0.1** ***insecticide, insectendodend middel.***

Insektenforscher ⟨m.⟩ **0.1** ***insectenkenner*** ⇒*entomoloog.*

insektenfressend **0.1** ***insectenetend.***

Insektengift ⟨o.⟩ **0.1** ***insecticide.***

Insektivore ⟨m.; ~n, ~n⟩⟨biol.⟩ **0.1** ***insectivoor, insecteneter.***

Insel ⟨v.; ~, ~n⟩ **0.1** ***eiland*** **0.2** ***vluchtheuvel*** ◆ **1.1** ⟨fig.⟩ eine ~ der Ruhe *een oase van rust.*

Inselbewohner ⟨m.⟩ **0.1** ***eilandbewoner.***

Inselreich ⟨o.⟩ **0.1** ***eilandenrijk.***

Inselstaat ⟨m.⟩ **0.1** ***eilandenrijk*** ⇒*insulaire staat.*

Insemination ⟨v.; ~, ~en⟩⟨biol., med.⟩ **0.1** ***inseminatie, bevruchting.***
Inserat ⟨o.; ~(e)s, ~e⟩ **0.1** ***advertentie*** ◆ **3.1** ein ~ aufgeben *een advertentie plaatsen.*
Inseratenteil ⟨m.⟩ **0.1** ***advertentierubriek, -pagina's.***
Inserent ⟨m.; ~en, ~en⟩ **0.1** ***adverteerder.***
inserieren **0.1** ***adverteren*** ◆ **1.1** sein Haus ~ *met zijn huis adverteren.*
insgeheim **0.1** ***heimelijk*** ⇒*in 't geheim.*
insgesamt ⟨acc. wiss.⟩ **0.1** ***samen*** **0.2** ***in totaal, in z'n geheel.***
Insigne ⟨o.; ~s, Insignien⟩ **0.1** ***insigne*** ⇒*onderscheidingsteken.*
insinuieren **0.1** ***insinueren.***
insistieren **0.1** ***insisteren*** ⇒*vasthouden.*
Inskription ⟨v.; ~, ~en⟩ **0.1** ***inscriptie*** ⇒*in-, opschrift.*
insofern[1] ⟨bw.⟩ **0.1** ***in zoverre*** ◆ **8.1** ~, als *in zoverre dat.*
insofern[2] ⟨vw.⟩ **0.1** ***voor zover*** ⇒*als.*
Insolvenz ⟨v.; ~, ~en⟩⟨ec.⟩ **0.1** ***insolventie.***
insonderheit **0.1** ***inzonderheid*** ⇒*vooral.*
insoweit[1] ⟨bw.⟩ **0.1** ***in zoverre*** ◆ **8.1** ~, als *in zoverre, dat.*
insoweit[2] ⟨vw.⟩ **0.1** ***voor zover*** ⇒*als.*
in spe **0.1** ***in spe.***
Inspektion ⟨v.; ~, ~en⟩ **0.1** ***inspectie*** ⇒*controle* **0.2** ***(controle)beurt*** **0.3** ***inspectie(dienst)*** ◆ **6.2** sein Auto **von** der ~ abholen *zijn auto na de controlebeurt afhalen.*
Inspektor ⟨m.; ~s, Inspektoren⟩ **0.1** ***inspecteur.***
Inspektorin ⟨v.; ~, ~nen⟩ **0.1** ***inspectrice.***
Inspiration ⟨v.; ~, ~en⟩ **0.1** ***inspiratie.***
inspirieren **0.1** ***inspireren.***
Inspizient ⟨m.; ~en, ~en⟩⟨dram.⟩ **0.1** ***inspiciënt.***
inspizieren **0.1** ***inspecteren*** ⇒*controleren.*
instabil **0.1** ***instabiel.***
Installateur ⟨m.; ~s, ~e⟩ **0.1** ***installateur.***
Installation ⟨v.; ~, ~en⟩ **0.1** ***installatie*** ◆ **1.1** die ~ des neuen Pfarrers *de bevestiging van de nieuwe dominee.*
installieren I ⟨ov.ww.⟩ **0.1** ***installeren;***
II sich ~ ⟨wk.ww.⟩ **0.1** ***zich installeren*** ◆ **5.1** du hast dich hier hübsch installiert *je hebt je hier leuk geïnstalleerd, genesteld.*
Instandbesetzer ⟨m.⟩ **0.1** ⟨kraker die een oud pand weer bewoonbaar maakt⟩.
instand halten **0.1** ***in goede staat houden*** ⇒*onderhouden.*
inständig **0.1** ***dringend*** ⇒*met nadruk, nadrukkelijk* **0.2** ***smekend*** ◆ **1.1** auf sein ~es Bitten hin *op zijn dringend verzoek.*
instand sein **0.1** ***in goede staat zijn.***
instand setzen **0.1** ***herstellen*** ⇒*repareren* **0.2** ***in staat stellen*** ◆ **3.2** jmdn. ~, etwas zu tun *iem. in staat stellen iets te doen.*
Instandsetzung ⟨v.; ~⟩ **0.1** ***reparatie.***
Instantkaffee ⟨m.⟩ **0.1** ***instant-, oplos-, poederkoffie.***
Instanz ⟨v.; ~, ~en⟩ **0.1** ***instantie*** ⟨ook jur.⟩ ⇒*orgaan, afdeling* ◆ **2.1** ⟨jur.⟩ in erster ~ *in eerste aanleg, instantie.*
Instanzenweg ⟨m.⟩ **0.1** ***weg langs de (verschillende) instanties*** ⇒*hiërarchieke weg* ◆ **6.1** **auf** dem ~ *langs de hiërarchieke weg.*
Instinkt ⟨m.; ~(e)s, ~e⟩ **0.1** ***instinct, intuïtie*** ◆ **1.1** der ~ der Selbsterhaltung *de drift tot zelfbehoud* **2.1** der mütterliche ~ *het moederinstinct* **6.1** **für** etwas ~ haben *intuïtie, gevoel voor iets hebben.*
instinktiv **0.1** ***instinctief.***
Institut ⟨o.; ~(e)s, ~e⟩ **0.1** ***instituut*** ⇒*instelling* ◆ **1.1** das ~ der Opposition *het instituut van de oppositie* **3.1** das ~ betreten *het instituutsgebouw binnengaan.*
Institution ⟨v.; ~, ~en⟩ **0.1** ***institutie*** ⇒*instelling, instituut* ◆ **2.1** staatliche ~en *overheids-, staatsinstellingen.*
institutionalisieren I ⟨ov.ww.⟩ **0.1** ***institutionaliseren, tot een instituut maken;***
II sich ~ ⟨wk.ww.⟩ **0.1** ***institutionaliseren, tot een instituut worden.***
institutionell **0.1** ***institutioneel*** **0.2** ***v.h. instituut.***
instruieren **0.1** ***instrueren*** ⇒*op de hoogte brengen, instructies geven.*
Instrukteur ⟨m.; ~s, ~e⟩ **0.1** ***instructeur.***
instruktionsgemäß **0.1** ***volgens de instructies.***
instruktiv **0.1** ***instructief*** ⇒*leerrijk, leerzaam.*
Instrument ⟨o.; ~(e)s, ~e⟩ **0.1** ***instrument*** ⇒*gereedschap* ◆ **3.1** ein ~ spielen *een instrument bespelen.*
instrumental **0.1** ⟨muz.⟩ ***instrumentaal*** **0.2** ⟨schr.⟩ ***uitvoerend.***
Instrumentarium ⟨o.; ~s, Instrumentarien⟩ **0.1** ***instrumentarium.***
Instrumentation ⟨v.; ~, ~en⟩⟨muz.⟩ **0.1** ***instrumentatie.***
Instrumentenbrett ⟨o.⟩⟨tech.⟩ **0.1** ***instrumentenbord*** ⇒*dashboard.*
Instrumententafel ⟨v.⟩⟨tech.⟩ **0.1** ***groot instrumentenbord.***
instrumentieren ⟨med.; muz.⟩ **0.1** ***instrumenteren.***
Insubordination ⟨v.; ~, ~en⟩ **0.1** ***insubordinatie.***
Insulaner ⟨m.; ~s, ~⟩ **0.1** ***eilandbewoner.***
insular **0.1** ***insulair.***
Insulin ⟨o.; ~⟩ **0.1** ***insuline.***
inszenieren **0.1** ***ensceneren*** ⇒*in scène zetten* ◆ **1.1** ⟨fig.; pej.⟩ einen Skandal ~ *een schandaal ensceneren.*
intakt **0.1** ***intact*** ⇒*onbeschadigd, in orde.*
Intarsie ⟨v.; ~, ~n⟩ **0.1** ***intarsia, (houten) inlegwerk.***
integral **0.1** ***integraal.***
Integralhelm ⟨m.⟩ **0.1** ***integraalhelm.***
Integration ⟨v.; ~, ~en⟩ **0.1** ***integratie.***
Integrität ⟨v.; ~⟩ **0.1** ***integriteit*** ⟨ook jur.⟩.
Intellekt ⟨m.; ~(e)s⟩ **0.1** ***intellect*** ⇒*verstand.*
intellektuell **0.1** ***intellectueel.***
Intellektuelle(r) ⟨bn. als zn.⟩ **0.1** ***intellectueel.***
intelligent **0.1** ***intelligent.***
Intelligenz ⟨v.; ~⟩ **0.1** ***intelligentie*** ⇒*verstandelijk vermogen* **0.2** ***intelligentsia, de intellectuelen.***
Intelligenzbestie ⟨v.⟩ **0.1** ⟨inf.⟩ ***hoogintelligent iemand*** **0.2** ⟨pej.⟩ ***intellectuele bol.***
Intelligenzprüfung ⟨v.⟩ **0.1** ***intelligentieonderzoek, -test.***
Intelligenzquotient ⟨m.⟩ **0.1** ***intelligentiequotiënt.***
Intendant ⟨m.; ~en, ~en⟩ **0.1** ***intendant.***
Intendanz ⟨v.; ~, ~en⟩ **0.1** ***ambt van intendant*** **0.2** ***bureau, kantoor v.e. intendant.***
intendieren **0.1** ***intenderen*** ⇒*beogen, bedoelen.*
Intensität ⟨v.; ~, ~en⟩ **0.1** ***intense, krachtige indruk*** **0.2** ***intensiteit*** ⇒*sterkte.*
intensiv **0.1** ***intensief, intens*** ⇒*krachtig* ◆ **1.1** ein ~es Gespräch *een diepgaand gesprek;* ⟨landb.⟩ ~e Wirtschaft *intensieve cultuur.*
Intensivhaltung ⟨v.⟩ **0.1** ***intensieve veehouderij.***
Intensivstation ⟨v.⟩ **0.1** ***intensive care.***
Intention ⟨v.; ~, ~en⟩ **0.1** ***intentie*** ⇒*oogmerk, bedoeling.*
intentional **0.1** ***intentioneel.***
Interaktion ⟨v.; ~, ~en⟩ **0.1** ***interactie*** ⇒*wisselwerking.*
Interdikt ⟨o.; ~(e)s, ~e⟩⟨rel.⟩ **0.1** ***interdict*** ⇒*verbod* ◆ **6.1** **mit** einem ~ belegen *een interdict opleggen.*
interessant **0.1** ***interessant*** ⇒*belangwekkend, voordelig.*
Interesse ⟨o.; ~s, ~n⟩ **0.1** ***interesse*** ⇒*belangstelling* **0.2** ***belang*** ⇒*interesse* ◆ **1.2** das ~ der Allgemeinheit *het alge-*

meen belang **3.1** jmdm., etwas ~ entgegenbringen, widmen *belangstelling voor iem., iets tonen;* sein besonderes ~ gilt der Malerei *zijn belangstelling gaat vooral naar de schilderkunst uit* **3.2** jmds. ~n vertreten, wahren *iemands belangen behartigen* **6.1 an** etwas (3e nv.), **für** etwas ~ haben *belangstelling hebben voor iets* **6.2 an** etwas (3e nv.) ~ haben *belang hebben bij iets;* etwas liegt **in** jmds. ~ *iets is in iemands belang.*

interessehalber 0.1 ***uit belangstelling.***

Interessengebiet (o.) **0.1** ***gebied dat iem. interesseert.***

Interessengegensatz (m.) **0.1** ***belangentegenstelling.***

Interessengruppe (v.) **0.1** ***belangengroep.***

interessenlos 0.1 ***onverschillig, in niets geïnteresseerd.***

Interessensphäre (v.) **0.1** ***invloedssfeer.***

Interessent (m.; ~en, ~en) **0.1** ***belangstellende, geïnteresseerde* 0.2** ***belanghebbende.***

interessieren I (ov.ww.) **0.1** ***interesseren*** ◆ **6.1** jmdn. **an** etwas (3e nv.), **für** etwas ~ *iem. voor iets interesseren;* **II sich** ~ (wk.ww.) **0.1** ***zich interesseren.***

interessiert 0.1 ***geïnteresseerd*** ⇒*belangstellend* **0.2** ***geïnteresseerd*** ⇒*belanghebbend* ◆ **6.1 an** jmdm., etwas ~ sein *belangstelling voor iem., iets hebben* **6.2 an** etwas (3e nv.) ~ sein *in iets geïnteresseerd zijn.*

Interferenz (v.; ~, ~en) **0.1** ***interferentie.***

interfraktionell (pol.) **0.1** ***tussen de (partij)fracties.***

Interieur (o.; ~s, ~s of ~e) **0.1** ***interieur.***

Interim (o.; ~s, ~s) **0.1** ***interim*** ⇒*tussentijd* **0.2** ***voorlopige regeling*** ⇒*overgangsregeling.*

Interimsregierung (v.) **0.1** ***interimregering.***

Interjektion (v.; ~, ~en) (taal.) **0.1** ***interjectie*** ⇒*tussenwerpsel.*

interkommunal 0.1 ***intercommunaal*** ⇒*tussen de gemeenten.*

interkontinental 0.1 ***intercontinentaal.***

Intermezzo (o.; ~s, ~s of Intermezzi) **0.1** ***intermezzo*** (ook fig.) ⇒*(leuk) voorval, tussenspel.*

interministeriell 0.1 ***interdepartementaal*** ⇒*tussen de ministers.*

intern 0.1 ***intern*** ⇒*inwendig, innerlijk* ◆ **1.1** (med.) die ~e Station *de afdeling interne ziekten.*

Internat (o.; ~(e)s, ~e) **0.1** ***internaat*** ⇒*kostschool.*

international 0.1 ***internationaal.***

Internationale (v.; ~, ~n) **0.1** ***Internationale*** (bond(slied)).

Internet (o.) **0.1** ***internet*** ◆ **6.1 im** ~ (herum)surfen *netsurfen, op/over het internet surfen.*

internieren 0.1 (mil.) ***interneren* 0.2** (med.) ***isoleren.***

Internist (m.; ~en, ~en) (med.) **0.1** ***internist.***

Internuntius (m.; ~, Internuntien) (rel.) **0.1** ***internuntius.***

interpellieren 0.1 ***interpelleren.***

Interpret (m.; ~en, ~en) **0.1** ***uitlegger*** ⇒*verklaarder* **0.2** ***interpreet*** ⇒*vertolker.*

Interpretation (v.; ~, ~en) **0.1** ***interpretatie*** ⇒*uitleg, vertolking* ◆ **1.1** die ~ des Gesetzes *de wetsinterpretatie;* eine virtuose ~ klassischer Musik *een virtuoze vertolking van klassieke muziek.*

interpretieren 0.1 ***interpreteren*** ⇒*uitleggen, vertolken.*

Interpunktion (v.; ~, ~en) **0.1** ***interpunctie.***

Interpunktionszeichen (o.) **0.1** ***leesteken.***

Interrogativpronomen (o.) (taal.) **0.1** ***vragend voornaamwoord.***

Intervall (o.; ~s, ~e) **0.1** ***interval*** ◆ **6.1 in** regelmäßigen ~en *met regelmatige tussenpozen.*

intervenieren 0.1 ***interveniëren.***

Intervention (v.; ~, ~en) **0.1** ***interventie.***

Interview (o.; ~s, ~s) **0.1** ***interview*** ◆ **3.1** ein ~ mit jmdm. machen *een interview met iem. houden.*

interviewen 0.1 ***interviewen.***

interzonal 0.1 ***interzonaal.***

Inthronisation (v.; ~, ~en) **0.1** ***intronisatie*** ⇒*inhuldiging.*

intim 0.1 ***intiem*** ⇒*vertrouwelijk* ◆ **1.1** eine ~e Feier *een feestje in intieme kring* **3.1** mit jmdm. ~ sein (a) *met iem. intiem zijn* (b) *geslachtsverkeer met iem. hebben.*

Intimbereich (m.) **0.1** ***strikt persoonlijke levenssfeer, privacy* 0.2** (med.) ***schaamstreek.***

Intimfeind (m.) **0.1** ***persoonlijke vijand.***

Intimhygiene (v.) **0.1** ***intieme hygiëne.***

Intimität (v.; ~, ~en) **0.1** ***intimiteit* 0.2** ***persoonlijke levenssfeer*** ⇒*privacy* ◆ **3.1** ~en besprechen *vertrouwelijke aangelegenheden bespreken* **6.1** sich nicht **auf** ~en einlassen *het niet tot intimiteiten laten komen.*

Intimsphäre (v.) **0.1** ***strikt persoonlijke levenssfeer, privacy.***

Intimus (m.; ~, Intimi) (vaak scherts.) **0.1** ***intimus*** ⇒*boezemvriend.*

intolerant 0.1 ***intolerant*** ⇒*onverdraagzaam* **0.2** (med.) ***intolerant*** ◆ **6.2** ~ **gegen** Alkohol sein *niet tegen alcohol kunnen.*

Intonation (v.; ~, ~en) **0.1** ***intonatie.***

Intoxikation (v.; ~, ~en) (med.) **0.1** ***intoxicatie*** ⇒*vergiftiging.*

intramuskulär (med.) **0.1** ***intramusculair*** ⇒*in de spier.*

intransitiv (taal.) **0.1** ***intransitief*** ⇒*onovergankelijk.*

intravenös 0.1 ***intraveneus*** ⇒*in de ader.*

Intrige (v.; ~, ~n) **0.1** ***intrige.***

intrigieren 0.1 ***intrigeren*** ◆ **6.1 gegen** jmdn., etwas ~ *tegen iem., iets intrigeren.*

Introduktion (v.; ~, ~en) **0.1** ***introductie.***

Introspektion (v.; ~, ~en) **0.1** ***introspectie.***

introvertiert 0.1 ***introvert.***

Intuition (v.; ~, ~en) **0.1** ***intuïtie* 0.2** ***ingeving, inval.***

intuitiv 0.1 ***intuïtief* 0.2** ***met intuïtie, intuïtief handelend.***

intus (inf.) ◆ **3.¶** einen ~ haben *een borreltje (teveel) op hebben;* etwas ~ haben (a) *iets begrepen, onder de knie hebben* (b) *iets gegeten, gedronken hebben.*

Inundation (v.; ~, ~en) **0.1** ***inundatie.***

invalide 0.1 ***invalide.***

Invalidenrente (v.) **0.1** ***invaliditeitspensioen.***

Invalidität (v.; ~) **0.1** ***invaliditeit.***

invariabel 0.1 ***invariabel*** ⇒*onveranderlijk* ◆ **1.1** eine invariable Größe *een invariant.*

Invasion (v.; ~, ~en) **0.1** ***invasie.***

Invektive (v.; ~, ~n) (schr.) **0.1** ***invectief*** ⇒*belediging, scheldwoord.*

Inventar (o.; ~s, ~e) **0.1** ***inventaris*** ⇒*boedelbeschrijving* **0.2** ***inventaris*** ⇒*inboedel, bezittingen* ◆ **2.2** lebendes, totes ~ *levende, dode have* **3.1** ein ~ auf-, erstellen *de inventaris opmaken.*

Inventaraufnahme (v.) **0.1** ***inventarisatie.***

inventarisieren 0.1 ***inventariseren.***

Inventur (v.; ~, ~en) (ec.) **0.1** ***inventarisatie*** ◆ **3.1** ~ machen *de inventaris opmaken.*

Inventur(aus)verkauf (m.) (ec.) **0.1** ***inventarisuitverkoop, balansopruiming.***

Inversion (v.; ~, ~en) **0.1** ***inversie*** ⇒*omkering.*

invertiert 0.1 ***geïnverteerd*** ⇒*omgekeerd* **0.2** (med.) ***homoseksueel.***

investieren 0.1 (schr.) ***installeren* 0.2** (ec.) ***investeren*** ⇒ *beleggen.*

Investition (v.; ~, ~en) **0.1** ***investering.***

Investitionsgüter (alleen mv.) **0.1** ***investeringsgoederen.***

Investitionslenkung (v.) **0.1** ***(van regeringswege gevoerd) investeringsbeleid.***

Investitur (v.; ~, ~en) **0.1** ***investituur*** ⇒*installatie in een ambt.*
Investivlohn (m.) **0.1** ***investeringsloon.***
Investmentfonds (m.) **0.1** ***beleggingsfonds.***
Investmentgesellschaft (v.) **0.1** ***investment-trust*** ⇒*beleggingsmaatschappij.*
Investmentzertifikat (o.) **0.1** ***depotfractiebewijs.***
Investor (m.; ~s, Investoren) (ec.) **0.1** ***investeerder*** ⇒*belegger.*
In-vitro-Fertilisation (v.; ~, ~en) (med.) **0.1** ***in-vitrofertilisatie, reageerbuisbevruchting.***
inwendig **0.1** ***inwendig*** ⇒*van binnen, innerlijk* ◆ **1.1** (scherts.) der ~e Mensch *de inwendige mens;* eine ~e Tasche *een binnenzak* **8.1** (inf.) etwas, jmdn. in- und auswendig kennen *iets, iem. van binnen en van buiten kennen.*
inwie|fern, -weit **0.1** ***in hoever(re).***
Inzahlungnahme (v.) **0.1** ***inruil*** (bv. v.e. auto).
Inzest (m.; ~(e)s, ~e) **0.1** ***incest*** ⇒*bloedschande* **0.2** (biol.) ***zeer sterke inteelt.***
Inzision (v.; ~, ~en) (med.) **0.1** ***incisie*** ⇒*insnijding.*
Inzucht (v.; ~) **0.1** ***inteelt.***
inzwischen **0.1** ***in-, ondertussen.***
IOK (o.; ~) (afk.) [Internationales Olympisches Komitee].
Ion (acc. wiss.) (o.; ~s, ~en) (nat.) **0.1** ***ion.***
Ionosphäre (v.) **0.1** ***ionosfeer.***
Iota (o.; ~(s), ~s) **0.1** ***jota.***
I-Punkt (m.) **0.1** ***puntje op de i*** ◆ **6.1** bis **auf** den ~ *tot in details, uiterst nauwkeurig.*
IQ (m.; ~(s), ~(s)) →**Intelligenzquotient.**
i.R. (afk.; im Ruhestand) **0.1** ***in ruste, gepensioneerd.***
Irak (m.; ~; steeds met lidw.) **0.1** ***Irak.***
Iran (m.; ~; steeds met lidw.) **0.1** ***Iran.***
irden **0.1** ***aarden, van aarde.***
Irdengeschirr (o.) **0.1** ***aardewerk.***
Irdenware (v.; ~, ~n) **0.1** ***aardewerk.***
irdisch **0.1** ***aards*** ⇒*vergankelijk* **0.2** ***op aarde*** ◆ **1.1** die ~e Hülle *het stoffelijk overschot* **1.2** ~e Ziele treffen *doelen op aarde treffen* **2.1** ~ gesinnt *op aardse dingen gericht.*
Ire (m.; ~n, ~n) **0.1** ***Ier.***
irgend[1] (bw.) ◆ **4.¶** ~ etwas *iets, het een of ander;* ~ jemand *iemand, de een of ander.*
irgend[2] (bw.) **0.1** ***(ook maar) enigszins*** **0.2** ***ook maar, dan ook*** ◆ **2.1** wenn es mir ~ möglich ist *wanneer het mij ook maar enigszins mogelijk is* **4.2** wer ~, was ~ *wie, wat ook maar* **5.2** wann ~, wo ~ *wanneer, waar dan ook.*
irgendein **0.1** ***een of ander*** ⇒*willekeurig* ◆ **1.1** aus ~em Grund *om de een of andere reden* **3.1** ~er hat angerufen *er heeft iemand opgebeld.*
irgendeinmal **0.1** ***eens, ooit.***
irgendwann **0.1** ***eens, ooit.***
irgendwas (inf.) **0.1** ***het een of ander, iets.***
irgendwelch **0.1** ***een of ander*** ⇒*wat, hoe ook* **0.2** ***een of ander*** ⇒*willekeurig* ◆ **1.2** er trinkt nicht ~e Weine *hij drinkt niet elke willekeurige wijn.*
irgendwer **0.1** ***de een of ander, iemand*** **0.2** ***elk willekeurig iemand*** ⇒*zo maar iemand.*
irgendwie **0.1** ***op de een of andere manier*** ⇒*hoe dan ook* **0.2** ***enigszins, in een bepaald opzicht*** ◆ **3.2** ich fühle mich ~ schuldig *ik voel me ergens schuldig.*
irgendwo **0.1** ***ergens*** ⇒*op de een of andere plaats.*
irgendwoher **0.1** ***ergens vandaan*** ⇒*van de een of andere plaats.*
irgendwohin **0.1** ***ergens heen*** ⇒*naar een of andere plaats.*
Iris (v.; ~, ~) **0.1** ***iris*** (ook med., plantk.).
irisch **0.1** ***Iers.***
IRK (o.) (afk.) [Internationales Rotes Kreuz].
Irland (o.; ~s) **0.1** ***Ierland.***
Ironie (v.; ~, ~n) **0.1** ***ironie*** ◆ **1.1** eine ~ des Schicksals *de ironie van het lot.*
ironisch **0.1** ***ironisch.***
irrational **0.1** ***irrationeel*** (ook wisk.).
irrationell **0.1** ***irrationeel.***
irre **0.1** ***geestesziek*** ⇒*waanzinnig* **0.2** ***verward, in de war*** **0.3** (inf.) ***merkwaardig, excentriek*** **0.4** (inf.) ***enorm*** ⇒*geweldig* ◆ **1.1** ein ~r Patient *een geesteszieke patiënt* **1.3** wir waren in einem ~n Restaurant *we waren in een heel excentriek restaurant* **1.4** eine ~ Hitze *een verschrikkelijke hitte* **3.1** ~ werden vor Angst *gek worden van angst* **3.2** an jmdm. ~ werden *niet weten, waar men met iem. aan toe is;* der Redner wurde ~ *de spreker raakte de draad kwijt* **3.3** das ist ja ~! *dat is al te dol!*
Irre (v.) ◆ **6.¶** jmdn. **in** die ~ führen *iem. op een dwaalspoor brengen, misleiden;* **in** die ~ gehen *zich vergissen, verdwalen.*
irreal **0.1** ***irreëel*** ⇒*onwerkelijk.*
irreführen **0.1** ***op een dwaalspoor brengen*** ⇒*misleiden* ◆ **1.1** ~de Informationen *misleidende informaties;* der Titel des Romans führt irre *de titel van de roman is misleidend.*
irregehen **0.1** ***de verkeerde weg inslaan*** **0.2** (fig.) ***zich vergissen*** ◆ **6.2** er geht irre **in** der Annahme, daß ... *hij vergist zich door aan te nemen, dat ...*
irregulär **0.1** ***irregulier*** ⇒*onregelmatig, onwettig.*
irreleiten **0.1** ***op een verkeerd spoor, verkeerde weg brengen*** **0.2** (fig.) ***misleiden*** ◆ **1.1** irregeleitete Post *verkeerd bezorgde post.*
irrelevant **0.1** ***irrelevant*** ⇒*niet ter zake doende.*
irremachen **0.1** ***van de wijs brengen*** ⇒*aan het twijfelen brengen.*
irren **I** (onov.ww.) **0.1** ***dwalen*** ⇒*dolen, zwerven* **0.2** (fig.) ***zich vergissen*** ◆ **1.1** ~de Blicke *onrustig zoekende blikken* **6.2** **in** einem Punkt irrt der Vergleich *in één opzicht gaat de vergelijking niet op* **¶.2** (sprw.) ~ ist menschlich *vergissen is menselijk;*
II **sich** ~ (wk.ww.) **0.1** ***zich vergissen*** **0.2** ***zich vergissen*** ⇒*verkeerd beoordelen* ◆ **6.1** sich **um** 10 Gulden ~ *zich 10 gulden verrekenen* **6.2** sich **in** der Person ~ *iem. met iem. verwisselen.*
Irrenanstalt (v.) **0.1** ***krankzinnigengesticht, inrichting.***
Irrenhaus (o.) **0.1** ***krankzinnigeninrichting*** ⇒(inf.) *gekkenhuis* ◆ **6.1** (inf.) ich bin bald reif **fürs** ~ *ze kunnen me binnenkort naar het gekkenhuis brengen.*
irreparabel **0.1** ***irreparabel*** ⇒*onherstelbaar.*
Irre(r) (bn. als zn.) **0.1** ***krankzinnige*** ⇒*gestoorde, geesteszieke* ◆ **2.1** (inf.) der arme Irre! *och, zielepoot, arme stumper!* **3.1** (inf.) wie die Irren *als gekken, enorm.*
irrereden **0.1** ***wartaal spreken.***
Irrfahrt (v.) **0.1** ***dwaal-, zwerftocht.***
Irrgarten (m.) **0.1** ***doolhof, labyrint.***
Irrglaube(n) (m.) **0.1** ***dwaalleer, verkeerde opvatting.***
irrgläubig **0.1** ***ketters, onrechtzinnig.***
irrig **0.1** ***onjuist*** ⇒*verkeerd* ◆ **1.1** eine ~e Annahme *een onjuiste veronderstelling.*
Irrigation (v.; ~, ~en) **0.1** ***irrigatie.***
irrigerweise **0.1** ***abusievelijk, bij vergissing.***
irritieren **0.1** ***irriteren*** ⇒*ergeren* **0.2** ***in de war brengen, storen.***
Irrlehre (v.) **0.1** ***dwaalleer, valse leer.***
Irrlicht (o.) **0.1** ***dwaallicht.***
Irrsinn (m.) **0.1** ***waanzin*** ⇒*krankzinnigheid* **0.2** ***dwaas-***

heid ⇒*domheid* ◆ **2.2** das ist glatter ~ *dat is volkomen dwaas* **6.1 in** ~ verfallen *geestesziek, krankzinnig worden.*
irrsinnig 0.1 ***waan-, krankzinnig*** **0.2** ***waanzinnig*** ⇒*stom, dwaas* **0.3** ⟨inf.⟩ ***waanzinnig*** ⇒*enorm.*
Irrtum ⟨m.; ~s, ~̈er⟩ **0.1** ***vergissing*** ◆ **3.1** einen ~ begehen *een vergissing maken* **6.1 im** ~ sein, sich im ~ befinden *zich vergissen, abuis zijn.*
irrtümlich 0.1 ***onjuist*** ⇒*verkeerd.*
irrtümlich(erweise) 0.1 ***abusievelijk*** ⇒*bij vergissing.*
Irrung ⟨v.; ~, ~en⟩⟨schr.⟩ **0.1** ***dwaling*** ⇒*vergissing, misvatting.*
Irrweg ⟨m.⟩ **0.1** ***verkeerde opvatting, methode*** ◆ **3.1** einen ~ gehen *de verkeerde weg bewandelen, volgen.*
Irrwisch ⟨m.; ~es, ~e⟩ **0.1** ***dwaallicht*** **0.2** ⟨fig.⟩ ***wildebras*** ⇒ *druk, beweeglijk kind* **0.3** ⟨fig.⟩ ***rusteloos, ongedurig iem.***
Ischias ⟨m., v., o.⟩⟨med.⟩ **0.1** ***ischias*** ⇒*heupjicht.*
Islam ⟨acc. wiss.⟩⟨m.; ~(s)⟩ **0.1** ***islam.***
islamisch 0.1 ***islamitisch, v.d. islam.***
Island ⟨o.; ~s⟩ **0.1** ***IJsland.***
Isländer ⟨m.; ~s⟩ **0.1** ***IJslander.***
isländisch 0.1 ***IJslands.***
Isobare ⟨v.; ~, ~n⟩ **0.1** ***isobaar.***
Isolation ⟨v.; ~, ~en⟩ **0.1** ***isolatie, isolering*** **0.2** ***isolement.***
Isolationismus ⟨m.; ~⟩⟨pol.⟩ **0.1** ***isolationisme.***
Isolierband ⟨o.⟩ **0.1** ***isolatieband.***
isolieren 0.1 ***isoleren.***
Isolierhaft ⟨v.⟩ **0.1** ***hechtenis in een isoleercel.***
Isolierzelle ⟨v.⟩ **0.1** ***isoleercel.***
Isotop ⟨o.; ~s, ~e⟩ **0.1** ***isotoop.***
Israel ⟨o.; ~(s)⟩ **0.1** ***Israël.***
Israeli ⟨m.; ~(s), ~s⟩ **0.1** ***Israëliër.***
Ist-Bestand ⟨m.⟩ **0.1** ***werkelijke (kas)voorraad.***
Italien ⟨o.; ~s⟩ **0.1** ***Italië.***
Italiener ⟨m.; ~s, ~⟩ **0.1** ***Italiaan.***
italienisch 0.1 ***Italiaans.***
I-Tüpfelchen ⟨o.⟩ **0.1** ***puntje op de i*** ◆ **6.1** bis **aufs** ~ *tot in de puntjes, kleinste details.*
i.V. ⟨afk.⟩ [in Vertretung; in Vollmacht].
Iwan ⟨m.; ~s, ~s⟩⟨inf.⟩ **0.1** ***Rus, de Russen.***
IWF ⟨m.; ~⟩⟨afk.⟩ [Internationaler Währungsfonds].

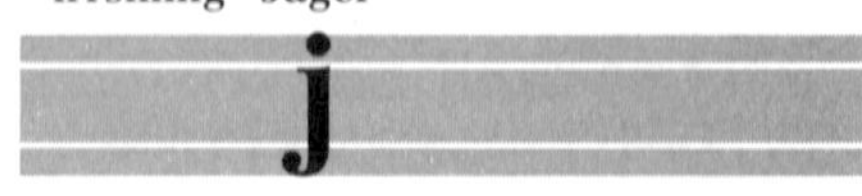

j, J ⟨o.; ~, ~⟩ **0.1** ***j, J*** ⇒*klank j, letter j, J.*
ja 0.1 ***ja*** **0.2** ***ja?, niet waar?*** ⇒*hé, he* **0.3** ***toch, immers, inderdaad*** ⇒*nog, wel, ook* **0.4** ***vooral*** ⇒*in ieder geval* **0.5** ⟨inf.; alleenstaand⟩ ***ja?*** ⇒*echt (waar)?* ◆ **2.3** das Kleid ist ~ schön, aber teuer *de jurk is wel mooi, maar duur;* das ist ~ schrecklich! *maar dat is (toch) verschrikkelijk!;* das ist ~ wahr *dat is waar ook* **3.3** ich glaube ~ *ik geloof van wel;* du kennst ihn ~! *je kent hem toch (wel)!;* so ist er ~ *zo is hij nu eenmaal;* da bist du ~! *daar ben je eindelijk!* **3.4** geh ~ hin! *ga er in ieder geval heen!* **5.1** ~ doch, ~ gewiß, ~ freilich *ja zeker, maar ja;* aber ~ doch *maar zeker, maar ja* **5.2** du kommst doch mit, ~? *jij gaat toch mee, zeker?* **8.1** ⟨inf.⟩ zu allem ~ und amen sagen *op alles ja en amen zeggen* **9.1** na ~! *nou, nu ja!*
Ja ⟨o.; ~(s), ~(s)⟩ **0.1** ***ja*** ⇒*bevestiging, toestemming* ◆ **3.1** sein ~ dazu geben *zijn toestemming daartoe, daarvoor geven;* das ~ sprechen *het jawoord spreken.*
Jacht ⟨v.; ~, ~en⟩⟨scheep.⟩ **0.1** ***jacht.***
Jacke ⟨v.; ~, ~n⟩ **0.1** ***jas(je)*** ⇒*colbert(jas), (lang) vest, jack* ◆ **3.1** ⟨inf.; fig.⟩ jmdm. die ~ vollhauen *iem. afranselen;* ⟨inf.; fig.⟩ die ~ vollkriegen *ervan langs krijgen* **8.1** das ist ~ wie Hose *dat is lood om oud ijzer.*
Jackenkleid ⟨o.⟩ **0.1** ***jurk met bijpassende (colbert)jas.***
Jackett ⟨o.; ~s, ~s; zelden mv. ~e⟩ **0.1** ***colbert*** ⇒*colbertjasje.*
Jade ⟨m.; ~(s); ook v.; ~, g.mv.⟩ **0.1** ***jade.***
Jagd ⟨v.; ~, ~en⟩ **0.1** ***jacht*** ⇒*jachtgezelschap, jachtgebied,* ⟨fig.⟩ *het jagen, race* ◆ **2.1** die hohe ~ (a) *de jacht op grof wild* (b) *het grof wild;* die niedere ~ *de jacht op klein wild* **3.1** die ~ geht auf *de jacht is geopend;* ⟨fig.⟩ das war eine ~! *dat was een gejaag!* **6.1 auf** die ~ gehen *op jacht gaan, gaan jagen.*
Jagdaufseher ⟨m.⟩ **0.1** ***jachtopziener.***
Jagdbomber ⟨m.⟩ **0.1** ***jachtbommenwerper.***
Jagdflieger ⟨m.⟩⟨mil.⟩ **0.1** ***jachtvlieger*** **0.2** ⟨inf.⟩ ***jachtvliegtuig, jager.***
Jagdflinte ⟨v.⟩ **0.1** ***jachtgeweer.***
Jagdfrevel ⟨m.⟩ **0.1** ***jachtdelict.***
Jagdgehege ⟨o.⟩ **0.1** ***(omheind) jachtterrein, -gebied.***
Jagdgrund ⟨m.⟩ **0.1** ***jachtgrond, -veld*** ◆ **6.1** ⟨inf.⟩ **in** die ewigen Jagdgründe eingehen *de eeuwige jachtgronden binnengaan.*
jagdlich 0.1 ***mbt. de jacht*** ⇒*in, bij, op de jacht.*
Jagdrevier ⟨o.⟩ **0.1** ***jachtterrein, -gebied*** ⟨ook fig.⟩.
Jagdschein ⟨m.⟩ **0.1** ***jachtakte.***
Jagdschutz ⟨m.⟩ **0.1** ***wildbescherming*** **0.2** ⟨mil.⟩ ***bescherming dmv. jachtvliegtuigen.***
Jagdtasche ⟨v.⟩ **0.1** ***wei-, jagerstas.***
Jagdzeug ⟨o.⟩ **0.1** ***jachtgerei, -tuig.***
jagen I ⟨onov.ww.⟩ **0.1** ***jagen*** ⇒*op jacht zijn, gaan, jacht maken* **0.2** ⟨s.⟩ ***jachten*** ⇒*jagen, vliegen* **0.3** ⟨fig.⟩ ***jachten, jagen*** ◆ **1.2** er hat einen ~den Puls *zijn pols jaagt;*
II ⟨ov.ww.⟩ **0.1** ***jagen*** ⇒*achtervolgen, jacht maken op, (achter)nazitten* ◆ **1.1** Einbrecher ~ *jacht maken op inbrekers;* ein gejagter Mensch *een (op)gejaagd mens* **4.1** sich ~ (a) *elkaar nazitten* (b) *snel opeenvolgen, elkaar snel opvolgen* **6.1** ⟨inf.; fig.⟩ jmdn. **mit** einer Sache ~ können *iem. met, door iets het huis uit jagen.*
Jäger ⟨m.; ~s, ~⟩ **0.1** ***jager*** **0.2** ⟨mil.⟩ ***jager, jachtvliegtuig.***

Jägerart ⟨v.⟩ ◆ **6.¶ nach** ~ *volgens jagersgebruik.*

Jagerei ⟨v.; ~, ~en⟩ **0.1** ***gejacht, gejaag.***

Jägerei ⟨v.; ~⟩ **0.1** ***jagerij*** *⇒jacht* **0.2** ***jachtwezen*** **0.3** ***jagers.***

Jägerlatein ⟨o.⟩ **0.1** ***jagerslatijn.***

Jägerschaft ⟨v.; ~⟩ **0.1** ***jagers.***

Jägerschnitzel ⟨o.⟩ **0.1** ***schnitzel met jagerssaus.***

Jägersmann ⟨m.; mv. Jägersleute⟩⟨vero.; inf.⟩ **0.1** ***jager.***

Jägerzaun ⟨m.⟩ **0.1** ***schaarhekje.***

Jaguar ⟨m.; ~s, ~e⟩ **0.1** ***jaguar.***

jäh **0.1** ***plots(eling)*** *⇒onverwacht, onverhoeds,* ⟨bw.⟩ *ineens* **0.2** ***steil (omlaag).***

jählings **0.1** ***plots(eling), eensklaps*** *⇒ineens* **0.2** ***steil.***

Jahr ⟨o.; ~(e)s, ~e⟩ **0.1** ***jaar*** ◆ **2.1** er zählt drei ~e *hij is drie jaar oud;* ein fröhliches neues ~ wünschen *gelukkig nieuwjaar wensen;* in reiferen ~en *op rijpere leeftijd;* in den zwanziger ~en *in de jaren twintig* **6.1** jung **an** ~en *jong van jaren, leeftijd;* **auf**, **über** ~e hinaus *voor, over (meerdere) jaren, jaren vooruit;* ⟨schr.⟩ **bei** ~en sein *op jaren, op leeftijd zijn;* ~ **für**, **um** ~ *jaar na jaar;* ein Mann **in** den besten ~en *een man in zijn beste jaren;* ein Mann **in** den mittleren ~en *een man van middelbare leeftijd;* **in** die ~e kommen *op jaren komen;* **in** ~en nicht *in geen jaren;* **mit** 21 (~en) kann man ... *op zijn 21e (jaar) kan men ...;* **vor** (langen) ~en *jaren geleden* **8.1** auf ~ und Tag *op de dag af, precies;* seit ~ und Tag *sinds jaar en dag;* vor ~ und Tag *lang geleden.*

jahraus ◆ **5.¶** ~, jahrein *jaar in, jaar uit.*

Jahrbuch ⟨o.⟩ **0.1** ***jaarboek.***

jahrelang **0.1** ***jarenlang.***

jähren, sich **0.1** ***verjaren, een jaar geleden zijn.***

Jahresabschluß ⟨m.⟩ **0.1** ***einde v.h. jaar*** **0.2** ⟨ec.⟩ ***jaarbalans*** *⇒jaarrekening.*

Jahresausgleich ⟨m.⟩ **0.1** ⟨verrekening van te veel betaalde loonbelasting over het inkomen in een bep. jaar⟩.

Jahresbeitrag ⟨m.⟩ **0.1** ***jaarlijkse bijdrage/contributie*** **0.2** ***jaarlijkse premie.***

Jahresbericht ⟨m.⟩ **0.1** ***jaarverslag.***

Jahresbezüge ⟨alleen mv.⟩ **0.1** ***jaarsalaris.***

Jahresdurchschnitt ⟨m.⟩ ◆ **6.¶ im** ~ *over het (ge)hele jaar gerekend.*

Jahresende ⟨o.⟩ ◆ **6.¶** bis **zum** ~ *tegen, vóór het einde van het jaar.*

Jahresfeier ⟨v.⟩ **0.1** ***jaarfeest*** *⇒jaarlijkse herdenkingsdag.*

Jahresfrist ⟨v.⟩ ◆ **6.¶ binnen**, **in**, **innerhalb** ~ *binnen een jaar, in één jaar (tijd);* **nach** ~ *na (verloop van) een jaar;* **vor** ~ *een jaar geleden.*

Jahreshälfte ⟨v.⟩ **0.1** ***halfjaar.***

Jahresmittel ⟨o.⟩ →**Jahresdurchschnitt.**

Jahresring ⟨m.⟩⟨plantk.⟩ **0.1** ***jaarring.***

Jahresrückblick ⟨m.⟩ **0.1** ***terugblik op het afgelopen jaar*** *⇒jaaroverzicht.*

Jahrestag ⟨m.⟩ **0.1** ***verjaardag, jaarlijkse herdenkingsdag, feestdag*** *⇒dies.*

Jahresumsatz ⟨m.⟩ **0.1** ***jaarlijkse omzet, jaaromzet.***

Jahresurlaub ⟨m.⟩ **0.1** ***jaarlijkse vakantie*** *⇒jaarlijks verlof.*

Jahreswechsel ⟨m.⟩ **0.1** ***jaarwisseling.***

Jahreswende ⟨v.⟩ ◆ **6.¶ um** die ~ *rond de jaarwisseling.*

Jahreszahl ⟨v.⟩ **0.1** ***jaartal.***

Jahreszeit ⟨v.⟩ **0.1** ***jaargetij(de)*** **0.2** ***tijd v.h. jaar.***

Jahreszins ⟨m.⟩ **0.1** ***rente op jaarbasis.***

Jahrfünft ⟨o.; ~s, ~e⟩ **0.1** ***(tijdvak van) vijf jaar, lustrum.***

Jahrgang ⟨m.⟩ **0.1** ***jaargang*** *⇒jaar* **0.2** ⟨mil.⟩ ***lichting*** ◆ **1.1** ein Auto ~ 1981 *een auto van het (bouw)jaar 1981* **2.1** die reiferen Jahrgänge *de oudere generatie* **3.1** er ist ~ 1928 *hij is in 1928 geboren* **4.1** er ist mein ~ *hij is van hetzelfde jaar als ik, van mijn jaar.*

Jahrgänger ⟨m.; ~s, ~⟩⟨Zdd., Zwi., Oostr.⟩ **0.1** ***jaargenoot*** *⇒ leeftijdgenoot.*

Jahrgedächtnis ⟨o.⟩⟨rel.⟩ **0.1** ***jaardienst, anniversarium.***

Jahrhundert ⟨o.; ~s, ~e⟩ **0.1** ***eeuw.***

jahrhundertelang **0.1** ***eeuwenlang.***

Jahrhundertfeier ⟨v.⟩ **0.1** ***eeuwfeest.***

Jahrhundertwende ⟨v.⟩ **0.1** ***eeuwwisseling.***

jährlich **0.1** ***jaarlijks*** *⇒per jaar.*

Jährling ⟨m.; ~s, ~e⟩⟨landb., biol.⟩ **0.1** ***jaarling*** *⇒eenjarig dier.*

Jahrmarkt ⟨m.⟩ **0.1** ***jaarmarkt*** *⇒kermis.*

Jahrmillionen ⟨alleen mv.⟩ **0.1** ***miljoenen jaren.***

Jahrring ⟨m.⟩ →**Jahresring.**

Jahrtausend ⟨o.⟩ **0.1** ***(tijdperk van) duizend jaar, millennium.***

Jahrtausendwende ⟨v.⟩ **0.1** ***millenniumwisseling.***

Jahrzehnt ⟨o.; ~s, ~e⟩ **0.1** ***decennium, (tijdperk van) tien jaar.***

jahrzehntelang **0.1** ***(enige) tientallen jaren (lang).***

Jähzorn ⟨m.⟩ **0.1** ***drift, opvliegendheid.***

jähzornig **0.1** ***driftig, opvliegend.***

Jak ⟨m.; ~s, ~e⟩⟨biol.⟩ **0.1** ***jak, brom-, knoros.***

Jakob ⟨m.; ~s⟩ ◆ **2.¶** ⟨inf.⟩ der billige ~ (a) *de marktkoopman* (b) *de venter, straathandelaar;* der wahre ~ (a) *het ware* (b) *de ware Jakob.*

Jakobiner ⟨m.; ~s, ~⟩⟨gesch.⟩ **0.1** ***jakobijn.***

Jakobsleiter ⟨v.⟩ **0.1** ***jakobsladder.***

Jakobsmuschel ⟨v.⟩ **0.1** ***jakobsschelp*** *⇒pelgrimsschelp.*

Jalou|sette, -sie ⟨v.; ~, ~n⟩ **0.1** ***jaloezie*** *⇒zon(ne)wering.*

Jambe ⟨v.; ~, ~n⟩ →**Jambus.**

Jambus ⟨m.; ~, Jamben⟩ **0.1** ***jambus, jambe.***

Jammer ⟨m.; ~s⟩ **0.1** ***gejammer, geweeklaag*** **0.2** ***ellende, jammer*** *⇒bitter verdriet* ◆ **7.2** ein ~ sein *(dood)jammer zijn.*

Jammerbild ⟨o.⟩ **0.1** ***(toon)beeld van ellende.***

Jammergestalt ⟨v.⟩ **0.1** ***deerniswekkende gestalte*** **0.2** ⟨inf.⟩ ***sukkel, slappeling.***

Jammerlappen ⟨m.⟩⟨inf.⟩ **0.1** ***sukkel, stuk onbenul.***

jämmerlich **0.1** ***jammerlijk*** *⇒ellendig, deerniswekkend* **0.2** ***ontzettend, vreselijk*** **0.3** ***jammerlijk*** *⇒armzalig.*

Jämmerling ⟨m.; ~s, ~e⟩⟨inf.⟩ **0.1** ***slappeling, sukkel.***

jammern I ⟨onov.ww.⟩ **0.1** ***jammeren, klagen;***
II ⟨ov.ww.⟩⟨schr.⟩ **0.1** ***medelijden opwekken*** ◆ **4.1** er jammert mich *ik heb medelijden met hem.*

jammerschade **0.1** ***doodjammer, (erg) jammer.***

Jammertal ⟨o.⟩ **0.1** ***tranendal.***

jammervoll **0.1** ***jammerlijk*** *⇒ellendig, deerniswekkend.*

Janker ⟨m.; ~s, ~⟩⟨Zdd., Oostr.⟩ **0.1** ***janker*** ⟨jasje⟩.

Jänner ⟨m.; ~s, ~⟩⟨Oostr.⟩ **0.1** ***januari.***

Januar ⟨m.; ~(s), ~e⟩ **0.1** ***januari*** ◆ **6.1 im** ~ *in januari* **7.1** der ~ *(de maand) januari.*

Japan ⟨o.; ~s⟩ **0.1** ***Japan.***

Japaner ⟨m.; ~s, ~⟩ **0.1** ***Japanner.***

japanisch **0.1** ***Japans.***

japsen ⟨inf.⟩ **0.1** ***hijgen*** *⇒snakken.*

Jargon ⟨m.; ~s, ~s⟩ **0.1** ***jargon.***

Jasager ⟨m.; ~s, ~⟩ **0.1** ***jaknikker, jabroer.***

Jasmin ⟨m.; ~s, ~e⟩ **0.1** ***jasmijn.***

Jastimme ⟨v.⟩ **0.1** ***ja-stem, stem vóór.***

jäten **0.1** ***wieden.***

Jauche ⟨v.; ~, ~n⟩ **0.1** ***gier, aal(t)*** **0.2** ⟨inf.⟩ ***slootwater.***

jauchen **0.1** ***gieren*** *⇒met gier mesten.*

Jauche(n)grube ⟨v.⟩ **0.1** ***gierput, -kuil.***
jauchzen 0.1 ***juichen*** ⇒*jubelen* **0.2** ⟨met 3e nv.; vero.⟩ ***toejuichen.***
Jauchzer ⟨m.; ~s, ~⟩ **0.1** ***juichkreet*** ⇒*jubelkreet.*
jaulen 0.1 ***janken*** ⇒*huilen* **0.2** ***joelen*** ⇒*jouwen.*
Jause ⟨v.; ~, ~n⟩⟨Oostr.⟩ **0.1** ***tussenmaaltijd*** ⇒*vieruurtje, koffietafel.*
jaus(n)en ⟨Oostr.⟩ **0.1** ***een hapje eten, koffiedrinken.***
jawohl 0.1 ***jawel.***
Jawort ⟨o.; mv. ~e⟩ **0.1** ***jawoord.***
Jazz ⟨m.; ~⟩ **0.1** ***jazz(muziek).***
je[1] ⟨bw.⟩ **0.1** ***ooit*** ⇒*wel eens* **0.2** ***telkens*** ⇒*steeds, ieder, elk* **0.3** ⟨met 'nach'⟩ ***al naar*** ⇒*naargelang (van), naarmate* ◆ **2.2** auf ~ 5 Mann *op elke 5 man;* ~ zwei und zwei *twee aan twee* **6.2 zu** ~ 6 Personen *telkens voor 6 personen* **6.3** ~ **nach** Bedarf *al naargelang (het nodig is)* **6.¶ seit** (eh und) ~ *vanouds, van oudsher* **8.1** mehr denn ~ *meer dan ooit* **8.¶** ⟨vero.; schr.⟩ ~ und ~ (a) *altijd* (b) *af en toe.*
je[2] ⟨bw.⟩⟨vero.⟩ ◆ **5.¶** ~ nun *welnu.*
je[3] ⟨vz. + 4⟩ **0.1** ***per*** ◆ **1.1** ~ angefangene Stunde *per aangebroken uur.*
je[4] ⟨vw.⟩ **0.1** ***hoe ... (hoe, des te)*** ◆ **5.1** ~ länger, ~ lieber *hoe langer, hoe liever* **5.¶** ~ nachdem *al naargelang (van de omstandigheden).*
je[5] ⟨tw.⟩⟨inf.⟩ **0.1** ***jee*** ◆ **9.1** o ~! *o jee(tje)!, jeetje!*
Jeans ⟨alleen mv.⟩ **0.1** ***spijkerbroek, jeans.***
Jeansanzug ⟨m.⟩ **0.1** ***spijkerpak.***
Jeanshose ⟨v.⟩ **0.1** ***spijkerbroek, jeans.***
jeck ⟨reg.⟩ **0.1** ***zot, gek, mal.***
Jeck ⟨m.; ~en, ~en⟩⟨reg.⟩ **0.1** ***carnavalsvierder*** **0.2** ***zot, gek.***
jedenfalls 0.1 ***in ieder geval*** ⇒*in elk geval, stellig.*
jeder 0.1 ⟨bijvoeglijk⟩ ***ieder, elk*** **0.2** ⟨bijvoeglijk⟩ ***enig*** **0.3** ⟨zelfstandig⟩ ***ieder(een)*** ⇒*een ieder, elkeen* ◆ **1.1** Dinge ~ Art *dingen van allerlei aard, allerlei dingen;* ⟨inf.⟩ jede Menge *een hele hoop* **1.3** ~ der Mannschaft *iedereen van het team* **2.1** jede fünf Minuten *om de 5 minuten;* jeden zweiten Tag *om de andere dag, om de twee dagen* **4.3** ⟨schr.⟩ ein ~ *een ieder, iedereen* **6.1 zu** ~ Zeit *te allen tijde* **6.2 ohne** jeden Grund *zonder enige reden* **¶.3** ⟨sprw.⟩ ~ ist sich selbst der Nächste *ieder is zichzelf het naast; het hemd is nader dan de rok;* ⟨sprw.⟩ ~ kehre vor seiner Tür *ieder moet voor zijn eigen deur vegen.* →**sein.**
jederart 0.1 ***ieder soort*** ⇒*gelijk welk.*
jederlei ⟨schr.⟩ **0.1** ***allerlei.***
jedermann 0.1 ***iedereen*** ⇒*(een) ieder, elkeen.*
jederzeit 0.1 ***te allen tijde*** ⇒*steeds, altijd.*
jederzeitig 0.1 ***te allen tijde, steeds (mogelijk).***
jedesmal 0.1 ***telkens, elke, iedere keer*** ⇒*telkenmale.*
jedoch 0.1 ***echter, maar*** ⇒*evenwel, toch.*
jedweder ⟨acc. wiss.⟩⟨vero.⟩ **0.1** ***elk, ieder*** ⇒⟨zelfstandig vooral⟩ *iedereen, elkeen* **0.2** ***enig*** **0.3** ***om het even welk, gelijk welk*** ⇒*allerlei* ◆ **1.3** ~ Art *van welke aard (dan) ook.*
jeglicher ⟨vero.⟩ →**jedweder.**
jeher ◆ **6.¶ seit, von** ~ *vanouds, van oudsher.*
jein ⟨inf.⟩ **0.1** ***ja en nee.***
Jelängerjelieber ⟨o.; ~s, ~⟩ **0.1** ***tuinkamperfoelie.***
jemals 0.1 ***ooit*** ⇒*te eniger tijd.*
jemand 0.1 ***iemand*** ◆ **4.1** irgend ~ *de een of ander* **5.1** kaum ~ *vrijwel, haast niemand.*
Jemen ⟨m.; ~(s); steeds met lidw.⟩ **0.1** ***Jemen.***
jemine 0.1 ***jeminee, herejee*** ⇒*(o) jee(tje).*
jener ⟨schr.⟩ **0.1** ***die (daar), dat (daar)*** ⇒*gene, gindse, eerstgenoemd, andere* ◆ **1.1** in dieser und in ~ Welt *hier en in het hiernamaals* **5.1** bald dieser, bald ~ *nu eens die, dan weer die (andere)* **8.1** diese und jene *deze(n) en gene(n);* dies und jenes *(het) een en ander.*
jenseitig 0.1 ***aan de overkant, aan gene, de andere zijde (liggend), tegenoverliggend*** ⇒*ander* **0.2** ⟨schr.⟩ ***v.h. hiernamaals*** ◆ **1.1** das ~e Ufer *de andere, tegenoverliggende oever* **1.2** die ~e Welt *het hiernamaals.*
jenseits[1] ⟨bw.⟩ **0.1** ***aan de andere, aan gene zijde*** ⇒*aan de overkant, achter.*
jenseits[2] ⟨vz. + 2⟩ **0.1** ***aan de andere, aan gene zijde van*** ⇒ *aan de overkant van, achter* ◆ **1.1** ~ der Dreißig sein *over de dertig zijn.*
Jenseits ⟨o.; ~⟩ **0.1** ***hiernamaals, andere wereld*** ◆ **6.1** ⟨inf.⟩ jmdn. **ins** ~ befördern *iem. naar de andere wereld helpen, sturen.*
Jeremiade ⟨v.; ~, ~n⟩⟨vero.⟩ **0.1** ***jeremiade, klaaglied.***
jerum ⟨vero.⟩ **0.1** ***(o) jee(tje).***
Jesses (Maria) ⟨inf.⟩ **0.1** ***jezus(mina).***
Jesuit ⟨m.; ~en, ~en⟩ **0.1** ***jezuïet*** ⟨ook fig.⟩.
Jesuitentum ⟨o.; ~s⟩ **0.1** ***jezuïtisme*** ⇒*leer, beginselen der jezuïeten.*
jesuitisch 0.1 ***jezuïtisch*** ⇒⟨fig. ook⟩ *dubbelhartig, doortrapt.*
Jesus Christus ⟨m.; 2e nv. Jesu Christi, 3e nv. ~ of Jesu Christo, 4e nv. ~ of Jesum Christum; aanspreekvorm ~ of Jesu Christe⟩ **0.1** ***Jezus Christus.***
Jesuskind ⟨o.⟩ **0.1** ***kind(je) Jezus.***
Jet ⟨m.; ~(s), ~s⟩ **0.1** ***straalvliegtuig, jet.***
Jeton ⟨m.; ~s, ~s⟩ **0.1** ***(speel)fiche*** **0.2** ***munt(je)*** ⇒*jeton.*
Jett ⟨m. & o.; ~(e)s⟩ **0.1** ***git*** ⇒*gagaat.*
jetten I ⟨onov.ww.; s.⟩ **0.1** ***met een, per jet vliegen;***
II ⟨ov.ww.⟩ **0.1** ***met een jet vervoeren.***
jetzig 0.1 ***tegenwoordig, huidig*** ⇒*van nu.*
jetzt 0.1 ***nu*** ⇒*nou, thans, tegenwoordig* **0.2** ***toch*** ⇒*weer* ◆ **3.2** wer hat denn das ~ gesagt? *wie heeft dat nu weer gezegd?* **6.1 von** ~ an *van nu af (aan).*
Jetzt ⟨o.; ~, ~⟩⟨schr.⟩ **0.1** ***heden*** ⇒*tegenwoordige tijd.*
jeweilig 0.1 ***v.e. gegeven, bepaald ogenblik, van dat ogenblik*** ⇒*heersend, (des)betreffend, respectief* ◆ **1.1** der ~e Kurs *de koers van de dag, de dan geldende koers;* die ~e Mode *de heersende mode.*
jeweils 0.1 ***telkens*** ⇒*telkenmale, steeds, elke keer, op een gegeven, bepaald ogenblik* ◆ **6.1** Artikel ~ **zu** einer Mark *artikelen, elk voor één mark;* ~ **zu** 6 Personen *telkens voor 6 personen, (telkens) met zijn zessen.*
Jg. ⟨afk.⟩ →**Jahrgang.**
Jgg. ⟨afk.⟩ [Jahrgänge].
Jh. ⟨afk.⟩ →**Jahrhundert.**
jiddisch 0.1 ***Jiddisch.***
Jiu-Jitsu ⟨o.; ~(s)⟩⟨sp.⟩ **0.1** ***jioe-jitsoe.***
Job ⟨m.; ~s, ~s⟩⟨inf.; comp.⟩ **0.1** ***job*** ⇒⟨inf.⟩ *(tijdelijk) baantje.*
jobben ⟨inf.⟩ **0.1** ***een job hebben*** ⇒*een tijdelijk baantje hebben* **0.2** ***werken.***
Jobber ⟨m.; ~s, ~⟩ **0.1** ***jobber*** ⇒⟨inf.; pej.⟩ *gewetenloos zakenman* **0.2** ⟨inf.⟩ ***iem. met een tijdelijk baantje*** ⇒*werkstudent.*
Joch ⟨o.; ~(e)s, ~e⟩ **0.1** ***juk*** ⟨ook fig. en elektriciteit⟩ ⇒*draagjuk, brugjuk* **0.2** ⟨mv. Joch⟩ ***juk, koppel*** **0.3** ⟨aardr.⟩ ***(berg)pas*** ◆ **6.1** ⟨fig.⟩ jmdn. **unter** ein ~ zwingen *iem. onder het juk brengen, iem. onderwerpen.*
Jochbein ⟨o.⟩ **0.1** ***jukbeen.***
Jochbogen ⟨m.⟩ **0.1** ⟨med.⟩ ***jukboog*** **0.2** ⟨bouwk.⟩ ***gewelfboog*** ⟨v.e. travee⟩.
Jockei ⟨m.; ~s, ~s⟩ **0.1** ***jockey.***

Jod ⟨o.; ~(e)s⟩ **0.1** ***jodium*** →*jood*.
jodeln **0.1** ***jodelen***.
jodhaltig **0.1** ***jodiumhoudend***.
Jodid ⟨o.; ~(e)s, ~e⟩⟨schei.⟩ **0.1** ***jodide***.
Jodler ⟨m.; ~s, ~⟩ **0.1** ***jodeler*** **0.2** ***jodellied*** **0.3** ***jodel(roep)***.
Jodtinktur ⟨v.⟩ **0.1** ***jodiumtinctuur***.
Joga ⟨m. & o.; ~(s)⟩ **0.1** ***yoga***.
joggen **0.1** ***joggen***.
Joghurt ⟨m. & o.; ~(s)⟩ **0.1** ***yoghurt***.
Johannisbeere ⟨v.⟩ **0.1** ***aalbes***.
Johannisbrot ⟨o.⟩ **0.1** ***johannesbrood, carobbepeulen***.
Johanniskraut ⟨o.⟩ **0.1** ***sint-janskruid, hertshooi***.
Johanniter ⟨m.; ~s, ~⟩ **0.1** ***johannieter*** ⇒*Maltezer ridder*.
johlen **0.1** ***joelen*** ⇒*jouwen, schreeuwen, tieren*.
Joint ⟨m.; ~s, ~s⟩ **0.1** ***joint, stickie*** **0.2** ⟨inf.⟩ ***sigaret***.
Joker ⟨m.; ~s, ~⟩ **0.1** ***joker*** ⟨ook fig.⟩.
Jokus ⟨m.; ~, ~se⟩ **0.1** ***pret, jolijt*** ⇒*lol, grap, scherts*.
Jolle ⟨v.; ~, ~n⟩⟨scheep.⟩ **0.1** ***jol***.
Jongleur ⟨m.; ~s, ~e⟩ **0.1** ***jongleur*** ⟨ook gesch.⟩.
jonglieren **0.1** ***jongleren*** ⟨ook fig.⟩.
Joppe ⟨v.; ~, ~n⟩ **0.1** ***jekker, jopper*** ⇒*jasje*.
Jordan ⟨m.; ~s⟩⟨aardr.⟩ **0.1** ***Jordaan*** ◆ **6.¶** **über** den ~ gehen *het hoekje omgaan, sterven*.
Jordanien ⟨o.; ~s⟩ **0.1** ***Jordanië***.
Jot ⟨o.; ~, ~⟩ **0.1** ⟨letter, klank⟩ ***j, J***.
Jota ⟨o.; ~(s), ~s⟩ **0.1** ***jota*** ⟨Griekse letter; ook fig.⟩ ◆ **4.1** ⟨schr.⟩ kein, nicht ein ~, um kein ~ *geen jota, haarbreed*.
Journaille ⟨v.; ~⟩ **0.1** ***journaille*** ⇒*sensatiepers*.
Journal ⟨o.; ~s, ~e⟩ **0.1** ⟨vero.⟩ ***journaal*** ⇒*krant, tijdschrift, dagboek* **0.2** ***(scheeps)journaal*** **0.3** ⟨ec.⟩ ***journaal***.
Journalismus ⟨m.; ~⟩ **0.1** ***journalistiek***.
Journalist ⟨m.; ~en, ~en⟩ **0.1** ***journalist***.
jovial **0.1** ***joviaal*** ⇒*gulhartig, opgeruimd*.
Jovialität ⟨v.; ~⟩ **0.1** ***jovialiteit*** ⇒*gulhartigheid, opgeruimdheid*.
jr. ⟨afk.⟩ [junior].
Jubel ⟨m.; ~s⟩ **0.1** ***gejubel*** ⇒*gejuich* ◆ **1.1** ~, Trubel, Heiterkeit (a) *vrolijke drukte* (b) ⟨pej.⟩ *drukte en lawaai*.
Jubelfest ⟨o.⟩⟨scherts.⟩ **0.1** ***jubelfeest, jubileum***.
Jubelgesang ⟨m.⟩ **0.1** ***jubelzang***.
Jubelgeschrei ⟨o.⟩ **0.1** ***jubelkreten, gejubel***.
Jubeljahr ⟨o.⟩ **0.1** ***jubeljaar, jubileum*** ⟨ook rel.⟩ ◆ **4.¶** ⟨inf.⟩ alle ~e (einmal) *zelden of nooit*.
jubeln **0.1** ***jubelen, juichen***.
Jubelpaar ⟨o.⟩ **0.1** ***jubilerend paar*** ⇒*bruidspaar*.
Jubelruf ⟨m.⟩ **0.1** ***jubel-, juichkreet***.
Jubilar ⟨m.; ~s, ~e⟩ **0.1** ***jubilaris***.
Jubiläum ⟨o.; ~s, Jubiläen⟩ **0.1** ***jubileum***.
jubilieren **0.1** ***kwinkeleren*** **0.2** ⟨schr.⟩ ***juichen, jubelen*** **0.3** ⟨scherts.⟩ ***jubileren*** ⇒*een jubileum vieren*.
juchhe **0.1** ***hoezee, hoera***.
juchten **0.1** ***juchtleren***.
Juchten ⟨m. & o.; ~s⟩ **0.1** ***juchtleer***.
juchzen ⟨inf.⟩ **0.1** ***juichen, jubelen***.
Juchzer ⟨m.; ~s, ~⟩⟨inf.⟩ **0.1** ***juich-, vreugdekreet***.
juckeln ⟨inf.⟩ **0.1** ***schuiven en draaien, heen en weer schuiven*** **0.2** ***hobbelen*** ⟨voertuigen⟩ ⇒*tuffen*.
jucken I ⟨ov. & onov.ww.⟩ **0.1** ***jeuken*** ⇒*jeuk hebben, kriebelen* ◆ **4.1** es juckt mich (a) *ik heb jeuk* (b) ⟨fig.⟩ *ik heb (veel, best) zin* (c) ⟨fig.⟩ *mijn vingers jeuken;* das juckt mich nicht *dat raakt mijn koude kleren niet;*
II sich ~ ⟨wk.ww.⟩ **0.1** ***zich krabben*** ⇒*zich schurken*.
Jucken ⟨o.; ~s⟩ **0.1** ***jeuk*** ⇒*jeuking* **0.2** ***het jeuken***.
Juckpulver ⟨o.⟩ **0.1** ***jeukpoeder***.
Juckreiz ⟨m.⟩ **0.1** ***jeuk(prikkeling)***.
Judaskuß ⟨m.⟩ **0.1** ***judaskus***.
Jude ⟨m.; ~n, ~n⟩ **0.1** ***jood*** ◆ **2.1** der Ewige ~ *de Wandelende Jood*.
jüdeln **0.1** ***met een joods accent spreken***.
Judenchrist ⟨m.⟩ **0.1** ***jodenchristen***.
Judenheit ⟨v.; ~⟩ **0.1** ***jodendom***.
Judentum ⟨o.; ~s⟩ **0.1** ***jodendom*** ⇒*joden*.
Judikative ⟨v.; ~, ~n⟩⟨jur., pol.⟩ **0.1** ***rechterlijke macht***.
Judikatur ⟨v.; ~, ~en⟩⟨jur.⟩ **0.1** ***judicatuur*** ⇒*rechtspraak*.
Jüdin ⟨v.; ~, ~nen⟩ **0.1** ***jodin***.
jüdisch **0.1** ***joods***.
judizieren **0.1** ***judiceren, oordelen, vonnis vellen***.
Judizium ⟨o.; ~s, Judizien⟩⟨jur.⟩ **0.1** ***judicium*** ⇒*oordeel, rechterlijke uitspraak*.
Judo[1] ⟨m.; ~s, ~s⟩⟨afk.⟩ →**Jungdemokrat**.
Judo[2] ⟨o.; ~(s)⟩⟨sp.⟩ **0.1** ***judo***.
Jugend ⟨v.; ~⟩ **0.1** ***jeugd*** ◆ **2.1** in seiner frühen, in früher ~ *in zijn prille jeugd* **6.1** ⟨sp.⟩ **in** der ~ spielen *bij de jeugd, de junioren spelen;* **von** ~ an, auf *van jongs af aan*.
Jugendalter ⟨o.⟩ **0.1** ***jeugdige leeftijd, jeugd***.
Jugendamt ⟨o.⟩ **0.1** ***(bureau voor) jeugdzaken*** ⇒*Raad voor de Kinderbescherming*.
Jugendarbeit ⟨v.⟩ **0.1** ***jeugd-, jongerenwerk*** ⇒*jeugdzorg* **0.2** ***jeugd-, kinderarbeid*** **0.3** ***jeugdwerk*** ⟨kunstwerk⟩.
Jugendbekanntschaft ⟨v.⟩ **0.1** ***jeugdkennis, kennis uit de jeugd(jaren)***.
Jugendbild ⟨o.⟩ **0.1** ***jeugdportret*** **0.2** ***jeugdfoto***.
Jugendblüte ⟨v.⟩⟨schr.⟩ **0.1** ***bloei v.d. jeugd***.
Jugendeselei ⟨v.⟩⟨inf.⟩ **0.1** ***jeugdige dwaasheid*** ⇒*jeugdzonde*.
Jugendfarm ⟨v.⟩ **0.1** ***±kinderboerderij***.
jugendfrei **0.1** ***(toegankelijk) voor alle leeftijden*** ⟨film⟩.
Jugendfreund ⟨m.⟩ **0.1** ***jeugdvriend***.
jugendfrisch ⟨schr.⟩ **0.1** ***jeugdig, fris***.
Jugendfrische ⟨v.⟩ **0.1** ***jeugdige frisheid***.
Jugendfunk ⟨m.⟩ **0.1** ***jeugdradio*** ⇒*jeugduitzending(en)*.
Jugendfürsorge ⟨v.⟩⟨vero.⟩ **0.1** ***(sociale) jeugdzorg***.
jugendgefährdend ◆ **1.¶** ~e Schriften *niet voor de jeugd geschikte boeken, lectuur*.
Jugendgericht ⟨o.⟩ **0.1** ***kinder-, jeugdrechtbank***.
Jugendgruppe ⟨v.⟩ **0.1** ***jongerengroep*** ⇒*jeugdgroep*.
Jugendheim ⟨o.⟩ **0.1** ***jeugd-, jongerencentrum*** **0.2** ***jeugdtehuis***.
Jugendherberge ⟨v.⟩ **0.1** ***jeugdherberg***.
Jugendhilfe ⟨v.⟩ **0.1** ***jongerenwerk, jeugdzorg***.
Jugendlager ⟨o.⟩ **0.1** ***jeugdkamp***.
jugendlich **0.1** ***jeugdig*** ⇒*jong* ◆ **6.1** **in** ~em Alter *op jeugdige, jonge leeftijd*.
Jugendliche(r) ⟨bn. als zn.⟩ **0.1** ***jongere*** ⇒*jeugdig persoon* ◆ **6.1** **für** Jugendliche nicht zugelassen *toegang boven 18 jaar*.
Jugendlichkeit ⟨v.; ~⟩ **0.1** ***jeugdigheid***.
Jugendmannschaft ⟨v.⟩⟨sp.⟩ **0.1** ***jeugdteam***.
Jugendmeister ⟨m.⟩⟨sp.⟩ **0.1** ***kampioen bij de junioren***.
Jugendpfleger ⟨m.⟩ **0.1** ***jongerenwerker***.
Jugendrichter ⟨m.⟩ **0.1** ***kinderrechter*** ⇒⟨Belg.⟩ *jeugdrechter*.
Jugendschutz ⟨m.⟩ **0.1** ***jeugd-, kinderbescherming***.
Jugendschutzgesetz ⟨o.⟩ **0.1** ***kinderwet***.
Jugendstil ⟨m.⟩⟨bk., bouwk.⟩ **0.1** ***Jugendstil***.
Jugendstrafanstalt ⟨v.⟩ **0.1** ***jeugdgevangenis***.
Jugendstreich ⟨m.⟩ **0.1** ***jeugdige dwaasheid***.
Jugendsünde ⟨v.⟩ **0.1** ***jeugdzonde***.
Jugendtraum ⟨m.⟩ **0.1** ***jeugddroom***.
Jugendverband ⟨m.⟩ **0.1** ***jongerenverbond***.

Jugendverbot ⟨o.⟩ ◆ **¶.¶** ~! *alleen voor volwassenen, toegang boven 18 jaar.*

Jugendzeit ⟨v.⟩ **0.1** ***(tijd der) jeugd*** ⇒*jeugdjaren.*

Jugoslawe ⟨m.; ~n, ~n⟩ **0.1** ***Joegoslaaf.***

Jugoslawien ⟨o.; ~s⟩ **0.1** ***Joegoslavië.***

jugoslawisch **0.1** ***Joegoslavisch.***

Julei ⟨gesproken vorm van⟩ →**Juli.**

Juli ⟨m.; ~(s), ~s⟩ **0.1** ***juli*** ◆ **6.1 im** *in juli* **7.1** der ~ *(de maand) juli.*

julianisch ◆ **1.¶** der Julianische Kalender *de Juliaanse kalender.*

Jumper ⟨m.; ~s, ~⟩ **0.1** ***jumper*** ⇒*trui.*

jun. ⟨afk.⟩ [junior].

jung ⟨jünger, (am) jüngst(en)⟩ **0.1** ***jong*** ◆ **1.1** mein Jüngerer Bruder ⟨van twee⟩ *mijn jongste broer;* Jüngeren Datums *van recente datum;* ~er Herr *jongeheer;* ~er Mann (a) *jongeman* (b) ⟨pej.⟩ *jongmens;* ein Jüngerer Mann *een nog jonge man;* die Jüngere, Jüngste Vergangenheit *het recente, jongste verleden;* in Jüngster Zeit *(in) de laatste, afgelopen tijd* **2.1** ~verheiratet *pas getrouwd* **6.1** ~ **an** Jahren *jong van jaren;* **von** ~ an, auf *van jongs af (aan)* **7.1** nicht mehr der Jüngste sein *niet meer van de jongsten zijn.* →**gewohnt.**

Jungakademiker ⟨m.⟩ **0.1** ***pas afgestudeerde.***

Jungbrunnen ⟨m.⟩ **0.1** ***verjongingsbron.***

Jungchen ⟨o.; ~s, ~⟩⟨inf.⟩ **0.1** ***jong(etje).***

Jungdemokrat ⟨m.⟩ **0.1** ⟨lid v.d. jeugdorganisatie v.d. FDP⟩.

Junge ⟨m.; ~n, ~n; mv. reg. ~ns of Jungs⟩ **0.1** ***jongen*** **0.2** ⟨vero.⟩ ***leerjongen*** **0.3** ⟨inf.⟩ ***boer*** ⟨kaartspel⟩ ◆ **2.1** ⟨inf.⟩ blaue Jung(en)s *jantjes, matrozen;* ⟨inf.⟩ schwerer ~ *zware jongen, gevaarlijke misdadiger.*

Jüngelchen ⟨o.; ~s, ~⟩⟨inf.; pej.⟩ **0.1** ***jongetje, kereltje.***

jungen **0.1** ***jongen, jongen werpen.***

jungenhaft **0.1** ***jongensachtig.***

Jungenstreich ⟨m.⟩ **0.1** ***jongensstreek.***

Jünger ⟨m.; ~s, ~⟩ **0.1** ***volgeling, discipel.***

Jüngerin ⟨v.; ~, ~nen⟩ **0.1** ***volgelinge*** ⇒*leerlinge.*

Jüngerschaft ⟨v.; ~⟩ **0.1** ***wezen, leven v.e. volgeling, discipel*** **0.2** ***volgelingen, discipelen.***

Junge(s) ⟨bn. als zn.; o.⟩ **0.1** ***jong*** ⟨pasgeboren dier⟩. →**Alte(n).**

Jungfer ⟨v.; ~, ~n⟩ **0.1** ⟨vero.⟩ ***juf(fer), juffrouw*** **0.2** ⟨pej.⟩ ***jongedochter*** ⇒*oude vrijster.*

jüngferlich **0.1** ***jufferachtig, preuts.***

Jungfernfahrt ⟨v.⟩ **0.1** ***maidentrip, eerste reis.***

Jungfernhäutchen ⟨o.⟩ **0.1** ***maagdenvlies.***

Jungfernhering ⟨m.⟩ **0.1** ***maatjesharing.***

Jungfernrede ⟨v.⟩ **0.1** ***maidenspeech.***

Jungfrau ⟨v.⟩ **0.1** ***maagd*** **0.2** ⟨vero.⟩ ***jongedochter*** **0.3** ⟨rel., astrol.⟩ ***Maagd*** ◆ **8.1** ⟨inf.⟩ er ist dazu gekommen wie die ~ zum Kind *het is hem komen aanwaaien, het is hem gewoon in de schoot geworpen.*

jungfräulich **0.1** ***maagdelijk*** ⟨ook fig.⟩ ⇒*ongerept, rein, zuiver.*

Junggeselle ⟨m.⟩ **0.1** ***vrijgezel.***

Junggesellenbude ⟨v.⟩⟨inf.⟩ **0.1** ***vrijgezellenkamer.***

Junggesellendasein ⟨o.⟩ **0.1** ***vrijgezellenbestaan.***

Junglehrer ⟨m.⟩ **0.1** ***beginnend leraar, docent.***

Jüngling ⟨m.; ~s, ~e⟩⟨schr. of iron.⟩ **0.1** ***jongeling, jongeman*** ⇒⟨iron.⟩ *jongmens.*

Jungmann ⟨m.⟩ **0.1** ***jongeman, jongeling*** **0.2** ***jong sportbeoefenaar*** ⇒*junior* **0.3** ***lichtmatroos.***

Jungsozialist ⟨m.⟩ **0.1** ⟨lid v.d. jeugdorganisatie v.d. SPD⟩.

jüngst ⟨vero.; schr.⟩ **0.1** ***onlangs, pas, laatst.***

Jungsteinzeit ⟨v.⟩ **0.1** ***Neolithicum.***

Jungtier ⟨o.⟩ **0.1** ***jong dier.***

jungverheiratet **0.1** ***pasgetrouwd.***

Jungvolk ⟨o.⟩⟨vero.⟩ **0.1** ***jongelui, jong volk(je).***

Jungwähler ⟨m.⟩ **0.1** ***jonge kiezer.***

Juni ⟨m.; ~(s), ~s⟩ **0.1** ***juni*** ◆ **6.1 im** ~ *in juni* **7.1** der ~ *(de maand) juni.*

Junior ⟨m.; ~s, Junioren⟩ **0.1** ***junior*** ⟨ook sp.⟩ ⇒*jongere, zoon.*

Junker ⟨m.; ~s, ~⟩ **0.1** ***(land)jonker, jonkheer.***

Juno ⟨gesproken vorm van⟩ →**Juni.**

Junta ⟨v.; ~, Junten⟩ **0.1** ***junta.***

Jura[1] ⟨alleen mv.⟩ **0.1** ***rechten*** ⇒*rechtswetenschap(pen).*

Jura[2] ⟨m.; ~s⟩⟨aardr., geol.⟩ **0.1** ***Jura.***

Jurisdiktion ⟨v.; ~, ~en⟩ **0.1** ***jurisdictie*** ⇒*rechtspraak, rechtsmacht.*

Jurisprudenz ⟨v.; ~⟩ **0.1** ***rechtsgeleerdheid*** ⇒*rechten, jurisprudentie.*

Jurist ⟨m.; ~en, ~en⟩ **0.1** ***jurist.***

juristisch **0.1** ***juridisch*** ⇒*rechtsgeleerd, -kundig.*

Juror ⟨m.; ~s, Juroren⟩ **0.1** ***jurylid.***

Jury ⟨v.; ~, ~s⟩ **0.1** ***jury.***

juryfrei **0.1** ***niet-geselecteerd*** ⇒*buiten mededinging.*

Jus[1] ⟨v.; ~; ook, vooral Zwi. en Zdd. o.; ~, g.mv.⟩ **0.1** ***jus*** ⇒ *saus,* ⟨Zwi.⟩ *sap.*

Jus[2] ⟨o.; ~⟩⟨Oostr., Zwi.; elders vero.⟩ **0.1** ***rechten.***

Juso ⟨m.; ~s, ~s⟩⟨afk.⟩ →**Jungsozialist.**

just ⟨vero.; vaak nog scherts.⟩ **0.1** ***juist, precies, net.***

justieren **0.1** ***justeren.***

Justierwaage ⟨v.⟩ **0.1** ***(ad)justeerbalans, muntschaal.***

Justifikation ⟨v.; ~, ~en⟩ **0.1** ***justificatie*** ⇒*rechtvaardiging.*

justifizieren **0.1** ***justificeren, justifiëren*** ⇒*rechtvaardigen* **0.2** ***verifiëren, de juistheid vaststellen (van).***

Justitiar ⟨m.; ~s, ~e⟩ **0.1** ***rechtskundig adviseur.***

Justiz ⟨v.; ~⟩ **0.1** ***justitie.***

Justizbeamte(r) ⟨bn. als zn.; m.⟩ **0.1** ***rechterlijk ambtenaar.***

Justizbehörde ⟨v.⟩ **0.1** ***rechterlijke macht.***

Justizirrtum ⟨m.⟩ **0.1** ***gerechtelijke dwaling.***

Justizminister ⟨m.⟩ **0.1** ***minister van Justitie.***

Justizmord ⟨m.⟩ **0.1** ***gerechtelijke moord.***

Justizrat ⟨m.⟩⟨vero.⟩ **0.1** ***raadsheer*** ⇒*rechter, notaris, advocaat.*

Justizverwaltung ⟨v.⟩ **0.1** ***rechterlijke macht*** ⇒*justitieel apparaat.*

Justizvollzugsanstalt ⟨v.⟩ **0.1** ***strafgevangenis.***

Jute ⟨v.; ~⟩ **0.1** ***jute*** **0.2** ⟨plantk.⟩ ***Indische hennep.***

Jutesack ⟨m.⟩ **0.1** ***jutezak.***

Jütländer ⟨m.; ~s, ~⟩ **0.1** ***Jut(lander).***

juvenil **0.1** ***juveniel*** ⟨ook geol.⟩ ⇒*jeugdig.*

Juwel[1] ⟨m. & o.; ~s, ~en⟩ **0.1** ***juweel.***

Juwel[2] ⟨o.; ~s, ~e⟩⟨fig.⟩ **0.1** ***juweel*** ⇒*kleinood.*

Juwelier ⟨m.; ~s, ~e⟩ **0.1** ***juwelier.***

Juwelierarbeit ⟨v.⟩ **0.1** ***bijouterie, juwelierswerk.***

Juweliergeschäft ⟨o.⟩ **0.1** ***juwelierszaak.***

Jux ⟨m.; ~es, ~e⟩⟨inf.⟩ **0.1** ***grap*** ⇒*gek(kig)heid, lol, gein* ◆ **3.1** ich hatte (mir) einen ~ gemacht *ik had een grap, grappen uitgehaald* **6.1 aus** (lauter) ~ (und Tollerei) *(enkel en alleen) voor de grap, lol, uit gekheid.*

juxen ⟨inf.⟩ **0.1** ***pret, lol, gekheid maken, grappen uithalen*** ⇒*schertsen.*

jwd ⟨afk.: janz weit draußen; inf.; scherts.⟩ **0.1** ***in de rimboe, afgelegen.***

k¹, K ⟨o.; ~, ~⟩ **0.1** *k, K ⇒klank k, letter k, K.*
k² ⟨afk.⟩ →**Karat; Kilo.**
Kabale ⟨v.; ~, ~n⟩⟨schr.⟩ **0.1** *intrige.*
Kabarett ⟨acc. wiss.⟩⟨o.; ~s, ~s of ~e⟩ **0.1** *cabaret* **0.2** *draaiend presenteerblad* ⟨met vakjes⟩ ◆ **3.1** ~ machen *cabaret opvoeren.*
Kabarettier ⟨m.; ~s, ~s⟩ **0.1** *cabaretbezitter* **0.2** *cabaretleider.*
Kabarettist ⟨m.; ~en, ~en⟩ **0.1** *cabaretier.*
kabarettistisch 0.1 *cabaretachtig.*
Kabbelei ⟨v.; ~, ~en⟩⟨inf.⟩ **0.1** *gekibbel, geharrewar.*
kabbeln I ⟨onov.ww.⟩⟨scheep.⟩ **0.1** *kabbelen;* **II sich** ~ ⟨wk.ww.⟩⟨inf.⟩ **0.1** *kibbelen, harrewarren.*
Kabel ⟨o.; ~s, ~⟩ **0.1** *kabel* ◆ **2.1** ein unterirdisches ~ *een grondkabel.*
Kabelanschluß ⟨m.⟩ **0.1** *aansluiting voor kabeltelevisie* **0.2** *aansluiting op het kabeltelevisienet.*
Kabelbahn ⟨v.⟩ **0.1** *kabelbaan, -spoor.*
Kabelbericht ⟨m.⟩ **0.1** *kabel(tele)gram.*
Kabelfernsehen ⟨o.⟩ **0.1** *kabeltelevisie.*
Kabeljau ⟨m.; ~s, ~s of ~e⟩ **0.1** *kabeljauw.*
kabeln 0.1 *telegraferen.*
Kabelschuh ⟨m.⟩⟨tech.⟩ **0.1** *kabelschoen.*
Kabine ⟨v.; ~, ~n⟩ **0.1** *cabine ⇒kleed-, pas-, stemhokje* **0.2** *scheepshut, kajuit* **0.3** *cabine, gondel* ⟨van kabelbaan⟩ **0.4** ⟨ruim.⟩ *passagiersruimte* **0.5** ⟨ruim.⟩ *cockpit, stuurhut.*
Kabinenbahn ⟨v.⟩ **0.1** *kabelbaan, -spoor* ⟨met cabines⟩.
Kabinenroller ⟨m.⟩ **0.1** *autoscooter* ⟨gesloten scooter⟩.
Kabinett ⟨o.; ~s, ~e⟩ **0.1** *kabinet ⇒regering* **0.2** *kabinet* ⟨vertrek met (particuliere) verzameling⟩ **0.3** *kabinet* ⟨meubelstuk⟩ *⇒kast* **0.4** *kabinetwijn* **0.5** ⟨fig.⟩ *kabinet* ⟨secretariaat v.e. staatshoofd⟩.
Kabinettsbeschluß ⟨m.⟩ **0.1** *kabinetsbesluit.*
Kabinettsbildung ⟨v.⟩ **0.1** *kabinetsformatie.*
Kabinettsfrage ⟨v.⟩⟨pol.⟩ **0.1** *vertrouwenskwestie.*
Kabinettskrise ⟨v.⟩ **0.1** *kabinetscrisis.*
Kabinettssitzung ⟨v.⟩⟨pol.⟩ **0.1** *kabinets-, ministerraad.*
Kabinettstück ⟨o.⟩ **0.1** *kabinetstuk ⇒prachtexemplaar* **0.2** ⟨fig.⟩ *meesterstuk, meesterlijke prestatie.*
Kabinettwein ⟨m.⟩ **0.1** *kabinetwijn.*
Kabrio, Kabriolett ⟨o.; ~s, ~s⟩ **0.1** *cabriolet.*
Kachel ⟨v.; ~, ~n⟩ **0.1** *tegel* ⟨meestal geglazuurd⟩.
kacheln 0.1 *betegelen.*
Kachelofen ⟨m.⟩ **0.1** *tegelkachel.*
Kacke ⟨v.; ~⟩⟨vulg.⟩ **0.1** *stront, kak* ◆ **3.1** die ~ ist am Dampfen *er is stront aan de knikker.*
kacken ⟨zelden ov. ww.⟩⟨vulg.⟩ **0.1** *schijten, kakken.*
Kacker ⟨m.; ~s, ~⟩⟨vulg.⟩ **0.1** *klootzak ⇒idioot.*
Kadaver ⟨m.; ~s, ~⟩ **0.1** *kadaver* **0.2** ⟨pej.; fig.⟩ *afgetakeld lichaam.*
Kadavergehorsam ⟨m.⟩ **0.1** *kadavergehoorzaamheid, -discipline.*
Kadenz ⟨v.; ~, ~en⟩ **0.1** ⟨muz.⟩ *cadens* **0.2** ⟨lit.⟩ *verseinde ⇒ cadans* **0.3** ⟨mil.⟩ *vuursnelheid.*
Kader ⟨m., Zwi. o.; ~s, ~⟩ **0.1** *kader ⇒leiding* **0.2** *kaderlid* **0.3** ⟨mil.⟩ *kader ⇒kerntroepen* **0.4** ⟨sp.⟩ *kader ⇒topspelers.*
Kaderkurs ⟨m.⟩ **0.1** *kadercursus.*
Kadett ⟨m.; ~en, ~en⟩⟨inf.; scherts.⟩ **0.1** *kerel, rakker.*
Kadi ⟨m.; ~s, ~s⟩ **0.1** *kadi* ⟨islamitisch rechter⟩ **0.2** ⟨inf.⟩ *rechter, rechtbank.*
Kadmium ⟨o.; ~s⟩ **0.1** *cadmium.*
kaduzieren ⟨jur.⟩ **0.1** *caduceren, nietig verklaren.*
Käfer ⟨m.; ~s, ~⟩ **0.1** *kever, tor* **0.2** ⟨inf.; scherts.⟩ *jong meisje.*
Käferfraß ⟨m.⟩ **0.1** *schade door kevers.*
Kaff ⟨o.; ~s, ~s of ~e⟩⟨inf.⟩ **0.1** *gat, negorij.*
Kaffee ⟨acc. wiss.⟩⟨m.; ~s, ~s⟩ **0.1** *koffie(plant)* **0.2** *koffie(boon)* **0.3** *koffie* ⟨als drank⟩ **0.4** *koffie(maaltijd) ⇒ontbijt,* ⟨ook⟩ *vieruurtje* ◆ **2.3** dünner ~ *slappe koffie;* ⟨inf.; fig.⟩ das ist ja kalter ~ (a) *dat is ouwe koek* (b) *dat is onzin* **3.3** ~ (auf)brühen, kochen, machen *koffie zetten* **4.3** ⟨inf.⟩ da kommt mir der (kalte) ~ hoch *daar word ik misselijk bij* **6.3** ⟨inf.; fig.⟩ dir haben sie wohl was **in** den ~ getan? *ben je wel goed snik?*
Kaffeebohne ⟨v.⟩ **0.1** *koffieboon.*
Kaffeeduft ⟨m.⟩ **0.1** *koffiearoma, -geur.*
Kaffee-Ersatz ⟨m.⟩ **0.1** *(koffie)surrogaat.*
Kaffeefahrt ⟨v.⟩ **0.1** *namiddaguitstap met koffietafel* **0.2** *(gratis) uitstapje met reclamedoeleinden.*
Kaffeefilter ⟨m.⟩ **0.1** *koffiefilter* **0.2** *filterpapier* ⟨voor koffie⟩.
Kaffeegeschirr ⟨o.⟩ **0.1** *koffieservies.*
Kaffeekanne ⟨v.⟩ **0.1** *koffiekan, -pot.*
Kaffeeklatsch ⟨m.⟩⟨inf.; scherts.⟩ **0.1** *koffievisite, -kransje.*
Kaffeekränzchen ⟨o.⟩ **0.1** *koffievisite, -kransje.*
Kaffeelöffel ⟨m.⟩ **0.1** *koffielepel.*
Kaffeemaschine ⟨v.⟩ **0.1** *koffiezetapparaat.*
Kaffeemütze ⟨v.⟩ **0.1** *koffie-, theemuts.*
Kaffeepulver ⟨o.⟩ **0.1** *koffiepoeder.*
Kaffeesatz ⟨m.⟩ **0.1** *koffiedik.*
Kaffeestube ⟨v.⟩ **0.1** *klein koffiehuis ⇒koffietent.*
Kaffeetafel ⟨v.⟩ **0.1** *koffietafel.*
Kaffeetante ⟨v.⟩⟨inf.; scherts.⟩ **0.1** *koffieleut.*
Kaffeetasse ⟨v.⟩ **0.1** *koffiekop(je).*
Kaffeetisch ⟨m.⟩ **0.1** *koffietafel ⇒koffiemaaltijd.*
Kaffeewärmer ⟨m.⟩ **0.1** *koffie-, theemuts.*
Kaffeezusatz ⟨m.⟩ **0.1** *koffietoevoegsel.*
Kaffein ⟨o.; ~s⟩ **0.1** *cafeïne.*
Kaffer ⟨m.; ~n of ~s, ~n⟩ **0.1** *Kaffer* **0.2** ⟨inf.; pej.⟩ *domme kerel, kaffer.*
Kaffernbüffel ⟨m.⟩ **0.1** *Afrikaanse buffel.*
Käfig ⟨m.; ~s, ~e⟩ **0.1** *(dieren)kooi, hok* **0.2** *(vogel)kooi* **0.3** ⟨tech.⟩ *kogellager.*
Käfigdraht ⟨m.⟩ **0.1** *draadgaas.*
käfigen 0.1 *kooien.*
kafkaesk 0.1 *kafkaësk.*
Kaftan ⟨m.; ~s, ~e, Oostr. ook ~s⟩ **0.1** *kaftan* **0.2** ⟨inf.⟩ *lang en wijd kleed.*
kahl 0.1 *kaal(hoofdig)* **0.2** *ontbladerd* **0.3** *onbegroeid, kaal ⇒naakt* **0.4** *zonder bekleding of versiering, kaal* ◆ **1.4** eine ~e Häuserflucht *een troosteloze huizenrij.*
Kahlfraß ⟨m.⟩ **0.1** *kaalvraat.*
kahlfressen 0.1 *kaalvreten.*
Kahlfrost ⟨m.⟩⟨meteo., landb.⟩ **0.1** *kale vorst.*
Kahlheit ⟨v.; ~, ~en⟩ **0.1** ⟨g.mv.⟩ *kaalhoofdigheid* **0.2** *kaalheid, kaalte.*
Kahlhieb ⟨m.⟩ **0.1** *kaalkap, -slag.*
Kahlkopf ⟨m.⟩ **0.1** *kaal hoofd* **0.2** ⟨inf.⟩ *kaalkop, -kruin.*
kahlköpfig 0.1 *kaalhoofdig.*
kahlscheren 0.1 *kaalknippen, -scheren.*
Kahlschlag ⟨m.⟩ **0.1** *kaalslag* ⟨ook fig.⟩ **0.2** *kale, boomloze oppervlakte.*

kahlschlagen 0.1 *helemaal vellen.*
Kahm ⟨m.; ~(e)s⟩ **0.1** *kaam, kaamsel* ⇒*schimmel.*
kahmen 0.1 *kamen* ⇒*beschimmelen.*
kahmig 0.1 *kamig* ⇒*beschimmeld.*
Kahn ⟨m.; ~(e)s, ⁻̈e⟩ **0.1** *(roei)boot* **0.2** *aak, schuit* **0.3** ⟨inf.; scherts.⟩ *schuit* ⇒*schip* **0.4** ⟨inf.; scherts.⟩ *kist* ⇒*vliegtuig* **0.5** ⟨inf.; scherts.⟩ *kooi* ⇒*bed* **0.6** ⟨inf.; sold.⟩ *arrest(lokaal), bak* **0.7** ⟨inf.; scherts.; mv.⟩ *sigarenkistjes, schuiten* ⟨schoenen⟩ ◆ **6.4** ⟨fig.⟩ **in** den ~ steigen *naar kooi, bed gaan.*
Kahn|fahrt, -partie ⟨v.⟩ **0.1** *boottochtje.*
Kai ⟨m.; ~s, ~e of s⟩ **0.1** *kade, kaai* ⇒*wal.*
Kaiman ⟨m.; ~(e)s, ~e⟩ **0.1** *kaaiman* ⇒*krokodil.*
Kaimauer ⟨v.⟩ **0.1** *kade-, kaaimuur.*
Kains|mal, -zeichen ⟨o.⟩ **0.1** *Kaïnsmerk, -teken.*
Kaiser ⟨m.; ~s, ~⟩ **0.1** *keizer* ◆ **1.1** sich um des ~s Bart streiten *ruziemaken om niets* **6.1 zum** ~ krönen *tot keizer kronen* **¶.1** ⟨sprw.⟩ wo nichts ist, hat der ~ sein Recht verloren *waar niets is, verliest de keizer zijn recht.*
Kaiserbrötchen ⟨o.⟩ **0.1** *broodje* ⟨met 4 of 5 inkervingen⟩.
Kaiserhaus ⟨o.⟩ **0.1** *keizershuis, -familie* ⇒*keizerlijke dynastie.*
Kaiserkrone ⟨v.⟩ **0.1** *keizerskroon.*
kaiserlich 0.1 *keizerlijk* ◆ **1.1** das ~e Deutschland *Duitsland ten tijde van de keizer(s).*
Kaisermantel ⟨m.⟩⟨biol.⟩ **0.1** *streeppaarlemoervlinder.*
Kaiserpfalz ⟨v.⟩ **0.1** *keizerlijke palts, keizerlijk paleis.*
Kaiserschnitt ⟨m.⟩⟨med.⟩ **0.1** *keizersnede.*
Kaisertum ⟨o.; ~s⟩ **0.1** *keizerschap, keizerlijke waardigheid.*
Kaiserwetter ⟨o.⟩ **0.1** *prachtig, stralend weer.*
Kajak ⟨m.; ~s, ~s⟩ **0.1** *kajak.*
Kajütboot ⟨o.⟩ **0.1** *kajuitboot.*
Kajüte ⟨v.; ~, ~n⟩ **0.1** *kajuit, (scheeps)hut.*
Kakadu ⟨m.; ~s, ~s⟩ **0.1** *kaketoe.*
Kakao ⟨m.; ~s⟩ **0.1** *cacao* ⇒*chocola(de)* ◆ **6.¶** jmdn., etwas **durch** den ~ ziehen *iem., iets erdoor halen.*
Kakaopulver ⟨o.⟩ **0.1** *cacaopoeder.*
kakeln 0.1 *kakelen* **0.2** ⟨inf.⟩ *kletsen, babbelen.*
Kakerlak ⟨m.; ~(e)s of ~en, ~en⟩ **0.1** *kakkerlak.*
Kakophonie ⟨v.⟩ **0.1** *kakofonie.*
Kaktee ⟨v.; ~, ~n⟩ →**Kaktus.**
Kaktus ⟨m.; ~, Kakteen; inf. ook ~ses, ~se⟩ **0.1** *cactus.*
Kalamität ⟨v.; ~, ~en⟩ **0.1** *calamiteit* ⇒*netelige positie.*
Kalauer ⟨m.; ~s, ~⟩ **0.1** *woordspeling* **0.2** *flauwe mop.*
kalauern 0.1 *flauwe grappen vertellen.*
Kalb ⟨o.; ~(e)s, ⁻̈er⟩ **0.1** *kalf* **0.2** *kalfsvlees* **0.3** ⟨fig.⟩ *kalf* ⇒*groentje, pummel* ◆ **8.3** glotzen wie ein (ab)gestochenes ~ *met kalfsogen staan te kijken.*
Kalbe ⟨v.; ~, ~n⟩ **0.1** *vaars, vaarskalf.*
kalben 0.1 *kalven* **0.2** *(af)kalven* ⟨van gletsjer⟩.
Kalberei, Kälberei ⟨v.; ~, ~en⟩⟨inf.⟩ **0.1** *kinderachtig gedoe* **0.2** *gestoei, stoeipartij.*
kalbern, kälbern 0.1 *dartelen, (rond)stoeien.*
Kalbfell ⟨o.⟩ **0.1** *kalfsvel.*
Kalbfleisch ⟨o.⟩ **0.1** *kalfsvlees.*
kalbledern 0.1 *kalfsleren.*
Kalbsbraten ⟨m.⟩ **0.1** *kalfsgebraad* ⇒*gebraden kalfsvlees.*
Kalbsbries ⟨o.⟩ **0.1** *zwezerik.*
Kalbsbrühe ⟨v.⟩ **0.1** *kalfsbouillon.*
Kalbsbrust ⟨v.⟩⟨cul.⟩ **0.1** *borstvlees v.h. kalf, kalfsborst.*
Kalbshachse ⟨v.⟩ **0.1** *kalfsschenkel, -haks.*
Kalbskopf ⟨m.⟩ **0.1** *kalfskop* **0.2** ⟨inf.; bel.⟩ *botterik, uilskuiken.*
kalbsledern →**kalbledern.**
Kalbsmedaillon ⟨o.⟩⟨cul.⟩ **0.1** *kalfsoester.*
Kalbsnuß ⟨v.⟩ **0.1** *kalfsfricandeau, spierstuk.*
Kaldaune ⟨v.; ~, ~n⟩ **0.1** *pens, ingewanden.*
Kalebasse ⟨v.; ~, ~n⟩ **0.1** *kal(e)bas.*
Kaleidoskop ⟨o.; ~s, ~e⟩ **0.1** *caleidoscoop.*
kalendarisch 0.1 *volgens de kalender.*
Kalendarium ⟨o.; ~s, Kalendarien⟩ **0.1** *calendarium, heiligenkalender.*
Kalender ⟨m.; ~s, ~⟩ **0.1** *kalender, almanak* ⇒*agenda* **0.2** *kalender, tijdrekening* ◆ **2.1** der Hundertjährige, immerwährende ~ *de eeuwigdurende (volks)kalender.*
Kalenderjahr ⟨o.⟩ **0.1** *kalenderjaar* ⇒*burgerlijk jaar.*
Kalesche ⟨v.; ~, ~n⟩ **0.1** *calèche, kales.*
kalfatern ⟨scheep.⟩ **0.1** *kalfat(er)en, breeuwen.*
Kali ⟨o.; ~s, ~s⟩ **0.1** *kali.*
Kaliber ⟨o.; ~s, ~⟩ **0.1** *kaliber* ⟨ook fig.⟩ **0.2** ⟨tech.⟩ *walsprofiel* ⇒*vormwijdte* ◆ **2.1** ⟨fig.⟩ ein Politiker größten ~s *een politicus van zeer groot formaat.*
Kalif ⟨m.; ~en, ~en⟩ **0.1** *kalief.*
Kalifat ⟨o.; ~(e)s, ~e⟩ **0.1** *kalifaat.*
Kalium ⟨o.; ~s⟩ **0.1** *kalium.*
Kalk ⟨m.; ~(e)s, ~e⟩ **0.1** *kalk* ◆ **3.1** ⟨scherts.; fig.⟩ bei ihm rieselt (schon) der ~ *hij begint (al) af te takelen.*
Kalkablagerung ⟨v.⟩ **0.1** *kalkafzetting* **0.2** *kalklaag, -formatie.*
Kalkbrennerei ⟨v.⟩ **0.1** *kalkbranderij, -oven.*
kalken 0.1 *kalken* ⇒*witten, pleisteren.*
Kalkgrube ⟨v.⟩ **0.1** *kalkkuil.*
kalkhaltig 0.1 *kalkhoudend.*
kalkig 0.1 *kalkhoudend, vol kalk* **0.2** *kalkachtig* ⇒*vaal.*
Kalkofen ⟨m.⟩ **0.1** *kalkoven.*
Kalkstein ⟨m.⟩ **0.1** *kalksteen, -gesteente.*
Kalkül[1] ⟨m.; ~s, ~e⟩⟨fil., wisk.⟩ **0.1** *calculus* ⟨regelsysteem⟩.
Kalkül[2] ⟨m. & o.; ~s, ~e⟩ **0.1** *berekening* ⇒*overleg, afweging* ◆ **6.1** alles **in** das ~ einbeziehen *met alles rekening houden.*
Kalkulation ⟨v.; ~, ~en⟩ **0.1** *calculatie, (prijs)berekening* ⇒*raming.*
Kalkulator ⟨m.; ~s, Kalkulatoren⟩ **0.1** *calculator.*
kalkulatorisch 0.1 *volgens calculatie.*
kalkulieren 0.1 *calculeren, berekenen* ⇒*ramen.*
kalkweiß 0.1 *wit als kalk* ⇒*krijtwit.*
Kalligraph ⟨m.; ~en, ~en⟩ **0.1** *kalligraaf* ⇒*schoonschrijver.*
Kalmus ⟨m.; ~, ~se⟩ **0.1** *kalmoes, kalmoeswortel.*
Kalorie ⟨v.; ~, ~n⟩ **0.1** *calorie.*
kalorienarm 0.1 *arm aan calorieën.*
Kaloriengehalt ⟨m.⟩ **0.1** *calorische waarde.*
Kalorik ⟨v.; ~⟩⟨nat.⟩ **0.1** *warmteleer.*
Kalorimeter ⟨o.⟩ **0.1** *calorimeter.*
kalorisch 0.1 *calorisch.*
Kalotte ⟨v.; ~, ~n⟩ **0.1** *kalot* ⇒⟨rond⟩ *mutsje* **0.2** ⟨antr.⟩ *schedeldak* **0.3** ⟨bouwk.⟩ *kalot, bolkap, kap.*
kalt ⟨kälter, (am) kältest(en)⟩ **0.1** *koud* ⇒*kil, koel* **0.2** *koud, nuchter* ⇒*zakelijk* **0.3** *koud, gevoelloos* ⇒*onvriendelijk, afwijzend* **0.4** *vreselijk, ontzettend* ◆ **1.1** eine ~e Mamsell *buffetjuffrouw voor de koude schotels;* ~e Miete *kale huur;* ein ~es Zimmer (a) *een koud vertrek* (b) ⟨fig.⟩ *een kil, ongezellig vertrek;* ⟨fig.⟩ ~es Fieber *malaria;* ~es Gestein *dood, weinig erts bevattend gesteente;* ⟨fig.⟩ ein ~er Staatsstreich *een onbloedige staatsgreep* **1.2** ~e Berechnung *koele berekening* **1.4** ~e Angst *panische angst;* ~e Wut *blinde woede* **3.1** den Wein ~ stellen *de wijn op een koele plaats zetten;* es überlief mich ~ *ik kreeg er koude rillingen van* **4.1** mir ist ~ *ik heb het koud* **6.1 im** Kalten sitzen *in de kou zitten.*

kaltbleiben ⟨inf.⟩ **0.1** ***geen gevoel tonen*** ⇒*zich niet opwinden.*

Kaltblut ⟨o.; ~s⟩ **0.1** ***koudbloed, koudbloedpaard.***

Kaltblüter ⟨m.; ~s, ~⟩⟨biol.⟩ **0.1** ***koudbloedig dier.***

kaltblütig **0.1** ***koelbloedig, onverschrokken*** ⇒*bedaard* **0.2** ⟨pej.⟩ ***koelbloedig, in koelen bloede*** **0.3** ⟨biol.⟩ ***koudbloedig.***

Kälte ⟨v.; ~⟩ **0.1** ***kou*** **0.2** ***koelheid, onhartelijkheid*** ⇒*gevoelloosheid* **0.3** ***kilheid, ongezelligheid*** ◆ **1.1** zehn Grad ~ *tien graden onder nul* **6.1** **vor** ~ zittern *bibberen van de kou.*

Kältebehandlung ⟨v.⟩⟨med.⟩ **0.1** ***koudetherapie.***

Kälteeinbruch ⟨m.⟩ **0.1** ***kou-inval, koudegolf.***

kälteempfindlich **0.1** ***gevoelig voor kou.***

Kältefront ⟨v.⟩ **0.1** ***koufront.***

Kältegrad ⟨m.⟩ **0.1** ***graad van kou, koudegraad*** **0.2** ⟨inf.⟩ ***graad of graden onder nul.***

Kältemaschine ⟨v.⟩ **0.1** ***koude-, vriesmachine.***

kälten **0.1** ***koud maken*** ⇒*doen afkoelen.*

Kälteschauer ⟨m.⟩ **0.1** ***koude rilling.***

Kälteschutz ⟨m.⟩ **0.1** ***bescherming tegen kou.***

Kältesteppe ⟨v.⟩ **0.1** ***toendra.***

Kältesturz ⟨m.⟩⟨meteo.⟩ **0.1** ***plotselinge kou-inval.***

Kältetechnik ⟨v.⟩ **0.1** ***koeltechniek.***

Kältewelle ⟨v.⟩ **0.1** ***koudegolf.***

Kaltfront ⟨v.⟩ **0.1** ***koufront.***

Kalthaus ⟨o.⟩ **0.1** ***koude kas.***

kaltherzig **0.1** ***harteloos, onverschillig.***

kaltlächelnd ⟨inf.⟩ **0.1** ***meedogenloos.***

kaltlassen ⟨inf.⟩ **0.1** ***koud, onverschillig laten.***

Kaltleim ⟨m.⟩ **0.1** ***koudlijm.***

kaltlöten **0.1** ***koudsolderen.***

Kaltluft ⟨v.⟩ **0.1** ***koude lucht.***

kaltmachen ⟨inf.⟩ **0.1** ***koud maken, afmaken*** ⇒*ombrengen.*

Kaltmamsell ⟨v.⟩ **0.1** ⟨buffetjuffrouw belast met de verzorging van de koude schotels⟩.

Kaltmiete ⟨v.⟩ **0.1** ***kale huur.***

Kaltnadel ⟨v.⟩⟨graf.⟩ **0.1** ***droge naald.***

Kaltschale ⟨v.⟩ **0.1** ⟨koude, zoete soep⟩.

kaltschnäuzig ⟨inf.⟩ **0.1** ***gevoelloos, hard*** **0.2** ***onverstoorbaar*** ⇒*ijskoud.*

kaltschweißen ⟨tech.⟩ **0.1** ***koudlassen.***

Kaltstart ⟨m.⟩⟨tech.⟩ **0.1** ***koude start.***

kaltstellen ⟨inf.⟩ **0.1** ***uitschakelen, uitrangeren.***

Kaltverpflegung ⟨v.⟩ **0.1** ***koude maaltijd*** ⇒*lunchpakket.*

Kalvinismus ⟨m.; ~⟩ **0.1** ***calvinisme.***

Kalvinist ⟨m.; ~en, ~en⟩ **0.1** ***calvinist.***

Kalzit ⟨m.; ~s, ~e⟩ **0.1** ***calciet, kalkspaat.***

Kalzium ⟨o.; ~s⟩ **0.1** ***calcium.***

Kamarilla ⟨v.; ~, Kamarillen⟩ **0.1** ***camarilla, hofkliek.***

Kambrium ⟨o.; ~s⟩⟨geol.⟩ **0.1** ***Cambrium.***

Kamee ⟨v.; ~, ~n⟩ **0.1** ***camee.***

Kamel ⟨o.; ~(e)s, ~e⟩ **0.1** ***kameel*** **0.2** ⟨mv.⟩ ***kameelachtigen*** **0.3** ⟨bel.⟩ ***ezel, sufferd*** ◆ **4.3** ich ~ *ezel die ik ben.*

Kämelgarn ⟨o.⟩ **0.1** ***kemelsgaren.***

Kamelhaar ⟨o.⟩ **0.1** ***kameelhaar, mohair.***

Kamelie ⟨v.; ~, ~n⟩⟨plantk.⟩ **0.1** ***camelia.***

Kamelle ⟨v.; ~, ~n⟩⟨inf.⟩ ◆ **3.¶** alte ~n aufwärmen, ausgraben *oude koeien uit de sloot halen.*

Kameltreiber ⟨m.⟩ **0.1** ***kameeldrijver*** **0.2** ⟨bel.; inf.⟩ ***Arabier.***

Kamera ⟨v.; ~, ~s⟩ **0.1** ***camera, fototoestel*** **0.2** ***camera, filmtoestel*** ⇒*televisiecamera* ◆ **6.2** **vor** der ~ stehen *voor de camera staan, voor de televisie optreden.*

Kamerad ⟨m.; ~en, ~en⟩ **0.1** ***kameraad*** ⇒*makker, maat* **0.2** ⟨iron.⟩ ***kameraad, kerel*** **0.3** ⟨nazi⟩ ***kameraad*** ⇒*partijgenoot.*

Kameraderie ⟨v.; ~⟩⟨meestal pej.⟩ **0.1** ***gekunstelde kameraadschap*** ⇒*amicaliteit.*

Kameradschaft ⟨v.; ~, ~en⟩ **0.1** ***kameraadschap, kameraadschappelijkheid*** **0.2** ***groep van kameraden.***

kameradschaftlich **0.1** ***kameraadschappelijk*** ⇒*vriendschappelijk.*

Kameradschaftsabend ⟨m.⟩ **0.1** ⟨avond(feestje) in de kring van kameraden⟩.

Kameradschaftsehe ⟨v.⟩ **0.1** ***huwelijk in kameraadschap.***

Kameradschafts|geist, -sinn ⟨m.⟩ **0.1** ***kameraadschappelijke geest.***

Kameraführung ⟨v.⟩ **0.1** ***camerabediening*** ⇒*opnametechniek* **0.2** ***cameraregie.***

Kameramann ⟨m.; mv. ¨er of Kameraleute⟩ **0.1** ***cameraman.***

Kameraverschluß ⟨m.⟩ **0.1** ***sluiter.***

Kamikazeflieger ⟨m.⟩ **0.1** ***kamikaze, zelfmoordpiloot.***

Kamille ⟨v.; ~, ~n⟩⟨plantk.⟩ **0.1** ***kamille.***

Kamillenbad ⟨o.⟩ **0.1** ***kamilledampbad*** **0.2** ***kamilleoliebad.***

Kamin ⟨m., Zwi. o.; ~s, ~e⟩ **0.1** ***open haard, schouw*** ⇒*stookplaats* **0.2** ***schoorsteen*** **0.3** ⟨sp.⟩ ***rotsspleet, loodrechte kloof*** ◆ **6.1** **am** (offenen) ~ sitzen *bij de open haard zitten* **6.2** ⟨inf.; fig.⟩ etwas **in** den ~ schreiben können *iets als verloren kunnen beschouwen.*

Kaminfeger ⟨m.⟩ **0.1** ***schoorsteenveger.***

Kaminfeuer ⟨o.⟩ **0.1** ***open haardvuur.***

Kamingerät ⟨o.⟩ **0.1** ***haardstel.***

Kamingitter ⟨o.⟩ **0.1** ***haardscherm.***

Kaminsims ⟨m.⟩ **0.1** ***(plat v.d.) schoorsteenmantel.***

Kamm ⟨m.; ~(e)s, ¨e⟩ **0.1** ***(haar)kam*** **0.2** ***kam*** ⇒*bergrug, heuvelrug* **0.3** ***kruin*** ⟨v.e. dijk⟩ **0.4** ***(golf)kam, schuimkop*** **0.5** ***druivensteel*** **0.6** ⟨amb.⟩ ***(weef)kam, riet, schacht, baard*** ⟨v.e. sleutel⟩ **0.7** ⟨biol.⟩ ***kam*** **0.8** ⟨cul.⟩ ***nekstuk, krap, krabbetje*** ◆ **3.7** ⟨fig.⟩ ihm schwillt der ~ (a) *hij krijgt een rode kam, hij wordt woedend* (b) *hij zwelt van trots* **6.1** ⟨inf.; scherts.⟩ **bei** ihr liegt der ~ neben der Butter *ze is slonzig* **6.6** ⟨fig.⟩ alle (alles) **über** einen ~ scheren *allen (alles) over één kam scheren.*

kämmen **0.1** ***kammen*** ⇒*coifferen* **0.2** ⟨ind.⟩ ***kammen, kaarden*** ◆ **4.1** sie ließ sich beim Friseur ~ *ze liet zich bij de kapper coifferen.*

Kammer ⟨v.; ~, ~n⟩ **0.1** ***(kleine) kamer, (klein) vertrek*** ⇒*bij-, opkamer* **0.2** ***kamer, beroepsvereniging, orde*** **0.3** ⟨biol., jur., tech.⟩ ***kamer*** **0.4** ⟨mil.⟩ ***rustkamer*** ⇒*wapenkamer, depot* **0.5** ⟨scheep.⟩ ***hut, kajuit*** **0.6** ⟨wwb.⟩ ***(schut)kamer, schutkolk*** ◆ **1.3** ⟨jur.⟩ die ~ für Zivilsachen *de burgerlijke kamer* **2.3** ⟨pol.⟩ die Zweite ~ (des Parlaments) *de Tweede Kamer.*

Kammerdiener ⟨m.⟩ **0.1** ***kamerdienaar.***

Kämmerer ⟨m.; ~s, ~⟩ **0.1** ***gemeenteontvanger, thesaurier*** **0.2** ⟨gesch.⟩ ***kameraar.***

Kammerfrau ⟨v.⟩ **0.1** ***kamenier.***

Kammergericht ⟨o.⟩ **0.1** ⟨jur.⟩ ***gerechtshof*** ⟨in Berlijn⟩ **0.2** ⟨gesch.⟩ ***hofgerecht.***

Kammerkonzert ⟨o.⟩ **0.1** ***concert met kamermuziek.***

Kämmerlein ⟨o.; ~s, ~⟩⟨fig.⟩ ◆ **6.¶** **im** stillen ~ *in alle stilte, binnenskamers.*

Kammermädchen ⟨o.⟩⟨vero.⟩ **0.1** ***kamermeisje*** ⇒*kamenier.*

Kammermusik ⟨v.⟩ **0.1** ***kamermuziek.***

Kammerorchester ⟨o.⟩ **0.1** ***kamerorkest.***

Kammersänger ⟨m.⟩ **0.1** ***kamerzanger*** ⟨eretitel⟩.

Kammerspiel (o.)(dram.) **0.1** ***kamerspel, toneelstuk voor klein theater*** **0.2** (mv.) ***klein, intiem theater.***
Kammerton (m.)(muz.) **0.1** ***kamertoon.***
Kammgarn (o.) **0.1** ***kamgaren.***
Kammlage (v.) **0.1** ***gebied, zone v.e. bergkam*** ◆ **6.1 auf, in** den ~n liegt Schnee *op de bergkammen ligt sneeuw.*
Kammrad (o.) **0.1** ***kamrad*** ⇒*tandwiel.*
Kammstück (o.)(cul.) **0.1** ***nek-, halsstuk*** **0.2** ***krap, krabbetje*** (varkensvlees).
Kammweg (m.) **0.1** ***pad, weg op een bergkam.***
Kamp (m.; ~(e)s, ¨~e)(landb.) **0.1** ***(boom)aanplant, (boom)kwekerij.***
Kampagne (v.; ~, ~n) **0.1** ***campagne*** **0.2** (gesch.) ***opgraving(sfase).***
Kämpe (m.; ~n, ~n)(iron. of scherts.) **0.1** ***kemphaan, kampioen, held.***
Kampf (m.; ~(e)s, ¨~e) **0.1** ***strijd, gevecht*** (ook fig.) **0.2** (sp.) ***wedstrijd, kamp, match*** ◆ **1.1** ~ den Atomwaffen! *weg met de kernwapens!* **2.1** seelische Kämpfe *innerlijke conflicten;* die sozialen Kämpfe des vorigen Jahrhunderts *de sociale strijd tijdens de vorige eeuw* **3.1** jmdm. den ~ ansagen *tegen iem. ten strijde trekken* **3.2** zwei Kämpfe bestreiten *aan twee wedstrijden deelnemen* **6.1 in** den ~ ziehen *ten strijde trekken;* der ~ **ums** Dasein *de strijd om het bestaan, struggle for life.*
Kampfabschnitt (m.)(mil.) **0.1** ***frontsector, gevechtszone.***
Kampfabstimmung (v.)(pol.) **0.1** ***spannende stemming, verkiezing.***
Kampfansage (v.) **0.1** ***oorlogsverklaring*** (ook fig.).
Kampfanzug (m.)(mil.) **0.1** ***gevechtstenue.***
Kampfbahn (v.)(sp.) **0.1** ***wedstrijdbaan, arena*** ⇒*stadion.*
kampfbereit 0.1 ***strijd-, slagvaardig*** ⇒*gevechtsklaar.*
kämpfen I (ov. & onov.ww.) **0.1** ***strijden, vechten*** (ook fig.) ◆ **1.1** einen aussichtslosen Kampf ~ *een hopeloze strijd leveren* **6.1** wir hatten **mit** Schwierigkeiten zu ~ *we hadden met moeilijkheden te kampen;* **mit** dem Tod ~ *met de dood worstelen;* sie kämpfte **mit** den Tränen *ze kon haar tranen nauwelijks bedwingen.* →**Dummheit;**
II (onov.ww.)(sp.) **0.1** ***strijden, een wedstrijd houden*** ⇒ *spelen, wedijveren;*
III sich ~ (wk.ww.) **0.1** ***zich doorslaan, zich er doorhelpen.***
kampfentschlossen 0.1 ***tot de strijd besloten.***
Kampfer (m.; ~s) **0.1** ***kamfer.***
Kämpfer (m.; ~s, ~) **0.1** ***strijder, vechter*** ⇒*vechtersbaas* **0.2** (fig.) ***voorvechter, kampioen*** ⇒*verdediger, ijveraar* **0.3** (sp.; fig.) ***deelnemer*** ⇒*vechter, kampioen* **0.4** (bouwk.) ***impost*** ⇒*aanzet* **0.5** (bouwk.) ***kussenblok*** (v.e. brug) **0.6** (bouwk.) ***dwarsbalk, middendorpel*** (v.e. raam) ◆ **3.3** die ~ betraten den Ring *de deelnemers aan de match kwamen in de ring.*
kämpferisch 0.1 ***strijdbaar*** ⇒*strijdlustig* **0.2** ***de strijd betreffend*** ◆ **1.1** er hat eine ~e Natur *hij is militant van aard.*
Kämpfernatur (v.) **0.1** ***strijdvaardig mens*** ⇒*vechter.*
kampferprobt 0.1 ***ervaren in de strijd.***
kampffähig 0.1 ***strijdvaardig, strijdbaar.***
Kampffahrzeug (o.)(mil.) **0.1** ***gevechtsvoertuig.***
Kampffisch (m.) **0.1** ***vechtvis, kempvis(je).***
Kampfflieger (m.) **0.1** ***gevechtsvlieger*** **0.2** (inf.) ***gevechtsvliegtuig.***
Kampfflugzeug (o.) **0.1** ***gevechtsvliegtuig, -machine.***
kampffreudig 0.1 ***strijdlustig.***
Kampfgas (o.) **0.1** ***strijdgas.***
Kampfgefährte (m.) **0.1** ***strijdgenoot, -makker*** ⇒*wapenbroeder.*
Kampfgeist (m.) **0.1** ***strijdlust*** ⇒*elan.*
Kampfgericht (o.)(sp.) **0.1** ***jury.***
Kampfgeschwader (o.) **0.1** ***gevechtseskader, eskader gevechtsvliegtuigen.***
Kampfgetümmel (o.) **0.1** ***strijdgewoel.***
Kampfhahn (m.) **0.1** (sp.) ***vechthaan*** **0.2** (fig.) ***kemphaan, vechtersbaas.***
Kampfhandlung (v.) **0.1** ***gevechtsactie.***
Kampfkraft (v.) **0.1** ***gevechtskracht.***
Kampfläufer (m.)(biol.) **0.1** ***kemphaan.***
Kampflied (o.) **0.1** ***strijdlied.***
Kampflinie (v.) **0.1** ***gevechtslinie.***
kampflos 0.1 ***zonder strijd.***
Kampflust (v.) **0.1** ***strijdlust.***
Kampfmittel (o.) **0.1** (mil.) ***strijdmiddel*** **0.2** (fig.) ***wapen.***
Kampfmittelräumdienst (m.) **0.1** ***explosievenopruimingsdienst.***
Kampfpanzer (m.) **0.1** ***(gevechts)tank, gepantserde gevechtswagen.***
Kampfplatz (m.) **0.1** ***slagveld*** **0.2** ***strijdperk, -toneel*** ⇒*arena.*
Kampfpreis (m.) **0.1** ***prijs lager dan de kostprijs*** ⇒*dumping-, spotprijs.*
Kampfrichter (m.)(sp.) **0.1** ***jurylid, kamprechter.***
Kampfschrift (v.) **0.1** ***strijdschrift.***
Kampfschwimmer (m.)(mil.) **0.1** ***kikvorsman.***
Kampfspiel (o.) **0.1** ***wedstrijd, competitie.***
Kampfsport (m.) **0.1** ***vechtsport.***
Kampfstärke (v.) **0.1** ***gevechtssterkte.***
Kampfstoff (m.) **0.1** ***ABC-wapen.***
Kampftruppe (v.) **0.1** ***gevechtsafdeling, -formatie.***
kampfunfähig 0.1 ***niet in staat te vechten*** ◆ **3.1** ~ machen *buiten gevecht stellen.*
Kampfverband (m.) **0.1** ***gevechtsformatie.***
kampieren (h.) **0.1** ***kamperen*** ⇒*logeren.*
Kanada (o.; ~s) **0.1** ***Canada.***
Kanadier (m.; ~s, ~) **0.1** ***Canadees*** **0.2** (sp.) ***Canadese kano.***
kanadisch 0.1 ***Canadees.***
Kanaille (v.; ~, ~n) **0.1** ***schoft, gemene bliksem*** **0.2** ***canaille, gepeupel.***
Kanake (m.; ~n, ~n) **0.1** ***Kanaak*** **0.2** (inf.) ***leeghoofd, onnozele Jozef.***
Kanal (m.; ~s, ¨~e) **0.1** ***kanaal*** ⇒*gracht, zee-engte* **0.2** (wwb.) ***(afvoer-, irrigatie)kanaal, riool*** ⇒*goot, greppel* **0.3** (biol., med.) ***kanaal*** ⇒*pijp, darm* **0.4** (com.) ***kanaal*** **0.5** (tech.) ***kanaal, pijp, buis*** **0.6** (fig.) ***kanaal*** ⇒*weg, middel* ◆ **2.3** (inf.; fig.) den ~ voll haben (a) *stomdronken zijn* (b) *'t zat zijn.*
Kanalarbeiter (m.) **0.1** ***putjesschepper, rioolarbeider.***
Kanalbau (m.; mv. ~ten) **0.1** ***kanaalaanleg.***
Kanaldeckel (m.) **0.1** ***riooldeksel, -rooster.***
Kanalgitter (o.) **0.1** ***rioolrooster.***
Kanalisation (v.; ~, ~en) **0.1** ***riolering*** **0.2** ***kanalisatie.***
Kanalisationssystem (o.) **0.1** ***rioolstelsel.***
kanalisieren 0.1 ***kanaliseren*** **0.2** ***rioleren*** **0.3** (fig.) ***kanaliseren, in goede banen leiden.***
Kanalschalter (m.)(com.) **0.1** ***kanaalkiezer, -zoeker.***
Kanalsystem (o.) **0.1** ***kanalenstelsel*** **0.2** ***rioolstelsel.***
Kanalwähler (m.)(com.) **0.1** ***kanaalkiezer, -zoeker.***
Kanapee (o.; ~s, ~s) **0.1** ***canapé.***
Kanaren (alleen mv.; steeds met lidw.) **0.1** ***Canarische Eilanden.***
Kanarienvogel (m.) **0.1** ***kanarie(vogel).***
Kandare (v.; ~, ~n) **0.1** ***(gebit)stang, bit*** ◆ **3.1** (fig.) jmdm.

die ~ anlegen *iem. strong onder handen nemen* **6.1** ⟨fig.⟩ jmdn. (fest) **an** der ~ haben, halten *iem. in toom houden;* ⟨fig.⟩ jmdn. **an** die ~ bekommen, bringen, nehmen *iem. op de stang rijden.*

Kandelaber ⟨m.; ~s, ~⟩ **0.1** ***kandelaber, armkandelaar*** **0.2** ***meerarmige lantaarnpaal.***

Kandidat ⟨m.; ~en, ~en⟩ **0.1** ***kandidaat*** ◆ **3.1** ⟨pol.⟩ jmdn. als ~en aufstellen *iem. kandidaat stellen.*

Kandidatenliste ⟨v.⟩ **0.1** ***kandidatenlijst, voordracht.***

Kandidatur ⟨v.; ~, ~en⟩ **0.1** ***kandidatuur.***

kandidieren ⟨h.⟩ **0.1** ***zich kandidaat stellen, kandidaat zijn.***

kandieren **0.1** ***konfijten.***

Kandis ⟨m.; ~⟩ **0.1** ***kandij(suiker).***

Kandiszucker ⟨m.⟩ **0.1** ***kandij(suiker).***

Kaneel ⟨m.; ~s, ~e⟩ **0.1** ***kaneel.***

Kanevas ⟨m.; ~(ses), ~(se)⟩ **0.1** ***canvas.***

Känguruh ⟨o.; ~s, ~s⟩ **0.1** ***kangoeroe.***

Kanin ⟨o.; ~s, ~e⟩⟨amb.⟩ **0.1** ***konijnenbont.***

Kaninchen ⟨o.; ~s, ~⟩ **0.1** ***konijn*** ◆ **8.1** ⟨inf.; pej.⟩ sie vermehren sich wie die ~ *'t is daar bij de konijnen af.*

Kaninchenbau ⟨m.; mv. ~e⟩ **0.1** ***konijnenhol.***

Kaninchenbock ⟨m.⟩ **0.1** ***rammelaar.***

Kaninchenstall ⟨m.⟩ **0.1** ***konijnenhok.***

Kanister ⟨m.; ~s, ~⟩ **0.1** ***jerrycan.***

Kann-Bestimmung ⟨v.⟩ **0.1** ***niet-bindende bepaling.***

Kännchen ⟨o.; ~s, ~⟩ **0.1** ***kannetje, potje.***

Kanne ⟨v.; ~, ~n⟩ **0.1** ***kan*** ⇒*pot, kroes* **0.2** ⟨inf.; muz.⟩ ***saxofoon*** ◆ **6.1** ⟨inf.⟩ es gießt wie **aus, mit** ~n *het regent alsof het met bakken uit de hemel wordt gegoten.*

kannelieren ⟨bk., bouwk.⟩ **0.1** ***canneleren*** ⇒*ribbelen, groeven.*

Kannelur ⟨v.; ~, ~en⟩ **0.1** ***cannelure.***

Kannelüre ⟨v.; ~, ~n⟩ **0.1** ***cannelure.***

kannenweise **0.1** ***bij, in kannen.***

Kannibale ⟨m.; ~n, ~n⟩ **0.1** ***kannibaal.***

kannibalisch **0.1** ***kannibaals*** **0.2** ⟨fig.⟩ ***kannibaals, onmenselijk*** **0.3** ⟨inf.; scherts.⟩ ***kolossaal, fantastisch*** ◆ **5.3** wir fühlen uns ~ wohl *we voelen ons kiplekker, fantastisch.*

Kannibalismus ⟨m.; ~⟩ **0.1** ***kannibalisme.***

Kanon ⟨m.; ~s, ~s⟩ **0.1** ***canon*** ⇒⟨fig. ook⟩ *richtsnoer* **0.2** ***geheel van voorschriften*** **0.3** ⟨bouwk., bk.⟩ ***canon, norm.***

Kanonade ⟨v.; ~, ~n⟩ **0.1** ***kanonnade.***

Kanone ⟨v.; ~, ~n⟩ **0.1** ***kanon*** **0.2** ⟨inf.⟩ ***kei, kraan*** ⇒*genie* **0.3** ⟨inf.; scherts.⟩ ***revolver, pistool*** ◆ **3.1** eine ~ auffahren *een kanon in stelling brengen* **6.1** ⟨fig.⟩ mit ~n **auf, nach** Spatzen schießen *met een kanon op een vlieg schieten, veel te krachtig optreden* **6.¶** **unter** aller ~ *beneden alle kritiek.*

Kanonenboot ⟨o.⟩ **0.1** ***kanonneerboot.***

Kanonendonner ⟨m.⟩ **0.1** ***kanongebulder.***

Kanonenfutter ⟨o.⟩ **0.1** ***kanonnenvlees, -voer.***

Kanonenkugel ⟨v.⟩ **0.1** ***kanonskogel.***

Kanonenofen ⟨m.⟩ **0.1** ***kanon-, potkachel.***

Kanonenrohr ⟨o.⟩ **0.1** ***kanonloop*** ◆ **2.¶** ⟨inf.⟩ (ach du) heiliges ~! *heremijntijd!*

Kanonenschlag ⟨m.⟩ **0.1** ***kanonslag, donderbus*** **0.2** ***knal bij een kanonschot.***

Kanonenschuß ⟨m.⟩ **0.1** ***kanonschot.***

Kanonier ⟨m.; ~s, ~e⟩ **0.1** ***kanonnier.***

Kanoniker ⟨m.; ~s, ~⟩ **0.1** ***kanunnik.***

Kanonisation ⟨v.; ~, ~en⟩ **0.1** ***canonisatie, heiligverklaring.***

kanonisch **0.1** ***canoniek*** ⇒*voorbeeldig, klassiek* **0.2** ⟨rel.⟩ ***canoniek.***

kanonisieren ⟨rel.⟩ **0.1** ***canoniseren.***

Kanonisse ⟨v.; ~, ~n⟩ **0.1** ⟨rel.⟩ ***kanunnikes*** **0.2** ⟨gesch., rel.⟩ ***stiftsjuffer.***

Kanonist ⟨m.; ~en, ~en⟩⟨rel.⟩ **0.1** ***canonist.***

Kanonistik ⟨v.; ~⟩⟨rel.⟩ **0.1** ***canonieke rechtsleer.***

Kanossa ⟨o.; ~s, ~s⟩ **0.1** ***Canossa*** **0.2** ⟨fig.⟩ ***verguizing, verootmoediging*** ◆ **3.2** ein ~ erleben *zwaar vernederd worden.*

Kanossagang ⟨m.⟩⟨fig.⟩ **0.1** ***gang naar Canossa.***

Kantate ⟨v.; ~, ~n⟩ **0.1** ***cantate.***

Kante ⟨v.; ~, ~n⟩ **0.1** ***kant*** **0.2** ***rand, boord*** **0.3** ***rand, boordsel*** ⇒*zoom* ◆ **2.2** ⟨fig.⟩ (Geld) auf der hohen ~ haben *wat achter de hand hebben;* ⟨inf.; fig.⟩ etwas auf die hohe ~ legen *geld opzij leggen* **6.1** ⟨fig.⟩ es steht **auf** der ~ *het is een dubbeltje op zijn kant.*

Kantel ⟨v.; ~, ~n⟩ **0.1** ***kanthout.***

kanten **0.1** ***kantelen, op zijn kant zetten*** **0.2** ⟨sp.⟩ ***ski's van metalen banden voorzien.***

Kantenband ⟨o.; ~̈er⟩ **0.1** ***naadband.***

Kantenwinkel ⟨m.⟩⟨nat., wisk.⟩ **0.1** ***hoek tussen de vlakken v.e. lichaam.***

Kanter ⟨m.; ~s, ~⟩ **0.1** ***stellage, getimmerte*** **0.2** ***(houten) beschot*** ⇒*afgeschoten ruimte.*

Kanthaken ⟨m.⟩ **0.1** ***kanthaak*** **0.2** ***bootshaak*** ◆ **6.1** ⟨inf.; fig.⟩ jmdn. **beim** ~ haben *iem. bij de kladden hebben.*

Kantholz ⟨o.⟩ **0.1** ***kanthout.***

kantig **0.1** ***kantig*** ⇒*scherp* **0.2** ⟨fig.⟩ ***kantig, hoekig*** ◆ **1.2** ~e Bewegungen *houterige bewegingen.*

Kantine ⟨v.; ~, ~n⟩ **0.1** ***kantine.***

Kantinenwirt ⟨m.⟩ **0.1** ***kantinebaas, -houder.***

Kanton ⟨m., Zwi. ook o.; ~s, ~e⟩ **0.1** ***kanton.***

kantonal **0.1** ***kantonnaal.***

Kantonist ⟨m.; ~en, ~en⟩⟨inf.⟩ ◆ **2.¶** ⟨fig.⟩ er ist ein unsicherer ~ *hij is onbetrouwbaar, niet zuiver op de graat.*

Kantonsrat ⟨m.⟩⟨Zwi.⟩ **0.1** ***parlement v.e. kanton.***

Kantor ⟨m.; ~s, Kantoren⟩ **0.1** ***cantor*** ⇒*voorzanger, koorleider.*

Kantorat ⟨o.; ~(e)s, ~e⟩ **0.1** ***cantorschap.***

Kantorei ⟨v.; ~, ~en⟩ **0.1** ***kerkkoor.***

Kanu ⟨o.; ~s, ~s⟩ **0.1** ***kano*** ◆ **3.1** ~ fahren *kanoën.*

Kanüle ⟨v.; ~, ~n⟩⟨med.⟩ **0.1** ***canule.***

Kanute ⟨m.; ~n, ~n⟩⟨sp.⟩ **0.1** ***kanovaarder.***

Kanzel ⟨v.; ~, ~n⟩ **0.1** ***kansel, preekstoel*** **0.2** ⟨jacht⟩ ***kansel, hoge zit*** **0.3** ⟨mil.⟩ ***geschuttoren, koepel*** **0.4** ***klein vooruitspringend plateau*** ⟨in de bergen⟩ **0.5** ⟨verk.⟩ ***cockpit.***

Kanzelton ⟨m.⟩ **0.1** ***preektoon.***

kanzerogen ⟨med.⟩ **0.1** ***carcinogeen.***

Kanzlei ⟨v.; ~, ~en⟩ **0.1** ***kantoor*** ⟨v.e. advocaat of notaris⟩ **0.2** ***griffie, secretarie*** **0.3** ⟨dipl., gesch.⟩ ***kanselarij.***

Kanzleibeamte(r) ⟨bn. als zn.; m.⟩ **0.1** ***commies ter secretarie.***

Kanzleideutsch ⟨o.; ~(s)⟩ **0.1** ***stijf, overladen Duits.***

Kanzleisprache ⟨v.⟩⟨pej.⟩ **0.1** ***kanselarij-, stadhuistaal*** ⇒ *ambtelijke taal.*

Kanzler ⟨m.; ~s, ~⟩ **0.1** ***kanselier*** ⇒*bonds-, rijkskanselier* **0.2** ⟨dipl., gesch.⟩ ***kanselier*** **0.3** ⟨school.⟩ ***curator, bestuurder*** ⟨v.e. universiteit⟩ ◆ **2.1** der Eiserne ~ *de ijzeren kanselier* ⟨bijnaam van Bismarck⟩.

Kanzleramt ⟨o.⟩ **0.1** ***dienst, (officieel) bureau v.d. (bonds)-kanselier.***

Kanzlerkandidat ⟨m.⟩ **0.1** ***kandidaat voor het kanselierschap.***

Kanzone ⟨v.; ~, ~n⟩⟨lit., muz.⟩ **0.1** ***canzone.***

Kaolinerde ⟨v.⟩ **0.1** ***kaolien, porseleinaarde.***

Kap ⟨o.; ~s, ~s⟩ **0.1** ***kaap.***

Kapaun ⟨m.; ~s, ~e⟩ **0.1** ***kapoen.***

kapaunen 0.1 ***kapoenen, snijden*** ⟨v.e. haan⟩.

Kapazität ⟨v.; ~, ~en⟩ **0.1** ***capaciteit*** ⇒*(opneem)vermogen, inhoud* **0.2** ***capaciteit*** ⇒*intelligentie* **0.3** ***autoriteit*** ⇒*gezaghebbend vakman* **0.4** ⟨ec.⟩ ***(productie)capaciteit*** **0.5** ⟨meestal mv.; ec., ind.⟩ ***productiemiddel*** ⇒*bedrijfsinstallatie* ◆ **3.2** das übersteigt meine ~ *dat gaat mijn verstand te boven* **6.3** eine ~ **in** der Chemie *een autoriteit op scheikundig gebied.*

Kap der Guten Hoffnung ⟨o.; ~s; steeds met lidw.⟩ **0.1** ***Kaap de Goede Hoop.***

Kapee ⟨inf.⟩ ◆ **¶.¶** schwer von ~ sein *traag van begrip zijn.*

Kapelle ⟨v.; ~, ~n⟩ **0.1** ***kapel*** ⇒*kerkje, bidplaats* **0.2** ***muziekkapel*** ⇒*strijkje, 'band'.*

Kapellmeister ⟨m.⟩ **0.1** ***kapelmeester*** **0.2** ***orkestdirigent.***

Kaper[1] ⟨m.; ~s, ~⟩⟨gesch.⟩ **0.1** ***kaperschip*** **0.2** ***kaper*** ⇒*zeerover.*

Kaper[2] ⟨v.; ~, ~n⟩⟨cul., plantk.⟩ **0.1** ***kapper(tje).***

Kaperei ⟨v.; ~, ~en⟩⟨gesch.⟩ **0.1** ***kaperij.***

Kaperfahrt ⟨v.⟩⟨gesch.⟩ **0.1** ***kaapvaart.***

kapern 0.1 ⟨gesch.⟩ ***kapen*** **0.2** ⟨inf.; fig.⟩ ***(weg)kapen, zich meester maken van*** ⇒*aan de haak slaan.*

kapieren ⟨inf.⟩ **0.1** ***snappen, doorhebben.***

kapillar 0.1 ***capillair.***

Kapillare ⟨v.; ~, ~n⟩ **0.1** ⟨biol., med.⟩ ***capillair vat*** ⇒*haarvat* **0.2** ⟨nat.⟩ ***capillaire buis*** ⇒*haarbuis.*

Kapillarität ⟨v.⟩⟨nat.⟩ **0.1** ***capillariteit.***

kapital 0.1 ***kapitaal*** ⇒*enorm, geweldig* ◆ **2.1** ein ~er Spaß *een kostelijke grap.*

Kapital ⟨o.; ~s, ~e of ~ien⟩ **0.1** ***kapitaal*** ⇒*vermogen* **0.2** ⟨fig.⟩ ***het kapitaal, (de) kapitalisten*** ◆ **2.1** flüssiges ~ *liquide middelen;* ⟨fig.⟩ geistiges ~ *geestelijk bezit* **6.1** ⟨fig.⟩ ~ **aus** etwas schlagen *munt uit iets slaan.*

Kapitalabwanderung ⟨v.⟩ **0.1** ***kapitaalafvloeiing, -vlucht.***

Kapitalanlage ⟨v.⟩ **0.1** ***kapitaal-, geldbelegging.***

Kapitalaufstockung ⟨v.⟩ **0.1** ***kapitaaluitbreiding.***

Kapitalbuchstabe ⟨m.⟩ **0.1** ***kapitaal, hoofdletter.***

Kapitalerhöhung ⟨v.⟩ **0.1** ***kapitaaluitbreiding.***

Kapitalertragssteuer ⟨v.⟩ **0.1** ***couponbelasting.***

Kapitalfehler ⟨m.⟩ **0.1** ***kapitale fout.***

Kapitalflucht ⟨v.⟩ **0.1** ***kapitaalvlucht.***

Kapitalgesellschaft ⟨v.⟩ **0.1** ***kapitaalassociatie, -vennootschap.***

Kapitalisation ⟨v.; ~, ~en⟩ **0.1** ***kapitalisatie.***

kapitalisieren 0.1 ***kapitaliseren.***

Kapitalismus ⟨m.; ~, Kapitalismen⟩ **0.1** ***kapitalisme.***

Kapitalist ⟨m.; ~en, ~en⟩ **0.1** ***kapitalist.***

kapitalistisch 0.1 ***kapitalistisch.***

Kapitalkonto ⟨o.⟩ **0.1** ***kapitaalrekening.***

kapitalkräftig 0.1 ***kapitaalkrachtig.***

Kapitalmarkt ⟨m.⟩ **0.1** ***kapitaalmarkt.***

Kapitalverbrechen ⟨o.⟩ **0.1** ***zware misdaad.***

Kapitalverflechtung ⟨v.⟩ **0.1** ***kapitaalintegratie, -vervlechting.***

Kapitalzins ⟨m.⟩ **0.1** ***kapitaalrente.***

Kapitän ⟨m.; ~s, ~e⟩ **0.1** ***(scheeps)kapitein*** **0.2** ***eerste piloot*** **0.3** ⟨sp.⟩ ***captain, aanvoerder*** **0.4** ⟨fig.⟩ ***kapitein, boss*** ◆ **1.4** ⟨scherts.⟩ die ~e der Landstraße *de chauffeurs van zware vrachtauto's.*

Kapitänleutnant ⟨m.⟩⟨mil.⟩ **0.1** ***luitenant-ter-zee 2e klas oudste categorie.***

Kapitänspatent ⟨o.⟩ **0.1** ***kapiteinsbrevet.***

Kapitel ⟨o.; ~s, ~⟩ **0.1** ***hoofdstuk, kapittel*** **0.2** ⟨rel.⟩ ***kapittel*** **0.3** ⟨fig.⟩ ***hoofdstuk, onderdeel*** ⇒*thema* ◆ **2.3** das ist ein anderes ~ *dat is een ander chapiter, verhaal;* ein trauriges ~ unserer Geschichte *een zwarte bladzijde in onze geschiedenis* **6.3** das ist ein ~ **für** sich *dat is een hoofdstuk apart.*

Kapitell ⟨o.; ~s, ~e⟩⟨bouwk.⟩ **0.1** ***kapiteel.***

kapiteln ⟨reg.⟩ **0.1** ***kapittelen, de les lezen.***

Kapitelsaal ⟨m.⟩ **0.1** ***kapittelzaal.***

Kapitelüberschrift ⟨v.⟩ **0.1** ***titel v.e. hoofdstuk.***

Kapitular ⟨m.; ~s, ~e⟩ **0.1** ***kapittelheer.***

Kapitulation ⟨v.; ~, ~en⟩ **0.1** ***capitulatie(verdrag)*** ⇒*overgave.*

kapitulieren 0.1 ***capituleren, zich overgeven.***

Kaplan ⟨m.; ~s, ~̈e⟩ **0.1** ***kapelaan.***

Kapo ⟨m.; ~s, ~s⟩⟨sold.⟩ **0.1** ***onderofficier.***

Kapok ⟨m.; ~s⟩ **0.1** ***kapok.***

Kapotte ⟨v.; ~, ~n⟩ **0.1** ***kapothoed, kapotje.***

Kappe ⟨v.; ~, ~n⟩ **0.1** ***kap*** ⇒*muts, pet* **0.2** ***dop*** ⟨bv. v.e. wiel, vulpen⟩, ***kap*** ⟨als bovendeel v.e. voorwerp⟩ **0.3** ⟨amb.⟩ ***neus, punt*** ⟨v.e. schoen⟩ **0.4** ⟨wisk.⟩ ***bolkap, bolsegment*** **0.5** ⟨wwb.⟩ ***kruin*** ⟨v.e. dijk⟩ ◆ **6.1** ⟨inf.; fig.⟩ das geht, kommt **auf** seine ~ *dat is voor zijn rekening,* ⟨AZN⟩ *dat komt op zijn kap;* ⟨inf.; fig.⟩ etwas **auf** seine ~ nehmen *iets voor zijn verantwoording nemen.* →**Narr.**

kappen 0.1 ***doorhakken, kappen*** **0.2** ***toppen, snoeien*** **0.3** ***snijden, castreren*** ⟨v.e. haan⟩ **0.4** ***treden, bespringen*** ⟨door een haan⟩ **0.5** ⟨inf.⟩ ***pakken, vatten.***

Kappes ⟨m.; ~, ~⟩⟨reg.⟩ **0.1** ***witte kool*** **0.2** ⟨inf.⟩ ***kletskoek, onzin.***

Käppi ⟨o.; ~s, ~s⟩⟨mil.⟩ **0.1** ***kepie.***

Kappmesser ⟨o.⟩ **0.1** ***kap-, hakmes.***

Kappnaht ⟨v.⟩⟨amb.⟩ **0.1** ***platte zoom.***

Kapriole ⟨v.; ~, ~n⟩ **0.1** ***capriool*** ◆ **3.1** ~n machen, schlagen, vollführen *capriolen maken.*

kaprizieren, sich 0.1 ***eigenzinnig aan iets vasthouden.***

kapriziös 0.1 ***capricieus*** ⇒*grillig, nukkig.*

Kapsel ⟨v.; ~, ~n⟩ **0.1** ***capsule*** ⇒*dop, doosje* **0.2** ***capsule*** ⟨op een fles⟩, ***hoedje, kapseltje*** **0.3** ***kroonkurk*** **0.4** ***koker, huls*** ⇒*etui* **0.5** ***medaillon*** ⟨sieraad⟩ **0.6** ⟨far.⟩ ***capsule*** **0.7** ⟨med.⟩ ***kapsel*** **0.8** ⟨plantk.⟩ ***kapsel, zaaddoos*** ⇒*doosvrucht* **0.9** ⟨ruim.⟩ ***capsule.***

Kapselfrucht ⟨v.⟩⟨plantk.⟩ **0.1** ***doosvrucht.***

kapseln ⟨tech.⟩ **0.1** ***met een kast omgeven*** ⇒*omhullen, inkapselen.*

kaputt 0.1 ***kapot*** ⇒*stuk, defect* **0.2** ***kapot, doodop, bekaf*** **0.3** ⟨inf.⟩ ***failliet, geruïneerd*** ◆ **3.1** ⟨inf.; fig.⟩ bei ihm ist was ~ *hij is niet goed snik;* ⟨inf.; fig.⟩ was ist denn ~? *wat is er aan de hand?*

kaputtfahren 0.1 ***doodrijden*** **0.2** ***kapot-, stukrijden.***

kaputtgehen 0.1 ***kapot-, stukgaan*** **0.2** ⟨fig.⟩ ***failliet gaan.***

kaputtlachen, sich 0.1 ***zich doodlachen.***

kaputtmachen I ⟨ov.ww.⟩ **0.1** ***kapot-, stukmaken;***
II sich ~ ⟨wk.ww.⟩⟨fig.⟩ **0.1** ***zich kapotmaken, zich ruïneren.***

Kapuze ⟨v.; ~, ~n⟩ **0.1** ***capuchon*** ⇒*kap, monnikskap.*

Kapuzenmantel ⟨m.⟩ **0.1** ***capuchon, kapmantel.***

Kapuziner ⟨m.; ~s, ~⟩ **0.1** ***kapucijn.***

Kapuzinerkresse ⟨v.⟩⟨plantk.⟩ **0.1** ***Oost-Indische kers.***

Kapuzinerpredigt ⟨v.⟩ **0.1** ***straf-, donderpreek.***

Kapverden ⟨alleen mv.⟩ **0.1** ***Kaapverdische Eilanden.***

Kar ⟨o.; ~(e)s, ~e⟩⟨geol.⟩ **0.1** ***kaar.***

Karabiner ⟨m.; ~s, ~⟩ **0.1** ***karabijn.***

Karabinerhaken ⟨m.⟩ **0.1** ***karabijnhaak.***

Karacho ⟨o.; ~s⟩⟨inf.⟩ **0.1** ***razende snelheid*** ⇒*animo* ◆ **6.1** **mit** ~ (a) *met elan* (b) *in razende vaart.*

Karaffe ⟨v.; ~, ~n⟩ **0.1** ***karaf.***

Karambolage ⟨v.; ~, ~n⟩ **0.1** ***carambolage.***

Karambole ⟨v.; ~, ~n⟩⟨biljart⟩ **0.1** *rode speelbal.*
karambolieren ⟨h/s.⟩ **0.1** *caramboleren.*
Karamel ⟨m., Zwi. o.; ~s⟩ **0.1** *karamel, gebrande suiker.*
Karamelbonbon ⟨m. & o.⟩ **0.1** *karamel, ulevel.*
karamelieren ⟨h.⟩ **0.1** *tot karamel worden.*
karamelisieren **0.1** *karameliseren.*
Karamell ⟨m.⟩⟨nw.spel.⟩ →**Karamel.**
Karamelle ⟨v.; ~, ~n⟩ **0.1** *karamel, ulevel.*
karamellisieren ⟨nw.spel.⟩ →**karamelisieren.**
Karat ⟨o.; ~(e)s, ~e⟩ **0.1** *karaat.*
Karate ⟨o.; ~(s)⟩⟨sp.⟩ **0.1** *karate.*
Karateka ⟨m.; ~(s), ~(s)⟩⟨sp.⟩ **0.1** *karatevechter.*
Karausche ⟨v.; ~, ~n⟩ **0.1** *kroes-, steenkarper.*
Karawane ⟨v.; ~, ~n⟩ **0.1** *karavaan.*
Karawanenstraße ⟨v.⟩ **0.1** *karavaanroute.*
Karawanserei ⟨v.; ~, ~en⟩ **0.1** *karavansera(i).*
Karbatsche ⟨v.; ~, ~n⟩ **0.1** *karwats.*
Karbid ⟨o.; ~(e)s, ~e⟩⟨schei.⟩ **0.1** *carbide* **0.2** ⟨g.mv.⟩ *(calcium)carbid.*
Karbidlampe ⟨v.⟩ **0.1** *carbidlamp, carbidlantaarn.*
Karbol ⟨o.; ~s⟩ **0.1** *carbol(zuur), fenol.*
Karbolineum ⟨o.; ~s⟩ **0.1** *carbolineum.*
Karbon ⟨o.; ~s⟩⟨geol.⟩ **0.1** *Carboon.*
Karbonat[1] ⟨m.; ~(e)s, ~e⟩ **0.1** *carbonado, carbon* ⟨diamant⟩.
Karbonat[2] ⟨o.; ~(e)s, ~e⟩⟨schei.⟩ **0.1** *carbonaat.*
Karbonisation ⟨v.; ~, ~en⟩ **0.1** *carbonisatie* **0.2** ⟨med.⟩ *vierdegraadsverbranding, verkoling.*
karbonisieren **0.1** *carboniseren.*
Karborund ⟨o.; ~(e)s⟩ **0.1** *carborundum.*
Karbunkel ⟨m.; ~s, ~⟩⟨med.⟩ **0.1** *karbonkel, negenoog.*
Kardamom ⟨m. & o.; ~s, ~e(n)⟩ **0.1** *kardemom* ⟨plant en specerij⟩.
Kardan ⟨m.; ~s, ~e⟩⟨tech.⟩ **0.1** *cardanas.*
Kardanantrieb ⟨m.⟩ **0.1** *cardanoverbrenging.*
Kardangelenk ⟨o.⟩ **0.1** *cardankoppeling.*
kardanisch **0.1** *cardanisch* ◆ **1.1** ~e Aufhängung *cardanische ophanging.*
Kardantunnel ⟨m.⟩ **0.1** *cardantunnel.*
Kardanwelle ⟨v.⟩ **0.1** *cardanas.*
Karde ⟨v.; ~, ~n⟩ **0.1** ⟨plantk.⟩ *kaarde(bol)* **0.2** ⟨ind.⟩ *kaarde* ⟨machine⟩.
karden ⟨ind.⟩ **0.1** *kaarden.*
Kardendistel ⟨v.⟩ **0.1** *kaardedistel.*
kardieren ⟨ind.⟩ **0.1** *kaarden.*
Kardinal ⟨m.; ~s, ~̈e⟩ **0.1** *kardinaal* **0.2** ⟨biol.⟩ *kardinaal(vogel)* **0.3** ⟨cul.⟩ *kardinaal(likeur).*
Kardinale ⟨o.; ~(s), Kardinalia⟩ **0.1** *grond-, hoofdgetal, kardinaal getal.*
Kardinalfehler ⟨m.⟩ **0.1** *kardinale, kapitale fout.*
Kardinalfrage ⟨v.⟩ **0.1** *kardinale, belangrijkste vraag.*
Kardinalpunkt ⟨m.⟩ **0.1** *kardinaal punt.*
Kardinaltugend ⟨v.⟩ **0.1** *hoofddeugd.*
Kardinalzahl ⟨v.⟩ **0.1** *grond-, hoofdgetal, kardinaal getal.*
Kardiogramm ⟨o.; ~s, ~e⟩ **0.1** *cardiogram* **0.2** *elektrocardiogram.*
Kardiologie ⟨v.; ~⟩ **0.1** *cardiologie.*
Karenz ⟨v.; ~, ~en⟩ **0.1** *wachttijd* **0.2** ⟨med.⟩ *onthouding, abstinentie.*
Karenzfrist ⟨v.⟩ **0.1** *wachttermijn.*
Karenzzeit ⟨v.⟩ **0.1** *wachttijd.*
Karfiol ⟨m.; ~s⟩⟨Zdd., Oostr.⟩ **0.1** *bloemkool.*
Karfreitag ⟨m.⟩ **0.1** *Goede Vrijdag.*
Karfunkel ⟨m.; ~s, ~⟩ **0.1** *karbonkel(steen)* **0.2** ⟨med.⟩ *karbonkel, negenoog.*

karg **0.1** *karig, schraal* ⇒*zuinig* **0.2** *karig, schamel, schraal* ⇒*gering, krap* **0.3** *sober* ⇒*armelijk, armoedig* **0.4** *schriel, mager, onvruchtbaar* ⟨grond⟩ ◆ **1.2** ein ~es Lächeln *een flauwe glimlach.*
Karga|deur, -dor ⟨m.; ~s, ~e⟩⟨ec.⟩ **0.1** *cargadoor.*
kargen **0.1** *sparen, zuinig zijn.*
kärglich **0.1** *armoedig, karig(lijk)* ◆ **1.1** ein ~er Lohn *een schamel loon.*
Kargo ⟨m.; ~s, ~s⟩⟨scheep.⟩ **0.1** *carga, scheepslading.*
Karibik ⟨v.; ~; steeds met lidw.⟩ **0.1** *Caraïbische Zee.*
Karibu ⟨m. & o.; ~s, ~s⟩ **0.1** *kariboe.*
kariert **0.1** *geruit* ◆ **3.¶** ~ gucken *staan gapen;* ~ reden *wartaal, onzin praten.*
Karies ⟨v.; ~⟩⟨med.⟩ **0.1** *cariës.*
Karikatur ⟨v.; ~, ~en⟩ **0.1** *karikatuur* ⇒*spotprent.*
Karikaturist ⟨m.; ~en, ~en⟩ **0.1** *karikaturist.*
karikaturistisch **0.1** *karikaturaal.*
karikieren **0.1** *karikaturiseren.*
kariös ⟨med.⟩ **0.1** *carieus.*
Karitas ⟨v.; ~⟩ **0.1** *caritas* ⇒*liefdadigheid.*
karitativ **0.1** *charitatief* ⇒*liefdadig.*
Karkasse ⟨v.; ~, ~n⟩ **0.1** *karkas.*
Karmelit ⟨m.; ~en, ~en⟩ **0.1** *karmeliet.*
Karmeliter ⟨m.; ~, ~⟩ **0.1** *karmeliet.*
Karmelitergeist ⟨m.⟩ **0.1** *karmelietenwater.*
Kar|mesin, -min ⟨o.; ~s⟩ **0.1** *karmozijn* ⇒*karmijn.*
Karneval ⟨m.; ~s, ~e of s⟩ **0.1** *carnaval* ◆ **6.1** **auf** den ~ gehen *naar het carnaval(sfeest) gaan.*
karnevalesk ⟨schr.⟩ **0.1** *carnavalesk.*
Karnevalist ⟨m.; ~en, ~en⟩ **0.1** *(actief) carnavalsvierder.*
karnevalistisch **0.1** *carnavalesk, carnaval(s)-.*
Karnevalskostüm ⟨o.⟩ **0.1** *carnavalspak.*
Karnevals(um)zug ⟨m.⟩ **0.1** *carnavalsoptocht.*
Karnickel ⟨o.; ~s, ~⟩ **0.1** *konijn* **0.2** ⟨inf.⟩ *zondebok* ◆ **3.2** immer bin ich das ~! *ik heb 't ook altijd gedaan!*
karnivor **0.1** *carnivoor* ⇒*vleesetend.*
Karnivore ⟨m. & v.; ~n, ~n⟩ **0.1** *carnivoor* ⇒*vleeseter.*
Kärnten ⟨o.; ~s⟩ **0.1** *Karinthië.*
Karo ⟨o.; ~s, ~s⟩ **0.1** *ruit, rombus* ⇒*vierkant(je), blokje* **0.2** ⟨mv. Karo; sp.⟩ *ruiten.*
karolingisch **0.1** *Karolingisch.*
Karomuster ⟨o.⟩ **0.1** *ruitjespatroon.*
Karosse ⟨v.; ~, ~n⟩ **0.1** *karos* **0.2** ⟨inf.⟩ *carrosserie.*
Karosserie ⟨v.; ~, ~n⟩ **0.1** *carrosserie* ⇒*koetswerk.*
Karossier ⟨m.; ~s, ~s⟩ **0.1** *carrosserieontwerper.*
karossieren **0.1** *van een carrosserie voorzien.*
Karotin ⟨o.; ~s⟩ **0.1** *caroteen, carotine.*
Karotte ⟨v.; ~, ~n⟩ **0.1** *worteltje, peentje.*
Karpell ⟨o.; ~s, ~e⟩⟨plantk.⟩ **0.1** *carpel* ⇒*vruchtblad.*
Karpfen ⟨m.; ~s, ~⟩ **0.1** *karper.*
Karpfenfisch ⟨m.⟩⟨biol.⟩ **0.1** *karper(achtige), karpervis.*
Karpfenteich ⟨m.⟩ **0.1** *karpervijver.*
Karre ⟨v.; ~, ~n⟩ →**Karren.**
Karree ⟨o.; ~s, ~s⟩ **0.1** *vierkant, kwadraat* ⇒*vierhoek, ruit* **0.2** *vierkant, huizenblok.*
karren **I** ⟨onov.ww.⟩⟨inf.⟩ **0.1** *karren* ⇒*rondtoeren;* **II** ⟨ov.ww.⟩ **0.1** *karren, kruien.*
Karren ⟨m.; ~s, ~⟩ **0.1** *kar* ⇒*kruiwagen, handkar* **0.2** *(vracht)kar, wagen* ⇒*boerenkar* **0.3** ⟨inf.; pej.⟩ *vehikel, (oude) kar* ◆ **3.¶** den ~ in den Dreck fahren *de boel in de war sturen;* den ~ laufen lassen *de hele boel maar laten waaien;* für jmdn. den ~ aus dem Dreck ziehen *voor iem. iets opknappen;* der ~ ist total verfahren *de boel is hopeloos in 't honderd gelopen* **6.¶** jmdm. **an** den ~ fahren, ⟨inf.⟩ pinkeln *iem. in de wielen rijden.*

Karrengaul ⟨m.⟩ **0.1** ***(oud) karrenpaard*** ⇒*knol* **0.2** ⟨pej.; fig.⟩ ***iem. die zijn oude gang gaat.***
Karriere ⟨v.; ~, ~n⟩ **0.1** ***carrière*** ⇒*loopbaan* **0.2** ⟨sp.⟩ ***carrière*** ⟨v.e. rijpaard⟩.
Karrieremacher ⟨m.⟩ **0.1** ***carrièrejager.***
Karrierismus ⟨m.; ~⟩ **0.1** ***honger naar carrière*** ⇒*ambitie.*
Karrierist ⟨m.; ~en, ~en⟩ **0.1** ***carrièrejager.***
karrieristisch 0.1 ***streberisch.***
karriolen ⟨s.⟩⟨inf.⟩ **0.1** ***rondtoeren.***
Karsamstag ⟨m.⟩ **0.1** ***paaszaterdag.***
Karst ⟨m.; ~(e)s, ~e⟩⟨geol.⟩ **0.1** ***karst.***
Kartause ⟨v.; ~, ~n⟩ **0.1** ***kartuizerklooster.***
Kartäuser ⟨m.; ~s, ~⟩ **0.1** ***kartuizer(monnik).***
Kartäuserlikör ⟨m.⟩ **0.1** ***chartreuse.***
Kartäusernelke ⟨v.⟩ **0.1** ***kartuizeranjelier.***
Karte ⟨v.; ~, ~n⟩ **0.1** ***kaart(je)*** **0.2** ***(prent)briefkaart, ansicht*** **0.3** ⟨sp.⟩ ***kaart*** ◆ **3.1** eine ~ lösen *een kaartje kopen* **3.3** die ~n abheben *de kaarten afnemen, couperen;* ⟨fig.⟩ seine ~n aufdecken, offenlegen, (offen) auf den Tisch legen *de kaarten op tafel gooien, zijn kaarten blootleggen;* ⟨fig.⟩ die letzte ~ ausspielen *zijn laatste troef uitspelen;* ⟨fig.⟩ wissen, wie die ~n fallen *weten wat er gaat gebeuren;* ⟨fig.⟩ alle ~n in der Hand haben *alle troeven in handen hebben;* jmdm. die ~n legen *iem. de toekomst voorspellen;* ~n spielen, ⟨inf.⟩ dreschen, kloppen *kaarten, kaartspelen, een kaartje leggen* **6.1 nach** der ~ essen *à la carte eten* **6.3** ⟨fig.⟩ **auf** die falsche ~ setzen *op het verkeerde paard wedden;* ⟨fig.⟩ **mit** gezinkten ~n spielen *kromme gangen gaan, vals spelen.*
Kartei ⟨v.; ~, ~en⟩ **0.1** ***kaartsysteem, cartotheek*** ⇒*kaartenbak* ◆ **3.1** eine ~ führen *een kaartregister bijhouden.*
Karteikarte ⟨v.⟩ **0.1** ***systeemkaart, fiche.***
Karteikasten ⟨m.⟩ **0.1** ***fiches-, kaartenbak.***
Karteizettel ⟨m.⟩ **0.1** ***systeemkaart, fiche.***
Kartell ⟨o.; ~s, ~e⟩ **0.1** ⟨ec.⟩ ***kartel*** **0.2** ⟨pol.⟩ ***(tijdelijk) verbond*** **0.3** ⟨stud.⟩ ***verbond van studentenverenigingen.***
Kartellamt ⟨o.⟩ **0.1** ⟨overheidsinstelling die de kartels controleert⟩.
kartellieren 0.1 ***kartelleren, tot een kartel aaneensluiten.***
karten ⟨inf.⟩ **0.1** ***kaarten, kaartspelen.***
Kartenbrief ⟨m.⟩ **0.1** ***kaartbrief*** **0.2** ***postblad.***
Kartengruß ⟨m.⟩ **0.1** ***groet op een ansicht.***
Kartenhaus ⟨o.⟩ **0.1** ***kaartenhuis*** ⟨ook fig.⟩ **0.2** ⟨scheep.⟩ ***kaartenhut.***
Kartenkunststück ⟨o.⟩ **0.1** ***kaartentruc(je).***
Kartenlegerin ⟨v.; ~, ~nen⟩ **0.1** ***kaartlegster.***
Kartenlocher ⟨m.⟩ **0.1** ***kaartponsmachine.***
Kartenraum ⟨m.⟩ **0.1** ***kaartenkamertje*** ⟨bv. in een school⟩.
Kartenskizze ⟨v.⟩ **0.1** ***schetskaartje.***
Kartenspiel ⟨o.⟩⟨sp.⟩ **0.1** ***spel kaarten, kaartspel*** **0.2** ***partijtje kaart.***
Kartenspieler ⟨m.⟩ **0.1** ***kaartspeler.***
Kartentasche ⟨v.⟩ **0.1** ***kaartenhouder, kaartetui*** **0.2** ***kaartentas*** **0.3** ***kaartenvak*** ⟨bv. aan de deur v.e. auto⟩.
Kartentelefon ⟨o.⟩ **0.1** ***kaarttelefoon.***
Kartentisch ⟨m.⟩ **0.1** ⟨mil., scheep.⟩ ***kaartentafel*** **0.2** ⟨sp.⟩ ***kaarttafel.***
Kartenverkauf ⟨m.⟩ **0.1** ***kaartverkoop.***
kartesianisch 0.1 *cartesiaans.*
kartieren 0.1 ***ficheren, een fiche opmaken*** **0.2** ⟨aardr.⟩ ***karteren, in kaart brengen.***
Kartoffel ⟨v.; ~, ~n⟩ **0.1** ***aardappel*** **0.2** ⟨inf.; scherts.⟩ ***kokkerd*** **0.3** ⟨inf.; scherts.⟩ ***raap*** ⇒*zakhorloge* **0.4** ⟨inf.; scherts.⟩ ***gat in kous of sok.*** →**Bauer**[1].
Kartoffel|bofist, -bovist ⟨m.⟩ **0.1** ***aardappelbovist.***
Kartoffelbrei ⟨m.⟩ **0.1** ***aardappelpuree.***
Kartoffelfeuer ⟨o.⟩ **0.1** ***vuur van aardappelloof.***
Kartoffelkäfer ⟨m.⟩ **0.1** ***coloradokever.***
Kartoffel|kloß, -knödel ⟨m.⟩⟨cul.⟩ **0.1** ***aardappelknoedel.***
Kartoffelmiete ⟨v.⟩ **0.1** ***aardappelkuil.***
Kartoffelnase ⟨v.⟩ **0.1** ***kokkerd.***
Kartoffelpresse ⟨v.⟩ **0.1** ***pureepers.***
Kartoffelpuffer ⟨m.⟩⟨cul.⟩ **0.1** ***aardappel(pannen)koekje.***
Kartoffelschäler ⟨m.; ~s, ~⟩ **0.1** ***dunschiller.***
Kartoffelstärke ⟨v.⟩ **0.1** ***aardappelstijfsel, -zetmeel.***
Kartogramm ⟨o.; ~s, ~e⟩⟨aardr.⟩ **0.1** ***cartogram.***
Kartograph ⟨m.; ~en, ~en⟩ **0.1** ***cartograaf.***
Kartometer ⟨o.⟩ **0.1** ***curvimeter.***
Karton ⟨m.; ~s, ~s; Oostr., Zwi. ook ~e⟩ **0.1** ***dun karton*** **0.2** ***kartonnen doos*** **0.3** ⟨bk.⟩ ***karton*** ◆ **6.¶** bei dem rappelt 's **im** ~ *hij is niet goed wijs.*
Kartonage ⟨v.; ~, ~n⟩ **0.1** ***kartonnen verpakking*** **0.2** ⟨amb.⟩ ***kartonnage.***
kartonieren ⟨amb.⟩ **0.1** ***kartonneren.***
Kartothek ⟨v.; ~, ~en⟩ **0.1** ***cartotheek, kaartsysteem.***
Kartusche ⟨v.; ~, ~n⟩ **0.1** ⟨bk.⟩ ***cartouche*** **0.2** ⟨gesch., mil.⟩ ***kardoes.***
Karussell ⟨o.; ~s, ~s of ~e⟩ **0.1** ***carrousel, draaimolen*** ◆ **3.1** ⟨inf.; fig.⟩ mit jmdm. ~ fahren *iem. een behoorlijke uitbrander geven.*
Karwoche ⟨v.⟩ **0.1** ***goede, stille week.***
Karyatide ⟨v.; ~, ~n⟩ **0.1** ***kariatide.***
Karzer ⟨m.; ~s, ~⟩⟨gesch., school.⟩ **0.1** ***strafkamertje*** **0.2** ***arrest.***
karzinogen ⟨med.⟩ **0.1** ***carcinogeen, kankerverwekkend.***
Karzinom ⟨o.; ~s, ~e⟩⟨med.⟩ **0.1** ***carcinoom, kankergezwel.***
Kasack ⟨m.; ~s, ~s; Oostr. v.; ~, ~s⟩ **0.1** ***kazak*** ⟨lange damesbloes⟩.
Kaschemme ⟨v.; ~, ~n⟩ **0.1** ***(misdadigers)kit, (onderwereld)kroeg.***
kaschen ⟨inf.⟩ **0.1** ***(op)pakken*** ⇒*gevangennemen* **0.2** ***gappen, jatten.***
Käscher ⟨m.⟩ →**Kescher.**
kaschieren 0.1 ***cacheren, verbloemen, verbergen*** **0.2** ⟨amb.⟩ ***lamineren*** ⇒*beplakken* **0.3** ⟨dram.⟩ ***toneeldecoratie vervaardigen*** **0.4** ⟨tech.⟩ ***opeenplakken, -persen.***
Kaschmir ⟨m.; ~s, ~e⟩ **0.1** ***kasjmier(weefsel)*** **0.2** ***kasjmier(wol).***
Käse ⟨m.; ~s, ~⟩ **0.1** ***kaas*** **0.2** ***kletskoek, onzin*** ◆ **2.2** großer ~ *allemaal larie* **3.1** ⟨fig.; scherts.⟩ ~ schließt den Magen *kaas is het sluitstuk van de maaltijd.*
Käseblatt ⟨o.⟩ **0.1** ***snertkrant, prulblad.***
Käsebrot ⟨o.⟩ **0.1** ***boterham met kaas.***
Käseecke ⟨v.⟩ **0.1** ***driehoekje van smeerkaas.***
Käsefuß ⟨m.⟩⟨inf.⟩ **0.1** ***(stinkende) zweetvoet.***
Käseglocke ⟨v.⟩ **0.1** ***kaasstolp.***
Kasein ⟨o.; ~s⟩ **0.1** ***caseïne.***
Käsekuchen ⟨m.⟩ **0.1** ***kwarktaart.***
Kasel ⟨v.; ~, ~n⟩⟨rel.⟩ **0.1** ***kazuifel.***
Käsemagen ⟨m.⟩ **0.1** ***lebmaag.***
Kasematte ⟨v.; ~, ~n⟩⟨mil.⟩ **0.1** ***kazemat.***
Käsemesser ⟨o.⟩ **0.1** ***kaasmes.***
käsen 0.1 ⟨h.⟩ ***kazen, kaas maken*** **0.2** ⟨h/s.⟩ ***kazen, tot kaas worden.***
Käser ⟨m.; ~s, ~⟩ **0.1** ***kazer, kaasmaker.***
Käserei ⟨v.; ~, ~en⟩ **0.1** ***kazerij, kaasbereiding*** **0.2** ***kaasfabriek, kaasmakerij.***
Käserinde ⟨v.⟩ **0.1** ***kaaskorst.***

Kaserne ⟨v.; ~, ~n⟩ **0.1** *kazerne.*

Kasernenhof ⟨m.⟩ **0.1** *kazerneplein.*

Kasernenhofton ⟨m.⟩ **0.1** *kazernetoon.*

kasernieren **0.1** *kazerneren.*

Käsestoff ⟨m.⟩ **0.1** *caseïne.*

Käsewasser ⟨o.⟩ **0.1** *kaaswei.*

käseweiß ⟨inf.⟩ **0.1** *doodsbleek.*

käsig **0.1** *kaasachtig, kazig* **0.2** ⟨inf.⟩ ***(lijk)bleek, flets*** ⇒*ziekelijk.*

Kasino ⟨o.; ~s, ~s⟩ **0.1** ***casino*** **0.2** ***kantine*** ⟨in bedrijven⟩ **0.3** ⟨mil.⟩ ***officiersmess.***

Kaskade ⟨v.; ~, ~n⟩ **0.1** ***cascade*** **0.2** ⟨sp.⟩ ***cascadesprong.***

Kaskadeur ⟨m.; ~s, ~e⟩ **0.1** ***cascadeur.***

Kasko ⟨m.; ~s, ~s⟩ **0.1** ***casco.***

Kaskoversicherung ⟨v.⟩ **0.1** ***cascoverzekering.***

Kasper ⟨m.; ~s, ~⟩ **0.1** ***Jan Klaassen*** **0.2** ⟨inf.; fig.⟩ ***potsenmaker, hansworst.***

Kasperletheater ⟨o.⟩ **0.1** ***poppenkast, -theater.***

Kassageschäft ⟨o.⟩ **0.1** ***kassa-affaire, kassahandel.***

Kassamarkt ⟨m.⟩ **0.1** ***markt voor contante affaires.***

Kassandraruf ⟨m.⟩ **0.1** ***Cassandravoorspelling.***

Kassapreis ⟨m.⟩ **0.1** ***contante prijs.***

Kassation ⟨v.; ~, ~en⟩ **0.1** ***ongeldigverklaring*** ⟨van documenten⟩ **0.2** ⟨jur.⟩ ***cassatie*** ⟨v.e. vonnis⟩.

Kassations(gerichts)hof ⟨m.⟩⟨jur.⟩ **0.1** ***hof van cassatie.***

Kasse ⟨v.; ~, ~n⟩ **0.1** ***kas(register)*** **0.2** ***kassa, kas*** ⟨bv. in een bedrijf⟩ ⇒*loket* **0.3** ***kas*** ⇒*contanten, contant geld* **0.4** ***(spaar)bank*** **0.5** ***ziekenfonds, -kas*** **0.6** ⟨ec.⟩ ***contante betaling*** ◆ **2.1** diese Operette bringt volle ~n *deze operette is een kasstuk* **2.3** getrennte ~ führen, haben *elk voor zichzelf betalen* **3.1** ~ machen *de kas opmaken* ⟨ook fig.⟩ **6.1** ⟨inf.; fig.⟩ jmdn. **zur** ~ bitten *van iem. betaling eisen* **6.5** ⟨inf.⟩ das geht **auf** ~ *dat wordt door het ziekenfonds betaald* **6.6** **gegen**, **per** ~ *tegen contante betaling.*

Kassel ⟨o.; ~s⟩ **0.1** ***Kassel*** ⟨de stad⟩ ◆ **6.1** ⟨inf.; fig.⟩ **ab** nach ~! (a) *laten we gaan!* (b) *loop naar de maan!* (c) *donder op!*

Kasseler ⟨o.; ~⟩⟨cul.⟩ **0.1** ***casselerrib.***

Kassenarzt ⟨m.⟩ **0.1** ***fondsdokter.***

Kassenbestand ⟨m.⟩ **0.1** ***kassaldo, -voorraad.***

Kassenerfolg ⟨m.⟩ **0.1** ***kasstuk.***

Kassenmagnet ⟨m.⟩⟨inf.⟩ **0.1** ***publiekstrekker, kassamagneet.***

Kassenpatient ⟨m.⟩ **0.1** ***fondspatiënt.***

Kassenschlager ⟨m.⟩⟨inf.⟩ **0.1** ***kasstuk.***

Kassensturz ⟨m.⟩⟨inf.⟩ **0.1** ***het opmaken v.d. kas*** ◆ **3.1** ~ machen *de kas opmaken.*

Kassenwart ⟨m.; ~(e)s, ~e⟩ **0.1** ***penningmeester*** ⇒*kashouder.*

Kassenzettel ⟨m.⟩ **0.1** ***kassabon.***

Kasserolle ⟨v.; ~, ~n⟩ **0.1** ***kasserol*** ⇒*steelpan.*

Kassette ⟨v.; ~, ~n⟩ **0.1** ***cassette, kistje, koffertje*** **0.2** ***(muziek)cassette*** **0.3** ***platenalbum*** **0.4** ***kartonnen hoes*** **0.5** ⟨bouwk.⟩ ***cassette*** **0.6** ⟨foto.⟩ ***rolfilmhuls, rolfilmkoker.***

Kassettendecke ⟨v.⟩⟨bouwk.⟩ **0.1** ***cassetteplafond, wafelplaatzoldering.***

Kassettenrecorder ⟨m.; ~s, ~⟩ **0.1** ***cassetterecorder.***

Kassiber ⟨m.; ~s, ~⟩⟨inf.⟩ **0.1** ***geheim briefje.***

kassieren **0.1** ***incasseren*** ⟨ook fig.⟩ ⇒*innen, beuren* **0.2** ⟨inf.⟩ ***afpakken, in de wacht slepen*** **0.3** ⟨inf.⟩ ***pakken, gevangennemen, arresteren*** ◆ **1.1** der Kellner hat alle Gäste kassiert *de kelner heeft bij alle gasten afgerekend* **1.2** die großen Betriebe ~ die kleinen *de grote bedrijven slokken de kleine op.*

Kassierer ⟨m.; ~s, ~⟩ **0.1** ***kassier*** **0.2** ***penningmeester.***

Kassierung ⟨v.; ~, ~en⟩ **0.1** ***incassering, incassatie*** **0.2** ⟨jur.⟩ ***cassatie, verbreking.***

Kastanie ⟨v.; ~, ~n⟩ **0.1** ***kastanje.***

Kästchen ⟨o.; ~s, ~⟩ **0.1** ***bakje, kistje, cassette*** **0.2** ***ruitje*** ⟨van ruitjespapier⟩, ***hokje*** ⟨op een formulier⟩.

Kaste ⟨v.; ~, ~n⟩ **0.1** ***kaste*** ⟨ook fig.⟩.

kasteien, sich **0.1** ***zich kastijden.***

Kastell ⟨o.; ~s, ~e⟩ **0.1** ***kasteel, burcht, citadel.***

Kastellan ⟨m.; ~s, ~e⟩ **0.1** ***opzichter, huismeester*** **0.2** ⟨gesch.⟩ ***kastelein, slotvoogd.***

Kastellanei ⟨v.; ~, ~en⟩⟨gesch.⟩ **0.1** ***slotvoogdij.***

kästeln **0.1** ***ruiten, van ruitjes voorzien.***

Kasten ⟨m.; ~s, ~̈ of zelden mv. ~⟩ **0.1** ***bak(je)*** ⇒*(vierkante) doos, kist(je), cassette* **0.2** ***krat*** ⟨voor flessen⟩ **0.3** ***kas, kast, kist*** ⟨bv. voor een viool⟩ **0.4** ***uitstalkast, uithangkast, kastje*** ⟨aan het gemeentehuis⟩ **0.5** ***(laad)bak*** ⟨v.e. voertuig⟩ **0.6** ⟨inf.⟩ ***brievenbus*** ⟨voor te verzenden brieven⟩ **0.7** ⟨pej.⟩ ***kast*** ⇒*lelijk, groot bouwsel* **0.8** ⟨inf.; pej.⟩ ***kijkkast*** ⇒*buis* **0.9** ⟨sold.⟩ ***bak*** ⇒*arrest* **0.10** ⟨sp.⟩ ***doel, goal*** ◆ **6.¶** etwas, viel **auf** dem ~ haben *niet op zijn achterhoofd gevallen zijn;* er hat nicht alle **im** ~ *hij is niet goed snik.*

Kastenform ⟨v.⟩ **0.1** ***(recht)hoekige vorm*** **0.2** ***rechthoekig(e) bakvorm, bakblik.***

Kastenwagen ⟨m.⟩⟨verk.⟩ **0.1** ***wagen met laadbak*** **0.2** ***bestelauto*** ⟨met grote gesloten laadruimte⟩.

Kastenwesen ⟨o.⟩ **0.1** ***kastestelsel.***

Kastrat ⟨m.; ~en, ~en⟩ **0.1** ***castraat.***

Kastratenstimme ⟨v.⟩ **0.1** ***castraatstem.***

kastrieren **0.1** ***castreren.***

Kasuistik ⟨v.; ~⟩ **0.1** ***casuïstiek*** **0.2** ⟨schr.⟩ ***haarkloverij.***

kasuistisch **0.1** ***casuïstisch*** **0.2** ⟨schr.⟩ ***spitsvondig.***

Kasus ⟨m.; ~, ~⟩ **0.1** ⟨schr.⟩ ***casus, geval*** **0.2** ⟨taal.⟩ ***naamval.***

Kasusendung ⟨v.⟩⟨taal.⟩ **0.1** ***naamvalsuitgang.***

Kat ⟨m.; ~s, ~s⟩ →**Katalysator.**

Katafalk ⟨m.; ~s, ~e⟩ **0.1** ***katafalk.***

Katakombe ⟨v.; ~, ~n⟩ **0.1** ***catacombe.***

Katalog ⟨m.; ~(e)s, ~e⟩ **0.1** ***catalogus*** **0.2** ⟨fig.⟩ ***waslijst, reeks.***

katalogisieren **0.1** ***catalogiseren.***

Katalysator ⟨m.; ~s, Katalysatoren⟩ **0.1** ***katalysator*** ⟨ook fig.⟩.

Katalyse ⟨v.; ~, ~n⟩ **0.1** ***katalyse.***

katalysieren **0.1** ***katalyseren.***

Katamaran ⟨m. & o.; ~s, ~e⟩⟨scheep.⟩ **0.1** ***catamaran.***

Kataphorese ⟨v.; ~, ~n⟩⟨nat.⟩ **0.1** ***cataforese, elektroforese.***

Katapult ⟨m. & o.; ~(e)s, ~e⟩ **0.1** ***katapult.***

katapultieren **0.1** ***katapulteren, met een katapult lanceren*** ◆ **4.1** er katapultierte sich aus dem Flugzeug *hij verliet het vliegtuig met de schietstoel.*

Katapultsitz ⟨m.⟩ **0.1** ***schietstoel.***

Katarakt ⟨m.; ~(e)s, ~e⟩ **0.1** ***cataract, waterval*** **0.2** ***stroomversnelling.***

Katarrh ⟨m.; ~(e)s, ~e⟩ **0.1** ***catarre.***

katarrhalisch **0.1** ***catarraal.***

Kataster ⟨m. & o.; Oostr. m.; ~s, ~⟩ **0.1** ***kadaster.***

Katasteramt ⟨o.⟩ **0.1** ***kadaster(bureau).***

katastrieren **0.1** ***kadastreren.***

katastrophal **0.1** ***catastrofaal, rampzalig.***

Katastrophe ⟨v.; ~, ~n⟩ **0.1** ***catastrofe, ramp.***

Katastrophenalarm ⟨m.⟩ **0.1** ***alarm bij rampen*** ◆ **3.1** ~ ausrufen *de noodtoestand afkondigen.*

Katastrophengebiet ⟨o.⟩ **0.1** ***rampgebied.***

Katechese ⟨v.; ~, ~n⟩ **0.1** ***catechese, catechisatie.***
Katechet ⟨m.; ~en, ~en⟩ **0.1** ***catecheet.***
Katechismus ⟨m.; ~, Katechismen⟩ **0.1** ***catechismus*** **0.2** ***catechismusles.***
kategorial **0.1** ***categoriaal.***
Kategorie ⟨v.; ~, ~n⟩ **0.1** ***categorie*** ◆ **1.1** ⟨meestal pej.⟩ diese ~ (von) Menschen *dit soort mensen, lieden.*
kategorisch **0.1** ***categorisch*** ⇒*onvoorwaardelijk, beslist.*
kategorisieren **0.1** ***categoriseren, in categorieën onderbrengen.***
Kater ⟨m.; ~s, ~⟩ **0.1** ***kater*** **0.2** ⟨g.mv.⟩ ***kater, katterig gevoel*** ◆ **2.1** der Gestiefelte ~ *de Gelaarsde Kat* **8.1** ⟨inf.; fig.⟩ verliebt wie ein ~ sein *tot over zijn oren verliefd zijn.*
Katerbummel ⟨m.⟩⟨inf.⟩ **0.1** ⟨morgenwandeling na een drinkgelag⟩.
Kateridee ⟨v.⟩⟨inf.⟩ **0.1** ***onzinnig idee.***
Katharsis ⟨v.; ~⟩⟨lit., psych.⟩ **0.1** ***catharsis.***
kathartisch **0.1** ***cathartisch*** ⇒*louterend.*
Katheder ⟨m. & o.; ~s, ~⟩ **0.1** ***katheder.***
Kathederblüte ⟨v.⟩ **0.1** ***kathederbloempje.***
Kathederweisheit ⟨v.⟩ **0.1** ***boekenwijsheid.***
Kathedrale ⟨v.; ~, ~n⟩ **0.1** ***kathedraal.***
Kathedralentscheidung ⟨v.⟩⟨rel.⟩ **0.1** ***ex-cathedrabeslissing.***
Kathete ⟨v.; ~, ~n⟩⟨wisk.⟩ **0.1** ***kathete.***
Katheter ⟨m.; ~s, ~⟩⟨med.⟩ **0.1** ***catheter.***
kathe|terisieren, -tern ⟨med.⟩ **0.1** ***catheteriseren.***
Kathode ⟨v.; ~, ~n⟩⟨nat.⟩ **0.1** ***kathode.***
Kathodenstrahl ⟨m.⟩ **0.1** ***elektronen-, kathodestraal.***
Kathole ⟨m.; ~n, ~n⟩⟨inf.; pej.⟩ **0.1** ***katholiek.***
Katholik ⟨m.; ~en, ~en⟩ **0.1** ***katholiek.***
katholisch **0.1** ***(rooms-)katholiek.***
katholisieren **0.1** ***katholiek maken.***
Katholizismus ⟨m.; ~⟩ **0.1** ***katholicisme.***
Kätner ⟨m.; ~s, ~⟩ **0.1** ***keuterboer.***
Kattun ⟨m.; ~s, ~e⟩ **0.1** ***(dicht geweven, bedrukt) katoen*** ◆ **3.¶** ⟨sold.⟩ es gibt ~ *er is zwaar artillerievuur;* ⟨sold.⟩ ~ kriegen *zwaar onder vuur genomen worden.*
kattunen **0.1** ***katoenen.***
Katz ⟨v.; ~, ~en⟩⟨reg. of in vaste uitdrukkingen⟩ **0.1** ***kat*** ◆ **6.1** das ist **für** die ~ *dat is voor de poes, tevergeefs.*
katzbalgen, sich **0.1** ***bakkeleien.***
Katzbalgerei ⟨v.⟩ **0.1** ***katjesspel*** ⇒*vechtpartij.*
katzbuckeln **0.1** ***flikflooien.***
Kätzchen ⟨o.; ~s, ~⟩ **0.1** ***katje, poesje*** **0.2** ⟨inf.⟩ ***kat(je)*** ⇒ *kattig vrouwmens* **0.3** ⟨inf.⟩ ***(stoei)poes*** **0.4** ⟨inf.⟩ ***poesje*** ⇒ *kut* **0.5** ⟨plantk.⟩ ***katje.***
Katze ⟨v.; ~, ~n⟩ **0.1** ***kat, poes*** **0.2** ⟨inf.⟩ ***kat*** ⇒*kattig vrouwmens* **0.3** ⟨biol.⟩ ***kat(achtige)*** ◆ **3.1** ⟨inf.⟩ das hat die ~ gefressen *dat is spoorloos verdwenen;* der ~ die Schelle an-, umhängen *de kat de bel aanbinden* **6.1** ⟨inf.; fig.⟩ die ~ **aus** dem Sack lassen *met de waarheid voor de dag komen, het achterste van zijn tong laten zien;* ⟨fig.⟩ da beißt sich die ~ **in** den Schwanz *dat is een vicieuze cirkel* **8.1** um etwas herumgehen, herumschleichen wie die ~ um den heißen Brei *eromheen draaien als de kat om de hete brij* **¶.1** ⟨sprw.⟩ die ~ läßt das Mausen nicht ± *een vos verliest wel zijn haren, maar niet zijn streken;* ⟨sprw.⟩ wenn die ~ aus dem Hause ist, tanzen die Mäuse *als de kat van huis (honk) is, dansen de muizen op tafel (in het schotelhuis).*
Katzenauge ⟨o.⟩ **0.1** ***kat(ten)oog*** **0.2** ⟨geol.⟩ ***katoog*** **0.3** ⟨verk.⟩ ***katoog, reflector.***
Katzendreck ⟨m.⟩ **0.1** ***kattendrek*** **0.2** ⟨fig.⟩ ***prul*** ⇒*kleinigheid.*
katzenfreundlich ⟨pej.⟩ **0.1** ***poeslief.***
Katzenhai ⟨m.⟩⟨biol.⟩ **0.1** ***kathaai.***
Katzenjammer ⟨m.⟩⟨inf.⟩ **0.1** ***katterigheid, kater.***
Katzenkopf ⟨m.⟩ **0.1** ***kattenkop*** **0.2** ⟨inf.⟩ ***kinderhoofdje*** ⟨ronde straatsteen⟩.
Katzenmusik ⟨v.⟩ **0.1** ***kattenmuziek*** ⇒*ketelmuziek.*
Katzenschwanz ⟨m.⟩ **0.1** ***kattenstaart.***
Katzensprung ⟨m.⟩⟨fig.⟩ **0.1** ***kattensprong, klein eindje.***
Katzentisch ⟨m.⟩⟨inf.⟩ **0.1** ⟨afzonderlijke tafel voor de kinderen⟩.
Katzenwäsche ⟨v.⟩ **0.1** ***kattenwasje.***
Katzenzunge ⟨v.⟩ **0.1** ***kattentong.***
Kauderwelsch ⟨o.; ~(s)⟩ **0.1** ***koeterwaals*** **0.2** ***(onbegrijpelijk) vakjargon.***
kauderwelschen **0.1** ***koeterwalen.***
Kaue ⟨v.; ~, ~n⟩⟨mijnw.⟩ **0.1** ***schachtgebouw*** **0.2** ***was- en kleedlokaal.***
kauen I ⟨onov.ww.⟩ **0.1** ***kauwen*** ⇒*bijten* **0.2** ***piekeren, tobben*** ◆ **6.1** **an** den Fingernägeln ~ *nagelbijten* **6.2** stundenlang **an** einem Brief ~ *urenlang op een brief zitten te broeden;*
II ⟨ov.ww.⟩ **0.1** ***kauwen*** ◆ **1.1** (die) Nägel ~ *nagelbijten;* die Worte ~ *langzaam spreken* **5.1** gut gekaut ist halb verdaut *de spijsvertering begint in de mond.*
kauern I ⟨onov.ww.⟩ **0.1** ***hurken;***
II sich ~ ⟨wk.ww.⟩ **0.1** ***op zijn hurken gaan zitten, hurken*** ⇒*zich verschuilen.*
Kauf ⟨m.; ~(e)s, ~̈e⟩ **0.1** ***koop*** **0.2** ***aankoop*** ⟨het aangekochte⟩ ◆ **2.1** ⟨schr.; fig.⟩ leichten ~(e)s davonkommen *er goedkoop afkomen* **3.1** einen ~ tätigen *een koop sluiten* **6.1** ~ **auf** Raten *koop op afbetaling;* ⟨fig.⟩ etwas **in** ~ nehmen *iets op de koop toe nemen;* **zum** ~ anbieten *te koop aanbieden.*
Kaufanreiz ⟨m.⟩ **0.1** ***prikkel tot kopen.***
Kaufauftrag ⟨m.⟩ **0.1** ***kooporder.***
Kaufbrief ⟨m.⟩ **0.1** ***koopbrief, -akte.***
kaufen **0.1** ***kopen*** ⇒*inkopen* **0.2** ***(om)kopen*** ◆ **4.1** ⟨inf.⟩ sich ⟨3e nv.⟩ jmdn. ~ *iem. zeggen waar het op staat* **6.1** ⟨inf.; fig.⟩ **dafür** kann ich mir nichts ~ *daar heb ik niets aan.*
Käufer ⟨m.; ~s, ~⟩ **0.1** ***koper*** ⇒*klant.*
Kauffrau ⟨v.⟩⟨adm., ec.⟩ **0.1** ***koopvrouw*** ⇒*zakenvrouw.*
kauffreudig **0.1** ***kooplustig.***
Kaufhalle ⟨v.⟩ **0.1** ***warenhuis.***
Kaufhaus ⟨o.⟩ **0.1** ***warenhuis.***
Kaufkraft ⟨v.⟩ **0.1** ***koopkracht.***
Kaufladen ⟨m.⟩ **0.1** ***winkel(tje), handelszaak.***
käuflich **0.1** ***koopbaar, te koop*** **0.2** ***omkoopbaar*** ⇒*corrupt* ◆ **1.1** ~e Liebe *prostitutie* **3.1** etwas ~ erwerben *iets (aan)kopen.*
Kauflust ⟨v.⟩ **0.1** ***kooplust.***
kauflustig **0.1** ***kooplustig.***
Kaufmann ⟨m.; mv. Kaufleute⟩ **0.1** ***koopman*** ⇒*zakenman, handelaar.*
kaufmännisch **0.1** ***commercieel, handels-*** ◆ **1.1** ~er Angestellter *kantoorbediende, employé in een handelszaak;* ~er Direktor *commercieel directeur;* ~e Lehre *handelsopleiding;* ~es Rechnen *handelsrekenen* **2.1** ~ tätig sein *in de handel zijn.*
Kaufmannschaft ⟨v.⟩ **0.1** ***(de gezamenlijke) kooplieden, koopmansstand.***
Kaufmannsgehilfe ⟨m.⟩ **0.1** ***handelsbediende.***
Kaufmannsladen ⟨m.⟩ **0.1** ***winkel(tje), handelszaak.***
Kaufmannssprache ⟨v.⟩ **0.1** ***handelstaal.***
Kaufrausch ⟨m.⟩⟨vaak scherts.⟩ **0.1** ***onbedwingbare kooplust.***
Kaufsumme ⟨v.⟩ **0.1** ***koopsom.***
Kaufvertrag ⟨m.⟩ **0.1** ***koopcontract.***

Kaufwert ⟨m.⟩ **0.1** ***aankoopwaarde.***
Kaufzwang ⟨m.⟩ **0.1** ***verplichting te kopen.***
Kaugummi ⟨m. & o.⟩ **0.1** ***kauwgom.***
Kaulquappe ⟨v.⟩ **0.1** ***kikkervisje, dikkop.***
kaum 0.1 ***nauwelijks, bijna niet, amper*** **0.2** ***nauwelijks, pas, juist*** **0.3** ***waarschijnlijk niet*** ◆ **2.1** ~ zwei Meter lang (a) *niet helemaal twee meter lang* (b) *ten hoogste twee meter lang* **2.3** er wird ~ Direktor werden *hij zal wel geen directeur worden* **4.1** es war ~ jemand da *er was bijna niemand.*
Kaumuskel ⟨m.⟩ **0.1** ***kauwspier.***
kausal 0.1 ***causaal, oorzakelijk.***
Kausalbeziehung ⟨v.⟩⟨fil.⟩ **0.1** ***oorzakelijk verband.***
Kausalgesetz ⟨o.⟩⟨fil.⟩ **0.1** ***wet van oorzaak en gevolg.***
Kausalität ⟨v.; ~, ~en⟩ **0.1** ***causaliteit, oorzakelijkheid.***
Kausalprinzip ⟨o.⟩⟨fil.⟩ **0.1** ***causaliteitsbeginsel.***
Kausalsatz ⟨m.⟩⟨taal.⟩ **0.1** ***causale bijzin.***
Kausalzusammenhang ⟨m.⟩⟨fil.⟩ **0.1** ***oorzakelijk verband.***
kausativ 0.1 ***causatief.***
Kausativ ⟨o.; ~s, ~e⟩⟨taal.⟩ **0.1** ***causatief (werkwoord).***
kaustisch 0.1 ***caustisch, bijtend.***
Kautabak ⟨m.⟩ **0.1** ***pruimtabak.***
Kautel ⟨v.; ~, ~en; meestal mv.⟩⟨jur.⟩ **0.1** ***voorbehoud(sclausule)*** **0.2** ***voorzorg(smaatregel).***
Kauter ⟨m.; ~s, ~⟩⟨med.⟩ **0.1** ***brandijzer.***
Kaution ⟨v.; ~, ~en⟩ **0.1** ***borgtocht, borgstelling*** ⇒*waarborg.*
Kautschuk ⟨m.; ~s, ~e⟩ **0.1** ***caoutchouc, ongevulkaniseerde rubber*** **0.2** ***rubber, gummi.***
Kautschukbaum ⟨m.⟩ **0.1** ***rubber-, gomboom.***
Kautschukparagraph ⟨m.⟩⟨inf.⟩ **0.1** ***rekbaar artikel.***
kautschutieren 0.1 ***uit rubber vervaardigen*** **0.2** ***met gummi, rubber overtrekken.***
Kauwerkzeuge ⟨alleen mv.⟩ **0.1** ***kauworganen.***
Kauz ⟨m.; ~es, ~̈e⟩ **0.1** ***(steen-, boom)uil*** **0.2** ***rare snuiter*** ⟨niet pej.⟩ ⇒*zonderling.*
Käuzchen ⟨o.; ~s, ~⟩ **0.1** ***uiltje.***
kauzig 0.1 ***raar, wonderlijk*** ⟨van mensen⟩ ⇒*komiek.*
Kavalier ⟨m.; ~s, ~e⟩ **0.1** ***gentleman, heer*** ⇒*aristocraat* **0.2** ⟨inf.⟩ ***aanbidder, galant*** ⇒*cavalier* **0.3** ⟨gesch.⟩ ***edelman, hoveling*** ◆ **1.1** ein ~ der alten Schule *op en top een gentleman* **6.1** ein ~ **am** Steuer *een heer in het verkeer.*
kavaliermäßig 0.1 ***galant, voorkomend.***
Kavaliersdelikt ⟨o.⟩ **0.1** ***onbelangrijk delict.***
Kavaliersstart ⟨m.⟩ **0.1** ***razende start.***
Kavalierstuch ⟨o.⟩ **0.1** ***pochet, lefdoekje.***
Kavalkade ⟨v.; ~, ~n⟩ **0.1** ***cavalcade.***
Kavallerie ⟨v.; ~, ~n⟩ **0.1** ***cavalerie, ruiterij.***
Kavallerist ⟨m.; ~en, ~en⟩ **0.1** ***cavalerist.***
Kaveling ⟨v.; ~, ~en⟩⟨ec.⟩ **0.1** ***kaveling.***
Kaverne ⟨v.; ~, ~n⟩ **0.1** ***caverne, spelonk*** **0.2** ⟨med.⟩ ***caverne, holte.***
Kaviar ⟨m.; ~s, ~e⟩ **0.1** ***kaviaar.***
Kaviarbrot ⟨o.⟩ **0.1** ***stokbrood.***
keck 0.1 ***vrijmoedig, frank*** ⇒*stoutmoedig* **0.2** ***kittig, kwiek*** **0.3** ***vrijpostig, onheus*** ⇒*brutaal* ◆ **1.1** ein ~es Unternehmen *een gewaagde onderneming* **1.2** ⟨fig.⟩ ein ~es Hütchen *een vlot hoedje.*
Keckheit ⟨v.; ~, ~en⟩ **0.1** ***vrijmoedigheid*** **0.2** ***vlotheid, kwiekheid*** **0.3** ***vrijpostigheid.***
Kefir ⟨m.; ~s⟩ **0.1** ***kefir.***
Kegel ⟨m.; ~s, ~⟩ **0.1** ***kegel*** **0.2** ⟨boek.⟩ ***korps, corpus*** ◆ **1.1** der ~ des Vulkans *de vulkaankegel.*
Kegelbahn ⟨v.⟩⟨sp.⟩ **0.1** ***kegelbaan.***
Kegelbruder ⟨m.⟩⟨inf.; sp.⟩ **0.1** ***kegelliefhebber*** **0.2** ***clubgenoot bij het kegelen.***
kegelig 0.1 ***kegelvormig, conisch.***
Kegelkugel ⟨v.⟩⟨sp.⟩ **0.1** ***kegelbal.***
Kegelmantel ⟨m.⟩⟨wisk.⟩ **0.1** ***kegelmantel.***
kegeln 0.1 ***kegelen, met kegels spelen*** **0.2** ⟨inf.⟩ ***buitelen, tuimelen.***
kegelschieben ⟨inf.⟩ **0.1** ***kegelen, met kegels spelen.***
Kegelschnitt ⟨m.⟩⟨wisk.⟩ **0.1** ***kegelsnede.***
Kegelspiel ⟨o.⟩⟨sp.⟩ **0.1** ***kegelspel, stel kegels*** **0.2** ***kegelspel, -partij.***
Kegelstumpf ⟨m.⟩⟨wisk.⟩ **0.1** ***afgeknotte kegel.***
Kegler ⟨m.; ~s, ~⟩ **0.1** ***kegelspeler, kegelaar.***
Kehldeckel ⟨m.⟩⟨med.⟩ **0.1** ***strotklep, keelklepje.***
Kehle ⟨v.; ~, ~n⟩ **0.1** ***keel*** ⇒*strot, keelgat* **0.2** ⟨amb.⟩ ***groef, sleuf*** **0.3** ⟨bouwk.⟩ ***kiel*** ⟨hoek tussen twee hellende dakvlakken⟩ **0.4** ⟨bouwk.⟩ ***(hol)keel, holle lijst*** ◆ **3.1** jmdm. die ~ abdrücken *iem. de keel dichtknijpen;* jmdm. die ~ zuschnüren (a) *iem. wurgen* (b) ⟨fig.⟩ *iem. te gronde richten* **6.1** jmdm. **an** die ~ fahren *iem. naar de keel vliegen;* es geht ihm **an** die ~ *het is een kwestie van leven en dood voor hem* ⟨ook fig.⟩; **aus** voller ~ *luidkeels;* sich die ~ **aus** dem Hals schreien *zijn longen uit zijn lijf schreeuwen;* ⟨inf.; fig.⟩ das hat er **in** die falsche ~ bekommen *dat is hem in het verkeerde keelgat geschoten.*
kehlen 0.1 ***(kelen en) uithalen, grommen*** ⟨van vissen⟩, ***kaken*** ⟨van haringen⟩ **0.2** ⟨amb.⟩ ***groeven, canneleren.***
Kehlhobel ⟨m.⟩⟨amb.⟩ **0.1** ***rond-, kraalschaaf.***
kehlig 0.1 ***diep uit de keel, gutturaal.***
Kehlkopf ⟨m.⟩ **0.1** ***strottenhoofd.***
Kehlkopfschnitt ⟨m.⟩⟨med.⟩ **0.1** ***laryngotomie.***
Kehllaut ⟨m.⟩ **0.1** ***keelklank.***
Kehlleiste ⟨v.⟩⟨amb.⟩ **0.1** ***keellijst, holle lijst.***
Kehlsack ⟨m.⟩⟨biol.⟩ **0.1** ***keelzak.***
Kehlung ⟨v.; ~, ~en⟩⟨amb.⟩ **0.1** ***holkeel, groef*** ⇒*uitholling.*
Kehraus ⟨m.; ~⟩ **0.1** ***slotdans, laatste dans*** **0.2** ***slot, einde*** ⟨bv. v.e. feest⟩ ⇒*opruiming, schoonmaak* ◆ **3.2** den ~ machen (a) *er een einde aan maken* (b) *opruiming houden.*
Kehre ⟨v.; ~, ~n⟩ **0.1** ***keerbocht*** ⇒*scherpe bocht* **0.2** ***keer(plaats), wending(spunt)*** **0.3** ⟨sp.⟩ ***het keren, keersprong.***
kehren I ⟨onov.ww.⟩ **0.1** ⟨h.⟩ ***keren, wenden*** ⇒*draaien* **0.2** ⟨h.⟩ ***omkeren, wenden*** **0.3** ⟨h / s.; sp.⟩ ***keren, een keersprong maken*** ◆ **6.1 in** sich gekehrt *in zichzelf gekeerd;*
II ⟨ov.ww.⟩ **0.1** ***keren, wenden;***
III ⟨ov. & onov.ww.⟩ **0.1** ***vegen, keren.*** →**Besen, jeder;**
IV sich ~ ⟨wk.ww.⟩ **0.1** ***zich keren*** ⇒*zich (om)draaien, zich wenden* **0.2** ***zich bekreunen om*** ⇒*zich storen aan* ◆ **6.2** ich kehre mich nicht **an** sein Los *ik trek me zijn lot niet aan.*
Kehricht ⟨m. & o.; ~s⟩ **0.1** ***veegsel, aangeveegd vuil*** **0.2** ***afval, vuilnis(hoop)*** ◆ **2.1** ⟨inf.; fig.⟩ das geht dich einen feuchten ~ an *dat gaat je geen snars aan.*
Kehrichteimer ⟨m.⟩ **0.1** ***vuilnisemmer.***
Kehrichtschaufel ⟨v.⟩ **0.1** ***vuilnisblik.***
Kehrmaschine ⟨v.⟩ **0.1** ***veegmachine.***
Kehrreim ⟨m.⟩ **0.1** ***refrein.***
Kehrschleife ⟨v.⟩ **0.1** ⟨verk.⟩ ***lus*** **0.2** ⟨wwb.⟩ ***lusvormige haarspeldbocht.***
Kehrseite ⟨v.⟩ **0.1** ***keerzijde*** ⟨ook fig.⟩ ⇒*achterkant* **0.2** ⟨scherts.⟩ ***rug, achterwerk, achterste.***
kehrtmachen ⟨inf.⟩ **0.1** ***rechtsomkeert maken.***
Kehrtwendung ⟨v.⟩ **0.1** ***(volledige) omzwenking*** **0.2** ⟨fig.⟩ ***totale ommekeer, ommezwaai.***
keifen 0.1 ***kijven, schelden.***
Keil ⟨m.; ~(e)s, ~e⟩ **0.1** ***wig, keg, keil*** ⇒*spie* **0.2** ***peluw, (wigvormige) hoofdmatras*** **0.3** ⟨amb., boek.⟩ ***kooi*** ⟨sluit-

houtje⟩ **0.4** ⟨conf.⟩ ***geer*** ⇒*spie, klink* ⟨in een kous⟩ **0.5** ⟨mil.⟩ ***wig, wigvormige formatie*** ⇒*V-formatie, speerpunt* **0.6** ⟨tech.⟩ ***spie*** ⟨bv. v.e. as⟩, ***(sluit)wig*** ◆ **1.5** ein ~ von Panzern *een tankwig* **8.1** ~ und Gegenkeil *spie en contraspie.* →**Klotz.**

Keilbolzen ⟨m.⟩⟨tech.⟩ **0.1** ***spie-, scheerbout.***

keilen I ⟨onov.ww.⟩ **0.1** ***(achteruit)slaan*** ⟨v.e. rijdier⟩;
II ⟨ov.ww.⟩ **0.1** ***keggen, wiggen*** ⇒*spieën* **0.2** ***dringen*** ⇒*duwen* **0.3** ⟨inf.⟩ ***lijmen*** ⇒*overhalen;*
III sich ~ ⟨wk.ww.⟩ **0.1** ***dringen*** ⇒*zich doorslaan* **0.2** ***vechten, plukharen.***

Keiler ⟨m.; ~s, ~⟩⟨jacht⟩ **0.1** ***mannelijk everzwijn.***

Keilerei ⟨v.; ~, ~en⟩⟨inf.⟩ **0.1** ***vecht-, kloppartij.***

keilförmig 0.1 ***wigvormig.***

Keilhose ⟨v.⟩ **0.1** ***skibroek*** ⟨met spits toelopende pijpen en bandje onder de voet⟩.

Keilkissen ⟨o.⟩ **0.1** ***peluw, (wigvormige) hoofdmatras.***

Keilriemen ⟨m.⟩⟨tech.⟩ **0.1** ***V-riem, V-snaar.***

Keilschrift ⟨v.⟩ **0.1** ***spijkerschrift.***

Keim ⟨m.; ~(e)s, ~e⟩ **0.1** ***kiem*** ⇒*embryo* **0.2** ⟨fig.⟩ ***kiem*** ⇒*bron, uitgangspunt* ◆ **3.1** ~e treiben *(ont)kiemen* **6.2** etwas **im** ~ ersticken *iets in de kiem smoren;* **im** ~e vorhanden *in de kiem aanwezig.*

Keimblatt ⟨o.⟩ **0.1** ⟨biol., med.⟩ ***kiemblad*** **0.2** ⟨plantk.⟩ ***kiemblaadje*** ⇒*zaadlob.*

Keimdrüse ⟨v.⟩ **0.1** ***kiem-, geslachtsklier.***

keimen ⟨h.⟩ **0.1** ***(ont)kiemen*** ⟨ook fig.⟩.

keimfähig 0.1 ***kiemkrachtig, kiembaar.***

keimfrei 0.1 ***kiemvrij, vrij van ziektekiemen.***

keimhaft ⟨schr.; fig.⟩ **0.1** ***als kiem, embryonaal.***

Keimkraft ⟨v.⟩ **0.1** ***kiemkracht.***

Keimling ⟨m.; ~s, ~e⟩ **0.1** ***embryo*** **0.2** ***kiemplantje.***

keimtötend 0.1 ***antiseptisch.***

Keimträger ⟨m.⟩ **0.1** ***bacillen-, bacteriedrager.***

Keimung ⟨v.; ~, ~en⟩ **0.1** ***kieming.***

Keimzelle ⟨v.⟩ **0.1** ***kiemcel*** **0.2** ⟨fig.⟩ ***kiem*** ⇒*bron.*

kein[1] ⟨onb.vnw.⟩ **0.1** ***geen*** ◆ **1.1** nur ~e Angst! *wees maar niet bang!* **2.1** ~ bißchen *in 't geheel niet(s)* **6.1 in** ~er Weise *in 't geheel niet;* **zu** ~er Zeit *nooit.*

kein[2] ⟨onb.vnw.⟩ **0.1** ***niemand*** **0.2** ***niet*** ◆ **1.1** ~es der Kinder *geen van de kinderen* **1.2** Geld hat er ~s *geld heeft hij niet* **3.¶** ⟨inf.⟩ er bricht sich ~en ab *hij is liever lui dan moe;* brich dir bloß ~en ab! *verbeeld je maar niks!* **4.1** mir kann ~er *ik ga voor niemand uit de weg.*

keinerlei 0.1 ***generlei, generhande*** ◆ **1.1** er zeigte ~ Reue *hij toonde niet het minste berouw* **6.1 auf** ~ Weise *op geen enkele manier.*

keinerseits 0.1 ***van geen enkele zijde, van niemand.***

keines|falls, -wegs 0.1 ***in geen geval, volstrekt niet.***

keinmal 0.1 ***geen enkele maal.*** →**einmal.**

Keks ⟨m. & o.; ~(es), ~(e)⟩ **0.1** ***gebak, koekje*** **0.2** ⟨inf.⟩ ***kop, hoofd*** ◆ **2.2** du hast wohl einen weichen ~? *je bent zeker niet goed snik?* **3.2** ich habe mir den ~ gestoßen *ik heb mijn kop gestoten.*

Kelch ⟨m.; ~(e)s, ~e⟩ **0.1** ***kelk*** ⇒*beker, roemer* **0.2** ⟨plantk.⟩ ***bloemkelk.***

Kelchblatt ⟨o.⟩ **0.1** ***kelkblad.***

Kelchglas ⟨o.⟩ **0.1** ***kelkglas, wijnkelk.***

Kelim ⟨m.; ~s, ~s⟩ **0.1** ***kelim.***

Kelle ⟨v.; ~, ~n⟩ **0.1** ***pollepel, scheplepel*** **0.2** ***troffel, truweel*** **0.3** ⟨verk.⟩ ***vertrekstaf*** ⇒*spiegelei.*

Keller ⟨m.; ~s, ~⟩ **0.1** ***kelder*** **0.2** ***voorraadkelder*** **0.3** ***café, bierkelder*** ⇒*discotheek, clublokaal* ⟨in een kelder⟩ ◆ **2.2** er hat einen guten ~ *hij heeft een goede wijnkelder* **6.¶** der Außenhandel ist **im** ~ *met de buitenlandse handel is het miserabel gesteld;* ⟨sp.⟩ **im** ~ sein *te weinig punten hebben* ⟨bij kaartspel⟩; die Kurse sind **in** den ~ gefallen *de koersen zijn gekelderd.*

Kellerabfüllung ⟨v.⟩ **0.1** ***door de wijnbouwer gebottelde wijn.***

Kellerassel ⟨v.⟩ **0.1** ⟨biol.⟩ ***keldermot, pissebed*** **0.2** ⟨inf.; scherts.⟩ ***kroegloper, nachtbraker.***

Kellerei ⟨v.; ~, ~en⟩ **0.1** ***wijnkelder(s)*** **0.2** ***wijnhandel*** **0.3** ***wijnbereiding.***

Kellerfalte ⟨v.⟩⟨amb.⟩ **0.1** ***stolpplooi.***

Kellergeschoß ⟨o.⟩ **0.1** ***kelderverdieping*** **0.2** ***souterrain.***

Kellerkind ⟨o.⟩⟨inf.⟩ **0.1** ***sociaal benadeeld kind.***

Kellerloch ⟨o.⟩ **0.1** ***keldergat*** **0.2** ⟨pej.⟩ ***kleine, muffe kelderwoning.***

Kellermeister ⟨m.⟩ **0.1** ***keldermeester, bottelier.***

Kellner ⟨m.; ~s, ~⟩ **0.1** ***kelner, bediende*** ⇒*ober* ◆ **6.1 nach** dem ~ rufen *de kelner roepen.*

Kellnerin ⟨v.; ~, ~nen⟩ **0.1** ***kelnerin, serveerster.***

kellnern ⟨inf.⟩ **0.1** ***als (hulp)kelner werken.***

Kelte ⟨m.; ~n, ~n⟩ **0.1** ***Kelt.***

Kelter ⟨v.; ~, ~n⟩ **0.1** ***wijn-, druivenpers*** **0.2** ***(vruchten)-pers.***

Kelterei ⟨v.; ~, ~en⟩ **0.1** ***wijnperserij.***

keltern 0.1 ***druiven, wijn persen.***

keltisch 0.1 ***Keltisch.***

Kemenate ⟨v.; ~, ~n⟩ **0.1** ***kemenade*** ⇒*kamer, cel.*

Kennbuchstabe ⟨m.⟩ **0.1** ***kenletter.***

Kenndaten ⟨alleen mv.⟩ **0.1** ***(typische) gegevens*** ⇒*merktekens.*

Kennel ⟨m.; ~s, ~⟩ **0.1** ***kennel.***

kennen ⟨→t65⟩ **0.1** ***kennen*** ⇒*iets weten* **0.2** ***kennen*** ⇒*herkennen, identificeren* **0.3** ***kennen*** ⇒*hebben* ◆ **1.3** kein Maß ~ *van geen maat weten;* kein Ziel ~ *geen doel hebben* **4.1** woher ~ wir uns? *waar hebben we elkaar al eerder ontmoet?* **5.1** da kenne ich nichts! *in dit opzicht stoor ik me aan niets!;* die beiden ~ sich nicht mehr *die twee spreken niet meer met elkaar* **6.1** sich **vor** Wut nicht mehr ~ *buiten zichzelf zijn van woede.* →**Bauer**[1]**.**

kennenlernen 0.1 ***leren kennen*** ◆ **4.1** es freut mich, Sie kennenzulernen! *aangename kennismaking!;* ⟨inf.⟩ du wirst mich noch ~! *dat zal ik je nog betaald zetten!*

Kenner ⟨m.; ~s, ~⟩ **0.1** ***kenner.***

Kennerblick ⟨m.⟩ **0.1** ***kennersblik.***

kennerhaft, kennerisch ⟨vaak pej.⟩ **0.1** ***als een kenner.***

Kennermiene ⟨v.⟩ **0.1** ***kennersblik.***

Kennerschaft ⟨v.⟩ **0.1** ***kennis*** ⇒*oordeelsvermogen, ervaring* ⟨v.e. kenner⟩ **0.2** ***deskundigheid.***

Kennkarte ⟨v.⟩ **0.1** ***identiteits-, persoonsbewijs.***

Kennmarke ⟨v.⟩ **0.1** ***kenteken*** **0.2** ***identiteitsplaatje.***

kenntlich 0.1 ***kenbaar, herkenbaar*** ⇒*waarneembaar* ◆ **3.1** etwas ~ machen *iets kenbaar maken, aanduiden.*

Kenntlichkeit ⟨v.; ~, ~en⟩ **0.1** ***kenbaarheid*** ⇒*kenmerkende eigenschap.*

Kenntnis ⟨v.; ~, ~se⟩ **0.1** ***kennis, kunde*** ⇒*wetenschap* ◆ **2.1** fachliche ~se *vakkennis;* sprachliche ~se *taalkennis* **3.1** ~se gewinnen *kennis opdoen;* ⟨schr.⟩ das entzieht sich meiner ~ *dat is mij onbekend* **6.1** seine ~se **im** Deutschen *zijn kennis van het Duits;* jmdn. von etwas **in** ~ setzen *iem. van iets in kennis stellen;* **nach** meiner ~ *voor zover ik weet;* ~ **von** etwas haben *van iets op de hoogte zijn;* ~ **von** etwas nehmen *nota van iets nemen;* jmdm. etwas **zur** ~ bringen *iem. iets ter kennis brengen;* etwas **zur** ~ nehmen *nota van iets nemen.*

Kenntnisnahme ⟨v.⟩⟨adm.⟩ **0.1** ***kennisneming, het nota nemen van*** ◆ **6.1 zur** ~ *ter kennisneming.*

kenntnisreich **0.1** *rijk aan kennis.*

Kennung ⟨v.; ~, ~en⟩ **0.1** ***boon, ring*** ⟨van paardentand⟩ **0.2** ⟨tech.⟩ ***karakteristiek, kenmerkende eigenschap(pen)*** **0.3** ⟨verk.⟩ ***landmerk*** ⇒*oriëntatiepunt* **0.4** ⟨verk.⟩ ***karakteristiek lichtsignaal*** **0.5** ⟨com.⟩ ***identificeringsteken*** ⇒ *telexnummer, roepletter* **0.6** ⟨scheep.⟩ ***(rederij)kenteken.***

Kennwort ⟨o.; mv. ¨er⟩ **0.1** ***kenspreuk*** ⇒*motto, titel* **0.2** ***sleutelwoord*** ⇒*codewoord* **0.3** ⟨mil.⟩ ***parool*** ⇒*wachtwoord.*

Kennzahl ⟨v.⟩ **0.1** ***nummer, letter*** ⟨van advertentie⟩ **0.2** ⟨com.⟩ ***netnummer*** **0.3** ⟨ec., nat., tech.⟩ ***kencijfer, -getal*** ⇒ *constante.*

Kennzeichen ⟨o.⟩ **0.1** ***kenmerk, kenteken*** **0.2** ***kenteken(plaat)*** ⇒*nummerbord, -plaat.*

Kennzeichenschild ⟨o.⟩ **0.1** ***kentekenplaat*** ⇒*nummerplaat.*

kennzeichnen **0.1** ***kenmerken, kenbaar maken*** ⇒*karakteriseren, aanduiden* ◆ **1.1** Zugvögel ~ *trekvogels merken* **6.1 durch** ein Etikett ~ *met een etiket merken;* einen Weg **durch** Schilder ~ *een weg met borden markeren.*

kennzeichnend **0.1** ***karakteristiek, typisch.***

Kennzeichnung ⟨v.⟩ **0.1** ***aanduiding, karakterisering*** **0.2** ***(karakteristiek) kenmerk.***

Kennziffer ⟨v.⟩ **0.1** ***kencijfer, -getal*** **0.2** ***netnummer*** **0.3** ***nummer, letter*** ⟨van advertentie⟩ **0.4** ⟨wisk.⟩ ***aanwijzer*** ⟨van logaritme⟩.

Kentaur ⟨m.; ~en, ~en⟩ **0.1** ***centaur.***

kentern **0.1** ⟨s.⟩ ***kenteren, kapseizen*** **0.2** ⟨h.⟩ ***kenteren, omslaan*** ⇒*plotseling draaien* ◆ **1.2** die Flut kentert *het tij kentert, keert.*

Kerabau ⟨m.; ~s, ~s⟩ **0.1** ***karbouw, waterbuffel.***

Keramik ⟨v.; ~, ~en⟩ **0.1** ***keramiek*** ⇒*pottenbakkerskunst* **0.2** ***keramiek, keramisch product.***

Keramiker ⟨m.; ~s, ~⟩ **0.1** ***keramist, pottenbakker.***

keramisch **0.1** ***keramisch.***

Keratin ⟨o.; ~s⟩ **0.1** ***keratine.***

Kerbe ⟨v.; ~, ~n⟩ **0.1** ***keep, kerf*** ⇒*insnijding* **0.2** ***keep*** ⟨v.e. vizier⟩ **0.3** ⟨vulg.⟩ ***reet, gat*** ⇒*achterste* ◆ **6.1** ⟨fig.⟩ **in** dieselbe, die gleiche ~ hauen *één lijn trekken;* ⟨fig.⟩ immer **in** die gleiche ~ hauen *altijd op hetzelfde aambeeld slaan.*

Kerbel ⟨m.; ~s⟩⟨plantk.⟩ **0.1** ***kervel.***

Kerbelkraut ⟨o.⟩ **0.1** ***kervelkruid*** ⇒*pijpkruid, tuinkervel.*

kerben **0.1** ***kerven, inkepen, uitsnijden*** **0.2** ***kartelen, randen*** ⟨van munten⟩ ◆ **2.1** eine gekerbte Schnitzerei *kerfsnijwerk.*

Kerbholz ⟨o.⟩ ◆ **6.¶** etwas **auf** dem ~ haben *iets op zijn kerfstok hebben.*

kerbig **0.1** ***van kerven voorzien, gekarteld.***

Kerbtabak ⟨m.⟩ **0.1** ***kerftabak, gekorven tabak.***

Kerbung ⟨v.; ~, ~en⟩ **0.1** ***het kerven*** **0.2** ***kerf, inkeping.***

Kerker ⟨m.; ~s, ~⟩ **0.1** ***kerker.***

Kerkerstrafe ⟨v.⟩⟨gesch.⟩ **0.1** ***kerkerstraf*** ⇒*gevangenisstraf.*

Kerl ⟨m.; ~s, ~e; inf. ook ~s⟩ **0.1** ***kerel*** ⇒*snuiter, vent* **0.2** ⟨inf.⟩ ***meid, meisje*** ⇒*aardig of flink persoon* **0.3** ⟨inf.⟩ ***prachtexemplaar, kanjer*** ◆ **2.1** blöder ~! *idioot!;* ein ganzer ~ *een kranige vent;* ein lahmer ~ *een slome vent* **2.2** ein prima ~ (a) *een beste kerel* (b) *een aardig meisje, een flinke meid* **4.3** Hechte! solche ~e! *snoeken! zulke kanjers!*

Kerlchen ⟨o.; ~s, ~⟩ **0.1** ***kereltje*** **0.2** ***kind, baasje.***

Kern ⟨m.; ~(e)s, ~e⟩ **0.1** ***kern*** **0.2** ***pit, steen*** ⟨van vruchten⟩ ◆ **2.1** der harte ~ der Bande *de harde kern van de bende* **6.1 im** ~ verdorben *totaal bedorven;* **in** ihm steckt ein guter ~ *in de grond is hij goed van karakter.* →**Schale.**

Kernantrieb ⟨m.⟩ **0.1** ***nucleaire voortstuwing.***

Kernbeißer ⟨m.⟩ **0.1** ***kernbijter*** ⇒*appelvink.*

Kernbohrer ⟨m.⟩ **0.1** ***kernboor.***

Kernbombe ⟨v.⟩ **0.1** ***atoombom.***

Kernbrennstoff ⟨m.⟩ **0.1** ***kernbrandstof.***

Kernchemie ⟨v.⟩ **0.1** ***kernchemie.***

Kernenergie ⟨v.⟩ **0.1** ***kern-, atoomenergie.***

Kernexplosion ⟨v.⟩ **0.1** ***atoombomexplosie*** **0.2** ⟨nat.⟩ ***kernexplosie.***

Kernfach ⟨o.⟩⟨school.⟩ **0.1** ***hoofdvak.***

Kernfäule ⟨v.⟩ **0.1** ***hart-, kernrot.***

Kernforschung ⟨v.⟩ **0.1** ***kernonderzoek*** ⇒*kernfysica.*

Kernfrage ⟨v.⟩ **0.1** ***kernvraagstuk, -probleem.***

Kernfrucht ⟨v.⟩⟨plantk.⟩ **0.1** ***pit-, steenvrucht.***

Kernfusion ⟨v.⟩ **0.1** ⟨nat.⟩ ***kernfusie*** **0.2** ⟨biol.⟩ ***versmelting van celkernen.***

Kerngehäuse ⟨o.⟩ **0.1** ***klokhuis.***

Kerngeschäft ⟨o.⟩⟨ec.⟩ **0.1** ***kernactiviteit*** ⇒*corebusiness.*

kerngesund **0.1** ***kerngezond.***

Kernholz ⟨o.⟩ **0.1** ***kernhout*** ⇒*hart* ⟨v.e. boom⟩ ◆ **6.1** ⟨fig.⟩ **aus** ~ *ijzersterk.*

kernig **0.1** ***kernachtig, krachtig*** ⇒*stevig* **0.2** ***pittig, degelijk, voortreffelijk*** ⇒*deugdelijk* **0.3** ***vol pitten*** **0.4** ⟨inf.⟩ ***sportief, attractief*** ◆ **1.1** ~e Sprüche *kernachtige gezegden.*

Kernkraft ⟨v.⟩ **0.1** ***kern-, atoomenergie*** **0.2** ⟨nat.; alleen mv.⟩ ***kernkrachten.***

Kernkraftgegner ⟨m.⟩ **0.1** ***tegenstander van kernenergie.***

Kernkraftwerk ⟨o.⟩ **0.1** ***kern(energie)centrale.***

Kernladung ⟨v.⟩⟨nat.⟩ **0.1** ***kernlading.***

Kernladungszahl ⟨v.⟩ **0.1** ***atoomgetal.***

kernlos **0.1** ***zonder pitten.***

Kernmannschaft ⟨v.⟩ **0.1** ***kernploeg, -spelers.***

Kernobst ⟨o.⟩ **0.1** ***pit-, steenvruchten.***

Kernphysik ⟨v.⟩ **0.1** ***atoom-, kernfysica.***

Kernpunkt ⟨m.⟩ **0.1** ***hoofd-, kernpunt.***

Kernreaktion ⟨v.⟩ **0.1** ***kernreactie.***

Kernreaktor ⟨m.⟩ **0.1** ***kernreactor.***

Kernsatz ⟨m.⟩ **0.1** ***leidend beginsel*** **0.2** ***hoofdzin.***

Kernschmelze ⟨v.⟩ **0.1** ***meltdown*** ⟨in een kernreactor⟩.

Kernseife ⟨v.⟩ **0.1** ***huishoud-, kernzeep*** ⇒*harde zeep.*

Kernspaltung ⟨v.⟩⟨nat.⟩ **0.1** ***kernsplijting, -splitsing.***

Kernspruch ⟨m.⟩ **0.1** ***kernspreuk.***

Kernstrahlung ⟨v.⟩⟨nat.⟩ **0.1** ***kernstraling*** ⇒*nucleaire straling.*

Kernstück ⟨o.⟩ **0.1** ***kern, het essentiële.***

Kerntechnik ⟨v.⟩ **0.1** ***kerntechniek*** ⇒*nucleaire techniek.*

Kernteilchen ⟨o.⟩ **0.1** ***nucleon.***

Kernteilung ⟨v.⟩⟨biol.⟩ **0.1** ***kerndeling.***

Kerntruppe ⟨v.⟩⟨mil.⟩ **0.1** ***keur-, kerntroep.***

Kernumwandlung ⟨v.⟩⟨nat.⟩ **0.1** ***kerntransformatie.***

Kernverschmelzung ⟨v.⟩ **0.1** ⟨nat.⟩ ***kernsynthese*** ⇒*kernfusie* **0.2** ⟨biol.⟩ ***(cel)kernversmelting.***

Kernwaffe ⟨v.⟩ **0.1** ***atoom-, kernwapen.***

kernwaffenfrei **0.1** ***vrij van atoomwapens.***

Kernwaffenträger ⟨m.⟩ **0.1** ***atoomraket.***

Kernwaffenversuch ⟨m.⟩ **0.1** ***proef, test met kernwapens.***

Kernwaffenverzicht ⟨m.⟩ **0.1** ***kernstop.***

Kernzahl ⟨v.⟩ **0.1** ***kerngetal.***

Kernzertrümmerung ⟨v.⟩⟨nat.⟩ **0.1** ***spallatie*** ⟨v.e. atoomkern⟩.

Kernzone ⟨v.⟩ **0.1** ***centrale zone, kerngebied.***

Kerosin ⟨o.; ~s⟩ **0.1** ***kerosine.***

Kerze ⟨v.; ~, ~n⟩ **0.1** ***kaars*** **0.2** ⟨tech.⟩ ***bougie*** **0.3** ⟨inf.; sp.⟩ ***schouderstand*** **0.4** ⟨inf.; sp.⟩ ***steil schot, hoge trap*** ⟨voetbal⟩ **0.5** ⟨plantk.⟩ ***kaarsje*** ⟨van kastanjeboom⟩ ◆ **3.2** die ~n auswechseln *de bougies vervangen.*

Kerzenbeleuchtung ⟨v.⟩ **0.1** ***kaarsverlichting.***
kerzengerade 0.1 ***kaarsrecht*** ⇒*zo recht als een kaars.*
Kerzengießer ⟨m.⟩ **0.1** ***kaarsenmaker.***
Kerzenhalter ⟨m.⟩ **0.1** ***kaarshouder.***
Kerzenleuchter ⟨m.⟩ **0.1** ***kandelaar, kaarsdrager.***
Kerzenlicht ⟨o.⟩ **0.1** ***kaarslicht.***
Kerzenschein ⟨m.⟩ **0.1** ***kaarslicht.***
Kerzenschlüssel ⟨m.⟩⟨tech.⟩ **0.1** ***bougiesleutel.***
Kerzenständer ⟨m.⟩ **0.1** ***kandelaar, kaarsdrager.***
Kerzenzieher ⟨m.⟩ **0.1** ***kaarsenmaker.***
Kescher ⟨m.; ~s, ~⟩ **0.1** ***schep-, vlindernet.***
keß ⟨kesser, (am) kessest(en)⟩⟨inf.⟩ **0.1** ***leuk, vlot*** ⇒*aardig, flink* **0.2** ***modieus, koket*** ⇒*modern, vlot, tof* **0.3** ***brutaal, vrijpostig*** ⇒*los, zonder respect* ◆ **1.1** eine kesse Biene *een vlot grietje;* ein kesser Bursche *een toffe knaap* **1.3** eine kesse Schnauze *een brutale bek.*
Kessel ⟨m.; ~s, ~⟩ **0.1** ***ketel*** **0.2** ⟨mil.⟩ ***omsingeld gebied; ketel*** ⟨v.e. geschut⟩ ◆ **2.1** ⟨fig.⟩ kleine ~ haben große Ohren *kleine potjes hebben grote oren* **6.2** die Truppen **in** einem ~ einschließen *de troepen omsingelen.*
Kesseldruck ⟨m.⟩ **0.1** ***ketelspanning.***
Kesselhaus ⟨o.⟩ **0.1** ***ketelhuis.***
Kesseljagd ⟨v.⟩ **0.1** ***drijf-, klopjacht.***
Kesselpauke ⟨v.⟩ **0.1** ***keteltrom, pauk.***
Kesselschlacht ⟨v.⟩⟨mil.⟩ **0.1** ***omsingelingsslag.***
Kesselschmied ⟨m.⟩ **0.1** ***ketelmaker.***
Kesselstein ⟨m.⟩ **0.1** ***ketelsteen.***
Kesseltal ⟨o.⟩ **0.1** ***keteldal.***
Kesseltreiben ⟨o.⟩ **0.1** ***klopjacht*** **0.2** ⟨fig.⟩ ***heftige campagne.***
Kesselwagen ⟨m.⟩ **0.1** ***tankwagen.***
Keton ⟨o.; ~s, ~e⟩⟨schei.⟩ **0.1** ***keton.***
Ketsch ⟨v.; ~, ~en⟩⟨scheep.⟩ **0.1** ***kits*** ⇒*tweemaster.*
Kette ⟨v.; ~, ~n⟩ **0.1** ***ketting, keten*** **0.2** ***keten, aaneenschakeling*** ⇒*reeks* **0.3** ⟨mil.⟩ ***tirailleurslinie*** **0.4** ***escadrille*** ⟨van drie vliegtuigen⟩ **0.5** ⟨amb.⟩ ***schering, ketting*** ◆ **6.1** ⟨fig.⟩ jmdn. **an** die ~ legen *iem. aan banden leggen* **6.2** ein Glied **in** einer ~ sein *een schakel in een keten zijn;* eine ~ **von** Hotels *een hotelketen* **8.5** ~ und Einschlag, Schuß und ~ *schering en inslag.*
ketteln ⟨ind.⟩ **0.1** ***vastmaken, vast-, afhechten*** ⟨van breiwerk⟩.
Kettelstich ⟨m.⟩ **0.1** ***kettingsteek.***
ketten 0.1 ***ketenen, boeien*** **0.2** ⟨fig.⟩ ***binden, ketenen*** ⇒ *vastmaken, vastleggen* ◆ **6.2** sich **an** jmdn. ~ *zich aan iem. vastklampen.*
Kettenantrieb ⟨m.⟩ **0.1** ***kettingaandrijving.***
Kettenarmband ⟨o.⟩ **0.1** ***schakelarmband.***
Kettenbrief ⟨m.⟩ **0.1** ***kettingbrief.***
Kettenbruch ⟨m.⟩⟨wisk.⟩ **0.1** ***kettingbreuk.***
Kettenbrücke ⟨v.⟩ **0.1** ***kettingbrug.***
Kettenfaden ⟨m.⟩⟨amb.⟩ **0.1** ***kettingdraad.***
Kettenfahrzeug ⟨o.⟩ **0.1** ***rupsvoertuig.***
Kettengebirge ⟨o.⟩ **0.1** ***ketengebergte.***
Kettengelenk ⟨o.⟩ **0.1** ***kettingscharnier, -schalm.***
Kettenglied ⟨o.⟩ **0.1** ***schakel, schalm.***
Kettenhemd ⟨o.⟩ **0.1** ***maliënkolder.***
Kettenhund ⟨m.⟩ **0.1** ***kettinghond*** ⇒*waakhond.*
Kettenkarussell ⟨o.⟩ **0.1** ***zweefmolen.***
Kettenladen ⟨m.⟩ **0.1** ***kettingwinkel*** ⇒*filiaal, filiaalbedrijf.*
Kettenpanzer ⟨m.⟩ **0.1** ***maliënkolder.***
Kettenrad ⟨o.⟩ **0.1** ***kamwiel, kettingwiel, -rad.***
Kettenraucher ⟨m.⟩ **0.1** ***kettingroker.***
Kettenreaktion ⟨v.⟩ **0.1** ***kettingreactie.***
Kettenreim ⟨m.⟩ **0.1** ***kettingrijm.***
Kettensäge ⟨v.⟩ **0.1** ***kettingzaag.***
Kettenschluß ⟨m.⟩⟨fil.⟩ **0.1** ***kettingsluitrede.***
Kettenschutz ⟨m.⟩ **0.1** ***kettingkast*** ⟨bv. van fiets⟩.
Kettenstich ⟨m.⟩⟨amb.⟩ **0.1** ***kettingsteek.***
Kettenwirkmaschine ⟨v.⟩ **0.1** ***tricotagemachine*** ⇒*breimachine.*
Ketzer ⟨m.; ~s, ~⟩ **0.1** ***ketter.***
Ketzerei ⟨v.; ~, ~en⟩ **0.1** ***ketterij, dwaalleer.***
Ketzergericht ⟨o.⟩ **0.1** ***kettergericht*** ⇒*inquisitie.*
Ketzerin ⟨v.; ~, ~nen⟩ **0.1** ***ketterin.***
ketzerisch 0.1 ***ketters*** ◆ **1.1** ~e Reden führen *ketterijen verkopen.*
ketzern 0.1 ***ketteren*** ⇒*lasteren.*
keuchen 0.1 ***hijgen, snuiven*** ⇒*buiten adem zijn* **0.2** ***puffen*** ⟨v.e. machine of motor⟩ **0.3** ***hijgend, naar adem snakkend lopen*** ◆ **1.2** die Lokomotive keucht *de locomotief puft.*
Keuchhusten ⟨m.⟩⟨med.⟩ **0.1** ***kinkhoest.***
Keule ⟨v.; ~, ~n⟩ **0.1** ***knots, knuppel*** **0.2** ***stamper*** ⟨v.e. vijzel⟩ **0.3** ⟨biol., cul.⟩ ***dij(been), bout*** **0.4** ⟨sp.⟩ ***knots, slaghout*** ⟨honkbal⟩ ◆ **2.1** chemische ~ *chemische wapenstok* **3.4** ~n schwingen *knotsoefeningen maken.*
Keulenärmel ⟨m.⟩ **0.1** ***pofmouw.***
Keulenschlag ⟨m.⟩ **0.1** ***knotsslag*** **0.2** ⟨fig.⟩ ***gevoelige slag, geduchte klap.***
Keulenschwingen ⟨o.⟩⟨sp.⟩ **0.1** ***het knotszwaaien.***
keusch 0.1 ***kuis*** ⇒*zedig, eerbaar.*
Keuschheit ⟨v.⟩ **0.1** ***kuisheid*** ⇒*eerbaarheid, zedigheid.*
Keuschheitsgelübde ⟨o.⟩ **0.1** ***kuisheidsgelofte.***
Keuschheitsgürtel ⟨m.⟩ **0.1** ***kuisheidsgordel.***
Kfz ⟨afk.⟩ →**Kraftfahrzeug.**
Kfz-Fahrer ⟨m.⟩ **0.1** ***automobilist.***
kg ⟨afk.⟩ [Kilogramm].
KG ⟨v.⟩⟨afk.⟩ →**Kommanditgesellschaft.**
kgl., Kgl. ⟨afk.⟩ →**königlich.**
k.g.V. ⟨afk.: kleinstes gemeinsames Vielfaches⟩ **0.1** ***kleinste gemene veelvoud.***
Khaki[1] ⟨m.; ~s⟩ **0.1** ***kaki*** ⟨stof⟩.
Khaki[2] ⟨o.; ~s⟩ **0.1** ***kaki*** ⟨kleur⟩.
Khan ⟨m.; ~s, ~e⟩ **0.1** ***kan*** ⟨oosterse titel⟩.
kHz ⟨afk.⟩ [Kilohertz].
Kibbuz ⟨m.; ~, ~im⟩ **0.1** ***kibboets.***
Kibbuznik ⟨m.; ~s, ~s⟩ **0.1** ***kibboetsnik.***
Kicherei ⟨v.; ~, ~en⟩ **0.1** ***gegiechel.***
Kichererbse ⟨v.⟩ **0.1** ***keker-, kikkererwt*** ⇒*grauwe erwt.*
kichern 0.1 ***giechelen, ginnegappen.***
Kick ⟨m.; ~(s), ~s⟩ **0.1** ***kick*** ⇒*oppepper* **0.2** ⟨sp.⟩ ***kick*** ⇒*trap, uittrap.*
kicken ⟨inf.⟩ **I** ⟨onov.ww.⟩ **0.1** ***voetbal spelen, voetballen;*** **II** ⟨ov.ww.⟩ **0.1** ***(een bal) trappen, schieten*** ⇒*schoppen.*
Kicker ⟨m.; ~s, ~(s)⟩⟨inf.⟩ **0.1** ***voetbalspeler.***
Kickstarter ⟨m.⟩⟨tech.⟩ **0.1** ***trapstarter.***
kidnappen 0.1 ***kidnappen.***
Kidnapper ⟨m.; ~s, ~⟩ **0.1** ***kidnapper.***
Kiebitz ⟨m.; ~es, ~e⟩ **0.1** ***kieviet*** **0.2** ⟨inf.⟩ ***toekijker*** ⟨bij kaart- of schaakspel⟩ ◆ **3.2** er mußte mal wieder den ~ machen *hij moest weer eens toekijken.*
kiebitzen ⟨inf.⟩ **0.1** ***loeren, gluren*** **0.2** ⟨scherts.⟩ ***toekijken.***
Kiefer[1] ⟨m.; ~s, ~⟩ **0.1** ***kaak, kaakbeen*** ⇒*kinnebak* ◆ **3.1** vor Staunen fiel sein ~ herab *zijn mond viel open van verbazing.*
Kiefer[2] ⟨v.; ~, ~n⟩ **0.1** ***pijnboom, (grove) den*** **0.2** ***grenenhout.***
Kieferhöhle ⟨v.⟩ **0.1** ***kaakholte.***
Kieferknochen ⟨m.⟩ **0.1** ***kaakbeen.***

kiefern 0.1 *grenen, van grenenhout.*
Kiefernholz ⟨o.⟩ **0.1** *grenenhout, pijnboomhout.*
Kiefernnadel ⟨v.⟩ **0.1** *dennennaald.*
Kiefernschonung ⟨v.⟩ **0.1** *jonge dennenaanplant.*
Kiefernschwärmer ⟨m.⟩⟨biol.⟩ **0.1** *dennenpijlstaart(vlinder).*
Kiefernspanner ⟨m.⟩⟨biol.⟩ **0.1** *dennenspanner.*
Kiefernspinner ⟨m.⟩⟨biol.⟩ **0.1** *dennenspinner.*
Kiefernwald ⟨m.⟩ **0.1** *dennen-, pijn-, mastbos.*
Kiefernzapfen ⟨m.⟩ **0.1** *dennenappel.*
Kiefersperre ⟨v.⟩⟨med.⟩ **0.1** *kaakklem.*
Kieker ⟨m.; ~s, ~⟩⟨inf.⟩ ◆ **6.¶** jmdn. **auf** dem ~ haben (a) *de pik op iem. hebben* (b) *iem. in de gaten hebben.*
Kiekindiewelt ⟨m.; ~s, ~s⟩⟨inf.⟩ **0.1** *broekenman, ukkepuk* **0.2** *iem. die pas komt kijken.*
Kiel ⟨m.; ~(e)s, ~e⟩ **0.1** *schacht* ⟨v.e. vogelveer⟩, *pennenschacht* **0.2** ⟨scheep.⟩ *kiel* ◆ **6.2** ein Schiff **auf** ~ legen *een schip op stapel zetten.*
Kielfeder ⟨v.⟩ **0.1** *pen* ⟨van vogels⟩.
kielholen ⟨scheep.⟩ **0.1** *krengen, overzij halen, kielen* **0.2** *kielhalen.*
Kiellinie ⟨v.⟩ **0.1** *kiellinie.*
kieloben **0.1** *met de kiel naar boven, gekenterd.*
Kielschwein ⟨o.⟩⟨scheep.⟩ **0.1** *zaathout, kolsem.*
Kielschwert ⟨o.⟩ **0.1** *kiel-, middenzwaard.*
Kielwasser ⟨o.⟩ **0.1** *kielwater, zog* ◆ **6.1** ⟨fig.⟩ **in** jmds. ~ segeln, sich in jmds. ~ halten *in iemands kielzog varen.*
Kieme ⟨v.; ~, ~n⟩ **0.1** *kieuw.*
Kiemenspalte ⟨v.⟩⟨biol.⟩ **0.1** *kieuwspleet.*
Kien ⟨m.; ~(e)s, ~e⟩ **0.1** *grove den, pijnboom* **0.2** *grenenhout, pijnboomhout.*
Kienapfel ⟨m.⟩ **0.1** *dennen-, pijnappel.*
Kienfackel ⟨v.⟩ **0.1** *fakkel uit dennenhout.*
Kienholz ⟨o.⟩ **0.1** *grenenhout.*
kienig **0.1** *harsig, rijk aan hars.*
Kienspan ⟨m.⟩ **0.1** *kien-, pijn-, harsspaan.*
Kiepe ⟨v.; ~, ~n⟩ **0.1** *rugmand* ⇒*kiep.*
Kies ⟨m.; ~es, ~(e)⟩ **0.1** *grind, kiezel, kies* **0.2** ⟨geol.⟩ *kies, ijzerkies* **0.3** *kiezelsoort* **0.4** ⟨inf.⟩ *poen, duiten* ◆ **1.4** ein Haufen ~ *een smak geld.*
Kiesboden ⟨m.⟩ **0.1** *kiezel-, keigrond.*
Kiesel ⟨m.; ~s, ~⟩ **0.1** *kiezel, kiezelsteen(tje).*
Kieselalge ⟨v.⟩ **0.1** *kiezelalg, kristalwier.*
Kieselglas ⟨o.⟩ **0.1** *kwartsglas.*
Kieselgur ⟨m.⟩ **0.1** *(kiezel)goer, bergmeel.*
Kiesellehm ⟨m.⟩ **0.1** *keileem.*
kieselsauer **0.1** *kiezelzuur.*
Kieselsäure ⟨v.⟩ **0.1** *kiezelzuur.*
Kieselstein ⟨m.⟩ **0.1** *kiezelsteen.*
Kiesgrube ⟨v.⟩ **0.1** *grindgroeve.*
kiesig **0.1** *grindachtig, als grind.*
Kif ⟨m.; ~(s)⟩ **0.1** *gedroogde hennepbladeren* ⇒*hasjiesj, marihuana.*
kiffen ⟨inf.⟩ **0.1** *hasjiesj, marihuana roken.*
Kiffer ⟨m.; ~s, ~⟩⟨inf.⟩ **0.1** *marihuana-, hasjiesjroker.*
kikeriki ⟨kind.⟩ **0.1** *kukeleku.*
Kikeriki ⟨o.; ~s, ~s⟩⟨kind.⟩ **0.1** *gekraai, kukeleku.*
Kiki ⟨m.; ~s⟩⟨inf.; pej.⟩ **0.1** *waardeloos spul, snuisterij* **0.2** *onzin, kletskoek.*
killekille ⟨kind.⟩ **0.1** *kiele-kiele.*
killen I ⟨onov.ww.⟩⟨scheep.⟩ **0.1** *killen* ⟨v.e. zeil⟩;
II ⟨ov.ww.⟩⟨inf.⟩ **0.1** *af-, doodmaken, killen.*
Killer ⟨m.; ~s, ~⟩⟨inf.⟩ **0.1** *killer.*
Kilo ⟨o.; ~s, ~(s)⟩ **0.1** *kilo.*
Kilogramm ⟨o.⟩ **0.1** *kilogram.*
Kilogrammkalorie ⟨v.⟩⟨nat.⟩ **0.1** *kilocalorie.*
Kilometer ⟨m. & o.⟩ **0.1** *kilometer.*
Kilometerfresser ⟨m.⟩ **0.1** *kilometervreter.*
Kilometerpauschale ⟨v.⟩ **0.1** *reiskostenforfait.*
Kilometerstand ⟨m.⟩ **0.1** *kilometerstand.*
Kilometerstein ⟨m.⟩ **0.1** *kilometerpaal.*
kilometerweit **0.1** *kilometers ver.*
Kilometerzähler ⟨m.⟩ **0.1** *kilometerteller.*
Kilowatt ⟨o.⟩⟨nat.⟩ **0.1** *kilowatt.*
Kilowattstunde ⟨v.⟩ **0.1** *kilowattuur.*
Kimm ⟨v.; ~⟩⟨scheep.⟩ **0.1** *kim* ⇒*gezichtseinder* **0.2** *kim* ⟨ronding v.e. scheepsbuik⟩.
Kimme ⟨v.; ~, ~n⟩ **0.1** *vizierkeep* **0.2** *inkeping, groef, sponning* **0.3** ⟨amb.⟩ *kim* ⟨v.e. vat⟩ **0.4** ⟨vulg.⟩ *reet, gat* ◆ **3.1** ~ und Korn nehmen *precies mikken* **6.1** ⟨inf.; fig.⟩ jmdn. **auf** der ~ haben *iem. in 't vizier hebben.*
Kimmung ⟨v.; ~⟩⟨scheep.⟩ **0.1** *kim* ⇒*gezichtseinder* **0.2** *luchtspiegeling.*
Kimono ⟨m.; ~s, ~s⟩ **0.1** *kimono.*
Kinästhesie ⟨v.; ~⟩⟨biol., med.⟩ **0.1** *kinesthesie.*
Kind ⟨o.; ~(e)s, ~er⟩ **0.1** *kind* ⇒*baby, kleintje* **0.2** *kind* ⇒*nakomeling, afstammeling* **0.3** *kind* ⇒*meisje, jongen* ⟨vooral als aanspreking⟩ **0.4** ⟨schr.⟩ *voortbrengsel, schepping* ◆ **1.1** wes Geistes ~ ist er? *wat is hij voor iemand?* **1.2** ⟨euf.⟩ ein ~ der Liebe *een onecht kind* **1.3** ~er, ~er! *lieve deugd!, mensen kinderen!* **2.1** ⟨inf.; fig.⟩ das gebrannte ~ *het zwarte schaap, de gebeten hond;* bei jmdm. lieb ~ sein *bij iem. een wit voetje hebben;* das Auto ist der Deutschen liebstes ~ *de auto is de heilige koe van de Duitsers;* ⟨fig.⟩ ein totgeborenes ~ sein *geen kans van slagen hebben* **3.1** ⟨fig.⟩ das ~ mit dem Bade ausschütten *het kind met het badwater weggooien;* wie sag' ich's meinem ~e? (a) *hoe licht ik mijn kind voor?* (b) *hoe breng ik hem (haar) dat het best aan het verstand?;* ⟨inf.; fig.⟩ wir werden das ~ schon (richtig) schaukeln *wij zullen dat varkentje wel even wassen* **6.1** jmdn. **an** ~es Statt annehmen *iem. als eigen kind aannemen;* **mit** ~ und Kegel *met hutje en mutje;* **von** ~ an, auf *van jongs af aan;* sie ist kein ~ **von** Traurigkeit *ze is levenslustig* **6.2** **mit** einem ~ gehen *zwanger zijn* **6.4** das ~ **beim** rechten Namen nennen *het kind bij zijn naam noemen* **8.1** weder ~ noch Kegel haben *kind noch kraai hebben* **¶.1** ⟨sprw.⟩ gebranntes ~ scheut das Feuer ± *een ezel stoot zich geen tweemaal aan dezelfde steen;* ⟨sprw.⟩ wenn das ~ in den Brunnen gefallen ist, deckt man ihn zu *als het kalf verdronken is, dempt men de put.*
Kindbett ⟨o.⟩ **0.1** *kraambed.*
Kindbettfieber ⟨o.⟩ **0.1** *kraamvrouwenkoorts.*
Kindel ⟨o.; ~s, ~⟩⟨plantk.⟩ **0.1** *loot, telg.*
Kinderarzt ⟨m.⟩ **0.1** *kinderarts.*
Kinderbeihilfe ⟨v.⟩ **0.1** *kindertoeslag, -bijslag.*
Kinderbekleidung ⟨v.⟩ **0.1** *kinderkleding.*
Kinderehe ⟨v.⟩ **0.1** *kinderhuwelijk.*
Kinderei ⟨v.; ~, ~en⟩ **0.1** *kinderachtigheid* ⇒*kinderachtig gedoe, flauwiteit.*
Kinderermäßigung ⟨v.⟩ **0.1** *korting voor kinderen* **0.2** ⟨ec.⟩ *kinderaftrek.*
kinderfeindlich **0.1** *vijandig tegenover kinderen, niet op kinderen gesteld.*
Kinderfräulein ⟨o.⟩ **0.1** *kindermeid, -meisje* ⇒*gouvernante.*
Kinderfreund ⟨m.⟩ **0.1** *kindervriend* ⇒*kindergek.*
kinderfreundlich **0.1** *kinderlievend* ◆ **3.1** der Mann ist nicht gerade ~ *de man is niet bepaald op kinderen gesteld.*
Kinderfunk ⟨m.⟩⟨com.⟩ **0.1** *radioprogramma voor kinderen.*

Kindergarten (m.) **0.1** ***kleuterschool*** ⇒*basisschool*.
Kindergärtnerin (v.) **0.1** ***kleuteronderwijzeres, -leidster.***
Kindergeld (o.) **0.1** ***kindertoelage, -bijslag.***
Kinderglaube (m.) **0.1** ***kinderlijk geloof*** **0.2** (fig.) ***lichtgelovigheid*** ⇒*onnozelheid*.
Kindergottesdienst (m.) **0.1** ***kindermis*** **0.2** ***kindernevendienst.***
Kinderheilkunde (v.) **0.1** ***kindergeneeskunde.***
Kinderheim (o.) **0.1** ***kinder(te)huis*** **0.2** ***kindersanatorium.***
Kinderhort (m.) **0.1** ***kinderdagverblijf.***
kinderkopfgroß **0.1** ***zo groot als een kinderkopje.***
Kinderkrankheit (v.) **0.1** ***kinderziekte*** (ook fig.).
Kinderkriegen (o.; ~s) **0.1** ***het krijgen v.e. kind, van kinderen*** ◆ **6.1** (inf.; fig.) das ist **zum** ~ *dat is om gek, wanhopig (van) te worden.*
Kinderkrippe (v.) **0.1** ***crèche.***
Kinderladen (m.) **0.1** (winkel waar men kinderartikelen verkoopt) **0.2** (niet-autoritair geleide kleuterschool).
Kinderlähmung (v.)(med.) **0.1** ***kinderverlamming.***
kinderleicht **0.1** ***doodgemakkelijk.***
kinderlieb **0.1** ***kinderlievend, van kinderen houdend.***
Kinderliebe (v.) **0.1** ***liefde voor kinderen.***
kinderlos **0.1** ***kinderloos.***
Kindermädchen (o.) **0.1** ***kindermeisje.***
Kindermund (m.) **0.1** ***kindermond*** ◆ **6.1** (inf.; fig.) eine Äußerung **aus** ~ *een gezegde uit een kindermond.*
Kindernarr (m.) **0.1** ***kindergek, -vriend.***
Kinderpflegerin (v.) **0.1** ***kinderverzorgster.***
kinderreich **0.1** ***kinderrijk.***
Kinderreim (m.) **0.1** ***kinderrijm, -versje.***
Kinderschreck (m.) **0.1** ***boeman.***
Kinderschuh (m.) **0.1** ***kinderschoen*** ◆ **3.1** (fig.) er hat die ~e ausgezogen *hij is de kinderschoenen ontwassen.*
Kinderschutz (m.) **0.1** ***kinderbescherming.***
Kinderschwester (v.) **0.1** ***kinderverpleegster*** ⇒*kinderverzorgster.*
Kindersegen (m.) **0.1** ***kinderzegen.***
Kindersendung (v.) **0.1** ***kinderprogramma.***
Kinderspiel (o.) **0.1** ***kinderspel*** ◆ **3.1** (fig.) das ist für ihn ein ~ *dat is maar kinderspel voor hem.*
Kinderspielplatz (m.) **0.1** ***kinderspeelplaats.***
Kinderstation (v.) **0.1** ***kinderafdeling*** (in ziekenhuis).
Kindersterblichkeit (v.) **0.1** ***kindersterfte.***
Kinderstube (v.)(fig.) **0.1** ***opvoeding*** ◆ **2.1** er hat eine gute ~ gehabt *hij heeft goede manieren.*
Kindertage (alleen mv.) **0.1** ***kinderdagen, kindsheid.***
Kindertagesheim (o.) **0.1** ***kinderdagverblijf.***
Kindertagesstätte (v.) **0.1** ***kinderdagverblijf.***
Kinderteller (m.) **0.1** ***kinderportie*** (in restaurant).
kindertümlich **0.1** ***kinderlijk*** **0.2** ***op voor kinderen begrijpelijke wijze.***
Kinderwagen (m.) **0.1** ***kinderwagen.***
Kinderzahl (v.) **0.1** ***aantal kinderen, kindertal.***
Kinderzeit (v.) **0.1** ***kindertijd, kinderjaren.***
Kinderzulage (v.) **0.1** ***kinderbijslag.***
Kinderzuschlag (m.) **0.1** ***kinderbijslag.***
Kindesalter (o.) **0.1** ***kinderleeftijd*** ◆ **6.1** **im** ~ verließ er Deutschland *hij verliet Duitsland toen hij nog een kind was.*
Kindesaussetzung (v.) **0.1** ***tevondelinglegging.***
Kindesbeine (alleen mv.) ◆ **6.¶** **von** ~n an *van kindsbeen af.*
Kindesmutter (v.)(jur.) **0.1** ***moeder van het kind.***
Kindestötung (v.)(jur.) **0.1** ***kinderdoodslag.***
Kindesvater (m.)(jur.) **0.1** ***vader van het kind.***
Kindfrau (v.) **0.1** ***kindvrouwtje*** **0.2** ***lolita.***
kind|gemäß, -gerecht **0.1** ***aangepast aan kinderen*** ⇒*kinderlijk.*
kindhaft **0.1** ***kinderlijk, als (een) kind.***
Kindheit (v.) **0.1** ***kindsheid, kinderjaren*** ◆ **6.1** von ~ **an, auf** *van kindsbeen af, van kind af aan.*
kindisch (pej.) **0.1** ***kinderachtig, onnozel*** **0.2** ***kinds*** ◆ **3.2** ~ werden *kinds worden, verkindsen.*
kindlich **0.1** ***kinderlijk*** ⇒*naïef, ongekunsteld* ◆ **1.1** sie ist ein ~es Gemüt *ze is naïef* **3.1** ~ aussehen *er als een kind uitzien* **6.1** **im** ~en Alter *als kind.*
Kindschaft (v.; ~) **0.1** ***kindschap.***
Kindskopf (m.)(inf.) **0.1** ***uilskuiken.***
Kindslage (v.)(med.) **0.1** ***ligging van het kind*** (in de baarmoeder).
Kindspech (o.)(med.) **0.1** ***kinder-, darmpek.***
Kindstod (m.) ◆ **2.¶** plötzlicher ~ *wiegendood.*
Kinemathek (v.; ~, ~en) **0.1** ***filmhistorisch archief.***
Kinematographie (v.; ~) **0.1** ***cinematografie.***
Kinetik (v.)(nat.) **0.1** ***kinetica.***
kinetisch (nat.) **0.1** ***kinetisch*** ◆ **1.1** ~e Energie *arbeidsvermogen van beweging.*
Kinkerlitzchen (alleen mv.)(inf.) **0.1** ***flauwekul, smoesjes*** **0.2** ***snuisterijen, prullen.***
Kinn (o.; ~(e)s, ~e) **0.1** ***kin*** ◆ **6.1** jmdn. **am** ~ treffen *iem. op z'n kin raken;* das ~ **in** die Hand stützen *met de hand onder de kin zitten.*
Kinnbacke (v.) **0.1** ***kinnebak*** ⇒*(onder)kaak.*
Kinnbart (m.) **0.1** ***kinbaard, sik.***
Kinnhaken (m.)(sp.) **0.1** ***hoekslag op de kin*** (boksen).
Kinnlade (v.) **0.1** ***kaak, kinnebak.***
Kinnriemen (m.) **0.1** ***kinriem*** ⇒*stormband.*
Kino (o.; ~s, ~s) **0.1** ***bioscoop*** **0.2** ***filmvertoning*** **0.3** ***film*** ◆ **1.3** das ~ der zwanziger Jahre *de film uit de jaren twintig* **6.1** **ins** ~ gehen *naar de bioscoop gaan* **6.2** **nach** dem ~ *na de filmvoorstelling.*
Kinofilm (m.) **0.1** ***bioscoopfilm.***
Kinogänger (m.; ~s, ~) **0.1** ***bioscoopbezoeker.***
Kinovorführung (v.) **0.1** ***filmvoorstelling.***
Kintopp (m. & o.; ~s, ~s of ⁓e)(inf.) **0.1** ***bios.***
Kiosk (m.; ~(e)s, ~e) **0.1** ***kiosk.***
kippbar **0.1** ***kiep-, kantelbaar.***
Kippe (v.; ~, ~n) **0.1** ***punt waarop iets kipt, kantelpunt*** ⇒ *balans* **0.2** ***peukje, eindje*** **0.3** (mijnw.) ***stort(plaats), steenberg*** ◆ **3.¶** (inf.) ~ machen (a) *gelijk op delen* (b) *gemene zaak maken* **6.1** **auf** der ~ stehen *wankel staan;* (fig.) es steht noch **auf** der ~ *het is nog onzeker.*
kippelig (inf.) **0.1** ***wankel(baar)*** ⇒*labiel.*
kippeln (inf.) **0.1** ***wankelen, wiebelen.***
kippen I (onov.ww.; s.) **0.1** ***(om)kiepen, kantelen*** ⇒*vallen* **0.2** ***overslaan*** (v.d. stem) ◆ **6.1** **vom** Stuhl ~ *van zijn stoel vallen;*
II (ov.ww.) **0.1** ***(doen) kantelen, (doen) kiepen*** **0.2** ***uitgooien, (uit)kieperen*** **0.3** (inf.) ***iets in zijn keel gieten*** ⇒ *drinken* **0.4** (inf.) ***uitdrukken, doven*** ◆ **1.1** einen Schrank ~ *een kast kantelen, op haar kant zetten* **1.3** einen Korn ~ *een borrel achteroverslaan* **1.4** eine Zigarette ~ *een sigaret half opgerookt uitdrukken.*
Kipper (m.; ~s, ~) **0.1** ***kieper*** ⇒*kiepauto, -wagen.*
Kippfenster (o.) **0.1** ***tuimelraam.***
Kippschalter (m.) **0.1** ***tuimelschakelaar.***
kippsicher **0.1** ***veilig voor omkiepen*** ⇒*stabiel.*
Kippwagen (m.) **0.1** ***kieper*** ⇒*kiepkar, -auto.*
Kirchdorf (o.) **0.1** ***kerkdorp*** ⇒*parochie.*
Kirche (v.; ~, ~n) **0.1** ***kerk(gebouw)*** **0.2** ***kerk-, eredienst***

0.3 *Kerk, kerkgemeenschap* **0.4** *kerk, clerus* ⟨kerkelijke organisatie⟩ ◆ **3.1** ⟨fig.⟩ die ~ im Dorf lassen *de kerk in het midden laten* **3.2** ~ halten *een kerkdienst houden* **6.1** ⟨fig.⟩ **mit** der ~ ums Dorf fahren, die ~ ums Dorf tragen (a) *veel omhaal maken* (b) *onnodige omwegen maken* **6.2 nach** der ~ *na de dienst.*

Kirchenälteste(r) ⟨bn. als zn.⟩ **0.1** *ouderling.*

Kirchenamt ⟨o.⟩ **0.1** *kerkelijk ambt.*

Kirchenbann ⟨m.⟩ **0.1** *kerkban* ◆ **6.1** jmdn. **in** den ~ tun, **mit** dem ~ belegen *iem. excommuniceren.*

Kirchenbau ⟨m.; mv. ~ten⟩ **0.1** ⟨g.mv.⟩ *kerkbouw* **0.2** *kerkgebouw.*

Kirchenbesucher ⟨m.⟩ **0.1** *kerkganger, -bezoeker.*

Kirchenbuch ⟨o.⟩ **0.1** *kerkelijk register, kerkboek.*

Kirchenbuße ⟨v.⟩ **0.1** *kerkelijke boetedoening, penitentie.*

Kirchendiener ⟨m.⟩ **0.1** *koster, kerkdienaar.*

kirchenfeindlich **0.1** *anti-klerikaal.*

Kirchenfürst ⟨m.⟩ **0.1** *kerkvorst.*

Kirchengemeinde ⟨v.⟩ **0.1** *(kerkelijke) gemeente, parochie* **0.2** *kerkgenootschap.*

Kirchengeschichte ⟨v.⟩ **0.1** *kerkgeschiedenis.*

Kirchengewalt ⟨v.⟩ **0.1** *kerkelijke macht.*

Kirchengut ⟨o.⟩ **0.1** *kerkelijk goed.*

Kirchenhoheit ⟨v.⟩ **0.1** *staatsgezag over de kerk.*

Kirchenjahr ⟨o.⟩ **0.1** *kerkelijk jaar.*

Kirchenkampf ⟨m.⟩ **0.1** *strijd tussen kerk en staat.*

Kirchenkonzert ⟨o.⟩ **0.1** *kerkconcert.*

Kirchenlehre ⟨v.⟩ **0.1** *kerkelijke leer, kerkleer.*

Kirchenlicht ⟨o.; mv. ~er⟩⟨inf.⟩ ◆ **3.¶** nicht gerade ein großes ~ sein *geen groot licht zijn.*

Kirchenlied ⟨o.⟩ **0.1** *kerklied.*

Kirchenmaus ⟨v.⟩⟨inf.⟩ ◆ **8.¶** arm wie eine ~ *zo arm als een kerkrat.*

Kirchenordnung ⟨v.⟩ **0.1** *kerkorde.*

Kirchenpatron ⟨m.⟩ **0.1** *kerkpatroon, beschermheilige.*

Kirchenpolitik ⟨v.⟩ **0.1** *politiek ten aanzien v.d. kerk* **0.2** *politiek v.d. kerk.*

Kirchenprovinz ⟨v.⟩ **0.1** *kerkprovincie.*

Kirchenrat ⟨m.⟩ **0.1** *kerkenraad* ⇒*kerkbestuur* **0.2** *kerkenraadslid* **0.3** *Wereldraad van Kerken* **0.4** ⟨titel voor een dominee in dienst v.d. kerk v.e. Duitse deelstaat⟩.

Kirchenrecht ⟨o.⟩ **0.1** *kerkrecht* ⇒*canoniek recht.*

Kirchenschiff ⟨o.⟩⟨bouwk.⟩ **0.1** *kerkschip, beuk v.e. kerk.*

Kirchenschriftsteller ⟨m.⟩⟨gesch.⟩ **0.1** *kerkvader.*

Kirchensprengel ⟨m.⟩ **0.1** *kerspel.*

Kirchenstaat ⟨m.⟩ **0.1** *Kerkelijke Staat.*

Kirchensteuer ⟨v.⟩ **0.1** *kerkelijke belasting.*

Kirchenstrafe ⟨v.⟩ **0.1** *kerkstraf.*

Kirchentag ⟨m.⟩ **0.1** *kerkelijk congres.*

Kirchenton ⟨m.⟩⟨muz.⟩ **0.1** *kerktoon, kerkelijke toonaard.*

Kirchenuhr ⟨v.⟩ **0.1** *torenuurwerk* ⟨v.e. kerk⟩.

Kirchenvater ⟨m.⟩ **0.1** *kerkvader.*

Kirchenvorstand ⟨m.⟩ **0.1** *kerkbestuur.*

Kirchgang ⟨m.⟩ **0.1** *kerkgang, -bezoek.*

Kirchgänger ⟨m.; ~s, ~⟩ **0.1** *kerkbezoeker, -ganger.*

kirchlich **0.1** *kerkelijk* **0.2** *kerks, kerksgezind.*

Kirchspiel ⟨o.⟩ **0.1** *kerspel* ⇒*parochie.*

Kirchturm ⟨m.⟩ **0.1** *kerktoren.*

Kirchturmpolitik ⟨v.⟩ **0.1** *bekrompen politiek.*

Kirchweih ⟨v.; ~, ~en⟩ **0.1** *kermis.*

Kirchweihe ⟨v.⟩ **0.1** *kerkwijding.*

Kirmes ⟨v.; ~, ~sen⟩ **0.1** *kermis.*

kirre ⟨inf.⟩ **0.1** *tam, mak, gedwee.*

Kirsch ⟨m.; ~es, ~⟩ **0.1** *kersenbrandewijn.*

Kirschbaum ⟨m.⟩ **0.1** *kersenboom.*

Kirschblüte ⟨v.⟩ **0.1** *kersenbloesem* **0.2** *kersenbloei.*

Kirsche ⟨v.; ~, ~n⟩ **0.1** *kers* **0.2** *kersenboom* ◆ **3.1** ⟨inf.⟩ mit ihm ist nicht gut ~n essen *met hem is het kwaad kersen eten.*

Kirschenaugen ⟨alleen mv.⟩ **0.1** *grote, donkere ogen.*

Kirschenmund ⟨m.⟩⟨schr.⟩ **0.1** *kersenmond.*

kirschgroß **0.1** *zo groot als een kers.*

Kirschkern ⟨m.⟩ **0.1** *kersenpit.*

Kirschkuchen ⟨m.⟩ **0.1** *kersentaart.*

Kirschlorbeer ⟨m.⟩⟨plantk.⟩ **0.1** *laurierkers.*

kirschrot **0.1** *kersrood, cerise.*

Kirschwasser ⟨o.⟩ **0.1** *kersenbrandewijn.*

Kismet ⟨o.; ~s⟩⟨rel.⟩ **0.1** *kismet* ⇒*noodlot.*

Kissen ⟨o.; ~s, ~⟩ **0.1** *kussen.*

Kissenbezug ⟨m.⟩ **0.1** *kussensloop* **0.2** *kussenovertrek.*

Kissenhülle ⟨v.⟩ **0.1** *kussenovertrek.*

Kissenschlacht ⟨v.⟩⟨scherts.⟩ **0.1** *kussengevecht.*

Kissenüberzug ⟨m.⟩ **0.1** *kussensloop* **0.2** *kussenovertrek.*

Kiste ⟨v.; ~, ~n⟩ **0.1** *kist* **0.2** ⟨inf.⟩ *kist* ⇒*vliegtuig* **0.3** ⟨inf.; pej.⟩ *vehikel* ⇒*rammelkast* **0.4** ⟨inf.⟩ *kooi, koffer* ⇒*bed* **0.5** ⟨inf.; fig.⟩ *zaak(je), geval* ⇒*voorval* ◆ **2.5** eine faule ~ *een bedenkelijk zaakje;* fertig ist die ~ *klaar is Kees* **6.4 in** die ~ gehen *gaan slapen.*

Kistendeckel ⟨m.⟩ **0.1** *kistdeksel.*

kistenweise **0.1** *in kisten verpakt* **0.2** *bij, met kisten* ⇒*in grote hoeveelheden.*

Kitsch ⟨m.; ~es⟩ **0.1** *kitsch* **0.2** *prulwerk, clichéwerk.*

kitschig **0.1** *kitscherig* **0.2** *sentimenteel, zoeterig.*

Kitt ⟨m.; ~(e)s, ~e⟩ **0.1** *stopverf* **0.2** *kit, mastiek* ⇒*vulmiddel* **0.3** ⟨inf.⟩ *prullen, spul* ◆ **3.3** ⟨fig.⟩ ~ reden *onzin verkopen.*

Kittchen ⟨o.; ~s, ~⟩⟨inf.⟩ **0.1** *nor, bak* ⇒*gevangenis.*

Kittel ⟨m.; ~s, ~⟩ **0.1** *stofjas* **0.2** *kiel* ⇒*overkleed, hemdjasje.*

Kittelkleid ⟨o.⟩ **0.1** *doorgeknoopte huisjapon.*

Kittelschürze ⟨v.⟩ **0.1** *huishoudschort.*

kitten **0.1** *kitten* ⇒⟨fig.⟩ *lijmen.*

Kitz ⟨o.; ~es, ~e⟩ **0.1** *reekalf* **0.2** *geitenlam* **0.3** *gemzenjong.*

Kitze ⟨v.; ~, ~n⟩ →**Kitz.**

Kitzel ⟨m.; ~s, ~⟩ **0.1** *kitteling, kriebel(ing)* ⇒*jeuk* **0.2** ⟨fig.⟩ *prikkel(ing), tinteling* ⇒*begeerte* ◆ **6.1** ein ~ **im** Hals *een kriebel(ing) in de keel.*

Kitzelhusten ⟨m.⟩ **0.1** *kriebelhoest.*

kitzeln I ⟨ov.ww.⟩ **0.1** *kietelen* ⇒*kriebelen* **0.2** ⟨fig.⟩ *kittelen, prikkelen* ◆ **1.2** jmds. Eitelkeit ~ *iemands ijdelheid strelen;*

II ⟨onp.ww.⟩ **0.1** *hunkeren* ◆ **4.1** es kitzelt ihn nach Abenteuern *hij is belust op avonturen.*

Kitzler ⟨m.; ~s, ~⟩ **0.1** *kittelaar, clitoris.*

kitzlig **0.1** *kittelachtig* **0.2** *netelig, hachelijk* ⇒*bedenkelijk* **0.3** ⟨inf.⟩ *kittelorig, lichtgeraakt* ◆ **3.1** ~ sein *niet tegen kietelen kunnen.*

Kiwi[1] ⟨m.; ~s, ~s⟩⟨biol.⟩ **0.1** *kiwi.*

Kiwi[2] ⟨v.; ~, ~s⟩⟨plantk.⟩ **0.1** *kiwi, Chinese kruisbes.*

k.k. ⟨afk.⟩ [kaiserlich-königlich].

KKW ⟨o.; ~(s), ~s⟩⟨afk.⟩ →**Kernkraftwerk.**

klack! **0.1** *klets! klik! pats!* **0.2** *klots! klok!*

klacken **0.1** *klakken, klikken.*

klacks! →**klack!**

Klacks ⟨m.; ~es, ~e⟩⟨inf.⟩ **0.1** *kwak, plof* **0.2** *klodder, klonter* **0.3** ⟨fig.⟩ *kleinigheid* ⇒*gemakkelijk werkje.*

Kladde ⟨v.; ~, ~n⟩⟨reg.⟩ **0.1** *kladboek, -schrift* **0.2** *klad* ⇒ *ontwerp* **0.3** ⟨ec.⟩ *klad(kas)boek.*

kladderadatsch! **0.1** *bons!, plof!*

Kladderadatsch ⟨m.; ~(e)s, ~e⟩⟨inf.⟩ **0.1** ***chaos, debacle*** ⇒*fiasco* **0.2** ***herrie, spektakel*** ⇒*schandaal* **0.3** ***zootje.***
klaffen **0.1** ***wijd openstaan, gapen*** ◆ **1.1** ein ~der Abgrund *een gapende afgrond;* ⟨schr.⟩ hier klafft ein tiefer Widerspruch *hier gaapt een geweldige kloof.*
kläffen **0.1** ***keffen*** ⇒*blaffen.*
Kläffer ⟨m.; ~s, ~⟩⟨inf.⟩ **0.1** ***keffer.***
Klaffmuschel ⟨v.⟩⟨biol.⟩ **0.1** ***mosselkreeft.***
Klafter ⟨m. & o.; ~s, ~⟩ **0.1** ***vadem, vaam.***
klafterhoch **0.1** ***stapelhoog.***
Klafterholz ⟨o.⟩ **0.1** ***vaamhout.***
klaftern **0.1** ***vademen, in vademen opstapelen*** ⟨hout⟩.
klagbar ⟨jur.⟩ **0.1** ***in rechte aan te klagen*** ◆ **1.1** eine ~e Sache *een vervolgbare zaak.*
Klage ⟨v.; ~, ~n⟩ **0.1** ***klacht, beklag*** ⇒*weeklacht* **0.2** ⟨jur.⟩ ***eis, (aan)klacht*** ◆ **2.2** die ~ ist zulässig *de vordering is ontvankelijk* **3.1** laute ~n anstimmen *luid weeklagen* **3.2** gegen jmdn. eine ~ einreichen, erheben *tegen iem. een (aan)klacht indienen;* eine ~ entscheiden *over een klacht uitspraak doen;* das Gericht hat der ~ stattgegeben *het gerecht heeft de eis toegewezen, ontvankelijk verklaard* **6.1** Grund **zur** ~ haben *reden tot klagen hebben* **6.2** ~ **auf** Schadenersatz *eis tot schadevergoeding;* jmdn. **mit** seiner ~ abweisen *iem. de eis ontzeggen.*
Klageabweisung ⟨v.⟩⟨jur.⟩ **0.1** ***het niet ontvankelijk verklaren v.e. klacht.***
Klageerhebung ⟨v.⟩⟨jur.⟩ **0.1** ***aanklacht, instelling v.e. vordering.***
Klagefrist ⟨v.⟩⟨jur.⟩ **0.1** ***termijn voor (aan)klacht, termijn voor het instellen v.e. eis.***
Klagegeschrei ⟨o.⟩ **0.1** ***gejammer.***
Klagelied ⟨o.⟩ **0.1** ***klaaglied, treurzang*** ⇒*elegie* **0.2** ⟨iron.⟩ ***klaaglied, jeremiade.***
Klagemauer ⟨v.⟩ **0.1** ***Klaagmuur.***
klagen I ⟨onov.ww.⟩ **0.1** ***(wee)klagen*** ⇒*jammeren, treuren* **0.2** ***klagen*** ⇒*zijn beklag doen* **0.3** ⟨jur.⟩ ***een eis doen, een (aan)klacht indienen*** ◆ **1.3** die ~de Partei *de eisende partij* **6.1** **um** einen Verstorbenen ~ *om een overledene treuren* **6.3** **auf** Schadenersatz ~ *een eis tot schadevergoeding indienen;*
II ⟨ov.ww.⟩ **0.1** ***klagen*** ⇒*smart, verdriet uiten* ◆ **3.1** Gott sei's geklagt! *'t is God geklaagd!*
Klagepunkt ⟨m.⟩⟨jur.⟩ **0.1** ***punt van aanklacht.***
Kläger ⟨m.; ~s, ~⟩⟨jur.⟩ **0.1** ***eiser, klager.***
Klägerin ⟨v.; ~, ~nen⟩⟨jur.⟩ **0.1** ***eiseres, klaagster.***
Klageschrift ⟨v.⟩⟨jur.⟩ **0.1** ***aanklacht*** ⇒*conclusie van eis.*
Klageweg ⟨m.⟩ **0.1** ***gerechtelijke weg*** ◆ **6.1** die Miete **auf** dem ~ eintreiben *de huur gerechtelijk innen.*
Klageweib ⟨o.⟩ **0.1** ***klaagvrouw.***
kläglich **0.1** ***klaaglijk, zielig*** ⇒*meelijwekkend* **0.2** ***armzalig, gering*** ⇒*schamel* **0.3** ***beschamend, teleurstellend*** ◆ **1.1** ein ~er Anblick *een zielige aanblik* **1.2** ein ~er Rest *een onbeduidend restje* **3.3** der Versuch scheiterte ~ *de poging faalde jammerlijk.*
klaglos **0.1** ***zonder klacht, zonder te klagen.***
Klamauk ⟨m.; ~s⟩⟨inf.⟩ **0.1** ***bombarie, herrie*** ⇒*lawaai, gehassebas.*
klamm **0.1** ***klam*** ⇒*vochtig* **0.2** ***verkleumd*** **0.3** ***slecht bij kas.***
Klamm ⟨v.; ~, ~en⟩ **0.1** ***(diepe) kloof, ravijn*** ⟨met beek⟩.
Klammer ⟨v.; ~, ~n⟩ **0.1** ***klem, knijper*** ⇒*clip* **0.2** ***kram, niet*** **0.3** ⟨boek., wisk.⟩ ***haakje*** **0.4** ⟨bouwk.⟩ ***(mast)kram*** **0.5** ⟨med.⟩ ***wondhaakje, agrafe*** **0.6** ⟨med.⟩ ***tandbeugel*** **0.7** ⟨fig.⟩ ***klem, benauwing*** **0.8** ⟨fig.⟩ ***verbindend element*** **0.9** ⟨sp.⟩ ***clinch*** ⟨worstelen⟩ ◆ **2.3** eckige ~ *vierkante haak, teksthaakje;* geschweifte ~ *accolade* **3.3** ⟨wisk.⟩ die ~ auflösen *de haken wegwerken* **5.3** ~ auf, ~ zu *haakje openen, haakje sluiten* **6.3** **in** ~n setzen *tussen haakjes zetten.*
Klammeraffe ⟨m.⟩ **0.1** ***slingeraap.***
Klammerbeutel ⟨m.⟩ **0.1** ***wasknijperszak(je)*** ◆ **6.¶** ⟨inf.; scherts.⟩ **mit** dem ~ gepudert sein *niet goed snik zijn.*
Klammergriff ⟨m.⟩ **0.1** ***klem, klemmende greep*** **0.2** ⟨sp.⟩ ***clinch.***
klammern I ⟨ov.ww.⟩ **0.1** ***(vast)klemmen*** ⇒*knijpen, knellen* **0.2** ⟨med., tech.⟩ ***krammen*** **0.3** ⟨sp.⟩ ***in de clinch leggen, nemen;***
II sich ~ ⟨wk.ww.⟩ **0.1** ***zich vastklemmen, zich vastklampen*** ◆ **6.1** ⟨fig.⟩ sich **an** eine Hoffnung ~ *zich aan een verwachting vastklampen.*
klammheimlich ⟨inf.⟩ **0.1** ***zeer in 't geheim*** ⇒*stiekem.*
Klamotte ⟨v.; ~, ~n⟩⟨inf.⟩ **0.1** ***rommel, boel(tje)*** **0.2** ⟨mv.⟩ ***spullen, plunje*** ⇒*kleren* **0.3** ⟨pej.⟩ ***(platte) klucht.***
Klamotten|berg, -hügel ⟨m.⟩⟨inf.⟩ **0.1** ***puinhoop.***
Klamottenkiste ⟨v.⟩ **0.1** ***plunje-, rommelkist.***
Klampe ⟨v.; ~, ~n⟩⟨scheep.⟩ **0.1** ***bootsklamp, mik*** ⇒*steunder* **0.2** ***klamp, kikker.***
Klang ⟨m.; ~(e)s, ~̈e⟩ **0.1** ***klank, geluid*** ⇒*toon* **0.2** ⟨mv.⟩ ***klanken*** ⇒*muziek, zang* **0.3** ***reputatie, goede naam*** ◆ **2.2** heitere Klänge *vrolijke muziek.*
Klangblende ⟨v.⟩ **0.1** ***filter*** ⇒*toonregelaar.*
Klangboden ⟨m.⟩ **0.1** ***klankbodem.***
Klangfarbe ⟨v.⟩ **0.1** ***klankkleur, timbre.***
Klangfülle ⟨v.⟩ **0.1** ***volheid van klank.***
Klangkörper ⟨m.⟩ **0.1** ⟨muz.⟩ ***klankkast, -lichaam*** **0.2** ⟨tech.⟩ ***luidspreker*** **0.3** ⟨schr.⟩ ***orkest.***
klanglich **0.1** ***wat de klank betreft, qua klank.***
klanglos **0.1** ***toonloos, dof*** ◆ **3.1** ⟨schr.⟩ ~ untergehen *onopgemerkt ondergaan.*
Klangmalerei ⟨v.⟩⟨taal.⟩ **0.1** ***klanknabootsing.***
Klangregler ⟨m.⟩⟨com.⟩ **0.1** ***toonregelaar*** ⇒*filter.*
klangrein **0.1** ***toonzuiver.***
klangschön **0.1** ***mooi van toon.***
klangvoll **0.1** ***klankvol, sonoor*** **0.2** ⟨fig.⟩ ***klinkend*** ⇒*beroemd.*
Klangwirkung ⟨v.⟩ **0.1** ***akoestisch effect.***
Klappaltar ⟨m.⟩ **0.1** ***vleugelaltaar.***
klappbar **0.1** ***opvouwbaar, op-, uitklapbaar.***
Klappbett ⟨o.⟩ **0.1** ***opklapbed.***
Klappbrücke ⟨v.⟩ **0.1** ***ophaal-, klapbrug*** ⇒*basculebrug.*
Klappcaravan ⟨m.⟩ **0.1** ***vouwcaravan.***
Klappe ⟨v.; ~, ~n⟩ **0.1** ***klep, klap*** ⇒*flap, overslag* **0.2** ***vliegenmepper*** **0.3** ⟨inf.⟩ ***smoel, wafel*** **0.4** ⟨inf.⟩ ***kooi, mandje*** ⇒*bed* ◆ **1.1** die ~ eines Buches *de flap van een boek* **2.3** eine große ~ haben *een grote bek hebben* **3.3** die ~ halten *zijn waffel houden;* die große ~ schwingen *een grote smoel opzetten* **5.¶** ⟨inf.⟩ ~ zu, Affe tot *die zaak is afgedaan, 't is afgelopen* **6.4** sich **in** die ~ hauen *naar bed gaan.*
klappen I ⟨onov.ww.; h.⟩ **0.1** ***klappen, kleppen, klapperen*** **0.2** ***kleppen*** ⇒*scharnieren* **0.3** ⟨inf.⟩ ***lukken, slagen*** ⇒ *goed uitvallen* ◆ **6.1** **mit** den Hacken ~ *de hakken tegen elkaar slaan* **6.3** etwas **zum** Klappen bringen *iets voor elkaar krijgen;*
II ⟨ov.ww.⟩ **0.1** ***(dicht-, open-, toe)klappen.***
Klappentext ⟨m.⟩⟨boek.⟩ **0.1** ***flaptekst.***
Klapper ⟨v.; ~, ~n⟩ **0.1** ***ratel, rammelaar, klepper.***
klapperdürr ⟨inf.⟩ **0.1** ***broodmager.***
Klappergestell ⟨o.⟩⟨inf.⟩ **0.1** ***magere spiering, skelet*** **0.2** ⟨scherts.⟩ ***rammelkar.***
Klapperkasten ⟨m.⟩⟨inf.⟩ **0.1** ***rammelkast.***

Klapperkiste ⟨v.⟩⟨inf.⟩ **0.1** *rammelkast.*

klappern 0.1 *klapperen, klepperen* ⇒*klappertanden* **0.2** *bolderen* ⇒*ratelend rijden* ◆ **1.1** das Klappern der Schreibmaschinen *het ratelen van de schrijfmachines* **6.1** er klapperte (mit den Zähnen) **vor** Kälte *hij klappertandde van de kou.*

Klappernuß ⟨v.⟩⟨plantk.⟩ **0.1** *pimpernoot.*

Klapperschlange ⟨v.⟩ **0.1** *ratelslang.*

Klapperstorch ⟨m.⟩⟨kind.⟩ **0.1** *ooievaar.*

Klappfahrrad ⟨o.⟩ →**Klapprad.**

Klappfenster ⟨o.⟩ **0.1** *klapraam* ⇒*tuimelraam.*

Klappmesser ⟨o.⟩ **0.1** *knipmes.*

Klapprad ⟨o.⟩ **0.1** *vouwfiets.*

klapprig 0.1 *wankel, gammel* ⇒*versleten* **0.2** *verzwakt, versleten* ⇒*sukkelig* ◆ **1.1** eine ~e Kiste *een rammelkar.*

Klappsitz ⟨m.⟩ **0.1** *beweegbare zitting, neerklapbare autostoel.*

Klappstuhl ⟨m.⟩ **0.1** *vouw-, klapstoel.*

Klappverdeck ⟨o.⟩ **0.1** *open(slaande) kap* ⟨v.e. rijtuig, auto⟩.

klaps! 0.1 *klap! pats!*

Klaps ⟨m.; ~es, ~e⟩⟨inf.⟩ **0.1** *klap(je), tik* ⇒*mep, pats* ◆ **3.1** ⟨fig.⟩ einen ~ kriegen *van de wijs raken;* ⟨fig.⟩ einen ~ haben *getikt zijn.*

Klapsbude ⟨v.⟩⟨inf.⟩ **0.1** *gekkenhuis.*

klapsen ⟨inf.⟩ **0.1** *patsen, tikken* ⇒*een tik geven.*

klapsig ⟨inf.⟩ **0.1** *getikt, niet goed wijs.*

Klapsmann ⟨m.⟩⟨inf.⟩ **0.1** *halve gare.*

Klapsmühle ⟨v.⟩⟨inf.⟩ →**Klapsbude.**

klar 0.1 *klaar, helder* ⇒*doorzichtig* **0.2** *klaar(ziend), helder, duidelijk* ⇒*scherpzinnig* **0.3** *duidelijk, evident* ⇒ *(goed) verstaanbaar, ondubbelzinnig* **0.4** ⟨mil., ruim., scheep.⟩ *klaar, gereed* ◆ **1.2** ⟨fig.⟩ er hat einen ~en Blick *hij heeft een helder oordeel;* bei ~em Bewußtsein *volledig bij bewustzijn;* einen ~en Kopf bewahren *'t hoofd koel houden* **1.3** ~er Fall!, ~e Sache! (a) *vanzelfsprekend!* (b) *dat lijdt geen twijfel!* **1.4** ~ Schiff machen *schoon schip maken* **3.1** ⟨fig.⟩ die Sache geht ~ *dat komt in orde;* er trank einen Klaren *hij dronk een borrel* **3.3** jmdm. etwas ~ machen *iem. iets duidelijk maken* **6.2** nicht ganz ~ **im** Kopf sein *niet helder in 't hoofd zijn* **6.3** darüber bin ich mir **im** ~en *dat besef ik goed* **8.3** ⟨inf.; iron.⟩ das ist ~ wie dicke Tinte *dat is zo klaar als een klontje, zonneklaar* **9.3** na ~!, aber ~! *ja natuurlijk!, dat spreekt toch vanzelf!*

Kläranlage ⟨v.⟩⟨wwb.⟩ **0.1** *waterzuiveringsinstallatie.*

Klarapfel ⟨m.⟩ **0.1** *oogst-, sneeuwappel* ⟨vroegrijpe appel⟩.

klären I ⟨onov.ww.⟩⟨sp.⟩ **0.1** *(de bal) wegwerken;*
II ⟨ov.ww.⟩ **0.1** *klaren, zuiveren* ⇒*uitbakken* ⟨van vet⟩ **0.2** ⟨fig.⟩ *ophelderen, opklaren* ⇒*oplossen* ◆ **1.2** ein Mißverständnis ~ *een misverstand uit de weg ruimen;*
III sich ~ ⟨wk.ww.⟩ **0.1** *klaar, zuiver worden, opklaren* **0.2** ⟨fig.⟩ *opgehelderd, duidelijk worden* ◆ **1.2** die Frage hat sich geklärt *het probleem is opgelost.*

Klare(r) ⟨bn. als zn.; m.⟩ **0.1** *klare* ⇒*borrel.*

klargehen ⟨inf.⟩ **0.1** *vlot verlopen, in orde komen.*

Klarheit ⟨v.; ~, ~en⟩ **0.1** *klaarheid, helderheid* **0.2** ⟨fig.⟩ *duidelijkheid, helderheid* ⇒*orde* ◆ **6.2 darüber** besteht ~ *daarover is men het eens.*

klarieren ⟨scheep.⟩ **0.1** *in-, uitklaren.*

Klarinette ⟨v.; ~, ~n⟩ **0.1** *klarinet.*

Klarisse ⟨v.; ~, ~n⟩ **0.1** *claris(se).*

Klarissin ⟨v.; ~, ~nen⟩ **0.1** *claris(se).*

klarkommen ⟨s.⟩⟨inf.⟩ **0.1** *klaarspelen, bolwerken* ⇒*overweg kunnen* **0.2** *snappen* ⇒*begrijpen.*

klarkriegen ⟨inf.⟩ **0.1** *klaarspelen, bolwerken.*

klarlegen ⟨inf.⟩ **0.1** *verklaren, uitleggen.*

klarmachen 0.1 *duidelijk maken, verklaren, uitleggen* **0.2** ⟨verk., scheep.⟩ *klaar-, gereedmaken* ◆ **4.1** du mußt dir ~, daß ... *je moet goed beseffen dat ...*

Klarschiff ⟨o.⟩⟨mil.⟩ **0.1** *gevechtsbereidheid* ⟨v.e. oorlogsschip⟩.

Klärschlamm ⟨m.⟩⟨wwb.⟩ **0.1** *zuiveringsslib.*

Klarschrift ⟨v.⟩ **0.1** *niet-gecodeerde tekst.*

Klarschriftleser ⟨m.⟩⟨comp.⟩ **0.1** *elektronische, optische lezer.*

klarsehen ⟨inf.⟩ **0.1** *doorhebben, snappen* **0.2** *weten waar men aan toe is.*

Klarsicht ⟨v.⟩ **0.1** *heldere kijk, helder inzicht.*

Klarsichtfolie ⟨v.⟩ **0.1** *doorzichtige folie* ⇒*cellofaanfolie.*

Klarsichtpackung ⟨v.⟩ **0.1** *doorzichtige verpakking* ⇒*cellofaanverpakking.*

klarstellen 0.1 *een misverstand uit de weg ruimen, iets rechtzetten.*

Klartext ⟨m.⟩ **0.1** *niet-gecodeerde tekst* **0.2** ⟨fig.⟩ *duidelijke bewoordingen* ⇒*onomwonden.*

Klärung ⟨v.; ~⟩ **0.1** *opheldering* ⇒*verduidelijking, oplossing* **0.2** ⟨tech.⟩ *zuivering, klaring* ◆ **3.1** das bedarf noch der ~ *dat dient nog opgehelderd te worden.*

klarwerden 0.1 *duidelijk worden.*

klasse ⟨inf.⟩ **0.1** *prima, fantastisch* ⇒*geweldig.*

Klasse ⟨v.; ~, ~n⟩ **0.1** *klasse* ⇒*stand* **0.2** *klas(se)* ⇒*leerjaar, klaslokaal* **0.3** *klas(se), categorie* ⇒*rang(orde), soort, kwaliteit* **0.4** *klas(se)* ⟨in de klasseloterij⟩ **0.5** ⟨biol., plantk., taal.⟩ *klas* **0.6** ⟨school.⟩ *faculteit, afdeling* ⟨bv. v.e. academie⟩ **0.7** ⟨sp.⟩ *klas(se), afdeling* ◆ **2.3** der Geiger ist internationale ~ *die violist is van internationaal niveau;* eine Fahrkarte zweiter ~ *een tweedeklaskaartje* **3.2** eine ~ wiederholen *een jaar overdoen* **3.3** ⟨inf.⟩ er ist (ganz große) ~ *hij is geweldig.*

Klassefußball ⟨m.⟩ **0.1** *knap voetbalspel, klassevoetbal.*

Klassenarbeit ⟨v.⟩⟨school.⟩ **0.1** *proefwerk* ⇒*test, overhoring.*

Klassenaufsatz ⟨m.⟩⟨school.⟩ **0.1** *opstel* ⟨als proefwerk⟩.

Klassenbeste(r) ⟨bn. als zn.⟩⟨school.⟩ **0.1** *beste, nummer één v.d. klas.*

Klassenbuch ⟨o.⟩⟨school.⟩ **0.1** *klas(sen)boek.*

Klassenfahrt ⟨v.⟩ **0.1** *schoolreisje, excursie.*

Klassenfeind ⟨m.⟩⟨pol.⟩ **0.1** *vijand v.d. arbeidersklasse.*

Klassengegensatz ⟨m.⟩⟨pol.⟩ **0.1** *klassetegenstelling.*

Klassengesellschaft ⟨v.⟩⟨pol.⟩ **0.1** *klassemaatschappij.*

Klassenjustiz ⟨v.⟩⟨pol.⟩ **0.1** *klassejustitie.*

Klassenkamerad ⟨m.⟩⟨school.⟩ **0.1** *klasgenoot, -kameraad.*

Klassenkampf ⟨m.⟩⟨pol.⟩ **0.1** *klassestrijd.*

Klassenlehrer ⟨m.⟩⟨school.⟩ **0.1** *klassenleraar.*

Klassenlotterie ⟨v.⟩ **0.1** *klasseloterij.*

Klassenspiegel ⟨m.⟩⟨school.⟩ **0.1** *plattegrond v.e. klas.*

Klassensprecher ⟨m.⟩⟨school.⟩ **0.1** *klassenvertegenwoordiger.*

Klassentreffen ⟨o.⟩ **0.1** *reünie van oude klasgenoten.*

Klassenunterricht ⟨m.⟩ **0.1** *klassikaal onderwijs.*

Klassenunterschied ⟨m.⟩⟨soc., sp.⟩ **0.1** *klasseonderscheid, -verschil.*

Klassenzimmer ⟨o.⟩ **0.1** *klas(lokaal), schoollokaal.*

klassieren 0.1 *classificeren, klasseren* ⇒*ordenen.*

Klassifikation ⟨v.; ~, ~en⟩ **0.1** *classificatie* ⇒*rangschikking.*

klassifizieren 0.1 *classificeren, klasseren* ⇒*indelen.*

Klassik ⟨v.; ~⟩ **0.1** *klassieke periode* ⇒*bloeiperiode* **0.2** *antieke kunst en cultuur* ⟨Griekse of Romeinse Oudheid⟩ **0.3** *klassieke stijl.*

Klassiker ⟨m.; ~s, ~⟩ **0.1** ***klassiek schrijver*** **0.2** ***klassiek kunstenaar of wetenschapper*** ⇒*meester* ◆ **2.2** ⟨muz.⟩ die Wiener ~ *de vertegenwoordigers van de Weense klassieke periode.*
klassisch **0.1** ***klassiek*** ◆ **1.1** die ~e Tracht *de traditionele klederdracht* **3.1** ⟨inf.⟩ das ist ja ~! *dat is geweldig!*
Klassizismus ⟨m.; ~, Klassizismen⟩ **0.1** ***classicistisch stijlkenmerk*** **0.2** ***classicisme.***
klatsch! **0.1** ***klets!, pats!***
Klatsch ⟨m.; ~(e)s, ~e⟩ **0.1** ***plons, plof*** **0.2** ***klets, klap*** **0.3** ⟨inf.; pej.⟩ ***geroddel, babbelpraat*** **0.4** ⟨inf.⟩ ***babbeltje, (gezellig) praatje*** ◆ **3.3** ~ herumtragen *roddelen* **8.3** ~ und Tratsch *geroddel.*
Klatschbase ⟨v.⟩⟨inf.⟩ **0.1** ***roddelaarster, kletstante.***
Klatsche ⟨v.; ~, ~n⟩ **0.1** ***vliegenmepper*** **0.2** ⟨inf.; pej.⟩ ***roddelaarster, kletskous.***
klatschen I ⟨onov.ww.⟩ **0.1** ***kletsen, kletteren*** ⇒*klotsen, slaan* **0.2** ***in de handen klappen*** ⇒*applaudisseren* **0.3** ⟨inf.; pej.⟩ ***roddelen*** ⇒*kletsen;*
II ⟨ov.ww.⟩ **0.1** ***kletsen, smakken*** ⇒*slaan, werpen.*
Klatscherei ⟨v.; ~, ~en⟩⟨inf.; pej.⟩ **0.1** ***geroddel*** ⇒*kletspraatje.*
klatschhaft **0.1** ***roddelziek*** ⇒*praatziek.*
Klatschmaul ⟨o.⟩⟨inf.⟩ **0.1** ***roddelaar(ster).***
Klatschmohn ⟨m.⟩⟨plantk.⟩ **0.1** ***klaproos, papaver.***
klatschnaß **0.1** ***drijf-, kletsnat.***
Klatschrose ⟨v.⟩ **0.1** ***klaproos*** **0.2** ***pioen(roos).***
Klatschspalte ⟨v.⟩⟨inf.; pej.⟩ **0.1** ***roddelrubriek*** ⟨v.e. krant⟩.
Klatschsucht ⟨v.⟩ **0.1** ***roddelzucht.***
Klatschtante ⟨v.⟩⟨inf.⟩ **0.1** ***roddelaarster*** ⇒*kletstante.*
Klaue ⟨v.; ~, ~n⟩ **0.1** ***klauw*** ⟨nagel⟩ **0.2** ⟨biol.⟩ ***klauw*** ⟨van hoefdieren⟩ ⇒*hoef* **0.3** ⟨amb., tech.⟩ ***klauw, kaak*** ⟨v.e. grijperbak⟩ **0.4** ⟨bouwk.⟩ ***klauw, greep*** **0.5** ⟨inf.; pej.⟩ ***klauw, poot*** ⇒*hand* **0.6** ⟨inf.; pej.⟩ ***krabbelschrift, gekriebel.***
klauen ⟨inf.⟩ **0.1** ***gappen, jatten.***
Klauenfuß ⟨m.⟩ **0.1** ***klauwpoot*** ⟨v.e. meubel⟩.
Klauenseuche ⟨v.⟩ **0.1** ***klauwzeer*** ◆ **8.1** Maul- und ~ *mond- en klauwzeer.*
Klause ⟨v.; ~, ~n⟩ **0.1** ***kluizenaarshut ermitage*** **0.2** ***kloostercel*** **0.3** ***(rustige) kleine woning of kamer*** **0.4** ***nauwe bergpas.***
Klausel ⟨v.; ~, ~n⟩ **0.1** ***clausule*** ⇒*bepaling* ◆ **2.1** zusätzliche ~ *toegevoegde clausule.*
Klausner ⟨m.; ~s, ~⟩ **0.1** ***kluizenaar, heremiet.***
Klaustrophobie ⟨v.; ~, ~n⟩ **0.1** ***claustrofobie.***
klausulieren **0.1** ***clausuleren.***
Klausur ⟨v.; ~, ~en⟩ **0.1** ***afgeslotenheid, afzondering*** ⇒ *eenzaamheid* **0.2** ⟨rel.⟩ ***clausuur, kerkelijk slot*** **0.3** ⟨school.⟩ ***schriftelijk tentamen*** ◆ **6.1** **in** ~ tagen *een besloten vergadering houden.*
Klausurtagung ⟨v.⟩ **0.1** ***besloten vergadering.***
Klaviatur ⟨v.; ~, ~en⟩ **0.1** ⟨muz.⟩ ***klaviatuur, toetsenbord*** **0.2** ⟨fig.⟩ ***gamma, scala.***
Klavichord ⟨o.; ~(e)s, ~e⟩⟨muz.⟩ **0.1** ***klavichord(ium).***
Klavier ⟨o.; ~s, ~e⟩ **0.1** ***piano(forte), klavier*** ◆ **2.1** ein mechanisches ~ *een pianola* **6.1** einen Sänger **am, auf** dem ~ begleiten *een zanger op de piano begeleiden.*
Klavierabend ⟨m.⟩ **0.1** ***pianoavond, -concert.***
Klavierkonzert ⟨o.⟩ **0.1** ***klavier-, pianoconcert.***
Klavierschule ⟨v.⟩ **0.1** ***pianomethode*** ⟨leerboek⟩ **0.2** ***pianoschool.***
Klavierspieler ⟨m.⟩ **0.1** ***pianist.***
Klavierstimmer ⟨m.⟩ **0.1** ***pianostemmer.***
Klavierstunde ⟨v.⟩ **0.1** ***pianoles.***
Klebeband ⟨o.⟩ **0.1** ***plak-, kleefband.***
Klebemittel ⟨o.⟩ **0.1** ***plakmiddel.***
kleben I ⟨onov.ww.⟩ **0.1** ***kleven, plakken*** ⇒*vastzitten* **0.2** ⟨fig.⟩ ***kleven, gehecht zijn*** ⇒*blijven plakken* **0.3** ⟨inf.⟩ ***rentezegels plakken*** ◆ **6.2** **am** alten ~ *aan het oude gehecht zijn;* jmdm. **am** Auspuff ~ *dicht achter iem. aan blijven rijden;* er klebt wieder **im** Wirtshaus *hij blijft weer plakken in het café;*
II ⟨ov.ww.⟩ **0.1** ***plakken, kleven*** ⇒*lijmen* ◆ **4.1** ⟨inf.; fig.⟩ jmdm. eine ~ *iem. een mep geven.*
klebenbleiben ⟨s.⟩ **0.1** ***blijven kleven, vast blijven zitten*** **0.2** ⟨inf.⟩ ***blijven plakken, lang blijven*** **0.3** ⟨school.⟩ ***blijven zitten*** ◆ **6.1** ⟨fig.⟩ **am** Text ~ *zich niet van de tekst kunnen losmaken.*
Klebepflaster ⟨o.⟩ **0.1** ***hechtpleister.***
Kleber ⟨m.; ~s, ~⟩ **0.1** ***plakmiddel, kleefstof*** ⇒*lijm* **0.2** ***gluten.***
Klebestreifen ⟨m.⟩ **0.1** ***plakstrook, -band.***
Klebezettel ⟨m.⟩ **0.1** ***plakbriefje*** ⇒*etiket.*
klebrig **0.1** ***kleverig, plakkerig*** **0.2** ⟨pej.; fig.⟩ ***klitterig, plakkerig*** ⇒*schunnig, klef.*
Klebstoff ⟨m.⟩ **0.1** ***plakmiddel, kleefstof*** ⇒*lijm.*
Klebung ⟨v.; ~, ~en⟩⟨amb., tech.⟩ **0.1** ***las.***
Kleckerei ⟨v.; ~, ~en⟩ **0.1** ***geklieder*** **0.2** ⟨inf.⟩ ***slakkengang.***
Kleckerfritze ⟨m.; ~n, ~n⟩ **0.1** ***morspot.***
Kleckerkram ⟨m.⟩⟨inf.⟩ **0.1** ***niemendalletje, wissewasje.***
Kleckerliese ⟨v.⟩⟨inf.⟩ **0.1** ***morspot.***
kleckern ⟨inf.⟩ **I** ⟨ov. & onov.ww.⟩ **0.1** ***morsen, kliederen*** ⇒ *knoeien* ◆ **5.¶** nicht ~, sondern klotzen! *niet zeuren, maar aanpakken!;*
II ⟨onov.ww.; s.⟩ **0.1** ***vlekken maken (op);***
III ⟨onov.ww.; h.⟩⟨fig.⟩ **0.1** ***de slakkengang gaan, moeizaam vorderen*** ◆ **3.¶** es kleckert so *het houdt niet over.*
kleckerweise **0.1** ***bij beetjes, druppelsgewijs.***
Klecks ⟨m.; ~es, ~e⟩ **0.1** ***smet, vlek*** **0.2** ***klodder, kwak.***
klecksen I ⟨onov.ww.⟩ **0.1** ***kladden, vlekken maken*** **0.2** ***klodderen, kledderen*** ⇒*slecht schilderen;*
II ⟨ov.ww.⟩ **0.1** ***kwakken, kletsen.***
Kleckser ⟨m.; ~s, ~⟩⟨inf.⟩ **0.1** ***kladder, kladderaar*** **0.2** ***vlek, klad.***
Kleckserei ⟨v.; ~, ~en⟩⟨inf.⟩ **0.1** ***gekladder*** ⇒*kladderij* **0.2** ***kladschilderij.***
klecksig ⟨inf.⟩ **0.1** ***vol vlekken.***
Klee ⟨m.; ~s⟩ **0.1** ***klaver*** ◆ **6.1** ⟨inf.; fig.⟩ jmdn. **über** den grünen ~ loben *iem. ophemelen.*
Kleeblatt ⟨o.⟩ **0.1** ***klaverblad*** ⟨ook fig., wwb.⟩.
Kleiber ⟨m.; ~s, ~⟩⟨biol.⟩ **0.1** ***boomklever.***
Kleid ⟨o.; ~(e)s, ~er⟩ **0.1** ***japon, jurk*** **0.2** ⟨mv.⟩ ***kleren, kleding, kledij*** **0.3** ⟨schr.; fig.⟩ ***kleed*** ◆ **2.1** ein zweiteiliges Kleid *een deux-pièces* **3.2** die ~er ablegen *zich uitkleden* **6.2** ⟨inf.; fig.⟩ **aus** den ~ern fallen *erg vermagerd zijn* **¶.2** ⟨sprw.⟩ ~er machen Leute *kleren maken de man.*
Kleidchen ⟨o.; ~s, ~⟩ **0.1** ***jurkje*** **0.2** ⟨inf.⟩ ***eenvoudige jurk.***
kleiden I ⟨ov.ww.⟩ **0.1** ***kleden*** ⇒*van kleding voorzien* **0.2** ⟨schr.; fig.⟩ ***(in)kleden*** ⇒*(in woorden) uitdrukken* ◆ **4.1** das kleidet dich gut *dat staat je goed* **6.2** seine Gefühle **in** Worte ~ *zijn gevoelens onder woorden brengen;*
II sich ~ ⟨wk.ww.⟩ **0.1** ***zich kleden*** ◆ **6.1** sich **in** Trauer ~ *rouwkleren aanleggen.*
Kleiderablage ⟨v.⟩ **0.1** ***garderobe, vestiaire*** **0.2** ***kapstok.***
Kleiderbad ⟨o.⟩ **0.1** ***het chemisch reinigen van kleding.***
Kleiderbügel ⟨m.⟩ **0.1** ***kleerhanger.***
Kleiderbürste ⟨v.⟩ **0.1** ***kleerborstel.***
Kleiderhaken ⟨m.⟩ **0.1** ***klerenhaak*** ⇒*kapstok.*
Kleiderrock ⟨m.⟩ **0.1** ***overgooier.***
Kleiderschrank ⟨m.⟩ **0.1** ***kleer-, hangkast*** **0.2** ⟨inf.; fig.⟩ ***potige kerel.***

Kleiderständer ⟨m.⟩ 0.1 *klerenstandaard, staande kapstok.*

kleidsam 0.1 *gekleed, goed kledend.*

Kleidung ⟨v.; ~, ~en⟩ 0.1 *kleding, kledij, kleren.*

Kleidungsstück ⟨o.⟩ 0.1 *kledingstuk.*

Kleie ⟨v.; ~⟩ 0.1 *zemelen.*

kleiehaltig 0.1 *zemelig.*

klein 0.1 *klein* 0.2 *klein, onbeduidend, onaanzienlijk* 0.3 *bekrompen, klein(geestig)* 0.4 ⟨inf.; pej.⟩ *gedwee, mak* ⇒*kruiperig, onderdanig* ◆ 1.1 ⟨inf.⟩ ~e Augen machen *moe zijn;* ein Kleines, ein ~es Bier *een klein glas bier* ⟨ca. 25 cl⟩; der ~e Finger *de pink;* ⟨inf.⟩ das ~e Volk *het jonge volkje;* der ~e Grenzverkehr *het verkeer tussen bewoners aan beide kanten van de grens;* nach einer ~en Weile *na een tijdje* 1.2 das sind ~e Fische *dat zijn kleinigheden;* in ~en Verhältnissen leben *bescheiden wonen, leven* 3.1 ~ anfangen *klein, met weinig geld beginnen;* ein Wort ~ schreiben *een woord met kleine letter schrijven* 3.3 ~ denken *bekrompen zijn* 3.4 ~ beigeben *bakzeil halen;* ganz ~ und häßlich werden *in zijn schulp kruipen* 4.1 ich habe nichts ~ *ik heb geen klein geld* 5.1 na, Kleine! *wel, kleine meid!* 5.2 ~ und niedrig von jmdm. denken *min van iem. denken* 6.1 im ~en verkaufen *in 't klein, en détail verkopen;* bis **ins** ~ste *tot in de kleinste bijzonderheden;* **von** ~ auf *van jongs af aan* 8.1 ⟨inf.; scherts.⟩ ~, aber oho! *klein maar voortreffelijk, dapper.*

Kleinaktionär ⟨m.⟩ 0.1 *kleine aandeelhouder.*

Kleinanzeige ⟨v.⟩ 0.1 *kleine advertentie.*

Kleinarbeit ⟨v.⟩ 0.1 *minutieus werk* ⇒*peuterwerk* 0.2 *klein werk, detailwerk.*

Kleinbahn ⟨v.⟩ 0.1 *lokaalspoor* ⇒*smalspoor.*

Kleinbauer ⟨m.⟩ 0.1 *kleine boer, keuterboer.*

kleinbekommen ⟨inf.⟩ 0.1 *kleinkrijgen* 0.2 *opgebruiken, verbruiken* ⇒*uitgeven, doorjagen.*

Kleinbetrieb ⟨m.⟩ 0.1 *kleinbedrijf* 0.2 *kleine boerderij.*

Kleinbuchstabe ⟨m.⟩ 0.1 *kleine letter.*

Kleinbürger ⟨m.⟩ 0.1 *kleine burgerman* 0.2 ⟨pej.⟩ *bekrompen burger.*

kleinbürgerlich 0.1 *kleinburgerlijk.*

Kleinbürgertum ⟨o.⟩ 0.1 *lage burgerij, lage middenstand.*

Kleinbus ⟨m.⟩ 0.1 *minibus.*

Kleinchen ⟨o.; ~s, ~⟩ 0.1 *hummel, dreumes.*

Kleingarten ⟨m.⟩ 0.1 *volkstuin(tje).*

Kleingärtner ⟨m.⟩ 0.1 *volkstuinder* ◆ 2.1 geistiger ~ *krenterige vent, kruidenier.*

Kleingebäck ⟨o.⟩ 0.1 *klein gebak* ⇒*koekjes, kleingoed.*

Kleingedruckte(s) ⟨bn. als zn.; o.⟩ 0.1 *klein gedrukte tekst, kleine letters.*

Kleingeist ⟨m.⟩⟨pej.⟩ 0.1 *bekrompen mens* ⇒*muggenzifter.*

Kleingeld ⟨o.⟩ 0.1 *kleingeld, pasgeld* ◆ 2.1 ⟨inf.; scherts.⟩ er hat das nötige ~ *hij zit er warmpjes bij.*

kleingemustert 0.1 *met een klein patroontje.*

kleingewachsen 0.1 *klein van gestalte.*

kleingläubig 0.1 *kleingelovig.*

Kleinhandel ⟨m.⟩ 0.1 *detail-, kleinhandel.*

Kleinheit ⟨v.⟩ 0.1 *kleinheid* ⇒*geringe grootte* 0.2 *kleinheid* ⇒*bekrompenheid* ◆ 2.1 körperliche ~ *kleine lichaamsbouw, klein postuur.*

Kleinholz ⟨o.⟩ 0.1 *kleingehakt hout* ⇒*brandhout* ◆ 3.1 ⟨inf.; fig.⟩ ~ (aus etwas) machen (a) *de boel aan stukken slaan* (b) ⟨verk.⟩ *brokken maken;* ⟨inf.; fig.⟩ ~ aus jmdm. machen (a) *gehakt van iem. maken* (b) *iem. afkammen* 6.1 ⟨inf.; fig.⟩ etwas **in** ~ verwandeln *iets kapotslaan, vernielen.*

Kleinigkeit ⟨v.; ~, ~en⟩ 0.1 *kleinigheid* ⇒*bagatel, beetje* ◆ 3.1 das ist mir doch eine ~ *dat is maar een koud kunstje voor me;* eine ~ essen *een hapje eten* 6.1 sich **mit** ~en abgeben *zich met beuzelarijen ophouden.*

Kleinigkeitskrämer ⟨m.⟩ 0.1 *muggenzifter, krentenweger.*

Kleinkaliber ⟨o.⟩ 0.1 *klein kaliber* ⟨van vuurwapen⟩.

kleinkariert 0.1 *kleingeruit* 0.2 ⟨inf.; fig.⟩ *kleingeestig, bekrompen.*

Kleinkind ⟨o.⟩ 0.1 *kleuter* ⟨van 3 tot 6 jaar⟩.

Kleinkleckersdorf ⟨o.⟩⟨iron.⟩ 0.1 *afgelegen gat, nest.*

Kleinklima ⟨o.⟩ 0.1 *microklimaat.*

Kleinkraftrad ⟨o.⟩⟨verk.⟩ 0.1 *(zware) bromfiets* ⟨tot 50 cc cilinderinhoud⟩.

Kleinkram ⟨m.⟩⟨inf.⟩ 0.1 *rommel, stukken en brokken* 0.2 *pruts-, peuterwerk* ⇒*klusje* 0.3 *beuzelarijen, wissewasjes* ◆ 2.3 der tägliche ~ *de dagelijkse beuzelingen.*

Kleinkredit ⟨m.⟩⟨ec.⟩ 0.1 *klein (persoonlijk) krediet.*

Kleinkrieg ⟨m.⟩ 0.1 ⟨mil.⟩ *guerrilla(oorlog)* 0.2 ⟨inf.; fig.⟩ *getob, gehaspel* ⇒*gekibbel.*

kleinkriegen ⟨inf.⟩ 0.1 *kleinkrijgen* ⇒*kapot krijgen* 0.2 *opmaken, opgebruiken* ⟨van geld⟩ 0.3 ⟨fig.⟩ *kleinkrijgen* ⇒*onderwerpen.*

Kleinkunst ⟨v.⟩ 0.1 *kleine kunstvoorwerpen* 0.2 *kunst met een kleine k, cabaretkunst.*

Kleinkunstbühne ⟨v.⟩ 0.1 *cabaret.*

kleinlaut 0.1 *bedeesd, schuchter* ⇒*verlegen* ◆ 3.1 ~ werden *in zijn schulp kruipen.*

kleinlich 0.1 *bekrompen, klein(geestig)* ⇒*pedant* 0.2 *krenterig, karig* ⇒*gierig* ◆ 3.1 ~ denken *bekrompen van geest zijn.*

kleinmachen 0.1 *kleinmaken* ⇒*fijnmaken, vergruizelen* 0.2 ⟨inf.⟩ *opgebruiken, opmaken* ⇒*uitgeven* ⟨van geld⟩ 0.3 ⟨inf.⟩ *kleinmaken, inwisselen* ⟨van geld⟩ 0.4 ⟨inf.⟩ *kleinkrijgen, onder de duim houden* ⇒*vernederen* ◆ 1.2 eine Erbschaft ~ *een erfenis erdoor jagen.*

Kleinmalerei ⟨v.⟩ 0.1 *detailschildering, beschrijving met alle bijzonderheden* 0.2 ⟨bk.⟩ *miniatuurschildering.*

kleinmaßstäbig, klein|maßstäblich 0.1 *op kleine schaal.*

Kleinmut ⟨m.⟩⟨schr.⟩ 0.1 *kleinmoedigheid* ⇒*bangheid.*

kleinmütig 0.1 *kleinmoedig* ⇒*bang.*

Kleinod ⟨o.; ~(e)s, ~e of ~ien⟩ 0.1 ⟨mv. ~ien⟩ *kleinood* ⇒*kostbaarheid* 0.2 ⟨mv. ~e; fig.⟩ *kleinood* ⇒*schat.*

Kleinrentner ⟨m.⟩ 0.1 *kleine gepensioneerde* ◆ 2.1 ⟨inf.; pej.; fig.⟩ geistiger ~ *kruidenier.*

kleinschreiben ⟨inf.; fig.⟩ ◆ 3.¶ kleingeschrieben werden *van geen belang zijn.*

Kleinstaaterei ⟨v.; ~⟩ 0.1 *staatkundige versnippering.*

Kleinstadt ⟨v.⟩ 0.1 *kleine stad* ⟨van 5000 tot 20.000 inwoners⟩ ⇒*provinciestad.*

kleinstädtisch 0.1 *kleinsteeds* 0.2 ⟨fig.⟩ *bekrompen, benepen.*

kleinstellen 0.1 *op een klein pitje zetten* ⟨bv. van kookgas⟩.

Kleinstkind ⟨o.⟩ 0.1 *baby* ⟨tot de leeftijd van twee jaar⟩.

Kleinstlebewesen ⟨o.⟩ 0.1 *micro-organisme.*

kleinstmöglich 0.1 *zo klein als mogelijk.*

Kleintier ⟨o.⟩ 0.1 *klein (huis)dier.*

Kleintransporter ⟨m.⟩ 0.1 *bestelbus.*

Kleinvieh ⟨o.⟩ 0.1 *kleinvee* ◆ ¶.1 ⟨sprw.⟩ ~ macht auch Mist *alle beetjes helpen; veel kleintjes maken een grote.*

Kleinwagen ⟨m.⟩ 0.1 *kleine auto.*

Kleinwuchs ⟨m.⟩⟨med.⟩ 0.1 *dwerggroei.*

kleinwüchsig 0.1 *klein van gestalte.*

Kleinzeug ⟨o.⟩⟨pej.⟩ 0.1 *klein gedoe, prul* ⇒*rommel.*

Kleister ⟨m.; ~s⟩ 0.1 *stijfselpap* ⇒*plaksel* 0.2 ⟨inf.; fig.⟩ *kleverig goedje.*

kleisterig 0.1 *stijfselachtig, kleverig* 0.2 *vol stijfselpap.*

kleistern 0.1 ***stijfselen, plakken*** ◆ **4.¶** ⟨inf.⟩ jmdm. eine ~ *iem. een draai om de oren geven.*
Kleisterpapier ⟨o.⟩ 0.1 ***stijfselmarmer, -papier.***
Klematis ⟨v.; ~, ~⟩⟨plantk.⟩ 0.1 ***clematis.***
Klemmbacke ⟨v.⟩⟨tech.⟩ 0.1 ***klembek*** ⇒*bankschroefbek* 0.2 ***klemplaatje.***
Klemme ⟨v.; ~, ~n⟩ 0.1 ***klem*** ⇒*knijper, clip* 0.2 ⟨fig.⟩ ***klem, knoei, knel*** ⇒*moeilijkheden* 0.3 ⟨inf.⟩ ***nor*** ⇒*gevangenis* 0.4 ⟨med.⟩ ***hechtkram, wondhaakje*** ◆ **6.2** jmdm. **aus** der ~ helfen *iem. uit de knoei halen;* **in** der ~ sitzen *in het nauw zitten.*
klemmen I ⟨onov.ww.⟩ 0.1 ***klemmen*** ⇒*vastzitten, knellen* ◆ **4.1** ⟨fig.⟩ wo klemmt es denn? *waar wringt de schoen?;*
II ⟨ov.ww.⟩ 0.1 ***klemmen*** ⇒*vastzetten* 0.2 ⟨inf.⟩ ***gappen, achteroverdrukken*** 0.3 ***(zich) klemmen*** ⇒*knellen, kneuzen;*
III sich ~ ⟨wk.ww.⟩ 0.1 ***achter iets heen zitten, (met ijver) aanpakken*** ◆ **6.1** sich **hinter** die Arbeit ~ *zich op het werk werpen.*
Klempner ⟨m.; ~s, ~⟩ 0.1 ***loodgieter, blikslager.***
Klempnerei ⟨v.; ~⟩ 0.1 ***loodgieterij, blikslagerij.***
Klepper ⟨m.; ~s, ~⟩⟨inf.; pej.⟩ 0.1 ***(oude, magere) knol.***
Kleptomane ⟨m.; ~n, ~n⟩ 0.1 ***kleptomaan.***
klerikal 0.1 ***klerikaal.***
Kleriker ⟨m.; ~s, ~⟩ 0.1 ***geestelijke, clericus.***
Klerus ⟨m.; ~⟩ 0.1 ***clerus, geestelijkheid.***
Klette ⟨v.; ~, ~n⟩⟨plantk.⟩ 0.1 ***klis, klit*** 0.2 ⟨pej.⟩ ***kleverig, al te aanhankelijk mens.***
Kletterei ⟨v.; ~, ~en⟩ 0.1 ⟨inf.⟩ ***geklauter, klimpartij.***
Klettereisen ⟨o.⟩ 0.1 ***klim-, klauterijzer, klimspoor.***
Kletterer ⟨m.; ~s, ~⟩ 0.1 ***klauteraar, klimmer*** ⇒*bergbeklimmer* 0.2 ***klimplant.***
Klettergerüst ⟨o.⟩⟨sp.⟩ 0.1 ***klimrek.***
Klettermaxe ⟨m.⟩⟨inf.; scherts.⟩ 0.1 ***klimmersbaas*** 0.2 ***inklimmer*** ⇒*inbreker.*
klettern ⟨s.⟩ 0.1 ***klauteren, klimmen*** 0.2 ⟨fig.⟩ ***stijgen*** ◆ **1.1** ⟨fig.⟩ ~de Pflanzen *klimplanten* **6.1** ⟨sp.⟩ ~ **am** Tau *touwklimmen;* **auf** einen Baum ~ *in een boom klimmen.*
Kletterpartie ⟨v.⟩ 0.1 ***klauter-, klimpartij, klim.***
Kletterpflanze ⟨v.⟩ 0.1 ***klimplant.***
Kletterseil ⟨o.⟩⟨sp.⟩ 0.1 ***klimtouw*** ⟨gymnastiek⟩ 0.2 ***(berg)-touw.***
Kletterstange ⟨v.⟩⟨sp.⟩ 0.1 ***klimpaal.***
Klettverschluß ⟨m.⟩ 0.1 ***klittenband.***
klick 0.1 ***klik*** ◆ **5.1** ⟨inf.⟩ da machte es bei ihm ~ *toen snapte hij het, had hij het beet.*
Klick ⟨m.; ~s, ~s⟩ 0.1 ***klik.***
klicken 0.1 ***klikken*** ⟨bv. v.e. slot⟩.
Klient ⟨m.; ~en, ~en⟩ 0.1 ***cliënt.***
Klientel ⟨v.; ~, ~en⟩ 0.1 ***clientèle.***
Klima ⟨o.; ~s, ~s of Klimate⟩ 0.1 ***klimaat*** 0.2 ⟨inf.; fig.⟩ ***(atmo)sfeer, klimaat.***
Klimaanlage ⟨v.⟩ 0.1 ***airconditioning.***
Klimagipfel ⟨m.⟩ 0.1 ***klimaatconferentie, klimaattop.***
klimatisch 0.1 ***klimatisch, klimatologisch.***
klimatisieren 0.1 ***klimatiseren.***
Klimatisierung ⟨v.⟩ 0.1 ***klimaatregeling, airconditioning.***
Klimatologie ⟨v.⟩ 0.1 ***klimatologie.***
Klimawechsel ⟨m.⟩ 0.1 ***klimaatwisseling, -verandering*** 0.2 ⟨fig.⟩ ***verandering van sfeer, klimaat.***
Klimax ⟨v.; ~, ~e⟩ 0.1 ***climax, hoogtepunt*** 0.2 ⟨med.⟩ ***climacterium.***
Klimbim ⟨m.; ~s⟩⟨inf.⟩ 0.1 ***drukte, herrie*** ⇒*lawaai* 0.2 ***fuif, vrolijk gedoe*** 0.3 ***onzin, kletskoek*** 0.4 ***snuisterijen, rommel*** ⇒*blikwinkel.*
klimmen ⟨s.→t66⟩⟨schr.⟩ 0.1 ***klimmen, klauteren.***
Klimmzug ⟨m.⟩⟨sp.⟩ 0.1 ***het zich optrekken*** ⟨bv. aan de rekstok⟩.
Klimperei ⟨v.; ~, ~en⟩⟨inf.; pej.⟩ 0.1 ***getjingel, gerinkel.***
Klimperkasten ⟨m.⟩ 0.1 ***rammelkast*** ⇒*piano.*
klimpern 0.1 ***rinkelen, rinkinken*** 0.2 ⟨inf.⟩ ***t(j)ingelen*** ◆ **6.2 auf** dem Klavier ~ *op de piano tjingelen.*
kling! 0.1 ***ting!, klink!***
Klinge ⟨v.; ~, ~n⟩ 0.1 ***lemmet, kling*** ⇒*(scheer)mes* 0.2 ⟨mil., sp.⟩ ***kling*** ⇒*sabel, degen, zwaard* ◆ **3.2** eine gute ~ führen, schlagen *goed de degen hanteren;* ⟨schr.; fig.⟩ eine scharfe ~ führen *vinnig discussiëren* **6.2** ⟨inf.; fig.⟩ jmdn. **über** die ~ springen lassen (a) ⟨mil.⟩ *iem. over de kling jagen* (b) *iem. ruïneren* (c) ⟨sp.⟩ *een tegenspeler ongeoorloofd hinderen.*
Klingel ⟨v.; ~, ~n⟩ 0.1 ***bel, schel.***
Klingelbeutel ⟨m.⟩ 0.1 ***kerkenzakje.***
Klingeldraht ⟨m.⟩ 0.1 ***scheldraad.***
Klingelfahrer ⟨m.⟩⟨inf.⟩ 0.1 ***aanbellend insluipdief.***
klingeln 0.1 ***(aan)bellen, schellen*** 0.2 ***klingelen, rinkelen*** 0.3 ⟨tech.⟩ ***pingelen*** ⟨v.e. motor⟩ ◆ **4.1** ⟨inf.; fig.⟩ endlich hat es bei ihm geklingelt *eindelijk snapt hij het;* ⟨inf.; fig.⟩ jetzt hat es (bei mir) geklingelt! *nu is mijn geduld op!;* es klingelt *er wordt gebeld.*
Klingelzeichen ⟨o.⟩ 0.1 ***belsignaal.***
Klingelzug ⟨m.⟩ 0.1 ***bel-, schelkoord.***
klingen ⟨→t67⟩ 0.1 ***klinken*** ◆ **1.1** ~der Gewinn *geldelijke winst;* mir ~ die Ohren *mijn oren tuiten* **6.1** ⟨fig.⟩ **in** jmdm. eine Saite zum Klingen bringen *bij iem. een gevoelige snaar raken.*
kling klang! 0.1 ***tingtang!, klinkklank!*** ◆ **6.1 mit** Kling und Klang (a) *met slaande trom* (b) ⟨fig.⟩ *met veel tamtam.*
Klingklang ⟨m.; ~s⟩ 0.1 ***klinkklank*** ⇒*geklink.*
Klinik ⟨v.; ~, ~en⟩ 0.1 ***kliniek.***
Kliniker ⟨m.; ~s, ~⟩ 0.1 ***clinicus, kliniekarts*** 0.2 ***clinist*** ⟨student⟩.
Klinikum ⟨o.; ~s, Klinika of Kliniken⟩ 0.1 ***kliniek*** ⟨klinisch gedeelte v.h. medisch onderwijs⟩ 0.2 ***kliniekcomplex.***
klinisch 0.1 ***klinisch.***
Klinke ⟨v.; ~, ~n⟩ 0.1 ***(deur)klink*** ⇒*deurkruk* 0.2 ⟨tech.⟩ ***pal, klink*** ⇒*hefboom* 0.3 ⟨com.⟩ ***stop, klink*** ⟨bij de telefoon⟩ ◆ **3.1** ⟨inf.; pej.⟩ ~n putzen (a) *leuren, venten* (b) *bedelen van deur tot deur* **6.1** die Kunden gaben sich die ~ **in** die Hand *de klanten liepen de deur plat.*
klinken 0.1 ***de deurklink bewegen, naar beneden drukken*** 0.2 ⟨tech.⟩ ***pallen.***
Klinkenputzer ⟨m.⟩⟨pej.⟩ 0.1 ***leurder, venter*** 0.2 ***bedelaar.***
Klinker ⟨m.; ~s, ~⟩ 0.1 ***klinker(steen), baksteen.***
Klinkerbau ⟨m.⟩ 0.1 ⟨mv. ~ten⟩ ***bakstenen gebouw*** 0.2 ⟨scheep.⟩ ***klinkerbouw, overnaadse bouw.***
klipp ◆ **8.¶** ~ und klar *klaar en duidelijk.*
Klipp ⟨m.; ~s, ~s⟩ 0.1 ***clip, klem*** ⟨bv. aan vulpen⟩ ⇒*broche* 0.2 ***oorclip*** ⟨als sieraad⟩.
Klippe ⟨v.; ~, ~n⟩ 0.1 ***klip*** ⇒*rots* 0.2 ⟨fig.⟩ ***klip, moeilijkheid*** ◆ **3.2** die ~n umgehen *de klippen omzeilen.*
Klipper ⟨m.; ~s, ~⟩ 0.1 ***klipper*** ⟨zeilschip⟩ 0.2 ***clipper*** ⟨vliegtuig⟩.
Klippfisch ⟨m.⟩⟨biol.⟩ 0.1 ***klipvis*** ⇒*stokvis.*
Klips ⟨m.; ~es, ~e⟩ 0.1 ***oorclip*** ⟨als sieraad⟩ 0.2 ***watergolfknijper.***
klirr! 0.1 ***klink!, rink!***
klirren 0.1 ***rinkelen, rinkinken*** ⟨bv. van glas⟩ 0.2 ***kletteren, rammelen*** ⟨bv. van kettingen⟩ ◆ **1.1** ⟨fig.⟩ ~de Kälte *felle vrieskou* **6.1** ⟨fig.⟩ es klirrte **vor** Kälte *het vroor dat het kraakte.*
Klirrfaktor ⟨m.⟩⟨tech.⟩ 0.1 ***vervormingsfactor.***

Klischee (o.; ~s, ~s) **0.1** ***cliché***
klischeehaft 0.1 ***zoals een cliché, banaal, afgezaagd*** ⇒*versleten.*
Klischeevorstellung (v.) **0.1** ***stereotype, stereotiepe voorstelling.***
Klischeewort (o.; mv. ⁻̈er)(schr.; pej.) **0.1** ***cliché(woord)*** ⇒ *gemeenplaats.*
klischieren 0.1 (boek.) ***clicheren, een cliché vervaardigen*** **0.2** (schr.; pej.; fig.) ***(slaafs) kopiëren*** ⇒*nabootsen.*
Klistier (o.; ~s, ~e)(med.) **0.1** ***klisteer, lavement.***
Klitoris (v.; ~, ~ of Klitorides)(med.) **0.1** ***clitoris, kittelaar.***
Klitsche (v.; ~, ~n)(inf.) **0.1** ***keuterij*** **0.2** ***gat, nest, negorij*** **0.3** ***winkeltje, bedrijfje*** **0.4** (pej.) ***provincietheater.***
klitschnaß (inf.) **0.1** ***klets-, druipnat.***
klittern (schr.; pej.) **0.1** ***samenflansen.***
Klitterung (v.; ~, ~en)(schr.; pej.) **0.1** ***samenraapsel, compilatie.***
klitzeklein (inf.) **0.1** ***piepklein.***
Klivie (v.; ~, ~n)(plantk.) **0.1** ***clivia.***
Klo (o.; ~s, ~s)(inf.) **0.1** ***toilet, wc, closet(pot)*** ⇒*plee* ◆ **6.1 aufs** ~ müssen *naar het toilet moeten.*
Kloake (v.; ~, ~n) **0.1** ***cloaca, riool*** **0.2** ***beer-, aalput*** **0.3** (biol.) ***cloaca.***
Kloakenjournalismus (m.) **0.1** ***riooljournalistiek.***
Klobecken (o.) **0.1** ***closetpot.***
Kloben (m.; ~s, ~) **0.1** ***(grove) houtblok*** **0.2** ***onbehouwen kerel, boerenkinkel*** **0.3** ***katrol, windas*** **0.4** (amb.) ***(kleine) bankschroef.***
Klobenholz (o.) **0.1** ***gekloofd hout.***
klobig 0.1 ***onbehouwen, plomp*** (ook fig.) ◆ **1.1** eine ~e Taschenuhr *een knol.*
Klofrau (v.)(inf.) **0.1** ***toiletjuffrouw.***
Klon (m.; ~s, ~e)(biol.) **0.1** ***kloon.***
klonen (biol., plantk.) **0.1** ***klonen.***
klönen (Ndd.; inf.) **0.1** ***kouten, keuvelen, bomen.***
klonieren →**klonen.**
Klopapier (o.)(inf.) **0.1** ***toilet-, wc-papier.***
klopfen 0.1 ***kloppen*** ⇒*slaan, tikken* ◆ **1.1** Flachs ~ *vlas beuken;* (inf.) Karten ~ *kaartspelen;* der Specht klopft *de specht hamert* **4.1** es klopft an der Tür *er wordt aan de deur geklopt* **6.1 ans** Fenster ~ *op de ruit tikken.*
Klopfer (m.; ~s, ~) **0.1** ***klopper*** ⇒*deur-, mattenklopper* **0.2** (com.) ***klopper, sounder.***
Klopfgeist (m.) **0.1** ***klopgeest.***
Klopfstange (v.) **0.1** ***kloprek.***
Klopfzeichen (o.) **0.1** ***klopsignaal.***
Klöppel (m.; ~s, ~) **0.1** ***klepel*** **0.2** ***trommelstok*** **0.3** (amb.) ***(kant)klos.***
Klöppelarbeit (v.) **0.1** ***het kantklossen*** **0.2** ***kloskant*** ⇒ *kantwerk.*
Klöppelei (v.; ~, ~en) **0.1** ***het kantklossen*** **0.2** ***kloskant*** ⇒ *kantwerk.*
Klöppelkissen (o.) **0.1** ***kantkussen.***
klöppeln 0.1 ***klossen*** ⇒*kantklossen* ◆ **1.1** geklöppelte Spitze *kloskant.*
Klöppelnadel (v.) **0.1** ***kant(werk)speld.***
Klöppelspitze (v.) **0.1** ***kloskant.***
Klosett (o.; ~s, ~s of ~e) **0.1** ***closet, toilet, wc*** **0.2** ***toiletbekken, closetpot.***
Klosettumrandung (v.) **0.1** ***closetmat.***
Kloß (m.; ~es, ⁻̈e) **0.1** (cul.) ***knoedel*** ⇒*(deeg-, vlees)balletje* **0.2** (inf.) ***vetzak*** ◆ **3.¶** (inf.; fig.) einen ~ im Halse haben *een brok in de keel hebben;* (inf.; fig.) einen ~ im Mund haben *onduidelijk spreken.*
Kloßbrühe (v.)(scherts.) ◆ **8.¶** klar wie ~ *klaar als een klontje.*
Klößchen (o.; ~s, ~) **0.1** ***balletje*** (in de soep).
Kloster (o.; ~s, ⁻̈) **0.1** ***klooster*** **0.2** ***convent, klooster(gemeenschap)*** ◆ **6.1 ins** ~ eintreten, gehen *in het klooster gaan, treden.*
Klosterbruder (m.) **0.1** ***klooster-, lekenbroeder*** ⇒*monnik.*
Klostergut (o.) **0.1** ***kloostergoed, -bezit*** **0.2** ***kloostergoed, -landerij.***
klösterlich 0.1 ***kloosterlijk*** (ook fig.) **0.2** ***kloosterachtig.***
Klosterorden (m.) **0.1** ***kloosterorde.***
Klosterschwester (v.) **0.1** ***non.***
Klotz (m.; ~es, ⁻̈e; inf. mv. ook ⁻̈er) **0.1** ***(hout)blok*** ⇒*brok, klomp* **0.2** (mv. Klötze; inf.; fig.) ***(boeren)kinkel, onbehouwen blok*** **0.3** (tech.) ***(rem)schoen, (rem)blok(je)*** ◆ **6.1** (fig.) ein ~ **am** Bein *een blok aan het been;* da hab' ich mir einen ~ **ans** Bein gebunden, gehängt! *daar heb ik me wat op de hals gehaald!* **8.1** schlafen wie ein ~ *slapen als een blok* **¶.1** (sprw.) auf einen groben ~ gehört ein grober Keil *op een grove kwast heeft men een scherpe beitel nodig.*
klotzig 0.1 ***grof, plomp*** (ook fig.) ⇒*zwaar* **0.2** (inf.) ***erg, enorm*** ◆ **1.2** ~e Preise *woekerprijzen* **2.2** ~ heiß *snikheet* **3.1** ~ gehen *een logge gang hebben.*
klotzköpfig 0.1 ***oerdom.***
Klub (m.; ~s, ~s) **0.1** ***club*** **0.2** ***clubhuis.***
klubeigen 0.1 ***v.d. club.***
Klubgarnitur (v.) **0.1** ***bankstel.***
Klubhaus (o.) **0.1** ***clubgebouw.***
Klubjacke (v.) **0.1** ***blazer, clubjasje.***
Klubraum (m.) **0.1** ***clublokaal.***
Klubsessel (m.) **0.1** ***clubfauteuil.***
Kluft[1] (v.; ~, ⁻̈e) **0.1** ***(berg-, rots)kloof, spleet*** ⇒*ravijn* **0.2** (fig.) ***kloof*** ⇒*breuk* **0.3** (comp.) ***bloktussenruimte.***
Kluft[2] (v.; ~, ~en)(inf.) **0.1** ***kloffie, pak.***
klug (klüger, (am) klügst(en)) **0.1** ***verstandig, intelligent, schrander*** **0.2** ***verstandig, wijs*** ⇒*ervaren* ◆ **1.1** ein ~er Kopf *een knappe kop* **6.2 aus** etwas nicht ~ werden *uit iets niet wijs worden;* **aus** jmdm. nicht ~ werden *iem. niet doorzien* **¶.2** (sprw.) der Klügere gibt nach *de wijste geeft toe.* →**Schaden.**
klügeln 0.1 ***piekeren*** ◆ **6.1 an** einem Problem ~ *over een probleem piekeren.*
klugerweise 0.1 ***wijselijk.***
Klugheit (v.; ~, ~en) **0.1** ***verstand, intelligentie*** **0.2** ***verstand, wijsheid*** **0.3** (mv.; pej.) ***(schijnbaar) schrandere opmerkingen.***
klüglich (schr.) **0.1** ***wijselijk.***
klugreden (h.)(inf.; pej.) **0.1** ***alles beter (willen) weten, betweterig zijn.***
Klugredner (m.) **0.1** ***betweter.***
Klugscheißer (m.)(vulg.) **0.1** ***betweter.***
Klugschwätzer (m.) **0.1** ***betweter.***
Klumpatsch (m.; ~(e)s)(inf.) **0.1** ***hoop rommel.***
klumpen (h.; ook sich ~) **0.1** ***klonteren.***
Klumpen (m.; ~s, ~) **0.1** ***klomp*** ⇒*brok* ◆ **3.1** ~ bilden *klonteren.*
Klumpfuß (m.) **0.1** ***horrel-, klompvoet.***
klumpig 0.1 ***klonterig*** **0.2** ***klompachtig, vormloos.***
Klüngel (m.; ~s, ~) **0.1** ***coterie, kliek*** ⇒*lobby.*
Klüngelei (v.; ~, ~en)(pej.) **0.1** ***kliekvorming.***
klüngeln (inf.) **0.1** ***klieken*** ⇒*konkelen, kuipen.*
Kluppe (v.; ~, ~n) **0.1** ***klem, klamp, tang.***
Klüver (m.; ~s, ~)(scheep.) **0.1** ***boegsprietzeil, kluiver.***
km (afk.) [Kilometer].
kmh, kmst (afk.) [Kilometer pro Stunde].
knabbern 0.1 ***knabbelen*** ⇒*peuzelen* **0.2** ***knagen*** ◆ **4.1** (inf.; fig.) nichts mehr zu ~ haben (a) *niets meer te bikken*

hebben (b) *op zwart zaad zitten* **6.2** ⟨inf.; fig.⟩ **an** einer Sache noch lange zu ~ haben *met, aan iets (nog lang) moeite hebben.*

Knabe ⟨m.; ~n, ~n⟩ **0.1** ⟨Zdd., Oostr., Zwi.; elders schr.⟩ ***jongen, knaap*** **0.2** ⟨inf.; scherts. of pej.⟩ ***knaap, kerel, vent*** ◆ **2.2** alter ~! *ouwe jongen!*

knabenhaft **0.1** *jongensachtig.*

Knack ⟨m.; ~(e)s, ~e⟩ **0.1** ***knak*** ⟨het geluid⟩.

knacken I ⟨onov.ww.; h.⟩ **0.1** ***knakken, knappen*** ⟨het geluid⟩ **0.2** ***knappen*** ⇒*bersten, springen* ◆ **6.1** es knackt **im** Radio *de radio kraakt;*
II ⟨ov.ww.⟩ **0.1** ***kraken*** ⇒*(open)breken* ◆ **1.1** ⟨inf.⟩ einen Panzerschrank ~ *een brandkast kraken;* ⟨fig.⟩ den Kode ~ *de code kraken;* ⟨fig.⟩ Rätsel ~ *raadsels oplossen.*

knackend ⟨inf.⟩ **0.1** ***zeer, erg*** ◆ **2.1** ~ heiß *snikheet;* ~ voll *tjokvol.*

Knacker ⟨m.; ~s, ~⟩⟨inf.⟩ ◆ **2.¶** ein alter ~ *een knar, een ouwe paai.*

knackfrisch **0.1** ***kersvers, knappend vers.***

Knacki ⟨m.; ~s, ~s⟩⟨inf.⟩ **0.1** ***bajesklant.***

knackig ⟨inf.⟩ **0.1** ***knappend*** ⇒*bros* **0.2** ***aantrekkelijk*** ⟨van meisjes⟩, ***knallig*** ⇒*sexy* **0.3** ***schitterend, fantastisch.***

Knacklaut ⟨m.⟩ **0.1** ***knakkend geluid*** **0.2** ⟨taal.⟩ ***glottisslag.***

Knackpunkt ⟨m.⟩⟨fig.⟩ **0.1** ***cruciaal moment/punt, breekpunt*** ◆ **3.1** das ist der ~ *daar zit (hem) de kneep, dat is de crux.*

knacks! **0.1** ***knap!, krak!***

Knacks ⟨m.; ~es, ~e⟩⟨inf.⟩ **0.1** ***knak, knap*** ⟨het geluid⟩ **0.2** ***knak, barst*** **0.3** ⟨fig.⟩ ***knak, knauw, krak.***

knacksen **0.1** ***knakken, knappen*** ⟨het geluid⟩ **0.2** ***(af)knappen, knakken*** ⇒*breken.*

Knackwurst ⟨v.⟩ **0.1** ***knakworst, knakje.***

Knäkente ⟨v.⟩⟨biol.⟩ **0.1** ***zomertaling.***

Knall ⟨m.; ~(e)s, ~e⟩ **0.1** ***knal, klap*** ⇒*slag* **0.2** ⟨inf.⟩ ***schandaal*** ⇒*ruzie, kabaal* ◆ **3.1** ⟨inf.; fig.⟩ einen (gelinden) ~ haben *niet goed wijs zijn* **8.1** ⟨inf.⟩ (auf) ~ und Fall *op stel en sprong, op staande voet.*

Knallbonbon ⟨m.⟩ **0.1** ***knalbonbon, pistache.***

Knallbüchse ⟨v.⟩⟨inf.; scherts.⟩ **0.1** ***spuit*** ⇒*geweer.*

Knalleffekt ⟨m.⟩ **0.1** ***knaleffect.***

knallen I ⟨onov.ww.⟩ **0.1** ***knallen*** ⇒*met een knal vallen* **0.2** ⟨inf.; fig.⟩ ***schreeuwen*** ⟨van kleuren⟩, ***branden*** ⟨bv. v.d. zon⟩ ◆ **1.2** das Rot knallt *dat rood is te fel* **4.1** ⟨inf.⟩ gleich knallt's! *zo dadelijk krijg je een mep!;* ⟨inf.⟩ an der Ecke hat es geknallt *op de hoek is er een botsing geweest;* ⟨inf.⟩ bei den Nachbarn hat es geknallt *bij de buren is krakende ruzie;*
II ⟨ov.ww.⟩⟨inf.⟩ **0.1** ***smakken, kwakken*** ⇒*slaan* **0.2** ***paffen, (af)knallen*** ⇒*schieten* ◆ **6.2** ⟨sp.⟩ eine Bombe **aufs** Tor ~ *een kanjer op het doel afvuren;* ⟨fig.⟩ das ist **zum** Knallen *dat is om je een bult te lachen.*

Knaller ⟨m.; ~s, ~⟩⟨inf.⟩ **0.1** ***schiettuig*** **0.2** ***voetzoeker.***

Knallerbse ⟨v.⟩ **0.1** ***knalerwt.***

Knallerei ⟨v.; ~, ~en⟩ **0.1** ***geknal*** **0.2** ***geschiet*** ⇒*schietpartij.*

Knallfrosch ⟨m.⟩ **0.1** ***voetzoeker.***

knallhart ⟨inf.⟩ **0.1** ***keihard*** **0.2** ***zonder pardon.***

knallheiß **0.1** ***snik-, loeiheet.***

knallig ⟨inf.⟩ **0.1** ***schril, schreeuwend*** **0.2** ***zeer, erg*** **0.3** ***eng, spannend*** ◆ **1.1** ~e Musik *schrille muziek* **2.3** ein ~es Kleid *een nauwsluitende jurk.*

Knallkopf ⟨m.⟩ **0.1** ***domkop, idioot.***

Knallkörper ⟨m.⟩ **0.1** ***stuk vuurwerk.***

knallvoll **0.1** ***ei-, nokvol*** **0.2** ⟨inf.⟩ ***straalbezopen.***

knapp **0.1** ***krap, schaars, schraal*** ⇒*weinig* **0.2** ***krap*** ⇒*net (voldoende)* **0.3** ***niet helemaal, bijna*** **0.4** ***vlak, dicht*** **0.5** ***nauw(sluitend), krap*** **0.6** ***bondig*** ⇒*kort* ◆ **1.2** mit ~er (Mühe und) Not *op 't nippertje;* ~(e) zwanzig Jahre alt *bijna twintig jaar oud* **1.3** in einer ~en Stunde *in een klein uur* **3.1** meine Zeit ist ~ (bemessen) *ik heb weinig tijd* **3.2** ~ auskommen *nauwelijks rondkomen* **5.1** und nicht zu ~! *en geen klein beetje!* **6.4** ~ **vor** der Prüfung *vlak voor het examen* **8.6** kurz und ~ *kort en bondig.*

Knappe ⟨m.; ~n, ~n⟩ **0.1** ***mijnwerker*** **0.2** ⟨gesch.⟩ ***schildknaap.***

knapphalten ⟨inf.⟩ **0.1** ***kort houden.***

Knappheit ⟨v.; ~⟩ **0.1** ***krapte, krapheid*** **0.2** ***bondig-, kortheid.***

Knappschaft ⟨v.; ~, ~en⟩ **0.1** ***mijnwerkersbond, (vak)vereniging van mijnwerkers.***

knapsen ⟨inf.⟩ **0.1** ***schrapen*** ⇒*zuinig zijn.*

Knarre ⟨v.; ~, ~n⟩⟨inf.⟩ **0.1** ***ratel*** **0.2** ⟨sold.⟩ ***spuit, schietijzer.***

knarren **0.1** ***knarsen, kraken*** ◆ **1.1** eine ~de Stimme *een kraakstem.*

knarrig ⟨inf.⟩ **0.1** ***krakerig, knarsend.***

Knast ⟨m.; ~(e)s, ~̈e of ~e⟩⟨inf.⟩ **0.1** ***gevangenisstraf*** **0.2** ***bajes, nor*** ◆ **3.1** ~ schieben *in de bak zitten.*

Knastbruder ⟨m.⟩ **0.1** ***bajesklant.***

Knatsch ⟨m.; ~es⟩⟨inf.⟩ **0.1** ***geharrewar, heibel.***

knattern **0.1** ⟨h.⟩ ***knetteren*** ⇒*sputteren, ratelen* **0.2** ⟨s.⟩ ***puffen.***

Knäuel ⟨m. & o.; ~s, ~⟩ **0.1** ***kluwen*** ⟨ook fig.⟩ ◆ **1.1** ein ~ Wolle *een bol(letje) wol.*

knäueln I ⟨ov.ww.⟩ **0.1** ***kluwenen;***
II sich ~ ⟨wk.ww.; soms onov. ww.⟩⟨fig.⟩ **0.1** ***een kluwen vormen*** ⇒*in de war raken.*

Knauf ⟨m.; ~(e)s, ~̈e⟩ **0.1** ***knop*** ⟨bv. v.e. zadel⟩ **0.2** ⟨bouwk.⟩ ***kapiteel.***

Knauser ⟨m.; ~s, ~⟩ **0.1** ***krentenkakker*** ⇒*gierigaard.*

knauserig ⟨inf.⟩ **0.1** ***krenterig*** ⇒*gierig.*

knausern ⟨inf.⟩ **0.1** ***op een cent doodblijven, schrapen.***

knautschen ⟨inf.⟩ **I** ⟨onov.ww.; h.⟩ **0.1** ***kreukelen, kreuken (krijgen);***
II ⟨ov.ww.⟩ **0.1** ***verkreukelen, kreuken.***

Knautschfalte ⟨v.⟩ **0.1** ***kreuk.***

knautschig ⟨inf.⟩ **0.1** ***kreukelig.***

Knautschzone ⟨v.⟩ **0.1** ***kreukelzone*** ⟨v.e. auto⟩.

Knebel ⟨m.; ~s, ~⟩ **0.1** ***(mond)prop*** **0.2** ***knevel, dwarshoutje*** **0.3** ***wervel, draaihoutje.***

Knebelbart ⟨m.⟩ **0.1** ***knevel*** ⇒*snor.*

knebeln **0.1** ***knevelen*** ⇒*vastbinden* **0.2** ***een prop in de mond steken.***

Knebelvertrag ⟨m.⟩ **0.1** ***wurgcontract.***

Knecht ⟨m.; ~(e)s, ~e⟩ **0.1** ***knecht, handwerksgezel*** ⇒*dagloner* **0.2** ⟨gesch.⟩ ***schildknaap, page*** **0.3** ⟨gesch.⟩ ***krijgsknecht*** ⇒*soldaat* ◆ **1.1** ~ Ruprecht *zwarte Piet.*

knechten **0.1** ***(ver)knechten, onderdrukken.***

knechtisch ⟨schr.⟩ **0.1** ***slaafs, onderworpen.***

Knechtschaft ⟨v.; ~, ~en⟩ **0.1** ***knechtschap*** ⇒*slavernij.*

kneifen ⟨→t68⟩ **I** ⟨onov.ww.⟩ **0.1** ***knellen*** ⇒*klemmen* **0.2** ⟨inf.⟩ ***'m knijpen, achteruitkrabbelen*** **0.3** ⟨schermen⟩ ***ontwijken*** ◆ **1.1** die Hose kneift *die broek zit te strak;*
II ⟨ov.ww.⟩ **0.1** ***(k)nijpen*** **0.2** ***toeknijpen*** ⟨v.d. ogen of lippen⟩ ◆ **1.1** ⟨fig.⟩ der Bauch kneift ihn *hij heeft krampen in zijn buik.*

Kneifer ⟨m.; ~s, ~⟩ **0.1** ***lorgnet, knijper.***

Kneifzange ⟨v.⟩ **0.1** ***(k)nijptang.***

Kneipe ⟨v.; ~, ~n⟩ **0.1** ***kroeg*** **0.2** ⟨stud.⟩ ***kroegavond, kroegjool.***

kneipen ⟨inf.⟩ **0.1** *pimpelen, zuipen.*

Kneipenwirt ⟨m.⟩ **0.1** *café-, kroegbaas.*

Kneippkur ⟨v.⟩ **0.1** *kneippkuur.*

knetbar 0.1 *kneedbaar.*

Knete ⟨v.; ~⟩⟨inf.⟩ **0.1** *kneedsel, kneedmassa* **0.2** *centen, poen.*

kneten 0.1 *kneden.*

Knick ⟨m.; ~(e)s, ~e⟩ **0.1** *knak, knik* ⇒*barst* **0.2** *knik* ⇒*hoek* **0.3** *buiging, bocht* ⟨bv. v.e. weg⟩ **0.4** *kreuk* ⟨bv. in papier⟩, *kneus* ⟨aan een ei⟩ ◆ **6.1** ⟨inf.; fig.⟩ einen ~ **im** Auge, in der Linse haben (a) *scheel zien* (b) *niet goed (kunnen) onderscheiden.*

Knickei ⟨o.⟩ **0.1** *gekneusd ei, kneusje.*

knicken ⟨h.⟩ **I** ⟨onov.ww.⟩ **0.1** *knikken, knakken* ⇒*breken* **0.2** *knikken* ⇒*buigen* ◆ **3.1** ⟨fig.⟩ er ist ganz geknickt *hij is helemaal terneergeslagen;*
II ⟨ov.ww.⟩ **0.1** *knakken* ⇒*breken, kraken* ⟨ook fig.⟩ **0.2** *kreuken* ⇒*vouwen* **0.3** *knappen, knippen* ⟨bv. van vlooien⟩ **0.4** *knikken* ⇒*buigen* ◆ **1.1** ich habe mir den Fuß geknickt *ik heb mijn voet verzwikt.*

Knicker ⟨m.; ~s, ~⟩ **0.1** *duitendief, krent, vrek.*

Knickerbocker(s) ⟨alleen mv.⟩ **0.1** *knickerbocker.*

knickerig 0.1 *krenterig* ⇒*gierig.*

knickern ⟨h.⟩ **0.1** *krenterig zijn, schrapen.*

Knickfestigkeit ⟨v.⟩⟨tech.⟩ **0.1** *kniksterkte.*

Knicks ⟨m.; ~es, ~e⟩ **0.1** *lichte kniebuiging* ⟨v.e. meisje⟩.

knicksen ⟨h.⟩ **0.1** *een revérence, lichte kniebuiging maken.*

Knie ⟨o.; ~s, ~⟩ **0.1** *knie* **0.2** *kniebocht* **0.3** ⟨amb.⟩ *knie, elleboog* ◆ **6.1** ⟨schr.; fig.⟩ jmdn. **auf**, **in** die ~ zwingen *iem. op de knieën krijgen;* ⟨fig.⟩ weich **in** den ~n werden *knikkende knieën krijgen;* **in** die ~ gehen (a) *met knikkende knieën vallen* (b) *een kniebuiging maken* (c) ⟨fig.⟩ *door de knieën gaan;* etwas **übers** ~ brechen *een zaak forceren.*

Kniebank ⟨v.⟩ **0.1** *knielbank.*

Kniebeuge ⟨v.⟩ **0.1** *kniebuiging.*

Kniebundhose ⟨v.⟩ **0.1** *kniebroek.*

Kniefall ⟨m.⟩ **0.1** *knieval* ⟨ook fig.⟩.

kniefällig 0.1 *knielend, op de knieën* ⇒*nederig.*

Kniegeige ⟨v.⟩⟨muz.⟩ **0.1** *knieviool, viola da gamba.*

Kniegelenk ⟨o.⟩ **0.1** *kniegewricht.*

Kniehose ⟨v.⟩ **0.1** *kniebroek.*

Kniekehle ⟨v.⟩ **0.1** *knieholte.*

knielang 0.1 *tot aan de knie reikend.*

knien I ⟨onov.ww.; h.⟩ **0.1** *knielen;*
II sich ~ ⟨wk.ww.⟩ **0.1** *knielen* **0.2** ⟨inf.⟩ *zich intensief toeleggen op* ◆ **6.2** sich **in** ein Problem ~ *zich in een probleem verdiepen.*

Knies ⟨m.; ~(es)⟩⟨inf.⟩ **0.1** *onmin, wrijving* ⇒*twist* **0.2** *laag (oud) vuil.*

Kniescheibe ⟨v.⟩ **0.1** *knieschijf.*

Knie|schoner, -schützer ⟨m.⟩ **0.1** *kniebeschermer, -lap.*

Kniestrumpf ⟨m.⟩ **0.1** *kniekous.*

Kniff ⟨m.; ~(e)s, ~e⟩ **0.1** *kneep* ⟨het knijpen⟩ **0.2** *vouw, plooi* **0.3** *kreuk, kreukel* **0.4** *kneep, truc.*

Kniffelei ⟨v.; ~⟩⟨inf.⟩ **0.1** *peuter-, priegelwerk.*

kniffelig 0.1 *peuterig* ⇒*ingewikkeld* **0.2** *netelig, delicaat.*

kniffen 0.1 *(scherp) vouwen, (om)plooien.*

Knilch ⟨m.; ~s, ~e⟩⟨inf.; pej.⟩ **0.1** *(onaangename) vent, vlegel.*

knipsen 0.1 *knippen* ⟨geluid⟩ **0.2** *(aan- of uit)knippen* ⟨bv. v.e. lamp⟩ **0.3** *kieken, een kiekje nemen.*

Knipser ⟨m.; ~s, ~⟩⟨inf.⟩ **0.1** *knip* ⇒*klem, knipbeugel* **0.2** *(licht)schakelaar, (schakel)knop* **0.3** *kaartjesknipper.*

Knirps ⟨m.; ~es, ~e⟩ **0.1** *dreumes, ukkepuk* **0.2** ⟨pej.⟩ *kriel, neutel.*

knirpsig ⟨inf.⟩ **0.1** *petieterig* ⇒*klein.*

knirschen 0.1 *knerpen, knarsen* ⇒*krassen* ◆ **6.1** ⟨meestal fig.⟩ **mit** den Zähnen ~ *knarsetanden.*

knistern 0.1 *knisteren, ritselen* ⇒*knetteren, knapperen* ◆ **6.1** ⟨fig.⟩ es knisterte **vor** Spannung *de spanning was duidelijk voelbaar.*

Knittelvers ⟨m.⟩⟨lit.⟩ **0.1** *knuppelvers.*

Knitter ⟨m.; ~s, ~⟩ **0.1** *kreukel(en)* ⇒*verkeerde plooi, (valse) vouw.*

knitterarm 0.1 *weinig kreukelend.*

Knitterfalte ⟨v.⟩ **0.1** *kreuk(el).*

knitter|fest, -frei 0.1 *kreukvrij, -echt.*

knitterig 0.1 *kreukelig* ⇒*verfrommeld.*

knittern I ⟨onov.ww.; h.⟩ **0.1** *kreuken, kreukelen;*
II ⟨ov.ww.⟩ **0.1** *kreuken, (ver)kreukelen* ⇒*verfrommelen.*

Knobelbecher ⟨m.⟩ **0.1** *dobbelbeker* **0.2** ⟨sold.⟩ *sigarenkistje* ⟨hoge soldatenschoen⟩.

knobeln 0.1 *knob(b)elen* ⇒*gokken, tossen* **0.2** ⟨inf.⟩ *(uit)knob(b)elen, piekeren.*

Knoblauch ⟨m.; ~(e)s⟩ **0.1** *knoflook.*

Knoblauchzehe ⟨v.⟩ **0.1** *teentje knoflook.*

Knöchel ⟨m.; ~s, ~⟩ **0.1** *enkel* ⟨gewricht⟩ **0.2** *knokkel, kneukel.*

knöchellang 0.1 *tot op de enkels (reikend).*

knöcheltief 0.1 *tot aan de enkel(s) (reikend).*

Knochen ⟨m.; ~s, ~⟩ **0.1** *been, bot, knook* **0.2** ⟨mv.; inf.⟩ *knoken* ⇒*ledematen, lijf* **0.3** ⟨inf.; meestal pej.⟩ *kerel, vent* ◆ **2.1** ⟨fig.⟩ ein harter ~ *een hele kluif* **2.3** ein elender ~ *een ellendeling* **3.2** seine ~ hinhalten müssen *voor iem., iets moeten opdraaien* **6.2** diese Arbeit geht **auf** die ~ *dit werk maakt je kapot;* sich bis **auf** die ~ blamieren *zich onsterfelijk belachelijk maken;* ⟨meestal fig.⟩ bis **auf**, bis **in** die ~ *in merg en been, in hart en nieren;* **mit** heilen ~ davonkommen *er heelhuids af komen.*

Knochenarbeit ⟨v.⟩⟨inf.⟩ **0.1** *zwaar werk* ⇒*slavenarbeid.*

Knochenbau ⟨m.⟩ **0.1** *beendergestel* ⇒*skelet.*

Knochenbildung ⟨v.⟩ **0.1** *beenvorming.*

knochenbrecherisch 0.1 *halsbrekend.*

Knochenbruch ⟨m.⟩ **0.1** *fractuur* ⟨v.e. bot⟩.

knochendürr 0.1 *broodmager.*

Knochenfisch ⟨m.⟩⟨biol.⟩ **0.1** *beenvis.*

Knochengerüst ⟨o.⟩ **0.1** *geraamte, beendergestel.*

knochenhart ⟨inf.⟩ **0.1** *bikkel-, keihard* ⟨niet fig.⟩.

Knochenhaut ⟨v.⟩ **0.1** *beenvlies.*

Knochenleim ⟨m.⟩ **0.1** *beenderlijm.*

Knochenmann ⟨m.; mv. ¨er⟩ **0.1** *magere Hein, de Dood* **0.2** ⟨inf.⟩ *skelet.*

Knochenmark ⟨o.⟩ **0.1** *beenmerg.*

Knochenmehl ⟨o.⟩ **0.1** *beendermeel.*

Knochenmühle ⟨v.⟩ **0.1** *beendermolen* **0.2** ⟨inf.⟩ *bedrijf waar men zich moet afsloven.*

knochentrocken 0.1 *kurk-, beendroog.*

knö|cherig, -chern 0.1 *benen, van been* **0.2** *benig, als van been.*

knochig 0.1 *benig, knokig.*

Knödel ⟨m.; ~s, ~⟩⟨Zdd., Oostr.; cul.⟩ **0.1** *knoedel* ⟨bal(letje) van deeg of vlees⟩.

Knöllchenbakterie ⟨v.⟩⟨plantk.⟩ **0.1** *wortelknolletje.*

Knolle ⟨v.; ~, ~n⟩ **0.1** *(wortel)knol* ⇒*(bloem)bol* **0.2** *knobbel, knol* **0.3** *klomp, kluit.*

Knollen ⟨m.; ~s, ~⟩ →**Knolle.**

Knollenblätterpilz ⟨m.⟩⟨plantk.⟩ **0.1** *knolamaniet.*

Knollenfäule ⟨v.⟩ **0.1** *aardappelziekte.*

Knollennase ⟨v.⟩ **0.1** *kokkerd.*

Knollensellerie ⟨v.⟩ **0.1** *knolselderie.*

knollig 0.1 ***knolvormig, knolachtig.***

Knopf ⟨m.; ~(e)s, ¨~e⟩ 0.1 ***knoop*** ⟨bv. v.e. kledingstuk⟩ 0.2 ***knop*** 0.3 ⟨inf.⟩ ***kerel(tje), vent*** 0.4 ⟨inf.⟩ ***snoes, schattebout*** ⟨kind.⟩ ◆ 6.1 ⟨fig.⟩ das hättest du dir **an** den Knöpfen abzählen können *dat had je vooraf ook al kunnen weten;* ⟨fig.⟩ Knöpfe **auf** den Augen, auf den Ohren haben *iets niet willen zien, horen.*

Knopfauge ⟨o.⟩ 0.1 ***rond (zwart) oog.***

Knopfdruck ⟨m.⟩ 0.1 ***druk op de knop.***

knöpfen 0.1 ***(open-, dicht)knopen*** ⟨met knoopsgaten⟩.

Knopfloch ⟨o.⟩ 0.1 ***knoopsgat*** ◆ 6.1 ⟨inf.⟩ **aus** allen Knopflöchern platzen *te dik zijn;* ⟨inf.⟩ **aus** allen Knopflöchern schwitzen *zweten als een paard;* ⟨inf.⟩ das guckt ihm **aus** allen Knopflöchern *dat kan je hem van ver aanzien.*

Knorpel ⟨m.; ~s, ~⟩ 0.1 ***kraakbeen, knor.***

knorpelig 0.1 ***kraakbenig.***

Knorpelkirsche ⟨v.⟩ 0.1 ***bigarreau, knapkers.***

knorrig 0.1 ***knoestig*** 0.2 ⟨fig.⟩ ***onbehouwen, nors.***

Knospe ⟨v.; ~, ~n⟩ 0.1 ***knop, bot*** ◆ 3.1 ~n treiben *uitbotten.*

knospen ⟨h.⟩ 0.1 ***uitlopen, uitbotten*** ◆ 1.1 ⟨fig.⟩ ~de Liebe *ontluikende liefde.*

knospig 0.1 ***met, vol knoppen*** 0.2 ***in de knop.***

Knötchen ⟨o.; ~s, ~⟩ 0.1 ***knoopje*** 0.2 ***knobbeltje*** 0.3 ***knoestje, kwastje*** 0.4 ⟨med.⟩ ***papel.***

knoten 0.1 ***knopen, een knoop leggen*** ⇒*binden.*

Knoten ⟨m.; ~s, ~⟩ 0.1 ***knoop, steek*** ⟨bv. in een touw⟩ 0.2 ***(haar)wrong, dot, knot*** 0.3 ***kwast, knoest*** 0.4 ***knoop(punt), snijpunt*** 0.5 ***knoop, intrige, plot*** 0.6 ⟨med.⟩ ***knobbel*** 0.7 ⟨med.⟩ ***(zenuw)knoop*** 0.8 ⟨nat., scheep., ster., wisk.⟩ ***knoop*** 0.9 ⟨fig.⟩ ***knoop*** ⇒*moeilijkheid* ◆ 2.1 der gordische ~ *de gordiaanse knoop* 3.9 ⟨fig.⟩ bei ihm ist der ~ gerissen, geplatzt *hij heeft het eindelijk gesnapt;* da steckt der ~ *daar zit hem de knoop.*

Knotenpunkt ⟨m.⟩ 0.1 ***knooppunt*** 0.2 ⟨com., tech.⟩ ***vertakkingspunt.***

Knotenstock ⟨m.⟩ 0.1 ***knoestige stok.***

Knöterich ⟨m.; ~s, ~e⟩⟨plantk.⟩ 0.1 ***duizendknoop.***

knotig 0.1 ***knopig, vol knopen*** ⇒*knoestig* 0.2 ***knoopvormig.***

Knuff ⟨m.; ~(e)s, ¨~e⟩⟨inf.⟩ 0.1 ***knuffel, stomp, stoot.***

knuffen ⟨inf.⟩ 0.1 ***porren, stompen.***

knüllen I ⟨onov.ww.; h.⟩ 0.1 ***kreuken, kreukelen;***
II ⟨ov.ww.⟩ 0.1 ***verfrommelen, verkreukelen.***

Knüller ⟨m.; ~s, ~⟩⟨inf.⟩ 0.1 ***sensationele nieuwigheid*** ⇒ *schlager, succes.*

knüpfen I ⟨ov.ww.⟩ 0.1 ***(aan)knopen*** ⟨ook fig.⟩ ◆ 1.1 Beziehungen ~ *betrekkingen aanknopen;* eine Krawatte ~ *een das strikken* 6.1 Bedingungen **an** etwas ⟨4e nv.⟩ ~ *voorwaarden aan iets verbinden;* Hoffnungen **an** etwas ~ *hoop op iets stellen;*
II sich ~ ⟨wk.ww.⟩⟨fig.⟩ 0.1 ***zich verbinden, verbonden worden, zijn.***

Knüpfteppich ⟨m.⟩ 0.1 ***geknoopt tapijt.***

Knüppel ⟨m.; ~s, ~⟩ 0.1 ***knuppel*** ⇒*stok* 0.2 ***knuppel, talhout*** 0.3 ***gieteling, knuppel*** ⟨metaalstaaf⟩ 0.4 ***stuurknuppel, versnellingshendel*** ⇒*pook* ◆ 6.1 ⟨fig.⟩ einen ~ **am** Bein haben *een blok aan 't been hebben;* ⟨fig.⟩ da liegt der ~ **beim** Hund(e) *dat is de nare consequentie;* ⟨fig.⟩ jmdm. einen ~ **zwischen** die Beine werfen *iem. een stok tussen de benen gooien.*

Knüppeldamm ⟨m.⟩ 0.1 ***knuppeldam, -weg.***

knüppeldick ⟨inf.; fig.⟩ 0.1 ***bar, erg*** ⇒*zeer* ◆ 2.1 ~ voll *propvol* 3.1 es kommt ~ *alles komt tegelijk* ⟨pech, werk⟩.

knüppelhart ⟨inf.⟩ 0.1 ***bikkelhard.***

Knüppelholz ⟨o.⟩ 0.1 ***talhout, knuppelhout.***

knüppeln I ⟨onov.ww.; h.⟩⟨sp.⟩ 0.1 ***ruw spelen*** ⇒*knokken;*
II ⟨ov.ww.⟩ 0.1 ***knuppelen*** ⇒*slaan* ◆ 6.1 jmdn. **zu** Boden ~ *iem. neerknuppelen;*
III ⟨onp.ww.⟩⟨inf.⟩ 0.1 ***in grote menigte voorkomen.***

Knüppelschaltung ⟨v.⟩ 0.1 ***vloerschakeling*** ⟨in een auto⟩.

knurren 0.1 ***grollen, knorren*** 0.2 ⟨fig.⟩ ***brommen, grommen, knorren*** ◆ 1.1 ⟨fig.⟩ mir knurrt der Magen *ik rammel van de honger.*

Knurrhahn ⟨m.⟩⟨biol.⟩ 0.1 ***knorhaan, poon.***

knurrig 0.1 ***brommerig, knorrig.***

Knusperflocken ⟨alleen mv.⟩ 0.1 ***cornflakes.***

Knusperhäuschen ⟨o.⟩ 0.1 ***huisje v.d. heks.***

knusperig 0.1 ***bros, knappend, knapperig*** 0.2 ⟨fig.⟩ ***vlot, aantrekkelijk*** ⇒*jong.*

knuspern 0.1 ***knabbelen.***

Knute ⟨v.; ~, ~n⟩ 0.1 ***knoet*** ⟨ook fig.⟩.

knuten 0.1 ***afranselen*** 0.2 ⟨fig.⟩ ***(ver)knechten, tiranniseren.***

knutschen ⟨inf.⟩ 0.1 ***vrijen*** ⇒*minnekozen.*

Knutschfleck ⟨m.⟩⟨inf.⟩ 0.1 ***blauwe plek*** ⟨v.h. vrijen⟩.

Knüttel ⟨m.; ~s, ~⟩ 0.1 ***knuppel.***

Knüttelvers ⟨m.⟩⟨lit.⟩ 0.1 ***knuppelvers.***

k.o. 0.1 ⟨sp.⟩ ***knock-out*** 0.2 ⟨inf.⟩ ***op, kapot, uitgeput.***

K.o. ⟨m.; ~, ~⟩⟨sp.⟩ 0.1 ***knock-out.***

Koagulation ⟨v.; ~, ~en⟩ 0.1 ***coagulatie*** ⇒*stremming, stolling.*

koagulieren 0.1 ***(doen) coaguleren.***

Koala ⟨m.; ~s, ~s⟩⟨biol.⟩ 0.1 ***koala, buidelbeer.***

koalieren, koalisieren ⟨h.⟩ 0.1 ***een coalitie aangaan.***

Koalition ⟨v.; ~, ~en⟩ 0.1 ***coalitie*** ⇒*verbond.*

Koautor ⟨m.; ~s, ~en⟩ 0.1 ***medeauteur.***

Kobalt ⟨o.; ~s⟩ 0.1 ***kobalt.***

kobaltblau 0.1 ***kobaltblauw.***

Koben ⟨m.; ~s, ~⟩ 0.1 ***beschot*** ⇒*schuurtje, stal(letje)* 0.2 ***(varkens-, kippen)hok.***

Kobold ⟨m.; ~(e)s, ~e⟩ 0.1 ***kobold, (huis)kabouter*** ⇒*aardmannetje.*

Kobra ⟨v.; ~, ~s⟩⟨biol.⟩ 0.1 ***brilslang, cobra.***

Koch ⟨m.; ~(e)s, ¨~e⟩ 0.1 ***kok*** ◆ ¶.1 ⟨sprw.⟩ viele Köche verderben den Brei *veel koks verzouten de brij.*

Kochapfel ⟨m.⟩ 0.1 ***moesappel.***

Kochbirne ⟨v.⟩ 0.1 ***stoofpeer.***

Kochbuch ⟨o.⟩ 0.1 ***kookboek.***

kochecht 0.1 ***kookecht, bestand tegen koken.***

Kochecke ⟨v.⟩ 0.1 ***kookhoek, -nis.***

köcheln 0.1 ***sudderen*** 0.2 ⟨scherts.⟩ ***kokkerellen.***

kochen 0.1 ***koken, zieden*** ⟨ook fig.⟩ ◆ 1.1 Kaffee ~ *koffie zetten* 6.1 ⟨inf.⟩ es wird da auch nur **mit** Wasser gekocht *zij kunnen daar ook niet toveren;* er kochte **vor** Wut *hij kookte, ziedde van woede;* **zum** Kochen bringen *aan de kook brengen.* →**essen.**

Kochendwasserautomat ⟨m.⟩ 0.1 ***boiler.***

Kocher ⟨m.; ~s, ~⟩ 0.1 ***kook(toe)stel.***

Köcher ⟨m.; ~s, ~⟩ 0.1 ***(pijl)koker*** 0.2 ***kijkertas, foedraal*** ⟨voor verrekijker⟩.

Kocherei ⟨v.; ~⟩⟨inf.⟩ 0.1 ***gekook, kokerij.***

kochfertig 0.1 ***panklaar, instant-.***

kochfest 0.1 ***tegen koken bestand, kookecht.***

Kochflasche ⟨v.⟩⟨vooral schei.⟩ 0.1 ***kookkolf.***

Kochgeschirr ⟨o.⟩ 0.1 ***kookgerei*** ⇒*potten en pannen* 0.2 ⟨sold.⟩ ***eetketel, gamel.***

Kochherd ⟨m.⟩ 0.1 ***(keuken)fornuis, kookkachel.***

Köchin ⟨v.; ~, ~nen⟩ 0.1 ***kokkin*** ⇒*kookster.*

Kochkiste ⟨v.⟩ 0.1 ***hooikist.***

Kochlöffel ⟨m.⟩ 0.1 ***keuken-, pollepel*** ◆ 3.1 ⟨scherts.⟩ den ~ schwingen *koken, eten klaarmaken.*

Kochnische ⟨v.⟩ **0.1** *kitchenette.*
Kochplatte ⟨v.⟩ **0.1** *(elektrische) kookplaat.*
Kochrezept ⟨o.⟩ **0.1** *keukenrecept.*
Kochsalz ⟨o.⟩ **0.1** *keukenzout.*
Kochschinken ⟨m.⟩ **0.1** *gekookte ham.*
Kochstelle ⟨v.⟩ **0.1** *kookplaats* ⟨in open lucht⟩ **0.2** *kookplaat.*
Kochtopf ⟨m.⟩ **0.1** *kookpan, -pot.*
Kochwäsche ⟨v.⟩ **0.1** *kookwas, wit goed.*
Kochwurst ⟨v.⟩ **0.1** *gekookte worst.*
Kode ⟨m.; ~s, ~s⟩ **0.1** *code.*
Kodein ⟨o.; ~s⟩⟨far.⟩ **0.1** *codeïne.*
Köder ⟨m.; ~s, ~⟩ **0.1** *(lok)aas, lokmiddel* ⟨ook fig.⟩ ◆ **6.1 auf** den ~ anbeißen *aan 't aas bijten,* ⟨fig.⟩ *toehappen.*
ködern **0.1** *lokazen, lokken met aas* **0.2** ⟨fig.⟩ *verlokken, aanlokken.*
Köderwurm ⟨m.⟩ **0.1** *pier, worm als aas.*
Kodex ⟨m.; ~(es), ~e of Kodizes⟩ **0.1** *codex.*
kodieren **0.1** *coderen.*
Kodifikation ⟨v.; ~, ~en⟩ **0.1** *codificatie.*
kodifizieren **0.1** *codificeren.*
Kodizill ⟨o.; ~s, ~s⟩ **0.1** *codicil.*
Koedukation ⟨v.; ~⟩ **0.1** *co-educatie.*
Koeffizient ⟨m.; ~en, ~en⟩ **0.1** *coëfficiënt.*
Koexistenz ⟨v.⟩ **0.1** *coëxistentie.*
koexistieren **0.1** *naast elkaar bestaan.*
Koffein ⟨o.; ~s⟩ **0.1** *cafeïne.*
Koffer ⟨m.; ~s, ~⟩ **0.1** *(hand-, reis)koffer, valies* **0.2** ⟨wwb.⟩ *bed, fundering* ⟨v.e. weg⟩ **0.3** ⟨sold.⟩ *stuk zwaar geschut, zwaar projectiel* **0.4** ⟨inf.⟩ *gedrocht, kanjer* ◆ **3.1** die ~ packen (a) *de koffers pakken* (b) ⟨fig.⟩ *zijn biezen pakken;* ⟨inf.; scherts.; fig.⟩ einen ~ stehenlassen *een wind laten* **6.1** ⟨fig.⟩ **aus** dem ~ leben *(beroepshalve) veel onderweg zijn.*
Kofferanhänger ⟨m.⟩ **0.1** *kofferlabel.*
Kofferkuli ⟨m.⟩⟨verk.⟩ **0.1** *bagagewagentje* ⟨in een station⟩.
Kofferradio ⟨o.⟩ **0.1** *draagbare radio.*
Kofferraum ⟨m.⟩ **0.1** *bagage-, kofferruimte* ⟨in een auto⟩.
Kogge ⟨v.; ~, ~n⟩⟨scheep.⟩ **0.1** *kog(ge).*
Kognak ⟨m.; ~s, ~s⟩ **0.1** *cognac.*
Kognakbohne ⟨v.⟩ **0.1** *cognacbonbon.*
Kognakschwenker ⟨m.⟩ **0.1** *cognacballon* ⇒*cognacglas.*
kognitiv ⟨vooral psych., soc.⟩ **0.1** *cognitief.*
Kohabitation ⟨v.; ~, ~en⟩⟨med.⟩ **0.1** *cohabitatie.*
kohärent **0.1** *coherent.*
Kohärenz ⟨v.; ~⟩ **0.1** ⟨schr.⟩ *samenhang* **0.2** ⟨nat.⟩ *coherentie, cohesie.*
kohärieren ⟨h.⟩ **0.1** ⟨schr.⟩ *samenhangen* **0.2** ⟨nat.⟩ *coheren.*
Kohäsion ⟨v.; ~, ~en⟩ **0.1** *cohesie.*
Kohl ⟨m.; ~s, ~köpfe, voor de soorten ook mv. ~e⟩ **0.1** *kool* ⟨groente⟩ **0.2** ⟨inf.⟩ *onzin, apekool, larie* ◆ **2.1** das macht den ~ nicht fett *dat haalt niets uit* **3.1** ⟨inf.; fig.⟩ seinen ~ anbauen *teruggetrokken leven;* ⟨inf.; fig.⟩ den (alten) ~ wieder aufwärmen *oude koeien uit de sloot halen.*
Kohldampf ⟨m.⟩⟨inf.⟩ **0.1** *grote honger* ◆ **3.1** ~ schieben *op een houtje moeten bijten.*
Kohle ⟨v.; ~, ~n⟩ **0.1** *(steen)kool, kolen* **0.2** *actieve kool, adsorptiekool* ⇒*koolstof* **0.3** *houts-, tekenkool* **0.4** *koolborstel* **0.5** ⟨mv.⟩ *poen, duiten* ⇒*geld* **0.6** ⟨tech.⟩ *koolspits, koolstaaf* ⟨v.e. booglamp⟩ ◆ **2.1** ⟨schr.; fig.⟩ feurige ~n auf jmds. Haupt sammeln *vurige kolen op iemands hoofd stapelen;* ⟨fig.⟩ wie auf (glühenden) ~n sitzen *op hete kolen zitten;* weiße ~ *witte steenkool.*
Kohlebürste ⟨v.⟩ **0.1** *koolborstel.*
Kohlefaden ⟨m.⟩ **0.1** *kooldraad* ⟨voor gloeilamp⟩.
Kohlekraftwerk ⟨o.⟩ **0.1** *kolen(energie)centrale.*
Kohlelager ⟨o.⟩ **0.1** *(steen)koollaag, koolbedding* **0.2** *kolendepot.*
kohlen ⟨h.⟩ **0.1** *verkolen, carboniseren* **0.2** *smeulen* **0.3** ⟨scheep.⟩ *kolen innemen, bunkeren* **0.4** ⟨inf.⟩ *jokken.*
Kohlenbecken ⟨o.⟩ **0.1** *kolenbekken.*
Kohlenbergwerk ⟨o.⟩ **0.1** *kolenmijn.*
Kohlenbunker ⟨m.⟩⟨scheep.⟩ **0.1** *kolenbunker.*
Kohlendioxyd ⟨o.⟩ **0.1** *kooldioxide.*
Kohleneimer ⟨m.⟩ **0.1** *kolenkit.*
Kohlenfeld ⟨o.⟩ **0.1** *steenkoolveld, kolenveld.*
Kohlenfeuerung ⟨v.⟩ **0.1** *het stoken met kolen* **0.2** *kolenvuurhaard.*
Kohlenförderung ⟨v.⟩ **0.1** *steenkolenwinning.*
Kohlengrube ⟨v.⟩ **0.1** *kolenmijn.*
Kohlengrus ⟨m.⟩ **0.1** *kolengruis.*
Kohlenhalde ⟨v.⟩ **0.1** *kolenopslag, -stapel.*
Kohlenheizung ⟨v.⟩ **0.1** *verwarming met kolen.*
Kohlenherd ⟨m.⟩ **0.1** *kolenfornuis.*
Kohlenhydrat ⟨o.⟩ **0.1** *koolhydraat.*
Kohlenkasten ⟨m.⟩ **0.1** *kolenbak* ⇒*kolenkit.*
Kohlenmeiler ⟨m.⟩ **0.1** *meiler, houtskoolmijt.*
Kohlenmonoxyd ⟨o.⟩ **0.1** *koolmonoxide.*
Kohlenofen ⟨m.⟩ **0.1** *kolenkachel.*
Kohlenoxyd ⟨o.⟩ **0.1** *kool(mon)oxide.*
Kohlenoxydvergiftung ⟨v.⟩ **0.1** *kolendampvergiftiging.*
Kohlenrevier ⟨o.⟩ **0.1** *kolendistrict, -gebied.*
kohlensauer **0.1** *koolzuurhoudend* ◆ **1.1** kohlensaures Salz *carbonaat.*
Kohlensäure ⟨v.⟩ **0.1** *koolzuur, kooldioxide.*
Kohlenstaub ⟨m.⟩ **0.1** *steenkoolstof, kolenstof* **0.2** *poederkool.*
Kohlenstoff ⟨m.⟩ **0.1** *koolstof.*
Kohlenwagen ⟨m.⟩ **0.1** *kolenwagen* **0.2** *tender* ⟨bij een locomotief⟩.
Kohlenwasserstoff ⟨m.⟩ **0.1** *koolwaterstof.*
Kohlenzeche ⟨v.⟩ **0.1** *kolenmijn.*
Kohlepapier ⟨o.⟩ **0.1** *carbonpapier.*
Köhler ⟨m.; ~s, ~⟩ **0.1** *kolenbrander* **0.2** *koolvis.*
Köhlerei ⟨v.; ~, ~en⟩ **0.1** *kolenbranderij.*
Kohlestift ⟨m.⟩ **0.1** *houtskoolstift* **0.2** ⟨tech.⟩ *koolstaaf, koolspits.*
Kohlezeichnung ⟨v.⟩ **0.1** *(houts)kooltekening.*
Kohlkopf ⟨m.⟩ **0.1** *(krop v.e.) kool.*
Kohlmeise ⟨v.⟩⟨biol.⟩ **0.1** *koolmees.*
kohl(pech)rabenschwarz **0.1** *pikzwart* **0.2** *pik-, stikdonker.*
Kohlrabi ⟨m.; ~(s), ~(s)⟩ **0.1** *koolrabi, raapkool.*
Kohlraupe ⟨v.⟩ **0.1** *koolrups.*
Kohlrübe ⟨v.⟩ **0.1** *koolraap* **0.2** ⟨inf.; scherts.⟩ *bol, raap* ⇒*kop.*
kohlschwarz ⟨inf.⟩ **0.1** *pikzwart.*
Kohlweißling ⟨m.⟩⟨biol.⟩ **0.1** *koolvlinder, koolwitje.*
Kohorte ⟨v.; ~, ~n⟩ **0.1** *cohort* **0.2** ⟨inf.; pej.⟩ *groep, bende.*
Koinzidenz ⟨v.; ~, ~en⟩ **0.1** *coïncidentie.*
koitieren **0.1** *coïre, cohabiteren.*
Koitus ⟨m.; ~, ~(se)⟩ **0.1** *coïtus, bijslaap.*
Koje ⟨v.; ~, ~n⟩ **0.1** *stand* ⇒*kraam* **0.2** ⟨inf.⟩ *kooi* ⇒*bed* **0.3** ⟨scheep.⟩ *kooi.*
Kojote ⟨m.; ~n, ~n⟩⟨biol.⟩ **0.1** *coyote, prairiewolf.*
Koka ⟨v.; ~, ~⟩ **0.1** *coca* ⇒*cocaboom, -plant, -struik.*
Kokain ⟨o.; ~s⟩ **0.1** *cocaïne.*
kokainsüchtig **0.1** *verslaafd aan cocaïne.*
Kokarde ⟨v.; ~, ~n⟩ **0.1** *kokarde.*
koken I ⟨onov.ww.⟩ **0.1** *cokes winnen, cokes bereiden;* II ⟨ov.ww.⟩ **0.1** *vercooksen.*

Koker ⟨m.; ~s, ~⟩⟨scheep.⟩ **0.1** ***(mast)koker*** **0.2** ***hennengat*** **0.3** ***spiegat.***

Kokerei ⟨v.; ~, ~en⟩ **0.1** ***cokesoven*** ⇒*cokesfabriek.*

kokett **0.1** ***koket*** ◆ **1.1** ein ~es Kleid *een flatteuze jurk.*

Koketterie ⟨v.; ~⟩ **0.1** ***koketterie*** **0.2** ***het koketteren*** ⟨met iets⟩.

kokettieren **0.1** ***koketteren*** ⟨ook fig.⟩ ◆ **6.1 mit** dem Gedanken ~ *met de gedachte spelen.*

Kokke ⟨v.; ~, ~n⟩ **0.1** ***coccus*** ⇒*bacterie.*

Kokolores ⟨m.; ~⟩⟨inf.⟩ **0.1** ***gebazel, onzin*** ⇒*kletspraat* **0.2** ***aanstellerij, koude drukte.***

Kokon ⟨m.; ~s, ~s⟩ **0.1** ***cocon.***

Kokosfaser ⟨v.⟩ **0.1** ***kokosvezel.***

Kokosnuß ⟨v.⟩ **0.1** ***kokosnoot.***

Kokospalme ⟨v.⟩ **0.1** ***kokosboom, -palm.***

Kokosraspel ⟨m.⟩ **0.1** ***geraspte kokos.***

Koks ⟨m.; ~es, ~e⟩ **0.1** ***cokes*** **0.2** ⟨inf.; scherts.⟩ ***geld, duiten*** **0.3** ⟨inf.⟩ ***cocaïne*** **0.4** ⟨inf.⟩ ***stijve hoed*** **0.5** ⟨inf.⟩ ***onzin.***

koksen ⟨inf.⟩ **0.1** ***vast slapen, pitten*** **0.2** ***cocaïne gebruiken.***

Kokser ⟨m.; ~s, ~⟩⟨inf.⟩ **0.1** ***cocaïneverslaafde.***

Kolben ⟨m.; ~s, ~⟩ **0.1** ***kolf, knots*** **0.2** ⟨mil.⟩ ***kolf*** **0.3** ⟨tech.⟩ ***zuiger, plunjer*** **0.4** ⟨plantk.⟩ ***kolf*** **0.5** ⟨schei.⟩ ***(distilleer)-kolf*** **0.6** ⟨inf.; pej.⟩ ***dikke neus, kokkerd.***

Kolbendichtung ⟨v.⟩ **0.1** ***zuigerpakking.***

Kolbenhirse ⟨v.⟩ **0.1** ***trosgierst.***

Kolbenhub ⟨m.⟩ **0.1** ***(opgaande) zuigerslag.***

Kolbenmotor ⟨m.⟩ **0.1** ***zuigermotor.***

Kolbenring ⟨m.⟩ **0.1** ***zuigerveer, -ring.***

Kolbenstange ⟨v.⟩ **0.1** ***zuigerstang.***

Kolbenstift ⟨m.⟩ **0.1** ***zuigerpen.***

Kolbenstoß ⟨m.⟩ **0.1** ***kolfslag, -stoot.***

Kolbenventil ⟨o.⟩ **0.1** ***zuigerklep.***

Kolchos ⟨m. & o.; ~, Kolchose⟩ **0.1** ***kolchoz.***

Kolchose ⟨v.; ~, ~n⟩ **0.1** ***kolchoz.***

Kolibakterie ⟨v.; ~, ~n⟩ **0.1** ***colibacil.***

Kolibri ⟨m.; ~s, ~s⟩ **0.1** ***kolibrie.***

Kolik ⟨v.; ~, ~en⟩ **0.1** ***koliek*** ⇒*buikkramp.*

Kolk ⟨m.; ~(e)s, ~e⟩⟨geol.⟩ **0.1** ***kolk*** **0.2** ***kolkgat, gletsjermolen*** **0.3** ***plas, poel*** ⟨in veen⟩.

Kolkrabe ⟨m.⟩ **0.1** ***raaf.***

kollabieren ⟨s.⟩⟨med.⟩ **0.1** ***collaberen, flauwvallen.***

Kollaborateur ⟨m.; ~s, ~e⟩ **0.1** ***collaborateur.***

Kollaboration ⟨v.; ~⟩ **0.1** ***collaboratie.***

kollaborieren **0.1** ***collaboreren.***

Kollaps ⟨acc. wiss.⟩⟨m.; ~es, ~e⟩ **0.1** ***debacle, catastrofe*** **0.2** ⟨med.⟩ ***collaps, flauwte.***

Kollar ⟨o.; ~s, ~e⟩ **0.1** ***collaar*** ⟨v.e. geestelijke⟩.

Kollation ⟨v.; ~, ~en⟩ **0.1** ***collatie*** ⇒*vergelijking* **0.2** ⟨amb.⟩ ***collationering*** ⟨in de boekbinderij⟩ **0.3** ⟨rel.⟩ ***collatie.***

kollationieren **0.1** ***collationeren.***

Kolleg ⟨o.; ~s, ~s of ~ien⟩ **0.1** ***(hoor)college*** **0.2** ***collegegebouw*** **0.3** ***leergang*** ⇒*cursus* **0.4** ⟨rel.⟩ ***seminarie, r.-k. gymnasium*** ◆ **3.1** ein ~ belegen *inschrijven voor een college.*

Kollege ⟨m.; ~n, ~n⟩ **0.1** ***collega*** ⇒*vakgenoot, confrère* ⟨bij advocaten⟩ **0.2** ***werkmakker, medearbeider*** ◆ **1.1** Herr ~ *collega!*

Kollegenrabatt ⟨m.⟩ **0.1** ***collegiale korting.***

Kollegheft ⟨o.⟩ **0.1** ***dictaatcahier, -schrift.***

kollegial **0.1** ***collegiaal.***

Kollegiat ⟨m.; ~en, ~en⟩ **0.1** ***cursist*** ⇒*leerling, student* **0.2** ***kanunnik*** ⇒*kapittelheer.*

Kollegium ⟨o.; ~s, Kollegien⟩ **0.1** ***college, collegium*** ⇒*comité* **0.2** ***regerings-, bestuurslichaam*** **0.3** ⟨school.⟩ ***de gezamenlijke docenten.***

Kollegmappe ⟨v.⟩ **0.1** ***college-, aktetas.***

Kollegtasche ⟨v.⟩ **0.1** ***college-, aktetas.***

Kollekte ⟨v.; ~, ~n⟩⟨rel.⟩ **0.1** ***collecte*** ⇒*geldinzameling* ◆ **3.1** die ~ einsammeln *de collecte houden.*

Kollekteur ⟨m.; ~s, ~e⟩ **0.1** ***collecteur, collectant, inzamelaar*** **0.2** ***collecteur*** ⟨bij de staatsloterij⟩.

kollektieren **0.1** ***collecteren.***

Kollektion ⟨v.; ~, ~en⟩ **0.1** ***collectie.***

kollektiv **0.1** ***collectief*** ⇒*gemeenschappelijk, als geheel* ◆ **1.1** eine ~e Beratung *een gezamenlijk overleg.*

Kollektiv ⟨o.; ~s, ~e of ~s⟩ **0.1** ***groep, (kleine) gemeenschap*** ⇒*collectief* **0.2** ***collectief*** ⇒*werkgroep, team.*

Kollektivarbeit ⟨v.⟩ **0.1** ***groepswerk, teamwork.***

Kollektivbewußtsein ⟨o.⟩ **0.1** ***collectief bewustzijn*** ⇒ *saamhorigheidsgevoel* **0.2** ⟨psych.⟩ ***het collectief bewuste.***

kollektivieren **0.1** ***collectiviseren.***

Kollektivismus ⟨m.; ~⟩ **0.1** ***collectivisme.***

Kollektivität ⟨v.; ~⟩ **0.1** ***collectiviteit, gemeenschap*** **0.2** ***gemeenschappelijkheid*** ⇒*gemeenschapszin.*

Kollektivum ⟨o.; ~s, Kollektiva of Kollektiven⟩⟨taal.⟩ **0.1** ***collectivum, verzamelnaam.***

Kollektivurteil ⟨o.⟩ **0.1** ***globaal, generaliserend oordeel.***

Kollektivvertrag ⟨m.⟩ **0.1** ***collectieve arbeidsovereenkomst.***

Kollektor ⟨m.; ~s, Kollektoren⟩ **0.1** ⟨tech.⟩ ***collector*** **0.2** ⟨nat.⟩ ***(zonne)collector*** ⇒*zonnepaneel, -cel.*

Koller[1] ⟨m.; ~s, ~⟩ **0.1** ⟨inf.⟩ ***kolder, razernij*** **0.2** ⟨med.⟩ ***kolder*** ⟨bij paarden⟩ ◆ **3.1** der ~ packte sie *zij werd uitzinnig van woede.*

Koller[2] ⟨o.; ~s, ~⟩ **0.1** ***pas*** ⟨schouderstuk⟩ **0.2** ⟨gesch.⟩ ***kolder, wambuis.***

kollern **0.1** ***klokken, balderen*** ⟨van pluimvee⟩ **0.2** ***grommelen, morren.***

kollidieren **0.1** ⟨s.⟩ ***botsen, in aanvaring, botsing komen met*** **0.2** ⟨h.; fig.⟩ ***in strijd zijn*** ⟨met iets⟩, ***collideren*** ◆ **1.2** ~de Interessen *tegenstrijdige belangen* **6.2 mit** dem Gesetz ~ *in conflict komen met de wet;* die beiden Vorlesungen ~ **miteinander** *de twee colleges vallen samen.*

Kollier ⟨o.; ~s, ~s⟩ **0.1** ***collier, halssnoer*** **0.2** ***stola*** ⟨van bont⟩.

Kollision ⟨v.; ~, ~en⟩ **0.1** ***botsing*** ⇒*aanvaring* **0.2** ***conflict*** ⇒*(twee)strijd* ◆ **6.2** mit jmdm. **in** ~ geraten *in conflict komen met iem.*

Kollisionskurs ⟨m.⟩⟨fig.⟩ **0.1** ***koers recht op een conflict aan*** ◆ **6.1 auf** ~ gehen *op een (open) conflict aansturen.*

Kollo ⟨o.; ~s, Kollos of Kolli⟩ **0.1** ***stuk vrachtgoed, collo.***

Kollokation ⟨v.; ~, ~en⟩⟨taal.⟩ **0.1** ***collocatie*** ⇒*lexicale verbindbaarheid.*

kolloquial ⟨taal.⟩ **0.1** ***van, uit de spreektaal*** ⇒*spreektalig.*

Kolloquium ⟨o.; ~s, Kolloquien⟩ **0.1** ***colloquium*** ⇒*discussie* **0.2** ⟨school.⟩ ***colloquium*** ⇒*onderhoud, examen.*

Köln ⟨o.; ~s⟩ **0.1** ***Keulen.***

Kölner[1] ⟨m.; ~s, ~⟩ **0.1** ***Keulenaar.***

Kölner[2] ⟨bn.⟩ **0.1** ***Keuls, van Keulen*** ◆ **1.1** der ~ Dom *de dom van Keulen.*

kölnisch **0.1** ***Keuls*** ⇒*van, uit Keulen* ◆ **1.1** Kölnisch Wasser *eau de cologne.*

Kölnischwasser ⟨o.⟩ **0.1** ***eau de cologne.***

Kolon ⟨o.; ~s, ~s of Kola⟩ **0.1** ⟨lit.⟩ ***colon*** **0.2** ⟨med.⟩ ***colon, dikke darm.***

kolonial **0.1** ***koloniaal*** ⇒*van, uit de koloniën* **0.2** ⟨biol.⟩ ***in kolonies.***

Kolonialherr ⟨m.⟩ **0.1** ***koloniaal heerser*** ⇒*kolonisator.*

Kolonialherrschaft ⟨v.⟩ **0.1** ***koloniaal bewind.***

kolonialisieren 0.1 *kolonialiseren.*
Kolonialismus ⟨m.; ~⟩ 0.1 *kolonialisme.*
Kolonialmacht ⟨v.⟩ 0.1 *koloniale mogendheid.*
Kolonialreich ⟨o.⟩ 0.1 *koloniaal rijk.*
Kolonialwaren ⟨alleen mv.⟩ 0.1 *koloniale waren, specerijen* ⇒*levensmiddelen.*
Kolonialzeit ⟨v.⟩ 0.1 *koloniaal tijdperk.*
Kolonie ⟨v.; ~, ~n⟩ 0.1 *kolonie, koloniaal gebied* 0.2 *kolonie* ⟨groep personen⟩ 0.3 *kolonie, nederzetting* 0.4 *kolonie, kamp, inrichting* 0.5 ⟨biol.⟩ *kolonie.*
Kolonisation ⟨v.; ~, ~n⟩ 0.1 *kolonisatie* 0.2 *kolonisering* ⇒*ontginning, kolonisatie.*
Kolonisator ⟨m.; ~s, Kolonisatoren⟩ 0.1 *kolonisator* ⇒*koloniale mogendheid.*
kolonisieren 0.1 *koloniseren* ⇒*een kolonie stichten* 0.2 *koloniseren* ⇒*ontginnen.*
Kolonist ⟨m.; ~en, ~en⟩ 0.1 *kolonist* 0.2 *kolonisator* 0.3 *lid v.e. kolonie, kolonist* 0.4 ⟨plantk.⟩ *adventiefplant.*
Kolonnade ⟨v.; ~n, ~n⟩ 0.1 *colonnade* ⇒*zuilengang.*
Kolonne ⟨v.; ~, ~n⟩ 0.1 *colonne* ⇒*stoet* 0.2 *ploeg arbeiders* 0.3 ⟨boek.⟩ *kolom* 0.4 ⟨mijnw., schei.⟩ *colonne, kolom(apparaat)* 0.5 ⟨mil.⟩ *colonne* ⇒*legerafdeling* 0.6 ⟨verk.⟩ *colonne* ⇒*file* 0.7 ⟨wisk.⟩ *kolom* ⇒*serie* ◆ 3.6 ~ fahren *in file rijden.*
Kolonnenarbeit ⟨v.⟩ 0.1 *ploegwerk.*
Kolonnenschrift ⟨v.⟩ 0.1 *verticaal schrift* ⟨schrifttekens onder elkaar⟩.
Kolonnenspringer ⟨m.⟩ 0.1 ⟨iem. die steeds van rijstrook verandert⟩.
Kolonnenverkehr ⟨m.⟩ 0.1 *verkeer in files.*
Kolophon ⟨m.; ~(e)s, ~e⟩ 0.1 *colofon* ⟨in handschriften en wiegendrukken⟩.
Kolophonium ⟨o.; ~s⟩ 0.1 *colofonium, terpentijnhars.*
Koloradokäfer ⟨m.⟩ 0.1 *colorado-, aardappelkever.*
Koloratur ⟨v.; ~, ~en⟩ 0.1 *coloratuur.*
Koloratursopran ⟨m.⟩ 0.1 *coloratuursopraan.*
kolorieren 0.1 *kleuren, coloreren.*
Kolorist ⟨m.; ~en, ~en⟩ 0.1 ⟨bk., muz.⟩ *colorist* 0.2 ⟨amb.⟩ *kleurder* ⟨bv. van gravures⟩.
Kolorit ⟨o.; ~(e)s, ~e of ~s⟩ 0.1 ⟨bk.⟩ *coloriet* ⇒*kleurschakering* 0.2 ⟨muz.⟩ *klankkleur* 0.3 ⟨fig.⟩ *lokale kleur* ⇒*sfeer* 0.4 ⟨med.⟩ *huidpigment, huidskleur.*
Koloß ⟨m.; Kolosses, Kolosse⟩ 0.1 *kolos, reuzenbeeld* 0.2 *(reusachtig) gevaarte, kolos* ⟨ook fig.⟩ 0.3 ⟨inf.; scherts.⟩ *kolos* ⟨persoon⟩.
kolossal 0.1 *kolossaal, reusachtig, gigantisch* ⇒*monumentaal* 0.2 ⟨inf.; fig.⟩ *buitengewoon, fantastisch* 0.3 ⟨bw.⟩ *buitengewoon, uitermate* ⇒*enorm* ◆ 1.2 ~er Blödsinn *gruwelijke onzin.*
Kolossalfigur ⟨v.⟩ 0.1 *monumentale figuur, gestalte, verschijning.*
kolossalisch ⟨schr.⟩ 0.1 *kolossaal, reusachtig.*
Kolosserbrief ⟨m.⟩⟨rel.⟩ 0.1 *brief aan de Colossenzen.*
Kolportage ⟨v.; ~, ~n⟩ 0.1 *verspreiding van geruchten* ⇒*fluistercampagne* 0.2 ⟨lit.⟩ *(goedkope) sensatie* ⇒*colportageliteratuur.*
kolportagehaft 0.1 *kitscherig.*
Kolportageroman ⟨m.⟩ 0.1 *kitsch-, prulroman.*
Kolporteur ⟨m.; ~s, ~e⟩ 0.1 *rondstrooier van nieuwtjes* ⇒*roddelaar.*
kolportieren 0.1 *colporteren.*
Kölsch ⟨o.; ~(s)⟩ 0.1 *Keuls witbier.*
Kolumbarium ⟨o.; ~s, Kolumbarien⟩ 0.1 *columbarium, urnenbewaarplaats.*
Kolumbien ⟨o.; ~s⟩ 0.1 *Colombia.*
Kolumbus ⟨m.; ~⟩ 0.1 *Columbus* ◆ 1.1 das Ei des ~ *het ei van Columbus.*
Kolumne ⟨v.; ~, ~n⟩ 0.1 *kolom* 0.2 *hoofdartikel, column* 0.3 ⟨boek.⟩ *kolom (druks).*
Kolumnist ⟨m.; ~en, ~en⟩ 0.1 *columnist, kolomschrijver.*
Koma[1] ⟨v.; ~, ~s⟩⟨ster., nat.⟩ 0.1 *coma.*
Koma[2] ⟨o.; ~s, ~s of ~ta⟩⟨med.⟩ 0.1 *coma* ◆ 6.1 **im** ~ liegen *in (een) coma liggen.*
komatös 0.1 *comateus.*
Kombattant ⟨m.; ~en, ~en⟩ 0.1 *combattant* ⇒*strijder.*
Kombi ⟨m.; ~s, ~s⟩ 0.1 *combi, combi(natie)wagen, stationcar.*
Kombifahrzeug ⟨o.⟩ →**Kombi.**
Kombination ⟨v.; ~, ~en⟩ 0.1 *combinatie* ◆ 3.1 ~en anstellen *veronderstellingen maken* 6.1 eine ~ **von** Buchstaben *een lettercombinatie.*
Kombinationsgabe ⟨v.⟩ 0.1 *combinatievermogen.*
Kombinationsschloß ⟨o.⟩ 0.1 *combinatie-, letter-, ringslot.*
Kombinationsspiel ⟨o.⟩⟨sp.⟩ 0.1 *combinatiespel* ⇒*samenspel.*
Kombinatorik ⟨v.; ~⟩⟨wisk.⟩ 0.1 *combinatieleer.*
Kombine ⟨v.; ~, ~n, bij Engelse uitspraak ~s⟩ 0.1 *combine* ⇒*maaidorser.*
kombinieren 0.1 *combineren.*
Kombüse ⟨v.; ~, ~n⟩⟨scheep.⟩ 0.1 *kombuis.*
Komet ⟨m.; ~en, ~en⟩ 0.1 *komeet, staartster* ◆ 2.1 der Halleysche ~ *de komeet van Halley.*
kometenhaft 0.1 *pijlsnel.*
Kometenschweif ⟨m.⟩ 0.1 *kometenstaart.*
Komfort ⟨m.; ~s⟩ 0.1 *comfort* ⇒*gemak, gerieflijkheid.*
komfortabel 0.1 *comfortabel* ⇒*gerieflijk.*
Komik ⟨v.; ~⟩ 0.1 *het komische, de komische kracht* 0.2 *komiek(heid), komische (uit)werking* ◆ 2.2 von umwerfender ~ *onweerstaanbaar grappig.*
Komiker ⟨m.; ~s, ~⟩ 0.1 *komiek(eling)* ⇒*grappenmaker.*
komisch 0.1 *komiek, komisch* ⇒*grappig, lachwekkend* 0.2 ⟨inf.⟩ *eigenaardig, gek* ⇒*raar, zonderling* ◆ 1.1 die ~e Person *de komische figuur* ⟨op het toneel⟩ 1.2 er hat eine ~e Art *hij heeft een rare manier van doen;* ein ~er Vogel *een zonderling* 3.2 mir ist, wird so ~ (zumute) *ik voel me, ik word zo raar* 6.1 etwas **ins** Komische ziehen *iets belachelijk maken.*
komischerweise 0.1 *eigenaardig genoeg.*
Komitee ⟨o.; ~, ~s⟩ 0.1 *comité* ⇒*commissie* ◆ 6.1 jmdn. **in** ein ~ wählen *iem. tot lid van een comité verkiezen.*
Komma ⟨o.; ~s, ~s of ~ta⟩ 0.1 *komma* ◆ 6.1 ⟨fig.⟩ bis **aufs** ~ *tot in de kleinste bijzonderheden.*
Kommafehler ⟨m.⟩ 0.1 *verkeerd geplaatste komma.*
Kommandant ⟨m.; ~en, ~en⟩⟨mil.⟩ 0.1 *commandant.*
Kommandantur ⟨v.; ~, ~en⟩⟨mil.⟩ 0.1 *bureau v.e. (plaats)-commandant.*
Kommandeur ⟨m.; ~s, ~e⟩ 0.1 ⟨mil.⟩ *bevelhebber* 0.2 *commandeur* ⟨in een orde⟩.
kommandieren I ⟨onov.ww.⟩ 0.1 *bevelen, gebieden* 0.2 ⟨inf.⟩ *commanderen, op gebiedende toon spreken* ◆ 5.1 er kommandiert gern *hij speelt graag de baas;*
II ⟨ov.ww.⟩⟨mil.⟩ 0.1 *commanderen, het bevel voeren over* ⇒*opleggen* 0.2 *detacheren* ⇒*ontbieden, sturen* ◆ 6.2 er wurde **an** die Front kommandiert *hij werd naar het front gestuurd;* er wurde **zu** einer anderen Einheit kommandiert *hij werd bij een andere eenheid gedetacheerd.*
Kommandierung ⟨v.; ~⟩⟨mil.⟩ 0.1 *detachering.*
Kommanditgesellschaft ⟨v.⟩⟨ec.⟩ 0.1 *commanditaire vennootschap.*
Kommanditist ⟨m.; ~en, ~en⟩⟨ec.⟩ 0.1 *commanditair, stille vennoot.*

Kommando ⟨o.; ~s, ~s; Oostr. mv. ook Kommanden⟩ **0.1** ***bevel, commando*** ⇒*opdracht* **0.2** ***bevel(bevoegdheid), commando*** ⇒*aanvoering* **0.3** ⟨mil.⟩ ***commando, detachement*** ⇒*(leger)afdeling* **0.4** ⟨mil.⟩ ***hogere militaire instantie*** ⇒*opperbevel* ◆ **1.4** das ~ der Flotte *het opperbevel over de vloot* **6.2 unter** dem ~ von N. *onder aanvoering van N.*

Kommandobehörde ⟨v.⟩⟨mil.⟩ **0.1** ***bevelvoerende overheid*** **0.2** ***hoofdkwartier.***

Kommandobrücke ⟨v.⟩⟨scheep.⟩ **0.1** ***commandobrug.***

Kommandosache ⟨v.⟩⟨mil.⟩ **0.1** ***dienstaangelegenheid.***

Kommandostab ⟨m.⟩⟨mil.⟩ **0.1** ***commando-, maarschalksstaf*** **0.2** ***operationele staf*** ⇒*hoofdkwartier.*

Kommandostand ⟨m.⟩⟨mil.⟩ **0.1** ***commandopost.***

Kommandostelle ⟨v.⟩⟨mil.⟩ **0.1** ***commandopost.***

Kommandounternehmen ⟨o.⟩⟨mil.⟩ **0.1** ***commandoactie, -operatie.***

kommen ⟨→t69⟩ **0.1** ***komen, aankomen*** ⇒*bereiken* **0.2** ***komen*** ⇒*gebeuren, verschijnen* **0.3** ⟨in vaste verbinding met 'um'⟩ ***verliezen*** **0.4** ***komen uit, stammen van*** **0.5** ***horen, thuishoren*** **0.6** ***kosten*** **0.7** ⟨inf.⟩ ***klaarkomen*** ⇒*een orgasme hebben* ◆ **1.2** der Abend kommt *de avond valt;* mir kam die Lust zu singen *ik kreeg lust om te gaan zingen;* der Motor kommt sofort *de motor slaat direct aan;* ihr kamen die Tränen *tranen schoten in haar ogen* **2.1** wenn es hoch kommt *in het uiterste geval* **2.2** warte, es kommt noch besser! *wacht (maar), 't wordt nog gekker!* **2.6** das kommt billiger *dat valt goedkoper uit;* wie teuer kommt das? *hoe duur wordt dat?* **3.2** mag ~, was da will, (es) komme, was da wolle *er gebeure, wat wil;* der Brief kommt und kommt nicht *de brief komt maar niet;* ⟨fig.⟩ auf seinen Freund nichts ~ lassen *van zijn vriend geen kwaad willen horen* **5.2** damit dürfen Sie mir nicht ~! *daarmee hoeft u bij mij niet aan te komen!;* ⟨inf.⟩ jmdm. frech ~ *een brutale mond tegen iemand opzetten;* das kommt mir gerade recht! (a) *dat past mij uitstekend!* (b) *dat gebeurt net op het goede moment!;* ⟨inf.⟩ komm mir nicht so! *probeer dat foefje niet met mij!* **6.1** Katzen ~ immer **auf** die Füße zu stehen *katten komen altijd op hun poten terecht;* **auf** die Politik ~ *het gesprek op de politiek brengen;* wie kommt er **auf** diesen Verdacht? *hoe komt hij bij zo een verdenking?;* ist er **durch** die Prüfung gekommen? *is hij voor het examen geslaagd?;* **in** die sechzig ~ *tegen de zestig lopen;* **nach** Hause ~ *thuiskomen;* ~ Sie gut **nach** Hause! *wel thuis!;* ⟨inf.; fig.⟩ er kommt **nach** dem Vater *hij aardt naar zijn vader;* Südtirol kam **zu** Italien *Zuid-Tirol kwam aan, bij Italië;* (wieder) **zu** sich ~ (a) *weer bijkomen* (b) *weer bij (zijn) zinnen komen* (c) *zich herstellen;* **zum** Ende ~ *ten einde lopen* **6.2 im** Kommen sein *in opkomst zijn;* die Neuigkeit kam rasch **unter** die Studenten *het nieuwtje raakte vlug bekend onder de studenten* **6.3 um** sein Geld ~ *zijn geld verliezen;* **ums** Leben ~ *om het leven komen* **6.4 aus** kleinen Verhältnissen ~ *uit een eenvoudig milieu komen* **6.5** die Vase kommt **auf** die Fensterbank *de vaas hoort, komt op de vensterbank* ¶**.1** ⟨sprw.⟩ wer zuerst kommt, mahlt zuerst *die het eerst komt, het eerst maalt.* →**Zeit.**

kommensurabel ⟨schr.; wisk.⟩ **0.1** ***commensurabel, onderling meetbaar*** ⇒*vergelijkbaar.*

Komment ⟨m.; ~s, ~s⟩⟨stud.⟩ **0.1** ***gebruik(scode), mos, regel*** ⇒*gewoonte.*

Kommentar ⟨m.; ~s, ~e⟩ **0.1** ***commentaar*** ⇒*(tekst)verklaring, uitleg(ging)* **0.2** ***commentaar, kritiek*** ◆ **2.2** boshafte ~e zu etwas geben *venijnige opmerkingen bij iets maken.*

kommentarisch **0.1** ***in commentaarvorm.***

kommentarlos **0.1** ***zonder commentaar.***

Kommentator ⟨v.; ~s, Kommentatoren⟩ **0.1** ***commentator.***

kommentieren **0.1** ***(be)commentariëren, commenteren*** ⇒*annoteren* **0.2** ⟨inf.⟩ ***commentaar, uitleg geven*** ◆ **1.1** eine kommentierte Faustausgabe *een gecommentarieerde uitgave van Faust.*

Kommers ⟨m.; ~es, ~e⟩⟨stud.⟩ **0.1** ***drinkgelag, fuif.***

Kommersbuch ⟨o.⟩ **0.1** ***studentenliedboek.***

Kommerz ⟨m.; ~es⟩⟨meestal pej.⟩ **0.1** ***commercie.***

Kommerzfernsehen ⟨o.⟩ **0.1** ***commerciële televisie.***

kommerzialisieren **0.1** ***commercialiseren*** **0.2** ⟨ec.; openbare schulden in privéschulden omzetten⟩.

kommerziell **0.1** ***commercieel, handels-*** ◆ **1.1** ~e Betriebe *handelsbedrijven;* sie hat ~en Sinn *ze is commercieel aangelegd.*

Kommilitone ⟨m.; ~n, ~n⟩⟨stud.⟩ **0.1** ***medestudent.***

Kommiß ⟨m.; Kommisses⟩⟨inf.; sold.⟩ **0.1** ***militaire dienst*** ⇒*leger* ◆ **6.1** er muß **zum** ~ *hij moet onder dienst.*

Kommissar ⟨m.; ~s, ~e⟩ **0.1** ***commissaris, gevolmachtigde*** ⇒*gecommitteerde* **0.2** ***inspecteur van politie.***

Kommissariat ⟨o.; ~s, ~e⟩ **0.1** ***commissariaat.***

kommissarisch **0.1** ***plaatsvervangend, tijdelijk*** ◆ **3.1** ein Amt ~ verwalten *een ambt ad interim bekleden.*

Kommißbrot ⟨o.⟩ **0.1** ***commies-, leger-, soldatenbrood.***

Kommission ⟨v.; ~, ~en⟩ **0.1** ***commissie*** ⇒*gremium* **0.2** ⟨ec.⟩ ***commissie*** ⇒*opdracht, order* **0.3** ⟨ec.⟩ ***commissieloon*** ◆ **2.1** eine ständige ~ *een permanente commissie.*

Kommissionär ⟨m.; ~s, ~e⟩ **0.1** ***commissionair*** **0.2** ***commissieboekhandelaar.***

Kommissionsgeschäft ⟨o.⟩ **0.1** ***commissie(handels)zaak*** ⇒*commissiehandel.*

Kommissionsware ⟨v.⟩ **0.1** ***commissiegoed.***

Kommißstiefel ⟨m.⟩⟨sold.⟩ **0.1** ***soldatenlaars.***

Kommittent ⟨m.; ~en, ~en⟩⟨ec.⟩ **0.1** ***committent, last-, volmachtgever.***

kommittieren ⟨ec.⟩ **0.1** ***committeren.***

Kommode ⟨v.; ~n, ~n⟩ **0.1** ***commode, latafel.***

Kommodore ⟨m.; ~s, ~n of ~s⟩ **0.1** ***commodore.***

kommun ⟨schr.⟩ **0.1** ***gemeen(schappelijk)*** ⇒*algemeen* **0.2** ***alledaags, gewoon.***

kommunal **0.1** ***gemeentelijk, communaal*** ⇒*lokaal.*

Kommunalabgabe ⟨v.⟩ **0.1** ***gemeentebelasting.***

Kommunalbehörde ⟨v.⟩ **0.1** ***gemeentelijke overheid, gemeentebestuur.***

kommunalisieren **0.1** ***naasten, aan de gemeente trekken.***

Kommunalpolitik ⟨v.⟩ **0.1** ***gemeentepolitiek*** ⇒*lokale politiek.*

Kommunalverwaltung ⟨v.⟩ **0.1** ***gemeentelijke administratie*** ⇒*gemeentebeheer.*

Kommunalwahl ⟨v.⟩ **0.1** ***gemeenteraadsverkiezing.***

Kommunarde ⟨m.; ~n, ~n⟩ **0.1** ***communelid*** **0.2** ⟨gesch.⟩ ***communard.***

Kommune ⟨v.; ~, ~n⟩ **0.1** ***commune*** **0.2** ⟨adm.⟩ ***gemeente.***

Kommunikant ⟨m.; ~en, ~en⟩ **0.1** ⟨rel.⟩ ***communiant, communicant*** **0.2** ⟨soc., taal.⟩ ***deelnemer aan het communicatieproces.***

Kommunikation ⟨v.; ~, ~en⟩ **0.1** ***samenhang, (ver)binding*** **0.2** ***communicatie*** ⇒*onderling verkeer.*

Kommunikationsmittel ⟨o.⟩ **0.1** ***communicatiemedium, -middel*** **0.2** ⟨mv.⟩ ***(massa)media.***

kommunikativ **0.1** ***communicatief*** **0.2** ***mededeelzaam*** ⇒*spraakzaam.*

Kommunikee ⟨o.⟩⟨nw.spel.⟩ →**Kommuniqué.**

Kommunion ⟨v.; ~, ~en⟩ **0.1** ***communie*** ⇒⟨ook⟩ *eerste communie* ◆ **6.1 zur** ersten (heiligen) ~ gehen *zijn eerste communie doen.*

Kommunionkind ⟨o.⟩ **0.1** ***eerstecommunicant.***
Kommuniqué ⟨o.; ~s, ~s⟩ **0.1** ***communiqué*** *⇒bekendmaking* **0.2** ***memorandum, memorie.***
Kommunismus ⟨m.; ~⟩ **0.1** ***communisme*** ◆ **6.1 im** ~ leben *in een communistisch bestel leven.*
Kommunist ⟨m.; ~en, ~en⟩ **0.1** ***communist.***
kommunistisch 0.1 ***communistisch.***
Kommunität ⟨v.; ~, ~en⟩ **0.1** ***communiteit*** *⇒geestelijke broederschap.*
kommunizieren 0.1 ***communiceren*** **0.2** ***met elkaar spreken*** **0.3** ⟨rel.⟩ ***communiceren.***
Kommutation ⟨v.; ~, ~en⟩⟨taal., wisk.⟩ **0.1** ***commutatie.***
kommutativ 0.1 ***commutatief*** *⇒verwisselbaar, omkeerbaar.*
Kommutator ⟨m.; ~s, Kommutatoren⟩⟨nat.⟩ **0.1** ***commutator.***
kommutieren 0.1 ***commuteren.***
Komödiant ⟨m.; ~en, ~en⟩ **0.1** ***komediant, huichelaar*** **0.2** ***toneelspeler.***
komödiantenhaft 0.1 ***komedianterig.***
Komödiantentum ⟨o.; ~s⟩ **0.1** ***acteurschap*** **0.2** ***aanstellerij, veinzerij.***
komödiantisch 0.1 ***komedieachtig, toneelmatig.***
Komödie ⟨v.; ~, ~n⟩ **0.1** ***komedie*** ⟨literair genre⟩ **0.2** ***blijspel, komedie(stuk)*** **0.3** ***komedie(gebouw), (klein) theater*** **0.4** ⟨fig.⟩ ***aanstellerij, komedie(spel).***
Komödienhaus ⟨o.⟩ **0.1** ***komedie(gebouw), (klein) theater.***
Kompagnon ⟨acc. wiss.⟩⟨m.; ~s, ~s⟩⟨ec.⟩ **0.1** ***compagnon, vennoot.***
kompakt 0.1 ***compact*** *⇒dicht* **0.2** ***(ineen)gedrongen.***
Kompanie ⟨v.; ~, ~n⟩ **0.1** ***compagnie.***
Kompaniechef ⟨m.⟩⟨mil.⟩ **0.1** ***compagnie(s)commandant.***
Kompaniefeldwebel ⟨m.⟩⟨mil.⟩ **0.1** ***sergeant-majoor-instructeur.***
Kompanieführer ⟨m.⟩⟨mil.⟩ **0.1** ***compagnie(s)commandant.***
komparabel 0.1 ***vergelijkbaar.***
Komparation ⟨v.; ~, ~en⟩ **0.1** ⟨schr.⟩ ***vergelijking*** **0.2** ⟨taal.⟩ ***comparatie*** *⇒trappen van vergelijking.*
Komparatistik ⟨v.; ~⟩ **0.1** ***(literair) comparatisme*** *⇒vergelijkende literatuurwetenschap.*
Komparativ ⟨m.; ~s, ~e⟩⟨taal.⟩ **0.1** ***vergelijkende, vergrotende trap, comparatief.***
Komparativsatz ⟨m.⟩⟨taal.⟩ **0.1** ***comparatiefzin, bijzin van vergelijking.***
Komparator ⟨m.; ~s, Komparatoren⟩ **0.1** ***comparateur*** ⟨meetinstrument⟩ **0.2** ⟨tech.⟩ ***comparator, spanningsvergelijker.***
Komparse ⟨m.; ~n, ~n⟩ **0.1** ***figurant, statist.***
Komparserie ⟨v.; ~, ~n⟩ **0.1** ***figuratie, de gezamenlijke figuranten.***
Kompaß ⟨m.; Kompasses, Kompasse⟩ **0.1** ***kompas*** ⟨ook fig.⟩ ◆ **6.1 nach** dem ~ marschieren *op het kompas marcheren.*
Kompaßrose ⟨v.⟩ **0.1** ***kompas-, windroos.***
kompatibel 0.1 ⟨com., med.⟩ ***compatibel*** *⇒verenigbaar* **0.2** ⟨taal.⟩ ***combineerbaar, verbindbaar.***
kompendi|arisch, -ös ⟨schr.⟩ **0.1** ***beknopt, samengevat.***
Kompendium ⟨o.; ~s, Kompendien⟩⟨schr.⟩ **0.1** ***compendium*** *⇒handboek.*
Kompensation ⟨v.; ~, ~en⟩ **0.1** ***compensatie.***
Kompensationsgeschäft ⟨o.⟩⟨ec.⟩ **0.1** ***compensatie-, ruilverkeer, compensatiehandel*** **0.2** ***compensatietransactie.***
Kompensator ⟨m.; ~s, Kompensatoren⟩ **0.1** ***compensator*** **0.2** ⟨tech.⟩ ***compensatiestuk, expansiepijp.***
kompensatorisch ⟨schr.⟩ **0.1** ***compensatoir.***
kompensieren 0.1 ***compenseren.***
kompetent 0.1 ***competent*** *⇒deskundig* **0.2** ⟨jur.⟩ ***competent, bevoegd*** *⇒gerechtigd.*
Kompetenz ⟨v.; ~, ~en⟩ **0.1** ***competentie, deskundigheid*** **0.2** ⟨jur.⟩ ***competentie, bevoegdheid*** **0.3** ⟨taal.⟩ ***competence, taalvermogen*** ◆ **3.2** das fällt nicht in meine ~ *dat behoort niet tot mijn competentie.*
Kompetenzbereich ⟨m.⟩ **0.1** ***domein, gebied van bevoegdheid*** *⇒taak.*
Kompetenzfrage ⟨v.⟩ **0.1** ***competentiekwestie, -vraag.***
Kompetenzstreit ⟨m.⟩ **0.1** ***competentiegeschil, jurisdictiegeschil.***
Kompilation ⟨v.; ~, ~en⟩ **0.1** ***compilatie.***
Kompilator ⟨m.; ~s, Kompilatoren⟩⟨schr.; meestal pej.⟩ **0.1** ***compilator.***
kompilieren ⟨schr.; meestal pej.⟩ **0.1** ***compileren.***
Komplement ⟨o.; ~(e)s, ~e⟩ **0.1** ***complement.***
komplementär 0.1 ***complementair*** ◆ **3.1** sich ~ verhalten *complementair zijn.*
Komplementär ⟨m.; ~s, ~e⟩⟨ec.⟩ **0.1** ***complementair vennoot.***
Komplementärfarbe ⟨v.⟩ **0.1** ***complementaire kleur.***
komplementieren ⟨schr.⟩ **0.1** ***completeren, aanvullen.***
Komplet[1] ⟨v.; ~, ~e⟩⟨rel.⟩ **0.1** ***completen*** *⇒avondgebed.*
Komplet[2] ⟨o.; ~s, ~e⟩ **0.1** ***complet, mantelkostuum.***
komplett 0.1 ***compleet, volledig*** *⇒totaal* **0.2** ⟨inf.⟩ ***absoluut, helemaal*** ◆ **1.1** Kaffee ~ *café complet* **1.2** ~er Blödsinn *volslagen onzin* **5.1** wir sind ~ *we zijn voltallig;* ⟨inf.⟩ ich bin ~ *ik heb alles wat ik nodig heb.*
komplettieren ⟨schr.⟩ **0.1** ***completeren, aanvullen.***
komplex 0.1 ***complex, samengesteld*** *⇒gecompliceerd* **0.2** ⟨schei., wisk.⟩ ***complex.***
Komplex ⟨m.; ~es, ~e⟩ **0.1** ***complex*** ◆ **1.1** der ~ der Krankenhausbauten *het complex van de kliniekgebouwen* **2.1** ⟨psych.⟩ ein verdrängter ~ *een verdrongen complex.*
komplexbeladen 0.1 ***vol complexen.***
Komplexion ⟨v.; ~, ~en⟩⟨schr.⟩ **0.1** ***combinatie, samenbundeling.***
Komplexität ⟨v.; ~⟩ **0.1** ***complexiteit, ingewikkeldheid.***
Komplikation ⟨v.; ~, ~en⟩ **0.1** ***complicatie*** ◆ **3.1** es treten ~en ein *er doen zich complicaties voor.*
komplikationslos 0.1 ***zonder complicatie(s).***
Kompliment ⟨o.; ~(e)s, ~e⟩ **0.1** ***compliment*** ◆ **3.1** jmdm. für etwas ein ~ machen *iem. een compliment maken over iets.*
komplimentieren 0.1 ***complimenteren, complimenten maken.***
Komplize ⟨m.; ~n, ~n⟩ **0.1** ***complice, medeplichtige.***
Komplizenschaft ⟨v.; ~⟩ **0.1** ***medeplichtigheid.***
komplizieren I ⟨ov.ww.⟩ **0.1** ***bemoeilijken, compliceren*** *⇒verwarren;*
II sich ~ ⟨wk.ww.⟩ **0.1** ***ingewikkelder worden.***
kompliziert 0.1 ***gecompliceerd, ingewikkeld.***
Kompliziertheit ⟨v.; ~⟩ **0.1** ***gecompliceerdheid, ingewikkeldheid.***
Komplott ⟨o., inf. ook m.; ~(e)s, ~e⟩ **0.1** ***complot*** *⇒samenzwering* ◆ **6.1** (mit) **im** ~ sein *bij een complot betrokken zijn.*
komplottieren 0.1 ***complotteren*** *⇒samenzweren.*
Komponente ⟨v.; ~, ~n⟩ **0.1** ***component.***
komponieren 0.1 ***componeren, toonzetten*** **0.2** ⟨schr.⟩ ***componeren, samenstellen*** *⇒scheppen* ◆ **1.2** ein geschickt komponiertes Theaterstück *een knap opgebouwd toneelstuk.*
Komponist ⟨m.; ~en, ~en⟩ **0.1** ***componist, toondichter.***

Komposite ⟨v.; ~, ~n⟩⟨plantk.⟩ **0.1** ***composiet, samengesteldbloemige plant.***
Komposition ⟨v.; ~, ~en⟩ **0.1** ***compositie.***
Kompositionslehre ⟨v.⟩⟨muz.⟩ **0.1** ***compositieleer.***
kompositorisch **0.1** *uit een oogpunt van compositie, vormgeving* **0.2** ⟨muz.⟩ ***compositorisch.***
Kompositum ⟨o.; ~s, Komposita, zelden mv. Kompositen⟩ ⟨taal.⟩ **0.1** ***compositum, samenstelling.***
Kompost ⟨m.; ~(e)s, ~e⟩ **0.1** ***compost.***
Komposterde ⟨v.⟩ **0.1** ***compost.***
kompostieren ⟨landb.⟩ **0.1** ***composteren, tot compost verwerken*** **0.2** ***met compost bemesten.***
Kompott ⟨o.; ~(e)s, ~e⟩ **0.1** ***compote.***
Kompresse ⟨v.; ~, ~en⟩⟨med.⟩ **0.1** ***kompres*** **0.2** ***gevouwen gaasje.***
Kompression ⟨v.; ~, ~en⟩ **0.1** ***compressie.***
Kompressionsstrumpf ⟨m.⟩⟨med.⟩ **0.1** ***spataderkous, elastieken kous.***
Kompressionsverband ⟨m.⟩⟨med.⟩ **0.1** ***drukverband.***
Kompressor ⟨m.; ~s, Kompressoren⟩⟨tech.⟩ **0.1** ***compressor.***
komprimieren **0.1** *comprimeren, samenpersen* **0.2** ⟨nat., tech.⟩ ***samendrukken, verdichten.***
komprimiert **0.1** ***beknopt, bondig, gecomprimeerd.***
Kompromiß ⟨m., soms o.; Kompromisses, Kompromisse⟩ **0.1** ***compromis, vergelijk*** ⇒*(minnelijke) schikking* ◆ **3.1** einen ~ aushandeln *een compromis tot stand brengen;* einen ~ eingehen *een vergelijk treffen.*
kompromißbereit **0.1** ***bereid tot compromissen*** ⇒*inschikkelijk.*
Kompromißler ⟨m.; ~s, ~⟩⟨pej.⟩ **0.1** ***iem. die steeds naar compromissen streeft.***
kompromißlerisch **0.1** ***tot compromissen neigend.***
kompromißlos **0.1** ***consequent, onverzettelijk.***
kompromittieren **I** ⟨ov.ww.⟩ **0.1** ***compromitteren, in opspraak brengen;***
II sich ~ ⟨wk.ww.⟩ **0.1** ***zich compromitteren, zichzelf in opspraak brengen.***
Komputer ⟨m.⟩ →**Computer.**
Komtesse ⟨v.; ~, ~n⟩ **0.1** ***ongehuwde dochter v.e. graaf*** ⇒ *freule.*
Komtur ⟨m.; ~s, ~e⟩ **0.1** ***commandeur.***
Komturei ⟨v.; ~, ~en⟩ **0.1** ***commanderij.***
Kondensat ⟨o.; ~(e)s, ~e⟩⟨nat.⟩ **0.1** ***condensaat.***
Kondensation ⟨v.; ~, ~en⟩ **0.1** ***condensatie.***
Kondensationspunkt ⟨m.⟩⟨nat.⟩ **0.1** ***condensatietemperatuur.***
Kondensator ⟨m.; ~s, Kondensatoren⟩⟨tech.⟩ **0.1** ***condensator.***
kondensieren **0.1** ***condenseren.***
Kondensmilch ⟨v.⟩ **0.1** ***gecondenseerde melk*** ⇒*koffiemelk.*
Kondensstreifen ⟨m.⟩ **0.1** ***condens(atie)streep.***
konditern ⟨inf.⟩ **0.1** ***banketgebak maken.***
Kondition ⟨v.; ~, ~en⟩ **0.1** ***conditie, (lichamelijke) gesteldheid*** **0.2** ⟨sp.⟩ ***(gunstige) conditie, vorm*** **0.3** ⟨ec.⟩ ***conditie, voorwaarde*** ◆ **3.2** die ~ halten *in goede conditie blijven.*
konditional ⟨taal.⟩ **0.1** ***conditioneel, voorwaardelijk.***
Konditionalsatz ⟨m.⟩ **0.1** ***voorwaardelijke bijzin.***
konditionell ⟨sp.⟩ **0.1** ***op het stuk van conditie.***
konditionieren **0.1** ***conditioneren.***
Konditionsmangel ⟨m.⟩⟨sp.⟩ **0.1** ***gebrek aan conditie.***
konditionsschwach ⟨sp.⟩ **0.1** ***in zwakke conditie, in slechte vorm.***
konditionsstark ⟨sp.⟩ **0.1** ***in sterke conditie, in goede vorm.***
Konditor ⟨m.; ~s, Konditoren⟩ **0.1** ***banketbakker.***
Konditorei ⟨v.; ~, ~en⟩ **0.1** ***banketbakkerij, banketbakkerswinkel*** **0.2** ***tea-, lunchroom*** ⟨in een banketbakkerswinkel⟩.
Konditorware ⟨v.⟩ **0.1** ***banket, fijn gebak.***
Kondolenz ⟨v.; ~, ~en⟩ **0.1** ***deelneming, medegevoel*** **0.2** ***condoleantie, rouwbeklag.***
Kondolenzbuch ⟨o.⟩ **0.1** ***condoléanceregister.***
Kondolenzliste ⟨v.⟩ **0.1** ***condoléanceregister.***
Kondolenzschreiben ⟨o.⟩ **0.1** ***condoléancebrief.***
kondolieren **0.1** ***condoleren*** ◆ **6.1** ich habe ihm **zum** Tode seines Vaters kondoliert *ik heb hem bij, met de dood van zijn vader gecondoleerd, mijn rouwbeklag betuigd.*
Kondom ⟨m. & o.; ~s, ~e, soms ~s⟩ **0.1** ***condoom, preservatief.***
Kondominat ⟨m. & o.; ~(e)s, ~e⟩ **0.1** ***condominium.***
Kondominium ⟨o.; ~s, Kondominien⟩ **0.1** ***condominium.***
Kondor ⟨m.; ~s, ~e⟩⟨biol.⟩ **0.1** ***condor.***
Kondukt ⟨m.; ~(e)s, ~e⟩ **0.1** ***plechtige rouwstoet.***
konfabulieren **0.1** ***confabuleren*** ⇒*verzinnen.*
Konfekt ⟨o.; ~(e)s, ~e⟩ **0.1** ***bonbons.***
Konfektion ⟨v.; ~, ~en⟩ **0.1** ***confectie*** ◆ **6.1** **in** der ~ herstellen *als confectiegoed produceren.*
Konfektionär ⟨m.⟩ **0.1** ***confectionair, confectiefabrikant.***
konfektionieren **0.1** ***confectioneren, (in serie) produceren.***
Konfektionsanzug ⟨m.⟩ **0.1** ***confectiepak.***
Konfektionsgeschäft ⟨o.⟩ **0.1** ***confectiezaak, -magazijn.***
Konferenz ⟨v.; ~, ~en⟩ **0.1** ***conferentie*** ⇒*bespreking* **0.2** ⟨ec.⟩ ***conference*** ⇒*prijsovereenkomst.*
Konferenzraum ⟨m.⟩ **0.1** ***conferentiekamer, -zaal.***
Konferenzsendung ⟨v.⟩⟨com.⟩ **0.1** ***schakelprogramma.***
konferieren **I** ⟨onov.ww.⟩ **0.1** ***confereren, een conferentie houden;***
II ⟨ov.ww.⟩ **0.1** ***presenteren*** ◆ **1.1** eine Modenschau ~ *een modeshow presenteren.*
Konfession ⟨v.; ~, ~en⟩ **0.1** ***geloofsgemeenschap*** ⇒*gezindte* **0.2** ⟨rel.⟩ ***biecht, belijdenis*** **0.3** ⟨rel.⟩ ***confessie, geloofsbelijdenis*** ⇒*belijdenisgeschrift.*
konfessionell **0.1** ***confessioneel.***
konfessionslos **0.1** ***niet-confessioneel*** ◆ **1.1** die ~e Schule *de neutrale school.*
Konfessionsschule ⟨v.⟩ **0.1** ***confessionele school, bijzondere school.***
Konfessionswechsel ⟨m.⟩ **0.1** ***overgang*** ⟨tot een ander geloof⟩ ⇒*bekering.*
Konfetti ⟨o.; ~s⟩ **0.1** ***confetti.***
Konfiguration ⟨v.; ~, ~en⟩ **0.1** ***configuratie.***
Konfirmand ⟨m.; ~en, ~en⟩⟨rel.⟩ **0.1** ***aannemeling.***
Konfirmandenunterricht ⟨m.⟩ **0.1** ***catechisatie.***
Konfirmation ⟨v.; ~, ~en⟩ **0.1** ***confirmatie.***
konfirmieren ⟨rel.⟩ **0.1** ***confirmeren, aannemen, bevestigen.***
Konfiskation ⟨v.; ~, ~en⟩⟨jur.⟩ **0.1** ***confiscatie.***
konfiszieren **0.1** ***confisqueren*** ⇒*in beslag nemen, verbeurdverklaren.*
Konfitüre ⟨v.; ~, ~n⟩ **0.1** ***jam*** ⟨met vruchten⟩.
Konflikt ⟨m.; ~(e)s, ~e⟩ **0.1** ***conflict*** ⇒*geschil, botsing* **0.2** ***conflict*** ⇒*strijd* ◆ **2.2** ein bewaffneter ~ *een gewapend conflict* **3.1** einen ~ schlichten *een geschil bijleggen.*
Konfliktstoff ⟨m.⟩ **0.1** ***conflictstof.***
Konföderation ⟨v.; ~, ~en⟩ **0.1** ***confederatie*** ⇒*statenbond.*
konföderieren ⟨ook sich ~⟩ **0.1** ***confedereren*** ⇒*zich aaneensluiten.*
konform **0.1** ***conform, overeenstemmend*** **0.2** ⟨wisk.⟩ ***con-***

form ◆ **3.1** unsere Meinungen gehen nicht ~ *onze meningen lopen uiteen;* mit jmdm. ~ gehen, sein *het eens zijn met iem.*
Konformismus ⟨m.; ~⟩ **0.1** ***conformisme.***
Konformist ⟨m.; ~en, ~en⟩ **0.1** ***conformist.***
Konformität ⟨v.; ~⟩ **0.1** ***conformiteit*** *⇒overeenstemming.*
Konfrater ⟨m.; ~s, Konfratres⟩ **0.1** ***confrater*** *⇒medebroeder, ambtgenoot.*
Konfrontation ⟨v.; ~, ~en⟩ **0.1** ***confrontatie*** ◆ **6.1** die ~ des Angeklagten **mit** dem Zeugen *het confronteren van de verdachte met de getuige.*
konfrontieren **0.1** ***confronteren.***
konfus **0.1** ***confuus*** *⇒verward* **0.2** ***confuus*** *⇒verlegen, in de war (gebracht)* ◆ **1.1** ~es Zeug reden *wartaal spreken.*
Konfusion ⟨v.; ~, ~en⟩ **0.1** ***confusie*** *⇒verwarring* **0.2** ***verwardheid, onduidelijkheid.***
kongenial **0.1** ***congeniaal*** *⇒geestverwant.*
Kongestion ⟨v.; ~, ~en⟩⟨med.⟩ **0.1** ***congestie*** *⇒aandrang, stuwing.*
Konglomerat ⟨o.; ~(e)s, ~e⟩ **0.1** ***conglomeraat.***
Kongregation ⟨v.; ~, ~en⟩⟨rel.⟩ **0.1** ***congregatie.***
Kongreß ⟨m.; Kongresses, Kongresse⟩ **0.1** ***congres*** ◆ **2.1** ⟨gesch.⟩ der Wiener ~ *het Congres van Wenen.*
Kongreßabgeordnete(r) ⟨bn. als zn.⟩ **0.1** ***congreslid, parlementslid*** ⟨USA⟩.
Kongreßhalle ⟨v.⟩ **0.1** ***congreszaal*** *⇒congresgebouw.*
Kongreßteilnehmer ⟨m.⟩ **0.1** ***congresganger.***
kongruent **0.1** ***congruent*** *⇒overeenstemmend* **0.2** ⟨wisk.⟩ ***congruent.***
Kongruenz ⟨v.; ~, ~en⟩ **0.1** ***congruentie.***
kongruieren **0.1** ***congrueren.***
Konifere ⟨v.; ~, ~n⟩⟨plantk.⟩ **0.1** ***conifeer.***
König ⟨m.; ~s, ~e⟩ **0.1** ***koning*** **0.2** ⟨sp.⟩ ***koning, heer*** ◆ **6.1** ~ **von** Gottes Gnaden *koning bij de gratie Gods.*
Königin ⟨v.; ~, ~nen⟩ **0.1** ***koningin*** **0.2** ⟨sp.⟩ ***koningin, dame*** ⟨v.h. schaakspel⟩.
Königinmutter ⟨v.⟩ **0.1** ***koningin-moeder.***
königlich **0.1** ***koninklijk*** **0.2** ***koninklijk, als van een koning*** **0.3** ⟨fig.⟩ ***vorstelijk*** *⇒prachtig* **0.4** ⟨inf.⟩ ***geweldig, kostelijk*** ◆ **1.3** ein ~es Geschenk *een vorstelijk geschenk* **3.4** sich ~ amüsieren *zich kostelijk amuseren.*
Königreich ⟨o.⟩ **0.1** ***koninkrijk.***
Königsadler ⟨m.⟩ **0.1** ***koningsarend.***
königsblau **0.1** ***konings-, kobaltblauw.***
Königshaus ⟨o.⟩ **0.1** ***koningshuis, dynastie.***
Königshof ⟨m.⟩ **0.1** ***koninklijk hof.***
Königskerze ⟨v.⟩ **0.1** ***koningskaars, aronsstaf.***
Königskrone ⟨v.⟩ **0.1** ***koningskroon.***
Königspaar ⟨o.⟩ **0.1** ***koninklijk paar, koningspaar.***
Königspalast ⟨m.⟩ **0.1** ***koninklijk paleis.***
Königsschießen ⟨o.⟩ **0.1** ***koningschieten*** *⇒schuttersfeest.*
Königsschloß ⟨o.⟩ **0.1** ***koninklijk paleis, slot.***
Königssitz ⟨m.⟩ **0.1** ***koninklijke residentie.***
königstreu **0.1** ***trouw aan de koning*** *⇒koningsgezind, royalistisch.*
Königsweg ⟨m.⟩⟨schr.; fig.⟩ **0.1** ***koninklijke weg.***
Königtum ⟨o.⟩ **0.1** ***koningschap.***
konisch **0.1** ***conisch*** *⇒kegelvormig.*
Konjugation ⟨v.; ~, ~en⟩ **0.1** ⟨biol.⟩ ***conjugatie*** **0.2** ⟨taal.⟩ ***conjugatie*** *⇒vervoeging.*
konjugieren ⟨taal.⟩ **0.1** ***conjugeren*** *⇒vervoegen.*
Konjunktion ⟨v.; ~, ~en⟩ **0.1** ⟨astrol., ster.⟩ ***conjunctie*** *⇒samenstand* **0.2** ⟨taal.⟩ ***conjunctie*** *⇒voegwoord.*
Konjunktionalsatz ⟨m.⟩⟨taal.⟩ **0.1** ***voegwoordelijke bijzin.***
Konjunktiv ⟨m.; ~s, ~e⟩⟨taal.⟩ **0.1** ***conjunctief*** *⇒aanvoegende wijs.*
Konjunktur ⟨v.; ~, ~en⟩ **0.1** ***conjunctuur*** **0.2** ***hoogconjunctuur*** ◆ **3.2** ⟨fig.⟩ ~ haben (a) *good in de markt liggen* ⟨van zaken⟩ (b) *veel gevraagd zijn* ⟨van personen⟩.
konjunkturabhängig **0.1** ***conjunctuurgevoelig.***
Konjunkturaufschwung ⟨m.⟩ **0.1** ***opleving, stijging v.d. conjunctuur.***
konjunkturbedingt **0.1** ***conjunctuurgebonden.***
Konjunkturbelebung ⟨v.⟩ **0.1** ***opleving, verbetering v.d. conjunctuur.***
Konjunktureinbruch ⟨m.⟩ **0.1** ***plotseling optredende recessie.***
konjunkturell **0.1** ***conjunctureel.***
Konjunkturpolitik ⟨v.⟩ **0.1** ***conjunctuurpolitiek.***
Konjunkturritter ⟨m.⟩⟨inf.; pej.⟩ **0.1** ***opportunist*** *⇒meeloper.*
Konjunkturrückgang ⟨m.⟩ **0.1** ***recessie.***
Konjunkturschwankung ⟨v.⟩ **0.1** ***conjunctuurschommeling.***
Konjunkturspritze ⟨v.⟩ **0.1** ***maatregel ter stimulering v.d. conjunctuur.***
Konjunkturzuschlag ⟨m.⟩ **0.1** ***conjunctuurtoeslag.***
konkav **0.1** ***concaaf*** *⇒holrond.*
Konkavlinse ⟨v.⟩ **0.1** ***concave lens.***
Konklave ⟨o.; ~s, ~n⟩⟨rel.⟩ **0.1** ***conclaaf.***
konkludieren **0.1** ***concluderen*** *⇒een gevolgtrekking maken.*
Konklusion ⟨v.; ~, ~en⟩ **0.1** ***conclusie*** *⇒gevolgtrekking.*
konklusiv **0.1** ⟨vooral fil.⟩ ***conclusief.***
konkordant **0.1** ***concordant.***
Konkordanz ⟨v.; ~, ~en⟩ **0.1** ***concordantie.***
Konkordat ⟨o.; ~(e)s, ~e⟩ **0.1** ***concordaat*** *⇒overeenkomst.*
konkret **0.1** ***concreet*** *⇒werkelijk, tastbaar* ◆ **3.1** sich ~ ausdrücken *zich ondubbelzinnig uitdrukken.*
konkretisieren **0.1** ***concretiseren.***
Konkubinat ⟨o.; ~(e)s, ~e⟩ **0.1** ***concubinaat.***
Konkubine ⟨v.; ~, ~n⟩ **0.1** ***concubine*** *⇒maîtresse.*
Konkurrent ⟨m.; ~en, ~en⟩ **0.1** ***concurrent*** *⇒rivaal, mededinger.*
Konkurrenz ⟨v.; ~, ~en⟩ **0.1** ***concurrentie*** *⇒mededinging, wedijver* **0.2** ⟨sp.⟩ ***concours, wedstrijd*** ◆ **3.1** jmdm. ~ machen *iem. concurrentie aandoen* **6.1** mit jmdm. **in** ~ liegen, stehen *met iem. concurreren* **6.2** **außer** ~ starten *buiten mededinging starten.*
Konkurrenzbetrieb ⟨m.⟩ **0.1** ***concurrerend bedrijf.***
konkurrenzfähig **0.1** ***in staat te concurreren.***
Konkurrenzkampf ⟨m.⟩ **0.1** ***concurrentiestrijd.***
Konkurrenzklausel ⟨v.⟩⟨jur.⟩ **0.1** ***concurrentiebeding.***
Konkurrenzunternehmen ⟨o.⟩ **0.1** ***concurrerende onderneming.***
konkurrieren **0.1** ***concurreren, mededingen, wedijveren*** **0.2** ⟨jur.⟩ ***concurreren*** ◆ **1.2** ~de Ansprüche *concurrerende vorderingen* **6.1** **um** einen Posten ~ *om een betrekking wedijveren.*
Konkurs ⟨m.; ~(e)s, ~e⟩ **0.1** ***faillissement, bankroet*** ◆ **3.1** (den, seinen) ~ anmelden *het faillissement aanvragen;* ~ machen *failliet gaan* **6.1** **in** ~ gehen, geraten *failleren, failliet gaan;* ⟨jur.⟩ den ~ **über** ein Geschäft eröffnen, verhängen *een zaak failliet, in staat van faillissement verklaren.*
Konkursantrag ⟨m.⟩ **0.1** ***faillissementsaanvrage.***
Konkurseröffnung ⟨v.⟩ **0.1** ***faillietverklaring.***
Konkursmasse ⟨v.⟩ **0.1** ***failliete boedel.***
Konkursverfahren ⟨o.⟩ **0.1** ***faillissement(sprocedure).***
Konkursverwalter ⟨m.⟩ **0.1** ***curator (bij een faillissement).***
können ⟨→t70⟩ **I** ⟨onov.ww.⟩ **0.1** ***kunnen*** *⇒bij machte zijn,*

in staat zijn ◆ **4.1** ⟨inf.⟩ mir kann keiner! *ik ben voor niemand bang!* **5.1** da kann ich nicht mehr mit *dat is te moeilijk voor mij;* nicht umhin ~ *er niet onderuit kunnen* **6.1** für diesen Unfall kann er nichts *aan dit ongeval heeft hij geen schuld;* (es) **mit** jmdm. (gut) ~ *met iem. (goed) kunnen opschieten;*
II ⟨ov.ww.⟩ **0.1** ***kennen*** ⇒*beheersen* **0.2** ***kunnen*** ⇒*bij machte zijn, in staat zijn* ◆ **1.1** er kann Russisch *hij kent Russisch* **5.1** auswendig ~ *van buiten kennen;*
III ⟨hww.⟩ **0.1** ***kunnen, in staat zijn, bij machte zijn*** ⇒ *willen* **0.2** ***kunnen*** ⇒*mogen* **0.3** ***kunnen, mogelijk zijn*** **0.4** ***kunnen*** ⇒*moeten, hoeven* **0.5** ***kunnen, mogen*** ⇒*reden hebben om* ◆ **3.1** ⟨inf.⟩ da kann man nichts machen *daar kun je niets aan doen* **3.2** meinetwegen kann er hier bleiben *voor mijn part mag hij hier blijven;* ⟨inf.⟩ du kannst mich gernhaben! *je kunt naar de maan lopen!;* ⟨inf.⟩ du kannst mich mal! *je kunt me wat!* **3.3** er kann einem leid tun *je zou medelijden met hem krijgen;* ⟨inf.⟩ kann sein! *'t is mogelijk!* **3.5** das kannst du mir glauben! *geloof me maar!;* ⟨inf.⟩ das war ein Tag, ich kann dir sagen! *nou, was me dat een dag!, het was me het dagje wel!* **5.3** ⟨inf.⟩ wo kann man hier mal (austreten)? *waar is het toilet?*

Können ⟨o.; ~s⟩ **0.1** ***bekwaamheid, kunde, kundigheid*** **0.2** ***handigheid*** ⇒*kunstvaardigheid, talent* ◆ **3.1** sein ~ zeigen *laten zien, wat men kan.*

Könner ⟨m.; ~s, ~⟩ **0.1** ***bekwaam iemand*** ⇒*kei, uitblinker.*

Könnerschaft ⟨v.; ~⟩ **0.1** ***bekwaamheid, kunde*** ⇒*vakkundigheid.*

Konnossement ⟨o.; ~(e)s, ~e⟩ ⟨scheep.⟩ **0.1** ***cognossement, ladingsbrief.***

Konnotation ⟨v.; ~, ~en⟩ ⟨taal.⟩ **0.1** ***connotatie*** ⇒*bijbetekenis.*

Konrektor ⟨m.; ~s, Konrektoren⟩ **0.1** ***conrector.***

Konsekration ⟨v.; ~, ~en⟩ **0.1** ***wijding*** ⇒*inzegening* **0.2** ***consecratie.***

konsekrieren **0.1** ***wijden, inzegenen*** **0.2** ***consacreren, consecreren.***

Konsekutivdolmetschen ⟨o.; ~s⟩ **0.1** ***consecutief tolken.***

Konsekutivsatz ⟨m.⟩ **0.1** ***consecutieve, gevolgaanduidende bijzin.***

Konsens ⟨m.; ~es, ~e⟩ **0.1** ***consensus*** ⇒*eenstemmigheid, overeenstemming.*

konsequent **0.1** ***consequent*** **0.2** ***onverstoorbaar, onwrikbaar.***

Konsequenz ⟨v.; ~, ~en⟩ **0.1** ***consequentie*** ⇒*uitvloeisel, gevolg* **0.2** ***consequentie*** ⇒*logica, steekhoudendheid* **0.3** ***onverstoorbaarheid, beslistheid*** ◆ **3.1** bis zur letzten ~ kämpfen *vechten tot het uiterste.*

Konservatismus ⟨m.; ~⟩ **0.1** ***conservatisme*** ⇒*behoudzucht.*

konservativ **0.1** ***conservatief*** ⇒*behoudend* **0.2** ⟨med.⟩ ***conservatief.***

Konservative(r) ⟨bn. als zn.⟩ **0.1** ***conservatief.***

Konservativismus ⟨m.; ~⟩ **0.1** ***conservatisme.***

Konservator ⟨m.; ~s, Konservatoren⟩ **0.1** ***conservator.***

konservatorisch **0.1** ***conserverend*** **0.2** ***in, v.e. conservatorium.***

Konservatorist ⟨m.; ~en, ~en⟩ **0.1** ***leerling aan een conservatorium.***

Konservatorium ⟨o.; ~s, Konservatorien⟩ **0.1** ***conservatorium.***

Konserve ⟨v.; ~, ~n⟩ **0.1** ***conserven*** **0.2** ***conservenblik*** **0.3** ⟨med.⟩ ***fles bloed voor transfusie*** **0.4** ⟨jargon⟩ ***ingeblikte software.***

Konserven|büchse, -dose ⟨v.⟩ **0.1** ***conservenblik(je).***

konservieren **0.1** ***conserveren*** ◆ **5.1** ⟨inf.⟩ sie hat sich gut konserviert *ze ziet er nog goed uit (voor haar leeftijd).*

Konservierungsmittel ⟨o.⟩ **0.1** ***conserveringsmiddel, conserveermiddel.***

Konsignant ⟨m.; ~en, ~en⟩ ⟨ec.⟩ **0.1** ***consignant, consignatiegever*** ⇒*lastgever.*

Konsi|gnatar, -gnatär ⟨m.; ~, ~e⟩ ⟨ec.⟩ **0.1** ***consignataris, consignatienemer*** ⇒*lasthebber.*

Konsignation ⟨v.; ~, ~en⟩ ⟨ec.⟩ **0.1** ***consignatie, commissiehandel.***

konsignieren ⟨ec.⟩ **0.1** ***consigneren, in consignatie zenden.***

Konsilium ⟨o.; ~s, Konsilien⟩ ⟨med.⟩ **0.1** ***consult*** **0.2** ***aan een consult deelnemende artsen.***

konsistent **0.1** ***consistent.***

Konsistenz ⟨v.; ~⟩ **0.1** ***consistentie.***

Konsistorium ⟨o.; ~s, Konsistorien⟩ **0.1** ***consistorie*** ⇒*vergadering van kardinalen.*

Konsole ⟨v.; ~, ~n⟩ **0.1** ***console.***

Konsolidation ⟨v.; ~⟩ ⟨ec.⟩ **0.1** ***consolidatie, consolidering.***

konsolidieren **I** ⟨ov.ww.⟩ **0.1** ***(con)solideren, verstevigen, beveiligen*** **0.2** ⟨ec.⟩ ***consolideren*** (van schulden);
II sich ~ ⟨wk.ww.⟩ ⟨schr.⟩ **0.1** ***zich consolideren, verstevigen.***

Konsoltischchen ⟨o.⟩ **0.1** ***penant-, consoletafeltje.***

Konsonant ⟨m.; ~en, ~en⟩ ⟨taal.⟩ **0.1** ***consonant, medeklinker.***

Konsorte ⟨m.; ~n, ~n⟩ **0.1** ⟨meestal mv.; pej.⟩ ***consorten, soortgenoten*** **0.2** ⟨ec.⟩ ***lid v.e. consortium.***

Konsortialgeschäft ⟨o.⟩ ⟨ec.⟩ **0.1** ***syndicaatstransactie.***

Konsortium ⟨o.; ~s, Konsortien⟩ ⟨ec.⟩ **0.1** ***consortium, syndicaat.***

Konspiration ⟨v.; ~, ~en⟩ **0.1** ***conspiratie, samenzwering.***

konspirativ **0.1** ***conspiratief.***

konspirieren **0.1** ***conspireren, samenzweren.***

konstant **0.1** ***constant, onveranderlijk*** **0.2** ***permanent*** ⇒ *hardnekkig.*

Konstante ⟨v.; ~, ~n⟩ **0.1** ***constante, onveranderlijke grootheid*** (ook fig.).

Konstanz ⟨v.; ~⟩ **0.1** ***constantie, constantheid.***

konstatieren **0.1** ***constateren, vaststellen.***

Konstellation ⟨v.; ~, ~en⟩ **0.1** ***constellatie, stand van zaken*** **0.2** ⟨astrol., ster.⟩ ***constellatie.***

Konsternation ⟨v.; ~⟩ **0.1** ***consternatie, ontsteltenis.***

konsternieren **0.1** ***consterneren, in opschudding brengen.***

konsterniert **0.1** ***geconsterneerd, verbouwereerd.***

Konstipation ⟨v.; ~, ~en⟩ ⟨med.⟩ **0.1** ***constipatie, verstopping.***

Konstituente ⟨v.; ~, ~n⟩ ⟨taal.⟩ **0.1** ***constituent.***

konstituieren **I** ⟨ov.ww.⟩ **0.1** ***constitueren*** ⇒*instellen, vormen;*
II sich ~ ⟨wk.ww.⟩ **0.1** ***zich constitueren*** ⇒*tot stand komen.*

Konstitution ⟨v.; ~, ~en⟩ **0.1** ***constitutie.***

Konstitutionalismus ⟨m.; ~⟩ ⟨pol.⟩ **0.1** ***constitutionele staatsvorm.***

konstitutionell **0.1** ***constitutioneel*** **0.2** ⟨med.⟩ ***constitutioneel.***

konstitutiv **0.1** ***constitutief*** ⇒*wezenlijk.*

konstruieren **0.1** ***construeren*** ◆ **3.1** das klingt konstruiert *dat klinkt gezocht.*

Konstrukteur ⟨m.; ~s, ~e⟩ **0.1** ***constructeur.***

Konstruktion ⟨v.; ~, ~en⟩ **0.1** ***constructie.***

Konstruktionsbüro ⟨o.⟩ **0.1** ***constructiebureau.***

Konstruktionsfehler ⟨m.⟩ 0.1 *constructiefout.*
konstruktiv 0.1 *constructief.*
Konsul ⟨m.; ~s, ~n⟩ 0.1 *consul.*
konsularisch 0.1 *consulair.*
Konsulat ⟨o.; ~(e)s, ~e⟩ 0.1 *consulaat.*
Konsultation ⟨v.; ~, ~en⟩ 0.1 *consultatie, raadpleging* ⇒ ⟨med.⟩ *consult* 0.2 ⟨pol.⟩ *gemeenschappelijk overleg.*
konsultativ 0.1 *consultatief, raadgevend.*
konsultieren 0.1 *consulteren, raadplegen.*
Konsum[1] ⟨m.; ~s⟩ 0.1 *consumptie, verbruik.*
Konsum[2] ⟨m.; ~s, ~s⟩ 0.1 *coöperatieve verbruiksvereniging* 0.2 *coöperatieve winkel.*
Konsument ⟨m.; ~en, ~en⟩ 0.1 *consument, verbruiker.*
Konsumentenpreis ⟨m.⟩ 0.1 *consumentenprijs* ⇒*winkelprijs.*
Konsumgenossenschaft ⟨v.⟩⟨ec.⟩ 0.1 *coöperatieve verbruiksvereniging, verbruikscoöperatie.*
Konsumgesellschaft ⟨v.⟩ 0.1 *consumptiemaatschappij.*
Konsumgut ⟨o.⟩ 0.1 *consumptie-, verbruiksgoed.*
konsumieren 0.1 *consumeren, verbruiken.*
Konsumterror ⟨m.⟩ 0.1 *druk (op de consument) om te kopen.*
Konsumtion ⟨v.; ~⟩ 0.1 ⟨ec.⟩ *consumptie, verbruik* 0.2 ⟨med.⟩ *kwijning, uittering.*
konsumtiv 0.1 *consumptief, verbruiks-.*
Konsumverein ⟨m.⟩ 0.1 *coöperatieve verbruiksvereniging.*
Konsumverhalten ⟨o.⟩ 0.1 *consumptiegedrag.*
Konsumverzicht ⟨m.⟩ 0.1 *bestedingsbeperking.*
Konsumzwang ⟨m.⟩ 0.1 *consumptiedwang.*
Kontakt ⟨m.; ~(e)s, ~e⟩ 0.1 *contact* ⇒*betrekking, verbinding* 0.2 *aanraking, contact* 0.3 ⟨geol.⟩ *contact* 0.4 ⟨schei.⟩ *contactmassa, katalysatormassa* 0.5 ⟨tech.⟩ *contact* ◆ 2.1 geschäftliche ~e *zakenrelaties* 3.1 (den) ~ herstellen *contact tot stand brengen* 6.1 **mit** jmdm. ~ halten *met iem. in contact blijven.*
Kontaktabzug ⟨m.⟩⟨foto.⟩ 0.1 *contactafdruk.*
kontaktarm 0.1 *contactarm* ⇒*teruggetrokken.*
Kontaktaufnahme ⟨v.⟩ 0.1 *contactlegging, het aanknopen van contact.*
kontakten ⟨h.⟩ 0.1 *contact leggen, betrekkingen aanknopen* 0.2 ⟨ec.; als contactman v.e. reclamebureau optreden⟩.
kontaktfreudig 0.1 *op contact met anderen gesteld* ⇒ *open.*
Kontaktlinse ⟨v.⟩ 0.1 *contactlens.*
Kontaktmann ⟨m.; mv. ¨er of Kontaktleute⟩ 0.1 *contactman, persoon die contact legt* 0.2 ⟨inf.⟩ *(inlichtings)-agent* ⇒*spion, verbindingsman.*
Kontaktschale ⟨v.⟩ 0.1 *contactlens.*
kontaktscheu 0.1 *teruggetrokken, eenzelvig.*
kontaktschwach 0.1 *contactarm, teruggetrokken.*
Kontaktstörung ⟨v.⟩⟨psych.⟩ 0.1 *contactstoornis.*
Kontamination ⟨v.; ~, ~en⟩ 0.1 *(radioactieve) besmetting* 0.2 ⟨taal.⟩ *contaminatie.*
kontaminieren ⟨h.⟩ 0.1 *(radioactief) besmetten* 0.2 ⟨taal.⟩ *contamineren.*
kontant ⟨ec.⟩ 0.1 *baar, contant.*
Kontanten ⟨alleen mv.⟩ 0.1 *contanten* ⇒*baar geld* 0.2 *(vreemde) deviezen, valuta.*
Kontemplation ⟨v.; ~⟩⟨schr.; rel.⟩ 0.1 *contemplatie, beschouwing.*
kontemplativ 0.1 *contemplatief, beschouwend.*
kontemplieren 0.1 *contempleren.*
Konter ⟨m.; ~s, ~⟩ 0.1 ⟨inf.⟩ *repliek* ⇒*antwoord* 0.2 ⟨sp.⟩ *counter* ⟨boksen, voetbal⟩.
Konteradmiral ⟨m.⟩⟨scheep.⟩ 0.1 *schout-bij-nacht.*
Konterbande ⟨v.; ~⟩ 0.1 *contrabande.*
Konterfei ⟨o.; ~(e)s, ~s of ~e⟩⟨vero. of scherts.⟩ 0.1 *konterfeitsel, portret.*
Kontergewicht ⟨o.⟩ 0.1 *contragewicht, tegenwicht.*
konterkarieren 0.1 *contrecarreren, dwarsbomen.*
Kontermine ⟨v.; ~, ~n⟩ 0.1 ⟨schr.⟩ *tegenmaatregel* 0.2 ⟨ec.⟩ *contramine.*
Kontermutter ⟨v.⟩⟨tech.⟩ 0.1 *contramoer.*
kontern ⟨h.⟩ 0.1 ⟨boek., foto.⟩ *(spiegelbeeldig) omkeren* 0.2 ⟨sp.; vooral bij boksen⟩ *counteren* 0.3 ⟨amb., tech.⟩ *een contramoer vastschroeven* 0.4 ⟨inf.; fig.⟩ *van antwoord, van repliek dienen* ⇒*lik op stuk geven.*
Konterrevolution ⟨v.⟩ 0.1 *contrarevolutie.*
Konterschlag ⟨m.⟩ 0.1 ⟨sp.⟩ *tegenstoot* ⟨bij het boksen⟩ 0.2 ⟨fig.⟩ *tegenaanval.*
Kontertanz ⟨m.⟩ 0.1 *contradans.*
Kontext ⟨m.; ~(e)s, ~e⟩ 0.1 *context.*
kontieren ⟨ec.⟩ 0.1 *op een rekening (over)boeken.*
Kontinent ⟨m.; ~(e)s, ~e⟩ 0.1 *continent, werelddeel* 0.2 *continent, vasteland.*
kontinental 0.1 *continentaal, vastelands.*
Kontinentalklima ⟨o.⟩ 0.1 *land-, vastelandsklimaat.*
Kontinentalmacht ⟨v.⟩⟨pol.⟩ 0.1 *continentale mogendheid.*
Kontinentalschelf ⟨m. & o.⟩⟨aardr.⟩ 0.1 *continentaal plat.*
Kontinentalsockel ⟨m.⟩⟨aardr.⟩ 0.1 *continentaal plat.*
Kontinentalsperre ⟨v.⟩⟨gesch.⟩ 0.1 *continentaal stelsel.*
Kontingent ⟨o.; ~(e)s, ~e⟩ 0.1 *contingent, quotum* ⇒*aandeel* 0.2 ⟨mil.⟩ *(troepen)contingent.*
kontingentieren ⟨ec.⟩ 0.1 *contingenteren* ⇒*beperken.*
kontinuierlich 0.1 *continu, ononderbroken* ⇒*gelijkmatig* 0.2 ⟨wisk.⟩ *continu.*
Kontinuität ⟨v.; ~⟩ 0.1 *continuïteit.*
Kontinuum ⟨o.; ~s, Kontinua of Kontinuen⟩ 0.1 *continuüm* ⇒*geheel.*
Konto ⟨o.; ~s, Konten of Konti of Kontos⟩ 0.1 *rekening, conto* ⇒*giro-, bankrekening* ◆ 2.1 totes ~ *dode rekening* 3.1 ein ~ führen *een rekening bijhouden;* ein ~ sperren *een rekening blokkeren* 6.1 Geld **auf** ein ~ einzahlen *geld op een rekening storten;* ⟨inf.⟩ das geht, kommt **auf** mein ~ (a) *dat is voor mijn rekening* (b) ⟨fig.⟩ *dat is mijn schuld;* ⟨fig.⟩ etwas **auf** dem ~ haben *iets op zijn geweten hebben;* der Erfolg kommt **auf** das ~ unseres Chefs *het succes is aan onze chef te danken.*
Kontoausgleich ⟨m.⟩⟨ec.⟩ 0.1 *het sluitend maken v.e. rekening.*
Kontoauszug ⟨m.⟩ 0.1 *rekeningafschrift.*
Kontobuch ⟨o.⟩⟨ec.⟩ 0.1 *rekeningenboek* 0.2 *kassiersboekje.*
Kontoführung ⟨v.⟩⟨ec.⟩ 0.1 *het bijhouden, beheren v.e. rekening* ⟨door een bank⟩.
Kontoinhaber ⟨m.⟩ 0.1 *rekeninghouder.*
Kontokorrent ⟨o.; ~s, ~e⟩ 0.1 *rekening-courant* 0.2 *lopende rekening* 0.3 *subgrootboek* 0.4 *rekening-courantboek.*
Kontokorrentkonto ⟨o.⟩⟨ec.⟩ 0.1 *rekening-courantrekening.*
Kontonummer ⟨v.⟩ 0.1 *(bank-, giro)rekeningnummer.*
Kontor ⟨o.; ~s, ~e⟩ 0.1 ⟨ec.⟩ *filiaal(kantoor) in het buitenland* ⇒*rederijkantoor* 0.2 ⟨gesch.⟩ *factorij.*
Kontorist ⟨m.; ~en, ~en⟩ 0.1 *kantoorbediende.*
Kontostand ⟨m.⟩⟨ec.⟩ 0.1 *staat v.e. rekening* ⇒*saldo.*
kontra[1] ⟨vz. + 4⟩⟨jur.⟩ 0.1 *contra, tegen.*
kontra[2] ⟨bw.⟩ 0.1 *tegen* ◆ 1.1 das Pro und Kontra *het pro en contra, het voor en tegen.*

Kontra ⟨o.; ~s, ~s⟩ **0.1** *verzet, tegenstand* ⇒*oppositie, bezwaar* **0.2** ⟨sp.⟩ *doublet* ⇒*tegenbod* ◆ **3.2** ⟨inf.; fig.⟩ jmdm. ~ geben *iem. lik op stuk geven.*
Kontrabaß ⟨m.⟩ **0.1** *contrabas, basviool.*
Kontradiktion ⟨v.; ~, ~en⟩ **0.1** *contradictie, tegenstrijdigheid.*
kontradiktorisch **0.1** *contradictorisch, tegenstrijdig.*
Kontrahent ⟨m.; ~en, ~en⟩ **0.1** *tegenstander, tegenstrever* **0.2** ⟨ec., jur.⟩ *contractant, contractpartner* **0.3** ⟨sp.⟩ *tegenstander, tegenspeler.*
kontrahieren I ⟨onov.ww.; h.⟩ **0.1** *contraheren, (zich) samentrekken;*
II ⟨ov.ww.⟩ **0.1** *contraheren, samentrekken* **0.2** ⟨ec., jur.⟩ *contracteren* **0.3** ⟨sp.⟩ *riposteren* ⇒*nahouwen, nasteken* ⟨bij het schermen⟩;
III sich ~ ⟨wk.ww.⟩ **0.1** *zich contraheren, zich samentrekken.*
Kontrakt ⟨m.; ~(e)s, ~e⟩ **0.1** *contract* ⇒*overeenkomst, verdrag* ◆ **6.1** jmdn. **in** ~ nehmen *iem. engageren.*
Kontraktbruch ⟨m.⟩ **0.1** *contractbreuk.*
kontraktbrüchig **0.1** *een contract niet nalevend* ◆ **3.1** ~ werden *contractbreuk plegen.*
Kontraktion ⟨v.; ~, ~en⟩ **0.1** *contractie.*
kontraktlich **0.1** *contractueel.*
Kontrapunkt ⟨m.⟩ **0.1** ⟨muz.⟩ *contrapunt* **0.2** ⟨schr.⟩ *tegenpool, tegengewicht.*
konträr **0.1** *contrair, onderling strijdig.*
kontrasignieren **0.1** *contrasigneren, medeondertekenen.*
Kontrast ⟨m.; ~(e)s, ~e⟩ **0.1** *contrast* ◆ **6.1 in**, im ~ zu etwas stehen *met iets in contrast staan.*
kontrastieren **0.1** *contrasteren* ◆ **6.1 mit, zu** etwas ~ *met iets contrasteren.*
kontrastiv ⟨taal.⟩ **0.1** *contrastief.*
kontrastreich **0.1** *rijk aan contrasten.*
Kontrazeptivum ⟨o.; ~s, Kontrazeptiva⟩ **0.1** *contraceptivum.*
Kontribution ⟨v.; ~, ~en⟩⟨gesch.⟩ **0.1** *oorlogsschatting.*
Kontrollabschnitt ⟨m.⟩ **0.1** *controlestrook(je).*
Kontrollampe ⟨v.⟩ **0.1** *controlelamp(je).*
Kontrolle ⟨v.; ~, ~n⟩ **0.1** *controle* ◆ **3.1** einer laufenden ~ unterliegen *voortdurend gecontroleerd worden* **6.1** ⟨fig.⟩ **außer** ~ geraten *uit de hand lopen.*
Kontroller ⟨m.; ~s, ~⟩⟨tech.⟩ **0.1** *controller.*
Kontrolleuchte ⟨v.⟩ **0.1** *controlelamp(je).*
Kontrolleur ⟨m.; ~s, ~e⟩ **0.1** *controleur.*
kontrollierbar **0.1** *controleerbaar.*
kontrollieren **0.1** *controleren, aan een controle onderwerpen* **0.2** *beheersen* **0.3** *onder controle hebben* ◆ **1.2** den Markt ~ *de markt beheersen.*
Kontrollpunkt ⟨m.⟩ **0.1** *controlepost.*
Kontrollturm ⟨m.⟩⟨verk.⟩ **0.1** *verkeerstoren.*
Kontrolluhr ⟨v.⟩ **0.1** *controleklok* **0.2** *stempel-, prikklok.*
kontrovers ⟨schr.⟩ **0.1** *tegengesteld, tegenstrijdig.*
Kontroverse ⟨v.; ~, ~n⟩ **0.1** *controverse.*
Kontur ⟨v.; ~, ~en; in vaktaal ook m.; ~s, ~en⟩ **0.1** *contour, omtreklijn* **0.2** *omtrek* ⇒*vorm* ◆ **3.2** ⟨fig.⟩ ~ gewinnen *vorm aannemen, krijgen.*
Konturenstift ⟨m.⟩ **0.1** *lippenpotlood.*
konturieren ⟨schr.⟩ **0.1** *met contourlijnen schetsen.*
Konus ⟨m.; ~, ~se of Konen⟩ **0.1** ⟨boek.⟩ *korps, corpus* **0.2** ⟨tech.⟩ *kegel* ⇒*tap* **0.3** ⟨tech.⟩ *conus* ⟨v.e. luidspreker⟩ **0.4** ⟨wisk.⟩ *conus, kegel.*
Konvaleszenz ⟨v.; ~⟩ **0.1** ⟨jur.⟩ *convalescentie, het van kracht worden* **0.2** ⟨med.⟩ *(re)convalescentie, herstel.*
konvaleszieren ⟨h.⟩ **0.1** *herstellen, genezen, gezond worden.*
Konvektion ⟨v.; ~, ~en⟩ **0.1** *convectie.*
konvektiv **0.1** *convectief.*
Konvektor ⟨m.; ~s, Konvektoren⟩ **0.1** *convector* ⇒*convectiekachel.*
Konvent ⟨m.; ~(e)s, ~e⟩⟨rel.⟩ **0.1** *kapittel, kloostervergadering* **0.2** *kloostergemeenschap* **0.3** *convent* ⟨vergadering van predikanten⟩.
Konvention ⟨v.; ~, ~en⟩ **0.1** *conventie* **0.2** ⟨sp.⟩ *spelregel* ⟨bij het schermen⟩ ◆ **2.1** die Genfer ~ *het verdrag van Genève.*
Konventionalstrafe ⟨v.⟩⟨jur.⟩ **0.1** *bedongen straf, contractuele boete.*
konventionell **0.1** *conventioneel* ⇒*traditioneel* **0.2** *conventioneel, vormelijk* ⇒*stijf.*
konvergent **0.1** *convergent* ⟨ook wisk.⟩.
Konvergenz ⟨v.; ~, ~en⟩ **0.1** *convergentie.*
Konvergenztheorie ⟨v.⟩⟨pol.⟩ **0.1** *convergentietheorie.*
konvergieren ⟨h.⟩ **0.1** *convergeren, samenlopen.*
Konversation ⟨v.; ~, ~en⟩ **0.1** *conversatie* ◆ **3.1** mit jmdm. ~ machen *met iem. converseren;* ~ treiben *converseren in een vreemde taal* ⟨als oefening⟩.
Konversationslexikon ⟨o.⟩ **0.1** *encyclopedie.*
Konversationston ⟨m.⟩ **0.1** *conversatie-, omgangstoon.*
konversieren ⟨h.⟩ **0.1** *converseren.*
Konversion ⟨v.; ~, ~en⟩ **0.1** *conversie.*
konver|tibel, -tierbar **0.1** ⟨ec.⟩ *converteerbaar, convertibel* **0.2** ⟨inf.⟩ *verwisselbaar.*
konvertieren I ⟨onov.ww.; h/s.⟩ **0.1** *tot een ander geloof overgaan;*
II ⟨ov.ww.⟩ **0.1** ⟨comp.⟩ *converteren* **0.2** ⟨ec.⟩ *converteren* ⇒*inwisselen.*
Konvertit ⟨m.; ~en, ~en⟩ **0.1** *bekeerling.*
konvex ⟨nat.⟩ **0.1** *convex* ⇒*bolrond.*
Konvexität ⟨v.; ~⟩ **0.1** *convexheid, convexiteit.*
Konvexlinse ⟨v.⟩⟨nat.⟩ **0.1** *convexe lens.*
Konvexspiegel ⟨m.⟩⟨nat.⟩ **0.1** *bolle, convexe spiegel.*
Konvikt ⟨o.; ~(e)s, ~e⟩ **0.1** *convict* ⟨huis van theologiestudenten⟩.
Konviktuale ⟨m.; ~n, ~n⟩ **0.1** *convictuaal.*
Konvoi ⟨m.; ~s, ~s⟩ **0.1** *konvooi* ◆ **6.1 im, unter** ~ fahren *in konvooi varen.*
Konvokation ⟨v.; ~, ~en⟩ **0.1** *convocatie, samenroeping.*
Konvulsion ⟨v.; ~, ~en⟩ **0.1** ⟨schr.; fig.⟩ *stuiptrekking* **0.2** ⟨med.⟩ *convulsie, stuip.*
konvulsiv(isch) ⟨med.⟩ **0.1** *convulsief* ⇒*krampachtig.*
Konzentrat ⟨o.; ~(e)s, ~e⟩ **0.1** *concentraat.*
Konzentration ⟨v.; ~, ~en⟩ **0.1** *concentratie.*
Konzentrationsfähigkeit ⟨v.⟩ **0.1** *concentratievermogen.*
Konzentrationslager ⟨o.⟩ **0.1** *concentratiekamp.*
Konzentrationsmangel ⟨m.⟩ **0.1** *gebrek aan concentratie.*
konzentrieren I ⟨ov.ww.⟩ **0.1** *concentreren* ⇒*samentrekken* **0.2** ⟨schei.⟩ *concentreren* ⇒*dichter maken, versterken* ◆ **1.2** konzentrierte Nahrung *geconcentreerd voedsel;*
II sich ~ ⟨wk.ww.⟩ **0.1** *zich concentreren.*
konzentrisch **0.1** *concentrisch* ◆ **1.1** ⟨wisk.⟩ ~e Kreise *concentrische cirkels.*
Konzentrizität ⟨v.; ~⟩ **0.1** *concentriciteit.*
Konzept ⟨o.; ~(e)s, ~e⟩ **0.1** *concept, ontwerp* ⇒*schets* **0.2** *plan* ⇒*programma, conceptie* ◆ **3.2** ⟨inf.⟩ jmdm. das, sein ~ verderben *iemands plannen in de war sturen* **6.1** ⟨fig.⟩ sich nicht **aus** dem ~ bringen lassen *zich niet van zijn stuk laten brengen;* ⟨fig.⟩ **aus** dem ~ geraten, kommen *van de wijs raken;* **im** ~ schreiben *in het klad schrijven* **6.2** ⟨fig.⟩ das paßt mir nicht **ins** ~ *dat doorkruist mijn plannen.*
Konzeption ⟨v.; ~, ~en⟩ **0.1** *conceptie* ⇒*opvatting, idee* **0.2** ⟨med.⟩ *conceptie, ontvangenis.*

konzeptionell **0.1** *conceptioneel.*
konzeptionslos **0.1** ***zonder conceptie, zonder klare lijn.***
Konzeptpapier ⟨o.⟩ **0.1** ***concept-, kladpapier.***
konzeptualisieren ⟨schr.⟩ **0.1** ***een plan, programma ontwerpen.***
Konzern ⟨m.; ~(e)s, ~e⟩ **0.1** ***concern.***
konzernieren ⟨ec.⟩ **0.1** ***een concern vormen.***
Konzert ⟨o.; ~(e)s, ~e⟩ **0.1** ***concert*** ◆ **6.1** wir waren gestern **im** ~ *we zijn gisteren naar een, het concert geweest;* **ins** ~ gehen *naar een, het concert gaan.*
Konzertagentur ⟨v.⟩ **0.1** ***concertdirectie*** ⇒*impresariaat.*
konzertant ⟨muz.⟩ **0.1** ***concertant*** ⇒*in concertvorm.*
Konzertflügel ⟨m.⟩ **0.1** ***concertvleugel.***
Konzertführer ⟨m.⟩ **0.1** ***concertgids.***
Konzerthalle ⟨v.⟩ **0.1** ***concertgebouw.***
konzertieren **0.1** ***concerteren*** ⇒*een concert geven.*
konzertiert **0.1** ***geconcerteerd, op elkaar afgestemd.***
Konzertmeister ⟨m.⟩ **0.1** ***concertmeester.***
Konzertreise ⟨v.⟩ **0.1** ***concerttournee.***
Konzession ⟨v.; ~, ~en⟩ **0.1** ***concessie*** ⇒*het toegeven* **0.2** ***vergunning*** ⇒*recht* ◆ **1.2** Inhaber einer ~ *vergunninghouder* **3.1** jmdm. ~en anbieten, machen *aan iem. concessies doen* **3.2** jmdm. die ~ entziehen *iemands vergunning intrekken.*
Konzessionär ⟨m.; ~s, ~e⟩ **0.1** ***concessiehouder.***
konzessionieren **0.1** ***concessioneren, concessie verlenen voor.***
konzessionsbereit **0.1** ***bereid concessies te doen.***
Konzessionsinhaber ⟨m.⟩ **0.1** ***concessiehouder.***
konzessiv ⟨taal.⟩ **0.1** ***concessief, toegevend.***
Konzessivsatz ⟨m.⟩⟨taal.⟩ **0.1** ***concessieve zin.***
Konzil ⟨o.; ~s, ~e of ~ien⟩ **0.1** ***concilie*** **0.2** ⟨vergelijkbaar met⟩ ***universiteitsraad.***
konziliant **0.1** ***conciliant.***
Konzilianz ⟨v.; ~⟩ **0.1** ***conciliante houding, verzoeningsgezindheid.***
konzipieren I ⟨onov.ww.⟩ **0.1** ***concipiëren*** ⇒*zwanger worden;*
II ⟨ov.ww.⟩ **0.1** ***concipiëren*** ⇒*ontwerpen, schetsen.*
Koog ⟨m.; ~(e)s, Köge⟩⟨Ndd.⟩ **0.1** ***koog*** ⇒*polder, ingedijkt land.*
Kooperation ⟨v.; ~, ~en⟩ **0.1** ***coöperatie, samenwerking.***
kooperativ **0.1** ***tot samenwerking bereid*** **0.2** ***coöperatief.***
kooperieren **0.1** ***coöpereren, samenwerken.***
Kooptation ⟨v.; ~, ~en⟩ **0.1** ***coöptatie.***
Koordinate ⟨v.; ~, ~n⟩ **0.1** ***coördinaat.***
Koordinatenachse ⟨v.⟩ **0.1** ***coördinatenas.***
Koordinatensystem ⟨o.⟩ **0.1** ***coördinatenstelsel, -systeem.***
Koordination ⟨v.; ~, ~en⟩ **0.1** ***coördinatie.***
Koordinationsstörung ⟨v.⟩⟨med.⟩ **0.1** ***coördinatiestoornis, ataxie.***
Koordinator ⟨m.; ~s, Koordinatoren⟩ **0.1** ***coördinator.***
koordinieren **0.1** ***coördineren*** ⇒*op elkaar afstemmen* **0.2** ⟨taal.⟩ ***coördineren, in nevenschikking brengen.***
Köpenickiade ⟨v.; ~, ~n⟩ **0.1** ***streek, fopperij.***
Köper ⟨m.; ~s, ~⟩ **0.1** ***keper(stof)*** **0.2** ***keperbinding.***
Kopf ⟨m.; ~(e)s, ~e⟩ **0.1** ***hoofd, kop*** ⇒*schedel* **0.2** ***hoofd*** ⇒*leider, aanvoerder, baas* **0.3** ***hoofd, kop*** ⇒*wil, zin* **0.4** ***hoofd*** ⇒*kop, persoon, manschap* **0.5** ***kop*** ⟨bv. v.e. lucifer⟩ **0.6** ***krop*** ⇒*stronk* **0.7** ***hoofd, kop*** ⇒*titel, opschrift* **0.8** ***hoofd, kop*** ⇒*begin(stuk), boveneinde* **0.9** ⟨amb., ind., tech.⟩ ***kop*** ⇒*schoot, tong, neus* ◆ **1.6** ein ~ Salat *een krop sla* **1.7** der ~ des Briefes *het briefhoofd* **2.1** einen dicken, schweren ~ haben (a) *een zwaar hoofd hebben* (b) *een kater hebben;* sich die Köpfe heiß reden *heftig discussiëren;* ⟨fig.⟩ den ~ hoch tragen *het hart hoog dragen* **2.3** ⟨fig.⟩ ein heller ~ *een schrandere kerel, vrouw;* einen kühlen ~ bewahren *het hoofd koel houden;* ⟨inf.; fig.⟩ den ~ voll haben *veel aan zijn hoofd hebben* **2.4** die Besatzung war 100 Köpfe stark *de bemanning telde, bestond uit 100 koppen* **3.1** ⟨inf.⟩ mir brummt der ~ *mijn hoofd bonst (van de hoofdpijn);* ⟨fig.⟩ sich ⟨3e nv.⟩ (an etwas) den ~ einrennen *zijn hoofd (aan iets) stoten;* ⟨fig.⟩ sich (gegenseitig) die Köpfe einschlagen *hevig twisten;* ⟨fig.⟩ den ~ einziehen *een toontje lager zingen;* ⟨inf.; fig.⟩ den ~ für etwas hinhalten (müssen) *voor iets moeten opdraaien;* ⟨inf.⟩ mir raucht der ~ *ik ben suf van het nadenken;* ~ und Kragen riskieren *alles op het spel zetten;* ⟨inf.; fig.⟩ ich weiß nicht, wo mir der ~ steht *het hoofd loopt mij om;* ⟨inf.; fig.⟩ jmdm. den ~ verdrehen *iem. het hoofd op hol brengen;* ⟨fig.⟩ den ~ verlieren *de kluts kwijt raken;* ⟨inf.⟩ ihm wächst der ~ durch die Haare *hij begint kaal te worden;* ⟨inf.; fig.⟩ jmdm. den ~ waschen *iem. de oren wassen;* ⟨fig.⟩ sich ⟨3e nv.⟩ den ~ über etwas zerbrechen *zich over iets suf prakkeseren;* ⟨inf.; fig.⟩ jmdm. den ~ zurechtrücken *iem. ongezouten de waarheid zeggen* **3.3** seinen ~ aufsetzen *per se zijn zin willen hebben;* seinen ~ durchsetzen *zijn zin doordrijven;* danach steht mir der ~ nicht *daar heb ik geen zin in* **5.1** ⟨inf.⟩ ~ hoch! *kop op!;* den ~ oben behalten (a) *de moed erin houden* (b) *het hoofd koel houden* **6.1** die Menge stand ~ **an** ~ *je kon over de hoofden lopen;* ⟨inf.; fig.⟩ nicht **auf** den ~ gefallen sein *niet op zijn achterhoofd gevallen zijn;* ⟨inf.⟩ 100 Mark **auf** den ~ hauen *100 mark erdoor jagen;* ⟨inf.⟩ jmdm. **auf** den ~ kommen *iem. de levieten lezen;* ⟨inf.; scherts.⟩ jmdm. **auf** den ~ spucken können *een stuk groter zijn dan iem. anders;* alles **auf** den ~ stellen (a) *de hele zaak door elkaar halen* (b) *de hele zaak verkeerd voorstellen;* ⟨inf.⟩ jmdm. etwas **auf** den ~ zusagen *iem. iets ronduit zeggen;* ⟨fig.⟩ seinen ~ **aus** der Schlinge ziehen *de dans ontspringen;* der Ruhm ist ihm **in** den ~ gestiegen *de roem is hem naar het hoofd gestegen;* **mit** seinem ~ für etwas einstehen *volledig voor iets instaan;* **mit** bloßem ~ *blootshoofds;* **pro** ~ *per persoon, per hoofd;* ⟨fig.⟩ er ist seinen Eltern **über** den ~ gewachsen *hij laat zich niks meer vertellen door zijn ouders;* bis **über** den ~ in Schulden stecken *tot over de oren in de schulden steken;* ⟨inf.⟩ es geht **um** ~ und Kragen *het gaat om leven en dood;* ⟨inf.; fig.⟩ den ~ **unterm** Arm tragen *met één been in het graf staan;* ⟨inf.⟩ jmdm. die Haare **vom** ~ fressen *iem. de oren van het hoofd eten;* **von** ~ bis Fuß *van top tot teen;* ⟨inf.⟩ ich bin wie **vor** den ~ geschlagen *ik ben er helemaal kapot van;* der Erfolg ist ihm **zu** ~ gestiegen *het succes is hem naar het hoofd gestegen;* ⟨inf.; scherts.; fig.⟩ jmdm. den ~ **zwischen** die Ohren setzen *iem. op zijn nummer zetten* **6.3** ⟨fig.⟩ sich ⟨3e nv.⟩ etwas **aus** dem ~ schlagen *zich iets uit het hoofd zetten;* ⟨inf.; fig.⟩ es will mir nicht **aus** dem ~ *het laat me niet los;* ⟨fig.⟩ sich ⟨3e nv.⟩ etwas **durch** den ~ gehen lassen *zijn gedachten over iets laten gaan;* ⟨inf.⟩ ich habe das noch frisch **im** ~ *ik heb het nog vers in mijn geheugen;* **im** ~ rechnen *uit het hoofd (uit)rekenen;* ⟨inf.⟩ es kommt mir gerade **in** den ~ *het schiet me net te binnen;* ⟨inf.; fig.⟩ das will mir nicht **in** den ~ *dat wil er bij mij niet in* **8.1** ~ oder Zahl *kruis of munt.*
Kopf-an-Kopf-Rennen ⟨o.⟩ **0.1** ***nek-aan-nekrace.***
Kopfarbeit ⟨v.⟩ **0.1** ***hoofd-, hersenwerk.***
Kopfarbeiter ⟨m.⟩ **0.1** ***hoofdarbeider*** ⇒*intellectueel.*
Kopfbahnhof ⟨m.⟩ **0.1** ***kopstation.***
Kopfball ⟨m.⟩⟨sp.⟩ **0.1** ***kopbal.***
Kopfbedeckung ⟨v.⟩ **0.1** ***hoofddeksel.***
Köpfchen ⟨o.; ~s, ~⟩ **0.1** ***hoofdje*** **0.2** ⟨inf.; fig.⟩ ***koppie*** ⇒*hersens* ◆ **3.2** die hat ~! *dat is een pientere tante!*

köpfen 0.1 *onthoofden* 0.2 ⟨landb.⟩ *koppen, van de kop ontdoen, toppen* 0.3 ⟨sp.⟩ *koppen* ◆ 1.1 ⟨fig.⟩ eine Flasche ~ *een fles openen* 1.2 Bäume ~ *bomen toppen.*
Kopfende ⟨o.⟩ 0.1 *hoofdeind(e), hoofd, kop* ◆ 6.1 am ~ des Tisches *aan het hoofd van de tafel.*
Kopffüßer ⟨m.; ~s, ~⟩⟨biol.⟩ 0.1 *koppotige.*
Kopfgeld ⟨o.⟩ 0.1 *premie, beloning* ⟨voor het aangeven v.e. misdadiger⟩.
Kopfgrippe ⟨v.⟩⟨inf.⟩ 0.1 *hersenontsteking* 0.2 *griep* ⟨met heftige hoofdpijn⟩.
Kopfhaar ⟨o.⟩ 0.1 *hoofdhaar.*
Kopfhaut ⟨v.⟩ 0.1 *hoofdhuid.*
Kopfhöhe ⟨v.⟩ 0.1 *ooghoogte.*
Kopfhörer ⟨m.⟩ 0.1 *kop-, hoofdtelefoon.*
Kopfjagd ⟨v.⟩ 0.1 *het koppensnellen.*
Kopfjäger ⟨m.⟩ 0.1 *koppensneller.*
Kopfkeil ⟨m.⟩ 0.1 *peluw, hoofdmatras.*
Kopfkissen ⟨o.⟩ 0.1 *hoofdkussen.*
Kopflage ⟨v.⟩⟨med.⟩ 0.1 *schedelligging.*
Kopflänge ⟨v.⟩ 0.1 *kop-, hoofdlengte, kop.*
kopflastig 0.1 *kop-, neuslastig* ⟨ook fig.⟩ ⇒*topzwaar.*
Kopflehne ⟨v.⟩ 0.1 *hoofdsteun.*
kopflos 0.1 *kop-, hoofdeloos* 0.2 ⟨fig.⟩ *radeloos, onbezonnen* ⇒*van streek, de kluts kwijt.*
Kopfnaht ⟨v.⟩ 0.1 *schedelnaad.*
Kopfnicken ⟨o.⟩ 0.1 *hoofdknik, knikje.*
Kopfnuß ⟨v.⟩⟨inf.⟩ 0.1 *vingertik, tik (tegen het hoofd)* 0.2 *moeilijk probleem.*
Kopfrechnen ⟨o.; ~s⟩ 0.1 *hoofdrekenen.*
Kopfsalat ⟨m.⟩ 0.1 *kropsla.*
kopfscheu 0.1 *kopschuw, schichtig.*
Kopfschmerz ⟨m.⟩ 0.1 *hoofdpijn* ◆ 3.1 darüber mache ich mir keine ~en! *dat zal me een zorg zijn!*
Kopfschmuck ⟨m.⟩ 0.1 *hoofdtooi(sel).*
Kopfschuppe ⟨v.⟩ 0.1 *(hoofd)roos.*
Kopfschuß ⟨m.⟩ 0.1 *schot door het hoofd* 0.2 *schotwond aan het hoofd.*
Kopfschütteln ⟨o.; ~s⟩ 0.1 *hoofdschudden.*
Kopfschutz ⟨m.⟩ 0.1 *hoofdbescherming.*
Kopfschützer ⟨m.⟩ 0.1 *bivakmuts* 0.2 *hoofdbescherming.*
Kopfseite ⟨v.⟩ 0.1 *kant, zijde v.h. hoofd* 0.2 *kruis* ⟨v.e. muntstuk⟩ 0.3 *voorpagina* ⟨v.e. krant⟩.
Kopfsprung ⟨m.⟩⟨sp.⟩ 0.1 *duiksprong* ⟨in het water⟩.
Kopfstand ⟨m.⟩⟨sp.⟩ 0.1 *kopstand, stand op het hoofd.*
kopfstehen 0.1 *op het hoofd staan* 0.2 ⟨inf.; fig.⟩ *op zijn kop staan, in de war zijn.*
Kopfsteinpflaster ⟨o.⟩ 0.1 *kinderhoofdjes.*
Kopfsteuer ⟨v.⟩ 0.1 *hoofdgeld, hoofdelijke omslag.*
Kopfstimme ⟨v.⟩ 0.1 *kopstem, falset.*
Kopfstoß ⟨m.⟩⟨sp.⟩ 0.1 *kopstoot.*
Kopfstütze ⟨v.⟩ 0.1 *hoofdsteun.*
Kopftuch ⟨o.⟩ 0.1 *hoofddoek.*
kopfüber 0.1 *met het hoofd vooruit, voorover* 0.2 ⟨fig.⟩ *hals over kop.*
Kopfwäsche ⟨v.⟩ 0.1 *het haarwassen* 0.2 ⟨inf.⟩ *uitbrander, standje.*
Kopfwasser ⟨o.⟩ 0.1 *haarwater, lotion.*
Kopfweh ⟨o.⟩⟨inf.⟩ 0.1 *kop-, hoofdpijn.*
Kopfweide ⟨v.⟩ 0.1 *knotwilg.*
Kopfwunde ⟨v.⟩ 0.1 *hoofdwond.*
Kopfzahl ⟨v.⟩ 0.1 *aantal personen, dieren.*
Kopfzeile ⟨v.⟩⟨boek.⟩ 0.1 *kopregel.*
Kopfzerbrechen ⟨o.; ~s⟩ 0.1 *hoofdbreken(s), kopzorg.*
Kopie ⟨v.; ~, ~n⟩ 0.1 *kopie.*
Kopieranstalt ⟨v.⟩ 0.1 *kopieerinrichting.*
kopieren 0.1 *kopiëren.*
Kopierer ⟨m.; ~s, ~⟩⟨inf.⟩ 0.1 *kopieerapparaat.*
Kopierpapier ⟨o.⟩ 0.1 *kopieerpapier* 0.2 ⟨foto.⟩ *fotopapier.*
Kopierstift ⟨m.⟩ 0.1 *kopieer-, inktpotlood.*
Kopilot ⟨m.⟩ 0.1 *tweede piloot.*
Kopist ⟨m.; ~en, ~en⟩ 0.1 *kopiist, kopieerder.*
Koppel[1] ⟨v.; ~, ~n⟩ 0.1 *omheind stuk (gras)land* 0.2 *koppel* ⟨dieren⟩ ⇒*groep, tweetal* 0.3 *koppel* ⟨lijn voor twee of meer dieren⟩ 0.4 ⟨muz.⟩ *koppel.*
Koppel[2] ⟨o.; ~s, ~; Oostr. v.; ~, ~n⟩ 0.1 *koppel(riem)* ⇒*sabelkoppel, gordel.*
koppeln 0.1 *(aan elkaar) koppelen* ⇒*verbinden, aaneenschakelen.*
Koppelwirtschaft ⟨v.⟩⟨landb.⟩ 0.1 *akker-weidestelsel.*
Kopplung ⟨v.; ~, ~en⟩ 0.1 *koppeling.*
Kopplungsgeschäft ⟨o.⟩ 0.1 *koppelverkoop.*
Koproduktion ⟨v.⟩ 0.1 *coproductie.*
Kopulation ⟨v.; ~, ~en⟩ 0.1 *copulatie.*
kopulativ ⟨taal.⟩ 0.1 *verbindend, aaneenschakelend.*
kopulieren I ⟨onov.ww.⟩⟨biol.⟩ 0.1 *copuleren* ⇒*paren;* **II** ⟨ov.ww.⟩ 0.1 *copuleren, verbinden* 0.2 ⟨landb.⟩ *copuleren* ⇒*veredelen.*
Korah ⟨schr.⟩ ◆ 1.¶ eine Rotte ~ *een wilde bende.*
Koralle ⟨v.; ~, ~n⟩ 0.1 *koraal.*
korallen 0.1 *koralen* ⇒*van koraal.*
Korallentier ⟨o.⟩⟨biol.⟩ 0.1 *koraaldier(tje).*
Koran ⟨m.; ~s, ~e⟩ 0.1 *koran.*
Korb ⟨m.; ~es, ⸚e⟩ 0.1 *korf, mand, ben* ⟨ook als maat⟩ 0.2 *schuitje, mand* ⟨v.e. luchtballon⟩ 0.3 *riet* 0.4 *afwijzing, bedankje* ⇒*blauwtje* 0.5 *bundel rijshout* 0.6 ⟨sp.⟩ *basket* ⟨basketbal⟩, *korf* ⟨korfbal⟩, *doelpunt* ⟨basket- en korfbal⟩, *masker* ⟨schermen⟩, *sabelkorf* ⟨schermen⟩ ◆ 3.4 ich habe mir bei ihr einen ~ geholt *ze heeft me een blauwtje laten lopen.*
Korbball ⟨m.; ~(e)s⟩ 0.1 *korfbal.*
Korbblütler ⟨m.; ~s, ~⟩⟨plantk.⟩ 0.1 *composiet.*
Körbchen ⟨o.; ~s, ~⟩ 0.1 *mandje, korfje* 0.2 *cup* ⟨v.e. bustehouder⟩ 0.3 ⟨inf.; fig.⟩ *bedje.*
körbeweise 0.1 *met korven vol.*
Korbflasche ⟨v.⟩ 0.1 *mandenfles, demi-john.*
Korb|flechter, -macher ⟨m.⟩ 0.1 *mandenmaker, -vlechter.*
Korbmöbel ⟨o.⟩ 0.1 *rieten meubel.*
Korb|sessel, -stuhl ⟨m.⟩ 0.1 *rieten stoel.*
Korbwagen ⟨m.⟩ 0.1 *rieten (kinder)wagen.*
Korbware ⟨v.⟩ 0.1 *rietwerk, rietwaren.*
Korbweide ⟨v.⟩ 0.1 *teen-, bind-, griendwilg.*
korbweise 0.1 *in korven, manden (verpakt).*
Korbwurf ⟨m.⟩⟨sp.⟩ 0.1 *doelschot.*
Kord ⟨m.; ~(e)s, ~e⟩ 0.1 *corduroy, ribfluweel.*
Kordel ⟨v.; ~, ~n⟩ 0.1 *koord* ⇒*touw, streng.*
Kordon ⟨m.; ~s, ~s, Oostr. ~e⟩ 0.1 *kordon* ⇒*keten* 0.2 *lint* ⟨bij ordeteken⟩.
Kordsamt ⟨m.⟩ 0.1 *ribfluweel.*
Koriander ⟨m.; ~s, ~⟩⟨plantk.⟩ 0.1 *koriander.*
Korinthe ⟨v.; ~, ~n⟩ 0.1 *krent.*
Korintherbrief ⟨m.⟩ 0.1 *brief aan de Corinthiërs.*
Kork ⟨m.; ~es, ~⟩ 0.1 *kurk.*
korken 0.1 *kurken, van kurk.*
Korken ⟨m.; ~s, ~⟩ 0.1 *kurk* ⇒*stop* 0.2 ⟨inf.⟩ *flater, blunder.*
Korkenzieher ⟨m.⟩ 0.1 *kurkentrekker.*
Korkenzieherlocke ⟨v.⟩ 0.1 *pijpenkrul.*
korkig 0.1 *naar kurk smakend, met kurksmaak.*
Korkweste ⟨v.⟩ 0.1 *zwemvest van kurk.*
Kormoran ⟨m.; ~s, ~e⟩ 0.1 *kormoraan, aalscholver.*

Korn[1] ⟨m.; ~(e)s⟩⟨inf.⟩ **0.1** ***jenever*** ◆ **3.1** einen ~ trinken *een borrel drinken.*
Korn[2] ⟨o.; ~(e)s, ~̈er⟩ **0.1** ⟨g.mv.⟩ ***graan, koren*** **0.2** ***(graan)-korrel*** ⇒*graantje, zaadje* **0.3** ***korrel*** ⇒*kruimel, hagelkorrel* **0.4** ⟨boek.⟩ ***rasterpunt*** **0.5** ⟨foto.⟩ ***korrel(ing), korrelstructuur*** **0.6** ⟨geol., ind.⟩ ***korrel(ing), grein*** ⟨ook van metalen⟩, ***nerfzijde*** ⟨van leer⟩. →**Huhn.**
Korn[3] ⟨o.; ~(e)s, ~e⟩ **0.1** ***(vizier)korrel*** ◆ **2.1** gestrichenes ~ nehmen *nauwkeurig richten* **6.1** einen Hasen **aufs** ~ nehmen *op een haas aanleggen;* ⟨inf.; fig.⟩ jmdn., etwas **aufs** ~ nehmen *iem., iets op de korrel nemen.*
Kornähre ⟨v.⟩ **0.1** ***korenaar.***
Kornblume ⟨v.⟩ **0.1** ***korenbloem.***
Kornbranntwein ⟨m.⟩ **0.1** ***jenever.***
Körnchen ⟨o.; ~s, ~⟩ **0.1** ***korreltje*** ◆ **1.1** ⟨fig.⟩ kein ~ Verstand *geen greintje, ziertje verstand.*
Kornelkirsche ⟨v.⟩⟨plantk.⟩ **0.1** ***kornel, kornoelje.***
körnen 0.1 ***korrelen, granuleren*** ◆ **1.1** die gekörnte Seite *de korrelige, ruwe kant.*
Korner ⟨m.; ~s, ~⟩⟨ec.⟩ **0.1** ***corner.***
Körner ⟨m.; ~s, ~⟩⟨tech.⟩ **0.1** ***kornnagel, keurnagel*** **0.2** ***centermerk.***
Körnerfresser ⟨m.⟩⟨biol.⟩ **0.1** ***graan-, zaadeter.***
Körnerfrucht ⟨v.⟩ **0.1** ***graanvrucht*** **0.2** ⟨mv.⟩ ***graangewassen.***
Körnerfutter ⟨o.⟩ **0.1** ***voer in korrelvorm.***
Kornett[1] ⟨m.; ~(e)s, ~e of ~s⟩⟨gesch.⟩ **0.1** ***kornet, vaandrig.***
Kornett[2] ⟨o.; ~(e)s, ~e of ~s⟩⟨muz.⟩ **0.1** ***kornet.***
körnig 0.1 ***korrelig*** ⇒*gekorreld.*
Kornkammer ⟨v.⟩ **0.1** ***graansilo, -pakhuis*** **0.2** ⟨fig.⟩ ***graangebied, -schuur.***
Kornrade ⟨v.⟩⟨plantk.⟩ **0.1** ***bolderik.***
Kornspeicher ⟨m.⟩ **0.1** ***graansilo*** **0.2** ***graanschuur.***
Körnung ⟨v.; ~⟩ **0.1** ***korreling*** ⇒*granulering.*
Korolla ⟨v.; ~, Korollen⟩ **0.1** ***(bloem)kroon, corolla.***
Korona ⟨v.; ~, Koronen⟩ **0.1** ⟨inf.⟩ ***(jeugdige) kliek, troep, (vrolijk) gezelschap*** **0.2** ⟨ster.⟩ ***corona.***
Koronargefäß ⟨o.⟩ **0.1** ***kroonader, krans(slag)ader.***
Körper ⟨m.; ~s, ~⟩ **0.1** ***lichaam*** ⟨ook fig.⟩ ⇒*lijf, romp* **0.2** ***lichaam*** ⇒*genootschap, college, raad* **0.3** ***dichtheid, volheid*** ⇒*dikte* **0.4** ⟨nat., schei., wisk.⟩ ***lichaam*** ◆ **1.1** der ~ einer Geige *de buik van een viool* **2.2** der gesetzgebende ~ *het wetgevend lichaam* **3.3** Wein, der ~ hat *wijn met volle smaak* **6.1 am** ganzen ~ zittern *over zijn hele lijf bibberen;* nichts **auf** dem ~ haben *niets aan zijn lijf hebben.*
Körperbau ⟨m.⟩ **0.1** ***lichaamsbouw*** ⇒*constitutie.*
Körperbautyp ⟨m.⟩⟨med.; psych.⟩ **0.1** ***constitutietype.***
körperbehindert 0.1 ***(lichamelijk) gehandicapt*** ◆ **6.1** Sitz **für** Körperbehinderte *zitplaats voor invaliden.*
Körperbeschädigte(r) ⟨bn. als zn.⟩ **0.1** ***invalide, (lichamelijk) gehandicapte.***
körpereigen ⟨biol.⟩ **0.1** ***in het lichaam ontstaan*** ⇒*organisch.*
Körperform ⟨v.⟩ **0.1** ***lichaamsvorm.***
körperfremd ⟨biol.⟩ **0.1** ***vreemd aan het lichaam.***
Körperfülle ⟨v.⟩ **0.1** ***gezetheid, corpulentie.***
körpergerecht 0.1 ***aangepast aan de lichaamsvorm.***
Körpergeruch ⟨m.⟩⟨pej.⟩ **0.1** ***lichaamsgeur.***
Körpergewicht ⟨o.⟩ **0.1** ***lichaamsgewicht.***
Körpergröße ⟨v.⟩ **0.1** ***lichaamslengte.***
körperhaft 0.1 ***reëel, tastbaar.***
Körperhaltung ⟨v.⟩ **0.1** ***lichaamshouding.***
Körperkontakt ⟨m.⟩ **0.1** ***lichamelijk contact.***
Körperkraft ⟨v.⟩ **0.1** ***lichaamskracht.***
Körperlänge ⟨v.⟩ **0.1** ***lichaamslengte.***
körperlich 0.1 ***lichamelijk, fysiek*** **0.2** ***lichamelijk, stoffelijk*** ⇒*tastbaar* ◆ **1.1** in guter ~er Verfassung sein *lichamelijk in goede conditie zijn.*
Körperlichkeit ⟨v.⟩ **0.1** ***lichamelijkheid, lichamelijke gesteldheid*** **0.2** ***zinnelijkheid, sensualiteit.***
körperlos 0.1 ***lichaamloos*** ⇒*immaterieel* **0.2** ⟨sp.⟩ ***futloos.***
Körpermaße ⟨alleen mv.⟩ **0.1** ***(lichaams)maten.***
Körperpflege ⟨v.⟩ **0.1** ***lichaamsverzorging.***
Körperpflegemittel ⟨o.⟩ **0.1** ***cosmetisch middel,*** ⟨mv.⟩ ***cosmetica.***
Körperschaft ⟨v.; ~, ~en⟩⟨jur.⟩ **0.1** ***(zedelijk) lichaam*** ⇒*genootschap, vennootschap* **0.2** ***orgaan, (maatschappelijke) instelling*** ⇒*college, raad* ◆ **1.2** ~ des öffentlichen Rechts *publiekrechtelijk lichaam.*
Körperschaftssteuer ⟨v.⟩ **0.1** ***belasting op het inkomen van rechtspersonen*** ⟨bv. vennootschappen⟩.
Körpersprache ⟨v.⟩ **0.1** ***lichaamstaal.***
Körperstellung ⟨v.⟩ **0.1** ***lichaamsstand, -houding.***
Körperstrafe ⟨v.⟩ **0.1** ***lijfstraf.***
Körperteil ⟨m.⟩ **0.1** ***lichaamsdeel.***
Körpertemperatur ⟨v.⟩ **0.1** ***lichaamstemperatuur.***
Körperverletzung ⟨v.⟩ **0.1** ***(het toebrengen van) lichamelijk letsel.***
Korporation ⟨v.; ~, ~en⟩ **0.1** ⟨schr.; jur.⟩ ***corporatie, (vak)-genootschap*** ⇒*vereniging* **0.2** ⟨stud.⟩ ***corps, studentenvereniging.***
korporativ 0.1 ***corporatief*** ⇒*gezamenlijk* **0.2** ⟨stud.⟩ ***de, een (studenten)vereniging betreffend.***
Korps ⟨o.; ~, ~⟩ **0.1** ***korps*** ⇒*groep* **0.2** ***(leger)korps*** **0.3** ***(studenten)corps*** ◆ **2.1** diplomatisches ~ *corps diplomatique.*
Korpsbruder ⟨m.⟩⟨stud.⟩ **0.1** ***corpsgenoot.***
Korpsgeist ⟨m.⟩ **0.1** ***corps-, korpsgeest*** **0.2** ⟨schr.; pej.⟩ ***kastegeest, elitair bewustzijn.***
Korpsstudent ⟨m.⟩ **0.1** ***corpsstudent.***
korpulent 0.1 ***corpulent, zwaarlijvig.***
Korpulenz ⟨v.; ~⟩ **0.1** ***corpulentie.***
Korpus[1] ⟨m.; ~, ~se⟩ **0.1** ⟨inf.; scherts.⟩ ***body, corpus*** ⇒*lijf* **0.2** ⟨bk.⟩ ***lichaam van de gekruisigde Christus*** **0.3** ⟨amb.⟩ ***romp*** ⟨v.e. meubel⟩.
Korpus[2] ⟨o.; ~, Korpora⟩ **0.1** ***corpus*** ⟨verzameling geschriften, materiaal⟩ **0.2** ⟨muz.⟩ ***klankkast.***
Korpuskel ⟨o.; ~s, ~n of v.; ~, ~n⟩⟨nat.⟩ **0.1** ***corpusculum, elementair deeltje.***
Korral ⟨m.; ~s, ~e⟩ **0.1** ***kraal*** ⟨afgeperkte ruimte voor vee⟩.
Korreferent ⟨m.; ~en, ~en⟩ **0.1** ***coreferent.***
korrekt 0.1 ***correct, juist*** ⇒*foutloos* **0.2** ***correct*** ⇒*onberispelijk.*
korrekterweise 0.1 ***zoals juist is*** ⇒*zoals het hoort.*
Korrektion ⟨v.; ~, ~en⟩ **0.1** ***correctie*** **0.2** ⟨wwb.⟩ ***normalisatie*** ⟨v.e. rivier⟩.
Korrektiv ⟨o.; ~s, ~e⟩ **0.1** ***correctief*** ⇒*maatregel (ter verbetering).*
Korrektor ⟨m.; ~s, Korrektoren⟩ **0.1** ***corrector.***
Korrektorat ⟨o.; ~(e)s, ~e⟩ **0.1** ***correctieafdeling*** ⟨v.e. drukkerij⟩.
Korrektur ⟨v.; ~, ~en⟩ **0.1** ***correctie.***
Korrektur|abzug, -bogen ⟨m.⟩⟨boek.⟩ **0.1** ***drukproef.***
Korrekturfahne ⟨v.⟩⟨boek.⟩ **0.1** ***drukproef.***
Korrekturlesen ⟨o.; ~s⟩⟨boek.⟩ **0.1** ***het corrigeren van drukproeven.***
Korrekturzeichen ⟨o.⟩⟨boek.⟩ **0.1** ***correctieteken.***
Korrelat ⟨o.; ~(e)s, ~e⟩ **0.1** ***correlaat*** **0.2** ⟨taal.⟩ ***correlatief.***
Korrelation ⟨v.; ~, ~en⟩ **0.1** ***correlatie, wisselwerking.***
korrelativ 0.1 ***correlatief.***

korrelieren 0.1 *correleren.*
Korrespondent ⟨m.; ~en, ~en⟩ 0.1 *correspondent.*
Korrespondenz ⟨v.; ~, ~en⟩ 0.1 *correspondentie, briefwisseling* 0.2 ⟨com.⟩ *bericht, verslag v.e. correspondent* ⇒*persmateriaal.*
Korrespondenzbüro ⟨o.⟩ 0.1 *correspondentie-, persbureau.*
korrespondieren 0.1 *corresponderen* 0.2 ⟨schr.⟩ *corresponderen, overeenstemmen, beantwoorden aan.*
Korridor ⟨m.; ~s, ~e⟩ 0.1 *gang* ⟨in een gebouw⟩ ⇒*overloop* 0.2 ⟨pol.⟩ *corridor.*
korrigieren 0.1 *corrigeren, verbeteren* ⇒*rechtzetten* ◆ 1.1 eine Ansicht ~ *een opvatting herzien.*
korrodieren I ⟨onov.ww.; s.⟩ 0.1 *gecorrodeerd, aangetast worden;*
II ⟨ov.ww.⟩ 0.1 *corroderen, aantasten* ⇒*invreten.*
Korrosion ⟨v.; ~, ~en⟩ 0.1 *corrosie.*
korrosions|beständig, -fest 0.1 *corrosiebestendig.*
Korrosionsschutz ⟨m.⟩ 0.1 *bescherming tegen corrosie.*
korrosionsverhütend 0.1 *corrosiewerend* ⇒*roestwerend.*
korrosiv 0.1 *corrosief* ⇒*bijtend, invretend.*
korrumpieren 0.1 *corrumperen* ⇒*omkopen* ◆ 1.1 korrumpierte Politiker *corrupte politici.*
korrupt 0.1 *corrupt* ⇒*omkoopbaar.*
Korruption ⟨v.; ~, ~en⟩ 0.1 *corruptie* ⇒*omkoping, omkoopbaarheid.*
Korsage ⟨v.; ~, ~n⟩ 0.1 *corsage, lijf* ⟨v.e. japon⟩.
Korsar ⟨m.; ~en, ~en⟩ 0.1 *kaper, zeerover* 0.2 *kaperschip.*
Korselett ⟨o.; ~s, ~s of ~e⟩ 0.1 *corselet.*
Korsett ⟨o.; ~s, ~s of ~e⟩ 0.1 *korset.*
Korsettstab ⟨m.⟩ 0.1 *balein* ⟨v.e. korset⟩.
Korso ⟨m.; ~s, ~s⟩ 0.1 *corso.*
Korvette ⟨v.; ~, ~n⟩⟨scheep.⟩ 0.1 *korvet.*
Koryphäe ⟨v.; ~, ~n⟩ 0.1 *coryfee* ⇒*uitblinker* ⟨in de wetenschap⟩ 0.2 ⟨vooral Oostr.⟩ *prima ballerina.*
Kosak ⟨m.; ~en, ~en⟩ 0.1 *kozak* 0.2 *kozakkenpaard.*
Koschenille ⟨v.; ~, ~n⟩ 0.1 *cochenille.*
Koschenillerot ⟨o.⟩ 0.1 *karmijnrood.*
koscher 0.1 *koosjer* ◆ 1.1 ⟨inf.; fig.⟩ die Sache ist nicht ganz ~ *dat is geen zuivere koffie.*
Koseform ⟨v.⟩ 0.1 *troetelwoord, -naam.*
kosen ⟨schr.⟩ I ⟨onov.ww.⟩ 0.1 *minnekozen* ⇒*vrijen;*
II ⟨ov.ww.⟩ 0.1 *liefkozen, strelen.*
Kosename ⟨m.⟩ 0.1 *troetel-, vleinaam.*
Kosewort ⟨o.⟩ 0.1 *troetelwoord.*
Kosinus ⟨m.; ~, ~(se)⟩⟨wisk.⟩ 0.1 *cosinus.*
Kosmetik ⟨v.; ~, ~en⟩ 0.1 *cosmetiek.*
Kosmetikerin ⟨v.; ~, ~nen⟩ 0.1 *schoonheidsspecialiste.*
Kosmetiksalon ⟨m.⟩ 0.1 *schoonheidssalon.*
Kosmetiktasche ⟨v.⟩ 0.1 *toilettas.*
Kosmetikum ⟨o.; ~s, Kosmetika⟩ 0.1 *cosmetisch middel,* ⟨mv.⟩ *cosmetica.*
kosmetisch 0.1 *cosmetisch.*
kosmisch 0.1 *kosmisch.*
Kosmonaut ⟨m.; ~en, ~en⟩ 0.1 *kosmonaut, ruimtevaarder.*
Kosmopolit ⟨m.; ~en, ~en⟩ 0.1 *kosmopoliet, wereldburger* 0.2 *kosmopolitische plant- of diersoort.*
kosmopolitisch 0.1 *kosmopolitisch.*
Kosmos ⟨m.; ~⟩ 0.1 *kosmos* ⇒*heelal.*
Kost ⟨v.; ~⟩ 0.1 *kost, (dagelijkse) voeding* 0.2 *kost* ⇒*levensonderhoud* ◆ 6.1 jmdn. **auf** (eine) schmale ~ setzen *iem. op (een) laag rantsoen zetten* 6.2 jmdn. **in** ~ geben, nehmen *iem. in de kost doen, nemen* 8.2 ~ und Logis *kost en inwoning.*
kostbar 0.1 *kostbaar* ⇒*duur, waardevol* ◆ 3.1 ⟨inf.⟩ sich ~ machen (a) *zich onmisbaar maken* (b) *zich zelden vertonen.*
Kostbarkeit ⟨v.; ~, ~en⟩ 0.1 *kleinood, stuk van waarde,* ⟨mv.⟩ *kostbaarheden* 0.2 *kostbaarheid* ⇒*grote waarde.*
kosten 0.1 *kosten* 0.2 *proeven* ⇒*proberen, keuren* 0.3 ⟨fig.⟩ *proeven* ⇒*ervaren, ondervinden* ◆ 1.1 ⟨inf.; fig.⟩ das kostet nicht die Welt *dat kost geen fortuin* 1.3 ⟨schr.⟩ die Freuden des Lebens ~ *van het leven genieten* 3.1 ⟨inf.⟩ du hast dich, dir die Sache etwas ~ lassen *je bent niet zuinig geweest* 4.1 ⟨fig.⟩ koste es, es koste, was es wolle *het koste wat het wil, coûte que coûte.*
Kosten ⟨alleen mv.⟩ 0.1 *(on)kosten* ◆ 3.1 keine ~ scheuen *geen kosten sparen* 6.1 **auf** ~ anderer leben *op kosten van anderen leven;* ⟨fig.⟩ ein Witz **auf** ~ anderer *een mop ten koste van anderen;* das geht **auf** eigene ~ *dat is voor eigen rekening;* ⟨inf.; fig.⟩ ich bin an diesem Abend **auf** meine ~ gekommen *ik heb me die avond goed geamuseerd.*
Kostenanschlag ⟨m.⟩ 0.1 *kostenbegroting.*
Kostenaufwand ⟨m.⟩ 0.1 *(on)kosten, uitgaven.*
Kostendämpfung ⟨v.⟩ 0.1 *kostenbesparing, het drukken v.d. kosten.*
Kostenerstattung ⟨v.⟩ 0.1 *kostenvergoeding.*
Kostenfrage ⟨v.⟩ 0.1 *(on)kosten-, geldkwestie.*
kostenfrei 0.1 *kosteloos, gratis.*
kostengünstig 0.1 *met weinig kosten* ⇒*goedkoop.*
Kostenlawine ⟨v.⟩ 0.1 *kostenexplosie.*
kostenlos 0.1 *kosteloos, gratis.*
Kostenmiete ⟨v.⟩⟨jur.⟩ 0.1 *werkelijke huurprijs.*
kostenneutral 0.1 *budgettair neutraal.*
Kosten-Nutzen-Analyse ⟨v.⟩⟨ec.⟩ 0.1 *kosten-batenanalyse.*
kostenpflichtig ⟨jur.⟩ 0.1 *met verplichte betaling v.d. (on)kosten.*
Kostenpunkt ⟨m.⟩ 0.1 *prijs, bedrag.*
Kostenrechnung ⟨v.⟩ 0.1 *kostenberekening.*
kostensenkend 0.1 *kostenverlagend.*
Kostensenkung ⟨v.⟩ 0.1 *kostenvermindering.*
Kostensteigerung ⟨v.⟩ 0.1 *kostenstijging.*
Kostenvoranschlag ⟨m.⟩ 0.1 *kostenbegroting.*
Kostgeld ⟨o.⟩ 0.1 *kostgeld.*
köstlich 0.1 *kostelijk* ⇒*heerlijk, voortreffelijk* 0.2 *kostbaar* ⇒*prachtig* 0.3 ⟨inf.; fig.⟩ *kostelijk* ⇒*komisch.*
Kostpreis ⟨m.⟩ 0.1 *kostprijs.*
Kostprobe ⟨v.⟩ 0.1 *voorbeeld, (voor)proefje* ⇒*hapje* ◆ 3.1 eine ~ seiner Kunst *een staaltje van zijn kunst.*
kostspielig 0.1 *(zeer) duur.*
Kostüm ⟨o.; ~s, ~e⟩ 0.1 *mantelpak, pakje, deux-pièces* 0.2 *kostuum* ⇒*ambts-, toneelkleding.*
Kostümball ⟨m.⟩ 0.1 *gekostumeerd bal.*
Kostümbildner ⟨m.⟩⟨dram.⟩ 0.1 *costumier.*
kostümieren 0.1 *kostumeren, verkleden* ⇒*uitdossen.*
Kostümprobe ⟨v.⟩⟨dram.⟩ 0.1 *repetitie in kostuum.*
Kostümverleih ⟨m.⟩ 0.1 *kostuumverhuur.*
Kostverächter ⟨m.⟩⟨inf.; scherts.⟩ ◆ 3.¶ kein ~ sein *een levensgenieter zijn.*
Kot ⟨m.; ~(e)s⟩⟨schr.⟩ 0.1 *drek, uitwerpselen, excrementen* 0.2 *vuil, modder* ◆ 6.2 jmdn. **durch, in** den ~ ziehen *iem. door het slijk sleuren.*
Kotangens ⟨m.; ~, ~⟩⟨wisk.⟩ 0.1 *cotangens.*
Kotau ⟨m.; ~s, ~s⟩⟨pej.⟩ 0.1 *diepe buiging* ◆ 3.1 ⟨schr.⟩ vor jmdm. (einen, seinen) ~ machen *voor iem. kruipen.*
Kotelett ⟨o.; ~s, ~s; zelden mv. ~e⟩ 0.1 *kotelet* ⇒*karbonade, ribstuk.*
Koteletten ⟨alleen mv.⟩ 0.1 *koteletten, bakkebaarden.*

Köter ⟨m.; ~s, ~⟩⟨pej.⟩ **0.1** ***mormel*** ⇒*rothond.*
Kotflügel ⟨m.⟩ **0.1** ***spatbord.***
Kothurn ⟨m.; ~s, ~e⟩⟨dram.⟩ **0.1** *cothurn, toneellaars.*
kotieren ⟨ec.⟩ **0.1** *coteren.*
kotig **0.1** *vol drek, drekk(er)ig* **0.2** *smerig* ⇒*vuil.*
Kotze ⟨v.; ~⟩⟨vulg.⟩ **0.1** ***braaksel*** ◆ **3.1** davon kriege ich die ~ *daar word ik kotsmisselijk van.*
kotzen **0.1** ***kotsen*** ◆ **3.1** das (große) Kotzen bekommen *er kotsmisselijk van worden* **6.1** ⟨vulg.; fig.⟩ es ist **zum** Kotzen *daar krijg je de kots van.*
kotzerig, kotzig ⟨vulg.⟩ **0.1** ***kotsmisselijk.***
kotzübel ⟨inf.⟩ **0.1** ***kotsmisselijk.***
KP ⟨v.; ~, ~s⟩⟨afk.⟩ [Kommunistische Partei].
Krabbe ⟨v.; ~, ~n⟩ **0.1** ***krab*** **0.2** ⟨inf.⟩ ***garnaal*** **0.3** ⟨inf.; fig.⟩ ***dreumes*** **0.4** ⟨inf.; fig.⟩ ***leuk meisje.***
Krabbelei ⟨v.; ~⟩⟨inf.⟩ **0.1** ***gekrieuwel, gekriebel.***
Krabbelkind ⟨o.⟩ **0.1** ***kruiper*** ⟨kind dat nog niet loopt⟩.
krabbeln I ⟨onov.ww.; s.⟩ **0.1** ***(voort)kruipen*** ⇒*scharrelen;* **II** ⟨ov.ww.⟩ **0.1** ***kriebelen, wriemelen*** ⇒*jeuken* **0.2** ***kietelen, kittelen*** ⇒*krauwen.*
Krabbenfischer ⟨m.⟩ **0.1** ***garnalenvisser.***
krach! **0.1** *krak!, pats!, bom!*
Krach ⟨m.; ~(e)s, ~e of ~s⟩ **0.1** ***lawaai, rumoer*** **0.2** ***dreun, smak, slag*** ⇒*gedonder, gekraak* **0.3** ⟨mv. inf. Krächen scherts. Kräche⟩ ***ruzie*** ⇒*heibel* **0.4** ⟨inf.⟩ ***krach*** ⇒*(economische) ineenstorting* **0.5** ⟨inf.⟩ ***(gewapende, militaire) botsing*** ⇒*militair conflict* ◆ **3.3** mit jmdm. ~ bekommen *met iem. ruzie krijgen;* ~ machen, schlagen (a) *herrie schoppen, hevige ruzie, spektakel maken* (b) *duchtig opspelen* **6.2** **unter** lautem ~ zusammenprallen *met een luide klap op elkaar botsen* **6.4** die Firma stand **vor** dem ~ *de firma stond voor het bankroet.*
krachen I ⟨onov.ww.⟩ **0.1** ⟨h.⟩ ***kraken*** ⇒*daveren, knakken* **0.2** ⟨s.⟩ ***krakend kapotgaan*** ⇒*scheuren, barsten* **0.3** ⟨s.⟩ ***ploffen, smakken*** **0.4** ⟨inf.⟩ ***bankroet gaan*** ◆ **1.1** Donnerschläge ~ *donderslagen knetteren;* es gibt ~den Frost *het vriest dat het kraakt;* Kanonen ~ *kanonnen bulderen* **1.2** ⟨fig.⟩ es kam zum Krachen *het kwam tot een uitbarsting;*
II ⟨ov.ww.⟩ **0.1** ***gooien, knallen, smakken*** ⇒*keilen* ◆ **7.1** ⟨inf.⟩ jmdm. eine ~ *iem. een oplawaai verkopen;*
III sich ~ ⟨wk.ww.⟩⟨inf.⟩ **0.1** ***heibeien, keet schoppen*** ⇒*ruzie maken;*
IV ⟨onp.ww.⟩ **0.1** ***kraken*** ⇒*knetteren* ◆ **6.1** ⟨inf.⟩ **an** der Ecke hat es gekracht *op de hoek is er een botsing geweest* **¶.¶** ⟨inf.; fig.⟩ gleich kracht's (a) *straks is mijn geduld op* (b) *straks krijg je een pak slaag;* ⟨inf.; fig.⟩ arbeiten, daß es nur so kracht *werken als een paard.*
Kracher ⟨m.; ~s, ~⟩⟨inf.⟩ **0.1** ***voetzoeker*** **0.2** ⟨pej.⟩ ***oude kraker, knar.***
Krachlederne ⟨bn. als zn.; v.⟩ **0.1** ***korte leren broek.***
Krachmacher ⟨m.⟩ **0.1** ***herrieschopper*** **0.2** ***lawaaimaker*** ⟨niet fig.⟩.
Krachsalat ⟨m.⟩ **0.1** ***ijsbergsla, knapperige sla.***
krächzen **0.1** ***krassen*** ⟨bv. v.e. raaf⟩ ⇒*hees spreken* **0.2** ⟨inf.⟩ ***hoesten.***
kracken ⟨schei.⟩ **0.1** ***kraken.***
Krackverfahren ⟨o.⟩⟨schei.⟩ **0.1** ***kraakproces.***
Krad ⟨o.; ~(e)s, Kräder⟩⟨vooral mil.⟩ **0.1** ***motor(rijwiel).***
Kradfahrer ⟨m.⟩⟨mil.⟩ **0.1** ***motorrijder.***
Kradmelder ⟨m.⟩⟨mil.⟩ **0.1** ***motorordonnans.***
kraft ⟨vz. + 2⟩⟨schr.⟩ **0.1** ***krachtens*** ⇒*ingevolge, op grond van* ◆ **1.1** ~ (seines) Amtes *uit hoofde van zijn ambt.*
Kraft ⟨v.; ~, Kräfte⟩ **0.1** ***kracht*** ⟨ook fig.⟩ ⇒*sterkte, vermogen, macht* **0.2** ***kracht*** ⇒*effect, uitwerking* **0.3** ***(arbeids-, werk)kracht*** ⟨persoon⟩ ⇒*werknemer* **0.4** ***(toonaangevende) kringen, invloedrijke personen*** **0.5** ⟨mv.⟩ ***(troepen)macht, strijdkrachten*** **0.6** ⟨adm., jur.⟩ ***kracht, werking*** ⟨bv. v.e. wet⟩ **0.7** ⟨nat., scheep., tech.⟩ ***kracht*** ◆ **2.1** schöpferische ~ *creatief vermogen* **2.4** die treibende ~ der Revolution *de aanstichter van de revolutie* **6.1** wieder **bei** Kräften sein *weer op krachten gekomen zijn;* keine ~ **in** den Knochen haben *zwak zijn;* **mit** letzter ~ *met uiterste krachtsinspanning;* **mit** aller ~ schreien *uit alle macht schreeuwen;* **nach** (besten) Kräften *naar (beste) vermogen;* das geht **über** meine Kräfte *dat gaat mijn krachten te boven;* **von** Kräften kommen *verzwakken;* wieder **zu** Kräften kommen *op krachten komen* **6.6** **außer** ~ sein *niet meer van kracht zijn;* **außer** ~ setzen *buiten werking stellen.*
Kraftakt ⟨m.⟩ **0.1** ***krachttoer, krachtprestatie.***
Kraftanstrengung ⟨v.⟩ **0.1** ***krachtsinspanning.***
Kraftarm ⟨m.⟩⟨nat.⟩ **0.1** ***krachtarm.***
Kraftaufwand ⟨m.⟩ **0.1** ***krachtsontwikkeling, lichamelijke inspanning.***
Kraftausdruck ⟨m.⟩ **0.1** ***krachtterm.***
Kraftbrühe ⟨v.⟩ **0.1** ***bouillon, vleesnat.***
Kräftepaar ⟨o.⟩⟨nat.⟩ **0.1** ***krachtenkoppel.***
Kräftespiel ⟨o.⟩ **0.1** ***krachtenspel.***
Kräfteverhältnis ⟨o.⟩⟨vooral pol.⟩ **0.1** ***machtsverhouding.***
Kraftfahrer ⟨m.⟩⟨adm.⟩ **0.1** ***(beroeps)chauffeur, automobilist, autorijder.***
Kraftfahrergruß ⟨m.⟩ **0.1** ***automobilistengroet.***
Kraftfahrzeug ⟨o.⟩⟨vooral adm.⟩ **0.1** ***motorrijtuig, motorvoertuig.***
Kraftfahrzeugbrief ⟨m.⟩ **0.1** ***eigendomsbewijs v.e. auto*** ⇒*autopapieren.*
Kraftfahrzeugkennzeichen ⟨o.⟩⟨adm.⟩ **0.1** ***kentekenplaat*** ⇒*nummerplaat.*
Kraftfahrzeug|mechaniker, -schlosser ⟨m.⟩ **0.1** ***automonteur.***
Kraftfahrzeugschein ⟨m.⟩ **0.1** ***kentekenbewijs.***
Kraftfahrzeugsteuer ⟨v.⟩ **0.1** ***motorrijtuigenbelasting.***
Kraftfahrzeugversicherung ⟨v.⟩ **0.1** ***autoverzekering.***
Kraftfeld ⟨o.⟩⟨nat.⟩ **0.1** ***krachtveld.***
Kraftfutter ⟨o.⟩ **0.1** ***krachtvoer.***
kräftig **0.1** ***krachtig*** ⇒*stevig, sterk, flink* ◆ **1.1** ein ~er Ausdruck *een krasse uitdrukking;* ein ~es Frühstück *een stevig ontbijt;* mit jmdm. ein ~es Wörtchen reden *met iem. een hartig woordje spreken* **3.1** ~ seine Meinung sagen *onomwonden zijn mening zeggen;* ~ unterstützen *krachtdadig helpen.*
kräftigen I ⟨ov.ww.⟩ **0.1** ***(ver)sterken, krachtig maken;*** **II sich** ~ ⟨wk.ww.⟩ **0.1** ***sterk, krachtig worden*** **0.2** ***zich sterken.***
Kräftigungsmittel ⟨o.⟩ **0.1** ***versterkend middel.***
kraftlos **0.1** ***krachteloos*** ⇒*zwak.*
Kraftmeier ⟨m.⟩⟨inf.⟩ **0.1** ***krachtpatser.***
Kraftmensch ⟨m.⟩ **0.1** ***krachtmens*** ⇒*hercules.*
Kraftprobe ⟨v.⟩⟨meestal fig.⟩ **0.1** ***krachtproef.***
Kraftprotz ⟨m.⟩ **0.1** ***krachtpatser.***
Kraftrad ⟨o.⟩⟨adm.⟩ **0.1** ***tweewielig motorvoertuig*** ⇒*motorfiets.*
Kraftsport ⟨m.⟩ **0.1** ***krachtsport.***
Kraftstoff ⟨m.⟩ **0.1** ***(motor)brandstof.***
Kraftstrom ⟨m.⟩⟨ind., tech.⟩ **0.1** ***krachtstroom.***
kraftstrotzend **0.1** ***vol kracht, krachtig*** ⇒*kloekgebouwd.*
Kraftverkehr ⟨m.⟩⟨adm.⟩ **0.1** ***gemotoriseerd verkeer.***
kraftvoll **0.1** ***vol kracht, krachtig.***
Kraftwagen ⟨m.⟩⟨adm.⟩ **0.1** ***(personen-, vracht)auto.***
Kraftwerk ⟨o.⟩ **0.1** ***krachtcentrale, krachtstation.***
Kraftwort ⟨o.⟩ **0.1** ***krachtterm.***

Kragen ⟨m.; ~s, ~⟩ **0.1** ***kraag*** ⟨bij of v.e. kledingstuk⟩ **0.2** ***(hals)boord*** **0.3** ⟨fig.⟩ ***kraag, hals*** ⇒*keel, nek* **0.4** ⟨bouwk.⟩ ***borst*** ⟨vooruitstekend gedeelte⟩ ◆ **3.3** das kann ihm, ihn den ~ kosten (a) *dat kan zijn leven kosten* (b) ⟨fig.⟩ *dat kan voor hem de ondergang betekenen;* ihm platzte der ~ *hij sprong uit zijn vel (van woede);* jetzt platzt mir der ~ *nu is mijn geduld ten einde* **6.3** jmdm. **an** den ~ fahren *iem. naar de keel vliegen;* es geht ihm **an** den ~ (a) *zijn leven staat op het spel* (b) ⟨fig.⟩ *het vuur wordt hem na aan de schenen gelegd.*

Kragenbär ⟨m.⟩⟨biol.⟩ **0.1** ***kraagbeer.***

Kragenknopf ⟨m.⟩ **0.1** ***boordenknoop(je).***

Kragenweite ⟨v.⟩ **0.1** ***boordwijdte*** ◆ **3.1** ⟨inf.⟩ sie ist genau meine ~ *zij is helemaal mijn type.*

Kragstein ⟨m.⟩⟨bouwk.⟩ **0.1** ***kraag-, draagsteen.***

Krähe ⟨v.; ~, ~n⟩ **0.1** ***kraai*** ◆ **¶.1** ⟨sprw.⟩ eine ~ hackt der anderen die Augen nicht aus *twee kraaien pikken elkaar de ogen niet uit; kwade honden bijten elkaar niet.*

krähen **0.1** ***kraaien*** **0.2** ⟨fig.⟩ ***kraaien*** ⇒*krijsen, schetterig praten.*

Krähenfüße ⟨alleen mv.⟩⟨inf.⟩ **0.1** ***kraaienpootjes*** **0.2** ***hanenpoten*** ⇒*gekrabbel* **0.3** ***kraaienpoten*** ⟨om autobanden te doen springen⟩.

Krähennest ⟨o.⟩ **0.1** ***kraaiennest*** **0.2** ⟨scheep.⟩ ***kraaiennest*** ⇒*uitkijk.*

Krähwinkel ⟨m.⟩⟨scherts.; inf.⟩ **0.1** ***godverlaten oord, nest, gat.***

Krähwinkler ⟨m.⟩⟨inf.⟩ **0.1** ***kruidenier*** ⇒*filister.*

Krake ⟨m.; ~n, ~n⟩⟨biol.⟩ **0.1** ***kraak, achtarmige inktvis.***

Krakeel ⟨m.; ~s⟩⟨inf.⟩ **0.1** ***krakeel*** ⇒*gekijf.*

krakeelen ⟨inf.⟩ **0.1** ***krakelen*** ⇒*kijven.*

Krakeeler ⟨m.; ~s, ~⟩ **0.1** ***herrieschopper, twistzoeker.***

Krakel ⟨m.; ~s, ~⟩⟨inf.⟩ **0.1** ***krabbel, hanenpoot.***

Krakelei ⟨v.; ~, ~en⟩ **0.1** ***gekrabbel, hanenpoten.***

Krakelfuß ⟨m.⟩ **0.1** ***hanenpoot, krabbel.***

krakelig **0.1** ***krabbelig, onbeholpen*** ⟨schrift⟩.

krakeln **0.1** ***kriebelen, krabbelen*** ⟨slecht schrijven⟩.

Krakelschrift ⟨v.⟩ **0.1** ***kriebel-, krabbelschrift*** ⇒*hanenpoten.*

Kral ⟨m.; ~s, ~e of ~s⟩ **0.1** ***kraal.***

Kralle ⟨v.; ~, ~n⟩ **0.1** ***klauw*** ⇒*nagel* ◆ **3.1** ⟨inf.; fig.⟩ jmdm. die ~n zeigen *iem. zijn tanden laten zien.*

krallen I ⟨ov.ww.⟩ **0.1** ***(vast)klemmen, (vast)grijpen*** **0.2** ***krommen*** ⟨v.d. hand of vingers⟩ **0.3** ⟨inf.⟩ ***gappen, jatten*** **0.4** ⟨inf.⟩ ***bij de lurven pakken, bij de kladden grijpen*** ◆ **6.1** die Finger **um** den Stock ~ *de stok met de vingers omknellen;*
II sich ~ ⟨wk.ww.⟩ **0.1** ***zich vastklampen, zich vastklemmen*** **0.2** ***omknellen.***

krallig **0.1** ***klauwvormig, als een klauw*** **0.2** ***met klauwen.***

Kram ⟨m.; ~(e)s⟩ **0.1** ***rommel, prullen, kraam*** **0.2** ***zaakje, boel, santenkraam*** **0.3** ***ophef, drukte*** ◆ **2.2** der tägliche ~ *de alledaagse beslommeringen* **3.2** den ~ satt haben *er de buik vol van hebben;* mach deinen ~ alleine! *knap je rommel zelf op!;* den ~ hinschmeißen *het zaakje, de boel erbij neergooien* **3.3** keinen ~ machen *geen complimenten maken* **6.2** das paßt ihm nicht **in** den ~ *dat komt niet in zijn kraam te pas.*

kramen **0.1** ***(rond)snuffelen, scharrelen*** ⇒*zoeken* **0.2** ***opscharrelen*** ⇒*te voorschijn brengen* ◆ **6.1** **in** der Schublade ~ *in de lade rommelen* **6.2** Streichhölzer **aus** der Tasche ~ *lucifers uit zijn zak opdiepen.*

Krämer ⟨m.; ~s, ~⟩⟨pej.; fig.⟩ **0.1** ***kruidenier, krentenkakker*** ⇒*filister.*

Krämergeist ⟨m.⟩ **0.1** ***kruideniers-, kramersgeest.***

krämerhaft **0.1** ***kleingeestig, bekrompen.***

Krämerseele ⟨v.⟩ **0.1** ***kruidenier, kleingeestig mens.***

Krammarkt ⟨m.⟩ **0.1** ***vlooien-, rommelmarkt.***

Krammetsvogel ⟨m.⟩⟨biol.⟩ **0.1** ***kramsvogel.***

Krampe ⟨v.; ~, ~n⟩ **0.1** ***(mast)kram*** **0.2** ***kram, klemhaak.***

krampen **0.1** ***krammen.***

Krampen ⟨m.; ~s, ~⟩ →**Krampe.**

Krampf ⟨m.; ~(e)s, ~e⟩ **0.1** ***kramp*** ⇒*stuip(trekking)* **0.2** ⟨g.mv.; inf.; fig.⟩ ***krampachtig gedoe, gemaaktheid*** ◆ **3.2** mach keinen ~ und komm mit! *maak geen complimenten en kom mee!*

Krampfader ⟨v.⟩ **0.1** ***spatader.***

krampfartig **0.1** ***krampachtig, zoals een kramp*** **0.2** ***spastisch.***

krampfen I ⟨onov.ww.; h.⟩ **0.1** ***(in kramp) samentrekken*** ⇒*samen-, ineenkrimpen* ◆ **1.1** mein Fuß krampft *ik heb kramp in mijn voet;*
II ⟨ov.ww.⟩ **0.1** ***vastklemmen, omknellen;***
III sich ~ ⟨wk.ww.⟩ **0.1** ***(in kramp) samentrekken*** ⇒*samen-, ineenkrimpen* **0.2** ***omknellen, omklemmen.***

krampfhaft **0.1** ***krampachtig*** ⟨ook fig.⟩.

Krampfhusten ⟨m.⟩ **0.1** ***kramp-, kinkhoest.***

krampfig **0.1** ***krampachtig*** ⇒*onnatuurlijk.*

krampflösend **0.1** ***krampstillend, antispasmodisch.***

Kran ⟨m.; ~(e)s, ~e of ~e⟩ **0.1** ***(hijs)kraan.***

Kranführer ⟨m.⟩ **0.1** ***kraanbestuurder, -machinist.***

krängen ⟨h.⟩⟨scheep.⟩ **0.1** ***krengen*** ⇒*slagzij maken.*

Kranich ⟨m.; ~s, ~e⟩ **0.1** ***kraan(vogel).***

krank ⟨kränker, (am) kränkst(en)⟩ **0.1** ***ziek*** ◆ **3.1** ⟨inf.; fig.⟩ das macht mich ~! *daar word ik nog ziek, gek van!;* jmdn. ~ schreiben *iem. ziek verklaren* ⟨door een arts⟩; ⟨inf.; fig.⟩ du bist wohl ~? *ben je niet wijs?* **6.1** **auf** den Tod ~ *doodziek.*

Kränkelei ⟨v.; ~, ~en⟩ **0.1** ***ziekelijkheid*** ⇒*gesukkel.*

kränkeln ⟨h.⟩ **0.1** ***ziekelijk zijn, (met de gezondheid) sukkelen.***

kranken **0.1** ***lijden, zieken.***

kränken I ⟨ov.ww.⟩ **0.1** ***krenken, grieven*** ⇒*beledigen* ◆ **5.1** sie ist leicht gekränkt *ze is lichtgeraakt* **6.1** jmdn. **an, in** seiner Ehre ~ *iem. in zijn eer krenken;*
II sich ~ ⟨wk.ww.⟩⟨schr.⟩ **0.1** ***zich gekwetst, gekrenkt voelen.***

Krankenanstalt ⟨v.⟩⟨adm.⟩ **0.1** ***ziekenhuis, hospitaal*** **0.2** ⟨mv.⟩ ***ziekenhuiscomplex.***

Krankenauto ⟨o.⟩ **0.1** ***ziekenauto, ambulance.***

Krankenbericht ⟨m.⟩ **0.1** ***ziekteverslag*** **0.2** ***bulletin*** ⟨over een zieke⟩.

Krankenbesuch ⟨m.⟩ **0.1** ***ziekenbezoek.***

Krankenbett ⟨o.⟩ **0.1** ***ziekbed*** **0.2** ***ziekenhuisledikant.***

Krankenblatt ⟨o.⟩ **0.1** ***ziektestaat, bulletin.***

Krankenfahrstuhl ⟨m.⟩ **0.1** ***ziekenlift*** **0.2** ⟨adm.⟩ ***rol-, ziekenstoel, invalidenwagentje.***

Krankengeld ⟨o.⟩ **0.1** ***ziekengeld.***

Krankengeschichte ⟨v.⟩ **0.1** ***ziektegeschiedenis*** ⇒*ziekteverloop.*

Krankengut ⟨o.⟩⟨adm., med.⟩ **0.1** ***klinisch materiaal*** ⇒*patiëntengroep.*

Krankengymnastik ⟨v.⟩ **0.1** ***fysiotherapie.***

Krankenhaus ⟨o.⟩ **0.1** ***ziekenhuis, hospitaal*** ⇒*kliniek* ◆ **6.1** jmdn. **ins** ~ einweisen *iem. in het ziekenhuis laten opnemen.*

krankenhausreif ⟨inf.; fig.⟩ ◆ **3.¶** jmdn. ~ schlagen *iem. bont en blauw slaan.*

Krankenkasse ⟨v.⟩ **0.1** ***ziekenfonds, ziektekostenverzekeraar.***

Krankenkost ⟨v.⟩ **0.1** ***ziekenkost*** ⇒*dieet*.

Krankenlager ⟨o.⟩⟨schr.⟩ **0.1** ***ziekbed.***

Krankenpflege ⟨v.⟩ **0.1** ***ziekenverzorging.***

Krankenpfleger ⟨m.⟩ **0.1** ***verpleegkundige, verpleger.***

Krankensaal ⟨m.⟩ **0.1** ***ziekenzaal.***

Krankenschein ⟨m.⟩ **0.1** ***ziekenbriefje*** ⟨doktersattest⟩ **0.2** ***lidmaatschapskaart, inschrijvingsbewijs*** ⟨v.h. ziekenfonds⟩.

Krankenschwester ⟨v.⟩ **0.1** ***verpleegkundige, verpleegster.***

Krankenstand ⟨m.⟩ **0.1** ***ziekenaantal.***

Krankentagegeld ⟨m.⟩ **0.1** ***dagvergoeding bij ziekte.***

Krankenversicherung ⟨v.⟩ **0.1** ***ziekte(kosten)verzekering.***

Krankenwache ⟨v.⟩ **0.1** ***wacht bij een zieke.***

Krankenwagen ⟨m.⟩ **0.1** ***ziekenauto, ambulance.***

Krankenwärter ⟨m.⟩ **0.1** ***ziekenverzorger, verpleger.***

Krankenzimmer ⟨o.⟩ **0.1** ***ziekenkamer.***

Kranke(r) ⟨bn. als zn.⟩ **0.1** ***zieke.***

krankfeiern ⟨h.⟩⟨inf.⟩ **0.1** ***ziek vieren.***

krankhaft **0.1** ***ziekelijk*** ⟨ook fig.⟩.

Krankheit ⟨v.; ~, ~en⟩ **0.1** ***ziekte*** ⟨ook fig.⟩ ◆ **6.1** **von** einer ~ befallen *door een ziekte aangetast.* →**Arznei.**

Krankheitsbild ⟨o.⟩ **0.1** ***ziektebeeld.***

Krankheitserreger ⟨m.⟩ **0.1** ***ziekteverwekker.***

Krankheitserscheinung ⟨v.⟩ **0.1** ***ziektesymptoom.***

krankheitshalber **0.1** ***wegens ziekte.***

kränklich **0.1** ***ziekachtig, ziekelijk*** ⇒*sukkelend.*

krankmachen ⟨h.⟩⟨inf.⟩ **0.1** ⟨niet gaan werken onder het voorwendsel dat men ziek is⟩.

Krankmeldung ⟨v.⟩ **0.1** ***ziekmelding.***

Kränkung ⟨v.; ~, ~en⟩ **0.1** ***krenking*** ⇒*belediging.*

Kranwagen ⟨m.⟩ **0.1** ***takelauto, -wagen*** **0.2** ***kraanwagen.***

Kranz ⟨m.; ~es, ¨~e⟩ **0.1** ***krans*** ⇒*slinger, guirlande* **0.2** ***krans*** ⇒*kring, ring, gordel* **0.3** ⟨cul.⟩ ***krans, tulband*** **0.4** ⟨tech.⟩ ***wiel-, radkrans, velling*** ◆ **1.2** ein ~ Feigen *een rist vijgen;* ein ~ junger Mädchen *een rei jonge meisjes* **2.2** ⟨fig.⟩ vom blauen ~ sein *van de blauwe knoop zijn.*

Kranzader ⟨v.⟩ **0.1** ***krans-, kroonader.***

Kranzbart ⟨m.⟩ **0.1** ***ringbaard.***

Kränzchen ⟨o.; ~s, ~⟩ **0.1** ***kransje, kleine krans*** **0.2** ⟨fig.⟩ ***kransje*** ⇒*(gezellige) kring* **0.3** ⟨cul.⟩ ***kransje.***

kränzen ⟨schr.⟩ **0.1** ***kransen, omkransen.***

Kranzgefäß ⟨o.⟩ **0.1** ***krans-, kroonvat.***

Kranzgesims ⟨o.⟩⟨bouwk.⟩ **0.1** ***kroon-, kranslijst.***

Kranzkuchen ⟨m.⟩⟨cul.⟩ **0.1** ***krans, tulband.***

Kranzniederlegung ⟨v.⟩ **0.1** ***kranslegging.***

Kranzspende ⟨v.⟩ **0.1** ***krans*** ⟨als gift bij een begrafenis⟩.

Krapfen ⟨m.; ~s, ~⟩ **0.1** ***beignet, berliner bol.***

Krapplack ⟨m.⟩ **0.1** ***kraplak.***

Krapprot ⟨o.; ~(e)s⟩ **0.1** ***kraprood.***

kraß **0.1** ***kras*** ⇒*sterk, frappant* **0.2** ***kras*** ⇒*grof, erg, ongehoord* ◆ **1.1** in krassem Gegensatz zu *in schril contrast met;* krasse Maßnahmen *drastische maatregelen* **1.2** ein krasser Egoist *een grove egoïst.*

Krater ⟨m.; ~s, ~⟩ **0.1** ***krater.***

Kratersee ⟨m.⟩ **0.1** ***kratermeer.***

Kratzbürste ⟨v.⟩⟨scherts.; fig.⟩ **0.1** ***kribbekat, nijdas*** ⇒*feeksje.*

kratzbürstig **0.1** ***kribbig, kattig.***

Kratze ⟨v.; ~, ~n⟩ **0.1** ⟨mijnw.⟩ ***krasijzer, krasser, schraapstaal*** **0.2** ⟨ind.⟩ ***metaalkaarde.***

Krätze ⟨v.; ~⟩ **0.1** ***schurft*** **0.2** ⟨tech.⟩ ***metaalafval, schraapsel*** ◆ **6.1** ⟨inf.⟩ ich habe mir die ~ **an** den Hals geärgert *ik heb me rot geërgerd.*

Kratzeisen ⟨o.⟩ **0.1** ***voetschrapper, schrabber*** **0.2** ⟨amb., mijnw.⟩ ***krabber, schraapijzer.***

kratzen **I** ⟨onov.ww.⟩ **0.1** ***krabben*** →*scharrelen* **0.2** ***krassen, schuren, schrapen*** ⟨van geluid⟩ **0.3** ***schuren, prikkelen*** ⇒*jeuken, kriebelen* ◆ **1.3** sein Kinn kratzt schon ein wenig *hij begint baard te krijgen* **3.1** ⟨inf.; fig.⟩ (hart) zu ~ haben *het (erg) krap hebben* **6.3** der Wein kratzt **im** Hals *de wijn prikkelt in de keel;*
II ⟨ov.ww.⟩ **0.1** ***krabben*** ⇒*schrammen, krassen, schrapen* **0.2** ⟨ind.⟩ ***krassen*** ⇒*kammen, kaarden* **0.3** ⟨tech.⟩ ***krassen, afschrap(p)en*** ◆ **4.1** ⟨fig.⟩ das kratzt mich nicht im geringsten *dat raakt mijn koude kleren niet* **6.1** ⟨fig.⟩ die Butter **aufs** Brot ~ *de boter dunnetjes op het brood strijken;* ⟨sp.; inf.⟩ den Ball noch gerade **von** der Linie ~ *de bal nog net voor de lijn weggrissen.*

Kratzer ⟨m.; ~s, ~⟩ **0.1** ***kras, schram, krab*** **0.2** ⟨tech.⟩ ***krabber, krasser, schra(p)per*** **0.3** ⟨biol.⟩ ***haakworm*** **0.4** ⟨amb.⟩ ***kaarder, wolkammer.***

kratzfest **0.1** ***krasvrij, -bestendig.***

Kratzfuß ⟨m.⟩⟨inf.; scherts.⟩ **0.1** ***strijkage*** ⇒*buiging.*

kratzig **0.1** ***kriebelig*** ⇒*ruw, oneffen* **0.2** ⟨inf.⟩ ***kribbig, kattig*** ◆ **1.1** ein ~er Wein *een zure wijn.*

krätzig **0.1** ***schurftig, schurftziek.***

Krätzmilbe ⟨v.⟩ **0.1** ***schurftmijt.***

Kratzputz ⟨m.⟩ **0.1** ***(s)graffito*** **0.2** ***met figuren versierde beraping.***

Kratzspur ⟨v.⟩ **0.1** ***kras, schram*** ⇒*striem.*

krauchen ⟨inf.⟩ **0.1** ***kruipen*** ⇒*strompelen, voortsukkelen.*

Kraul ⟨o.; ~(s)⟩ **0.1** ***crawl(slag).***

kraulen **I** ⟨onov.ww.⟩⟨sp.⟩ **0.1** ***crawlen;***
II ⟨ov.ww.⟩ **0.1** ***krauwen*** ⇒*krieuwelen, krabbelen.*

Krauler ⟨m.; ~s, ~⟩ **0.1** ***crawler, crawlzwemmer.***

Kraulstaffel ⟨v.⟩ **0.1** ***crawl-estafette.***

kraus **0.1** ***kroes, gekruld*** **0.2** ***gefronst, gerimpeld*** ⇒*verkreukeld* **0.3** ⟨fig.⟩ ***verward, warrig, bizar*** ◆ **1.1** ~es Haar *kroeshaar* **1.3** ~e Gedanken *bizarre ideeën;* ~es Zeug reden *wartaal spreken* **3.2** ⟨fig.⟩ es zu ~ machen *het al te bont maken;* die Nase, die Stirn ~ ziehen *de neus optrekken, het voorhoofd fronsen.*

Krause ⟨v.; ~, ~n⟩ **0.1** ***geplooide zoom, plooi-, pijpkraag*** ⇒*ruche, boordsel* **0.2** ⟨inf.⟩ ***haargolf, permanent wave*** ⇒*krul* **0.3** ***kroeshaar*** ◆ **3.1** ⟨inf.⟩ eine ~ ums Kinn haben *een baard dragen.*

Kräusel ⟨v.; ~, ~n of m.; ~s, ~⟩ **0.1** ***fronsel, kleine plooi*** ⇒*rimpel.*

Kräuselband ⟨o.⟩ **0.1** ***plooiband, hoofdje, kopje.***

Kräuselgarn ⟨o.⟩ **0.1** ***crêpegaren.***

Kräuselkrankheit ⟨v.⟩⟨plantk.⟩ **0.1** ***krul-, krinkelziekte, kringerigheid*** ⟨v.h. loof⟩.

kräuseln **I** ⟨ov.ww.⟩ **0.1** ***krullen, kroezen*** ⇒*friseren* **0.2** ***fronsen, rimpelen*** ⇒*plooien* ◆ **1.2** die Lippen ~ *een pruimenmondje trekken;* die Nase ~ *de neus optrekken;*
II sich ~ ⟨wk.ww.⟩ **0.1** ***kroezen, krullen*** **0.2** ***rimpelen*** ⟨van water⟩ ⇒*kabbelen* **0.3** ***kringelen*** ⟨van rook⟩ ◆ **3.1** ⟨inf.; fig.⟩ ich könnte mich ~ *ik zou me krom kunnen lachen.*

Krauseminze ⟨v.; ~, ~n⟩⟨plantk.⟩ **0.1** ***kruizemunt.***

krausen →**kräuseln.**

Kraushaar ⟨o.⟩ **0.1** ***kroes-, krulhaar.***

Krauskohl ⟨m.⟩ **0.1** ***boeren-, krulkool.***

Krauskopf ⟨m.⟩ **0.1** ***krullenbol, kroes-, krullenkop*** **0.2** ⟨pej.⟩ ***warhoofd*** **0.3** ⟨tech.⟩ ***opruimer, verzinkboor.***

krausköpfig **0.1** ***kroesharig.***

Kraustabak ⟨m.⟩ **0.1** ***krultabak.***

Kraut ⟨o.; ~(e)s, ¨~er⟩ **0.1** ***kruid*** **0.2** ***loof, lof, gebladerte*** **0.3** ⟨reg.⟩ ***kool*** **0.4** ⟨reg.⟩ ***vruchtenstroop*** **0.5** ⟨pej.⟩ ***tabak*** ◆ **2.1** Muß ist ein bitter ~ *moeten is dwang* **6.2** **ins** ~ schießen (a) *in 't blad schieten* (b) ⟨fig.⟩ *welig tieren* **8.2** ⟨inf.; fig.⟩ es liegt alles durcheinander wie ~ und Rüben *alles ligt ordeloos door elkaar.*

Krauter ⟨m.; ~s, ~⟩ **0.1** ⟨inf.; scherts.⟩ ***zonderling, snuiter*** **0.2** ⟨pej.⟩ ***kleine baas, kruidenier.***

Kräuterbuch ⟨o.⟩ **0.1** ***kruidboek*** ⇒*herbarium.*

Kräuterlikör ⟨m.⟩ **0.1** ***kruidenlikeur, -elixer.***

Kräutersammler ⟨m.⟩ **0.1** ***kruidenverzamelaar, -zoeker.***

Kräuterweiblein ⟨o.⟩ **0.1** ***kruidenvrouw(tje).***

Krautfäule ⟨v.⟩⟨plantk.⟩ **0.1** ***rot in 't loof.***

krautig **0.1** ***kruidachtig.***

Krautrock ⟨m.⟩⟨inf.⟩ **0.1** ***Duitse rock(muziek).***

Krawall ⟨m.; ~(e)s, ~e⟩ **0.1** ***opstootje, relletje*** **0.2** ⟨inf.; g.mv.⟩ ***lawaai, herrie*** ◆ **3.2** er schlug großen ~ *hij ging luid te keer.*

Krawaller ⟨m.; ~s, ~⟩ **0.1** ***herrie-, relschopper.***

Krawatte ⟨v.; ~, ~n⟩ **0.1** ***(strop)das*** **0.2** ***bontje, smalle bontstola*** **0.3** ⟨sp.⟩ ***(ongeoorloofde) wurggreep*** **0.4** ⟨med.⟩ ***gipskraag*** ◆ **2.1** ⟨inf.; scherts.⟩ eine eiserne ~ *een voorgevormde stropdas* **3.1** ⟨inf.; pej.⟩ jmdm. die ~ zuziehen *iem. de strot dichtknijpen* **6.1** ⟨inf.; scherts.⟩ jmdn. **an, bei** der ~ packen *iem. bij de strot grijpen;* ⟨inf.; fig.⟩ einen **hinter** die ~ gießen *er eentje pakken.*

Krawattenhalter ⟨m.⟩ **0.1** ***dasclip, -houder.***

Krawattenmuffel ⟨m.⟩⟨pej.⟩ **0.1** ⟨iem. die steeds maar dezelfde stropdas draagt⟩.

Krawattennadel ⟨v.⟩ **0.1** ***dasspeld.***

Krawattenzwang ⟨m.⟩ **0.1** ⟨verplichting tot het dragen van een das⟩.

Kraweel ⟨v.; ~, ~en⟩⟨scheep.⟩ **0.1** ***karveel.***

kraweelgebaut **0.1** ***met karveelnaad, -constructie.***

kraxeln ⟨inf.⟩ **0.1** ***(moeizaam) klimmen, klauteren.***

Kraxler ⟨m.; ~s, ~⟩⟨inf.⟩ **0.1** ***klauteraar, bergbeklimmer.***

Kreation ⟨v.; ~, ~en⟩ **0.1** ***(mode)creatie, model, modeontwerp*** **0.2** ⟨schr.⟩ ***creatie*** ⇒*schepping.*

kreativ **0.1** ***creatief*** ⇒*vindingrijk.*

Kreativität ⟨v.; ~⟩ **0.1** ***creativiteit, scheppingsvermogen.***

Kreatur ⟨v.; ~, ~en⟩ **0.1** ***creatuur, schepsel*** **0.2** ***het geschapene, mens en dier*** **0.3** ⟨pej.⟩ ***creatuur, kruiper*** ⇒*verachtelijk wezen, hoveling* ◆ **4.2** alle ~ *al het geschapene.*

kreatürlich **0.1** ***creatuurlijk, ingeschapen, aangeboren.***

Krebs ⟨m.; ~es, ~e⟩ **0.1** ***kreeft*** ⟨Crustacee⟩ **0.2** ⟨astrol.⟩ ***Kreeft*** **0.3** ⟨med.⟩ ***kanker*** ⟨ook fig.⟩ ◆ **1.2** im Zeichen ~, des ~es *in het sterrenbeeld Kreeft.*

krebsartig **0.1** ***kreeftachtig*** **0.2** ***kankerachtig.***

krebsen **0.1** ⟨h.⟩ ***kreeft vangen, vissen*** **0.2** ⟨s.; inf.⟩ ***moeizaam voortkruipen, zich voortslepen*** **0.3** ⟨h.; inf.⟩ ***zich uitsloven, zich afbeulen*** ◆ **3.1** ~ gehen *naar kreeft vissen* **3.3** (mit etwas) schwer zu ~ haben *(met iets) veel moeite hebben.*

krebs|erregend, -erzeugend **0.1** ***kankerverwekkend.***

Krebsforscher ⟨m.⟩ **0.1** ***kankeronderzoeker.***

Krebsfrüherkennung ⟨v.⟩ **0.1** ***vroegtijdige vaststelling van kanker.***

Krebsgang ⟨m.⟩ **0.1** ***kreeftengang*** ◆ **3.1** ⟨fig.⟩ seine Geschäfte gehen den ~ *zijn zaken gaan achteruit.*

Krebsgeschwulst ⟨v.⟩ **0.1** ***kankergezwel, carcinoom.***

Krebsgeschwür ⟨o.⟩ **0.1** ***kankerzweer.***

krebsig **0.1** ***door kanker aangetast*** **0.2** ***kankerachtig, als van kanker.***

krebskrank **0.1** ***aan kanker lijdend.***

Krebskreis ⟨m.⟩ **0.1** ***kreeftskeerkring.***

Krebsleiden ⟨o.⟩ **0.1** ***kanker(kwaal).***

krebsrot **0.1** ***rood als een kreeft.***

Krebsschaden ⟨m.⟩⟨fig.⟩ **0.1** ***ingekankerd kwaad*** ⇒*plaag, gesel.*

Krebsschere ⟨v.⟩ **0.1** ***kreeftenschaar*** **0.2** ⟨plantk.⟩ ***krabbenscheer, wateraloë.***

Krebstier ⟨o.⟩ **0.1** ***kreeftachtige.***

Krebsübel ⟨o.⟩⟨fig.⟩ **0.1** ***ingekankerd kwaad, kanker.***

Krebsverdacht ⟨m.⟩ **0.1** ***vermoeden van kanker.***

Krebsvorsorge ⟨v.⟩ **0.1** ***kankerpreventie.***

kredenzen ⟨schr.⟩ **0.1** ***offreren*** ⇒*serveren.*

Kredit[1] ⟨m.; ~(e)s, ~e⟩⟨ec.⟩ **0.1** ***krediet*** ⇒*lening, borg* **0.2** ***krediet*** ⇒*betalingsuitstel* **0.3** ⟨fig.⟩ ***krediet, vertrouwen*** ◆ **2.1** ein dinglich gesicherter ~ *beleningskrediet* **3.2** jmdm. ~ gewähren *iem. krediet geven* **3.3** einen guten ~ genießen *ruim vertrouwen genieten* **6.1** ~ **gegen** Sicherheit *krediet tegen onderpand.*

Kredit[2] ⟨o.; ~s, ~s⟩⟨ec.⟩ **0.1** ***credit(zijde)*** ⇒*tegoed.*

Kreditanstalt ⟨v.⟩ **0.1** ***kredietinstelling, -bank.***

Kreditantrag ⟨m.⟩ **0.1** ***kredietaanvraag.***

Kreditbank ⟨v.⟩ **0.1** ***kredietbank.***

kreditfähig **0.1** ***kredietwaardig, solide.***

Kreditgeber ⟨m.⟩ **0.1** ***kredietgever.***

Kreditgenossenschaft ⟨v.⟩ **0.1** ***(coöperatieve) kredietvereniging.***

Kreditgeschäft ⟨o.⟩ **0.1** ***kredietaffaire, -transactie*** ⇒*kredietzaken.*

kreditieren **0.1** ***crediteren, financieren*** ⇒*krediet verlenen* **0.2** ***crediteren*** ⇒*op de creditzijde boeken.*

Kreditinstitut ⟨o.⟩ **0.1** ***kredietinstelling.***

Kreditkarte ⟨v.⟩ **0.1** ***creditcard.***

Kreditkauf ⟨m.⟩ **0.1** ***koop op krediet.***

Kreditnehmer ⟨m.⟩ **0.1** ***kredietnemer.***

Kreditor ⟨m.; ~s, Kreditoren⟩ **0.1** ***crediteur*** ⇒*schuldeiser.*

Kreditorenkonto ⟨o.⟩ **0.1** ***crediteurenrekening.***

Kreditsperre ⟨v.⟩ **0.1** ***blokkering van krediet.***

Kreditwesen ⟨o.⟩ **0.1** ***kredietwezen, -stelsel.***

kreditwürdig **0.1** ***kredietwaardig, solide.***

Kredo ⟨o.; ~s, ~s⟩ **0.1** ***credo*** ⇒*geloofsbelijdenis.*

Kreide ⟨v.; ~, ~n⟩ **0.1** ***krijt*** ⇒*krijtsteen* **0.2** ***krijtje, pijpje krijt*** **0.3** ⟨geol.⟩ ***Krijt*** ⇒*Krijtperiode* ◆ **2.2** ⟨fig.⟩ mit doppelter ~ (an)schreiben *met dubbel krijt schrijven* **6.2** ⟨fig.⟩ **auf** ~ leben *op de pof leven;* bei jmdm. tief **in** der ~ stehen *bij iem. zwaar in het krijt staan.*

kreide|blaß, -bleich **0.1** ***krijtwit, doodsbleek.***

Kreidefelsen ⟨m.⟩ **0.1** ***krijtrots.***

kreiden **0.1** ***met krijt tekenen, noteren*** **0.2** ⟨amb.⟩ ***krijten, krijt toevoegen*** **0.3** ⟨sp.⟩ ***(in)krijten*** ⟨biljartkeu⟩.

Kreidestift ⟨m.⟩ **0.1** ***krijtpotlood, -crayon.***

kreideweiß **0.1** ***krijtwit.***

Kreidezeichnung ⟨v.⟩ **0.1** ***krijttekening*** **0.2** ***crayontekening.***

kreieren **0.1** ***creëren*** **0.2** ⟨rel.⟩ ***creëren*** ⇒*benoemen* ⟨van kardinalen⟩.

Kreis ⟨m.; ~es, ~e⟩ **0.1** ***cirkel*** ⇒*kring, ring* **0.2** ***kring*** ⇒*cyclus, reeks* **0.3** ***domein, bereik*** ⇒*sfeer* **0.4** ***kring*** ⇒*groep, milieu* **0.5** ⟨adm.⟩ ***district*** **0.6** ⟨tech.⟩ ***circuit, (stroom)kring*** ⇒*keten* ◆ **2.4** weite ~e der Bevölkerung *brede lagen van de bevolking* **2.6** gekoppelte ~e *gekoppelde ketens;* ein magnetischer ~ *een magnetisch circuit* **3.1** ⟨fig.⟩ störe meine ~e nicht! *laat mij met rust!;* ⟨fig.⟩ die Sache zieht weite ~e *de zaak neemt grote afmetingen aan* **6.1** sich **im** ~(e) bewegen, drehen *in een kringetje ronddraaien* ⟨ook fig.⟩; wir sind **im** ~ gegangen *we zijn in een kringetje gelopen* **6.4** **aus** unterrichteten ~en *uit welingelichte kringen;* **im** kleinen, engsten ~e *in besloten kring.*

Kreisabschnitt ⟨m.⟩⟨wisk.⟩ **0.1** ***cirkelsegment.***

kreisartig **0.1** ***kringsgewijs.***

Kreisausschnitt ⟨m.⟩⟨wisk.⟩ **0.1** ***cirkelsector.***

Kreisbahn ⟨v.⟩ **0.1** *kringloop, cirkelbaan* ⇒*orbit.*

Kreisbewegung ⟨v.⟩ **0.1** *cirkel-, kringbeweging, rotatie.*

Kreisbogen ⟨m.⟩⟨wisk.⟩ **0.1** *cirkelboog.*

kreischen **0.1** *krijsen, schreeuwen* **0.2** *knarsen, gieren* ◆ **1.1** eine ~de Stimme *een schelle stem.*

Kreisdurchmesser ⟨m.⟩ **0.1** *middellijn, diameter.*

Kreisel ⟨m.; ~s, ~⟩ **0.1** *(draai)tol* ⇒*drijftol* **0.2** ⟨nat.⟩ *tol* **0.3** ⟨tech.⟩ *gyroscoop, gyrostaat* ⇒*waaier* ⟨v.e. pomp⟩ **0.4** ⟨inf.⟩ *rotonde* ⟨verkeersplein⟩ **0.5** ⟨sp.⟩ *het rondspelen v.d. bal.*

Kreiselkompaß ⟨m.⟩ **0.1** *gyro-, tolkompas, gyrostatisch kompas.*

kreiseln **0.1** *tollen met de tol spelen* **0.2** *roteren, ronddraaien* **0.3** ⟨sp.⟩ *rondspelen* ◆ **1.2** das Boot begann zu ~ *de boot begon te tollen.*

Kreisel|pumpe, -radpumpe ⟨v.⟩ **0.1** *rotatie-, centri(fugaal)pomp.*

kreisen I ⟨onov.ww.⟩ **0.1** *draaien, cirkelen, wentelen* ◆ **3.1** die Flasche ~ lassen *de fles laten rondgaan;*
II ⟨ov.ww.⟩⟨sp.⟩ **0.1** *zwaaien, zwieren.*

Kreisfläche ⟨v.⟩ **0.1** *cirkel(opper)vlak.*

kreisförmig **0.1** *kring-, cirkelvormig.*

Kreisgebiet ⟨o.⟩ **0.1** *district, districtsgebied.*

Kreishalbmesser ⟨m.⟩ **0.1** *cirkelstraal.*

Kreisinhalt ⟨m.⟩ **0.1** *cirkelvlak.*

Kreisinsel ⟨v.⟩⟨verk.⟩ **0.1** *rotonde, rond verkeersplein.*

Kreisjagd ⟨v.⟩ **0.1** *klop-, drijfjacht.*

Kreiskolbenmotor ⟨m.⟩ **0.1** *wankelmotor.*

Kreiskrankenhaus ⟨o.⟩ **0.1** *streek-, districtsziekenhuis.*

Kreislauf ⟨m.⟩ **0.1** *kringloop, circulatie, omloop* **0.2** *bloedsomloop* ◆ **2.2** der große ~ *de grote bloedsomloop.*

Kreislaufstörung ⟨v.⟩⟨med.⟩ **0.1** *circulatiestoornis.*

Kreislaufversagen ⟨o.⟩ **0.1** *collaps* ⟨v.d. bloedsomloop⟩.

Kreislinie ⟨v.⟩ **0.1** *cirkellijn, cirkelomtrek.*

Kreisprozeß ⟨m.⟩ **0.1** *kringproces, -loop* ⟨ook nat.⟩.

kreisrund **0.1** *cirkelrond, kringvormig.*

Kreissäge ⟨v.⟩ **0.1** *cirkelzaag* **0.2** ⟨inf.; scherts.⟩ *platronde strohoed.*

Kreisschluß ⟨m.⟩ **0.1** *cirkelredenering.*

kreißen ⟨schr.⟩ **0.1** *in barensweeën liggen* ⇒*baren.*

Kreißsaal ⟨m.⟩ **0.1** *kraamzaal, verloskamer.*

Kreisstadt ⟨v.⟩ **0.1** *hoofdstad v.e. district.*

Kreisstrom ⟨m.⟩⟨tech.⟩ **0.1** *kringstroom.*

Kreistag ⟨m.⟩ **0.1** *districtsvergadering.*

Kreisumfang ⟨m.⟩ **0.1** *cirkelomtrek.*

Kreisverkehr ⟨m.⟩ **0.1** *rondgaand verkeer* ⟨op rotonde⟩.

Kreiszahl ⟨v.⟩ **0.1** *het getal pi.*

Krem ⟨v.; ~, ~s; inf. m.; ~s, ~e of ~s⟩ →**Creme.**

Kremation ⟨v.; ~, ~en⟩ **0.1** *crematie.*

Krematorium ⟨o.; ~s, Krematorien⟩ **0.1** *crematorium.*

kremig **0.1** *als crème, romig.*

Kreml ⟨m.; ~(s)⟩ **0.1** *Kremlin.*

Krempe ⟨v.; ~, ~n⟩ **0.1** *hoedrand.*

Krempel[1] ⟨m.; ~s⟩⟨inf.⟩ **0.1** *rommel, kraam* ◆ **3.1** ⟨fig.⟩ den ganzen ~ hinschmeißen *er de brui aan geven.*

Krempel[2] ⟨v.; ~, ~n⟩⟨ind.⟩ **0.1** *kaardmachine, kaarde.*

krempeln **0.1** *omslaan, opstropen* ⇒*opslaan* ◆ **6.1** die Ärmel **in** die Höhe, **nach** oben ~ *de mouwen opstropen.*

Kreolin[1] ⟨v.; ~, ~nen⟩ **0.1** *creoolse.*

Kreolin[2] ⟨o.; ~s⟩⟨schei.⟩ **0.1** *creoline.*

Kreosot ⟨o.; ~s⟩⟨med., schei.⟩ **0.1** *creosoot, creosootolie.*

krepieren **0.1** *exploderen, (uiteen)springen* **0.2** ⟨inf.⟩ *creperen, verrekken.*

Krepp ⟨m.; ~s, ~e of ~s⟩ **0.1** *crêpe, krip* ⇒*(rouw)floers.*

Kreppapier ⟨o.⟩ **0.1** *crêpepapier.*

kreppen **0.1** *krippen, crêpen* ⇒*krullen* ⟨van weefsels⟩ **0.2** *crêpen* ⇒*kreukelen* ⟨van papier⟩.

Kreppflor ⟨m.⟩ **0.1** *krip-, rouwfloers.*

Kresse ⟨v.; ~, ~n⟩⟨plantk.⟩ **0.1** *kers* ⇒*tuin-, waterkers.*

Krethi und Plethi ⟨inf.; pej.⟩ **0.1** *Jan en alleman, Jan Rap en zijn maat.*

Kretin ⟨m.; ~s, ~s⟩ **0.1** *cretin, idioot, dommerik* **0.2** ⟨med.⟩ *cretin, kropmens.*

kreucht ⟨oude vorm van kriechen⟩ ◆ **8.¶** alles, was da ~ und fleucht *al wat kruipt en vliegt, alle levende wezens.*

kreuz ◆ **8.¶** ~ und quer *kris kras, schots en scheef.*

Kreuz ⟨o.; ~es, ~e⟩ **0.1** *kruis* ⟨ook fig.⟩ **0.2** ⟨verk.⟩ *klaverblad* ⇒*kruising, kruispunt* **0.3** ⟨med.⟩ *kruis, kroep* ⟨bij dieren⟩ ⇒*stuit* **0.4** ⟨muz.⟩ *kruis* **0.5** ⟨sp.; mv.: ~⟩ *klaveren* ⇒*klaver-, kruisjas* ◆ **1.1** ⟨ster.⟩ das ~ des Südens *het Zuiderkruis* **2.1** ⟨ster.⟩ das Südliche ~ *het Zuiderkruis* **2.2** das Kölner ~ *het klaverblad van Keulen* **2.3** ein steifes ~ *een stijve rug* **3.3** ⟨inf.; fig.⟩ jmdm. das ~ aushängen *iem. een loer draaien* **6.1** ⟨fig.⟩ ein ~, drei ~e **hinter** jmdm., einer Sache machen *iem., iets het heilig kruis (achter)nageven;* ⟨fig.⟩ sie hat ihr ~ **mit** ihm *hij is een kruis voor haar;* ⟨fig.⟩ **mit** jmdm. über(s) ~ sein, stehen *met iem. overhoop liggen;* **über(s)** ~ falten *kruisgewijs vouwen;* ⟨fig.⟩ **zu** ~e kriechen *met hangende pootjes komen* **6.3** beinahe, fast **aufs** ~ fallen *schier achterovervallen (van verbazing);* jmdn. **aufs** ~ legen (a) ⟨inf.; fig.⟩ *iem. bedonderen* (b) ⟨vulg.⟩ *iem. naaien;* ⟨scherts.⟩ jmdm. Geld **aus** dem ~ leiern *iem. geld afschooien* **8.1** ⟨fig.⟩ (in) die ~ und (in) die Quere *kriskras.*

Kreuzabnahme ⟨v.⟩ **0.1** *kruisafneming.*

Kreuzband ⟨o.⟩ **0.1** *kruisband* **0.2** *kruisknoop.*

Kreuzbein ⟨o.⟩⟨med.⟩ **0.1** *heiligbeen.*

Kreuzblume ⟨v.⟩ **0.1** *vleugeltjesbloem* ⇒*kruisbloem* **0.2** ⟨bouwk.⟩ *kruisbloem, -roos.*

Kreuzblütler ⟨m.⟩ **0.1** *kruisbloemige.*

Kreuzbogen ⟨m.⟩⟨bouwk.⟩ **0.1** *kruisboog.*

kreuzbrav ⟨inf.⟩ **0.1** *inbraaf, door en door braaf.*

kreuzehrlich **0.1** *doodeerlijk.*

kreuzen I ⟨onov.ww.⟩⟨scheep.⟩ **0.1** *kruisen;*
II ⟨ov.ww.⟩ **0.1** *kruisen* ⇒*kruiselings over elkaar plaatsen* **0.2** *kruisen, overkruisen, dwarsen* **0.3** ⟨biol.⟩ *kruisen* ◆ **1.2** Fußgänger ~ hier die Straße *voetgangers steken hier de straat over;*
III sich ~ ⟨wk.ww.⟩ **0.1** *tegengesteld zijn, tegenover elkaar staan, indruisen tegen.*

Kreuzer ⟨m.; ~s, ~⟩ **0.1** *kruiser, slagkruiser* **0.2** *kruiser(jacht)* ⟨zeilschip⟩.

Kreuzestod ⟨m.⟩ **0.1** *kruisdood.*

Kreuzesweg ⟨m.⟩⟨rel.⟩ **0.1** *kruisweg.*

Kreuzfahrer ⟨m.⟩⟨gesch.⟩ **0.1** *kruisvaarder.*

Kreuzfahrt ⟨v.⟩ **0.1** ⟨scheep.⟩ *cruise* **0.2** ⟨gesch.⟩ *kruisvaart, -tocht.*

Kreuzfeuer ⟨o.⟩ **0.1** *kruisvuur* ◆ **6.1 ins** ~ geraten *van alle kanten onder vuur genomen worden;* ⟨fig.⟩ die Reporter nahmen ihn ins, **unter** ~ *de reporters vuurden vragen op hem af.*

kreuzfidel **0.1** *jolig, monter.*

Kreuzgang ⟨m.⟩ **0.1** ⟨bouwk.⟩ *kruisgang* **0.2** ⟨fig.⟩ *bedevaart, processie.*

Kreuzgelenk ⟨o.⟩⟨tech.⟩ **0.1** *kruiskoppeling.*

Kreuzgewölbe ⟨o.⟩ **0.1** *kruisgewelf* ⇒*stergewelf.*

kreuzigen **0.1** *kruisigen.*

Kreuzigungsgruppe ⟨v.⟩⟨bk.⟩ **0.1** *(voorstelling v.d.) kruisiging.*

Kreuzknoten ⟨m.⟩⟨scheep.⟩ **0.1** *platte knoop, kruisknoop.*

Kreuzkümmel ⟨m.⟩ **0.1** ***komijn.***
kreuzlahm 0.1 ***kruis-, lendelam*** ⟨ook fig.⟩ ⇒*uitgeput.*
Kreuzotter ⟨v.⟩⟨biol.⟩ **0.1** ***(gewone) adder.***
Kreuzreim ⟨m.⟩⟨lit.⟩ **0.1** ***gekruist rijm.***
Kreuzrippengewölbe ⟨o.⟩ **0.1** ***kruis(rib)gewelf.***
Kreuzritter ⟨m.⟩ **0.1** ***ridder v.e. geestelijke orde*** **0.2** ⟨gesch.⟩ ***kruisridder.***
kreuzsaitig 0.1 ***kruissnarig.***
Kreuz(schlitz)schraube ⟨v.⟩ **0.1** ***kruiskopschroef.***
Kreuzschlüssel ⟨m.⟩⟨amb.⟩ **0.1** ***kruissleutel.***
Kreuzschmerz ⟨m.⟩ **0.1** ***lage rugpijn.***
Kreuzschnabel ⟨m.⟩⟨biol.⟩ **0.1** ***kruisbek, -vink.***
Kreuzspinne ⟨v.⟩ **0.1** ***kruisspin.***
kreuzständig ⟨plantk.⟩ **0.1** ***kruisgewijs, tegenoverstaand.***
Kreuzstich ⟨m.⟩⟨amb.⟩ **0.1** ***kruissteek.***
Kreuzung ⟨v.; ~, ~en⟩ **0.1** ***kruising*** ◆ **2.1** eine plangleiche ~ *een gelijkvloerse kruising* **6.1 an** der ~ halten *bij het kruispunt stoppen.*
kreuzunglücklich ⟨inf.⟩ **0.1** ***doodongelukkig.***
kreuzungsfrei ⟨verk.⟩ **0.1** ***kruisingsvrij, zonder (gelijkvloerse) kruising.***
Kreuzungspunkt ⟨m.⟩ **0.1** ***kruis-, snijpunt.***
Kreuzverhör ⟨o.⟩⟨jur.⟩ **0.1** ***kruisverhoor*** ◆ **3.1** jmdn. einem ~ unterziehen (a) *iem. aan een kruisverhoor onderwerpen* (b) ⟨fig.⟩ *iem. aan de tand voelen.*
Kreuzweg ⟨m.⟩ **0.1** ***kruisweg*** ⇒*kruising, viersprong* **0.2** ⟨rel.⟩ ***kruis-, lijdensweg*** ◆ **6.1** ⟨fig.⟩ **am** ~ stehen *voor een dilemma staan.*
Kreuzwegstation ⟨v.⟩⟨rel.⟩ **0.1** ***kruiswegstatie.***
kreuzweise 0.1 ***kruiswijze, -gewijs, kruiselings*** ◆ **3.¶** ⟨vulg.⟩ du kannst mich ~! *lik m'n reet!*
Kreuzworträtsel ⟨o.⟩ **0.1** ***kruiswoordraadsel, -puzzel.***
Kreuzzeichen ⟨o.⟩⟨rel.⟩ **0.1** ***kruisteken.***
Kreuzzug ⟨m.⟩ **0.1** ***kruistocht*** ⟨ook fig.⟩.
kribbelig ⟨inf.⟩ **0.1** ***kriebelig, kribbig*** ⇒*nerveus, geprikkeld* **0.2** ***kriebelig, jeukerig.***
kribbeln 0.1 ***kriebelen, krieuwelen*** ⇒*jeuken* **0.2** ***krioelen, wemelen*** ◆ **6.1** ⟨fig.⟩ es kribbelt mir **in** den Fingerspitzen *mijn handen jeuken.*
Krickelkrakel ⟨o.; ~s, ~⟩⟨inf.⟩ **0.1** ***krabbelschrift, hanenpoten.***
krickeln ⟨inf.⟩ **0.1** ***krabbelen, hanenpoten schrijven.***
Krickente ⟨v.⟩ **0.1** ***wintertaling.***
Kricket ⟨o.; ~s⟩ **0.1** ***cricket.***
kriechen ⟨s.→t71⟩ **0.1** ***kruipen*** ◆ **6.1** ⟨inf.⟩ **in** die Klappe ~ *in 't nest kruipen.*
Kriecher ⟨m.; ~s, ~⟩ **0.1** ***kruiper, hielenlikker*** **0.2** ***kruipend dier*** ⇒*reptiel.*
Kriecherei ⟨v.; ~, ~en⟩ **0.1** ***kruiperij*** ⇒*gatlikkerij.*
kriecherisch 0.1 ***kruiperig*** ⇒*vleierig.*
Kriechgang ⟨m.⟩⟨tech.⟩ **0.1** ***kruipversnelling.***
Kriechspur ⟨v.⟩ **0.1** ***kruipspoor*** ⟨van reptielen⟩ **0.2** ⟨verk.⟩ ***kruipstrook.***
Kriechstrom ⟨m.⟩⟨tech.⟩ **0.1** ***kruipstroom.***
Kriechtempo ⟨o.⟩⟨verk.⟩ **0.1** ***kruiptempo*** ⇒*slakkengang.*
Kriechtier ⟨o.⟩ **0.1** ***kruipend dier*** ⇒*reptiel.*
Krieg ⟨m.; ~(e)s, ~e⟩ **0.1** ***oorlog*** ⇒*strijd, twist* ◆ **2.1** ⟨fig.⟩ ein ehelicher ~ *een echtelijke twist;* der kalte ~ *de koude oorlog* **3.1** ⟨fig.⟩ jmdm. den ~ ansagen *iem. de oorlog verklaren* **6.1 im** ~ liegen, stehen *zich in oorlog bevinden;* **im** ~ bleiben, fallen *tijdens de oorlog sneuvelen.*
kriegen ⟨inf.⟩ **0.1** ***krijgen*** ◆ **1.1** sie kriegt ein Baby *zij verwacht een baby;* den Dieb ~ *de dief te pakken krijgen;* sein Recht ~ *het recht aan zijn kant krijgen;* Schläge ~ *slaag krijgen;* einen ordentlichen Schrecken ~ *zich een aap schrikken;* die Wut ~ *razend worden;* er konnte den Zug nicht mehr ~ *hij kon de trein niet meer halen* **2.1** ich krieg' es satt *ik heb er de buik van vol;* die Kinder satt ~ *de kinderen genoeg te eten geven* **3.1** jmds. Haß zu spüren ~ *iemands haat ondervinden* **5.1** da kriegte ich zuviel *dat werd me te erg;* das werden wir schon ~ *dat spelen we wel klaar* **6.1** es **mit** der Angst zu tun ~ *bang worden;* ⟨fig.⟩ ich kann es nicht **über** mich ~ *ik kan het niet over mijn hart krijgen.*
Krieger ⟨m.; ~s, ~⟩ **0.1** ***krijger*** ⇒*soldaat* ◆ **2.1** ⟨fig.⟩ ein kalter ~ *een havik.*
Kriegerdenkmal ⟨o.⟩ **0.1** ***monument voor de gesneuvelden, oorlogsmonument.***
kriegerisch 0.1 ***krijgs-, oorlogszuchtig*** ⇒*krijgshaftig* **0.2** ***militair, oorlogs-*** ◆ **1.1** eine ~e Haltung *een militante houding* **1.2** eine ~e Auseinandersetzung *een militaire confrontatie.*
Kriegerwitwe ⟨v.⟩ **0.1** ***oorlogsweduwe.***
Kriegsakademie ⟨v.⟩⟨gesch.⟩ **0.1** ***militaire academie.***
Kriegsausbruch ⟨m.⟩ **0.1** ***het uitbreken v.d. oorlog.***
Kriegsauszeichnung ⟨v.⟩ **0.1** ***oorlogsonderscheiding.***
Kriegsbeil ⟨o.⟩ **0.1** ***strijd-, krijgsbijl*** ⇒*tomahawk* ◆ **3.1** ⟨fig.⟩ das ~ ausgraben, begraben *de strijdbijl opgraven, begraven.*
Kriegsbemalung ⟨v.⟩⟨antr.⟩ **0.1** ***oorlogsbeschildering*** ◆ **6.1** ⟨scherts.; fig.⟩ **in** (voller) ~ (a) *met alle onderscheidingen* (b) *opgetut.*
Kriegsberichterstatter ⟨m.⟩ **0.1** ***oorlogsreporter, -correspondent.***
kriegsbeschädigt 0.1 ***invalide, verminkt door de oorlog.***
Kriegsbraut ⟨v.⟩ **0.1** ***oorlogsbruidje.***
Kriegsdienst ⟨m.⟩ **0.1** ***krijgsdienst, militaire dienst*** ⟨in oorlogstijd⟩ **0.2** ⟨pej.⟩ ***militaire dienst*** ⟨in vredestijd⟩.
Kriegsdienstgegner ⟨m.⟩ **0.1** ***tegenstander v.d. dienstplicht*** ⇒*anti-militarist.*
Kriegsdienstverweigerer ⟨m.⟩ **0.1** ***dienstweigeraar.***
Kriegsdienstverweigerung ⟨v.⟩ **0.1** ***dienstweigering.***
Kriegsende ⟨o.⟩ **0.1** ***het einde v.d. oorlog.***
Kriegsentschädigung ⟨v.⟩ **0.1** ***oorlogs(schade)vergoeding, herstelbetaling.***
Kriegserklärung ⟨v.⟩ **0.1** ***oorlogsverklaring.***
Kriegsfall ⟨m.⟩ **0.1** ***oorlogstoestand*** ◆ **6.1** sich **auf** den ~ vorbereiten *zich op een eventuele oorlog voorbereiden.*
Kriegsflotte ⟨v.⟩ **0.1** ***oorlogsvloot*** ⇒*marine.*
Kriegsfolge ⟨v.⟩ **0.1** ***gevolg, nasleep v.d. oorlog.***
Kriegsfreiwillige(r) ⟨bn. als zn.; m.⟩ **0.1** ***oorlogsvrijwilliger.***
Kriegsfuß ⟨m.⟩⟨scherts.⟩ ◆ **6.¶** mit jmdm. **auf** (dem) ~ leben, stehen *met iem. op voet van oorlog leven, staan.*
Kriegsgefangene(r) ⟨bn. als zn.⟩ **0.1** ***krijgsgevangene.***
Kriegsgefangenschaft ⟨v.⟩ **0.1** ***krijgsgevangenschap.***
Kriegsgegner ⟨m.⟩ **0.1** ***militaire tegenstander*** ⇒*vijand* **0.2** ***tegenstander v.d. oorlog*** ⇒*pacifist.*
Kriegsgericht ⟨o.⟩ **0.1** ***krijgsraad, -gerecht.***
kriegsgeschädigt 0.1 ***door de oorlog geteisterd, getroffen.***
Kriegsgeschrei ⟨o.⟩ **0.1** ***krijgsgehuil, oorlogskreet.***
Kriegsgewinnler ⟨m.⟩ **0.1** ***oorlogswinstmaker, oweeër.***
Kriegsgrab ⟨o.⟩ **0.1** ***oorlogsgraf.***
Kriegsgräberfürsorge ⟨v.⟩ **0.1** ***zorg voor de oorlogsgraven.***
Kriegshetze ⟨v.⟩ **0.1** ***ophitsing tot oorlog.***
Kriegshinterbliebene(r) ⟨bn. als zn.⟩ **0.1** ***nabestaande van oorlogsslachtoffer.***
Kriegskamerad ⟨m.⟩ **0.1** ***wapenbroeder, krijgsmakker.***

Kriegslist ⟨v.⟩ **0.1** *krijgslist.*
Kriegsopfer ⟨o.⟩ **0.1** *oorlogsslachtoffer.*
Kriegsopferversorgung ⟨v.⟩ **0.1** *sociale zorg voor de oorlogsslachtoffers.*
Kriegspfad ⟨m.⟩⟨scherts.⟩ ◆ **6.¶ auf** dem ~ sein *op het oorlogspad zijn.*
Kriegsrat ⟨m.⟩ **0.1** *krijgsraad* ◆ **3.1** ⟨scherts.⟩ (einen) ~ (ab)halten *krijgsraad houden.*
Kriegsrecht ⟨o.⟩ **0.1** *oorlogsrecht.*
Kriegsschaden ⟨m.⟩ **0.1** *oorlogsschade.*
Kriegsschauplatz ⟨m.⟩ **0.1** *krijgs-, strijdtoneel.*
Kriegsschiff ⟨o.⟩ **0.1** *oorlogsschip.*
Kriegsschuld ⟨v.⟩ **0.1** *schuld aan de oorlog* **0.2** ⟨alleen mv.⟩ *oorlogsschulden.*
Kriegsstärke ⟨v.⟩ **0.1** *oorlogssterkte.*
Kriegsteilnehmer ⟨m.⟩ **0.1** *oorlogsvoerende mogendheid, partij* **0.2** *soldaat.*
Kriegstote(r) ⟨bn. als zn.⟩ **0.1** *oorlogsdode, gesneuvelde.*
Kriegstreiber ⟨m.⟩ **0.1** *ophitser, aanstoker tot oorlog.*
Kriegsverbrechen ⟨o.⟩ **0.1** *oorlogsmisdaad, -misdrijf.*
Kriegsverbrecher ⟨m.⟩ **0.1** *oorlogsmisdadiger.*
Kriegs|verletzte(r), -versehrte(r) ⟨bn. als zn.⟩ **0.1** *oorlogsinvalide.*
Kriegswagen ⟨m.⟩ **0.1** *strijd-, krijgswagen.*
Kriegswaise ⟨v.⟩ **0.1** *oorlogswees.*
kriegswichtig 0.1 *van strategisch, vitaal belang* ⟨voor de oorlog⟩.
Kriegswirren ⟨alleen mv.⟩ **0.1** *oorlogstroebelen.*
Kriegswirtschaft ⟨v.⟩ **0.1** *oorlogseconomie.*
Kriegszeit ⟨v.⟩ **0.1** *oorlogstijd.*
Kriegszustand ⟨m.⟩ **0.1** *oorlogstoestand* ◆ **6.1** sich **im** ~ befinden *zich in staat van oorlog bevinden.*
Krill ⟨m.; ~(e)s⟩ **0.1** *kril ⇒planktonkreeftjes.*
Krim ⟨v.; ~⟩ **0.1** *Krim.*
Krimi ⟨m.; ~s, ~s⟩⟨inf.⟩ **0.1** *misdaadfilm ⇒thriller* **0.2** *misdaadroman, detective.*
Kriminalbeamte(r) ⟨bn. als zn.; m.⟩ **0.1** *rechercheur.*
Kriminaler ⟨m.; ~s, ~⟩⟨inf.⟩ **0.1** *rechercheur.*
Kriminalfilm ⟨m.⟩ **0.1** *misdaadfilm.*
Kriminalgeschichte ⟨v.⟩ **0.1** *geschiedenis v.d. criminaliteit* **0.2** ⟨lit.⟩ *misdaad-, detectiveverhaal.*
kriminalisieren 0.1 *de criminaliteit in de hand werken* **0.2** *criminaliseren, als misdadig voorstellen.*
Kriminalist ⟨m.; ~en, ~en⟩ **0.1** *lid v.d. recherche ⇒rechercheur.*
Kriminalistik ⟨v.; ~⟩ **0.1** *criminalistiek.*
Kriminalität ⟨v.; ~⟩ **0.1** *criminaliteit, misdadigheid.*
Kriminalkommissar ⟨m.⟩ **0.1** *inspecteur der recherche.*
Kriminalmuseum ⟨o.⟩ **0.1** *criminologisch museum.*
Kriminalpolizei ⟨v.⟩ **0.1** *recherche.*
Kriminalpolizist ⟨m.⟩ **0.1** *rechercheur.*
Kriminalroman ⟨m.⟩ **0.1** *misdaad-, speurdersroman, detective.*
Kriminalstatistik ⟨v.⟩ **0.1** *criminele statistiek.*
kriminell 0.1 *crimineel* ◆ **3.1** ~ handeln *een strafbaar feit plegen* **3.¶** er fährt ~ *hij rijdt als een gek.*
Kriminelle(r) ⟨bn. als zn.⟩ **0.1** *misdadiger, delinquent.*
Kriminologie ⟨v.; ~⟩ **0.1** *criminologie, criminele sociologie.*
Krimskrams ⟨m.; ~⟩⟨inf.⟩ **0.1** *prullen, rommel.*
Kringel ⟨m.; ~s, ~⟩ **0.1** *kringetje, ringetje ⇒krul* **0.2** ⟨cul.⟩ *krakeling, kringelen* ⟨gebak⟩.
kringelig 0.1 *gekruld, krullig* ◆ **1.1** ~e Haare *krulhaar* **3.1** ⟨inf.; fig.⟩ sich ~ lachen *zich krom lachen.*
kringeln ⟨h.⟩ **I** ⟨ov.ww.⟩ **0.1** *(op)krullen;*
II sich ~ ⟨wk ww.⟩ **0.1** *zich krullen, kronkelen* ◆ **6.1** das ist **zum** Kringeln *dat is om je krom te lachen.*
Krinoline ⟨v.; ~, ~n⟩ **0.1** *crinoline ⇒hoepelrok.*
Kripo ⟨v.; ~, ~s⟩⟨inf.⟩ **0.1** *recherche.*
Krippe ⟨v.; ~, ~n⟩ **0.1** *krib, voederbak* **0.2** *crèche, kinderdagverblijf* **0.3** *kerstkribbe* ◆ **6.¶** ⟨inf.; fig.⟩ **an** die ~ kommen *aan de bak komen.*
Krippenfigur ⟨v.⟩ **0.1** *beeldje v.e. kerstgroep.*
Krippenspiel ⟨o.⟩ **0.1** *kerstspel.*
Krippentod ⟨m.⟩ **0.1** *wiegendood.*
Kris ⟨m.; ~es, ~e⟩ **0.1** *kris ⇒dolk.*
Krise ⟨v.; ~, ~n⟩ **0.1** *crisis* ⟨ook med.⟩.
kriseln ◆ **4.¶** es kriselt *er zit een crisis in de lucht.*
krisenanfällig 0.1 *crisisgevoelig ⇒conjunctuurgevoelig.*
krisenhaft 0.1 *crisis-, kritiek* ◆ **3.1** die Lage spitzt sich ~ zu *de toestand wordt kritiek.*
Krisenherd ⟨m.⟩ **0.1** *crisishaard, -gebied.*
Krisenstab ⟨m.⟩ **0.1** *crisisteam.*
Kristall[1] ⟨m.; ~s, ~e⟩ **0.1** *kristal.*
Kristall[2] ⟨o.; ~s⟩ **0.1** *kristal, kristalglas* **0.2** *kristal ⇒kristalwerk* ◆ **8.1** klar, rein wie ~ *helder als kristal.*
kristallen 0.1 *kristallen, van kristal* ◆ **1.1** ⟨fig.⟩ ein ~er See *een kristalhelder meer.*
Kristalleuchter ⟨m.⟩ **0.1** *kristallen luchter, kandelaar.*
Kristallglas ⟨o.⟩ **0.1** *kristallen glas* **0.2** ⟨ind.⟩ *kristalglas.*
kristallhell 0.1 *kristalhelder.*
kristallin(isch) 0.1 *kristallijn.*
Kristallinse ⟨v.⟩⟨med.⟩ **0.1** *kristallens* ⟨v.h. oog⟩.
Kristallisation ⟨v.; ~, ~en⟩ **0.1** *kristallisatie, kristalvorming.*
kristallisieren I ⟨onov.ww.; h.⟩ **0.1** *kristalliseren ⇒kristallen vormen;*
II ⟨ov.ww.⟩ **0.1** *(doen) kristalliseren;*
III sich ~ ⟨wk.ww.⟩ **0.1** *kristalliseren, uitkristalliseren* ◆ **5.1** der Zucker kristallisiert sich braun *de suiker kristalliseert bruin.*
kristallklar 0.1 *kristalhelder.*
Kristallnacht ⟨v.⟩⟨gesch.⟩ **0.1** *Kristallnacht* ⟨9 op 10 november 1938⟩.
kristallrein 0.1 *kristalhelder.*
Kristallüster ⟨m.⟩ **0.1** *kristallen luchter, lichtkroon.*
Kristallzucker ⟨m.⟩ **0.1** *kristalsuiker, kristal.*
Kriterium ⟨o.; ~s, Kriterien⟩ **0.1** *criterium ⇒maatstaf* **0.2** ⟨sp.⟩ *criterium ⇒ski-, wielerwedstrijd.*
Kritik ⟨v.; ~, ~en⟩ **0.1** *kritiek* ◆ **6.1 an** jmdm. ~ üben *op iem., iets kritiek uitoefenen;* seine ~ **an** der Führung *zijn kritiek op de leiding;* ⟨inf.⟩ **unter** aller, jeder ~ sein *beneden alle kritiek zijn.*
Kritikaster ⟨m.; ~s, ~⟩ **0.1** *criticaster, muggenzifter.*
Kritiker ⟨m.; ~s, ~⟩ **0.1** *criticus ⇒beoordelaar* **0.2** *criticus ⇒recensent.*
kritikfähig 0.1 *tot kritisch denken in staat ⇒kritisch.*
kritiklos 0.1 *kritiekloos, onkritisch* ◆ **3.1** einer Sache ~ zustimmen *klakkeloos met een zaak instemmen.*
Kritiklosigkeit ⟨v.⟩ **0.1** *kritiekloosheid, gebrek aan kritische zin.*
kritisch 0.1 *kritisch ⇒oordeelkundig* **0.2** *kritisch ⇒afkeurend, negatief* **0.3** *kritiek, kritisch ⇒beslissend, cruciaal* **0.4** *kritiek ⇒hachelijk, gevaarlijk* ◆ **1.3** die ~en Jahre *de overgangsleeftijd* **3.3** ⟨nat.⟩ der Reaktor wird ~ *de reactor wordt kritisch, kritiek.*
kritisieren 0.1 *bekritiseren ⇒kritiek uitoefenen, afkeuren* **0.2** ⟨lit.⟩ *kritiseren ⇒recenseren, beoordelen* ◆ **6.1 an** allem etwas zu ~ haben *op alles iets aan te merken hebben.*
Kritizismus ⟨m.; ~⟩⟨fil.⟩ **0.1** *criticisme, kritische filosofie.*

Krittelei ⟨v.; ~, ~en⟩⟨inf.⟩ **0.1** ***vitterij, muggenzifterij.***

krittelig 0.1 ***vitterig, bedillerig*** ⇒*korzelig.*

kritteln ⟨inf.⟩ **0.1** ***vitten, bedillen*** ◆ **6.1** immer krittelt er **am**, **übers** Essen *altijd knort hij over het eten.*

Krittler ⟨m.; ~s, ~⟩ **0.1** ***vitter, muggenzifter.***

Kritzelei ⟨v.; ~, ~en⟩⟨inf.⟩ **0.1** ***gekrabbel, krabbelpoten*** **0.2** ***gekras.***

kritzelig 0.1 ***kriebelig*** ⇒*onleesbaar.*

kritzeln I ⟨onov.ww.⟩ **0.1** ***krassen*** ◆ **1.1** die Feder kritzelt *de pen krast;*
II ⟨ov.ww.⟩ **0.1** ***kriebelen*** ⇒*schrijven, pennen* **0.2** ***krabbelen*** ⇒*tekenen.*

Kroate ⟨m.; ~n, ~n⟩ **0.1** ***Kroaat.***

kroatisch 0.1 ***Kroatisch.***

Krocket ⟨acc. wiss.⟩⟨o.; ~s⟩⟨sp.⟩ **0.1** ***croquet.***

Krokant ⟨m.; ~s⟩ **0.1** ***praline*** **0.2** ***pralinebonbons.***

Krokette ⟨v.; ~, ~n⟩⟨cul.⟩ **0.1** ***kroket.***

Kroko ⟨o.; ~(s), ~s⟩⟨inf.⟩ **0.1** ***krokodillenleer.***

Krokodil ⟨o.; ~s, ~e⟩ **0.1** ***krokodil.***

Krokodilstränen ⟨alleen mv.⟩⟨fig.⟩ **0.1** ***krokodillentranen.***

Krokus ⟨m.; ~, ~(se)⟩ **0.1** ***krokus.***

Krone ⟨v.; ~, ~n⟩ **0.1** ***kroon*** ⇒*krans* **0.2** ⟨plantk.⟩ ***kroon, kruin*** **0.3** ***kruin, kap*** ⇒*bovenvlak, dijkkruin* **0.4** ***kroon, lichtkroon, kroonkandelaar*** **0.5** ***kroon*** ⟨munt⟩ **0.6** ⟨biol., med., tech.⟩ ***kroon*** **0.7** ⟨fig.⟩ ***kroon, bekroning, toppunt*** **0.8** ⟨inf.; fig.⟩ ***kop, bol*** ⇒*hoofd* ◆ **3.1** ⟨fig.⟩ die ~ niederlegen *afstand doen van de kroon* **3.7** ⟨inf.⟩ das setzt doch allem die ~ auf *dat is het toppunt!* **6.8** ⟨inf.; fig.⟩ das ist ihm **in** die ~ gefahren *dat is hem in het verkeerde keelgat geschoten;* sein Erfolg ist ihm **in** die ~ gestiegen *zijn succes is hem naar het hoofd gestegen;* ⟨inf.; fig.⟩ einen **in** der ~ haben *een stuk in zijn kraag hebben.*

krönen 0.1 ***kronen*** **0.2** ***kronen, bekronen*** ⇒*bekransen* ◆ **1.1** gekrönte Häupter *gekroonde hoofden, regerende vorsten.*

Kronenkorken ⟨m.⟩ **0.1** ***kroonkurk.***

Kronerbe ⟨m.⟩ **0.1** ***troonopvolger, erf-, kroonprins.***

Kronglas ⟨o.; mv. ~̈er⟩⟨ind.⟩ **0.1** ***kroonglas*** ⇒*loodvrij glas.*

Kronkorken ⟨m.⟩ →**Kronenkorken.**

Kronleuchter ⟨m.⟩ **0.1** ***kroonluchter, -kandelaar, lichtkroon*** ◆ **3.¶** ⟨scherts.⟩ plötzlich ging mir ein ~ auf *plotseling ging me een licht op.*

Kronprinz ⟨m.⟩ **0.1** ***kroonprins.***

Kronrat ⟨m.⟩⟨pol.⟩ **0.1** ***kroonraad.***

Kronschatz ⟨m.⟩ **0.1** ***kroonjuwelen.***

Krönung ⟨v.; ~, ~en⟩ **0.1** ***kroning*** **0.2** ***bekroning*** ◆ **1.2** die ~ seiner Karriere *de bekroning van zijn carrière.*

Krönungsfeierlichkeit ⟨v.⟩ **0.1** ***kroningsplechtigheid.***

Kronzeuge ⟨m.⟩ **0.1** ***kroongetuige.***

Kropf ⟨m.; ~(e)s, ~̈e⟩ **0.1** ⟨biol.⟩ ***krop*** ⇒*uitstulping* **0.2** ⟨med.⟩ ***krop, kropgezwel, kropziekte*** ⇒*struma* ◆ **8.2** ⟨inf.; scherts.⟩ unnötig sein wie ein ~ *gemist kunnen worden als kiespijn.*

kröpfen 0.1 ⟨amb.⟩ ***verstekken, in verstek bewerken*** **0.2** ⟨tech.⟩ ***haaks ombuigen, een dubbele knie(hals), elleboog maken*** ◆ **1.2** eine gekröpfte Welle *een krukas.*

Kröpfer ⟨m.; ~s, ~⟩ **0.1** ***kropper, kropduif.***

kropfig, kröpfig 0.1 ***met een krop, krop-*** **0.2** ⟨plantk.⟩ ***vergroeid, scheefgegroeid.***

Kropftaube ⟨v.⟩ **0.1** ***kropper, kropduif.***

Kroppzeug ⟨o.⟩⟨inf.; pej.⟩ **0.1** ***zootje, rotzooi*** **0.2** ***zootje, schuim*** ⇒*gespuis, canaille.*

Krösus ⟨m.; ~(ses), ~se⟩ **0.1** ***Croesus.***

Kröte ⟨v.; ~, ~n⟩ **0.1** ⟨biol.⟩ ***pad*** **0.2** ⟨inf.; scherts.⟩ ***nest, ding*** ⇒*ukkepuk* **0.3** ⟨inf.; pej.⟩ ***loeder, slang, serpent*** **0.4** ⟨mv.; inf.⟩ ***duiten, poen*** ◆ **2.3** du widerliche ~! *jij lelijk scharminkel!* **3.1** ⟨fig.⟩ eine ~, ~n schlucken *een bittere pil slikken.*

Krötenwanderung ⟨v.⟩ **0.1** ***paddentrek.***

Krücke ⟨v.; ~, ~n⟩ **0.1** ***kruk, wandelkruk*** **0.2** ***kruk*** ⇒*handvatsel, greep, haak* **0.3** ⟨inf.; pej.⟩ ***kruk, stumper*** ◆ **6.1 an**, ⟨zelden⟩ **auf**, **mit** ~n gehen *op, met krukken gaan, lopen.*

Krückstock ⟨m.⟩ **0.1** ***kruk*** ⇒*stok, stut.*

krud(e) ⟨schr.⟩ **0.1** ***cru, grof, onbehouwen*** ◆ **1.1** ~e Sitten *ruwe zeden.*

Krug ⟨m.; ~(e)s, ~̈e⟩ **0.1** ***kruik*** ⇒*kroes, pot, karaf* ◆ **1.1** ein ~ Wein *een karaf wijn* **¶.1** ⟨sprw.⟩ der ~ geht so lange zu Wasser, bis er zerbricht *de kruik gaat zolang te water tot ze breekt.*

Krüll|schnitt, -tabak ⟨m.⟩ **0.1** ***krultabak.***

Krume ⟨v.; ~, ~n⟩ **0.1** ***kruimel*** **0.2** ***kruim*** ⟨van brood⟩ **0.3** ***kruimelaarde.***

Krümel ⟨m.; ~s, ~⟩ **0.1** ***kruimel, kruimpje, korrel*** **0.2** ⟨inf.; scherts.⟩ ***dreumes, peuter.***

krümelig 0.1 ***kruimelig, kruimelend*** **0.2** ***vol kruimels.***

krümeln 0.1 ***kruimelen.***

krumm 0.1 ***krom*** ⇒*gekromd, gebogen* **0.2** ⟨enkel attributief; inf.; fig.⟩ ***krom*** ⇒*oneerlijk, slinks, bedrieglijk* ◆ **1.2** ~e Dinge(r) drehen *kromme, slinkse streken uithalen;* ~e Finger machen *lange vingers hebben, stelen* **3.1** ⟨fig.⟩ keinen Finger ~ machen *geen vinger uitsteken* **6.2 auf** die ~e Tour *langs slinkse wegen* **8.1** einen ~ und lahm schlagen *iem. duchtig afrossen;* ⟨fig.⟩ sich ~ und schief lachen *zich krom lachen.*

krummbeinig 0.1 ***krombenig, met o-benen.***

krümmen I ⟨ov.ww.⟩ **0.1** ***krommen*** ⇒*(om)buigen;*
II sich ~ ⟨wk.ww.⟩ **0.1** ***zich krommen, zich buigen*** ⇒ *kromtrekken, krom gaan staan* **0.2** ***zich krommen, kronkelen, draaien*** ⇒*krom zijn* ◆ **6.1** sich **vor** Lachen ~ *zich een bult lachen* **8.2** ⟨inf.; fig.⟩ sich ~ und winden *zich in allerlei bochten wringen.* →**Haken.**

Krümmer ⟨m.; ~s, ~⟩ **0.1** ⟨tech.⟩ ***bochtstuk, -pijp, knie(stuk)*** **0.2** ⟨landb.⟩ ***cultivator.***

Krummholz ⟨o.⟩ **0.1** ⟨amb., scheep.⟩ ***kromhout, krommer*** **0.2** ⟨plantk.⟩ ***kruip-, bergden.***

Krummholzkiefer ⟨v.⟩ **0.1** ***kruip-, bergden.***

Krummhorn ⟨o.; mv. ~̈er⟩⟨muz.⟩ **0.1** ***kromhoorn.***

krummlegen, sich ⟨inf.⟩ **0.1** ***zich te kort doen, zuinig leven.***

krummliegen ⟨h.⟩⟨inf.⟩ **0.1** ***kromliggen, zich sterk bekrimpen.***

krummnehmen ⟨inf.⟩ **0.1** ***kwalijk nemen.***

Krummsäbel ⟨m.⟩ **0.1** ***kromzwaard.***

Krummstab ⟨m.⟩ **0.1** ***krom-, bisschopsstaf.***

Krümmung ⟨v.; ~, ~en⟩ **0.1** ***kromming*** ⇒*bocht, boog.*

krumpfecht ⟨ind.⟩ **0.1** ***krimpvrij.***

krumpfen ⟨ind.⟩ **I** ⟨onov.ww.⟩ **0.1** ***krimpen*** ⟨van stoffen⟩;
II ⟨ov.ww.⟩ **0.1** ***krimpvrij maken.***

krumpffrei ⟨ind.⟩ **0.1** ***krimpvrij.***

Krupp ⟨m.; ~s⟩⟨med.⟩ **0.1** ***kroep.***

Kruppe ⟨v.; ~, ~n⟩ **0.1** ***kroep, kruis*** ⟨v.e. paard⟩.

Krüppel ⟨m.; ~s, ~⟩ **0.1** ***gebrekkige, verminkte, invalide*** **0.2** ⟨inf.⟩ ***idioot, schurk*** ⟨scheldwoord⟩ ◆ **6.1** jmdn. **zum** ~ schlagen *iem. ongelukkig slaan.*

krüppelhaft, krüppelig 0.1 ***vergroeid, scheefgegroeid*** ⇒ *mismaakt.*

Kruste ⟨v.; ~, ~n⟩ **0.1** ***korst*** ⇒*verharding, schors* **0.2** ***korst*** ⇒*(dek)laagje, bedekking* **0.3** ***korst, roof.***

Krustentier ⟨o.⟩⟨biol.⟩ **0.1** ***schaaldier, kreeftachtige.***

krustig 0.1 ***korstig.***

Kruzifix ⟨acc. wiss.⟩⟨o.; ~es, ~e⟩ **0.1** ***crucifix, kruisbeeld.***

Krypta ⟨v.; ~, Krypten⟩ **0.1** ***crypte*** *⇒grafkelder.*
Kryptogramm ⟨o.; ~(e)s, ~e⟩ **0.1** ***cryptogram.***
Krypton ⟨o.; ~s⟩ ⟨schei.⟩ **0.1** ***krypton.***
Kübel ⟨m.; ~s, ~⟩ **0.1** ***bak, kuip, tobbe*** *⇒ton, teil* **0.2** ***ton, toiletemmer*** ⟨in gevangeniscel⟩ *⇒beerton* **0.3** ***koeler, koelvat*** ◆ **3.1** ⟨fig.⟩ ~ von Verleumdung über jmdn., jmdm. ausgießen *iem. door het slijk sleuren* **6.1** ⟨inf.; fig.⟩ es gießt (wie) **aus, in, mit** ~n *het regent of het met emmers uit de hemel wordt gegoten.*
kübeln ⟨inf.⟩ **I** ⟨ov.ww.⟩ **0.1** ***pimpelen, zuipen*** **0.2** ⟨vulg.⟩ ***kotsen;***
II ⟨ov.ww.⟩ **0.1** ***kieperen, storten.***
Kübelwagen ⟨m.⟩ **0.1** ***ketel-, tankwagen*** ⟨spoorwegwagon⟩ **0.2** ⟨mil.⟩ ***jeep.***
kubieren ⟨wisk.⟩ **0.1** ***kuberen, tot de derde macht verheffen.***
Kubik ⟨zonder lidw., onverbuigbaar⟩ ⟨inf.⟩ **0.1** ***kubieke centimeter cilinderinhoud.***
Kubikinhalt ⟨m.⟩ **0.1** ***kubieke inhoud.***
Kubikmaß ⟨o.⟩ **0.1** ***kubieke maat, ruimtemaat.***
Kubikmeter ⟨m., ook o.⟩ **0.1** ***kubieke meter.***
Kubikwurzel ⟨v.⟩ ⟨wisk.⟩ **0.1** ***kubiek-, derdemachtswortel.***
kubisch 0.1 ⟨schr.⟩ ***kubiek*** *⇒kubusvormig* **0.2** ⟨wisk.⟩ ***kubisch, derdemachts-, derdegraads-.***
Kubismus ⟨m.; ~⟩ ⟨bk.⟩ **0.1** ***kubisme.***
Kubist ⟨m.; ~en, ~en⟩ ⟨bk.⟩ **0.1** ***kubist.***
Kubus ⟨m.; ~, ~ of Kuben⟩ **0.1** ***kubus*** *⇒teerling* **0.2** ⟨wisk.⟩ ***derdemacht, kubiekgetal.***
Küche ⟨v.; ~, ~n⟩ **0.1** ***keuken*** ◆ **1.1** alles auftischen, was ~ und Keller zu bieten haben *alles van het beste voorzetten* **2.1** warme und kalte ~ *warme en koude gerechten* **3.1** die ~ hat heute frei *het keukenpersoneel heeft vandaag vrijaf* **6.1** ⟨inf.⟩ **durch** die ~ gelaufen sein *een beetje kunnen koken.*
Kuchen ⟨m.; ~s, ~⟩ **0.1** ***gebak, taart*** *⇒koek, cake* **0.2** ***koek*** *⇒aan(een)gekoekte massa, klonter* **0.3** ***honingraat*** **0.4** ***moederkoek, nageboorte*** ◆ **5.1** ⟨inf.; fig.⟩ (ja) ~!, aber ~! *vergeet het maar!* **8.1** jmdn. zu Kaffee und ~ einladen *iem. op koffie met gebak uitnodigen.*
Küchenabfall ⟨m.⟩ **0.1** ***keukenafval.***
Kuchenbäcker ⟨m.⟩ **0.1** ***koek-, banketbakker.***
Kuchenblech ⟨o.⟩ **0.1** ***bak-, koekblik.***
Küchenbüfett ⟨o.⟩ **0.1** ***vaat-, glazenkast.***
Küchenbulle ⟨m.⟩ ⟨inf.; sold.⟩ **0.1** ***kok.***
Küchenchef ⟨m.⟩ **0.1** ***chef-kok.***
Küchenfee ⟨v.⟩ ⟨inf.; scherts.⟩ **0.1** ***keukenprinses.***
Kuchenform ⟨v.⟩ **0.1** ***bakvorm*** *⇒tulbandvorm.*
Kuchengabel ⟨v.⟩ **0.1** ***gebakvorkje.***
Kuchenheber ⟨m.⟩ **0.1** ***taartschep.***
Küchenherd ⟨m.⟩ **0.1** ***(keuken)fornuis.***
Küchenkraut ⟨o.⟩ **0.1** ***keuken-, moeskruid.***
Küchenlatein ⟨o.⟩ ⟨scherts.⟩ **0.1** ***keuken-, potjeslatijn.***
Küchenmeister ⟨m.⟩ **0.1** ***chef-kok*** *⇒keukenmeester.*
Küchenschabe ⟨v.⟩ **0.1** ***bakkerstor, kakkerlak.***
Küchenschelle ⟨v.⟩ ⟨plantk.⟩ **0.1** ***wildemanskruid.***
Kuchenteller ⟨m.⟩ **0.1** ***gebakschaal*** **0.2** ***gebakschoteltje.***
Küchentuch ⟨o.⟩ **0.1** ***vaatdoek.***
Küchenwaage ⟨v.⟩ **0.1** ***huishoud(weeg)schaal.***
Küchenzeile ⟨v.⟩ **0.1** ***keukenblok.***
Küchenzettel ⟨m.⟩ **0.1** ***menulijst.***
Küchlein ⟨o.; ~s, ~⟩ **0.1** ***kleine koek, koekje*** **0.2** ⟨schr.⟩ ***kuiken(tje).***
kuckuck! 0.1 ***koekoek!, kiekeboe!***
Kuckuck ⟨m.; ~s, ~e⟩ **0.1** ***koekoek*** **0.2** ⟨inf.; fig.⟩ ***koekoek*** *⇒duivel* **0.3** ⟨scherts.⟩ ***gerechts-, deurwaarderszegel*** ◆ **3.2** hol dich der ~! *de duivel mag je halen!;* bei ihnen ist der ~ los *bij hen staat alles op stelten;* das mag der ~ wissen *dat mag Joost weten* **6.1** ⟨scherts.⟩ ein ~ **unter** Nachtigallen *een leek onder deskundigen* **6.2 zum** ~ (noch mal)! *verdomd (nog aan toe)!;* mein ganzes Geld ist **zum** ~ *al mijn geld is naar de bliksem* **6.3** bei ihnen klebt der ~ **an, auf** allen Möbeln *bij hen liggen alle meubels onder zegel.*
Kuckucksblume ⟨v.⟩ **0.1** ***koekoeksbloem*** *⇒pinksterbloem.*
Kuckucksei ⟨o.⟩ **0.1** ***koekoeksei*** **0.2** ⟨inf.; fig.⟩ ***koekoeksjong*** *⇒twijfelachtig cadeau* **0.3** ⟨pej.⟩ ***ondergeschoven kind.***
Kuckuckslichtnelke ⟨v.⟩ ⟨plantk.⟩ **0.1** ***koekoeksbloem.***
Kuckucksuhr ⟨v.⟩ **0.1** ***koekoeksklok.***
Kudamm ⟨m.; ~s⟩ ⟨afk.⟩ **0.1** ***Kurfürstendamm*** ⟨Berlijnse boulevard⟩.
Kuddelmuddel ⟨m. & o.; ~s⟩ ⟨inf.⟩ **0.1** ***warboel, wirwar.***
Kufe ⟨v.; ~, ~n⟩ **0.1** ***glij-ijzer*** ⟨van slee of schaats⟩ **0.2** ***schaats*** ⟨van zweefvliegtuig of helikopter⟩.
Küfer ⟨m.; ~s, ~⟩ **0.1** ***keldermeester*** ⟨in een wijnkelder⟩.
Kuff ⟨v.; ~, ~e⟩ ⟨gesch., scheep.⟩ **0.1** ***kof(schip).***
Kugel ⟨v.; ~, ~n⟩ **0.1** ***bol, bal*** **0.2** ⟨cul.⟩ ***kogel*** ⟨rundvlees⟩, ***fricandeau*** ⟨varkensvlees⟩ **0.3** ⟨med.⟩ ***kogel*** ⟨v.e. gewricht⟩ **0.4** ⟨inf.; mil.⟩ ***kogel, projectiel*** **0.5** ⟨sp.⟩ ***kogel*** ⟨atletiek⟩, ***bal*** ⟨kegelspel⟩, ***knikker*** ◆ **3.5** die ~n schieben *de (kegel)ballen gooien;* ⟨inf.; fig.⟩ eine ruhige ~ schieben (a) *lijntrekken* (b) *een rustig leventje leiden;* ⟨fig.⟩ die schwarze ~ ziehen *pech hebben* **6.5 mit** den ~n spielen *met de knikkers spelen.*
Kugelausschnitt ⟨m.⟩ ⟨wisk.⟩ **0.1** ***bolsector.***
Kugelblitz ⟨m.⟩ **0.1** ***bolbliksem.***
Kugeldistel ⟨v.⟩ ⟨plantk.⟩ **0.1** ***kogeldistel.***
Kugelfang ⟨m.⟩ ⟨mil.⟩ **0.1** ***kogelvanger.***
kugelfest 0.1 ***kogelvrij.***
Kugelform ⟨v.⟩ **0.1** ***bol-, kogelvorm.***
Kugelgelenk ⟨o.⟩ **0.1** ⟨med.⟩ ***kogelgewricht*** **0.2** ⟨tech.⟩ ***kogelgewricht, -scharnier.***
Kugelhagel ⟨m.⟩ ⟨mil.⟩ **0.1** ***kogelregen.***
kugelig 0.1 ***kogel-, bolvormig, bol*** ◆ **3.1** ⟨fig.⟩ sich ~ lachen *zich een bult lachen.*
Kugelkappe ⟨v.⟩ ⟨wisk.⟩ **0.1** ***bolkap.***
Kugelkopf ⟨m.⟩ **0.1** ***schrijfkop*** ⟨v.e. schrijfmachine⟩.
Kugellager ⟨o.⟩ ⟨tech.⟩ **0.1** ***kogellager.***
kugeln I ⟨onov.ww.; s.⟩ **0.1** ***rollen*** ◆ **1.1** die Tränen kugelten über sein Gesicht *de tranen biggelden over zijn gezicht;*
II ⟨ov.ww.⟩ **0.1** ***(doen) rollen*** *⇒kogelen;*
III sich ~ ⟨wk.ww.⟩ **0.1** ***rollen, tollen, rollebollen*** **0.2** ⟨inf.⟩ ***zich dood, een bult lachen*** ◆ **6.2** das ist **zum** Kugeln *dat is om je een kriek te lachen.*
kugelrund 0.1 ***bol-, kogel-, eirond*** **0.2** ⟨inf.; scherts.⟩ ***dik, rondbuikig.***
Kugelschreiber ⟨m.⟩ **0.1** ***balpen, ballpoint.***
Kugelsegment ⟨o.⟩ ⟨wisk.⟩ **0.1** ***bolsegment.***
kugelsicher 0.1 ***kogelvrij.***
Kugelstoßen ⟨o.⟩ ⟨sp.⟩ **0.1** ***kogelstoten.***
Kuh ⟨v.; ~, ~̈e⟩ **0.1** ***koe, melkkoe*** **0.2** ***koe*** *⇒wijfjesrund* **0.3** ⟨inf.; pej.⟩ ***koe*** *⇒dom mens, lomp wijf* ◆ **2.1** ⟨fig.⟩ eine heilige ~ *een heilige koe;* eine melkende ~ (a) *een melkkoe* (b) ⟨fig.⟩ *een bron van inkomsten* **2.3** eine langweilige ~ *een oervervelend mens* **8.1** ⟨inf.; fig.⟩ ich verstehe davon soviel wie die ~ vom Sonntag *ik heb daar zoveel verstand van als een koe van saffraan eten;* ⟨inf.; fig.⟩ dastehen wie die ~ vorm Scheunentor *voor Piet Snot staan.*
Kuhauge ⟨o.⟩ **0.1** ***koeienoog.***
Kuhblume ⟨v.⟩ ⟨plantk.⟩ **0.1** ***paardenbloem*** **0.2** ***dotterbloem.***

Kuhdorf ⟨o.⟩⟨inf.⟩ **0.1** ***(boeren)gat, nest.***

Kuhfladen ⟨m.⟩ **0.1** ***koeienvla.***

Kuhfuß ⟨m.⟩ **0.1** ⟨tech.⟩ ***koevoet*** **0.2** ⟨sold.⟩ ***geweer, spuit.***

Kuhglocke ⟨v.⟩ **0.1** ***koebel.***

Kuhhandel ⟨m.⟩⟨inf.; fig.⟩ **0.1** ***koehandel*** ⇒*gesjacher.*

kuhhandeln ⟨inf.; fig.⟩ **0.1** ***aan koehandel doen*** ⇒*marchanderen.*

Kuhhaut ⟨v.⟩ **0.1** ***koehuid*** ◆ **6.1** ⟨fig.⟩ das geht **auf** keine ~! *dat gaat de perken te buiten!*

Kuhhirt ⟨m.⟩ **0.1** ***koehoeder, -wachter.***

kühl **0.1** ***koel, fris*** ⇒*koud* **0.2** ***koel, koeltjes, kil*** ⇒*terughoudend* **0.3** ***koel, nuchter*** ⇒*verstandelijk* ◆ **1.3** einen ~en Kopf bewahren *het hoofd koel houden;* ~en Sinnes *met een koel hoofd* **3.1** mir ist ~ *ik heb het koud* **5.2** ⟨schr.⟩ ~ bis ans Herz hinan *volkomen onaangedaan.*

Kühlanlage ⟨v.⟩ **0.1** ***koelinstallatie, -inrichting.***

Kuhle ⟨v.⟩ **0.1** ***kuil*** ⇒*put, uitholling.*

Kühle ⟨v.; ~⟩ **0.1** ***koelte, friste*** **0.2** ***kilte, koelheid*** ⇒*afstandelijkheid* **0.3** ***koelheid, nuchterheid*** ◆ **6.2** jmdm. **mit** ~ begegnen *iem. koel bejegenen.*

kühlen I ⟨onov.ww.⟩ **0.1** ***koelte uitstralen;***
II ⟨ov.ww.⟩ **0.1** ***(af)koelen, (doen) koelen*** ⇒*verfrissen* ◆ **1.1** Wein ~ *wijn te koelen zetten.*

Kühler ⟨m.; ~s, ~⟩ **0.1** ***koeler*** ⇒*koelbak, -vat, -emmer* **0.2** ⟨schei.⟩ ***koeler*** **0.3** ⟨tech.⟩ ***koeler, radiateur*** ⟨v.e. auto⟩ **0.4** ⟨inf.⟩ ***motorkap.***

Kühlergrill ⟨m.⟩ **0.1** ***radiatorrooster.***

Kühlerhaube ⟨v.⟩ **0.1** ***motorkap.***

Kühlflüssigkeit ⟨v.⟩⟨tech.⟩ **0.1** ***koelvloeistof.***

Kühlhaus ⟨o.⟩ **0.1** ***koelhuis.***

Kühlmittel ⟨o.⟩⟨tech.⟩ **0.1** ***koelmiddel, -vloeistof.***

Kühlraum ⟨m.⟩ **0.1** ***koelruim(te), -cel.***

Kühlschiff ⟨o.⟩ **0.1** ***koelschip.***

Kühlschlange ⟨v.⟩⟨tech.⟩ **0.1** ***koelslang, -spiraal.***

Kühlschrank ⟨m.⟩ **0.1** ***koel-, ijskast.***

Kühltasche ⟨v.⟩ **0.1** ***koeltas, koelbox.***

Kühltruhe ⟨v.⟩ **0.1** ***diepvrieskist.***

Kühlung ⟨v.; ~, ~en⟩ **0.1** ***koeler, koelinstallatie*** **0.2** ***afkoeling.***

Kühlwagen ⟨m.⟩ **0.1** ***koelwagen, -wagon, -auto.***

Kuhmilch ⟨v.⟩ **0.1** ***koemelk.***

kühn **0.1** ***dapper, (stout)moedig, koen*** **0.2** ***koen, gewaagd, vermetel*** ⇒*boud* **0.3** ***origineel, ongewoon*** ◆ **1.1** Karl der Kühne *Karel de Stoute;* eine ~e Tat *een onverschrokken daad* **1.2** eine ~e Architektur *een gedurfde architectuur;* eine ~e Frage *een boute vraag* **2.3** ein ~ geschnittenes Kleid *een gedurfde, extravagante jurk.* →**Glück.**

Kühnheit ⟨v.; ~, ~en⟩ **0.1** ***dapperheid, moed*** **0.2** ***stoutmoedigheid, vermetelheid*** ⇒*lef* ◆ **2.2** wahnwitzige ~en *krankzinnige waaghalzerijen.*

Kuhpocken ⟨alleen mv.⟩ **0.1** ***koepokken.***

Kuhscheiße ⟨v.⟩⟨inf.⟩ **0.1** ***koeienstront.***

Kuhstall ⟨m.⟩ **0.1** ***koestal.***

kuhwarm **0.1** ***vers van de koe.***

kujonieren ⟨inf.⟩ **0.1** ***koeioneren, pesten, treiteren.***

k.u.k. ⟨afk.⟩ [kaiserlich und königlich].

Küken ⟨o.; ~s, ~⟩ **0.1** ***kuiken*** **0.2** ⟨inf.; fig.⟩ ***bakvisje, kippetje*** ⇒*meisje* **0.3** ⟨inf.; fig.⟩ ***kleuter, ukkepuk*** **0.4** ⟨tech.⟩ ***kraanplug.***

kulant **0.1** ***coulant, inschikkelijk*** ⇒*toeschietelijk* ◆ **1.1** ~e Preise *schappelijke prijzen.*

Kulanz ⟨v.; ~⟩ **0.1** ***coulantheid, inschikkelijkheid.***

Kuli ⟨m.; ~s, ~s⟩ **0.1** ***koelie*** ⟨ook fig.⟩ **0.2** ⟨inf.⟩ ***balpen.***

kulinarisch **0.1** ***culinair*** **0.2** ⟨fig.⟩ ***gemakkelijk verteerbaar, luchtig*** ⇒*pretentieloos.*

Kulisse ⟨v.; ~, ~n⟩ **0.1** ***coulisse, toneelscherm*** ⇒*decor* **0.2** ⟨ec.⟩ ***coulisse*** ⟨niet-officiële beurs⟩ **0.3** ⟨tech.⟩ ***coulisse, schaar*** ⟨v.e. stoommachine⟩ ◆ **5.1** ⟨fig.⟩ das ist doch alles nur ~! *dat is toch allemaal maar façade!* **6.1** ⟨fig.⟩ einen Blick **hinter** die ~n tun, werfen *een blik achter de schermen werpen.*

Kulissenwechsel ⟨m.⟩ **0.1** ***decorwisseling, changement.***

Kullerauge ⟨o.⟩⟨inf.; scherts.⟩ **0.1** ***kalfsoog*** ◆ **3.1** ⟨fig.⟩ ~n machen *grote ogen opzetten.*

kullern ⟨inf.⟩ **I** ⟨onov.ww.⟩ **0.1** ***rollen, rollebollen;***
II ⟨ov.ww.⟩ **0.1** ***(doen) rollen;***
III sich ~ ⟨wk.ww.⟩ **0.1** ***zich rollen, zich wentelen*** ⇒*buitelen, tuimelen* ◆ **6.1** das ist **zum** Kullern *dat is om je een bult te lachen.*

Kullerträne ⟨v.⟩⟨inf.⟩ **0.1** ***waterlanders*** ⇒*tranen* ⟨v.e. kind⟩.

Kulmination ⟨v.; ~, ~en⟩ **0.1** ***culminatie-, hoogte-, toppunt*** **0.2** ⟨ster.⟩ ***culminatie.***

kulminieren **0.1** ***culmineren, zijn hoogtepunt bereiken.***

Kult ⟨m.; ~(e)s, ~e⟩ **0.1** ***cultus*** ⇒*eredienst, ritus* **0.2** ⟨fig.⟩ ***cultus*** ⇒*verering, verafgoding* ◆ **3.2** mit jmdm. (einen) ~ treiben *met iem. dwepen.*

Kultfigur ⟨v.⟩ **0.1** ***cultfiguur.***

Kultfilm ⟨m.⟩ **0.1** ***cultfilm.***

Kultgemeinschaft ⟨v.⟩ **0.1** ***liturgische gemeenschap.***

kultisch **0.1** ***cultisch, cultus-*** ⇒*ritueel* ◆ **1.1** ~e Geräte *cultusvoorwerpen.*

Kultivator ⟨m.; ~s, Kultivatoren⟩⟨landb.⟩ **0.1** ***cultivator.***

kultivieren **0.1** ***cultiveren*** ⇒*verfijnen, veredelen* **0.2** ⟨landb.⟩ ***cultiveren, in cultuur brengen*** **0.3** ⟨landb.⟩ ***cultiveren, telen, verbouwen*** ◆ **1.1** eine Bekanntschaft ~ *een relatie aanhouden.*

kultiviert **0.1** ***gecultiveerd.***

Kultstätte ⟨v.⟩ **0.1** ***gewijde plaats, cultusoord*** ⇒*offerplaats.*

Kultur ⟨v.; ~, ~en⟩ **0.1** ⟨g.mv.⟩ ***cultuur, geestesleven*** **0.2** ***cultuur, beschaving*** ⇒*cultuurperiode* **0.3** ⟨g.mv.⟩ ***cultuur, beschaving*** ⇒*gecultiveerdheid* **0.4** ⟨landb.; biol.⟩ ***cultuur*** ◆ **6.3** ein Mensch **von** ~ *een mens met cultuur* **6.4** ein Stück Land **in** ~ nehmen *een stuk land ontginnen;* Pflanzen **in** ~ nehmen *planten kweken.*

Kulturabkommen ⟨o.⟩⟨pol.⟩ **0.1** ***cultureel akkoord.***

Kulturanthropologie ⟨v.⟩ **0.1** ***culturele antropologie.***

Kulturaustausch ⟨m.⟩⟨pol.⟩ **0.1** ***culturele uitwisseling.***

Kulturbanause ⟨m.⟩⟨inf.; pej.⟩ **0.1** ***botterik*** ⇒*cultuurbarbaar.*

Kulturbau ⟨m.; mv. ~ten⟩ **0.1** ***gebouw voor culturele manifestaties.***

Kulturbeilage ⟨v.⟩ **0.1** ***culturele bijlage.***

Kulturbetrieb ⟨m.⟩⟨inf.⟩ **0.1** ***cultureel bedrijf.***

Kulturbeutel ⟨m.⟩ **0.1** ***toilettas.***

Kulturboden ⟨m.⟩ **0.1** ***cultuurgebied, culturele voedingsbodem*** **0.2** ⟨landb.⟩ ***cultuurgrond.***

Kulturdenkmal ⟨o.⟩ **0.1** ***cultuurhistorisch monument.***

kulturell **0.1** ***cultureel, cultuur-*** ⇒*geestelijk* ◆ **5.1** ~ führend sein *op cultureel gebied toonaangevend zijn.*

Kulturepoche ⟨v.⟩ **0.1** ***cultuur-, beschavingsperiode.***

Kulturerbe ⟨o.⟩ **0.1** ***cultureel erfgoed.***

Kulturgeschichte ⟨v.⟩ **0.1** ***cultuurgeschiedenis.***

Kulturhoheit ⟨v.⟩ **0.1** ***soevereiniteit op het gebied van culturele zaken.***

Kulturkreis ⟨m.⟩⟨antr.⟩ **0.1** ***cultuurkring.***

Kulturleben ⟨o.⟩ **0.1** ***cultuurleven, cultureel leven.***

kulturlos **0.1** ***cultuurloos*** **0.2** ***ongecultiveerd, onbeschaafd.***

Kulturpreis ⟨m.⟩ **0.1** ***culturele prijs.***
Kulturraum ⟨m.⟩ **0.1** ***cultuurareaal, -gebied.***
Kulturreferat ⟨o.⟩⟨adm.⟩ **0.1** ***culturele afdeling.***
Kulturreferent ⟨m.⟩ **0.1** ***ambtenaar culturele zaken.***
Kulturschock ⟨m.⟩⟨soc.⟩ **0.1** ***cultuurschok.***
Kulturstufe ⟨v.⟩ **0.1** ***cultuur-, beschavingstrap.***
Kulturszene ⟨v.⟩⟨inf.⟩ **0.1** ***cultureel milieu*** ⇒*cultuurleven.*
Kulturträger ⟨m.⟩ **0.1** ***cultuurdrager*** **0.2** ***cultuurmedium.***
Kulturveranstaltung ⟨v.⟩ **0.1** ***culturele manifestatie.***
Kultus ⟨m.; ~, Kulte⟩ **0.1** ⟨adm.⟩ ***cultuur, culturele aangelegenheden*** **0.2** ⟨schr.⟩ ***cultus*** ◆ **1.1** das Ministerium für Unterricht und ~ *het ministerie van Onderwijs, Cultuur en Wetenschappen.*
Kultusfreiheit ⟨v.⟩⟨jur.⟩ **0.1** ***vrijheid van eredienst.***
Kultusminister ⟨m.⟩⟨BRD⟩ **0.1** ***minister van Onderwijs, Cultuur en Wetenschappen.***
Kümmel ⟨m.; ~s⟩ **0.1** ***karwij(zaad), hofkomijn*** **0.2** ***kummel*** ⇒*brandewijn, likeur.*
Kümmelbranntwein ⟨m.⟩ **0.1** ***kummel.***
Kümmelkäse ⟨m.⟩ **0.1** ***kaas met karwijzaad.***
kümmeln I ⟨ov. & onov.ww.⟩⟨inf.⟩ **0.1** ***borrelen, pimpelen;***
II ⟨ov.ww.⟩ **0.1** ***met karwijzaad kruiden.***
Kümmelöl ⟨o.⟩ **0.1** ***kummel-, karwijzaadolie.***
Kummer ⟨m.; ~s⟩ **0.1** ***kommer, verdriet, leed*** ⇒*zorg, narigheid* ◆ **2.1** ⟨inf.⟩ das soll mein geringster ~ sein! *dat zal me een zorg wezen!* **3.1** ⟨inf.⟩ seinen ~ herunterspülen *zijn zorgen verdrinken* **6.1 aus, vor** ~ nicht schlafen können *van de zorgen niet kunnen slapen* **8.1** ~ und Sorge *kommer en kwel.*
Kummerbund ⟨m.⟩ **0.1** ***brede zijden sjerp, gordeldoek.***
Kümmerer ⟨m.; ~s, ~⟩ **0.1** ***achterblijver, onderblijfsel*** ⟨plant of dier⟩.
Kümmerform ⟨v.⟩⟨biol., plantk.⟩ **0.1** ***geatrofieerde, gedegenereerde vorm*** ⇒*dwergvorm.*
kümmerlich **0.1** ***achtergebleven, verkommerd, schriel*** ⇒ *kwijnend, min* **0.2** ***kommerlijk, armoedig, behoeftig*** **0.3** ***pover, schraal*** ⇒*gebrekkig, karig* ◆ **1.2** ein ~es Leben führen *een kommervol bestaan leiden* **1.3** die Organisation war sehr ~ *de organisatie was erg gebrekkig* **3.1** ~ werden *sukkelachtig worden* **3.2** sich ~ ernähren *het krap hebben.*
Kümmerling ⟨m.; ~s, ~e⟩ **0.1** ***achterblijver, onderblijfsel*** **0.2** ⟨pej.⟩ ***stakkerd, sukkel.***
kümmern I ⟨onov.ww.⟩ **0.1** ***slecht gedijen, verkommeren, (weg)kwijnen*** ◆ **1.1** eine ~de Vegetation *een kwijnende plantengroei;*
II ⟨ov.ww.⟩ **0.1** ***aangaan, interesseren*** ◆ **4.1** was ~ mich die Leute? *wat kunnen mij de mensen schelen?;*
III sich ~ ⟨wk.ww.⟩ **0.1** ***zich bekommeren*** ⇒*zorgen, omzien* **0.2** ***zich bekommeren*** ⇒*bezig houden, belang stellen* **0.3** ***uitkijken, zoeken*** ◆ **6.2** ⟨inf.⟩ kümmere dich **um** deine eigenen Angelegenheiten! *bemoei je met je eigen zaken!* **6.3** ich muß mich noch **um** ein Geschenk ~ *ik moet nog naar een geschenk omzien.*
Kümmernis ⟨v.; ~, ~se⟩⟨schr.⟩ **0.1** ***zorgen, beslommeringen*** ◆ **2.1** eheliche ~se *huwelijksproblemen.*
Kummerspeck ⟨m.⟩⟨inf.⟩ **0.1** ***dikte, molligheid*** ⟨als gevolg van door verdriet veroorzaakte eetlust⟩.
kummervoll **0.1** ***kommervol, zorgelijk.***
Kummet ⟨o.; ~s, ~e⟩ **0.1** ***haam, gareel, halsstuk.***
Kumpan ⟨m.; ~s, ~e⟩⟨inf.⟩ **0.1** ***makker, kameraad*** **0.2** ⟨pej.⟩ ***kerel, vent, klant*** **0.3** ⟨pej.⟩ ***trawant, handlanger, kornuit*** ◆ **2.2** ein abgebrühter ~ *een keiharde kerel.*
Kumpanei ⟨v.; ~, ~en⟩⟨inf.⟩ **0.1** ***bent, troep*** ⇒*kliek* **0.2** ***kameraad, camaraderie*** ◆ **6.2 mit** jmdm. ~ machen *met iem. goede maatjes worden.*
Kumpel ⟨m.; ~s, ~(s)⟩ **0.1** ***kompel*** ⇒*mijnwerker* **0.2** ⟨inf.⟩ ***(werk)makker, maat*** ⇒*gabber* ◆ **2.2** ein dufter ~ *een toffe knul.*
kumpelhaft **0.1** ***kameraadschappelijk, familiair.***
kümpeln ⟨tech.⟩ **0.1** ***omflenzen.***
Kumulation ⟨v.; ~, ~en⟩ **0.1** ***cumulatie, op(een)hoping.***
kumulativ **0.1** ***cumulatief.***
kumulieren **0.1** ***(ac)cumuleren, ophopen, (op)stapelen*** ◆ **1.1** eine ~de Bibliographie *een cumulatieve bibliografie.*
Kumulus ⟨m.; ~, Kumuli⟩⟨meteo.⟩ **0.1** ***cumulus(wolk), stapelwolk.***
kündbar **0.1** ***opzegbaar*** **0.2** ***afzetbaar*** ◆ **1.2** Beamte sind nicht ~ *ambtenaren kunnen niet ontslagen worden.*
Kunde[1] ⟨m.; ~n, ~n⟩ **0.1** ***klant, cliënt*** ⇒*consument, afnemer* **0.2** ⟨inf.; pej.⟩ ***kerel, kornuit*** ⇒*individu* ◆ **2.1** ⟨inf.⟩ ein fauler ~ *een nalatige klant, wanbetaler* **2.2** ein netter ~! *een fraaie klant!* **6.1** Dienst **am** ~n *(klanten)service.*
Kunde[2] ⟨v.; ~, ~n⟩⟨schr.⟩ **0.1** ***tijding, mare*** ⇒*bericht* **0.2** ***kunde, wetenschap*** ◆ **6.1 über, von** etwas ~ erhalten *van iets bericht krijgen.*
künden ⟨schr.⟩ **I** ⟨onov.ww.⟩ **0.1** ***berichten, getuigen;***
II ⟨ov.ww.⟩ **0.1** ***verkondigen, aankondigen*** ◆ **1.1** das kündet Unglück *dat voorspelt ongeluk.*
Kundenberatung ⟨v.⟩ **0.1** ***consumentenadvies.***
Kundenbetreuung ⟨v.⟩ **0.1** ***klantenservice.***
Kundenbuch ⟨o.⟩ **0.1** ***klachtenboek.***
Kundendienst ⟨m.⟩ **0.1** ***(klanten)service*** ⇒*dienstverlening* **0.2** ***serviceafdeling*** ⇒*reparatiedienst.*
Kundenfang ⟨m.⟩⟨pej.⟩ **0.1** ***(opdringerige) klantenwerving.***
kundenfokussiert **0.1** ***sterk klantgericht.***
Kundenkredit ⟨m.⟩ **0.1** ***consumentenkrediet*** **0.2** ***voorschot door de klant aan de leverancier betaald.***
Kundenkreis ⟨m.⟩ **0.1** ***klantenkring, clientèle, klandizie.***
Kundenstamm ⟨m.⟩ **0.1** ***vaste klandizie.***
Kundenwerbung ⟨v.⟩ **0.1** ***klantenwerving, acquisitie.***
Künder ⟨m.; ~s, ~⟩⟨schr.⟩ **0.1** ***boodschapper.***
kundgeben ⟨schr.⟩ **I** ⟨ov.ww.⟩ **0.1** ***bekendmaken, mededelen;***
II sich ~ ⟨wk.ww.⟩ **0.1** ***tot uiting komen, blijken, zich uiten.***
Kundgebung ⟨v.; ~, ~en⟩ **0.1** ***betoging, demonstratie*** ◆ **3.1** eine ~ abhalten *een betoging houden.*
kundig **0.1** ***kundig, ervaren, bedreven*** **0.2** ⟨met 2e nv.; schr.⟩ ***op de hoogte, meester (zijn)*** ◆ **3.2** des Weges nicht ~ sein *de weg niet kennen.*
kündigen **0.1** ***opzeggen*** ⇒*beëindigen, de huur opzeggen* **0.2** ***zijn ontslag geven, ontslaan*** **0.3** ***zijn ontslag indienen, nemen, aanbieden*** ◆ **1.1** ⟨fig.⟩ jmdm. die Freundschaft ~ *iem. de vriendschap opzeggen* **4.2** jmdm., ⟨inf.⟩ jmdn. ~ *iem. ontslaan.*
Kündigung ⟨v.; ~, ~en⟩ **0.1** ***ontslag*** **0.2** ***opzegging*** **0.3** ***opzeggings-, ontslagtermijn*** ◆ **2.3** mit halbjähriger ~ *met een opzegging(stermijn) van een half jaar.*
Kündigungsbrief ⟨m.⟩ **0.1** ***ontslagbrief*** ⇒*ontslagaanzegging* **0.2** ***opzeggingsbrief*** **0.3** ***ontslagaanvraag*** ⟨door werknemer⟩.
Kündigungsfrist ⟨v.⟩ **0.1** ***opzeggingstermijn.***
Kündigungsgrund ⟨m.⟩ **0.1** ***reden voor ontslag, opzegging.***
Kündigungsschutz ⟨m.⟩⟨jur.⟩ **0.1** ***bescherming tegen ontslag, opzegging*** ⇒*werkzekerheidsgarantie.*
Kündigungstermin ⟨m.⟩ **0.1** ***ontslag-, opzeggingstermijn.***
Kundin ⟨v.; ~, ~nen⟩ **0.1** ***cliënte.***
Kundschaft ⟨v.; ~, ~en⟩ **0.1** ⟨g.mv.⟩ ***clientèle, klandizie, klanten(bestand)*** **0.2** ***inlichting, informatie.***

Kundschafter ⟨m.; ~s, ~⟩ **0.1** *verkenner* **0.2** *spion, (geheim) agent.*
kundtun ⟨schr.⟩ **0.1** *mededelen, bekendmaken.*
kundwerden ⟨schr.⟩ **0.1** *bekend worden.*
künftig[1] ⟨bn.⟩ **0.1** *toekomstig, aanstaand* ◆ **1.1** ~e Generationen *komende generaties.*
künftig[2] ⟨bw.⟩ **0.1** *in de toekomst, in het vervolg, voortaan.*
künftighin ⟨schr.⟩ **0.1** *in de toekomst, in het vervolg, voortaan.*
Kungelei ⟨v.; ~, ~en⟩ **0.1** *gekonkel, gekonkelfoes, draaierij.*
kungeln **0.1** *konkelen, konkelfoezen.*
Kunst ⟨v.; ~, ⸗e⟩ **0.1** *kunst* ⇒*kunsttak, -vorm* **0.2** *kunst(werken)* **0.3** *kunst, kunde, kundigheid* **0.4** ⟨vaak als eerste lid v.e. samenstelling⟩ *kunst, imitatie, namaak* ◆ **1.1** die Akademie der Künste *de Academie voor Schone Kunsten* **2.1** eine brotlose ~ (a) *een brodeloze kunst* (b) ⟨fig.⟩ *een onnutte bezigheid* **2.3** die ärztliche ~ *de geneeskunst;* die Schwarze ~ (a) *de zwarte kunst* (b) ⟨iron.⟩ *de boekdrukkunst* **3.2** ~ sammeln *kunstwerken verzamelen* **3.3** da hilft keine ~ mehr *er is geen helpen meer aan;* ⟨iron.; fig.⟩ ~ kommt von können *geen kunst zonder talent;* ⟨inf.; fig.⟩ was macht die ~? *hoe staan de zaken?* **4.3** ⟨inf.⟩ das ist keine ~ *daar is geen kunst aan;* ⟨inf.⟩ das ist ~! (a) *uit de kunst!* (b) *zoiets moet je geleerd hebben!* **6.3** da bin ich **mit** meiner ~ am, zu Ende *nu ben ik ten einde raad.* →**Leute.**
Kunstakademie ⟨v.⟩ **0.1** *kunstacademie.*
Kunstausstellung ⟨v.⟩ **0.1** *kunsttentoonstelling.*
Kunstbau ⟨m.; mv. ~ten⟩ ⟨wwb.⟩ **0.1** *kunstwerk, -bouwwerk.*
Kunstdenkmal ⟨o.⟩ **0.1** *kunstmonument.*
Kunstdruck ⟨m.; mv. ~e⟩ **0.1** *kunstdruk.*
Kunstdünger ⟨m.⟩ **0.1** *kunstmest.*
Künstelei ⟨v.; ~, ~en⟩ ⟨pej.⟩ **0.1** *gekunsteldheid, gemaaktheid.*
Kunsterzeugnis ⟨o.⟩ **0.1** *kunstproduct.*
Kunsterzieher ⟨m.⟩ ⟨school.⟩ **0.1** *leraar tekenen en kunstgeschiedenis.*
Kunsterziehung ⟨v.⟩ **0.1** *muzische vorming* **0.2** ⟨school.⟩ *muzische vakken.*
Kunstfahren ⟨o.; ~s⟩ **0.1** *het kunst(wiel)rijden.*
Kunstfaser ⟨v.⟩ ⟨ind.⟩ **0.1** *kunstvezel.*
Kunstfehler ⟨m.⟩ ⟨med.⟩ **0.1** *kunstfout.*
kunstfertig **0.1** *kunstvaardig, bedreven.*
Kunstflieger ⟨m.⟩ **0.1** *kunst-, stuntvlieger, luchtacrobaat.*
Kunstführer ⟨m.⟩ **0.1** *gids voor kunstmonumenten* ⟨boek⟩.
Kunstgegenstand ⟨m.⟩ **0.1** *kunstvoorwerp.*
kunstgerecht **0.1** *volgens de regels van de kunst, (vak)kundig.*
Kunstgeschichte ⟨v.⟩ **0.1** *kunstgeschiedenis.*
kunstgeschichtlich **0.1** *kunsthistorisch.*
Kunstgewerbe ⟨o.⟩ **0.1** *kunstnijverheid, toegepaste kunst.*
kunstgewerblich **0.1** *kunstnijverheids-* ◆ **1.1** ~e Erzeugnisse *kunstnijverheidsartikelen.*
Kunstglied ⟨o.⟩ **0.1** *prothese* ⇒*kunstledematen.*
Kunstgriff ⟨m.⟩ **0.1** *kunstgreep* **0.2** ⟨fig.⟩ *kneep, truc.*
Kunsthandlung ⟨v.⟩ **0.1** *kunsthandel, -zaak.*
Kunsthandwerk ⟨o.⟩ **0.1** *kunsthandwerk.*
Kunsthochschule ⟨v.⟩ **0.1** *academie voor schone kunsten.*
Kunstlauf ⟨m.⟩ ⟨sp.⟩ **0.1** *kunstrijden* ⟨op de schaats⟩.
Künstler ⟨m.; ~s, ~⟩ **0.1** *kunstenaar, artiest* **0.2** ⟨fig.⟩ *kunstenaar* ⇒*meester, virtuoos* ◆ **1.2** ein ~ der Improvisation *een meester in het improviseren.*
Künstlerin ⟨v.; ~, ~nen⟩ **0.1** *kunstenares, artieste.*
künstlerisch **0.1** *artistiek, kunst-* ⇒*kunstzinnig* ◆ **3.1** etwas ~ darstellen *iets artistiek uitbeelden.*
Künstlerkneipe ⟨v.⟩ ⟨inf.⟩ **0.1** *artiestenkroeg, -café.*
Künstlerkolonie ⟨v.⟩ **0.1** *artiestenbuurt.*
Künstlermähne ⟨v.⟩ ⟨inf.; scherts.⟩ **0.1** *lang artiestenhaar.*
Künstlername ⟨m.⟩ **0.1** *kunstenaarsnaam.*
Künstlerpech ⟨o.⟩ ⟨inf.; scherts.⟩ **0.1** *tegenvaller, een streep door de rekening.*
Künstlerschaft ⟨v.; ~, ~en⟩ **0.1** ⟨g.mv.⟩ *kunstenaarschap, kunstenaarstalent* **0.2** *de (gezamenlijke) kunstenaars.*
Künstlertum ⟨o.; ~s⟩ **0.1** *kunstenaarschap.*
Künstlerzimmer ⟨o.⟩ ⟨dram.⟩ **0.1** *artiesten-, solistenkamer.*
künstlich **0.1** *kunstmatig, kunst-* ⇒*synthetisch* **0.2** *gekunsteld, onnatuurlijk, artificieel* ◆ **1.1** ein ~es Auge *een kunstoog* **1.2** ein ~es Lächeln *een geforceerde glimlach.*
Künstlichkeit ⟨v.; ~, ~en⟩ **0.1** *gekunsteldheid, onnatuurlijkheid* **0.2** *kunstmatigheid.*
kunstliebend **0.1** *kunstminnend, -lievend.*
kunstlos **0.1** *kunsteloos* ⇒*simpel.*
Kunstmaler ⟨m.⟩ **0.1** *kunstschilder.*
Kunstpause ⟨v.⟩ **0.1** *effectpauze, retorische pauze* **0.2** *onopzettelijke pauze, stilte* ⇒*aarzeling.*
Kunstradfahren ⟨o.⟩ **0.1** *kunst(wiel)rijden.*
kunstreich ⟨schr.⟩ **0.1** *kunstvol, kunstig* ⇒*stijlvol* **0.2** *(kunst)vaardig, bedreven.*
Kunstrichtung ⟨v.⟩ **0.1** *kunstrichting, -stroming.*
Kunstsammlung ⟨v.⟩ **0.1** *kunstverzameling, -collectie.*
Kunstschaffen ⟨o.⟩ **0.1** *kunstbeoefening* ⇒*artistieke productie.*
Kunstschatz ⟨m.⟩ **0.1** *kunstschat.*
Kunstschmied ⟨m.⟩ **0.1** *kunstsmid.*
Kunstschrift ⟨v.⟩ **0.1** *sierschrift, kalligrafie.*
Kunstseide ⟨v.⟩ **0.1** *kunstzijde, rayon.*
Kunstsinn ⟨m.⟩ **0.1** *kunstzin, -gevoel.*
kunstsinnig **0.1** *kunstzinnig, artistiek.*
Kunstsprache ⟨v.⟩ **0.1** *kunsttaal.*
Kunststoff ⟨m.⟩ **0.1** *kunststof, plastiek.*
kunststopfen **0.1** *onzichtbaar stoppen, mazen.*
Kunststopferei ⟨v.⟩ **0.1** *stoppage-inrichting.*
Kunststück ⟨o.⟩ **0.1** *kunst-, meesterstuk* ◆ **3.1** einem Hund ~e beibringen *een hond kunstjes leren* **4.1** ⟨inf.⟩ das ist doch kein ~! *dat is een koud kunstje!*
Kunstturnen ⟨o.⟩ **0.1** *het kunstturnen.*
Kunstverein ⟨m.⟩ **0.1** *kunstgenootschap.*
Kunstverlag ⟨m.⟩ **0.1** *uitgeverij van kunstboeken.*
Kunstverstand ⟨m.⟩ **0.1** *verstand van kunst, kunstbegrip* ⇒*kunstkennis.*
kunstverständig **0.1** *met verstand van kunst.*
Kunstverständnis ⟨o.⟩ **0.1** *kunstzin, -begrip.*
kunstvoll **0.1** *kunstrijk, artistiek, kunstzinnig* **0.2** *kunstig, vernuftig* ◆ **3.1** etwas ~ formen, gestalten *iets stijlvol vorm geven.*
Kunstwerk ⟨o.⟩ **0.1** *kunstwerk, -schepping* **0.2** *kunstwerk, meesterstuk.*
Kunstwissenschaft ⟨v.⟩ **0.1** *kunstwetenschap.*
Kunstwort ⟨o.; mv. ⸗er⟩ ⟨taal.⟩ **0.1** *kunstwoord.*
kunterbunt **0.1** *kakelbont* ⇒*bontgekleurd* **0.2** *bont* ⇒*gevarieerd, rijk geschakeerd* **0.3** *kriskras, ordeloos, bont door elkaar* ◆ **3.3** ~ durcheinanderliegen *kriskras door elkaar liggen.*
Kunterbunt ⟨o.; ~s⟩ **0.1** *wanorde, chaos, verwarring.*
Kunz ⟨m.⟩ ⟨inf.⟩ ◆ **8.¶** Hinz und ~ *Jan en alleman.*
Küpe ⟨v.; ~, ~n⟩ **0.1** *kuip.*
Kupfer[1] ⟨o.; ~s⟩ **0.1** *koper* ⟨het metaal⟩ **0.2** *koper(werk)* **0.3** *koper(geld)* ◆ **6.1** eine Zeichnung **in** ~ stechen *een tekening in koper graveren.*

Kupfer[2] ⟨m. & o.; ~s, ~⟩ **0.1** ***kopergravure, -ets.***
Kupferdruck ⟨m.; mv. ~e⟩ **0.1** ***koper-, plaatdruk*** **0.2** ***koperdruk, -gravure.***
kupfer|farben, -farbig **0.1** ***koperkleurig.***
Kupfermünze ⟨v.⟩ **0.1** ***koperen munt, kopergeld.***
kupfern **0.1** ***koperen, van koper*** **0.2** ⟨schr.⟩ ***koperkleurig.***
Kupferrose ⟨v.⟩⟨med.⟩ **0.1** ***couperose, rosacea.***
Kupferschmied ⟨m.⟩⟨amb.⟩ **0.1** ***koperslager*** **0.2** ***kopersmid*** ⟨maker van kunsthandwerk⟩.
Kupferstecher ⟨m.⟩ **0.1** ***kopergraveur*** **0.2** ⟨biol.⟩ ***schorskever, dennenscheerder*** ◆ **8.1** ⟨inf.; scherts.⟩ mein lieber Freund und ~! *hoor eens hier, mijn beste vriend!*
Kupferstich ⟨m.⟩ **0.1** ***kopergravure.***
kupieren **0.1** ***couperen, afsnijden*** **0.2** ***snoeien, inkorten*** ◆ **1.1** einem Schwan die Flügel ~ *een zwaan kortwieken.*
Kupon ⟨m.; ~s, ~s⟩ **0.1** ***coupon.***
Kuppe ⟨v.; ~, ~n⟩ **0.1** ***ronde bergtop, (berg)kop*** **0.2** ***vingertop.***
Kuppel ⟨v.; ~, ~n⟩ **0.1** ***koepel, dom*** ⟨ook fig.⟩ ⇒*koepeldak.*
Kuppelbau ⟨m.; mv. ~ten⟩ **0.1** ***koepelbouw.***
Kuppelei ⟨v.; ~, ~en⟩ **0.1** ***koppelarij.***
Kuppelgewölbe ⟨o.⟩ **0.1** ***koepelgewelf.***
Kuppellohn ⟨m.⟩⟨pej.⟩ **0.1** ***koppelaarsloon.***
kuppeln I ⟨onov.ww.⟩ **0.1** ***(ont)koppelen, de koppeling in-, uitschakelen;***
II ⟨ov.ww.⟩ **0.1** ***(aaneen-, aan)koppelen*** ⇒*combineren, verbinden.*
Kuppelpelz ⟨m.⟩⟨scherts.⟩ ◆ **3.¶** sich ⟨3e nv.⟩ den, einen ~ verdienen *een huwelijk koppelen.*
kuppen **0.1** ***koppen, toppen, knotten*** ⇒*snoeien.*
Kuppler ⟨m.; ~s, ~⟩⟨pej.⟩ **0.1** ***koppelaar.***
kupplerisch ⟨pej.⟩ **0.1** ***als van een koppelaar, koppelaars-.***
Kupplung ⟨v.; ~, ~en⟩ **0.1** ***(vast)koppeling*** ◆ **3.1** die ~ treten *het koppelingspedaal intrappen.*
Kupplungsautomat ⟨m.⟩⟨tech.⟩ **0.1** ***automatische koppeling.***
Kupplungshebel ⟨m.⟩ **0.1** ***(ont)koppelingshendel.***
Kupplungspedal ⟨o.⟩ **0.1** ***(ont)koppelingspedaal.***
Kupplungsscheibe ⟨v.⟩ **0.1** ***koppelschijf, koppelingsplaat.***
Kur ⟨v.; ~, ~en⟩ **0.1** ***kuur*** ◆ **6.1** **in** ~ gehen *een kuur gaan volgen;* ⟨inf.; fig.⟩ jmdn. **in** die ~ nehmen *iem. onder handen nemen.*
Kür ⟨v.; ~, ~en⟩⟨sp.⟩ **0.1** ***vrij nummer, vrij gekozen sportoefening*** ◆ **3.1** ⟨kunstschaatsen⟩ die ~ und Pflicht laufen *de vrije en verplichte figuren rijden.*
Kuranlage ⟨v.⟩ **0.1** ***park of plantsoen met kurhaus.***
Küraß ⟨m.; Kürasses, Kürasse⟩ **0.1** ***kuras, borstharnas.***
Kurator ⟨m.; ~s, Kuratoren⟩ **0.1** ***curator, beheerder*** **0.2** ***curator*** ⟨aan een universiteit⟩.
Kuratorium ⟨o.; ~s, Kuratorien⟩ **0.1** ***curatorium*** ⇒*raad van toezicht* **0.2** ***comité.***
Kuraufenthalt ⟨m.⟩ **0.1** ***verblijf in een kuuroord.***
Kurbel ⟨v.; ~, ~n⟩ **0.1** ***kruk*** ⟨v.e. krukas⟩ **0.2** ***(aanzet)kruk, zwengel, (aanzet)slinger.***
kurbeln I ⟨onov.ww.⟩ **0.1** ⟨h.⟩ ***zwengelen*** **0.2** ⟨h.; inf.⟩ ***(aan het stuurwiel) draaien, sturen*** **0.3** ⟨h/s.; inf.⟩ ***(rond)draaien;***
II ⟨ov.ww.⟩ **0.1** ***zwengelen*** **0.2** ⟨inf.⟩ ***draaien*** ◆ **6.1** das Autofenster **in** die Höhe ~ *het autoraampje naar boven draaien.*
Kurbelwelle ⟨v.⟩⟨tech.⟩ **0.1** ***krukas*** ◆ **2.1** doppelt gekröpfte ~ *krukas met twee krukken.*
Kürbis ⟨m.; ~ses, ~se⟩ **0.1** ***pompoen*** ⇒*kalebas* **0.2** ⟨inf.⟩ ***raap, bol, knikker.***
Kurde ⟨m.; ~n, ~n⟩ **0.1** ***Koerd.***
kurdisch **0.1** ***Koerdisch.***
kuren ⟨inf.⟩ **0.1** ***kuren, een kuur doen.***
küren ⟨schr.⟩ **0.1** ***plechtig (uit)verkiezen.***
kürettieren **0.1** ***curetteren.***
Kurfürst ⟨m.⟩⟨gesch.⟩ **0.1** ***keurvorst.***
Kurfürstentum ⟨o.⟩ **0.1** ***keurvorstendom.***
kurfürstlich **0.1** ***keurvorstelijk.***
Kurgast ⟨m.⟩ **0.1** ***(bad)gast in een kuuroord.***
Kurhaus ⟨o.⟩ **0.1** ***kurhaus, badhotel.***
Kurheim ⟨o.⟩ **0.1** ***sanatorium.***
kurial ⟨gesch., rel.⟩ **0.1** ***curiaal.***
Kurie ⟨v.; ~, ~n⟩ **0.1** ⟨rel.⟩ ***curie*** **0.2** ⟨gesch.⟩ ***curia*** ⇒*familieverband.*
Kurienkardinal ⟨m.⟩ **0.1** ***curiekardinaal.***
Kurier ⟨m.; ~s, ~e⟩ **0.1** ***koerier, ijl-, renbode.***
kurieren **0.1** ***cureren, genezen*** ◆ **6.1** ⟨fig.⟩ jmdn. **von** seinen Illusionen ~ *iem. van zijn illusies afhelpen.*
Kuriergepäck ⟨o.⟩ **0.1** ***diplomatieke bagage.***
kurios **0.1** ***curieus, zonderling, merkwaardig.***
Kuriosität ⟨v.; ~, ~en⟩ **0.1** ***curiositeit.***
Kuriosum ⟨o.; ~s, Kuriosa⟩ **0.1** ***curiosum, curiositeit.***
Kurkarte ⟨v.⟩ **0.1** ***bewijs van inschrijving in een kuuroord.***
Kurkonzert ⟨o.⟩ **0.1** ***concert voor (bad)gasten in een kuuroord.***
Kurkuma ⟨v.; ~, Kurkumen⟩ **0.1** ***kurkuma*** ⇒*geelwortel.*
Kurlaub ⟨m.; ~(e)s, ~e⟩ **0.1** ***vakantie verbonden met een gezondheidskuur.***
Kurort ⟨m.⟩ **0.1** ***herstellings-, kuuroord*** ⇒*(bronnen)badplaats.*
Kurpark ⟨m.⟩ **0.1** ***park in een herstellingsoord.***
Kurpfuscher ⟨m.⟩ **0.1** ***kwakzalver.***
Kurpfuscherei ⟨v.⟩ **0.1** ***kwakzalverij.***
Kurre ⟨v.; ~, ~n⟩⟨vis.⟩ **0.1** ***korre, kornet.***
Kurrikulum ⟨o.; ~s, Kurrikula⟩ **0.1** ***curriculum.***
Kurs ⟨m.; ~es, ~e⟩ **0.1** ***koers*** ⇒*route, richting* **0.2** ***cursus*** ⇒ *leergang* **0.3** ***omloop, circulatie*** **0.4** ⟨ec.⟩ ***(wissel)koers*** ⇒ *dagwaarde* **0.5** ⟨pol.⟩ ***koers, politiek, beleidslijn*** **0.6** ⟨sp.⟩ ***omloop, parcours*** ⇒*piste* ◆ **3.2** einen ~ abhalten *een cursus houden* **3.5** ⟨fig.⟩ einen härteren ~ einschlagen *een hardere koers gaan varen* **6.1** **auf** ~ bleiben *koers houden;* ~ **auf** Hamburg nehmen *koers naar Hamburg zetten;* **vom** ~ abkommen *uit de koers raken* **6.3** Briefmarken **außer** ~ setzen *postzegels uit de circulatie nemen;* jmdn. **außer** ~ setzen *iem. uitrangeren;* **in** ~ setzen *in omloop brengen* **6.4** ⟨fig.⟩ er steht bei uns hoch **im** ~ *hij staat bij ons hoog aangeschreven.*
Kursaal ⟨m.⟩ **0.1** ***(feest)zaal in een kurhaus, kuuroord.***
Kurs|abschlag, -abzug ⟨m.⟩⟨ec.⟩ **0.1** ***deport*** ⇒*koersdaling.*
Kursaufschlag ⟨m.⟩⟨ec.⟩ **0.1** ***report*** ⇒*koersstijging.*
Kursbuch ⟨o.⟩⟨verk.⟩ **0.1** ***spoorboekje*** ⇒*dienstregeling.*
Kürschner ⟨m.; ~s, ~⟩ **0.1** ***bont-, pelswerker.***
Kürschnerei ⟨v.; ~, ~en⟩ **0.1** ⟨g.mv.⟩ ***bontwerkerij*** **0.2** ***pelterijwinkel.***
Kursflug ⟨m.⟩ **0.1** ***lijnvlucht.***
kursieren ⟨h/s.⟩ **0.1** ***circuleren, in omloop zijn*** ◆ **1.1** es kursiert ein Witz über ihn *er doet een grap over hem de ronde.*
kursiv ⟨boek.⟩ **0.1** ***cursief*** ⇒*schuin.*
Kursive ⟨v.; ~, ~n⟩⟨boek.⟩ **0.1** ***cursief, cursief schrift.***
Kursivschrift ⟨v.⟩⟨boek.⟩ **0.1** ***cursief, cursief schrift.***
Kurskorrektur ⟨v.⟩ **0.1** ***koerscorrectie*** ⇒*bijsturing.*
kursorisch **0.1** ***cursorisch*** ◆ **1.1** ein ~er Überblick *een vluchtig overzicht.*
Kurssturz ⟨m.⟩ **0.1** ***koersval, sterke koersdaling.***

Kursus ⟨m.; ~, Kurse⟩ **0.1** ***cursus, leergang.***
Kurswagen ⟨m.⟩⟨verk.⟩ **0.1** ***doorgaand rijtuig.***
Kurswechsel ⟨m.⟩ **0.1** ***koerswijziging, richtingsverandering*** ⟨ook fig.⟩.
Kurswert ⟨m.⟩ **0.1** ***koers-, beurswaarde.***
Kurszettel ⟨m.⟩ **0.1** ***koerslijst, -notering.***
Kurtaxe ⟨v.⟩ **0.1** ***toeristenbelasting.***
Kurtisane ⟨v.; ~, ~n⟩ **0.1** ***courtisane.***
Kürübung ⟨v.⟩⟨sp.⟩ **0.1** ***vrije oefening.***
Kurve ⟨v.; ~, ~n⟩ **0.1** ***boog, kromming*** **0.2** ***bocht, kromming*** ⟨v.e. weg⟩ **0.3** ⟨wisk.⟩ ***curve, kromme*** *⇒grafiek* **0.4** ⟨mv.; inf.; scherts.⟩ ***rondingen*** ⟨v.e. vrouw⟩ ◆ **3.2** ⟨inf.; fig.⟩ die ~ kriegen, schaffen *het nog net halen;* ⟨inf.; fig.⟩ die ~ heraushaben *de slag te pakken hebben;* ⟨inf.; fig.⟩ die ~ kratzen *er tussenuit knijpen.*
kurven **0.1** ⟨s.⟩ ***bochten maken, in bochten rijden*** **0.2** ⟨s.; inf.⟩ ***rondtrekken, -toeren*** **0.3** ⟨h.; inf.⟩ ***piekeren, nadenken*** ◆ **6.1** der Motorradfahrer kurvte **um** die Ecke *de motorrijder draaide de hoek om.*
Kurvenlage ⟨v.⟩⟨verk.⟩ **0.1** ***ligging in de bochten.***
Kurvenlineal ⟨o.⟩⟨wisk.⟩ **0.1** ***tekenmal, pistolet.***
Kurvenmesser ⟨m.⟩ **0.1** ***curvi-, bochtmeter.***
kurvenreich **0.1** ⟨verk.⟩ ***vol bochten, bochtig*** **0.2** ⟨inf.; scherts.⟩ ***weelderig*** ⟨aan vrouwelijke vormen⟩.
Kurvenschreiber ⟨m.⟩⟨tech.⟩ **0.1** ***plotter, grafiekschrijver.***
Kurverei ⟨v.; ~, ~en⟩ **0.1** ***het voortdurend in bochten rijden, vliegen*** **0.2** ***het rondrijden, rondvliegen.***
Kurverwaltung ⟨v.⟩ **0.1** ***beheer v.e. kuuroord.***
kurvig **0.1** ***gebogen*** *⇒krom* **0.2** ***bochtig, met (veel) bochten.***
Kurvimeter ⟨o.; ~s, ~⟩ **0.1** ⟨aardr.⟩ ***afstandmeter*** **0.2** ⟨wisk.⟩ ***curvimeter.***
kurz ⟨kürzer, (am) kürzest(en)⟩ **0.1** ***kort*** *⇒klein* **0.2** ***kort(bij)*** *⇒niet ver* **0.3** ***kort*** *⇒kortstondig, kortlopend* **0.4** ***kort*** *⇒ direct, dadelijk, snel* **0.5** ***kort*** *⇒bondig, beknopt* **0.6** ***kort(af)*** *⇒kortaangebonden, bits* ◆ **3.1** ⟨fig.⟩ den kürzeren ziehen *aan het kortste eind trekken* **3.3** ~ nicken *even knikken* **3.4** er fuhr ~ entschlossen ab *hij vertrok zonder dralen, resoluut* **3.5** sich ~ fassen *het kort maken;* ~ gesagt *om kort te gaan* **3.6** ⟨inf.⟩ jmdn. ~ abfertigen *iem. afschepen* **6.3** **binnen** ~em *weldra;* **in** kürzester Zeit *in de kortst mogelijke tijd;* **seit** ~em *sedert kort;* **über** ~ oder lang *vroeg of laat;* **vor** ~em *kortelings, kort geleden* **6.4** ~ **nach**, **vor** drei *kort na, vóór drie uur* **6.5** etwas **in**, **mit** ~en Worten sagen *iets in korte bewoordingen zeggen* **8.5** ~ und gut, ⟨inf.; scherts.⟩ ~ und klein, wir entschlossen uns abzufahren *kort en goed, we besloten te vertrekken.*
Kurzarbeit ⟨v.⟩ **0.1** ***verkorte werktijd.***
kurzarbeiten **0.1** ***met verkorte werktijd werken.***
Kurzarbeiter ⟨m.⟩ **0.1** ***korter werkende, werknemer met verkorte werktijd.***
Kurzarbeit-Null ⟨v.⟩ **0.1** ***ontslag met behoud van volledig loon/salaris.***
kurzärm(e)lig **0.1** ***met korte mouwen.***
kurzatmig **0.1** ***kortademig.***
kurzbeinig **0.1** ***kortbenig, -potig.***
Kurzbericht ⟨m.⟩ **0.1** ***beknopt, kort verslag.***
Kürze ⟨v.; ~, ~n⟩ **0.1** ***kortheid*** ⟨korte lengte⟩ **0.2** ***kortheid, korte duur, kortstondigheid*** **0.3** ***kortheid, beknoptheid*** **0.4** ⟨lit.⟩ ***korte versvoet*** ◆ **6.2** **in** ~ *binnenkort* ¶**.3** ⟨sprw.⟩ in der ~ liegt die Würze *kort maar krachtig.*
Kürzel ⟨o.; ~s, ~⟩ **0.1** ***stenoafkorting, stenografisch teken*** **0.2** ***afkorting.***
kürzen **0.1** ***(in-, ver-, be)korten*** **0.2** ⟨fig.⟩ ***snoeien, beknotten, verminderen*** **0.3** ***couperen*** ⟨v.d. oren en staart v.e. hond⟩ **0.4** ⟨wisk.⟩ ***verkleinen, vereenvoudigen*** ◆ **1.2** ⟨inf.⟩ jmdn. ~ *iem. korten.*
Kurze(r) ⟨bn. als zn.; m.⟩⟨inf.⟩ **0.1** ***kortsluiting*** **0.2** ***borrel, neut.***
kurzerhand **0.1** ***onverwijld, zonder dralen*** *⇒resoluut* ◆ **3.1** etwas ~ ablehnen *iets kortweg afwijzen.*
kürzertreten **0.1** ***versoberen, bezuinigen*** ◆ **3.1** wir müssen in Zukunft ~ *we zullen voortaan een stapje terug moeten doen.*
Kurzfassung ⟨v.⟩ **0.1** ***verkorte versie.***
Kurzfilm ⟨m.⟩ **0.1** ***korte film.***
Kurzform ⟨v.⟩ **0.1** ***afkorting, verkorting*** **0.2** ***korte vorm, verkorte vorm*** ⟨v.e. woord of naam⟩.
kurzfristig **0.1** ***kort, van korte duur*** **0.2** ***op het laatste ogenblik*** **0.3** ***eerdaags, in de nabije toekomst*** *⇒op korte termijn* **0.4** ⟨ec.⟩ ***kortlopend, met korte looptijd*** ◆ **3.2** jmdm. ~ etwas mitteilen *iem. iets kort van tevoren meedelen.*
kurzgefaßt **0.1** ***kort, bondig.***
Kurzgeschichte ⟨v.⟩ **0.1** ***kort verhaal, short story.***
Kurzhaardackel ⟨m.⟩ **0.1** ***kortharige teckel.***
kurzhaarig **0.1** ***kortharig.***
kurzhalten **0.1** ***kort houden, in toom houden.***
kurzlebig **0.1** ***korte tijd levend, met geringe levensduur*** **0.2** ***kortdurend, van korte duur.***
kürzlich ⟨zelden bn.⟩ **0.1** ***kortelings, onlangs, recent(elijk).***
Kurzmeldung ⟨v.⟩ **0.1** ***korte mededeling, kort bericht.***
Kurznachricht ⟨v.⟩ **0.1** ***korte mededeling*** **0.2** ⟨mv.; com.⟩ ***nieuws in 't kort.***
kurzparken ⟨o.⟩⟨verk.⟩ **0.1** ***parkeren in een parkeerzone.***
Kurzparker ⟨m.⟩ **0.1** ***kortparkeerder.***
kurzschließen I ⟨ov.ww.⟩ **0.1** ***kortsluiten;***
II sich ~ ⟨wk.ww.⟩⟨fig.⟩ **0.1** ***direct contact, directe verbinding opnemen.***
Kurzschluß ⟨m.⟩ **0.1** ⟨fil.⟩ ***verkeerde gevolgtrekking, sofisme*** **0.2** ⟨psych., tech.⟩ ***kortsluiting.***
Kurzschlußhandlung ⟨v.⟩ **0.1** ***paniekreactie.***
Kurzschrift ⟨v.⟩ **0.1** ***kort-, snelschrift, stenografie.***
kurzschriftlich **0.1** ***stenografisch.***
kurzsichtig **0.1** ***bijziend, kortzichtig*** *⇒kippig* **0.2** ⟨fig.⟩ ***kortzichtig.***
Kurzstrecke ⟨v.⟩ **0.1** ⟨sp.⟩ ***korte afstand*** **0.2** ⟨verk.⟩ ***kort traject, korte afstand.***
Kurzstreckenlauf ⟨m.⟩⟨sp.⟩ **0.1** ***sprint(wedstrijd).***
Kurzstreckenläufer ⟨m.⟩⟨sp.⟩ **0.1** ***sprinter, korteafstandsloper.***
Kurzstunde ⟨v.⟩ **0.1** ***kort lesuur*** ⟨tot 45 minuten⟩.
kurztreten ⟨inf.; fig.⟩ **0.1** ***kalmer aan doen.***
kurzum **0.1** ***kortom, om kort te gaan*** ◆ ¶**.1** ~, es war ausgezeichnet *in één woord, het was uitstekend.*
Kürzung ⟨v.; ~, ~en⟩ **0.1** ***verkorting, inkorting*** **0.2** ***inkrimping, besnoeiing.***
Kurzurlaub ⟨m.⟩ **0.1** ***korte vakantie.***
Kurzwaren ⟨alleen mv.⟩ **0.1** ***garen en band, fournituren.***
kurzweg **0.1** ***kortweg, zonder omwegen.***
kurzweilig **0.1** ***onderhoudend, verstrooiend.***
Kurzwelle ⟨v.⟩⟨nat., tech.⟩ **0.1** ***korte golf.***
Kurzwort ⟨o.⟩⟨taal.⟩ **0.1** ***letterwoord.***
kurzzeitig **0.1** ***kort(durend)*** ◆ **3.1** etwas ~ nutzen *iets tijdelijk gebruiken.*
kusch! **0.1** ***koest!, hou je gedeisd!***
kuschelig **0.1** ***behaaglijk (warm), knus.***
kuscheln I ⟨ov.ww.⟩ **0.1** ***vlijen;***
II sich ~ ⟨wk.ww.⟩ **0.1** ***zich nestelen, het zich behaaglijk maken.***

Kuscheltier ⟨o.⟩ **0.1** ***knuffelbeest.***

kuschelweich 0.1 ***behaaglijk zacht, donzig.***

kuschen ⟨h.; ook sich ~⟩ **0.1** ***stil gaan liggen, zich koest houden*** **0.2** ⟨fig.⟩ ***zijn mond houden.***

Kusine ⟨v.; ~, ~n⟩ **0.1** ***nicht*** ⟨dochter van oom of tante⟩.

Kuß ⟨m.; Kusses, Küsse⟩ **0.1** ***zoen, kus*** ◆ **6.1** ein ~ **auf** die Stirn *een kus op het voorhoofd.*

kußecht 0.1 ***kissproof.***

küssen 0.1 ***zoenen, kussen.***

Kußhand ⟨v.⟩ **0.1** ***kushand*** ◆ **6.1** ⟨inf.; fig.⟩ das nehme ich **mit** ~ *dat neem ik met beide handen aan.*

Küste ⟨v.; ~, ~n⟩ **0.1** ***kust*** ⇒*kustlijn, -gebied.*

Küstenbefeuerung ⟨v.⟩ **0.1** ***kustverlichting.***

Küstenbewohner ⟨m.⟩ **0.1** ***kustbewoner.***

Küstenfahrzeug ⟨o.⟩ **0.1** ***kustvaartuig, -vaarder, coaster.***

Küstenfeuer ⟨o.⟩ **0.1** ***kustlicht*** **0.2** ***kustvuur.***

Küstengewässer ⟨o.⟩ **0.1** ***kustwateren*** **0.2** ⟨jur.⟩ ***territoriale wateren.***

Küstenschiffahrt ⟨v.⟩ **0.1** ***kustvaart.***

Küstenschutz ⟨m.⟩⟨wwb.⟩ **0.1** ***kustverdediging, -beveiliging.***

Küsten|streifen, -strich ⟨m.⟩ **0.1** ***kuststrook, -zone, -vak.***

Küstenwache ⟨v.⟩ **0.1** ***kustwacht.***

Küster ⟨m.; ~s, ~⟩ **0.1** ***koster.***

Küsterei ⟨v.; ~, ~en⟩ **0.1** ***kosterij, kosterswoning, -huis.***

Kustode[1] ⟨m.; ~n, ~n⟩⟨adm., bk.⟩ **0.1** ***custos, curator*** ⇒*conservator.*

Kustode[2] ⟨v.; ~, ~n⟩⟨boek., gesch.⟩ **0.1** ***custode.***

Kustos ⟨m.; ~, Kustoden⟩ **0.1** ***custos, curator*** ⇒*conservator.*

Kutschbock ⟨m.⟩ **0.1** ***bok, koetsiersplaats.***

Kutsche ⟨v.; ~, ~n⟩ **0.1** ***koets, rijtuig*** **0.2** ⟨inf.; scherts.⟩ ***rammelkar, vehikel.***

kutschen ⟨inf.⟩ **I** ⟨onov.ww.; s.⟩ **0.1** ***karren, toeren;***
II ⟨ov.ww.⟩ **0.1** ***karren*** ⇒*rijden, transporteren.*

Kutscher ⟨m.; ~, ~⟩ **0.1** ***koetsier*** ◆ **8.1** fluchen wie ein ~ *vloeken als een ketter.*

Kutscherbock ⟨m.⟩ **0.1** ***koetsiersplaats, bok.***

kutschieren I ⟨onov.ww.; s.⟩ **0.1** ***met de koets rijden*** **0.2** ⟨inf.⟩ ***karren, toeren*** ⇒*rijden;*
II ⟨ov.ww.⟩ **0.1** ***met de koets (ver)voeren.***

Kutschkasten ⟨m.⟩ **0.1** ***koetsbak, kast, rijtuigbak*** **0.2** ***kofferbergplaats, koffer*** ⟨onder de bok⟩.

Kutte ⟨v.; ~, ~n⟩ **0.1** ***(monniks)pij, habijt*** **0.2** ⟨inf.⟩ ***parka, anorak, pijjekker.***

Kutter ⟨m.; ~s, ~⟩⟨scheep.⟩ **0.1** ***kotter.***

Kutterjacht ⟨v.⟩⟨scheep.⟩ **0.1** ***kotterjacht.***

Kuvert ⟨o.; ~(e), ~s of ~e⟩ **0.1** ***couvert.***

kuvertieren 0.1 ***in een enveloppe doen.***

Kuvertüre ⟨v.; ~, ~n⟩⟨cul.⟩ **0.1** ***couverture*** ⇒*deklaagje.*

Kuwait ⟨acc. wiss.⟩⟨o.; ~s⟩ **0.1** ***Koeweit.***

Kuxschein ⟨m.⟩ **0.1** ***bewijs van aandeel in een mijn.***

KV ⟨afk.⟩ [Köchelverzeichnis].

kW ⟨afk.⟩ [Kilowatt].

Kybernetik ⟨v.; ~⟩ **0.1** ***cybernetica.***

Kybernetiker ⟨m.; ~s, ~⟩ **0.1** ***cyberneticus.***

Kynologe ⟨m.; ~n, ~n⟩ **0.1** ***kynoloog.***

Kyrie ⟨o.; ~⟩ **0.1** ***kyrie(-eleïson).***

kyrillisch 0.1 ***cyrillisch.***

KZ ⟨o.; ~(s), ~(s)⟩⟨afk.⟩ →**Konzentrationslager.**

KZ-Häftling ⟨m.⟩ **0.1** ***gedetineerde in een concentratiekamp.***

KZler ⟨m.; ~s, ~⟩ **0.1** ***gedetineerde in een concentratiekamp.***

l

l, L ⟨o.; ~, ~⟩ **0.1** ***l, L*** ⇒*klank l, letter l, L.*

l. ⟨afk.⟩ [lies!; links].

Lab ⟨o.; ~(e)s, ~e⟩ **0.1** ***leb, stremsel.***

Laban ⟨m.; ~s, ~e⟩⟨inf.⟩ **0.1** ***slungel, zwiep.***

labberig ⟨inf.⟩ **0.1** ***flauw, verschaald*** ⇒*waterig* **0.2** ***slap, week*** **0.3** ***zwak, mat, slap.***

labbern ⟨Ndd.⟩ **I** ⟨ov.ww.⟩ **0.1** ***slurpen, (op)slobberen;***
II ⟨onov.ww.⟩ **0.1** ***slap hangen*** **0.2** ***kletsen, onzin praten.***

laben 0.1 ***laven, verkwikken*** ⇒*verfrissen.*

labern 0.1 ***zwammen, kletsen, lullen.***

Labetrunk ⟨m.⟩ **0.1** ***lavende, verkwikkende dronk.***

labial 0.1 ***labiaal.***

Labial ⟨m.; ~s, ~e⟩ **0.1** ***labiaal, lipklank.***

Labiallaut ⟨m.⟩ →**Labial.**

labil 0.1 ***labiel*** ⇒*wankel(baar), onevenwichtig.*

Labilität ⟨v.; ~⟩ **0.1** ***labiliteit*** ⇒*wankelbaarheid.*

Labkraut ⟨o.⟩ **0.1** ***walstro.***

Labmagen ⟨m.⟩ **0.1** ***lebmaag.***

Labor ⟨o.; ~s, ~s of ~e⟩ **0.1** ***laboratorium*** ⇒*lab.*

Laborant ⟨m.; ~en, ~en⟩ **0.1** ***laborant, laboratoriumassistent.***

Laboratorium ⟨o.; ~s, Laboratorien⟩ **0.1** ***laboratorium.***

laborieren 0.1 ***laboreren, sukkelen*** **0.2** ***zich afsloven*** ⇒*(zitten) zwoegen* ◆ **6.2 an** einer Arbeit ~ *zich voor een werk afsloven.*

Laborversuch ⟨m.⟩ **0.1** ***laboratoriumproef.***

Labsal ⟨o.; ~(e)s, ~e; Zdd., Oostr. ook v.; ~, ~e⟩⟨schr.⟩ **0.1** ***lafenis, verkwikking, verfrissing.***

Labyrinth ⟨o.; ~(e)s, ~e⟩ **0.1** ***labyrint*** ⟨ook med.⟩, ***doolhof*** ⇒ ⟨fig.⟩ *wirwar.*

labyrinthisch 0.1 ***labyrintisch, verward, ingewikkeld*** ⇒ *onontwarbaar.*

Lache[1] ⟨v.; ~, ~n⟩⟨inf.⟩ **0.1** ***gelach, lach(je)*** ⇒*manier van lachen.*

Lache[2] ⟨v.; ~, ~n⟩ **0.1** ***plas*** **0.2** ***poel.***

lächeln 0.1 ***glimlachen*** ◆ **4.¶** ⟨schr.⟩ das Glück lächelte ihm *het geluk lachte hem toe.*

Lächeln ⟨o.; ~s⟩ **0.1** ***glimlach.***

lachen 0.1 ***lachen*** ◆ **1.1** ⟨vero.⟩ sie lachte des Rates *ze lachte om de raad* **3.1** du hast, kannst gut, leicht ~ *jij kunt makkelijk lachen;* da, hier gibt es (gar) nichts zu ~ *er valt niets te lachen;* er hatte nichts zu ~ *hij kon zijn plezier wel op;* das wäre gelacht *dat zou nog mooier zijn;* du wirst ~! *je zult het niet geloven!* **4.¶** ⟨schr.⟩ das Glück lachte ihm *het geluk lachte hem toe* **5.1** daß ich nicht lache! *laat me niet lachen!* **6.1 über** jmdn. ~ *om iem. lachen;* sich **vor** Lachen biegen *dubbel slaan, liggen van het lachen;* es ist **zum** Lachen *het is om mee te lachen, belachelijk;* mir ist nicht **zum** Lachen *ik ben niet in de stemming om te lachen;* jmdn. **zum** Lachen bringen *iem. doen lachen* **¶.1** ⟨sprw.⟩ wer zuletzt lacht, lacht am besten *wie het laatst lacht, lacht het best.*

Lacher ⟨m.; ~s, ~⟩ **0.1** ***lacher*** **0.2** ***lachbui, (ge)lach*** ◆ **3.1** die ~ auf seiner Seite haben *de lachers op zijn hand hebben.*

lächerlich 0.1 ***belachelijk, bespottelijk*** ⇒*idioot, mal* **0.2** ***belachelijk*** ⇒*onbeduidend, nietig* ◆ **5.¶** mir war ~ zumute *ik moest (steeds maar) lachen* **6.1** etwas **ins** Lächerliche ziehen *iets in het belachelijke trekken, belachelijk maken.*

lächerlicherweise **0.1** ***belachelijk, bespottelijk genoeg.***
Lächerlichkeit ⟨v.; ~, ~en⟩ **0.1** ***belachelijkheid, bespottelijkheid*** **0.2** ***(belachelijke) futiliteit*** ⇒*wissewasje* ◆ **3.1** jmdn. der ~ preisgeben *iem. voor schut zetten.*
Lachgas ⟨o.⟩ **0.1** ***lachgas.***
lachhaft ⟨inf.⟩ **0.1** ***belachelijk, bespottelijk, lachwekkend.***
Lachkrampf ⟨m.⟩ **0.1** ***lachkramp, -stuip*** ◆ **3.1** einen ~ bekommen *de slappe lach krijgen.*
lachlustig **0.1** ***lachlustig, lacherig, lachziek.***
Lachmöwe ⟨v.⟩ **0.1** ***lach-, kokmeeuw.***
Lachs ⟨m.; ~es, ~e⟩ **0.1** ***zalm.***
Lachsalve ⟨v.⟩ **0.1** ***lachsalvo.***
Lachsersatz ⟨m.⟩ **0.1** ***koolvis, zeezalm.***
lachs|farben, -farbig **0.1** ***zalmkleurig.***
Lachsschinken ⟨m.⟩ **0.1** ***fijne gerookte ham.***
Lachtaube ⟨v.⟩ **0.1** ***lachduif.***
Lack ⟨m.; ~(e)s, ~e⟩ **0.1** ***lak*** ◆ **3.1** ⟨inf.⟩ und fertig ist der ~ *en klaar is Kees;* ⟨fig.⟩ der ~ ist ab *het nieuwe is er af.*
Lackaffe ⟨m.⟩⟨inf.⟩ **0.1** ***fat, dandy.***
Lackarbeit ⟨v.⟩ **0.1** ***lakwerk.***
Lackel ⟨m.; ~s, ~⟩⟨vooral Zdd., Oostr.⟩ **0.1** ***lummel, kaffer, lomperd.***
lacken **0.1** ***lakken.***
Lackfarbe ⟨v.⟩ **0.1** ***lakverf.***
lackieren **0.1** ***lakken*** **0.2** ***verlakken, beduvelen*** ◆ **1.1** ⟨fig.⟩ ein lackierter Bursche *een fat, een ijdele kwast* **3.2** ⟨inf.⟩ ich bin der Lackierte *ik ben de klos, de sigaar.*
Lackierer ⟨m.; ~s, ~⟩ **0.1** ***lakker, lakwerker.***
Lackierung ⟨v.; ~, ~en⟩ **0.1** ***het lakken*** **0.2** ***lak(laag), lakwerk.***
Lackmus ⟨m. & o.; ~⟩⟨schei.⟩ **0.1** ***lakmoes.***
Lackschuh ⟨m.⟩ **0.1** ***lakschoen.***
Lädchen ⟨o.; ~s, ~⟩ **0.1** ***winkeltje, zaakje*** **0.2** ***laatje.***
Lade ⟨v.; ~, ~n⟩ **0.1** ⟨reg.⟩ ***la(de)*** **0.2** ***(venster)luik, blind*** **0.3** ***onderkaak*** ⟨v.e. paard⟩ **0.4** ***ark des verbonds.***
Ladebaum ⟨m.⟩ **0.1** ***laadboom.***
Ladebühne ⟨v.⟩ **0.1** ***goederen-, laadperron.***
Ladefähigkeit ⟨v.⟩ **0.1** ***laadvermogen.***
Ladefläche ⟨v.⟩ **0.1** ***laadvloer, -oppervlak.***
Ladegewicht ⟨o.⟩ **0.1** ***laadgewicht, -vermogen.***
Ladegut ⟨o.⟩ **0.1** ***vracht, lading.***
Ladehemmung ⟨v.⟩ **0.1** ***ladingsstoring*** ◆ **3.1** ⟨scherts.⟩ (eine) ~ haben *een black-out hebben, er even met zijn gedachten niet bij zijn.*
Ladelinie ⟨v.⟩ **0.1** ***laadlijn, plimsollmerk.***
laden ⟨→t72⟩ **0.1** ***laden*** ⇒*be-, inladen* **0.2** ⟨schr.⟩ ***uitnodigen, vragen*** **0.3** ⟨jur.⟩ ***dagvaarden, oproepen*** ◆ **1.2** nur für geladene Gäste *alleen voor genodigden* **5.1** ⟨fig.⟩ er hat schwer geladen *hij heeft 'm om* **6.1** ich habe es **auf** mich geladen *ik heb het op me geladen, genomen;* jmds. Haß **auf** sich ~ ⟨4e nv.⟩ *zich iemands haat op de hals halen* **6.2** jmdn. **zum** Essen ~ (a) *iem. te eten vragen* (b) *iem. een maaltijd aanbieden* **6.3** jmdn. **vor** Gericht ~ *iem. dagvaarden.*
Laden ⟨m.; ~s, ⍨⟩ **0.1** ***winkel, zaak, bedrijf*** **0.2** ⟨fig.⟩ ***bedoening, gedoe, zaakje*** ⇒*toestand(en)* **0.3** ⟨mv. ook ~⟩ ***(venster)luik, blind*** ⇒*rolluik* ◆ **2.2** ein müder ~ *een saaie, lamlendige bedoening, boel* **3.2** der ~ funkt, klappt, läuft *het (zaakje) loopt gesmeerd;* den ~ hinwerfen, hinschmeißen *de boel erbij neergooien;* den ~ schmeißen *iets fiksen, klaarspelen.*
Ladenbesitzer ⟨m.⟩ **0.1** ***winkelier.***
Ladendiebstahl ⟨m.⟩ **0.1** ***winkeldiefstal.***
Ladengeschäft ⟨o.⟩ **0.1** ***winkel(bedrijf).***
Ladenglocke ⟨v.⟩ **0.1** ***winkelbel.***
Ladenhüter ⟨m.⟩ **0.1** ***winkeldochter*** ⇒*onverkoopbaar artikel.*
Ladenkasse ⟨v.⟩ **0.1** ***kas(sa).***
Ladenkette ⟨v.⟩ **0.1** ***grootwinkelbedrijf*** **0.2** ***winkelvereniging.***
Ladenmädchen ⟨o.⟩ **0.1** ***leerling-verkoopster.***
Ladenschild ⟨o.⟩ **0.1** ***uithangbord*** ⟨v.e. winkel⟩.
Ladenschlußgesetz ⟨o.⟩ **0.1** ***winkelsluitingswet.***
Ladenstraße ⟨v.⟩ **0.1** ***winkelstraat*** **0.2** ***(winkel)promenade.***
Ladentisch ⟨m.⟩ **0.1** ***toonbank.***
Ladeplatz ⟨m.⟩ **0.1** ***laadplaats*** **0.2** ***losplaats*** **0.3** ***aanlegplaats.***
Lader ⟨m.; ~s, ~⟩ **0.1** ***lader, bevrachter*** **0.2** ***compressor*** **0.3** ***laadmachine.***
Laderampe ⟨v.⟩ **0.1** ***goederen-, laadperron.***
Laderaum ⟨m.⟩ **0.1** ***laadruimte*** ⇒*laadruim.*
lädieren **0.1** ***beschadigen*** ⇒*havenen* **0.2** ***schaden, afbreuk doen aan*** **0.3** ***verwonden*** ⇒*toetakelen.*
Ladung ⟨v.; ~, ~en⟩ **0.1** ***lading*** ⟨ook mil., nat.⟩, ***vracht, last*** **0.2** ***lading, bevrachting*** **0.3** ⟨jur.⟩ ***dagvaarding*** ⇒*oproeping* ◆ **2.1** geballte ~ (a) ⟨mil.⟩ *bundel handgranaten, explosieven* (b) ⟨fig.⟩ *geconcentreerde lading, dosis;* er bekam die volle ~ *hij kreeg de volle laag.*
Laffe ⟨m.; ~n, ~n⟩⟨vero.⟩ **0.1** ***fat, dandy*** ⇒*melkmuil.*
Lage ⟨v.; ~, ~n⟩ **0.1** ***toestand, situatie, staat*** ⇒*omstandigheden* **0.2** ***ligging, positie*** **0.3** ***houding, stand, positie*** **0.4** ***laag*** **0.5** ⟨inf.⟩ ***rondje*** **0.6** ⟨mil.⟩ ***salvo, laag*** **0.7** ⟨muz.⟩ ***register, toonhoogte*** **0.8** ⟨sp.⟩ ***wisselslag*** **0.9** ⟨mil.; ook fig.⟩ ***bespreking v.d. situatie*** ◆ **3.1** ⟨inf.⟩ die ~ peilen *de situatie peilen, poolshoogte nemen* **3.2** eine (schöne) ~ haben *(mooi) gelegen zijn* **3.5** eine ~ ausgeben, schmeißen, spendieren, stiften *een rondje geven* **3.6** eine volle ~ abbekommen *de volle laag krijgen* **6.1** ich befinde mich **in** der glücklichen ~ *ik verkeer in de gelukkige omstandigheid;* ich bin nicht **in** der ~ zu bezahlen *ik ben niet in staat (om) te betalen;* ich sehe mich nicht **in** der ~ *ik ben, acht mij niet in staat;* jmdn. **in** die ~ versetzen *iem. in staat stellen;* sich **in** jmds. ~ versetzen *zich in iemands situatie verplaatsen;* **nach** ~ der Dinge *volgens de stand van zaken, naar omstandigheden* **6.2** **in** bester ~ *zeer goed gelegen, op zeer goede stand;* **in** höheren ~n *op grote(re) hoogte(n)* **6.3** etwas **in** die richtige ~ bringen *iets in de juiste houding, stand, positie brengen* **6.4** eine ~ Papier, Watte *een laag papier, watten.*
Lagebericht ⟨m.⟩ **0.1** ***overzicht, verslag v.d. toestand, situatie.***
Lagebesprechung ⟨v.⟩ **0.1** ***bespreking v.d. toestand*** ⇒*stafbespreking.*
Lagenschwimmen ⟨o.⟩ **0.1** ***(zwemwedstrijd met) wisselslag.***
Lageplan ⟨m.⟩ **0.1** ***situatieschets*** ⇒*plattegrond.*
Lager ⟨o.; ~s, ~⟩ **0.1** ***kamp*** ⇒*legerplaats, kampement,* ⟨fig. ook⟩ *partij* **0.2** ⟨ec. mv. vaak Läger⟩ ***magazijn, opslagruimte, depot*** ⇒*pakhuis* **0.3** ⟨ec. mv. vaak Läger⟩ ***voorraad*** ⇒*sortering, keuze* **0.4** ⟨vero.⟩ ***leger(stede)*** ⟨ook jacht⟩, ***bed*** ⇒*rustplaats* **0.5** ⟨geol.⟩ ***laag, bank*** **0.6** ⟨bouwk.⟩ ***kussenblok*** **0.7** ⟨tech.⟩ ***(kogel)lager*** ◆ **3.3** das ~ räumen *(alles) opruimen* **5.2** frei ~ *franco pakhuis* **6.1** **ins** ~ fahren, gehen *op kamp gaan* **6.2** **am, auf** ~ sein *in voorraad, voorradig zijn;* eine Überraschung **auf** ~ haben *een verrassing in petto hebben.*
Lagerapfel ⟨m.⟩ **0.1** ***winter-, bewaarappel.***
Lagerarbeiter ⟨m.⟩ **0.1** ***magazijn-, pakhuisbediende.***
Lagerbestand ⟨m.⟩ **0.1** ***(magazijn)voorraad, inventaris.***

Lagerbier ⟨o.⟩ **0.1** ***lagerbier*** *⇒zomerbier.*
Lagerbutter ⟨v.⟩ **0.1** ***koelhuisboter.***
lager|fähig, -fest 0.1 ***goed te bewaren, houdbaar.***
Lagerfeuer ⟨o.⟩ **0.1** ***kampvuur.***
Lagerfrist ⟨v.⟩ **0.1** ***bewaar-, opslagtijd.***
Lagergebühr ⟨v.⟩ **0.1** ***opslagkosten.***
Lagergeld ⟨o.⟩ →**Lagergebühr.**
Lagerhalle ⟨v.⟩ **0.1** ***magazijn, pakhuis, depot*** *⇒veem, entrepot.*
Lagerhalter ⟨m.⟩ **0.1** ***magazijnmeester, -houder.***
Lagerhaltung ⟨v.⟩ **0.1** ***opslag, het opslaan.***
Lagerhaus ⟨o.⟩ →**Lagerhalle.**
Lagerinsasse ⟨m.⟩ **0.1** ***kampbewoner*** *⇒gevangene.*
Lagerist ⟨m.; ~en, ~en⟩ **0.1** ***magazijnbediende, -beheerder.***
Lagerkosten ⟨alleen mv.⟩ **0.1** ***opslagkosten, magazijngeld.***
Lagerleiter ⟨m.⟩ **0.1** ***kampleider, -hoofd.***
Lagermiete ⟨v.⟩ **0.1** ***magazijnhuur.***
lagern I ⟨onov.ww.⟩ **0.1** ***kamperen, legeren*** ⟨ook tech.⟩, ***rusten*** *⇒liggen* **0.2** ***opgeslagen liggen, in voorraad zijn*** ◆ **1.1** ~de Post *poste restante* **1.2** dieser Wein muß noch ~ *deze wijn moet nog blijven liggen* **5.1** in ähnlich gelagerten Fällen *in soortgelijke, dergelijke gevallen;* dieser Fall ist anders gelagert *dit is een ander geval, deze zaak ligt anders;*
II ⟨ov.ww.⟩ **0.1** ***opslaan, opleggen, bewaren*** *⇒(op)stapelen, opbergen* **0.2** ***legeren, (neer)leggen*** ◆ **1.2** den Kopf tief ~ *het hoofd omlaagleggen* **5.2** flach ~ *plat neerleggen;*
III sich ~ ⟨wk.ww.⟩ **0.1** ***zich legeren, gaan zitten, liggen (rusten), zich uitstrekken*** ◆ **6.1** er lagerte sich **im**, (minder vaak) ins Gras *hij legerde zich in het gras, ging in het gras liggen, zitten rusten.*
Lagerobst ⟨o.⟩ **0.1** ***houdbaar fruit*** **0.2** ***koelhuisfruit.***
Lagerplatz ⟨m.⟩ **0.1** ***kampeerplaats*** *⇒legerplaats* **0.2** ***opslagruimte, -plaats.***
Lagerraum ⟨m.⟩ **0.1** ***opslagruimte, -plaats.***
Lagerschein ⟨m.⟩ **0.1** ***ceel, bewijs van opslag*** *⇒veemceel.*
Lagerschuppen ⟨m.⟩ **0.1** ***magazijn, (opslag)loods, pakhuis.***
Lagerstätte ⟨v.⟩ **0.1** ***leger(stede), bed*** *⇒rust-, lig-, slaapplaats* **0.2** ⟨geol.⟩ ***vindplaats*** *⇒afzetting.*
Lagerung ⟨v.; ~, ~en⟩ **0.1** ***het opslaan, opslag*** *⇒bewaring* **0.2** ***legering, het neerleggen*** **0.3** ***het kamperen, legering*** **0.4** ⟨tech.⟩ ***legering, leger*** **0.5** ⟨tech.⟩ ***(kogel)lager*** **0.6** ⟨geol.⟩ ***afzetting (in lagen).***
Lagerverwalter ⟨m.⟩ **0.1** ***magazijnmeester, -houder*** **0.2** ***kampbeheerder.***
Lagerzeit ⟨v.⟩ **0.1** ***bewaar-, opslagtijd.***
Lageskizze ⟨v.⟩ **0.1** ***situatieschets*** *⇒plattegrond.*
Lagune ⟨v.; ~, ~n⟩ **0.1** ***lagune.***
lahm 0.1 ***lam, verlamd*** *⇒kreupel, mank* **0.2** ⟨inf.; fig.⟩ ***lam, slap*** *⇒loom, (dood)op* **0.3** ⟨inf.; fig.⟩ ***lam(lendig), sloom, slap*** *⇒saai, tam* ◆ **1.3** ein ~es Gespräch *een slepend gesprek* **3.2** ~ liegen *stilliggen* **6.1** er ist ~ **auf** dem rechten Bein *zijn rechterbeen is verlamd.*
Lahmarsch ⟨m.⟩⟨vulg.⟩ **0.1** ***lamzak, lammeling.***
lahmen 0.1 ***hinken, mank zijn, gaan*** *⇒kreupel zijn* ◆ **3.1** ~d gehen *hinken, mank gaan, zijn* **6.1** das Pferd lahmt **an, auf** der Hinterhand *het paard hinkt met, aan zijn achterhand.*
lähmen 0.1 ***verlammen*** ⟨ook fig.⟩ ◆ **8.1** vor Schreck wie gelähmt *van schrik als (het ware) verlamd.*
Lahmheit ⟨v.; ~⟩ **0.1** ***lamheid*** *⇒kreupelheid* **0.2** ⟨fig.; inf.⟩ ***lamheid, slapheid*** **0.3** ⟨fig.; inf.⟩ ***lamlendigheid, sloomheid*** *⇒saaiheid.*
lahmlegen ⟨fig.⟩ **0.1** ***verlammen, lamleggen, stremmen.***
Lähmung ⟨v.; ~, ~en⟩ **0.1** ***verlamming*** ⟨ook fig.⟩.
Laib ⟨m.; ~(e)s, ~e⟩ ◆ **1.¶** ein ~ Brot *een (groot, rond) brood;* ein ~ Käse *een kaas.*
Laich ⟨m.; ~(e)s, ~e⟩ **0.1** ***(vis)kuit, schot.***
Laiche ⟨v.; ~, ~n⟩ **0.1** ***rij-, paartijd*** ⟨van vissen en kikkers⟩.
laichen 0.1 ***kuit schieten, paaien.***
Laichplatz ⟨m.⟩ **0.1** ***paaiplaats, -gebied.***
Laichzeit ⟨v.⟩ →**Laiche.**
Laie ⟨m.; ~n, ~n⟩ **0.1** ***leek*** *⇒oningewijde, nieuweling, niet-geestelijke* ◆ **2.1** ein völliger, ⟨inf.⟩ blutiger ~ *een volslagen leek* **3.1** da staunt der ~ (und der Fachmann wundert sich)! *daar sta je, staat iedereen van te kijken!*
Laienbruder ⟨m.⟩ **0.1** ***lekenbroeder.***
Laienbühne ⟨v.⟩ **0.1** ***amateurtoneel.***
laienhaft 0.1 ***amateuristisch, als een leek, dilettantisch*** *⇒leken-.*
Laienrichter ⟨m.⟩ **0.1** ***lekenrechter*** *⇒bijzitter.*
Laienschwester ⟨v.⟩ **0.1** ***lekenzuster.***
Laienspiel ⟨o.⟩ **0.1** ***lekenspel.***
Laienverstand ⟨m.⟩ **0.1** ***lekenverstand, -oordeel.***
Lakai ⟨m.; ~en, ~en⟩ **0.1** ***lakei*** ⟨ook fig.⟩.
lakaienhaft 0.1 ***als een lakei, kruiperig*** *⇒serviel.*
Lake ⟨v.; ~, ~n⟩ **0.1** ***pekel.***
Laken ⟨o.; ~s, ~⟩ **0.1** ***laken*** *⇒bedden-, badlaken.*
lakonisch 0.1 ***laconiek.***
Lakritze ⟨v.; ~, ~n⟩ **0.1** ***drop.***
Lakritzenstange ⟨v.⟩ **0.1** ***pijp(je) drop*** *⇒dropveter.*
lala 0.1 ***lala, zozo*** *⇒niet bijzonder, (middel)matig.*
lallen 0.1 ***lallen, stamelen*** *⇒onduidelijk praten, met dubbelslaande tong praten.*
Lallwort ⟨o.; mv. ¨~er⟩ **0.1** ***stamelwoord(je).***
Lama[1] ⟨m.; ~(s), ~s⟩ **0.1** ***lama*** *⇒Boeddhapriester.*
Lama[2] ⟨o.; ~s, ~s⟩ **0.1** ***lama*** ⟨dier, wol⟩.
Lamäng ⟨v.⟩⟨inf.⟩ ◆ **6.¶ aus** der (freien, kalten) ~ *zo voor de vuist;* wir aßen **aus** der freien ~ *wij aten uit het vuistje.*
Lambris ⟨m.; ~, ~⟩ **0.1** ***lambrisering.***
Lamelle ⟨v.; ~, ~n⟩ **0.1** ***lamel(le)*** *⇒lamet(te).*
lamentieren 0.1 ***lamenteren, jammeren*** *⇒kermen.*
Lametta ⟨o.; ~s⟩ **0.1** ***lamette(n)*** **0.2** ⟨inf.; iron.⟩ ***decoraties, medailles.***
laminieren 0.1 ***lamineren.***
Lamm ⟨o.; ~(e)s, ¨~er⟩ **0.1** ***lam*** ⟨ook fig.⟩ **0.2** ***lamsvacht, -vel*** ◆ **8.1** so sanft wie ein ~ *zo mak, gedwee als een lam.*
Lammbraten ⟨m.⟩ **0.1** ***lamsgebraad, gebraden lamsvlees.***
lammen 0.1 ***lamm(er)en, lammeren werpen.***
Lämmerwolke ⟨v.⟩ **0.1** ***schapenwolk(je).***
Lammfell ⟨o.⟩ **0.1** ***lamsvel, -vacht.***
Lammfleisch ⟨o.⟩ **0.1** ***lamsvlees.***
lammfromm 0.1 ***(zo) gedwee, mak als een lam.***
Lampe ⟨v.; ~, ~n⟩ **0.1** ***lamp*** ◆ **6.¶** ⟨inf.⟩ einen **auf** die ~ gießen *er eentje pakken;* einen **auf** der ~ haben *'m om hebben.*
Lampendocht ⟨m.⟩ **0.1** ***lampenpit*** *⇒gloeikousje.*
Lampenfassung ⟨v.⟩ **0.1** ***lamphouder, (lamp)fitting.***
Lampenfieber ⟨o.⟩ **0.1** ***plankenkoorts.***
Lampenschirm ⟨m.⟩ **0.1** ***lampenkap.***
Lampion ⟨m.; zelden o.; ~s, ~s⟩ **0.1** ***lampion.***
lancieren 0.1 ***lanceren*** ⟨ook fig.⟩.
Land ⟨o.; ~es, ¨~er⟩ **0.1** ***land*** *⇒staat, rijk, grondgebied* **0.2** ***deelstaat*** **0.3** ***(vaste)land*** **0.4** ***land, (aard)bodem*** *⇒veld, grond* **0.5** ***(platte)land*** **0.6** ⟨mv. ~e; vero.; schr.⟩ ***(land)-streek, gewest*** ◆ **1.1** das ~ der aufgehenden Sonne *het land van de rijzende zon* ⟨Japan⟩; das ~ der tausend Seen *het land der (tien)duizend meren* ⟨Finland⟩ **1.2** das ~ Bay-

ern *de deelstaat Beieren;* das ist Sache der Länder *dat ligt bij de deelstaten* **1.4** ein Stück ~ (ook) *een lap grond* **2.1** das Gelobte ~ *het Beloofde Land* **2.4** das freie ~ *het open land(schap);* das weite ~ *het uitgestrekte land(schap)* **3.3** (fig.) wieder ~ sehen *een uitweg (uit de moeilijkheden) zien* **6.1** sich **außer** ~es befinden *in het buitenland vertoeven, zijn;* wieder **im** ~e sein *weer terug zijn* **6.3** (fig.) wen hast du dir **an** ~ gezogen? *wie heb jij ingepalmd, op sleeptouw genomen?;* (fig.) etwas **an** ~ ziehen *iets inpikken, inpalmen;* **zu** ~e *te land* **6.5 aufs** ~ ziehen *naar het platteland verhuizen, buiten gaan wonen;* **über** ~ fahren *door, over de dorpen rijden* **6.¶** (fig.) viele Jahre waren **ins** ~ gegangen, gezogen *veel jaren waren verstreken* **¶.1** (sprw.) bleibe im ~e und nähre dich redlich *oost west, thuis best;* (sprw.) andere Länder, andere Sitten *ieder land heeft zijn trant.*

Landammann (m.) (Zwi.) **0.1** ***hoofd v.e. kanton.***

Landarbeit (v.) **0.1** ***landarbeid*** ⇒*veldarbeid.*

Landarbeiter (m.) **0.1** ***landarbeider.***

Landarzt (m.) **0.1** ***plattelandsdokter.***

landauf, landab (schr.) **0.1** ***overal*** ⇒*allerwegen, alom.*

landaus, landein (schr.) **0.1** ***overal*** ⇒*in het gehele land.*

Landbesitzer (m.) **0.1** ***landeigenaar, grondbezitter.***

Landbevölkerung (v.) **0.1** ***plattelandsbevolking.***

Landbrot (o.) **0.1** ***boerenbrood.***

Landbutter (v.) **0.1** ***boerenboter.***

Landebahn (v.) **0.1** ***landingsbaan.***

Landefähre (v.) **0.1** ***maanlander.***

Landei (o.) **0.1** ***vers ei*** ⇒*scharrelei.*

landeinwärts **0.1** ***landinwaarts, het land in.***

Landeklappe (v.) **0.1** ***landingsklep.***

Landekopf (m.) (mil.) **0.1** ***landingshoofd*** ⇒*bruggenhoofd.*

landen I (onov.ww.) **0.1** ***landen*** ⇒*aan land gaan, komen, (op de grond) neerkomen* **0.2** (fig.) ***belanden, terechtkomen*** ◆ **6.1** das Schiff ist **im** Hafen gelandet *het schip heeft in de haven aangelegd* **6.2 an** einem Ort ~ *in een plaats verzeild raken, belanden;* das Auto landete **an** einer Mauer *de auto belandde tegen een muur;* (fig.) **bei** jmdm. nicht ~ (können) *bij iem. geen poot aan de grond krijgen;*
II (ov.ww.) **0.1** ***aan land zetten, ontschepen*** ⇒*neerlaten, aan wal brengen* ◆ **1.1** ein Flugzeug ~ *een vliegtuig aan de grond zetten;* Passagiere ~ *passagiers aan land zetten;* (inf.) einen Kinnhaken ~ *een hoekslag op de kin toedienen.*

Landenge (v.) **0.1** ***landengte.***

Landepiste (v.) **0.1** ***landingsbaan.***

Landeplatz (m.) **0.1** ***landingsplaats, -terrein.***

Länderei (v.; ~, ~en) **0.1** ***landerij.***

Länderkammer (v.) (pol.) **0.1** ***Bondsraad.***

Länderkampf (m.) (sp.) **0.1** ***interland(wedstrijd), landenwedstrijd.***

Länderkunde (v.; ~) **0.1** ***aardrijkskunde.***

Länderparlamente (alleen mv.) **0.1** ***parlementen v.d. deelstaten.***

Länder|spiel, -treffen (o.) **0.1** ***landenwedstrijd, interland(wedstrijd)*** ⇒*internationale wedstrijd.*

Landesart (v.) **0.1** ***nationaal gebruik, volksgebruik.***

Landesbank (v.; mv. ~en) **0.1** ***bank*** (v.e. deelstaat) ⇒*provinciale bank.*

Landesbeamte(r) (bn. als zn.; m.) **0.1** ***ambtenaar v.e. deelstaat.***

Landesbehörde (v.) **0.1** ***(overheids)orgaan, instantie v.e. deelstaat*** **0.2** ***bestuur v.e. deelstaat.***

Landesbeste(r) (bn. als zn.) **0.1** ***landskampioen.***

Landesbischof (m.) **0.1** (protestantse bisschop als hoofd v.e. landskerk in een deelstaat).

Landesbrauch (m.) **0.1** ***(volks)gebruik, gewoonte*** ⇒*traditie.*

Landesebene (v.) ◆ **6.¶ auf** ~ *op het niveau van de deelstaten.*

landeseigen **0.1** ***inheems, nationaal*** **0.2** ***v.d., v.e. deelstaat.***

Landesfarben (alleen mv.) **0.1** ***nationale kleuren.***

landesflüchtig **0.1** ***voortvluchtig.***

Landesfürst (m.) →**Landesherr.**

Landesgrenze (v.) **0.1** ***land(s)grens*** **0.2** ***grens v.d., v.e. deelstaat.***

Landesgruppe (v.) **0.1** (groep, fractie van parlementariërs in de Bondsdag uit eenzelfde deelstaat).

Landeshauptmann (m.) (Oostr.) **0.1** ***minister-president v.e. deelstaat.***

Landeshauptstadt (v.) **0.1** ***hoofdstad (des lands)*** **0.2** ***hoofdstad v.e. deelstaat.***

Landesherr (m.) **0.1** ***landsheer, soeverein*** ⇒*regerend vorst* **0.2** (scherts.) ***minister-president v.e. deelstaat.***

landesherrlich **0.1** ***landsheerlijk, soeverein.***

Landeshoheit (v.) **0.1** ***soevereiniteit.***

Landeshymne (v.) (vooral Oostr.) **0.1** ***volkslied*** (v.e. deelstaat).

Landeskind (o.) (vero. of scherts.) **0.1** ***landskind*** ⇒*onderdaan.*

Landeskirche (v.) **0.1** ***landskerk*** (v.e. deelstaat).

Landeskunde (v.) **0.1** ***kennis van land en volk.***

Landesmeister (m.) **0.1** ***landskampioen.***

Landesmutter (v.) (schr.; gesch.) **0.1** ***landsvrouwe, -vorstin.***

Landesparlament (o.) **0.1** ***parlement*** (v.e. deelstaat).

Landesplanung (v.) **0.1** ***ruimtelijke ordening*** ⇒*streekplan.*

Landespolitik (v.) **0.1** ***politiek van, mbt. de deelstaat.***

Landesprodukt (o.) **0.1** ***nationaal, inlands product.***

Landesrecht (o.) **0.1** ***recht op het niveau v.d. deelstaat.***

Landesregierung (v.) **0.1** ***landsregering*** ⇒*landsbestuur* **0.2** ***regering v.e. deelstaat.***

Landessitte (v.) **0.1** ***nationale gewoonte, nationaal gebruik.***

Landessprache (v.) **0.1** ***landstaal.***

Landestelle (v.) **0.1** ***landingsplaats, -terrein.***

Landestracht (v.) **0.1** ***nationale (kleder)dracht.***

landesüblich **0.1** ***in een land gebruikelijk.***

Landesvater (m.) →**Landesherr.**

Landesverrat (m.) **0.1** ***landverraad.***

Landesverweisung (v.) **0.1** ***uitwijzing, verbanning.***

Landeswährung (v.) **0.1** ***nationale valuta, landsmunt.***

Landeswappen (o.) **0.1** ***nationaal wapen*** **0.2** ***wapen v.e. deelstaat.***

landesweit **0.1** ***in het hele land, landelijk.***

Landfahrer (m.) **0.1** ***landloper, zwerver, vagebond.***

Landflucht (v.) **0.1** ***trek naar de stad*** ⇒*ontvolking v.h. platteland.*

Landfrau (v.) **0.1** ***plattelandsvrouw.***

landfremd **0.1** ***vreemd (in het land), niet uit, van het land*** ⇒*buitenlands.*

Landfriedensbruch (m.) **0.1** (gesch.) ***landvredebreuk*** **0.2** (jur.) ***openlijke geweldpleging met vereende krachten tegen personen of goederen.***

Landfunk (m.) **0.1** ***radio(-uitzending) voor de plattelandsbevolking*** **0.2** ***mededelingen voor land- en tuinbouw.***

Landgemeinde (v.) **0.1** ***plattelandsgemeente.***

Landgericht (o.) **0.1** ***arrondissementsrechtbank.***

landgestützt ⟨mil.⟩ **0.1** ***(van) op het vasteland.***
Landgewinnung ⟨v.⟩ **0.1** ***land(aan)winning.***
Landgut ⟨o.⟩ **0.1** ***landgoed.***
Landhaus ⟨o.⟩ **0.1** ***landhuis.***
Landheim ⟨o.⟩ **0.1** ***vakantiekindertehuis*** ⇒*kinder-, vakantiekolonie.*
Landjäger ⟨m.⟩ **0.1** ***sterk gerookt worstje.***
Landjunker ⟨m.⟩ **0.1** ***landjonker.***
Landkarte ⟨v.⟩ **0.1** ***landkaart.***
Landkreis ⟨m.⟩ **0.1** ***(plattelands-, bestuurs)district*** ⇒*kanton.*
Landkrieg ⟨m.⟩ **0.1** ***oorlog te land.***
landläufig **0.1** ***gangbaar, (algemeen) gebruikelijk.***
Landleben ⟨o.⟩ **0.1** ***buitenleven.***
Ländler ⟨m.; ~s, ~⟩ **0.1** ***ländler*** ⇒*boerendans.*
Landleute ⟨alleen mv.⟩ **0.1** ***plattelandsbewoners.***
ländlich **0.1** ***landelijk*** ⇒*eenvoudig* ◆ **2.1** ⟨meestal iron.⟩ ~-sittlich *landelijk-eenvoudig, op zijn boers.*
Landluft ⟨v.⟩ **0.1** ***buiten-, landlucht.***
Landmann ⟨m.; mv. Landleute⟩ ⟨vero.; schr.⟩ **0.1** ***landman, plattelandsbewoner.***
Landmaschine ⟨v.⟩ **0.1** ***landbouwmachine.***
Landmesser ⟨m.⟩ **0.1** ***landmeter.***
Landnahme ⟨v.; ~⟩ **0.1** ***landname, inbezitneming van land.***
Landpfarrer ⟨m.⟩ **0.1** ***plattelandsgeestelijke.***
Landplage ⟨v.⟩ **0.1** ***landplaag.***
Landpomeranze ⟨v.⟩ ⟨inf.⟩ **0.1** ***onnozel schaap van buiten, boerengriet(je).***
Landrat ⟨m.⟩ **0.1** ***hoofd v.e. 'Landkreis'*** ⟨(bestuurs)district⟩ ⇒*districtscommissaris* **0.2** ⟨Zwi.; parlement in bepaalde kantons⟩.
Landratsamt ⟨o.⟩ **0.1** ***districtskantoor, districtsgebouw*** ⇒ *bestuur(sgebouw, -instantie) v.e. 'Landkreis'.*
Landratte ⟨v.⟩ **0.1** ***landrot*** ⇒*landrat.*
Landschaft ⟨v.; ~, ~en⟩ **0.1** ***landschap*** ⇒⟨fig.⟩ *wereld, situatie* **0.2** ***(land)streek, gewest*** ◆ **6.1** ⟨fig.⟩ das paßt nicht **in** die(se) ~ *dit hoort hier niet thuis.*
landschaftlich **0.1** ***landschappelijk, v.h. landschap, landschaps-*** **0.2** ***gewestelijk, regionaal.***
landschaftsgebunden **0.1** ***streekgebonden.***
Landschaftsmaler ⟨m.⟩ **0.1** ***landschapschilder.***
Landschaftsschutzgebiet ⟨o.⟩ **0.1** ***(beschermd) natuurgebied.***
Landser ⟨m.; ~s, ~⟩ ⟨inf.⟩ **0.1** ***soldaat*** ⇒*Jan soldaat.*
Landsitz ⟨m.⟩ **0.1** ***buitenverblijf.***
Landsknecht ⟨m.⟩ **0.1** ***lan(d)sknecht.***
Landsmann ⟨m.; mv. Landsleute⟩ **0.1** ***landgenoot.***
Landsmännin ⟨v.; ~, ~nen⟩ **0.1** ***landgenote.***
Landsmannschaft ⟨v.⟩ **0.1** ⟨vereniging van vluchtelingen en ontheemden uit hetzelfde gewest⟩ **0.2** ***herkomst*** ⟨uit een bepaalde streek, uit een bepaald land⟩.
Landspitze ⟨v.⟩ **0.1** ***landpunt, -tong.***
Landstände ⟨alleen mv.⟩ ⟨gesch.⟩ **0.1** ***stenden, staten.***
Landstraße ⟨v.⟩ **0.1** ***provinciale weg.***
Landstreicher ⟨m.⟩ **0.1** ***landloper, zwerver.***
Landstreicherei ⟨v.; ~⟩ **0.1** ***landloperij.***
Landstreitkräfte ⟨alleen mv.⟩ **0.1** ***landmacht, landstrijdkrachten.***
Landstrich ⟨m.⟩ **0.1** ***landstreek.***
Landsturm ⟨m.⟩ ⟨vero.; mil.⟩ **0.1** ***landstorm, -weer.***
Landtag ⟨m.⟩ **0.1** ***parlement v.e. deelstaat*** **0.2** ⟨gesch.⟩ ***landdag.***
Landtagsabgeordnete(r) ⟨bn. als zn.⟩ **0.1** ***lid v.h. parlement v.e. deelstaat.***
Landtagswahl ⟨v.⟩ ⟨BRD⟩ **0.1** ***deelstaatverkiezingen.***
Landung ⟨v.; ~, ~en⟩ **0.1** ***landing*** ⟨ook mil.⟩.
Landungsbrücke ⟨v.⟩ **0.1** ***landingsbrug, aanlegsteiger, pier.***
Landungsplatz ⟨m.⟩ **0.1** ***aanlegplaats.***
Landungssteg ⟨m.⟩ **0.1** ***aanlegsteiger, pier.***
Landungsstelle ⟨v.⟩ **0.1** ***landingsplaats.***
Landurlaub ⟨m.⟩ **0.1** ***verlof om aan wal te gaan.***
Landvolk ⟨o.⟩ ⟨vero.; schr.⟩ **0.1** ***plattelandsbevolking.***
landwärts **0.1** ***landwaarts, naar het land (toe).***
Landweg ⟨m.⟩ ◆ **6.¶ auf** dem ~ *over, te land.*
Landwehr ⟨v.⟩ ⟨gesch.⟩ **0.1** ***landweer.***
Landwein ⟨m.⟩ **0.1** ***landwijn.***
Landwirt ⟨m.⟩ **0.1** ***landbouwer*** ⇒*boer, agrariër* **0.2** ***landbouwkundige*** ◆ **2.2** gelernter ~ *landbouwkundige.*
Landwirtschaft ⟨v.⟩ **0.1** ***landbouwbedrijf*** ⇒*boerderij* **0.2** ***landbouw*** **0.3** ***landbouwkunde.***
landwirtschaftlich **0.1** ***agrarisch, landbouw-*** ⇒*landbouwkundig* ◆ **1.1** ~er Betrieb *landbouwbedrijf;* ~e Nutzfläche *landbouwgrond.*
Landwirtschaftskammer ⟨v.⟩ **0.1** ***landbouwschap.***
Landwirtschaftsministerium ⟨o.⟩ **0.1** ***ministerie van Landbouw.***
Landzunge ⟨v.⟩ **0.1** ***landtong.***
lang[1] ⟨bn.; länger, (am) längst(en)⟩ **0.1** ***lang*** ◆ **1.1** vor ~en Jahren *jaren geleden;* längere Zeit warten *vrij, tamelijk lang wachten* **3.1** die Zeit wird mir ~ *het gaat me te lang duren* **6.1 seit** ~em, seit ~er Zeit *sinds lang;* **seit** längerem *sedert geruime tijd;* **vor** ~em, vor ~er Zeit *lang geleden* **8.1** des ~en und breiten, ~ und breit *lang en breed, uitvoerig* **¶.1** ⟨sprw.⟩ wer's ~ hat, läßt lang hängen *wie het breed heeft, laat het breed hangen.*
lang[2] ⟨bw.⟩ ⟨reg.⟩ **0.1** ***langs*** ◆ **6.1 am** Fluß ~ *langs de rivier* **¶.1** hier geht's ~! *deze kant op!*
lang[3] ⟨vz. + 4⟩ ⟨reg.⟩ **0.1** ***langs*** ◆ **1.1** den Fluß ~ *langs de rivier.*
langatmig **0.1** ***langdradig*** ⇒*van lange duur.*
langbeinig **0.1** ***langbenig*** ⇒*met lange benen, poten.*
lange **0.1** ***lang*** ⇒*lange tijd* ◆ **3.1** was fragst du noch ~! *schiet toch op!, niet gezeurd!* **5.1** es ist ~ her *het is lang geleden;* das ist schon länger her *dat is al geruime tijd geleden.*
Länge ⟨v.; ~, ~n⟩ **0.1** ***lengte*** **0.2** ***duur*** **0.3** ***lange lettergreep*** **0.4** ***langdradig gedeelte*** ◆ **1.1** 16 Grad östlicher ~ *16 graden oosterlengte* **6.1** der ~ **nach** *overlangs;* sich der ~ **nach** hinwerfen *zich languit laten vallen;* **um** ~n gewinnen *met lengten voorsprong winnen;* ein Brief **von** großer ~ *een zeer lange brief* **6.2** ⟨inf.⟩ **auf** die ~ *op den duur;* **in** die ~ ziehen *laten aanslepen, rekken;* sich **in** die ~ ziehen *aanslepen.*
längelang ⟨inf.⟩ **0.1** ***in (zijn) volle lengte, languit.***
langen I ⟨onov.ww.⟩ **0.1** ***voldoende, genoeg, toereikend zijn*** **0.2** ***tasten, grijpen, pakken*** **0.3** ***reiken*** ◆ **4.1** es langt mir, mir langt's! *ik ben het zat!* **5.1** es langt nicht hinten und nicht vorn, nicht hin und nicht her *hoe je het ook bekijkt, het is en blijft onvoldoende* **5.2** ich kann so weit nicht ~ *ik kan er niet bij* **6.2** er langte **an** den Kopf *hij greep naar zijn hoofd;* er langte **in** seine Tasche *hij greep in zijn zak;*
II ⟨ov.ww.⟩ **0.1** ***(aan)geven, (aan)reiken*** **0.2** ***pakken, nemen*** ◆ **4.1** jmdm. eine ~ *iem. een draai om zijn oren geven.*
Längengrad ⟨m.⟩ **0.1** ***lengtegraad.***
Längenkreis ⟨m.⟩ **0.1** ***lengtecirkel, meridiaan.***
Längenmaß ⟨o.⟩ **0.1** ***lengtemaat.***

längerfristig **0.1** ***voor geruime tijd (geldig)*** *⇒op lange(re) termijn.*
langersehnt **0.1** ***langverbeid.***
Langeweile ⟨v.; ~⟩ **0.1** ***verveling*** ◆ **6.1** **vor** ~ (zelden: Langerweile) *van verveling.*
Langfinger ⟨m.⟩⟨vaak scherts.⟩ **0.1** ***gannef*** *⇒zakkenroller.*
langfingerig **0.1** ***met lange vingers, langvingerig*** *⇒*⟨fig.⟩ *diefachtig.*
langfristig **0.1** ***voor geruime tijd (geldig), langdurig, langlopend*** *⇒op lange termijn* ◆ **1.1** ~er Kredit *langlopend krediet.*
langgehen ⟨inf.⟩ ◆ **¶.¶** wissen, wo es langgeht *weten hoe de vork in de steel zit;* hier geht's lang! *deze kant op!*
langgestreckt **0.1** ***langgerekt, (uit)gestrekt.***
langgezogen **0.1** ***langgerekt, (uit)gerekt.***
Langhaar ⟨o.⟩ **0.1** ***lang haar*** **0.2** ***langharige vacht.***
langhaarig **0.1** ***langharig, met lange haren.***
langhin **0.1** ***lang*** *⇒in de verte, ver weg.*
langjährig **0.1** ***langjarig*** *⇒sinds vele jaren.*
Langlauf ⟨m.⟩ **0.1** ***langlauf.***
langlebig **0.1** ***duurzaam*** **0.2** ***langlevend.***
langlegen, sich ⟨inf.⟩ **0.1** ***(plat) gaan liggen*** **0.2** ***(even) plat gaan.***
länglich **0.1** ***langwerpig.***
Langmut ⟨v.; ~⟩ **0.1** ***lankmoedigheid.***
langmütig **0.1** ***lankmoedig.***
Langohr ⟨o.⟩⟨scherts.⟩ **0.1** ***langoor*** *⇒haas, konijn, ezel.* → **Esel.**
längs[1] ⟨bw.⟩⟨inf.⟩ **0.1** ***in de lengte*** **0.2** ***langs.***
längs[2] ⟨vz. + 2; soms vz. + 3⟩ **0.1** ***langs.***
Längsachse ⟨v.⟩ **0.1** ***lengteas.***
langsam **0.1** ***langzaam*** *⇒traag* **0.2** ⟨bw.⟩ ***langzamerhand*** *⇒stilaan* ◆ **5.1** immer schön ~! *kalmpjes, zachtjes aan!*
Langschläfer ⟨m.⟩ **0.1** ***langslaper.***
Langseite ⟨v.⟩ **0.1** ***lange zijde.***
Langspielplatte ⟨v.⟩ **0.1** ***langspeelplaat, elpee.***
Längsrichtung ⟨v.⟩ **0.1** ***lengterichting.***
längsschiffs **0.1** ***langsscheeps.***
Längsschnitt ⟨m.⟩ **0.1** ***lengtedoorsnede.***
Längsseite ⟨v.⟩ **0.1** ***lange zijde.***
längsseits[1] ⟨bw.⟩ **0.1** ***langszij.***
längsseits[2] ⟨vz. + 2⟩ **0.1** ***langszij.***
längst **0.1** ***al lang, allang, sedert lang*** ◆ **5.¶** ~ nicht so groß *lang niet zo groot.*
längstens **0.1** ***op zijn langst, hoogstens*** **0.2** ***op zijn laatst, uiterlijk*** **0.3** ***al lang, allang.***
langstielig **0.1** ***met een lange steel, stengel*** **0.2** ⟨inf.; fig.⟩ ***langdradig, saai.***
Langstreckenflug ⟨m.⟩ **0.1** ***langeafstandsvlucht.***
Langstreckenflugkörper ⟨m.⟩ **0.1** ***langeafstandraket.***
Langstreckenlauf ⟨m.⟩ **0.1** ***langeafstandsloop.***
Languste ⟨v.; ~, ~n⟩ **0.1** ***langoest.***
Langweile ⟨v.⟩ →**Langeweile.**
langweilen **0.1** ***vervelen*** ◆ **6.1** sich **zu** Tode ~ *zich dood vervelen.*
Langweiler ⟨m.; ~s, ~⟩ **0.1** ***saaie piet*** **0.2** ***treuzelaar.***
langweilig **0.1** ***vervelend, saai*** *⇒langdradig, eentonig* **0.2** ⟨inf.⟩ ***vervelend, tijdrovend*** **0.3** ***traag, langzaam*** ◆ **4.1** es wird mir ~ *het begint mij te vervelen* **6.1** **zum** Sterben ~ *dood-, oervervelend.*
Langwelle ⟨v.⟩⟨nat., com.⟩ **0.1** ***lange golf.***
langwierig **0.1** ***langdurig, tijdrovend*** *⇒(lang en) moeizaam.*
Langzeitarbeitslose(r) ⟨bn. als zn.⟩ **0.1** ***langdurig werkloze.***
Langzeitwirkung ⟨v.⟩ **0.1** ***langdurige werking.***
Lanolin ⟨o.; ~s⟩ **0.1** ***lanoline, wolvet.***
Lanze ⟨v.; ~, ~n⟩ **0.1** ***lans*** *⇒speer, spies* ◆ **3.1** ⟨fig.⟩ für jmdn. eine ~ brechen *voor iem. een lans breken.*
Lanzette ⟨v.; ~, ~n⟩ **0.1** ***lancet.***
lapidar **0.1** ***lapidair*** *⇒kort en kernachtig.*
Lappalie ⟨v.; ~, ~n⟩ **0.1** ***futiliteit, bagatel*** *⇒wissewasje.*
Lappe ⟨m.; ~n, ~n⟩ **0.1** ***Lap(lander).***
Lappen ⟨m.; ~s, ~⟩ **0.1** ***lap, vod*** *⇒(vaat-, stof)doek, poetslap* **0.2** ***vod, lor, lomp*** **0.3** ***kwab, lap*** **0.4** ***(oor)lel(letje)*** **0.5** ⟨inf.⟩ ***briefje*** (bankbiljet) ◆ **2.5** ein blauer ~ *een briefje, lapje van 100 (mark), een honderdje* **6.¶** jmdm. **durch** die ~ gehen (a) *iem. ontsnappen* (b) *aan iemands neus voorbijgaan.*
Lappentaucher ⟨m.⟩⟨biol.⟩ **0.1** ***fuut.***
Läpperei ⟨v.; ~, ~en⟩⟨inf.⟩ **0.1** ***bagatel, beuzelarij.***
läppern ⟨inf.⟩ **0.1** ***lebberen*** ◆ **4.¶** es läppert sich *het komt met stukjes en beetjes bij elkaar, op den duur komt er (toch) wat bij elkaar.*
lappig **0.1** ***slap*** *⇒week* **0.2** ⟨inf.⟩ ***onnozel*** *⇒flauw, belachelijk* **0.3** ⟨plantk.⟩ ***gelobd.***
läppisch **0.1** ***onnozel, onbenullig*** *⇒flauw, kinderachtig* ◆ **1.1** ~es Zeug *flauwe kul.*
Lappländer ⟨m.; ~s, ~⟩ **0.1** ***Lap(lander).***
Lapsus ⟨m.; ~, ~⟩ **0.1** ***lapsus*** *⇒vergissing, fout.*
Lärche ⟨v.; ~, ~n⟩⟨plantk.⟩ **0.1** ***lork(enboom), lariks.***
larifari[1] ⟨bn.⟩⟨inf.⟩ **0.1** ***van weinig belang, onbeduidend*** **0.2** ***met de Franse slag.***
larifari[2] ⟨tw.⟩⟨inf.⟩ **0.1** ***onzin!, larie!***
Larifari ⟨o.; ~s⟩⟨inf.⟩ **0.1** ***larie(koek), onzin.***
Lärm ⟨m.; ~(e)s⟩ **0.1** ***lawaai*** **0.2** ***drukte, spektakel*** (ook fig.) *⇒lawaai, rumoer* ◆ **2.1** ruhestörender ~ *burengerucht* **3.2** ⟨fig.⟩ ~ schlagen (a) *alarm slaan, aan de bel trekken* (b) *veel drukte, ophef maken* **6.2** viel ~ **um** nichts *veel lawaai, drukte om niets.*
Lärmbekämpfung ⟨v.⟩ **0.1** ***lawaaibestrijding*** *⇒bestrijding van geluidshinder.*
Lärmbelästigung ⟨v.⟩ **0.1** ***geluidsoverlast, -hinder.***
lärmen **0.1** ***lawaai maken*** *⇒drukte, herrie maken* **0.2** ***lamenteren*** *⇒protesteren.*
lärmend **0.1** ***lawaaierig*** *⇒rumoerig, luidruchtig.*
larmoyant **0.1** ***larmoyant, huilerig.***
lärmschluckend **0.1** ***geluiddempend, -absorberend.***
Lärmschutz ⟨m.⟩ **0.1** ***geluidsisolatie*** **0.2** ***bescherming tegen lawaai.***
Lärmschutzwall ⟨m.⟩ **0.1** ***geluidswal.***
Lärmschutzzaun ⟨m.⟩ **0.1** ***geluidsscherm.***
Lärvchen ⟨o.; ~s, ~⟩ **0.1** ***snoetje, toet(je)*** (ook meisje) ◆ **1.1** ein hübsches ~ (a) *een leuk, knap toetje, grietje* (b) ⟨pej.⟩ *een lekker stuk.*
Larve ⟨v.; ~, ~n⟩ **0.1** ***larve*** **0.2** ⟨vero.; nog reg.⟩ ***masker.***
lasch **0.1** ***laks, slap*** *⇒futloos* **0.2** ⟨reg.⟩ ***flauw.***
Lasche ⟨v.; ~, ~n⟩ **0.1** ***klep*** **0.2** ***lus*** **0.3** ***lip, tong*** ⟨van schoen⟩ **0.4** ⟨tech.⟩ ***las*** *⇒lasplaat.*
laschen **0.1** ***lassen*** *⇒door een las verbinden* **0.2** ⟨scheep.⟩ ***vastsjorren.***
lasern ⟨med.⟩ **0.1** ***een laserbehandeling doen ondergaan*** **0.2** ***met een laserstraal behandelen.***
Laserstrahl ⟨m.⟩ **0.1** ***laserstraal.***
lasieren **0.1** ***lazuren*** *⇒met lazuurverf schilderen.*
Läsion ⟨v.; ~, ~en⟩ **0.1** ***verwonding, blessure*** **0.2** ***laesie, storing.***
lassen ⟨→t73⟩ **I** ⟨onov.ww.⟩ **0.1** ***laten*** **0.2** ***opgeven*** *⇒laten* ◆ **6.2** er kann **von** ihr nicht ~ *hij kan haar niet opgeven* **8.1** laß doch! *laat dat toch!, laat maar!;*

II ⟨ov.ww.⟩ **0.1** ***laten*** ⇒*toelaten* **0.2** ***laten*** ⇒*doen, veroorzaken* **0.3** ***laten*** ⇒*ophouden, achterwege laten* **0.4** ***vallen, (mogelijk) zijn*** ⇒*laten* **0.5** ***laten*** ⇒*verlaten, achterlaten* **0.6** ***laten*** ⇒*overlaten, (weg)geven, afstaan* ◆ **1.6** ich lasse dir das Buch für 20 Mark *ik geef, verkoop jou het boek voor 20 mark;* ich ließ ihm den Spaß *ik gunde hem de lol;* laß dir Zeit! *neem er de tijd voor!* **3.1** etwas fallen ~ *iets laten vallen;* laßt uns gehen! *laten we, laat ons gaan!;* laß sehen! *laat eens zien!;* die Kinder weinen ~ (a) *de kinderen (maar) laten huilen* (b) *de kinderen aan het huilen maken* **3.4** das läßt sich nicht ändern *dat valt niet te veranderen;* dagegen läßt sich nicht viel machen *daar is niet veel aan, tegen te doen;* die Tür ließ sich nicht öffnen *de deur was niet open te krijgen;* hier läßt es sich gut sein *hier is het goed toeven;* das Bier läßt sich trinken *dat bier is (wel, goed) te drinken* **3.¶** man muß ihm ~, daß er ... *men moet hem nageven dat hij ...* **4.2** ⟨inf.⟩ einen ~ *er eentje laten vliegen, een wind laten* **4.3** ~ wir das! (a) *laten we er maar niet meer over praten!* (b) *laat ons er maar mee ophouden!;* laß mich! (a) *laat me maar, toch!* (b) *laat me (toch) met rust!* **6.1** jmdn. **ins** Haus ~ *iem. binnenlaten;* ich ließ niemanden **zu** mir *ik wilde niemand zien* **6.5** ⟨fig.⟩ jmdn. **hinter** sich ⟨3e nv.⟩ ~ *iem. in de schaduw stellen.*

lässig **0.1** ***nonchalant, achteloos, luchtig*** **0.2** ⟨inf.⟩ ***gemakkelijk*** **0.3** ⟨vero.⟩ ***onzorgvuldig, nonchalant*** ⇒*slordig* **0.4** ⟨scholierentaal⟩ ***reusachtig (goed), tof*** ◆ **3.1** ~ angezogen *losjes gekleed.*

läßlich **0.1** ***vergeeflijk*** **0.2** ⟨vero.; schr.⟩ ***gering, klein*** ◆ **1.1** ~e Sünden *dagelijkse zonden.*

Lasso ⟨m. & o., meestal o.; ~s, ~s⟩ **0.1** ***lasso.***

Last ⟨v.; ~, ~en⟩ **0.1** ***last, vracht*** ⇒*lading, gewicht* **0.2** ⟨fig.⟩ ***last, druk*** ⇒*belasting* **0.3** ***last, verplichting*** ⇒*schuld* **0.4** ⟨tech.⟩ ***belasting*** **0.5** ⟨scheep.⟩ ***koebrug*** ◆ **2.2** er hat seine liebe ~ mit ihr *hij heeft aardig wat te stellen met haar* **6.2** **unter** der ~ der Beweise *onder de druk van de bewijzen;* jmdm. **zur** ~ fallen (a) *iem. lastig vallen, iem. tot last zijn* (b) *op iemands zak leven;* jmdm. etwas **zur** ~ legen *iem. iets ten laste leggen* **6.3** **zu** jmds. ~en (a) *ten laste van iem.* (b) *ten koste van iem.;* mir **zu** ~en, zu meinen ~en *te mijnen laste;* das geht **zu** ~en des Staates *dat valt ten laste van de staat.*

Lastauto ⟨o.⟩ **0.1** ***vrachtwagen, -auto.***

lasten **0.1** ***(zwaar) drukken, belasten, zwaar rusten*** ⇒ *zwaar wegen* ◆ **6.1** **auf** dem Haus lastet eine hohe Hypothek *het huis is met een hoge hypotheek belast, bezwaard;* die Schuld lastet **auf** ihm *de schuld drukt op hem, drukt zwaar op zijn schouders.*

Lastenaufzug ⟨m.⟩ **0.1** ***goederenlift.***

Lastenausgleich ⟨m.⟩ **0.1** ⟨evenredige schadeloosstelling voor geleden oorlogsschade⟩.

lastenfrei **0.1** ***vrij van schulden, onbezwaard.***

Laster[1] ⟨m.; ~s, ~⟩ ⟨inf.⟩ **0.1** ***vrachtwagen, -auto.***

Laster[2] ⟨o.; ~s, ~⟩ **0.1** ***ondeugd, zonde, slechte gewoonte*** ◆ **2.¶** ⟨inf.⟩ ein langes ~ *een bonenstaak, lange lijs.* →**Müßiggang.**

Lästerer ⟨m.; ~s, ~⟩ **0.1** ***lasteraar, kwaadspreker*** **0.2** ***godslasteraar, vloeker.***

lasterhaft **0.1** ***verdorven, slecht*** ⇒*zondig.*

Lasterleben ⟨o.⟩ **0.1** ***zondig, schandelijk leven.***

lästerlich **0.1** ***lasterlijk.***

Lästermaul ⟨o.⟩ ⟨inf.⟩ **0.1** ***kwaadspreker, vuiltong*** **0.2** ***vuile bek.***

lästern **0.1** ***roddelen, lastertaal uitslaan*** **0.2** ***schelden*** ◆ **1.¶** ⟨ov. ww.⟩ Gott ~ *God lasteren.*

Lästerrede ⟨v.⟩ **0.1** ***lasterpraat, laster(taal).***

Lästerung ⟨v.; ~, ~en⟩ **0.1** ***laster*** ⇒*smaad* **0.2** ***roddel(praat)*** **0.3** ***scheldpartij, gescheld*** **0.4** ***godslastering.***

Lästerzunge ⟨v.⟩ **0.1** ***kwaadspreker, vuiltong*** **0.2** ***vuile bek.***

Lastesel ⟨m.⟩ **0.1** ***pak-, lastezel*** ⟨ook fig.⟩.

Lastfahrer ⟨m.⟩ **0.1** ***vrachtwagenchauffeur.***

lästig **0.1** ***lastig*** ⇒*hinderlijk, vervelend, naar* ◆ **3.1** jmdm. ~ fallen *iem. lastig vallen;* der Rauch ist mir ~ *de rook stoort, hindert me.*

Lastigkeit ⟨v.; ~⟩ **0.1** ***ligging, gedrag.***

Lasting ⟨m.; ~s, ~s⟩ **0.1** ***everlast, evalist*** ⟨stof⟩.

Lastkahn ⟨m.⟩ **0.1** ***vrachtschip, aak.***

Lastkraftwagen ⟨m.⟩ **0.1** ***vrachtwagen.***

Lastkran ⟨m.⟩ **0.1** ***hijskraan.***

Lastpferd ⟨o.⟩ **0.1** ***pakpaard.***

Lastschiff ⟨o.⟩ **0.1** ***vrachtschip.***

Lastschrift ⟨v.⟩ **0.1** ***debitering*** **0.2** ***debetnota*** **0.3** ***(geldverkeer door) automatische afschrijving.***

Lastschriftanzeige ⟨v.⟩ **0.1** ***debetnota.***

Lastschriftverfahren ⟨o.⟩ **0.1** ***betaling door automatische afschrijving.***

Lastspitze ⟨v.⟩ **0.1** ***periode van maximaal energieverbruik*** ⟨mbt. krachtcentrale⟩ ⇒*piek.*

Lasttier ⟨o.⟩ **0.1** ***lastdier.***

Lastträger ⟨m.⟩ **0.1** ***(last)drager*** ⇒*kruier.*

Lastwagen ⟨m.⟩ **0.1** ***vrachtwagen.***

Lastwagenfahrer ⟨m.⟩ **0.1** ***vrachtwagenchauffeur.***

Lastzug ⟨m.⟩ **0.1** ***vrachtwagencombinatie.***

Lasurfarbe ⟨v.⟩ **0.1** ***lazuurverf*** **0.2** ***lazuurkleur.***

lasziv ⟨schr.⟩ **0.1** ***lascief, wulps*** **0.2** ***dubbelzinnig, schuin.***

Latein ⟨o.; ~s⟩ **0.1** ***Latijn*** ◆ **6.1** **mit** seinem ~ am, zu Ende sein *aan het eind van zijn Latijn zijn.*

Lateinamerika ⟨o.⟩ **0.1** ***Latijns-Amerika.***

lateinisch **0.1** ***Latijns.***

Lateinlehrer ⟨m.⟩ **0.1** ***leraar Latijn.***

Lateinschrift ⟨v.⟩ **0.1** ***Latijns letterschrift, antiqua.***

latent **0.1** ***latent*** ⟨ook med.⟩ ⇒*verborgen.*

lateral **0.1** ***lateraal*** ⇒*zijdelings (gelegen).*

Laterne ⟨v.; ~, ~n⟩ **0.1** ***lantaarn*** ⇒*lampion* **0.2** ***bles*** ⟨van huisdier⟩ ◆ **6.1** ⟨fig.⟩ jmdn. **mit** der ~ suchen können *iem. met een lantaarntje moeten zoeken.*

Laternenpfahl ⟨m.⟩ **0.1** ***lantaarnpaal.***

Laternenumzug ⟨m.⟩ **0.1** ***lampionoptocht.***

latinisieren **0.1** ***latiniseren*** ⇒*verlatijnsen.*

Latinum ⟨o.; ~s⟩ **0.1** ***examen in Latijn*** ◆ **2.1** großes ~ *groot examen Latijn* ⟨na 8 of 9 jaar Latijn⟩; kleines ~ *klein examen Latijn* ⟨na 3 jaar Latijn⟩.

Latrine ⟨v.; ~, ~n⟩ **0.1** ***latrine*** ⇒*pot* **0.2** ⟨inf.⟩ ***kletspraatje*** ⇒*(ge)roddel.*

Latrinenparole ⟨v.⟩ ⟨inf.⟩ **0.1** ***kletspraatje*** ⇒*(ge)roddel.*

Latsche[1] ⟨v.; ~, ~n⟩ →**Latschen.**

Latsche[2] ⟨v.; ~, ~n⟩ **0.1** ***kruipden.***

latschen I ⟨onov.ww.⟩ **0.1** ***sloffen;***

II ⟨ov.ww.⟩ ⟨reg.⟩ **0.1** ***een oorveeg, oorvijg geven.***

Latschen ⟨m.; ~s, ~⟩ ⟨inf.⟩ **0.1** ***slof*** ⇒*pantoffel* **0.2** ***versleten schoen*** ◆ **6.1** **aus** den ~ kippen *flauwvallen,* ⟨fig. ook⟩ *steil achteroverslaan.*

Latschenkiefer ⟨v.⟩ →**Latsche**[2].

latschig ⟨inf.⟩ **0.1** ***sloffig, sloffend*** **0.2** ***slordig*** ⇒*laks.*

Latte ⟨v.; ~, ~n⟩ **0.1** ***lat*** **0.2** ⟨inf.⟩ ***hele hoop*** ⇒*(hele) (was)lijst* **0.3** ⟨inf.⟩ ***lul, lat, fluit*** ◆ **2.1** ⟨inf.; fig.⟩ eine lange ~ *een bonenstaak, lange lijs;* ⟨sp.⟩ lange ~n *ski's, (lange) latten* **6.¶** ⟨inf.⟩ etwas **auf** der ~ haben *er iets, wat van kunnen;* ⟨inf.⟩ (sie) nicht alle **auf** der ~ haben *niet goed snik, wijs zijn.*

Lattenkiste ⟨v.⟩ **0.1** ***krat, lattenkist.***
Lattenschuß ⟨m.⟩⟨sp.⟩ **0.1** ***schot tegen, op de lat.***
Lattenverschlag ⟨m.⟩ **0.1** ***lattenbeschot, beschot van latwerk.***
Lattenzaun ⟨m.⟩ **0.1** ***(houten) hek, (houten) schutting.***
Lattich ⟨m.; ~s, ~e⟩⟨plantk.⟩ **0.1** ***latuw.***
Latz ⟨m.; ~es, ⸚e; Oostr. mv. ~e⟩ **0.1** ***lijfje*** ⇒*bovendeel van rok, broek* **0.2** ***slabbetje*** **0.3** ***klep*** ⟨deel v.e. klederdrachtbroek⟩ **0.4** ***gulp, klep*** ◆ **6.1** jmdm. eine, einen, eins **vor** den ~ knallen, ballern, donnern (a) *iem. op zijn smoel slaan* (b) ⟨fig.⟩ *iem. op zijn donder geven.*
Lätzchen ⟨o.; ~s, ~⟩ **0.1** ***slabbetje.***
Latzhose ⟨v.⟩ **0.1** ***tuinbroek.***
lau **0.1** ***lauw*** ⇒*zacht,* ⟨fig.⟩ *flauw, slap.*
Laub ⟨o.; ~(e)s⟩ **0.1** ***loof, gebladerte.***
Laubbaum ⟨m.⟩ **0.1** ***loofboom.***
Laube ⟨v.; ~, ~n⟩ **0.1** ***prieel, tuinhuisje*** **0.2** ***galerij*** **0.3** ***loge*** ⟨in theater⟩ ◆ **3.¶** fertig ist die ~! *klaar is Kees!*
Laubengang ⟨m.⟩ **0.1** ***pergola*** **0.2** ***galerij, gaanderij.***
Laubenkolonie ⟨v.⟩ **0.1** ***volkstuintjes.***
Laubfrosch ⟨m.⟩ **0.1** ***boomkikvors.***
Laubholz ⟨o.⟩ **0.1** ***loofhout.***
Laubhüttenfest ⟨o.⟩ **0.1** ***Loofhuttenfeest.***
Laubsäge ⟨v.⟩ **0.1** ***figuurzaag.***
Laubwald ⟨m.⟩ **0.1** ***loofbos.***
Laubwerk ⟨o.⟩ **0.1** ***loof, gebladerte*** **0.2** ⟨bouwk.⟩ ***lo(o)fwerk.***
Lauch ⟨m.; ~(e)s⟩ **0.1** ***look*** **0.2** ***prei.***
Laudation ⟨v.; ~, ~en⟩ **0.1** ***laudatio, laudatie.***
Lauer ⟨v.⟩ ◆ **6.¶** **auf** der ~ liegen *op de loer liggen;* sich **auf** die ~ legen *op de loer gaan liggen, staan.*
lauern **0.1** ***loeren*** ⇒*op de loer liggen, staan* **0.2** ⟨inf.⟩ ***uitkijken, (gespannen) (af)wachten*** ◆ **1.1** ~de Gefahren *dreigende gevaren.*
Lauf ⟨m.; ~es, ⸚e⟩ **0.1** ***loop*** ⇒*draf, snelle gang* **0.2** ⟨sp.⟩ ***serie, manche*** **0.3** ***loop*** ⇒*route, weg* **0.4** ***loop*** ⇒*beweging* **0.5** ⟨muz.⟩ ***loopje*** **0.6** ⟨jacht⟩ ***poot, loper*** **0.7** ⟨mil.⟩ ***loop*** ◆ **1.3** der ~ der Welt *'s werelds loop* **2.3** alles geht seinen gewohnten ~ *alles gaat zijn gewone gang(etje);* einer Sache ihren freien ~ lassen *iets de vrije loop laten* **4.3** einer Sache ihren ~ lassen *een zaak op zijn beloop laten;* das nimmt seinen ~ *dat gaat zijn (gewone) gang* **6.1** **im** ~ *rennend, op een drafje* **6.3** **im** ~e der Woche *in de loop van de week.*
Laufbahn ⟨v.⟩ **0.1** ***loopbaan*** ⇒*carrière, levensweg,* ⟨ster.⟩ *baan* **0.2** ⟨sp.⟩ ***(loop)baan.***
Laufbrett ⟨o.⟩ **0.1** ***loopplank.***
Laufbursche ⟨m.⟩ **0.1** ***loopjongen.***
laufen ⟨→t74⟩ **I** ⟨onov.ww.; s.⟩ **0.1** ***lopen*** ⇒*rennen, gaan* **0.2** ***lopen*** ⇒*in beweging zijn, zich voortbewegen, aanstaan* **0.3** ***lopen*** ⇒*stromen, vloeien, lekken* **0.4** ***lopen*** ⇒*verlopen, een verloop hebben, zich afspelen* **0.5** ***lopen, geldig zijn*** ⇒*bestaan* **0.6** ***draaien*** ⟨film⟩ ◆ **1.2** der Fernseher lief *de tv stond aan* **1.4** das Geschäft läuft *de zaak loopt goed* **3.1** gelaufen kommen *komen aanlopen* **3.4** gelaufen sein *voorbij, afgelopen zijn* **6.1** **auf** die Straße ~ *de straat, weg op lopen;* er lief **in** ein Auto *hij liep tegen een auto op* **6.4** alles, was da **zwischen** ihnen gelaufen ist *alles wat er zich tussen hen afgespeeld heeft* **6.5** das Konto läuft **auf** meinen Namen *de rekening staat op mijn naam;*
II ⟨ov.ww.; meestal s.⟩ **0.1** ***lopen*** ◆ **1.1** Rollschuh ~ *rolschaatsen;* einen Umweg ~ *een omweg maken;*
III sich ~ ⟨wk.ww.⟩ **0.1** ***lopen*** ◆ **4.1** es läuft sich hier gut *het is hier prettig lopen.*
laufend **0.1** ***lopend*** **0.2** ***doorlopend*** ⇒*voortdurend, gestaag* ◆ **1.1** das ~e Meter *de, per strekkende meter* **1.2** die ~e Nummer *het doorlopende nummer* **6.¶** **auf** dem ~en sein *op de hoogte zijn;* jmdn. **auf** dem ~en halten (**über** eine Sache) *iem. op de hoogte houden (van iets).*
laufenlassen ⟨inf.⟩ **0.1** ***laten gaan, lopen, vrijlaten.***
Läufer ⟨m.; ~s, ~⟩ **0.1** ***loper*** ⟨ook tapijt⟩ ⇒*hardloper,* ⟨schaken⟩ *raadsheer* **0.2** ⟨sp.⟩ ***midden(veld)speler*** **0.3** ⟨tech.⟩ ***rotor*** **0.4** ⟨bouwk.⟩ ***strekse steen*** **0.5** ⟨landb.⟩ ***loopvarken.***
Lauferei ⟨v.; ~, ~en⟩ **0.1** ***geloop.***
Lauffeuer ⟨o.⟩ **0.1** ***loopvuur*** ◆ **8.¶** sich wie ein ~ verbreiten *zich als een lopend vuurtje verspreiden.*
Lauffläche ⟨v.⟩ **0.1** ***loopvlak.***
Lauffrist ⟨v.⟩ **0.1** ***looptijd.***
Laufgang ⟨m.⟩ **0.1** ***passage, doorgang*** **0.2** ***gang, gangway*** **0.3** ***loopgang*** **0.4** ***gang, tunnel, sluis.***
Laufgitter ⟨o.⟩ **0.1** ***(baby)box.***
Laufgraben ⟨m.⟩ **0.1** ***loopgraaf.***
läufig **0.1** ***loops.***
Laufkatze ⟨v.⟩⟨tech.⟩ **0.1** ***loopkat.***
Laufkundschaft ⟨v.⟩ **0.1** ***losse, wisselende clientèle, klandizie.***
Laufmasche ⟨v.⟩ **0.1** ***ladder*** ⟨in kous⟩.
Laufpaß ⟨m.⟩ ◆ **3.¶** jmdm. den ~ geben *iem. de laan uitsturen, de bons geven;* den ~ bekommen, erhalten *de laan uitgestuurd worden, de bons krijgen.*
Laufschrift ⟨v.⟩ **0.1** ***lopende lichtreclame*** **0.2** ***(lopende) lichtkrant.***
Laufschritt ⟨m.⟩ **0.1** ***looppas*** ◆ **6.1** ⟨mil.⟩ **im** ~, marsch, marsch! *looppas, mars!*
Laufstall ⟨m.⟩ **0.1** ***box.***
Laufsteg ⟨m.⟩ **0.1** ***plankier, loopplank*** ⟨podium⟩.
Laufvogel ⟨m.⟩ **0.1** ***loopvogel.***
Laufwerk ⟨o.⟩ **0.1** ***loopwerk*** **0.2** ⟨inf.; scherts.⟩ ***onderstel*** ⟨benen⟩ **0.3** ⟨comp.⟩ ***aandrijfeenheid, diskette-eenheid.***
Laufzeit ⟨v.⟩ **0.1** ***looptijd*** **0.2** ⟨sp.⟩ ***(neergezette) tijd.***
Laufzettel ⟨m.⟩ **0.1** ***circulaire, rondschrijven*** **0.2** ***werkbriefje*** **0.3** ***ontvangstbewijs.***
Lauge ⟨v.; ~, ~n⟩ **0.1** ***loog*** **0.2** ***sop.***
laugen **0.1** ***logen.***
Laugenbad ⟨o.⟩ **0.1** ***loogbad.***
laugig **0.1** ***loogachtig.***
Lauheit ⟨v.; ~⟩ **0.1** ***lauwheid*** ⇒⟨fig.⟩ *onverschilligheid, slapheid.*
Laune ⟨v.; ~, ~n⟩ **0.1** ***humeur, luim*** ⇒*stemming, bui* **0.2** ***gril, kuur, nuk*** ◆ **2.1** guter, schlechter ~ sein *goed-, slechtgehumeurd, goed-, slechtgeluimd zijn* **6.1** jmdn. **bei** (guter) ~ halten *iem. in een goed humeur houden;* **bei**, **in** ~ sein *goedgehumeurd zijn, in een goede bui zijn* **6.2** **aus** einer ~ heraus *bij wijze van, als gril.*
launenhaft **0.1** ***grillig*** ⇒*wispelturig* **0.2** ***humeurig, nukkig.***
launig **0.1** ***grappig, luimig, lollig.***
launisch →**launenhaft.**
Laus ⟨v.; ~, ⸚e⟩ **0.1** ***luis*** ◆ **3.¶** ⟨inf.; fig.⟩ jmdm. eine ~ in den Pelz, ins Fell setzen (a) *iem. in een lastig parket brengen* (b) *iemands achterdocht, argwaan wekken;* jmdm. ist eine ~ über die Leber gelaufen *iem. heeft een rotbui, rothumeur.*
Lausbub ⟨m.⟩ **0.1** ***kwajongen.***
lausbubenhaft **0.1** ***kwajongensachtig.***
Lausbubenstreich ⟨m.⟩ **0.1** ***kwajongensstreek.***
Lausbüberei ⟨v.; ~, ~en⟩ →**Lausbubenstreich.**
lausbübisch →**lausbubenhaft.**
lauschen ⟨met 3e nv.⟩ **0.1** ***luisteren*** **0.2** ***afluisteren*** ◆ **6.1** **auf** das Geräusch ~ *scherp, gespannen naar het geluid luisteren.*

Lauscher ⟨m.; ~s, ~⟩ **0.1** ***luistervink*** *⇒spion* **0.2** ⟨jacht⟩ ***oor*** ⟨van wild⟩.
lauschig 0.1 ***knus*** *⇒intiem, behaaglijk.*
Lause|bengel, -junge ⟨m.⟩⟨inf.⟩ **0.1** ***kwajongen, rakker.***
Lausekerl ⟨m.⟩⟨inf.⟩ **0.1** ***lummel, schooier*** **0.2** ***knul, vent.***
lausen 0.1 ***luizen*** *⇒luizen afvangen* **0.2** ⟨inf.⟩ ***afzetten, luizen*** *⇒plukken.*
Lausepack ⟨o.⟩ **0.1** ***gespuis, gepeupel.***
lausig ⟨inf.⟩ **0.1** ***beroerd, armzalig*** *⇒rot, naar* **0.2** ***armzalig, nietig, gering*** **0.3** ⟨bw.⟩ ***verdomd, gemeen, erg.***
laut[1] ⟨bn.⟩ **0.1** ***luid(ruchtig), lawaaierig*** *⇒druk,* ⟨bw.⟩ *hardop* ◆ **1.1** eine ~e Straße *een drukke straat, weg;* eine ~e Wohnung *een gehorige woning* **3.1** ~ lesen *hardop lezen;* ~ sein *lawaai maken;* sei nicht so ~! *maak niet zoveel lawaai!;* ⟨fig.⟩ ~ werden *bekend, ruchtbaar worden;* Gerüchte wurden ~ *er rezen geruchten;* Stimmen wurden ~ *er gingen stemmen op.*
laut[2] ⟨vz. + 2,3⟩ **0.1** ***volgens*** *⇒luidens* ◆ **1.1** ~ Grundgesetz, Vertrag *volgens de grondwet, het contract.*
Laut ⟨m.; ~(e)s, ~e⟩ **0.1** ***klank*** **0.2** ***geluid*** **0.3** ***uitroep*** *⇒ kreet* ◆ **3.2** ~ geben (a) *aanslaan* ⟨hond⟩ (b) *informeren, een seintje geven* (c) *verraden, klikken* **6.2** ich gab keinen ~ **von** mir *ik gaf geen kik.*
Lautbildung ⟨v.⟩ **0.1** ***klankvorming*** *⇒articulatie.*
Laute ⟨v.; ~, ~n⟩ **0.1** ***luit.***
lauten 0.1 ***luiden*** **0.2** ⟨schr.⟩ ***klinken*** **0.3** ⟨ov. ww.; taal.⟩ ***uitspreken*** *⇒articuleren* ◆ **6.1** das Urteil lautet **auf** eine Woche Gefängnis *het vonnis luidt een week gevangenis* **6.¶** das Geschäft lautet **auf** den Namen X. *de zaak staat op naam van X.*
läuten 0.1 ***luiden*** **0.2** ⟨vooral Zdd. en Oostr.⟩ ***bellen*** ◆ **1.2** das Telefon läutet *de telefoon rinkelt, gaat* **3.1** ⟨fig.⟩ ich habe davon ~ hören, gehört *ik heb daar wel (eens) iets van gehoord* **4.2** es läutet *er wordt gebeld;* (nach) jmdm. ~ *om iem. bellen.*
Lautenist ⟨m.; ~en, ~en⟩ **0.1** ***luitenist, luitspeler.***
lauter 0.1 ***louter*** *⇒enkel en alleen, puur* **0.2** ⟨schr.⟩ ***zuiver*** *⇒louter, echt, puur* **0.3** ***oprecht*** ◆ **1.1** vor ~ Freude *van pure blijdschap.*
Lauterkeit ⟨v.; ~⟩ **0.1** ***zuiverheid*** *⇒louterheid* **0.2** ***oprechtheid.***
läutern 0.1 ⟨fig.⟩ ***louteren*** **0.2** ***zuiveren, louteren.***
Läuterung ⟨v.; ~, ~en⟩ **0.1** ⟨fig.⟩ ***loutering*** **0.2** ***zuivering, loutering.***
Läutewerk ⟨o.⟩ **0.1** ***elektrische bel, schel.***
Lautgesetz ⟨o.⟩ **0.1** ***klankwet.***
lauthals 0.1 ***luidkeels.***
lautieren 0.1 ***fonetisch lezen, de klank(en) (be)noemen.***
Lautlehre ⟨v.⟩ **0.1** ***klankleer.***
lautlich 0.1 ***klankmatig, volgens de klank, klank-*** *⇒fonetisch.*
lautlos 0.1 ***geluidloos, stil*** *⇒*⟨bw.⟩ *stilletjes.*
Lautlosigkeit ⟨v.; ~⟩ **0.1** ***geluidloosheid*** *⇒stilte.*
lautmalend 0.1 ***klanknabootsend.***
Lautschrift ⟨v.⟩ **0.1** ***fonetisch schrift, klankschrift.***
Lautsprecher ⟨m.⟩ **0.1** ***luidspreker.***
Lautsprecheranlage ⟨v.⟩ **0.1** ***geluidsinstallatie.***
Lautsprecherwagen ⟨m.⟩ **0.1** ***geluidswagen.***
lautstark 0.1 ***overluid, luidruchtig*** *⇒*⟨als bw. meestal⟩ *luidkeels.*
Lautstärke ⟨v.⟩ **0.1** ***geluidssterkte, (geluids)volume.***
Lautstärkeregler ⟨m.⟩⟨tech.⟩ **0.1** ***volumeregelaar.***
Lautung ⟨v.; ~, ~en⟩ **0.1** ***uitspraak*** *⇒articulatie, klankvorming* **0.2** ***klank(vorm).***
Lautzeichen ⟨o.⟩ **0.1** ***fonetisch teken.***
lauwarm 0.1 ***lauw(warm).***
Lava ⟨v.; ~, Laven⟩ **0.1** ***lava.***
Lavendel ⟨m.; ~s, ~⟩ **0.1** ***lavendel.***
lavieren I ⟨ov.ww.⟩ **0.1** ***wassen, laveren*** ⟨van tekeningen⟩ **0.2** ***met waterverf kleuren;***
II ⟨ov. & onov.ww.⟩ **0.1** ***laveren*** *⇒*⟨fig.⟩ *schipperen;*
III sich ~ ⟨wk.ww.⟩ **0.1** ***zich werken, zich redden.***
Lawine ⟨v.⟩ **0.1** ***lawine*** ⟨ook fig.⟩.
lawinenartig 0.1 ***als een lawine*** ⟨ook fig.⟩, ***lawineus.***
Lawinenhund ⟨m.⟩ **0.1** ***lawinespeurhond.***
lawinensicher 0.1 ***veilig voor lawines.***
lax 0.1 ***laks*** *⇒slap, onverschillig, los.*
Laxativ ⟨o.; ~(e)s, ~e⟩ **0.1** ***laxeermiddel, laxatief.***
Laxheit ⟨v.; ~, ~en⟩ **0.1** ***laksheid*** *⇒slap-, onverschilligheid.*
laxieren 0.1 ***laxeren, purgeren.***
Lazarett ⟨o.; ~(e)s, ~e⟩⟨mil.⟩ **0.1** ***lazaret, militair hospitaal.***
Lebedame ⟨v.⟩ **0.1** ***demi-mondaine.***
Lebehoch ⟨o.; ~s, ~s⟩ **0.1** ***hoera*** *⇒lang zal hij leven, hoezee!*
Lebemann ⟨m.⟩ **0.1** ***bon-vivant*** *⇒levensgenieter.*
leben I ⟨onov.ww.⟩ **0.1** ***leven*** **0.2** ***(voort)leven, voortbestaan*** **0.3** ***leven, wonen*** ◆ **3.1** in dieser Stadt läßt es sich ~ *in deze stad is het goed leven* **4.1** es lebe der König! *leve de koning!* **5.1** lebe wohl! *vaarwel!* **6.1** **für** die Wissenschaft ~, ⟨schr. met 3e nv.⟩ der Wissenschaft ~ *voor de wetenschap leven;* es **von** den Lebenden nehmen *de mensen afzetten;*
II sich ~ ⟨wk.ww.⟩ ◆ **4.¶** es lebt sich hier gut *hier is het goed leven.*
Leben ⟨o.; ~s, ~⟩ **0.1** ***leven*** *⇒levensduur, levenswijze, leventje* **0.2** ***leven, drukte*** ◆ **2.1** wie das blühende ~ aussehen *er kerngezond uitzien;* das nackte ~ retten *(alleen) het vege lijf redden* **3.1** seines ~s nicht mehr froh werden *geen plezier meer in het leven hebben* **6.1** **am** ~ sein, bleiben *in leven zijn, blijven;* **für** sein ~ gern *dolgraag;* nie **im** ~! *nooit van mijn leven!;* etwas **ins** ~ rufen *iets in het leven roepen;* **mit** dem ~ davonkommen *het er levend afbrengen;* jmdm. **nach** dem ~ trachten *iem. naar het leven staan;* jmdn. **ums** ~ bringen *iem. om het leven brengen;* **zeit** seines ~s *zijn leven lang, bij zijn leven* **6.2** ~ **in** die Bude bringen *leven in de brouwerij brengen.*
Lebendgewicht ⟨o.⟩ **0.1** ***levend gewicht.***
lebendig 0.1 ***levend*** **0.2** ⟨fig.⟩ ***levendig*** *⇒vitaal* ◆ **6.1** es **von** den Lebendigen nehmen *de mensen afzetten.*
Lebensabend ⟨m.⟩ **0.1** ***levensavond*** *⇒oude dag.*
Lebensabschnitt ⟨m.⟩ **0.1** ***levensperiode.***
Lebensalter ⟨o.⟩ **0.1** ***leeftijd*** ◆ **6.1** **im** reifen ~ *op rijpere leeftijd.*
Lebensart ⟨v.⟩ **0.1** ***leef-, levenswijze*** **0.2** ***(goede) manieren.***
Lebensaufgabe ⟨v.⟩ **0.1** ***levenstaak.***
Lebensbaum ⟨m.⟩ **0.1** ***levensboom*** ⟨ook rel., med.⟩.
Lebensbedingungen ⟨alleen mv.⟩ **0.1** ***levensvoorwaarden.***
lebens|bedrohend, -bedrohlich 0.1 ***levensbedreigend.***
lebensbejahend 0.1 ***optimistisch*** *⇒met een positieve kijk op het leven.*
Lebensbejahung ⟨v.; ~⟩ **0.1** ***levensaanvaarding, optimistische levenshouding.***
Lebensbereich ⟨m.⟩ **0.1** ***levensgebied*** *⇒levenssfeer.*
Lebensbild ⟨o.⟩ **0.1** ***levensbeeld*** *⇒levensschets.*
Lebensbund ⟨m.⟩ **0.1** ***echtverbond.***
Lebensdaten ⟨alleen mv.⟩ **0.1** ***biografische gegevens.***
Lebensdauer ⟨v.⟩ **0.1** ***levensduur.***
Lebenserwartung ⟨v.⟩ **0.1** ***levensverwachting.***
Lebensfaden ⟨m.⟩ **0.1** ***levensdraad.***
lebensfähig 0.1 ***levensvatbaar.***

lebensfeindlich 0.1 *geen levenskansen biedend* ⇒*onherbergzaam, (fig.) onmenselijk.*
Lebensfrage (v.) **0.1** *levensvraag, -kwestie.*
lebensfremd 0.1 *levensvreemd* ⇒*onrealistisch.*
Lebensfreude (v.) **0.1** *levensvreugde.*
lebensfroh 0.1 *levenslustig, opgewekt.*
Lebensführung (v.) **0.1** *leefwijze, levenswandel.*
Lebensgefahr (v.) **0.1** *levensgevaar* ◆ **6.1 unter** (eigener) ~ *met levensgevaar.*
lebensgefährlich 0.1 *levensgevaarlijk.*
Lebensgefährte (m.) **0.1** *levensgezel.*
Lebensgeister (alleen mv.) (fig.) **0.1** *levensgeesten.*
Lebensgeschichte (v.) **0.1** *levensgeschiedenis* ⇒*levensverhaal.*
Lebensgewohnheit (v.) **0.1** *leefgewoonte.*
lebensgroß 0.1 *levensgroot.*
Lebensgröße (v.) ◆ **6.¶ in** (voller) ~ *levensgroot, op ware grootte.*
Lebenshaltung (v.) **0.1** *levensonderhoud* **0.2** *levensstandaard.*
Lebenshaltungsindex (m.) **0.1** *indexcijfer voor de kosten van levensonderhoud.*
Lebenshaltungskosten (alleen mv.) **0.1** *kosten van levensonderhoud.*
Lebensinteresse (o.) **0.1** *levensbelang.*
lebensklug 0.1 *levenswijs, met levenservaring.*
Lebenskreis (m.) **0.1** *levenskring, milieu* ⇒*levenssfeer.*
Lebenskünstler (m.) **0.1** *levenskunstenaar.*
Lebenslage (v.) **0.1** *(levens)situatie, (levens)omstandigheid.*
lebenslang 0.1 *levenslang* ⇒*zijn leven lang.*
lebenslänglich 0.1 *levenslang* ⇒*voor het leven.*
Lebenslängliche(r) (bn. als zn.) **0.1** *tot levenslang veroordeelde.*
Lebenslauf (m.) **0.1** *levensloop* ⇒*curriculum vitae.*
Lebenslicht (o.) **0.1** *levenslicht.*
lebenslustig 0.1 *levenslustig, opgewekt.*
Lebensmittel (o.) **0.1** *levensmiddel.*
Lebensmittelgeschäft (o.) **0.1** *levensmiddelenzaak.*
Lebensmittelkarte (v.) **0.1** *levensmiddelenkaart, distributiekaart (voor levensmiddelen).*
Lebensmittelvergiftung (v.) **0.1** *voedselvergiftiging.*
lebensmüde 0.1 *levensmoe.*
Lebensmut (m.) **0.1** *levensmoed.*
lebensnah 0.1 *dicht bij de werkelijkheid, het leven (staand), reëel* ⇒*realistisch.*
Lebensnerv (m.) (fig.) **0.1** *vitaal belang, levensbelang* ⇒*levensader.*
lebensnotwendig 0.1 *vitaal, van levensbelang.*
lebenspendend 0.1 *leven gevend, schenkend.*
lebensprühend 0.1 *tintelend, bruisend van leven.*
Lebensqualität (v.) **0.1** *leefbaarheid, kwaliteit v.h. leven.*
Lebensraum (m.) **0.1** *leef-, levensruimte* **0.2** *leefgebied, biotoop.*
Lebensregel (v.) **0.1** *leefregel.*
Lebensrettungsgesellschaft (v.) **0.1** *vereniging ter redding van drenkelingen.*
Lebensschicksal (o.) **0.1** *levenslot.*
lebensschwach 0.1 *zwak, weinig levensvatbaar.*
Lebensstandard (m.) **0.1** *levensstandaard* ⇒*levenspeil.*
Lebensstellung (v.) **0.1** *levenspositie* ⇒*vaste betrekking, baan* **0.2** *positie in het leven, levensomstandigheden.*
Lebensstil (m.) **0.1** *levensstijl, manier van leven.*
Lebensüberdruß (m.) **0.1** *levensmoeheid.*
Lebensumstände (alleen mv.) **0.1** *levensomstandigheden.*
Lebensunterhalt (m.) **0.1** *levensonderhoud.*
Lebensverhältnis (o.) **0.1** *levensomstandigheid.*
lebensverneinend 0.1 *pessimistisch, met een negatieve, pessimistische kijk op het leven.*
Lebensverneinung (v.; ~) **0.1** *pessimistische levenshouding.*
Lebensversicherungsgesellschaft (v.) **0.1** *levensverzekering(s)maatschappij.*
Lebenswandel (m.) **0.1** *levenswandel.*
Lebenswasser (o.) **0.1** (gesch.) *levenswater* **0.2** (inf.; scherts.) *brandewijn, jenever.*
Lebensweise (v.) **0.1** *leef-, levenswijze.*
lebenswert 0.1 *leefbaar, waard om te leven.*
lebenswichtig 0.1 *van levensbelang, vitaal, noodzakelijk (voor het leven).*
Lebenszeichen (o.) **0.1** *levensteken, teken van leven.*
Lebenszeit (v.) **0.1** *levensduur* ⇒*leven(stijd)* ◆ **6.1 auf** ~ *voor het leven.*
Lebensziel (o.) **0.1** *levensdoel.*
Lebenszweck (m.) **0.1** *levensdoel.*
Leber (v.; ~, ~n) **0.1** *lever* ◆ **6.1** das frißt ihm **an** der ~ *dat vreet, knaagt aan hem;* frei, frisch **von** der ~ weg *vrijuit;* ich habe mir alles **von** der ~ geredet *ik heb mijn hart gelucht.*
Leberblümchen (o.) **0.1** *leverbloempje.*
Leberfleck (m.) **0.1** *levervlek.*
Leberkäse (m.) **0.1** *leverkaas.*
Leberknödel (m.) **0.1** *gehaktbal met lever.*
leberkrank 0.1 *met een leverziekte, leverkwaal.*
Leberleiden (o.) **0.1** *leverkwaal, -aandoening.*
Leberpastete (v.) **0.1** *leverpastei.*
Leberschrumpfung (v.) **0.1** *levercirrose.*
Lebertran (m.) **0.1** *levertraan.*
Leberwurst (v.) **0.1** *leverworst* ◆ **2.¶** die beleidigte, gekränkte ~ spielen *de verongelijkte spelen.*
Lebewelt (v.) **0.1** *mondaine, uitgaande wereld* **0.2** *levende wereld.*
Lebewesen (o.) **0.1** *levend wezen* ⇒*schepsel.*
Lebewohl (o.; ~(e)s, ~s; schr. mv. ~e) **0.1** *vaarwel* ⇒*afscheid.*
lebhaft 0.1 *levendig* ⇒*opgewekt* **0.2** *druk* ⇒*levendig* **0.3** *zeer (sterk)* ⇒*erg, danig, flink* ◆ **1.1** ~e Kinder *levendige, opgewekte kinderen* **1.2** eine ~e Straße *een drukke straat, weg* **1.3** ~er Beifall *warm applaus* **3.3** etwas ~ bedauern *grote spijt van iets hebben, iets erg betreuren* **5.¶** (inf.) ein bißchen ~! *en een beetje vlug!*
Lebhaftigkeit (v.; ~) **0.1** *levendigheid* ⇒*opgewektheid, animo* **0.2** *drukte* ⇒*levendigheid.*
Lebkuchen (m.) **0.1** *honing-, peperkoek.*
leblos 0.1 *levenloos* ⇒*dood(s).*
Lebtag (m.) (inf.) ◆ **4.¶** (all) mein ~ *mijn leven lang;* mein ~ nicht *nooit van mijn leven.*
Lebzeiten (alleen mv.) ◆ **6.¶ bei, zu** ~ *tijdens, bij het leven;* **bei** ~ seines Vaters *toen zijn vader nog leefde.*
lechzen 0.1 *snakken* ⇒*dorsten, smachten* ◆ **6.1 nach** Blut ~ *naar bloed, wraak dorsten.*
leck 0.1 *lek* ⇒*ondicht* ◆ **3.1** ~ werden *lek slaan.*
Leck (o.; ~(e)s, ~s) **0.1** *lek* ◆ **3.1** ein ~ bekommen *lek slaan.*
Leckage (v.; ~, ~n) **0.1** *lekkage* ⇒*lek.*
lecken I (onov.ww.) **0.1** *lekken, lek zijn* ⇒*druipen;* **II** (ov. & onov.ww.) **0.1** *likken* ⇒*lekken* ◆ **4.1** (inf.) leck mich (doch) (am Arsch)! *je kunt de pot op!*
lecker 0.1 *lekker* ⇒*smakelijk* **0.2** *leuk* ⇒*snoezig.*
Leckerbissen (m.) **0.1** *lekkernij, lekker hapje.*
Leckerei (v.; ~, ~en) **0.1** *lekkernij* ⇒*lekkers* **0.2** *snoepje, snoep.*

Leckermaul ⟨o.⟩ **0.1** ***lekkerbek, fijnproever*** **0.2** ***snoeper.***

Leder ⟨o.; ~s, ~⟩ **0.1** ***leer*** **0.2** ***zeemleer, -lap*** **0.3** ⟨sp.⟩ ***leer*** ⇒*voetbal* ◆ **2.3** das runde ~ *het leer, de bal* **3.1** jmdm. das ~ gerben, versohlen *iem. ervan langs geven* **3.**¶ was das ~ hält *uit alle macht* **6.1** jmdm. **ans** ~ gehen *iem. te lijf gaan;* jmdm. **aufs** ~ rücken *iem. op de huid zitten;* **vom** ~ ziehen *van leer trekken.*

lederartig **0.1** ***leerachtig.***

Leder(ein)band ⟨m.; mv. ~̈e⟩ **0.1** ***leren band*** ⟨boek⟩.

Leder|gurt, -gürtel ⟨m.⟩ **0.1** ***leren riem, gordel.***

Lederhandschuh ⟨m.⟩ **0.1** ***leren handschoen.***

Lederhaut ⟨v.⟩ **0.1** ***lederhuid.***

Lederhose ⟨v.⟩ **0.1** ***leren broek.***

lederig **0.1** ***leerachtig.***

Ledermappe ⟨v.⟩ **0.1** ***leren tas, aktetas.***

ledern[1] ⟨bn.⟩ **0.1** ***leren*** **0.2** ⟨inf.; fig.⟩ ***droog, saai.***

ledern[2] ⟨ov.ww.⟩ **0.1** ***zemen, lappen.***

Lederriemen ⟨m.⟩ **0.1** ***leren riem.***

Ledersessel ⟨m.⟩ **0.1** ***leren fauteuil.***

Ledertuch ⟨o.⟩ **0.1** ***zeemleer, -lap.***

ledig **0.1** ***ongehuwd*** ⇒*ongetrouwd* **0.2** ⟨met 2e nv.; schr.⟩ ***vrij van, zonder*** ⇒*bevrijd* **0.3** ⟨vero.⟩ ***buitenechtelijk, onecht*** ◆ **3.2** jmdn. einer Sache ~ sprechen *iem. van iets vrijspreken.*

Ledigenheim ⟨o.⟩ **0.1** ***tehuis voor vrijgezellen.***

Ledige(r) ⟨bn. als zn.⟩ **0.1** ***ongehuwde, vrijgezel.***

lediglich **0.1** ***alleen*** ⇒*slechts, enkel (en alleen).*

Lee ⟨v.; ~⟩⟨scheep.⟩ **0.1** ***lij*** ⇒*lijzijde.*

leer **0.1** ***leeg*** ⇒*ledig, onbezet* **0.2** ⟨fig.⟩ ***leeg, nietszeggend*** ⇒*loos, hol, ijdel* ◆ **1.2** ~e Hoffnungen *ijdele hoop;* ~er Trost *schrale troost* **3.1** ~ ausgehen *met lege handen vertrekken, niets krijgen;* ~ laufen (a) ⟨tech.⟩ *onbelast lopen* (b) ⟨fig.⟩ *onproductief zijn, freewheelen;* ⟨fig.⟩ ~ sein *leeg, uitgeput zijn* **5.1** ein Zimmer ~ mieten *een ongemeubileerde kamer huren* **6.1** **ins** Leere gehen *geen gehoor vinden;* **ins** Leere starren *(doelloos) voor zich uit staren;* ⟨fig.⟩ **ins** Leere treffen *geen hout snijden.*

Leere ⟨v.; ~⟩ **0.1** ***leegte*** ⟨ook fig.⟩ ⇒*leegheid.*

leeren I ⟨ov.ww.⟩ **0.1** ***legen, ledigen, leegmaken*** ◆ **1.1** den Briefkasten ~ *de brievenbus lichten;*
II sich ~ ⟨wk.ww.⟩ **0.1** ***leeglopen.***

Leergewicht ⟨o.⟩ **0.1** ***ledig gewicht, leeggewicht.***

Leergut ⟨o.⟩ **0.1** ***verpakking, emballage*** **0.2** ***lege flessen.***

Leerlauf ⟨m.⟩ **0.1** ***vrijloop, het stationair draaien*** ⟨van auto⟩ ⇒*vrij* **0.2** ***vrij-, leegloop, het onbelast lopen*** ⟨van machine⟩ ⇒⟨elektriciteit⟩ *nullast* **0.3** ⟨fig.⟩ ***leegloop, nutteloos werk*** ⇒*onbenutte kracht* ◆ **3.3** in dieser Firma gibt es viel ~ *in deze firma gaat veel werkkracht verloren* **6.1** den Motor **in** den ~ schalten *de motor in zijn vrij zetten.*

leerlaufen **0.1** ***leeglopen.***

leerstehend **0.1** ***leegstaand.***

Leertaste ⟨v.⟩ **0.1** ***spatiebalk, -toets.***

Leerung ⟨v.; ~, ~en⟩ **0.1** ***lediging*** ⇒*het leegmaken* **0.2** ***lichting.***

Leerzimmer ⟨o.⟩ **0.1** ***ongemeubileerde kamer.***

Leeseite ⟨v.⟩ **0.1** ***lijzijde.***

leewärts **0.1** ***aan lij, lijwaarts.***

Lefze ⟨v.; ~, ~n⟩ **0.1** ***lip*** ⟨van dieren⟩.

legal **0.1** ***legaal, wettig.***

Legalisation ⟨v.; ~, ~en⟩ **0.1** ***legalisatie*** ⇒*echtverklaring.*

legalisieren **0.1** ***legaliseren*** ⇒*waarmerken.*

Legalität ⟨v.; ~⟩ **0.1** ***legaliteit, wettigheid.***

Legasthenie ⟨v.; ~, ~n⟩ **0.1** ***legasthenie*** ⇒*lees- en spelzwakte.*

Legat[1] ⟨m.; ~en, ~en⟩ **0.1** ***legaat*** ⇒*pauselijk gezant.*

Legat[2] ⟨o.; ~(e)s, ~e⟩ **0.1** ***legaat, erfmaking.***

Legatar ⟨m.; ~(e)s, ~e⟩ **0.1** ***legataris.***

Legation ⟨v.; ~, ~en⟩ **0.1** ***legatie, (pauselijk) gezantschap.***

Legebatterie ⟨v.⟩ **0.1** ***legbatterij.***

Legehenne ⟨v.⟩ **0.1** ***leghen, leggende hen.***

legen I ⟨ov.ww.⟩ **0.1** ***leggen*** ◆ **1.1** Feuer ~ *brand stichten;* sich ⟨3e nv.⟩ das Haar ~ lassen *zich laten kappen* **4.1** ⟨sp.⟩ jmdn. ~ *iem. neerleggen* **6.1** etwas **auf** den Abend ~ *iets naar 's avonds verschuiven;* den Patienten **in** ein anderes Zimmer ~ *de patiënt op een andere kamer leggen;* Truppen **in** eine Stadt ~ *troepen in een stad in kwartier leggen, legeren;*
II sich ~ ⟨wk.ww.⟩ **0.1** ***gaan liggen*** ⇒*zich leggen* **0.2** ***gaan liggen*** ⇒*afnemen, luwen, ver-, afflauwen, bedaren* **0.3** ***zich toeleggen*** ⇒*zich wijden* ◆ **3.1** ich hatte mich schlafen gelegt *ik was gaan slapen* **6.1** sich **auf** die Couch ~ *op de bank gaan liggen;* die Grippe hat sich **auf** die Nieren gelegt *de griep is op de nieren geslagen;* sich **ins** Bett ~ (a) *naar bed gaan* (b) *in bed gaan liggen;* Nebel legte sich **über** die Stadt *er spreidde zich mist over de stad uit;* er legte sich **zu** ihr *hij ging bij haar liggen* **6.3** sich **auf** die Physik ~ *zich op de natuurkunde toeleggen;* sich **aufs** Lügen ~ *zijn toevlucht tot leugens nemen.*

legendär **0.1** ***legendarisch.***

Legende ⟨v.; ~, ~n⟩ **0.1** ***legende.***

legendenhaft **0.1** ***legendarisch.***

leger **0.1** ***nonchalant*** ⇒*losjes, ongedwongen, oppervlakkig* **0.2** ***gemakkelijk.***

legieren **0.1** ***legeren*** ⇒*alliëren* ⟨metaal⟩ **0.2** ***binden, verdikken*** ⟨soep, saus⟩.

Legierung ⟨v.; ~, ~en⟩ **0.1** ***legering*** ⇒*alliage.*

Legion ⟨v.; ~, ~en⟩ **0.1** ***legioen*** ◆ **3.**¶ ~ sein *legio zijn.*

Legionär ⟨m.; ~s, ~e⟩ **0.1** ***legionair, legioensoldaat.***

Legislative ⟨v.; ~, ~n⟩ **0.1** ***legislatieve macht*** **0.2** ***wetgevende vergadering.***

Legislatur ⟨v.; ~, ~en⟩ **0.1** ***legislatuur, wetgeving*** **0.2** ***kabinets-, legislatuurperiode.***

Legislaturperiode ⟨v.⟩ **0.1** ***kabinets-, legislatuurperiode.***

legitim **0.1** ***legitiem*** ⇒*wettig, gewettigd, gegrond.*

Legitimation ⟨v.; ~, ~en⟩ **0.1** ***legitimatie*** ⇒*gegrondheid, rechtvaardiging, bewijs van echtheid, wettiging* ⟨v.e. kind⟩.

legitimieren **0.1** ***legitimeren*** ⇒*legitiem verklaren, wettigen* ⟨kind⟩ **0.2** ***machtigen.***

Legitimität ⟨v.; ~⟩ **0.1** ***legitimiteit*** ⇒*wettigheid.*

Leguan ⟨m.; ~s, ~e⟩ **0.1** ***leguaan, kamhagedis.***

Leguminose ⟨v.; ~, ~n⟩⟨plantk.⟩ **0.1** ***peulgewas.***

Lehen ⟨o.; ~s, ~⟩⟨gesch.⟩ **0.1** ***leen*** ◆ **6.1** **zu** ~ geben *als leen geven.*

Lehm ⟨m.; ~(e)s, ~e⟩ **0.1** ***leem*** **0.2** ***klei.***

Lehmgrube ⟨v.⟩ **0.1** ***leemgroeve.***

Lehmhütte ⟨v.⟩ **0.1** ***lemen hut.***

lehmig **0.1** ***leemachtig*** **0.2** ***vol leem, bedekt met leem.***

Lehne ⟨v.; ~, ~n⟩ **0.1** ***leuning*** **0.2** ⟨Zdd., Oostr., Zwi.⟩ ***helling, glooiing.***

lehnen I ⟨onov.ww.⟩ **0.1** ***leunen*** ⇒*steunen* **0.2** ***staan*** ◆ **6.1** er lehnte **an**, **in** der Tür *hij leunde tegen de deur;* nicht **aus** dem Fenster ~! *niet uit het raam hangen, leunen!* **6.2** das Moped lehnt **am** Zaun *de brommer staat tegen het hek;*
II ⟨ov.ww.⟩ **0.1** ***leunen*** ⇒*leggen* **0.2** ***zetten*** ◆ **6.1** er lehnte den Kopf **an**, **gegen** meine Schulter *hij legde zijn hoofd, leunde met zijn hoofd op mijn schouder;*
III sich ~ ⟨wk.ww.⟩ **0.1** ***leunen*** **0.2** ***zich buigen*** ◆ **6.1** sie lehnte sich **an** seine Schulter *zij leunde op zijn schouder, tegen zijn schouder aan.*

Lehnsessel ⟨m.⟩ **0.1** ***leunstoel.***

Lehnsherr ⟨m.⟩⟨gesch.⟩ **0.1** *leenheer.*
Lehnsmann ⟨m.; mv. ¨-er of Lehensleute⟩⟨gesch.⟩ **0.1** *leenman.*
Lehnstuhl ⟨m.⟩ **0.1** *leun(ing)stoel.*
Lehnwort ⟨o.; mv. ¨-er⟩ **0.1** *leenwoord* ⇒*bastaardwoord.*
Lehramt ⟨o.⟩ **0.1** *onderwijsbetrekking* ⇒*baan in het onderwijs* **0.2** *professoraat* ◆ **3.1** das ~ antreten *in het onderwijs gaan, onderwijzer, leraar, docent worden.*
Lehramtsanwärter ⟨m.⟩ **0.1** *kandidaat-onderwijzer.*
Lehramtskandidat ⟨m.⟩ **0.1** *kandidaat-leraar.*
Lehranstalt ⟨v.⟩ **0.1** *onderwijsinstelling, -inrichting.*
Lehrauftrag ⟨m.⟩ **0.1** *leeropdracht.*
Lehrbeauftragte(r) ⟨bn. als zn.⟩ **0.1** *houder v.e. leeropdracht.*
Lehrbefähigung ⟨v.⟩ **0.1** *onderwijsbevoegdheid.*
Lehrberechtigung ⟨v.⟩ **0.1** *onderwijsbevoegdheid.*
Lehrberuf ⟨m.⟩ **0.1** *beroep van leraar, onderwijzer.*
Lehrbetrieb ⟨m.⟩ **0.1** *onderwijs.*
Lehrbrief ⟨m.⟩ **0.1** ⟨vero.⟩ *bewijs van afgesloten leertijd, leerlingendiploma* **0.2** *les-, leerbrief.*
Lehrbuch ⟨o.⟩ **0.1** *leerboek.*
Lehre ⟨v.; ~, ~n⟩ **0.1** *les, leer, lering* **0.2** *leer* ⇒*leerstelling, leerstelsel* **0.3** *leer(tijd)* ⇒*vakopleiding* **0.4** *leer* ⇒*voorschrift, raad* **0.5** *leerlingenstelsel* **0.6** *onderwijs* **0.7** ⟨tech.⟩ *mal, kaliber* ◆ **3.1** er erteilte, gab mir eine ~ (a) *hij gaf me een lesje* (b) *hij las me de les* **6.1** **aus** etwas eine ~ ziehen *lering uit iets trekken;* laß es dir **zur** ~ dienen! *laat het een les(je) voor je zijn!* **6.3** **bei** einem Friseur in die ~ gehen *bij een kapper in de leer gaan;* einen Jungen **bei** einem Meister in die ~ geben *een jongen bij een baas in de leer doen* **8.6** Forschung und ~ *onderzoek en onderwijs.*
lehren **0.1** *leren* ⇒*bijbrengen* **0.2** *doceren* ⇒*onderwijzen, onderwijs geven in* ◆ **1.1** er hat mich schwimmen, das Schwimmen gelehrt *hij heeft me leren zwemmen* **6.2** er lehrt Mathematik **an** der Universität *hij doceert wiskunde aan de universiteit.*
Lehrer ⟨m.; ~s, ~⟩ **0.1** *leraar* ⇒*onderwijzer, docent* **0.2** *leermeester.*
Lehrerausbildung ⟨v.⟩ **0.1** *lerarenopleiding.*
lehrerhaft **0.1** *schoolmeesterachtig.*
Lehrerkollegium ⟨o.⟩ **0.1** *leraren-, docentenkorps.*
Lehrerkonferenz ⟨v.⟩ **0.1** *leraarsvergadering.*
Lehrerschaft ⟨v.; ~, ~en⟩ **0.1** *leraren(korps)* ⇒*onderwijzers(korps), docenten(korps).*
Lehrerschwemme ⟨v.⟩ **0.1** *teveel aan leraren, te groot aanbod van leraren.*
Lehrfach ⟨o.⟩ **0.1** *onderwijs-, leervak, vak.*
Lehrfilm ⟨m.⟩ **0.1** *leer-, onderwijsfilm.*
Lehrfreiheit ⟨v.⟩ **0.1** *vrijheid van onderwijs.*
Lehrgang ⟨m.⟩ **0.1** *leergang, cursus.*
Lehrgangsteilnehmer ⟨m.⟩ **0.1** *cursist.*
Lehrgebäude ⟨o.⟩ **0.1** *leerstelsel, leersysteem.*
Lehrgeld ⟨o.⟩ ◆ **3.¶** ~ geben, zahlen *leergeld geven, betalen, door schade en schande wijs worden.*
lehrhaft **0.1** *didactisch, tot lering strekkend, lerend* **0.2** ⟨pej.⟩ *schoolmeesterachtig.*
Lehrherr ⟨m.⟩ **0.1** *leermeester, baas, patroon.*
Lehrjahr ⟨o.⟩ **0.1** *leerjaar* ⇒⟨mv.⟩ *leertijd.*
Lehrjunge ⟨m.⟩ **0.1** *leerjongen, leerling.*
Lehrkörper ⟨m.⟩ **0.1** *onderwijzend personeel* **0.2** *docenten(korps).*
Lehrkraft ⟨v.⟩ **0.1** *leerkracht.*
Lehrling ⟨m.; ~s, ~e⟩ **0.1** *leerling(e)* ⟨in het kader v.h. leerlingenstelsel⟩.
Lehrmädchen ⟨o.⟩ **0.1** *leermeisje, leerlinge.*
Lehrmaterial ⟨o.⟩ **0.1** *onderwijs-, lesmateriaal, leermiddelen.*
Lehrmeinung ⟨v.⟩ **0.1** *(officiële) leer.*
Lehrmittelfreiheit ⟨v.⟩ **0.1** *gratis gebruik van leermiddelen op school.*
Lehrpfad ⟨m.⟩ **0.1** *natuurpad voor educatieve doeleinden.*
Lehrplan ⟨m.⟩ **0.1** *onderwijsleerpakket, leerplan.*
Lehrprobe ⟨v.⟩ **0.1** *proefles.*
lehrreich **0.1** *leerrijk, leerzaam.*
Lehrsatz ⟨m.⟩ **0.1** *leerstelling* ⇒*stelling.*
Lehrschwimmbecken ⟨o.⟩ **0.1** *instructiebad.*
Lehrstelle ⟨v.⟩ **0.1** *plaats als leerling(e)* ⟨in het kader v.h. leerlingenstelsel⟩.
Lehrstoff ⟨m.⟩ **0.1** *leerstof.*
Lehrstück ⟨o.⟩ **0.1** *didactisch toneelstuk.*
Lehrstuhl ⟨m.⟩ **0.1** *leerstoel.*
Lehrtätigkeit ⟨v.⟩ **0.1** *werkzaamheid als leraar, docent, onderwijzer, professor* ⇒*onderwijspraktijk.*
Lehrveranstaltung ⟨v.⟩ **0.1** *college* **0.2** *leergang, cursus.*
Lehrvertrag ⟨m.⟩ **0.1** *leerovereenkomst, -contract.*
Lehrzeit ⟨v.⟩ **0.1** *leertijd* ⇒*duur v.d. beroeps-, vakopleiding.*
Leib ⟨m.; ~es, ~er⟩ **0.1** *lijf, lichaam* **0.2** *lijf* ⇒*buik* **0.3** *lijf* ⇒*romp, taille* **0.4** ⟨bouwk.⟩ *schacht* ⟨v.e. zuil⟩ ◆ **1.1** der ~ Christi *het lichaam van Christus* **2.1** bei lebendigem ~e, lebendigen ~es *levend* **2.2** ⟨vero.; schr.⟩ gesegneten, schweren ~es sein *in (blijde) verwachting zijn* **6.1** etwas **am** eigenen ~(e) erfahren, spüren *iets aan den lijve voelen, ondervinden;* **am** ganzen ~(e) zittern *over heel zijn lichaam beven;* kaum ein Hemd **auf** dem ~(e) haben *nauwelijks een hemd aan het lijf hebben;* jmdm. **auf** den ~ rücken *iem. op het lijf vallen, aan zijn hoofd zeuren;* diese Stelle ist ihm (wie) **auf** den ~ (zu)geschnitten, geschneidert *deze baan is hem op het lijf geschreven;* das reißt mir das Herz **aus** dem ~ *dat gaat mij aan het hart;* Gefahr **für** ~ und Leben *gevaar voor leven en goed;* **mit** ~ und Seele *met hart en ziel;* bleibe mir damit **vom** ~e! *blijf me daarmee van het lijf!;* sich ⟨3e nv.⟩ jmdn. **vom** ~e halten *zich iem. van het lijf houden;* jmdm. **zu** ~e rücken, gehen *iem. te lijf gaan;* einer Sache **zu** ~e gehen, rücken *een zaak aanpakken* **6.2** er ist gut **bei** ~e *hij is dik, corpulent* **8.¶** ~ und Gut *goed en bloed.* →**Essen.**
Leibarzt ⟨m.⟩ **0.1** *lijfarts.*
Leibbinde ⟨v.⟩ **0.1** *buikband, (gezondheids)gordel.*
Leibchen ⟨o.; ~s, ~⟩ **0.1** ⟨reg.⟩ *onderhemd* **0.2** ⟨Oostr., Zwi.; sp.⟩ *shirt* **0.3** ⟨vero.⟩ *lijfje, keurs.*
Leibeigene(r) ⟨bn. als zn.⟩ **0.1** *lijfeigene.*
Leibeigenschaft ⟨v.⟩ **0.1** *lijfeigenschap.*
leiben ◆ **¶.¶** wie er leibt und lebt *dat is hem ten voeten uit, helemaal.*
Leibeserbe ⟨m.⟩ **0.1** *natuurlijke erfgenaam.*
Leibeserzieher ⟨m.⟩ **0.1** *leraar lichamelijke opvoeding.*
Leibesfrucht ⟨v.⟩ **0.1** *vrucht, ongeboren kind.*
Leibesfülle ⟨v.⟩ **0.1** *zwaarlijvigheid, gezetheid.*
Leibeskräfte ⟨alleen mv.⟩ ◆ **6.¶** **aus, nach** ~n *uit alle macht.*
Leibesstrafe ⟨v.⟩⟨vero.⟩ **0.1** *lijfstraf.*
Leibesübung ⟨v.⟩ **0.1** *lichaamsoefening.*
Leibesvisitation ⟨v.⟩ **0.1** *fouillering, visitatie.*
Leibgarde ⟨v.⟩ **0.1** *lijfwacht.*
Leibgardist ⟨m.⟩ **0.1** *lid v.d. lijfwacht, gardesoldaat.*
Leibgericht ⟨o.⟩ **0.1** *lievelingsgerecht.*
leibhaftig[1] ⟨bn.⟩ **0.1** *in levende(n) lijve* **0.2** *zelf, zelve, in (hoogsteigen) persoon* ◆ **1.2** ein ~er Satan *de duivel in persoon, de baarlijke duivel.*
leibhaftig[2] ⟨bw.⟩⟨inf.⟩ **0.1** *warempel, (wis en) waarachtig.*

Leibhaftige(r) ⟨bn. als zn.; m.⟩ **0.1** ***duivel (zelf), baarlijke duivel.***
leiblich 0.1 ***lichamelijk, lijfelijk*** **0.2** ***lijfelijk*** *⇒vleselijk, naar den bloede* ◆ **1.2** mein ~er Bruder *mijn eigen, lijfelijke broer.*
Leibschmerz ⟨m.⟩ **0.1** ***buikpijn.***
Leibspeise ⟨v.⟩ **0.1** ***lievelingsgerecht.***
Leibung ⟨v.; ~, ~en⟩⟨bouwk.⟩ **0.1** ***dagstuk, kozijn*** **0.2** ***binnenwelving.***
Leibwache ⟨v.⟩ **0.1** ***lijfwacht.***
Leibwächter ⟨m.⟩ **0.1** ***lijfwacht.***
Leibwäsche ⟨v.⟩ **0.1** ***ondergoed.***
Leiche ⟨v.; ~, ~n⟩ **0.1** ***lijk*** **0.2** ⟨vero.⟩ ***begrafenis*** ◆ **2.1** ⟨inf.⟩ eine (gemeinsame) ~ im Keller haben *(samen) iets op de kerfstok hebben;* aussehen wie eine lebende, wandelnde ~ *er als een levend lijk uitzien.*
Leichenbeschauer ⟨m.⟩ **0.1** ***lijkschouwer.***
Leichenbestatter ⟨m.⟩ **0.1** ***begrafenisondernemer.***
Leichenbestattung ⟨v.⟩⟨schr.⟩ **0.1** ***teraardebestelling, begrafenis.***
Leichenbittermiene ⟨v.⟩ **0.1** ***begrafenisgezicht.***
leichenblaß 0.1 ***doods-, lijkbleek.***
Leichenfledderer ⟨m.; ~s, ~⟩ **0.1** ***lijk(en)rover*** **0.2** ***dief*** ⟨die slapenden of bewustelozen besteelt⟩.
Leichenfrau ⟨v.⟩ **0.1** ***aflegster.***
Leichenhalle ⟨v.⟩ **0.1** ***lijkhal*** *⇒mortuarium.*
Leichenhemd ⟨o.⟩ **0.1** ***doodshemd.***
Leichenmahl ⟨o.⟩ **0.1** ***begrafenismaal.***
Leichen|obduktion, -öffnung ⟨v.⟩ **0.1** ***lijkopening, sectie.***
Leichenrede ⟨v.⟩ **0.1** ***lijkrede*** ◆ **3.1** ⟨inf.⟩ halte keine ~! *jammeren baat nou ook niet meer!*
Leichenschändung ⟨v.⟩ **0.1** ***lijkschennis.***
Leichenschau ⟨v.⟩ **0.1** ***lijkschouwing.***
Leichenschauhaus ⟨o.⟩ **0.1** ***morgue*** *⇒lijkenhuis voor onbekende verongelukten.*
Leichenschmaus ⟨m.⟩⟨scherts.⟩ **0.1** ***begrafenismaal.***
Leichenstarre ⟨v.⟩ **0.1** ***lijkstijfheid.***
Leichentuch ⟨o.; mv. ¨er⟩ **0.1** ***lijkkleed, -wade.***
Leichenwagen ⟨m.⟩ **0.1** ***lijkwagen*** **0.2** ***lijkkoets.***
Leichenwäscherin ⟨v.⟩ **0.1** ***aflegster.***
Leichenzug ⟨m.⟩ **0.1** ***lijkstoet.***
Leichnam ⟨m.; ~s, ~e⟩⟨schr.⟩ **0.1** ***lijk.***
leicht 0.1 ***licht*** *⇒niet zwaar,* ⟨fig. ook⟩ *luchtig,* ⟨bw. ook⟩ *lichtjes, lichtelijk* **0.2** ***(ge)makkelijk*** *⇒licht, ongecompliceerd, goed* ◆ **1.1** in ~em Ton *op een luchtige toon* **2.1** ~ übertrieben *lichtelijk overdreven* **2.2** das ist ~ möglich *dat is best, goed mogelijk* **3.1** jmdn. um 10 Mark ~er machen *iem. 10 mark lichter maken* **3.2** er begreift ~ *hij is vlug van begrip;* du hast, kannst ~ reden! *jij hebt makkelijk praten!;* nachher war mir ~(er) *nadien was, voelde ik mij opgelucht* **5.2** das gibt es so ~ nicht wieder! *dat komt niet zo gauw meer terug!* **7.2** es wird mir ein ~es sein *het zal voor mij niet moeilijk, geen probleem zijn.*
Leichtathlet ⟨m.⟩ **0.1** ***atleet.***
Leichtathletik ⟨v.⟩ **0.1** ***atletiek.***
leichtbewaffnet 0.1 ***lichtgewapend.***
leichtentzündlich 0.1 ***licht ontvlambaar.***
Leichter ⟨m.; ~s, ~⟩⟨scheep.⟩ **0.1** ***lichter*** **0.2** ***drijvende container.***
leichtern ⟨scheep.⟩ **0.1** ***in lichters overladen.***
leichtfallen 0.1 ***licht vallen*** *⇒(ge)makkelijk afgaan.*
leichtfertig 0.1 ***lichtvaardig*** *⇒lichtzinnig.*
Leichtfuß ⟨m.⟩ **0.1** ***losbol.***
leichtfüßig 0.1 ***lichtvoetig*** *⇒gezwind, vlug, snel.*
leichtgängig ⟨tech.⟩ **0.1** ***goed, gemakkelijk te bedienen*** **0.2** ***gemakkelijk, licht lopend.***
Leichtgewichtler ⟨m.; ~s, ~⟩ **0.1** ***lichtgewicht.***
leichtgläubig 0.1 ***lichtgelovig.***
Leichtheit ⟨v.; ~⟩ **0.1** ***lichtheid*** *⇒gemak(kelijkheid).*
leichtherzig 0.1 ***luchthartig.***
leichthin ⟨acc. wiss.⟩ **0.1** ***licht, luchtigjes*** *⇒losjes, gemakkelijk.*
Leichtigkeit ⟨v.; ~⟩ **0.1** ***lichtheid*** *⇒geringe zwaarte, gemak(kelijkheid)* **0.2** ***losheid, nonchalance*** *⇒ongedwongenheid* ◆ **6.1** mit ~ *met gemak.*
leichtlebig 0.1 ***luchthartig, zorgeloos.***
leichtmachen 0.1 ***gemakkelijk maken.***
Leichtmatrose ⟨m.⟩ **0.1** ***lichtmatroos.***
Leichtmetall ⟨o.⟩ **0.1** ***licht metaal.***
leichtnehmen 0.1 ***gemakkelijk, luchtig opnemen, licht opvatten.***
Leichtschwergewicht ⟨o.⟩ **0.1** ***middengewicht.***
Leichtsinn ⟨m.⟩ **0.1** ***lichtzinnigheid.***
leichtsinnig 0.1 ***lichtzinnig.***
leichttun, sich ◆ **6.¶** ich tue mir, mich leicht **damit** *het gaat me gemakkelijk van de hand, af.*
leichtverdaulich 0.1 ***licht verteerbaar.***
leichtverständlich 0.1 ***gemakkelijk te begrijpen.***
leid 0.1 ***leed*** ◆ **3.1** eine Sache ~ sein, werden *iets beu zijn, moe, beu worden;* jmdn. ~ sein, werden *iem. moe zijn, genoeg hebben van iem.;* etwas ist, wird jmdm. ~ (a) *iem. is, wordt iets beu* (b) *iem. heeft, krijgt spijt van iets;* das wird dir noch einmal ~ tun! *daar zul je nog eens spijt van hebben!;* laß es dir nicht ~ sein! *zit er niet over in!;* (es) tut mir ~! *het spijt me zeer!, sorry!;* ⟨iron.⟩ du kannst mir wirklich ~ tun *ik heb gewoon, direct medelijden met je* **6.1** mir ist es ~ **um** das Geld *ik vind het zonde van het geld.*
Leid ⟨o.; ~(e)s⟩ **0.1** ***leed*** *⇒smart, droefenis, verdriet* **0.2** ***leed*** *⇒onrecht, kwaad* ◆ **3.2** jmdm. ein ~ zufügen *iem. leed berokkenen, kwaad doen;* sich ⟨3e nv.⟩ ein ~ antun *zelfmoord plegen, de hand aan zichzelf slaan* **¶.1** ⟨sprw.⟩ geteiltes ~ ist halbes Leid *gedeelde smart is halve smart.*
Leideform ⟨v.⟩⟨taal.⟩ **0.1** ***lijdende, passieve vorm, passief.***
leiden ⟨→t75⟩ **I** ⟨onov.ww.⟩ **0.1** ***lijden*** *⇒smart, leed ondergaan, ondervinden, schade ondervinden* ◆ **6.1 an** einer Krankheit ~ *aan een ziekte lijden;*
II ⟨ov.ww.⟩ **0.1** ***lijden*** *⇒ondervinden, ondergaan* **0.2** ***lijden*** *⇒verdragen* **0.3** ***lijden*** *⇒toestaan, dulden* ◆ **1.1** Ängste ~ *angst(en) uit-, doorstaan* **3.2** etwas (auf den Tod) nicht ~ können *iets (absoluut) niet kunnen uitstaan* **4.2** ⟨vero.⟩ es litt mich nicht länger in diesem Dorf *ik kon het in dit dorp niet langer uithouden* **5.2** gut, wohl gelitten sein *bemind, (graag) gezien zijn;* ich mochte ihn nie so recht ~ *ik heb hem nooit erg gemogen.*
Leiden ⟨o.; ~s, ~⟩ **0.1** ***kwaal, ziekte, aandoening*** **0.2** ***lijden*** *⇒leed, verdriet* ◆ **1.2** ⟨inf.⟩ wie das ~ Christi aussehen *er belabberd, beroerd uitzien* **2.2** ⟨inf.; scherts.⟩ ein langes ~ *een lange lijs, een bonenstaak.*
leidend 0.1 ***ziekelijk*** *⇒lijdend.*
Leidenschaft ⟨v.; ~, ~en⟩ **0.1** ***hartstocht*** *⇒passie.*
leidenschaftlich 0.1 ***hartstochtelijk*** *⇒gepassioneerd* ◆ **5.1** ~ gern *ontzettend graag, dolgraag.*
Leidenschaftlichkeit ⟨v.; ~⟩ **0.1** ***hartstochtelijkheid*** *⇒gepassioneerdheid, passie.*
leidenschaftslos 0.1 ***passieloos, zonder passie, hartstocht*** *⇒beheerst, koel.*
Leidens|gefährte, -genosse ⟨m.⟩ **0.1** ***lotgenoot (in het lijden).***
Leidensgeschichte ⟨v.⟩ **0.1** ***lijdensgeschiedenis*** *⇒*⟨rel. ook⟩ *passie, lijdensverhaal.*
Leidensmiene ⟨v.⟩ **0.1** ***lijdende gezichtsuitdrukking, martelaarsgezicht.***

leider **0.1** ***helaas, jammer genoeg, ongelukkig genoeg*** ◆ **5.1** ~, ~! (a) *wat jammer!* (b) *helaas niet!*
leidig **0.1** ***naar, vervelend*** ⇒*ellendig.*
leidlich **0.1** ***redelijk, vrij behoorlijk*** ⇒*tamelijk (goed), nogal.*
leidtragend **0.1** ***gedupeerd.***
Leidtragende(r) ⟨bn. als zn.⟩ **0.1** ***dupe, slachtoffer*** ⇒*gedupeerde.*
leidvoll ⟨schr.⟩ **0.1** ***droevig, treurig*** ⇒*vol leed, smartelijk.*
Leidwesen ⟨o.⟩ ◆ **6.¶ zu** meinem ~ *tot mijn leedwezen, spijt.*
Leier ⟨v.; ~, ~n⟩ **0.1** ⟨inf.⟩ ***(draai)kruk, zwengel*** ⇒*slinger* **0.2** ⟨muz.⟩ ***lier*** **0.3** ⟨muz.⟩ ***draailier*** ◆ **2.¶** die alte, gleiche ~ *het oude, hetzelfde liedje.*
Leierkasten ⟨m.⟩⟨inf.⟩ **0.1** ***draaiorgel(tje).***
Leierkastenmann ⟨m.⟩ **0.1** ***orgelman, -draaier.***
leiern **0.1** ***draaien*** ⇒*zwengelen, winden* **0.2** ⟨fig.⟩ ***dreunen*** ⇒*zeuren, op-, afdreunen* ◆ **1.1** die Kurbel ~ *aan, met de (draai)kruk zwengelen* **1.2** Gebete ~ *gebeden opdreunen.*
Leihamt ⟨o.⟩ →**Leihhaus.**
Leiharbeit ⟨v.⟩ **0.1** ***werk als uitzendkracht.***
Leih|arbeiter, -arbeitnehmer ⟨m.⟩ **0.1** ***uitzendkracht.***
Leih|bibliothek, -bücherei ⟨v.⟩ **0.1** ***uitleen-, leesbibliotheek.***
Leihe ⟨v.; ~, ~n⟩ **0.1** ***lening*** **0.2** ⟨inf.⟩ ***lommerd, leenbank.***
leihen ⟨→t76⟩ **0.1** ***lenen*** ⇒*uitlenen, te leen vragen* **0.2** ***huren*** **0.3** ⟨schr.⟩ ***(ver)lenen*** ◆ **1.1** jmdm. Geld ~ *iem. geld lenen* **1.3** jmdm. Aufmerksamkeit ~ *aandacht aan iem. schenken;* jmdm. seine Hilfe ~ *iem. hulp verlenen.*
Leiher ⟨m.; ~s, ~⟩ **0.1** ***lener*** ⇒*huurder, uitlener.*
Leihfahrrad ⟨o.⟩ **0.1** ***huurfiets.***
Leihfrist ⟨v.⟩ **0.1** ***uitleentermijn.***
Leihgabe ⟨v.⟩ **0.1** ***in bruikleen afgestaan stuk*** **0.2** ***bruikleen.***
Leihgebühr ⟨v.⟩ **0.1** ***uitleentarief*** **0.2** ***huurprijs.***
Leihhaus ⟨o.⟩ **0.1** ***lommerd, bank van lening, pandjeshuis.***
Leihmutter ⟨v.; mv. ⸚⟩ **0.1** ***draagmoeder.***
Leihschein ⟨m.⟩ **0.1** ***lommerdbriefje*** **0.2** ***uitleenformulier.***
Leihvater ⟨m.⟩ **0.1** ***spermadonor.***
Leihwagen ⟨m.⟩ **0.1** ***huurauto, -wagen.***
leihweise **0.1** ***te leen, in (bruik)leen.***
Leim ⟨m.; ~(e)s, ~e⟩ **0.1** ***lijm*** ◆ **6.1** ⟨inf.⟩ jmdm. **auf** den ~ gehen *er bij iem. inlopen, bij iem. in de val lopen, zich door iem. laten beetnemen;* ⟨inf.⟩ jmdn. **auf** den ~ führen, locken *iem. erin laten lopen;* ⟨inf.⟩ **aus** dem ~ gehen ⟨ook fig.⟩ *uit elkaar gaan, stuk-, kapotgaan.*
leimen **0.1** ***lijmen*** **0.2** ***beetnemen, erin laten lopen, bij de neus nemen.***
Leimfarbe ⟨v.⟩ **0.1** ***lijmverf.***
leimig **0.1** ***lijmerig, kleverig, lijmachtig.***
Leim|rute, -stange ⟨v.⟩ **0.1** ***lijmstang, -stok.***
Lein ⟨m.; ~es, ~e⟩ **0.1** ***vlas(plant), lijn.***
Leine ⟨v.; ~, ~n⟩ **0.1** ***lijn*** ⇒*touw, koord, riem* ◆ **2.1** ⟨fig.⟩ jmdn. an der kurzen ~ halten, jmdn. an die ~ legen *iem. kort houden* **3.¶** ⟨inf.⟩ ~ ziehen *ervandoor gaan, ophoepelen* **6.1** ⟨fig.⟩ jmdn. **an** der ~ haben *iem. aan 't lijntje hebben;* einen Hund **an** die ~ nehmen *een hond aan de lijn doen.*
leinen **0.1** ***linnen.***
Leinen ⟨o.; ~s, ~⟩ **0.1** ***linnen.***
Leinenband ⟨m.; mv. ⸚e⟩⟨boek.⟩ **0.1** ***linnen band*** ⇒*in linnen gebonden boek.*
Leinengarn ⟨o.⟩ **0.1** ***linnen garen, vlasgaren.***
Leinenwäsche ⟨v.⟩ **0.1** ***linnengoed.***
Leinöl ⟨o.⟩ **0.1** ***lijnolie.***
Leinpfad ⟨m.⟩ **0.1** ***jaagpad.***
Leinsamen ⟨m.⟩ **0.1** ***lijn-, vlaszaad.***
Leintuch ⟨o.; mv. ⸚er⟩ **0.1** ***(linnen) laken*** ◆ **8.1** weiß wie ein ~ *(zo) wit als een laken.*
Leinwand ⟨v.⟩ **0.1** ***witte doek, scherm*** **0.2** ***doek*** ⟨v.e. schilder⟩ **0.3** ***lijnwaad, linnen*** ◆ **6.1** dieser Film lief **über** die ~ *deze film draaide, liep in de bioscoop.*
Leinweber ⟨m.⟩ **0.1** ***linnenwever.***
leise **0.1** ***zacht*** ⇒*stil, rustig,* ⟨bw.⟩ *zachtjes, stilletjes* **0.2** ***licht*** ⇒*fijn* **0.3** ***licht*** ⇒*klein, gering, zwak* ◆ **1.2** ein ~s Lächeln (a) *een glimlach* (b) ⟨iron.⟩ *een fijn lachje* **1.3** nicht der ~ste Verdacht *niet de geringste verdenking* **3.1** das Radio ~r stellen *de radio zachter zetten* **3.3** ~ kochen *zachtjes koken* **6.3** nicht **im** ~sten *niet in het minst, helemaal niet.*
leisetreten ⟨s.⟩ **0.1** ***inbinden, zich gedeisd, koest houden.***
Leisetreter ⟨m.⟩⟨inf.⟩ **0.1** ***gluiper(d), stiekemerd*** **0.2** ***slappeling*** ⇒*lafaard.*
Leisetreterei ⟨v.; ~, ~en⟩ **0.1** ***gluiperige manier van doen*** ⇒*achterbaks gedoe* **0.2** ***slap, week gedoe*** ⇒*slapheid.*
leisetreterisch **0.1** ***gluiperig*** ⇒*achterbaks* **0.2** ***slap.***
Leiste ⟨v.; ~, ~n⟩ **0.1** ***lijst*** ⇒*richel* **0.2** ***deklat*** **0.3** ***zelfkant, rand*** **0.4** ⟨med.⟩ ***lies.***
leisten I ⟨ov.ww.⟩ **0.1** ***presteren, tot stand brengen, verrichten*** ⇒*volbrengen* ◆ **1.1** viel Arbeit ~ *veel werk doen, verzetten, verrichten;* einen Beitrag ~ *een bijdrage leveren;* einen Eid ~ *een eed doen, afleggen;* Gehorsam ~ *gehoorzamen;* der Motor leistet 55 PS *de motor heeft een vermogen van 55 pk;*
II sich ~ ⟨wk.ww.; met 3e nv.⟩ **0.1** ***zich permitteren, veroorloven*** ⇒*zich gunnen* ◆ **1.1** ich kann mir kein Auto ~ *ik kan me geen auto veroorloven, permitteren;* sich ein Eis ~ *zichzelf op een ijsje trakteren.*
Leisten ⟨m.; ~s, ~⟩ **0.1** ***leest*** **0.2** ***schoenspanner*** ◆ **6.1** ⟨fig.⟩ alles **über** einen ~ schlagen *alles over één kam scheren, op dezelfde leest schoeien.* →**Schuster.**
Leistenbruch ⟨m.⟩ **0.1** ***liesbreuk.***
Leistung ⟨v.; ~, ~en⟩ **0.1** ***prestatie*** **0.2** ***betaling, uitkering*** ⇒*uitbetaling, bijdrage* **0.3** ***vermogen*** ⇒*capaciteit, prestatie* **0.4** ***verrichting, het volbrengen*** ⇒*uitvoering, nakoming* ◆ **1.4** die ~ eines Eides *de aflegging van een eed;* die ~ einer Sicherheit *het stellen van een zekerheid* **2.1** ⟨inf.⟩ reife ~! *aardig gedaan! geweldig!* **2.2** finanzielle ~en *betalingen, financiële bijdragen* **3.1** eine schwache ~ bieten *een zwakke prestatie leveren* **6.2** jmdn. **auf** ~ verklagen *een eis tot betaling tegen iem. instellen;* eine ~ **in** Geld *een (uit)betaling, vergoeding in geld.*
Leistungsabfall ⟨m.⟩ **0.1** ***achteruit-, teruggang (in de prestaties)*** ⇒*vermindering van prestatie(s), vermogen.*
Leistungsanspruch ⟨m.⟩ **0.1** ***aanspraak op een uitkering.***
Leistungsbilanz ⟨v.⟩ **0.1** ⟨ec.⟩ ***lopende rekening v.d. betalingsbalans*** **0.2** ⟨fig.⟩ ***balans (v.d. prestaties).***
Leistungsdruck ⟨m.⟩ **0.1** ***prestatiedruk.***
Leistungsempfänger ⟨m.⟩ **0.1** ***uitkeringstrekker.***
leistungsfähig **0.1** ***in staat veel te presteren, productief*** ⇒*sterk* **0.2** ***met groot vermogen*** ⇒*krachtig* **0.3** ***sterk, krachtig.***
Leistungsfähigkeit ⟨v.⟩ **0.1** ***prestatievermogen*** ⇒*draagkracht* **0.2** ***productievermogen, capaciteit*** ⇒*productiviteit, werkkracht* **0.3** ⟨tech.⟩ ***(nuttig) vermogen*** ◆ **1.1** bis zur Grenze seiner ~ *tot hij er bijna bij neerviel.*
Leistungsgesellschaft ⟨v.⟩ **0.1** ***prestatiemaatschappij.***
Leistungsklage ⟨v.⟩⟨jur.⟩ **0.1** ***het invorderen van betalingen, eis tot betaling.***
Leistungskontrolle ⟨v.⟩⟨school.⟩ **0.1** ***toetsing.***
Leistungskurs ⟨m.⟩⟨school.⟩ **0.1** ⟨groepsonderwijs aan de

Duitse gymnasia vanaf de 12e klas ter voorbereiding op het universitair onderwijs).

Leistungsnachweis ⟨m.⟩ **0.1** ***bewijs over geleverde (studie)prestatie*** ⇒*testimonium, tentamenbriefje, getuigschrift.*

leistungsorientiert **0.1** *prestatiebewust.*

Leistungsort ⟨m.⟩⟨jur.⟩ **0.1** ***plaats van levering*** **0.2** ***plaats van betaling.***

Leistungsprüfung ⟨v.⟩ **0.1** ⟨school.⟩ ***prestatietoets*** **0.2** ⟨sp.⟩ ***prestatierit*** **0.3** ⟨landb.⟩ ***kwaliteitsonderzoek.***

Leistungsschau ⟨v.⟩ **0.1** ***tentoonstelling*** ⟨van kwaliteitsproducten⟩.

leistungsschwach **0.1** ***zwak*** ⇒*met een zwak vermogen.*

Leistungssport ⟨m.⟩ **0.1** ***wedstrijd-, competitiesport.***

Leistungsstand ⟨m.⟩ **0.1** ***(prestatie)niveau.***

leistungsstark **0.1** ***sterk*** ⇒*met een groot (prestatie)vermogen, met een grote kracht.*

Leistungstest ⟨m.⟩ **0.1** ***prestatietoets*** **0.2** ***toetsing v.h. vermogen.***

Leistungstief ⟨o.⟩⟨sp.⟩ **0.1** ***inzinking, zwakke fase.***

Leistungsvermögen ⟨o.; ~s⟩ →**Leistungsfähigkeit.**

Leistungswettbewerb ⟨m.⟩ **0.1** ***wedstrijd*** **0.2** ⟨ec.⟩ ***concurrentie(strijd).***

Leistungszulage ⟨v.⟩ **0.1** ***prestatietoeslag, -premie.***

Leistungszuschlag ⟨m.⟩ →**Leistungszulage.**

Leitartikel ⟨m.⟩ **0.1** ***hoofdartikel.***

Leitbild ⟨o.⟩ **0.1** ***voorbeeld, ideaal.***

leiten **0.1** ***leiden*** ⇒*besturen* **0.2** ***(ge)leiden*** ⇒*voeren, brengen, sturen* **0.3** ⟨tech.⟩ ***geleiden*** ◆ **1.1** ~de Angestellte *hoger personeel, kaderpersoneel;* eine ~de Stellung *een leidinggevende positie, functie* **1.2** der ~de Gedanke *de hoofdgedachte* **6.2** etwas **in** den Fluß ~ *iets in de rivier lozen.*

Leiter[1] ⟨m.; ~s, ~⟩ **0.1** ***leider*** ⇒*directeur, hoofd, chef* **0.2** ⟨tech.⟩ ***geleider.***

Leiter[2] ⟨v.; ~, ~n⟩ **0.1** ***ladder*** ⟨ook sp.; fig.⟩ ◆ **1.1** die ~ des Ruhmes emporsteigen *naar de toppen van de roem klimmen.*

Leitersprosse ⟨v.⟩ **0.1** ***laddersport.***

Leiterwagen ⟨m.⟩ **0.1** ***ladderwagen.***

Leitfaden ⟨m.⟩ **0.1** ***leidraad*** ⇒*beknopte handleiding.*

leitfähig ⟨tech.⟩ **0.1** ***geleidend.***

Leitfähigkeit ⟨v.⟩⟨tech.⟩ **0.1** ***geleidingsvermogen.***

Leitgedanke ⟨m.⟩ **0.1** ***hoofdgedachte, leidende gedachte.***

Leithammel ⟨m.⟩ **0.1** ***belhamel*** ⇒⟨fig.⟩ *raddraaier.*

Leitkegel ⟨v.⟩ **0.1** ***verkeerskegel.***

Leitlinie ⟨v.⟩ **0.1** ***richtlijn*** ⟨ook wisk.⟩ ⇒*richtsnoer, hoofdlijn* **0.2** ⟨verk.⟩ ***onderbroken (weg)streep, lijn (op de weg).***

Leitmotiv ⟨o.⟩ **0.1** ***leidmotief*** ⇒⟨fig.⟩ *hoofdmotief.*

Leitpfosten ⟨m.⟩⟨verk.⟩ **0.1** ***reflectorpaaltje*** ⟨aan de kant v.d. weg⟩.

Leitplanke ⟨v.⟩⟨verk.⟩ **0.1** ***vangrail.***

Leitsatz ⟨m.⟩ **0.1** ***grondbeginsel*** ⇒*stelregel, principe, stelling.*

Leitspruch ⟨m.⟩ **0.1** ***motto, slogan.***

Leitstelle ⟨v.⟩ **0.1** ***centrale*** ⇒*hoofdbureau.*

Leitstern ⟨m.⟩ **0.1** ***leidster*** ⇒⟨fig.⟩ *gids.*

Leitstrahl ⟨m.⟩ **0.1** ***radiobaken*** **0.2** ⟨wisk., nat.⟩ ***voerstraal.***

Leitthema ⟨o.⟩ **0.1** ***hoofdthema.***

Leittier ⟨o.⟩⟨biol.⟩ **0.1** ***aanvoerder.***

Leitung ⟨v.; ~, ~en⟩ **0.1** ***leiding*** ⇒*buis, kabel, draad,* ⟨telefoon vooral⟩ *lijn* **0.2** ***leiding*** ⇒*bestuur, directie* ◆ **2.1** ⟨inf.⟩ eine lange ~ haben *langzaam, traag van begrip zijn* **3.1** ⟨telefoon⟩ die ~ ist besetzt *het nummer, toestel is in gesprek;* ⟨telefoon⟩ die ~ war tot *de lijn was dood* **6.1** ⟨telefoon⟩ gehen Sie doch **aus** der ~! *maakt u de lijn vrij!*

Leitungsdraht ⟨m.⟩ **0.1** ***leiding(s)draad.***

Leitungsgremium ⟨o.⟩ **0.1** ***leidend college*** ⇒*college van bestuur.*

Leitungsrohr ⟨o.⟩ **0.1** ***leidingbuis.***

Leitungsvermögen ⟨o.⟩⟨tech.⟩ **0.1** ***geleidingsvermogen.***

Leitungswasser ⟨o.⟩ **0.1** ***leidingwater.***

Leitungswiderstand ⟨m.⟩ **0.1** ***geleidingsweerstand.***

Leitwährung ⟨v.⟩⟨ec.⟩ **0.1** ***sleutelvaluta*** ⇒*sterkste munt.*

Leitwerk ⟨o.⟩ **0.1** ⟨verk.⟩ ***stuurinrichting*** ⇒*staartvlakken* **0.2** ⟨comp.⟩ ***besturingsorgaan.***

Leitwort[1] ⟨o.; mv. ¨~er⟩ **0.1** ***trefwoord*** **0.2** ***motto.***

Leitwort[2] ⟨o.; mv. ~e⟩ **0.1** ***motto, slogan, leus.***

Leitzins ⟨m.⟩⟨ec.⟩ **0.1** ***basisrente.***

Lektion ⟨v.; ~, ~en⟩ **0.1** ***les*** ◆ **3.1** ⟨fig.⟩ jmdm. eine ~ erteilen *iem. een lesje geven,* ⟨ook⟩ *iem. de les lezen.*

Lektor ⟨m.; ~s, Lektoren⟩ **0.1** ***docent*** **0.2** ⟨boek., rel.⟩ ***lector.***

Lektorat ⟨o.; ~(e)s, ~e⟩ **0.1** ***functie, betrekking als docent*** **0.2** ⟨boek.⟩ ***lectorenafdeling*** **0.3** ⟨boek.⟩ ***beoordeling v.e. manuscript.***

Lektüre ⟨v.; ~⟩ **0.1** ***lectuur*** ⇒*het lezen, leesstof.*

Lemming ⟨m.; ~s, ~e⟩ **0.1** ***lemming.***

Lendchen ⟨o.; ~s, ~⟩⟨cul.⟩ **0.1** ***lendestukje*** ⇒*filet(je).*

Lende ⟨v.; ~, ~n⟩ **0.1** ***lende*** ⇒⟨cul.⟩ *lendestuk.*

Lendenbraten ⟨m.⟩ **0.1** ***(gebraden) lendestuk*** ⇒*ossenhaas.*

Lendengegend ⟨v.⟩ **0.1** ***lendestreek.***

lendenlahm **0.1** ***lendelam*** ⇒*slap, lam(lendig).*

Lendenschmerz ⟨m.⟩ **0.1** ***pijn in de lenden.***

Lendenschurz ⟨m.⟩ **0.1** ***lendedoek.***

Leninismus ⟨m.; ~⟩ **0.1** ***leninisme.***

lenkbar **0.1** ***bestuurbaar*** **0.2** ⟨fig.⟩ ***handelbaar, gewillig.***

lenken **0.1** ***(be)sturen*** ⇒*rijden* **0.2** ***leiden*** ⇒*leiding geven, bepalen* **0.3** ***richten*** ⇒*(ertoe) brengen* **0.4** ⟨pej.⟩ ***manipuleren*** ◆ **1.1** ein Pferd ~ *een paard mennen* **1.2** einen Staat ~ *een staat besturen, leiden, regeren;* gelenkte Wirtschaft *geleide economie* **1.4** eine gelenkte Meldung *een gemanipuleerd bericht* **5.2** dieses Kind läßt sich schwer ~ *dit kind is moeilijk handelbaar* **6.3** das Gespräch **auf** die Literatur ~ *het gesprek op de literatuur brengen.*

Lenker ⟨m.; ~s, ~⟩ **0.1** ***stuur*** **0.2** ***bestuurder*** ⇒*chauffeur* **0.3** ⟨schr.⟩ ***bestuurder, leider.***

Lenkflugkörper ⟨m.⟩ **0.1** ***geleid projectiel.***

Lenkrad ⟨o.⟩ **0.1** ***stuur(wiel)*** ⇒*stuurrad.*

Lenkradschaltung ⟨v.⟩ **0.1** ***stuurschakeling.***

Lenkradschloß ⟨o.⟩ **0.1** ***stuurslot.***

Lenksäule ⟨v.⟩ **0.1** ***stuurkolom.***

Lenkstange ⟨v.⟩ **0.1** ***stuur(stang).***

Lenkung ⟨v.; ~, ~en⟩ **0.1** ***stuur(inrichting)*** ⇒*besturing* **0.2** ***leiding, sturing.***

Lenkungsausschuß ⟨m.⟩ **0.1** ***stuurgroep.***

Lenz ⟨m.; ~es, ~e⟩⟨vero.; schr.⟩ **0.1** ***lente*** ⇒⟨scherts.⟩ *levensjaar* ◆ **2.1** ⟨inf.⟩ ich mache mir einen schönen ~ *ik maak het me gemakkelijk, neem het ervan.*

lenzen I ⟨ov.ww.⟩⟨scheep.⟩ **0.1** ***lenzen;***
II ⟨onp.ww.⟩⟨vero.; schr.⟩ ◆ **4.¶** es lenzt *het wordt lente.*

Leopard ⟨m.; ~en, ~en⟩ **0.1** ***luipaard.***

Lepra ⟨v.; ~⟩ **0.1** ***lepra, melaatsheid.***

leprakrank **0.1** ***melaats, lepreus.***

le|pros, -prös **0.1** ***lepreus, melaats*** **0.2** ***lepromateus.***

Lerche ⟨v.; ~, ~n⟩ **0.1** ***leeuwerik.***

lernbar **0.1** ***leerbaar*** ⇒*te leren.*

Lernbegier(de) ⟨v.⟩ **0.1** ***leergierigheid.***

lernbegierig **0.1** ***leergierig, -graag.***

lernbehindert **0.1** ***met leermoeilijkheden.***

Lerneifer ⟨m.⟩ **0.1** ***studie-, leerijver.***

lerneifrig →**lernbegierig.**

lernen 0.1 *leren* ⇒*studeren* ◆ **1.1** ein gelernter Schneider *een geschoold, gediplomeerd kleermaker;* ⟨inf.⟩ er hat Schuster gelernt *hij heeft voor schoenmaker geleerd* **5.1** das läßt sich leicht ~, lernt sich leicht *dat is gemakkelijk te leren* **6.1** ⟨inf.⟩ **auf** Bäcker ~ *voor bakker leren.*
Lernende(r) ⟨bn. als zn.⟩ **0.1** ***leerling(e)*** **0.2** ***studerende*** ⇒*student(e).*
lernfähig **0.1** ***leerzaam*** ⇒*in staat om te leren.*
Lernmittel ⟨o.⟩ **0.1** ***leermiddel.***
Lernprogramm ⟨o.⟩ **0.1** ***(geprogrammeerd) instructieprogramma.***
Lernprozeß ⟨m.⟩ **0.1** ***leerproces.***
Lernschwester ⟨v.⟩ **0.1** ***leerling-verpleegster.***
Lernvorgang ⟨m.⟩ **0.1** ***leerproces.***
Lernziel ⟨o.⟩ **0.1** ***leerdoel.***
Lesart ⟨v.; ~, ~en⟩ **0.1** ***versie, lezing*** ⇒*interpretatie* **0.2** ⟨taal.⟩ ***variant, lezing.***
lesbar **0.1** ***leesbaar.***
Lesbe ⟨v.; ~, ~n⟩⟨inf.⟩ **0.1** ***lesbische, lesbienne.***
Lesbierin ⟨v.; ~, ~nen⟩ **0.1** ***lesbische, lesbienne*** **0.2** ***Lesbische*** ⇒*bewoonster van Lesbos.*
Lese ⟨v.; ~, ~n⟩ **0.1** ***(wijn)oogst*** **0.2** ⟨schr.⟩ ***bloemlezing.***
Lesebrille ⟨v.⟩ **0.1** ***leesbril.***
Lesebuch ⟨o.⟩ **0.1** ***leesboek.***
Leseecke ⟨v.⟩ **0.1** ***leeshoek(je).***
Lesegerät ⟨o.⟩ **0.1** ***leesapparaat, -toestel.***
lesen ⟨→t77⟩ **I** ⟨ov.ww.⟩ **0.1** ***lezen, verzamelen, in-, bijeenzamelen*** ⇒*oogsten, plukken* **0.2** ***(uit)lezen, uitzoeken*** ⇒*schoonmaken* ◆ **1.1** Ähren ~ *aren lezen;* Holz ~ *hout sprokkelen;* Trauben ~ *druiven plukken, oogsten* **1.2** Erbsen ~ *erwten lezen, uitzoeken;* Salat ~ *sla schoonmaken;*
II ⟨ov. & onov.ww.⟩ **0.1** ***lezen*** **0.2** ***(voor)lezen*** **0.3** ***college geven*** **0.4** ⟨fig.⟩ ***lezen*** ⇒*opmerken, opmaken, gewaarworden* ◆ **1.1** Gesetzentwürfe ~ *beraadslagen over wetsontwerpen* (in parlement) **6.1** ich habe etwas **darüber**, **davon** gelesen *ik heb er iets over gelezen* **6.4** das kann man **aus**, **in** seinen Augen ~ *dat staat in zijn ogen te lezen;*
III sich ~ ⟨wk.ww.⟩ **0.1** ***lezen*** ⇒*te lezen zijn* **0.2** ***doorworstelen*** ⇒*doorlezen* ◆ **5.1** dieses Buch liest sich leicht *dit boek leest prettig, is goed leesbaar* **6.2** ich habe mich **durch** dieses Buch gelesen *ik heb dit boek doorgeworsteld.*
lesenswert **0.1** ***lezenswaard(ig).***
Leseprobe ⟨v.⟩ **0.1** ⟨boek.⟩ ***gedeeltelijke voorafdruk*** **0.2** ⟨dram.⟩ ***eerste repetitie, het doornemen v.d. tekst.***
Lesepult ⟨o.⟩ **0.1** ***lessenaar.***
Leser ⟨m.; ~s, ~⟩ **0.1** ***lezer*** (ook comp.) ◆ **2.1** ⟨in brief⟩ lieber, geneigter ~! *L.S.*
Leseratte ⟨v.⟩ **0.1** ***boekenvreter*** ⇒*boekenwurm.*
Leserbrief ⟨m.⟩ **0.1** ***lezersbrief*** ⇒*ingezonden brief, stuk.*
Lese-Rechtschreib-Schwäche ⟨v.⟩ **0.1** ***legasthenie*** ⇒*woordblindheid, leeszwakte.*
Leserkreis ⟨m.⟩ **0.1** ***lezerskring*** ⇒*lezers.*
leserlich **0.1** ***leesbaar*** ⇒*goed te lezen.*
Leserschaft ⟨v.; ~, ~en⟩ **0.1** ***lezerspubliek, lezers.***
Leserzuschrift ⟨v.⟩ **0.1** ***lezersbrief*** ⇒*ingezonden stuk.*
Lesestoff ⟨m.⟩ **0.1** ***leesstof, lectuur.***
Lesestück ⟨o.⟩ **0.1** ***leesstukje.***
Lesewut ⟨v.⟩ **0.1** ***leeswoede.***
Lesezeichen ⟨o.⟩ **0.1** ***blad-, leeswijzer.***
Lesezirkel ⟨m.⟩ **0.1** ***leesgezelschap.***
Lesung ⟨v.; ~, ~en⟩ **0.1** ***lezing*** (ook pol.) ⇒*het (voor)lezen* **0.2** ***variant, lezing*** **0.3** ⟨rel.⟩ ***les, lectio.***
letal ⟨med.⟩ **0.1** ***letaal, dodelijk.***
Lethargie ⟨v.; ~⟩ **0.1** ***lethargie*** ⇒⟨med.⟩ *slaapzucht.*
lethargisch **0.1** ***lethargisch.***
Lette ⟨m.; ~, ~n⟩ **0.1** ***Let(lander).***
Letter ⟨v.; ~, ~n⟩ **0.1** ***(druk)letter*** ⇒*lettertype.*
lettisch **0.1** ***Lets, Letlands.***
Lettner ⟨m.; ~s, ~⟩ **0.1** ***(d)oksaal*** ⇒*koorhek, koorgalerij.*
letzt **0.1** ***laatst*** ⇒*achterst* **0.2** ***uiterst*** ⇒*grootst, hoogst* **0.3** ***verleden, afgelopen*** ⇒*laatst* **0.4** ***laatst, slechtst*** ◆ **1.1** ~en Endes *tenslotte, per slot van rekening;* die ~e Neuheit, der ~e Schrei *het nieuwste, laatste snufje* **1.2** mit ~er Anstrengung *met de uiterste inspanning* **1.3** ~es Jahr, ~e Woche *verleden, afgelopen jaar, week;* im ~en Jahrhundert *in de vorige eeuw* **1.4** die ~e Sorte *het slechtste soort* **3.2** sein Letztes hergeben (a) *zijn uiterste krachten inspannen, alles geven* (b) *zijn laatste cent uitgeven* **3.4** dieser Film war das Letzte! *deze film was ontzettend slecht, miserabel!* **6.1** **am** Letzten des Monats *op de laatste dag, op het laatst van de maand* **6.2** das Letzte **an** Brutalität *het toppunt van bruutheid;* das Letzte **an** Einsatz *de uiterste inzet;* ich habe das Letzte **aus** mir herausgeholt *ik heb het uiterste van mezelf gevergd;* **bis aufs** ~e *helemaal, ten uiterste;* **bis ins** ~e *tot in de kleinste details,* (ook) *door en door;* **bis zum** ~en *tot het uiterste* **7.1** ein Letztes möchte ich noch sagen *iets zou ik nog willen zeggen, tot slot zou ik (het volgende) nog willen zeggen* **7.4** das war wirklich das Letzte! (a) *dat was te gek om los te lopen!* (b) *dat was een aanfluiting, schandaal!* **¶.1** ⟨sprw.⟩ den Letzten beißen die Hunde *de laatste man bijten de honden.*
Letzt ⟨v.⟩ ◆ **6.¶ zu** guter ~ *ten langen leste, tenslotte.*
letztemal ◆ **6.¶ beim** letztenmal *de vorige, laatste keer;* **zum** letztenmal *voor de laatste keer.*
letztendlich **0.1** ***tenslotte, uiteindelijk.***
letztens **0.1** ***onlangs, laatst*** **0.2** ***ten laatste, in de laatste plaats.***
letztere(r) **0.1** ***laatstgenoemde, de, het laatste.***
letztgenannt **0.1** ***laatstgenoemd.***
letzthin ⟨acc. wiss.⟩ **0.1** ***onlangs, laatst*** **0.2** ***uiteindelijk, tenslotte.***
letztjährig **0.1** ***v.h. afgelopen, voorbije jaar.***
letztlich **0.1** ***uiteindelijk, tenslotte*** ⇒*per slot van rekening.*
letztmalig **0.1** ***voor, v.d. laatste keer, maal*** ◆ **1.1** eine ~e Verwarnung *een laatste waarschuwing.*
letztmals **0.1** ***voor de laatste keer, maal*** ⇒*voor het laatst.*
letztmöglich **0.1** ***allerlaatst*** ⇒*op zijn laatst, uiterst.*
letztwillig **0.1** ***testamentair*** ⇒*bij testament* ◆ **1.1** ~e Verfügung *uiterste, laatste wilsbeschikking.*
Leuchtbake ⟨v.⟩ **0.1** ***lichtbaken.***
Leuchtboje ⟨v.⟩ **0.1** ***lichtboei.***
Leuchtbuchstabe ⟨m.⟩ **0.1** ***lichtgevende letter*** ⇒*neonletter.*
Leuchte ⟨v.; ~, ~n⟩ **0.1** ***licht*** (ook fig.) ⇒*lamp,* ⟨vero.⟩ *lantaarn,* ⟨vero.⟩ *fakkel,* ⟨vero.⟩ *kaars.*
leuchten **0.1** ***schijnen*** ⇒*(ver)lichten* **0.2** ***schitteren, glanzen, stralen*** ⇒*lichten* **0.3** ***schijnen, (bij)lichten*** ⇒*licht doen vallen* ◆ **1.2** ein ~des Beispiel *een lichtend voorbeeld;* ~de Farben *schitterende kleuren* **4.3** jmdm. ~ *iem. bijlichten* **6.2** **vor** Freude ~ *van vreugde stralen.*
Leuchter ⟨m.; ~s, ~⟩ **0.1** ***luchter, luster, lichtkroon*** ⇒*lamp* **0.2** ***kandelaar.***
Leuchtfarbe ⟨v.⟩ **0.1** ***lichtgevende, luminescente verf.***
Leuchtfeuer ⟨o.⟩ **0.1** ***sein-, kustvuur*** **0.2** ***licht, vuur.***
Leuchtgas ⟨o.⟩ **0.1** ***lichtgas.***
Leuchtkäfer ⟨m.⟩⟨biol.⟩ **0.1** ***lichtkever, glim-, gloeiworm.***
Leuchtkraft ⟨v.⟩ **0.1** ***lichtintensiteit*** **0.2** ⟨ster.⟩ ***lichtkracht, -sterkte.***
Leuchtkugel ⟨v.⟩ **0.1** ***lichtkogel.***
Leuchtmarke ⟨v.⟩⟨comp.⟩ **0.1** ***cursor.***

Leuchtpistole ⟨v.⟩ **0.1** ***lichtpistool.***
Leuchtrakete ⟨v.⟩ **0.1** ***vuurpijl*** ⇒*lichtraket.*
Leuchtreklame ⟨v.⟩ **0.1** ***lichtreclame.***
Leuchtröhre ⟨v.⟩ **0.1** ***neon-, lichtbuis.***
Leuchtschiff ⟨o.⟩ **0.1** ***licht-, vuurschip.***
Leuchtschrift ⟨v.⟩ **0.1** ***lichtgevende letters*** ⇒*lichtreclame.*
Leucht|stofflampe, -stoffröhre ⟨v.⟩ **0.1** ***tl-buis, tl-lamp.***
Leuchttonne ⟨v.⟩ **0.1** ***lichtboei.***
Leuchtturm ⟨m.⟩ **0.1** ***vuurtoren.***
Leuchtziffer ⟨v.⟩ **0.1** ***lichtgevend, fluorescerend cijfer.***
leugnen **0.1** ***loochenen, ontkennen*** ◆ **3.1** das läßt sich nicht ~ *dat valt niet te ontkennen, loochenen.*
Leugner ⟨m.; ~s, ~⟩ **0.1** ***loochenaar.***
Leukämie ⟨v.; ~, ~n⟩ **0.1** ***leukemie, bloedkanker.***
Leumund ⟨m.⟩ **0.1** ***reputatie, naam*** ◆ **2.1** der böse ~ (a) *kwade, boze tongen* (b) *lasterpraat, achterklap.*
Leumundszeugnis ⟨o.⟩ **0.1** ***bewijs van goed (zedelijk) gedrag.***
Leutchen ⟨alleen mv.⟩⟨inf.⟩ **0.1** ***luitjes*** ⇒*mensen, lieden, lui* **0.2** ***familie(leden)*** ◆ **2.1** liebe ~! *beste mensen!*
Leute ⟨alleen mv.⟩ **0.1** ***mensen, volk*** ⇒*lui* **0.2** ***personeel*** ⇒ *mensen* **0.3** ***mannen*** ⇒*manschappen* **0.4** ⟨inf.⟩ ***familie(leden)*** ◆ **2.1** vor allen ~n *in het openbaar;* die feinen ~ *de hogere standen, de notabelen;* dann sind wir geschiedene ~! *dan is het uit tussen ons!;* die jungen ~ (a) *de jongelui* (b) *het jonge echtpaar;* kleine ~ *eenvoudige lui* **2.3** mit zehn ~n *met tien man* **4.4** ich besuche meine ~ *ik ga bij mijn familie op bezoek* **6.1** etwas **unter** die ~ bringen *iets bekendmaken;* etwas kommt **unter** die ~ *iets wordt, raakt bekend;* ~ **vom** Lande *plattelandsbewoners* **¶.1** ⟨sprw.⟩ allen ~n recht getan, ist eine Kunst, die niemand kann ± *men kan het niet iedereen naar de zin maken.* →**Kleid.**
Leuteschinder ⟨m.⟩ **0.1** ***beul*** ⇒*uitzuiger.*
Leutnant ⟨m.; ~s, ~s⟩ **0.1** ***tweede luitenant*** ⇒⟨Belg.⟩ *onderluitenant.*
leutselig **0.1** ***minzaam*** ⇒*vriendelijk, amicaal.*
Levit ⟨m.; ~en, ~en⟩ **0.1** ***leviet*** ◆ **3.¶** jmdm. die ~en lesen *iem. de levieten, de les lezen.*
Levkoje ⟨v.; ~, ~n⟩⟨plantk.⟩ **0.1** ***violier.***
Lex ⟨v.; ~, Leges⟩⟨pol.⟩ **0.1** ***lex, wet.***
lexikalisch **0.1** ***lexicaal.***
Lexikographie ⟨v.; ~⟩ **0.1** ***lexicografie.***
Lexikologie ⟨v.; ~⟩ **0.1** ***lexicologie.***
Lexikon ⟨o.; ~s, Lexika⟩ **0.1** ***lexicon, encyclopedie*** **0.2** ⟨taal.⟩ ***woordenschat, lexicon*** ◆ **2.1** ⟨fig.⟩ ein wandelndes, lebendes ~ *een wandelende encyclopedie.*
Lezithin ⟨o.; ~s⟩ **0.1** ***lecithine.***
lfd. ⟨afk.⟩ →**laufend.**
Liane ⟨v.; ~, ~n⟩ **0.1** ***liaan, liane*** ⇒*slingerplant.*
Libanon ⟨m. & o.; ~(s); vaak met lidw.⟩ **0.1** ***Libanon.***
Libelle ⟨v.; ~, ~n⟩ **0.1** ⟨biol.⟩ ***libel, glazenmaker*** **0.2** ⟨tech.⟩ ***waterpas, libel.***
liberal **0.1** ***liberaal*** ⇒*vrijzinnig, vrij.*
Liberale(r) ⟨bn. als zn.⟩ **0.1** ***liberaal.***
liberalisieren **0.1** ***liberaliseren.***
Liberalismus ⟨m.; ~⟩ **0.1** ***liberalisme.***
Liberalität ⟨v.; ~⟩ **0.1** ***liberaliteit.***
Libero ⟨m.; ~s, ~s⟩⟨sp.⟩ **0.1** ***libero.***
libidinös **0.1** ***libidineus*** ⇒*wellustig, wulps.*
Libido ⟨acc. wiss.⟩⟨v.; ~⟩ **0.1** ***libido*** ⟨ook psych.⟩.
Libretto ⟨o.; ~s, ~s of Libretti⟩ **0.1** ***libretto*** ⇒*operatekst.*
Libyen ⟨o.; ~s⟩ **0.1** ***Libië.***
licht **0.1** ***helder*** ⇒*licht, stralend* **0.2** ***open*** ⇒*uit elkaar staand, dun* **0.3** ***binnenwerks*** ◆ **1.2** eine ~e Stelle im Wald *een open plek in het bos* **1.3** ~e Höhe, Weite (a) *binnenwerkse hoogte, breedte* (b) *doorrijhoogte, doorrijbreedte* **3.2** die Bäume stehen hier ~er *de bomen staan hier verder van elkaar;* sein Haar wird schon ~ *zijn haar wordt al dun.*
Licht ⟨o.; ~(e)s, ~er⟩ **0.1** ***licht*** ⇒*hemellicht, lichtbron,* ⟨fig. ook⟩ *klaarheid* **0.2** ⟨schr.; mv. ook ~e⟩ ***kaars*** **0.3** ⟨jacht⟩ ***oog*** **0.4** ⟨bk.⟩ ***glimlichtje, lichttoets*** ◆ **1.1** das ~ der Welt erblicken *het levenslicht aanschouwen* **2.1** ⟨fig.⟩ kein großes ~ *geen groot licht;* jmdm. grünes ~ geben ⟨ook fig.⟩ *voor iem. het licht op groen zetten;* künstliches ~ *kunstlicht* **3.1** jetzt geht mir ein ~ auf *nu gaat me een licht op;* jmdm. ein ~ aufstecken *iem. iets aan het verstand brengen;* ⟨fig.⟩ wo die ~er ausgehen *waar slechte tijden aanbreken, heersen;* ⟨verk.⟩ ~er führen *lichten op-, aanhebben;* sein ~ über eine Sache leuchten lassen ⟨ook fig.⟩ *zijn licht over iets laten schijnen* **6.1** etwas **ans** ~ bringen, holen, ziehen *iets aan het licht brengen;* **ans** ~ kommen, treten *aan het licht komen;* jmdm. **aus** dem ~(e) gehen *uit iemands licht gaan (staan);* **bei** ~e besehen, betrachtet *op de keper beschouwd;* ⟨fig.⟩ jmdn. **hinters** ~ führen *iem. om de tuin leiden;* alles **im** rosigsten, in rosigem ~(e) sehen *alles van de zonzijde bekijken;* **in** einem guten, schlechten ~ stehen *zich in een goed, slecht daglicht vertonen;* **in** ein schiefes ~ geraten *in een ongunstig daglicht komen te staan;* jmdn., etwas **ins** rechte ~ rücken, setzen, stellen *iem., iets in het juiste licht plaatsen;* ⟨fig.⟩ sein ~ **unter** den Scheffel stellen *zijn licht onder de korenmaat zetten.*
Lichtanlage ⟨v.⟩ **0.1** ***lichtinstallatie.***
lichtbeständig **0.1** ***lichtecht.***
Lichtbild ⟨o.⟩ **0.1** ***pasfoto*** **0.2** ⟨vero.⟩ ***foto*** **0.3** ⟨vero.⟩ ***dia.***
Lichtbildervortrag ⟨m.⟩ **0.1** ***voordracht, lezing met dia's.***
Lichtblick ⟨m.⟩⟨fig.⟩ **0.1** ***lichtpunt(je).***
Lichtbogen ⟨m.⟩ **0.1** ***(licht-, vlam)boog.***
Lichtbrechung ⟨v.⟩ **0.1** ***lichtbreking.***
Lichte ⟨v.; ~⟩ **0.1** ***breedte binnenwerks*** **0.2** ***doorrijbreedte.***
lichtecht **0.1** ***lichtecht.***
lichtelektrisch **0.1** ***foto-elektrisch.***
lichtempfindlich **0.1** ***(licht)gevoelig.***
lichten I ⟨ov.ww.⟩ **0.1** ***dunnen*** ⇒*uitdunnen* **0.2** ⟨schr.⟩ ***helder, licht maken, licht werpen op, in, schijnen in*** **0.3** ⟨scheep.⟩ ***lichten;***
II sich ~ ⟨wk.ww.⟩ **0.1** ***dunnen*** ⇒*dunner, minder dicht worden* **0.2** ⟨schr.⟩ ***lichten*** ⇒*helder, licht worden* ◆ **1.1** die Reihen hatten sich gelichtet *de gelederen waren (uit)gedund, gedecimeerd;* der Wald lichtet sich *het bos wordt minder dicht* **1.2** das Dunkel lichtet sich (a) *het wordt licht* (b) ⟨fig.⟩ *er begint licht in de duisternis, in de zaak te komen.*
Lichterbaum ⟨m.⟩ **0.1** ***kerstboom.***
Lichterkette ⟨v.⟩ **0.1** ***fakkel(- en kaarsen)optocht.***
lichterloh ◆ **3.¶** ~ brennen ⟨ook fig.⟩ *in lichterlaaie, in vuur en vlam staan.*
Lichtermeer ⟨o.⟩ **0.1** ***zee van licht(en).***
Lichtgestalt ⟨v.⟩ **0.1** ***lichtgestalte, lichtende gestalte, verschijning.***
Lichthof ⟨m.⟩ **0.1** ***(overdekte) binnenplaats*** ⇒*lichthal, -koker* **0.2** ⟨foto., nat.⟩ ***halo, lichtkring.***
Lichthupe ⟨v.⟩ **0.1** ***lichtsignaal.***
Lichtkreis ⟨m.⟩ **0.1** ***lichtkring.***
lichtlos **0.1** ***zonder licht*** ⇒*lichtloos,* ⟨fig.⟩ *troosteloos.*
Lichtmaschine ⟨v.⟩ **0.1** ***dynamo.***
Lichtmeß ◆ **1.¶** Mariä ~ *(Maria-)Lichtmis.*
Lichtmesser ⟨m.⟩ **0.1** ***licht-, fotometer.***
Lichtnelke ⟨v.⟩ **0.1** ***koekoeksbloem.***
Lichtorgel ⟨v.⟩ **0.1** ***lichtschakeltoestel*** **0.2** ⟨inf.⟩ ***batterij koplampen*** ⟨van auto⟩.

Lichtpause ⟨v.⟩ **0.1** ***lichtdruk.***
Lichtpunkt ⟨m.⟩ **0.1** ***lichtpunt(je)*** ⟨ook fig.⟩.
Lichtquelle ⟨v.⟩ **0.1** ***lichtbron.***
Lichtschacht ⟨m.⟩ **0.1** ***lichtkoker.***
Lichtschalter ⟨m.⟩ **0.1** ***lichtschakelaar.***
Lichtschein ⟨m.⟩ **0.1** ***lichtschijn(sel).***
lichtscheu 0.1 ***lichtschuw*** ⟨ook fig.⟩.
Lichtschimmer ⟨m.⟩ **0.1** ***glimp licht, (flauw) lichtschijnsel.***
Lichtschranke ⟨v.⟩ **0.1** ***foto-elektrische beveiliging*** **0.2** ***lichtslot*** ⟨bij deuren⟩.
Lichtseite ⟨v.⟩ **0.1** ***lichtzijde*** ⇒⟨fig.⟩ *zonzij(de).*
Licht|spielhaus, -spieltheater ⟨o.⟩⟨vero.⟩ **0.1** ***bioscoop.***
Lichtung ⟨v.; ~, ~en⟩ **0.1** ***open plaats, plek*** ⟨in bos⟩.
Lichtverhältnisse ⟨alleen mv.⟩ **0.1** ***licht, verlichting.***
lichtvoll ⟨schr.⟩ **0.1** ***helder*** ⇒*duidelijk, lichtend* **0.2** ***gelukkig*** ⇒*blij, vreugdevol* **0.3** ***vol licht.***
Lichtwelle ⟨v.⟩ **0.1** ***lichtgolf.***
Lichtzeichen ⟨o.⟩ **0.1** ***lichtsignaal.***
Lid ⟨o.; ~(e)s, ~er⟩ **0.1** ***(oog)lid.***
Lidrand ⟨m.⟩ **0.1** ***oog(lid)rand.***
Lidschatten ⟨m.⟩ **0.1** ***oogschaduw.***
Lidspalte ⟨v.⟩ **0.1** ***oogspleet.***
Lidstrich ⟨m.⟩ **0.1** ***lijn, streep om de oogleden.***
lieb 0.1 ***lief*** ⇒*dierbaar*, ⟨in brieven meestal⟩ *beste*, ⟨ook⟩ *waarde* **0.2** ***aardig*** ⇒*vriendelijk, lief* **0.3** ***zoet, lief*** ⇒*braaf* **0.4** ***aangenaam*** ⇒*welkom, lief* ◆ **1.1** Lieber Herr X.! *Beste meneer X.!;* ⟨inf.⟩ (mein) ~er Freund! *beste vriend!* **1.2** viele ~e Grüße *vriendelijke groeten* **1.3** ein ~es Kind *een zoet, lief kind* **1.4** ~er Besuch *welkom bezoek* **2.1** (ach,) du ~es bißchen! *lieve hemel, deugd!;* den ~en langen Tag *de godganse(lijke) dag* **3.4** es wäre mir ~er, wenn ... *ik zou liever hebben, zien dat ...* **4.1** mein Lieber! *mijn beste!;* (mein) Liebes! *liefje!, schat!;* meine Lieben! (a) *luitjes!, beste mensen!* (b) *(mijn) vrienden!;* meine Lieben (a) *mijn dierbaren, gezin* (b) *allen die mij dierbaar zijn* **5.3** sei so ~ *wees zo goed* **6.2** ~ **mit, zu** Kindern *lief voor kinderen* **8.1** das ist mir ~ und teuer *dat is mij dierbaar.*
Lieb ⟨o.; ~s⟩⟨schr.⟩ **0.1** ***geliefde, liefste.***
liebäugeln 0.1 ***zijn zinnen gezet hebben, een oogje hebben*** ⇒*graag willen hebben* **0.2** ⟨schr.⟩ ***lonken, een oogje hebben*** ⇒*het hof maken* ◆ **6.1 mit** einem Gedanken ~ *met een gedachte spelen.*
Liebe ⟨v.; ~, ~n⟩ **0.1** ***liefde*** **0.2** ***dienst*** ⇒*genoegen, plezier* **0.3** ⟨inf.⟩ ***liefde, lief(je)*** ⇒*vlam* ◆ **2.1** heiße ~ *vurige liefde* **2.3** eine alte ~ *een oude vlam* **2.¶** ⟨plantk.⟩ Brennende ~ *druipende, gebroken hartjes* **4.1** bei aller ~, aber ... *bij alle vriendschap, maar ...* **6.1** ~ **auf** den ersten Blick *liefde op het eerste gezicht;* ~ **zur** Kunst *liefde voor (de) kunst.*
liebedienern 0.1 ***flikflooien, hielen likken.***
Liebelei ⟨v.; ~, ~en⟩ **0.1** ***flirt, amourette*** ⇒*avontuurtje.*
lieben 0.1 ***houden van*** ⇒*liefhebben, beminnen* **0.2** ***de liefde bedrijven*** ⇒*vrijen* ◆ **4.1** ich liebe es nicht *ik houd er niet van* **5.1** ~d gern *heel graag, dolgraag* **7.1** die Liebenden *de geliefden* **¶.1** ⟨sprw.⟩ was sich liebt, das neckt sich *die van elkaar houden, plagen elkaar.*
liebenswert 0.1 ***beminnelijk*** ⇒*sympathiek.*
liebenswürdig 0.1 ***vriendelijk*** ⇒*beminnelijk.*
Liebenswürdigkeit ⟨v.; ~, ~en⟩ **0.1** ***vriendelijkheid, beminnelijkheid*** **0.2** ***vriendelijk woord, vriendelijkheid*** ⟨ook iron.⟩.
lieber 0.1 ***liever*** **0.2** ***(maar) beter.***
Liebesabenteuer ⟨o.⟩ **0.1** ***liefdesavontuur*** ⇒*avontuurtje.*
Liebesakt ⟨m.⟩⟨schr.⟩ **0.1** ***geslachtsdaad*** ⇒*coïtus, bijslaap.*
Liebesbeziehung ⟨v.⟩ **0.1** ***liefde(s)betrekking*** ⇒*(liefdes)-verhouding.*
Liebesdienst ⟨m.⟩ **0.1** ***liefdedienst.***
Liebeserlebnis ⟨o.⟩ **0.1** ***(liefdes)ervaring(en).***
liebesfähig 0.1 ***in staat tot liefde.***
Liebesgabe ⟨v.⟩ **0.1** ***liefdegave, liefdegift, milde gift.***
Liebesgedicht ⟨o.⟩ **0.1** ***liefdesgedicht.***
Liebesgeschichte ⟨v.⟩ **0.1** ***liefdesgeschiedenis.***
Liebesgeständnis ⟨o.⟩ **0.1** ***liefde(s)verklaring.***
Liebesgott ⟨m.⟩ **0.1** ***god der liefde*** ⇒*minnegod.*
Liebeskummer ⟨m.⟩ **0.1** ***liefdesverdriet.***
Liebeslied ⟨o.⟩ **0.1** ***liefdeslied.***
Liebesmahl ⟨o.⟩⟨rel.⟩ **0.1** ***liefdemaal*** ⇒*agape.*
Liebesmühe ⟨v.⟩ ◆ **2.¶** verlorene ~ *vergeefse moeite.*
Liebespaar ⟨o.⟩ **0.1** ***verliefd paar(tje)*** ⇒*verliefd stel(letje).*
Liebesspiel ⟨o.⟩ **0.1** ***liefde(s)spel*** ⇒*minnespel.*
liebestoll 0.1 ***bezeten, gek van liefde*** ⇒*minziek, liefdedronken* **0.2** ***hitsig, heet.***
Liebestrank ⟨m.⟩ **0.1** ***liefde-, minnedrank.***
Liebeswerk ⟨o.⟩ **0.1** ***liefdewerk, -daad.***
liebevoll 0.1 ***liefdevol, -rijk.***
liebgewinnen 0.1 ***lief krijgen*** ⇒*(stilaan) gaan houden van.*
liebgeworden 0.1 ***dierbaar (geworden)*** ⇒*vertrouwd.*
liebhaben 0.1 ***liefhebben, houden van.***
Liebhaber ⟨m.; ~s, ~⟩ **0.1** ***minnaar, vriend*** ⇒*aanbidder, vrijer* **0.2** ***liefhebber*** ⇒*verzamelaar, kenner.*
Liebhaberei ⟨v.; ~, ~en⟩ **0.1** ***liefhebberij*** ⇒*hobby.*
Liebhaberpreis ⟨m.⟩ **0.1** ***fancyprijs*** ⇒*fantasieprijs.*
Liebhabertheater ⟨o.⟩ **0.1** ***amateurtoneel.***
Liebhaberwert ⟨m.⟩ **0.1** ***waarde voor liefhebbers.***
liebkosen 0.1 ***liefkozen.***
lieblich 0.1 ***liefelijk*** ⇒*lief(tallig), aanminnig, bevallig* **0.2** ***kostelijk*** ⇒*heerlijk* **0.3** ***zacht, mild*** ◆ **3.1** ⟨iron.⟩ das ist ja ~! *dat is me wat moois!*
Liebling ⟨m.; ~s, ~e⟩ **0.1** ***lieveling*** **0.2** ***lieverd*** ⇒*liefste, lieveling.*
Lieblings|essen, -gericht ⟨o.⟩ **0.1** ***lievelingsgerecht*** ⇒*lievelingskost.*
Lieblingsplatz ⟨m.⟩ **0.1** ***lievelingsplekje.***
Lieblingsspeise ⟨v.⟩ →**Lieblingsessen.**
lieblos 0.1 ***liefdeloos*** ⇒*harteloos, onvriendelijk.*
liebreich 0.1 ***liefderijk*** ⇒*liefdevol.*
Liebreiz ⟨m.⟩ **0.1** ***liefltalligheid*** ⇒*bevalligheid, gratie.*
liebreizend 0.1 ***lieftallig*** ⇒*bekoorlijk.*
Liebschaft ⟨v.; ~, ~en⟩ **0.1** ***(liefdes)verhouding*** ⇒*(liefdes)-affaire.*
liebst 0.1 ***liefst*** ◆ **6.1 am** ~en *het liefst.*
Liebste(r) ⟨bn. als zn.⟩ **0.1** ***geliefde*** ⇒*liefje, liefste.*
Liebstöckel ⟨m. & o.; ~s, ~⟩⟨plantk.⟩ **0.1** ***lavas.***
Liechtenstein ⟨o.; ~s⟩ **0.1** ***Liechtenstein.***
Lied ⟨o.; ~(e)s, ~er⟩ **0.1** ***lied*** ◆ **2.1** es ist immer das alte, gleiche ~! *het is steeds het oude, hetzelfde liedje!* **3.1** davon kann ich ein ~ singen! *daar weet ik een liedje van te zingen!* →**Brot.**
Liederbuch ⟨o.⟩ **0.1** ***lied(er)boek*** ⇒*lied(er)bundel.*
Liederjan ⟨m.; ~(e)s, ~e⟩ **0.1** ***pierewaaier, liederlijke vent.***
liederlich 0.1 ***slordig*** ⇒*slonzig* **0.2** ***liederlijk*** ⇒*losbandig.*
Liedermacher ⟨m.⟩ **0.1** ***liedjesdichter*** ⟨die ook zingt⟩.
Liedgut ⟨o.⟩ **0.1** ***lieder(en)schat.***
liedhaft 0.1 ***in liedvorm.***
Lieferant ⟨m.; ~en, ~en⟩ **0.1** ***leverancier.***
Lieferanteneingang ⟨m.⟩ **0.1** ***ingang voor (de) leveranciers.***
lieferbar 0.1 ***leverbaar*** ⇒*te leveren.*
Lieferbedingungen ⟨alleen mv.⟩ **0.1** ***leveringsvoorwaarden, leveringscondities.***
Lieferer ⟨m.; ~s, ~⟩ **0.1** ***leverancier.***

lieferfähig 0.1 *in staat om te leveren.*
Lieferfirma ⟨v.⟩ **0.1** *leverancier* ⇒*(leverende) firma.*
Lieferfrist ⟨v.⟩ **0.1** *lever(ings)tijd.*
liefern **0.1** *leveren* ⇒*verschaffen, bezorgen, verstrekken* ◆ **1.1** ⟨sp.⟩ eine Partie ~ *een partij spelen* **6.1 an** Privat ~ *aan particulieren leveren;* **ins** Haus ~ *thuis, aan huis bezorgen.*
Lieferschein ⟨m.⟩ **0.1** *afleveringsbewijs, reçu, volgbriefje* ⇒*bon.*
Lieferung ⟨v.; ~, ~en⟩ **0.1** *leverantie, levering* **0.2** *aflevering.*
Lieferungsbedingungen ⟨alleen mv.⟩ →**Lieferbedingungen.**
Lieferungsgeschäft ⟨o.⟩ **0.1** *tijdaffaire* ⇒*termijnaffaire, -handel.*
Lieferungsort ⟨m.⟩ **0.1** *leveringsplaats, plaats van aflevering.*
Lieferungsvertrag ⟨m.⟩ **0.1** *leverings-, leverantiecontract.*
Lieferungszeit ⟨v.⟩ **0.1** *levertijd.*
Lieferwagen ⟨m.⟩ **0.1** *bestelwagen* **0.2** *bestelbus(je).*
Lieferzeit ⟨v.⟩ **0.1** *levertijd.*
Liege ⟨v.; ~, ~n⟩ **0.1** *ligstoel* ⇒*ligbank* **0.2** *stretcher.*
Liegegeld ⟨o.⟩ **0.1** *liggeld.*
liegen ⟨Zdd., Oostr., Zwi. s.→t78⟩ **0.1** *liggen* ⇒*gelegen zijn* **0.2** ⟨Zwi.⟩ *gaan liggen* ◆ **4.1** es lag ihm viel daran *er was hem veel aan gelegen;* daran liegt mir nichts *dat laat me koud, dat zegt me niets* **5.1** der Stoff liegt 90 cm breit *de stof is 90 cm breed* **6.1** es liegt **an** ihm (a) *het ligt aan hem* (b) *het is aan hem, hangt van hem af;* Geld **auf** der Bank ~ haben *geld op de bank hebben staan;* das liegt **bei** dir *het is, staat aan jou, dat laat ik aan jou over;* **im** Bett ~ *in bed liggen;* der Fehler lag **im** Motor *de fout, het mankement zat in de motor;* das Zimmer liegt **nach** dem Garten *de kamer kijkt op de tuin uit;* dichter Nebel lag **über** den Wiesen *een dichte mist hing boven de weilanden;* das Zimmer liegt **zur** Straße (hin) *de kamer ligt aan de straatkant* **8.1** wie die Dinge ~ *zoals de zaken staan, zoals het ervoor staat.* → **betten.**
liegenbleiben **0.1** *blijven liggen* **0.2** *blijven steken* ⇒*blijven staan, stilstaan.*
liegenlassen **0.1** *laten liggen.*
Liegenschaft ⟨v.; ~, ~en⟩ **0.1** *onroerend(e) goed(eren)* ⇒ *bezittingen* **0.2** ⟨Zwi.⟩ *huis en erf* ⇒*hofstede, hoeve.*
Liegeplatz ⟨m.⟩ **0.1** *ligplaats.*
Liegesitz ⟨m.⟩ **0.1** *stoel met verstelbare rugleuning* ⟨in auto⟩ **0.2** *ligstoel* **0.3** *couchette.*
Liegestütz ⟨m.⟩⟨sp.⟩ **0.1** *ligsteun.*
Liegewagen ⟨m.⟩⟨verk.⟩ **0.1** *couchetterijtuig.*
Liegewiese ⟨v.⟩ **0.1** *zonne-, ligweide.*
Lieschen ⟨o.; ~s⟩ ◆ **1.¶** ~ Müller *(de) doorsneevrouw* **2.¶** ⟨plantk.⟩ Fleißiges ~ *vlijtig liesje.*
Lieschgras ⟨o.⟩⟨plantk.⟩ **0.1** *doddegras.*
Liese ⟨v.; ~, ~n⟩ **0.1** *meid* ⇒*griet, mens* ◆ **2.1** dumme ~ *domme gans;* liederliche ~ *slons.*
Lift[1] ⟨m.; ~(e)s, ~e of ~s⟩ **0.1** *lift.*
Lift[2] ⟨m. & o.; ~s, ~s⟩ **0.1** *facelift(ing).*
liften **I** ⟨onov.ww.⟩ **0.1** *met de skilift gaan, de skilift gebruiken;*
II ⟨ov.ww.⟩ **0.1** *faceliften* **0.2** *(op)tillen* **0.3** *verhogen.*
Liga ⟨v.; ~, Ligen⟩ **0.1** *liga* ⇒*verbond* **0.2** ⟨sp.⟩ *afdeling* ⇒*divisie, klas(se).*
Ligatur ⟨v.; ~, ~en⟩ **0.1** *ligatuur* ⇒⟨med.⟩ *afbinding,* ⟨muz.⟩ *verbinding,* ⟨boek.⟩ *koppelletter.*
Ligist ⟨m.; ~en, ~en⟩⟨sp.⟩ **0.1** *afdelingslid* ⇒*ploeg, club v.e. divisie.*
Liguster ⟨m.; ~s, ~⟩ **0.1** *liguster.*
liieren, sich **0.1** *(zich) liëren* ⇒*(nauw) verbinden, (nauw) samengaan.*
Likör ⟨m.; ~(e)s, ~e⟩ **0.1** *likeur* ⇒*likeurtje.*
Likud ⟨m.; ~(s), g.mv.⟩ **0.1** *Likoed* ⟨conservatieve politieke partij in Israël⟩.
lila **0.1** *lila* ⇒*paars* **0.2** ⟨inf.⟩ *zozo, lala* ⇒*niet (al te) best.*
Lila ⟨o.; ~s, ~; inf. mv. ~s⟩ **0.1** *lila* ⇒*paars.*
Lilie ⟨v.; ~, ~n⟩ **0.1** *lelie* ⟨ook fig.⟩.
lilienweiß **0.1** *lelieblank, -wit.*
Liliputaner ⟨m.; ~s, ~⟩ **0.1** *lilliputter* ⟨ook fig.⟩.
Limes ⟨m.; ~, ~⟩ **0.1** ⟨gesch.⟩ *limes* **0.2** ⟨wisk.⟩ *limiet, grenswaarde.*
Limit ⟨o.; ~(e)s, ~e⟩ **0.1** *limiet* ⇒*uiterste grens.*
limitieren **0.1** *limiteren* ⇒*beperken, begrenzen.*
Limo ⟨v.; ~, ~s; ook o.; ~s, ~s⟩⟨inf.⟩ →**Limonade.**
Limonade ⟨v.; ~, ~n⟩ **0.1** *limonade.*
Limone ⟨v.; ~, ~n⟩ **0.1** *limmetje* **0.2** *citroen, limoen.*
Limousine ⟨v.; ~, ~n⟩ **0.1** *limousine.*
lind ⟨schr.⟩ **0.1** *zacht* ⇒*aangenaam, licht* **0.2** *zoel* **0.3** *lindebloesem* ⇒*lichtgroen.*
Linde ⟨v.; ~, ~n⟩ **0.1** *linde* **0.2** *lindehout.*
Lindenblütentee ⟨m.⟩ **0.1** *linde(bloesem)thee.*
lindern **0.1** *verzachten* ⇒*lenigen, verlichten.*
Linderungsmittel ⟨o.⟩ **0.1** *verzachtend middel.*
lindgrün **0.1** *lichtgroen* ⇒*lindebloesem.*
Lindwurm ⟨m.⟩ **0.1** *draak.*
Lineal ⟨o.; ~s, ~e⟩ **0.1** *liniaal.*
linear **0.1** *lineair* ⟨ook muz., nat., wisk.⟩ ⇒*lijnvormig, rechtlijnig, in lengterichting.*
Linguist ⟨m.; ~en, ~en⟩ **0.1** *linguïst, taalkundige.*
Linguistik ⟨v.; ~⟩ **0.1** *linguïstiek, taalkunde.*
Linie ⟨v.; ~, ~n⟩ **0.1** *lijn* ⟨ook fig.; verk., wisk.⟩ ⇒*streep, haal* **0.2** ⟨mil., scheep.⟩ *linie* ⇒⟨scheep.⟩ *evenaar* ◆ **2.1** absteigende ~ *neergaande* ⟨ook geneal.⟩, *dalende lijn;* aufsteigende ~ *opgaande* ⟨ook geneal.⟩, *stijgende lijn;* die ~ 8 *lijn 8;* gestrichelte, punktierte ~n *stippellijnen* **3.1** ⟨sp.⟩ die ~ überschreiten *over de lijn gaan* **6.1 auf** die (schlanke) ~ achten *aan de (slanke) lijn doen;* sich **auf** einer ab-, aufsteigenden ~ befinden *in dalende, stijgende lijn gaan;* **auf** der ganzen ~ *over de hele lijn;* **in** erster ~ *in, op de eerste plaats;* **in** gerader ~ *in rechte lijn* **6.2 in** einer ~ stehen *op één lijn, rij staan;* **in** vorderster ~ stehen *in de voorste gelederen staan.*
Linienblatt ⟨o.⟩ **0.1** *gelinieerde onderlegger* ⇒*transparant.*
Linienführung ⟨v.⟩ **0.1** *lijn* ⇒*tracering, afbakening* **0.2** ⟨verk.⟩ *tracé* **0.3** *lijnen, belijning.*
Linienmaschine ⟨v.⟩ **0.1** *lijntoestel.*
Linienpapier ⟨o.⟩ **0.1** *gelinieerd, gelijnd papier.*
Linienrichter ⟨m.⟩⟨sp.⟩ **0.1** *grens-, lijnrechter.*
Linienschiff ⟨o.⟩ **0.1** *lijnschip* **0.2** ⟨mil., gesch.⟩ *linieschip.*
linientreu ⟨pol.⟩ **0.1** *trouw aan de lijn v.d. partij* ⇒*orthodox.*
Linienverkehr ⟨m.⟩ **0.1** *lijnverkeer* ⇒*lijndienst.*
lini(i)eren **0.1** *liniëren* ⇒*(be)lijnen.*
link **0.1** *linker* ⇒*links* **0.2** ⟨Bargoens⟩ *link* ⇒*louche* **0.3** ⟨pol.⟩ *links* ◆ **1.1** das ~e Bein *het linkerbeen;* die ~e Seite (a) *de linkerkant* (b) *de verkeerde kant* ⟨v.e. stof⟩.
Linke ⟨v.; ~n, ~n⟩ **0.1** *linkerhand* **0.2** *linkerkant, -zijde* ⟨ook pol.⟩ ⇒*links* **0.3** ⟨sp.⟩ *linkervleugel* **0.4** ⟨sp.⟩ *linkse* ◆ **6.2 zur** ~n *links, aan de linkerkant, linkerzijde.*
linken ⟨inf.⟩ **0.1** *belazeren, verlakken.*
Linke(r) ⟨bn. als zn.⟩ **0.1** ⟨pol.⟩ *linkse* **0.2** ⟨sp.⟩ *linksbuiten.*
linkerseits **0.1** *links* ⇒*aan de linkerkant.*

linkisch 0.1 ***onhandig*** ⇒*links, onbeholpen.*
links 0.1 ***links*** ⟨ook pol.⟩ ⇒*aan de linkerkant* 0.2 ***aan de binnenkant*** ⇒*binnenstebuiten, averechts, verkeerd* ◆ 3.1 sich ~ halten *links houden;* ⟨fig.⟩ weder ~ noch rechts, weder rechts noch ~ schauen *niet op- of omzien* 3.2 rechts und ~ stricken *rechts en averechts breien* 6.1 ⟨inf.⟩ **mit** ~ *met gemak.*
Linksabbieger ⟨m.⟩ 0.1 ***verkeersdeelnemer die links afslaat*** ⇒*links afslaande auto, fietser, links afslaand verkeer.*
Linksaußen ⟨m.; ~, ~⟩ 0.1 ⟨sp.⟩ ***linksbuiten*** 0.2 ⟨pol.⟩ ***extreem, uiterst linkse.***
Linksdrall ⟨m.⟩ 0.1 ⟨tech.⟩ ***linkse spoed, draaiing naar links*** 0.2 ⟨pol.⟩ ***neiging naar links*** ⇒*linkse tendens(en).*
linksgängig 0.1 ***tegen de klok in draaiend*** ⇒*links.*
Linkshänder ⟨m.; ~s, ~⟩ 0.1 ***linkshandige.***
linksherum 0.1 ***linksom.***
Linkskurve ⟨v.⟩ 0.1 ***bocht naar links*** 0.2 ***naar links draaiende curve.***
linkslastig 0.1 ***links te zwaar belast*** 0.2 ⟨pol.⟩ ***met zware slagzij naar links.***
linksradikal 0.1 ***ultralinks.***
linksrheinisch 0.1 ***op de linkeroever, ten westen van de Rijn.***
Linksruck ⟨m.⟩ 0.1 ***zwenking naar links.***
linksseitig 0.1 ***links*** ⇒*aan de linkerkant.*
linksum 0.1 ***linksom.***
Linksverkehr ⟨m.⟩ 0.1 ***links(houdend), links rijdend verkeer.***
Linnésch ⟨plantk.⟩ ◆ 1.¶ das ~e System *het stelsel van Linnaeus.*
Linoleum ⟨o.; ~s⟩ 0.1 ***linoleum.***
Linolsäure ⟨v.⟩⟨schei.⟩ 0.1 ***linolzuur.***
Linolschnitt ⟨m.⟩⟨bk.⟩ 0.1 ***linoleumdruk, -snede.***
Linse ⟨v.; ~, ~n⟩ 0.1 ***lens*** 0.2 ⟨plantk.⟩ ***linze.***
linsen ⟨inf.⟩ 0.1 ***loeren*** ⇒*spieden, gluren* 0.2 ***spieken.***
Linsengericht ⟨o.⟩ 0.1 ***linzeschotel, schotel linzen.***
Lippe ⟨v.; ~, ~n⟩ 0.1 ***lip*** ⟨ook plantk.⟩ ◆ 3.1 ⟨inf.; fig.⟩ eine (dicke, große) ~ riskieren *een grote bek, mond (durven) opzetten* 6.1 es lag, schwebte mir **auf** den ~n *ik had het (woord) op mijn lippen, op de tong;* ich brachte es nicht **über** die ~n *ik kreeg het (woord) niet over mijn lippen.*
Lippenbekenntnis ⟨o.⟩ 0.1 ***lippendienst.***
Lippenblütler ⟨m.; ~s, ~⟩ 0.1 ***lipbloemige.***
Lippenlaut ⟨m.⟩⟨taal.⟩ 0.1 ***lipklank*** ⇒*labiaal.*
Lippenstift ⟨m.⟩ 0.1 ***lippenstift.***
liquid 0.1 ***liquide*** ⟨ook ec.⟩.
Liquidation ⟨v.; ~, ~en⟩ 0.1 ***liquidatie*** 0.2 ***declaratie, nota, rekening*** ◆ 6.1 **in** ~ treten *zijn zaak opheffen, liquideren.*
liquide →**liquid.**
liquidieren 0.1 ***liquideren*** ⇒*vereffenen, afwikkelen, uit de weg ruimen, te gelde maken* 0.2 ***declareren*** ⇒*in rekening brengen* 0.3 ***beslechten, bijleggen*** ◆ 1.1 die Firma hatte liquidiert *de firma was geliquideerd, opgeheven.*
Liquidität ⟨v.; ~⟩ 0.1 ***liquiditeit.***
Lira ⟨v.; ~, Lire⟩ 0.1 ***lire.***
lispeln 0.1 ***lispelen*** ⇒*slissen, ruisen, fluisteren.*
List ⟨v.; ~, ~en⟩ 0.1 ***list*** ⇒*listigheid, sluwheid* ◆ 6.1 ⟨inf.⟩ **mit** ~ und Tücke *met listen en lagen.*
Liste ⟨v.; ~, ~n⟩ 0.1 ***lijst*** ⇒*register, staat* ◆ 3.1 eine ~ führen *een lijst bijhouden* 6.1 etwas **in** eine ~ eintragen, aufnehmen *iets op een lijst zetten.*
Listenpreis ⟨m.⟩ 0.1 ***catalogusprijs.***
listenreich 0.1 ***sluw, zeer, erg listig.***
Listenwahl ⟨v.⟩⟨pol.⟩ 0.1 ***verkiezing volgens lijsten.***
listig 0.1 ***listig*** ⇒*slim,* ⟨pej.⟩ *sluw.*
listigerweise 0.1 ***listig, sluw (genoeg), op een listige, sluwe wijze.***
Litanei ⟨v.; ~, ~en⟩ 0.1 ***litanie*** ⇒⟨fig.⟩ *klaagzang, gezeur* ◆ 1.1 ⟨fig.⟩ die alte ~ *het oude liedje.*
Litauen ⟨o.; ~s⟩ 0.1 ***Litouwen.***
Litauer ⟨m.; ~s, ~⟩ 0.1 ***Litouwer.***
litauisch 0.1 ***Litouws.***
Liter ⟨m. & o.; ~s, ~⟩ 0.1 ***liter.***
Literarhistoriker ⟨m.⟩ 0.1 ***literair-historicus.***
literarhistorisch 0.1 ***literair-historisch.***
literarisch 0.1 ***literair, letterkundig.***
Literat ⟨m.; ~en, ~en⟩ 0.1 ***literator, letterkundige*** 0.2 ⟨pej.⟩ ***scribent, literatureluur.***
Literatur ⟨v.; ~, ~en⟩ 0.1 ***literatuur, letterkunde*** ⇒*letteren* 0.2 ***(vak)literatuur*** ◆ 2.1 die schöne ~ *de schone, fraaie letteren.*
Literaturangabe ⟨v.⟩ 0.1 ***literatuuropgave, -verwijzing.***
Literaturbeilage ⟨v.⟩ 0.1 ***literair bijvoegsel, supplement.***
Literaturgeschichte ⟨v.⟩ 0.1 ***literatuurgeschiedenis.***
literaturgeschichtlich 0.1 ***literair-historisch.***
Literaturkritik ⟨v.⟩ 0.1 ***literaire kritiek.***
Literatursprache ⟨v.⟩ 0.1 ***literatuurtaal*** ⇒*literaire taal.*
Literaturverzeichnis ⟨o.⟩ 0.1 ***literatuurlijst, -overzicht.***
Literaturwissenschaftler ⟨m.⟩ 0.1 ***literatuuronderzoeker, -wetenschapper.***
Literaturzeitschrift ⟨v.⟩ 0.1 ***literair, letterkundig tijdschrift.***
literweise 0.1 ***per liter*** 0.2 ***met liters*** 0.3 ⟨inf.⟩ ***in, met hele liters*** ⇒*bij het leven.*
Litfaßsäule ⟨v.⟩ 0.1 ***reclame-, aanplakzuil.***
Lithographie ⟨v.; ~, ~n⟩ 0.1 ***lithografie*** ⇒*steendrukkunst, steendruk(plaat).*
Liturgie ⟨v.; ~, ~n⟩⟨rel.⟩ 0.1 ***liturgie.***
liturgisch 0.1 ***liturgisch.***
Litze ⟨v.; ~, ~n⟩ 0.1 ***tres*** ⇒*galon, koord,* ⟨mil.⟩ *streep.*
Livree ⟨v.; ~, ~n⟩ 0.1 ***livrei.***
livriert 0.1 ***in livrei.***
Lizenz ⟨v.; ~, ~en⟩ 0.1 ***licentie*** ⇒*vergunning.*
Lizenzausgabe ⟨v.⟩ 0.1 ***in licentie uitgegeven boek.***
Lizenzgebühr ⟨v.⟩ 0.1 ***licentievergoeding.***
Lizenz|inhaber, -nehmer ⟨m.⟩ 0.1 ***licentiehouder.***
Lizenzspieler ⟨m.⟩⟨sp.⟩ 0.1 ***licentiespeler.***
Lkw, LKW ⟨m.; ~(s), ~(s)⟩⟨afk.: Lastkraftwagen⟩ 0.1 ***vrachtwagen.***
LKW-Fahrer ⟨acc. wiss.⟩⟨m.⟩ 0.1 ***vrachtwagenchauffeur.***
Lob ⟨o.; ~(e)s, ~e⟩ 0.1 ***lof*** ⇒*loftuiting, pluim(pje)* ◆ 2.1 er war des ~es voll *hij was vol lof* 3.1 ein ~ bekommen, erhalten *geprezen worden.*
Lobby ⟨v.; ~, ~s of Lobbies; ook m.; ~s, ~s of Lobbies⟩ 0.1 ***lobby*** ⇒*wandelgang,* ⟨pol.⟩ *belangengroep(ering)* 0.2 ***lobby, foyer.***
Lobbyist ⟨m.; ~en, ~en⟩ 0.1 ***lobbyist.***
Lobelie ⟨v.; ~, ~n⟩ 0.1 ***lobelia.***
loben 0.1 ***loven, prijzen*** ◆ 4.¶ das lob' ich mir! *dat bevalt me (wel)!* 6.1 jmdn. **für** seine, **wegen** seiner Leistungen ~ *iem. om zijn prestaties loven, prijzen;* **über** alles ~ *hemelhoog prijzen, ophemelen.* →**Tag, Ware.**
lobenswert 0.1 ***lof-, prijzenswaardig, loffelijk.***
Lobeserhebung ⟨v.⟩ 0.1 ***loftuiting*** ⇒*lof(rede).*
Lobeshymne ⟨v.⟩ 0.1 ***loflied.***
Lobgesang ⟨m.⟩ 0.1 ***lofzang.***
Lobhudelei ⟨v.; ~, ~en⟩ 0.1 ***flikflooierij*** ⇒*ophemeling.*
lobhudeln 0.1 ***flikflooien (bij), (erg) ophemelen*** ◆ 4.1 jmdn., jmdm. ~ *bij iem. flikflooien.*

Lobhudler ⟨m.; ~s, ~⟩ **0.1** ***flikflooier*** ⇒*vleier.*

löblich **0.1** ***loffelijk*** ⇒*lof-, prijzenswaardig.*

Loblied ⟨o.⟩ **0.1** ***loflied*** ⇒*lofzang.*

lobpreisen ⟨schr.⟩ **0.1** ***loven en prijzen.***

Lobpreisung ⟨v.; ~, ~en⟩⟨schr.⟩ **0.1** ***lofprijzing*** ⇒*verheerlijking.*

Lobredner ⟨m.⟩ **0.1** ***lofredenaar*** **0.2** ⟨pej.⟩ ***flikflooier, vleier.***

lobrednerisch **0.1** ***flikflooierig*** ⇒*vleierig.*

lobsingen **0.1** ***de lof zingen van.***

Lobspruch ⟨m.⟩ **0.1** ***lofspraak*** ⇒*lof(rede).*

Loch ⟨o.; ~(e)s, ~̈er⟩ **0.1** ***gat*** ⇒*opening, spleet, kuil, put* **0.2** ***hol*** **0.3** ⟨inf.⟩ ***krot*** ⇒*gat, hol* **0.4** ⟨inf.⟩ ***bak*** ⇒*nor* **0.5** ⟨sp.⟩ ***hole*** ◆ **6.1** **auf, aus** dem letzten ~ pfeifen (a) *aan het eind van zijn Latijn zijn, het niet meer zien zitten* (b) *op zijn laatste benen lopen;* **aus** einem anderen ~ pfeifen *uit een ander vaatje tappen;* jmdm. ein ~ **in** den Bauch fragen *iem. honderd uit vragen;* ⟨fig.⟩ ein ~, Löcher **in** die Luft gucken, starren *voor zich uit zitten staren* **8.1** saufen wie ein ~ *zuipen als een ketter, tempelier.*

Lochband ⟨o.; mv. ~̈er⟩ **0.1** ***ponsband.***

Lochbeitel ⟨m.⟩ **0.1** ***hakbeitel.***

Lochbohrer ⟨m.⟩ **0.1** ***kelder-, zwikboor.***

Locheisen ⟨o.⟩ **0.1** ***drevel*** ⇒*doorslag.*

lochen **0.1** ***perforeren*** **0.2** ***ponsen*** ◆ **1.1** eine Fahrkarte ~ *een kaartje knippen.*

Locher ⟨m.; ~s, ~⟩ **0.1** ***perforator*** **0.2** ***ponsmachine*** **0.3** ***ponstypist, ponser.***

löcherig **0.1** ***vol gaten*** ⇒*doorboord, geperforeerd.*

löchern **0.1** ⟨iem.⟩ ***aan zijn kop zaniken, zeuren*** ⇒*malen.*

Lochkarte ⟨v.⟩ **0.1** ***ponskaart.***

Lochmaschine ⟨v.⟩ **0.1** ***ponsmachine.***

Lochsäge ⟨v.⟩ **0.1** ***schrob-, stootzaag.***

Lochstickerei ⟨v.⟩ **0.1** ***Engels borduurwerk.***

Lochstreifen ⟨m.⟩ **0.1** ***ponsstrook, ponsband.***

Lochung ⟨v.; ~, ~en⟩ **0.1** ***perforatie*** **0.2** ***het knippen*** **0.3** ***het ponsen, ponsing*** **0.4** ***gat.***

Lochzange ⟨v.⟩ **0.1** ***kniptang.***

Locke ⟨v.; ~, ~n⟩ **0.1** ***lok*** ⇒*krul.*

locken I ⟨ov.ww.⟩ **0.1** ***krullen*** ⇒*krullen in het haar zetten* **0.2** ***lokken*** ⇒*(aan)trekken, aan-, verlokken* ◆ **1.1** gelocktes Haar *gekruld haar* **3.2** es lockt mich sehr, es zu tun *het trekt me erg (om) het te doen;*
II sich ~ ⟨wk.ww.⟩ **0.1** ***krullen.***

lockend **0.1** ***aanlokkelijk*** ⇒*lokkend, verlokkelijk.*

Lockenhaar ⟨o.⟩ **0.1** ***krulhaar.***

Lockenkopf ⟨m.⟩ **0.1** ***krullenbol, krullenkop.***

Locken|wickel, -wickler ⟨m.⟩ **0.1** ***krulspeld.***

locker **0.1** ***los*** ⇒*loszittend* **0.2** ***luchtig*** ⟨ook fig.⟩ ⇒*los(jes), soepel, ontspannen* **0.3** ***losbandig*** ⇒*lichtzinnig, los* **0.4** ***slap*** ◆ **3.1** das Geld saß ihm ~ *hij gaf zijn geld gemakkelijk uit.*

lockerlassen ⟨inf.⟩ **0.1** ***toegeven*** ⇒*af-, loslaten, opgeven.*

lockermachen ⟨inf.⟩ **0.1** ⟨geld⟩ ***op tafel leggen*** ⇒*geven, neertellen* **0.2** ***losmaken, -krijgen*** ⇒⟨pej.⟩ *aftroggelen.*

lockern I ⟨ov.ww.⟩ **0.1** ***losmaken*** ⇒*losser maken, lossen* **0.2** ⟨fig.⟩ ***versoepelen*** ⇒*verzachten* **0.3** ⟨fig.⟩ ***laten, doen verslappen, verzwakken*** ⇒*verminderen* ◆ **1.1** in gelockerter Stimmung *in een ontspannen stemming;*
II sich ~ ⟨wk.ww.⟩ **0.1** ***losgaan*** ⇒*losraken, -laten* **0.2** ⟨fig.⟩ ***losser worden, verzwakken*** ⇒*versoepelen, zich ontspannen, verflauwen, verslappen* ◆ **1.2** die Spannung lockerte sich *de spanning week, nam af.*

Lockerung ⟨v.; ~, ~en⟩ **0.1** ***het losmaken*** ⇒*het losser maken* **0.2** ⟨fig.⟩ ***versoepeling*** **0.3** ⟨fig.⟩ ***verzwakking, verslapping.***

Lockerungsübung ⟨v.⟩⟨sp.⟩ **0.1** ***ontspanningsoefening.***

lockig **0.1** ***gekruld, krullend*** ⇒*krullig.*

Lockmittel ⟨o.⟩ **0.1** ***lokmiddel*** ⟨ook fig.⟩.

Lockruf ⟨m.⟩ **0.1** ***lokroep.***

Lockspeise ⟨v.⟩ **0.1** ***lokaas.***

Lockspitzel ⟨m.⟩ **0.1** ***agent-provocateur.***

Lockung ⟨v.; ~, ~en⟩ **0.1** ***verlokking*** ⇒*verleiding.*

Lockvogel ⟨m.⟩ **0.1** ***lokvogel*** ⟨ook fig.⟩.

Loden ⟨m.; ~s, ~⟩ **0.1** ***loden*** ⇒*loden jas, mantel.*

lodern **0.1** ***(op)laaien, (op)vlammen*** **0.2** ⟨fig.⟩ ***laaien*** ⇒ *vlammen, (vuur) schieten.*

Löffel ⟨m.; ~s, ~⟩ **0.1** ***lepel*** **0.2** ⟨med.⟩ ***curette*** **0.3** ⟨inf.⟩ ***oor*** ◆ **3.1** ⟨inf.⟩ den ~ sinken lassen, wegwerfen *de pijp uitgaan* **3.3** ⟨inf.⟩ die ~ aufsperren, spitzen *zijn oren openzetten* **6.1** die Weisheit nicht **mit** ~n gegessen haben *het buskruit niet uitgevonden hebben;* **mit** einem silbernen, goldenen ~ im Mund geboren sein *met een zilveren lepel in de mond geboren zijn* **6.3** jmdm. eins, ein paar **hinter** die ~ hauen *iem. een draai om zijn oren geven;* schreib dir das **hinter** die ~! *knoop dat goed in je oren!*

Löffelbiskuit ⟨m. & o.⟩⟨cul.⟩ **0.1** ***lange vinger.***

Löffelkraut ⟨o.⟩ **0.1** ***lepelkruid, -blad.***

löffeln **0.1** ***(op)lepelen*** ◆ **4.¶** jmdm. eine ~ *iem. een draai om zijn oren geven.*

Löffelreiher ⟨m.⟩ **0.1** ***lepelaar, lepelreiger.***

löffelweise **0.1** ***met, bij lepels*** ⇒*met de lepel, lepel voor lepel.*

Löffler ⟨m.; ~s, ~⟩⟨biol.⟩ **0.1** ***lepelaar, lepelreiger.***

Logarithmentafel ⟨v.⟩ **0.1** ***logaritmetafel.***

Logarithmus ⟨m.; ~, Logarithmen⟩ **0.1** ***logaritme.***

Logbuch ⟨o.⟩ **0.1** ***logboek*** ⇒*scheepsjournaal.*

Loge ⟨v.; ~, ~n⟩ **0.1** ***loge.***

Logenbruder ⟨m.⟩ **0.1** ***vrijmetselaar.***

Logierbesuch ⟨m.⟩⟨vero.⟩ **0.1** ***logé(s).***

logieren ⟨vero.⟩ **0.1** ***logeren.***

Logiergast ⟨m.⟩⟨vero.⟩ **0.1** ***logé.***

Logik ⟨v.; ~⟩ **0.1** ***logica.***

Logiker ⟨m.; ~s, ~⟩ **0.1** ***logicus.***

Logis ⟨o.; ~, ~⟩ **0.1** ***logies*** ⟨ook scheep.⟩ ⇒*nachtverblijf.*

logisch **0.1** ***logisch.***

logo ⟨inf.⟩ ◆ **3.¶** das ist doch ~ *dat is toch logisch, nogal wiedes.*

Logo ⟨m. & o.; ~s, ~s⟩ **0.1** ***logo, beeldmerk.***

Logopäde ⟨m.; ~n, ~n⟩ **0.1** ***logopedist.***

Logopädie ⟨v.; ~⟩ **0.1** ***logopedie.***

Lohe ⟨v.; ~, ~n⟩ **0.1** ⟨schr.⟩ ***laaiende vlam(men)*** ⟨ook fig.⟩ ⇒ *gloed* **0.2** ⟨amb.⟩ ***run*** ⟨eikenschors⟩.

lohen I ⟨onov.ww.⟩ **0.1** ***(op)vlammen*** ⇒*(op)laaien;*
II ⟨ov.ww.⟩ **0.1** ***looien.***

Lohgerber ⟨m.⟩ **0.1** ***(leer)looier.***

Lohmühle ⟨v.⟩ **0.1** ***runmolen.***

Lohn ⟨m.; ~(e)s, ~̈e⟩ **0.1** ***loon*** ⇒*beloning, vergelding* ◆ **2.1** wöchentlicher ~ *weekloon* **6.1** **gegen** ~ *tegen vergoeding, betaling;* **in** ~ (und Brot) **bei** jmdm. stehen *bij iem. in loondienst zijn;* jmdn. **um** ~ und Brot bringen *iem. broodroven.*

Lohnabbau ⟨m.⟩ **0.1** ***(algemene, systematische) loonsverlaging.***

Lohnabhängige(r) ⟨bn. als zn.⟩ **0.1** ***loontrekkende.***

Lohnabschluß ⟨m.⟩ **0.1** ***loonovereenkomst.***

Lohnabzug ⟨m.⟩ **0.1** ***(loon)inhouding.***

Lohnaufbesserung ⟨v.⟩ **0.1** ***loonsverhoging.***

Lohnaufwand ⟨m.⟩ **0.1** ***loonkosten, -uitgaven*** ⇒*loonpost.*

Lohnausfall ⟨m.⟩ **0.1** ***loonderving.***

Lohnausgleich ⟨m.⟩ **0.1** ***aanvulling v.h. nettosalaris*** ⟨door de werkgever⟩.

Lohnbescheinigung ⟨v.⟩ **0.1** *loonopgave* ⇒*loonspecificatie.*
Lohnbuchhaltung ⟨v.⟩ **0.1** ***loonadministratie*** **0.2** ⟨g.mv.⟩ ***loonberekening.***
Lohndiktat ⟨o.⟩ **0.1** ***loon(dwang)maatregel.***
Lohnempfänger ⟨m.⟩ **0.1** ***loontrekker, -trekkende.***
lohnen I ⟨ov.ww.⟩ **0.1** ***waard zijn*** ⇒*lonen* **0.2** ***de moeite waard zijn, de moeite lonen*** **0.3** ***belonen*** ⇒*lonen, vergelden* ◆ **1.1** das lohnte die, ⟨vero.; schr.⟩ der Mühe *dat was de moeite waard, loonde de moeite* **4.3** jmdm. etwas ~ *iem. voor iets belonen;*
II sich ~ ⟨wk.ww.⟩ **0.1** ***de moeite waard zijn, de moeite lonen.***
löhnen **0.1** ***(het) loon uitbetalen*** **0.2** ⟨inf.⟩ ***(als loon) betalen.***
lohnend **0.1** ***lonend*** ⟨ook fig.⟩ ⇒*winstgevend* **0.2** ***de moeite waard*** ◆ **1.2** eine ~e Ausstellung *een bezienswaardige tentoonstelling.*
Lohnerhöhung ⟨v.⟩ **0.1** ***loonsverhoging.***
Lohnforderung ⟨v.⟩ **0.1** ***looneis.***
Lohnfortzahlung ⟨v.⟩ **0.1** ***doorbetaling van het loon.***
lohnintensiv **0.1** ***loonintensief, met hoge loonkosten.***
Lohnkampf ⟨m.⟩ **0.1** ***loonstrijd*** **0.2** ***loonconflict.***
Lohnkonto ⟨o.⟩ **0.1** ***privé(bank)rekening.***
Lohnkürzung ⟨v.⟩ **0.1** ***korting op het loon*** **0.2** ***(loon)inhouding.***
Lohnleitlinie ⟨v.⟩ **0.1** ***richtlijn voor de loonronde.***
Lohnpfändung ⟨v.⟩ **0.1** ***loonbeslag*** ⇒*beslag op het loon.*
Lohnpolitik ⟨v.⟩ **0.1** ***loonbeleid, -politiek.***
Lohn-Preis-Spirale ⟨v.⟩ **0.1** ***loon-prijsspiraal.***
Lohnsenkung ⟨v.⟩ **0.1** ***loonsverlaging.***
Lohnskala ⟨v.⟩ **0.1** ***loonschaal.***
Lohnsteigerung ⟨v.⟩ **0.1** ***loonstijging, loonsverhoging.***
Lohnsteuer ⟨v.⟩ **0.1** ***loonbelasting.***
Lohnsteuerkarte ⟨v.⟩ **0.1** ***loonkaart.***
Lohnstreifen ⟨m.⟩ **0.1** ***loonstrookje.***
Lohntag ⟨m.⟩ **0.1** ***betaaldag.***
Lohntarifvertrag ⟨m.⟩ **0.1** ***loonovereenkomst*** ⇒*cao, collectieve arbeidsovereenkomst.*
Lohntüte ⟨v.⟩ **0.1** ***loonzakje.***
Löhnung ⟨v.; ~, ~en⟩ **0.1** ***uitbetaling*** **0.2** ***loon*** **0.3** ***soldij.***
Lohnverzicht ⟨m.⟩ **0.1** ***het inleveren, inlevering van loon.***
Lohnzurückhaltung ⟨v.⟩ **0.1** ***loonmatiging.***
Lohrinde ⟨v.⟩ **0.1** ***looi(ers)schors.***
Loipe ⟨v.; ~, ~n⟩⟨sp.⟩ **0.1** ***uitgezet spoor, traject*** ⟨voor langlauf⟩.
Lok ⟨v.; ~, ~s⟩ **0.1** ***locomotief*** ⇒*loc.*
lokal **0.1** ***plaatselijk*** ⇒*lokaal,* ⟨bw.⟩ *ter plaatse* ◆ **1.1** ~e Adverbien *bijwoorden van plaats.*
Lokal ⟨o.; ~s, ~e⟩ **0.1** ***gelegenheid, zaak*** ⇒*café, restaurant* **0.2** ***zaal*** ⇒*lokaal,* ⟨bij uitbr.⟩ *gebouw* ◆ **2.1** ein anständiges, gepflegtes ~ *een nette, keurige zaak.*
Lokalanästhesie ⟨v.⟩ **0.1** ***lokale anesthesie, plaatselijke verdoving.***
Lokalanzeiger ⟨m.⟩ **0.1** ***plaatselijk nieuwsblad.***
Lokalbahn ⟨v.⟩ **0.1** ***lokaalspoor(weg)*** ⇒*buurtspoorweg.*
Lokalbericht ⟨m.⟩ **0.1** ***plaatselijk nieuwsbericht, nieuwtje.***
Lokalblatt ⟨o.⟩ **0.1** ***plaatselijk nieuwsblad*** **0.2** ***rubriek plaatselijk nieuws*** ⟨in krant⟩.
lokalisieren **0.1** ***lokaliseren*** ⇒*opsporen.*
Lokalität ⟨v.; ~, ~en⟩ **0.1** ***lokaliteit*** **0.2** ***toilet, wc.***
Lokalkolorit ⟨o.⟩ **0.1** ***lokale kleur.***
Lokalmatador ⟨m.⟩ **0.1** ***lokale grootheid*** ⟨meestal sp.⟩.
Lokalnachricht ⟨v.⟩ **0.1** ***plaatselijk nieuwtje, bericht*** ◆ **7.1** die ~en *het plaatselijk nieuws.*
Lokalpatriotismus ⟨m.⟩ **0.1** ***plaatselijk chauvinisme.***
Lokalredaktion ⟨v.⟩ **0.1** ***redactie voor het plaatselijk nieuws.***
Lokalseite ⟨v.⟩ **0.1** ***pagina met het plaatselijk nieuws*** ⟨in krant⟩.
Lokalteil ⟨m.⟩ **0.1** ***(rubriek) plaatselijk nieuws*** ⟨in krant⟩.
Lokaltermin ⟨m.⟩⟨jur.⟩ **0.1** ***plaatsopneming, gerechtelijke reconstructie.***
Lokalverbot ⟨o.⟩ **0.1** ⟨verbod om een gelegenheid te betreden⟩.
Lokalzeitung ⟨v.⟩ **0.1** ***plaatselijk dagblad.***
Lokführer ⟨m.⟩ **0.1** ***machinist.***
Lokogeschäft ⟨o.⟩ **0.1** ***locoaffaire.***
Lokomotive ⟨v.; ~, ~n⟩ **0.1** ***locomotief*** **0.2** ⟨pol.; fig.⟩ ***trekpaard, kopman.***
Lokomotivführer ⟨m.⟩ **0.1** ***(trein)machinist.***
Lokoware ⟨v.⟩⟨ec.⟩ **0.1** ***locogoederen, -waar.***
Lokus ⟨m.; ~, ~se⟩⟨inf.⟩ **0.1** ***zekere plaats, toilet.***
Lolch ⟨m.; ~(e)s, ~e⟩⟨plantk.⟩ **0.1** ***raaigras.***
Lombard ⟨m. & o.; ~(e)s, ~e⟩⟨ec.⟩ **0.1** ***belening (op onderpand).***
Lombardei ⟨v.; ~; steeds met lidw.⟩ **0.1** ***Lombardije.***
Lombardgeschäft ⟨o.⟩ **0.1** ***belening(szaak).***
Lombardsatz ⟨m.⟩⟨ec.⟩ **0.1** ***beleningsrentevoet.***
London ⟨o.; ~s⟩ **0.1** ***Londen.***
Longe ⟨v.; ~, ~n⟩⟨sp.⟩ **0.1** ***longe*** ⟨lange lijn⟩ **0.2** ***zwemgordel.***
Looping ⟨m. & o.; ~s, ~s⟩ **0.1** ***looping.***
Lorbeer ⟨m.; ~s, ~en⟩ **0.1** ⟨plantk.⟩ ***laurier(boom)*** **0.2** ⟨cul.⟩ ***laurier(blad)*** **0.3** ⟨fig.⟩ ***lauwer*** ◆ **6.3** (sich) **auf** seinen ~en ausruhen *op zijn lauweren rusten.*
Lorbeerkranz ⟨m.⟩ **0.1** ***lauwerkrans.***
Lorchel ⟨v.; ~, ~n⟩ **0.1** ***kluifjeszwam.***
Lord ⟨m.; ~s, ~s⟩ **0.1** ***lord.***
Lore ⟨v.; ~, ~n⟩ **0.1** ***lorrie.***
Lorgnette ⟨v.; ~, ~n⟩ **0.1** ***face-à-main, handbril.***
Lorgnon ⟨o.; ~s, ~s⟩ **0.1** ***lorgnon*** **0.2** ***face-à-main, handbril.***
los **0.1** ***kwijt*** **0.2** ***gaande*** ⇒*aan de hand* **0.3** ***los*** ⇒*onvast* **0.4** ⟨bw.⟩ ***vooruit*** ⇒*snel* **0.5** ⟨inf.⟩ ***weg*** ⇒*op pad* ◆ **3.1** jmdn., etwas ~ sein *van iem., iets af zijn;* sie ist ihr Geld ~ *zij is haar geld kwijt* **3.2** es ist etwas ~ *er is iets aan de hand, gaande* **3.5** er ist ~, um dich zu holen *hij is weg(gegaan) om je te halen* **5.4** ⟨sp.⟩ Achtung, fertig, ~! *één, twee, drie, af!* **6.2** was ist heute **mit** dir ~? *wat scheelt (er) jou vandaag?* **8.3** ~ und ledig *vrij en ongehinderd.*
Los ⟨o.; ~es, ~e⟩ **0.1** ***lot*** ⇒*loterijbriefje, lotje* **0.2** ⟨schr.⟩ ***lot*** ⇒*noodlot* **0.3** ⟨ec.⟩ ***partij, lot*** ⇒*kaveling* ◆ **2.1** das Große ~ *de hoofdprijs;* ⟨fig.⟩ mit jmdm. das Große ~ ziehen *met iem. een lot uit de loterij hebben.*
losballern ⟨inf.⟩ **0.1** ***plotseling beginnen te schieten*** ⇒*erop los schieten.*
lösbar **0.1** ***oplosbaar.***
losbekommen **0.1** ***loskrijgen*** ⇒*vrij krijgen.*
losbinden **0.1** ***losmaken, -binden.***
losbrausen ⟨inf.⟩ **0.1** ***wegscheuren.***
losbrechen **0.1** ***losbreken*** ⇒*af-, stukbreken* **0.2** ***losbarsten*** ⇒*uitbarsten, losbreken.*
losbrüllen ⟨h.⟩ **0.1** ***beginnen te brullen*** ⇒*erop los brullen.*
Löschapparat ⟨m.⟩ **0.1** ***(brand)blusapparaat, brandblusser.***
Löscharbeit ⟨v.⟩ **0.1** ***blussingswerk.***
Löschblatt ⟨o.⟩ **0.1** ***vloeiblad, -papier.***
Löschboot ⟨o.⟩ **0.1** ***blusboot.***
Löscheimer ⟨m.⟩ **0.1** ***blus-, brandemmer.***

löschen 0.1 ***blussen*** 0.2 ***doven*** *⇒uitmaken, -doen* 0.3 ***schrappen, uitvegen*** *⇒(uit-, weg)wissen* 0.4 ⟨scheep.⟩ ***lossen*** 0.5 ⟨comp.⟩ ***deleten, wissen*** ◆ 1.3 ein Konto ~ *een (bank)rekening opheffen;* Schulden ~ *schulden delgen, aflossen* 1.¶ Tinte ~ *inkt (af)vloeien;* den Durst ~ *de dorst lessen* 6.3 etwas **vom** Tonband ~ *iets van de geluidsband wissen.*

Löscher ⟨m.; ~s, ~⟩ 0.1 ***vloeirol, -blok*** 0.2 ***(brand)blusapparaat.***

Löschgerät ⟨o.⟩ 0.1 ***blusmaterieel*** 0.2 ***blustoestel, -apparaat.***

Löschkalk ⟨m.⟩ 0.1 ***gebluste kalk.***

Löschmannschaft ⟨v.⟩ 0.1 ***blusploeg.***

Löschpapier ⟨o.⟩ 0.1 ***vloeipapier.***

Löschtaste ⟨v.⟩ 0.1 ***wistoets.***

Lösch|trupp, -zug ⟨m.⟩ 0.1 ***blus-, brandweerploeg.***

losdonnern ⟨inf.⟩ 0.1 ***losbarsten*** *⇒uitbarsten* 0.2 ***wegscheuren.***

losdrehen 0.1 ***losdraaien.***

losdrücken 0.1 ***vuren*** *⇒een schot lossen.*

lose 0.1 ***los*** ⇒⟨bw.⟩ *losjes* 0.2 ***los, lichtzinnig*** *⇒loos, schalks* ◆ 1.2 ~ Reden führen *los van tong zijn, erop los kletsen* 4.2 du Loser! *jij deugniet!*

Loseblattausgabe ⟨v.⟩⟨boek.⟩ 0.1 ***losbladige uitgave.***

Lösegeld ⟨o.⟩ 0.1 ***losgeld, -prijs.***

loseisen ⟨inf.⟩ 0.1 ***loskrijgen*** *⇒weghalen, eruit helpen, eruit halen* ◆ 6.1 **bei** jmdm. Geld ~ *van iem. geld lospeuteren.*

Lösemittel ⟨o.⟩ 0.1 ***oplosmiddel.***

losen 0.1 ***loten*** *⇒trekken.*

lösen I ⟨ov.ww.⟩ 0.1 ***losmaken*** *⇒ontspannen, losser maken* 0.2 ***oplossen*** ⟨ook schei.⟩ 0.3 ***verbreken*** *⇒ontbinden, opheffen, annuleren* 0.4 ***kopen*** *⇒betalen, nemen* 0.5 ***lossen, afvuren*** ◆ 1.1 den Anker ~ *het anker lichten;* Alkohol löst die Zunge *alcohol maakt de tong los* 1.3 einen Vertrag ~ *een contract, verdrag ontbinden, annuleren* 1.4 eine Fahrkarte ~ *een kaartje kopen, nemen* 1.5 einen Schuß ~ *een schot lossen, afvuren* 6.1 die Tapete **von** der Wand ~ *het behang van de muur afhalen;*

II sich ~ ⟨wk.ww.⟩ 0.1 ***loslaten, -gaan*** *⇒loskomen, -raken* 0.2 ***zich losmaken*** *⇒zich bevrijden* 0.3 ***opgelost worden*** 0.4 ***verbroken worden*** 0.5 ⟨schei.⟩ ***oplossen*** ◆ 1.1 die Spannung hatte sich gelöst *de spanning was geweken* 1.3 das Problem hat sich gelöst *het probleem is opgelost* 1.¶ ein Schuß löste sich *er ging een schot af* 6.2 sich **von** einem Gedanken ~ *een gedachte loslaten, van zich afzetten.*

losfahren 0.1 ***vertrekken*** *⇒wegrijden, wegvaren* 0.2 ***(ergens op) toerijden, inrijden*** 0.3 ***toeschieten, afvliegen*** 0.4 ***los-, uitbarsten.***

losgehen 0.1 ***(erop) afgaan*** *⇒erop losgaan, afstormen* 0.2 ⟨inf.⟩ ***vertrekken, (weg)gaan*** 0.3 ⟨inf.⟩ ***beginnen*** 0.4 ⟨inf.⟩ ***losgaan, losraken*** *⇒loslaten* 0.5 ⟨inf.⟩ ***afgaan*** *⇒gelost, afgevuurd worden, ontploffen, exploderen* ◆ 3.3 kann es ~? *kunnen we beginnen?* 6.1 **auf** ein Ziel ~ *op een doel afgaan* 6.3 **auf** 'los!' geht's los! *direct begint het!*

loshaben ⟨inf.⟩ 0.1 ***in zijn mars hebben, verstand hebben van*** *⇒kennen* ◆ 6.1 **mit** Autos viel ~ *van auto's heel wat afweten.*

Loskauf ⟨m.⟩ 0.1 ***vrij-, afkoping.***

loskaufen 0.1 ***los-, vrijkopen.***

loskommen ⟨inf.⟩ 0.1 ***los-, vrijkomen*** 0.2 ***wegkomen*** 0.3 ***toe-, afkomen*** ◆ 1.1 das Flugzeug kam los *het vliegtuig kwam los, van de grond* 5.2 beim Start kam er gut los *bij de start kwam hij goed weg* 6.3 **auf** jmdn. ~ *op iem. afkomen.*

loskriegen ⟨inf.⟩ 0.1 ***loskrijgen*** *⇒vrij krijgen, openkrijgen* 0.2 ***kwijtraken, afkomen van.***

loslachen 0.1 ***in lachen uitbarsten.***

loslassen 0.1 ***loslaten*** ⟨ook fig.⟩ *⇒vrijlaten, in vrijheid stellen,* ⟨inf.⟩ *ten beste geven* ◆ 1.1 ⟨scherts.⟩ eine Rede ~ *een speech afsteken;* Witze ~ *moppen tappen.*

loslaufen 0.1 ***gaan rennen*** *⇒het op een loopje zetten.*

loslegen ⟨inf.⟩ 0.1 ***van wal steken*** 0.2 ***(onstuimig) beginnen*** *⇒zich storten op* 0.3 ***erop los schelden*** *⇒tekeergaan* ◆ 5.1 leg mal los! *steek maar eens van wal!*

löslich 0.1 ***oplosbaar*** ◆ 1.1 ~er Kaffee *oploskoffie.*

loslösen 0.1 ***losmaken*** *⇒losweken* ◆ 6.1 sich **aus** Traditionen ~ *zich van tradities bevrijden, losmaken.*

losmachen I ⟨onov.ww.⟩ 0.1 ⟨inf.⟩ ***opschieten*** 0.2 ⟨scheep.⟩ ***van wal steken;***

II ⟨ov.ww.⟩⟨inf.⟩ 0.1 ***losmaken*** *⇒bevrijden.*

losmarschieren 0.1 ***beginnen te marcheren*** *⇒opstappen* 0.2 ***er(gens) op toe marcheren, afgaan.***

losplatzen ⟨inf.⟩ 0.1 ***uit-, losbarsten*** *⇒losbulderen* 0.2 ***in lachen uitbarsten*** *⇒het uitproesten.*

losreden 0.1 ***beginnen te praten*** ◆ 6.1 sie redeten **aufeinander** los *ze waren allemaal (tegelijk) tegen elkaar aan 't praten.*

losreißen 0.1 ***losrukken*** *⇒losscheuren.*

losrennen 0.1 ***wegrennen, beginnen te rennen.***

Löß ⟨m.; ~es, ~e of Lösses, Lösse⟩ 0.1 ***löss*** *⇒Limburgse klei.*

lossagen, sich 0.1 ***breken*** *⇒afzien, afstand doen (van)* ◆ 6.1 sich **von** einem Grundsatz, einer Partei ~ *met een principe, partij breken.*

losschicken ⟨inf.⟩ 0.1 ***weg-, versturen*** 0.2 ***(erop) uitsturen.***

losschießen 0.1 ⟨h.⟩ ***beginnen te schieten*** 0.2 ⟨s.⟩ ***wegschieten*** 0.3 ⟨s.⟩ ***toe-, afschieten*** 0.4 ⟨s.⟩ ***beginnen (te spreken)*** *⇒van wal steken, losbarsten.*

losschlagen I ⟨onov.ww.⟩ 0.1 ***erop los slaan, beginnen te slaan*** 0.2 ⟨mil.⟩ ***aanvallen*** ◆ 6.1 **aufeinander** ~ *met elkaar op de vuist gaan, slaags raken;*

II ⟨ov.ww.⟩ 0.1 ***losslaan*** 0.2 ⟨inf.⟩ ***van de hand doen, (goedkoop) verkopen.***

lossprechen 0.1 ***vrijspreken*** *⇒bevrijden, (van rechtsvervolging) ontslaan* 0.2 ⟨rel.⟩ ***absolutie geven, kwijtschelden.***

lossteuern 0.1 ***afstevenen*** ⟨ook fig.⟩ *⇒afgaan.*

losstürzen 0.1 ***wegstormen*** 0.2 ***zich storten.***

lostrennen 0.1 ***lostornen*** 0.2 ***afscheuren*** *⇒afknippen.*

Losung ⟨v.; ~, ~en⟩ 0.1 ***parool, leus*** 0.2 ⟨mil.⟩ ***wachtwoord*** 0.3 ⟨ec.⟩ ***ontvangst, opbrengst*** ⟨v.e. dag in winkel, warenhuis⟩ 0.4 ⟨jacht⟩ ***uitwerpselen.***

Lösung ⟨v.; ~, ~en⟩ 0.1 ***oplossing*** ⟨ook schei.⟩ 0.2 ***ontbinding, verbreking*** 0.3 ***losmaking*** *⇒bevrijding, afscheiding.*

Lösungsmittel ⟨o.⟩⟨schei., nat.⟩ 0.1 ***oplosmiddel.***

Lösungsmöglichkeit ⟨v.⟩ 0.1 ***mogelijkheid ter oplossing.***

Losverfahren ⟨o.⟩ 0.1 ***loting*** ◆ 6.1 **im** ~ *door loting.*

loswerden 0.1 ***kwijtraken, afkomen van*** 0.2 ⟨inf.⟩ ***kwijtraken, verliezen*** 0.3 ⟨inf.⟩ ***kwijtraken, verkopen*** *⇒van de hand doen* ◆ 3.1 ⟨fig.⟩ etwas ~ wollen *iets kwijt willen.*

losziehen ⟨inf.⟩ 0.1 ***erop uittrekken, uitgaan*** *⇒op pad gaan, ervandoor gaan* 0.2 ***over de hekel halen, (er) doorhalen*** *⇒afkammen, uitvaren* ◆ 6.2 **gegen, über** die Nachbarn ~ *de buren door het slijk halen.*

Lot[1] ⟨o.; ~(e)s, ~e⟩ 0.1 ⟨amb.⟩ ***lood*** *⇒schiet-, paslood,* ⟨scheep.⟩ *dieplood* 0.2 ⟨wisk.⟩ ***loodlijn*** 0.3 ⟨tech.⟩ ***soldeersel*** ◆ 3.2 ein ~ fällen *een loodlijn neerlaten* 6.1 ⟨fig.⟩ jmdn. **aus** dem ~ bringen *iem. in de war, van zijn stuk brengen;* etwas **aus** dem ~ bringen *iets uit zijn lood brengen;* ⟨fig.⟩ **aus** dem ~, nicht **im** ~ sein *niet in orde zijn;* etwas **ins** (rechte) ~ bringen *iets in 't reine, in het lood brengen;* wieder **ins** ~ kommen (a) *in orde komen, op zijn pootjes terechtkomen* (b) *er weer bovenop komen.* →**Freund.**

Lot² ⟨o.; ~(s), ~s⟩ **0.1** ***partij*** ⟨goederen⟩ ⇒*hoeveelheid.*
Lötapparat ⟨m.⟩ **0.1** ***soldeertoestel, -apparaat.***
loten ⟨amb., scheep.⟩ **0.1** ***loden*** ⇒*peilen* ⟨ook fig.⟩.
löten **0.1** ***solderen.***
Lothringen ⟨o.; ~s⟩ **0.1** ***Lotharingen.***
Lotion ⟨v.; ~, ~en of ~s⟩ **0.1** ***lotion*** ⇒*gezichtswater.*
Lötkolben ⟨m.⟩ **0.1** ***soldeerbout.***
Lötlampe ⟨v.⟩ **0.1** ***soldeerlamp.***
Lotleine ⟨v.⟩⟨scheep.⟩ **0.1** ***loodlijn*** ⟨voor het dieplood⟩.
Lötmetall ⟨o.⟩ **0.1** ***soldeermateriaal, soldeer(sel).***
Lotos ⟨m.; ~, ~⟩⟨plantk.; ook fig.⟩ **0.1** ***lotus.***
lotrecht **0.1** ***loodrecht.***
Lotse ⟨m.; ~n, ~n⟩ **0.1** ***loods*** ⟨ook fig.⟩.
lotsen **0.1** ***loodsen*** ⇒⟨fig.⟩ *meetronen.*
Lotsenboot ⟨o.⟩ **0.1** ***loodsboot.***
Lotsendienst ⟨m.⟩ **0.1** ***loodsdienst*** **0.2** ***verkeersdienst*** ⟨v.d. verkeersbrigade⟩.
Lötstelle ⟨v.⟩ **0.1** ***soldeerplaats.***
Lotterbett ⟨o.⟩⟨vero.⟩ **0.1** ***bed*** ⇒⟨pej.⟩ *nest.*
lotterhaft **0.1** ***liederlijk, losbandig.***
Lotterie ⟨v.; ~, ~n⟩ **0.1** ***loterij.***
Lotterieeinnehmer ⟨m.⟩ **0.1** ***collecteur.***
Lotteriegewinn ⟨m.⟩ **0.1** ***loterijprijs, prijs (in de loterij).***
Lotterielos ⟨o.⟩ **0.1** ***loterijbriefje, lotje.***
lotterig ⟨inf.⟩ **0.1** ***slonzig*** ⇒*slordig* **0.2** ***liederlijk*** ⇒*losbandig, lichtzinnig.*
Lotterleben ⟨o.⟩⟨pej.⟩ **0.1** ***liederlijk leven.***
lottern ⟨reg.⟩ **0.1** ***een liederlijk, losbandig leven leiden.***
Lotterwirtschaft ⟨v.⟩ **0.1** ***slordige, verwaarloosde boel, troep*** ⇒*janboel.*
Lotto ⟨o.; ~s, ~s⟩ **0.1** ***lotto.***
Lottoannahmestelle ⟨v.⟩ **0.1** ***lottobureau.***
Lottoschein ⟨m.⟩ **0.1** ***lottoformulier.***
Lotung ⟨v.; ~, ~en⟩ **0.1** ***loding, peiling.***
Lötung ⟨v.; ~⟩ **0.1** ***soldering, het solderen.***
Lotus ⟨m.; ~⟩⟨plantk.⟩ **0.1** ***rolklaver, lotus*** **0.2** ***lotus*** ⟨ook fig.⟩.
Lötwasser ⟨o.⟩ **0.1** ***soldeerwater*** **0.2** ⟨inf.; scherts.⟩ ***sterkedrank.***
Lötzinn ⟨o.⟩ **0.1** ***soldeertin, tinsoldeer.***
Löwe ⟨m.; ~n, ~n⟩ **0.1** ***leeuw*** **0.2** ⟨astrol.⟩ ***Leeuw*** ◆ **5.1** gut gebrüllt, ~! *dat was een treffende opmerking!*
Löwen ⟨o.; ~s⟩ **0.1** ***Leuven.***
Löwenanteil ⟨m.⟩ **0.1** ***leeuwen(aan)deel.***
Löwenbändiger ⟨m.⟩ **0.1** ***leeuwentemmer.***
Löwenmähne ⟨v.⟩ **0.1** ***leeuwenmanen*** ⟨ook fig.⟩.
Löwen|maul, -mäulchen ⟨o.⟩⟨plantk.⟩ **0.1** ***leeuwenbek(je).***
Löwenzahn ⟨m.⟩⟨plantk.⟩ **0.1** ***paardenbloem.***
loyal **0.1** ***loyaal.***
Loyalität ⟨v.; ~⟩ **0.1** ***loyaliteit.***
LP ⟨v.; ~, ~(s)⟩ **0.1** ***lp, elpee, langspeelplaat.***
LPG ⟨v.; ~, ~(s)⟩⟨in de voormalige DDR; afk.⟩ [Landwirtschaftliche Produktionsgenossenschaft].
LSD ⟨o.; ~(s)⟩ **0.1** ***LSD.***
lt. ⟨afk.⟩ →**laut.**
Luchs ⟨m.; ~es, ~e⟩ **0.1** ***lynx, los*** ◆ **8.1** ⟨inf.⟩ aufpassen wie ein ~ *uiterst scherp opletten.*
luchsen ⟨inf.⟩ **0.1** ***loeren.***
Lücke ⟨v.; ~, ~n⟩ **0.1** ***opening*** ⇒*leegte, gat* **0.2** ⟨fig.⟩ ***leemte, lacune, hiaat*** ⇒*tekort* ◆ **3.2** ~n ausfüllen *leemten aanvullen;* eine ~ reißen *een gat slaan;* eine ~ schließen *een lacune opvullen* **6.1** er hat ~n **im** Gebiß *er ontbreken tanden in zijn gebit.*
Lückenbüßer ⟨m.⟩ **0.1** ***invaller*** ⇒*noodhulp* **0.2** ***vervanging, noodhulp*** ⇒*opvulling.*
lückenhaft **0.1** ***vol leemten*** ⇒*onvolledig, gebrekkig.*
lückenlos **0.1** ***zonder leemten, volledig*** ⇒*totaal, compleet* ◆ **1.1** ein ~er Beweis *een sluitend bewijs;* ein ~es Gebiß *een gaaf gebit* **3.1** etwas ~ ineinanderfügen *iets precies invoegen, in elkaar passen.*
Lückentest ⟨m.⟩ **0.1** ***invultest, -toets.***
Lude ⟨m.; ~n, ~n⟩⟨inf.⟩ **0.1** ***souteneur, pooier.***
Luder ⟨o.; ~s, ~⟩ **0.1** ⟨inf.⟩ ***loeder, kreng, beest*** **0.2** ⟨inf.⟩ ***drommel*** ⇒*stumper, stakker* **0.3** ⟨jacht⟩ ***kreng*** ⇒*dood dier* ◆ **2.1** freches ~ *brutaal kreng, nest;* süßes ~ *snoesje;* dummes ~ *stomkop.*
Luderleben ⟨o.⟩ **0.1** ***liederlijk leven.***
Luft ⟨v.; ~, ⸚e⟩ **0.1** ***lucht*** **0.2** ***briesje, luchtje, wind(je)*** **0.3** ⟨inf.⟩ ***speelruimte*** ⇒*speling, ruimte* ◆ **2.1** ⟨inf.; fig.⟩ hier ist, herrscht dicke ~ *er heerst hier een gespannen sfeer;* frische ~ schnappen *een luchtje scheppen;* ⟨inf.; iron.⟩ na, dann gute ~! *veel succes!;* ⟨fig.⟩ die ~ ist rein *de kust is vrij* **2.2** frische, eine andere, bessere ~ in eine Sache (hinein)bringen *een frisse wind door iets laten waaien* **3.1** ⟨inf.⟩ jmdm. die ~ abdrehen, abdrücken *iem. in het nauw brengen, iem. ruïneren;* ⟨inf.⟩ die ~ anhalten ⟨ook fig.⟩ *zijn adem inhouden;* ⟨inf.⟩ halt die ~ an! (a) *wees eens stil!* (b) *overdrijf niet zo!* (c) *schep niet zo op!;* jmdm. geht die ~ aus ⟨ook fig.⟩ *iem. raakt buiten adem;* ~ holen, ⟨schr.⟩ schöpfen *ademhalen, adem scheppen;* ⟨inf.⟩ mir blieb die ~ weg (a) *ik kon geen adem meer krijgen* (b) *ik stond paf* **3.3** seinem Unmut ~ machen *zijn ontstemming, wrevel uiten* **4.3** ich mußte mir mal ~ machen *ik moest mijn hart eens luchten;* ich konnte mir etwas ~ verschaffen *ik kon wat meer speelruimte veroveren* **6.1** **an** die (frische) ~ gehen *naar buiten gaan, in de buitenlucht komen;* Kleider **an** die ~ hängen *kleren uithangen;* ⟨inf.⟩ jmdn. **an** die (frische) ~ setzen, befördern *iem. op straat zetten, buitengooien;* ⟨inf.⟩ **aus** diesem Unternehmen ist die ~ raus *er is geen fut, pep meer in deze onderneming;* ⟨inf.⟩ sich **in** ~ auflösen (a) *in rook opgaan* (b) *in het niet, spoorloos verdwijnen;* **in** die ~ gehen (a) *de lucht invliegen* (b) *uit zijn slof schieten;* ⟨fig.⟩ etwas liegt **in** der ~ *iets zit in de lucht;* ⟨inf.⟩ jmdn. **in** der ~ zerreißen *iem. afkraken;* **per** ~ *met het, per vliegtuig* **8.1** jmdn. wie ~ behandeln *doen alsof iem. lucht is.*
Luftabwehr ⟨v.⟩ **0.1** ***luchtafweer*** **0.2** ***luchtdoelartillerie.***
Luftangriff ⟨m.⟩ **0.1** ***luchtaanval.***
Luftaufklärung ⟨v.⟩⟨mil.⟩ **0.1** ***luchtverkenning.***
Luftaufsicht ⟨v.⟩ **0.1** ***vlucht-, verkeersleiding.***
Luftballon ⟨m.⟩ **0.1** ***luchtballon.***
Luftbild ⟨o.⟩ **0.1** ***luchtfoto.***
Luftblase ⟨v.⟩ **0.1** ***luchtbel.***
Luftbrücke ⟨v.⟩ **0.1** ***luchtbrug.***
Lüftchen ⟨o.; ~s, ~⟩ **0.1** ***luchtje, briesje, windje.***
Luftdichte ⟨v.⟩⟨nat., meteo.⟩ **0.1** ***luchtdichtheid.***
Luftdruck ⟨m.⟩ **0.1** ***luchtdruk*** **0.2** ***bandenspanning.***
luftdurchlässig **0.1** ***luchtig, lucht doorlatend.***
lüften **0.1** ***luchten*** ⇒*verluchten, ventileren* **0.2** ***(even) omhoogdoen, optillen, opheffen*** **0.3** ⟨fig.⟩ ***onthullen, ontsluieren.***
Lüfter ⟨m.; ~s, ~⟩ **0.1** ***ventilator*** **0.2** ***ventilatorkachel.***
Luftfahrt ⟨v.⟩ **0.1** ***luchtvaart.***
Luftfahrtgesellschaft ⟨v.⟩ **0.1** ***luchtvaartmaatschappij.***
Luftfracht ⟨v.⟩ **0.1** ***luchtvracht.***
Luftgepäck ⟨o.⟩ **0.1** ***vlieg(tuig)bagage.***
Luftheizung ⟨v.⟩ **0.1** ***heteluchtverwarming.***
Luftherrschaft ⟨v.⟩⟨mil.⟩ **0.1** ***luchtoverwicht.***
Lufthoheit ⟨v.⟩ **0.1** ***soevereiniteit in de lucht.***
luftig **0.1** ***luchtig*** ⇒*lucht doorlatend, koel, winderig* ◆ **1.1** in ~er Höhe *hoog in de lucht.*

Luftikus ⟨m.; ~(ses), ~se⟩⟨inf.⟩ **0.1** ***windbuil.***
Luftkampf ⟨m.⟩ **0.1** ***luchtgevecht.***
Luftkissen ⟨o.⟩ **0.1** ***luchtkussen*** **0.2** ***luchtzak, airbag*** ⟨in auto⟩.
Luftkissenfahrzeug ⟨o.⟩ **0.1** ***hovercraft.***
Luftklappe ⟨v.⟩ **0.1** ***ventilatie-, luchtklep*** **0.2** ***choke.***
Luftkrankheit ⟨v.⟩ **0.1** ***luchtziekte.***
Luftkrieg ⟨m.⟩ **0.1** ***luchtoorlog.***
Luftkurort ⟨m.⟩ **0.1** ***luchtkuuroord.***
Luftlandetruppe ⟨v.⟩ **0.1** ***luchtlandingstroepen.***
luftleer **0.1** ***luchtledig.***
Luftlinie ⟨v.⟩ ◆ **6.¶ in** ~ 20 km *20 km hemelsbreed.*
Luftloch ⟨o.⟩ **0.1** ***luchtgat, -gaatje*** **0.2** ⟨inf.⟩ ***luchtzak.***
Luftmasche ⟨v.⟩ **0.1** ***losse steek*** ⟨bij het haken⟩.
Luftmatratze ⟨v.⟩ **0.1** ***luchtbed.***
Luftpirat ⟨m.⟩ **0.1** ***luchtpiraat, vliegtuigkaper.***
Luftpost ⟨v.⟩ **0.1** ***luchtpost.***
Luftpumpe ⟨v.⟩ **0.1** ***luchtpomp.***
Luftraum ⟨m.⟩ **0.1** ***luchtruim.***
Luftreifen ⟨m.⟩ **0.1** ***(lucht)band.***
Luftröhre ⟨v.⟩⟨med.⟩ **0.1** ***luchtpijp.***
Luftsack ⟨m.⟩ **0.1** ***luchtzak*** ⟨ook biol.⟩ ⇒*luchtkussen.*
Luftsäule ⟨v.⟩⟨nat.⟩ **0.1** ***luchtkolom.***
Luftschlange ⟨v.⟩ **0.1** ***serpentine.***
Luftschloß ⟨o.⟩ **0.1** ***luchtkasteel.***
Luftschraube ⟨v.⟩ **0.1** ***luchtschroef, propeller.***
Luftschutz ⟨m.⟩ **0.1** ***luchtbescherming.***
Luftschutzkeller ⟨m.⟩ **0.1** ***schuilkelder*** ⟨bij luchtaanvallen⟩.
Luftsperrgebiet ⟨o.⟩ **0.1** ***voor vliegtuigen verboden gebied.***
Luftspiegelung ⟨v.⟩ **0.1** ***luchtspiegeling.***
Luftstraße ⟨v.⟩⟨verk.⟩ **0.1** ***luchtweg.***
Luftstützpunkt ⟨m.⟩⟨mil.⟩ **0.1** ***vliegbasis.***
lufttrocken **0.1** ***luchtdroog.***
lufttüchtig **0.1** ***luchtwaardig*** **0.2** ⟨het vliegen kunnende verdragen; van personen⟩.
Lüftung ⟨v.; ~, ~en⟩ **0.1** ***het luchten, luchtverversing*** ⇒ *ventilatie, verluchting* **0.2** ***ventilatie, ventilator*** **0.3** ***het oplichten, optillen*** **0.4** ***onthulling, ontsluiering.***
Luftveränderung ⟨v.⟩ **0.1** ***verandering van lucht.***
Luftverkehrsgesellschaft ⟨v.⟩ **0.1** ***luchtvaartmaatschappij.***
Luft|verschmutzung, -verunreinigung ⟨v.⟩ **0.1** ***luchtverontreiniging, -vervuiling.***
Luftwaffe ⟨v.⟩ **0.1** ***luchtmacht.***
Luftwechsel ⟨m.⟩ **0.1** ***verandering van lucht.***
Luftweg ⟨m.⟩ **0.1** ***luchtweg*** ⟨ook med.⟩ ◆ **6.1 auf** dem ~(e) *per vliegtuig, door de lucht.*
Luftzufuhr ⟨v.⟩ **0.1** ***luchttoevoer.***
Luftzug ⟨m.⟩ **0.1** ***tocht, trek.***
Lug ⟨m.⟩⟨schr.⟩ ◆ **8.¶** ~ und Trug, ~ und Betrug *leugen en bedrog.*
Lüge ⟨v.; ~, ~n⟩ **0.1** ***leugen*** ◆ **2.1** eine fromme ~ *een leugen(tje) om bestwil;* eine glatte ~ *een flagrante leugen* **3.1** jmdn. ~n strafen *iem. logenstraffen* **4.1** das ist alles ~! *dat zijn allemaal leugens!* **¶.1** ⟨sprw.⟩ Lügen haben kurze Beine *leugens hebben korte benen; al is de leugen nog zo snel, de waarheid achterhaalt haar wel.*
lugen ⟨schr.; nog reg.⟩ **0.1** ***(uit)kijken, loeren*** **0.2** ***te voorschijn komen*** ⇒*zich (naar buiten) vertonen, te zien zijn.*
lügen ⟨→t80⟩ **0.1** ***liegen*** ⇒*jokken* ◆ **8.1** er lügt wie gedruckt *hij liegt (als)of het gedrukt staat* **¶.1** ⟨sprw.⟩ wer einmal lügt, dem glaubt man nicht, und wenn er auch die Wahrheit spricht ± *een leugenaar wordt niet geloofd, al zweert hij bij zijn ziel en hoofd.*
Lügenbeutel ⟨m.⟩ **0.1** ***liegbeest*** ⇒*jokkebrok.*
Lügenbold ⟨m.; ~(e)s, ~e⟩ →**Lügenbeutel.**
Lügendetektor ⟨m.⟩ **0.1** ***leugendetector.***
Lügengeschichte ⟨v.⟩ **0.1** ***leugenverhaal*** ⇒*leugenachtig verhaal.*
Lügen|gespinst, -gewebe ⟨o.⟩⟨schr.⟩ **0.1** ***samenraapsel, web van leugen en bedrog*** ⇒*leugens.*
lügenhaft **0.1** ***leugenachtig.***
Lügenmaul ⟨o.⟩ **0.1** ***liegbeest*** ⇒*aartsleugenaar.*
Lügennetz ⟨o.⟩ **0.1** ***net(werk), (samenraapsel) van leugens.***
Lügenpeter ⟨m.⟩⟨inf.⟩ →**Lügenmaul.**
Lügner ⟨m.; ~s, ~⟩ **0.1** ***leugenaar.***
lügnerisch **0.1** ***leugenachtig*** ⇒*vals.*
Luk ⟨o.; ~(e)s, ~e⟩⟨scheep.⟩ **0.1** ***luik(gat).***
Luke ⟨v.; ~, ~n⟩ **0.1** ***luik*** ⟨vooral scheep.⟩ **0.2** ***dakraam, dakvenster.***
lukrativ ⟨schr.⟩ **0.1** ***lucratief*** ⇒*winstgevend.*
lukullisch **0.1** ***lucullisch*** ⇒*weelderig, overdadig.*
Lulatsch ⟨m.; ~(e)s, ~e⟩⟨inf.⟩ **0.1** ***slungel.***
lullen **0.1** ***neuriën*** ⇒*wiegen, zachtjes zingen, sussen.*
Lumineszenz ⟨v.; ~, ~en⟩⟨nat.⟩ **0.1** ***luminescentie.***
Lumme ⟨v.; ~, ~n⟩⟨biol.⟩ **0.1** ***zeekoet.***
Lümmel ⟨m.; ~s, ~⟩ **0.1** ***lummel*** ⇒*bengel.*
Lümmelei ⟨v.; ~, ~en⟩ **0.1** ***vlegelachtigheid, onbeschoftheid.***
lümmelhaft **0.1** ***vlegelachtig, onbeschoft.***
lümmeln, sich ⟨inf.⟩ **0.1** ***ongegeneerd, lummelig gaan liggen, zitten.***
Lump ⟨m.; ~en, ~en⟩ **0.1** ***ploert, schoft*** **0.2** ***schooier.***
lumpen ⟨inf.⟩ **I** ⟨onov.ww.⟩ **0.1** ***aan de zwier zijn*** ⇒*fuiven;* **II sich** ~ ⟨wk.ww.⟩ ◆ **¶.¶** sich nicht ~ lassen *zich niet (willen) laten kennen.*
Lumpen ⟨m.; ~s, ~⟩ **0.1** ***lomp, vod*** **0.2** ⟨reg.⟩ ***(poets)lap*** ◆ **6.1** ⟨inf.; fig.⟩ jmdn. **aus** den ~ schütteln *iem. uitkafferen, kapittelen.*
Lumpengesindel ⟨o.⟩ **0.1** ***gespuis, janhagel.***
Lumpenhändler ⟨m.⟩ **0.1** ***vodden-, lompenkoopman.***
Lumpenpack ⟨o.⟩ →**Lumpengesindel.**
Lumpensammler ⟨m.⟩ **0.1** ***voddenraper, -man*** **0.2** ⟨inf.; scherts.⟩ ***laatste tram, bus.***
Lumperei ⟨v.; ~, ~en⟩ **0.1** ***schurkenstreek, gemene streek*** **0.2** ⟨inf.⟩ ***bagatel*** ⇒*futiliteit.*
lumpig **0.1** ***schoft(er)ig, ploert(er)ig, ellendig*** **0.2** ***haveloos*** **0.3** ⟨inf.⟩ ***armzalig, onnozel*** ⇒*pover* ◆ **1.3** die paar ~en Groschen *die paar (rot)centen.*
Lunch ⟨m.; ~(e)s, ~(e)⟩ **0.1** ***lunch.***
Lunge ⟨v.; ~, ~n⟩ **0.1** ***long*** ⟨ook fig.⟩ ◆ **3.1** ⟨scherts.⟩ schone deine ~n! *klets niet zoveel!* **6.1** schwach **auf** der ~ sein *zwakke longen hebben;* **auf** ~, **über** die ~ rauchen *over de longen roken;* **aus** voller ~ *luidkeels, uit volle borst.*
Lungenentzündung ⟨v.⟩ **0.1** ***longontsteking.***
Lungenfell ⟨o.⟩⟨med.⟩ **0.1** ***longvlies.***
Lungenflügel ⟨m.⟩ **0.1** ***longkwab.***
Lungenheilstätte ⟨v.⟩ **0.1** ***sanatorium voor longlijders.***
lungenkrank **0.1** ***lijdend aan een longziekte*** ⇒*tuberculeus.*
Lungenzug ⟨m.⟩ ◆ **3.¶** einen ~ machen *inhaleren, over de longen roken.*
lungern **0.1** ***lanterfanten, (maar wat) rondhangen, rondlummelen.***
Lunte ⟨v.; ~, ~n⟩ **0.1** ***lont*** ⟨ook ind.⟩ ◆ **3.1** ~ riechen *lont ruiken, onraad vermoeden* **6.1** ⟨fig.⟩ die ~ **ans** Pulverfaß legen *de lont in het kruit werpen.*
Lupe ⟨v.; ~, ~n⟩ **0.1** ***loep*** ⇒*vergrootglas* ◆ **6.1** jmdn., etwas

mit der ~ suchen können *iem., iets met een lantaarntje moeten zoeken.*
lupenrein 0.1 *loepzuiver* **0.2** ⟨fig.⟩ ***echt, puur, zuiver*** ⇒*smetteloos, onberispelijk.*
lüpfen 0.1 ***(even) omhoogdoen, oplichten, optillen.***
Lupine ⟨v.; ~, ~n⟩⟨plantk.⟩ **0.1** ***lupine.***
Lurch ⟨m.; ~(e)s, ~e⟩ **0.1** ***amfibie*** ⇒*tweeslachtig dier.*
Lusche ⟨v.; ~, ~n⟩⟨inf.⟩ **0.1** ***niet*** ⟨kaarten⟩ ⇒*nul* ⟨ook fig.⟩.
Lust ⟨v.; ~, ~̈e⟩ **0.1** ***(zinnelijke) lust, wellust, begeerte*** ⇒*hartstocht* **0.2** ***zin, lust*** ⇒*plezier, lol, vermaak* ◆ **3.2** mich kam die ~ an *de lust bekroop me;* ~ empfinden, verspüren zu gehen *zin krijgen om te gaan;* ganz wie du ~ hast *net zoals je wil(t)* **6.2** die ~ **an** einer Sache verlieren (a) *het plezier in iets verliezen* (b) *geen zin meer in iets hebben;* ~ **auf** einen Spaziergang *zin in een wandeling;* keine ~ **zu** etwas haben *geen zin in iets hebben* **8.2** je nach ~ und Laune *naar believen;* ⟨vero.; schr.⟩ ~ und Leid *lief en leed;* ~ und Liebe zu einer Sache haben *zin in iets hebben, iets graag doen;* aus ~ und Liebe *voor zijn plezier.*
Lustbarkeit ⟨v.; ~, ~en⟩⟨vero.; schr.⟩ **0.1** ***vermakelijkheid*** ⇒*amusement.*
lustbetont 0.1 ***met het accent op lust, zingenot.***
Lustempfinden ⟨o.⟩ **0.1** ***lustgevoel, gevoel van welbehagen.***
Lüster ⟨m.; ~s, ~⟩ **0.1** ⟨vero.⟩ ***luster, kroonkandelaar*** **0.2** ⟨textiel, keramiek⟩ ***lustre.***
lüstern ⟨schr.⟩ **0.1** ***begerig*** ⇒*belust, gretig, gulzig* **0.2** ***wellustig*** ⇒*geil, wulps, zinnelijk* ◆ **6.1** ~ **nach** einer Sache *begerig naar, tuk op iets.*
Lustgarten ⟨m.⟩ **0.1** ***lusthof.***
Lustgefühl ⟨o.⟩ **0.1** ***lustgevoel.***
Lustgewinn ⟨m.⟩ **0.1** ***verkregen lustgevoel, genot*** ⇒*(meer) genot.*
Lustgreis ⟨m.⟩⟨inf.⟩ **0.1** ***oude wellusteling*** ⇒*oude bok.*
Lusthaus ⟨o.⟩ **0.1** ***(lust-, tuin)prieel.***
lustig 0.1 ***vrolijk, plezierig*** ⇒*grappig, lollig* ◆ **3.1** sich über jmdn. ~ machen *zich over iem. vrolijk maken;* ⟨inf.⟩ solange, wie du ~ bist *zolang je zin hebt.*
Lustigkeit ⟨v.; ~⟩ **0.1** ***vrolijkheid, plezier(igheid)*** ⇒*grappigheid.*
Lüstling ⟨m.; ~s, ~e⟩ **0.1** ***wellusteling.***
lustlos 0.1 ***lusteloos*** ⇒*slap.*
Lustmolch ⟨m.⟩ **0.1** ***wellusteling.***
Lustmord ⟨m.⟩ **0.1** ***lustmoord*** ⇒*seksuele moord.*
Lustschloß ⟨o.⟩ **0.1** ***lustslot.***
Lustseuche ⟨v.⟩ **0.1** ⟨vero.⟩ ***syfilis*** **0.2** ⟨schr.⟩ ***geslachtsziekte, venerische ziekte.***
Lustspiel ⟨o.⟩ **0.1** ***blijspel, komedie.***
lustvoll 0.1 ***genotvol, vervuld van intens genot.***
lustwandeln ⟨vero.; schr.⟩ **0.1** ***wandelen.***
Lutheraner ⟨m.; ~s, ~⟩ **0.1** ***lutheraan.***
lutherisch 0.1 ***luthers.***
Luther(i)sch 0.1 ***van Luther.***
Luthertum ⟨o.; ~s⟩ **0.1** ***lutheranisme, lutherdom.***
lutschen 0.1 ***zuigen*** ⇒*sabbelen, lurken* ◆ **1.1** Eis ~ *ijs likken* **6.1 am** Daumen ~ *(op zijn) duim zuigen.*
Lutscher ⟨m.; ~s, ~⟩ **0.1** ***lolly*** **0.2** ⟨inf.⟩ ***speen, tut.***
Lüttich ⟨o.; ~s⟩ **0.1** ***Luik.***
Luv ⟨v.; ~⟩⟨scheep.⟩ **0.1** ***loef*** ⇒*loefzijde.*
luven ⟨scheep.⟩ **0.1** ***loeven*** ⇒*tegen de wind op zeilen.*
Luxation ⟨v.; ~, ~en⟩⟨med.⟩ **0.1** ***luxatie, ontwrichting.***
Luxemburg ⟨o.; ~s⟩ **0.1** ***Luxemburg.***
Luxemburger ⟨o.; ~s, ~⟩ **0.1** ***Luxemburger.***
luxemburgisch 0.1 ***Luxemburgs.***
luxuriös 0.1 ***luxueus*** ⇒*weelderig, luxe-.*
Luxus ⟨m.; ~⟩ **0.1** ***luxe*** ⟨ook fig.⟩ ⇒*weelde, pracht* ◆ **2.1** großen ~ treiben *zeer luxueus, in grote luxe leven.*
Luxusartikel ⟨m.⟩ **0.1** ***luxe-, weeldeartikel.***
Luxusdampfer ⟨m.⟩ **0.1** ***luxe(passagiers)schip.***
Luxusgeschöpf ⟨o.⟩ **0.1** ***luxepoppetje.***
Luxuskabine ⟨v.⟩ **0.1** ***luxehut.***
Luxussteuer ⟨v.⟩ **0.1** ***weeldebelasting.***
Luzerne ⟨v.; ~, ~n⟩⟨plantk.⟩ **0.1** ***luzerne, rupsklaver.***
luzid 0.1 ***lucide, helder, klaar.***
luziferisch ⟨schr.⟩ **0.1** ***duivels*** ⇒*boosaardig.*
lymphatisch ⟨med.⟩ **0.1** ***lymfatisch.***
Lymphe ⟨v.; ~, ~n⟩ **0.1** ***lymf(e).***
Lymphgefäß ⟨o.⟩ **0.1** ***lymfvat.***
Lymphknoten ⟨m.⟩ **0.1** ***lymfklier.***
lynchen 0.1 ***lynchen.***
Lynchgericht ⟨o.⟩ **0.1** ***lynchpartij.***
Lynchjustiz ⟨v.⟩ **0.1** ***lynchjustitie*** ⇒*lynchrecht.*
Lyrik ⟨v.; ~⟩ **0.1** ***lyriek*** ⇒*lyrische poëzie.*
Lyriker ⟨m.; ~s, ~⟩ **0.1** ***lyricus, lyrisch dichter.***
lyrisch 0.1 ***lyrisch*** ⟨ook muz.⟩.
Lysol ⟨o.; ~s⟩ **0.1** ***lysol.***

m[1]**, M** ⟨o.; ~, ~⟩ **0.1** ***m, M*** *⇒klank m, letter m, M.*
m[2] ⟨afk.⟩ [Meter; Milli-; Minute].
M ⟨afk.⟩ [Mark[1]; Mega-; Mille].
m[2] ⟨afk.⟩ →**Quadratmeter.**
m[3] ⟨afk.⟩ →**Kubikmeter.**
MA ⟨o.⟩⟨afk.⟩ →**Mittelalter.**
Mäander ⟨m.; ~s, ~⟩ **0.1** ***meander.***
Maar ⟨o.; ~(e)s, ~e⟩⟨aardr.⟩ **0.1** ***maar, mare.***
Maat ⟨m.; ~(e)s, ~e(n)⟩ **0.1** ***onderofficier bij de marine.***
Machart ⟨v.; ~, ~en⟩ **0.1** ***makelij, snit*** ◆ **1.1** die ~ eines Anzugs *de snit van een pak.*
machbar **0.1** ***maakbaar*** *⇒realiseerbaar.*
Mache ⟨v.; ~⟩ **0.1** ⟨pej.⟩ ***onecht gedoe, aanstellerij*** **0.2** ⟨lit.⟩ ***vorm*** ◆ **3.1** alles an ihm ist ~ *alles aan hem is onecht* **6.¶** ⟨inf.⟩ etwas **in** der ~ haben *iets onder handen hebben;* ⟨inf.⟩ jmdn. **in** der ~ haben (a) *iem. er van langs geven* (b) *hard aanpakken.*
machen I ⟨ov.ww.⟩ **0.1** ***maken, doen*** *⇒vervaardigen, toebereiden, veroorzaken* ◆ **1.1** ⟨inf.⟩ das Auto macht 100 km *de auto haalt 100 km;* das Bett ~ *het bed opmaken;* den Dolmetscher ~ *als tolk optreden;* ⟨inf.⟩ den Ingenieur ~ *zijn ingenieursexamen afleggen;* jmdm. gute Laune ~ *iem. een goed humeur bezorgen;* ein gemachter Mann *een geslaagd man;* Mittag ~ *de middagpauze houden;* jmdm. Mut ~ *iem. moed geven;* die Schauspielerin macht die Ophelia *de toneelspeelster speelt de rol van Ophelia;* Tee ~ *thee zetten;* die Wohnung ~ *het huis doen;* ⟨inf.⟩ mache nicht so viele Worte! *gebruik niet zo'n omhaal van woorden!* **3.1** ⟨inf.⟩ laß mich nur ~! *laat mij maar begaan!;* jmdm. viel zu schaffen ~ *iem. veel te schaffen geven;* ⟨inf.⟩ da ist nichts zu ~ *daar is niets aan te doen;* ⟨inf.⟩ wird gemacht! *komt voor elkaar!* **4.1** ⟨inf.⟩ das macht 15 Mark *dat is, kost 15 mark;* ⟨inf.⟩ macht nichts! *hindert niets!;* was macht dein Magen? *hoe is het met je maag?;* ⟨inf.⟩ was soll man nur ~? *wat doe je er aan?* **5.1** ⟨inf.⟩ jmdn. alle ~ *iem. van kant maken;* ⟨inf.⟩ mach's gut! *het ga je goed!;* ⟨inf.⟩ mach schnell! *maak haast!;* ⟨inf.⟩ mach doch schon! *schiet toch op!* **6.1** **daran** läßt sich nichts ~ *daar is niets aan te doen;* ⟨inf.⟩ **in** die Hose ~ *in de broek doen;* ⟨inf.⟩ das Mädchen macht es **mit** jedem *het meisje doet het met iedereen;* ⟨inf.⟩ **mit** mir kann man es ja ~! (a) *ik trap er steeds weer in* (b) *ik moet me zo iets laten welgevallen;* ⟨inf.⟩ **unter** dem mache ich es nicht *voor minder doe ik het niet;*
II sich ~ ⟨wk.ww.⟩ **0.1** ***beginnen*** **0.2** ⟨inf.⟩ ***zich ontwikkelen, manifesteren*** **0.3** ⟨inf.⟩ ***zich haasten*** **0.4** ***vormen, tot stand brengen*** ◆ **1.2** die Blumen ~ sich gut *de bloemen doen het goed;* das Wetter macht sich *het weer wordt beter* **3.4** das läßt sich schon ~ *dat lukt wel* **4.2** das macht sich von selbst *dat gaat vanzelf;* er macht sich *hij maakt vorderingen* **5.2** das Gemälde macht sich gut an der Wand *het schilderij doet het goed aan de muur* **6.1** ich mache mich **an** die Arbeit *ik ga aan het werk;* ich mache mich **auf** den Weg *ik ga op weg* **6.3** mache dich **nach** Hause! *maak dat je thuis komt!;* sich da**von** ~ *er vandoor gaan* **6.4** ich mache mir nichts, wenig **aus** ihm *ik geef niets, weinig om hem;* ⟨inf.⟩ mach dir nichts **daraus**! *trek je er niets van aan!*
Machenschaft ⟨v.; ~, ~en⟩ **0.1** ***intrige*** ◆ **2.1** dunkle, üble ~en *duistere, kwalijke praktijken;* politische ~en *politieke machinaties, politiek gekuip.*
Macher ⟨m.; ~s, ~⟩ **0.1** ***maker, drijvende kracht*** **0.2** ***krachtig leider.***
Machiavellismus ⟨m.; ~⟩ **0.1** ***machiavellisme.***
Machination ⟨v.; ~, ~en⟩⟨schr.⟩ **0.1** ***intrige, machinatie.***
Macho ⟨m.; ~s, ~s⟩ **0.1** ***macho.***
Macht ⟨v.; ~, ~̈e⟩ **0.1** ***macht, gezag*** *⇒invloed* **0.2** ***kracht, geweld*** **0.3** ***mogendheid*** **0.4** ***(buitenaardse) macht*** ◆ **1.2** die ~ der Wassermassen *het geweld, de kracht van de watermassa's* **2.3** die verbündeten Mächte *de verbonden mogendheden* **3.1** seine ganze ~ aufbieten *al zijn invloed aanwenden* **3.2** ⟨inf.⟩ das ist eine ~! *dat is geweldig!* **6.1** **aus** eigener ~ *op eigen gezag;* etwas steht **in** meiner ~ *iets is in mijn vermogen;* **mit** aller ~ bemüht sein *zijn uiterste best doen;* **zur** ~ gelangen, kommen *aan de macht komen* **6.2** **mit** aller ~ *uit alle macht, met alle geweld.* →**Wissen.**
Machtbefugnis ⟨v.⟩ **0.1** ***bevoegdheid, wettig gezag.***
Machtbereich ⟨m.⟩ **0.1** ***machtsgebied, invloedssfeer.***
Machtergreifung ⟨v.⟩ **0.1** ***greep naar de macht.***
Machtgier ⟨v.⟩ **0.1** ***machtswellust.***
Machthaber ⟨m.; ~s, ~⟩ **0.1** ***machthebber, heerser.***
mächtig **0.1** ***machtig, invloedrijk*** **0.2** ⟨met 2e nv.; schr.⟩ ***macht hebbend over, meester*** **0.3** ***kolossaal, imposant*** **0.4** ⟨inf.⟩ ***geweldig, zeer groot*** ◆ **1.2** seiner Sinne nicht mehr ~ sein *zich niet meer onder controle hebben;* einer Sprache ~ sein *een taal beheersen* **3.4** sich ~ freuen *ontzettend blij zijn.*
Machtkampf ⟨m.⟩ **0.1** ***machtsstrijd.***
machtlos **0.1** ***machteloos*** ◆ **6.1** **gegen** jmdn., **gegenüber** jmdm. ~ sein *tegenover iem. machteloos staan.*
Machtprobe ⟨v.⟩ **0.1** ***machtsstrijd, krachtmeting.***
Machtstellung ⟨v.⟩ **0.1** ***machtspositie.***
Machtübernahme ⟨v.⟩ **0.1** ***machtsovername.***
machtvoll **0.1** ***krachtig, machtig, invloedrijk.***
Machtvollkommenheit ⟨v.⟩ **0.1** ***machtsvolkomenheid, onbeperkte macht*** ◆ **6.1** **aus** eigener ~ *op eigen gezag, eigenmachtig.*
Machtwort ⟨o.; mv. ~e⟩ **0.1** ***machtswoord, machtspreuk*** ⇒ ⟨ook fig.⟩ *dooddoener* ◆ **3.1** ein ~ sprechen *het machtswoord spreken.*
Machwerk ⟨o.⟩⟨pej.⟩ **0.1** ***maak-, knoeiwerk.***
Macke ⟨v.; ~, ~n⟩ **0.1** ⟨inf.⟩ ***tic, afwijking*** **0.2** ***defect, mankement*** ◆ **3.1** eine ~ haben *een tic hebben.*
MAD ⟨m.; ~⟩⟨afk.; Militärischer Abschirmdienst⟩ **0.1** ***militaire contraspionage.***
Mädchen ⟨o.; ~s, ~⟩ **0.1** ***meisje*** *⇒vriendin, dienstmeisje* ◆ **2.1** ⟨iron.⟩ ein spätes ~ *een oude vrijster* **6.¶** ⟨inf.⟩ ~ **für** alles *een manusje-van-alles, duvelstoejager.*
mädchenhaft **0.1** ***meisjesachtig.***
Mädchenname ⟨m.⟩ **0.1** ***meisjesnaam.***
Made ⟨v.; ~, ~n⟩ **0.1** ***made*** ◆ **8.1** ⟨inf.⟩ wie die ~ im Speck leben *een luizenleven hebben.*
Madeira ⟨m.; ~s, ~s⟩ **0.1** ***madera(wijn).***
Mädel ⟨o.; ~s, ~⟩⟨reg.⟩ **0.1** ***meisje.***
madig **0.1** ***madig, vol maden*** ◆ **3.¶** ⟨inf.⟩ etwas, jmdn. ~ machen (a) *iets, iem. zwart maken, belasteren* (b) *met iets, iem. spotten;* ⟨inf.⟩ jmdm. etwas ~ machen *iem. de lust tot iets benemen.*
Madonna ⟨v.; ~, Madonnen⟩ **0.1** ***madonna.***
madonnenhaft **0.1** ***madonna-achtig.***
Maf(f)ia ⟨v.; ~, ~s⟩ **0.1** ***maffia.***
Mag. ⟨afk.⟩ →**Magister.**
Magazin ⟨o.; ~s, ~e⟩ **0.1** ***magazijn*** **0.2** ***magazijn*** ⟨v.e. geweer of pistool⟩ **0.3** ***magazine.***

Magazinsendung ⟨v.⟩ **0.1** ***actualiteitenrubriek.***
Magazinverwalter ⟨m.⟩ **0.1** ***magazijnmeester.***
Magd ⟨v.; ~, ⁻⁻e⟩ **0.1** ***meid*** ⟨op een boerderij⟩ **0.2** ⟨vero.; schr.⟩ ***maagd.***
Magen ⟨m.; ~s, ⁻⁻ of ~⟩ **0.1** ***maag*** ◆ **3.1** ⟨inf.⟩ mir dreht sich der ~ um *de maag draait zich om in mijn lijf* **6.1** ⟨inf.; fig.⟩ das liegt mir (schwer) **im** ~ *dat ligt mij zwaar op de maag* **6.¶** ⟨inf.⟩ jmdn. **im** ~ haben *genoeg van iem. hebben, iem. niet (meer) kunnen uitstaan.*
Magenbeschwerden ⟨alleen mv.⟩ **0.1** ***maagklachten.***
Magendrücken ⟨o.⟩ **0.1** ***druk op de maag.***
Magendurchbruch ⟨m.⟩ **0.1** ***maagperforatie.***
Magengeschwür ⟨o.⟩ **0.1** ***maagzweer.***
Magengrube ⟨v.⟩ **0.1** ***maagholte.***
Magenleiden ⟨o.⟩ **0.1** ***maagkwaal.***
Magenverstimmung ⟨v.⟩ **0.1** ***indigestie.***
mager **0.1** ***mager*** ⇒*schraal, dun* ◆ **1.1** ein ~er Bericht *een mager verslag;* ~er Boden *schrale, onvruchtbare grond;* ein ~es Ergebnis *een pover resultaat* **3.1** ⟨inf.⟩ ~ essen *vetarm eten.*
Magermilch ⟨v.⟩ **0.1** ***onder-, taptemelk.***
Magersucht ⟨v.⟩ **0.1** ***anorexie.***
Magie ⟨v.; ~⟩ **0.1** ***toverkunst, magie*** **0.2** ***goochelarij.***
magisch **0.1** ***magisch.***
Magister ⟨m.; ~s, ~⟩ **0.1** ***magister*** ⟨academische graad en titel⟩.
Magistrale ⟨v.; ~, ~n⟩ **0.1** ***hoofdverkeersweg.***
Magistrat ⟨m.; ~(e)s, ~e⟩ **0.1** ***stadsbestuur, college van Burgemeester en Wethouders, magistraat.***
Magnat ⟨m.; ~en, ~en⟩ **0.1** ***magnaat.***
Magnesium ⟨o.; ~s⟩ **0.1** ***magnesium.***
Magnet ⟨m.; ~en of ~(e)s, ~e(n)⟩ **0.1** ***magneet*** ⟨ook fig.⟩.
Magnetband ⟨o.⟩ **0.1** ***magneetband.***
Magnetfeld ⟨o.⟩ **0.1** ***magnetisch veld.***
magnetisieren **0.1** ***magnetiseren.***
Magnetplatte ⟨v.⟩⟨comp.⟩ **0.1** ***(magneet)schijf.***
Magnolie ⟨v.; ~, ~n⟩ **0.1** ***magnolia.***
Mahagoni ⟨o.; ~s⟩ **0.1** ***mahonie.***
Maharadscha ⟨m.; ~s, ~s⟩ **0.1** ***maharadja.***
Mähbinder ⟨m.⟩ **0.1** ***maai-, zelfbinder.***
Mähdrescher ⟨m.⟩ **0.1** ***maaidorser, combine.***
mähen **0.1** ***maaien.***
Mäher ⟨m.; ~s, ~⟩ **0.1** ***maaimachine*** **0.2** ***maaier.***
Mahl ⟨o.; ~(e)s, ⁻⁻er of ~e⟩⟨schr.⟩ **0.1** ***maal(tijd).***
mahlen ⟨→t81⟩ **0.1** ***(fijn)malen*** ◆ **6.1** den Kaffee **zu** Pulver ~ *de koffie fijnmalen.* →**kommen.**
Mahlstein ⟨v.⟩ **0.1** ***maal-, molensteen.***
Mahlzahn ⟨m.⟩ **0.1** ***maaltand, kies.***
Mahlzeit ⟨v.⟩ **0.1** ***maaltijd*** ◆ **2.1** (gesegnete) ~! *smakelijk eten!* **9.1** ⟨inf.⟩ na dann prost ~! *maak je borst maar nat!*
Mahnbescheid ⟨m.⟩⟨jur.⟩ **0.1** ***schriftelijke aanmaning tot betaling.***
Mähne ⟨v.; ~, ~n⟩ **0.1** ***manen*** ⟨v.e. leeuw, paard⟩ **0.2** ⟨scherts.⟩ ***lange haren, haardos.***
mahnen **0.1** ***manen, vermanen*** ⇒*waarschuwen* **0.2** ⟨schr.⟩ ***aan iets herinneren, doen denken*** **0.3** ***aanmanen, aansporen*** ◆ **6.2** jmdn. **an** ein Versprechen ~ *iem. aan een belofte herinneren* **6.3** jmdn. **zur** Eile ~ *iem. tot haast aanmanen.*
Mahngebühr ⟨v.⟩ **0.1** ***aanmaningskosten.***
Mahnmal ⟨o.⟩ **0.1** ***gedenkteken*** ⟨als waarschuwing⟩.
Mahnruf ⟨m.⟩⟨schr.⟩ **0.1** ***waarschuwende stem.***
Mahnung ⟨v.; ~, ~en⟩ **0.1** ***maning, het manen*** **0.2** ***aanmaning.***
Mahnverfahren ⟨o.⟩⟨jur.⟩ **0.1** ***aanmaningsprocedure.***
Mahnwache ⟨v.⟩ **0.1** ***stille wake*** ⟨bij wijze van protest⟩.
Mahonie ⟨v.; ~, ~n⟩ **0.1** ***mahonia.***
Mai ⟨m.; ~(e)s, ~e⟩ **0.1** ***mei*** ◆ **1.1** ⟨schr.⟩ des Lebens ~ *de lente, mei van het leven* **6.1** **im** ~ *in mei;* wie einst **im** ~ *als vroeger, als in betere dagen* **7.1** der ~ *(de maand) mei.*
Maiandacht ⟨v.⟩⟨rel.⟩ **0.1** ***meilof.***
Maid ⟨v.; ~, ~en⟩⟨vero.; schr.; scherts.⟩ **0.1** ***meisje, maagd.***
Maifeier ⟨v.⟩ **0.1** ***viering van de eerste mei.***
Maifeiertag ⟨m.⟩ **0.1** ***feestdag van de eerste mei.***
Maiglöckchen ⟨o.⟩ **0.1** ***lelietje-van-dalen.***
Mailand ⟨o.; ~s⟩ **0.1** ***Milaan.***
Mainmetropole ⟨v.⟩ **0.1** ***Frankfurt, metropool aan de Main.***
Mais ⟨m.; ~es, ~e⟩ **0.1** ***maïs.***
Maische ⟨v.; ~, ~n⟩⟨amb.⟩ **0.1** ⟨bierbrouwerij⟩ ***beslag*** **0.2** ⟨wijnbouw⟩ ***pulp.***
Maiskorn ⟨o.⟩ **0.1** ***maïskorrel.***
Majestät ⟨v.; ~, ~en⟩ **0.1** ***majesteit*** **0.2** ⟨schr.⟩ ***waardigheid, luister*** ◆ **4.1** Euer, Eure ~ *Uwe Majesteit;* Ihre, Seine ~ *Hare, Zijne Majesteit.*
majestätisch **0.1** ***verheven, majesteitelijk*** **0.2** ***waardig, majestueus.***
Majestätsbeleidigung ⟨v.⟩ **0.1** ***majesteitsschennis.***
Majolika ⟨v.; ~, Majoliken⟩ **0.1** ***majolica, faience.***
Major ⟨m.; ~s, ~e⟩⟨mil.⟩ **0.1** ***majoor.***
Majoran ⟨acc. wiss.⟩⟨m.; ~s, ~e⟩ **0.1** ***marjolein, majoraan.***
Majorette ⟨v.; ~, ~s of ~n⟩ **0.1** ***majorette.***
majorisieren **0.1** ***majoriseren.***
Majorität ⟨v.; ~, ~en⟩ **0.1** ***meerderheid (van stemmen), majoriteit.***
Majuskel ⟨v.; ~, ~n⟩⟨boek.⟩ **0.1** ***hoofdletter.***
makaber **0.1** ***macaber.***
Makedonien ⟨o.; ~s⟩ **0.1** ***Macedonië.***
Makel ⟨m.; ~s, ~⟩⟨schr.⟩ **0.1** ***smet, schandvlek*** **0.2** ***gebrek, fout*** ◆ **3.1** kein ~ haftet an ihm *geen smet kleeft aan hem* **3.2** das Obst weist keinerlei ~ auf *het fruit is volkomen gaaf.*
Mäkelei ⟨v.; ~, ~en⟩⟨pej.⟩ **0.1** ***gevit, gekanker.***
makellos **0.1** ***onberispelijk, smetteloos*** ◆ **1.1** ein ~es Leben führen *een onberispelijk leven leiden;* ein ~er Ruf *een vlekkeloze reputatie* **5.1** ~ sauber *smetteloos schoon.*
makeln **0.1** ***makelen, makelaar zijn.***
mäkeln ⟨pej.⟩ **0.1** ***vitten, kankeren*** ◆ **6.1** er hat **an** allem etwas zu ~ *hij heeft op alles wat aan te merken.*
Make-up ⟨o.; ~s, ~s⟩ **0.1** ***make-up*** ◆ **3.1** ~ auflegen, auftragen *make-up aanbrengen;* kein ~ tragen *geen make-up gebruiken.*
Makkaroni ⟨alleen mv.⟩ **0.1** ***macaroni.***
Makler ⟨m.; ~s, ~⟩ **0.1** ***makelaar.***
Mäkler ⟨m.; ~s, ~⟩⟨pej.⟩ **0.1** ***kankeraar, kankerpit.***
Maklergebühr ⟨v.⟩ **0.1** ***makelaarscourtage.***
Makramee ⟨o.; ~(s), ~s⟩ **0.1** ***macramé.***
Makrele ⟨v.; ~, ~n⟩ **0.1** ***makreel.***
makrobiotisch **0.1** ***macrobiotisch.***
Makrokosmos ⟨m.⟩ **0.1** ***macrokosmos.***
Makrone ⟨v.; ~, ~n⟩ **0.1** ***makaron.***
Makrostruktur ⟨v.⟩ **0.1** ***macrostructuur.***
Makulatur ⟨v.; ~, ~en⟩ **0.1** ***maculatuur*** ⇒*misdruk* ◆ **3.¶** ⟨inf.; pej.⟩ ~ reden *onzin uitkramen.*
mal **0.1** ⟨bw. van tijd; inf.⟩ ***eens*** **0.2** ⟨bw. van wijze⟩ ***maal, vermenigvuldigd met*** ◆ **3.1** wenn das ~ gut geht! *als dat maar goed afloopt!*
Mal[1] ⟨o.; ~(e)s, ~e⟩ **0.1** ***maal, keer*** ◆ **4.1** manch liebes ~, manches (liebe) ~ *menigmaal* **6.1** ~ **für** ~ *keer op keer;* **mit** einem ~(e) *opeens;* ein ~ **über**, **um** das andere (a) *om de*

andere keer, om de beurt (b) *keer op keer;* **von** ~ zu ~ *keer op keer;* **zu** verschiedenen, wiederholten ~en *herhaaldelijk;* **zum** letzten ~(e) *voor de laatste keer* **8.1** ein oder (und) das andere ~ *af en toe.*

Mal² ⟨o.; ~(e)s, ~e of ⸚er⟩ **0.1** ***teken, vlek*** ⇒*litteken, moedervlek* **0.2** ***gedenkteken, monument*** **0.3** ***grensteken, -paal*** **0.4** ⟨sp.⟩ ***honk, rugbydoel.***

Malachit ⟨m.; ~s, ~e⟩ **0.1** ***malachiet.***

Malaise ⟨v.; ~, ~n⟩ **0.1** ***onbehagen, misère, malaise.***

Malaria ⟨v.; ~⟩ **0.1** ***malaria.***

Maläse ⟨v.⟩⟨nw.spel.⟩ →**Malaise.**

Malbuch ⟨o.⟩ **0.1** ***kleurboek.***

malen I ⟨ov. & onov.ww.⟩ **0.1** ***schilderen*** ⇒*kleuren, verven* **0.2** ***afschilderen*** ⇒*aanschouwelijk weergeven* ◆ **1.1** große Buchstaben ~ *grote letters tekenen;* rot gemalte Lippen *rood geverfde lippen* **5.2** etwas grau in grau ~ *iets somber afschilderen* **6.1** **in** Öl ~ *in, met olieverf schilderen;* **nach** dem Leben ~ *naar het leven schilderen* **6.¶** ein Anblick **zum** Malen *een kostelijk gezicht;* eine Landschaft **zum** Malen schön *een landschap dat je zó zou willen schilderen;*
II sich ~ ⟨wk.ww.⟩⟨schr.⟩ **0.1** ***zich weerspiegelen.***

Maler ⟨m.; ~s, ~⟩ **0.1** ***schilder*** ⟨ambachtelijk⟩ **0.2** ***kunstschilder.***

Malerei ⟨v.; ~, ~en⟩ **0.1** ***schilderkunst*** **0.2** ***schilderstuk, -werk*** **0.3** ⟨inf.⟩ ***overdadige opmaak.***

malerisch **0.1** ***de schilderkunst betreffend*** **0.2** ***schilderachtig, pittoresk*** ◆ **1.1** Rembrandts ~e Entwicklung *Rembrandts ontwikkeling als schilder.*

Malgerät ⟨o.⟩ →**Malutensil.**

Malgrund ⟨m.⟩ **0.1** ***ondergrond van een schilderij.***

Malheur ⟨o.; ~s, ~e of ~s⟩⟨inf.⟩ **0.1** ***ongelukje, malheur*** ◆ **3.1** na, das ist doch kein ~! *nou, dat is toch geen ramp!*

Malkasten ⟨m.⟩ **0.1** ***verfdoos.***

malmen ⟨schr.⟩ **I** ⟨onov.ww.⟩ **0.1** ***knarsen;***
II ⟨ov.ww.⟩ **0.1** ***fijnmalen.***

malnehmen **0.1** ***vermenigvuldigen.***

Maloche ⟨v.; ~⟩⟨inf.⟩ **0.1** ***zwaar werk, gezwoeg.***

malochen ⟨inf.⟩ **0.1** ***zwaar werk verrichten, zwoegen.***

Malstift ⟨m.⟩ **0.1** ***tekenpotlood*** **0.2** ***kleurpotlood.***

Malstrom ⟨m.⟩ **0.1** ***maalstroom.***

Malteser ⟨m.; ~s, ~⟩ **0.1** ***Maltees, Maltezer*** **0.2** ***Maltezer ridder*** **0.3** ***maltezerhond*** **0.4** ⟨inf.; lid v.d. Malteser-Hilfsdienst⟩.

Malteser-Hilfsdienst ⟨m.⟩ **0.1** ⟨hulporganisatie voor EHBO en rampendienst⟩.

Malteserkreuz ⟨o.⟩ **0.1** ***Maltezer kruis.***

malträtieren **0.1** ***maltraiteren, mishandelen.***

Malutensil ⟨o.; meestal mv.⟩ **0.1** ***schildersgereedschap, schildergerei.***

malvenfarben **0.1** ***malve, mauve.***

Malz ⟨o.; ~es⟩ **0.1** ***mout.***

Malzbonbon ⟨o.⟩ **0.1** ***hoestbonbon.***

Malzeichen ⟨o.⟩ **0.1** ***maal-, vermenigvuldigingsteken.***

mälzen **0.1** ***mouten, mout maken.***

Mama ⟨acc.wiss.⟩⟨v.; ~, ~s⟩ **0.1** ***mama.***

Mammographie ⟨v.; ~, ~n⟩⟨med.⟩ **0.1** ***mammografie.***

Mammon ⟨m.; ~s⟩ **0.1** ***mammon*** ◆ **6.1** **um** des schnöden ~s willen *omwille van dat ellendige geld.*

Mammut ⟨o.; ~s, ~e of ~s⟩ **0.1** ***mammoet.***

Mammutanlage ⟨v.⟩ **0.1** ***mammoetinstallatie.***

Mammutbau ⟨m.; mv. ~ten⟩ **0.1** ***reusachtig gebouw.***

Mammutveranstaltung ⟨v.⟩ **0.1** ***reusachtige manifestatie.***

mampfen ⟨inf.⟩ **0.1** ***smullen*** ⇒*schrokken.*

Mamsell ⟨v.; ~, ~en of ~s⟩ **0.1** ***juffrouw*** ⇒*dienster* **0.2** ***huishoudster*** ◆ **2.1** kalte, warme ~ *buffetjuffrouw voor de koude, warme spijzen.*

man¹ ⟨onb.vnw.⟩ **0.1** ***men*** **0.2** ***je*** ◆ **3.1** ~ sagt, daß … *men zegt, dat …* **3.2** ~ kann nie wissen *je kunt nooit weten* **3.¶** hat ~ sich gut erholt? *bent u goed hersteld?*

man² ⟨tw.⟩⟨inf.⟩ **0.1** ***maar*** ◆ **5.1** na, denn ~ los! *nou, vooruit dan maar!*

Management ⟨o.; ~s, ~s⟩ **0.1** ***management.***

manch **0.1** ***menig(een)*** **0.2** ⟨mv.⟩ ***sommige*** ◆ **1.1** in ~er Beziehung *in menig opzicht* **3.1** ich hatte ~es erlebt *ik had een en ander, van alles beleefd* **3.2** ~e sind anderer Ansicht *sommigen hebben een andere mening* **4.1** ~ einer *menigeen.*

mancherlei **0.1** ***velerlei, allerlei.***

mancher|orten, -orts ⟨schr.⟩ **0.1** ***op menige plaats, hier en daar.***

manchmal **0.1** ***soms, af en toe.***

manchmalig **0.1** ***incidenteel.***

Mandant ⟨m.; ~en, ~en⟩⟨jur.⟩ **0.1** ***mandant, opdrachtgever.***

Mandarin ⟨m.; ~s, ~e⟩⟨gesch.⟩ **0.1** ***mandarijn.***

Mandarine ⟨v.; ~, ~n⟩ **0.1** ***mandarijn(tje).***

Mandat ⟨o.; ~(e)s, ~e⟩ **0.1** ***mandaat, volmacht*** **0.2** ***mandaatgebied*** **0.3** ⟨pol.⟩ ***zetel.***

Mandatar ⟨m.; ~s, ~e⟩ **0.1** ***mandataris*** **0.2** ⟨Oostr.⟩ ***volksvertegenwoordiger.***

mandatieren ⟨jur.⟩ **0.1** ***mandateren, een volmacht geven.***

Mandel ⟨v.; ~, ~n⟩ **0.1** ***amandel*** ◆ **3.1** ⟨med.⟩ die ~n herausnehmen, kappen *de amandelen pellen, knippen.*

Mandelauge ⟨o.⟩ **0.1** ***amandelvormig oog.***

Mandelkern ⟨m.⟩ **0.1** ***amandelpit.***

Mandola ⟨v.; ~, Mandolen⟩ **0.1** ***mandola.***

Mandoline ⟨v.; ~, ~n⟩ **0.1** ***mandoline.***

Mandrill ⟨m.; ~s, ~e⟩ **0.1** ***mandril.***

Manege ⟨v.; ~, ~n⟩ **0.1** ***manege, piste.***

Mangan ⟨o.; ~s⟩ **0.1** ***mangaan.***

Mangel¹ ⟨m.; ~s, ⸚⟩ **0.1** ***gebrek, gemis, tekort*** **0.2** ***onvolkomenheid, fout*** ◆ **3.2** Mängel rügen *gebreken wraken, reclameren* **6.1** **aus** ~ an Geld *bij gebrek aan geld;* **aus** ~, **wegen** ~s an Beweisen *bij gebrek aan bewijs* **6.2** diese Arbeit ist **mit** einigen Mängeln behaftet *aan dit werk kleven enige fouten.*

Mangel² ⟨v.; ~, ~n⟩ **0.1** ***mangel*** ◆ **6.1** ⟨inf.; fig.⟩ jmdn. **durch** die ~ drehen, **in** der ~ haben *iem. door de mangel halen.*

Mangelberuf ⟨m.⟩ **0.1** ***beroep waarvoor weinig animo bestaat.***

Mangelerscheinung ⟨v.⟩ **0.1** ***deficiëntieverschijnsel.***

mangelfrei **0.1** ***vrij van gebreken, foutloos.***

mangelhaft **0.1** ***gebrekkig, onvolmaakt*** **0.2** ⟨school.⟩ ***onvoldoende.***

Mängelhaftung ⟨v.⟩ **0.1** ***garantie.***

Mangelkost ⟨v.⟩ **0.1** ***gebrekkige voeding.***

Mangelkrankheit ⟨v.⟩ **0.1** ***deficiëntieziekte.***

mangeln I ⟨onov.ww.⟩ **0.1** ***ontbreken*** ◆ **1.1** jmdm. mangelt der Mut *iem. ontbreekt de moed;*
II ⟨ov.ww.⟩ **0.1** ***mangelen*** ⟨wasgoed⟩;
III ⟨onp.ww.⟩ **0.1** ***ontbreken*** ◆ **6.1** es mangelt ihm **an** Mut *het ontbreekt hem aan moed.*

Mängelrüge ⟨v.⟩ **0.1** ***klacht, reclame.***

mangels ⟨vz. + 2⟩⟨schr.⟩ **0.1** ***bij gebrek aan*** ◆ **1.1** ~ Beweisen *bij gebrek aan bewijzen;* ~ relevanter Beweise *bij gebrek aan relevante bewijzen.*

Mangelware ⟨v.⟩ **0.1** ***schaars artikel.***

Mango ⟨v.; ~, ~s⟩ **0.1** ***mango, manga.***

maniakalisch →**manisch.**

Manie ⟨v.; ~, ~n⟩ **0.1** ***manie.***
Manier ⟨v.; ~, ~en⟩ **0.1** ***manier, wijze*** **0.2** ***manier*** *⇒stijl, trant* **0.3** ⟨pej.⟩ ***maniertje*** *⇒gekunsteldheid, gemaaktheid* **0.4** ***manieren, gewoonte*** ◆ **3.4** das ist fast eine ~ von ihm geworden *dat is bij hem bijna een tweede natuur geworden* **6.1** ⟨inf.⟩ jmdn. **auf** gute ~ loswerden *op een keurige manier van iem. afkomen;* **in** bewährter ~ *op de beproefde wijze* **6.2** ein Gemälde **in** der ~ Rembrandts *een schilderij in de stijl van Rembrandt.*
manieriert **0.1** ***gemaniëreerd, onnatuurlijk.***
Manierismus ⟨m.; ~⟩ **0.1** ***maniërisme.***
manierlich **0.1** ***welopgevoed, beschaafd, welgemanierd.***
manifest **0.1** ***manifest, duidelijk, onmiskenbaar.***
Manifest ⟨o.; ~(e)s, ~e⟩ **0.1** ***manifest.***
Manifestation ⟨v.; ~, ~en⟩ **0.1** ***manifestatie.***
manifestieren **I** ⟨ov.ww.⟩ **0.1** ***tot uitdrukking brengen;*** **II sich** ~ ⟨wk.ww.⟩ **0.1** ***zich manifesteren, tot uitdrukking komen.***
Maniküre ⟨v.; ~, ~n⟩ **0.1** ***manicure.***
Manipulant ⟨m.; ~en, ~en⟩ **0.1** ***manipulator.***
Manipulation ⟨v.; ~, ~en⟩ **0.1** ***manipulatie*** **0.2** ⟨med.⟩ ***behandeling.***
manipulieren **0.1** ***manipuleren*** *⇒beïnvloeden* **0.2** ***manipuleren*** *⇒knoeien* **0.3** ⟨ook onov. ww.⟩ ***hanteren, omgaan met*** ◆ **1.2** ein manipuliertes Bild *een trucfoto;* manipulierte Währung *gereguleerde valuta* **1.3** das Schwert ~ *het zwaard hanteren.*
manisch **0.1** ***manisch.***
Manitu ⟨m.; ~s⟩⟨folk.⟩ **0.1** ***Grote Geest, Manitoe.***
Manko ⟨o.; ~s, ~s⟩ **0.1** ***gebrek, manco*** **0.2** ***tekort, deficit.***
Mann[1] ⟨m.; ~(e)s, ~̈er⟩ **0.1** ***man*** **0.2** ***man*** *⇒echtgenoot* ◆ **1.1** ⟨inf.⟩ ~ Gottes! *god nog an toe!;* ein ~ der Tat *een man van de daad* **2.1** ⟨sp.⟩ der freie ~ *de vrije man, de libero;* ein ganzer ~ *een flinke vent;* ⟨inf.⟩ ein gemachter ~ *een geslaagd man;* ⟨inf.⟩ der kleine ~ (a) *de kleine man* (b) *de jongeheer, penis;* ⟨inf.⟩ einen kleinen ~ im Ohr haben *niet goed snik zijn;* der kluge ~ baut vor *voorkomen is beter dan genezen;* ⟨inf.⟩ mein lieber ~! *mijn beste kerel!;* der schwarze ~ *de boeman;* ⟨inf.⟩ den starken ~ markieren, mimen, spielen *de branie, durfal uithangen;* ⟨inf.; scherts.⟩ den toten ~ machen *voor dood spelen;* ⟨inf.⟩ ein toter ~ sein *afgedaan hebben, uitgerangeerd zijn;* ⟨inf.⟩ den wilden ~ machen, spielen *als een wildeman tekeergaan* **3.1** das (er)nährt seinen ~ *daar kun je van rondkomen;* er hat seinen ~ gefunden *hij heeft zijn evenknie gevonden;* seinen ~ stehen, stellen *zijn mannetje staan* **4.1** ⟨inf.⟩ wir fahren alle ~ (hoch) nach Italien *wij reizen met z'n allen naar Italië* **6.1** ⟨inf.⟩ **am** ~ bleiben *iem. warm houden;* ⟨scheep.⟩ alle ~ **an** Deck! *alle hens aan dek!;* etwas **an** den ~ bringen *iets aan de man brengen;* ⟨inf.⟩ der erste ~ **an** der Spritze sein *het voor het zeggen hebben;* der ~ **im** Mond *het mannetje van de maan;* **mit** ~ und Maus untergehen *met man en muis vergaan* **7.1** wie ein ~ *als één man;* ⟨inf.⟩ sie kamen drei ~ hoch *zij kwamen drie man sterk* **¶.1** ⟨sprw.⟩ ein ~, ein Wort *een man een man, een woord een woord;* ⟨sprw.⟩ selbst ist der ~ *de beste bode is de man zelf.*
Mann[2] ⟨m.; ~(e)s, ~en⟩⟨gesch.⟩ **0.1** ***leenman, vazal.***
Manna ⟨o.; ~(s) of v.; ~⟩ **0.1** ⟨rel.⟩ ***manna, hemelsbrood*** **0.2** ***manna.***
mannbar ⟨schr.⟩ **0.1** ***huwbaar*** ⟨v.e. meisje⟩ **0.2** ***geslachtsrijp*** ⟨v.e. jongen⟩.
Männchen ⟨o.; ~s, ~⟩ **0.1** ***kleine man, mannetje*** **0.2** ***mannetje(sdier)*** ◆ **3.¶** ⟨sold.⟩ (sein) ~ bauen, machen *in de houding gaan staan;* ~ machen *opzitten, op de achterpoten gaan zitten* **8.¶** ⟨inf.⟩ nicht mehr wissen, ob man ~ oder Weibchen ist (a) *de kluts kwijt zijn* (b) *bekaf zijn.*
Mannequin ⟨acc. wiss.⟩⟨m. & o.; ~s, ~s⟩ **0.1** ***mannequin.***
Männerart ⟨v.⟩ **0.1** ***mannelijke levens- en handelwijze*** ◆ **6.1 nach** ~ *zoals bij mannen te doen gebruikelijk, typisch mannelijk.*
Männerbekanntschaft ⟨v.⟩ **0.1** ***mannelijke kennis*** ⟨v.e. vrouw⟩.
Männerfang ⟨m.⟩⟨inf.⟩ **0.1** ***mannenjacht*** ◆ **6.1 auf** ~ (aus)gehen *op mannenjacht gaan.*
Männergeschichte ⟨v.⟩⟨inf.⟩ **0.1** ***vrijage, liefdesaffaire*** ⟨met een man⟩.
Männersache ⟨v.⟩ **0.1** ***mannenaangelegenheid.***
Männerwirtschaft ⟨v.⟩⟨scherts.⟩ **0.1** ***mannenhuishouding.***
Mannesalter ⟨o.⟩ ◆ **6.¶ im** besten ~ sein *in de kracht van zijn leven zijn.*
Manneskraft ⟨v.⟩ **0.1** ⟨g.mv.⟩ ***voortplantingsvermogen, potentie*** **0.2** ⟨schr.⟩ ***mannelijke kracht.***
mannhaft **0.1** ***manhaftig, -moedig.***
mannigfach **0.1** ***menigvuldig, veelvoudig.***
mannigfaltig ⟨schr.⟩ **0.1** ***veelsoortig, allerlei.***
Mannigfaltigkeit ⟨v.; ~⟩ **0.1** ***verscheidenheid, veelsoortigheid.***
Männlein ⟨o.; ~s, ~⟩ **0.1** ***kleine man, mannetje*** **0.2** ⟨inf.; scherts.⟩ ***manspersoon, mannetje.***
männlich **0.1** ***mannelijk.***
Mannsbild ⟨o.⟩⟨inf.⟩ **0.1** ***manskerel, manspersoon.***
Mannschaft ⟨v.; ~, ~en⟩ **0.1** ⟨sp.⟩ ***ploeg, team*** **0.2** ⟨vooral scheep.⟩ ***bemanning*** **0.3** ⟨mil.⟩ ***manschappen*** **0.4** ⟨inf.⟩ ***(werk)team*** *⇒ploeg* **0.5** ⟨mv.; mil.⟩ ***gewone soldaten*** ◆ **3.2** eine ~ heuern *een bemanning aanmonsteren.*
mannschaftlich ⟨sp.⟩ **0.1** ***als team.***
Mannschaftsaufstellung ⟨v.⟩⟨sp.⟩ **0.1** ***opstelling.***
Mannschaftsdienstgrad ⟨m.⟩ **0.1** ***militaire rang.***
Mannschaftsfahren ⟨o.⟩⟨sp.⟩ **0.1** ***ploegentijdrit.***
Mannschaftsführer ⟨m.⟩ **0.1** ***ploegleider*** **0.2** ***aanvoerder, captain.***
Mannschaftsgeist ⟨m.⟩⟨sp.⟩ **0.1** ***teamgeest.***
Mannschaftskampf ⟨m.⟩ **0.1** ***ploegenstrijd.***
Mannschaftskantine ⟨v.⟩ **0.1** ***soldatenkantine.***
Mannschaftskapitän ⟨m.⟩ **0.1** ***aanvoerder, captain.***
Mannschaftsmesse ⟨v.⟩ **0.1** ***matrozenmess.***
Mannschaftsraum ⟨m.⟩ **0.1** ***matrozenverblijf.***
Mannschaftsrennen ⟨o.⟩⟨sp.⟩ **0.1** ***ploegentijdrit.***
Mannschaftssieger ⟨m.⟩ **0.1** ***winnend team.***
Mannschaftsspiel ⟨o.⟩ **0.1** ***wedstrijd tussen twee ploegen*** **0.2** ***samenspel*** ⟨binnen een ploeg⟩.
Mannschaftssport ⟨m.⟩ **0.1** ***teamsport.***
Mannschaftsstärke ⟨v.⟩⟨mil., sp.⟩ **0.1** ***troepen-, ploegensterkte.***
Mannschaftswagen ⟨m.⟩ **0.1** ***troepentransportwagen.***
Mannschaftswertung ⟨v.⟩⟨sp.⟩ **0.1** ***ploegenklassement.***
mannshoch **0.1** ***manshoog.***
mannstoll ⟨inf.; pej.⟩ **0.1** ***manziek.***
Mannweib ⟨o.⟩ **0.1** ***manwijf, kenau.***
Manöver ⟨o.; ~s, ~⟩ **0.1** ***manoeuvre*** ◆ **3.1** ⟨inf.⟩ allerlei ~ machen, um etwas zu erreichen *allerlei toeren uithalen om iets te bereiken;* auf ein ~ hereinfallen *in een truc trappen* **6.1 ins** ~ rücken, ziehen *op manoeuvre gaan.*
manövrierfähig **0.1** ***bestuurbaar, manoeuvreerbaar.***
Mansarde ⟨v.; ~, ~n⟩ **0.1** ***zolderkamer, mansarde.***
manschen ⟨inf.⟩ **0.1** ***in de smurrie, modder wroeten, kliederen, knoeien.***
Manschette ⟨v.; ~, ~n⟩ **0.1** ***manchet*** ◆ **3.¶** ⟨inf.⟩ vor etwas, jmdm. ~n haben *ontzag voor iets, iem. hebben, bang voor iets, iem. zijn.*
Manschettendichtung ⟨v.⟩ **0.1** ***als een manchet aangebrachte afdichting.***

Manschettenknopf ⟨m.⟩ **0.1** *manchetknoop.*

Mantel ⟨m.; ~s, ~̈⟩ **0.1** ***mantel, overjas*** **0.2** ⟨tech.⟩ ***mantel*** ⇒ *omhulling, bekleding* **0.3** ***buitenband*** **0.4** ⟨com.⟩ ***algemeen deel*** ⟨v.e. krant⟩ **0.5** ⟨ec., jur., wisk.⟩ ***mantel*** ◆ **1.1** etwas mit dem ~ der (christlichen) Nächstenliebe bedecken *iets met de mantel der liefde bedekken;* den ~ des Schweigens über etwas breiten *over iets het stilzwijgen bewaren;* etwas mit dem ~ der Vergessenheit einhüllen *iets aan de vergetelheid prijsgeven;* ⟨fig.⟩ den ~ nach dem Wind drehen, hängen *met alle winden meedraaien* **6.1** ⟨schr.⟩ **in, unter** dem ~ der Nacht *in, onder de beschutting van de nacht* **8.1** in Hut und ~ *gepakt en gezakt.*

Mantelgeschoß ⟨o.⟩ **0.1** ***mantelprojectiel.***

Mantelgesetz ⟨o.⟩ **0.1** ***raamwet.***

Manteltarif ⟨m.⟩ **0.1** ***collectieve arbeidsovereenkomst.***

Manual ⟨o.; ~s, ~e⟩ **0.1** ***manuaal.***

manuell **0.1** ***hand-, met de hand (uitgevoerd)*** ◆ **1.1** ~e Fertigkeit, Geschicklichkeit *handvaardigheid.*

Manufaktur ⟨v.; ~, ~en⟩ **0.1** ***manufactuur.***

Manuskript ⟨o.; ~(e)s, ~e⟩ **0.1** ***manuscript*** ◆ **2.1** ein druckfertiges, satzreifes ~ *een persklaar manuscript.*

Maoismus ⟨m.; ~⟩ **0.1** ***maoïsme.***

Mappe ⟨v.; ~, ~n⟩ **0.1** ***map*** **0.2** ***aktetas.***

Maquette ⟨v.; ~, ~n⟩ **0.1** ***maquette.***

Marabu ⟨m.; ~s, ~s⟩ ⟨biol.⟩ **0.1** ***maraboe.***

Marathon ⟨o.; ~s, ~s⟩ **0.1** ***marathon.***

Märchen ⟨o.; ~s, ~⟩ **0.1** ***sprookje*** **0.2** ⟨inf.⟩ ***leugen, smoes(je)*** ◆ **3.2** jmdm. ein ~ aufbinden, auftischen *iem. een leugen, smoesje voorschotelen.*

märchenhaft **0.1** ***sprookjesachtig*** ⇒ *schitterend, fabelachtig* ◆ **1.1** ~e Einkünfte erzielen *fabelachtig veel verdienen;* ~e Gestalten *figuren als uit een sprookje.*

Marchesa ⟨v.; ~, ~s of Marchesen⟩ **0.1** ***markiezin.***

Marchese ⟨m.; ~, ~n⟩ **0.1** ***markies.***

Marder ⟨m.; ~s, ~⟩ **0.1** ***marter.***

Mare ⟨o.; ~(s), ~ of Maria⟩ **0.1** ***mare, maar.***

Margarine ⟨v.; ~, ~n⟩ **0.1** ***margarine.***

Marge ⟨v.; ~, ~n⟩ **0.1** ***marge.***

Margerite ⟨v.; ~, ~n⟩ **0.1** ***margriet.***

marginal **0.1** ***marginaal.***

Marginalbemerkung ⟨v.⟩ ⟨schr.⟩ **0.1** ***marginale aantekening, kanttekening.***

Marginalie ⟨v.; ~, ~n⟩ **0.1** ***kanttekening, marginalia.***

Maria ⟨v.; ~s, Mariä of Mariens⟩ **0.1** ***Maria*** ◆ **1.1** Mariä Himmelfahrt *Maria-Hemelvaart;* Mariä Verkündigung *Maria-Boodschap* **1.¶** Jesses, Jesus ~! *wel allejezus!, jezus(mina)!*

Marienbild ⟨o.⟩ **0.1** ***Mariabeeld.***

Marienkäfer ⟨m.⟩ **0.1** ***lieveheersbeestje.***

Marienkult ⟨m.⟩ **0.1** ***Mariaverering.***

Marientag ⟨m.⟩ **0.1** ***Mariafeest.***

Marihuana ⟨o.; ~s⟩ **0.1** ***marihuana.***

Marille ⟨v.; ~, ~n⟩ ⟨Oostr.⟩ **0.1** ***abrikoos.***

Marillengeist ⟨m.⟩ **0.1** ***abrikozenbrandewijn.***

marin **0.1** ***van de zee, zee-.***

Marinade ⟨v.; ~, ~n⟩ **0.1** ***marinade*** **0.2** ***(in marinade) ingemaakte vis.***

Marine ⟨v.; ~, ~n⟩ **0.1** ***marine*** **0.2** ⟨bk.⟩ ***zeestuk, zeegezicht*** ◆ **6.1** **zur** ~ gehen *bij de marine gaan.*

Marinemaler ⟨m.⟩ **0.1** ***zeeschilder, schilder van zeegezichten.***

Mariner ⟨m.; ~s, ~⟩ ⟨inf.⟩ **0.1** ***matroos, marinier.***

Marinesoldat ⟨m.⟩ **0.1** ***marinier.***

marinieren **0.1** ***marineren.***

Marionette ⟨v.; ~, ~n⟩ **0.1** ***marionet.***

Marionettenregierung ⟨v.⟩ **0.1** ***marionettenregering.***

maritim **0.1** *maritiem.*

Mark[1] ⟨v.; ~, ~⟩ **0.1** ***mark*** ◆ **2.1** ⟨inf.⟩ keine müde ~ *geen rooie cent* **3.1** ⟨inf.⟩ jede ~ umdrehen *elk dubbeltje omdraaien* **6.1** **mit** jeder ~ rechnen müssen *op de kleintjes moeten letten.*

Mark[2] ⟨v.; ~, ~en⟩ ⟨gesch.⟩ **0.1** ***grens, grensgewest, mark.***

Mark[3] ⟨o.; ~(e)s⟩ **0.1** ***merg*** ⇒ *kern, kracht* **0.2** ***moes*** ◆ **3.1** ⟨fig.⟩ jmdm. das ~ aus den Knochen saugen *iem. uitzuigen, uitbuiten;* ⟨fig.⟩ kein ~ in den Knochen haben (a) *ziekelijk zijn* (b) *geen fut in zijn lijf hebben* **6.1** **ans** ~ gehen *tot de kern doorstoten;* jmdn. **bis aufs** ~ quälen *iem. tot het uiterste kwellen;* das geht mir **durch** ~ und Bein, Pfennig *dat gaat mij door merg en been;* jmd. ist bis **ins** ~ durchkältet *iem. heeft het door en door koud;* jmdn. **ins** ~ treffen *iem. op zijn ziel trappen.*

markant **0.1** ***opvallend, markant.***

Marke ⟨v.; ~, ~n⟩ **0.1** ***bon, penning, zegel*** **0.2** ***identiteitsplaatje, -bewijs*** **0.3** ***(handels)merk*** ⇒ *soort* **0.4** ***postzegel*** **0.5** ***merkteken*** ⇒ *record* **0.6** ⟨inf.⟩ ***typ(e)*** ⇒ *vreemde vogel* ◆ **2.3** eine gesetzlich geschützte ~ *een wettig gedeponeerd handelsmerk* **2.6** eine komische ~ *een vreemde vogel, een zonderling type* **3.3** ⟨inf.⟩ das ist eine ~! *dat is grote klasse, uitstekend!* **3.5** er verbesserte die alte ~ um 10 Zentimeter *hij verbeterde het oude record met 10 centimeter* **6.1** Zucker gibt es nur **auf** ~n *suiker is alleen met (distributie)bonnen te krijgen.*

Markenartikel ⟨m.⟩ **0.1** ***merkartikel.***

Markenbutter ⟨v.⟩ **0.1** ***kwaliteitsboter.***

Markensammler ⟨m.⟩ **0.1** ***postzegelverzamelaar.***

Markenschutz ⟨m.⟩ **0.1** ***handelsmerkbescherming.***

Markenware ⟨m.⟩ **0.1** ***merkartikel.***

Markenzeichen ⟨o.⟩ **0.1** ***handelsmerk.***

markerschütternd **0.1** ***hartverscheurend.***

Marketender ⟨m.; ~s, ~⟩ ⟨gesch.⟩ **0.1** ***marketenter.***

Markgraf ⟨m.⟩ ⟨gesch.⟩ **0.1** ***markgraaf*** **0.2** ***markies.***

markieren **0.1** ***markeren, merken*** **0.2** ***accentueren, beklemtonen*** **0.3** ***iets niet voluit tot uiting brengen, niet voluit spelen*** **0.4** ⟨inf.⟩ ***doen alsof, simuleren*** ◆ **1.1** markierte Wanderwege *uitgezette wandelroutes* **1.3** auf der Probe markierte der Sänger seine Partie *bij de repetitie zong de zanger niet voluit* **1.4** den Dummen ~ *zich van den domme houden;* den starken Mann ~ *de sterke man uithangen* **4.2** die Taille markiert sich in diesem Kleid stark *de taille wordt bij deze jurk in sterke mate geaccentueerd.*

markig **0.1** ***pittig, kernachtig, krachtig.***

märkisch **0.1** ***uit de mark Brandenburg, Brandenburgs.***

Markise ⟨v.; ~, ~n⟩ **0.1** ***markies*** ⇒ *luifel, zonnescherm* **0.2** ***soort edelsteen.***

Markknochen ⟨m.⟩ **0.1** ***mergpijp.***

marklos **0.1** ***krachteloos, slap.***

Markstein ⟨m.⟩ **0.1** ***mijlpaal, keerpunt.***

Markstück ⟨o.⟩ **0.1** ***munt ter waarde van 1 mark.***

Markt ⟨m.; ~(e)s, ~̈e⟩ **0.1** ***markt*** ◆ **2.1** der graue ~ *de inofficiële markt;* der innere ~ *de binnenlandse markt* **3.1** der ~ liegt danieder *de markt is ingestort;* neue Märkte erschließen, gewinnen *nieuwe markten ontsluiten* **6.1** für diese Ware sind keine Käufer **am** ~ *voor dit product zijn geen kopers in de markt;* **auf** den ~ gehen *naar de markt gaan.*

marktbeherrschend **0.1** ***monopolistisch.***

Markterhebung ⟨v.⟩ **0.1** ***marktonderzoek.***

Marktflecken ⟨m.⟩ **0.1** ***dorpje met marktrecht.***

Marktforschung ⟨v.⟩ **0.1** ***marktonderzoek.***

marktgängig **0.1** ***goed verkoopbaar, gangbaar, courant.***

Marktgebühr ⟨v.⟩ **0.1** ***markt-, staangeld.***

Markthalle ⟨v.⟩ **0.1** ***markthal, overdekte markt.***

Marktlage ⟨v.⟩ **0.1** ***marktsituatie.***
Marktlücke ⟨v.⟩ **0.1** ***gat in de markt.***
Marktordnung ⟨v.⟩ **0.1** ***regulering van de markt*** *⇒marktverordening, prijsbeschikking* **0.2** ***marktreglement.***
marktorientiert **0.1** ***marktgericht.***
Marktplatz ⟨m.⟩ **0.1** ***marktplein.***
marktschreierisch **0.1** ***schreeuwerig.***
Marktstand ⟨m.⟩ **0.1** ***marktstalletje, -kraampje.***
Marktwirtschaft ⟨v.⟩ **0.1** ***markteconomie.***
Marmelade ⟨v.; ~, ~n⟩ **0.1** ***jam.***
Marmelade(n)brot ⟨o.⟩ **0.1** ***boterham met jam.***
Marmelade(n)glas ⟨o.⟩ **0.1** ***jampot.***
Marmor ⟨m.; ~s, ~e⟩ **0.1** ***marmer*** ◆ **6.1** der Bildhauer arbeitet **in** ~ *de beeldhouwer werkt met marmer.*
Marmorgrube ⟨v.⟩ **0.1** ***marmergroeve.***
marmorieren **0.1** ***marmeren.***
marmorn **0.1** ***marmeren, (als) van marmer.***
Marmotte ⟨v.; ~, ~n⟩ **0.1** ***marmot.***
marode **0.1** ***aan lager wal geraakt.***
marodieren ⟨sold.⟩ **0.1** ***plunderen, maroderen.***
Marokkaner ⟨m.; ~s, ~⟩ **0.1** ***Marokkaan.***
marokkanisch **0.1** ***Marokkaans.***
Marokko ⟨o.; ~s⟩ **0.1** ***Marokko.***
Marone ⟨v.; ~, ~n⟩ **0.1** ***eetbare kastanje.***
Marotte ⟨v.; ~, ~n⟩ **0.1** ***gril, kuur.***
Marquis ⟨m.; ~, ~⟩ **0.1** ***markies.***
Marquise ⟨v.; ~, ~n⟩ **0.1** ***markiezin.***
Mars ⟨m.; ~⟩ **0.1** ***Mars.***
marsch! **0.1** ***mars!*** *⇒ingerukt!, opschieten!* ◆ **3.1** ⟨mil.⟩ kehrt ~! *rechtsomkeert, mars!* **6.1** ⟨inf.⟩ ~, **an** die Arbeit! *opschieten, aan het werk!*
Marsch[1] ⟨m.; ~(e)s, ⸚e⟩ **0.1** ***mars*** *⇒tocht* **0.2** ⟨muz.⟩ ***mars*** ◆ **3.¶** ⟨inf.⟩ jmdm. den ~ blasen *iem. op zijn nummer zetten* **6.1** jmdn. **in** ~ setzen (a) *iem. ergens op af sturen* (b) *iem. in actie brengen, activeren;* sich **in** ~ setzen *zich in beweging zetten.*
Marsch[2] ⟨v.; ~, ~en⟩ **0.1** ***mars, marsland, -grond.***
Marschall ⟨m.; ~s, ⸚e⟩ **0.1** ***maarschalk.***
Marschbefehl ⟨m.⟩ **0.1** ***marsbevel.***
marschbereit **0.1** ***marsvaardig.***
Marschflugkörper ⟨m.⟩ **0.1** ***kruisraket.***
marschieren ⟨s.⟩ **0.1** ***marcheren*** *⇒oprukken* **0.2** ⟨inf.⟩ ***marcheren*** *⇒lopen, vorderen* ◆ **1.2** die Sache marschiert *de zaak vordert* **6.1** **in** den Krieg ~ *ten strijde trekken* **6.2** etwas marschiert **in** die gute Richtung *iets gaat de goede kant uit;* die Firma marschiert **in** die roten Zahlen *de firma komt in de rode cijfers terecht.*
Marschordnung ⟨v.⟩ **0.1** ***marsorde.***
Marschroute ⟨v.⟩ **0.1** ⟨mil.⟩ ***marsroute*** **0.2** ⟨fig.⟩ ***gedragslijn*** *⇒tactiek* ◆ **3.2** die ~ für die Verhandlungen *de tactiek voor de onderhandelingen.*
Marschschritt ⟨m.⟩ **0.1** ***marspas.***
Marschverpflegung ⟨v.⟩ **0.1** ***proviandering voor de mars.***
Marter ⟨v.; ~, ~n⟩⟨schr.⟩ **0.1** ***marteling, kwelling.***
Marterinstrument ⟨o.⟩ **0.1** ***folterwerktuig.***
martern ⟨schr.⟩ **0.1** ***martelen, kwellen*** ◆ **4.1** sich ⟨3e nv.⟩ den Kopf ~ *zich het hoofd breken* **6.1** jmdn. **zu** Tode ~ *iem. doodmartelen.*
Marterpfahl ⟨m.⟩ **0.1** ***folterpaal.***
Martertod ⟨m.⟩ **0.1** ***marteldood.***
martialisch **0.1** ***martiaal, krijgshaftig*** *⇒vervaarlijk.*
Martinshorn ⟨o.⟩ **0.1** ***sirene*** ⟨op politieauto's, brandweerwagens en ambulances⟩.
Märtyrer ⟨m.; ~s, ~⟩ **0.1** ***martelaar*** *⇒slachtoffer* ◆ **1.1** ein ~ der Freiheit *een martelaar voor de vrijheid.*
Märtyrerin ⟨v.; ~, ~nen⟩ **0.1** ***martelares.***
Märtyrertum ⟨o.; ~s⟩ **0.1** ***martelaarschap.***
Marxismus ⟨m.; ~, Marxismen⟩ **0.1** ***marxisme.***
Marxist ⟨m.; ~en, ~en⟩ **0.1** ***marxist.***
März ⟨m.; ~(es)⟩ **0.1** ***maart*** ◆ **6.1** **im** ~ *in maart* **7.1** der ~ *(de maand) maart.*
Märzenbecher ⟨m.⟩ **0.1** ***lenteklokje.***
Märzenbier ⟨o.⟩ **0.1** ***donker bockbier.***
Marzipan ⟨m. & o.; ~s, ~e⟩ **0.1** ***marsepein.***
märzlich **0.1** ***maarts.***
Märzveilchen ⟨o.⟩ **0.1** ***maarts viooltje.***
Mascara ⟨o.; ~, ~s⟩ **0.1** ***mascara.***
Masche ⟨v.; ~, ~n⟩ **0.1** ***steek*** **0.2** ***maas*** **0.3** ***ladder*** **0.4** ⟨inf.⟩ ***slimmigheid*** *⇒truc, oplossing* ◆ **3.1** ~n ab-, zunehmen *steken minderen, meerderen;* ~n aufschlagen *steken opzetten* **3.3** an ihrem Strumpf läuft eine ~ *zij heeft een ladder in haar kous* **3.4** das ist die ~! *dat is dé oplossing!* **6.2** **durch** die ~n des Gesetzes schlüpfen *door de mazen van de wet glippen.*
Maschendraht ⟨m.⟩ **0.1** ***draad-, ijzergaas.***
Maschenmode ⟨v.⟩ **0.1** ***breimode.***
Maschenware ⟨v.⟩ **0.1** ***gebreid goed.***
Maschenwerk ⟨o.⟩ **0.1** ***mazen-, netwerk.***
Maschine ⟨v.; ~, ~n⟩ **0.1** ***machine*** **0.2** ⟨inf.⟩ ***motor*** **0.3** ⟨inf.; pej.⟩ ***dikke tante, schommel*** ◆ **3.1** sie schreibt ~ *zij schrijft op de machine, typt* **3.2** die ~ hochdrehen *de motor opjagen.*
maschinegeschrieben **0.1** ***getypt.***
maschinell **0.1** ***machinaal.***
Maschinenarbeit ⟨v.⟩ **0.1** ***machinewerk, machinaal werk.***
Maschinenbau ⟨m.⟩ **0.1** ***machinebouw*** **0.2** ***werktuigbouwkunde.***
Maschinenbauer ⟨m.⟩ **0.1** ***machineconstructeur.***
Maschinenbauingenieur ⟨m.⟩ **0.1** ***werktuigbouwkundig ingenieur.***
maschinengestrickt **0.1** ***machinaal gebreid.***
Maschinengewehr ⟨o.⟩ **0.1** ***machinegeweer.***
Maschinenkunde ⟨v.⟩ **0.1** ***werktuigkunde.***
maschinenlesbar ⟨comp.⟩ **0.1** ***machinaal leesbaar.***
maschinenmäßig **0.1** ***machinaal.***
Maschinenmeister ⟨m.⟩ **0.1** ***machineparkopzichter*** **0.2** ⟨dram.⟩ ***machinist.***
Maschinenpapier ⟨o.⟩ **0.1** ***machinaal vervaardigd papier*** **0.2** ***schrijfmachinepapier.***
Maschinenpistole ⟨v.⟩ **0.1** ***pistoolmitrailleur.***
Maschinenraum ⟨m.⟩ **0.1** ***machinehal*** **0.2** ***machinekamer.***
Maschinenschaden ⟨m.⟩ **0.1** ***machine-, motordefect.***
Maschinenschlosser ⟨m.⟩ **0.1** ***machinebankwerker.***
maschinenschreiben ⟨enkel als infinitief en volt. deelw. aaneengeschreven⟩ **0.1** ***machineschrijven, typen.***
maschinenschriftlich **0.1** ***getypt.***
Maschinensprache ⟨v.⟩ **0.1** ***computertaal.***
Maschinentelegraf ⟨m.⟩ **0.1** ***scheepstelegraaf.***
Maschinenwaffe ⟨v.⟩ **0.1** ***automatisch wapen.***
Maschinenwärter ⟨m.⟩ **0.1** ***machineparkopzichter.***
Maschinerie ⟨v.; ~, ~n⟩ **0.1** ***machinerie.***
Maschinist ⟨m.; ~en, ~en⟩ **0.1** ***machinist.***
Maser ⟨v.; ~, ~n⟩ **0.1** ***vlam, ader*** ⟨in het hout⟩.
maserig **0.1** ***gevlamd, geaderd.***
Masern ⟨alleen mv.⟩ **0.1** ***mazelen.***
Maske ⟨v.; ~, ~n⟩ **0.1** ***masker*** ⟨ook fig.⟩ **0.2** ***gemaskerde*** **0.3** ⟨dram.⟩ ***grimering*** **0.4** ⟨biol.⟩ ***masker, tekening*** ⟨op de voorsnuit v.e. dier⟩ **0.5** ⟨foto.⟩ ***masker*** ◆ **3.1** ⟨fig.⟩ die ~ fallen lassen, von sich werfen *het masker laten vallen;* ⟨fig.⟩ jmdm. die ~ herunterreißen *iem. het masker afrukken,*

ontmaskeren **3.3** ~ machen *zich grimeren* **6.1 unter** der ~ der Freundschaft *onder het mom van vriendschap.*
Maskenball ⟨m.⟩ **0.1** ***gemaskerd bal, bal masqué.***
Maskenbildner ⟨m.⟩ **0.1** ***grimeur.***
maskenhaft 0.1 ***maskerachtig*** ⇒*star, onbeweeglijk.*
Maskenkostüm ⟨o.⟩ **0.1** ***vermommings-, maskeradekostuum.***
Maskenzug ⟨m.⟩ **0.1** ***optocht van gemaskerden, maskerade.***
Maskerade ⟨v.; ~, ~n⟩ **0.1** ***vermomming*** ⟨ook fig.⟩ ⇒*huichelarij.*
maskieren 0.1 ***maskeren.***
Maskierung ⟨v.; ~, ~en⟩ **0.1** ***vermomming.***
Maskottchen ⟨o.; ~s, ~⟩ **0.1** ***mascotte.***
maskulin 0.1 ***mannelijk.***
Masochismus ⟨m.; ~⟩ **0.1** ***masochisme.***
Maß[1] ⟨v.; ~, ~(e)⟩⟨Zdd., Oostr.⟩ **0.1** ***een liter bier.***
Maß[2] ⟨o.; ~es, ~e⟩ **0.1** ***(eenheid van) maat*** ⇒*maatstaf* **0.2** ***maat, meetwerktuig*** **0.3** ***maat*** ⇒*afmeting* **0.4** ***mate*** ⇒ *graad* ◆ **2.2** ein gerüttelt ~ *een hele hoop, heel wat* **2.4** ein hohes ~ (an) Vertrauen *een grote mate van vertrouwen* **3.2** das ~ an etwas ⟨4e nv.⟩ anlegen *iets af-, opmeten* **3.3** ⟨inf.⟩ jmdn. ~ nehmen (a) *iem. flink de waarheid zeggen* (b) *iem. afranselen* **5.2** das ~ ist voll! *de maat is vol!* **6.3** ein Anzug **nach** ~ *een pak op maat* **6.4** etwas **auf** das rechte ~ bringen *iets tot de juiste proporties terugbrengen;* **in, mit** ~en *met mate;* **in** reichem ~e *in ruime mate;* ⟨schr.⟩ **über** alle, die ~en *buitengewoon, bovenmatig;* **über** jedes ~ hinausgehen *alle perken te buiten gaan* **8.4** ohne ~ und Ziel *buitensporig, mateloos;* weder ~ noch Ziel kennen *paal noch perk kennen.*
Massage ⟨v.; ~, ~n⟩ **0.1** ***massage.***
Massaker ⟨o.; ~s, ~⟩ **0.1** ***bloedbad, moordpartij.***
Maßanzug ⟨m.⟩ **0.1** ***maatpak, -kostuum.***
Maßarbeit ⟨v.⟩ **0.1** ***maatwerk*** **0.2** ***prima werk.***
Masse ⟨v.; ~, ~n⟩ **0.1** ***massa*** ⟨ook nat.⟩ **0.2** ***hoop, boel*** **0.3** ***massa*** ⇒*menigte* **0.4** ***boedel*** ⟨bij faillissement en erflating⟩ ◆ **1.1** Einheit der ~ *eenheid van massa* **2.3** die breite ~ *de grote hoop, massa* **6.2** eine ~ **an, von** Büchern *een massa, hoop boeken* **6.4** ihre Juwelen wurden **zur** ~ geschlagen *haar juwelen werden bij de boedel gevoegd.*
Maßeinheit ⟨v.⟩ **0.1** ***eenheid van maat.***
Maßeinteilung ⟨v.⟩ **0.1** ***maatverdeling.***
Massenabfertigung ⟨v.⟩ **0.1** ***massabediening.***
Massenabsatz ⟨m.⟩ **0.1** ***massaverkoop.***
Massenandrang ⟨m.⟩ **0.1** ***massale, enorme drukte.***
Massenaufgebot ⟨o.⟩ **0.1** ***(voor een bepaald doel opgeroepen) massale hoeveelheid, enorme menigte.***
Massenbedarf ⟨m.⟩ **0.1** ***behoefte van de massa's.***
Massenbedarfsartikel ⟨m.⟩ **0.1** ***massagebruiksartikel.***
Massenentlassung ⟨v.⟩ **0.1** ***massaontslag.***
Massenfertigung ⟨v.⟩ **0.1** ***massaproductie.***
massenhaft 0.1 ***in massa's, massaal.***
Massenkarambolage ⟨v.⟩ **0.1** ***kettingbotsing.***
Massenkundgebung ⟨v.⟩ **0.1** ***massademonstratie.***
Massenmedium ⟨o.⟩ **0.1** ***massamedium.***
Massensterben ⟨o.⟩ **0.1** ***massale dood, sterfte.***
Massensturz ⟨m.⟩⟨sp.⟩ **0.1** ***massale valpartij.***
Massentierhaltung ⟨v.⟩ **0.1** ***bio-industrie.***
Massenveranstaltung ⟨v.⟩ **0.1** ***massamanifestatie.***
Massenverkehr ⟨m.⟩ **0.1** ***massaal verkeer.***
massenweise 0.1 ***bij hopen, in massa's*** ⇒*massaal.*
Masseur ⟨m.; ~s, ~e⟩ **0.1** ***masseur.***
Masseuse ⟨v.; ~, ~n⟩ **0.1** ***masseuse.***
Maßgabe ⟨v.⟩ ◆ **6.¶ mit** der ~, daß *met dien verstande, dat, mits;* ⟨schr.⟩ **nach** ~ seines Vermögens *naar de mate van zijn vermogen, voor zover het in zijn vermogen ligt;* ⟨schr.⟩ **nach** ~ der Vorschriften *met inachtneming van de voorschriften.*
maßgearbeitet 0.1 ***op maat gemaakt.***
maßgebend 0.1 ***beslissend, doorslaggevend*** ⇒*toonaangevend* ◆ **1.1** etwas von ~er Seite vernehmen *iets uit goed ingelichte bron vernemen* **3.1** ~ zu einer Entwicklung beitragen *op een beslissende manier aan een ontwikkeling bijdragen.*
maßgeblich 0.1 ***van doorslaggevende betekenis*** ⇒*beslissend, belangrijk* ◆ **3.1** ~ an einer Sache beteiligt sein *een toonaangevende rol bij iets spelen.*
maßgerecht 0.1 ***op (de juiste) maat.***
maßhalten 0.1 ***maathouden, zich matigen.***
massieren 0.1 ***masseren*** **0.2** ⟨meestal mil.⟩ ***samentrekken, concentreren*** ◆ **1.2** ⟨sp.⟩ eine massierte Abwehr *een versterkte verdediging.*
massig 0.1 ***massief, imposant*** **0.2** ⟨inf.; bw.⟩ ***zeer veel.***
mäßig 0.1 ***matig*** ◆ **2.1** ein ~ großes Haus *een niet al te groot huis.*
mäßigen I ⟨ov.ww.⟩ **0.1** ***matigen*** ⇒*minderen, afzwakken* ◆ **1.1** den Schritt ~ *de pas inhouden;*
II sich ~ ⟨wk.ww.⟩ **0.1** ***zich matigen*** ⇒*zich beheersen* **0.2** ***minder worden, afzwakken*** ◆ **1.2** der Sturm mäßigte sich *de storm nam af, ging liggen.*
massiv 0.1 ***massief*** **0.2** ***hevig, intensief*** ⇒*massaal.*
Massiv ⟨o.; ~s, ~e⟩ **0.1** ***bergmassief, berggroep*** **0.2** ⟨geol.⟩ ***massief.***
Massivbau ⟨m.; mv. ~ten⟩ **0.1** ⟨g.mv.⟩ ***massief-, betonbouw*** **0.2** ***massief bouwwerk.***
Maßkrug ⟨m.⟩ **0.1** ***bierpul*** ⟨voor 1 liter bier⟩.
Maßliebchen ⟨o.⟩ **0.1** ***madeliefje.***
maßlos 0.1 ***bovenmatig, mateloos*** ⇒*uiterst.*
Maßnahme ⟨v.; ~, ~n⟩ **0.1** ***maatregel, ingreep*** ◆ **2.1** ⟨jur.⟩ dienststrafrechtliche ~ *tuchtmaatregel* **3.1** ~n ergreifen *maatregelen nemen.*
Maßnahmenkatalog ⟨m.⟩ **0.1** ***pakket maatregelen.***
Maßregel ⟨v.⟩ **0.1** ***maatregel*** ⇒*voorschrift.*
maßregeln 0.1 ***berispen, disciplinair straffen.***
Maßstab ⟨m.⟩ **0.1** ***maatstaf, norm*** **0.2** ⟨aardr., tech.⟩ ***schaal*** ◆ **1.1** die Maßstäbe meines Handelns *de criteria voor mijn handelen* **3.1** den ~ für etwas abgeben *als norm voor iets fungeren;* neue Maßstäbe setzen *de grenzen verleggen* **6.2** **in** vergrößertem ~ *op vergrote schaal* **6.¶** ein Geschäft **in** großem ~ aufziehen *een zaak groot opzetten.*
maß|stab(s)gerecht, -getreu 0.1 ***op (de juiste) maat, op schaal.***
maßvoll 0.1 ***gematigd*** ⇒*beheerst* ◆ **3.1** ~ urteilen *gematigd, terughoudend oordelen.*
Mast[1] ⟨m.; ~(e)s, ~en of ~e⟩ **0.1** ***mast*** ⟨v.e. schip⟩ **0.2** ***paal.***
Mast[2] ⟨v.; ~, ~en⟩ **0.1** ***het mesten.***
Mastbaum ⟨v.⟩ **0.1** ***mast, paal.***
Mastdarm ⟨m.⟩ **0.1** ***endeldarm.***
mästen 0.1 ***(vet)mesten.***
Masthuhn ⟨o.⟩ **0.1** ***slachtkuiken, poularde.***
Mastix ⟨m.; ~(e)s⟩ **0.1** ***mastiek.***
masturbieren 0.1 ***masturberen.***
Matador ⟨m.; ~s, ~e⟩ **0.1** ***matador.***
Match ⟨m. & o.; ~(e)s, ~s of ~e⟩ **0.1** ***sportwedstrijd, match.***
Matchball ⟨m.⟩⟨tennis⟩ **0.1** ***matchpoint.***
material 0.1 ***materieel.***
Material ⟨o.; ~s, ~ien⟩ **0.1** ***materiaal*** ◆ **2.1** das rollende ~ *het rollend materieel* **3.1** belastendes ~ gegen jmdn. *belastend materiaal tegen iem.*

Materialbeschaffung ⟨v.⟩ **0.1** ***materiaalvoorziening, -aanvoer.***
Materialismus ⟨m.; ~⟩ **0.1** ***materialisme.***
Materialschaden ⟨m.⟩ **0.1** ***materiële schade.***
Materialschlacht ⟨v.⟩ **0.1** ⟨mil.⟩ ***materiaalslag*** **0.2** ⟨sp.⟩ ***slijtageslag.***
Materie ⟨v.; ~⟩ **0.1** ***materie.***
materiell **0.1** ***materieel.***
Mathe ⟨v.; ~⟩⟨inf.; school.⟩ **0.1** ***wiskunde.***
Mathematik ⟨v.; ~⟩ **0.1** ***wiskunde*** ◆ **2.1** ⟨inf.; scherts.⟩ das ist ja höhere ~! *dat gaat mij boven de pet!* **6.1 in** ~ hat er eine 2 *voor wiskunde heeft hij een acht.*
Mathematiker ⟨m.; ~s, ~⟩ **0.1** ***wiskundige, mathematicus.***
Matinee ⟨v.; ~, ~n⟩ **0.1** ***matinee.***
Matjeshering ⟨m.⟩ **0.1** ***maatjesharing.***
Matratze ⟨v.; ~, ~n⟩ **0.1** ***matras*** **0.2** ***luchtbed*** ◆ **3.1** ⟨scherts.⟩ die ~ belauschen *op een oor liggen.*
matriarchal(isch) **0.1** ***matriarchaal.***
Matrikel ⟨v.; ~, ~n⟩ **0.1** ***inschrijvingsregister, matrikel*** **0.2** ⟨Oostr.⟩ ***bevolkingsregister.***
Matrix ⟨v.; ~, Matrizes of Matrizen⟩ **0.1** ***matrix.***
Matrize ⟨v.; ~, ~n⟩ **0.1** ***matrijs.***
Matrone ⟨v.; ~, ~n⟩ **0.1** ***matrone.***
Matrose ⟨m.; ~n, ~n⟩ **0.1** ***matroos.***
Matsch ⟨m.; ~(e)s⟩⟨inf.⟩ **0.1** ***modder(brij), blubber*** **0.2** ***smurrie.***
matschen ⟨inf.⟩ **0.1** ***morsen, knoeien*** **0.2** ***in de modder wroeten, kliederen.***
matschig **0.1** ***modderig, slijkerig*** **0.2** ***overrijp, beurs, papperig.***
matt **0.1** ***mat*** ⇒*vermoeid, zwak* **0.2** ***mat*** ⇒*dof, gedempt* **0.3** ***zwak*** ⇒*onbevredigend, flauw* **0.4** ⟨sp.⟩ ***(schaak)mat*** ◆ **1.1** die ~en Glieder ausstrecken *de vermoeide ledematen strekken;* ~er Beifall *mat applaus* **1.2** ⟨foto.⟩ ~e Abzüge *afdrukken op mat papier* **1.3** eine ~e Entschuldigung *een zwak excuus* **3.3** die Börse war ~ *de beurs was zwak (gestemd)* **3.4** jmdn. ~ setzen (a) *iem. (schaak)mat zetten* (b) ⟨fig.⟩ *iem. schaakmat zetten, uitschakelen* **6.1** ganz ~ **vor** Hunger sein *helemaal flauw van de honger zijn.*
Matt ⟨o.; ~s, ~s⟩⟨sp.⟩ **0.1** ***(schaak)mat.***
Matte ⟨v.; ~, ~n⟩ **0.1** ***mat.***
Mattglas ⟨o.⟩ **0.1** ***matglas.***
Matthäus ⟨m.; Matthäi⟩ ◆ **6.¶** ⟨inf.⟩ bei ihm ist Matthäi **am** letzten (a) *hij zit financieel aan de grond* (b) *hij zal het niet lang meer maken.*
mattieren **0.1** ***mat, dof maken, matteren.***
Mattigkeit ⟨v.; ~⟩ **0.1** ***matheid, afmatting*** ⇒*lusteloosheid.*
Mattscheibe ⟨v.⟩ **0.1** ***matglazen ruitje*** ⟨in een fotocamera⟩ **0.2** ⟨inf.⟩ ***(beeld)buis*** ◆ **3.¶** ⟨inf.⟩ ~ haben (a) *niet helemaal bij zijn positieven zijn* (b) *niet snugger zijn.*
Matura ⟨v.; ~⟩⟨Oostr., Zwi.⟩ **0.1** ***eindexamen vwo.***
Mätzchen ⟨o.; ~s, ~⟩⟨inf.⟩ **0.1** ***grappenmakerij*** **0.2** ***geintje, foefje, trucje*** ◆ **3.1** laß die ~! *hou op met die aanstellerij!* **3.2** ~ machen *geintjes, foefjes uithalen.*
Mauer ⟨v.; ~, ~n⟩ **0.1** ***(buiten)muur*** **0.2** ***bergwand*** ◆ **1.1** eine ~ des Mißtrauens *een muur van wantrouwen* **3.1** eine ~ aufführen *een muur optrekken* **6.1** sich **an** einer ~ den Kopf einrennen *met zijn kop tegen de muur lopen.*
Mauerblümchen ⟨o.⟩⟨inf.⟩ **0.1** ***muurbloempje.***
Mauerfall ⟨m.⟩ **0.1** ***val v.d. (Berlijnse) Muur.***
Mauerkelle ⟨v.⟩ **0.1** ***troffel.***
Mauerkrone ⟨v.⟩ **0.1** ***muurkap.***
Mauermeister ⟨m.⟩ **0.1** ***metselaarsbaas.***
mauern **0.1** ***metselen*** **0.2** ⟨sp.⟩ ***het eigen doel dichtmetselen, zeer verdedigend spelen.***
Mauerpolier ⟨m.⟩ **0.1** ***voorman in de bouw.***
Mauersegler ⟨m.⟩ **0.1** ***gierzwaluw.***
Mauerspeise ⟨v.⟩ **0.1** ***specie.***
Mauerstein ⟨m.⟩ **0.1** ***metselsteen.***
Mauersturz ⟨m.⟩ →**Mauerfall.**
Mauervorsprung ⟨m.⟩ **0.1** ***uitsteeksel aan een muur.***
Mauerwerk ⟨o.⟩ **0.1** ***metselwerk*** **0.2** ***muurwerk.***
Mauerziegel ⟨m.⟩ **0.1** ***metsel-, baksteen.***
Maul ⟨o.; ~(e)s, ¨~er⟩ **0.1** ***muil, bek*** **0.2** ⟨inf.⟩ ***bek, smoel*** **0.3** ⟨tech.⟩ ***mond*** ⇒*opening, ingang* ◆ **2.2** die bösen Mäuler *de kwade tongen;* ein großes ~ führen, haben (a) *een grote bek hebben* (b) *het hoogste woord voeren;* ein schiefes ~ machen, ziehen *een scheve bek trekken;* ein ungewaschenes ~ *een brutale bek* **3.2** das ~ aufreißen *een grote bek opzetten;* das ~ hängen lassen *een lang gezicht trekken;* jmdm. das ~ stopfen *iem. de mond snoeren;* sich ⟨3e nv.⟩ das ~ verbrennen *zijn mond voorbijpraten;* sich ⟨3e nv.⟩ das ~ (über jmdn.) zerreißen *boosaardige kletspraat over iem. verkopen* **5.2** das ~ voll nehmen *een grote bek opzetten* **6.2** nicht **aufs** ~ gefallen sein *niet op zijn mondje gevallen zijn;* jmdm. **übers** ~ fahren *tegen iem. uitvaren;* jmdm. **ums** ~ gehen *iem. naar de mond praten.* →**Gaul.**
Maulaffe ⟨m.⟩⟨inf.⟩ ◆ **3.¶** ~n feilhalten *zich met open mond staan te vergapen.*
Maulbeerbaum ⟨m.⟩ **0.1** ***moerbeiboom.***
Maulbeere ⟨v.⟩ **0.1** ***moerbei, moerbes.***
Mäulchen ⟨o.; ~s, ~ of inf. ook Mäulerchen⟩ **0.1** ***mondje, snoetje.***
maulen **0.1** ***mokken, mopperen*** ◆ **6.1 mit** jmdm. ~ *op iem. mopperen.*
Maulesel ⟨m.⟩ **0.1** ***muilezel.***
Maulheld ⟨m.⟩⟨inf.; pej.⟩ **0.1** ***praatjesmaker, bluffer.***
Maulkorb ⟨m.⟩ **0.1** ***muilkorf*** ◆ **3.1** ⟨inf.⟩ jmdm. einen ~ anlegen *iem. muilkorven, de mond snoeren.*
Maulsperre ⟨m.⟩ **0.1** ⟨med.⟩ ***mondklem*** **0.2** ⟨inf.⟩ ***kaakkramp*** ◆ **3.2** ⟨fig.⟩ die ~ bekommen, kriegen *van verbazing geen woord meer kunnen uitbrengen.*
Maultasche ⟨v.⟩⟨cul.⟩ **0.1** ***rissole.***
Maultier ⟨o.⟩ **0.1** ***muildier.***
Maul- und Klauenseuche ⟨v.⟩ **0.1** ***mond- en klauwzeer.***
Maulwurf ⟨m.⟩ **0.1** ***mol*** **0.2** ⟨fig.⟩ ***binnengesmokkelde spion.***
Maulwurfshügel ⟨m.⟩ **0.1** ***molshoop.***
Maure ⟨m.; ~n, ~n⟩ **0.1** ***Moor.***
Maurer ⟨m.; ~s, ~⟩ **0.1** ***metselaar*** **0.2** ***vrijmetselaar*** ◆ **8.1** ⟨inf.; scherts.⟩ pünktlich wie die ~ sein *uiterst precies zijn.*
Maurerarbeit ⟨v.⟩ **0.1** ***metselwerk.***
Maurerei ⟨v.; ~⟩ **0.1** ***het metselen, gemetsel*** **0.2** ***vrijmetselarij.***
Maurerhandwerk ⟨o.⟩ **0.1** ***metselaarsambacht.***
Maurerkelle ⟨v.⟩ **0.1** ***troffel.***
Maurermeister ⟨m.⟩ **0.1** ***metselaarsbaas.***
Maurerpolier ⟨m.⟩ **0.1** ***voorman in de bouw.***
maurisch **0.1** ***Moors.***
Maus ⟨v.; ~, ¨~e⟩ **0.1** ***muis*** **0.2** ⟨inf.⟩ ***snoes, schat*** **0.3** ⟨inf.; med.⟩ ***muis*** ⟨v.d. hand, v.h. gewricht⟩ **0.4** ⟨mv.⟩ ***poen*** ⇒ *geld* ◆ **3.1** ⟨inf.; fig.⟩ da beißt die ~ keinen Faden ab *daar is niets meer aan te doen;* ⟨inf.⟩ weiße Mäuse sehen *witte muizen, allemaal beestjes zien* **3.¶** ⟨inf.⟩ Mäuse merken *trucjes doorhebben.* →**Katze.**
mauscheln **0.1** ***konkelen, konkelfoezen*** **0.2** ⟨inf.; pej.⟩ ***sjacheren.***
Mäuschen ⟨o.; ~s, ~⟩ **0.1** ***muisje*** **0.2** ⟨inf.⟩ ***snoesje, schatje*** ◆ **3.1** ⟨inf.⟩ da möchte ich mal ~ sein, spielen *daar zou ik stiekem wel eens bij willen zijn.*

mäuschenstill ⟨inf.⟩ **0.1** ***muis-, doodstil.***
Mauseloch, Mäuseloch ⟨o.⟩ **0.1** ***muizengat*** ◆ **6.1** ⟨inf.⟩ ich hätte mich am liebsten **in** ein ~ verkrochen *ik had het liefst door de grond willen zakken.*
Mäusemelken ⟨o.⟩⟨inf.⟩ ◆ **6.¶** es ist **zum** ~ *het is om uit je vel te springen.*
mausen ⟨inf.; vaak scherts.⟩ **0.1** ***jatten, gappen, pikken.***
Mauser ⟨v.; ~⟩ **0.1** ***rui.***
mausern, sich 0.1 ⟨ook onov. ww.⟩ ***in de rui zijn*** **0.2** ⟨inf.⟩ ***(in zijn voordeel) veranderen, zich ontwikkelen.***
mausetot ⟨inf.⟩ **0.1** ***morsdood.***
mausig ⟨inf.⟩ ◆ **3.¶** sich ~ machen *opdringerig doen, veel praats hebben.*
Mausklick ⟨m.⟩⟨comp.⟩ **0.1** ***muisklik.***
Mausoleum ⟨o.; ~s, Mausoleen⟩ **0.1** ***mausoleum.***
Maut ⟨v.; ~, ~en⟩ **0.1** ***tol(geld)*** **0.2** ***tolkantoor.***
mauve 0.1 ***mauve.***
m.a.W. ⟨afk.⟩ [mit anderen Worten].
Max ⟨m.⟩ ◆ **2.¶** strammer ~ *uitsmijter.*
maximal 0.1 ***maximaal*** **0.2** ⟨inf.⟩ ***te gek, het einde.***
Maximalbetrag ⟨m.⟩ **0.1** ***maximumbedrag.***
Maxime ⟨v.; ~, ~n⟩ **0.1** ***maxime, grondregel.***
maximieren 0.1 ⟨schr.⟩ ***maximaal, optimaal maken*** **0.2** ⟨wisk.⟩ ***maximeren.***
Maximum ⟨o.; ~s, Maxima⟩ **0.1** ***maximum*** **0.2** ⟨inf.⟩ ***te gek, het einde*** ◆ **1.1** das ~ des Erreichbaren *het maximaal haalbare* **6.1** das ~ **an** Punkten *het maximum aantal punten;* das Auto verbraucht **im** ~ 8 Liter *de auto verbruikt maximaal 8 liter.*
Mayonnaise ⟨v.; ~, ~n⟩ **0.1** ***mayonaise.***
MAZ ⟨v.; ~, ~anlagen⟩⟨com.; afk.; magnetische Bildaufzeichnung⟩ **0.1** ***videorecorder.***
Mäzen ⟨m.; ~s, ~e⟩ **0.1** ***mecenas.***
Md. ⟨afk.⟩ →**Milliarde(n).**
MdB ⟨m.; ~, ~s⟩⟨afk.; Mitglied des Bundestages⟩ **0.1** ***lid v.d. (Duitse) Bondsdag.***
m.E. ⟨afk.; meines Erachtens⟩ **0.1** ***mijns inziens.***
Mechanik ⟨v.; ~, ~en⟩ **0.1** ⟨nat.⟩ ***mechanica*** **0.2** ⟨amb.⟩ ***mechaniek, mechanisme*** **0.3** ⟨schr.⟩ ***mechanisme, automatisme*** ◆ **1.1** die ~ der flüssigen, gasförmigen Körper *hydromechanica, aëromechanica* **1.2** die ~ einer Maschine *het mechanisme van een machine* **1.3** die ~ eines Arbeitsvorganges *het automatisme van een arbeidsproces.*
Mechaniker ⟨m.; ~s, ~⟩ **0.1** ***werktuigkundige, mecanicien, monteur.***
mechanisch 0.1 ***mechanisch*** ◆ **1.1** eine ~e Fertigung *een mechanische, machinale productie;* ein ~es Klavier *een elektromechanische piano.*
mechanisieren 0.1 ***mechaniseren.***
Mechanismus ⟨m.; ~, Mechanismen⟩ **0.1** ***mechaniek, mechanisme*** ◆ **1.1** der ~ einer Uhr *het mechaniek van een klok* **2.1** ein wirtschaftlicher ~ *een economisch mechanisme.*
Meckerer ⟨m.; ~s, ~⟩ **0.1** ***mopperaar, kankeraar.***
meckern 0.1 ***blaten, blèren*** **0.2** ***mekkeren*** **0.3** ***mopperen, kankeren*** ◆ **6.3** **über** etwas, jmdn. ~ *op iets, iem. kankeren.*
Medaille ⟨v.; ~, ~n⟩ **0.1** ***medaille.***
Medaillon ⟨o.; ~s, ~s of ~e⟩ **0.1** ***medaillon.***
Mediävist ⟨m.; ~en, ~en⟩ **0.1** ***mediëvist.***
Medienforscher ⟨m.⟩ **0.1** ***mediaspecialist.***
Medienriese ⟨m.⟩ **0.1** ***mediagigant.***
Medienverbund ⟨m.⟩ **0.1** ***multimediale opzet*** **0.2** ***geïntegreerd mediagebruik.***
Medikament ⟨o.; ~(e)s, ~e⟩ **0.1** ***geneesmiddel, medicament.***
medikamentös 0.1 ***medicamenteus.***
Medikus ⟨m.; ~, Medizi of inf. ~se⟩⟨scherts.⟩ **0.1** ***medicijnman, medicus.***
medio 0.1 ***medio, midden.***
Mediothek ⟨v.; ~, ~en⟩ **0.1** ***mediatheek.***
Mediowechsel ⟨m.⟩ **0.1** ***medio-wissel.***
Meditation ⟨v.; ~, ~en⟩ **0.1** ***meditatie.***
mediterran 0.1 ***mediterraan.***
meditieren 0.1 ***mediteren.***
Medium ⟨o.; ~s, Medien⟩ **0.1** ***medium, middel*** ◆ **1.1** Fernsehen ist ein ~ der Massenkommunikation *televisie is een massacommunicatiemiddel* **6.1** etwas **durch** das ~ Sprache ausdrücken *iets door middel van de taal uitdrukken.*
Medizin ⟨v.; ~, ~en⟩ **0.1** ⟨g.mv.⟩ ***geneeskunde, medicijnen*** **0.2** ***geneesmiddel, medicijn*** ◆ **1.1** ein Student der ~ *een student in de medicijnen* **2.1** innere ~ *interne geneeskunde.*
medizinal 0.1 ***medicinaal, geneeskrachtig*** **0.2** ***geneeskundig, medisch.***
Medizinalrat ⟨m.⟩⟨adm.⟩ **0.1** ***titel van arts in staatsdienst.***
Medizinalstatistik ⟨v.⟩ **0.1** ***medische statistiek.***
Medizinalwesen ⟨o.⟩ **0.1** ***gezondheidszorg.***
Mediziner ⟨m.; ~s, ~⟩ **0.1** ***medicus*** **0.2** ***medisch student.***
medizinisch 0.1 ***medisch, geneeskundig.***
Medizinmann ⟨m.; mv. ~̈er⟩⟨antr.⟩ **0.1** ***medicijnman.***
Medizinstudent ⟨m.⟩ **0.1** ***medisch student.***
Medusenblick ⟨m.⟩ **0.1** ***medusablik*** ⇒*afschrikwekkende, schrikaanjagende blik.*
Meer ⟨o.; ~(e)s, ~e⟩ **0.1** ***zee*** ⟨ook fig.⟩ ◆ **1.1** ein ~ blühender Tulpen *een zee van bloeiende tulpen* **6.1** **ans** ~ fahren *naar zee gaan;* die Stadt liegt **über** dem ~ *de stad ligt boven de zeespiegel.*
Meerenge ⟨v.⟩ **0.1** ***zee-engte, zeestraat.***
Meeresalge ⟨v.⟩ **0.1** ***zeewier.***
Meeresbucht ⟨v.⟩ **0.1** ***baai, inham.***
Meeresgrund ⟨m.⟩ **0.1** ***zeebodem.***
Meereskunde ⟨v.⟩ **0.1** ***oceanografie.***
Meeresleuchten ⟨o.; ~s⟩ **0.1** ***het fluoresceren, lichten v.d. zee.***
Meeresspiegel ⟨m.⟩ **0.1** ***zeeoppervlak, waterspiegel*** **0.2** ***zeespiegel, -niveau.***
Meeresstraße ⟨v.⟩ **0.1** ***zee-engte, zeestraat*** **0.2** ***zeeroute, -weg.***
Meerjungfrau ⟨v.⟩ **0.1** ***meermin.***
Meerkatze ⟨v.⟩ **0.1** ***meerkat.***
Meerrettich ⟨m.⟩ **0.1** ***mierik(s)wortel.***
Meerschaum ⟨m.⟩ **0.1** ***meerschuim.***
Meerschaumpfeife ⟨v.⟩ **0.1** ***meerschuimen pijp.***
Meerschweinchen ⟨o.⟩ **0.1** ***Guinees biggetje, cavia.***
meerumschlungen ⟨schr.⟩ **0.1** ***door de zee ingesloten, omarmd.***
Meerweib ⟨o.⟩ **0.1** ***meermin.***
Meeting ⟨o.; ~s, ~s⟩ **0.1** ***meeting, openbare bijeenkomst.***
Megalith ⟨m.; ~s of ~en, ~e(n)⟩ **0.1** ***megaliet.***
Megalomanie ⟨v.⟩ **0.1** ***grootheidswaanzin, megalomanie.***
Megaphon ⟨o.; ~s, ~e⟩ **0.1** ***megafoon.***
Mehl ⟨o.; ~(e)s, ~⟩ **0.1** ***meel, bloem*** **0.2** ***poeder.***
Mehlbeere ⟨v.⟩ **0.1** ***meelbes*** **0.2** ***lijsterbes.***
Mehlbrei ⟨m.⟩ **0.1** ***meelpap.***
mehlig 0.1 ***met meel bedekt*** **0.2** ***pulverig, poeierig*** **0.3** ***niet sappig, melig*** **0.4** ***meelkleurig.***
Mehlkäfer ⟨m.⟩ **0.1** ***meeltor.***
Mehlschwalbe ⟨v.⟩ **0.1** ***huiszwaluw.***
Mehlschwitze ⟨v.⟩ **0.1** ***bloemsaus, roux.***

Mehlspeise ⟨v.⟩ **0.1** ***meelspijs, -kost.***
Mehltau ⟨m.⟩ **0.1** ***meeldauw.***
mehr ⟨vergr. trap van 'viel'⟩ **0.1** ***meer, in hogere mate*** ⇒*beter* ◆ **1.1** ein Grund ~ *een reden te meer;* und solcher Sachen ~ *en meer van dergelijke dingen* **3.1** dazu gehört ~ *daar komt meer bij kijken;* ⟨inf.⟩ ich werd' nicht ~! *ik heb het niet meer!;* was willst du ~? *wat wil je nog meer?;* diese Arbeit sagt mir ~ zu *dit werk bevalt me beter* **5.1** einmal ~ *eens te meer;* kaum ~ *nauwelijks nog* **8.1** um so ~, als *te meer, daar;* ~ denn je *meer dan ooit;* ~ und ~ *hoe langer hoe meer;* ~ oder minder, weniger *min of meer* **¶.1** ⟨sprw.⟩ je ~ Geld, desto ~ Sorgen *hoe meer geld, hoe meer zorgen.*
Mehr ⟨o.; ~(s)⟩ **0.1** ***overschot, extra*** ◆ **6.1** ein ~ **an** Erfahrung *een surplus aan ervaring;* ein ~ **an** Kosten *extra kosten.*
Mehrarbeit ⟨v.⟩ **0.1** ***overwerk.***
Mehraufwand ⟨m.⟩ **0.1** ***extra kosten, meerkosten.***
Mehrbelastung ⟨v.⟩ **0.1** ***extra, zwaardere belasting.***
mehrdeutig **0.1** ***voor verschillende uitleg vatbaar*** ⇒*dubbelzinnig.*
Mehreinnahme ⟨v.⟩ **0.1** ***extra, hogere ontvangst.***
mehren I ⟨ov.ww.⟩ **0.1** ***groter maken, vermeerderen;***
II sich ~ ⟨wk.ww.⟩ **0.1** ***zich vermeerderen, toenemen.***
mehrer- **0.1** ⟨mv.⟩ ***meer dan een, verscheidene, enkele*** **0.2** ⟨onzijdig enk.⟩ ***verschillende dingen*** ⇒*van alles, het een en ander* ◆ **2.1** ~e gute Freunde *verscheidene goede vrienden* **3.2** ich habe noch ~es zu tun *ik heb nog het een en ander te doen* **7.1** ~e tausend Menschen *enkele duizenden mensen.*
mehrerlei ⟨inf.⟩ **0.1** ***velerlei.***
mehrfach **0.1** ***meervoudig, in veelvoud*** **0.2** ***op velerlei wijze, veelvuldig*** **0.3** ⟨inf.⟩ ***herhaaldelijk*** ◆ **1.1** der ~e Weltmeister *de meervoudige wereldkampioen* **3.2** er hat seine Unschuld ~ bewiesen *hij heeft zijn onschuld op velerlei wijze bewezen* **6.1** ein Mehrfaches **an** Kosten *een veelvoud aan kosten.*
Mehrfachwahl ⟨v.⟩ **0.1** ***multiple choice*** ⇒*meerkeuze-.*
Mehrfamilienhaus ⟨o.⟩ **0.1** ***meergezinshuis.***
Mehrfarbendruck ⟨m.; mv. ~e⟩ **0.1** ⟨g.mv.⟩ ***meerkleurendruk*** **0.2** ***meerkleurenillustratie.***
Mehrgewicht ⟨o.⟩ **0.1** ***over(ge)wicht.***
mehrglied(e)rig **0.1** ***meerledig.***
Mehrheit ⟨v.; ~, ~en⟩ **0.1** ***meerderheid.***
mehrheitlich **0.1** ***in meerderheid, met meerderheid van stemmen.***
mehrjährig **0.1** ***meer-, veeljarig.***
Mehrkosten ⟨alleen mv.⟩ **0.1** ***extra, bijkomende kosten.***
Mehrlader ⟨m.⟩ **0.1** ***repeteergeweer.***
mehrmalig **0.1** ***herhaald.***
mehrmals **0.1** ***meermaals.***
Mehrpreis ⟨m.⟩ **0.1** ***toeslag, hogere prijs.***
mehrsilbig **0.1** ***uit meerdere lettergrepen bestaand.***
mehrsprachig **0.1** ***meertalig.***
mehrstimmig **0.1** ***meerstemmig.***
Mehrstufenrakete ⟨v.⟩ **0.1** ***meertrapsraket.***
mehrstufig **0.1** ***met verscheidene trappen, treden, fasen*** **0.2** ***meertraps-*** ⟨v.e. raket⟩.
Mehrteiler ⟨m.⟩ **0.1** ***film, radio-, televisiespel in afleveringen.***
Mehrwegpackung ⟨v.⟩ **0.1** ***verpakking voor meermalig gebruik.***
Mehrwert ⟨m.⟩ **0.1** ⟨ec.⟩ ***over-, meerwaarde*** **0.2** ⟨marxisme⟩ ***meerwaarde.***
Mehrwertsteuer ⟨v.⟩ **0.1** ***belasting toegevoegde waarde, btw.***
Mehrzahl ⟨v.⟩ **0.1** ***meervoud*** **0.2** ***grootste deel, meerderheid.***
Mehrzweckgebäude ⟨o.⟩ **0.1** ***multifunctioneel gebouw.***
meiden ⟨→t82⟩ ⟨schr.⟩ **0.1** ***(ver)mijden, ontwijken.***
Meile ⟨v.; ~, ~n⟩ **0.1** ***mijl.***
Meilenstein ⟨m.⟩ **0.1** ***mijlpaal.***
Meilenstiefel ⟨alleen mv.⟩ **0.1** ***zevenmijlslaarzen.***
meilenweit **0.1** ***mijlenver, zeer ver.***
Meiler ⟨m.; ~s, ~⟩ **0.1** ***meiler*** **0.2** ***kernreactor.***
mein[1] ⟨bez.vnw.⟩ **0.1** ***mijn*** ◆ **3.1** was ~ ist, ist auch dein *wat van mij is, is ook van jou;* ⟨schr.⟩ ich habe das Meine getan *ik heb het mijne gedaan* **7.1** ⟨schr.⟩ die ~en *de mijnen, mijn gezin;* ~ und dein nicht unterscheiden können, verwechseln *mijn en dijn door elkaar halen.*
mein[2] ⟨pers.vnw.⟩ ⟨schr.⟩ **0.1** ***mijner, mij*** ◆ **3.1** erbarme dich ~(er) *ontferm u over mij;* vergiß ~ nicht *vergeet mij niet.*
Meineid ⟨m.⟩ **0.1** ***meineed*** ◆ **3.1** einen ~ schwören *een valse eed afleggen.*
meineidig **0.1** ***meinedig.***
meinen **0.1** ***menen, denken, geloven*** **0.2** ***bedoelen*** **0.3** ***zeggen, opmerken*** ◆ **1.2** ein gut gemeinter Rat *een goed bedoelde raad* **4.1** ⟨inf.⟩ das will ich ~! *dat zou ik denken!;* was ~ Sie dazu? *wat vindt u daarvan?* **4.2** was ~ Sie damit? *wat bedoelt u daarmee?* **4.3** ⟨inf.⟩ was meintest du eben? *wat zei je zoëven?* **5.1** ⟨inf.⟩ ich meine ja nur (so)! *ik dacht maar zo!* **8.1** wie Sie ~! *zoals u wilt!*
meinerseits **0.1** ***mijnerzijds, van mijn kant.***
meinesgleichen **0.1** ***iem., mensen als ik.***
meinesteils **0.1** ***wat mij betreft.***
meinetwegen **0.1** ***om mijnentwille, ter wille van mij*** **0.2** ⟨inf.⟩ ***wat mij betreft, voor mijn part, mijnentwege.***
meinetwillen ◆ **6.¶ um** ~ *om mijnentwille, ter wille van mij.*
meinige ⟨schr.⟩ **0.1** ***de, het mijne*** ◆ **3.1** ich habe das Meinige dazu beigetragen *ik heb het mijne eraan bijgedragen.*
Meinung ⟨v.; ~, ~en⟩ **0.1** ***mening, standpunt*** ⇒*opvatting* **0.2** ***mening, oordeel*** ◆ **2.1** eine vorgefaßte ~ *een vooropgezet standpunt, vooroordeel;* die öffentliche ~ *de publieke opinie* **3.1** anderer ~ sein *een andere mening hebben;* der ~ sein *van mening zijn;* einer ~ sein *het eens zijn* **3.2** ⟨inf.⟩ jmdm. (gehörig) die ~ geigen, sagen *iem. (flink) de waarheid zeggen* **4.1** ganz meiner ~! *ik ben het er helemaal mee eens!* **6.1 auf** seiner ~ beharren, bestehen *bij zijn mening blijven;* meiner ~ **nach** *volgens mijn mening* **6.2 in** jmds. ~ sinken, steigen *in iemands achting dalen, stijgen;* eine hohe ~ **von** jmdm. haben *een hoge dunk van iem. hebben.*
Meinungsäußerung ⟨v.⟩ **0.1** ***meningsuiting.***
Meinungsaustausch ⟨m.⟩ **0.1** ***gedachtewisseling.***
meinungsbildend **0.1** ***opinievormend.***
Meinungsbildung ⟨v.⟩ **0.1** ***menings-, opinievorming.***
Meinungsforschung ⟨v.⟩ **0.1** ⟨g.mv.⟩ ***demoscopie*** **0.2** ***opinieonderzoek, -peiling.***
Meinungsfreiheit ⟨v.⟩ **0.1** ***vrijheid van meningsuiting.***
Meinungsstreit ⟨m.⟩ **0.1** ***meningsverschil, controverse.***
Meinungsumfrage ⟨v.⟩ **0.1** ***opinieonderzoek, -peiling.***
Meinungsverschiedenheit ⟨v.⟩ **0.1** ***meningsverschil*** **0.2** ***woordenwisseling, twistgesprek.***
Meinungsvielfalt ⟨v.⟩ **0.1** ***veelheid van meningen.***
Meise ⟨v.; ~, ~n⟩ **0.1** ***mees*** ◆ **3.¶** ⟨inf.⟩ eine ~ haben *niet goed snik zijn.*
Meißel ⟨m.; ~s, ~⟩ **0.1** ***beitel.***
meißeln **0.1** ***met de beitel (be)werken, beitelen*** ⇒*beeldhouwen.*
meist[1] ⟨bn.; overtr. trap van 'viel'⟩ **0.1** ***meest*** ⇒*grootst* ◆ **6.1 am** ~en *(het) meest;* er hat **am** ~en gelitten *hij heeft het*

meest geleden; das **am** ~en verkaufte Auto *de meest, best verkochte auto.*
meist[2] ⟨bw.⟩ **0.1** ***in de regel, meestal.***
meistbeteiligt 0.1 ***meest betrokken.***
meistbietend 0.1 ***meest-, hoogstbiedend.***
meistenorts ⟨schr.⟩ **0.1** ***op de meeste plaatsen, bijna overal.***
meistens 0.1 ***in de meeste gevallen, meestal.***
meistenteils 0.1 ***in de meeste gevallen, meestal.***
Meister ⟨m.; ~s, ~⟩ **0.1** ***baas, patroon* 0.2 *werkbaas, opzichter*** **0.3** ⟨schr.⟩ ***groot vakman, meester*** **0.4** ⟨schr.⟩ ***(leer)meester, leraar*** **0.5** ⟨bk., muz.⟩ ***meester*** **0.6** ⟨sp.⟩ ***kampioen*** **0.7** ⟨inf.⟩ ***meneer*** ◆ **1.3** ein ~ seines Faches *een groot vakman;* ein ~ der Feder *een meester met de pen* **3.1** ⟨inf.; amb.⟩ den, seinen ~ machen *het examen voor het vakdiploma afleggen* **3.3** ⟨vero.; schr.⟩ einer Sache ~ werden *iets onder de knie, onder controle krijgen* **6.1 bei** einem ~ in der Lehre stehen *bij een baas in de leer zijn* **6.4** ~ **vom** Stuhl *Zittend Meester, voorzitter van een loge* **¶.3** ⟨sprw.⟩ es ist noch kein ~ vom Himmel gefallen *er wordt geen meester geboren.* →**üben, Übung.**
Meisterbrief ⟨m.⟩ **0.1** ***vakdiploma, brevet als meester.***
Meisterelf ⟨v.⟩ **0.1** ***kampioenselftal.***
meisterhaft 0.1 ***meesterlijk, uitmuntend.***
Meisterin ⟨v.; ~, ~nen⟩ **0.1** ***vrouwelijke patroon, bazin*** **0.2** ⟨schr.⟩ ***groot vakvrouw, meester*** **0.3** ⟨sp.⟩ ***kampioene*** **0.4** ⟨vero.⟩ ***vrouw van de baas.***
Meisterklasse ⟨v.⟩ **0.1** ***meesterklasse, masterclass*** ⟨v.e. conservatorium of kunstacademie⟩ **0.2** ⟨sp.⟩ ***topklasse.***
Meisterleistung ⟨v.⟩ **0.1** ***meesterlijke prestatie.***
meistern 0.1 ***bedwingen, de baas worden*** ⇒*beheersen* ◆ **3.1** ein Werkzeug ~ *met een werktuig goed kunnen omgaan.*
Meisterprüfung ⟨v.⟩⟨amb.⟩ **0.1** ***examen voor het vakdiploma*** ⟨als meester, patroon⟩.
Meisterschaft ⟨v.; ~, ~en⟩ **0.1** ***groot vakmanschap, meesterschap*** **0.2** ⟨sp.⟩ ***kampioenschap*** ◆ **3.2** die ~ austragen *om het kampioenschap spelen.*
Meisterschaftsspiel ⟨o.⟩ **0.1** ***wedstrijd om het kampioenschap.***
Meistersinger ⟨m.⟩⟨lit.⟩ **0.1** ***meesterzanger.***
Meisterstück ⟨o.⟩ **0.1** ***meesterstuk, proefstuk*** **0.2** ***meesterlijk staaltje, meesterstukje.***
Meistertitel ⟨m.⟩ **0.1** ⟨amb.⟩ ***meestertitel*** **0.2** ⟨sp.⟩ ***kampioenstitel.***
Meisterwerk ⟨o.⟩ **0.1** ***meesterwerk*** **0.2** ***meesterlijk staaltje, meesterstukje.***
Mekka ⟨o.; ~s, ~s⟩ **0.1** ***mekka.***
Melancholie ⟨v.; ~, ~n⟩ **0.1** ***melancholie, zwaarmoedigheid.***
Melange ⟨v.; ~, ~n⟩ **0.1** ***melange, mengsel*** **0.2** ***kleurenmengeling*** **0.3** ***(weefsel van) gemêleerd garen.***
Melde ⟨v.; ~, ~n⟩⟨plantk.⟩ **0.1** ***melde.***
Meldeamt ⟨o.⟩ **0.1** ***bevolkingsbureau.***
Meldebehörde ⟨v.⟩ **0.1** ***bevolkingsbureau.***
Meldefrist ⟨v.⟩ **0.1** ***aanmeldingstermijn.***
Meldegänger ⟨m.⟩⟨mil.⟩ **0.1** ***ordonnans.***
melden I ⟨ov.ww.⟩ **0.1** ***(ver)melden*** ⇒*aankondigen, voorspellen* **0.2** ***aangeven*** ⇒*aandienen, aanmelden* ◆ **1.1** Feuer ~ *brandalarm slaan;* der Wetterbericht meldet Sturm *het weerbericht voorspelt storm* **3.1** ⟨inf.⟩ er hat nichts zu ~ *hij heeft niets te vertellen, in te brengen* **3.2** er ist hier nicht gemeldet *hij staat hier niet ingeschreven (in het bevolkingsregister)* **4.2** wen darf ich ~? *wie mag ik zeggen dat er is?;*
II sich ~ ⟨wk.ww.⟩ **0.1** ***zich melden, van zich laten horen*** **0.2** ***zich aanmelden, ter beschikking stellen*** **0.3** ***zich aankondigen*** ⇒*bemerkbaar, zichtbaar worden* ◆ **1.1** das Baby meldet sich *de baby laat zich horen* **1.3** das Alter meldet sich *de jaren beginnen te tellen;* die Krankheit meldet sich wieder *de ziekte steekt weer de kop op* **4.1** es meldet sich niemand (am Telefon) *de telefoon wordt niet opgenomen* **4.¶** sich ~ *de vinger opsteken* ⟨op school⟩ **6.2** sich **zu** einer Sache ~ *zich voor iets aanmelden.*
Meldepflicht ⟨v.⟩ **0.1** ***aanmeldings-, aangifteplicht*** ⇒ *meldplicht.*
Meldeschluß ⟨m.⟩ **0.1** ***sluiting v.d. aanmeldingstermijn.***
Meldezettel ⟨m.⟩ **0.1** ***inschrijvingsformulier*** ⟨v.e. hotel⟩.
Meldung ⟨v.; ~, ~en⟩ **0.1** ***kennisgeving, officiële mededeling*** **0.2** ***aangifte*** **0.3** ***aanmelding*** ◆ **3.1** ⟨mil.⟩ ~ erstatten, machen *verslag uitbrengen, rapporteren* **6.3** ~en **an** das Sekretariat *aanmeldingen bij het secretariaat.*
meliert 0.1 ***gemêleerd.***
Melissengeist ⟨m.⟩ **0.1** ***melissewater.***
Melkanlage ⟨v.⟩ **0.1** ***melkmachine.***
Melkeimer ⟨m.⟩ **0.1** ***melkemmer.***
melken ⟨→t83⟩ **0.1** ***melken*** **0.2** ⟨inf.⟩ ***melken*** ⇒*afpersen, uitzuigen.*
Melkkuh ⟨v.⟩ **0.1** ***melkkoe*** **0.2** ⟨fig.⟩ ***melkkoetje.***
Melodie ⟨v.; ~, ~n⟩ **0.1** ***melodie, wijs*** **0.2** ***melodie*** ⇒*muziek-, zangstuk.*
Melodienfolge ⟨v.⟩ **0.1** ***potpourri.***
melodisch 0.1 ***melodisch, betrekking hebbend op de melodie*** **0.2** ***melodieus, welluidend.***
Melodrama ⟨o.; ~s, Melodramen⟩ **0.1** ***melodrama.***
Melone ⟨v.; ~, ~n⟩ **0.1** ***meloen*** **0.2** ⟨inf.; scherts.⟩ ***bol-, dophoed.***
Membran ⟨v.; ~, ~en⟩ **0.1** ***membraan.***
Memento ⟨o.; ~s, ~s⟩ **0.1** ⟨rel.⟩ ***bede om iem. te gedenken*** **0.2** ⟨schr.⟩ ***maning, waarschuwing.***
Memento mori ⟨o.; ~, ~⟩ **0.1** ***memento mori*** **0.2** ***herinnering, gedachtenisteken.***
Memme ⟨v.; ~, ~n⟩⟨vero.⟩ **0.1** ***bangerik, lafaard, lafbek.***
Memo ⟨o.; ~s, ~s⟩ **0.1** ***memo(randum).***
Memoiren ⟨alleen mv.⟩ **0.1** ***memoires, levensherinneringen.***
Memorandum ⟨o.; ~s, Memoranden of Memoranda⟩ **0.1** ***memorandum, memorie.***
Menage ⟨v.; ~, ~n⟩ **0.1** ***olie-en-azijnstelletje.***
Menetekel ⟨o.; ~s, ~⟩ **0.1** ***mene-tekel*** ⇒*dreigende waarschuwing, teken aan de wand.*
Menge ⟨v.; ~, ~n⟩ **0.1** ***hoeveelheid*** **0.2** ***massa, hoop*** **0.3** ***(mensen)menigte*** **0.4** ⟨wisk.⟩ ***verzameling*** ◆ **1.2** ⟨inf.⟩ Geld die (schwere) ~ *geld in overvloed* **2.1** eine begrenzte ~ *een beperkte hoeveelheid* **3.2** die ~ muß es bringen *de grote omzet moet het doen;* ⟨inf.⟩ er weiß eine ~ *hij weet heel veel, een boel* **4.2** ⟨inf.⟩ jede ~ Fleisch *vlees zoveel men wil;* jede ~ Arbeit *een (hele) hoop werk* **6.2** ⟨inf.⟩ er hat Bücher **in** rauhen ~n *hij heeft een ontzettende hoop, ontzaglijk veel boeken.*
mengen I ⟨ov.ww.⟩ **0.1** ***(ver)mengen*** ◆ **6.1** Gift **in, unter** das Essen ~ *vergif onder het eten mengen;*
II sich ~ ⟨wk.ww.⟩ **0.1** ***zich vermengen*** **0.2** ⟨inf.⟩ ***zich mengen, begeven onder*** **0.3** ⟨inf.⟩ ***zich mengen in, bemoeien mee*** ◆ **6.2** er mengte sich **unter** das Volk *hij begaf zich onder het volk* **6.3** sich **in** das Gespräch ~ *zich in het gesprek mengen.*
Mengenangabe ⟨v.⟩ **0.1** ***aanduiding v.d. hoeveelheid.***
Mengenbezeichnung ⟨v.⟩ **0.1** ***kwantiteitsaanduiding.***
Mengenlehre ⟨v.⟩⟨wisk.⟩ **0.1** ***verzamelingenleer.***

mengenmäßig 0.1 *qua hoeveelheid, kwantitatief.*
Mengenpreis ⟨m.⟩ **0.1** *prijs der partij.*
Mengenrabatt ⟨m.⟩ **0.1** *kwantumkorting.*
Mengfutter ⟨o.⟩ **0.1** *mengvoe(de)r.*
Meniskus ⟨m.; ~, Menisken⟩ **0.1** *meniscus.*
Mennige ⟨v.; ~⟩ **0.1** *menie.*
Menopause ⟨v.; ~, ~n⟩⟨med.⟩ **0.1** *menopauze.*
Menora ⟨v.; ~, ~⟩ **0.1** *menora, zevenarmige kandelaar.*
Mensa ⟨v.; ~, ~s of Mensen⟩ **0.1** *mensa.*
Mensch[1] ⟨m.; ~en, ~en⟩ **0.1** *mens* ◆ **1.1** des ~en Sohn *de Mensenzoon* **1.¶** ⟨inf.⟩ ~ Meier! *mensen kinderen!* **3.1** Glück muß der ~ haben! *je moet geluk hebben!* **6.1** etwas **für** den inneren ~en tun *de inwendige mens versterken;* **unter** ~en gehen *onder de mensen komen* **8.1** ein ~ wie du und ich *een mens als ieder ander* **8.¶** wie der erste ~ *onervaren, onbeholpen* **¶.1** ⟨sprw.⟩ der ~ denkt, Gott lenkt *de mens wikt, maar God beschikt;* ⟨sprw.⟩ des ~en Wille ist sein Himmelreich ± *een mens zijn zin is een mens zijn leven.*
Mensch[2] ⟨o.; ~(e)s, ~er⟩⟨reg.; pej.⟩ **0.1** *het mens, vrouwmens.*
Menschenaffe ⟨m.⟩ **0.1** *mensaap.*
Menschenalter ⟨o.⟩ **0.1** *mensenleeftijd, generatie.*
menschenarm 0.1 *arm aan mensen* ⇒*dunbevolkt.*
Menschenauflauf ⟨m.⟩ **0.1** *samenscholing, oploop.*
Menschenbild ⟨o.⟩ **0.1** *mensbeeld.*
Menschenfeind ⟨m.⟩ **0.1** *mensenhater.*
menschenfeindlich 0.1 *mensenschuw* **0.2** *onmenselijk.*
Menschenfresser ⟨m.⟩ **0.1** *menseneter, kannibaal.*
menschenfreundlich 0.1 *menslievend.*
Menschengedenken ⟨o.⟩ ◆ **6.¶ seit** ~ *sinds mensenheugenis.*
Menschengeist ⟨m.⟩⟨schr.⟩ **0.1** *menselijke geest.*
Menschengeschlecht ⟨o.⟩ **0.1** *menselijk geslacht, mensdom, mensheid.*
Menschengestalt ⟨v.⟩ **0.1** *menselijke gestalte, mensengedaante.*
Menschenhand ⟨v.⟩ **0.1** *mensenhand* ⟨ook fig.⟩.
Menschenkenntnis ⟨v.⟩ **0.1** *mensenkennis.*
Menschenkunde ⟨v.⟩ **0.1** *antropologie.*
menschenleer 0.1 *zonder mensen* ⇒*eenzaam, verlaten.*
Menschenliebe ⟨v.⟩ **0.1** *menslievendheid, mensenliefde.*
menschenmöglich 0.1 *ter wereld mogelijk, godsmogelijk* ◆ **3.1** alles Menschenmögliche tun *al wat menselijkerwijs gesproken mogelijk is doen.*
Menschenopfer ⟨o.⟩ **0.1** ⟨rel.⟩ *mensenoffer* **0.2** *mensenleven, slachtoffer.*
Menschenrecht ⟨o.; meestal mv.⟩ **0.1** *mensenrecht* ◆ **6.1** Kommission **für** ~e *commissie voor de rechten van de mens.*
Menschenrechtler ⟨m.; ~s, ~⟩ **0.1** *mensenrechtenactivist.*
Menschenrechtserklärung ⟨v.⟩ **0.1** *verklaring van de rechten van de mens.*
Menschenrechtsverletzung ⟨v.⟩ **0.1** *schending van de mensenrechten.*
menschenscheu 0.1 *mensenschuw.*
Menschenschlag ⟨m.⟩ **0.1** *slag mensen, mensentype.*
Menschenseele ⟨v.⟩ **0.1** *menselijke ziel, mensenziel* **0.2** *menselijk wezen* ◆ **4.2** keine ~ *geen sterveling.*
Menschenskind(er)! ⟨inf.⟩ **0.1** *mensenkinderen!, lieve hemel!*
Menschensohn ⟨m.⟩⟨rel.⟩ **0.1** *Mensenzoon.*
menschenunwürdig 0.1 *mensonwaardig, -onterend.*
Menschenverstand ⟨m.⟩ **0.1** *menselijk verstand, mensenverstand* ◆ **2.1** der gesunde ~ *het gezond verstand.*
Menschenwürde ⟨v.⟩ **0.1** *menselijke waardigheid.*
Menschheit ⟨v.; ~⟩ **0.1** *mensheid, mensdom.*
menschheitlich 0.1 *in menselijk opzicht.*
Menschheitsgeschichte ⟨v.⟩ **0.1** *geschiedenis der mensheid.*
menschlich 0.1 *van de mens, als mens, menselijk* **0.2** *menswaardig* ⇒*acceptabel, behoorlijk* **0.3** *menselijk* ⇒ *humaan, tolerant* ◆ **3.1** etwas geht jmdm. ~ nahe *iets gaat iem. als mens aan het hart* **3.2** ⟨inf.⟩ es sieht wieder ~ aus *het ziet er weer toonbaar uit* **6.1 nach** ~em Ermessen, ~er Voraussicht *naar menselijke berekening, menselijkerwijs gesproken.* →**irren.**
Menschlichkeit ⟨v.; ~, ~en⟩ **0.1** *het mens-zijn, bestaan als mens* **0.2** *menselijkheid.*
Menschsein ⟨o.; ~s⟩ **0.1** *het mens-zijn, bestaan als mens.*
Menschwerdung ⟨v.; ~⟩ **0.1** *menswording.*
Menses ⟨alleen mv.⟩ **0.1** *maandstonden, menstruatie.*
Menstruation ⟨v.; ~, ~en⟩ **0.1** *menstruatie* ⇒*periode.*
Mensur ⟨v.; ~, ~en⟩ **0.1** *mensuur.*
mental 0.1 *mentaal, van de geest.*
Mentalität ⟨v.; ~, ~en⟩ **0.1** *mentaliteit.*
Menthol ⟨o.; ~s⟩ **0.1** *menthol.*
Mentor ⟨m.; ~s, Mentoren⟩ **0.1** *mentor.*
Menü ⟨o.; ~s, ~s⟩ **0.1** *menu.*
Menuett ⟨o.; ~s, ~e of ~s⟩ **0.1** *menuet.*
menügesteuert ⟨comp.⟩ **0.1** *menugestuurd.*
Menüleiste ⟨v.⟩ **0.1** *menubalk.*
Mergel ⟨m.; ~s, ~⟩⟨geol.⟩ **0.1** *mergel.*
mergelig 0.1 *mergelachtig.*
Meridian ⟨m.; ~s, ~e⟩⟨aardr.⟩ **0.1** *meridiaan, lengtecirkel.*
merkbar 0.1 *merkbaar, duidelijk waarneembaar* **0.2** *te onthouden.*
Merkblatt ⟨o.⟩ **0.1** *(bijgevoegd) blad met toelichtingen en verklaringen* ⇒*folder.*
merken I ⟨ov.ww.⟩ **0.1** *(be)merken* ⇒*waarnemen, constateren* **0.2** *noteren, opschrijven* ◆ **1.1** jmds. Absicht ~ *iemands bedoeling doorzien* **5.1** wohl gemerkt! *let wel!, welteverstaan!;*
II sich ~ ⟨wk.ww.⟩ **0.1** *onthouden* ◆ **4.1** ⟨inf.⟩ merk dir das! *knoop dat in je oren!*
merkenswert 0.1 *(waard) om te onthouden.*
Merkheft ⟨o.⟩ **0.1** *notitieboekje.*
Merkhilfe ⟨v.⟩ **0.1** *geheugensteuntje.*
merklich 0.1 *merkbaar, waarneembaar.*
Merkmal ⟨o.; mv. ~e⟩ **0.1** *kenmerk, kenteken.*
Merkurstab ⟨m.⟩ **0.1** *mercuriusstaf, caduceus.*
Merkvers ⟨m.⟩ **0.1** *ezelsbruggetje* ⟨in de vorm van een versje⟩.
merkwürdig 0.1 *merkwaardig, opvallend* ⇒*eigenaardig.*
Merkzeichen ⟨o.⟩ **0.1** *merk-, kenteken.*
Merkzettel ⟨m.⟩ **0.1** *kattebelletje.*
Merlan ⟨m.; ~s, ~e⟩ **0.1** *wijting.*
Merlin ⟨m.; ~s, ~e⟩ **0.1** *merlijn, dwergvalk.*
meschugge ⟨inf.⟩ **0.1** *mesjogge, niet goed snik.*
Meßband ⟨o.; mv. ¨~er⟩ **0.1** *meetlint.*
meßbar 0.1 *meetbaar.*
Meßbecher ⟨m.⟩ **0.1** *maatbeker.*
Meßbuch ⟨o.⟩ **0.1** *misboek, missaal.*
Meßdiener ⟨m.⟩ **0.1** *misdienaar.*
Messe ⟨v.; ~, ~n⟩ **0.1** *mis* **0.2** *jaarbeurs* **0.3** ⟨scheep.⟩ *mess(room)* ◆ **3.1** eine ~ halten *een mis doen, opdragen.*
Messeaussteller ⟨m.⟩ **0.1** *standhouder, exposant op een jaarbeurs.*
Messegelände ⟨o.⟩ **0.1** *jaarbeursterrein.*
messen ⟨→t84⟩ **I** ⟨ov.ww.⟩ **0.1** *(af-, op)meten, toetsen* **0.2**

meten, een bepaalde afmeting hebben **0.3** ⟨schr.⟩ *opnemen, taxeren* ◆ **1.1** gemessenen Schrittes *met afgemeten pas* **1.2** sie mißt 1,65 m *zij is 1,65 m lang* **6.1 an** ihm gemessen *in vergelijking met hem;* jmdn. **an** seinen Leistungen ~ *iem. op zijn prestaties beoordelen;* Flüssigkeiten mißt man **nach** Litern *vloeistoffen meet men in liters* **6.3** jmdn. **von** oben bis unten ~ *iem. van top tot teen opnemen;* **II sich** ~ ⟨wk.ww.⟩ **0.1** ***zich meten*** ⇒*wedijveren, concurreren* ◆ **6.1** er kann sich mit ihr **an** Talent nicht ~ *hij kan met haar in, qua talent niet wedijveren.*

Messer[1] ⟨m.; ~s, ~⟩ **0.1** ***(op)meter*** **0.2** ***meter*** ⇒*meetinstrument.*

Messer[2] ⟨o.; ~s, ~⟩ **0.1** ***mes*** ◆ **6.1** ⟨inf.⟩ jmdm. das ~ **an** die Kehle setzen *iem. het mes op de keel zetten;* ⟨inf.⟩ jmdm. sitzt das ~ **an** der Kehle *iem. staat het water tot aan de lippen;* ⟨inf.⟩ jmdn. **ans** ~ liefern *iem. aan de vijand uitleveren, verraden;* ⟨inf.⟩ **auf** diesem ~ kann man reiten *dit mes is heel bot;* etwas steht **auf** des ~s Schneide *iets is een dubbeltje op zijn kant;* ⟨inf.⟩ ein Kampf bis **aufs** ~ *een strijd op het scherp van de snee;* **bis** aufs ~ *tot het uiterste;* ⟨inf.⟩ er blieb **unter** dem ~ *hij stierf onder het mes, tijdens de operatie.*

Messergriff ⟨m.⟩ **0.1** ***messenheft.***

Messerheld ⟨m.⟩⟨pej.⟩ **0.1** ***messentrekker.***

messerscharf **0.1** ***mes-, vlijmscherp.***

Messerschneide ⟨v.⟩ **0.1** ***snee, scherp v.e. mes.***

Messerschnitt ⟨m.⟩ **0.1** ***korte haarsnit.***

Messerspitze ⟨v.⟩ **0.1** ***mespunt.***

Messerstecher ⟨m.⟩⟨pej.⟩ **0.1** ***messentrekker.***

Messerstecherei ⟨v.; ~, ~en⟩⟨pej.⟩ **0.1** ***steekpartij.***

Messerstich ⟨m.⟩ **0.1** ***messteek.***

Messeschlager ⟨m.⟩⟨inf.⟩ **0.1** ***jaarbeurstopper.***

Messestand ⟨m.⟩ **0.1** ***stand op de jaarbeurs.***

Meßfühler ⟨m.⟩ **0.1** ***sensor.***

Meßgerät ⟨o.⟩ **0.1** ***meetinstrument.***

Meßgewand ⟨o.⟩ **0.1** ***kazuifel, misgewaad.***

Meßglas ⟨o.⟩ **0.1** ***maatglas, -beker.***

Messias ⟨m.; ~⟩ **0.1** ***Messias.***

Messing ⟨o.; ~s, ~e⟩ **0.1** ***messing, geelkoper.***

Meßopfer ⟨o.⟩ **0.1** ***misoffer.***

Meßschieber ⟨m.⟩ **0.1** ***schuifmaat.***

Meßschraube ⟨v.⟩ **0.1** ***micrometerschroef.***

Meßstab ⟨m.⟩ **0.1** ***meetlat, -stok.***

Meßtisch ⟨m.⟩ **0.1** ***meettafeltje.***

Meßverfahren ⟨o.⟩ **0.1** ***meetmethode.***

Meßwert ⟨m.⟩ **0.1** ***gemeten waarde, meetwaarde.***

Meßzylinder ⟨m.⟩ **0.1** ***maatglas, meetcilinder.***

Mestize ⟨m.; ~n, ~n⟩ **0.1** ***mesties, halfbloed.***

Met ⟨m.; ~(e)s⟩ **0.1** ***honingwijn, mede.***

metabol(isch) ⟨biol., med.⟩ **0.1** ***metabolisch.***

Metall ⟨o.; ~s, ~e⟩ **0.1** ***metaal.***

Metallarbeit ⟨v.⟩ **0.1** ***product, werkstuk van metaal.***

Metallarbeiter ⟨m.⟩ **0.1** ***metaalarbeider.***

metallen **0.1** ***van metaal, metalen*** **0.2** ***als van metaal, metaalachtig.***

Metaller ⟨m.; ~s, ~⟩⟨inf.⟩ **0.1** ***(georganiseerd) metaalarbeider.***

Metallermüdung ⟨v.⟩ **0.1** ***metaalmoeheid.***

Metallguß ⟨m.⟩ **0.1** ***het gieten van metaal*** **0.2** ***metaalgietsel.***

Metallhüttenwerk ⟨o.⟩ **0.1** ***metaalsmelterij.***

metallic **0.1** ***metallic.***

metallisch **0.1** ***van metaal, metalen*** **0.2** ***metalen*** ⇒*schel, schril, scherp* **0.3** ***als van metaal, metaalachtig*** ◆ **1.1** die ~e Grundlage *de metallieke standaard;* ein ~er Überzug *een laagje van metaal* **1.3** eine ~e Stimme *een metaalachtige stem.*

metallisieren **0.1** ***met een laagje metaal bedekken, metalliseren.***

Metallüberzug ⟨m.⟩ **0.1** ***(beschermend) metalen laagje.***

Metallurgie ⟨v.; ~⟩ **0.1** ***metallurgie.***

Metallwährung ⟨v.⟩⟨ec.⟩ **0.1** ***metallieke standaard.***

Metamorphose ⟨v.; ~, ~n⟩ **0.1** ***metamorfose*** ⇒*verandering.*

Metapher ⟨v.; ~, ~n⟩⟨lit.⟩ **0.1** ***metafoor.***

metaphorisch ⟨lit.⟩ **0.1** ***metaforisch, figuurlijk, overdrachtelijk.***

Metaphysik ⟨v.⟩⟨fil.⟩ **0.1** ***metafysica.***

Metastase ⟨v.; ~, ~n⟩⟨med.⟩ **0.1** ***metastase, uitzaaiing.***

Meteor ⟨m. & o.; ~s, ~e⟩ **0.1** ***meteoor.***

meteorhaft ⟨fig.⟩ **0.1** ***meteoor-, komeetachtig*** ⇒*pijlsnel.*

meteorisch **0.1** ⟨meteo.⟩ ***meteorisch*** **0.2** ⟨aardr.⟩ ***meteorisch*** **0.3** ⟨fig.⟩ ***meteoor-, komeetachtig*** ⇒*pijlsnel.*

Meteorit ⟨m.; ~en of ~s, ~e(n)⟩⟨aardr.⟩ **0.1** ***meteoriet, meteoorsteen.***

Meteorologie ⟨v.; ~⟩ **0.1** ***meteorologie, weerkunde.***

Meter ⟨m. & o.; ~s, ~⟩ **0.1** ***meter*** ◆ **2.1** das laufende ~ *per strekkende meter;* ⟨inf.⟩ laufende ~ Erfolge *successen aan de lopende band* **6.1** ~ **um** ~ *meter voor meter.*

Meterband ⟨o.; mv. ¨er⟩ **0.1** ***meetlint.***

meterhoch **0.1** ***meters hoog, een meter hoog.***

Metermaß ⟨o.⟩ **0.1** ***meetlint, centimeter, duimstok.***

meterstark **0.1** ***meters dik, een meter dik.***

Meterware ⟨v.⟩ **0.1** ***metergoed.***

meterweise **0.1** ***bij de meter.***

meterweit **0.1** ***meters ver, een meter ver.***

Methan ⟨o.; ~s⟩ **0.1** ***methaan, moeras-, mijngas.***

Methanol ⟨o.; ~s⟩ **0.1** ***methanol, methylalcohol.***

Methode ⟨v.; ~, ~n⟩ **0.1** ***methode*** ⇒*(wetenschappelijk) systeem* ◆ **3.1** ~ haben *systematiek hebben;* ⟨inf.⟩ er hat so seine ~n *hij heeft zo zijn eigen manier van doen;* ⟨inf.⟩ was sind denn das für ~n? *wat is dat voor een manier van doen?* **6.1** ⟨vaak iron.⟩ **nach** bewährter ~ *volgens beproefd recept.*

Methodenlehre ⟨v.⟩ **0.1** ***methodologie, leer v.d. methoden.***

Methodik ⟨v.; ~, ~en⟩ **0.1** ***systematiek, procédé*** **0.2** ⟨g.mv.⟩ ***methodiek, leer v.d. methoden.***

methodisch **0.1** ***methodisch.***

Methodologie ⟨v.; ~, ~n⟩ **0.1** ***methodologie, leer v.d. methoden.***

Methyl ⟨o.; ~s⟩ **0.1** ***methyl.***

Methylen ⟨o.; ~s⟩ **0.1** ***methyleen.***

Metier ⟨o.; ~s, ~s⟩ **0.1** ***metier, beroep.***

Metrik ⟨v.; ~, ~en⟩ **0.1** ⟨lit.⟩ ***metriek, versleer*** **0.2** ⟨lit.⟩ ***metrum, maatsoort*** **0.3** ⟨muz.⟩ ***metriek, leer der maatsoorten.***

metrisch **0.1** ***metriek, metrisch*** **0.2** ⟨lit., muz.⟩ ***metrisch*** ◆ **1.1** das ~e System *het metrieke stelsel.*

Metro ⟨v.; ~, ~s⟩ **0.1** ***metro, ondergrondse (spoorweg).***

Metronom ⟨o.; ~s, ~e⟩⟨muz.⟩ **0.1** ***metronoom, maatmeter.***

Metropole ⟨v.; ~, ~n⟩⟨schr.⟩ **0.1** ***metropool, hoofd-, wereldstad.***

Metrum ⟨o.; ~s, Metren of Metra⟩ **0.1** ⟨lit.⟩ ***metrum, versmaat*** **0.2** ⟨muz.⟩ ***metrum, muziekmaat.***

Mettwurst ⟨v.⟩ **0.1** ***metworst.***

Metzelei ⟨v.; ~, ~en⟩⟨pej.⟩ **0.1** ***bloedbad, slachting.***

metzeln **0.1** ***een bloedbad aanrichten, afslachten, uitmoorden.***

Metzger ⟨m.; ~s, ~⟩ **0.1** ***slager.***

Metzgerei ⟨v.; ~, ~en⟩ **0.1** ***slagerij.***
Meuchelmord ⟨m.⟩⟨pej.⟩ **0.1** ***sluipmoord.***
Meuchelmörder ⟨m.⟩⟨pej.⟩ **0.1** ***sluipmoordenaar.***
meuchlerisch ⟨pej.⟩ **0.1** ***verraderlijk, achterbaks.***
meuchlings ⟨schr.; pej.⟩ **0.1** ***op een achterbakse, verraderlijke manier, door sluipmoord.***
Meute ⟨v.; ~, ~n⟩ **0.1** ⟨jacht⟩ ***meute*** **0.2** ⟨inf.⟩ ***meute*** ⇒*horde, bende, troep.*
Meuterei ⟨v.; ~, ~en⟩ **0.1** ***muiterij.***
Meuterer ⟨m.; ~s, ~⟩ **0.1** ***muiter.***
meutern **0.1** ***muiten*** **0.2** ⟨inf.⟩ ***zijn ongenoegen kenbaar maken, morren.***
Mexiko ⟨o.; ~s⟩ **0.1** ***Mexico.***
MEZ ⟨afk.⟩ [mitteleuropäische Zeit].
Mezzosopran ⟨m.⟩ **0.1** ***mezzosopraan.***
mg ⟨afk.⟩ [Milligramm].
mhd. ⟨afk.⟩ →**mittelhochdeutsch.**
Mia. ⟨afk.⟩ →**Milliarde(n).**
miauen **0.1** ***miauwen, mauwen.***
mich I ⟨pers.vnw.⟩ **0.1** ***mij, me;***
II ⟨wdk.vnw.⟩ **0.1** ***mij, me.***
Michel ⟨m.; ~s, ~⟩⟨pej.⟩ **0.1** ***brave burger*** ◆ **2.1** der deutsche ~ *de brave Duitser.*
mick(e)rig **0.1** ***petieterig, armetierig.***
Mickymaus ⟨v.⟩ **0.1** ***Mickey Mouse.***
Midi ⟨o.; ~s, ~s⟩ **0.1** ***midi, halflange kleding.***
Mieder ⟨o.; ~s, ~⟩ **0.1** ***korset, foundation*** **0.2** ***keurslijfje.***
Miederhose ⟨v.⟩ **0.1** ***panty.***
Miederrock ⟨m.⟩ **0.1** ***rok met brede, strakke ceintuur.***
Miederwaren ⟨alleen mv.⟩ **0.1** ***foundation(s).***
Mief ⟨m.; ~(e)s⟩⟨inf.; pej.⟩ **0.1** ***muffe lucht, muffe, duffe atmosfeer.***
miefen ⟨inf.; pej.⟩ **0.1** ***muf ruiken, stinken.***
Miene ⟨v.; ~, ~n⟩ **0.1** ***gelaatsuitdrukking, -trek, gezicht*** ◆ **3.1** ⟨inf.⟩ eine saure ~ aufsetzen, machen *een zuur gezicht trekken;* ohne eine ~ zu verziehen *zonder een spier te vertrekken* **3.¶** ~ machen, etwas zu tun *aanstalten maken iets te doen* **6.1** ⟨schr.⟩ **in** seinen ~n malte sich Entsetzen *op zijn gezicht tekende zich ontzetting af;* **mit** eiserner ~ *met een stalen gezicht* **¶.1** ⟨sprw.⟩ gute ~ zum bösen Spiel machen *lachen als een boer die kiespijn heeft.*
Mienenspiel ⟨o.⟩ **0.1** ***mimiek.***
mies ⟨inf.⟩ **0.1** ⟨pej.⟩ ***rot, beroerd, belabberd*** **0.2** ***niet lekker, beroerd, ellendig*** ◆ **1.1** ~e Laune *rothumeur;* ein ~er Typ *een beroerde, lamlendige vent* **3.2** mir ist ~ *ik voel me beroerd.*
Miese ⟨alleen mv.⟩⟨inf.⟩ **0.1** ***nadelig saldo, tekort*** ◆ **6.1** **in** die ~n kommen (a) *in de rode cijfers terechtkomen* (b) ⟨sp.⟩ *minuspunten krijgen.*
Miesepeter ⟨m.⟩ **0.1** ***mopperpot, kankerpit.***
miesmachen ⟨inf.⟩ **0.1** ***zwart maken, in een kwaad daglicht stellen*** **0.2** ***tegen maken, vergallen.***
Miesmacher ⟨m.⟩⟨inf.⟩ **0.1** ***zwartmaker, kwaadspreker.***
Miesmuschel ⟨v.⟩ **0.1** ***(eetbare) mossel.***
Mietausfall ⟨m.⟩ **0.1** ***huurderving.***
Mietauto ⟨o.⟩ **0.1** ***taxi*** **0.2** ***huurauto.***
Mietbeihilfe ⟨v.⟩ **0.1** ***huursubsidie.***
Mietblock ⟨m.; mv. ~e of ~s⟩ **0.1** ***blok met huurwoningen.***
Miete ⟨v.; ~, ~n⟩ **0.1** ***huur, huurprijs*** **0.2** ⟨g.mv.⟩ ***het huren, huur*** **0.3** ⟨landb.⟩ ***kuil*** **0.4** ⟨landb.⟩ ***schelf, mijt*** ◆ **2.1** ⟨inf.⟩ kalte, warme ~ *huur zonder, met verwarming* **2.¶** das ist schon die halbe ~ *dat is al het halve werk* **3.1** die ~ eintreiben *de huur innen* **6.2** einen Platz **in** ~ haben *een abonnement op de schouwburg hebben;* **zur** ~ wohnen *gehuurd wonen* **6.3** Kartoffeln **in** die ~ legen *aardappels inkuilen.*
mieten **0.1** ***huren.***
Mieter ⟨m.; ~s, ~⟩ **0.1** ***huurder.***
Mieterschutz ⟨m.⟩ **0.1** ***huurbescherming.***
Mieterschutzbund ⟨m.⟩ **0.1** ***huurbeschermingsvereniging, huurdersbond.***
Mietertrag ⟨m.⟩ **0.1** ***huuropbrengst.***
mietfrei **0.1** ***zonder huur te betalen.***
Miethai ⟨m.⟩ **0.1** ***huisjesmelker.***
Mietkauf ⟨m.⟩ **0.1** ***huurkoop.***
Mietshaus ⟨o.⟩ **0.1** ***huurhuis met een aantal wooneenheden.***
Mietsteigerung ⟨v.⟩ **0.1** ***huurverhoging.***
Mietvertrag ⟨m.⟩ **0.1** ***huurcontract.***
Mietwagen ⟨m.⟩ **0.1** ***huurwagen, -auto.***
Mietwohnung ⟨v.⟩ **0.1** ***huurwoning.***
Mieze ⟨v.; ~n, ~n⟩⟨inf.⟩ **0.1** ***poes*** **0.2** ***mokkel, stoot.***
Migräne ⟨v.; ~, ~n⟩ **0.1** ***migraine.***
Migration ⟨v.; ~, ~en⟩ **0.1** ***migratie.***
Mikro ⟨o.; ~s, ~s⟩ **0.1** ***micro(foon).***
Mikrobe ⟨v.; ~, ~n⟩ **0.1** ***microbe.***
Mikrokosmos ⟨m.⟩ **0.1** ***microkosmos.***
Mikrophon ⟨o.; ~s, ~e⟩ **0.1** ***microfoon.***
Mikroprozessor ⟨m.⟩ **0.1** ***microprocessor.***
Mikroskop ⟨o.; ~s, ~e⟩ **0.1** ***microscoop.***
Mikrowelle ⟨v.⟩ →**Mikrowellenherd.**
Mikrowellenherd ⟨m.⟩ **0.1** ***magnetron(oven).***
Milan ⟨acc. wiss.⟩⟨m.; ~s, ~e⟩ **0.1** ***wouw, milaan.***
Milbe ⟨v.; ~, ~n⟩⟨biol.⟩ **0.1** ***mijt.***
Milch ⟨v.; ~⟩ **0.1** ***melk*** **0.2** ***hom*** ⟨bij vis⟩ ◆ **2.1** ⟨inf.⟩ blaue, dünne ~ *magere melk;* entrahmte ~ *tapte-, ondermelk;* gestandene ~ *gestremde melk* **6.1** nicht viel **in** die ~ zu brocken haben *het niet ruim hebben* **8.1** wie ~ und Blut aussehen *een zeer gezonde kleur hebben.*
Milchbar ⟨v.⟩ **0.1** ***melkbar, -salon.***
Milchbart ⟨m.⟩⟨scherts.⟩ **0.1** ***melkmuil.***
Milchbrei ⟨m.⟩ **0.1** ***melkpap.***
Milchdrüse ⟨v.⟩ **0.1** ***melkklier.***
Milcher ⟨m.; ~s, ~⟩ **0.1** ***melkzwam*** **0.2** ***homvis, hommer, melker.***
Milchgeschäft ⟨o.⟩ **0.1** ***melkwinkel.***
Milchglasscheibe ⟨v.⟩ **0.1** ***melkglazen ruit.***
milchig **0.1** ***melkkleurig, -wit, -achtig*** **0.2** ***donzig.***
Milchkaffee ⟨m.⟩ **0.1** ***koffie met (veel) melk.***
Milchkalb ⟨o.⟩ **0.1** ***melk-, zuigkalf.***
Milchkanne ⟨v.⟩ **0.1** ***melkbus*** **0.2** ***melkkan.***
Milchkuh ⟨v.⟩ **0.1** ***melkkoe.***
Milchling ⟨m.; ~s, ~e⟩ **0.1** ***melkzwam.***
Milchmädchenrechnung ⟨v.⟩⟨iron.⟩ **0.1** ***op foutieve gegevens gebaseerde rekening, verwachting.***
Milchmixgetränk ⟨o.⟩ **0.1** ***milkshake.***
Milchner ⟨m.; ~s, ~⟩ **0.1** ***homvis, hommer, melker.***
Milchpulver ⟨o.⟩ **0.1** ***melkpoeder, poedermelk.***
Milchpumpe ⟨v.⟩ **0.1** ***borstpomp, -glas.***
Milchreis ⟨m.⟩ **0.1** ***rijstepap, -brij.***
Milchschorf ⟨m.⟩ **0.1** ***melkschurft, dauwworm.***
Milchstern ⟨m.⟩⟨plantk.⟩ **0.1** ***vogelmelk, morgenster.***
Milchstraße ⟨v.⟩ **0.1** ***melkweg.***
Milchstraßensystem ⟨o.⟩ **0.1** ***melkwegstelsel.***
Milchwirtschaft ⟨v.⟩ **0.1** ***zuivelbedrijf.***
Milchzahn ⟨m.⟩ **0.1** ***melktand.***
mild(e) **0.1** ***mild*** ⇒*goedaardig, milddadig, zacht* ◆ **1.1** ein milder Herrscher *een humaan heerser;* ein milder Regen *een malse, milde regen* **3.1** ~ gesagt, gesprochen *op zijn zachtst uitgedrukt;* milder urteilen *minder streng oordelen.*

Milde ⟨v.; ~⟩ **0.1** ***mildheid*** ⇒*goedaardigheid, zachtheid, milddadigheid* ◆ **3.1** ~ walten lassen *clementie betrachten.*
mildern I ⟨ov.ww.⟩ **0.1** ***milder maken, matigen*** ⇒*verminderen, afzwakken* **0.2** ***lenigen, verlichten, verzachten*** ◆ **1.1** ~de Umstände zubilligen *verzachtende omstandigheden in aanmerking nemen;*
II sich ~ ⟨wk.ww.⟩ **0.1** ***milder worden, zich matigen*** ⇒*afnemen, afzwakken.*
Milderungsgrund ⟨m.⟩ **0.1** ***verzachtende omstandigheid.***
mildtätig **0.1** ***milddadig, vrijgevig.***
Milieu ⟨o.; ~s, ~s⟩ **0.1** ***milieu*** ⟨ook biol.⟩ ⇒*leefwereld, omgeving* **0.2** ***hoerenwereldje, hoerenbuurt.***
Milieuschaden ⟨m.⟩ **0.1** ***psychische schade door ongunstige sociale omgeving.***
militant **0.1** ***militant, strijdlustig.***
Militär[1] ⟨m.; ~s, ~s⟩ **0.1** ***hogere officier, militair.***
Militär[2] ⟨o.; ~s⟩ **0.1** ***leger(macht), krijgswezen*** **0.2** ***soldaten*** ◆ **3.2** ~ einsetzen *soldaten inzetten* **6.1** **beim** ~ sein *bij het leger zijn;* **zum** ~ einrücken, gehen *in het leger gaan.*
Militäradministration ⟨v.⟩ **0.1** ***militair bestuur*** ⟨v.e. bezet gebied⟩ **0.2** ***gebouw v.h. militaire bestuur.***
Militärbehörde ⟨v.⟩ **0.1** ***militaire overheid.***
Militärbündnis ⟨o.⟩ **0.1** ***militaire alliantie, militair bondgenootschap.***
Militärdienst ⟨m.⟩ **0.1** ***militaire dienst.***
Militärgeistliche(r) ⟨bn. als zn.; m.⟩ **0.1** ***aalmoezenier, legerpredikant.***
Militärgericht ⟨o.⟩ **0.1** ***krijgsraad.***
Militärgerichtsbarkeit ⟨v.⟩ **0.1** ***militaire rechtspraak, rechtspleging.***
militärisch **0.1** ***militair.***
militarisieren **0.1** ***militariseren.***
Militarismus ⟨m.; ~⟩ **0.1** ***militarisme.***
Militärmaschine ⟨v.⟩ **0.1** ***militair vliegtuig.***
Militärperson ⟨v.⟩ **0.1** ***militair.***
Militärpflicht ⟨v.⟩ **0.1** ***dienstplicht.***
Militärpolizei ⟨v.⟩ **0.1** ***militaire politie, marechaussee.***
Militärtauglichkeit ⟨v.⟩ **0.1** ***geschiktheid voor militaire dienst.***
Militärverwaltung ⟨v.⟩ **0.1** ***militair bestuur.***
Militärwesen ⟨o.⟩ **0.1** ***krijgswezen.***
Military ⟨v.; ~, ~s⟩⟨sp.⟩ **0.1** ***military.***
Militärzeit ⟨v.⟩ **0.1** ***diensttijd.***
Miliz ⟨v.; ~, ~en⟩ **0.1** ***militie, volksleger*** **0.2** ***(militair georganiseerde) politie.***
Mill. ⟨afk.⟩ →**Million(en).**
Mille ⟨o.; ~, ~⟩⟨inf.⟩ **0.1** ***duizend mark, mille.***
Millennium ⟨o.; ~s, Millennien⟩ **0.1** ***millennium, tijdperk van duizend jaar.***
Milliardär ⟨m.; ~s, ~e⟩ **0.1** ***miljardair.***
Milliarde ⟨v.; ~, ~n⟩ **0.1** ***miljard.***
Millimeter ⟨m. & o.⟩ **0.1** ***millimeter.***
Millimeterarbeit ⟨v.⟩⟨inf.⟩ **0.1** ***millimeterwerk.***
Million ⟨v.; ~, ~en⟩ **0.1** ***miljoen.***
Millionär ⟨m.; ~s, ~e⟩ **0.1** ***miljonair.***
Millionenauftrag ⟨m.⟩ **0.1** ***miljoenenorder.***
Millionending ⟨o.⟩⟨inf.⟩ **0.1** ***miljoenenzaak.***
millionenschwer ⟨inf.⟩ **0.1** ***schatrijk.***
Milz ⟨v.; ~, ~en⟩ **0.1** ***milt.***
Milzbrand ⟨m.⟩ **0.1** ***miltvuur.***
Mime ⟨m.; ~n, ~n⟩⟨vero.⟩ **0.1** ***toneelspeler.***
mimen ⟨inf.; pej.⟩ **0.1** ***spelen*** ⇒*simuleren, voorwenden* ◆ **1.1** den Kranken ~ *doen alsof men ziek is.*
Mimik ⟨v.; ~⟩ **0.1** ***mimiek*** ⇒*gebarenspel.*
Mimikry ⟨v.; ~⟩⟨biol.; schr.⟩ **0.1** ***mimicry*** ⇒*kleuraanpassing, camouflage.*
mimisch ⟨schr.⟩ **0.1** ***mimisch.***
Mimose ⟨v.; ~, ~n⟩ **0.1** ***mimosa*** **0.2** ⟨fig.⟩ ***kruidje-roer-mij-niet.***
mimosenhaft **0.1** ***zeer sensibel, hypergevoelig.***
Min. ⟨afk.⟩ →**Minute.**
Minarett ⟨o.; ~s, ~e⟩ **0.1** ***minaret.***
minder[1] ⟨bn.; vergr. trap van 'wenig'⟩ **0.1** ***minder, geringer.***
minder[2] ⟨bw.; vergr. trap van 'wenig'⟩⟨schr.⟩ **0.1** ***minder, in geringere mate*** ◆ **8.1** mehr oder ~ *min of meer.*
minderbegabt **0.1** ***zwakbegaafd*** ⇒*achterlijk.*
minderbemittelt **0.1** ***minvermogend, minder draagkrachtig*** ◆ **5.1** ⟨inf.; pej.⟩ geistig ~ *geestelijk minderbedeeld.*
Minderbruder ⟨m.⟩ **0.1** ***minderbroeder, minoriet.***
Mindereinnahme ⟨v.⟩ **0.1** ***geringere ontvangst.***
Mindergewicht ⟨o.⟩ **0.1** ***te laag gewicht, ondergewicht.***
Minderheit ⟨v.; ~, ~en⟩ **0.1** ***minderheid.***
Minderheitenfrage ⟨v.⟩ **0.1** ***minderhedenvraagstuk.***
Minderheitenrecht ⟨o.⟩ **0.1** ***recht v.e. minderheid.***
minderjährig **0.1** ***minderjarig.***
mindern I ⟨ov.ww.⟩ **0.1** ***(ver)minderen, verlagen;***
II sich ~ ⟨wk.ww.⟩ **0.1** ***minder, geringer worden, afnemen.***
Minderwert ⟨m.⟩ **0.1** ***mindere waarde.***
minderwertig **0.1** ***minderwaardig, inferieur.***
Minderzahl ⟨v.⟩ **0.1** ***minderheid.***
mindest ⟨overtr. trap van 'wenig'⟩ **0.1** ***minst, geringst*** ◆ **1.1** nicht die ~en Aussichten haben *absoluut geen vooruitzichten hebben* **6.1** nicht **im** ~en *niet in het minst;* **zum** ~en *ten minste, op zijn minst* **7.1** nicht das ~e *volstrekt, absoluut niets.*
Mindestalter ⟨o.⟩ **0.1** ***minimumleeftijd.***
Mindestanforderung ⟨v.⟩ **0.1** ***minimumeis.***
mindestens **0.1** ***ten minste, minstens, in ieder geval.***
Mindestgehalt ⟨o.⟩ **0.1** ***minimumsalaris.***
Mindestgeschwindigkeit ⟨v.⟩ **0.1** ***minimumsnelheid.***
Mindestmaß ⟨o.⟩ **0.1** ***minimum*** ⇒*minimumlengte, kleinste afmeting.*
Mindestpreis ⟨m.⟩ **0.1** ***minimumprijs.***
Mindestsatz ⟨m.⟩ **0.1** ***minimumtarief.***
Mindestzahl ⟨v.⟩ **0.1** ***minimumaantal.***
Mine ⟨v.; ~, ~n⟩ **0.1** ***stift*** ⟨v.e. potlood enz.⟩ **0.2** ⟨mil.⟩ ***mijn*** **0.3** ⟨mijnw.⟩ ***mijn, mijngang*** ◆ **3.2** eine ~ entschärfen *een mijn onschadelijk maken* **3.¶** ⟨inf.⟩ eine ~ legen *een intrige opzetten, spinnen;* ⟨inf.⟩ alle ~n springen lassen *alles in het werk stellen.*
Minenarbeiter ⟨m.⟩ **0.1** ***mijnwerker.***
Minenleger ⟨m.⟩⟨mil.⟩ **0.1** ***mijnenlegger.***
Minenräumboot ⟨o.⟩⟨mil.⟩ **0.1** ***mijnenveger.***
Minensperre ⟨v.⟩ **0.1** ***mijnenveld.***
Minensuchboot ⟨o.⟩⟨mil.⟩ **0.1** ***mijnenveger.***
Minensuchgerät ⟨o.⟩⟨mil.⟩ **0.1** ***mijndetector.***
Mineral ⟨o.; ~s, ~e of ~ien⟩ **0.1** ***mineraal, delfstof.***
mineralisch **0.1** ***mineraal.***
Mineralogie ⟨v.; ~⟩ **0.1** ***mineralogie, delfstofkunde.***
Mineralöl ⟨o.⟩ **0.1** ***minerale olie.***
Mineralölgesellschaft ⟨v.⟩ **0.1** ***oliemaatschappij.***
Mineralquelle ⟨v.⟩ **0.1** ***minerale bron.***
Mineralwasser ⟨o.; mv. ~̈⟩ **0.1** ***bronwater*** **0.2** ***mineraalwater.***
Mini[1] ⟨m.; ~s, ~s⟩⟨inf.⟩ **0.1** ***mini(rok).***
Mini[2] ⟨o.; ~s, ~s⟩ **0.1** ***mini(-jurk).***
Miniatur ⟨v.; ~, ~en⟩ **0.1** ***miniatuur.***

Miniaturgemälde ⟨o.⟩ **0.1** ***miniatuurschildering.***
Minigolf ⟨o.⟩ **0.1** ***midget-, minigolf.***
minimal **0.1** ***minimaal*** ⇒*uiterst klein, gering.*
Minimalbetrag ⟨m.⟩ **0.1** ***uiterst klein bedrag.***
Minimalforderung ⟨v.⟩ **0.1** ***minimumeis.***
minimalisieren **0.1** ***minimaliseren, zo klein mogelijk maken*** ⇒*geringschatten.*
Minimalkonsens ⟨m.⟩⟨pol.⟩ **0.1** ***minimale consensus, minimum aan overeenstemming.***
Minimalprogramm ⟨o.⟩⟨pol.⟩ **0.1** ***minimumprogramma.***
Minimalwert ⟨m.⟩ **0.1** ***minimale waarde.***
minimieren **0.1** ***minimaliseren, tot een minimum terugbrengen.***
Minimum ⟨o.; ~s, Minima⟩ **0.1** ***minimum.***
Minister ⟨m.; ~s, ~⟩ **0.1** ***minister*** ◆ **6.1** der ~ **ohne** (besonderen) Geschäftsbereich *de minister zonder portefeuille.*
Ministeramt ⟨o.⟩ **0.1** ***ministersambt.***
ministerial **0.1** ***ministerieel.***
Ministerialbeamte(r) ⟨bn. als zn.; m.⟩ **0.1** ***ambtenaar op een ministerie.***
Ministerialdirektor ⟨m.⟩ **0.1** ***directeur-generaal.***
Ministerialrat ⟨m.⟩ **0.1** ⟨vergelijkbaar met⟩ ***referendaris*** ⟨aan een ministerie⟩.
ministeriell **0.1** ***ministerieel.***
Ministerium ⟨o.; ~s, Ministerien⟩ **0.1** ***departement, ministerie*** ◆ **6.1** ~ **für** Arbeit und Sozialordnung *ministerie van Sociale Zaken.*
Ministerpräsident ⟨m.⟩ **0.1** ***minister-president, eerste minister, premier*** **0.2** ⟨leider v.e. deelstaatregering in de Bondsrepubliek Duitsland⟩.
Ministerrat ⟨m.⟩ **0.1** ***ministerraad.***
Ministrant ⟨m.; ~en, ~en⟩⟨rel.⟩ **0.1** ***misdienaar.***
Minna ⟨v.; ~, ~s⟩⟨inf.⟩ ◆ **2.¶** die grüne ~ *de boevenwagen* **6.¶** jmdn. **zur** ~ machen *tegen iem. fors van leer trekken, iem. er flink van langs geven.*
Minne ⟨v.; ~⟩⟨gesch.⟩ **0.1** ***minne, hoofse liefde.***
Minnelied ⟨o.⟩⟨lit.⟩ **0.1** ***minnelied, -dicht.***
Minnesang ⟨m.⟩⟨lit.⟩ **0.1** ***minnezang.***
Minorit ⟨m.; ~en, ~en⟩ **0.1** ***minderbroeder, minoriet.***
Minstrel ⟨m.; ~s, ~s⟩⟨gesch.⟩ **0.1** ***minstreel, speelman.***
minus[1] ⟨bw.⟩ **0.1** ⟨vooral wisk.⟩ ***min, minus*** **0.2** ⟨tech.⟩ ***min.***
minus[2] ⟨vz. + 2⟩ **0.1** ***min, minus.***
Minus ⟨o.; ~, ~⟩ **0.1** ***min, minus*** ⇒*tekort, deficit* **0.2** ***min, minpunt*** ⇒*nadeel.*
Minusbetrag ⟨m.⟩ **0.1** ***tekort, deficit.***
Minuskel ⟨v.; ~, ~n⟩⟨boek.⟩ **0.1** ***kleine letter.***
Minuspunkt ⟨m.⟩ **0.1** ***punt in de min, punt aftrek*** **0.2** ***minpunt.***
Minustyp ⟨m.⟩⟨inf.⟩ **0.1** ***waardeloze vent.***
Minuszeichen ⟨o.⟩ **0.1** ***minus-, minteken.***
Minute ⟨v.; ~, ~n⟩ **0.1** ***minuut*** ◆ **6.1** **auf** die ~ kommen *precies op tijd komen;* ~ **auf**, **um** ~ verging *minuut na minuut verstreek;* jmdn. nur **auf** zwei ~n sprechen wollen *iem. voor maar twee minuten willen spreken;* **in** letzter ~ *op het laatste moment.*
minutenlang **0.1** ***minutenlang.***
Minutenzeiger ⟨m.⟩ **0.1** ***grote wijzer.***
minutiös →**minuziös.**
minütlich **0.1** ***iedere minuut, alle minuten.***
minuziös **0.1** ***minutieus.***
Minze ⟨v.; ~, ~n⟩⟨plantk.⟩ **0.1** ***munt.***
Mio. ⟨afk.⟩ →**Million(en).**
mir I ⟨pers.vnw.⟩ **0.1** ***mij, me*** ◆ **3.1** ⟨inf.⟩ du bist ~ ein Schlaumeier *je bent me een slimmerik;* ~ ist schlecht *ik ben misselijk;* ⟨inf.⟩ verlier ~ nichts! *denk erom, dat je niks verliest!* **5.1** ⟨inf.⟩ ~ nichts, dir nichts (a) *plotseling* (b) *zonder meer, heel gewoon, doodleuk* **6.1** **von** ~ aus *wat mij betreft* **¶.1** ⟨sprw.⟩ wie du ~, so ich dir *iemand een koekje van zijn eigen deeg geven;*
II ⟨wdk.vnw.⟩ **0.1** ***mij, me.***
Mirabelle ⟨v.; ~, ~n⟩ **0.1** ***mirabel, kroosje.***
Mirakel ⟨o.; ~s, ~⟩ **0.1** ⟨schr.⟩ ***wonder, mirakel*** **0.2** ***mirakelspel.***
Misanthrop ⟨m.; ~en, ~en⟩ **0.1** ***misantroop, mensenhater.***
mischbar **0.1** ***mengbaar.***
Mischbatterie ⟨v.⟩ **0.1** ***mengkraan.***
Mischbecher ⟨m.⟩ **0.1** ***shaker.***
Mischbetrieb ⟨m.⟩ **0.1** ***gemengd bedrijf.***
Mischblut ⟨o.⟩ **0.1** ***halfbloed, kleurling.***
Mischbrot ⟨o.⟩ **0.1** ***tarwe-roggebrood.***
Mischehe ⟨v.⟩ **0.1** ***gemengd huwelijk.***
mischen I ⟨ov.ww.⟩ **0.1** ***(ver)mengen, mixen*** **0.2** ***schudden*** ⟨van kaarten⟩ **0.3** ⟨com., film.⟩ ***mixen*** ◆ **1.1** Salat ~ *sla aanmaken* **6.1** Wasser **in** den Wein ~ *wijn met water aanlengen;* Gift **ins** Essen ~ *gif onder het eten mengen;*
II sich ~ ⟨wk.ww.⟩ **0.1** ***zich vermengen*** ⇒*in elkaar opgaan* **0.2** ***zich mengen (in)*** ⇒*zich bemoeien (met)* **0.3** ***zich mengen (onder)*** ⇒*zich begeven (onder)* ◆ **6.2** sich **in** jmds. Angelegenheiten ~ *zich met iemands zaken bemoeien* **6.3** sich **unter** das Volk ~ *zich onder het volk begeven.*
Mischer ⟨m.; ~s, ~⟩ **0.1** ***iem. die mengt, menger*** **0.2** ***mengmachine, -trommel.***
Mischfarbe ⟨v.⟩ **0.1** ***gemengde kleur.***
Mischfutter ⟨o.⟩ **0.1** ***mengvoe(de)r.***
Mischgetränk ⟨o.⟩ **0.1** ***cocktail.***
Mischgewebe ⟨o.⟩ **0.1** ***uit verschillende soorten vezels samengesteld weefsel.***
Mischkultur ⟨v.⟩ **0.1** ***gemêleerde cultuur, samenleving*** **0.2** ⟨landb.⟩ ***mengteelt.***
Mischling ⟨m.; ~s, ~e⟩ **0.1** ***halfbloed, kleurling*** **0.2** ⟨biol.⟩ ***bastaard, hybride.***
Mischmasch ⟨m.; ~(e)s, ~e⟩⟨inf.⟩ **0.1** ***mengelmoes, allegaartje.***
Mischmaschine ⟨v.⟩⟨amb.⟩ **0.1** ***betonmolen.***
Mischpult ⟨o.⟩⟨com., film.⟩ **0.1** ***mengpaneel.***
Mischung ⟨v.; ~, ~en⟩ **0.1** ***het mengen, menging*** **0.2** ***mengsel, mengeling*** ⇒*melange* ◆ **6.2** eine ~ **aus** *een mengeling, mengsel van.*
Mischungsverhältnis ⟨o.⟩ **0.1** ***mengverhouding.***
Mischwald ⟨m.⟩ **0.1** ***gemengd bos.***
miserabel **0.1** ***miserabel.***
Misere ⟨v.; ~, ~n⟩ **0.1** ***misère, ellende, noodsituatie.***
Mispel ⟨v.; ~, ~n⟩ **0.1** ***mispel.***
Miss, Miß ⟨v.; ~, ~es⟩ **0.1** ***miss.***
mißachten **0.1** ***minachten, geringschatten*** **0.2** ***niet letten op, veronachtzamen.***
Missal ⟨o.; ~s, ~e⟩ **0.1** ***missaal, misboek.***
Mißbehagen ⟨o.⟩ **0.1** ***misnoegen, onbehagen.***
Mißbildung ⟨v.⟩ **0.1** ***misvorming, deformatie.***
mißbilligen **0.1** ***afkeuren, laken.***
Mißbrauch ⟨m.⟩ **0.1** ***misbruik, verkeerd gebruik*** ◆ **3.1** mit einer Sache ~ treiben *misbruik van iets maken.*
mißbrauchen **0.1** ***misbruiken, verkeerd gebruiken*** **0.2** ⟨schr.⟩ ***misbruiken*** ⇒*verkrachten* ◆ **1.1** jmds. guten Glauben ~ *iem. misleiden.*
mißdeuten **0.1** ***verkeerd uitleggen, misduiden.***
missen ⟨schr.⟩ **0.1** ***missen, ontberen.***
Mißerfolg ⟨m.⟩ **0.1** ***mislukking, fiasco, echec.***
Mißernte ⟨v.⟩ **0.1** ***misoogst.***
Missetat ⟨v.; ~, ~en⟩⟨vero.; schr.⟩ **0.1** ***misdaad*** **0.2** ⟨scherts.⟩ ***streek.***

mißfallen ⟨h.⟩⟨schr.⟩ **0.1** ***mishagen*** ⇒*niet bevallen.*
Mißfallen ⟨o.; ~s⟩ **0.1** ***misnoegen, ontevredenheid*** ◆ **3.1** allgemeines ~ erregen *algemeen misnoegen opwekken.*
mißgebildet 0.1 ***misvormd, mismaakt, gedeformeerd.***
Mißgeburt ⟨v.⟩ **0.1** ***misgeboorte*** **0.2** ⟨pej.⟩ ***misbaksel*** ⇒ *ploert.*
mißgelaunt ⟨schr.⟩ **0.1** ***slechtgeluimd, -gehumeurd.***
Mißgeschick ⟨o.⟩ **0.1** ***tegenspoed, ongeluk.***
mißgestaltet 0.1 ***wanstaltig, mismaakt, misvormd.***
mißglücken 0.1 ***mislukken, niet lukken.***
mißgönnen 0.1 ***misgunnen, benijden.***
Mißgriff ⟨m.⟩ **0.1** ***misgreep, -slag.***
Mißgunst ⟨v.⟩ **0.1** ***afgunst, nijd, jaloezie.***
mißhandeln 0.1 ***mishandelen.***
Mißhelligkeit ⟨v.⟩ **0.1** ***onenigheid, meningsverschil.***
Mission ⟨v.; ~, ~en⟩ **0.1** ***missie*** ⇒*opdracht, afvaardiging, zending* ◆ **3.1** eine ~ entsenden *een afvaardiging sturen;* ~ (be)treiben *als zendeling werken* **6.1 in** besonderer ~ *met speciale missie, opdracht.*
Missionar ⟨m.; ~s, ~e⟩ **0.1** ***missionaris, zendeling.***
missionarisch 0.1 ***missionair.***
missionieren I ⟨onov.ww.⟩ **0.1** ***missioneren, als zendeling werken;***
II ⟨ov.ww.⟩ **0.1** ***bekeren*** ⇒*kerstenen.*
Missionschef ⟨m.⟩ **0.1** ***leider v.e. diplomatieke vertegenwoordiging.***
Missionshaus ⟨o.⟩ **0.1** ***missie-, zendelingenhuis.***
Missionsstation ⟨v.⟩ **0.1** ***missie-, zendingspost.***
Mißklang ⟨m.⟩ **0.1** ***wanklank, dissonant.***
Mißkredit ⟨m.⟩ **0.1** ***diskrediet*** ◆ **6.1** jmdn. **in** ~ bringen *iem. verdacht maken, in diskrediet brengen.*
mißlich 0.1 ***netelig, hachelijk*** ⇒*onaangenaam.*
mißliebig 0.1 ***onbemind, impopulair.***
mißlingen ⟨→t85⟩ **0.1** ***mislukken, mislopen.***
Mißmut ⟨m.⟩ **0.1** ***ontstemdheid, wrevel.***
mißmutig 0.1 ***ontstemd, wrevelig.***
mißraten 0.1 ***slecht uitvallen, mislukken*** ◆ **1.1** ein ~es Kind *een bedorven, onopgevoed kind.*
Mißstand ⟨m.⟩ **0.1** ***wantoestand, misstand*** ◆ **3.1** einen ~ abstellen, beseitigen *een eind maken aan een misstand.*
Mißstimmung ⟨v.⟩ **0.1** ***ontstemming, misnoegen.***
Mißton ⟨m.⟩ **0.1** ***wanklank, dissonant.***
mißtrauen 0.1 ***wantrouwen*** ◆ **1.1** jmdm., jmds. Worten ~ *iem., iemands woorden wantrouwen.*
Mißtrauen ⟨o.; ~s⟩ **0.1** ***wantrouwen, argwaan*** ◆ **3.1** der Regierung das ~ aussprechen *de regering het vertrouwen opzeggen;* einer Sache, jmdm. ~ entgegenbringen *een zaak, iem. wantrouwen, niet vertrouwen* **6.1** ~ **gegen** jmdn. haben, hegen *wantrouwen tegen iem. koesteren.*
Mißtrauensantrag ⟨m.⟩⟨pol.⟩ **0.1** ***motie van wantrouwen.***
Mißtrauensvotum ⟨o.⟩ **0.1** ***votum van wantrouwen*** ⟨ook pol.⟩.
mißtrauisch 0.1 ***wantrouwig, achterdochtig.***
mißvergnügt 0.1 ***misnoegd, ontstemd.***
Mißverhältnis ⟨o.⟩ **0.1** ***wanverhouding, disproportie.***
mißverständlich 0.1 ***aanleiding gevend tot misverstand*** ⇒*dubbelzinnig, onduidelijk.*
Mißverständnis ⟨o.⟩ **0.1** ***misverstand, misvatting*** ⇒*meningsverschil* ◆ **2.1** ein grobes ~ *een ernstig misverstand* **3.1** ein ~ beseitigen *een misverstand uit de weg ruimen;* hier liegt ein ~ vor *hier is sprake van een misverstand* **6.1** ~se **zwischen** Eheleuten *meningsverschillen tussen echtelieden.*
mißverstehen 0.1 ***verkeerd verstaan, verkeerd begrijpen*** ◆ **6.1 in** nicht mißzuverstehender Weise *op niet mis te verstane wijze, ondubbelzinnig.*
Mißwahl ⟨v.⟩ **0.1** ***missverkiezing.***
Mißwirtschaft ⟨v.⟩ **0.1** ***wanbeheer, -beleid.***
Mist ⟨m.; ~(e)s⟩ **0.1** ***mest(hoop)*** **0.2** ⟨inf.; pej.⟩ ***rommel, troep, rotzooi*** **0.3** ⟨inf.; pej.⟩ ***onzin, nonsens*** **0.4** ⟨inf.; pej.⟩ ***toestand, gedoe, gelazer*** ◆ **2.¶** ⟨inf.⟩ verdammter, verfluchter ~! *vervloekt nog an toe!* **3.3** ~ reden, verzapfen *onzin uitkramen* **3.4** ~ bauen *slecht werk leveren, er een puinhoop van maken* **3.¶** ⟨inf.⟩ ~ machen *drukte, ophef maken* **6.1 mit** ~ düngen *(be)mesten* **6.¶** ⟨inf.; fig.⟩ nicht **auf** jmds. ~ gewachsen sein *niet iemands eigen werk zijn* **¶.4** so ein ~! *wat een toestand, ellende!* →**Kleinvieh.**
Mistel ⟨v.; ~, ~n⟩ **0.1** ***maretak, mistel.***
misten 0.1 ***(uit)mesten*** **0.2** ***(be)mesten.***
Mistfink ⟨m.⟩⟨inf.⟩ **0.1** ***vuilik, viezerik*** ⇒*smeerlap.*
Mistfliege ⟨v.⟩ **0.1** ***strontvlieg.***
Mistgabel ⟨v.⟩ **0.1** ***mestvork.***
Misthaufen ⟨m.⟩ **0.1** ***mesthoop, -vaalt.***
mistig 0.1 ***vol mest*** ⇒*smerig* **0.2** ⟨inf.⟩ ***beroerd, miserabel.***
Mistkerl ⟨m.⟩⟨vulg.⟩ **0.1** ***smeerlap, schoft.***
Mistral ⟨m.; ~s⟩ **0.1** ***mistral.***
Miststück ⟨o.⟩⟨vulg.⟩ **0.1** ***loeder, smeerlap.***
Mistvieh ⟨o.⟩⟨vulg.⟩ **0.1** ***rotbeest*** **0.2** ***smeerlap, schoft.***
Mistwetter ⟨o.⟩⟨inf.⟩ **0.1** ***rot-, pokkeweer.***
Mistzeug ⟨o.⟩⟨inf.⟩ **0.1** ***rotzooi, troep.***
mit[1] ⟨bw.⟩ **0.1** ***mede, mee, ook*** ◆ **1.1** ⟨inf.⟩ er ist ~ der Größte *hij is een van de grootsten;* das ist ~ sein Verdienst *dat is ook zijn verdienste* **3.1** ⟨inf.⟩ da kann ich nicht ~ (a) *daar kan ik niet bij* (b) *dat is me te duur.*
mit[2] ⟨vz. + 3⟩ **0.1** ***met*** ◆ **1.1** ~ einsetzender Dämmerung *bij het vallen van de schemering;* ~ Feuer und Schwert *te vuur en te zwaard;* ⟨inf.⟩ er hat es ~ dem Herzen *hij heeft het aan het hart;* ~ dreißig Jahren *op dertigjarige leeftijd;* ~ einem Male *ineens, plotseling;* jmdn. ~ Namen nennen *iem. bij zijn naam noemen;* ~ Recht *terecht;* ⟨inf.⟩ eine Flasche Sprudel ~ *een fles mineraalwater met toegevoegde smaak;* ~ dem heutigen Tag *met ingang van vandaag;* ~ einem Wort *in één woord;* ~ der Zeit *met de tijd, langzamerhand* **6.1** ⟨inf.; scherts.⟩ ~ oben **ohne** *met ontbloot bovenlijf, topless.*
Mitarbeit ⟨v.⟩ **0.1** ***mede-, samenwerking.***
Mitarbeiter ⟨m.⟩ **0.1** ***medewerker*** ◆ **2.1** freier ~ *freelance medewerker;* ständiger ~ *medewerker in vaste dienst.*
mitbekommen 0.1 ***meekrijgen*** **0.2** ⟨inf.⟩ ***opvangen, -pikken*** **0.3** ⟨inf.⟩ ***snappen, begrijpen*** **0.4** ⟨inf.⟩ ***meemaken, -pikken*** ◆ **1.1** Talent von Geburt an ~ *talent bij de geboorte meekrijgen* **1.2** einen Streit ~ *getuige van een ruzie zijn* **6.4** er hat **von** dem Fest nichts ~ *het feest is langs hem heengegaan.*
mitbenutzen 0.1 ***meegebruiken, samen gebruiken.***
Mitbesitzer ⟨m.⟩ **0.1** ***mede-eigenaar.***
mitbestimmen 0.1 ***mede bepalen, inspraak, medezeggenschap hebben.***
Mitbestimmung ⟨v.⟩ **0.1** ***inspraak, medezeggenschap*** ◆ **2.1** die betriebliche ~ *de medezeggenschap binnen een bedrijf.*
Mitbestimmungsrecht ⟨o.⟩ **0.1** ***recht van inspraak, medezeggenschap.***
mitbeteiligt 0.1 ***betrokken bij, deelgenoot van.***
Mitbewerber ⟨m.⟩ **0.1** ***mededinger, concurrent.***
mitbringen 0.1 ***meebrengen, -nemen, inbrengen.***
Mitbringsel ⟨o.; ~s, ~⟩⟨inf.⟩ **0.1** ***cadeautje*** **0.2** ***souvenir.***
Mitbürger ⟨m.⟩⟨adm.⟩ **0.1** ***medeburger*** ⇒*land-, stadgenoot.*
mitdürfen ⟨inf.⟩ **0.1** ***mee mogen.***
miteinander 0.1 ***met elkaar*** **0.2** ***te zamen, samen.***
Mitella ⟨v.; ~, Mitellen⟩⟨med.⟩ **0.1** ***mitella, draagdoek.***

mitempfinden 0.1 *meevoelen, -leven.*
Miterbe ⟨m.⟩⟨jur.⟩ 0.1 *mede-erfgenaam.*
miterleben 0.1 *meebeleven* ⇒*meemaken.*
Mitesser ⟨m.⟩ 0.1 *mee-eter, comedo* 0.2 ⟨inf.; scherts.⟩ *mee-eter* ⇒*tafelgast.*
mitfahren 0.1 *meerijden, -varen.*
mitfühlen 0.1 *meevoelen, -leven.*
mitführen 0.1 ⟨adm.⟩ *bij zich hebben, dragen* 0.2 *met zich voeren, meevoeren.*
mitgeben 0.1 *meegeven.*
Mitgefühl ⟨o.⟩ 0.1 *medelijden, -leven* ⇒*begrip, sympathie* ◆ 3.1 jmdm. sein ~ ausdrücken, bezeigen *iem. zijn medeleven betuigen* 6.1 **in** herzlichem ~ *met gevoelens van innig medeleven.*
mitgehen 0.1 *meegaan* 0.2 *meegenomen, weggespoeld worden* 0.3 *zich laten meeslepen* ◆ 3.¶ ⟨inf.⟩ etwas ~ heißen, lassen *iets gappen, jatten* ¶.1 ⟨sprw.⟩ mitgegangen, mitgefangen *wie in 't schuitje zit, moet meevaren.*
mitgenommen 0.1 *meegenomen* 0.2 ⟨inf.⟩ *beschadigd, gehavend* ⇒*afgemat.*
Mitgift ⟨v.⟩⟨vero.⟩ 0.1 *bruidsschat.*
Mitglied ⟨o.⟩ 0.1 *lid* ◆ 1.1 ~ des Bundestages *lid van de Bondsdag.*
Mitgliederversammlung ⟨v.⟩ 0.1 *ledenvergadering.*
Mitgliederzahl ⟨v.⟩ 0.1 *ledental.*
Mitgliedsbeitrag ⟨m.⟩ 0.1 *lidmaatschapsbijdrage, contributie.*
Mitgliedschaft ⟨v.; ~, ~en⟩ 0.1 *lidmaatschap.*
Mitgliedskarte ⟨v.⟩ 0.1 *lidmaatschapskaart.*
Mitglied(s)staat ⟨m.⟩ 0.1 *lidstaat.*
mithaben ⟨inf.⟩ 0.1 *bij zich hebben.*
mithalten 0.1 *meedoen, -draaien, volhouden* 0.2 ⟨schr.⟩ *deelnemen, deel hebben aan* ◆ 1.1 das Tempo bei einer Entwicklung ~ *het tempo van een ontwikkeling kunnen bijhouden* 3.1 der Betrieb konnte nicht mehr ~ *het bedrijf kon de concurrentie niet meer aan.*
mithelfen 0.1 *meehelpen.*
Mithilfe ⟨v.⟩ 0.1 *medewerking, hulp.*
mithin 0.1 *bijgevolg, derhalve, dus.*
mithören 0.1 *toevallig horen* 0.2 *mee-, afluisteren.*
Mitinhaber ⟨m.⟩ 0.1 *mede-eigenaar.*
mitklingen 0.1 *mee-, doorklinken* ⇒*tot uitdrukking komen.*
mitkommen 0.1 *meekomen, -gaan* 0.2 *meekunnen, bij kunnen houden* ◆ 5.2 ⟨inf.⟩ da komme ich nicht mehr mit! *dat kan ik niet meer volgen!*
mitkönnen ⟨inf.⟩ 0.1 *mee kunnen (gaan, komen)* 0.2 *mee kunnen, bij kunnen houden* ◆ 5.2 da kann ich nicht mehr mit! *dat kan ik niet meer volgen!*
mitkriegen ⟨inf.⟩ 0.1 *meekrijgen* 0.2 *opvangen, oppikken* 0.3 *snappen, begrijpen* 0.4 *meepikken, -beleven.*
Mitläufer ⟨m.⟩⟨pej.⟩ 0.1 *meeloper.*
Mitlaut ⟨m.⟩ 0.1 *medeklinker.*
Mitleid ⟨o.⟩ 0.1 *medelijden.*
Mitleidenschaft ⟨v.⟩ ◆ 6.¶ etwas **in** ~ ziehen *iets mede beschadigen, schade toebrengen.*
mitleiderregend 0.1 *meelij-, deerniswekkend.*
mitleidig 0.1 *medelijdend, vol medelijden.*
mitmachen I ⟨onov.ww.⟩ 0.1 *meedoen, -werken* 0.2 ⟨inf.⟩ *werken, functioneren* ◆ 1.2 die Leber macht nicht mehr mit *de lever functioneert niet meer* 5.1 da mache ich nicht mehr mit *daar kan ik niet meer aan meewerken;*
II ⟨ov.ww.⟩ 0.1 *meemaken, deelnemen, meedoen* 0.2 ⟨inf.⟩ *erbij maken, doen* 0.3 ⟨inf.⟩ *meemaken, beleven* ◆ 1.1 jede Mode ~ *aan elke mode meedoen* 3.2 jmds. Arbeit ~ *iemands werk erbij doen.*
Mitmensch ⟨m.⟩ 0.1 *mede-, evenmens.*
mitmischen ⟨inf.⟩ 0.1 *zich met iets bemoeien* 0.2 ⟨sp.⟩ *zich niet onbetuigd laten.*
mitmüssen ⟨inf.⟩ 0.1 *mee moeten.*
Mitnahmepreis ⟨m.⟩ 0.1 *meeneemprijs.*
mitnehmen 0.1 *meenemen* 0.2 *aangrijpen, -pakken* ⇒*aantasten* 0.3 *meenemen, meepikken* ⇒*profijt hebben* ◆ 1.3 eine Gelegenheit ~ *een gelegenheid waarnemen* 3.2 die Krankheit hat ihn sehr mitgenommen *de ziekte heeft hem erg aangepakt.*
mitnichten ⟨vero.⟩ 0.1 *volstrekt niet, geenszins.*
Mitra ⟨v.; ~, Mitren⟩⟨rel.⟩ 0.1 *mijter, mitra.*
mitreden 0.1 *meespreken, -praten* ◆ 3.1 ein Wörtchen ~ *een woordje meespreken.*
mitreißen 0.1 *meeslepen, -sleuren* 0.2 *meeslepen* ⇒*bezielen, fascineren.*
mitsamt ⟨vz. + 3⟩⟨vaak iron.⟩ 0.1 *samen met, benevens.*
mitschleifen 0.1 *meeslepen, -sleuren.*
mitschleppen ⟨inf.⟩ 0.1 *meeslepen, -zeulen.*
mitschneiden ⟨vooral com.⟩ 0.1 *(op de band) opnemen.*
Mitschnitt ⟨m.⟩⟨vooral com.⟩ 0.1 *(band)opname.*
mitschreiben 0.1 *opschrijven, bijhouden* ⟨het gedicteerde⟩.
Mitschuld ⟨v.⟩ 0.1 *medeplichtigheid.*
Mitschüler ⟨m.⟩ 0.1 *medescholier, -leerling.*
mitschwingen 0.1 *meezwaaien, -slingeren* 0.2 *mee-, doorklinken.*
mitsein ⟨inf.⟩ 0.1 *erbij zijn, van de partij zijn.*
mitsollen ⟨inf.⟩ 0.1 *mee moeten.*
mitspielen 0.1 *meespelen, -doen* ⇒⟨fig.⟩ *meewerken* 0.2 *meespelen, mede oorzaak zijn* 0.3 *te pakken nemen, aanpakken* ◆ 1.1 das Wetter spielt nicht mit *het weer werkt niet mee* 5.3 jmdm. arg, böse, übel ~ *iem. lelijk te pakken nemen.*
Mitsprache ⟨v.⟩ 0.1 *inspraak.*
Mitspracherecht ⟨o.⟩ 0.1 *recht van inspraak.*
mitsprechen 0.1 *meepraten, -spreken* 0.2 *mede een rol spelen, meespelen.*
mittag 0.1 *middag, rond twaalf uur.*
Mittag[1] ⟨m.; ~s, ~e⟩ 0.1 *middag, rond twaalf uur* 0.2 ⟨g.mv.; inf.⟩ *middagpauze* ◆ 3.1 es wird ~ *het loopt tegen de middag* 3.2 ~ machen *middagpauze houden* 6.1 **am, über** ~ *tussen de middag;* **gegen** ~ *tegen de middag;* **zu** ~ *rond twaalf uur;* **zu** ~ essen, speisen *het middagmaal gebruiken.*
Mittag[2] ⟨o.; ~s⟩⟨inf.⟩ 0.1 *middageten* ◆ 6.1 jmdn. **zu** ~ einladen *iem. voor het middageten uitnodigen.*
Mittagessen ⟨o.⟩ 0.1 *middageten* ◆ 6.1 **beim** ~ sitzen *aan het middagmaal zitten.*
mittäglich 0.1 *iedere middag, in de middag, middag-.*
mittags 0.1 *tussen de middag, 's middags.*
Mittagspause ⟨v.⟩ 0.1 *middagpauze.*
Mittagsruhe ⟨v.⟩ 0.1 *middagrust* 0.2 *middagslaap, -dutje.*
Mittagsschlaf ⟨m.⟩ 0.1 *middagslaap.*
Mittagssonne ⟨v.⟩ 0.1 *middagzon.*
Mittagszeit ⟨v.⟩ 0.1 ⟨g.mv.⟩ *uurtje tussen de middag* ⇒*lunchtijd* 0.2 *middagpauze.*
Mittäter ⟨m.⟩ 0.1 *medeplichtige, -dader.*
Mittdreißiger ⟨m.⟩ 0.1 *iem. van midden (in de) dertig.*
Mitte ⟨v.; ~, ~n⟩ 0.1 *midden* ⟨ook pol.⟩ ◆ 1.1 er ist ~ (der) Dreißig *hij is midden (in de) dertig;* ~ März *half, medio maart* 2.1 die goldene ~ *de gulden middenweg* 6.1 ⟨inf.⟩ ab **durch** die ~! *gauw wegwezen!;* wir nahmen ihn **in** die ~ *wij namen hem midden tussen ons in.*
mitteilen I ⟨ov.ww.⟩ 0.1 *meedelen* 0.2 ⟨schr.⟩ *verlenen, ge-*

ven ◆ **1.2** seine Augen teilen seinem Gesicht einen freundlichen Ausdruck mit *zijn ogen geven zijn gezicht een vriendelijke uitdrukking* **8.1** hierdurch teile ich Ihnen mit, daß ...*bij dezen deel ik u mee, dat* ...;
II sich ~ ⟨wk.ww.⟩⟨schr.⟩ **0.1** ***zich verspreiden over, overslaan op*** **0.2** ***zijn vertrouwen schenken*** ⇒*zijn hart uitstorten* ◆ **5.2** er teilt sich kaum mit *hij uit zich nauwelijks.*

mitteilsam 0.1 ***spraak-, mededeelzaam.***

Mitteilung ⟨v.⟩ **0.1** ***mededeling*** ⇒*kennisgeving, bericht* ◆ **6.1** eine ~ **an** die Presse *een mededeling aan de pers;* jmdm. eine ~ **über, von** etwas machen *iem. iets meedelen.*

Mitteilungsbedürfnis ⟨o.⟩ **0.1** ***behoefte zich te uiten.***

mittel 0.1 ***matig, middelmatig, maar zozo.***

Mittel ⟨o.; ~s, ~⟩ **0.1** ***middel*** ⇒*mogelijkheid* **0.2** ***middel*** ⇒*geneesmiddel, middeltje* **0.3** ***gemiddelde*** ⇒⟨wisk.⟩ *middelevenredige* **0.4** ⟨mv.⟩ ***(geld)middelen*** ◆ **2.1** sprachliche ~ *middelen op het gebied van de taal* **2.3** das arithmetische ~ *de rekenkundig middelevenredige* **2.4** flüssige ~ *liquide middelen;* öffentliche ~ *overheidsgelden* **6.1** **mit** allen ~n *op alle mogelijke manieren;* ein ~ **zum** Zweck *een middel om het doel te bereiken* **6.3** **im** ~ *gemiddeld, in doorsnede* **6.4** knapp **an** ~n sein *krap bij kas zijn;* **über** seine ~ leben *boven zijn stand leven;* **von** allen ~n entblößt *platzak, berooid* **6.¶** ⟨vero.; schr.⟩ sich **ins** ~ legen *als bemiddelaar optreden, bemiddelen.*

Mittelachse ⟨v.⟩ **0.1** ***middelste as*** **0.2** ***symmetrieas.***

Mittelalter ⟨o.⟩ **0.1** ***Middeleeuwen*** ◆ **2.1** das ausgehende ~ *de late Middeleeuwen.*

mittelalterlich 0.1 ***middeleeuws*** ⇒⟨pej.⟩ *primitief.*

mittelbar 0.1 ***indirect.***

Mittelbetrieb ⟨m.⟩ **0.1** ***middelgroot bedrijf, middenbedrijf.***

Mitteldeck ⟨o.⟩⟨scheep.⟩ **0.1** ***tussendek.***

Mitteldeutschland ⟨o.⟩ **0.1** ***Midden-Duitsland.***

Mittelding ⟨o.; mv. ~e⟩ **0.1** ***tussending.***

mitteleuropäisch 0.1 ***Midden-Europees*** ◆ **1.1** ~e Zeit *Midden-Europese tijd.*

mittelfein 0.1 ***middelfijn*** **0.2** ***van gemiddelde kwaliteit.***

Mittelfeld ⟨o.⟩⟨sp.⟩ **0.1** ***middenveld.***

Mittelfinger ⟨m.⟩ **0.1** ***middelvinger.***

mittelfristig 0.1 ***van, op middellange termijn.***

Mittelfußknochen ⟨m.⟩ **0.1** ***middelvoetsbeentje.***

Mittelgebirge ⟨o.⟩ **0.1** ***middelgebergte.***

Mittelgewicht ⟨o.⟩⟨sp.⟩ **0.1** ***midden-, middelgewicht*** ⟨sportman, gewichtsklasse⟩.

Mittelglied ⟨o.⟩ **0.1** ***tussen-, verbindingsschakel*** **0.2** ⟨med.⟩ ***middelste lid.***

mittelgroß 0.1 ***van gemiddelde grootte, middelgroot.***

mittelgut ⟨inf.⟩ **0.1** ***van gemiddelde kwaliteit, (middel)matig.***

mittelhochdeutsch ⟨taal.⟩ **0.1** ***Middel-Hoog-Duits.***

Mittelklasse ⟨v.⟩ **0.1** ***middenklasse, -stand*** **0.2** ***middenklasse*** ⟨mbt. kwaliteit, grootte, prijs⟩.

Mittelkreis ⟨m.⟩⟨sp.⟩ **0.1** ***middencirkel.***

Mittellatein ⟨o.⟩ **0.1** ***middeleeuws Latijn.***

Mittelläufer ⟨m.⟩⟨sp.⟩ **0.1** ***(stopper)spil.***

Mittellinie ⟨v.⟩ **0.1** ⟨sp.⟩ ***middenlijn*** **0.2** ⟨wisk.⟩ ***zwaartelijn, mediaan*** **0.3** ⟨verk.⟩ ***wegasstreep.***

mittellos 0.1 ***zonder middelen, onbemiddeld.***

Mittelmaß ⟨o.⟩ **0.1** ***middelmaat, gemiddelde*** **0.2** ⟨pej.⟩ ***middelmatigheid.***

mittelmäßig 0.1 ***middelmatig.***

Mittelmeer ⟨o.⟩ **0.1** ***Middellandse Zee.***

Mittelohr ⟨o.⟩⟨med.⟩ **0.1** ***middenoor.***

Mittelpunkt ⟨m.⟩ **0.1** ***middelpunt.***

mittels ⟨vz. + 2⟩ **0.1** ***met behulp van, door middel van.***

Mittelschicht ⟨v.⟩⟨soc.⟩ **0.1** ***middenklasse, -stand.***

Mittelschiff ⟨o.⟩⟨bouwk.⟩ **0.1** ***middenschip.***

Mittelschule ⟨v.⟩ **0.1** ***mavo, havo.***

mittelschwer 0.1 ***niet al te moeilijk, zwaar.***

Mittelschwergewicht ⟨o.⟩⟨sp.⟩ **0.1** ***middenzwaargewicht*** ⟨sportman, gewichtsklasse⟩.

Mittelsmann ⟨m.; mv. ⸗er of Mittelsleute⟩ **0.1** ***bemiddelaar, tussenpersoon.***

Mittelstadt ⟨v.⟩ **0.1** ***middelgrote stad.***

Mittelstand ⟨m.⟩ **0.1** ***middenstand, -klasse.***

Mittelsteinzeit ⟨v.⟩ **0.1** ***middensteentijd, Mesolithicum.***

Mittelstellung ⟨v.⟩ **0.1** ***midden-, tussenpositie.***

Mittelstrecke ⟨v.⟩ **0.1** ⟨vooral verk.⟩ ***middellang traject, middelgrote afstand*** **0.2** ⟨sp.⟩ ***middenafstand.***

Mittelstreckenrakete ⟨v.⟩ **0.1** ***raket voor de middellange afstand.***

Mittelstreifen ⟨m.⟩ **0.1** ***middenberm.***

Mittelstück ⟨o.⟩ **0.1** ***midden-, tussenstuk.***

Mittelstufe ⟨v.⟩ **0.1** ***middelste schoolklassen*** ⟨vooral v.h. vwo⟩ **0.2** ***middenklasse.***

Mittelstürmer ⟨m.⟩⟨sp.⟩ **0.1** ***mid(den)voor.***

Mittelung ⟨v.; ~, ~en⟩⟨vooral wisk.⟩ **0.1** ***het vaststellen v.e. gemiddelde (waarde).***

Mittelweg ⟨m.⟩ **0.1** ***middelste weg*** **0.2** ***midden-, tussenweg*** ⇒*compromis* ◆ **2.2** der goldene ~ *de gulden middenweg.*

Mittelwelle ⟨v.⟩⟨com., nat.⟩ **0.1** ***middengolf.***

Mittelwert ⟨m.⟩⟨vooral wisk.⟩ **0.1** ***gemiddelde (waarde).***

Mittelwort ⟨o.; mv. ⸗er⟩⟨taal.⟩ **0.1** ***deelwoord, participium.***

mitten 0.1 ***(in het) midden*** ⇒*precies* ◆ **6.1** ~ **in** der Stadt *midden in de stad.*

mittendrin 0.1 ***(er) middenin*** **0.2** ***ermee bezig*** ◆ **3.2** ~ sein, die Arbeit zu vollenden *er druk mee bezig zijn het werk te voltooien.*

mittendrunter ⟨inf.⟩ **0.1** ***er midden door*** **0.2** ***er midden tussen(in).***

mittendurch 0.1 ***er dwars doorheen, (er) middendoor*** **0.2** ⟨inf.⟩ ***doorsnede, middelmatig.***

Mitternacht ⟨v.⟩ **0.1** ***middernacht*** ⇒⟨fig.⟩ *diepste duisternis* ◆ **6.1** **um** ~ *om het middernachtelijk uur.*

Mitternachtssonne ⟨v.⟩ **0.1** ***middernachtszon.***

mittler 0.1 ***in het midden liggend, middelst*** ⇒*centraal* **0.2** ***het midden houdend, gemiddeld*** ⇒*middelbaar* ◆ **1.1** eine ~e Linie suchen *een tussenoplossing zoeken;* der Mittlere Osten *het Midden-Oosten* **1.2** ein Mann ~en Alters *een man van middelbare leeftijd;* ein ~er Beamter *een ambtenaar op middelhoog niveau;* ein ~er Betrieb *een middelgroot bedrijf;* eine ~e Stadt *een middelgrote stad* **6.2** ⟨schr.⟩ eine Besprechung **auf** ~er Ebene *een bespreking op middelhoog niveau;* ein Mann **in** ~en Jahren *een man van middelbare leeftijd.*

Mittler ⟨m.; ~s, ~⟩⟨schr.⟩ **0.1** ***(be)middelaar.***

mittlerweile 0.1 ***inmiddels, ondertussen.***

mittönen 0.1 ***meeklinken*** ⟨ook fig.⟩.

Mittsommer ⟨m.⟩ **0.1** ***midzomer.***

Mittvierziger ⟨m.⟩ **0.1** ***iem. van midden (in de) veertig.***

Mittwoch ⟨m.; ~(e)s, ~e⟩ **0.1** ***woensdag.***

mittwochs 0.1 ***op woensdag, ('s) woensdags.***

mitunter 0.1 ***af en toe, soms.***

Mitverantwortlichkeit ⟨v.⟩ **0.1** ***medeverantwoordelijkheid.***

Mitverantwortung ⟨v.⟩ **0.1** ***gedeelde verantwoordelijkheid.***

Mitverschulden ⟨o.⟩ **0.1** ***medeschuldigheid.***

Mitwelt ⟨v.⟩ **0.1** ***de medemensen, tijdgenoten.***

mitwirken 0.1 ***zijn medewerking verlenen, meewerken.***

Mitwirkende(r) ⟨bn. als zn.⟩ **0.1** ***speler(s).***
Mitwisser ⟨m.⟩ **0.1** ***medeweter.***
mitzählen **0.1** ***meetellen*** ⟨ook fig.⟩.
mitziehen **0.1** ***mee optrekken, meemarcheren*** **0.2** ⟨inf.⟩ ***zich aansluiten, meedoen*** **0.3** ⟨sp.⟩ ***aansluiten, volgen.***
Mixbecher ⟨m.⟩ **0.1** ***cocktailshaker.***
mixen **0.1** ***mixen.***
Mixgetränk ⟨o.⟩ **0.1** ***gemixt drankje.***
Mixtur ⟨v.; ~, ~en⟩ **0.1** ***mixtuur*** ⇒⟨fig.⟩ *mengsel.*
ml ⟨afk.⟩ [Milliliter].
mm ⟨afk.⟩ [Millimeter].
Mob ⟨m.; ~s⟩⟨pej.⟩ **0.1** ***gepeupel.***
Mobbing ⟨o.; ~s, g.mv.⟩ **0.1** ***psychische terreur op het werk.***
Möbel ⟨o.; ~s, ~⟩ **0.1** ***meubel*** ⟨ook fig.⟩ ⇒*meubilair* **0.2** ⟨g.mv.; inf.; scherts.⟩ ***lomp rotding*** ◆ **2.1** ⟨inf.; fig.⟩ altes ~ *oud meubel, ouwe jongen* **3.¶** jmdm. die ~ geraderücken, -stellen *iem. de wind van voren, een stevige uitbrander geven.*
Möbelpacker ⟨m.⟩ **0.1** ***verhuizer.***
Möbeltischler ⟨m.⟩ **0.1** ***meubelmaker.***
Möbelträger ⟨m.⟩ **0.1** ***verhuizer.***
Möbelwagen ⟨m.⟩ **0.1** ***meubel-, verhuiswagen.***
mobil **0.1** ***mobiel*** ⇒*verplaatsbaar, beweeglijk* ◆ **1.1** ~es Kapital *roerend kapitaal;* ⟨mil.⟩ ~e Verbände *mobiele eenheden* **3.1** die alte Dame ist noch recht ~ *de oude dame is nog erg kwiek;* er ist wieder ~ *hij is weer fit* **6.1** jmdn. **für**, **gegen** etwas ~ machen *iem. voor, tegen iets mobiliseren.*
Mobilfunk ⟨m.⟩ **0.1** ***mobiele telefonie.***
Mobiliar ⟨o.; ~s, ~e⟩ **0.1** ***meubilair*** ⇒*inboedel, huisraad.*
Mobiliarvermögen ⟨o.⟩⟨ec., jur.⟩ **0.1** ***roerend vermogen.***
Mobilien ⟨alleen mv.⟩⟨ec., jur.⟩ **0.1** ***roerende goederen.***
mobilisieren **0.1** ***mobiel maken, mobiliseren*** ⟨ook mil., pol.⟩ ⇒*activeren, opwekken* **0.2** ⟨ec.⟩ ***losmaken, beschikbaar maken*** **0.3** ⟨med.⟩ ***mobiliseren.***
Mobilität ⟨v.; ~⟩ **0.1** ***mobiliteit*** ⇒*(geestelijke) beweeglijkheid, flexibiliteit.*
Mobilmachung ⟨v.⟩⟨mil., pol.⟩ **0.1** ***mobilisatie.***
Mobiltelefon ⟨o.⟩ **0.1** ***mobiele telefoon.***
mobiltelefonieren **0.1** ***mobiel bellen/telefoneren.***
möblieren **0.1** ***meubileren*** ⇒*inrichten.*
Möblierung ⟨v.; ~, ~en⟩ **0.1** ***meubilering*** **0.2** ***meubilair.***
Möchtegern ⟨m.; ~(s), ~e of ~s⟩⟨inf.; scherts.⟩ **0.1** ***grootdoener, bluffer.***
modal ⟨taal.⟩ **0.1** ***modaal.***
Modalität ⟨v.; ~, ~en⟩ **0.1** ***modaliteit.***
Modalverb ⟨o.⟩⟨taal.⟩ **0.1** ***modaal hulpwerkwoord.***
Mode ⟨v.; ~, ~n⟩ **0.1** ***mode*** ⇒*gebruik, gewoonte* **0.2** ⟨mv.⟩ ***model*** ◆ **2.1** das ist jetzt große ~ *dat is momenteel volop in de mode* **2.2** die neuesten ~n *de nieuwste modellen* **4.¶** ⟨inf.⟩ was sind denn das für neue ~n? *waar lijkt dat nu op?, wat zijn dat voor manieren?* **6.1** **in** ~ bringen, sein *in de mode brengen, zijn.*
Modegeck ⟨m.⟩⟨pej.⟩ **0.1** ***fat, dandy.***
Modegestalter ⟨m.⟩ **0.1** ***modeontwerper.***
Modeheft ⟨o.⟩ **0.1** ***modeblad, -tijdschrift.***
Model ⟨o.; ~s, ~s⟩ **0.1** ***(foto)model.***
Modell ⟨o.; ~s, ~e⟩ **0.1** ***model*** ⇒*voorbeeld, toonbeeld* **0.2** ***model*** ⇒*prototype, ontwerp* **0.3** ***(foto)model*** ⇒*mannequin* **0.4** ***model*** ⟨kleding⟩ ◆ **1.1** das ~ eines Gesetzes *het ontwerp van een wet* **1.2** das ~ einer Stadt *de maquette van een stad* **3.3** jmdm. ~ sitzen, stehen *voor iem. poseren* **3.4** ~e vorführen *modellen showen, presenteren.*
Modellbauer ⟨m.⟩ **0.1** ***modelmaker.***
Modellfall ⟨m.⟩ **0.1** ***ideaal, typisch voorbeeld*** ⇒*schoolvoorbeeld* ◆ **3.1** es sollte ein ~ geschaffen werden *er moest een voorbeeld gesteld worden.*
modellhaft ⟨schr.⟩ **0.1** ***voorbeeldig.***
modellieren **0.1** ***modelleren, een model maken van*** ⇒*vormen, nabootsen* ◆ **1.1** Produktionsprozesse ~ *productieprocessen nabootsen.*
Modellierer ⟨m.; ~s, ~⟩ **0.1** ***modelleur.***
Modellierton ⟨m.⟩ **0.1** ***boetseerklei.***
Modellpuppe ⟨v.⟩ **0.1** ***paspop, mannequin*** **0.2** ***etalagepop, mannequin.***
Modelltischler ⟨m.⟩ **0.1** ***modelmaker.***
Modellversuch ⟨m.⟩ **0.1** ⟨schr.⟩ ***poging tot modelvorming*** **0.2** ⟨vooral nat.⟩ ***simulatie op verkleinde schaal.***
modeln ⟨schr.⟩ **0.1** ***(om)vormen*** ⇒*veranderen.*
Modem ⟨m. & o.; ~s, ~s⟩⟨comp.⟩ **0.1** ***modem.***
Modenarr ⟨m.⟩⟨pej.⟩ **0.1** ***fat, dandy.***
Modenschau ⟨v.⟩ **0.1** ***modeshow.***
Modepuppe ⟨v.⟩⟨inf.; pej.⟩ **0.1** ***modepop.***
Moder ⟨m.; ~s⟩ **0.1** ***verrotting, vermolming, molm.***
moderat **0.1** ***moderaat, gematigd.***
Moderator ⟨m.; ~s, Moderatoren⟩ **0.1** ⟨com.⟩ ***presentator*** **0.2** ⟨nat.⟩ ***moderator.***
moderieren **0.1** ***een radio- of televisie-uitzending presenteren.***
moderig **0.1** ***muf, bedorven riekend.***
modern[1] ⟨bn.⟩ **0.1** ***modern.***
modern[2] ⟨onov.ww.; h/s.⟩ **0.1** ***vergaan, (ver)rotten.***
Moderne ⟨v.; ~⟩ **0.1** ***moderne tijd*** **0.2** ***moderne kunst.***
modernisieren **0.1** ***moderniseren.***
Modesache ⟨v.⟩ **0.1** ***kwestie van mode*** ◆ **3.¶** das ist (eine) ~ *dat is een modeverschijnsel.*
Modesalon ⟨m.⟩ **0.1** ***modeatelier.***
Modeschau ⟨v.⟩ **0.1** ***modeshow.***
Modeschmuck ⟨m.⟩ **0.1** ***modieuze sieraden.***
Modeschöpfer ⟨m.⟩ **0.1** ***modeontwerper.***
Modewort ⟨o.; mv. ¨er⟩ **0.1** ***modewoord.***
Modifikation ⟨v.; ~, ~en⟩ **0.1** ***modificatie*** ⇒*verandering, wijziging.*
modifizieren **0.1** ***modificeren*** ⇒*wijzigen.*
modisch **0.1** ***modieus, de mode betreffend, volgens de mode.***
Modistin ⟨v.; ~, ~en⟩ **0.1** ***modiste.***
Modul[1] ⟨m.; ~s, ~n⟩ **0.1** ***modulus, module.***
Modul[2] ⟨o.; ~s, ~e⟩⟨comp., tech.⟩ **0.1** ***module.***
modular **0.1** ***modulair.***
Modulation ⟨v.; ~, ~en⟩ **0.1** ***modulatie.***
modulieren **0.1** ***moduleren*** ⇒*wijzigen, veranderen.*
Modus ⟨m.; ~, Modi⟩ **0.1** ***modus*** ⇒*wijze, manier.*
Mofa ⟨o.; ~s, ~s⟩ **0.1** ***fiets met hulpmotor*** ⟨tot 25 km per uur⟩ ⇒*snorfiets.*
mogeln ⟨inf.⟩ **I** ⟨onov.ww.⟩ **0.1** ***bedriegen*** ⇒*spieken, vals spelen;*
II ⟨ov.ww.⟩ **0.1** ***(ergens tussen) smokkelen.***
mögen ⟨→t86⟩ **I** ⟨ov.ww.⟩ **0.1** ***graag hebben, zin hebben in, houden van*** ⇒*lusten, believen* **0.2** ***mogen, aardig, sympathiek vinden;***
II ⟨hww.⟩ **0.1** ***mogen, kunnen, mogelijk zijn*** **0.2** ***mogen*** ⟨in toegevende zinnen⟩ **0.3** ***mogen*** ⇒*vrijheid, verlof hebben om iets te doen* **0.4** ⟨conjunctief imperfect⟩ ***graag willen*** **0.5** ⟨meestal met ontkenning⟩ ***willen*** ⇒*geneigd, gezind zijn* **0.6** ***mogen, laten*** ⟨ter omschrijving v.e. wens enz.⟩ ◆ **3.1** was mag das bedeuten? *wat betekent dat wel?;* man möchte meinen *men zou denken;* (das) mag sein *(dat) kan zijn, is best mogelijk;* es mochten wohl dreißig Leute da sein *er waren misschien wel dertig mensen* **3.2** mag

kommen, was da will *wat er ook moge gebeuren;* wie dem auch sein möge, ich bleibe *hoe dan ook, ik blijf;* er mag tun, was er will, es gelingt ihm nichts *wat hij ook doet, niets lukt hem* **3.3** er mag es ruhig tun *hij mag het gerust doen* **3.4** ich möchte es kaufen *ik zou het graag willen kopen* **3.5** jetzt mag ich keine Musik hören *ik heb nu geen zin om naar muziek te luisteren;* ich mochte nicht weggehen *ik had geen zin weg te gaan* **3.6** möge es so bleiben! *moge, laat het zo blijven!;* diese Warnung mag, möge genügen *laat deze waarschuwing voldoende zijn;* möchte er doch bald kommen! *kwam hij toch maar gauw!* **3.¶** er mag nur, mag er doch kommen! *laat hem maar opkomen!;* er mag sich in acht nehmen! *laat hij maar voorzichtig zijn!*

Mogler ⟨m.; ~s, ~⟩⟨inf.⟩ **0.1** ***bedrieger*** ⇒*valsspeler, spieker.*

möglich **0.1** ***mogelijk*** ⇒*realiseerbaar, uitvoerbaar, denkbaar* ◆ **3.1** alles Mögliche, das Mögliche tun *al het mogelijke doen;* sein ~stes tun *zijn uiterste best doen* **4.1** ⟨inf.⟩ alles ~e zu kritisieren haben *van alles en nog wat aan te merken hebben* **5.1** ~st heute *indien mogelijk vandaag;* ⟨inf.⟩ (das ist doch) nicht ~! *heus?, werkelijk?;* ~st wenig *zo weinig mogelijk* **8.1** so bald wie ~ *zo snel mogelijk;* ⟨inf.⟩ wo ~ *zo mogelijk.*

möglicherweise **0.1** ***mogelijkerwijze, mogelijk, misschien.***

Möglichkeit ⟨v.; ~, ~en⟩ **0.1** ***mogelijkheid*** ⇒*gelegenheid, kans* **0.2** ⟨mv.⟩ ***mogelijkheden, middelen*** ◆ **3.1** ⟨inf.⟩ ist das, es (denn) die ~! *hoe is het mogelijk!;* die letzte ~ versuchen *het uiterste proberen* **6.1** **nach** ~ *indien, zoveel mogelijk.*

Mohair ⟨m.; ~s, ~e of ~s⟩ **0.1** ***mohair, angorawol.***

Mohammedaner ⟨m.; ~s, ~⟩ **0.1** ***mohammedaan.***

Mohn ⟨m.; ~(e)s, ~e⟩ **0.1** ***papaver*** ⇒*slaapbol, maankop* **0.2** ***klaproos*** **0.3** ***maanzaad.***

Mohnbrötchen ⟨o.⟩ **0.1** ***maanzaadbroodje.***

Mohnsaft ⟨m.⟩ **0.1** ***papaver-, maansap*** ⇒*opium.*

Mohr ⟨m.; ~en, ~en⟩⟨vero.⟩ **0.1** ***Moriaan, Moor*** ⇒*zwarte, neger* ◆ **3.1** einen ~en weiß waschen wollen *een Moor wit willen wassen, het onmogelijke proberen.*

Möhre ⟨v.; ~, ~n⟩ **0.1** ***wortel.***

Mohrenkopf ⟨m.⟩⟨cul.⟩ **0.1** ***moorkop*** **0.2** ***negerzoen.***

Mokassin ⟨m.; ~s, ~s of ~e⟩ **0.1** ***mocassin.***

mokieren, sich ⟨schr.⟩ **0.1** ***zich vrolijk maken*** ⇒*de gek, draak steken.*

Mokka ⟨m.; ~s, ~s⟩ **0.1** ***mokka(koffie).***

Molch ⟨m.; ~(e)s, ~e⟩ **0.1** ***salamander*** **0.2** ⟨jeugdtaal; vaak pej.⟩ ***vent, salamander.***

Mole ⟨v.; ~, ~n⟩ **0.1** ***havendam, pier.***

Molekül ⟨o.; ~s, ~e⟩ **0.1** ***molecule.***

molekular **0.1** ***moleculair.***

Molenkopf ⟨m.⟩ **0.1** ***kop v.e. pier, havendam.***

Molke ⟨v.; ~⟩ **0.1** ***hui, wei.***

Molkerei ⟨v.; ~, ~en⟩ **0.1** ***melk-, zuivelfabriek.***

Molkereibutter ⟨v.⟩ **0.1** ***boter van gemiddelde kwaliteit.***

Molkereigenossenschaft ⟨v.⟩ **0.1** ***zuivelbond.***

Molkereiprodukt ⟨o.⟩ **0.1** ***zuivelproduct.***

Moll ⟨o.; ~⟩⟨muz.⟩ **0.1** ***mol, mineur*** ◆ **2.1** c- ~ *c kleine terts* **6.1** ⟨scherts.⟩ **auf** ~ gestimmt sein *in mineur (gestemd) zijn.*

mollig **0.1** ***mollig*** ⇒*volslank, dik* **0.2** ***behaaglijk (warm), aangenaam.***

Moloch ⟨m.; ~s, ~e⟩ **0.1** ***moloch.***

Molton ⟨m.; ~s, ~s⟩ **0.1** ***molton.***

Moment[1] ⟨m.; ~(e)s, ~e⟩ **0.1** ***ogenblik, moment*** ◆ **3.1** ⟨ook scherts.⟩ einen lichten ~ haben *een helder ogenblik hebben* **5.1** ⟨inf.⟩ ~ (mal)! *'n ogenblikje!* **6.1** **auf, für** einen ~ *'n ogenblikje, eventjes;* **im** ~ *momenteel;* **im** gegebenen ~ *op het beslissende moment* **7.1** einen ~ bitte! *'n ogenblikje a.u.b.*

Moment[2] ⟨o.; ~(e)s, ~e⟩ **0.1** ***factor, gezichtspunt, element*** **0.2** ⟨nat.⟩ ***(draai)moment.***

momentan **0.1** ***momenteel, op dit ogenblik*** **0.2** ***voorbijgaand, kortstondig*** ◆ **1.2** eine ~e Übelkeit *een kortstondige onpasselijkheid.*

Momentaufnahme ⟨v.⟩ **0.1** ***momentopname.***

Monarch ⟨m.; ~en, ~en⟩ **0.1** ***monarch.***

monarchisch **0.1** ***monarchaal.***

Monasterium ⟨o.; ~s, Monasterien⟩ **0.1** ***klooster(kerk).***

monastisch ⟨schr.⟩ **0.1** ***kloosterlijk, monastiek.***

Monat ⟨m.; ~(e)s, ~e⟩ **0.1** ***maand*** ◆ **4.1** alle drei ~ *om de drie maanden* **6.1** ~ **für** ~ *elke maand weer;* **über** ~e *maandenlang.*

monatelang **0.1** ***maandenlang.***

monatlich **0.1** ***maandelijks.***

Monatsbeitrag ⟨m.⟩ **0.1** ***maandelijkse bijdrage.***

Monatsbinde ⟨v.⟩ **0.1** ***maandverband.***

Monatsblutung ⟨v.⟩ **0.1** ***maandbloeding, menstruatie.***

Monatserste(r) ⟨bn. als zn.; m.⟩ **0.1** ***eerste (dag) v.d. maand.***

Monatsgehalt ⟨o.⟩ **0.1** ***maandsalaris.***

Monatsheft ⟨o.⟩ **0.1** ***maandblad.***

Monatskarte ⟨v.⟩ **0.1** ***maandkaart, -abonnement.***

Monatsrate ⟨v.⟩ **0.1** ***maandelijkse termijn.***

monatsweise **0.1** ***per maand, maandelijks.***

Mönch ⟨m.; ~(e)s, ~e⟩ **0.1** ***monnik*** **0.2** ***gegolfde dakpan.***

mönchisch **0.1** ***als (een) monnik.***

Mönchskappe ⟨v.⟩ **0.1** ***monnikskap*** ⟨ook plantk.⟩.

Mönchskloster ⟨o.⟩ **0.1** ***monnikenklooster.***

Mönchskutte ⟨v.⟩ **0.1** ***monnikspij.***

Mönchspfeffer ⟨m.⟩ **0.1** ***kuisboom(bes).***

Mönchstum ⟨o.; ~s⟩ **0.1** ***monnikenwezen*** **0.2** ***het monnik-zijn.***

Mond ⟨m.; ~(e)s, ~e⟩ **0.1** ***maan*** ◆ **2.1** ein künstlicher ~ *een kunstmaan;* zunehmender ~ *wassende maan* **3.1** ⟨inf.; fig.⟩ den ~ anbellen *tegen de maan blaffen* **6.1** ⟨inf.⟩ **auf, hinter** dem ~ leben *wereldvreemd, achterlijk zijn;* ⟨inf.⟩ jmdn. **auf** den, **zum** ~ schießen können *iem. niet kunnen luchten of zien;* ein Schloß **im** ~ *een luchtkasteel;* ⟨inf.⟩ **in** den ~ gucken *het nakijken hebben;* ⟨inf.⟩ etwas **in** den ~ schreiben *iets op zijn buik kunnen schrijven;* ⟨inf.; fig.⟩ **nach** dem ~ greifen *naar de maan reiken, te hoog grijpen;* ⟨inf.⟩ meine Uhr geht **nach** dem ~ *mijn horloge loopt niet goed;* ⟨inf.⟩ du kommst wohl **vom** ~? *jij weet van toeten noch blazen!*

mondän **0.1** ***mondain, werelds.***

mondbeschienen **0.1** ***door het maanlicht beschenen.***

Mondenschein ⟨m.⟩⟨schr.⟩ **0.1** ***maneschijn.***

Mondfähre ⟨v.⟩ **0.1** ***maanlander.***

Mondfinsternis ⟨v.⟩ **0.1** ***maansverduistering.***

mondial **0.1** ***mondiaal.***

Mondkalb ⟨o.⟩⟨inf.⟩ **0.1** ***uilskuiken, domoor.***

Mondlandefähre ⟨v.⟩ **0.1** ***maanlander.***

Mondlandschaft ⟨v.⟩ **0.1** ***maanlandschap*** **0.2** ***landschap bij maanlicht.***

Mondorbit ⟨m.⟩ →**Mondumlaufbahn.**

Mondphase ⟨v.⟩ **0.1** ***maanfase.***

Mondpreis ⟨m.⟩⟨ec.⟩ **0.1** ***fancyprijs.***

Mondschein ⟨m.⟩ **0.1** ***maneschijn*** ◆ **6.¶** ⟨inf.⟩ du kannst mir (mal) **im** ~ begegnen! *loop naar de maan!*

Mondscheintarif ⟨m.⟩ **0.1** ***avond- en nachttarief*** ⟨bij de telefoon⟩.

Mondsonde ⟨v.⟩⟨ruim.⟩ **0.1** ***maansonde.***

Mondsucht ⟨v.⟩ **0.1** *maanziekte.*
Mondumlaufbahn ⟨v.⟩ **0.1** *(omloop)baan om de maan.*
Mondviertel ⟨o.⟩ **0.1** *kwartier v.d. maan.*
Mondwechsel ⟨m.⟩ **0.1** *maankering.*
Monegasse ⟨m.; ~n, ~n⟩ **0.1** *Monegask.*
monetär **0.1** *monetair.*
Moneten ⟨alleen mv.⟩⟨inf.⟩ **0.1** *poen, duiten.*
Mongole ⟨m.; ~n, ~n⟩ **0.1** *Mongool.*
Mongolei ⟨v.; ~⟩⟨altijd met lidw.⟩ **0.1** *Mongolië.*
Mongolismus ⟨m.; ~⟩⟨med.⟩ **0.1** *downsyndroom.*
monieren **0.1** *aanmerkingen maken, berispen.*
Monitor ⟨m.; ~s, Monitoren⟩ **0.1** *monitor.*
monochrom ⟨bk., foto.⟩ **0.1** *monochroom, eenkleurig.*
monogam **0.1** *monogaam.*
Monogramm ⟨o.; ~s, ~e⟩ **0.1** *monogram.*
Monographie ⟨v.⟩ **0.1** *monografie.*
Monokel ⟨o.; ~s, ~⟩ **0.1** *monocle.*
Monokratie ⟨v.; ~, ~n⟩ **0.1** *monocratie, alleenheerschappij.*
Monokultur ⟨v.⟩ **0.1** *monocultuur.*
Monolith ⟨m.; ~(e)s of ~en, ~en⟩ **0.1** *monoliet.*
Monolog ⟨m.; ~(e)s, ~e⟩ **0.1** *monoloog, alleenspraak.*
monoman **0.1** *monomaan.*
Monophthong ⟨m.; ~s, ~e⟩⟨taal.⟩ **0.1** *monoftong, enkele klinker.*
Monopol ⟨o.; ~s, ~e⟩ **0.1** *monopolie* ◆ **6.1** das ~ **auf, für** eine Ware *het monopolie op, van een artikel.*
monopolartig **0.1** *monopolieachtig.*
Monopolinhaber ⟨m.⟩ **0.1** *monopoliehouder.*
monopolisieren **0.1** *monopoliseren.*
Monopolstellung ⟨v.⟩ **0.1** *monopoliepositie.*
Monosendung ⟨v.⟩ **0.1** *mono-uitzending.*
Monotheismus ⟨m.⟩⟨rel.⟩ **0.1** *monotheïsme.*
monoton **0.1** *monotoon, eentonig.*
Monster ⟨o.; ~s, ~⟩ **0.1** *monster, gedrocht.*
Monsterfilm ⟨m.⟩ **0.1** *monster-, spektakelfilm.*
Monstranz ⟨v.; ~, ~en⟩⟨rel.⟩ **0.1** *monstrans.*
monströs **0.1** *monstrueus, monsterachtig.*
Monstrum ⟨o.; ~s, Monstren⟩ **0.1** *monster, gedrocht* **0.2** ⟨med.⟩ *monstrum* ⇒*wanschepsel, misgeboorte.*
Monsun ⟨m.; ~s, ~e⟩ **0.1** *moesson.*
Montag ⟨m.; ~(e)s, ~e⟩ **0.1** *maandag* ◆ **2.1** ⟨inf.⟩ blauer ~ *luie maandag.*
Montage ⟨v.; ~, ~n⟩ **0.1** *montage* ◆ **6.1** ⟨inf.⟩ **auf** ~ sein *buiten de deur montagewerkzaamheden verrichten.*
Montageband ⟨o.; mv. ¨er⟩ **0.1** *montagelijn.*
Montagebau ⟨m.⟩ **0.1** ⟨g.mv.⟩ *montagebouw* **0.2** ⟨mv. ~ten⟩ *in montagebouw opgetrokken bouwwerk.*
montags **0.1** *op maandag, ('s) maandags.*
montan **0.1** *de delfstoffen en mijnbouw betreffend, mijnbouw-, mijn-* **0.2** *montaan, berg-.*
Montanindustrie ⟨v.⟩ **0.1** *mijnindustrie en metallurgische industrie.*
Montanunion ⟨v.⟩ **0.1** *Europese Gemeenschap voor Kolen en Staal.*
Monteur ⟨m.; ~s, ~e⟩ **0.1** *monteur.*
montieren **0.1** *monteren.*
Montur ⟨v.; ~, ~en⟩ **0.1** ⟨vero.⟩ *uniform, dienstkleding* **0.2** ⟨inf.; vaak scherts.⟩ *uitmonstering.*
Monument ⟨o.; ~(e)s, ~e⟩ **0.1** *monument, gedenkteken* **0.2** ⟨schr.⟩ *cultuurmonument.*
monumental **0.1** *monumentaal* ⇒*groots, indrukwekkend.*
Monumentalbau ⟨m.; mv. ~ten⟩ **0.1** *monumentaal bouwwerk.*
Moor ⟨o.; ~(e)s, ~e⟩ **0.1** *veen* ⇒*broekland, drassige grond.*
Moorbad ⟨o.⟩ **0.1** *modderbad* **0.2** *badplaats voor modderbaden.*
Moorboden ⟨m.⟩ **0.1** *veengrond, -bodem* ⇒*drassige grond.*
moorig **0.1** *veenachtig* ⇒*moerassig, drassig.*
Moorkolonie ⟨v.⟩ **0.1** *veenkolonie.*
Moorkultur ⟨v.⟩ **0.1** *ontginning van veenland.*
Moorkur ⟨v.⟩ **0.1** *kuur met modderbaden.*
Moos ⟨o.; ~es, ~e⟩ **0.1** *mos* **0.2** ⟨inf.⟩ *poen, duiten* ◆ **3.1** ⟨inf.; fig.⟩ ~ ansetzen *oud worden, zijn actualiteit verliezen.*
Moosbeere ⟨v.⟩ **0.1** *veenbes.*
moosig **0.1** *met mos bedekt, begroeid, bemost.*
Mop ⟨m.; ~s, ~s⟩ **0.1** *zwabber.*
Moped ⟨o.; ~s, ~s⟩ **0.1** *bromfiets, brommer.*
Mopp ⟨m.⟩⟨nw.spel.⟩ →**Mop.**
Mops ⟨m.; ~es, ¨e⟩ **0.1** *mops(hond)* **0.2** ⟨inf.⟩ *dikkerdje.*
mopsen ⟨inf.⟩ **I** ⟨ov.ww.⟩ **0.1** *gappen, jatten, pikken;*
II sich ~ ⟨wk.ww.⟩ **0.1** *zich vervelen.*
mopsfidel ⟨inf.⟩ **0.1** *zeer opgewekt, uitgelaten.*
mopsig ⟨inf.⟩ **0.1** *vet, opgezwollen, bol* **0.2** *saai, vervelend.*
Moral ⟨v.; ~, ~en⟩ **0.1** *moraal* **0.2** *moreel* ⇒*discipline, tucht* ◆ **1.1** die ~ der Erzählung *de moraal van het verhaal* **1.2** die ~ der Truppen *het moreel van de troepen* **3.1** ⟨pej.; fig.⟩ jmdm. ~ predigen *iem. over iets onderhouden, de les lezen.*
Moralapostel ⟨m.⟩⟨pej.⟩ **0.1** *zedenprediker.*
Moralbegriff ⟨m.⟩ **0.1** *morele opvatting.*
moralisch **0.1** *deugdzaam* **0.2** *moreel, zedelijk* **0.3** *moraliserend* ◆ **2.1** ⟨inf.; fig.⟩ eine ~e Ohrfeige bekommen *een stevige terechtwijzing krijgen* **3.1** ⟨inf.⟩ einen Moralischen haben *een morele kater, een katterig gevoel hebben* **3.3** ⟨inf.⟩ jmdm. ~ kommen *iem. de les lezen, over iets onderhouden.*
moralisieren **0.1** *moraliseren.*
Moralist ⟨m.; ~en, ~en⟩ **0.1** *moralist.*
Moralität ⟨v.; ~, ~en⟩ **0.1** *moraliteit.*
Morallehre ⟨v.⟩ **0.1** *zedenkunde, -leer.*
Moralpredigt ⟨v.⟩ **0.1** *zedenpreek.*
Moralvorstellung ⟨v.⟩ **0.1** *morele voorstelling, zedelijkheidsopvatting.*
Moräne ⟨v.; ~, ~n⟩⟨geol.⟩ **0.1** *morene.*
Morast ⟨m.; ~(e)s, ~e of ¨e⟩ **0.1** *moeras* ⟨ook fig.⟩ ⇒*drasland, slijk.*
Moratorium ⟨o.; ~s, Moratorien⟩ **0.1** *moratorium, uitstel (v. betaling).*
morbid **0.1** *morbide* ⇒*ziekelijk, broos, decadent.*
Morchel ⟨v.; ~, ~n⟩⟨plantk.⟩ **0.1** *morille.*
Mord ⟨m.; ~(e)s, ~e⟩ **0.1** *moord* ◆ **2.1** absichtlicher, vorsätzlicher ~ *moord met voorbedachten rade;* ein versuchter ~ *een poging tot moord* **3.¶** ⟨inf.⟩ das ist ja (reiner, der reinste) ~! (a) *maar dat is afschuwelijk!* (b) *maar dat is levensgevaarlijk!* **6.1** der ~ **an** jmdm. *de moord op iem.*
Mordanklage ⟨v.⟩ **0.1** *aanklacht wegens moord.*
morden **0.1** *een moord begaan, moorden.*
Mörder ⟨m.; ~s, ~⟩ **0.1** *moordenaar* ◆ **2.1** ein gedungener ~ *een huurmoordenaar.*
Mörderbande ⟨v.⟩ **0.1** *moordenaarsbende.*
Mördergrube ⟨v.⟩ ◆ **3.¶** aus seinem Herzen keine ~ machen *van zijn hart geen moordkuil maken.*
Mörderhand ⟨v.⟩⟨schr.⟩ ◆ **6.¶ durch** ~ fallen *door moordenaarshand vallen.*
mörderisch **0.1** *moordend, moorddadig* ⇒⟨inf.⟩ *afschuwelijk, ontzettend.*
Mordfall ⟨m.⟩ **0.1** *moordzaak.*
Mordkommission ⟨v.⟩ **0.1** *moordbrigade.*
Mordlust ⟨v.⟩ **0.1** *moordlust.*
Mordnacht ⟨v.⟩ **0.1** *nacht v.d. moord.*

Mordprozeß ⟨m.⟩ **0.1** ***moordzaak.***
Mordsarbeit ⟨v.⟩ **0.1** ***afschuwelijk (zwaar) werk.***
Mordsdurst ⟨m.⟩ **0.1** ***vreselijke, verschrikkelijke dorst.***
Mordsgeschrei ⟨o.⟩ **0.1** ***oorverdovend geschreeuw.***
Mordshunger ⟨m.⟩ **0.1** ***ontzettende, geweldige honger.***
Mordskerl ⟨m.⟩ **0.1** ***reus v.e. vent*** **0.2** ***reuze-, moordvent.***
Mordskrach ⟨m.⟩ **0.1** ***geweldige herrie, hels kabaal*** **0.2** ***geweldige, heftige ruzie.***
mordsmäßig **0.1** ***geweldig, reusachtig, verschrikkelijk.***
Mordsschreck ⟨m.⟩ ◆ **3.¶** einen ~ bekommen *zich dood, lam, het lazarus schrikken.*
Mordsspaß ⟨m.⟩ **0.1** ***geweldig plezier, reuzepret.***
mordswenig **0.1** ***ontzettend, verschrikkelijk weinig.***
Mordswut ⟨v.⟩ **0.1** ***verschrikkelijke razernij.***
Mordtat ⟨v.⟩ **0.1** ***moord.***
Mordverdacht ⟨m.⟩ **0.1** ***verdenking van moord.***
Mordversuch ⟨m.⟩ **0.1** ***poging tot moord.***
Mordwaffe ⟨v.⟩ **0.1** ***moordwapen.***
Morelle ⟨v.; ~, ~n⟩ **0.1** ***morel.***
Mores ⟨alleen mv.⟩ ◆ **3.¶** jmdn. ~ lehren *iem. mores leren.*
morgen **0.1** ***morgen*** ◆ **5.1** ~ früh *morgenochtend, -vroeg;* heute ~ *vanmorgen* **6.1** **an** das Morgen glauben *in de dag van morgen geloven;* ⟨inf.⟩ **auf** ~ dann! *tot morgen dan!, nou, tot morgen!;* **bis** ~ ist alles wieder gut *vóór morgen is alles weer in orde* **8.1** das Heute und das Morgen *het heden en de toekomst.*
Morgen ⟨m.; ~s, ~⟩ **0.1** ***morgen, ochtend*** ◆ **2.1** am frühen ~ *in de vroege morgen;* bis in den hellen ~ schlafen *een gat in de dag slapen* **6.1** **am** ~ *'s morgens;* **am** anderen ~ *de volgende morgen;* früh **am** ~ *vroeg op de morgen;* **gegen** ~ *tegen de morgen* **7.1** eines (schönen) ~s *op een (mooie, goede) morgen* **8.1** ⟨schr.; meestal scherts.⟩ frisch, schön wie der junge ~ *fris, mooi als de dageraad.* →**Spinne.**
Morgenausgabe ⟨v.⟩ **0.1** ***ochtendeditie.***
Morgendämmerung ⟨v.⟩ **0.1** ***ochtendschemering*** *⇒dageraad.*
morgendlich **0.1** ***van de morgen, morgen-, ochtend-.***
Morgenfrühe ⟨v.⟩ **0.1** ***vroege morgen, vroegte*** ◆ **6.1** **in** der, aller ~ *vroeg in de morgen.*
Morgengrauen ⟨o.⟩ **0.1** ***ochtendschemering, dageraad.***
Morgenluft ⟨v.⟩ **0.1** ***ochtendlucht*** ◆ **3.¶** ⟨vaak scherts.⟩ ~ wittern *zijn kans ruiken.*
Morgen|mantel, -rock ⟨m.⟩ **0.1** ***ochtendjas.***
Morgenrot ⟨o.⟩ **0.1** ***morgenrood*** *⇒⟨fig.⟩ het gloren.*
morgens **0.1** ***'s morgens, 's ochtends.***
Morgenstern ⟨m.⟩ **0.1** ***Morgenster.***
Morgenstunde ⟨v.⟩ **0.1** ***ochtenduur*** ◆ **¶.1** ⟨sprw.⟩ ~ hat Gold im Munde *de morgenstond heeft goud in de mond.*
Morgentoilette ⟨v.⟩⟨schr.⟩ **0.1** ***ochtendtoilet.***
Morgenzeitung ⟨v.⟩ **0.1** ***ochtendblad.***
morgig **0.1** ***van morgen*** *⇒komend, toekomstig* ◆ **1.1** die ~e Generation *de generatie van morgen* **6.1** **am** ~en Tag *morgen.*
Moritat ⟨v.; ~, ~en⟩ **0.1** ⟨balladeachtig straatlied⟩.
Mormone ⟨m.; ~n, ~n⟩ **0.1** ***mormoon.***
Morphin ⟨o.; ~s⟩⟨med., schei.⟩ **0.1** ***morfine.***
Morphium ⟨o.; ~s⟩ **0.1** ***morfine.***
morphiumsüchtig **0.1** ***verslaafd aan morfine.***
Morphologie ⟨v.; ~⟩ **0.1** ***morfologie.***
morsch **0.1** ***half vergaan, voos, vermolmd*** *⇒broos.*
Morseapparat ⟨m.⟩ **0.1** ***morsetoestel.***
morsen **0.1** ***seinen*** ⟨met morsetekens⟩.
Mörser ⟨m.; ~s, ~⟩ **0.1** ***vijzel, mortier*** **0.2** ⟨mil.⟩ ***mortier.***
Mortalität ⟨v.; ~⟩⟨med.⟩ **0.1** ***mortaliteit, sterfte(cijfer).***
Mörtel ⟨m.; ~s, ~⟩ **0.1** ***mortel, specie.***
Mörtelkelle ⟨v.⟩ **0.1** ***troffel.***
mörteln I ⟨onov.ww.⟩ **0.1** ***met mortel werken,***
II ⟨ov.ww.⟩ **0.1** ***(be)pleisteren.***
Mörtelpfanne ⟨v.⟩ **0.1** ***speciekuip.***
Mortuarium ⟨o.; ~s, Mortuarien⟩ **0.1** ***mortuarium.***
Mosaik ⟨o.; ~s, ~en⟩ **0.1** ***mozaïek*** ⟨ook fig.⟩.
Mosaikfußboden ⟨m.⟩ **0.1** ***mozaïekvloer.***
Moschee ⟨v.; ~, ~n⟩ **0.1** ***moskee.***
Moschus ⟨m.; ~⟩ **0.1** ***muskus.***
Mosel[1] ⟨m.; ~s, ~⟩⟨inf.⟩ **0.1** ***moezel(wijn).***
Mosel[2] ⟨v.; ~⟩⟨aardr.⟩ **0.1** ***Moezel.***
mosern ⟨inf.⟩ **0.1** ***mopperen, kankeren.***
Moskau ⟨o.; ~s⟩ **0.1** ***Moskou.***
Moskito ⟨m.; ~s, ~s⟩ **0.1** ***muskiet.***
Moskitonetz ⟨o.⟩ **0.1** ***muskietengaas, -net.***
Moslem ⟨m.; ~s, ~s⟩ **0.1** ***moslim, mohammedaan, islamiet.***
Most ⟨m.; ~(e)s, ~e⟩ **0.1** ***most, (ongegist, troebel) vruchtensap*** **0.2** ***halfgegiste nieuwe wijn.*** →**Barthel.**
mosten I ⟨onov.ww.⟩ **0.1** ***most, vruchtensap, vruchtenwijn maken;***
II ⟨ov.ww.⟩ **0.1** ***tot most, vruchtensap, vruchtenwijn verwerken.***
Motel ⟨o.; ~s, ~s⟩ **0.1** ***motel.***
Motette ⟨v.; ~, ~n⟩ **0.1** ***motet.***
Motion ⟨v.; ~, ~en⟩ **0.1** ⟨Zwi.; pol.⟩ ***motie*** **0.2** ⟨schr.⟩ ***beweging.***
Motiv ⟨o.; ~s, ~e⟩ **0.1** ***motief*** *⇒beweegreden, thema* ◆ **1.1** ein ~ der Literatur *een motief uit de literatuur* **6.1** **aus** eigennützigen ~en (heraus) *vanuit egoïstische motieven;* das ~ **für** ein Verbrechen *het motief voor een misdaad.*
Motivation ⟨v.; ~, ~en⟩ **0.1** ***motivatie.***
Motivforschung ⟨v.⟩ **0.1** ***motivatieonderzoek.***
motivieren **0.1** ***motiveren.***
Moto-Cross ⟨m.& o.; ~, ~e⟩ **0.1** ***motorcross.***
Motodrom ⟨o.; ~s, ~e⟩ **0.1** ***motodroom.***
Motor ⟨acc. wiss.⟩⟨m.; ~s, ~en⟩ **0.1** ***motor*** *⇒⟨fig.⟩ drijvende, stuwende kracht* ◆ **2.1** ein hochgezüchteter ~ *een opgevoerde motor* **3.1** ⟨inf.⟩ der ~ säuft ab *de motor verzuipt;* den ~ anlassen *de motor starten.*
Motorenöl ⟨o.⟩ **0.1** ***motorolie.***
Motorenwerk ⟨o.⟩ **0.1** ***motorenfabriek.***
Motorhaube ⟨v.⟩ **0.1** ***motorkap.***
Motorik ⟨v.; ~⟩ **0.1** ***motoriek.***
motorisch **0.1** ***motorisch.***
motorisieren **0.1** ***motoriseren.***
Motorleistung ⟨v.⟩ **0.1** ***motorvermogen.***
Motorrad ⟨acc. wiss.⟩⟨o.⟩ **0.1** ***motorfiets, motor.***
Motorradbraut ⟨v.⟩⟨inf.; scherts.⟩ **0.1** ***motorengel.***
Motorradfahrer ⟨m.⟩ **0.1** ***motorrijder.***
Motorradrennen ⟨o.⟩ **0.1** ***motorrace.***
Motorradsport ⟨m.⟩ **0.1** ***motorsport.***
Motorroller ⟨m.⟩ **0.1** ***scooter.***
Motorschaden ⟨m.⟩ **0.1** ***motordefect.***
Motorsport ⟨m.⟩ **0.1** ***motor- en autosport.***
Motte ⟨v.; ~, ~n⟩ **0.1** ***mot*** ◆ **3.¶** ⟨inf.⟩ die ~n haben *de tering hebben.*
mottenfest **0.1** ***motecht.***
Mottenkiste ⟨v.⟩ **0.1** ⟨vero.⟩ ***motvrije kist*** ◆ **6.1** ⟨inf.⟩ ein Film **aus** der ~ *een film uit de oude doos, uit de mottenballen.*
Mottenkugel ⟨v.⟩ **0.1** ***mottenbal.***
mottensicher **0.1** ***motvrij.***
Motto ⟨o.; ~s, ~s⟩ **0.1** ***motto, devies*** **0.2** ***motto, kernspreuk.***
motzen ⟨inf.⟩ **0.1** ***mopperen, kankeren*** ◆ **6.1** **gegen, über** jmdn. ~ *op iem. kankeren, mopperen.*

motzig ⟨inf.⟩ **0.1** *obstinaat, knorrig.*

Mouche ⟨v.; ~, ~n⟩ **0.1** ⟨schr.⟩ *moesje, mouche* **0.2** ⟨sp.⟩ *schot in de roos.*

Mousse ⟨v.; ~, ~s⟩⟨cul.⟩ **0.1** *mousse.*

moussieren **0.1** *mousseren, schuimen.*

Möwe ⟨v.; ~, ~n⟩ **0.1** *meeuw.*

Mrd. ⟨afk.⟩ →**Milliarde(n).**

Ms. ⟨afk.⟩ →**Manuskript.**

Mucke ⟨alleen mv.⟩⟨inf.⟩ **0.1** *nuk, kuur* ◆ **3.1** (seine) ~n haben *nukken hebben, grillig zijn* **3.¶** ⟨inf.⟩ diese Sache hat so ihre ~n *deze zaak heeft zo haar eigenaardigheden.* →**Geduld.**

Mücke ⟨v.; ~, ~n⟩ **0.1** *mug* **0.2** ⟨Zdd.⟩ *vlieg* **0.3** ⟨inf.⟩ *geld, piek, poen* ◆ **3.3** eine Menge ~n machen *een hoop geld verdienen* **3.¶** ⟨inf.⟩ eine ~ machen *opkrassen, verdwijnen* **6.1** ⟨inf.⟩ **aus** einer ~ einen Elephanten machen *van een mug een olifant maken* **6.¶** ⟨inf.⟩ man muß nicht **nach** jeder ~ schlagen *je moet niet op alle slakken zout leggen.*

Muckefuck ⟨m.; ~s⟩⟨inf.⟩ **0.1** *koffiesurrogaat, moutkoffie* **0.2** *slappe koffie* ⇒*slootwater.*

mucken ⟨inf.⟩ **0.1** *pruilen, tegensputteren.*

Mückenklatsche ⟨v.⟩ **0.1** *vliegenmepper.*

Mückenstich ⟨m.⟩ **0.1** *muggensteek, -beet.*

Mucker ⟨m.; ~s, ~⟩⟨inf.; pej.⟩ **0.1** *gluiper, stiekemerd.*

Mucks ⟨m.; ~es, ~e⟩⟨inf.⟩ **0.1** *kik* ◆ **3.1** keinen ~ von sich geben, sagen, tun *geen kik geven.*

mucksen ⟨ook sich ~⟩⟨inf.⟩ **0.1** *een kik geven* **0.2** *een vin verroeren* **0.3** *zich verzetten, tegenspreken.*

mucksmäuschenstill ⟨inf.⟩ **0.1** *muis-, doodstil.*

müde **0.1** *moe, vermoeid* ⇒*mat, beu* ◆ **1.1** ⟨schr.⟩ einer Sache ~ sein *iets moe, zat, beu zijn* **3.1** nicht ~ werden, etwas zu tun *zich er niet van laten afbrengen, niet ophouden iets te doen* **4.1** ⟨schr.⟩ er ist ihrer ~ *hij heeft genoeg van haar* **6.1** ⟨inf.⟩ **zum** Umfallen, Umsinken ~ sein *doodmoe, doodop zijn.*

Müdigkeit ⟨v.; ~⟩ **0.1** *moeheid, vermoeidheid* ⇒*matheid* ◆ **3.¶** ⟨inf.⟩ (nur) keine ~ vortäuschen! *geen smoesjes!*

Muezzin ⟨m.; ~s, ~s⟩⟨rel.⟩ **0.1** *moëddzin.*

Muff ⟨m.; ~(e)s, ~e⟩ **0.1** *muffe lucht* ⇒⟨fig.⟩ *muffigheid, bedomptheid* **0.2** *mof* ⟨kledingstuk⟩.

Muffe ⟨v.; ~, ~n⟩⟨tech.⟩ **0.1** *mof, sok* ◆ **3.¶** ⟨inf.⟩ ~ haben *angst hebben.*

Muffel[1] ⟨m.; ~s, ~⟩⟨inf.⟩ **0.1** *brom-, mopperpot* **0.2** *koude kikker* ⇒*onverschillig iem.*

Muffel[2] ⟨v.; ~, ~n⟩⟨amb.⟩ **0.1** *moffel.*

Muffel[3] ⟨o.; ~s, ~⟩ **0.1** *moeflon.*

Muffelfarbe ⟨v.⟩ **0.1** *moffel-, vuurlak.*

muffelig ⟨inf.⟩ **0.1** *knorrig, nors* **0.2** *onfris, muf.*

muffeln ⟨inf.⟩ **0.1** *mopperen, knorren* **0.2** *voortdurend kauwen.*

muffig **0.1** *muf, duf* **0.2** ⟨inf.⟩ *mopperig, nors.*

Mufflon ⟨m.; ~s, ~s⟩ **0.1** *moeflon.*

Mufti ⟨m.; ~s, ~s⟩ **0.1** *moefti.*

Mühe ⟨v.; ~, ~n⟩ **0.1** *moeite, inspanning, last* ◆ **3.1** sich ⟨3e nv.⟩ ~ geben, machen *moeite doen, zich moeite getroosten;* jmdm. ~ machen *iem. last bezorgen;* keine ~ scheuen *geen moeite ontzien;* der, die ~ wert sein *de moeite waard zijn* **6.1** ~ **auf** etwas verwenden *moeite voor iets doen;* seine ~ **mit** jmdm. haben *met iem. veel te stellen hebben;* **mit** (knapper) Müh und Not *met veel moeite, ternauwernood.*

mühelos **0.1** *moeiteloos, zonder (enige) moeite.*

muhen **0.1** *loeien, brullen.*

mühen, sich **0.1** *zich moeite geven, zijn best doen* **0.2** *zich bekommeren* ◆ **6.2** sie mühte sich **um** die kranke Frau *zij bekommerde zich om de zieke vrouw.*

mühevoll **0.1** *moeilijk, lastig.*

Mühewaltung ⟨v.⟩⟨schr.⟩ **0.1** *(te nemen) moeite.*

Mühlbach ⟨m.⟩ **0.1** *molenbeek.*

Mühle ⟨v.; ~, ~n⟩ **0.1** *molen* **0.2** ⟨sp.⟩ *molenspel, molen* **0.3** ⟨inf.; pej.⟩ *vehikel, oud beestje* ◆ **1.1** die ~ der Verwaltung *de ambtelijke molen* **3.1** ⟨inf.⟩ die ~ dreht sich *de molen draait* **6.¶** ⟨inf.⟩ jmdn. **durch** die ~ drehen *iem. door de mangel halen.*

Mühlenflügel ⟨m.⟩ **0.1** *molenwiek.*

Mühlenrad ⟨o.⟩ **0.1** *molenrad.*

Mühlespiel ⟨o.⟩⟨sp.⟩ **0.1** *molenspel.*

Mühlstein ⟨m.⟩ **0.1** *molensteen.*

Mühlwerk ⟨o.⟩ **0.1** *molenwerk.*

Mühsal ⟨v.; ~, ~e⟩⟨schr.⟩ **0.1** *moeite, last* ⇒*beslommering.*

mühsam **0.1** *moeizaam, met moeite* ⇒*moeilijk.*

mühselig ⟨schr.⟩ **0.1** *heel moeizaam, met veel moeite.*

Mulatte ⟨m.; ~n, ~n⟩ **0.1** *mulat.*

Mulde ⟨v.; ~, ~n⟩ **0.1** *(duin)pan, kom, dal.*

Mull ⟨m.; ~(e)s, ~e⟩ **0.1** *mousseline.*

Müll ⟨m.; ~(e)s⟩ **0.1** *vuilnis, afval.*

Müllabfuhr ⟨v.⟩ **0.1** *vuilnistransport* **0.2** *vuilophaaldienst.*

Müllabladeplatz ⟨m.⟩ **0.1** *vuilnisbelt.*

Müllauto ⟨o.⟩ **0.1** *vuilnisauto.*

Müllbeutel ⟨m.⟩ **0.1** *vuilniszak.*

Mullbinde ⟨v.⟩ **0.1** *zwachtel.*

Mülldeponie ⟨v.⟩⟨adm.⟩ **0.1** *vuilstortplaats.*

Mülleimer ⟨m.⟩ **0.1** *vuilnisemmer, afvalbak.*

Müllentsorgung ⟨v.⟩ **0.1** *het opruimen, verwijderen van afval.*

Müller ⟨m.; ~s, ~⟩ **0.1** *molenaar.*

Müllfahrer ⟨m.⟩ **0.1** *vuilnisman.*

Müll|grube, -halde ⟨v.⟩ **0.1** *(vuil)stortplaats.*

Müllhaufen ⟨m.⟩ **0.1** *vuilnishoop.*

Müllkippe ⟨v.⟩ **0.1** *(illegale) vuilstortplaats.*

Müllmann ⟨m.; mv. ¨er of Mülleute⟩⟨inf.⟩ **0.1** *vuilnisman.*

Müllschlucker ⟨m.⟩ **0.1** *vuilniskoker.*

Mülltonne ⟨v.⟩ **0.1** *vuilnisbak.*

Müllverbrennungsanlage ⟨v.⟩ **0.1** *vuilverbrandingsinstallatie, vuilverbrander.*

Müllverwertung ⟨v.⟩ **0.1** *vuil-, afvalverwerking.*

Müllwagen ⟨m.⟩ **0.1** *vuilniswagen.*

Müllwerker ⟨m.⟩ **0.1** *vuilnisman.*

Mulm ⟨m.; ~(e)s⟩ **0.1** *molm* ⇒*veenhumus.*

mulmig **0.1** *molmachtig, molmig* **0.2** ⟨inf.⟩ *bedenkelijk, hachelijk* **0.3** ⟨inf.⟩ *onbehaaglijk, beroerd, naar* ◆ **1.3** ein ~es Gefühl haben *een onbehaaglijk gevoel hebben.*

Multi ⟨m.; ~s, ~s⟩⟨inf.⟩ **0.1** *multinational.*

multilateral **0.1** *multilateraal.*

Multimillionär ⟨m.⟩ **0.1** *multimiljonair.*

multinational **0.1** *multinationaal.*

Multiplikation ⟨v.; ~, ~en⟩⟨wisk.⟩ **0.1** *vermenigvuldiging.*

Multiplikator ⟨m.; ~s, Multiplikatoren⟩ **0.1** ⟨wisk.⟩ *vermenigvuldiger, multiplicator* **0.2** ⟨schr.⟩ *verspreider van kennis of informatie.*

multiplizieren **I** ⟨ov.ww.⟩ **0.1** ⟨wisk.⟩ *vermenigvuldigen* **0.2** ⟨schr.⟩ *verveelvoudigen, flink doen toenemen;* **II sich** ~ ⟨wk.ww.⟩⟨schr.⟩ **0.1** *zich opstapelen, sterk toenemen.*

Mumie ⟨v.; ~, ~n⟩ **0.1** *mummie.*

Mumienbildnis ⟨o.⟩ **0.1** *mummieportret.*

mumifizieren **0.1** *mummificeren.*

Mumm ⟨m.; ~s⟩⟨inf.⟩ **0.1** *energie, fut, pit* ◆ **3.1** keinen ~ in den Knochen haben (a) *geen fut in zijn lijf hebben* (b) *laf zijn.*

Mummel ⟨v.; ~, ~n⟩ **0.1** *waterlelie.*
Mummelgreis ⟨m.⟩⟨inf.; pej.⟩ **0.1** *zwakke grijsaard.*
Mummenschanz ⟨m.; ~es⟩⟨vero.⟩ **0.1** *maskerade* ⇒*feest van gemaskerden* **0.2** *vermomming.*
Mumpitz ⟨m.; ~es⟩⟨inf.⟩ **0.1** *onzin, nonsens.*
Mumps ⟨m.; ~⟩⟨med.⟩ **0.1** *bof.*
Mund ⟨m.; ~(e)s, ⸚er⟩ **0.1** *mond* **0.2** *opening, ingang, mond* ◆ **2.1** ⟨inf.⟩ jmdm. den ~ wäßrig machen *iem. doen watertanden* **2.¶** ⟨inf.⟩ sich ⟨3e nv.⟩ den ~ fransig, fusselig reden *zich de blaren op de mond praten, (vergeefs) op iem. inpraten* **3.1** ⟨inf.⟩ den ~ nicht aufbekommen, aufkriegen *zijn mond niet opendoen;* ⟨inf.⟩ den ~ aufreißen, voll nehmen *opscheppen;* ⟨inf.⟩ jmdm. den ~ stopfen (a) *iem. omkopen* (b) *iem. het zwijgen opleggen;* ⟨inf.⟩ viele Münder zu stopfen haben *veel monden te voeden hebben;* ⟨inf.⟩ sich ⟨3e nv.⟩ den ~ verbrennen *zijn mond voorbijpraten* **3.¶** ⟨inf.⟩ ~ und Augen, ~ und Nase aufreißen, aufsperren *stomverbaasd zijn;* jmdm. den ~ verbieten *iem. beletten te spreken* **5.1** ⟨inf.⟩ ~ zu! *mond houden!* **6.1** sich ⟨3e nv.⟩ etwas **am, vom** ~e absparen *zich iets uit de mond sparen;* **aus** berufenem ~e *uit betrouwbare bron;* jmdm. das Wort **aus** dem ~ nehmen *iem. de woorden uit de mond nemen;* ein Wort dauernd **im** ~ führen *een woord voortdurend in de mond hebben, gebruiken;* ⟨inf.; fig.⟩ jmdm. das Wort **im** ~ verdrehen *iemands woorden verdraaien;* **in** aller ~e sein *op ieders lippen zijn;* **in** aller Leute ~e sein *bij iedereen over de tong gaan;* ⟨inf.⟩ immer **mit** dem ~ vorneweg sein *een mondjegauw zijn;* jmdm. **nach** dem, **zum** ~ reden *iem. naar de mond praten;* ⟨inf.⟩ jmdm. **über** den ~ fahren *iem. op zijn nummer zetten;* ⟨inf.⟩ sich ⟨3e nv.⟩ den ~ **über** jmdn. zerreißen *roddelpraat over iem. verkopen;* **von** der Hand in den ~ leben *van de hand in de tand leven.* →**Morgenstunde.**
Mundart ⟨v.⟩ **0.1** *dialect, streektaal.*
Mundartforschung ⟨v.⟩ **0.1** *dialectonderzoek, dialectologie.*
mundartlich **0.1** *dialectisch.*
Mündel ⟨m. & o.; ~s, ~⟩ **0.1** *pupil.*
mündelsicher ⟨ec.⟩ **0.1** *zeer solide* ◆ **1.1** eine ~e Anlage *een veilige belegging.*
munden ⟨schr.⟩ **0.1** *smaken, monden* ◆ **5.1** herb ~ *wrang smaken* ⟨ook fig.⟩.
münden ⟨h/s.⟩ **0.1** *uitmonden, -lopen, -komen* ◆ **6.1** die Straße mündet **auf** dem, den Platz *de straat komt op het plein uit.*
mundfaul ⟨inf.⟩ **0.1** *weinig spraakzaam, zwijgzaam* ⇒ *kortaf.*
mundgerecht **0.1** *hapklaar, kant en klaar* **0.2** *smakelijk, aanlokkelijk.*
Mundgeruch ⟨m.⟩ **0.1** *mondgeur* ⇒*slechte adem.*
Mundharmonika ⟨v.⟩ **0.1** *mondharmonica.*
Mundhöhle ⟨v.⟩ **0.1** *mondholte.*
mündig **0.1** *mondig, meerderjarig.*
mündlich **0.1** *mondeling.*
Mundpflege ⟨v.⟩ **0.1** *mondverzorging.*
Mundpropaganda ⟨v.⟩ **0.1** *mondelinge propaganda.*
Mundschutz ⟨m.⟩ **0.1** ⟨med.⟩ *mondmasker, mondkapje* **0.2** ⟨sp.⟩ *mondbeschermer.*
M-und-S-Reifen ⟨m.⟩ **0.1** *winterband.*
Mundstück ⟨o.⟩ **0.1** *mondstuk.*
mundtot ◆ **3.¶** jmdn. ~ machen *iem. het zwijgen opleggen.*
Mündung ⟨v.; ~, ~en⟩ **0.1** *monding, mond.*
Mundvoll ⟨m.; ~, ~⟩ **0.1** *mondvol.*
Mundvorrat ⟨m.⟩ **0.1** *mondvoorraad, proviand.*
Mundwasser ⟨o.; mv. ⸚⟩ **0.1** *mondwater.*
Mundwerk ⟨o.⟩⟨inf.⟩ **0.1** *mondwerk, mond* ◆ **3.1** ein großes ~ haben *een grote mond hebben;* ein loses ~ haben *los in de mond zijn;* ⟨fig.⟩ ein scharfes ~ haben *een scherpe tong hebben.*
Mundwinkel ⟨m.⟩ **0.1** *mondhoek.*
Mund-zu-Mund-Beatmung ⟨v.⟩ **0.1** *mond-op-mondbeademing.*
Munition ⟨v.; ~⟩ **0.1** *munitie* ⟨ook fig.⟩.
Munitionslager ⟨o.⟩ **0.1** *munitiedepot.*
munkeln ⟨inf.⟩ **0.1** *fluisteren, smiespelen.* →**dunkel.**
Münster[1] ⟨o.; ~s, ~⟩ **0.1** *dom(kerk).*
Münster[2] ⟨o.⟩ **0.1** *Munster* ⟨stad⟩.
munter **0.1** *vrolijk, levendig, monter* **0.2** *onbekommerd, zorgeloos* **0.3** *gezond, fit* **0.4** *wakker* ◆ **1.1** ~e Farben *vrolijke kleuren* **3.4** jmdn. ~ machen (a) *iem. wakker maken, wekken* (b) *iem. opkikkeren, opmonteren* **5.1** nur ~! *met frisse moed aan de slag!* **8.1** ~ und guter Dinge *fris en vrolijk, vrolijk en welgemoed;* ~ wie ein Fisch im Wasser *zo fris als een hoentje.*
Münzamt ⟨o.⟩ **0.1** *munterij, munt.*
Münze ⟨v.; ~, ~n⟩ **0.1** *munt(stuk)* **0.2** *munterij, munt* ◆ **2.1** ⟨schr.⟩ bare, klingende ~ *baar geld, klinkende munt* **3.1** ~n einziehen *munten uit de circulatie nemen;* ~n prägen *munten slaan, stempelen* **6.1** ⟨fig.⟩ etwas **für** bare ~ nehmen *iets voor goede, gangbare munt aannemen, blindelings geloven;* ⟨fig.⟩ jmdm. etwas **in, mit** gleicher ~ heimzahlen *iem. iets met gelijke munt (terug)betalen.*
münzen **0.1** *tot munten slaan, munten* ◆ **1.1** ⟨fig.⟩ aus etwas Gold ~ *goud uit iets slaan;* ⟨fig.⟩ aus etwas seinen Vorteil ~ *munt uit iets slaan* **6.¶** ⟨fig.⟩ **auf** etwas, jmdn. gemünzt sein *op iets, iem. gemunt zijn.*
Münzensammlung ⟨v.⟩ **0.1** *muntenverzameling.*
Münzfernsprecher ⟨m.⟩ **0.1** *munttelefoontoestel.*
Münzfuß ⟨m.⟩ **0.1** *muntvoet, -standaard.*
Münzkunde ⟨v.⟩ **0.1** *munt- en penningkunde, numismatiek.*
Münzprägung ⟨v.⟩ **0.1** *muntslag.*
Münzrecht ⟨o.⟩ **0.1** *muntrecht* **0.2** *muntwetgeving.*
Münzsammlung ⟨v.⟩ **0.1** *muntverzameling.*
Münzstätte ⟨v.⟩ **0.1** *munterij, munt.*
Münztank ⟨m.⟩ **0.1** *(tank)automaat.*
Münztankstelle ⟨v.⟩ **0.1** *pompstation met muntautomaat.*
Münztelefon ⟨o.⟩ **0.1** *munttelefoon.*
Münzwechsler ⟨m.⟩ **0.1** *geldwisselautomaat.*
Münzwesen ⟨o.⟩ **0.1** *muntwezen.*
Münzzähler ⟨m.⟩ **0.1** *muntmeter.*
mürbe **0.1** *broos, wrak* **0.2** *murw* ⇒*mals, bros, zacht* **0.3** ⟨fig.⟩ *murw* ⇒*gedwee, mak* ◆ **1.1** ~s Gestein *brokkelig gesteente* **1.2** ~s Gebäck *bros gebak.*
Mürbeteig ⟨m.⟩ **0.1** *zandtaartdeeg.*
Mure ⟨v.; ~, ~n⟩ **0.1** *slijk- en gruislawine.*
Murks ⟨m.; ~es⟩⟨inf.; pej.⟩ **0.1** *knoei-, prutswerk.*
murksen **0.1** *knoeien, prutsen.*
Murmel ⟨v.; ~, ~n⟩ **0.1** *knikker.*
murmeln **0.1** *murmelen, mompelen* ◆ **6.1** etwas **in** seinen Bart ~ *iets in zijn baard, binnensmonds brommen.*
Murmeltier ⟨o.⟩ **0.1** *marmot.*
murren **0.1** *mopperen, morren.*
mürrisch **0.1** *knorrig, nors, korzelig.*
Mus ⟨o.; ~es, ~e⟩ **0.1** *moes, brij* ◆ **6.1** ⟨inf.; fig.⟩ jmdn. **zu** ~ machen, schlagen *iem. tot moes slaan.*
Muschel ⟨v.; ~, ~n⟩ **0.1** *mossel* **0.2** *schelp* ⇒*oorschelp* **0.3** *spreek-, luisterhoorn.*
Muschelbank ⟨v.; mv. ⸚e⟩ **0.1** *mosselbank.*
Muschelkalk ⟨m.⟩⟨geol.⟩ **0.1** *schelpkalk.*

Muschelwerk ⟨o.⟩ **0.1** ***schelpversiering*** *⇒rocaille.*
Muse ⟨v.; ~, ~n⟩ **0.1** ***muze.***
museal **0.1** ***museaal, museum-*** **0.2** ***museaal, museumachtig.***
Museum ⟨o.; ~s, Museen⟩ **0.1** ***museum.***
Museumsaufseher ⟨m.⟩ **0.1** ***suppoost.***
Museumsführer ⟨m.⟩ **0.1** ***museumgids.***
museumsreif ⟨inf.; iron.⟩ **0.1** ***rijp voor het museum.***
Museumsstück ⟨o.⟩⟨ook inf.; iron.⟩ **0.1** ***museumstuk.***
Museumswärter ⟨m.⟩ **0.1** ***suppoost.***
Museumswert ⟨m.⟩ **0.1** ***antiekwaarde.***
Musical ⟨o.; ~s, ~s⟩ **0.1** ***musical.***
Musik ⟨v.; ~, ~en⟩ **0.1** ***muziek*** *⇒toonkunst, muziekstuk* **0.2** ***muziekkorps*** ◆ **2.1** untermalende ~ *muzikale omlijsting* **3.1** ~ hören *naar muziek luisteren;* ⟨inf.; fig.⟩ ~ in jmds. Ohren sein *als muziek in iemands oren klinken;* ⟨inf.; fig.⟩ dahinter, darin sitzt, steckt ~ *daar zit muziek in* **6.1** **in** ~ setzen *op muziek zetten.*
Musikalien ⟨alleen mv.⟩ **0.1** ***(geschreven, gedrukte) muziek.***
Musikalienhandlung ⟨v.⟩ **0.1** ***muziekhandel.***
musikalisch **0.1** ***muzikaal*** ◆ **1.1** ~e Darbietungen *muziekprogramma's, -uitvoeringen;* der ~e Nachwuchs *de jonge musici.*
Musikalität ⟨v.; ~⟩ **0.1** ***muzikaliteit.***
Musikant ⟨m.; ~en, ~en⟩ **0.1** ***muzikant.***
Musikautomat ⟨m.⟩ **0.1** ***muziekautomaat*** **0.2** ***jukebox.***
musikbegabt **0.1** ***muzikaal (begaafd).***
Musikbox ⟨v.⟩ **0.1** ***jukebox.***
Musikdirektor ⟨m.⟩ **0.1** ***muziekdirecteur, (titel voor) dirigent.***
Musiker ⟨m.; ~s, ~⟩ **0.1** ***musicus.***
Musikerziehung ⟨v.⟩ **0.1** ***muzikale vorming.***
Musikfest ⟨o.⟩ **0.1** ***muziekfeest, -festival.***
Musikfreund ⟨m.⟩ **0.1** ***muziekliefhebber.***
Musikhochschule ⟨v.⟩ **0.1** ***conservatorium.***
musikliebend **0.1** ***muziekminnend.***
Musikpavillon ⟨m.⟩ **0.1** ***(muziek)kiosk.***
Musikpflege ⟨v.⟩ **0.1** ***muziekbeoefening.***
Musikstunde ⟨v.⟩ **0.1** ***muziekles.***
Musikwissenschaft ⟨v.⟩ **0.1** ***muziekwetenschap.***
musisch **0.1** ***muzisch*** *⇒artistiek, kunstzinnig* **0.2** ***muzisch, op de schone kunsten betrekking hebbend*** ◆ **1.2** das ~e Gymnasium *gymnasium met de nadruk op de muzische vakken.*
Musivarbeit ⟨v.⟩ **0.1** ***mozaïek-, musiefwerk.***
musizieren **0.1** ***musiceren.***
Muskat ⟨m.; ~(e)s, ~e⟩ **0.1** ***(noot)muskaat.***
Muskatblüte ⟨v.⟩ **0.1** ***macis, foelie.***
Muskateller ⟨m.; ~s, ~⟩ **0.1** ***muskaatwijn, muskadel-(druif).***
Muskel ⟨m.; ~s, ~n⟩ **0.1** ***spier.***
muskelbepackt ⟨inf.⟩ **0.1** ***zeer gespierd, een en al spier.***
Muskelfaser ⟨v.⟩ **0.1** ***spiervezel.***
Muskelkater ⟨m.⟩ **0.1** ***spierpijn.***
Muskelkraft ⟨v.⟩ **0.1** ***spierkracht.***
Muskelmann ⟨m.; mv. ¨er⟩⟨inf.⟩ **0.1** ***spierbundel.***
Muskelpaket ⟨o.⟩⟨inf.⟩ **0.1** ***spieren als kabeltouwen*** **0.2** ***spierbundel.***
Muskelprotz ⟨m.⟩⟨inf.⟩ **0.1** ***krachtpatser.***
Muskelriß ⟨m.⟩⟨med.⟩ **0.1** ***spierscheuring.***
Muskelstarre ⟨v.⟩ **0.1** ***spierstijfheid.***
Muskelstrang ⟨m.⟩ **0.1** ***spierbundel.***
Muskelzerrung ⟨v.⟩ **0.1** ***spierverrekking.***
Muskete ⟨v.; ~, ~n⟩ **0.1** ***musket.***
Musketier ⟨m.; ~s, ~e⟩⟨gesch.⟩ **0.1** ***musketier.***
muskulär **0.1** ***musculair, de spieren betreffend.***
Muskulatur ⟨v.; ~, ~en⟩ **0.1** ***musculatuur, spierstelsel.***
muskulös **0.1** ***musculeus, gespierd.***
Müsli ⟨o.; ~s, ~s⟩ **0.1** ***müsli.***
Muslim ⟨m.⟩ →**Moslem.**
Muß ⟨o.; ~⟩ **0.1** ***het moeten, noodzakelijkheid, dwang*** ◆ **3.1** es ist kein ~ *het is geen noodzaak, moeten;* ⟨fig.⟩ ~ ist eine harte Nuß *moeten is dwang.*
Mußbestimmung ⟨v.⟩ **0.1** ***dwingende, bindende bepaling.***
Muße ⟨v.; ~⟩⟨schr.⟩ **0.1** ***vrije tijd*** **0.2** ***innerlijke rust*** ◆ **6.2** **in** (aller) ~, **mit** ~ *op zijn gemak* **8.1** Zeit und ~ für, zu etwas haben *tijd en gelegenheid, alle tijd voor iets hebben.*
Mußehe ⟨v.⟩⟨inf.⟩ **0.1** ***gedwongen huwelijk, moetje.***
Musselin ⟨m.; ~s, ~e⟩ **0.1** ***mousseline.***
müssen ⟨→t87⟩ **0.1** ***moeten*** *⇒(be)hoeven* ◆ **3.1** man müßte viel Geld haben, dann ... *men zou veel geld moeten hebben, dan ...;* das mußte ja kommen! *dat moest gebeuren!;* es muß sein! *het moet (gebeuren)!;* ⟨schr.⟩ er müßte denn (krank sein) *tenzij hij (ziek is)* **5.1** ⟨inf.⟩ ich muß mal *ik moet even (naar de wc).*
Mußestunde ⟨v.⟩ **0.1** ***vrij uur(tje).***
müßig ⟨schr.⟩ **0.1** ***vrij (van werk), zonder bezigheden*** *⇒nietsdoend* **0.2** ***overbodig, nutteloos*** ◆ **1.1** ein ~es Leben *een leven van nietsdoen;* ein ~er Mensch *een leegloper* **1.2** ~e Fragen *overbodige, nutteloze vragen* **3.1** ~ herumsitzen *zitten te niksen.*
Müßiggang ⟨m.⟩ **0.1** ***nietsdoen, ledigheid*** ◆ **¶.1** ⟨sprw.⟩ ~ ist aller Laster Anfang *ledigheid is des duivels oorkussen.*
Müßiggänger ⟨m.⟩ **0.1** ***leegloper.***
müßiggängerisch ◆ **3.¶** sich ~ herumtreiben *lopen te lanterfanten, straatslijpen.*
Müßigkeit ⟨v.; ~⟩⟨schr.⟩ **0.1** ***ledigheid.***
Muß-Vorschrift ⟨v.⟩ **0.1** ***dwingend voorschrift.***
Mustang ⟨m.; ~s, ~e⟩ **0.1** ***mustang.***
Muster ⟨o.; ~s, ~⟩ **0.1** ***voorbeeld*** *⇒model, patroon* **0.2** ***voorbeeld*** *⇒toonbeeld* **0.3** ***patroon, dessin*** *⇒schema* **0.4** ***staal, monster*** ◆ **6.2** er ist ein ~ **an** Fleiß *hij is een toonbeeld van vlijt* **6.4** ~ **ohne** Wert *monster zonder waarde* **8.1** als ~ dienen *als model dienen* **8.2** jmdn. als ~ hinstellen *iem. ten voorbeeld stellen.*
Musterbeispiel ⟨o.⟩ **0.1** ***ideaal voorbeeld, schoolvoorbeeld.***
Musterbetrieb ⟨m.⟩ **0.1** ***modelbedrijf.***
Musterbild ⟨o.⟩⟨vaak iron.⟩ **0.1** ***toonbeeld.***
Musterbrief ⟨m.⟩ **0.1** ***modelbrief.***
Musterbuch ⟨o.⟩ **0.1** ⟨bk., gesch.⟩ ***voorbeeldenboek*** **0.2** ***staalboek.***
Musterexemplar ⟨o.⟩⟨vaak iron.⟩ **0.1** ***modelexemplaar.***
muster|gültig, -haft **0.1** ***voorbeeldig, onberispelijk.***
Musterkarte ⟨v.⟩ **0.1** ***staalkaart.***
Musterknabe ⟨m.⟩⟨meestal iron.⟩ **0.1** ***voorbeeldig jongetje, modelknaapje.***
Musterkollektion ⟨v.⟩ **0.1** ***monster-, stalencollectie.***
mustern **0.1** ***monsteren, onderzoekend bekijken*** **0.2** ***van een patroon voorzien*** **0.3** ⟨mil.⟩ ***inspecteren, monsteren*** **0.4** ⟨mil.⟩ ***keuren*** ◆ **1.2** eine gemusterte Bluse *een bloes met een patroontje.*
Musterprozeß ⟨m.⟩ **0.1** ***proefproces.***
Musterschüler ⟨m.⟩⟨vaak iron.⟩ **0.1** ***voorbeeldige leerling.***
Mustersendung ⟨v.⟩ **0.1** ***monsterzending.***
Musterstück ⟨o.⟩⟨vaak iron.⟩ **0.1** ***modelexemplaar.***
Musterung ⟨v.; ~, ~en⟩ **0.1** ***nauwkeurig onderzoek, keuring, monstering*** **0.2** ***(het aanbrengen van een) patroon, dessin*** **0.3** ⟨mil.⟩ ***keuring*** ◆ **3.1** etwas einer ~ un-

terziehen *iets aan een (nauwkeurig) onderzoek onderwerpen.*

Musterungsbescheid ⟨m.⟩⟨mil.⟩ **0.1** ***oproep voor de militaire keuring.***

Musterzeichnung ⟨v.⟩ **0.1** ***patroontekening.***

Mut ⟨m.; ~(e)s⟩ **0.1** ***moed*** ◆ **2.1** ⟨schr.⟩ guten ~es *met goede moed, welgemoed* **3.1** jmdm. ~ geben, machen *iem. moed geven, bemoedigen;* ~ schöpfen *moed putten;* jmdm. ~ zusprechen *iem. moed inspreken* **5.1** nur ~! *houd de moed erin!* **6.1** ⟨schr.⟩ **mit** frohem ~ *blijmoedig, opgewekt;* ~ **zum** Leben *moed om te leven.*

Mutation ⟨v.; ~, ~en⟩ **0.1** ***mutatie.***

Mütchen ⟨o.⟩ ◆ **3.¶** ⟨inf.⟩ sein ~ (an jmdm.) kühlen *zijn woede (op iem.) koelen.*

muterfüllt ⟨schr.⟩ **0.1** ***vol goede moed.***

mutieren **0.1** ***muteren.***

mutig **0.1** ***moedig.***

mutlos **0.1** ***moedeloos.***

mutmaßen **0.1** ***vermoeden, gissen.***

mutmaßlich **0.1** ***vermoedelijk, waarschijnlijk.***

Mutmaßung ⟨v.; ~, ~en⟩ **0.1** ***vermoeden, gissing.***

Mutprobe ⟨v.⟩ **0.1** ***bewijs van moed.***

Mutter[1] ⟨v.; ~, ≃⟩ **0.1** ***moeder*** **0.2** ⟨tech.⟩ ***moedervorm, matrijs*** ◆ **1.1** ⟨inf.⟩ an ~s Rock(schößen), Schürzenzipfeln hängen *aan moeders rokken hangen* **2.1** sie ist die ganze ~ *zij is precies de moeder;* eine werdende ~ *een aanstaande moeder* **6.1** ⟨inf.⟩ ich fühle mich wie **bei** ~n *ik voel me als bij moeder thuis* **6.¶** ⟨inf.⟩ **bei** ~ Grün schlafen *onder de blote hemel slapen* **8.1** wie eine ~ zu jmdm. sein *als een moeder voor iem. zijn.* →**Vorsicht.**

Mutter[2] ⟨v.; ~, ~n⟩ **0.1** ***(schroef)moer.***

Mütterberatungsstelle ⟨v.⟩ **0.1** ***consultatiebureau voor zuigelingenzorg.***

Mutterboden ⟨m.⟩ **0.1** ***humus(aarde), teelaarde.***

Mütterchen ⟨o.; ~s, ~⟩ **0.1** ***moesje, moedertje*** **0.2** ***vrouwtje, oudje.***

Muttererde ⟨v.⟩ **0.1** ***humus(aarde), teelaarde.***

Mutterfreuden ⟨alleen mv.⟩⟨schr.⟩ ◆ **3.¶** ~ entgegensehen *in blijde verwachting zijn;* ~ genießen *de vreugden van het moederschap genieten.*

Müttergenesungsheim ⟨o.⟩ **0.1** ***herstellingsoord voor moeders.***

Muttergesellschaft ⟨v.⟩⟨ec.⟩ **0.1** ***moedermaatschappij.***

Muttergottes ⟨v.; ~⟩⟨rel.⟩ **0.1** ***Moeder Gods.***

Muttergottesbild ⟨o.⟩⟨rel.⟩ **0.1** ***afbeelding v.d. Moeder Gods.***

Mutterhaus ⟨o.⟩ **0.1** ⟨rel.⟩ ***diaconessenhuis*** **0.2** ⟨rel.⟩ ***moederklooster*** **0.3** ⟨ec.⟩ ***hoofdkantoor, -vestiging.***

Mutterherrschaft ⟨v.⟩ **0.1** ***matriarchaat.***

Mutterkuchen ⟨m.⟩⟨med.⟩ **0.1** ***nageboorte, moederkoek.***

Mutterleib ⟨m.⟩ **0.1** ***moederschoot*** ◆ **6.¶** **von** ~ an *vanaf de geboorte.*

mütterlich **0.1** ***moederlijk, van de moeder*** **0.2** ***moederlijk*** *⇒liefdevol, zorgzaam.*

mütterlicherseits **0.1** ***van moederszijde.***

Muttermal ⟨o.⟩ **0.1** ***moedervlek.***

Muttermilch ⟨v.⟩ **0.1** ***moedermelk.***

Muttermund ⟨m.⟩⟨med.⟩ **0.1** ***(baar)moedermond.***

Mutternschlüssel ⟨m.⟩ **0.1** ***moersleutel.***

Mutterschaf ⟨o.⟩ **0.1** ***moederschaap*** **0.2** ⟨landb.⟩ ***fokschaap.***

Mutterschaft ⟨v.; ~⟩ **0.1** ***moederschap.***

Mutterschaftsgeld ⟨o.⟩ **0.1** ***moederschapsuitkering.***

Mutterschutz ⟨m.⟩⟨jur.⟩ **0.1** ***moederschapszorg.***

Mutterschwein ⟨o.⟩ **0.1** ***moedervarken, zeug*** **0.2** ⟨landb.⟩ ***fokzeug.***

mutterseelenallein ⟨inf.⟩ **0.1** ***moederzielalleen.***

Muttersöhnchen ⟨o.⟩⟨inf.; iron.⟩ **0.1** ***moederszoontje.***

Muttersprache ⟨v.⟩ **0.1** ***moedertaal.***

Muttersprachler ⟨m.; ~s, ~⟩⟨taal.⟩ **0.1** ***moedertaalspreker, native speaker.***

Mutterstelle ⟨v.⟩ ◆ **3.¶** an, bei jmdm. ~ vertreten *voor iem. de plaats van de moeder innemen.*

Mutterwitz ⟨m.⟩ **0.1** ***gevatheid, slagvaardigheid*** **0.2** ***gezond verstand.***

Mutti ⟨v.; ~, ~s⟩⟨inf.⟩ **0.1** ***mammie.***

mutual **0.1** ***mutueel, wederzijds.***

Mutwille ⟨m.⟩ **0.1** ***(boos) opzet, moedwil*** **0.2** ***kwaadwilligheid, baldadigheid*** ◆ **3.2** seinen ~n an jmdm. auslassen *zijn moedwil op iem. botvieren* **6.1** **aus, mit** ~n *opzettelijk.*

mutwillig **0.1** ***kwaadwillig, moedwillig.***

Mütze ⟨v.; ~, ~n⟩ **0.1** ***pet, muts*** ◆ **3.1** zum Gruß die ~ ziehen *ter begroeting zijn pet afnemen* **6.¶** ⟨inf.⟩ etwas, eins **auf** die ~ bekommen *op zijn kop, donder krijgen;* ⟨inf.⟩ jmdm. nicht **nach** der ~ sein *iem. niet naar de zin zijn.*

Mützenschirm ⟨m.⟩ **0.1** ***klep v.e. pet.***

m.W. ⟨afk.; meines Wissens⟩ **0.1** ***bij mijn weten.***

MwSt. ⟨afk.⟩ →**Mehrwertsteuer.**

mykenisch **0.1** ***Myceens.***

Myom ⟨o.; ~s, ~e⟩ **0.1** ***myoom, spiergezwel.***

myop **0.1** ***myoop, bijziend.***

Myriade ⟨v.; ~, ~n⟩ **0.1** ***myriade, tienduizendtal*** ⇒⟨fig.⟩ *talloze, ontelbare menigte.*

Myrrhe ⟨v.; ~, ~n⟩ **0.1** ***mirre.***

Myrte ⟨v.; ~, ~n⟩ **0.1** ***mirt(e).***

Mysterienspiel ⟨o.⟩⟨gesch., rel.⟩ **0.1** ***mysteriespel.***

mysteriös **0.1** ***mysterieus, geheimzinnig, raadselachtig.***

Mysterium ⟨o.; ~s, Mysterien⟩ **0.1** ***mysterie.***

Mystik ⟨v.; ~⟩ **0.1** ***mystiek.***

mystisch **0.1** ***mystiek, raadselachtig*** **0.2** ***mystiek.***

mythisch **0.1** ***mythisch.***

Mythologie ⟨v.; ~, ~n⟩ **0.1** ***mythologie.***

Mythos ⟨m.; ~, Mythen⟩ **0.1** ***mythe, mythos*** *⇒sage, legende.*

n, N ⟨o.; ~, ~⟩ **0.1** ***n, N*** ⇒*klank n, letter n, N.*
na 0.1 ***nou, nu*** ⇒*wel(nu)* ◆ **3.1** ~, hör mal! *moet je dat horen!;* ~, komm (schon)! *vooruit, schiet op!* **4.1** ~, so was! *nee, maar!* **5.1** ~ also! *zie je wel!;* ~ gut, ~ schön *nou ja* **8.1** ~ und? *nou en?* **¶.1** ~, erlauben Sie mal! *nee zeg, hoe komt u erbij?*
Nabe ⟨v.; ~, ~n⟩⟨tech.⟩ **0.1** ***naaf*** ⟨ook fig.⟩.
Nabel ⟨m.; ~s, ~⟩ **0.1** ***navel*** ◆ **1.¶** der ~ der Welt *het middelpunt van de wereld.*
Nabelbruch ⟨m.⟩ **0.1** ***navelbreuk.***
Nabelschnur ⟨v.⟩ **0.1** ***navelstreng.***
nach[1] ⟨bw.⟩ **0.1** ***achterna*** ◆ **4.1** jmdm. ~ (müssen) *iem. achterna (moeten)* **8.¶** ~ und ~ *langzamerhand, geleidelijk (aan);* ~ wie vor *nog altijd.*
nach[2] ⟨vz. + 3⟩ **0.1** ***naar*** ⟨ook fig.⟩ **0.2** ***na*** ⟨mbt. tijd⟩ **0.3** ***na*** ⟨mbt. plaats⟩ **0.4** ***naar*** ⇒*volgens, overeenkomstig* ◆ **1.1** ~ dem Arzt schicken *de dokter laten komen;* ein Fenster geht, liegt ~ dem Garten *een raam ziet uit op de tuin;* ~ Hilfe rufen *om hulp roepen;* ~ allen Richtungen *naar, in alle richtingen* **1.2** ~ Christus, ~ Christi Geburt *na Christus;* ~ Wochen *weken daarna, later* **1.3** der mächtigste Herr ~ dem Kaiser *de machtigste heer na de keizer;* Schritt ~ Schritt *stap na stap* **1.4** meiner Ansicht, Meinung ~ *naar mijn mening, volgens mij;* ⟨cul.⟩ ~ Art des Hauses *(à la) maison;* ~ Diktat schreiben *onder, volgens dictaat schrijven;* ~ Farben ordnen *per kleur ordenen;* ~ Gebühr *naar verdienste;* ~ dem Gedächtnis *uit het geheugen;* ~ dem Gefühl *op het gevoel (af);* ~ unserem Geld *in onze munt;* etwas ~ Gewicht verkaufen *iets bij 't gewicht verkopen;* der Größe ~ *in volgorde van grootte;* ⟨schr.⟩ ~ Herkunft *van afkomst;* der Reihe ~ *één voor één, om de beurt;* dem Sinn ~ sagte er folgendes *wat hij zei kwam op het volgende neer;* seiner Sprache ~ *naar zijn taal te oordelen;* ein Mann ~ der Uhr *een man van de klok* **2.2** es ist Viertel ~ zehn *het is kwart over tien* **3.1** ~ jmdm. rufen *om iem. roepen* **4.3** eins ~ dem andern *het een na het ander,* bitte, ~ Ihnen! *na u!;* ⟨fig.⟩ etwas ~ sich ziehen *iets tot gevolg hebben.*
nachäffen 0.1 ***na-apen*** ⇒*nadoen, imiteren.*
Nachäfferei ⟨v.; ~, ~en⟩ **0.1** ***na-aperij.***
nachahmen 0.1 ***nabootsen*** ⇒*nadoen, imiteren* **0.2** ***namaken*** ◆ **1.2** jmds. Unterschrift ~ *iemands handtekening namaken.*
nachahmenswert 0.1 ***navolgenswaard(ig)*** ⇒*voorbeeldig.*
Nachahmung ⟨v.; ~, ~en⟩ **0.1** ***nabootsing*** ⇒*imitatie, navolging* **0.2** ***namaak, kopie*** ◆ **3.1** ~ finden *nagevolgd worden* **3.2** ~ verboten! *namaak verboden!* **6.1 zur** ~ dienen *tot voorbeeld strekken.*
nacharbeiten I ⟨onov.ww.; h.⟩ **0.1** ***werken naar het voorbeeld van*** ⇒*navolgen* ◆ **1.1** einem Meister ~ *een meester navolgen;*
II ⟨ov.ww.⟩ **0.1** ***inhalen*** **0.2** ***bijwerken, nabewerken*** **0.3** ***namaken*** ◆ **1.1** versäumte Arbeitszeit ~ *verzuimde werktijd inhalen.*
nacharten ⟨schr.⟩ **0.1** ***aarden (naar)*** ⇒*gelijken (op)* ◆ **1.1** dem Vater ~ *naar de vader aarden.*
Nachbar ⟨m.; ~n of ~s, ~n⟩ **0.1** ***buur*** ⇒*buurman, -land* ◆ **2.1** die östlichen ~n *de oostelijke buurlanden* **6.1** mein ~ **am** Tisch *mijn tafelbuur.*
Nachbardorf ⟨o.⟩ **0.1** ***naburig dorp.***
Nachbarhaus ⟨o.⟩ **0.1** ***buurhuis, huis hiernaast.***
Nachbarin ⟨v.; ~, ~nen⟩ **0.1** ***buurvrouw.***
Nachbarland ⟨o.⟩ **0.1** ***buurland.***
nachbarlich 0.1 ***naburig, v.d. buren*** **0.2** ***met de, als buren*** ◆ **1.1** ein ~es Haus *een buurhuis.*
Nachbarschaft ⟨v.; ~⟩ **0.1** ***buurt*** ⇒*nabijheid* **0.2** ***nabuurschap*** ⇒*verhouding met de buren* ◆ **2.2** (eine) gute ~ halten *als buren goed met elkaar overweg kunnen* **6.1 in** jmds. ~ ziehen *in iemands buurt gaan wonen.*
Nachbarschaftshaus ⟨o.⟩ **0.1** ***buurthuis*** ⇒*buurtcentrum.*
Nachbarschaftshilfe ⟨v.⟩ **0.1** ***onderlinge burenhulp.***
Nachbarsleute ⟨alleen mv.⟩ **0.1** ***buren.***
Nachbarstaat ⟨m.⟩ **0.1** ***nabuurstaat, -land.***
Nachbarwissenschaft ⟨v.⟩ **0.1** ***(aan)verwante wetenschap.***
nachbehandeln 0.1 ***nabehandelen, opnieuw behandelen.***
nachbekommen ⟨inf.⟩ **0.1** ***bijkrijgen, achteraf krijgen.***
nachberechnen 0.1 ***achteraf (en bijkomend) in rekening brengen.***
Nachberechnung ⟨v.⟩ **0.1** ***nacalculatie.***
nachbessern 0.1 ***(achteraf) verbeteren.***
nachbestellen 0.1 ***na-, bijbestellen.***
nachbeten ⟨inf.; pej.⟩ **0.1** ***gedachteloos, klakkeloos napraten.***
nachbezahlen 0.1 ***na-, bijbetalen.***
nachbilden 0.1 ***namaken*** ⇒*kopiëren, reproduceren.*
Nachbildung ⟨v.⟩ **0.1** ***namaak(sel)*** ⇒*kopie, reproductie, nabootsing.*
nachblicken 0.1 ***nakijken, nazien.***
nachbohren I ⟨onov.ww.⟩⟨inf.⟩ **0.1** ***aandringen, doorvragen;***
II ⟨ov.ww.⟩ **0.1** ***opnieuw, verder uitboren.***
nachbringen 0.1 ***(achter)nabrengen.***
nachbrummen ⟨h.⟩⟨school.⟩ **0.1** ***na-, schoolblijven.***
nachdatieren 0.1 ***ante-, antidateren.***
nachdem 0.1 ***nadat*** ◆ **5.1** gleich ~ ich angekommen war, … *onmiddellijk nadat ik aangekomen was, …* **5.¶** je ~ (a) *(al)naargelang* (b) *dat hangt ervan af.*
nachdenken 0.1 ***nadenken*** ⇒*overwegen, overdenken* ◆ **6.1 in** tiefes Nachdenken versunken sein *in diep gepeins verzonken zijn;* **über** ein Problem ~ *over een probleem nadenken.*
nachdenklich 0.1 ***nadenkend*** ⇒*in gedachten verzonken, peinzend* ◆ **1.1** ein ~er Mensch *een tot nadenken geneigd mens* **3.1** ~ machen, stimmen *tot nadenken stemmen.*
nachdrängen ⟨h/s.⟩ **0.1** ***(vooruit-, op)dringen*** ◆ **1.1** eine ~de Masse von Menschen *een opdringende massa mensen.*
Nachdruck ⟨m.⟩ **0.1** ⟨g.mv.⟩ ***nadruk*** ⇒*klem(toon)* **0.2** ⟨boek.; mv. ~e⟩ ***nadruk*** ◆ **3.1** ⟨fig.⟩ ~ auf etwas ⟨4e nv.⟩ legen *de nadruk op iets leggen;* einer Forderung ~ verleihen *een eis kracht bijzetten* **6.1** etwas **mit** ~ betreiben *iets met voortvarendheid ter hand nemen.*
nachdrücklich 0.1 ***nadrukkelijk, met nadruk, krachtig.***
nacheifern ⟨h.⟩ **0.1** ***nastreven, navolgen*** ◆ **1.1** einem Vorgänger ~ *een voorganger nastreven.*
nacheilen 0.1 ***naijlen, (achter)nasnellen.***
nacheinander 0.1 ***na elkaar*** ⇒*één voor één, achtereenvolgens.*
nachempfinden 0.1 ***na-, meevoelen*** **0.2** ***namaken*** ⇒*plagiëren, imiteren* ◆ **1.1** jmdm. seine Freude ~ *iemands vreugde navoelen.*
Nachen ⟨m.; ~s, ~⟩⟨schr.⟩ **0.1** ***bootje, schuitje.***
Nacherbe ⟨m.⟩ **0.1** ***erfgenaam over de hand, fideï-commissair erfgenaam.***

nacherleben **0.1** ***achteraf beleven.***
nacherzählen **0.1** ***navertellen.***
Nachfahre ⟨m.; ~n, ~n⟩⟨schr.⟩ **0.1** ***nakomeling.***
nachfahren **0.1** ***(achter)narijden*** ⇒*nareizen* **0.2** ⟨h/s.⟩ ***natrekken*** ⇒*natekenen* ◆ **1.2** die, den Linien einer Zeichnung ~ *de lijnen van een tekening natrekken.*
nachfärben **0.1** ***na-, oververven, opnieuw verven.***
nachfassen I ⟨onov.ww.; h.⟩ **0.1** ***(loslaten en) opnieuw toegrijpen, vastgrijpen*** **0.2** ⟨inf.; door verdere vragen⟩ ***(nog meer) informatie proberen (los) te krijgen;***
II ⟨ov.ww.⟩ **0.1** ***een tweede keer nemen*** ⟨mbt. eten⟩.
nachfliegen **0.1** ***(achter)navliegen.***
Nachfolge ⟨v.⟩ **0.1** ***opvolging*** ⇒*successie* **0.2** ***navolging*** ◆ **3.1** jmds. ~ antreten *iem. opvolgen* **3.2** ~ finden *navolging vinden* **6.1** die ~ **auf** dem Thron *de troonopvolging;* die ~ **in** einem Amt *de opvolging in een ambt.*
Nachfolgekandidat ⟨m.⟩ **0.1** ***kandidaat-opvolger.***
nachfolgen **0.1** ***volgen (na)*** ⇒*achternalopen* **0.2** ***opvolgen*** **0.3** ⟨schr.⟩ ***navolgen*** ◆ **1.1** die ~den Absätze *de onderstaande paragrafen;* der ~de Verkehr *het achteropkomend verkeer* **6.1 im** ~den *in het hierna vermelde* **6.2** jmdm. **im** Amt ~ *iem. in zijn ambt, functie opvolgen.*
Nachfolger ⟨m.; ~s, ~⟩ **0.1** ***opvolger, erfgenaam.***
Nachforderung ⟨v.⟩ **0.1** ***naheffing, navordering.***
nachforschen **0.1** ***navorsen*** ⇒*naspeuren, onderzoeken* ◆ **1.1** einem Geheimnis ~ *een geheim nasporen.*
Nachforschung ⟨v.⟩ **0.1** ***navorsing*** ⇒*onderzoek(ing)* ◆ **3.1** ~en anstellen, halten *een onderzoek instellen, verrichten.*
Nachfrage ⟨v.⟩ **0.1** ⟨ec.⟩ ***vraag*** **0.2** ⟨statistiek⟩ ***opiniepeiling*** ⇒*enquête* ◆ **3.1** es besteht keine ~ danach *er is geen vraag naar* **8.1** Angebot und ~ *vraag en aanbod.*
nachfragen I ⟨onov.ww.⟩ **0.1** ***navraag doen, informeren*** **0.2** ***opnieuw vragen*** ◆ **6.1 um** Genehmigung ~ *(om) toestemming vragen;*
II ⟨ov.ww.⟩⟨ec.⟩ **0.1** ***vragen*** ◆ **5.1** kaum nachgefragt werden *nauwelijks gevraagd worden.*
nachfühlen **0.1** ***na-, meevoelen.***
nachfüllen **0.1** ***na-, bij-, aanvullen*** **0.2** ***bij-, toevoegen*** ⇒ *bijgieten.*
nachgeben I ⟨onov.ww.; h.⟩ **0.1** ***toegeven (aan)*** ⇒*zich inschikkelijk betonen* **0.2** ***meegeven*** ⇒*wijken* **0.3** ⟨ec.⟩ ***dalen, zakken*** ◆ **1.1** jmds. Drängen ~ *voor iemands aandrang zwichten;* seinen Launen ~ *aan zijn grillen toegeven, zijn grillen volgen* **1.2** jmds. Knie geben nach *iemands knieën knikken* **5.1** nicht ~ *volhouden, geen krimp geven;*
II ⟨ov.ww.⟩ **0.1** ***naserveren, bedienen*** ⟨bij het eten⟩ **0.2** ***toegeven*** ⇒*onderdoen* ◆ **3.1** sich ⟨3e nv.⟩ Fleisch ~ lassen *zich nog eens vlees laten serveren* **4.2** keinem an Tüchtigkeit etwas ~ *voor niemand in flinkheid onderdoen.* →**klug.**
Nachgeborene(r) ⟨bn. als zn.⟩ **0.1** ***nakomertje*** **0.2** ⟨mv.; schr.⟩ ***jongere generatie(s).***
Nachgebühr ⟨v.⟩ **0.1** ***strafport.***
Nachgeburt ⟨v.⟩ **0.1** ***nageboorte*** ⟨ook fig.⟩.
nachgehen **0.1** ***(achter)nagaan, -lopen*** ⇒*volgen* **0.2** ***nagaan*** ⇒*onderzoeken* **0.3** ***bijblijven*** ⇒*niet loslaten, bezighouden* **0.4** ***zich wijden, behartigen*** **0.5** ***achtergaan, -lopen*** ◆ **1.1** einer Spur ~ *een spoor volgen* **1.2** einem Gedanken ~ *zich met een gedachte bezighouden* **1.3** das Gespräch ist ihr lange nachgegangen *dat gesprek is haar lang bijgebleven* **1.4** seiner Arbeit ~ *zijn werk verrichten;* einem Beruf ~ *een beroep uitoefenen;* seinem Vergnügen ~ *zijn vermaak zoeken* **1.5** eine Uhr geht nach *een uurwerk loopt achter.*
nachgerade **0.1** ***langzamerhand, geleidelijk*** **0.2** ***gewoonweg, bepaald*** ◆ **1.2** er wurde ~ ausfällig *hij werd bepaald grof.*
nachgeraten **0.1** ***aarden naar*** ◆ **1.1** seinem Vater ~ *naar zijn vader aarden.*
Nachgeschmack ⟨m.⟩ **0.1** ***nasmaak*** ⟨ook fig.⟩.
nachgiebig **0.1** ***meegaand*** ⇒*toegeeflijk, soepel.*
nachgießen **0.1** ***bijgieten, -schenken*** **0.2** ***bij-, aanvullen.***
nachgrübeln **0.1** ***piekeren*** ⇒*nadenken* ◆ **1.1** ⟨schr.⟩ jmds. Worten ~ *over iemands woorden piekeren.*
nachhallen ⟨h/s.⟩ **0.1** ***nagalmen*** ⇒*na-, weerklinken.*
nachhaltig **0.1** ***blijvend, duurzaam*** ⇒*lange tijd nawerkend* ◆ **1.1** von ~er Wirkung *van blijvende invloed.*
nachhängen ⟨h.⟩ **0.1** ***voortdurend bezig zijn*** ⇒*zich overgeven* **0.2** ***met weemoed terugdenken*** **0.3** ⟨fig.⟩ ***kleven aan*** **0.4** ⟨inf.⟩ ***niet vorderen, geen vorderingen maken*** ◆ **1.1** der Trauer ~ *zich aan het verdriet overgeven* **1.3** ein schlechter Ruf hängt jmdm. nach *een slechte naam kleeft aan iem.*
Nachhauseweg ⟨m.⟩ **0.1** ***weg naar huis.***
nachhelfen **0.1** ***een handje helpen*** ◆ **1.1** ⟨scherts.⟩ jmds. Gedächtnis etwas ~ *iemands geheugen eventjes opfrissen.*
nachher **0.1** ***daarna, nadien*** **0.2** ***later, naderhand*** ⇒*achteraf* ◆ **5.2** etwas erst ~ einsehen *iets pas achteraf, later inzien* **6.2 bis** ~! *tot straks!*
Nachhilfe ⟨v.⟩ **0.1** ***bijles(sen).***
Nachhilfestunde ⟨v.⟩ **0.1** ***bijles.***
nachhinein ◆ **6.¶ im** ~ *achteraf, naderhand, alsnog.*
nachhinken **0.1** ***(achter)nahinken*** **0.2** ⟨fig.⟩ ***achterblijven*** ⇒*niet meekomen* ◆ **6.2** jmdm. **in** seinen Leistungen etwas ~ *qua prestaties bij iem. een beetje achterblijven.*
Nachholbedarf ⟨m.⟩ **0.1** ***inhaalbehoefte*** ⇒*tekort, achterstand.*
nachholen **0.1** ***achteraf (op-, af)halen*** **0.2** ***inhalen*** ⇒*alsnog doen, maken* ◆ **1.1** sich ⟨3e nv.⟩ noch Suppe ~ *nog soep bij halen* **1.2** seine Jugend ~ *inhalen wat men tijdens zijn jeugd heeft gemist;* eine Prüfung ~ *een examen op een later tijdstip doen.*
Nachholspiel ⟨o.⟩ **0.1** ***inhaalwedstrijd.***
Nachhut ⟨v.⟩⟨mil.⟩ **0.1** ***achterhoede*** ⟨ook fig.⟩.
nachjagen I ⟨onov.ww.⟩ **0.1** ***najagen*** ⟨ook fig.⟩ ⇒*(achter)nazetten* ◆ **1.1** einem Ball ~ *achter een bal aan jagen;* dem Erfolg ~ *het succes najagen;*
II ⟨ov.ww.⟩⟨inf.⟩ **0.1** ***(ijlings) achternazenden.***
nachkaufen **0.1** ***bijkopen.***
Nachklang ⟨m.⟩ **0.1** ***naklank, -galm*** **0.2** ⟨fig.⟩ ***nawerking, gevolg, effect.***
nachklingen **0.1** ***na-, weerklinken*** **0.2** ⟨fig.⟩ ***(blijven) nawerken*** ⇒*gevolgen, effect hebben.*
Nachkomme ⟨m.; ~n, ~n⟩ **0.1** ***nakomeling, afstammeling.***
nachkommen **0.1** ***(achter)nakomen*** ⇒*achteraf, later komen* **0.2** ***(kunnen) bijhouden, volgen*** ⇒*gelijke tred houden* **0.3** ⟨schr.⟩ ***nakomen*** ⇒*vervullen* ◆ **1.1** ⟨fig.⟩ es kamen noch zwei Kinder nach *er volgden nog twee nakomertjes* **1.3** einer Aufgabe ~ *zich van een taak kwijten;* einem Befehl ~ *een bevel opvolgen;* einer Pflicht ~ *een plicht vervullen* **4.2** jmdm. ~ *iem. (kunnen) bijhouden.* →**Ende.**
Nachkommenschaft ⟨v.; ~⟩ **0.1** ***nakomelingschap, nageslacht.***
Nachkömmling ⟨m.; ~(e)s, ~e⟩ **0.1** ***nakomertje.***
Nachkriegszeit ⟨v.⟩ **0.1** ***naoorlogstijd.***
Nachlaß ⟨m.; Nachlasses, Nachlasse of Nachlässe⟩ **0.1** ***nalatenschap*** ⇒*erfenis* **0.2** ***korting, reductie*** ◆ **3.1** einen ~ ordnen *een boedel beredde(re)n, regelen;* einen ~ pflegen, verwalten *een nalatenschap, boedel beheren* **6.2** ~ **auf** den Preis *korting op de prijs.*
nachlassen I ⟨onov.ww.; h.⟩ **0.1** ***afnemen, verzwakken*** ⇒ *verminderen* ◆ **1.1** das Geschäft läßt nach *de zaken gaan minder goed;*

II ⟨ov.ww.⟩ **0.1** ***lossen*** ⇒*vieren* **0.2** ***kwijtschelden*** **0.3** ***korting, reductie geven*** ◆ **1.1** ein Seil ~ *een touw lossen, vieren* **1.2** jmdm. den Rest seiner Schulden ~ *iem. de rest van zijn schulden kwijtschelden.*

nachlässig **0.1** ***nalatig, slordig, nonchalant*** **0.2** ***onverschillig*** ⇒*nonchalant, laks* ◆ **1.1** eine ~e Haltung *een nonchalante houding* **1.2** eine ~e Gebärde *een onverschillig, achteloos gebaar* **3.1** jmds. Deutsch ist sehr ~ *iemands Duits is zeer onverzorgd.*

Nachlaßpfleger ⟨m.⟩ **0.1** ***boedelbeheerder, curator.***

nachlaufen **0.1** ***(achter)nalopen*** ⇒*achter ... aan lopen* **0.2** ***na-, achterlopen*** ◆ **1.1** ⟨fig.⟩ einer Illusion ~ *voortdurend een illusie koesteren;* ⟨inf.; fig.⟩ einem Mädchen ~ *achter een meisje aan zitten* **1.2** eine Uhr läuft nach *een uurwerk loopt achter.*

Nachläufer ⟨m.⟩ **0.1** ***naloper*** **0.2** ⟨biljart⟩ ***doorschieter.***

Nachleben ⟨o.⟩ **0.1** ***het voortleven in de herinnering.***

nachlegen **0.1** ***(nog) bij-, toevoegen.***

Nachlese ⟨v.⟩ **0.1** ***naoogst*** ⟨ook fig.⟩ ⇒*aanvulling, supplement* ◆ **6.1** eine ~ **aus** bestimmten Programmen *een aanvullende keuze uit bepaalde programma's.*

nachlesen **0.1** ***na-, overlezen.***

nachliefern **0.1** ***naleveren*** ⇒*achteraf, later leveren.*

nachlösen **0.1** ***(een kaartje) achteraf, in de trein kopen*** ⇒ *in de trein bijbetalen.*

nachmachen ⟨inf.⟩ **0.1** ***namaken*** ⇒*nadoen, imiteren* **0.2** ***achteraf maken*** ⇒*inhalen* ◆ **1.2** eine Hausaufgabe ~ *huiswerk achteraf maken.*

nachmalen **0.1** ***na-, overschilderen.***

nachmessen **0.1** ***na-, overmeten.***

Nachmieter ⟨m.⟩ **0.1** ***iem. die een huurwoning overneemt.***

Nachmittag ⟨m.⟩ **0.1** ***(na)middag*** **0.2** ***(na)middagvoorstelling, matinee*** ◆ **4.1** diesen ~ *vanmiddag* **5.1** gestern, heute, morgen nachmittag *gisteren(na)middag, vanmiddag, morgen(na)middag* **6.1** **am** frühen ~ *vroeg in de (na) middag.*

nachmittags **0.1** ***'s (na)middags*** ◆ **1.1** Montag ~ *(op) maandag(na)middag.*

Nachmittagsschläfchen ⟨o.⟩ **0.1** ***middagslaapje, -dutje.***

Nachmittagsvorstellung ⟨v.⟩ **0.1** ***(na)middagvoorstelling, matinee.***

Nachnahme ⟨v.; ~, ~n⟩ **0.1** ***rembours(zending)*** ◆ **6.1** **gegen, mit, per, unter** ~ *onder rembours.*

Nachnahmegebühr ⟨v.⟩ **0.1** ***rembourskosten.***

Nachname ⟨m.⟩ **0.1** ***familie-, achternaam.***

nachplappern ⟨vaak pej.⟩ **0.1** ***napraten.***

nachpolieren **0.1** ***nog eens, opnieuw polijsten.***

Nachporto ⟨o.⟩ **0.1** ***strafport.***

nachprägen **0.1** ***naslaan, een naslag maken van.***

nachprüfbar **0.1** ***controleerbaar, verifieerbaar.***

nachprüfen **0.1** ***nagaan, controleren, verifiëren*** **0.2** ***nog eens, achteraf examineren*** ◆ **6.1** eine Aussage **auf** ihren Wahrheitsgehalt hin ~ *een verklaring op haar juistheid controleren.*

nachrechnen **0.1** ***na-, overrekenen*** ⇒*controleren.*

Nachrede ⟨v.⟩ **0.1** ***narede*** ⇒*nawoord, epiloog* **0.2** ***praatjes achter iemands rug*** ⇒*kwaadsprekerij* ◆ **6.2** jmdn. **in** üble ~ bringen *iem. lasteren;* **in** üble ~ geraten, kommen *in opspraak komen.*

nachreden **0.1** ***napraten, nazeggen*** **0.2** ***kwaadspreken, (praatjes) vertellen*** ◆ **4.1** jmdm. alles ~ *alles napraten wat iem. zegt* **8.2** jmdm. ~, daß ... *van iem. beweren dat ...*

nachreichen **0.1** ***later indienen, inleveren.***

nachreisen **0.1** ***(achter)nareizen.***

nachrennen ⟨inf.⟩ **0.1** ***(achter)narennen*** ⇒*(achter)nalopen.*

Nachricht ⟨v.; ~, ~en⟩ **0.1** ***bericht*** ⇒*nieuws, boodschap* **0.2** ⟨mv.⟩ ***nieuws(uitzending)*** ◆ **2.1** eine amtliche ~ *een officieel bericht;* die neueste ~ *het laatste nieuws;* vermischte ~en *gemengd nieuws, gemengde berichten* **2.2** die letzten ~en *de laatste nieuwsuitzending* **3.1** jmdm. ~ geben, daß ... *iem. berichten dat ...* **6.1** ~en **vom** Sport *sportnieuws, sportberichten.*

Nachrichtenagentur ⟨v.⟩ **0.1** ***persbureau.***

Nachrichtendienst ⟨m.⟩ **0.1** ***persbureau*** **0.2** ⟨mil.⟩ ***inlichtingen-, spionagedienst.***

Nachrichtenmagazin ⟨o.⟩ **0.1** ***magazine, tijdschrift met actueel nieuws.***

Nachrichtensatellit ⟨m.⟩ **0.1** ***communicatiesatelliet.***

Nachrichtensendung ⟨v.⟩ **0.1** ***nieuwsuitzending.***

Nachrichtensperre ⟨v.⟩ **0.1** ***nieuwsstop, verbod tot het geven van informatie.***

Nachrichtensprecher ⟨m.⟩ **0.1** ***nieuwslezer.***

Nachrichtentechnik ⟨v.⟩ **0.1** ***communicatietechniek.***

Nachrichtentruppe ⟨v.⟩⟨mil.⟩ **0.1** ***verbindingstroepen.***

Nachrichtenwesen ⟨o.⟩ **0.1** ***systeem van nieuwsvoorziening.***

nachrücken **0.1** ***narukken*** ⇒*achterna zitten* **0.2** ***aansluiten*** ⇒*opschuiven* **0.3** ***promotie maken*** ⇒*de plaats innemen* ◆ **1.1** dem Feind ~ *de vijand nazetten* **5.2** bitte ~! *aansluiten, opschuiven a.u.b.!* **6.3** **in** eine höhere Stelle ~ *naar een hogere betrekking promotie maken.*

Nachruf ⟨m.⟩ **0.1** ***in memoriam*** ⇒*gedenkrede, -schrift.*

nachrufen **0.1** ***(achter)naroepen.***

Nachruhm ⟨m.⟩ **0.1** ***roem, faam bij het nageslacht.***

nachrühmen **0.1** ***achteraf vol lof spreken, zich lovend uitlaten*** ◆ **3.1** jmdm. ~ müssen, daß ... *iem. tot zijn eer moeten nageven dat ...*

nachrüsten **0.1** ***achteraf (verder) uit-, toerusten*** **0.2** ⟨mil.⟩ ***doorgaan met de bewapening.***

nachsagen **0.1** ***nazeggen*** ⇒*naspreken, herhalen* **0.2** ***(achter iemands rug) vertellen*** ⇒*kwaadspreken* ◆ **3.2** jmdm. nichts ~ können *iem. niets ten laste kunnen leggen.*

Nachsatz ⟨m.⟩ **0.1** ***aanhangsel*** ⇒*aanvullende opmerking.*

nachschaffen **0.1** ***namaken*** ⇒*kopiëren* **0.2** ***(achteraf) nieuw aanschaffen, bijkopen.***

Nachschau ⟨v.⟩⟨schr.⟩ ◆ **3.¶** ~ halten, ob ... *nazien, nakijken of ...*

nachschauen **0.1** ***nakijken, nazien.***

nachschenken ⟨schr.⟩ **0.1** ***bijschenken.***

nachschicken **0.1** ***(achter)nasturen*** ◆ **1.1** jmdm. einige Verwünschungen ~ *iem. enkele verwensingen (achter)naroepen.*

nachschlagen I ⟨onov.ww.⟩⟨schr.⟩ **0.1** ***aarden naar;***
II ⟨ov. & onov.ww.⟩ **0.1** ***naslaan, opzoeken.***

Nachschlagewerk ⟨o.⟩ **0.1** ***naslagwerk.***

nachschleichen **0.1** ***(achter)nasluipen.***

Nachschlüssel ⟨m.⟩ **0.1** ***tweede, valse sleutel*** ⇒*loper.*

nachschmecken **0.1** ***een nasmaak hebben.***

nachschreiben **0.1** ***opschrijven, notities maken.***

nachschreien **0.1** ***(achter)naschreeuwen.***

Nachschrift ⟨v.⟩ **0.1** ***notities, dictaat*** **0.2** ***naschrift, postscriptum*** ◆ **1.1** die ~ einer Vorlesung *het dictaat van een college.*

Nachschub ⟨m.⟩⟨mil.; ook fig.⟩ **0.1** ***bevoorrading*** **0.2** ***nieuw materieel, nieuwe (materiaal)voorraad*** ◆ **6.1** ~ **an** Proviant *ravitaillering, proviandering.*

Nachschuß ⟨m.⟩ **0.1** ⟨ec.⟩ ***bijbetaling*** ⇒*bijstorting* **0.2** ⟨sp.⟩ ***nieuw schot op doel.***

nachschwingen ⟨h.⟩ **0.1** ***natrillen*** ⇒*nawerken.*

nachsehen I ⟨onov.ww.⟩ **0.1** ***(achter)nazien;***

II ⟨ov.ww.⟩ **0.1** ***nazien, nakijken*** ⇒*controleren* **0.2** ***door de vingers zien*** ⇒*toelaten* ◆ **1.2** einem Kind alle Unarten ~ *van een kind alle onhebbelijkheden door de vingers zien* **6.1** eine Rechnung **auf** Fehler hin ~ *een rekening op fouten nazien.*

Nachsehen ⟨o.⟩ ◆ **3.¶** jmdm. bleibt das ~ *iem. heeft het nakijken.*

nachsenden **0.1** ***(achter)nazenden.***

nachsetzen **I** ⟨onov.ww.; h.⟩ **0.1** ***(achter)nazetten*** ⇒*achtervolgen* ◆ **1.1** einem Dieb ~ *een dief (achter)nazetten;*
II ⟨ov.ww.⟩ **0.1** ***achteraan zetten*** ⟨ook fig.⟩ ⇒*plaatsen na, achterstellen* ◆ **1.1** eigenes Interesse gemeinsamen Interessen ~ *eigen belang voor gemeenschappelijke belangen doen wijken.*

Nachsicht ⟨v.⟩ **0.1** ***toegevendheid, inschikkelijkheid*** ◆ **3.1** ~ üben *consideratie hebben, clementie betrachten* **6.1** jmdn. **mit** ~ behandeln *iem. welwillend behandelen;* **mit** jmdm. ~ haben *met iem. consideratie hebben;* **ohne** ~ *onverbiddelijk.*

nachsichtig **0.1** ***toegeeflijk, inschikkelijk*** ⇒*welwillend* ◆ **3.1** jmdn. ~ behandeln *iem. vol begrip behandelen.*

nachsichtsvoll **0.1** ***toegeeflijk, inschikkelijk.***

Nachsilbe ⟨v.⟩ **0.1** ***achtervoegsel.***

nachsinnen ⟨schr.⟩ **0.1** ***nadenken, napeinzen.***

nachsitzen ⟨h.⟩ **0.1** ***na-, schoolblijven.***

Nachsommer ⟨m.⟩ **0.1** ***nazomer.***

Nachsorge ⟨v.⟩ **0.1** ***nazorg.***

Nachspann ⟨m.⟩⟨film.⟩ **0.1** ***aftiteling.***

Nachspeise ⟨v.⟩ **0.1** ***nagerecht.***

Nachspiel ⟨o.⟩ **0.1** ***naspel*** **0.2** ⟨fig.⟩ ***naspel*** ⇒*nasleep, gevolgen* ◆ **3.2** noch ein ~ haben *nog een nasleep, staartje hebben.*

nachspielen **I** ⟨onov.ww.⟩⟨balspel⟩ **0.1** ***naspelen, langer spelen;***
II ⟨ov.ww.⟩ **0.1** ***naspelen*** ⇒*spelende nadoen* **0.2** ⟨kaartspel⟩ ***uitkomen met, naspelen.***

nachspionieren **0.1** ***bespioneren.***

nachsprechen **0.1** ***naspreken*** ⇒*herhalen.*

nachspringen **0.1** ***(achter)naspringen.***

nachspülen **I** ⟨onov.ww.⟩⟨inf.⟩ **0.1** ***naspoelen;***
II ⟨ov.ww.⟩ **0.1** ***naspoelen*** **0.2** ⟨inf.⟩ ***er achter aan gieten*** ◆ **1.2** einen Whisky ~ *er een whisky achter aan gieten.*

nachspüren ⟨h.⟩⟨schr.⟩ **0.1** ***nasporen, naspeuren*** ⟨ook fig.⟩ ⇒*uitpluizen* ◆ **1.1** einer Fährte ~ *een spoor volgen;* jmds. Vergangenheit ~ *iemands verleden uitpluizen.*

nächst[1] ⟨bn.⟩ **0.1** ***(eerst)volgend*** ⇒*naast, aanstaand, eerstkomend* **0.2** ***na-, dichtbij, nabijgelegen*** ⇒*naburig* ◆ **1.1** im ~en Augenblick *het volgende ogenblik;* (am) ~en Mittwoch *woensdag aanstaande;* die ~en Verwandten *de naaste verwanten* **1.2** aus ~er Nähe *van zeer dichtbij;* das ~e Postamt *het dichtstbijzijnde postkantoor;* der ~e Weg *de kortste weg* **2.1** der, die ~e beste *de eerste de beste* **6.1** **fürs** ~e *voorlopig* **7.1** das ~e (zu tun) wäre ... *het volgende (wat gedaan zou moeten worden) zou zijn ...* **8.1** wer kommt als ~er? *wie is de volgende?;* als ~es ist eine Komödie vorgesehen *het volgende op het programma is een komedie.*

nächst[2] ⟨vz. + 3⟩⟨schr.⟩ **0.1** ***naast*** ⇒*onmiddellijk na, behalve* ◆ **1.1** ~ Gott verdanke ich ihm meine Rettung *naast God heb ik aan hem mijn redding te danken.*

nächstbesser **0.1** ***in rang onmiddellijk ervoor komend, erboven staand*** ◆ **1.1** die ~e Mannschaft *de onmiddellijk erboven geklasseerde ploeg.*

nächstbest **0.1** ***de (het) eerste de (het) beste*** ◆ **1.1** die ~e Gelegenheit *de eerste de beste gelegenheid.*

nachstehen **0.1** ***onderdoen voor*** ◆ **6.1** jmdm. **an** Tüchtigkeit nicht ~ *voor iem. in bekwaamheid niet onderdoen.*

nachstehend **0.1** ***achter-, onderstaand*** ⇒*hieronder (volgend)* ◆ **6.1** **im** ~en *in wat volgt, hieronder* **7.1** das Nachstehende *het onderstaande, het volgende.*

nachstellen **I** ⟨onov.ww.; h.⟩ **0.1** ⟨inf.; fig.⟩ ***(hardnekkig blijven) nalopen*** **0.2** ⟨schr.⟩ ***(hardnekkig) achtervolgen, nazitten*** ◆ **1.1** einem Mädchen ~ *een meisje hardnekkig blijven nalopen;*
II ⟨ov.ww.⟩ **0.1** ***naar een bepaald voorbeeld uitbeelden*** **0.2** ***achteruitzetten*** **0.3** ***opnieuw af-, bijstellen*** **0.4** ⟨schr.⟩ ***achterstellen*** **0.5** ⟨taal.⟩ ***plaatsen achter*** ⇒*naar achteren plaatsen* ◆ **1.1** eine Szene ~ *een scène naar een bepaald voorbeeld uitbeelden* **1.2** eine Uhr einige Minuten ~ *een uurwerk enkele minuten achteruitzetten* **1.5** ein Satzglied dem Verb ~ *een zinsdeel achter het werkwoord plaatsen* **4.4** dem Käse alles andere ~ *kaas boven al het andere verkiezen.*

nächstemal ◆ **1.¶** das ~ *de volgende keer.*

Nächstenliebe ⟨v.⟩ **0.1** ***naastenliefde.***

nächstens **0.1** ***binnenkort, eerstdaags.***

Nächste(r) ⟨bn. als zn.; m.⟩ **0.1** ***naaste*** ⇒*even-, medemens.* →**jeder.**

nächstfolgend **0.1** ***(eerst)volgend.***

nächsthöher **0.1** ***in rang onmiddellijk hoger staand*** ◆ **1.1** die ~e Zahl *het getal onmiddellijk erboven.*

nächstliegend **0.1** ***het meest voor de hand liggend.***

nachstoßen **0.1** ⟨h.; inf.⟩ ***doorgaan, -drammen*** **0.2** ⟨s.; mil.⟩ ***verder oprukken.***

nachstreben ⟨h.⟩⟨schr.⟩ **0.1** ***nastreven*** ⇒*navolgen, proberen te evenaren.*

nachstürzen **0.1** ***achteraf (nog) naar beneden storten*** **0.2** ⟨inf.⟩ ***(achter)nastormen.***

nachsuchen **I** ⟨onov.ww.⟩⟨schr.⟩ **0.1** ***verzoeken*** ⇒*een verzoek indienen;*
II ⟨ov. & onov.ww.⟩ **0.1** ***(na-, op)zoeken.***

Nacht ⟨v.; ~, ~̈e⟩ **0.1** ***nacht*** ⟨ook fig.⟩ ⇒*duisternis* ◆ **2.1** ⟨schr.⟩ die ewige ~ *de eeuwige nacht, de dood;* gute ~! *wel te rusten!;* Heilige ~ *kerstnacht* **2.¶** ⟨inf.⟩ na, dann gute ~! *dan weet ik het wel!* **3.1** ⟨inf.⟩ sich ⟨3e nv.⟩ die ~ um die Ohren schlagen *nachtbraken;* es wird schon ~ *het begint al te schemeren;* jmdm. wird (es) ~ vor den Augen *iem. wordt alles zwart voor de ogen* **5.1** gestern, heute, morgen nacht *gister(en)nacht, vannacht, morgennacht* **6.1** **bei** ~ fahren *'s nachts rijden;* **bei** ~ und Nebel (a) *in het holst van de nacht* (b) *heimelijk;* **in** der ~ auf, zum Freitag *in de nacht van donderdag op vrijdag;* bei jmdm. **über** ~, die ~ über bleiben *bij iem. de nacht doorbrengen, overnachten* **6.¶** **über** ~ berühmt werden *in één klap beroemd worden* **7.1** ⟨schr.⟩ eines ~s *op zekere nacht* **8.1** häßlich, schwarz wie die ~ *zo lelijk, zwart als de nacht* **8.¶** ⟨inf.⟩ dumm wie die ~ *zo dom als een ezel.*

Nachtasyl ⟨o.⟩ **0.1** ***onderdak*** ⟨voor de nacht⟩.

Nachtausgabe ⟨v.⟩ **0.1** ***avondeditie.***

nachtblind **0.1** ***nachtblind.***

Nachtdienst ⟨m.⟩ **0.1** ***nachtdienst.***

Nachteil ⟨m.; ~(e)s, ~e⟩ **0.1** ***nadeel*** ⇒*schade, verlies* ◆ **3.1** jmdm., für jmdn. ~e bringen *in iemands nadeel zijn* **6.1** sich jmdm. gegenüber **im** ~ befinden *tegenover iem. in het nadeel zijn;* jmdn. **in** ~ setzen *iem. benadelen;* ⟨schr.⟩ etwas gereicht jmdm. **zum** ~ *iets is in iemands nadeel.*

nachteilig **0.1** ***nadelig*** ⇒*schadelijk, ongunstig* ◆ **3.1** sich ~ auf etwas auswirken *nadelige gevolgen voor iets hebben.*

nächtelang **0.1** ***nachtenlang.***

Nachtessen ⟨o.⟩⟨vooral Zdd., Zwi.⟩ **0.1** ***avondeten*** ⇒*avondmaal.*

Nachteule ⟨v.⟩⟨fig.⟩ **0.1** ***nachtbraker, -vogel*** ⇒*nachtpit.*
Nachtfahrt ⟨v.⟩ **0.1** ***nachtelijke reis, rit, tocht.***
Nachtfalter ⟨m.⟩ **0.1** ***nachtvlinder.***
Nachtfrost ⟨m.⟩ **0.1** ***nachtvorst.***
Nachthemd ⟨o.⟩ **0.1** ***nachthemd.***
Nachtigall ⟨v.; ~, ~en⟩ **0.1** ***nachtegaal*** ◆ **3.1** ⟨schr.⟩ die ~ singen lehren wollen *een meester in zijn vak nog willen leren.* →**Eule.**
Nachtisch ⟨m.⟩ **0.1** ***nagerecht, dessert.***
Nachtkerze ⟨v.⟩⟨plantk.⟩ **0.1** ***teunisbloem.***
Nachtlager ⟨o.⟩ **0.1** ***bivak*** **0.2** ⟨schr.⟩ ***slaapplaats*** ⇒*bed.*
nächtlich **0.1** ***nachtelijk*** ⇒*'s nachts* ◆ **1.1** das ~e Berlin *Berlijn bij nacht.*
Nachtlokal ⟨o.⟩ **0.1** ***nachtclub.***
Nachtmahr ⟨m.⟩ **0.1** ***nachtspook*** **0.2** ***nachtmerrie.***
Nachtmensch ⟨m.⟩ **0.1** ***nachtbraker.***
Nachtportier ⟨m.⟩ **0.1** ***nachtportier.***
Nachtquartier ⟨o.⟩ **0.1** ***nachtkwartier*** ⇒*nachtverblijf.*
Nachtrag ⟨m.; ~(e)s, ¨~e⟩ **0.1** ***aanhangsel*** ⇒*aanvulling, supplement.*
nachtragen **0.1** ***(achter)nadragen*** ⇒*achter ... aan dragen* **0.2** ***achteraf bij-, toevoegen*** ⇒*aanvullen* **0.3** ***(lange tijd) kwalijk nemen, niet vergeven*** ◆ **3.2** noch etwas nachzutragen haben *nog iets ter aanvulling willen zeggen, toevoegen* **4.3** jmdm. etwas immer ~ *iem. iets blijven verwijten.*
nachtragend **0.1** ***haatdragend.***
nachträglich **0.1** ***achteraf, later*** ⇒*naderhand* ◆ **1.1** ~e Glückwünsche *gelukwensen achteraf.*
Nachtrags|etat, -haushalt ⟨m.⟩⟨adm.⟩ **0.1** ***aanvullingsbegroting, suppletoire begroting.***
nachtrauern **0.1** ***met weemoed terugdenken*** ⇒*treuren* ◆ **1.1** der Jugend ~ *met weemoed aan de jeugd terugdenken.*
Nachtruhe ⟨v.⟩ **0.1** ***nachtrust*** ⇒*(nacht)slaap.*
Nachtrupp ⟨m.⟩ **0.1** ***achterhoede.***
nachts **0.1** ***'s nachts*** ⇒*in, tijdens de nacht.*
Nachtschattengewächs ⟨o.⟩⟨plantk.⟩ **0.1** ***nachtschade-(achtige).***
Nachtschicht ⟨v.⟩ **0.1** ***nachtdienst*** **0.2** ***nachtploeg.***
Nachtschlaf ⟨m.⟩ **0.1** ***(nacht)slaap*** ⇒*nachtrust.*
nachtschlafend ◆ **1.¶** ⟨inf.⟩ bei, zu ~er Zeit *midden in de nacht* ⟨wanneer men, iedereen slaapt⟩.
Nachtschwärmer ⟨m.⟩ **0.1** ***nachtvlinder*** **0.2** ⟨fig.⟩ ***nachtbraker.***
Nachtschwester ⟨v.⟩ **0.1** ***nachtzuster.***
Nachtsichtigkeit ⟨v.; ~⟩ **0.1** ***dagblindheid.***
Nachtspeicherofen ⟨m.⟩ **0.1** ***verwarmingstoestel op nachtstroom.***
Nachtstunde ⟨v.⟩ **0.1** ***nachtelijk uur.***
nachtsüber **0.1** ***'s nachts*** ⇒*tijdens de nacht.*
Nachttarif ⟨m.⟩ **0.1** ***nachttarief.***
Nachttier ⟨o.⟩ **0.1** ***nachtdier.***
Nachttisch ⟨m.⟩ **0.1** ***nachttafel(tje), -kastje.***
Nachttopf ⟨m.⟩ **0.1** ***nachtspiegel, (nacht)po.***
nachtun ⟨inf.⟩ **0.1** ***nadoen*** ⇒*navolgen* ◆ **4.1** es jmdm. ~ *het iem. nadoen, iem. evenaren.*
Nachtwache ⟨v.⟩ **0.1** ***nachtwake*** **0.2** ***nachtwacht*** **0.3** ***nachtwacht, -waker*** ◆ **3.1** bei einem Kranken ~ halten *bij een zieke 's nachts waken* **6.2** **auf** ~ sein *'s nachts op wacht staan.*
Nachtwächter ⟨m.⟩ **0.1** ***nachtwaker, -wacht*** ⟨ook gesch.⟩ **0.2** ⟨inf.⟩ ***slaapkop, slaper*** ⇒*suffer(d), domkop.*
Nachtwanderung ⟨v.⟩ **0.1** ***nachtwandeling.***
Nachtwandler ⟨m.; ~s, ~⟩ **0.1** ***slaapwandelaar.***
Nachtwolke ⟨v.⟩ **0.1** ***nachtwolk*** ◆ **2.1** ⟨ster.⟩ leuchtende ~n *paarlemoerwolken.*
Nachtzeit ⟨v.⟩ **0.1** ***nacht*** ◆ **6.1** **zur** ~ *'s nachts, tijdens de nacht.*
Nachtzeug ⟨o.⟩⟨inf.⟩ **0.1** ***nachtgoed en toiletbenodigdheden.***
Nachtzug ⟨m.⟩ **0.1** ***nachttrein.***
Nachuntersuchung ⟨v.⟩ **0.1** ***geneeskundig onderzoek*** ⟨na een ziekte⟩ ⇒*nakeuring.*
nachversichern **0.1** ***bij-, naverzekeren.***
nachvollziehen **0.1** ***zich (kunnen) inleven, begrijpen.***
nachwachsen **0.1** ***(weer) bijgroeien.***
Nachwehen ⟨alleen mv.⟩ **0.1** ***naweeën*** ⟨ook fig.⟩.
Nachweis ⟨m.; ~es, ~e⟩ **0.1** ***bewijs*** ◆ **6.1** den ~ **für** etwas erbringen, führen, liefern *het bewijs van iets leveren, iets bewijzen, aantonen.*
nachweisbar **0.1** ***bewijsbaar, aantoonbaar.***
nachweisen **0.1** ***bewijzen, aantonen*** ⇒*staven* **0.2** ⟨adm.⟩ ***aanwijzen*** ⇒*bezorgen* ◆ **1.1** ein Alibi ~ *een alibi staven;* jmdm. einen Diebstahl ~ *bewijzen dat iem. een diefstal gepleegd heeft* **1.2** jmdm. eine Stelle, eine Wohnung ~ *iem. een betrekking, een woning bezorgen* **4.1** jmdm. nichts ~ können *iem. niets ten laste kunnen leggen.*
nachweislich **0.1** ***zoals bewezen, aangetoond is, kan worden*** ⇒*aantoonbaar.*
Nachwelt ⟨v.⟩ **0.1** ***nageslacht*** ⇒*latere generatie(s).*
nachwerfen **0.1** ***(achter)nawerpen*** **0.2** ***(nog) erbij werpen*** **0.3** ⟨inf.; fig.⟩ ***in de schoot werpen*** ◆ **1.2** einige Münzen ~ *nog enkele muntstukken inwerpen.*
nachwinken **0.1** ***wuiven naar, uitwuiven.***
nachwirken **0.1** ***nawerken*** ⇒*zijn invloed doen gevoelen.*
Nachwirkung ⟨v.⟩ **0.1** ***nawerking*** ⇒*gevolg.*
Nachwort ⟨o.; mv. ~e⟩ **0.1** ***nawoord*** ⇒*slotwoord* ◆ **6.1** ein ~ **zu** einem Buch *een nawoord bij een boek.*
Nachwuchs ⟨m.⟩ **0.1** ***komende generatie*** ⇒*opvolgers, jongere krachten* **0.2** ***het bijgroeien, aangroei*** **0.3** ⟨inf.⟩ ***kinderen, kroost*** ◆ **2.1** musikalischer ~ *jong muzikaal talent;* der wissenschaftliche ~ *de jonge wetenschappers* **3.1** den ~ für das Offizierskorps heranbilden *de komende generatie officieren opleiden* **3.3** bei ihnen ist ~ angekommen *ze hebben een kindje gekregen.*
Nachwuchsautor ⟨m.⟩ **0.1** ***aankomend auteur.***
Nachwuchsbedarf ⟨m.⟩ **0.1** ***behoefte aan jongere krachten.***
Nachwuchskraft ⟨v.⟩ **0.1** ***jongere kracht*** ⇒*jong talent.*
Nachwuchsspieler ⟨m.⟩⟨sp.⟩ **0.1** ***jeugdspeler.***
nachzahlen **0.1** ***nabetalen, achteraf bijbetalen.***
nachzählen **0.1** ***natellen.***
nachzeichnen **0.1** ***natekenen*** **0.2** ⟨fig.⟩ ***tekenen, schetsen*** ◆ **1.1** dieses Kleid zeichnet die Figur nach *deze jurk tekent het figuur af* **1.2** jmds. Lebensgeschichte kurz ~ *iemands levensverhaal kort schetsen.*
nachziehen I ⟨onov.ww.⟩ **0.1** ***(achter)natrekken*** ⇒*volgen* **0.2** ⟨h.; inf.⟩ ***het voorbeeld*** ⟨van anderen⟩ ***volgen*** ◆ **6.2** **mit** Preiserhöhungen ~ *eveneens tot prijsverhogingen overgaan;*
II ⟨ov.ww.⟩ **0.1** ***naslepen*** **0.2** ***vaster aandraaien*** **0.3** ***aandikken*** ⇒*bijwerken, natrekken* ◆ **1.1** ein Bein ~ *met een been trekken* **1.3** sich ⟨3e nv.⟩ die Lippen ~ *de lippen aanzetten.*
Nachzucht ⟨v.⟩⟨biol.⟩ **0.1** ***fok, teelt*** ⇒*kweek* **0.2** ***afstammelingen*** ⟨van dieren⟩.
Nachzug ⟨m.⟩ **0.1** ***volgtrein.***
Nachzügler ⟨m.; ~s, ~⟩ **0.1** ***na-, laatkomer*** ⇒*achterblijver* **0.2** ***nakomertje.***
Nackedei ⟨m.; ~(e)s, ~e of ~s⟩⟨inf.; scherts.⟩ **0.1** ***kind, persoon in zijn blootje.***

Nacken ⟨m.; ~s, ~⟩ **0.1** ***nek*** ◆ **3.1** ⟨schr.⟩ jmdm. den ~ beugen *iemands wil buigen, breken;* ⟨schr.; fig.⟩ vor jmdm. den ~ beugen *tegenover iem. het hoofd buigen;* ⟨schr.⟩ jmdm. den ~ steifen *iem. in zijn verzet stijven;* den ~ steifhalten *stijf op zijn stuk staan* **6.1** jmdm. **im** ~ sitzen (a) *iem. op de hielen zitten* (b) *iem. het vuur na aan de schenen leggen;* jmdn. **im** ~ haben *door iem. achternagezeten worden.*
Nackenhebel ⟨m.⟩⟨sp.⟩ **0.1** ***nekgreep*** ⇒*nelson.*
Nackenrolle ⟨v.⟩ **0.1** ***nekrol.***
Nackenschlag ⟨m.⟩⟨fig.⟩ **0.1** ***nekslag*** ⇒*zware klap* ◆ **3.1** harte Nackenschläge einstecken, hinnehmen müssen *zware klappen moeten incasseren.*
Nackenstarre ⟨v.⟩ **0.1** ***nekkramp.***
nackt **0.1** ***naakt*** ⇒*bloot* **0.2** ***naakt*** ⇒*kaal* **0.3** ⟨fig.⟩ ***naakt*** ⇒ *puur, zuiver* ◆ **1.1** auf dem ~en Boden, der ~en Erde *op de blote grond;* das ~e Schwert in der Hand *het blote, blanke zwaard in de hand* **1.2** ~e Felsen *kale rotsen* **1.3** das ~e Leben retten *het vege lijf redden;* mit ~en Worten *onverbloemd, zonder er doekjes om te winden* **3.2** die jungen Vögel sind noch ~ *de jonge vogels zijn nog kaal* **7.1** die Darstellung des Nackten *de uitbeelding van het naakt* **8.1** ~ und bloß *poedelnaakt.*
Nacktbader ⟨m.⟩ **0.1** ***naaktzwemmer.***
Nacktbild ⟨o.⟩ **0.1** ***naaktfoto.***
Nacktheit ⟨v.; ~, ~en⟩ **0.1** ***naaktheid*** ⇒*blootheid* **0.2** ⟨schr.⟩ ***kaalheid.***
Nacktkultur ⟨v.⟩⟨inf.⟩ **0.1** ***naaktloperij, nudisme.***
Nacktsamer ⟨m.; ~s, ~⟩⟨plantk.⟩ **0.1** ***naaktzadige.***
Nacktschnecke ⟨v.⟩ **0.1** ***naakte slak.***
Nadel ⟨v.; ~, ~n⟩ **0.1** ***naald*** ⟨ook tech.⟩ ⇒*speld* ◆ **6.1** ⟨inf.⟩ **an** der ~ hängen *aan de naald zijn, aan drugs verslaafd zijn;* (wie) **auf** ~n sitzen *op hete kolen zitten;* ⟨inf.⟩ eine ~ **im** Heuhaufen *een speld in een hooiberg;* ⟨inf.⟩ **mit** der heißen ~ genäht *onoverlegd, prematuur* **8.1** ⟨inf.⟩ etwas, jmdn. wie eine ~ suchen *in alle hoeken naar iets, iem. zoeken.*
Nadelarbeit ⟨v.⟩ **0.1** ***naald(en)werk*** ⇒*hand-, brei-, haak-, borduurwerk.*
Nadelbaum ⟨m.⟩ **0.1** ***naaldboom.***
Nadelbüchse ⟨v.⟩ **0.1** ***naalden-, speldenkoker.***
Nadeldrucker ⟨m.⟩⟨comp.⟩ **0.1** ***(dot)matrixprinter.***
Nadelholz ⟨o.⟩ **0.1** ***naaldhout*** **0.2** ⟨meestal mv.⟩ ***naaldhout, -bomen.***
Nadelkissen ⟨o.⟩ **0.1** ***naalden-, speldenkussen(tje).***
Nadelkopf ⟨m.⟩ **0.1** ***speldenknop.***
nadeln **0.1** ***de naalden verliezen.***
Nadelöhr ⟨o.⟩ **0.1** ***oog v.e. naald.***
nadelspitz **0.1** ***(zo) spits als een naald.***
Nadelspitze ⟨v.⟩ **0.1** ***punt v.e. naald*** ⇒*speldenpunt* **0.2** ***naaldkant.***
Nadelstich ⟨m.⟩ **0.1** ***naald(en)steek*** ⟨ook fig.⟩ ⇒*naalden-, speldenprik* ⟨ook fig.⟩ **0.2** ***naaisteek.***
Nadelwald ⟨m.⟩ **0.1** ***naald(boom)bos.***
Nagel ⟨m.; ~s, ⸚⟩ **0.1** ***nagel, spijker*** **0.2** ***nagel*** ⟨v.d. vinger, v.d. teen⟩ **0.3** ***verkeersspijker, -punaise*** ◆ **3.1** ⟨inf.; fig.⟩ den ~ auf den Kopf treffen *de spijker op de kop slaan* **6.1** ⟨inf.; fig.⟩ etwas **an** den ~ hängen *iets aan de kapstok, de wilgen hangen;* ⟨inf.⟩ Nägel **mit** Köpfen machen *spijkers met koppen slaan;* ⟨inf.⟩ ein ~ **zu** jmds. Sarg sein *een nagel aan iemands doodkist zijn* **6.2** ⟨inf.⟩ jmdm. **auf, unter** den Nägeln brennen *zeer dringend zijn;* ⟨inf.; fig.⟩ sich ⟨3e nv.⟩ etwas **unter** den ~ reißen, ritzen *iets verdonkeremanen;* ⟨inf.; fig.⟩ nicht das Schwarze **unterm** ~ *helemaal niets.*
Nagelbürste ⟨v.⟩ **0.1** ***nagelborstel.***
Nageleisen ⟨o.⟩ **0.1** ***nagel-, spijkerklauw*** ⇒*nijptang.*
Nagelfeile ⟨v.⟩ **0.1** ***nagelvijl(tje).***
Nagelhaut ⟨v.⟩ **0.1** ***nagelriem.***
Nägelkauen ⟨o.; ~s⟩ **0.1** ***het nagelbijten.***
Nagelkopf ⟨m.⟩ **0.1** ***nagel-, spijkerkop.***
Nagellack ⟨m.⟩ **0.1** ***nagellak.***
nageln I ⟨onov.ww.⟩ **0.1** ***nagels inslaan;***
II ⟨ov.ww.⟩ **0.1** ***(vast)nagelen, (vast)spijkeren*** **0.2** ⟨med.⟩ ***met nagels aan elkaar zetten*** ◆ **1.1** genagelte Schuhe *bespijkerde schoenen.*
nagelneu ⟨inf.⟩ **0.1** ***splinter-, gloednieuw.***
Nagelpflege ⟨v.⟩ **0.1** ***nagelverzorging*** ⇒*manicure.*
Nagelprobe ⟨v.⟩⟨fig.⟩ **0.1** ***toets(steen)*** ⇒*proef, criterium.*
Nagelschere ⟨v.⟩ **0.1** ***nagelschaar(tje).***
Nagelschuh ⟨m.⟩ **0.1** ***spijker-, bergschoen.***
nagen **0.1** ***knagen*** ⟨ook fig.⟩ ◆ **3.1** ⟨inf.⟩ nichts zu ~ und zu beißen haben *niets te eten hebben* **6.1** der Kummer nagt **an** jmdm. *het verdriet knaagt aan iem.*
Nager ⟨m.; ~s, ~⟩ **0.1** ***knaagdier.***
Nagetier ⟨o.⟩ **0.1** ***knaagdier.***
nah →**nahe.**
Näharbeit ⟨v.⟩ **0.1** ***naaiwerk.***
Nahaufnahme ⟨v.⟩ **0.1** ***opname van dichtbij, close-up.***
Nahbrille ⟨v.⟩⟨inf.⟩ **0.1** ***bril voor dichtbij.***
nahe[1] ⟨bn.; näher, (am) nächst(en)⟩ **0.1** ***na-, dichtbij, nabijgelegen*** ⇒*naburig* **0.2** ***nabij(zijnd)*** **0.3** ***na*** ⇒*nauw, eng* ◆ **1.1** der Nahe Osten *het Nabije Oosten* **1.2** einer Ohnmacht ~ sein *een flauwte nabij zijn;* in ~r, nächster Zukunft *in de naaste toekomst* **1.3** ein ~r Angehöriger *een naaste bloedverwant* **3.1** jmdm. ~ bleiben *in iemands omgeving blijven;* jmdm. zu ~ kommen (a) *te dicht bij iem. komen* (b) *iem. bedreigen;* ⟨fig.⟩ jmdm. zu ~ treten *iem. te na komen, iem. kwetsen* **3.2** ~ bevorstehen *op handen, op til zijn;* ~ daran sein, etwas zu tun *op het punt staan iets te doen* **3.3** einer Sache näher kommen *tot de kern van de zaak komen* **6.1** **von** ~m *van dichtbij;* **zum** Greifen ~ *in reikwijdte* **6.2** ⟨inf.⟩ ~ **an** die Siebzig sein *tegen de zeventig zijn* **8.1** ⟨schr.⟩ aus, von nah und fern *van heinde en ver(re).*
nahe[2] ⟨vz. + 3⟩⟨schr.⟩ **0.1** ***in de nabijheid van, dicht bij*** ◆ **1.1** ~ dem Fluß *in de nabijheid van de rivier;* dem Wahnsinn ~ *de waanzin nabij.*
Nähe ⟨v.; ~⟩ **0.1** ***nabijheid*** ⇒*omgeving, buurt* **0.2** ***nabijheid*** ⇒*het nabij-zijn* ◆ **2.1** in greifbarer ~ *binnen handbereik;* aus nächster, unmittelbarer ~ *van zeer nabij* **3.2** jmds. ~ suchen *iemands nabijheid zoeken* **6.1** **aus** der ~ *van dichtbij;* **in** die ~ kommen *naderbij, dichterbij komen.*
nahebei **0.1** ***dichtbij*** ⇒*in de buurt.*
nahebringen **0.1** ***dicht(er) brengen bij*** ⟨ook fig.⟩ **0.2** ***vertrouwd maken met*** ⇒*bijbrengen* ◆ **1.1** jmdn. dem Ruin ~ *iem. aan de rand van de ondergang brengen.*
nahegehen **0.1** ***aangrijpen, aan het hart gaan*** ⇒*leed doen.*
nahekommen **0.1** ***naderen (tot), benaderen*** ⇒*dichtbij komen* **0.2** ***nader komen*** ◆ **1.1** etwas kommt einer Verweigerung nahe *iets staat bijna gelijk met een weigering* **5.2** jmdm. geistig ~ *geestelijk nader komen tot iem.*
nahelegen **0.1** ***aanraden, op het hart drukken*** ⇒*aansporen* **0.2** ***aanleiding geven tot, doen rijzen*** ◆ **1.1** jmdm. den Rücktritt ~ *iem. nadrukkelijk aanraden om af te treden* **1.2** die Vermutung ~, daß ... *doen vermoeden dat ...*
naheliegen **0.1** ***voor de hand liggen.***
nahen **0.1** ***naderen, naderbij komen*** ◆ **1.1** es naht Gefahr *er dreigt gevaar;* der Herbst naht *de herfst is in aantocht.*
nähen **0.1** ***naaien*** **0.2** ⟨med.⟩ ***hechten.***
näher **0.1** ***nader*** ⇒*nauwkeuriger* **0.2** ***nader-, dichterbij*** ◆ **1.1** jmds. ~e Bekanntschaft machen *nader met iem. kennis*

maken; bei ~er Betrachtung, bei ~em Hinsehen *bij nader inzien* **2.2** die ~e Umgebung *de naaste, nabije omgeving* **3.1** ~ kennen *van meer nabij kennen* **4.1** nichts Näheres *niets naders, geen verdere bijzonderheden* **7.1** des ~en *meer in bijzonderheden, nader.*

näherbringen 0.1 ***beter vertrouwd maken met.***

Naherholungsgebiet ⟨o.⟩ **0.1** ***recreatiegebied in de nabijheid v.e. grote stad.***

Näherin ⟨v.; ~, ~nen⟩ **0.1** ***naaister.***

näherkommen ⟨fig.⟩ **0.1** ***nader komen*** ⇒*beter vertrouwd worden* **0.2** ***dichterbij komen, benaderen.***

näherliegen ⟨h.⟩ **0.1** ***meer voor de hand liggen*** ⇒*eerder te verwachten zijn.*

nähern, sich 0.1 ***naderen*** ⇒*dichterbij komen* **0.2** ***contact zoeken*** **0.3** ***benaderen, naderen*** ◆ **1.1** der Winter nähert sich dem Ende *het einde van de winter nadert;* sich einem Ziel ~ *een doel naderen* **1.3** sich einem Ideal ~ *een ideaal benaderen* **4.2** sich jmdm. ~ *met iem. contact zoeken.*

näherstehen ⟨met 3e nv.⟩ **0.1** ***(vrij) nauwe banden hebben met.***

nähertreten 0.1 ***in overweging nemen, onderzoeken*** ⇒ *dieper ingaan op* ◆ **1.1** einem Plan ~ *op een plan nader ingaan.*

Näherungswert ⟨m.⟩⟨wisk.⟩ **0.1** ***benaderingswaarde.***

nahestehen 0.1 ***nauwe banden hebben met*** ◆ **5.1** jmdm. freundschaftlich ~ *met iem. op vriendschappelijke voet staan.*

nahetreten 0.1 ***nader komen*** ⇒*nauwe betrekkingen aanknopen met* ◆ **5.1** jmdm. menschlich ~ *iem. op het menselijk vlak nader komen.*

nahezu 0.1 ***nagenoeg, bijna.***

Nähgarn ⟨o.⟩ **0.1** ***naaigaren.***

Nahkampf ⟨m.⟩ **0.1** ⟨mil.⟩ ***handgemeen, gevecht van man tegen man*** **0.2** ⟨sp.⟩ ***lijf-aan-lijfgevecht.***

Nähkästchen ⟨o.⟩ ◆ **6.¶ aus** dem ~ plaudern *uit de school klappen.*

Nähkasten ⟨m.⟩ **0.1** ***naaidoos.***

Nähkorb ⟨m.⟩ **0.1** ***naaidoos, -mandje.***

Nähmaschine ⟨v.⟩ **0.1** ***naaimachine.***

Nähnadel ⟨v.⟩ **0.1** ***naainaald.***

Nahost ⟨zonder lidw.⟩ **0.1** ***het Nabije Oosten.***

Nährboden ⟨m.⟩ **0.1** ***voedingsbodem*** ⟨ook fig.⟩.

nähren I ⟨onov.ww.; h.⟩ **0.1** ***voedzaam zijn*** ◆ **1.1** ~ die Speisen *voedzame spijzen;*
II ⟨ov.ww.⟩ **0.1** ***voeden*** ⟨ook fig.⟩ ⇒*voedsel geven, zogen* **0.2** ⟨schr.⟩ ***onderhouden*** **0.3** ⟨schr.; fig.⟩ ***voeden*** ⇒*koesteren* ◆ **1.1** sie nährt ihr Kind selbst *zij voedt, zoogt haar kind zelf* **1.2** das Land nährt seine Bewohner kärglich *dat land biedt zijn bewoners geen al te beste levensvoorwaarden* **1.3** einen Plan ~ *een voornemen koesteren;*
III sich ~ ⟨wk.ww.⟩⟨schr.⟩ **0.1** ***zich voeden*** **0.2** ***in zijn levensonderhoud voorzien*** ⇒*leven* ◆ **6.2** sich **durch, mit, von** seiner Hände Arbeit ~ *met het werk van zijn handen in zijn levensonderhoud voorzien.* →**Land.**

nahrhaft 0.1 ***voedzaam.***

Nährlösung ⟨v.⟩ **0.1** ***vloeibare voedingsbodem*** **0.2** ⟨med.⟩ ***vloeibaar voedsel*** ⟨voor kunstmatige voeding⟩.

Nährmittel ⟨o.⟩ **0.1** ***voedingsmiddel.***

Nährstoffgehalt ⟨m.⟩ **0.1** ***gehalte aan voedingsstoffen.***

Nahrung ⟨v.; ~⟩ **0.1** ***voeding, voedsel*** ⟨ook fig.⟩ ◆ **2.1** geistige ~ *voedsel voor de geest* **3.1** ⟨fig.⟩ etwas erhält, findet (neue) ~ *aan iets wordt (nieuw) voedsel gegeven.*

Nahrungsaufnahme ⟨v.⟩ **0.1** ***voedselopneming*** ⇒*het eten.*

Nahrungsmangel ⟨m.⟩ **0.1** ***voedselgebrek.***

Nahrungsmittel ⟨o.⟩ **0.1** ***voedingsmiddel.***

Nahrungsverweigerung ⟨v.⟩ **0.1** ***weigering om voedsel tot zich te nemen.***

Nährwert ⟨m.⟩ **0.1** ***voedingswaarde.***

Nahschnellverkehrszug ⟨m.⟩ **0.1** ***sneltrein over kortere afstanden, sprinter.***

Naht ⟨v.; ~, ⸚e⟩ **0.1** ***naad*** ◆ **6.1** ⟨inf.⟩ **aus** allen, den Nähten platzen *te dik, te groot (ge)worden (zijn).*

nahtlos 0.1 ***naadloos, zonder naad*** ⟨ook tech.⟩ **0.2** ***samenhangend*** ⇒*doorlopend, coherent* ◆ **1.2** eine ~e Einheit *een coherent geheel;* eine ~e Übereinstimmung *een volkomen overeenstemming.*

Nahtodeserlebnis ⟨o.⟩ **0.1** ***bijnadoodervaring.***

Nahtransport ⟨m.⟩ **0.1** ***transport over korte afstanden.***

Nahtstelle ⟨v.⟩ **0.1** ⟨fig.⟩ ***overgangsgebied*** **0.2** ⟨tech.⟩ ***naad*** ⇒*voeg.*

Nahverkehrsmittel ⟨o.⟩ **0.1** ***verkeersmiddel voor het buurt-, streekverkeer.***

Nähzeug ⟨o.⟩ **0.1** ***naaigerei*** **0.2** ***naaiwerk.***

Nahziel ⟨o.⟩ **0.1** ***doel voor de nabije toekomst*** **0.2** ***nabijgelegen doel.***

naiv 0.1 ***naïef*** ◆ **1.1** ~e Kunst *naïeve kunst.*

Naive(r) ⟨bn. als zn.⟩ **0.1** ***naïeveling*** ◆ **3.1** den Naiven, die Naive spielen *zich van den domme houden.*

Name ⟨m.; ~ns, ~n⟩ **0.1** ***naam*** **0.2** ***(goede) naam*** ⇒*reputatie, faam* ◆ **1.¶** ⟨inf.⟩ daher der ~ Bratkartoffel! *zo zit de vork in de steel!* **3.1** für etwas nur seinen ~n hergeben *enkel in naam aan iets meewerken;* ⟨inf.; scherts.⟩ mein ~ ist Hase, ich weiß von nichts *mijn naam is haas, ik weet van niets* **3.2** jmds. ~ hat einen guten Klang *iem. heeft een goede reputatie;* seinen ~n nicht zu etwas hergeben *zich niet voor iets lenen;* sich ⟨3e nv.⟩ einen ~n machen *naam maken* **6.1** das Auto ist **auf** den ~n, **unter** dem ~n seines Vaters gemeldet *de auto staat op naam van zijn vader;* **im** ~n des Gesetzes, des Königs *in naam der wet, des Konings;* **in** jmds. ~n *namens iem.;* ⟨inf.⟩ **in** Gottes ~n! *in godsnaam!;* ein Mann **mit** ~n Karl *iem. die Karl heet, genoemd Karl;* jmdn. nur dem ~n **nach** kennen *iem. alleen van naam kennen;* **unter** falschem ~n *onder een valse naam.*

Namenforschung ⟨v.⟩ **0.1** ***namenkunde*** **0.2** ***genealogie.***

Namengebung ⟨v.⟩ **0.1** ***naamgeving.***

Namenkunde ⟨v.⟩ **0.1** ***naam-, namenkunde*** ⇒*onomastiek.*

namenlos 0.1 ***naamloos, zonder naam*** ⇒*anoniem, onbekend* **0.2** ⟨schr.⟩ ***nameloos*** ⇒*onnoemelijk, onuitsprekelijk (groot).*

namens[1] ⟨bw.⟩ **0.1** ***genaamd, geheten*** ◆ **1.1** eine Frau ~ Müller *een vrouw genaamd Müller.*

namens[2] ⟨vz. + 2⟩⟨schr.⟩ **0.1** ***namens, in, uit naam van*** ◆ **1.1** ~ der Regierung *namens de regering.*

Namensaktie ⟨v.⟩ **0.1** ***aandeel op naam.***

Namensbruder ⟨m.⟩⟨schr.⟩ **0.1** ***naamgenoot.***

Namensschild ⟨o.⟩ **0.1** ***naamplaat(je).***

Namensvetter ⟨m.⟩ **0.1** ***naamgenoot.***

Namenszeichen ⟨o.⟩ **0.1** ***paraaf.***

Namenszug ⟨m.⟩ **0.1** ***hand-, ondertekening.***

namentlich[1] ⟨bn.⟩ **0.1** ***met (vermelding v.d.) naam*** ⇒*volgens naam* ◆ **1.1** eine ~e Abstimmung *een hoofdelijke stemming;* eine ~e Liste *een naamlijst* **3.1** jmdn. ~ nennen *iem. met naam noemen.*

namentlich[2] ⟨bw.⟩ **0.1** ***met name*** ⇒*(in het) bijzonder, vooral.*

Namenverzeichnis ⟨o.⟩ **0.1** ***naamlijst, namenregister.***

namhaft 0.1 ***van naam*** ⇒*bekend, beroemd* **0.2** ***aanzienlijk, belangrijk, groot*** ◆ **1.2** eine ~e Summe *een aanzienlijke som* **3.¶** etwas, jmdn. ~ machen *iets, iem. noemen;* einen Verbrecher ~ machen *een misdadiger opsporen.*

nämlich 0.1 ***namelijk*** ⇒*immers, want* **0.2** ***namelijk*** ⇒*te weten, en wel.*
nanu 0.1 ***hé, (wat) nou, wel!***
Napalm ⟨o.; ~(e)s⟩ **0.1** ***napalm.***
Napf ⟨m.; ~(e)s, ~̈e⟩⟨reg.⟩ **0.1** ***nap*** ⇒*kom, bak(je)* ⟨meestal van huisdieren⟩.
Napfkuchen ⟨m.⟩⟨cul.⟩ **0.1** ***tulband.***
Naphtha ⟨o.; ~s of v.; ~, g.mv.⟩ **0.1** ***nafta.***
napoleonisch 0.1 ***napoleontisch.***
Nappa ⟨o.; ~(s), ~s⟩ **0.1** ***nappa(leer).***
Narbe ⟨v.; ~, ~n⟩ **0.1** ***litteken*** ⟨ook fig.⟩ **0.2** ***nerf*** ⟨van leer, gras⟩ **0.3** ⟨plantk.⟩ ***stempel*** ◆ **3.1** ⟨ook fig.⟩ eine ~ hinterlassen *een litteken achterlaten.*
Narbengewebe ⟨o.⟩⟨med.⟩ **0.1** ***weefsel v.e. litteken.***
narbig 0.1 ***vol littekens.***
Narkose ⟨v.; ~, ~n⟩ **0.1** ***narcose*** ◆ **3.1** jmdm. eine ~ geben, machen *iem. onder narcose brengen* **6.1 in** (der) ~ liegen *onder narcose liggen.*
Narkotikum ⟨o.; ~s, Narkotika⟩ **0.1** ***narcoticum*** ⇒*narcosemiddel.*
Narr ⟨m.; ~en, ~en⟩ **0.1** ⟨schr.⟩ ***nar, gek*** **0.2** ⟨gesch.⟩ ***nar*** ⇒ *harlekijn* **0.3** ***carnavalist*** ⇒*nar* ◆ **3.2** ⟨inf.⟩ einen ~en an jmdm. gefressen haben *gek, dol op iem. zijn* **6.2** jmdn. **zum** ~en haben, halten *iem. voor de gek houden;* sich **zum** ~en machen *zich belachelijk maken* **¶.1** ⟨sprw.⟩ jedem ~en seine Kappe *elke zot heeft zijn marot.* →**Freund, hoffen.**
narren ⟨schr.⟩ **0.1** ***voor de gek houden*** ⇒*bedriegen, misleiden.*
Narrenfreiheit ⟨v.⟩ ◆ **3.¶** ⟨fig.⟩ ~ genießen, haben *een zeer grote vrijheid genieten, niet au sérieux genomen worden.*
Narrenkappe ⟨v.⟩ **0.1** ***narrenkap.***
narrensicher ⟨inf.⟩ **0.1** ***volledig betrouwbaar*** ⇒*kinderlijk eenvoudig (te bedienen).*
Narretei ⟨v.; ~, ~en⟩⟨schr.⟩ **0.1** ***dwaasheid*** ⇒*onzin.*
Narrheit ⟨v.; ~, ~en⟩ **0.1** ***dwaasheid*** **0.2** ⟨g.mv.⟩ ***domheid*** ⇒ *onnozelheid.*
närrisch 0.1 ***gek, dwaas*** ⇒*merkwaardig* **0.2** ***carnavalesk*** **0.3** ⟨inf.⟩ ***dol*** ⇒*enorm* ◆ **1.1** ein ~er Kauz *een gekke vent* **6.3 auf** etwas, jmdn. ~, **nach** etwas, jmdm. ~ sein *dol op iets, iem. zijn.*
Narwal ⟨m.⟩ **0.1** ***narwal, zee-eenhoorn.***
Narzisse ⟨v.; ~, ~n⟩ **0.1** ***narcis.***
Narzißmus ⟨m.; ~s⟩ **0.1** ***narcisme.***
nasal 0.1 ⟨med.⟩ ***neus-*** **0.2** ⟨taal.⟩ ***nasaal.***
naschen 0.1 ***snoepen*** ◆ **6.1 an, von** einer Torte ~ *van een taart snoepen.*
Nascherei ⟨v.; ~, ~en⟩ **0.1** ***gesnoep*** **0.2** ***snoepgoed, lekkers.***
naschhaft 0.1 ***snoepziek.***
Naschkatze ⟨v.⟩⟨inf.⟩ **0.1** ***snoepkont, snoeper.***
Nase ⟨v.; ~, ~n⟩ **0.1** ***neus*** ⟨ook fig.⟩ **0.2** ***neusvis, sneep*** ◆ **2.1** ⟨inf.⟩ die richtige ~ für etwas haben *een fijne neus voor iets hebben* **3.1** ⟨inf.⟩ jmdm. eine (lange) ~ drehen, machen *naar iem. een lange neus maken;* ⟨inf.⟩ deine ~ gefällt mir nicht *jouw gezicht bevalt me niet;* ⟨inf.⟩ von etwas, jmdm. die ~ (gestrichen) voll haben *van iets, iem. zijn buik vol hebben;* ⟨inf.⟩ die ~ vorn haben *winnen;* über jmdn., etwas die ~ rümpfen *voor iem., iets de neus ophalen;* ⟨inf.⟩ seine ~ in alles (hinein)stecken *zijn neus overal in steken;* ⟨inf.⟩ die, seine ~ in ein Buch stecken *met zijn neus in de boeken zitten;* ⟨inf.⟩ die ~ zu tief ins Glas stecken *te diep in 't glaasje kijken;* ⟨inf.; fig.⟩ die, seine ~ hoch tragen *met zijn neus in de wind lopen* **3.¶** ⟨inf.⟩ sich ⟨3e nv.⟩ die ~ begießen *zich bezatten* **4.¶** alle ~n lang *om de haverklap* **6.1** ⟨inf.; fig.⟩ sich **an** die eigene ~ fassen *naar zichzelf kijken;* ⟨inf.; fig.⟩ jmdn. **an** der ~ herumführen *iem. bij de neus nemen;* ⟨inf.⟩ jmdm. etwas **auf** die ~ binden *iets aan iemands neus hangen;* ⟨inf.⟩ **auf** die ~ fallen (a) *op zijn gezicht vallen* (b) ⟨fig.⟩ *mislukken;* ⟨inf.⟩ jmdm. eins, was **auf** die ~ geben *iem. op zijn nummer zetten;* sich ⟨3e nv.⟩ nicht **auf** der ~ herumtanzen lassen *zich niet op zijn kop laten zitten;* ⟨inf.⟩ **auf** der ~ liegen *ziek zijn;* ⟨inf.; fig.⟩ jmdm. etwas **aus** der ~ ziehen *iem. een geheim ontfutselen;* ⟨inf.; fig.⟩ das sticht mir **in** die ~ *dat steekt mij de ogen uit;* ⟨inf.⟩ **mit** langer ~ abziehen müssen *onverrichter zake moeten afdruipen;* ⟨inf.⟩ immer **mit** der ~ vorn sein *een wijsneus zijn;* ⟨inf.⟩ immer der ~ **nach** *je neus altijd maar achterna, altijd maar rechtuit;* ⟨inf.⟩ **pro** ~ *per persoon;* sich ⟨3e nv.⟩ erst einmal frischen Wind **um** die ~ wehen lassen *eerst eens rondkijken, ervaring opdoen;* ⟨inf.⟩ jmdm. etwas **unter** die ~ halten *iem. iets voor de neus houden;* ⟨inf.⟩ jmdm. etwas **unter** die ~ reiben *iem. iets onder zijn neus wrijven;* ⟨inf.⟩ etwas **vor** der ~ haben *met zijn neus ergens bovenop staan* **6.¶** ⟨inf.⟩ **nach** jmds. ~ gehen *naar iemands zin verlopen;* ⟨inf.⟩ jmdm. jmdn. **vor** die ~ setzen *iem. tot iemands chef maken.*
naselang →**nasenlang.**
näseln 0.1 ***door de neus spreken.***
Nasenbär ⟨m.⟩ **0.1** ***neusbeer.***
Nasenbein ⟨o.⟩ **0.1** ***neusbeen.***
Nasenbluten ⟨o.; ~s⟩ **0.1** ***neusbloeding.***
Nasenflügel ⟨m.⟩ **0.1** ***neusvleugel.***
nasenlang ◆ **4.¶** alle ~ *om de haverklap.*
Nasenlaut ⟨m.⟩ **0.1** ***neusklank.***
Nasenloch ⟨o.⟩ **0.1** ***neusgat.***
Nasen-Rachen-Raum ⟨m.⟩ **0.1** ***neus-keelholte.***
Nasenscheidewand ⟨v.⟩ **0.1** ***neustussenschot.***
Nasenschleim ⟨m.⟩ **0.1** ***neusvocht*** ⇒*snot.*
Nasenspiegel ⟨m.⟩⟨biol., med.⟩ **0.1** ***neusspiegel.***
Nasenspitze ⟨v.⟩ **0.1** ***punt v.d. neus*** ◆ **3.1** ⟨inf.⟩ nicht weiter sehen als die ~ reicht *niet verder zien, kijken dan zijn neus lang is.*
Nasenstüber ⟨m.⟩ **0.1** ***(lichte) klap op de neus.***
Nasentropfen ⟨alleen mv.⟩ **0.1** ***neusdruppels.***
naseweis 0.1 ***wijsneuzig.***
nasführen 0.1 ***bij de neus nemen*** ⇒*beetnemen.*
Nashorn ⟨o.⟩ **0.1** ***neushoorn.***
naß ⟨nasser of nässer, (am) nassest(en) of (am) nässest(en)⟩ **0.1** ***nat*** ⇒*vochtig* ◆ **1.1** ⟨schr.⟩ mit nassen Augen *met de tranen in de ogen;* nasse Farbe! *pas geverfd!;* nasses Wetter *nat, regenachtig weer* **3.¶** ⟨sp.⟩ jmdn. ~ machen *de tegenstander voor schut zetten* **5.1** durch und durch, triefend ~ *doornat, drijfnat.*
Naß ⟨o.; Nasses⟩⟨schr.⟩ **0.1** ***nat*** ⇒*vocht, vloeistof.*
Nassauer ⟨m.; ~s, ~⟩ **0.1** ***Nassauer*** **0.2** ⟨inf.; pej.⟩ ***klaploper*** **0.3** ⟨inf.; scherts.⟩ ***(hevige) regenbui.***
Nässe ⟨v.; ~⟩ **0.1** ***nat(tig)heid, vochtigheid*** ◆ **6.1 bei** ~ Schleudergefahr *bij nat wegdek bestaat slipgevaar.*
nässen I ⟨onov.ww.; h.⟩ **0.1** ***vochtigheid afscheiden*** ⇒*dragen, etteren* ◆ **1.1** eine ~de Wunde *een dragende wond;* **II** ⟨ov.ww.⟩⟨schr.⟩ **0.1** ***bevochtigen, natmaken*** ⇒*netten* ◆ **1.1** das Bett ~ *het in zijn bed doen.*
naßforsch ⟨meestal pej.⟩ **0.1** ***(overdreven) fors, stoer.***
naßgeschwitzt 0.1 ***nat v.h. zweet.***
naßkalt 0.1 ***kil, waterkoud.***
Naßrasur ⟨v.⟩ **0.1** ***het natscheren.***
Nation ⟨v.; ~, ~en⟩ **0.1** ***natie*** ⇒*staat, volk* ◆ **2.1** die Vereinten ~en *de Verenigde Naties, de UNO.*
national 0.1 ***nationaal.***
Nationalbank ⟨v.; mv. ~en⟩ **0.1** ***nationale bank.***
Nationalbewußtsein ⟨o.⟩ **0.1** ***nationaliteitsgevoel.***

Nationalbibliothek ⟨v.⟩ **0.1** ***staatsbibliotheek.***
Nationaleinkommen ⟨o.⟩ **0.1** ***nationaal inkomen.***
Nationalelf ⟨v.⟩ **0.1** ***nationaal elftal*** ⇒*nationale ploeg.*
Nationalflagge ⟨v.⟩ **0.1** ***nationale vlag.***
Nationalgericht ⟨o.⟩ **0.1** ***nationaal gerecht.***
Nationalhymne ⟨v.⟩ **0.1** ***volkslied.***
nationalisieren 0.1 ***nationaliseren*** ⇒*naasten* **0.2** ***naturaliseren*** ⇒*het staatsburgerschap verlenen.*
Nationalismus ⟨m.; ~⟩ **0.1** ***nationalisme.***
Nationalität ⟨v.; ~, ~en⟩ **0.1** ***nationaliteit*** ◆ **2.1** deutscher ~ sein *van Duitse nationaliteit zijn.*
Nationalkirche ⟨v.⟩ **0.1** ***staatskerk.***
Nationalliteratur ⟨v.⟩ **0.1** ***nationale literatuur*** ⇒*letterkunde v.e. bepaald land.*
Nationalmannschaft ⟨v.⟩⟨sp.⟩ **0.1** ***nationale ploeg.***
Nationalökonom ⟨m.⟩ **0.1** ***econoom, (algemeen) economist.***
Nationalökonomie ⟨v.⟩ **0.1** ***staathuishoudkunde, algemene economie.***
Nationalpark ⟨m.⟩ **0.1** ***nationaal park.***
Nationalrat ⟨m.⟩⟨Oostr., Zwi.⟩ **0.1** ***volksvertegenwoordiger*** ⇒*parlementariër* **0.2** ⟨g.mv.⟩ ***nationale vergadering*** ⇒ *parlement.*
Nationalsozialismus ⟨m.⟩ **0.1** ***nationaal-socialisme.***
Nationalstaat ⟨m.⟩ **0.1** ***natie, staat.***
Nationalstolz ⟨m.⟩ **0.1** ***trots nationaliteitsgevoel.***
Nationalversammlung ⟨v.⟩ **0.1** ***nationale vergadering*** ⇒ *volksvertegenwoordiging, parlement.*
Nato, NATO ⟨v.; ~⟩ **0.1** *NAVO, NATO.*
Natrium ⟨o.; ~s⟩ **0.1** ***natrium.***
Natron ⟨o.; ~s⟩ **0.1** ***natron.***
Natter ⟨v.; ~, ~n⟩ **0.1** ***gladde slang*** ⟨ook onechte⟩, ***ringslang*** ◆ **3.¶** ⟨fig.⟩ eine ~ am Busen großziehen, nähren *een adder aan zijn borst koesteren.*
Natternbrut ⟨v.⟩⟨pej.; fig.⟩ **0.1** ***addergebroed.***
Natur ⟨v.; ~, ~en⟩ **0.1** ***natuur*** ⇒*stof, materie* **0.2** ***natuur*** ⇒ *landschap* **0.3** ***natuur*** ⇒*aard, wezen* **0.4** ***natuur*** ⇒*aard, soort* **0.5** ***natuur(lijke toestand)*** **0.6** ⟨fig.⟩ ***natuur*** ⇒*wezen, geaardheid* ◆ **1.4** in der ~ der Dinge, Sache liegen *in de natuur, aard van de dingen, zaak liggen* **1.5** in Eiche ~ *in blank eiken, eikenhout* **2.1** die belebte, unbelebte ~ *de levende, levenloze natuur* **2.3** ⟨inf.⟩ eine eiserne ~ *een ijzeren gestel* **2.4** Fragen (von) grundsätzlicher ~ *vragen van principiële aard* **2.6** einander widersprechende ~en *tegenovergestelde naturen* **3.5** dieses Haar ist ~ *dit haar is echt* **6.1** **nach** der ~ malen *naar de natuur schilderen;* **von** ~ (aus) *van nature* **6.3** jmdm. **gegen, wider** die ~ gehen, sein *tegen iemands natuur, aard zijn;* das liegt nicht **in** seiner ~ *dat ligt niet in zijn aard;* das ist ihm **zur** zweiten ~ geworden *dat is zijn tweede natuur geworden.*
Naturalabgabe ⟨v.⟩ **0.1** ***belasting in natura.***
Natural|bezüge, -einkünfte ⟨alleen mv.⟩ **0.1** ***inkomen, loon in natura.***
Naturalien ⟨alleen mv.⟩ **0.1** ***natuurvoortbrengselen, -producten*** ◆ **6.1** jmdn. **in** ~ bezahlen *iem. in natura betalen.*
Naturaliensammlung ⟨v.⟩ **0.1** ***naturaliënkabinet*** ⇒*verzameling natuurwetenschappelijke voorwerpen.*
naturalisieren 0.1 ***naturaliseren*** ⇒*inburgeren.*
Naturalismus ⟨m.; ~, Naturalismen⟩ **0.1** ***naturalisme.***
naturalistisch 0.1 ⟨schr.⟩ ***natuurgetrouw*** **0.2** ⟨bk., lit.⟩ ***naturalistisch.***
Naturallohn ⟨m.⟩ **0.1** ***loon in natura.***
Naturalwirtschaft ⟨v.⟩ **0.1** ***naturele economie, ruil in natura.***
Naturanlage ⟨v.⟩ **0.1** ***natuurlijke aanleg, begaafdheid.***
Naturarzt ⟨m.⟩ **0.1** ***naturopaat*** ⇒*natuurgenezer.*
naturbelassen 0.1 ***zuiver, onvervalst.***
Naturbühne ⟨v.⟩ **0.1** ***openluchttheater.***
Naturdenkmal ⟨o.⟩ **0.1** ***natuurmonument.***
Naturdünger ⟨m.⟩ **0.1** ***natuurlijke mest(stof).***
nature(ll) ⟨cul.⟩ **0.1** ***nature, naturel*** ◆ **1.1** ein Schnitzel ~ *een schnitzel nature* ⟨zonder paneermeel⟩.
Naturell ⟨o.; ~s, ~e⟩⟨schr.⟩ **0.1** ***naturel*** ⇒*natuur.*
Naturereignis ⟨o.⟩ **0.1** ***natuurverschijnsel.***
Naturerscheinung ⟨v.⟩ **0.1** ***natuurverschijnsel.***
Naturfarbe ⟨v.⟩ **0.1** ***natuurlijke kleur, verf(stof).***
Naturfaser ⟨v.⟩ **0.1** ***natuurvezel, natuurlijke vezel.***
Naturforscher ⟨m.⟩ **0.1** ***natuuronderzoeker.***
Naturfreund ⟨m.⟩ **0.1** ***natuurliefhebber.***
Naturgefühl ⟨o.⟩ **0.1** ***gevoel voor de schoonheid v.d. natuur.***
naturgegeben 0.1 ***natuurlijk*** ⇒*onafwendbaar.*
naturgemäß[1] ⟨bn.⟩ **0.1** ***natuurlijk*** ⇒*volgens de natuur* ◆ **1.1** eine ~e Lebensweise *een natuurlijke levenswijze.*
naturgemäß[2] ⟨bw.⟩ **0.1** ***natuurlijk, uiteraard*** ⇒*vanzelfsprekend.*
Naturgeschichte ⟨v.⟩ **0.1** ***ontwikkelingsgeschiedenis.***
Naturgesetz ⟨o.⟩ **0.1** ***natuurwet.***
naturgetreu 0.1 ***natuurgetrouw*** ⇒*getrouw naar de natuur.*
Naturgewalt ⟨v.⟩ **0.1** ***natuurkracht.***
Naturheilkunde ⟨v.⟩ **0.1** ***natuurgeneeskunde.***
Naturheilpraktiker ⟨m.⟩ **0.1** ***natuurgenezer.***
Naturkatastrophe ⟨v.⟩ **0.1** ***natuurramp.***
Naturkind ⟨o.⟩ **0.1** ***natuurkind*** ⇒*onbedorven kind.*
Naturkost ⟨v.⟩ **0.1** ***natuurvoeding.***
naturkundlich 0.1 ***natuurhistorisch.***
Naturlandschaft ⟨v.⟩ **0.1** ***natuurgebied.***
Naturlehrpfad ⟨m.⟩ **0.1** ***natuurpad met instructieve bordjes.***
natürlich[1] ⟨bn.⟩ **0.1** ***natuurlijk*** ⟨ook jur., wisk.⟩ ◆ **1.1** ~e Blumen *natuurbloemen;* ein ~er Charme *een natuurlijke charme;* ~es Licht *natuurlijk licht, daglicht.*
natürlich[2] ⟨bw.⟩ **0.1** ***natuurlijk*** ⇒*vanzelfsprekend* **0.2** ***natuurlijk*** ⇒*zoals te verwachten was.*
Natürlichkeit ⟨v.⟩ **0.1** ***natuurlijkheid.***
Naturmensch ⟨m.⟩ **0.1** ***natuurmens*** ⇒*natuurliefhebber.*
naturnah(e) 0.1 ***nauw verbonden met de natuur.***
Naturpark ⟨m.⟩ **0.1** ***landschapspark.***
Naturrecht ⟨o.⟩ **0.1** ***natuurrecht*** ⇒*natuurlijk recht.*
Naturreich ⟨o.⟩ **0.1** ***natuurrijk*** ⇒*(rijk der) natuur.*
Naturreichtum ⟨m.⟩ **0.1** ***natuurlijke rijkdom.***
naturrein 0.1 ***zuiver.***
Naturreservat ⟨o.⟩ **0.1** ***natuurreservaat, beschermd natuurgebied.***
Naturschilderung ⟨v.⟩ **0.1** ***natuurbeschrijving.***
Naturschutz ⟨m.⟩ **0.1** ***natuurbescherming*** ◆ **6.1** **unter** ~ stehen, gestellt sein *beschermd zijn.*
Naturschutzgebiet ⟨o.⟩ →**Naturreservat.**
Naturseide ⟨v.⟩ **0.1** ***natuurzij(de).***
Naturtreue ⟨v.⟩ **0.1** ***natuurgetrouwheid*** ⇒*natuurgetrouwe weergave.*
naturverbunden 0.1 ***nauw verbonden met de natuur.***
naturwidrig 0.1 ***tegennatuurlijk.***
Naturwissenschaft ⟨v.⟩ **0.1** ***natuurwetenschap.***
Naturwissenschaftler ⟨m.⟩ **0.1** ***beoefenaar v.d. natuurwetenschap.***
Naturwunder ⟨o.⟩ **0.1** ***natuurwonder.***
Naturzustand ⟨m.⟩ **0.1** ***natuurtoestand.***
Nautik ⟨v.; ~⟩ **0.1** ***zeevaartkunde, nautiek.***

Navigation ⟨v.; ~⟩ **0.1** *navigatie.*
Nazi ⟨m.; ~s, ~s⟩ **0.1** *nazi ⇒nationaal-socialist.*
n. Chr. ⟨afk.⟩ [nach Christus, nach Christo].
Neandertaler ⟨m.; ~s, ~⟩ **0.1** *Neanderdalmens.*
Neapel ⟨o.; ~s⟩ **0.1** *Napels.*
Nebel ⟨m.; ~s, ~⟩ **0.1** *nevel, mist* ⟨ook fig.⟩ **0.2** ⟨ster.⟩ *(spiraal)nevel, nevelvlek* ◆ **2.1** herbstliche ~ *herfstnevels;* ⟨mil.⟩ ein künstlicher ~ *een rookgordijn;* ⟨fig.⟩ ein leichter ~ im Kopf *een lichte beneveling in het hoofd;* ziehende ~ *nevelslierten* **6.1** ⟨fig.⟩ sich **in** ~ auflösen *in rook opgaan;* **in** ~ gehüllt *in nevel(en) gehuld;* ⟨inf.; scherts.; fig.⟩ **wegen** ~(s) ausfallen *onverwacht niet doorgaan.*
Nebelbank ⟨v.; mv. ~̈e⟩ **0.1** *mistbank.*
Nebelboje ⟨v.⟩ **0.1** *mistboei.*
Nebelbombe ⟨v.⟩ **0.1** *rookbom.*
Nebeldüse ⟨v.⟩ **0.1** *nevelspuit, verstuiver.*
nebelgrau **0.1** *grijs en mistig.*
nebelhaft **0.1** *nevelachtig ⇒nevelig, mistig* **0.2** ⟨fig.⟩ *nevel(acht)ig ⇒onduidelijk, vaag* ◆ **1.2** ~e Erinnerungen *vage herinneringen;* in ~er Ferne liegen *in een ver en vaag verschiet liggen.*
Nebelhorn ⟨o.⟩ **0.1** *misthoorn.*
nebelig **0.1** *nevelig, mistig ⇒nevelachtig.*
Nebelkrähe ⟨v.⟩ **0.1** *bonte kraai.*
Nebellampe ⟨v.⟩ **0.1** *mistlamp* ⟨van auto⟩.
nebeln ⟨schr.⟩ **I** ⟨onov.ww.⟩ **0.1** *nevelen ⇒nevel afgeven;* **II** ⟨onp.ww.⟩ **0.1** *nevelig, mistig zijn.*
Nebelregen ⟨m.⟩ **0.1** *motregen.*
Nebelscheinwerfer ⟨m.⟩ **0.1** *mistlamp* ⟨van auto⟩.
Nebelschlußleuchte ⟨v.⟩ **0.1** *mistachterlicht* ⟨van auto⟩.
Nebelschwaden ⟨m.⟩ **0.1** *mistflard.*
Nebelsignal ⟨o.⟩ **0.1** *mistsignaal ⇒mistsein.*
Nebelstreifen ⟨m.⟩ **0.1** *mistflard.*
Nebelwand ⟨v.⟩ **0.1** *mistbank.*
neben ⟨vz. + 3,4⟩ **0.1** *naast* **0.2** *naast ⇒behalve* **0.3** *naast ⇒ in vergelijking met* ◆ **1.1** da steht Haus ~ Haus *daar staat het ene huis naast het andere* **3.3** ~ ihm kann ich nicht bestehen *met hem kan ik mij niet meten.*
Nebenabsicht ⟨v.⟩ **0.1** *bijbedoeling* ◆ **3.1** ~en verfolgen *bijbedoelingen hebben.*
Nebenamt ⟨o.⟩ **0.1** *nevenbetrekking, bijbaantje.*
nebenan **0.1** *er-, hier-, daarnaast* ◆ **4.1** mein Nebenan *mijn buurman.*
Nebenanschluß ⟨m.⟩⟨com.⟩ **0.1** *tweede aansluiting* ⟨telefoon⟩.
Nebenarbeit ⟨v.⟩ **0.1** *bijwerk* **0.2** *bijbaantje.*
Nebenarm ⟨m.⟩ **0.1** *zijtak.*
Nebenausgabe ⟨v.⟩ **0.1** *regionale uitgave, editie* ⟨v.e. krant⟩ **0.2** *bijkomende uitgave.*
Nebenausgang ⟨m.⟩ **0.1** *zijuitgang.*
Nebenbahn ⟨v.⟩ **0.1** *zijlijn ⇒zijspoor.*
Nebenbau ⟨m.; mv. ~ten⟩ **0.1** *aangrenzend gebouw* **0.2** *bijgebouw.*
Nebenbedeutung ⟨v.⟩ **0.1** *bijbetekenis.*
nebenbei **0.1** *terloops ⇒en passant* **0.2** *daarnaast ⇒bovendien, tevens* ◆ **3.1** ~ bemerkt, gesagt (a) *terloops opgemerkt, gezegd* (b) *tussen (twee) haakjes.*
Nebenberuf ⟨m.⟩ **0.1** *bijbetrekking, bijbaantje* ◆ **6.1** **im** ~ ist er Gesangslehrer *als bijverdienste geeft hij zangles.*
Nebenbuhler ⟨m.⟩ **0.1** *rivaal, medeminnaar ⇒concurrent.*
nebeneinander **0.1** *naast elkaar ⇒samen* **0.2** *tegelijk(ertijd).*
nebeneinanderher **0.1** *naast elkaar.*
nebeneinanderlegen **0.1** *naast elkaar leggen.*
nebeneinanderschalten ⟨tech.⟩ **0.1** *parallel schakelen.*
nebeneinanderstellen **0.1** *naast elkaar stellen, plaatsen* **0.2** *met elkaar vergelijken.*
Nebeneingang ⟨m.⟩ **0.1** *zij-ingang.*
Nebeneinkünfte ⟨alleen mv.⟩ **0.1** *bijverdienste(n).*
Nebenerscheinung ⟨v.⟩ **0.1** *bijverschijnsel.*
Nebenfach ⟨o.⟩ **0.1** *bijvak.*
Nebenfluß ⟨m.⟩ **0.1** *bij-, zijrivier.*
Nebengebäude ⟨o.⟩ **0.1** *aangrenzend gebouw* **0.2** *bij-, zijgebouw.*
Nebengedanke ⟨m.⟩ **0.1** *bijgedachte, bijbedoeling.*
Nebengeräusch ⟨o.⟩ **0.1** *bijgeluid.*
Nebengeschäft ⟨o.⟩ **0.1** *filiaal.*
Nebengleis ⟨o.⟩ **0.1** *zijspoor.*
Nebenhandlung ⟨v.⟩⟨dram., lit.⟩ **0.1** *naast de hoofdhandeling verlopende handeling.*
Nebenhaus ⟨o.⟩ **0.1** *naburig huis ⇒huis hiernaast.*
nebenher **0.1** *daarnaast ⇒bovendien.*
nebenhergehen **0.1** *ernaast lopen.*
Nebenhöhle ⟨v.⟩ **0.1** *bijholte.*
Nebenklage ⟨v.⟩⟨jur.⟩ **0.1** *civiele eis.*
Nebenkläger ⟨m.⟩⟨jur.⟩ **0.1** *civiele, beledigde partij.*
Nebenkosten ⟨alleen mv.⟩ **0.1** *extra, bijkomende kosten.*
Nebenlinie ⟨v.⟩⟨geneal., verk.⟩ **0.1** *zijlijn ⇒zijspoor.*
Nebenmann ⟨m.; mv. ~̈er of Nebenleute⟩ **0.1** *neven-, buurman.*
Nebenniere ⟨v.⟩ **0.1** *bijnier.*
nebenordnen ⟨taal.⟩ **0.1** *neven-, bijschikken.*
Nebenprodukt ⟨o.⟩ **0.1** *bijproduct.*
Nebenraum ⟨m.⟩ **0.1** *zijvertrek* **0.2** *bijruimte, -vertrek.*
Nebenrolle ⟨v.⟩ **0.1** *bijrol* ⟨ook fig.⟩ *⇒ondergeschikte rol.*
Nebensache ⟨v.⟩ **0.1** *bijzaak.*
nebensächlich **0.1** *bijkomstig ⇒onbeduidend.*
Nebensaison ⟨v.⟩ **0.1** *laagseizoen.*
Nebensatz ⟨m.⟩ **0.1** *bijzin.*
Nebenschaltung ⟨v.⟩⟨tech.⟩ **0.1** *parallelschakeling.*
Nebenschilddrüse ⟨v.⟩ **0.1** *bijschildklier.*
Nebenstelle ⟨v.⟩ **0.1** *filiaal* **0.2** ⟨tech.⟩ *tweede aansluiting.*
Nebenstrafe ⟨v.⟩⟨jur.⟩ **0.1** *bijkomende straf.*
Nebenstraße ⟨v.⟩ **0.1** *zijstraat* **0.2** *secundaire weg.*
Nebenstrecke ⟨v.⟩⟨verk.⟩ **0.1** *zijlijn ⇒zijspoor* **0.2** *secundaire weg.*
Nebentisch ⟨m.⟩ **0.1** *tafel ernaast.*
Nebenton ⟨m.⟩ **0.1** *bijaccent, bijtoon.*
Nebenumstand ⟨m.⟩ **0.1** *bijkomende omstandigheid.*
Nebenverdienst ⟨m.⟩ **0.1** *bijverdienste.*
Nebenwinkel ⟨m.⟩⟨wisk.⟩ **0.1** *nevenhoek, supplement(shoek).*
Nebenwirkung ⟨v.⟩ **0.1** *bijwerking ⇒bijverschijnsel.*
Nebenzimmer ⟨o.⟩ **0.1** *aangrenzende kamer ⇒kamer hiernaast.*
Nebenzweck ⟨m.⟩ **0.1** *bijbedoeling.*
Nebenzweig ⟨m.⟩ **0.1** *zijtak.*
neblig →**nebelig.**
nebst ⟨vz. + 3⟩⟨schr.⟩ **0.1** *benevens ⇒(samen) met.*
nebulos, nebulös ⟨schr.⟩ **0.1** *vaag, onduidelijk ⇒wazig.*
Necessaire ⟨o.; ~s, ~s⟩ **0.1** *(reis)necessaire.*
necken **0.1** *plagen, voor de gek houden ⇒foppen.* →**lieben.**
Neckerei ⟨v.; ~, ~en⟩ **0.1** *plagerij.*
neckisch **0.1** *plagerig* **0.2** *leuk, grappig.*
Neffe ⟨m.; ~n, ~n⟩ **0.1** *neef* ⟨zoon van broer of zuster⟩.
Negation ⟨v.; ~, ~en⟩ **0.1** *negatie.*
negativ ⟨acc. wiss.⟩ **0.1** *negatief.*
Negativ ⟨o.; ~(e)s, ~e⟩⟨foto.⟩ **0.1** *negatief.*
Negativbild ⟨o.⟩⟨foto.⟩ **0.1** *negatief.*
Neger ⟨m.; ~s, ~⟩ **0.1** *neger* ⟨ook fig.⟩ *⇒zwarte* **0.2** ⟨jargon⟩

ghostwriter ◆ **3.1** ⟨inf.; fig.⟩ angeben wie zehn nackte ~ *duchtig opscheppen, opsnijden.*
Negerkuß ⟨m.⟩⟨cul.⟩ **0.1** ***negerzoen.***
negieren **0.1** ***negeren*** ⇒*ontkennen.*
Negligé ⟨o.; ~s, ~s⟩ **0.1** ***negligé.***
negrid **0.1** ***negride.***
negroid **0.1** ***negroïde.***
nehmen ⟨→t88⟩ **0.1** ***nemen*** ⇒*pakken, grijpen, kiezen* **0.2** ***(aan)nemen*** ⇒*aanvaarden, accepteren* **0.3** ***(ont)nemen, af-, wegnemen*** **0.4** ***nemen*** ⇒*gebruiken* **0.5** ***vragen, verlangen*** **0.6** ***(op)nemen*** ⇒*beoordelen, opvatten* **0.7** ***behandelen, omgaan met*** **0.8** ***(in)nemen*** ⇒*veroveren* ⟨ook fig.⟩ **0.9** ***opnemen*** ⇒*vastleggen* ◆ **1.1** Schaden ~ *schade lijden, oplopen* **1.2** ⟨schr.⟩ nehmen Sie meinen aufrichtigen Dank! *aanvaard mijn oprechte dank!* **1.3** sich ⟨3e nv.⟩ das Leben ~ *zich van het leven beroven* **1.4** ⟨rel.⟩ das Abendmahl ~ *het Avondmaal nuttigen* **1.5** hohe Preise ~ *hoge prijzen vragen, berekenen* **1.¶** nehmen wir den Fall, daß ... *gesteld dat ...* **3.3** sich ⟨3e nv.⟩ etwas nicht ~ lassen *zich van iets niet af laten brengen* **3.¶** jmdn. zu ~ wissen *met iem. weten om te gaan* **4.4** ⟨inf.⟩ einen ~ *er eentje drinken, pakken* **5.¶** ⟨inf.⟩ woher ~ und nicht stehlen? *waar haal ik het geld vandaan?* **6.1** etwas **an** sich ⟨4e nv.⟩ ~ *zich iets toe-eigenen;* etwas **in** Arbeit ~ *aan iets beginnen te werken;* jmdn. **ins** Verhör ~ *iem. aan een verhoor onderwerpen;* etwas **mit** sich ~ *iets meenemen* **6.2** Kinder **ins** Haus, **zu** sich ~ *kinderen bij zich (in huis) (op)nemen* **6.4** etwas **zu** sich ~ *iets gebruiken, nuttigen* **6.6** jmdn. **für** jmdn. anders ~ *iem. voor iem. anders houden;* ⟨inf.⟩ jmdn. nicht **für** voll ~ *iem. niet voor vol aanzien;* **im** ganzen genommen *alles bij elkaar genomen;* **im** Grunde genommen *eigenlijk* **6.9** ein Konzert **auf** Band ~ *een concert op band opnemen* **8.2** jmdn. als Sekretär ~ *iem. als secretaris in dienst nemen* **8.6** ⟨inf.⟩ wie man's nimmt! *dat hangt er maar van af!* **8.7** die Kinder wie Erwachsene ~ *de kinderen als volwassenen behandelen.* →**geben.**
Neid ⟨m.; ~(e)s⟩ **0.1** ***nijd, afgunst*** ◆ **3.¶** ⟨inf.⟩ das muß der ~ ihm lassen! *dat moet iedereen toegeven!*
neiden ⟨schr.⟩ **0.1** ***benijden*** ⇒*misgunnen.*
Neidhammel ⟨m.⟩⟨inf.; pej.⟩ **0.1** ***benijder*** ⇒*afgunstig mens.*
neidisch **0.1** ***afgunstig*** ⇒*jaloers.*
neidlos **0.1** ***zonder nijd, afgunst.***
Neige ⟨v.; ~, ~n⟩⟨schr.⟩ **0.1** ***bezinksel, rest*** **0.2** ⟨fig.⟩ ***einde*** ◆ **6.2** **auf** die, **zur** ~ gehen (a) *op raken* (b) *ten einde lopen.*
neigen I ⟨onov.ww.; h.⟩ **0.1** ***neigen, de neiging hebben*** ⇒*geneigd zijn* ◆ **6.1** **zu** der Annahme ~, daß ... *geneigd zijn te veronderstellen dat ...;*
II ⟨ov.ww.⟩ **0.1** ***neigen*** ⇒*buigen* **0.2** ***schuin zetten, houden*** ◆ **1.1** den Kopf ~ *het hoofd buigen;*
III sich ~ ⟨wk.ww.⟩ **0.1** ***zich neigen*** ⇒*zich (neer)buigen* **0.2** ***afhellen*** **0.3** ⟨schr.⟩ ***nijgen*** ⇒*een buiging maken* **0.4** ⟨schr.⟩ ***ten einde lopen*** ◆ **6.1** sie neigt sich **über** die Wiege *ze buigt zich over de wieg* **6.2** das Gelände neigt sich **zum** See *het terrein helt af naar het meer* **6.3** sich **vor** jmdm. ~ *voor iem. buigen.*
Neigung ⟨v.; ~, ~en⟩ **0.1** ***het neigen*** ⇒*buiging* **0.2** ***helling*** ⇒*het (over)hellen* **0.3** ***neiging*** ⇒*(aan)drang, hang, lust* **0.4** ***voorkeur, voorliefde*** **0.5** ***genegenheid*** ⇒*welwillende gezindheid* **0.6** ⟨nat., ster.⟩ ***helling, inclinatie*** ◆ **1.1** eine ~ des Kopfes *een buiging van, met het hoofd* **3.3** (eine) ~ zu etwas haben *(een) neiging, lust, aandrang hebben tot, voor iets* **3.4** seinen ~en leben *zich alleen bezighouden met wat men graag doet* **3.5** zu jmdm. eine ~ fassen, fühlen *voor iem. genegenheid opvatten, gevoelen* **6.2** eine ~ **nach** rechts haben *naar rechts overhellen* **6.3** ~ **zur** Fettsucht *neiging, aanleg tot vetzucht.*
Neigungswinkel ⟨m.⟩⟨wisk.⟩ **0.1** ***hellingshoek.***
nein **0.1** ***nee(n)*** ◆ **3.1** ~ sagen zu etwas *iets afslaan* **5.1** ~ doch! *nee maar!* **9.1** aber ~! *nee toch!* **¶.1** ~, so (et)was! (a) *nee maar!* (b) *maar dat is toch niet mogelijk!*
Nein ⟨o.; ~(s), ~(s)⟩ **0.1** ***neen.***
Neinsager ⟨m.; ~s, ~⟩⟨pej.⟩ **0.1** ***iem. die altijd alles afwijst.***
Neinstimme ⟨v.⟩ **0.1** ***stem tegen.***
Nekrolog ⟨m.; ~(e)s, ~e⟩ **0.1** ***necroloog, necrologie.***
Nektar ⟨m.; ~s, ~e⟩ **0.1** ***nectar.***
Nektarine ⟨v.; ~, ~n⟩ **0.1** ***nectarine.***
Nelke ⟨v.; ~, ~n⟩ **0.1** ***anje(lie)r*** **0.2** ***kruidnagel.***
Nennbetrag ⟨m.⟩ **0.1** ***nominaal bedrag.***
nennen ⟨→t89⟩ **I** ⟨ov.ww.⟩ **0.1** ***noemen*** ⇒*een naam geven* **0.2** ***(op)noemen*** ⇒*vermelden* **0.3** ***aanwijzen*** ⇒*voorstellen* ◆ **1.1** jmdn. einen Schurken ~ *iem. een schurk noemen* **1.2** Beispiele ~ *voorbeelden geven* **2.1** ⟨schr.⟩ etwas sein eigen ~ *iets het zijne noemen, bezitten;*
II sich ~ ⟨wk.ww.⟩ **0.1** ***zich noemen*** ⇒*heten, zich bestempelen als* ◆ **1.1** ⟨iron.⟩ und so etwas nennt sich Künstler! *en dat noemt zich kunstenaar!*
nennenswert **0.1** ***noemenswaard(ig).***
Nenner ⟨m.; ~s, ~⟩⟨wisk.⟩ **0.1** ***noemer*** ◆ **3.1** ⟨fig.⟩ einen (gemeinsamen) ~ finden *een gemeenschappelijke basis vinden* **6.1** ⟨fig.⟩ alles **auf** einen (gemeinsamen), den gleichen ~ bringen *alles onder één noemer brengen.*
Nennform ⟨v.⟩ **0.1** ***onbepaalde wijs.***
Nennleistung ⟨v.⟩⟨tech.⟩ **0.1** ***nominaal vermogen.***
Nennung ⟨v.; ~, ~en⟩ **0.1** ***het noemen*** ⇒*vermelding.*
Nennwert ⟨m.⟩⟨ec.⟩ **0.1** ***nominale waarde.***
Neolithikum ⟨o.; ~s⟩⟨geol.⟩ **0.1** ***Neolithicum.***
Neologismus ⟨m.; ~, Neologismen⟩ **0.1** ***neologisme.***
Neon ⟨o.; ~s⟩ **0.1** ***neon.***
Neonazi ⟨m.⟩ **0.1** ***neonazi.***
Neonröhre ⟨v.⟩ **0.1** ***neonbuis.***
Neophyt ⟨m.; ~en, ~en⟩⟨plantk., rel.⟩ **0.1** ***neofiet.***
Nepotismus ⟨m.; ~⟩ **0.1** ***nepotisme.***
Nepp ⟨m.; ~(e)s⟩ **0.1** ***nep*** ⇒*afzetterij, bedrog.*
Neppladen ⟨m.⟩ **0.1** ***nepzaak, -tent.***
Neptun ⟨m.; ~(e)s⟩ **0.1** ***Neptunus*** ⟨ook ster.⟩.
Nerv ⟨m.; ~s, ~en⟩ **0.1** ***zenuw*** ⟨ook fig.⟩ ⇒*nerf* **0.2** ***(blad)-nerf*** **0.3** ⟨biol.⟩ ***ader*** ⟨mbt. insecten⟩ ◆ **3.1** die ~en behalten, bewahren *zijn zenuwen de baas blijven;* ⟨inf.⟩ jmdm. gehen die ~en durch, jmd. verliert die ~en *iem. krijgt het op de zenuwen;* ⟨inf.⟩ den ~, die ~en haben, etwas zu tun *het lef hebben om iets te doen;* ⟨inf.; fig.⟩ jmdm. den (letzten) ~ töten *op iemands zenuwen werken;* ⟨inf.; fig.⟩ den ~ treffen *de zwakke plek treffen* **3.¶** ⟨inf.⟩ du hast vielleicht ~en! *nu wordt 't me toch te gek!* **6.1** ⟨inf.⟩ jmdm. **auf** die ~en fallen, gehen *op iemands zenuwen werken;* es **mit** den ~en haben *het op de zenuwen hebben;* ⟨inf.⟩ **mit** den ~en am Ende, fertig, herunter sein *op van de zenuwen zijn* **8.1** ⟨inf.⟩ ~en haben wie Drahtseile, Stricke *sterke, stalen zenuwen hebben.*
nerven ⟨inf.⟩ **0.1** ***op de zenuwen werken*** **0.2** ***(blijven) aanklampen*** ◆ **5.1** völlig genervt sein *op zijn van de zenuwen.*
Nervenarzt ⟨m.⟩ **0.1** ***zenuwarts.***
nervenaufreibend **0.1** ***zenuwslopend.***
Nervenbahn ⟨v.⟩ **0.1** ***zenuw(draad).***
Nervenberuhigungsmittel ⟨o.⟩ **0.1** ***kalmerend middel.***
Nervenbündel ⟨o.⟩ **0.1** ***zenuwbundel*** **0.2** ⟨inf.; fig.⟩ ***zenuwpees.***
Nervenheilanstalt ⟨v.⟩⟨vero.⟩ **0.1** ***zenuwinrichting*** ⇒*psychiatrische kliniek.*
Nervenheilkunde ⟨v.⟩ **0.1** ***zenuwleer, neurologie.***
Nervenkern ⟨m.⟩ **0.1** ***zenuwcellichaam.***

Nervenkitzel ⟨m.⟩⟨inf.⟩ **0.1** *zenuwprikkel(ing).*
Nervenklinik ⟨v.⟩ **0.1** *neurologische kliniek* **0.2** *psychiatrische kliniek.*
Nervenkraft ⟨v.⟩ **0.1** *psychische (weerstands)kracht.*
nervenkrank 0.1 *zenuwziek.*
Nervenkrieg ⟨m.⟩ **0.1** *zenuw(en)oorlog.*
Nervenleiden ⟨o.⟩ **0.1** *zenuwziekte.*
Nervenmittel ⟨o.⟩⟨inf.⟩ **0.1** *kalmerend middel.*
Nervenprobe ⟨v.⟩ **0.1** *psychische belasting, druk* ◆ **6.1** auf eine ~ stellen *psychisch op de proef stellen.*
Nervensache ⟨v.⟩⟨inf.⟩ **0.1** *kwestie van zenuwen.*
Nervensäge ⟨v.⟩⟨inf.⟩ **0.1** *iem. die, iets dat op de zenuwen werkt.*
Nervenschock ⟨m.⟩ **0.1** *zenuwschok, shock.*
Nervenstrang ⟨m.⟩ **0.1** *zenuwstreng.*
Nervensystem ⟨o.⟩ **0.1** *zenuwstelsel, -gestel.*
Nervenzucken ⟨o.; ~s⟩ **0.1** *zenuwtrekking* ⇒*tik.*
Nervenzusammenbruch ⟨m.⟩ **0.1** *zenuwinzinking, -instorting.*
nervig 0.1 *gespierd, krachtig.*
nervlich 0.1 *nerveus* ⇒*de zenuwen betreffend.*
nervös 0.1 *zenuwachtig, nerveus* **0.2** ⟨med.⟩ *nerveus* ⇒*de zenuwen betreffend.*
nervtötend 0.1 *zenuwslopend.*
Nerz ⟨m.; ~s, ~e⟩ **0.1** *nerts* **0.2** *nerts(huid, -mantel).*
Nessel ⟨v.; ~, ~n⟩ **0.1** *(brand)netel* ◆ **6.1** ⟨inf.⟩ wie **auf** ~n sitzen *op hete kolen zitten;* ⟨inf.⟩ sich **in** die ~n setzen *zich in een netelige situatie brengen.*
Nesselsucht ⟨v.⟩ **0.1** *netelroos.*
Nest ⟨o.; ~(e)s, ~er⟩ **0.1** *nest* ⟨ook fig.⟩ **0.2** *nest* ⟨ook mil.⟩ ⇒ *schuilplaats* **0.3** *haarwrong, dot* **0.4** ⟨inf.⟩ *nest* ⇒*bed* **0.5** ⟨inf.; pej.⟩ *(afgelegen) nest* ⇒*negorij, gat* ◆ **3.1** ein ~ ausnehmen *een nest uithalen;* ⟨fig.⟩ das eigene ~ beschmutzen *zijn eigen nest bevuilen* **6.1** ⟨inf.; fig.⟩ **aufs** leere ~ kommen *niemand thuis treffen;* ⟨inf.; fig.⟩ sich **ins** gemachte, warme ~ setzen *een goede partij doen* **6.2** ein ~ **von** Schmugglern *een smokkelaarsnest.*
Nestbau ⟨m.; mv. ~ten⟩ **0.1** *nestbouw* **0.2** *nest(bouwsel).*
nesteln I ⟨onov.ww.⟩ **0.1** *frunniken;*
II ⟨ov.ww.⟩ **0.1** *(al frunnikend) los-, vastmaken.*
Nesthäkchen ⟨o.⟩⟨fig.⟩ **0.1** *nestkuiken* ⇒*jongste kind, benjamin.*
Nesthocker ⟨m.⟩ **0.1** *nestblijver.*
Nestor ⟨m.; ~s, Nestoren⟩ **0.1** *nestor* ⇒*oudste.*
Nestwärme ⟨v.⟩ **0.1** *nestwarmte.*
nett 0.1 *aardig, leuk* ⇒*sympathiek* **0.2** *net, leuk* ⇒*keurig* **0.3** ⟨inf.⟩ *aardig* ⇒*flink* **0.4** ⟨inf.; iron.⟩ *mooi, leuk* ◆ **1.3** eine ~e Summe *een aardig sommetje* **3.1** seien Sie bitte so ~! *zou u zo vriendelijk willen zijn!* **3.4** das kann ja ~ werden! *dat kan leuk worden!* **6.1** ~ **mit, zu** jmdm. sein *aardig voor iem., vriendelijk tegenover iem. zijn.*
Nettigkeit ⟨v.; ~, ~en⟩ **0.1** *aardigheid* **0.2** *netheid* ⇒*keurigheid* **0.3** *compliment(je)* ◆ **3.1** die ~ haben, etwas zu tun *zo vriendelijk zijn iets te doen.*
netto 0.1 *netto.*
Nettoeinkommen ⟨o.⟩ **0.1** *netto-inkomsten.*
Nettoertrag ⟨m.⟩ **0.1** *netto-opbrengst.*
Nettopreis ⟨m.⟩ **0.1** *nettoprijs.*
Nettoregistertonne ⟨v.⟩ **0.1** *nettoregisterton.*
Netz ⟨o.; ~es, ~e⟩ **0.1** *net* ⟨ook fig.⟩ ◆ **6.1** jmdm. **durchs** ~ gehen *aan iem. ontkomen;* jmdm. **ins** ~ gehen *bij iem. in de val lopen.*
Netzanschluß ⟨m.⟩ **0.1** *aansluiting op het stroomnet.*
Netzanschlußgerät ⟨o.⟩ **0.1** *nettransformator.*
Netzauge ⟨o.⟩ **0.1** *facet(ten)oog.*
netzen ⟨schr.⟩ **0.1** *natmaken, bevochtigen.*
Netzflügler ⟨m.; ~s, ~⟩ **0.1** *netvleugelige.*
Netzgerät ⟨o.⟩ **0.1** *nettransformator.*
Netzgewölbe ⟨o.⟩ **0.1** *netgewelf.*
Netzgleichrichter ⟨m.⟩ **0.1** *gelijkrichter.*
Netzhaut ⟨v.⟩ **0.1** *netvlies.*
Netzkarte ⟨v.⟩ **0.1** *netkaart, -abonnement.*
Netzmagen ⟨m.⟩ **0.1** *netmaag, muts, huif.*
Netzplan ⟨m.⟩ **0.1** *netwerk(schema).*
Netzspannung ⟨v.⟩ **0.1** *netspanning.*
Netzstrumpf ⟨m.⟩ **0.1** *netkous.*
Netzwerk ⟨o.⟩ **0.1** *netwerk.*
netzwerkeln →**netzwerken.**
netzwerken 0.1 *netwerken.*
neu[1] ⟨bn.⟩ **0.1** *nieuw* ⇒*nog niet gebruikt* **0.2** *nieuw* ⇒*tot nog toe onbekend* **0.3** *nieuw* ⇒*recent, modern* **0.4** *nieuw* ⇒ *ander, volgend* **0.5** *nieuw* ⇒*vers, pas gekweekt* ◆ **1.2** die ~e Literatur *de nieuwe, moderne literatuur;* ein ~er Mensch geworden sein *een ander mens geworden zijn;* die ~(e)ste Mode *de laatste mode;* die Neue Welt *de Nieuwe Wereld* **1.3** ~eren Datums *van jongere, recentere datum;* die ~(er)en Sprachen *de moderne talen;* in ~ester Zeit *de laatste tijd* **1.4** eine ~e Flasche Bier *een nieuwe fles bier, nog een fles bier* **1.5** ~e Kartoffeln *nieuwe aardappelen* **1.¶** ⟨inf.⟩ was sind das für ~e Moden? *wat zijn dat voor manieren?* **3.1** ⟨inf.; fig.⟩ nicht mehr ganz ~ sein *er niet meer zeer jong uitzien* ⟨mbt. personen⟩ **6.1** ⟨inf.⟩ ein Zimmer **auf** ~ einrichten *een kamer zo inrichten dat ze er weer nieuw uitziet;* ⟨ec.⟩ ~ **für** alt *nieuw in ruil voor oud* **6.3 seit** ~estem *sedert korte tijd* **6.4 aufs** ~e, **von** ~em *opnieuw, nog eens* **7.2** ⟨inf.⟩ der Neue *de nieuwe* ⟨medewerker, collega, leerling ...⟩.
neu[2] ⟨bw.⟩ **0.1** *opnieuw* ⇒*nogmaals* **0.2** *pas, net* ⇒*juist* ◆ **3.1** ein Buch ~ auflegen *een boek opnieuw drukken, herdrukken;* ~ entstehen *in een nieuwe vorm ontstaan.*
Neuankömmling ⟨m.⟩ **0.1** *nieuwkomer.*
Neuanschaffung ⟨v.⟩ **0.1** *nieuwe aanschaf* **0.2** *nieuwe aanwinst.*
neuartig 0.1 *nieuw (in zijn soort).*
Neuauflage ⟨v.⟩ **0.1** *herdruk* ⇒*heruitgave.*
Neubau[1] ⟨m.; mv. ~ten⟩ **0.1** *nieuwbouw, gebouw in aanbouw* **0.2** *nieuwbouw, nieuw gebouw* **0.3** *(nieuwe) bouw, het (opnieuw) bouwen* **0.4** ⟨g.mv.⟩ *wederopbouw* ⟨ook fig.⟩.
Neubau[2] ⟨m.; mv. ~ten of ~e⟩⟨tech.⟩ **0.1** *nieuw (gebouwd) model.*
Neubearbeitung ⟨v.⟩ **0.1** *nieuwe bewerking.*
Neubewertung ⟨v.⟩ **0.1** *herwaardering.*
Neubildung ⟨v.⟩ **0.1** *vorming* ⟨van iets nieuws⟩ **0.2** *wijziging, hervorming* **0.3** *nieuw (gevormd) woord* ◆ **6.1** die ~ **von** Gewebe, Wörtern *de vorming van nieuw weefsel, nieuwe woorden.*
Neubundesbürger ⟨m.⟩ **0.1** *inwoner van de 'nieuwe' Duitse deelstaten.*
Neudruck ⟨m.; mv. ~e⟩ **0.1** *herdruk, nieuwe druk.*
Neuentwicklung ⟨v.⟩ **0.1** *(nieuwe) ontwikkeling* **0.2** *nieuwigheid, noviteit.*
neuerdings 0.1 *de laatste tijd, sedert korte tijd.*
Neuerer ⟨m.; ~s, ~⟩ **0.1** *vernieuwer* ⇒*hervormer.*
neuerlich 0.1 *nieuw, vernieuwd* ⇒*opnieuw.*
Neuerscheinung ⟨v.⟩ **0.1** *pas verschenen boek* **0.2** *pas uitgekomen plaat.*
Neuerung ⟨v.; ~, ~en⟩ **0.1** *vernieuwing* ⇒*hervorming.*
neuestens 0.1 *de laatste tijd.*
neugebacken 0.1 *nieuwbakken* ⇒*vers (gebakken).*

neugeboren 0.1 ***nieuwgeboren*** *⇒pasgeboren* **◆ 8.1** ⟨fig.⟩ sich wie ~ fühlen *zich als herboren voelen.*

Neugeborene(s) ⟨bn. als zn.; o.⟩ **0.1** ***pasgeboren kind, dier.***

Neugeburt ⟨v.⟩⟨schr.; fig.⟩ **0.1** ***wedergeboorte*** *⇒wederopleving.*

Neugestaltung ⟨v.⟩ **0.1** ***reorganisatie*** *⇒vernieuwing.*

Neugier(de) ⟨v.; ~⟩ **0.1** ***nieuwsgierigheid*** **◆ 6.1** ~ **auf** den Ausgang der Wahlen *nieuwsgierigheid naar het resultaat van de verkiezingen.*

neugierig 0.1 ***nieuwsgierig*** **◆ 6.1** ~ **auf** den Ausgang *nieuwsgierig naar het resultaat.*

Neugliederung ⟨v.⟩ **0.1** ***nieuwe indeling, verdeling*** *⇒reorganisatie.*

Neugotik ⟨v.⟩ **0.1** ***neogotiek.***

Neuheit ⟨v.; ~, ~en⟩ **0.1** ***nieuwigheid*** *⇒nieuw product, nouveauté* **0.2** ***nieuwheid.***

neuhochdeutsch 0.1 ***Nieuw-Hoog-Duits.***

Neuigkeit ⟨v.; ~, ~en⟩ **0.1** ***nieuwtje*** *⇒nieuws* **0.2** ***nieuwheid*** **0.3** ⟨vaktaal⟩ ***nieuwigheid*** *⇒nieuw product.*

Neujahr ⟨o.⟩ **0.1** ***nieuwjaar*** **◆ 9.1** prosit ~! *gelukkig nieuwjaar!*

Neujahrsabend ⟨m.⟩ **0.1** ***oudejaarsavond.***

Neuland ⟨o.⟩ **0.1** ***nieuw land*** **0.2** ***onbekend gebied*** ⟨ook fig.⟩.

neulich 0.1 ***onlangs.***

Neuling ⟨m.; ~s, ~e⟩ **0.1** ***nieuweling*** *⇒nieuwkomer, beginneling.*

neumodisch ⟨vaak pej.⟩ **0.1** ***nieuwerwets, modern.***

Neumond ⟨m.⟩ **0.1** ***nieuwe maan.***

neun 0.1 ***negen*** **◆ 4.1** alle ~(e) (a) ⟨kegelspel⟩ *alle negen!* (b) ⟨scherts.⟩ *prijs!;* sie waren ihrer ~ *ze waren met hun negenen.*

neun- **→meer samenstellingen bij drei-.**

Neun ⟨v.; ~, ~en⟩ **0.1** ***negen*** ⟨getal, cijfer⟩ **0.2** ***van lijn negen*** ⟨tram⟩ **◆ 2.¶** ⟨inf.⟩ ach, du grüne ~e! *allemachtig, goeie genade!*

neunmalklug ⟨iron.⟩ **0.1** ***betweterig, waanwijs.***

neunt ◆ 6.¶ zu ~ *met z'n negenen.*

neunte 0.1 ***negende.***

Neuntel ⟨o.; ~s, ~⟩ **0.1** ***negende (deel).***

neuntens 0.1 ***ten negende*** *⇒in, op de negende plaats.*

Neuntöter ⟨m.⟩ **0.1** ***negendoder, schatekster.***

neunzehn 0.1 ***negentien.***

neunzig 0.1 ***negentig.***

Neunzig ⟨v.; ~⟩ **0.1** ***negentig*** ⟨getal⟩.

Neunziger ⟨m.; ~s, ~⟩ **0.1** ***negentiger*** *⇒negentigjarige* **0.2** ⟨mv.⟩ ***negentig*** ⟨leeftijd⟩ **0.3** ⟨mv.⟩ ***jaren negentig*** ⟨v.e. eeuw⟩.

Neuordnung ⟨v.⟩ **0.1** ***herordening, nieuwe regeling, reorganisatie.***

Neuorientierung ⟨v.⟩ **0.1** ***heroriëntering.***

neuralgisch 0.1 ⟨med.⟩ ***neuralgisch*** **0.2** ⟨schr.⟩ ***kritisch, gevaarlijk*** *⇒zeer gevoelig* **◆ 1.2** das ist sein ~er Punkt *dat is zijn gevoelige plek.*

neureich ⟨pej.⟩ **0.1** ***pas rijk geworden.***

Neurologe ⟨m.; ~n, ~n⟩ **0.1** ***neuroloog, zenuwarts.***

Neurose ⟨v.; ~, ~n⟩ **0.1** ***neurose.***

Neurotiker ⟨m.; ~s, ~⟩ **0.1** ***neuroticus.***

Neuschnee ⟨m.⟩ **0.1** ***verse sneeuw.***

Neuseeland ⟨o.; ~s⟩ **0.1** ***Nieuw-Zeeland.***

neusprachlich 0.1 ***v.d., mbt. de moderne talen.***

Neustadt ⟨v.⟩ **0.1** ***nieuw stadsgedeelte.***

neutestamentlich 0.1 ***nieuwtestamentisch.***

Neutöner ⟨m.; ~s, ~⟩ **0.1** ***nieuwlichter*** **0.2** ⟨vaak iron.⟩ ***vertegenwoordiger v.d. nieuwe muziek.***

neutral 0.1 ***neutraal*** **◆ 1.1** ein ~er Beobachter *een neutraal waarnemer;* ein ~er Briefbogen *een wit vel briefpapier.*

Neutralisation ⟨v.; ~, ~en⟩ **0.1** ***neutralisatie, neutralisering.***

neutralisieren 0.1 ***neutraliseren.***

Neutralität ⟨v.; ~, ~en⟩ **0.1** ***neutraliteit*** *⇒neutrale houding* **◆ 6.1 mit** ~ *neutraal.*

Neutron ⟨o.; ~s, Neutronen⟩ **0.1** ***neutron.***

Neutronenbombe ⟨v.⟩ **0.1** ***neutronenbom.***

Neutrum ⟨o.; ~s, Neutra of Neutren⟩ **0.1** ⟨taal.⟩ ***onzijdig geslacht, woord*** **0.2** ⟨schr.; vaak pej.⟩ ***aseksueel iemand.***

neuvermählt ⟨schr.⟩ **0.1** ***pasgehuwd.***

Neuverschuldung ⟨v.⟩ **0.1** ***financieringstekort, nettokredietopname.***

Neuwagen ⟨m.⟩ **0.1** ***nieuwe auto/wagen.***

Neuwahl ⟨v.⟩ **0.1** ***nieuwe verkiezing.***

Neuwert ⟨m.⟩ **0.1** ***nieuwwaarde.***

neuwertig 0.1 ***zo goed als nieuw.***

Neuwort ⟨o.; mv. ¨er⟩⟨taal.⟩ **0.1** ***nieuw woord.***

Neuzeit ⟨v.⟩ **0.1** ***nieuwe, moderne tijd*** **0.2** ⟨gesch.⟩ ***nieuwe tijd.***

neuzeitlich 0.1 ***modern, nieuwerwets*** *⇒eigentijds, hedendaags* **0.2** ⟨gesch.⟩ ***v.d. nieuwe tijd.***

nicht 0.1 ***niet*** **◆ 4.1** ⟨schr.⟩ ~ einer *niet één, niemand* **5.1** ~ doch! *nee maar, toe maar!;* ~ einmal *zelfs niet;* ~ nur ..., sondern (auch) *niet alleen ... maar (ook);* wo ~ *indien niet* **6.1 im** Leben ~ *nooit, in geen geval;* ⟨inf.⟩ ~ **ohne** sein (a) *niet slecht zijn* (b) *niet zo onschuldig zijn* **8.1** ~, daß ich wüßte *niet dat ik weet* **¶.1** das stimmt doch, ~? *dat klopt toch, niet waar?*

Nichtachtung ⟨v.⟩ **0.1** ***gebrek aan achting, respect*** *⇒geringschatting* **0.2** ***veronachtzaming, niet-naleving.***

Nichtangriffspakt ⟨m.⟩ **0.1** ***niet-aanvalspact, niet-aanvalsverdrag.***

Nichtbeachtung ⟨v.⟩ **0.1** ***veronachtzaming, niet-naleving.***

Nichtbefolgung ⟨v.⟩ **0.1** ***veronachtzaming, het niet letten op*** *⇒het niet naleven.*

nichtberufstätig 0.1 ***geen beroep uitoefenende.***

Nichtchrist ⟨m.⟩ **0.1** ***niet-christen.***

Nichte ⟨v.; ~, ~n⟩ **0.1** ***nicht(je)*** ⟨dochter van broer of zuster⟩.

nichtehelich ⟨jur.⟩ **0.1** ***buitenechtelijk*** *⇒onecht.*

Nichteinmischung ⟨v.⟩ **0.1** ***niet-inmenging, non-interventie.***

Nichterfüllung ⟨v.⟩ **0.1** ***niet-nakoming*** *⇒wanprestatie.*

nichtig 0.1 ⟨schr.⟩ ***nietig*** *⇒onbelangrijk* **0.2** ⟨jur.⟩ ***nietig*** *⇒zonder kracht, ongeldig.*

Nichtigkeit ⟨v.; ~, ~en⟩ **0.1** ***nietigheid*** *⇒kleinigheid, bagatel* **0.2** ***nietigheid*** *⇒onbelangrijkheid* **0.3** ⟨jur.⟩ ***nietigheid*** *⇒ongeldigheid.*

Nichtigkeitsklage ⟨v.⟩⟨jur.⟩ **0.1** ***eis tot nietigverklaring*** *⇒rekest civiel.*

nichtöffentlich 0.1 ***niet-openbaar*** *⇒zonder publiek.*

Nichtraucher ⟨m.⟩ **0.1** ***niet-roker*** **0.2** ***coupé voor niet-rokers.***

Nichtregierungs-Organisation ⟨v.⟩ **0.1** ***niet-gouvernementele organisatie*** *⇒particuliere hulporganisatie.*

nichtrostend 0.1 ***roestvrij.***

nichts 0.1 ***niets*** **◆ 3.1** ~ zu danken! *graag gedaan!;* ⟨inf.⟩ da ist ~ zu machen, wollen *daar is niets aan te doen* **5.1** ⟨inf.⟩ ~ da! *geen sprake van!;* ~ weniger als schön *allesbehalve mooi* **6.1 aus** ~ wird ~ *niets voor niets;* **für, um** ~ *tevergeefs;* **für, um** ~ und wieder ~ *helemaal voor niets;* ⟨inf.⟩ **nach** ~ aussehen *nergens op lijken;* **um** ~ besser *geen haar beter* **6.¶** ~ **für** ungut! *neem me niet kwalijk!* **8.1** ~ als *niets dan, alleen maar;* wie ~ *of het niets was* **8.¶** wie ~ *als de gesmeerde bliksem.* **→Kaiser.**

Nichts ⟨o.; ~, ~e⟩ **0.1** ***niet(s)*** ⇒*kleinigheid* **0.2** ***niet(s)*** ⇒*leegte, afgrond* **0.3** ⟨fil.⟩ ***niets*** **0.4** ⟨pej.⟩ ***nul, niemendal, waardeloos iets*** ◆ **6.1** ein ~ **von** einer Badehose *een niemendalletje van een zwembroek* **6.2** wie **aus** dem ~ auftauchen *als uit het niet(s) te voorschijn komen;* ⟨fig.⟩ **vor** dem ~ stehen *voor de totale ondergang staan* **6.¶** ein ~ **an**, **von** Gestalt sein *zeer klein van gestalte zijn.*

nichtsahnend **0.1** ***nietsvermoedend.***

Nichtschwimmer[1] ⟨m.⟩ **0.1** ***niet-zwemmer.***

Nichtschwimmer[2] ⟨o.; ~s, ~⟩⟨inf.⟩ **0.1** ***het ondiepe.***

nichtsdestoweniger **0.1** ***(desal)niettemin.***

Nichtsnutz ⟨m.; ~es, ~e⟩⟨vero.; pej., vaak bel.⟩ **0.1** ***nietsnut-(ter).***

nichtssagend **0.1** ***nietszeggend*** ⇒*onbeduidend.*

Nichtstuer ⟨m.; ~s, ~⟩ **0.1** ***nietsdoener*** ⇒*luiaard.*

Nichtstun ⟨o.; ~s⟩ **0.1** ***het nietsdoen*** ⇒*leegloperij.*

nichtswürdig ⟨schr.⟩ **0.1** ***nietswaardig*** ⇒*verachtelijk.*

Nichtweiterverbreitung ⟨v.⟩⟨pol.⟩ **0.1** ***niet-verspreiding, non-proliferatie.***

Nichtwissen ⟨o.⟩ **0.1** ***onwetendheid.***

Nichtzutreffende(s) ⟨bn. als zn.; o.⟩ **0.1** ***wat niet past*** ◆ **3.1** Nichtzutreffendes bitte streichen *doorhalen wat niet van toepassing is, a.u.b.*

Nickel ⟨o.; ~s⟩ **0.1** ***nikkel.***

nicken **I** ⟨onov.ww.⟩ **0.1** ***knikken*** **0.2** ⟨inf.⟩ ***knikken, dutten;***
II ⟨ov.ww.⟩ **0.1** ⟨schr.⟩ ***(toe)knikken*** **0.2** ⟨inf.; voetbal⟩ ***knikken*** ◆ **1.1** jmdm. Dank ~ *dankbaar naar iem. knikken.*

Nicker ⟨m.; ~s, ~⟩⟨inf.⟩ **0.1** ***(hoofd)knik.***

Nickerchen ⟨o.⟩⟨inf.⟩ **0.1** ***dutje, tukje.***

Nicki ⟨m.; ~(s), ~s⟩ **0.1** ***velours sweater.***

nie **0.1** ***nooit*** ◆ **5.1** einmal und ~ wieder *één keer en nooit meer* **6.1** ~ **im** Leben *nooit van mijn, zijn leven* **8.1** ~ und nimmer *nooit ofte nimmer.*

nieder[1] ⟨bn.⟩ **0.1** ***laag, lager*** ⇒*eenvoudig, nederig* **0.2** ***laag*** ⇒*minderwaardig, gemeen* **0.3** ⟨vaktaal⟩ ***lager*** ⇒*minder ontwikkeld* ◆ **1.3** die ~en Tiere *de lagere dieren* **1.¶** die ~e Jagd *de jacht op klein wild.*

nieder[2] ⟨bw.⟩ **0.1** ***neer*** ⇒*naar beneden, naar omlaag* ◆ **6.1** ~ **mit** dem Krieg! *weg met de oorlog!*

niederbrechen ⟨schr.⟩ **I** ⟨onov.ww.⟩ **0.1** ***neerstorten, -vallen;***
II ⟨ov.ww.⟩ **0.1** ***neer-, omverhalen*** ⇒*afbreken.*

niederbrennen **I** ⟨onov.ww.⟩ **0.1** ***helemaal af-, opbranden;***
II ⟨ov.ww.⟩ **0.1** ***platbranden.***

niederdeutsch **0.1** ***Neder-Duits.***

niederdrücken **0.1** ***neerdrukken, naar beneden drukken*** **0.2** ⟨schr.; fig.⟩ ***(ter)neerdrukken*** ⇒*ontmoedigen, deprimeren.*

niederfahren ⟨schr.⟩ **0.1** ***neerdalen*** **0.2** ***neerschieten*** ⟨v. bliksem⟩.

niederfallen ⟨schr.⟩ **0.1** ***neervallen.***

Niedergang ⟨m.⟩ **0.1** ⟨schr.⟩ ***neer-, ondergang*** ⇒*verval* **0.2** ⟨scheep.⟩ ***trap*** ⟨van het bovendek naar beneden⟩.

niedergehen **0.1** ***neerkomen*** ⇒*dalen, landen* **0.2** ***neerkomen, (neer)vallen*** **0.3** ⟨boksen⟩ ***neergaan*** ⇒*tegen de mat gaan* ◆ **1.2** ein Gewitter geht nieder *een onweer ontlaadt zich.*

niedergeschlagen **0.1** ***terneergeslagen*** ⇒*moedeloos, neerslachtig.*

niederhalten **0.1** ***neerhouden, tegen de grond houden*** **0.2** ***onderdrukken.***

niederhauen **0.1** ***neerslaan, tegen de grond slaan*** **0.2** ***afmaken, afslachten.***

niederholen **0.1** ***neerhalen*** ⇒*strijken.*

Niederjagd ⟨v.⟩ **0.1** ***jacht op klein wild.***

niederkämpfen **0.1** ***overwinnen, verslaan*** **0.2** ⟨fig.⟩ ***onderdrukken, bedwingen.***

niederkauern ⟨h.⟩ **0.1** ***neerhurken.***

niederknien ⟨h / s.⟩ **0.1** ***neerknielen.***

niederknüppeln **0.1** ***neerknuppelen.***

niederkommen ⟨vero.; schr.⟩ **0.1** ***bevallen, baren*** ◆ **6.1** **mit** einem Jungen ~ *van een jongen bevallen.*

Niederkunft ⟨v.; ~, ~̈e⟩⟨vero.; schr.⟩ **0.1** ***bevalling*** ⇒*geboorte.*

Niederlage ⟨v.⟩ **0.1** ***nederlaag*** ⟨ook fig.⟩ ⇒*verlies* **0.2** ***depot*** ⇒*magazijn.*

Niederlande ⟨alleen mv.; steeds met lidw.⟩ **0.1** ***Nederland.***

Niederländer ⟨m.; ~s, ~⟩ **0.1** ***Nederlander.***

niederländisch **0.1** ***Nederlands.***

niederlassen, sich **0.1** ***zich vestigen*** **0.2** ⟨schr.⟩ ***gaan zitten, plaats nemen*** ◆ **1.2** der Vogel ließ sich nieder *de vogel streek neer.*

Niederlassung ⟨v.; ~, ~en⟩ **0.1** ***vestiging, het zich-vestigen*** **0.2** ***vestiging*** ⇒*filiaal* **0.3** ***nederzetting.***

niederlegen **I** ⟨ov.ww.⟩ **0.1** ⟨fig.⟩ ***neerleggen*** ⇒*stoppen, afzien van* **0.2** ⟨schr.⟩ ***neerleggen, op de grond leggen*** **0.3** ⟨schr.⟩ ***te slapen leggen*** **0.4** ⟨schr.⟩ ***vastleggen*** ⇒*noteren* ◆ **1.1** eine Behandlung ~ *een behandeling staken* **1.2** ⟨fig.⟩ die Waffen ~ *de wapens neerleggen, vrede sluiten;*
II sich ~ ⟨wk.ww.⟩⟨schr.⟩ **0.1** ***gaan liggen*** ⇒*naar bed gaan.*

niedermachen ⟨inf.⟩ **0.1** ***afmaken, afslachten.***

niedermähen ⟨fig.⟩ **0.1** ***neermaaien, -schieten.***

niedermetzeln **0.1** ***afmaken, afslachten.***

niederprasseln **0.1** ***neerkletteren*** ⟨ook fig.⟩ ⇒*kletterend neervallen.*

niederreißen **0.1** ***afbreken*** ⟨ook fig.⟩ ⇒*slopen, slechten.*

Niederrhein ⟨m.⟩ **0.1** ***Beneden-Rijn.***

niederringen **0.1** ***overwinnen, verslaan*** **0.2** ⟨fig.⟩ ***onderdrukken, bedwingen.***

Niedersachsen ⟨o.; ~s⟩ **0.1** ***Neder-Saksen.***

niedersächsisch **0.1** ***Neder-Saksisch.***

niederschießen **0.1** ***neerschieten.***

Niederschlag ⟨m.⟩ **0.1** ⟨meteo.⟩ ***neerslag*** **0.2** ⟨fig.⟩ ***neerslag*** ⇒*uitwerking* **0.3** ⟨schei.⟩ ***neerslag*** ⇒*bezinksel* **0.4** ⟨boksen⟩ ***knock-down*** ◆ **2.1** schwere, starke Niederschläge *hevige neerslag* **3.2** seinen ~ finden in einem Roman *zijn neerslag vinden, tot uitdrukking komen in een roman.*

niederschlagen **I** ⟨ov.ww.⟩ **0.1** ***neerslaan, tegen de grond slaan*** **0.2** ***neer-, omslaan*** **0.3** ***onderdrukken*** **0.4** ***neerslaan*** ⟨mbt. ogen⟩ **0.5** ⟨jur.⟩ ***niet vervolgen, seponeren*** **0.6** ⟨jur.⟩ ***kwijtschelden*** **0.7** ⟨schei.⟩ ***neerslaan*** ◆ **1.2** den Kragen ~ *de kraag neerslaan* **1.3** einen Aufstand ~ *een opstand onderdrukken* **1.5** ein Verfahren ~ *een zaak seponeren;*
II sich ~ ⟨wk.ww.⟩ **0.1** ***neerslaan*** ⇒*een neerslag vormen* **0.2** ***zijn neerslag vinden*** ⇒*tot uitdrukking komen* ◆ **6.1** sich **an** einer Fensterscheibe ~ *op een vensterruit neerslaan.*

niederschlagsarm **0.1** ***met weinig neerslag.***

niederschmettern **0.1** ***neersmakken*** ⇒*brutaal neerslaan* **0.2** ***(helemaal) terneerslaan*** ⇒*(totaal) ontmoedigen.*

niederschreiben **0.1** ***neer-, opschrijven.***

niederschreien **0.1** ***overschreeuwen.***

Niederschrift ⟨v.⟩ **0.1** ***het opschrijven*** **0.2** ***het opgeschrevene.***

niedersetzen **I** ⟨ov.ww.⟩ **0.1** ***neerzetten;***
II sich ~ ⟨wk.ww.⟩ **0.1** ***zich neerzetten, gaan zitten.***

niedersinken **0.1** ***neerzinken, op de grond zinken.***

Niederspannung ⟨v.⟩ **0.1** ***laagspanning.***

niedersteigen ⟨schr.⟩ **0.1** ***afstijgen*** ⇒*afdalen.*
niederstimmen 0.1 ***afstemmen*** ⇒*bij stemming verwerpen.*
niederstoßen I ⟨onov.ww.⟩ **0.1** ***neerschieten*** ⇒*zich (neer)-storten* ◆ **6.1** ein Vogel stößt **auf** eine Beute nieder *een vogel stort zich op een prooi;*
II ⟨ov.ww.⟩⟨schr.⟩ **0.1** ***neer-, omverstoten.***
niederstrecken ⟨schr.⟩ **I** ⟨ov.ww.⟩ **0.1** ***neerleggen, vellen*** ⇒ *neerschieten;*
II sich ~ ⟨wk.ww.⟩ **0.1** ***zich neervlijen, gaan liggen.***
niedertourig ⟨tech.⟩ **0.1** ***met een laag toerental.***
Niedertracht ⟨v.; ~⟩ **0.1** ***gemeenheid*** ⇒*slechtheid, laagheid, snoodheid* **0.2** ***gemene daad*** ⇒*slechte, lage daad, snoodheid.*
niederträchtig 0.1 ***gemeen*** ⇒*slecht, laag* **0.2** ⟨inf.⟩ ***afschuwelijk, verschrikkelijk.***
niedertrampeln ⟨inf.⟩ **0.1** ***neer-, plattrappen.***
niedertreten 0.1 ***neer-, plattrappen*** **0.2** ⟨schr.⟩ ***aflopen*** ⇒ *verslijten.*
Niederung ⟨v.; ~, ~en⟩ **0.1** ***laagte, laagland, laagvlakte*** **0.2** ⟨fig.⟩ ***diepte-, laagtepunt*** ◆ **1.2** die ~en der Gesellschaft *de sociaal lage klassen van de maatschappij;* die ~en des Lebens *de alledaagsheden van het leven.*
Niederwald ⟨m.⟩ **0.1** ***hak-, schaarhout.***
niederwärts ⟨schr.⟩ **0.1** ***neerwaarts.***
niederwerfen I ⟨ov.ww.⟩ **0.1** ***neerwerpen*** **0.2** ⟨schr.⟩ ***neerwerpen*** ⇒*overwinnen* **0.3** ⟨schr.⟩ ***onderdrukken*** ⇒*smoren* **0.4** ⟨schr.⟩ ***op zijn ziekbed werpen*** **0.5** ⟨fig.⟩ ***hevig aangrijpen*** ◆ **1.2** einen Gegner ~ *een tegenstander overwinnen;*
II sich ~ ⟨wk.ww.⟩ **0.1** ***zich neerwerpen*** ⇒*op zijn knieën vallen.*
Niederwild ⟨o.⟩ **0.1** ***klein wild.***
niederzwingen 0.1 ***op de grond dwingen*** ⟨ook fig.⟩ ⇒*overwinnen.*
niedlich 0.1 ***lief(elijk), lieftallig*** ⇒*beeldig, schattig* ◆ **1.1** ein ~es Kind, Kleidchen *een snoezig kind, jurkje* **3.1** ⟨iron.⟩ das kann ja ~ werden! *dat kan leuk worden!*
niedrig 0.1 ***laag*** ⇒*niet hoog; gering* **0.2** ***laag*** ⇒*eenvoudig* **0.3** ***laag*** ⇒*minderwaardig* ◆ **3.3** von jmdm. ~ denken *van iem. een lage dunk hebben.*
Niedriglohnland ⟨o.; mv. ¨er⟩ **0.1** ***lagelonenland.***
Niedrigwasser ⟨o.⟩ **0.1** ***laagwater*** ⇒*eb, lage waterstand.*
niemals 0.1 ***nooit.***
niemand 0.1 ***niemand*** ◆ **4.1** ~ anderer, anderes *niemand anders* **7.1** ein Niemand sein *een nul zijn* **8.1** ~ als er *niemand behalve hij, alleen hij.*
Niemandsland ⟨o.⟩ **0.1** ***niemandsland*** ⟨ook fig.⟩.
Niere ⟨v.; ~, ~n⟩ **0.1** ***nier*** ◆ **6.¶** ⟨inf.⟩ jmdm. **an** die ~n gehen *iem. diep treffen, sterk aangrijpen.*
Nierenbecken ⟨o.⟩ **0.1** ***nierbekken.***
Nierengrieß ⟨m.⟩ **0.1** ***niergruis.***
Nierenstein ⟨m.⟩ **0.1** ***niersteen.***
nieseln 0.1 ***miezelen, motregenen.***
Nieselregen ⟨m.⟩ **0.1** ***motregen.***
niesen 0.1 ***niezen.***
Niespulver ⟨o.⟩ **0.1** ***niespoeder.***
Nießbrauch ⟨m.⟩⟨jur.⟩ **0.1** ***vruchtgebruik.***
Nießnutz ⟨m.; ~es⟩ **0.1** ***vruchtgebruik.***
Niete ⟨v.; ~, ~n⟩ **0.1** ***niet*** ⟨in loterij⟩ **0.2** ***klinknagel*** **0.3** ⟨inf.⟩ ***fiasco, flop*** ⇒*mislukking* **0.4** ⟨inf.⟩ ***nul, sukkel*** ⇒*mislukkeling.*
nieten 0.1 ***(vast)klinken*** ⇒*vastmaken.*
Nietenhose ⟨v.⟩ **0.1** ***spijkerbroek.***
Niethammer ⟨m.⟩ **0.1** ***klinkhamer.***
niet- und nagelfest ⟨inf.⟩ **0.1** ***(aard- en) nagelvast, spijkervast.***
Nigger ⟨m.; ~s, ~⟩⟨pej.⟩ **0.1** ***nikker, neger.***
Nihilismus ⟨m.; ~⟩ **0.1** ***nihilisme.***
Nikolaus ⟨m.; ~, ~e⟩ **0.1** ***sinterklaas.***
Nikotin ⟨o.; ~(e)s⟩ **0.1** ***nicotine.***
nikotinhaltig 0.1 ***nicotine bevattend.***
Nil ⟨m.; ~(s)⟩ **0.1** ***Nijl.***
Nilpferd ⟨o.⟩ **0.1** ***nijlpaard.***
Nimbus ⟨m.; ~, ~se⟩ **0.1** ***nimbus, aureool*** ⇒*glans, luister* ◆ **6.1 im** ~ der Unfehlbarkeit stehen *een aureool van onfeilbaarheid bezitten;* sich **in** einen gewissen ~ hüllen *zich een bepaald air geven.*
nimmer 0.1 ⟨Oostr., Zdd.⟩ ***niet meer*** ⇒*niet opnieuw, niet langer* **0.2** ⟨vero.; schr.⟩ ***nooit, nimmer*** ◆ **8.2** nie und ~, nun und ~ *nooit ofte nimmer.*
Nimmerleinstag ⟨m.⟩ ◆ **6.¶ am** (Sankt) ~ *met sint-juttemis.*
nimmermüde ⟨schr.⟩ **0.1** ***onvermoeibaar.***
Nimmersatt ⟨m.; ~(e)s, ~e⟩ **0.1** ⟨inf.⟩ ***veelvraat, gulzigaard*** **0.2** ⟨biol.⟩ ***nimmerzat.***
Nimmerwiedersehen ⟨o.⟩ ◆ **6.¶** ⟨inf.; meestal scherts.⟩ **auf** ~ *voor (eens en voor) altijd, zonder ooit weer te zien.*
Nimwegen ⟨o.; ~s⟩ **0.1** ***Nijmegen.***
Nippel ⟨m.; ~s, ~⟩ **0.1** ***nippel.***
nippen 0.1 ***nippen*** ⟨ook fig.⟩ ◆ **6.1 am, vom** Wein ~ *van de wijn nippen.*
Nippes, Nippsachen ⟨alleen mv.⟩ **0.1** ***snuisterijen.***
nirgendher 0.1 ***van nergens*** ⇒*uit geen enkele richting.*
nirgends 0.1 ***nergens*** ◆ **3.1** der Junge war ~ zu fassen *de jongen was op geen enkele manier te grijpen;* bei ihnen will es ~ reichen *het ontbreekt hen aan alles* **5.1** ~ sonst, sonst ~ *nergens anders.*
nirgendwo 0.1 ***nergens.***
Nirwana ⟨o.; ~(s)⟩ **0.1** ***nirwana.***
Nische ⟨v.; ~, ~n⟩ **0.1** ***nis*** **0.2** ⟨biol., ec.⟩ ***niche.***
Nisse ⟨v.; ~, ~n⟩ **0.1** ***neet, luizenei.***
nisten 0.1 ***nestelen, een nest maken.***
Nitrat ⟨o.; ~(e)s, ~e⟩ **0.1** ***nitraat.***
nitrieren 0.1 ⟨schei.⟩ ***nitreren*** **0.2** ⟨tech.⟩ ***nitrideren.***
Nitrit ⟨o.; ~(e)s, ~e⟩ **0.1** ***nitriet.***
Niveau ⟨o.; ~s, ~s⟩ **0.1** ***niveau, peil*** ⟨ook fig.⟩ **0.2** ⟨schei.⟩ ***energietoestand v.e. atoom(kern), v.e. molecule*** ◆ **1.1** das ~ der Preise *het prijsniveau, prijspeil* **6.1** das ist **unter** allem ~ *dat is volledig beneden peil.*
niveaufrei 0.1 ***ongelijkvloers*** ◆ **1.1** ⟨verk.⟩ ~e Kreuzungen *ongelijkvloerse kruisingen.*
Niveaukreuzung ⟨v.⟩ **0.1** ***gelijkvloerse kruising.***
niveaulos ⟨fig.⟩ **0.1** ***zonder niveau*** ⇒*op een laag peil.*
Niveauunterschied ⟨m.⟩ **0.1** ***niveauverschil*** ⟨ook fig.⟩.
niveauvoll 0.1 ***op hoog niveau staande, van niveau.***
nivellieren 0.1 ⟨schr.; fig.⟩ ***nivelleren*** **0.2** ***het hoogteverschil meten*** ⇒*waterpassen.*
nix ⟨inf.⟩ →**nichts.**
Nix ⟨m.; ~es, ~e⟩ **0.1** ***nix*** ⇒*watergeest.*
Nixe ⟨v.; ~, ~n⟩ **0.1** ***nixe*** ⇒*watergeest, waternimf.*
Nizza ⟨o.; ~s⟩ **0.1** ***Nice.***
n. J. ⟨afk.⟩ [nächsten Jahres].
nm. ⟨afk.⟩ →**nachmittags.**
n. M. ⟨afk.⟩ [nächsten Monats].
nobel 0.1 ⟨schr.⟩ ***nobel*** **0.2** ⟨inf.⟩ ***royaal, vrijgevig*** **0.3** ⟨iron.⟩ ***chic, deftig*** ◆ **1.1** ein nobler Charakter *een nobel, edel karakter.*
Nobelpreis ⟨m.⟩ **0.1** ***Nobelprijs.***
Nobelpreisträger ⟨m.⟩ **0.1** ***Nobelprijswinnaar.***
Noblesse ⟨v.; ~⟩ **0.1** ***noblesse*** ⇒*adel(dom).*
noch[1] ⟨bw.⟩ **0.1** ***nog*** ⇒*nog wel, zelfs nog* ◆ **1.1** schnell ~ ein Wort! *alleen dit nog!* **3.1** wie heißt er ~? *hoe heet hij ook*

weer? **5.1** ~ dazu, dazu ~ dumm *bovendien nog dom;* ~ eben, eben ~ *nog juist, nog net;* kaum ~ *nauwelijks meer;* er wird schon ~ kommen *hij zal nog wel komen* **8.1** ~ und ~ einmal, ~ und nochmals *telkens opnieuw;* Geld ~ und ~ *geld in overvloed.*

noch² ⟨vw.⟩ **0.1** ***noch*** ◆ **8.1** weder ... noch *(noch) ... noch;* wir sind weder arm ~ reich *we zijn niet arm, maar ook niet rijk.*

nochmalig **0.1** ***herhaald*** ⇒*tweede.*

nochmals **0.1** ***nogmaals, nog eens*** ⇒*opnieuw.*

Nocken ⟨m.; ~s, ~⟩⟨tech.⟩ **0.1** ***nok, kam.***

Nockenwelle ⟨v.⟩ **0.1** ***nokkenas.***

NOK ⟨o.; ~⟩⟨afk.⟩ [Nationales Olympisches Komitee].

nölen ⟨h.⟩⟨Ndd.; pej.⟩ **0.1** ***treuzelen.***

Nomade ⟨m.; ~n, ~n⟩ **0.1** ***nomade.***

nomadenhaft, nomadisch **0.1** ***nomadisch, nomaden-*** ⇒ *rondtrekkend.*

Nomen ⟨o.; ~s, Nomina⟩⟨taal.⟩ **0.1** ***nomen.***

Nomenklatur ⟨v.; ~, ~en⟩ **0.1** ***nomenclatuur.***

nominal ⟨ec., taal.⟩ **0.1** ***nominaal.***

Nominalbetrag ⟨m.⟩ **0.1** ***nominaal bedrag.***

Nominaleinkommen ⟨o.⟩ **0.1** ***nominaal inkomen.***

Nominalwert ⟨m.⟩ **0.1** ***nominale waarde.***

Nomination ⟨v.; ~, ~en⟩ **0.1** ***nominatie*** ⇒*benoeming.*

Nominativ ⟨m.; ~(e)s, ~e⟩ **0.1** ***nominatief*** ⇒*eerste naamval.*

nominell **0.1** ⟨schr.⟩ ***in naam*** ⇒*op papier* **0.2** ⟨ec.⟩ ***nominaal.***

nominieren **0.1** ***benoemen*** ⇒*voordragen* **0.2** ⟨sp.⟩ ***selecteren.***

Nonchalance ⟨v.; ~⟩ **0.1** ***nonchalance.***

Nonkonformismus ⟨m.; ~⟩ **0.1** ***non-conformisme.***

Nonne ⟨v.; ~, ~n⟩ **0.1** ***non*** ⇒*kloosterzuster* **0.2** ***nonvlinder*** **0.3** ***ronde, gegolfde dakpan.***

Nonproliferation ⟨v.; ~⟩ **0.1** ***non-proliferatie*** ⇒*niet-verspreiding.*

Nonsens ⟨m.; ~(es)⟩ **0.1** ***nonsens*** ⇒*onzin.*

Nonstopflug ⟨m.⟩⟨verk.⟩ **0.1** ***non-stopvlucht.***

Noppe ⟨v.; ~, ~n⟩ **0.1** ***nop(je)*** ⟨in weefsel e.d.⟩ ⇒*knoop* **0.2** ***bult(je).***

Noppengewebe ⟨o.⟩ **0.1** ***nopjesstof.***

Nord ⟨m.; ~(e)s, ~e⟩ **0.1** ***noord(en)*** **0.2** ⟨schr.; ook scheep.⟩ ***noordenwind*** ◆ **6.1** **von** ~ nach Süd *van noord naar zuid* **8.1** nach, von ~ und Süd *naar, van alle kanten.*

Nordatlantikpakt ⟨m.⟩ **0.1** ***Noord-Atlantische Verdragsorganisatie, NAVO.***

Norddeutschland ⟨o.⟩ **0.1** ***Noord-Duitsland.***

Norden ⟨m.; ~s⟩ **0.1** ***noorden*** **0.2** ***Noorden*** ⟨gebied⟩ ◆ **6.1** **nach** ~ fliegen *naar het noorden vliegen.*

Nordflanke ⟨v.⟩⟨meteo.⟩ **0.1** ***noordkant.***

nordisch **0.1** ***noords*** ⇒*Noord-Europees* **0.2** ⟨nazi⟩ ***Arisch*** ◆ **1.1** ⟨sp.⟩ die ~e Kombination *de noordse combinatie;* die ~en Sprachen *de Scandinavische, Noord-Germaanse talen.*

Nordist ⟨m.; ~en, ~en⟩ **0.1** ***scandinavist.***

Nordküste ⟨v.⟩ **0.1** ***noordkust, noordelijke kust.***

Nordländer ⟨m.; ~s, ~⟩ **0.1** ***noorderling, bewoner v.h. Noorden.***

nördlich¹ ⟨bn.⟩ **0.1** ***noordelijk, noorder-, noord-*** ◆ **1.1** ~er Breite *noorderbreedte;* die ~en Völker *de noordelijke, noordse volken* **3.1** der Wind weht ~ *de wind waait uit het noorden.*

nördlich² ⟨vz. + 2⟩ **0.1** ***ten noorden van.***

Nordlicht ⟨o.⟩ **0.1** ***noorderlicht.***

Nordmeer ⟨o.; steeds met lidw.⟩ **0.1** ***de Noordelijke IJszee.***

Nordosten ⟨m.⟩ **0.1** ***noordoosten.***

Nordpol ⟨m.⟩ **0.1** ***noordpool.***

Nordpolargebiet ⟨o.⟩ **0.1** ***noordpoolgebied*** ⇒*arctis, Arctica.*

Nordpunkt ⟨m.⟩⟨aardr.⟩ **0.1** ***noordpunt.***

Nordrhein-Westfalen ⟨o.; ~s⟩ **0.1** ***Noordrijn-Westfalen.***

nordrhein-westfälisch **0.1** ***Noordrijn-Westfaals.***

Nordsee ⟨v.⟩ **0.1** ***Noordzee.***

Nordseegarnele ⟨v.⟩ **0.1** ***gewone garnaal.***

Nord-Süd-Gefälle ⟨o.⟩⟨pol.⟩ **0.1** ***economische kloof tussen het noordelijke en zuidelijke halfrond.***

nordwärts **0.1** ***noordwaarts*** ⇒*naar het noorden.*

Nordwesten ⟨m.⟩ **0.1** ***noordwesten.***

Nordwind ⟨m.⟩ **0.1** ***noordenwind.***

Nörgelei ⟨v.; ~, ~en⟩ **0.1** ***gemopper, gekanker*** ⇒*gevit.*

nörgeln **0.1** ***mopperen, kankeren*** ⇒*vitten* ◆ **6.1** **an** etwas, jmdm., **über** alles ~ *over iets, op iem., over alles mopperen.*

Nörgler ⟨m.; ~s, ~⟩⟨pej.⟩ **0.1** ***mopperaar, kankeraar*** ⇒*vitter.*

Norm ⟨v.; ~, ~en⟩ **0.1** ***norm*** ⇒*regel, richtsnoer* **0.2** ***norm*** ⇒ *minimum* **0.3** ⟨boek.⟩ ***norm(a)*** ◆ **3.2** die ~ erfüllen *aan de norm voldoen.*

normal **0.1** ***normaal*** ⇒*gewoon* **0.2** ***(geestelijk) normaal*** ⇒ *bij verstand.*

Normal ⟨o.; ~s, ~e⟩ **0.1** ⟨tech.⟩ ***standaard*** ⟨maat-, gewichtseenheid⟩ **0.2** ⟨inf.⟩ ***gewone benzine.***

Normale ⟨v.; ~(n), ~n⟩⟨wisk.⟩ **0.1** ***loodlijn, normaal.***

normalerweise **0.1** ***normaal (gesproken), normaliter.***

Normalhöhenpunkt ⟨m.⟩ **0.1** ***standaardhoogtepunt.***

Normalien ⟨alleen mv.⟩ **0.1** ***normen*** ⇒*regels* **0.2** ⟨tech.⟩ ***gestandaardiseerde bouwonderdelen.***

normalisieren **I** ⟨ov.ww.⟩ **0.1** ***normaliseren;***
II sich ~ ⟨wk.ww.⟩ **0.1** ***zich normaliseren, normaal worden.***

Normalmaß ⟨o.⟩ **0.1** ***standaardmaat.***

Normalspur ⟨v.⟩ **0.1** ***normaalspoor.***

Normalton ⟨m.⟩ **0.1** ***kamertoon*** **0.2** ⟨akoestiek⟩ ***standaardtoon.***

Normaluhr ⟨v.⟩ **0.1** ***elektrische klok*** ⟨op straten en pleinen⟩ **0.2** ***moederklok.***

Normalverbraucher ⟨m.⟩ **0.1** ***doorsneeconsument*** ⟨ook scherts.⟩ ◆ **1.1** Otto ~ *Jan Modaal.*

Normalzeit ⟨v.⟩ **0.1** ***zonetijd.***

Normanne ⟨m.; ~n, ~n⟩ **0.1** ***Noorman.***

normannisch **0.1** ***v.d. Noormannen*** **0.2** ***Normandisch.***

normativ **0.1** ***normatief*** ⇒*bindend.*

Normblatt ⟨o.⟩ **0.1** ***norm(alisatie)blad.***

normen ⟨vaktaal⟩ **0.1** ***normaliseren, normeren*** ⇒*standaardiseren.*

Normenausschuß ⟨m.⟩ **0.1** ***normalisatiecommissie.***

normieren →**normen.**

normwidrig **0.1** ***in strijd met de norm(en).***

Norwegen ⟨o.; ~s⟩ **0.1** ***Noorwegen.***

Norweger ⟨m.; ~s, ~⟩ **0.1** ***Noor.***

norwegisch **0.1** ***Noors.***

Nostalgie ⟨v.; ~, ~n⟩ **0.1** ***nostalgie.***

Not ⟨v.; ~, ¨~e⟩ **0.1** ***nood*** ⇒*armoede, gebrek* **0.2** ***moeite*** ◆ **2.1** die seelische ~ *de zielennood* **3.1** jmdm. große ~, Nöte machen *iem. veel moeilijkheden berokkenen* **3.2** seine (liebe) ~ mit etwas, jmdm. haben *de grootste moeite hebben met iets, iem.* **6.1** **in** ~, in (höchsten, tausend) Nöten sein *in (grote) nood, moeilijkheden verkeren;* ⟨schr.⟩ **in** ~ und Tod *onder alle omstandigheden* **6.2** **mit** genauer, knapper ~ *ternauwernood;* **ohne** ~ *zonder veel moeite* **6.¶** wenn, wo ~

am Mann ist *als de nood aan de man is;* **aus** ~ *uit noodzaak;* **aus** der ~ eine Tugend machen *van de nood een deugd maken;* **zur** ~ *desnoods* ¶.1 ⟨sprw.⟩ ~ kennt kein Gebot *nood breekt wet.* →**Freund.**

notabene **0.1** ***nota bene*** ⇒*let wel.*

Notanker ⟨m.⟩ **0.1** ***nood-, reserveanker*** ⇒⟨fig.⟩ *toevlucht, redmiddel.*

Notar ⟨m.; ~(e)s, ~e⟩ **0.1** ***notaris.***

Notariatskanzlei ⟨v.⟩ **0.1** ***notariskantoor.***

notariell **0.1** ***notarieel.***

Notarzt ⟨m.⟩ **0.1** ***dienstdoend arts*** ⟨op zon- en feestdagen⟩ **0.2** ***ambulancedokter.***

Notarztwagen ⟨m.⟩ **0.1** ***ziekenwagen.***

Notation ⟨v.; ~, ~en⟩ **0.1** ***notatie.***

Notaufnahme ⟨v.⟩ **0.1** ***spoedopname.***

Notausgang ⟨m.⟩ **0.1** ***nooduitgang.***

Notbehelf ⟨m.⟩ **0.1** ***hulp-, redmiddel.***

Notbremse ⟨v.⟩ **0.1** ***noodrem*** ◆ **3.1** die ~ ziehen *aan de noodrem trekken.*

Notbremsung ⟨v.⟩ **0.1** ***noodstop.***

Notbrücke ⟨v.⟩ **0.1** ***provisorische brug.***

Notdurft ⟨v.; ~⟩⟨schr.⟩ **0.1** ***natuurlijke behoefte(n)*** ◆ **3.1** die ~ verrichten *zijn behoefte doen.*

notdürftig **0.1** ***gebrekkig, nauwelijks voldoende*** ◆ **3.1** ~ bekleidet *schamel gekleed;* etwas ~ reparieren *iets zo goed en zo kwaad als het gaat herstellen.*

Note ⟨v.; ~, ~n⟩ **0.1** ***(muziek)noot*** **0.2** ⟨mv.⟩ ***muziek*** ⇒*noten-, muziekboek* **0.3** ***cijfer, beoordeling*** **0.4** ***bankbiljet*** **0.5** ***(diplomatieke) nota*** **0.6** ⟨fig.⟩ ***cachet, tint(je)*** **0.7** ⟨schr.⟩ ***noot*** ⇒*aantekening* ◆ **1.3** jmdm. die ~ Eins geben *iem. een tien geven* **3.6** jmdm., einer Sache eine persönliche ~ geben, verleihen *iem., een zaak een persoonlijk cachet geven* **6.2** **nach** ~n, **ohne** ~n singen, spielen *van het blad, zonder noten zingen, spelen* **6.3** eine gute ~ **in** Englisch *een hoog cijfer voor Engels* **6.¶** ⟨inf.; scherts.⟩ (wie) **nach** ~n gehen *(als) van een leien dakje lopen.*

Notenaustausch ⟨m.⟩ **0.1** ***uitwisseling van diplomatieke nota's.***

Notenbank ⟨v.; mv. ~en⟩ **0.1** ***circulatiebank*** ⇒*centrale bank.*

Notenblatt ⟨o.⟩ **0.1** ***muziekblad.***

Notendurchschnitt ⟨m.⟩ **0.1** ***gemiddeld cijfer.***

Notenlinie ⟨v.⟩ **0.1** ***notenlijn.***

Notenpapier ⟨o.⟩ **0.1** ***muziekpapier.***

Notenschlüssel ⟨m.⟩ **0.1** ***muziek-, toonsleutel.***

Notenschrift ⟨v.⟩ **0.1** ***muziekschrift.***

Notenständer ⟨m.⟩ **0.1** ***muzieklessenaar.***

Notensystem ⟨o.⟩ **0.1** ***punten-, beoordelingssysteem.***

Notenwechsel ⟨m.⟩ **0.1** ***uitwisseling van diplomatieke nota's.***

Noterbe ⟨m.⟩ **0.1** ***legitimaris.***

Notfall ⟨m.⟩ **0.1** ***noodgeval*** ◆ **6.1** **im** ~ *in geval van nood.*

notfalls **0.1** ***in geval van nood.***

Notfeuer ⟨o.⟩ **0.1** ***noodvuur.***

Notfrequenz ⟨v.⟩⟨tech.⟩ **0.1** ***voor noodgevallen voorbehouden frequentie.***

notgedrungen **0.1** ***noodgedwongen.***

Notgeld ⟨o.⟩ **0.1** ***noodgeld.***

Notgemeinschaft ⟨v.⟩ **0.1** ⟨vereniging van mensen die samen een euvel willen verhelpen⟩ **0.2** ⟨groep mensen in nood⟩.

Notgroschen ⟨m.⟩ **0.1** ***spaarpenning, appeltje voor de dorst.***

Nothelfer ⟨m.⟩ **0.1** ***helper in de nood*** **0.2** ⟨rel.⟩ ***noodhelper.***

Nothilfe ⟨v.⟩ **0.1** ***eerste hulp (bij ongevallen)*** **0.2** ⟨jur.⟩ ***hulp in de nood.***

notieren **I** ⟨onov.ww.; h.⟩⟨ec.⟩ **0.1** ***genoteerd worden*** ◆ **1.1** der Gulden notierte zum Vortageskurs *de gulden stond hetzelfde als de dag tevoren genoteerd;*
II ⟨ov.ww.⟩ **0.1** ***noteren*** ⇒*opschrijven* **0.2** ⟨ec.⟩ ***noteren*** ◆ **1.1** die Vorgänge nicht ~ *geen notitie nemen van wat er gebeurt.*

Notierung ⟨v.; ~, ~en⟩ **0.1** ***notering, notatie*** **0.2** ⟨ec.⟩ ***notering*** ⇒*genoteerde koers, prijs.*

notifizieren ⟨dipl.⟩ **0.1** ***notificeren*** ⇒*in een diplomatieke nota meedelen.*

nötig **0.1** ***nodig*** ⇒*vereist, noodzakelijk* ◆ **3.1** etwas ~ brauchen *iets dringend nodig hebben;* du hast es (gerade) ~! *vooral jij moet dat doen, zeggen!* **6.1** es fehlt **am** Nötigsten *het hoogstnodige ontbreekt.*

nötigen **0.1** ***noodzaken, dwingen*** ⇒*nopen* **0.2** ***noden, dringend uitnodigen*** ◆ **3.1** sich zu etwas genötigt sehen *zich tot iets genoodzaakt, gedwongen zien* **6.1** ⟨jur.⟩ jmdn. **mit** Gewalt ~ *iem. verkrachten* **6.2** jmdn. **zum** Essen ~ *iem. uitnodigen op het eten.*

nötigenfalls **0.1** ***indien nodig.***

Nötigung ⟨v.; ~, ~en⟩ **0.1** ***dringende uitnodiging, dringend verzoek*** **0.2** ⟨g.mv.; schr.⟩ ***dwingende reden, dwang*** **0.3** ⟨jur.⟩ ***ongeoorloofde dwang.***

Notiz ⟨v.; ~, ~en⟩ **0.1** ***notitie*** **0.2** ***(kort kranten)bericht*** **0.3** ⟨ec.⟩ ***notering*** ⇒*genoteerde prijs, koers* ◆ **3.1** ~ von etwas, jmdm. nehmen *notitie van iets, iem. nemen.*

Notizblock ⟨m.; mv. ~s of ~̈e⟩ **0.1** ***notitieblok.***

Notlage ⟨v.⟩ **0.1** ***noodsituatie.***

notlanden **0.1** ***een noodlanding (laten) maken.***

notleidend **0.1** ***noodlijdend.***

Notleiter ⟨v.⟩ **0.1** ***brandladder.***

Notlösung ⟨v.⟩ **0.1** ***noodoplossing.***

Notlüge ⟨v.⟩ **0.1** ***noodleugen, leugen om bestwil.***

Notmaßnahme ⟨v.⟩ **0.1** ***noodmaatregel.***

Notopfer ⟨o.⟩ **0.1** ***bijzondere (tijdelijke) belasting.***

notorisch **0.1** ***notoir*** ⇒*berucht* **0.2** ⟨jur.⟩ ***(bij) het gerecht bekend.***

Notpfennig ⟨m.⟩ →**Notgroschen.**

Notruf ⟨m.⟩ **0.1** ***dringende oproep*** ⇒*noodsein* **0.2** ⟨telefoonnummer van politie en brandweer⟩ **0.3** ***noodroep*** ⟨van dieren⟩.

Notrufnummer ⟨v.⟩ **0.1** ***alarmnummer.***

Notrufsäule ⟨v.⟩ **0.1** ***praatpaal.***

Notsignal ⟨o.⟩ **0.1** ***noodsein, -signaal.***

Notsitz ⟨m.⟩ **0.1** ***klapstoeltje*** ⟨bv. in bus, trein, zaal⟩.

Notstand ⟨m.⟩ **0.1** ***noodsituatie*** **0.2** ⟨jur.⟩ ***nood-, uitzonderingstoestand*** ◆ **3.2** den ~ ausrufen, verkünden *de noodtoestand uitroepen, afkondigen.*

Notstandsgebiet ⟨o.⟩ **0.1** ***rampgebied.***

Notstandsgesetz ⟨o.⟩ **0.1** ***nood-, uitzonderingswet*** ⟨bij noodtoestand⟩.

Notstromaggregat ⟨o.⟩ **0.1** ***noodaggregaat.***

Notunterkunft ⟨v.⟩ **0.1** ***noodwoning, -behuizing.***

Notverband ⟨m.⟩ **0.1** ***nood-, snelverband.***

Notwehr ⟨v.⟩⟨jur.⟩ **0.1** ***noodweer.***

notwendig **0.1** ***noodzakelijk*** ⇒*vereist, onontbeerlijk* **0.2** ***noodzakelijk*** ⇒*onvermijdelijk* ◆ **3.1** ⟨inf.⟩ ich muß mal ~ *ik moet hoognodig naar het toilet* **7.1** das Notwendigste *het allernoodzakelijkste.*

notwendigerweise **0.1** ***noodzakelijkerwijs.***

Notwendigkeit ⟨v.; ~, ~en⟩ **0.1** ***noodzaak, noodzakelijkheid.***

Notzeichen ⟨o.⟩ **0.1** ***noodsein, -signaal.***

Notzucht ⟨v.⟩⟨jur.⟩ **0.1** ***verkrachting*** ◆ **3.1** an jmdm. ~ begehen, verüben *iem. verkrachten.*

notzüchtigen ⟨jur.⟩ **0.1** ***verkrachten, schofferen.***
Nougat ⟨m. & o.; ~s, ~s⟩⟨cul.⟩ **0.1** ***noga.***
Novation ⟨v.; ~, ~en⟩ **0.1** ***novatie*** ⇒*vernieuwing.*
Novelle ⟨v.; ~, ~n⟩⟨jur., lit.⟩ **0.1** ***novelle.***
novellieren ⟨jur.⟩ **0.1** ***v.e. novelle voorzien.***
November ⟨m.; ~(s), ~⟩ **0.1** ***november*** ◆ **6.1 im** ~ *in november* **7.1** der ~ *(de maand) november.*
Novität ⟨v.; ~, ~en⟩ **0.1** ***noviteit, nieuwigheid.***
Novize ⟨m.; ~n, ~n⟩⟨rel.⟩ **0.1** ***novice.***
Novum ⟨o.; ~s, Nova⟩⟨schr.⟩ **0.1** ***nieuwigheid, novum*** ⇒ *nieuw feit.*
Nr. ⟨afk.⟩ →**Nummer.**
NRT ⟨afk.⟩ →**Nettoregistertonne.**
NS ⟨afk.⟩ →**Nachschrift; nach Sicht; Nationalsozialismus.**
Nu ⟨o.⟩⟨inf.⟩ ◆ **6.¶ im,** in einem ~ *in een wip, in een oogwenk.*
Nuance ⟨v.; ~, ~n⟩ **0.1** ***nuance*** ⇒*fijn onderscheid* ◆ **6.1 um** eine ~ anders *een tikkeltje anders.*
nuancieren 0.1 ***nuanceren*** ⇒*schakeren* ◆ **1.1** eine nuancierte Darstellung *een genuanceerd beeld.*
nüchtern 0.1 ***nuchter*** **0.2** ***nuchter*** ⇒*niet dronken* **0.3** ***nuchter*** ⇒*zakelijk, koel* ◆ **1.1** auf ~en Magen *op de nuchtere maag;* ⟨inf.; fig.⟩ das war ein Schreck auf ~en Magen *was dát even schrikken!* **1.3** ein ~er Bericht *een nuchter, zakelijk verslag.*
nuckeln ⟨inf.⟩ **I** ⟨onov.ww.⟩ **0.1** ***zuigen*** ⇒*duimzuigen;* **II** ⟨ov.ww.⟩ **0.1** ***met kleine slokjes drinken*** **0.2** ***zuigen.***
Nudel ⟨v.; ~, ~n⟩ **0.1** ***noedel*** ⇒*meel-, deegballetje, vermicelli* **0.2** ⟨inf.; scherts.⟩ ***mens*** ◆ **2.2** eine dicke ~ *een dikke tante.*
nudeldick ⟨inf.⟩ **0.1** ***dik en rond.***
Nudelholz ⟨o.⟩ **0.1** ***deegroller.***
Nudelsuppe ⟨v.⟩ **0.1** ***vermicellisoep.***
Nudismus ⟨m.; ~⟩ **0.1** ***nudisme.***
Nudität ⟨v.; ~, ~en⟩ **0.1** ***nuditeit, naaktheid*** **0.2** ***nuditeit*** ⇒ *voorstelling van naakte figuren.*
Nugat ⟨o.; ~s⟩ **0.1** ***noga.***
nuklear 0.1 ***nucleair, kern-.***
Nuklearkrieg ⟨m.⟩ **0.1** ***kern-, atoomoorlog.***
Nuklearmacht ⟨v.⟩ **0.1** ***kernmogendheid.***
Nuklearphysik ⟨v.⟩ **0.1** ***atoom-, kernfysica.***
Nukleus ⟨m.; ~, Nuklei⟩ **0.1** ***nucleus, kern.***
null 0.1 ***nul*** ◆ **1.1** ~ Grad *nul graden* **6.1** ⟨sp.⟩ eins **zu** ~ *één - nul* **8.1** ~ und nichtig *van nul en gener waarde.*
Null[1] ⟨v.; ~, ~en⟩ **0.1** ***nul*** ⟨cijfer⟩ **0.2** ***nul(punt)*** ⇒*vriespunt* **0.3** ⟨inf.; pej.⟩ ***nul*** ⟨persoon⟩ ◆ **1.1** ⟨inf.⟩ ~ Komma nichts *nul komma nul, helemaal niets;* ⟨inf.⟩ in ~ Komma nichts fertig sein *in een wip klaar zijn;* ⟨inf.⟩ Nummer ~ *nummer honderd, wc;* ⟨fig.⟩ die Stunde ~ *het uur nul* **2.1** gleich ~ sein *zo goed als nul, nihil zijn* **6.2 auf** ~ drehen, stellen *op nul draaien, uitschakelen;* ⟨fig.⟩ **unter** ~ sinken *onder het nulpunt zakken.*
Null[2] ⟨m. & o.; ~(s), ~s⟩⟨kaartspel⟩ **0.1** ***misère.***
nullachtfünfzehn ⟨inf.; pej.⟩ **0.1** ***allesbehalve origineel*** ⇒ *gewoontjes.*
Nullage ⟨v.⟩ **0.1** ***nulstand.***
Nullbock ⟨m.⟩⟨jeugdtaal⟩ **0.1** ***volkomen desinteresse.***
Nulldiät ⟨v.⟩ **0.1** ***calorieloos dieet.***
Nulleiter ⟨m.⟩ **0.1** ***nul-, middenleider.***
Nullinie ⟨v.⟩ **0.1** ***nullijn.***
Nullmenge ⟨v.⟩⟨wisk.⟩ **0.1** ***lege verzameling.***
Nullmeridian ⟨m.⟩ **0.1** ***nulmeridiaan.***
Null-Null ⟨o.; ~, ~(s)⟩⟨inf.⟩ **0.1** ***nummer honderd, wc.***
Nullösung, Nulloption ⟨v.⟩⟨pol.⟩ **0.1** ***nuloptie.***
Nullpunkt ⟨m.⟩ **0.1** ***nulpunt*** ⟨ook fig.⟩ ⇒*vriespunt.*
Nullserie ⟨v.⟩ **0.1** ***nulserie.***
Nullspiel ⟨o.⟩⟨kaartspel⟩ **0.1** ***misère.***
Nullstellung ⟨v.⟩ **0.1** ***nulstand.***
Nulltarif ⟨m.⟩ **0.1** ***nultarief.***
Nullwachstum ⟨o.⟩ **0.1** ***nulgroei.***
numerieren 0.1 ***nummeren.***
numerisch 0.1 ***numeriek.***
Numerus clausus ⟨m.; ~⟩ **0.1** ***numerus fixus*** ⇒*studentenstop.*
Numismatik ⟨v.; ~⟩ **0.1** ***(munt- en) penningkunde, numismatiek.***
Nummer ⟨v.; ~, ~n⟩ **0.1** ***nummer*** ⇒*cijfer, getal* **0.2** ***maat*** ⇒ *grootte* **0.3** ***nummer*** ⇒*aflevering* **0.4** ***(programma)nummer*** **0.5** ⟨inf.⟩ ***nummer*** ⇒*(bijzondere) persoon* ◆ **2.1** ein Auto mit Kölner ~ *een auto met een Keuls nummerbord;* laufende ~ *lopend nummer* **2.2** eine ~ größer *een maat groter* **2.5** du bist mir eine feine, schöne ~! *je bent me ook een mooi nummer!;* als große ~ in etwas ⟨3e nv.⟩ gelten *als een kei in iets gelden* **2.¶** bei jmdm. eine große, gute ~ haben *bij iem. in een goed blaadje staan* **3.1** (nur) eine ~ sein *(maar) een nummer zijn* **4.2** ⟨inf.; fig.⟩ eine ~, einige ~n zu groß für jmdn. sein *iemands mogelijkheden, financiële draagkracht te boven gaan* **6.1 unter** der ~ ... zu erreichen *(telefonisch) te bereiken onder nr....* **6.¶** ⟨inf.⟩ **auf** ~ Sicher gehen *geen risico nemen, het zekere voor het onzekere nemen.*
nummerieren ⟨nw.spel.⟩ →**numerieren.**
Nummernscheibe ⟨v.⟩ **0.1** ***kiesschijf.***
Nummernschild ⟨o.⟩ **0.1** ***nummerplaat, -bord*** ⇒*autonummer* **0.2** ***nummerplaatje.***
nun[1] ⟨bw.⟩ **0.1** ***nu*** ⇒*nou, op dit ogenblik* ◆ **3.1** ⟨inf.⟩ was sagst du ~? *wat zeg je daar nou van?* **4.1** was ~? *wat nu (gedaan)?* **8.1** ~ und nimmer(mehr) *nu niet en nooit.*
nun[2] ⟨tw.⟩ **0.1** ***nu*** ⇒*nou, welnu* ◆ **5.1** ~ denn! *komaan, vooruit!;* ~ (ein)mal *nu eenmaal;* ~ erst recht!, ~ gerade! *juist nu!;* ~ gut, ~ schön! *nou goed!, okay!;* ~, ~! *nou nou!*
nunmehr ⟨schr.⟩ **0.1** ***nu, thans*** ⇒*voortaan.*
Nuntiatur ⟨v.; ~, ~en⟩ **0.1** ***nuntiatuur.***
Nuntius ⟨m.; ~, Nuntien⟩ **0.1** ***nuntius.***
nur 0.1 ***slechts, alleen*** ⇒*maar* **0.2** ***toch (maar)*** ⇒*maar* ◆ **1.2** ~ Geduld! *geduld maar!* **3.2** ⟨inf.⟩ was hast du ~? *wat heb jij toch?;* er soll ~ kommen! *laat hem maar komen!* **5.1** ~ (dann), wenn ... *alleen, indien ...;* nicht ~ ..., (sondern) auch ... *niet alleen ..., (maar) ook ...;* ~ noch frecher werden *alleen maar brutaler worden;* ⟨inf.⟩ es regnete ~ so *het regende dat het goot;* etwas einfach ~ so sagen *iets zomaar zeggen;* ~ zu! *vooruit (maar)!, toe maar!* **5.2** ⟨inf.⟩ ~ her damit! *geef op!;* ⟨inf.⟩ ich meine (ja) ~ so *ik bedoel maar* **5.¶** ⟨inf.⟩ aber ~! *en of!*
Nürnberg ⟨o.; ~s⟩ **0.1** ***Neurenberg.***
nuscheln ⟨inf.⟩ **0.1** ***onduidelijk praten.***
Nuß ⟨v.; ~, Nüsse⟩ **0.1** ***noot*** ⟨vrucht⟩ **0.2** ⟨inf.; pej.⟩ ***persoon, mens*** **0.3** ⟨cul.⟩ ***fricandeau*** ◆ **2.1** ⟨fig.⟩ eine harte ~ *een harde noot;* eine taube ~ *een loze noot;* ⟨fig.⟩ eine taube ~ sein *voor niets deugen* **2.2** eine blöde, dumme ~ *een stommeling* **3.1** ⟨inf.; fig.⟩ jmdm. eine harte, manche ~ zu knacken geben *iem. een harde, kwade noot te kraken geven* **6.¶** ⟨inf.⟩ jmdm. eins **auf** die ~ geben *iem. op zijn kop slaan.*
Nußbaum ⟨m.⟩ **0.1** ***notenboom*** **0.2** ***notenhout.***
Nußgebäck ⟨o.⟩ **0.1** ***notengebak.***
Nußknacker ⟨m.⟩ **0.1** ***notenkraker.***
Nußschale ⟨v.⟩ **0.1** ***notendop*** ⟨ook fig.⟩.
Nüster ⟨v.; ~, ~n⟩ **0.1** ***(wijd) neusgat.***
Nut ⟨v.; ~, ~en⟩ **0.1** ***groef, sponning, sleuf.***
Nutte ⟨v.; ~, ~n⟩⟨inf.⟩ **0.1** ***hoer.***
Nutzanwendung ⟨v.⟩ **0.1** ***toepassing*** ⇒*nuttig gebruik* **0.2** ***(nuttige) les.***

nutzbar 0.1 ***nuttig, bruikbaar*** ⇒*vruchtbaar* ◆ **3.1** sich ⟨3e nv.⟩ etwas ~ machen *zich iets ten nutte maken.*
Nutzbau ⟨m.; mv.~ten⟩ **0.1** ***utiliteitsgebouw.***
nutzbringend 0.1 ***nuttig*** ⇒*productief* **0.2** ***winstgevend.***
nütze ◆ **3.¶** (zu) etwas ~ sein *tot iets dienen, voor iets deugen.*
Nutzeffekt ⟨m.⟩ **0.1** ***nuttig effect*** ⇒*rendement.*
nutzen, nützen I ⟨onov.ww.; h.⟩ **0.1** ***nuttig zijn*** ⇒*helpen, baten* ◆ **4.1** wem soll das ~? *wie is daarmee geholpen?* **6.1 wozu** nutzt, nützt das alles? *waartoe dient dat allemaal?;* **II** ⟨ov.ww.⟩ **0.1** ***(nuttig) gebruiken, zich ten nutte maken, benutten*** ⇒*exploiteren* ◆ **1.1** eine Gelegenheit ~ *een gelegenheid benutten;* nütze den Tag! *pluk de dag!* **5.1** etwas industriell ~ *iets industrieel exploiteren.*
Nutzen ⟨m.; ~s⟩ **0.1** ***nut*** ⇒*voordeel, winst, opbrengst* ◆ **3.1** von etwas ~ haben *van iets nut, voordeel hebben;* aus etwas (einen, seinen) ~ ziehen *met iets zijn voordeel doen* **6.1** etwas **mit** ~ verkaufen *iets met winst verkopen;* ich habe das Buch **mit** viel ~ gelesen *het lezen van dat boek is erg nuttig voor mij geweest;* **von** ~ sein *van nut zijn.*
Nutzen-Kosten-Analyse ⟨v.⟩ **0.1** ***kosten-batenanalyse.***
Nutzfahrzeug ⟨o.⟩ **0.1** ***voertuig voor het transport van personen en goederen, bedrijfsauto.***
Nutzfläche ⟨v.⟩ **0.1** ***(bedrijfs)ruimte, oppervlakte.***
Nutzgarten ⟨m.⟩ **0.1** ***groente-, moestuin.***
Nutzholz ⟨o.⟩ **0.1** ***timmer-, werkhout.***
Nutzlast ⟨v.⟩ **0.1** ***nuttige last*** **0.2** ⟨bouwk.⟩ ***nuttige belasting.***
Nutzleistung ⟨v.⟩ **0.1** ***nuttig effect*** ⇒*rendement.*
nützlich 0.1 ***nuttig*** ⇒*bruikbaar, voordelig* ◆ **3.1** sich ~ machen *zich nuttig maken.*
Nützlichkeit ⟨v.; ~⟩ **0.1** ***nut(tigheid).***
Nützlichkeitsprinzip ⟨o.⟩ **0.1** ***nuttigheidsprincipe.***
nutzlos 0.1 ***nutteloos*** ⇒*vruchteloos, (te)vergeefs.*
nutznießen ⟨schr.⟩ **0.1** ***profiteren.***
Nutznießung ⟨v.; ~⟩ **0.1** ⟨schr.⟩ ***het profiteren*** ⇒*voordeel* **0.2** ⟨jur.⟩ ***vruchtgebruik.***
Nutzpflanze ⟨v.⟩ **0.1** ***nuttig gewas*** ⇒*voedingsgewas.*
Nutzung ⟨v.; ~, ~en⟩ **0.1** ***gebruik(making)*** ⇒*exploitatie.*
Nutzungsrecht ⟨o.⟩ **0.1** ***exploitatie-, gebruiksrecht.***
Nylon ⟨o.; ~s⟩ **0.1** ***nylon.***
Nymphe ⟨v.; ~, ~n⟩⟨biol., gesch.⟩ **0.1** ***nimf.***
nymphoman(isch) 0.1 ***nymfomaan.***

o, O ⟨o.; ~, ~⟩ **0.1** ***o, O*** ⇒*klank o, letter o, O.*
Oase ⟨v.; ~, ~n⟩ **0.1** ***oase.***
ob[1] ⟨vz.⟩⟨schr.⟩ **0.1** ⟨vz. + 2⟩ ***wegens*** ⇒*om* **0.2** ⟨vz. + 3⟩ ***boven*** ◆ **1.2** Rothenburg ~ der Tauber *Rothenburg aan de Tauber.*
ob[2] ⟨vw.⟩ **0.1** ***of*** ⇒*hetzij* **0.2** ***alsof*** **0.3** ***al*** ⇒*hoewel, hoezeer* ◆ **8.1** ~ arm, ~ reich *hetzij arm, of rijk;* ⟨inf.⟩ und ~! *en of!*
OB ⟨m.⟩⟨afk.⟩ →**Oberbürgermeister.**
Obacht ⟨v.; ~⟩ **0.1** ***oplettendheid*** ⇒*acht, zorg* ◆ **3.1** auf jmdn. ~ geben *op iem. letten, passen.*
Obdach ⟨o.; ~s⟩ **0.1** ***onderdak*** ⇒*(tijdelijk) onderkomen* **0.2** ***onderdak*** ⇒*woning.*
obdachlos 0.1 ***dakloos*** ⇒*zonder onderdak.*
Obdachlose(r) ⟨bn. als zn.⟩ **0.1** ***dakloze.***
Obduktion ⟨v.; ~, ~en⟩ **0.1** ***lijkopening*** ⇒*lijkschouwing, sectie.*
obduzieren 0.1 ***een lijk openen*** ⇒*sectie verrichten.*
Obedienz ⟨v.; ~, ~en⟩⟨rel.⟩ **0.1** ***obediëntie*** ⇒*gehoorzaamheid.*
O-Beine ⟨alleen mv.⟩ **0.1** ***o-benen*** ⇒*hoepelbenen.*
Obelisk ⟨m.; ~en, ~en⟩ **0.1** ***obelisk*** ⇒*gedenknaald.*
oben 0.1 ***boven*** ◆ **3.1** ⟨fig.⟩ sich ~ halten *het hoofd boven water houden* **6.1** ⟨inf.⟩ die Sache steht mir **bis** ~ *ik heb er schoon genoeg van;* ⟨inf.⟩ ~ **ohne** *zonder bh, topless;* jmdn. **von** ~ herab behandeln *iem. uit de hoogte behandelen;* **von** ~ bis unten *van top tot teen.*
obenan 0.1 ***bovenaan*** ⇒*op de eerste plaats* ◆ **3.1** er sitzt bei Tisch ~ *hij zit aan het hoofd van de tafel.*
obenauf 0.1 ***bovenop*** ⇒*boven al het andere* ◆ **3.1** ⟨inf.; fig.⟩ immer ~ sein *altijd opgewekt zijn.*
obendrauf ⟨inf.⟩ **0.1** ***bovenop*** ⇒*helemaal boven.*
obendrein 0.1 ***bovendien*** ⇒*daarenboven, daar komt nog bij.*
oben|erwähnt, -genannt 0.1 ***voornoemd*** ⇒*bovengenoemd.*
obenhin 0.1 ***oppervlakkig*** ⇒*vluchtig, terloops.*
obenhinaus ⟨fig.⟩ ◆ **3.¶** ~ wollen *hogerop willen.*
ober 0.1 ***hoger*** ⇒*daarboven, bovenst* ◆ **1.1** die ~e Donau *de bovenloop van de Donau;* die ~e Hälfte *de bovenste helft;* die ~en Schichten *de hogere lagen van de bevolking.*
Ober ⟨m.; ~s, ~⟩ **0.1** ***ober, kelner*** **0.2** ⟨sp.⟩ ***heer*** ⟨Duitse speelkaart⟩.
Oberarm ⟨m.⟩ **0.1** ***bovenarm.***
Oberarzt ⟨m.⟩ **0.1** ***plaatsvervangend chef-arts.***
Oberaufsicht ⟨v.⟩ **0.1** ***oppertoezicht*** ⇒*supervisie.*
Oberbau ⟨m.; mv.~ten⟩ **0.1** ***bovenbouw*** **0.2** ⟨tech.⟩ ***spoorbaan.***
Oberbauch ⟨m.⟩ **0.1** ***maagstreek.***
Oberbefehlshaber ⟨m.⟩ **0.1** ***opperbevelhebber.***
Oberbegriff ⟨m.⟩ **0.1** ***samenvattend, hoger begrip.***
Oberbekleidung ⟨v.⟩ **0.1** ***bovenkleding.***
Oberbett ⟨o.⟩ **0.1** ***dekbed.***
Oberbewußtsein ⟨o.⟩⟨psych.⟩ **0.1** ***bovenbewustzijn.***
Oberbürgermeister ⟨m.⟩ **0.1** ***burgemeester*** ⟨v.e. grote stad⟩.
Oberdeck ⟨o.⟩ **0.1** ⟨scheep.⟩ ***opper-, bovendek*** **0.2** ***bovenverdieping*** ⟨v.e. autobus⟩.
oberdeutsch ⟨taal.⟩ **0.1** ***Opper-Duits.***
Obere(r) ⟨bn. als zn.⟩ **0.1** ***meerdere*** ⇒*superieur* **0.2** ***overste*** ⟨in klooster⟩.

oberfaul ⟨inf.⟩ **0.1** ***zeer bedenkelijk*** *⇒erg slecht.*
Oberfeldwebel ⟨m.⟩⟨mil.⟩ **0.1** ***sergeant-majoor, opperwachtmeester.***
Oberfläche ⟨v.⟩ **0.1** ***oppervlak*** *⇒oppervlakte.*
oberflächig **0.1** ***oppervlakkig.***
oberflächlich **0.1** ***oppervlakkig*** *⇒vluchtig.*
obergärig **0.1** ***bovengistend.***
Obergefreite(r) ⟨bn. als zn.; m.⟩ **0.1** ***korporaal.***
Obergeschoß ⟨o.⟩ **0.1** ***bovenverdieping*** *⇒bovenhuis.*
Obergrenze ⟨v.⟩ **0.1** ***bovengrens.***
oberhalb ⟨vz. + 2⟩ **0.1** ***boven*** *⇒hoger gelegen dan.*
Oberhand ⟨v.⟩⟨fig.⟩ **0.1** ***boven-, overhand.***
Oberhaupt ⟨o.⟩ **0.1** ***leider*** *⇒hoofd, opperhoofd.*
Oberhaus ⟨o.⟩⟨pol.⟩ **0.1** ***Hogerhuis.***
Oberhaut ⟨v.⟩ **0.1** ***opperhuid.***
Oberhemd ⟨o.⟩ **0.1** ***overhemd.***
Oberherrschaft ⟨v.⟩ **0.1** ***soevereiniteit*** *⇒opperheerschappij.*
Oberhirte ⟨m.⟩⟨rel.⟩ **0.1** ***opperherder*** *⇒geestelijk leider.*
Oberhoheit ⟨v.⟩ **0.1** ***hoogste macht.***
Oberin ⟨v.; ~, ~nen⟩ **0.1** ***(moeder-)overste*** ⟨v.e. klooster⟩ **0.2** ***directrice*** ⟨v.e. ziekenhuis⟩.
Oberinspektor ⟨m.⟩ **0.1** ***hoofdinspecteur.***
oberirdisch **0.1** ***bovengronds.***
Oberkante ⟨v.⟩ **0.1** ***bovenkant.***
Oberkellner ⟨m.⟩ **0.1** ***1e kelner*** *⇒ober, kelner.*
Oberkiefer ⟨m.⟩ **0.1** ***bovenkaak.***
Oberklasse ⟨v.⟩ **0.1** ***hogere klasse.***
Oberkleid ⟨o.⟩ **0.1** ***bovenkleed*** *⇒opperkleed* **0.2** ***(boven)-jurk.***
Oberkleidung ⟨v.⟩ **0.1** ***bovenkleding.***
Oberkommando ⟨o.⟩ **0.1** ***opperbevel.***
Oberkörper ⟨m.⟩ **0.1** ***bovenlichaam.***
Oberland ⟨o.⟩ **0.1** ***hoogland*** *⇒bergland.*
Oberländer ⟨m.; ~s, ~⟩ **0.1** ***hoogland-, berglandbewoner.***
Oberlandesgericht ⟨o.⟩ **0.1** ***gerechtshof*** ⟨hoogste rechtscollege in een deelstaat⟩.
oberlastig ⟨scheep.⟩ **0.1** ***overlastig.***
Oberlauf ⟨m.⟩ **0.1** ***bovenloop.***
Oberleder ⟨o.⟩ **0.1** ***bovenleer.***
Oberlehrer ⟨m.⟩ **0.1** ***hoofdonderwijzer.***
Oberleitung ⟨v.⟩ **0.1** ***hoofdleiding*** *⇒hoogste leiding* **0.2** ***bovenleiding.***
Oberleitungsomnibus ⟨m.⟩ **0.1** ***trolleybus.***
Oberleutnant ⟨m.⟩ **0.1** ***1e luitenant.***
Oberlicht ⟨o.⟩ **0.1** ***vallicht*** *⇒bovenlicht* **0.2** ***bovenvenster.***
Oberliga ⟨v.⟩⟨sp.⟩ **0.1** ***eredivisie.***
Oberlippe ⟨v.⟩ **0.1** ***bovenlip.***
Oberlippenbart ⟨m.⟩ **0.1** ***snor.***
Oberprima ⟨v.⟩ **0.1** ⟨hoogste klas v.e. Duits gymnasium⟩.
Oberrichter ⟨m.⟩ **0.1** ***opperrechter.***
Obers ⟨o.; ~⟩⟨Oostr.⟩ **0.1** ***room.***
Oberschenkel ⟨m.⟩ **0.1** ***dij(been).***
Oberschicht ⟨v.⟩ **0.1** ***bovenlaag v.d. bevolking.***
Oberschule ⟨v.⟩ **0.1** ***school voor vwo.***
Oberschüler ⟨m.⟩ **0.1** ***leerling v.h. vwo.***
Oberschulrat ⟨m.⟩ **0.1** ***hoofdinspecteur v.h. onderwijs.***
Oberschwester ⟨v.⟩ **0.1** ***hoofdzuster, -verpleegster.***
Oberseite ⟨v.⟩ **0.1** ***bovenzijde.***
Obersekunda ⟨v.⟩ **0.1** ⟨7e klas v.e. Duits gymnasium⟩.
oberst ⟨overtr. trap van 'ober'⟩ **0.1** ***hoogst*** *⇒opperst, bovenst, helemaal boven.*
Oberst ⟨m.; ~en, ~en⟩ **0.1** ***kolonel.***
Oberstaatsanwalt ⟨m.⟩ **0.1** ***(hoofd)officier van justitie*** *⇒ procureur-generaal.*
Oberstadtdirektor ⟨m.⟩ **0.1** ***gemeentesecretaris.***
oberständig ⟨plantk.⟩ **0.1** ***bovenstandig.***
Oberstimme ⟨v.⟩ **0.1** ***bovenstem*** *⇒hoogste stem.*
Oberstleutnant ⟨m.⟩ **0.1** ***luitenant-kolonel*** *⇒overste.*
Oberstock ⟨m.⟩ **0.1** ***bovenverdieping.***
Oberstübchen ⟨o.⟩⟨inf.; scherts.⟩ **0.1** ***hoofd*** *⇒bovenkamer* ◆ **6.1** er ist **im** ~ nicht ganz richtig *hij is niet goed bij zijn verstand.*
Oberstudiendirektor ⟨v.⟩ **0.1** ***rector bij het vwo.***
Oberstufe ⟨v.⟩ **0.1** ⟨school.⟩ ***bovenbouw, hogere klassen*** **0.2** ***hogere klasse.***
Obertasse ⟨v.⟩ **0.1** ***kopje.***
Obertaste ⟨v.⟩⟨muz.⟩ **0.1** ***zwarte toets.***
Oberteil ⟨m.⟩ **0.1** ***bovendeel.***
Obertertia ⟨v.⟩ **0.1** ⟨5e klas v.e. Duits gymnasium⟩.
Oberwasser ⟨o.⟩ **0.1** ***opgestuwd water*** ◆ **3.¶** ~ haben *in het voordeel zijn.*
Oberweite ⟨v.⟩ **0.1** ***bovenwijdte.***
Oberzahn ⟨m.⟩ **0.1** ***boventand.***
obgleich **0.1** ***hoewel*** *⇒ofschoon, al.*
Obhut ⟨v.; ~⟩ **0.1** ***hoede*** *⇒bescherming, zorg.*
obig **0.1** ***bovenstaand*** *⇒bovengenoemd.*
Objekt ⟨o.; ~(e)s, ~e⟩ **0.1** ***object*** *⇒voorwerp.*
objektiv **0.1** ***objectief*** ◆ **3.1** ~ urteilen *onpartijdig oordelen.*
Objektiv ⟨o.; ~s, ~e⟩⟨foto.⟩ **0.1** ***objectief.***
objektivieren **0.1** ***objectiveren.***
Objektivität ⟨v.; ~⟩ **0.1** ***objectiviteit.***
Objektsatz ⟨m.⟩⟨taal.⟩ **0.1** ***voorwerpszin.***
Objektträger ⟨m.⟩⟨nat.⟩ **0.1** ***objectglas.***
Oblate[1] ⟨m.; ~n, ~n⟩ **0.1** ***oblaat*** *⇒kloosterling.*
Oblate[2] ⟨v.; ~, ~n⟩ **0.1** ***hostie*** *⇒ouwel* **0.2** ***oblie.***
obliegen ⟨acc. wiss.⟩ **0.1** ***als taak, plicht hebben.***
Obliegenheit ⟨acc. wiss.⟩⟨v.; ~, ~en⟩ **0.1** ***taak, plicht*** *⇒verplichting* **0.2** ***bezigheid, werk.***
obligat **0.1** ***obligaat.***
Obligation ⟨v.; ~, ~en⟩ **0.1** ***obligatie.***
obligatorisch **0.1** ***obligatoir, verplicht.***
Obligo ⟨o.; ~s, ~s⟩ **0.1** ***obligo, verplichting*** **0.2** ⟨ec.⟩ ***waarborg, garantie.***
Obmann ⟨m.; mv. ⸚er of Obleute⟩ **0.1** ***voorzitter*** *⇒leider.*
Oboe ⟨v.; ~, ~n⟩ **0.1** ***hobo.***
Oboist ⟨m.; ~en, ~en⟩ **0.1** ***hoboïst.***
Obolus ⟨m.; ~, ~se⟩ **0.1** ***obool*** ⟨oude munt⟩ **0.2** ⟨fig.⟩ ***kleine bijdrage*** ◆ **3.2** seinen ~ entrichten, beisteuern *zijn steentje bijdragen.*
Obrigkeit ⟨v.; ~, ~en⟩ **0.1** ***overheid.***
obrigkeitlich **0.1** ***van de overheid, van overheidswege.***
Obrigkeitsstaat ⟨m.⟩ **0.1** ***autoritair geregeerde staat.***
obschon **0.1** ***ofschoon*** *⇒hoewel, al.*
Obsequien ⟨alleen mv.⟩ **0.1** ***uitvaart, rouwdienst.***
Observation ⟨v.; ~, ~en⟩ **0.1** ***observatie, waarneming.***
Observator ⟨m.; ~s, Observatoren⟩⟨ster.⟩ **0.1** ***observator.***
Observatorium ⟨o.; ~s, Observatorien⟩ **0.1** ***observatorium, sterrenwacht.***
observieren **0.1** ***observeren, waarnemen.***
obsiegen ⟨acc. wiss.⟩ **0.1** ***zegevieren, overwinnen.***
obskur **0.1** ***obscuur*** *⇒verdacht.*
Obskurität ⟨v.; ~⟩ **0.1** ***obscuriteit.***
obsolet **0.1** ***obsoleet, in onbruik geraakt.***
Obst ⟨o.; ~es⟩ **0.1** ***fruit*** ◆ **3.1** ⟨inf.; iron.⟩ ich danke für ~ und Südfrüchte *ik dank je lekker!*
Obstakel ⟨o.; ~s, ~⟩⟨vero.⟩ **0.1** ***obstakel, hinderpaal.***
Obst|anbau, -bau ⟨m.⟩ **0.1** ***fruitteelt.***
Obstbaum ⟨m.⟩ **0.1** ***fruit-, vruchtboom.***
Obsternte ⟨v.⟩ **0.1** ***fruitoogst.***

Obstessig ⟨m.⟩ **0.1** ***vruchtenazijn.***
Obstgarten ⟨m.⟩ **0.1** ***boomgaard.***
Obstgärtner ⟨m.⟩ **0.1** ***fruitteler.***
Obsthändler ⟨m.⟩ **0.1** ***fruithandelaar, -koopman.***
obstinat **0.1** ***obstinaat*** ⇒*weerbarstig.*
Obstkern ⟨m.⟩ **0.1** ***pit v.d. vrucht.***
Obstkuchen ⟨m.⟩ **0.1** ***vruchtengebak, -taart.***
Obstmesser ⟨o.⟩ **0.1** ***fruitmesje.***
obstreich **0.1** ***rijk aan fruit.***
Obstruktion ⟨v.; ~, ~en⟩ **0.1** ***obstructie, belemmering.***
obstruktiv **0.1** ***belemmerend, hinderlijk.***
Obstsaft ⟨m.⟩ **0.1** ***vruchtensap.***
Obstsalat ⟨m.⟩ **0.1** ***vruchtensalade.***
Obstwasser ⟨o.⟩ **0.1** ***vruchtenbrandewijn.***
Obstwein ⟨m.⟩ **0.1** ***vruchtenwijn.***
Obstzucht ⟨v.⟩ **0.1** ***fruit-, ooftteelt.***
obszön **0.1** ***obsceen*** ⇒*schunnig.*
Obszönität ⟨v.; ~, ~en⟩ **0.1** ***obsceniteit.***
Obus ⟨m.; ~, ~se⟩⟨afk.⟩ →**Oberleitungsomnibus.**
obwalten ⟨schr.⟩ **0.1** ***heersen*** ⇒*in vigeur zijn.*
obwohl **0.1** ***hoewel, ofschoon.***
Ochse ⟨m.; ~n, ~n⟩ **0.1** ***os*** **0.2** ⟨inf.⟩ ***stommeling, rund*** ◆ **8.1** dastehen wie ein ~ vorm Berg *ten einde raad zijn.*
ochsen ⟨inf.⟩ **I** ⟨onov.ww.⟩ **0.1** ***blokken, vossen;***
II ⟨ov.ww.⟩ **0.1** ***erin stampen.***
Ochsenauge ⟨o.⟩ **0.1** ***ossenoog*** **0.2** ⟨med.⟩ ***ziekelijke oogvergroting*** **0.3** ⟨plantk.⟩ ***ossenoog, wilde kamille*** **0.4** ⟨bouwk.⟩ ***rond dakvenster.***
Ochsengespann ⟨o.⟩ **0.1** ***span ossen.***
Ochsenmaulsalat ⟨m.⟩ **0.1** ***ossenkopsalade.***
Ochsenschwanzsuppe ⟨v.⟩ **0.1** ***ossenstaartsoep.***
Ochsentour ⟨v.⟩⟨inf.⟩ **0.1** ***moeizame weg*** ⇒*zwaar werk.*
Ochsenziemer ⟨m.⟩ **0.1** ***bullenpees.***
Ochsenzunge ⟨v.⟩ **0.1** ***ossentong.***
Ochserei ⟨v.; ~⟩⟨inf.⟩ **0.1** ***het eindeloos blokken.***
ochsig ⟨inf.; bel.⟩ **0.1** ***onbehouwen*** ⇒*lomp* **0.2** ***bar*** ⇒*erg.*
Ocker ⟨m. & o.; ~s, ~⟩ **0.1** ***oker, berggeel.***
ockergelb **0.1** ***okergeel.***
Ode ⟨v.; ~, ~n⟩⟨lit.⟩ **0.1** ***ode.***
öde **0.1** ***woest*** ⇒*onbewoond, kaal, doods* **0.2** ***verlaten*** ⇒ *eenzaam, leeg* **0.3** ⟨fig.⟩ ***saai*** ⇒*vervelend* ◆ **1.2** ein ~s Gefühl im Magen *een leeg, flauw gevoel in de maag* **1.3** ein ~r Kerl *een saaie vent.*
Öde ⟨v.; ~⟩ **0.1** ***woestenij*** **0.2** ***verlatenheid*** ⇒*eenzaamheid* **0.3** ⟨fig.⟩ ***saaiheid*** ◆ **2.3** eine geistige ~ *een innerlijke, geestelijke leegte.*
Odem ⟨m.; ~s⟩⟨schr.⟩ **0.1** ***adem.***
Ödem ⟨o.; ~s, ~e⟩ **0.1** ***oedeem.***
öden ⟨inf.⟩ **0.1** ***vervelen.***
oder **0.1** ***of*** ◆ **5.1** früher ~ später *vroeg of laat* **8.1** entweder du, ~ ich *óf jij, óf ik;* ~ aber, wir machen gar nicht mit *ofwel, we doen helemaal niet mee* ¶.**1** du kommst doch mit, ~? *je gaat toch mee, of niet soms?*
Ödigkeit ⟨v.; ~⟩ **0.1** ***leegte, verveling.***
Odium ⟨o.; ~s⟩ **0.1** ***odium*** ⇒*vijandschap* **0.2** ***odium*** ⇒*bijsmaak.*
Ödland ⟨o.⟩ **0.1** ***woestenij*** ⇒*woeste grond(en).*
Ödnis ⟨v.; ~, ~se⟩ **0.1** ***woestenij*** ⇒*verlatenheid.*
Odyssee ⟨v.; ~, ~n⟩ **0.1** ***odyssee*** ⟨heldendicht⟩ **0.2** ⟨fig.⟩ ***langdurige en moeitevolle (zwerf)tocht.***
Oeuvre, Œuvre ⟨o.; ~s, ~s⟩ **0.1** ***oeuvre.***
Ofen ⟨m.; ~s, ⸚⟩ **0.1** ***kachel*** ⇒*haard* **0.2** ***oven*** ◆ **2.1** ⟨inf.; fig.⟩ ein heißer ~ *een razendsnelle motorfiets, auto;* ⟨inf.; fig.⟩ jetzt ist der ~ aus! (a) *nu is alles voorbij* (b) *nu is mijn geduld op!* **6.1** **hinter** dem ~ hocken *altijd thuis zitten.*
ofenfrisch **0.1** ***versgebakken, ovenvers.***
Ofengabel ⟨v.⟩ **0.1** ***pook.***
Ofenkachel ⟨v.⟩ **0.1** ***tegel v.e. kachel.***
Ofenklappe ⟨v.⟩ **0.1** ***klep, deurtje v.e. kachel.***
Ofenloch ⟨o.⟩ **0.1** ***ovenmond.***
Ofenplatte ⟨v.⟩ **0.1** ***kachelplaat.***
Ofenrohr ⟨o.⟩ **0.1** ***kachelpijp.***
Ofenröhre ⟨v.⟩ **0.1** ***bakoven*** ⟨in een fornuis⟩.
Ofenschirm ⟨m.⟩ **0.1** ***haardscherm.***
Ofensetzer ⟨m.⟩ **0.1** ***kachelsmid*** **0.2** ***ovenbouwer.***
offen **0.1** ***open*** **0.2** ***openlijk*** **0.3** ***openhartig*** **0.4** ***los*** ⇒*niet verpakt* ◆ **1.1** ~e Fragen *onopgeloste problemen;* mit ~er Hand geben *royaal zijn;* unter ~em Himmel *onder de blote hemel;* eine ~e Stelle *een vacature;* auf ~er Straße *midden op straat;* Tag der ~en Tür *open dag* **1.2** mit ~er Verachtung *met onverholen verachting* **1.3** ein ~es Wort mit jmdm. reden *openhartig met iem. praten* **1.4** ~er Wein *wijn van 't vat* **3.3** ~ gestanden *eerlijk gezegd* **3.4** Milch ~ verkaufen *losse melk verkopen.*
offenbar **0.1** ***blijkbaar*** ⇒*klaarblijkelijk, kennelijk* **0.2** ***duidelijk*** ⇒*zichtbaar* ◆ **1.1** in der ~en Absicht *kennelijk met de bedoeling* **1.2** ein ~er Gegensatz *een flagrante tegenstelling.*
offenbaren **I** ⟨ov.ww.⟩ **0.1** ***openbaren*** ◆ **1.1** die Zeit wird es ~ *de tijd zal het leren;*
II **sich** ~ ⟨wk.ww.⟩ **0.1** ***zich openbaren*** ⇒*aan de dag treden, blijken te zijn.*
Offenbarung ⟨v.; ~, ~en⟩ **0.1** ***openbaring*** ⇒*plotseling inzicht* ◆ **3.1** jmds. ~en anhören *iemands onthullingen, bekentenis aanhoren.*
Offenbarungseid ⟨m.⟩⟨jur.⟩ **0.1** ***decisoire, beslissende eed.***
offenbleiben **0.1** ***openblijven, niet opgelost worden.***
offenhalten **0.1** ***openhouden*** ⇒*vrij houden, onbezet laten.*
Offenheit ⟨v.; ~⟩ **0.1** ***openheid*** ⇒*openhartigheid.*
offenherzig **0.1** ***openhartig*** **0.2** ⟨inf.; scherts.⟩ ***gedecolleteerd, laag uitgesneden.***
offenkundig **0.1** ***blijkbaar*** ⇒*klaarblijkelijk, kennelijk* **0.2** ***duidelijk*** ⇒*zichtbaar, openlijk* **0.3** ***publiek*** ⇒*algemeen bekend* ◆ **1.1** er kam zu dem ~en Zweck *hij kwam kennelijk met het doel.*
offenlassen **0.1** ***openlaten, niet sluiten*** **0.2** ***openlaten*** ⇒ *niet beslissen.*
offenlegen **0.1** ***blootleggen*** ⇒*meedelen.*
Offenmarktpolitik ⟨v.⟩⟨ec.⟩ **0.1** ***politiek v.d. open markt.***
offensichtlich ⟨acc. wiss.⟩ **0.1** ***blijkbaar*** ⇒*kennelijk, klaarblijkelijk* **0.2** ***duidelijk*** ⇒*openlijk, zichtbaar.*
offensiv **0.1** ***offensief, aanvallend.***
Offensivbündnis ⟨o.⟩ **0.1** ***offensief verbond.***
Offensive ⟨v.; ~, ~n⟩ **0.1** ***offensief*** ◆ **3.1** die ~ ergreifen *tot de aanval overgaan.*
Offensivkrieg ⟨m.⟩ **0.1** ***aanvalsoorlog.***
offenstehen **0.1** ***openstaan, geopend zijn*** **0.2** ***onbetaald zijn.***
öffentlich[1] ⟨bn.⟩ **0.1** ***openbaar*** ⇒*openlijk* **0.2** ***openbaar*** ⇒ *voor iedereen toegankelijk* **0.3** ***openbaar*** ⇒*van overheidswege* ◆ **1.1** ein ~es Ärgernis *een publiek schandaal;* die ~e Meinung *de openbare mening* **1.2** ein ~es Haus *een bordeel* **1.3** die ~e Ordnung *de openbare orde;* der ~e Haushalt *de staatshuishouding;* die ~e Hand *de staat, het rijk* **6.3** **im** ~en Dienst *bij de overheid.*
öffentlich[2] ⟨bw.⟩ **0.1** ***openlijk*** ⇒*in het openbaar, voor iedereen zichtbaar.*
Öffentlichkeit ⟨v.; ~, ~en⟩ **0.1** ***openbaarheid, publiciteit*** **0.2** ***openbare mening, publieke opinie*** **0.3** ***het publiek*** ⇒ *de mensen, iedereen* ◆ **1.3** unter Ausschluß der ~ *met,*

achter gesloten deuren **2.3** die breite ~ *het brede publiek* **6.1 in** aller ~ *in alle openbaarheid.*

Öffentlichkeitsarbeit ⟨v.⟩ **0.1** ***public relations.***

öffentlich-rechtlich 0.1 ***publiekrechtelijk.***

offerieren 0.1 ***offreren, aanbieden.***

Offerte ⟨v.; ~, ~n⟩ **0.1** ***offerte, aanbieding.***

Offizial ⟨m.; ~(e)s, ~e⟩⟨rel.⟩ **0.1** ***officiaal.***

Offizialdelikt ⟨o.⟩⟨jur.⟩ **0.1** ***strafbaar feit.***

Offizialverteidiger ⟨m.⟩⟨jur.⟩ **0.1** ***toegevoegd verdediger.***

offiziell 0.1 ***officieel, ambtelijk*** **0.2** ***officieel*** ⇒*plechtig, vormelijk.*

Offizier ⟨m.; ~(e)s, ~e⟩ **0.1** ***officier.***

Offiziersanwärter ⟨m.⟩ **0.1** ***aspirant-officier.***

Offizierskasino ⟨o.⟩ **0.1** ***officiersmess.***

Offiziersmesse ⟨v.⟩⟨mil.⟩ **0.1** ***officiersmess*** ⟨bij de marine⟩.

offi|zinal, -zinell 0.1 ***officinaal, farmaceutisch.***

offiziös 0.1 ***officieus, niet officieel.***

Offizium ⟨o.; ~s, Offizien⟩⟨rel.⟩ **0.1** ***dienstverrichting, breviergebed.***

öffnen I ⟨ov.ww.⟩ **0.1** ***openen, opendoen, openmaken*** ◆ **1.1** jmdm. sein Herz ~ *iem. zijn hart openen;* ⟨fig.⟩ jmdm. den Mund ~ *iem. aan het praten brengen;*
II sich ~ ⟨wk.ww.⟩ **0.1** ***opengaan*** ◆ **4.**¶ ⟨inf.⟩ da hat er sich geöffnet *toen heeft hij alles eerlijk verteld.*

Öffner ⟨m.; ~s, ~⟩ **0.1** ***opener, blik-, flesopener.***

Öffnung ⟨v.; ~, ~en⟩ **0.1** ***opening, gat*** **0.2** ***het openen, opengaan.***

Öffnungszeit ⟨v.⟩ **0.1** ***openingstijd*** ⇒⟨mv. ook⟩ *openingsuren.*

Off-Road-Auto ⟨o.⟩ **0.1** ***terreinwagen met vierwielaandrijving.***

Offsetdruck ⟨m.⟩ **0.1** ***offsetdruk*** **0.2** ***offsetdrukproduct.***

Off-Sprecher ⟨m.⟩⟨com.⟩ **0.1** ***niet in beeld zijnde spreker.***

Off-Stimme ⟨v.⟩⟨com.⟩ **0.1** ***commentaarstem.***

oft 0.1 ***vaak, dikwijls.*** →**unverhofft.**

öfter ⟨vergr. trap van 'oft'⟩ **0.1** ***vrij vaak, meer dan eens, menigmaal.***

öfteren ◆ **7.**¶ des ~ *vrij vaak.*

öfters ⟨inf.⟩ →**öfter.**

oftmals 0.1 ***vaak, dikwijls.***

OHG ⟨v.⟩⟨afk.⟩ [offene Handelsgesellschaft].

Ohm ⟨o.; ~s⟩⟨tech.⟩ **0.1** ***ohm.***

ohne[1] ⟨vz. + 4⟩ **0.1** ***zonder*** ⇒*buiten, behalve, vrij van* ◆ **1.1** ~ Gruß ging er fort *zonder te groeten ging hij weg;* das ist ~ seine Schuld geschehen *dat is buiten zijn schuld gebeurd;* ~ weiteres (a) *zonder meer* (b) *zomaar;* ~ mein Wissen *buiten mijn weten* **3.1** ⟨inf.⟩ er ist nicht ~ *hij kan heel wat;* die Sache is nicht ~ *de zaak is niet zonder risico;* ⟨inf.⟩ das ist gar nicht ~! *dat is niet gek!*

ohne[2] ⟨vw.⟩ **0.1** ***zonder*** ◆ **3.1** ~ eine Miene zu verziehen *zonder een spier te vertrekken.*

ohnedies ⟨acc. wiss.⟩ **0.1** ***toch al*** ⇒*zonder dat.*

ohnegleichen 0.1 ***zonder weerga, weergaloos.***

ohnehin ⟨acc. wiss.⟩ **0.1** ***toch al*** ⇒*zonder dat, toch (nog)* ◆ **2.1** seine ~ weißen Haare *zijn haar dat toch al wit is.*

Ohnmacht ⟨v.; ~, ~en⟩ **0.1** ***bewusteloosheid*** ⇒*flauwte, bezwijming* **0.2** ***onmacht, machteloosheid*** ◆ **6.1 in** ~ fallen *bewusteloos raken, in zwijm vallen.*

ohnmächtig 0.1 ***machteloos*** **0.2** ***bewusteloos, buiten kennis*** ◆ **3.2** ~ werden *flauwvallen.*

oho! 0.1 ***oho!, o!, aha!*** ◆ ¶**.1** ⟨inf.⟩ klein, aber ~! *klein, maar dapper!*

Ohr ⟨o.; ~(e)s, ~en⟩ **0.1** ***oor*** ◆ **2.1** das äußere ~ *de oorschelp* **3.1** ⟨inf.⟩ die ~en aufmachen *de oren goed openzetten;* lange ~en machen *de oren spitsen;* ganz ~ sein *een en al oor zijn;* die ~en steifhalten *de moed erin houden;* ⟨inf.⟩ jmdm. die ~en volljammern *iem. met geklaag lastig vallen* **6.1** ⟨inf.⟩ **auf** den ~en sitzen *niet luisteren;* **auf** einem ~ taub *aan één oor doof;* ⟨inf.⟩ sich **aufs** ~ legen *gaan slapen;* jmdn. **bei** den ~en nehmen *iem. flink waarschuwen;* jmdm. eins **hinter** die ~en geben *iem. een draai om de oren geven;* ⟨inf.⟩ es faustdick **hinter** den ~en haben *het achter de ellebogen hebben;* ⟨inf.⟩ noch feucht **hinter** den ~en sein *nog niet droog achter de oren zijn;* ⟨inf.⟩ schreib es dir **hinter** die ~en! *knoop dat in je oren!;* ⟨inf.⟩ jmdm. **in** den ~en liegen *iem. aan het hoofd malen;* die Melodie geht leicht **ins** ~ *de melodie ligt gemakkelijk in het gehoor;* jmdm. etwas **ins** ~ sagen *iem. iets toefluisteren;* bis **über** die ~en in Schulden stecken *tot over zijn oren in de schuld zitten;* jmdn. **übers** ~ hauen *iem. afzetten, oplichten;* sich eine Nacht **um** die ~en schlagen *de hele nacht niet slapen;* viel **um** die ~en haben *veel te doen hebben;* es ist mir **zu** ~en gekommen *het is me ter ore gekomen.*

Öhr ⟨o.; ~(e)s, ~e⟩ **0.1** ***oog*** ⟨v.e. naald⟩ **0.2** ***oor, hengsel*** ⟨v.e. kan of vat⟩.

Ohrenarzt ⟨m.⟩ **0.1** ***oorarts.***

Ohrenbeichte ⟨v.⟩ **0.1** ***oorbiecht, biecht in de biechtstoel.***

ohrenbetäubend 0.1 ***oorverdovend.***

Ohrenheilkunde ⟨v.⟩ **0.1** ***otologie, oorheelkunde.***

Ohrenklappe ⟨v.⟩ **0.1** ***oorklep.***

Ohrenkriecher ⟨m.⟩ **0.1** ***oorwurm.***

Ohrensausen ⟨o.⟩ **0.1** ***oorsuizing(en).***

Ohrenschmalz ⟨o.⟩ **0.1** ***oorsmeer.***

Ohrenschmaus ⟨m.⟩ **0.1** ***een streling voor het oor.***

Ohrenschmerz ⟨m.⟩ **0.1** ***oorpijn.***

Ohrenschützer ⟨alleen mv.⟩ **0.1** ***oorwarmers, -kleppen.***

Ohrensessel ⟨m.⟩ **0.1** ***fauteuil met hoofdsteunen.***

Ohrenzeuge ⟨m.⟩ **0.1** ***oorgetuige.***

Ohrfeige ⟨v.⟩ **0.1** ***oorvijg, oorveeg.***

ohrfeigen 0.1 ***een oorvijg geven*** ◆ **4.1** ⟨inf.; fig.⟩ ich könnte mich ~! *ik kan me wel voor mijn kop slaan!*

Ohrfeigengesicht ⟨o.⟩⟨inf.⟩ **0.1** ***irritante tronie.***

Ohrgehänge ⟨o.⟩ **0.1** ***oorhangers.***

Ohrklipp ⟨m.⟩ **0.1** ***oorclip.***

Ohrläppchen ⟨o.⟩ **0.1** ***oorlelletje.***

Ohrmarke ⟨v.⟩ **0.1** ***oormerk*** ◆ **6.1 mit** einer ~ kennzeichnen *oormerken* ⟨van dieren⟩.

Ohrmuschel ⟨v.⟩ **0.1** ***oorschelp.***

Ohrring ⟨m.⟩ **0.1** ***oorbel.***

Ohrspülung ⟨v.⟩ **0.1** ***het uitspuiten v.d. oren.***

o.J. ⟨afk.⟩ [ohne Jahr].

oje! 0.1 ***o jee(tje)!***

o.k., O.K. 0.1 ***okay, in orde.***

Okapi ⟨o.; ~s, ~s⟩ **0.1** ***okapi.***

Okarina ⟨v.; ~, Okarinen⟩ **0.1** ***ocarina.***

okkult 0.1 ***occult, verborgen.***

Okkultismus ⟨m.; ~⟩ **0.1** ***occultisme, leer v.h. occulte.***

Okkupation ⟨v.; ~, ~en⟩ **0.1** ***occupatie, bezetting.***

okkupieren 0.1 ***occuperen, bezetten.***

Ökoladen ⟨m.⟩ **0.1** ***biologische winkel, natuurvoedingswinkel.***

Ökologie ⟨v.; ~⟩ **0.1** ***ecologie.***

ökologisch 0.1 ***ecologisch.***

Ökonom ⟨m.; ~en, ~en⟩ **0.1** ***econoom.***

Ökonomie ⟨v.; ~, ~n⟩ **0.1** ***economie*** **0.2** ***spaarzaamheid*** ⇒*zuinigheid.*

Ökonomik ⟨v.; ~, ~en⟩ **0.1** ***economie.***

ökonomisch 0.1 ***economisch*** **0.2** ***spaarzaam, zuinig.***

Ökoritter ⟨m.⟩⟨scherts.⟩ **0.1** ***ecofreak.***

Ökosystem ⟨o.⟩ **0.1** ***ecosysteem.***

Oktaeder ⟨o.; ~s, ~⟩ **0.1** *octaëder, achtvlak.*
Oktant ⟨m.; ~en, ~en⟩ **0.1** *octant.*
Oktanzahl ⟨v.⟩ **0.1** *octaangetal.*
Oktav ⟨o.; ~(e)s, ~e⟩⟨boek.⟩ **0.1** *octavo.*
Oktavband ⟨m.⟩ **0.1** *boek in octavo.*
Oktave ⟨v.; ~, ~n⟩ **0.1** *octaaf.*
Oktett ⟨o.; ~(e)s, ~e⟩ **0.1** *octet.*
Oktober ⟨m.; ~s⟩ **0.1** *oktober* ◆ **6.1 im** ~ *in oktober* **7.1** der ~ *(de maand) oktober.*
Oktoberfest ⟨o.⟩ **0.1** *oktoberfeest* ⟨in München⟩.
Oktogon ⟨o.; ~(e)s, ~e⟩ **0.1** *octogoon, achthoek.*
oktogonal **0.1** *octogonaal.*
Oktopode ⟨m.; ~n, ~n⟩ **0.1** *octopus.*
oktroyieren **0.1** *opdringen* ⇒*belasten met.*
okular **0.1** *oculair, het oog betreffend.*
Okular ⟨o.; ~(e)s, ~e⟩ **0.1** *oculair, oogglas.*
okulieren **0.1** *oculeren, enten.*
Ökumene ⟨v.; ~⟩ **0.1** *oecumene.*
ökumenisch **0.1** *oecumenisch.*
Okzident ⟨m.; ~(e)s⟩ **0.1** *Occident, Westen* **0.2** ⟨fig.⟩ *avondland.*
okzidental(isch) **0.1** *occidentaal, westers, westelijk.*
Öl ⟨o.; ~(e)s, ~e⟩ **0.1** *olie* ◆ **3.1** das ~ wechseln *de olie verversen* **6.1 in** ~ malen *in olieverf schilderen;* **mit** ~ heizen *met, op olie stoken.*
Ölbaum ⟨m.⟩ **0.1** *olijfboom.*
Ölbehälter ⟨m.⟩ **0.1** *olievat, -tank* **0.2** *oliebak, -ketel.*
Ölberg ⟨m.⟩ **0.1** *Olijfberg.*
Ölbild ⟨o.⟩ **0.1** *olieverfschilderij.*
Öldruckbremse ⟨v.⟩ **0.1** *hydraulische rem, oliedrukrem.*
Oleander ⟨m.; ~s, ~⟩ **0.1** *oleander.*
ölen **0.1** *oliën* ⇒*invetten, smeren* ◆ **3.1** das ging wie geölt *dat liep gesmeerd.*
Oleum ⟨o.; ~s, Olea⟩ **0.1** *oleum.*
Ölfarbe ⟨v.⟩ **0.1** *olieverf.*
Ölfeuerung ⟨v.⟩ **0.1** *oliestook.*
Ölfilm ⟨m.⟩ **0.1** *oliefilm.*
Ölfrucht ⟨v.⟩ **0.1** *oliehoudende vrucht.*
Ölgemälde ⟨o.⟩ **0.1** *olieverfschilderij.*
Ölgesellschaft ⟨v.⟩ **0.1** *(aard)oliemaatschappij.*
Ölgötze ⟨m.⟩⟨inf.⟩ ◆ **8.¶** wie ein ~ dasitzen *als een standbeeld zitten.*
Ölhaut ⟨v.⟩ **0.1** *oliefilm, -laag* **0.2** *geolied goed* ⟨oliejas, -broek van zeelui⟩.
Ölheizung ⟨v.⟩ **0.1** *oliestook.*
ölig **0.1** *olieachtig* ⇒*vettig* **0.2** ⟨fig.⟩ *zalvend.*
Oligarchie ⟨v.; ~, ~n⟩ **0.1** *oligarchie.*
Olim ⟨inf.; scherts.⟩ ◆ **6.¶ seit** ~s Zeiten *sedert onheuglijke tijden;* **zu** ~s Zeiten *in de dagen van olim.*
Ölindustrie ⟨v.⟩ **0.1** *(aard)olie-industrie* ⇒*olieverwerkende industrie.*
oliv **0.1** *olijfkleurig, olijfachtig.*
Olive ⟨v.; ~, ~n⟩ **0.1** *olijfboom* **0.2** *olijf* ⟨vrucht⟩.
oliven|farben, -farbig **0.1** *olijfkleurig.*
Olivenöl ⟨o.⟩ **0.1** *olijfolie.*
Ölkonzern ⟨m.⟩ **0.1** *olieconcern.*
Ölkrise ⟨v.⟩ **0.1** *oliecrisis.*
Ölkuchen ⟨m.⟩ **0.1** *lijn-, raapkoek.*
Ölleitung ⟨v.⟩ **0.1** *olie(pijp)leiding.*
Ölmagnat ⟨m.⟩ **0.1** *oliebaron.*
Ölmalerei ⟨v.⟩ **0.1** *het schilderen in olieverf.*
Ölmeßstab ⟨m.⟩ **0.1** *oliepeilstok.*
Ölofen ⟨m.⟩ **0.1** *oliehaard, -kachel.*
Ölpest ⟨v.⟩ **0.1** *zeewater en kust vervuilende olievlek.*
Ölpflanze ⟨v.⟩ **0.1** *oliehoudende plant.*
Ölquelle ⟨v.⟩ **0.1** *oliebron.*
Ölraffinerie ⟨v.⟩ **0.1** *olieraffinaderij.*
Ölrückstände ⟨alleen mv.⟩ **0.1** *olieresidu's.*
Ölsardine ⟨v.⟩ **0.1** *sardine in blik.*
Ölscheich ⟨m.⟩⟨inf.⟩ **0.1** *oliesjeik.*
Ölsperre ⟨v.⟩ **0.1** *het stopzetten van olieleveranties* **0.2** *oliescherm.*
Ölstand ⟨m.⟩ **0.1** *oliepeil.*
Öltank ⟨m.⟩ **0.1** *olietank.*
Öltanker ⟨m.⟩ **0.1** *olietanker.*
Ölteppich ⟨m.⟩ **0.1** *olietapijt.*
Ölung ⟨v.; ~, ~en⟩ **0.1** *het oliën* **0.2** ⟨rel.⟩ *zalving* ◆ **2.2** die Letzte ~ *het heilige, laatste oliesel.*
ölverschmutzt **0.1** *door olie vervuild.*
Ölvorkommen ⟨o.⟩ **0.1** *vindplaats van olie* ⇒*aanwezigheid van olie.*
Ölwanne ⟨v.⟩⟨tech.⟩ **0.1** *carter.*
Ölwechsel ⟨m.⟩ **0.1** *het verversen v.d. olie.*
Olymp ⟨m.; ~s⟩ **0.1** ⟨gesch.⟩ *Olympus* **0.2** ⟨inf.; scherts.⟩ *engelenbak.*
Olympiade ⟨v.; ~, ~n⟩ **0.1** *olympiade* **0.2** *Olympische Spelen.*
Olympiamannschaft ⟨v.⟩ **0.1** *ploeg voor de Olympische Spelen.*
Olympiasieger ⟨m.⟩ **0.1** *olympisch kampioen.*
Olympier ⟨m.; ~s, ~⟩ **0.1** ⟨gesch.⟩ *bewoner v.d. Olympus* **0.2** ⟨fig.⟩ *olympiër.*
olympisch **0.1** *olympisch* ◆ **1.1** Olympische Spiele *Olympische Spelen.*
Ölzeug ⟨o.⟩⟨scheep.⟩ **0.1** *oliekleding, oliepak.*
Ölzweig ⟨m.⟩ **0.1** *olijftak.*
Oma ⟨v.; ~, ~s⟩ **0.1** *oma, grootmoeder.*
Omama ⟨v.; ~, ~s⟩⟨kind.⟩ **0.1** *oma, grootmoeder.*
Omega ⟨o.; ~s, ~s⟩ **0.1** *omega* **0.2** ⟨fig.⟩ *einde, slot.*
Omelett ⟨o.; ~s, ~s⟩ **0.1** *omelet.*
Omen ⟨o.; ~s, Omina⟩ **0.1** *omen, voorteken.*
ominös **0.1** *omineus* ⇒*onheilspellend.*
Omnibus ⟨m.; ~ses, ~se⟩ **0.1** *autobus, bus.*
Omnibuslinie ⟨v.⟩ **0.1** *(auto)buslijn.*
Omnipotenz ⟨v.; ~⟩ **0.1** *omnipotentie, almacht.*
Omnium ⟨o.; ~s, Omnien⟩⟨sp.⟩ **0.1** *omnium.*
Omnivore ⟨m.; ~n, ~n⟩ **0.1** *omnivoor, alleseter.*
Onanie ⟨v.; ~⟩ **0.1** *onanie, zelfbevrediging.*
onanieren **0.1** *onaneren, zichzelf bevredigen.*
ondulieren **0.1** *onduleren, het doen golven* ⟨v.h. haar⟩.
Onkel ⟨m.; ~s, ~; inf. mv. ~s⟩ **0.1** *oom* **0.2** ⟨kind.⟩ *oom, meneer* **0.3** ⟨inf.⟩ *man, meneer.*
Onkelehe ⟨v.⟩ **0.1** *samenleven van man en weduwe met kind(eren).*
onkelhaft **0.1** *vriendelijk* ⇒*goedmoedig.*
Onomasiologie ⟨v.; ~⟩ **0.1** *onomasiologie, begrippenleer.*
Onomastik ⟨v.; ~⟩ **0.1** *onomastiek, naamkunde.*
Onomatopöie ⟨v.; ~, ~n⟩ **0.1** *onomatopee, klanknabootsing.*
Ontologie ⟨v.; ~⟩⟨fil.⟩ **0.1** *ontologie, leer v.h. zijn.*
Onyx ⟨m.; ~es, ~e⟩ **0.1** *onyx.*
Opa ⟨m.; ~s, ~s⟩ **0.1** *opa, grootvader.*
opak **0.1** *opaak, ondoorschijnend.*
Opal ⟨m.; ~(e)s, ~e⟩ **0.1** *opaal.*
opalen **0.1** *opalen, als een opaal.*
opaleszieren **0.1** *opaliseren, glanzen als opaal.*
Opapa ⟨m.; ~s, ~s⟩⟨kind.⟩ **0.1** *opa, grootvader.*
Oper ⟨v.; ~, ~n⟩ **0.1** *opera* ◆ **3.¶** ~n erzählen, quatschen *eindeloos oreren* **6.1 in** die ~ gehen *naar de opera(voorstelling) gaan;* **zur** ~ gehen *bij de opera gaan, operazan-*

ger(es) worden ¶.¶ ⟨inf.⟩ quatsch' keine ~! *klets niet zo in de ruimte!*

operabel 0.1 *operabel.*

Operateur ⟨m.; ~(e)s, ~e⟩ **0.1** ***chirurg*** **0.2** ***operateur, filmoperateur.***

Operation ⟨v.; ~, ~en⟩ **0.1** ***operatie*** ◆ **2.1** mathematische ~en *mathematische bewerkingen.*

Operationssaal ⟨m.⟩ **0.1** ***operatiekamer.***

Operationsschwester ⟨v.⟩ **0.1** ***operatiezuster.***

Operationstisch ⟨m.⟩ **0.1** ***operatietafel.***

operativ 0.1 ⟨med.⟩ ***operatief*** **0.2** ***effectief*** ⇒*doeltreffend* **0.3** ***strategisch.***

Operator ⟨m.; ~s, Operatoren⟩ **0.1** ***computeroperateur*** **0.2** ⟨wisk.⟩ ***operator.***

Operette ⟨v.; ~, ~n⟩ **0.1** ***operette.***

operieren I ⟨ov. & onov.ww.⟩⟨med.⟩ **0.1** ***opereren;***
II ⟨onov.ww.⟩ **0.1** ***opereren*** ⇒*te werk gaan* **0.2** ⟨mil.⟩ ***opereren, een operatie uitvoeren*** **0.3** ⟨inf.⟩ ***omgaan*** ⇒*hanteren.*

Opernball ⟨m.⟩ **0.1** ***bal in het operagebouw.***

Opernfreund ⟨m.⟩ **0.1** ***operaliefhebber.***

Operngla̲s ⟨o.⟩ **0.1** ***toneelkijker.***

Operngucker ⟨m.⟩⟨inf.⟩ **0.1** ***toneelkijker.***

Opernhaus ⟨o.⟩ **0.1** ***operagebouw.***

Opernsänger ⟨m.⟩ **0.1** ***operazanger.***

Opfer ⟨o.; ~s, ~⟩ **0.1** ***offer*** **0.2** ***slachtoffer*** ⇒*prooi* ◆ **1.2** ein ~ der Flammen *een prooi van de vlammen;* das ~ eines Verkehrsunglücks *het slachtoffer van een verkeersongeluk* **6.2** einer Intrige **zum** ~ fallen *het slachtoffer van een intrige worden.*

opfer|bereit, -freudig 0.1 ***offervaardig, opofferingsgezind.***

Opferlamm ⟨o.⟩ **0.1** ***offerlam*** **0.2** ⟨inf.; fig.⟩ ***onschuldig slachtoffer.***

opfern I ⟨ov. & onov.ww.⟩ **0.1** ***offeren*** ⇒*opofferen, overhebben voor* ◆ **1.1** seine Zeit ~ *zijn tijd geven voor;*
II sich ~ ⟨wk.ww.⟩ **0.1** ***zich opofferen*** ⇒*z'n leven geven voor.*

Opferstätte ⟨v.⟩ **0.1** ***offerplaats.***

Opferstock ⟨m.⟩ **0.1** ***offerblok.***

Opfertier ⟨o.⟩ **0.1** ***offerdier*** **0.2** ⟨fig.⟩ ***onschuldig slachtoffer.***

Opferwille ⟨m.⟩ **0.1** ***offervaardigheid.***

Opiat ⟨o.; ~(e)s, ~e⟩⟨far.⟩ **0.1** ***opiaat.***

Opium ⟨o.; ~s⟩ **0.1** ***opium.***

Opiumhöhle ⟨v.⟩ **0.1** ***opiumkit.***

Opiumraucher ⟨m.⟩ **0.1** ***opiumroker, -schuiver.***

Opiumsucht ⟨v.⟩ **0.1** ***verslaafdheid aan opium, opiumverslaving.***

Opponent ⟨m.; ~en, ~en⟩ **0.1** ***opponent.***

opponieren 0.1 ***opponeren.***

opportun 0.1 ***opportuun*** ⇒*passend, terecht.*

Opportunismus ⟨m.; ~⟩ **0.1** ***opportunisme.***

Opportunist ⟨m.; ~en, ~en⟩ **0.1** ***opportunist.***

Opposition ⟨v.; ~, ~en⟩ **0.1** ***oppositie*** ◆ **3.1** ~ machen *tegenspreken, opponeren* **6.1** **auf** ~ stoßen *op tegenstand stuiten.*

oppositionell 0.1 ***oppositioneel.***

Oppositionsführer ⟨m.⟩⟨pol.⟩ **0.1** ***oppositieleider.***

Oppositionspartei ⟨v.⟩⟨pol.⟩ **0.1** ***oppositiepartij.***

Optativ ⟨m.; ~s, ~e⟩⟨taal.⟩ **0.1** ***optatief, wensende wijs.***

optieren 0.1 ***opteren, kiezen.***

Optik ⟨v.; ~⟩ **0.1** ***optiek, optica*** **0.2** ***de optische bedrijven*** **0.3** ***verschijningsvorm, uiterlijk*** **0.4** ***zienswijze, visie*** **0.5** ⟨mv. ~en⟩ ***optiek, lens, lenzensysteem.***

Optiker ⟨m.; ~s, ~⟩ **0.1** ***opticien.***

optimal 0.1 ***optimaal.***

optimieren 0.1 ⟨wisk.⟩ ***de extreme waarde bepalen*** **0.2** ***optimaliseren.***

Optimismus ⟨m.; ~s⟩ **0.1** ***optimisme.***

Optimist ⟨m.; ~en, ~en⟩ **0.1** ***optimist.***

optimistisch 0.1 ***optimistisch.***

Optimum ⟨o.; ~s, Optima⟩ **0.1** ***optimum.***

Option ⟨v.; ~, ~en⟩ **0.1** ***optie, recht van voorkeur.***

optisch 0.1 ***optisch*** ◆ **1.1** eine ~e Täuschung *gezichtsbedrog.*

opulent 0.1 ***opulent*** ⇒*weelderig, overvloedig.*

Opulenz ⟨v.; ~⟩ **0.1** ***opulentie.***

Opus ⟨o.; ~, Opera⟩ **0.1** ***opus*** **0.2** ***oeuvre, gezamenlijk werk.***

Orakel ⟨o.; ~s, ~⟩ **0.1** ***orakel.***

orakelhaft 0.1 ***als een orakel*** ⇒*raadselachtig.*

orakeln 0.1 ***orakelen*** ⇒*in orakeltaal spreken.*

Orakelspruch ⟨m.⟩ **0.1** ***orakelspreuk.***

oral 0.1 ***oraal.***

orange 0.1 ***oranje(kleurig).***

Orange[1] ⟨v.; ~, ~n⟩ **0.1** ***sinaasappel.***

Orange[2] ⟨o.; ~s⟩ **0.1** ***oranje.***

Orangeade ⟨v.; ~, ~n⟩ **0.1** ***orangeade.***

Orangeat ⟨o.; ~(e)s, ~e⟩ **0.1** ***gekonfijte sinaasappelschil.***

Orangenbaum ⟨m.⟩ **0.1** ***sinaasappelboom.***

orangen|farben, -farbig 0.1 ***oranje(kleurig).***

Orangensaft ⟨m.⟩ **0.1** ***sinaasappelsap, jus d'orange.***

Orangerie ⟨v.; ~, ~n⟩ **0.1** ***oranjerie.***

Orang-Utan ⟨m.; ~s, ~s⟩ **0.1** ***orang-oetan(g).***

Oranier ⟨m.; ~s, ~⟩ **0.1** ***Oranje, lid v.h. Huis van Oranje.***

Orator ⟨m.; ~s, Oratoren⟩⟨gesch.⟩ **0.1** ***orator, redenaar.***

oratorisch 0.1 ***oratorisch.***

Oratorium ⟨o.; ~s, Oratorien⟩ **0.1** ***oratorium.***

Orbit ⟨m.; ~s, ~s⟩ **0.1** ***omloopbaan.***

orbital 0.1 ***orbitaal.***

Orbitalstation ⟨v.⟩ **0.1** ***ruimtestation.***

Orchester ⟨o.; ~s, ~⟩ **0.1** ***orkest*** **0.2** ***orkestbak.***

Orchestergraben ⟨m.⟩ **0.1** ***orkestbak.***

orchestral 0.1 ***orkestraal.***

Orchestration ⟨v.; ~, ~en⟩ **0.1** ***orkestratie.***

orchestrieren 0.1 ***orkestreren, instrumenteren.***

Orchestrion ⟨o.; ~s, Orchestrien⟩ **0.1** ***orkestrion, kabinetorgel.***

Orchidee ⟨v.; ~, ~n⟩ **0.1** ***orchidee.***

Orchis[1] ⟨m.; ~, ~⟩⟨med.⟩ **0.1** ***zaad-, teelbal.***

Orchis[2] ⟨v.; ~, ~⟩⟨plantk.⟩ **0.1** ***orchis, standelkruid.***

Orden ⟨m.; ~s, ~⟩ **0.1** ***orde*** ⇒*kloosterorde, ridderorde* **0.2** ***orde(teken)*** ⇒*onderscheiding* ◆ **3.1** einem ~ beitreten *tot een orde toetreden.*

Ordensband ⟨o.⟩ **0.1** ***ordeband, ordelint*** **0.2** ⟨biol.⟩ ***weeskind.***

Ordensbruder ⟨m.⟩ **0.1** ***ordebroeder*** **0.2** ***monnik.***

Ordensregel ⟨v.⟩ **0.1** ***orde(s)-, kloosterregel.***

Ordensritter ⟨m.⟩ **0.1** ***lid v.e. ridderorde.***

Ordensschwester ⟨v.⟩ **0.1** ***kloosterlinge, non.***

Ordensstern ⟨m.⟩ **0.1** ***stervormig ordeteken.***

Ordenstracht ⟨v.⟩ **0.1** ***ordekleed, -gewaad.***

Ordensverleihung ⟨v.⟩ **0.1** ***uitreiking v.e. orde.***

Ordenszeichen ⟨o.⟩ **0.1** ***ordeteken.***

ordentlich[1] ⟨bn.⟩ **0.1** ***net(jes)*** ⇒*keurig, ordelijk* **0.2** ***ordelievend, op orde gesteld*** **0.3** ***gewoon, volgens de regel*** **0.4** ***goed*** ⇒*juist, fatsoenlijk* **0.5** ***groot*** ⇒*flink* ◆ **1.3** ~es Gericht *rechtbank voor civiele zaken en strafzaken;* ~er Professor *gewoon hoogleraar* **1.4** ohne Tanz ist es kein ~es Fest *zonder dansen is het geen echt feest;* auf eine ganz ~e

Weise *op een heel behoorlijke manier* **1.5** ein ~er Schluck *een flinke slok.*

ordentlich[2] (bw.) **0.1** ***echt*** *⇒bepaald, gewoonweg* **0.2** ***zeer*** *⇒erg, flink* ◆ **3.1** ich war ~ erleichtert *ik was gewoonweg opgelucht* **3.2** ganz ~ verdienen *heel behoorlijk verdienen.*

Order (v.; ~, ~n) **0.1** ***order*** *⇒bevel, opdracht* **0.2** ***order*** *⇒ opdracht, bestelling* ◆ **6.1** bis **auf** weitere ~ *tot nader order* **6.2** jmdm. eine ~ **auf** 100 Stück erteilen *100 stuks bij iem. bestellen.*

ordern 0.1 ***bestellen*** *⇒een order plaatsen.*

Ordinale (o.; ~(s), Ordinalia) **0.1** ***rangtelwoord.***

Ordinalzahl (v.) **0.1** ***rangtelwoord.***

ordinär 0.1 ***ordinair*** *⇒onbeschaafd* **0.2** ***gewoon*** *⇒alledaags.*

Ordinariat (o.; ~(e)s, ~e) **0.1** ***ordinariaat.***

Ordinarium (o.; ~s, Ordinarien) **0.1** ***ordinarium.***

Ordinarius (m.; ~, Ordinarien) **0.1** ***ordinarius, gewoon hoogleraar.***

Ordinate (v.; ~, ~n) (wisk.) **0.1** ***ordinaat.***

Ordinatenachse (v.) (wisk.) **0.1** ***y-as.***

Ordination (v.; ~, ~en) **0.1** ***ordinatie, ambtswijding*** **0.2** (med.) ***voorschrift.***

ordinieren 0.1 ***tot priester wijden*** **0.2** ***als predikant bevestigen*** **0.3** (med.) ***voorschrijven.***

ordnen I (ov.ww.) **0.1** ***ordenen*** *⇒rangschikken* **0.2** ***ordenen*** *⇒regelen, afhandelen* ◆ **1.1** seine Angelegenheiten ~ *orde op zaken stellen* **1.2** in geordneten Verhältnissen leben *onder geregelde omstandigheden leven* **6.1** **nach** dem Abc ~ *alfabetiseren;*

II sich ~ (wk.ww.) **0.1** ***zich opstellen, zich formeren.***

Ordner (m.; ~s, ~) **0.1** ***ordebewaarder*** **0.2** ***ordner, opbergmap.***

Ordnung (v.; ~, ~en) **0.1** ***orde*** *⇒ordelijke toestand, discipline* **0.2** ***orde*** *⇒indeling, klasse* **0.3** ***voorschrift*** *⇒verordening* ◆ **2.1** in bester ~ *in zeer goede toestand* **2.2** ein Fehler erster ~ *een kapitale fout;* eine Straße erster ~ *een hoofdweg* **3.1** ~ muß sein! *orde moet er zijn!;* in eine Klasse ~ hineinbringen *een klas disciplineren* **5.1** der ~ halber, wegen *voor de goede orde* **6.1** seine Mutter hält **auf** ~ *zijn moeder is op orde gesteld;* **in** ~ bringen *in orde maken;* (inf.) **in** ~! *in orde!;* (inf.) der ist **in** ~ *je kunt hem vertrouwen, hij is okay;* das geht **in** ~ *dat komt voor elkaar;* **zur** ~ anhalten *leren ordelijk te zijn.*

Ordnungsdienst (m.) **0.1** ***ordedienst.***

ordnungsgemäß 0.1 ***zoals voorgeschreven*** *⇒volgens de voorschriften, reglementair.*

ordnungshalber 0.1 ***voor de goede orde.***

Ordnungshüter (m.) (vaak scherts. of iron.) **0.1** ***(politie)-agent, politieman.***

Ordnungsliebe (v.) **0.1** ***ordelievendheid.***

ordnungsliebend 0.1 ***ordelievend*** *⇒op orde gesteld.*

ordnungsmäßig 0.1 ***volgens een bepaalde orde*** **0.2** ***zoals voorgeschreven*** **0.3** ***keurig*** *⇒zoals het hoort* ◆ **1.2** ein ~er Paß *een geldige pas.*

Ordnungsmaßnahme (v.) **0.1** ***ordemaatregel.***

Ordnungspolizei (v.) **0.1** ***geüniformeerde politie.***

Ordnungsprinzip (o.) **0.1** ***ordeningsprincipe.***

Ordnungsruf (m.) **0.1** ***het tot de orde geroepen worden*** *⇒ terechtwijzing v.d. voorzitter.*

Ordnungssinn (m.) **0.1** ***gevoel voor orde*** *⇒ordelievendheid.*

Ordnungsstrafe (v.) **0.1** ***disciplinaire straf*** **0.2** ***boete.***

ordnungswidrig 0.1 ***in strijd met de bepalingen, voorschriften.***

Ordnungswidrigkeit (v.) (jur.) **0.1** ***overtreding.***

Ordnungszahl (v.) **0.1** ***rangtelwoord.***

Ordonnanz (v.; ~, ~en) **0.1** ***ordonnans.***

ORF (m.) (afk.) [Österreichischer Rundfunk].

Organ (o.; ~(e)s, ~e) **0.1** ***orgaan*** (deel v.h. lichaam) **0.2** ***stem*** **0.3** ***orgaan*** *⇒begaafdheid, zintuig* **0.4** ***orgaan*** *⇒instituut, instelling* **0.5** ***orgaan*** *⇒blad, tijdschrift* ◆ **2.2** das geschulte ~ des Sängers *de geschoolde stem van de zanger* **3.3** (k)ein ~ für etwas haben *(g)een zintuig voor iets hebben.*

Organbank (v.; mv. ~en) **0.1** ***bank voor lichaamsorganen.***

Organisation (v.; ~, ~en) **0.1** ***organisatie.***

Organisationsgabe (v.) **0.1** ***organisatietalent.***

Organisator (m.; ~s, Organisatoren) **0.1** ***organisator.***

organisatorisch 0.1 ***organisatorisch.***

organisch 0.1 ***organisch*** ◆ **1.1** ein ~es Leiden *een kwaal aan een orgaan.*

organisieren I (ov.ww.) **0.1** ***organiseren*** **0.2** (inf.) ***organiseren*** *⇒versieren;*

II sich ~ (wk.ww.) **0.1** ***zich organiseren*** ◆ **6.1** sich **in** Gewerkschaften ~ *zich tot vakbonden aaneensluiten.*

organismisch 0.1 ***een organisme betreffend.***

Organismus (m.; ~, Organismen) **0.1** ***organisme.***

Organist (m.; ~en, ~en) **0.1** ***organist.***

Organkonserve (v.) **0.1** ***geconserveerd menselijk orgaan.***

Organspender (m.) **0.1** ***orgaandonor.***

Organverpflanzung (v.) **0.1** ***orgaantransplantatie.***

Orgasmus (m.; ~s, Orgasmen) **0.1** ***orgasme.***

orgastisch 0.1 ***orgastisch.***

Orgel (v.; ~, ~n) **0.1** ***orgel.***

Orgelbauer (m.; mv. ~) **0.1** ***orgelmaker, -bouwer.***

orgeln 0.1 ***orgel spelen*** **0.2** (fig.) ***bruisen, ruisen*** **0.3** (jacht) ***orgelen*** (v.e. hert).

Orgelpfeife (v.) **0.1** ***orgelpijp*** ◆ **8.1** (inf.; scherts.) die Kinder standen da wie die ~n *de kinderen stonden op volgorde van grootte.*

Orgelpunkt (m.) (muz.) **0.1** ***orgelpunt.***

orgiastisch 0.1 ***orgiastisch*** *⇒opgezweept.*

Orgie (v.; ~, ~n) **0.1** ***orgie*** **0.2** (fig.; schr.) ***overmaat*** *⇒overdaad* ◆ **1.2** eine ~ des Hasses *een mateloze haat.*

Orient (m.; ~s) **0.1** ***Oriënt*** ◆ **1.1** der Vordere ~ *het Nabije Oosten.*

Orientale (m.; ~n, ~n) **0.1** ***oosterling.***

orientalisch 0.1 ***oriëntaals, oosters.***

Orientalist (m.; ~en, ~en) **0.1** ***oriëntalist.***

orientieren I (ov.ww.) **0.1** ***oriënteren*** *⇒op de hoogte brengen;*

II sich ~ (wk.ww.) **0.1** ***zich oriënteren*** ◆ **6.1** sich **über** etwas (4e nv.) ~ *informatie over iets inwinnen.*

Orientierung (v.; ~) **0.1** ***oriëntatie*** ◆ **6.1** die ~ **an, nach** den Sternen *het zich oriënteren naar de sterren.*

Orientierungsbesuch (m.) **0.1** ***oriënterend bezoek.***

Orientierungssinn (m.) **0.1** ***oriëntatievermogen.***

Orientierungsstufe (v.) **0.1** ***brugklas.***

original 0.1 ***origineel*** *⇒oorspronkelijk, uniek* **0.2** ***origineel*** *⇒echt* **0.3** (com.) ***rechtstreeks, live.***

Original (o.; ~s, ~e) **0.1** ***origineel*** *⇒de oorspronkelijke versie* **0.2** ***voorbeeld*** (v.e. kunstwerk) *⇒model* **0.3** (inf.) ***origineel, apart typ(e), wonderlijk personage*** ◆ **6.1** einen Roman **im** ~ lesen *een roman in de onvertaalde versie lezen.*

Originalabfüllung (v.) **0.1** ***door de wijnproducent zelf gebottelde wijn.***

Originalaufnahme (v.) **0.1** ***oorspronkelijke opname*** **0.2** ***oorspronkelijke foto.***

Originalausgabe (v.) **0.1** ***oorspronkelijke uitgave*** *⇒eerste editie.*

Originalfassung ⟨v.⟩ **0.1** *oorspronkelijke versie.*
originalgetreu 0.1 *getrouw naar het origineel.*
Originalität ⟨v.; ~, ~⟩ **0.1** *originaliteit* ⇒*oorspronkelijkheid.*
Originalsprache ⟨v.⟩ **0.1** *oorspronkelijke taal.*
Originaltext ⟨m.⟩ **0.1** *oorspronkelijke tekst.*
originär 0.1 *oorspronkelijk, originair.*
originell 0.1 *origineel* ⇒*oorspronkelijk, enig in zijn soort* **0.2** *zonderling* ⇒*eigenaardig* ◆ **1.2** ein ~er Kauz *een vreemde vogel.*
Orkan ⟨m.; ~(e)s, ~e⟩ **0.1** *orkaan.*
Orkanstärke ⟨v.⟩ **0.1** *orkaankracht, -sterkte.*
Orkus ⟨m.; ~⟩⟨lit.⟩ **0.1** *onderwereld* ⇒*dodenrijk.*
Ornament ⟨o.; ~(e)s, ~e⟩ **0.1** *ornament.*
ornamental 0.1 *ornamenteel.*
ornamentieren 0.1 *ornamenteren, met ornamenten versieren.*
Ornamentik ⟨v.; ~⟩ **0.1** *ornamentiek.*
Ornat ⟨o.; ~(e)s, ~e⟩ **0.1** *ornaat, ambtskledij.*
Ornithologe ⟨m.; ~n, ~n⟩ **0.1** *ornitholoog* ⇒*vogelkenner.*
Ort[1] ⟨m.; ~(e)s, ~e⟩ **0.1** *plaats* ⇒*plek* **0.2** *plaats* ⇒*oord, stad, dorp* ◆ **2.1** sich an einem dritten ~ treffen *elkaar op een neutrale plaats ontmoeten;* ⟨inf.⟩ der gewisse ~ *het toilet;* höheren ~es *bij een hogere instantie* **3.1** ⟨boek.⟩ am angeführten ~ *ter aangehaalde plaatse, t.a.p.* **6.1 am** ~ selbst *ter plekke;* das hört man jetzt **an** allen ~en (und Enden) *dat hoor je tegenwoordig overal;* **vor** ~ *ter plaatse, ter plekke* **6.2** ⟨boek.⟩ **ohne** ~ *zonder (vermelding van) plaats* **8.1** an ~ und Stelle *ter plaatse.*
Ort[2] ⟨m.; ~(e)s, ~̈er⟩⟨ster., wisk.⟩ **0.1** *plaats* ◆ **2.1** der geometrische ~ *de meetkundige plaats.*
Ort[3] ⟨o.; ~(e)s, ~̈er⟩⟨mijnw.⟩ **0.1** *kolenfront, front v.e. galerij* ◆ **6.1** ⟨fig.⟩ **vor** ~ sein *ter plekke aanwezig zijn.*
Örtchen ⟨o.; ~s, ~⟩⟨inf.⟩ **0.1** *wc, toilet* ◆ **2.1** das stille ~ *het kleinste kamertje.*
orten 0.1 *peilen* ⇒*plaats, positie bepalen.*
Orter ⟨m.; ~s, ~⟩ **0.1** *navigator.*
orthodox 0.1 *orthodox.*
Orthodoxie ⟨v.; ~⟩ **0.1** *orthodoxie.*
Orthogon ⟨o.; ~(e)s, ~e⟩ **0.1** *rechthoek.*
Orthographie ⟨v.; ~, ~n⟩ **0.1** *orthografie, spelling.*
orthographisch 0.1 *orthografisch.*
Orthopäde ⟨m.; ~n, ~n⟩ **0.1** *orthopedist.*
Orthopädie ⟨v.; ~⟩ **0.1** *orthopedie.*
Orthopädist ⟨m.; ~en, ~en⟩ **0.1** *orthopedist.*
örtlich 0.1 *plaatselijk, lokaal* **0.2** *plaatselijk* ⇒*gedeeltelijk* ◆ **1.2** eine ~e Betäubung *een plaatselijke verdoving.*
Örtlichkeit ⟨v.; ~, ~en⟩ **0.1** *plaats* ⇒*gebied, streek* ◆ **2.1** ⟨inf.⟩ eine gewisse ~ *de wc.*
Ortsadverb ⟨o.⟩ **0.1** *bijwoord van plaats.*
Ortsangabe ⟨v.⟩ **0.1** *plaatsvermelding, opgave van plaats.*
ortsansässig 0.1 *in de plaats wonend* ⇒*plaatselijk.*
Ortsbehörde ⟨v.⟩ **0.1** *plaatselijke overheid.*
Ortsbestimmung ⟨v.⟩ **0.1** *plaatsbepaling* **0.2** ⟨taal.⟩ *bepaling van plaats.*
ortsbeweglich 0.1 *verplaatsbaar, niet ingebouwd* ⟨van apparatuur⟩.
Ortschaft ⟨v.; ~, ~en⟩ **0.1** *plaats(je)* ⇒*buurt, gehucht* ◆ **2.1** die Fahrgeschwindigkeit in geschlossenen ~en *de snelheid binnen de bebouwde kom.*
ortsfest 0.1 *ingebouwd, vast opgesteld* ⇒*niet verplaatsbaar.*
ortsfremd 0.1 *niet uit de plaats afkomstig* **0.2** *in een plaats onbekend.*
Ortsgespräch ⟨o.⟩ **0.1** *gesprek van de dag* **0.2** ⟨com.⟩ *lokaal gesprek.*
Ortsgruppe ⟨v.⟩ **0.1** *plaatselijke afdeling.*
Ortskenntnis ⟨v.⟩ **0.1** *kennis v.e. plaats.*
Ortskrankenkasse ⟨v.⟩ **0.1** *plaatselijk ziekenfonds.*
ortskundig 0.1 *met de plaats bekend.*
Ortsname ⟨m.⟩ **0.1** *plaatsnaam.*
Ortsnetz ⟨o.⟩⟨com., verk.⟩ **0.1** *plaatselijk net.*
Ortsnetzkennzahl ⟨v.⟩ **0.1** *netnummer.*
Ortspolizei ⟨v.⟩ **0.1** *gemeentepolitie, plaatselijke politie.*
Ortssinn ⟨m.⟩ **0.1** *oriënteringsvermogen.*
Ortstarif ⟨m.⟩⟨com.⟩ **0.1** *tarief voor lokale gesprekken, lokaal tarief.*
ortsüblich 0.1 *ter plaatse gebruikelijk.*
Ortsumgehung ⟨v.⟩ **0.1** *rondweg, route om de bebouwde kom.*
Ortsverkehr ⟨m.⟩ **0.1** *plaatselijk verkeer* **0.2** ⟨com.⟩ *lokaal verkeer.*
Ortswechsel ⟨m.⟩ **0.1** *verandering van (stand)plaats.*
Ortszeit ⟨v.⟩ **0.1** *plaatselijke tijd.*
Ortszulage ⟨v.⟩ **0.1** *extra loon, bijslag* ⟨afhankelijk v.d. grootte v.d. gemeente⟩.
Ortszuschlag ⟨m.⟩ →**Ortszulage.**
Öse ⟨v.; ~, ~n⟩ **0.1** *oog* ⟨v.e. naald, voor een haakje⟩.
Oskar ⟨m.⟩ ◆ **¶.¶** frech wie ~ *zo brutaal als de beul, hondsbrutaal.*
Osmane ⟨m.; ~n, ~n⟩ **0.1** *Osmaan, Turk.*
Osmose ⟨v.; ~⟩ **0.1** *osmose.*
Ossi ⟨m.; ~s, ~s⟩⟨inf.⟩ **0.1** *Oost-Duitse(r).*
Oss(u)arium ⟨o.; ~s, Oss(u)arien⟩ **0.1** *ossuarium, knekelhuis.*
Ost ⟨m.; ~(e)s⟩ **0.1** *oost(en)* **0.2** *oostenwind.* →**daheim.**
Ostalgie ⟨v.; ~, g.mv.⟩ **0.1** *nostalgisch verlangen naar (het leven in) het voormalige Oost-Duitsland.*
Ostblock ⟨m.⟩⟨pol.⟩ **0.1** *Oostblok.*
Ostdeutschland ⟨m.⟩ **0.1** *Oost-Duitsland, de voormalige DDR.*
Osten ⟨m.; ~s⟩ **0.1** *oosten* **0.2** *Oosten* ⟨Azië, Oost-Europa⟩ **0.3** ⟨inf.; pol.⟩ *de Oostbloklanden* ◆ **2.2** der Ferne, Nahe ~ *het Verre, Nabije Oosten;* der Mittlere ~ *het Midden-Oosten.*
ostentativ 0.1 *ostentatief, opvallend* **0.2** *pralend, uitdagend.*
Osterblume ⟨v.⟩ **0.1** *paasbloem* ⇒*voorjaarsbloem.*
Osterei ⟨o.⟩ **0.1** *paasei.*
Osterferien ⟨alleen mv.⟩ **0.1** *paasvakantie.*
Osterfest ⟨o.⟩ **0.1** *paasfeest.*
Osterglocke ⟨v.⟩ **0.1** *paasklok* **0.2** *gele narcis.*
Osterhase ⟨m.⟩ **0.1** *paashaas.*
Osterlamm ⟨o.⟩ **0.1** *paaslam.*
österlich 0.1 *op, tijdens de paasdagen.*
Ostermontag ⟨m.⟩ **0.1** *paasmaandag, tweede paasdag.*
Ostern ⟨o.; ~, ~⟩ **0.1** *Pasen* ◆ **6.1 an, zu** ~ *met de paasdagen* **¶.1** wenn ~ und Pfingsten auf einen Tag fallen *als Pasen en Pinksteren op één dag vallen.*
Österreich ⟨o.; ~s⟩ **0.1** *Oostenrijk.*
Österreicher ⟨m.; ~s, ~⟩ **0.1** *Oostenrijker.*
österreichisch 0.1 *Oostenrijks.*
Ostersonntag ⟨m.⟩ **0.1** *paaszondag, eerste paasdag.*
Osterspiel ⟨o.⟩⟨lit.⟩ **0.1** *paasspel.*
Ostflüchtling ⟨m.⟩ **0.1** ⟨gesch.⟩ *vluchteling(e) uit de voormalige DDR* **0.2** *vluchteling(e) uit het Oostblok.*
Ostfront ⟨v.⟩ **0.1** *oostgevel* **0.2** ⟨gesch.⟩ *oostelijk front.*
Ostgebiete ⟨alleen mv.⟩ **0.1** *de Duitse gebieden van voor 1945 ten oosten v.d. voormalige DDR.*
Ostkirche ⟨v.⟩ **0.1** *oosters-orthodoxe kerk.*
Ostländer ⟨alleen mv.⟩ **0.1** *deelstaten in het oosten van Duitsland.*

östlich[1] ⟨bn.⟩ **0.1** ***oostelijk*** **0.2** ***oosters, uit het oosten*** **0.3** ***uit, van het Oostblok*** **0.4** ⟨bw. van plaats⟩ ***ten oosten van.***
östlich[2] ⟨vz. + 2⟩ **0.1** ***ten oosten van.***
Ostpolitik ⟨v.⟩ **0.1** ***politiek t.o.v. de landen v.h. Oostblok.***
Ostpunkt ⟨m.⟩⟨aardr.⟩ **0.1** ***oostpunt.***
Östrogen ⟨o.; ~(e)s, ~e⟩ **0.1** ***oestrogeen.***
Ostsee ⟨v.⟩ **0.1** ***Oostzee.***
Ostseite ⟨v.⟩ **0.1** ***oostkant, -zijde.***
ostwärts **0.1** ***oostwaarts.***
Ostwind ⟨m.⟩ **0.1** ***oostenwind.***
Ostzone ⟨v.⟩⟨gesch.⟩ **0.1** ***de voormalige DDR.***
Oszillator ⟨m.; ~s, Oszillatoren⟩ **0.1** ***oscillator.***
oszillieren **0.1** ***oscilleren*** ⇒*trillen, slingeren.*
Otter[1] ⟨m.; ~s, ~⟩ **0.1** ***otter.***
Otter[2] ⟨v.; ~, ~n⟩ **0.1** ***adder.***
Otternbrut ⟨v.⟩⟨fig.⟩ **0.1** ***addergebroed.***
Ottomane[1] ⟨m.; ~n, ~n⟩ **0.1** ***Osmaan, Turk.***
Ottomane[2] ⟨v.; ~, ~n⟩ **0.1** ***ottomane, lage sofa.***
Ottomotor ⟨m.⟩⟨tech.⟩ **0.1** ***ottomotor.***
Ottonen ⟨alleen mv.⟩⟨gesch.⟩ **0.1** ***Ottonen*** ⇒*Ottoonse keizers.*
ottonisch ⟨gesch.⟩ **0.1** ***Ottoons.***
ÖTV ⟨v.; ~⟩⟨afk.; Gewerkschaft Öffentliche Dienste, Transport und Verkehr⟩ **0.1** ⟨Duitse (vak)bond voor overheidspersoneel en vervoersbond⟩.
outen ⟨jargon⟩ **I** ⟨ov.ww.⟩ **0.1** ***openbaar maken*** ⟨bv. iemands homoseksualiteit⟩;
II ⟨wk.ww.⟩ **0.1** ***zich doen kennen als, uitkomen voor.***
Outing ⟨o.; ~s, g.mv.⟩ **0.1** ***coming-out, outing.***
Ouvertüre ⟨v.; ~, ~n⟩ **0.1** ***ouverture.***
oval **0.1** ***ovaal.***
Oval ⟨o.; ~(e)s, ~e⟩ **0.1** ***ovaal.***
Ovarium ⟨o.; ~s, Ovarien⟩ **0.1** ***ovarium, eierstok.***
Ovation ⟨v.; ~, ~en⟩ **0.1** ***ovatie.***
Oxer ⟨m.; ~s, ~⟩⟨sp.⟩ **0.1** ***oxer*** ⇒*hindernis.*
Oxid, Oxyd ⟨o.; ~(e)s, ~e⟩ **0.1** ***oxide.***
Oxydation ⟨v.; ~, ~en⟩ **0.1** ***oxidatie.***
oxydieren **0.1** ***oxideren.***
Ozean ⟨m.; ~(e)s, ~e⟩ **0.1** ***oceaan.***
Ozeandampfer ⟨m.⟩ **0.1** ***oceaanstomer.***
ozeanisch **0.1** ***oceanisch, de oceaan betreffend*** **0.2** ***Oceanisch.***
Ozeanriese ⟨m.⟩⟨inf.⟩ **0.1** ***oceaanreus.***
Ozelot ⟨m.; ~(e)s, ~e⟩ **0.1** ***ocelot, pardelkat*** **0.2** ***ocelotbont.***
Ozon ⟨m. & o.; ~s⟩ **0.1** ***ozon.***
Ozonloch ⟨o.⟩ **0.1** ***gat in de ozonlaag.***
Ozonschicht ⟨v.⟩ **0.1** ***ozonlaag.***

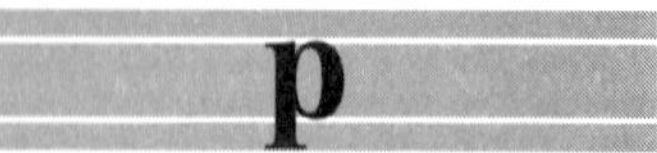

p, P ⟨o.; ~, ~⟩ **0.1** ***p, P*** ⇒*klank p, letter p, P.*
p. →**per; pro.**
p.A. ⟨afk.⟩ [per Adresse].
paar **0.1** ⟨ein ~⟩ ***een paar*** ⇒*enkele, enige* **0.2** ⟨ein ~⟩ ***een paar meer dan*** ⇒*iets meer dan* ◆ **2.1** ein ~ Hundert *enkele honderden* **2.2** ein ~ zwanzig *een paar meer dan twintig.*
Paar ⟨o.; ~(e)s, ~e⟩ **0.1** ***paar*** ◆ **2.1** ein glückliches ~ *een gelukkig paar, stel* **6.¶ zu** ~en treiben *op de vlucht drijven, in het nauw drijven.*
paaren I ⟨ov.ww.⟩ **0.1** ***laten paren*** ⟨van dieren⟩ **0.2** ⟨fig.⟩ ***verenigen, doen samengaan (met)*** ◆ **1.2** es wurden ungleiche Mannschaften gepaart *er werden twee ongelijke teams gevormd* **6.2** Verstand **mit** Gefühl ~ *verstand aan gevoel paren;*
II sich ~ ⟨wk.ww.⟩ **0.1** ***paren.***
Paarhufer ⟨m.; ~s, ~⟩⟨biol.⟩ **0.1** ***evenhoevige.***
paarig **0.1** ***paarsgewijs*** ⇒*twee aan twee.*
Paarlauf ⟨m.⟩⟨sp.⟩ **0.1** ***kunstrijden voor paren.***
paarmal ◆ **7.¶** ein ~ *een paar keer.*
Paarreim ⟨m.⟩ **0.1** ***gepaard rijm.***
Paarung ⟨v.; ~, ~en⟩ **0.1** ***paring*** **0.2** ***combinatie*** ⇒*verbinding.*
paarweise **0.1** ***paarsgewijs*** ⇒*per paar, twee aan twee.*
Paarzeher ⟨m.; ~s, ~⟩⟨biol.⟩ **0.1** ***evenhoevige.***
Pacht ⟨v.; ~, ~en⟩ **0.1** ***pacht*** ⇒*pachting* **0.2** ***pacht*** ⇒*pachtsom* ◆ **6.1 in** ~ geben *verpachten, in pacht geven.*
pachten **0.1** ***pachten, in pacht hebben.***
Pächter ⟨m.; ~s, ~⟩ **0.1** ***pachter*** ⇒*pachtboer.*
Pachtgeld ⟨o.⟩ **0.1** ***pachtgeld, -som, pacht.***
Pachtgut ⟨o.⟩ **0.1** ***pachtgoed, -boerderij.***
Pachtvertrag ⟨m.⟩ **0.1** ***pachtcontract, -overeenkomst.***
Pachtzeit ⟨v.⟩ **0.1** ***pachttijd, -termijn.***
Pachtzins ⟨m.⟩ **0.1** ***pachtprijs, -som.***
Pack[1] ⟨m.; ~(e)s, ~̈e of ~e⟩ **0.1** ***pak*** ⇒*bundel, pakket.*
Pack[2] ⟨o.; ~s⟩ **0.1** ***gepeupel*** ⇒*gespuis, tuig.*
Päckchen ⟨o.; ~s, ~⟩ **0.1** ***pakje*** ⇒*pakketje* ◆ **3.1** ⟨inf.⟩ jeder hat sein ~ zu tragen *ieder heeft zo z'n eigen zorgen.*
Packeis ⟨o.⟩ **0.1** ***pakijs.***
packen I ⟨ov.ww.⟩ **0.1** ***pakken*** ⇒*in-, vastpakken* **0.2** ***pakken*** ⇒*boeien, aangrijpen* **0.3** ⟨inf.⟩ ***snappen*** ◆ **1.1** ⟨inf.⟩ seine Siebensachen ~ *z'n spullen inpakken;* ⟨fig.⟩ ein heftiges Fieber packte den Kranken *de zieke kreeg hevige koorts* **6.1** jmdn. **bei** seiner Ehre ~ *op iemands eergevoel werken;*
II sich ~ ⟨wk.ww.⟩ **0.1** ***ophoepelen.***
Packen ⟨m.; ~s, ~⟩ **0.1** ***pak*** ⇒*bundel, pakket.*
Packer ⟨m.; ~s, ~⟩ **0.1** ***inpakker, emballeur.***
Packerei ⟨v.; ~, ~en⟩ **0.1** ⟨g.mv.⟩ ***pakkerij*** ⇒*(constant, vervelend) gepak* **0.2** ***inpakruimte, pakkamer.***
Packesel ⟨m.⟩ **0.1** ***pakezel.***
Packleinwand ⟨v.⟩ **0.1** ***paklinnen, -doek.***
Packpapier ⟨o.⟩ **0.1** ***(in)pakpapier.***
Packpferd ⟨o.⟩ **0.1** ***pakpaard.***
Packraum ⟨m.⟩ **0.1** ***pakkamer.***
Packung ⟨v.; ~, ~en⟩ **0.1** ***pakje*** ⇒*doos(je)* **0.2** ***verpakking*** **0.3** ***kompres*** **0.4** ⟨tech.⟩ ***pakking*** **0.5** ⟨wwb.⟩ ***paklaag*** **0.6** ⟨sp.⟩ ***nederlaag*** ◆ **3.6** eine ~ bekommen *klop krijgen.*

Packwagen ⟨m.⟩ **0.1** *bagagewagen, -rijtuig* ⟨v.e. trein⟩.
Packzettel ⟨m.⟩ **0.1** *pakbon.*
Pädagoge ⟨m.; ~n, ~n⟩ **0.1** *pedagoog.*
Pädagogik ⟨v.; ~⟩ **0.1** *pedagogie(k), opvoedkunde.*
pädagogisch **0.1** *pedagogisch.*
Paddel ⟨o.; ~s, ~⟩ **0.1** *peddel.*
Paddelboot ⟨o.⟩ **0.1** *kano.*
paddeln **0.1** *peddelen, pagaaien.*
Paddler ⟨m.; ~s, ~⟩ **0.1** *kanoër.*
Päderast ⟨m.; ~en, ~en⟩ **0.1** *pederast.*
Pädiatrie ⟨v.; ~⟩ **0.1** *pediatrie, kindergeneeskunde.*
Pädologie ⟨v.; ~⟩ **0.1** *pedologie.*
Pädophilie ⟨v.; ~⟩ **0.1** *pedofilie.*
paff! **0.1** *paf!, poef!*
paffen ⟨inf.⟩ **0.1** *paffen* ⇒*paffend roken.*
Pagaie ⟨v.; ~, ~n⟩ **0.1** *pagaai, peddel.*
Page ⟨m.; ~n, ~n⟩ **0.1** *piccolo* ⇒*hotelbediende* **0.2** ⟨gesch.⟩ *page* ⇒*hofjonker.*
Pagenfrisur ⟨v.⟩ **0.1** *pagekopje.*
Pagenkopf ⟨m.⟩ **0.1** *pagekopje.*
paginieren **0.1** *pagineren.*
Pagode ⟨v.; ~, ~n⟩ **0.1** *pagode* ⇒*tempel.*
pah! **0.1** *bah!*
Paillette ⟨v.; ~, ~n⟩ **0.1** *paillette, lovertje.*
Paket ⟨o.; ~(e)s, ~e⟩ **0.1** *pakket* ⟨ook fig.⟩ ⇒*pakje, bundel.*
Paketadresse ⟨v.⟩ **0.1** *gegomde adreskaart.*
Paketannahme ⟨v.⟩ **0.1** *loket voor pakketten.*
Paketkarte ⟨v.⟩ **0.1** *adreskaart, label.*
Paketpost ⟨v.⟩ **0.1** *pakketpost.*
Pakt ⟨m.; ~(e)s, ~e⟩ **0.1** *pact* ⇒*verdrag, verbond.*
paktieren **0.1** *pacteren* ⇒*een verdrag sluiten* **0.2** *gemene zaak maken, heulen.*
Paladin ⟨m.; ~(e)s, ~e⟩ **0.1** *paladijn.*
Palais ⟨o.; ~, ~⟩ **0.1** *paleis* ⇒*kasteel, slot.*
Paläolithikum ⟨o.; ~s⟩ **0.1** *Paleolithicum.*
Paläontologie ⟨v.; ~⟩ **0.1** *paleontologie.*
Paläozän ⟨o.; ~s⟩ ⟨geol.⟩ **0.1** *Paleoceen.*
Paläozoikum ⟨o.; ~s⟩ **0.1** *Paleozoïcum.*
Palast ⟨m.; ~(e)s, ~̈e⟩ **0.1** *paleis.*
Palästina ⟨o.; ~s⟩ **0.1** *Palestina.*
Palästinenser ⟨m.; ~s, ~⟩ **0.1** *Palestijn.*
palästinensisch **0.1** *Palestijns.*
Palastrevolution ⟨v.⟩ **0.1** *paleisrevolutie.*
Palatallaut ⟨m.⟩ **0.1** *palatale klank.*
Palatschinke ⟨v.; ~, ~n⟩ ⟨Oostr.⟩ **0.1** *gevulde pannenkoek.*
Palaver ⟨o.; ~s, ~⟩ **0.1** *palaver* ⇒*eindeloos gepraat.*
palavern **0.1** *palaveren* ⇒*kletsen.*
Palette ⟨v.; ~, ~n⟩ **0.1** *palet* ⟨ook fig.⟩ **0.2** *pallet, laadbord.*
paletti ⟨inf.⟩ ◆ **4.¶** (es ist) alles ~! *alles okay!, alles kits!*
Palisade ⟨v.; ~n, ~n⟩ **0.1** *palissade.*
Palisander ⟨m.; ~s, ~⟩ **0.1** *palissander(boom).*
Palladium ⟨o.; ~s, Palladien⟩ **0.1** *Palladium, Pallasbeeld* **0.2** ⟨schei.⟩ *palladium.*
Palme ⟨v.; ~, ~n⟩ **0.1** *palm(boom)* **0.2** ⟨schr.; fig.⟩ *zege, overwinning* ◆ **6.1** ⟨inf.; fig.⟩ **auf** der ~ sein *furieus zijn;* ⟨inf.; fig.⟩ jmdn. **auf** die ~ bringen *iem. op stang jagen.*
Palmkätzchen ⟨o.⟩ **0.1** *katje v.d. waterwilg.*
Palmkern ⟨m.⟩ **0.1** *palmpit.*
Palmsonntag ⟨m.⟩ **0.1** *palmzondag.*
Palmwedel ⟨m.⟩ **0.1** *palmblad.*
Palmwein ⟨m.⟩ **0.1** *palmwijn, toddy.*
Pampa ⟨v.; ~, ~s⟩ **0.1** *pampa.*
Pampasgras ⟨o.⟩ **0.1** *pampagras.*
Pampe ⟨v.; ~⟩ **0.1** *modderbrij* ⇒*prut.*
Pampelmuse ⟨v.; ~, ~n⟩ **0.1** *pompelmoes.*
Pamphlet ⟨o.; ~(e)s, ~e⟩ **0.1** *pamflet, schotschrift.*
Pamphletist ⟨m.; ~en, ~en⟩ **0.1** *pamfletschrijver.*
pampig **0.1** *papperig* ⇒*brijig* **0.2** ⟨inf.; pej.⟩ *brutaal* ⇒*onbeschaamd.*
Panasch ⟨m.; ~es, ~e⟩ **0.1** *panache, veder-, helmbos.*
panaschieren **0.1** *panacheren, tegelijk kiezen* ⟨van kandidaten⟩.
Panda ⟨m.; ~s, ~⟩ **0.1** *panda, bamboe-, katbeer.*
Pandämonium ⟨o.; ~s, Pandämonien⟩ **0.1** *pandemonium.*
pandemisch **0.1** *pandemisch, overal verbreid* ⟨van ziekten⟩.
Paneel ⟨o.; ~(e)s, ~e⟩ **0.1** *paneel* **0.2** *lambrisering.*
Panflöte ⟨v.⟩ **0.1** *pan(s)fluit.*
päng! **0.1** *pats!, boem!*
Panier ⟨o.; ~(e)s, ~e⟩ ⟨schr.⟩ **0.1** *banier* **0.2** ⟨fig.⟩ *devies* ⇒*leus* ◆ **6.1** etwas **auf** sein ~ schreiben *iets in zijn vaandel schrijven.*
panieren **0.1** *paneren.*
Paniermehl ⟨o.⟩ **0.1** *paneermeel.*
Panik ⟨v.; ~, ~en⟩ **0.1** *paniek* ⇒*schrik en verwarring* ◆ **6.1** jmdn. **in** ~ versetzen *iem. in paniek brengen.*
panikartig **0.1** *paniekachtig, als bij, in paniek, paniekerig.*
Panikmache ⟨v.⟩ **0.1** *paniekzaaierij.*
panisch **0.1** *panisch.*
Pankreas ⟨o.; ~, Pankreaten⟩ **0.1** *pancreas, alvleesklier.*
Panne ⟨v.; ~, ~n⟩ **0.1** *pech* ⇒*tegenslag, defect* ◆ **3.1** im Examen ~ haben *pech bij het examen hebben.*
Pannenhilfe ⟨v.⟩ **0.1** *reparatiedienst, wegenwacht* ⟨bij autopech⟩.
Pannenkurs ⟨m.⟩ **0.1** *cursus pech onderweg.*
Panoptikum ⟨o.; ~s, Panoptiken⟩ **0.1** *panopticum, wassenbeeldenverzameling.*
Panorama ⟨o.; ~s, Panoramen⟩ **0.1** *panorama.*
panschen **I** ⟨onov.ww.⟩ **0.1** *poedelen* ⇒*met water knoeien, spelen;*
II ⟨ov. & onov.ww.⟩ **0.1** *wijn, alcoholica versnijden* ⇒*vervalsen.*
Panscher ⟨m.; ~s, ~⟩ **0.1** *knoeier.*
Panscherei ⟨v.; ~, ~en⟩ **0.1** *gepoedel* ⇒*geknoei* ⟨met water⟩ **0.2** *versnijding* ⇒*geknoei* ⟨met wijn, alcoholica⟩.
Pansen ⟨m.; ~s, ~⟩ **0.1** *pens* ⟨maag⟩.
Pantheismus ⟨m.; ~⟩ **0.1** *pantheïsme.*
Pantheon ⟨o.; ~s, ~s⟩ **0.1** ⟨gesch.⟩ *pantheon, godentempel* **0.2** ⟨fig.⟩ *eretempel* **0.3** *alle goden v.e. volk.*
Panther ⟨m.; ~s, ~⟩ **0.1** *panter.*
Pantherkatze ⟨v.⟩ **0.1** *panterkat.*
Pantine ⟨v.; ~, ~n⟩ ⟨Ndd.⟩ **0.1** *trip(klomp)* ◆ **6.1** ⟨inf.⟩ **aus** den ~n kippen (a) *bewusteloos worden* (b) *stomverbaasd staan.*
Pantoffel ⟨m.; ~s, ~n⟩ **0.1** *pantoffel* ◆ **6.1** **unter** den ~ kommen *onder de pantoffel raken;* **unter** dem ~ stehen *onder de pantoffel zitten.*
Pantoffelblume ⟨v.⟩ **0.1** *pantoffeltje.*
Pantoffelheld ⟨m.⟩ ⟨inf.⟩ **0.1** *pantoffelheld.*
Pantoffelkino ⟨o.⟩ ⟨inf.; scherts.⟩ **0.1** *buis, kastje thuis* ⟨televisie⟩.
Pantoffeltierchen ⟨o.⟩ **0.1** *pantoffeldiertje.*
Pantograph ⟨m.; ~en, ~en⟩ **0.1** *pantograaf, tekenaap.*
Pantomime[1] ⟨m.; ~n, ~n⟩ **0.1** *pantomimespeler.*
Pantomime[2] ⟨v.; ~, ~n⟩ **0.1** *pantomime, gebarenspel.*
Pantomimik ⟨v.; ~⟩ **0.1** *pantomimiek, pantomimekunst.*
pantschen →**panschen.**
Panzer ⟨m.; ~s, ~⟩ **0.1** *pantser, harnas* **0.2** *pantser* ⇒*pantsering, pantserbekleding* **0.3** ⟨mil.⟩ *tank* ⇒*gevechts-*

wagen **0.4** ⟨biol.⟩ ***pantser*** ⇒*schild, harde laag* ◆ **3.3** ⟨sold.⟩ ~ knacken *tanks buiten gevecht stellen.*
Panzerabwehrkanone ⟨v.⟩ **0.1** ***antitankgeschut, -kanon.***
Panzerabwehrrakete ⟨v.⟩ **0.1** ***antitankraket.***
panzerbrechend **0.1** ***in staat een pantserplaat te doorboren.***
Panzerechse ⟨v.⟩ **0.1** ***krokodil*** **0.2** ***pantserhagedis.***
Panzerfaust ⟨v.⟩ **0.1** ***pantservuist.***
Panzergraben ⟨m.⟩ **0.1** ***tankgracht.***
Panzerhemd ⟨o.⟩ **0.1** ***maliënkolder.***
panzern **0.1** ***pantseren*** ⇒*van een pantser voorzien.*
Panzerplatte ⟨v.⟩ **0.1** ***pantserplaat.***
Panzerreiter ⟨m.⟩ **0.1** ***kurassier.***
Panzerschlacht ⟨v.⟩ **0.1** ***tankslag.***
Panzerschrank ⟨m.⟩ **0.1** ***brandkast, safe.***
Panzerspähwagen ⟨m.⟩⟨mil.⟩ **0.1** ***gepantserd verkenningsvoertuig.***
Panzersperre ⟨m.⟩ **0.1** ***tankversperring.***
Panzertruppe ⟨v.⟩ **0.1** ***cavalerie*** ⇒*het tankwapen.*
Panzerturm ⟨m.⟩ **0.1** ***pantsertoren.***
Panzerung ⟨v.; ~, ~en⟩ **0.1** ***(be)pantsering*** **0.2** ***pantser.***
Panzerwagen ⟨m.⟩ **0.1** ***pantserwagen, gepantserd voertuig.***
Panzerzug ⟨m.⟩ **0.1** ***gepantserde trein.***
Papa ⟨acc. wiss.⟩⟨m.; ~s, ~s⟩⟨kind.⟩ **0.1** ***papa.***
Papachen ⟨o.; ~s, ~⟩⟨kind.⟩ **0.1** ***papaatje.***
Papagei ⟨m.; ~(e)s, ~en⟩ **0.1** ***papegaai.***
Papageienkrankheit ⟨v.⟩ **0.1** ***papegaaienziekte.***
Papier ⟨o.; ~s, ~e⟩ **0.1** ⟨g.mv.⟩ ***papier*** **0.2** ***papier*** ⇒*stuk, document* **0.3** ***legitimatie*** ⇒*pas* **0.4** ***waardepapier*** ⇒*aandeel, effecten* ◆ **2.4** festverzinsliche ~e *obligaties* **3.2** ⟨inf.⟩ seine ~e bekommen *ontslagen worden* **3.3** bitte Ihre ~e! *uw pas, papieren alstublieft!* **6.1** nur **auf** dem ~ stehen *slechts theorie zijn, op papier staan;* Gedanken **zu** ~ bringen *gedachten op papier zetten.*
Papierbogen ⟨m.⟩ **0.1** ***vel papier, blad.***
Papierdeutsch ⟨o.⟩⟨pej.⟩ **0.1** ***ambtelijk Duits*** ⇒*boekenduits.*
papieren **0.1** ***papieren, van papier*** **0.2** ⟨fig.⟩ ***dor*** ⇒*saai, droog.*
Papierfetzen ⟨m.⟩ **0.1** ***papiersnipper, vodje papier.***
Papiergeld ⟨o.⟩ **0.1** ***papiergeld, bankbiljetten.***
Papierkorb ⟨m.⟩ **0.1** ***prullenbak.***
Papierkram ⟨m.⟩⟨inf.⟩ **0.1** ***paperassen*** ⇒*papierwinkel.*
Papierkrieg ⟨m.⟩⟨inf.⟩ **0.1** ***administratieve rompslomp.***
Papiermesser ⟨o.⟩ **0.1** ***papiermes, vouwbeen.***
Papiermühle ⟨v.⟩ **0.1** ***papiermolen, -fabriek.***
Papierschlange ⟨v.⟩ **0.1** ***serpentine.***
Papierschnitzel ⟨o.⟩ **0.1** ***(papier)snipper.***
Papierserviette ⟨v.⟩ **0.1** ***papieren servet.***
Papierstaude ⟨v.⟩ **0.1** ***papierstruik.***
Papierstreifen ⟨m.⟩ **0.1** ***strook, reep papier.***
Papiertaschentuch ⟨o.⟩ **0.1** ***papieren zakdoek.***
Papiertiger ⟨m.⟩⟨inf.; fig.⟩ **0.1** ***papieren tijger.***
Papiertüte ⟨v.⟩ **0.1** ***papieren zakje.***
Papierwährung ⟨v.⟩⟨ec.⟩ **0.1** ***papieren standaard.***
papillar **0.1** ***papillair, papilvormig.***
Papille ⟨v.; ~, ~n⟩ **0.1** ***papil.***
Papillote ⟨v.; ~, ~n⟩ **0.1** ***papillot.***
Papismus ⟨m.; ~⟩⟨pej.⟩ **0.1** ***papisme.***
papp ◆ **3.¶** nicht mehr ~ sagen können *geen pap meer kunnen zeggen.*
Pappband ⟨m.⟩ **0.1** ***kartonnen band*** **0.2** ***gekartonneerd boek.***
Pappdeckel ⟨m.⟩ **0.1** ***karton*** **0.2** ***stuk karton.***
Pappe ⟨v.; ~, ~n⟩ **0.1** ***karton*** **0.2** ***dakvilt*** ◆ **6.1** ⟨fig.⟩ der ist nicht **von** ~! *pas maar op voor hem!;* ⟨fig.⟩ das ist nicht **von** ~! *dat is lang niet mis!*
Pappel ⟨v.; ~, ~n⟩ **0.1** ***populier, peppel.***
päppeln ⟨inf.⟩ **0.1** ***voeren*** ⟨vooral van kinderen⟩.
pappen ⟨inf.⟩ **0.1** ***kleven*** ⇒*plakken, hechten.*
Pappenheimer ⟨m.; ~s, ~⟩ ◆ **3.¶** ⟨inf.; fig.⟩ seine ~ kennen *z'n volkje, z'n pappenheimers kennen.*
Pappenstiel ⟨m.⟩⟨inf.; fig.⟩ **0.1** ***prikje, habbekrats*** **0.2** ***kleinigheid*** ◆ **3.1** das ist keinen ~ wert *dat is geen cent waard, is totaal waardeloos* **3.2** das ist doch kein ~! *dat is geen kleinigheid!* **6.1** **für** einen ~ verkaufen *voor een prikje, habbekrats verkopen.*
papperlapapp! **0.1** ***onzin!, nonsens!***
pappig **0.1** ***papperig, pappig*** **0.2** ***kleverig*** ⇒*plakkerig.*
Pappkarton ⟨m.⟩ **0.1** ***kartonnen doos.***
Pappmaché ⟨o.⟩ **0.1** ***papier-maché.***
Pappmaschee ⟨o.⟩⟨nw.spel.⟩ →**Pappmaché.**
Pappnase ⟨v.⟩ **0.1** ***feestneus.***
Pappschachtel ⟨v.⟩ **0.1** ***kartonnen doos(je).***
Pappschnee ⟨m.⟩ **0.1** ***aankoekende sneeuw*** ⟨bv. aan ski's⟩.
Paprika ⟨m.; ~s, ~s⟩ **0.1** ***paprika.***
Paprikaschote ⟨v.⟩ **0.1** ***paprika(vrucht).***
Papst ⟨m.; ~es, ⸚e⟩ **0.1** ***paus*** ◆ **8.1** päpstlicher sein als der ~ *roomser zijn dan de paus.*
päpstlich **0.1** ***pauselijk.***
Papsttum ⟨o.; ~s⟩ **0.1** ***pausdom, pausschap.***
Papua ⟨m.; ~(s), ~(s)⟩ **0.1** ***Papoea.***
Papyrin ⟨o.; ~s⟩ **0.1** ***perkamentpapier.***
Papyrus ⟨m.; ~, Papyri⟩ **0.1** ***papyrus(plant)*** **0.2** ***papyrusrol.***
Para ⟨m.; ~s, ~s⟩ **0.1** ⟨ec.⟩ ***para*** **0.2** ⟨mil.⟩ ***para(chutist).***
Parabel ⟨v.; ~, ~n⟩ **0.1** ⟨lit.⟩ ***parabel, gelijkenis*** **0.2** ⟨wisk.⟩ ***parabool.***
Parabolantenne ⟨v.⟩ **0.1** ***schotelantenne.***
parabolisch **0.1** ***parabolisch.***
Paraboloid ⟨o.; ~(e)s, ~e⟩ **0.1** ***paraboloïde.***
Parade ⟨v.; ~, ~n⟩ **0.1** ***parade*** **0.2** ⟨sp.⟩ ***parade*** ⇒*(afwerende) stoot, slag, steek* **0.3** ⟨sp.⟩ ***snelle actie*** ⇒*redding, save* **0.4** ⟨sp.⟩ ***het plotseling stilstaan*** ⟨bij het paardrijden⟩ **0.5** ⟨sp.⟩ ***het verlangzamen v.d. gang*** ⟨v.e. paard⟩ ◆ **2.3** eine glänzende ~ des Torwarts *een schitterende redding van de keeper* **6.2** ⟨inf.; fig.⟩ jmdm. **in** die ~ fahren *iem. van repliek dienen.*
Paradebeispiel ⟨o.⟩ **0.1** ***model-, schoolvoorbeeld.***
Paradeiser ⟨m.; ~s, ~⟩⟨Oostr.⟩ **0.1** ***tomaat.***
Parademarsch ⟨m.⟩ **0.1** ***parademars.***
Paradepferd ⟨o.⟩ **0.1** ***paradepaard.***
Paradeschritt ⟨m.⟩ **0.1** ***paradepas.***
Paradestück ⟨o.⟩⟨fig.⟩ **0.1** ***paradenummer, -stuk.***
paradieren ⟨h.⟩ **0.1** ***paraderen*** **0.2** ***paraderen, pralen, pronken.***
Paradies ⟨o.; ~es, ~e⟩ **0.1** ***paradijs*** ⇒*hof van Eden* **0.2** ⟨fig.⟩ ***hemel*** **0.3** ⟨fig.⟩ ***paradijs*** **0.4** ⟨bouwk.⟩ ***atrium.***
paradiesisch **0.1** ***paradijselijk.***
Paradiesvogel ⟨m.⟩ **0.1** ***paradijsvogel.***
Paradigma ⟨o.; ~s, ~ta of Paradigmen⟩ **0.1** ***paradigma.***
paradox **0.1** ***paradox, paradoxaal, (schijnbaar) tegenstrijdig*** ◆ **1.1** ~e Meinungen *tegenstrijdige meningen.*
Paradoxie ⟨v.; ~, ~n⟩ **0.1** ***paradoxie, (schijnbare) tegenstelling.***
Paraffin ⟨o.; ~(e)s, ~e⟩ **0.1** ***paraffine.***
paraffinieren **0.1** ***paraffineren, met paraffine behandelen.***
Paragraph ⟨m.; ~en, ~en⟩ **0.1** ***paragraaf.***

Paragraphenreiter ⟨m.⟩⟨inf.; pej.⟩ **0.1** ***wettisch ambtenaar.***

Paragraphenzeichen ⟨o.⟩ **0.1** ***paragraafteken.***

Parallaxe ⟨v.; ~, ~n⟩⟨foto., ster.⟩ **0.1** ***parallax, verschilzicht.***

parallel **0.1** ***parallel, evenwijdig*** **0.2** ***parallel*** ⇒*overeenkomstig* ◆ **1.2** eine ~e Entwicklung *een vergelijkbare ontwikkeling.*

Parallele ⟨v.; ~, ~n⟩ **0.1** ***parallel, evenwijdige lijn*** **0.2** ***parallel*** ⇒*overeenkomst, iets dergelijks* ◆ **3.2** ~n aufweisen *overeenkomst(en) vertonen* **6.2** mit etwas **in** ~ bringen *met iets in verband brengen.*

parallelisieren **0.1** ***parallel maken*** ⇒*doen overeenkomen.*

Parallelismus ⟨m.; ~, Parallelismen⟩ **0.1** ***parallellisme*** ⇒ *iets overeenkomstigs, vergelijkbaars.*

Parallelität ⟨v.; ~⟩ **0.1** ***evenwijdigheid*** **0.2** ***overeenkomst*** ⇒*vergelijkbaarheid.*

Parallelkreis ⟨m.⟩⟨aardr.⟩ **0.1** ***parallel, breedtecirkel.***

Parallellinie ⟨v.⟩ **0.1** ***evenwijdige lijn.***

Parallelogramm ⟨o.; ~s, ~e⟩ **0.1** ***parallellogram.***

parallelschalten ⟨tech.⟩ **0.1** ***parallel schakelen.***

Paralyse ⟨v.; ~, ~n⟩ **0.1** ***paralyse, verlamming.***

paralysieren **0.1** ***paralyseren, verlammen.***

Paralytiker ⟨m.; ~s, ~⟩ **0.1** ***verlamde.***

paralytisch **0.1** ***paralytisch*** ⇒*aan verlammingen lijdend.*

Parament ⟨o.; ~(e)s, ~e⟩⟨rel.⟩ **0.1** ***parament, parement.***

Parameter ⟨m.; ~s, ~⟩⟨wisk.⟩ **0.1** ***parameter.***

paranoid **0.1** ***paranoïde, aan waanideeën lijdend.***

Paranoiker ⟨m.; ~s, ~⟩ **0.1** ***paranoïcus.***

Paranuß ⟨v.⟩ **0.1** ***paranoot.***

Paraphe ⟨v.; ~, ~n⟩⟨schr.⟩ **0.1** ***paraaf.***

paraphieren **0.1** ***paraferen, met een paraaf tekenen.***

Paraphrase ⟨v.; ~, ~n⟩ **0.1** ***parafrase, omschrijving.***

paraphrasieren **0.1** ***parafraseren.***

Parapsychologie ⟨v.⟩ **0.1** ***parapsychologie.***

Parasit ⟨m.; ~en, ~en⟩ **0.1** ***parasiet*** ⟨ook fig.⟩.

para|sitär, -sitisch **0.1** ***parasitair, als een parasiet.***

parat **0.1** ***paraat*** ⇒*gebruiksklaar, bij de hand* ◆ **3.1** er hat immer eine Ausrede ~ *hij heeft altijd een smoesje klaar.*

Paratyphus ⟨m.⟩ **0.1** ***paratyfus.***

Pärchen ⟨o.; ~s, ~⟩ **0.1** ***paartje*** ⇒*jong paar.*

Pardon ⟨m.; ~s⟩⟨schr.⟩ **0.1** ***vergeving*** ⇒*genade, pardon* ◆ **6.1** **um** ~ bitten *gratie vragen.*

Parenthese ⟨v.; ~, ~n⟩ **0.1** ***parenthese, haakje*** **0.2** ***parenthese, tussenzin*** ◆ **6.1** **in** ~ *tussen haakjes;* ⟨schr.; fig.⟩ etwas **in** ~ sagen *iets terloops zeggen.*

parenthetisch **0.1** ***tussen haakjes*** **0.2** ⟨fig.⟩ ***terloops*** **0.3** ***als tussenzin.***

Parfum ⟨o.; ~s, ~s⟩ →**Parfüm.**

Parfüm ⟨o.; ~s, ~e of ~s⟩ **0.1** ***parfum.***

Parfümerie ⟨v.; ~, ~n⟩ **0.1** ***parfumeriezaak*** **0.2** ***parfumerie-industrie.***

Parfümeur ⟨m.; ~s, ~e⟩ **0.1** ***parfumeur.***

parfümieren **0.1** ***parfumeren.***

Parfümzerstäuber ⟨m.⟩ **0.1** ***vaporisator, parfumverstuiver.***

Paria ⟨m.; ~s, ~s⟩ **0.1** ***paria*** **0.2** ⟨fig.⟩ ***verstoteling*** ⇒*rechteloze.*

parieren I ⟨ov.ww.⟩ **0.1** ***pareren, afweren*** **0.2** ⟨sp.⟩ ***pareren, doen stilstaan*** ⟨v.e. paard⟩;
II ⟨onov.ww.⟩⟨inf.⟩ **0.1** ***gehoorzamen*** ◆ **3.1** willst, wirst du wohl ~! *wil je wel eens luisteren!*

Parikurs ⟨m.⟩⟨ec.⟩ **0.1** ***parikoers, koers a pari.***

Paris ⟨o.⟩ **0.1** ***Parijs.***

Pariser[1] ⟨m.; ~s, ~⟩ **0.1** ***Parijzenaar*** **0.2** ⟨inf.⟩ ***kapotje*** ⇒ *condoom.*

Pariser[2] ⟨bn.⟩ **0.1** ***Parijs*** ⇒*uit, van Parijs.*

Parität ⟨v.; ~⟩ **0.1** ***pariteit*** ⇒*gelijkgerechtigdheid, gelijkwaardigheid* **0.2** ⟨ec.⟩ ***pariteit*** ⇒*gelijkheid* ⟨van koers⟩.

paritätisch **0.1** ***paritair*** ⇒*gelijkwaardig, gelijkgerechtigd.*

Pariwert ⟨m.⟩⟨ec.⟩ **0.1** ***pariwaarde, waarde a pari.***

Park ⟨m.; ~s, ~s⟩ **0.1** ***park*** **0.2** ***wagenpark.***

Parka ⟨m.; ~s, ~s of v.; ~, ~s⟩ **0.1** ***parka.***

Parkanlage ⟨v.⟩ **0.1** ***plantsoen*** ⇒*park.*

Parkbucht ⟨v.⟩ **0.1** ***parkeerhaven.***

parken **0.1** ***parkeren.***

Parker ⟨m.; ~s, ~⟩ **0.1** ***parkeerder.***

Parkett ⟨o.; ~(e)s, ~e of ~s⟩ **0.1** ***parket(vloer)*** **0.2** ⟨dram.⟩ ***parket*** **0.3** ⟨ec.; fig.⟩ ***effectenhoek*** ◆ **3.1** ein ~ (ver)legen *een parketvloer leggen* **6.1** ⟨fig.⟩ sich **auf** dem ~ bewegen können *zich vlot bewegen in de betere kringen.*

Parkett(fuß)boden ⟨m.⟩ **0.1** ***parketvloer.***

parkettieren **0.1** ***parketteren, parket leggen.***

Parkettleger ⟨m.⟩ **0.1** ***parketteur, parketlegger.***

Parkgebühr ⟨v.⟩ **0.1** ***parkeergeld.***

Park|haus, -hochhaus ⟨o.⟩ **0.1** ***parkeergarage.***

Parkinsonsche Krankheit ⟨v.⟩ **0.1** ***ziekte van Parkinson.***

Parkkralle ⟨v.⟩ **0.1** ***parkeer-, wielklem.***

Parkleuchte ⟨v.⟩ **0.1** ***parkeerlicht*** ⟨v.e. auto⟩.

Parklücke ⟨v.⟩ **0.1** ***parkeerruimte*** ⟨tussen geparkeerde auto's⟩.

Parkometer ⟨o.⟩ **0.1** ***parkeermeter.***

Parkplatz ⟨m.⟩ **0.1** ***parkeerterrein*** **0.2** ***parkeerplaats.***

Parkscheibe ⟨v.⟩ **0.1** ***parkeerschijf.***

Parkschein ⟨m.⟩ **0.1** ***parkeerbiljet.***

Parkstudium ⟨o.⟩ **0.1** ***parkeerstudie.***

Parksünder ⟨m.⟩⟨inf.⟩ **0.1** ***foutparkeerder.***

Parkuhr ⟨v.⟩ **0.1** ***parkeermeter.***

Parkverbot ⟨o.⟩ **0.1** ***parkeerverbod.***

Parkwächter ⟨m.⟩ **0.1** ***parkwachter*** **0.2** ***parkeerwachter*** ⇒ *bewaker v.e. parkeerterrein.*

Parlament ⟨o.; ~(e)s, ~e⟩ **0.1** ***parlement*** **0.2** ***parlementsgebouw.***

Parlamentär ⟨m.; ~(e)s, ~e⟩ **0.1** ***parlementair, onderhandelaar.***

Parlamentarier ⟨m.; ~s, ~⟩ **0.1** ***parlementariër, lid v.e. parlement.***

parlamentarisch **0.1** ***parlementair.***

Parlamentarismus ⟨m.; ~⟩ **0.1** ***parlementarisme.***

Parlamentsferien ⟨alleen mv.⟩ **0.1** ***reces.***

Parlamentsgebäude ⟨o.⟩ **0.1** ***parlementsgebouw.***

Parmesankäse ⟨m.; ~s⟩ **0.1** ***Parmezaanse kaas.***

Parnaß ⟨m.; Parnasses⟩ **0.1** ⟨gesch.⟩ ***Parnas(sus)*** ⟨muzenberg⟩ **0.2** ⟨fig.⟩ ***dichtkunst.***

parochial **0.1** ***parochiaal, parochieel.***

Parochialkirche ⟨v.⟩ **0.1** ***parochiekerk.***

Parochie ⟨v.; ~, ~n⟩ **0.1** ***parochie.***

Parodie ⟨v.; ~, ~n⟩ **0.1** ***parodie.***

parodieren **0.1** ***parodiëren.***

Parodist ⟨m.; ~en, ~en⟩ **0.1** ***parodist.***

Parole ⟨v.; ~, ~n⟩ **0.1** ***parool*** ⇒*wachtwoord* **0.2** ⟨fig.⟩ ***parool*** ⇒*leus, devies* **0.3** ⟨pej.⟩ ***opruiende, ophitsende bewering*** ◆ **3.3** ~n aufbringen *opruiende praatjes in omloop brengen.*

Paroli ⟨o.; ~s, ~s⟩ ◆ **3.¶** jmdm. ~ bieten *iem. snel, gevat tegenspel bieden, iem. lik op stuk geven.*

Part ⟨m.; ~(e)s, ~e⟩ **0.1** ***deel*** ⇒*gedeelte, aandeel* **0.2** ⟨ec.⟩ ***aandeel*** ⟨v.e. schip⟩ **0.3** ⟨muz.⟩ ***stem, partij*** **0.4** ⟨dram.⟩ ***rol.***

Partei ⟨v.; ~, ~en⟩ **0.1** ***partij*** ⟨jur., pol., sp.⟩ **0.2** ***huurder*** ⇒ *gezin, familie* ◆ **3.1** für jmdn. ~ ergreifen *voor iem. partij* *kiezen, het voor iem. opnemen* **6.1 in** eine ~ eintreten *lid worden van een partij.*

Parteibonze ⟨m.⟩⟨pej.⟩ **0.1** ***partijbonze.***

Parteibuch ⟨o.⟩ **0.1** ***lidmaatschapsbewijs v.e. partij.***

Parteichinesisch ⟨o.⟩⟨inf.⟩ **0.1** ***partijjargon.***

Parteifreund ⟨m.⟩ **0.1** ***partijgenoot.***

Parteiführung ⟨v.⟩ **0.1** ***partijleiding.***

Parteigänger ⟨m.⟩ **0.1** ***partijganger, -aanhanger*** ⇒⟨mv. ook⟩ *achterban.*

parteiisch 0.1 ***partijdig*** ⇒*vooringenomen.*

parteilich 0.1 ***volgens de partijlijn*** **0.2** ***partijdig*** ⇒*vooringenomen.*

Parteilinie ⟨v.⟩ **0.1** ***partijlijn, partijpolitiek.***

parteilos 0.1 ***partijloos.***

parteimäßig 0.1 ***volgens de partijlijn.***

Parteimitglied ⟨o.⟩ **0.1** ***partijlid.***

Parteinahme ⟨v.; ~⟩ **0.1** ***het partijkiezen.***

Parteiorgan ⟨o.⟩ **0.1** ***partijorgaan.***

Parteipolitik ⟨v.⟩ **0.1** ***politiek v.e. partij*** **0.2** ⟨pej.⟩ ***partij-, belangenpolitiek.***

Parteispende ⟨v.⟩ **0.1** ***gift aan een partij.***

Parteitag ⟨m.⟩ **0.1** ***partijcongres.***

Parteiung ⟨v.; ~, ~en⟩ **0.1** ***partijscheuring*** ⇒*onenigheid in de partij.*

parterre 0.1 ***parterre, op de begane grond.***

Parterre ⟨o.; ~s, ~s⟩ **0.1** ***parterre.***

Parterreakrobatik ⟨v.⟩ **0.1** ***parterrewerk.***

Parterrewohnung ⟨v.⟩ **0.1** ***woning op de benedenverdieping.***

Partie ⟨v.; ~, ~n⟩ **0.1** ***deel*** ⇒*gedeelte, partij* **0.2** ***partij*** ⇒ *spel, potje* **0.3** ***partij*** ⇒*hoeveelheid* **0.4** ***partij*** ⇒*partner, echtgeno(o)t(e)* **0.5** ⟨muz.⟩ ***partij*** ⇒*rol, stem* **0.6** ⟨vero.⟩ ***uitstapje*** ⇒*tocht* ◆ **1.5** die ~ des Othello *de rol van Othello* **2.1** die schönsten ~n des Parks *de mooiste gedeelten van het park* **3.4** eine gute ~ machen *een goed huwelijk doen* **3.6** eine ~ machen *een tocht maken* **6.6** (mit) **von** der ~ sein *ook van de partij zijn, ook meedoen.*

partiell 0.1 ***partieel, gedeeltelijk.***

Partikel ⟨v.; ~, ~n⟩ **0.1** ***partikel*** ⟨ook taal.⟩.

partiku|lar, -lär 0.1 ***een gedeelte betreffend*** ◆ **1.1** die ~en Interessen *de belangen van een deel, minderheid.*

Partikularismus ⟨m.; ~⟩⟨pol.⟩ **0.1** ***particularisme.***

Partisan ⟨m.; ~en of ~s, ~en⟩ **0.1** ***partizaan.***

Partition ⟨v.; ~, ~en⟩ **0.1** ***partitie*** ⇒*indeling.*

partitiv ⟨taal.⟩ **0.1** ***partitief, delend.***

Partitur ⟨v.; ~, ~en⟩ **0.1** ***partituur.***

Partizip ⟨o.; ~s, Partizipien⟩ **0.1** ***participium, deelwoord*** ◆ **1.1** ~ Präsens *tegenwoordig deelwoord;* ~ Perfekt *verleden, voltooid deelwoord* **2.1** erstes ~ *tegenwoordig deelwoord;* zweites ~ *verleden, voltooid deelwoord.*

Partizipation ⟨v.; ~, ~en⟩ **0.1** ***participatie, deelneming.***

Partizipationsgeschäft ⟨o.⟩⟨ec.⟩ **0.1** ***gemeenschappelijke onderneming.***

partizipial ⟨taal.⟩ **0.1** ***participiaal, een deelwoord betreffend.***

partizipieren 0.1 ***participeren, deel hebben in.***

Partner ⟨m.; ~s, ~⟩ **0.1** ***partner*** ⇒*deelgenoot, medespeler, vennoot* ◆ **2.1** der eheliche ~ *de echtgenoot.*

Partnerin ⟨v.; ~, ~nen⟩ **0.1** ***vrouwelijke partner.***

Partnerschaft ⟨v.; ~⟩ **0.1** ***deelgenootschap*** ⇒*gemeenschap* **0.2** ***samenwerking*** ⇒*partnership, jumelage* ◆ **2.1** eine intime ~ *een intieme relatie.*

Partnerschaftsvertrag ⟨m.⟩ **0.1** ***samenlevingscontract.***

Partnerstaat ⟨m.⟩ **0.1** ***bondgenoot.***

Partnertausch ⟨m.⟩ **0.1** ***partnerruil.***

partout ⟨inf.⟩ **0.1** ***volstrekt*** ⇒*beslist, absoluut.*

Party ⟨v.; ~, ~s of Parties⟩ **0.1** ***party.***

Parvenü ⟨m.; ~s, ~s⟩ **0.1** ***parvenu.***

Parzelle ⟨v.; ~, ~n⟩ **0.1** ***perceel*** ⇒*kavel, stuk(je) grond.*

parzellieren 0.1 ***verkavelen*** ⇒*in kavels verdelen.*

Pas ⟨m.; ~, ~⟩ **0.1** ***(dans)pas.***

Pascha ⟨m.; ~s, ~s⟩ **0.1** ***pasja*** ⟨ook fig.⟩.

paschen I ⟨onov.ww.⟩ **0.1** ***dobbelen;***
II ⟨ov.ww.⟩⟨inf.⟩ **0.1** ***smokkelen.***

Pascher ⟨m.; ~s, ~⟩⟨inf.⟩ **0.1** ***smokkelaar.***

Paspel ⟨v.; ~, ~n⟩⟨amb.⟩ **0.1** ***paspel*** ⇒*bies, omboording.*

pas|pelieren, -peln 0.1 ***passepoileren, ombiezen.***

Paß ⟨m.; Passes, Pässe⟩ **0.1** ***pas(poort)*** **0.2** ***(berg)pas*** **0.3** ⟨sp.⟩ ***pass*** ⇒*trap* **0.4** ⟨bouwk.⟩ ***cirkelboog*** ⟨in gotisch maaswerk⟩ ◆ **6.2 über** einen ~ fahren *via, over een pas rijden.*

passabel 0.1 ***acceptabel*** ⇒*redelijk, draaglijk* ◆ **3.1** es geht mir ganz ~ *ik heb niet te klagen.*

Passage ⟨v.; ~, ~n⟩ **0.1** ***passage.***

Passagier ⟨m.; ~(e)s, ~e⟩ **0.1** ***passagier.***

Passagierdampfer ⟨m.⟩ **0.1** ***passagiersboot.***

Passagiergut ⟨o.⟩ **0.1** ***passagiersgoed*** ⇒*bagage v.d. reizigers.*

Passah ⟨o.; ~s⟩⟨rel.⟩ **0.1** ***Pascha.***

Paßamt ⟨o.⟩ **0.1** ***paspoortenbureau.***

Passant ⟨m.; ~en, ~en⟩ **0.1** ***passant*** ⇒*voorbijganger.*

Passat ⟨m.; ~(e)s, ~e⟩ **0.1** ***passaat(wind).***

Paßbild ⟨o.⟩ **0.1** ***pasfoto.***

passé 0.1 ***passé*** ⇒*voorbij* ◆ **1.1** die Freundin ist für ihn ~ *die vriendin heeft voor hem afgedaan.*

Passe ⟨v.; ~, ~n⟩ **0.1** ***pas*** ⟨v.e. kledingstuk⟩.

passen I ⟨onov.ww.⟩ **0.1** ***passen*** **0.2** ***schikken, uitkomen*** **0.3** ⟨sp.⟩ ***passen*** ⟨kaartspel⟩ **0.4** ⟨sp.⟩ ***een pass geven*** ⟨voetbal⟩ ◆ **1.1** ein ~des Wort suchen *een toepasselijk woord zoeken* **3.1** haben Sie es nicht ~d? *hebt u geen gepast geld?* **3.2** das könnte dir so ~! *dat zou je wel willen!* **4.3** ⟨fig.⟩ da muß ich ~ *ik geef het op* **5.1** das paßt nicht hierher *dat hoort hier niet;*
II ⟨ov.ww.⟩ **0.1** ***passen*** ⇒*afpassen, afmeten;*
III sich ~ ⟨wk.ww.⟩ **0.1** ***passen*** ⇒*betamen, horen* ◆ **4.1** es paßt sich nicht, daß *het geeft geen pas om.*

Passepartout ⟨o.; ~s, ~s⟩ **0.1** ***passe-partout.***

Paßgang ⟨m.⟩ **0.1** ***pas-, telgang.***

Paßgänger ⟨m.; ~s, ~⟩ **0.1** ***telganger.***

paßgerecht 0.1 ***goed passend*** ⇒*de juiste maat hebbend.*

Paßhöhe ⟨v.⟩ **0.1** ***pashoogte*** ⇒*hoogste punt v.d. bergpas.*

passierbar 0.1 ***passeerbaar*** ⇒*begaanbaar, bevaarbaar.*

passieren I ⟨onov.ww.⟩ **0.1** ***gebeuren*** ⇒*plaatsvinden* **0.2** ***gebeuren*** ⇒*overkomen* ◆ **4.2** es passiert Ihnen nichts *er overkomt u niets;*
II ⟨ov.ww.⟩ **0.1** ***passeren*** **0.2** ***zeven*** ⇒*zijgen, filtreren* ◆ **1.1** der Reisende passierte viele Städte *de reiziger kwam langs vele steden.*

Passiergewicht ⟨o.⟩⟨ec.⟩ **0.1** ***passeergewicht.***

Passiermaschine ⟨v.⟩ **0.1** ***elektrische zeef*** ⟨in de keuken⟩.

Passierschein ⟨m.⟩ **0.1** ***pas(je)*** ⇒*vrijgeleide, geleibiljet.*

Passiersieb ⟨o.⟩ **0.1** ***pureerzeef.***

Passion ⟨v.; ~, ~en⟩ **0.1** ***passie*** ⇒*hartstocht* **0.2** ***passie, lijden van Christus*** **0.3** ***passiespel*** ◆ **6.1** etwas **aus** ~ tun *iets uit hartstocht doen;* ein Autofahrer **aus** ~ *een gepassioneerd automobilist.*

passioniert 0.1 ***gepassioneerd*** ⇒*hartstochtelijk* ◆ **3.1** die Musik ~ wiedergeben *de muziek vol passie vertolken.*

Passionsblume ⟨v.⟩ **0.1** ***passiebloem.***

Passionsgeschichte ⟨v.⟩ **0.1** ***lijdensgeschiedenis van Christus.***

Passionssonntag ⟨m.⟩ **0.1** *passiezondag.*
Passionsspiel ⟨o.⟩⟨dram.⟩ **0.1** *passiespel.*
Passionswoche ⟨v.⟩ **0.1** *lijdensweek.*
Passionszeit ⟨v.⟩ **0.1** *passietijd.*
passiv ⟨acc. wiss.⟩ **0.1** ***passief*** *⇒lijdelijk, lijdend, niet handelend* ◆ **1.1** die ~en Formen des Verbs *de lijdende vormen van het werkwoord;* ~er Widerstand *lijdelijk verzet;* ⟨jur.⟩ ~e Bestechung *het aannemen van steekpenningen.*
Passiv ⟨o.; ~s, ~e⟩⟨taal.⟩ **0.1** ***passief, lijdende vorm.***
Passiva ⟨alleen mv.⟩⟨ec.⟩ **0.1** ***passiva*** *⇒lasten, schulden.*
Passivgeschäft ⟨o.⟩ **0.1** ***bankzaken waarbij de bank geld opneemt.***
passivieren ⟨ec.⟩ **0.1** ***als passief op de balans zetten.***
Passivität ⟨v.; ~⟩ **0.1** ***passiviteit.***
Paßkontrolle ⟨v.⟩ **0.1** ***pas(poort)controle.***
Paßstelle ⟨v.⟩ **0.1** ***paspoortenbureau, -loket.***
Paßstraße ⟨v.⟩ **0.1** ***weg over een bergpas.***
Passung ⟨v.; ~, ~en⟩⟨amb.⟩ **0.1** ***passing.***
Passus ⟨m.; ~, ~⟩ **0.1** ***passus*** *⇒passage, zinsnede.*
Paste ⟨v.; ~, ~n⟩ **0.1** ***pasta.***
Pastell ⟨o.; ~(e)s, ~e⟩ **0.1** ***pastel, pasteltekening*** **0.2** ***pastelkleur.***
Pastellfarbe ⟨v.⟩ **0.1** ***pastelverf*** **0.2** ***pastelkleur.***
pastellfarben **0.1** ***pastelkleurig.***
Pastellmalerei ⟨v.⟩ **0.1** ***pastel*** *⇒pasteltekening* **0.2** ***het pastelschilderen.***
Pastellstift ⟨m.⟩ **0.1** ***pastelstift.***
Pastete ⟨v.; ~, ~n⟩ **0.1** ***pastei*** **0.2** ***paté.***
Pasteurisation ⟨v.; ~, ~en⟩ **0.1** ***pasteurisatie.***
pasteurisieren **0.1** ***pasteuriseren.***
Pastille ⟨v.; ~, ~n⟩ **0.1** ***pastille.***
Pastor ⟨m.; ~(e)s, Pastoren; mv. ook ~e⟩ **0.1** ***dominee*** *⇒predikant, pastor* **0.2** ***pastoor.***
pastoral **0.1** ***pastoraal*** *⇒herderlijk* **0.2** ***plechtig*** *⇒zalvend* **0.3** ***pastoraal*** *⇒landelijk.*
Pastoralbrief ⟨m.⟩ **0.1** ***pastorale brief*** *⇒herderlijk schrijven* **0.2** ⟨alleen mv.⟩ ***brieven van Paulus aan Timotheus en Titus.***
Pastorale ⟨v.; ~, ~n of o.; ~s, ~s⟩ **0.1** ***pastorale.***
Pastoraltheologie ⟨v.⟩ **0.1** ***pastorale theologie.***
Pastorat ⟨o.; ~(e)s, ~e⟩ **0.1** ***pastoraat*** *⇒zielzorg* **0.2** ***pastorie.***
pastos **0.1** ***pasteus*** *⇒deegachtig* **0.2** ***dik opgebracht*** ⟨van verf⟩.
pastös **0.1** ***gezwollen*** *⇒opgeblazen.*
Pate ⟨m.; ~n, ~n⟩ **0.1** ***peet*** *⇒peter, peetoom, peetvader* **0.2** ⟨reg.⟩ ***petekind*** ◆ **3.1** ⟨fig.⟩ bei etwas ~ stehen *aan de totstandkoming van iets meewerken, voor iets medebepalend zijn.*
Patene ⟨v.; ~, ~n⟩ **0.1** ***pateen.***
Patengeschenk ⟨o.⟩ **0.1** ***peetgeschenk, petegift.***
Patenkind ⟨o.⟩ **0.1** ***petekind.***
Patenonkel ⟨m.⟩ **0.1** ***peetoom.***
Patenschaft ⟨v.; ~, ~en⟩ **0.1** ***peetschap.***
Patenstadt ⟨v.⟩ **0.1** ***partnergemeente, door jumelage verbonden stad.***
patent **0.1** ***patent*** *⇒voortreffelijk, flink* ◆ **1.1** ein ~er Kerl *een fidele vent.*
Patent ⟨o.; ~(e)s, ~e⟩ **0.1** ***octrooi*** *⇒patent* **0.2** ***patent*** *⇒diploma, papieren* **0.3** ⟨mil.⟩ ***akte van benoeming*** ◆ **3.1** das ~ erlischt *het octrooi vervalt* **6.1** eine Erfindung **zum** ~ anmelden *voor, op een uitvinding octrooi aanvragen.*
Patentamt ⟨o.⟩ **0.1** ***Octrooiraad, patentbureau.***
Patentante ⟨v.⟩ **0.1** ***peettante, meter.***
Patentanwalt ⟨m.⟩ **0.1** ***juridisch octrooigemachtigde.***
patentfähig **0.1** *octrooieerbaar.*
patentieren **0.1** *octrooieren ⇒patenteren, patent geven* **0.2** ⟨tech.⟩ ***patenteren.***
Patentinhaber ⟨m.⟩ **0.1** ***octrooihouder*** *⇒patenthouder.*
Patentlösung ⟨v.⟩ **0.1** ***voortreffelijke oplossing*** *⇒kant en klare oplossing.*
Patentrecht ⟨o.⟩ **0.1** ***octrooirecht*** *⇒patentrecht.*
Patentrezept ⟨o.⟩⟨fig.⟩ **0.1** ***de beste oplossing, patent recept.***
Patentschutz ⟨m.⟩ **0.1** ***octrooibescherming.***
Pater ⟨m.; ~s, Patres; inf. mv. Pater⟩ **0.1** ***pater.***
Paternoster[1] ⟨m.; ~s, ~⟩ **0.1** ***paternosterlift.***
Paternoster[2] ⟨o.; ~s, ~⟩ **0.1** ***paternoster, onzevader.***
pathetisch **0.1** ***pathetisch.***
pathogen **0.1** ***pathogeen, ziekteverwekkend.***
Pathologe ⟨m.; ~n, ~n⟩ **0.1** ***patholoog.***
Pathologie ⟨v.; ~⟩ **0.1** ***pathologie.***
Pathos ⟨o.; ~⟩ **0.1** ***pathos*** *⇒hartstochtelijkheid* **0.2** ***pathos*** ⇒⟨pej.⟩ *gezwollenheid.*
Patient ⟨m.; ~en, ~en⟩ **0.1** ***patiënt, zieke.***
Patientenbesuch ⟨m.⟩ **0.1** ***ziekenbezoek.***
Patin ⟨v.; ~, ~nen⟩ **0.1** ***peettante, meter.***
Patina ⟨v.; ~⟩ **0.1** ***patina*** **0.2** ⟨fig.⟩ ***historisch vernisje.***
patinieren **0.1** ***patineren, met patina bedekken.***
Patio ⟨m.; ~s, ~s⟩ **0.1** ***patio, binnenplaats.***
Patriarch ⟨m.; ~en, ~en⟩ **0.1** ***patriarch.***
patriarchalisch **0.1** ***patriarchaal.***
Patriarchat ⟨o.; ~(e)s, ~e⟩ **0.1** ***patriarchaat.***
patriarchisch **0.1** ***als een patriarch*** *⇒eerbiedwaardig.*
patrimonial **0.1** ***patrimoniaal.***
Patrimonialstaat ⟨m.⟩ **0.1** ***staat met een erfvorst.***
Patrimonium ⟨o.; ~s, Patrimonien⟩ **0.1** ***patrimonium, vaderlijk erfdeel.***
Patriot ⟨m.; ~en, ~en⟩ **0.1** ***patriot.***
patriotisch **0.1** ***patriottisch, vaderlandslievend.***
Patriotismus ⟨m.; ~⟩ **0.1** ***patriottisme.***
Patriziat ⟨o.; ~(e)s⟩ **0.1** ***patriciaat, alle patriciërs.***
Patrizier ⟨m.; ~s, ~⟩ **0.1** ***patriciër.***
Patron ⟨m.; ~(e)s, ~e⟩ **0.1** ***patroon*** *⇒beschermheer, begunstiger* **0.2** ***scheepseigenaar*** **0.3** ⟨rel.⟩ ***patroon*** *⇒beschermheilige* **0.4** ⟨pej.⟩ ***kerel*** *⇒knaap, heerschap.*
Patrona ⟨v.; ~, Patronä⟩⟨rel.⟩ **0.1** ***patrones.***
Patronat ⟨o.; ~(e)s, ~e⟩ **0.1** ***patronaat.***
Patronatsfest ⟨o.⟩ **0.1** ***patroonsfeest.***
Patrone ⟨v.; ~, ~n⟩ **0.1** ***patroon*** *⇒model, voorbeeld* **0.2** ***patroon*** ⟨voor bv. inkt⟩ **0.3** ⟨mil.⟩ ***patroon.***
Patronengurt ⟨m.⟩ **0.1** ***patroongordel, -riem.***
Patronenhülse ⟨v.⟩ **0.1** ***patroonhuls.***
Patronin ⟨v.; ~, ~nen⟩ **0.1** ***patrones*** *⇒beschermvrouw, beschermheilige.*
Patrouille ⟨v.; ~, ~n⟩ **0.1** ***patrouille, verkenning*** **0.2** ***patrouille*** ⟨groep⟩.
Patrouillenboot ⟨o.⟩ **0.1** ***patrouilleboot.***
patrouillieren ⟨h.⟩ **0.1** ***patrouilleren, op patrouille zijn.***
patsch! **0.1** ***pats!, klets!***
Patsche ⟨v.; ~, ~n⟩⟨inf.⟩ **0.1** ***hand(je), kinderhandje*** **0.2** ***zweep*** *⇒klapper, mepper* **0.3** ⟨fig.; g.mv.⟩ ***prut*** *⇒narigheid, benarde positie* ◆ **6.3** jmdm. **aus** der ~ helfen *iem. uit de narigheid helpen;* **in** der ~ stecken *in de knoei zitten.*
patschen **0.1** ***patsen*** *⇒slaan, klappen* **0.2** ***patsen*** *⇒met een pats neerkomen* **0.3** ***plassen*** *⇒spatten, poedelen* ◆ **6.3** **durch** den Schneematsch ~ *door de sneeuwmodder baggeren.*
Patschhand ⟨v.⟩⟨kind.⟩ **0.1** ***handje.***
patschnaß **0.1** ***kletsnat*** *⇒drijfnat.*

patt ⟨sp.⟩ **0.1** ***pat*** ⟨schaakspel⟩.
Patt ⟨o.; ~s, ~s⟩ **0.1** ⟨sp.⟩ ***pat*** **0.2** ⟨fig.⟩ ***pat(stelling)*** ⇒*evenwicht.*
Patte ⟨v.; ~, ~n⟩ **0.1** ***pat*** ⇒*klep, omslag* ⟨op kledingstuk⟩.
patzen **0.1** ***fouten maken.***
Patzer ⟨m.; ~s, ~⟩ **0.1** ***fout(je), misser.***
patzig **0.1** ***brutaal*** ⇒*onbeschoft, bot* ◆ **3.1** jmdm. ~ kommen *iem. lomp behandelen.*
Paukant ⟨m.; ~en, ~en⟩⟨stud.⟩ **0.1** ***duellist.***
Paukboden ⟨m.⟩⟨stud.⟩ **0.1** ***schermzaal.***
Pauke ⟨v.; ~, ~n⟩ **0.1** ***pauk, keteltrom*** **0.2** ⟨inf.; fig.⟩ ***uitbrander*** ⇒*strafrede* ◆ **6.1** ⟨inf.; fig.⟩ **auf** die ~ hauen (a) *veel praatjes hebben* (b) *de bloemetjes buitenzetten;* ⟨fig.⟩ **mit** ~n und Trompeten empfangen *met veel eerbetoon ontvangen;* ⟨fig.⟩ **mit** ~n und Trompeten durchfallen *zakken als een baksteen.*
pauken **I** ⟨onov.ww.⟩ **0.1** ***pauken, op de pauken slaan*** **0.2** ***blokken*** ⇒*vossen* **0.3** ⟨inf.⟩ ***slaan*** ⇒*beuken* **0.4** ⟨stud.⟩ ***schermen;***
II ⟨ov.ww.⟩ **0.1** ***erin stampen.***
Paukenfell ⟨o.⟩ **0.1** ⟨muz.⟩ ***paukvel*** **0.2** ⟨med.⟩ ***trommelvlies.***
Paukenhöhle ⟨v.⟩ **0.1** ***trommelholte.***
Paukenschläger ⟨m.⟩ **0.1** ***paukenist.***
Pauker ⟨m.; ~s, ~⟩ **0.1** ***paukenist*** **0.2** ⟨inf.; pej.⟩ ***schoolmeester*** ⇒⟨stud.⟩ *repetitor.*
Paukerei ⟨v.; ~⟩⟨inf.⟩ **0.1** ***geblok.***
paulinisch **0.1** ***paulinisch, v.d. apostel Paulus.***
Pausback ⟨m.; ~(e)s, ~e⟩⟨inf.⟩ **0.1** ***iem., kind met bolle wangen.***
Pausbacke ⟨v.⟩ **0.1** ***bolle wang.***
paus|backig, -bäckig **0.1** ***met bolle wangen.***
pauschal **0.1** ***alles inbegrepen*** ⇒*globaal, all-in* **0.2** ⟨fig.⟩ ***globaal, ongenuanceerd*** ◆ **1.2** ein ~es Urteil *een ongenuanceerd oordeel* **3.1** die Reise kostet ~ 500 Mark *de reis kost alles bij elkaar 500 mark.*
Pauschalbetrag ⟨m.⟩ **0.1** ***totaalbedrag*** **0.2** ***bedrag ineens.***
Pauschale ⟨v.; ~, ~n⟩ **0.1** ***vast bedrag, vast tarief*** **0.2** ***bedrag ineens.***
Pauschalgebühr ⟨v.⟩ **0.1** ***totale kosten*** **0.2** ***gemiddeld vast bedrag.***
pauschalieren **0.1** ***alles bij elkaar nemen*** ⇒*de totale kosten berekenen.*
Pauschalpreis ⟨m.⟩ **0.1** ***vaste, vooraf bepaalde prijs*** **0.2** ***totale prijs, all-inprijs.***
Pauschalreise ⟨v.⟩ **0.1** ***geheel verzorgde reis, pakketreis*** ⇒ *all-in reis.*
Pauschalsumme ⟨v.⟩ **0.1** ***vast bedrag, vast tarief*** **0.2** ***bedrag ineens.***
Pauschalurteil ⟨o.⟩⟨pej.⟩ **0.1** ***ongenuanceerd/globaal oordeel.***
Pause ⟨v.; ~, ~n⟩ **0.1** ***pauze*** ⇒*onderbreking, rust* **0.2** ***calque*** ⇒*kopie* **0.3** ⟨muz.⟩ ***pauze*** ⇒*rust* ◆ **3.1** eine ~ einlegen *een pauze inlassen* **6.1** **ohne** ~ arbeiten *ononderbroken doorwerken.*
pausen **0.1** ***calqueren*** ⇒*een kopie maken.*
Pausenhalle ⟨v.⟩ **0.1** ***overblijflokaal.***
Pausenhof ⟨m.⟩ **0.1** ***schoolplein.***
pausenlos **0.1** ***ononderbroken*** ⇒*onafgebroken, voortdurend* ◆ **3.1** ~ arbeiten *zonder onderbreking doorwerken.*
Pausenzeichen ⟨o.⟩ **0.1** ***pauzesignaal*** ⇒*pauzeteken* **0.2** ⟨muz.⟩ ***rustteken.***
pausieren **0.1** ***pauzeren, pauze houden.***
Pauspapier ⟨o.⟩ **0.1** ***calqueerpapier.***
Pavian ⟨m.; ~(e)s, ~e⟩ **0.1** ***baviaan.***
Pavillon ⟨m.; ~s, ~s⟩ **0.1** ***paviljoen*** ◆ **2.1** ein chinesischer ~ *een Chinees tuinhuis.*
Pazifik ⟨m.; ~s⟩ **0.1** ***Grote, Stille Oceaan.***
pazifisch **0.1** ***de Grote Oceaan betreffend.***
Pazifismus ⟨m.; ~⟩ **0.1** ***pacifisme.***
Pazifist ⟨m.; ~en, ~en⟩ **0.1** ***pacifist.***
PC ⟨m.; ~(s), ~(s)⟩⟨afk.; personal computer⟩ **0.1** ***pc, personal computer.***
PDS ⟨v.; ~⟩⟨afk.⟩ [Partei des Demokratischen Sozialismus].
Pech ⟨o.; ~(e)s, ~e⟩ **0.1** ***pek*** **0.2** ***pech*** ⇒*tegenspoed, ongeluk* ◆ **6.1** ~ **an** den Hosen haben *blijven plakken* **6.2** **vom** ~ verfolgt werden *door tegenslag achtervolgd worden* **8.1** die beiden halten zusammen wie ~ und Schwefel *die twee zijn onafscheidelijk* ¶.**1** ⟨sprw.⟩ wer ~ anfaßt, besudelt sich *wie met pek omgaat, wordt ermee besmet.*
Pechblende ⟨v.; ~⟩ **0.1** ***uraanpekerts, pekblende.***
Pechdraht ⟨m.⟩ **0.1** ***pikdraad.***
Pechfackel ⟨v.⟩ **0.1** ***pikfakkel*** ⇒*pektoorts.*
pechfinster **0.1** ***pikdonker.***
Pechkohle ⟨v.⟩ **0.1** ***pikkool.***
pech(raben)schwarz **0.1** ***pikzwart*** ⇒*stikdonker.*
Pechsträhne ⟨v.⟩⟨fig.⟩ **0.1** ***tijd van tegenslag*** ◆ **3.1** eine ~ haben *een periode hebben waarin niets lukt, alles tegenzit.*
Pechvogel ⟨m.⟩ **0.1** ***pechvogel.***
Pedal ⟨o.; ~(e)s, ~e⟩ **0.1** ***pedaal*** ◆ **3.1** kräftig in die ~e treten *hard, snel fietsen* **6.1** sich **in** die ~e legen *nog eens extra op de pedalen gaan staan.*
Pedant ⟨m.; ~en, ~en⟩ **0.1** ***pedant*** ⇒*schoolvos, pietlut.*
Pedanterie ⟨v.; ~⟩ **0.1** ***pedanterie.***
pedantisch **0.1** ***pedant*** ⇒*pietluttig, schoolmeesterachtig.*
Peddigrohr ⟨o.⟩ **0.1** ***pitriet.***
Pedell ⟨m.; ~(e)s, ~e⟩ **0.1** ***pedel*** **0.2** ***conciërge*** ⟨v.e. school⟩.
Pediküre ⟨v.; ~, ~n⟩ **0.1** ***pedicure*** ⇒*voetverzorging, voetverzorg(st)er.*
pediküren **0.1** ***pedicuren.***
Pedometer ⟨o.⟩ **0.1** ***pedometer, schredeteller.***
Pegasus ⟨m.; ~⟩ **0.1** ***Pegasus*** ◆ **3.1** den ~ besteigen *op zijn Pegasus stijgen, gaan dichten;* den ~ reiten *dichten.*
Pegel ⟨m.; ~s, ~⟩ **0.1** ***peilstok*** ⇒*peilschaal, peillood* **0.2** ***waterstand*** ⇒*niveau, hoogte.*
Pegelhöhe ⟨v.⟩ **0.1** ***peilhoogte, hoogte v.h. peil*** ⇒*hoogte v.d. waterstand.*
Pegelstand ⟨m.⟩ **0.1** ***waterstand.***
Peilantenne ⟨v.; ~, ~n⟩ **0.1** ***peilantenne.***
Peildeck ⟨o.⟩⟨scheep.⟩ **0.1** ***seindek.***
peilen **I** ⟨ov.ww.⟩ **0.1** ***peilen*** ⇒*de richting, positie bepalen* **0.2** ***peilen*** ⇒*de hoogte, diepte bepalen van* **0.3** ⟨fig.⟩ ***peilen*** ⇒*onderzoeken* ◆ **1.3** die Lage ~ *polshoogte nemen* **6.1** ⟨inf.⟩ etwas **über** den Daumen ~ *iets ruwweg taxeren;*
II ⟨onov.ww.⟩ **0.1** ***de blik richten op*** ◆ **6.1** er peilt immer **in** unsere Ecke *hij kijkt steeds naar onze hoek.*
Peiler ⟨m.; ~s, ~⟩ **0.1** ***peiler, iem. die een peiling verricht.***
Peilrahmen ⟨m.⟩ **0.1** ***peilraam*** ⇒*raamantenne.*
Peilstange ⟨v.⟩ **0.1** ***peilstang, -stok.***
Pein ⟨v.; ~⟩⟨schr.⟩ **0.1** ***pijn*** ⇒*leed* **0.2** ***straf*** ⇒*hellepijn* **0.3** ***last*** ⇒*kwelling, moeite* ◆ **2.2** die ewige ~ *de eeuwige straf.*
peinigen **0.1** ***pijnigen*** ⇒*pijn aandoen, martelen* **0.2** ***kwellen*** ⇒*verdriet veroorzaken* ◆ **6.2** **von** Ungewißheit gepeinigt *door onzekerheid gekweld.*
Peiniger ⟨m.; ~s, ~⟩ **0.1** ***pijniger*** ⇒*folteraar, beul* **0.2** ***kwelgeest.***
Peinigung ⟨v.; ~⟩ **0.1** ***pijniging*** **0.2** ***kwelling*** ⇒*verdriet.*
peinlich **0.1** ***pijnlijk*** ⇒*netelig, onaangenaam* **0.2** ***pijnlijk*** ⇒ *uiterst nauwkeurig* **0.3** ⟨vero.; jur.⟩ ***lijfstraffelijk*** ◆ **1.2** ei-

ne ~e Ordnung *een stipte orde* **1.3** ~e Gerichtsbarkeit *lijfstraffelijke rechtspleging* **2.2** ~ genau *angstvallig nauwgezet.*

Peitsche ⟨v.; ~, ~n⟩ **0.1** ***zweep*** ◆ **3.1** die ~ zu fühlen bekommen *met de zweep krijgen.*

peitschen **0.1** ***zwepen, met de zweep slaan*** **0.2** ⟨fig.⟩ ***opzwepen*** ⇒*aandrijven* **0.3** ⟨fig.⟩ ***striemen*** ⇒*geselen* ◆ **1.3** die Wogen ~ den Strand *de golven geselen het strand.*

Peitschenhieb ⟨m.⟩ **0.1** ***zweepslag.***

Peitschenknall ⟨m.⟩ **0.1** ***zweepgeknal, -geklap.***

Peitschenstiel ⟨m.⟩ **0.1** ***zweepsteel, stok v.d. zweep.***

Peitschenwurm ⟨m.⟩ **0.1** ***zweepworm.***

Pejoration ⟨v.; ~, ~en⟩ **0.1** ***betekenisverslechtering*** ⟨v.e. woord⟩.

pejorativ **0.1** ***pejoratief*** ⇒*met een ongunstige betekenis.*

Pekinese ⟨m.; ~n, ~n⟩ **0.1** ***pekinees*** ⟨hondenras⟩.

Pektin ⟨o.; ~, ~e⟩ ⟨schei.⟩ **0.1** ***pectine.***

pekuniär **0.1** ***pecuniair*** ⇒*geldelijk, financieel.*

Pelerine ⟨v.; ~, ~n⟩ **0.1** ***pelerine*** ⇒*schoudermantel.*

Pelikan ⟨m.; ~(e)s, ~e⟩ **0.1** ***pelikaan.***

Pelle ⟨v.; ~, ~n⟩ ⟨vooral Ndd.⟩ **0.1** ***huid*** ⇒*vel, vlies, schil* ◆ **6.1** ⟨inf.; fig.⟩ jmdm. **auf** die ~ rücken *iem. in het nauw drijven;* ⟨inf.; fig.⟩ jmdm. **auf** der ~ liegen, sitzen *iem. voortdurend lastig vallen;* ⟨inf.; fig.⟩ er geht mir nicht **von** der ~ *ik raak hem maar niet kwijt.*

pellen ⟨vooral Ndd.⟩ **I** ⟨ov.ww.⟩ **0.1** ***schillen*** ⇒*pellen;* **II sich** ~ ⟨wk.ww.⟩ **0.1** ***loslaten*** ⇒*losgaan.*

Pellkartoffel ⟨v.⟩ **0.1** ***in de schil gekookte aardappel.***

Peloton ⟨o.; ~s, ~s⟩ **0.1** ***peloton.***

Pelz ⟨m.; ~es, ~e⟩ **0.1** ***pels*** ⇒*vacht, huid,* ⟨bij uitbr.⟩ *lijf* **0.2** ***pels*** ⇒*bont* **0.3** ***bontjas, -mantel*** **0.4** ***harig vlies*** ⇒*vel* ◆ **3.1** ⟨fig.⟩ den ~ gewaschen kriegen *een flinke regenbui op z'n dak krijgen* **6.1** ⟨fig.⟩ jmdm. eins **auf** den ~ brennen *op iem. schieten;* ⟨fig.⟩ jmdm. eins **auf** den ~ geben *iem. een klap geven;* ⟨fig.⟩ jmdm. **auf** den ~ rücken *iem. in het nauw drijven;* jmdm. **auf** dem ~ sitzen *iem. op zijn huid zitten.*

Pelzbesatz ⟨m.⟩ **0.1** ***bontgarnering.***

pelzen **0.1** ***van de pels, vacht ontdoen*** ⇒*villen, stropen* **0.2** ***enten.***

Pelzfutter ⟨o.⟩ **0.1** ***bontvoering.***

pelzig **0.1** ***pelsachtig*** ⇒*harig, dicht behaard* **0.2** ***droog en ruw*** ⇒*schraal* **0.3** ***beslagen*** ⟨v.d. tong⟩.

Pelzjacke ⟨v.⟩ **0.1** ***bontjasje.***

Pelzkragen ⟨m.⟩ **0.1** ***bontkraag.***

Pelzmantel ⟨m.⟩ **0.1** ***bontjas, bontmantel.***

Pelzmütze ⟨v.⟩ **0.1** ***bont-, pelsmuts.***

Pelzstiefel ⟨m.⟩ **0.1** ***met bont gevoerde laars.***

Pelztier ⟨o.⟩ **0.1** ***pelsdier.***

Pelzwerk ⟨o.⟩ **0.1** ***bont-, pelswerk, pelterij.***

Pendant ⟨o.; ~s, ~s⟩ **0.1** ***pendant*** ⇒*tegenhanger.*

Pendel ⟨o.; ~s, ~⟩ **0.1** ***slinger.***

Pendelbus ⟨m.⟩ **0.1** ***pendelautobus.***

Pendeldienst ⟨m.⟩ **0.1** ***pendeldienst.***

Pendellampe ⟨v.⟩ **0.1** ***hanglamp.***

pendeln **0.1** ***slingeren*** ⇒*heen en weer gaan* **0.2** ***bungelen*** **0.3** ***pendelen, een pendeldienst onderhouden.***

Pendeltür ⟨v.⟩ **0.1** ***klapdeur.***

Pendeluhr ⟨v.⟩ **0.1** ***slingeruurwerk, slingerklok.***

Pendelverkehr ⟨m.⟩ **0.1** ***pendelverkeer.***

Pendler ⟨m.; ~s, ~⟩ **0.1** ***pendelaar, forens.***

Pen|dule, -düle ⟨v.; ~, ~n⟩ **0.1** ***pendule.***

penetrant **0.1** ***penetrant, doordringend*** **0.2** ***opdringerig*** ⇒ *lastig* ◆ **1.2** ein ~er Mensch *een lastige kerel.*

Penetration ⟨v.; ~⟩ **0.1** ***penetratie.***

penetrieren **0.1** ***penetreren.***

penibel **0.1** ***heel precies*** ⇒*zeer nauwkeurig* ◆ **1.1** eine penible Kleinarbeit *een heel precies werkje.*

Penibilität ⟨v.; ~⟩ **0.1** ***grote accuratesse*** ⇒*grote zorgvuldigheid.*

Penicillin ⟨o.; ~(e)s⟩ **0.1** ***penicilline.***

Penis ⟨m.; ~, ~se of Penes⟩ **0.1** ***penis.***

Penizillin ⟨o.⟩ →**Penicillin.**

Pennäler ⟨m.; ~s, ~⟩ ⟨inf.⟩ **0.1** ***leerling v.d. middelbare school*** ⇒*scholier.*

Pennbruder ⟨m.⟩ ⟨inf.⟩ **0.1** ***landloper.***

Penne ⟨v.; ~, ~n⟩ ⟨inf.⟩ **0.1** ***hok*** ⇒*middelbare school* **0.2** ***slaapgelegenheid, logement.***

pennen ⟨inf.⟩ **0.1** ***maffen*** ⇒*pitten, slapen.*

Penner ⟨m.; ~s, ~⟩ **0.1** ***slaapkop*** **0.2** ***landloper.***

Pensee ⟨o.; ~s, ~s⟩ **0.1** ***pensee, driekleurig viooltje.***

Pension ⟨v.; ~, ~en⟩ **0.1** ***pension*** **0.2** ***pension*** ⇒*kost en inwoning* **0.3** ***pensioen*** ◆ **6.3** **in** ~ gehen *met pensioen gaan.*

Pensionär ⟨m.; ~(e)s, ~e⟩ **0.1** ***gepensioneerde.***

pensionieren **0.1** ***pensioneren.***

Pensionsalter ⟨o.⟩ **0.1** ***pensioengerechtigde leeftijd.***

Pensionsanspruch ⟨m.⟩ **0.1** ***pensioenaanspraak*** ⇒*recht op pensioen.*

pensionsberechtigt **0.1** ***pensioengerechtigd.***

Pensionsgast ⟨m.⟩ **0.1** ***pensiongast.***

Pensionspreis ⟨m.⟩ **0.1** ***pensionprijs.***

Pensionsrückstellungen ⟨alleen mv.⟩ **0.1** ***pensioenreserves.***

Pensum ⟨o.; ~s, Pensa of Pensen⟩ **0.1** ***taak*** ⇒*portie werk, huiswerk* ◆ **3.1** sein ~ schaffen *zijn aandeel bijdragen.*

Pentaeder ⟨o.; ~s, ~⟩ **0.1** ***pentaëder, vijfvlak.***

Pentagon ⟨o.; ~(e)s, ~e⟩ **0.1** ***pentagoon, vijfhoek*** **0.2** ***Pentagon*** ⟨in VS⟩.

Pentagramm ⟨o.; ~(e)s, ~e⟩ **0.1** ***pentagram, vijfpuntige ster.***

Pentameter ⟨m.; ~s, ~⟩ ⟨lit.⟩ **0.1** ***pentameter.***

Pentateuch ⟨m.; ~s⟩ ⟨rel.⟩ **0.1** ***Pentateuch.***

Pep ⟨m.; ~(s)⟩ **0.1** ***pep*** ⇒*pit, elan, energie.*

Pepita[1] ⟨m.; ~s, ~s⟩ **0.1** ***pepita, stof met ruitjesdessin.***

Pepita[2] ⟨o.; ~s, ~s⟩ **0.1** ***pepita, ruitjesdessin.***

Pepsin ⟨o.; ~(e)s, ~e⟩ **0.1** ***pepsine.***

per ⟨vz. + 4⟩ **0.1** ***per*** ⇒*door (middel van), met* **0.2** ***per*** ⇒*met ingang van, op* **0.3** ***per*** **0.4** ⟨ec.⟩ ***à*** ◆ **1.1** ~ Luft *per luchtpost;* ~ Nachnahme *onder rembours;* ~ Schiene *per spoor* **2.2** ~ ersten Juni *met ingang van een juni* **4.1** ~ du sein *elkaar tutoyeren* **5.2** ~ sofort *meteen.*

perdu ⟨inf.⟩ **0.1** ***verloren*** ⇒*weg* ◆ **3.1** das Geld war ~ *het geld was foetsie.*

perennierend ⟨plantk.⟩ **0.1** ***perennerend*** ⇒*overwinterend* ◆ **1.1** ~e Pflanzen *vaste planten.*

perfekt **0.1** ***perfect*** ⇒*voortreffelijk, volmaakt* **0.2** ***perfect*** ⇒ *voltooid, definitief* ◆ **3.2** der Vertrag ist ~ *het contract is rond.*

Perfekt ⟨acc. wiss.⟩ ⟨o.; ~(e)s, ~e⟩ ⟨taal.⟩ **0.1** ***perfectum, voltooid tegenwoordige tijd.***

Perfektion ⟨v.; ~, ~en⟩ **0.1** ***perfectie*** ⇒*volmaaktheid, voortreffelijkheid* ◆ **2.1** er spielte mit technischer ~ *hij speelde technisch volmaakt.*

perfektionieren **0.1** ***perfectioneren*** ⇒*vervolmaken.*

Perfektionismus ⟨m.; ~⟩ **0.1** ***perfectionisme.***

Perfektionist ⟨m.; ~en, ~en⟩ **0.1** ***perfectionist.***

perfektiv **0.1** ***perfectief.***

perfid(e) **0.1** ***perfide*** ⇒*trouweloos, vals* ◆ **1.1** ein ~er Verräter *een doortrapte verrader.*

Perfidie ⟨v.; ~, ~n⟩ **0.1** ***perfidie*** ⇒*doortraptheid.*

Perfidität ⟨v.; ~⟩ **0.1** *perfidie.*

Perforation ⟨v.; ~, ~en⟩ **0.1** *perforatie* **0.2** *perforatie(lijn).*

perforieren **0.1** *perforeren.*

Perforiermaschine ⟨v.⟩ **0.1** *perforateur.*

Pergament ⟨o.; ~(e)s, ~e⟩ **0.1** *perkament.*

Pergamenteinband ⟨m.⟩ **0.1** *perkamenten band.*

pergamenten **0.1** *perkamenten, van perkament.*

Pergamin ⟨o.; ~(e)s⟩ **0.1** *perkamentachtig papier.*

Pergola ⟨v.; ~, Pergolen⟩ **0.1** *pergola.*

Perigäum ⟨o.; ~s, Perigäen⟩⟨ster.⟩ **0.1** *perigeum.*

Periode ⟨v.; ~, ~n⟩ **0.1** *periode* ⇒*tijdvak, tijdruimte* **0.2** *menstruatie* **0.3** ⟨aardr.⟩ *periode, tijdperk* **0.4** ⟨ster.⟩ *omlooptijd* **0.5** ⟨taal.⟩ *periode* ⇒*lange volzin, passage* **0.6** ⟨muz., schei., wisk.⟩ *periode* ◆ **3.2** sie hat ihre ~ *ze is ongesteld* **3.5** ⟨inf.⟩ ~n bauen *lange volzinnen produceren.*

Periodensystem ⟨o.⟩⟨schei.⟩ **0.1** *periodiek systeem.*

Periodikum ⟨o.; ~s, Periodika⟩ **0.1** *periodiek.*

periodisch **0.1** *periodiek* ◆ **1.1** Länder mit ~er Trockenheit *landen met regelmatig terugkerende droogte* **3.1** ein ~ erscheinendes Blatt *een periodiek.*

Periodizität ⟨v.; ~⟩ **0.1** *periodiciteit, periodieke terugkeer.*

peripher **0.1** *perifeer, periferisch* ⇒*aan de rand bevindend* **0.2** ⟨fig.⟩ *minder belangrijk* ◆ **3.2** etwas ~ behandeln *iets oppervlakkig behandelen.*

Peripherie ⟨v.; ~, ~n⟩ **0.1** *periferie.*

Peripheriegerät ⟨o.⟩⟨comp.⟩ **0.1** *randapparaat* ⇒⟨mv. meestal⟩ *randapparatuur.*

Periskop ⟨o.; ~(e)s, ~e⟩ **0.1** *periscoop.*

periskopisch **0.1** *periscopisch* ⇒*met behulp v.e. periscoop.*

Peristaltik ⟨v.; ~⟩⟨biol., med.⟩ **0.1** *peristaltiek, peristaltische bewegingen.*

Perkussionsgewehr ⟨o.⟩ **0.1** *percussiegeweer.*

perkutieren ⟨med.⟩ **0.1** *percuteren, onderzoeken door bekloppen.*

Perle ⟨v.; ~, ~n⟩ **0.1** *parel* **0.2** *kraal* **0.3** *bolletje* ⇒*druppel, blaasje* **0.4** ⟨fig.⟩ *juweel, waar meesterwerk* **0.5** ⟨inf.; scherts.⟩ *gedienstige geest* ◆ **3.1** ⟨fig.⟩ es wird dir keine ~ aus der Krone fallen, wenn ... *je zult aan je waardigheid niets te kort doen als* ... **6.3** der Schweiß stand ihm **in** ~n auf der Stirn *het zweet parelde op zijn voorhoofd.*

perlen **0.1** *parelen* ⟨ook fig.⟩ ◆ **1.1** das Auge perlte von Tränen *er parelden tranen in het oog.*

Perlenauster ⟨v.⟩ **0.1** *pareloester.*

perlenbesetzt **0.1** *met parels bezet.*

Perlenkette ⟨v.⟩ **0.1** *parelcollier.*

Perlenschmuck ⟨m.⟩ **0.1** *paarlen sieraden.*

Perlenschnur ⟨v.⟩ **0.1** *parelsnoer, -collier.*

Perlenstickerei ⟨v.⟩ **0.1** *borduurwerk met parels.*

Perlgarn ⟨o.⟩ **0.1** *parelgaren.*

perlgrau **0.1** *parelgrijs.*

Perlhuhn ⟨o.⟩ **0.1** *parelhoen.*

perlig **0.1** *parelachtig* ⇒*als een parel.*

Perlmuschel ⟨v.⟩ **0.1** *parelmossel.*

Perlmutter ⟨v.⟩ **0.1** *paarlemoer.*

Perlmutterfalter ⟨m.⟩ **0.1** *paarlemoervlinder.*

Perlmutterknopf ⟨m.⟩ **0.1** *knoop van (namaak)paarlemoer.*

perlmuttern **0.1** *paarlemoeren, van paarlemoer.*

Perlzwiebel ⟨v.⟩ **0.1** *zilveruitje.*

permanent **0.1** *permanent* ⇒*blijvend, bestendig, ononderbroken* ◆ **3.1** jmdn. ~ stören *iem. constant storen.*

Permanenz ⟨v.; ~⟩ **0.1** *permanentie* ◆ **6.1** **in** ~ *permanent.*

permeabel **0.1** *permeabel, doordringbaar.*

permissiv **0.1** *permissief, niet autoritair* ⇒*libertair.*

permittieren ⟨schr.⟩ **0.1** *permitteren* ⇒*veroorloven.*

permutabel **0.1** *verwisselbaar* ⇒*uitwisselbaar.*

Permutation ⟨v.; ~, ~en⟩ **0.1** *permutatie.*

permutieren **0.1** *permuteren* ⇒*verwisselen, omzetten.*

Pernambukholz ⟨o.; ~es⟩ **0.1** *pernambukhout.*

perniziös **0.1** *pernicieus* ⇒*kwaadaardig, verderfelijk.*

Peroxyd ⟨o.; ~(e)s, ~e⟩⟨schei.⟩ **0.1** *peroxide.*

Perpetuum mobile ⟨o.; ~ ~, ~ ~(s) of Perpetua mobilia⟩ **0.1** *perpetuum mobile.*

perplex **0.1** *perplex* ⇒*onthutst, verbluft.*

Persenning ⟨v.; ~, ~e(n)⟩⟨scheep.⟩ **0.1** *presenning* ⟨geteerd zeildoek⟩.

Perser ⟨m.; ~s, ~⟩ **0.1** *Pers* **0.2** *pers, Perzisch tapijt.*

Perserteppich ⟨m.⟩ **0.1** *Perzisch tapijt.*

perseverieren **0.1** *persevereren* ⇒*volharden.*

Persianer ⟨m.; ~s, ~⟩ **0.1** *astrakanbont.*

Persiflage ⟨v.; ~, ~n⟩ **0.1** *persiflage.*

persiflieren **0.1** *persifleren.*

Persilschein ⟨m.⟩⟨inf.⟩ **0.1** *bewijs van onschuld.*

persistent **0.1** *persistent* ⇒*blijvend, volhardend* **0.2** ⟨schei.⟩ *moeilijk afbreekbaar* ◆ **1.2** ~e Stoffe *moeilijk afbreekbare stoffen.*

Persistenz ⟨v.; ~⟩ **0.1** *persistentie.*

Person ⟨v.; ~, ~en⟩ **0.1** *persoon* ⟨ook jur., taal.⟩ **0.2** ⟨inf.⟩ *vrouwspersoon* ⇒*vrouw, dame* **0.3** ⟨inf.; pej.⟩ *mens* ⇒*wijf* ◆ **2.1** juristische ~ *rechtspersoon;* ⟨dram.⟩ eine stumme ~ *een figurant;* eine zweifelhafte ~ *een twijfelachtig individu* **2.2** eine flotte ~ *een vlotte meid* **3.1** er nimmt seine ~ viel zu wichtig *hij vindt zichzelf veel te belangrijk* **6.1** ich **für** meine ~ *wat mij betreft;* sie ist die Geduld **in** ~ *ze is de geduldigheid in persoon.*

personal **0.1** *persoonlijk* ⇒*privé* ◆ **1.1** der ~e Bereich *het persoonlijke vlak.*

Personal ⟨o.; ~s⟩ **0.1** *personeel.*

Personalabbau ⟨m.⟩ **0.1** *afvloeiing, inkrimping van personeel.*

Personalabteilung ⟨v.⟩ **0.1** *afdeling personeelszaken.*

Personalakte ⟨v.⟩ **0.1** *personeelsdossier.*

Personalausweis ⟨m.⟩ **0.1** *persoons-, identiteits-, legitimatiebewijs.*

Personalbestand ⟨m.⟩ **0.1** *personeelssterkte.*

Personalchef ⟨m.⟩ **0.1** *personeel(s)chef.*

Personalcomputer ⟨m.⟩ **0.1** *personal computer, pc.*

Personalform ⟨v.⟩⟨taal.⟩ **0.1** *persoonsvorm.*

Personalien ⟨alleen mv.⟩ **0.1** *personalia* ◆ **3.1** jmds. ~ feststellen *iemands identiteit vaststellen.*

Personalismus ⟨m.; ~⟩ **0.1** ⟨fig.⟩ *personalisme* **0.2** ⟨rel.⟩ *geloof in één persoonlijke God.*

personalistisch **0.1** *personalistisch.*

Personalität ⟨v.; ~⟩ **0.1** *personaliteit, persoonlijkheid.*

Personalleiter ⟨m.⟩ **0.1** *personeel(s)chef.*

Personalmangel ⟨m.⟩ **0.1** *personeelsgebrek, gebrek aan personeel.*

Personalpolitik ⟨v.⟩ **0.1** *personeelsbeleid.*

Personalpronomen ⟨o.⟩ **0.1** *persoonlijk voornaamwoord.*

Personalrat ⟨m.⟩ **0.1** *personeelsraad.*

Personalunion ⟨v.⟩ **0.1** *combinatie van ambten* **0.2** ⟨gesch.⟩ *personele unie.*

Personalverwaltung ⟨v.⟩ **0.1** *afdeling/dienst personeelszaken.*

Persönchen ⟨o.; ~s, ~⟩⟨inf.⟩ **0.1** *vrouwtje* ⇒*meisje, dametje.*

personell **0.1** *personeel, het personeel betreffend* **0.2** *persoonlijk.*

Personenaufzug ⟨m.⟩ **0.1** *personenlift.*

Personenbeförderung ⟨v.⟩ **0.1** *personen-, reizigersvervoer.*

Personenbeschreibung ⟨v.⟩ **0.1** ***persoonsbeschrijving, signalement.***
personengebunden 0.1 ***voor één bepaalde persoon bestemd, individueel.***
Personengedächtnis ⟨o.⟩ **0.1** ***goed geheugen voor personen.***
Personen|kennzahl, -kennziffer ⟨v.⟩⟨comp.⟩ **0.1** ***(personen)registratienummer.***
Personenkonto ⟨o.⟩ **0.1** ***rekening v.e. persoon of v.e. firma.***
Personenkraftwagen ⟨m.⟩ **0.1** ***personenauto.***
Personenkult ⟨m.⟩ **0.1** ***persoonsverheerlijking.***
Personenname ⟨m.⟩ **0.1** ***persoonsnaam.***
Personenregister ⟨o.⟩ **0.1** ***persoons-, namen-, naamregister.***
Personenschaden ⟨m.⟩ **0.1** ***lichamelijk letsel*** *⇒verwonding, dodelijk ongeval* ◆ **8.1** Personen- und Sachschäden *persoonlijke ongelukken en materiële schade.*
Personenstand ⟨m.⟩ **0.1** ***burgerlijke staat.***
Personenstandsregister ⟨o.⟩ **0.1** ***register v.d. burgerlijke stand.***
Personenverkehr ⟨m.⟩ **0.1** ***personen-, reizigersverkeer.***
Personenwagen ⟨m.⟩ **0.1** ***personenauto*** **0.2** ***personenrijtuig*** ⟨v.e. trein⟩.
Personenzug ⟨m.⟩ **0.1** ***stop-, boemeltrein.***
Personifikation ⟨v.; ~, ~en⟩ **0.1** ***personificatie.***
personifizieren 0.1 ***personifiëren.***
persönlich 0.1 ***persoonlijk*** *⇒individueel, privé* **0.2** ***persoonlijk*** *⇒zelf, in eigen persoon* ◆ **1.1** ⟨jur.⟩ eine ~e Klage *een persoonlijke rechtsvordering;* ⟨taal.⟩ ein ~es Fürwort *een persoonlijk voornaamwoord* **3.1** eine Äußerung ~ nehmen *een uitlating op zichzelf betrekken;* ~ werden *persoonlijk, beledigend worden* **3.2** er haftet ~ dafür *hij is persoonlijk daarvoor aansprakelijk.*
Persönlichkeit ⟨v.; ~, ~en⟩ **0.1** ***persoonlijkheid, persoon*** *⇒karakter* **0.2** ***persoonlijkheid*** *⇒vooraanstaand persoon* **0.3** ***persoonlijkheid*** *⇒individualiteit* ◆ **2.2** literarische ~en *vooraanstaande literaire figuren.*
Persönlichkeitsentfaltung ⟨v.⟩ **0.1** ***ontplooiing v.d. persoonlijkheid.***
Persönlichkeitswert ⟨m.⟩ **0.1** ***waarde v.e. persoon als zodanig.***
Perspektive ⟨v.; ~, ~n⟩ **0.1** ***perspectief*** *⇒vooruitzicht, verschiet* **0.2** ***perspectief*** *⇒gezichtshoek, standpunt* **0.3** ⟨bk., wisk.⟩ ***perspectief*** ◆ **2.1** ungeahnte ~en für die Wirtschaft *ongekende mogelijkheden voor de economie* **6.2** **aus** historischer ~ *vanuit historisch standpunt.*
perspektivisch 0.1 ⟨bk., wisk.⟩ ***perspectivisch, met perspectief*** **0.2** ⟨fig.⟩ ***voor de toekomst*** *⇒met het oog op de toekomst* ◆ **1.1** ~e Täuschung *optisch bedrog* **1.2** eine ~e Orientierung *een op de toekomst gerichte oriëntatie.*
Perücke ⟨v.; ~, ~n⟩ **0.1** ***pruik*** **0.2** ⟨fig.⟩ ***pruik*** *⇒ouderwets persoon.*
Perückenmacher ⟨m.⟩ **0.1** ***pruikenmaker.***
pervers 0.1 ***pervers.***
Perversion ⟨v.; ~, ~en⟩ **0.1** ***perversie.***
Perversität ⟨v.; ~⟩ **0.1** ***perversiteit.***
pervertieren ⟨h.⟩ **0.1** ***perverteren.***
Perzeption ⟨v.; ~, ~en⟩ **0.1** ***perceptie, waarneming.***
pesen ⟨inf.⟩ **0.1** ***pezen*** *⇒jakkeren.*
Pesete ⟨v.; ~, ~n⟩⟨ec.⟩ **0.1** ***peseta.***
Pessar ⟨o.; ~(e)s, ~e⟩⟨med.⟩ **0.1** ***pessarium.***
Pessimismus ⟨m.; ~⟩ **0.1** ***pessimisme.***
Pessimist ⟨m.; ~en, ~en⟩ **0.1** ***pessimist.***
pessimistisch 0.1 ***pessimistisch.***
Pest ⟨v.; ~⟩ **0.1** ***pest, pestziekte*** ⟨ook fig.⟩ ◆ **3.1** jmdm. die ~ an den Hals wünschen *iem. al het slechte toewensen.*
pestartig 0.1 ***pestachtig, als de pest.***
Pestbeule ⟨v.⟩ **0.1** ***pestbuil.***
Pesthauch ⟨m.⟩ **0.1** ***pestadem, verpestende adem*** **0.2** ⟨fig.⟩ ***verderfelijke invloed.***
Pestilenz ⟨v.; ~, ~en⟩ **0.1** ***pestilentie, pest*** **0.2** ***epidemie.***
pestilenzialisch 0.1 ***verpestend*** *⇒walgelijk.*
Pestizid ⟨o.; ~(e)s, ~e⟩ **0.1** ***pesticide, verdelgingsmiddel.***
pestkrank 0.1 ***lijdend aan pest, pestziek.***
Peter ⟨m.; ~s, ~⟩ **0.1** ***Peter, Piet*** **0.2** ⟨fig.⟩ ***kerel*** *⇒vent* ◆ **2.1** ⟨sp.⟩ Schwarzen ~ spielen *zwartepieten;* jmdm. den Schwarzen ~ zuspielen, zuschieben *iem. de zwartepiet toespelen* **2.2** ein komischer ~ *een komisch figuur.*
Petersilie ⟨v.; ~, ~n⟩ **0.1** ***peterselie*** ◆ **3.¶** ⟨inf.; fig.⟩ ihm ist die ~ verhagelt *hij is terneergeslagen, teleurgesteld.*
Peterwagen ⟨m.⟩ **0.1** ***patrouilleauto (v.d. politie).***
Petition ⟨v.; ~, ~en⟩ **0.1** ***petitie, verzoekschrift.***
petitionieren 0.1 ***petitioneren, een verzoekschrift indienen.***
Petitionsausschuß ⟨m.⟩⟨pol.⟩ **0.1** ***parlementaire commissie ter behandeling van petities.***
Petitionsrecht ⟨o.⟩ **0.1** ***recht van petitie, petitierecht.***
petrifizieren 0.1 ***petrificeren, verstenen.***
Petrijünger ⟨m.⟩⟨scherts.⟩ **0.1** ***sportvisser.***
Petrochemie ⟨v.⟩ **0.1** ***petrochemie.***
Petroleum ⟨o.; ~s⟩ **0.1** ***petroleum*** **0.2** ***kerosine.***
Petroleumkocher ⟨m.⟩ **0.1** ***petroleumstel.***
Petroleumlampe ⟨v.⟩ **0.1** ***petroleumlamp.***
Petrologie ⟨v.; ~⟩ **0.1** ***petrologie, leer v.d. gesteenten.***
Petschaft ⟨o.; ~(e)s, ~e⟩ **0.1** ***zegelstempel, cachet*** *⇒lakstempel.*
petschieren 0.1 ***zegelen, van een (lak)stempel voorzien.***
petto ◆ **6.¶** etwas **in** ~ haben *iets in petto hebben, houden.*
Petunie ⟨v.; ~, ~n⟩ **0.1** ***petunia.***
Petz ⟨m.; ~es, ~e⟩⟨inf.; lit.⟩ **0.1** ***beer*** ◆ **1.1** Meister ~ *Bruin de beer.*
Petze ⟨v.; ~, ~n⟩⟨school.⟩ **0.1** ***klikspaan.***
petzen ⟨school.⟩ **0.1** ***klikken*** *⇒verklikken.*
Petzer ⟨m.; ~s, ~⟩⟨school.⟩ **0.1** ***klikspaan.***
Pfad ⟨m.; ~(e)s, ~e⟩ **0.1** ***pad, weg(getje)*** ◆ **2.1** ⟨fig.⟩ ein dorniger ~ *een moeilijke weg* **3.1** ⟨fig.⟩ die ausgetretenen ~e verlassen *de platgetreden paden verlaten* **6.1** **auf** krummen ~en wandeln *slinkse wegen volgen;* **vom** ~ der Tugend abweichen *de rechte weg verlaten.*
Pfadfinder[1] ⟨m.; ~s, ~⟩ **0.1** ***padvinder*** **0.2** ⟨fig.⟩ ***pionier.***
Pfadfinder[2] ⟨alleen mv.⟩ **0.1** ***padvinderij.***
pfadlos 0.1 ***ongebaand, zonder wegen.***
Pfaffe ⟨m.; ~n, ~n⟩⟨pej.⟩ **0.1** ***paap.***
Pfaffenhütchen ⟨o.⟩⟨plantk.⟩ **0.1** ***kardinaalsmuts.***
Pfaffentum ⟨o.; ~s⟩⟨pej.⟩ **0.1** ***papendom, geestelijkheid.***
Pfahl ⟨m.; ~(e)s, ~e⟩ **0.1** ***paal*** *⇒stijl, staak* ◆ **6.1** ⟨schr.⟩ ein ~ **im** Fleische *een doorn in het vlees;* ⟨inf.; fig.⟩ **in** seinen vier Pfählen *thuis, binnen zijn vier muren.*
Pfahlbau ⟨m.; mv. ~ten⟩ **0.1** ***paalwoning.***
Pfahlbürger ⟨m.⟩ **0.1** ***bekrompen persoon*** **0.2** ⟨gesch.⟩ ***paalburger.***
pfählen 0.1 ***stutten*** **0.2** ***spietsen*** **0.3** ***heien*** ◆ **1.1** Weinstöcke ~ *wijnstokken stutten.*
Pfahlgründung ⟨v.⟩ **0.1** ***paalfundering.***
Pfahlrost ⟨m.⟩ **0.1** ***fundering van heipalen*** **0.2** ***paalroosterwerk.***
Pfahlwerk ⟨o.⟩ **0.1** ***paalwerk, palissadering.***
Pfahlwurzel ⟨v.⟩ **0.1** ***pen-, paalwortel.***
Pfahlzaun ⟨m.⟩ **0.1** ***palissade, staketsel.***
Pfalz ⟨v.; ~, ~en⟩ **0.1** ***palts, paleis*** **0.2** ⟨gesch.⟩ ***Duitse konings-, keizersburcht*** **0.3** ⟨aardr.⟩ ***Palts.***

Pfälzer ⟨m.; ~s, ~⟩ **0.1** ***Paltser*** **0.2** ***wijn uit de Palts.***
Pfalzgraf ⟨m.⟩⟨gesch.⟩ **0.1** ***paltsgraaf.***
pfälzisch **0.1** ***Paltisch.***
Pfand ⟨o.; ~(e)s, ¨~er⟩ **0.1** ***pand, onderpand*** **0.2** ***statiegeld*** **0.3** ⟨fig.⟩ ***pand, waarborg.***
pfandbar **0.1** ***pandbaar.***
pfändbar ◆ **1.¶** ~e Beträge *bedragen waarop beslag gelegd kan worden.*
Pfandbrief ⟨m.⟩ **0.1** ***pandbrief.***
pfänden **0.1** ***panden, beslag leggen op*** **0.2** ***panden, het pandrecht bij iem. uitoefenen.***
Pfänder ⟨m.; ~s, ~⟩ **0.1** ***pander, beslaglegger.***
Pfänderspiel ⟨o.⟩ **0.1** ***pandverbeuren, pandspel.***
Pfandgeld ⟨o.⟩ **0.1** ***statiegeld.***
Pfandhaus ⟨o.⟩ **0.1** ***bank van lening, lommerd, pandjeshuis.***
Pfandleihe ⟨v.⟩ **0.1** ***pandbelening*** **0.2** ***pandjeshuis, lommerd.***
Pfandleiher ⟨m.⟩ **0.1** ***pandbelener, pandjesbaas.***
Pfandrecht ⟨o.⟩⟨jur.⟩ **0.1** ***pandrecht.***
Pfandschein ⟨m.⟩ **0.1** ***pandbewijs.***
Pfändung ⟨v.; ~, ~en⟩ **0.1** ***panding, pandbeslag.***
Pfändungsauftrag ⟨m.⟩ **0.1** ***opdracht tot pandbeslag.***
Pfanne ⟨v.; ~, ~n⟩ **0.1** ***koekenpan*** **0.2** ***pan, dakpan*** ⟨hol van vorm⟩ **0.3** ⟨med.⟩ ***pan, gewrichtsholte, kom*** **0.4** ⟨geol.⟩ ***pan*** ⇒*vallei, kom* ◆ **6.1** ⟨fig.⟩ jmdn. **in** die ~ hauen *iem. afkraken;* ⟨fig.⟩ **in** die ~ hauen *in de pan hakken* **6.¶** ⟨fig.⟩ etwas **auf** der ~ haben *iets in petto hebben.*
pfannenrühren ⟨cul.⟩ **0.1** ***roerbakken.***
Pfannkuchen ⟨m.⟩ **0.1** ***pannenkoek*** **0.2** ***Berliner bol*** ◆ **3.1** ⟨inf.; scherts.⟩ aufgehen wie ein ~ *dik worden.*
Pfarramt ⟨o.⟩ **0.1** ***ambt van predikant, pastoor*** **0.2** ***pastorie.***
Pfarrbezirk ⟨m.⟩ **0.1** ***parochie, gemeente, kerspel.***
Pfarre ⟨v.; ~, ~n⟩ **0.1** ***parochie, gemeente, kerspel*** **0.2** ***pastorie.***
Pfarrei ⟨v.; ~, ~en⟩ →**Pfarre.**
Pfarrer ⟨m.; ~s, ~⟩ **0.1** ***pastoor, dominee, predikant.***
Pfarrerin ⟨v.; ~, ~nen⟩ **0.1** ***predikantsvrouw*** **0.2** ***predikante.***
Pfarrerstochter ⟨v.⟩ **0.1** ***predikantsdochter*** ◆ **6.1** ⟨inf.; scherts.⟩ **unter** uns Pfarrerstöchtern *onder ons gezegd en gezwegen.*
Pfarrfrau ⟨v.⟩ **0.1** ***predikantsvrouw.***
Pfarrgemeinde ⟨v.⟩ **0.1** ***parochie, gemeente.***
Pfarrhaus ⟨o.⟩ **0.1** ***pastorie.***
Pfarrhelfer ⟨m.⟩ **0.1** ***hulpprediker*** ⇒*vicaris.*
Pfarrkirche ⟨v.⟩ **0.1** ***parochiekerk.***
pfarrlich **0.1** ***parochiaal, de gemeente betreffend.***
Pfarrstelle ⟨v.⟩ **0.1** ***predikants-, pastoorsplaats.***
Pfarrverweser ⟨m.⟩ **0.1** ***waarnemend predikant, pastoor.***
Pfarrvikar ⟨m.⟩ **0.1** ***waarnemend predikant, pastoor*** **0.2** ***hulpprediker.***
Pfau ⟨m.; ~(e)s, ~en⟩ **0.1** ***pauw*** ◆ **3.1** der ~ schlägt ein Rad *de pauw zet pronkend zijn staart op* **8.1** stolz wie ein ~ *fier als een pauw.*
Pfauenauge ⟨o.⟩ **0.1** ***pauw(en)oog.***
Pfauenrad ⟨o.⟩ **0.1** ***opgezette pauw(en)staart.***
Pfeffer ⟨m.; ~s⟩ **0.1** ***peper*** **0.2** ***peperstruik*** ◆ **3.1** ⟨fig.⟩ jmdm. mal richtig ~ geben *iem. flink achter de vodden zitten;* jmdn. dorthin wünschen, wo der ~ wächst *iem. naar de Mokerhei wensen* **6.1** ⟨inf.⟩ ~ **im** Hintern haben *een mier in de broek hebben, zenuwachtig zijn.*
Pfefferfresser ⟨m.⟩⟨biol.⟩ **0.1** ***pepervreter, toekan.***
pfefferig **0.1** ***gepeperd, peperig.***
Pfefferkorn ⟨o.⟩ **0.1** ***peperkorrel.***
Pfefferkraut ⟨o.⟩ **0.1** ***peperkruid, -kers.***
Pfefferkuchen ⟨m.⟩ **0.1** ***peperkoek.***
Pfefferkuchenhäuschen ⟨o.⟩ **0.1** ***huisje van peperkoek.***
Pfefferminz ⟨o.; ~es, ~e⟩ **0.1** ***pepermunt(je).***
Pfefferminze ⟨v.⟩ **0.1** ***pepermunt(je)*** **0.2** ⟨plantk.⟩ ***pepermunt.***
Pfefferminztee ⟨m.⟩ **0.1** ***pepermuntthee.***
Pfeffermühle ⟨v.⟩ **0.1** ***pepermolen.***
pfeffern **0.1** ***peperen, met peper kruiden*** **0.2** ⟨inf.⟩ ***(weg)smijten, (weg)slingeren*** ◆ **1.1** ⟨inf.; fig.⟩ gepfefferte Preise *gepeperde prijzen;* ⟨fig.⟩ eine Ansprache mit Witzen ~ *een toespraak met geestigheden kruiden* **6.2** einen Ball **gegen** die Torlatte ~ *een bal tegen de lat knallen* **7.2** ⟨inf.⟩ jmdm. eine ~ *iem. een dreun geven.*
Pfeffernuß ⟨v.⟩ **0.1** ***pepernoot.***
Pfefferstrauch ⟨m.⟩ **0.1** ***peperstruik.***
Pfeife ⟨v.; ~, ~n⟩ **0.1** ***(orgel)pijp*** **0.2** ***fluit*** **0.3** ***pijp, tabakspijp*** **0.4** ⟨inf.⟩ ***sukkel, prutser*** ◆ **2.1** gedackte ~n *gedekte, gesloten orgelpijpen* **6.2** ⟨fig.⟩ **nach** jmds. ~ tanzen *naar iemands pijpen dansen.* →**Rohr.**
pfeifen ⟨→t90⟩ **I** ⟨ov.ww.⟩⟨inf.⟩ **0.1** ***verraden*** ⇒*doorslaan, aangeven;*
II ⟨ov. & onov.ww.⟩ **0.1** ***fluiten*** ⇒*piepen, huilen* **0.2** ***fluiten, een fluitsignaal geven*** ◆ **1.2** der Schiedsrichter pfiff einen Freistoß *de scheidsrechter floot voor een vrije trap* **4.1** ich pfeif' dir was *je kunt me nog meer* **5.1** pfeift der Wind daher? *waait de wind uit die hoek?* **6.¶** **auf** jmdn., etwas ~ *aan iem., iets lak, maling hebben* **7.1** sich ⟨3e nv.⟩ eins ~ (a) *een deuntje fluiten* (b) ⟨fig.⟩ *een onverschillige houding aannemen.*
Pfeifendeckel ⟨m.⟩ **0.1** ***pijpendop(je).***
Pfeifenkopf ⟨m.⟩ **0.1** ***pijpenkop*** **0.2** ⟨inf.; pej.⟩ ***prutser, mislukkeling.***
Pfeifenraucher ⟨m.⟩ **0.1** ***pijproker.***
Pfeifensignal ⟨o.⟩ **0.1** ***fluitsignaal.***
Pfeifenständer ⟨m.⟩ **0.1** ***pijpenstander.***
Pfeifentabak ⟨m.⟩ **0.1** ***pijptabak.***
Pfeifer ⟨m.; ~s, ~⟩ **0.1** ***fluiter*** **0.2** ***fluitspeler.***
Pfeiferei ⟨v.; ~⟩ **0.1** ***aanhoudend gefluit.***
Pfeiffersch ◆ **1.¶** das ~e Drüsenfieber *de ziekte van Pfeiffer.*
Pfeifkessel ⟨m.⟩ **0.1** ***fluitketel.***
Pfeifkonzert ⟨o.⟩⟨inf.⟩ **0.1** ***fluitconcert.***
Pfeifton ⟨m.⟩ **0.1** ***fluittoon*** ⇒*gefluit.*
Pfeil ⟨m.; ~(e)s, ~e⟩ **0.1** ***pijl*** ◆ **3.1** alle seine ~e verschossen haben *al zijn pijlen verschoten hebben* **8.1** wie ein ~ davonschießen *als een pijl uit de boog wegschieten.*
Pfeiler ⟨m.; ~s, ~⟩ **0.1** ***pijler, pilaar, post*** **0.2** ⟨mijnw.⟩ ***stut, stutpaal.***
Pfeilerbrücke ⟨v.⟩ **0.1** ***pijlerbrug.***
pfeilgerade **0.1** ***kaars-, loodrecht.***
pfeilgeschwind **0.1** ***pijlsnel.***
Pfeilgift ⟨o.⟩ **0.1** ***pijlgif, curare.***
Pfeilköcher ⟨m.⟩ **0.1** ***pijlkoker.***
Pfeilkraut ⟨o.⟩ **0.1** ***pijlkruid.***
pfeilschnell **0.1** ***pijlsnel.***
Pfeilschuß ⟨m.⟩ **0.1** ***pijlschot.***
Pfeilspitze ⟨v.⟩ **0.1** ***pijlpunt.***
Pfeilwurz ⟨v.⟩ **0.1** ***pijlwortel.***
Pfennig ⟨m.; ~(e)s, ~e⟩ **0.1** ***pfennig*** ⟨DM 0.01⟩ ⇒⟨fig.⟩ *cent* ◆ **3.1** keinen ~ für etwas geben *er geen rooie cent voor geven;* jeden ~ (dreimal) umdrehen *elke cent omdraaien* **6.1** **auf** den ~ genau *precies tot op de cent;* ⟨fig.⟩ **auf** den ~ sehen *op de penning zijn;* nicht **für** fünf ~ Lust haben *niet de*

minste zin hebben; **mit** dem ~ rechnen müssen *op de kleintjes moeten passen* **¶.1** ⟨sprw.⟩ wer den ~ nicht ehrt, ist des Talers nicht wert *die 't kleine niet eert, is 't grote niet weerd.*

Pfennigabsatz ⟨m.⟩ **0.1** ***naaldhak.***

Pfennigartikel ⟨m.⟩ **0.1** ***goedkoop artikel.***

Pfennigbetrag ⟨m.⟩ **0.1** ***luttel bedrag.***

Pfennigfuchser ⟨m.; ~s, ~⟩⟨inf.; pej.⟩ **0.1** ***duitendief*** *⇒gierigaard.*

Pfennigkraut ⟨o.⟩ **0.1** ***penningkruid.***

pfennigweise ⟨inf.; fig.⟩ ◆ **¶.¶** bei ihm fällt der Groschen ~ *hij is erg traag van begrip.*

Pferch ⟨m.; ~(e)s, ~e⟩ **0.1** ***omheining*** **0.2** ***omheinde plaats*** *⇒schaapskooi.*

pferchen **0.1** ***samendrijven*** *⇒opeenpakken.*

Pferd ⟨o.; ~(e)s, ~e⟩ **0.1** ***paard*** *⇒ros* **0.2** ⟨sp.⟩ ***paard*** ⟨turntoestel⟩ **0.3** ⟨sp.⟩ ***paard*** ⟨schaakspel⟩ ◆ **2.1** keine zehn ~e können ihn davon abhalten *niets kan hem ervan weerhouden* **3.1** das ~ beim Schwanz aufzäumen *het paard achter de wagen spannen;* die ~e gehen leicht mit ihm durch *hij verliest snel zijn zelfbeheersing;* die ~e scheu machen *iem. van de wijs brengen;* mit jmdm. ~e stehlen können *aan iem. een kameraad hebben, door dik en dun* **6.1 aufs** falsche ~ setzen *op het verkeerde paard wedden;* **zu** ~e *te paard, op het paard* **¶.1** ⟨sprw.⟩ man soll das ~ nicht am Schwanz aufzäumen ± *men moet het paard niet achter de wagen spannen.*

Pferdchen ⟨o.; ~s, ~⟩ **0.1** ***paardje*** **0.2** ⟨inf.; scherts.⟩ ***tippelaarster, snol*** ◆ **3.2** ~ laufen haben *souteneren, pooien.*

Pferdeapfel ⟨m.⟩⟨inf.⟩ **0.1** ***paardenvijg.***

Pferdebahn ⟨v.⟩ **0.1** ***paardentram.***

Pferdedecke ⟨v.⟩ **0.1** ***paardendek, -deken.***

Pferdefuhrwerk ⟨o.⟩ **0.1** ***paard en wagen.***

Pferdefuß ⟨m.⟩ **0.1** ⟨med.⟩ ***horrel-, paardenvoet*** **0.2** ⟨fig.⟩ ***verborgen gebrek*** **0.3** ⟨fig.⟩ ***duivelsattribuut, duivelsklauw.***

Pferdegebiß ⟨o.⟩⟨inf.⟩ **0.1** ***grof gebit.***

Pferdegespann ⟨o.⟩ **0.1** ***span paarden.***

Pferdekraft ⟨v.⟩ **0.1** ***kracht v.e. paard.***

Pferdekur ⟨v.⟩⟨inf.⟩ **0.1** ***paardenkuur.***

Pferdelänge ⟨v.⟩⟨sp.⟩ **0.1** ***paardlengte.***

Pferderennbahn ⟨v.⟩ **0.1** ***renbaan, hippodroom.***

Pferderennen ⟨o.⟩ **0.1** ***(hard)draverij.***

Pferde|schlachter, -schlächter ⟨m.⟩ **0.1** ***paardenslager.***

Pferdeschlitten ⟨m.⟩ **0.1** ***arrenslee.***

Pferdeschwanz ⟨m.⟩ **0.1** ***paardenstaart.***

Pferdestall ⟨m.⟩ **0.1** ***paardenstal.***

Pferdestärke ⟨v.⟩ **0.1** ***paardenkracht, pk.***

Pferdestriegel ⟨m.⟩ **0.1** ***roskam.***

Pferdezucht ⟨v.⟩ **0.1** ***paardenfokkerij.***

Pfette ⟨v.; ~s, ~n⟩⟨amb.⟩ **0.1** ***nokgording, jukplaat, uitkraagplaat.***

Pfiff ⟨m.; ~(e)s, ~e⟩ **0.1** ***fluittoon*** *⇒fluitsignaal* **0.2** ⟨inf.⟩ ***trucje*** *⇒kneep, kunstje* **0.3** ⟨inf.⟩ ***chic*** *⇒verfijning, distinctie* ◆ **2.3** der letzte ~ *het laatste snufje* **3.2** den ~ heraushaben *de kneepjes van het vak kennen* **8.2** Schliche und ~e *listen en streken.*

Pfifferling ⟨m.; ~(e)s, ~e⟩ **0.1** ⟨plantk.⟩ ***cantharel*** **0.2** ⟨inf.; fig.⟩ ***zier, sikkepit*** ◆ **3.2** keinen ~ wert sein *geen rooie cent waard zijn.*

pfiffig **0.1** ***slim*** *⇒kien, bijdehand* ◆ **1.1** ein ~es Gesicht *een olijk gezicht* **3.1** ~ lächeln *ondeugend glimlachen.*

Pfiffikus ⟨m.; ~, ~se⟩⟨inf.⟩ **0.1** ***slimmerik*** *⇒leperd, goochemerd.*

Pfingsten ⟨o.; ~, ~⟩ **0.1** ***Pinksteren*** ◆ **6.1 an, zu** ~ *met Pinksteren.*

Pfingstfest ⟨o.⟩ **0.1** ***pinksterfeest, Pinksteren.***

pfingstlich **0.1** ***als met Pinksteren*** *⇒zomers, feestelijk* ◆ **1.1** der ~e Verkehr *het verkeer met Pinksteren.*

Pfingstmontag ⟨m.⟩ **0.1** ***pinkstermaandag, tweede pinksterdag.***

Pfingstochse ⟨m.⟩⟨inf.⟩ ◆ **8.¶** aufgeschmückt wie ein ~ *overdadig en smakeloos opgedoft.*

Pfingstrose ⟨v.⟩ **0.1** ***pinkster-, pioenroos.***

Pfingstsonntag ⟨m.⟩ **0.1** ***pinksterzondag.***

Pfirsich ⟨m.; ~(e)s, ~e⟩ **0.1** ***perzik*** **0.2** ***perzikboom.***

Pfirsichblüte ⟨v.⟩ **0.1** ***perzikbloesem*** **0.2** ***bloei v.d. perzik(boom).***

Pflanze ⟨v.; ~, ~n⟩ **0.1** ***plant*** **0.2** ⟨inf.⟩ ***ietwat lichtzinnig persoon*** *⇒onaangenaam persoon, jonge tante* ◆ **2.2** eine kesse ~ *een vlotte tante;* eine nette ~ *een mooi nummer.*

pflanzen I ⟨ov.ww.⟩ **0.1** ***planten, poten*** *⇒plaatsen, zetten;* **II sich** ~ ⟨wk.ww.⟩ **0.1** ***gaan zitten*** *⇒neerploffen.*

Pflanzenbau ⟨m.⟩ **0.1** ***plantenteelt.***

Pflanzenbutter ⟨v.⟩ **0.1** ***plantaardige margarine, plantenboter.***

Pflanzendecke ⟨v.⟩ **0.1** ***vegetatie, plantendek.***

Pflanzenfett ⟨o.⟩ **0.1** ***plantaardig vet, plantenvet.***

Pflanzenfresser ⟨m.⟩ **0.1** ***planteneter.***

Pflanzengesellschaft ⟨v.⟩ **0.1** ***plantengemeenschap.***

Pflanzengift ⟨o.⟩ **0.1** ***plantengif.***

Pflanzenkost ⟨v.⟩ **0.1** ***plantaardig voedsel*** **0.2** ***vegetarisch voedsel, eten.***

Pflanzenkunde ⟨v.⟩ **0.1** ***plantkunde.***

Pflanzenlehre ⟨v.⟩ **0.1** ***plantenleer, botanie.***

Pflanzenöl ⟨o.⟩ **0.1** ***plantenolie, plantaardige olie.***

Pflanzenreich ⟨o.⟩ **0.1** ***plantenrijk, flora.***

Pflanzenschädling ⟨m.⟩ **0.1** ***voor planten schadelijk insect, dier*** *⇒parasiet.*

Pflanzenschutz ⟨m.⟩ **0.1** ***bestrijding van plantenziekten*** **0.2** ***natuurbescherming.***

Pflanzenschutzmittel ⟨o.⟩ **0.1** ***pesticide, bestrijdingsmiddel tegen plantenziekten.***

Pflanzenwelt ⟨v.⟩ **0.1** ***plantenwereld, plantenrijk.***

Pflanzenzucht ⟨v.⟩ **0.1** ***plantenteelt, plantenkwekerij.***

Pflanzer ⟨m.; ~s, ~⟩ **0.1** ***planter*** **0.2** ***plantagebezitter.***

Pflanzgarten ⟨m.⟩ **0.1** ***kwekerij, plantenkwekerij.***

Pflanzholz ⟨o.⟩ **0.1** ***poot-, planthout.***

Pflanzkartoffel ⟨v.⟩ **0.1** ***pootaardappel.***

pflanzlich **0.1** ***plantaardig.***

Pflänzling ⟨m.; ~(e)s, ~e⟩ **0.1** ***pootplant, stek.***

Pflanzstätte ⟨v.⟩⟨schr.⟩ **0.1** ***kweekplaats*** ⟨ook fig.⟩.

Pflanzstock ⟨m.⟩ **0.1** ***poot-, planthout.***

Pflanzung ⟨v.; ~, ~en⟩ **0.1** ***planting, het planten*** **0.2** ***aanplanting*** *⇒plantage.*

Pflaster ⟨o.; ~s, ~⟩ **0.1** ***plaveisel*** *⇒bestrating* **0.2** ***pleister*** ◆ **2.1** ⟨fig.⟩ dieser Ort ist ein gefährliches, heißes ~ *het leven is in deze stad gevaarlijk* **2.2** ⟨fig.⟩ ein mageres ~ *een schrale troost* **3.1** ⟨fig.⟩ ~ treten *lang in een stad rondslenteren.*

Pflästerchen ⟨o.; ~s, ~⟩ **0.1** ***kleine pleister*** **0.2** ***moesje, pronkpleistertje.***

Pflasterer ⟨m.; ~s, ~⟩ **0.1** ***stratenmaker.***

pflastermüde ⟨inf.⟩ **0.1** ***doodmoe, doodop (v.h. rondlopen).***

pflastern **0.1** ***plaveien, bestraten*** **0.2** ⟨inf.⟩ ***een pleister opleggen*** **0.3** ⟨inf.⟩ ***een oorvijg geven*** ◆ **4.3** jmdm. eine ~ *iem. een draai om de oren geven.*

Pflasterstein ⟨m.⟩ **0.1** ***straatsteen.***

Pflasterung ⟨v.; ~⟩ **0.1** ***plaveiing, bestrating*** **0.2** ***plaveisel.***

Pflaume ⟨v.; ~, ~n⟩ **0.1** ***pruim*** **0.2** ***pruimenboom*** **0.3** ⟨inf.; pej.⟩ ***sukkel*** *⇒prutser, nietsnut* **0.4** ⟨inf.⟩ ***hatelijke op-***

merking ⇒steek onder water ◆ **3.4** ~n austeilen *steken onder water geven.*

pflaumen ⟨inf.⟩ **0.1** ***hatelijke opmerkingen maken*** *⇒steken onder water geven.*

Pflaumenbaum ⟨m.⟩ **0.1** ***pruimenboom.***

Pflaumenkuchen ⟨m.⟩ **0.1** ***pruimentaart.***

Pflaumenschnaps ⟨m.⟩ **0.1** ***pruimenbrandewijn.***

pflaumenweich **0.1** ***boterzacht.***

Pflege ⟨v.; ~⟩ **0.1** ***verzorging*** *⇒verpleging, zorg* **0.2** ***onderhoud*** *⇒instandhouding, verzorging* **0.3** ***beoefening*** ◆ **1.3** die ~ der Wissenschaft *de beoefening van de wetenschap* **3.1** eine gute ~ haben *goed verzorgd worden* **6.1** etwas, jmdn. bei jmdm. **in** ~ geben *iets, iem. aan iemands zorgen toevertrouwen;* jmdn. **in** ~ nehmen *de zorg voor iem. op zich nemen.*

pflegearm **0.1** ***weinig onderhoud, zorg vragend.***

pflegebedürftig **0.1** ***hulpbehoevend.***

Pflegebefohlene(r) ⟨bn. als zn.⟩ **0.1** ***pleegkind*** *⇒pupil.*

Pflegedienst ⟨m.⟩ **0.1** ***onderhoudsdienst, service.***

Pflegeeltern ⟨alleen mv.⟩ **0.1** ***pleegouders.***

Pflegefall ⟨m.⟩ **0.1** ***hulpbehoevende persoon.***

Pflegeheim ⟨o.⟩ **0.1** ***verpleeghuis, -inrichting.***

Pflegekind ⟨o.⟩ **0.1** ***pleegkind.***

pflegeleicht **0.1** ***weinig onderhoud, zorg vragend*** *⇒gemakkelijk te onderhouden.*

Pflegemittel ⟨o.⟩ **0.1** ***onderhoudsmiddel.***

Pflegemutter ⟨v.⟩ **0.1** ***pleegmoeder*** **0.2** ***verzorgster v.e. kind.***

pflegen[1] **I** ⟨onov.ww.⟩ **0.1** ***plegen*** *⇒gewoon zijn, de gewoonte hebben;*

II ⟨ov.ww.⟩ **0.1** ***verplegen*** *⇒verzorgen* **0.2** ***onderhouden*** *⇒verzorgen, zorgen voor* ◆ **8.1** hegen und ~ *met liefde en zorg omringen;*

III sich ~ ⟨wk.ww.⟩ **0.1** ***het lichaam, uiterlijk verzorgen*** **0.2** ***zich te goed doen*** *⇒lekker eten en drinken.*

pflegen[2] ⟨ov.ww.→t91⟩ **0.1** ***beoefenen*** *⇒bevorderen, in stand houden* ◆ **1.1** gute Beziehungen ~ *goede betrekkingen onderhouden;* Musik ~ *muziek beoefenen, musiceren.*

Pflegepersonal ⟨o.⟩ **0.1** ***verplegend personeel.***

Pfleger ⟨m.; ~s, ~⟩ **0.1** ***verpleger*** *⇒verzorger* **0.2** ***voogd*** **0.3** ***beheerder*** *⇒bewindvoerder, zaakwaarnemer.*

Pflegerin ⟨v.; ~, ~nen⟩ **0.1** ***verpleegster, verzorgster.***

pflegerisch **0.1** ***de verpleging, verzorging betreffend.***

Pflegesatz ⟨m.⟩ **0.1** ***verpleeg-, verzorgingstarief.***

Pflegesohn ⟨m.⟩ **0.1** ***pleegzoon.***

Pflegestätte ⟨v.⟩ **0.1** ***kweekplaats, bakermat.***

Pflegetochter ⟨v.⟩ **0.1** ***pleegdochter.***

Pflegevater ⟨m.⟩ **0.1** ***pleegvader.***

Pflegeversicherung ⟨v.⟩ **0.1** ***±AWBZ.***

pfleglich **0.1** ***zorgzaam*** *⇒met zorg* ◆ **1.1** eine ~e Behandlung *een zorgvuldige behandeling.*

Pflegling ⟨m.; ~s, ~e⟩ **0.1** ***pleegkind*** **0.2** ***te verzorgen plant, dier*** **0.3** ***pupil*** *⇒voogdijkind.*

Pflegschaft ⟨v.; ~⟩ **0.1** ***voogdij*** **0.2** ***beheer*** *⇒toezicht.*

Pflicht ⟨v.; ~, ~en⟩ **0.1** ***plicht*** *⇒verplichting* **0.2** ***plicht*** *⇒taak, opdracht* **0.3** ⟨sp.⟩ ***verplichte oefening*** **0.4** ⟨scheep.⟩ ***plecht*** ◆ **2.2** ich habe die traurige ~ *ik heb de droeve taak* **3.1** die ~ verletzen *de plicht verzaken* **6.2** es sich ⟨3e nv.⟩ **zur** ~ machen *het zich tot taak stellen* **8.1** ⟨inf.⟩ das ist deine verdammte ~ und Schuldigkeit *dat is niet meer dan je plicht.*

Pflichtanwalt ⟨m.⟩ **0.1** ***toegevoegde verdediger.***

Pflichtbeitrag ⟨m.⟩ **0.1** ***verplichte bijdrage.***

pflichtbewußt **0.1** ***met plicht(s)besef.***

Pflichtbewußtsein ⟨o.⟩ **0.1** ***plicht(s)besef.***

Pflichteifer ⟨m.⟩ **0.1** ***plichtsgetrouwheid.***

Pflichterfüllung ⟨v.⟩ **0.1** ***plichtsbetrachting.***

Pflichtexemplar ⟨o.⟩⟨boek.⟩ **0.1** ***verplicht presentexemplaar*** ⟨bv. voor universiteitsbibliotheken⟩.

Pflichtfach ⟨o.⟩⟨school.⟩ **0.1** ***verplicht vak.***

Pflichtgefühl ⟨o.⟩ **0.1** ***plicht(s)besef, plicht(s)gevoel.***

pflichtgemäß **0.1** ***overeenkomstig de plicht, volgens de plicht.***

Pflichtleistung ⟨v.⟩ **0.1** ***verplichte premie.***

Pflichtteil ⟨m.⟩⟨jur.⟩ **0.1** ***legitieme portie, wettelijk erfdeel.***

pflichttreu **0.1** ***plicht(s)getrouw.***

Pflichttreue ⟨v.⟩ **0.1** ***trouwe plichtsbetrachting.***

Pflichtübung ⟨v.⟩ **0.1** ***verplichte oefening.***

pflichtvergessen **0.1** ***plichtvergeten.***

Pflichtverletzung ⟨v.⟩ **0.1** ***plichtsverzaking.***

Pflichtversicherung ⟨v.⟩ **0.1** ***verplichte verzekering.***

Pflichtverteidiger ⟨m.⟩⟨jur.⟩ **0.1** ***toegevoegd verdediger.***

pflichtwidrig **0.1** ***in strijd met de plicht.***

Pflock ⟨m.; ~(e)s, ⸚e⟩ **0.1** ***paal(tje)*** *⇒tuier(paal), pin, (tent)haring* ◆ **3.1** ⟨inf.; fig.⟩ einen ~, einige Pflöcke zurückstecken *zijn eisen lager stellen.*

pflocken, pflöcken **0.1** ***aan, met een paaltje vastmaken*** *⇒vastpinnen, tuieren.*

pflücken **0.1** ***plukken*** *⇒oogsten.*

Pflücker ⟨m.; ~s, ~⟩ **0.1** ***plukker.***

Pflücksalat ⟨m.⟩ **0.1** ***snij-, pluksla.***

Pflug ⟨m.; ~(e)s, ⸚e⟩ **0.1** ***ploeg*** ◆ **3.1** den ~ führen *ploegen* **6.1** ⟨schr.⟩ der Acker kommt **unter** den ~ *de akker wordt bewerkt.*

Pflugbaum ⟨m.⟩ **0.1** ***ploegboom.***

pflügen **0.1** ***ploegen*** ◆ **1.1** ⟨fig.⟩ das Wasser ~ *nodeloos werk verrichten;* ⟨schr.⟩ das Schiff pflügt die Wellen *het schip doorploegt de golven.*

Pflüger ⟨m.; ~s, ~⟩ **0.1** ***ploeger.***

Pflugmesser ⟨o.⟩ **0.1** ***ploegkouter, ploegijzer.***

Pflugschar ⟨v.; ~, ~en⟩ **0.1** ***ploegschaar.***

Pflugsterz ⟨m.⟩ **0.1** ***ploegstaart.***

Pfortader ⟨v.⟩⟨med.⟩ **0.1** ***poortader.***

Pforte ⟨v.; ~, ~n⟩ **0.1** ***poort*** *⇒deur, ingang* **0.2** ⟨aardr.⟩ ***poort*** *⇒doorgang* ◆ **2.2** die Westfälische ~ *de Westfaalse Poort* **6.1** **an** der ~ abgeben *bij de ingang afgeven.*

Pförtner ⟨m.; ~s, ~⟩ **0.1** ***portier, deurwachter*** *⇒cipier* **0.2** ⟨med.⟩ ***portier, maagpoort.***

Pförtnerloge ⟨v.⟩ **0.1** ***portiershokje, -loge.***

Pfosten ⟨m.; ~s, ~⟩ **0.1** ***paal*** *⇒stijl, (deur)post.*

Pfostenschuß ⟨m.⟩⟨sp.⟩ **0.1** ***schot tegen de paal.***

Pfötchen ⟨o.; ~s, ~⟩ **0.1** ***pootje*** **0.2** ⟨kind.⟩ ***handje.***

Pfote ⟨v.; ~, ~n⟩ **0.1** ***poot*** **0.2** ⟨inf.⟩ ***hand*** *⇒vingers* **0.3** ⟨inf.⟩ ***poot*** *⇒hanenpoot* **0.4** ⟨inf.; pej.⟩ ***poot*** *⇒jatten* ◆ **3.2** ⟨fig.⟩ sich ⟨3e nv.⟩ die ~n verbrennen ***z'n vingers branden*** **3.4** nimm deine ~n da weg! *weg met die jatten van jou!* **6.2** ⟨fig.⟩ jmdm. **auf** die ~n klopfen *iem. op de vingers tikken.*

Pfriem ⟨m.; ~(e)s, ~e⟩ **0.1** ***priem*** *⇒els.*

Pfropf ⟨m.; ~(e)s, ~e of ⸚e⟩ **0.1** ***prop*** **0.2** ***bloedprop*** **0.3** ***dot watten.***

pfropfen **0.1** ***proppen*** *⇒samenproppen, volstoppen* **0.2** ***met een prop afsluiten*** **0.3** ⟨plantk.⟩ ***enten, oculeren*** ◆ **1.2** die Flasche ~ *de fles dichtkurken* **2.1** gepfropft voll *propvol.*

Pfropfen ⟨m.; ~s, ~⟩ **0.1** ***prop*** *⇒kurk, stop.*

Pfröpfling ⟨m.; ~(e)s, ~e⟩ **0.1** ***entrijs, entloot.***

Pfropfreis ⟨o.⟩ **0.1** ***entrijs, entloot.***

Pfründe ⟨v.; ~, ~n⟩ **0.1** ***prebende, prove*** **0.2** ***provenierschap*** **0.3** ⟨inf.; scherts.⟩ ***lucratief baantje.***

Pfründner ⟨m.; ~s, ~⟩ **0.1** ***provenier.***

Pfuhl ⟨m.; ~(e)s, ~e⟩ **0.1** ***poel*** ⟨ook fig.⟩ *⇒plas, modderplas.*

pfui 0.1 *foei!, bah!* ◆ 1.1 ~ Teufel! *bah, jakkes!* 3.1 ~, schäme dich! *foei, schaam je!*
Pfuiruf (m.) 0.1 *boegeroep.*
Pfund (o.; ~(e)s, ~e) 0.1 *pond* 0.2 (ec.) *pond* 0.3 (schr.; fig.) *talent* ◆ 3.3 sein ~ vergraben *z'n talenten niet gebruiken.*
pfundig (inf.) 0.1 *prima* ⇒*reusachtig, geweldig.*
Pfundskerl (m.) 0.1 *reusachtige vent* ⇒*prima kerel.*
Pfundsstimmung (v.) 0.1 *reuzestemming.*
pfundweise 0.1 *per pond, bij 't pond* 0.2 *met ponden tegelijk.*
Pfusch (m.; ~es)(inf.) 0.1 *pruts-, knoeiwerk.*
Pfuscharbeit (v.) 0.1 *pruts-, knoeiwerk.*
pfuschen 0.1 *prutsen, knoeien* ⇒*broddelen, slordig werken.*
Pfuscher (m.; ~s, ~) 0.1 *knoeier* ⇒*prutser, stumper* 0.2 *beunhaas* ⇒*zwartwerker.*
Pfuscherei (v.; ~, ~en) 0.1 *pruts-, knoeiwerk* 0.2 *beunhazerij.*
pfuscherhaft 0.1 *prutserig* ⇒*slordig.*
Pfütze (v.; ~, ~n) 0.1 *plas.*
Phalanx (v.; ~, Phalangen) 0.1 (gesch.) *falanx, slagorde* 0.2 (fig.) *sterk front.*
phallisch 0.1 *fallisch.*
Phallus (m.; ~, Phalli of Phallen) 0.1 *fallus.*
Phänomen (o.; ~(e)s, ~e) 0.1 *fenomeen.*
phänomenal 0.1 *fenomenaal* ⇒*verbazingwekkend.*
Phänomenologie (v.; ~)(fil.) 0.1 *fenomenologie, leer v.d. verschijnselen.*
Phantasie (v.; ~, ~n) 0.1 *fantasie* (ook muz.) ⇒*inbeelding, verbeelding* ◆ 2.1 (inf.) eine blühende ~ *een rijke fantasie.*
phantasiearm 0.1 *arm aan fantasie.*
phantasielos 0.1 *fantasieloos, saai.*
phantasieren 0.1 *fantaseren* ⇒*zich inbeelden, dromen* 0.2 (med.) *ijlen, wartaal spreken* 0.3 (muz.) *fantaseren* ⇒ *improviseren* ◆ 5.1 (inf.) phantasiere bloß nicht! *lieg me niet wat voor!*
phantasievoll 0.1 *fantasierijk.*
Phantast (m.; ~en, ~en) 0.1 *fantast* ⇒*dromer.*
Phantasterei (v.; ~, ~en) 0.1 *gefantaseer.*
Phantastik (v.; ~) 0.1 *grilligheid* ⇒*onwerkelijkheid.*
phantastisch 0.1 *fantastisch.*
Phantom (o.; ~(e)s, ~e) 0.1 *fantoom* ⇒*spook, geestverschijning, waanidee* 0.2 (med.) *fantoom, model van lichaam(sdeel)* ◆ 3.1 einem ~ nachjagen *een hersenschim najagen.*
Phantombild (o.) 0.1 *montagefoto, -tekening.*
Phantomschmerz (m.) 0.1 *fantoompijn.*
Pharao[1] (m.; ~s, Pharaonen) 0.1 *farao.*
Pharao[2] (o.; ~s)(sp.) 0.1 *faro, farao.*
Pharisäer (m.; ~s, ~) 0.1 *Farizeeër* 0.2 (fig.) *farizeeër* ⇒ *huichelaar.*
pharisäerhaft 0.1 *farizees* ⇒*schijnheilig.*
Pharisäertum (o.; ~s) 0.1 *schijnheiligheid.*
pharisäisch 0.1 *farizees.*
Pharmaindustrie (v.) 0.1 *farmaceutische industrie, geneesmiddelenindustrie.*
Pharmakologie (v.; ~) 0.1 *farmacologie.*
Pharmazeut (m.; ~en, ~en) 0.1 *farmaceut, apotheker.*
Pharmazeutik (v.; ~) 0.1 *farmacie.*
pharmazeutisch 0.1 *farmaceutisch.*
Pharmazie (v.; ~) 0.1 *farmacie.*
Pharo (o.; ~s)(sp.) 0.1 *faro, farao.*
Phase (v.; ~, ~n) 0.1 *fase, stadium* 0.2 (ster.) *fase, schijngestalte* 0.3 (nat., schei.) *fase, toestand.*
phasisch 0.1 *in fasen, gefaseerd.*
Philanthrop (m.; ~en, ~en) 0.1 *filantroop.*
philanthropisch 0.1 *filantropisch.*
Philatelie (v.; ~) 0.1 *filatelie.*
Philatelist (m.; ~en, ~en) 0.1 *filatelist, postzegelverzamelaar.*
Philharmonie (v.; ~, ~n) 0.1 *filharmonisch orkest* 0.2 *concertzaal v.e. filharmonisch orkest.*
Philharmoniker[1] (m.; ~s, ~) 0.1 *lid v.e. filharmonisch orkest.*
Philharmoniker[2] (alleen mv.) 0.1 *filharmonisch orkest.*
Philipperbrief (m.)(rel.) 0.1 *brief aan de Filippenzen.*
Philippika (v.; ~, Philippiken) 0.1 *filippica* ⇒*strafrede.*
Philister (m.; ~s, ~) 0.1 (pej.) *filister* ⇒*kleinburgerlijk persoon* 0.2 (stud.) *niet-student* 0.3 (rel.) *Filistijn.*
Philisterei (v.; ~, ~en)(pej.) 0.1 *bekrompen gedoe.*
philisterhaft (pej.) 0.1 *kleinburgerlijk* ⇒*bekrompen.*
Philistertum (o.; ~s) 0.1 *kleinburgerlijkheid.*
philiströs 0.1 *kleinburgerlijk.*
Philologe (m.; ~n, ~n) 0.1 *filoloog, taal- en letterkundige.*
Philologie (v.; ~) 0.1 *filologie, taal- en letterkunde.*
philologisch 0.1 *filologisch* 0.2 (fig.) *strikt wetenschappelijk.*
Philosoph (m.; ~en, ~en) 0.1 *filosoof, wijsgeer.*
Philosophie (v.; ~, ~n) 0.1 *filosofie, wijsbegeerte* 0.2 *levensbeschouwing* ⇒*visie.*
philosophieren 0.1 *filosoferen.*
philosophisch 0.1 *filosofisch.*
Phiole (v.; ~, ~n) 0.1 *fiool.*
Phlegma (o.; ~s) 0.1 *flegma, onverstoorbaarheid* ◆ 6.1 in seinem ~ verharren *onverstoorbaar blijven.*
Phlegmatiker (m.; ~s, ~) 0.1 *flegmaticus.*
phlegmatisch 0.1 *flegmatisch, flegmatiek, onverstoorbaar.*
Phobie (v.; ~, ~n) 0.1 *fobie, angstbeklemming.*
Phon (o.; ~s, ~s)(nat.) 0.1 *foon.*
Phonem (o.; ~(e)s, ~e)(taal.) 0.1 *foneem.*
Phonetik (v.; ~) 0.1 *fonetiek, klankleer.*
Phonetiker (m.; ~s, ~) 0.1 *foneticus.*
phonetisch 0.1 *fonetisch.*
phonisch 0.1 *de stem betreffend.*
Phönix (m.; ~es, ~e)(gesch.) 0.1 *feniks* ◆ 8.1 wie ein ~ aus der Asche steigen *als een feniks uit zijn as herrijzen.*
Phönizier (m.; ~s, ~)(gesch.) 0.1 *Feniciër.*
Phonologie (v.; ~) 0.1 *fonologie.*
Phonothek (v.; ~, ~en) 0.1 *geluidsbandenarchief.*
Phonotypistin (v.; ~, ~nen) 0.1 *fonotypiste, dictafoniste, audiotypiste.*
Phosgen (o.; ~(e)s)(schei.) 0.1 *fosgeen.*
Phosphat (o.; ~(e)s, ~e) 0.1 *fosfaat.*
Phosphit (o.; ~(e)s, ~e) 0.1 *fosfiet.*
Phosphor (m.; ~s) 0.1 *fosfor.*
Phosphoreszenz (v.; ~) 0.1 *fosforescentie.*
phosphoreszieren 0.1 *fosforesceren.*
Phosphorsäure (v.) 0.1 *fosforzuur.*
Photo- →**Foto-**.
Photometer (o.) 0.1 *foto-, lichtmeter.*
Photosphäre (v.)(ster.) 0.1 *fotosfeer.*
Photosynthese (v.)(biol.) 0.1 *fotosynthese.*
Phototypie (v.; ~, ~n) 0.1 *fototypie, lichtdruk.*
Photozelle (v.) 0.1 *fotocel, foto-elektrische cel.*
Phrase (v.; ~, ~n) 0.1 *frase* ⇒*zinsnede* 0.2 (pej.) *frase* ⇒ *kreet, holle, nietszeggende woorden* 0.3 (muz.) *frase* ◆ 2.2 abgedroschene ~n *afgezaagde frasen* 3.2 (inf.) ~n dreschen *holle frasen verkopen.*
Phrasendrescher (m.)(pej.) 0.1 *fraseur* ⇒*blaaskaak.*

phrasenhaft (pej.) **0.1** ***nietszeggend*** *⇒bombastisch.*
Phraseologie (v.; ~, ~n) (taal.) **0.1** ***fraseologie.***
phrasieren (muz.) **0.1** ***fraseren.***
Physik (v.; ~) **0.1** ***fysica, natuurkunde, natuurwetenschap.***
physikalisch **0.1** ***natuurkundig*** **0.2** ***fysisch.***
Physiker (m.; ~s, ~) **0.1** ***fysicus, natuurkundige.***
Physikum (o.; ~s, Physika) **0.1** (tentamen na het 4e semester medicijnen).
Physiognomie (v.; ~, ~n) **0.1** ***fysionomie, gelaatsuitdrukking.***
Physiognomik (v.; ~) **0.1** ***fysiognomiek, gelaatkunde.***
Physiologie (v.; ~) **0.1** ***fysiologie, verrichtingsleer.***
Physiotherapie (v.) **0.1** ***fysiotherapie.***
Physis (v.; ~) **0.1** ***lichaamsgesteldheid, fysiek.***
physisch **0.1** ***fysisch*** *⇒fysiek, lichamelijk* **0.2** ***fysisch*** *⇒natuurkundig* ◆ **1.2** eine ~e Landkarte *een natuurkundige landkaart.*
Phytophage (m.; ~n, ~n) **0.1** ***fytofaag, plantenetend dier.***
Pianist (m.; ~en, ~en) **0.1** ***pianist.***
Piano (o.; ~s, ~s) **0.1** ***piano.***
Pianola (o.; ~s, ~s) **0.1** ***pianola.***
picheln (inf.) **0.1** ***drinken*** *⇒pimpelen* ◆ **7.1** einen ~ *een borrel drinken.*
Picke (v.; ~, ~n) **0.1** ***pikhouweel.***
Pickel (m.; ~s, ~) **0.1** ***(pik)houweel*** **0.2** ***pukkel, puistje.***
Pickelhaube (v.) **0.1** ***punt-, pinhelm.***
pickelig **0.1** ***puistig, puisterig, vol pukkels.***
picken **0.1** ***pikken.***
Pickhacke (v.) **0.1** ***pikhouweel.***
Picknick (o.; ~(e)s, ~e of ~s) **0.1** ***picknick.***
picknicken **0.1** ***picknicken.***
pieken (Ndd.) **0.1** ***steken, prikken.***
piekfein (inf.) **0.1** ***piekfijn.***
pieksauber (inf.) **0.1** ***brandschoon, kraakhelder.***
piep! **0.1** ***piep!*** ◆ **3.1** (inf.; fig.) er konnte nicht mehr ~ sagen *hij kon geen woord meer uitbrengen;* nicht ~ sagen *geen stom woord zeggen.*
Piep (m.; ~(e)s) **0.1** ***piep, gepiep*** ◆ **3.1** (inf.; fig.) du hast ja einen (kleinen) ~! *je bent niet goed wijs!;* (inf.; fig.) keinen ~ mehr sagen *niets meer zeggen.*
piepe, piepegal (inf.) ◆ **¶.¶** das ist mir ganz ~ *dat kan me totaal niets schelen.*
piepen **0.1** ***piepen*** ◆ **6.1** (inf.) **bei** ihm piept es *hij is niet goed snik;* (inf.) das ist **zum** Piepen! *dat is om te gillen!*
Piepen (alleen mv.) (inf.) **0.1** ***centen, duiten.***
Piepmatz (m.) (inf.) **0.1** ***vogeltje*** ◆ **3.¶** du hast wohl einen ~! *je bent getikt!*
piepsen **0.1** ***piepen*** **0.2** (fig.) ***met hoge stem spreken.***
Piepser (m.; ~s, ~) (inf.) **0.1** ***piep(geluid)*** **0.2** ***pieper.***
piepsig **0.1** ***piepend*** *⇒zwak klinkend, zwak* **0.2** ***ziekelijk*** *⇒sukkelend* ◆ **1.1** eine ~e Stimme *een piepstemmetje.*
Piepsstimme (v.) **0.1** ***piepstem(metje).***
Piepvogel (m.) (kind.) **0.1** ***vogeltje.***
Pier (m.; ~(e)s, ~e of ~s) (scheep.: v.; ~, ~e of ~s) **0.1** ***pier, havenhoofd.***
piesacken (inf.) **0.1** ***plagen*** *⇒treiteren, pesten, kwellen.*
Pieta (v.; ~, ~s) (bk.) **0.1** ***piëta.***
Pietät (v.; ~) **0.1** ***piëteit*** *⇒liefdevolle eerbied, gedachtenis.*
pietätlos **0.1** ***zonder piëteit.***
pietätvoll **0.1** ***vol piëteit.***
Pietismus (m.; ~) (gesch.) **0.1** ***piëtisme.***
Pietist (m.; ~en, ~en) **0.1** ***piëtist.***
pietistisch (gesch.) **0.1** ***piëtistisch.***
piff paff! **0.1** ***pief-paf(-poef)!***
Pigment (o.; ~(e)s, ~e) **0.1** ***pigment.***
Pigmentation (v.; ~) **0.1** ***pigmentatie.***
Pigmentdruck (m.) **0.1** ***pigment-, kooldruk.***
pigmentieren I (onov.ww.) **0.1** ***door pigment verkleuren;*** **II** (ov.ww.) **0.1** ***in pigmenten verdelen.***
Pigmentierung (v.; ~) **0.1** ***pigmentatie*** **0.2** ***pigmentvorming.***
Pik[1] (m.; ~(e)s, ~e of ~s) **0.1** ***(berg)piek.***
Pik[2] (o.; ~s, ~s) (sp.) **0.1** ***schoppen.***
Pik[3] (m.; ~s) (inf.) **0.1** ***pik*** *⇒wrok, haat* ◆ **3.1** einen ~ auf jmdn. haben *de pik op iem. hebben.*
pikant **0.1** ***pikant.***
Pikanterie (v.; ~, ~n) **0.1** ***pikanterie.***
Pike (v.; ~, ~n) **0.1** ***piek, lans*** ◆ **6.¶** (inf.; fig.) **von** der ~ auf dienen *onderaan, op de onderste sport van de ladder beginnen.*
piken (inf.) →**pieken.**
pikieren **0.1** ***pikeren, verspenen*** **0.2** ***pikeren, doornaaien, stikken.***
pikiert **0.1** ***gepikeerd*** *⇒op zijn tenen getrapt.*
Pikkolo (m.; ~s, ~s) **0.1** ***piccolo, leerling-kelner.***
Pikkoloflöte (v.) **0.1** ***piccolo(fluit).***
Piksieben (v.) **0.1** ***schoppenzeven*** ◆ **8.¶** (inf.) dasitzen wie ~ *onthutst, verbouwereerd erbij zitten.*
Piktogramm (o.; ~(e)s, ~e) **0.1** ***pictogram*** *⇒voorstelling in beeldschrift.*
Pilaster (m.; ~s, ~) (bouwk.) **0.1** ***pilaster, wandpijler.***
Pilger (m.; ~s, ~) **0.1** ***pelgrim, bedevaartsganger.***
Pilgerfahrt (v.) **0.1** ***pelgrimstocht, bedevaart.***
pilgern **0.1** ***een bedevaart doen, een pelgrimstocht maken*** **0.2** (inf.) ***een voettocht maken*** *⇒reizen* ◆ **6.2** **ins** Grüne ~ *de natuur in trekken.*
Pilgerort (m.) **0.1** ***bedevaartplaats, pelgrimsoord.***
Pilgerreise (v.) **0.1** ***bedevaart, pelgrimsreis, -tocht.***
Pilgerschar (v.) **0.1** ***pelgrimsstoet.***
Pille (v.; ~, ~n) **0.1** ***pil*** **0.2** (inf.) ***pil, anticonceptiepil*** ◆ **3.1** (fig.) die bittere ~ schlucken *de bittere pil slikken;* (fig.) jmdm. die bittere ~ schmackhaft machen *de pil voor iem. vergulden.*
Pillendreher (m.) **0.1** (scherts.) ***pillendraaier, apotheker*** **0.2** (biol.) ***pillenkever.***
Pillenknick (m.) (inf.) **0.1** (sterke geboortedaling tengevolge v.h. gebruik v.d. pil).
Pilot (m.; ~en, ~en) **0.1** ***piloot*** *⇒vliegenier* **0.2** (sp.) ***coureur*** **0.3** (ind.) ***pilo.***
Pilotballon (m.) **0.1** ***piloot-, loodsballon.***
Pilote (v.; ~, ~n) **0.1** ***funderingspaal.***
Pilotenkanzel (v.) **0.1** ***cockpit.***
Pilotenschein (m.) **0.1** ***vliegbrevet.***
pilotieren **0.1** ***pilotage aanbrengen*** *⇒met palen funderen* **0.2** ***als piloot besturen.***
Pilotsendung (v.) (com.) **0.1** ***proef-, testuitzending.***
Pilotstudie (v.) **0.1** ***pilotstudie*** *⇒verkennend onderzoek.*
Pils(e)ner (o.; ~s, ~) **0.1** ***pils, pilsener (bier).***
Pilz (m.; ~es, ~e) **0.1** ***paddestoel*** *⇒zwam* **0.2** (med.) ***schimmel*** ◆ **8.1** wie ~e aus dem Boden schießen *als paddestoelen uit de grond verrijzen.*
Pilzbefall (m.) **0.1** ***schimmelvorming.***
Pilzkopffrisur (v.) **0.1** ***beatlekapsel.***
Pilzkrankheit (v.) **0.1** ***mycose, schimmelziekte.***
Pilzvergiftung (v.) **0.1** ***paddestoelvergiftiging.***
Piment (m. & o.; ~(e)s, ~e) **0.1** ***piment, jamaicapeper.***
Pimmel (m.; ~s, ~) (inf.) **0.1** ***piemel, pik.***
Pimpelei (v.; ~, ~en) (inf.) **0.1** ***aanstellerij.***
pimpelig (inf.) **0.1** ***aanstellerig*** *⇒kinderachtig, slap.*

pimpeln ⟨inf.⟩ **0.1** ***zich aanstellen*** *⇒kinderachtig doen* **0.2** ***sukkelen met de gezondheid.***

Pimperlinge ⟨alleen mv.⟩⟨inf.⟩ **0.1** ***duiten, poen.***

Pimpernuß ⟨v.⟩ **0.1** ***pimpernoot, pistache.***

Pimpf ⟨m.; ~(e)s, ~e⟩ **0.1** ***jongetje*** *⇒dreumes.*

Pimpinelle ⟨v.; ~, ~n⟩⟨plantk.⟩ **0.1** ***pimpernel, bevernel.***

PIN ⟨v.⟩⟨afk.; Persönliche Identifikationsnummer⟩ **0.1** ***pincode.***

Pinakothek ⟨v.; ~, ~en⟩ **0.1** ***pinacotheek, schilderijenkabinet.***

pingelig ⟨inf.⟩ **0.1** ***pietluttig*** *⇒pietepeuterig.*

Pingpong ⟨o.; ~⟩ **0.1** ***pingpong, tafeltennis.***

Pinguin ⟨m.; ~(e)s, ~e⟩ **0.1** ***pinguïn.***

Pinie ⟨v.; ~, ~n⟩ **0.1** ***pijn(boom).***

Pinke ⟨v.; ~⟩⟨inf.⟩ **0.1** ***ping(-ping)*** *⇒poen.*

Pinkel ⟨m.; ~s, ~⟩⟨inf.; pej.⟩ **0.1** ***vent*** *⇒mannetje, kereltje.*

pinkeln ⟨inf.⟩ **0.1** ***plassen, pissen, piesen.***

Pinkepinke ⟨v.; ~⟩ →**Pinke.**

Pinne ⟨v.; ~, ~n⟩ **0.1** ***pin*** *⇒spijkertje, spie, staafje* **0.2** ***helmstok, stuurstok, roerpen*** **0.3** ***kompaspen*** **0.4** ***hamerpin.***

pinnen **0.1** ***met punaises bevestigen, opprikken.***

Pinnwand ⟨v.⟩ **0.1** ***prikbord*** *⇒mededelingenbord.*

Pinscher ⟨m.; ~s, ~⟩ **0.1** ***pincher*** **0.2** ⟨inf.; fig.⟩ ***onbelangrijk mannetje*** *⇒klein zakenmannetje.*

Pinsel ⟨m.; ~s, ~⟩ **0.1** ***kwast*** *⇒verfkwast, penseel* **0.2** ***haarlok, bosje haar*** *⇒pluim* **0.3** ⟨fig.⟩ ***domoor*** *⇒sul, sukkel* ◆ **2.3** ein eingebildeter ~ *een arrogante kwast* **3.1** den ~ führen *het penseel hanteren.*

Pinselei ⟨v.; ~, ~en⟩⟨inf.; pej.⟩ **0.1** ***slecht schilderij*** *⇒geklad* **0.2** ***amateuristisch geschilder.***

Pinselführung ⟨v.⟩ **0.1** ***penseelvoering.***

pinseln **0.1** ***penselen*** *⇒verven, beschilderen* **0.2** ⟨inf.⟩ ***schrijven, opschrijven*** **0.3** ⟨med.⟩ ***opbrengen, bestrijken*** ◆ **1.2** die einzelnen Buchstaben ~ *de letters afzonderlijk zorgvuldig schrijven.*

Pinselstrich ⟨m.⟩ **0.1** ***penseelstreek, toets.***

Pinte ⟨v.; ~, ~n⟩ **0.1** ⟨gesch.⟩ ***pint*** ⟨0,9 l⟩ **0.2** ⟨inf.⟩ ***kroeg*** *⇒café.*

Pinzette ⟨v.; ~, ~n⟩ **0.1** ***pincet.***

Pionier ⟨m.; ~(e)s, ~e⟩ **0.1** ⟨mil.⟩ ***pionier*** *⇒geniesoldaat* **0.2** ⟨fig.⟩ ***pionier*** *⇒baanbreker, voortrekker* **0.3** ⟨in de voormalige DDR; lid v.e. jeugdorganisatie⟩.

Pionierarbeit ⟨v.⟩ **0.1** ***pionier(s)arbeid, baanbrekend werk.***

Pipapo ⟨o.; ~s⟩⟨inf.⟩ **0.1** ***de hele boel, santenkraam.***

Pipette ⟨v.; ~, ~n⟩ **0.1** ***pipet.***

Pipi ⟨o.; ~s⟩⟨kind.⟩ **0.1** ***plasje*** ◆ **3.1** ~ machen *een plasje doen.*

Pipifax ⟨m.; ~; g.mv.⟩⟨inf.; pej.⟩ **0.1** ***lariekoek, flauwekul.***

Pips ⟨m.; ~es⟩⟨inf.⟩ **0.1** ***pip(s)*** **0.2** ⟨fig.⟩ ***verkoudheid.***

Pirat ⟨m.; ~en, ~en⟩ **0.1** ***piraat, zeerover*** *⇒vrijbuiter.*

Piratensender ⟨m.⟩ **0.1** ***piratenzender, illegale zender.***

Piraterie ⟨v.; ~, ~n⟩ **0.1** ***piraterij, zeeroverij*** *⇒roof.*

Pirol ⟨m.; ~(e)s, ~e⟩ **0.1** ***wielewaal*** **0.2** ***goudmerel.***

Pirouette ⟨v.; ~, ~n⟩⟨sp.⟩ **0.1** ***pirouette.***

Pirsch ⟨v.; ~⟩⟨jacht⟩ **0.1** ***sluipjacht.***

pirschen **I** ⟨onov.ww.⟩⟨jacht⟩ **0.1** ***een sluipjacht maken*** **0.2** ***naar het wild toesluipen;***
II sich ~ ⟨wk.ww.⟩⟨fig.⟩ **0.1** ***ongezien naderen.***

pissen ⟨vulg.⟩ **0.1** ***zeiken*** *⇒pissen.*

Pistazie ⟨v.; ~, ~n⟩ **0.1** ***pistache.***

Piste ⟨v.; ~, ~n⟩ **0.1** ***piste*** **0.2** ⟨verk.⟩ ***landingsbaan, startbaan.***

Pistole ⟨v.; ~, ~n⟩ **0.1** ***pistool*** **0.2** ⟨amb.⟩ ***spuitpistool, verfspuit*** ◆ **6.1** jmdn. **auf** ~n fordern *iem. uitdagen tot een duel op het pistool;* jmdm. die ~ **auf** die Brust setzen *iem. voor het blok zetten;* ⟨fig.⟩ wie **aus** der ~ geschossen *terstond, vliegensvlug.*

Pistolengriff ⟨m.⟩ **0.1** ***pistoolgreep.***

pitsch, patsch! **0.1** ***klits, klats!***

pitsch(e)naß **0.1** ***klets-, drijfnat.***

pittoresk **0.1** ***pittoresk, schilderachtig.***

Pizza ⟨v.; ~, ~s of Pizzen⟩ **0.1** ***pizza.***

Pkw, PKW ⟨m.; ~s, ~s⟩⟨afk.; Personenkraftwagen⟩ **0.1** ***personenauto.***

Placebo ⟨o.; ~s, ~s⟩⟨med.⟩ **0.1** ***placebo.***

placieren **I** ⟨ov.ww.⟩ **0.1** ***plaatsen*** *⇒(neer)zetten, (neer)leggen* **0.2** ⟨ec.⟩ ***plaatsen*** *⇒beleggen* **0.3** ⟨sp.⟩ ***plaatsen*** *⇒schieten, mikken* ◆ **1.3** ein placierter Freistoß *een gerichte, goed geplaatste vrije schop;*
II sich ~ ⟨wk.ww.⟩⟨sp.⟩ **0.1** ***zich plaatsen, een plaats op de ranglijst verwerven.***

placken, sich **0.1** ***hard werken*** *⇒zwoegen, zich aftobben.*

Plackerei ⟨v.; ~, ~en⟩⟨inf.⟩ **0.1** ***gezwoeg*** *⇒getob.*

plädieren **0.1** ⟨jur.⟩ ***pleiten*** *⇒verdedigen, de verdediging voeren* **0.2** ⟨jur.⟩ ***een pleidooi houden*** **0.3** ⟨fig.⟩ ***(be)pleiten*** *⇒zich inzetten voor* ◆ **6.1** **auf, für** Freispruch ~ *voor vrijspraak pleiten.*

Plädoyer ⟨o.; ~s, ~s⟩⟨jur.⟩ **0.1** ***pleidooi*** ⟨ook fig.⟩ *⇒pleitrede* **0.2** ***requisitoir.***

Plage ⟨v.; ~, ~n⟩ **0.1** ***plaag*** *⇒bezoeking, kwelling* **0.2** ***last*** *⇒moeite, moeilijkheden* ◆ **3.2** seine ~ mit jmdm. haben *veel last, moeilijkheden met iem. hebben.*

Plagegeist ⟨m.⟩⟨inf.⟩ **0.1** ***plaaggeest*** *⇒kwelgeest.*

plagen **I** ⟨ov.ww.⟩ **0.1** ***plagen*** *⇒kwellen* **0.2** ***lastig vallen*** *⇒aan het hoofd zeuren* ◆ **1.1** sein Gewissen plagte ihn *hij had gewetenswroeging;* ihn plagten Hunger und Durst *hij werd door honger en dorst gekweld;*
II sich ~ ⟨wk.ww.⟩ **0.1** ***zich aftobben*** *⇒tobben, zwoegen, zich afsloven* ◆ **6.1** sich **mit** einem Problem ~ *met een probleem worstelen.*

Plagerei ⟨v.; ~, ~n⟩ **0.1** ***gezwoeg*** *⇒getob, moeizaam werk.*

Plagiat ⟨o.; ~(e)s, ~e⟩ **0.1** ***plagiaat*** ◆ **3.1** ein ~ begehen *plagiaat plegen.*

Plagiator ⟨m.; ~s, Plagiatoren⟩ **0.1** ***plagiaris, plagiator.***

plagiatorisch **0.1** ***als een plagiator.***

plagiieren **0.1** ***plagiëren.***

Plakat ⟨o.; ~(e)s, ~e⟩ **0.1** ***aanplakbiljet*** *⇒affiche, plakkaat.*

Plakatfarbe ⟨v.⟩ **0.1** ***plakkaatverf.***

plakatieren **0.1** ***aanplakbiljetten aanplakken*** **0.2** ***(door aanplakbiljetten) algemeen bekend maken*** *⇒afficheren* ◆ **1.¶** ⟨fig.⟩ seine Nächstenliebe ~ *met zijn naastenliefde te koop lopen.*

plakativ **0.1** ***als van een aanplakbiljet*** **0.2** ***opvallend*** *⇒in het oog lopend.*

Plakatkunst ⟨v.⟩ **0.1** ***affichekunst.***

Plakatmaler ⟨m.⟩ **0.1** ***afficheontwerper, -tekenaar.***

Plakatsäule ⟨v.⟩ **0.1** ***aanplak-, reclamezuil.***

Plakette ⟨v.; ~, ~n⟩ **0.1** ***plaquette.***

plan **0.1** ***vlak*** *⇒plat, glad* **0.2** ⟨pej.⟩ ***oppervlakkig*** *⇒zonder diepgang.*

Plan ⟨m.; ~(e)s, ¨~e⟩ **0.1** ***plan*** *⇒voornemen, opzet* **0.2** ***plan*** *⇒ontwerp* **0.3** ***plan*** *⇒plattegrond, overzichtskaart* **0.4** ⟨ec.⟩ ***plan*** *⇒raming* ◆ **3.1** einen ~ fassen *een plan opvatten;* den ~ haben, etwas zu tun *van plan zijn iets te doen;* einen ~ verfolgen *met een plan bezig zijn* **6.1** ⟨schr.⟩ sich **mit** Plänen tragen *plannen koesteren* **6.2** ⟨fig.⟩ **auf** dem ~ stehen *op het programma staan* **6.¶** **auf** dem ~ erscheinen, **auf** den ~ treten *(ten tonele) verschijnen;* jmdn. **auf** den ~ rufen *iem. laten opdraven;* **auf** dem ~ sein *erbij zijn.*

Plane ⟨v.; ~, ~n⟩ **0.1** ***dekzeil*** **0.2** ***huif*** ⇒*(wagen)kap, (auto)hoes.*

planen **0.1** ***plannen maken*** ⇒*ontwerpen, plannen* **0.2** ***van plan, voornemens zijn*** ◆ **1.1** einen Anschlag ~ *een aanslag beramen.*

Planer ⟨m.; ~s, ~⟩ **0.1** ***planoloog*** ⇒*ontwerper,* ⟨pej. vooral⟩ *plannenmaker.*

Planerfüllung ⟨v.⟩⟨ec.⟩ **0.1** ***het halen van de geraamde productie.***

Pläneschmied ⟨m.⟩⟨inf.⟩ **0.1** ***plannenmaker, -smeder.***

Planet ⟨m.; ~en, ~en⟩ **0.1** ***planeet*** ◆ **2.¶** der blaue ~ *de blauwe planeet, de aarde.*

planetar(isch) **0.1** ***planetair.***

Planetarium ⟨o.; ~s, Planetarien⟩ **0.1** ***planetarium.***

Planetenbahn ⟨v.⟩ **0.1** ***planeet-, planetenbaan.***

Planetenjahr ⟨o.⟩⟨aardr.⟩ **0.1** ***planeetjaar.***

Planetensystem ⟨o.⟩ **0.1** ***planetenstelsel.***

Planfeststellung ⟨v.⟩⟨jur.⟩ **0.1** ***onteigeningsbesluit.***

Planfeststellungsverfahren ⟨o.⟩⟨jur.⟩ **0.1** ***onteigeningsprocedure.***

plangemäß **0.1** ***volgens plan.***

planieren **0.1** ***egaliseren*** ⇒*vlak maken, planeren.*

Planierraupe ⟨v.⟩⟨tech.⟩ **0.1** ***bulldozer*** ⇒*grondschuiver.*

Planimetrie ⟨v.; ~⟩ **0.1** ***planimetrie, vlakke meetkunde.***

Planke ⟨v.; ~, ~n⟩ **0.1** ***(lange, dikke) plank*** ⇒*scheeps-, schuttingplank* **0.2** ***plankenschutting.***

Plänkelei ⟨v.; ~, ~en⟩⟨fig.⟩ **0.1** ***gekibbel, kibbelarij(tje).***

plänkeln ⟨fig.⟩ **0.1** ***kibbelen.***

plankonkav **0.1** ***planconcaaf, plathol.***

plankonvex **0.1** ***planconvex, platbol.***

Plankton ⟨o.; ~s⟩⟨biol.⟩ **0.1** ***plankton.***

planlos **0.1** ***zonder (bepaald) plan*** ⇒*op goed geluk* ◆ **3.1** ~ arbeiten *niet systematisch werken.*

planmäßig **0.1** ***volgens plan*** ⇒*weloverwogen, systematisch* **0.2** ⟨verk.⟩ ***volgens de dienstregeling*** ◆ **3.1** ~ vorgehen *methodisch te werk gaan* **3.2** der Zug fuhr ~ ab *de trein vertrok op tijd.*

Planquadrat ⟨o.⟩⟨aardr.⟩ **0.1** ***kaartvierkant.***

Planschbecken ⟨o.⟩ **0.1** ***kinderbad(je)*** ⇒*pierenbad(je), het ondiepe.*

planschen **0.1** ***plassen*** ⇒*ploeteren, poedelen.*

Planspiel ⟨o.⟩ **0.1** ⟨mil.⟩ ***oefening op de kaart*** **0.2** ⟨fig.⟩ ***theoretisch model.***

Planstelle ⟨v.⟩ **0.1** ***geprojecteerde arbeidsplaats, formatieplaats.***

Plantage ⟨v.; ~, ~n⟩ **0.1** ***plantage.***

Planung ⟨v.; ~, ~en⟩ **0.1** ***planning*** ⇒*ontwerp* ◆ **2.1** langfristige ~ *planning op lange termijn.*

planvoll **0.1** ***volgens plan*** ⇒*systematisch, weldoordacht.*

Planwagen ⟨m.⟩ **0.1** ***huifkar.***

Planwirtschaft ⟨v.⟩ **0.1** ***geleide economie*** ⇒*planeconomie.*

planzeichnen **0.1** ***terreintekenen*** ⇒*terreinschetsen.*

Planzeichner ⟨m.⟩ **0.1** ***cartograaf.***

Planziel ⟨o.⟩⟨ec.⟩ **0.1** ***streefcijfer.***

Plapperei ⟨v.; ~⟩⟨inf.; pej.⟩ **0.1** ***gebabbel*** ⇒*gesnap, geklets.*

plapperhaft ⟨inf.; pej.⟩ **0.1** ***babbelziek*** ⇒*kletserig.*

Plappermaul ⟨o.⟩⟨inf.; pej.⟩ **0.1** ***kletskous, -meier.***

Plappermäulchen ⟨o.⟩⟨inf.; scherts.⟩ **0.1** ***kwebbeltje*** ⟨kind⟩ **0.2** ***kwebbel*** ⇒*mond.*

plappern ⟨inf.⟩ **0.1** ***babbelen, brabbelen*** ⟨v.e. kind⟩ **0.2** ⟨pej.⟩ ***babbelen, kletsen.***

Plappertasche ⟨v.⟩⟨inf.; pej.⟩ **0.1** ***kletskous.***

plärren **0.1** ***blèren*** ⇒*schreeuwen, brullen, janken* ◆ **1.1** ein ~des Radio *een schetterende radio.*

Plasma ⟨o.; ~s, Plasmen⟩ **0.1** ⟨biol.⟩ ***(proto)plasma*** **0.2** ⟨med.⟩ ***(bloed)plasma*** **0.3** ⟨nat.⟩ ***plasma*** ⟨in gassen⟩.

plastifizieren **0.1** ***plastificeren.***

Plastik[1] ⟨v.; ~, ~en⟩ **0.1** ***plastiek*** ⇒*beeld(houw)werk, beeldhouwkunst* **0.2** ⟨med.⟩ ***plastiek*** ⇒*plastische operatie* **0.3** ***plastiek*** ⇒*aanschouwelijkheid, uitdrukkingskracht.*

Plastik[2] ⟨o.; ~s⟩ **0.1** ***plastic.***

Plastikbeutel ⟨m.⟩ **0.1** ***plastic tas, zak.***

Plastikbombe ⟨v.⟩ **0.1** ***plasticbom*** ⇒*kneedbom.*

Plastiker ⟨m.; ~s, ~⟩ **0.1** ***beeldhouwer.***

Plastiktüte ⟨v.⟩ **0.1** ***plastic zak(je).***

Plastilin ⟨o.; ~s⟩ **0.1** ***plastiline.***

plastisch **0.1** ***plastisch*** ◆ **1.1** eine ~e Masse *een kneedbare massa* **3.1** die Dekoration wirkt ~ *de decoratie werkt ruimtelijk;* etwas ~ schildern *iets aanschouwelijk beschrijven.*

plastizieren **0.1** ***plastificeren.***

Plastizität ⟨v.; ~⟩ **0.1** ***plasticiteit.***

Plastron ⟨m. & o.; ~s, ~s⟩ **0.1** ***plastron.***

Platane ⟨v.; ~, ~n⟩ **0.1** ***plataan.***

Plateau ⟨o.; ~s, ~s⟩⟨aardr.⟩ **0.1** ***plateau*** ⇒*hoogvlakte* **0.2** ***bergplateau.***

Plateausohle ⟨v.⟩ **0.1** ***plateauzool.***

Platin ⟨acc. wiss.⟩⟨o.; ~s⟩ **0.1** ***platina.***

platinblond ⟨acc. wiss.⟩ **0.1** ***platinablond.***

Platinhochzeit ⟨v.⟩ **0.1** ***platina bruiloft.***

platinieren **0.1** ***platineren.***

Platitude ⟨v.⟩⟨nw.spel.⟩ →**Platitüde.**

Platitüde ⟨v.; ~, ~n⟩⟨schr.; pej.⟩ **0.1** ***platitude*** ⇒*platte opmerking.*

platonisch **0.1** ***platonisch*** ⇒*op de filosofie van Plato berustend* **0.2** ***platonisch*** ⇒*geestelijk* **0.3** ⟨iron.⟩ ***nietszeggend*** ⇒*vrijblijvend* ◆ **1.3** ~e Erklärungen *vrijblijvende verklaringen.*

platsch! **0.1** ***klets!*** ⇒*pats!, plons!*

platschen ⟨h/s.⟩ **0.1** ***kletsen*** ⇒*ploffen* **0.2** ***plassen*** ⇒*spetteren, spatten* ◆ **3.1** sich aufs Bett ~ lassen *op bed neerploffen* **6.1** der Regen platscht **gegen** die Fenster *de regen slaat, kletst tegen de ruiten* **6.2** **in** den Pfützen ~ *in de plassen staan te springen.*

plätschern **0.1** ***kabbelen*** ⇒*ruisen, klateren* **0.2** ***plassen*** ⇒ *ploeteren, poedelen* ◆ **1.1** ein ~der Bach *een murmelende beek;* ⟨fig.⟩ das Gespräch plätschert *het gesprek kabbelt voort* **6.1** der Regen plätschert **aufs** Dach *de regen klettert op het dak.*

platschnaß **0.1** ***klets-, door-, drijfnat.***

platt **0.1** ***plat*** ⇒*vlak* **0.2** ***plat*** ⇒*onbeduidend, onbenullig* **0.3** ***grof*** ⇒*onbeschaamd* ◆ **1.1** auf dem ~en Land *op het platteland;* ⟨inf.⟩ einen Platten haben *een lekke band hebben* **1.2** eine ~e Konversation *een onbeduidend gesprek;* ~e Redensarten *banale, triviale gezegden* **1.3** eine ~e Verleumdung *grove laster* **3.¶** ~ sein *stomverbaasd zijn.*

Platt ⟨o.; ~s⟩ **0.1** ***Plat-Duits*** ⇒*Neder-Duits* **0.2** ***dialect*** ◆ **1.1** das Hamburger ~ *het Plat-Duits van Hamburg.*

Plattbodenboot ⟨o.⟩ **0.1** ***platboomd vaartuig, platbodem.***

plattdeutsch **0.1** ***Plat-Duits*** ⇒*Neder-Duits.*

Plattdeutsch ⟨bn. als zn.; o.⟩ **0.1** ***Plat-Duits*** ⇒*Neder-Duits.*

Platte ⟨v.; ~, ~n⟩ **0.1** ***plaat*** **0.2** ***(haard)plaat*** ⇒*(kachel)plaat* **0.3** ***(tafel)blad*** **0.4** ***(graf)zerk*** **0.5** ⟨cul.⟩ ***schotel*** **0.6** ⟨foto., graf., muz.⟩ ***plaat*** **0.7** ⟨inf.⟩ ***kaal hoofd, kale kruin*** ⇒*tonsuur* **0.8** ⟨aardr.⟩ ***bergplateau*** ⇒*gladde rots* ◆ **2.5** eine kalte ~ *een koude schotel* **3.6** ⟨inf.⟩ eine neue, andere ~ auflegen *over iets anders praten;* eine ~ hören *naar een (grammofoon)plaat luisteren;* ⟨inf.⟩ die ~ kenne ich! *dat verhaal ken ik!;* ⟨inf.⟩ ständig dieselbe, die gleiche, die alte ~ laufen lassen *steeds weer hetzelfde vertellen* **6.6** ⟨inf.; fig.⟩ etwas **auf** der ~ haben *iets onder de knie hebben.*

Plätteisen ⟨o.⟩⟨reg.⟩ **0.1** ***strijkijzer, -bout.***
plätten ⟨reg.⟩ **0.1** ***strijken*** ⇒*persen.*
Plattenalbum ⟨o.⟩ **0.1** ***(grammofoon)platenalbum.***
Plattenbar ⟨v.⟩ **0.1** ***toog met reeks koptelefoons om platen af te luisteren.***
Plattenbauweise ⟨v.⟩⟨bouwk.⟩ **0.1** ***systeembouw.***
Plattenbelag ⟨m.⟩ **0.1** ***bevloering met tegels, tegelbestrating.***
Plattenhülle ⟨v.⟩ **0.1** ***(grammofoon)platenhoes.***
Plattenlaufwerk ⟨o.⟩⟨comp.⟩ **0.1** ***schijfaandrijving*** **0.2** ***schijfeenheid.***
Plattenleger ⟨m.⟩ **0.1** ***tegelzetter, -legger.***
Plattenspeicher ⟨m.⟩⟨comp.⟩ **0.1** ***(magneet)schijfgeheugen.***
Plattenspieler ⟨m.⟩ **0.1** ***platenspeler, pick-up.***
Plattenständer ⟨m.⟩ **0.1** ***(grammofoon)platenrek.***
Plattenstecher ⟨m.⟩ **0.1** ***plaatsnijder, graveur.***
Plattenteller ⟨m.⟩ **0.1** ***draaitafel*** ⇒*draaischijf* ⟨v.e. platenspeler⟩.
Plattenweg ⟨m.⟩ **0.1** ***tegelpad.***
platterdings ⟨inf.⟩ **0.1** ***volstrekt*** ⇒*absoluut, gewoonweg.*
Plattfisch ⟨m.⟩ **0.1** ***platvis.***
Plattform ⟨v.⟩ **0.1** ***platform*** **0.2** ***platform*** ⇒*balkon* **0.3** ⟨fig.⟩ ***basis*** ⇒*uitgangspunt.*
Plattfuß ⟨m.⟩ **0.1** ***platvoet*** **0.2** ⟨inf.⟩ ***lekke band.***
plattfüßig **0.1** ***met platvoeten.***
Plattfußindianer ⟨m.⟩ **0.1** ⟨inf.⟩ ***iem. met platvoeten*** **0.2** ⟨sold.⟩ ***zandhaas.***
Plattheit ⟨v.; ~, ~en⟩ **0.1** ***platheid*** ⇒*vlakheid* **0.2** ***platheid*** ⇒*oppervlakkigheid* **0.3** ⟨pej.⟩ ***platheid*** ⇒*platitude, banaliteit.*
plattieren ⟨amb.⟩ **0.1** ***plat(t)eren*** ⟨van metalen⟩ **0.2** ***met een andere draad bedekken*** ⟨textielindustrie⟩.
Plattitüde ⟨v.⟩⟨nw.spel.⟩ →**Platitüde.**
plattnasig **0.1** ***platneuzig.***
Plattstich ⟨m.⟩⟨amb.⟩ **0.1** ***platte steek.***
Plattstichstickerei ⟨v.⟩ **0.1** ***plat geborduurde stof*** **0.2** ***het plat borduren.***
Plattwurm ⟨m.⟩ **0.1** ***platworm.***
Platz ⟨m.; ~es, ⸚e⟩ **0.1** ***plaats*** ⇒*plek, ruimte, zitplaats* **0.2** ***terrein*** ⇒*veld* **0.3** ***plein*** **0.4** ***plaats*** ⇒*dorp, stad* **0.5** ***plaats*** ⇒*positie* ⟨in een rangorde⟩ ◆ **2.2** ⟨sp.⟩ auf dem eigenen ~ spielen *op eigen terrein spelen* **2.5** zweiter ~ im Theater *tweede rang in de schouwburg;* ⟨sp.⟩ den zweiten ~ belegen *op de tweede plaats eindigen* **3.1** ⟨fig.⟩ einen ~ an der Sonne haben *succes in het leven hebben;* ⟨schr.⟩ bitte, behalten Sie ~! *blijft u zitten, alstublieft!;* ⟨schr.⟩ ~ nehmen *plaats nemen;* jmdm. ~ machen *plaats voor iem. maken* **6.1** er ist hier fehl **am** ~e *hij is hier niet op z'n plaats;* die Bemerkung ist hier nicht **am** ~ *die opmerking is misplaatst* **6.2** ⟨ec.⟩ Kohle **ab** ~ verkaufen *kolen vanaf het (opslag)terrein verkopen;* ⟨fig.⟩ **auf** dem ~e bleiben *het onderspit delven, sneuvelen;* ⟨sp.⟩ **vom** ~ gestellt werden *uit het veld gestuurd worden* **6.4** das erste Haus **am** ~e *het beste hotel hier ter plaatse* **6.5** ⟨sp.; fig.⟩ jmdn. **auf** die Plätze verweisen *iem. achter zich laten;* ⟨sp.⟩ **auf** ~ wetten *gokken op volgorde van aankomst* ⟨paardenrennen⟩ **¶.1** ~! ⟨tegen de hond⟩ *lig!, af!*
Platzangst ⟨v.⟩ **0.1** ⟨inf.⟩ ***claustrofobie*** **0.2** ⟨med.⟩ ***plein-, ruimtevrees.***
Platzanweiserin ⟨v.⟩ **0.1** ***ouvreuse.***
Platzbedarf ⟨m.⟩ **0.1** ***aantal benodigde plaatsen*** ⇒*benodigde plaatsruimte.*
Plätzchen ⟨o.; ~s, ~⟩ **0.1** ***plaatsje*** **0.2** ***koekje*** **0.3** ***flik(je)*** ⇒*pastille, tablet(je).*
Platzdeckchen ⟨o.⟩ **0.1** ***placemat.***
platzen I ⟨onov.ww.⟩ **0.1** ***klappen*** ⇒*barsten, ontploffen* **0.2** ***openbarsten*** ⇒*open-, losspringen* **0.3** ⟨inf.⟩ ***mislukken*** ⇒*een fiasco worden* **0.4** ⟨inf.⟩ ***komen binnenvallen*** ◆ **1.1** die Bombe ist geplatzt (a) *de bom is ontploft* (b) ⟨fig.⟩ *de bom is gebarsten* **1.2** die Naht ist geplatzt *de naad is opengebarsten* **1.3** die Einbrecherbande platzte *de bende inbrekers werd opgerold;* dadurch ist unser Urlaub geplatzt *daardoor is onze vakantie de mist ingegaan;* die Verlobung ist geplatzt *de verloving is uit* **3.3** ⟨ec.⟩ einen Wechsel ~ lassen *een wissel niet honoreren* **6.1** ~ **vor** Neugier *barsten van nieuwsgierigheid;* ~ **vor** Gesundheit *in blakende welstand verkeren;* **zum** Platzen voll *barstensvol;* es ist **zum** Platzen *het is om uit je vel te springen* **6.4** unangemeldet **in** eine Besprechung ~ *onaangemeld een bespreking komen binnenvallen;*
II sich ~ ⟨wk.ww.⟩⟨inf.; scherts.⟩ **0.1** ***gaan zitten*** ◆ **4.1** bitte, ~ Sie sich! *gaat u zitten!*
Platzersparnis ⟨v.⟩ **0.1** ***plaats-, ruimtebesparing.***
Platzherr ⟨m.⟩⟨sp.⟩ **0.1** ***thuisclub.***
platzieren ⟨nw.spel.⟩ →**plazieren.**
Platzkarte ⟨v.⟩ **0.1** ***plaatskaartje, -bewijs.***
Platzkonzert ⟨o.⟩ **0.1** ***openluchtconcert*** ⟨meestal v.e. blaaskapel⟩.
Platzmangel ⟨m.⟩ **0.1** ***plaats-, ruimtegebrek.***
Platzmannschaft ⟨v.⟩⟨sp.⟩ **0.1** ***thuisclub.***
Platzmiete ⟨v.⟩ **0.1** ⟨dram.⟩ ***abonnement(sgeld)*** **0.2** ***staangeld*** ⟨van standhouders, spullenbazen⟩.
Platzordner ⟨m.⟩⟨sp.⟩ **0.1** ***suppoost*** ⟨op het veld⟩.
Platzpatrone ⟨v.⟩⟨mil.⟩ **0.1** ***losse flodder.***
Platzregen ⟨m.⟩ **0.1** ***stort-, slagregen.***
Platzrunde ⟨v.⟩ **0.1** ⟨sp.⟩ ***ronde (om het veld)*** **0.2** ⟨sp.⟩ ***totale lengte v.e. (golf)baan*** **0.3** ⟨verk.⟩ ***voorgeschreven (aan)vliegroute.***
platzsparend **0.1** ***ruimtebesparend.***
Platzverhältnisse ⟨alleen mv.⟩⟨sp.⟩ **0.1** ***toestand v.h. veld, terrein.***
Platzvertreter ⟨m.⟩⟨ec.⟩ **0.1** ***vertegenwoordiger ter plaatse.***
Platzverweis ⟨m.⟩⟨sp.⟩ **0.1** ***het uit het veld sturen*** ⇒*rode kaart.*
Platzwart ⟨m.⟩ **0.1** ***terreinbeheerder*** ⟨bv. van camping⟩ **0.2** ⟨sp.⟩ ***terreinknecht.***
Platzwette ⟨v.⟩⟨sp.⟩ **0.1** ***paardenrentoto.***
Platzwunde ⟨v.⟩ **0.1** ***plaatselijke kwetsuur*** ⇒*huidwond* ⟨door slag of stoot⟩.
Plauderei ⟨v.; ~, ~en⟩ **0.1** ***praatje*** ⇒*babbeltje* **0.2** ***praatje*** ⇒*causerie.*
Plauderer ⟨m.; ~s, ~⟩ **0.1** ***causeur*** ⇒*gezellige prater* **0.2** ***kletser.***
plaudern **0.1** ***babbelen*** ⇒*een praatje maken* **0.2** ***gezellig praten*** ⇒*onderhoudend vertellen* **0.3** ***een geheim niet kunnen bewaren*** ◆ **6.3** ⟨inf.⟩ **aus** dem Nähkästchen, der Schule ~ *uit de school klappen.*
Plauderstündchen ⟨o.⟩ **0.1** ***(gezellig) babbeluurtje.***
Plaudertasche ⟨v.⟩⟨scherts.; pej.⟩ **0.1** ***babbel-, kletskous*** ⇒*kletstante.*
Plauderton ⟨m.⟩ **0.1** ***conversatietoon*** ◆ **6.1** etwas **im** ~ schildern *iets op een onderhoudende manier beschrijven.*
plauschig **0.1** ***ongedwongen, gemoedelijk, ontspannen*** ◆ **1.1** eine ~e Atmosphäre *een ongedwongen sfeer.*
plausibel **0.1** ***plausibel, aannemelijk.***
plauz! **0.1** ***pats!*** ⇒*plof!, bom!*
Plauz ⟨m.; ~es, ~e⟩⟨inf.⟩ **0.1** ***val*** ⇒*smak* **0.2** ***bons*** ⇒*klap, knal.*

Plauze ⟨v.; ~, ~n⟩⟨reg.; inf.⟩ **0.1** ***long(en)*** ⇒*borst* **0.2** ***buik*** ◆ **6.1** es **auf** der ~ haben (a) *het op de borst hebben* (b) *astmatisch zijn* **6.¶ auf** der ~ liegen *ziek zijn.*
Plazenta ⟨v.; ~, ~s of Plazenten⟩ **0.1** ⟨med.⟩ ***moederkoek, nageboorte, placenta*** **0.2** ⟨plantk.⟩ ***zaadkoek, placenta.***
Plazet ⟨o.; ~s, ~s⟩ **0.1** ***placet*** ⇒*toestemming* ◆ **3.1** sein ~ geben *zijn placet geven.*
plazieren →**placieren.**
Plebejer ⟨m.; ~, ~⟩ **0.1** ***plebejer*** ⟨gesch.; fig.⟩.
plebejisch 0.1 ***plebejisch.***
Plebiszit ⟨o.; ~(e)s, ~e⟩ **0.1** ***plebisciet, volksstemming.***
plebiszitär 0.1 ***door plebisciet.***
Plebs ⟨m.; ~es⟩⟨pej.⟩ **0.1** ***plebs*** ⇒*grauw, gepeupel.*
Pleistozän ⟨o.; ~s⟩⟨geol.⟩ **0.1** ***Pl(e)istoceen.***
pleite 0.1 ***bankroet, failliet*** ⇒*op de fles* **0.2** ⟨inf.; scherts.⟩ ***blut*** ⇒*platzak* ◆ **3.1** ~ machen *failliet gaan.*
Pleite ⟨v.; ~, ~n⟩⟨inf.⟩ **0.1** ***bankroet, faillissement*** **0.2** ***geldgebrek*** **0.3** ***fiasco*** ⇒*mislukking, sof* ◆ **3.1** ~ machen *failliet, bankroet gaan* **3.2** bei mir herrscht ~ *ik ben blut.*
Pleitegeier ⟨m.⟩⟨inf.⟩ **0.1** ***dreigend bankroet*** ◆ **3.1** über der Firma schwebt der ~ *de firma wordt door een bankroet bedreigd.*
Plek|tron, -trum ⟨o.; ~s, Plektren of Plektra⟩⟨muz.⟩ **0.1** ***plectrum.***
plempern ⟨inf.⟩ **I** ⟨onov.ww.⟩ **0.1** ***zijn tijd verdoen, verbeuzelen*** ⇒*lanterfanten;*
II ⟨ov.ww.⟩ **0.1** ***spuiten*** ⇒*gieten.*
plemplem ⟨inf.⟩ **0.1** ***niet goed snik, wijs.***
Plenarsaal ⟨m.⟩ **0.1** ***zaal voor plenaire vergaderingen.***
Plenarversammlung ⟨v.⟩ **0.1** ***plenaire, voltallige vergadering.***
Plenum ⟨o.; ~s⟩⟨pol.⟩ **0.1** ***plenaire vergadering.***
Pleonasmus ⟨m.; ~, Pleonasmen⟩⟨taal.⟩ **0.1** ***pleonasme.***
pleonastisch ⟨taal.⟩ **0.1** ***pleonastisch.***
Plethi →**Krethi.**
Pleuel ⟨m.; ~s, ~⟩⟨tech.⟩ **0.1** ***drijf-, krukstang.***
Plexiglas ⟨o.⟩ **0.1** ***plexiglas.***
Plissee ⟨o.; ~s, ~s⟩⟨mode⟩ **0.1** ***plissé.***
plissieren ⟨mode⟩ **0.1** ***plisseren.***
PLO ⟨v.; ~, g.mv.⟩⟨afk.⟩ **0.1** ***PLO, Palestijnse Bevrijdingsorganisatie.***
Plockwurst ⟨v.⟩ **0.1** ***plokworst.***
Plombe ⟨v.; ~, ~n⟩ **0.1** ***loodje, plombe*** **0.2** ***(tand-, kies)vulling.***
plombieren 0.1 ***plomberen*** ⇒*verzegelen* **0.2** ⟨vero.⟩ ***plomberen*** ⇒*vullen* ⟨van tanden⟩.
Plotter ⟨m.; ~s, ~⟩⟨com.⟩ **0.1** ***plotter.***
Plötze ⟨v.; ~, ~n⟩⟨biol.⟩ **0.1** ***blankvoorn.***
plötzlich 0.1 ***plotseling*** ⇒*onverwacht* ◆ **4.1** ⟨inf.⟩ bitte, etwas ~! *een beetje snel graag!* **5.1** ⟨inf.⟩ nur nicht so ~! *doe maar kalm aan!*
Plötzlichkeit ⟨v.; ~, ~en⟩ **0.1** ***het onverwachte*** ⇒*het verrassende.*
Pluderhose ⟨v.⟩ **0.1** ***pofbroek.***
pluderig 0.1 ***bol*** ⇒*bolstaand, wijd* **0.2** ***flodderig*** ⇒*te wijd.*
pludern 0.1 ***opbollen*** ⇒*bol staan* **0.2** ***flodderen*** ⇒*te wijd zijn.*
Plumeau ⟨o.; ~s, ~s⟩ **0.1** ***(halflang) veren dekbed.***
plump 0.1 ***plomp*** ⇒*grof, log* **0.2** ***plomp*** ⇒*onhandig, onbeholpen* **0.3** ⟨pej.⟩ ***plomp*** ⇒*lomp, onbehouwen* ◆ **1.3** eine ~e Lüge *een grove leugen* **3.2** sich ~ bewegen *zich onbeholpen bewegen* **5.3** ~ vertraulich *opdringerig familiair.*
plumps! 0.1 ***plomp!*** ⇒*plof!*
Plumps ⟨m.; ~es, ~e⟩⟨inf.⟩ **0.1** ***val*** ⇒*smak* **0.2** ***plons*** ⇒*plof, klap.*
Plumpsack ⟨m.⟩⟨sp.⟩ ◆ **3.¶** der ~ geht (r)um *zakdoekje leggen.*
plumpsen ⟨inf.⟩ **0.1** ***plompen*** ⇒*ploffen, plonzen* ◆ **6.1** sich **auf** einen Stuhl ~ lassen *op een stoel neerploffen.*
Plumpsklo(sett) ⟨o.⟩⟨inf.⟩ **0.1** ***tonnetjesplee.***
Plunder ⟨m.; ~s⟩ **0.1** ***soort bladerdeeg(gebak)*** **0.2** ⟨inf.; pej.⟩ ***(oude) rommel*** ⇒*rotzooi.*
Plünderer ⟨m.; ~s, ~⟩ **0.1** ***plunderaar.***
plündern 0.1 ***plunderen*** ⇒*leegroven, -halen* ◆ **1.1** ein literarisches Werk ~ *een literair werk op grote schaal plagiëren.*
plural ⟨schr.⟩ **0.1** ***pluralistisch.***
Plural ⟨m.; ~s, ~e⟩⟨taal.⟩ **0.1** ***meervoud(svorm)*** ⇒*woord in het meervoud* **0.2** ***meervoud, pluralis.***
Pluraletantum ⟨o.; ~s, ~s of Pluraliatantum⟩⟨taal.⟩ **0.1** ***plurale tantum.***
pluralisieren ⟨taal.⟩ **0.1** ***in het meervoud zetten, pluraliseren.***
Pluralismus ⟨m.; ~⟩ **0.1** ***pluralisme.***
Pluralität ⟨v.; ~, ~en⟩ **0.1** ***pluraliteit.***
Pluralwahlrecht ⟨o.⟩ **0.1** ***kiesstelsel waarbij één persoon meerdere stemmen kan hebben.***
plus[1] ⟨bw.⟩ **0.1** ***plus, boven nul*** **0.2** ⟨nat., wisk.⟩ ***plus.***
plus[2] ⟨vz. + 3⟩ **0.1** ***plus*** ⇒*vermeerderd met.*
plus[3] ⟨vw.⟩⟨wisk.⟩ **0.1** ***plus, en.***
Plus ⟨o.; ~⟩ **0.1** ***plus*** ⇒*overschot, batig saldo* **0.2** ***plus(punt)*** ⇒*voordeel, positief punt* ◆ **3.1** bei einem Geschäft ein ~ machen *bij een transactie winst maken* **6.1 im** ~ sein *een batig saldo hebben.*
Plüsch ⟨m.; ~(e)s, ~e⟩ **0.1** ***pluche*** **0.2** ***badstof.***
Plüschaugen ⟨alleen mv.⟩⟨inf.⟩ **0.1** ***(fluweel)zachte ogen.***
plüschen 0.1 ***pluche(n), van pluche*** **0.2** ⟨iron.⟩ ***burgerlijk*** ⇒*bekrompen.*
plüschig 0.1 ***op pluche gelijkend*** **0.2** ⟨iron.⟩ ***burgerlijk*** ⇒*bekrompen.*
Plüschohren ⟨alleen mv.⟩⟨inf.; scherts.⟩ ◆ **6.¶** Klein Doofi **mit** ~ *sul, onnozele hals.*
Pluspol ⟨m.⟩⟨nat.⟩ **0.1** ***pluspool, positieve pool.***
Pluspunkt ⟨m.⟩⟨fig.⟩ **0.1** ***pluspunt*** ⇒*positief punt.*
Plusquamperfekt ⟨o.; ~s, ~e⟩⟨taal.⟩ **0.1** ***voltooid verleden tijd.***
Pluszeichen ⟨o.⟩ **0.1** ***plusteken.***
Plutokrat ⟨m.; ~en, ~en⟩ **0.1** ***plutocraat*** **0.2** ⟨fig.⟩ ***rijkaard.***
Plutokratie ⟨v.; ~, ~n⟩ **0.1** ***plutocratie.***
plutonisch 0.1 ⟨geol.⟩ ***plutonisch*** **0.2** ⟨rel.⟩ ***v.d. onderwereld.***
Pluvialzeit ⟨v.⟩⟨aardr.⟩ **0.1** ***regentijd, -periode.***
PLZ ⟨v.⟩⟨afk.; Postleitzahl⟩ **0.1** ***postcode.***
p.m. ⟨afk.⟩ [post meridiem; per, pro mille].
Pneu ⟨m.; ~s, ~s⟩⟨vooral Oostr., Zwi.⟩ **0.1** ***luchtband, pneu.***
Pneuma ⟨o.; ~s⟩ **0.1** ⟨fil.⟩ ***(levens)adem*** ⇒*geest, ziel* **0.2** ⟨rel.⟩ ***pneuma*** ⇒*Heilige Geest.*
Pneumatik[1] ⟨m.; ~s, ~s⟩⟨Oostr., Zwi.⟩ **0.1** ***luchtband, pneu.***
Pneumatik[2] ⟨v.; ~, ~en⟩ **0.1** ***pneumatiek.***
pneumatisch 0.1 ***pneumatisch.***
Po ⟨m.; ~s, ~s⟩⟨afk.⟩ →**Popo.**
Pöbel ⟨m.; ~s⟩⟨pej.⟩ **0.1** ***gepeupel*** ⇒*plebs, grauw.*
Pöbelei ⟨v.; ~, ~en⟩ **0.1** ***onbeschoftheid*** ⇒*grofheid* **0.2** ***onbeschoft gedrag.***
pöbelhaft 0.1 ***laag*** ⇒*plat, onbeschoft.*
pöbeln ⟨inf.⟩ **0.1** ***ordinair tekeergaan*** ⇒*zich onbeschoft gedragen.*
pochen 0.1 ***(aan)kloppen*** **0.2** ⟨schr.⟩ ***kloppen*** ⇒*bonzen* **0.3** ⟨schr.⟩ ***zich beroepen*** ⇒*met nadruk wijzen, aandringen* **0.4** ⟨pej.⟩ ***pochen, snoeven*** **0.5** ⟨sp.⟩ ***bluffen*** ⟨kaartspel⟩ ◆

6.3 auf seine Rechte ~ *op zijn rechten staan;* **auf** Zahlung ~ *op betaling aandringen* **6.4 auf** seine Verdienste ~ *zich op zijn verdiensten beroemen, laten voorstaan.*

pochieren ⟨cul.⟩ **0.1** ***pocheren.***

Pocke ⟨v.; ~, ~n⟩⟨med.⟩ **0.1** ***pok.***

Pocken ⟨alleen mv.⟩⟨med.⟩ **0.1** ***pokken*** ◆ **6.1 gegen** ~ geimpft sein *tegen pokken ingeënt zijn.*

Pockennarbe ⟨v.⟩⟨med.⟩ **0.1** ***pokput.***

pockennarbig 0.1 ***pokdalig.***

Pocken(schutz)impfung ⟨v.⟩⟨med.⟩ **0.1** ***inenting tegen pokken.***

pockig 0.1 ***pokdalig*** ⇒*mottig.*

Podest ⟨m. & o.; ~(e)s, ~e⟩ **0.1** ***platform, podium*** ⇒*opstap(je)* **0.2** ⟨fig.⟩ ***voetstuk.***

Podex ⟨m.; ~(es), ~e⟩⟨inf.⟩ **0.1** ***achterwerk*** ⇒*zitvlak.*

Podium ⟨o.; ~s, Podien⟩ **0.1** ***podium.***

Podiumsgespräch ⟨o.⟩ **0.1** ***forumgesprek, -discussie.***

Poem ⟨o.; ~s, ~e⟩⟨vaak scherts.⟩ **0.1** ***poëem, gedicht*** ⇒ *dichtwerk.*

Poesie ⟨v.; ~, ~n⟩ **0.1** ***poëzie*** ⇒*gedicht, verzen* **0.2** ***poëzie*** ⇒ *dichtkunst* **0.3** ***poëzie*** ⇒*(dichterlijke) bekoring.*

Poesiealbum ⟨o.⟩ **0.1** ***poëziealbum.***

poesielos 0.1 ***prozaïsch*** ⇒*alledaags, saai.*

Poet ⟨m.; ~en, ~en⟩⟨schr.; vaak scherts.⟩ **0.1** ***poëet, dichter.***

Poetik ⟨v.; ~, ~en⟩ **0.1** ***poëtiek, leerboek v.d. dichtkunst*** **0.2** ***poëtiek, poëtica, poëzieleer.***

poetisch 0.1 ***poëtisch*** ⟨ook fig.⟩ ⇒*dichterlijk, v.e. dichter.*

poetisieren 0.1 ***poëtiseren.***

Pogrom ⟨m. & o.; ~s, ~e⟩ **0.1** ***pogrom.***

Point ⟨m.; ~s, ~s⟩⟨sp.⟩ **0.1** ***slag*** ⟨kaartspel⟩ **0.2** ***oog, punt*** ⟨bij dobbelen⟩ ◆ **2.1** ⟨inf.⟩ auf den letzten ~ *op het nippertje.*

Pointe ⟨v.; ~, ~n⟩ **0.1** ***pointe*** ⇒*clou, het fijne.*

pointieren 0.1 ***beklemtonen*** ⇒*accentueren* ◆ **1.1** ein Ereignis ~ *een gebeurtenis op de voorgrond plaatsen.*

pointiert 0.1 ***toegespitst*** ⇒*spits, puntig.*

Pokal ⟨m.; ~s, ~e⟩ **0.1** ***bokaal*** **0.2** ⟨sp.⟩ ***beker*** **0.3** ⟨g.mv.; sp.⟩ ***bekercompetitie*** ◆ **6.3 im** ~ ausscheiden *voor de bekercompetitie uitgeschakeld worden, zijn.*

Pokalendspiel ⟨o.⟩⟨sp.⟩ **0.1** ***bekerfinale.***

Pokalsieger ⟨m.⟩⟨sp.⟩ **0.1** ***cup-, bekerwinnaar.***

Pokalspiel ⟨o.⟩⟨sp.⟩ **0.1** ***cup-, bekerwedstrijd.***

Pokalverteidiger ⟨m.⟩⟨sp.⟩ **0.1** ***bekerhouder.***

Pokalwettbewerb ⟨m.⟩⟨sp.⟩ **0.1** ***bekercompetitie.***

Pökel ⟨m.; ~s, ~⟩ **0.1** ***pekel.***

Pökelhering ⟨m.⟩ **0.1** ***pekelharing.***

Pökellake ⟨v.⟩ **0.1** ***pekel(nat).***

pökeln 0.1 ***pekelen, in de pekel leggen, zetten.***

Poker ⟨m. & o.; ~⟩⟨sp.⟩ **0.1** ***poker.***

Pokergesicht ⟨o.⟩ **0.1** ***pokergezicht.***

Pokermiene ⟨v.⟩ **0.1** ***pokergezicht, pokerface.***

pokern 0.1 ***pokeren, poker spelen*** **0.2** ⟨fig.⟩ ***hoog spel spelen.***

Pol ⟨m.; ~s, ~e⟩ **0.1** ⟨aardr., nat.⟩ ***pool*** **0.2** ⟨v.e. weefsel⟩ ***pool*** ◆ **1.1** ⟨fig.⟩ ein ~ der Ruhe *een rustpunt* **2.1** ⟨fig.⟩ der ruhende ~ *het rustpunt.*

polar 0.1 ***polair, de pool betreffend*** **0.2** ⟨schr.⟩ ***tegengesteld*** ⇒*onverenigbaar* ◆ **1.1** ~e Kaltluft *koude lucht van polaire oorsprong;* ~e Wetterstationen *weerstations in de poolgebieden.*

Polareis ⟨o.⟩ **0.1** ***poolijs.***

Polarexpedition ⟨v.⟩ **0.1** ***poolexpeditie.***

Polarforscher ⟨m.⟩ **0.1** ***poolonderzoeker.***

Polarfront ⟨v.⟩⟨meteo.⟩ **0.1** ***polair front, poolfront.***

Polarfuchs ⟨m.⟩ **0.1** ***poolvos.***

Polarisation ⟨v.; ~, ~en⟩ **0.1** ***polarisatie.***

polarisieren I ⟨ov.ww.⟩⟨nat., schei.⟩ **0.1** ***polariseren;***
II sich ~ ⟨wk.ww.⟩ **0.1** ***zich polariseren*** ⇒*zich toespitsen.*

Polarität ⟨v.; ~⟩ **0.1** ***polariteit.***

Polarkreis ⟨m.⟩⟨aardr.⟩ **0.1** ***poolcirkel.***

Polarlicht ⟨o.⟩ **0.1** ***pool-, noorderlicht.***

Polarluft ⟨v.⟩⟨meteo.⟩ **0.1** ***poollucht, lucht van polaire oorsprong.***

Polarmeer ⟨o.⟩⟨aardr.⟩ **0.1** ***poolzee.***

Polarstern ⟨m.⟩ **0.1** ***Pool-, Noordster.***

Polder ⟨m.; ~s, ~⟩ **0.1** ***polder.***

Pole ⟨m.; ~n, ~n⟩ **0.1** ***Pool.***

Polemik ⟨v.; ~, ~en⟩ **0.1** ***polemiek, pennenstrijd.***

polemisch 0.1 ***polemisch.***

polemisieren 0.1 ***polemiseren.***

polen ⟨nat.⟩ **0.1** ***aan een elektrische pool aansluiten.***

Polen ⟨o.; ~s⟩ **0.1** ***Polen*** ◆ **3.1** ⟨inf.; fig.⟩ noch ist ~ nicht verloren *de zaak is nog niet hopeloos* **3.¶** ⟨inf.; fig.⟩ da(nn) ist ~ offen *daar, dan heb je het gegooi in de glazen.*

Polente ⟨v.; ~⟩⟨inf.⟩ **0.1** ***politie, smerissen.***

Police ⟨v.; ~, ~n⟩ **0.1** ***polis.***

Polier ⟨m.; ~s, ~e⟩ **0.1** ***voorman, uitvoerder*** ⟨in de bouw⟩.

Polierbürste ⟨v.⟩ **0.1** ***schoenborstel.***

polieren 0.1 ***polijsten*** ⇒*poleren, bruineren* **0.2** ***(glimmend) poetsen, wrijven*** ◆ **1.1** ⟨fig.⟩ seinen Stil ~ *zijn stijl polijsten.*

Poliermittel ⟨o.⟩ **0.1** ***polijst-, slijpmiddel*** **0.2** ***politoer(sel).***

Polierstahl ⟨m.⟩⟨tech.⟩ **0.1** ***bruineer-, polijststaal.***

Poliertuch ⟨o.⟩ **0.1** ***poetsdoek.***

Poliklinik ⟨v.; ~, ~en⟩ **0.1** ***polikliniek.***

Politbarometer ⟨o.⟩ **0.1** ***politieke barometer.***

Politbüro ⟨o.⟩ **0.1** ***politbureau.***

Politesse ⟨v.; ~, ~n⟩ **0.1** ***vrouwelijke hulppolitieagent*** ⟨vooral voor parkeercontrole⟩.

Politik ⟨v.; ~, ~en⟩ **0.1** ***politiek*** **0.2** ⟨fig.⟩ ***politiek*** ⇒*handelwijze, beleid* ◆ **2.1** innere ~ *binnenlandse politiek.*

Politikaster ⟨m.; ~s, ~⟩⟨pej.⟩ **0.1** ***politicaster, politieke beunhaas.***

Politiker ⟨m.; ~s, ~⟩ **0.1** ***politicus*** ⇒*staatsman.*

Politikum ⟨o.; ~s, Politika⟩ **0.1** ***politiek feit*** ⇒*zaak van politiek belang.*

Politikus ⟨m.; ~, ~se⟩⟨inf.; scherts.⟩ **0.1** ***iem. die zich erg voor politiek interesseert.***

Politikverdrossenheit ⟨v.⟩ **0.1** ***afkeer van, aversie tegen de politiek.***

Politikwissenschaft ⟨v.⟩ **0.1** ***politicologie.***

politisch 0.1 ***politiek*** ⇒*staatkundig* **0.2** ***politiek*** ⇒*tactisch, behendig* ◆ **1.1** eine ~e Karte *een staatkundige kaart* **3.2** ~ handeln *tactisch te werk gaan.*

politisieren I ⟨onov.ww.⟩ **0.1** ***politiseren*** ⇒*over politiek praten* **0.2** ***politiek actief zijn*** ⇒*aan politiek doen;*
II ⟨ov.ww.⟩ **0.1** ***politiek activeren*** **0.2** ***politiseren*** ⇒*tot een politieke zaak maken;*
III sich ~ ⟨wk.ww.⟩ **0.1** ***politiek bewust, actief worden.***

Politologe ⟨m.; ~n, ~n⟩ **0.1** ***politoloog.***

Politsänger ⟨m.⟩ **0.1** ***zanger van politieke teksten*** ⇒*protestzanger.*

Politur ⟨v.; ~, ~en⟩ **0.1** ***politoer.***

Polizei ⟨v.; ~, ~en⟩ **0.1** ***politie(apparaat)*** **0.2** ***politie(agenten)*** **0.3** ***politie(bureau)*** ◆ **6.3 auf** die, **zur** ~ gehen *naar de politie, het politiebureau gaan.*

Polizeiaktion ⟨v.⟩ **0.1** ***politiële actie, optreden van de politie.***

Polizeiapparat ⟨m.⟩ **0.1** ***politieapparaat.***

Polizeiaufgebot ⟨o.⟩ **0.1** ***afdeling politie*** ⇒*politiemacht.*

Polizeiaufsicht ⟨v.⟩ **0.1** ***politietoezicht.***

polizeibekannt 0.1 ***bij de politie bekend.***
Polizeidienststelle ⟨v.⟩ **0.1** ***politiepost, -bureau.***
Polizeieinsatz ⟨m.⟩ **0.1** ***het inzetten v.d. politie.***
Polizeifunk ⟨m.⟩ **0.1** ***politieradio.***
Polizeigewahrsam ⟨m.⟩ ◆ **6.¶ in** ~ *in verzekerde bewaring.*
Polizeigewalt ⟨v.⟩ **0.1** ***politiële macht(sbevoegdheid)*** ◆ **6.¶ mit** ~ *met de sterke arm.*
Polizeihaft ⟨v.⟩ ◆ **6.¶ in** ~ *in verzekerde bewaring.*
Polizeikommissar ⟨m.⟩ **0.1** ***inspecteur van politie.***
polizeilich 0.1 ***v.d. politie*** ⇒*door de politie* **0.2** ***bij de politie, op het politiebureau*** ◆ **1.1** ~e Aufsicht *politietoezicht* **1.2** die ~e Meldepflicht *de plicht iets, zich bij de politie te melden.*
Polizeinotruf ⟨m.⟩ **0.1** ***alarmnummer v.d. politie*** **0.2** ***alarmzuil, -installatie.***
Polizeipräsident ⟨m.⟩ **0.1** ***hoofdcommissaris van politie.***
Polizeipräsidium ⟨o.⟩ **0.1** ***hoofdbureau van politie.***
Polizeirevier ⟨o.⟩ **0.1** ***politiebureau, -post*** ⟨v.e. wijk⟩ **0.2** ***politiewijk.***
Polizeischutz ⟨m.⟩ **0.1** ***politiebescherming.***
Polizeispitzel ⟨m.⟩ **0.1** ***politiespion, verklikker.***
Polizeistaat ⟨m.⟩⟨pol.⟩ **0.1** ***politiestaat.***
Polizeistreife ⟨v.⟩ **0.1** ***politiepatrouille.***
Polizeistunde ⟨v.⟩ **0.1** ***sluitingsuur.***
Polizeiwache ⟨v.⟩ **0.1** ***politiebureau, -post.***
polizeiwidrig 0.1 ***in strijd met de politievoorschriften, -verordening.***
Polizist ⟨m.; ~en, ~en⟩ **0.1** ***politieagent, -man.***
Pollen ⟨m.; ~s, ~⟩⟨plantk.⟩ **0.1** ***pollen, stuifmeel(korrels).***
Pollenblume ⟨v.⟩⟨plantk.⟩ **0.1** ***bestuivingsplant.***
Pollenkorn ⟨o.; mv. ¨er⟩⟨plantk.⟩ **0.1** ***pollen-, stuifmeelkorrel.***
Pollenschlauch ⟨m.⟩⟨plantk.⟩ **0.1** ***stuifmeelbuis.***
Poller ⟨m.; ~s, ~⟩ **0.1** ⟨scheep.⟩ ***bolder*** **0.2** ⟨verk.⟩ ***markeringspaal.***
polnisch 0.1 ***Pools*** ◆ **1.¶** ⟨inf.⟩ eine ~e Wirtschaft *een huishouden van Jan Steen.*
Polonäse ⟨v.; ~, ~n⟩⟨muz.⟩ **0.1** ***polonaise.***
polonisieren 0.1 ***Pools maken.***
Poloschläger ⟨m.⟩⟨sp.⟩ **0.1** ***polostick.***
Polster ⟨o.; ~s, ~⟩ **0.1** ***kussen*** ⇒*peluw, zitting* **0.2** ⟨mode⟩ ***vulling*** **0.3** ⟨plantk.⟩ ***kussentje, pol(letje)*** **0.4** ⟨fig.⟩ ***appeltje voor de dorst*** ⇒*reserve* ◆ **2.4** ein finanzielles ~ haben *geld achter de hand hebben.*
Polsterer ⟨m.; ~s, ~⟩ **0.1** ***stoffeerder.***
Polstergarnitur ⟨v.⟩ **0.1** ***bankstel.***
Polstermöbel ⟨alleen mv.⟩ **0.1** ***beklede, gestoffeerde meubelen.***
polstern 0.1 ***stofferen*** ⇒*(op)vullen, bekleden* ◆ **1.1** gepolsterte Schultern *schouders met vullingen* **5.1** ⟨inf.; scherts.⟩ gut gepolstert sein (a) *mollig zijn* (b) *goed in de slappe was zitten.*
Polsterstuhl ⟨m.⟩ **0.1** ***gecapitonneerde/beklede stoel.***
Polsterung ⟨v.; ~, ~en⟩ **0.1** ***kussen*** ⇒*zitting, bekleding* **0.2** ***het stofferen, bekleden.***
Polterabend ⟨m.⟩ **0.1** ⟨vrolijke avond voor de bruiloft⟩.
Polterer ⟨m.; ~s, ~⟩⟨inf.⟩ **0.1** ***bulderaar, bulderbast.***
Poltergeist ⟨m.⟩ **0.1** ***klopgeest.***
polterig 0.1 ***lawaaierig*** ⇒*luidruchtig.*
poltern 0.1 ***kabaal, lawaai maken*** ⇒*stommelen* **0.2** ***bolderen*** ⇒*denderen* **0.3** ***bulderen*** ⇒*tekeergaan* **0.4** ⟨inf.⟩ ***de 'Polterabend' vieren*** ◆ **1.2** ein ~der Wagen *een ratelende wagen.*
polychrom 0.1 ***polychroom, veelkleurig.***
polygam 0.1 ***polygaam.***
Polyglotte[1] ⟨v.; ~, ~n⟩ **0.1** ***polyglot(te), boek met de tekst in verschillende talen.***
Polyglotte[2] ⟨m. & v.; ~n, ~n⟩ **0.1** ***polyglot.***
Polygon ⟨o.; ~s, ~e⟩⟨wisk.⟩ **0.1** ***polygoon, veelhoek.***
Polyp ⟨m.; ~en, ~en⟩ **0.1** ***poliep*** **0.2** ⟨inf.; scherts.⟩ ***smeris.***
polyphon 0.1 ***polyfoon, veelstemmig.***
Polysemie ⟨v.; ~⟩⟨taal.⟩ **0.1** ***polysemie.***
Polytechnikum ⟨o.⟩ **0.1** ***polytechnische school*** ⇒*hogere technische school.*
Pomade ⟨v.; ~, ~n⟩ **0.1** ***pommade.***
pomadig 0.1 ***gepommadeerd, met pommade ingesmeerd.***
pomadisieren 0.1 ***pommaderen, met pommade insmeren.***
Pomeranze ⟨v.; ~, ~n⟩ **0.1** ***pomerans*** **0.2** ***pomeransboom.***
Pommesbude ⟨v.⟩ **0.1** ***friettent.***
Pommes frites ⟨alleen mv.⟩ **0.1** ***patates frites.***
Pomologie ⟨v.; ~⟩ **0.1** ***pomologie, vruchtenkunde.***
Pomp ⟨m.; ~(e)s⟩ **0.1** ***pracht*** ⇒*pronk, praal.*
pomphaft 0.1 ***pompeus*** ⇒*met pracht en praal.*
pompös 0.1 ***pompeus*** ⇒*luisterrijk.*
pontifikal ⟨rel.⟩ **0.1** ***pontificaal, bisschoppelijk.***
Pontifikalamt ⟨o.⟩⟨rel.⟩ **0.1** ***pontificale mis.***
Pontifikale ⟨o.; ~(s), Pontifikalien⟩ **0.1** ***pontificaal*** ⟨liturgisch boek⟩ **0.2** ⟨mv.⟩ ***tekenen van bisschoppelijke waardigheid*** ⟨mijter, staf⟩ **0.3** ⟨mv.⟩ ***bisschoppelijke ambtshandelingen.***
Pontifikalmesse ⟨v.⟩⟨rel.⟩ **0.1** ***pontificale mis.***
Pontifikat ⟨m. & o.; ~(e)s, ~e⟩ **0.1** ***pontificaat.***
Pontius ⟨m.⟩⟨inf.⟩ ◆ **6.¶ von** ~ zu Pilatus laufen *van Pontius naar Pilatus, van het kastje naar de muur gestuurd worden.*
Ponton ⟨m.; ~s, ~s⟩ **0.1** ***ponton.***
Pontonbrücke ⟨v.⟩ **0.1** ***pontonbrug.***
Pony[1] ⟨m.; ~s, ~s⟩ **0.1** ***pony(haar).***
Pony[2] ⟨o.; ~s, ~s⟩ **0.1** ***pony*** ⟨paard⟩.
Ponyfransen ⟨alleen mv.⟩⟨inf.⟩ **0.1** ***pony(kapsel).***
Popanz ⟨m.; ~es, ~e⟩⟨pej.⟩ **0.1** ***boeman*** ⇒*bullebak* **0.2** ***marionet*** ⇒*stroman.*
Pope ⟨m.; ~, ~n⟩ **0.1** ⟨rel.⟩ ***pope*** **0.2** ⟨inf.; pej.⟩ ***geestelijke*** ⇒*paap.*
Popel ⟨m.; ~s, ~⟩ **0.1** ⟨inf.⟩ ***snot*** **0.2** ⟨pej.⟩ ***miezerig mannetje.***
popelig ⟨inf.; pej.⟩ **0.1** ***armoedig*** ⇒*armzalig, sjofel* **0.2** ***heel gewoon, doodgewoon.***
Popelin ⟨m.; ~s, ~e⟩ **0.1** ***popeline.***
Popeline ⟨m. & v.; ~(s), ~⟩ →**Popelin.**
popeln ⟨inf.⟩ **0.1** ***in de neus peuteren, pulken.***
Popgruppe ⟨v.⟩ **0.1** ***popgroep.***
Popo ⟨m.; ~s, ~s⟩⟨inf.⟩ **0.1** ***achterwerk, achterste.***
Popper ⟨m.; ~s, ~⟩ **0.1** ***kakker, bal.***
poppig 0.1 ***in pop-art stijl*** ⇒*modern, hip.*
populär 0.1 ***populair.***
popularisieren 0.1 ***populariseren.***
Popularität ⟨v.; ~⟩ **0.1** ***populariteit.***
populärwissenschaftlich 0.1 ***populair-wetenschappelijk.***
Population ⟨v.; ~, ~en⟩ **0.1** ***populatie.***
Populismus ⟨m.; ~⟩⟨pol., taal.⟩ **0.1** ***populisme.***
Pore ⟨v.; ~, ~n⟩ **0.1** ***porie*** ◆ **6.1** der Schweiß brach ihm **aus** allen ~n *het zweet brak hem aan alle kanten uit.*
porentief 0.1 ***tot diep in de poriën.***
porig 0.1 ***poreus*** **0.2** ***met grote poriën.***
Porno ⟨m.; ~s, ~s⟩⟨inf.⟩ **0.1** ***porno(blad, -film).***
Pornographie ⟨v.; ~⟩ **0.1** ***pornografie.***
Pornoheft ⟨o.⟩ **0.1** ***pornoblaadje.***
porös 0.1 ***poreus*** **0.2** ***vol poriën*** ⇒*vol kleine gaten.*
Porosität ⟨v.; ~⟩ **0.1** ***poreusheid, porositeit.***

Porphyr ⟨m.; ~s, ~e⟩⟨geol.⟩ **0.1** ***porfier, purpersteen.***

Porree ⟨m.; ~s, ~s⟩⟨plantk.⟩ **0.1** ***prei.***

Portable ⟨m. & o.; ~s, ~s⟩ **0.1** ***draagbare televisie, radio.***

Portal ⟨o.; ~s, ~e⟩ **0.1** ***portaal.***

Portemonnaie ⟨acc. wiss.⟩⟨o.; ~s, ~s⟩ **0.1** ***portemonnee*** ◆ **6.1** ⟨inf.⟩ tief **ins** ~ greifen müssen *diep in de beurs moeten tasten.*

Portepee ⟨o.; ~s, ~s⟩ **0.1** ***porte-épée, sabelkwast*** ◆ **6.1** jmdn. **beim** ~ fassen *op iemands eergevoel werken.*

Portier ⟨m.; ~s, ~s⟩ **0.1** ***portier.***

Portiere ⟨v.; ~, ~n⟩ **0.1** ***portière.***

Portiersfrau ⟨v.⟩ **0.1** ***portiersvrouw.***

Portier(s)loge ⟨v.⟩ **0.1** ***portiersloge, -hokje.***

Portikus ⟨m. & v.; ~, ~ of Portiken⟩ **0.1** ***porticus, zuilenhal.***

Portion ⟨v.; ~, ~en⟩ **0.1** ***portie*** ⇒*aandeel, gedeelte* **0.2** ⟨inf.⟩ ***portie*** ⇒*partij, flinke hoeveelheid* ◆ **2.1** eine halbe ~ (a) *een halve portie* (b) ⟨inf.; scherts.⟩ *een onooglijk mannetje.*

portionieren **0.1** ***in porties (ver)delen.***

portionsweise **0.1** ***in porties.***

Portmonee ⟨acc. wiss.⟩⟨o.⟩⟨nw.spel.⟩ →**Portemonnaie.**

Porto ⟨o.; ~s, ~s of Porti⟩ **0.1** ***porto, port.***

portofrei **0.1** ***portvrij, franco.***

portopflichtig **0.1** ***niet franco*** ⇒*te frankeren.*

Porträt ⟨o.; ~(e)s, ~s of ~e⟩ **0.1** ***portret*** ⇒*afbeelding* **0.2** ⟨fig.⟩ ***portret*** ⇒*persoonsbeschrijving* ◆ **3.1** jmdm. ~ sitzen *zich door iem. laten portretteren.*

porträtieren **0.1** ***portretteren.***

Porträtist ⟨m.; ~en, ~en⟩ **0.1** ***portrettist, portretschilder.***

Portugal ⟨o.; ~s⟩ **0.1** ***Portugal.***

Portugiese ⟨m.; ~n, ~n⟩ **0.1** ***Portugees.***

portugiesisch **0.1** ***Portugees.***

Portulak ⟨m.; ~s, ~s of ~e⟩⟨plantk.⟩ **0.1** ***postelein.***

Portwein ⟨m.⟩ **0.1** ***port(wijn).***

Porzellan ⟨o.; ~s, ~e⟩ **0.1** ***porselein*** **0.2** ***porseleinen vaatwerk, porselein*** **0.3** ***porseleinen voorwerp(en)*** ◆ **3.2** ⟨inf.⟩ ~ zerschlagen *als een olifant door een porseleinkast stampen* **6.1** sie ist wie **aus, von** ~ *ze is erg teer.*

porzellanen **0.1** ***porseleinen, van porselein.***

Porzellangeschirr ⟨o.⟩ **0.1** ***porseleinen servies, vaatwerk.***

Porzellanmaler ⟨m.⟩ **0.1** ***porseleinschilder.***

Porzellanmanufaktur ⟨v.⟩ **0.1** ***porseleinfabriek.***

Posament ⟨o.; ~(e)s, ~en⟩ **0.1** ***passement.***

Posamentierarbeit ⟨v.⟩ **0.1** ***passementerie, passementwerk.***

posamentieren **0.1** ***met passement versieren*** **0.2** ***passementwerk maken.***

Posamentierer ⟨m.; ~s, ~⟩ **0.1** ***passementmaker*** **0.2** ***handelaar in passement.***

Posaune ⟨v.; ~, ~n⟩⟨muz.⟩ **0.1** ***trombone, schuiftrompet*** **0.2** ⟨gesch.⟩ ***bazuin*** ◆ **6.2** **in** die ~ stoßen *op de bazuin blazen.*

posaunen **I** ⟨onov.ww.⟩⟨meestal inf.⟩ **0.1** ***de bazuin blazen;*** **II** ⟨ov.ww.⟩⟨inf.; pej.⟩ **0.1** ***rond-, uitbazuinen*** **0.2** ***luid verkondigen*** ⇒*opsnijden.*

Posaunenengel ⟨m.⟩ **0.1** ***bazuinengel*** **0.2** ⟨inf.; scherts.⟩ ***bazuinengeltje.***

Posaunenschall ⟨m.⟩ **0.1** ***bazuingeschal, bazuingeklank.***

Posaunist ⟨m.; ~en, ~en⟩ **0.1** ***trombonist.***

Pose ⟨v.; ~, ~n⟩ **0.1** ***pose, houding*** ⇒*attitude* ◆ **3.1** eine ~ an-, einnehmen *een houding aannemen* **6.1** sich **in** der ~ des Pessimisten gefallen *graag de pessimist uithangen.*

Posemuckel ⟨o.; ~s; g.lidw.⟩⟨inf.; pej.⟩ **0.1** ***gat*** ⇒*negorij.*

posen **0.1** ***poseren.***

Poseur ⟨m.; ~s, ~e⟩⟨pej.⟩ **0.1** ***poseur, aansteller.***

posieren **0.1** ***poseren.***

Position ⟨v.; ~, ~en⟩ **0.1** ***positie*** **0.2** ⟨ec.⟩ ***post*** ⇒*onderdeel* ◆ **2.1** ⟨sp.⟩ in führender ~ liegen *op kop, in leidende positie liggen* **6.1** **auf, in** ~ gehen *positie kiezen.*

Positionsbestimmung ⟨v.⟩ **0.1** ***positiebepaling.***

Positionslampe ⟨v.⟩⟨scheep., verk.⟩ **0.1** ***positie-, navigatielicht.***

Positionslicht ⟨o.⟩ →**Positionslampe.**

positiv **0.1** ***positief*** ◆ **3.1** das ist ~ gelogen *dat is absoluut gelogen;* ich weiß das ~ *ik weet het zeker.*

Positiv[1] ⟨acc. wiss.⟩⟨m.; ~s, ~e⟩⟨taal.⟩ **0.1** ***positief, stellende trap.***

Positiv[2] ⟨acc. wiss.⟩⟨o.; ~s, ~e⟩ **0.1** ⟨foto.⟩ ***positief*** **0.2** ⟨muz.⟩ ***positief*** ⟨klein orgel⟩.

Positivfilm ⟨m.⟩ **0.1** ***dia(positief)film.***

Positivismus ⟨m.; ~⟩⟨fil.⟩ **0.1** ***positivisme.***

positivistisch **0.1** ⟨fil.⟩ ***positivistisch*** **0.2** ⟨pej.⟩ ***uitsluitend compilerend.***

Positivum ⟨o.; ~s, Positiva⟩ **0.1** ***positieve eigenschap, factor.***

Positur ⟨v.; ~, ~en⟩ **0.1** ***postuur*** ⇒*houding* ◆ **6.1** ⟨sp.⟩ **in** ~ gehen *zich in postuur stellen;* ⟨inf.⟩ sich **in** ~ werfen *de vereiste houding aannemen.*

Posse ⟨v.; ~, ~n⟩ **0.1** ***klucht(spel).***

Possen ⟨m.; ~s, ~⟩ **0.1** ***grap*** ⇒*streek, poets, gekheid* ◆ **3.1** ~ reißen, treiben *streken, gekheid uithalen;* jmdm. einen ~ spielen *iem. een poets bakken, kool stoven.*

Possendichter ⟨m.⟩ **0.1** ***kluchtschrijver.***

possenhaft **0.1** ***kluchtig*** ⇒*komiek.*

Possenhaftigkeit ⟨v.; ~, ~en⟩ **0.1** ***grappig detail, trekje*** **0.2** ⟨g.mv.⟩ ***kluchtigheid*** ⇒*grappigheid.*

Possenreißer ⟨m.; ~s, ~⟩⟨vero.⟩ **0.1** ***snaak*** ⇒*potsen-, grappenmaker.*

Possessiv ⟨o.; ~s, ~e⟩⟨taal.⟩ **0.1** ***bezittelijk voornaamwoord, possessief pronomen.***

Possessivpronomen ⟨o.⟩⟨taal.⟩ →**Possessiv.**

possierlich **0.1** ***potsierlijk*** ⇒*koddig, komiek.*

Post ⟨v.; ~, ~en⟩ **0.1** ***post*** ⇒*posterijen* **0.2** ***postkantoor*** **0.3** ***post*** ⇒*brieven, postbestelling* **0.4** ⟨gesch.⟩ ***post(koets)*** ◆ **2.3** elektronische ~ *e-mail, elektronische post* **3.3** seine ~ erledigen *zijn correspondentie afhandelen* **3.4** ⟨inf.⟩ los, ab geht die ~! *vooruit, vlug een beetje!* **6.1** etwas **durch** die, **mit** der, **per** ~ schicken *iets per, over de post sturen* **6.2** **auf** die, **zur** ~ gehen *naar de post, het postkantoor gaan* **6.3** **mit** gleicher ~ *per separate post, separaat;* **mit** wendender ~ *per omgaande.*

postalisch **0.1** ***postaal, de post betreffend*** **0.2** ***per post.***

Postament ⟨o.; ~(e)s, ~e⟩ **0.1** ***postament*** ⇒*sokkel, voetstuk.*

Postamt ⟨o.⟩ **0.1** ***postkantoor.***

postamtlich **0.1** ***volgens de postvoorschriften.***

Postanschrift ⟨v.⟩ **0.1** ***postadres.***

Postanstalt ⟨v.⟩ **0.1** ***postinrichting.***

Postanweisung ⟨v.⟩ **0.1** ***postwissel.***

Postauto ⟨o.⟩ **0.1** ***postauto.***

Postbarscheck ⟨m.⟩ **0.1** ***post-, girocheque.***

Postbeamte(r) ⟨bn. als zn.; m.⟩ **0.1** ***postbeambte, -ambtenaar.***

Postbezirk ⟨m.⟩ **0.1** ***postdistrict.***

Postbezug ⟨m.⟩ **0.1** ***postabonnement.***

Postbote ⟨m.⟩⟨inf.⟩ **0.1** ***postbode, brievenbesteller.***

Postbus ⟨m.⟩ **0.1** ***postbus*** ⟨v.d. lijndienst⟩.

Postdienst ⟨m.⟩ **0.1** ***dienst, afdeling v.d. posterijen*** **0.2** ***werkkring bij de posterijen*** **0.3** ***postdienst.***

Postdirektion ⟨v.⟩ **0.1** ***directie der posterijen.***

Posten ⟨m.; ~s, ~⟩ **0.1** ***(wacht)post*** **0.2** ***schildwacht*** ⇒*wachtpost* **0.3** ***betrekking*** ⇒*baan* **0.4** ***(hoge) functie*** **0.5**

politiepost **0.6** ⟨sp.⟩ ***plaats*** ⟨in een team⟩ **0.7** ⟨ec.⟩ ***partij*** **0.8** ⟨ec.⟩ ***post*** ⟨bv. v.e. rekening⟩ ◆ **2.3** ⟨inf.; vaak scherts.⟩ ein ruhiger ~ *een rustig baantje* **3.2** ~ stehen, ⟨sold.⟩ schieben *op wacht staan* **6.1** ⟨inf.⟩ sich nicht ganz **auf** dem ~ fühlen *zich niet helemaal fit voelen;* ⟨inf.⟩ **auf** dem ~ sein (a) *goed fit zijn* (b) *op zijn qui-vive zijn;* **auf** verlorenem ~ stehen, kämpfen *voor een verloren zaak strijden;* **auf** ~ ziehen *de wacht betrekken.*

Postendienst ⟨m.⟩⟨mil.⟩ **0.1** ***wacht(dienst).***

Postenjäger ⟨m.⟩⟨inf.; pej.⟩ **0.1** ***baantjesjager.***

Postenkette ⟨v.⟩⟨mil.⟩ **0.1** ***linie van wachtposten.***

Poster ⟨m. & o.; ~s, ~(s)⟩ **0.1** ***poster*** ⇒*affiche.*

Postfach ⟨o.⟩ **0.1** ***postbus*** **0.2** ***postvak(je).***

postfertig **0.1** ***verzendklaar.***

postfrisch **0.1** ***postfris, ongestempeld en gegomd.***

Postgebühr ⟨v.⟩ **0.1** ***port(o).***

Postgeheimnis ⟨o.⟩⟨jur.⟩ **0.1** ***briefgeheim.***

Postgiroamt ⟨o.⟩ **0.1** ***centraal girokantoor, postcheque-en-girodienst.***

Postgirokonto ⟨o.⟩ **0.1** ***post(giro)rekening.***

Postgiroteilnehmer ⟨m.⟩ **0.1** ***girorekeninghouder, houder v.e. postgirorekening.***

Postgut ⟨o.⟩ **0.1** ***pakje(s).***

Posthalter ⟨m.⟩ **0.1** ***houder v.e. postagentschap.***

Posthalterei ⟨v.; ~, ~en⟩⟨gesch.⟩ **0.1** ***poststation met postpaarden.***

Posthorn ⟨o.⟩ **0.1** ***posthoorn.***

posthum →**postum.**

postieren **0.1** ***posteren*** ⇒*plaatsen.*

Postille ⟨v.; ~, ~n⟩ **0.1** ***postille, stichtelijk werk*** **0.2** ***prekenbundel*** **0.3** ⟨pej.⟩ ***triviaal blad.***

Postillion ⟨m.; ~s, ~e⟩ **0.1** ⟨gesch.⟩ ***postiljon*** **0.2** ⟨biol.⟩ ***posthoorn.***

Postkarte ⟨v.⟩ **0.1** ***briefkaart*** **0.2** ***ansicht(kaart), prentbriefkaart.***

Postkartengröße ⟨v.⟩ **0.1** ***briefkaartformaat.***

Postkutsche ⟨v.⟩⟨gesch.⟩ **0.1** ***postkoets.***

Postkutscher ⟨m.⟩⟨gesch.⟩ **0.1** ***postiljon, postrijder.***

postlagernd **0.1** ***poste restante.***

Postleitzahl ⟨v.⟩ **0.1** ***postcode.***

Postler ⟨m.; ~s, ~⟩⟨inf.⟩ **0.1** ***postbeambte*** **0.2** ***postbode.***

Postmarke ⟨v.⟩ **0.1** ***postzegel.***

Postmeister ⟨m.⟩⟨gesch.⟩ **0.1** ***postmeester, directeur v.e. postkantoor.***

postnatal **0.1** ***postnataal, na de geboorte.***

Postnebenstelle ⟨v.⟩ **0.1** ***hulppostkantoor, bijkantoor.***

Postpaket ⟨o.⟩ **0.1** ***postpakket.***

Postsache ⟨v.⟩ **0.1** ***poststuk*** **0.2** ***(portvrij) dienststuk v.d. posterijen.***

Postschaffner ⟨m.⟩ **0.1** ***laagste postbeambte.***

Postscheck ⟨m.⟩ **0.1** ***post-, girocheque.***

Postschließfach ⟨o.⟩ **0.1** ***postbus.***

Postschluß ⟨m.⟩ **0.1** ***laatste lichting.***

Postskriptum ⟨o.; ~s, Postskripta⟩ **0.1** ***postscriptum.***

Postsparbuch ⟨o.⟩ **0.1** ***postspaarbankboekje.***

Postsparer ⟨m.⟩ **0.1** ***houder v.e. postspaarbankrekening.***

Postsparkasse ⟨v.⟩ **0.1** ***postspaarbank.***

Poststempel ⟨m.⟩ **0.1** ***poststempel, -merk.***

Postüberweisung ⟨v.⟩ **0.1** ***giro-overschrijving*** **0.2** ***girobiljet.***

Postulat ⟨o.; ~(e)s, ~e⟩ **0.1** ⟨schr.⟩ ***(gebiedende) eis*** ⇒*gebod* **0.2** ⟨fil.⟩ ***postulaat*** ⇒*(hypo)these* **0.3** ⟨rel.⟩ ***postulaat*** ⇒ *proeftijd.*

postulieren ⟨schr.⟩ **0.1** ***vereisen*** ⇒*noodzakelijk maken* **0.2** ***postuleren*** ⇒*als gegeven beschouwen.*

postum **0.1** ***postuum*** ◆ **1.1** ein ~es Kind *een kind, dat na de dood van de vader is geboren.*

Post- und Fernmeldewesen ⟨o.⟩ **0.1** ***post en telecommunicatie.***

Postverwaltung ⟨v.⟩ **0.1** ***administratie der posterijen.***

Postwagen ⟨m.⟩ **0.1** ***postauto*** **0.2** ***postrijtuig*** ⟨v.d. spoorwegen⟩.

Postweg ⟨m.⟩ ◆ **6.¶** **auf** dem ~ *via de post(erijen), per post.*

postwendend **0.1** ***per om(me)gaande, per kerende post.***

Postwertzeichen ⟨o.⟩ **0.1** ***post-, frankeerzegel.***

Postwesen ⟨o.⟩ **0.1** ***posterijen.***

Postwurfsendung ⟨v.⟩ **0.1** ***(reclame)drukwerk, door de post huis aan huis bezorgd.***

Postzug ⟨m.⟩ **0.1** ***posttrein.***

Postzustellung ⟨v.⟩ **0.1** ***postbestelling, bezorging v.d. post.***

Pot[1] ⟨m.; ~s⟩⟨sp.⟩ **0.1** ***pot*** ⟨bij poker⟩.

Pot[2] ⟨o.; ~s⟩⟨inf.⟩ **0.1** ***marihuana.***

potent **0.1** ***potent*** ⟨op seksueel gebied⟩ **0.2** ***kapitaalkrachtig*** ⇒*vermogend* **0.3** ***machtig*** ⇒*invloedrijk* **0.4** ***bekwaam, capabel*** ⇒*productief.*

Potentat ⟨m.; ~en, ~en⟩ **0.1** ***potentaat*** ⇒*heerser.*

potential **0.1** ***potentieel*** ⇒*mogelijk (aanwezig).*

Potential ⟨o.; ~s, ~e⟩ **0.1** ***potentieel*** **0.2** ⟨nat.⟩ ***potentiaal, potentiële energie.***

Potentialgefälle ⟨o.⟩⟨nat.⟩ **0.1** ***potentiaalverschil.***

potentiell **0.1** ***potentieel*** ⇒*mogelijk (aanwezig).*

Potenz ⟨v.; ~, ~en⟩ **0.1** ***potentie, seksueel vermogen*** **0.2** ***potentie*** ⇒*kracht, vermogen, sterkte* **0.3** ⟨fig.⟩ ***groot man*** ⇒*autoriteit* **0.4** ⟨wisk.⟩ ***macht*** **0.5** ⟨med.⟩ ***potentie*** ⇒*verdunningsgraad* ◆ **6.4** **in** die vierte ~ erheben *tot de vierde macht verheffen.*

Potenzexponent ⟨m.⟩⟨wisk.⟩ **0.1** ***machtsexponent.***

potenziell →**potentiell.**

potenzieren I ⟨ov.ww.⟩ **0.1** ***potentiëren*** ⇒*versterken, vergroten* **0.2** ⟨wisk.⟩ ***tot een macht verheffen*** **0.3** ⟨med.⟩ ***potentiëren*** ⇒*verdunnen* ◆ **6.2** **mit** 3 ~ *tot de derde macht verheffen;*

II sich ~ ⟨wk.ww.⟩ **0.1** ***sterker worden*** ⇒*groter, hoger worden.*

potenzsteigernd **0.1** ***de (seksuele) potentie vergrotend.***

Potpourri ⟨o.; ~s, ~s⟩⟨muz.⟩ **0.1** ***potpourri*** ◆ **6.1** ⟨fig.⟩ ein ~ **aus** Kabarett, Tanz und Musik *een bonte mengeling van cabaret, dans en muziek.*

Pott ⟨m.; ~(e)s, ~̈e⟩⟨inf.; vooral Ndd.⟩ **0.1** ***pot*** ⇒*vaatwerk* **0.2** ***schip*** ⇒*schuit, boot* ◆ **6.¶** **zu** ~(e) kommen *met zijn werk klaar komen, een taak afkrijgen.*

Pottasche ⟨v.⟩ **0.1** ***potas, kaliumcarbonaat.***

potthäßlich ⟨inf.⟩ **0.1** ***foeilelijk.***

Pottwal ⟨m.⟩⟨biol.⟩ **0.1** ***potvis, cachelot.***

potztausend! **0.1** ***wel verdraaid!*** ⇒*alle mensen!* **0.2** ***verdorie!*** ⇒*vervloekt!*

pp., ppa. ⟨afk.⟩ [per procura].

Prä ⟨o.; ~s, ~s⟩⟨schr.⟩ **0.1** ***pre*** ⇒*voorkeur* ◆ **3.1** das ~ haben *de voorkeur hebben.*

Präambel ⟨v.; ~, ~n⟩ **0.1** ***preambule.***

Pracht ⟨v.; ~⟩ **0.1** ***pracht*** ⇒*schoonheid, luister* ◆ **2.1** ⟨inf.⟩ die kalte ~ *prachtig ingericht, maar onbehaaglijk vertrek;* ⟨inf.⟩ das ist eine wahre ~! *dat is geweldig, schitterend!* **3.1** es ist eine ~ *het is prachtig.*

Prachtausgabe ⟨v.⟩⟨boek.⟩ **0.1** ***prachtuitgave, -editie.***

Prachtbau ⟨m.; mv. ~ten⟩ **0.1** ***prachtig bouwwerk.***

Prachtexemplar ⟨o.⟩ **0.1** ***prachtexemplaar*** ⟨ook fig.⟩.

prächtig **0.1** ***prachtig*** ⇒*schitterend* **0.2** ***voortreffelijk*** ⇒ *prima, groots* ◆ **1.2** ⟨inf.⟩ ein ~er Mensch *een voortreffelijk, fijn mens* **3.2** ⟨inf.⟩ sie verstehen sich ~ *ze kunnen prima met elkaar opschieten.*

Prachtkerl ⟨m.⟩⟨inf.⟩ **0.1** ***prachtvent*** ⇒*prima kerel* ◆ **6.1** ein ~ **von** einem Kind! *een wolk van een kind!*
Prachtmensch ⟨m.⟩⟨inf.⟩ **0.1** ***fijne vent*** ⇒*voortreffelijk, fijn mens.*
Prachtstraße ⟨v.⟩ **0.1** ***avenue, boulevard.***
Prachtstück ⟨o.⟩⟨inf.⟩ **0.1** ***prachtstuk, -exemplaar.***
prachtvoll →**prächtig.**
Prädestination ⟨v.; ~⟩ **0.1** ⟨rel.⟩ ***predestinatie, voorbeschikking*** **0.2** ⟨schr.⟩ ***het geschikt, voorbestemd zijn*** ◆ **6.2** die ~ **zum** Politiker haben *alles hebben om politicus te worden.*
prädestinieren **0.1** ⟨rel.⟩ ***predestineren*** **0.2** ⟨schr.⟩ ***voorbestemmen.***
Prädikant ⟨m.; ~en, ~en⟩ **0.1** ***predikant, hulpprediker.***
Prädikat ⟨o.; ~(e)s, ~e⟩ **0.1** ***predikaat*** **0.2** ⟨taal.⟩ ***predikaat*** ⇒*gezegde.*
prädikatisieren **0.1** ***v.e. predikaat voorzien.***
Prädikativ ⟨o.; ~(e)s, ~e⟩⟨taal.⟩ **0.1** ***naamwoordelijk deel v.h. gezegde*** **0.2** ***bepaling van gesteldheid.***
Prädikatswein ⟨m.⟩ **0.1** ***wijn met een predikaat*** ⟨bv. Spätlese⟩.
prädisponieren **0.1** ***predisponeren, voorbestemmen*** ⇒*geschikt maken.*
Prädisposition ⟨v.; ~, ~en⟩⟨med.⟩ **0.1** ***predispositie*** ⇒*aanleg, vatbaarheid.*
prädominieren **0.1** ***predomineren, overheersen.***
Präfekt ⟨m.; ~en, ~en⟩ **0.1** ***prefect.***
Präfektur ⟨v.; ~, ~en⟩ **0.1** ***prefectuur*** ⇒*bureau v.e. prefect.*
Präferenz ⟨v.; ~, ~en⟩ **0.1** ***preferentie*** ⇒*voorkeur* **0.2** ⟨ec., jur.⟩ ***preferentie*** ⇒*voorrang.*
Präferenzzoll ⟨m.⟩⟨ec.⟩ **0.1** ***preferentiële rechten.***
Präfix ⟨o.; ~es, ~e⟩⟨taal.⟩ **0.1** ***prefix, voorvoegsel.***
Prag ⟨o.; ~s⟩ **0.1** ***Praag.***
Präge ⟨v.; ~, ~n⟩ **0.1** ***munt, munterij.***
Prägebild ⟨o.⟩ **0.1** ***beeldenaar.***
Prägedruck ⟨m.⟩⟨graf.⟩ **0.1** ***reliëfdruk*** ⇒*stempelpersdruk.*
Prägeeisen ⟨o.⟩ **0.1** ***reliëfstempel*** ⇒*stempelijzer, muntstempel.*
Prägeform ⟨v.⟩ **0.1** ***muntvorm.***
prägen **0.1** ***stempelen*** **0.2** ***slaan*** ⟨van munten⟩ **0.3** ***in-, afdrukken*** ⇒*inpersen* **0.4** ***vormen*** ⇒*vorm geven aan, een stempel drukken op* **0.5** ***fixeren*** **0.6** ***vormen*** ⇒*formuleren, voor het eerst gebruiken* ◆ **1.4** die Landschaft prägt die Menschen *het landschap drukt een stempel op de mensen* **1.6** er hat das Wort geprägt ... *van hem is het woord, gezegde afkomstig ...*
Prägepresse ⟨v.⟩ **0.1** ***reliëfpers*** ⇒*stempel-, muntpers.*
Präger ⟨m.; ~s, ~⟩⟨amb.⟩ **0.1** ***munter.***
Prägestätte ⟨v.⟩ **0.1** ***munt, munterij.***
Prägestempel ⟨m.⟩ **0.1** ***reliëfpers*** ⇒*stempelijzer, muntstempel.*
Prägestock ⟨m.⟩ **0.1** ***stempelpersmachine.***
Pragmatik ⟨v.; ~, ~en⟩ **0.1** ***pragmatische instelling*** ⟨v.e. mens⟩ **0.2** ⟨taal.⟩ ***pragmatiek.***
Pragmatiker ⟨m.; ~s, ~⟩ **0.1** ***pragmaticus.***
pragmatisch **0.1** ***pragmatisch.***
Pragmatismus ⟨m.; ~⟩ **0.1** ***pragmatische instelling*** **0.2** ⟨fil.⟩ ***pragmatisme.***
prägnant **0.1** ***pregnant*** ⇒*kort en krachtig* ◆ **1.1** ~e Vorstellungen *scherp omlijnde voorstellingen;* ein ~er Vertreter dieser Richtung *een markante vertegenwoordiger van deze richting.*
Prägnanz ⟨v.; ~⟩ **0.1** ***pregnantie.***
Prägung ⟨v.; ~, ~en⟩ **0.1** ***het stempelen, slaan*** **0.2** ***stempel(ing)*** ⇒*afbeelding, beeldenaar* **0.3** ***formulering*** ⇒*nieuwe uitdrukking* **0.4** ⟨fig.⟩ ***geaardheid*** ⇒*stempel, karakter* **0.5** ⟨biol.⟩ ***stempeling.***
prähistorisch **0.1** ***pre-, voorhistorisch.***
prahlen **0.1** ***pralen*** ⇒*pochen, opscheppen* ◆ **3.1** ⟨inf.⟩ das ist geprahlt! *dat is alleen maar bluf!* **6.1** **mit** seinem Wissen ~ *prat gaan op zijn kennis.*
Prahler ⟨m.; ~s, ~⟩ **0.1** ***opschepper*** ⇒*pocher, grootspreker.*
prahlerisch **0.1** ***opschepperig*** ⇒*blufferig, praalziek.*
Prahlhans ⟨m.; ~es, ~̈e⟩⟨inf.⟩ **0.1** ***praalhans*** ⇒*pocher, opschepper.*
Prahm ⟨m.; ~(e)s, ~e of ~̈e⟩ **0.1** ***praamaak.***
Präjudiz ⟨o.; ~es, ~e⟩ **0.1** ⟨schr.⟩ ***vooroordeel*** **0.2** ⟨jur.⟩ ***prejudicie.***
präjudizieren **0.1** ***prejudiciëren*** ⇒*vooruitlopen op.*
praktifizieren ⟨schr.⟩ **0.1** ***in praktijk brengen*** ⇒*realiseren.*
Praktik ⟨v.; ~, ~en⟩ **0.1** ***praktijk*** ⇒*werkwijze, methode* **0.2** ⟨pej.⟩ ***praktijk(en)*** ⇒*kunstgreep* ◆ **2.2** dunkle ~en *duistere praktijken.*
praktikabel **0.1** ***bruikbaar*** ⇒*doelmatig, uitvoerbaar.*
Praktikabel ⟨o.; ~s, ~⟩⟨dram.⟩ **0.1** ***praktikabel.***
Praktikant ⟨m.; ~en, ~en⟩ **0.1** ***stagiair*** ⇒*praktikant* **0.2** ***volontair*** ⇒*coassistent.*
Praktikantenstelle ⟨v.⟩ **0.1** ***stageplaats.***
Praktiker ⟨m.; ~s, ~⟩ **0.1** ***practicus, man v.d. praktijk*** **0.2** ⟨med.⟩ ***praktiserend arts, huisarts.***
Praktikum ⟨o.; ~s, Praktika⟩ **0.1** ***stage*** ⇒*practicum.*
Praktikus ⟨m.; ~, ~se⟩⟨scherts.⟩ **0.1** ***man v.d. praktijk*** ⇒*handige vent.*
praktisch[1] ⟨bn.⟩ **0.1** ***praktisch*** ⇒*op de praktijk gericht* **0.2** ***praktisch*** ⇒*nuttig, doelmatig* **0.3** ***praktisch*** ⇒*handig, vindingrijk* **0.4** ⟨med.⟩ ***praktiserend*** ◆ **1.1** ~er Unterricht *praktijkles* **1.4** ein ~er Arzt *een huisarts, praktiserend arts* **3.1** etwas ~ erproben *iets in de praktijk beproeven.*
praktisch[2] ⟨bw.⟩ **0.1** ***praktisch*** ⇒*feitelijk, eigenlijk, zo goed als.*
praktizieren I ⟨onov.ww.⟩ **0.1** ***praktiseren, praktijk uitoefenen;***
II ⟨ov.ww.⟩ **0.1** ***in praktijk brengen*** ⇒*uitvoeren, in de praktijk gebruiken* **0.2** ⟨inf.⟩ ***prakkeseren*** ⇒*handig voor elkaar krijgen* ◆ **1.1** ein ~der Katholik *een praktiserend katholiek* **6.2** jmdm. etwas **ins** Essen ~ *iem. iets in z'n eten stoppen.*
Prälat ⟨m.; ~en, ~en⟩⟨rel.⟩ **0.1** ***prelaat.***
Prälatur ⟨v.; ~, ~en⟩⟨rel.⟩ **0.1** ***prelatuur, prelaatschap*** **0.2** ***ambtswoning v.e. prelaat.***
Präliminarfrieden ⟨m.⟩ **0.1** ***preliminaire, voorlopige vrede.***
Praline ⟨v.; ~, ~n⟩ **0.1** ***praline*** ⇒*bonbon.*
prall **0.1** ***(helemaal) vol*** ⇒*propvol* **0.2** ***bol*** ⇒*stevig, strak* **0.3** ***fel*** ⇒*vol* ⟨v.h. zonlicht⟩ ◆ **1.1** ein ~er Fußball *een keihard opgepompte voetbal;* ⟨fig.⟩ das ~e Leben *het volle leven* **1.2** ~e Schenkel *stevige dijen;* ein ~es Segel *een bolstaand zeil* **3.1** der Saal war ~ gefüllt *de zaal was tot op de laatste plaats bezet* **3.2** die Uniform saß ~ am Körper *het uniform zat strak om het lichaam.*
Prall ⟨m.; ~(e)s, ~e⟩ **0.1** ***schok*** ⇒*stoot, klap.*
prallen **0.1** ***stuiten*** ⇒*botsen, slaan* **0.2** ***branden, fel schijnen*** ⟨v.d. zon⟩ ◆ **6.1** **an, gegen** einen Baum ~ *tegen een boom botsen.*
prallvoll ⟨inf.⟩ **0.1** ***propvol.***
präludieren ⟨muz.⟩ **0.1** ***preluderen.***
Präludium ⟨o.; ~s, Präludien⟩⟨muz.⟩ **0.1** ***preludium, voorspel.***
prämatur **0.1** ***prematuur.***
Prämie ⟨v.; ~, ~n⟩ **0.1** ***premie*** ⟨v.d. verzekering⟩ **0.2** ***premie*** ⇒*loon, beloning, prijs.*

prämienbegünstigt ◆ **1.**¶ ~es Sparen *premiesparen.*
prämienfrei 0.1 ***premievrij.***
Prämiengeschäft ⟨o.⟩⟨ec.⟩ **0.1** ***premieaffaire, -zaak.***
Prämienlohn ⟨m.⟩ **0.1** ***premieloon.***
Prämiensparvertrag ⟨m.⟩ **0.1** ***premiespaarregeling.***
prämi(i)eren 0.1 ***bekronen*** ⇒*een prijs toekennen aan* **0.2** ***met een premie belonen.***
Prämisse ⟨v.; ~, ~n⟩⟨fil.⟩ **0.1** ***premisse*** ⇒*vooronderstelling.*
Prämonstratenser ⟨m.; ~s, ~⟩ **0.1** ***premonstratenzer, norbertijn.***
pränatal 0.1 ***prenataal.***
prangen 0.1 ***prijken*** ⇒*pronken, pralen* **0.2** ***prijken*** ⇒*opvallend aangebracht zijn* ◆ **1.1** die Sterne ~ am Himmel *de sterren stralen aan de hemel.*
Pranger ⟨m.; ~s, ~⟩⟨gesch.⟩ **0.1** ***schandpaal*** ◆ **6.1** ⟨fig.⟩ **am** ~ stehen *aan de schandpaal genageld zijn;* ⟨fig.⟩ jmdn., etwas **an** den ~ stellen *iem., iets aan de kaak stellen.*
Pranke ⟨v.; ~, ~n⟩ **0.1** ***klauw*** ⇒*poot* ⟨v.e. roofdier⟩ **0.2** ⟨inf.; scherts.⟩ ***knuist*** ⇒*(grote) hand, kolenschop.*
Präparat ⟨o.; ~(e)s, ~e⟩ **0.1** ***preparaat.***
Präparation ⟨v.; ~, ~en⟩ **0.1** ***preparatie, het prepareren.***
Präparator ⟨m.; ~s, Präparatoren⟩ **0.1** ***preparator*** ⇒*preparateur.*
präparieren I ⟨ov.ww.⟩ **0.1** ***prepareren*** ⇒*voorbereiden, voorbewerken* **0.2** ⟨biol., med.⟩ ***prepareren*** ⇒*opzetten, ontleden;*
II sich ~ ⟨wk.ww.⟩ **0.1** ***zich prepareren, voorbereiden.***
Präposition ⟨v.; ~, ~en⟩⟨taal.⟩ **0.1** ***voorzetsel, prepositie.***
Präpositionalobjekt ⟨o.⟩⟨taal.⟩ **0.1** ***voorzetselvoorwerp.***
Prärie ⟨v.; ~, ~n⟩ **0.1** ***prairie.***
Präriewolf ⟨m.⟩ **0.1** ***prairiewolf, coyote.***
Prärogativ ⟨o.; ~s, ~e⟩⟨vero.⟩ **0.1** ***prerogatief*** ⇒*voorrecht.*
Präsens ⟨o.; ~, Präsentia of Präsenzien⟩⟨taal.⟩ **0.1** ***tegenwoordige tijd, presens.***
präsent 0.1 ***present*** ⇒*aanwezig, tegenwoordig* ◆ **3.1** etwas ~ haben (a) *iets ter beschikking hebben* (b) *zich iets kunnen herinneren.*
Präsent ⟨o.; ~(e)s, ~e⟩⟨schr.⟩ **0.1** ***present(je), cadeau(tje).***
präsentabel ⟨schr.⟩ **0.1** ***presenteerbaar, presentabel*** ⇒*toonbaar* **0.2** ***keurig*** ⇒*voornaam, net.*
Präsentant ⟨m.; ~en, ~en⟩⟨ec.⟩ **0.1** ***aanbieder*** ⟨v.e. wissel⟩.
Präsentation ⟨v.; ~, ~en⟩ **0.1** ***presentatie.***
Präsentator ⟨m.; ~s, Präsentatoren⟩⟨com.⟩ **0.1** ***presentator.***
Präsentierbrett ⟨o.⟩ **0.1** ***presenteerblad.***
präsentieren I ⟨ov.ww.⟩ **0.1** ***presenteren*** ⇒*aanbieden, aanreiken* **0.2** ***presenteren*** ⇒*voorstellen;*
II sich ~ ⟨wk.ww.⟩ **0.1** ***zich presenteren*** ⇒*zich voorstellen* ◆ **1.1** sich der Presse ~ *zich aan de pers presenteren.*
Präsentiergriff ⟨m.⟩⟨mil.⟩ **0.1** ***presenteerhouding*** ⟨v.h. wapen⟩.
Präsentierteller ⟨m.⟩ **0.1** ***presenteerblad*** ◆ **6.1** ⟨inf.; fig.⟩ **auf** dem ~ sitzen *te kijk zitten.*
Präsentkorb ⟨m.⟩ **0.1** ***mand met delicatessen.***
Präsenz ⟨v.; ~⟩ **0.1** ***presentie*** ⇒*aanwezigheid, tegenwoordigheid* **0.2** ***aantal aanwezigen.***
Präsenzbibliothek ⟨v.⟩ **0.1** ***naslagboekerij*** ⟨geen uitlening⟩.
Präsenzliste ⟨v.⟩ **0.1** ***presentielijst.***
Präsenzpflicht ⟨v.⟩ **0.1** ***verschijnings-, presentieplicht.***
Präsenzstärke ⟨v.⟩⟨mil.⟩ **0.1** ***effectief*** ⇒*werkelijke legersterkte.*
Präser ⟨m.; ~s, ~⟩⟨inf.⟩ →**Präservativ.**
präservativ 0.1 ***preservatief*** ⇒*voorbehoedend.*
Präservativ ⟨o.; ~s, ~e⟩ **0.1** ***preservatief*** ⇒*condoom.*
Präses ⟨m.; ~, Präsides of Präsiden⟩⟨rel.⟩ **0.1** ***preses*** ⇒*voorzitter.*
Präside ⟨m.; ~n, ~n⟩ **0.1** ***preses*** ⟨v.e. studentenvereniging⟩.
Präsident ⟨m.; ~en, ~en⟩ **0.1** ***president.***
Präsidentschaft ⟨v.; ~, ~en⟩ **0.1** ***presidentschap.***
präsidial 0.1 ***presidiaal*** **0.2** ***presidentieel.***
Präsidialdemokratie ⟨v.⟩ **0.1** ***presidentiële democratie.***
Präsidialgewalt ⟨v.⟩ **0.1** ***macht v.d. (staats)president.***
Präsidialsystem ⟨o.⟩ **0.1** ***presidentiële democratie.***
präsidieren 0.1 ***presideren*** ⇒*voorzitten* ◆ **1.1** einer Versammlung ~ *een vergadering voorzitten.*
Präsidium ⟨o.; ~s, Präsidien⟩ **0.1** ***presidium*** ⇒*voorzitterschap* **0.2** ***presidium*** ⟨college⟩ **0.3** ***hoofdbureau van politie.***
Präskription ⟨v.; ~, ~en⟩ **0.1** ***prescriptie*** ⇒*voorschrift.*
präskriptiv 0.1 ***op voorschriften berustend.***
prasseln 0.1 ***knetteren*** ⇒*knapperen, pruttelen* **0.2** ***kletteren*** ⇒*slaan* ◆ **1.1** ~des Fett *spetterend vet* **1.2** ~der Beifall *klaterend applaus.*
prassen 0.1 ***brassen*** ⇒*zwelgen.*
Prasser ⟨m.; ~s, ~⟩ **0.1** ***brasser*** ⇒*zwelger, verkwister.*
Prasserei ⟨v.; ~, ~en⟩ **0.1** ***brasserij.***
präsumieren 0.1 ***presumeren*** ⇒*vermoeden, veronderstellen.*
Präsumtion ⟨v.; ~, ~en⟩ **0.1** ***presumptie*** ⇒*veronderstelling.*
Prätendent ⟨m.; ~en, ~en⟩ **0.1** ***pretendent.***
prätendieren I ⟨onov.ww.⟩ **0.1** ***aanspraak maken*** ⇒*opeisen;*
II ⟨ov.ww.⟩ **0.1** ***pretenderen*** ⇒*beweren.*
Prätention ⟨v.; ~, ~en⟩ **0.1** ***pretentie*** ⇒*aanspraak* **0.2** ***pretentie*** ⇒*eigenwaan.*
prätentiös 0.1 ***pretentieus.***
Präteritum ⟨o.; ~s, Präterita⟩⟨taal.⟩ **0.1** ***preteritum*** ⇒*verleden tijd.*
Prävention ⟨v.; ~, ~en⟩ **0.1** ***preventie*** ⇒*voorkoming, het verhoeden.*
präventiv 0.1 ***preventief.***
Präventivkrieg ⟨m.⟩ **0.1** ***preventieve aanvalsoorlog.***
Präventivmaßnahme ⟨v.⟩ **0.1** ***preventieve maatregel.***
Präventivmedizin ⟨v.⟩⟨med.⟩ **0.1** ***preventieve geneeskunde.***
Präventivmittel ⟨o.⟩⟨med.⟩ **0.1** ***preventief geneesmiddel*** **0.2** ***voorbehoedmiddel.***
Präventivverkehr ⟨m.⟩ **0.1** ***geslachtsverkeer met gebruik van voorbehoedmiddelen.***
Praxis ⟨v.; ~, Praxen⟩ **0.1** ***praktijk(ruimte)*** **0.2** ***praktijk*** ⇒*spreekuur* **0.3** ***praktijk*** ⇒*clientèle* ⟨van arts, advocaat⟩ **0.4** ***praktijk*** ⇒*manier van doen, praktijkervaring* ◆ **2.4** eine langjährige ~ *een praktijkervaring van vele jaren;* die gerichtliche ~ *de praktijk van de rechtspraak* **6.2** **in** die ~ kommen *op het spreekuur komen* **6.4** **in** die ~ umsetzen *in praktijk brengen.*
praxisbezogen 0.1 ***op de praktijk gericht.***
praxisfern 0.1 ***ver v.d. praktijk afstaand.***
praxisfremd 0.1 ***geen rekening houdend met de praktijk.***
praxisgerecht 0.1 ***overeenkomstig de praktijk*** ⇒*op de praktijk gericht.*
Praxisnähe ⟨v.⟩ **0.1** ***praktijkgerichtheid.***
Präzedens ⟨o.; ~, Präzedenzien⟩⟨schr.⟩ **0.1** ***precedent.***
Präzedenz ⟨v.; ~, ~en⟩ **0.1** ***precedentie, voorrang.***
Präzedenzfall ⟨m.⟩ **0.1** ***precedent*** ◆ **3.1** einen ~ schaffen *een precedent scheppen.*
präzise 0.1 ***precies*** ⇒*exact, nauwkeurig* ◆ **1.1** ~ Antworten *nauwkeurig geformuleerde antwoorden.*

präzisieren 0.1 *preciseren.*
Präzision ⟨v.; ~⟩ 0.1 *precisie.*
Präzisionsarbeit ⟨v.⟩ 0.1 *precisiewerk.*
Präzisionsgerät ⟨o.⟩ 0.1 *precisieapparaat, -instrument.*
predigen I ⟨onov.ww.⟩⟨rel.⟩ 0.1 *prediken, preken* ⇒*een preek houden;*
II ⟨ov.ww.⟩ 0.1 ⟨rel.⟩ *prediken, preken* ⇒*verkondigen* 0.2 ⟨inf.⟩ *prediken* ⇒*oproepen, aansporen tot* 0.3 ⟨inf.⟩ *voorhouden* ◆ 1.2 Sparsamkeit ~ *tot zuinigheid manen.*
Prediger ⟨m.; ~s, ~⟩ 0.1 *prediker* ⇒*predikant* 0.2 ⟨inf.⟩ *voorvechter* ◆ 6.1 ein ~ **in** der Wüste *een roepende in de woestijn.*
Predigerorden ⟨m.⟩⟨rel.⟩ 0.1 *orde der dominicanen, predikheren.*
Predigt ⟨v.; ~, ~en⟩ 0.1 *preek* 0.2 ⟨inf.⟩ *preek* ⇒*vermaning.*
Predigtamt ⟨o.⟩ 0.1 *predikambt.*
Predigttext ⟨m.⟩ 0.1 *tekst voor de preek.*
Preis ⟨m.; ~es, ~e⟩ 0.1 *prijs* 0.2 *prijs* ⇒*beloning* 0.3 ⟨schr.⟩ *prijs* ⇒*lof, eer(bewijs)* ◆ 1.1 ~ Verhandlungssache *prijs nader overeen te komen* 2.1 empfohlener ~ *richtprijs;* ein stolzer ~ *een pittige prijs* 3.1 ~e auszeichnen *goederen van een prijs(kaartje) voorzien* 3.2 einen ~ aussetzen *een prijs uitloven* 6.1 **im** ~ erhöhen *in prijs verhogen;* gut, hoch **im** ~ stehen *een grote waarde hebben;* etwas **um** jeden ~ verkaufen *iets tegen elke prijs verkopen;* ⟨fig.⟩ etwas **um** jeden ~ verhüten *iets tot elke prijs voorkomen;* **um** keinen ~ *in geen geval;* **zum** halben ~ *tegen de helft van de prijs;* **zum** ~ von *tegen, voor de prijs van* 6.3 **zu** Gottes ~ *tot Gods lof.* →**Fleiß.**
Preisabschlag ⟨m.⟩ 0.1 *prijsvermindering, korting.*
Preisangabe ⟨v.⟩ 0.1 *prijsaanduiding.*
Preisaufgabe ⟨v.⟩ 0.1 *prijsvraag.*
Preisaufschlag ⟨m.⟩ 0.1 *prijsverhoging.*
Preisauftrieb ⟨m.⟩ 0.1 *algemene prijsstijging.*
Preisausschreiben ⟨o.; ~s, ~⟩ 0.1 *prijsvraag.*
Preisauszeichnung ⟨v.⟩ 0.1 *prijsaanduiding.*
Preisbehörde ⟨v.⟩ 0.1 *economische controledienst.*
Preisbindung ⟨v.⟩ 0.1 *prijsbinding.*
Preisbrecher ⟨m.⟩ 0.1 *prijsbreker.*
Preisdruck ⟨m.⟩ 0.1 *druk op de prijzen.*
Preiseinbruch ⟨m.⟩ 0.1 *het ineenstorten v.d. prijzen, prijsval.*
Preiselbeere ⟨v.⟩ 0.1 *vossenbes, rode bosbes.*
Preisempfehlung ⟨v.⟩ 0.1 *richtprijs* ⇒*adviesprijs.*
preisen ⟨→t92⟩⟨schr.⟩ 0.1 *prijzen* ⇒*roemen, loven* ◆ 1.1 eine gepriesene Schönheit *een veelgeroemde schoonheid.*
preisenswert 0.1 *prijzenswaard(ig).*
Preisfrage ⟨v.⟩ 0.1 *prijsvraag* 0.2 ⟨inf.⟩ *kwestie van (de) prijs.*
Preisgabe ⟨v.⟩ 0.1 *het prijs-, opgeven.*
preisgeben 0.1 *prijsgeven* ⇒*overleveren, ten prooi geven aan* 0.2 *prijsgeven* ⇒*opgeven, loslaten* 0.3 *prijsgeven* ⇒ *verraden* ◆ 1.1 der Verzweiflung preisgegeben sein *aan wanhoop ten prooi zijn.*
preisgebunden 0.1 *aan prijsbinding onderworpen.*
Preisgefälle ⟨o.⟩ 0.1 *prijsverschil.*
preisgekrönt 0.1 *bekroond.*
Preisgericht ⟨o.⟩ 0.1 *jury.*
Preisgestaltung ⟨v.⟩ 0.1 *prijsvorming.*
preisgünstig 0.1 *voordelig* ⇒*goedkoop.*
Preiskegeln ⟨o.⟩ 0.1 *kegelwedstrijd.*
Preisknüller ⟨m.⟩ 0.1 *spotkoopje.*
Preislage ⟨v.⟩ 0.1 *prijsniveau, -klasse.*
preislich 0.1 *wat de prijs betreft* ⇒*in prijs.*
Preislied ⟨o.⟩⟨lit.⟩ 0.1 *loflied.*
Preisliste ⟨v.⟩ 0.1 *prijslijst, -courant.*
Preis-Lohn-Spirale ⟨v.⟩ 0.1 *loon-prijsspiraal.*
Preisnachlaß ⟨m.⟩ 0.1 *korting* ⇒*prijsvermindering, reductie.*
Preisnotierung ⟨v.⟩ 0.1 *prijsnotering.*
Preisrätsel ⟨o.⟩ 0.1 *prijsvraag.*
Preisrichter ⟨m.⟩ 0.1 *jurylid.*
Preisschere ⟨v.⟩ 0.1 *prijsschaar.*
Preisschild(chen) ⟨o.⟩ 0.1 *prijskaartje.*
Preisschlager ⟨m.⟩⟨inf.⟩ 0.1 *(knal)koopje.*
Preisschleuderei ⟨v.⟩ 0.1 *verkoop tegen dumpprijzen.*
Preisschwankung ⟨v.⟩⟨ec.⟩ 0.1 *prijsschommeling, -fluctuatie.*
Preissteigerung ⟨v.⟩ 0.1 *prijsstijging, -verhoging.*
Preissteigerungsrate ⟨v.⟩ 0.1 *prijsstijgingspercentage.*
Preisträger ⟨m.⟩ 0.1 *prijswinnaar.*
preistreibend 0.1 *prijsopdrijvend.*
Preistreiberei ⟨v.⟩⟨pej.⟩ 0.1 *prijsopdrijving.*
Preisüberwachung ⟨v.⟩ 0.1 *prijs-, prijzencontrole.*
Preisüberwachungsstelle ⟨v.⟩ 0.1 *economische controledienst.*
Preisung ⟨v.; ~, ~en⟩ 0.1 *lofprijzing.*
preisverdächtig ⟨scherts.⟩ 0.1 *waarschijnlijk in de prijzen vallend.*
Preisvergleich ⟨m.⟩ 0.1 *prijsvergelijking.*
Preisverleihung ⟨v.⟩ 0.1 *prijsuitdeling, -uitreiking.*
Preisverordnung ⟨v.⟩ 0.1 *prijzenbeschikking.*
Preisverstoß ⟨m.⟩ 0.1 *prijsovertreding.*
Preisverteilung ⟨v.⟩ 0.1 *prijsuitdeling, -uitreiking.*
Preisverzeichnis ⟨o.⟩ 0.1 *prijslijst.*
Preisvorschrift ⟨v.⟩ 0.1 *prijzenbeschikking, prijsvoorschrift.*
preiswert 0.1 *niet duur* ⇒*het geld waard.*
Preiszuschlag ⟨m.⟩⟨ec.⟩ 0.1 *opslag op de prijs.*
prekär 0.1 *precair* ⇒*hachelijk, netelig* ◆ 1.1 eine ~e Frage *een netelige kwestie.*
Prellball ⟨m.⟩⟨sp.⟩ 0.1 ⟨soort vuistbal⟩.
Prellbock ⟨m.⟩ 0.1 *stootblok, -bok* ⟨spoorwegen⟩ ◆ 8.1 ⟨fig.⟩ als ~ dienen *de klappen opvangen.*
prellen I ⟨onov.ww.⟩ 0.1 *stuiten* ⇒*botsen;*
II ⟨ov.ww.⟩ 0.1 *bedriegen* ⇒*afzetten, door de neus boren* 0.2 *(hard) stoten* ⇒*kneuzen* 0.3 ⟨sp.⟩ *stuiteren* 0.4 ⟨sp.⟩ *met de vuist slaan* ◆ 1.1 die Zeche ~ *weggaan zonder (de vertering) te betalen* 1.2 sich ⟨3e nv.⟩ das Knie ~ *zijn knie kneuzen* 6.1 jmdn. **um** die Belohnung ~ *iem. de beloning door de neus boren.*
Preller ⟨m.; ~s, ~⟩ 0.1 *bedrieger* ⇒*oplichter* 0.2 *harde klap, stoot.*
Prellerei ⟨v.; ~, ~en⟩ 0.1 *bedriegerij* ⇒*oplichterij.*
Prellschuß ⟨m.⟩ 0.1 *ricochetschot.*
Prellstein ⟨m.⟩ 0.1 *stootsteen* ⟨bv. bij een inrit⟩.
Prellung ⟨v.; ~, ~en⟩ 0.1 *kneuzing.*
Prellwand ⟨v.⟩⟨sp.⟩ 0.1 *oefenmuur* ⟨bv. bij tennissen⟩.
Premier ⟨m.; ~s, ~s⟩ 0.1 *premier, minister-president.*
Premiere ⟨v.; ~, ~n⟩ 0.1 *première.*
Premierminister ⟨m.⟩ 0.1 *premier, minister-president.*
Presbyter ⟨m.; ~s, ~⟩⟨rel.⟩ 0.1 *ouderling* 0.2 ⟨schr.⟩ *priester.*
Presbyterianer ⟨m.; ~s, ~⟩ 0.1 *presbyteriaan.*
presbyterianisch 0.1 *presbyteriaans.*
Presbyterium ⟨o.; ~s, Presbyterien⟩ 0.1 *presbyterie* ⇒*kerkenraad* 0.2 *presbyterium.*
preschen ⟨s.⟩ 0.1 *stuiven* ⇒*rennen, jagen* ◆ 6.1 die Reiter ~ **über** die Wiesen *de ruiters galopperen over de weiden.*
Presenning ⟨v.; ~, ~e(n)⟩ →**Persenning.**

Presse ⟨v.; ~, ~n⟩ **0.1** ***pers*** **0.2** ⟨inf.; pej.⟩ ***drilschool*** ◆ **6.1** frisch **aus, von** der ~ *net van de pers;* **in** die ~ geben *ter perse geven;* das Buch ist **unter** der ~ *het boek is ter perse.*
Presseagentur ⟨v.⟩ **0.1** ***pers-, nieuwsagentschap.***
Presseamt ⟨o.⟩ **0.1** ***(regerings)voorlichtingsdienst.***
Presseausweis ⟨m.⟩ **0.1** ***perskaart.***
Pressebüro ⟨o.⟩ **0.1** ***pers-, nieuwsbureau.***
Pressechef ⟨m.⟩ **0.1** ***perschef.***
Pressedienst ⟨m.⟩ **0.1** ***persdienst.***
Presseempfang ⟨m.⟩ **0.1** ***ontvangst, receptie voor de pers.***
Presseerklärung ⟨v.⟩ **0.1** ***verklaring voor, tegenover de pers.***
Pressefreiheit ⟨v.⟩ **0.1** ***persvrijheid.***
Pressegeheimnis ⟨o.⟩ **0.1** ***persgeheim.***
Pressegesetz ⟨o.⟩ **0.1** ***perswet.***
Presseinformation ⟨v.⟩ **0.1** ***persbericht.***
Pressekarte ⟨v.⟩ **0.1** ***gratis entreekaartje voor de pers.***
Pressekonferenz ⟨v.⟩ **0.1** ***persconferentie.***
Pressemann ⟨m.⟩⟨inf.⟩ **0.1** ***persman, journalist.***
Pressemeldung ⟨v.⟩ **0.1** ***persbericht.***
pressen **0.1** ***persen*** ⟨ook fig.⟩ ⇒*plat-, uitpersen* **0.2** ***pressen*** ⇒*dwingen* ◆ **1.1** mit gepreßter Stimme *met verstikte stem;* ein gepreßtes Stöhnen *een onderdrukt steunen* **6.1** den Kopf **gegen** die Scheibe ~ *het hoofd tegen de ruit drukken.*
Pressenotiz ⟨v.⟩ **0.1** ***kort persbericht.***
Pressephotograph ⟨m.⟩ **0.1** ***persfotograaf.***
Presserecht ⟨o.⟩ **0.1** ***perswetgeving.***
Presseschau ⟨v.⟩ **0.1** ***show voor de pers*** **0.2** ***persoverzicht.***
Pressesprecher ⟨m.⟩ **0.1** ***woordvoerder tegenover de pers.***
Pressestelle ⟨v.⟩ **0.1** ***voorlichtingsdienst.***
Pressewesen ⟨o.⟩ **0.1** ***pers(wezen).***
Pressezentrum ⟨o.⟩ **0.1** ***perscentrum.***
Preßhefe ⟨v.⟩ **0.1** ***persgist, droge gist.***
Preßholzplatte ⟨v.⟩ **0.1** ***spaanplaat.***
pressieren ⟨Zdd., Oostr., Zwi.⟩ **0.1** ***haast hebben*** ⇒*spoedeisend zijn* ◆ **1.1** die Angelegenheit pressiert *er is haast bij die zaak* **4.1** ⟨onpers. ww.⟩ es pressiert mir *ik heb haast.*
Pression ⟨v.; ~, ~en⟩ **0.1** ***pressie*** ⇒*druk, dwang.*
Pressionsgruppe ⟨v.⟩ **0.1** ***pressiegroep.***
Preßkohle ⟨v.⟩ **0.1** ***briket(ten).***
Preßkopf ⟨m.⟩⟨cul.⟩ **0.1** ***preskop.***
Preßluft ⟨v.⟩ **0.1** ***perslucht, samengeperste lucht.***
Preßluftbohrer ⟨m.⟩⟨tech.⟩ **0.1** ***pneumatische boor.***
Preßlufthammer ⟨m.⟩ **0.1** ***pneumatische hamer.***
Preßspan ⟨m.⟩ **0.1** ***persspaan.***
Preßwehe ⟨v.⟩⟨med.⟩ **0.1** ***perswee.***
Prestige ⟨o.; ~s⟩ **0.1** ***prestige*** ◆ **3.1** sein ~ wahren *zijn prestige ophouden.*
Prestigedenken ⟨o.; ~s⟩ **0.1** ***het prestigedenken.***
Prestigefrage ⟨v.⟩ **0.1** ***prestigekwestie.***
Prestigeverlust ⟨m.⟩ **0.1** ***prestigeverlies.***
Pretiosen ⟨alleen mv.⟩ **0.1** ***preciosa*** ⇒*kostbaarheden.*
Preuße ⟨m.; ~n, ~n⟩ **0.1** ***Pruis, inwoner van Pruisen*** ◆ **¶.1** ⟨scherts.; fig.⟩ so schnell schießen die ~n nicht! *kalm aan!, zo vlug gaat dat nu ook weer niet!*
preußisch **0.1** ***Pruisisch*** ◆ **1.1** ⟨pej.; fig.⟩ ein ~er Drill *een harde militaire dril.*
Preußischblau ⟨o.⟩ **0.1** ***pruisisch-blauw.***
preziös ⟨schr.⟩ **0.1** ***precieus*** ⇒*gekunsteld.*
prickeln I ⟨onov.ww.⟩ **0.1** ***prikkelen*** ⇒*prikken, tintelen* **0.2** ***parelen*** ◆ **1.1** die Fingerspitzen ~ mir *mijn vingertoppen tintelen, jeuken* **6.1** es prickelt mir **unter** der Haut *ik voel een onderhuidse prikkeling;*
II ⟨ov.ww.⟩⟨fig.⟩ **0.1** ***prikkelen*** ⇒*aanwakkeren.*
Priel ⟨m.; ~(e)s, ~e⟩ **0.1** ***priel*** ⟨in de Waddenzee⟩.
Priem ⟨m.; ~(e)s, ~e⟩ **0.1** ***tabakspruim*** **0.2** ***pruimtabak.***
priemen **0.1** ***pruimen, pruimtabak kauwen.***
Priemtabak ⟨m.⟩ **0.1** ***pruimtabak.***
Priester ⟨m.; ~s, ~⟩ **0.1** ***priester.***
Priesteramt ⟨o.⟩ **0.1** ***(het) priesterschap, priesterambt.***
priesterlich **0.1** ***priesterlijk.***
Priesterschaft ⟨v.; ~⟩ **0.1** ***de gezamenlijke priesters.***
Priestertum ⟨o.; ~s⟩ **0.1** ***priesterschap.***
Priesterweihe ⟨v.⟩ **0.1** ***priesterwijding.***
prim ⟨wisk.⟩ **0.1** ***priem.***
prima **0.1** ⟨ec.⟩ ***prima*** ⇒*eersteklas* **0.2** ⟨inf.⟩ ***prima*** ⇒*prachtig, uitstekend.*
Prima ⟨v.; ~, Primen⟩ **0.1** ⟨twee hoogste klassen v.h. gymnasium⟩.
Primadonna ⟨v.; ~, Primadonnen⟩⟨dram.⟩ **0.1** ***prima donna*** ⟨ook fig.⟩.
Primaner ⟨m.; ~s, ~⟩ **0.1** ⟨leerling v.d. twee hoogste klassen v.h. gymnasium⟩ **0.2** ⟨fig.⟩ ***(verlegen, onbeholpen) schooljongen.***
primanerhaft **0.1** ***schooljongensachtig*** ⇒*schuchter, verlegen.*
primär **0.1** ***primair*** ◆ **1.1** von ~er Bedeutung *van primaire, fundamentele betekenis.*
Primarius ⟨m.; ~, Primarien⟩ **0.1** ***eerste violist.***
Primärliteratur ⟨v.⟩ **0.1** ***primaire literatuur.***
Primarstufe ⟨v.⟩ **0.1** ***basisschool*** ⟨met 4 leerjaren⟩.
Primas ⟨m.; ~, ~se of Primaten⟩ **0.1** ⟨rel.⟩ ***primaat*** **0.2** ⟨muz.⟩ ***(zigeuner)primas.***
Primat[1] ⟨m.; ~en, ~en⟩⟨biol.⟩ **0.1** ***primaat.***
Primat[2] ⟨m. & o.; ~(e)s, ~e⟩ **0.1** ***primaat*** ⇒*oppergezag* **0.2** ***eerstgeboorterecht.***
Primawechsel ⟨m.⟩⟨ec.⟩ **0.1** ***prima wissel.***
Primel ⟨v.; ~, ~n⟩⟨plantk.⟩ **0.1** ***sleutelbloem, primula*** ◆ **8.¶** ⟨inf.⟩ eingehen wie eine ~ *roemloos ten onder gaan.*
Primeltopf ⟨m.⟩ **0.1** ***pot primula's*** ◆ **8.¶** ⟨inf.⟩ grinsen, strahlen wie ein ~ *breed grijnzen, over het hele gezicht stralen.*
primitiv **0.1** ***primitief.***
primitivi(si)eren **0.1** ***simplificeren, versimpelen.***
Primitivität ⟨v.; ~, ~en⟩ **0.1** ***primitieve mening, uitlating, handelwijze*** **0.2** ***primitiviteit.***
Primitivling ⟨m.; ~s, ~e⟩⟨pej.⟩ **0.1** ***primitieveling.***
Primus ⟨m.; ~, Primi of Primusse⟩ **0.1** ***primus, beste v.d. klas.***
Primzahl ⟨v.⟩⟨wisk.⟩ **0.1** ***priemgetal.***
Printe ⟨v.; ~, ~n⟩ **0.1** ***(sterk gekruide) peperkoek.***
Prinz ⟨m.; ~en, ~en⟩ **0.1** ***prins.***
Prinzeßbohne ⟨v.⟩ **0.1** ***prinsessen-, sperzieboon.***
Prinzessin ⟨v.; ~, ~nen⟩ **0.1** ***prinses.***
Prinzgemahl ⟨m.⟩ **0.1** ***prins-gemaal.***
Prinzip ⟨o.; ~s, ~ien; zelden mv. ~e⟩ **0.1** ***principe, stelregel*** **0.2** ***principe, (grond)beginsel*** **0.3** ***principe, wetmatigheid*** ◆ **6.1** ⟨inf.⟩ **auf** einem ~ herumreiten *steeds weer over z'n principe beginnen;* **im** ~ einverstanden sein *in principe akkoord gaan;* **von** seinem ~ nicht abgehen *bij zijn principe blijven* **6.2** sich **zu** einem ~ bekennen *een principe aanhangen.*
Prinzipalgläubiger ⟨m.⟩⟨ec.⟩ **0.1** ***voornaamste schuldeiser.***
prinzipiell **0.1** ***principieel*** ⇒*uit principe* **0.2** ***principieel*** ⇒ *in principe, fundamenteel* ◆ **2.2** ~ einverstanden sein *in principe akkoord gaan.*
prinzipienfest **0.1** ***beginselvast.***
Prinzipienfrage ⟨v.⟩ **0.1** ***principiële kwestie.***

Prinzipienreiter ⟨m.⟩⟨pej.⟩ **0.1** *beginselheld, -maniak.*
Prinzipienstreit ⟨m.⟩ **0.1** ***ruzie, twist over principes.***
prinzipientreu **0.1** ***trouw aan zijn principes, beginselvast.***
prinzlich **0.1** ***prinselijk.***
Prinzregent ⟨m.⟩ **0.1** ***prins-regent.***
Prior ⟨m.; ~s, Prioren⟩ **0.1** ***prior*** **0.2** ***plaatsvervanger v.e. abt.***
Priorat ⟨o.; ~(e)s, ~e⟩ **0.1** ***prioraat, priorschap*** **0.2** ***priorij.***
Priorin ⟨v.; ~, ~nen⟩ **0.1** ***priorin*** **0.2** ***plaatsvervangster v.e. abdis.***
Priorität ⟨v.; ~, ~en⟩ **0.1** ⟨steeds mv.⟩ ***prioriteiten*** **0.2** ⟨steeds mv.; ec.⟩ ***prioriteiten, preferente aandelen, obligaties*** **0.3** ***prioriteit, voorrang*** **0.4** ***de oudste rechten*** ◆ **3.1** ~en setzen *prioriteiten stellen.*
Prioritätsaktie ⟨v.⟩ **0.1** ***preferent aandeel.***
Prioritätsobligation ⟨v.⟩ **0.1** ***preferente obligatie.***
Prise ⟨v.; ~, ~n⟩ **0.1** ***snuifje, snufje*** **0.2** ⟨scheep.⟩ ***prijs, buitgemaakt schip*** ◆ **3.1** eine ~ nehmen, schnupfen *een snuifje nemen.*
Prisma ⟨o.; ~s, Prismen⟩ **0.1** ***prisma.***
prismatisch **0.1** ***prismatisch.***
Prismenfernrohr ⟨v.⟩ **0.1** ***prismakijker.***
prismenförmig **0.1** ***prismavormig.***
Prismenglas ⟨o.⟩ **0.1** ***prismakijker.***
Prismensucher ⟨m.⟩⟨foto.⟩ **0.1** ***prismazoeker.***
Pritsche ⟨v.; ~, ~n⟩ **0.1** ***brits*** **0.2** ***platte laadbak (met zijschotten)*** ⇒*laadvloer* **0.3** ***zotskolf, -stok, marot*** **0.4** ⟨inf.; pej.⟩ ***snol*** ⇒*hoertje.*
pritschen **0.1** ***(met de zotskolf) slaan*** **0.2** ⟨sp.⟩ ***doortikken*** ⟨v.d. bal⟩.
Pritschenwagen ⟨m.⟩ **0.1** ***platte vrachtauto.***
privat **0.1** ***privé*** ⇒*persoonlijk, vertrouwelijk* **0.2** ***privé*** ⇒*privaat, niet openbaar, particulier* ◆ **1.1** ~e Angelegenheiten *privéaangelegenheden;* im ~en Kreis *in de privésfeer* **1.2** eine ~e Vorstellung *een besloten voorstelling* **3.2** Gäste ~ unterbringen *gasten bij particulieren onderbrengen.*
Privatadresse ⟨v.⟩ **0.1** ***privéadres.***
Privatangelegenheit ⟨v.⟩ **0.1** ***privéaangelegenheid.***
Privataudienz ⟨v.⟩ **0.1** ***particuliere audiëntie.***
Privatbank ⟨v.⟩ **0.1** ***particuliere bank.***
Privatbesitz ⟨m.⟩ **0.1** ***privébezit.***
Privatbrief ⟨m.⟩ **0.1** ***persoonlijke brief.***
Privatdetektiv ⟨m.⟩ **0.1** ***privédetective.***
Privatdozent ⟨m.⟩ **0.1** ***privaatdocent.***
Privatdruck ⟨m.; mv. ~e⟩⟨boek.⟩ **0.1** ***privédruk.***
Privateigentum ⟨o.⟩ **0.1** ***persoonlijk, particulier bezit.***
Privatfernsehen ⟨o.⟩ **0.1** ***commerciële televisie.***
Privatgebrauch ⟨m.⟩ **0.1** ***privégebruik.***
Privatgespräch ⟨o.⟩ **0.1** ***privé(telefoon)gesprek.***
Privathand ⟨v.⟩ ◆ **6.¶** **aus, von** ~ *uit particulier bezit.*
Privatinitiative ⟨v.⟩ **0.1** ***particulier initiatief.***
Privatinteresse ⟨o.⟩ **0.1** ***persoonlijk belang.***
privatisieren **I** ⟨onov.ww.⟩ **0.1** ***rentenieren;*** **II** ⟨ov.ww.⟩ **0.1** ***in privébezit brengen.***
Privatklage ⟨v.⟩⟨jur.⟩ **0.1** ***(civiele) klacht.***
Privatkläger ⟨m.⟩⟨jur.⟩ **0.1** ***civiele partij.***
Privatklinik ⟨v.⟩ **0.1** ***particuliere kliniek.***
Privatleben ⟨o.⟩ **0.1** ***privéleven.***
Privatlehrer ⟨m.⟩ **0.1** ***iem. die privélessen geeft.***
Privatmann ⟨m.; mv. Privatleute; zelden mv. ¨er⟩ **0.1** ***particulier*** ⇒*privépersoon* **0.2** ***rentenier.***
Privatpatient ⟨m.⟩ **0.1** ***particulier patiënt.***
Privatperson ⟨v.⟩ **0.1** ***privépersoon*** **0.2** ***ambteloos burger.***
Privatquartier ⟨o.⟩ **0.1** ***onderdak bij particulieren.***
Privatraum ⟨m.⟩ **0.1** *privévertrek.*
Privatrecht ⟨o.⟩ **0.1** ***privaatrecht.***
Privatsache ⟨v.⟩ **0.1** ***privéaangelegenheid.***
Privatsammlung ⟨v.⟩ **0.1** ***particuliere collectie.***
Privatschule ⟨v.⟩ **0.1** ***particuliere school.***
Privatsekretär ⟨m.⟩ **0.1** ***particulier secretaris.***
Privatsender ⟨m.⟩ **0.1** ***commerciële zender/omroep.***
Privatsphäre ⟨v.⟩ **0.1** ***privésfeer.***
Privatstation ⟨v.⟩ **0.1** ***afdeling voor particuliere patiënten.***
Privatstunde ⟨v.⟩ **0.1** ***privéles*** ⇒*bijles.*
Privatunternehmer ⟨m.⟩ **0.1** ***particulier ondernemer.***
Privatunterricht ⟨m.⟩ **0.1** ***privéles*** ⇒*bijles.*
Privatvergnügen ⟨o.⟩⟨inf.⟩ **0.1** ***eigen plezier, persoonlijk genoegen*** **0.2** ***privéaangelegenheid.***
Privatvermögen ⟨o.⟩ **0.1** ***privévermogen.***
Privatversicherung ⟨v.⟩ **0.1** ***particuliere verzekering.***
Privatweg ⟨m.⟩ **0.1** ***eigen weg.***
Privatwirtschaft ⟨v.⟩ **0.1** ***particulier bedrijfsleven.***
Privatwohnung ⟨v.⟩ **0.1** ***particuliere woning.***
Privatzweck ⟨m.⟩ **0.1** ***persoonlijk doel.***
Privileg ⟨o.; ~(e)s, ~ien⟩ **0.1** ***privilege, voorrecht*** **0.2** ⟨gesch.⟩ ***privilege.***
privilegieren **0.1** ***privilegiëren.***
pro[1] ⟨bw.⟩ **0.1** ***pro, voor*** ◆ **8.1** das Pro und Kontra *het voor en tegen.*
pro[2] ⟨vz. + 4⟩ **0.1** ***per*** ◆ **1.1** ⟨inf.⟩ ~ Kopf (und Nase) *per hoofd, per persoon.*
Proband ⟨m.; ~en, ~en⟩ **0.1** ***voorwaardelijk vrijgelaten gevangene*** **0.2** ⟨med., psych.⟩ ***test-, proefpersoon.***
probat **0.1** ***probaat*** ⇒*beproefd, deugdelijk.*
Probe ⟨v.; ~, ~n⟩ **0.1** ***proef, het beproeven*** ⇒*toets* **0.2** ***proef(je)*** ⇒*monster, staal* **0.3** ***proeve*** ⇒*bewijs, blijk* **0.4** ⟨dram., film., muz.⟩ ***repetitie*** ◆ **6.1** jmdn. **auf** ~ anstellen *iem. op proef aanstellen;* **auf** ~ spielen *op proef spelen;* **auf** eine harte ~ stellen *zwaar op de proef stellen;* die ~ **aufs** Exempel machen *de proef op de som nemen;* nur **zur** ~ *alleen maar bij wijze van proef* **6.2** **auf, nach** ~ kaufen *naar monster, op staal kopen* **6.4** **zur** ~ erscheinen *ter repetitie verschijnen.*
Probeabzug ⟨m.⟩ **0.1** ⟨boek.⟩ ***(druk)proef*** **0.2** ⟨foto.⟩ ***proef.***
Probearbeit ⟨v.⟩ **0.1** ***proeve van bekwaamheid*** **0.2** ⟨school.⟩ ***proefwerk, repetitie.***
Probedruck ⟨m.; mv. ~e⟩ **0.1** ***proefdruk.***
Probeehe ⟨v.⟩ **0.1** ***proefhuwelijk.***
Probeexemplar ⟨o.⟩ **0.1** ***proef-, presentexemplaar.***
probefahren **I** ⟨onov.ww.; s.⟩ **0.1** ***een proefrit maken;*** **II** ⟨ov.ww.⟩ **0.1** ***een proefrit maken met.***
Probefahrt ⟨v.⟩ **0.1** ***proefrit.***
Probeflug ⟨m.⟩ **0.1** ***proefvlucht.***
probehalber **0.1** ***bij wijze van proef*** ⇒*op proef.*
Probejahr ⟨o.⟩ **0.1** ***proefjaar.***
Probelauf ⟨m.⟩ **0.1** ***het proefdraaien.***
probelaufen **0.1** ***proefdraaien.***
proben ⟨dram., muz.⟩ **I** ⟨onov.ww.⟩ **0.1** ***repeteren;*** **II** ⟨ov.ww.⟩ **0.1** ***instuderen*** ⇒*oefenen* ◆ **1.1** den Ernstfall ~ *zich bij wijze van proef op een ernstige situatie voorbereiden.*
Probenarbeit ⟨v.⟩⟨dram.⟩ **0.1** ***de, alle repetities.***
Probenummer ⟨v.⟩ **0.1** ***proefnummer, -exemplaar.***
Probesendung ⟨v.⟩ **0.1** ***proef-, monsterzending.***
probesingen **0.1** ***voorzingen, op proef zingen.***
Probestück ⟨o.⟩ **0.1** ***proefexemplaar.***
probeweise **0.1** ***bij wijze van, als proef*** **0.2** ***op proef*** ◆ **1.1** ⟨bn.⟩ eine ~ Behandlung *een proefbehandeling.*

Probezeit ⟨v.⟩ **0.1** ***proeftijd.***
probieren 0.1 ***proberen, beproeven*** ⇒*een poging doen* **0.2** ***proberen*** ⇒*testen, toetsen* **0.3** ***passen*** **0.4** ***proeven*** ⇒ *proberen* **0.5** ⟨dram.⟩ ***repeteren*** ⇒*instuderen* ◆ **1.3** neue Schuhe ~ *nieuwe schoenen passen* ¶.**1** ⟨sprw.⟩ ~ geht über studieren *praktijk gaat boven theorie.*
Probierglas ⟨o.⟩ **0.1** ***reageerbuis*** **0.2** ***proefglaasje*** ⟨voor bv. wijn⟩.
Probierstube ⟨v.⟩ **0.1** ***proeflokaal.***
Problem ⟨o.; ~(e)s, ~e⟩ **0.1** ***probleem*** ⇒*vraagstuk, (moeilijke) kwestie* **0.2** ⟨g.enk.⟩ ***problemen*** ⇒*narigheden, moeilijkheden* ◆ **3.1** ~e wälzen (a) *over problemen piekeren* (b) *zwaar (zitten) bomen* **6.1 zum** ~ werden *een probleem worden.*
Problematik ⟨v.; ~⟩ **0.1** ***problematiek.***
problematisch 0.1 ***problematisch*** ⇒*vol problemen* **0.2** ***problematisch*** ⇒*twijfelachtig.*
problematisieren 0.1 ***de problematiek bespreken van.***
Problemfall ⟨m.⟩ **0.1** ***probleemgeval.***
Problemkind ⟨o.⟩ **0.1** ***probleemkind.***
Problemkreis ⟨m.⟩ **0.1** ***aantal met elkaar samenhangende problemen.***
problemlos 0.1 ***probleemloos.***
problemreich 0.1 ***vol problemen.***
Problemstellung ⟨v.⟩ **0.1** ***probleemstelling*** **0.2** ***probleem*** ⇒ *problematiek.*
Produkt ⟨o.; ~(e)s, ~e⟩ **0.1** ***product, voortbrengsel*** **0.2** ⟨wisk.⟩ ***product*** ◆ **1.1** das ~ seiner Unsicherheit *het gevolg van zijn onzekerheid* **2.1** fertige ~e *eindproducten.*
Produktenhandel ⟨m.⟩⟨ec.⟩ **0.1** ***productenhandel.***
Produktenmarkt ⟨m.⟩ **0.1** ***productenmarkt.***
Produktion ⟨v.; ~, ~en⟩ **0.1** ***productie*** ⇒*vervaardiging* ◆ **6.1 in** der ~ arbeiten *op de productieafdeling werken.*
Produktionsanlage ⟨v.⟩ **0.1** ***machines*** ⇒*fabrieksinstallatie.*
Produktionsfluß ⟨m.⟩ **0.1** ***productiegang.***
Produktionsgenossenschaft ⟨v.⟩⟨in de voormalige DDR⟩ **0.1** ***productievereniging, -coöperatie*** ◆ **2.1** eine landwirtschaftliche ~ *een collectieve boerderij.*
Produktionskosten ⟨alleen mv.⟩ **0.1** ***productiekosten.***
Produktionskraft ⟨v.⟩ **0.1** ***(productie)capaciteit.***
Produktionsmittel ⟨o.⟩ **0.1** ⟨ec.⟩ ***productiefactor*** **0.2** ⟨steeds mv.⟩ ***productiemiddelen.***
Produktionsprozeß ⟨m.⟩ **0.1** ***productieproces.***
Produktionsverfahren ⟨o.⟩ **0.1** ***productiemethode.***
Produktionswert ⟨m.⟩⟨ec.⟩ **0.1** ***totale productiekosten.***
Produktionszahlen ⟨alleen mv.⟩ **0.1** ***productiecijfers.***
produktiv 0.1 ***productief*** ◆ **1.1** ~e Kritik *constructieve kritiek;* ~e Zusammenarbeit *vruchtbare samenwerking.*
Produktivität ⟨v.; ~⟩ **0.1** ***productiviteit.***
Produktivitätssteigerung ⟨v.⟩ **0.1** ***productiviteitsverhoging.***
Produktivkraft ⟨v.⟩⟨ec.⟩ **0.1** ***productiefactor.***
Produzent ⟨m.; ~en, ~en⟩ **0.1** ***producent.***
produzieren I ⟨ov.& onov.ww.⟩ **0.1** ***produceren*** ⇒*vervaardigen, voortbrengen* **0.2** ⟨inf.⟩ ***produceren*** ⇒*veroorzaken* ◆ **1.2** eine Entschuldigung ~ *een excuus maken;* Unsinn ~ *onzin uitkramen;*
II sich ~ ⟨wk.ww.⟩ **0.1** ***proberen op te vallen*** ⇒*de aandacht trekken, laten zien wat men kan* ◆ **6.1** sich **mit** etwas ~ *met iets te koop lopen.*
Prof. ⟨afk.⟩ →**Professor.**
profan 0.1 ***profaan, werelds*** **0.2** ***heel gewoon*** ⇒*alledaags* ◆ **1.1** ~e Gebäude *gebouwen voor niet-kerkelijke doeleinden.*
Profanation ⟨v.; ~, ~en⟩ **0.1** ***profanatie, heiligschennis.***
Profanbau ⟨m.⟩ **0.1** ***niet-kerkelijk bouwwerk.***
profanieren 0.1 ***profaneren, ontwijden*** **0.2** ***seculariseren, verwereldlijken.***
Profanität ⟨v.; ~, ~en⟩ **0.1** ***profaniteit.***
Profeß[1] ⟨m.; Professen, Professen⟩⟨rel.⟩ **0.1** ***(de) profes.***
Profeß[2] ⟨v.; ~, Professe⟩⟨rel.⟩ **0.1** ***(het) profes.***
Professional ⟨m.; ~s, ~s of ~e⟩ **0.1** ***professional, beroepsspeler.***
professionalisieren 0.1 ***tot zijn beroep maken.***
Professionalismus ⟨m.; ~⟩ **0.1** ***professionalisme.***
professionell 0.1 ***professioneel.***
Professor ⟨m.; ~s, Professoren⟩ **0.1** ***professor, hoogleraar*** **0.2** ⟨Oostr.⟩ ***leraar aan een gymnasium*** ◆ **1.1** ~ der Medizin *professor in de medicijnen* **6.1** ~ **für** Philosophie *professor in de filosofie.*
professoral 0.1 ***professoraal, van (een) professor*** **0.2** ⟨inf.; iron.⟩ ***professoraal*** ⇒*professorachtig, wereldvreemd.*
Professorenkollegium ⟨o.⟩ **0.1** ***college van professoren.***
professorenmäßig 0.1 ***professoraal.***
Professorenschaft ⟨v.; ~, ~en⟩ **0.1** ***college van professoren.***
Professorentitel ⟨m.⟩ **0.1** ***professorstitel.***
Professur ⟨v.; ~, ~en⟩ **0.1** ***professoraat, leerstoel.***
Profi ⟨m.; ~s, ~s⟩ **0.1** ***prof, professional.***
profihaft 0.1 ***professioneel*** ⇒*als een prof.*
Profil ⟨o.; ~(e)s, ~e⟩ **0.1** ***profiel*** ⇒*zijaanzicht, silhouet* **0.2** ***profiel*** ⇒*(bewerkt) loopvlak* **0.3** ⟨fig.⟩ ***profiel*** ⇒*eigen gezicht* **0.4** ⟨tech.⟩ ***profiel*** ⇒*doorsnede* ◆ **2.3** ein klares ~ *een eigen gezicht* **3.3** ~ gewinnen *profiel, een eigen gezicht krijgen* **6.1 im** ~ malen *en profil schilderen.*
Profilager ⟨o.⟩⟨sp.⟩ **0.1** ***de, alle profs*** ◆ **6.1 ins** ~ (über)wechseln *prof worden.*
Profilansicht ⟨v.⟩ **0.1** ***zijaanzicht, aanzicht en profil.***
profilieren I ⟨ov.ww.⟩ **0.1** ***profileren*** ⇒*profiel aanbrengen* **0.2** ***en profil uitbeelden*** **0.3** ⟨fig.⟩ ***profileren*** ⇒*een eigen gezicht geven* ◆ **1.1** profilierte Reifen *banden met profiel;*
II sich ~ ⟨wk.ww.⟩ **0.1** ***op de voorgrond treden*** ⇒*naam maken* **0.2** ***zich aftekenen.***
profiliert 0.1 ***markant*** ⇒*de aandacht trekkend.*
profillos 0.1 ***profielloos, zonder profiel*** **0.2** ⟨fig.⟩ ***onopvallend*** ⇒*niet uit de verf komend.*
Profilsohle ⟨v.⟩ **0.1** ***profielzool.***
Profilträger ⟨m.⟩ **0.1** ***draagbalk van profielstaal.***
Profisport ⟨m.⟩ **0.1** ***prof-, beroepssport.***
Profit ⟨m.; ~(e)s, ~e⟩ **0.1** ⟨vaak pej.⟩ ***profijt*** ⇒*voordeel, nut* **0.2** ⟨ec.⟩ ***profijt*** ⇒*winst* ◆ **3.2** ~ abwerfen *winst opleveren* **6.1 aus** etwas ~ schlagen *ergens een voordeeltje uit slaan.*
Profiteur ⟨m.; ~s, ~e⟩ **0.1** ***profiteur.***
Profitgier ⟨v.⟩ **0.1** ***winstbejag.***
profitgierig 0.1 ***winzuchtig.***
profitieren 0.1 ***profiteren*** ⇒*voordeel hebben, trekken.*
Profitjäger ⟨m.⟩⟨pej.⟩ **0.1** ***winzuchtig iem., koopjesjager.***
Profitmacher ⟨m.⟩⟨pej.⟩ **0.1** ***iem. die woekerwinsten maakt.***
Profitrate ⟨v.⟩ **0.1** ***winstmarge.***
Profitstreben ⟨o.⟩⟨pej.⟩ **0.1** ***winstbejag.***
Proformarechnung ⟨v.⟩⟨ec.⟩ **0.1** ***pro-formafactuur.***
profund 0.1 ***diep(gaand)*** ⇒*grondig* **0.2** ⟨med.⟩ ***diepliggend.***
Prognose ⟨v.; ~, ~n⟩ **0.1** ***prognose.***
Prognostik ⟨v.; ~⟩ **0.1** ***prognostiek.***
prognostizieren 0.1 ***prognosticeren, voorspellen.***
Programm ⟨o.; ~(e)s, ~e⟩ **0.1** ***programma*** **0.2** ***programma(blad, -boekje)*** **0.3** ⟨ec.⟩ ***programma*** ⇒*collectie, assorti-*

ment ◆ **2.1** eine Sendung im zweiten ~ *een uitzending op het tweede net* **3.1** ⟨comp.⟩ ein ~ einführen *een programma invoeren* **6.1** ⟨com., dram.⟩ **ins** ~ aufnehmen *in het repertoire opnemen.*
Programmanzeiger ⟨m.⟩ **0.1** ***programmaoverzicht.***
programmäßig **0.1** ***wat het programma betreft*** **0.2** ⟨inf.⟩ ***volgens program(ma).***
programmgemäß **0.1** ***volgens program(ma).***
Programmgestaltung ⟨v.⟩ **0.1** ***opstelling v.h. programma.***
programmgesteuert ⟨comp.⟩ **0.1** ***programmagestuurd.***
Programmheft ⟨o.⟩ **0.1** ***programmablad, -boekje.***
Programmhinweis ⟨m.⟩ **0.1** ***aankondiging v.e. komend programma.***
programmieren **0.1** ***programmeren.***
Programmierer ⟨m.; ~s, ~⟩⟨comp.⟩ **0.1** ***programmeur.***
Programmiersprache ⟨v.⟩⟨comp.⟩ **0.1** ***programmeertaal.***
Programmsteuerung ⟨v.⟩⟨comp.⟩ **0.1** ***programmabesturing.***
Programmvorschau ⟨v.⟩ **0.1** ***vooruitblik op komende programma's.***
Programmzeitschrift ⟨v.⟩ **0.1** ***programmablad.***
Progreß ⟨m.; Progresses, Progresse⟩ **0.1** ***voortgang*** ⇒*vooruitgang.*
Progression ⟨v.; ~, ~en⟩ **0.1** ***progressie*** ⇒*voortgang* **0.2** ⟨wisk.⟩ ***reeks*** **0.3** ⟨ec.⟩ ***progressie*** ⟨belasting⟩.
progressiv **0.1** ***progressief*** ⇒*vooruitstrevend, opklimmend.*
prohibitiv **0.1** ***prohibitief*** ⇒*verbiedend, verhinderend.*
Prohibitivzoll ⟨m.⟩⟨ec.⟩ **0.1** ***prohibitief invoerrecht.***
Projekt ⟨o.; ~(e)s, ~e⟩ **0.1** ***project*** ⇒*plan, ontwerp.*
Projektant ⟨m.; ~en, ~en⟩ **0.1** ***projectbewerker.***
Projekte(n)macher ⟨m.⟩⟨pej.⟩ **0.1** ***plannenmaker.***
projektieren **0.1** ***projecteren*** ⇒*(een project) ontwerpen, plannen.*
Projektil ⟨o.; ~s, ~e⟩ **0.1** ***projectiel*** **0.2** ***raket.***
Projektion ⟨v.; ~, ~en⟩ **0.1** ***projectie.***
Projektionsapparat ⟨m.⟩ **0.1** ***projectieapparaat, projector.***
Projektionsfläche ⟨v.⟩ **0.1** ***projectievlak, -wand, -doek.***
Projektor ⟨m.; ~s, Projektoren⟩ **0.1** ***projector, projectietoestel.***
projizieren **0.1** ***projecteren.***
Proklamation ⟨v.; ~, ~en⟩ **0.1** ***proclamatie.***
proklamieren **0.1** ***proclameren.***
Pro-Kopf-Einkommen ⟨o.⟩ **0.1** ***inkomen per hoofd v.d. bevolking.***
Prokura ⟨v.; ~, Prokuren⟩⟨ec.⟩ **0.1** ***procuratie*** ⇒*volmacht, procura.*
Prokurator ⟨m.; ~s, Prokuratoren⟩ **0.1** ***procurator.***
Prokurist ⟨m.; ~en, ~en⟩ **0.1** ***procuratiehouder.***
Prolet ⟨m.; ~en, ~en⟩ **0.1** ***proleet.***
Proletariat ⟨o.; ~(e)s, ~e⟩ **0.1** ***proletariaat.***
Proletarier ⟨m.; ~s, ~⟩ **0.1** ***proletariër.***
proletarisieren **0.1** ***proletariseren.***
proletenhaft ⟨pej.⟩ **0.1** ***proletig, proleterig.***
Proliferation ⟨v.; ~, ~en⟩ **0.1** ⟨med.⟩ ***proliferatie, woekering*** **0.2** ⟨pol.⟩ ***proliferatie, verspreiding*** ⟨van kernwapens⟩.
Prolog ⟨m.; ~(e)s, ~e⟩ **0.1** ***proloog*** ⇒*voorrede, -spel* **0.2** ⟨sp.⟩ ***voorronde.***
Prolongation ⟨v.; ~, ~en⟩ **0.1** ***prolongatie.***
Prolongationsgeschäft ⟨o.⟩⟨ec.⟩ **0.1** ***prolongatieaffaire.***
Prolongationswechsel ⟨m.⟩⟨ec.⟩ **0.1** ***prolongatiewissel.***
prolongieren **0.1** ***prolongeren.***
pro memoria **0.1** ***pro memorie.***
Promenade ⟨v.; ~, ~n⟩ **0.1** ***promenade.***
Promenadendeck ⟨o.⟩⟨scheep.⟩ **0.1** ***promenade-, wandeldek.***
Promenadenkonzert ⟨o.⟩ **0.1** ***promenadeconcert.***
Promenadenmischung ⟨v.⟩⟨scherts.⟩ **0.1** ***straathond*** ⇒*vuilnisbakkenras.*
Promenadenweg ⟨m.⟩ **0.1** ***wandelweg.***
promenieren ⟨h/s.⟩ **0.1** ***promeneren*** ⇒*wandelen* **0.2** ***flaneren.***
Promesse ⟨v.; ~, ~n⟩ **0.1** ***promesse*** ⇒*schuldbekentenis.*
pro mille **0.1** ***pro mille*** **0.2** ⟨ec.⟩ ***per duizend.***
Promille ⟨o.; ~(s), ~⟩ **0.1** ***pro mille*** ◆ **3.1** ⟨inf.⟩ er hatte zwei ~ *hij had een (alcohol)promillage van twee.*
Promillesatz ⟨m.⟩ **0.1** ***promillage.***
prominent **0.1** ***prominent*** ⇒*vooraanstaand* ◆ **3.1** ~ sein *een vooraanstaand persoon zijn.*
Prominenz ⟨v.; ~, ~en⟩ **0.1** ***prominent, vooraanstaand persoon*** **0.2** ***prominente personen*** ⇒*kopstukken* **0.3** ***het prominent zijn*** ◆ **6.2** die ~ **vom** Film *de kopstukken uit de wereld van de film.*
Promiskuität ⟨v.; ~⟩ **0.1** ***promiscuïteit.***
Promoter ⟨m.; ~s, ~⟩⟨sp.⟩ **0.1** ***promotor.***
Promotion ⟨v.; ~, ~en⟩ **0.1** ***promotie.***
Promotionaktion ⟨v.⟩⟨ec.⟩ **0.1** ***reclamecampagne.***
Promotor ⟨m.; ~s, Promotoren⟩ **0.1** ***promotor.***
Promovend ⟨m.; ~en, ~en⟩ **0.1** ***promovendus.***
promovieren I ⟨onov.ww.; h.⟩ **0.1** ***promoveren;***
II ⟨ov.ww.⟩ **0.1** ***promoveren.***
prompt **0.1** ***prompt*** ⇒*vlot, snel* ◆ **1.1** eine ~e Antwort *een vlot antwoord.*
Promptheit ⟨v.; ~⟩ **0.1** ***promptheid*** ⇒*vlotheid, slagvaardigheid.*
Pronomen ⟨o.; ~s, ~ of Pronomina⟩⟨taal.⟩ **0.1** ***pronomen, voornaamwoord.***
pronominal ⟨taal.⟩ **0.1** ***pronominaal, voornaamwoordelijk.***
prononciert **0.1** ***geprononceerd.***
Propädeutik ⟨v.; ~, ~en⟩ **0.1** ***inleidend wetenschappelijk werk*** **0.2** ***propedeuse.***
propädeutisch **0.1** ***propedeutisch.***
Propaganda ⟨v.; ~⟩ **0.1** ***propaganda*** ◆ **3.1** ~ treiben *propaganda maken.*
Propagandist ⟨m.; ~en, ~en⟩ **0.1** ***propagandist.***
propagandistisch **0.1** ***propagandistisch.***
Propagator ⟨m.; ~s, Propagatoren⟩⟨schr.⟩ **0.1** ***propagandist.***
propagieren **0.1** ***propageren*** ⇒*propaganda maken voor.*
Propan ⟨o.; ~s⟩ **0.1** ***propaan.***
Propeller ⟨m.; ~s, ~⟩ **0.1** ***propeller, schroef.***
Propellerantrieb ⟨m.⟩ **0.1** ***propelleraandrijving.***
Propellerturbine ⟨v.⟩ **0.1** ***turboprop.***
Propen ⟨o.; ~s⟩⟨schei.⟩ **0.1** ***propeen, propyleen.***
proper **0.1** ***proper*** ⇒*zindelijk, schoon* **0.2** ***netjes*** ⇒*degelijk, goed afgewerkt* ◆ **1.2** ~e Arbeit leisten *net, degelijk werk leveren.*
Prophet ⟨m.; ~en, ~en⟩ **0.1** ***profeet.***
Prophetengabe ⟨v.⟩ **0.1** ***gave der profetie.***
Prophetie ⟨v.; ~, ~n⟩ **0.1** ***profetie.***
Prophetin ⟨v.; ~, ~nen⟩ **0.1** ***profetes.***
prophetisch **0.1** ***profetisch.***
prophezeien **0.1** ***profeteren*** ⇒*voorspellen* ◆ **4.1** ich habe es dir prophezeit! *ik heb het je (nog) gezegd!*
Prophezeiung ⟨v.; ~, ~en⟩ **0.1** ***profetie*** ⇒*voorspelling* **0.2** ***het voorspellen.***
Prophylaxe ⟨v.; ~, ~n⟩⟨med.⟩ **0.1** ***profylaxe, voorkoming.***
Proportion ⟨v.; ~, ~en⟩ **0.1** ***proportie*** ⇒*verhouding* **0.2** ⟨wisk.⟩ ***verhouding*** ⇒*evenredigheid.*

proportional 0.1 ***evenredig, proportioneel*** 0.2 (wisk.) ***evenredig.***
Proportionale (v.; ~, ~n) (wisk.) 0.1 ***evenredige.***
Proportionalität (v.; ~, ~en) 0.1 ***proportionaliteit, evenredigheid.***
Proportionalsteuer (v.) 0.1 ***proportioneel (belasting)tarief.***
Proportionalwahlrecht (o.) 0.1 ***evenredig kiesrecht.***
proportioniert 0.1 *geproportioneerd.*
Proportionsgleichung (v.) (wisk.) 0.1 ***evenredigheid.***
Proporzwahl (v.) (vooral Oostr., Zwi.; pol.) 0.1 ***evenredige verkiezing.***
Propst (m.; ~(e)s, ⸗e) 0.1 ***proost*** (r.-k. kerk) 0.2 ***hogere kerkelijke functionaris*** (protestants).
Propstei (v.; ~, ~en) (rel.) 0.1 ***proosdij.***
Propylen (o.; ~s) (schei.) 0.1 ***propeen, propyleen.***
Prorektor (m.) (school.) 0.1 ***prorector*** ⇒*plaatsvervangend rector.*
Prosa (v.; ~) 0.1 (taal.) ***proza*** 0.2 (fig.) ***proza*** ⇒*alledaagsheid.*
prosaisch 0.1 ***in proza (geschreven)*** 0.2 (schr.; vaak pej.) ***prozaïsch*** ⇒*saai, alledaags* ◆ 1.2 eine ~e Sprache *een dorre taal.*
Prosaist (m.; ~en, ~en) 0.1 ***prozaïst, prozaschrijver.***
Proselyt (m.; ~en, ~en) 0.1 ***proseliet, bekeerde.***
Proselytenmacherei (v.; ~) (pej.) 0.1 ***zieltjeswinnerij.***
Proseminar (o.) 0.1 ***werkcollege voor eerstejaars(studenten).***
prosit! 0.1 ***proost!*** ◆ 1.1 ~ Neujahr! *op een gelukkig nieuwjaar!* 5.1 (iron.) na denn, dann ~! *nou, dat kan nog leuk worden!*
Prosit (o.; ~s, ~s) 0.1 ***toast.***
proskribieren 0.1 ***in de ban doen.***
Proskription (v.; ~, ~en) 0.1 ***proscriptie*** ⇒*vogelvrijverklaring.*
Prosodik (v.; ~, ~en) 0.1 ***prosodie.***
Prospekt (m.; ~(e)s, ~e) 0.1 ***prospectus*** ⇒*folder* 0.2 ***orgelfront*** 0.3 (bk.) ***prospect, veduta*** 0.4 (dram.) ***(beschilderde) achterwand*** 0.5 (ec.) ***prospectus*** (in de effectenhandel).
prospektiv 0.1 ***prospectief.***
prosperieren (schr.) 0.1 ***prospereren*** ⇒*bloeien, floreren.*
Prosperität (v.; ~) 0.1 ***prosperiteit*** ⇒*voorspoed.*
prost! (inf.) →**prosit!**
Prostata (v.; ~) (med.) 0.1 ***prostaat.***
prosten 0.1 ***toasten, een toast uitbrengen.***
pröstercheh! (scherts.) 0.1 ***proost!***
prostituieren I (ov.ww.) 0.1 ***prostitueren*** ⇒*te schande maken;*
II **sich** ~ (wk.ww.) 0.1 ***prostitutie plegen.***
Prostituierte (bn. als zn.; v.) 0.1 ***prostituee*** ⇒*hoer, publieke vrouw.*
Prostitution (v.; ~) 0.1 ***prostitutie.***
Proszenium (o.; ~s, Proszenien) (dram.) 0.1 ***proscenium, voortoneel*** 0.2 ***toneelloge.***
Proszeniumsloge (v.) (dram.) 0.1 ***toneelloge.***
Protagonist (m.; ~en, ~en) 0.1 (dram., gesch.) ***protagonist*** 0.2 (fig.) ***protagonist, voorvechter*** 0.3 (fig.) ***centrale figuur.***
protegieren 0.1 ***protegeren.***
Protein (o.; ~s, ~e) 0.1 ***proteïne, eiwitstof.***
Protektion (v.; ~, ~en) 0.1 ***protectie*** ⇒*steun, voorspraak.*
Protektionismus (m.; ~) (ec.) 0.1 ***protectionisme.***
Protektionist (m.; ~en, ~en) (ec.) 0.1 ***protectionist.***
Protektor (m.; ~s, Protektoren) 0.1 ***protector*** ⇒*beschermer* 0.2 (pol.) ***beschermende staat*** 0.3 (tech.) ***loopvlak v.e. autoband.***
Protektorat (o.; ~(e)s, ~e) 0.1 ***protectoraat.***
Protest (m.; ~(e)s, ~e) 0.1 ***protest*** ◆ 3.1 ~ anmelden *protest aantekenen;* (ec.) den ~ auf den Wechsel setzen *een wissel laten protesteren* 6.1 (ec.) einen Wechsel **zu** ~ gehen lassen *een wissel laten protesteren.*
Protestant (m.; ~en, ~en) 0.1 ***protestant.***
protestantisch 0.1 ***protestants.***
protestantisieren 0.1 ***protestantiseren.***
Protestantismus (m.; ~) 0.1 ***protestantisme.***
protestieren 0.1 ***protesteren.***
Protestkundgebung (v.) 0.1 ***protestdemonstratie.***
Protestler (m.; ~s, ~) (vaak pej.) 0.1 ***protesteerder.***
Protestruf (m.) 0.1 ***interruptie bij wijze van protest.***
Proteststurm (m.) 0.1 ***storm van protest(en).***
Protestwähler (m.) 0.1 ***protestkiezer.***
Protestwelle (v.) 0.1 ***golf van protest(en).***
Prothese (v.; ~, ~n) (med.) 0.1 ***prothese.***
Protokoll (o.; ~s, ~e) 0.1 ***proces-verbaal*** ⇒*protocol* 0.2 ***protocol*** ⇒*ceremonieel* 0.3 ***notulen, verslag*** ◆ 2.1 ein polizeiliches ~ *een proces-verbaal van de politie* 3.1 ein ~ aufnehmen *een protocol, proces-verbaal opmaken* 3.3 das ~ führen *notuleren;* das ~ genehmigen *de notulen arresteren* 6.1 eine Aussage **zu** ~ nehmen *een verklaring protocolleren* 6.3 **zu** ~ geben, bringen *in de notulen laten opnemen.*
Protokollant (m.; ~en, ~en) 0.1 ***secretaris*** ⇒*notulist.*
protokollarisch 0.1 ***protocollair.***
Protokollführer (m.) 0.1 ***secretaris*** ⇒*notulist, griffier.*
protokollieren I (onov.ww.) 0.1 ***notuleren*** ⇒*een verslag, het protocol schrijven;*
II (ov.ww.) 0.1 ***noteren*** ⇒*protocolleren, optekenen.*
Protoplasma (o.) (biol.) 0.1 ***protoplasma.***
Prototyp (m.; ~s, ~en) 0.1 ***prototype*** 0.2 (graf.) ***eerste afdruk*** (v.e. ets) 0.3 (nat.) ***standaardmaat.***
Protz (m.; ~en of ~es, ~e(n)) (inf.) 0.1 ***opschepper*** ⇒*bluffer* 0.2 ***opschepperij*** ⇒*bluf.*
protzen (inf.) 0.1 ***protsen*** ⇒*opscheppen, prat gaan op.*
protzenhaft (inf.) 0.1 ***protserig.***
Protzentum (o.; ~s) (inf.) 0.1 ***protserig gedoe.***
Protzerei (v.; ~, ~en) 0.1 ***opschepperige uitlating, handeling*** 0.2 ***opschepperij*** ⇒*bluf* 0.3 ***protserigheid, duurdoenerij.***
protzig (inf.) 0.1 ***protserig*** ⇒*protsig, opschepperig.*
Provenienz (v.; ~, ~en) (schr.) 0.1 ***herkomst*** ⇒*oorsprong.*
provenzalisch 0.1 ***Provençaals.***
Proviant (m.; ~s, ~e) 0.1 ***proviand.***
Provinz (v.; ~, ~en) 0.1 ***provincie*** ⇒*gewest* 0.2 (vaak pej.) ***provincie*** ⇒*platteland* ◆ 2.2 dieser Ort ist hinterste ~ *die plaats is een boerengat* 3.2 die Aufführung war ~ *de opvoering stond niet op een hoog peil* 6.2 **in** der ~ leben *op het platteland wonen.*
Provinzbewohner (m.) (vaak pej.) 0.1 ***provinciaal.***
Provinzblatt (o.) 0.1 ***provinciale krant.***
Provinzbühne (v.) (pej.) 0.1 ***tweederangstheater.***
Provinzialismus (m.; ~, Provinzialismen) 0.1 ***provincialisme.***
Provinzialität (v.; ~) (pej.) 0.1 ***achterlijk gedoe*** 0.2 ***achterlijk niveau.***
provinziell (meestal pej.) 0.1 ***provinciaal, achterlijk.***
Provinzler (m.; ~s, ~) (inf.; pej.) 0.1 ***provinciaal.***
provinzlerisch (inf.) 0.1 ***provinciaal.***
Provinznest (o.) (inf.; pej.) 0.1 ***provincieplaatsje*** ⇒*boerendorp.*

Provinztheater ⟨o.⟩ **0.1** ***regionaal theater*** **0.2** ⟨pej.⟩ ***tweederangstheater.***

Provision ⟨v.; ~, ~en⟩ **0.1** ⟨ec.⟩ ***provisie*** **0.2** ⟨rel.⟩ ***verlening v.e. ambt.***

Provisionsreisende(r) ⟨bn. als zn.⟩ **0.1** ***handelsreiziger op provisiebasis.***

provisorisch **0.1** ***provisorisch.***

Provisorium ⟨o.; ~s, Provisorien⟩ **0.1** ***provisorium, voorlopige regeling.***

Provo ⟨m.; ~s, ~s⟩ **0.1** ***provo.***

provokant **0.1** ***provocant, provocerend.***

Provokateur ⟨m.; ~(e)s, ~e⟩ **0.1** ***provocateur.***

Provokation ⟨v.; ~, ~en⟩ **0.1** ***provocatie.***

provo|kativ, -katorisch ⟨schr.⟩ **0.1** ***provocerend.***

provozieren **0.1** ***provoceren*** ⇒*uitdagen, tarten* **0.2** ***uitlokken*** ⇒*oproepen, -wekken* ◆ **1.2** einen Skandal ~ *een schandaal veroorzaken.*

Prozedur ⟨v.; ~, ~en⟩ **0.1** ***procedure.***

prozedural **0.1** ***procedureel.***

Prozent ⟨o.; ~(e)s, ~e⟩ **0.1** ***procent, percent*** **0.2** ⟨mv.; inf.⟩ ***provisie, winstaandeel*** **0.3** ⟨mv.; inf.⟩ ***korting*** ◆ **3.2** ~e verlangen *een winstaandeel verlangen.*

Prozentkurs ⟨m.⟩⟨ec.⟩ **0.1** ***koers in percentages.***

Prozentpunkt ⟨m.⟩ **0.1** ***procent.***

Prozentsatz ⟨m.⟩ **0.1** ***percentage.***

prozentual **0.1** ***procentueel, percentsgewijs.***

prozentuieren **0.1** ***in procenten berekenen.***

Prozentzahl ⟨v.⟩ **0.1** ***percentage*** ⇒*procent.*

Prozeß ⟨m.; Prozesses, Prozesse⟩ **0.1** ***proces*** ⇒*rechtsgeding, -zaak* **0.2** ***proces*** ⇒*verloop, ontwikkeling* ◆ **2.1** ⟨inf.⟩ (mit jmdm., etwas) kurzen ~ machen *(met iem., iets) korte metten maken;* mit jmdm. kurzen ~ machen ⟨ook⟩ *iem. afmaken* **3.1** einen ~ anstrengen *een proces aanhangig maken;* jmdm. den ~ machen *iem. een proces aandoen.*

Prozeßakte ⟨v.⟩ **0.1** ***processtuk.***

Prozeßbevollmächtigte(r) ⟨bn. als zn.⟩⟨jur.⟩ **0.1** ***procesgevolmachtigde.***

prozeßfähig **0.1** ***tot procederen bevoegd.***

Prozeßgegner ⟨m.⟩ **0.1** ***tegenpartij.***

prozessieren ⟨jur.⟩ **0.1** ***procederen, een proces voeren.***

Prozession ⟨v.; ~, ~en⟩ **0.1** ***processie.***

Prozeßkosten ⟨alleen mv.⟩ **0.1** ***proceskosten.***

Prozessor ⟨m.; ~s, ~en⟩⟨comp.⟩ **0.1** ***processor.***

Prozeßordnung ⟨v.⟩ **0.1** ***procesorde.***

Prozeßpartei ⟨v.⟩ **0.1** ***partij in een proces.***

Prozeßrechner ⟨m.⟩ **0.1** ***procescomputer.***

prozessual **0.1** ***processueel*** **0.2** ***procesrechtelijk*** **0.3** ***het proces, verloop betreffend.***

Prozeßverschleppung ⟨v.⟩⟨jur.⟩ **0.1** ***opzettelijke vertraging v.d. procesgang.***

prüde **0.1** ***preuts.***

Prüderie ⟨v.; ~⟩ **0.1** ***preutsheid, pruderie.***

prüfen **0.1** ***onderzoeken*** ⇒*testen, controleren* **0.2** ***keuren*** ⇒ *nagaan, verifiëren* **0.3** ***examineren*** ⇒*onderzoeken* **0.4** ***beproeven*** **0.5** ⟨sp.⟩ ***testen, op de proef stellen*** ◆ **1.1** ein ~der Blick *een onderzoekende blik;* TÜV geprüft *met keuringsbewijs* **1.2** die Rechnung ~ *de rekening verifiëren;* Waren ~ *waren keuren, controleren* **1.3** einen Kandidaten ~ *een kandidaat examineren* **5.3** staatlich geprüft *met staatsdiploma* **5.4** schwer geprüft sein *zwaar beproefd zijn* **6.3** Schüler **in** Deutsch ~ *leerlingen een Duits proefwerk laten maken.*

Prüfer ⟨m.; ~s, ~⟩ **0.1** ***examinator*** **0.2** ***controleur*** ⇒*keurder.*

Prüffeld ⟨o.⟩⟨tech.⟩ **0.1** ***proefveld.***

Prüfling ⟨m.; ~s, ~e⟩ **0.1** ***kandidaat*** **0.2** ***te keuren werk(stuk).***

Prüfmethode ⟨v.⟩ **0.1** ***testmethode.***

Prüfstand ⟨m.⟩⟨tech.⟩ **0.1** ***proefbank.***

Prüfstein ⟨m.⟩ **0.1** ***toetssteen.***

Prüfstelle ⟨v.⟩ **0.1** ***keuringsbureau, -station*** ⇒*controlebureau.*

Prüfung ⟨v.; ~, ~en⟩ **0.1** ***onderzoek*** ⇒*controle, keuring* **0.2** ***examen*** ⇒*tentamen* **0.3** ***beproeving*** **0.4** ⟨sp.⟩ ***test*** ◆ **1.1** die ~ einer Beschwerde *het nagaan van een klacht* **2.1** eine eingehende ~ *een grondig onderzoek* **2.3** schwere ~en *zware beproevingen* **3.2** eine ~ bestehen *voor een examen slagen* **6.2** ⟨inf.⟩ **durch** die ~ fallen *voor het examen zakken;* die ~ **in** Latein *het examen Latijn;* **in** die ~ gehen, ⟨inf.⟩ steigen *examen doen.*

Prüfungsamt ⟨o.⟩ **0.1** ***keuringsdienst*** **0.2** ⟨school.⟩ ***centraal bureau v.d. examencommissies.***

Prüfungsanforderungen ⟨alleen mv.⟩ **0.1** ***exameneisen.***

Prüfungsangst ⟨v.⟩ **0.1** ***examenvrees.***

Prüfungsarbeit ⟨v.⟩ **0.1** ***examenwerk.***

Prüfungsaufgabe ⟨v.⟩ **0.1** ***examenopgave.***

Prüfungsausschuß ⟨m.⟩ **0.1** ***examencommissie.***

Prüfungsbilanz ⟨v.⟩⟨ec.⟩ **0.1** ***accountantsrapport.***

Prüfungsergebnis ⟨o.⟩ **0.1** ***examenresultaat, -uitslag.***

Prüfungsgebühr ⟨v.⟩ **0.1** ***examengeld.***

Prüfungskandidat ⟨m.⟩ **0.1** ***examenkandidaat.***

Prüfungskommissar ⟨m.⟩ **0.1** ***rijksgecommitteerde.***

Prüfungskommission ⟨v.⟩ **0.1** ***examencommissie.***

Prüfungsordnung ⟨v.⟩ **0.1** ***examenreglement.***

Prüfungstermin ⟨m.⟩ **0.1** ***tijdstip v.h. examen*** **0.2** ***verificatievergadering*** ⟨bij faillissement⟩.

Prüfungsvermerk ⟨m.⟩ **0.1** ***keurmerk.***

Prüfungszeugnis ⟨o.⟩ **0.1** ***diploma.***

Prügel[1] ⟨m.; ~s, ~⟩ **0.1** ***knuppel, (dikke) stok.***

Prügel[2] ⟨alleen mv.⟩ **0.1** ***klappen*** ⇒*(pak) slaag, ransel* ◆ **1.1** eine Tracht ~ *een pak slaag* **3.1** es gibt, setzt ~! *je krijgt een pak slaag!*

Prügelei ⟨v.⟩ **0.1** ***vecht-, knokpartij*** **0.2** ***het afranselen.***

Prügelknabe ⟨m.⟩⟨inf.⟩ **0.1** ***zondebok.***

prügeln I ⟨ov.ww.⟩ **0.1** ***(af)ranselen, -rossen*** ⇒*slaan* ◆ **5.1** jmdn. windelweich ~ *iem. bont en blauw slaan;*
II sich ~ ⟨wk.ww.⟩ **0.1** ***vechten.***

Prügelstrafe ⟨v.⟩ **0.1** ***stokslagen*** ⟨als straf⟩.

Prügelszene ⟨v.⟩ **0.1** ***vechtpartij*** **0.2** ⟨dram.⟩ ***vecht-, knokscène.***

Prunk ⟨m.; ~(e)s⟩ **0.1** ***pronk, pracht en praal.***

Prunkball ⟨m.⟩ **0.1** ***luisterrijk bal.***

Prunkbau ⟨m.; mv. ~ten⟩ **0.1** ***prachtig bouwwerk.***

Prunkbett ⟨o.⟩ **0.1** ***praal-, pronkbed.***

prunken **0.1** ***pronken*** ⇒*prijken* **0.2** ⟨pej.⟩ ***pronken*** ⇒*opscheppen, prat gaan* ◆ **1.1** ein ~des Fest *een luisterrijk feest.*

Prunkgemach ⟨o.⟩ **0.1** ***pronkkamer, -vertrek.***

Prunkgewand ⟨o.⟩ **0.1** ***pronkgewaad, staatsiekleed.***

prunkliebend **0.1** ***prachtlievend.***

prunklos **0.1** ***zonder pralend vertoon.***

Prunksaal ⟨m.⟩ **0.1** ***staatsiezaal.***

Prunkstück ⟨o.⟩ **0.1** ***pronkstuk*** ⟨ook fig.⟩.

Prunksucht ⟨v.⟩⟨pej.⟩ **0.1** ***pronk-, praalzucht.***

prunksüchtig **0.1** ***pronk-, praalziek.***

prunkvoll **0.1** ***luisterrijk, vol pracht en praal.***

Prunkwagen ⟨m.⟩ **0.1** ***praalwagen.***

prusten **0.1** ***proesten*** ⇒*snuiven, blazen.*

PS ⟨afk.⟩ →**Pferdestärke; Postskriptum.**

Psalm ⟨m.; ~(e)s, ~en⟩ **0.1** ***psalm.***

Psalmist ⟨m.; ~en, ~en⟩ **0.1** ***psalmist, psalmdichter.***
psalmodieren 0.1 ***psalmodiëren.***
Psalter ⟨m.; ~s, ~⟩ **0.1** ***psalter.***
pscht! →**pst!**
pseudonym 0.1 ***pseudoniem, onder schuilnaam.***
Pseudonym ⟨o.; ~s, ~e⟩ **0.1** ***pseudoniem, schuilnaam.***
PS-Leistung ⟨v.⟩ **0.1** ***aantal pk's.***
pst! 0.1 ***sst!, stil!, zachtjes!***
Psyche ⟨v.; ~, ~n⟩ **0.1** ***psyche, ziel.***
Psychiater ⟨m.; ~s, ~⟩ **0.1** ***psychiater.***
Psychiatrie ⟨v.; ~, ~n⟩ **0.1** ***psychiatrie*** **0.2** ⟨inf.⟩ ***psychiatrische kliniek, afdeling.***
psychiatrisch 0.1 ***psychiatrisch.***
psychisch 0.1 ***psychisch.***
Psychoanalytiker ⟨m.⟩ **0.1** ***psychoanalyticus.***
Psychologe ⟨m.; ~n, ~n⟩ **0.1** ***psycholoog.***
Psychologie ⟨v.; ~⟩ **0.1** ***psychologie, zielkunde.***
psychologisch 0.1 ***psychologisch.***
psychologisieren ⟨pej.⟩ **0.1** ***psychologiseren.***
Psychopath ⟨m.; ~en, ~en⟩ **0.1** ***psychopaat.***
Psychose ⟨v.; ~, ~n⟩ **0.1** ***psychose.***
Psychosomatik ⟨v.; ~⟩ **0.1** ***psychosomatiek.***
Psychoterror ⟨m.⟩ **0.1** ***psychische/geestelijke terreur.***
Psychotherapeut ⟨m.⟩ **0.1** ***psychotherapeut.***
Psychotiker ⟨m.; ~s, ~⟩ **0.1** ***psychoot.***
pubertär 0.1 ***puberaal, puberteits-.***
Pubertät ⟨v.; ~⟩ **0.1** ***puberteit.***
pubertieren ⟨h.⟩⟨schr.⟩ **0.1** ***in de puberteit komen, zijn.***
publik ⟨schr.⟩ **0.1** ***publiek*** ⇒*openbaar* ◆ **3.1** ~ sein *algemeen bekend zijn.*
Publikation ⟨v.; ~, ~en⟩ **0.1** ***publicatie.***
Publikum ⟨o.; ~s⟩ **0.1** ***publiek*** ◆ **2.1** das breite ~ *de brede massa* **3.1** ⟨inf.⟩ immer ein ~ brauchen *altijd in de belangstelling willen staan.*
Publikumserfolg ⟨m.⟩ **0.1** ***succes bij het publiek.***
Publikumsgeschmack ⟨m.⟩ **0.1** ***smaak van het publiek.***
Publikumsverkehr ⟨m.⟩ **0.1** ***openstelling voor het publiek.***
publikumswirksam 0.1 ***succes hebbend bij het publiek.***
publizieren 0.1 ***publiceren.***
Publizist ⟨m.; ~en, ~en⟩ **0.1** ***publicist.***
Publizistik ⟨v.; ~⟩ **0.1** ***publicistiek.***
publizistisch 0.1 ***publicistisch.***
Publizität ⟨v.; ~⟩ **0.1** ***publiciteit.***
Puck ⟨m.; ~s, ~s⟩⟨sp.⟩ **0.1** ***puck.***
puckern ⟨inf.⟩ **0.1** ***kloppen.***
Pudding ⟨m.; ~s, ~e of ~s⟩ **0.1** ***(custard)pudding*** ◆ **3.1** ⟨inf.⟩ bei ihm ist alles nur ~ *hij is zo slap als een pudding* **6.1** ⟨inf.⟩ **auf** den ~ hauen (a) *opscheppen* (b) *de bloemetjes buitenzetten* (c) *opspelen.*
Puddingpulver ⟨o.⟩ **0.1** ***pudding-, custardpoeder.***
Pudel ⟨m.; ~s, ~⟩ **0.1** ***poedel(hond)*** **0.2** ⟨inf.; sp.⟩ ***poedel*** ⇒*mislukte worp, stoot* **0.3** ⟨inf.⟩ ***ijsmuts*** ⇒*pels-, bontmuts* ◆ **1.1** ⟨fig.⟩ des ~s Kern *de kern van de zaak;* ⟨fig.⟩ das also war des ~s Kern! *dus dát zat er achter!* **8.1** ⟨inf.; fig.⟩ wie ein begossener ~ *beteuterd, verbouwereerd.*
Pudelmütze ⟨v.⟩ **0.1** ***ijsmuts*** ⇒*gebreide wollen muts,* ⟨ook⟩ *bivakmuts* ⟨bij overvallen⟩.
pudeln ⟨inf.⟩ **0.1** ***poedelen*** ⇒*misgooien, -schieten.*
pudelnackt 0.1 ***poedelnaakt.***
pudelnaß ⟨inf.⟩ **0.1** ***klets-, druipnat.***
pudelwohl 0.1 ***kiplekker.***
Puder ⟨m.; inf. o.; ~s, ~⟩ **0.1** ***poeder.***
Puderdose ⟨v.⟩ **0.1** ***poederdoos.***
puderig 0.1 ***poeierig, poederachtig.***
pudern 0.1 ***poederen.***
Puderquaste ⟨v.⟩ **0.1** ***poederdons(je), -kwast(je).***
Puderzucker ⟨m.⟩ **0.1** ***poedersuiker.***
puff! 0.1 ***paf!, poef!, puf!***
Puff[1] ⟨m.; ~(e)s, ~̈e⟩⟨inf.⟩ **0.1** ***stomp*** ⇒*stoot, por* **0.2** ***plof*** ⇒*doffe knal* ◆ **3.1** ⟨inf.⟩ einen ~, einige Püffe vertragen können *tegen een stootje kunnen.*
Puff[2] ⟨m.; ~(e)s, ~e of ~s⟩ **0.1** ***poef*** ⟨om te zitten⟩ **0.2** ***beklede wasmand.***
Puff[3] ⟨m. & o.; ~s, ~s⟩⟨inf.; pej.⟩ **0.1** ***bordeel, hoerenkast.***
Puffärmel ⟨m.⟩⟨mode⟩ **0.1** ***pofmouw.***
Puffbohne ⟨v.⟩ **0.1** ***tuin-, paarden-, veldboon.***
puffen I ⟨onov.ww.⟩⟨inf.⟩ **0.1** ***ploffen*** ⇒*puffen, dof knallen;* **II** ⟨ov.ww.⟩ **0.1** ***poffen*** **0.2** ⟨inf.⟩ ***stompen*** ⇒*porren, stoten* ◆ **1.1** Mais, Reis ~ *maïs, rijst poffen.*
Puffer ⟨m.; ~s, ~⟩ **0.1** ***buffer*** ⇒*stootkussen* **0.2** ***aardappelpannenkoek(je)*** **0.3** ⟨comp.⟩ ***buffer.***
Pufferspeicher ⟨m.⟩⟨comp.⟩ **0.1** ***buffer.***
Pufferstaat ⟨m.⟩ **0.1** ***bufferstaat.***
Pufferzone ⟨v.⟩⟨pol.⟩ **0.1** ***bufferzone.***
Puffmais ⟨m.⟩ **0.1** ***gepofte maïs.***
Puffmutter ⟨v.⟩⟨inf.; pej.⟩ **0.1** ***hoerenmadam*** ⇒*bordeelhoudster.*
Puffreis ⟨m.⟩ **0.1** ***gepofte rijst.***
Puffspiel ⟨o.⟩⟨sp.⟩ **0.1** ***pofspel*** ⇒*triktrak.*
puh! 0.1 ***poe!, oei!, bah!***
pulen ⟨Ndd.⟩ **0.1** ***pulken*** ⇒*peuteren* **0.2** ***pellen.***
Pulk ⟨m.; ~(e)s, ~s of ~e⟩ **0.1** ***formatie*** ⟨vliegtuigen, tanks⟩ **0.2** ***groep, troep*** **0.3** ⟨sp.⟩ ***peloton, hoofdmacht*** ◆ **1.2** ein ~ Möwen *een zwerm meeuwen.*
Pulle ⟨v.; ~, ~n⟩⟨inf.⟩ **0.1** ***fles*** ⇒*pul* ◆ **2.¶** ⟨inf.⟩ volle ~ fahren *plankgas rijden;* ⟨sp.⟩ volle ~ spielen *alles uit de kast halen.*
Pulli ⟨m.; ~s, ~s⟩⟨inf.⟩ **0.1** ***pull(over).***
Pullover ⟨m.; ~s, ~⟩ **0.1** ***pullover, truivest.***
Pullunder ⟨m.; ~s, ~⟩ **0.1** ***slip-over.***
Pulp ⟨m.; ~s, ~en⟩ **0.1** ***pulp.***
Puls ⟨m.; ~es, ~e⟩ **0.1** ⟨med.⟩ ***pols(slag)*** **0.2** ⟨tech.⟩ ***(im)puls*** ⇒*(stroom)stoot* ◆ **3.1** jmdm. den ~ fühlen (a) *iem. de pols voelen* (b) ⟨inf.; fig.⟩ *iem. polsen* (c) ⟨inf.; fig.⟩ *nagaan of iem. wel bij zijn verstand is;* den ~ messen *het aantal polsslagen tellen.*
Pulsader ⟨v.⟩ **0.1** ***(pols)slagader.***
pulsen 0.1 ***kloppen*** ⇒*pulseren, slaan* **0.2** ⟨med.⟩ ***de pols voelen, opnemen*** **0.3** ⟨tech.⟩ ***pulsen.***
Pulsfrequenz ⟨v.⟩ **0.1** ***aantal polsslagen (per minuut).***
pulsieren 0.1 ***pulseren*** ⇒*kloppen, slaan.*
Pulsion ⟨v.; ~, ~en⟩ **0.1** ***puls, stoot.***
Pulsschlag ⟨m.⟩ **0.1** ***polsslag.***
Pulswärmer ⟨m.⟩ **0.1** ***polsmofje.***
Pulszahl ⟨v.⟩ **0.1** ***aantal polsslagen (per minuut).***
Pult ⟨o.; ~(e)s, ~e⟩ **0.1** ***lessenaar*** **0.2** ⟨muz.⟩ ***muzieklessenaar, -standaard*** **0.3** ⟨tech.⟩ ***schakelbord, -paneel.***
Pultdach ⟨o.⟩⟨bouwk.⟩ **0.1** ***lessenaar(s)dak.***
Pulver ⟨o.; ~s, ~⟩ **0.1** ***poeder*** ⇒*pulver* **0.2** ***(bus)kruit*** **0.3** ⟨inf.⟩ ***poen*** ⇒*centen* ◆ **3.2** ⟨inf.; fig.⟩ das ~ nicht erfunden haben *het buskruit niet uitgevonden hebben;* ⟨mil.⟩ noch kein ~ gerochen haben *nog geen frontervaring hebben;* ⟨inf.; fig.⟩ sein ~ trocken halten *zijn kruit droog houden.*
Pulverdampf ⟨m.⟩ **0.1** ***kruitdamp.***
Pulverfaß ⟨o.⟩ **0.1** ***kruitvat*** ◆ **6.1** ⟨fig.⟩ der Funke **im** ~ *de vonk in het kruitvat.*
pulverfein 0.1 ***zo fijn als poeder.***
Pulverform ⟨v.⟩ **0.1** ***poedervorm.***
pulverig 0.1 ***poedervormig*** **0.2** ***poeierig*** ⇒*vol poeder.*
pulverisieren 0.1 ***pulveriseren, verpulveren.***

Pulverkaffee ⟨m.⟩ **0.1** *oplos-, poederkoffie.*
Pulverkammer ⟨v.⟩ **0.1** *kruitkamer, -magazijn.*
Pulvermagazin ⟨o.⟩ **0.1** *kruitmagazijn.*
Pulvermühle ⟨v.⟩⟨gesch.⟩ **0.1** *kruitmolen.*
pulvern ⟨inf.⟩ **0.1** *schieten ⇒knallen.*
Pulverschnee ⟨m.⟩ **0.1** *poedersneeuw.*
Pulverturm ⟨m.⟩⟨gesch.⟩ **0.1** *kruittoren.*
Puma ⟨m.; ~s, ~s⟩ **0.1** *poema.*
Pummel ⟨m.; ~s, ~⟩⟨inf.⟩ **0.1** *dikkerd(je), dikzak.*
pummelig ⟨inf.⟩ **0.1** *mollig.*
Pump ⟨m.; ~(e)s⟩⟨inf.⟩ **0.1** *lening, het lenen* ◆ **6.1 auf** ~ *op de pof.*
Pumpe ⟨v.; ~, ~n⟩ **0.1** *pomp* **0.2** ⟨inf.⟩ *rikketik ⇒hart* **0.3** ⟨inf.⟩ *(injectie)spuit* ⟨van junkies⟩.
pumpen I ⟨onov.ww.⟩ **0.1** *pompen* **0.2** ⟨sp.⟩ *tot ligsteun opdrukken;*
II ⟨ov.ww.⟩ **0.1** *pompen* **0.2** ⟨inf.⟩ *poffen ⇒lenen* ◆ **6.2** sich ⟨3e nv.⟩ **bei, von** jmdm. Geld ~ *van iem. geld lenen.*
Pumpenhaus ⟨o.⟩ **0.1** *pomphuis, -kamer.*
Pumpenschwengel ⟨m.⟩ **0.1** *pompzwengel.*
Pumpernickel ⟨m.; ~s, ~⟩ **0.1** *pompernikkel* ⟨Westfaals roggebrood⟩.
Pumphose ⟨v.⟩ **0.1** *pofbroek.*
Pumps ⟨m.; ~, ~⟩ **0.1** *pump(schoen).*
Pumpspeicherwerk ⟨o.⟩ **0.1** *spaarbekkencentrale.*
Pumpstation ⟨v.⟩ **0.1** *pompstation.*
Punkt ⟨m.; ~(e)s, ~e⟩ **0.1** *punt ⇒stip, spikkel* **0.2** *punt ⇒ plaats, stadium* **0.3** *punt ⇒kwestie, onderwerp* **0.4** *punt ⇒onderdeel, artikel* **0.5** *punt ⇒tijdstip* **0.6** ⟨school., sp.⟩ *(waarderings)punt* **0.7** ⟨ec.⟩ *punt ⇒bon* **0.8** ⟨g.mv.; graf.⟩ *punt* ◆ **1.4** die ~e eines Gesetzes *de artikelen van een wet* **2.2** ⟨inf.⟩ der springende ~ *het cruciale punt, datgene waar het om gaat* **2.3** ein strittiger ~ *een omstreden kwestie* **3.1** ⟨inf.⟩ nun mach mal einen ~! *zo is het wel mooi geweest!* **6.1** das ist der ~ **auf** dem i *dat maakt de zaak compleet;* etwas **auf** den ~ wissen wollen *iets tot in de finesses willen weten* **6.2 in** einem bestimmten ~ empfindlich sein *op een bepaald punt overgevoelig zijn* **6.4** ~ **für** ~ die Wahrheit sagen *in elk opzicht de waarheid spreken* **6.5 auf** den ~ genau kommen *stipt op tijd komen* **6.6 nach** ~en siegen *op punten winnen* **6.7** ⟨ec.⟩ die Steuer **um** einen ~ erhöhen *de belasting met een procent verhogen* **8.1** ohne ~ und Komma reden *aan één stuk door praten* **¶.1** Schluß, ~! *punt, uit!* **¶.5** ~ fünf Uhr *om vijf uur precies.*
Punktauge ⟨o.⟩ **0.1** *puntoog, ocel.*
Punktekampf ⟨m.⟩⟨sp.⟩ **0.1** *puntenwedstrijd.*
punkten I ⟨onov.ww.⟩⟨sp.⟩ **0.1** *punten scoren* **0.2** *punten geven, toekennen;*
II ⟨ov.ww.⟩ **0.1** *stippelen ⇒punten.*
punktgleich ⟨sp.⟩ **0.1** *met hetzelfde aantal punten.*
punktieren 0.1 *punteren ⇒stippelen* **0.2** ⟨med.⟩ *puncteren* **0.3** ⟨muz.⟩ *punteren.*
Punktion ⟨v.; ~, ~en⟩⟨med.⟩ **0.1** *punctie.*
Punktlandung ⟨v.⟩⟨verk.⟩ **0.1** *precisielanding.*
pünktlich 0.1 *(precies) op tijd, stipt* ◆ **3.1** ~ kommen *op tijd komen* **8.1** ⟨inf.⟩ ~ wie die Maurer *akelig precies op tijd.*
Punktniederlage ⟨v.⟩⟨sp.⟩ **0.1** *nederlaag op punten.*
Punktrichter ⟨m.⟩⟨sp.⟩ **0.1** *scheidsrechter.*
Punktroller ⟨m.⟩ **0.1** *masseerrol* **0.2** ⟨inf.; scherts.⟩ *gummiknuppel.*
Punktschrift ⟨v.⟩ **0.1** *blinden-, brailleschrift.*
punktschweißen 0.1 *puntlassen.*
Punktsieg ⟨m.⟩⟨sp.⟩ **0.1** *overwinning op punten.*
Punktspiel ⟨o.⟩⟨sp.⟩ **0.1** *competitiewedstrijd.*
Punktsystem ⟨o.⟩ **0.1** *puntenstelsel* **0.2** ⟨sp.⟩ *punten-, competitiesysteem.*
punktuell 0.1 *puntsgewijs* **0.2** *slechts een, enkele punt(en) betreffend.*
Punktum! ◆ ¶.¶ und damit ~! *en daarmee uit!, basta!*
Punktwertung ⟨v.⟩⟨sp.⟩ **0.1** *puntenwaardering.*
Punktzahl ⟨v.⟩⟨sp.⟩ **0.1** *puntenaantal.*
Punsch ⟨m.; ~(e)s, ~e of ~̈e⟩ **0.1** *punch.*
Punzarbeit ⟨v.⟩⟨amb.⟩ **0.1** *pons, drijfwerk.*
Punze ⟨v.; ~, ~n⟩⟨amb.⟩ **0.1** *pons, drijfijzer* **0.2** *goud-, zilver-, tinmerk.*
punzen ⟨amb.⟩ **0.1** *ponsen ⇒drevelen* **0.2** *een goud-, zilver-, tinmerk inslaan.*
Punzenhammer ⟨m.⟩ **0.1** *drijfhamer.*
punzieren →**punzen.**
Pup ⟨m.; ~(e)s, ~e⟩⟨inf.⟩ **0.1** *poep, wind, scheet.*
Pupe ⟨m. & v.; ~n, ~n⟩⟨inf.⟩ **0.1** *homofiel, nicht.*
pupen ⟨inf.⟩ **0.1** *er eentje laten vliegen ⇒scheten laten.*
pupillar 0.1 *de pupil betreffend.*
Pupille ⟨v.; ~, ~n⟩⟨med.⟩ **0.1** *pupil.*
Puppe ⟨v.; ~, ~n⟩ **0.1** *pop* **0.2** *(etalage)pop* **0.3** ⟨dram.; fig.⟩ *pop, marionet* **0.4** ⟨inf.⟩ *griet(je) ⇒schatje, liefje* **0.5** ⟨biol.⟩ *pop, cocon* ◆ **3.3** die ~n tanzen lassen (a) *iedereen naar z'n pijpen laten dansen* (b) *de bloemetjes buitenzetten* **6.¶** bis **in** die ~n feiern *buitensporig lang feest vieren.*
Puppenbett ⟨o.⟩ **0.1** *poppenbedje.*
Puppengeschirr ⟨o.⟩ **0.1** *poppenserviesje.*
Puppengesicht ⟨o.⟩⟨pej.⟩ **0.1** *poppengezicht.*
puppenhaft ⟨pej.⟩ **0.1** *poppig ⇒als (van) een pop.*
Puppenhaus ⟨o.⟩ **0.1** *poppenhuis* **0.2** ⟨scherts.⟩ *popperig klein huisje.*
Puppenspiel ⟨o.⟩⟨dram.⟩ **0.1** *marionetten-, poppenspel* **0.2** *poppenspel, -kast.*
Puppenspieler ⟨m.⟩ **0.1** *poppenspeler.*
Puppentheater ⟨o.⟩ **0.1** *poppenkast ⇒marionettentheater.*
Puppenwiege ⟨v.⟩ **0.1** *poppenwieg* ⟨ook biol.⟩.
puppig ⟨inf.⟩ **0.1** *schattig, klein ⇒snoezig.*
pur 0.1 *puur ⇒zuiver, louter* **0.2** *puur ⇒onvermengd* ◆ **1.1** ⟨inf.⟩ aus ~er Neugierde *zuiver uit nieuwsgierigheid.*
Püree ⟨o.; ~s, ~s⟩ **0.1** *puree.*
Purgans ⟨o.; ~, Purganzien of Purgantia⟩ **0.1** *purgans, purgeermiddel.*
Purgatorium ⟨o.; ~s⟩ **0.1** *purgatorium, vagevuur.*
purgieren I ⟨onov.ww.⟩⟨med.⟩ **0.1** *purgeren;*
II ⟨ov.ww.⟩⟨schr.⟩ **0.1** *purgeren ⇒reinigen.*
pürieren ⟨cul.⟩ **0.1** *pureren.*
Purin ⟨o.; ~s, ~e⟩⟨schei.⟩ **0.1** *purine.*
Purismus ⟨m.; ~, Purismen⟩⟨bk., taal.⟩ **0.1** *purisme.*
Purist ⟨m.; ~en, ~en⟩ **0.1** *purist.*
Puritaner ⟨m.; ~s, ~⟩ **0.1** *puritein.*
puritanisch 0.1 ⟨gesch.⟩ *puriteins* **0.2** ⟨fig.⟩ *puriteins ⇒ streng in de zeden* **0.3** ⟨fig.⟩ *heel sober ⇒Spartaans.*
Puritanismus ⟨m.; ~s⟩⟨rel.⟩ **0.1** *puritanisme.*
Purpur ⟨m.; ~s⟩ **0.1** *purper* ◆ **6.1** ⟨schr.⟩ **nach** dem ~ streben *naar het purper staan.*
pur|purfarben, -purfarbig 0.1 *purperkleurig.*
Purpurmantel ⟨m.⟩ **0.1** *purperen mantel ⇒kardinaalsmantel.*
purpurn 0.1 *purperen, purperkleurig.*
purpurrot 0.1 *purperrood.*
Purpurschnecke ⟨v.⟩ **0.1** *purperslak.*
Purzel ⟨m.; ~s, ~⟩⟨inf.⟩ **0.1** *dreumes ⇒knulletje.*
Purzelbaum ⟨m.⟩⟨inf.⟩ **0.1** *buiteling, duikeling ⇒koprol* ◆ **3.1** einen ~ machen, schlagen (a) *kopjeduikelen* (b) *een buiteling, koprol maken.*

purzeln ⟨inf.⟩ **0.1** ***duikelen, buitelen*** ⇒*vallen* **0.2** ***(eruit) rollen*** ◆ **1.1** ⟨sp.⟩ da ~ viele Rekorde *daar sneuvelen veel records* **1.2** die Tore ~ nur so *het regent doelpunten.*
Pusselarbeit ⟨v.⟩ **0.1** ***geduldwerk(je)*** ⇒*peuterwerk.*
pusselig **0.1** ***geduld eisend*** ⇒*tijdrovend* **0.2** ***pietepeuterig.***
Pusselkram ⟨m.⟩⟨inf.⟩ **0.1** ***geduldwerk(je).***
pusseln ⟨inf.⟩ **0.1** ***peuteren*** ⇒*knutselen.*
Pußta ⟨v.; ~⟩ **0.1** ***poesta.***
Puste ⟨v.; ~⟩⟨inf.⟩ **0.1** ***adem*** ⇒*lucht* **0.2** ***pistool, revolver*** ◆ **3.1** mir geht die ~ aus (a) *ik raak buiten adem* (b) ⟨fig.⟩ *ik houd het niet meer vol* **6.1** ganz **aus** der, **außer** ~ sein *helemaal buiten adem zijn.*
Pusteblume ⟨v.⟩⟨kind.⟩ **0.1** ***paardenbloem.***
Pustekuchen ⟨m.⟩⟨inf.⟩ ◆ **5.¶** (ja) ~! *vergeet het maar!, dat had je gedacht!*
Pustel ⟨v.; ~, ~n⟩ **0.1** ***puist(je), pukkel.***
pusten ⟨inf.⟩ **I** ⟨onov.ww.⟩ **0.1** ***blazen*** ⇒*ademen* **0.2** ***blazen*** ⇒*(hard) waaien* **0.3** ***hijgen*** ⇒*buiten adem zijn* ◆ **3.1** der Autofahrer mußte ~ *de chauffeur moest in het blaaspijpje blazen* **6.1** ⟨fig.⟩ **auf** etwas ~ *lak aan iets hebben;*
II ⟨ov.ww.⟩ **0.1** ***(weg)blazen*** ◆ **4.1** ich puste dir eins, was! *je kunt me nog meer vertellen!*
Pusterohr ⟨o.⟩ **0.1** ***blaaspijp(je).***
pustulös ⟨med.⟩ **0.1** ***puisterig, pukkelig*** **0.2** ***met puistvorming gepaard gaand.***
Pute ⟨v.; ~, ~n⟩ **0.1** ***kalkoense hen*** **0.2** ⟨inf.; pej.⟩ ***(domme) gans.***
Puter ⟨m.; ~s, ~⟩ **0.1** ***kalkoen(se haan).***
puterrot **0.1** ***vuurrood.***
put put!, putt putt! **0.1** ***kiep, kiep!*** ⟨lokroep voor kippen⟩.
Putsch ⟨m.; ~(e)s, ~e⟩ **0.1** ***putsch, greep naar de macht, staatsgreep.***
putschen **0.1** ***een staatsgreep ondernemen.***
Putschist ⟨m.; ~en, ~en⟩ **0.1** ***iem. die een staatsgreep onderneemt.***
Putte ⟨v.; ~, ~n⟩⟨bk.⟩ **0.1** ***putto.***
putten ⟨sp.⟩ **0.1** ***putten, een hole maken*** ⟨golf⟩.
Putto ⟨m.; ~s, Putti of Putten⟩⟨bk.⟩ **0.1** ***putto.***
Putz ⟨m.; ~es⟩ **0.1** ⟨bouwk.⟩ ***pleister(laag)*** ⇒*kalk* **0.2** ⟨inf.⟩ ***ruzie*** ⇒*stampei* ◆ **6.1** **mit** ~ bewerfen *bepleisteren, stukadoren* **6.¶** ⟨inf.⟩ **auf** den ~ hauen (a) *opscheppen* (b) *de bloemetjes buitenzetten.*
putzen ⟨zelden onov. ww.⟩ **0.1** ***(blinkend) poetsen*** **0.2** ***poetsen*** ⇒*schoonmaken, reinigen* **0.3** ***schoonmaken, panklaar maken*** ⟨groente⟩ **0.4** ***snuiten*** ⟨kaars⟩ **0.5** ***(be)pleisteren*** ⇒*berapen, stukadoren* **0.6** ⟨reg.⟩ ***schoonmaken*** ⇒ *een beurt geven* ◆ **1.1** ⟨fig.⟩ den Teller blank ~ *zijn bord schoon leegeten* **1.2** die Katze putzt sich *de kat wast zich;* sich ⟨3e nv.⟩ die Nase ~ *zijn neus snuiten.*
Putzer ⟨m.; ~s, ~⟩ **0.1** ***poetser*** **0.2** ***stukadoor.***
Putzerei ⟨v.; ~, ~en⟩ **0.1** ***gepoets.***
Putzfimmel ⟨m.⟩ **0.1** ***schoonmaakwoede.***
Putz|frau, -hilfe ⟨v.⟩ **0.1** ***werkster, schoonmaakster.***
putzig **0.1** ***koddig*** ⇒*grappig, komiek* **0.2** ***eigenaardig*** ⇒ *merkwaardig.*
Putzkasten ⟨m.⟩ **0.1** ***poetsdoos.***
Putz|lappen, -lumpen ⟨m.⟩ **0.1** ***poetsdoek.***
Putzmacherin ⟨v.; ~, ~nen⟩ **0.1** ***modiste, hoedenmaakster.***
Putzmittel ⟨o.⟩ **0.1** ***schoonmaakmiddel.***
putzmunter ⟨inf.⟩ **0.1** ***in opperbeste stemming*** **0.2** ***klaarwakker.***
Putzsucht ⟨v.⟩ **0.1** ***pronkzucht.***
putzsüchtig **0.1** ***pronkziek.***
Putzteufel ⟨m.⟩⟨inf.; pej.⟩ **0.1** ***poetsduivel, schoonmaakmaniak*** **0.2** ***schoonmaakwoede.***
Putztuch ⟨o.⟩ **0.1** ***poets-, stofdoek.***
Putzwolle ⟨v.⟩ **0.1** ***poetskatoen.***
Putzwut ⟨v.⟩ **0.1** ***schoonmaakwoede.***
Putzzeug ⟨o.⟩ **0.1** ***poetsgoed.***
puzzeln **0.1** ***een legpuzzel maken, leggen.***
Puzzlespiel ⟨o.⟩ **0.1** ***legpuzzel.***
Pygmäe ⟨m.; ~n, ~n⟩ **0.1** ***pygmee.***
Pyjama ⟨m.⟩ **0.1** ***pyjama.***
Pykniker ⟨m.; ~s, ~⟩ **0.1** ***pycnicus.***
pyramidal **0.1** ***piramidaal, piramidevormig.***
Pyramide ⟨v.; ~, ~n⟩ **0.1** ***piramide.***
Pyramidenstumpf ⟨m.⟩⟨wisk.⟩ **0.1** ***afgeknotte piramide.***
Pyrenäen ⟨alleen mv.⟩ **0.1** ***Pyreneeën.***
Pyromane ⟨m.; ~n, ~n⟩ **0.1** ***pyromaan.***
Pyrotechniker ⟨m.⟩ **0.1** ***pyrotechnicus, vuurwerkmaker.***
Pyrrhussieg ⟨m.⟩ **0.1** ***Pyrrusoverwinning.***
pythago|räisch, -reisch **0.1** ***pythagorisch*** ◆ **1.1** ⟨wisk.⟩ der ~e Lehrsatz *de stelling van Pythagoras.*
pythisch **0.1** ***pythisch*** ⇒*orakelachtig, raadselachtig.*
Python ⟨m.; ~s, ~s of Pythonen⟩ **0.1** ***python.***

q, Q ⟨o.; ~, ~⟩ **0.1** ***q, Q*** ⇒*klank q, letter q, Q.*
qcm ⟨afk.⟩ [Quadratzentimeter].
quabbelig ⟨inf.⟩ **0.1** ***kwabbig, lillend, geleiachtig.***
Quacksalber ⟨m.; ~s, ~⟩ **0.1** ***kwakzalver.***
Quaddel ⟨v.; ~, ~n⟩⟨med.⟩ **0.1** ***bultje, blaasje.***
Quader ⟨m.; ~s, ~⟩ **0.1** ***quader(zand)steen*** **0.2** ⟨wisk.⟩ ***rechthoekig blok.***
Quadrant ⟨m.; ~en, ~en⟩ **0.1** ***kwadrant.***
Quadrat ⟨o.; ~(e)s, ~e⟩ **0.1** ***(huizen)blok*** **0.2** ⟨wisk.⟩ ***kwadraat, vierkant*** ⇒*tweede macht* ◆ **6.2** ⟨inf.⟩ Pech **im** ~ *heel veel, grote pech;* eine Zahl **ins** ~ erheben *een getal tot de tweede macht verheffen;* vier **zum** ~ *vier kwadraat, vier tot de tweede macht.*
quadratisch **0.1** ***kwadratisch, vierkant.***
Quadratmeter ⟨m. & o.⟩ **0.1** ***vierkante meter.***
Quadratur ⟨v.; ~, ~en⟩ **0.1** ***kwadratuur*** ◆ **1.1** die ~ des Kreises, Zirkels *de kwadratuur van de cirkel.*
Quadratwurzel ⟨v.⟩⟨wisk.⟩ **0.1** ***kwadraat-, vierkantswortel.***
Quadratzahl ⟨v.⟩ **0.1** ***tweede macht, kwadraat.***
quadrieren **0.1** ***kwadr(at)eren*** **0.2** ⟨bk.⟩ ***in vierkante vakken verdelen.***
Quadriga ⟨v.; ~, Quadrigen⟩ **0.1** ***quadriga, vierspan.***
Quadrille ⟨v.; ~, ~n⟩ **0.1** ***quadrille.***
Quadrophonie ⟨v.; ~⟩ **0.1** ***quadrafonie.***
Quai ⟨m.; ~s, ~s⟩ **0.1** ***kade, wal.***
quaken **0.1** ***kwak(k)en*** ⇒⟨inf.⟩ *kwekken, kakelen.*
quäken ⟨inf.⟩ **0.1** ***jengelen, drenzen*** **0.2** ***blèren, jammerend schreeuwen.***
Quäker ⟨m.; ~s, ~⟩⟨rel.⟩ **0.1** ***quaker.***
Qual ⟨v.; ~, ~en⟩ **0.1** ***kwelling, pijn*** ⇒*verdriet* ◆ **3.1** jmdm. ~en bereiten *iem. kwellingen aandoen.*
quälen I ⟨ov.ww.⟩ **0.1** ***kwellen, pijn aandoen*** **0.2** ***zeuren*** ⇒ *zaniken* ◆ **1.2** das Kind quält die Mutter schon wochenlang *het kind zeurt al weken zijn moeder aan het hoofd* **3.1** gequält lächeln *lachen als een boer die kiespijn heeft;*
II sich ~ ⟨wk.ww.⟩ **0.1** ***zich uit-, afsloven.***
Quäler ⟨m.; ~s, ~⟩ **0.1** ***treiteraar*** ⇒*kwel-, plaaggeest.*
Quälerei ⟨v.; ~, ~en⟩ **0.1** ***gekwel, kwellerij*** **0.2** ***kwelling*** ⇒ *plaag.*
Qualifikation ⟨v.; ~, ~en⟩ **0.1** ***kwalificatie.***
Qualifikationsziel ⟨o.⟩⟨school.⟩ **0.1** ***eindterm.***
qualifizieren I ⟨ov.ww.⟩ **0.1** ***kwalificeren;***
II sich ~ ⟨wk.ww.⟩ **0.1** ***de geschiktheid verwerven,*** ⟨sp.⟩ ***zich plaatsen*** ◆ **6.1** sich **zum** Facharbeiter ~ *de kwalificatie vakarbeider verwerven.*
qualifiziert **0.1** ***gekwalificeerd*** ⇒*bekwaam, vakkundig* ◆ **1.1** ~e Arbeit *vakwerk;* eine ~e Mehrheit *een gekwalificeerde, echte meerderheid;* ⟨jur.⟩ eine ~e Straftat *een gekwalificeerd delict.*
Qualität ⟨v.; ~, ~en⟩ **0.1** ***kwaliteit.***
qualitativ **0.1** ***kwalitatief.***
Qualle ⟨v.; ~, ~n⟩⟨biol.⟩ **0.1** ***kwal.***
quallig **0.1** ***kwallig, slijmerig.***
Qualm ⟨m.; ~(e)s⟩ **0.1** ***(k)walm, damp*** ◆ **6.1** ⟨fig.⟩ bei ihnen ist ~ **in** der Bude, Küche *zij hebben een huiselijke ruzie.*
qualmen **0.1** ***kwalmen*** **0.2** ⟨inf.; fig.⟩ ***(heel veel) roken, paffen*** ◆ **4.1** ⟨inf.; fig.⟩ aber dann qualmt's! *maar dan zijn de poppen aan het dansen!*
qualmig **0.1** *walmend* ⇒*rokerig.*
qualvoll **0.1** ***kwellend, pijnlijk.***
Quant ⟨o.; ~(e)s, ~en⟩⟨nat.⟩ **0.1** ***quant, kwantum).***
Quäntchen ⟨o.⟩⟨nw.spel.⟩ →**Quentchen.**
Quantentheorie ⟨v.⟩ **0.1** ***kwantumtheorie.***
quantifizieren **0.1** ***kwantificeren.***
Quantität ⟨v.; ~, ~en⟩ **0.1** ***kwantiteit*** ⇒*hoeveelheid, aantal.*
quantitativ **0.1** ***kwantitatief.***
Quantum ⟨o.; ~s, Quanta of Quanten⟩ **0.1** ***quantum, hoeveelheid*** ◆ **2.1** ⟨inf.⟩ sein volles ~ bekommen *zijn volledig aandeel krijgen.*
Quappe ⟨v.; ~, ~n⟩⟨biol.⟩ **0.1** ***puit-, kwabaal*** **0.2** ***kikkervisje.***
Quarantäne ⟨v.; ~, ~n⟩ **0.1** ***quarantaine.***
Quark[1] ⟨m.; ~(e)s⟩ **0.1** ***kwark*** **0.2** ⟨inf.; fig.⟩ ***kleinigheid*** ⇒ *onzin* ◆ **3.2** das geht ihn einen ~ an *dat gaat hem geen bliksem aan;* der Film war ein ~ *de film was knudde, pet.*
Quark[2] ⟨o.; ~s, ~s⟩⟨nat.⟩ **0.1** ***quark.***
Quart ⟨o.; ~s⟩⟨boek.⟩ **0.1** ***kwarto(formaat).***
Quarta ⟨v.; ~, Quarten⟩ **0.1** ***derde klas v.h. gymnasium.***
Quartal ⟨o.; ~s, ~e⟩ **0.1** ***kwartaal.***
Quartal(s)abschluß ⟨m.⟩⟨ec.⟩ **0.1** ***driemaandelijkse afsluiting v.d. boeken.***
quartär **0.1** ***quartair*** ⇒*vierde.*
Quartär ⟨o.; ~s⟩⟨geol.⟩ **0.1** ***Quartair.***
Quartband ⟨m.⟩⟨boek.⟩ **0.1** ***kwartijn, boek in kwartoformaat.***
Quarter ⟨m.; ~s, ~⟩ **0.1** ***kwart gallon.***
Quarterdeck ⟨o.⟩⟨scheep.⟩ **0.1** ***achterdek, -plecht.***
Quartett ⟨o.; ~(e)s, ~e⟩ **0.1** ***kwartet*** **0.2** ⟨lit.⟩ ***kwatrijn.***
Quartier ⟨o.; ~(e)s, ~e⟩ **0.1** ***kwartier, onderkomen*** ◆ **3.1** ~ beziehen, nehmen *kwartier betrekken* **6.1 im**, in ~ liegen *ingekwartierd zijn.*
quartieren **0.1** ***inkwartieren.***
Quarz ⟨m.; ~es, ~e⟩⟨geol.⟩ **0.1** ***kwarts(kristal).***
Quarzfilter ⟨m.⟩⟨tech.⟩ **0.1** ***kristalfilter.***
quarzig **0.1** ***van kwarts.***
Quarzit ⟨m.; ~(e)s, ~e⟩⟨geol.⟩ **0.1** ***kwartsiet.***
Quarzuhr ⟨v.⟩ **0.1** ***kwartshorloge, -klok.***
quasi **0.1** ***zo goed als.***
quasseln ⟨inf.⟩ **0.1** ***kletsen, zwetsen.***
Quasselstrippe ⟨v.⟩⟨inf.⟩ **0.1** ***kletskous, -tante*** **0.2** ⟨scherts.⟩ ***telefoon.***
Quaste ⟨v.; ~, ~n⟩ **0.1** ***kwast*** ⟨als franje⟩.
Quatsch ⟨m.; ~(e)s⟩⟨inf.⟩ **0.1** ***onzin, flauwekul*** ⇒*geklets* ◆ **6.1** ~ **mit** Soße! *flauwekul!, onzin!*
quatschen ⟨inf.⟩ **0.1** ***kletsen, zwetsen*** ⇒*babbelen.*
Quatschkopf ⟨m.⟩⟨inf.⟩ **0.1** ***kletskous, bazelaar.***
Quecke ⟨v.; ~⟩⟨plantk.⟩ **0.1** ***kweek(gras).***
Quecksilber ⟨o.⟩ **0.1** ***kwik(zilver)*** ◆ **¶.1** ⟨inf.; fig.⟩ ~ im Leib haben *als kwik zijn.*
Quecksilberdampflampe ⟨v.⟩ **0.1** ***kwik(damp)lamp.***
quecksilberig **0.1** ***kwikzilverachtig*** ⟨ook fig.⟩.
Quelle ⟨v.; ~, ~n⟩ **0.1** ***bron*** ⟨ook fig.⟩ ◆ **3.1** diese ~ ist versiegt *deze bron is opgedroogd* **6.1** ⟨fig.⟩ **an** der ~ sitzen *aan de bron zitten;* **aus** erster ~ *uit de eerste hand.*
quellen I ⟨onov.ww.→t93⟩ **0.1** ***(op)wellen, ontspringen*** **0.2** ***(op)zwellen, kwellen*** ⇒*opzetten* ◆ **1.2** gequollene Hände *(op)gezwollen handen* **6.1** ⟨fig.⟩ die Augen ~ ihnen fast **aus** dem Kopf *hun ogen puilen bijna uit;*
II ⟨ov.ww.⟩ **0.1** ***weken.***
Quellenangabe ⟨v.⟩ **0.1** ***bronvermelding.***
Quellenforschung ⟨v.⟩ **0.1** ***bronnenonderzoek.***
quellenmäßig **0.1** ***volgens de bronnen.***
Quellensteuer ⟨v.⟩⟨ec.⟩ **0.1** ***bronbelasting.***

Quellfluß ⟨m.⟩ **0.1** ***bronrivier.***
quellfrisch **0.1** *vers uit de bron.*
Quellgebiet ⟨o.⟩ **0.1** ***brongebied.***
Quellwolke ⟨v.⟩⟨meteo.⟩ **0.1** ***stapelwolk, cumulus(wolk).***
Quendel ⟨m.; ~s, ~⟩⟨plantk.⟩ **0.1** ***heidebloem, echte, wilde tijm.***
quengelig **0.1** ***drenzerig, jengelend, zeurend.***
quengeln **0.1** ***jengelen*** ⟨van kinderen⟩ **0.2** ***mopperen, pruttelen.***
Quentchen ⟨o.; ~s, ~⟩ **0.1** ***heel klein beetje*** ⇒⟨fig. ook⟩ *greintje, ziertje.*
quer **0.1** ***dwars*** ⇒*haaks, loodrecht* **0.2** ⟨fig.⟩ ***verkeerd, fout*** ◆ **3.1** den Stoff ~ nehmen *de lap stof in de breedte nemen.*
Querbalken ⟨m.⟩ **0.1** ***dwarsbalk*** **0.2** ⟨geneal., muz.⟩ ***balk*** **0.3** ⟨sp.⟩ ***(doel)lat.***
querdurch **0.1** ***dwars door.***
Quere ⟨v.; ~⟩ **0.1** ***dwarse richting, ligging*** ◆ **6.1** ⟨fig.⟩ es ist mir etwas **in** die ~ gekommen *er is iets tussen gekomen;* ⟨fig.⟩ jmdm. **in** die ~ kommen *iem. dwars zitten.*
Querele ⟨v.; ~, ~n⟩⟨schr.⟩ **0.1** ***geschil, ruzie(tje).***
querfeldein **0.1** ***dwars door het veld, terrein.***
Querfeldeinlauf ⟨m.⟩⟨sp.⟩ **0.1** ***veldloop, cross-country.***
Querfeldeinrennen ⟨o.⟩⟨sp.⟩ **0.1** ***cyclecross.***
Querflöte ⟨v.⟩ **0.1** ***dwarsfluit.***
Querformat ⟨o.⟩ **0.1** ***dwarsformaat.***
quergehen ⟨inf.⟩ **0.1** ***fout/verkeerd gaan*** **0.2** ***in het verkeerde keelgat schieten.***
Querhaus ⟨o.⟩⟨bouwk.⟩ **0.1** ***dwarsschip, transept.***
Querkopf ⟨m.⟩⟨inf.⟩ **0.1** ***dwarskop, -ligger.***
Querlage ⟨v.⟩⟨med.⟩ **0.1** ***dwarsligging.***
Querlatte ⟨v.⟩ **0.1** ***dwarslat*** **0.2** ⟨sp.⟩ ***(doel)lat.***
querlegen, sich ⟨inf.⟩ **0.1** ***gaan dwarsliggen.***
Querpaß ⟨m.⟩⟨sp.⟩ **0.1** ***pass in de breedte, breedtepass.***
querschießen ⟨inf.; fig.⟩ **0.1** ***dwarsbomen, tegenwerken.***
Querschiff ⟨o.⟩ **0.1** ***dwarsschip, transept.***
Querschnitt ⟨m.⟩ **0.1** ⟨wisk.⟩ ***(dwars)doorsnede*** **0.2** ⟨fig.⟩ ***samenvatting, overzicht*** ◆ **2.2** ein repräsentativer ~ der Bevölkerung *een representatieve groep uit de bevolking* **6.2** ein ~ **durch** die Literatur *een selectie uit de literatuur.*
Querschnittslähmung ⟨v.⟩⟨med.⟩ **0.1** ***dwarslaesie.***
querschreiben ⟨ec.⟩ **0.1** ***een wissel accepteren.***
Querstraße ⟨v.⟩ **0.1** ***dwarsstraat.***
Quertreiber ⟨m.⟩⟨inf.⟩ **0.1** ***dwarsdrijver, -ligger.***
querüber **0.1** ***schuin (tegen)over.***
Querulant ⟨m.; ~en, ~en⟩ **0.1** ***querulant.***
Querverbindung ⟨v.⟩⟨fig.⟩ **0.1** ***(onderlinge) samenhang*** ⇒ *raakvlak.*
Querverweis ⟨m.⟩ **0.1** ***kruisverwijzing.***
quetschen I ⟨ov.ww.⟩ **0.1** ***persen, uitknijpen*** ⇒*fijnstampen* **0.2** ***(plat)drukken*** ⇒*kneuzen, pletten;*
II sich ~ ⟨wk.ww.⟩ **0.1** ***zich persen, dringen*** ◆ **6.1** sich **durch** die Menge ~ *zich door de menigte heen persen.*
Quetschkartoffeln ⟨alleen mv.⟩⟨reg.⟩ **0.1** ***aardappelpuree.***
Quetschung ⟨v.; ~, ~en⟩⟨med.⟩ **0.1** ***kneuzing, contusie.***
Queue ⟨o.; ~s, ~s⟩ **0.1** ***(biljart)keu.***
quicklebendig ⟨inf.⟩ **0.1** ***heel kwiek, springlevend.***
quieken **0.1** ***piepen*** **0.2** ***krijsen, gillen, schreeuwen.***
Quiekser ⟨m.; ~s, ~⟩⟨inf.⟩ **0.1** ***piep(geluid).***
quietschen **0.1** ***piepen, knarsen*** **0.2** ***gieren*** ◆ **6.1** **vor** Vergnügen ~ *kraaien van plezier.*
quietschvergnügt ⟨inf.⟩ **0.1** ***dolblij.***
quinkelieren ⟨inf.⟩ **0.1** ***kwinkeleren.***
Quint ⟨v.; ~, ~en⟩⟨muz.⟩ →**Quinte.**
Quinta ⟨v.; ~, Quinten⟩ **0.1** ***tweede klas v.h. gymnasium.***
Quinte ⟨v.; ~, ~n⟩⟨muz.⟩ **0.1** ***kwint.***
Quintessenz ⟨v.⟩ **0.1** ***kwintessens, kern v.d. zaak.***
Quintett ⟨o.; ~(e)s, ~e⟩ **0.1** ***kwintet.***
Quirl ⟨m.; ~(e)s, ~e⟩ **0.1** ***gard(e)*** **0.2** ⟨plantk.⟩ ***krans*** **0.3** ⟨inf.; fig.⟩ ***woelwater, draaitol.***
quirlen I ⟨onov.ww.⟩ **0.1** ***wemelen, krioelen*** **0.2** ***kolken, wielen*** ◆ **1.2** eine ~de Großstadt *een woelige grote stad* **6.1** es quirlte **von** Menschen *het krioelde, wemelde er van de mensen;*
II ⟨ov.ww.⟩ **0.1** ***kloppen, klutsen.***
quirlig ⟨inf.; fig.⟩ **0.1** ***draaierig, beweeglijk.***
Quisling ⟨m.; ~(e)s, ~e⟩⟨inf.; fig.⟩ **0.1** ***quisling, collaborateur.***
quitt **0.1** ***quitte*** ◆ **3.1** ⟨fig.⟩ jmdn., eine Sache ~ sein *van iem., iets verlost, af zijn* **6.1** **mit** jmdm. ~ sein (a) *met iem. quitte zijn* (b) *van iem. af zijn;* **mit** jmdm. ~ werden *met iem. tot een akkoord komen.*
Quitte ⟨v.; ~, ~n⟩ **0.1** ***kwee(boom)*** **0.2** ***kweeappel, -peer.***
quittegelb **0.1** ***citroengeel.***
quittieren **0.1** ***voor ontvangst tekenen, kwiteren*** **0.2** ⟨inf.⟩ ***beantwoorden, reageren*** **0.3** ⟨adm., mil.⟩ ***ontslag nemen*** ◆ **1.1** den Empfang ~ *voor ontvangst tekenen* **1.3** den Dienst ~ *de dienst verlaten, ontslag uit de dienst nemen* **6.1** ⟨fig.⟩ **über** eine Niederlage ~ müssen *een nederlaag moeten incasseren* **6.2** eine Bemerkung **mit** einem Hieb ~ *een opmerking met een slag beantwoorden.*
Quittung ⟨v.; ~, ~en⟩ **0.1** ***kwitantie*** **0.2** ⟨fig.⟩ ***antwoord*** ⇒ *straf* ◆ **6.2** das ist die ~ **für** diese Dummheit *dat is de straf voor deze stommiteit.*
Quittungsblock ⟨m.⟩ **0.1** ***kwitantieboekje.***
Quivive ⟨o.⟩ ◆ **6.¶** **auf** dem ~ sein *op z'n hoede, qui-vive zijn.*
Quiz ⟨o.; ~, ~⟩ **0.1** ***quiz.***
Quizmaster ⟨m.; ~s, ~⟩ **0.1** ***quizmaster.***
Quorum ⟨o.; ~s⟩ **0.1** ***quorum, vereist aantal.***
Quotation ⟨v.; ~, ~en⟩ **0.1** ***quot(is)atie*** ⇒*koersnotering.*
Quote ⟨v.; ~, ~n⟩ **0.1** ***(aan)deel, quotum*** **0.2** ***contingent.***
Quotenregelung ⟨v.⟩ **0.1** ***voorkeursbeleid voor vrouwen.***
Quotentief ⟨o.⟩⟨com.⟩ **0.1** ***zeer lage luister- of kijkdichtheid.***
Quotient ⟨m.; ~en, ~en⟩ **0.1** ***quotiënt.***
quotieren ⟨ec.⟩ **0.1** ***prijs, koers aangeven, noteren.***
quotisieren **0.1** ***naar verhouding verdelen, quot(is)eren.***

r

r, R ⟨o.; ~, ~⟩ **0.1** *r, R* ⇒*klank r, letter r, R.*
r. ⟨afk.⟩ →**rechts.**
Rabatt ⟨m.; ~(e)s, ~e⟩ **0.1** ***rabat, korting.***
Rabatte ⟨v.; ~, ~n⟩ **0.1** ***rabat, border.***
rabattieren 0.1 *korting geven op.*
Rabattmarke ⟨v.⟩ **0.1** *spaarzegel.*
Rabattsatz ⟨m.⟩ **0.1** ***kortingspercentage.***
Rabatz ⟨m.; ~(e)s⟩⟨inf.⟩ **0.1** ***kabaal*** ⇒*herrie* **0.2** ***ruzie*** ⇒ *vechtpartij* **0.3** ***luid protest.***
Rabauke ⟨m.; ~n, ~n⟩ **0.1** ***rabauw, ruwe gast.***
Rabbi ⟨m.; ~(s), Rabinen of ~s⟩ **0.1** ***rabbi.***
Rabbiner ⟨m.; ~s, ~⟩ **0.1** ***rabbijn.***
rabbinisch 0.1 ***rabbijns.***
Rabe ⟨m.; ~n, ~n⟩ **0.1** ***raaf.***
Rabenaas ⟨o.⟩⟨inf.⟩ **0.1** ***galgenbrok*** ⇒*schobbejak.*
Rabeneltern ⟨alleen mv.⟩⟨pej.⟩ **0.1** ***ontaarde ouders.***
Rabenmutter ⟨v.⟩⟨pej.⟩ **0.1** ***ontaarde moeder.***
rabenschwarz 0.1 ***raven-, pikzwart.***
Rabenvogel ⟨m.⟩ **0.1** ***raafachtige.***
rabiat 0.1 ***rabiaat*** ⇒*furieus, driftig* **0.2** ***niets ontziend*** ⇒ *meedogenloos* ◆ **3.1** jmdn. ~ machen *iem. woedend maken.*
Rache ⟨v.; ~⟩ **0.1** ***wraak*** ◆ **3.1** ~ brüten *op wraak zinnen;* an jmdm. ~ nehmen, ⟨schr.⟩ üben *wraak op iem. nemen.*
Racheakt ⟨m.⟩ **0.1** ***wraakactie.***
Rachedurst ⟨m.⟩⟨schr.⟩ **0.1** ***wraakzucht.***
rachedurstig 0.1 ***wraakgierig, -zuchtig.***
rächen I ⟨ov.ww.⟩ **0.1** ***wreken*** ◆ **4.1** sich an jmdm. ~ *op iem. wraak nemen;*
II sich ~ ⟨wk.ww.⟩ **0.1** ***zich wreken.***
Rachen ⟨m.; ~s, ~⟩ **0.1** ***keelholte*** **0.2** ***muil*** ◆ **1.2** ⟨schr.; fig.⟩ der ~ der Hölle *de afgrond van de hel* **2.2** ⟨inf.; fig.⟩ den ~ nicht voll (genug) kriegen können *onverzadigbaar zijn* **3.2** ⟨inf.; fig.⟩ jmdm. den ~ stopfen *iem. (voorlopig) tevredenstellen* **6.2** ⟨inf.; fig.⟩ jmdm. etwas **in** den ~ werfen *iem. die veeleisend is toch weer z'n zin geven.*
Rachenblütler ⟨m.; ~s, ~⟩⟨plantk.⟩ **0.1** ***leeuwenbekachtige.***
Rachenentzündung ⟨v.⟩ **0.1** ***angina.***
Rachenhöhle ⟨v.⟩ **0.1** ***keelholte.***
Rachenmandel ⟨v.⟩ **0.1** ***keelamandel.***
Rachenputzer ⟨m.⟩⟨inf.; scherts.⟩ **0.1** ***wrange wijn*** **0.2** ***scherpe jenever.***
Rächer ⟨m.; ~s, ~⟩ **0.1** ***wreker.***
Rachgier ⟨v.⟩⟨schr.⟩ **0.1** ***wraakzucht.***
rachgierig 0.1 ***wraakzuchtig.***
Rachitis ⟨v.; ~⟩ **0.1** ***rachitis, Engelse ziekte.***
rachitisch 0.1 ***rachitisch.***
rachsüchtig 0.1 ***wraakzuchtig.***
Racke ⟨v.; ~, ~n⟩⟨biol.⟩ **0.1** ***roek.***
Racker ⟨m.; ~s, ~⟩⟨inf.⟩ **0.1** ***rakker*** ⇒*bengel.*
Rackerei ⟨v.; ~, ~en⟩⟨inf.⟩ **0.1** ***gezwoeg*** ⇒*getob.*
rackern ⟨inf.⟩ **0.1** ***zwoegen.***
Racket ⟨acc. wiss.⟩⟨o.; ~s, ~s⟩⟨tennis⟩ **0.1** ***racket.***
Rad ⟨o.; ~(e)s, ¨~er⟩ **0.1** ***rad, wiel*** **0.2** ***rad*** ⟨onderdeel⟩ **0.3** ***fiets, rijwiel*** **0.4** ⟨gesch.⟩ ***rad*** **0.5** ⟨sp.⟩ ***radslag*** **0.6** ⟨biol.⟩ ***waaier*** ⟨bv. v.e. pauw⟩ ◆ **2.1** ⟨inf.⟩ das fünfte ~ am Wagen *het vijfde rad aan de wagen* **3.5** ein ~ schlagen *een radslag maken* **3.6** der Pfau schlägt ein *de pauw pronkt met z'n veren* **6.1** ⟨inf.; fig.⟩ **unter** die Räder kommen *te gronde gaan.*
Radachse ⟨v.⟩ **0.1** ***rad-, wielas.***
Radar ⟨m. & o.; ~s, ~e⟩ **0.1** ***radar(installatie).***
Radaranlage ⟨v.⟩ **0.1** ***radarinstallatie.***
Radarfalle ⟨v.⟩ **0.1** ***verdekte snelheidscontrole dmv. radarapparatuur.***
Radargerät ⟨o.⟩ **0.1** ***radarapparaat.***
Radau ⟨m.; ~s⟩⟨inf.⟩ **0.1** ***herrie*** ⇒*kabaal.*
Radaubruder ⟨m.⟩ **0.1** ***herrieschopper, -maker.***
Radaufhängung ⟨m.⟩ **0.1** ***wielophanging.***
Radaumacher ⟨m.; ~s, ~⟩ **0.1** ***herriemaker.***
Rädchen ⟨o.; ~s, ~⟩ **0.1** ⟨mv. ook Räderchen⟩ ***raadje, radertje*** **0.2** ***radeerwieltje*** ◆ **3.1** ⟨inf.⟩ bei jmdm. fehlt ein ~, ist ein ~ locker *iem. is niet goed snik.*
Raddampfer ⟨m.⟩ **0.1** ***raderboot.***
radebrechen 0.1 ***radbraken.***
radeln ⟨vooral Zdd.; inf.⟩ **0.1** ***fietsen.***
rädeln 0.1 ***uitkartelen, uitraderen.***
Rädelsführer ⟨m.⟩ **0.1** ***belhamel*** ⇒*raddraaier.*
Rädergetriebe ⟨o.⟩ **0.1** ***tandwieldrijfwerk.***
rädern 0.1 ***radbraken.***
Räderwerk ⟨o.⟩ **0.1** ***raderwerk.***
radfahren 0.1 ***fietsen*** **0.2** ⟨inf.; pej.⟩ ***naar boven likken en naar onderen trappen*** ◆ **4.1** sie fährt Rad *zij fietst.*
Radfahrer ⟨m.⟩ **0.1** ***fietser, wielrijder*** **0.2** ⟨inf.; pej.⟩ ***iem. die naar boven likt en naar onderen trapt.***
Radfahrsport ⟨m.⟩ **0.1** ***wielersport.***
Radfahrweg ⟨m.⟩ **0.1** ***fiets-, rijwielpad.***
radial 0.1 ***radiaal, straalsgewijs.***
Radialgeschwindigkeit ⟨v.⟩⟨ster.⟩ **0.1** ***radiale snelheid.***
Radialreifen ⟨m.⟩ **0.1** ***radiaalband.***
Radiant ⟨m.; ~en, ~en⟩⟨ster., wisk.⟩ **0.1** ***radiant.***
radiär 0.1 ***radiair, straalsgewijs.***
Radiation ⟨v.; ~, ~en⟩ **0.1** ***radiatie, (uit)straling.***
Radiator ⟨m.; ~s, Radiatoren⟩ **0.1** ***radiator.***
radieren I ⟨onov.ww.⟩ **0.1** ***raderen, gummen;***
II ⟨ov.ww.⟩⟨bk.⟩ **0.1** ***raderen, etsen.***
Radierer ⟨m.; ~s, ~⟩ **0.1** ***etser.***
Radiergummi ⟨m.⟩ **0.1** ***vlakgom, stuf.***
Radierkunst ⟨v.⟩ **0.1** ***etskunst.***
Radiernadel ⟨v.⟩ **0.1** ***radeer-, etsnaald.***
Radierung ⟨v.; ~, ~en⟩⟨bk.⟩ **0.1** ***ets*** **0.2** ***het etsen, raderen.***
Radieschen ⟨o.; ~s, ~⟩ **0.1** ***radijsje*** **0.2** ⟨alleen mv.⟩ ***radijs*** ◆ **3.2** ⟨inf.; fig.⟩ sich ⟨3e nv.⟩ die ~ von unten ansehen *onder de groene zoden liggen.*
radikal 0.1 ***radicaal.***
Radikal ⟨o.; ~(e)s, ~e⟩ **0.1** ⟨schei.⟩ ***radicaal*** **0.2** ⟨wisk.⟩ ***wortel(teken).***
Radikalenerlaß ⟨m.⟩ **0.1** ***verordening tegen het aanstellen van leden van extreem rechtse of linkse organisaties in overheidsdienst.***
Radikale(r) ⟨bn. als zn.⟩ **0.1** ***radicaal.***
Radikalinski ⟨m.; ~s, ~s⟩⟨inf.; pej.⟩ **0.1** ***uiterst radicaal element.***
radikalisieren 0.1 ***radicaliseren.***
Radikalismus ⟨m.; ~⟩ **0.1** ***radicalisme.***
Radikalist ⟨m.; ~en, ~en⟩ **0.1** ***radicaal.***
Radikalkur ⟨v.⟩ **0.1** ***paardenkuur, kuur met paardenmiddelen.***
Radio ⟨o.; ~s, ~s⟩ **0.1** ⟨Zdd., Zwi. ook m.⟩ ***radio(toestel)*** **0.2** ⟨g.mv.⟩ ***radio(-omroep)*** **0.3** ⟨zonder lidw.⟩ ***radio(station), zender*** ◆ **3.2** ~ hören *naar de radio luisteren* **6.1** was kommt **im** ~? *wat is er op de radio?* **6.2** etwas **im** ~ hören *iets voor de radio horen.*

radioaktiv 0.1 *radioactief.*
Radioapparat ⟨m.⟩ 0.1 *radiotoestel.*
Radiodurchsage ⟨v.⟩ 0.1 *omroepbericht.*
Radiogerät ⟨o.⟩ 0.1 *radiotoestel.*
Radiogramm ⟨o.; ~(e)s, ~e⟩ 0.1 *radiogram.*
Radiographie ⟨v.; ~⟩ 0.1 *radiografie.*
Radiologie ⟨v.; ~⟩ 0.1 *radiologie.*
Radiomeldung ⟨v.⟩ 0.1 *omroepbericht.*
Radiometer ⟨o.⟩ 0.1 *radio-, stralingsmeter.*
Radiosender ⟨m.⟩ 0.1 *radiozender.*
Radiosendung ⟨v.⟩ 0.1 *radio-uitzending.*
Radiowecker ⟨m.⟩ 0.1 *wekkerradio, radiowekker.*
Radiowelle ⟨v.⟩ 0.1 *radiogolf.*
Radiozeit ⟨v.⟩⟨inf.⟩ 0.1 *juiste tijd.*
Radium ⟨o.; ~s⟩ 0.1 *radium.*
Radius ⟨m.; ~, Radien⟩ 0.1 *radius* 0.2 *actieradius.*
Radkappe ⟨v.⟩ 0.1 *wieldop.*
Radkasten ⟨m.⟩ 0.1 *wielkast.*
Radkralle ⟨v.⟩ 0.1 *wielklem, parkeerklem.*
Radler ⟨m.; ~s, ~⟩ 0.1 *fietser, wielrijder.*
Radmantel ⟨m.⟩ 0.1 *cape, fietsmantel* 0.2 *buitenband.*
Radnabe ⟨v.⟩ 0.1 *wielnaaf.*
Radon ⟨o.; ~s⟩⟨schei.⟩ 0.1 *radon.*
Radrennbahn ⟨v.⟩ 0.1 *wielerbaan.*
Radrennen ⟨o.⟩ 0.1 *wielerwedstrijd* 0.2 ⟨g.mv.⟩ *wielrennen.*
Radrennfahrer ⟨m.⟩ 0.1 *wielrenner.*
radschlagen 0.1 *een radslag maken* ◆ 4.1 er schlägt Rad *hij maakt een radslag.*
Radschuh ⟨m.⟩ 0.1 *remschoen.*
Radsport ⟨m.⟩ 0.1 *wielersport.*
Radsportler ⟨m.⟩ 0.1 *wielrenner.*
Radtour ⟨v.⟩ 0.1 *fietstocht(je).*
radwandern 0.1 *een fietstocht maken.*
Radwanderung ⟨v.⟩ 0.1 *fietstocht.*
Radweg ⟨m.⟩ 0.1 *fietspad.*
RAF ⟨v.; ~⟩⟨afk.⟩ [Rote-Armee-Fraktion] ⟨terroristische organisatie⟩.
raffen 0.1 *pakken* ⇒*(op)rapen, grissen* 0.2 *kort samenvatten* 0.3 *opnemen* ⇒*opschorten* 0.4 ⟨pej.; fig.⟩ *bij elkaar graaien* ◆ 1.3 Vorhänge ~ *gordijnen mooi in plooien laten afhangen* 1.4 Geld ~ *geld bij elkaar graaien* 2.2 etwas in gerafffter Form wiedergeben *iets beknopt weergeven.*
Raffgier ⟨v.⟩ 0.1 *hebzucht* ⇒*inhaligheid.*
raffgierig 0.1 *hebzuchtig.*
Raffinade ⟨v.; ~, ~n⟩ 0.1 *raffinade, geraffineerde suiker.*
Raffinat ⟨o.; ~(e)s, ~e⟩ 0.1 *raffinaat.*
Raffination ⟨v.; ~, ~en⟩ 0.1 *raffinage, raffinering.*
Raffinement ⟨o.; ~s, ~s⟩ 0.1 *raffinement.*
Raffinerie ⟨v.; ~, ~n⟩ 0.1 *raffinaderij.*
Raffinesse ⟨v.; ~, ~n⟩ 0.1 *verfijndheid* 0.2 ⟨g.mv.⟩ *geraffineerdheid.*
raffinieren 0.1 *raffineren.*
raffiniert 0.1 *geraffineerd* ⇒*verfijnd* 0.2 *geraffineerd* ⇒ *doortrapt.*
Raffiniertheit ⟨v.; ~, ~en⟩ 0.1 *geraffineerdheid.*
Raffke ⟨m.; ~s, ~s⟩⟨inf.; pej.⟩ 0.1 *schraper* ⇒*vrek.*
Raffsucht ⟨v.⟩ 0.1 *hebzucht* ⇒*schraapzucht.*
Raffzahn ⟨m.⟩ 0.1 *scheurkies* 0.2 ⟨inf.; fig.⟩ *schraper* ⇒ *vrek.*
Rage ⟨v.; ~⟩ 0.1 *woede* ⇒*razernij* ◆ 6.1 **in** der ~ habe ich es vergessen *in de opwinding heb ik het vergeten.*
ragen 0.1 *oprijzen* ⇒*uitsteken, hoger zijn dan.*
Ragout ⟨o.; ~s, ~s⟩ 0.1 *ragout.*
Rahe ⟨v.; ~, ~n⟩⟨scheep.⟩ 0.1 *ra.*
Rahm ⟨m.; ~(e)s⟩⟨Zdd., Oostr., Zwi.⟩ 0.1 *room* ◆ 3.1 ⟨fig.⟩ den ~ abschöpfen *het beste voor zichzelf afscheppen.*
rahmen 0.1 *inlijsten, encadreren.*
Rahmen ⟨m.; ~s, ~⟩ 0.1 *lijst* ⇒*raam* 0.2 *kozijn* 0.3 ⟨tech.⟩ *frame, chassis* 0.4 ⟨fig.⟩ *kader, bestek* ◆ 3.4 das sprengt den ~ seines Vortrags *dat valt buiten het bestek van zijn lezing* 6.2 **im** ~ der Tür stehen *in de deuropening staan* 6.4 **aus** dem ~ fallen *niet in het kader passen, uit de toon vallen;* **im** ~ des Möglichen *binnen de grenzen van het mogelijke;* **im** ~ (von) *in het kader (van).*
Rahmenabkommen ⟨o.⟩ 0.1 *mantelovereenkomst, raamakkoord.*
Rahmenantenne ⟨v.⟩ 0.1 *raamantenne.*
Rahmenbedingung ⟨v.; meestal mv.⟩ 0.1 *algemene voorwaarde.*
Rahmenerzählung ⟨v.⟩ 0.1 *raamvertelling.*
Rahmengesetz ⟨o.⟩ 0.1 *raam-, kaderwet.*
Rahmenprogramm ⟨o.⟩ 0.1 *programma ter omlijsting v.e. ander.*
Rahmentarif ⟨m.⟩ 0.1 *collectieve arbeidsovereenkomst.*
Rahsegel ⟨o.⟩ 0.1 *razeil.*
Raigras ⟨o.⟩ 0.1 *raaigras.*
Rain ⟨m.; ~(e)s, ~e⟩ 0.1 *rein, reen* ⟨akkergrens⟩.
Rainfarn ⟨m.⟩ 0.1 *boerenwormkruid.*
Rakel ⟨v.; ~, ~n⟩⟨boek.⟩ 0.1 *rakel.*
Rakete ⟨v.; ~, ~n⟩ 0.1 *raket* ◆ 2.1 mehrstufige ~n *meertrapsraketten.*
Raketenantrieb ⟨m.⟩ 0.1 *raketaandrijving.*
raketenbestückt 0.1 *met raketten uitgerust.*
raketengetrieben 0.1 *door raketten aangedreven.*
Raketenstartrampe ⟨v.⟩ 0.1 *lanceerinrichting voor raketten.*
Raketenstützpunkt ⟨m.⟩ 0.1 *raketbasis.*
Raketenträger ⟨m.⟩ 0.1 *met raketten uitgerust schip, vliegtuig, voertuig.*
Raketenwerfer ⟨m.⟩ 0.1 *raketwerper.*
Rakett ⟨o.; ~s, ~s of ~e⟩⟨sp.⟩ 0.1 *racket.*
Rally(e) ⟨v.; ~, ~s⟩ 0.1 *rally.*
Rammbär ⟨m.⟩ 0.1 *ram, heiblok.*
Rammbock ⟨m.⟩ 0.1 *ram, heiblok, stormram* 0.2 ⟨biol.⟩ *ram.*
Rammbug ⟨m.⟩⟨scheep.⟩ 0.1 *ramsteven.*
rammdösig ⟨inf.⟩ 0.1 *suf.*
Ramme ⟨v.; ~, ~n⟩ 0.1 *ram, heiblok, straatstamper.*
rammeln I ⟨onov.ww.⟩⟨inf.⟩ 0.1 *rammelen* ⇒*schudden* 0.2 *slaand, stompend zich een weg banen;*
II ⟨ov.ww.⟩ 0.1 ⟨jacht⟩ *dekken, bespringen* 0.2 ⟨vulg.⟩ *neuken, naaien;*
III **sich** ~ ⟨wk.ww.⟩⟨inf.⟩ 0.1 *vechten, knokken* 0.2 *zich stoten.*
rammen 0.1 *rammen* 0.2 *heien.*
Rammklotz ⟨m.⟩ 0.1 *hei-, ramblok.*
Rammler ⟨m.; ~s, ~⟩⟨biol.⟩ 0.1 *rammelaar* 0.2 *ram.*
Rampe ⟨v.; ~, ~n⟩ 0.1 *laadperron, -platform* 0.2 *(iets hellende) oprit* 0.3 ⟨dram.⟩ *voetlicht, podium* ◆ 1.2 die ~ des Schlosses *de oprit van het kasteel* 6.3 ⟨fig.⟩ nicht **über** die ~ kommen *een flop zijn.*
Rampenfieber ⟨o.⟩ 0.1 *plankenkoorts.*
Rampenlicht ⟨o.⟩ 0.1 *voetlicht* ◆ 6.1 ⟨fig.⟩ **im** ~ der Öffentlichkeit *in de schijnwerpers van de belangstelling.*
ramponieren ⟨inf.⟩ 0.1 *beschadigen.*
Ramsch ⟨m.; ~(e)s, ~e⟩⟨inf.⟩ 0.1 *ramsj, ongeregeld goed* 0.2 *rommel* ⇒*rotzooi* ◆ 6.1 **im** ~ verkaufen *bij de roes verkopen.*
ramschen ⟨inf.⟩ 0.1 *ramsjen, tegen spotprijzen op-, verko-*

pen **0.2** *bij elkaar graaien* **0.3** ⟨onov. ww.; sp.⟩ *passen* ⟨kaartspel⟩.
Ramscher ⟨m.; ~s, ~⟩⟨inf.⟩ **0.1** *ramsjer.*
Ramschladen ⟨m.⟩ **0.1** *ramsj-, dumpwinkel.*
Ramschpreis ⟨m.⟩ **0.1** *afbraak-, spotprijs.*
Ramschware ⟨v.⟩ **0.1** *ramsjgoed.*
ran ⟨inf.⟩ →**heran.**
Rand ⟨m.; ~es, ¨~er⟩ **0.1** *rand* ⇒*kant, omtrek* **0.2** *rand* ⇒ *strook, marge* **0.3** *kring* **0.4** ⟨inf.⟩ *waffel, grote mond, bek* ◆ **2.3** dunkle Ränder um die Augen *donkere kringen om de ogen* **3.4** halt deinen ~! *hou je grote mond!* **6.1** etwas **am** ~e erwähnen *iets terloops vermelden;* **am** ~e der Gesellschaft leben *aan de zelfkant van de maatschappij leven;* ich bin mit meiner Geduld **am** ~e *mijn geduld is op;* das versteht sich doch **am** ~e *dat spreekt toch vanzelf;* das interessiert mich nur **am** ~e *dat interesseert mij slechts zijdelings;* mit etwas nicht **zu** ~e kommen *iets niet voor elkaar kunnen krijgen, met iets niet uit de voeten kunnen;* mit jmdm. nicht **zu** ~e kommen *met iem. niet goed op kunnen schieten* **8.2** außer ~ und Band sein *uitgelaten zijn.*
Randale ⟨v.; ~⟩ **0.1** *spektakel, herrie.*
randalieren **0.1** *herrie, kabaal maken* ⇒*keet schoppen* **0.2** *vernielzuchtig optreden.*
Randalierer ⟨m.; ~s, ~⟩ **0.1** *herrieschopper* **0.2** *vandaal.*
Randausgleich ⟨m.⟩ **0.1** *kantlijnopheffer* ⟨v.e. schrijfmachine⟩.
Randbemerkung ⟨v.⟩ **0.1** *kanttekening.*
Rändel ⟨o.; ~s, ~⟩ **0.1** *kartel(raadje).*
rändeln **0.1** *kartelen, greineren.*
Rändelrad ⟨o.⟩ **0.1** *kartelraadje.*
rändern **0.1** *v.e. rand voorzien.*
Randerscheinung ⟨v.⟩ **0.1** *randverschijnsel.*
Randfigur ⟨v.⟩ **0.1** *randfiguur.*
Randgebiet ⟨o.⟩ **0.1** *randgebied.*
Randgruppe ⟨v.⟩ **0.1** *randgroep.*
Randnotiz ⟨v.⟩ **0.1** *kanttekening.*
Randsiedlung ⟨v.⟩ **0.1** *tuindorp, -stad.*
Randstein ⟨m.⟩ **0.1** *trottoirband.*
Randsteller ⟨m.; ~s, ~⟩ **0.1** *lijn-, margestop.*
randvoll **0.1** *boordevol.*
Rang ⟨m.; ~(e)s, ¨~e⟩ **0.1** *rang* ⇒*positie, aanzien* **0.2** *rang* ⇒ *niveau, kwaliteit* **0.3** ⟨dram.⟩ *rang* **0.4** ⟨sp.⟩ *plaats* ⇒*klassering* **0.5** ⟨sp.⟩ *klas(se)* ⟨v.e. lotto⟩ ◆ **2.2** ein Ereignis ersten ~es *een gebeurtenis van de eerste orde* **2.3** vor leeren Rängen spielen *voor een lege zaal spelen* **3.1** jmdm. den ~ streitig machen *iem. de voorrang betwisten* **3.¶** jmdm. den ~ ablaufen *iem. de loef afsteken* **6.1** **im** ~ eines Leutnants stehen *de rang van luitenant hebben* **8.1** alles, was ~ und Namen hat *alle prominenten;* ein Mann ohne ~ und Namen *een onbelangrijk mannetje;* ein Name von ~ und Klang *een klinkende naam;* zu ~ und Würden kommen *tot aanzien komen.*
Rangälteste(r) ⟨bn. als zn.⟩ **0.1** *oudste, hoogste in rang.*
Range ⟨v.; ~, ~n⟩ **0.1** *deugniet* ⇒*rakker.*
Rangelei ⟨v.; ~, ~en⟩⟨inf.⟩ **0.1** *gestoei* **0.2** ⟨fig.⟩ *geharrewar, gekissebis.*
rangeln **0.1** *stoeien* ⇒*vechten.*
Rangfolge ⟨v.⟩ **0.1** *rangorde.*
ranggleich **0.1** *gelijk in rang.*
Rangierbahnhof ⟨m.⟩ **0.1** *rangeerstation.*
rangieren I ⟨onov.ww.⟩ **0.1** *komen (voor, na)* ⇒*gerekend worden tot* ◆ **6.1** das rangiert bei mir **an** zweiter Stelle *dat komt bij mij op de tweede plaats;* **hinter** jmdm. ~ *een plaats achter iem. innemen;*
II ⟨ov.ww.⟩ **0.1** *rangeren.*
Rangierer ⟨m.; ~s, ~⟩ **0.1** *rangeerder.*
Rangiergleis ⟨o.⟩ **0.1** *rangeerspoor.*
Rangliste ⟨v.⟩ **0.1** *ranglijst.*
rangmäßig **0.1** *volgens rang.*
Rangordnung ⟨v.⟩ **0.1** *rangorde.*
Rangstreitigkeit ⟨v.⟩ **0.1** *twist, ruzie om de voorrang.*
Rangstufe ⟨v.⟩ **0.1** *graad* ⇒*trap.*
Rangunterschied ⟨m.⟩ **0.1** *verschil in rang.*
rank **0.1** *rank* ⇒*slank.*
Ranke ⟨v.; ~, ~n⟩ **0.1** *rank.*
ranken I ⟨onov.ww.⟩ **0.1** *ranken, ranken vormen;*
II sich ~ ⟨wk.ww.⟩ **0.1** *ranken, zich slingeren* ◆ **6.1** ⟨fig.⟩ **um** den Helden haben sich viele Sagen gerankt *om de held zijn vele sagen geweven.*
Rankengewächs ⟨o.⟩ **0.1** *rankgewas, rankende klimplant.*
Rankenwerk ⟨o.⟩⟨bk.⟩ **0.1** *rankwerk, -versiering.*
Ränkeschmied ⟨m.⟩ **0.1** *intrigant.*
Ränkespiel ⟨o.⟩ **0.1** *geïntrigeer.*
Ränkespinner ⟨m.⟩ **0.1** *intrigant.*
ränkevoll **0.1** *vol listen en lagen.*
rankig **0.1** *rankend* ⇒*met ranken.*
Rankünе ⟨v.; ~, ~n⟩⟨schr.⟩ **0.1** *rancunedaad, -handeling* **0.2** *rancune, wrok.*
Ranunkel ⟨v.; ~, ~n⟩ **0.1** *ranonkel, boterbloem.*
Ränzel ⟨o.; ~s, ~⟩ **0.1** *ransel, rug-, schooltas* ◆ **3.1** sein ~ schnüren *z'n boeltje pakken.*
Ranzen ⟨m.; ~s, ~⟩ **0.1** *ransel, school-, rugtas* **0.2** ⟨inf.⟩ *(dikke) buik* **0.3** ⟨inf.⟩ *rug* ◆ **3.2** sich den ~ vollschlagen *schransen* **3.3** jmdm. den ~ voll hauen *iem. goed op z'n falie geven.*
ranzig **0.1** *ranzig.*
rapide **0.1** *heel vlug, snel.*
Rapier ⟨o.; ~(e)s, ~e⟩ **0.1** *rapier.*
Rappe ⟨m.; ~n, ~n⟩ **0.1** *moor, zwart paard.*
Rappel ⟨m.; ~s, ~⟩⟨inf.⟩ **0.1** *woedeaanval* ◆ **3.1** du hast wohl einen ~ *je bent niet goed snik.*
Rappelkiste ⟨v.⟩⟨inf.⟩ **0.1** *rammelkast.*
Rappelkopf ⟨m.⟩⟨inf.⟩ **0.1** *driftkop, -kikker* **0.2** *halve gare* ⇒*warhoofd.*
rappeln I ⟨onov.ww.⟩ **0.1** *rammelen* ⇒*ratelen, rappelen* ◆ **5.1** gerappelt voll *ei-, bomvol* **6.1** **bei** ihm rappelt's *hij is niet goed snik;*
II sich ~ ⟨wk.ww.⟩ **0.1** *zich bewegen, verroeren* **0.2** *met moeite overeind komen.*
Rappen ⟨m.; ~s, ~⟩⟨Zwi.; ec.⟩ **0.1** *rappen, centime* ⟨een honderdste v.e. Zwitserse frank⟩.
Rapport ⟨m.; ~s, ~e⟩ **0.1** *rapport* ⇒*melding, verslag* ◆ **3.1** jmdm. ~ erstatten *iem. rapport, verslag uitbrengen.*
rapportieren **0.1** *rapporteren* ⇒*melden.*
Raps ⟨m.; ~es, ~e⟩ **0.1** *raap-, koolzaad.*
Rapsfeld ⟨o.⟩ **0.1** *raapland, -akker.*
Rapskuchen ⟨m.⟩ **0.1** *raapkoek.*
Rapsöl ⟨o.⟩ **0.1** *raap(zaad)olie.*
Rapunze(l) ⟨v.; ~, ~n⟩ **0.1** *veldsla.*
rar **0.1** *schaars* ⇒*gezocht, zeldzaam* ◆ **3.1** ⟨inf.⟩ sich ~ machen *zich zelden of nooit laten zien.*
Rarität ⟨v.; ~, ~en⟩ **0.1** *rariteit* ⇒*gezocht stuk, curiositeit* **0.2** *zeldzaamheid.*
Raritätenkabinett ⟨o.⟩ **0.1** *rariteitenkabinet, -kamer.*
rasant **0.1** ⟨mbt. projectielen⟩ *rasant, bestrijkend* ⇒*scherend* **0.2** ⟨inf.⟩ *pijl-, razendsnel* **0.3** ⟨inf.⟩ *fantastisch* ⇒ *enorm* **0.4** ⟨inf.⟩ *attractief* ⇒*pittig* ◆ **1.2** eine ~e Entwicklung *een zeer snelle ontwikkeling.*
Rasanz ⟨v.; ~⟩ **0.1** *het rasant zijn* **0.2** *hoge snelheid* ⇒*razend tempo* **0.3** *grootheid* ⇒*voortreffelijkheid.*

rasch 0.1 ***snel, vlug*** ⇒*gezwind, ras* ◆ **1.1** ⟨inf.⟩ ein ~es Mundwerk haben *overal zijn mond in steken* **3.1** ⟨inf.⟩ wer ~ gibt, gibt doppelt *snelle hulp is dubbele hulp;* ⟨inf.⟩ mach ~! *maak voort!*

rascheln 0.1 ***ritselen*** ⇒*ruisen.*

Raschheit ⟨v.; ~⟩ **0.1** ***snel-, vlugheid.***

raschlebig 0.1 ***snel voorbijgaand.***

raschwüchsig 0.1 ***snel groeiend.***

rasen 0.1 ***razen*** ⇒*woeden, tekeergaan* **0.2** ***razen*** ⇒*jagen, stuiven* ◆ **6.2 gegen** einen Baum ~ *tegen een boom knallen.*

Rasen ⟨m.; ~s, ~⟩ **0.1** ***gazon*** ⇒*grasveld* ◆ **3.1** ⟨schr.⟩ ihn deckt der grüne, kühle ~ *hij ligt onder de groene zoden;* ⟨sp.⟩ den ~ verlassen müssen *het (sport)veld moeten verlaten.*

Rasenbank ⟨v.; mv. ¨-e⟩ **0.1** ***zodebank.***

rasend 0.1 ***razend*** ⇒*hevig, enorm* **0.2** ***razend*** ⇒*tomeloos, vliegend* ◆ **1.1** ein ~er Beifall *een uitzinnig applaus.*

Rasendecke ⟨v.⟩ **0.1** ***grasmat, zode.***

Rasendünger ⟨m.⟩ **0.1** ***gazonmest.***

Rasenfläche ⟨v.⟩ **0.1** ***grasperk, gazon.***

Rasenmäher ⟨m.⟩ **0.1** ***grasmaaier.***

Rasenplatz ⟨m.⟩ **0.1** ***grasveld, gazon.***

Rasenschere ⟨v.⟩ **0.1** ***graskantschaar.***

Rasenspiel ⟨o.⟩ **0.1** ***veldspel.***

Rasensport ⟨m.⟩ **0.1** ***veldsport.***

Rasensprenger ⟨m.; ~s, ~⟩ **0.1** ***gazon-, tuinsproeier.***

Rasenstück ⟨o.⟩ **0.1** ***grasperk, gazon.***

Rasentennis ⟨o.⟩ **0.1** ***lawntennis.***

Rasenteppich ⟨m.⟩ **0.1** ***grasmat, -tapijt.***

Raser ⟨m.; ~s, ~⟩⟨inf.; pej.⟩ **0.1** ***snelheidsmaniak.***

Raserei ⟨v.; ~, ~en⟩ **0.1** ***geraas*** ⇒*gejakker* **0.2** ***razernij*** ⇒ *woede* ◆ **6.2** jmdn. **in** ~ versetzen *iem. tot razernij brengen.*

Rasierapparat ⟨m.⟩ **0.1** ***(droog)scheerapparaat.***

rasieren 0.1 ***scheren*** **0.2** ⟨inf.⟩ ***raseren, met de grond gelijkmaken*** ⇒*wegvagen* **0.3** ⟨inf.⟩ ***in de luren leggen*** ⇒ *beetnemen.*

Rasierer ⟨m.; ~s, ~⟩ →**Rasierapparat.**

Rasierklinge ⟨v.⟩ **0.1** ***scheermesje.***

Rasierkrem ⟨v.⟩ **0.1** ***scheercrème.***

Rasiermesser ⟨o.⟩ **0.1** ***scheermes.***

Rasierpinsel ⟨m.⟩ **0.1** ***scheerkwast.***

Rasierwasser ⟨o.⟩ **0.1** ***scheerwater*** **0.2** ***aftershave.***

Rasierzeug ⟨o.⟩ **0.1** ***scheergerei.***

Räson ⟨v.; ~⟩⟨schr.⟩ **0.1** ***rede, verstand*** ◆ **3.1** ~ annehmen *zich voor rede vatbaar tonen* **6.1 zur** ~ kommen *naar rede luisteren.*

räsonieren 0.1 ***raisonneren, redeneren*** **0.2** ***mopperen.***

Raspel[1] ⟨m.; ~s, ~⟩ **0.1** ***raspsel.***

Raspel[2] ⟨v.; ~, ~n⟩ **0.1** ***rasp, raspel, rasper.***

raspeln I ⟨onov.ww.⟩⟨vero.⟩ **0.1** ***ritselen*** ⇒*raspen;* **II** ⟨ov.ww.⟩ **0.1** ***raspen*** ⇒*schuren, gladmaken* **0.2** ***(fijn)raspen.***

Rasse ⟨v.; ~, ~n⟩ **0.1** ***(mensen)ras*** **0.2** ***ras*** ⇒*soort* **0.3** ⟨fig.⟩ ***temperament*** ⇒*pit* ◆ **3.3** der Junge ist ~ *er zit pit in die jongen.*

Rassefrau ⟨v.⟩⟨inf.⟩ **0.1** ***temperamentvolle vrouw.***

Rassehund ⟨m.⟩ **0.1** ***rashond.***

Rassel ⟨v.; ~, ~n⟩ **0.1** ***ratel*** **0.2** ***rammelaar.***

Rasselbande ⟨v.⟩⟨inf.⟩ **0.1** ***stel lawaaimakers.***

rasseln 0.1 ***ratelen*** ⇒*rammelen* **0.2** ⟨s.⟩ ***(voort)ratelen*** ◆ **3.1** ~d atmen *reutelend ademen* **6.2** ⟨inf.⟩ **durchs** Examen ~ *sjezen, stralen.*

Rassendiskriminierung ⟨v.⟩ **0.1** ***rassendiscriminatie.***

Rassenforschung ⟨v.⟩ **0.1** ***rassenonderzoek.***

Rassenfrage ⟨v.⟩ **0.1** ***rassenvraagstuk.***

Rassenhaß ⟨m.⟩ **0.1** ***rassenhaat.***

Rassenkampf ⟨m.⟩ **0.1** ***rassenstrijd.***

Rassenkunde ⟨v.⟩ **0.1** ***rassenkunde.***

Rassenmerkmal ⟨o.⟩ **0.1** ***raskenmerk.***

Rassenmischung ⟨v.⟩ **0.1** ***rassenvermenging.***

Rassentrennung ⟨v.⟩ **0.1** ***rassenscheiding, apartheid.***

Rassenunruhen ⟨alleen mv.⟩ **0.1** ***rassenonlusten.***

Rassenunterschied ⟨m.⟩ **0.1** ***ras-, rassenverschil.***

Rassenwahn ⟨m.⟩ **0.1** ***rassenwaan.***

rasserein 0.1 ***raszuiver.***

Rasseweib ⟨o.⟩⟨inf.⟩ **0.1** ***moordwijf, prachtvrouw.***

rassig 0.1 ***ras-, van (goed) ras*** ⇒*vol temperament* **0.2** ***pittig, vol temperament.***

rassisch 0.1 ***v.h. ras, ras-, rassen-*** ◆ **1.1** ~e Merkmale *kenmerken van het ras.*

Rassismus ⟨m.; ~⟩ **0.1** ***racisme.***

Rassist ⟨m.; ~en, ~en⟩ **0.1** ***racist.***

rassistisch 0.1 ***racistisch.***

Rast ⟨v.; ~, ~en⟩ **0.1** ***(rust)pauze, rust*** ⇒*onderbreking* ◆ **3.1** ~ machen *pauzeren* **8.1** ohne ~ und Ruh *rust noch duur.*

Raste ⟨v.; ~, ~n⟩⟨tech.⟩ **0.1** ***rust*** ⟨inkeping⟩.

rasten 0.1 ***een pauze maken, pauzeren*** ⇒*rusten* ◆ **¶.1** ⟨sprw.⟩ wer rastet, der rostet *rust roest.*

Raster[1] ⟨m.; ~s, ~⟩ **0.1** ⟨tech.⟩ ***raster*** **0.2** ⟨schr.; fig.⟩ ***raam*** ⇒ *kader.*

Raster[2] ⟨o.; ~s, ~⟩ **0.1** ***raster, testbeeld.***

rastern 0.1 ***rasteren.***

Rasthaus ⟨o.⟩ **0.1** ***motel, restaurant*** ⟨vooral aan een autosnelweg⟩.

Rasthof ⟨m.⟩ →**Rasthaus.**

rastlos 0.1 ***rusteloos*** ⇒*onvermoeid, onafgebroken* ◆ **3.1** ~ tätig sein *onvermoeid bezig zijn.*

Rastlosigkeit ⟨v.; ~⟩ **0.1** ***rusteloosheid.***

Rastplatz ⟨m.⟩ **0.1** ***rustplaats*** **0.2** ***parkeerplaats*** ⟨langs de autosnelweg⟩.

rastrieren 0.1 ***rastreren, notenbalken trekken.***

Raststätte ⟨v.⟩ **0.1** ***wegrestaurant.***

Rasur ⟨v.; ~, ~en⟩ **0.1** ***het scheren*** **0.2** ***het raderen, uitgummen*** **0.3** ***geradeerde, afgekrabde plek*** ⇒*ratuur* ◆ **2.1** eine schlechte ~ *slecht geschoren.*

Rat ⟨m.; ~(e)s, ¨-e⟩ **0.1** ⟨g.mv.⟩ ***raad(geving)*** ⇒*advies* **0.2** ⟨g.mv.⟩ ***raad*** ⇒*uitweg* **0.3** ⟨g.mv.⟩ ***raad*** ⇒*beraadslaging(en)* **0.4** ***raad*** ⟨titel⟩ **0.5** ***raad(scollege)*** **0.6** ***raadsheer, lid v.d. raad*** ◆ **6.1 auf** den ~ des Arztes *op advies van de dokter;* jmdn. **um** ~ angehen *iem. om raad vragen;* **zu** ~e ziehen *raadplegen* **6.3** mit sich **zu** ~e gehen *bij zichzelf te rade gaan.*

Rate ⟨v.; ~, ~n⟩ **0.1** ***percentage*** ⇒*aantal, cijfer* **0.2** ⟨ec.⟩ ***termijn*** ◆ **6.2 auf** ~n kaufen *kopen op termijnbetaling.*

raten ⟨→t94⟩ **0.1** ***(aan)raden*** ⇒*raad geven, adviseren* **0.2** ***raden*** ⇒*gissen, raden naar* ◆ **3.1** ⟨inf.⟩ laß dir das geraten sein! *dat is je geraden!;* sich nicht mehr zu ~ wissen *zich geen raad meer weten* **5.2** hin und her ~ *allerlei gissingen maken* **6.1 wozu** rätst du mir? *wat raad je mij aan?*

Ratenbetrag ⟨m.⟩ **0.1** ***termijn.***

Ratengeschäft ⟨o.⟩ **0.1** ***termijntransactie, koop op afbetaling.***

Ratenkauf ⟨m.⟩ **0.1** ***koop op afbetaling.***

ratenweise 0.1 ***in termijnen, op afbetaling.***

Ratenzahlung ⟨v.⟩ **0.1** ***termijn-, afbetaling.***

Räterepublik ⟨v.⟩⟨pol.⟩ **0.1** ***radenrepubliek.***

Ratespiel ⟨o.⟩ **0.1** ***raadselspel, quiz.***

Ratgeber ⟨m.⟩ **0.1** ***raadgever, adviseur*** **0.2** ***leidraad, handboekje.***

Rathaus ⟨o.⟩ **0.1** ***raad-, stadhuis.***
Rathaussaal ⟨m.⟩ **0.1** ***raad(s)zaal.***
Ratifikation ⟨v.; ~, ~en⟩ **0.1** ***ratificatie, bekrachtiging.***
ratifizieren **0.1** ***ratificeren.***
Ratifizierung ⟨v.; ~, ~en⟩ **0.1** ***ratificatie.***
Ratio ⟨v.; ~⟩ **0.1** ***ratio, rede.***
Ration ⟨v.; ~, ~en⟩ **0.1** ***rantsoen, portie*** ◆ **2.1** ⟨mil.⟩ die eiserne ~ *het noodrantsoen.*
rational **0.1** ***rationeel*** ⟨ook wisk.⟩ ⇒*verstandelijk, doelmatig* ◆ **3.1** ~ erklären *verstandelijk verklaren.*
rationalisieren **0.1** ***rationaliseren.***
Rationalismus ⟨m.; ~⟩ **0.1** ***rationalisme.***
Rationalist ⟨m.; ~en, ~en⟩ **0.1** ***rationalist.***
rationalistisch **0.1** ***rationalistisch.***
Rationalität ⟨v.; ~⟩ **0.1** ***rationaliteit.***
rationell **0.1** ***rationeel*** ⇒*doelmatig, weldoordacht.*
rationieren **0.1** ***rantsoeneren, op rantsoen stellen.***
ratlos **0.1** ***radeloos*** ⇒*zich geen raad meer wetend* **0.2** ***ontdaan*** ⇒*onthutst.*
Ratlosigkeit ⟨v.; ~⟩ **0.1** ***radeloosheid.***
ratsam **0.1** ***raadzaam*** ⇒*wenselijk.*
ratsch! **0.1** ***krak! rits!***
Ratschlag ⟨m.⟩ **0.1** ***raad(geving), advies.***
ratschlagen **0.1** ***beraadslagen, overleggen.***
Ratschluß ⟨m.⟩⟨schr.⟩ **0.1** ***raadsbesluit (van God).***
Ratsdiener ⟨m.⟩ **0.1** ***stadhuisbode.***
Rätsel ⟨o.; ~s, ~⟩ **0.1** ***raadsel*** **0.2** ⟨fig.⟩ ***raadsel*** ⇒*duistere zaak, geheim.*
Rätselecke ⟨v.⟩⟨inf.⟩ **0.1** ***raadselhoekje, -rubriek.***
rätselhaft **0.1** ***raadselachtig.***
rätseln **0.1** ***gissen*** ⇒*raden.*
rätselvoll **0.1** ***raadselachtig*** ⇒*ondoorgrondelijk.*
Ratskeller ⟨m.⟩ **0.1** ***raadskelder.***
Ratsversammlung ⟨v.⟩ **0.1** ***raadsvergadering.***
Ratte ⟨v.; ~, ~n⟩ **0.1** ***rat*** **0.2** ⟨vulg.⟩ ***smeerlap*** ⇒*rotzak* ◆ **8.1** schlafen wie eine ~ *slapen als een marmot.*
Rattenfänger ⟨m.⟩ **0.1** ***rattenvanger.***
Rattengift ⟨o.⟩ **0.1** ***rattenvergif, rattenkruit.***
Rattenkönig ⟨m.⟩ **0.1** ***rattenkoning*** **0.2** ⟨fig.⟩ ***rattenkoning*** ⇒*wirwar.*
Rattenschwanz ⟨m.⟩ **0.1** ***rattenstaart*** **0.2** ⟨fig.⟩ ***hele serie*** ⇒ *eindeloze rij.*
rattern **0.1** ⟨h.⟩ ***ratelen*** ⇒*knetteren, ronken* **0.2** ⟨s.⟩ ***(voort)ratelen.***
Ratze ⟨v.; ~, ~n⟩⟨inf.⟩ →**Ratte.**
Ratzefummel ⟨m.; ~s, ~⟩⟨inf.⟩ **0.1** ***gummetje.***
ratzekahl ⟨inf.⟩ **0.1** ***hartstikke*** ⇒*compleet, radicaal* ◆ **3.1** alles ~ aufessen *alles tot de laatste kruimel opeten.*
rau ⟨nw.spel.⟩ →**rauh.**
Raub ⟨m.; ~(e)s⟩ **0.1** ***roof, het roven*** **0.2** ***roof, geroofde*** ⇒ *buit* ◆ **1.2** ein ~ der Flammen *een prooi van de vlammen.*
Raubbau ⟨m.⟩ **0.1** ***roofbouw*** ◆ **3.1** ~ treiben mit *roofbouw plegen op* **6.1** ~ **am** Talent *roofbouw op het talent.*
Raubdruck ⟨m.; mv. ~e⟩⟨boek.⟩ **0.1** ***roofdruk.***
rauben **0.1** ***roven, stelen*** **0.2** ⟨mijnw.⟩ ***roven*** ◆ **1.1** das raubt einem den Atem *dat is adembenemend;* das raubt einem den Verstand *daar zou je gek van worden.*
Räuber ⟨m.; ~s, ~⟩ **0.1** ***rover*** ◆ **6.1** ⟨inf.; fig.⟩ **unter** die ~ fallen, geraten *uitgebuit worden* **8.1** ⟨sp.⟩ ~ und Gendarm *rover en reiziger.*
Räuberbande ⟨v.⟩ **0.1** ***roversbende.***
Räuberei ⟨v.; ~, ~en⟩ **0.1** ***roof, roverij.***
Räubergeschichte ⟨v.⟩ **0.1** ***roversverhaal.***
Räuberhöhle ⟨v.⟩ **0.1** ***rovershol*** **0.2** ⟨fig.⟩ ***grote troep, bende.***
räuberisch **0.1** ***roofzuchtig, -achtig*** **0.2** ***als een rover, roof-*** ◆ **1.2** ein ~er Überfall *een roofoverval.*
räubern ⟨inf.⟩ **0.1** ***jatten*** ⇒*roven.*
Räuberpistole ⟨v.⟩⟨fig.⟩ **0.1** ***indianenverhaal.***
Räuberroman ⟨m.⟩⟨lit.⟩ **0.1** ***roversroman.***
Räuberzivil ⟨o.⟩⟨inf.; scherts.⟩ **0.1** ***oud kloffie.***
Raubfisch ⟨m.⟩ **0.1** ***roofvis.***
Raubgier ⟨v.⟩ **0.1** ***roofzucht, -gierigheid.***
Raubkatze ⟨v.⟩ **0.1** ***katachtig roofdier.***
Raublust ⟨v.⟩ **0.1** ***roofzucht.***
Raubmord ⟨m.⟩ **0.1** ***roofmoord.***
Raubpressung ⟨v.⟩⟨jur.⟩ **0.1** ***roofdruk, ongeautoriseerde (na)persing.***
Raubritter ⟨m.⟩ **0.1** ***roofridder.***
Raubschiff ⟨o.⟩ **0.1** ***roof-, piratenschip.***
Raubtier ⟨o.⟩ **0.1** ***roofdier.***
Raubüberfall ⟨m.⟩ **0.1** ***roofoverval.***
Raubvogel ⟨m.⟩ **0.1** ***roofvogel.***
Raubwild ⟨o.⟩⟨jacht⟩ **0.1** ***jaagbare roofdieren.***
Raubzug ⟨m.⟩ **0.1** ***rooftocht.***
Rauch ⟨m.; ~(e)s⟩ **0.1** ***rook*** ⇒*damp* ◆ **6.1** ⟨fig.⟩ sich **in** ~ auflösen *in rook opgaan.*
Rauchabzug ⟨m.⟩ **0.1** ***rookafvoer.***
Rauchbombe ⟨v.⟩ **0.1** ***rookbom.***
rauchen **0.1** ***roken*** ◆ **1.1** ⟨inf.⟩ mir raucht der Kopf *ik ben helemaal suf* **4.1** ⟨inf.; fig.⟩ hier raucht's *hier is 't hommeles;* sie stritten sich, daß es nur so rauchte *ze waren enorm aan het bekvechten* **6.1** **auf** Lunge ~ *over de longen roken.*
Raucher ⟨m.; ~s, ~⟩ **0.1** ***roker*** **0.2** ⟨zonder lidw.⟩ ***rookcoupé.***
Räucheraal ⟨m.⟩ **0.1** ***gerookte paling.***
Raucherabteil ⟨o.⟩ **0.1** ***rookcoupé.***
Raucherei ⟨v.; ~⟩⟨pej.⟩ **0.1** ***gerook, het roken.***
Räucherei ⟨v.; ~, ~en⟩ **0.1** ***rokerij.***
Räucherfisch ⟨m.⟩ **0.1** ***gerookte vis.***
Räucherfleisch ⟨o.⟩ **0.1** ***rookvlees.***
Räuchergefäß ⟨o.⟩ **0.1** ***wierookvat.***
Raucherhusten ⟨m.⟩ **0.1** ***rokershoest.***
räucherig **0.1** ***rokerig, berookt.***
Räucherkammer ⟨v.⟩ **0.1** ***rookkamer.***
Räuchermittel ⟨o.⟩ **0.1** ***brandbaar reukwerk.***
räuchern **I** ⟨onov.ww.⟩ **0.1** ***reukwerk branden;*** **II** ⟨ov.ww.⟩ **0.1** ***(uit)roken.***
Räucherpfanne ⟨v.⟩ **0.1** ***wierookvat.***
Räucherschale ⟨v.⟩ **0.1** ***wierookschaal.***
Räucherschinken ⟨m.⟩ **0.1** ***gerookte ham.***
Räucherspeck ⟨m.⟩ **0.1** ***rookspek.***
Räucherware ⟨v.⟩ **0.1** ***gerookt vlees.***
Räucherwerk ⟨o.⟩ **0.1** ***brandbaar reukwerk.***
Rauchfahne ⟨v.⟩ **0.1** ***rookpluim, -sliert.***
Rauchfang ⟨m.⟩ **0.1** ***rookvang*** ◆ **6.1** ⟨inf.; fig.⟩ das kannst du **in** den ~ hängen, schreiben *daar kun je naar fluiten, dat kun je afschrijven.*
Rauchfaß ⟨o.⟩ **0.1** ***wierookvat.***
Rauchfleisch ⟨o.⟩ **0.1** ***rookvlees.***
rauchgeschwärzt **0.1** ***zwart v.d. rook.***
Rauchglocke ⟨v.⟩ **0.1** ***rook-, roetnevel*** ⟨bv. boven een stad⟩.
rauchig **0.1** ***rokerig, vol rook*** **0.2** ***hees, schor.***
rauchlos **0.1** ***rookloos, zonder rook.***
Rauchmaske ⟨v.⟩ **0.1** ***rookmasker.***
Rauchmelder ⟨m.⟩ **0.1** ***rookdetector.***
Rauchopfer ⟨o.⟩ **0.1** ***reukoffer.***
Rauchpilz ⟨m.⟩ **0.1** ***paddestoelwolk.***
Rauchsäule ⟨v.⟩ **0.1** ***rookkolom.***
Rauchschwaden ⟨m.⟩ **0.1** ***rookwolk, -sluier.***

Rauchutensilien (alleen mv.) **0.1** ***rookbenodigdheden.***
Rauchverzehrer (m.; ~s, ~) **0.1** ***rookverdrijver.***
Rauchware (v.) **0.1** ***pels-, bontwerk, pelterij.***
Rauchwaren (alleen mv.) **0.1** ***rookwaar, -artikelen.***
Rauchwerk (o.) **0.1** ***bont-, pelswerk, pelterij.***
Rauchwolke (v.) **0.1** ***rookwolk.***
Räude (v.; ~, ~n) **0.1** ***schurft*** (vooral bij huisdieren).
räudig **0.1** ***schurftig*** **0.2** ***kaal(geschuurd)*** ⇒*schabberig* ◆ **1.1** ein ~er Hund (a) *een schurftige hond* (b) (fig.) *een walgelijke vent.*
rauf (inf.) →**herauf; hinauf.**
Raufbold (m.; ~(e)s, ~e) (inf.; pej.) **0.1** ***vechtersbaas.***
Raufe (v.; ~, ~n) **0.1** ***ruif.***
raufen I (onov.ww.) **0.1** ***vechten*** ⇒*ravotten, stoeien;* **II** (ov.ww.) **0.1** ***(uit)rukken*** ⇒*plukken, uittrekken.*
Raufer (m.; ~s, ~) **0.1** ***vechtersbaas.***
Rauferei (v.; ~, ~en) **0.1** ***vecht-, kloppartij.***
Rauflust (v.) **0.1** ***vechtlust.***
rauh **0.1** ***ruw*** ⇒*oneffen, ruig* **0.2** ***ruw*** ⇒*guur, bar* **0.3** ***ruw, rauw*** ⇒*nors, lomp* **0.4** ***rauw*** ⇒*schor, hees* **0.5** (sp.) ***ruw*** ⇒ *hard* ◆ **1.2** ein ~es Klima *een ruig klimaat;* der ~e Norden *het barre noorden* **1.3** ~e Gesellen *ruige knapen;* ~e Sitten *ruwe zeden.* →**Schale.**
Rauhbauz (m.; ~es, ~e) (inf.) **0.1** ***ruige bink, klant.***
rauhbauzig (inf.) **0.1** ***lomp*** ⇒*onbehouwen.*
Rauhbein (o.) (inf.) **0.1** ***bullebak, lompe goedzak*** **0.2** (sp.) ***harde speler.***
rauhbeinig (inf.) **0.1** ***wat onbehouwen*** **0.2** (sp.) ***ruw*** ⇒ *hard.*
Rauhblattgewächs (o.) **0.1** ***ruwbladige(n).***
rauhborstig (inf.; fig.) **0.1** ***onbehouwen.***
rauhen **0.1** ***ruwen*** ⇒*kaarden.*
Rauhfaser (v.) **0.1** ***vezelige muurverf*** **0.2** ***rauhfaser, structuurbehang.***
Rauhfrost (m.) **0.1** ***rijp, rijm.***
Rauhfutter (o.) **0.1** ***ruw voer.***
Rauhhaardackel (m.) **0.1** ***ruwharige dashond.***
Rauhputz (m.) **0.1** ***(ruwe) beraping.***
Rauhreif (m.) **0.1** ***rijp, rijm.***
raum (scheep.) **0.1** ***ruim*** ⇒*wijd, open.*
Raum (m.; ~(e)s, ⁻̈e) **0.1** ***ruimte*** ⇒*vertrek* **0.2** ***ruimte*** ⇒ *open plaats, spatie* **0.3** ***gebied, regio*** **0.4** ***ruimte*** ⇒*heelal* **0.5** ***ruimte*** ⇒*plaats, speelruimte* **0.6** (scheep.) ***ruim*** ◆ **1.3** der Kölner ~ *Keulen en omgeving* **3.5** (sp.) (den) ~ decken *ruimtedekking toepassen;* (schr.) der Vermutung ~ geben *steeds meer gaan vermoeden* **6.1** (fig.) diese Frage bleibt, steht **im** ~ *deze kwestie blijft onopgelost.*
Raumakustik (v.) **0.1** ***zaalakoestiek.***
Raumangebot (o.) **0.1** ***beschikbare ruimte.***
Raumanzug (m.) **0.1** ***ruimtepak.***
Raumausstatter (m.) **0.1** ***behanger en stoffeerder*** **0.2** ***zaak gespecialiseerd in interieurverzorging.***
Raumbild (o.) **0.1** ***ruimtelijk, driedimensionaal beeld.***
Räumboot (o.) **0.1** ***mijnenveger.***
Raumdeckung (v.) (sp.) **0.1** ***ruimtedekking.***
räumen **0.1** ***ruimen, op-, wegruimen*** **0.2** ***(ont)ruimen, leegmaken, -halen*** **0.3** ***ruimen, (moeten) verlaten*** ◆ **1.3** jmdm. das Feld ~ *voor iem. het veld ruimen;* den Saal ~ lassen *de zaal laten ontruimen.*
Raumersparnis (v.) **0.1** ***ruimtebesparing.***
Raumfähre (v.) **0.1** ***ruimteveer*** ⇒*spaceshuttle.*
Raumfahrer (m.) **0.1** ***ruimtevaarder.***
Raumfahrt (v.) **0.1** ***ruimtevlucht*** **0.2** ***ruimtevaart.***
Raumfahrzeug (o.) **0.1** ***ruimtevaartuig.***
Raumflug (m.) **0.1** ***ruimtevlucht.***
Raumforschung (v.) **0.1** ***ruimteonderzoek*** **0.2** ***ruimtevaartonderzoek.***
Raumgestalter (m.) **0.1** ***binnenhuisarchitect.***
Raumgestaltung (v.) **0.1** ***ruimteverdeling*** **0.2** ***vormgeving van interieurs.***
Rauminhalt (m.) **0.1** ***volume, kubieke inhoud.***
Raumkapsel (v.) **0.1** ***ruimtecapsule.***
Raumklang (m.) **0.1** ***stereofonie.***
Raumklima (o.) **0.1** ***binnenklimaat.***
Raumkunst (v.) **0.1** ***binnenhuisarchitectuur.***
Raumlehre (v.) **0.1** ***meetkunde, geometrie.***
räumlich **0.1** ***ruimtelijk, driedimensionaal*** **0.2** ***wat ruimte betreft*** ◆ **3.2** ~ beengt, beschränkt sein *klein behuisd zijn.*
Räumlichkeit (v.; ~, ~en) **0.1** ***ruimte*** ⇒*vertrek* **0.2** ***ruimtelijkheid.***
Raummangel (m.) **0.1** ***ruimte-, plaatsgebrek.***
Raummaß (o.) **0.1** ***inhoudsmaat.***
Raumnot (v.) **0.1** ***ruimte-, plaatsgebrek.***
Raumordnung (v.) **0.1** ***planologie, ruimtelijke ordening.***
Raumordnungsplan (m.) **0.1** ***planologisch ontwerp.***
Raumpflegerin (v.) **0.1** ***schoonmaakster.***
Raumplanung (v.) **0.1** ***planologie, ruimtelijke ordening.***
Raumschiff (o.) **0.1** ***ruimteschip.***
Raumsinn (m.) **0.1** ***ruimtelijk inzicht.***
Raumsonde (v.) **0.1** ***ruimtesonde.***
Raumstation (v.) **0.1** ***ruimtestation.***
Raumteiler (m.) **0.1** ***scheidingswand.***
Raumtemperatur (v.) **0.1** ***binnentemperatuur.***
Raumton (m.) **0.1** ***stereofonie.***
Raumtransporter (m.) **0.1** ***ruimtependel*** ⇒*spaceshuttle.*
Räumung (v.; ~, ~en) **0.1** ***ontruiming*** **0.2** ***het opruimen.***
Räumungsarbeiten (alleen mv.) **0.1** ***opruimingswerkzaamheden.***
Räumungsfrist (v.) **0.1** ***ontruimingstermijn.***
Räumungsklage (v.) (jur.) **0.1** ***eis tot ontruiming.***
Räumungsverkauf (m.) **0.1** ***opruimingsuitverkoop, totale uitverkoop.***
raunen (schr.) **0.1** ***(geheimzinnig) fluisteren*** **0.2** ***zacht ruisen, murmelen.***
Raupe (v.; ~, ~n) **0.1** ***rups*** **0.2** ***rupsband, -ketting*** **0.3** (mil.) ***gevlochten franje*** ◆ **3.1** (inf.) ~n im Kopf haben *knotsgekke ideeën hebben;* jmdm. ~n in den Kopf setzen *iem. het hoofd op hol brengen.*
Raupenfahrzeug (o.) **0.1** ***rupsvoertuig.***
Raupenkette (v.) **0.1** ***rupsketting.***
Raupenschlepper (m.) **0.1** ***rupstractor, -trekker.***
raus (inf.) →**heraus; hinaus.**
Rausch (m.; ~es, ⁻̈e) **0.1** ***roes*** ⇒*bedwelming, dronkenschap* **0.2** (fig.) ***roes*** ⇒*opwinding, extase* ◆ **3.1** (inf.) sich (3e nv.) einen ~ antrinken *zich bezatten* **6.1** (fig.) ein ~ **von** Farben *een orgie van kleuren.*
rauscharm (tech.) **0.1** ***met weinig ruis.***
rauschen **0.1** ***ruisen, bruisen*** **0.2** ***ruisend, bruisend gaan*** ◆ **1.1** ~der Beifall *daverend applaus;* ein ~des Fest *een schitterend feest* **6.2** (inf.) sie rauschte **aus** dem Zimmer *met opgestreken zeil verliet ze de kamer.*
Rauschgift (o.) **0.1** ***verdovend middel, drug.***
Rauschgiftdezernat (o.) **0.1** ***narcoticabrigade.***
Rauschgiftsüchtige(r) (bn. als zn.) **0.1** ***drugsverslaafde.***
Rauschgold (o.) **0.1** ***klatergoud.***
rauschhaft **0.1** ***(als) in een roes.***
Rauschmittel (o.) **0.1** ***verdovend middel, drug.***
Rauschnarkose (v.) (med.) **0.1** ***lichte narcose.***
Rauschsilber (o.) **0.1** ***bladzilver.***

Rauschtat ⟨v.⟩ ⟨jur.⟩ **0.1** ***affecthandeling.***

Räusperer ⟨m.; ~s, ~⟩ ⟨inf.⟩ **0.1** ***kuchje.***

räuspern, sich 0.1 ***de keel schrapen, kuchen*** ◆ **3.1** ⟨inf.; fig.⟩ er wird sich schon ~ *hij zal nog wel laten merken, dat hij er is.*

Rausschmeißer ⟨m.; ~s, ~⟩ ⟨inf.⟩ **0.1** ***uitsmijter*** ⟨portier⟩ **0.2** ***laatste dans.***

Raute ⟨v.; ~, ~n⟩ **0.1** ⟨wisk.⟩ ***ruit*** **0.2** ⟨plantk.⟩ ***(wijn)ruit*** **0.3** ⟨sp.⟩ ***ruiten.***

Rautenmuster ⟨o.⟩ **0.1** ***ruitpatroon.***

Razzia ⟨v.; ~, Razzien⟩ **0.1** ***razzia.***

Reagenzglas ⟨o.⟩ **0.1** ***reageerbuis(je).***

reagieren 0.1 ***reageren*** ◆ **5.1** ⟨fig.⟩ sauer ~ *geprikkeld, kwaad reageren.*

Reaktion ⟨v.; ~, ~en⟩ **0.1** ***reactie*** ◆ **6.1** kämpfen **gegen** die ~ *strijden tegen de reactionaire krachten.*

reaktionär 0.1 ***reactionair.***

Reaktionär ⟨m.; ~(e)s, ~e⟩ **0.1** ***reactionair.***

reaktionsfähig 0.1 ***in staat om te reageren*** **0.2** ⟨schei.⟩ ***reactief.***

Reaktionsfähigkeit ⟨v.⟩ **0.1** ***reactievermogen.***

reaktionsschnell 0.1 ***snel reagerend.***

reaktiv ⟨psych., schei.⟩ **0.1** ***reactief.***

reaktivieren 0.1 ***reactiveren, weer actief maken*** **0.2** ***weer in dienst nemen*** ⟨v.e. gepensioneerde⟩.

Reaktor ⟨m.; ~s, Reaktoren⟩ **0.1** ***reactor.***

real 0.1 ***reëel.***

Real ⟨m.; ~(e)s, ~en⟩ ⟨ec.⟩ **0.1** ***reaal.***

Realakt ⟨m.⟩ **0.1** ***feitelijke handeling.***

Realeinkommen ⟨o.⟩ **0.1** ***reëel inkomen.***

Realien ⟨alleen mv.⟩ **0.1** ***realia.***

Realisation ⟨v.; ~, ~en⟩ **0.1** ***realisatie, realisering.***

Realisator ⟨m.; ~s, Realisatoren⟩ **0.1** ***maker*** ⟨v.e. film⟩.

realisierbar 0.1 ***realiseerbaar.***

realisieren 0.1 ***realiseren*** ⇒*verwezenlijken* **0.2** ***inzien*** ⇒ *zich realiseren* **0.3** ⟨ec.⟩ ***realiseren, te gelde maken*** ◆ **4.2** er konnte es kaum ~ *hij kon het nauwelijks begrijpen.*

Realisierung ⟨v.; ~, ~en⟩ **0.1** ***realisering, realisatie.***

Realismus ⟨m.; ~⟩ **0.1** ***realisme.***

Realist ⟨m.; ~en, ~en⟩ **0.1** ***realist.***

Realistik ⟨v.; ~⟩ **0.1** ***realistische geaardheid, het realistische.***

realistisch 0.1 ***realistisch.***

Realität ⟨v.; ~, ~en⟩ **0.1** ***realiteit.***

Realitätsbezug ⟨m.⟩ **0.1** ***oriëntatie op de werkelijkheid.***

realitätsfern 0.1 ***weinig realistisch.***

Realitätssinn ⟨m.⟩ **0.1** ***realiteits-, werkelijkheidszin.***

realiter 0.1 ***realiter, in werkelijkheid.***

Realkapital ⟨o.⟩ **0.1** ***geïnvesteerd kapitaal.***

Realkredit ⟨m.⟩ **0.1** ***krediet op zakelijk onderpand.***

Reallexikon ⟨o.⟩ **0.1** ***encyclopedie.***

Reallohn ⟨m.⟩ **0.1** ***reëel loon.***

Realo ⟨m.; ~s, ~s⟩ **0.1** ***realistisch ingestelde politicus*** ⟨vooral mbt. milieupartij⟩.

Realpolitik ⟨v.⟩ **0.1** ***realpolitik, reële, zakelijke politiek.***

Realrecht ⟨o.⟩ **0.1** ***zakelijk recht.***

Realschule ⟨v.⟩ **0.1** ***mavo-, havoschool.***

Realschüler ⟨m.⟩ **0.1** ± ***leerling v.e. mavoschool.***

Realsteuer ⟨v.⟩ **0.1** ***zakelijke belasting.***

Realwert ⟨m.⟩ **0.1** ***reële waarde.***

Realwörterbuch ⟨o.⟩ **0.1** ***encyclopedie.***

Reanimation ⟨v.; ~, ~en⟩ **0.1** ***reanimatie.***

reanimieren 0.1 ***reanimeren, weer tot leven wekken.***

Rebe ⟨v.; ~, ~n⟩ **0.1** ***wijnrank*** **0.2** ⟨schr.⟩ ***wijnstok.***

Rebell ⟨m.; ~en, ~en⟩ **0.1** ***rebel*** ⇒*opstandeling, muiter.*

rebellieren 0.1 ***rebelleren*** ⇒ *in opstand komen* ◆ **1.1** - de Truppen *muitende troepen.*

Rebellion ⟨v.; ~, ~en⟩ **0.1** ***rebellie*** ⇒*oproer, opstand.*

rebellisch 0.1 ***rebels*** ⇒*opstandig, oproerig* ◆ **3.1** ⟨inf.⟩ er machte das ganze Haus ~ *hij bracht het hele huis in rep en roer.*

Rebensaft ⟨m.⟩ ⟨schr.⟩ **0.1** ***druivenbloed, -nat, wijn.***

Rebhuhn ⟨o.⟩ **0.1** ***patrijs, veldhoen.***

Rebland ⟨o.⟩ **0.1** ***wijngaard.***

Reblaus ⟨v.⟩ **0.1** ***wijn-, druifluis.***

Rebling ⟨m.; ~(e)s, ~e⟩ **0.1** ***wijngaardscheut.***

Rebstock ⟨m.⟩ **0.1** ***wijnstok.***

Rebus ⟨m. & o.; ~, ~se⟩ **0.1** ***rebus.***

Rechen ⟨m.; ~s, ~⟩ **0.1** ***tralierooster*** ⟨bv. in een beek⟩ **0.2** ***hark.***

Rechenanlage ⟨v.⟩ **0.1** ***computer*** **0.2** ***computercentrum*** ⇒ *rekeninstallatie.*

Rechenart ⟨v.⟩ **0.1** ***rekenwijze.***

Rechenaufgabe ⟨v.⟩ **0.1** ***(reken)som.***

Rechenautomat ⟨m.⟩ **0.1** ***rekenautomaat, -machine.***

Rechenbrett ⟨o.⟩ **0.1** ***telraam.***

Rechenexempel ⟨o.⟩ **0.1** ***rekenvoorbeeld, rekensom.***

Rechengerät ⟨o.⟩ **0.1** ***rekentuig, -machine.***

Rechenkünstler ⟨m.⟩ **0.1** ***rekenwonder, -genie.***

Rechenmaschine ⟨v.⟩ **0.1** ***rekenmachine*** **0.2** ***reken-, telraam.***

Rechenschaft ⟨v.; ~⟩ **0.1** ***rekenschap*** ◆ **6.1** jmdn. **zur** ~ ziehen *iem. ter verantwoording roepen.*

Rechenschaftsbericht ⟨m.⟩ **0.1** ***rekening en verantwoording.***

Rechen|schieber, -stab ⟨m.⟩ **0.1** ***rekenliniaal.***

Rechenstift ⟨m.⟩ ◆ **¶.¶** den ~ ansetzen *berekeningen (gaan) maken.*

Rechentafel ⟨v.⟩ **0.1** ***rekentabel*** **0.2** ***tel-, rekenraam.***

Rechenwerk ⟨o.⟩ ⟨comp.⟩ **0.1** ***rekenorgaan.***

Rechenzentrum ⟨o.⟩ **0.1** ***rekencentrum*** ⇒*computercentrum.*

Recherche ⟨v.; ~, ~n⟩ ⟨schr.⟩ **0.1** ***nasporing*** ⇒*onderzoek* ◆ **3.1** ~n anstellen *nasporing doen.*

Rechercheur ⟨m.; ~s, ~e⟩ ⟨schr.⟩ **0.1** ***navorser, iem. die iets uitpluist.***

recherchieren ⟨schr.⟩ **0.1** ***navorsen*** ⇒*uit-, onderzoeken.*

rechnen I ⟨onov.ww.⟩ **0.1** ***rekenen*** ⇒*cijferen* **0.2** ***zuinig zijn*** ⇒*met geld om weten te gaan* **0.3** ***rekenen, vertrouwen*** **0.4** ***rekening houden met, bedacht zijn op*** ◆ **3.2** sie weiß zu ~ *ze kan goed met geld omgaan* **5.1** schriftlich ~ *cijferen* **6.1** **im** Kopf ~ *hoofdrekenen;* **in** Gulden ~ *met guldens rekenen* **6.4** du mußt **damit** ~ *je moet er rekening mee houden;*

II ⟨ov.ww.⟩ **0.1** ***rekenen*** ⇒*ramen, taxeren* **0.2** ***meerekenen*** **0.3** ***rekenen bij, tot*** ◆ **1.2** die Kinder nicht gerechnet *de kinderen niet meegerekend* **4.1** alles in allem gerechnet *alles bij elkaar genomen* **6.3** jmdn. **unter** die Experten ~ *iem. tot de experts rekenen;*

III ⟨wk.ww.⟩ **0.1** ***renderen, rendabel zijn, iets opleveren.***

Rechner ⟨m.; ~s, ~⟩ **0.1** ***rekenaar*** **0.2** ***computer.***

Rechnerei ⟨v.; ~, ~en⟩ ⟨inf.⟩ **0.1** ***berekening, som*** **0.2** ⟨pej.⟩ ***gereken.***

rechnergesteuert ⟨comp.⟩ **0.1** ***computergestuurd.***

rechnergestützt 0.1 ***computerondersteund.***

rechnerisch 0.1 ***rekenkundig*** **0.2** ***wat rekenen betreft, in rekenen*** ◆ **1.1** der ~e Wert *de berekende waarde.*

Rechnung ⟨v.; ~, ~en⟩ **0.1** ***rekening*** ⇒*nota, factuur* **0.2** ***berekening*** ⇒*becijfering* **0.3** ***berekening*** ⇒*veronderstelling, overweging* **0.4** ⟨ec.⟩ ***rekening*** ◆ **3.1** ⟨fig.⟩ seine ~ ist nicht aufgegangen *hij is bedrogen uitgekomen;* (fig.) die ~ ohne den Wirt machen *buiten de waard rekenen;* (fig.) die ~ zahlen müssen *de rekening, het gelag moeten betalen* **3.2** eine ~ aufmachen *een calculatie maken* **3.3** einer Sache ~ tragen *met iets rekening houden* **3.4** ~ führen *de boeken bijhouden* **6.1** das geht **auf** meine ~ *dat is voor mijn rekening;* **in** ~ stellen *in rekening brengen* **6.3** etwas **in** ~ setzen, stellen *met iets rekening houden* **¶.1** (sprw.) man soll die ~ nicht ohne den Wirt machen *wie buiten de waard rekent, komt bedrogen uit.*

Rechnungsamt (o.) **0.1** ***rekenkamer.***

Rechnungsart (v.) **0.1** ***rekenwijze, hoofdbewerking.***

Rechnungsbetrag (m.) **0.1** ***bedrag v.d. rekening, factuurbedrag.***

Rechnungsbuch (o.) **0.1** ***rekeningenboek.***

Rechnungseinheit (v.) (ec.) **0.1** ***rekeneenheid.***

Rechnungsführer (m.) **0.1** ***boekhouder*** **0.2** ***penningmeester.***

Rechnungsführung (v.) **0.1** ***boekhouding.***

Rechnungsjahr (o.) **0.1** ***boekjaar.***

Rechnungslegung (v.) **0.1** ***rekening en verantwoording.***

Rechnungsposten (m.) **0.1** ***post op de rekening.***

Rechnungsprüfer (m.) **0.1** ***accountant.***

Rechnungsprüfung (v.) **0.1** ***controle v.d. boeken*** **0.2** ***controle door de rekenkamer.***

Rechnungswesen (o.) **0.1** ***bedrijfsadministratie.***

recht[1] (bn.) **0.1** ***rechts, rechter-*** **0.2** ***goede, boven-*** (van stoffen) **0.3** ***recht*** (breien) **0.4** (wisk.) ***recht*** **0.5** (pol.; fig.) ***rechts*** ◆ **1.1** das ~e Bein *het rechterbeen* **1.5** ~e Kreise *rechtse kringen.*

recht[2] (bn.) **0.1** ***goed*** *⇒juist* **0.2** ***terecht*** *⇒juist, betamelijk* **0.3** ***goed*** *⇒naar wens, naar de zin* **0.4** ***echt*** *⇒werkelijk, goed* **0.5** ***echt*** *⇒helemaal* ◆ **1.4** sich ~e Mühe geben *er echt moeite voor doen* **1.5** sie ist noch ein ~es Kind *ze is nog helemaal een kind* **3.1** er hat noch nicht die Rechte *hij heeft nog niet de ware Maria;* gehe ich ~ in der Annahme, daß ...? *is het juist om te veronderstellen dat ...?;* (inf.) du bist mir der Rechte! *je bent me d'r eentje!* **3.2** es geschieht dir ~ *je krijgt je verdiende loon;* alles, was ~ ist, aber ... *alles goed en wel, maar ...* **3.3** es allen ~ machen *het iedereen naar de zin maken;* mir ist alles ~ *ik vind het allemaal best* **6.1** da bist du **an** den Rechten geraten! *daar ben je aan het juiste adres!;* **nach** dem Rechten sehen *kijken of alles in orde is* **8.2** das ist ~ und billig *dat is alleszins redelijk* **¶.2** (sprw.) tue ~ und scheue niemand *doe wel en zie niet om;* (sprw.) was dem einen ~ ist, ist dem andern billig *± gelijke monniken, gelijke kappen.*

recht[3] (bw.) **0.1** ***zeer*** *⇒heel, erg* **0.2** ***nogal*** *⇒behoorlijk, tamelijk* **0.3** ***gelijk*** ◆ **2.1** ~ herzliche Grüße *heel hartelijke groeten* **2.2** es ist schon ~ warm *het is al tamelijk warm* **3.3** ~ behalten *gelijk krijgen* **8.¶** ~ und schlecht *zo goed en zo kwaad als 't gaat.*

Recht (o.; ~(e)s, ~e) **0.1** ***recht*** *⇒bevoegdheid, aanspraak* **0.2** ***recht, de wetten*** **0.3** ***recht, het juridisch juiste*** **0.4** (g.enk.) ***rechten, rechtswetenschap*** ◆ **2.1** angestammte ~e *overgeërfde rechten* **2.2** das öffentliche ~ *het publiekrecht* **3.2** das ~ anwenden *de wetten toepassen;* das ~ beugen *het recht buigen, verdraaien* **3.3** was ~ ist, muß ~ bleiben *recht is recht* **6.1** **auf** sein ~ pochen *z'n rechten opeisen;* jmdm. **zu** seinem ~ verhelfen *voor iem. recht verschaffen;* (inf.) **zu** seinem ~ kommen *aan z'n trekken komen* **6.2** **von** ~s wegen *van rechtswege* **6.3** (jur.) etwas **für** ~ erkennen *iets rechterlijk beslissen;* **im** ~ sein *het recht aan zijn zijde hebben;* **mit** ~ *met recht, terecht;* Gnade für, **vor** ~ ergehen lassen *genade voor recht laten gelden;* **zu** ~ *terecht.* →**Gewohnheit, Kaiser.**

Rechte (bn. als zn.; v.) **0.1** ***rechterhand, -zijde*** **0.2** (pol.) ***rechtervleugel, rechtse partijen*** **0.3** (sp.) ***rechtse (stoot).***

Rechteck (o.) **0.1** ***rechthoek.***

rechteckig **0.1** ***rechthoekig.***

rechten (schr.) **0.1** ***twisten, rechten.***

rechtens **0.1** ***rechtens, van rechtswege*** **0.2** ***terecht, met recht.***

rechterseits **0.1** ***aan de rechterkant, rechts.***

rechtfertigen **0.1** ***rechtvaardigen*** *⇒billijken.*

Rechtfertigung (v.; ~, ~en) **0.1** ***rechtvaardiging*** **0.2** ***gerechtvaardigdheid*** *⇒wettigheid.*

rechtgläubig **0.1** ***rechtzinnig, orthodox.***

Rechthaber (m.; ~s, ~) **0.1** ***betweter.***

Rechthaberei (v.; ~) **0.1** ***betweterij.***

rechthaberisch **0.1** ***betweterig*** *⇒eigenwijs.*

rechtlich **0.1** ***juridisch*** *⇒wettelijk, gerechtelijk* ◆ **1.1** ein ~er Anspruch *een wettelijke aanspraak.*

Rechtlichkeit (v.; ~) **0.1** ***rechtmatigheid.***

rechtlos **0.1** ***rechteloos.***

Rechtlosigkeit (v.; ~) **0.1** ***rechteloosheid.***

rechtmäßig **0.1** ***rechtmatig.***

rechts[1] (bw.) **0.1** ***rechts*** **0.2** ***recht*** (breien) **0.3** (pol.) ***rechts*** ◆ **1.1** (mil.) Augen ~! *hoofd rechts!* **3.1** ~ gehen *rechts, aan de rechterkant lopen.*

rechts[2] (vz. + 2) **0.1** ***rechts*** ◆ **1.1** ~ der Straße *aan de rechterkant van de straat.*

Rechtsabbieger (m.) **0.1** ***verkeersdeelnemer die rechts afslaat.***

Rechtsabteilung (v.) **0.1** ***juridische afdeling.***

Rechtsangelegenheit (v.) **0.1** ***rechtszaak*** **0.2** ***juridische kwestie.***

Rechtsanspruch (m.) **0.1** ***wettige aanspraak.***

Rechtsanwalt (m.) **0.1** ***advocaat.***

Rechtsanwaltsbüro (o.) **0.1** ***advocatenkantoor.***

Rechtsanwaltschaft (v.) **0.1** ***advocatuur, balie.***

Rechtsanwendung (v.) **0.1** ***toepassing v.h. recht.***

Rechtsauskunft (v.) **0.1** ***juridische informatie.***

Rechtsaußen (m.; ~, ~) (sp.) **0.1** ***rechtsbuiten.***

Rechtsbeistand (m.) **0.1** ***advocaat, juridisch adviseur*** **0.2** ***rechtsbijstand.***

Rechtsberater (m.) **0.1** ***juridisch adviseur.***

Rechtsbestimmung (v.) **0.1** ***wettelijke bepaling.***

Rechtsbeugung (v.) **0.1** ***rechtsverdraaiing.***

Rechtsbruch (m.) **0.1** ***schending v.h. recht.***

rechtschaffen **0.1** ***rechtschapen*** **0.2** (inf.) ***behoorlijk*** *⇒flink, fiks* **0.3** (als bw.) ***zeer*** *⇒erg, flink* ◆ **3.3** sich ~ abrackern *zich flink afbeulen.*

Rechtschaffenheit (v.; ~) **0.1** ***rechtschapenheid.***

Rechtschreibfehler (m.) **0.1** ***spel-, schrijffout.***

rechtschreiblich **0.1** ***wat de spelling betreft.***

Rechtschreibung (v.) **0.1** ***spelling.***

Rechtsdrall (m.) **0.1** (tech.) ***rechtse slag, draad*** **0.2** (pol.) ***ruk naar rechts.***

Rechtsempfinden (o.) **0.1** ***rechtsgevoel.***

Rechtsextremist (m.) **0.1** ***rechtse extremist.***

rechtsfähig **0.1** ***rechtsbevoegd, rechtsbekwaam.***

Rechtsfall (m.) **0.1** ***rechtszaak.***

Rechtsfolge (v.) **0.1** ***rechtsgevolg.***

Rechtsgang (m.) **0.1** ***juridische procedure.***

rechtsgängig **0.1** ***rechtsdraaiend.***

Rechtsgefühl (o.) **0.1** ***rechtsgevoel.***

Rechtsgeschäft (o.) **0.1** ***rechtshandeling.***

Rechtsgeschichte (v.) **0.1** ***rechtsgeschiedenis.***

Rechtsgrund (m.) **0.1** ***rechtsgrond.***

Rechtsgrundlage ⟨v.⟩ **0.1** ***wettelijke basis.***

Rechtsgrundsatz ⟨m.⟩ **0.1** ***juridisch principe, rechtsbeginsel.***

rechtsgültig 0.1 ***rechtsgeldig.***

Rechtsgutachten ⟨o.⟩ **0.1** ***juridisch advies.***

Rechtshandel ⟨m.⟩⟨schr.⟩ **0.1** ***rechtsgeding, -zaak.***

Rechtshänder ⟨m.; ~s, ~⟩ **0.1** ***rechtshandige.***

rechtshändig 0.1 ***rechtshandig.***

rechtsherum 0.1 ***rechtsom.***

Rechtshilfe ⟨v.⟩ **0.1** ***rechtsbijstand, -hulp.***

Rechtsinnen ⟨m.; ~, ~⟩⟨sp.⟩ **0.1** ***rechtsbinnen.***

Rechtskraft ⟨v.⟩ **0.1** ***rechtskracht, geldigheid in rechte.***

rechtskräftig 0.1 ***rechtsgeldig.***

rechtskundig 0.1 ***rechtskundig.***

Rechtskurve ⟨v.⟩ **0.1** ***bocht naar rechts.***

Rechtslage ⟨v.⟩ **0.1** ***rechtspositie.***

rechtslastig 0.1 ***rechts te zwaar beladen*** **0.2** ⟨pol.; pej.⟩ ***nogal rechts.***

rechtsläufig 0.1 ***rechtsdraaiend*** **0.2** ***van links naar rechts*** ⟨bij het schrijven⟩.

Rechtslehre ⟨v.⟩ **0.1** ***rechtswetenschap, rechten.***

Rechtsmittel ⟨o.⟩ **0.1** ***rechtsmiddel*** ◆ **3.1** ein ~ einlegen *in hoger beroep gaan.*

Rechtsordnung ⟨v.⟩ **0.1** ***rechtsorde.***

Rechtsperson ⟨v.⟩ **0.1** ***rechtspersoon.***

Rechtspflege ⟨v.⟩ **0.1** ***rechtspleging.***

Rechtsprechung ⟨v.; ~, ~en⟩ **0.1** ***rechtspraak.***

rechtsradikal ⟨pol.⟩ **0.1** ***ultrarechts.***

rechtsrheinisch 0.1 ***op de rechteroever, ten oosten van de Rijn.***

Rechtsruck ⟨m.⟩⟨inf.; pol.⟩ **0.1** ***ruk naar rechts.***

rechtsrum ⟨inf.⟩ **0.1** ***rechtsom.***

Rechtssache ⟨v.⟩ **0.1** ***rechtszaak, proces.***

Rechtsschutz ⟨m.⟩ **0.1** ***rechtsbescherming.***

Rechtsschutzversicherung ⟨v.⟩ **0.1** ***rechtsbijstandsverzekering.***

rechtsseitig 0.1 ***aan de rechterkant, -zijde, rechts.***

Rechtssicherheit ⟨v.⟩ **0.1** ***rechtszekerheid.***

Rechtssprache ⟨v.⟩ **0.1** ***rechtstaal, juridische terminologie.***

Rechtsspruch ⟨m.⟩ **0.1** ***vonnis.***

Rechtsstaat ⟨m.⟩ **0.1** ***rechtsstaat.***

Rechtsstellung ⟨v.⟩⟨jur.⟩ **0.1** ***juridische status, rechtspositie.***

Rechtsstreit ⟨m.⟩ **0.1** ***rechtsgeding.***

Rechtsstreitigkeit ⟨v.⟩ **0.1** ***rechtsgeschil.***

rechtsum! ⟨mil.⟩ **0.1** ***rechts om!***

rechtsverbindlich 0.1 ***bindend*** ⇒*wettelijk.*

Rechtsverfahren ⟨o.⟩ **0.1** ***procedure.***

Rechtsverkehr ⟨m.⟩ **0.1** ***rechts(houdend) verkeer.***

Rechtsverletzung ⟨v.⟩ **0.1** ***rechtsverkrachting, schending v.h. recht.***

Rechtsvertreter ⟨m.⟩ **0.1** ***advocaat.***

Rechtsverweigerung ⟨v.⟩ **0.1** ***rechtsweigering.***

Rechtsweg ⟨m.⟩ **0.1** ***gerechtelijke weg*** ◆ **3.1** den ~ einschlagen *gerechtelijke stappen ondernemen.*

Rechtswesen ⟨o.⟩ **0.1** ***justitie*** ⇒*rechterlijke macht.*

rechtswidrig 0.1 ***in strijd met het recht, de wet.***

Rechtswidrigkeit ⟨v.⟩ **0.1** ***wetsovertreding.***

rechtswirksam 0.1 ***rechtsgeldig.***

Rechtswissenschaft ⟨v.⟩ **0.1** ***rechtswetenschap.***

Rechtszug ⟨m.⟩⟨jur.⟩ ◆ **¶.¶** im ersten ~ *in eerste aanleg.*

rechtwinklig 0.1 ***rechthoekig.***

rechtzeitig 0.1 ***op tijd*** ⇒*tijdig, bijtijds.*

Reck ⟨o.; ~(e)s, ~e⟩⟨sp.⟩ **0.1** ***rekstok.***

Recke ⟨m.; ~n, ~n⟩⟨schr.⟩ **0.1** ***dappere krijger.***

recken 0.1 ***(uit)rekken*** ⇒*(uit)strekken, uitsteken* ◆ **8.1** sich ~ und strecken *zich lekker lang uitrekken.*

Reckstange ⟨v.⟩ **0.1** ***rekstok.***

recyceln 0.1 ***recyclen, recycleren*** ⇒*hergebruiken* ◆ **1.1** recyceltes Material *gerecycled/gerecycleerd materiaal.*

Recyclat ⟨o.; ~(e)s, ~e⟩ **0.1** ***gerecycleerde grondstof.***

Recycling ⟨o.; ~s, g.mv.⟩ **0.1** ***recycling.***

Recyclingpapier ⟨o.⟩ **0.1** ***kringlooppapier.***

Redakteur ⟨m.; ~s, ~e⟩ **0.1** ***redacteur.***

Redakteurin ⟨v.; ~, ~nen⟩ **0.1** ***redactrice.***

Redaktion ⟨v.; ~, ~en⟩ **0.1** ***redactie(bureau), redacteuren*** **0.2** ***redactie, het redigeren.***

redaktionell 0.1 ***redactioneel.***

Redaktor ⟨m.; ~s, Redaktoren⟩ **0.1** ***redacteur, bewerker*** ⟨v.e. tekst⟩.

Rede ⟨v.; ~, ~n⟩ **0.1** ***rede(voering), toespraak*** **0.2** ***woord(en)*** ⇒*gesprek, het spreken* **0.3** ***praatjes*** ⇒*gerucht* **0.4** ⟨taal.⟩ ***rede, stijl, taal*** ◆ **2.2** große ~n schwingen *grootspreken, opscheppen;* schmutzige ~n führen *vuile taal uitslaan;* jmds. ständige ~ *iemands stokpaardje;* nicht der ~ wert sein *niets te betekenen hebben* **2.4** geblümte ~ *bloemrijke taal;* gebundene ~ *gebonden stijl* **3.1** ⟨inf.⟩ eine ~ schwingen *een rede houden, een speech afsteken* **3.2** jmdm. die ~ abschneiden *iem. het woord ontnemen;* die ~ wieder aufnehmen *de draad weer opnemen;* vergiß deine ~ nicht! *vergeet niet wat je wou zeggen!;* ⟨inf.⟩ das verschlug mir die ~! *ik was sprakeloos!* **3.3** es geht die ~, daß ... *het gerucht gaat, dat ...* **6.2** **darauf** wollte er die ~ bringen *daarover wilde hij praten;* der **in** ~ stehende Brief *de brief in kwestie;* ⟨inf.⟩ **davon** kann nicht die ~ sein! *geen sprake van!;* jmdn. **zur** ~ stellen *iem. ter verantwoording roepen* **8.2** jmdm. ~ und Antwort stehen *iem. rekenschap geven;* ~ und Gegenrede *woord en wederwoord.*

Redefluß ⟨m.⟩ **0.1** ***woordenstroom.***

Redefreiheit ⟨v.⟩ **0.1** ***vrijheid van spreken.***

Redegabe ⟨v.⟩ **0.1** ***gave v.h. woord.***

redegewaltig 0.1 ***buitengewoon welbespraakt.***

redegewandt 0.1 ***(wel)bespraakt*** ⇒*gebekt.*

Redekunst ⟨v.⟩ **0.1** ***retorica, redekunst.***

reden 0.1 ***spreken*** ⇒*praten, een redevoering houden, zeggen* ◆ **1.1** Gutes über jmdn. ~ *goede dingen over iem. vertellen;* keine Silbe ~ *geen stom woord zeggen* **3.1** er läßt mit sich ~ *er valt met hem te praten* **4.1** von einer Sache viel Redens machen *veel ophef van iets maken* **5.1** deutlich ~ de Beweise *bewijzen die duidelijke taal spreken;* frei ~ (a) *openhartig spreken* (b) *voor de vuist spreken;* du hast gut, leicht ~! *jij hebt mooi, goed, makkelijk praten!* **6.1** **von** sich ~ machen *van zich doen spreken;* diese Musik redet **zum** Herzen *deze muziek spreekt tot het hart* **8.1** er redet, wie er's versteht *hij spreekt naar hij verstand heeft.*

Redensart ⟨v.⟩ **0.1** ***zegswijze*** ⇒*uitdrukking* **0.2** ⟨g.enk.⟩ ***frasen*** ⇒*praatjes, kletskoek* ◆ **2.1** eine stehende ~ *een geijkte term, een staande uitdrukking.*

Rederei ⟨v.; ~, ~en⟩ **0.1** ***klets-, roddelpraatje*** **0.2** ***geklets*** ⇒*gezwets, gepraat.*

Redeschlacht ⟨v.⟩ **0.1** ***redetwist, dispuut.***

Redeschwall ⟨m.⟩⟨pej.⟩ **0.1** ***woordenvloed.***

Redestrom ⟨m.⟩ **0.1** ***woordenstroom.***

Redeverbot ⟨o.⟩ **0.1** ***spreekverbod.***

Redeweise ⟨v.⟩ **0.1** ***manier van spreken.***

Redewendung ⟨v.⟩ **0.1** ***zegswijze*** ⇒*uitdrukking* **0.2** ***frase*** ⇒*praatje.*

Redezeit ⟨v.⟩ **0.1** ***spreektijd.***

redigieren 0.1 ***redigeren.***

redlich **0.1** *eerlijk* ⇒*rechtschapen, braaf, trouw* **0.2** ⟨als bw.⟩ *behoorlijk, flink* ◆ **1.1** ein ~er Mensch *een brave borst.*

Redlichkeit ⟨v.; ~⟩ **0.1** *eerlijkheid* ⇒*rechtschapenheid, braafheid.*

Redner ⟨m.; ~s, ~⟩ **0.1** *spreker* ⇒*redevoerder, redenaar.*

Rednerbühne ⟨v.⟩ **0.1** *spreekgestoelte.*

Rednergabe ⟨v.⟩ **0.1** *gave v.h. woord* ⇒*redenaarsgave.*

rednerisch **0.1** *als (een) redenaar* ⇒*oratorisch, redenaars-.*

Rednerliste ⟨v.⟩ **0.1** *sprekerslijst.*

Rednerpult ⟨o.⟩ **0.1** *spreekgestoelte.*

Rednertribüne ⟨v.⟩ **0.1** *sprekerstribune.*

redselig ⟨vaak pej.⟩ **0.1** *spraakzaam* ⇒*praatgraag.*

Redseligkeit ⟨v.; ~⟩ **0.1** *spraakzaamheid.*

Reduktion ⟨v.; ~, ~en⟩ **0.1** *reductie.*

Reduktionsdiät ⟨v.⟩ **0.1** *vermageringsdieet.*

redundant **0.1** *redundant.*

Redundanz ⟨v.; ~, ~en⟩ **0.1** *redundantie.*

reduzieren I ⟨ov.ww.⟩ **0.1** *reduceren* ⇒*verminderen, terugbrengen* **0.2** *reduceren* ⇒*herleiden* ◆ **6.1 auf** die Hälfte ~ *tot de helft reduceren;*
II sich ~ ⟨wk.ww.⟩ **0.1** *verminderen* ⇒*teruglopen, minder worden.*

Reduzierung ⟨v.; ~, ~en⟩ **0.1** *reductie, reducering.*

Reede ⟨v.; ~, ~n⟩ **0.1** *rede, ree.*

Reeder ⟨m.; ~s, ~⟩ **0.1** *reder.*

Reederei ⟨v.; ~, ~en⟩ **0.1** *rederij.*

reell **0.1** *reëel* ⇒*werkelijk, echt* **0.2** *solide* ⇒*eerlijk, betrouwbaar* **0.3** ⟨inf.⟩ *stevig* ⇒*flink.*

Reetdach ⟨o.⟩⟨Ndd.⟩ **0.1** *rieten dak.*

Refektorium ⟨o.; ~s, Refektorien⟩ **0.1** *refectorium, refter, eetzaal* ⟨v.e. klooster⟩.

Referat ⟨o.; ~(e)s, ~e⟩ **0.1** *referaat* ⇒*verslag, verhandeling* **0.2** *afdeling* ⟨bv. v.e. ministerie⟩.

Referendar ⟨m.; ~(e)s, ~e⟩ **0.1** *aankomend hoger ambtenaar.*

Referendum ⟨o.; ~s, Referenden of Referenda⟩ **0.1** *referendum, volksstemming.*

Referent ⟨m.; ~en, ~en⟩ **0.1** *referent.*

Referenz ⟨v.; ~, ~en⟩ **0.1** *referentie.*

referieren I ⟨onov.ww.⟩ **0.1** *refereren, een referaat houden;*
II ⟨ov.ww.⟩ **0.1** *refereren, samenvatten.*

reffen ⟨scheep.⟩ **0.1** *reven.*

Reflation ⟨v.; ~, ~en⟩⟨ec.⟩ **0.1** *reflatie.*

Reflektant ⟨m.; ~en, ~en⟩ **0.1** *reflectant, gegadigde.*

reflektieren I ⟨onov.ww.⟩ **0.1** ⟨schr.⟩ *reflecteren, nadenken* **0.2** ⟨inf.⟩ *reflecteren* ⇒*reageren op, zich als gegadigde melden;*
II ⟨ov.ww.⟩ **0.1** *reflecteren, terugkaatsen* **0.2** *reflecteren, nadenken over.*

reflektiert **0.1** *doordacht* ⇒*weloverwogen.*

Reflektor ⟨m.; ~s, Reflektoren⟩ **0.1** *reflector.*

reflektorisch **0.1** *reflectorisch.*

Reflex ⟨m.; ~es, ~e⟩ **0.1** *reflex, weerschijn* **0.2** ⟨med.⟩ *reflex* ◆ **1.1** ⟨fig.⟩ ein ~ der Wirklichkeit *een weergave van de werkelijkheid.*

reflexartig **0.1** *als in een reflex.*

Reflexhandlung ⟨v.⟩ **0.1** *reflexhandeling.*

Reflexion ⟨v.; ~, ~en⟩ **0.1** *reflectie, terugkaatsing* **0.2** ⟨schr.⟩ *reflectie* ⇒*beschouwing.*

reflexiv **0.1** ⟨taal.⟩ *reflexief, wederkerend* **0.2** ⟨schr.⟩ *reflexief, bespiegelend.*

Reflexivpronomen ⟨o.⟩ **0.1** *reflexief, wederkerend voornaamwoord.*

Reform ⟨v.; ~, ~en⟩ **0.1** *hervorming* ⇒*reform, verbetering.*

Reformation ⟨v.; ~, ~en⟩ **0.1** *Reformatie, kerkhervorming.*

Reformationsfest ⟨o.⟩ **0.1** *Hervormingsdag* ⟨31 oktober⟩.

Reformator ⟨m.; ~s, Reformatoren⟩ **0.1** *reformator, hervormer.*

reformatorisch **0.1** *reformatorisch, hervormend.*

reformbedürftig **0.1** *aan hervorming toe.*

Reformbestrebung ⟨v.; meestal mv.⟩ **0.1** *het streven naar hervorming, hervormingsplan.*

Reformbewegung ⟨v.⟩ **0.1** *hervormingsbeweging.*

Reformer ⟨m.; ~s, ~⟩ **0.1** *hervormer.*

reformerisch **0.1** *hervormend* ⇒*vernieuwend, hervormingsgezind.*

Reformhaus ⟨o.⟩ **0.1** *reformhuis.*

reformieren **0.1** *hervormen* ⇒*vernieuwen.*

Reformierte(r) ⟨bn. als zn.⟩ **0.1** *lid v.e. reformatorische kerk.*

Reformismus ⟨m.; ~⟩ **0.1** *reformisme.*

Reformist ⟨m.; ~en, ~en⟩ **0.1** *reformist.*

reformistisch **0.1** *reformistisch.*

Reformkleid ⟨o.⟩ **0.1** *reformjurk.*

Reformkost ⟨v.⟩ **0.1** *reformvoeding.*

Reformpolitik ⟨v.⟩ **0.1** *hervormingspolitiek.*

Refrain ⟨m.; ~s, ~s⟩ **0.1** *refrein.*

Refugium ⟨o.; ~s, Refugien⟩⟨schr.⟩ **0.1** *toevluchtsoord, refugium.*

Regal ⟨o.; ~s, ~e⟩ **0.1** *rek, stelling* ⇒*(boeken)plank,* ⟨in winkel⟩ *schap, vak* **0.2** ⟨muz.⟩ *regaal, orgelregister.*

Regalbrett ⟨o.⟩ **0.1** *boekenplank, plank in een rek.*

Regatta ⟨v.; ~, Regatten⟩⟨sp.⟩ **0.1** *regatta.*

rege **0.1** *druk* ⇒*bedrijvig, levendig* **0.2** *levendig* ⇒*kwiek, actief* ◆ **1.1** ein ~r Betrieb *een drukte van belang* **1.2** ~n Anteil nehmen *er actief bij betrokken zijn* **3.2** der Wunsch wurde in ihm ~ *de wens kwam bij hem op.*

Regel ⟨v.; ~, ~n⟩ **0.1** *regel* ⇒*voorschrift, richtlijn* **0.2** *regel, menstruatie* **0.3** *regel* ⇒*gewoonte* ◆ **1.1** nach allen ~n der Kunst *volgens de regels van de kunst* **2.2** die monatliche ~ *de menstruatie* **3.2** die ~ bekommen, haben *ongesteld worden, zijn* **3.3** die ~ sein *de gewoonte zijn* **6.3 in** der ~ *in de regel, doorgaans.* →**Ausnahme.**

Regelblutung ⟨v.⟩ **0.1** *menstruatie.*

Regelbuch ⟨o.⟩ **0.1** *reglement.*

Regelfall ⟨m.⟩ **0.1** *regel* ⇒*gewoonte* ◆ **6.1 im** ~ *in de regel.*

Regelkreis ⟨m.⟩ **0.1** *regelsysteem.*

regellos **0.1** *regelloos* ⇒*wanordelijk.*

regelmäßig **0.1** *regelmatig* ⇒*gelijkmatig* **0.2** *regelmatig* ⇒*geregeld, vast* ◆ **1.2** in ~en Abständen (a) *op vaste afstanden* (b) *met geregelde tussenpozen.*

Regelmäßigkeit ⟨v.; ~, ~en⟩ **0.1** *regelmatigheid* ⇒*regelmatige vorm* **0.2** *regelmaat.*

regeln **0.1** *regelen* ⇒*in orde brengen, afhandelen* **0.2** *regelen* ⇒*reguleren* ◆ **1.1** ⟨wk. ww.⟩ die Sache wird sich schon ~ *de zaak zal wel in orde komen* **5.1** gütlich ~ *in der minne schikken.*

regelrecht **0.1** *volgens de regels, voorschrift* **0.2** ⟨inf.⟩ *echt* ⇒*fiks, flink* ◆ **1.2** ein ~er Krach *een complete ruzie* **3.2** jmdn. ~ verprügeln *iem. een fiks pak slaag geven.*

Regelstudienzeit ⟨v.⟩ **0.1** *wettelijk toegestane, nominale studietijd* ⇒*voorgeschreven studieduur.*

Regeltechnik ⟨v.⟩ **0.1** *regeltechniek.*

Regelung ⟨v.; ~, ~en⟩ **0.1** *regeling* ⇒*bepaling* **0.2** ⟨g.mv.⟩ *regeling, het regelen.*

Regelverstoß ⟨m.⟩⟨sp.⟩ **0.1** *overtreding (v.d. spelregel).*

Regelwerk ⟨o.⟩ **0.1** *reglement* ⇒*de voorschriften.*

regelwidrig **0.1** *in strijd met de regels, voorschriften.*

Regelwidrigkeit ⟨v.; ~, ~en⟩ **0.1** ***overtreding v.d. regel(s).***

regen I ⟨ov.ww.⟩ **0.1** ***bewegen*** ⇒*in beweging brengen* ◆ **1.1** ⟨fig.⟩ die Hände fleißig ~ *de handen reppen;* **II sich** ~ ⟨wk.ww.⟩ **0.1** ***(zich) bewegen*** ⇒*in beweging zijn* **0.2** ⟨fig.⟩ ***opkomen*** ⇒*ontstaan, wakker worden* ◆ **1.1** ⟨fig.⟩ viele Hände ~ sich *velen zijn druk aan het werk* **1.2** sein Gewissen regte sich *zijn geweten begon te spreken* **¶.1** ⟨sprw.⟩ sich ~ gibt Segen *wie zaait, zal oogsten.*

Regen ⟨m.; ~s, ~⟩ **0.1** ***regen*** ◆ **2.1** saurer ~ *zure regen;* ⟨inf.; fig.⟩ ein warmer ~ *onverwachte welkome inkomsten* **6.1** ⟨fig.⟩ jmdn. **im** ~ (stehen) lassen *iem. in de steek laten;* **vom** ~ in die Traufe kommen *van de regen in de drup komen.*

Regenanlage ⟨v.⟩ **0.1** ***regen-, besproeiingsinstallatie.***

regenarm **0.1** ***regenarm.***

Regenbogen ⟨m.⟩ **0.1** ***regenboog.***

Regenbogenhaut ⟨v.⟩ **0.1** ***regenboogvlies, iris.***

Regenbogenpresse ⟨v.⟩ **0.1** ***sensatie-, boulevardpers.***

Regenbogentrikot ⟨o.⟩⟨sp.⟩ **0.1** ***regenboogtrui.***

Regendach ⟨o.⟩ **0.1** ***afdak.***

regendicht **0.1** ***regen-, waterdicht.***

Regeneration ⟨v.; ~, ~en⟩ **0.1** ***regeneratie.***

regenerativ **0.1** ***regeneratief, regenererend.***

regenerieren I ⟨ov. & onov.ww.⟩ **0.1** ***regenereren;*** **II sich** ~ ⟨wk.ww.⟩ **0.1** ***regenereren.***

Regenfall ⟨m.⟩ **0.1** ***regenval*** ◆ **2.1** schwere Regenfälle *zware regenval.*

Regenfaß ⟨o.⟩ **0.1** ***regenton.***

regenglatt **0.1** ***door regen glad geworden.***

Regenguß ⟨m.⟩ **0.1** ***stortbui, -regen.***

Regenhaut ⟨v.⟩ **0.1** ***dunne, doorzichtige regenjas.***

Regenmantel ⟨m.⟩ **0.1** ***regenjas, -mantel.***

Regenmesser ⟨m.⟩⟨meteo.⟩ **0.1** ***regen-, udo-, pluviometer.***

Regenpfeifer ⟨m.⟩⟨biol.⟩ **0.1** ***pluvier.***

Regenpfütze ⟨v.⟩ **0.1** ***regenplas.***

Regenplane ⟨v.⟩ **0.1** ***dekzeil.***

Regenrinne ⟨v.⟩ **0.1** ***dakgoot, afvoergoot voor de regen.***

Regenschauer ⟨m.⟩ **0.1** ***regenbui.***

Regenschirm ⟨m.⟩ **0.1** ***paraplu*** ◆ **8.1** ⟨inf.; scherts.⟩ gespannt sein wie ein ~ *razend nieuwsgierig zijn.*

Regent ⟨m.; ~en, ~en⟩ **0.1** ***regent.***

Regentonne ⟨v.⟩ **0.1** ***regenton.***

Regentropfen ⟨m.⟩ **0.1** ***regendruppel.***

Regentschaft ⟨v.; ~, ~en⟩ **0.1** ***regentschap.***

Regenumhang ⟨m.⟩ **0.1** ***regencape, poncho.***

Regenwald ⟨m.⟩ **0.1** ***regenwoud.***

Regenwetter ⟨o.⟩ **0.1** ***regenweer.***

Regenwurm ⟨m.⟩ **0.1** ***regenworm.***

Regenzeit ⟨v.⟩ **0.1** ***regentijd*** ⟨in de tropen⟩.

Regie ⟨v.; ~, ~n⟩ **0.1** ***regie*** **0.2** ⟨fig.⟩ ***regie*** ⇒*beheer, leiding* ◆ **3.1** ~ führen *de regie hebben* **6.2** **in** eigener ~ *in eigen beheer.*

Regieassistent ⟨m.⟩ **0.1** ***assistent-regisseur.***

Regiebetrieb ⟨m.⟩ **0.1** ***staats-, overheidsbedrijf.***

Regiefehler ⟨m.⟩ **0.1** ***regiefout*** **0.2** ⟨vaak scherts.; fig.⟩ ***fout in de regie.***

regieren I ⟨onov.ww.⟩ **0.1** ***regeren*** ⇒*heersen* ◆ **1.1** der ~de Bürgermeister von Berlin *de burgemeester van Berlijn;* **II** ⟨ov.ww.⟩ **0.1** ***regeren*** ⇒*besturen, leiden* **0.2** ***in de macht hebben*** ⇒*beheersen, de baas zijn* **0.3** ⟨taal.⟩ ***regeren, hebben.***

Regierung ⟨v.; ~, ~en⟩ **0.1** ***regering*** ⇒*(lands)bestuur, kabinet* **0.2** ***regering, het regeren*** ◆ **3.2** die ~ antreten *de regering aanvaarden.*

Regierungsabkommen ⟨o.⟩ **0.1** ***verdrag tussen regeringen.***

Regierungsantritt ⟨m.⟩ **0.1** ***aanvaarding v.d. regering.***

Regierungsbeauftragte(r) ⟨bn. als zn.⟩ **0.1** ***regeringscommissaris.***

Regierungsbezirk ⟨m.⟩ **0.1** ***district v.e. deelstaat.***

Regierungsbildung ⟨v.⟩ **0.1** ***kabinetsformatie, vorming v.e. regering.***

Regierungschef ⟨m.⟩ **0.1** ***regeringsleider.***

Regierungsdirektor ⟨m.⟩ **0.1** ***hoofdambtenaar op een ministerie.***

Regierungserklärung ⟨v.⟩ **0.1** ***regeringsverklaring.***

regierungsfähig **0.1** ***in staat om te regeren.***

regierungsfreundlich **0.1** ***regeringsgezind.***

Regierungsgewalt ⟨v.⟩ **0.1** ***regerings-, staatsmacht.***

Regierungskreise ⟨alleen mv.⟩ **0.1** ***regeringskringen.***

Regierungsrat ⟨m.⟩ **0.1** ***hogere regeringsambtenaar*** ⟨titel⟩.

Regierungssitz ⟨m.⟩ **0.1** ***zetel v.d. regering, residentie.***

Regierungssprecher ⟨m.⟩ **0.1** ***woordvoerder v.d. regering.***

regierungstreu **0.1** ***regerings-, gezagsgetrouw.***

Regierungsumbildung ⟨v.⟩ **0.1** ***kabinetswijziging.***

Regierungsviertel ⟨o.⟩ **0.1** ***stadswijk met de regeringsgebouwen.***

Regierungsvorlage ⟨v.⟩ **0.1** ***wetsontwerp v.d. regering.***

Regime ⟨o.; ~s, ~(s)⟩ **0.1** ***regime.***

Regimegegner ⟨m.⟩ **0.1** ***tegenstander v.h. regime.***

Regiment[1] ⟨o.; ~(e)s, ~er⟩⟨mil.⟩ **0.1** ***regiment*** ◆ **2.1** ⟨inf.; fig.⟩ ein ganzes ~ *een heel regiment, heleboel.*

Regiment[2] ⟨o.; ~(e)s, ~e⟩ **0.1** ***regiment*** ⇒*bestuur, bewind, heerschappij* ◆ **3.1** sie führt im Haus das ~ *zij is thuis de baas.*

Regimentskommandeur ⟨m.⟩ **0.1** ***regimentscommandant.***

Regiolekt ⟨m.; ~(e)s, ~e⟩ **0.1** ***streekdialect.***

Region ⟨v.; ~, ~en⟩ **0.1** ***regio*** ⇒*streek, gebied* **0.2** ⟨schr.; fig.⟩ ***regionen*** ⇒*gebied* ◆ **6.2** ⟨scherts.⟩ **in** höheren ~en *in hogere sferen.*

regional **0.1** ***regionaal*** ⇒*gewestelijk* **0.2** ⟨med.⟩ ***regionair.***

Regionalforschung ⟨v.⟩ **0.1** ***streekonderzoek.***

Regionalismus ⟨m.; ~⟩ **0.1** ***regionalisme.***

Regionalliga ⟨v.⟩⟨sp.⟩ **0.1** ***eerste divisie*** ⟨voetbal⟩.

Regionalsendung ⟨v.⟩⟨com.⟩ **0.1** ***regionaal, gewestelijk programma.***

Regisseur ⟨m.; ~s, ~e⟩ **0.1** ***regisseur.***

Register ⟨o.; ~s, ~⟩ **0.1** ***register*** ◆ **2.1** ⟨inf.; scherts.⟩ ein altes ~ *een oudje;* ⟨inf.; scherts.⟩ ein langes ~ *een lange lijs* **3.1** ⟨fig.⟩ alle ~ ziehen *alle registers opentrekken;* ⟨fig.⟩ andere ~ ziehen *uit een ander vaatje tappen.*

Registertonne ⟨v.⟩⟨scheep.⟩ **0.1** ***registerton.***

Registerzug ⟨m.⟩⟨muz.⟩ **0.1** ***registerknop.***

Registratur ⟨v.; ~, ~en⟩ **0.1** ***registratie*** **0.2** ***registratiekantoor*** **0.3** ***archiefrek, -kast*** **0.4** ⟨muz.⟩ ***registratuur.***

registrieren **0.1** ***registreren*** ◆ **1.1** Ermüdung bei jmdm. ~ *vermoeidheid bij iem. waarnemen.*

Registriergerät ⟨o.⟩ **0.1** ***registreerapparaat.***

Registrierkasse ⟨v.⟩ **0.1** ***kasregister.***

Reglement ⟨o.; ~s, ~s⟩ **0.1** ***reglement.***

reglementarisch **0.1** ***reglementair.***

reglementieren **0.1** ***reglementeren.***

Regler ⟨m.; ~s, ~⟩ **0.1** ***regelaar, regulateur.***

reglos **0.1** ***roerloos*** ⇒*onbeweeglijk.*

regnen I ⟨onov.ww.⟩ **0.1** ***regenen*** ⇒*neerdalen, -komen;* **II** ⟨onp.ww.⟩ **0.1** ***regenen*** ◆ **1.1** ⟨fig.⟩ es regnet Anrufe *de telefoon staat roodgloeiend.*

regnerisch **0.1** ***regenachtig.***

Regreß ⟨m.; Regresses, Regresse⟩ **0.1** ***regres, verhaal(s)recht.***

Regreßanspruch ⟨m.⟩ **0.1** ***regresrecht.***
Regression ⟨v.; ~, ~en⟩ **0.1** ***regressie.***
regressiv **0.1** ***regressief.***
regsam **0.1** ***actief*** ⇒*levendig, beweeglijk.*
regulär **0.1** ***regulier*** ⇒*regelmatig, geregeld* **0.2** ⟨inf.⟩ ***echt*** ⇒ *niet mis te verstaan* ◆ **1.1** ⟨sp.⟩ die ~e Spielzeit *de officiële speeltijd* **1.2** eine ~ Panik *een complete paniek.*
Regular ⟨m.; ~s, ~e⟩ **0.1** ***regulier, ordesgeestelijke.***
Regularien ⟨alleen mv.⟩ **0.1** ***vaste bezigheden.***
Regulation ⟨v.; ~, ~en⟩ **0.1** ***regulatie, regeling.***
regulativ **0.1** ***regulatief*** ⇒*regelend, regulerend.*
Regulativ ⟨o.; ~s, ~e⟩ **0.1** ***regulatief.***
Regulator ⟨m.; ~s, Regulatoren⟩ **0.1** ***regulator*** **0.2** ⟨tech.⟩ ***regulateur.***
regulieren **0.1** ***reguleren*** ⇒*regelen.*
Regung ⟨v.; ~, ~en⟩⟨schr.⟩ **0.1** ***beweging*** **0.2** ⟨fig.⟩ ***opwelling*** ⇒*gevoel, emotie* **0.3** ***streven*** ⇒*aspiratie(s)* ◆ **1.2** die ~en der Seele *de roerselen der ziel* **2.3** seine revolutionären ~en *zijn revolutionaire aspiraties* **6.1** **ohne** jede ~ *volkomen roerloos.*
regungslos **0.1** ***roerloos*** ⇒*onbeweeglijk.*
Regungslosigkeit ⟨v.; ~⟩ **0.1** ***onbeweeglijkheid.***
Reh ⟨o.; ~(e)s, ~e⟩ **0.1** ***ree.***
Rehabilitand ⟨m.; ~en, ~en⟩⟨med.⟩ **0.1** ***iem. die gerevalideerd wordt.***
Rehabilitation ⟨v.; ~, ~en⟩ **0.1** ***rehabilitatie, eerherstel*** **0.2** ⟨med.⟩ ***revalidatie.***
Rehabilitationszentrum ⟨o.⟩ **0.1** ***revalidatiecentrum.***
rehabilitieren **0.1** ***rehabiliteren, in eer herstellen*** **0.2** ***revalideren.***
Rehabilitierung ⟨v.; ~, ~en⟩ **0.1** ***rehabilitatie*** **0.2** ⟨med.⟩ ***revalidatie.***
Rehbock ⟨m.⟩ **0.1** ***reebok, mannetjesree.***
Rehgeiß ⟨v.⟩ **0.1** ***reegeit, rekke.***
Rehkeule ⟨v.⟩ **0.1** ***reebout.***
Rehkitz ⟨o.⟩ **0.1** ***reekalf.***
Reibach ⟨m.; ~s⟩⟨inf.⟩ **0.1** ***rebbes*** ⇒*woekerwinst.*
Reibahle ⟨v.⟩⟨amb.⟩ **0.1** ***ruim(ijzer), ruimer.***
Reibe ⟨v.; ~, ~n⟩⟨inf.⟩ **0.1** ***rasp.***
Reibeisen ⟨o.⟩ **0.1** ***rasp*** **0.2** ⟨inf.; fig.⟩ ***haai(e)baai, heibei.***
Reibelaut ⟨m.⟩⟨taal.⟩ **0.1** ***spirant, fricatief.***
reiben ⟨→t95⟩ **I** ⟨onov.ww.⟩ **0.1** ***wrijven*** ⇒*schuren;*
II ⟨ov.ww.⟩ **0.1** ***wrijven*** ⇒*schuren, boenen* **0.2** ***raspen*** ◆ **1.1** sich ⟨3e nv.⟩ die Hände ~ (a) *z'n handen wrijven* (b) ⟨fig.⟩ *zich in de handen wrijven;*
III sich ~ ⟨wk.ww.⟩ **0.1** ***wrijving, strubbelingen hebben*** ◆ **6.1** sich **an** jmdm. ~ *ruzie met iem. zoeken.*
Reiberei ⟨v.; ~, ~en⟩⟨inf.⟩ **0.1** ***wrijving(en)*** ⇒*geharrewar, ruzie.*
Reibfläche ⟨v.⟩ **0.1** ***strijk-, wrijfvlak.***
Reibkäse ⟨m.⟩ **0.1** ***geraspte kaas.***
Reibung ⟨v.; ~, ~en⟩ **0.1** ***wrijving*** **0.2** ***wrijving*** ⇒*strubbeling.*
Reibungsfläche ⟨v.⟩ **0.1** ***wrijvings(opper)vlak.***
reibungslos **0.1** ***zonder wrijving*** ⇒*soepel, gesmeerd, vlot* ◆ **3.1** ~ verlaufen *zonder strubbelingen verlopen.*
Reibungspunkt ⟨m.⟩ **0.1** ***wrijvingspunt.***
reich **0.1** ***rijk*** ⇒*vermogend* **0.2** ***rijk*** ⇒*prachtig, kostbaar* **0.3** ***rijk*** ⇒*overvloedig, groot* ◆ **1.2** ~e Geschenke *kostbare geschenken* **1.3** eine ~e Auswahl *een ruime keuze;* eine ~e Ernte *een rijke, overvloedige oogst;* sie hat ~es Haar *ze heeft een welige haardos;* ein ~es Wissen haben *grote kennis bezitten.* →**arm.**
Reich ⟨o.; ~(e)s, ~e⟩ **0.1** ***rijk*** ⇒*heerschappij, gebied* ◆ **1.1** ⟨fig.⟩ das ~ der Frau *het domein van de vrouw;* ⟨schr.⟩ das ~ der Toten *het dodenrijk* **2.1** das Dritte ~ *het Derde Rijk* ⟨1933-1945⟩; das Heilige Römische ~ *het heilige Roomse Rijk* **6.1** **ins** ~ der Fabel gehören *tot het rijk der fabelen behoren.*
reichbegütert **0.1** ***zeer vermogend, welgesteld.***
reichen **I** ⟨onov.ww.⟩ **0.1** ***genoeg, voldoende, toereikend zijn*** **0.2** ***rondkomen*** ⇒*voldoende hebben* **0.3** ***reiken*** ⇒ *zich uitstrekken* ◆ **1.1** das Seil reicht nicht *het touw is niet lang genoeg;* solange der Vorrat reicht *zolang de voorraad strekt* **4.1** danke, es reicht *dank je, ik heb genoeg;* ⟨inf.⟩ mir reicht es! *ik heb er schoon genoeg van!* **5.1** ⟨inf.⟩ es reicht hinten und vorn nicht *er is op geen stukken na voldoende* **6.2** nicht **mit** dem Geld ~ *niet met het geld rondkomen;*
II ⟨ov.ww.⟩ **0.1** ***(aan)reiken*** ⇒*geven, toereiken* **0.2** ***aanbieden*** ⇒*serveren* ◆ **1.1** jmdm. Feuer ~ *iem. een vuurtje geven* **1.2** Getränke ~ *drankjes serveren.*
Reiche(r) ⟨bn. als zn.⟩ **0.1** ***rijke, rijkaard.***
reichgegliedert **0.1** ***veelsoortig*** ⇒*rijk gevarieerd.*
reichgeschmückt **0.1** ***rijk versierd.***
reichgeschnitzt **0.1** ***rijk aan houtsnijwerk.***
reichhaltig **0.1** ***zeer uitgebreid*** ⇒*veelomvattend* ◆ **1.1** ein ~es Programm *een zeer gevarieerd programma.*
reichlich **0.1** ***rijkelijk*** ⇒*royaal, overvloedig* **0.2** ***ruim*** ⇒ *meer dan* **0.3** ⟨als bw.⟩ ***tamelijk*** ⇒*behoorlijk, nogal* ◆ **1.1** sein ~es Auskommen haben *een ruim bestaan hebben* **1.2** eine ~e Million *meer dan een miljoen* **2.3** das Buch war ~ langweilig *het boek was nogal saai.*
Reichsadler ⟨m.⟩ **0.1** ***rijksadelaar*** ⟨in het rijkswapen⟩.
Reichsapfel ⟨m.⟩ **0.1** ***rijksappel.***
Reichsgebiet ⟨o.⟩ **0.1** ***territorium, rijksgebied.***
Reichskleinodien ⟨alleen mv.⟩ **0.1** ***rijkskleinodiën.***
Reichstag ⟨m.⟩ **0.1** ***rijksdag(gebouw).***
Reichtum ⟨m.; ~s, ¨~er⟩ **0.1** ***rijkdom*** ⇒*vermogen* **0.2** ***rijkdom*** ⇒*pracht, luxe* **0.3** ***rijkdom*** ⇒*overvloed, veelheid* **0.4** ⟨steeds mv.⟩ ***rijkdom*** ⇒*bodemschatten, kostbaarheden* ◆ **1.4** die Reichtümer der Erde *de bodemschatten* **3.1** ~ vergeht *rijkdom is vergankelijk* **6.1** **zu** ~ kommen *rijk worden.* →**Gesundheit.**
Reichweite ⟨v.⟩ **0.1** ***reikwijdte*** ⇒*bereik, draagwijdte* **0.2** ***actieradius*** ⇒*vlieg-, vaar-, zendbereik* ◆ **6.1** er war längst **außer** ~ *hij was al lang buiten (mijn, ons) bereik.*
reif **0.1** ***rijp*** **0.2** ***rijp*** ⇒*volwassen, ervaren* **0.3** ***rijp*** ⇒*bezadigd, evenwichtig* ◆ **1.2** ⟨inf.; scherts.⟩ die ~ere Jugend *de niet meer zo jonge mensen* **1.3** ein ~es Urteil *een weloverwogen oordeel* **8.1** ~ und unreif *rijp en groen.*
Reif ⟨m.; ~(e)s, ~e⟩ **0.1** ⟨g.mv.⟩ ***rijp, rijm*** **0.2** ⟨schr.⟩ ***ring*** ⇒ *diadeem* ◆ **3.1** es ist ~ gefallen *het heeft gerijpt.*
Reife ⟨v.; ~⟩ **0.1** ***het rijpen, rijpheid*** **0.2** ***rijpheid*** ⇒*volwassenheid* **0.3** ***rijpheid*** ⇒*bezonkenheid, evenwichtigheid* ◆ **2.3** ⟨school.⟩ die mittlere ~ *het diploma havo* **6.1** **während** der ~ *tijdens het rijpen;* **zur** ~ gelangen *rijpen, tot rijpheid komen.*
Reifegrad ⟨m.⟩ **0.1** ***graad van rijpheid.***
reifen **I** ⟨onov.ww.⟩ **0.1** ***rijpen, rijp worden*** **0.2** ⟨schr.; fig.⟩ ***rijpen*** ⇒*zich ontwikkelen, volwassen worden* ◆ **6.1** der Plan reifte **zum** Entschluß *het plan ontwikkelde zich tot een besluit;*
II ⟨ov.ww.⟩ **0.1** ***doen rijpen*** **0.2** ***hoepels, banden leggen om;***
III ⟨onp.ww.⟩ **0.1** ***rijpen, rijmen.***
Reifen ⟨m.; ~s, ~⟩ **0.1** ***hoepel*** ⇒*band* **0.2** ***(buiten)band*** **0.3** ***ring, diadeem.***
Reifendruck ⟨m.; mv. ¨~e⟩ **0.1** ***band-, bandenspanning.***
Reifenpanne ⟨v.⟩ **0.1** ***bandenpech, lekke band.***
Reifenwechsel ⟨m.⟩ **0.1** ***het (ver)wisselen v.e. band.***

Reifeprüfung ⟨v.⟩⟨vero.⟩ **0.1** ***eindexamen*** ⟨vwo⟩.
Reifezeit ⟨v.⟩ **0.1** ***rijpingsperiode*** **0.2** ***puberteit.***
Reifezeugnis ⟨o.⟩⟨vero.⟩ **0.1** ***einddiploma*** ⟨vwo⟩.
Reifglätte ⟨v.⟩⟨verk.⟩ **0.1** ***gladheid door rijp.***
reiflich **0.1** ***rijpelijk*** ⇒*zorgvuldig, rijp* ◆ **1.1** nach ~er Erwägung *na rijp beraad.*
Reifrock ⟨m.⟩ **0.1** ***hoepelrok.***
Reifung ⟨v.; ~⟩ **0.1** ***rijping, het rijp worden.***
Reigen ⟨m.; ~s, ~⟩ **0.1** ***rei(dans), rondedans*** ◆ **3.1** ⟨fig.⟩ den ~ beschließen *hekkensluiter zijn;* ⟨fig.⟩ den ~ eröffnen *de rij openen.*
Reigentanz ⟨m.⟩ **0.1** ***rei(dans), rondedans.***
Reihe ⟨v.; ~, ~n⟩ **0.1** ***rij*** **0.2** ***rij*** ⇒*reeks, menigte, serie* **0.3** ***reeks*** ⇒*opeenvolging, serie* **0.4** ***beurt*** ⇒*volgorde* **0.5** ⟨g.enk.⟩ ***gelederen*** ⇒*team* ◆ **2.1** ⟨inf.⟩ bunte ~ machen *om en om dame en heer laten plaats nemen* **2.3** eine fallende ~ *een afdalende reeks* **6.1** ⟨inf.⟩ ganz **aus** der ~ sein *helemaal niet in vorm, orde zijn;* ⟨inf.⟩ **aus** der ~ tanzen *een buitenbeentje zijn;* ⟨inf.⟩ der Haushalt kam ganz **aus** der ~ *de huishouding raakte helemaal in wanorde;* ⟨inf.⟩ nicht **in** der ~ sein *niet fit zijn;* ⟨inf.⟩ jmdn. **in** die ~ bringen *iem. er weer bovenop helpen;* ⟨inf.⟩ etwas **in** die ~ bringen *iets weer in orde brengen;* ⟨inf.⟩ du hast wohl nicht alle **in** der ~! *je bent niet goed wijs!* **6.4** **an** der ~ sein *aan de beurt zijn;* jetzt kommt er **an** die ~! *nu is het zijn beurt!;* **außer** der ~ abfertigen *afzonderlijk afhandelen;* **außer** der ~ sein *ongewoon zijn;* der ~ **nach** *op volgorde;* alles der ~ **nach** erzählen *alles in goede volgorde vertellen* **8.1** in Reih und Glied stehen *in het gelid staan.*
reihen I ⟨ov.ww.⟩ **0.1** ***rijgen*** **0.2** ***(rang)schikken*** ⇒*rijgen* ◆ **3.2** um den Tisch gereiht *om de tafel gerangschikt;*
II sich ~ ⟨wk.ww.⟩ **0.1** ***(opeen)volgen*** ⇒*zich scharen, zich verbinden* ◆ **6.1** Erfolg reiht sich **an** Erfolg *het ene succes volgt op het andere.*
Reihendorf ⟨o.⟩ **0.1** ***dorp met lintbebouwing.***
Reihenfolge ⟨v.⟩ **0.1** ***volgorde*** ⇒*reeks, rangorde, rij* ◆ **3.1** die ~ einhalten *zich aan de volgorde houden.*
Reihenhaus ⟨o.⟩ **0.1** ***huis in een rij, rijtjeshuis.***
Reihenmotor ⟨m.⟩ **0.1** ***lijnmotor.***
Reihenschaltung ⟨v.⟩ **0.1** ***serieschakeling.***
Reihenuntersuchung ⟨v.⟩⟨med.⟩ **0.1** ***bevolkingsonderzoek*** **0.2** ***serieonderzoek.***
reihenweise **0.1** ***in rijen*** ⇒*in serie* **0.2** ⟨inf.⟩ ***bij de vleet*** ⇒ *in grote aantallen, scharen.*
Reihenzahl ⟨v.⟩ **0.1** ***reeksgetal.***
Reiher ⟨m.; ~s, ~⟩ **0.1** ***reiger.***
reihern ⟨inf.⟩ **0.1** ***kotsen.***
Reiherschnabel ⟨m.⟩⟨plantk.⟩ **0.1** ***reigersbek.***
Reihfaden ⟨m.⟩ **0.1** ***rijgdraad.***
Reihgarn ⟨o.⟩ **0.1** ***rijggaren.***
reihum **0.1** ***om de beurt*** ⇒*in het rond, de rij langs.*
Reim ⟨m.; ~(e)s, ~e⟩ **0.1** ***rijm*** **0.2** ***rijm(pje)*** ⇒*versje* ◆ **2.1** klingender ~ *slepend, vrouwelijk rijm;* stumpfer ~ *staand, mannelijk rijm* **3.1** ⟨inf.⟩ darauf finde ich keinen ~ *dat gaat me boven de pet;* ⟨inf.⟩ sich ⟨3e nv.⟩ auf etwas keinen ~ machen können *ergens geen wijs uit kunnen worden.*
Reimart ⟨v.⟩ **0.1** ***rijm(soort).***
Reimchronik ⟨v.⟩ **0.1** ***rijmkroniek.***
Reimdichtung ⟨v.⟩ **0.1** ***rijmwerk.***
reimen I ⟨onov.ww.⟩ **0.1** ***rijmen*** ⇒*rijm hebben;*
II ⟨ov.ww.⟩ **0.1** ***rijmen*** ◆ **1.1** eine Strophe ~ *een strofe dichten;*
III sich ~ ⟨wk.ww.⟩ **0.1** ***rijmen*** ⇒*rijm hebben, vormen* **0.2** ⟨fig.⟩ ***rijmen*** ⇒*overeenkomen, passen* ◆ **4.2** ⟨inf.⟩ das reimt sich nicht *dat valt niet te rijmen.*
Reimer ⟨m.; ~s, ~⟩⟨pej.⟩ **0.1** ***rijmelaar.***
Reimerei ⟨v.; ~, ~en⟩ **0.1** ***rijmelarij*** ⇒*pruldicht* **0.2** ***gerijmel.***
reimlos **0.1** ***rijmloos, blank.***
Reimwort ⟨o.; mv. ¨~er⟩ **0.1** ***rijmwoord.***
rein[1] ⟨bn.⟩ **0.1** ***zuiver*** ⇒*onvermengd, puur* **0.2** ***rein*** ⇒ *schoon, proper* **0.3** ***zuiver*** ⇒*uitsluitend* **0.4** ***zuiver*** ⇒*edel, hoogstaand* **0.5** ⟨rel.⟩ ***rein*** **0.6** ⟨meestal overtr. trap⟩ ***reinste*** ⇒*klinkklaar, puur* ◆ **1.1** ein ~es Deutsch sprechen *zonder accent Duits spreken;* ⟨inf.⟩ es war keine ~e Freude *het was geen onverdeeld genoegen* **1.2** eine ~e Haut *een gave, frisse huid;* ~ Schiff *schoon schip* **1.3** das war ~es Glück *dat was puur geluk;* ~e Theorie *alleen maar theorie;* die ~e Wahrheit *de zuivere waarheid* **1.6** es war das ~ste Wunder *het was compleet een wonder* **3.2** ⟨inf.⟩ die Luft ist jetzt ~ *de kust is nu veilig* **6.1** etwas **ins** ~e bringen *iets in het reine brengen, in orde maken;* etwas **ins** ~e schreiben *iets in het net schrijven.*
rein[2] ⟨bw.⟩ **0.1** ***compleet*** ⇒*puur, helemaal* ◆ **4.1** er hat ~ alles aufgegessen *hij heeft werkelijk alles opgegeten* **5.1** das geht dich ~ gar nichts an *dat gaat je geen barst aan.*
rein[3] ⟨bw.⟩⟨inf.⟩ →**herein; hinein.**
reinbeißen ⟨inf.⟩ **0.1** ***erin bijten, happen*** ◆ **6.1** **zum** Reinbeißen aussehen *er erg appetijtelijk uitzien.*
Reine ⟨v.; ~⟩⟨schr.⟩ **0.1** ***reinheid.***
Reineinnahme ⟨v.⟩ **0.1** ***netto-ontvangst.***
Reineke Fuchs ⟨m.⟩⟨lit.⟩ **0.1** ***Reinaert, Reintje de vos.***
Reinemachefrau ⟨v.⟩ **0.1** ***schoonmaakster, werkster.***
reinemachen **0.1** ***schoonmaken*** ◆ **2.1** großes Reinemachen *grote schoonmaak.*
Reinerlös ⟨m.⟩ **0.1** ***netto-opbrengst.***
Reinertrag ⟨m.⟩ **0.1** ***netto-opbrengst.***
Reinette ⟨v.; ~, ~n⟩ **0.1** ***renet(appel).***
reineweg ⟨inf.⟩ **0.1** ***gewoonweg*** ⇒*bepaald* **0.2** ***compleet*** ⇒ *helemaal, totaal* ◆ **4.2** ~ alles erzählen *werkelijk alles vertellen.*
Reinfall ⟨m.⟩⟨inf.⟩ **0.1** ***flop*** ⇒*afgang, echec.*
reinfallen ⟨inf.⟩ →**hereinfallen.**
Reingewicht ⟨o.⟩ **0.1** ***nettogewicht.***
Reingewinn ⟨m.⟩ **0.1** ***zuivere winst, nettowinst.***
Reinhaltung ⟨v.⟩ **0.1** ***het schoonhouden.***
Reinheit ⟨v.; ~⟩ **0.1** ***reinheid*** ⇒*zuiverheid.*
reinigen **0.1** ***reinigen*** ⇒*zuiveren, schoonmaken* ◆ **6.1** einen Mantel **zum** Reinigen geben, bringen *een jas naar de stomerij brengen.*
Reiniger ⟨m.; ~s, ~⟩ **0.1** ***schoonmaakmiddel.***
Reinigung ⟨v.; ~, ~en⟩ **0.1** ***stomerij*** **0.2** ***reiniging*** ⇒*schoonmaak, zuivering* ◆ **6.1** einen Anzug **in** die ~ geben *een kostuum naar de stomerij brengen.*
Reinigungsanstalt ⟨v.⟩ **0.1** ***stomerij.***
Reinigungsmilch ⟨v.⟩ **0.1** ***reinigingscrème.***
Reinigungsmittel ⟨o.⟩ **0.1** ***schoonmaak-, zuiveringsmiddel.***
Reinkarnation ⟨v.; ~, ~en⟩ **0.1** ***reïncarnatie.***
Reinkultur ⟨v.⟩ **0.1** ***reine cultuur, reincultuur*** ⇒*zuivere kweek* ◆ **6.1** ⟨inf.⟩ Dummheit **in** ~ *het toppunt van domheid.*
reinleinen **0.1** ***zuiver linnen.***
reinlich **0.1** ***schoon*** ⇒*helder, netjes* **0.2** ***proper*** ⇒*zindelijk* **0.3** ***scherp omlijnd*** ⇒*duidelijk, helder* ◆ **3.1** ~ gekleidet *netjes gekleed.*
Reinlichkeitssinn ⟨m.⟩ **0.1** ***gevoel voor netheid.***
Reinmachefrau ⟨v.⟩ **0.1** ***schoonmaakster, werkster.***
reinrassig **0.1** ***raszuiver.***
Reinschiff ⟨o.⟩ ◆ **3.¶** ~ machen *schoon schip maken.*

Reinschrift ⟨v.⟩ **0.1** ***het net, netschrift.***

reinschriftlich **0.1** ***in het net (geschreven).***

reinseiden **0.1** ***zuiver zijden, van zuivere zijde.***

Reinvermögen ⟨o.⟩ **0.1** ***zuiver vermogen.***

reinwaschen ⟨inf.; fig.⟩ **0.1** ***goed-, schoonpraten.***

reinwürgen ⟨inf.⟩ ◆ **4.¶** jmdm. eine / einen / eins ~ (a) *iem. op zijn kop geven* (b) *iem. dwarsbomen.*

Reinzucht ⟨v.⟩ **0.1** ***reine cultuur, zuivere kweek, teelt.***

Reis[1] ⟨m.; ~es, ~e⟩ **0.1** ***rijst(korrels).***

Reis[2] ⟨o.; ~es, ~er⟩ **0.1** ***rijs*** ⇒*takje, teen, twijg* **0.2** ***loot*** ⇒ *scheut* ◆ **2.2** ⟨fig.⟩ ein neues ~ *een nieuwe telg.*

Reisbranntwein ⟨m.⟩ **0.1** ***rijstbrandewijn, arak.***

Reisbrei ⟨m.⟩ **0.1** ***rijstebrij, -pap.***

Reise ⟨v.; ~, ~n⟩ **0.1** ***reis*** **0.2** ⟨inf.⟩ ***roes, trip*** ◆ **2.1** eine dienstliche ~ *een dienstreis;* ⟨euf.⟩ die Letzte ~ *het sterven;* die letzte ~ antreten *sterven* **6.1 auf** ~n, die ~ gehen *op reis gaan.*

Reiseandenken ⟨o.⟩ **0.1** ***souvenir.***

Reiseanzug ⟨m.⟩ **0.1** ***reiskostuum.***

Reisebegleiter ⟨m.⟩ **0.1** ***reisgenoot*** **0.2** ***reisgids.***

Reisebericht ⟨m.⟩ **0.1** ***reisverslag, -verhaal.***

Reisebuch ⟨o.⟩ **0.1** ***reisboek.***

Reisebüro ⟨o.⟩ **0.1** ***reisbureau.***

Reisebus ⟨m.⟩ **0.1** ***touringcar, reisbus.***

Reisedecke ⟨v.⟩ **0.1** ***plaid.***

reisefertig **0.1** ***reisvaardig, klaar om te vertrekken.***

Reisefieber ⟨o.⟩ **0.1** ***reiskoorts.***

Reiseführer ⟨m.⟩ **0.1** ***reisgids, -leider*** **0.2** ***reisgids, -beschrijving.***

Reisegefährte ⟨m.⟩ **0.1** ***reisgenoot.***

Reisegeld ⟨o.⟩ **0.1** ***reisgeld.***

Reisegepäck ⟨o.⟩ **0.1** ***reisbagage.***

Reisegesellschaft ⟨v.⟩ **0.1** ***reisgezelschap.***

Reisegewerbe ⟨o.⟩ **0.1** ***ambulante handel.***

Reisekleid ⟨o.⟩ **0.1** ***reisjapon, -kostuum.***

Reisekrankheit ⟨v.⟩ **0.1** ***reisziekte.***

Reiseland ⟨o.⟩ **0.1** ***vakantieland.***

Reiseleiter ⟨m.⟩ **0.1** ***reisleider.***

Reiselust ⟨v.⟩ **0.1** ***reislust.***

reisen **0.1** ***reizen, op reis gaan, zijn*** ◆ **5.1** geschäftlich ~ *voor zaken op reis zijn;* er ist weit gereist *hij heeft veel van de wereld gezien* **6.1 in** die Ferien, in den Urlaub ~ *op vakantie gaan;* **ins** Ausland ~ *een reis naar het buitenland maken.*

Reisende(r) ⟨bn. als zn.⟩ **0.1** ***reiziger*** ⇒*toerist, passagier* **0.2** ***(handels)reiziger*** ⇒*vertegenwoordiger.*

Reiseomnibus ⟨m.⟩ **0.1** ***touringcar, reisbus.***

Reiseonkel ⟨m.⟩⟨inf.; scherts.⟩ **0.1** ***reislustig man.***

Reisepapier ⟨o.⟩ **0.1** ***reisdocument.***

Reisepaß ⟨m.⟩ **0.1** ***paspoort, reispas.***

Reiseplan ⟨m.⟩ **0.1** ***reisplan(nen).***

Reiserei ⟨v.; ~⟩⟨inf.⟩ **0.1** ***gereis.***

Reisescheck ⟨m.⟩ **0.1** ***reis-, travellerscheque.***

Reiseschreibmaschine ⟨v.⟩ **0.1** ***portable, draagbare schrijfmachine.***

Reisespesen ⟨alleen mv.⟩ **0.1** ***reiskosten.***

Reisetante ⟨v.⟩⟨inf.; scherts.⟩ **0.1** ***reislustige dame.***

Reiseunternehmen ⟨o.⟩ **0.1** ***reisbureau, touroperator.***

Reiseveranstalter ⟨m.⟩ **0.1** ***touroperator.***

Reiseverkehr ⟨m.⟩ **0.1** ***reizigersverkeer.***

Reisewelle ⟨v.⟩ **0.1** ***piek in het reizigersverkeer.***

Reisewetter ⟨o.⟩ **0.1** ***(fraai) vakantieweer.***

Reisezeit ⟨v.⟩ **0.1** ***reistijd, -duur*** **0.2** ***reis-, vakantietijd.***

Reisezug ⟨m.⟩ **0.1** ***personentrein.***

Reisfeld ⟨o.⟩ **0.1** ***rijstveld, -akker.***

Reisig ⟨o.; ~s⟩ **0.1** ***rijshout.***

Reisigbesen ⟨m.⟩ **0.1** ***rijsbezem.***

Reisigbündel ⟨o.⟩ **0.1** ***takkenbos, bos rijshout.***

Reisigholz ⟨o.⟩ **0.1** ***rijshout.***

Reiskorn ⟨o.⟩ **0.1** ***rijstkorrel.***

Reispapier ⟨o.⟩ **0.1** ***rijstpapier.***

Reißahle ⟨v.⟩ **0.1** ***kraspen.***

Reißaus ⟨m.⟩⟨inf.⟩ ◆ **3.¶** ~ nehmen *de plaat poetsen.*

Reißblei ⟨o.⟩ **0.1** ***potlood.***

Reißbrett ⟨o.⟩ **0.1** ***tekenbord.***

Reißbrettstift ⟨m.⟩ **0.1** ***punaise.***

Reisschleim ⟨m.⟩ **0.1** ***rijstenat.***

Reisschnaps ⟨m.⟩ **0.1** ***rijstbrandewijn, arak.***

reißen ⟨→t96⟩ **I** ⟨onov.ww.⟩ **0.1** ***scheuren*** ⇒*stuk-, kapotgaan, breken* **0.2** ***rukken*** ⇒*trekken* ◆ **6.1** das reißt **ins** Geld *dat hakt erin, dat loopt in de papieren;*
II ⟨ov.ww.⟩ **0.1** ***scheuren*** ⇒*vaneenrijten, verscheuren* **0.2** ***trekken*** ⇒*rukken* **0.3** ***duwen*** ⇒*stoten, sleuren* **0.4** ***verscheuren*** ⇒*doodbijten* **0.5** ***nemen*** ⇒*zich toe-eigenen* **0.6** ⟨sp.⟩ ***trekken*** ◆ **1.6** über 100 Kilo ~ *meer dan 100 kilo trekken* **1.¶** ⟨sp.⟩ eine Hürde ~ *een horde omverspringen;* die Latte ~ *de lat eraf springen, raken;* ⟨inf.⟩ Witze ~ *grappen maken* **5.3** ⟨fig.⟩ hin und her gerissen werden *heen en weer geslingerd worden* **6.1 in** Fetzen ~ *aan flarden scheuren;* ⟨fig.⟩ ein Loch **in** die Ersparnisse ~ *een bres in de spaarcenten slaan* **6.2** jmdn. **aus** seinen Gedanken ~ *iem. uit z'n gedachten doen opschrikken* **6.3 in** den Abgrund ~ *in de afgrond sleuren;* ⟨fig.⟩ jmdn. **ins** Verderben ~ *iem. in het verderf storten;* jmdn. **zu** Boden ~ *iem. tegen de grond smijten* **6.5** die Führung **an** sich ⟨4e nv.⟩ ~ *de leiding naar zich toe trekken;*
III sich ~ ⟨wk.ww.⟩ **0.1** ***zich schrammen*** **0.2** ***vechten om*** ⇒*elkaar betwisten.*

Reißen ⟨o.; ~s⟩⟨inf.⟩ **0.1** ***reumatiek.***

reißend **0.1** ***snelstromend*** ⇒*woest, onstuimig* **0.2** ***verscheurend*** ⇒*roof-* **0.3** ***heel vlot*** ⇒*gretig, snel* **0.4** ***snijdend, vlijmend*** ⟨van pijn⟩ ◆ **1.2** ein ~es Tier *een verscheurend dier* **1.3** ~en Absatz finden *gretig aftrek vinden.*

Reißer ⟨m.; ~s, ~⟩⟨inf.⟩ **0.1** ***succesnummer, -stuk.***

reißerisch ⟨pej.⟩ **0.1** ***op effect berekend*** ⇒*pakkend, sensationeel.*

Reißfeder ⟨v.⟩ **0.1** ***trek-, tekenpen.***

reißfest **0.1** ***scheurvrij.***

Reißleine ⟨v.⟩ **0.1** ***scheurkoord, -lijn.***

Reißlinie ⟨v.⟩ **0.1** ***perforatielijn.***

Reißnadel ⟨v.⟩ **0.1** ***kraspen.***

Reißnagel ⟨m.⟩ **0.1** ***punaise.***

Reißschiene ⟨v.⟩ **0.1** ***tekenhaak.***

Reißverschluß ⟨m.⟩ **0.1** ***rits-, treksluiting.***

Reißwolle ⟨v.⟩ **0.1** ***scheurwol.***

Reißzahn ⟨m.⟩ **0.1** ***scheurkies.***

Reißzeug ⟨o.⟩ **0.1** ***passerdoos.***

Reißzirkel ⟨m.⟩ **0.1** ***tekenpasser.***

Reißzwecke ⟨v.⟩ **0.1** ***punaise.***

Reitbahn ⟨v.⟩ **0.1** ***rijbaan, -school, manege.***

reiten ⟨→t97⟩ **I** ⟨onov.ww.⟩ **0.1** ***rijden*** ⟨op een rijdier⟩, ***paardrijden*** ◆ **6.1** das Kind **auf** den Knien ~ lassen *het kind op z'n knieën laten rijden;* **im** Schritt ~ *stapvoets rijden;*
II ⟨ov.ww.⟩ **0.1** ***(be)rijden*** **0.2** ***rijden*** ⇒*dekken* ◆ **1.1** Wellen ~ *plankzeilen, surfen.*

Reiter ⟨m.; ~s, ~⟩ **0.1** ***ruiter, berijder*** **0.2** ⟨fig.⟩ ***ruitertje, kaartruiter.***

Reiterangriff ⟨m.⟩ **0.1** ***cavalerie-, ruiterijaanval.***

Reiterei ⟨v.; ~, ~en⟩ **0.1** *ruiterij, cavalerie* **0.2** ⟨inf.⟩ *gerij, het rijden.*

Reiterhof ⟨m.⟩ **0.1** *manege.*

Reiterin ⟨v.; ~, ~nen⟩ **0.1** *paardrijdster, amazone.*

reiterlich 0.1 *als ruiter ⇒in het paardrijden, ruiter-.*

Reitgerte ⟨v.⟩ **0.1** *rijzweep, karwats.*

Reithalle ⟨v.⟩ **0.1** *overdekte manege.*

Reithose ⟨v.⟩ **0.1** *rijbroek.*

Reitpeitsche ⟨v.⟩ **0.1** *rijzweep, karwats.*

Reitpferd ⟨o.⟩ **0.1** *rijpaard.*

Reitschule ⟨v.⟩ **0.1** *manege, rijschool.*

Reitsport ⟨m.⟩ **0.1** *ruitersport.*

Reitstall ⟨m.⟩ **0.1** *stal voor rijpaarden.*

Reitstiefel ⟨m.⟩ **0.1** *rijlaars.*

Reitstunde ⟨v.⟩ **0.1** *rijles.*

Reittier ⟨o.⟩ **0.1** *rijdier.*

Reitturnier ⟨o.⟩ **0.1** *ruitertoernooi.*

Reit- und Fahrturnier ⟨o.⟩ **0.1** *concours hippique* ⟨voor ruiters en bespannen wagens⟩.

Reitweg ⟨m.⟩ **0.1** *ruiterpad.*

Reiz ⟨m.; ~es, ~e⟩ **0.1** *prikkel(ing)* **0.2** *aantrekkingskracht, bekoring* **0.3** *bekoorlijkheid ⇒charme* ◆ **3.2** die Sache hat keinen ~ mehr für mich *die zaak kan me niet meer bekoren;* das hat jeden ~ verloren *daar is werkelijk niets meer aan* **3.3** sie läßt ihre ~e spielen *ze maakt gebruik van haar bekoorlijkheden.*

reizbar 0.1 *prikkelbaar ⇒(over)gevoelig* ◆ **1.1** ~e Nerven *overgevoelige zenuwen.*

reizen 0.1 *prikkelen ⇒irriteren, ergeren, tergen* **0.2** *prikkelen ⇒inwerken op* **0.3** *prikkelen ⇒opwekken, aansporen* **0.4** *prikkelen ⇒bekoren, (ver)lokken* **0.5** ⟨sp.⟩ *opbieden* ◆ **1.1** eine gereizte Atmosphäre *een geprikkelde stemming* **1.4** das Abenteuer reizt ihn *het avontuur trekt hem aan* **6.3 zum** Widerspruch ~ *tegenspraak uitlokken.*

reizend 0.1 *aantrekkelijk, bekoorlijk ⇒charmant, verrukkelijk* ◆ **1.1** ein Haus in ~er Lage *een riant gelegen huis* **3.1** ⟨iron.⟩ das kann ja ~ werden! *dat kan me een fraaie boel worden!*

Reizhusten ⟨m.⟩ **0.1** *prikkel-, kriebelhoest.*

Reizklima ⟨o.⟩ **0.1** *sterk wisselend klimaat.*

reizlos 0.1 *onaantrekkelijk ⇒niet charmant, saai* **0.2** *laf ⇒ flauw, zonder smaak.*

Reizmittel ⟨o.⟩ **0.1** *opwekkend, stimulerend middel ⇒pepmiddel.*

Reizschwelle ⟨v.⟩ **0.1** *prikkeldrempel.*

Reizstoff ⟨m.⟩ **0.1** *prikkelende stof.*

Reizthema ⟨o.⟩ **0.1** *omstreden onderwerp ⇒strijdpunt.*

Reiztherapie ⟨v.⟩ **0.1** *prikkeltherapie.*

Reizung ⟨v.; ~, ~en⟩ **0.1** *prikkel(ing)* **0.2** ⟨med.⟩ *aandoening ⇒geïrriteerdheid.*

reizvoll 0.1 *bekoorlijk ⇒aantrekkelijk, vol bekoring.*

Reizwäsche ⟨v.⟩ **0.1** *pikante lingerie, sexy ondergoed.*

Reizwort ⟨o.⟩ **0.1** ⟨psych.⟩ *testwoord* **0.2** ⟨fig.⟩ *emotionele reacties uitlokkend woord.*

Rekapitulation ⟨v.; ~, ~en⟩ **0.1** *recapitulatie.*

rekapitulieren 0.1 *recapituleren.*

rekeln, sich ⟨inf.⟩ **0.1** *zich ongegeneerd uitrekken, strekken.*

Reklamation ⟨v.; ~, ~en⟩ **0.1** *reclamatie, bezwaar(schrift).*

Reklame ⟨v.; ~, ~n⟩ **0.1** *reclame* ◆ **6.1** ⟨fig.⟩ ~ **mit** etwas machen *met iets pronken, geuren.*

Reklamefeldzug ⟨m.⟩ **0.1** *reclamecampagne.*

Reklamefilm ⟨m.⟩ **0.1** *reclamefilm, -spot.*

reklamehaft ⟨vaak pej.⟩ **0.1** *als een reclame, reclameachtig.*

Reklameläufer ⟨m.⟩ **0.1** *iem. die met een reclamebord loopt.*

Reklamerummel ⟨m.⟩⟨inf.; pej.⟩ **0.1** *reclamegedoe, -kermis.*

Reklameschild ⟨o.⟩ **0.1** *reclamebord.*

Reklameschönheit ⟨v.⟩⟨inf.⟩ **0.1** *reclamefotomodel.*

Reklametrommel ⟨v.⟩⟨inf.⟩ ◆ **3.¶** die ~ rühren *veel reclame maken.*

Reklamezettel ⟨m.⟩ **0.1** *reclamebiljet.*

reklamieren 0.1 *reclameren* ◆ **1.1** ⟨sp.⟩ Abseits ~ *eisen, dat buitenspel gegeven wordt* **8.1** als sein Eigentum ~ *als zijn eigendom opeisen.*

Rekompensation ⟨v.; ~, ~en⟩ **0.1** *recompensie, (schade)vergoeding.*

rekonstruieren 0.1 *reconstrueren.*

Rekonstruktion ⟨v.⟩ **0.1** *reconstructie* ◆ **1.1** die ~ der Altstadt *de wederopbouw van het oude stadsgedeelte.*

rekonvaleszent 0.1 *reconvalescent ⇒aan de beterende hand.*

Rekonvaleszent ⟨m.; ~en, ~en⟩ **0.1** *reconvalescent ⇒iem. die aan de beterende hand is.*

rekonvaleszieren 0.1 *herstellen ⇒genezen.*

Rekord ⟨m.; ~(e)s, ~e⟩ **0.1** *record* ⟨ook fig.⟩ ◆ **3.1** einen ~ aufstellen, einstellen, erzielen *een record vestigen, evenaren, op z'n naam brengen;* sie ist ~ gelaufen *ze heeft een recordtijd gelopen.*

Rekordbesuch ⟨m.⟩ **0.1** *recordbezoek.*

Rekordler ⟨m.; ~s, ~⟩ **0.1** *recordhouder.*

Rekordweite ⟨v.⟩ **0.1** *recordsprong* **0.2** *recordworp.*

Rekrut ⟨m.; ~en, ~en⟩ **0.1** *rekruut* ◆ **3.1** ~en ausheben *rekruten oproepen, lichten.*

Rekrutenausbildung ⟨v.⟩ **0.1** *rekruten-, basisopleiding.*

rekrutieren I ⟨ov.ww.⟩ **0.1** *rekruteren ⇒putten, halen uit;* **II sich** ~ ⟨wk.ww.⟩ **0.1** *gerekruteerd worden ⇒bestaan, voortkomen uit* ◆ **6.1** sich **aus** Kreisen der Studenten ~ *uit studentenkringen voortkomen.*

rektal ⟨med.⟩ **0.1** *rectaal.*

Rektifikation ⟨v.; ~, ~en⟩ **0.1** *rectificatie, rechtzetting.*

rektifizieren I ⟨onov.ww.⟩⟨wisk.⟩ **0.1** *rectificeren;* **II** ⟨ov.ww.⟩ **0.1** *rectificeren, rechtzetten.*

Rektor ⟨m.; ~s, Rektoren⟩ **0.1** *hoofd ⇒directeur, rector* **0.2** *rector (magnificus)* **0.3** ⟨rel.⟩ *rector.*

Rektorat ⟨o.; ~(e)s, ~e⟩ **0.1** *rectoraat* **0.2** *rectorskamer.*

Rektoratsrede ⟨v.⟩ **0.1** *rectorale rede, rectoraatsrede.*

Rektorin ⟨v.; ~, ~nen⟩⟨school.⟩ **0.1** *directrice ⇒rectrice.*

Rektoskop ⟨o.; ~s, ~e⟩ **0.1** *rectoscoop, endeldarmspiegel.*

Rektoskopie ⟨v.; ~, ~n⟩ **0.1** *rectoscopie.*

Rektum ⟨o.; ~s, Rekta⟩ **0.1** *rectum, endeldarm.*

Rekurs ⟨m.; ~es, ~e⟩ **0.1** ⟨schr.⟩ *het teruggrijpen, -gaan op* **0.2** ⟨jur.⟩ *beroep ⇒protest, bezwaar* ◆ **6.1 auf** etwas ~ nehmen *op iets teruggrijpen.*

rekursiv 0.1 *recursief.*

Relais ⟨o.; ~, ~⟩ **0.1** ⟨gesch.⟩ *relais, wisselplaats* ⟨van paarden⟩ **0.2** ⟨tech.⟩ *relais.*

Relaisstation ⟨v.⟩ **0.1** ⟨tech.⟩ *relaisstation, -zender* **0.2** ⟨gesch.⟩ *relais, wisselplaats van paarden.*

Relaissteuerung ⟨v.⟩⟨tech.⟩ **0.1** *relaisbediening.*

Relation ⟨v.; ~, ~en⟩ **0.1** *relatie ⇒verhouding, betrekking* ◆ **6.1 in** die richtige ~ bringen *in de juiste verhouding brengen.*

relativ 0.1 *relatief ⇒betrekkelijk.*

relativieren 0.1 *relativeren.*

Relativismus ⟨m.; ~⟩⟨fil.⟩ **0.1** *relativisme.*

Relativist ⟨m.; ~en, ~en⟩ **0.1** *relativist.*

Relativität ⟨v.; ~, ~en⟩ **0.1** *relativiteit* ◆ **2.1** kausale ~ *causaal verband.*

Relativitätsprinzip ⟨o.⟩⟨nat.⟩ **0.1** ***relativiteitsbeginsel.***
Relativitätstheorie ⟨v.⟩⟨nat.⟩ **0.1** ***relativiteitstheorie.***
Relativpronomen ⟨o.⟩ **0.1** ***betrekkelijk voornaamwoord.***
Relativsatz ⟨m.⟩ **0.1** ***betrekkelijke bijzin.***
Relegationsspiel ⟨o.⟩⟨sp.⟩ **0.1** ***promotie-degradatiewedstrijd, nacompetitie.***
relegieren ⟨schr.; school.⟩ **0.1** ***relegeren, verwijderen.***
relevant **0.1** ***relevant*** ⇒*van belang, betekenis.*
Relevanz ⟨v.; ~, ~en⟩ **0.1** ***relevantie*** ⇒*belang, betekenis.*
Relief ⟨o.; ~s, ~s of ~e⟩⟨aardr., bk.⟩ **0.1** ***reliëf.***
Reliefdruck ⟨m.; mv. ~e⟩ **0.1** ***reliëfdruk.***
Religion ⟨v.; ~, ~en⟩ **0.1** ***religie, godsdienst*** **0.2** ***religie, geloofsovertuiging*** ⇒*geloof(sleer)* **0.3** ***godsdienstonderwijs*** ◆ **6.1** sich **zu** einer ~ bekennen *een godsdienst belijden.*
Religionsbekenntnis ⟨o.⟩ **0.1** ***geloofsovertuiging.***
Religionsbuch ⟨o.⟩ **0.1** ***boek voor het godsdienstonderwijs.***
Religionsfreiheit ⟨v.⟩ **0.1** ***godsdienstvrijheid.***
Religionsgemeinschaft ⟨v.⟩ **0.1** ***religieuze groepering.***
Religionsgeschichte ⟨v.⟩ **0.1** ***godsdienstgeschiedenis.***
Religionskrieg ⟨m.⟩ **0.1** ***godsdienstoorlog.***
Religionslehre ⟨v.⟩ **0.1** ***geloofsleer*** **0.2** ⟨g.mv.⟩ ***godsdienstonderwijs.***
Religionslehrer ⟨m.⟩ **0.1** ***godsdienstleraar, -onderwijzer.***
religionslos **0.1** ***godsdienstloos.***
Religionsstifter ⟨m.⟩ **0.1** ***stichter v.e. godsdienst, nieuwe leer.***
Religionsstreit ⟨m.⟩ **0.1** ***godsdiensttwist.***
Religionsstunde ⟨v.⟩ **0.1** ***godsdienstles.***
Religionsunterricht ⟨m.⟩ **0.1** ***godsdienstonderwijs, -les.***
Religionszwang ⟨m.⟩ **0.1** ***geloofsdwang.***
religiös **0.1** ***religieus, de religie betreffend*** ⇒*godsdienstig* **0.2** ***religieus*** ⇒*godvruchtig, gelovig* ◆ **1.2** ein ~er Mensch *een gelovig iemand.*
Religiose(r) ⟨bn. als zn.⟩ **0.1** ***religieus, religieuze*** ⇒*kloosterling(e).*
Religiosität ⟨v.; ~⟩ **0.1** ***religiositeit, godsdienstigheid.***
Relikt ⟨o.; ~(e)s, ~e⟩ **0.1** ***relict, overblijfsel.***
Reling ⟨v.; ~, ~e of ~s⟩ **0.1** ***reling, verschansing.***
Reliquiar ⟨o.; ~s, ~e⟩ **0.1** ***reliquiarium, reliekhouder, -schrijn.***
Reliquie ⟨v.; ~, ~n⟩ **0.1** ***relikwie, reliek.***
Reliquienbehälter ⟨m.⟩ **0.1** ***relikwie-, reliekhouder.***
Reliquienschrein ⟨m.⟩ **0.1** ***reliekschrijn.***
Rembours ⟨m.; ~, ~⟩⟨ec.⟩ **0.1** ***rembours*** ⇒*dekking* ⟨v.e. wissel⟩.
remboursieren ⟨ec.⟩ **0.1** ***rembourseren, terugbetalen*** ⇒*dekken.*
Remedium ⟨o.; ~s, Remedia of Remedien⟩ **0.1** ***remedie.***
Remigrant ⟨m.; ~en, ~en⟩ **0.1** ***remigrant.***
Remilitarisierung ⟨v.; ~⟩ **0.1** ***remilitarisatie, herbewapening.***
Reminiszenz ⟨v.; ~, ~en⟩⟨schr.⟩ **0.1** ***reminiscentie, herinnering*** **0.2** ***reminiscentie*** ⇒*iets wat doet denken aan.*
remis **0.1** ***(in, met) remise, onbeslist*** ◆ **3.1** ~ enden *in, met remise eindigen.*
Remis ⟨o.; ~, ~(en)⟩ **0.1** ***remise.***
Remittende ⟨v.; ~, ~n⟩⟨boek.⟩ **0.1** ***terug te sturen, teruggestuurd exemplaar.***
Remittent ⟨m.; ~en, ~en⟩⟨ec.⟩ **0.1** ***remittent, wisselhouder.***
remittieren **0.1** ***terugzenden.***
Remmidemmi ⟨o.; ~s⟩⟨inf.⟩ **0.1** ***drukte (van belang)*** ⇒*herrie, gedoe.*
Rempelei ⟨v.; ~, ~en⟩⟨inf.⟩ **0.1** ***geduw*** ⇒*gestoot, botsing* **0.2** ⟨sp.⟩ ***het v.d. bal zetten*** ⇒*botsing.*
rempeln ⟨inf.⟩ **0.1** ***(weg)duwen*** ⇒*(weg)stoten, opzij dringen, zetten* **0.2** ⟨sp.⟩ ***v.d. bal zetten.***
Rempler ⟨m.; ~s, ~⟩⟨inf.⟩ **0.1** ***stoot*** ⇒*duw, por* **0.2** ***woesteling.***
Rem(p)ter ⟨m.; ~s, ~⟩ **0.1** ***refter, eetzaal.***
Ren ⟨o.; ~s, ~s of ~e⟩ **0.1** ***rendier.***
Renaissance ⟨v.; ~, ~n⟩ **0.1** ⟨fig.⟩ ***renaissance, vernieuwing*** **0.2** ⟨gesch.⟩ ***renaissance.***
Renaissancezeit ⟨v.⟩ **0.1** ***tijd v.d. renaissance.***
Rendement ⟨o.; ~s, ~s⟩ **0.1** ***rendement, opbrengst.***
Rendezvous ⟨o.; ~, ~⟩ **0.1** ***rendez-vous*** ⇒*afspraak(je)* **0.2** ⟨ruim.⟩ ***koppeling.***
Rendezvousmanöver ⟨o.⟩⟨ruim.⟩ **0.1** ***koppelingsmanoeuvre.***
Rendite ⟨v.; ~, ~n⟩ **0.1** ***rendement, opbrengst.***
Renegat ⟨m.; ~en, ~en⟩ **0.1** ***renegaat, afvallige.***
Renegatentum ⟨o.; ~s⟩⟨schr.⟩ **0.1** ***afvalligheid.***
renitent ⟨schr.⟩ **0.1** ***weerspannig.***
Renitenz ⟨v.; ~⟩ **0.1** ***weerspannigheid.***
Rennauto ⟨o.⟩ **0.1** ***race-, renauto.***
Rennbahn ⟨v.⟩ **0.1** ***ren-, racebaan, circuit.***
Rennboot ⟨o.⟩ **0.1** ***raceboot.***
rennen ⟨→t98⟩ **I** ⟨onov.ww.⟩ **0.1** ***rennen*** ⇒*hollen, draven* **0.2** ***rennen*** ⇒*knallen, botsen* ◆ **6.1** dauernd **ins** Kino ~ *constant naar de bioscoop gaan;*
II ⟨ov.ww.⟩ **0.1** ***rennen*** ⇒*hollen, draven* **0.2** ***stoten*** ⇒*jagen, steken* ◆ **6.1** sich die Lunge **aus** dem Hals ~ *lopen wat men kan* **6.2** jmdm. ein Messer **in** den Leib ~ *iem. een mes in het lichaam jagen.*
Rennen ⟨o.; ~s, ~⟩ **0.1** ***race*** ⇒*wedstrijd, -loop, -ren* ◆ **2.1** ein totes ~ *een onbesliste wedstrijd* **3.1** das ~ ist gelaufen (a) *de wedstrijd is beslist* (b) ⟨fig.⟩ *het is een bekeken zaak;* das ~ machen (a) *de wedstrijd winnen* (b) ⟨fig.⟩ *de beste zijn* **6.1** gut **im** ~ liegen *een goede positie hebben.*
Renner ⟨m.; ~s, ~⟩ **0.1** ***echt, goed renpaard*** **0.2** ⟨inf.⟩ ***succesartikel*** ⇒*verkoopsucces.*
Rennerei ⟨v.; ~, ~en⟩⟨inf.⟩ **0.1** ***gejacht*** ⇒*gevlieg, geren.*
Rennfahrer ⟨m.⟩ **0.1** ***coureur*** ⇒*wielrenner, motor-, autocoureur.*
Rennjacht ⟨v.⟩ **0.1** ***wedstrijdjacht.***
Rennleitung ⟨v.⟩ **0.1** ***wedstrijdleiding.***
Rennmaschine ⟨v.⟩ **0.1** ***racemotor.***
Rennpferd ⟨o.⟩ **0.1** ***ren-, racepaard.***
Rennplatz ⟨m.⟩ **0.1** ***ren-, racebaan, circuit, parcours.***
Rennrad ⟨o.⟩ **0.1** ***racefiets.***
Rennreiter ⟨m.⟩ **0.1** ***wedstrijdruiter, jockey.***
Rennschlitten ⟨m.⟩ **0.1** ***wedstrijdslee*** ⟨voor rodelen⟩.
Rennsport ⟨m.⟩ **0.1** ***rensport.***
Rennstall ⟨m.⟩ **0.1** ***renstal.***
Rennstrecke ⟨v.⟩ **0.1** ***ren-, racebaan*** **0.2** ***circuit.***
Rennwagen ⟨m.⟩ **0.1** ***raceauto, -wagen.***
Rennwette ⟨v.⟩ **0.1** ***toto.***
Renommee ⟨o.; ~s, ~s⟩ **0.1** ***renommee*** ⇒*reputatie.*
renommieren ⟨schr.⟩ **0.1** ***renommeren*** ⇒*opscheppen, bluffen.*
Renommierstück ⟨o.⟩ **0.1** ***prachtexemplaar*** ⇒*museumstuk.*
renommiert **0.1** ***gerenommeerd, vermaard.***
Renommisterei ⟨v.; ~⟩ **0.1** ***opschepperij*** ⇒*grootspraak.*
renovieren **0.1** ***renoveren, vernieuwen*** ⇒*herstellen.*
Renovierung ⟨v.; ~, ~en⟩ **0.1** ***renovatie.***
rentabel **0.1** ***rendabel.***
Rentabilität ⟨v.; ~⟩ **0.1** ***rendabiliteit, rentabiliteit.***

Rentamt ⟨o.⟩ **0.1** *boekhoudbureau, financieel administratiekantoor.*
Rente ⟨v.; ~, ~n⟩ **0.1** *pensioen* ⇒*(lijf)rente, uitkering* **0.2** *rente* ⇒*vaste inkomsten* ⟨uit beleggingen⟩ ◆ **3.1** eine ~ beziehen *pensioen trekken* **6.1** ⟨inf.⟩ **auf, in** ~ gehen *met pensioen gaan.*
Rentei ⟨v.; ~, ~en⟩ →**Rentamt.**
Rentenalter ⟨o.⟩ **0.1** *pensioengerechtigde leeftijd.*
Rentenanspruch ⟨m.⟩ **0.1** *pensioenrecht.*
rentenberechtigt 0.1 *pensioengerechtigd.*
Rentenempfänger ⟨m.⟩ **0.1** *pensioen-, rentetrekker.*
Rentenmarkt ⟨m.⟩ **0.1** *obligatiemarkt.*
Rentenversicherung ⟨v.⟩ **0.1** *pensioenverzekering.*
Rentenwerte ⟨alleen mv.⟩ **0.1** *obligaties.*
Rentier[1] ⟨m.; ~s, ~s⟩ **0.1** *rentenier* **0.2** ⟨zelden⟩ *rente-, pensioentrekker.*
Rentier[2] ⟨o.⟩ **0.1** *rendier.*
rentieren, sich 0.1 *renderen* ⇒*rendabel, winstgevend zijn.*
rentierlich 0.1 *rendabel.*
Rentner ⟨m.; ~s, ~⟩ **0.1** *gepensioneerde, pensioen-, rentetrekker* **0.2** ⟨zelden⟩ *rentenier.*
Renumeration ⟨v.; ~, ~en⟩ **0.1** *terugbetaling.*
renumerieren 0.1 *terugbetalen.*
renunzieren 0.1 *renunciëren* ⇒*afstand doen van.*
reokkupieren 0.1 *opnieuw bezetten.*
Reorganisation ⟨v.⟩ **0.1** *reorganisatie.*
reorganisieren 0.1 *reorganiseren.*
reparabel 0.1 *reparabel, herstelbaar.*
Reparationen ⟨alleen mv.⟩⟨mil.⟩ **0.1** *herstel(betalingen).*
Reparationsabkommen ⟨o.⟩ **0.1** *verdrag betreffende herstel(betalingen).*
Reparationszahlung ⟨v.⟩ **0.1** *herstelbetaling.*
Reparatur ⟨v.; ~, ~en⟩ **0.1** *reparatie* ◆ **6.1 zur** ~ geben *in reparatie geven.*
reparaturanfällig 0.1 *snel defect* ⇒*kwetsbaar.*
Reparaturarbeit ⟨v.⟩ **0.1** *herstelwerkzaamheden, reparatie(s).*
reparaturbedürftig 0.1 *aan reparatie, herstel toe.*
Reparaturwerkstatt ⟨v.⟩ **0.1** *reparatiewerkplaats* ⇒*garage.*
reparieren 0.1 *repareren* ⇒*herstellen, verhelpen.*
repartieren ⟨ec.⟩ **0.1** *reparteren, omslaan.*
repatriieren 0.1 *repatriëren.*
Reperkussion ⟨v.; ~, ~en⟩ **0.1** *repercussie, terugslag* **0.2** ⟨muz.⟩ *repercussie.*
Repertoire ⟨o.; ~s, ~s⟩ **0.1** *repertoire.*
Repertorium ⟨o.; ~s, Repertorien⟩ **0.1** *repertorium.*
repetieren I ⟨onov.ww.⟩ **0.1** *repeteren* ⟨v.e. uurwerk⟩ **0.2** ⟨schr.⟩ *overdoen* ⟨v.e. klas⟩;
II ⟨ov.ww.⟩ **0.1** ⟨schr.⟩ *repeteren* ⇒*instuderen.*
Repetiergewehr ⟨o.⟩ **0.1** *repeteergeweer.*
Repetieruhr ⟨v.⟩ **0.1** *repetitiehorloge.*
Repetition ⟨v.; ~, ~en⟩⟨schr.⟩ **0.1** *repetitie, herhaling* ⇒*het instuderen.*
Repetitor ⟨m.; ~s, Repetitoren⟩ **0.1** *(koor)repetitor.*
Replik ⟨v.; ~, ~en⟩ **0.1** *repliek* **0.2** ⟨bk.⟩ *replica, kopie.*
Replikat ⟨o.; ~(e)s, ~e⟩⟨bk.⟩ **0.1** *replica, kopie.*
replizieren 0.1 *een replica maken* **0.2** *repliceren.*
Report ⟨m.; ~(e)s, ~e⟩ **0.1** *verslag* ⇒*rapport* **0.2** ⟨ec.⟩ *report, prolongatiepremie.*
Reportage ⟨v.; ~, ~n⟩ **0.1** *reportage, (ooggetuigen)verslag.*
Reporter ⟨m.; ~s, ~⟩ **0.1** *reporter, verslaggever.*
repräsentabel ⟨schr.⟩ **0.1** *representatief* ⇒*sjiek, deftig.*
Repräsentant ⟨m.; ~en, ~en⟩ **0.1** *representant, vertegenwoordiger* **0.2** ⟨pol.⟩ *afgevaardigde.*
Repräsentantenhaus ⟨o.⟩⟨pol.⟩ **0.1** *Huis van Afgevaardigden.*
Repräsentanz ⟨v.; ~, ~en⟩ **0.1** *vertegenwoordiging.*
Repräsentation ⟨v.; ~, ~en⟩ **0.1** *representatie.*
Repräsentationsaufwendung ⟨v.⟩ **0.1** *representatiekosten.*
Repräsentationsschluß ⟨m.⟩ **0.1** *uitkomst op basis van steekproeven* ⟨bij opinieonderzoek⟩.
repräsentativ 0.1 *representatief.*
Repräsentativbefragung ⟨v.⟩ **0.1** *opinieonderzoek.*
Repräsentativsystem ⟨o.⟩⟨pol.⟩ **0.1** *representatief stelsel.*
repräsentieren I ⟨onov.ww.⟩ **0.1** *representeren, representatief zijn;*
II ⟨ov.ww.⟩ **0.1** *representeren, vertegenwoordigen* **0.2** *vertegenwoordigen* ⇒*waard zijn* ◆ **1.2** einen hohen Wert ~ *een grote waarde vertegenwoordigen.*
Repressalie ⟨v.; ~, ~n⟩ **0.1** *represaille(s), vergeldingsmaatregel(en).*
Repression ⟨v.; ~, ~en⟩ **0.1** *repressie, onderdrukking.*
repressiv 0.1 *repressief, onderdrukkend.*
Reprint ⟨m.; ~s, ~s⟩ **0.1** *reprint.*
Reprise ⟨v.; ~, ~n⟩ **0.1** *reprise.*
reprivatisieren 0.1 *in particulier bezit terugbrengen.*
Repro ⟨v.; ~, ~s of o.; ~s, ~s⟩ **0.1** *repro.*
Reproduktion ⟨v.; ~, ~en⟩ **0.1** *reproductie.*
reproduktiv 0.1 *reproductief.*
reproduzieren I ⟨ov.ww.⟩ **0.1** *reproduceren;*
II sich ~ ⟨wk.ww.⟩ **0.1** ⟨biol.⟩ *zich reproduceren, voortplanten.*
Reprographie ⟨v.; ~, ~n⟩ **0.1** *reprografie.*
Reptil ⟨o.; ~s, Reptilien⟩ **0.1** *reptiel.*
Republik ⟨v.; ~, ~en⟩ **0.1** *republiek.*
Republikaner ⟨m.; ~s, ~⟩ **0.1** *republikein.*
Republikflucht ⟨v.⟩⟨in de voormalige DDR⟩ **0.1** *vlucht uit de voormalige DDR.*
Repulsion ⟨v.; ~, ~en⟩⟨tech.⟩ **0.1** *repulsie, afstoting.*
repulsiv ⟨tech.⟩ **0.1** *repulsief.*
Repunze ⟨v.; ~, ~n⟩ **0.1** *waarborgstempel.*
repunzieren 0.1 *v.e. waarborgstempel voorzien.*
Reputation ⟨v.; ~⟩⟨schr.⟩ **0.1** *reputatie* ⇒*(goede) naam.*
Requiem ⟨o.; ~s, ~s⟩ **0.1** *requiem, dodenmis* **0.2** ⟨muz.⟩ *requiem.*
Requisit ⟨o.; ~(e)s, ~en⟩ **0.1** ⟨dram.⟩ *rekwisiet(en)* **0.2** ⟨fig.⟩ *rekwisieten* ⇒*benodigdheden.*
Requisite ⟨v.; ~, ~n⟩⟨dram.⟩ **0.1** *rekwisietenbergplaats.*
Requisiteur ⟨m.; ~s, ~e⟩⟨dram.⟩ **0.1** *rekwisiteur.*
Reservat ⟨o.; ~(e)s, ~e⟩ **0.1** *reservaat* **0.2** ⟨schr.⟩ *voorrecht* ⇒*verworven recht.*
Reservation ⟨v.; ~, ~en⟩ **0.1** *reservaat* **0.2** ⟨schr.⟩ *reservatie* ⇒*speciaal recht.*
Reserve ⟨v.; ~, ~n⟩ **0.1** *reserve, (nood)voorraad* **0.2** ⟨mil.⟩ *reserve* **0.3** ⟨sp.⟩ *reserve* **0.4** ⟨g.mv.⟩ *reserve* ⇒*gereserveerdheid* ◆ **2.1** ⟨ec.⟩ offene, stille ~n *open, stille reserve* **6.3 in** die ~ kommen *reservespeler worden* **6.4** jmdn. **aus** der ~ locken *iem. uit zijn tent lokken.*
Reservebank ⟨v.; mv. ~̈e⟩⟨sp.⟩ **0.1** *reservebank.*
Reservefonds ⟨m.⟩ **0.1** *reserve-, garantiefonds.*
Reservekanister ⟨m.⟩ **0.1** *reservetank.*
Reservereifen ⟨m.⟩ **0.1** *reserveband.*
Reservetruppe ⟨v.⟩ **0.1** *reservetroepen.*
reservieren 0.1 *reserveren.*
reserviert 0.1 *gereserveerd, terughoudend.*
Reservist ⟨m.; ~en, ~en⟩ **0.1** *reservist.*
Reservoir ⟨o.; ~s, ~e⟩ **0.1** *reservoir.*
Resident ⟨m.; ~en, ~en⟩ **0.1** *resident.*

Residenz ⟨v.; ~, ~en⟩ **0.1** ***residentie(huis)*** **0.2** ***residentie(stad).***
residieren **0.1** ***resideren*** ⇒*zetelen.*
Resignation ⟨v.; ~, ~en⟩ **0.1** ***resignatie*** ⇒*berusting.*
resignieren **0.1** ***resigneren*** ⇒*afstand doen van, berusten in.*
resigniert **0.1** ***geresigneerd*** ⇒*berustend.*
resistent **0.1** ***resistent.***
Resistenz ⟨v.; ~, ~en⟩ **0.1** ***resistentie, weerstand(svermogen).***
resistieren **0.1** ***resisteren, weerstaan.***
resolut **0.1** ***resoluut*** ⇒*vastberaden.*
Resolution ⟨v.; ~, ~en⟩ **0.1** ***resolutie.***
Resonanz ⟨v.; ~, ~en⟩ **0.1** ***resonantie*** **0.2** ⟨fig.⟩ ***weerklank, respons*** ◆ **6.1** **in** ~ geraten *gaan resoneren* **6.2** **ohne** jede ~ bleiben *totaal geen respons krijgen.*
Resonanzboden ⟨m.⟩ **0.1** ***resonantie-, klankbodem.***
Resonanz|kasten, -körper ⟨m.⟩ **0.1** ***klankkast.***
resonieren **0.1** ***resoneren*** ⇒*meeklinken, -trillen.*
resorbieren **0.1** ***resorberen*** ⇒*opnemen, inzuigen.*
resozialisieren **0.1** ***resocialiseren.***
resp. ⟨afk.⟩ →**respektive.**
Respekt ⟨m.; ~(e)s⟩ **0.1** ***respect*** ⇒*hoogachting, waardering* **0.2** ***respect*** ⇒*ontzag* **0.3** ⟨boek., graf.⟩ ***marge*** ◆ **3.2** jmdm. ~ einflößen *iem. ontzag inboezemen;* sich ⟨3e nv.⟩ ~ verschaffen *respect afdwingen* **4.1** meinen ~! *alle respect!* **6.1** **bei** allem ~ vor seiner Leistung *met alle respect voor zijn prestatie.*
respektabel **0.1** ***respectabel*** ◆ **1.1** respektable Gründe *te respecteren redenen.*
Respektabilität ⟨v.; ~⟩ **0.1** ***respectabiliteit, achtenswaardigheid.***
respektieren **0.1** ***respecteren*** ⟨ook ec.⟩.
respektive **0.1** ⟨schr.⟩ ***respectievelijk*** ⇒*dan wel* **0.2** ⟨inf.⟩ ***om precies te zijn*** ⇒*wel te verstaan.*
respektlos **0.1** ***respectloos, zonder (enig) respect.***
Respektlosigkeit ⟨v.; ~, ~en⟩ **0.1** ***gedrag, houding zonder enig respect.***
Respektsperson ⟨v.⟩ **0.1** ***respectabel, achtbaar persoon.***
respektvoll **0.1** ***met respect, respectueus.***
Respiration ⟨v.; ~⟩ **0.1** ***respiratie, ademhaling.***
Respons ⟨m.; ~es, ~e⟩⟨schr.⟩ **0.1** ***respons, weerklank*** ⇒*reactie.*
Response ⟨v.; ~, ~s⟩⟨psych.⟩ **0.1** ***responsie, reactie.***
Ressentiment ⟨o.; ~s, ~s⟩ **0.1** ***ressentiment, wrok*** ⇒ *wraak-, haatgevoel* ◆ **3.1** ~s haben *rancunes, wrok koesteren.*
Ressort ⟨o.; ~s, ~s⟩ **0.1** ***ressort*** ⇒*instantie, afdeling* **0.2** ***ressort*** ⇒*gebied, bevoegdheid* ◆ **4.2** das ist nicht mein ~! *dat is niet mijn terrein!* **6.2** **zum** ~ gehören *ressorteren onder.*
Ressortchef ⟨m.⟩ **0.1** ***afdelingshoofd, -chef.***
ressortieren **0.1** ***ressorteren.***
Ressource ⟨v.; ~, ~n⟩ **0.1** ***ressource*** ⇒*hulpbron, middel van bestaan.*
Rest ⟨m.; ~(e)s, ~e⟩ **0.1** ***rest, overblijfsel*** **0.2** ***rest*** ⇒*resterend deel, verdere deel* **0.3** ⟨ec.⟩ ***restant, coupon*** **0.4** ⟨schei., wisk.⟩ ***rest*** ◆ **1.1** die ~e Vernunft *het laatste beetje verstand* **2.1** die irdischen, sterblichen ~e *het stoffelijk overschot* **3.1** der ~ ist Schweigen *laten we over de rest maar zwijgen* **3.2** ⟨inf.⟩ einem Tier den ~ geben *een dier afmaken;* ⟨inf.⟩ jmdm. den ~ geben *iem. de genadeslag geven* **6.1** ⟨inf.; fig.⟩ das ist der (letzte) ~ **vom** Schützenfest *dat is werkelijk het laatste beetje.*
Restant ⟨m.; ~en, ~en⟩ **0.1** ***restant.***
Restauflage ⟨v.⟩ **0.1** ***restant v.e. oplage.***
Restaurant ⟨o.; ~s, ~s⟩ **0.1** ***restaurant.***
Restauration ⟨v.; ~, ~en⟩ **0.1** ⟨pol.⟩ ***restauratie*** ⇒*herinvoering* **0.2** ⟨bk., bouwk.⟩ ***restauratie*** ⇒*herstelling.*
Restaurationsarbeit ⟨v.⟩ **0.1** ***restauratiewerk.***
Restaurationswagen ⟨m.⟩⟨vooral Oostr.⟩ **0.1** ***restauratiewagen.***
Restaurator ⟨m.; ~s, Restauratoren⟩ **0.1** ***restaurateur.***
restaurieren **0.1** ⟨bk., bouwk.⟩ ***restaureren, herstellen*** **0.2** ⟨pol.⟩ ***opnieuw invoeren, vestigen.***
Restaurierung ⟨v.; ~, ~en⟩ **0.1** ***restauratie.***
Restbestand ⟨m.⟩⟨ec.⟩ **0.1** ***restant(en).***
Restbetrag ⟨m.⟩ **0.1** ***resterend bedrag.***
Resteverkauf ⟨m.⟩ **0.1** ***restanten(uit)verkoop.***
restituieren **0.1** ***restitueren*** ⇒*teruggeven, -betalen* **0.2** ***herstellen.***
Restitution ⟨v.; ~, ~en⟩ **0.1** ***restitutie.***
restlich **0.1** ***resterend*** ⇒*(nog) overgebleven, overig.*
restlos **0.1** ***totaal*** ⇒*geheel en al, finaal* ◆ **2.1** ~ glücklich *volmaakt gelukkig.*
Restposten ⟨m.⟩⟨ec.⟩ **0.1** ***restant.***
Restriktion ⟨v.; ~, ~en⟩ **0.1** ***restrictie, beperking.***
restriktiv **0.1** ***restrictief, beperkend.***
restringieren **0.1** ***restringeren*** ⇒*be-, inperken.*
Reststrafe ⟨v.⟩ **0.1** ***resterende straf(tijd).***
Restsumme ⟨v.⟩ **0.1** ***resterend bedrag.***
Resultante ⟨v.; ~, ~n⟩⟨nat.⟩ **0.1** ***resultante.***
Resultat ⟨o.; ~(e)s, ~e⟩ **0.1** ***resultaat, uitkomst, uitslag.***
resultativ **0.1** ***resultatief.***
resultatlos **0.1** ***zonder resultaat.***
resultieren **0.1** ***resulteren*** ◆ **6.1** **daraus** resultiert, ... *daaruit vloeit voort, ...;* **in** einer Diktatur ~ *op een dictatuur uitlopen.*
Resümee ⟨o.; ~s, ~s⟩ **0.1** ***resumé, samenvatting*** **0.2** ***slotsom*** ⇒*(eind)conclusie* ◆ **3.2** das ~ ziehen *tot de slotsom, conclusie komen.*
resümieren I ⟨onov.ww.⟩ **0.1** ***tot de slotsom komen*** ⇒*constateren;*
II ⟨ov.ww.⟩ **0.1** ***resumeren, (kort) samenvatten.***
Retabel ⟨o.; ~s, ~⟩⟨bk.⟩ **0.1** ***retabel.***
retardieren **0.1** ***retarderen, vertragen.***
retardiert ⟨antr., psych.⟩ **0.1** ***achtergebleven.***
Retorte ⟨v.; ~, ~n⟩ **0.1** ***retort*** ⇒*distilleerkolf, -vat* **0.2** ***retort(oven)*** ◆ **6.1** ⟨inf.; vaak pej.⟩ **aus** der ~ *uit de reageerbuis, kunstmatig.*
Retortenbaby ⟨o.⟩ **0.1** ***reageerbuisbaby.***
Retortenprodukt ⟨o.⟩⟨inf.; fig.⟩ **0.1** ***namaak(product), namaaksel.***
Retortenstadt ⟨v.⟩⟨inf.; vaak pej.⟩ **0.1** ***in één keer gebouwde (model)stad.***
Retoure ⟨v.; ~, ~n⟩ **0.1** ⟨ec.⟩ ***retour-, herwissel*** **0.2** ⟨ec.⟩ ***retouren, teruggezonden partij.***
Retourkutsche ⟨v.⟩⟨inf.; fig.⟩ **0.1** ***koekje van eigen deeg*** ◆ **6.1** **mit** einer ~ reagieren *lik op stuk geven.*
retournieren **0.1** ***retourneren.***
retrograd ⟨ster., taal.⟩ **0.1** ***retrograde, teruglopend.***
retrospektiv **0.1** ***retrospectief, terugblikkend.***
Retrospektive ⟨v.; ~, ~n⟩⟨schr.⟩ **0.1** ***terugblik*** ⟨op het verleden⟩ **0.2** ***retrospectieve*** ⟨tentoonstelling⟩ ◆ **6.1** **in** der ~ *terugblikkend, achteraf gezien.*
retten I ⟨onov.ww.⟩⟨sp.⟩ **0.1** ***het gevaar afwenden*** ⇒*redding brengen;*
II ⟨ov.ww.⟩ **0.1** ***redden*** ⇒*bevrijden, in veiligheid brengen* **0.2** ***(v.d. ondergang) redden*** ⇒*behouden* ◆ **1.1** ⟨inf.⟩ seine Haut ~ *het vege lijf redden* **3.1** sie sind gerettet *ze zijn in*

veiligheid, ⟨inf.⟩ nicht mehr zu ~ sein *knetter-, stapelgek zijn* **6.1** jmdn. **vor** dem Tod ~ *iem. van de dood redden* **6.2** jmdn. **vor** einem Skandal ~ *iem. voor een schandaal behoeden;*

III sich ~ ⟨wk.ww.⟩ **0.1** ***zich in veiligheid brengen*** ⇒*zich bergen, redden* ◆ **3.1** sich vor jmdm., etwas nicht mehr ~ können, zu ~ wissen *geen raad meer weten met* **6.1** sich **aufs** Dach ~ *op het dak vluchten;* sich **aus** dem Haus ~ *het huis uit vluchten* **¶.1** ⟨ook fig.⟩ rette sich, wer kann! *berg je!*

Retter ⟨m.; ~s, ~⟩ **0.1** ***redder*** ⇒*bevrijder.*

Rettich ⟨m.; ~s, ~e⟩ **0.1** ***rammenas.***

Rettung ⟨v.; ~, ~en⟩ **0.1** ***redding*** ⇒*bevrijding, uitkomst* **0.2** ***redding*** ⇒*behoud* ◆ **3.1** ⟨inf.⟩ jmds. (letzte) ~ sein *voor iem. de redder uit de nood zijn* **4.1** hier gibt es keine ~ mehr *hier helpt, baat niets meer.*

Rettungsanker ⟨m.⟩⟨fig.⟩ **0.1** ***noodanker*** ⇒*toeverlaat, redmiddel* ◆ **4.1** er war mein letzter ~ *de enige die mij nog kon helpen, was hij.*

Rettungsarzt ⟨m.⟩ **0.1** ***ambulancedokter.***

Rettungsboje ⟨v.⟩⟨scheep.⟩ **0.1** ***reddingsboei.***

Rettungsboot ⟨o.⟩ **0.1** ***redding(s)boot.***

Rettungsdienst ⟨m.⟩ **0.1** ***reddingsinstantie, -dienst*** **0.2** ***eerste hulp bij ongelukken.***

Rettungsgürtel ⟨m.⟩ **0.1** ***redding(s)-, zwemgordel.***

Rettungsinsel ⟨v.⟩ **0.1** ***reddingsvlot.***

rettungslos **0.1** ***reddeloos*** ⇒*hopeloos* ◆ **3.1** ⟨inf.⟩ sich ~ verlieben *tot over de oren verliefd raken.*

Rettungsmannschaft ⟨v.⟩ **0.1** ***reddingsbrigade, -ploeg.***

Rettungsring ⟨m.⟩ **0.1** ***reddingsboei*** **0.2** ⟨inf.; scherts.⟩ ***vetring, vetrol*** ⟨rond de heupen⟩.

Rettungsschlauch ⟨m.⟩ **0.1** ***brandslurf.***

Rettungsschwimmen ⟨o.⟩ **0.1** ***reddend zwemmen.***

Rettungsstation ⟨v.⟩ **0.1** ***reddingspost.***

Rettungswagen ⟨m.⟩ **0.1** ***ambulance(wagen), ziekenauto.***

Retusche ⟨v.; ~, ~n⟩ **0.1** ***retouche*** ◆ **6.1** ⟨fig.⟩ **ohne** ~(n) darstellen *onverbloemd beschrijven.*

Retuscheur ⟨m.; ~s, ~e⟩ **0.1** ***retoucheur.***

retuschieren **0.1** ***retoucheren*** ⇒*bijwerken.*

Reue ⟨v.; ~⟩ **0.1** ***berouw*** ⇒*spijt, wroeging* ◆ **2.1** ⟨jur.⟩ tätige ~ *daadwerkelijk berouw.*

Reuegefühl ⟨o.⟩ **0.1** ***gevoel van berouw*** ⇒*wroeging.*

reuen ⟨ook onpers.ww.⟩⟨meestal schr.⟩ **0.1** ***berouw hebben over, van*** ⇒*berouwen* **0.2** ***spijt hebben van*** ⇒*betreuren.* →**freien.**

reuevoll ⟨schr.⟩ **0.1** ***berouwvol*** ⇒*boetvaardig.*

Reugeld ⟨o.⟩ **0.1** ⟨jur.⟩ ***rouwgeld*** **0.2** ⟨sp.⟩ ***geldboete*** ⟨bij niet nakomen van toegezegde deelneming⟩.

reuig ⟨schr.⟩ **0.1** ***berouwvol*** ⇒*vol wroeging, boetvaardig.*

Reukauf ⟨m.⟩ **0.1** ***rouwkoop.***

reumütig ⟨ook iron.⟩ **0.1** ***berouwvol, rouwmoedig*** ⇒*boetvaardig.*

Reuse ⟨v.; ~, ~n⟩ **0.1** ***fuik*** ◆ **3.1** ~n (aus)legen *fuiken uitzetten.*

Revalvation ⟨v.; ~, ~en⟩⟨ec.⟩ **0.1** ***revaluatie, opwaardering.***

revalvieren ⟨ec.⟩ **0.1** ***revalueren.***

Revanche ⟨v.; ~, ~n⟩ **0.1** ***revanche*** ⟨ook sp.⟩ ⇒*genoegdoening, wederdienst.*

Revanchepolitik ⟨v.⟩ **0.1** ***revanchistische politiek.***

Revanchespiel ⟨o.⟩⟨sp.⟩ **0.1** ***revanchewedstrijd.***

revanchieren, sich ⟨inf.⟩ **0.1** ***revanche nemen, zich revancheren*** ⇒*wraak nemen* **0.2** ***zich revancheren*** ⇒*iets terugdoen, een wederdienst bewijzen.*

Revanchismus ⟨m.; ~⟩ **0.1** ***revanchisme.***

Revelation ⟨v.; ~, ~en⟩ **0.1** ***revelatie, openbaring*** ⇒*ontdekking.*

Revenue ⟨v., ~, ~n⟩ **0.1** ***revenu(en)*** →*inkomsten.*

Reverenz ⟨v.; ~, ~en⟩ **0.1** ***reverentie*** ⇒*eerbied, buiging* ◆ **3.1** jmdm. seine ~ erweisen *iem. het nodige respect bewijzen.*

Revers[1] ⟨m.; ~es, ~e⟩⟨jur.⟩ **0.1** ***revers*** ⇒*schriftelijk(e) verklaring.*

Revers[2] ⟨m.; ~(es), ~(e)⟩ **0.1** ***revers, keer-, rugzijde*** ⟨van munt of penning⟩.

Revers[3] ⟨m. & o.; Oostr. m.; ~, ~⟩ **0.1** ***revers.***

reversibel **0.1** ***reversibel, omkeerbaar.***

Reversion ⟨v.; ~, ~en⟩ **0.1** ***reversie, omkering.***

revidieren **0.1** ***controleren*** ⇒*inspecteren, nazien* **0.2** ***herzien*** ⇒*wijzigen* **0.3** ***(ter plaatse) doorzoeken*** ⇒*visiteren* **0.4** ⟨boek.⟩ ***corrigeren.***

Revier ⟨o.; ~s, ~e⟩ **0.1** ***district*** ⇒*wijk, gebied* **0.2** ***wijkbureau*** ⇒*politiepost, -bureau* **0.3** ⟨biol.⟩ ***territorium*** ⇒*terrein, gebied* **0.4** ⟨jacht⟩ ***jachtterrein, -gebied*** **0.5** ⟨mijnw.⟩ ***mijnbouwgebied, -streek*** ⇒*mijnbouwdistrict* **0.6** ⟨ind.⟩ ***industriegebied, -streek*** ◆ **4.1** ⟨inf.⟩ die Küche ist mein ~ *de keuken is mijn domein;* das ist nicht mein ~ *dat behoort niet tot mijn terrein, bevoegdheid* **6.2** der Polizist nahm den Dieb mit **aufs** ~ *de politieagent nam de dief mee naar het bureau.*

Revierförster ⟨m.⟩ **0.1** ***hoofdboswachter.***

Revierwache ⟨v.⟩ **0.1** ***wijkbureau*** ⟨van politie⟩.

Revision ⟨v.; ~, ~en⟩ **0.1** ***controle*** ⇒*inspectie, verificatie* **0.2** ***controle*** ⇒*doorzoeking, visitatie* **0.3** ***herziening*** ⇒*wijziging* **0.4** ⟨boek.⟩ ***revisie*** ⇒*(volgende) correctie* **0.5** ⟨jur.⟩ ***(beroep in) cassatie*** ◆ **3.1** eine ~ durchführen *inspecteren* **3.5** gegen ein Urteil ~ beantragen, einlegen *in cassatie gaan* **6.5** **in** die ~ gehen *in cassatie gaan.*

Revisionismus ⟨m.; ~⟩⟨pol.⟩ **0.1** ***revisionisme.***

Revisionsgericht ⟨o.⟩ **0.1** ***hof van cassatie.***

Revisionsprozeß ⟨m.⟩ **0.1** ***cassatiegeding.***

Revisionsverhandlung ⟨v.⟩ **0.1** ***behandeling van beroep in cassatie.***

Revisor ⟨m.; ~s, Revisoren⟩ **0.1** ***accountant*** ⇒*revisor* **0.2** ⟨boek.⟩ ***corrector.***

Revolte ⟨v.; ~, ~n⟩ **0.1** ***revolte, opstand*** ⇒*oproer* ◆ **2.1** eine offene ~ *openlijk verzet.*

revoltieren **0.1** ***revolteren*** ⇒*in opstand, verzet komen.*

Revolution ⟨v.; ~, ~en⟩ **0.1** ***revolutie*** ⇒*omwenteling* ◆ **2.1** die industrielle ~ *de industriële revolutie.*

revolutionär **0.1** ***revolutionair.***

Revolutionär ⟨m.; ~s, ~e⟩ **0.1** ***revolutionair.***

revolutionieren I ⟨onov.ww.⟩ **0.1** ***revolteren*** ⇒*in opstand, verzet komen;*

II ⟨ov.ww.⟩ **0.1** ***revolteren*** ⇒*in, tot opstand brengen* **0.2** ⟨fig.⟩ ***revolutioneren*** ⇒*omverwerpen.*

Revoluzzer ⟨m.; ~s, ~⟩⟨pej.⟩ **0.1** ***revolutionaire fantast.***

Revolver ⟨m.; ~s, ~⟩ **0.1** ***revolver*** **0.2** ⟨tech.⟩ ***revolverkop.***

Revolverblatt ⟨o.⟩⟨pej.⟩ **0.1** ***boulevardblad, -krant.***

Revolverheld ⟨m.⟩⟨pej.⟩ **0.1** ***revolverheld, schietgrage vechtersbaas.***

Revolverkopf ⟨m.⟩⟨tech.⟩ **0.1** ***revolverkop.***

Revolverpresse ⟨v.⟩⟨pej.⟩ **0.1** ***sensatie-, schandaalpers.***

Revolverschnauze ⟨v.⟩⟨pej.⟩ **0.1** ***grote, brutale waffel, bek.***

Revolvingkredit ⟨m.⟩⟨ec.⟩ **0.1** ***revolverkrediet.***

Revue ⟨v.; ~, ~n⟩ **0.1** ***revue*** **0.2** ***revuegezelschap*** **0.3** ***revue*** ⟨tijdschrift⟩ ◆ **3.¶** ⟨fig.⟩ die Ereignisse ~ passieren lassen *de gebeurtenissen de revue laten passeren.*

Rex ⟨m.; ~, ~e⟩⟨inf.; school.⟩ **0.1** ***dirk.***

Rezensent ⟨m.; ~en, ~en⟩ **0.1** ***recensent.***

rezensieren **0.1** ***recenseren*** ⇒*bespreken, beoordelen.*

Rezension ⟨v.; ~, ~en⟩ **0.1** ***recensie.***

Rezensionsexemplar ⟨o.⟩ **0.1** ***recensie-exemplaar.***

Rezept ⟨o.; ~(e)s, ~e⟩ **0.1** ***recept*** ◆ **2.1** ⟨fig.⟩ ein bewährtes ~ *een probaat middel.*

Rezeptblock ⟨m.⟩⟨med.⟩ **0.1** ***receptenboekje.***

Rezeptbuch ⟨o.⟩⟨cul.⟩ **0.1** ***receptenboek.***

rezeptfrei **0.1** ***zonder recept verkrijgbaar.***

rezeptieren **0.1** ***voorschrijven (als recept).***

Rezeption ⟨v.; ~, ~en⟩ **0.1** ***receptie.***

rezeptiv **0.1** ***ontvangend*** **0.2** ***receptief*** ⇒*ontvankelijk.*

Rezeptpflicht ⟨v.⟩⟨jur.⟩ **0.1** ***afgifte alleen op recept.***

rezeptpflichtig **0.1** ***alleen op recept verkrijgbaar.***

Rezeptur ⟨v.; ~, ~en⟩ **0.1** ***receptuur*** ⇒*bereiding(swijze) v.e. recept* **0.2** ***werkruimte in een apotheek.***

Rezession ⟨v.; ~, ~en⟩⟨ec.⟩ **0.1** ***recessie.***

Rezidiv ⟨o.; ~s, ~e⟩⟨med.⟩ **0.1** ***recidive*** ⇒*het opnieuw verschijnen.*

Rezipient ⟨m.; ~en, ~en⟩ **0.1** ***iem. die informatie opneemt*** **0.2** ⟨nat.⟩ ***recipiënt.***

rezipieren **0.1** ***recipiëren*** ⇒*overnemen* **0.2** ***(in zich) opnemen*** ⇒*zich eigen maken.*

reziprok **0.1** ***reciproque, wederkerig*** ⇒*wederzijds* ◆ **1.1** ⟨taal.⟩ ~e Pronomina *wederkerige voornaamwoorden.*

Rezitation ⟨v.; ~, ~en⟩ **0.1** ***voordracht, het voordragen.***

Rezitativ ⟨o.; ~s, ~e⟩⟨muz.⟩ **0.1** ***recitatief.***

Rezitator ⟨m.; ~s, Rezitatoren⟩ **0.1** ***voordrachtskunstenaar, declamator.***

rezitatorisch **0.1** ***declamatorisch.***

rezitieren **0.1** ***reciteren*** ⇒*voordragen.*

rezyklieren →**recyceln.**

Rhabarber[1] ⟨m.; ~s, ~⟩ **0.1** ***rabarber.***

Rhabarber[2] ⟨o.; ~s⟩⟨inf.⟩ **0.1** ***geroezemoes*** ⇒*gegons van stemmen.*

Rhapsodie ⟨v.; ~, ~n⟩ **0.1** ***rapsodie.***

Rhein ⟨m.; ~(e)s⟩ **0.1** ***Rijn.***

rheinabwärts **0.1** ***de Rijn af.***

Rheinanliegerstaaten ⟨alleen mv.⟩ **0.1** ***Rijnoeverstaten.***

Rheinfall ⟨m.⟩ **0.1** ***waterval van Schaffhausen.***

rheinisch **0.1** ***van, aan de Rijn, Rijn-.***

Rheinkahn ⟨m.⟩ **0.1** ***rijnaak.***

Rheinländer ⟨m.; ~s, ~⟩ **0.1** ***inwoner v.h. Rijnland, Rijnlander*** **0.2** ***Rheinländer*** ⟨Duitse polka⟩.

Rheinland-Pfalz ⟨o.; ~⟩ **0.1** ***Rijnland-Palts.***

rheinland-pfälzisch **0.1** ***Rijnland-Paltisch.***

Rheinwein ⟨m.⟩ **0.1** ***rijnwijn.***

Rhesusaffe ⟨m.⟩ **0.1** ***resusaap(je).***

Rhesusfaktor ⟨m.⟩⟨med.⟩ **0.1** ***resusfactor.***

Rhetorik ⟨v.; ~, ~en⟩ **0.1** ***retorica*** ⇒*redekunst.*

Rhetoriker ⟨m.; ~s, ~⟩ **0.1** ***redekunstenaar.***

rhetorisch **0.1** ***retorisch.***

Rheuma ⟨o.; ~s⟩⟨inf.⟩ **0.1** ***reuma(tiek).***

Rheumabad ⟨o.⟩ **0.1** ***bad(plaats) voor reumapatiënten.***

rheumakrank **0.1** ***aan reuma(tiek) lijdend.***

Rheumatiker ⟨m.; ~s, ~⟩ **0.1** ***reumalijder, -patiënt.***

rheumatisch **0.1** ***reumatisch.***

Rheumatismus ⟨m.; ~, Rheumatismen⟩ **0.1** ***reuma(tiek).***

Rheumawäsche ⟨v.⟩ **0.1** ***speciaal ondergoed tegen reuma(tiek).***

Rh-Faktor ⟨m.⟩ →**Rhesusfaktor.**

Rhinozeros ⟨o.; ~(ses), ~se⟩ **0.1** ***neushoorn, rinoceros*** **0.2** ⟨inf.; fig.⟩ ***os(senkop)*** ⇒*rund.*

Rhizom ⟨o.; ~es, ~e⟩⟨plantk.⟩ **0.1** ***rizoom, wortelstok.***

Rhodium ⟨o.; ~s⟩ **0.1** ***rodium.***

Rhododendron ⟨m.& o.; ~s, Rhododendren⟩ **0.1** ***rododendron.***

rhombisch **0.1** ***rombisch, ruitvormig.***

rhomboid **0.1** ***ruitvormig, romboïdaal.***

Rhomboid ⟨o.; ~(e)s, ~e⟩ **0.1** ***romboïde, scheefhoekig parallellogram.***

Rhombus ⟨m.; ~, Rhomben⟩ **0.1** ***rombus, ruit.***

Rhythmik ⟨v.; ~⟩ **0.1** ***ritmiek*** **0.2** ***ritmische gymnastiek*** **0.3** ⟨fig.⟩ ***ritme.***

Rhythmiker ⟨m.; ~s, ~⟩⟨muz.⟩ **0.1** ***meester in de ritmiek.***

rhythmisch **0.1** ***ritmisch*** **0.2** ***harmonisch*** ⇒*regelmatig* ◆ **1.1** ~es Gefühl *gevoel voor ritme.*

rhythmisieren **0.1** ***ritmeren*** ⇒*ritme geven.*

Rhythmus ⟨m.; ~, Rhythmen⟩ **0.1** ***ritme*** ◆ **2.1** ⟨lit.⟩ freie Rhythmen *vrije, sterk ritmische verzen;* der sprachliche ~ *het ritme in de taal.*

Richtantenne ⟨v.⟩ **0.1** ***gerichte antenne.***

Richtbake ⟨v.⟩⟨scheep.⟩ **0.1** ***richtbaak.***

Richtbaum ⟨m.⟩⟨folk.⟩ **0.1** ***meiboom.***

Richtblei ⟨o.⟩ **0.1** ***pas-, schietlood.***

Richtblock ⟨m.; mv. ~̈e⟩ **0.1** ***blok*** ⟨voor onthoofding⟩.

richten I ⟨onov.ww.⟩ **0.1** ***weer in orde brengen*** **0.2** ⟨schr.⟩ ***richten*** ⇒*rechtspreken* ◆ **6.1** **an** seinem Schlips ~ *z'n stropdas weer in orde brengen;*
II ⟨ov.ww.⟩ **0.1** ***richten*** ⇒*wenden* **0.2** ***richten*** ⇒*in een rechte lijn brengen, recht maken* **0.3** ***voorbereiden*** ⇒ *klaarmaken, -zetten* **0.4** ***in orde brengen*** ⇒*repareren* **0.5** ***rechtop, overeind zetten*** **0.6** ***richten*** ⇒*(juist) instellen, gelijkzetten* **0.7** ***richten*** ⇒*rechtspreken over* **0.8** ⟨bouwk.⟩ ***onder de kap brengen*** ◆ **1.2** Zähne ~ *een gebit reguleren* **1.3** die Betten für die Gäste ~ *de bedden voor de gasten opmaken;* den Tisch ~ *de tafel dekken* **1.6** die Uhr ~ *de klok gelijkzetten* **3.3** das läßt sich schon ~ *dat komt wel voor elkaar* **6.1** eine Bitte **an** jmdn. ~ *een verzoek aan iem. richten;* **auf** das Praktische gerichtet sein *op de praktijk ingesteld zijn;*
III sich ~ ⟨wk.ww.⟩ **0.1** ***zich richten*** ⇒*zich wenden* **0.2** ***zich richten*** ⇒*zich keren, ingaan tegen* **0.3** ***zich richten*** ⇒ *zich voegen, zich aanpassen* **0.4** ***zich klaarmaken*** ⇒*aanstalten maken* **0.5** ⟨mil.⟩ ***(zich) richten*** ◆ **6.1** sich **in** die Höhe ~ *overeind komen* **6.3** sich **nach** den Umständen ~ *zich naar de omstandigheden schikken.*

Richter ⟨m.; ~s, ~⟩ **0.1** ***rechter*** **0.2** ⟨rel.⟩ ***richter*** ◆ **1.2** das Buch der ~ *het boek Richteren* **2.1** der beisitzende, gesetzliche ~ *de toegevoegde, bevoegde rechter.*

Richteramt ⟨o.⟩ **0.1** ***rechtersambt.***

Richterkollegium ⟨o.⟩ **0.1** ***rechterlijk college.***

richterlich **0.1** ***rechterlijk*** ⇒*gerechtelijk* ◆ **1.1** die ~e Gewalt *de rechterlijke macht;* ein ~es Urteil *een gerechtelijk vonnis.*

Richterschaft ⟨v.; ~, ~en⟩ **0.1** ***gezamenlijke rechters.***

Richter-Skala ⟨v.⟩ **0.1** ***schaal van Richter.***

Richterspruch ⟨m.⟩ **0.1** ***gerechtelijke uitspraak.***

Richterstuhl ⟨m.⟩ **0.1** ***rechterzetel.***

Richtfest ⟨o.⟩ **0.1** ***pannenbier.***

Richtfeuer ⟨o.⟩⟨scheep.⟩ →**Richtbake.**

Richtfunk ⟨m.⟩⟨com.⟩ **0.1** ***telecommunicatie dmv. straalzenders.***

Richtgeschwindigkeit ⟨v.⟩⟨verk.⟩ **0.1** ***aanbevolen maximumsnelheid*** **0.2** ***adviessnelheid.***

richtig[1] ⟨bn.⟩ **0.1** ***juist*** ⇒*goed, correct* **0.2** ***juist*** ⇒*precies, passend* **0.3** ***echt*** ⇒*werkelijk* **0.4** ***goed*** ⇒*naar behoren, fatsoenlijk* **0.5** ⟨inf.⟩ ***goed*** ⇒*in orde, okay* ◆ **1.1** die ~e Fährte *het goede spoor;* ⟨ook fig.⟩ auf der ~en Seite sein, stehen *aan de goede kant staan* **1.2** der ~e Mann am ~en Platz *de juiste man op de juiste plaats;* die ~e Mitte *het juiste midden* **1.3** ⟨inf.⟩ ein ~es Durcheinander *een grote bende;* eine ~e Hexe *een echte feeks, heks;* noch ein ~es

Kind sein *nog echt een kind zijn* **1.4** einen ~en Beruf lernen *een goed vak leren* **1.5** ⟨fig.⟩ nicht mit ~en Dingen zugehen *niet in de haak zijn* **3.1** geht deine Uhr ~? *loopt jouw horloge gelijk?;* ⟨inf.; iron.⟩ du bist mir der Richtige! *jij bent me ook een mooie, d'r eentje!* **3.2** gerade ~ kommen *als geroepen komen, het treffen* **3.5** der Nachbar ist ~ *de buurman is een prima kerel* **5.1** (sehr) ~! *(heel) juist!* **6.1** ⟨inf.; iron.⟩ da bist du bei ihm **an** den Richtigen gekommen! *moest je ook net bij hem zijn!* **6.5** ⟨fig.⟩ **im** Kopf nicht ganz ~ sein *niet goed snik zijn.*

richtig[2] ⟨bw.⟩⟨inf.⟩ **0.1** ***warempel*** ⇒*inderdaad, zowaar* **0.2** ***bijzonder*** ⇒*werkelijk, heel (erg)* ◆ **2.2** er wurde ~ wütend *hij werd goed kwaad* **5.1** das hat sie doch ~ wieder vergessen *dat is zij warempel weer vergeten.*

richtigerweise **0.1** ***terecht*** ⇒*met recht, op z'n plaats.*

richtiggehend **0.1** ***goed, precies lopend*** ⟨van uurwerken⟩ **0.2** ⟨inf.⟩ ***echt*** ⇒*werkelijk, heel erg* ◆ **1.2** ~e Angst bekommen *heel erg bang worden.*

Richtigkeit ⟨v.; ~⟩ **0.1** ***juist-, echtheid*** ◆ **4.1** damit hat es, das hat seine ~ *dat klopt;* alles muß seine ~ haben *dat moet allemaal volgens de voorschriften behandeld worden.*

richtigliegen ⟨inf.; fig.⟩ **0.1** ***goed zitten.***

richtigmachen ⟨inf.⟩ **0.1** ***voldoen*** ⇒*vereffenen.*

richtigstellen **0.1** ***rechtzetten*** ⇒*rectificeren, verbeteren.*

Richtlatte ⟨v.⟩ **0.1** ***richt-, rijlat*** **0.2** ***niveaulat.***

Richtlinie ⟨v.⟩ **0.1** ***richtlijn, -snoer*** ⇒*gedragslijn, voorschrift.*

Richtmaß ⟨o.⟩ **0.1** ***ijkmaat*** **0.2** ⟨fig.⟩ ***richtsnoer.***

Richtplatz ⟨m.⟩ **0.1** ***plaats v.d. openbare terechtstelling, gerechtsplaats.***

Richtpreis ⟨m.⟩ **0.1** ***richt-, standaardprijs*** **0.2** ***adviesprijs.***

Richtpunkt ⟨m.⟩ **0.1** ***richtpunt*** ⇒*doelwit, mikpunt.*

Richtsatz ⟨m.⟩ **0.1** ***norm, genormeerd bedrag.***

Richtschnur ⟨v.⟩ **0.1** ***richtsnoer*** ⟨ook fig.⟩.

Richtstätte ⟨v.⟩⟨schr.⟩ **0.1** ***plaats v.d. (openbare) terechtstelling, gerechtsplaats.***

Richtstrahler ⟨m.⟩⟨com.⟩ **0.1** ***straalzender.***

Richtung ⟨v.; ~, ~en⟩ **0.1** ***richting*** ⇒*koers, weg, lijn* **0.2** ⟨fig.⟩ ***richting*** ⇒*stroming* ◆ **1.1** die ~ des Flusses *de loop van de rivier* **3.1** die ~ ändern *van richting veranderen;* ⟨ook fig.⟩ jmdm. die ~ weisen, zeigen *iem. de weg wijzen* **6.1** **aus** allen ~en *overal vandaan;* **in** ~ Norden *in noordelijke richting;* ⟨fig.⟩ das liegt nicht **in** seiner ~ *dat ligt niet in zijn lijn;* ⟨fig.⟩ **in** dieser ~ *in dit opzicht.*

richtunggebend **0.1** ***richtinggevend*** ⇒*de koers, richting bepalend.*

richtungslos **0.1** ***richtingloos, zonder richting*** ⇒*doel-, stuurloos.*

Richtungspfeil ⟨m.⟩⟨verk.⟩ **0.1** ***verkeerspijl op wegdek.***

richtungsstabil **0.1** ***koersvast.***

Richtungsverkehr ⟨m.⟩ **0.1** ***eenrichtingsverkeer.***

Richtungswechsel ⟨m.⟩ **0.1** ***verandering van richting.***

richtungweisend **0.1** ***richtinggevend*** ⇒*baanbrekend.*

Richtwaage ⟨v.⟩ **0.1** ***waterpas.***

Richtzahl ⟨v.⟩ **0.1** ***richtcijfer, -getal, -prijs.***

riechen ⟨→t99⟩ **I** ⟨onov.ww.⟩ **0.1** ***ruiken*** ⇒*geuren, stinken* **0.2** ***ruiken*** ⇒*waarnemen* ◆ **2.1** ⟨inf.; fig.⟩ die Sache riecht faul *er zit een luchtje aan die zaak* **5.2** ⟨inf.; fig.⟩ du darfst mal (daran) ~ *je mag het alleen eventjes zien* **6.1** **nach** einer Sache ~ (a) *naar iets ruiken, rieken* (b) ⟨inf.; fig.⟩ *verdacht veel op iets lijken;*
II ⟨ov.ww.⟩ **0.1** ***ruiken*** ◆ **3.1** ⟨inf.; fig.⟩ ich hatte es längst gerochen *ik had het allang door;* ⟨inf.; fig.⟩ etwas nicht ~ können *iets niet kunnen ruiken, niet van tevoren kunnen weten;* ⟨inf.; fig.⟩ jmdn. nicht ~ können *iem. niet kunnen luchten (of zien);*
III ⟨onp.ww.⟩ **0.1** ***ruiken*** ⇒*stinken, een geur hebben.*

Riecher ⟨m.; ~s, ~⟩⟨inf.⟩ **0.1** ⟨pej.⟩ ***neus*** **0.2** ⟨fig.⟩ ***(fijne) neus*** ⇒*voorgevoel.*

Riechhirn ⟨o.⟩⟨biol., med.⟩ **0.1** ***reukkwab.***

Riechkolben ⟨m.⟩⟨inf.; pej.⟩ **0.1** ***fok*** ⇒*kanjer v.e. neus.*

Riechorgan ⟨o.⟩ **0.1** ***reukorgaan, -zintuig.***

Riechsalz ⟨o.⟩ **0.1** ***vlug-, reukzout.***

Riechstoff ⟨m.⟩ **0.1** ***reukstof.***

Ried ⟨o.; ~(e)s, ~e⟩ **0.1** ***riet*** **0.2** ***rietland*** ⇒*moeras(land).*

Riedgras ⟨o.⟩⟨plantk.⟩ **0.1** ***rietgras*** **0.2** ***zegge.***

riefeln **0.1** ***groeven*** ⇒*canneleren.*

Riege ⟨v.; ~, ~n⟩⟨sp.⟩ **0.1** ***(turn)ploeg, (turn)team.***

Riegel ⟨m.; ~s, ~⟩ **0.1** ***grendel*** ⇒*schuif(bout)* **0.2** ***reep, staaf*** **0.3** ⟨amb.⟩ ***tong, schoot*** ⟨v.e. slot⟩ **0.4** ⟨bouwk.⟩ ***dwarslat, -hout*** ⇒*regel* ⟨in vakwerkconstructies⟩ **0.5** ⟨mil., sp.⟩ ***verdedigingslinie*** ◆ **3.1** ⟨fig.⟩ einer Sache einen ~ vorschieben *ergens een stokje voor steken.*

Riegenführer ⟨m.⟩⟨sp.⟩ **0.1** ***voorturner, -werker.***

riegenweise ⟨sp.⟩ **0.1** ***in ploegen.***

Riemchen ⟨o.; ~s, ~⟩ **0.1** ***riempje*** ⇒*tuigje.*

Riemen ⟨m.; ~s, ~⟩ **0.1** ***riem*** ⇒*gordel, band* **0.2** ***(drijf)riem*** **0.3** ***schoenriem*** **0.4** ⟨scheep.⟩ ***roeiriem, roeispaan*** ◆ **5.1** ⟨inf.; fig.⟩ den ~ enger schnallen *de buikriem aanhalen* **6.1** ⟨inf.; fig.⟩ sich **am** ~ reißen *z'n tanden op elkaar zetten* **6.4** sich **in** die ~ legen (a) *stevig, hard roeien* (b) ⟨inf.; fig.⟩ *alles op alles zetten.*

Riemenantrieb ⟨m.⟩⟨tech.⟩ **0.1** ***riemaandrijving.***

Riese ⟨m.; ~n, ~n⟩ **0.1** ***reus*** ⇒*gigant, kolos* **0.2** ⟨inf.⟩ ***briefje van duizend*** **0.3** ⟨ster.⟩ ***reus, reuzenster*** **0.4** ⟨sp.⟩ ***reuzenzwaai*** ◆ **2.1** ⟨inf.; scherts.⟩ ein abgebrochener ~ *een klein mannetje* **2.2** ein halber ~ *een briefje van vijfhonderd mark* **6.¶** **nach** Adam ~ *volgens Bartjens.*

rieselfähig **0.1** ***strooibaar*** ⟨bv. zout⟩.

Rieselfeld ⟨o.⟩ **0.1** ***vloeiveld.***

rieseln **I** ⟨onov.ww.⟩ **0.1** ***(zachtjes) vloeien, stromen*** ⇒*sijpelen* **0.2** ***ruisen*** ⇒*murmelen, kabbelen* **0.3** ***(gestaag, zachtjes) neervallen*** ⇒*mot-, stofregenen* ◆ **6.1** ⟨fig.⟩ ein Schauder rieselte mir **durch** die Glieder *een huivering voer mij door de leden;*
II ⟨onp.ww.⟩ **0.1** ***(gestaag, zachtjes) neervallen.***

Riesenerfolg ⟨m.⟩ **0.1** ***reuzesucces, enorm succes.***

riesen|groß, -haft **0.1** ***reusachtig.***

Riesenkrach ⟨m.⟩ **0.1** ***slaande ruzie*** **0.2** ⟨ec.⟩ ***debacle, deconfiture.***

Riesenroß ⟨o.⟩⟨inf.; pej.⟩ **0.1** ***stom rund.***

Riesenschritt ⟨m.⟩⟨inf.⟩ **0.1** ***reuzenschrede, -stap, -pas*** ◆ **6.1** ⟨meestal fig.⟩ **mit** ~en *met reuzenschreden.*

Riesenslalom ⟨m.⟩⟨sp.⟩ **0.1** ***reuzenslalom.***

Riesenwuchs ⟨m.⟩⟨biol., med.⟩ **0.1** ***reuzengroei, gigantisme.***

riesig **0.1** ***reusachtig*** ⇒*kolossaal, enorm* **0.2** ⟨inf.⟩ ***fantastisch*** ⇒*super, steengoed* ◆ **2.1** ~ nett *reuzeleuk.*

Riesling ⟨m.; ~s, ~e⟩ **0.1** ***riesling*** ⟨druivensoort, wijn⟩.

Riff ⟨o.; ~(e)s, ~e⟩ **0.1** ***rif*** ⇒*klip.*

Riffel ⟨v.; ~, ~n⟩ **0.1** ***vlaskam, repel*** **0.2** ***repelmachine*** **0.3** ***ribbel(s)*** ⇒*cannelures.*

Riffelglas ⟨o.⟩ **0.1** ***gerib(bel)d glas.***

Riffelkamm ⟨m.⟩ **0.1** ***vlaskam, repel.***

Riffelmaschine ⟨v.⟩ **0.1** ***repelmachine.***

riffeln **0.1** ***ribbelen, ribbelig maken*** **0.2** ***repelen*** ⟨vlas⟩.

Rigg ⟨o.; ~s, ~s⟩⟨scheep.⟩ **0.1** ***takelage, takelwerk.***

rigid **0.1** ***rigide*** ⇒*star.*

rigoros **0.1** ***rigoureus*** ⇒*hard, onverbiddelijk* ◆ **1.1** eine ~e Beschränkung *een drastische beperking.*

Rikscha ⟨v.; ~, ~s⟩ **0.1** ***riksja.***
Rille ⟨v.; ~, ~n⟩ **0.1** ***groef*** ⇒*geul, voor* ◆ **1.1** die ~n der Säule *de cannelures van de zuil.*
rillen **0.1** ***groeven*** ⇒*ribbelig maken.*
Rimesse ⟨v.; ~, ~n⟩ **0.1** ***geëndosseerde wissel.***
Rind ⟨o.; ~(e)s, ~er⟩ **0.1** ***rund*** **0.2** ⟨zonder lidw.; inf.⟩ ***rundvlees.***
Rindbox ⟨o.; ~es⟩ **0.1** ***rundsbox*** ⟨leersoort⟩.
Rinde ⟨v.; ~, ~n⟩ **0.1** ***(boom)schors*** ⇒*bast* **0.2** ***korst*** ◆ **1.2** die ~ des Brotes *de broodkorst.*
Rinderbraten ⟨m.⟩ **0.1** ***(gebraden) rundvlees.***
Rinderherde ⟨v.⟩ **0.1** ***kudde runderen.***
rinderig **0.1** ***tochtig*** ⟨van koeien⟩.
rindern **0.1** ***tochtig zijn, stieren.***
Rinderpest ⟨v.⟩ **0.1** ***vee-, runderpest.***
Rinderwahnsinn ⟨m.⟩ **0.1** ***gekkekoeienziekte.***
Rindfleisch ⟨o.⟩ **0.1** ***rundvlees.***
rindsledern **0.1** ***rundleren, van rundleer.***
Rindvieh ⟨o.⟩ **0.1** ⟨g.mv.⟩ ***rundvee, runderen*** **0.2** ⟨pej.; fig.⟩ ***rund*** ⇒*stommeling.*
Ring ⟨m.; ~(e)s, ~e⟩ **0.1** ***ring*** **0.2** ***kring*** ⇒*ring* **0.3** ***kring, club, bond*** **0.4** ***ring-, rondweg*** **0.5** ***schakel*** ⇒*schalm* **0.6** ⟨sp.⟩ ***ring*** ⇒*boksring, werpring* ◆ **1.1** die ~e eines Baumes *de jaarringen van een boom* **3.3** sich zu einem ~ zusammenschließen *een trust, kartel vormen, oprichten* **3.¶** ⟨fig.⟩ der ~ schließt sich *we zijn weer terug bij ons uitgangspunt* **6.2** ~e **unter** den Augen *kringen, wallen onder de ogen.*
Ringbahn ⟨v.⟩ **0.1** ***ceintuurbaan*** ⇒*rondweg, singel.*
Ringbuch ⟨o.⟩ **0.1** ***ringband.***
Ringel ⟨m.; ~s, ~⟩ **0.1** ***ringetje*** **0.2** ***kringetje*** **0.3** ***krul.***
Ringelblume ⟨v.⟩ **0.1** ***goudsbloem.***
Ringelhaar ⟨o.⟩ **0.1** ***krul-, kroeshaar, pijpenkrullen.***
ringelig **0.1** ***krullend*** ⟨haar⟩.
Ringellocke ⟨v.⟩ **0.1** ***pijpenkrul, krullende lok.***
ringeln **I** ⟨ov.ww.⟩ **0.1** ***krullen*** **0.2** ***van ringen voorzien*** ◆ **1.2** ein rot geringelter Pulli *een trui met rode dwarsstrepen;*
II sich ~ ⟨wk.ww.⟩ **0.1** ***(zich) krullen*** ⇒*zich kronkelen (om)* **0.2** ***kringelen*** ⟨rook⟩.
Ringelnatter ⟨v.⟩⟨biol.⟩ **0.1** ***ringslang.***
Ringelpiez ⟨m.; ~(e)s, ~e⟩⟨inf.⟩ **0.1** ***dansfeest, -fuif*** ◆ **6.1** ⟨scherts.⟩ ~ **mit** Anfassen *vrolijk dansfeest.*
Ringel|reigen, -reihen ⟨m.⟩ **0.1** ***rondedans.***
Ringelschwanz ⟨m.⟩ **0.1** ***krulstaart.***
Ringeltaube ⟨v.⟩ **0.1** ***(wilde) houtduif, ring(el)duif.***
Ringelwurm ⟨m.⟩ **0.1** ***ringworm.***
ringen ⟨→t100⟩ **I** ⟨onov.ww.⟩ **0.1** ***worstelen*** ◆ **6.1** ⟨fig.⟩ ich habe lange **mit** mir gerungen *ik heb lang in tweestrijd gestaan;* ⟨fig.⟩ **mit** den Tränen ~ *tegen zijn tranen vechten;* ⟨fig.⟩ (schwer) **nach** Atem ~ *naar adem snakken;* ⟨fig.⟩ **nach** Worten ~ *moeilijk de woorden kunnen vinden;* ⟨fig.⟩ **um** Anerkennung ~ *vechten voor waardering;*
II ⟨ov.ww.⟩⟨schr.⟩ **0.1** ***(handen)wringen*** **0.2** ***ontwringen*** ⇒*afhandig maken* ◆ **6.2** ⟨wk. ww.⟩ ein tiefer Seufzer ringt sich **aus** ihrer Brust *zij slaakt een diepe zucht.*
Ringer ⟨m.; ~s, ~⟩ **0.1** ***worstelaar.***
Ringfahndung ⟨v.⟩ **0.1** ***grootscheepse opsporings-, zoekactie*** ⟨v.d. politie⟩.
Ringfinger ⟨m.⟩ **0.1** ***ringvinger.***
Ringform ⟨v.⟩⟨ook cul.⟩ **0.1** ***ringvorm.***
ringförmig **0.1** ***ringvormig, als een ring*** ⇒*ringsgewijs.*
Ringheft ⟨o.⟩ **0.1** ***ringband.***
Ringkampf ⟨m.⟩ **0.1** ***worsteling*** ⇒*strijd, vechtpartij* **0.2** ⟨sp.⟩ ***worstelwedstrijd.***
Ringkämpfer ⟨m.⟩ **0.1** ***worstelaar.***
Ringmauer ⟨v.⟩ **0.1** ***ringmuur.***
Ringmuskel ⟨m.⟩ **0.1** ***(k)ringspier.***
Ringreiten ⟨o.; ~s⟩ **0.1** ***het ringrijden, -steken.***
Ringrichter ⟨m.⟩ **0.1** ***scheidsrechter*** ⟨bij bokswedstrijd⟩.
rings **0.1** ***rondom, (overal) in het rond.***
Ringscheibe ⟨v.⟩ **0.1** ***schietschijf.***
Ringschlüssel ⟨m.⟩ **0.1** ***ringsleutel.***
ringsherum **0.1** ***rondom, (overal) in het rond.***
Ringstechen ⟨o.; ~s⟩ **0.1** ***het ringrijden, -steken.***
Ringstraße ⟨v.⟩ **0.1** ***ring-, rondweg.***
ringsum **0.1** ***rondom, (overal) in het rond*** ⇒*aan alle kanten.*
ringsumher **0.1** ***(overal) in het rond*** ⇒*in de rondte.*
Ringtausch ⟨m.⟩ **0.1** ***ruil tussen 3 of meer personen.***
Ringtennis ⟨o.⟩⟨sp.⟩ **0.1** ***ringvangen.***
Ringwall ⟨m.⟩ **0.1** ***ringwal, -muur.***
Rinne ⟨v.; ~, ~n⟩ **0.1** ***(vaar)geul*** **0.2** ***goot*** ⇒*(afvoer-, regen)pijp* **0.3** ***spleet*** ⇒*lange scheur, breuk* **0.4** ***gleuf*** ⇒*sleuf, goot* ◆ **6.3** eine ~ **im** Eis *een lange scheur in het ijs.*
rinnen ⟨→t101⟩ **0.1** ***(langzaam) vloeien, stromen*** ⇒*lopen, druipen* **0.2** ***lekken*** ⇒*lek zijn* ◆ **1.1** ⟨schr.⟩ die Jahre ~ *de jaren glijden voorbij* **6.1** ⟨fig.⟩ das Geld rinnt ihm **durch** die Finger *het geld glipt hem tussen de vingers door;* der Schweiß rann ihm **von** der Stirn *het zweet droop van zijn voorhoofd.*
Rinnsal ⟨o.; ~(e)s, ~e⟩⟨schr.⟩ **0.1** ***stroom(pje)*** ⇒*(water)beek(je).*
Rinnstein ⟨m.⟩ **0.1** ***(straat)goot*** **0.2** ***gootsteen*** **0.3** ***trottoirband, -rand*** ◆ **6.1** ⟨fig.⟩ jmdn. **aus** dem ~ auflesen *iem. van de straat oprapen;* ⟨fig.⟩ **im** ~ enden *in de goot terechtkomen.*
ripostieren **0.1** ***riposteren*** ⟨schermen⟩.
Rippchen ⟨o.; ~s, ~⟩ **0.1** ***ribbetje, ribstuk.***
Rippe ⟨v.; ~, ~n⟩ **0.1** ***rib*** **0.2** ***rib(bel)*** **0.3** ***(stuk v.e.) reep, blokje*** **0.4** ⟨cul.⟩ ***rib(stuk)*** **0.5** ⟨plantk.⟩ ***bladnerf*** ◆ **6.1** ⟨inf.⟩ er hat nichts **auf** den ~n *hij is broodmager;* ⟨inf.⟩ ich kann es (mir) doch nicht **aus** den ~n schlagen, schneiden *ik kan het niet uit mijn lijf snijden.*
Rippeln ⟨alleen mv.⟩ **0.1** ***ribbeling(en), ribbels*** ⟨bv. in zand⟩.
Rippenbogen ⟨m.⟩ **0.1** ***ribboog.***
Rippenbruch ⟨m.⟩ **0.1** ***ribbreuk, ribfractuur.***
Rippenfell ⟨o.⟩ **0.1** ***borstvlies.***
Rippensamt ⟨m.⟩ **0.1** ***ribfluweel.***
Rippenspeer ⟨m. & o.⟩⟨cul.⟩ **0.1** ***gezouten varkensribbetje.***
Rippenstoß ⟨m.⟩ **0.1** ***por in de zij, ribben.***
rips, raps! **0.1** ***rats!*** ⇒*snip!, roef(, roef)!* **0.2** ***in een hap en een snap.***
Rips ⟨m.; ~es, ~e⟩ **0.1** ***rips, ribbetjesgoed.***
Ripsband ⟨o.; mv. ~er⟩ **0.1** ***ripslint.***
Risiko ⟨o.; ~s, ~s of Risiken⟩ **0.1** ***risico*** ⇒*gevaar, riskante zaak* ◆ **3.1** das ~ eingehen, laufen *het risico op zich nemen* **6.1** **auf** eigenes ~ *op, voor eigen risico;* **mit** einem ~ verbunden sein *een riskante zaak zijn.*
risikofrei **0.1** ***zonder enig risico, gevaar.***
riskant **0.1** ***riskant, risicovol*** ⇒*gevaarlijk, gewaagd.*
riskieren **0.1** ***riskeren*** ◆ **1.1** ⟨inf.⟩ einen Blick ~ *steelse blikken werpen, een kijkje wagen* **3.1** soll ich es ~? *zal ik het erop wagen?*
Rispe ⟨v.; ~, ~n⟩⟨plantk.⟩ **0.1** ***pluim*** ⟨bloeiwijze⟩ **0.2** ***ris(t).***
Rispengras ⟨o.⟩ **0.1** ***beemdgras.***
rispig **0.1** ***pluimvormig, pluim-*** **0.2** ***in trosjes.***
Riß ⟨m.; Risses, Risse⟩ **0.1** ***scheur*** ⇒*barst, spleet* **0.2** ***het scheuren*** ⇒*het knappen, springen* **0.3** ⟨bouwk., tech., wisk.⟩ ***projectie(tekening)*** ⇒*(schets)tekening* ◆ **2.1** ⟨ook fig.⟩ ein tiefer ~ *een diepe kloof* **3.1** ⟨fig.⟩ ihre Freundschaft

hat einen ~ bekommen *in hun vriendschap is een breuk gekomen* **6.1** ein ~ **im** Felsen *een spleet in de rots;* ein ~ **in** der Haut *een kloofje in de huid.*
rissig 0.1 ***vol scheuren (en barsten)*** *⇒gebarsten, gescheurd* ◆ **1.1** ~e Hände *gesprongen handen* **3.1** ~ werden *barsten (krijgen).*
Rist ⟨m.; ~es, ~e⟩ **0.1** ***wreef*** **0.2** ***handrug*** **0.3** ***schoft*** ⟨vooral v.e. paard⟩.
Ristgriff ⟨m.⟩⟨sp.⟩ **0.1** ***bovengreep.***
ristornieren 0.1 ***annuleren*** *⇒ongedaan maken* **0.2** ⟨ec.⟩ ***(ri)storneren, terugboeken.***
Ritornell ⟨o.; ~s, ~e⟩⟨lit., muz.⟩ **0.1** ***ritornel.***
Ritratte ⟨v.; ~, ~n⟩⟨ec.⟩ **0.1** ***retraite, herwissel.***
Ritt ⟨m.; ~(e)s, ~e⟩ **0.1** ***rit*** ⟨op rijdier⟩ *⇒tocht te paard, het (paard)rijden* ◆ **6.1** ⟨fig.⟩ **auf** einen, **in** einem ~ *in één keer, ruk (door);* ⟨fig.⟩ ein ~ **über** den Bodensee *een waaghalzige onderneming.*
Ritter ⟨m.; ~s, ~⟩ **0.1** ***ridder*** ◆ **1.1** ⟨scherts.⟩ ein ~ des Pedals *een pedaalridder, wielrenner, -rijder* **2.1** ⟨cul.⟩ arme ~ *wentelteefjes, arme ridders* **6.1** ⟨ook fig.⟩ ein ~ **ohne** Furcht und Tadel *een ridder zonder vrees of blaam;* ⟨scherts.⟩ ein ~ **von** der Feder *een man van de pen, schrijver.*
Ritterdichtung ⟨v.⟩ **0.1** ***ridderliteratuur.***
Ritterdienst ⟨m.⟩ **0.1** ***ridderdienst*** ⟨ook fig.⟩.
Rittergut ⟨o.⟩ **0.1** ***ridderleen, -goed.***
ritterhaft 0.1 ***ridderlijk, v.e. ridder.***
Ritterkampfspiel ⟨o.⟩ **0.1** ***ridderspel, toernooi.***
Ritterkreuz ⟨o.⟩ **0.1** ***ridderkruis*** ⟨onderscheiding⟩.
ritterlich 0.1 ***ridderlijk, v.e. ridder*** *⇒als ridder* **0.2** ⟨fig.⟩ ***ridderlijk*** *⇒edel(moedig), fair* ◆ **1.1** ~e Kampfspiele *toernooien.*
Ritterlichkeit ⟨v.; ~, ~en⟩ **0.1** ***ridderlijkheid*** *⇒edelmoedigheid* **0.2** ***het ridder zijn.***
Ritterling ⟨m.; ~s, ~e⟩⟨plantk.⟩ **0.1** ***ridderzwam.***
Ritterorden ⟨m.⟩ **0.1** ***ridderorde.***
Ritterroman ⟨m.⟩⟨lit.⟩ **0.1** ***ridderroman*** ⟨Middeleeuwen⟩ **0.2** ***avonturenroman over ridders.***
Ritterrüstung ⟨v.⟩ **0.1** ***wapenrusting v.e. ridder.***
Ritterschaft ⟨v.; ~, ~en⟩ **0.1** ***ridderschap*** *⇒de (gezamenlijke, alle) ridders* **0.2** ***ridderschap, -stand.***
Ritterschlag ⟨m.⟩ **0.1** ***ridderslag.***
Ritterspiel ⟨o.⟩ **0.1** ***ridderspel, toernooi.***
Rittersporn ⟨m.⟩⟨plantk.⟩ **0.1** ***ridderspoor.***
Rittertum ⟨o.; ~s⟩ **0.1** ***ridderschap.***
Ritterwesen ⟨o.⟩ **0.1** ***ridderwezen, -bestaan.***
rittig 0.1 ***goed afgericht, gedresseerd*** ⟨rijpaard⟩.
rittlings 0.1 ***schrijlings*** *⇒als een ruiter te paard.*
ritual →**rituell.**
Ritual ⟨o.; ~s, ~e of Ritualien⟩ **0.1** ***ritus, ritueel*** *⇒liturgie* **0.2** ***ritueel*** *⇒rituele handeling, ceremonieel.*
Ritualbuch ⟨o.⟩ **0.1** ***rituaal, rituale (romanum)*** **0.2** ***boek met rituele, liturgische voorschriften.***
Rituale ⟨o.; ~⟩ →**Ritualbuch.**
Ritualhandlung ⟨v.⟩ **0.1** ***rituele handeling.***
ritualisieren 0.1 ***tot ritueel maken*** *⇒een ritueel karakter verlenen.*
Ritualisierung ⟨v.; ~, ~en⟩ **0.1** ***ritualisatie.***
Ritualmord ⟨m.⟩ **0.1** ***rituele moord.***
rituell 0.1 ***ritueel.***
Rituell ⟨o.; ~s, ~e⟩ **0.1** ***ritueel*** *⇒rituele handelwijze.*
Ritus ⟨m.; ~, Riten⟩ **0.1** ***ritus, ritueel*** *⇒ceremonieel, liturgie* **0.2** ***rite, ritus*** *⇒gebruik.*
Ritz ⟨m.; ~es, ~e⟩ **0.1** ***kras*** *⇒schram(metje), sneetje* **0.2** ***spleet(je)*** *⇒kier(tje), reet, naad.*
Ritze ⟨v.; ~, ~n⟩ **0.1** ***spleet*** *⇒naad, kier, voeg* ◆ **8.1** in allen Ecken und ~n *in alle hoeken en gaten.*
ritzen I ⟨ov.ww.⟩ **0.1** ***ritsen*** *⇒krassen, snijden (in)* **0.2** ***(in)krassen*** *⇒(in)snijden, graveren* **0.3** ***schrammen*** *⇒(open)schaven* ◆ **1.1** die Politur ~ *krassen maken in het vernis* **1.3** ⟨fig.⟩ das ritzt nur die Haut *dat deert niet;*
II sich ~ ⟨wk.ww.⟩ **0.1** ***zich schrammen*** *⇒zich (de huid) (open)schaven* ◆ **6.1** sich **am** Finger ~ *zich in zijn vinger snijden.*
Ritzer ⟨m.; ~s, ~⟩⟨inf.⟩ **0.1** ***schram(metje)*** *⇒kras(je).*
Rivale ⟨m.; ~n, ~n⟩ **0.1** ***rivaal*** *⇒mededinger.*
rivalisieren 0.1 ***rivaliseren, wedijveren.***
Rivalität ⟨v.; ~, ~en⟩ **0.1** ***rivaliteit*** *⇒wed-, naijver* ◆ **3.1** ~en austragen *om de eerste plaats strijden.*
Rivalitätskampf ⟨m.⟩ **0.1** ***strijd om de macht, eerste plaats.***
Rizinus ⟨m.; ~, ~(se)⟩ **0.1** ***ricinus(boom)*** **0.2** ***wonder-, ricinusolie.***
R.K. ⟨o.⟩⟨afk.⟩ [Rotes Kreuz].
Robbe ⟨v.; ~, ~n⟩⟨biol.⟩ **0.1** ***rob, zeehond.***
robben ⟨vooral mil.⟩ **0.1** ***(zich op zijn buik) kruipend voortbewegen, robben.***
Robbenfang ⟨m.⟩ **0.1** ***robbenvangst, -jacht.***
Robe ⟨v.; ~, ~n⟩ **0.1** ***toga*** **0.2** ⟨schr.⟩ ***(avond)japon*** *⇒robe* ◆ **6.2** **in** großer ~ erscheinen *in gala, staatsiekledij verschijnen.*
Robinsonade ⟨v.; ~, ~n⟩ **0.1** ⟨lit.⟩ ***robinsonade*** **0.2** ⟨fig.⟩ ***avontuur als van Robinson Crusoe.***
Roboter ⟨m.; ~s, ~⟩ **0.1** ⟨tech.⟩ ***robot*** **0.2** ⟨gesch.⟩ ***herendienst-, leenplichtige.***
robust 0.1 ***robuust*** *⇒stevig (gebouwd)* **0.2** ⟨fig.⟩ ***ruw*** *⇒bruusk, hard* ◆ **1.1** ⟨fig.⟩ ein ~es Material *sterk, stevig materiaal* **1.2** ein ~es Gewissen haben *nauwelijks scrupules kennen.*
Rochade ⟨v.; ~, ~n⟩ **0.1** ***rokade*** ⟨schaken⟩.
röcheln 0.1 ***rochelen*** *⇒reutelen.*
Rochen ⟨m.; ~s, ~⟩ **0.1** ***rog.***
rochieren 0.1 ***rokeren*** ⟨schaken⟩.
Rock ⟨m.; ~(e)s, ~̈e⟩ **0.1** ***rok*** **0.2** ***jas*** ⟨v.e. uniform⟩ ◆ **6.1** **hinter** jedem ~ herlaufen, hersein *een vrouwenjager zijn.*
rocken 0.1 ***rockmuziek maken*** **0.2** ***op rockmuziek dansen.***
Rocken ⟨m.; ~s, ~⟩ **0.1** ***(spin)rokken, spinrok.***
Rockschoß ⟨m.⟩ **0.1** ***jas-, rokpand*** *⇒slip v.e. jas* ◆ **6.1** ⟨fig.⟩ **an** den Rockschößen seiner Mutter hängen *aan moeders rokken hangen;* ⟨fig.⟩ sich **an** jmds. Rockschöße hängen *helemaal op iem. leunen.*
Rocktasche ⟨v.⟩ **0.1** ***rok-, jaszak.***
Rockzipfel ⟨m.⟩ **0.1** ***slip, punt v.e. rok, jas*** ◆ **6.1** ⟨fig.⟩ jmdm. **am** ~ hängen *helemaal op iem. leunen;* ⟨fig.⟩ **an** Mutters ~ hängen *aan moeders rokken hangen.*
Rodel[1] ⟨m.; ~s, ~⟩ **0.1** ***(rodel)slee.***
Rodel[2] ⟨v.; ~, ~n⟩⟨Oostr.⟩ **0.1** ***slee(tje).***
Rodelbahn ⟨v.⟩⟨sp.⟩ **0.1** ***rodelbaan.***
rodeln ⟨h/s.⟩⟨sp.⟩ **0.1** ***rodelen, sleeën.***
Rodelschlitten ⟨m.⟩ **0.1** ***(rodel)slee.***
roden 0.1 ***rooien*** **0.2** ***ontginnen*** *⇒in cultuur brengen.*
Rodler ⟨m.; ~s, ~⟩ **0.1** ***iem. die rodelt.***
Rodung ⟨v.; ~, ~en⟩ **0.1** ***rooiing, het rooien*** **0.2** ***ontginning, het ontginnen.***
Rogen ⟨m.; ~s, ~⟩ **0.1** ***(vis)kuit.***
Rogener ⟨m.; ~s, ~⟩ **0.1** ***kuiter, kuitvis.***
Roggen ⟨m.; ~s⟩ **0.1** ***rogge.***
Roggenbrot ⟨o.⟩ **0.1** ***roggebrood.***
roh 0.1 ***rauw*** *⇒ongekookt, (nog) niet gaar* **0.2** ***ruw*** *⇒niet be-*

werkt **0.3** ***ruw*** ⇒*niet af-, uitgewerkt* **0.4** ⟨pej.⟩ ***ruw*** ⇒*grof, bruut* **0.5** ***(nog) niet bereden, getemd*** ⟨paard⟩ ◆ **1.1** ~e Milch *rauwe melk* **1.2** ~e Felle *ongelooide huiden* **1.3** ~e Entwürfe *vluchtige schetsen* **1.4** ~e Sitten *barbaarse, ruwe zeden* **6.3** **im** ~en fertig sein (a) *op het afwerken na klaar zijn* ⟨van gebouwen⟩ (b) *in ruwe trekken, concept klaar zijn.*

Rohbau ⟨m.; mv. ~ten⟩ **0.1** ***ruwbouw.***

Rohbilanz ⟨v.⟩ **0.1** ***proefbalans, voorlopige balans.***

Rohdiamant ⟨m.⟩ **0.1** ***ruwe diamant.***

Roheisen ⟨o.⟩ **0.1** ***onbewerkt ijzer, ruwijzer.***

Roheit ⟨v.; ~, ~en⟩ **0.1** ***ruwheid*** ⇒*barbaarse, ruwe handelwijze* **0.2** ***ruwheid*** ⇒*het ruw, grof zijn, barbaarse aard* **0.3** ***rauwheid*** ⇒*het rauw zijn.*

Rohertrag ⟨m.⟩ **0.1** ***bruto-opbrengst.***

Roherz ⟨o.⟩ **0.1** ⟨mijnw.⟩ ***ruw erts*** **0.2** ⟨geol.⟩ ***ruwsteen.***

Roherzeugnis ⟨o.⟩ **0.1** ***grondstof*** ⇒*ruw, onbewerkt product* **0.2** ***(basis)materiaal*** ⇒*halffabrikaat.*

Rohfassung ⟨v.⟩ **0.1** ***concept*** ⇒*voorlopige vorm, redactie.*

Rohgemüse ⟨o.⟩ **0.1** ***rauwe groente.***

Rohgewicht ⟨o.⟩ **0.1** ***brutogewicht.***

Rohgewinn ⟨m.⟩ **0.1** ***brutowinst.***

Rohheit ⟨v.⟩⟨nw.spel.⟩ →**Roheit.**

Rohkaffee ⟨m.⟩ **0.1** ***ongebrande koffie.***

Rohkost ⟨v.⟩ **0.1** ***rauwkost.***

Rohköstler ⟨m.; ~s, ~⟩ **0.1** ***rauwkosteter.***

Rohling ⟨m.; ~s, ~e⟩ **0.1** ***onbewerkt stuk ijzer*** **0.2** ***ruwe, brute kerel.***

Rohmaterial ⟨o.⟩ **0.1** ***ruw, onbewerkt materiaal*** **0.2** ⟨fig.⟩ ***bouwstof.***

Rohöl ⟨o.⟩ **0.1** ***ruwe petroleum, (aard)olie.***

Rohprodukt ⟨o.⟩ **0.1** ***grondstof*** ⇒*ruw, onbewerkt product* **0.2** ***(basis)materiaal.***

Rohr ⟨o.; ~(e)s, ~e⟩ **0.1** ***buis*** ⇒*pijp(leiding), koker* **0.2** ***loop*** ⟨v.e. vuurwapen⟩ **0.3** ***(pijpen)roer*** **0.4** ⟨inf.⟩ ***piemel, pik*** **0.5** ***(dicht) riet*** ◆ **2.2** ⟨inf.; fig.⟩ voll(es) ~ *uit alle macht;* ⟨inf.; fig.⟩ volles ~ bringen *eruit halen, wat er in zit* **2.5** spanisches ~ *Spaans riet, rotting* **6.2** **aus** allen ~en feuern, schießen *de volle laag geven* ¶.**5** ⟨sprw.⟩ aus fremdem ~ ist gut Pfeifen schneiden *uit andermans leer is het goed riemen snijden.*

Rohrammer ⟨v.⟩⟨biol.⟩ **0.1** ***rietgors, -vink, -mus.***

Rohrbruch ⟨m.⟩ **0.1** ***pijp-, buisbreuk.***

Rohrdommel ⟨v.; ~, ~n⟩⟨biol.⟩ **0.1** ***roerdomp.***

Röhre ⟨v.; ~, ~n⟩ **0.1** ***buis*** ⇒*pijp(leiding), koker* **0.2** ***lamp, buis*** ⟨radio, tv⟩ **0.3** ***oven*** ⟨in fornuis⟩ **0.4** ⟨inf.⟩ ***(beeld)buis*** ⇒*kijkkastje* **0.5** ⟨jacht⟩ ***pijp*** ⇒*gang* ⟨v.e. hol⟩ ◆ **2.1** ⟨nat.⟩ kommunizierende ~n *communicerende vaten* **6.3** ⟨inf.; fig.⟩ **in** die ~ gucken, sehen *er naar kunnen fluiten.*

röhren **0.1** ***burlen*** ⇒*(bronstig) loeien* **0.2** ⟨inf.; fig.⟩ ***met veel kabaal rijden.***

Röhrenhose ⟨v.⟩ **0.1** ***broek met nauwe pijpen.***

Röhrenknochen ⟨m.⟩⟨med.⟩ **0.1** ***pijpbeen.***

Rohrflöte ⟨v.⟩⟨muz.⟩ **0.1** ***rietfluit, -pijp*** ⇒*herdersfluit* **0.2** ***roerfluit*** ⟨van orgel⟩.

Rohrgeflecht ⟨o.⟩ **0.1** ***rieten vlechtwerk.***

Röhricht ⟨o.; ~s, ~e⟩ **0.1** ***riet(land)*** ⇒*biezen.*

Rohrkolben ⟨m.⟩⟨plantk.⟩ **0.1** ***lisdodde.***

Rohrkrepierer ⟨m.⟩ **0.1** ***projectiel, dat nog in de loop v.h. kanon ontploft*** **0.2** ⟨fig.⟩ ***losse flodder.***

Rohrleitung ⟨v.⟩ **0.1** ***(buis-, pijp)leiding.***

Röhrling ⟨m.; ~s, ~e⟩⟨plantk.⟩ **0.1** ***pijpzwam, boleet.***

Rohrmöbel ⟨o.⟩ **0.1** ***rieten meubels*** **0.2** ***bamboemeubels.***

Rohrpost ⟨v.⟩ **0.1** ***buispost, pneumatische post.***

Rohrsänger ⟨m.⟩⟨biol.⟩ **0.1** ***rietzanger, kar(e)kiet.***

Rohrspatz ⟨m.⟩⟨biol.⟩ **0.1** ***rietgors, -vink, -mus*** ◆ **8.1** ⟨inf.; fig.⟩ schimpfen wie ein ~ *kijven, schelden als een viswijf.*

Rohrstock ⟨m.⟩ **0.1** ***(Spaans) rietje*** ⇒*rotting.*

Rohrstuhl ⟨m.⟩ **0.1** ***rieten stoel*** ⇒*rotan-, pitriet-, bamboestoel.*

Rohrzange ⟨v.⟩⟨amb.⟩ **0.1** ***pijp-, gastang.***

Rohrzucker ⟨m.⟩ **0.1** ***rietsuiker.***

Rohseide ⟨v.⟩ **0.1** ***ruwe zijde.***

rohseiden **0.1** ***van, uit ruwe zijde.***

Rohstahl ⟨m.⟩ **0.1** ***onbewerkt, ruw staal.***

Rohstoff ⟨m.⟩ **0.1** ***grondstof*** **0.2** ⟨fig.⟩ ***(bouw)stof*** ⇒*materiaal.*

rohstoffarm **0.1** ***arm aan grondstoffen.***

Rohstoffmangel ⟨m.⟩ **0.1** ***grondstoffengebrek.***

Rohübersetzung ⟨v.⟩ **0.1** ***voorlopige, eerste vertaling.***

Rohzucker ⟨m.⟩ **0.1** ***ruwe, ongeraffineerde suiker.***

Rohzustand ⟨m.⟩ **0.1** ***(nog) onbewerkte, onafgewerkte toestand.***

Rokoko ⟨acc. wiss.⟩⟨o.; ~(s)⟩ **0.1** ***rococo(stijl)*** **0.2** ***rococotijd, -periode.***

Rolladen ⟨m.; ~s, ~ of ~̈⟩ **0.1** ***rolblind, -luik*** ⇒*(buiten)jaloezie.*

Rollbahn ⟨v.⟩ **0.1** ***hulp-, veldspoor*** **0.2** ⟨verk.⟩ ***start-, landingsbaan.***

Rollbraten ⟨m.⟩ **0.1** ***rollade.***

Rolle ⟨v.; ~, ~n⟩ **0.1** ***rol*** ⇒*klos* **0.2** ***rol*** ⇒*wiel, katrol(schijf),* ⟨ook⟩ *vangbeugel* ⟨van tram⟩ **0.3** ***(scheeps)rol*** **0.4** ⟨dram.⟩ ***rol*** **0.5** ⟨sp.⟩ ***borstkas over*** **0.6** ⟨verk.⟩ ***rolvlucht, tonneau*** **0.7** ⟨sp.⟩ ***rol*** ⟨van gangmaker⟩ ◆ **2.4** die tragende ~ in einem Stück spielen *in een toneelstuk de hoofdrol spelen* **6.4** ⟨fig.⟩ **aus** der ~ fallen *uit zijn rol vallen, zich onmogelijk gedragen;* ⟨fig.⟩ sich **in** seine ~ finden *zijn taak aankunnen* **6.7** ⟨inf.; fig.⟩ jmdn. **von** der ~ bringen *iem. van de wijs brengen.*

rollen I ⟨onov.ww.⟩ **0.1** ⟨s.⟩ ***(voort)rollen*** ⇒*(zich) draaien, wentelen* **0.2** ⟨s.⟩ ***rollen*** ⇒*rijden, taxiën* **0.3** ⟨h.⟩ ***rollen*** ⇒ *bulderen, dreunen* **0.4** ⟨h.⟩ ***rollen*** ⟨van vogels⟩ ◆ **1.1** ⟨inf.; fig.⟩ die Sache rollt (schon) *er zit schot in de zaak;* das Schiff rollte *het schip slingerde hevig heen en weer* **6.1** ⟨inf.; fig.⟩ **ins** Rollen kommen *aan het rollen gebracht worden;* ⟨inf.; fig.⟩ die Sache kommt **ins** Rollen *er komt schot in de zaak;*

II ⟨ov.ww.⟩ **0.1** ***rollen*** ⇒*draaien, wentelen* **0.2** ***(op)rollen*** ⇒*draaien* **0.3** ***rollen*** ⇒*rijden;*

III sich ~ ⟨wk.ww.⟩ **0.1** ***(zich) rollen*** ⇒*zich rondwentelen, buitelen* **0.2** ***zich rollen*** ⇒*zich wikkelen* **0.3** ***zich oprollen*** ⇒*om-, opkrullen* ◆ **3.3** das Blatt hat sich gerollt *het blad is omgekruld* **6.3** das Haar rollt sich **zu** Locken *het haar valt in lokken, krult.*

Rollenbesetzung ⟨v.⟩ **0.1** ***rolbezetting*** ⇒*cast.*

Rollenerwartung ⟨v.⟩⟨soc.⟩ **0.1** ***te verwachten rolgedrag.***

Rollenfach ⟨o.⟩⟨dram., film.⟩ **0.1** ***(soort) rol, genre.***

rollenförmig **0.1** ***rol-, cilindervormig.***

Rollenlager ⟨o.⟩⟨amb., tech.⟩ **0.1** ***rol(kussen)blok, -lager.***

Rollenspiel ⟨o.⟩⟨soc.⟩ **0.1** ***rollenspel.***

Rollentausch ⟨m.⟩⟨dram., soc.⟩ **0.1** ***het verwisselen v.d. rollen.***

Rollenverhalten ⟨o.⟩⟨soc.⟩ **0.1** ***rolgedrag.***

Rollenverteilung ⟨v.⟩⟨dram., soc.⟩ **0.1** ***rolverdeling.***

Roller ⟨m.; ~s, ~⟩ **0.1** ***autoped, step*** **0.2** ***scooter*** **0.3** ***roller*** ⇒*breker, grote golf* **0.4** ***roller*** ⟨van vogels⟩ **0.5** ⟨sp.⟩ ***slap rollertje*** **0.6** ⟨sp.⟩ ***rolsprong.***

Rollerbrett ⟨o.⟩ **0.1** ***skateboard.***

rollern **0.1** ***steppen*** **0.2** ***met de scooter rijden.***

Rollfeld ⟨o.⟩ **0.1** ***start- en landingsbaan.***

Rollfilm ⟨m.⟩ **0.1** ***rolfilm.***
Rollgut ⟨o.⟩ **0.1** ***vrachtgoed*** ⟨bij de spoorwegen⟩.
Rollholz ⟨o.⟩ **0.1** ***deegroller, rolhout, -stok.***
rollieren ⟨schr.⟩ **0.1** ***rouleren.***
Rollkommando ⟨o.⟩ **0.1** ***speciaal commando*** ⟨bij politie of leger⟩ **0.2** ***knokploeg.***
Rollkragen ⟨m.⟩ **0.1** ***rolkraag.***
Rollkragenpullover ⟨m.⟩ **0.1** ***coltrui.***
Rollmops ⟨m.⟩ **0.1** ***rolmops.***
Rollo ⟨acc. wiss.⟩⟨o.; ~s, ~s⟩ **0.1** ***rolgordijn, rouleau.***
Rollschinken ⟨m.⟩ **0.1** ***rolham.***
Rollschrank ⟨m.⟩ **0.1** ***jaloeziekast.***
Rollschuh ⟨m.⟩ **0.1** ***rolschaats.***
Rollschuhlaufen ⟨o.⟩ **0.1** ***het rolschaatsen.***
Rollsitz ⟨m.⟩ **0.1** ***sliding*** ⟨in een roeiboot⟩ ⇒*glijbank.*
Rollsplitt ⟨m.⟩ **0.1** ***steenslag, split.***
Rollstuhl ⟨m.⟩ **0.1** ***rolstoel.***
Rolltreppe ⟨v.⟩ **0.1** ***roltrap.***
Rom **0.1** ***Rome.***
Roman ⟨m.; ~(e)s, ~e⟩ **0.1** ***roman*** ♦ **1.1** ein ~ in Fortsetzungen *een feuilleton* **2.1** ⟨inf.⟩ einen ganzen ~ erzählen *met veel omhaal van woorden iets vertellen.*
Romancier ⟨m.; ~s, ~s⟩ **0.1** ***romancier*** ⇒*romanschrijver.*
Romane ⟨m.; ~n, ~n⟩⟨taal.⟩ **0.1** ***Romaan.***
romanhaft **0.1** ***romanachtig.***
Romani ⟨o.; ~(s)⟩ **0.1** ***zigeunertaal.***
Romanik ⟨v.; ~⟩⟨bk., bouwk.⟩ **0.1** ***Romaanse kunst, periode.***
romanisch **0.1** ***Romaans.***
romanisieren **0.1** ***romaniseren.***
Romanismus ⟨m.; ~⟩ **0.1** ⟨bk.⟩ ***italianisme*** **0.2** ⟨taal.⟩ ***gallicisme.***
Romanist ⟨m.; ~en, ~en⟩ **0.1** ***romanist.***
Romanistik ⟨v.; ~⟩ **0.1** ***romanistiek*** **0.2** ***leer v.h. Romeinse recht.***
Romanschriftsteller ⟨m.⟩ **0.1** ***romanschrijver, romancier.***
Romantik ⟨v.; ~⟩ **0.1** ***romantiek, het romantische*** **0.2** ⟨lit.⟩ ***romantiek.***
Romantiker ⟨m.; ~s, ~⟩ **0.1** ***romanticus.***
romantisch **0.1** ***romantisch*** ⇒*dromerig* **0.2** ***romantisch, uit, v.d. romantiek.***
romantisieren **0.1** ***romantiseren.***
Romanze ⟨v.; ~, ~n⟩ **0.1** ***romance.***
Römer ⟨m.; ~s, ~⟩ **0.1** ***roemer, romer*** ⟨wijnglas⟩ **0.2** ***Romein.***
Römerbrief ⟨m.⟩⟨rel.⟩ **0.1** ***brief aan de Romeinen.***
Römerreich ⟨o.⟩ **0.1** ***Romeinse Rijk.***
Römerstraße ⟨v.⟩ **0.1** ***door de Romeinen aangelegde weg, heerbaan.***
Römertopf ⟨m.⟩ **0.1** ***ovale aarden kookpot.***
römisch **0.1** ***Romeins.***
römisch-katholisch **0.1** ***rooms-katholiek.***
röm.-kath. ⟨afk.⟩ →**römisch-katholisch.**
Rondell ⟨o.; ~s, ~e⟩ **0.1** ***rondeel, ronde toren*** **0.2** ***rond bloemperk*** **0.3** ***rond plein.***
röntgen **0.1** ***röntgenen, een röntgenfoto maken van.***
Röntgenaufnahme ⟨v.⟩ **0.1** ***röntgenfoto.***
Röntgenbild ⟨o.⟩ **0.1** ***röntgenfoto.***
Röntgengerät ⟨o.⟩ **0.1** ***röntgenapparaat.***
Röntgenologe ⟨m.; ~n, ~n⟩ **0.1** ***röntgenoloog.***
rosa **0.1** ***roze, rozekleurig*** **0.2** ⟨euf.⟩ ***voor, van homo's.***
Rosa ⟨o.; ~s, ~s⟩ **0.1** ***roze (kleur).***
rosafarben **0.1** ***roze(kleurig).***
Rosarium ⟨o.; ~s, Rosarien⟩ **0.1** ***rosarium*** ⇒*rozentuin.*
rosarot **0.1** ***rozerood*** **0.2** ⟨fig.⟩ ***rooskleurig*** ⇒*al te optimistisch.*
Rose ⟨v.; ~, ~n⟩ **0.1** ***roos*** **0.2** ***roosvenster*** ♦ **6.1** ⟨fig.⟩ **auf** ~n gebettet sein *op rozen zitten.* →**Zeit.**
Rosé ⟨m.; ~s, ~s⟩ **0.1** ***rosé.***
Rosenbeet ⟨o.⟩ **0.1** ***rozenperk.***
Rosenblüte ⟨v.⟩ **0.1** ***rozenbloesem*** **0.2** ***bloei v.d. roos, rozen.***
Rosenbusch ⟨m.⟩ **0.1** ***rozenstruik.***
Rosendorn ⟨m.⟩ **0.1** ***doorn v.e. roos.***
Rosenduft ⟨m.⟩ **0.1** ***rozengeur.***
Rosengarten ⟨m.⟩ **0.1** ***rozentuin.***
Rosengewächs ⟨o.⟩ **0.1** ***roosachtige.***
Rosenhecke ⟨v.⟩ **0.1** ***rozenhaag.***
Rosenholz ⟨o.⟩ **0.1** ***rozenhout.***
Rosenkohl ⟨m.⟩ **0.1** ***spruitjes, spruitkool.***
Rosenkranz ⟨m.⟩ **0.1** ***rozenkrans.***
Rosenmontag ⟨acc. wiss.⟩⟨m.⟩ **0.1** ***carnavalsmaandag.***
Rosenmontagszug ⟨acc. wiss.⟩⟨m.⟩ **0.1** ***grote carnavalsoptocht op maandag.***
Rosenstock ⟨m.⟩ **0.1** ***rozenstruik.***
Rosenstrauß ⟨m.⟩ **0.1** ***boeket rozen.***
Rosette ⟨v.; ~, ~n⟩ **0.1** ***rozet.***
rosig **0.1** ***roze, rozekleurig*** ⇒*blozend, rozerood* **0.2** ⟨fig.⟩ ***rooskleurig*** ♦ **1.2** in ~er Laune sein *in een opperbest humeur zijn;* etwas in ~em Licht sehen *een optimistische kijk op iets hebben* **3.2** es geht ihm nicht ~ *het gaat niet al te best met hem.*
Rosine ⟨v.; ~, ~n⟩ **0.1** ***rozijn*** ⇒*krent* ♦ **2.1** ⟨inf.⟩ sich ⟨3e nv.⟩ die ~n aus dem Kuchen picken *zelf het beste inpikken;* ⟨inf.⟩ ~n im Kopf haben *(al te) grote plannen hebben.*
Röslein ⟨o.; ~s, ~⟩⟨schr.⟩ **0.1** ***roosje.***
Rosmarin ⟨acc. wiss.⟩⟨m.; ~s⟩ **0.1** ***rozemarijn.***
Roß[1] ⟨o.; Rosses, Rosse⟩⟨schr.⟩ **0.1** ***ros*** ♦ **2.1** ⟨fig.⟩ sich aufs hohe ~ setzen *een arrogante houding aannemen;* ⟨fig.⟩ auf dem hohen ~ sitzen *arrogant zijn, zich heel wat verbeelden;* ⟨fig.⟩ vom hohen ~ heruntersteigen *zijn arrogante houding laten varen* **6.1** hoch **zu** ~ *hoog te paard* **8.1** ~ und Reiter nennen *man en paard noemen.*
Roß[2] ⟨o.; Rosses, Rösser⟩⟨inf.⟩ **0.1** ***domkop*** ⇒*rund* **0.2** ***lomperd*** ⇒*hufter.*
Roßhaar ⟨o.⟩ **0.1** ***paardenhaar.***
Roßkamm ⟨m.⟩ **0.1** ***roskam.***
Roßkastanie ⟨v.⟩ **0.1** ***paardenkastanje.***
Roßkur ⟨v.⟩⟨inf.⟩ **0.1** ***paardenkuur.***
Rost ⟨m.; ~(e)s, ~e⟩ **0.1** ***rooster*** ⇒*raam-, traliewerk* **0.2** ⟨g.mv.⟩ ***roest*** **0.3** ⟨plantk.⟩ ***roest*** ♦ **3.2** ~ ansetzen *roestig worden.*
Rostansatz ⟨m.⟩ **0.1** ***beginnende roest.***
rostbeständig **0.1** ***roestvrij.***
Rostbraten ⟨m.⟩ **0.1** ***geroosterd vlees.***
rostbraun **0.1** ***roestbruin.***
Röstbrot ⟨o.⟩ **0.1** ***geroosterd brood.***
Röste ⟨v.; ~, ~n⟩ **0.1** ***roostoven*** **0.2** ***root*** ⟨plaats waar geroot wordt⟩ **0.3** ***root, het roten.***
rosten **0.1** ***roesten.*** →**rasten.**
rösten **0.1** ***roosteren, roosten*** **0.2** ***roosten*** ⟨erts⟩ **0.3** ***roten*** ⟨vlas, hennep⟩ **0.4** ***branden*** ⟨koffie⟩.
Rösterei ⟨v.; ~, ~en⟩ **0.1** ***roosterij*** **0.2** ***koffiebranderij.***
rostfarben **0.1** ***roestkleurig.***
Rostfraß ⟨m.⟩ **0.1** ***het verroesten, (totale) verroesting.***
röstfrisch **0.1** ***versgebrand*** ⟨koffie⟩.
rostig **0.1** ***roestig, ver-, geroest*** ♦ **1.1** ⟨inf.⟩ meine ~en Glieder *mijn vastgeroeste ledematen.*
Röstkaffee ⟨m.⟩ **0.1** ***gebrande koffie.***
Röstkartoffeln ⟨alleen mv.⟩⟨reg.⟩ **0.1** ***gebakken aardappelen.***

Rostschutzmittel ⟨o.⟩ **0.1** ***roestwerend middel.***
Roststelle ⟨v.⟩ **0.1** ***roestplek.***
rot **0.1** ***rood*** **0.2** ⟨pol.⟩ ***rood*** ⇒*links* ◆ **1.2** die Rote Armee *het Rode Leger* **3.1** ⟨inf.⟩ ~ sehen *woedend zijn, zich kwaad maken;* ⟨inf.⟩ ~ werden *blozen* **3.2** ~ wählen *op een linkse partij stemmen* **6.1** ~ bis **über** die Ohren *rood tot in het haar* **8.1** ⟨inf.⟩ ~ und blaß werden *van kleur verschieten.*
Rot ⟨o.; ~, ~; inf. mv. ~s⟩ **0.1** ***rood*** **0.2** ⟨sp.⟩ ***harten*** ⟨kaarten⟩ **0.3** ***rouge*** ◆ **3.1** die Ampel zeigt ~ *het verkeerslicht staat op rood* **3.3** ~ auflegen (a) *rouge gebruiken* (b) *de lippen rood maken.*
Rotang ⟨m.; ~s, ~e⟩ **0.1** ***rotan.***
Rotarier ⟨m.; ~s, ~⟩ **0.1** ***lid v.d. Rotary.***
Rotarmist ⟨m.; ~en, ~en⟩ **0.1** ***soldaat v.h. Rode Leger.***
Rotation ⟨v.; ~, ~en⟩ **0.1** ***rotatie*** ⇒*wenteling.*
Rotationsdruck ⟨m.; mv. ~e⟩ ⟨boek.⟩ **0.1** ***rotatiedruk.***
Rotationskörper ⟨m.⟩ **0.1** ***omwentelingslichaam.***
Rotationsmaschine ⟨v.⟩ **0.1** ***rotatiepers.***
Rotationszeit ⟨v.⟩ **0.1** ***omwentelingstijd.***
Rotauge ⟨o.⟩ **0.1** ***(blank)voorn.***
rotbackig **0.1** ***met rode, blozende wangen.***
Rotbarsch ⟨m.⟩ **0.1** ***roodbaars.***
rotblond **0.1** ***roodblond, rossig.***
Rotbuche ⟨v.⟩ **0.1** ***(groene) beuk.***
Rotdorn ⟨m.; mv. ~e⟩ **0.1** ***rode meidoorn.***
Röte ⟨v.; ~, ~n⟩ **0.1** ***roodheid*** ⇒*rode kleur, blos* **0.2** ⟨plantk.⟩ ***meekrap.***
Rötel ⟨m.; ~s, ~⟩ **0.1** ***roodaarde, -krijt, huisaarde.***
Röteln ⟨alleen mv.⟩ ⟨med.⟩ **0.1** ***rodehond.***
Rötelzeichnung ⟨v.⟩ **0.1** ***roodkrijttekening.***
röten I ⟨ov.ww.⟩ **0.1** ***rood maken, kleuren;***
II sich ~ ⟨wk.ww.⟩ **0.1** ***rood worden*** ⇒*een rode kleur krijgen.*
Rote(r) ⟨bn. als zn.⟩ **0.1** ***rode wijn*** **0.2** ⟨inf.⟩ ***een linkse figuur.***
Rotfuchs ⟨m.⟩ **0.1** ***roodvos*** ⟨paard⟩ **0.2** ***vos*** **0.3** ***rode vos*** ⟨bont, pels⟩.
rothaarig **0.1** ***roodharig.***
Rothaut ⟨v.⟩ ⟨inf.⟩ **0.1** ***roodhuid.***
Rothirsch ⟨m.⟩ **0.1** ***edelhert.***
rotieren **0.1** ***roteren*** ⇒*rondwentelen* **0.2** ⟨inf.⟩ ***zich opwinden*** ⇒*zich druk maken.*
Rotkäppchen ⟨o.⟩ **0.1** ***Roodkapje.***
Rotkehlchen ⟨o.; ~s, ~⟩ **0.1** ***roodborstje.***
Rotkohl ⟨m.⟩ **0.1** ***rodekool.***
Rotkraut ⟨o.⟩ ⟨Zdd., Oostr.⟩ **0.1** ***rodekool.***
Rotlauf ⟨m.⟩ **0.1** ***bel-, wondroos*** **0.2** ***vlekziekte*** ⟨bij varkens⟩.
rötlich **0.1** ***roodachtig*** ⇒*rossig.*
Rotlichtviertel ⟨o.⟩ **0.1** ***rosse buurt.***
rotnasig **0.1** ***met een rode neus.***
Rotor ⟨m.; ~s, Rotoren⟩ **0.1** ***rotor.***
Rotorantenne ⟨v.⟩ **0.1** ***draaibare antenne.***
Rotschwanz ⟨m.⟩ **0.1** ***roodstaartje.***
Rotstift ⟨m.⟩ **0.1** ***rood potlood*** ◆ **3.1** ⟨inf.⟩ den ~ ansetzen *in de uitgaven snoeien;* ⟨inf.⟩ dem ~ zum Opfer fallen *aan bezuinigingen ten prooi vallen.*
Rottanne ⟨v.⟩ **0.1** ***(fijne) spar.***
Rotte ⟨v.; ~, ~n⟩ **0.1** ⟨pej.⟩ ***rot, bende*** ⇒*horde* **0.2** ⟨mil.⟩ ***rot*** **0.3** ⟨jacht⟩ ***roedel*** ⇒*kudde* **0.4** ⟨amb.⟩ ***ploeg*** ⇒*groep* ◆ **1.1** eine ~ Korah *een woeste horde.*
rottenweise ⟨mil.⟩ **0.1** ***rotsgewijs, in rotten.***
Rotunde ⟨v.; ~, ~n⟩ **0.1** ***rotonde*** ⇒*rond gebouw.*
Rötung ⟨v.; ~, ~en⟩ **0.1** ***het rood maken, worden.***
rotunterlaufen **0.1** ***bloeddoorlopen.***
rotwangig **0.1** ***roodwangig.***
Rotwein ⟨m.⟩ **0.1** ***rode wijn.***
Rotwelsch ⟨o.; ~(s)⟩ **0.1** ***Bargoens, dieventaal.***
Rotwild ⟨o.⟩ **0.1** ***rood wild*** ⟨herten, reeën⟩.
Rotz ⟨m.; ~es⟩ **0.1** ***snot*** **0.2** ⟨med.⟩ ***kwade droes*** ◆ **2.1** der ganze ~ *de hele rotzooi* **8.1** frech wie ~ *brutaal als de beul;* ~ und Wasser heulen *zitten te snotteren, janken.*
Rotzbengel ⟨m.⟩ **0.1** ***snotneus, -jongen.***
rotzen ⟨vulg.⟩ **0.1** ***snotteren*** ⇒*z'n neus snuiten.*
rotzfrech **0.1** ***brutaal als de beul.***
rotzig **0.1** ***snotterig, snottig*** **0.2** ***zonder enig respect*** ⇒*uitdagend* **0.3** ***hondsbrutaal.***
Rotzjunge ⟨m.⟩ **0.1** ***snotneus, -jongen.***
Rotznase ⟨v.⟩ **0.1** ***snotneus*** **0.2** ***eigenwijze snotneus*** **0.3** ***(brutale) snotjongen.***
Roulade ⟨v.; ~, ~n⟩ **0.1** ***rollade.***
Rouleau ⟨o.; ~s, ~s⟩ **0.1** ***rouleau*** ⇒*rolgordijn.*
Roulette ⟨v.; ~, ~n⟩ **0.1** ***roulette.***
roulieren **0.1** ***rouleren, omlopen.***
Route ⟨v.; ~, ~n⟩ **0.1** ***route*** ⇒*koers, richting.*
Routine ⟨v.; ~⟩ **0.1** ***routine.***
Routineüberprüfung ⟨v.⟩ **0.1** ***routinecontrole.***
Routinier ⟨m.; ~s, ~s⟩ **0.1** ***routinier, geroutineerd iemand.***
routiniert **0.1** ***geroutineerd.***
Rowdy ⟨m.; ~s, ~s⟩ **0.1** ***rellenschopper.***
Rubbellos ⟨o.⟩ **0.1** ***kraslot.***
rubbeln **0.1** ⟨vooral Ndd.⟩ ***(stevig) wrijven, droogwrijven*** **0.2** ⟨mbt. loten⟩ ***krassen.***
Rübchen ⟨o.; ~s, ~⟩ **0.1** ***raapje, peentje, knolletje.***
Rübe ⟨v.; ~, ~n⟩ **0.1** ***raap*** **0.2** ⟨inf.⟩ ***kop*** ⇒*knikker* **0.3** ⟨inf.⟩ ***vent*** ⇒*vlegel* ◆ **2.1** gelbe ~n *penen, wortels;* rote ~n *(rode) bieten;* weiße ~n *knollen* **3.2** jmdm. eins auf die ~ geben *iem. op zijn smoel slaan.*
Rubel ⟨m.; ~s, ~⟩ **0.1** ***roebel*** ◆ **3.1** ⟨inf.⟩ der ~ rollt *het geld rolt.*
Rübenacker ⟨m.⟩ **0.1** ***bietenakker, -veld.***
Rübenzucker ⟨m.⟩ **0.1** ***beet(wortel)suiker.***
rüber ⟨inf.⟩ →**her-, hinüber.**
Rubikon ⟨m.⟩ ◆ **3.¶** den ~ überschreiten *de Rubicon overtrekken, de beslissende stap doen.*
Rubin ⟨m.; ~s, ~e⟩ **0.1** ***robijn.***
Rubrik ⟨v.; ~, ~en⟩ **0.1** ***rubriek.***
rubrizieren **0.1** ***rubriceren.***
Rübsame(n) ⟨m.⟩ **0.1** ***raapzaad.***
Ruch ⟨m.; ~(e)s, ¨~e⟩ ⟨schr.⟩ **0.1** ***reuk*** ⇒*geur, lucht* ◆ **6.1** ⟨pej.; fig.⟩ **im** ~ der Korruption stehen *de naam hebben corrupt te zijn.*
ruchbar **0.1** ***ruchtbaar*** ⇒*(algemeen) bekend.*
ruchlos **0.1** ***snood*** ⇒*gewetenloos, laag.*
Ruchlosigkeit ⟨v.; ~⟩ **0.1** ***snoodheid.***
ruck, zuck! ⟨inf.⟩ **0.1** ***als de gesmeerde bliksem*** ⇒*in een handomdraai.*
ruck! ◆ **¶.¶** hau, ho ~! *één, twee!, zet 'm op!*
Ruck ⟨m.; ~(e)s, ~e⟩ **0.1** ***ruk*** ⇒*schok, stoot* ◆ **3.1** ⟨fig.⟩ sich (innerlich) einen ~ geben *zich vermannen* **6.1** in einem ~ *in één ruk;* **mit** einem ~ *ineens;* ein ~ **nach** rechts *een ruk, verschuiving naar rechts.*
Rückansicht ⟨v.⟩ **0.1** ***achteraanzicht.***
Rückantwort ⟨v.⟩ **0.1** ***antwoord*** ⇒*repliek* **0.2** ***antwoordkaart, -coupon.***
ruckartig **0.1** ***met een ruk, schok*** ⇒*schoksgewijs.*
Rückäußerung ⟨v.⟩ **0.1** ***antwoord.***
Rückbeförderung ⟨v.⟩ **0.1** ***terugzending.***
rückbezüglich ⟨taal.⟩ **0.1** ***wederkerend.***
Rückbildung ⟨v.⟩ **0.1** ⟨med.⟩ ***verschrompeling*** ⇒*atrofie* **0.2** ***teruggaande ontwikkeling.***

Rückblende ⟨v.⟩ **0.1** ***flashback, terugblik.***
Rückblick ⟨m.⟩ **0.1** ***terugblik.***
rückblickend ⟨fig.⟩ **0.1** ***terugblikkend, achteraf gezien.***
Rückbuchung ⟨v.⟩⟨ec.⟩ **0.1** ***terugboeking.***
rückdatieren 0.1 ***antidateren.***
rucken 0.1 ***(zich) met schokken, schoksgewijs (voort)bewegen.***
rücken I ⟨onov.ww.⟩ **0.1** ***(op)schuiven, gaan staan, zitten*** ⇒ *verplaatst worden* **0.2** ⟨mil.⟩ ***uitrukken*** ⇒*gaan* ◆ **6.1 an** jmds. Stelle ~ *iemands plaats innemen;* etwas rückt **in** jmds. Blickfeld *iets komt binnen de gezichtskring van iem. te liggen;* nicht **von** der Stelle ~ *niet van zijn plaats wijken;* ⟨fig.⟩ daran ist nicht **zu** ~! *daar valt niet aan te tornen!* **6.2 ins** Feld ~ *te velde trekken;*
II ⟨ov.ww.⟩ **0.1** ***(ver)plaatsen*** ⇒*(ver)schuiven, (ver)zetten* ◆ **1.1** den Zeiger ~ *de wijzer verzetten* **6.1** etwas **zur** Seite ~ *iets opzij schuiven.*
Rücken ⟨m.; ~s, ~⟩ **0.1** ***rug*** **0.2** ⟨fig.⟩ ***rug*** ⇒*achterkant* **0.3** ⟨sp.⟩ ***rugslag*** ◆ **2.1** ⟨fig.⟩ einen breiten ~ haben *een brede rug hebben;* ⟨fig.⟩ einen krummen ~ machen *onderdanig zijn;* ⟨euf.⟩ der verlängerte ~ *het achterwerk* **3.1** den ~ vor jmdm. beugen *de meerdere in iem. erkennen;* jmdm. den ~ beugen, brechen *iemands weerstand breken;* den ~ freihaben *de handen vrij hebben;* ⟨schr.⟩ den ~ kehren, wenden *weggaan;* jmdm. den ~ stärken *iem. aanmoedigen;* einer Sache ⟨3e nv.⟩ den ~ kehren, wenden *met een zaak niets meer te maken willen hebben* **6.1** fast **auf** den ~ fallen *bijna achteroverslaan van verbazing;* **auf** seinen ~ geht viel *hij kan tegen een stootje;* etwas **im** ~ haben *iets achter de hand hebben;* jmdm. **in** den ~ fallen *iem. onverhoeds aanvallen.*
Rückendeckung ⟨v.⟩ **0.1** ***rugdekking.***
Rückenflosse ⟨v.⟩ **0.1** ***rugvin.***
Rückenlage ⟨v.⟩ **0.1** ***rugligging.***
Rückenlehne ⟨v.⟩ **0.1** ***rugleuning.***
Rückenmark ⟨o.⟩ **0.1** ***ruggenmerg.***
Rückenmarkpunktion ⟨v.⟩ **0.1** ***lumbale punctie.***
Rückenschmerz ⟨m.⟩ **0.1** ***rugpijn.***
Rückenschwimmen ⟨o.⟩⟨sp.⟩ **0.1** ***rugslag.***
Rückenstärkung ⟨v.⟩⟨fig.⟩ **0.1** ***ruggensteun.***
Rückenstück ⟨o.⟩ **0.1** ***rug(gen)stuk.***
Rückentwicklung ⟨v.⟩ **0.1** ***verschrompeling*** ⇒*atrofie.*
Rückenwind ⟨m.⟩ **0.1** ***wind in de rug*** ⇒⟨sp.⟩ *rugwind.*
Rückenwirbel ⟨m.⟩ **0.1** ***rugwervel.***
rückerstatten 0.1 ***terugbetalen*** ⇒*restitueren.*
Rückfahrkarte ⟨v.⟩ **0.1** ***retourbiljet, retour(tje).***
Rückfahrschein ⟨m.⟩ **0.1** ***retourbiljet, retour(tje).***
Rückfahrscheinwerfer ⟨m.⟩ **0.1** ***achteruitrijlicht.***
Rückfahrt ⟨v.⟩ **0.1** ***terugreis, -tocht.***
Rückfall ⟨m.⟩ **0.1** ***terugval*** **0.2** ⟨med.⟩ ***instorting*** ⇒*inzinking* **0.3** ⟨jur.⟩ ***recidive, herhaling*** ◆ **3.2** einen ~ bekommen, erleiden *opnieuw instorten* **6.3** ein Diebstahl **im** ~ *diefstal bij herhaling.*
rückfällig 0.1 ***terugvallend, opnieuw vervallend in*** **0.2** ⟨med.⟩ ***opnieuw optredend*** **0.3** ⟨jur.⟩ ***recidiverend*** ◆ **3.1** ~ werden *in de oude fout vervallen* **3.3** ~ werden *recidivist worden, recidiveren.*
Rückfalltäter ⟨m.⟩⟨jur.⟩ **0.1** ***recidivist.***
Rückflug ⟨m.⟩ **0.1** ***retourvlucht.***
Rückforderung ⟨v.⟩ **0.1** ***eis tot teruggave.***
Rückfracht ⟨v.⟩ **0.1** ***retourvracht.***
Rückfrage ⟨v.⟩ **0.1** ***weer-, wedervraag*** **0.2** ***(herhaalde) vraag om nadere inlichtingen.***
rückfragen 0.1 ***nogmaals vragen.***
Rückführung ⟨v.⟩ **0.1** ***het terugvoeren, -brengen*** **0.2** ***repatriëring.***
Rückgabe ⟨v.⟩ **0.1** ***teruggave*** **0.2** ⟨sp.⟩ ***het terugspelen (v.d. bal).***
Rückgaberecht ⟨o.⟩ **0.1** ***recht van teruggave.***
Rückgang ⟨m.⟩ **0.1** ***achteruit-, teruggang.***
rückgängig 0.1 ***achteruitgaand*** ⇒*dalend, afnemend* ◆ **3.¶** einen Kauf ~ machen *een koop annuleren;* eine Verabredung ~ machen *een afspraak opzeggen.*
rückgebildet 0.1 ***onderontwikkeld*** ⇒*achtergebleven.*
Rückgewinnung ⟨v.⟩ **0.1** ***terugwinning, herovering.***
Rückgrat ⟨o.⟩ **0.1** ***ruggengraat*** ⟨ook fig.⟩ ◆ **3.1** ⟨fig.; inf.⟩ jmdm. das ~ brechen *iem. de nek breken;* ~ zeigen *ruggengraat tonen;* jmdm. das ~ stärken *iem. ruggensteun geven.*
rückgratlos ⟨fig.⟩ **0.1** ***zonder ruggengraat*** ⇒*slap.*
Rückgriff ⟨m.⟩ **0.1** ***het teruggrijpen op*** **0.2** ⟨jur.⟩ ***regres, verhaal.***
Rückhalt ⟨m.⟩ **0.1** ***(ruggen)steun.***
rückhaltlos 0.1 ***zonder enige terughouding, reserve.***
Rückhand ⟨v.⟩⟨sp.⟩ **0.1** ***backhand.***
Rückhandschlag ⟨m.⟩⟨sp.⟩ **0.1** ***backhand(slag).***
Rückholdienst ⟨m.⟩ **0.1** ***automobilistenhulpdienst.***
Rückkauf ⟨m.⟩ **0.1** ***wederinkoop, het terugkopen.***
Rückkehr ⟨v.⟩ **0.1** ***terugkeer, -komst.***
Rückkehrer ⟨m.; ~s, ~⟩ **0.1** ***iem. die terugkeert*** ⇒*repatriant.*
rückkoppeln 0.1 ***terugkoppelen.***
Rückkunft ⟨v.; ~⟩⟨schr.⟩ **0.1** ***terugkeer, -komst.***
Rücklage ⟨v.⟩ **0.1** ***financiële reserve*** ⇒*spaarcenten* **0.2** ⟨mv.⟩ ***reservekapitaal, reserves.***
Rücklauf ⟨m.⟩ **0.1** ***terugloop, het achteruit lopen*** **0.2** ⟨mil.⟩ ***terugstoot*** ⟨bv. v.e. kanon⟩.
rückläufig 0.1 ***teruglopend, -gaand*** ⇒*dalend* **0.2** ⟨taal.⟩ ***retrograde*** **0.3** ⟨ster.⟩ ***teruglopend*** ◆ **1.1** eine ~e Bewegung *een achterwaartse beweging.*
Rücklehne ⟨v.⟩ **0.1** ***rugleuning.***
Rücklicht ⟨o.; mv. ~er⟩ **0.1** ***achterlicht.***
rücklings 0.1 ***ruggelings*** ⇒*achterover, van achteren, achterstevoren.*
Rückmarsch ⟨m.⟩ **0.1** ***terugtocht, -mars.***
Rücknahme ⟨v.; ~, ~n⟩ **0.1** ***terugneming*** ⇒*intrekking.*
Rückporto ⟨o.⟩ **0.1** ***port(o) voor antwoord.***
Rückprall ⟨m.⟩ **0.1** ***terugstoot, -kaatsing.***
Rückreise ⟨v.⟩ **0.1** ***terug-, thuisreis.***
Rückruf ⟨m.⟩ **0.1** ***terugroeping*** **0.2** ***het terugbellen.***
Rückrunde ⟨v.⟩⟨sp.⟩ **0.1** ***returnwedstrijd, returnmatch.***
Rucksack ⟨m.⟩ **0.1** ***rugzak.***
Rückschau ⟨v.⟩ **0.1** ***terugblik*** ◆ **3.1** ~ halten *terugblikken.*
Rückscheibe ⟨v.⟩ **0.1** ***achterruit.***
Rückschein ⟨m.⟩ **0.1** ***ontvangstbewijs, reçu.***
Rückschlag ⟨m.⟩ **0.1** ***terugslag, het terugslaan*** **0.2** ***terugslag*** ⇒*tegenspoed, -slag.*
Rückschlagventil ⟨o.⟩ **0.1** ***terugslagklep.***
Rückschluß ⟨m.⟩ **0.1** ***conclusie, gevolgtrekking.***
Rückschritt ⟨m.⟩ **0.1** ***stap achteruit*** ⇒*achteruitgang.*
rückschrittlich 0.1 ***reactionair.***
Rückseite ⟨v.⟩ **0.1** ***achterkant, -zijde, keerzijde.***
rückseitig 0.1 ***op, aan de achterkant.***
Rücksicht ⟨v.⟩ **0.1** ***consideratie*** ⇒*inachtneming* **0.2** ***respect*** ⇒*achting* **0.3** ⟨steeds mv.⟩ ***overwegingen*** ⇒*redenen* **0.4** ***zicht achteruit, naar achteren*** ◆ **3.1** ~ nehmen auf jmdn. *met iem. rekening houden* **6.1 aus, in** ~ auf seine Lage *met het oog op zijn situatie;* ⟨inf.⟩ **ohne** ~ auf Verluste *zonder ook maar ergens rekening mee te houden* **6.3 aus** finanziellen ~en *om financiële redenen.*
Rücksichtnahme ⟨v.; ~⟩ **0.1** ***het rekening houden met*** ⇒ *inachtneming.*

rücksichtslos **0.1** ***meedogenloos*** ⇒*nietsontziend, onverbiddelijk* **0.2** ***hard*** ⇒*grof, lomp* ◆ **3.2** ~ fahren *op onverantwoorde wijze rijden.*

Rücksichtslosigkeit ⟨v.; ~, ~en⟩ **0.1** ***meedogenloosheid*** ⇒*onverbiddelijkheid* **0.2** ***grofheid*** ⇒*lompheid.*

rücksichtsvoll **0.1** ***attent*** ⇒*kies, zeer voorkomend.*

Rücksiedlung ⟨v.⟩ **0.1** ***repatriëring.***

Rücksitz ⟨m.⟩ **0.1** ***achterbank, duozitting.***

Rückspiegel ⟨m.⟩ **0.1** ***achteruitkijkspiegel.***

Rückspiel ⟨o.⟩⟨sp.⟩ **0.1** ***returnwedstrijd, returnmatch.***

Rücksprache ⟨v.⟩ **0.1** ***ruggespraak*** ⇒*overleg.*

Rücksprung ⟨m.⟩ **0.1** ***achterwaartse sprong.***

Rückstand ⟨m.⟩ **0.1** ***achterstand*** **0.2** ***achterstand*** ⇒*het achterstallige, schuld* **0.3** ***rest*** ⇒*bezinksel, residu* ◆ **1.3** der ~ einer Verbrennung *de verbrandingsresten* **6.1** **in** ~ geraten *achterstand oplopen.*

rückständig **0.1** ***achterstallig*** **0.2** ***achtergebleven*** ⇒*onderontwikkeld* **0.3** ***achterhaald*** ⇒*verouderd* ◆ **3.3** jmd. ist ~ *iem. loopt achter.*

Rückständigkeit ⟨v.; ~⟩ **0.1** ***het achterstallig zijn*** ⇒*achterstand* **0.2** ***achterlijkheid*** **0.3** ***het achterhaald, verouderd zijn.***

Rückstau ⟨m.⟩ **0.1** ***opstuwing, verhoging*** ⟨door terugstromend water⟩ **0.2** ⟨verk.⟩ ***(staart, lengte v.d.) file*** ⇒*(verkeers)opstopping.*

Rückstelltaste ⟨v.⟩ **0.1** ***terugsteltoets.***

Rückstellung ⟨v.⟩ **0.1** ***uitstel, tijdelijke vrijstelling*** **0.2** ⟨ec.⟩ ***reservering*** ⇒*voorziening.*

Rückstoß ⟨m.⟩ **0.1** ***terugstoot.***

Rückstoßantrieb ⟨m.⟩ **0.1** ***aandrijving met reactiemotor.***

Rückstrahler ⟨m.⟩ **0.1** ***reflector, kat(ten)oog.***

Rückstrahlung ⟨v.⟩ **0.1** ***reflectie, terugkaatsing.***

Rücktaste ⟨v.⟩ **0.1** ***terug(stel)toets.***

Rücktransport ⟨m.⟩ **0.1** ***terugtransport, -zending.***

Rücktritt ⟨m.⟩ **0.1** ***aftreding, het aftreden*** **0.2** ***het terugtreden, -trekken*** **0.3** ***terugtraprem*** ◆ **3.1** seinen ~ einreichen *zijn ontslag aanbieden.*

Rücktrittbremse ⟨v.⟩ **0.1** ***terugtraprem.***

Rücktrittsgesuch ⟨o.⟩ **0.1** ***ontslagaanvraag, verzoek om ontslag.***

Rücktrittskostenversicherung ⟨v.⟩ **0.1** ***annuleringsverzekering.***

rückübersetzen **0.1** ***terugvertalen.***

Rückumschlag ⟨m.⟩ **0.1** ***antwoordenvelop(pe).***

rückvergüten **0.1** ***terugbetalen*** ⇒*restitueren.*

Rückvergütung ⟨v.⟩ **0.1** ***terugbetaling*** **0.2** ***rabat.***

rückversichern ⟨ook sich ~⟩ **0.1** ***herverzekeren.***

Rückwand ⟨v.⟩ **0.1** ***achterwand, -muur.***

Rückwanderer ⟨m.⟩ **0.1** ***repatriant, remigrant.***

rückwandern **0.1** ***repatriëren, remigreren.***

Rückwanderung ⟨v.⟩ **0.1** ***remigratie.***

rückwärtig **0.1** ***achter-, aan de achterkant*** ⇒*naar achteren gelegen* ◆ **1.1** der ~e Verkehr *het achteroprijdend verkeer.*

rückwärts **0.1** ***achterwaarts*** ⇒*achteruit, naar achteren* **0.2** ***terug*** ⇒*van achteren naar voren.*

Rückwärtsbewegung ⟨v.⟩ **0.1** ***achterwaartse beweging.***

Rückwärtsgang ⟨m.⟩ **0.1** ***achteruit*** ⟨v.e. auto⟩ **0.2** ***achteruitgang*** ⇒*verslechtering.*

rückwärtsgehen ⟨inf.⟩ **0.1** ***achteruitgaan*** ⇒*verslechteren.*

rückwärtsgewandt **0.1** ***achterwaarts, naar achteren gericht*** **0.2** ⟨fig.⟩ ***op het verleden gericht.***

Rückwechsel ⟨m.⟩ **0.1** ***herwissel*** ⇒*ritraite.*

Rückweg ⟨m.⟩ **0.1** ***terugweg, -tocht*** ⇒*thuisreis* ◆ **3.1** den ~ antreten *de thuisreis aanvaarden.*

ruckweise **0.1** ***met een ruk*** ⇒*met horten en stoten, met sprongen.*

Rückwendung ⟨v.⟩⟨fig.⟩ **0.1** ***terugkeer*** ⇒*heroriëntatie.*

rückwirkend **0.1** ***met terugwerkende kracht.***

Rückwirkung ⟨v.⟩ **0.1** ***terugwerkende kracht*** **0.2** ***reactie*** ⇒*terugslag.*

Rückzahlung ⟨v.⟩ **0.1** ***terugbetaling*** ⇒*restitutie.*

Rückzieher ⟨m.; ~s, ~⟩⟨sp.⟩ **0.1** ***omhaal*** ⟨met de bal⟩ ◆ **3.¶** einen ~ machen *terugkrabbelen.*

Rückzug ⟨m.⟩ **0.1** ***terugtocht*** ◆ **6.1** **zum** ~ blasen *het sein voor de terugtocht geven.*

Rückzugsgefecht ⟨o.⟩ **0.1** ***achterhoedegevecht.***

rüde **0.1** ***ruw, grof*** ⇒*lomp.*

Rüde ⟨m.; ~n, ~n⟩ **0.1** ***reu*** ⇒*rekel.*

Rudel ⟨o.; ~s, ~⟩ **0.1** ***roedel*** ⇒*kudde* **0.2** ⟨fig.⟩ ***schare*** ⇒*troep, grote menigte.*

rudelweise **0.1** ***in roedels, kudden*** **0.2** ⟨fig.⟩ ***in grote scharen.***

Ruder ⟨o.; ~s, ~⟩ **0.1** ***roer*** ⇒*stuur* **0.2** ***riem*** ⇒*roeispaan* ◆ **6.1** ⟨fig.⟩ **am** ~ sein, sitzen *aan het roer staan, aan de macht zijn;* ⟨fig.⟩ **aus** dem ~ laufen *uit de hand lopen* **6.2** sich **in** die ~ legen (a) ⟨fig.⟩ *krachtig roeien* (b) *iets flink, energiek aanpakken.*

Ruderbank ⟨v.; mv. ¨~e⟩ **0.1** ***roeibank, docht, doft.***

Ruderblatt ⟨o.⟩ **0.1** ***roerblad*** **0.2** ***riemblad.***

Ruderboot ⟨o.⟩ **0.1** ***roeiboot.***

Ruderdolle ⟨v.⟩ **0.1** ***(riem)dol, roeipin, -pen.***

Ruderer ⟨m.; ~s, ~⟩ **0.1** ***roeier.***

Ruderfüßer ⟨m.; ~s, ~⟩⟨biol.⟩ **0.1** ***roeipotige.***

Rudergänger ⟨m.; ~s, ~⟩ **0.1** ***roerganger.***

Ruderhaus ⟨o.⟩ **0.1** ***stuurhut.***

rudern **0.1** ***roeien.***

Ruderschlag ⟨m.⟩ **0.1** ***riemslag.***

Rüdheit ⟨v.; ~, ~en⟩ **0.1** ***grove uitlating, handeling*** ⇒*onbeschoftheid* **0.2** ***grofheid*** ⇒*lompheid.*

Rudiment ⟨o.; ~(e)s, ~e⟩ **0.1** ***rudiment.***

rudimentär **0.1** ***rudimentair.***

Ruf ⟨m.; ~(e)s, ~e⟩ **0.1** ***roep*** ⇒*kreet, schreeuw* **0.2** ***naam*** ⇒*reputatie* **0.3** ***oproep*** ⇒*appel, opwekking* **0.4** ***beroeping, het aanbieden v.e. ambt*** ⇒*uitnodiging* **0.5** ***telefoonnummer*** ◆ **3.2** einen guten ~ genießen *zich verheugen in een goede naam* **3.3** der ~ seines Gewissens *de stem van zijn geweten* **3.4** einen ~ als Professor erhalten *een leerstoel aangeboden krijgen* **6.2** jmdn. **in** einen üblen ~ bringen *iem. een slechte naam bezorgen;* eine Firma **von** ~ *een gerenommeerde firma* **6.3** der ~ **nach** Frieden *het appel voor vrede* **6.4** ein ~ **an** die Oper in Wien *een uitnodiging voor een engagement bij de opera in Wenen.*

Rufbus ⟨m.⟩ **0.1** ***belbus, buurtbus die op verzoek rijdt.***

rufen ⟨→t102⟩ **0.1** ***roepen*** **0.2** ***noemen*** **0.3** ***(op)bellen*** ◆ **5.1** sich heiser ~ *zich schor schreeuwen* **6.1** den Arzt **ans** Krankenbett ~ *de arts aan het ziekbed laten komen;* sich ⟨3e nv.⟩ etwas **ins** Gedächtnis ~ *zich iets herinneren;* **nach** der Bedienung ~ *de bediening roepen* **6.2** jmdn. **bei** seinem Namen ~ *iem. bij zijn naam noemen.*

Rufer ⟨m.; ~s, ~⟩ **0.1** ***roeper*** **0.2** ⟨scheep.⟩ ***roeper, spreektrompet*** ◆ **¶.1** ein ~ in der Wüste *een roepende in de woestijn.*

Rüffel ⟨m.; ~s, ~⟩⟨inf.⟩ **0.1** ***standje*** ⇒*uitbrander, schrobbering.*

rüffeln ⟨inf.⟩ **0.1** ***een schrobbering, uitbrander geven.***

Rufmord ⟨m.⟩ **0.1** ***het kapotmaken van iemands goede naam.***

Rufmordkampagne ⟨v.⟩ **0.1** ***lastercampagne.***

Rufname ⟨m.⟩ **0.1** ***roepnaam.***

Rufnummer ⟨v.⟩ **0.1** ***telefoon-, abonneenummer.***
Rufsäule ⟨v.⟩ **0.1** ***praatpaal.***
Rufweite ⟨v.⟩ **0.1** ***gehoorsafstand.***
Rufzeichen ⟨o.⟩ **0.1** ***oproepsignaal, roepletter.***
Rüge ⟨v.; ~, ~n⟩ **0.1** ***berisping*** ⇒*terechtwijzing, standje.*
Rügefrist ⟨v.⟩⟨ec.⟩ **0.1** ***reclametermijn.***
rügen **0.1** ***berispen*** ⇒*terechtwijzen* **0.2** ***laken*** ⇒*afkeuren* ◆ **1.2** Mängel ~ *gebreken wraken, over gebreken reclameren.*
rügenswert **0.1** ***afkeurenswaardig*** ⇒*laakbaar.*
Ruhe ⟨v.; ~⟩ **0.1** ***rust*** ⇒*stilte* **0.2** ***rust*** ⇒*stilstand* **0.3** ***rust*** ⇒ *ontspanning, slaap* **0.4** ***rust*** ⇒*vrede, openbare orde* **0.5** ***rust*** ⇒*kalmte* ◆ **2.3** angenehme ~! *welterusten!* **3.1** ⟨inf.⟩ wollt ihr mal ~ geben! *willen jullie wel eens stil zijn!* **3.5** ⟨inf.⟩ er hat die ~ weg *hij is onverstoorbaar* **6.1** die ~ **vor** dem Sturm *de stilte voor de storm* **6.3** Direktor **in** ~ *directeur in ruste;* ⟨euf.⟩ **in** die ewige ~ eingehen *de eeuwige rust binnengaan;* laß mich **in** ~! *laat me met rust!;* sich **zur** ~ setzen *met pensioen gaan* **6.5** sich nicht **aus** der ~ bringen lassen *zich niet uit zijn evenwicht laten brengen;* **in** aller ~ *in alle rust;* ⟨inf.⟩ immer **mit** der ~ *kalm aan!*
Ruhebank ⟨v.⟩ **0.1** ***rustbank, sofa.***
ruhebedürftig **0.1** ***rust behoevend*** ⇒*aan rust toe.*
Ruhebett ⟨o.⟩ **0.1** ***rustbed, sofa.***
Ruhegehalt ⟨o.⟩ **0.1** ***pensioen.***
ruhegehaltsfähig **0.1** ***pensioengerechtigd.***
Ruhegeld ⟨o.⟩ **0.1** ***AOW, ouderdomsrente.***
Ruhekissen ⟨o.⟩ **0.1** ***peluw, kussen.***
Ruhelage ⟨v.⟩ **0.1** ***rusttoestand*** **0.2** ***ruststand.***
ruhelos **0.1** ***rusteloos.***
ruhen **0.1** ***(uit)rusten*** **0.2** ***rusten*** ⇒*stilstaan, -liggen* **0.3** ***rusten*** ⇒*steunen* **0.4** ***rusten*** ⇒*gevestigd, gericht zijn* **0.5** ***rusten*** ⇒*gelegen zijn* ◆ **1.2** der Acker ruht *de akker ligt braak;* der Verkehr ruht *het verkeer ligt stil* **5.1** hier ruht *hier rust, ligt begraven* **6.3** der Verdacht ruht **auf** ihm *de verdenking rust op hem* **6.5** die Aktien ~ **im** Tresor *de aandelen liggen in de safe* **8.1** nicht, weder ~ noch rasten *zich geen rust gunnen.* →**Arbeit.**
ruhenlassen **0.1** ***laten rusten*** ⇒*met rust laten.*
Ruhepause ⟨v.⟩ **0.1** ***rustpauze, -poos.***
Ruheplatz ⟨m.⟩ **0.1** ***rustplaats.***
Ruhepunkt ⟨m.⟩ **0.1** ***rustpunt*** **0.2** ***rustplaats.***
Ruhesitz ⟨m.⟩ **0.1** ***slaap-, ruststoel*** **0.2** ***woning, buiten*** ⟨als men gepensioneerd is⟩.
Ruhestand ⟨m.⟩ **0.1** ***rust*** ⇒*stil leven, oude dag* ◆ **2.1** der vorgezogene ~ *de vervroegde uittreding, VUT* **6.1** Studienrat **im** ~ *leraar in ruste, gepensioneerd leraar;* **in** den ~ treten *met pensioen gaan.*
Ruheständler ⟨m.; ~s, ~⟩ **0.1** ***gepensioneerde.***
Ruhestatt ⟨v.; mv. ~en⟩ **0.1** ***rustplaats, -oord.***
Ruhestätte ⟨v.⟩⟨schr.⟩ →**Ruhestatt.**
Ruhestörer ⟨m.; ~s, ~⟩ **0.1** ***rustverstoorder.***
Ruhestörung ⟨v.⟩ **0.1** ***rustverstoring*** ⇒*burengerucht.*
Ruhetag ⟨m.⟩ **0.1** ***rustdag, vrije dag*** ◆ **3.1** das Restaurant hat dienstags ~ *het restaurant is dinsdags gesloten.*
Ruhezeit ⟨v.⟩ **0.1** ***rusttijd, -pauze.***
Ruhezustand ⟨m.⟩ **0.1** ***rust(toe)stand.***
ruhig[1] ⟨bn.⟩ **0.1** ***rustig*** ⇒*stil, kalm* ◆ **1.1** es geht alles seinen ~en Gang *alles gaat z'n gewone gang* **5.1** ⟨inf.⟩ nur ~ (Blut)! *kalm aan!*
ruhig[2] ⟨bw.⟩ **0.1** ***rustig*** ⇒*gerust.*
ruhigstellen ⟨med.⟩ **0.1** ***bewegingloos maken*** ⟨door spalken, gips⟩.
Ruhm ⟨m.; ~(e)s⟩ **0.1** ***roem*** ⇒*glorie, faam* ◆ **6.1** ⟨iron.⟩ du hast dich nicht gerade **mit** ~ bekleckert *je hebt je niet bepaald met roem overladen;* **zu** ~ gelangen *beroemd worden.*
ruhmbedeckt **0.1** ***met roem overladen.***
ruhmbegierig **0.1** ***roem-, eerzuchtig.***
rühmen **I** ⟨ov.ww.⟩ **0.1** ***roemen*** ⇒*prijzen, loven;*
II sich ~ ⟨wk.ww.⟩ **0.1** ***zich beroemen op*** ◆ **1.1** ⟨met 2e nv.⟩ sich einer Sache ~ *zich op iets beroemen.*
rühmenswert **0.1** ***roemenswaardig*** ⇒*lof-, prijzenswaardig.*
Ruhmesblatt ⟨o.⟩⟨fig.⟩ **0.1** ***roemvolle bladzijde*** ⇒*roemrijke daad.*
Ruhmestag ⟨m.⟩ **0.1** ***roemrijke, -volle dag.***
Ruhmestat ⟨v.⟩ **0.1** ***roemrijke daad.***
Ruhmestitel ⟨m.⟩ **0.1** ***roemrijke naam*** **0.2** ***onsterfelijke verdienste.***
rühmlich **0.1** ***lof-, prijzenswaardig*** ⇒*roemrijk.*
ruhmlos **0.1** ***roemloos*** ⇒*oneervol.*
ruhmreich **0.1** ***roemrijk, -vol.***
ruhmsüchtig **0.1** ***roem-, eerzuchtig.***
ruhmvoll **0.1** ***roemrijk, -vol.***
ruhmwürdig **0.1** ***roemenswaardig.***
Ruhr ⟨v.; ~, ~en⟩⟨med.⟩ **0.1** ***dysenterie, rodeloop.***
Rührei ⟨o.⟩ **0.1** ***roerei.***
rühren **I** ⟨onov.ww.⟩ **0.1** ***aanraken*** ⇒*komen aan* **0.2** ***ontstaan*** ⇒*voortspruiten, zijn oorzaak vinden* **0.3** ⟨fig.⟩ ***aanroeren*** ⇒*spreken over* ◆ **6.1** **an** einen wunden Punkt ~ *een teer punt aanroeren* **6.3** rühre nicht **daran**! *laat dat rusten!;*
II ⟨ov.ww.⟩ **0.1** ***(om)roeren*** **0.2** ***(ver)roeren*** ⇒*bewegen* **0.3** ***(ont)roeren*** ⇒*vertederen, aandoen* **0.4** ⟨inf.⟩ ***slaan*** ⇒ *treffen* **0.5** ⟨muz.⟩ ***roeren*** ⇒*slaan* ◆ **1.3** jmds. Herz ~ *iem. ontroeren* **1.4** der Schlag hat ihn gerührt *hij heeft een beroerte gehad* **1.5** die Werbetrommel ~ *veel reclame maken* **2.3** ⟨inf.; euf.⟩ ein menschliches Rühren verspüren (a) *(nodig) naar het toilet moeten* (b) *honger hebben;*
III sich ~ ⟨wk.ww.⟩ **0.1** ***zich (ver)roeren*** ⇒*zich bewegen* ◆ **3.1** ⟨inf.⟩ sich nicht ~ können *heel krap bij kas zitten* **4.1** ⟨inf.⟩ ihr müßt euch mehr ~ *jullie moeten eens wat actiever worden* **6.1** sich nicht **vom** Fleck ~ *geen voet verzetten* **8.1** sich ~ und regen *heel actief zijn* **¶.1** ⟨mil.⟩ rührt euch! *op de plaats rust!*
rührend **0.1** ***(ont)roerend*** ⇒*aandoenlijk, vertederend* **0.2** ***opofferend, liefdevol*** ◆ **3.2** das war ~ von dir *dat was heel lief van je.*
rührig **0.1** ***actief*** ⇒*bedrijvig, druk (bezig).*
Rührigkeit ⟨v.; ~⟩ **0.1** ***bedrijvigheid*** ⇒*activiteit.*
ruhrkrank **0.1** ***aan dysenterie lijdend.***
Rührlöffel ⟨m.⟩ **0.1** ***roer-, pollepel.***
Rührmichnichtan ⟨o.; ~, ~⟩ **0.1** ***springzaad, kruidje-roer-mij-niet.***
rührselig **0.1** ***sentimenteel*** ◆ **3.1** sie ist sehr ~ *ze is snel tot tranen bewogen.*
Rührseligkeit ⟨v.; ~⟩ **0.1** ***sentimentaliteit.***
Rührstück ⟨o.⟩ **0.1** ***sentimenteel toneelstuk.***
Rührteig ⟨m.⟩ **0.1** ***roerdeeg.***
Rührung ⟨v.; ~⟩ **0.1** ***ontroering*** ⇒*getroffenheid* ◆ **3.1** mich überkam die ~ *ontroering overmande mij.*
Rührwerk ⟨o.⟩ **0.1** ***roertoestel, -machine*** ⇒*roerder.*
Ruin ⟨m.; ~s⟩ **0.1** ***ondergang*** ⇒*ineenstorting, verval* ◆ **3.1** ⟨inf.⟩ du bist noch mein ~ *jij wordt nog eens mijn ondergang.*
Ruine ⟨v.; ~, ~n⟩ **0.1** ***ruïne*** ⇒*bouwval* **0.2** ⟨g.enk.⟩ ***puinhopen*** ◆ **2.1** ⟨fig.⟩ menschliche ~n *menselijke wrakken.*
ruinieren **0.1** ***ruïneren*** ⇒*te gronde richten, bederven.*
ruinös **0.1** ***ruïneus, verderfelijk.***
rülpsen ⟨inf.⟩ **0.1** ***boeren*** ⇒*oprispen.*
Rülpser ⟨m.; ~s, ~⟩⟨inf.⟩ **0.1** ***boer*** ⇒*oprisping* **0.2** ***iem. die (steeds) boert.***

rum ⟨inf.⟩ →**herum.**
Rum ⟨m.; ~s, ~s⟩ **0.1** ***rum.***
Rumäne ⟨m.; ~n, ~n⟩ **0.1** ***Roemeen.***
Rumänien ⟨o.; ~s⟩ **0.1** ***Roemenië.***
rumänisch 0.1 ***Roemeens.***
Rummel ⟨m.; ~s⟩⟨inf.⟩ **0.1** ***drukte*** ⇒*gedoe, herrie* **0.2** ***kermis*** ⇒*lunapark, jaarmarkt* **0.3** ***boel, rommel*** ⇒*dingen* ◆ **3.1** den ~ kennen *er alles van af weten.*
rummeln 0.1 ***rommelen*** ⇒*denderen, dof rollen.*
Rummelplatz ⟨m.⟩ **0.1** ***kermis(terrein).***
rumoren 0.1 ***rumoer maken*** ⇒*rommelen, lawaai maken* ◆ **6.1 in** der Küche ~ *in de keuken rommelen;* der Gedanke rumort **in** seinem Kopf *die gedachte maalt hem steeds door het hoofd.*
Rumpelkammer ⟨v.⟩ **0.1** ***rommelkamer, -zolder, -hok.***
rumpeln 0.1 ***rammelen, rommelen*** ⇒*denderen* **0.2** ***rammelen, (voort)hobbelen.***
Rumpelstilzchen ⟨o.; ~s⟩ **0.1** ***Repelsteeltje.***
Rumpf ⟨m.; ~(e)s, ¨~e⟩ **0.1** ***romp.***
Rumpfbeuge ⟨v.⟩⟨sp.⟩ **0.1** ***rompbuiging.***
rümpfen 0.1 ***samentrekken*** ⇒*fronsen* ◆ **6.1 über** etwas die Nase ~ *de neus voor iets optrekken.*
rums! 0.1 ***plof!, pats!, bats!***
rund[1] ⟨bn.⟩ **0.1** ***rond*** **0.2** ***rond*** ⇒*gevuld, vol* **0.3** ***rond*** ⇒*afgerond* **0.4** ***volmaakt*** ⇒*prima, perfect* **0.5** ***vol*** ⇒*heel, compleet* ◆ **1.1** ~e Augen machen *grote ogen opzetten* **1.4** der Wein hat einen ~en Geschmack *de wijn heeft een volle smaak;* ⟨inf.⟩ das war eine ~e Sache! *dat is prima gelukt!* **1.5** ein ~es Dutzend *een vol dozijn.*
rund[2] ⟨bw.⟩ **0.1** ***rond*** ⇒*ongeveer, circa, omstreeks* **0.2** ***rond(om)*** ⇒*in het rond, er omheen* ◆ **6.2** ⟨inf.⟩ ~ **um** die Uhr *24 uur van de dag, dag en nacht.*
Rund ⟨o.; ~(e)s, ~e⟩ **0.1** ***rond*** ⇒*kring, bol* ◆ **6.1 in** dem weiten ~ *in de verre omtrek.*
rundbäckig 0.1 ***met bolle wangen.***
Rundbank ⟨v.; mv. ¨~e⟩ **0.1** ***(half)ronde bank.***
Rundbau ⟨m.; mv. ~ten⟩ **0.1** ***rond gebouw.***
Rundblick ⟨m.⟩ **0.1** ***uitzicht naar alle kanten*** ⇒*panorama.*
Rundbogen ⟨m.⟩⟨bouwk.⟩ **0.1** ***rondboog.***
Rundbrief ⟨m.⟩ **0.1** ***rondschrijven*** ⇒*circulaire.*
Runde ⟨v.; ~, ~n⟩ **0.1** ***rondte*** ⇒*kring, omtrek* **0.2** ***(kleine) kring*** ⇒*groep* **0.3** ***ronde*** ⇒*rondgang* **0.4** ***rondje*** **0.5** ***toer*** ⟨handwerken⟩ **0.6** ⟨sp.⟩ ***ronde*** ◆ **2.2** eine fröhliche ~ *een vrolijk gezelschap* **2.3** die nächtliche ~ *de nachtelijke ronde* **3.3** ⟨inf.⟩ die ~ machen (a) *de ronde doen, verder verteld worden* (b) *van hand tot hand gaan* **3.4** eine ~ spendieren *een rondje geven* **6.6** ⟨inf.⟩ **über** die ~n kommen *het (financieel) redden;* jmdm. **über** die ~n helfen *iem. uit de brand helpen;* etwas **über** die ~n bringen *iets voor elkaar krijgen.*
runden I ⟨ov.ww.⟩ **0.1** ***ronden, rondmaken*** **0.2** ***ronden, omvaren*** ◆ **1.1** ⟨fig.⟩ ein Bild ~ *een beeld compleet maken;*
II sich ~ ⟨wk.ww.⟩ **0.1** ***zich ronden, rond worden*** **0.2** ⟨fig.⟩ ***afgerond worden*** ◆ **1.2** das Jahr rundet sich *het jaar loopt ten einde.*
Rundenzahl ⟨v.⟩⟨sp.⟩ **0.1** ***aantal ronden*** ⟨bv. boksen⟩.
Rundenzeit ⟨v.⟩⟨sp.⟩ **0.1** ***rondetijd.***
Runderlaß ⟨m.⟩ **0.1** ***rondschrijven (aan ondergeschikten).***
runderneuern 0.1 ***een nieuw loopvlak aanbrengen*** ⇒*vulkaniseren, coveren* **0.2** ⟨fig.⟩ ***een facelift doen ondergaan.***
Rundfahrt ⟨v.⟩ **0.1** ***rondrit, -vaart*** **0.2** ⟨sp.⟩ ***(wieler)ronde.***
Rundflug ⟨m.⟩ **0.1** ***rondvlucht.***
Rundfrage ⟨v.⟩ **0.1** ***rondvraag.***
Rundfunk ⟨m.⟩ **0.1** ***radio*** **0.2** ***radio-omroep(bedrijf)*** ◆ **3.1** ~ hören *naar de radio luisteren* **6.1** es war **im** ~ *het was voor de radio.*
Rundfunkanstalt ⟨v.⟩ **0.1** ***radio-omroep(bedrijf).***
Rundfunkempfänger ⟨m.⟩ **0.1** ***radiotoestel.***
Rundfunkgebühr ⟨v.⟩ **0.1** ***luistergeld.***
Rundfunkgerät ⟨o.⟩ **0.1** ***radiotoestel.***
Rundfunkhörer ⟨m.⟩ **0.1** ***(radio)luisteraar.***
Rundfunkprogramm ⟨o.⟩ **0.1** ***radioprogramma.***
Rundfunksender ⟨m.⟩ **0.1** ***radiozender, -zendstation.***
Rundfunksendung ⟨v.⟩ **0.1** ***radio-uitzending.***
Rundfunksprecher ⟨m.⟩ **0.1** ***radiospreker*** **0.2** ***omroeper, nieuwslezer.***
Rundfunkstation ⟨v.⟩ **0.1** ***radiozender, -zendstation.***
Rundfunkteilnehmer ⟨m.⟩ **0.1** ***(radio)luisteraar.***
Rundfunkübertragung ⟨v.⟩ **0.1** ***radio-uitzending.***
Rundfunkzeitschrift ⟨v.⟩ **0.1** ***omroepgids, -blad, programmablad.***
Rundgang ⟨m.⟩ **0.1** ***rondgang*** **0.2** ⟨bouwk.⟩ ***omgang.***
Rundgesang ⟨m.⟩ **0.1** ***rond-, reizang.***
rundheraus 0.1 ***ronduit, -weg*** ⇒*zonder omhaal.*
rundherum 0.1 ***rondom*** ⇒*in het rond, er omheen* **0.2** ***helemaal*** ⇒*totaal, volledig.*
Rundholz ⟨o.⟩ **0.1** ***rondhout.***
Rundlauf ⟨m.⟩ **0.1** ***zweefmolen*** **0.2** ***kringloop.***
rundlich 0.1 ***rondachtig*** ⇒*min of meer rond* **0.2** ⟨inf.⟩ ***mollig.***
Rundreise ⟨v.⟩ **0.1** ***rondreis.***
Rundruf ⟨m.⟩ **0.1** ***oproep*** ⟨bv. via de radio⟩.
Rundschau ⟨v.⟩ **0.1** ***uitzicht naar alle kanten, panorama*** **0.2** ***het rondkijken*** ⇒*kijkje.*
Rundschreiben ⟨o.⟩ **0.1** ***rondschrijven, circulaire.***
Rundschrift ⟨v.⟩ **0.1** ***rondschrift.***
Rundsicht ⟨v.⟩ **0.1** ***uitzicht naar alle kanten, panorama.***
Rundstrecke ⟨v.⟩⟨sp.⟩ **0.1** ***circuit, ronde.***
rundstricken 0.1 ***rondbreien.***
Rundtanz ⟨m.⟩ **0.1** ***rondedans.***
rundum 0.1 ***rondom*** ⇒*in het rond, in de rondte.*
Rundung ⟨v.; ~, ~en⟩ **0.1** ***ronding*** ⇒*welving.*
Rundverkehr ⟨m.⟩ **0.1** ***verkeer op een rotonde.***
rundweg 0.1 ***beslist, gedecideerd*** ⇒*onomwonden.*
Rundweg ⟨m.⟩ **0.1** ***rondweg.***
Rune ⟨v.; ~, ~n⟩ **0.1** ***rune(teken).***
runisch 0.1 ***de runen betreffend, v.d. runen.***
Runkelrübe ⟨v.⟩ **0.1** ***voederbiet.***
runter ⟨inf.⟩ →**her-, hinunter.**
Runzel ⟨v.; ~, ~n⟩ **0.1** ***rimpel*** ⇒*plooi, groef.*
runzelig 0.1 ***rimpelig*** ⇒*gefronst, gegroefd.*
runzeln I ⟨ov.ww.⟩ **0.1** ***rimpelen*** ⇒*fronsen, kreuken* ◆ **1.1** die Stirn ~ *het voorhoofd fronsen;*
II sich ~ ⟨wk.ww.⟩ **0.1** ***rimpelig worden*** ⇒*rimpels krijgen.*
Rüpel ⟨m.; ~s, ~⟩⟨inf.⟩ **0.1** ***vlegel*** ⇒*lomperd.*
Rüpelei ⟨v.; ~, ~en⟩ **0.1** ***lompheid.***
rü|pelhaft, -pelig 0.1 ***vlegelachtig*** ⇒*lomp, onbehouwen.*
rupfen[1] ⟨bn.⟩ **0.1** ***jute, van jute.***
rupfen[2] **I** ⟨onov.ww.⟩ **0.1** ***horten en stoten*** ⇒*schuren;*
II ⟨ov.ww.⟩ **0.1** ***plukken*** ⇒*afrukken, uittrekken* **0.2** ⟨fig.⟩ ***plukken*** ⇒*afzetten* ◆ **1.1** Geflügel ~ *gevogelte plukken.*
Rupfen ⟨m.; ~s, ~⟩ **0.1** ***jute(weefsel).***
Rupfenleinwand ⟨v.⟩ **0.1** ***jute.***
Rupiah ⟨v.; ~, ~⟩⟨ec.⟩ **0.1** ***roepia*** ⟨Indonesië⟩.
Rupie ⟨v.; ~, ~n⟩⟨ec.⟩ **0.1** ***roepie*** ⟨bv. India⟩.
ruppig 0.1 ***ruig*** ⇒*onverzorgd, verfomfaaid* **0.2** ***onbehouwen*** ⇒*lomp* ◆ **1.2** ein ~er Ton *een barse toon.*
Ruppsack ⟨m.⟩⟨inf.⟩ **0.1** ***lompe vlegel.***

Rüsche ⟨v.; ~, ~n⟩ **0.1** *ruche.*
Rüschenbluse ⟨v.⟩ **0.1** *bloes met ruches.*
Ruß ⟨m.; ~es⟩ **0.1** *roet.*
rußbeschmutzt **0.1** *met roet besmeurd.*
Russe ⟨m.; ~n, ~n⟩ **0.1** *Rus.*
Rüssel ⟨m.; ~s, ~⟩ **0.1** *slurf* **0.2** *snuit, snoet* ⟨v.e. varken⟩ **0.3** *zuigspriet, roltong* ⟨bv. v.e. insect⟩ **0.4** ⟨inf.⟩ *goede voorgevel* ⇒*grote neus* **0.5** ⟨inf.⟩ *klep* ⇒*bek, snater.*
rüsselartig **0.1** *slurfachtig.*
rüsselig **0.1** *met een slurf, roltong.*
Rüsselkäfer ⟨m.⟩ **0.1** *snuitkever.*
Rüsseltier ⟨o.⟩ **0.1** *snuit-, slurfdier.*
rußen I ⟨onov.ww.⟩ **0.1** *roeten, roet vormen;*
II ⟨ov.ww.⟩ **0.1** *met roet zwart maken.*
rußfarben **0.1** *roetkleurig, zwart als roet.*
rußig **0.1** *roetig* ⇒*zwart v.h. roet.*
russisch **0.1** *Russisch.*
Rußland ⟨o.; ~s⟩ **0.1** *Rusland.*
rüsten I ⟨onov.ww.⟩ **0.1** *(zich) bewapenen* **0.2** ⟨schr.⟩ *voorbereidingen treffen;*
II sich ~ ⟨wk.ww.⟩ **0.1** *zich bewapenen* **0.2** *zich klaar-, opmaken* ⇒*voorbereidingen treffen* ◆ **6.2** sich **zum** Aufbruch, Gehen ~ *zich klaarmaken om te vertrekken, weg te gaan.*
Rüster ⟨v.; ~, ~n⟩ **0.1** *iep, olm.*
rüstern **0.1** *iepen, van iepenhout.*
rüstig **0.1** *kras* ⇒*energiek, flink* ◆ **3.1** ~ ausschreiten *flink doorstappen.*
rustikal **0.1** *rustiek, landelijk* **0.2** ⟨fig.⟩ *robuust* ⇒*ongecompliceerd* ◆ **1.1** ~e Möbel *rustieke meubelen.*
Rüstkammer ⟨v.⟩ **0.1** *rust-, wapenkamer.*
Rüstung ⟨v.; ~, ~en⟩ **0.1** *bewapening* ⇒*uitrusting* **0.2** *wapenrusting* ⇒*harnas* ◆ **2.1** die atomare ~ *de atoombewapening.*
Rüstungsausgaben ⟨alleen mv.⟩ **0.1** *bewapeningsuitgaven.*
Rüstungsbeschränkung ⟨v.⟩ **0.1** *wapenbeperking.*
Rüstungsbetrieb ⟨m.⟩ **0.1** *wapenfabriek.*
Rüstungsindustrie ⟨v.⟩ **0.1** *bewapenings-, wapenindustrie.*
Rüstungskontrolle ⟨v.⟩ **0.1** *wapenbeheersing, bewapeningscontrole.*
Rüstungswettlauf ⟨m.⟩ **0.1** *bewapeningswedloop.*
Rüstzeit ⟨v.⟩ **0.1** *voorbereidingstijd.*
Rüstzeug ⟨o.⟩ **0.1** *gereedschap* ⇒*werktuig, uitrusting* **0.2** *vakkennis* ◆ **2.1** geistiges ~ *intellectuele bagage.*
Rute ⟨v.; ~, ~n⟩ **0.1** *roe(de)* ⇒*twijg, teen* **0.2** *roe(de), bos roeden* ⇒*gard* **0.3** *hengelroede* **0.4** *wichelroede* **0.5** *(meet)roede* **0.6** ⟨jacht⟩ *staart* **0.7** ⟨jacht⟩ *roede, mannelijk lid* ◆ **2.2** mit eiserner ~ regieren *met harde hand, ijzeren vuist regeren* **3.2** die ~ zu spüren bekommen *een pak slaag krijgen* ⟨als straf⟩.
Rutengänger ⟨m.⟩ **0.1** *wichelroedeloper.*
Rütlischwur ⟨m.⟩⟨Zwi.; gesch.⟩ **0.1** *eed op de Rütli(weide)* ⟨1291⟩.
rutsch! **0.1** *roetsj!*
Rutsch ⟨m.; ~(e)s, ~e⟩ **0.1** *(aard)verschuiving* **0.2** *het (af)glijden, schuiven* **0.3** ⟨inf.⟩ *uitstapje* ◆ **2.3** guten ~! *goede reis!* **6.2** **auf** einen, **in** einem ~ *in één keer* **6.3** guten ~ **ins** neue Jahr! *goed uiteinde!*
Rutschbahn ⟨v.⟩ **0.1** *glijbaan* **0.2** *roetsjbaan.*
Rutsche ⟨v.; ~, ~n⟩ **0.1** *glijgoot, -plank, -baan.*
rutschen **0.1** *glijden* ⇒*schuiven, roetsjen, glippen* **0.2** *(af)glijden* ⇒*zakken* **0.3** ⟨inf.⟩ *een tochtje, uitstapje maken* ◆ **1.2** ⟨inf.⟩ das Essen will nicht ~ *het smaakt me niet;* ⟨fig.⟩ die Preise ~ *de prijzen kelderen* **6.1** der LKW kam **ins** Rutschen *de vrachtauto raakte in een slip* **6.3** **nach** München ~ *een uitstapje naar München maken.*
Rutscher ⟨m.; ~s, ~⟩ **0.1** *uitglijding* ⇒*schuiver.*
Rutscherei ⟨v.; ~⟩⟨inf.⟩ **0.1** *glij-, slippartij.*
rutschfest **0.1** *niet glijdend* ⇒*antislip, niet afzakkend.*
Rutschgefahr ⟨v.⟩ **0.1** *slipgevaar.*
rutschig **0.1** *glad* ⇒*glibberig.*
Rutschpartie ⟨v.⟩⟨inf.⟩ **0.1** *glij-, slippartij.*
rutschsicher **0.1** *slipvrij.*
Rüttelbeton ⟨m.⟩ **0.1** *trilbeton.*
Rüttelei ⟨v.; ~⟩ **0.1** *geschok* ⇒*geschud, gehots.*
Rüttelfalke ⟨m.⟩ **0.1** *torenvalk.*
rütteln I ⟨onov.ww.⟩ **0.1** *schokken* ⇒*hotsen, schudden* **0.2** *rukken* ⇒*wrikken, rammelen* **0.3** ⟨jacht⟩ *wiekelen* ⇒*bidden* ◆ **1.1** der Motor rüttelt *de motor stottert* **1.3** ein ~der Falke *een biddende valk* **6.2** ⟨fig.⟩ daran ist nicht **zu** ~ *daar valt niet aan te tornen;*
II ⟨ov.ww.⟩ **0.1** *schudden.*
Rüttelschwelle ⟨v.⟩ **0.1** *verkeersdrempel.*
Rüttelsieb ⟨o.⟩ **0.1** *schudzeef.*
Rütteltisch ⟨m.⟩⟨tech.⟩ **0.1** *triltafel.*

S

s, S ⟨o.; ~, ~⟩ **0.1** *s, S* ⇒*klank s, letter s, S.*
s. ⟨afk.⟩ [sieh(e)!].
SA ⟨v.; ~⟩⟨nazi; afk.⟩ [Sturmabteilung].
Saal ⟨m.; ~(e)s, Säle⟩ **0.1** ***zaal.***
Saalbau ⟨m.; mv. ~ten⟩ **0.1** ***gebouw met een zaal erin.***
Saalkellner ⟨m.⟩⟨Zwi.⟩ **0.1** ***kelner.***
Saalordner ⟨m.⟩ **0.1** ***zaalwachter.***
Saalschlacht ⟨v.⟩ **0.1** ***tumult, veldslag in de zaal*** ⟨vooral bij politieke vergaderingen⟩.
Saalschutz ⟨m.⟩ **0.1** ***zaalwachters*** ⇒*ordedienst in de zaal.*
Saaltochter ⟨v.⟩⟨Zwi.⟩ **0.1** ***kelnerin.***
Saarland ⟨o.; ~(e)s⟩ **0.1** ***Saarland.***
saarländisch **0.1** ***Saarlands.***
Saat ⟨v.; ~, ~en⟩ **0.1** ***zaaisel, het gezaaide, gewas*** **0.2** ***zaad*** ⟨ook fig.⟩ ⇒*zaadgoed* **0.3** ***zaaiing, het zaaien*** ⇒*zaaitijd* ◆ **3.2** die ~ geht auf (a) *het zaad komt op* (b) ⟨fig.⟩ *de oogst begint te rijpen* ¶.**2** ⟨sprw.⟩ wie die ~, so die Ernte *zo het zaad, zo de oogst.*
Saatbeet ⟨o.⟩ **0.1** ***zaaibed.***
Saatfeld ⟨o.⟩ **0.1** ***zaaiveld, -land.***
Saatgut ⟨o.⟩ **0.1** ***zaaigoed, -zaad.***
Saatkartoffel ⟨v.⟩ **0.1** ***pootaardappel.***
Saatkorn ⟨o.⟩ **0.1** ***zaadkorrel, zaadje*** **0.2** ***zaaikoren.***
Saatkrähe ⟨v.⟩ **0.1** ***zaadkraai, roek.***
Saatzeit ⟨v.⟩ **0.1** ***zaaitijd.***
Sabbat ⟨m.; ~s, ~e⟩ **0.1** ***sabbat.***
sabbeln ⟨Ndd.⟩ →**sabbern.**
Sabber ⟨m.; ~s⟩⟨inf.⟩ **0.1** ***zever, kwijl.***
Sabberlätzchen ⟨o.⟩ **0.1** ***slab(betje).***
sabbern **0.1** ***leuteren, wauwelen*** **0.2** ***zeveren, kwijlen.***
Säbel ⟨m.; ~s, ~⟩ **0.1** ***sabel.***
Säbelbeine ⟨alleen mv.⟩⟨inf.⟩ **0.1** ***sabelbenen, o-benen.***
Säbelgerassel ⟨o.⟩⟨fig.⟩ **0.1** ***sabelgekletter.***
Säbelhieb ⟨m.⟩ **0.1** ***sabelhouw.***
säbeln ⟨inf.⟩ **0.1** ***hakken*** ⇒*onhandig snijden.*
Sabotage ⟨v.; ~, ~n⟩ **0.1** ***sabotage*** ◆ **3.1** ~ begehen, treiben *sabotage plegen.*
Sabotageakt ⟨m.⟩ **0.1** ***sabotagedaad.***
Saboteur ⟨m.; ~s, ~e⟩ **0.1** ***saboteur.***
sabotieren **0.1** ***saboteren.***
Saccharin ⟨o.; ~s⟩ **0.1** ***sacharine.***
Sachanlagen ⟨alleen mv.⟩⟨ec.⟩ **0.1** ***kapitaalgoederen*** ⇒ *vaste activa.*
Sachbearbeiter ⟨m.⟩ **0.1** ***ambtenaar in een bep. ressort met beslissingsbevoegdheid*** ⇒*referent.*
Sachbereich ⟨m.⟩ **0.1** ***terrein*** ⇒*gebied, onderwerp.*
Sachbeschädigung ⟨v.⟩⟨jur.⟩ **0.1** ***zaakbeschadiging.***
sachbezogen **0.1** ***zakelijk*** ⇒*inhoudelijk.*
Sachbezüge ⟨alleen mv.⟩ **0.1** ***inkomsten in natura.***
Sachbuch ⟨o.⟩ **0.1** ***(populair-)wetenschappelijk boek.***
sachdienlich **0.1** ***ter zake dienend*** ⇒*desbetreffend* **0.2** ***doelmatig.***
Sachdiskussion ⟨v.⟩ **0.1** ***zakelijke, inhoudelijke discussie.***
Sache ⟨v.; ~, ~n⟩ **0.1** ***zaak*** ⇒*ding, rechtszaak, geval, aangelegenheid* **0.2** ⟨steeds mv.⟩ ***spullen*** ⇒*dingen* ◆ **1.1** das ist eine ~ der Erziehung *dat is een kwestie van opvoeding* **2.1** eine böse ~ *een kwalijke zaak;* mit jmdm. gemeinsame ~ machen *gemene zaak met iem. maken;* das ist keine große ~ *dat is een kleinigheid;* das ist nur eine halbe ~ *dat is maar half werk;* harte ~n *sterkedrank;* scharfe ~n (a) *sterkedrank, borrel(s)* (b) *iets pikants, pikante dingen* **2.2** (un)bewegliche ~n *(on)roerende goederen* **3.1** ~n gibt's (die gibt's gar nicht)! *hoe is het mogelijk!;* ⟨inf.⟩ mach ~n! *wat vertel je me nou?;* sagen, was ~ ist *zeggen waar het op staat;* das sind so ~n *dat zijn zo van die dingen;* das ist so eine ~ (a) *dat is een moeilijk geval* (b) *daar zeg je me wat;* die ~ ist die, daß ... *het is, zit zo dat ...;* er versteht seine ~ *hij kent zijn zaakjes* **4.1** das ist nicht jedermanns ~ (a) *dat valt niet bij iedereen in de smaak* (b) *dat kan, ligt niet iedereen;* ⟨inf.⟩ mach keine ~n! *doe (toch) niet zo stom!;* das ist nicht meine ~ (a) *dat is niet mijn zaak,* ⟨ook⟩ *dat ligt niet op mijn weg* (b) *dat is niets voor mij* **6.1** was ist **an** der ~ dran? (a) *hoe zit de zaak in elkaar?* (b) *wat is ervan waar?;* **bei** der ~ sein *er met zijn aandacht bij zijn;* **bei** der ~ bleiben (a) *er met zijn aandacht bij blijven* (b) *bij het thema blijven;* eine ~ **für** sich *een apart geval, een geval op zich(zelf);* **in** eigener ~ *pro domo, voor zijn eigen persoon(tje);* **in** ~n der Moral *op het stuk van de moraal;* **in** ~n A. gegen B. *in zake A. tegen B.;* **zur** ~ (gehören) *ter zake (doen);* **zur** ~ kommen *ter zake, tot het thema (zelf) komen* **6.¶** **mit** 120 ~n *met een vaart van 120 (kilometer) per uur.*
Sacheinlage ⟨v.⟩⟨ec.⟩ **0.1** ***goedereninbreng.***
Sächelchen ⟨o.; ~s, ~⟩ **0.1** ***dingetje*** ⇒*spulletje* **0.2** ***zaakje.***
Sachenrecht ⟨o.⟩⟨jur.⟩ **0.1** ***zakenrecht, zakelijk recht.***
Sacherklärung ⟨v.⟩ **0.1** ***zaakverklaring.***
Sachfrage ⟨v.⟩ **0.1** ***inhoudelijke, zakelijke kwestie.***
sachfremd **0.1** ***buiten de zaak staand.***
Sachgebiet ⟨o.⟩ **0.1** ***ressort*** **0.2** ***onderwerp, thema.***
sach|gemäß, -gerecht **0.1** ***zakelijk, vak-, deskundig*** ⇒*objectief* **0.2** ***doelmatig*** ⇒*juist.*
Sachkapital ⟨o.⟩ **0.1** ***kapitaalgoederen.***
Sachkatalog ⟨m.⟩ **0.1** ***systematische catalogus.***
Sachkenner ⟨m.⟩ **0.1** ***deskundige.***
Sachkenntnis ⟨v.⟩ **0.1** ***kennis van zaken*** ⇒*vakkennis.*
Sachkunde ⟨v.⟩ **0.1** ***kennis van zaken, deskundigheid*** **0.2** ***onderwijs in de zaakvakken.***
sachkundig **0.1** ***deskundig*** ⇒*ter zake kundig, competent.*
Sachlage ⟨v.⟩ **0.1** ***stand van zaken, situatie.***
Sachleistung ⟨v.⟩ **0.1** ***betaling in natura, goederen.***
sachlich **0.1** ***zakelijk*** ⇒*objectief* **0.2** ***feitelijk*** ⇒*inhoudelijk* ◆ **2.2** ~ richtig *inhoudelijk juist.*
sächlich ⟨taal.⟩ **0.1** ***onzijdig.***
Sachlichkeit ⟨v.; ~, ~en⟩ **0.1** ***zakelijkheid*** **0.2** ***objectiviteit.***
Sachliteratur ⟨v.⟩ **0.1** ***non-fiction, niet-fictionele literatuur.***
Sachschaden ⟨m.⟩ **0.1** ***materiële schade.***
Sachse ⟨m.; ~n, ~n⟩ **0.1** ***Sakser.***
sächsisch **0.1** ***Saksisch.***
Sachspende ⟨v.⟩ **0.1** ***gift in natura.***
sacht(e) **0.1** ***zacht*** ⇒*stil, langzaam,* ⟨als bw. vooral⟩ *zachtjes (aan)* ◆ **5.1** mal ~! *kalmpjes aan!* →**Bedacht.**
Sachverhalt ⟨m.; ~(e)s, ~e⟩ **0.1** ***toedracht*** ⇒*feiten* **0.2** ***stand van zaken.***
Sachversicherung ⟨v.⟩ **0.1** ***goederen-, schadeverzekering.***
Sachverstand ⟨m.⟩ **0.1** ***kennis van zaken, deskundigheid.***
sachverständig **0.1** ***deskundig*** ⇒*(ter zake) kundig.*
Sachverständigengutachten ⟨o.⟩ **0.1** ***expertise*** ⇒*rapport, verslag v.e. deskundige.*
Sachverständige(r) ⟨bn. als zn.⟩ **0.1** ***deskundige, expert.***
Sachverzeichnis ⟨o.⟩ **0.1** ***zaakregister.***
Sachwalter ⟨m.; ~s, ~⟩ **0.1** ***zaakwaarnemer*** **0.2** ***pleitbezorger.***
Sachwert ⟨m.⟩ **0.1** ***zakelijke, reële waarde*** **0.2** ***voorwerp van waarde*** **0.3** ⟨steeds mv.⟩ ***goederenkapitaal.***

Sachwörterbuch ⟨o.⟩ **0.1** ***zaakwoordenboek, encyclopedie.***

Sachzwang ⟨m.⟩ **0.1** ***situationeel bepaalde dwang, noodzaak.***

Sack ⟨m.; ~(e)s, ~̈e⟩ **0.1** ***zak*** **0.2** ⟨inf.⟩ ***zak*** ⇒*vervelende kerel, vent* **0.3** ⟨reg.⟩ ***broekzak*** **0.4** ⟨reg.⟩ ***portemonnee*** ◆ **2.1** 3 ~ Mehl *3 zakken meel* **2.2** ein blöder ~ *een klootzak;* ein fauler ~ *een luiwammes* **6.1** ⟨inf.⟩ jmdn. **im** ~ haben *iem. onder de knoet hebben;* ⟨inf.⟩ etwas **im** ~ haben *iets in zijn zak hebben, in de wacht gesleept hebben;* ⟨schr.⟩ **in** ~ und Asche gehen *in zak en as zitten;* ⟨inf.⟩ **in** den ~ hauen (a) *er de brui aan geven* (b) *ervandoor gaan;* ⟨inf.⟩ jmdn. **in** den ~ stecken (a) *iem. in de zak steken, bedriegen* (b) *iem. in zijn zak steken, de baas zijn;* **mit** ~ und Pack *met pak en zak* **6.¶** ⟨inf.⟩ jmdm. **auf** den ~ fallen *iem. lastig vallen;* ⟨inf.⟩ etwas **auf** den ~ kriegen ⟨ook fig.⟩ *(een pak) op zijn donder krijgen* **8.¶** ⟨inf.⟩ schlafen wie ein ~ *slapen als een os.*

Sackbahnhof ⟨m.⟩ **0.1** ***kopstation.***

Säckel ⟨m.; ~s, ~⟩⟨Zdd., Oostr.⟩ **0.1** ***broekzak*** **0.2** ⟨vero.⟩ ***beurs, portemonnee*** ⇒*kas* ◆ **6.2** **in** seinen eigenen ~ arbeiten *op zijn (eigen) voordeel bedacht zijn.*

Säckelmeister ⟨m.⟩⟨Zdd., Oostr.⟩ **0.1** ***penningmeester.***

sacken I ⟨onov.ww.; s.⟩ **0.1** ***zakken*** ⇒*zinken, dalen, hoogte verliezen;*
II ⟨ov.ww.⟩ **0.1** ***zakken, in zakken doen.***

säckeweise **0.1** ***in zakken*** ⇒*met hele zakken tegelijk.*

Sackgasse ⟨v.⟩ **0.1** ***doodlopende straat*** ⇒*blinde straat* **0.2** ⟨fig.⟩ ***slop, impasse.***

sackgrob ⟨inf.⟩ **0.1** ***uiterst grof*** ⇒*hondsbrutaal.*

Sackhüpfen ⟨o.; ~s⟩ **0.1** ***het zaklopen.***

Sackkarren ⟨m.⟩ **0.1** ***steekwagen.***

Sackkleid ⟨o.⟩ **0.1** ***wijde jurk*** ⇒*jurk in zakmodel.*

sackleinen **0.1** ***van zaklinnen.***

Sackleinen ⟨o.⟩ **0.1** ***zak(ken)linnen, zakkengoed.***

Sackpfeife ⟨v.⟩ **0.1** ***doedelzak.***

Sacktuch ⟨o.⟩ **0.1** ⟨mv. ~e⟩ ***zak(ken)linnen*** **0.2** ⟨mv. Sacktücher; Zdd., Oostr., Zwi.⟩ ***zakdoek.***

sackweise **0.1** ***in zakken*** **0.2** ***de ene zak na de andere*** ⇒ *hele zakken, met hele zakken tegelijk.*

Sadismus ⟨m.; ~, Sadismen⟩ **0.1** ***sadisme*** ⇒*sadistische handeling.*

Sadist ⟨m.; ~en, ~en⟩ **0.1** ***sadist.***

säen **0.1** ***zaaien*** ⟨ook fig.⟩.

Säer ⟨m.; ~s, ~⟩⟨schr.⟩ **0.1** ***zaaier.***

Safari ⟨v.; ~, ~s⟩ **0.1** ***safari.***

Safe ⟨m. & o.; ~s, ~s⟩ **0.1** ***safe*** ⇒*brandkast, (brand)kluis.*

Saffian ⟨m.; ~s⟩ **0.1** ***saffiaan, marokijn(leer).***

Saflor ⟨m.; ~s, ~e⟩⟨plantk.⟩ **0.1** ***saffloor, saffloer.***

Safran ⟨m.; ~s, ~e⟩ **0.1** ***saffraan.***

Saft ⟨m.; ~(e)s, ~̈e⟩ **0.1** ***sap*** ⇒*jus, vruchtensap* **0.2** ***jus, (vlees)nat*** **0.3** ⟨fig.⟩ ***fut, pit*** **0.4** ⟨med.⟩ ***drankje*** **0.5** ⟨Oostr.⟩ ***saus, jus*** **0.6** ⟨inf.⟩ ***energie*** ⇒*stroom, gas* ◆ **2.1** ⟨fig.⟩ die bösen Säfte *de kwade sappen* **6.1** **in** vollem ~ stehen *er welig bij staan* **6.2** ⟨inf.⟩ jmdn. **im** eigenen ~ schmoren lassen *iem. in zijn eigen sop, vet gaar laten koken* **6.3** **ohne** ~ und Kraft (a) *zonder pit, fut, slap* (b) *zonder kraak of smaak, flauw.*

Saftbraten ⟨m.⟩ **0.1** ***gestoofd (rund)vlees.***

Säftchen ⟨o.; ~s, ~⟩ **0.1** ***sapje.***

saften I ⟨onov.ww.⟩ **0.1** ***sap trekken;***
II ⟨ov.ww.⟩ **0.1** ***sap persen.***

saftgrün **0.1** ***sapgroen, sappig groen.***

saftig **0.1** ***sappig*** ⇒*mals* **0.2** ⟨inf.⟩ ***flink, pittig*** ⇒*stevig, fiks* **0.3** ⟨inf.⟩ ***schuin, pikant*** ◆ **1.1** ein ~es Steak *een malse biefstuk* **1.2** eine ~e Ohrfeige *een krachtige, stevige oorveeg;* ~e Preise *gepeperde prijzen.*

Saftigkeit ⟨v.; ~, ~en⟩ **0.1** ⟨g.mv.⟩ ***sappigheid*** **0.2** ⟨inf.⟩ ***grof-, ruwheid.***

Saftladen ⟨m.⟩⟨inf.⟩ **0.1** ***snerttent, -zaak*** **0.2** ***(jan)boel.***

saftlos **0.1** ***krachteloos, zonder pit*** ⇒*slap* **0.2** ***saploos, zonder sap*** ⇒*uitgedroogd* ◆ **8.1** saft- und kraftlos *zonder pit, krachteloos.*

Saftorange ⟨v.⟩ **0.1** ***sappige sinaasappel*** ⇒*perssinaasappel.*

Saftpresse ⟨v.⟩ **0.1** ***vruchtenpers.***

Saftsack ⟨m.⟩⟨inf.⟩ **0.1** ***klootzak, rotvent.***

saftvoll ⟨schr.⟩ **0.1** ***saprijk, vol sap*** **0.2** ***krachtig, flink.***

Saga ⟨v.; ~, ~s⟩ **0.1** ***saga.***

Sage ⟨v.; ~, ~n⟩ **0.1** ***sage*** ⇒*overlevering* **0.2** ***gerucht.***

Säge ⟨v.; ~, ~n⟩ **0.1** ***zaag.***

Sägeblatt ⟨o.⟩ **0.1** ***zaagblad.***

Sägebock ⟨m.⟩ **0.1** ***zaagbok*** ⟨ook biol.⟩, ***zaagstoel.***

Sägemehl ⟨o.⟩ **0.1** ***zaagsel.***

Sägemühle ⟨v.⟩ **0.1** ***zaagmolen.***

sagen I ⟨ov. & onov.ww.⟩ **0.1** ***zeggen*** ⇒*vertellen, beweren* **0.2** ***zeggen, betekenen*** **0.3** ***zeggen, bevelen*** ⇒*vertellen* ◆ **3.1** lassen Sie sich das gesagt sein! *houdt u dat voor gezegd!;* das läßt sich nicht ~ *dat is, valt niet te zeggen;* gesagt, getan *zo gezegd, zo gedaan;* ich will nichts gesagt haben *ik heb niets gezegd* **3.2** will ~ *met andere woorden, dat wil zeggen* **3.3** das Sagen behalten *de baas blijven;* ⟨inf.⟩ das Sagen haben *het voor het zeggen hebben;* er hat mir nichts zu ~ *hij heeft niets over mij te zeggen;* er hat hier nichts zu ~ *hij heeft hier niets te vertellen* **4.1** ich habe mir gesagt *ik heb bij, tot mezelf gezegd;* wem sagst du das! *tegen wie zeg je het!;* ⟨inf.⟩ na, wer sagt's denn! *had ik het niet gezegd!;* ~ wir, 10 mark *laten we zeggen: 10 mark* **4.2** das will schon etwas ~ *dat wil wel wat zeggen* **5.1** ~ Sie mal, sag mal *zeg, nou;* na, ~ Sie mal!, sag mal! *nou nou!;* was Sie nicht ~! *wat u zegt!;* das oben Gesagte *het bovengenoemde;* offen gesagt *eerlijk gezegd;* ich muß schon ~! *nou nou!;* wie man so schön sagt *zoals dat zo fraai, mooi gezegd wordt;* das kann man wohl ~ *dat mag je wel zeggen, zeg dat wel* **5.2** das sagt doch, daß ... *dat betekent toch dat ...;* das hat nichts zu ~ *dat wil niets zeggen* **6.1** **dagegen** ist nichts zu ~ *er valt niets tegen in te brengen;* was sagst du **dazu**? *wat zeg jij daarvan, ervan?* **8.1** ⟨inf.⟩ sage und schreibe *zegge en schrijve.* →**A;**
II sich ~ ⟨wk.ww.⟩ **0.1** ***gezegd worden*** ◆ **5.1** das sagt sich so einfach, leicht *dat is (wel) gemakkelijk gezegd.*

sägen **0.1** ***zagen*** **0.2** ⟨inf.⟩ ***snurken*** ⇒*ronken.*

Sagengestalt ⟨v.⟩ **0.1** ***sagefiguur.***

sagenhaft **0.1** ⟨inf.⟩ ***geweldig, fantastisch*** **0.2** ***legendarisch*** ⇒*uit de sage(n).*

sagen|umwittert, -umwoben ⟨schr.⟩ **0.1** ***in het middelpunt van sagen*** ⇒⟨fig.⟩ *legendarisch.*

Säger ⟨m.; ~s, ~⟩ **0.1** ***zager*** **0.2** ⟨biol.⟩ ***zaagbek(eend).***

Sägerei ⟨v.; ~, ~en⟩⟨inf.⟩ **0.1** ***gezaag, zagerij*** **0.2** ***gesnurk*** ⇒ *geronk.*

Sägespäne ⟨alleen mv.⟩ **0.1** ***zaagsel.***

Sägewerk ⟨o.⟩ **0.1** ***(hout)zagerij.***

Sägezahn ⟨m.⟩ **0.1** ***zaagtand.***

Sago ⟨m., Oostr. o.; ~s⟩ **0.1** ***sago.***

Sahara ⟨v.; ~⟩ **0.1** ***Sahara.***

Sahne ⟨v.; ~⟩ **0.1** ***room*** **0.2** ***slagroom.***

Sahnebaiser ⟨o.⟩ **0.1** ***schuimgebak(je) met slagroom.***

Sahnebonbon ⟨m. & o.⟩ **0.1** ***karamelbonbon.***

Sahneeis ⟨o.⟩ **0.1** ***roomijs.***

Sahnekännchen ⟨o.⟩ **0.1** ***roomkannetje.***

Sahnekäse (m.) **0.1** ***roomkaas.***
Sahnekuchen (m.) **0.1** ***slagroomtaart*** **0.2** ***slagroomgebakje.***
Sahneschnitte (v.) **0.1** ***slagroomgebak(je).***
sahnig **0.1** ***roomachtig, romig.***
Saison (v.; ~, ~s) **0.1** ***seizoen*** ⇒*jaargetijde* ◆ **3.1** (inf.) ~ haben *in trek, gewild zijn.*
saisonal **0.1** ***afhankelijk v.h. seizoen, seizoen-.***
saisonbedingt →**saisonal.**
Saisonbetrieb (m.) **0.1** ***seizoenbedrijf*** **0.2** ***seizoendrukte.***
saisongebunden **0.1** ***afhankelijk v.h. seizoen.***
Saisongeschäft (o.) **0.1** ***seizoenbedrijf*** **0.2** ***seizoenomzet.***
Saisonschlußverkauf (m.) **0.1** ***seizoenopruiming.***
Saite (v.; ~, ~n) **0.1** ***snaar*** ◆ **3.1** eine ~ bei jmdm. anschlagen *een gevoelige snaar bij iem. (aan)raken, treffen* **3.¶** andere, strengere ~n aufziehen *uit een ander vaatje tappen.*
Saitenbrett (o.) (muz.) **0.1** ***toets*** (v.e. snaarinstrument).
Saitenhalter (m.) (muz.) **0.1** ***snaarhouder, staartstuk.***
Saiteninstrument (o.) **0.1** ***snaarinstrument.***
Saitenspiel (o.) **0.1** ***snarenspel.***
Sakko (m. & o.; ~s, ~s) **0.1** ***colbert(jas)je.***
sakra! (Zdd.) **0.1** ***verdorie!, sakkerment!***
Sakralbau (m.; mv. ~ten) **0.1** ***sacraal bouwwerk*** ⇒*voor de godsdienst bestemd gebouw.*
Sakrament (o.; ~(e)s, ~e) **0.1** ***sacrament*** ◆ **3.1** ein ~ austeilen, spenden *een sacrament toedienen* **5.¶** ~ nochmal! *verdorie nog aan toe!*
sakramental **0.1** ***sacramenteel.***
Sakrileg (o.; ~s, ~e) **0.1** ***heiligschennis, sacrilège.***
sakrilegisch **0.1** ***godslasterlijk, heiligschennend.***
sakrisch (Zdd.) **0.1** ***vervloekt, verdomd.***
Sakristan (m.; ~s, ~e) **0.1** ***sacristein, koster.***
Sakristei (v.; ~, ~en) **0.1** ***sacristie.***
sakrosankt (schr.) **0.1** ***sacrosanct, hoogheilig.***
säkular (schr.) **0.1** ***seculair*** ⇒*seculier, wereldlijk, honderdjarig* **0.2** ***buitengewoon, uniek.***
Säkularfeier (v.) (schr.) **0.1** ***eeuwfeest.***
Säkularisation (v.; ~, ~en) **0.1** ***secularisering*** ⇒*verwereldlijking.*
säkularisieren **0.1** ***seculariseren, verwereldlijken*** (ook fig.).
Säkulum (o.; ~s, Säkula) (schr.) **0.1** ***seculum, eeuw*** **0.2** ***tijd(perk).***
Salamander (m.; ~s, ~) **0.1** ***salamander.***
Salami (v.; ~, ~(s)) **0.1** ***salami.***
Salamitaktik (v.) **0.1** ***salamipolitiek.***
Salat (m.; ~(e)s, ~e) **0.1** ***sla*** ⇒*salade, slaatje* **0.2** (inf.) ***troep, rommel*** ⇒*gezanik* ◆ **1.1** ein Kopf ~ *een krop sla* **2.1** grüner ~ *kropsla* **3.2** (inf.) da haben wir den ~! *daar hebben we het gedonder!*
Salatbesteck (o.) **0.1** ***slacouvert.***
Salatgurke (v.) **0.1** ***komkommer.***
Salatkopf (m.) **0.1** ***krop sla, slakrop.***
Salatplatte (v.) **0.1** ***slaschotel*** ⇒*schotel voor, met salades.*
Salatschüssel (v.) **0.1** ***slabak, slakom.***
Salatteller (m.) **0.1** ***slaatje*** ⇒*kommetje, bord(je) gemengde sla.*
Salbaderei (v.; ~, ~en) **0.1** ***gewauwel*** ⇒*geleuter, gezeur.*
salbadern **0.1** ***wauwelen*** ⇒*leuteren, zeuren.*
Salbe (v.; ~, ~n) **0.1** ***zalf*** ⇒*smeersel.*
Salbei (acc. wiss.) (m.; ~s of v.; ~, g.mv.) (plantk.) **0.1** ***salie.***
salben **0.1** ***zalven*** ⇒*(in)smeren, wijden, heiligen.*
Salbung (v.; ~, ~en) **0.1** ***zalving, het zalven.***
salbungsvoll (pej.) **0.1** ***zalvend.***
saldieren **0.1** ***salderen*** ⇒*(een rekening) afsluiten* **0.2** ***betalen, vereffenen*** **0.3** (Oostr.) ***de betaling bevestigen.***
Saldo (m.; ~s, ~s of Salden of Saldi) **0.1** ***saldo*** ◆ **6.1 in** ~ bleiben, sein *nog (een) schuld hebben.*
Saldo|übertrag, -vortrag (m.) **0.1** ***op nieuwe rekening overgebracht saldo.***
Saline (v.; ~, ~n) **0.1** ***saline*** ⇒*zoutziederij* **0.2** ***gradeerwerk.***
Salm (m.; ~(e)s, ~e) **0.1** ***zalm.***
Salmiak (acc. wiss.) (m. & o.; ~s) **0.1** ***salmiak.***
Salmiakgeist (m.) **0.1** ***salmiakgeest*** ⇒*ammonia.*
Salmonelle (v.; ~, ~n) **0.1** ***salmonella.***
salomonisch ◆ **1.¶** ein ~es Urteil *een Salomonsoordeel.*
Salomon(s)siegel (o.) (plantk.) **0.1** ***salomonszegel.***
Salon (m.; ~s, ~s) **0.1** ***salon.***
salonfähig **0.1** ***gedistingeerd, beschaafd*** **0.2** ***maatschappelijk, sociaal aanvaard, geaccepteerd.***
Salonlöwe (m.) (pej.) **0.1** ***salonheld.***
Salonwagen (m.) **0.1** ***salonwagen, -rijtuig.***
salopp **0.1** ***nonchalant, ongedwongen*** **0.2** (taal.) ***gemeenzaam*** ⇒*familiair.*
Salpeter (m.; ~s) **0.1** ***salpeter.***
salpeterig **0.1** ***salpeterig, salpeterachtig.***
Salpetersäure (v.) **0.1** ***salpeterzuur.***
Salto (m.; ~s, ~s of Salti) **0.1** ***salto*** **0.2** ***looping.***
Salut (m.; ~(e)s, ~e) **0.1** ***saluut*** ◆ **1.1** 21 Schuß ~ *21 saluutschoten.*
salutieren **0.1** ***salueren*** ⇒*groeten* **0.2** ***saluutschoten lossen*** ◆ **6.1 vor** jmdm. ~ *iem. salueren.*
Salve (v.; ~, ~n) **0.1** ***salvo*** (ook fig.).
Salweide (v.; ~, ~n) (plantk.) **0.1** ***waterwilg.***
Salz (o.; ~es, ~e) **0.1** ***zout*** (ook fig.) ◆ **6.1** (inf.) jmdm. nicht das ~ **in** der Suppe gönnen *iem. het licht in de ogen niet gunnen;* (inf.) nicht das ~ **zum** Brot, zur Suppe haben *het zout in de pap niet verdienen.*
Salzbergbau (m.) **0.1** ***zoutontginning.***
Salzbergwerk (o.) **0.1** ***zoutmijn.***
Salzboden (m.) **0.1** ***zoutgrond.***
Salzbrezel (v.) **0.1** ***zoute krakeling.***
Salzbrühe (v.) **0.1** ***pekel.***
salzen **0.1** ***zouten.***
Salzfäßchen (o.) **0.1** ***zoutvaatje.***
Salzfleisch (o.) **0.1** ***pekelvlees.***
Salzgewinnung (v.) **0.1** ***zoutwinning.***
Salzgrube (v.) **0.1** ***zoutgroeve, -mijn.***
Salzgurke (v.) **0.1** ***augurkje in het zuur, zure bom.***
salzhaltig **0.1** ***zouthoudend.***
Salzhering (m.) **0.1** ***pekelharing, zoute haring.***
salzig **0.1** ***zout*** ⇒*zoutig, zilt, brak.*
Salzkartoffel (v.) **0.1** ***gekookte aardappel.***
Salzkorn (o.) **0.1** ***zoutkorrel.***
Salzlake (v.) **0.1** ***pekel.***
salzlos **0.1** ***zoutloos.***
salzsauer **0.1** ***zoutzuur (bevattend).***
Salzsäule (v.) **0.1** ***zoutpilaar*** ◆ **6.1** (fig.) **zur** ~ erstarren *in een zoutpilaar veranderen.*
Salzsäure (v.) **0.1** ***zoutzuur.***
Salzsee (m.) **0.1** ***zoutmeer.***
Salzsole (v.) →**Sole.**
Salzstange (v.) **0.1** ***zoute stengel.***
Salzstock (m.) **0.1** ***zoutlaag, zoutkoepel.***
Salzstreuer (m.) **0.1** ***zoutstrooier*** ⇒*zoutvaatje.*
Salzwasser (o.; mv. ¨~) **0.1** ***zout water*** **0.2** ***pekel.***
Salzwerk (o.) **0.1** ***zoutziederij*** ⇒*zoutmijn.*
Sämann (m.) (schr.) **0.1** ***zaaier.***
Samariter (m.; ~s, ~) **0.1** ***Samaritaan*** (ook fig.) **0.2** (Zwi.) ***ziekenverzorger*** ⇒*ziekenbroeder.*

Samariterdienst ⟨m.⟩ **0.1** ***barmhartigheids-, verplegingsdienst*** ⇒*ziekenzorg* **0.2** ***daad, werk van barmhartigheid, barmhartige hulp.***
Samaritertum ⟨o.; ~s⟩ **0.1** ***barmhartige hulp(vaardigheid).***
Sämaschine ⟨v.⟩ **0.1** ***zaaimachine.***
Same ⟨m.; ~ns, ~n⟩⟨schr.⟩ →**Samen.**
Samen ⟨m.; ~s, ~⟩ **0.1** ***zaad*** ⟨ook fig.⟩ ⇒*zaadje, kiem, oorsprong* **0.2** ⟨rel.⟩ ***zaad, kroost.***
Samenbank ⟨v.; mv. ~en⟩⟨med.⟩ **0.1** ***zaad-, spermabank.***
Samenerguß ⟨m.⟩ **0.1** ***zaadlozing.***
Samenhandlung ⟨v.⟩ **0.1** ***zaadhandel.***
Samenkapsel ⟨v.⟩ **0.1** ***zaaddoos.***
Samenkorn ⟨o.⟩ **0.1** ***zaadkorrel, zaadje.***
Samenleiter ⟨m.⟩ **0.1** ***zaadleider.***
Samenspender ⟨m.⟩ **0.1** ***sperma-, zaaddonor.***
Samenzelle ⟨v.⟩ **0.1** ***zaadcel.***
Samenzucht ⟨v.⟩ **0.1** ***zaadteelt.***
Sämerei ⟨v.; ~, ~en⟩ **0.1** ***zaadhandel*** **0.2** ⟨steeds mv.⟩ ***zaden, zaadgoed.***
sämig **0.1** ***gebonden, smeuïg.***
sämisch **0.1** ***zemen, van zeem(leer).***
Sämischleder ⟨o.⟩ **0.1** ***zeemleer.***
Sämling ⟨m.; ~s, ~e⟩ **0.1** ***zaailing, jonge zaadplant.***
Sammelauftrag ⟨m.⟩ **0.1** ***verzamelgiro.***
Sammelband ⟨m.; mv. ~̈e⟩ **0.1** ***verzamelwerk, verzamelbundel.***
Sammelbecken ⟨o.⟩ **0.1** ***verzamelbekken, vergaarbak*** ⟨ook fig.⟩ ⇒*reservoir.*
Sammelbehälter ⟨m.⟩ **0.1** ***verzamel-, vergaarbak*** ⇒*reservoir.*
Sammelbüchse ⟨v.⟩ **0.1** ***collectebus.***
Sammeleifer ⟨m.⟩ **0.1** ***verzamelijver.***
Sammelfahrschein ⟨m.⟩ **0.1** ***groepsbiljet*** **0.2** ***strippen-, rittenkaart.***
Sammelgut ⟨o.⟩ **0.1** ***samenlading, groepage.***
Sammellager ⟨o.⟩ **0.1** ***verzamelkamp.***
Sammellinse ⟨v.⟩⟨nat.⟩ **0.1** ***verzamellens.***
Sammelliste ⟨v.⟩ **0.1** ***intekenlijst.***
Sammelmappe ⟨v.⟩ **0.1** ***verzamelmap*** ⇒*leesportefeuille.*
sammeln I ⟨ov.ww.⟩ **0.1** ***verzamelen*** ⇒*bijeenbrengen, (bij-een)zoeken,* ⟨fig. ook⟩ *vergaren, opdoen* **0.2** ***inzamelen, collecteren*** **0.3** ⟨mil.⟩ ***samentrekken, concentreren*** ◆ **1.1** seine Gedanken ~ *zijn gedachten verzamelen, zich concentreren* **6.1** die Mehrheit **hinter** sich ~ *de meerderheid achter zich scharen;* Leute **um** sich ~ *mensen om zich heen scharen;* **zum** Sammeln blasen *verzamelen blazen;* **II sich** ~ ⟨wk.ww.⟩ **0.1** ***bijeenkomen, zich verzamelen*** ⇒ *zich scharen* **0.2** ***zich concentreren*** ⇒*zich beheersen, tot zichzelf inkeren* **0.3** ***bedaren, kalmeren*** ⇒*bekomen* ◆ **6.1** sich **zu** einer Gruppe ~ *een groep (gaan) vormen* **6.2** sich **zu** einer Aufgabe ~ *zich op een taak concentreren.*
Sammelname ⟨m.⟩⟨taal.⟩ **0.1** ***verzamelnaam, collectivum.***
Sammelnummer ⟨v.⟩ **0.1** ***centraal (telefoon)nummer.***
Sammelplatz ⟨m.⟩ **0.1** ***verzamelplaats.***
Sammelstelle ⟨v.⟩ →**Sammelplatz.**
Sammelsurium ⟨o.; ~s, Sammelsurien⟩ **0.1** ***allegaartje, mengelmoes*** ⇒*samenraapsel.*
Sammeltaxi ⟨o.⟩ **0.1** ***meerpersoonstaxi.***
Sammelvisum ⟨o.⟩ **0.1** ***groepsvisum.***
Sammelwerk ⟨o.⟩ **0.1** ***verzamelwerk, compilatie.***
Sammelwut ⟨v.⟩ **0.1** ***verzamelwoede.***
Sammet ⟨m.; ~s, ~e⟩⟨Zwi.; elders vero.⟩ →**Samt.**
Sammler ⟨m.; ~s, ~⟩ **0.1** ***verzamelaar*** **0.2** ***collectant*** **0.3** ***accumulator*** **0.4** ⟨tech.⟩ ***collector.***
Sammlerwert ⟨m.⟩ **0.1** ***waarde voor verzamelaars.***
Sammlung ⟨v.; ~, ~en⟩ **0.1** ***verzameling*** ⇒*collectie, groep(ering)* **0.2** ***inzameling, collecte*** **0.3** ***museum*** ⇒*kabinet* **0.4** ⟨boek.⟩ ***bundel*** **0.5** ⟨fig.⟩ ***concentratie, beheerstheid*** ⇒*kalmte, inkeer* ◆ **2.3** die städtische ~ *het stedelijk museum* **2.5** innere ~ *concentratie, inkeer tot zichzelf.*
Samowar ⟨m.; ~s, ~e⟩ **0.1** ***samowa(a)r.***
Samstag ⟨m.⟩⟨Zdd., Oostr., Zwi.⟩ **0.1** ***zaterdag*** ◆ **2.1** langer ~ *zaterdag waarop de winkels 's middags geopend zijn.*
samstags **0.1** ***op zaterdag, ('s) zaterdags.***
samt[1] ⟨bw.⟩ ◆ **8.**¶ ~ und sonders (a) *allen zonder uitzondering* (b) *alles tezamen, geheel en al.*
samt[2] ⟨vz. + 3⟩ **0.1** ***met (inbegrip van)*** ⇒*benevens.*
Samt ⟨m.; ~(e)s, ~e⟩ **0.1** ***fluweel*** ⇒*velours.*
samtartig **0.1** ***fluweelachtig, fluwelig.***
Samtblume ⟨v.⟩⟨plantk.⟩ **0.1** ***fluweeltje, afrikaantje.***
samten **0.1** ***fluwelen*** ⇒*fluwelig, fluweelachtig.*
Samthandschuh ⟨m.⟩ **0.1** ***fluwelen handschoen*** ◆ **6.1** ⟨fig.⟩ jmdn. **mit** ~en anfassen *iem. met fluwelen handschoentjes aanpakken.*
samtig **0.1** ***fluweelachtig, fluwelig*** ⇒*fluwelen.*
Samtkleid ⟨o.⟩ **0.1** ***fluwelen jurk, japon.***
sämtlich **0.1** ***al (de, het)*** ⇒⟨mv.⟩ *allemaal, al de, alle(n).*
Samtpfötchen ⟨o.⟩ **0.1** ***fluwelen pootje.***
samtweich **0.1** ***fluweelzacht, zacht als fluweel.***
Sanatorium ⟨o.; ~s, Sanatorien⟩ **0.1** ***sanatorium.***
Sand ⟨m.; ~(e)s, ~e of ~̈e⟩ **0.1** ***zand*** **0.2** ⟨scheep.⟩ ***zand(bank)*** ◆ **3.1** ⟨inf.; fig.⟩ laß uns ~ darüber streuen! *zand erover!* **6.1** ⟨fig.⟩ **auf** ~ bauen *op zand bouwen;* **im** ~(e) verlaufen *op niets uitlopen;* ⟨inf.⟩ ~ **im** Getriebe *een kink in de kabel;* jmdm. ~ **in** die Augen streuen *iem. zand in de ogen strooien;* ⟨inf.⟩ etwas **in** den ~ setzen (a) *iets neerzetten* (b) ⟨fig.⟩ *iets verknallen, verprutsen;* ⟨inf.⟩ jmdm. ~ **ins** Getriebe streuen, werfen *iem. in de wielen rijden* **6.2** **auf** (einen) ~ geraten *op het zand vast raken, lopen* **8.1** ⟨inf.⟩ wie ~ am Meer *onnoemelijk, ontzettend veel.*
Sandale ⟨v.; ~, ~n⟩ **0.1** ***sandaal.***
Sandalette ⟨v.; ~, ~n⟩ **0.1** ***(dames)sandaaltje.***
Sandbahn ⟨v.⟩⟨sp.⟩ **0.1** ***zandpiste.***
Sandbank ⟨v.; mv. ~̈e⟩ **0.1** ***zandbank.***
Sandboden ⟨m.⟩ **0.1** ***zandgrond, -bodem.***
Sandburg ⟨v.⟩ **0.1** ***zandkasteel.***
Sanddorn ⟨m.; mv. ~e⟩⟨plantk.⟩ **0.1** ***duindoorn.***
Sandelholz ⟨o.⟩ **0.1** ***sandelhout.***
Sandförmchen ⟨o.⟩ **0.1** ***(zand)vormpje.***
Sandgrube ⟨v.⟩ **0.1** ***zandgroeve, zanderij*** **0.2** ***zandkuil.***
Sandhase ⟨m.⟩ **0.1** ⟨vero.; sold.⟩ ***zandhaas*** ⟨infanterist⟩ **0.2** ⟨scherts.⟩ ***poedel*** ⟨bij het kegelen⟩.
Sandhose ⟨v.⟩ **0.1** ***zandhoos.***
sandig **0.1** ***zand(er)ig.***
Sandkasten ⟨m.⟩ **0.1** ***zandbak*** ⇒⟨mil.⟩ *maquette.*
Sandkastenspiel ⟨o.⟩ **0.1** ⟨mil.⟩ ***theoretische oefening op een maquette*** **0.2** ⟨fig.⟩ ***(theoretisch) spelletje.***
Sandkiste ⟨v.⟩ **0.1** ***zandbak.***
Sand|korn, -körnchen ⟨o.⟩ **0.1** ***zandkorrel(tje).***
Sandkuchen ⟨m.⟩ **0.1** ***zandtaart, -gebak.***
Sandmännchen ⟨o.⟩ **0.1** ***zandmannetje, Klaas Vaak.***
Sandpapier ⟨o.⟩ **0.1** ***schuurpapier.***
Sandsack ⟨m.⟩ **0.1** ***zandzak*** ⟨ook sp.⟩.
Sandsteinbruch ⟨m.⟩ **0.1** ***zandsteengroeve.***
Sandstrahlgebläse ⟨o.⟩ **0.1** ***zandstraalapparaat.***
Sanduhr ⟨v.⟩ **0.1** ***zandloper.***
Sandwich ⟨m. & o.; ~(e)s of ~, ~(e)s of ~e⟩ **0.1** ***sandwich*** ⟨ook foto.⟩.
Sandwüste ⟨v.⟩ **0.1** ***zandwoestijn.***

sanft **0.1** ***zacht*** ⇒*zachtzinnig, zachtaardig,* ⟨als bw. ook⟩ *zachtjes* **0.2** ***zacht*** ⇒*gering, licht, stil,* ⟨als bw. ook⟩ *zachtjes, lichtjes* ◆ **1.2** ~e Hügel *zacht glooiende heuvels;* eine ~e Steigung *een lichte, flauwe helling.*
Sänfte ⟨v.; ~, ~n⟩ **0.1** ***draagstoel.***
sänftigen ⟨schr.⟩ **I** ⟨ov.ww.⟩ **0.1** ***kalmeren, sussen*** ⇒*bedaren;*
II sich ~ ⟨wk.ww.⟩ **0.1** ***kalmeren, bedaren*** ⇒*gaan liggen.*
Sanftmut ⟨v.; ~⟩ **0.1** ***zachtmoedig-, zachtaardig-, zachtzinnigheid.***
sanftmütig **0.1** ***zachtaardig, -moedig, -zinnig.***
Sang ⟨m.; ~(e)s, ~̈e⟩ ⟨vero.⟩ ◆ **8.¶** mit ~ und Klang *met slaande trom;* ⟨inf.⟩ mit ~ und Klang durchfallen *zakken als een baksteen.*
Sänger ⟨m.; ~s, ~⟩ **0.1** ***zanger*** ⇒⟨vero.⟩ *dichter* **0.2** ⟨schr.⟩ ***bezinger*** ◆ **1.2** darüber schweigt des ~s Höflichkeit *daarover zwijgt men liever, dat potje zullen we maar gedekt houden.*
Sängerfest ⟨o.⟩ **0.1** ***zang(ers)feest.***
Sängerschaft ⟨v.; ~, ~en⟩ **0.1** ***zangvereniging*** ⇒*(alle) zangers, koor.*
sanges|freudig, -froh, -lustig ⟨schr.⟩ **0.1** ***zanglustig.***
sanglos ◆ **¶.¶** sang- und klanglos *met (de) stille trom, stilletjes.*
Sanguiniker ⟨m.; ~s, ~⟩ **0.1** ***sanguinisch persoon, type.***
sanguinisch **0.1** ***sanguinisch*** ⇒*vurig, zeer levendig.*
sanieren **0.1** ***saneren*** ⇒*gezond maken, reorganiseren* ◆ **4.1** sich ~ (a) *er (weer) bovenop komen* (b) ⟨iron.⟩ *zijn slag slaan.*
sanitär **0.1** ***sanitair*** ⇒*hygiënisch, gezondheids-.*
Sanitäranlagen ⟨alleen mv.⟩ **0.1** ***sanitair, sanitaire voorzieningen.***
Sanitärraum ⟨m.⟩ **0.1** ***ruimte met sanitaire voorzieningen.***
Sanitärreiniger ⟨m.⟩ **0.1** ***schoonmaakmiddel voor sanitair.***
Sanitäter ⟨m.; ~s, ~⟩ **0.1** ***EHBO'er*** ⇒*(zieken)verpleger* **0.2** ⟨mil.⟩ ***hospitaalsoldaat.***
Sanitätsbehörde ⟨v.⟩ **0.1** ***gezondheidsdienst.***
Sanitätsdienst ⟨m.⟩ **0.1** ***dienst als EHBO'er*** **0.2** ***militaire gezondheidsdienst.***
Sanitätskasten ⟨m.⟩ **0.1** ***verbandtrommel, -kist.***
Sanitätskorps ⟨o.⟩ **0.1** ***korps geneeskundige troepen.***
Sanitätskraftwagen ⟨m.⟩ **0.1** ***ziekenauto, ambulance.***
Sanitätspolizei ⟨v.⟩ **0.1** ***gezondheidspolitie.***
Sanitätssoldat ⟨m.⟩ **0.1** ***hospitaalsoldaat.***
Sanitätswache ⟨v.⟩ **0.1** ***eerstehulppost.***
Sanitätswagen ⟨m.⟩ **0.1** ***ziekenauto, ambulance(wagen).***
Sanitätswesen ⟨o.⟩ **0.1** ***gezondheidsdienst, -zorg.***
Sankt **0.1** ***Sint*** ⇒*heilig.*
Sankt-Elms-Feuer ⟨o.⟩ **0.1** ***sint-elmsvuur.***
Sanktion ⟨v.; ~, ~en⟩ **0.1** ***sanctie*** ⇒*dwang-, strafmaatregel,* ⟨schr. ook⟩ *bekrachtiging, goedkeuring* **0.2** ⟨jur.⟩ ***strafbepaling*** ◆ **3.1** einem Gesetz (die) ~ erteilen *een wet bekrachtigen.*
sanktionieren ⟨schr.⟩ **0.1** ***sanctioneren*** ⇒*sanctie verlenen aan, bekrachtigen* **0.2** ***bestraffen*** ⇒*sancties treffen tegen.*
Sanktissimum ⟨o.; ~s⟩ ⟨rel.⟩ **0.1** ***Allerheiligste.***
Sankt-Nimmerleins-Tag ⟨m.⟩ **0.1** ***sint-jut(te)mis.***
Sansevie|ria, -rie ⟨v.; ~, Sansevierien⟩ ⟨plantk.⟩ **0.1** ***sansevieria*** ⇒*vrouwentong.*
Sanskrit ⟨o.; ~s⟩ **0.1** ***Sanskriet.***
Saphir ⟨acc. wiss.⟩ ⟨m.; ~s, ~e⟩ **0.1** ***saffier*** **0.2** ***saffiernaald.***
sapperlot ⟨vero.; nog reg.⟩ **0.1** ***sakker-, sapperloot.***
sapperment ⟨vero.; nog reg.⟩ **0.1** ***sakker-, sapperment.***
sapphisch **0.1** ***saffisch, sapfisch.***
Sarazene ⟨m.; ~n, ~n⟩ **0.1** ***Saraceen.***
Sarde ⟨m.; ~n, ~n⟩ **0.1** ***Sard(iniër).***
Sardelle ⟨v.; ~, ~n⟩ **0.1** ***ansjovis.***
Sardine ⟨v.; ~, ~n⟩ **0.1** ***sardine, sardien*** ◆ **8.1** gedrängt wie die ~n *als haringen in een ton.*
Sardinenbüchse ⟨v.⟩ **0.1** ***blikje sardines, sardineblikje.***
Sardinien ⟨o.; ~s⟩ **0.1** ***Sardinië.***
sard(in)isch **0.1** ***Sard(in)isch.***
sardonisch **0.1** ***sardonisch*** ⇒*grijnzend, boosaardig.*
Sarg ⟨m.; ~(e)s, ~̈e⟩ **0.1** ***doodkist*** ⇒*graf-, lijkkist.*
Sargnagel ⟨m.⟩ **0.1** ***nagel aan een doodkist*** **0.2** ⟨inf.; scherts.⟩ ***sigaret.***
Sargträger ⟨m.⟩ **0.1** ***lijkdrager.***
Sargtuch ⟨o.⟩ **0.1** ***lijkdoek, -kleed.***
Sarkasmus ⟨m.; ~, Sarkasmen⟩ **0.1** ***sarcasme.***
sarkastisch **0.1** ***sarcastisch*** ⇒*honend, bijtend.*
Sarkophag ⟨m.; ~s, ~e⟩ **0.1** ***sarcofaag.***
Saß ⟨m.; Sassen, Sassen⟩ ⟨gesch.⟩ **0.1** ***vrije boer, grondeigenaar*** **0.2** ***inwoner, bewoner*** **0.3** ***horige.***
Sasse ⟨m.; ~n, ~n⟩ →**Saß.**
Satan ⟨m.; ~s, ~e⟩ **0.1** ***Satan*** ⇒*duivel* ◆ **3.1** der ~ soll dich holen! *loop naar de duivel!* **6.1** nein, **beim, zum** ~! *nee, voor de(n) duivel!*
satanisch **0.1** ***satanisch, satans*** ⇒*duivels, hels.*
Satansbraten ⟨m.⟩ ⟨inf.⟩ **0.1** ***galgenaas, galgenbrok.***
Satanskerl ⟨m.⟩ **0.1** ***reuzekerel, toffe vent*** **0.2** ⟨pej.⟩ ***satan, duivelse vent.***
Satanspilz ⟨m.⟩ **0.1** ***satansboleet.***
Satansweib ⟨o.⟩ **0.1** ***helleveeg.***
Satellit ⟨m.; ~en, ~en⟩ **0.1** ***satelliet.***
Satellitenbild ⟨o.⟩ **0.1** ***satellietfoto.***
Satellitenstaat ⟨m.⟩ **0.1** ***satellietstaat.***
Satellitenübertragung ⟨v.⟩ **0.1** ***uitzending via satelliet.***
Satin ⟨m.; ~s, ~s⟩ **0.1** ***satijn.***
satinieren **0.1** ***satineren, glanzen.***
Satire ⟨v.; ~, ~n⟩ **0.1** ***satire.***
Satirendichter ⟨m.⟩ **0.1** ***hekel-, satiredichter.***
Satiriker ⟨m.; ~s, ~⟩ **0.1** ***satiricus*** ⇒*spotter.*
satirisch **0.1** ***satirisch*** ⇒*hekelend, stekelig* ◆ **1.1** ein ~es Gedicht ⟨ook⟩ *een hekeldicht.*
Satisfaktion ⟨v.; ~, ~en⟩ **0.1** ***satisfactie, genoegdoening.***
satt **0.1** ***verzadigd*** ⇒*vol(daan)* **0.2** ***moe, zat*** ⇒*beu* **0.3** ***vol*** ⇒*diep, intens* **0.4** ***zelfvoldaan, zelfgenoegzaam*** **0.5** ***genoeg, zat*** **0.6** ⟨inf.⟩ ***dronken, zat*** ◆ **1.3** ein ~er Klang *een volle klank;* eine ~e Million *een dik, goed miljoen;* ⟨inf.⟩ ein ~er Preis *een aardig prijsje;* ein ~es Rot *een dieprode kleur;* ⟨inf.⟩ ein ~er Schuß *een machtig schot* **3.1** sich ~ essen *eten tot men verzadigd is, genoeg eten;* ein Baby nicht ~ kriegen *de honger van een baby niet kunnen stillen;* das macht ~ *dat vult* **3.2** ⟨inf.⟩ etwas ~ bekommen, kriegen *ergens genoeg van krijgen;* ⟨inf.⟩ jmdn., etwas ~ haben *iem., iets moe, zat zijn;* ⟨inf.⟩ nicht ~ werden, etwas zu tun *er niet genoeg van krijgen iets te doen.*
sattblau **0.1** ***diep-, donkerblauw.***
Sattel ⟨m.; ~s, ~̈⟩ **0.1** ***zadel*** **0.2** ***zadel, plooirug*** ⇒*pas* **0.3** ⟨conf.⟩ ***pas*** ◆ **6.1** jmdn. **aus** dem ~ heben ⟨ook fig.⟩ *iem. uit het zadel lichten;* ⟨fig.⟩ sich **im** ~ halten *zich staande houden;* jmdn. **in** den ~ heben ⟨ook fig.⟩ *iem. in het zadel helpen;* ⟨fig.⟩ **in** allen Sätteln gerecht sein *van alle markten thuis zijn.*
Satteldach ⟨o.⟩ **0.1** ***zadeldak.***
Satteldecke ⟨v.⟩ **0.1** ***sjabrak, zadeldek.***
sattelfest **0.1** ***zadelvast*** **0.2** ⟨fig.⟩ ***onderlegd, goed beslagen.***

Sattelgurt ⟨m.⟩ **0.1** ***zadel-, buikriem, singel.***
satteln I ⟨ov.ww.⟩ **0.1** ***zadelen;***
II sich ~ ⟨wk.ww.⟩⟨inf.⟩ **0.1** ***zich voorbereiden.***
Sattelpferd ⟨o.⟩ **0.1** ***zadelpaard.***
Sattelschlepper ⟨m.⟩ **0.1** ***truck, trekker (met oplegger).***
Satteltasche ⟨v.⟩ **0.1** ***zadeltas.***
sattgrün 0.1 ***diep-, donkergroen.***
Sattheit ⟨v.; ~⟩ **0.1** ***zat-, verzadigdheid*** **0.2** ***zelfvoldaanheid, zelfgenoegzaamheid*** **0.3** ***intensiteit*** *⇒volheid.*
sättigen 0.1 ***verzadigen*** ◆ **1.1** eine gesättigte Farbe *een volle, diepe kleur;* jmds. Neugier ~ *iemands nieuwsgierigheid bevredigen* **6.1** sich **an, mit, von** Käse ~ *met kaas zijn honger stillen.*
Sättigungspunkt ⟨m.⟩⟨schei.⟩ **0.1** ***verzadigingspunt.***
Sattler ⟨m.; ~s, ~⟩ **0.1** ***zadelmaker.***
Sattlerei ⟨v.; ~, ~en⟩ **0.1** ***zadelmakerij.***
sattrot 0.1 ***diep-, donkerrood.***
sattsam 0.1 ***genoegzaam*** *⇒voldoende.*
Saturation ⟨v.; ~⟩ **0.1** ***saturatie, verzadiging.***
saturieren 0.1 ⟨schr.⟩ ***tevredenstellen*** *⇒bevredigen* **0.2** ⟨schei.⟩ ***satureren, verzadigen.***
Saturn ⟨m.; ~s; als planeet steeds met lidw.⟩ **0.1** ***Saturnus.***
Satyr ⟨m.; ~s of ~n, ~n⟩ **0.1** ***sater.***
Satz ⟨m.; ~es, ⸚e⟩ **0.1** ***zin*** *⇒volzin* **0.2** ***stel, set*** *⇒groep, serie, reeks* **0.3** ***tarief*** *⇒percentage, koers* **0.4** ***(leer)stelling*** *⇒these* **0.5** ***bezinksel*** *⇒grondsop, (koffie)dik, drab* **0.6** ***sprong, zet*** **0.7** ⟨boek.⟩ ***het zetten*** **0.8** ⟨boek.⟩ ***zetsel*** **0.9** ⟨sp.⟩ ***set*** **0.10** ⟨muz.⟩ ***deel*** ⟨v.e. symfonie, sonate⟩ **0.11** ⟨muz.⟩ ***(toon)zetting*** *⇒compositie* **0.12** ⟨muz.⟩ ***periode*** **0.13** ⟨jacht⟩ ***worp*** *⇒nest* **0.14** ⟨vis.⟩ ***gepoot aantal*** **0.15** ⟨comp.⟩ ***record*** ◆ **3.4** einen ~ aufstellen *een stelling poneren* **6.3** der Preis geht **über** meinen ~ hinaus *de prijs gaat boven mijn begroting* **6.6 in, mit** einem ~ *met een sprong, in een zet* **6.7 im** ~ sein *gezet worden;* etwas **in, zum** ~ geben *iets laten zetten.*
Satzanalyse ⟨v.⟩⟨taal.⟩ **0.1** ***zinsontleding.***
Satzaussage ⟨v.⟩⟨taal.⟩ **0.1** ***predikaat, gezegde.***
Satzball ⟨m.⟩⟨sp.⟩ **0.1** ***setpoint.***
Satzbau ⟨m.⟩⟨taal.⟩ **0.1** ***zinsbouw.***
Satzbauplan ⟨m.⟩⟨taal.⟩ **0.1** ***zinsconstructie.***
Satzergänzung ⟨v.⟩⟨taal.⟩ **0.1** ***voorwerp, object.***
Satzfehler ⟨m.⟩⟨boek.⟩ **0.1** ***zetfout.***
Satzgefüge ⟨o.⟩⟨taal.⟩ **0.1** ***samengestelde zin*** *⇒hoofdzin met bijzin(nen).*
Satzgegenstand ⟨m.⟩⟨taal.⟩ **0.1** ***onderwerp.***
Satzglied ⟨o.⟩⟨taal.⟩ **0.1** ***zinsdeel.***
Satzklammer ⟨v.⟩⟨taal.⟩ **0.1** ***tangconstructie.***
Satzlehre ⟨v.⟩ **0.1** ⟨taal.⟩ ***zinsleer, syntaxis*** **0.2** ⟨muz.⟩ ***vormleer.***
Satzmuster ⟨o.⟩ →**Satzbauplan.**
Satzreihe ⟨v.⟩⟨taal.⟩ **0.1** ***uit nevengeschikte hoofdzinnen samengestelde zin.***
Satzspiegel ⟨m.⟩⟨boek.⟩ **0.1** ***bladspiegel*** *⇒zet-, drukspiegel.*
Satzteil ⟨m.⟩⟨taal.⟩ **0.1** ***zinsdeel.***
Satzung ⟨v.; ~, ~en⟩ **0.1** ***statuut, statuten*** **0.2** ***(huishoudelijk) reglement*** *⇒reglement van orde.*
Satzungsänderung ⟨v.⟩ **0.1** ***statutenwijziging.***
satzungsgemäß 0.1 ***statutair, volgens de statuten.***
Satzverbindung ⟨v.⟩ →**Satzreihe.**
satzweise 0.1 ***zin voor zin.***
Satzzeichen ⟨o.⟩⟨taal.⟩ **0.1** ***leesteken.***
Satzzusammenhang ⟨m.⟩ **0.1** ***zinsverband.***
Sau ⟨v.; ~, ⸚e of ~en⟩ **0.1** ⟨mv. Säue⟩ ***zeug, moedervarken*** **0.2** ⟨mv. ~en; jacht⟩ ***wild zwijn*** **0.3** ⟨mv. Säue⟩ ***smeerlap, varken*** *⇒viezerik* ◆ **2.3** dumme ~ *stommeling;* fette ~ *vetzak* **3.1** ⟨fig.⟩ die ~ rauslassen *zich laten gaan* **4.3** ⟨inf.⟩ keine ~ *geen hond, mens* **6.¶** ⟨inf.⟩ **unter** aller ~ *beneden alle peil;* ⟨inf.⟩ jmdn. **zur** ~ machen *iem. uitmaken (voor al wat lelijk is);* ⟨inf.⟩ etwas **zur** ~ machen *iets in de vernieling draaien* **8.1** schreien wie eine angestochene ~ *schreeuwen, gillen als een mager varken* **8.¶** wie eine gesengte ~ (a) *waardeloos, miserabel* (b) *vliegensvlug, bliksemsnel.*
Saubande ⟨v.⟩ **0.1** ***(stel, bende) smeerlappen.***
sauber 0.1 ***schoon, zindelijk*** *⇒net, zuiver* **0.2** ***keurig, zuiver*** *⇒rein, zorgvuldig,* ⟨als bw. ook⟩ *netjes* **0.3** ***zuiver, onberispelijk, rein*** *⇒fatsoenlijk* **0.4** ⟨iron.⟩ ***fraai, leuk*** **0.5** ⟨inf.⟩ ***flink, aardig*** **0.6** ⟨Zdd., Oostr., Zwi.⟩ ***knap*** ◆ **1.4** ~e Geschichten *fraaie verhalen* **1.5** eine ~e Summe *een flinke, aardige som* **3.1** das Kind ist schon ~ *het kind is al zindelijk* **3.2** der Schreibtisch ist ~ gearbeitet *het bureau is keurig afgewerkt.*
sauberhalten 0.1 ***schoonhouden.***
Sauberkeit ⟨v.; ~⟩ **0.1** ***zindelijkheid*** *⇒zuiverheid* **0.2** ***net-, reinheid*** *⇒keurig-, zorgvuldigheid* **0.3** ***zuiver-, reinheid*** *⇒onberispelijk-, oprechtheid.*
Sauberkeitsfimmel ⟨m.⟩⟨inf.⟩ **0.1** ***schoonmaakwoede, zindelijkheidstic.***
säuberlich 0.1 ***keurig*** *⇒proper, zorgvuldig,* ⟨als bw. ook⟩ *netjes* ◆ **5.1** ⟨inf.⟩ fein ~ *keurig netjes.*
saubermachen 0.1 ***schoonmaken, reinigen*** ◆ **1.1** ein Baby ~ *een baby verschonen.*
Saubermann ⟨m.; mv. ⸚er⟩⟨scherts.⟩ **0.1** ***toonbeeld van fatsoen*** **0.2** ***zedenprediker, -meester.***
säubern 0.1 ***zuiveren*** ⟨ook fig.⟩, ***schoonmaken, reinigen.***
Säuberung ⟨v.; ~, ~en⟩ **0.1** ***zuivering*** ⟨ook fig.⟩ *⇒reiniging.*
Säuberungswelle ⟨v.⟩ **0.1** ***golf van zuiveringen, zuiveringscampagne.***
saublöd(e) ⟨inf.⟩ **0.1** ***oerstom, ontzettend stom.***
Saubohne ⟨v.⟩ **0.1** ***tuinboon, roomse boon.***
Sauce ⟨v.⟩ →**Soße.**
Sauciere ⟨v.; ~, ~n⟩ **0.1** ***jus-, sauskom.***
Saudi ⟨m.; ~s, ~s⟩ **0.1** ***Saoediër, Saoedi-Arabiër.***
Saudiaraber ⟨m.⟩ **0.1** ***Saoediër, Saoedi-Arabiër.***
Saudi-Arabien ⟨o.; ~s⟩ **0.1** ***Saoedi-Arabië.***
saudumm ⟨inf.⟩ →**saublöd(e).**
sauen 0.1 ***biggen, jongen*** **0.2** ⟨inf.⟩ ***vuile taal uitslaan, vuile moppen tappen*** **0.3** ***kliederen, morsen.***
sauer 0.1 ***zuur*** ⇒⟨fig.⟩ *onvriendelijk, moeilijk* **0.2** ***kwaad*** ⇒ *woedend* **0.3** ⟨inf.; vooral sp.⟩ ***kapot*** ⟨ook fig.⟩ *⇒uitgeput* ◆ **3.1** ⟨inf.⟩ das wird ihm ~ aufstoßen *dat zal hem (nog) zuur opbreken;* ⟨inf.⟩ gib ihm Saures! *geef hem ervan langs!;* ⟨inf.⟩ etwas kommt mich ~ an *iets valt me zwaar;* ich habe es mir ~ werden lassen *ik heb me veel moeite gegeven* **3.2** ganz schön ~ sein *erg kwaad zijn, flink de smoor in hebben* **6.2** ~ **auf** jmdn. sein *kwaad op iem. zijn.*
Sauerampfer ⟨m.⟩⟨plantk.⟩ **0.1** ***veldzuring.***
Sauerbraten ⟨m.⟩ **0.1** ***gemarineerd gebraden (rund)vlees.***
Sauerbrunnen ⟨m.⟩ **0.1** ***koolzuurhoudende minerale bron*** **0.2** ***koolzuurhoudend bron-, mineraalwater.***
Sauerei ⟨v.; ~, ~en⟩ →**Schweinerei.**
Sauerkirsche ⟨v.⟩ **0.1** ***morel, zure kers*** **0.2** ***morel(lenboom).***
Sauerklee ⟨m.⟩⟨plantk.⟩ **0.1** ***klaverzuring.***
Sauerkraut ⟨o.⟩ **0.1** ***zuurkool.***
säuerlich 0.1 ***zurig, zuurachtig*** *⇒rins, wrang* **0.2** ⟨fig.⟩ ***zuur*** *⇒wrang.*
Sauermilch ⟨v.⟩ **0.1** ***zure melk, dikke melk.***
säuern 0.1 ***(aan)zuren, verzuren*** *⇒zuur maken, zuur worden.*

Säuernis ⟨v.; ~⟩ **0.1** ***zuurheid, zuurte*** ⟨ook fig.⟩.
Sauerrahm ⟨m.⟩ **0.1** ***zure room.***
Sauerstoff ⟨m.⟩ **0.1** ***zuurstof.***
Sauerstoffbombe ⟨v.⟩ **0.1** ***zuurstofcilinder.***
sauerstoffhaltig 0.1 ***zuurstofhoudend.***
sauersüß 0.1 ***zoetzuur*** **0.2** ⟨inf.; fig.⟩ ***zuurzoet.***
Sauerteig ⟨m.⟩ **0.1** ***zuurdeeg, -desem.***
Sauertopf ⟨m.⟩⟨inf.⟩ **0.1** ***zuurpruim, -kijker.***
sauertöpfisch ⟨inf.⟩ **0.1** ***knorrig, bromm(er)ig, gemelijk.***
Sauerwasser ⟨o.⟩ →**Sauerbrunnen.**
Saufbold ⟨m.; ~(e)s, ~e⟩ **0.1** ***zuiplap, drinkebroer.***
Saufbruder ⟨m.⟩⟨inf.⟩ **0.1** ***zuiplap, drinkebroer*** **0.2** ***kroegkameraad.***
saufen ⟨→t103⟩ **0.1** ***drinken*** ⟨van dieren⟩ **0.2** ⟨inf.⟩ ***zuipen*** ⇒*tetteren, (onmatig) drinken* ◆ **4.2** einen ~ *er eentje vatten, nemen.*
Säufer ⟨m.; ~s, ~⟩ **0.1** ***zuiper, zuiplap, drinkebroer.***
Sauferei ⟨v.; ~, ~en⟩ **0.1** ***zuippartij*** **0.2** ***zuiperij*** ⇒*gezuip.*
Säufernase ⟨v.⟩⟨inf.⟩ **0.1** ***pimpelpaarse neus, jeneverneus.***
Säuferwahn(sinn) ⟨m.⟩ **0.1** ***dronkenmanswaanzin, delirium (tremens).***
Saufgelage ⟨o.⟩ **0.1** ***zuippartij.***
Saufkumpan ⟨m.⟩⟨inf.⟩ **0.1** ***kroegkameraad, drinkgezel.***
Sauftour ⟨v.⟩ **0.1** ***kroegentocht.***
Saugbagger ⟨m.⟩ **0.1** ***zuigbaggermachine, baggermolen.***
Saugbohner ⟨m.⟩ **0.1** ***vloerreiniger.***
saugen ⟨→t104⟩ **0.1** ***zuigen.***
säugen 0.1 ***zogen.***
Sauger ⟨m.; ~s, ~⟩ **0.1** ***speen*** ⟨op fles⟩ **0.2** ***fopspeen, tut*** **0.3** ***hevel*** **0.4** ⟨inf.⟩ ***stofzuiger.***
Säuger ⟨m.; ~s, ~⟩ **0.1** ***zoogdier.***
Säugetier ⟨o.⟩ **0.1** ***zoogdier.***
Saugfähigkeit ⟨v.⟩ **0.1** ***absorptievermogen.***
Saugflasche ⟨v.⟩ **0.1** ***zuigfles.***
Saugheber ⟨m.⟩ **0.1** ***hevel.***
Säugling ⟨m.; ~s, ~e⟩ **0.1** ***zuigeling.***
Säuglingsausstattung ⟨v.⟩ **0.1** ***babyuitzet.***
Säuglingsheim ⟨o.⟩ **0.1** ***zuigelingentehuis.***
Säuglingskrippe ⟨v.⟩ **0.1** ***crèche (voor zuigelingen).***
Säuglingspflege ⟨v.⟩ **0.1** ***zuigelingenzorg.***
Säuglingsschwester ⟨v.⟩ **0.1** ***kraamverpleegster*** ⇒*babyverzorgster.*
Säuglingssterblichkeit ⟨v.⟩ **0.1** ***zuigelingensterfte.***
Saugnapf ⟨m.⟩ **0.1** ***zuignap(je).***
Saugpumpe ⟨v.⟩ **0.1** ***zuigpomp.***
saugrob 0.1 ***vreselijk lomp, erg grof*** ⇒*honds(brutaal).*
Saugrohr ⟨o.⟩ **0.1** ***pipet.***
Saugrüssel ⟨m.⟩⟨biol.⟩ **0.1** ***zuigsnuit.***
Sauhaufen ⟨m.⟩ **0.1** ***beestenbende, -boel.***
Sauhund ⟨m.⟩ **0.1** ***rotzak, smeerlap.***
sauigeln →**schweinigeln.**
säuisch 0.1 ***smerig, schunnig*** ⇒*vies* **0.2** ***ontzettend, enorm*** ⇒*beestachtig.*
saukalt 0.1 ***beestachtig koud.***
Saukerl ⟨m.⟩ →**Sauhund.**
Sauladen ⟨m.⟩ **0.1** ***snert-, rottent, snertzaak*** **0.2** ***varkensstal*** ⇒*(beesten)bende.*
Säule ⟨v.; ~, ~n⟩ **0.1** ***zuil*** ⟨ook fig.⟩, ***kolom*** ⇒*(steun)pilaar* ⟨ook fig.⟩ **0.2** ***kwikzuil, -kolom*** **0.3** ***(benzine)pomp*** **0.4** ⟨mil.⟩ ***colonne*** ◆ **2.1** ⟨fig.⟩ eine tragende ~ *een steunpilaar, pijler.*
Säulenhalle ⟨v.⟩ **0.1** ***zuilenhal, -galerij.***
Säulenheilige(r) ⟨bn. als zn.; m.⟩ **0.1** ***pilaarheilige.***
Saum ⟨m.; ~(e)s, ~̈e⟩ **0.1** ***zoom*** ⇒*rand.*
Saumagen ⟨m.⟩⟨cul.⟩ **0.1** ***varkenspens.***
saumäßig 0.1 ***ontzettend, enorm (veel)*** **0.2** ***bar (slecht), ontzettend (slecht)*** ⇒*miserabel, beroerd.*
säumen I ⟨onov.ww.⟩⟨schr.⟩ **0.1** ***dralen, talmen*** ⇒*treuzelen;* **II** ⟨ov.ww.⟩ **0.1** ***(om)zomen*** **0.2** ⟨fig.⟩ ***omzomen*** ⇒*staan langs.*
säumig ⟨meestal schr.⟩ **0.1** ***nalatig*** ⇒*in gebreke blijvend* **0.2** ***(te) laat*** ⇒*traag.*
Säumigkeit ⟨v.; ~⟩⟨schr.⟩ **0.1** ***nalatigheid*** **0.2** ***getalm*** ⇒*getreuzel, langzaamheid.*
Säumnis ⟨v.; ~, ~se of o.; ~ses, ~se⟩⟨schr.⟩ **0.1** ***nalatigheid, verzuim(ing)*** ⇒*uitstel, getalm.*
Saumpfad ⟨m.⟩ **0.1** ***bergpad voor lastdieren, muilezelpad.***
saumselig ⟨schr.⟩ **0.1** ***traag, langzaam.***
Saumtier ⟨o.⟩ **0.1** ***lastdier*** ⟨meestal muildier⟩.
Sauna ⟨v.; ~, ~s of Saunen⟩ **0.1** ***sauna.***
saun(ier)en ⟨h.⟩ **0.1** ***naar de sauna gaan*** **0.2** ***in de sauna zijn.***
Säure ⟨v.; ~, ~n⟩ **0.1** ***zuurheid*** ⇒*zuurte* **0.2** ⟨schei.⟩ ***zuur*** ◆ **5.2** er hat zu viel ~ *hij heeft het zuur.*
säure|beständig, -fest 0.1 ***zuurvast, bestand tegen zuur.***
Sauregurkenzeit ⟨v.⟩⟨inf.; fig.⟩ **0.1** ***komkommertijd.***
säurehaltig 0.1 ***zuurhoudend.***
Saurier ⟨m.; ~s, ~⟩ **0.1** ***sauriër.***
Saus ⟨m.⟩ ◆ **¶.¶** in ~ und Braus leben *een vrolijk leventje leiden.*
sauschlecht 0.1 ***bar, verdomd slecht.***
Sause ⟨v.; ~, ~n⟩⟨inf.⟩ **0.1** ***drinkpartij*** **0.2** ***kroegentocht.***
säuseln 0.1 ***ritselen, suizen, suizelen*** **0.2** ⟨iron.⟩ ***temen, femelen*** **0.3** ⟨iron.⟩ ***fluisteren*** **0.4** ⟨s.⟩ ***schuiven, glijden*** ⇒*dwarrelen.*
sausen 0.1 ***suizen*** ⇒*stuiven, gieren* **0.2** ⟨s.⟩ ***suizen, stuiven*** ⇒*vliegen, schieten* ◆ **4.¶** einen ~ lassen *er eentje laten vliegen* **6.¶ durch** eine Prüfung ~ *voor een examen zakken.*
sausenlassen ⟨inf.⟩ **0.1** ***laten schieten*** ⇒*ervan afzien.*
Sauseschritt ⟨m.⟩⟨inf.⟩ ◆ **6.¶ im** ~ *met reuzenschreden.*
Sausewind ⟨m.⟩ **0.1** ⟨kind.⟩ ***sterke, loeiende wind*** **0.2** ⟨inf.⟩ ***spring-in-'t-veld*** ⇒*druk kind, losbol.*
Saustall ⟨m.⟩ **0.1** ***varkens-, zwijnenstal*** ⟨ook fig.⟩.
sautieren ⟨cul.⟩ **0.1** ***sauteren.***
Sauwetter ⟨o.⟩⟨inf.⟩ **0.1** ***beesten-, hondenweer.***
Sauwirtschaft ⟨v.⟩⟨inf.⟩ **0.1** ***beesten-, zwijnenboel.***
sauwohl ⟨inf.⟩ **0.1** ***kiplekker.***
Sauwut ⟨v.⟩⟨inf.⟩ **0.1** ***ontzettende, enorme woede.***
Savanne ⟨v.; ~, ~n⟩ **0.1** ***savanne.***
Saxophon ⟨o.; ~s, ~e⟩ **0.1** ***saxofoon.***
Saxophonist ⟨m.; ~en, ~en⟩ **0.1** ***saxofonist.***
SB ⟨afk.⟩ [Selbstbedienung].
S-Bahn ⟨v.⟩⟨afk.⟩ →**Schnellbahn; Stadtbahn.**
SBB ⟨v.⟩⟨afk.⟩ [Schweizerische Bundesbahnen].
Schabe ⟨v.; ~, ~n⟩ **0.1** ***schaaf(mes), schaafijzer*** **0.2** ⟨bk.⟩ ***schraapijzer, -mes*** **0.3** ⟨biol.⟩ ***kakkerlak*** **0.4** ⟨Zdd., Zwi.⟩ ***mot.***
Schabefleisch ⟨o.⟩ **0.1** ***mager rundergehakt.***
Schabeisen ⟨o.⟩⟨amb.⟩ **0.1** ***schaafmes, -ijzer*** ⇒*schraapmes.*
schaben 0.1 ***schaven, schrapen*** ⇒*krabben, schrappen* **0.2** ***raspen*** **0.3** ***schrapen, schuren*** **0.4** ***wrijven, schurken, schuren*** **0.5** ⟨bk.⟩ ***schrapen*** ◆ **4.1** ⟨inf.; scherts.⟩ sich ~ *zich scheren.*
Schaber ⟨m.; ~s, ~⟩ **0.1** ***schraapstaal, schraap-, schaafijzer.***
Schabernack ⟨m.; ~(e)s, ~e⟩ **0.1** ***poets, (kwajongens)streek*** ◆ **3.1** jmdm. einen ~ spielen, seinen ~ mit jmdm. treiben *een streek met iem. uithalen, iem. een poets bakken.*

schäbig 0.1 *sjofel, armzalig* ⇒*armoedig, schamel* **0.2** ***min, laag, gemeen*** **0.3** ***krenterig, kleingeestig.***

Schabkunst ⟨v.⟩⟨bk.⟩ **0.1** ***schraapkunst, mezzo tinto.***

Schablone ⟨v.; ~, ~n⟩ **0.1** ***sjabloon, modelvorm*** ⇒*patroon* **0.2** ⟨meestal pej.; fig.⟩ ***vast patroon, cliché*** ⇒*vast stramien* **0.3** ***stencil*** ◆ **6.2 nach** (der) ~ *volgens een vast stramien, naar een sjabloon.*

Schablonendenken ⟨o.; ~s⟩ **0.1** ***het denken in clichés, sjablonen.***

schablonen|haft, -mäßig ⟨meestal pej.⟩ **0.1** ***in clichés, volgens een sjabloon, vast stramien*** ⇒*stereotiep, clichématig.*

schablonieren, schablonisieren 0.1 ***sjabloneren.***

Schabracke ⟨v.; ~, ~n⟩ **0.1** ***sjabrak*** ⇒*zadelkleed* **0.2** ***sierdeken*** ⟨over zitmeubelen⟩.

Schabsel ⟨o.; ~s, ~⟩ **0.1** ***schaafsel, schra(a)psel.***

Schabzi(e)ger ⟨m.; ~s, ~⟩ **0.1** ***groene kruidkaas.***

Schach ⟨o.; ~s, ~s⟩ **0.1** ***schaak*** ⟨ook fig.⟩ ⇒*schaakspel* ◆ **3.1** dem König ~ bieten, geben *de koning schaak zetten, geven;* ⟨schr.⟩ jmdm. ~ bieten *iem. het hoofd bieden;* ~ spielen *schaken* **6.1** der König steht, ist **im** ~ *de koning staat schaak;* ⟨inf.⟩ jmdn. **in** ~ halten *iem. in bedwang, in toom, onder controle houden* **8.1** ~ und matt! *schaakmat!*

Schachbrett ⟨o.⟩ **0.1** ***schaakbord.***

Schacher ⟨m.; ~s⟩ **0.1** ***gesjacher*** ◆ **3.1** ~ treiben *sjacheren.*

Schächer ⟨m.; ~s, ~⟩ **0.1** ⟨naast Jezus gekruisigde⟩ ***misdadiger, moordenaar.***

Schacherei ⟨v.; ~, ~en⟩⟨inf.⟩ **0.1** ***gesjacher.***

Schacherer ⟨m.; ~s, ~⟩ **0.1** ***sjacheraar.***

schachern 0.1 *sjacheren* ⇒*pingelen.*

Schachfigur ⟨v.⟩ **0.1** ***schaakstuk*** ⇒⟨fig.⟩ *stroman.*

schachmatt 0.1 ***schaakmat*** ⟨ook fig.⟩ **0.2** ***uitgeput, kapot*** ⇒ *doodop.*

Schachmeister ⟨m.⟩ **0.1** ***schaakkampioen*** ⇒*schaakmeester.*

Schachpartie ⟨v.⟩ **0.1** ***schaakpartij, -wedstrijd.***

Schachspiel ⟨o.⟩ **0.1** ***schaakspel.***

Schachspieler ⟨m.⟩ **0.1** ***schaakspeler, schaker.***

Schacht ⟨m.; ~(e)s, ¨~e⟩ **0.1** ***schacht*** ⇒*mijnput, (lift)koker* **0.2** ***bommenluik.***

Schachtanlage ⟨v.⟩ **0.1** ***mijn(complex).***

Schachtel ⟨v.; ~, ~n⟩ **0.1** ***doos(je)*** **0.2** ⟨ec.⟩ ***aandelenpakket (van ten minste 25 procent)*** ◆ **2.1** zwei ~n Zigaretten *twee pakjes sigaretten* **2.¶** ⟨inf.⟩ alte ~ *oud wijf, ouwe taart.*

Schachtelhalm ⟨m.⟩⟨plantk.⟩ **0.1** ***paardenstaart.***

schachteln 0.1 ***in, over elkaar schuiven, ineenvoegen*** ⟨ook fig.⟩.

Schachtelsatz ⟨m.⟩ **0.1** ***meervoudig samengestelde zin.***

schächten 0.1 ***slachten*** ⟨volgens joods ritueel⟩.

Schachturnier ⟨o.⟩ **0.1** ***schaaktoernooi.***

Schachzug ⟨m.⟩ **0.1** ***(schaak)zet*** ⟨ook fig.⟩.

schade 0.1 ***jammer*** ⇒*zonde* ◆ **5.1** wie, zu ~! *wat jammer!;* dafür ist mir meine Zeit zu ~ *dat is zonde van mijn tijd;* du bist dir wohl zu ~ dafür, dazu *je voelt je daar zeker te goed voor;* du bist zu ~ für ihn *je bent veel te goed voor hem* **6.1** ~ **um** das Geld! *zonde, jammer van het geld!*

Schädel ⟨m.; ~s, ~⟩ **0.1** ***schedel*** ⇒*hersenpan, kop* ◆ **2.1** ⟨inf.; fig.⟩ einen dicken, harten ~ haben *een stijf-, dikkop zijn* **3.1** mir brummt, raucht der ~ *mijn hoofd dreunt, bonst;* ⟨inf.; fig.⟩ sich ⟨3e nv.⟩ den ~ an einer Sache einrennen *bij iets lelijk zijn hoofd stoten* **6.1** jmdm. eins **auf, über** den ~ geben *iem. op zijn hersens slaan;* das geht, will mir nicht **in** den ~ hinein *dat wil er bij mij niet in;* **mit** dem ~ durch die Wand wollen *met de kop door de muur willen.*

Schädelbasisbruch ⟨m.⟩ **0.1** ***schedelbasisbreuk, -fractuur.***

Schädeldach ⟨o.⟩ **0.1** ***schedeldak*** ⇒*hersenpan.*

Schädeldecke ⟨v.⟩ →**Schädeldach.**

Schädelhöhle ⟨v.⟩ **0.1** ***schedelholte.***

Schädelnaht ⟨v.⟩ **0.1** ***schedelnaad.***

Schädelstätte ⟨v.⟩ **0.1** ***Schedelberg*** ⇒*Golgotha.*

schaden ⟨met 3e nv.⟩ **0.1** ***schaden*** ⇒*schade, nadeel berokkenen, schadelijk zijn, benadelen* ◆ **4.1** ⟨inf.⟩ es kann nichts ~ *het kan geen kwaad;* ⟨inf.⟩ das schadet ihm gar nichts ⟨ook⟩ *daar lijdt hij niet onder.*

Schaden ⟨m.; ~s, ¨~⟩ **0.1** ***schade*** ⇒*nadeel, verlies* **0.2** ***schade, beschadiging*** ⇒*defect, gebrek* **0.3** ***letsel*** ⇒*gebrek* ◆ **3.1** ~ stiften, einen ~ herbeiführen *schade aanrichten;* ~ davontragen, erleiden *schade oplopen, lijden; nadeel ondervinden;* es soll dein ~ nicht sein *het zal niet in je nadeel zijn;* jmdm. einen ~ zufügen *iem. schade berokkenen,* ⟨ook⟩ *iem. benadelen* **3.2** das Schiff hat mehrere Schäden erlitten *het schip is op verscheidene plaatsen beschadigd* **3.3** ich hatte mir einen ~ zugezogen *ik had (een) letsel opgelopen* **6.1** er nimmt ~ **an** seiner Gesundheit *zijn gezondheid lijdt eronder, wordt erdoor geschaad;* ⟨inf.⟩ ab, fort, weg **mit** ~! *weg ermee!;* ⟨schr.⟩ **zu** ~ kommen (bei) *verlies lijden (bij), nadeel ondervinden (van)* **6.3 zu** ~ kommen *letsel oplopen, gewond raken* **¶.1** ⟨sprw.⟩ durch ~ wird man klug *door schade en schande wordt men wijs;* ⟨sprw.⟩ wer den ~ hat, braucht für den Spott nicht zu sorgen *wie de schade heeft, heeft de schande erbij.*

Schadenersatz ⟨m.⟩⟨jur.⟩ **0.1** ***schadevergoeding.***

Schadenersatzanspruch ⟨m.⟩ **0.1** ***schadevordering*** ⇒ *schadeclaim.*

Schadenersatzklage ⟨v.⟩ **0.1** ***eis tot schadevergoeding.***

Schadenersatzleistung ⟨v.⟩ **0.1** ***schadevergoeding, schade-uitkering.***

Schadenersatzpflicht ⟨v.⟩ **0.1** ***schadeplichtigheid.***

Schadenfreiheitsrabatt ⟨m.⟩⟨ec.⟩ **0.1** ***no-claimkorting.***

Schadenfreude ⟨v.⟩ **0.1** ***leedvermaak.***

schadenfroh 0.1 ***vol leedvermaak.***

Schadens- →**Schaden-.**

Schadensfall ⟨m.⟩⟨jur., ec.⟩ **0.1** ***schadegeval.***

Schadenverhütung ⟨v.⟩ **0.1** ***het voorkomen van schade.***

schadhaft 0.1 ***beschadigd*** ⇒*defect, geschonden* **0.2** ***aangestoken, slecht.***

Schadhaftigkeit ⟨v.; ~⟩ **0.1** ***slechte, beschadigde toestand*** ⇒*schade* **0.2** ⟨ec.⟩ ***beschadigdheid.***

schädigen 0.1 ***schaden, schade berokkenen*** ⇒*benadelen, nadeel toebrengen.*

Schädiger ⟨m.; ~s, ~⟩ **0.1** ***veroorzaker v.d. schade.***

Schädigung ⟨v.; ~, ~en⟩ **0.1** ***het berokkenen van schade*** ⇒ *benadeling, aantasting* **0.2** ***schade, beschadiging*** **0.3** ***letsel.***

schädlich 0.1 ***schadelijk, nadelig.***

Schädling ⟨m.; ~s, ~e⟩ **0.1** ***schadelijk dier, insect*** **0.2** ***schadelijke plant*** **0.3** ⟨fig.⟩ ***schadelijk individu.***

Schädlingsbefall ⟨m.⟩ **0.1** ***aantasting door insecten, ongedierte.***

Schädlingsbekämpfung ⟨v.⟩ **0.1** ***bestrijding van schadelijke planten, dieren.***

schadlos 0.1 ***schadeloos*** ◆ **3.1** sich ~ halten *zich schadeloosstellen* **6.1** sich **an** jmdm. ~ halten *zijn schade op iem. verhalen.*

Schadloshaltung ⟨v.⟩ **0.1** ***schadeloosstelling.***

Schador ⟨m.; ~s, ~s⟩ **0.1** ***chador.***

Schadstoff ⟨m.⟩ **0.1** ***schadelijke stof.***

Schadstoffausstoß ⟨m.⟩ **0.1** ***uitstoot/emissie van schadelijke stoffen.***

Schadstoffeinleitung ⟨v.⟩ **0.1** ***het lozen van schadelijke stoffen*** ⟨in rivieren of in zee⟩.
Schaf ⟨o.; ~(e)s, ~e⟩ **0.1** ***schaap*** ⇒⟨inf.; fig.⟩ *schaapskop, sufferd.*
Schafbock ⟨m.⟩ **0.1** ***ram.***
Schäfchen ⟨o.; ~s, ~⟩ **0.1** ***schaapje*** ⟨ook fig.⟩ ⇒*schapenwolkje* ◆ **3.1** ⟨fig.⟩ sein(e) ~ ins trockene bringen *zijn schaapjes op het droge brengen;* ⟨inf.⟩ seine ~ scheren *zijn schaapjes scheren, zijn naadje naaien.*
Schäfer ⟨m.; ~s, ~⟩ **0.1** ***(schaap)herder.***
Schäferei ⟨v.; ~, ~en⟩ **0.1** ***schapenfokkerij*** ⇒*schapenteelt.*
Schäfergedicht ⟨o.⟩⟨lit.⟩ **0.1** ***herdersdicht, pastorale.***
Schäferhund ⟨m.⟩ **0.1** ***herdershond.***
Schäferspiel ⟨o.⟩⟨lit.⟩ **0.1** ***herdersspel, pastorale.***
Schäferstündchen ⟨o.⟩ **0.1** ***herdersuurtje, heimelijk liefdesuurtje.***
Schaff ⟨o.; ~(e)s, ~e⟩ **0.1** ⟨Zdd., Oostr.⟩ ***bak, kom, kuip*** **0.2** ⟨reg.⟩ ***kast*** **0.3** ⟨reg.⟩ ***rek, schap.***
Schaffell ⟨o.⟩ **0.1** ***schapenvel, -vacht.***
schaffen I ⟨onov.ww.; zwak⟩ **0.1** ⟨Zdd.⟩ ***werken*** **0.2** ⟨Zdd., Oostr.⟩ ***bevelen, opdragen*** ◆ **3.¶** sein Herz macht ihm zu ~ *hij heeft last van zijn hart;* was machst du dir an meinem Fahrrad zu ~? *wat doe, zit jij daar aan mijn fiets?;* jmdm. zu ~ machen *iem. tot last zijn* **4.1** hiermit schafft es sich leichter *hiermee gaat het werk (ge)makkelijker van de hand;*
II ⟨ov.ww.→t105⟩ **0.1** ⟨sterk⟩ ***scheppen*** ⇒*voortbrengen, tot stand brengen* **0.2** ⟨meestal sterk⟩ ***verschaffen, veroorzaken, teweegbrengen*** ⇒*bezorgen* **0.3** ⟨zwak⟩ ***doen, bezig zijn*** **0.4** ⟨zwak⟩ ***klaarspelen, -krijgen*** ⇒*halen* **0.5** ⟨zwak⟩ ***vermoeien, uitputten*** ⇒*kapotmaken* **0.6** ⟨zwak⟩ ***brengen*** ⇒*vervoeren* ◆ **1.2** Hilfe ~ *hulp verschaffen, helpen;* Ordnung ~ *orde scheppen;* Platz, Raum ~ *plaats, ruimte maken* **1.4** ⟨inf.⟩ sein Brot nicht ~ *zijn brood niet op kunnen, opkrijgen;* ⟨inf.⟩ ich schaffte den letzten Zug noch *ik haalde de laatste trein nog* **3.3** nichts zu ~ haben mit etwas *niets te maken, niets uit te staan hebben met iets* **3.4** das wäre geschafft!, das hätten wir geschafft! *klaar is Kees!, dat is klaar, af!* **4.2** sich ⟨3e nv.⟩ ein Vermögen ~ *een vermogen vergaren* **4.4** es ~ *het klaarspelen, het halen, het klaren* **4.5** ⟨inf.⟩ sich ~ *zich kapotwerken, zich uitputten* **6.6** etwas **an** Ort und Stelle ~ *ervoor zorgen dat iets te bestemder plaatse komt* **8.1** wie geschaffen für etwas *geschapen, geknipt voor iets;* zum Arzt wie geschaffen sein *een geboren dokter zijn* **¶.4** geschafft! *klaar!, gelukt!*
Schaffen ⟨o.; ~s⟩ **0.1** ***werk, de werken*** ⟨v.e. kunstenaar⟩ ⇒ *oeuvre* **0.2** ***het scheppen, schepping*** ⇒*creatieve bezigheid.*
Schaffensdrang ⟨m.⟩ **0.1** ***scheppingsdrang, -drift.***
Schaffensfreude ⟨v.⟩ **0.1** ***scheppingsvreugde*** ⇒*plezier in het werk.*
schaffensfreudig **0.1** ***productief, creatief.***
Schaffenskraft ⟨v.⟩ **0.1** ***scheppingskracht*** ⇒*creativiteit.*
Schaffenslust ⟨v.⟩ →**Schaffensfreude.**
Schaffer ⟨m.; ~s, ~⟩⟨reg.⟩ **0.1** ***vlijtig werker, werkpaard.***
Schafferei ⟨v.; ~, ~en⟩⟨reg.⟩ **0.1** ***gesloof, gezwoeg.***
schaffig ⟨Zdd., Zwi.⟩ **0.1** ***vlijtig, werkzaam.***
Schaffner ⟨m.; ~s, ~⟩ **0.1** ***conducteur.***
Schaffnerin ⟨v.; ~, ~nen⟩ **0.1** ***conductrice.***
schaffnerlos **0.1** ***zonder conducteur.***
Schaffung ⟨v.; ~⟩ **0.1** ***het scheppen, het creëren, het voortbrengen*** ⇒*schepping.*
Schafgarbe ⟨v.⟩⟨plantk.⟩ **0.1** ***duizendblad.***
Schafherde ⟨v.⟩ **0.1** ***kudde schapen.***
Schafhirt ⟨m.⟩ **0.1** ***schaapherder.***
Schafhürde ⟨v.⟩ **0.1** ***schaapskooi, schapenhok.***
Schafkäse ⟨m.⟩ **0.1** ***schapenkaas.***
Schafkopf ⟨m.⟩ **0.1** ⟨inf.⟩ ***schaapskop, domoor*** **0.2** ⟨soort kaartspel⟩.
Schafott ⟨o.; ~(e)s, ~e⟩ **0.1** ***schavot.***
Schafpelz ⟨m.⟩ **0.1** ***(pels van) schapenvacht.***
Schafschur ⟨v.⟩ **0.1** ***het schapenscheren.***
Schafstall ⟨m.⟩ **0.1** ***schapenstal, schaapskooi.***
Schaft ⟨m.; ~(e)s, ⁓̈e⟩ **0.1** ***schacht*** ⟨ook biol., bk., ind.⟩ ⇒ *steel* **0.2** ***steel, stengel*** **0.3** ***heft*** ⟨v.e. mes⟩ **0.4** ***stam*** ⟨v.e. boom⟩ **0.5** ***lade*** ⟨v.e. geweer⟩ **0.6** ***kap*** ⟨v.e. laars⟩ **0.7** ***voet*** ⟨v.e. schoen⟩ **0.8** ⟨Zdd., Zwi.⟩ ***kast.***
Schaftstiefel ⟨m.⟩ **0.1** ***kaplaars, hoge laars.***
Schafweide ⟨v.⟩ **0.1** ***schapenweide.***
Schafwolle ⟨v.⟩ **0.1** ***schapenwol.***
Schafzucht ⟨v.⟩ **0.1** ***schapenteelt, -fokkerij.***
Schah ⟨m.; ~s, ~s⟩ **0.1** ***sjah.***
Schakal ⟨m.; ~s, ~e⟩ **0.1** ***jakhals.***
Schake ⟨v.; ~, ~n⟩ **0.1** ***schakel, ring*** ⟨v.e. ketting⟩.
Schäkel ⟨m.; ~s, ~⟩⟨scheep., tech.⟩ **0.1** ***harp-, kettingsluiting.***
schäkeln ⟨tech.⟩ **0.1** ***schakelen, door schakels verbinden.***
Schäker ⟨m.; ~s, ~⟩ **0.1** ***grappenmaker, grapjas*** **0.2** ***flirt*** ⇒ *scharrelaar.*
Schäkerei ⟨v.; ~, ~en⟩ **0.1** ***gekheid, malligheid, stoeierij*** **0.2** ***(ge)flirt*** ⇒*gescharrel.*
schäkern **0.1** ***grappen maken, gekheid maken*** **0.2** ***flirten*** ⇒*stoeien, scharrelen.*
schal **0.1** ***verschaald*** ⇒*laf, flauw* ◆ **1.1** ⟨fig.⟩ die ~e Alltäglichkeit *de duffe alledaagsheid* **3.1** ~ werden *verschalen.*
Schal ⟨m.; ~s, ~s of ~e⟩ **0.1** ***sjaal*** **0.2** ⟨strook v.e.⟩ ***overgordijn*** ⇒*fopgordijn.*
Schalbrett ⟨o.⟩⟨amb.⟩ **0.1** ***schaal(deel)*** **0.2** ***bekistingsplank.***
Schälchen ⟨o.; ~s, ~⟩ **0.1** ***sjaaltje*** **0.2** ***schaaltje*** ⇒*schoteltje, kommetje* **0.3** ***schilletje*** **0.4** ***(weeg)schaaltje*** **0.5** ⟨vooral Oostr.⟩ ***kopje.***
Schale ⟨v.; ~, ~n⟩ **0.1** ***schaal*** ⇒*schotel, kom* **0.2** ***schil*** ⟨ook nat.⟩ ⇒*schaal, dop, schors, schelp, bolster* **0.3** ***(weeg)schaal*** **0.4** ⟨vooral Oostr.⟩ ***kop(je)*** **0.5** ⟨jacht⟩ ***schaal, hoef*** **0.6** ⟨tech.⟩ ***romp*** **0.7** ⟨bouwk.⟩ ***schaalconstructie*** ◆ **1.1** ⟨schr.; fig.⟩ die ~ seines Zornes über jmdn., jmdm. ausgießen *de fiolen van zijn toorn over iem. uitgieten* **2.2** ⟨fig.⟩ die äußere ~ *de buitenkant;* grüne ~ *bolster* **6.¶** ⟨inf.⟩ **in** ~ sein *piekfijn uitgedost zijn;* ⟨inf.⟩ sich **in** ~ schmeißen, werfen *zich op zijn best kleden, zich opdoffen* **¶.2** ⟨sprw.⟩ rauhe ~, guter Kern *ruwe bolster, blanke pit.*
schalen ⟨amb.⟩ **0.1** ***bekisten, een bekisting maken.***
schälen I ⟨ov.ww.⟩ **0.1** ***schillen*** ⟨ook landb.⟩ ⇒*pellen, doppen, ontschorsen* **0.2** ***wegsnijden*** **0.3** ⟨jacht⟩ ***schors aanknabbelen*** ◆ **4.1** ⟨inf.⟩ sich aus seinen Kleidern ~ *zich van zijn kleren ontdoen;*
II sich ~ ⟨wk.ww.⟩ **0.1** ***ver-, ontvellen*** ⇒*afschilferen* ◆ **1.¶** Birnen ~ sich schlecht *peren zijn slecht te schillen.*
schalenförmig **0.1** ***komvormig*** ⇒*schaal-, bolvormig* **0.2** ***kuipvormig, in de vorm v.e. kuip(je).***
schalenlos **0.1** ***zonder schil, schaal, dop, bolster, schelp.***
Schalenobst ⟨o.⟩ **0.1** ***schaalvruchten*** ⇒*dopvruchten, noten.*
Schalen|sessel, -sitz ⟨m.⟩ **0.1** ***kuipstoel*** ⇒*kuip.*
Schalentier ⟨o.⟩ **0.1** ***schaaldier.***
Schalenwild ⟨o.⟩ **0.1** ***gehoefd wild.***
Schalheit ⟨v.; ~⟩ **0.1** ***het verschaald zijn*** ⇒⟨fig.⟩ *flauw-, laf-, dufheid.*
Schälhengst ⟨m.⟩ **0.1** ***dekhengst.***
Schalholz ⟨o.⟩ **0.1** ***bekistingshout.***

Schalk ⟨m.; ~(e)s, ~e of ¨~e⟩⟨vero.⟩ **0.1** ***schalk, guit, grappenmaker*** ◆ **6.1** ihr schaut der ~ **aus** den Augen *de schalksheid straalt uit haar ogen;* ihm sitzt der ~ **im** Nacken, er hat den ~ im Nacken *hij is een schalk.* →**Fuchs.**

schalkhaft ⟨schr.⟩ **0.1** ***schalks, guitig*** ⇒*olijk.*

Schalk|haftigkeit, -heit ⟨v.; ~, ~en⟩ **0.1** ***schalks-, guitigheid*** ⇒*kattenkwaad.*

Schalkragen ⟨m.⟩ **0.1** ***sjaalkraag.***

Schall ⟨m.; ~(e)s, ~e of ¨~e⟩ **0.1** ***klank, geluid*** ⇒*galm, geschal* ◆ **2.1** ⟨fig.⟩ etwas ist leerer ~ ***iets is holle klank*** **6.1** die Lehre **vom** ~ *de geluidsleer, akoestiek* **8.1** ⟨fig.⟩ ~ und Rauch *ijdele, holle klank.* →**Tonne.**

Schallbecher ⟨m.⟩⟨muz.⟩ **0.1** ***beker.***

Schallboden ⟨m.⟩⟨muz.⟩ **0.1** ***klank-, resonantiebodem.***

Schalldämmung ⟨v.⟩ **0.1** ***geluiddemping, geluidsisolatie.***

Schalldämpfer ⟨m.⟩ **0.1** ***geluiddemper*** ⇒⟨muz.⟩ *sourdine* **0.2** ***knalpot, uitlaat.***

Schalldämpfung ⟨v.⟩ **0.1** ***geluiddemping.***

Schalldeckel ⟨m.⟩ **0.1** ***galm-, klankbord*** ⟨boven een spreekgestoelte⟩.

schalldicht **0.1** ***geluiddicht.***

schallen ⟨→t106⟩ **0.1** ***klinken, galmen*** ⇒*schallen* ◆ **1.1** ~der Beifall *daverend applaus;* eine ~de Ohrfeige *een klinkende oorveeg* **3.1** ~d lachen *schaterend lachen, schateren.* →**Wald.**

schallern ⟨inf.⟩ ◆ **3.¶** eine geschallert kriegen *een flinke draai om zijn oren krijgen.*

Schallgeschwindigkeit ⟨v.⟩ **0.1** ***geluidssnelheid.***

Schallgrenze ⟨v.⟩ →**Schallmauer.**

Schall|kasten, -körper ⟨m.⟩⟨muz.⟩ **0.1** ***klankkast.***

Schallmauer ⟨v.⟩ **0.1** ***geluidsbarrière*** ⇒*geluidsmuur,* ⟨fig. vooral⟩ *magische grens.*

Schallnachahmung ⟨v.⟩⟨taal.⟩ **0.1** ***klanknabootsing.***

Schalloch ⟨o.⟩ **0.1** ***klankgat*** **0.2** ***galmgat.***

Schallplatte ⟨v.⟩ **0.1** ***(grammofoon)plaat.***

Schallplattengeschäft ⟨o.⟩ **0.1** ***platenzaak, -winkel*** **0.2** ***platenbusiness.***

Schallplattenhülle ⟨v.⟩ **0.1** ***platenhoes, cover.***

Schallplattenmusik ⟨v.⟩ **0.1** ***platen-, grammofoonmuziek.***

Schallplattenständer ⟨m.⟩ **0.1** ***platenrek.***

schallschluckend **0.1** ***geluiddempend, -absorberend.***

Schallschutz ⟨m.⟩ **0.1** ***geluidsisolatie*** **0.2** ***geluidwering.***

schallsicher **0.1** ***geluiddicht.***

Schalltrichter ⟨m.⟩ **0.1** ***(geluids)trechter*** ⇒*hoorn* **0.2** ⟨muz.⟩ ***beker.***

Schallwelle ⟨v.⟩ **0.1** ***geluidsgolf.***

Schallwort ⟨o.; mv. ¨~er⟩⟨taal.⟩ **0.1** ***onomatopee, klanknabootsend woord.***

Schalmei ⟨v.; ~, ~en⟩ **0.1** ***schalmei*** ⇒*herdersfluit.*

Schalotte ⟨v.; ~, ~n⟩ **0.1** ***sjalot.***

Schaltanlage ⟨v.⟩ **0.1** ***schakelinstallatie.***

Schaltbild ⟨o.⟩⟨tech.⟩ **0.1** ***schakelschema.***

Schaltbrett ⟨o.⟩ **0.1** ***schakelbord*** ⇒*instrumentenbord, schakelpaneel.*

schalten I ⟨onov.ww.⟩ **0.1** ***schakelen*** ⇒*overschakelen, zetten* **0.2** ⟨schr.⟩ ***beheren, beschikken*** ⇒*heersen, huishouden, regeren* **0.3** ⟨inf.⟩ ***begrijpen, snappen*** ◆ **5.2** mit etwas frei ~ *vrij(elijk) over iets beschikken* **5.3** langsam ~ *traag, langzaam van begrip zijn;* sofort ~ (a) *het meteen doorhebben* (b) *meteen reageren* **6.1** wir ~ **ins** Stadion *wij schakelen over naar het stadion;* die Ampel schaltete **auf** Grün *het (verkeers-, stop)licht sprong op groen* **8.2** ~ und walten *heer en meester zijn;* nach Belieben ~ und walten *doen en laten wat men wil;* jmdn. ~ und walten lassen *iem. de vrije hand laten, iem. laten begaan, betijen;*

II ⟨ov.ww.⟩ **0.1** ***schakelen*** ⇒*zetten* **0.2** ***inlassen, invoegen*** ⇒*tussenschuiven;*

III sich ~ ⟨wk.ww.⟩ **0.1** ***schakelen*** ⇒*geschakeld (kunnen) worden.*

Schalter ⟨m.; ~s, ~⟩ **0.1** ***schakelaar*** **0.2** ***loket.***

Schalterbeamte(r) ⟨bn. als zn.; m.⟩ **0.1** ***loketbeambte*** ⇒*lokettist.*

Schalterhalle ⟨v.⟩ **0.1** ***lokettenhal.***

Schalterraum ⟨m.⟩ →**Schalterhalle.**

Schalterschluß ⟨m.⟩ **0.1** ***sluiting der loketten.***

Schalterstunden ⟨alleen mv.⟩ **0.1** ***uren waarin de loketten geopend zijn*** ⇒*loket(ten) geopend van ... tot ...*

Schalthebel ⟨m.⟩ **0.1** ***schakelaar, schakelhefboom*** **0.2** ***versnellings-, schakelhendel*** ⇒*pook* ◆ **6.1** ⟨fig.⟩ **an** den ~n der Macht sitzen *aan de hefbomen van de macht zitten.*

Schaltjahr ⟨o.⟩ **0.1** ***schrikkeljaar*** ◆ **4.1** ⟨inf.⟩ alle ~e (ein)mal *zelden of nooit, hoogst zelden.*

Schaltkasten ⟨m.⟩ **0.1** ***schakelkastje.***

Schaltknüppel ⟨m.⟩ **0.1** ***versnellingshendel*** ⇒*pook.*

Schaltplan ⟨m.⟩ **0.1** ***schakelschema.***

Schaltpult ⟨o.⟩ **0.1** ***schakelpaneel.***

Schaltsatz ⟨m.⟩⟨taal.⟩ **0.1** ***tussenzin.***

Schaltstelle ⟨v.⟩ **0.1** ***(commando)centrale.***

Schalttafel ⟨v.⟩ **0.1** ***schakelbord*** ⇒*instrumentenbord.*

Schalttag ⟨m.⟩ **0.1** ***schrikkeldag.***

Schaltuhr ⟨v.⟩ **0.1** ***schakelklok.***

Schaltung ⟨v.; ~, ~en⟩ **0.1** ***schakeling*** **0.2** ***schakelschema*** **0.3** ***versnelling(en)*** **0.4** ⟨com.⟩ ***overschakeling.***

Schaltvorrichtung ⟨v.⟩ **0.1** ***schakelinstallatie*** ⇒*schakeltoestel, schakelaar.*

Schaltzentrale ⟨v.⟩ **0.1** ***(schakel)centrale*** **0.2** ⟨fig.⟩ ***(commando)centrale, zenuwcentrum.***

Schalung ⟨v.; ~, ~en⟩ **0.1** ***bekisting, formeel.***

Schaluppe ⟨v.; ~, ~n⟩ **0.1** ***sloep.***

Scham ⟨v.; ~⟩ **0.1** ***schaamte*** ⇒*schaamtegevoel* **0.2** ⟨schr.⟩ ***schaamdelen*** ⇒*schaamstreek.*

Schamane ⟨m.; ~n, ~n⟩ **0.1** ***sjamaan.***

schämen, sich ⟨met 2e nv.⟩ **0.1** ***zich schamen*** ◆ **1.1** sich seiner Herkunft ~ *zich voor zijn afkomst schamen* **6.1** sich **für** jmdn. ~ *zich voor iem. schamen;* sich **über** eine Sache, **wegen** einer Sache ~ *zich voor, over iets schamen;* sich **vor** jmdm. ~ *zich tegenover, bij iem. schamen.*

Schamgefühl ⟨o.⟩ **0.1** ***schaamtegevoel.***

Schamgegend ⟨v.⟩ **0.1** ***schaamstreek.***

schamhaft **0.1** ***beschaamd*** ⇒*schaamachtig, schuchter, zedig.*

Schamlippe ⟨v.⟩ **0.1** ***schaamlip.***

schamlos **0.1** ***schaamteloos*** ⇒*onbeschaamd.*

Schamotte ⟨v.; ~⟩ **0.1** ***chamotte.***

Schampon ⟨o.; ~s⟩ **0.1** ***shampoo.***

Schampus ⟨m.; ~⟩⟨inf.⟩ **0.1** ***champagne.***

schamrot **0.1** ***schaamrood*** ⇒*rood van schaamte.*

Schamröte ⟨v.⟩ **0.1** ***schaamrood.***

schamverletzend **0.1** ***het schaamtegevoel kwetsend*** ⇒*stuitend.*

schandbar **0.1** ***schandelijk, schandalig*** ⇒⟨inf.⟩ *ontzettend (slecht).*

Schande ⟨v.; ~⟩ **0.1** ***schande*** ⇒*smaad, oneer* ◆ **3.1** etwas bringt jmdm. ~ *iets doet iem. schande aan, brengt schande over iem.;* mach mir keine ~! *doe me geen schande aan!* **6.1** ⟨schr.⟩ jmdm. **zur** ~ gereichen *iem. tot schande strekken.* →**Horcher.**

schänden **0.1** ***schenden*** ⇒*beschadigen, verminken, verkrachten, onteren, ontheiligen.*

Schänder ⟨m.; ~s, ~⟩ **0.1** ***schender*** ⇒*onteerder, verkrachter, grafschenner.*

Schandfleck ⟨m.⟩ **0.1** ***schandvlek.***
Schandgeld ⟨o.⟩ **0.1** ***schand(e)geld*** ⇒*spotprijs* **0.2** ***schandalig veel geld*** **0.3** ***schandgeld*** ⇒*met schande verkregen geld.*
schändlich 0.1 ***schandelijk, schandalig*** ⇒*sc(h)andaleus,* ⟨inf. ook⟩ *ontzettend (slecht).*
Schandmal ⟨o.⟩ **0.1** ***schandmerk*** **0.2** ⟨fig.⟩ ***schandvlek.***
Schandmaul ⟨o.⟩⟨inf.⟩ **0.1** ***vuile bek*** **0.2** ***roddelaar(ster)*** ⇒ *kwaadspreker, vuiltong.*
Schandpfahl ⟨m.⟩⟨gesch.⟩ **0.1** ***schandpaal.***
Schandtat ⟨v.⟩ **0.1** ***schanddaad*** ⇒*schandelijke daad.*
Schändung ⟨v.; ~, ~en⟩ **0.1** ***schending*** ⇒*schennis, verminking, ontering, verkrachting, ontheiliging.*
Schankbetrieb ⟨m.⟩ **0.1** ***kroeg, tapperij, café.***
Schankbier ⟨o.⟩ **0.1** ***tapbier, bier van het vat.***
Schanker ⟨m.; ~s, ~⟩⟨med.⟩ **0.1** ***sjanker.***
Schank|erlaubnis, -konzession ⟨v.⟩ **0.1** ***(tap-, drank)vergunning.***
Schankstube ⟨v.⟩ **0.1** ***gelagkamer*** ⇒*café, bar.*
Schanktisch ⟨m.⟩ **0.1** ***buffet, tapkast.***
Schankwirt ⟨m.⟩ **0.1** ***caféhouder, kastelein.***
Schankwirtschaft ⟨v.⟩ **0.1** ***café, kroeg.***
Schanze ⟨v.; ~, ~n⟩ **0.1** ⟨mil.⟩ ***schans*** ⇒*aarden wal* **0.2** ⟨scheep.⟩ ***schans, halfdek*** **0.3** ⟨sp.⟩ ***springschans*** ◆ **¶.¶** sein Leben für jmdn. in die ~ schlagen *zijn leven voor iem. op het spel zetten.*
schanzen I ⟨onov.ww.⟩ **0.1** ***schansen*** ⇒*schanswerk verrichten;*
II ⟨ov.ww.⟩ **0.1** ***opwerpen, graven.***
Schanzentisch ⟨m.⟩⟨sp.⟩ **0.1** ***springtafel*** ⟨van springschans⟩.
Schanzwerk ⟨o.⟩⟨mil.⟩ **0.1** ***schanswerk, verschansing.***
Schapp(e)seide ⟨v.⟩ **0.1** ***floret(zijde), filozel, vloszijde.***
Schar ⟨v.; ~, ~en⟩ **0.1** ***schaar, schare*** ⇒*menigte, groep, troep* **0.2** ***(ploeg)schaar.***
Scharade ⟨v.; ~, ~n⟩ **0.1** ***charade, lettergreepraadsel.***
Scharbe ⟨v.; ~, ~n⟩⟨biol.⟩ **0.1** ***(aal)scholver.***
Schäre ⟨v.; ~, ~n⟩ **0.1** ***scheer*** ⟨rotsachtig eiland⟩.
scharen, sich ⟨ook ov. ww.⟩⟨schr.⟩ **0.1** ***scharen, verzamelen*** ⇒*verenigen.*
scharenweise 0.1 ***in drommen, scharen, massaal.***
scharf[1] ⟨bn.; schärfer, (am) schärfst(en)⟩ **0.1** ***scherp*** ⇒*bijtend, fel, heftig, streng, pikant* **0.2** ***(zeer) snel, pijlsnel*** **0.3** ⟨inf.⟩ ***tof, geweldig*** **0.4** ⟨inf.; pej.⟩ ***gek*** ⇒*sterk* **0.5** ⟨inf.⟩ ***geil*** ⇒*heet, wulps* ◆ **1.1** ein ~er Hund (a) *een agressieve hond* (b) ⟨fig.⟩ *een hete bliksem* **1.2** ~e Rennwagen *snelle raceauto's;* ein ~es Tempo *een hoog tempo* **3.1** ~ bremsen *krachtig, hard remmen;* ~ prüfen *scherp, streng examineren;* ~ schießen ⟨ook fig.⟩ *met scherp schieten;* ~ vorgehen *hard optreden* **3.2** ~ fahren *hard rijden* **5.4** ganz schön ~, wie sie ihn ausnutzt *al te gek hoe ze hem uitbuit* **6.1 aufs** schärfste kritisieren *zeer scherp, uiterst fel kritiseren* **6.5** ~ **auf** eine Sache sein *wild, verzot op iets zijn;* **auf** jmdn. ~ sein (a) *op iem. geil zijn* (b) *het op iem. gemunt hebben* **7.1** ⟨inf.⟩ einen Scharfen trinken *een borreltje, neut drinken;* ⟨inf.; fig.⟩ er ist ein ganz Scharfer *hij is een kwaje, lastige.*
scharf[2] ⟨bw.⟩ **0.1** ***scherp*** ⇒*vlak* **0.2** ***uiterst*** ⇒*helemaal* ◆ **5.2** ~ rechts fahren *uiterst rechts rijden.*
Scharfblick ⟨m.⟩ **0.1** ***scherpe blik*** ⇒⟨fig. vooral⟩ *scherpzinnigheid.*
scharfblickend 0.1 ***scherpziend*** **0.2** ⟨fig.⟩ ***scherpzinnig*** ⇒ *schrander.*
Schärfe ⟨v.; ~, ~n⟩ **0.1** ***scherpte, scherpheid*** ⇒*scherpzinnigheid, felheid, (ge)strengheid* ◆ **3.1** einer Bemerkung die ~ nehmen *de scherpte, felheid van een opmerking verzachten* **6.1 in** aller ~ *uiterst scherp, in uiterst scherpe bewoordingen.*
schärfen I ⟨ov.ww.⟩ **0.1** ***scherpen*** ⇒*slijpen* **0.2** ⟨mil.⟩ ***scherp zetten, stellen*** ⇒*met scherp laden* ◆ **1.1** jmdm. das Gewissen ~ *iemands geweten verfijnen, doen spreken* **1.2** die Bombe war geschärft *de bom stond op scherp;*
II sich ~ ⟨wk.ww.⟩ **0.1** ***scherpen, scherp(er) worden.***
scharfkantig 0.1 ***scherpkantig*** ⇒*scherphoekig.*
scharfmachen ⟨inf.⟩ **0.1** ***ophitsen, opstoken*** ⇒*opzetten.*
Scharfmacher ⟨m.⟩⟨inf.⟩ **0.1** ***ophitser, opstoker*** **0.2** ***scherpslijper*** ⇒*havik.*
Scharfmacherei ⟨v.; ~, ~en⟩⟨inf.⟩ **0.1** ***opstokerij, ophitsing*** ⇒*gestook.*
Scharfrichter ⟨m.⟩ **0.1** ***scherprechter, beul.***
Scharfschießen ⟨o.⟩ **0.1** ***het met scherp schieten.***
Scharfschuß ⟨m.⟩⟨sp.⟩ **0.1** ***scherp schot.***
Scharfschütze ⟨m.⟩ **0.1** ***scherpschutter.***
Scharfsicht ⟨v.⟩ →**Scharfblick.**
Scharfsinn ⟨m.⟩ **0.1** ***scherpzinnigheid.***
scharfsinnig 0.1 ***scherpzinnig*** ⇒*schrander.*
Schärfung ⟨v.; ~⟩ **0.1** ***het scherpen, scherping*** ⇒⟨fig.⟩ *verfijning.*
scharfzüngig 0.1 ***met een scherpe tong, bijtend*** ⇒*scherp, fel.*
Scharlach ⟨m.; ~s, ~e⟩ **0.1** ***scharlaken*** **0.2** ⟨med.⟩ ***roodvonk.***
Scharlachfieber ⟨o.⟩⟨inf.⟩ **0.1** ***roodvonk.***
scharlachrot 0.1 ***scharlakenrood*** ⇒*dieprood.*
Scharlatan ⟨m.; ~s, ~e⟩ **0.1** ***charlatan*** ⇒*kwakzalver, opschepper.*
Scharlatanerie ⟨v.; ~, ~n⟩ **0.1** ***charlatanerie*** ⇒*kwakzalverij, bluf.*
Scharmützel ⟨o.; ~s, ~⟩ **0.1** ***schermutseling.***
Scharnier ⟨o.; ~s, ~e⟩ **0.1** ***scharnier.***
Schärpe ⟨v.; ~, ~n⟩ **0.1** ***sjerp.***
scharren 0.1 ***scharrelen, wroeten*** **0.2** ***krabben*** **0.3** ***schrapen*** **0.4** ***schuifelen*** ⟨van misnoegen⟩ **0.5** ***begraven*** ⇒ *(weg)stoppen* **0.6** ***graven*** ◆ **1.3** den Boden ~ *over de grond schrapen, krabben.*
Scharte ⟨v.; ~, ~n⟩ **0.1** ***kerf, insnijding*** ⇒*schaar(de), inkeping, spleet* **0.2** ***schietgat*** ◆ **3.1** eine ~ auswetzen *een schaar(de) uitslijpen,* ⟨fig. ook⟩ *een fout herstellen, de smaad uitwissen.*
Scharteke ⟨v.; ~, ~n⟩ **0.1** ***(oud) prul(boek)*** **0.2** ***oude heks, oud wijf*** **0.3** ⟨vero.; dram.⟩ ***prulstuk.***
schartig 0.1 ***schaardig, vol schaarden*** ⟨van mes⟩ **0.2** ***met vele insnijdingen, inkepingen.***
scharwenzeln ⟨inf.⟩ **0.1** ***overgedienstig zijn, flikflooien*** ⇒ *pluimstrijken.*
Schaschlik ⟨m.; ~s, ~s⟩ **0.1** ***sjasliek.***
schassen ⟨inf.⟩ **0.1** ***wegjagen*** ⟨van school, universiteit⟩, ***de laan uitsturen.***
Schatten ⟨m.; ~s, ~⟩ **0.1** ***schaduw*** ⇒*schim* **0.2** ***kringen*** ⟨om de ogen⟩ ◆ **1.1** der ~ eines Beweises *een schijn van bewijs;* nicht der ~ eines Verdachts *niet de minste verdenking* **3.1** ⟨schr.⟩ einem ~ nachjagen *een hersenschim najagen;* ⟨schr.; fig.⟩ (s)einen ~ auf eine Sache werfen *een schaduw werpen op iets* **3.¶** ⟨inf.⟩ einen ~ haben *niet goed snik zijn* **4.1** nur ein ~ seiner selbst *nog maar een schim, schaduw van zichzelf* **6.1** ⟨fig.⟩ jmdn., etwas **in** den ~ stellen *iem., iets in de schaduw stellen;* ⟨fig.⟩ **über** den eigenen ~ springen *uit zijn eigen huid kruipen.*
Schattenbild ⟨o.⟩ **0.1** ***schaduwbeeld*** ⇒*silhouet, schim.*
Schattenboxen ⟨o.⟩ **0.1** ***het schaduwboksen.***
Schattendasein ⟨o.⟩ ◆ **3.¶** ein ~ führen, fristen *een schijnbe-*

staan leiden; aus dem, seinem ~ hervortreten *uit de schaduw treden.*
schattenhaft (schr.) **0.1** ***schaduwachtig, vaag*** (ook fig.) ⇒ *schimmig.*
Schattenkabinett (o.)(pol.) **0.1** ***schaduwkabinet.***
schattenlos **0.1** ***schaduwloos, zonder (enige) schaduw.***
Schattenmorelle (v.) **0.1** ***morel.***
Schattenpflanze (v.) **0.1** ***schaduwplant.***
schattenreich **0.1** ***schaduw-, lommerrijk.***
Schattenreich (o.)(gesch.) **0.1** ***schimmenrijk.***
Schattenriß (m.) **0.1** ***schaduwfiguur, silhouet.***
Schattenseite (v.) **0.1** ***schaduwkant, -zijde*** **0.2** (fig.) ***schaduw-, keerzijde*** ⇒*nadeel* ◆ **6.2** **auf** der ~ stehen, leben *niet bepaald door het leven verwend worden.*
schattenspendend (schr.) **0.1** ***schaduwgevend.***
Schatten|spiel, -theater (o.) **0.1** ***schimmen-, schaduwspel.***
Schattenwirtschaft (v.) **0.1** ***informele/grijze economie*** ⇒ *grijs circuit.*
schattieren **0.1** (bk.) ***schaduwen*** **0.2** (landb.) ***beschaduwen*** **0.3** ***nuanceren, schakeren.***
Schattierung (v.; ~, ~en) **0.1** (bk.) ***schaduwing*** **0.2** (fig.) ***schakering, nuance, nuancering.***
schattig **0.1** ***schaduw-, lommerrijk.***
Schatulle (v.; ~, ~n)(schr.) **0.1** ***geldkistje*** **0.2** ***bijouterie-, juwelenkistje.***
Schatz (m.; ~es, ¨~e) **0.1** ***schat*** ⇒*schatje, liefje, schattebout, vrijer, meisje* **0.2** (ec.) ***schatkistbiljet.***
Schatzamt (o.) **0.1** ***schatkist, thesaurie*** **0.2** ***ministerie van Financiën.***
Schatzanweisung (v.)(ec.) **0.1** ***schatkistbiljet.***
schätzbar **0.1** ***te schatten, te taxeren, te ramen*** **0.2** ***te waarderen, te achten*** ⇒*gewaardeerd.*
Schätzchen (o.; ~s, ~) **0.1** ***schatje*** ⇒*liefje, schattebout.*
schätzen **0.1** ***schatten*** ⇒*waarderen, taxeren, ramen* **0.2** ***waarderen, achten, op prijs stellen*** **0.3** (inf.) ***aannemen, vermoeden, ervan uitgaan*** ◆ **5.1** grob geschätzt *grof, ruwweg geschat* **5.2** (schr.) sich glücklich ~ *zich gelukkig prijzen.*
schätzenlernen **0.1** ***leren waarderen.***
schätzenswert **0.1** ***achtenswaardig, lofwaardig.***
Schätzer (m.; ~s, ~) **0.1** ***schatter, taxateur.***
Schatzgräber (m.) **0.1** ***schatgraver.***
Schatzkammer (v.) **0.1** ***schatkamer*** (ook fig.), ***thesaurie.***
Schatzkanzler (m.) **0.1** ***minister van Financiën.***
Schatzkästchen (o.) **0.1** ***geldkistje*** **0.2** ***bijouterie-, juwelenkistje.***
Schatzmeister (m.) **0.1** ***penningmeester*** **0.2** (gesch.) ***schatmeester, -bewaarder.***
Schätzpreis (m.) **0.1** ***geschatte prijs.***
Schatzschein (m.)(ec.) **0.1** ***schatkistbiljet.***
Schätzung (v.; ~, ~en) **0.1** ***schatting*** ⇒*taxatie, raming* **0.2** ***mening, vermoeden*** **0.3** (vero.) ***waardering, achting.***
schätzungsweise **0.1** ***naar schatting*** ⇒*volgens raming.*
Schatzwechsel (m.)(ec.) **0.1** ***schatkistpromesse.***
Schätzwert (m.) **0.1** ***geschatte waarde, taxatiewaarde.***
Schau (v.; ~, ~en) **0.1** ***tentoonstelling, vertoning*** **0.2** ***bezichtiging, schouwing, het schouwen*** ⇒*keuring* **0.3** ***show, schouwspel*** ⇒*revue* **0.4** (schr.) ***beschouwing, visie*** **0.5** (schr.) ***gezichtshoek, perspectief*** ◆ **2.4** innere ~ *introspectie* **2.5** aus historischer ~ *vanuit een historisch perspectief* **3.3** (inf.) eine, die große ~ abziehen (a) *zijn nummer(tje) opvoeren* (b) *er flink tegenaan gaan;* (jeugdtaal) eine ~ machen *stoer doen;* (jeugdtaal) die, eine ~ sein *helemaal te gek zijn* **4.3** (jeugdtaal) mach keine ~! *stel je niet zo aan!* **6.1** **zur** ~ stellen (a) *tentoonstellen, uitstallen* (b) *te kijk, te koop lopen met;* **zur** ~ tragen *te kijk, te koop lopen met, ten toon spreiden.*
schaubegierig **0.1** ***kijklustig.***
Schaubild (o.) **0.1** ***diagram, grafische voorstelling*** **0.2** ***schets*** ⇒*schaalmodel.*
Schaubude (v.) **0.1** ***kermistent.***
Schaubühne (v.)(vero.) **0.1** ***toneel*** ⇒*schouwburg.*
Schauder (m.; ~s, ~) **0.1** ***rilling, huivering*** ◆ **2.1** kalte ~ liefen mir den Rücken hinunter *het liep mij koud over mijn rug.*
schaudererregend →**schauderhaft.**
Schaudergeschichte (v.) **0.1** ***griezelverhaal.***
schauderhaft (inf.) **0.1** ***huivering-, ijzingwekkend, gruwelijk*** ◆ **2.1** ~ kalt *verschrikkelijk koud.*
schaudern **0.1** ***huiveren, rillen*** ⇒*trillen* ◆ **4.1** ich schaudere, mich, mir schaudert *ik huiver* **7.1** ein Schaudern *een huivering.*
schaudervoll (schr.) **0.1** ***huivering-, ijzingwekkend, ijselijk*** ⇒*verschrikkelijk.*
Schaueffekt (m.) **0.1** ***showeffect, puur optisch effect.***
schauen **0.1** ***kijken*** **0.2** (schr.) ***schouwen*** ⇒*innerlijk waarnemen* **0.3** ***(toe)zien*** ⇒*(om)kijken* ◆ **3.1** schau, schau! *kijk, kijk!;* wohin man ~ kann *zover men kan kijken* **6.1** die Zimmer ~ **auf** die Straße, **zur** Straße *de kamers kijken, zien op de straat, weg uit.* →**trauen.**
Schauer (m.; ~s, ~) **0.1** ***bui*** ⇒*vlaag* **0.2** (schr.) ***huivering, rilling*** **0.3** (scheep.) ***sjouwer(man), bootwerker*** ◆ **2.2** kalte ~ liefen mir über den Rücken *het liep mij koud over mijn rug.*
schauerartig (meteo.) **0.1** ***in de vorm v.e. bui.***
Schauerbild (o.) **0.1** ***gruwelijke, afgrijselijke aanblik.***
Schauerdrama (o.) **0.1** ***griezel-, gruwelstuk.***
schauererregend →**schauderhaft.**
Schauergeschichte (v.) **0.1** ***griezelverhaal.***
schauerlich **0.1** ***gruwelijk, huiveringwekkend, ijselijk*** **0.2** (inf.) ***vreselijk (slecht), akelig.***
Schauermann (m.; mv. Schauerleute)(scheep.) **0.1** ***sjouwer(man), bootwerker.***
schauern **0.1** ***huiveren, rillen*** ◆ **4.1** er schauerte, ihm, ihn schauerte (es) *hij huiverde* **4.¶** es schauert *er valt een bui, het giet.*
Schauerregen (m.) **0.1** ***regenbui.***
Schauerroman (m.) **0.1** ***griezelroman.***
Schauerstück (o.)(dram.) **0.1** ***griezel-, gruwelstuk.***
schauervoll →**schaudervoll.**
Schaufel (v.; ~, ~n) **0.1** ***schop, schep*** **0.2** ***(vuilnis)blik*** **0.3** ***blad*** (v.e. roeispaan) **0.4** ***schoep*** ⇒*schepbord.*
Schaufelbagger (m.) **0.1** ***schepradgraafmachine.***
schaufelförmig **0.1** ***schopvormig*** **0.2** ***schoepvormig.***
Schaufelgeweih (o.)(jacht) **0.1** ***schoffelgewei.***
Schaufellader (m.) **0.1** ***schep-, graafmachine.***
schaufeln **0.1** ***scheppen*** **0.2** ***graven*** ⇒*delven.*
Schaufelrad (o.) **0.1** ***scheprad, schoepenwiel.***
Schaufelradbagger (m.) →**Schaufelbagger.**
Schaufenster (o.) **0.1** ***etalage, uitstalraam.***
Schaufensterauslage (v.) **0.1** ***etalage(artikelen).***
Schaufensterbummel (m.) **0.1** ***wandeling langs de etalages*** ◆ **3.1** einen ~ machen *langs de winkels flaneren.*
Schaufensterdekorateur (m.) **0.1** ***etaleur.***
Schaufensterdekoration (v.) **0.1** ***etalage(versiering).***
Schaufenstergestalter (m.) **0.1** ***etaleur.***
Schauflug (m.) **0.1** ***demonstratievlucht.***
Schaugepränge (o.)(schr.) **0.1** ***praal, uiterlijk vertoon.***
Schaugeschäft (o.) **0.1** ***showbusiness.***
Schaukasten (m.) **0.1** ***vitrine*** ⇒*uitstalkast.*

Schaukel ⟨v.; ~, ~n⟩ **0.1** ***schommel*** **0.2** ⟨reg.⟩ ***wip.***
Schaukelbewegung ⟨v.⟩ **0.1** ***schommelende beweging*** ⇒ *schommeling.*
Schaukelgang ⟨m.⟩ **0.1** ***schommelgang*** ⇒*wiegende gang.*
schaukeln I ⟨onov.ww.⟩ **0.1** ***schommelen*** ⇒*hobbelen, dobberen, deinen, wippen, wiegen;*
II ⟨ov.ww.⟩ **0.1** ***schommelen*** ⇒*laten hobbelen* **0.2** ⟨inf.⟩ ***klaarspelen*** ⇒*fiksen, in orde brengen* ◆ **1.1** ein Kind ~ *een kind wiegen* **1.2** er wird das Kind, die Sache schon ~ *hij zal dat varkentje wel wassen* **6.1** ein Kind **auf** den Knien ~ *een kind op zijn knie paardje laten rijden.*
Schaukelpferd ⟨o.⟩ **0.1** ***hobbelpaard.***
Schaukelpolitik ⟨v.⟩ **0.1** ***opportunistische politiek.***
Schaukelreck ⟨o.⟩⟨sp.⟩ **0.1** ***zweefrek, trapeze.***
Schaukelstuhl ⟨m.⟩ **0.1** ***schommelstoel.***
Schaulaufen ⟨o.⟩⟨sp.⟩ **0.1** ***het showlopen, -rijden*** ⟨op de schaats⟩.
Schaulust ⟨v.⟩ **0.1** ***kijklust.***
schaulustig ⟨meestal pej.⟩ **0.1** ***kijklustig*** ⇒*kijkgraag.*
Schaum ⟨m.; ~(e)s, ~̈e⟩ **0.1** ***schuim*** **0.2** ⟨schr.; fig.⟩ ***schijn*** ⇒ *illusie* ◆ **3.¶** ⟨fig.⟩ ~ schlagen *opscheppen* **6.1** ~ **vor** dem Mund haben *schuim op de mond hebben* **6.2** **zu** ~ werden *in rook opgaan.* →**Traum.**
Schaumbad ⟨o.⟩ **0.1** ***schuimbad.***
schaumbedeckt **0.1** ***met schuim overdekt, bedekt.***
Schaumblase ⟨v.⟩ **0.1** ***schuimblaasje.***
schäumen **0.1** ***schuimen*** ⟨ook fig.⟩ ⇒*schuim vormen, schuimbekken* ◆ **1.1** stark ~der Wein *sterk mousserende wijn* **6.1** ~ **vor** Wut *schuimbekken, briesen van woede.*
Schaumgebäck ⟨o.⟩ **0.1** ***schuimpje.***
Schaumgold ⟨o.⟩ **0.1** ***klatergoud.***
Schaumgummi ⟨v.⟩ **0.1** ***schuimrubber.***
schaumig **0.1** ***schuimend*** ⇒*schuimig, vol schuim.*
Schaumkelle ⟨v.⟩ **0.1** ***schuimspaan, -lepel.***
Schaumkraut ⟨o.⟩⟨plantk.⟩ **0.1** ***veldkers.***
Schaumkrone ⟨v.⟩ **0.1** ***schuimkop*** **0.2** ***schuimkraag*** ⟨op bier⟩.
Schaumlöffel ⟨m.⟩ **0.1** ***schuimlepel, -spaan.***
Schaumlöscher ⟨m.⟩ **0.1** ***schuimblustoestel.***
Schaumschläger ⟨m.⟩ **0.1** ***praatjesmaker, opschepper.***
Schaumschlägerei ⟨v.⟩ **0.1** ***schuimklopperij, opschepperij.***
Schaumspeise ⟨v.⟩ **0.1** ***schuimcrème, mousse.***
Schaumstoff ⟨m.⟩ **0.1** ***schuimstof.***
Schaumteppich ⟨m.⟩ **0.1** ***(dikke) schuimlaag.***
Schaumünze ⟨v.⟩ **0.1** ***gedenk-, legpenning, medaille.***
Schaumwein ⟨m.⟩ **0.1** ***mousserende wijn, schuimwijn*** **0.2** ⟨inf.⟩ ***(Duitse) champagne.***
Schaupackung ⟨v.⟩ **0.1** ***lege etalageverpakking*** ⇒*etalagedoos.*
Schauplatz ⟨m.⟩ **0.1** ***schouwplaats, (schouw)toneel*** ◆ **6.1** **vom** ~ abtreten (a) *zich uit het openbare leven terugtrekken* (b) ⟨schr.⟩ *sterven.*
Schauprozeß ⟨m.⟩ **0.1** ***show-, schijnproces.***
schaurig **0.1** ***griezelig, gruwelijk, huiveringwekkend*** ⇒ *akelig* **0.2** ***vreselijk (slecht), gruwelijk*** ⇒*afgrijselijk.*
Schauseite ⟨v.⟩ **0.1** ***voorkant, mooie kant*** ⇒*façade, voorgevel.*
Schauspiel ⟨o.⟩ **0.1** ⟨dram.⟩ ***toneelstuk*** ⇒*drama* **0.2** ⟨fig.⟩ ***schouwspel.***
Schauspieldichter ⟨m.⟩ **0.1** ***toneeldichter, -schrijver.***
Schauspieler ⟨m.⟩ **0.1** ***acteur*** ⇒*toneelspeler* ⟨ook fig.⟩.
Schauspielerei ⟨v.⟩ **0.1** ⟨inf.⟩ ***het acteren*** ⇒*het toneelspelen* **0.2** ⟨fig.⟩ ***komedie, toneel.***
schauspielerisch **0.1** ***als (een) acteur, toneelspeler, acteer-, acteurs-.***
schauspielern ⟨inf.⟩ **0.1** ***toneelspelen*** ⇒⟨fig.⟩ *komedie spelen.*
Schauspielhaus ⟨o.⟩ **0.1** ***schouwburg, theater.***
Schauspielkunst ⟨v.⟩ **0.1** ***toneel(speel)kunst, acteerkunst.***
Schauspielschule ⟨v.⟩ **0.1** ***toneelschool.***
Schausteller ⟨m.; ~s, ~⟩ **0.1** ***kermisreiziger.***
Schaustück ⟨o.⟩ **0.1** ***pronkstuk*** **0.2** ***toneelstuk.***
Schautafel ⟨v.⟩ **0.1** ***bord*** ⟨met demonstratiemateriaal⟩.
Scheck[1] ⟨m.; ~s, ~s⟩ **0.1** ***cheque*** ◆ **3.1** einen ~ ausstellen *een cheque (uit)schrijven* **6.1** ein ~ **über** DM 300,- *een cheque van DM 300,-.*
Scheck[2] ⟨m.; ~en, ~en⟩ →**Schecke[1].**
Scheckbetrug ⟨m.⟩ **0.1** ***fraude met cheques.***
Scheckbuch ⟨o.⟩ **0.1** ***chequeboekje.***
Schecke[1] ⟨m.; ~n, ~n⟩ **0.1** ***gevlekt, bont dier*** ⟨vooral paard of rund⟩.
Schecke[2] ⟨v.; ~, ~n⟩ **0.1** ***gevlekte, bonte merrie, koe.***
Scheckheft ⟨o.⟩ **0.1** ***chequeboekje.***
scheckig **0.1** ***bont, gevlekt*** ◆ **3.¶** sich ~ lachen *zich een aap, bult lachen.*
Scheckinhaber ⟨m.⟩ **0.1** ***houder v.e. cheque.***
Scheckkarte ⟨v.⟩ **0.1** ***betaalpas(je).***
Scheckvieh ⟨o.⟩ **0.1** ***bont vee.***
scheel ⟨inf.⟩ **0.1** ***scheel*** ⟨vooral fig.⟩ ⇒*afgunstig, jaloers, scheef* **0.2** ***wantrouwig.***
scheel|äugig, -blickend **0.1** ***met schele ogen, jaloers.***
Scheffel ⟨m.; ~s, ~⟩ **0.1** ***schepel*** ⟨oude maat⟩ **0.2** ⟨reg.⟩ ***kuip*** ⇒*vat* ◆ **6.1** **in** ~n *bij hopen.*
scheffeln ⟨inf.⟩ **0.1** ***bijeenschrapen*** ⇒*bijeenrapen.*
scheffelweise ⟨inf.⟩ **0.1** ***bij hopen, in massa's.***
scheibchenweise **0.1** ***schijfje voor schijfje*** ⇒*in schijfjes, plakjes* **0.2** ⟨inf.; fig.⟩ ***bij (stukjes en) beetjes.***
Scheibe ⟨v.; ~, ~n⟩ **0.1** ***schijf*** ⇒⟨mil., sp.⟩ *schietschijf, (grammofoon)plaat* **0.2** ***schijf, plak(je)*** ⇒*snee, stukje* **0.3** ***(glas)ruit*** ⇒*raam(pje)* **0.4** ⟨tech.⟩ ***riemschijf, poelie*** **0.5** ⟨tech.⟩ ***dichting(splaatje)*** **0.6** ⟨sp.⟩ ***puck*** ◆ **1.2** eine ~ Brot *een boterham, een snee(tje) brood* **3.2** ⟨inf.; fig.⟩ sich ⟨3e nv.⟩ von etwas eine ~ abschneiden *van iets nog wat opsteken* **7.¶** so eine ~! *verdorie!, verdomme!*
Scheibenbremse ⟨v.⟩ **0.1** ***schijfrem.***
Scheibenbrot ⟨o.⟩ **0.1** ***gesneden en verpakt brood.***
Scheibengardine ⟨v.⟩ **0.1** ***glasgordijn.***
Scheibenhonig ⟨m.⟩ **0.1** ***raathoning*** ⟨in schijven⟩ ◆ **¶.¶** ~! *verdorie!, verdomme!*
Scheibenkupplung ⟨v.⟩ **0.1** ***schijfkoppeling.***
Scheibenschießen ⟨o.; ~s⟩⟨sp., mil.⟩ **0.1** ***het schijfschieten.***
Scheibenwascher ⟨m.; ~s, ~⟩ **0.1** ***ruitensproeier.***
scheibenweise **0.1** ***bij, in schijven*** ⇒*in sneetjes, plakjes.*
Scheibenwischer ⟨m.⟩ **0.1** ***ruitenwisser.***
Scheich ⟨m.; ~(e)s, ~e of ~s⟩ **0.1** ***sjeik*** **0.2** ⟨inf.; scherts.⟩ ***vriendje, aanbidder.***
Scheide ⟨v.; ~, ~n⟩ **0.1** ***schede*** ⟨ook med., plantk.⟩ **0.2** ⟨vero.⟩ ***(grens)scheiding.***
Scheidelinie ⟨v.⟩ **0.1** ***scheidslijn.***
scheiden ⟨→t107⟩ **I** ⟨ov. & onov.ww.⟩ **0.1** ***scheiden*** ⇒*uiteengaan, heengaan* ◆ **6.1** ⟨schr.⟩ **aus** dem Amt, Dienst ~ *de dienst verlaten, (zijn) ontslag nemen;* **aus** dem Leben ~ *overlijden;*
II sich ~ ⟨wk.ww.⟩ **0.1** ***uiteengaan, zich scheiden.***
Scheidepunkt ⟨m.⟩ **0.1** ***plaats, punt van scheiding.***
Scheidewand ⟨v.⟩ **0.1** ***scheidsmuur*** ⟨ook fig.⟩ ⇒*tussenschot, (be)schot.*
Scheidewasser ⟨o.; mv. ~̈⟩ **0.1** ***scheiwater.***
Scheideweg ⟨m.⟩ ◆ **6.¶** **am** ~ stehen *op de tweesprong staan, tussen twee dingen moeten kiezen.*

Scheidung ⟨v.; ~, ~en⟩ **0.1** ***scheiding*** ⟨ook schei.⟩ ⇒*echtscheiding* ◆ **3.1** die ~ einreichen *(echt)scheiding aanvragen.*

Scheidungsgrund ⟨m.⟩ **0.1** ***reden tot echtscheiding.***

Scheidungsklage ⟨v.⟩ **0.1** ***eis tot echtscheiding.***

Scheidungswaise ⟨v.⟩ **0.1** ***kind van gescheiden ouders.***

Scheik ⟨m.⟩ →**Scheich.**

Schein ⟨m.; ~(e)s, ~e⟩ **0.1** ***schijn(sel)*** ⇒*licht* **0.2** ***schijn*** **0.3** ***officieel stuk, bewijs(stuk)*** ⇒*papier(tje), tentamenbriefje, document* **0.4** ***(bank)biljet, briefje*** ◆ **2.2** (alles) bloßer, leerer ~ *(allemaal) maar schijn* **3.2** den (äußeren) ~ aufrechterhalten, wahren *de schijn ophouden, bewaren;* der ~ trügt *schijn bedriegt* **6.2** dem ~e **nach** *naar het schijnt;* **zum** ~ *voor de schijn.*

Scheinangriff ⟨m.⟩ **0.1** ***schijnaanval.***

scheinbar **0.1** ***schijnbaar*** ⇒*naar de schijn.*

Scheinblüte ⟨v.⟩ **0.1** ⟨ec.⟩ ***schijnbloei*** ⇒*schijnbare bloei* **0.2** ⟨plantk.⟩ ***bijscherm.***

scheinen ⟨→t108⟩ **0.1** ***schijnen*** ⇒*lichten* **0.2** ***blinken, schitteren*** **0.3** ***schijnen*** ⇒*lijken, de schijn hebben* ◆ **4.3** mir scheint (es), will es ~, daß *het lijkt me dat* **5.3** es scheint so! *het heeft er alle schijn van!* **8.3** wie mir scheint *naar het mij voorkomt.*

Scheinfrucht ⟨v.⟩ **0.1** ***schijnvrucht.***

Scheingeschäft ⟨o.⟩ **0.1** ***schijntransactie*** **0.2** ⟨ec.⟩ ***potloodaffaire.***

Scheingrund ⟨m.⟩ **0.1** ***schijnreden.***

scheinheilig **0.1** ***schijnheilig.***

Scheinkauf ⟨m.⟩ **0.1** ***schijnkoop, gefingeerde koop.***

Scheinmanöver ⟨o.⟩ **0.1** ***schijnmanoeuvre.***

Scheintod ⟨m.⟩ **0.1** ***schijndood.***

scheintot **0.1** ***schijndood.***

Scheinvertrag ⟨m.⟩ **0.1** ***schijncontract.***

Scheinwelt ⟨v.⟩ **0.1** ***schijnwereld, imaginaire wereld.***

Scheinwerfer ⟨m.⟩ **0.1** ***schijnwerper, zoeklicht*** **0.2** ***koplamp.***

Scheinwerferlicht ⟨o.⟩ **0.1** ***schijnwerperlicht*** ⟨ook fig.⟩, ***zoeklicht*** **0.2** ***licht van koplampen*** ◆ **6.1** ⟨fig.⟩ **im** ~ der Öffentlichkeit *in het brand-, middelpunt van de publieke belangstelling.*

Scheiß ⟨m.; ~⟩ **0.1** ***onzin*** ⇒*flauwe kul* **0.2** ***rotzooi*** ⇒*santenkraam* ◆ **3.1** mach keinen ~! *doe geen domme dingen!* **7.1** so ein ~! (a) *wat een onzin!* (b) *shit!*

Scheißdreck ⟨m.⟩ **0.1** ***stront, schijt*** **0.2** ⟨fig.⟩ ***rotzooi, troep*** ◆ **3.2** das geht dich einen ~ an! *dat gaat je geen snars, donder aan!*

Scheiße ⟨v.; ~⟩ **0.1** ***stront, schijt, poep*** **0.2** ⟨fig.⟩ ***stront, rotzooi*** ⇒*janboel* ◆ **2.2** große ~! *kloten!* **3.2** ~ bauen (a) *alles in de soep laten lopen* (b) *(zitten) knoeien* **4.2** alles ~! *gewoon waardeloos!* **6.2** jmdn., **durch** die ~ ziehen *iem. erdoor halen;* **in** der ~ sitzen, stecken *in de puree, knoei zitten* **7.2** so eine ~! *dat is toch kloten, pet!, shit!* **¶.2** ~! *verdomme!, stik (de moord)!*

scheißegal ◆ **4.¶** das ist mir ~! *dat zal mij een rotzorg wezen!*

scheißen ⟨→t109⟩ **0.1** ***schijten, poepen*** **0.2** ***een wind laten*** ◆ **4.1** ich scheiße dir (et)was! *je kunt me de pot op!* **6.1** **auf** jmdn., etwas ~ *lak, maling aan iem., iets hebben.*

Scheißer ⟨m.; ~s, ~⟩ **0.1** ***klootzak.***

Scheißhausparole ⟨v.⟩⟨inf.⟩ **0.1** ***kletspraatje.***

Scheißkerl ⟨m.⟩ **0.1** ***rot-, klootzak.***

Scheißkram ⟨m.⟩ **0.1** ***rotzooi*** ⇒*kloteboel.*

Scheißwetter ⟨o.⟩ **0.1** ***klote-, rotweer.***

Scheit ⟨o.; ~(e)s, ~e(r)⟩⟨Zdd., Oostr., Zwi.⟩ **0.1** ***blok hout, gekloofd (brand)hout.***

Scheitel ⟨m.; ~s, ~⟩ **0.1** ***kruin*** ⇒*top(punt), hoofd* **0.2** ***scheiding*** ⟨in het haar⟩ **0.3** ⟨ster.⟩ ***zenit*** **0.4** ⟨wisk.⟩ ***hoekpunt*** ◆ **6.1** **vom** ~ bis zur Sohle *van top tot teen.*

Scheitelhöhe ⟨v.⟩ **0.1** ***kruin(hoogte), toppunt*** **0.2** ***culminatiepunt.***

Scheitellinie ⟨v.⟩ **0.1** ***loodlijn, verticaal.***

scheiteln **0.1** ***een scheiding (in het haar) maken.***

Scheitelpunkt ⟨m.⟩ **0.1** ***toppunt*** ⟨ook fig.⟩, ***hoogste punt*** **0.2** ⟨ster.⟩ ***zenit*** **0.3** ⟨wisk.⟩ ***hoekpunt.***

Scheitelwinkel ⟨m.⟩⟨wisk.⟩ **0.1** ***overstaande hoek.***

Scheiterhaufen ⟨m.⟩ **0.1** ***brandstapel.***

scheitern ⟨s.⟩ **0.1** ***mislukken, schipbreuk lijden*** ⇒*falen, stranden* **0.2** ⟨vero.⟩ ***schipbreuk lijden*** ⇒*te pletter slaan* ◆ **1.1** gescheiterte Bewerber *afgewezen sollicitanten, kandidaten;* eine gescheiterte Existenz *een mislukkeling, een schipbreukeling van de maatschappij* **6.1** **zum** Scheitern verurteilt *tot mislukking gedoemd* **6.2** das Schiff scheiterte **an** den Felsen *het schip sloeg op de rotsen te pletter.*

Scheitholz ⟨o.⟩ **0.1** ***gekloofd (brand)hout.***

Schelf ⟨m. & o.; ~s, ~e⟩⟨aardr.⟩ **0.1** ***continentaal plat.***

Schellack ⟨m.; ~s, ~e⟩ **0.1** ***schellak.***

Schelle ⟨v.; ~, ~n⟩ **0.1** ***bel(letje), schel*** **0.2** ⟨steeds mv.⟩ ***ruiten*** ⟨kaartspel⟩ **0.3** ⟨tech.⟩ ***zadel(klem)*** ⇒*klamp* **0.4** ⟨mv.; vero.⟩ ***(hand)boeien*** ◆ **3.1** die ~ läuten, ziehen *(aan)bellen.*

schellen ⟨reg.⟩ **0.1** ***bellen*** ⇒*schellen, rinkelen* ◆ **4.1** es hat geschellt *de bel is gegaan.*

Schellenbaum ⟨m.⟩⟨muz.⟩ **0.1** ***schellenboom.***

Schellengeläut(e) ⟨o.⟩ **0.1** ***klokjesgeklingel, getingel van belletjes*** **0.2** ***bellentuig*** ⟨aan slee⟩.

Schellenkappe ⟨v.⟩ **0.1** ***narren-, zotskap.***

Schellenschlitten ⟨m.⟩ **0.1** ***arrenslee.***

Schellentrommel ⟨v.⟩ **0.1** ***tamboerijn.***

Schellfisch ⟨m.⟩ **0.1** ***schelvis.***

Schelm ⟨m.; ~(e)s, ~e⟩ **0.1** ***schelm, schalk, (slimme) guit*** ◆ **6.1** ihm sitzt der ~ **im** Nacken *de schalksheid straalt uit zijn ogen.*

Schelmenroman ⟨m.⟩ **0.1** ***schelmenroman.***

Schelmenstreich ⟨m.⟩ **0.1** ***schelmenstreek*** ⇒*ondeugendheid.*

Schelmenstück ⟨o.⟩ →**Schelmenstreich.**

Schelmerei ⟨v.; ~, ~en⟩ **0.1** ***schelmerij*** ⇒*ondeugendheid, schelmenstreek.*

schelmisch **0.1** ***schelms, schalks, guitig.***

Schelte ⟨v.; ~, ~n⟩⟨schr.⟩ **0.1** ***standje, berisping*** ◆ **3.1** ~ bekommen *een standje krijgen.*

schelten ⟨→t110⟩⟨schr.⟩ **0.1** ***berispen, opspelen (tegen), een standje geven*** ⇒*kijven* **0.2** ***uitmaken voor*** ⇒*uitschelden* **0.3** ***schelden*** ⇒*kankeren* ◆ **5.2** jmdn. dumm ~ *iem. voor dom uitmaken* **6.1** **mit** jmdm. ~ *tegen iem. opspelen* **6.3** **auf** jmdn. ~ *tegen iem. schelden, op iem. kankeren.* →**Esel.**

Scheltwort ⟨o.; mv. ~e⟩⟨schr.⟩ **0.1** ***scheldwoord.***

Schema ⟨o.; ~s, ~s of ~ta of Schemen⟩ **0.1** ***schema*** ◆ **6.1** ⟨pej.⟩ **nach** ~ F *volgens een steevast stramien.*

schematisch **0.1** ***schematisch*** ⇒*volgens een schema, schetsmatig* **0.2** ***mechanisch*** ⇒*volgens een vaste routine* ◆ **1.2** ~e Arbeit *routinewerk.*

schematisieren **0.1** ***schematiseren*** ⇒*schematisch voorstellen* **0.2** ***simplificeren*** ⇒*(sterk) vereenvoudigen.*

Schemel ⟨m.; ~s, ~⟩ **0.1** ***krukje, taboeret*** **0.2** ⟨Zdd.⟩ ***voet(en)bankje.***

Schemen ⟨m. & o.; ~s, ~⟩ **0.1** ***schim*** ⇒*schaduwbeeld, spook.*

schemenhaft ⟨schr.⟩ **0.1** ***schimmig, vaag.***

Schenk ⟨m.; ~en, ~en⟩⟨gesch.⟩ **0.1** ***(hof)schenker.***

Schenk- →**Schank-.**

Schenke ⟨v.; ~, ~n⟩ **0.1** ***herberg, café.***

Schenkel ⟨m.; ~s, ~⟩ **0.1** ***dij, bovenbeen*** ⇒*schenkel* **0.2** ***been*** ⟨v.e. hoek, schaar, passer enz.⟩.

Schenkelbruch ⟨m.⟩ **0.1** ***dijbreuk*** **0.2** ***dijbeenbreuk.***

Schenkelknochen ⟨m.⟩ **0.1** ***dij-, bovenbeen*** **0.2** ***onderbeen.***

schenken I ⟨ov.ww.⟩ **0.1** ***schenken*** ⇒*cadeau geven, doen* **0.2** ***verlenen, schenken*** **0.3** ***schenken, kwijtschelden*** ⇒*vergeven* **0.4** ⟨schr.⟩ ***(in)schenken*** ◆ **3.1** etwas geschenkt bekommen *iets cadeau krijgen;* geschenkt ist geschenkt! *eens gegeven blijft gegeven!;* ihm ist im Leben nichts geschenkt worden *hij heeft in zijn leven niets cadeau gekregen* **5.1** ⟨inf.⟩ das ist ja fast, halb geschenkt! *dat is zowat voor niets!;* das wäre mir geschenkt zu teuer! *dat zou ik niet eens voor niets willen hebben!* **6.1** jmdm. etwas **zum** Geburtstag ~ *iem. iets voor zijn verjaardag geven, cadeau doen* **¶.1** ⟨inf.⟩ geschenkt! *laat maar!* →**Gaul;**
II sich ~ ⟨wk.ww.⟩ **0.1** ***afzien van*** ⇒*overslaan, laten zitten* ◆ **4.1** das schenke ich mir! *ik hou het (hier) wel voor gezien!*

Schenker ⟨m.; ~s, ~⟩ **0.1** ***schenker, gever.***

Schenkung ⟨v.; ~, ~en⟩ **0.1** ***schenking*** ⇒*gift, donatie.*

Schenkungssteuer ⟨v.⟩ **0.1** ***schenkingsrecht.***

Schenkungsurkunde ⟨v.⟩ **0.1** ***schenkingsakte.***

scheppern ⟨inf.⟩ **0.1** ***rammelen*** ⇒*rinkelen.*

Scherbaum ⟨m.⟩ **0.1** ***gaffeldisselboom*** **0.2** ⟨weverij⟩ ***kettingboom.***

Scherbe ⟨v.; ~, ~n⟩ **0.1** ***scherf*** ◆ **3.1** ⟨inf.; fig.⟩ es wird ~n geben *de stukken zullen eraf vliegen* **6.1** etwas geht **in** ~n *iets valt in scherven, aan diggelen.*

Scherbengericht ⟨o.⟩ **0.1** ***schervengericht*** ⇒*volksgericht.*

Scherbenhaufen ⟨m.⟩ **0.1** ***hoop scherven*** **0.2** ⟨fig.⟩ ***puinhoop.***

Scherbett ⟨m. & o.; ~(e)s, ~e⟩ **0.1** ***sorbet.***

Schere ⟨v.; ~, ~n⟩ **0.1** ***schaar*** ⟨ook biol., sp.⟩ ⇒*knijper* **0.2** ⟨fig.⟩ ***afstand*** ⇒*kloof.*

scheren[1] **I** ⟨ov.ww.⟩⟨vero.⟩ **0.1** ***kunnen schelen, aangaan*** ◆ **5.1** es schert mich herzlich wenig, einen Dreck *het interesseert me geen lor;*
II ⟨ov.ww.⟩⟨scheep., weverij⟩ **0.1** ***scheren*** ⇒⟨scheep.⟩ *spannen;*
III sich ~ ⟨wk.ww.⟩ **0.1** ***zich bekommeren*** ⇒*zich aantrekken* **0.2** ***zich wegscheren, zich uit de voeten maken*** ◆ **6.2** scher dich **ins** Bett! *maak dat je in je bed komt!*

scheren[2] ⟨ov.ww.→t111⟩ **0.1** ***scheren*** ⇒*afsnijden, knippen, snoeien.*

Scherengitter ⟨o.⟩ **0.1** ***schaar-, schuifhek*** ⇒⟨ook⟩ *kruisvormig latwerk.*

Scherenschleifer ⟨m.⟩ **0.1** ***scharenslijper.***

Scherenschnitt ⟨m.⟩ **0.1** ***silhouet*** ⇒*uitknipsel.*

Scherenzaun ⟨m.⟩ **0.1** ***schaarhek.***

Scherer ⟨m.; ~s, ~⟩ **0.1** ***scheerder.***

Schererei ⟨v.; ~, ~en⟩⟨inf.⟩ **0.1** ***last, narigheid*** ⇒*chicane(s), geharrewar.*

Scherflein ⟨o.; ~s, ~⟩⟨schr.⟩ **0.1** ***kleine bijdrage*** ⇒*penning* ◆ **3.1** (s)ein ~ zu einer Sache beisteuern (a) *een kleine bijdrage tot iets leveren* (b) ⟨fig.⟩ *zijn duit in het zakje doen.*

Scherge ⟨m.; ~n, ~n⟩ **0.1** ***beulsknecht*** **0.2** ⟨gesch.⟩ ***gerechtsdienaar.***

Scherkopf ⟨m.⟩ **0.1** ***scheerkop.***

Schermesser ⟨o.⟩ **0.1** ***scheermes.***

Scherwolle ⟨v.⟩ **0.1** ***scheerwol.***

Scherz ⟨m.; ~es, ~e⟩ **0.1** ***scherts, grap*** ⇒*aardigheid* ◆ **2.1** ⟨inf.⟩ und ähnliche ~e *en nog meer van dat fraais* **3.1** mach keinen ~, keine ~e! *meen je dat?;* seinen ~ treiben *gekheid, grapjes maken;* keinen ~ verstehen *niet tegen een grapje kunnen* **4.1** ⟨inf.⟩ und lauter, all solche ~e *en nog meer van die dingen, grapjes* **5.1** ~ beiseite! *alle gekheid op een stokje!* **6.1** **aus, im, zum** ~ *voor de grap, lol;* seinen ~, seine ~e **mit** jmdm. treiben *iem. voor de gek houden.*

Scherzbold ⟨m.; ~(e)s, ~e⟩⟨inf.⟩ **0.1** ***lolbroek, grapjas.***

scherzen ⟨schr.⟩ **0.1** ***schertsen*** ⇒*een grapje maken, gekscheren.*

Scherzgedicht ⟨o.⟩ **0.1** ***grappig gedicht.***

scherzhaft **0.1** ***schertsend, grappig*** ⇒⟨als bw. ook⟩ *voor de grap.*

Scherzname ⟨m.⟩ **0.1** ***spotnaam, schertsende benaming.***

Scherzwort ⟨o.; mv. ~e⟩ **0.1** ***kwinkslag*** ⇒*grap.*

schesen ⟨reg.⟩ **0.1** ***hard lopen, rennen, sjezen.***

scheu **0.1** ***schuw, vreesachtig*** ⇒*bedeesd, schichtig.*

Scheu ⟨v.; ~⟩ **0.1** ***schuwheid, schroom, vrees*** ⇒*schichtigheid* **0.2** ⟨schr.⟩ ***ontzag, eerbied*** ◆ **3.1** keine ~ zeigen *niet schuw zijn* **6.1** **ohne** ~ (a) *zonder schroom* (b) *zonder iets te ontzien.*

Scheuche ⟨v.; ~, ~n⟩ **0.1** ***vogelverschrikker.***

scheuchen **0.1** ***weg-, verjagen*** ⇒*(op)jagen.*

scheuen I ⟨onov.ww.⟩ **0.1** ***schichtig, schuw worden;***
II ⟨ov.ww.⟩ **0.1** ***schuwen, schromen, vrezen*** ⇒*terugschrikken voor* ◆ **1.1** keine Mühe, Unkosten ~ *geen moeite, kosten sparen, ontzien.* →**recht**[2]**;**
III sich ~ ⟨wk.ww.⟩ **0.1** ***terugschrikken voor, opzien tegen*** ◆ **6.1** sich **vor** nichts und niemand(em) ~ *voor, van niets en niemand bang zijn.*

Scheuer ⟨v.; ~, ~n⟩⟨reg.⟩ **0.1** ***schuur.***

Scheuerlappen ⟨m.⟩ **0.1** ***dweil*** ⇒*poetslap.*

Scheuerleiste ⟨v.⟩ **0.1** ***plint*** **0.2** ⟨scheep.⟩ ***schuurlijst.***

scheuern I ⟨ov. & onov.ww.⟩ **0.1** ***schuren*** ⇒*poetsen, schrobben* ◆ **3.¶** ⟨inf.⟩ eine gescheuert bekommen *een draai om zijn oren krijgen* **4.¶** ⟨inf.⟩ jmdm. eine ~ *iem. een oorveeg, klap geven;*
II sich ~ ⟨wk.ww.⟩ **0.1** ***zich schuren*** ⇒*zich schurken.*

Scheuertuch ⟨o.; mv. ¨~er⟩ **0.1** ***dweil.***

Scheuklappe ⟨v.⟩ **0.1** ***oogklep*** ◆ **3.1** ⟨fig.⟩ ~n haben, tragen *met oogkleppen (rond)lopen.*

Scheune ⟨v.; ~, ~n⟩ **0.1** ***schuur.***

Scheunendrescher ⟨m.⟩⟨inf.; fig.⟩ ◆ **8.¶** essen wie ein ~ *eten als een wolf.*

Scheunentor ⟨o.⟩ **0.1** ***schuurdeur.***

Scheusal ⟨o.; ~s, ~e; inf. mv. ¨~er⟩ **0.1** ***monster, gedrocht.***

scheußlich **0.1** ***afschuwelijk, afgrijselijk*** ⇒*ontzettend.*

Scheußlichkeit ⟨v.; ~, ~en⟩ **0.1** ***afschuwelijkheid*** ⇒*afgrijselijkheid* **0.2** ***verschrikking*** ⇒*gruwel.*

Schi ⟨m.⟩ →**Ski.**

Schicht ⟨v.; ~, ~en⟩ **0.1** ***laag*** **0.2** ***laag*** ⇒*stand, klasse* **0.3** ***dienst, ploeg(endienst)*** **0.4** ***ploeg*** ⇒*groep arbeiders* ◆ **2.2** die führende geistige ~ *de leidende intellectuele klasse* **3.3** ~ arbeiten *in ploegen(dienst) werken;* ⟨inf.⟩ ~ machen *vrij hebben, ophouden met werken.*

Schichtablösung ⟨v.⟩ **0.1** ***ploeg(en)wisseling*** ⇒*aflossing.*

Schichtarbeit ⟨v.⟩ **0.1** ***ploegendienst*** ⇒*ploegenstelsel.*

Schichtarbeiter ⟨m.⟩ **0.1** ***arbeider in ploegendienst.***

Schichtdienst ⟨m.⟩ →**Schichtarbeit.**

schichten **0.1** ***in lagen leggen, (op)stapelen*** ◆ **6.1** **zu** Haufen geschichtet *op elkaar gestapeld.*

schichtenweise →**schichtweise.**

Schichtgestein ⟨o.⟩⟨geol.⟩ **0.1** ***sedimentair gesteente, afzettingsgesteente.***

Schichtholz ⟨o.; ~es⟩ **0.1** ***opgestapeld hout*** **0.2** ***multiplex.***

Schichtung ⟨v.; ~, ~en⟩ **0.1** ***gelaagdheid*** ⇒⟨geol., soc. vooral⟩ *stratificatie.*

Schichtwechsel ⟨m.⟩ **0.1** ***ploeg(en)wisseling.***

schichtweise 0.1 *bij, in lagen, laagsgewijze* 0.2 *in ploegen* ⇒*in groepen, om de beurt.*
Schichtwolke ⟨v.⟩ 0.1 *stratus.*
schick 0.1 *chic* ⇒*deftig* 0.2 *knap, elegant* 0.3 ⟨inf.⟩ *geweldig (goed), tof* ⇒*fijn.*
Schick ⟨m.; ~s, ~⟩ 0.1 *chic* ⇒*goede manieren, elegantie, voornaamheid* 0.2 ⟨Zwi.⟩ *koopje, voordelige handel* ◆ 3.1 er hat ~ (a) *hij ziet er chic uit* (b) *hij is een chique verschijning.*
schicken I ⟨ov.ww.⟩ 0.1 *sturen, zenden* ◆ 3.1 jmdn. einkaufen ~ *iem. boodschappen laten doen;* ein Kind schlafen ~ *een kind naar bed sturen* 6.1 ⟨sp.; meestal boksen⟩ jmdn. **auf** die Bretter, **zu** Boden ~ *iem. vloeren, neerslaan;* **nach** dem Arzt ~ *de dokter laten halen;* jmdn. **zum** Teufel ~ *iem. laten opdonderen;*
II sich ~ ⟨wk.ww.⟩ 0.1 *zich schikken* ⇒*zich voegen, terechtkomen* 0.2 *passen, horen* 0.3 *geschikt zijn* 0.4 ⟨Zdd.⟩ *zich haasten* ◆ 5.1 wenn es sich gerade so schickt *als het (nou net) zo uitkomt* 6.1 sich **in** eine Sache ~ *zich in iets schikken.*
Schickeria ⟨v.; ~⟩ 0.1 *chic, upper ten, jetset.*
schicklich ⟨schr.⟩ 0.1 *passend, betamelijk, welvoeglijk.*
Schicklichkeit ⟨v.; ~⟩⟨schr.⟩ 0.1 *gepast-, betamelijk-, welvoeglijkheid.*
Schicksal ⟨o.; ~s, ~e⟩ 0.1 *(nood)lot* 0.2 *lotgeval, wederwaardigheid* ◆ 3.1 ~ spielen *voor lieve heer spelen;* jmdn. seinem ~ überlassen *iem. aan zijn lot overlaten* 6.1 **vom** ~ geschlagen sein *door het noodlot getroffen, geteisterd.*
schicksalhaft 0.1 *door het (nood)lot gewild* ⇒*noodlottig, fataal* 0.2 *(over het lot) beslissend* ⇒*uiterst belangrijk.*
Schicksalsfrage ⟨v.⟩ 0.1 *kwestie die over het lot beslist* ⇒ *vitale vraag, kwestie.*
Schicksalsfügung ⟨v.⟩ 0.1 *lotsbeschikking.*
Schicksalsgefährte ⟨m.⟩ 0.1 *lotgenoot.*
Schicksalsgemeinschaft ⟨v.⟩ 0.1 *door het lot verbonden gemeenschap* 0.2 *lotsverbondenheid.*
Schicksalsgenosse ⟨m.⟩ 0.1 *lotgenoot.*
Schicksalsglaube ⟨m.⟩ 0.1 *fatalisme* ⇒*geloof aan het noodlot.*
Schicksalsgöttin ⟨v.⟩ 0.1 *schikgodin.*
Schicksalsschlag ⟨m.⟩ 0.1 *slag v.h. noodlot, (zware) beproeving.*
schicksalsschwer ⟨schr.⟩ 0.1 *van beslissende betekenis* ⇒ *beslissend,* ⟨pej.⟩ *fataal.*
schicksalsträchtig ⟨schr.⟩ 0.1 *het noodlot in zich dragend* 0.2 *van beslissende betekenis* ⇒*beslissend,* ⟨pej.⟩ *fataal.*
Schicksalstragödie ⟨v.⟩ 0.1 *noodlotstragedie.*
Schicksalswende ⟨v.⟩ 0.1 *lotswending, keerpunt (in het lot).*
Schickse ⟨v.; ~, ~n⟩⟨vulg.⟩ 0.1 *slet, snol.*
Schickung ⟨v.; ~, ~en⟩⟨schr.⟩ 0.1 *beschikking* 0.2 *(nood)lot.*
Schiebebühne ⟨v.⟩ 0.1 ⟨verk.⟩ *rolbrug* 0.2 ⟨dram.⟩ *schuiftoneel.*
Schiebedach ⟨o.⟩ 0.1 *schuifdak.*
Schiebefenster ⟨o.⟩ 0.1 *schuifraam.*
schieben ⟨→t1 12⟩ **I** ⟨ov. & onov.ww.⟩ 0.1 *(voort)schuiven, (voort)duwen* 0.2 *zwarte handel drijven* ⇒*zwendelen, knoeien, smokkelen* ◆ 4.1 ⟨fig.⟩ jmdn. ~ *iem. ertoe brengen (iets te doen)* 6.1 das Fahrrad **auf** den Berg ~ *de fiets de berg op duwen;* seine Schmerzen **auf** das Wetter ~ *het weer de schuld voor zijn pijn geven;* Bedenken **von** sich ~ *bezwaren van de hand wijzen;*
II ⟨onov.ww.⟩⟨inf.⟩ 0.1 *schuifelen, sloffen;*
III sich ~ ⟨wk.ww.⟩ 0.1 *schuiven, zich (langzaam) voortbewegen* ⇒*schuifelen* 0.2 *dringen* ⇒*zich een weg banen.*
Schieber ⟨m.; ~s, ~⟩ 0.1 *schuiver* ⟨schuivend deel⟩ 0.2 *schuif, klep* 0.3 *schuif, knip, grendel* 0.4 *(schuif)afsluiter* 0.5 *schuivertje* ⟨eetgerei voor kinderen⟩ 0.6 *bed(den)pan, ondersteek* 0.7 ⟨inf.⟩ *zwarthandelaar* ⇒*zwendelaar* 0.8 ⟨inf.⟩ *one-step.*
Schiebergeschäft ⟨o.⟩⟨inf.⟩ 0.1 *zwarte handel* ⇒*zwendel.*
Schiebetür ⟨v.⟩ 0.1 *schuifdeur.*
Schiebewand ⟨v.⟩ 0.1 *schuifwand.*
Schiebewiderstand ⟨m.⟩⟨tech.⟩ 0.1 *schuifweerstand.*
Schiebung ⟨v.; ~, ~en⟩⟨inf.⟩ 0.1 *zwendel, knoeierij* ⇒*intrige(s), doorgestoken kaart.*
schiedlich 0.1 *vreedzaam* ◆ 8.1 ~ und friedlich, ~-friedlich *in pais en vree, vreedzaam.*
Schiedsgericht ⟨o.⟩ 0.1 *scheidsgerecht* ⇒*scheidsrechters, hof van arbitrage* 0.2 *arbitragecommissie.*
schiedsgerichtlich 0.1 *scheidsrechterlijk.*
Schiedsmann ⟨m.; mv. Schiedsleute of ~̈er⟩ 0.1 *scheidsman, scheidsrechter, arbiter* ⟨ook sp.⟩.
Schiedsrichter ⟨m.⟩⟨jur., sp.⟩ 0.1 *scheidsrechter, arbiter.*
schiedsrichterlich 0.1 *arbitraal, scheidsrechterlijk.*
schiedsrichtern 0.1 *als scheidsrechter optreden, scheidsrechteren.*
Schiedsspruch ⟨m.⟩⟨jur.⟩ 0.1 *scheidsrechterlijke uitspraak.*
Schiedsvertrag ⟨m.⟩ 0.1 *arbitrageverdrag, arbitraal beding.*
schief 0.1 *scheef* ⇒*schuin, hellend, krom* 0.2 *scheef, verkeerd, onjuist* ◆ 3.2 ⟨fig.⟩ etwas ganz ~ sehen *iets totaal verkeerd zien.*
Schiefe ⟨v.; ~⟩ 0.1 *scheefheid, schuinte* 0.2 *helling.*
Schiefer ⟨m.; ~s, ~⟩ 0.1 *lei(steen)* ⇒*daklei.*
schieferblau 0.1 *leiblauw.*
Schieferbruch ⟨m.⟩ 0.1 *lei(steen)groeve.*
Schieferdach ⟨o.⟩ 0.1 *leiendak.*
schiefer|farben, -farbig 0.1 *leikleurig.*
Schiefergebirge ⟨o.⟩ 0.1 *leisteengebergte.*
Schiefergriffel ⟨m.⟩ 0.1 *griffel.*
schieferig →**schiefrig.**
schiefern 0.1 *leien, van lei* 0.2 *leikleurig.*
Schieferplatte ⟨v.⟩ 0.1 *lei(steen)plaat.*
Schiefertafel ⟨v.⟩ 0.1 *lei.*
schiefgehen ⟨inf.⟩ 0.1 *mislukken, mislopen* ⇒*verkeerd (af)lopen* ◆ 3.1 ⟨scherts.⟩ es wird schon ~! *het zal wel loslopen!*
schiefgewickelt ⟨inf.⟩ ◆ 3.¶ ~ sein *het lelijk mis hebben.*
schieflachen, sich 0.1 *zich krom, een bult lachen.*
schieflaufen I ⟨onov.ww.⟩ 0.1 *scheeflopen* ⇒*(dreigen te) mislukken;*
II ⟨ov.ww.⟩ 0.1 *scheeflopen.*
schiefliegen ⟨inf.; fig.⟩ 0.1 *het mis hebben, fout zitten.*
schiefmäulig ⟨inf.⟩ 0.1 *met een scheve bek, mond* 0.2 *jaloers.*
schiefrig 0.1 *lei(steen)achtig, als lei* 0.2 *leien* 0.3 *leikleurig.*
schiefwinklig 0.1 *scheefhoekig.*
schieläugig 0.1 *scheel, loensend.*
schielen 0.1 *scheel zien, kijken; loensen* 0.2 ⟨inf.; fig.⟩ *loensen, gluren* ⇒*lonken* 0.3 ⟨inf.⟩ *lonken naar, op* ◆ 6.1 **auf** dem linken Auge ~ *met het linkeroog scheel kijken* 6.3 **nach** einem hohen Posten ~ *naar een hoge functie lonken.*
Schieler ⟨m.; ~s, ~⟩ 0.1 *schele, scheeloog.*
Schienbein ⟨o.⟩ 0.1 *scheen(been)* ◆ 6.1 jmdn. **gegen, vor** das ~ treten ⟨ook fig.⟩ *iem. tegen de schenen schoppen.*
Schienbein|schoner, -schützer ⟨m.⟩⟨sp.⟩ 0.1 *been-, scheenbeschermer, beenkap.*

Schiene ⟨v.; ~, ~n⟩ **0.1** ***rail*** ⇒*spoorstaaf* **0.2** ***tekenhaak*** **0.3** ⟨med.⟩ ***spalk*** **0.4** ⟨tech.⟩ ***geleider*** **0.5** ⟨tech.⟩ ***elektrische rail, kabel*** **0.6** ⟨wapenrusting⟩ ***scheen-, arm-, kniestuk*** ◆ **6.1 an** ~n gebunden sein *(alleen) op rails lopen;* **per** ~ *per spoor.*

schienen **0.1** ⟨med.⟩ ***spalken*** **0.2** ⟨gesch.⟩ ***een wapenrusting aanleggen.***

Schienenbus ⟨m.⟩ **0.1** ***railbus*** ⇒*sprinter.*

Schienenfahrzeug ⟨o.⟩ **0.1** ***railvoertuig.***

Schienennetz ⟨o.⟩ **0.1** ***spoorwegnet*** **0.2** ***tramnet.***

Schienenräumer ⟨m.⟩ **0.1** ***baanruimer, -schuiver*** ⟨aan locomotief⟩.

Schienenstrang ⟨m.⟩ **0.1** ***spoorlijn, rails.***

Schienenverkehr ⟨m.⟩ **0.1** ***spoorweg-, railverkeer.***

Schienenweg ⟨m.⟩ **0.1** ***rails*** ⇒*spoorweg, tramweg.*

schier[1] ⟨bn.⟩ **0.1** ***zuiver, puur, louter.***

schier[2] ⟨bw.⟩ **0.1** ***schier, nagenoeg*** ⇒*welhaast.*

Schierling ⟨m.; ~s, ~e⟩ **0.1** ***scheerling, dollekervel.***

Schießbaumwolle ⟨v.⟩ **0.1** ***schietkatoen, nitrocellulose.***

Schießbefehl ⟨m.⟩ **0.1** ***bevel tot schieten.***

Schießbude ⟨v.⟩ **0.1** ***schiettent.***

Schießbudenfigur ⟨v.⟩ **0.1** ***schiettentpop*** **0.2** ⟨inf.; fig.⟩ ***belachelijk persoon.***

Schießeisen ⟨o.⟩⟨inf.⟩ **0.1** ***schietgeweer*** ⇒*spuit, blaffer.*

schießen ⟨→t113⟩ **I** ⟨onov.ww.⟩ **0.1** ***schieten*** ⇒*schoten lossen, zich snel bewegen, groeien* **0.2** ***(in het zaad) schieten*** **0.3** ⟨Oostr., Zdd.⟩ ***verschieten, verbleken*** ◆ **5.1** er ist mächtig geschossen *hij is flink gegroeid* **6.1** ⟨fig.⟩ **gegen** jmdn. ~ *iem. aanvallen;* **nach** Tontauben ~ *(op) kleiduiven schieten* **6.¶** das ist **zum** Schießen *dat is om je kapot, een bult te lachen;*
II ⟨ov.ww.⟩ **0.1** ***schieten*** ⇒⟨sp.⟩ *hard trappen, werpen, slaan,* ⟨mijnw.⟩ *met explosieven openen* **0.2** ⟨inf.⟩ ***spuiten*** ◆ **4.¶** ⟨inf.⟩ jmdm. eine ~ *iem. een draai om zijn oren geven* **6.1** Blicke **auf** jmdn. ~ *(toornige) blikken op iem. werpen;*
III sich ~ ⟨wk.ww.⟩ **0.1** ***duelleren (op het pistool).***

Schießen ⟨o.; ~s, ~⟩ **0.1** ***schietwedstrijd*** **0.2** ***het schieten*** ⇒ *geschiet.*

schießenlassen ⟨inf.⟩ **0.1** ***laten schieten*** ⇒*afzien van, laten lopen.*

Schießer ⟨m.; ~s, ~⟩⟨inf.⟩ **0.1** ***spuiter*** ⟨van drugs⟩.

Schießerei ⟨v.; ~, ~en⟩ **0.1** ***schietpartij*** **0.2** ***geschiet, schieterij.***

Schießgewehr ⟨o.⟩⟨kind.⟩ **0.1** ***schietgeweer.***

Schießhund ⟨m.⟩ ◆ **8.¶** ⟨inf.⟩ aufpassen wie ein ~ *alles scherp in de gaten houden.*

Schießplatz ⟨m.⟩ **0.1** ***schietterrein, -baan.***

Schießpulver ⟨o.⟩ **0.1** ***(bus)kruit.***

Schießscharte ⟨v.⟩ **0.1** ***schietgat.***

Schießscheibe ⟨v.⟩ **0.1** ***schietschijf.***

Schießstand ⟨m.⟩ **0.1** ***schietbaan, -terrein*** **0.2** ***schiettent.***

schießwütig ⟨inf.⟩ **0.1** ***schietgraag.***

Schiff ⟨o.; ~(e)s, ~e⟩ **0.1** ***schip*** ⟨ook bouwk.⟩ ⇒*boot, vaartuig.*

Schiffahrt ⟨v.⟩ **0.1** ***scheepvaart.***

Schiffahrtsgesellschaft ⟨v.⟩ **0.1** ***scheepvaartmaatschappij.***

Schiffahrtskunde ⟨v.⟩ **0.1** ***zeevaartkunde, nautiek.***

Schiffahrtslinie ⟨v.⟩ **0.1** ***scheepvaartlijn.***

Schiffahrtsstraße ⟨v.⟩ **0.1** ***scheepvaartroute.***

Schiffahrtsweg ⟨m.⟩ **0.1** ***scheepvaartroute.***

schiffbar **0.1** ***bevaarbaar.***

Schiffbau ⟨m.⟩ **0.1** ***scheepsbouw.***

Schiffbauingenieur ⟨m.⟩ **0.1** ***scheepsbouwkundig ingenieur.***

Schiffbruch ⟨m.⟩ **0.1** ***schipbreuk*** ⟨ook fig.⟩.

schiffbrüchig **0.1** ***schipbreuk geleden hebbend*** ⇒*verongelukt,* ⟨fig.⟩ *mislukt.*

Schiffbrüchige(r) ⟨bn. als zn.⟩ **0.1** ***schipbreukeling.***

Schiffbrücke ⟨v.⟩ **0.1** ***schipbrug*** ⇒*pontonbrug.*

Schiffchen ⟨o.; ~s, ~⟩ **0.1** ***scheepje, bootje*** **0.2** ***schuitje, weversspoeltje*** **0.3** ⟨inf.⟩ ***veldmuts*** **0.4** ⟨plantk.⟩ ***schuitje.***

Schiffchenarbeit ⟨v.⟩ **0.1** ***frivolité.***

schiffen **0.1** ⟨inf.⟩ ***zeiken, pissen*** **0.2** ⟨onpers. ww.; inf.⟩ ***zeiken*** ⇒*plenzen, gieten* **0.3** ⟨s.; vero.⟩ ***varen.***

Schiffer ⟨m.; ~s, ~⟩ **0.1** ***schipper.***

Schifferklavier ⟨o.⟩ **0.1** ***schippersklavier, accordeon.***

Schifferknoten ⟨m.⟩ **0.1** ***schippers-, zeemansknoop.***

Schiffs- →**Schiff-.**

Schiffsagent ⟨m.⟩ **0.1** ***scheepsagent*** ⇒*cargadoor.*

Schiffsarzt ⟨m.⟩ **0.1** ***scheepsdokter, -arts.***

Schiffsbrief ⟨m.⟩ **0.1** ***scheepscertificaat.***

Schiffschaukel ⟨v.⟩ **0.1** ***lucht-, kermisschommel.***

Schiffsführer ⟨m.⟩ **0.1** ***schipper*** **0.2** ***kapitein.***

Schiffshebewerk ⟨o.⟩ **0.1** ***scheepslift.***

Schiffsjournal ⟨o.⟩ **0.1** ***scheepsjournaal, logboek.***

Schiffsjunge ⟨m.⟩ **0.1** ***scheepsjongen.***

Schiffskatastrophe ⟨v.⟩ **0.1** ***scheepsramp.***

Schiffskoch ⟨m.⟩ **0.1** ***scheepskok.***

Schiffskörper ⟨m.⟩ **0.1** ***scheepsromp.***

Schiffsmannschaft ⟨v.⟩ **0.1** ***(scheeps)bemanning.***

Schiffspassage ⟨v.⟩ **0.1** ***overtocht, scheepsreis.***

Schiffsraum ⟨m.⟩ **0.1** ***scheepsruimte*** ⇒*inhoud v.e. schip* **0.2** ***scheepsruim.***

Schiffsrumpf ⟨m.⟩ **0.1** ***scheepsromp, casco.***

Schiffstagebuch ⟨o.⟩ **0.1** ***scheepsjournaal, logboek.***

Schiffstaufe ⟨v.⟩ **0.1** ***doop v.e. schip.***

Schiffsverkehr ⟨m.⟩ **0.1** ***scheepvaart(verkeer).***

Schiffswerft ⟨v.⟩ **0.1** ***scheeps(bouw)werf.***

Schiffszwieback ⟨m.⟩ **0.1** ***scheepsbeschuit.***

Schiit ⟨m.; ~en, ~en⟩ **0.1** ***sjiiet.***

Schikane ⟨v.; ~, ~n⟩ **0.1** ***chicane*** ⟨ook sp.⟩ ⇒*pesterij, gesar* **0.2** ⟨tech.⟩ ***kunstmatige vernauwing*** ⟨als weerstand⟩ ◆ **6.¶** ⟨inf.⟩ **mit** allen ~n *met alles erop en eraan.*

schikanieren **0.1** ***chicaneren, pesten*** ⇒*treiteren.*

schikanös **0.1** ***chicaneus*** ⇒*pesterig, treiterachtig.*

Schild[1] ⟨m.; ~(e)s, ~e⟩ **0.1** ***schild*** ⇒*beukelaar* **0.2** ***wapenschild*** ⇒*embleem, blazoen* **0.3** ***klep*** ⟨van pet⟩ **0.4** ⟨biol.⟩ ***schaal, (dek)schild*** ⇒*pantser* ◆ **6.2** ⟨fig.⟩ etwas **im** ~e führen *iets in zijn schild voeren.*

Schild[2] ⟨o.; ~(e)s, ~er⟩ **0.1** ***bord*** ⇒*plaat, naambord, uithangbord* **0.2** ***etiket, insigne, label*** ⇒*kenteken.*

Schildbürger ⟨m.⟩ **0.1** ***onnozele hals, onnozelaar.***

Schildbürgerstreich ⟨m.⟩ **0.1** ***kamperui, onnozele streek.***

Schilddrüse ⟨v.⟩ **0.1** ***schildklier.***

Schilderbrücke ⟨v.⟩ **0.1** ***(verkeers)portaal.***

Schilderer ⟨m.; ~s, ~⟩ **0.1** ***schilder(aar)*** ⇒*verteller.*

Schilderhaus ⟨o.⟩ **0.1** ***schilderhuisje, (schild)wachthuisje.***

schildern **0.1** ***schilderen, beschrijven.***

Schilderwald ⟨m.⟩⟨inf.⟩ **0.1** ***woud van verkeersborden.***

Schildkröte ⟨v.⟩ **0.1** ***schildpad*** ⟨dier⟩.

Schildlaus ⟨v.⟩ **0.1** ***schildluis.***

Schildmütze ⟨v.⟩ **0.1** ***pet met klep.***

Schildpatt ⟨o.; ~(e)s⟩ **0.1** ***schildpad*** ⟨stof⟩.

Schildwache ⟨v.⟩ **0.1** ***schildwacht.***

Schilf ⟨o.; ~(e)s, ~e⟩ **0.1** ***(oever)riet.***

Schilfdach ⟨o.⟩ **0.1** ***rieten dak.***

schilfen **0.1** ***rieten.***

schilfern ⟨ook sich ~⟩⟨reg.⟩ **0.1** ***schilferen.***

Schilfgras ⟨o.⟩ **0.1** ***riet(gras).***

schilfig **0.1** *vol riet* ⇒*met riet bedekt.*
Schilfmatte ⟨v.⟩ **0.1** ***rieten mat*** ⇒*biezen mat.*
Schilfrohr ⟨o.⟩ **0.1** ***(oever)riet.***
Schilfrohrsänger ⟨m.⟩⟨biol.⟩ **0.1** ***rietzanger.***
Schillerkragen ⟨m.⟩ **0.1** ***schillerkraag.***
Schillerlocke ⟨v.⟩ **0.1** ***roomhoorntje*** **0.2** ***stuk opgerolde gerookte doornhaai.***
schillern **0.1** ***van kleur wisselen, glinsteren*** ⇒*iriseren, changeren* **0.2** ⟨fig.⟩ ***zweven, wisselen*** ⇒*weifelen, vaag zijn* ◆ **1.2** ~de Begriffe *vage, onduidelijke begrippen.*
Schilling ⟨m.; ~s, ~e⟩ **0.1** ***schilling*** ⟨Oostenrijkse munt⟩ **0.2** ***shilling*** ⟨vroegere Engelse munt⟩ **0.3** ⟨gesch.⟩ ***schelling.***
schilpen **0.1** ***sjilpen, tjilpen.***
Schimäre ⟨v.; ~, ~n⟩ **0.1** ***hersenschim, drogbeeld, chimère.***
schimärisch **0.1** ***chimerisch, hersenschimmig.***
Schimmel ⟨m.; ~s, ~⟩ **0.1** ***schimmel*** ⟨paard; plantk.⟩ **0.2** ⟨inf.⟩ ***schema, sjabloon.***
schimmelig **0.1** ***schimmelig, beschimmeld*** ⇒*duf, muf.*
schimmeln **0.1** ⟨h/s.⟩ ***(be)schimmelen*** **0.2** ⟨h.; fig.⟩ ***liggen rotten, schimmelen.***
Schimmelpilz ⟨m.⟩ **0.1** ***schimmel.***
Schimmer ⟨m.; ~s, ~⟩ **0.1** ***(zwakke) glans, schijn(sel)*** **0.2** ⟨fig.⟩ ***zweem(pje), glimp*** ⇒*sprankje* **0.3** ⟨fig.⟩ ***notie, benul, idee*** ◆ **2.3** keinen blassen ~ haben, nicht den geringsten, leisesten ~ haben *(er) geen flauw benul, idee (van) hebben* **6.2** ein ~ **von** Hoffnung *een sprankje hoop.*
schimmern **0.1** ***(zacht) glanzen, (zwak) schijnen, (door)-schemeren*** ⟨ook fig.⟩ ⇒*glinsteren* ◆ **6.1** **ins** Rötliche ~ *naar rood zwemen.*
schimmlig →**schimmelig.**
Schimpanse ⟨m.; ~n, ~n⟩ **0.1** ***chimpansee.***
Schimpf ⟨m.; ~(e)s, ~e⟩⟨schr.⟩ **0.1** ***smaad, hoon*** ◆ **6.1** **mit** ~ und Schande *met smaad en schande, smadelijk* **8.1** ~ und Schande! *o gruwel!*
Schimpfe ⟨v.; ~⟩⟨inf.⟩ **0.1** ***verwijt(en), standje.***
schimpfen **I** ⟨onov.ww.⟩ **0.1** ***schelden, foeteren*** ⇒*sakkeren, opspelen* ◆ **6.1** die Mutter schimpfte **mit** ihrem Sohn *de moeder gaf haar zoon een standje;*
II ⟨ov.ww.⟩⟨schr.⟩ **0.1** ***uitmaken (voor)*** ⇒*uitvaren (tegen)* ◆ **1.1** jmdn. einen Dieb ~ *iem. voor dief uitmaken;*
III sich ~ ⟨wk.ww.⟩⟨inf.; iron.⟩ **0.1** ***zich noemen.***
schimpflich **0.1** ***smadelijk*** ⇒*beledigend, schandelijk.*
Schimpfname ⟨m.⟩ **0.1** ***scheldnaam.***
Schimpfrede ⟨v.⟩ **0.1** ***smaad-, schimprede.***
Schimpfwort ⟨o.; mv. ¨er of ~e⟩ **0.1** ***scheldwoord.***
Schindel ⟨v.; ~, ~n⟩ **0.1** ***dakspaan, schindel.***
Schindeldach ⟨o.⟩ **0.1** ***schindeldak, dak van dakspanen.***
schindeln **0.1** ***met schindels, dakspanen dekken.***
schinden ⟨→t114⟩ **0.1** ***afbeulen*** ⇒*afjakkeren, uitzuigen, kwellen* **0.2** ⟨inf.⟩ ***sparen, omzeilen*** **0.3** ⟨inf.⟩ ***uitlokken*** ◆ **1.2** Fahrgeld ~ *zwart rijden* **1.3** Eindruck ~ *op alle mogelijke manieren indruk willen maken;* Zeit ~ *tijd (trachten te) winnen* **6.3** **bei** jmdm. ein paar Mark ~ *iem. een paar mark aftroggelen.*
Schinder ⟨m.; ~s, ~⟩ **0.1** ***beul*** ⇒*uitzuiger, slavendrijver.*
Schinderei ⟨v.; ~, ~en⟩ **0.1** ***afbeulerij*** **0.2** ***beulen-, hondenwerk*** ⇒*gezwoeg.*
Schindluder ⟨o.⟩⟨inf.⟩ ◆ **3.¶** mit jmdm., einer Sache ~ treiben *op een schandalige manier met iem., iets omspringen.*
Schindmähre ⟨v.⟩⟨pej.⟩ **0.1** ***(oude) knol*** ⇒*oud paard.*
Schinken ⟨m.; ~s, ~⟩ **0.1** ***ham*** **0.2** ⟨inf.⟩ ***dij, bil*** ⇒*ham* **0.3** ⟨inf.⟩ ***been*** **0.4** ⟨inf.⟩ ***(dikke) pil, dik boek*** **0.5** ⟨inf.⟩ ***groot (slecht) schilderij*** **0.6** ⟨inf.⟩ ***draak*** ⇒*(slechte) lange film, (slecht) lang (toneel)stuk.*
Schippe ⟨v.; ~, ~n⟩ **0.1** ⟨vooral Ndd.⟩ ***schop, schep*** **0.2** ⟨inf.; pej.⟩ ***lange vingernagel*** **0.3** ⟨inf.; scherts.⟩ ***pruillip, -mondje*** **0.4** ⟨steeds mv.; kaarten⟩ ***schoppen*** ◆ **6.1** ⟨fig.⟩ jmdn. **auf** die ~ laden, nehmen *iem. voor de gek houden.*
schippen ⟨reg.⟩ **0.1** ***scheppen.***
Schipper ⟨m.; ~s, ~⟩⟨Ndd.⟩ **0.1** ***schipper.***
Schiri ⟨m.; ~s, ~s⟩⟨sp.; afk.⟩ →**Schiedsrichter.**
Schirm ⟨m.; ~(e)s, ~e⟩ **0.1** ***paraplu*** ⟨ook fig.⟩ **0.2** ***parasol*** **0.3** ***scherm*** ⇒⟨fig.⟩ *bescherming, beschutting* **0.4** ***(lampen)kap*** **0.5** ***klep.***
Schirmdach ⟨o.⟩ **0.1** ***luifel, afdak.***
schirmförmig **0.1** ***paraplu-, schermvormig.***
Schirmherr ⟨m.⟩ **0.1** ***beschermheer.***
Schirmherrschaft ⟨v.⟩ **0.1** ***beschermheerschap*** ⇒*auspiciën.*
Schirmlampe ⟨v.⟩ **0.1** ***schemerlamp.***
Schirmling ⟨m.; ~s, ~e⟩ **0.1** ***parasolzwam.***
Schirmmütze ⟨v.⟩ **0.1** ***pet met klep, kleppet.***
Schirmpilz ⟨m.⟩ →**Schirmling.**
Schirmständer ⟨m.⟩ **0.1** ***paraplubak, -standaard.***
Schirokko ⟨m.; ~s, ~s⟩ **0.1** ***sirocco.***
schirren **0.1** ***optuigen*** **0.2** ***aan-, in-, voorspannen.***
Schisma ⟨o.; ~s, Schismen⟩⟨rel.⟩ **0.1** ***schisma, kerkscheuring.***
Schismatiker ⟨m.; ~s, ~⟩⟨rel.⟩ **0.1** ***schismaticus, scheurmaker (in de kerk).***
Schiß ⟨m.; Schisses, Schisse⟩ **0.1** ⟨vulg.⟩ ***poep, stront*** **0.2** ⟨vulg.⟩ ***het schijten, poepen*** **0.3** ⟨inf.⟩ ***angst, schrik*** ◆ **3.3** ~ haben *in de piepzak zitten.*
schizoid ⟨psych., med.⟩ **0.1** ***schizoïde.***
Schizophrenie ⟨v.; ~, ~n⟩ **0.1** ***schizofrenie.***
schlabberig ⟨inf.⟩ **0.1** ***slobberig, flodderig*** **0.2** ***waterig, dun*** ⇒*slap.*
Schlabberlätzchen ⟨o.⟩⟨inf.⟩ **0.1** ***slab(betje).***
schlabbern **I** ⟨ov. & onov.ww.⟩⟨inf.⟩ **0.1** ***slobberen*** ⟨ook van kleren⟩, ***slabberen*** ⇒*opslurpen;*
II ⟨onov.ww.⟩ **0.1** ⟨inf.⟩ ***knoeien, morsen*** **0.2** ⟨reg.⟩ ***kletsen, leuteren.***
Schlacht ⟨v.; ~, ~en⟩ **0.1** ***(veld-, zee)slag*** ◆ **3.1** eine ~ schlagen *een slag leveren;* jmdm. eine ~ liefern *met iem. slag leveren.*
Schlachtbank ⟨v.; mv. ¨e⟩ **0.1** ***slachtbank*** ⟨ook fig.⟩.
schlachten **0.1** ***slachten*** ⇒*doden, afslachten* **0.2** ⟨inf.; scherts.⟩ ***soldaat maken*** ⇒*achteroverslaan, verorberen.*
Schlachtenbummler ⟨m.⟩ **0.1** ***meegereisd supporter*** **0.2** ***fanatiek supporter die zijn ploeg overal volgt.***
Schlachter, Schlächter ⟨m.; ~s, ~⟩ **0.1** ***slachter*** **0.2** ⟨Ndd.⟩ ***slager.***
Schlachterei, Schlächterei ⟨v.; ~, ~en⟩ **0.1** ⟨Ndd.⟩ ***slagerij*** **0.2** ⟨fig.⟩ ***slachtpartij.***
Schlachtfeld ⟨o.⟩ **0.1** ***slagveld*** ⟨ook fig.⟩.
Schlachtgetümmel ⟨o.⟩ **0.1** ***strijdgewoel, gewoel v.d. slag.***
Schlachthaus ⟨o.⟩ **0.1** ***slachthuis, abattoir.***
Schlachthof ⟨m.⟩ →**Schlachthaus.**
Schlachtkreuzer ⟨m.⟩ **0.1** ***slagkruiser.***
Schlachtopfer ⟨o.⟩⟨rel.⟩ **0.1** ***slachtoffer*** ⇒*offerdier dat geslacht wordt.*
Schlachtordnung ⟨v.⟩ **0.1** ***slagorde.***
Schlachtplan ⟨m.⟩ **0.1** ***operatie-, strijdplan.***
schlachtreif **0.1** ***slachtrijp.***
Schlachtruf ⟨m.⟩ **0.1** ***strijdkreet.***
Schlachtschiff ⟨o.⟩ **0.1** ***slagschip.***
Schlachtvieh ⟨o.⟩ **0.1** ***slachtvee.***
Schlacke ⟨v.; ~, ~n⟩ **0.1** ***slak*** ⟨van metaal of steenkool⟩ ⇒ *sintel, harde lava* **0.2** ⟨mv.; med.⟩ ***afvalstoffen, slakken.***
schlacken **I** ⟨onov.ww.⟩ **0.1** ***slakken vormen, geven;***

II ⟨onp.ww.⟩⟨Ndd.⟩ **0.1** ***als natte sneeuw vallen, regenen.***
Schlackenhalde ⟨v.⟩ **0.1** ***slakkenberg.***
schlackerig ⟨inf.⟩ **0.1** ***slobberig*** ⇒*slap.*
schlackern 0.1 ***slingeren, klapperen*** ⇒*fladderen, knikken.*
Schlackerschnee ⟨m.⟩⟨Ndd.⟩ **0.1** ***natte sneeuw.***
schlackig 0.1 ***slakkenhoudend, vol slakken.***
Schlackwurst ⟨v.⟩ **0.1** ***cervelaatworst.***
Schlaf ⟨m.; ~(e)s⟩ **0.1** ***slaap*** ◆ **1.1** ⟨scherts.⟩ den ~ des Gerechten schlafen *de slaap des rechtvaardigen slapen* **2.1** im besten ~ *in mijn, zijn diepste slaap* **3.1** ⟨schr.⟩ der ~ flieht jmdn. *iem. kan de slaap niet vatten;* seinen ~ halten *een slaapje, dutje doen* **6.1** etwas **im** ~ können, beherrschen *iets blindelings kunnen;* **im** ~ liegen *liggen (te) slapen;* nicht **im** ~! *in geen geval!*
Schlafanzug ⟨m.⟩ **0.1** ***pyjama.***
Schläfchen ⟨o.; ~s, ~⟩ **0.1** ***slaapje, dutje.***
Schlafcouch ⟨v.⟩ **0.1** ***slaapbank.***
Schlafdeich ⟨m.⟩ **0.1** ***slaper-, binnendijk.***
Schläfe ⟨v.; ~, ~n⟩ **0.1** ***slaap*** ⟨v.h. hoofd⟩.
schlafen ⟨→t115⟩ **0.1** ***slapen*** ◆ **3.1** etwas läßt mich nicht ~ *iets houdt me uit mijn slaap* **4.1** hier schläft es sich gut *hier kan men, kun je goed slapen* **5.1** schlaf gut, schön! *wel te rusten!* **6.1** bis weit **in** den Tag hinein ~ *een gat in de dag slapen.* →**Hund.**
Schläfenbein ⟨o.⟩⟨med.⟩ **0.1** ***slaapbeen.***
Schlafenszeit ⟨v.⟩ **0.1** ***bedtijd, tijd om te (gaan) slapen.***
Schlafentzug ⟨m.⟩ **0.1** ***gemis/gebrek aan slaap*** **0.2** ***het onthouden van slaap.***
Schläfer ⟨m.; ~s, ~⟩ **0.1** ***slaper*** **0.2** ⟨biol.⟩ ***slaapmuis.***
schläfern ◆ **4.¶** es schläfert mich, mich schläfert *ik heb slaap.*
schlaff 0.1 ***slap*** ⇒*zwak, laks,* ⟨als bw. ook⟩ *slapjes* **0.2** ⟨jeugdtaal⟩ ***duf*** ⇒*flauw, pet.*
Schlafgemach ⟨o.⟩⟨schr.⟩ **0.1** ***slaapvertrek.***
Schlafittchen ⟨o.⟩⟨inf.⟩ ◆ **6.¶** jmdn. **am, beim** ~ fassen, haben *iem. bij de lurven, kladden pakken.*
Schlafkrankheit ⟨v.⟩ **0.1** ***slaapziekte.***
Schlaflied ⟨o.⟩ **0.1** ***slaaplied(je).***
schlaflos 0.1 ***slapeloos.***
Schlafmittel ⟨o.⟩ **0.1** ***slaapmiddel.***
Schlafmohn ⟨m.⟩⟨plantk.⟩ **0.1** ***slaapbol, papaver.***
Schlafmütze ⟨v.⟩ **0.1** ***slaap-, nachtmuts*** **0.2** ⟨inf.⟩ ***slaapkop, sufferd.***
schlafmützig ⟨inf.⟩ **0.1** ***suf(ferig), suffig.***
Schlafraum ⟨m.⟩ **0.1** ***slaapzaal, -vertrek.***
schläfrig 0.1 ***slaperig*** ⟨ook fig.⟩ ◆ **3.1** ~ sein, werden ⟨ook⟩ *slaap hebben, krijgen.*
Schlafrock ⟨m.⟩ **0.1** ***kamer-, ochtendjas*** ◆ **6.¶** ⟨cul.⟩ **im** ~ *in (blader)deeg gebakken.*
Schlafsack ⟨m.⟩ **0.1** ***slaapzak.***
Schlafstadt ⟨v.⟩⟨inf.⟩ **0.1** ***slaapstad.***
Schlaf|trank, -trunk ⟨m.⟩ **0.1** ***slaapdrank(je)*** **0.2** ⟨scherts.⟩ ***slaapmutsje.***
schlaftrunken 0.1 ***slaapdronken.***
Schlafwagen ⟨m.⟩ **0.1** ***slaapwagen.***
schlafwandeln 0.1 ***slaapwandelen.***
Schlafwandler ⟨m.⟩ **0.1** ***slaapwandelaar.***
schlafwandlerisch 0.1 ***(als) v.e. slaapwandelaar, somnambuul.***
Schlafzimmer ⟨o.⟩ **0.1** ***slaapkamer.***
Schlag ⟨m.; ~(e)s, ⸚e⟩ **0.1** ***slag*** ⟨ook landb., scheep.⟩ ⇒*klap, klop, bons* **0.2** ***slag*** ⇒*het slaan* **0.3** ***schok*** ⟨door elektriciteit⟩ **0.4** ***(het) slag*** ⇒*soort* **0.5** ***(duiven)til*** **0.6** ⟨inf.⟩ ***beroerte, attaque*** **0.7** ⟨biol.⟩ ***slag*** ⇒*roep* **0.8** ⟨bosbouw⟩ ***kap*** **0.9** ⟨bosbouw⟩ ***hakhout, -bos*** **0.10** ⟨inf.⟩ ***schep*** ⟨eten⟩ **0.11** ⟨vero.⟩ ***portier*** ⟨van rijtuig, auto⟩ **0.12** ⟨Oostr.⟩ ***(slag)room*** ◆ **2.2** ~ 5 Uhr *klokslag 5 uur* **2.4** vom alten ~ *van de oude stempel* **3.1** Schläge bekommen, beziehen *een pak slaag krijgen;* gleich gibt, setzt es Schläge! *dadelijk vallen er klappen!;* ⟨fig.⟩ jmdm einen ~ versetzen *bij iem. hard aankomen* **3.6** der ~ soll dich treffen! *val dood!;* ⟨fig.⟩ mich rührt, trifft der ~! (a) *ik word er niet goed van!* (b) *ik sta paf!* **4.1** keinen ~ tun *geen klap, moer doen, geen hand uitsteken* **6.1** ⟨inf.⟩ alles **auf** einen ~ tun *alles in één klap, tegelijk doen;* ⟨fig.⟩ das ist ein ~ **ins** Gesicht *dat is een klap in het gezicht;* ⟨fig.⟩ das ist ein ~ **ins** Kontor *dat is een knuppel in het hoenderhok, een lelijke tegenvaller;* ⟨fig.⟩ ein ~ **ins** Leere, ins Wasser *een slag in de lucht;* ⟨inf.⟩ **mit** einem ~ *met één slag, in één klap;* ein ~ **unter** die Gürtellinie ⟨ook fig.⟩ *een stoot onder de gordel* **6.6** ⟨inf.; fig.⟩ wie **vom** ~ getroffen, gerührt *als door de bliksem getroffen.*
Schlagabtausch ⟨m.⟩ **0.1** ⟨sp.⟩ ***reeks van punches*** **0.2** ⟨fig.⟩ ***hevige woordenwisseling.***
Schlagader ⟨v.⟩ **0.1** ***slagader.***
Schlaganfall ⟨m.⟩ **0.1** ***beroerte, attaque.***
schlagartig 0.1 ***plots(eling)*** ⇒*onverhoeds,* ⟨als bw. vooral⟩ *ineens, in één klap.*
Schlagball ⟨m.⟩ **0.1** ***slagbal.***
schlagbar 0.1 ***hakbaar*** **0.2** ***overwinnelijk.***
Schlagbaum ⟨m.⟩ **0.1** ***slagboom.***
Schlagbesen ⟨m.⟩ **0.1** ***gard(e)*** **0.2** ⟨muz.⟩ ***brush.***
Schlagbohrer ⟨m.⟩ **0.1** ***klopboor(machine).***
Schlagbohrmaschine ⟨v.⟩ →**Schlagbohrer.**
Schlagbolzen ⟨m.⟩ **0.1** ***slagpin*** ⟨van geweer⟩.
schlagen ⟨→t116⟩ **I** ⟨onov.ww.⟩ **0.1** ***slaan*** ⇒*kloppen* **0.2** ***inslaan*** ⇒*treffen* **0.3** ***behoren (tot), vallen (in)*** **0.4** ***aarden*** ⇒*(beginnen te) lijken* ◆ **1.1** das Rad schlägt *het wiel slingert;* ⟨inf.⟩ eine geschlagene Stunde *een vol uur* **6.1** **um** sich ~ *erop los slaan, om zich heen slaan* **6.3** das schlägt nicht **in** mein Fach *dat behoort niet tot mijn vak* **6.4** **nach** der Mutter ~ *naar de moeder aarden;*
II ⟨ov.ww.⟩ **0.1** ***slaan*** **0.2** ***vellen, hakken*** ⇒*kappen* **0.3** ***(ver)slaan, overwinnen*** ⇒*kloppen* **0.4** ***(toe)voegen*** ◆ **1.1** einen Bogen ~ *een bocht, boog maken;* eine geschlagene Frau *een door het lot geplaagde vrouw;* ⟨schaken⟩ einen Turm ~ *een toren slaan;* den Rekord ~ *het record breken;* Sahne, Teig ~ *(slag)room, deeg kloppen;* die Saiten ~ *(op de snaren) tokkelen;* Wurzel ~ *wortel schieten* **3.3** sich geschlagen geben *zich gewonnen geven* **5.3** jmdn. vernichtend ~ *iem. een verpletterende nederlaag toebrengen* **6.1** **mit** ihrem Mann ist sie geschlagen *met haar man is zij geplaagd, mooi af;* ein Stück Papier **um** ein Buch ~ *een boek in een stuk papier wikkelen* **6.4** die Unkosten **auf** den Preis ~ *de onkosten in de prijs doorberekenen.* →**Unrecht;**
III sich ~ ⟨wk.ww.⟩ **0.1** ***(met elkaar) vechten, strijden*** ⟨ook fig.⟩ ⇒*zich weren* **0.2** ***slaan*** **0.3** ***inslaan, (in)gaan*** **0.4** ⟨gesch.⟩ ***duelleren*** ◆ **5.1** du hast dich gut geschlagen! *je hebt je goed gehouden!* **6.2** die Grippe hat sich ihm **auf** die Nieren geschlagen *de griep is op zijn nieren geslagen* **6.3** er schlug sich **zu** uns *hij sloot zich bij ons aan, voegde zich bij ons.*
schlagend 0.1 ***treffend, afdoend*** ⇒*overtuigend* **0.2** ⟨mijnw.⟩ ***explosief*** **0.3** ⟨stud.⟩ ***duellerend.***
Schlager ⟨m.; ~s, ~⟩ **0.1** ***schlager, hit*** ⇒*topper.*
Schläger ⟨m.; ~s, ~⟩ **0.1** ***vechtersbaas*** ⇒*herrieschopper, vechtjas* **0.2** ⟨golf⟩ ***club, golfstok*** **0.3** ⟨hockey⟩ ***stick*** **0.4** ⟨tafeltennis⟩ ***bat*** **0.5** ⟨tennis⟩ ***racket*** **0.6** ⟨sp.⟩ ***slagman, pitcher*** **0.7** ⟨schermen⟩ ***rapier.***
Schlägerbande ⟨v.⟩ **0.1** ***knokploeg.***

Schlägerei ⟨v.; ~, ~en⟩ **0.1** ***vechtpartij*** *⇒knokpartij.*
Schlagerspiel ⟨o.⟩⟨sp.⟩ **0.1** ***topwedstrijd, topper.***
Schlägertrupp ⟨m.⟩ **0.1** ***knokploeg.***
Schlägertyp ⟨m.⟩ **0.1** ***vechtersbaas, herrieschopper.***
schlagfertig 0.1 ***slagvaardig, gevat*** *⇒snedig.*
Schlagholz ⟨o.⟩⟨sp.⟩ **0.1** ***slaghout.***
Schlaginstrument ⟨o.⟩ **0.1** ***slaginstrument.***
Schlagkraft ⟨v.⟩ **0.1** ***stootkracht, slagvaardigheid*** ⟨ook mil.⟩ **0.2** ⟨fig.⟩ ***doorslaande, overtuigende kracht*** **0.3** ⟨fig.⟩ ***doortastendheid*** *⇒slagvaardigheid.*
schlagkräftig 0.1 ***strijdbaar, slagvaardig*** **0.2** ***overtuigend, doorslaand*** *⇒afdoend* **0.3** ***een harde, krachtige slag bezittend.***
Schlaglicht ⟨o.; mv. ~er⟩ **0.1** ⟨bk., foto.⟩ ***slaglicht*** *⇒lichtstraal* **0.2** ⟨fig.⟩ ***schel, vol licht*** ◆ **3.2** ein ~ auf jmdn., etwas werfen *een schel licht op iem., iets doen vallen* **6.2 im** ~ des Interesses *in het volle licht, de schijnwerpers van de belangstelling.*
schlaglichtartig ⟨fig.⟩ **0.1** ***in een plotseling schel, scherp licht, (als) in een flits.***
Schlagloch ⟨o.⟩ **0.1** ***gat, kuil (in het wegdek).***
Schlagmann ⟨m.⟩⟨sp.⟩ **0.1** ***slag(roeier).***
Schlagobers ⟨o.⟩⟨Oostr.⟩ **0.1** ***slagroom.***
Schlagrahm ⟨m.⟩⟨reg.⟩ **0.1** ***slagroom.***
Schlagring ⟨m.⟩ **0.1** ***boksbeugel.***
Schlagsahne ⟨v.⟩ **0.1** ***slagroom.***
Schlagschatten ⟨m.⟩ **0.1** ***slagschaduw.***
Schlagseite ⟨v.⟩ **0.1** ***slagzij*** ◆ **3.1** ⟨inf.⟩ (eine) ~ haben *niet meer vast op zijn benen staan* ⟨van dronkenschap⟩.
Schlagstock ⟨m.⟩ **0.1** ***(gummi)knuppel*** **0.2** ***trommelstok.***
Schlaguhr ⟨v.⟩ **0.1** ***slaguurwerk.***
Schlagwerk ⟨o.⟩ **0.1** ***slagwerk*** ⟨van klok⟩.
Schlagwetter ⟨alleen mv.⟩⟨mijnw.⟩ **0.1** ***(explosief) mijngas*** **0.2** ***mijngasontploffing, grauwvuur.***
Schlagwort ⟨o.; mv. ~e of ~̈er⟩ **0.1** ***leus, slogan*** *⇒parool, slagzin,* ⟨pej.⟩ *(loze) kreet* **0.2** ⟨mv. Schlagwörter; boek.⟩ ***trefwoord.***
Schlagwortkatalog ⟨m.⟩ **0.1** ***trefwoordencatalogus.***
Schlagzeile ⟨v.⟩ **0.1** ***vette (kranten)kop*** ◆ **3.1** ⟨inf.⟩ ~n machen *de voorpagina halen* **6.1** Nachrichten **in** ~n *nieuws in het kort.*
Schlagzeug ⟨o.⟩⟨muz.⟩ **0.1** ***slagwerk*** **0.2** ***drumstel.***
Schlagzeuger ⟨m.; ~s, ~⟩ **0.1** ***slagwerker, drummer.***
Schlaks ⟨m.; ~es, ~e⟩⟨inf.⟩ **0.1** ***(lange) slungel.***
schlaksig ⟨inf.⟩ **0.1** ***slungelachtig.***
Schlamassel ⟨m.; ~s⟩ **0.1** ***gedonder, ellende*** *⇒puree, rats* ◆ **6.1 aus** dem ~ heraussein *het ergste achter de rug hebben;* **im** dicksten, gröbsten ~ stecken *flink in de puree zitten.*
Schlamm ⟨m.; ~(e)s, ~e of ~̈e⟩ **0.1** ***modder, slijk*** ⟨ook fig.⟩, ***slik*** **0.2** ***slijk, slib.***
Schlammbad ⟨o.⟩ **0.1** ***modderbad.***
Schlammbeißer ⟨m.; ~s, ~⟩ **0.1** ***grote modderkruiper.***
schlammen I ⟨ov. & onov.ww.⟩ **0.1** ***modder maken;*** **II** ⟨onov.ww.⟩ **0.1** ***slib afzetten.***
schlämmen 0.1 ***modder, slik, slib verwijderen*** *⇒uitbaggeren* **0.2** ***(wit) kalken*** **0.3** ⟨tech.⟩ ***afslibben*** *⇒wassen* **0.4** ⟨landb.⟩ ***slempen.***
schlammig 0.1 ***modderig, slijkerig.***
schlampampen ⟨reg.⟩ **0.1** ***zwelgen, slempen, brassen.***
Schlampe ⟨v.; ~, ~n⟩⟨inf.⟩ **0.1** ***slons, sloddervos*** **0.2** ***slet, sloerie.***
schlampen ⟨inf.⟩ **0.1** ***slordig zijn*** *⇒klungelen, modderen, slordig werken* **0.2** ⟨reg.⟩ ***flodderen, slobberen*** ◆ **6.1 mit** seinen Sachen ~ *slordig zijn op zijn spullen.*
Schlamper ⟨m.; ~s, ~⟩⟨reg.⟩ **0.1** ***sloddervos, slons*** **0.2** ***losbol.***
Schlamperei ⟨v.; ~, ~en⟩⟨inf.; pej.⟩ **0.1** ***slordigheid*** *⇒nonchalance* **0.2** ***werk van likmevestje*** *⇒geklungel* **0.3** ***jan-, knoei-, slodderboel.***
schlampig ⟨inf.⟩ **0.1** ***slonzig*** *⇒morsig* **0.2** ***slordig*** *⇒nonchalant.*
Schlange ⟨v.; ~, ~n⟩ **0.1** ***slang*** *⇒serpent* ⟨vooral fig.⟩ **0.2** ***rij*** *⇒file* ◆ **3.1** ⟨fig.⟩ da beißt sich die ~ in den Schwanz *dat is een vicieuze cirkel* **3.2** ~ stehen *in de rij staan* **6.1** ⟨schr.⟩ eine ~ **am** Busen nähren *een adder, slang aan zijn boezem koesteren.*
schlängelig 0.1 ***kronkelig*** *⇒bochtig.*
Schlängellinie ⟨v.⟩ **0.1** ***slangetje, slangenlijntje, kronkellijn*** **0.2** ***zigzag-, kronkellijn.***
schlängeln, sich 0.1 ***kronkelen*** *⇒slingeren, schuiven, kruipen* ◆ **1.1** eine geschlängelte Linie *een kronkellijn, slangetje* **6.1** sich **durch** die Menge ~ *door de menigte schuiven.*
schlangenartig 0.1 ***slangachtig, als (van) een slang.***
Schlangenbeschwörer ⟨m.⟩ **0.1** ***slangenbezweerder.***
Schlangenbiß ⟨m.⟩ **0.1** ***slangenbeet.***
Schlangenbrut ⟨v.⟩⟨schr.⟩ **0.1** ***slangen-, addergebroed.***
Schlangenfraß ⟨m.⟩ **0.1** ***varkens-, hondenvoer.***
Schlangengift ⟨o.⟩ **0.1** ***slangengif.***
Schlangengrube ⟨v.⟩⟨schr.; fig.⟩ **0.1** ***(gevaarlijk) hol.***
Schlangengurke ⟨v.⟩ **0.1** ***slangkomkommer.***
Schlangenlinie ⟨v.⟩ **0.1** ***kronkellijn*** *⇒slangenlijn, golflijn* **0.2** ***zigzag(lijn)*** ◆ **6.2 in** ~ fahren *zigzaggen.*
schlank 0.1 ***slank*** *⇒rank, rijzig* **0.2** ⟨reg.⟩ ***snel, vlot*** ⟨ook fig.⟩.
schlankerhand ⟨inf.⟩ **0.1** ***zonder meer*** *⇒kortweg.*
Schlankheitskur ⟨v.⟩ **0.1** ***vermageringskuur.***
schlankweg ⟨inf.⟩ **0.1** ***ronduit*** *⇒gewoon(weg)* **0.2** ***zonder meer*** *⇒kortweg.*
schlapp 0.1 ***slap*** *⇒verslapt, sloom* ◆ **1.1** ein ~er Typ *een slappeling.*
Schlappe ⟨v.; ~, ~n⟩ **0.1** ***nederlaag, echec*** *⇒tegenslag* ◆ **3.1** jmdm. eine ~ beibringen, zufügen *iem. een nederlaag toebrengen.*
schlappen ⟨inf.⟩ **0.1** ***slap hangen*** **0.2** ***slobberen, flodderen*** **0.3** ***sloffen*** **0.4** ***(op)slobberen.***
Schlappen ⟨m.; ~s, ~⟩⟨inf.⟩ **0.1** ***slof, pantoffel.***
schlappern ⟨reg.⟩ →**schlabbern.**
Schlapphut ⟨m.⟩ **0.1** ***slappe (vilten) hoed, flambard.***
schlappmachen ⟨inf.⟩ **0.1** ***het opgeven, niet meer kunnen*** **0.2** ***flauwvallen.***
Schlappohr ⟨o.⟩⟨inf.⟩ **0.1** ***flapoor*** **0.2** ***slappeling, slapjanus.***
Schlapp|sack, -schwanz ⟨m.⟩ **0.1** ***slappeling, slapjanus.***
Schlaraffenland ⟨o.⟩ **0.1** ***luilekkerland.***
schlau 0.1 ***slim*** ⇒⟨pej.⟩ *leep, sluw* ◆ **3.1** ⟨inf.⟩ nächste Woche sind wir ~er! *volgende week weten we meer!* **6.1 aus** jmdm., etwas nicht ~ werden *uit iem., iets niet wijs kunnen worden.*
Schlauberger ⟨m.; ~s, ~⟩⟨inf.⟩ **0.1** ***slimmerd, leperd.***
Schlauch ⟨m.; ~(e)s, ~̈e⟩ **0.1** ***slang*** *⇒buis* ⟨van gummi of kunststof⟩ **0.2** ***binnenband*** **0.3** ⟨gesch.⟩ ***(leren) zak*** **0.4** ⟨inf.⟩ ***smalle pijp, pijpenla*** ◆ **3.¶** diese Arbeit ist ein ~! *dit is een zwaar, hels karwei!*
Schlauchboot ⟨o.⟩ **0.1** ***(opblaasbare) rubberboot.***
schlauchen 0.1 ⟨inf.⟩ ***afbeulen*** **0.2** ***door een slang laten lopen*** *⇒aflaten* **0.3** ⟨vero.; inf.⟩ ***zuipen*** **0.4** ⟨reg.⟩ ***klaplopen*** ◆ **4.3** einen ~ *aardig wat drinken* **5.1** das schlaucht (einen) ganz schön! *daar word je knap moe van!*
schlauchlos 0.1 ***tubeless, zonder binnenband.***
Schlauchpilz ⟨m.⟩⟨plantk.⟩ **0.1** ***zakjeszwam.***

Schlauchwagen ⟨m.⟩ **0.1** ***slangenwagen.***
Schläue ⟨v.; ~⟩ **0.1** ***slimheid*** ⇒⟨pej.⟩ *leep-, sluwheid.*
schlauerweise **0.1** ***wijselijk.***
Schlaufe ⟨v.; ~, ~n⟩ **0.1** ***lus*** ⇒*schuifpassant* **0.2** ***handvat, -greep.***
Schlaufuchs ⟨m.⟩ →**Schlauberger.**
Schlauheit ⟨v.⟩ →**Schläue.**
Schlau|kopf, -meier ⟨m.⟩ →**Schlauberger.**
Schlawiner ⟨m.; ~s, ~⟩⟨inf.⟩ **0.1** ***gewiekste, gehaaide kerel.***
schlecht **0.1** ***slecht*** ⇒*misselijk,* ⟨als bw. ook⟩ *moeilijk, bezwaarlijk* ◆ **3.1** morgen geht (es) schlecht, paßt es mir ~ *morgen komt het slecht, niet goed uit;* mir ist (ganz) ~ *ik voel me (helemaal) niet goed, ik ben misselijk;* mit jmdm., um jmdn. steht es ~ *het gaat niet goed, slecht met iem., iem. staat er slecht voor* **5.1** mehr ~ als recht *niet bijzonder, bijster goed;* er staunte nicht ~ *hij was niet weinig verbaasd* **8.1** ~ und recht *zo goed en zo kwaad als het gaat.*
schlechterdings **0.1** ***volstrekt, absoluut, gewoon(weg).***
schlechtgehen **0.1** ***er slecht aan toe zijn, slecht gaan.***
schlechtgehend **0.1** ***slecht lopend.***
schlechtgelaunt **0.1** ***slechtgehumeurd, -geluimd.***
schlechthin **0.1** ***gewoon(weg), eenvoudigweg*** ⇒*absoluut* **0.2** ***bij uitstek*** **0.3** ***als zodanig*** ⇒*op zich.*
Schlechtigkeit ⟨v.; ~, ~en⟩ **0.1** ***slechtheid.***
schlechtmachen ⟨inf.⟩ **0.1** ***kwaadspreken over, van, zwart maken.***
schlechtweg **0.1** ***gewoon(weg), eenvoudigweg.***
Schlechtwettergeld ⟨o.⟩ **0.1** ***loon voor verlet door weersomstandigheden.***
schlecken **0.1** ***likken*** ⇒*oplikken* **0.2** ***snoepen*** ⇒*smikkelen.*
Schlecker ⟨m.; ~s, ~⟩ →**Schleckermaul.**
Schleckerei ⟨v.; ~, ~en⟩ **0.1** ***snoep*** ⇒*snoepje,* ⟨mv.⟩ *snoepgoed.*
Schleckermaul ⟨o.⟩⟨inf.; scherts.⟩ **0.1** ***lekkerbek, snoeper*** ⇒ *snoepneus.*
schleckern ⟨reg.⟩ **0.1** ***snoepen*** ⇒*opsmikkelen* **0.2** ***likken*** ⇒ *oplikken* ◆ **6.¶** mich schleckert (es) **nach** Erdbeeren *ik heb trek in aardbeien.*
schleckig ⟨reg.⟩ **0.1** ***snoeplustig*** **0.2** ***kieskeurig.***
Schlegel ⟨m.; ~s, ~⟩ **0.1** ***sleg(ge), beukhamer*** **0.2** ⟨muz.⟩ ***trommelstok*** **0.3** ⟨Zdd., Oostr.⟩ ***bout*** ⇒*poot.*
Schlehdorn ⟨m.; mv. ~e⟩ **0.1** ***sleedoorn.***
Schlehe ⟨v.; ~, ~n⟩ **0.1** ***sleedoorn*** **0.2** ***sleepruim.***
Schleiche ⟨v.; ~, ~n⟩ **0.1** ***hazelworm.***
schleichen ⟨→t117⟩ **I** ⟨onov.ww.; s.⟩ **0.1** ***sluipen*** **0.2** ***kruipen*** ⇒*langzaam lopen, gaan, rijden, schuifelen* ◆ **6.2** ⟨inf.⟩ **zur** Arbeit ~ *naar zijn werk gaan, sukkelen;*
II sich ~ ⟨wk.ww.⟩ **0.1** ***sluipen*** ◆ **4.¶** ⟨Zdd., Oostr.⟩ schleich dich! *hoepel op!* **6.1** sich **in** jmds. Vertrauen ~ *op slinkse wijze iemands vertrouwen winnen.*
schleichend **0.1** ***sluipend, kruipend*** ⇒*geniepig* ◆ **1.1** eine ~e Krankheit *een slepende, slopende ziekte.*
Schleicher ⟨m.; ~s, ~⟩ **0.1** ***gluiper, kruiper.***
Schleicherei ⟨v.; ~, ~en⟩ **0.1** ***kruiperij, gluiperigheid.***
Schleichhandel ⟨m.⟩ **0.1** ***sluikhandel, zwarte handel.***
Schleichtempo ⟨o.⟩ **0.1** ***slakkengangetje, vreselijk traag tempo.***
Schleichweg ⟨m.⟩ **0.1** ***sluipweg*** ⇒⟨fig. vooral⟩ *slinkse weg.*
Schleichwerbung ⟨v.⟩ **0.1** ***sluikreclame.***
Schleie ⟨v.; ~, ~n⟩⟨biol.⟩ **0.1** ***zeelt.***
Schleier ⟨m.; ~s, ~⟩ **0.1** ***sluier*** **0.2** ***waas*** ◆ **3.1** ⟨schr.⟩ den ~ nehmen *de sluier aannemen* ⟨in een klooster gaan⟩.
Schleiereule ⟨v.⟩ **0.1** ***kerk-, sluier-, torenuil.***
schleierhaft ⟨inf.⟩ ◆ **4.¶** es ist mir ~ *het is voor mij een raadsel.*

Schleife ⟨v.; ~, ~n⟩ **0.1** ***strik(je)*** ⇒*lus, lint, vlinderdasje* **0.2** ***lus*** ⇒*(wijde) bocht, kronkel.*
schleifen[1] **I** ⟨onov.ww.⟩ **0.1** ***slepen*** ⇒*sloffen* ◆ **3.1** die Kupplung ~ lassen *de koppeling laten slippen;*
II ⟨ov.ww.⟩ **0.1** ***slepen, sleuren*** ⇒*meeslepen, meetronen* **0.2** ***slopen*** ⇒*slechten, ontmantelen* **0.3** ⟨muz.⟩ ***rekken, slepen.***
schleifen[2] ⟨ov. & onov.ww.→t118⟩ **0.1** ***slijpen, scherpen, polijsten*** ⇒*wetten* **0.2** ⟨sold.⟩ ***(hard) drillen, afbeulen*** ⇒ *koeioneren* ◆ **1.1** ⟨fig.⟩ seinen Stil ~ *(aan) zijn stijl schaven.*
Schleifer ⟨m.; ~s, ~⟩ **0.1** ***slijper*** **0.2** ⟨sold.⟩ ***rekrutenbeul*** **0.3** ⟨muz.⟩ ***slepende voorslag*** **0.4** ⟨dansk.⟩ ***sleepdans.***
Schleiferei ⟨v.; ~, ~en⟩ **0.1** ***slijperij*** **0.2** ⟨sold.⟩ ***afbeuling, dril.***
Schleifkontakt ⟨m.⟩⟨tech.⟩ **0.1** ***sleepcontact.***
Schleiflack ⟨m.⟩ **0.1** ***slijplak*** **0.2** ***grondvernis.***
Schleifpapier ⟨o.⟩ **0.1** ***schuurpapier.***
Schleifscheibe ⟨v.⟩ **0.1** ***slijp-, polijstschijf.***
Schleifstein ⟨m.⟩ **0.1** ***slijpsteen.***
Schleim ⟨m.; ~(e)s, ~e⟩ **0.1** ***slijm*** ⇒*fluim* **0.2** ***pap.***
Schleimbeutel ⟨m.⟩⟨med.⟩ **0.1** ***slijmbeurs.***
Schleimdrüse ⟨v.⟩ **0.1** ***slijmklier.***
schleimen **0.1** ***slijmen*** ⇒*slijm afscheiden, vormen, opgeven, fluimen* **0.2** ⟨inf.⟩ ***slijmen*** ⇒*flikflooien.*
Schleimer ⟨m.; ~s, ~⟩ **0.1** ***slijmerd*** ⇒*flikflooier.*
Schleimhaut ⟨v.⟩ **0.1** ***slijmvlies.***
schleimig **0.1** ***slijmerig*** ⇒*slijmig,* ⟨fig.⟩ *kruiperig.*
Schleimscheißer ⟨m.⟩⟨inf.⟩ **0.1** ***slijmerd, slijmjurk.***
Schleimsuppe ⟨v.⟩ **0.1** ***pap*** ⟨van havermout, rijst of gerst⟩.
Schlemihl ⟨m.; ~s, ~e⟩ **0.1** ***schlemiel*** ⇒*ongeluks-, pechvogel.*
Schlemm ⟨m.; ~s, ~e⟩ **0.1** ***slem*** ⟨whist, bridge⟩.
schlemmen **0.1** ***smullen*** ⇒*smulpapen, smikkelen.*
Schlemmerei ⟨v.; ~, ~en⟩ **0.1** ***smullerij, gesmul*** **0.2** ***bras-, smulpartij.***
schlemmerhaft **0.1** ***als (van) een smuller, smulpaap*** ⇒ *smulgraag.*
schlemmerisch **0.1** ***smullend, brassend, slempend*** **0.2** ***als (van) een smuller*** ⇒*smulgraag.*
Schlemmermahl ⟨o.⟩⟨schr.⟩ **0.1** ***smulpartij.***
Schlendergang ⟨m.⟩ **0.1** ***slentergang, slenterende gang.***
schlendern ⟨s.⟩ **0.1** ***slenteren*** ⇒*drentelen, flaneren.*
Schlendrian ⟨m.; ~s⟩⟨inf.⟩ **0.1** ***sleur*** ⇒*getreuzel.*
Schlenker ⟨m.; ~s, ~⟩⟨inf.⟩ **0.1** ***zwaai*** ⇒*slingering, schommeling* **0.2** ***omweg*** ⇒*ommetje.*
schlenkern **0.1** ***slingeren*** ⇒*zwaaien, bengelen, schommelen.*
schlenzen **0.1** ⟨hockey⟩ ***pushen*** **0.2** ⟨voetbal⟩ ***lepelen.***
Schlepp ⟨m.⟩ ◆ **6.¶** **im** ~ haben (a) *slepen, achter zich aan slepen* (b) ⟨fig.⟩ *in zijn kielzog hebben;* **in** ~ nehmen *op sleeptouw nemen.*
Schleppdampfer ⟨m.⟩ **0.1** ***sleepboot.***
Schleppe ⟨v.; ~, ~n⟩ **0.1** ***sleep*** ⟨v.e. jurk⟩ **0.2** ⟨landb.⟩ ***sleep-(bord).***
schleppen I ⟨ov. & onov.ww.⟩ **0.1** ***slepen*** ⇒*sleuren, zeulen, sjouwen (met)* **0.2** ⟨inf.⟩ ***slepen, sleuren*** ⇒*meeslepen, meetronen* **0.3** ⟨inf.⟩ ***(voortdurend) dragen*** ⇒*afdragen* ◆ **1.1** ein Bein ~ *met een been trekken;* Wähler ~ *kiezers naar het stemlokaal sleuren;*
II sich ~ ⟨wk.ww.⟩ **0.1** ***zich voortslepen*** ⇒*zich slepen.*
schleppend **0.1** ***slepend*** ⇒*sloffend, moeizaam, traag.*
Schlepper ⟨m.; ~s, ~⟩ **0.1** ***sleper, sleepboot*** **0.2** ***tractor, trekker*** **0.3** ⟨inf.⟩ ***lokvogel, runner.***
Schlepperei ⟨v.; ~, ~en⟩⟨inf.⟩ **0.1** ***gesleep, gesjouw*** ⇒*gezeul* **0.2** ***het aanbrengen van klanten.***

Schleppkahn ⟨m.⟩ **0.1** ***sleepschip, (sleep)aak.***
Schleppnetz ⟨o.⟩ **0.1** ***sleepnet.***
Schleppschiff ⟨o.⟩ **0.1** ***sleepboot, sleper.***
Schleppschiffahrt ⟨v.⟩ **0.1** ***sleepvaart.***
Schleppseil ⟨o.⟩ **0.1** ***sleepkabel*** *⇒sleeptouw.*
Schlepptau ⟨o.⟩ **0.1** ***sleeptouw*** ⟨ook fig.⟩, ***sleepkabel*** ◆ **6.1** **im** ~ haben (a) *(weg)slepen* (b) ⟨fig.⟩ *in zijn kielzog hebben;* **ins** ~ nehmen ⟨ook fig.⟩ *op sleeptouw nemen.*
Schlepptrosse ⟨v.⟩ **0.1** ***sleeptros.***
Schleppzug ⟨m.⟩ **0.1** ***sleep(trein)*** ⟨van schepen⟩.
Schlesien ⟨o.; ~s⟩ **0.1** *Silezië.*
Schlesier ⟨m.; ~s, ~⟩ **0.1** *Silezïër.*
schlesisch **0.1** *Silezisch.*
Schleswig-Holstein ⟨o.; ~s⟩ **0.1** *Sleeswijk-Holstein.*
schleswig-holsteinisch **0.1** *Sleeswijk-Holsteins.*
Schleuder ⟨v.; ~, ~n⟩ **0.1** ***katapult, slinger*** **0.2** ***centrifuge*** **0.3** ⟨inf.⟩ ***vehikel.***
Schleuderball ⟨m.⟩ **0.1** ***slingerbal.***
Schleuderbrett ⟨o.⟩ **0.1** ***springplank.***
Schleuderer ⟨m.; ~s, ~⟩ **0.1** ***slingeraar*** **0.2** ⟨inf.; ec.⟩ ***prijsbreker, marktbederver.***
Schleudergefahr ⟨v.⟩ **0.1** ***slipgevaar.***
Schleuderhonig ⟨m.⟩ **0.1** ***slingerhoning.***
Schleuderkurs ⟨m.⟩ **0.1** ***antislipcursus.***
Schleudermaschine ⟨v.⟩ **0.1** ***centrifuge.***
schleudern **I** ⟨onov.ww.⟩ **0.1** ***slippen*** *⇒slingeren, vliegen* **0.2** ⟨sp.⟩ ***dislokeren*** ◆ **6.1** **ins** Schleudern geraten, kommen (a) *in een slip raken* (b) ⟨fig.⟩ *van zijn stuk raken;*
II ⟨ov.ww.⟩ **0.1** ***slingeren*** ⟨ook honing⟩, ***smijten, smakken*** **0.2** ***centrifugeren.***
Schleuderpreis ⟨m.⟩⟨inf.⟩ **0.1** ***spot-, afbraakprijs.***
Schleuderpumpe ⟨v.⟩ **0.1** ***centrifugaalpomp.***
Schleudersitz ⟨m.⟩ **0.1** ***schietstoel.***
Schleudertrauma ⟨o.⟩⟨med.⟩ **0.1** ***whiplash.***
schleunig ⟨schr.⟩ **0.1** ***snel, vlug, spoedig.***
schleunigst **0.1** ***zo spoedig, vlug mogelijk, ten spoedigste.***
Schleuse ⟨v.; ~, ~n⟩ **0.1** ***sluis*** ⟨ook fig.⟩ *⇒sas* **0.2** ⟨vero.⟩ ***put(je) (v.h. riool).***
schleusen **0.1** ***schutten, sluizen*** **0.2** ⟨fig.⟩ ***loodsen.***
Schleusenkammer ⟨v.⟩ **0.1** ***sluis-, schutkolk.***
Schleusentor ⟨o.⟩ **0.1** ***sluis-, schutdeur.***
Schleusenwärter ⟨m.⟩ **0.1** ***sluiswachter.***
Schliche ⟨alleen mv.⟩ **0.1** ***listen, knepen*** *⇒streken, foefjes* ◆ **6.1** jmdm. **auf** die ~, **hinter** jmds. ~ kommen *achter iemands streken komen.*
schlicht **0.1** ***eenvoudig*** *⇒sober, bescheiden, natuurlijk* **0.2** ***gewoon(weg), eenvoudig(weg), zonder meer*** ◆ **1.2** es ist eine ~e Tatsache *het is eenvoudig(weg) een feit* **1.¶** ~es Haar *sluik haar* **6.¶** ~ **um** ~ *met gesloten beurs* **8.2** ~ und einfach *gewoon-, eenvoudigweg.*
schlichten **0.1** ***bijleggen*** *⇒beslechten, bemiddelen* **0.2** ***gladmaken, polijsten*** **0.3** ⟨leerlooierij⟩ ***slichten*** *⇒strijken.*
Schlichter ⟨m.; ~s, ~⟩ **0.1** ***bemiddelaar, arbiter.***
Schlichtheit ⟨v.; ~⟩ **0.1** ***eenvoud, bescheidenheid*** *⇒natuurlijkheid.*
Schlichthobel ⟨m.⟩ **0.1** ***zoetschaaf*** *⇒rij-, reeschaaf.*
Schlichtungsausschuß ⟨m.⟩ **0.1** ***bemiddelings-, arbitragecommissie.***
Schlichtungskommission ⟨v.⟩ →**Schlichtungsausschuß.**
Schlichtungsstelle ⟨v.⟩ **0.1** ***bemiddelende instantie.***
Schlichtungsverfahren ⟨o.⟩ **0.1** ***bemiddelings-, verzoeningsprocedure.***
schlichtweg **0.1** ***gewoon-, eenvoudigweg, zonder meer.***
Schlick ⟨m.; ~s, ~e⟩ **0.1** ***slik, slijk, slib.***
schließbar **0.1** ***sluitbaar*** *⇒te sluiten.*
Schließe ⟨v.; ~, ~n⟩ **0.1** ***knip*** **0.2** ***sluiting, slotje*** **0.3** ***gesp.***
schließen ⟨→t120⟩ **I** ⟨onov.ww.⟩ **0.1** ***sluiten*** *⇒dichtgaan* **0.2** ***sluiten*** *⇒eindigen, besluiten* **0.3** ***concluderen*** *⇒opmaken, een gevolgtrekking maken, afleiden* ◆ **6.3** **auf** den Täter ~ *afleiden, opmaken wie de dader is;* er schloß **auf** Mord *hij kwam tot de conclusie dat er van moord sprake was;* ⟨inf.⟩ nicht **von** sich auf andere ~ *anderen niet naar zichzelf beoordelen;*
II ⟨ov.ww.⟩ **0.1** ***sluiten*** *⇒dichtmaken* **0.2** ***(be)sluiten*** *⇒beëindigen, eindigen* **0.3** ***(in)sluiten*** *⇒opsluiten, opbergen* **0.4** ***sluiten*** *⇒aangaan* **0.5** ***aansluiten*** ◆ **1.1** ein geschlossener Jahrgang *een volledige jaargang* **1.2** Sympathisanten schlossen den Zug *sympathisanten besloten de optocht, stoet* **1.4** eine Bekanntschaft ~ *kennismaken, (elkaar, iem.) leren kennen* **6.3** etwas **in** sich ~ *iets bevatten, inhouden* **6.5** er schloß **daran** die Worte ... *aansluitend zei hij ...;*
III **sich** ~ ⟨wk.ww.⟩ **0.1** ***zich sluiten*** *⇒dichtgaan, sluiten* **0.2** ***volgen*** *⇒zich aansluiten* ◆ **1.1** der Kreis schließt sich *de kring, cirkel wordt gesloten;* die Reihen ~ sich *de rijen sluiten aaneen* **6.2** **an** die Diskussion schloß sich ... *op de discussie volgde ...*
Schließer ⟨m.; ~s, ~⟩ **0.1** ***gevangenbewaarder, cipier*** **0.2** ***portier*** *⇒conciërge* **0.3** ***(deur)sluiter.***
Schließfach ⟨o.⟩ **0.1** ***kluis, safe(loket)*** **0.2** ***postbus.***
Schließkette ⟨v.⟩ **0.1** ***(sluit)ketting.***
schließlich **0.1** ***tenslotte*** *⇒uiteindelijk, per slot van rekening* ◆ **8.1** ⟨inf.⟩ ~ und endlich *per slot van rekening, (uit)eindelijk.*
Schließmuskel ⟨m.⟩ **0.1** ***sluitspier.***
Schliff ⟨m.; ~(e)s, ~e⟩ **0.1** ***het slijpen*** **0.2** ***het geslepen zijn*** *⇒wijze van slijpen, slijpsel* **0.3** ***het slijpen, het wetten*** **0.4** ***welgemanierdheid, beschaving*** **0.5** ***perfectie*** *⇒afwerking* ◆ **2.5** der letzte ~ *de finishing touch, de afwerking* **3.2** einen schönen ~ haben *mooi geslepen zijn* **3.4** ~ haben *goede omgangsvormen hebben* **6.3** Messer **mit** einem glatten ~ *glad geslepen messen.*
schlimm **0.1** ***erg*** *⇒bedenkelijk, zwaar, ernstig* **0.2** ***erg, onaangenaam*** *⇒vervelend* **0.3** ***kwaad, slecht, boos*** *⇒ondeugend* **0.4** ⟨inf.⟩ ***zeer, ziek*** ◆ **1.2** ~e Nachrichten *slecht nieuws* **1.3** ein ~er Bursche *een gemene, kwade vent* **1.4** einen ~en Zahn haben *een zere tand, tandpijn hebben* **2.2** ⟨inf.⟩ ~ kalt *erg, bar koud* **3.2** es gibt Schlimmeres *er bestaan ergere dingen;* es hätte ~er kommen können *het had erger gekund* **5.2** es ist alles halb so ~ *het is niet (zo) erg;* um so ~er *des te erger* **6.2** es steht ~ **mit** ihr, **um** sie *het gaat niet goed met haar* **7.2** er ist nicht der Schlimmste *hij is de kwaadste (nog) niet.*
schlimmstenfalls **0.1** ***in het ergste, ongunstigste geval.***
Schlinge ⟨v.; ~, ~n⟩ **0.1** ***strik*** *⇒strop, lus, valstrik* **0.2** ***draagverband, mitella*** **0.3** ***lus*** ◆ **3.1** jmdm. die ~ um den Hals legen ⟨ook fig.⟩ *iem. een strik, strop om de hals doen;* ~n legen, (auf)stellen *(val)strikken, vallen leggen, zetten* **6.1** ⟨fig.⟩ sich **aus** der ~ ziehen *zich (eruit) redden.*
Schlingel ⟨m.; ~s, ~⟩ **0.1** ***bengel, rakker*** *⇒vlegel.*
schlingen ⟨→t121⟩ **I** ⟨onov.ww.⟩ **0.1** ***schrokken*** *⇒(in)slikken;*
II ⟨ov.ww.⟩ **0.1** ***slingeren, strengelen, winden*** *⇒omdoen, leggen, slaan* **0.2** ***vlechten, strengelen*** **0.3** ***verslinden*** *⇒verzwelgen* ◆ **1.1** einen Knoten ~ *een knoop leggen;*
III **sich** ~ ⟨wk.ww.⟩ **0.1** ***zich slingeren, zich strengelen*** *⇒kronkelen.*
schlingern **0.1** ***slingeren*** *⇒schommelen* ◆ **6.1** ⟨fig.⟩ **ins** Schlingern geraten, kommen *van zijn stuk raken.*

Schlingpflanze ⟨v.⟩ **0.1** ***slinger-, klimplant.***
Schlips ⟨m.; ~es, ~e⟩⟨inf.⟩ **0.1** ***(strop)das*** ◆ **6.¶** ⟨fig.⟩ jmdm. **auf** den ~ treten *iem. op de tenen trappen.*
Schlipsnadel ⟨v.⟩ **0.1** ***dasspeld.***
Schlitten ⟨m.; ~s, ~⟩ **0.1** ***slee*** ⟨ook tech., scheep.⟩ ⇒⟨inf.; fig.⟩ *auto* **0.2** ⟨tech.⟩ ***geleischoen*** ⇒*wagen* ⟨bij schrijfmachine⟩ ◆ **3.1** ~ fahren *sleeën, sleetje rijden* **3.¶** ⟨fig.⟩ mit jmdm. ~ fahren (a) *met iem. de vloer aanvegen* (b) *iem. uitkafferen.*
Schlittenbahn ⟨v.⟩ **0.1** ***rodel-, sleebaan.***
Schlittenfahrt ⟨v.⟩ **0.1** ***sle(d)etocht.***
Schlittenhund ⟨m.⟩ **0.1** ***sle(d)ehond.***
schlittern 0.1 ⟨h/s.⟩ ***slibberen, glijden*** **0.2** ⟨s.⟩ ***slingeren*** ⇒ *uitglijden, slippen, shimmyen* ◆ **6.2** ⟨fig.⟩ **in** eine Sache ~ *toevallig in iets betrokken worden;* **ins** Schlittern kommen *in een slip raken.*
Schlittschuh ⟨m.⟩ **0.1** ***schaats*** ◆ **3.1** ~ laufen *schaatsen.*
Schlittschuhläufer ⟨m.⟩ **0.1** ***schaatser, schaatsenrijder.***
Schlitz ⟨m.; ~es, ~e⟩ **0.1** ***spleet, sleuf, gleuf*** ⇒*keep, snee* **0.2** ***split*** ⟨in kleren⟩ **0.3** ⟨vulg.⟩ ***kut, spleet*** **0.4** ⟨inf.⟩ ***gulp.***
Schlitzärmel ⟨m.⟩ **0.1** ***splitmouw.***
Schlitzauge ⟨o.⟩ **0.1** ***spleetoog.***
schlitzäugig 0.1 ***spleetogig, met spleetogen.***
schlitzen ⟨vero.⟩ **0.1** ***in-, opensnijden*** ⇒*splijten* ◆ **1.1** ein geschlitztes Kleid *een jurk met splitten.*
Schlitzohr ⟨o.⟩⟨inf.⟩ **0.1** ***leperd*** ⇒*sluwe vos.*
schlitzohrig ⟨inf.⟩ **0.1** ***leep, sluw.***
schlohweiß 0.1 ***sneeuwwit*** ⟨van haar⟩.
Schloß ⟨o.; Schlosses, Schlösser⟩ **0.1** ***slot*** ⇒*slotje, knip, sluiting, grendel* ⟨van geweer⟩ **0.2** ***slot, kasteel, burcht*** ⇒*paleis* ◆ **6.1** ⟨fig.⟩ ein ~ **vor** dem Mund haben *stijf zijn mond houden;* ⟨fig.⟩ jmdm. ein ~ **vor** den Mund legen, hängen *iem. een slot op de mond doen* **6.2** ⟨fig.⟩ ein ~ **auf** dem, **im** Mond *een hersenschim, fantasiebeeld* **¶.1** ⟨inf.⟩ hinter ~ und Riegel *achter slot en grendel.*
Schloßanlage ⟨v.⟩ **0.1** ***kasteelgebouwen*** ⇒*kasteel, burcht.*
Schlosser ⟨m.; ~s, ~⟩ **0.1** ***monteur*** **0.2** ***bankwerker*** **0.3** ***slotenmaker.***
Schlosserei ⟨v.; ~, ~en⟩ **0.1** ***bankwerkerij*** **0.2** ***slotenmakerij*** **0.3** ⟨bergsport⟩ ***klimuitrusting.***
schlossern ⟨inf.⟩ **0.1** ***als bankwerker, slotenmaker, monteur werken.***
Schloßherr ⟨m.⟩ **0.1** ***slot-, kasteelheer.***
Schloßhof ⟨m.⟩ **0.1** ***slot-, kasteel-, burchtplein.***
Schloßhund ⟨m.⟩⟨inf.⟩ ◆ **8.¶** heulen wie ein ~ *tranen met tuiten huilen.*
Schlot ⟨m.; ~(e)s, ~e; zelden mv. ~̈e⟩ **0.1** ***schoorsteen*** ⟨van fabriek, boot⟩ **0.2** ⟨geol.⟩ ***kraterpijp*** **0.3** ⟨inf.⟩ ***losbol*** ⇒*vlegel* **0.4** ⟨inf.⟩ ***vervelende kerel.***
schlottern 0.1 ***beven, bibberen*** ⇒*sidderen, trillen* **0.2** ***flodderen, slobberen*** ◆ **1.1** ~de Knie *knikkende knieën.*
schlottrig 0.1 ***bevend, bibberend*** ⇒*beverig, rillerig* **0.2** ***flodderig, slobberig*** ⇒*slordig.*
Schlucht ⟨v.; ~, ~en⟩ **0.1** ***ravijn*** ⇒*(berg)kloof.*
schluchzen 0.1 ***snikken.***
Schluchzer ⟨m.; ~s, ~⟩ **0.1** ***snik.***
Schluck ⟨m.; ~(e)s, ~e; zelden mv. ~̈e⟩ **0.1** ***slok, teug*** **0.2** ***slok, borrel*** ◆ **6.1** ⟨inf.; fig.⟩ ein kräftiger ~ **aus** der Pulle *een hele, flinke hap (van de koek).*
Schluckauf ⟨m.; ~s⟩ **0.1** ***hik.***
Schluckbeschwerden ⟨alleen mv.⟩ **0.1** ***moeilijkheden bij het slikken.***
schlucken 0.1 ***(door)slikken*** **0.2** ⟨inf.; fig.⟩ ***slikken*** ⇒*zich laten welgevallen, accepteren* **0.3** ⟨inf.; fig.⟩ ***(op)slokken*** ⇒ *opnemen* **0.4** ⟨inf.⟩ ***drinken, slokken*** ⟨alcohol⟩ ◆ **1.3** einen kleinen Betrieb ~ *een klein bedrijf opslokken* **3.2** etwas zu ~ bekommen *iets moeten slikken.*
Schlucken ⟨m.; ~s⟩ →**Schluckauf.**
Schlucker ⟨m.; ~s, ~⟩ ◆ **2.¶** armer ~ *(arme) stakker.*
Schluckimpfung ⟨v.⟩ **0.1** ***orale vaccinatie.***
schlucksen ⟨inf.⟩ **0.1** ***hikken, de hik hebben.***
Schluckser ⟨m.; ~s, ~⟩⟨inf.⟩ **0.1** ***hik.***
schluckweise 0.1 ***slok voor slok, in slokjes, teugjes.***
Schluderarbeit ⟨v.⟩ **0.1** ***slordig werk, knoeiwerk.***
Schluderer ⟨m.; ~s, ~⟩ **0.1** ***sloddervos*** ⇒*knoeier.*
schluderig 0.1 ***slordig*** ⇒*slonzig.*
schludern 0.1 ***slordig werken, knoeien*** **0.2** ***slordig omgaan, omspringen met.***
Schludrian ⟨m.; ~s, ~e⟩ **0.1** ***sloddervos*** **0.2** ***geknoei, knoeiwerk.***
Schlummer ⟨m.; ~s⟩⟨schr.⟩ **0.1** ***sluimer(ing).***
schlummern ⟨schr.⟩ **0.1** ***sluimeren*** ⟨ook fig.⟩ ⇒*slapen.*
Schlumpf ⟨m.; ~(e)s, ~̈e⟩ **0.1** ***smurf*** **0.2** ⟨inf.⟩ ***dwerg*** **0.3** ⟨reg.⟩ ***stuk ondeugd*** ⇒*rakker.*
Schlund ⟨m.; ~(e)s, ~̈e⟩ **0.1** ***bek, muil*** ⟨van dieren⟩ ⇒*mond* **0.2** ***keel(gat)*** ⇒*strot* **0.3** ⟨jacht⟩ ***slokdarm*** **0.4** ⟨schr.⟩ ***diepte, afgrond*** ⇒*mond, kolk.*
schlupfen ⟨Zdd., Oostr., Zwi.⟩ →**schlüpfen.**
schlüpfen 0.1 ***slippen, glippen*** ⇒*glijden* **0.2** ***uitkomen, uit het ei komen, kruipen*** ◆ **6.1 aus** den Kleidern ~ *zijn kleren uittrekken, uitschieten;* **in** den Mantel ~ *zijn jas aanschieten;* **in** die Rolle eines Clowns ~ *de rol van een clown aannemen;* **ins** Bett ~ *in zijn bed glippen, schieten.*
Schlüpfer ⟨m.; ~s, ~⟩ **0.1** ***slip(je)*** ⇒*onderbroek* **0.2** ***wijde herenjas.***
Schlupfloch ⟨o.⟩ **0.1** ***schuilhoek, -plaats*** **0.2** ***sluip-, kruipgat*** **0.3** ⟨van nest⟩ ***vlieggat.***
schlüpfrig 0.1 ***glibberig*** ⇒*glad* **0.2** ***dubbelzinnig, schuin.***
Schlupfwespe ⟨v.⟩ **0.1** ***sluipwesp.***
Schlupfwinkel ⟨m.⟩ **0.1** ***schuilhoek, -plaats.***
schlurfen ⟨s.⟩ **0.1** ***sloffen*** ⇒*schuifelen.*
schlürfen 0.1 ***slurpen*** ⇒*opslurpen* **0.2** ***lurken*** ⇒*langzaam, met genot drinken* **0.3** ⟨fig.⟩ ***genieten (van)*** ⇒*in zich opnemen.*
schlurren ⟨s.⟩⟨Ndd.⟩ **0.1** ***sloffen*** ⇒*schuifelen.*
Schluß ⟨m.; Schlusses, Schlüsse⟩ **0.1** ***conclusie, gevolgtrekking*** ⇒*besluit, slotsom* **0.2** ***slot, einde*** ⇒*sluiting, ontknoping* **0.3** ⟨paardrijden⟩ ***opsluiting*** ◆ **2.¶** diese Fenster haben guten ~ *deze ramen sluiten goed (af)* **3.1** Schlüsse ziehen *concluderen, conclusies trekken* **3.2** keinen ~ finden können *er geen einde aan kunnen maken;* mit etwas ~ machen *met iets ophouden;* mit jmdm. ~ machen *het met iem. uitmaken;* ⟨inf.⟩ mit sich, mit dem Leben ~ machen *een einde aan zijn leven maken;* es ist ~ mit einer Sache *iets is ten einde, afgelopen;* ⟨inf.⟩ mit ihm ist ~ (a) *het is voorbij, afgelopen met hem* (b) *hij kan niet meer, is kapot* (c) *hij is geruïneerd* **5.1** ~ jetzt, damit! *en nou is het uit, afgelopen!* **6.2 am** ~ *ten slotte, op het eind;* **am** ~ marschieren *helemaal achteraan marcheren;* ~ **für** heute! *voor vandaag is het genoeg, welletjes!;* kurz **vor** ~ (a) *vlak voor het einde* (b) *vlak, kort voor sluitingstijd;* **zum** ~ *ten slotte, uiteindelijk, tot slot* **¶.1** ~! *afgelopen uit!*
Schlußabstimmung ⟨v.⟩ **0.1** ***eindstemming.***
Schlußakt ⟨m.⟩ **0.1** ***slot, afsluiting*** **0.2** ⟨dram.⟩ ***slotakte*** ⇒ *laatste bedrijf.*
Schlußakte ⟨v.⟩⟨pol.⟩ **0.1** ***slotakte, slottekst.***
Schlußbemerkung ⟨v.⟩ **0.1** ***slotopmerking.***
Schlußbrief ⟨m.⟩⟨ec.⟩ **0.1** ***sluitbriefje.***
Schlüssel ⟨m.; ~s, ~⟩ **0.1** ***sleutel*** ⟨ook fig.; muz.⟩ **0.2** ***verdeelsleutel.***
Schlüsselbart ⟨m.⟩ **0.1** ***sleutelbaard.***
Schlüsselbein ⟨o.⟩ **0.1** ***sleutelbeen.***

Schlüsselblume (v.) **0.1** ***sleutelbloem, primula.***
Schlüsselbund (m. & o.; mv. ~e) **0.1** ***sleutelbos.***
schlüsselfertig 0.1 ***zo te aanvaarden, sleutelklaar*** (woning).
Schlüsselfrage (v.) **0.1** ***kardinaal, centraal punt.***
Schlüsselgewalt (v.)(rel., jur.) **0.1** ***sleutelmacht.***
Schlüsselindustrie (v.) **0.1** ***sleutel-, basisindustrie.***
Schlüsselkind (o.) **0.1** ***sleutelkind.***
Schlüsselloch (o.) **0.1** ***sleutelgat.***
Schlüsselroman (m.) **0.1** ***sleutelroman.***
Schlüsselstellung (v.) **0.1** ***sleutelpositie*** **0.2** (mil.) ***sleutelstelling.***
Schlüsselwort (o.; mv. ¨~er) **0.1** ***sleutelwoord*** **0.2** ***codewoord.***
Schlüsselzahl (v.) **0.1** ***sleutelgetal*** **0.2** ***sleutel bij, voor de verdeling.***
Schlußfolge (v.) **0.1** ***gevolgtrekking, conclusie.***
schlußfolgern 0.1 ***concluderen*** ⇒*opmaken, afleiden.*
Schlußfolgerung (v.) **0.1** ***gevolgtrekking, conclusie*** ⇒*slotsom.*
Schlußformel (v.) **0.1** ***slotformule*** ⇒*slotfrase.*
schlüssig 0.1 ***sluitend, kloppend*** ⇒*logisch, dwingend* ◆ **3.¶** sich (3e nv.) über eine Sache ~ sein *zeker van iets zijn;* sich (3e nv.) ~ werden *het met zichzelf eens worden* **6.1 in** sich ~ sein *dwingend, logisch zijn.*
Schlußleuchte (v.)(verk.) **0.1** ***achterlicht.***
Schlußlicht (o.; mv. ~er) **0.1** ***achterlicht*** **0.2** (inf.; fig.) ***hekkensluiter*** ⇒*laatste.*
Schlußmann (m.)(sp.) **0.1** ***hekkensluiter, laatste*** **0.2** ***keeper, doelman.***
Schlußnote (v.)(jur.) **0.1** ***sluitnota, slotbriefje.***
Schlußpfiff (v.)(sp.) **0.1** ***eindsignaal.***
Schlußpunkt (m.) **0.1** ***punt (aan het eind)*** ⇒(fig.) *eindpunt* ◆ **3.1** (fig.) einen ~ hinter, unter eine Sache setzen *een punt achter iets zetten.*
Schlußrechnung (v.) **0.1** (ec., jur.) ***slotuitdelingslijst*** **0.2** (wisk.) ***regel van drieën.***
Schlußredakteur (m.) **0.1** ***eindredacteur.***
Schlußrunde (v.)(sp.) **0.1** ***laatste ronde, slotronde*** **0.2** ***finale.***
Schlußsatz (m.) **0.1** ***slotzin, laatste zin*** **0.2** (fil.) ***conclusie*** **0.3** (muz.) ***laatste deel.***
Schlußsignal (o.) **0.1** ***eindsignaal.***
Schlußstein (m.) **0.1** (bouwk.) ***sluitsteen*** **0.2** (fig.) ***sluitstuk.***
Schlußstrich (m.) **0.1** ***streep (aan het einde)*** ◆ **3.1** (fig.) einen ~ unter eine Sache ziehen *een streep onder iets zetten.*
Schlußverkauf (m.) **0.1** ***opruiming, uitverkoop.***
Schlußverzeichnis (o.)(jur.) **0.1** ***slotuitdelingslijst.***
Schlußwort (o.; mv. ~e) **0.1** ***slotwoord.***
Schlußzeichen (o.)(tech.) **0.1** ***sluitingsteken.***
Schmach (v.; ~)(schr.) **0.1** ***smaad*** ⇒*schande, hoon.*
schmach|bedeckt, -beladen (schr.) **0.1** ***smadelijk, met smaad overladen.***
schmachten (schr.) **0.1** ***smachten*** ⇒*snakken, wegkwijnen.*
Schmachtfetzen (m.)(inf.) **0.1** ***(sentimentele) draak*** **0.2** (muz.) ***smartlap.***
schmächtig 0.1 ***tenger*** ⇒*rank, slank.*
Schmachtlappen (m.)(inf.) **0.1** ***smachtend minnaar*** **0.2** ***slappeling, zwakkeling.***
Schmachtlocke (v.)(inf.) **0.1** ***lok over het voorhoofd.***
schmachvoll (schr.) **0.1** ***smadelijk*** ⇒*schandelijk.*
schmackhaft 0.1 ***smakelijk*** ⇒*lekker,* (fig. vooral) *aantrekkelijk* ◆ **3.1** jmdm. etwas ~ machen *iem. iets smakelijk, aanlokkelijk maken.*
Schmackhaftigkeit (v.; ~) **0.1** ***smakelijkheid*** ⇒*goede smaak.*
schmähen (schr.) **0.1** ***smaden, (be)schimpen, honen*** ⇒*verguizen.*
schmählich (schr.) **0.1** ***smadelijk*** ⇒*schandelijk, beledigend, erg* ◆ **1.1** ein ~ er Verrat *een snood verraad.*
Schmährede (v.) **0.1** ***smaadrede*** ⇒*honende, kwetsende woorden.*
Schmähschrift (v.) **0.1** ***schot-, smaadschrift.***
Schmähung (v.; ~, ~en) **0.1** ***smaad, hoon, krenking.***
Schmähwort (o.; mv. ~e) **0.1** ***smaad-, schimpwoord.***
schmal (schmaler of schmäler, (am) schmalst(en)) **0.1** ***smal*** ⇒*dun, mager, nauw* **0.2** (schr.) ***smal, gering*** ⇒*karig, schraal, sober.*
schmalbrüstig 0.1 ***smal, mager, dun*** **0.2** (fig.) ***bekrompen.***
schmälern 0.1 ***verminderen*** ⇒*besnoeien, beknotten, inkorten* **0.2** ***kleineren, te kort doen*** ⇒*benadelen* ◆ **1.1** das schmälert nicht seinen Sieg *dat doet niets af aan zijn overwinning.*
Schmalfilm (m.) **0.1** ***smalfilm.***
Schmalhans (m.)(inf.) ◆ **¶.¶** bei jmdm. ist ~ Küchenmeister *bij iem. is schraalhans keukenmeester.*
Schmalseite (v.) **0.1** ***smalle zijde, kant.***
Schmalspurbahn (v.)(verk.) **0.1** ***smalspoor.***
schmalspurig 0.1 ***met smalspoor.***
Schmalspurstudium (o.)(pej.) **0.1** ***opleiding op mbo- of hbo-niveau*** (niet met een universitair examen afgeronde studie).
Schmalte (v.; ~, ~n) **0.1** ***email, smalt*** ⇒*kobaltglas.*
Schmalz[1] (m.; ~es)(inf.) **0.1** ***(overdreven) sentimentaliteit*** **0.2** ***zwijmelgedicht, sentimenteel gedicht*** **0.3** (muz.) ***smartlap.***
Schmalz[2] (o.; ~es, ~e) **0.1** ***reuzel, smout*** ⇒*vet* **0.2** (fig.) ***pit*** ⇒*kracht.*
schmalzen, schmälzen (cul.) **0.1** ***met reuzel, smout of boter bereiden.***
Schmalzgebackene(s) (bn. als zn.; o.) **0.1** ***reuzelkoek*** ⇒*oliebol.*
schmalzig (fig.) **0.1** ***sentimenteel*** ⇒*overdreven.*
Schmalzlocke (v.) **0.1** ***spuuglok.***
schmarotzen 0.1 ***klaplopen, op iemands zak lopen, leven*** **0.2** (biol.) ***parasiteren.***
Schmarotzer (m.; ~s, ~) **0.1** ***parasiet*** ⇒(fig.) *klaploper, profiteur.*
schmarot|zerhaft, -zerisch 0.1 ***parasitair, parasiterend.***
Schmarotzertum (o.; ~s) **0.1** ***parasitisme*** (ook biol.), ***klaploperij.***
Schmarre (v.; ~, ~n)(inf.) **0.1** ***schram*** ⇒*veeg, jaap, striem* **0.2** ***litteken.***
Schmarren (m.; ~s, ~) **0.1** ***onzin, kletskoek, kletspraat*** ⇒*nonsens* **0.2** (inf.) ***prul, snertstuk*** **0.3** (Oostr., Zdd.) ***pannenkoek*** ◆ **7.¶** einen ~ *helemaal niets, geen lor.*
Schmatz (m.; ~es, ~e of ¨~e)(inf.) **0.1** ***klapzoen*** ⇒*smakker(d).*
schmatzen 0.1 ***smakken*** ⇒*smakkend eten* **0.2** ***een smakkend geluid maken*** ⇒*soppen, een klapzoen geven.*
schmauchen 0.1 ***smoken, roken.***
Schmaus (m.; ~es, ¨~e)(vero.; nog scherts.) **0.1** ***smulpartij.***
schmausen (vero.; nog scherts.) **0.1** ***smullen (van)*** ⇒*smikkelen.*
schmecken I (onov.ww.; met 3e nv.) **0.1** ***smaken*** ⇒(fig. vooral) *aanstaan, bevallen;*
II (ov.ww.) **0.1** ***proeven*** ⇒*keuren* **0.2** (Zdd., Oostr., Zwi.) ***ruiken*** ◆ **3.2** (fig.) jmdn. nicht ~ können *iem. niet kunnen luchten, uitstaan.*

Schmeichelei ⟨v.; ~, ~en⟩ **0.1** ***vleierij*** ⇒*compliment, gevlei.*
schmeichelhaft 0.1 ***vleiend*** ⇒*flatterend, geflatteerd, strelend.*
Schmeichelkätzchen ⟨o.⟩⟨inf.⟩ **0.1** ***vleister(tje), vleier(tje).***
schmeicheln I ⟨onov.ww.; met 3e nv.⟩ **0.1** ***vleien*** ⇒*lief doen, strelen, liefkozen, flatteren* ◆ **1.1** eine geschmeichelte Bilanz *een geflatteerde balans* **6.1 mit** jmdm. ~ *met iem. lief doen;*
II sich ~ ⟨wk.ww.⟩ **0.1** ***zich in iemands gunst dringen*** ⇒ *strelen, vleien* ◆ **6.1** sich **in** jmds. Herz ~ *door vleierijen iemands hart veroveren.*
Schmeichelwort ⟨o.; mv. ~e⟩ **0.1** ***vleiwoord, vleiend woord.***
Schmeichler ⟨m.; ~s, ~⟩ **0.1** ***vleier.***
schmeichlerisch 0.1 ***vleierig*** ⇒*vleiend.*
schmeißen ⟨→t122⟩⟨inf.⟩ **0.1** ***smijten*** ⇒*gooien* **0.2** ***klaarspelen, voor elkaar krijgen, opknappen*** **0.3** ***opgeven*** ⇒ *de brui geven (aan)* **0.4** ⟨dram., com.⟩ ***verknoeien, verprutsen*** ◆ **1.2** den Kram, Krempel, Laden ~ *het (zaakje) klaarspelen, opknappen, fiksen* **1.¶** eine Lage, Runde ~ *een rondje geven* **6.1** eine Zeichnung **aufs** Papier ~ *een tekening vluchtig op papier zetten.*
Schmeißfliege ⟨v.⟩ **0.1** ***(blauwe) vleesvlieg, bromvlieg.***
Schmelz ⟨m.; ~es, ~e⟩ **0.1** ***glazuur, email*** ⇒*brandverf* **0.2** ***zachte glans, (liefelijk, bekoorlijk) waas*** **0.3** ***wellui-dendheid.***
Schmelze ⟨v.; ~, ~n⟩ **0.1** ***het smelten*** **0.2** ⟨tech.⟩ ***gesmolten massa, gietsel*** **0.3** ⟨vero.⟩ ***(metaal)smelterij.***
schmelzen ⟨→t123⟩ **I** ⟨onov.ww.⟩ **0.1** ***(weg)smelten*** ⇒*vloeibaar worden* ◆ **4.1** ⟨fig.⟩ mir schmolz das Herz *mijn hart smolt (weg);*
II ⟨ov.ww.⟩ **0.1** ***(doen) smelten*** ⇒*vloeibaar maken.*
schmelzend ⟨fig.⟩ **0.1** ***smeltend*** ⇒*smachtend.*
Schmelzer ⟨m.; ~s, ~⟩ **0.1** ***(ijzer)smelter.***
Schmelzerei ⟨v.; ~, ~en⟩ **0.1** ***smelterij*** ⇒*het smelten.*
Schmelzfarbe ⟨v.⟩ **0.1** ***emailkleur, moffel-, vuurlak.***
Schmelzhütte ⟨v.⟩ **0.1** ***(metaal)smelterij.***
Schmelzkäse ⟨m.⟩ **0.1** ***smeerkaas.***
Schmelzsicherung ⟨v.⟩⟨tech.⟩ **0.1** ***(smelt)stop, zekering.***
Schmelztiegel ⟨m.⟩ **0.1** ***smeltkroes*** ⟨ook fig.⟩.
Schmerbauch ⟨m.⟩⟨inf.⟩ **0.1** ***spekbuik*** ⇒*dikke buik, smeerbuik* **0.2** ***pap-, dikzak.***
Schmerle ⟨v.; ~, ~n⟩⟨biol.⟩ **0.1** ***modderkruiper.***
Schmerz ⟨m.; ~es, ~en⟩ **0.1** ***pijn*** **0.2** ⟨fig.⟩ ***smart, verdriet*** ⇒ *leed* ◆ **2.1** grausame ~en *vreselijke pijn* **2.2** geteilter ~ ist halber ~ *gedeelde smart is halve smart* **3.¶** ⟨inf.⟩ hast du sonst noch ~en? *heb je nog meer wensen?;* ⟨inf.; scherts.⟩ ~ laß nach! *goeie hemel!* **6.2 mit** ~en *met smart, spijt.*
schmerzempfindlich 0.1 ***gevoelig (voor pijn).***
Schmerzempfindung ⟨v.⟩ **0.1** ***pijngewaarwording, -gevoel.***
schmerzen 0.1 ***pijn doen*** **0.2** ⟨fig.⟩ ***verdriet doen*** ⇒*smarten* ◆ **1.1** eine ~de Stelle *een pijnlijke plek* **4.1** das Knie schmerzt mir, mich *ik heb pijn aan mijn knie.*
Schmerzensgeld ⟨o.⟩ **0.1** ***smartengeld.***
Schmerzensmann ⟨m.⟩⟨bk.⟩ **0.1** ***Man van Smarten*** ⟨Christus⟩.
Schmerzensmutter ⟨v.⟩⟨bk.⟩ **0.1** ***Moeder der (Zeven) Smarten.***
Schmerzensschrei ⟨m.⟩ **0.1** ***schreeuw, kreet van pijn*** **0.2** ⟨fig.⟩ ***smartenkreet.***
schmerzfrei 0.1 ***pijnloos*** ⇒*zonder pijn.*
schmerzhaft 0.1 ***pijnlijk*** ⇒⟨fig.⟩ *smartelijk.*
Schmerzhaftigkeit ⟨v.; ~⟩ **0.1** ***pijn(lijkheid).***
schmerzlich 0.1 ***smartelijk, pijnlijk.***
schmerzlindernd 0.1 ***pijnstillend, (de pijn) verzachtend.***
schmerzlos 0.1 ***pijnloos.***
schmerzstillend 0.1 ***pijnstillend.***
Schmerztablette ⟨v.⟩ **0.1** ***pijnstillend tablet*** ⇒*pijnstiller.*
schmerzvoll 0.1 ***pijnlijk*** ⇒⟨fig.⟩ *smartelijk.*
Schmetterball ⟨m.⟩⟨sp.⟩ **0.1** ***smash*** ⇒*smashbal.*
Schmetterling ⟨m.; ~s, ~e⟩ **0.1** ***vlinder*** **0.2** ⟨zwemmen⟩ ***vlinderslag.***
Schmetterlingsblütler ⟨m.; ~s, ~⟩⟨plantk.⟩ **0.1** ***vlinderbloemige.***
Schmetterlingsnetz ⟨m.⟩ **0.1** ***vlindernet.***
Schmetterlingsstil ⟨m.⟩⟨sp.⟩ **0.1** ***vlinderslag.***
schmettern 0.1 ***knallen, smijten, smakken*** **0.2** ***schetteren, schallen*** **0.3** ***kwetteren, slaan*** ⟨van vogels⟩ **0.4** ⟨sp.⟩ ***smashen*** ◆ **1.2** einen Marsch ~ *een schetterende mars spelen.*
Schmetterschlag ⟨m.⟩⟨sp.⟩ **0.1** ***smash.***
Schmied ⟨m.; ~es, ~e⟩ **0.1** ***smid.*** →**Glück.**
Schmiede ⟨v.; ~, ~n⟩ **0.1** ***smederij, smidse*** ◆ **6.¶ vor** die rechte ~ gehen, kommen *aan het juiste adres, kantoor komen.*
Schmiedearbeit ⟨v.⟩ **0.1** ***smeedwerk.***
Schmiedeeisen ⟨o.⟩ **0.1** ***smeedijzer.***
Schmiedehammer ⟨m.⟩ **0.1** ***smidshamer.***
Schmiedekunst ⟨v.⟩ **0.1** ***smeedkunst.***
schmieden 0.1 ***smeden*** ⇒⟨fig.⟩ *beramen.* →**Eisen.**
Schmiege ⟨v.; ~, ~n⟩ **0.1** ***zwaai(haak)*** **0.2** ⟨reg.⟩ ***opvouwbare duimstok.***
schmiegen I ⟨ov.ww.; meestal sich ~⟩ **0.1** ***vlijen*** ⇒*drukken, leunen* ◆ **6.1** sich **an** jmds. Brust ~ *zich aan iemands borst vlijen;*
II sich ~ ⟨wk.ww.⟩ **0.1** ***zich vlijen, zich voegen*** ⇒*als gegoten passen, zitten* ◆ **6.1** sich **an** den Körper ~ *zich naar het lichaam voegen.*
schmiegsam 0.1 ***buigzaam*** ⟨ook fig.⟩, ***lenig, soepel*** ⇒⟨fig.⟩ *meegaand.*
Schmiera|ge, -lie ⟨v.; ~, ~n⟩⟨inf.⟩ →**Schmiererei.**
Schmierdienst ⟨m.⟩ **0.1** ***doorsmeerbeurt*** ⇒*het doorsmeren.*
Schmiere ⟨v.; ~, ~n⟩ **0.1** ***smeer(sel)*** ⇒*smeermiddel, vet* **0.2** ***smerige, vuile boel*** ⇒*troep* **0.3** ⟨inf.⟩ ***kermistoneel, derderangstheater*** ◆ **3.¶** ⟨inf.⟩ ~ stehen *op de uitkijk staan.*
schmieren 0.1 ***smeren*** ⇒*invetten, insmeren, oliën* **0.2** ***(neer)kladden, knoeien*** ⇒*slecht werk (af)leveren* **0.3** ***kladden, knoeien*** ⇒*morsen* **0.4** ⟨inf.⟩ ***omkopen*** ⇒*de handen stoppen* ◆ **4.¶** ⟨inf.⟩ jmdm. eine ~ *iem. een klap, draai om de oren geven* **6.2** Parolen **an** die Wand ~ *leuzen op de muur kladden.* →**geschmiert.**
Schmierer ⟨m.; ~s, ~⟩ **0.1** ***knoeier, kladder*** **0.2** ⟨Oostr.⟩ ***spiekboek met vertalingen.***
Schmiererei ⟨v.; ~, ~en⟩⟨inf.⟩ **0.1** ***geknoei, geklieder*** ⇒*geklad.*
Schmierfilm ⟨m.⟩ **0.1** ***olielaagje*** **0.2** ***smerig, glibberig laagje.***
Schmierfink ⟨m.⟩⟨inf.⟩ **0.1** ***smeerpoe(t)s*** ⇒*knoeier, vuilak.*
Schmiergeld ⟨o.⟩⟨inf.⟩ **0.1** ***steekpenning.***
Schmierheft ⟨o.⟩⟨inf.⟩ **0.1** ***kladschrift.***
schmierig 0.1 ***vettig*** ⇒*smerig, glibberig* **0.2** ***smerig*** ⇒*vuil, morsig* **0.3** ***kruiperig, vleierig*** **0.4** ***vuil, schuin.***
Schmiernippel ⟨m.⟩⟨tech.⟩ **0.1** ***smeernippel.***
Schmieröl ⟨o.⟩ **0.1** ***smeerolie.***
Schmierpapier ⟨o.⟩⟨inf.⟩ **0.1** ***kladpapier.***
Schmierseife ⟨v.⟩ **0.1** ***groene, zachte zeep.***
Schmierzettel ⟨m.⟩ **0.1** ***klad(blaad)je.***
Schminke ⟨v.; ~, ~n⟩ **0.1** ***make-up*** ⇒⟨dram. vooral⟩ *schmink* ◆ **3.1** ~ auftragen (a) *zich opmaken* (b) ⟨dram.⟩ *zich schminken.*

schminken 0.1 *opmaken* ⇒(dram.) *schminken, grimeren* ◆ 1.1 (fig.) ein geschminkter Bericht *een opgesmukt verslag.*
Schmirgel (m.; ~s) 0.1 ***smergel, amaril.***
schmirgeln 0.1 ***schuren, polijsten*** ⇒*smergelen.*
Schmiß (m.; Schmisses, Schmisse) 0.1 (inf.) ***pit, vaart, elan*** 0.2 (stud.) ***litteken (v.e. duel)*** ⇒*houw* ◆ 6.1 ein Lied **mit** ~ *een vlot lied.*
schmissig (inf.) 0.1 ***pittig, vlot, met veel elan.***
Schmock (m.; ~(e)s, ~̈e; mv. ook ~e of ~s) 0.1 ***pruljournalist*** ⇒*gewetenloos journalist, schrijver.*
Schmöker (m.; ~s, ~) (inf.) 0.1 ***onderhoudend dik boek, dikke pil*** ⇒*ontspanningsboek* 0.2 (Ndd.) ***roker*** ⇒*paffer.*
schmökern (inf.) 0.1 ***behaaglijk zitten lezen.***
Schmollecke (v.) (inf.) ◆ 6.¶ **in** der ~ sitzen, sich in die ~ zurückziehen *zitten pruilen.*
schmollen 0.1 ***pruilen, mokken.***
Schmollis (o.; ~, ~) (stud.) ◆ 3.¶ mit jmdm. ~ trinken *met iem. broederschap drinken.*
Schmollmund (m.) 0.1 ***pruilmond(je).***
Schmonzes (m.; ~) (inf.) 0.1 ***geklets, geleuter.***
Schmorbraten (m.) 0.1 ***gestoofd, gesmoord vlees.***
schmoren 0.1 ***stoven, smoren*** ⇒*sudderen* ◆ 3.1 (inf.; fig.) etwas ~ lassen *iets laten liggen, sudderen;* (inf.; fig.) jmdn. ~ lassen *iem. in zijn eigen vet gaar laten smoren* 6.1 **in** der Sonne ~ *in de zon bakken, braden.*
Schmorfleisch (o.) 0.1 ***stoofvlees, gesmoord, gestoofd vlees.***
Schmortopf (m.) 0.1 ***stoofpan*** 0.2 (inf.) ***stoofvlees.***
Schmu (m.; ~s) (inf.) 0.1 ***geklets, onzin*** 0.2 ***vuil winstje, bedriegerijtje.***
schmuck (vero.) 0.1 ***keurig, mooi*** 0.2 ***knap, bevallig.***
Schmuck (m.; ~(e)s, ~e) 0.1 ***sieraden, kleinodiën*** ⇒(zelden) *sieraad* 0.2 ***versiering, versiersel*** ◆ 3.2 etwas dient dem ~ *iets dient als, ter versiering.*
Schmuckblattelegramm (o.) 0.1 ***gelukstelegram.***
schmücken 0.1 ***(ver)sieren, (op)tooien*** ⇒*opschikken, opsmukken.*
Schmuckkästchen (o.) 0.1 ***bijouterie-, juwelenkistje.***
schmucklos 0.1 ***onopgesmukt*** ⇒*onopgesierd, sober.*
Schmucknadel (v.) 0.1 ***sierspeld.***
Schmucksachen (alleen mv.) 0.1 ***sieraden, bijouterieën.***
Schmuckstück (o.) 0.1 ***sieraad*** ⇒(fig.) *pronkstuk.*
Schmuddel (m.; ~s) (inf.) 0.1 ***vuiligheid, vuile, vieze boel*** ⇒ *troep.*
Schmuddelei (v.; ~, ~en) →**Schmuddel.**
schmuddelig (inf.) 0.1 ***smoezelig, vuil, smerig*** ⇒*groezelig.*
schmuddeln (inf.) 0.1 ***knoeien*** ⇒*morsen* 0.2 ***smoezelig, vuil worden.***
Schmuddelwetter (o.) (inf.) 0.1 ***vies, nat weer.***
Schmuggel (m.; ~s) 0.1 ***smokkel.***
Schmuggelei (v.; ~, ~en) 0.1 ***smokkel(arij), smokkelhandel.***
schmuggeln 0.1 ***smokkelen.***
Schmuggelware (v.) 0.1 ***smokkelwaar, contrabande.***
Schmuggler (m.; ~s, ~) 0.1 ***smokkelaar.***
schmunzeln 0.1 ***fijntjes lachen, meesmuilen*** ⇒*gnuiven* ◆ 3.1 ein Schmunzeln *een fijn lachje.*
Schmus (m.; ~es) (inf.) 0.1 ***gezwam, geleuter*** ⇒*snoeverij* 0.2 ***mooie praatjes*** ⇒*mooipraterij* ◆ 3.1 ~ machen *(zitten) kletsen* 6.1 **ohne** ~ reden *duidelijke taal spreken.*
schmusen (inf.) 0.1 ***liefkozen, aanhalen*** ⇒*knuffelen* 0.2 ***(een potje) vrijen*** 0.3 (pej.) ***vleien, aanpappen.***
Schmuser (m.; ~s, ~) (inf.) 0.1 ***liefkozer*** ⇒*vrijkont, tedere minnaar* 0.2 ***vleier*** ⇒*flikflooier.*
Schmuserei (v.; ~, ~en) (inf.) 0.1 ***gevrij.***
Schmutz (m.; ~es) 0.1 ***vuil(igheid)*** ⇒*modder, vuilnis* 0.2 ***smeerlapperij(en)*** ⇒*obsceniteit* ◆ 6.1 (fig.) jmdn. **in** den ~ treten, zerren, ziehen *iem. door de modder halen;* (fig.) jmdn. **mit** ~ bewerfen *iem. door het slijk halen* 8.1 ~ und Schund (a) *minderwaardige lectuur, rommel* (b) *pornografische, obscene lectuur, literatuur.*
schmutzabweisend 0.1 ***vuilwerend, -afstotend.***
schmutzen 0.1 ***vuil worden*** ⇒*besmettelijk zijn.*
Schmutzerei (v.; ~, ~en) 0.1 ***knoeierij, smeerlapperij*** 0.2 ***smeerlapperij, obsceniteit*** ⇒(mv.) *vuile praat.*
Schmutzfänger (m.) 0.1 ***iets dat snel vuil wordt*** ⇒*stofnest* 0.2 ***spatlap.***
Schmutzfink (m.) (inf.) 0.1 ***smeerlap, -poes, viespeuk.***
Schmutzfleck (m.) 0.1 ***vuile vlek, klad.***
schmutzig 0.1 ***vuil*** ⇒*smerig* 0.2 ***vuil*** ⇒*gemeen.*
Schmutzliteratur (v.) 0.1 ***pornografie.***
Schmutzschicht (v.) 0.1 ***laag vuil.***
Schmutztitel (m.) (boek.) 0.1 ***Franse, voorhandse titel.***
Schmutzwäsche (v.) 0.1 ***vuile was.***
Schmutzwasser (o.; mv. ~̈) 0.1 ***afvalwater, vuil water.***
Schnabel (m.; ~s, ~̈) 0.1 ***snavel*** ⇒(inf.; fig.) *mond, bek, snater* 0.2 ***tuit*** 0.3 (scheep.) ***sneb*** ⇒*voorsteven* 0.4 (muz.) ***mondstuk*** ◆ 3.1 (inf.; fig.) reden, sprechen wie einem der ~ gewachsen ist *er (vrij) op los praten;* (inf.; fig.) jmdm. den ~ stopfen *iem. de mond snoeren;* (inf.; fig.) sich (3e nv.) den ~ verbrennen *zijn mond voorbijpraten.* →**Vogel.**
schnäbeln (ook sich ~) 0.1 ***trekkebekken*** ⇒(inf.; scherts.) *vrijen, zoenen.*
Schnabelschuh (m.) 0.1 ***tuit-, snavelschoen.***
Schnabeltasse (v.) 0.1 ***inneemkop(je)*** (voor zieke).
Schnabeltier (o.) 0.1 ***vogelbekdier.***
schnabulieren (inf.) 0.1 ***smullen*** ⇒*verhapstukken.*
Schnack (m.; ~(e)s, ~s of ~̈e) (Ndd.) 0.1 ***(klets)praatje, babbeltje*** ⇒*gebabbel* 0.2 ***geklets, gezwam*** 0.3 ***grap, (grappige) opmerking*** ⇒*kreet.*
schnackeln I (onov.ww.) (reg.) 0.1 ***knippen*** (met de vingers);
II (onp.ww.) (inf.) 0.1 ***knallen*** ◆ 4.¶ (Zdd.) es hat geschnackelt *het is gelukt.*
schnacken (Ndd.) 0.1 ***praten*** 0.2 ***kletsen, een praatje maken.***
Schnake (v.; ~, ~n) 0.1 ***langpootmug*** 0.2 (reg.) ***(steek)mug.***
Schnalle (v.; ~, ~n) 0.1 ***gesp*** 0.2 (Oostr.) ***(deur)klink*** 0.3 (inf.) ***snol, hoer*** 0.4 (inf.) ***geit*** ⇒*teef.*
schnallen I (onov.ww.) (Zdd.) 0.1 ***klappen*** ⇒*klakken* 0.2 ***knippen;***
II (ov.ww.) 0.1 ***(los-, vast)gespen*** 0.2 (inf.) ***snappen, begrijpen*** 0.3 (inf.) ***misleiden, bedotten*** ⇒*oplichten, afzetten.*
schnalzen 0.1 ***klappen*** ⇒*klakken* 0.2 ***knippen*** (met de vingers).
Schnalzer (m.; ~s, ~) (inf.) 0.1 ***klap*** (met de tong, zweep) ⇒ *geklak.*
Schnalzlaut (m.) (taal.) 0.1 ***klik.***
schnapp! 0.1 ***snap!, hap!*** 0.2 ***knip!, klik!***
Schnäppchenjäger (m.) (inf.) 0.1 ***koopjesjager.***
schnappen I (onov.ww.) 0.1 ***snappen, happen*** 0.2 ***snakken*** ⇒*happen, hijgen* 0.3 ***(dicht)klappen, (dicht)springen*** ⇒ *knippen* 0.4 ***(open)springen*** ◆ 5.¶ jetzt hat es (bei mir) geschnappt *nu is het voorbij, afgelopen* 6.3 **ins** Schloß ~ *dichtsnappen, -springen;*
II (ov.ww.) 0.1 ***happen*** 0.2 (inf.) ***pakken, snappen*** ⇒ *graaien, grijpen, oppakken* 0.3 (inf.) ***snappen, begrijpen*** ◆ 4.2 die beiden werde ich mir noch ~! *die twee zal ik nog wel te pakken krijgen!*

Schnapper ⟨m.; ~s, ~⟩⟨inf.⟩ **0.1** ***snap, hap*** **0.2** ***klik*** **0.3** ***het hijgen*** ⇒*gehijg* **0.4** ***knip*** ⟨v.e. slot⟩.

Schnäpper ⟨m.; ~s, ~⟩⟨biol.⟩ **0.1** ***vliegenvanger.***

Schnappmesser ⟨o.⟩ **0.1** ***knipmes*** **0.2** ***springmes.***

Schnappschloß ⟨o.⟩ **0.1** ***snap-, knip-, springslot.***

Schnappschuß ⟨m.⟩ **0.1** ***snapshot, kiekje.***

Schnaps ⟨m.; ~es, ¨~e⟩ **0.1** ***sterkedrank*** ⇒*alcohol, jenever, brandewijn* **0.2** ***borrel*** ⇒*glaasje.*

Schnapsbrenner ⟨m.⟩⟨inf.⟩ **0.1** ***jeneverstoker, -brander.***

Schnapsbruder ⟨m.⟩ **0.1** ***drinkebroer.***

Schnapsbude ⟨v.⟩⟨inf.; pej.⟩ **0.1** ***kroeg.***

Schnapsglas ⟨o.⟩ **0.1** ***jenever-, borrelglaasje.***

Schnapsidee ⟨v.⟩⟨inf.⟩ **0.1** ***gek, zot idee*** ⇒*zotte inval.*

Schnapsleiche ⟨v.⟩⟨inf.; scherts.⟩ **0.1** ***laveloze vent.***

Schnapsnase ⟨v.⟩⟨inf.⟩ **0.1** ***jeneverneus.***

Schnapszahl ⟨v.⟩⟨scherts.⟩ **0.1** ***getal bestaand uit allemaal gelijke cijfers.***

schnarchen **0.1** ***snurken, ronken.***

Schnarcher ⟨m.; ~s, ~⟩⟨inf.⟩ **0.1** ***snurker*** **0.2** ***snurk.***

Schnarre ⟨v.; ~, ~n⟩ **0.1** ***ratel.***

schnarren **0.1** ***ratelen*** ⇒*kraken* ⟨van stem⟩, *brouwen* ⟨bij het spreken⟩, *zoemen.*

Schnatterente ⟨v.⟩ **0.1** ***snaterende eend*** **0.2** ⟨inf.⟩ ***kletskous, kwebbeltante*** **0.3** ⟨biol.⟩ ***krakeend.***

Schnattergans ⟨v.⟩ **0.1** ***snaterende gans*** **0.2** ⟨inf.⟩ ***kwebbeltante, kletskous.***

schnatterig **0.1** ***snaterend*** **0.2** ***snater(acht)ig, babbelziek.***

Schnatterliese ⟨v.⟩ **0.1** ***kwebbel-, babbeltante.***

schnattern **0.1** ***snateren*** ⇒⟨inf.; fig.⟩ *kwebbelen.*

schnauben ⟨→t124⟩ **0.1** ***snuiven, briesen*** ⇒*hijgen, puffen* **0.2** ***blazen, waaien*** ⟨van wind⟩ **0.3** ⟨reg.⟩ ***snuiten.***

schnaufen **0.1** ***snuiven, hijgen*** ⇒*briesen, blazen.*

Schnaufer ⟨m.; ~s, ~⟩⟨inf.⟩ **0.1** ***ademhaling, -tocht*** ◆ **2.1** den letzten ~ tun *de laatste adem uitblazen;* bis zum letzten ~ *tot de laatste ademtocht.*

Schnauferl ⟨o.; ~s, ~; Oostr. mv. ~n⟩⟨inf.⟩ **0.1** ***oldtimer*** ⟨auto⟩.

Schnauzbart ⟨m.⟩ **0.1** ***snor*** **0.2** ⟨inf.⟩ ***snorrenbaard.***

Schnauze ⟨v.; ~, ~n⟩ **0.1** ***snuit*** ⇒*bek, snoet* **0.2** ⟨inf.⟩ ***(grote) mond, bek*** ⇒*smoel* **0.3** ⟨inf.⟩ ***tuit*** ◆ **2.2** eine große ~ haben *een grote bek hebben;* eine lose ~ haben *goed van de tongriem gesneden zijn* **3.2** die ~ aufreißen, zu voll nehmen *opscheppen;* die ~ halten *zijn bek, smoel houden;* jmdm. die ~ lackieren, polieren *iem. op zijn smoel slaan;* jmdm. die ~ stopfen *iem. de mond snoeren;* sich ⟨3e nv.⟩ die ~ verbrennen *zijn mond voorbijpraten* **5.2** die ~ voll haben (von einer Sache) *(van iets) schoon genoeg hebben* **6.2** ⟨fig.⟩ **auf** die ~ fallen *lelijk zijn neus stoten;* ein paar **auf** die ~ kriegen *op zijn smoel krijgen;* ⟨inf.⟩ (frei) **nach** ~ *naar (eigen) goeddunken* **¶.2** ~! *bek dicht!*

schnauzen ⟨inf.⟩ **0.1** ***snauwen*** ⇒*opspelen.*

schnäuzen ⟨nw.spel.⟩ →**schneuzen.**

Schnauzer ⟨m.; ~s, ~⟩ **0.1** ***schnautzer*** ⟨hondenras⟩ **0.2** ⟨inf.⟩ ***snor.***

schnauzig **0.1** ***snauwerig*** ⇒*bits, bars.*

Schnecke ⟨v.; ~, ~n⟩ **0.1** ***slak*** **0.2** ⟨inf.⟩ ***bolus*** ⇒*krul* **0.3** ***opgerolde vlecht(en)*** **0.4** ⟨med.⟩ ***slakkenhuis*** **0.5** ⟨bk.⟩ ***volute, krul*** **0.6** ⟨muz.⟩ ***krul*** ⟨v.e. strijkinstrument⟩ **0.7** ⟨bouwk.⟩ ***wenteltrap*** **0.8** ⟨tech.⟩ ***worm, schroef zonder einde*** **0.9** ⟨tech.⟩ ***transportschroef*** ⇒*vijzel* **0.10** ⟨tech.⟩ ***snek*** ⟨in horloge⟩ **0.11** ⟨inf.⟩ ***hoer, slet*** ◆ **6.¶** ⟨inf.⟩ jmdn. **zur** ~ machen *iem. de mantel uitvegen.*

Schneckenbohrer ⟨m.⟩ **0.1** ***schroef-, lepelboor.***

schneckenförmig **0.1** ***spiraalvormig.***

Schneckengang ⟨m.⟩ **0.1** ***slakkengang(etje)*** ⟨ook fig.⟩ **0.2** ⟨tech.⟩ ***schroefgang.***

Schneckengehäuse ⟨o.⟩ **0.1** ***slakkenhuisje.***

Schneckengetriebe ⟨o.⟩⟨tech.⟩ **0.1** ***wormoverbrenging.***

Schneckenhaus ⟨o.⟩ **0.1** ***slakkenhuis(je).***

Schneckenpost ⟨v.⟩⟨vero.⟩ ◆ **6.¶** **auf, mit** der ~ *met een slakkengangetje.*

Schneckenrad ⟨o.⟩ **0.1** ***wormwiel*** **0.2** ***snekrad.***

Schneckentempo ⟨o.⟩⟨inf.⟩ ◆ **6.¶** **im** ~ *met een slakkengangetje.*

Schnee ⟨m.; ~s⟩ **0.1** ***sneeuw*** **0.2** ***schuim, (op)geklopt eiwit*** ◆ **2.1** hoher ~ *een dik pak sneeuw* **6.1** ⟨inf.⟩ ~ **von** (vor)gestern, vom letzten Jahr *oude koek* **8.1** ⟨fig.⟩ wie ~ an der Sonne *als sneeuw voor de zon.*

Schneeball ⟨m.⟩ **0.1** ***sneeuwbal*** ⟨ook plantk.⟩.

Schneeballschlacht ⟨v.⟩ **0.1** ***sneeuwballengevecht.***

Schneeballsystem ⟨o.⟩ **0.1** ***sneeuwbalsysteem.***

Schneebeere ⟨v.⟩⟨plantk.⟩ **0.1** ***sneeuwbes, radijsboompje.***

Schneeberg ⟨m.⟩ **0.1** ***sneeuwhoop*** **0.2** ***sneeuwberg*** ⇒*berg met eeuwige sneeuw.*

Schneebesen ⟨m.⟩ **0.1** ***garde.***

schneeblind **0.1** ***sneeuwblind.***

Schneebrett ⟨o.⟩ **0.1** ***sneeuwbank.***

Schneebruch ⟨m.⟩ **0.1** ***sneeuwbreuk.***

Schneedecke ⟨v.⟩ **0.1** ***laag sneeuw, sneeuwlaag.***

Schneefall ⟨m.⟩ **0.1** ***sneeuwval.***

Schneefang ⟨m.⟩ **0.1** ***sneeuwrooster*** ⟨op daken⟩.

Schneeflocke ⟨v.⟩ **0.1** ***sneeuwvlok.***

Schneefräse ⟨v.⟩ **0.1** ***sneeuwfrees, -ploeg.***

Schneegans ⟨v.⟩⟨biol.⟩ **0.1** ***sneeuwgans.***

Schneegestöber ⟨o.⟩ **0.1** ***sneeuwjacht.***

Schneeglätte ⟨v.⟩ **0.1** ***gladheid door sneeuw.***

Schneeglöckchen ⟨o.⟩⟨plantk.⟩ **0.1** ***sneeuwklokje.***

schneeig **0.1** ***besneeuwd*** **0.2** ***sneeuwachtig, sneeuwig*** **0.3** ⟨schr.⟩ ***sneeuwwit.***

Schneekette ⟨v.⟩ **0.1** ***sneeuwketting.***

Schneekönig ⟨m.⟩⟨reg.; biol.⟩ **0.1** ***winterkoninkje*** ◆ **8.¶** ⟨inf.⟩ sich freuen wie ein ~ *blij zijn als een kind, in zijn nopjes zijn.*

Schneemann ⟨m.⟩ **0.1** ***sneeuwman, -pop.***

Schneematsch ⟨m.⟩ **0.1** ***sneeuwblubber*** ⇒*natte, vuile sneeuw.*

Schneepflug ⟨m.⟩ **0.1** ***sneeuwploeg*** ⟨ook sp.⟩.

Schneereifen ⟨m.⟩ **0.1** ***sneeuwschoen*** **0.2** ***winterband.***

Schneerose ⟨v.⟩⟨plantk.⟩ **0.1** ***kerstroos.***

Schneeschauer ⟨m.⟩ **0.1** ***sneeuwbui.***

Schneeschaufel ⟨v.⟩ **0.1** ***sneeuwschop.***

Schneeschicht ⟨v.⟩ **0.1** ***sneeuwlaag, laag sneeuw.***

Schneeschmelze ⟨v.⟩ **0.1** ***het smelten v.d. sneeuw.***

Schneeschuh ⟨m.⟩ **0.1** ⟨vero.⟩ ***ski*** **0.2** ***sneeuwschoen.***

schneesicher **0.1** ***sneeuwzeker*** ⟨v. skigebieden⟩.

Schneetreiben ⟨o.⟩ **0.1** ***sneeuwjacht.***

Schneeverhältnisse ⟨alleen mv.⟩ **0.1** ***sneeuwomstandigheden*** ⇒*toestand v.d. sneeuw.*

Schneeverwehung ⟨v.⟩ →**Schneewehe.**

Schneewächte ⟨v.⟩ **0.1** ***sneeuwbalkon.***

Schneewehe ⟨v.⟩ **0.1** ***hoop opgewaaide sneeuw*** ⇒*sneeuwverstuiving.*

schneeweiß **0.1** ***sneeuwwit*** ⇒*spierwit.*

Schneewittchen ⟨o.; ~s⟩ **0.1** ***Sneeuwwitje.***

Schneid ⟨m.; ~(e)s; Zdd. en Oostr. v.; ~, g.mv.⟩⟨inf.⟩ **0.1** ***durf, fut*** ⇒*moed, energie, pit* ◆ **3.1** jmdm. den, die ~ abkaufen *iem. de moed ontnemen.*

Schneidbohrer ⟨m.⟩ **0.1** ***(draad)tap.***

Schneidbrenner ⟨m.⟩⟨tech.⟩ **0.1** ***snijbrander.***

Schneide ⟨v.; ~, ~n⟩ **0.1** ***snee, snijkant, scherp*** **0.2** ***lemmet, lemmer*** **0.3** ⟨geol.⟩ ***bergkam.***

schneiden ⟨→t125⟩ **I** ⟨onov.ww.⟩ **0.1** ***snijden*** ⟨ook sp. en kaartspel⟩ ⇒*knippen* **0.2** ***snijden*** ⇒*pijn doen;* **II** ⟨ov.ww.⟩ **0.1** ***snijden*** ⟨ook kaartspel⟩ ⇒*afsnijden, (af)knippen, snoeien, maaien* **0.2** ***snijden*** ⇒*graveren, kerven, zagen* **0.3** ***(af)snijden*** ⇒*afkorten* **0.4** ⟨een gezicht⟩ ***trekken*** **0.5** ***negeren*** ⇒*mijden* **0.6** ⟨med.; inf.⟩ ***(open)snijden*** ⇒*opereren* **0.7** ⟨film., com.⟩ ***cutten, monteren*** **0.8** ⟨com.⟩ ***opnemen*** ⟨op een bandje⟩ ◆ **1.1** ⟨sp.⟩ einen Ball ~ *een bal met effect spelen* **1.2** ⟨fig.⟩ ein hübsch geschnittenes Gesicht *een knap besneden gezicht* **1.3** eine Kurve ~ *een bocht afsnijden* **4.1** die Straßen ~ sich *de straten, wegen kruisen elkaar* **6.1** die Luft ist **zum** Schneiden *de lucht is om te snijden.*

Schneider ⟨m.; ~s, ~⟩ **0.1** ***kleermaker*** **0.2** ⟨kaarten⟩ ***30 punten*** **0.3** ⟨inf.⟩ ***snijapparaat*** **0.4** ⟨biol.⟩ ***langpoot*** **0.5** ⟨biol.⟩ ***waterjuffer, libel*** **0.6** ***alver*** ⟨vis⟩ ◆ **6.2** **aus** dem ~ (heraus) sein *boven jan zijn* **8.¶** frieren wie ein ~ *kleumen, bibberen van de kou.*

Schneiderarbeit ⟨v.⟩ **0.1** ***kleermakerswerk.***

Schneiderei ⟨v.; ~, ~en⟩ **0.1** ***kleermakerij.***

Schneiderhandwerk ⟨o.⟩ **0.1** ***kleermakersvak.***

Schneiderin ⟨v.; ~, ~nen⟩ **0.1** ***naaister*** ⇒*modiste.*

Schneiderkostüm ⟨o.⟩ **0.1** ***tailormade, maatkostuum.***

Schneidermeister ⟨m.⟩ **0.1** ***meester-kleermaker.***

schneidern **0.1** ***(kostuum)naaien*** ⇒*kleermaker, naaister zijn* **0.2** ⟨inf.⟩ ***ontwerpen*** ⟨carrosserie⟩ ◆ **1.1** Kleider ~ *kleren naaien, maken.*

Schneiderpuppe ⟨v.⟩ **0.1** ***paspop.***

Schneidersitz ⟨m.⟩ **0.1** ***kleermakerszit.***

Schneiderwerkstatt ⟨v.⟩ **0.1** ***(kleermakers)atelier.***

Schneidetisch ⟨m.⟩⟨film., com.⟩ **0.1** ***montagetafel.***

Schneidezahn ⟨m.⟩ **0.1** ***snijtand.***

schneidig **0.1** ***energiek, ferm, kranig*** ⇒*flink* **0.2** ***vlot, sportief*** **0.3** ***snedig*** ⇒*goed snijdend.*

schneien **0.1** ***sneeuwen*** ⟨ook fig.⟩.

Schneise ⟨v.; ~, ~n⟩ **0.1** ***(brand)sleuf, tra, brandgang*** **0.2** ⟨verk.⟩ ***(lucht)corridor.***

schnell **0.1** ***snel, vlug*** ⇒*gauw, hard* ◆ **3.1** ⟨inf.⟩ mach ~! *schiet op!;* ~ fahren *hard rijden* **5.1** wie heißt er noch ~? *hoe heet hij ook al weer?* **6.1** ⟨inf.⟩ **auf** die ~e (a) *heel vlug* (b) *zo gauw, snel (mogelijk).*

Schnellbahn ⟨v.⟩⟨verk.⟩ **0.1** ***snelspoor*** **0.2** ***sneltram, -trein*** ⇒*sprinter.*

Schnellboot ⟨o.⟩ **0.1** ***motortorpedoboot.***

Schnellbus ⟨m.⟩ **0.1** ***(bus)sneldienst.***

Schnelldienst ⟨m.⟩ **0.1** ***expres-, sneldienst.***

Schnelldrucker ⟨m.⟩⟨comp.⟩ **0.1** ***regeldrukker.***

Schnelle ⟨v.; ~, ~n⟩ **0.1** ***stroomversnelling*** **0.2** ⟨schr.⟩ ***snelheid.***

schnellebig **0.1** ***jachtig*** ⇒*snel levend* **0.2** ***kortstondig.***

schnellen **I** ⟨onov.ww.; s.⟩ **0.1** ***opspringen, (op)wippen*** ⇒ *schieten, veren, vliegen* ◆ **6.1** das Fieber schnellte **auf** 40° *de koorts schoot omhoog tot 40°;* **II** ⟨ov.ww.⟩ **0.1** ***(af)schieten, (laten) opspringen*** ⇒*slingeren.*

Schnellfeuer ⟨o.⟩ **0.1** ***snelvuur.***

schnellfüßig **0.1** ***snel-, lichtvoetig*** ⇒*vlug (ter been).*

Schnellgang ⟨m.⟩⟨tech.⟩ **0.1** ***overdrive.***

Schnellgaststätte ⟨v.⟩ **0.1** ***cafetaria, snelbuffet.***

Schnellgericht ⟨o.⟩ **0.1** ***snelle berechting*** ⇒*politierechter* **0.2** ***snel gerecht, gerecht dat vlug klaar is*** ⇒*snelle hap.*

Schnellhefter ⟨m.⟩ **0.1** ***(opberg)map.***

Schnelligkeit ⟨v.; ~, ~en⟩ **0.1** ***snel-, vlugheid*** ⇒*tempo.*

Schnellimbiß ⟨m.⟩ **0.1** ***cafetaria, snackbar*** ⇒*snelbuffet.*

Schnellkocher ⟨m.⟩⟨inf.⟩ **0.1** ***snelkookpan.***

Schnellkurs(us) ⟨m.⟩ **0.1** ***spoed-, stoomcursus.***

Schnellpaket ⟨o.⟩ **0.1** ***exprespakje.***

Schnellreinigung ⟨v.⟩ **0.1** ***chemische reiniging*** **0.2** ***snelreinigingsbedrijf.***

Schnellrichter ⟨m.⟩ **0.1** ***politierechter.***

Schnellschritt ⟨m.⟩ ◆ **6.¶** **im** ~ *met snelle pas.*

schnellstens **0.1** ***zo vlug, snel mogelijk*** ⇒*ten spoedigste.*

schnellstmöglich **0.1** ***zo gauw mogelijk, zo vlug mogelijk*** ⇒*kortst mogelijk.*

Schnellstraße ⟨v.⟩ **0.1** ***autoweg*** ⇒*snelweg.*

Schnellverfahren ⟨o.⟩ **0.1** ⟨tech.⟩ ***snel procédé, snelle methode*** **0.2** ⟨jur.⟩ ***snelle berechting*** ⟨door een politierechter⟩.

Schnellwaage ⟨v.⟩ **0.1** ***snelweger.***

Schnepfe ⟨v.; ~, ~n⟩ **0.1** ⟨biol.⟩ ***snip, snep*** **0.2** ⟨inf.⟩ ***stomme geit*** ⇒*trut* **0.3** ⟨inf.⟩ ***snol, hoer.***

Schnepper ⟨m.; ~s, ~⟩ **0.1** ⟨sp.⟩ ***snepperbeweging*** **0.2** ⟨biol.⟩ ***vliegenvanger*** **0.3** ⟨med.⟩ ***snepper.***

schnetzeln ⟨reg.⟩ **0.1** ***(vlees) kleinsnijden*** ⇒*in reepjes snijden.*

schneuzen **0.1** ***snuiten*** ◆ **4.1** sich ~ *zijn neus snuiten.*

Schnickschnack ⟨m.; ~(e)s⟩⟨inf.⟩ **0.1** ***snuisterijen, tier(e)lantijntjes*** ⇒*rommel* **0.2** ***onzin, praatjes*** ⇒*kletskoek, wissewasjes* ◆ **2.1** modischer ~ *modesnufjes.*

schniegeln ⟨inf.⟩ **0.1** ***piekfijn kleden*** **0.2** ⟨pej.⟩ ***opdoffen, opdirken*** ◆ **8.1** geschniegelt und gebügelt *om door een ringetje te halen.*

schnipp **0.1** ***knip*** ⇒*snip.*

Schnippchen ⟨o.⟩⟨inf.⟩ ◆ **3.¶** jmdm. ein ~ schlagen *een loopje met iem. nemen, iem. een hak zetten.*

Schnippel ⟨m. & o.; ~s, ~⟩⟨inf.⟩ **0.1** ***snipper*** ⇒*klein stukje, reepje.*

Schnippelei ⟨v.; ~, ~en⟩⟨inf.⟩ **0.1** ***gesnipper.***

schnippeln ⟨inf.⟩ **0.1** ***snipperen, klein-, fijnsnijden*** ⇒*versnipperen* **0.2** ***een beetje afknippen, afsnijden.***

schnippen **I** ⟨onov.ww.⟩ **0.1** ***knippen*** ⟨met de vingers⟩; **II** ⟨ov.ww.⟩ **0.1** ***tippen*** ⇒*knippen, wippen.*

schnippisch **0.1** ***snibbig*** ⇒*bits, vinnig.*

Schnipsel ⟨m. & o.; ~s, ~⟩ **0.1** ***snipper.***

schnipseln →**schnippeln.**

schnipsen →**schnippen.**

Schnitt ⟨m.; ~(e)s, ~e⟩ **0.1** ***snee*** ⟨ook landb., boek.⟩ ⇒*insnijding, keep, kerf, schrap* **0.2** ***knip*** **0.3** ***snoei*** **0.4** ***snee*** ⇒ *vorm, snit, coupe* **0.5** ***knippatroon*** **0.6** ***doorsne(d)e*** ⇒ *snijvlak* **0.7** ⟨inf.⟩ ***gemiddelde*** ⇒*doorsnede* **0.8** ⟨med., biol.⟩ ***coupe*** **0.9** ⟨film., com.⟩ ***montage*** ⇒*take* **0.10** ⟨fig.⟩ ***scheiding*** ⇒*cesuur, scheidslijn, grens* **0.11** ⟨sp.⟩ ***effect*** ◆ **1.1** der ~ des Buches ist vergoldet *het boek is verguld op snee* **2.4** ein Gesicht mit feinem ~ *een fijn besneden gezicht;* ⟨fig.⟩ der gute ~ des Hauses *de goede indeling van het huis;* ihr Haar hat einen modernen ~ *zij heeft een modern kapsel* **2.6** ⟨wisk.⟩ der Goldene ~ *de gulden snede* **3.¶** ⟨inf.⟩ einen (großen), seinen ~ bei einer Sache machen *zijn slag slaan bij iets* **6.7** **im** ~ *gemiddeld;* einen ~ **von** DM 200,- machen *gemiddeld DM 200,- verdienen.*

Schnittblume ⟨v.⟩ **0.1** ***snijbloem.***

Schnittbohne ⟨v.⟩ **0.1** ***snijboon.***

Schnittbrot ⟨o.⟩ **0.1** ***gesneden (en verpakt) brood.***

Schnittchen ⟨o.; ~s, ~⟩ **0.1** ***belegde toastjes*** **0.2** ***sneetje*** ⟨brood⟩ **0.3** ***plakje, schijfje.***

Schnitte ⟨v.; ~, ~n⟩ **0.1** ⟨reg.⟩ ***sneetje, schijfje, plakje*** **0.2** ⟨reg.; belegde⟩ ***boterham*** **0.3** ⟨Oostr.⟩ ***wafel.***

schnittfest **0.1** ***goed te snijden*** ⇒*vast, stevig.*

Schnittfläche ⟨v.⟩ **0.1** ***snijvlak*** ⟨ook wisk.⟩.

Schnittholz ⟨o.⟩ **0.1** ***bezaagd hout*** ⇒*bestekhout.*

schnittig 0.1 ***rank, sportief*** ⇒*vlot, slank* **0.2** ⟨landb.⟩ ***rijp (om te maaien).***

Schnittkante ⟨v.⟩ **0.1** ***afgesneden rand*** **0.2** ***afgeknipte rand.***

Schnittkäse ⟨m.⟩ **0.1** ***gesneden kaas*** **0.2** ***snijdbare kaas.***

Schnittlauch ⟨m.⟩ **0.1** ***bieslook.***

Schnittlinie ⟨v.⟩ **0.1** ***snijlijn*** ⟨ook wisk.⟩, ***snee.***

Schnittmeister ⟨m.⟩⟨film.⟩ **0.1** ***cutter.***

Schnittmenge ⟨v.⟩⟨wisk.⟩ **0.1** ***doorsne(d)e v.d. verzamelingen.***

Schnittmuster ⟨o.⟩ **0.1** ***(knip)patroon*** **0.2** ⟨inf.⟩ ***rader-, knippatronenblad.***

Schnittpunkt ⟨m.⟩ **0.1** ***snijpunt*** ⟨ook wisk.⟩ ⇒*kruispunt.*

schnittreif 0.1 ***rijp (om te maaien).***

Schnittstelle ⟨v.⟩ **0.1** ⟨fig.⟩ ***scheidslijn*** ⇒*grens* **0.2** ⟨comp.⟩ ***interface.***

Schnittware ⟨v.⟩ **0.1** ***manufacturen*** ⇒*stoffen, ellenwaar* **0.2** ***bezaagd hout.***

Schnittwunde ⟨v.⟩ **0.1** ***snijwond(je).***

Schnitzaltar ⟨m.⟩ **0.1** ***gebeeldhouwd altaar.***

Schnitzarbeit ⟨v.⟩ **0.1** ***(hout)snijwerk.***

Schnitzel[1] ⟨o.; ~s, ~⟩ **0.1** ***schnitzel*** ⇒*(gepaneerd) kalfs-, varkenslapje.*

Schnitzel[2] ⟨m. & o.; ~s, ~⟩ **0.1** ***snipper*** **0.2** ***snij(d)sel*** **0.3** ***knipsel*** **0.4** ***spaan(der).***

Schnitzeljagd ⟨v.⟩ **0.1** ***snipperjacht.***

schnitzeln 0.1 ***snipperen*** ⇒*hakken, kleinsnijden.*

schnitzen 0.1 ***(hout)snijden*** ◆ **1.1** geschnitzte Möbel *meubels met snijwerk, gebeeldhouwde meubels.*

Schnitzer ⟨m.; ~, ~⟩ **0.1** ***hout-, beeldsnijder*** **0.2** ⟨inf.⟩ ***blunder*** ⇒*fout, flater.*

Schnitzerei ⟨v.; ~, ~en⟩ **0.1** ***(hout)snijwerk*** ⇒*houten beeld* **0.2** ***het houtsnijden*** ⇒*hout-, beeldsnijkunst.*

Schnitzmesser ⟨o.⟩ **0.1** ***houtsnijmes.***

Schnitzwerk ⟨o.⟩ **0.1** ***(hout-, beeld)snijwerk.***

schnodd(e)rig ⟨inf.⟩ **0.1** ***vrijpostig, ongegeneerd*** ⇒*brutaal, opschepperig.*

schnöde ⟨schr.⟩ **0.1** ***ellendig, snood*** ⇒*naar* **0.2** ***minachtend, smadelijk*** ⇒*smalend.*

Schnorchel ⟨m.; ~s, ~⟩⟨scheep., sp.⟩ **0.1** ***snorkel*** ⇒*snuiver.*

schnorcheln 0.1 ***met een snorkel duiken.***

Schnörkel ⟨m.; ~s, ~⟩ **0.1** ***krul, (uitbundige) versiering*** ⇒ *haal,* ⟨fig. ook⟩ *omhaal, franje* ◆ **6.1 mit** ~n schreiben *met veel krullen en omhalen schrijven.*

Schnörkelei ⟨v.; ~, ~en⟩⟨inf.⟩ **0.1** ***krulwerk, (uitbundige) versieringen*** ⇒*krullen, tierelantijntjes.*

schnörkelig 0.1 ***krullerig, met veel krullen, omhaal, franje.***

schnörkeln ⟨inf.⟩ **0.1** ***met krullen versieren*** ⇒*krullen* ◆ **1.1** geschnörkelte Buchstaben *krulletters;* eine geschnörkelte Rede *een redevoering met veel franje.*

schnorren ⟨inf.⟩ **0.1** ***schooien*** ⇒*(af)bedelen, klaplopen.*

Schnorrer ⟨m.; ~s, ~⟩⟨inf.⟩ **0.1** ***klaploper, schooier*** ⇒*parasiet.*

Schnorrerei ⟨v.; ~, ~en⟩⟨inf.⟩ **0.1** ***schooierij, bedelarij*** **0.2** ***klaploperij, geschooi.***

Schnösel ⟨m.; ~s, ~⟩⟨inf.⟩ **0.1** ***vlerk, vlegel.***

schnös(e)lig ⟨inf.⟩ **0.1** ***vlegelachtig*** ⇒*vlerkachtig.*

Schnuckelchen ⟨o.; ~s, ~⟩ **0.1** ***schaapje*** **0.2** ⟨inf.⟩ ***schatje, snoesje.***

schnuck(e)lig ⟨inf.⟩ **0.1** ***snoezig*** ⇒*schattig* **0.2** ***knus.***

Schnuckiputz ⟨m.; ~es, ~e⟩⟨inf.⟩ →**Schnuckelchen.**

Schnüffelei ⟨v.; ~, ~en⟩ **0.1** ⟨inf.⟩ ***gesnuffel*** ⇒*gespioneer* **0.2** ***gesnuif.***

schnüffeln 0.1 ***snuffelen*** ⇒*(op)snuiven,* ⟨inf.⟩ *spioneren* **0.2** ⟨inf.⟩ ***snuiven*** ⟨van bedwelmende of stimulerende dampen⟩ **0.3** ⟨inf.⟩ ***snuffen, snotteren, de neus ophalen.***

Schnüffler ⟨m.; ~s, ~⟩⟨inf.⟩ **0.1** ***snuffelaar*** ⇒*spion* **0.2** ***snuiver*** ⟨van bedwelmende dampen⟩.

Schnuller ⟨m.; ~s, ~⟩ **0.1** ***speen*** ⟨op fles⟩ **0.2** ***fopspeen, tut.***

Schnulze ⟨v.; ~, ~n⟩⟨inf.⟩ **0.1** ***smartlap*** **0.2** ***kitschstuk.***

Schnulzensänger ⟨m.⟩⟨inf.⟩ **0.1** ***sentimentele zanger*** ⇒ *zanger van smartlappen.*

schnulzig ⟨inf.⟩ **0.1** ***kitscherig*** ⇒*sentimenteel.*

schnupfen 0.1 ***snuiven, een snuif nemen*** **0.2** ***snotteren*** ⇒ *snuffen, snikken.*

Schnupfen ⟨m.; ~s, ~⟩ **0.1** ***(neus)verkoudheid*** ◆ **3.1** (den, einen) ~ haben *verkouden zijn.*

Schnupftabak ⟨m.⟩ **0.1** ***snuif(tabak).***

Schnupftabak(s)dose ⟨v.⟩ **0.1** ***snuifdoos.***

schnuppe ⟨inf.⟩ ◆ **3.¶** das ist mir ~ *het kan me geen lor schelen* **5.¶** das ist doch ~! *dat is toch om het even!*

schnuppern 0.1 ***snuffelen*** **0.2** ***(op)snuiven.***

Schnur ⟨v.; ~, ¨~e⟩ **0.1** ***touw(tje), koord*** ⇒*lijn* **0.2** ***snoer*** ◆ **6.¶** ⟨inf.⟩ **über** die ~ hauen *uit de band springen.*

Schnürband ⟨o.; mv. ¨~er⟩⟨reg.⟩ **0.1** ***(schoen-, rijg)veter.***

Schnürboden ⟨m.⟩⟨dram.⟩ **0.1** ***toneelzolder.***

Schnürchen ⟨o.; ~s, ~⟩ **0.1** ***snoertje, koordje, lijntje*** ◆ **6.¶** etwas geht, klappt, läuft wie **am** ~ *iets gaat van een leien dakje;* etwas wie **am** ~ können *iets op zijn duimpje kennen.*

schnüren I ⟨ov.ww.⟩ **0.1** ***(vast)snoeren*** ⇒*vastbinden, dichtrijgen, insnoeren* **0.2** ***(dicht-, toe)snoeren*** ⇒*knellen, knijpen* ◆ **1.1** ein Paket ~ *een touwtje om een pakje doen;* sich ⟨3e nv.⟩ die Schuhe ~ *zijn veters vastbinden, strikken;*
II sich ~ ⟨wk.ww.⟩ **0.1** ***zich insnoeren, zich inrijgen*** **0.2** ***snijden.***

schnurgerade ⟨inf.⟩ **0.1** ***lijnrecht*** ⇒*rechtstreeks, (kaars)recht.*

schnurlos 0.1 ***draadloos.***

Schnurrbart ⟨m.⟩ **0.1** ***snor.***

schnurrbärtig 0.1 ***met een snor.***

Schnurre ⟨v.; ~, ~n⟩⟨vero.⟩ **0.1** ***grappig verhaal(tje).***

schnurren 0.1 ***snorren*** ⇒*brommen, zoemen, gonzen* **0.2** ***spinnen*** ⟨van katten⟩ **0.3** ⟨reg.⟩ ***schooien, (af)bedelen, klaplopen*** ◆ **1.¶** ⟨inf.; fig.⟩ jetzt schnurrt die Arbeit *nu gaat het werk van een leien dakje.*

Schnurrhaar ⟨o.⟩⟨biol.⟩ **0.1** ***snorhaar.***

Schnürriemen ⟨m.⟩ **0.1** ***riem*** **0.2** ***(leren) veter.***

schnurrig ⟨vero.⟩ **0.1** ***koddig, kluchtig*** ⇒*grappig.*

Schnürschuh ⟨m.⟩ **0.1** ***veter-, rijgschoen.***

Schnürsenkel ⟨m.⟩ **0.1** ***(schoen)veter.***

Schnürstiefel ⟨m.⟩ **0.1** ***rijglaars.***

schnurstracks 0.1 ***regelrecht, recht(streeks)*** ⇒*lijnrecht.*

schnurz ⟨inf.⟩ ◆ **3.¶** es ist mir ~ (und piepe) *het kan me geen lor schelen.*

schnurz|egal, -piepe →**schnurz.**

Schnute ⟨v.; ~, ~n⟩ **0.1** ⟨inf.⟩ ***lelijk, zuur gezicht, snoet*** **0.2** ⟨meestal Ndd.⟩ ***mond(je).***

Schober ⟨m.; ~s, ~⟩ **0.1** ***(hooi)schuur*** **0.2** ⟨Zdd., Oostr.⟩ ***opper, schelf, mijt.***

Schock[1] ⟨m.; ~(e)s, ~s⟩ **0.1** ***(zenuw)schok*** **0.2** ⟨med.⟩ ***shock*** ◆ **6.2 unter** ~ stehen *in shocktoestand verkeren.*

Schock[2] ⟨o.; ~(e)s, ~e⟩ **0.1** ⟨vero.⟩ ***60 stuks, zestigtal*** **0.2** ⟨inf.⟩ ***erg veel, een hele hoop.***

schocken 0.1 ⟨inf.⟩ ***choqueren*** **0.2** ⟨med.⟩ ***shocken.***

Schocker ⟨m.; ~s, ~⟩ **0.1** ***choquerend stuk.***

schockieren 0.1 ***choqueren*** ⇒*aanstoot geven.*

schockweise 0.1 ***per 60 stuks*** **0.2** ⟨inf.⟩ ***bij hopen, in groot aantal.***

Schockwirkung ⟨v.⟩ **0.1** *shockeffect* ◆ **6.1 unter** ~ stehen *in shocktoestand verkeren.*

schofel 0.1 *gemeen, schunnig* ⇒*min, laag* **0.2** *sjofel* ⇒*armzalig, schamel, haveloos* **0.3** *gierig, vrekkig.*

Schofel ⟨m.; ~s, ~⟩ **0.1** *prul(laria), uitschot, rommel* **0.2** *schoft, rotvent.*

schofelig →**schofel.**

Schöffe ⟨m.; ~n, ~n⟩ **0.1** ⟨jur.⟩ *lekenrechter* ⇒*jurylid* **0.2** ⟨gesch.⟩ *schepen* ⇒*wethouder.*

Schöffengericht ⟨o.⟩ **0.1** *leken-, schepenrechtbank.*

Schofför ⟨m.; ~s, ~e⟩ **0.1** *chauffeur.*

Schoko ⟨v.; ~, ~s⟩⟨inf.⟩ →**Schokolade.**

Schokolade ⟨v.; ~, ~n⟩ **0.1** *chocola(de)* **0.2** *cacao, chocola(de)* ⟨drank⟩ ◆ **1.1** ein Riegel, eine Tafel ~ *een reep, tablet chocola(de)* **2.1** bittere ~ *pure chocola(de).*

Schokoladenglasur ⟨v.⟩ **0.1** *couverture.*

Schokoladenguß ⟨m.⟩ →**Schokoladenglasur.**

Schokoladenplätzchen ⟨o.⟩ **0.1** *flikje* ⇒*chocolaatje* **0.2** *chocoladekoekje.*

Schokoladenraspel ⟨alleen mv.⟩ **0.1** *chocoladevlokken.*

Schokoladenseite ⟨v.⟩⟨inf.⟩ **0.1** *mooiste, beste kant* ⟨ook fig.⟩.

Schokoladenstreusel ⟨alleen mv.⟩ **0.1** *chocoladehagelslag.*

Schokoladentafel ⟨v.⟩ **0.1** *tablet, plak chocola(de).*

Scholar ⟨m.; ~en, ~en⟩⟨gesch.⟩ **0.1** *scholier, student.*

Scholastik ⟨v.; ~⟩ **0.1** *scholastiek* ⇒⟨pej.⟩ *schoolwijsheid.*

scholastisch 0.1 *scholastiek, scholastisch* **0.2** *schoolmeesterachtig, muggenzifterig.*

Scholle ⟨v.; ~, ~n⟩ **0.1** *aardkluit, kluit (aarde), klomp* ⇒*klont* **0.2** *(ijs)schots, ijsschol* **0.3** ⟨fig.⟩ *stukje grond* ⇒*geboortegrond, vaderland* **0.4** ⟨biol.⟩ *schol* ◆ **2.3** die heimatliche, heimische ~ *de geboortegrond, de vaderlandse grond* **6.3 an** der ~ haften, ⟨inf.⟩ kleben *honkvast zijn;* **auf** eigener ~ *op zijn eigen stukje grond wonen.*

schollern 0.1 *dof klinken* **0.2** *dof neerrollen, (neer)ploffen.*

Schöllkraut ⟨o.⟩⟨plantk.⟩ **0.1** *stinkende gouwe, goudwortel.*

schon 0.1 *al, reeds* **0.2** *wel* ⟨vermoeden, twijfel, toegevend, emotioneel versterkend⟩ **0.3** *nu, nou (weer)* **0.4** *alleen al* **0.5** *ook (al) weer* **0.6** *nu, (toch) eens* ⟨aansporing, ongeduld⟩ ⇒*eindelijk, maar* ◆ **1.2** das ist ~ ein Jammer! *dat is wel treurig!* **1.4** ~ der bloße Gedanke *de gedachte, het idee alleen al* **2.2** das ist ~ möglich *dat is goed mogelijk, dat kan best* **2.3** was ist das ~ groß? *wat is daar nou aan?* **3.1** kaum war der Lehrer weg, ~ ging der Krach los *de leraar was nauwelijks weg of het lawaai begon* **3.2** es geht ~ *het gaat wel;* ich muß ~ sagen! *nou nou!* **3.3** was hätte ich ~ machen, tun können? *wat had ik (nou, dan) kunnen doen?* **3.5** wie heißt sie ~? *hoe heet zij ook (al) weer?* **3.6** ⟨inf.⟩ gib ~! *vooruit, geef op!;* ⟨inf.⟩ hör ~ auf! *hou(d) maar eens op!;* ⟨inf.⟩ mach ~! *schiet nou, eens op!* **4.2** das ~! *dat wel!* **5.1** ~ gar nicht *al helemaal niet* **5.2** ich trinke ~ mal ein Bier *ik drink wel eens een biertje* **8.2** wenn er ~ reich ist ... *ook al is hij rijk ...* **8.6** wenn sie doch ~ käme! *kwam ze toch, nou maar!;* ⟨inf.⟩ und wenn ~! *en wat dan nog!;* wenn ~, denn ~! (a) *als het dan moet, dan moet het maar!* (b) *als je het doet, dan ook goed!*

schön 0.1 *mooi, fraai* ⇒*schoon* **0.2** *mooi, aangenaam, prettig* ⇒*fijn, leuk, lekker* **0.3** *flink* ⇒*erg,* ⟨iron.⟩ *leuk, aardig* ◆ **1.2** ~en Abend, Morgen! *goedenavond!, goedemorgen!;* ein ~es Gefühl *een fijn gevoel* **1.3** ⟨inf.⟩ einen ~en Schrecken bekommen *danig, flink schrikken* **2.2** ~ warm *lekker warm* **3.2** bitte ~ *alsjeblieft, alstublieft;* danke ~ *dank je, u wel;* es ~ haben *het fijn, leuk hebben;* ~ aufpassen *goed opletten, oppassen* **4.2** ⟨iron.⟩ etwas Schönes anrichten *iets fraais uithalen* **5.2** ganz ~ *behoorlijk, aardig (wat), flink;* ganz ~ viel *heel wat, een hele hoop* **6.2 aufs** ~ste verlaufen *opperbest (ver)lopen* **8.2** das ist ~ und gut, gut und ~, aber ... *alles goed en wel, maar ...;* also, na ~! *(nou) goed!, okay;* wie ~! *wat leuk, aardig!* ¶**.2** ~!, ~! *goed, goed!*

Schonbezug ⟨m.⟩ **0.1** *(auto)hoes, losse overtrek.*

Schöne ⟨bn. als zn.; v.⟩ **0.1** *schoonheid, schone* ⇒*(mooie, knappe) vrouw.*

schonen 0.1 *sparen, ontzien* ⇒*verschonen, voorzichtig behandelen, zuinig omgaan (met)* ◆ **1.1** ein ~des Waschmittel *een zacht wasmiddel;* auf ~de Weise *voorzichtig, behoedzaam.*

Schoner ⟨m.; ~s, ~⟩ **0.1** ⟨vero.⟩ *hoes, beschermer* **0.2** ⟨scheep.⟩ *schoener.*

schönfärben 0.1 *rooskleurig voorstellen, opsmukken.*

Schönfärber ⟨m.⟩ **0.1** *optimist* ⇒*mooiprater.*

Schönfärberei ⟨v.⟩ **0.1** *rooskleurige, geflatteerde voorstelling.*

schönfärberisch 0.1 *rooskleurig* ⇒*optimistisch, geflatteerd.*

Schonfrist ⟨v.⟩ **0.1** *uitstel* ⇒*moratorium, respijt.*

Schongang ⟨m.⟩ **0.1** *programma voor de fijne was* **0.2** ⟨tech.⟩ *overdrive.*

Schöngeist ⟨m.⟩ **0.1** *bel-esprit, fraai vernuft* ⇒*estheet.*

Schöngeisterei ⟨v.; ~⟩ **0.1** *esthetische levensbeschouwing.*

schöngeistig 0.1 *van hoge geestelijke cultuur* ⇒*geletterd, esthetisch, kunstzinnig* ◆ **1.1** ~e Literatur *bellettrie, schone, fraaie letteren.*

Schönheit ⟨v.; ~, ~en⟩ **0.1** *schoonheid* ◆ **2.1** landschaftliche ~en *landschapsschoon.*

Schönheitschirurgie ⟨v.⟩ **0.1** *plastische, esthetische chirurgie.*

Schönheitsfarm ⟨v.⟩ **0.1** *beauty farm.*

Schönheitsfehler ⟨m.⟩ **0.1** *schoonheidsfout(je).*

Schönheitskult ⟨m.⟩ **0.1** *schoonheidscultus.*

Schönheitspflästerchen ⟨o.⟩ **0.1** *schoonheidspleister* ⇒*mouche, moesje.*

Schönheitssinn ⟨m.⟩ **0.1** *schoonheidsgevoel, gevoel voor schoonheid.*

Schönheitswettbewerb ⟨m.⟩ **0.1** *schoonheidswedstrijd.*

Schonkost ⟨v.⟩ **0.1** *dieetvoeding, -kost.*

schönmachen ⟨inf.⟩ **I** ⟨onov.ww.⟩ **0.1** *opzitten* ⟨van honden⟩;
II ⟨ov.ww.⟩ **0.1** *verfraaien, mooier maken;*
III sich ~ ⟨wk.ww.⟩ **0.1** *zich mooi maken* ⇒*mooie kleren aantrekken, zich opmaken.*

schönreden ⟨inf.⟩ **0.1** *mooipraten* ⇒*vleien.*

Schönred(n)erei ⟨v.⟩ **0.1** *mooipraterij* ⇒*vleierij.*

schönrednerisch 0.1 *mooiklinkend, fraai klinkend* ⇒*vleiend.*

Schönschrift ⟨v.⟩ **0.1** *schoonschrift* ⇒*kalligrafie* **0.2** ⟨inf.⟩ *(net)schrift.*

schönstens ⟨inf.⟩ **0.1** *(zeer) vriendelijk.*

Schöntuer ⟨m.; ~s, ~⟩⟨inf.⟩ **0.1** *mooidoener* ⇒*vleier, mooiprater.*

schöntuerisch ⟨inf.⟩ **0.1** *vleierig, lievig.*

schöntun ⟨inf.⟩ **0.1** *vleien, lief doen.*

Schonung ⟨v.; ~, ~en⟩ **0.1** *jonge aanplant, jong hout* **0.2** *omzichtigheid, het ontzien* ⇒*verschoning, toegeeflijkheid* ◆ **3.2** ihr Zustand verlangt ~ *in haar toestand moet zij zich ontzien, ontzien worden* **6.2 mit** ~ *omzichtig.*

schonungsbedürftig 0.1 *wie, wat ontzien moet worden.*

schonungslos 0.1 *meedogenloos, nietsontziend* ⇒*ongenadig.*
schonungsvoll 0.1 *omzichtig, behoedzaam.*
Schönwetterperiode ⟨v.⟩ **0.1** *periode van mooi weer.*
Schonzeit ⟨v.⟩ **0.1** ⟨jacht⟩ *gesloten jacht-, vistijd* **0.2** ⟨fig.⟩ *periode gedurende welke iem., iets ontzien wordt, moet worden.*
Schopf ⟨m.; ~es, ⸚e⟩ **0.1** *haardos, -bos, (haar)kuif* **0.2** *maantop* ⟨bij paarden⟩ **0.3** *plukje, bosje haar* **0.4** ⟨reg.⟩ *(open) schuurtje* **0.5** ⟨reg.⟩ *luifel, afdak* ◆ **6.1** ⟨fig.⟩ eine Gelegenheit **beim** ~e ergreifen, fassen *een gelegenheid te baat nemen.*
Schöpfbrunnen ⟨m.⟩ **0.1** *waterput.*
Schöpfeimer ⟨m.⟩ **0.1** *putemmer.*
schöpfen 0.1 *scheppen* ⟨ook fig.⟩ ⇒*putten,* ⟨fig.⟩ *krijgen, opdoen* **0.2** ⟨jacht⟩ *drinken* ◆ **1.1** Mut ~ *moed scheppen, putten;* geschöpftes Papier *geschept papier;* ⟨schr.⟩ Verdacht ~ *argwaan, achterdocht krijgen.*
Schöpfer ⟨m.; ~s, ~⟩ **0.1** *schepper* ⇒*maker* **0.2** *Schepper* ⇒*God* **0.3** *(op)scheplepel* **0.4** *schepvat.*
Schöpfergeist ⟨m.⟩ **0.1** *scheppende geest.*
Schöpferhand ⟨v.⟩ **0.1** *scheppende hand.*
schöpferisch 0.1 *scheppend, creatief* ⇒*vruchtbaar.*
Schöpferkraft ⟨v.⟩ **0.1** *scheppingskracht* ⇒*creativiteit.*
Schöpfgefäß ⟨o.⟩ **0.1** *schepvat.*
Schöpfkelle ⟨v.⟩ →**Schöpflöffel.**
Schöpflöffel ⟨m.⟩ **0.1** *pollepel, (op)scheplepel.*
Schöpfung ⟨v.; ~, ~en⟩ **0.1** *schepping* ⇒*creatie, gewrocht, voortbrengsel.*
Schöpfungsgeschichte ⟨v.⟩ **0.1** *scheppingsverhaal.*
Schöpfwerk ⟨o.⟩ **0.1** *gemaal* ⇒*pomp.*
Schoppen ⟨m.; ~s, ~⟩ **0.1** *glas wijn* **0.2** *potje, glaasje (bier)* **0.3** ⟨vero.⟩ *(ongeveer) halve liter* ⟨inhoudsmaat⟩ **0.4** ⟨Zdd., Zwi.⟩ *zuigfles* **0.5** ⟨reg.⟩ *schuur, loods.*
Schoppenwein ⟨m.⟩ **0.1** *open wijn die per glas verkocht wordt.*
Schöps ⟨m.; ~es, ~e⟩ ⟨reg.⟩ **0.1** *hamel* ⇒*schaap* **0.2** *hamel-, schapenvlees* **0.3** ⟨inf.⟩ *schaapskop* ⇒*ezel, domkop.*
Schorf ⟨m.; ~es, ~e⟩ **0.1** *roof, korst* ⟨op wond⟩ **0.2** ⟨plantk.⟩ *schurft.*
schorfig 0.1 *korstig, met roof bedekt* **0.2** ⟨fig.⟩ *schurftig* ⇒*ruw.*
Schorle(morle) ⟨v.; ~, ~n of o.; ~s, ~s⟩ **0.1** *wijn met spuitwater.*
Schornstein ⟨m.⟩ **0.1** *schoorsteen* ◆ **3.1** ⟨inf.; fig.⟩ der ~ raucht (wieder) (a) *de zaken lopen (weer) goed* (b) *er wordt (weer) gewerkt* **6.1** ⟨inf.; fig.⟩ etwas **in** den ~ schreiben *iets als verloren beschouwen;* ⟨inf.; fig.⟩ sein Geld **zum** ~ hinausjagen *zijn geld erdoor jagen.*
Schornsteinfeger ⟨m.⟩ **0.1** *schoorsteenveger.*
Schoß[1] ⟨m.; ~es, ⸚e⟩ **0.1** *schoot* ⟨ook fig.⟩ **0.2** *pand* ⟨van jas⟩ ⇒*slip* ◆ **2.2** mit fliegenden Schößen *met wapperende jaspanden.*
Schoß[2] ⟨m.; Schosses, Schosse⟩ **0.1** *scheut, loot, stek.*
Schoß[3] ⟨v.; ~, ~en of ⸚e⟩ ⟨Oostr.⟩ **0.1** *(dames)rok.*
Schoßkind ⟨o.⟩ **0.1** *troetel-, schootkind(je).*
Schößling ⟨m.; ~s, ~e⟩ **0.1** *scheut, loot, stek.*
Schot ⟨v.; ~, ~en⟩ ⟨scheep.⟩ **0.1** *schoot* ⟨van zeil⟩.
Schote[1] ⟨v.; ~, ~n⟩ **0.1** *peul, hauw* ⇒*schil, dop* **0.2** ⟨reg.⟩ *(dop)erwt.*
Schote[2] ⟨v.; ~, ~n⟩ →**Schot.**
Schotenfrucht ⟨v.⟩ **0.1** *peul, hauw* ⇒*peulvrucht* **0.2** ⟨reg.⟩ *(dop)erwt.*
Schott ⟨o.; ~(e)s, ~en⟩ **0.1** *(tussen)schot.*
Schotte ⟨m.; ~n, ~n⟩ **0.1** *Schot.*
Schotten ⟨m.; ~s, ~⟩ **0.1** *Schotse geruite stof.*
Schotter ⟨m.; ~s, ~⟩ **0.1** *steengruis, split, steenslag.*
Schotterdecke ⟨v.⟩ **0.1** *verharding met steenslag.*
schottern 0.1 *(met) steenslag (be)strooien, begrinden.*
schottisch 0.1 *Schots.*
Schottland ⟨o.; ~s⟩ **0.1** *Schotland.*
schraff(ier)en 0.1 *arceren, schrafferen.*
Schraffur ⟨v.; ~, ~en⟩ **0.1** *arcering.*
schräg 0.1 *schuin* ⇒*hellend, scheef* **0.2** ⟨inf.⟩ *vreemd, merkwaardig* ⇒*bedrieglijk, (erg) modern* ◆ **3.1** ⟨inf.⟩ jmdn. ~ ansehen *iem. onderzoekend, schuins aankijken.*
Schräge ⟨v.; ~, ~n⟩ **0.1** *schuin vlak* ⇒*schuine kant* **0.2** *schuine lijn* **0.3** *schuinte* ⇒*helling.*
schrägen 0.1 *afschuinen, schuin maken* **0.2** *schuin, scheef houden.*
Schragen ⟨m.; ~s, ~⟩ ⟨vero.; nog reg.⟩ **0.1** *schraag, bok* ⇒*zaagbok* **0.2** *draaggestel* ⇒*(draag)baar.*
Schrägheck ⟨o.⟩ **0.1** *hatchback, schuine achterkant* ⟨van auto⟩.
Schräglage ⟨v.⟩ **0.1** *schuine ligging, stand.*
Schrägschrift ⟨v.⟩ **0.1** *schuinschrift, lopend schrift* **0.2** *cursieve druk.*
Schrägstreifen ⟨m.⟩ **0.1** *schuine bies, schuine reep (stof).*
Schrägstrich ⟨m.⟩ **0.1** *schuine streep* ⇒*slash.*
Schramme ⟨v.; ~, ~n⟩ **0.1** *schram* ⇒*schrap* **0.2** *kras.*
Schrammeln ⟨alleen mv.⟩ **0.1** *schrammelensemble* ⟨2 violen, gitaar en accordeon⟩.
schrammen 0.1 *schrammen* **0.2** *krassen* ⇒*schampen.*
Schrank ⟨m.; ~(e)s, ⸚e⟩ **0.1** *kast* ◆ **3.1** ⟨inf.; fig.⟩ er ist ein ~ *hij is een beer van een vent.*
Schrankbett ⟨o.⟩ **0.1** *opklapbed.*
Schranke ⟨v.; ~, ~n⟩ **0.1** *slag-, spoor-, sluitboom* **0.2** ⟨jur.⟩ *balie* **0.3** ⟨fig.⟩ *grens* ⇒*perk, barrière* ◆ **1.2** die ~n des Gerichts *de balie in de rechtbank* **1.3** die ~n des Gesetzes *de perken van de wet* **2.3** trennende ~n *scheidsmuren* **3.3** die ~n überschreiten, überspringen *de perken te buiten gaan;* einer Sache ~n setzen *paal en perk aan iets stellen* **6.2** ⟨fig.⟩ jmdn. **in** die ~n fordern *iem. uitdagen;* ⟨fig.⟩ **in** die ~n treten *in het krijt, strijdperk treden;* **vor** den ~n des Gerichts *voor de rechtbank* **6.3** sich **in** ~n halten (a) ⟨schr.⟩ *zich inhouden* (b) *binnen de perken blijven;* etwas **in** ~n halten *iets binnen de perken houden;* jmdn. **in** die ~n weisen *iem. terechtwijzen.*
schrankenlos 0.1 *grenzeloos, onbegrensd* ⇒*onbeperkt, ongeremd.*
Schrankenwärter ⟨m.⟩ **0.1** *baan-, overwegwachter.*
Schrankfach ⟨o.⟩ **0.1** *(kast)plank, schap, legbord.*
Schrankkoffer ⟨m.⟩ **0.1** *kastkoffer.*
Schrankwand ⟨v.⟩ **0.1** *kastenwand.*
Schranze ⟨v.; ~, ~n⟩ **0.1** *kruiper, flikflooier.*
Schrapnell ⟨o.; ~s, ~e of ~s⟩ **0.1** ⟨mil., gesch.⟩ *schrapnel, granaatkartets* **0.2** ⟨inf.⟩ *oude taart, troela.*
Schrappeisen ⟨o.⟩ **0.1** *krabijzer, krabber.*
schrappen ⟨reg., meestal Ndd.⟩ **I** ⟨onov.ww.⟩ **0.1** *schuren* **0.2** *krassen;*
II ⟨ov.ww.⟩ **0.1** *schrap(p)en* **0.2** *ontschubben* **0.3** *afkrabben* ⇒*schoonschuren* **0.4** *(bijeen)schrapen.*
Schrat(t) ⟨m.; ~(e)s, ~e⟩ **0.1** *(behaarde) bosgeest.*
Schraubdeckel ⟨m.⟩ **0.1** *schroefdeksel* ⇒*schroefdop.*
Schraube ⟨v.; ~, ~n⟩ **0.1** *schroef* ⇒*propeller* **0.2** ⟨inf.⟩ *tang, kreng* ◆ **2.1** ⟨inf.; fig.⟩ bei jmdm. ist eine ~ locker, los(e) *iem. is van lotje getikt* **3.1** ⟨fig.⟩ die ~ anziehen *de schroeven (wat) aandraaien;* ⟨inf.; fig.⟩ die ~ überdrehen *te ver gaan, overdrijven.*
schrauben ⟨h.⟩ **I** ⟨onov.ww.⟩ ⟨sp.⟩ **0.1** *een schroef maken;*

II ⟨ov.ww.⟩ **0.1** ***schroeven*** **0.2** ***opschroeven, opvoeren, opdrijven*** ◆ **5.2** einen Rekord höher ~ *een record verbeteren* **6.2** Preise **in** die Höhe ~ *prijzen opvoeren, opdrijven;*
III sich ~ ⟨wk.ww.⟩ **0.1** ***zich spiraalsgewijze bewegen.***

Schraubenfeder ⟨v.⟩ **0.1** ***schroef-, spiraalveer.***

Schraubenflügel ⟨m.⟩ **0.1** ***schroefblad.***

Schraubengang ⟨m.⟩ **0.1** ***schroefgang.***

Schraubengewinde ⟨o.⟩ **0.1** ***schroefdraad.***

Schraubenlinie ⟨v.⟩ **0.1** ***schroef-, spiraallijn.***

Schraubenmutter ⟨v.; mv. ~n⟩ **0.1** ***(schroef)moer.***

Schraubenrad ⟨o.⟩⟨tech.⟩ **0.1** ***schroef(tand)wiel.***

Schraubenschlüssel ⟨m.⟩ **0.1** ***moer-, schroefsleutel.***

Schraubenwelle ⟨v.⟩⟨tech.⟩ **0.1** ***schroefas.***

Schraubenwinde ⟨v.⟩⟨tech.⟩ **0.1** ***(schroef)vijzel.***

Schraubenzieher ⟨m.⟩ **0.1** ***schroevendraaier.***

Schraubstock ⟨m.; mv. ¨~e⟩ **0.1** ***bankschroef.***

Schraubverschluß ⟨m.⟩ **0.1** ***schroefsluiting.***

Schrebergarten ⟨m.⟩ **0.1** ***volkstuintje.***

Schrebergärtner ⟨m.⟩ **0.1** ***volkstuinder.***

Schreck ⟨m.; ~(e)s, ~e⟩ **0.1** ***schrik*** ◆ **2.1** (ach du) heiliger ~! *lieve hemel!* **3.1** jmdm. einen ~ bereiten, einjagen, einflößen *iem. schrik aanjagen;* der ~ fuhr ihr in die Knochen *de schrik sloeg haar om het hart;* der ~ liegt, sitzt ihr noch in den Gliedern *de schrik zit haar nog in de benen* **¶.1** ⟨inf.; scherts.⟩ ~, laß nach! *lieve hemel!*

Schreckbild ⟨o.⟩ **0.1** ***schrikbeeld.***

Schrecke ⟨v.; ~, ~n⟩ **0.1** ***sprinkhaan.***

schrecken[1] **I** ⟨onov.ww.⟩ **0.1** ⟨schr.⟩ ***terugschrikken, terugdeinzen*** **0.2** ⟨jacht⟩ ***schreeuwen*** ⟨van hert, ree⟩;
II ⟨ov.ww.⟩ **0.1** ***opschrikken*** ⇒*doen opspringen* **0.2** ⟨schr.⟩ ***verschrikken, doen, laten schrikken*** ⇒*bang maken* **0.3** ⟨cul.⟩ ***schrikken.***

schrecken[2] ⟨onov.ww.→t126⟩ **0.1** ***(op)schrikken.***

Schrecken ⟨m.; ~s, ~⟩ **0.1** ***schrik*** ⟨ook persoon⟩ ⇒*ontsteltenis* **0.2** ***verschrikking*** ⇒*gruwel* ◆ **1.2** ein Bild des ~s *een vreselijke, verschrikkelijke aanblik* **2.1** einen bösen ~ bekommen *erg, danig schrikken* **3.1** jmdm. einen ~ bereiten, einflößen, einjagen *iem. schrik aanjagen;* der ~ fuhr ihr in die Knochen *de schrik sloeg haar om het hart;* der ~ liegt, sitzt ihr noch in den Gliedern *de schrik zit haar nog in de benen* **6.1** jmdn. **in** ~ versetzen *iem. schrik aanjagen.*

schreckenerregend 0.1 ***schrikbarend, schrikwekkend.***

schreckens|blaß, -bleich 0.1 ***bleek van schrik.***

Schreckensbotschaft ⟨v.⟩ **0.1** ***verschrikkelijk, ontzettend nieuws*** ⇒*verschrikkelijke tijding.*

Schreckensherrschaft ⟨v.⟩ **0.1** ***schrikbewind.***

Schreckensnachricht ⟨v.⟩ →**Schreckensbotschaft.**

Schreckensnacht ⟨v.⟩ **0.1** ***verschrikkelijke nacht*** ⇒*nacht vol verschrikkingen.*

Schreckensregime ⟨o.⟩ **0.1** ***schrikbewind.***

Schreckensruf ⟨m.⟩ **0.1** ***angstkreet, kreet van schrik.***

Schreckenstat ⟨v.⟩ **0.1** ***afschuwelijke daad*** ⇒*gruweldaad.*

schreckensvoll ⟨schr.⟩ **0.1** ***verschrikkelijk, vreselijk*** **0.2** ***vol schrik, met grote schrik.***

Schreckenszeit ⟨v.⟩ **0.1** ***tijd vol verschrikkingen, verschrikkelijke tijd(en).***

Schreckgespenst ⟨o.⟩ **0.1** ***schrikbeeld*** **0.2** ***spookgestalte.***

schreckhaft 0.1 ***schrikachtig, schichtig, vreesachtig*** **0.2** ⟨vero.⟩ ***schrikaanjagend, schrikbarend.***

schrecklich 0.1 ***verschrikkelijk, vreselijk*** ⇒*ontzettend.*

Schrecknis ⟨o.; ~ses, ~se⟩⟨schr.⟩ **0.1** ***verschrikking*** ⇒*afschuwelijkheid, ellende.*

Schreckschraube ⟨v.⟩⟨inf.⟩ **0.1** ***lelijke heks, vervelend kreng.***

Schreckschuß ⟨m.⟩ **0.1** ***waarschuwingsschot, schot in de lucht*** ⟨ook fig.⟩.

Schreckschußpistole ⟨v.⟩ **0.1** ***alarmpistool.***

Schrecksekunde ⟨v.⟩ **0.1** ***moment van plotselinge schrik*** **0.2** ⟨inf.⟩ ***reactietijd.***

Schrei ⟨m.; ~(e)s, ~e⟩ **0.1** ***schreeuw, kreet*** ⇒*gil, (ge)roep* ◆ **1.1** ein ~ der Freude *een kreet van vreugde* **2.¶** ⟨inf.⟩ der letzte ~ *het nieuwste, de nieuwste mode* **3.1** einen ~ ausstoßen, von sich geben *een kreet slaken* **6.1** ⟨schr.⟩ der ~ **nach** Rache *de roep om wraak.*

Schreibarbeit ⟨v.⟩ **0.1** ***schrijfwerk*** **0.2** ***tikwerk.***

Schreibautomat ⟨m.⟩ **0.1** ***tekstverwerker.***

Schreibbedarf ⟨m.⟩ **0.1** ***schrijfbehoeften, -benodigdheden.***

Schreibblock ⟨m.; mv. ~s⟩ **0.1** ***schrijfblok, blocnote.***

Schreibe ⟨v.; ~, ~n⟩ **0.1** ⟨inf.⟩ ***stijl, schrijfwijze, -trant*** **0.2** ***geschreven stuk, tekst*** **0.3** ⟨inf.⟩ ***schrijfgerei, -gereedschap.***

schreiben ⟨→t127⟩ **I** ⟨ov.& onov.ww.⟩ **0.1** ***schrijven*** ◆ **1.1** ⟨vero.⟩ den Wievielten ~ wir heute? *de hoeveelste hebben we vandaag?* **4.1** wir ~ uns, ⟨schr.⟩ einander ~ *wij corresponderen (met elkaar)* **6.1 an** einer Autobiographie ~ *een autobiografie schrijven;*
II sich ~ ⟨wk.ww.⟩ **0.1** ⟨onpers.⟩ ***schrijven*** **0.2** ⟨inf.⟩ ***geschreven worden*** **0.3** ⟨vero.⟩ ***heten*** ◆ **6.1** es schreibt sich gut **mit** der Feder *de pen schrijft goed.*

Schreiben ⟨o.; ~s, ~⟩ **0.1** ***schrijven*** ⇒*brief* ◆ **6.1 auf** Ihr ~ *naar aanleiding van uw schrijven;* Ihr ~ **vom** 1.1. *uw schrijven d.d. 1-1.*

Schreiber ⟨m.; ~s, ~⟩ **0.1** ***schrijver*** ⇒*steller* **0.2** ⟨vero.⟩ ***klerk, secretaris*** **0.3** ⟨vaak pej.⟩ ***schrijver*** ⇒*auteur* **0.4** ⟨tech.⟩ ***schrijver.***

Schreiberei ⟨v.; ~, ~en⟩ **0.1** ***schrijverij, geschrijf.***

Schreiberling ⟨m.; ~s, ~e⟩ **0.1** ***scribent, veel-, prulschrijver.***

Schreiberseele ⟨v.⟩ **0.1** ***bekrompen ventje*** ⇒*pennenlikker.*

schreibfaul 0.1 ***lui in het schrijven van brieven.***

Schreibfeder ⟨v.⟩ **0.1** ***(schrijf)pen.***

Schreibfehler ⟨m.⟩ **0.1** ***schrijffout.***

Schreibgerät ⟨o.⟩ **0.1** ***schrijfgereedschap, -gerei*** **0.2** ***iets om (mee) te schrijven*** ⇒*pen.*

Schreibheft ⟨o.⟩ **0.1** ***schrift*** ⇒*cahier.*

Schreibkennwort ⟨o.; mv. ¨~er⟩⟨comp.⟩ **0.1** ***password.***

Schreibkopf ⟨m.⟩ **0.1** ***schrijfkop*** ⇒⟨inf.⟩ *bol(letje).*

Schreibkraft ⟨v.⟩ **0.1** ***(steno)typist(e)*** ⇒*administratieve kracht.*

Schreibmarke ⟨v.⟩⟨comp.⟩ **0.1** ***cursor.***

Schreibmaschine ⟨v.⟩ **0.1** ***schrijf-, typemachine*** ◆ **3.1** ~ schreiben *tikken, typen.*

Schreibpult ⟨o.⟩ **0.1** ***(schrijf)lessenaar.***

Schreibschrift ⟨v.⟩ **0.1** ***geschreven schrift*** **0.2** ⟨boek.⟩ ***cursief.***

Schreibstift ⟨m.⟩ **0.1** ***potlood, viltstift.***

Schreibstube ⟨v.⟩⟨mil.⟩ **0.1** ***bureau, kantoor.***

Schreibstubenhengst ⟨m.⟩ **0.1** ***bureauhengst, pennenlikker.***

Schreibtafel ⟨v.⟩ **0.1** ***lei*** **0.2** ***schrijfplankje.***

Schreibtisch ⟨m.⟩ **0.1** ***(schrijf)bureau, schrijftafel.***

Schreibtischtäter ⟨m.⟩ **0.1** ***misdadiger van achter zijn bureau.***

Schreibübung ⟨v.⟩ **0.1** ***schrijfoefening.***

Schreibung ⟨v.; ~, ~en⟩ **0.1** ***schrijfwijze, spelling.***

Schreibunterlage ⟨v.⟩ **0.1** ***onderlegger.***

Schreibwaren ⟨alleen mv.⟩ **0.1** ***papierwaren*** ⇒*schrijfbehoeften.*

Schreibweise ⟨v.⟩ **0.1** ***schrijfwijze, spelling*** **0.2** ***schrijfwijze, -trant, stijl.***

Schreibzeug ⟨o.⟩ **0.1** ***schrijfgerei.***

schreien ⟨→t128⟩ **0.1** ***schreeuwen, brullen, roepen*** ⇒*krijsen, gillen, blèren, krassen* ◆ **5.1** gellend ~ *gillen* **6.1 mit** jmdm. ~ *iem. aanbrullen;* **nach** Rache ~ *om wraak roepen;* ⟨inf.⟩ ~ **vor** Lachen *brullen, gieren van het lachen;* ⟨inf.⟩ etwas ist **zum** Schreien *iets is om te gillen.*

schreiend ⟨fig.⟩ **0.1** ***schreeuwend*** ⇒*opvallend, kras* ◆ **2.1** ~ bunt *fel bont.*

Schreier ⟨m.; ~s, ~⟩ **0.1** ***schreeuwer, schreeuwlelijk.***

Schreierei ⟨v.; ~⟩ **0.1** ***geschreeuw, gebrul*** ⇒*gegil, gekrijs, geblèr, gekras.*

Schreihals ⟨m.⟩⟨inf.⟩ **0.1** ***schreeuwlelijk*** ⇒*schreeuwer.*

Schreikrampf ⟨m.⟩ ◆ **6.¶ in** Schreikrämpfe ausbrechen, fallen, einen ~ bekommen *hysterisch beginnen te gillen.*

Schrein ⟨m.; ~(e)s, ~e⟩ **0.1** ***schrijn*** ⇒*kistje, relikwiehouder.*

Schreiner ⟨m.⟩ **0.1** ***schrijnwerker, meubelmaker.***

Schreinerei ⟨v.; ~, ~en⟩ **0.1** ***meubelmakerij.***

schreinern ⟨h.⟩ **0.1** ***meubels maken, schrijnwerker zijn.***

schreiten ⟨s.→t129⟩⟨schr.⟩ **0.1** ***schrijden*** ⇒*stappen, (waardig) lopen,* ⟨fig. vooral⟩ *overgaan* ◆ **6.1** ⟨fig.⟩ **zur** Wahl ~ *tot de verkiezing overgaan.*

Schreitvogel ⟨m.⟩ **0.1** ***steltloper.***

Schrieb ⟨m.; ~s, ~e⟩⟨inf.; vaak pej.⟩ **0.1** ***brief, schrijven*** ⇒ *stuk.*

Schrift ⟨v.; ~, ~en⟩ **0.1** ***schrift*** ⇒*lettertekens* **0.2** ***het geschrevene*** ⇒*tekst* **0.3** ***(hand)schrift*** **0.4** ***schriftuur, werk*** ⇒*geschrift, publicatie, verzoek-, bezwaarschrift* **0.5** ⟨boek.⟩ ***letter(type)*** **0.6** ⟨munten⟩ ***legende, muntzijde*** **0.7** ⟨steeds mv.; Zwi.⟩ ***(legitimatie)papieren*** ◆ **2.3** eine krakelige ~ *hanenpoten.*

Schriftart ⟨v.⟩⟨boek.⟩ **0.1** ***lettertype.***

Schriftauslegung ⟨v.⟩ **0.1** ***bijbelverklaring.***

Schriftbild ⟨o.⟩ **0.1** ***schriftbeeld.***

Schriftdeutsch ⟨o.⟩ **0.1** ***geschreven Duits, Duitse schrijftaal.***

Schriftenreihe ⟨v.⟩ **0.1** ***reeks (werken, boeken).***

Schriftfälscher ⟨m.⟩ **0.1** ***schriftvervalser.***

Schriftform ⟨v.⟩ **0.1** ***schriftelijke vorm.***

Schriftführer ⟨m.⟩ **0.1** ***secretaris.***

Schriftgelehrte(r) ⟨bn. als zn.; m.⟩⟨rel.⟩ **0.1** ***schriftgeleerde.***

Schriftgrad ⟨m.⟩⟨boek.⟩ **0.1** ***corpus, letterkorps.***

Schriftleiter ⟨m.⟩ **0.1** ***redacteur.***

Schriftleitung ⟨v.⟩ **0.1** ***redactie.***

schriftlich **0.1** ***schriftelijk*** ◆ **3.1** ⟨fig.⟩ jmdm. etwas ~ geben *iem. iets op een briefje geven;* ⟨inf.⟩ etwas ~ haben *iets zwart op wit hebben.*

Schriftsachverständige(r) ⟨bn. als zn.⟩ **0.1** ***schriftdeskundige, grafoloog.***

Schriftsatz ⟨m.⟩ **0.1** ***zetsel, zetwerk*** **0.2** ⟨jur.⟩ ***conclusie.***

Schriftsetzer ⟨m.⟩ **0.1** ***(letter)zetter.***

Schriftsprache ⟨v.⟩ **0.1** ***schrijftaal, geschreven taal.***

schriftsprachlich **0.1** ***schrijftalig.***

Schriftsteller ⟨m.; ~s, ~⟩ **0.1** ***schrijver, auteur.***

Schriftstellerei ⟨v.; ~⟩ **0.1** ***het schrijven*** ⇒*beroep van schrijver.*

schriftstellerisch **0.1** ***schrijvers-, als schrijver*** ⇒*literair, letterkundig.*

schriftstellern ⟨h.⟩ **0.1** ***als schrijver, auteur werkzaam zijn, (boeken) schrijven.***

Schriftstück ⟨o.⟩ **0.1** ***geschrift, stuk*** ⇒*akte, papier.*

Schrifttum ⟨o.; ~s⟩ **0.1** ***literatuur*** ⇒*geschriften.*

Schrift|verkehr, -wechsel ⟨m.⟩ **0.1** ***correspondentie*** ⇒ *briefwisseling.*

Schriftzeichen ⟨o.⟩⟨boek.⟩ **0.1** ***(letter)teken.***

Schriftzug ⟨m.⟩ **0.1** ***(karakteristieke) trek, haal*** ⇒⟨mv.⟩ *(hand)schrift.*

schrill **0.1** ***schril, schel*** ⇒*scherp.*

schrillen **0.1** ***schril, schel klinken*** ⇒*rinkelen* ⟨telefoon⟩.

Schritt ⟨m.; ~es, ~e⟩ **0.1** ***pas, stap*** ⇒*tred, schrede,* ⟨fig.⟩ *maatregel* **0.2** ***kruis*** ⟨v.e. broek⟩ ◆ **2.1** diplomatische ~e einleiten *diplomatieke stappen ondernemen;* ⟨fig.⟩ den zweiten ~ vor dem ersten tun *te haastig zijn* **3.1** ⟨inf.⟩ einen guten ~ am Leibe haben *grote passen nemen, flink stappen;* mit jmdm. ~ halten ⟨ook fig.⟩ *gelijke tred houden met iem.* **4.1** keinen ~ machen *geen voet verzetten* **5.1** ⟨fig.⟩ einen ~ zu weit gehen *iets te ver gaan* **6.1 aus** dem ~ geraten, kommen *uit de pas raken;* ~ **für**, **um** ~ *stap(je) voor stap(je);* **im** ~ gehen *in de pas lopen;* **(im)** ~ fahren *stapvoets rijden* **8.1** auf ~ und Tritt *overal, waar men gaat (en staat).*

Schrittmacher ⟨m.⟩ **0.1** ***gangmaker*** ⟨ook fig.⟩ **0.2** ⟨med.⟩ ***pacemaker.***

schrittweise **0.1** ***stap voor stap*** ⟨ook fig.⟩ ⇒*stapsgewijs, geleidelijk.*

schroff **0.1** ***steil*** ⇒*ontoegankelijk* **0.2** ***bot, bruusk*** ⇒*kortaf, ruw* **0.3** ***plotseling, bruusk*** ⇒*abrupt* ◆ **1.2** ein ~es Wesen *een terugstotende, afwijzende aard* **1.3** ein ~er Gegensatz *een schrille, scherpe tegenstelling.*

schröpfen **0.1** ⟨inf.⟩ ***afzetten, laten bloeden*** **0.2** ⟨med.⟩ ***koppen zetten, (ader)laten*** **0.3** ⟨landb.⟩ ***inkepingen maken.***

Schröpfkopf ⟨m.⟩⟨med.⟩ **0.1** ***laatkop.***

Schrot ⟨m.; ~(e)s, ~e⟩ **0.1** ***schroot, hagel*** **0.2** ***grof gemalen graan*** **0.3** ⟨vero.⟩ ***ruw gewicht*** ⟨van munten⟩ ◆ **8.3** ⟨fig.⟩ von echtem ~ und Korn *van het zuiverste allooi;* ⟨fig.⟩ von altem ~ und Korn *van de oude stempel.*

Schrotbrot ⟨o.⟩ **0.1** ***brood van grof gemalen graan.***

Schrotbüchse ⟨v.⟩ **0.1** ***jachtgeweer*** ⇒*vogelbuks.*

schroten **0.1** ***grof malen, breken*** ⇒*kleinmaken.*

Schrotflinte ⟨v.⟩ →**Schrotbüchse.**

Schrotkugel ⟨v.⟩ **0.1** ***hagelkorrel.***

Schrotmehl ⟨o.⟩ **0.1** ***grof meel.***

Schrotsäge ⟨v.⟩ **0.1** ***trek-, boomzaag.***

Schrott ⟨m.; ~(e)s, ~e⟩ **0.1** ***schroot*** ⇒*oud ijzer* **0.2** ⟨inf.⟩ ***troep, (oude) rommel*** **0.3** ⟨inf.⟩ ***onzin*** ◆ **6.1** ein Auto **zu** ~ fahren *een auto in de prak rijden.*

Schrotthaufen ⟨m.⟩ **0.1** ***schroothoop*** ⟨ook fig.⟩ **0.2** ⟨inf.; scherts.⟩ ***bonk roest*** ⇒*oude gammele auto.*

Schrottplatz ⟨m.⟩ **0.1** ***sloperij.***

schrottreif **0.1** ***rijp voor de sloop, schroothoop*** ◆ **3.1** ein Auto ~ fahren *een auto in de prak, total loss rijden.*

schrubben **0.1** ***schrobben*** ⇒*(schoon)borstelen, boenen* **0.2** ***schuren*** **0.3** ***voorbewerken*** ⇒*ruw schaven.*

Schrubber ⟨m.; ~s, ~⟩ **0.1** ***schrobber.***

Schrulle ⟨v.; ~, ~n⟩ **0.1** ***kuur, gril*** ⇒*raar, vreemd idee* **0.2** ⟨inf.; pej.⟩ ***oude taart, rare tante.***

schrul|lenhaft, -lig ⟨inf.⟩ **0.1** ***zonderling*** ⇒*grillig, buitenissig.*

schrumpelig ⟨inf.⟩ **0.1** ***rimpelig*** **0.2** ***schrompelig, verschrompeld*** **0.3** ***verfrommeld, gekreukt.***

schrumpeln ⟨reg.⟩ →**schrumpfen.**

schrumpfen **0.1** ***(in)krimpen*** ⇒*slinken, dalen* **0.2** ***(ver)-schrompelen.***

schrumpfig →**schrumpelig.**

Schrumpfniere ⟨v.⟩⟨med.⟩ **0.1** ***schrompelnier.***

Schrund ⟨m.; ~(e)s, ⸚e⟩⟨Oostr., Zwi.⟩ →**Schrunde.**

Schrunde ⟨v.; ~, ~n⟩ **0.1** ***spleet, kloof*** ⇒*scheur, barst.*

schrundig ⟨reg.⟩ **0.1** ***vol spleten, kloven.***

Schub ⟨m.; ~(e)s, ⸚e⟩ **0.1** ***partij, portie, groep*** ⇒*drom, lading, vracht* **0.2** ⟨nat., tech.⟩ ***stuwkracht, aandrijving, voortstuwing(skracht)*** ⇒*druk, stuwing* **0.3** ⟨nat.⟩ ***afschuiving*** **0.4** ***stoot, duw*** ⇒*worp* **0.5** ⟨med.⟩ ***aanval*** **0.6**

⟨reg.⟩ ***(schuif)la(de)*** ◆ **1.1** ein ~ Brötchen *een partij, bakplaat vol broodjes* **2.5** depressive Schübe *depressies* **6.1** ~ **auf** ~, **in** Schüben, ~ **um** ~ (a) *groepsgewijs, in groepen* (b) *in partijen, porties;* ein großer ~ **von** Arbeitskräften *een grote aandrang, toeloop van arbeidskrachten.*

Schubboot ⟨o.⟩ **0.1** ***duwboot.***

Schuber ⟨m.; ~s, ~⟩ **0.1** ⟨voor boeken⟩ ***verpakkingskarton, kartonnen huls*** **0.2** ⟨Oostr.⟩ ***schuif, grendel*** ⇒*knip.*

Schubfach ⟨o.⟩ **0.1** ***(schuif)la(de).***

Schubiack ⟨m.; ~s, ~e of ~s⟩ **0.1** ***schobbejak, schoft.***

Schubkarre ⟨v.⟩ **0.1** ***kruiwagen*** ⟨ook sp.⟩.

Schubkarren ⟨m.⟩ →**Schubkarre.**

Schubkasten ⟨m.⟩ →**Schubfach.**

Schubkraft ⟨v.⟩ **0.1** ***voortstuwing*** ⇒*aandrijving(skracht)* **0.2** ***schuifkracht, afschuivende kracht.***

Schublade ⟨v.⟩ **0.1** ***(schuif)la(de).***

Schublehre ⟨v.⟩ **0.1** ***schuifmaat.***

Schubs ⟨m.; ~es, ~e⟩⟨inf.⟩ **0.1** ***duw(tje), stoot*** ⇒*zet(je), por.*

Schubschiff ⟨o.⟩ **0.1** ***duwboot.***

schubsen ⟨inf.⟩ **0.1** ***(aan)stoten, duwen*** ⇒*stompen.*

Schubstange ⟨v.⟩⟨tech.⟩ **0.1** ***drijf-, zuiger-, krukstang.***

schubweise **0.1** ***in groepen, groepsgewijs*** **0.2** ***in partijen, porties*** **0.3** ⟨med.⟩ ***met aanvallen gepaard gaand.***

schüchtern **0.1** ***schuchter, bedeesd.***

Schuft ⟨m.; ~(e)s, ~e⟩ **0.1** ***schoft, schurk, schoelje.***

schuften ⟨inf.⟩ **0.1** ***hard werken, zwoegen, ploeteren*** ⇒*zich afsloven.*

Schufterei ⟨v.; ~, ~en⟩⟨inf.⟩ **0.1** ***gezwoeg, geploeter*** ⇒*karwei.*

schuftig **0.1** ***schoft(er)ig.***

Schuh ⟨m.; ~(e)s, ~e⟩ **0.1** ***schoen*** ⇒⟨tech.⟩ *hiel, huis* ◆ **3.1** ⟨inf.; fig.⟩ danach habe ich mir die ~e abgelaufen *daarvoor heb ik de zolen van mijn schoenen gelopen;* ⟨fig.⟩ wo drückt der ~? *waar wringt de schoen?* **3.¶** ⟨inf.; fig.⟩ umgekehrt wird ein ~ daraus (a) *het moet juist andersom gebeuren* (b) *het zit net andersom (in elkaar)* **6.1** ⟨inf.⟩ das habe ich mir **an** den ~en abgelaufen *dat weet ik allang, dat is oude koek;* jmdm. etwas **in** die ~e schieben *iem. iets in de schoenen schuiven;* nicht **in** jmds. ~en stecken mögen *niet graag in iemands schoenen willen staan.*

Schuhanzieher ⟨m.; ~s, ~⟩ **0.1** ***schoenlepel.***

Schuhband ⟨o.; mv. ~̈er⟩ **0.1** ***(schoen)veter.***

Schuhbürste ⟨v.⟩ **0.1** ***schoen(poets)borstel.***

Schuhcreme ⟨v.⟩ **0.1** ***schoencrème*** ⇒*schoenpoets.*

Schuhgeschäft ⟨o.⟩ **0.1** ***schoenenzaak, -winkel.***

Schuhgröße ⟨v.⟩ **0.1** ***(schoen)maat*** ◆ **4.¶** ⟨inf.; scherts.⟩ das ist nicht meine ~ *dat is niets voor mij.*

Schuhkarton ⟨m.⟩ **0.1** ***schoenendoos.***

Schuhlappen ⟨m.⟩ **0.1** ***(schoen)poetsdoek.***

Schuhlöffel ⟨m.⟩ **0.1** ***schoenlepel.***

Schuhmacher ⟨m.⟩ **0.1** ***schoenmaker.***

Schuhmacherei ⟨v.; ~, ~en⟩ **0.1** ***schoenmakerij*** **0.2** ***schoenmakersvak.***

Schuhnummer ⟨v.⟩ **0.1** ***schoenmaat.***

Schuhputzer ⟨m.⟩ **0.1** ***schoenpoetser*** **0.2** ***schoenpoetsautomaat.***

Schuhriemen ⟨m.⟩ **0.1** ***schoenriem*** **0.2** ⟨reg.⟩ ***(schoen)veter.***

Schuhsohle ⟨v.⟩ **0.1** ***schoenzool*** ◆ **3.1** ⟨inf.; fig.⟩ danach habe ich mir die ~n abgelaufen *daarvoor heb ik de zolen van mijn schoenen gelopen.*

Schuhspitze ⟨v.⟩ **0.1** ***punt v.d. schoen.***

Schuhwerk ⟨o.⟩ **0.1** ***schoeisel, schoenen.***

Schuhwichse ⟨v.⟩⟨inf.⟩ **0.1** ***schoensmeer, -poets.***

Schukosteckdose ⟨v.⟩ **0.1** ***veiligheidsstopcontact.***

Schukostecker ⟨m.⟩ **0.1** ***veiligheidsstekker.***

Schulabgänger ⟨m.⟩ **0.1** ***schoolverlater.***

Schulabschluß ⟨m.⟩ **0.1** ***school-, einddiploma.***

Schulamt ⟨o.⟩ **0.1** ***onderwijsinspectie*** **0.2** ***afdeling onderwijs.***

Schulanfänger ⟨m.⟩ **0.1** ⟨kind dat voor het eerst naar de basisschool gaat⟩ ***eersteklassertje.***

Schularbeit ⟨v.⟩ **0.1** ***huiswerk*** **0.2** ***werk op school*** ⇒*taak v.d. school* **0.3** ⟨Oostr.⟩ ***proefwerk*** ◆ **3.1** ~en machen *huiswerk maken.*

Schulaufgabe ⟨v.⟩ **0.1** ***huiswerk*** ⇒*schoolwerk, taak* **0.2** ⟨reg.⟩ ***proefwerk.***

Schulaufsicht(sbehörde) ⟨v.⟩ **0.1** ***onderwijsinspectie.***

Schulbank ⟨v.; mv. ~̈e⟩ **0.1** ***schoolbank*** ⇒*lessenaar* ◆ **3.1** ⟨inf.⟩ die ~ drücken *op school zitten.*

Schulbeginn ⟨m.⟩ **0.1** ***begin v.d. school, eerste schooldag*** ⟨na de vakantie⟩.

Schulbehörde ⟨v.⟩ **0.1** ***onderwijsinspectie*** **0.2** ***afdeling onderwijs*** **0.3** ***schoolbestuur.***

Schulbeispiel ⟨o.⟩ **0.1** ***schoolvoorbeeld, klassiek voorbeeld.***

Schulberatung ⟨v.⟩ **0.1** ***schoolbegeleiding(sdienst).***

Schulbildung ⟨v.⟩ **0.1** ***onderwijs, schoolopleiding.***

Schulbub ⟨m.⟩⟨Zdd., Oostr., Zwi.⟩ **0.1** ***schooljongen.***

schuld **0.1** ***schuldig*** ◆ **6.1** ~ **an** allem haben, sein *overal de schuld van zijn;* ich habe, bin ~ **daran** *het is mijn schuld, ik ben er debet aan.*

Schuld ⟨v.; ~, ~en⟩ **0.1** ***schuld*** ◆ **3.1** alle ~ auf sich ⟨4e nv.⟩ laden *alle schuld op zich nemen* **5.1** ⟨inf.⟩ mehr ~en als Haare auf dem Kopf haben *tot aan zijn nek in de schuld(en) steken* **6.1** die ~ **auf** jmdn. abwälzen, schieben *iem. de schuld geven, de schuld op iem. gooien;* sich **in** ~en stürzen *zich in (de) schulden steken;* tief **in** jmds. ~ ⟨2e nv.⟩ sein, stehen *iem. zeer verplicht zijn;* **ohne** meine ~ *buiten mijn schuld* **8.1** ~ und Buße, Sühne *schuld en boete.*

Schuldanerkenntnis ⟨v.⟩⟨ec., jur.⟩ **0.1** ***schuldbekentenis.***

Schuldbekenntnis ⟨o.⟩ **0.1** ***schuldbekentenis*** ⇒*schuldbelijdenis.*

schuldbeladen ⟨schr.⟩ **0.1** ***met schuld beladen, bedekt.***

Schuldbeweis ⟨m.⟩ **0.1** ***schuldbewijs, bewijs van schuld.***

Schuldbewußtsein ⟨o.⟩ **0.1** ***schuldbesef, -bewustzijn.***

schulden **0.1** ***schuldig, verschuldigd zijn*** **0.2** ***te danken hebben aan.***

Schuldendienst ⟨m.⟩ **0.1** ***kapitaaldienst.***

schuldenfrei **0.1** ***vrij van schuld(en), lasten*** ⇒*onbezwaard.*

Schuldenlast ⟨v.⟩ **0.1** ***schuldenlast.***

Schuldenmasse ⟨v.⟩ **0.1** ***gezamenlijke schuld(en), passief*** ⟨bij faillissement⟩.

Schuldentilgung ⟨v.⟩ **0.1** ***schulddelging.***

schuldfähig ⟨jur.⟩ **0.1** ***toerekeningsvatbaar.***

Schuldforderung ⟨v.⟩ **0.1** ***schuldvordering*** ⇒*te vorderen schuld(en).*

Schuldfrage ⟨v.⟩ **0.1** ***schuldvraag.***

schuldfrei **0.1** ***vrij van schuld, onschuldig.***

schuldhaft **0.1** ***door (eigen) schuld*** ⇒*schuldig, opzettelijk, nalatig* ◆ **1.1** ein ~er Fehler *een fout door nalatigheid.*

Schuldienst ⟨m.⟩ **0.1** ***onderwijs*** ◆ **6.1** **in** den ~ treten *bij het onderwijs gaan.*

schuldig ⟨schr. met 2e nv.⟩ **0.1** ***schuldig*** ⇒*verschuldigd* ◆ **1.1** des Mordes ~ *schuldig aan moord* **3.1** sich ~ bekennen *(zijn) schuld bekennen;* jmdm. etwas ~ sein *iem. iets verschuldigd zijn;* jmdn. ~ sprechen *iem. schuldig verklaren* **5.1** ⟨fig.⟩ jmdm. nichts ~ bleiben *iem. met gelijke munt betalen;* sich einer Sache ~ machen *zich aan iets schuldig maken.*

Schuldiger ⟨m.; ~s, ~⟩⟨rel.⟩ **0.1** ***schuldenaar.***

Schuldige(r) ⟨bn. als zn.⟩ **0.1** ***schuldige.***

Schuldigkeit ⟨v.; ~, ~en⟩ **0.1** ***plicht, verplichting*** **0.2** ⟨vero.⟩ ***verschuldigd bedrag.***

schuldlos **0.1** ***schuld(e)loos, onschuldig.***

Schuldner ⟨m.; ~s, ~⟩ **0.1** ***schuldenaar*** ⇒*debiteur.*

Schuldnerverzeichnis ⟨o.⟩⟨jur.⟩ **0.1** ***debiteurenregister.***

Schuldnerverzug ⟨m.⟩⟨jur.⟩ **0.1** ***verzuim v.d. debiteur.***

Schuldrecht ⟨o.⟩ **0.1** ***verbintenissenrecht.***

Schuldschein ⟨m.⟩ **0.1** ***schuldbekentenis.***

Schuldspruch ⟨m.⟩⟨jur.⟩ **0.1** ***schuldigverklaring.***

Schuldtitel ⟨m.⟩⟨ec., jur.⟩ **0.1** ***executoriale titel.***

Schuldübernahme ⟨v.⟩⟨ec., jur.⟩ **0.1** ***schuldoverneming*** ⇒ *(debiteurs)novatie.*

schuldunfähig ⟨jur.⟩ **0.1** ***ontoerekeningsvatbaar.***

Schuldverhältnis ⟨o.⟩⟨ec., jur.⟩ **0.1** ***schuldovereenkomst.***

Schuldverschreibung ⟨v.⟩⟨ec., jur.⟩ **0.1** ***obligatie*** ⇒*schuldbrief, promesse.*

Schuldversprechen ⟨o.⟩⟨ec., jur.⟩ **0.1** ***schuldbekentenis.***

schuldvoll ⟨schr.⟩ **0.1** ***met schuld beladen, bedekt*** ⇒*schuldig* **0.2** ***schuldbewust.***

Schule ⟨v.; ~, ~n⟩ **0.1** ***school*** ⇒*schoolgebouw, onderwijs* **0.2** ⟨fig.⟩ ***school*** ⇒*richting, stijl, leerschool* **0.3** ***leer-, studieboek*** ◆ **2.1** die berufsbildenden ~n *het beroepsonderwijs;* eine höhere ~ *een school voor vwo;* eine private ~ *een particuliere school* **2.2** ein Kavalier der alten ~, alter ~ *een cavalier van de oude stempel;* durch, in eine harte ~ gehen *een harde leerschool doormaken* **3.1** keine ~ haben *geen opleiding (gevolgd) hebben* **3.2** ~ machen *school, opgang maken* **6.1** **auf** die, **in** die, **zur** ~ gehen (a) *naar school gaan* (b) *op school zitten;* ⟨inf.; fig.⟩ **aus** der ~ plaudern, schwatzen *uit de school klappen.*

schulen **0.1** ***scholen*** ⇒*opleiden, trainen, oefenen* **0.2** ***dresseren, africhten.***

Schulentlassene(r) ⟨bn. als zn.⟩ **0.1** ***schoolverlater.***

Schüler ⟨m.; ~s, ~⟩ **0.1** ***leerling, scholier*** ⇒⟨fig. ook⟩ *discipel.*

Schüleraustausch ⟨m.⟩ **0.1** ***uitwisseling van scholieren.***

Schülerausweis ⟨m.⟩ **0.1** ***scholierenkaart.***

schülerhaft **0.1** ***schooljongens-, schoolmeisjesachtig*** ⇒ *onvolwassen, onrijp* **0.2** ⟨pej.⟩ ***onvolwaardig, gebrekkig.***

Schülerkarte ⟨v.⟩ **0.1** ***scholierenkaart, -abonnement.***

Schülerlotse ⟨m.⟩ **0.1** ***(verkeers)brigadier(tje), klaar-over.***

Schüler|mitbestimmung, -mitverantwortung ⟨v.⟩ **0.1** ***inspraak, medezeggenschap v.d. leerlingen.***

Schülermitverwaltung ⟨v.⟩ **0.1** ***schoolparlement, leerlingenraad*** **0.2** ***inspraak, medezeggenschap v.d. leerlingen.***

Schülerschaft ⟨v.; ~, ~en⟩ **0.1** ***de scholieren, leerlingen*** ⇒ *leerlingenpopulatie.*

Schülerzeitung ⟨v.⟩ **0.1** ***schoolblad, -krant.***

Schulfeier ⟨v.⟩ **0.1** ***schoolfeest*** ⇒*viering op school, schoolfuif.*

Schulferien ⟨alleen mv.⟩ **0.1** ***schoolvakantie.***

schulfrei **0.1** ***vrijaf, vrij (van school).***

Schulfreund ⟨m.⟩ **0.1** ***schoolkameraad, -vriend(je).***

Schulfunk ⟨m.⟩ **0.1** ***schoolradio*** ⇒*schooluitzending(en).*

Schulgeld ⟨o.⟩ **0.1** ***schoolgeld*** ⇒*lesgeld* ◆ **3.1** ⟨inf.; scherts.⟩ du hast dein ~ umsonst ausgegeben *je moet je schoolgeld terug gaan halen!*

Schulgeldfreiheit ⟨v.⟩ **0.1** ***vrijstelling van (betaling van) schoolgeld.***

Schulgelehrsamkeit ⟨v.⟩⟨pej.⟩ **0.1** ***schoolgeleerdheid.***

schulgerecht **0.1** ***volgens de regels v.d. school*** **0.2** ⟨fig.⟩ ***volgens de regels (v.d. kunst).***

Schulgesetz ⟨o.⟩ **0.1** ***school-, onderwijswet.***

Schulhaus ⟨o.⟩ **0.1** ***schoolgebouw.***

Schulheft ⟨o.⟩ **0.1** ***(school)schrift*** ⇒*cahier.*

Schulhof ⟨m.⟩ **0.1** ***schoolplein.***

schulisch **0.1** ***mbt. school, school-*** ⇒*schools* ◆ **1.1** ~e Bildung *schoolopleiding.*

Schuljahr ⟨o.⟩ **0.1** ***schooljaar*** **0.2** ***klas.***

Schulkenntnisse ⟨alleen mv.⟩ **0.1** ***schoolkennis.***

Schulklasse ⟨v.⟩ **0.1** ***(school)klas*** **0.2** ***klas(lokaal), leslokaal.***

schulkrank **0.1** ***schoolziek.***

Schullehrer ⟨m.⟩⟨inf.⟩ **0.1** ***(school)meester*** ⇒*onderwijzer, leraar.*

Schulleiter ⟨m.⟩ **0.1** ***schoolhoofd*** ⇒*directeur, rector.*

Schulleitung ⟨v.⟩ **0.1** ***directie (v.e. school).***

Schulmann ⟨m.; mv. ¨er, zelden mv. Schulleute⟩ **0.1** ***iem. uit het onderwijsveld.***

Schulmappe ⟨v.⟩ **0.1** ***boeken-, schooltas.***

schulmäßig **0.1** ***mbt. (de) school, school-*** ⇒*schools.*

Schulmediziner ⟨m.⟩ **0.1** ***reguliere arts.***

Schulmeister ⟨m.⟩⟨vero.⟩ **0.1** ***schoolmeester, -frik.***

schul|meisterhaft, -meisterlich **0.1** ***schoolmeesterachtig*** ⇒*pedant.*

schulmeistern **0.1** ***schoolmeesteren (over).***

Schulordnung ⟨v.⟩ **0.1** ***schoolreglement.***

Schulpflicht ⟨v.⟩ **0.1** ***leer-, schoolplicht.***

schulpflichtig **0.1** ***leer-, schoolplichtig.***

Schulranzen ⟨m.⟩ **0.1** ***boeken-, schooltas*** ⟨op de rug⟩.

Schulrat ⟨m.⟩ **0.1** ***inspecteur (v.h. onderwijs).***

Schulreform ⟨v.⟩ **0.1** ***onderwijshervorming.***

Schulschiff ⟨o.⟩ **0.1** ***schoolschip, (marine)opleidingsschip.***

Schulschwänzer ⟨m.⟩ **0.1** ***spijbelaar.***

Schulspeisung ⟨v.⟩ **0.1** ***het verstrekken van maaltijden op school.***

Schulstunde ⟨v.⟩ **0.1** ***les(uur).***

Schulter ⟨v.; ~, ~n⟩ **0.1** ***schouder*** **0.2** ***schouderbeen, -stuk*** ◆ **2.1** ⟨inf.; fig.⟩ jmdm. die kalte ~ zeigen *iem. de rug toekeren* **6.1** ⟨fig.⟩ etwas **auf** die leichte ~ nehmen *iets (te) licht, gemakkelijk opnemen;* **auf** beiden ~n (Wasser) tragen *van twee walletjes eten;* breit **in** den ~n sein *breedgeschouderd zijn;* **mit** den ~n zucken *de schouders ophalen, schokschouderen;* jmdm. **über** die ~n gucken *bij iem. over de schouder kijken.*

Schulterblatt ⟨o.⟩ **0.1** ***schouderblad.***

schulterfrei **0.1** ***schouderloos, met blote schouders*** ⇒ *strapless.*

Schultergelenk ⟨o.⟩ **0.1** ***schoudergewricht.***

Schulterklappe ⟨v.⟩ **0.1** ***epaulet, schouderklep.***

schultern **0.1** ***schouderen*** ⇒*op de schouder(s) nemen, dragen* **0.2** ⟨worstelen⟩ ***met de schouders op de mat drukken.***

Schulterpolster ⟨o.⟩ **0.1** ***schoudervulling.***

Schulterschwung ⟨m.⟩⟨sp.⟩ **0.1** ***bovenarmzwaai.***

Schulterstück ⟨o.⟩ **0.1** ***epaulet, schouderklep*** **0.2** ⟨cul.⟩ ***schouderstuk.***

Schulterwurf ⟨m.⟩⟨sp.⟩ **0.1** ***schouderworp.***

Schultheiß ⟨m.; ~en, ~en⟩⟨gesch.⟩ **0.1** ***schout.***

Schulträger ⟨m.⟩⟨adm.⟩ **0.1** ***bevoegd gezag*** ⇒⟨Belg.⟩ *inrichtende macht.*

Schultüte ⟨v.⟩ **0.1** ⟨grote (punt)zak met snoep en kleine cadeautjes, als geschenk op de eerste schooldag⟩.

Schulung ⟨v.; ~, ~en⟩ **0.1** ***scholing, training, opleiding*** **0.2** ***geoefendheid, geschooldheid*** ⇒*vaardigheid* **0.3** ***cursus.***

Schulverwaltung ⟨v.⟩ **0.1** ***onderwijsinspectie*** **0.2** ***afdeling onderwijs.***

Schulvorstand ⟨m.⟩ **0.1** *schoolbestuur.*
Schulweg ⟨m.⟩ **0.1** *weg van en naar school.*
Schulweisheit ⟨v.⟩ **0.1** ***schoolwijsheid*** *⇒boekenwijsheid.*
Schulwesen ⟨o.⟩ **0.1** ***schoolwezen, onderwijs(systeem).***
Schulwettbewerb ⟨m.⟩ **0.1** ***scholieren-, leerlingenwedstrijd*** **0.2** ***schooltoernooi.***
Schulze ⟨m.; ~n, ~n⟩⟨gesch.⟩ **0.1** ***schout.***
Schulzeit ⟨v.⟩ **0.1** ***schooltijd*** *⇒schooljaren.*
Schulzentrum ⟨o.⟩ **0.1** ***scholencomplex*** **0.2** ***scholengemeenschap*** **0.3** ***schoolcentrum.***
Schulzeugnis ⟨o.⟩ **0.1** ***(school)rapport.***
Schulzimmer ⟨o.⟩ **0.1** ***klas(lokaal).***
Schummel ⟨m.; ~s⟩⟨inf.⟩ **0.1** ***bedrog*** *⇒oneerlijk spel.*
schummeln ⟨inf.⟩ **0.1** ***bedriegen, sjoemelen*** *⇒knoeien, spieken, vals spelen.*
schummerig **0.1** ***schemer(acht)ig.***
Schummler ⟨m.; ~s, ~⟩⟨inf.⟩ **0.1** ***bedrieger, sjoemelaar.***
Schund ⟨m.; ~(e)s⟩ **0.1** ***rommel, troep, uitschot*** *⇒kitsch, rotzooi* **0.2** ***minderwaardige lectuur, snert-, prulboeken*** **0.3** ***pornografische lectuur*** *⇒porno(grafie).*
Schundliteratur ⟨v.⟩ **0.1** ***minderwaardige lectuur*** *⇒prul-, snertboeken* **0.2** ***pornografische, obscene lectuur, porno(grafie).***
schunkeln **0.1** ***(met in elkaar gehaakte armen) meedeinen*** *⇒heen en weer deinen* **0.2** ⟨reg.⟩ ***hotsen*** *⇒hobbelen* **0.3** ⟨reg.⟩ ***schommelen.***
Schupo ⟨v.; ~⟩⟨inf.⟩ **0.1** ***politie.***
Schuppe ⟨v.; ~, ~n⟩ **0.1** ***schub*** (ook biol.), ***schilfer(tje)*** **0.2** ***roos*** **0.3** ⟨gesch.⟩ ***schub, plaatje*** *⇒malie* ◆ **8.¶** ⟨inf.; fig.⟩ es fällt mir wie ~n von den Augen *de schellen vallen mij van de ogen.*
schuppen I ⟨onov.ww.; ook sich ~⟩ **0.1** ***vervellen, afvellen, afschilferen;***
II ⟨ov.ww.⟩ **0.1** ***(af)schubben.***
Schuppen ⟨m.; ~s, ~⟩ **0.1** ***schuurtje, berging*** *⇒keet, hok* **0.2** ***garage*** **0.3** ***loods*** *⇒afdak* **0.4** ***hangar*** *⇒loods* **0.5** ***remise*** **0.6** ⟨inf.⟩ ***lelijk gebouw, kast*** **0.7** ⟨inf.⟩ ***(dans)tent.***
Schuppenflechte ⟨v.⟩⟨med.⟩ **0.1** ***psoriasis.***
Schuppenpanzer ⟨m.⟩ **0.1** ⟨biol.⟩ ***geschubd pantser*** **0.2** ⟨gesch.⟩ ***maliënkolder.***
Schuppentier ⟨o.⟩ **0.1** ***schubdier.***
schuppig **0.1** ***geschubd, schubbig*** **0.2** ***schilferachtig*** *⇒schilferig* **0.3** ***rozig*** ⟨van haar⟩, ***met roos.***
Schur ⟨v.; ~, ~en⟩ **0.1** ***het scheren*** ⟨van schapen⟩ **0.2** ***scheerwol*** **0.3** ⟨landb.⟩ ***het knippen*** ⟨v.e. heg⟩ **0.4** ⟨landb.⟩ ***het maaien.***
Schüreisen ⟨o.⟩ **0.1** ***pook, vuurhaak*** *⇒rakelijzer.*
schüren **0.1** ***oppoken*** ⟨v.h. vuur⟩ **0.2** ⟨fig.⟩ ***aanwakkeren*** *⇒opwekken, voeden* ◆ **1.2** Unruhe ~ *onrust stoken;* Zwietracht ~ *tweedracht zaaien.*
schürfen I ⟨onov.ww.⟩ **0.1** ***schrapen*** *⇒knarsen* **0.2** ⟨mijnw.⟩ ***exploratiewerkzaamheden verrichten*** *⇒graven, boren, zoeken (naar delfstoffen)* **0.3** ⟨fig.⟩ ***diepgaand onderzoek doen*** *⇒boren, graven;*
II ⟨ov.ww.⟩ **0.1** ***schrammen, schaven*** **0.2** ⟨mijnw.⟩ ***exploreren, opsporen van delfstoffen*** *⇒delven, winnen.*
Schürfrecht ⟨o.⟩⟨mijnw.⟩ **0.1** ***ontginningsrecht*** **0.2** ***exploratie-, prospectierecht.***
Schürfung ⟨v.; ~, ~en⟩ **0.1** ***schaafwond*** *⇒ontvelling, schram* **0.2** ⟨mijnw.⟩ ***exploratie(werkzaamheden).***
Schürfwunde ⟨v.⟩ **0.1** ***schaafwond*** *⇒ontvelling, schram.*
Schürhaken ⟨m.⟩ **0.1** ***pook, vuurhaak.***
schurigeln **0.1** ***koeioneren, pesten, treiteren.***
Schurke ⟨m.; ~n, ~n⟩ **0.1** ***schurk, schavuit, boef.***
Schurkenstreich ⟨m.⟩ →**Schurkerei.**
Schurkerei ⟨v.; ~, ~en⟩ **0.1** ***schurken-, boevenstreek.***
Schurkin ⟨v.; ~, ~nen⟩ **0.1** ***(gemene) teef*** *⇒misdadigster, gemeen wijf.*
schurkisch **0.1** ***schurkachtig*** *⇒ploertig.*
Schurwolle ⟨v.⟩ **0.1** ***scheerwol.***
Schurz ⟨m.; ~es, ~e⟩ **0.1** ***schort(je), voorschoot*** *⇒schootsvel* **0.2** ***lendedoek, schort.***
Schürze ⟨v.; ~, ~n⟩ **0.1** ***schort, voorschoot*** *⇒boezelaar, schootsvel* **0.2** ⟨tech.⟩ ***spoiler*** ⟨v.e. auto⟩ ◆ **6.1** ⟨inf.⟩ jmdm. noch **an** der ~ hängen *nog aan iemands rokken hangen;* ⟨vero.; inf.⟩ **hinter** jeder ~ herlaufen, hersein *geen vrouw met rust laten.*
schürzen **0.1** ***opnemen*** *⇒opschorten* **0.2** ***optrekken*** ⟨v.d. lippen⟩ **0.3** ⟨schr.⟩ ***knopen*** *⇒strikken, leggen* ◆ **1.3** einen Knoten ~ *een knoop leggen;* ⟨fig.⟩ den Knoten eines Dramas ~ *de intrige van een drama opzetten.*
Schürzenjäger ⟨m.⟩ **0.1** ***rokken-, vrouwenjager.***
Schuß ⟨m.; Schusses, Schüsse⟩ **0.1** ***schot*** *⇒knal* **0.2** ***schot-(wond)*** *⇒kogelwond* **0.3** ***scheut(je)*** *⇒dosis, portie* **0.4** ***vaart, snelheid*** **0.5** ⟨mijnw.⟩ ***explosie*** **0.6** ⟨ind.⟩ ***inslag*** **0.7** ⟨inf.⟩ ***shot, heroïne-injectie*** ◆ **1.1** ⟨inf.; fig.⟩ keinen ~ Pulver wert sein *geen knip voor zijn neus waard zijn* **1.3** ⟨fig.⟩ ein ~ Ironie *een dosis, portie ironie* **3.¶** ⟨inf.⟩ einen kräftigen, tüchtigen ~ machen, tun *een heel, aardig eind groeien;* ⟨inf.⟩ einen ~ haben *van lotje getikt zijn* **6.1** ⟨inf.; fig.⟩ ein ~ **in** den Ofen *een misser, fiasco;* ein ~ **ins** Schwarze *een schot midden in de roos,* ⟨fig. ook⟩ *een rake opmerking;* ⟨inf.; fig.⟩ ein ~ **nach** hinten *een schot in eigen doel;* ⟨inf.; fig.⟩ weit(ab) **vom** ~ sein *buiten schot blijven, zijn;* ⟨fig.⟩ nicht **zum** ~ kommen *niet aan bod komen, geen kans krijgen* **6.3** Cola **mit** ~ *cola-tic* **6.4** ⟨inf.⟩ **in** ~ kommen (a) *vaart krijgen* (b) ⟨fig.⟩ *op gang, op dreef komen* **6.¶** ⟨inf.⟩ etwas gut **im**, in ~ halten *iets piekfijn in orde houden;* ⟨inf.⟩ etwas **in** ~ bringen *iets in orde brengen,* ⟨ook⟩ *opknappen;* ⟨inf.⟩ ein Geschäft wieder **in** ~ bringen *een zaak nieuw leven inblazen;* ⟨inf.⟩ das hält mich **in** ~ *dat houdt me bezig, daardoor blijf ik actief;* ⟨inf.⟩ **in**, ⟨soms⟩ **im** ~ sein (a) *in orde zijn* (b) *gezond, actief zijn;* ⟨inf.⟩ er war wieder **in** ~ *hij was weer op dreef;* ⟨inf.⟩ die Kneipe liegt zu weit **vom** ~ *het café is te verafgelegen.*
Schußbereich ⟨m.⟩ **0.1** ***schootsveld.***
schußbereit **0.1** ***schietklaar*** **0.2** ⟨inf.⟩ ***klaar om een plaatje te schieten.***
Schussel ⟨m.; ~s, ~⟩⟨inf.⟩ **0.1** ***sufferd, hannes.***
Schüssel ⟨v.; ~, ~n⟩ **0.1** ***schaal, schotel*** *⇒bak* **0.2** ⟨vero.⟩ ***schotel, gerecht*** ◆ **6.1** ⟨inf.; fig.⟩ **aus** einer ~ essen *onder één hoedje spelen, één pot nat zijn;* ⟨inf.; fig.⟩ **vor** leeren ~n sitzen *honger moeten lijden.*
schusselig ⟨inf.⟩ **0.1** ***suf(fig), verstrooid*** *⇒slordig* **0.2** ***zenuwachtig, nerveus.***
schusseln ⟨inf.⟩ **0.1** ***ongeconcentreerd, slordig werken*** *⇒knoeien, (zitten) suffen* **0.2** ⟨s.⟩ ***zenuwachtig op en neer lopen, draven.***
Schußfahrt ⟨v.⟩⟨skisport⟩ **0.1** ***snelle, rechte afdaling.***
Schußfeld ⟨o.⟩ **0.1** ***schootsveld*** ⟨ook sp.⟩ **0.2** ⟨fig.⟩ ***doelwit, mikpunt.***
schußfertig **0.1** ***schietvaardig, -klaar.***
schußfest **0.1** ***scho(o)t-, kogelvrij.***
schußgewaltig ⟨sp.⟩ **0.1** ***met een goed schot in de benen.***
schußlig →**schusselig.**
Schußlinie ⟨v.⟩ **0.1** ***schoots-, schietlijn*** *⇒vuurlijn* ⟨ook fig.⟩ ◆ **6.1** ⟨fig.⟩ **in** die ~ geraten *het doelwit, mikpunt van kritiek worden.*
Schußrichtung ⟨v.⟩ **0.1** ***schootsrichting.***
schußsicher **0.1** ***scho(o)t-, kogelvrij.***

schußstark ⟨sp.⟩ **0.1** ***met een goed schot.***
Schußverletzung ⟨v.⟩ **0.1** ***schotwond.***
Schußwaffe ⟨v.⟩ **0.1** ***vuur-, schietwapen.***
Schußwechsel ⟨m.⟩ **0.1** ***wederzijdse beschieting*** ⇒*vuurgevecht.*
Schußweite ⟨v.⟩ **0.1** ***dracht, draagwijdte*** **0.2** ***schootsafstand*** ◆ **6.2** **außer** ~ ⟨ook fig.⟩ *buiten schot.*
Schußwunde ⟨v.⟩ **0.1** ***schotwond*** ⇒*kogelwond.*
Schuster ⟨m.; ~s, ~⟩ **0.1** ***schoenmaker, -lapper*** **0.2** ⟨inf.⟩ ***prutser, klungel, knoeier*** ◆ **¶.1** ⟨sprw.⟩ ~, bleib' bei deinem Leisten! *schoenmaker, blijf bij je leest!* **¶.¶** ⟨scherts.⟩ auf ~s Rappen *met de benenwagen, te voet.*
Schusterahle ⟨v.⟩ **0.1** ***schoenmakersels.***
schustern **0.1** ⟨vero.; nog inf.⟩ ***schoenlappen, schoenen maken*** **0.2** ⟨inf.⟩ ***knoeien, prutsen.***
Schute ⟨v.; ~, ~n⟩ **0.1** ***(bak)schuit*** **0.2** ⟨vero.⟩ ***kaper*** ⟨hoed⟩.
Schutt ⟨m.; ~(e)s⟩ **0.1** ***puin*** ⇒*afval* **0.2** ⟨pej.; fig.⟩ ***overblijfsel, residu*** ◆ **8.1** in ~ und Asche legen, liegen *in de as leggen, liggen.*
Schuttabladeplatz ⟨m.⟩ **0.1** ***stort, (vuil)stortplaats*** **0.2** ⟨fig.⟩ ***vergaarbak*** ⇒*pispaal(tje).*
Schüttbeton ⟨m.⟩ **0.1** ***stortbeton.***
Schütte ⟨v.; ~, ~n⟩ **0.1** ***(voorraad)bak*** **0.2** ***(kolen)kit*** **0.3** ⟨reg.⟩ ***bos, bundel stro*** **0.4** ⟨reg.⟩ ***hoop*** ⇒*bos* **0.5** ⟨meestal scheep.⟩ ***stortgoot.***
Schüttelfrost ⟨m.⟩ **0.1** ***koude rillingen, koortsrillingen.***
Schüttellähmung ⟨v.⟩ **0.1** ***ziekte van Parkinson.***
schütteln I ⟨ov.ww.⟩ **0.1** ***schudden*** ⇒*schokken* ◆ **3.1** der Wagen wurde geschüttelt *de wagen werd heen en weer geschud* **4.1** es schüttelte mich (am ganzen Körper) *ik (t)rilde (over al mijn leden);* die Kälte schüttelte ihn *hij stond te bibberen van de kou* **6.1** ⟨fig.⟩ **von** Angst geschüttelt *rillend van angst;* **von** Heimweh geschüttelt *door heimwee gegrepen;*
II sich ~ ⟨wk.ww.⟩ **0.1** ***rillen*** ⇒*huiveren* **0.2** ***schudden*** ◆ **6.1** sich **im** Fieber, **vor** Ekel ~ *rillen van de koorts, van afschuw.*
Schüttelreim ⟨m.⟩ **0.1** ⟨rijmvorm waarbij de beginmedeklinkers van de rijmende lettergrepen verwisseld worden⟩.
Schüttelrost ⟨m.⟩ **0.1** ***schudrooster.***
Schüttelrutsche ⟨v.⟩ **0.1** ***schudgoot.***
schütten **0.1** ***storten*** ⇒*doen, gooien* **0.2** ***gieten*** ◆ **4.¶** es schüttet *het giet, het stortregent.*
schütter **0.1** ***dun, ijl*** ⇒*spaarzaam, schaars* **0.2** ⟨schr.⟩ ***zwak, mager, schamel.***
schüttern **0.1** ***schudden, schokken*** ⇒*trillen, beven.*
Schüttgut ⟨o.⟩⟨ec.⟩ **0.1** ***stortgoed(eren), bulk.***
Schutthalde ⟨v.⟩ **0.1** ***puinhoop*** **0.2** ⟨geol.⟩ ***puinhelling*** **0.3** ⟨mijnw.⟩ ***steenberg.***
Schutthaufen ⟨m.⟩ **0.1** ***puinhoop.***
Schuttplatz ⟨m.⟩ **0.1** ***stort, (vuil)stortplaats, vuilnisbelt.***
Schutz ⟨m.; ~es, ~e⟩ **0.1** ⟨g.mv.⟩ ***bescherming*** ⇒*beschutting, toevlucht, hoede* **0.2** ***beveiliging(sinrichting)*** ◆ **2.1** unter polizeilichem ~ *onder politiebewaking* **6.1** jmdn. **in** ~ nehmen *iem. in bescherming nemen;* jmdn. **in** seinen ~ nehmen *iem. onder zijn hoede nemen;* **unter** dem ~ des Bürgermeisters *onder de auspiciën, het beschermheerschap van de burgemeester;* ~ gewähren **vor** einer Sache *bescherming, beschutting bieden tegen iets* **8.1** ⟨vero.; schr.⟩ jmds. ~ und Schirm, ~ und Schild sein *iemands voorspraak en bescherming zijn;* zu ~ und Trutz *offensief en defensief.*
Schütz ⟨o.; ~es, ~e⟩⟨tech.⟩ **0.1** ***schuif*** ⟨van stuw⟩ **0.2** ***(automatische) veiligheidsschakelaar.***
Schutzanstrich ⟨m.⟩ **0.1** ***beschermende verflaag.***
Schutzanzug ⟨m.⟩ **0.1** ***beschermende kleding*** ⇒⟨mil.⟩ *gevechtstenue.*
Schutzbefohlene(r) ⟨bn. als zn.⟩⟨vero.⟩ **0.1** ***beschermeling*** ⇒*protégé.*
Schutzbehauptung ⟨v.⟩ **0.1** ***bewering om zichzelf te rechtvaardigen, redden.***
Schutzblech ⟨o.⟩ **0.1** ***spatbord.***
Schutzbrief ⟨m.⟩ **0.1** ⟨pol.⟩ ***vrijgeleide(brief)*** **0.2** ⟨ec.⟩ ***reisen kredietbrief.***
Schutzbrille ⟨v.⟩ **0.1** ***veiligheidsbril.***
Schutzbündnis ⟨o.⟩ **0.1** ***defensief, verdedigend verbond.***
Schutzdach ⟨o.⟩ **0.1** ***overdekking, overkapping*** ⇒*afdak.*
Schütze[1] ⟨m.; ~n, ~n⟩ **0.1** ***schutter*** **0.2** ***(gewoon) soldaat eerste klas*** **0.3** ⟨vero.⟩ ***infanterist*** **0.4** ⟨astrol.⟩ ***Boogschutter.***
Schütze[2] ⟨v.; ~, ~n⟩⟨tech.⟩ **0.1** ***schuif*** ⟨van stuw⟩ ⇒*schut.*
schützen **0.1** ***beschermen, behoeden, beschutten*** ⇒*bewaren, verdedigen, beveiligen* **0.2** ⟨tech.⟩ ***stuwen*** ⇒*keren* ◆ **3.1** sich ~d vor jmdn. stellen *verdedigend vóór iem. gaan staan,* ⟨fig. vooral⟩ *iem. in bescherming nemen* **4.1** sich ~ (vor ⟨met 3e nv.⟩) *zich beschermen (tegen)* **5.1** gesetzlich geschützt *wettig gedeponeerd;* urheberrechtlich geschützt *door de auteurswet beschermd.*
Schützenbruder ⟨m.⟩ **0.1** ***lid v.e. schuttersgilde, schietvereniging.***
Schützenfest ⟨o.⟩ **0.1** ***schuttersfeest*** **0.2** ⟨sp.⟩ ***doelpuntenkermis.***
Schutzengel ⟨m.⟩ **0.1** ***beschermengel, engelbewaarder.***
Schützengraben ⟨m.⟩⟨mil.⟩ **0.1** ***loopgraaf.***
Schützenhaus ⟨o.⟩ **0.1** ***schuttersdoelen.***
Schützenhilfe ⟨v.⟩⟨inf.⟩ **0.1** ***hulp, steun*** ⇒*steun(tje) in de rug, assistentie.*
Schützenkette ⟨v.⟩⟨mil.⟩ **0.1** ***tirailleurslinie.***
Schützenkönig ⟨m.⟩ **0.1** ***schutterskoning.***
Schützenlinie ⟨v.⟩⟨mil.⟩ **0.1** ***tirailleurslinie.***
Schützenloch ⟨o.⟩⟨mil.⟩ **0.1** ***schuttersput.***
Schützenverein ⟨m.⟩ **0.1** ***schuttersgilde, schietvereniging.***
Schützer ⟨m.; ~s, ~⟩ **0.1** ***beschermer.***
Schutzfarbe ⟨v.⟩ **0.1** ***schutkleur*** **0.2** ***grondverf.***
Schutzfärbung ⟨v.⟩⟨biol.⟩ **0.1** ***mimicry.***
Schutzfilm ⟨m.⟩ **0.1** ***beschermend laagje.***
Schutzfrist ⟨v.⟩⟨jur.⟩ **0.1** ***termijn van bescherming (van auteursrechten).***
Schutzgebiet ⟨o.⟩ **0.1** ***beschermd gebied, reservaat*** **0.2** ⟨gesch.⟩ ***protectoraat.***
Schutzgebühr ⟨v.⟩ **0.1** ***bijdrage, prijs*** **0.2** ***protectie-, beschermingsgeld.***
Schutzgeist ⟨m.⟩ **0.1** ***beschermgeest, goede geest*** ⇒⟨fig.⟩ *beschermengel.*
Schutzgeld ⟨o.⟩ **0.1** ***protectiegeld, beschermingsgeld.***
Schutzgitter ⟨o.⟩ **0.1** ***(beschermend) traliewerk.***
Schutzhafen ⟨m.⟩ **0.1** ***vluchthaven.***
Schutzhaft ⟨v.⟩ **0.1** ***hechtenis ter bescherming v.d. staatsveiligheid*** ⇒*preventieve hechtenis.*
Schutzhaube ⟨v.⟩ **0.1** ***beschermkap*** **0.2** ***motorkap.***
Schutzheilige(r) ⟨bn. als zn.⟩⟨rel.⟩ **0.1** ***beschermheilige, -patroon.***
Schutzhelm ⟨m.⟩ **0.1** ***veiligheidshelm.***
Schutzherr ⟨m.⟩⟨gesch.⟩ **0.1** ***protector, beschermheer.***
Schutzhülle ⟨v.⟩ **0.1** ***beschermend omhulsel*** ⇒*omslag, kaft, koker, etui, hoes, overtrek, foedraal.*
Schutzhütte ⟨v.⟩ **0.1** ***schuilhut.***
schutzimpfen **0.1** ***(preventief) inenten.***
Schutzklausel ⟨v.⟩⟨ec., pol.⟩ **0.1** ***tegen eventuele economische schade beschermende clausule.***

Schutzkontakt ⟨m.⟩⟨tech.⟩ **0.1** ***aardingscontact.***
Schutzleiste ⟨v.⟩ **0.1** ***schutlat, stootrand.***
Schützling ⟨m.; ~(e)s, ~e⟩ **0.1** ***beschermeling*** ⇒*protégé.*
schutzlos 0.1 ***onbeschermd, hulpeloos*** ⇒*onbeschut.*
Schutzmacht ⟨v.⟩ **0.1** ***beschermende mogendheid.***
Schutzmann ⟨m.; mv. ⸚er of Schutzleute⟩⟨inf.⟩ **0.1** ***politie-agent.***
Schutzmarke ⟨v.⟩ **0.1** ***(wettig gedeponeerd) handelsmerk.***
Schutzmaßnahme ⟨v.⟩ **0.1** ***veiligheidsmaatregel, beschermende maatregel.***
Schutzmauer ⟨v.⟩ **0.1** ***bolwerk*** ⇒*(beveiligings)muur.*
Schutzmittel ⟨o.⟩ **0.1** ***afweermiddel, preventief middel.***
Schutzpatron ⟨m.⟩ **0.1** ⟨rel.⟩ ***beschermheilige, patroon*** **0.2** ⟨fig.⟩ ***beschermheer, patroon.***
Schutzplanke ⟨v.⟩⟨verk.⟩ **0.1** ***vangrail.***
Schutzpolizei ⟨v.⟩ **0.1** ***politie.***
Schutzraum ⟨m.⟩ **0.1** ***schuilkelder*** ⇒*schuilplaats.*
Schutzrecht ⟨o.⟩⟨jur.⟩ **0.1** ***octrooirecht.***
Schutzscheibe ⟨v.⟩ **0.1** ***voorruit*** ⇒*windscherm.*
Schutzschild ⟨m.⟩ **0.1** ***schild, scherm*** **0.2** ***laskap.***
Schutzstoff ⟨m.⟩ **0.1** ***afweerstof.***
Schutzumschlag ⟨m.⟩ **0.1** ***omslag, kaft*** ⇒*flap.*
Schutzverband ⟨m.⟩ **0.1** ***vereniging ter bescherming van belangen*** **0.2** ⟨med.⟩ ***verband.***
Schutzvorkehrung ⟨v.⟩ **0.1** ***veiligheidsmaatregel*** ⇒*voorzorgsmaatregel.*
Schutzvorrichtung ⟨v.⟩ **0.1** ***beveiliging(smechanisme)*** ⇒ *veiligheid.*
Schutzwall ⟨m.⟩ **0.1** ***bolwerk*** ⇒*verschansing,* ⟨fig.⟩ *muur, wal* **0.2** ***verdedigingswal.***
Schutzweg ⟨m.⟩⟨Oostr.⟩ **0.1** ***voetgangersoversteekplaats, zebrapad.***
Schutzzoll ⟨m.⟩⟨ec.⟩ **0.1** ***beschermend recht, beschermende rechten.***
Schutzzollpolitik ⟨v.⟩⟨ec.⟩ **0.1** ***protectionisme.***
schwabbelig ⟨inf.⟩ **0.1** ***lillend*** ⇒*glibberig, trillend* **0.2** ***vet (en waggelend).***
schwab|beln, -bern I ⟨ov.ww.⟩⟨reg.⟩ **0.1** ***wauwelen, leuteren*** ⇒*kletsen;*
II ⟨onov.ww.⟩⟨inf.⟩ **0.1** ***lillen, trillen, wiebelen.***
Schwabe ⟨m.; ~n, ~n⟩ **0.1** ***Zwaab.***
Schwabenalter ⟨o.⟩⟨scherts.⟩ **0.1** ***leeftijd van 40 jaar*** ⇒*jaren van verstand.*
Schwabenstreich ⟨m.⟩⟨scherts.⟩ **0.1** ***domme, dwaze streek, kamperui.***
schwäbisch 0.1 ***Zwabisch.***
schwach ⟨schwächer, (am) schwächst(en)⟩ **0.1** ***zwak, slap*** ⇒ *teer, broos, dun* **0.2** ***zwak, matig*** ⇒*gering, flauw* **0.3** ***zwak, vaag*** **0.4** ***slap*** ⇒*niet (sterk) geconcentreerd* **0.5** ⟨taal.⟩ ***zwak*** ◆ **1.2** ein ~es Buch *een matig, minder goed boek;* eine ~e Dosis *een geringe, lage dosis;* ein ~er Trost *een magere, schrale troost* **1.3** mit einem ~en Lächeln *met een vage, zwakke glimlach* **1.4** ~e Brühe *slappe bouillon* **3.1** mir wird ~ *ik word niet goed;* ⟨inf.; fig.⟩ ~ werden *(voor de verleiding) bezwijken* **3.2** das Geschäft geht, ist ~ *de zaken gaan slap(jes)* **5.1** finanziell ~ sein *er financieel slecht, zwakjes voor staan;* ⟨fig.⟩ er ist viel zu ~ *hij is veel te slap, toegeeflijk.*
schwachbevölkert 0.1 ***dunbevolkt.***
schwachbewegt 0.1 ***rustig, kalm.***
Schwäche ⟨v.; ~, ~n⟩ **0.1** ***zwakte, zwakheid*** ⇒*slapte, krachteloos-, slapheid* **0.2** ⟨fig.⟩ ***zwak punt, gebrek*** ⇒*tekortkoming, fout* **0.3** ⟨fig.⟩ ***zwak*** ⇒*voorliefde* ◆ **2.2** menschliche ~n *menselijke tekortkomingen.*
Schwächeanfall ⟨m.⟩ **0.1** ***aanval van slapte, van zwakte, flauwte.***
Schwächegefühl ⟨o.⟩ **0.1** ***gevoel van zwakte, flauwte.***
schwächen 0.1 ***verzwakken*** ⟨ook fig.⟩ ⇒*verminderen, afbreuk doen aan.*
Schwachheit ⟨v.; ~, ~en⟩ **0.1** ***zwakte, zwakheid*** ⇒*krachteloosheid* **0.2** ***fout, gebrek*** ⇒*tekortkoming* ◆ **3.¶** bilde dir nur keine ~en ein! *verbeeld je maar niets!*
Schwachkopf ⟨m.⟩ **0.1** ***sufferd, stommeling.***
schwachköpfig 0.1 ***sullig, leeghoofdig*** ⇒*idioot.*
schwächlich 0.1 ***zwak, slap*** ⇒*ziekelijk, sukkelend* **0.2** ⟨fig.⟩ ***matig*** ⇒*pover.*
Schwächling ⟨m.; ~s, ~e⟩ **0.1** ***zwakkeling*** **0.2** ⟨fig.⟩ ***slappeling.***
Schwachmatikus ⟨m.; ~, ~se of Schwachmatiker⟩⟨vero.; inf.⟩ →**Schwächling.**
schwachsichtig 0.1 ***slecht ziend.***
Schwachsinn ⟨m.⟩ **0.1** ***zwakzinnigheid*** **0.2** ***nonsens, onzin.***
schwachsinnig 0.1 ***zwakzinnig*** **0.2** ⟨fig.⟩ ***onnozel, idioot.***
Schwachstelle ⟨v.⟩⟨vooral fig.⟩ **0.1** ***zwak punt, zwakke plek.***
Schwachstrom ⟨m.⟩⟨tech.⟩ **0.1** ***zwakstroom.***
Schwächung ⟨v.; ~, ~en⟩ **0.1** ***verzwakking, aantasting*** ⇒ *verslapping.*
Schwade ⟨v.; ~, ~n⟩ **0.1** ***zwad(e).***
Schwaden ⟨m.; ~s, ~⟩ **0.1** ***walm, wasem, damp*** ⇒*sliert, wolk* **0.2** ***zwad(e)*** ⟨gras, graan⟩ **0.3** ⟨mijnw.⟩ ***schotrook.***
Schwadron ⟨v.; ~, ~en⟩⟨vero.; mil.⟩ **0.1** ***eskadron.***
Schwadroneur ⟨m.; ~s, ~e⟩⟨vero.; inf.⟩ **0.1** ***grootspreker, mooiprater, opsnijder.***
schwadronieren ⟨inf.⟩ **0.1** ***grootspreken, mooipraten, opsnijden*** ⇒*zwetsen.*
schwafeln ⟨inf.⟩ **0.1** ***zwammen, bazelen, leuteren.***
Schwager ⟨m.; ~s, ⸚⟩ **0.1** ***zwager*** **0.2** ⟨vero.⟩ ***postiljon.***
Schwägerin ⟨v.; ~, ~nen⟩ **0.1** ***schoonzus(ter).***
Schwägerschaft ⟨v.; ~, ~en⟩ **0.1** ***zwagerschap, aanverwantschap*** **0.2** ***schoonfamilie, aangetrouwde familie.***
Schwalbe ⟨v.; ~, ~n⟩ **0.1** ***zwaluw*** **0.2** ⟨sp.⟩ ***fopduik.***
Schwalbenschwanz ⟨m.⟩ **0.1** ***zwaluwstaart*** ⇒⟨tech.⟩ *zwaluwstaartverbinding* **0.2** ⟨vero.; inf.⟩ ***zwaluwstaart, pandjesjas*** **0.3** ⟨vero.; inf.⟩ ***slip, pand*** ⟨v.e. pandjesjas⟩.
Schwall ⟨m.; ~(e)s, ~e⟩ **0.1** ***(stort)vloed, golf*** ⇒*plens,* ⟨fig.⟩ *stroom.*
Schwamm ⟨m.; ~(e)s, ⸚e⟩ **0.1** ***spons*** ⟨ook biol.⟩ **0.2** ***zwam*** ⟨aan bomen en bij paarden⟩ **0.3** ⟨Zdd., Oostr.⟩ ***zwam, paddestoel*** **0.4** ***huiszwam*** ⇒*schimmel* **0.5** ⟨plantk.⟩ ***tonder, tondel(zwam)*** ◆ **5.¶** ⟨inf.; fig.⟩ ~ darüber! *zand erover!*
schwammig 0.1 ***sponsachtig, sponzig*** ⇒*week* **0.2** ***door schimmel aangetast*** **0.3** ***(op)gezwollen, opgezet, pafferig*** **0.4** ⟨fig.⟩ ***vaag, onduidelijk*** ⇒*wazig.*
Schwammtuch ⟨o.; mv. ⸚er⟩ **0.1** ***sponsdoek(je), vaatdoekje.***
Schwan ⟨m.; ~(e)s, ⸚e⟩ **0.1** ***zwaan*** ◆ **2.¶** ⟨inf.⟩ mein lieber ~! (a) *lieve deugd!* (b) *pas maar op!*
schwanen ⟨inf.⟩ **0.1** ***vermoeden, een voorgevoel hebben*** ◆ **1.1** mir schwant nichts Gutes *ik voorzie niets goeds.*
Schwanengesang ⟨m.⟩⟨fig.⟩ **0.1** ***zwanenzang.***
Schwang ⟨m.⟩ ◆ **6.¶ in** ~ kommen *in zwang raken.*
schwanger 0.1 ***zwanger*** ⇒*in verwachting* ◆ **6.1** ⟨inf.⟩ **mit** einem Plan ~ gehen *van een plan zwanger gaan, zijn.*
Schwangere ⟨bn. als zn.; v.⟩ **0.1** ***zwangere (vrouw), gravida.***
Schwangerenberatung ⟨v.⟩ **0.1** ***zwangerschapscontrole*** ⇒ *zwangerschapsbureau.*
Schwangerenfürsorge ⟨v.⟩ **0.1** ***zwangerschapszorg, prenatale zorg.***
schwängern 0.1 ***zwanger maken*** ⇒*bevruchten* **0.2** ⟨schr.; fig.⟩ ***bezwangeren, vervullen.***

Schwangerschaft ⟨v.; ~, ~en⟩ **0.1** *zwangerschap.*
Schwangerschaftsabbruch ⟨m.⟩ **0.1** *zwangerschapsonderbreking* ⇒*abortus (provocatus).*
Schwangerschaftsunterbrechung ⟨v.⟩ →**Schwangerschaftsabbruch.**
Schwangerschaftsverhütung ⟨v.⟩ **0.1** *anticonceptie* ⇒*geboorteregeling.*
Schwank ⟨m.; ~(e)s, ~̈e⟩ **0.1** ***klucht(spel)*** **0.2** ***koddige gebeurtenis, grappig verhaal*** ⇒*guitenstreek.*
schwanken **0.1** ***schommelen, heen en weer bewegen*** ⇒ *wiebelen* **0.2** ***schommelen, wisselen, variëren*** ⇒*fluctueren* **0.3** ⟨s.⟩ ***wankelen, waggelen*** **0.4** ***aarzelen, weifelen*** ◆ **1.2** eine ~de Betonung *een wisselend accent;* eine ~de Gesundheit *een zwakke, wankele gezondheid;* die Meinungen ~ *de meningen zijn verdeeld;* seine Stimmung schwankt *zijn stemming is aan wisselingen onderhevig* **1.4** ein ~der Charakter *een labiel karakter* **6.3** ⟨fig.⟩ **ins** Schwanken geraten *aan het wankelen gebracht worden* **6.4 zwischen** zwei Verfahren ~ *tussen twee methoden aarzelen, weifelen.*
Schwankung ⟨v.; ~, ~en⟩ **0.1** ***schommeling*** ⇒*wisselvalligheid, onbestendigheid, fluctuatie* ◆ **3.1** ~en ⟨3e nv.⟩ unterliegen *schommelen, variëren.*
Schwanz ⟨m.; ~es, ~̈e⟩ **0.1** ***staart*** **0.2** ***staart(einde)*** ⇒*einde, sleep* **0.3** ***lange rij, reeks, serie*** ⇒⟨fig.⟩ *nasleep* **0.4** ⟨vulg.⟩ ***pik, lul*** **0.5** ⟨inf.⟩ ***herexamen*** ◆ **3.1** ⟨inf.; fig.⟩ den ~ einziehen, einkneifen *met de staart tussen de benen afdruipen;* ⟨inf.; fig.⟩ den ~ hängen lassen *het hoofd laten hangen* **4.¶** ⟨inf.⟩ kein ~ *geen hond, mens* **6.1** ⟨inf.; fig.⟩ jmdm. **auf** den ~ treten *iem. op de tenen trappen.* →**Pferd.**
schwänzeln **0.1** ***kwispelen, kwispelstaarten*** **0.2** ⟨h/s.; inf.⟩ ***trippelen, koket lopen*** ⇒*met danspasjes lopen* **0.3** ⟨h/s.; inf.⟩ ***flikflooien.***
schwänzen **0.1** ***spijbelen*** ⇒*verzuimen* ◆ **3.1** die Schule ~ *spijbelen.*
Schwänzer ⟨m.; ~s, ~⟩ **0.1** ***spijbelaar.***
Schwanzfeder ⟨v.⟩ **0.1** ***staartveer, -pen.***
Schwanzflosse ⟨v.⟩ **0.1** ***staartvin*** ⟨ook van vliegtuig⟩.
Schwanzlurch ⟨m.⟩ **0.1** ***salamander.***
schwanzwedelnd **0.1** ***(met zijn staart) kwispelend.***
Schwanzwirbel ⟨m.⟩ **0.1** ***staartwervel.***
schwapp! **0.1** ***klets!, pats!, plens!*** ⇒*flap!*
Schwapp ⟨m.; ~(e)s, ~e⟩ **0.1** ***plens, scheut*** **0.2** ***plons, klets.***
schwappen I ⟨onov.ww.⟩ **0.1** ***plassen, gutsen, kletsen*** ⇒ *klotsen, overlopen;*
II ⟨ov.ww.⟩ **0.1** ***knoeien, morsen.***
schwaps! →**schwapp!**
Schwaps ⟨m.⟩ →**Schwapp.**
schwapsen →**schwappen.**
Schwäre ⟨v.; ~, ~n⟩⟨schr.⟩ **0.1** ***zweer*** ⇒*verzwering.*
schwären ⟨schr.⟩ **0.1** ***zweren*** ⇒*etteren.*
Schwarm ⟨m.; ~(e)s, ~̈e⟩ **0.1** ***zwerm*** ⇒*school, vlucht* **0.2** ***schaar, drom, menigte*** ⇒*massa* **0.3** ⟨inf.⟩ ***idool, vlam*** ⇒ *favoriet(e).*
schwärmen **0.1** ***dwepen*** ⇒*hoog opgeven, enthousiast vertellen* **0.2** ***zwermen*** ⇒*uitzwermen, uitvliegen* ◆ **6.1 für** jmdn., eine Sache ~ *met iem., iets dwepen;* **ins** Schwärmen geraten, kommen *in vuur en vlam raken.*
Schwärmer ⟨m.; ~s, ~⟩ **0.1** ***dweper*** ⇒*dromer, fantast, enthousiasteling* **0.2** ***voetzoeker, rotje*** **0.3** ⟨gesch.⟩ ***dweper, fanaticus*** **0.4** ⟨biol.⟩ ***pijlstaartvlinder.***
Schwärmerei ⟨v.; ~, ~en⟩ **0.1** ***dweperij, gedweep*** ⇒*verering, aanbidding* **0.2** ***dweepzucht, fanatisme.***
schwärmerisch **0.1** ***dweperig, dweepziek*** ⇒*dwepend* **0.2** ***dweepzuchtig, fanatiek.***
Schwarmgeist ⟨m.; mv. ~er⟩ **0.1** ***fantast*** **0.2** ⟨rel.⟩ ***fanaticus, geestdrijver.***
Schwärmzeit ⟨v.⟩ **0.1** ***zwermtijd*** ⟨van insecten⟩.
Schwarte ⟨v.; ~, ~n⟩ **0.1** ***zwoerd*** **0.2** ***huid, vel*** ⟨inf. ook van mens⟩ **0.3** ***eelt*** **0.4** ⟨inf.⟩ ***(oud) boek*** ⇒*prul-, snertboek* ◆ **8.2** ⟨inf.; fig.⟩ arbeiten, daß jmdm. die ~ kracht *zich uit de naad, te barsten werken.*
Schwartenmagen ⟨m.⟩ **0.1** ***preskop.***
schwartig **0.1** ***met zwoerd eraan*** **0.2** ***zwoerdachtig, taai als een zwoerd.***
schwarz ⟨schwärzer, (am) schwärzest(en)⟩ **0.1** ***zwart*** ⇒*donker, duister, vuil* **0.2** ⟨fig.⟩ ***somber, pessimistisch*** **0.3** ⟨fig.⟩ ***boos, gemeen, slecht*** ⇒*snood, infaam* **0.4** ⟨inf.⟩ ***katholiek (en conservatief)*** ⇒*confessioneel* **0.5** ***zwart*** ⇒*clandestien, illegaal* ◆ **3.1** ⟨fig.⟩ sich ~ ärgern *zich doodergeren;* ⟨fig.⟩ da kannst du warten, bis du ~ wirst *dan kun je wachten tot je een ons weegt* **3.2** du darfst dir alles nicht so ~ (aus)malen, vorstellen *je moet alles niet zo somber inzien* **3.5** ~ schlachten *clandestien slachten* **6.1 aus** ~ weiß machen *zwart wit maken, kwaad (willen) goedpraten;* ⟨fig.⟩ jmdm. nicht das Schwarze **unter** dem Nagel gönnen *iem. het licht in de ogen niet gunnen* **6.2** alles ~ **in** ~ malen, schildern *alles zwarter afschilderen dan het in werkelijkheid is.*
Schwarz ⟨o.; ~(es)⟩ **0.1** ***zwart*** ⇒*zwarte kleur* ◆ **6.1 in** ~ gehen *in het zwart zijn,* ⟨ook⟩ *in de rouw zijn.*
Schwarzarbeit ⟨v.⟩ **0.1** ***zwart werk*** ⇒*het zwartwerken.*
schwarzarbeiten **0.1** ***zwart werken.***
Schwarzbrenner ⟨m.⟩ **0.1** ***illegale, clandestiene (jenever)-stoker.***
Schwarzbrot ⟨o.⟩ **0.1** ***roggebrood, donker brood.***
Schwarzdorn ⟨m.; mv. ~e⟩ **0.1** ***sleedoorn.***
Schwarzdrossel ⟨v.⟩ **0.1** ***zwarte lijster, merel.***
Schwärze ⟨v.; ~, ~n⟩ **0.1** ***zwart(heid)*** ⇒*donkerheid* ⟨ook fig.⟩ **0.2** ***zwartsel*** **0.3** ***drukinkt.***
Schwarze Meer ⟨o.; ~n, ~(e)s⟩ **0.1** ***Zwarte Zee.***
schwärzen **0.1** ***zwarten*** ⟨ook foto.⟩, ***zwart maken*** **0.2** ⟨Zdd., Oostr.⟩ ***smokkelen.***
Schwarze(r) ⟨bn. als zn.⟩ **0.1** ***zwarte*** ⇒*neger(in)* **0.2** ***zwartje, zwartkop*** **0.3** ⟨inf.⟩ ***confessionele (politicus)*** **0.4** ⟨Oostr.⟩ ***(kop) zwarte koffie.***
Schwarze(s) ⟨bn. als zn.; o.⟩ **0.1** ***roos*** ◆ **6.1 ins** Schwarze schießen, treffen *midden in de roos schieten.*
schwarzfahren **0.1** ***zwartrijden, zwart rijden.***
Schwarzfahrt ⟨v.⟩ **0.1** ***clandestiene rit, gebruik van bus, trein of tram zonder kaartje*** **0.2** ***het autorijden zonder een rijbewijs te bezitten.***
Schwarzhandel ⟨m.⟩ **0.1** ***zwarte, clandestiene handel.***
Schwarzhemd ⟨o.⟩ **0.1** ***zwarthemd, fascist.***
schwarzhören **0.1** ***geen luistergeld betalen*** **0.2** ⟨vero.⟩ ***clandestien colleges volgen.***
Schwarzkehlchen ⟨o.⟩ **0.1** ***roodborsttapuit.***
Schwarzkiefer ⟨v.⟩ **0.1** ***Oostenrijkse den.***
Schwarzkittel ⟨m.⟩ **0.1** ⟨jacht; scherts.⟩ ***wild zwijn*** **0.2** ⟨pej.⟩ ***zwartrok, geestelijke, priester*** **0.3** ⟨sp.⟩ ***scheidsrechter.***
Schwarzkunst ⟨v.⟩⟨bk.⟩ **0.1** ***zwartekunst, mezzotint.***
Schwarzkünstler ⟨m.⟩ **0.1** ***tovenaar.***
schwärzlich **0.1** ***zwartachtig, zwartig, naar zwart overhellend*** ⇒*zwart getint.*
schwarzmalen **0.1** ***somber afschilderen, somber inzien*** ⇒ *in sombere kleuren (af)schilderen.*
Schwarzmarkt ⟨m.⟩ **0.1** ***zwarte markt.***
schwarzsehen **0.1** ***pessimistisch zijn*** **0.2** ***zwartkijken, geen kijkgeld betalen*** ◆ **5.1** da sehe ich schwarz *dat zie ik donker in.*

Schwarzseher ⟨m.⟩ **0.1** *zwartkijker, pessimist* **0.2** *zwartkijker* ⟨wie geen kijkgeld betaalt⟩.
schwarzseherisch 0.1 *zwaar op de hand, pessimistisch.*
Schwarzsender ⟨m.⟩ **0.1** *clandestiene, illegale zender.*
Schwarzspecht ⟨m.⟩ **0.1** *zwarte specht.*
Schwärzung ⟨v.; ~, ~en⟩ **0.1** *zwarting* ⟨ook foto.⟩, *het zwartmaken.*
Schwarzwald ⟨m.; ~(e)s⟩ **0.1** *Zwarte Woud.*
Schwarzwälder[1] ⟨m.; ~s, ~⟩ **0.1** *bewoner v.h. Zwarte Woud.*
Schwarzwälder[2] ⟨bn.⟩ **0.1** *v.h. Zwarte Woud* ◆ **1.1** eine ~ Uhr *een koekoeksklok.*
schwarzweiß 0.1 *zwart-wit.*
schwarzweißmalen ⟨fig.⟩ **0.1** *zwart-wit afschilderen.*
Schwarzweißmalerei ⟨v.⟩⟨fig.⟩ **0.1** *zwart-witschildering.*
Schwarzwild ⟨o.⟩⟨jacht⟩ **0.1** *wilde zwijnen.*
Schwarzwurzel ⟨v.⟩ **0.1** *schorseneer.*
Schwatz ⟨m.; ~es, ~e⟩⟨inf.⟩ **0.1** *praatje, babbeltje.*
Schwatzbase ⟨v.⟩⟨inf.⟩ **0.1** *kletskous, -tante.*
Schwätzchen ⟨o.; ~s, ~⟩ **0.1** *praatje, babbeltje.*
schwatzen 0.1 *babbelen, keuvelen* ⇒*praten* **0.2** *kletsen.*
schwätzen ⟨vooral Zdd.⟩ →**schwatzen.**
Schwätzer ⟨m.; ~s, ~⟩ **0.1** *kletser, kletsmajoor* **0.2** *praatjesmaker, opschepper.*
Schwätzerei ⟨v.; ~, ~en⟩ **0.1** *geklets.*
Schwätzerin ⟨v.; ~, ~nen⟩ **0.1** *kletskous, -tante.*
schwätzerisch, schwatzhaft 0.1 *babbel-, praatziek.*
Schwatzliese ⟨v.⟩ **0.1** *kletskous, -tante.*
Schwatzmaul ⟨o.⟩ **0.1** *kletsmajoor, kletser.*
Schwebe ⟨v.⟩ ◆ **6.¶ in** der ~ sein *in de lucht hangen,* ⟨fig. ook⟩ *nog onbeslist zijn, hangende zijn;* etwas **in** der ~ halten (a) *iets omhooghouden, laten zweven* (b) ⟨fig.⟩ *iets nog niet afhandelen, een zaak aanhouden.*
Schwebebahn ⟨v.⟩ **0.1** *kabelbaan, -spoorweg* **0.2** *zweefspoor* ⇒*zweeftrein.*
Schwebe|balken, -baum ⟨m.⟩⟨sp.⟩ **0.1** *evenwichtsbalk, -boom.*
schweben 0.1 *zweven* ⟨ook fig.⟩ ⇒*hangen, drijven,* ⟨fig.⟩ *verkeren* **0.2** *hangende zijn* ⇒⟨fig.⟩ *in de lucht hangen, nog onbeslist zijn* ◆ **1.1** ⟨taal.⟩ ~de Betonung *wisselende klemtoon* **1.2** ~de Schuld *vlottende schuld;* ~de Verhandlungen *nog hangende onderhandelingen* **6.1 in** Lebensgefahr ~ *in levensgevaar verkeren;* **in** Ungewißheit ~ *in onzekerheid verkeren;* ⟨fig.⟩ er schwebte **über** dem Ganzen *hij stond boven dat alles.*
Schwebezustand ⟨m.⟩⟨fig.⟩ **0.1** *onzekere toestand* ⇒*onopgeloste situatie.*
Schwebstoff ⟨m.⟩⟨schei.⟩ **0.1** *zwevende stof* ⇒*aërosol.*
Schwede ⟨m.; ~n, ~n⟩ **0.1** *Zweed* ◆ **2.1** ⟨inf.⟩ (du) alter ~! *ouwe jongen!*
Schweden ⟨o.; ~s⟩ **0.1** *Zweden.*
Schwedenplatte ⟨v.⟩ **0.1** *gegarneerde koude schotel.*
Schwedenpunsch ⟨m.⟩ **0.1** *punch.*
schwedisch 0.1 *Zweeds.*
Schwefel ⟨m.; ~s⟩ **0.1** *zwavel.*
schwefelig →**schweflig.**
schwefeln 0.1 *zwavelen.*
Schwefelquelle ⟨v.⟩ **0.1** *zwavelbron.*
Schwefelsäure ⟨v.⟩ **0.1** *zwavelzuur* ⇒*vitriool.*
schweflig 0.1 *zwavelig, zwavel-* ◆ **1.1** ~e Säure *zwaveligzuur.*
Schweif ⟨m.; ~(e)s, ~e⟩⟨schr.⟩ **0.1** *staart* ⇒⟨fig.⟩ *sleep, sliert, staartje.*
schweifen 0.1 ⟨s.; schr.⟩ *(rond)zwerven, dwalen, dolen* **0.2** ⟨vaktaal⟩ *welven, uitbuigen* ◆ **6.1** seinen Blick **über** eine Sache ~ lassen *zijn blik over iets laten dwalen, gaan.*
Schweifsäge ⟨v.⟩ **0.1** *draai-, cirkelzaag.*
Schweifung ⟨v.; ~, ~en⟩ **0.1** *welving, kromming* **0.2** *gebogen werk, krulwerk, gebogen lijn.*
schweifwedeln 0.1 *kwispelstaarten, kwispelen.*
Schweigemarsch ⟨m.⟩ **0.1** *stille (op)tocht, mars.*
Schweigeminute ⟨v.⟩ **0.1** *moment (van) stilte, minuut stilte.*
schweigen ⟨→t130⟩ **0.1** *zwijgen* ◆ **1.1** der Lärm schwieg *het lawaai verstomde* **6.1 auf** eine Frage ~ *op een vraag het antwoord schuldig blijven;* ⟨fig.⟩ **darüber** schweigt die Geschichte *dat vermeldt de historie niet;* **davon** hatte sie ihm geschwiegen *daarover had ze hem niets verteld, gezegd;* ganz zu ~ **von** ... *om (nog) maar te zwijgen van ...;* ⟨inf.⟩ man schweigt so **vor** sich hin *ze zitten, je, men zit er maar stilletjes bij;* **zu** einer Sache ~ *op iets zwijgen.*
Schweigen ⟨o.; ~s⟩ **0.1** *het zwijgen* ⇒*stilte, stilzwijgen* ◆ **6.1** sich **in** ~ hüllen *zich in stilzwijgen hullen;* jmdn. **zum** ~ bringen (a) *iem. tot zwijgen brengen* (b) *iem. ombrengen.*
Schweigepflicht ⟨v.⟩ **0.1** *zwijgplicht* ⇒*plicht tot geheimhouding.*
Schweiger ⟨m.; ~s, ~⟩ **0.1** *zwijger, zwijgzaam mens.*
schweigsam 0.1 *zwijgzaam* ⇒*stil.*
Schwein ⟨o.; ~(e)s, ~e⟩ **0.1** *varken* **0.2** *zwijn* **0.3** *varkensvlees* **0.4** ⟨fig.⟩ *smeerlap, ploert* **0.5** ⟨fig.⟩ *varken, zwijn* ⇒ *viespeuk* ◆ **2.5** altes ~! *smeerlap!* **2.¶** ein armes ~ *een arme bliksem, donder;* ein faules ~ *een grote luilak* **3.¶** ⟨inf.⟩ (großes) ~ haben *boffen, geluk hebben, zwijnen* **4.¶** ⟨inf.⟩ kein ~ *geen mens, hond* **8.1** ⟨inf.; fig.⟩ schreien wie ein gestochenes ~ *schreeuwen als een mager varken;* schwitzen wie ein ~ *zweten als een paard.*
Schweine →**Schweins-.**
Schweinebande ⟨v.⟩ **0.1** *zwijnenboel, rotzooi, troep.*
Schweinebauch ⟨m.⟩ **0.1** *buikstuk v.h. varken.*
Schweinebestand ⟨m.⟩ **0.1** *varkensstapel.*
Schweinebraten ⟨m.⟩ **0.1** *gebraden varkensvlees.*
Schweinefraß ⟨m.⟩⟨fig.⟩ **0.1** *varkensvoer.*
Schweinegeld ⟨o.⟩ **0.1** *veel, een bom geld.*
Schweineglück ⟨o.⟩ ◆ **3.¶** ein ~ haben *boffen, stom geluk hebben.*
Schweinehackfleisch ⟨o.⟩ **0.1** *varkensgehakt.*
Schweinehund ⟨m.⟩ **0.1** *smeerlap, zwijn, ploert* ◆ **2.1** den inneren ~ überwinden *de oude Adam afleggen, zich beteren.*
Schweinekoben ⟨m.⟩ **0.1** *varkenshok, -stal.*
Schweinelende ⟨v.⟩ **0.1** *lendestuk v.h. varken* ⇒*varkenshaas(je).*
schweinemäßig 0.1 *beestachtig* ⇒*allerberoerdst, ellendig.*
Schweinepest ⟨v.⟩ **0.1** *varkenspest.*
Schweinerei ⟨v.; ~, ~en⟩ **0.1** *zwijnenboel, rotzooi* ⇒*smeerlapperij* **0.2** *vuile, gemene streek, gemeenheid* **0.3** *vuile, schuine mop, vuile praat* **0.4** *schunnige handeling* ⇒ *smeerlapperij* ◆ **3.1** eine ~ anrichten *er een bende van maken.*
Schweineschmalz ⟨m.⟩ **0.1** *(varkens)reuzel.*
Schweineschnitzel ⟨o.⟩ **0.1** *varkensschnitzel, (gepaneerd) varkenslapje.*
Schweinestall ⟨m.⟩ **0.1** *varkensstal* ⟨ook fig.⟩.
schweineteuer ⟨inf.⟩ **0.1** *poepduur.*
Schweinezucht ⟨v.⟩ **0.1** *varkensfokkerij.*
Schweinigel ⟨m.⟩ **0.1** *viespeuk, viezerik* ⇒*varken* **0.2** *vuilbek, vuilak.*
Schweinigelei ⟨v.; ~, ~en⟩ **0.1** *zwijnerij, (ge)rotzooi* **0.2** *vuilbekkerij* ⇒*vuile praat, schuine, vuile mop.*
schweinigeln 0.1 *knoeien* ⇒*rotzooien* **0.2** *vuilbekken, vuile taal uitslaan.*

schweinisch 0.1 *vuil, smerig* 0.2 *schunnig, obsceen* 0.3 *gemeen.*

Schweins- →**Schweine-**.

Schweinsgalopp (m.)(inf.; scherts.) ◆ 6.¶ **im** ~ *in galop.*

Schweinshachse (v.) 0.1 *varkensschenkel, -poot.*

Schweinskeule (v.) 0.1 *varkensbout.*

Schweinskopf (m.) 0.1 *varkenskop* (ook fig.) 0.2 *hoofdkaas, zult.*

Schweinsohr (o.) 0.1 *varkensoor* (ook paddestoel) 0.2 (soort) *krakeling, vlinderkoekje* 0.3 (plantk.) *slangenwortel.*

Schweiß (m.; ~es, mv. med. ~e) 0.1 *zweet, transpiratie* 0.2 (jacht) *zweet, bloed* ◆ 3.1 daran hängt, (inf.) klebt viel ~ *dat heeft veel zweet gekost* 6.1 **im** ~e seines Angesichts *in het zweet des, zijns aanschijns;* (wie) **in** ~ gebadet sein *in zijn zweet baden;* **in** ~ kommen, geraten *bezweet raken.*

Schweißabsonderung (v.) 0.1 *zweetafscheiding, transpiratie.*

Schweißapparat (m.) 0.1 *lasapparaat, -toestel.*

Schweißausbruch (m.) 0.1 *plotselinge sterke transpiratie.*

Schweißbrenner (m.) 0.1 *lasbrander* ⇒*lasapparaat.*

Schweißbrille (v.) 0.1 *lasbril.*

Schweißdrüse (v.) 0.1 *zweetklier.*

schweißen (tech.) 0.1 *lassen* ⇒*wellen.*

Schweißer (m.; ~s, ~) 0.1 *lasser.*

Schweißfuß (m.) 0.1 *zweetvoet.*

schweißgebadet 0.1 *badend in het zweet* ⇒*bezweet.*

Schweißgeruch (m.) 0.1 *zweet-, transpiratielucht.*

Schweißhund (m.)(jacht) 0.1 *brak, bloed-, speurhond.*

schweißig 0.1 *zweterig, klam, bezweet.*

Schweißnaht (v.) 0.1 *las-, welnaad* ⇒*las(sing).*

schweißnaß 0.1 *nat v.h. zweet, bezweet.*

Schweißperle (v.) 0.1 *zweetparel, -druppel(tje).*

Schweißrand (m.) 0.1 *zweetkring.*

Schweißspur (v.)(jacht) 0.1 *zweet-, bloedspoor.*

schweißtreibend 0.1 *zweetdrijvend* 0.2 (fig.) *vermoeiend, inspannend.*

schweißtriefend 0.1 *(klets)nat, druipend v.h. zweet.*

schweißverklebt 0.1 *plakkend v.h. zweet.*

Schweiz (v.; ~; steeds met lidw.) 0.1 *Zwitserland.*

Schweizer[1] (m.; ~s, ~) 0.1 *Zwitser* 0.2 *emmentaler kaas* 0.3 *lid v.d. Zwitserse garde* (in Vaticaan) 0.4 (landb.) *melkknecht, melker.*

Schweizer[2] (bn.) 0.1 *Zwitsers.*

Schweizerdeutsch (o.) 0.1 *het Zwitserse Duits.*

Schweizergarde (v.) 0.1 *Zwitserse garde* (in Vaticaan).

schweizerisch 0.1 *Zwitsers.*

Schwelbrand (m.) 0.1 *smeulend vuur, smeulende brand.*

schwelen 0.1 *smeulen* ⇒(schr.; fig.) *broeien* 0.2 (tech.) *zwelen, carboniseren.*

schwelgen 0.1 *zwelgen, brassen* 0.2 (schr.) *zwelgen, genieten* ⇒*baden in* ◆ 6.2 **in** einer Sache ~ *in iets zwelgen, van iets met volle teugen genieten.*

Schwelgerei (v.; ~, ~en) 0.1 *zwelgerij, zwelg-, braspartij.*

schwelgerisch 0.1 *zwelgend* 0.2 *overdadig.*

Schwelle (v.; ~, ~n) 0.1 *drempel* ⇒*dorpel,* (fig. ook) *begin* 0.2 *biel(s), dwarsligger* 0.3 *(terrein)verhoging* ◆ 3.1 die ~ überschreiten *over de drempel stappen* 6.1 (schr.) sich **an** der ~ der Vierziger befinden *naar de veertig gaan;* (schr.) jmdn. **von** der ~ weisen *iem. de deur wijzen.*

schwellen[1] (onov.ww.→t131) 0.1 *opzwellen, opzetten* ⇒*zwellen* 0.2 *zwellen, rijzen, wassen.*

schwellen[2] (ov.ww.)(schr.) 0.1 *(doen) zwellen.*

Schwellenangst (v.) 0.1 *drempelvrees.*

Schwellenland (o.; mv. ~er) 0.1 *nieuw geïndustrialiseerd land, jong industrieland.*

Schwellung (v.; ~, ~en) 0.1 *gezwollen plek, (op)zwelling* 0.2 *het (op)zwellen, zwelling.*

Schwemme (v.; ~, ~n) 0.1 *wed, drink-, waadplaats* 0.2 (ec.) *overproductie, overvloed* ⇒*overschot, vloed.*

schwemmen 0.1 *spoelen* ⇒*aanspoelen,* (fig.) *drijven* 0.2 *wateren* ⇒*wassen* 0.3 (ind.) *spoelen, wateren, weken* 0.4 (reg.) *(uit)spoelen.*

Schwemmgut (o.) 0.1 *aangespoeld goed.*

Schwemmland (o.) 0.1 *aangeslibd land.*

Schwemmsand (m.) 0.1 *spoelzand.*

Schwengel (m.; ~s, ~) 0.1 *zwengel* 0.2 *klepel.*

Schwenk (m.; ~(e)s, ~s) 0.1 *zwenk(ing), draai, zwaai* ⇒(fig.) *ommezwaai* 0.2 (com.) *panoramashot, pan.*

Schwenkbereich (m.) 0.1 *draaikring, -cirkel.*

schwenken I (onov.ww.) 0.1 *zwenken* ⇒*draaien, zwaaien,* (fig.) *overlopen* 0.2 *zwaaien, wuiven* ◆ 5.1 (mil.) links schwenkt, marsch! *links uit de flank!* 6.1 (fig.) **in** das andere Lager ~ *naar de andere kant, partij overlopen;*
II (ov.ww.) 0.1 *zwaaien* ⇒*wuiven met, draaien* 0.2 *spoelen* 0.3 (cul.) *(om)schudden, wentelen* 0.4 (cul.) *sauteren* 0.5 (scherts.) *dansen met, rondzwieren* ◆ 1.1 den Hintern ~ *met zijn achterste draaien, waggelen.*

Schwenker (m.; ~s, ~) 0.1 *cognacglas* 0.2 (film.) *cameraman.*

Schwenkglas (o.) 0.1 *cognacglas.*

Schwenkkartoffel (v.) 0.1 *door de boter geschudde aardappel.*

Schwenkkran (m.) 0.1 *draaikraan.*

Schwenkung (v.; ~, ~en) 0.1 *zwenking, draai, zwaai* ⇒(fig.) *ommezwaai* ◆ 6.1 eine ~ **um** 90 Grad *een zwenking van 90 graden.*

schwer 0.1 *zwaar* (ook fig.) 0.2 *moeilijk, zwaar, lastig* 0.3 *heftig, hevig, ernstig* ⇒*zwaar* 0.4 (inf.) *veel, een heleboel* ◆ 1.1 ~es Gold, ~es Silber *massief goud, zwaar zilver* 1.3 ~e Bedenken *ernstige bezwaren;* ein ~er Seufzer *een grote, diepe zucht;* eine ~e Wunde *een lelijke wond* 1.4 ~es Geld *veel, grof geld* 2.3 ~ betrunken *stomdronken* 3.2 der Schüler begreift ~ *de leerling is traag van begrip;* Schweres durchmachen *een moeilijke tijd doormaken;* ~ hören *slecht horen;* jmdm. ~ zu schaffen machen *het iem. moeilijk maken* 3.3 sich ~ ärgern *zich gruwelijk ergeren;* ~ aufpassen *(erg) goed opletten;* das will ich ~ hoffen! *dat zou ik hopen!;* ich werde mich ~ hüten! *ik kijk wel uit!* 6.3 ~ **im** Irrtum sein *zich vreselijk, deerlijk, danig vergissen.* →**Anfang.**

Schwerarbeit (v.) 0.1 *zwaar werk.*

Schwerathletik (v.) 0.1 *krachtsport.*

schwerbehindert 0.1 *invalide, zwaar gehandicapt.*

Schwerbewaffnete(r) (bn. als zn.) 0.1 *zwaargewapend persoon.*

schwerblütig 0.1 *zwaarmoedig* 0.2 *dikbloedig, flegmatisch, bedachtzaam.*

Schwere (v.; ~) 0.1 *zwaarte, gewicht* 0.2 *moeilijkheid* 0.3 *ernst* 0.4 *sterkte, intensiteit* 0.5 (nat.) *zwaartekracht, gravitatie* ◆ 1.3 die ~ einer Beleidigung *de ernst van een belediging* 1.4 die ganze, volle ~ des Gesetzes *de wet in al haar gestrengheid.*

Schwerefeld (o.) 0.1 *zwaartekrachts-, gravitatieveld.*

schwerelos 0.1 *gewichtloos* 0.2 (fig.) *onbezwaard, onbezorgd, luchtig.*

Schwerenöter (m.; ~s, ~)(inf.) 0.1 *Don Juan, ladykiller, versierder* 0.2 *vlotte vent* 0.3 *losbol, lichtmis.*

schwererziehbar 0.1 *moeilijk opvoedbaar* ⇒*lastig.*

schwerfallen 0.1 ***zwaar, moeilijk vallen*** ⇒*niet meevallen.*

schwerfällig 0.1 ***traag, sloom*** ⇒*onhandig, onbeholpen, log, plomp* **0.2** ***traag van begrip*** ⇒*langzaam, sloom* **0.3** ***omslachtig*** ⇒*traag, stroef* ◆ **5.2** geistig ~ *traag van geest.*

Schwergewicht ⟨o.⟩ **0.1** ⟨sp.⟩ ***zwaargewicht*** **0.2** ⟨inf.; scherts.⟩ ***boom v.e. vent, reus v.e. kerel*** **0.3** ⟨inf.; scherts.⟩ ***crack*** **0.4** ⟨fig.⟩ ***zwaartepunt, accent, nadruk.***

schwergewichtig 0.1 ***gewichtig*** ⇒⟨fig.⟩ *belangrijk.*

Schwergewichtler ⟨m.; ~s, ~⟩ **0.1** ***zwaargewicht(bokser).***

schwerhalten 0.1 ***moeilijk zijn, vallen.***

schwerhörig 0.1 ***slechthorend, hardhorig, gehoorgestoord.***

Schwerindustrie ⟨v.⟩ **0.1** ***zware industrie.***

Schwerkraft ⟨v.⟩ **0.1** ***zwaartekracht, gravitatie.***

schwerkrank 0.1 ***zwaar, ernstig ziek.***

schwerlich 0.1 ***bezwaarlijk, moeilijk*** ⇒*waarschijnlijk niet, nauwelijks.*

schwermachen 0.1 ***moeilijk maken, moeilijkheden veroorzaken.***

Schwermut ⟨v.; ~⟩ **0.1** ***zwaarmoedigheid*** ⇒*droefgeestigheid.*

schwermütig 0.1 ***zwaarmoedig, droefgeestig.***

schwernehmen 0.1 ***ernstig, zwaar opvatten, opnemen*** ⇒*zwaar tillen aan* ◆ **1.1** das Leben ~ *zwaar op de hand, zwaartillend zijn.*

Schweröl ⟨o.⟩ **0.1** ***zware, dikke olie.***

Schwerpunkt ⟨m.⟩ **0.1** ⟨nat., wisk.⟩ ***zwaartepunt*** ⇒⟨wisk.⟩ *middelpunt,* ⟨fig.⟩ *accent, nadruk.*

schwerpunktmäßig 0.1 ***wat het belangrijkste betreft, met concentratie op het belangrijkste.***

Schwerpunktprogramm ⟨o.⟩ **0.1** ***programma met prioriteiten.***

Schwerpunktstreik ⟨m.⟩ **0.1** ***prikactie*** ⇒*staking in sleutelbedrijven.*

Schwerpunktverlagerung ⟨v.⟩ **0.1** ***verschuiving v.h. zwaartepunt*** **0.2** ⟨fig.⟩ ***accentverlegging, verlegging v.d. prioriteiten.***

schwerreich ⟨inf.⟩ **0.1** ***schatrijk*** ⇒*stinkend rijk.*

Schwert ⟨o.; ~(e)s, ~er⟩ **0.1** ***zwaard*** ⟨ook scheep.⟩ ◆ **2.1** ⟨fig.⟩ das ist ein zweischneidiges ~ *dat heeft zijn vóór en tegen.*

Schwertfisch ⟨m.⟩ **0.1** ***zwaardvis*** ⇒*sabelbliek.*

Schwertleite ⟨v.; ~, ~n⟩ ⟨gesch.⟩ **0.1** ***ridderslag.***

Schwertlilie ⟨v.⟩ **0.1** ***iris, lis.***

Schwertschlucker ⟨m.⟩ **0.1** ***degenslikker.***

Schwertstreich ⟨m.⟩ **0.1** ***zwaardslag*** ◆ **6.1** ⟨vero.; schr.⟩ **ohne** ~ *zonder slag of stoot.*

schwertun, sich 0.1 ***moeite hebben, het moeilijk hebben.***

Schwertwal ⟨m.⟩ **0.1** ***zwaardwalvis, orka.***

Schwerverbrecher ⟨m.⟩ **0.1** ***gevaarlijke misdadiger*** ⇒*zware jongen.*

schwerverletzt 0.1 ***zwaargewond.***

schwerverständlich 0.1 ***moeilijk (te begrijpen, te vatten).***

schwerverträglich 0.1 ***moeilijk, slecht verteerbaar.***

schwerverwundet 0.1 ***zwaargewond.***

schwerwiegend 0.1 ***belangrijk, (zeer) gewichtig, zwaarwegend.***

Schwester ⟨v.; ~, ~n⟩ **0.1** ***zuster*** ⇒*zus, non, verpleegster* ◆ **2.1** die Barmherzigen ~n *de zusters van Barmhartigheid.*

Schwesterherz ⟨o.⟩ ⟨vero.; nog scherts.⟩ **0.1** ***zusje (lief)*** **0.2** ***hartsvriendin.***

schwesterlich 0.1 ***zusterlijk*** ⇒*als (van) een zuster.*

Schwesternhaube ⟨v.⟩ **0.1** ***verpleegsterskapje.***

Schwesternhaus ⟨o.⟩ **0.1** ***zusterhuis, verpleegstersflat.***

Schwesternorden ⟨m.⟩ **0.1** ***nonnenorde.***

Schwesternpaar ⟨o.⟩ ⟨schr.⟩ **0.1** ***zusterlijk paar*** ⇒*twee(tal) zusters.*

Schwesternschaft ⟨v.; ~⟩ **0.1** ***zusterschap*** **0.2** ***de, alle zusters*** ⟨v.e. ziekenhuis⟩.

Schwesternschule ⟨v.⟩ **0.1** ***verpleegstersschool, -opleiding.***

Schwesternschülerin ⟨v.⟩ **0.1** ***leerling-verpleegster.***

Schwesterntracht ⟨v.⟩ **0.1** ***verpleegstersuniform*** **0.2** ***nonnenkleren.***

Schwesterschiff ⟨o.⟩ **0.1** ***zusterschip.***

Schwiegereltern ⟨alleen mv.⟩ **0.1** ***schoonouders.***

Schwiegermutter ⟨v.⟩ **0.1** ***schoonmoeder.***

Schwiegersohn ⟨m.⟩ **0.1** ***schoonzoon.***

Schwiegertochter ⟨v.⟩ **0.1** ***schoondochter.***

Schwiegervater ⟨m.⟩ **0.1** ***schoonvader.***

Schwiele ⟨v.; ~, ~n⟩ **0.1** ***eelt*** ⇒*eeltknobbel* **0.2** ⟨med.⟩ ***fibreus litteken.***

schwielig 0.1 ***eeltig, vereelt.***

schwiemeln ⟨reg.⟩ **0.1** ***pierewaaien, boemelen*** **0.2** ***zwijmelen*** ⇒*beneveld zijn.*

schwierig 0.1 ***moeilijk*** ⇒*lastig, ingewikkeld, zwaar.*

Schwierigkeit ⟨v.; ~, ~en⟩ **0.1** ***moeilijkheid*** ⇒*probleem, bezwaar, last* ◆ **2.1** private ~en *privémoeilijkheden* **3.1** ~en begegnen (a) *moeilijkheden ondervinden* (b) *moeilijkheden het hoofd bieden;* das bereitete, machte ~en *dat veroorzaakte moeilijkheden;* jmdm. ~en bereiten, machen, verursachen *het iem. moeilijk maken;* das macht ~en! *dat zal moeilijkheden, problemen opleveren!*

Schwimmabzeichen ⟨o.⟩ **0.1** ***zwemmedaille.***

Schwimmanzug ⟨m.⟩ **0.1** ***bad-, zwempak.***

Schwimmart ⟨v.⟩ **0.1** ***(soort) zwemslag.***

Schwimmbad ⟨o.⟩ **0.1** ***zwembad*** ⇒*(zwem)bassin.*

Schwimm|bassin, -becken ⟨o.⟩ **0.1** ***zwembad, (zwem)bassin.***

Schwimmblase ⟨v.⟩ **0.1** ***zwemblaas.***

Schwimmdock ⟨o.⟩ **0.1** ***drijvend dok.***

Schwimmeister ⟨m.⟩ **0.1** ***badmeester*** ⇒*zweminstructeur* **0.2** ***topzwemmer*** ⇒*zwemkampioen.*

schwimmen ⟨→t132⟩ **0.1** ⟨h/s.⟩ ***drijven*** **0.2** ⟨h/s.⟩ ***zwemmen*** **0.3** ⟨h.⟩ ***drijven, onder water staan*** **0.4** ⟨s.; fig.⟩ ***zwemmen, baden*** **0.5** ⟨h.; inf.; fig.⟩ ***onzeker zijn*** **0.6** ⟨s.; fig.⟩ ***schemeren*** ◆ **1.1** Holz schwimmt *hout blijft drijven* **1.4** ihre Augen schwammen *haar ogen stonden vol tranen* **1.6** ~de Kontouren *vage, onduidelijke contouren;* mir schwimmt der Kopf *het duizelt me* **6.1 ans** Ufer ~ *aanspoelen;* ⟨fig.⟩ **nach** oben ~ *de wind mee hebben, in het voordeel zijn* **6.2 auf** der Brust, auf dem Rücken ~ *borst-, rugzwemmen;* **über** den Fluß ~ *de rivier overzwemmen* **6.4 im** Glück ~ *overgelukkig zijn;* **in** einer Sache ~ *baden, zwemmen in iets* **6.5 ins** Schwimmen geraten, kommen *in moeilijkheden komen;* das Auto geriet **ins** Schwimmen *ik raakte de macht over de auto kwijt* **6.6** mir schwimmt es **vor** den Augen *het schemert me voor de ogen.*

Schwimmer ⟨m.; ~s, ~⟩ **0.1** ***zwemmer*** **0.2** ***dobber*** **0.3** ⟨tech.⟩ ***drijver, vlotter.***

Schwimmerbecken ⟨o.⟩ **0.1** ***het diepe (bassin).***

Schwimmerkammer ⟨v.⟩ ⟨tech.⟩ **0.1** ***vlotterkamer.***

Schwimmfähigkeit ⟨v.⟩ **0.1** ***drijfvermogen.***

Schwimmflosse ⟨v.⟩ **0.1** ***zwemvlies.***

Schwimmfuß ⟨m.⟩ **0.1** ***zwempoot.***

Schwimmgürtel ⟨m.⟩ **0.1** ***zwemgordel*** **0.2** ***reddingsboei.***

Schwimmhalle ⟨v.⟩ **0.1** ***overdekt zwembad.***

Schwimmhaut ⟨v.⟩ **0.1** ***zwemvlies.***

Schwimmhose ⟨v.⟩ **0.1** ***zwembroek.***

Schwimmkäfer ⟨m.⟩ **0.1** ***watertor.***

Schwimmkran ⟨m.⟩ **0.1** ***drijvende kraan, bok.***
Schwimmlehrer ⟨m.⟩ **0.1** *zweminstructeur.*
Schwimmring ⟨m.⟩ **0.1** *zwemband.*
Schwimmsand ⟨m.⟩ **0.1** *drijf-, loopzand.*
Schwimmvogel ⟨m.⟩ **0.1** *zwemvogel.*
Schwimmweste ⟨v.⟩ **0.1** *zwemvest.*
Schwindel ⟨m.; ~s⟩ **0.1** ***duizeling, duizeligheid*** **0.2** ***bedrog, oplichterij*** ⇒*zwendel, leugen* **0.3** ⟨inf.⟩ ***handel, zaakje*** ⇒ *rommel, zootje* ◆ **2.2** ⟨inf.⟩ ein ausgemachter ~ *puur bedrog* **3.1** ein ~ befiel mich *ik werd door duizeligheid bevangen.*
Schwindelanfall ⟨m.⟩ **0.1** ***aanval van duizeligheid*** ⇒*duizeling.*
Schwindelei ⟨v.; ~, ~en⟩⟨inf.⟩ **0.1** ***gejok, gelieg*** ⇒*leugen* **0.2** ***bedrog, oplichterij*** ⇒*zwendel.*
schwindelerregend 0.1 ***duizelingwekkend.***
schwindelfrei 0.1 ***geen last van duizeligheid hebbend*** **0.2** ***vrij van hoogtevrees.***
Schwindelgefühl ⟨o.⟩ **0.1** ***(gevoel van) duizeligheid*** ⇒*duizeling.*
schwindelhaft 0.1 ***misleidend, bedrieglijk*** **0.2** ***duizelingwekkend.***
schwindelig →**schwindlig.**
Schwindelmanöver ⟨o.⟩ **0.1** ***oplichterstruc, oplichterspraktijken*** **0.2** ***bedrieglijk(e) manoeuvre.***
schwindeln 0.1 ***jokken, liegen, zwendelen*** **0.2** ***bedriegen, oplichten*** **0.3** ***duizelen*** ◆ **1.3** in ~den Höhen *op duizelingwekkende hoogte(n)* **4.3** mein Kopf schwindelt mir *ik ben duizelig, ik duizel;* mir, ⟨soms⟩ mich schwindelt *het duizelt me, ik ben, word duizelig.*
schwinden ⟨→t133⟩⟨schr.⟩ **0.1** ***verminderen*** ⇒*afnemen, achteruitgaan, slinken* **0.2** ***verdwijnen*** ⇒*wegvallen, wijken* **0.3** ⟨vaktaal⟩ ***krimpen*** ◆ **1.1** das ~de Interesse *de tanende, dalende belangstelling;* mir schwand der Mut *de moed zakte in mijn schoenen* **1.2** meine Hoffnung ist geschwunden *mijn hoop is vervlogen* **6.1 im** Schwinden begriffen sein *aan het tanen zijn, afnemen.*
Schwindler ⟨m.; ~s, ~⟩ **0.1** ***fantast*** ⇒*jokkebrok, leugenaar* **0.2** ***oplichter*** ⇒*zwendelaar, afzetter.*
schwindlerisch 0.1 ***bedrieglijk.***
schwindlig 0.1 ***duizelig*** **0.2** ***duizelingwekkend*** ◆ **4.1** mir is ~ *ik ben duizelig.*
Schwindsucht ⟨v.⟩⟨vero.⟩ **0.1** ***tering*** ⇒*(long)tuberculose.*
schwindsüchtig ⟨vero.⟩ **0.1** ***aan tering lijdend, teringachtig.***
Schwinge ⟨v.; ~, ~n⟩ **0.1** ⟨schr.⟩ ***vleugel*** ⟨ook fig.⟩, ***wiek, vlerk*** **0.2** ⟨tech.⟩ ***coulisse.***
Schwingel ⟨m.; ~s, ~⟩⟨plantk.⟩ **0.1** ***zwenkgras.***
schwingen ⟨→t134⟩ **I** ⟨onov.ww.; h/s.⟩ **0.1** ***zwaaien*** ⇒*slingeren, schommelen, op en neer bewegen* **0.2** ⟨h.⟩ ***trillen*** ⇒ *vibreren, oscilleren* **0.3** ⟨s.; sp.⟩ ***skiën*** ◆ **6.2** etwas **zum** Schwingen bringen *iets doen trillen;*
II ⟨ov.ww.⟩ **0.1** ***zwaaien (met)*** ⇒*slaan met* **0.2** ***zwingelen*** ⟨vlas⟩, ***wannen*** ⟨koren⟩ ◆ **1.1** Fahnen ~ *vaandel-, vendelzwaaien;*
III sich ~ ⟨wk.ww.⟩ **0.1** ***zich verheffen*** ⇒*met een zwaai (omhoog)springen* **0.2** ⟨schr.⟩ ***in een boog verlopen, een boog beschrijven*** ◆ **6.1** sich **aufs** Pferd ~ *met een zwaai te paard springen.*
Schwinger ⟨m.; ~s, ~⟩ **0.1** ⟨boksen⟩ ***zwaaislag*** ⇒*swing* **0.2** ⟨Zwi.⟩ ***worstelaar.***
Schwingtor ⟨o.⟩ **0.1** ***tuimel-, kanteldeur.***
Schwingtür ⟨v.⟩ **0.1** ***zwaai-, klapdeur.***
Schwingung ⟨v.; ~, ~en⟩ **0.1** ***trilling*** **0.2** ***zwaai, slingering*** ⇒*schommeling* **0.3** ⟨schr.; fig.⟩ ***trilling, roersel*** **0.4** ⟨schr.⟩ ***boog*** ⇒*golving.*
Schwingungszahl ⟨v.⟩⟨nat.⟩ **0.1** ***trillingsgetal.***
schwipp 0.1 ***klets, plens*** ⇒*flap, pats.*
schwippen ⟨reg.⟩ **0.1** ***knallen*** **0.2** ***plassen, gutsen, kletsen*** **0.3** ***wippen, zwiepen.***
Schwippschwager ⟨m.⟩⟨inf.⟩ **0.1** ***broer van zwager of schoonzus*** **0.2** ***man van schoonzus.***
Schwips ⟨m.; ~es, ~e⟩ **0.1** ***lichte roes*** ◆ **3.1** einen (kleinen, leichten) ~ haben *(lichtelijk) aangeschoten zijn.*
schwirren 0.1 ***zoemen, gonzen*** ⇒*brommen, suizen* **0.2** ***zwermen, fladderen*** **0.3** ⟨inf.⟩ ***snorren, pezen, sjezen*** ◆ **4.1** ⟨fig.⟩ mir schwirrt der Kopf *het duizelt me, mijn hoofd gonst.*
Schwitzbad ⟨o.⟩ **0.1** ***zweetbad.***
Schwitze ⟨v.; ~, ~n⟩⟨cul.⟩ **0.1** ***roux.***
schwitzen I ⟨onov.ww.⟩ **0.1** ***zweten, transpireren*** **0.2** ***zweten, uitslaan*** **0.3** ***beslaan*** ◆ **6.1** jmdn. **ins** Schwitzen bringen *iem. doen zweten;* **ins** Schwitzen kommen ⟨ook fig.⟩ *het er warm van krijgen;*
II ⟨ov.ww.⟩ **0.1** ***zweten*** ⇒*afscheiden* **0.2** ⟨cul.⟩ ***fruiten.***
schwitzig 0.1 ***bezweet, zwetend, zweterig.***
Schwitzkasten ⟨m.⟩ **0.1** ⟨vero.⟩ ***zweetbad*** **0.2** ⟨worstelen⟩ ***borstklem.***
Schwitzkur ⟨v.⟩ **0.1** ***zweetkuur.***
Schwof ⟨m.; ~(e)s, ~e⟩⟨inf.⟩ **0.1** ***dansfuif, -partij.***
schwofen ⟨inf.⟩ **0.1** ***dansen.***
schwören ⟨→t135⟩ **0.1** ***zweren*** ⇒*een eed afleggen, doen* ◆ **6.1** er schwört **auf** seinen Hausarzt *hij zweert bij zijn huisarts.*
schwul ⟨inf.⟩ **0.1** ***homoseksueel*** ⇒*homofiel.*
schwül 0.1 ***zwoel*** ⇒*benauwd, drukkend* **0.2** ***beklemmend, benauwend*** **0.3** ***zwoel, zinnelijk, bedwelmend.***
Schwüle ⟨v.; ~⟩ **0.1** ***zwoelte, zwoelheid*** **0.2** ***beklemming, benauwdheid*** **0.3** ***zwoelheid, zinnelijkheid.***
Schwule(r) ⟨bn. als zn.⟩ **0.1** ***homo, flikker.***
Schwulität ⟨v.; ~, ~en⟩⟨inf.⟩ ◆ **6.¶ in** ~en sein *in de penarie, knoei zitten.*
Schwulst ⟨m.; ~(e)s, ~̈e⟩ **0.1** ***gezwollenheid, hoogdravendheid, overladenheid*** ⇒*bombast.*
schwulstig 0.1 ***(op)gezwollen, opgezet.***
schwülstig 0.1 ***gezwollen, hoogdravend, overladen*** ⇒*opgeblazen, bombastisch.*
schwumm(e)rig ⟨inf.⟩ **0.1** ***duizelig, draaierig*** ⇒*onwel* **0.2** ***bang, angstig, benauwd*** ◆ **3.1** mir ist ~ (zumute) *ik ben duizelig.*
Schwund ⟨m.; ~(e)s⟩ **0.1** ***het afnemen, verminderen*** ⇒*vermindering, achteruitgang* **0.2** ⟨tech.⟩ ***inkrimping, krimp*** **0.3** ⟨ec.⟩ ***gewichtsverlies*** **0.4** ⟨ec.⟩ ***verlies*** **0.5** ⟨med.⟩ ***verschrompeling, wegkwijning*** ⇒*atrofie* **0.6** ⟨tech.⟩ ***fading, sluiering.***
Schwung ⟨m.; ~(e)s, ~̈e⟩ **0.1** ***zwaai, draai*** ⇒*sprong, zwenk(ing)* **0.2** ***welving, boog(lijn)*** ⇒*krul* ⟨v.e. letter⟩ **0.3** ***beweging, vaart*** ⟨ook fig.⟩ ⇒*gang* **0.4** ***elan, vuur, enthousiasme*** ⇒*gloed, bezieling, fut* **0.5** ⟨inf.⟩ ***(een) heleboel*** ⇒*hoop* ◆ **1.5** ein ~ alter Zeitungen *een (heel) vrachtje oude kranten* **2.3** in vollem ~ *in volle gang* **3.1** ⟨skisport⟩ seine Schwünge ziehen *zijn baantjes trekken* **3.3** die Sache bekommt allmählich ~ *er komt langzamerhand schot in de zaak;* den ~ verlieren *vaart minderen,* ⟨fig. ook⟩ *de moed verliezen, geen fut meer hebben* **6.3** ⟨inf.⟩ jmdn. **in** ~ bringen *iem. achter de vodden zitten, iem. aan het werk zetten;* ⟨inf.⟩ ~ **in** eine Sache bringen, etwas in ~ bringen *iets op gang brengen, vaart achter iets zetten;* ⟨inf.⟩ ~ **in** die Bude bringen *leven in de brouwerij brengen;* sein Geschäft **in** ~ halten *ervoor zorgen dat de zaak goed loopt;* der Sport hat ihn **in** ~ gehalten *de sport heeft hem fit gehouden;* **in** ~ kommen, geraten *op gang komen, op dreef raken.*

Schwungbrett ⟨o.⟩ **0.1** ***springplank.***
Schwungfeder ⟨v.⟩⟨biol.⟩ **0.1** ***slagpen, -veer.***
schwunghaft 0.1 ***levendig*** ⇒*krachtig, energiek.*
Schwungkraft ⟨v.⟩ **0.1** ⟨nat.⟩ ***middelpuntvliedende kracht*** **0.2** ⟨fig.⟩ ***elan*** ⇒*energie.*
schwunglos 0.1 ***zonder elan, slap*** ⇒*futloos.*
Schwungrad ⟨o.⟩⟨tech.⟩ **0.1** ***vliegwiel.***
schwungvoll 0.1 ***met elan, zwierig, gloedvol*** ⇒*kwiek* **0.2** ***sierlijk.***
schwupp 0.1 ***hop(la), hoepla*** ⇒*(in) een-twee-drie.*
Schwupp ⟨m.; ~(e)s, ~e⟩⟨inf.⟩ **0.1** ***duw, klap*** ⇒*stoot, schop* **0.2** ***guts, plas, plens*** ⇒*spat, spetter* **0.3** ***hap.***
schwuppdiwupp →**schwupp.**
schwups →**schwupp.**
Schwur ⟨m.; ~(e)s, ⍨e⟩ **0.1** ***eed*** ⇒*belofte, verzekering* ◆ **3.1** einen ~ leisten, tun *een eed afleggen;* einen ~ halten *een belofte nakomen.*
Schwurgericht ⟨o.⟩ **0.1** ***rechtbank van gezworenen, jury-rechtbank.***
Schwyzerdütsch ⟨o.; ~es, ~⟩ **0.1** ***Zwitsers Duits.***
Scoop ⟨m.; ~s, ~s⟩⟨com.; jargon⟩ **0.1** ***primeur, sensationeel nieuwtje.***
s.d. ⟨afk.⟩ [siehe dies!; siehe dort!].
Sech ⟨o.; ~(e)s, ~e⟩ **0.1** ***kouter, ploegijzer.***
sechs 0.1 ***zes*** ◆ **3.1** wir waren ~ *we waren met z'n zessen.*
sechs- →**meer samenstellingen bij drei-.**
Sechs ⟨v.; ~, ~en⟩ **0.1** ***zes*** ⟨getal, cijfer⟩ **0.2** ***lijn zes*** ⟨tram⟩ **0.3** ***zeer onvoldoende, slecht*** ⟨cijfer op rapport⟩.
Sechser ⟨m.; ~s, ~⟩⟨inf.⟩ **0.1** ***zes*** ⟨getal, cijfer⟩ **0.2** ***lijn zes*** ⟨tram⟩ **0.3** ***zeer onvoldoende, slecht*** ⟨cijfer op rapport⟩ **0.4** ⟨inf.⟩ ***zes juiste getallen*** ⟨bij lottospel⟩.
sechssaitig 0.1 ***zessnarig, met zes snaren.***
sechsspännig 0.1 ***met zes paarden bespannen.***
sechst ◆ **6.¶ zu** ~ *met z'n zessen.*
Sechstagerennen ⟨o.⟩⟨sp.⟩ **0.1** ***zesdaagse.***
sechste 0.1 ***zesde.***
Sechstel ⟨o.; ~s, ~⟩ **0.1** ***zesde (deel).***
sechstens 0.1 ***ten zesde*** ⇒*in, op de zesde plaats.*
sechzehn 0.1 ***zestien.***
sechzehnte 0.1 ***zestiende.***
sechzig 0.1 ***zestig.***
Sechzig ⟨v.; ~⟩ **0.1** ***zestig.***
Sechziger ⟨m.; ~s, ~⟩ **0.1** ***zestiger*** ⇒*zestigjarige* **0.2** ⟨mv.⟩ ***zestig*** ⟨leeftijd⟩ **0.3** ⟨mv.⟩ ***jaren zestig*** ⟨v.e. eeuw⟩.
SED ⟨v.; ~⟩⟨in de voormalige DDR; afk.⟩ [Sozialistische Einheitspartei Deutschlands].
Sediment ⟨o.; ~(e)s, ~e⟩ **0.1** ***sediment.***
sedimentär ⟨geol.⟩ **0.1** ***sedimentair.***
Sedum ⟨o.; ~s, Seda⟩⟨plantk.⟩ **0.1** ***sedum, vetkruid.***
See[1] ⟨m.; ~s, ~n⟩ **0.1** ***meer.***
See[2] ⟨v.; ~, ~n⟩ **0.1** ***zee*** ⇒*zeegang* **0.2** ⟨scheep.⟩ ***golf, baar, zee*** ◆ **2.1** grobe, rauhe ~ *zware, ruwe zee* **6.1 an** die ~ fahren *naar zee gaan;* **auf** hoher ~ *in volle zee;* **in** ~ gehen, stechen *in zee steken;* **zur** ~ fahren *bij de marine zijn, varen;* ⟨inf.⟩ **zur** ~ gehen *bij de marine gaan, gaan varen.*
Seeaal ⟨m.⟩ **0.1** ***doornhaai in gelei.***
Seeadler ⟨m.⟩ **0.1** ***zeearend.***
Seeamt ⟨o.⟩ **0.1** ***Raad voor de Scheepvaart.***
Seebad ⟨o.⟩ **0.1** ***(zee)badplaats*** **0.2** ***zeebad.***
Seebär ⟨m.⟩ **0.1** ***zeebeer, pelsrob*** **0.2** ⟨scheep.⟩ ***zeebeer, vloedgolf*** **0.3** ⟨inf.⟩ ***zeerob, -rot*** ⇒*oude rot.*
Seebeben ⟨o.⟩ **0.1** ***zeebeving.***
See-Elefant ⟨m.⟩⟨biol.⟩ **0.1** ***zeeolifant.***
seefähig 0.1 ***zeewaardig.***
Seefahrer ⟨m.⟩⟨vero.⟩ **0.1** ***zeevaarder, zeevarende.***
Seefahrernation ⟨v.⟩ **0.1** ***zeevarende natie, volk van zeevaarders.***
Seefahrt ⟨v.⟩ **0.1** ***zeereis*** ⇒*zeetocht* **0.2** ***zeevaart.***
Seefahrt(s)buch ⟨o.⟩⟨scheep.⟩ **0.1** ***monsterboekje.***
Seefahrt(s)schule ⟨v.⟩ **0.1** ***zeevaartschool.***
seefest 0.1 ***zeewaardig*** **0.2** ***niet gevoelig voor zeeziekte, zeebenen hebbend*** **0.3** ***zeevast.***
Seefrachtbrief ⟨m.⟩ **0.1** ***cognossement.***
Seefunk ⟨m.⟩ **0.1** ***scheepsradio.***
Seegang ⟨m.⟩ **0.1** ***zeegang*** ⇒*deining.*
Seegras ⟨o.⟩ **0.1** ***zeegras.***
Seegurke ⟨v.⟩ **0.1** ***zeekomkommer.***
Seehandel ⟨m.⟩ **0.1** ***zeehandel, overzeese handel.***
Seehecht ⟨m.⟩ **0.1** ***heek, stokvis.***
Seeherrschaft ⟨v.⟩ **0.1** ***heerschappij ter zee.***
Seehund ⟨m.⟩ **0.1** ***zeehond, zeerob*** **0.2** ***zeehondenbont.***
Seeigel ⟨m.⟩⟨biol.⟩ **0.1** ***zee-egel.***
See|jungfer, -jungfrau ⟨v.⟩ **0.1** ***zeemeermin*** **0.2** ⟨biol.⟩ ***waterjuffer, libel.***
Seekadett ⟨m.⟩ **0.1** ***adelborst.***
Seekarte ⟨v.⟩ **0.1** ***zeekaart*** ⇒*nautische kaart.*
seekrank 0.1 ***zeeziek.***
Seekrieg ⟨m.⟩ **0.1** ***zeeoorlog.***
Seekuh ⟨v.⟩ **0.1** ***zeekoe.***
Seelachs ⟨m.⟩ **0.1** ***koolvis, zeezalm*** ⟨als surrogaat voor zalm⟩.
Seele ⟨v.; ~, ~n⟩ **0.1** ***ziel*** ⇒*gevoel, gemoed, drijfveer, hart, kern* ◆ **2.1** die arme ~! *de stakker(d)!* **3.1** die, seine ~ aushauchen *ter ziele gaan;* nun hat die arme, liebe ~ Ruh! *nu is hij, zij eindelijk tevreden!* **4.1** ⟨fig.⟩ keine (lebende, lebendige, menschliche) ~ *geen kip, sterveling* **6.1** jmdm. etwas **auf** die ~ binden *iem. iets op het hart drukken;* das Geheimnis brennt mir **auf** der ~ *het geheim brandt op mijn ziel;* es brennt mir **auf** der ~ *ik brand van verlangen;* jmdm. **auf** der ~ knien *iem. op zijn knieën smeken;* ⟨schr.⟩ das lastet, liegt mir schwer **auf** der ~ *dat ligt mij zwaar op het hart;* **aus** ganzer, tiefster, voller ~ *uit de grond van mijn, zijn hart* ⟨ook pej.⟩, *hartgrondig, van ganser harte;* du hast mir **aus** der ~ gesprochen, geredet *je hebt naar mijn hart gesproken;* jmdm. die ~ **aus** dem Leib fragen *iem. het hemd van het lijf vragen;* jmdm. die ~ **aus** dem Leib prügeln *iem. flink op zijn ziel geven;* sich ⟨3e nv.⟩ die ~ **aus** dem Leib rennen *de benen onder zijn gat uit lopen;* **mit** ganzer ~ *met hart en ziel;* eine ~ **von** Mensch *een brave ziel, een goed, edel mens;* das mußte ich mir mal **von** der ~ reden, schreiben *dat moest me eens van het hart.* →**Essen.**
Seelenadel ⟨m.⟩⟨schr.⟩ **0.1** ***zielenadel.***
Seelenamt ⟨o.⟩⟨rel.⟩ **0.1** ***lijkdienst, uitvaart*** **0.2** ***zielenmis.***
Seelenangst ⟨v.⟩⟨schr.⟩ **0.1** ***zielsangst, diepe angst.***
Seelenarzt ⟨m.⟩⟨inf.⟩ **0.1** ***psycholoog, psychiater*** **0.2** ***helper in geestelijke nood.***
Seelenfang ⟨m.⟩⟨pej.⟩ **0.1** ***het zieltjes winnen.***
Seelenfriede(n) ⟨m.⟩ **0.1** ***zielsrust, innerlijke rust.***
Seelengröße ⟨v.⟩⟨schr.⟩ **0.1** ***zielengrootheid.***
seelengut 0.1 ***ziels-, doodgoed.***
Seelenheil ⟨o.⟩ **0.1** ***zielenheil.***
Seelenhirt(e) ⟨m.⟩ **0.1** ***zielenherder.***
Seelenkunde ⟨v.⟩⟨vero.; schr.⟩ **0.1** ***zielkunde, psychologie.***
seelenkundlich 0.1 ***zielkundig, psychologisch.***
Seelenlage ⟨v.⟩⟨schr.⟩ **0.1** ***gemoedstoestand.***
Seelenleben ⟨o.⟩⟨schr.⟩ **0.1** ***zielen-, gemoedsleven.***
seelenlos 0.1 ***zielloos, onbezield*** ⇒⟨schr.; fig. vooral⟩ *gevoelloos.*
Seelenmassage ⟨v.⟩⟨inf.⟩ **0.1** ***zielentroost, troostende, bemoedigende woorden.***

Seelenmesse ⟨v.⟩ →**Seelenamt.**
Seelennot ⟨v.⟩⟨schr.⟩ **0.1** *zielennood.*
Seelenqual ⟨v.⟩ **0.1** *zielskwelling(en).*
Seelenruhe ⟨v.⟩ **0.1** *zielen-, zielsrust, gemoedsrust* ⇒*bedaardheid, gemoedereerdheid* ◆ **6.1 in, mit** aller ~ *in alle rust, doodgemoedereerd.*
seelenruhig 0.1 *doodkalm, (dood)gemoedereerd.*
seelenvergnügt 0.1 *zielsvergenoegd, -blij.*
Seelenverkäufer ⟨m.⟩ **0.1** ⟨scheep.⟩ *drijvende doodkist* ⇒ *wrak* **0.2** ⟨inf.⟩ *zielverkoper, ronselaar.*
seelenverwandt 0.1 *zielsverwant.*
seelenvoll ⟨schr.⟩ **0.1** *gevoelvol, bezield.*
Seelenwanderung ⟨v.⟩ **0.1** *zielsverhuizing.*
Seelenwärmer ⟨m.⟩⟨inf.; scherts.⟩ **0.1** *wollen vest* **0.2** *opkikkertje, glaasje jenever.*
Seelenzustand ⟨m.⟩⟨schr.⟩ **0.1** *ziels-, gemoedstoestand.*
Seeleute ⟨alleen mv.⟩ **0.1** *zeelieden* ⇒*zeevolk.*
seelisch 0.1 *psychisch* ⇒*innerlijk, ziels-, geestelijk* ◆ **1.1** ~e Schmerzen (a) *zielenpijn* (b) *psychisch leed* **2.1** ~ verwandt *zielsverwant.*
Seelöwe ⟨m.⟩ **0.1** *zeeleeuw.*
Seelsorge ⟨v.⟩ **0.1** *zielzorg* ⇒*geestelijke verzorging.*
Seelsorger ⟨m.; ~s, ~⟩ **0.1** *zielzorger* ⇒*geestelijke.*
seel|sorgerisch, -sorg(er)lich 0.1 *pastoraal.*
Seeluft ⟨v.⟩ **0.1** *zeelucht.*
Seemacht ⟨v.⟩ **0.1** *zeemogendheid.*
Seemann ⟨m.; mv. Seeleute⟩ **0.1** *zeeman.*
seemännisch 0.1 *zeemans-, zeevaart-.*
Seemannsgarn ⟨o.⟩⟨inf.⟩ ◆ **3.¶** (ein) ~ spinnen *(sterke) zeemansverhalen ten beste geven.*
Seemannsheim ⟨o.⟩ **0.1** *zeemanshuis.*
Seemeile ⟨v.⟩ **0.1** *zeemijl.*
Seemöwe ⟨v.⟩ **0.1** *zeemeeuw.*
Seenot ⟨v.⟩ **0.1** *nood (op zee).*
Seenotrettungsdienst ⟨m.⟩ **0.1** *reddingsbrigade.*
Seenotrettungskreuzer ⟨m.⟩ **0.1** *motorreddingsboot.*
Seenotruf ⟨m.⟩ **0.1** *SOS-bericht, noodsignaal.*
Seenplatte ⟨v.⟩ **0.1** *merenplateau.*
Seeordnung ⟨v.⟩ **0.1** *scheepvaartreglement.*
Seepferd(chen) ⟨o.⟩ **0.1** *zeepaardje.*
Seeprotest ⟨m.⟩⟨scheep., jur.⟩ **0.1** *zeeprotest.*
Seeräuber ⟨m.⟩ **0.1** *zeerover* ⇒*piraat.*
Seeräuberei ⟨v.⟩ **0.1** *zeeroverij, zeeroof, piraterij.*
Seerecht ⟨o.⟩ **0.1** *zeerecht.*
Seerose ⟨v.⟩ **0.1** ⟨plantk.⟩ *waterlelie* **0.2** ⟨biol.⟩ *zeeanemoon.*
Seesack ⟨m.⟩ **0.1** *plunjezak.*
Seesalz ⟨o.⟩ **0.1** *zeezout.*
Seeschaden ⟨m.⟩ **0.1** *zeeschade, averij.*
Seeschiff ⟨o.⟩ **0.1** *zeeschip.*
Seeschiffahrt ⟨v.⟩ **0.1** *zee(scheep)vaart* ⇒*grote vaart.*
Seeschildkröte ⟨v.⟩ **0.1** *zeeschildpad.*
Seeschlange ⟨v.⟩ **0.1** ⟨biol.⟩ *zeeslang* **0.2** ⟨gesch.⟩ *zeemonster.*
Seeschwalbe ⟨v.⟩⟨biol.⟩ **0.1** *(zee)stern, zeezwaluw.*
Seesperre ⟨v.⟩⟨mil.⟩ **0.1** *zeeblokkade.*
Seespinne ⟨v.⟩⟨biol.⟩ **0.1** *spinkrab.*
Seestern ⟨m.⟩ **0.1** *zeester.*
Seestraße ⟨v.⟩ **0.1** *zee(water)weg, scheepvaartroute.*
Seestraßenordnung ⟨v.⟩⟨jur.⟩ **0.1** *scheepvaartreglement.*
Seestreitkräfte ⟨alleen mv.⟩ **0.1** *zeestrijdkrachten, (oorlogs)marine.*
Seestück ⟨o.⟩⟨bk.⟩ **0.1** *zeestuk, zeegezicht* ⇒*marine.*
Seetang ⟨m.⟩⟨plantk.⟩ **0.1** *zeewier.*
Seeteufel ⟨m.⟩⟨biol.⟩ **0.1** *zeeduivel* **0.2** *zeedonderpad.*
seetüchtig 0.1 *zeewaardig.*
Seeufer ⟨o.⟩ **0.1** *meeroever.*
Seeunfall ⟨m.⟩ **0.1** *scheepsongeluk.*
seeuntüchtig 0.1 *niet zeewaardig.*
Seeversicherung ⟨v.⟩ **0.1** *zee(transport)verzekering.*
Seewarte ⟨v.⟩ **0.1** *instituut voor de scheepvaart.*
seewärts 0.1 *zeewaarts.*
Seewasserstraße ⟨v.⟩ **0.1** *zee(water)weg, zeeroute.*
Seeweg ⟨m.⟩ **0.1** *zeeroute, -weg* ◆ **6.1 auf** dem ~ *over zee.*
Seewetterdienst ⟨m.⟩ **0.1** *meteorologisch instituut voor de scheepvaart.*
Seezeichen ⟨o.⟩ **0.1** *teken voor de scheepvaart* ⇒*zeebaken, boei, vuurtoren.*
Seezunge ⟨v.⟩⟨biol.⟩ **0.1** *(zee)tong.*
Segel ⟨o.; ~s, ~⟩ **0.1** *zeil* **0.2** *zonnescherm* ◆ **3.1** ⟨scheep.⟩ die ~ klarmachen, setzen *de zeilen hijsen;* die ~ streichen (a) *de zeilen strijken* (b) ⟨schr.; fig.⟩ *bakzeilhalen* **6.1 mit** vollen ~n fahren (a) *met volle zeilen, met alle zeilen bij varen* (b) ⟨inf.; fig.⟩ *alle zeilen bijzetten.*
Segelboot ⟨o.⟩ **0.1** *zeilboot.*
Segelfahrt ⟨v.⟩ **0.1** *zeiltocht.*
segelfertig 0.1 *zeilree, -klaar.*
segelfliegen 0.1 *zweefvliegen.*
Segelfliegerohren ⟨alleen mv.⟩⟨inf.⟩ **0.1** *zeil-, flaporen.*
Segelflug ⟨m.⟩ **0.1** *zweefvlucht* **0.2** *het zweefvliegen.*
Segelflugzeug ⟨o.⟩ **0.1** *zweefvliegtuig.*
Segeljacht ⟨v.⟩ **0.1** *zeiljacht.*
segelklar 0.1 *zeilree, -klaar.*
segeln 0.1 *zeilen* **0.2** *zweven* ⇒*drijven* **0.3** ⟨fig.⟩ *zeilen* ⇒ *stevenen* **0.4** ⟨inf.⟩ *vallen, vliegen* **0.5** ⟨inf.; fig.⟩ *zakken, sjezen* ◆ **1.1** eine Jacht ~ *op, met een jacht zeilen;* ⟨fig.⟩ einen anderen Kurs ~ *een andere koers varen;* eine Regatta ~ *aan een regatta deelnemen, meedoen* **6.1** (dicht, hart) **am** Wind ~ *(hoog) aan de wind zeilen;* ⟨inf.; fig.⟩ **unter** einem bestimmten Namen ~ *onder een bepaalde vlag varen* **6.3** sie segelte **ins** Zimmer *ze stevende de kamer in* **6.5 durch** das Examen ~ *voor het examen zakken, sjezen.*
Segelregatta ⟨v.⟩ **0.1** *zeilregatta.*
Segelschiff ⟨o.⟩ **0.1** *zeilschip.*
Segelschlitten ⟨m.⟩ **0.1** *zeilslede.*
Segeltuch ⟨o.⟩ **0.1** *zeildoek.*
Segelwerk ⟨o.⟩ **0.1** *zeilwerk, takelage.*
Segen ⟨m.; ~s, ~⟩ **0.1** *zegen* ⇒*geluk, heil* **0.2** ⟨inf.⟩ *overvloed* ⇒*boel* ◆ **2.2** das ist der ganze ~? *is dat nou alles?* **3.1** ⟨inf.⟩ seinen ~ (zu einer Sache) geben *(iets) zijn zegen geven;* darauf liegt, ruht kein ~ *daar rust geen zegen op;* den ~ sprechen (a) *de zegen uitspreken, geven* (b) *bidden, danken.* →**regen.**
Segensformel ⟨v.⟩ **0.1** *zegenspreuk.*
Segenspendung ⟨v.⟩ **0.1** *zegen(ing).*
segensreich 0.1 *zegenrijk, heilvol* ⇒*vruchtbaar, heilzaam* ◆ **3.1** ~ wirken (a) *vruchtbare arbeid verrichten* (b) *een zegen zijn.*
Segensspruch ⟨m.⟩ **0.1** *zegen(spreuk).*
segensvoll →**segensreich.**
Segenswunsch ⟨m.⟩ **0.1** *zegen-, geluk-, heilwens.*
Segge ⟨v.; ~, ~n⟩ **0.1** *zegge, rietgras.*
Segler ⟨m.; ~s, ~⟩ **0.1** *zeilschip* **0.2** *zeiler* **0.3** *zweefvliegtuig* **0.4** ⟨biol.⟩ *gierzwaluw.*
Segment ⟨o.; ~(e)s, ~e⟩ **0.1** *segment* ⇒*deel.*
segnen I ⟨ov.ww.⟩ **0.1** *zegenen* **0.2** ⟨vero.⟩ *loven, prijzen* ◆ **1.1** ⟨inf.⟩ ein gesegneter Appetit, Schlaf *een gezonde eetlust, slaap;* ⟨schr.⟩ ein gesegnetes Fleckchen Erde *een stukje paradijs op aarde;*
II sich ~ ⟨wk.ww.⟩ **0.1** *een kruis maken.*

Segnung ⟨v.; ~, ~en⟩ **0.1** *zegen(ing).*

Segregation ⟨v.; ~, ~en⟩ **0.1** ***segregatie, afzondering.***

Sehachse ⟨v.⟩ **0.1** ***gezichts-, oogas.***

sehbehindert **0.1** ***slecht ziend.***

Sehbeteiligung ⟨v.⟩⟨com.⟩ **0.1** ***kijkdichtheid.***

sehen ⟨→t136⟩ **I** ⟨onov.ww.⟩ **0.1** ***zien*** ⇒*kijken* ◆ **3.1** laß ~! *laat eens zien!;* laß mich ~! *laat mij eens kijken!;* sich ~ lassen können *gezien mogen worden;* diese Arbeit kann sich ~ lassen *dit werk mag er zijn;* sich bei jmdm. ~ lassen *bij iem. op bezoek gaan, bij iem. binnenwippen;* daran läßt sich ~, wie ... *daaraan is te zien dat, hoe ...;* jmdn. ~d machen (a) *iem. doen zien* (b) ⟨fig.⟩ *iem. de ogen openen;* wir werden (ja) schon ~ (a) *we zullen wel zien* (b) *dat zullen we nog wel eens zien* **4.1** siehste, siehst du! *zie je nou wel!* **5.1** siehe auch, oben, unten *zie ook, boven(aan), onder(aan);* sieh(e) da! *kijk eens (aan)!;* ⟨scherts.⟩ sieh mal (einer) an! *kijk eens (aan)!;* ⟨inf.⟩ (und) hast du nicht gesehen, war er weg *(en in) één twee drie was hij weg;* sehe ich recht, richtig? *zie ik (het) wel goed?;* ich sehe schon! *ik zie het al!* **6.1** **auf** eine Sache ~ (a) *naar iets kijken* (b) *op iets letten* (c) *op op iets gesteld zijn* (d) *op iets uitzien, uitkijken;* **auf** den, **nach** dem Garten ~ *op de tuin uitzien;* **auf** die, **nach** der Uhr ~ *op de klok, het horloge kijken;* nur **auf** seinen Vorteil ~ *slechts op eigen voordeel uit zijn;* **aufs** Geld ~ *(erg) zuinig zijn;* **in** die Sonne ~ *tegen de zon in kijken;* **nach** einer Sache, jmdm. ~ *op iets, iem. letten;* **nach** neuen Möglichkeiten ~ *nieuwe mogelijkheden zoeken;* jmdn. **vom** Sehen kennen *iem. van gezicht kennen;*
II ⟨ov.ww.⟩ **0.1** ***zien*** ⇒*gewaarworden, opmerken, ontmoeten* **0.2** ***zien*** ⇒*trachten, proberen* ◆ **1.1** siehe Seite ... *zie bladzijde* ... **3.1** etwas kommen ~ *iets (wel) zien aankomen;* ich habe ihn weglaufen ~, ⟨zelden⟩ gesehen *ik heb hem zien wegrennen* **5.1** wir sahen unsere Erwartungen enttäuscht *we werden in onze verwachtingen teleurgesteld;* da sieht man's wieder! *daar zie je maar weer!* **8.1** Sie ~ daraus, daß ... *u ziet daaraan wel, daaruit blijkt wel dat ...;*
III sich ~ ⟨wk.ww.⟩ **0.1** ***zich zien*** ⇒*zich voelen, zijn* ◆ **3.1** wir sahen uns getäuscht *we moesten vaststellen dat we bedrogen waren.*

sehens|wert, -würdig **0.1** ***bezienswaardig.***

Sehenswürdigkeit ⟨v.; ~, ~en⟩ **0.1** ***bezienswaardigheid.***

Seher ⟨m.; ~s, ~⟩ **0.1** ***ziener*** ⇒*profeet* **0.2** ⟨jacht⟩ ***oog, spiegel*** ⟨van wild⟩ **0.3** ⟨steeds mv.; inf.⟩ ***ogen, kijkers.***

Seherblick ⟨m.⟩ **0.1** ***zienersblik.***

seherisch **0.1** ***profetisch, visionair.***

Sehfehler ⟨m.⟩ **0.1** ***gezichtsstoornis.***

Sehfeld ⟨o.⟩ →**Sehkreis.**

Sehhilfe ⟨v.⟩ **0.1** ***optisch hulpmiddel.***

Sehkraft ⟨v.⟩ **0.1** ***gezichtsvermogen.***

Sehkreis ⟨m.⟩ **0.1** ***gezichtsveld, -kring.***

Sehne ⟨v.; ~, ~n⟩ **0.1** ***pees*** ⇒*zeen* **0.2** ***pees, koord*** ⟨v.e. boog⟩ **0.3** ⟨wisk.⟩ ***koorde.***

sehnen, sich **0.1** ***(vurig) verlangen*** ⇒*hunkeren, smachten, snakken* ◆ **1.1** ein ~des Verlangen *een hevig, vurig verlangen* **6.1** sich **nach** dem Bett ~ *naar (zijn) bed verlangen.*

Sehnen ⟨o.; ~s⟩⟨schr.⟩ **0.1** ***vurig verlangen*** ⇒*hunkering.*

Sehnenriß ⟨m.⟩⟨med.⟩ **0.1** ***peesruptuur*** **0.2** ***gescheurde pees.***

Sehnenscheidenentzündung ⟨v.⟩⟨med.⟩ **0.1** ***peesschedeontsteking.***

Sehnenzerrung ⟨v.⟩⟨med.⟩ **0.1** ***peesverrekking.***

Sehnerv ⟨m.⟩ **0.1** ***gezichts-, oogzenuw.***

sehnig **0.1** ***pezig*** ⇒*zenig, draderig, gespierd.*

sehnlich **0.1** ***vurig, smachtend*** ⇒*hartstochtelijk.*

Sehnsucht ⟨v.; ~, ¨e⟩ **0.1** ***(hevig, vurig, hartstochtelijk) verlangen*** ⇒*hunkering* ◆ **3.1** ~ empfinden, haben *sterk verlangen, smachten, hunkeren* **6.1** jmdn. **mit** ~ erwarten *met smart op iem. zitten wachten;* **von** (der) ~ erfüllt sein *branden van verlangen, vurig, hartstochtelijk verlangen.*

sehnsüchtig **0.1** ***verlangend, smachtend*** ⇒*reikhalzend, vol verlangen, met smart.*

sehnsuchtsvoll ⟨schr.⟩ →**sehnsüchtig.**

Sehorgan ⟨o.⟩ **0.1** ***gezichtsorgaan.***

sehr **0.1** ***zeer*** ⇒*erg, heel* ◆ **5.1** ich wünsche es mir so ~! *ik hoop het toch zo!;* nicht zu ~ ... *niet al te zeer ...*

Sehrohr ⟨o.⟩ **0.1** ***periscoop.***

Sehschärfe ⟨v.⟩ **0.1** ***gezichtsscherpte.***

Sehschlitz ⟨m.⟩ **0.1** ***kijkspleet.***

Sehschwäche ⟨v.⟩ **0.1** ***gezichtszwakte.***

Sehtest ⟨m.⟩ **0.1** ***oogmeting, -test.***

Sehvermögen ⟨o.⟩ **0.1** ***gezichtsvermogen.***

Sehweise ⟨v.⟩⟨fig.⟩ **0.1** ***zienswijze.***

Sehweite ⟨v.⟩ **0.1** ***gezichtsafstand*** ⇒*(ge)zicht.*

seicht **0.1** ***ondiep*** ⇒*laag* **0.2** ⟨fig.⟩ ***oppervlakkig*** ⇒*banaal.*

Seichtheit ⟨v.; ~, ~en; meestal enk.⟩ **0.1** ***ondiepte*** **0.2** ⟨fig.⟩ ***oppervlakkigheid*** ⇒*banaliteit.*

Seide ⟨v.; ~, ~n⟩ **0.1** ***zijde*** **0.2** ⟨plantk.⟩ ***warkruid*** ◆ **2.1** reine ~ *zuivere zijde* **3.1** ⟨fig.⟩ dabei, damit ist keine ~ zu spinnen *daar zul je geen zij(de) bij spinnen.*

Seidel ⟨o.; ~s, ~⟩ **0.1** ***bierpul*** **0.2** ⟨reg.⟩ ***bierglas.***

Seidelbast ⟨m.⟩⟨plantk.⟩ **0.1** ***peperboompje.***

seiden **0.1** ***zijden*** ⇒*van zijde, zijdeachtig.*

Seidenfaden ⟨m.⟩ **0.1** ***zijden draad.***

Seidenkleid ⟨o.⟩ **0.1** ***zijden jurk, japon.***

Seidenpapier ⟨o.⟩ **0.1** ***zijde-, vloeipapier.***

Seidenraupe ⟨v.⟩ **0.1** ***zijderups.***

Seidenspinner ⟨m.⟩⟨biol.⟩ **0.1** ***echte spinner*** ⇒*zijdevlinder.*

Seidenstoff ⟨m.⟩ **0.1** ***zijden stof*** ⇒*zijde.*

seidenweich **0.1** ***zacht als zijde, satijnzacht.***

seidig **0.1** ***zijdeachtig, zijig.***

Seife ⟨v.; ~, ~n⟩ **0.1** ***zeep*** **0.2** ⟨geol.⟩ ***(alluviale) ertsafzetting*** ◆ **3.1** ~ kochen *zeepzieden.*

seifen **0.1** ⟨reg.⟩ ***(in)zepen*** ⇒*met zeep wassen* **0.2** ⟨geol.; erts⟩ ***(uit)wassen.***

Seifenbad ⟨o.⟩ **0.1** ***zeepbad.***

Seifenblase ⟨v.⟩ **0.1** ***zeepbel*** ◆ **3.1** ~n machen *zeepbellen blazen* **8.1** ⟨fig.⟩ wie ~n zerplatzen *als een zeepbel uiteenspatten.*

Seifenhalter ⟨m.⟩ **0.1** ***zeepbakje.***

Seifenkistenrennen ⟨o.⟩⟨inf.⟩ **0.1** ***zeepkistrace.***

Seifenkraut ⟨o.⟩⟨plantk.⟩ **0.1** ***zeepkruid.***

Seifenlauge ⟨v.⟩ **0.1** ***zeepsop*** ⇒*zeepoplossing.*

Seifennapf ⟨m.⟩ **0.1** ***zeepdoos, -bakje.***

Seifenoper ⟨v.⟩⟨inf.⟩ **0.1** ***soap opera.***

Seifenpulver ⟨o.⟩ **0.1** ***zeeppoeder.***

Seifenschale ⟨v.⟩ **0.1** ***zeepbakje.***

Seifensieder ⟨m.⟩ **0.1** ***zeepzieder*** ◆ **3.¶** ⟨inf.⟩ mir geht ein ~ auf! *nou gaat me een licht op!, nou snap ik hem!*

Seifenwasser ⟨o.⟩ **0.1** ***zeepwater, -sop, -oplossing.***

seifig **0.1** ***zeepachtig, zepig*** **0.2** ***vol (met) zeep*** ◆ **1.2** ~e Hände *zeephanden.*

seihen **0.1** ***zijgen, zeven, filtreren.***

Seiher ⟨m.; ~s, ~⟩ **0.1** ***zeef, klens*** ⇒*vergiet, doorslag.*

Seil ⟨o.; ~(e)s, ~e⟩ **0.1** ***touw, koord*** ⇒*snoer, lijn, draad* **0.2** ***kabel*** ◆ **6.1** ⟨fig.⟩ **am** gleichen ~ ziehen *één lijn trekken;* **auf** dem ~ balancieren, tanzen *koorddansen;* **in** den ~en hängen (a) *in de touwen hangen* (b) ⟨fig.⟩ *bekaf zijn;* **mit** dem ~ springen, **über** das ~ hüpfen, springen *touwtjespringen.*

Seilakrobat ⟨m.⟩ **0.1** ***koorddanser.***
Seilbahn ⟨v.⟩ **0.1** ***kabelbaan*** **0.2** ***hangspoor.***
seilen **0.1** ***met touw vastbinden*** **0.2** ***touwslaan.***
Seiler ⟨m.; ~s, ~⟩ **0.1** ***touwslager.***
Seilerware ⟨v.⟩ **0.1** ***touw(waren), touwwerk.***
Seilfähre ⟨v.⟩ **0.1** ***kabelpont.***
seilhüpfen →**seilspringen.**
Seilschaft ⟨v.; ~, ~en⟩ **0.1** ***groep(je) bergbeklimmers door een touw aan elkaar verbonden*** **0.2** ⟨pol.⟩ ***samenwerkende politieke groep.***
Seilschwebebahn ⟨v.⟩ →**Seilbahn.**
seilspringen **0.1** ***touwtjespringen.***
seiltanzen **0.1** ***koorddansen.***
Seiltänzer ⟨m.⟩ **0.1** ***koorddanser.***
Seiltrommel ⟨v.⟩ **0.1** ***kabel-, liertrommel.***
Seilwerk ⟨o.⟩ **0.1** ***touwwerk.***
Seilwinde ⟨v.⟩ **0.1** ***windas, lier.***
Seim ⟨m.; ~(e)s, ~e⟩⟨vero.⟩ **0.1** ***(honing)zeem*** **0.2** ***stroop, siroop.***
seimig ⟨vero.⟩ **0.1** ***stroperig*** ⇒*smeuïg, gebonden.*
sein[1] ⟨→t137⟩ **I** ⟨onov.ww.⟩ **0.1** ***zijn*** ⇒*bestaan* **0.2** ***zijn, zich bevinden*** **0.3** ***zijn, plaatsvinden, gebeuren*** **0.4** ***afkomstig zijn, stammen*** **0.5** ⟨met 3e nv.⟩ ***zijn van, toebehoren aan*** ◆ **1.1** ⟨inf.⟩ wie die Tatsachen nun mal sind *zoals de feiten nou eenmaal liggen* **1.3** heute ist kein Unterricht *vandaag is er geen les* **3.1** das kann (doch) nicht ~! *dat kan (toch) niet!;* es hätte ja ~ können *het had toch gekund;* kann, mag ~ *dat kan, mag wel zijn;* was soll denn das ~? *wat moet dat (nou) voorstellen?;* alles, was war, ist und noch ~ wird *in het verleden, heden en de toekomst* **3.3** es braucht nicht sofort zu ~ *het hoeft niet meteen (te gebeuren);* das darf, soll nicht ~! (a) *dat mag niet!* (b) *dat is toch zeker niet waar!;* etwas ~ lassen *iets laten;* muß das ~? *moet dat nou?;* was ~ muß, muß ~ *wat moet, (dat) moet;* es hat nicht ~ sollen *het heeft niet (zo) mogen zijn, wezen;* ⟨in de winkel⟩ was soll es denn ~? *wat zal, mag het zijn (voor u)?* **4.3** ist irgend etwas? *is er iets?* **4.4** woher ist der Wein? *waar komt die wijn vandaan?* **4.5** ⟨schr.⟩ ich bin dein *ik behoor jou toe;* welches Buch ist deins? *welk boek is van jou?;* das ist meins, ⟨inf.⟩ mir *dat is van mij* **5.1** ist nicht! (a) *hoe bestaat het!* (b) *niets ervan!;* sei doch nicht so! *hè, toe nou!;* ich will mal nicht so ~ *ik zal het dan maar doen;* wie könnte es auch sonst ~? *hoe kan, kon het ook anders?* **5.2** (so,) da wären wir! *daar zijn we dan!* **5.3** das wird niemals ~! *dat zal nooit gebeuren!* **6.1** **aus** 4 Teilen ~ *uit 4 delen bestaan* **6.2** ⟨reg.; inf.⟩ **am** Lesen ~ *aan 't lezen zijn;* das Geld ist **auf** der Bank *het geld staat op de bank;* **bei** der Arbeit ~ *aan het werk(en) zijn;* **bei** der Sache ~ *erbij zijn (met zijn hoofd);* **bei** sich ~ *bij kennis zijn;* **beim** Lesen ~ *aan 't lezen zijn, zitten (te) lezen;* ich war noch nie **in** Berlin *ik ben nog nooit in Berlijn geweest;* die Fenster sind **nach** dem Garten *de ramen kijken op de tuin uit;* **ohne** Geld ~ *zonder geld zitten* **6.3** das war **vor** 2 Jahren *dat is twee jaar geleden (gebeurd)* **6.4** **aus** Griechenland ~ *uit Griekenland komen;* **von** wem ist das? *van wie komt dat?* **7.1** ⟨fil.⟩ das Seiende *het zijnde;*
II ⟨onp.ww.⟩ **0.1** ***zijn*** ⇒*wezen* **0.2** ***zich voelen*** ◆ **4.1** so sei es denn! *het zij zo!;* es sei denn, daß … *tenzij …;* sei's drum! *voor mijn part!;* sei es heute oder (sei es) morgen *vandaag of morgen, of het nou vandaag of morgen is;* dem sei, wie ihm wolle *hoe het ook zij;* dem ist leider nicht so *dat is helaas niet zo;* wie wäre es, wenn *wat zou je, zouden jullie ervan vinden als* **4.2** ist dir etwas? *is er iets (met je aan de hand)?;* mir ist kalt *ik heb het koud;* mir ist schlecht *ik voel me niet goed;* mir ist schwindlig *ik ben duizelig* **6.1** es ist **an** dem *dat is zo, dat klopt;* es ist **an** dir, etwas zu tun *het is aan jou, het is jouw taak iets te doen* **6.2** mir ist nicht **danach** (zumute) *mijn hoofd staat er niet naar* **8.2** mir ist (so), als (ob) … *ik heb het gevoel dat …;* mir ist, als hätte ich etwas gehört *ik meen iets gehoord te hebben;*
III ⟨kww.⟩ **0.1** ***zijn*** ◆ **3.1** dabei ist zu beachten *daarbij dient er rekening mee gehouden te worden;* Hunde sind an der Leine zu führen *honden moeten worden aangelijnd;* ⟨inf.⟩ da ist nichts zu machen! *er is niets aan te doen!;* es ist nichts zu machen, tun *er hoeft niets te worden gedaan, er kan niets worden gedaan* **4.1** wenn ich du wäre *als ik jou was;* das war's, wär's (dann)! *dat was het dan (wel)!, dat was, is alles!;* du bist mir ja einer! *je bent me er (ook) eentje!;* nachher, am Ende will es keiner gewesen ~ *uiteindelijk heeft niemand het gedaan;* sei es der Mann (oder) sei es die Frau *hetzij de man hetzij de vrouw;* nichts ~ *niets bereikt hebben, het tot niets gebracht hebben* **5.1** (und) sei er (auch) noch so arm *ook al is hij nog zo arm;*
IV ⟨hww.⟩ **0.1** ***zijn*** ◆ **3.1** das wäre getan! *dat zit erop.*
sein[2] ⟨bez.vnw.⟩ **0.1** ***zijn*** **0.2** ***Zijne*** ⇒*Uwe* ◆ **1.1** ⟨inf.⟩ meinem Vater ~ Hut *mijn vader zijn hoed* **2.1** das Buch kostet ~e 30 Mark *dat boek kost toch wel 30 mark;* das Buch ist ~e 30 Mark wert *het boek is die 30 mark (wel) waard* **3.1** ⟨schr.⟩ alles, was ~ ist *al wat hem toebehoort* **7.1** das ist nicht unser Problem, sondern ~s, ⟨schr.⟩ ~es, das ~e *dat is niet ons probleem, maar het zijne;* ⟨schr.⟩ sie wird die Seine *ze wordt zijn vrouw;* die Seinen *de zijnen, zijn gezin* **¶.1** ⟨sprw.⟩ jedem das Seine *ieder het zijne.*
Sein ⟨o.; ~s⟩ **0.1** ***het bestaan, zijn*** ◆ **8.1** ~ und Schein unterscheiden können *de schijn van het wezen kunnen onderscheiden.*
seinerseits **0.1** ***zijnerzijds, van zijn kant.***
seinerzeit **0.1** ***destijds, indertijd*** **0.2** ⟨vero.; Oostr.⟩ ***te zijner tijd.***
seinerzeitig **0.1** ***toenmalig, van toen.***
seinesgleichen **0.1** ***zijns gelijke*** ◆ **3.1** ~ suchen, nicht ~ haben ⟨ook⟩ *weergaloos, ongeëvenaard zijn* **6.1** nur **mit** ~ verkehren *alleen met mensen van zijn eigen soort, stand omgaan* **8.1** er und ~ *hij en zijn kornuiten.*
seinethalben ⟨vero.⟩ →**seinetwegen.**
seinetwegen **0.1** ***zijnentwege, om zijnentwil(le).***
seinetwillen ◆ **6.¶** **um** ~ *om zijnentwil(le).*
seinige ⟨vero.; schr.⟩ ◆ **7.¶** der, die, das ~ *de, het zijne;* die Seinigen *de zijnen.*
seinlassen ⟨inf.⟩ **0.1** ***achterwege laten, niet doen*** ⇒*laten (zitten).*
seismisch **0.1** ***seismisch*** ⇒*aardbevings-.*
Seismograph ⟨m.; ~en, ~en⟩ **0.1** ***seismograaf.***
Seismologie ⟨v.; ~⟩ **0.1** ***seismologie.***
Seismometer ⟨o.⟩ **0.1** ***seismometer.***
seit[1] ⟨vz. + 3⟩ **0.1** ***sinds, sedert*** ◆ **1.1** ~ langer Zeit *allang, al een hele tijd.*
seit[2] ⟨vw.⟩ **0.1** ***sinds, sedert.***
seitab **0.1** ***terzijde, afzijdig*** ⇒*achteraf.*
seitdem[1] ⟨bw.⟩ **0.1** ***sindsdien, sedert(dien), sinds die tijd.***
seitdem[2] ⟨vw.⟩ **0.1** ***sedert, sinds.***
Seite ⟨v.; ~, ~n⟩ **0.1** ***kant, zijde*** ⇒*zijkant, (zij)vlak* **0.2** ***bladzijde, pagina*** **0.3** ***zij(de)*** ⇒*flank* **0.4** ***zijde, kant*** ⇒*partij* **0.5** ⟨wisk.⟩ ***term, lid*** ◆ **1.3** eine ~ Speck *een zij spek* **2.1** die äußere ~ *de buitenkant,* ⟨ook⟩ *de buitenste laag;* ⟨fig.⟩ einer Sache die beste ~ abgewinnen *de goede kant van iets (willen) zien;* auf der einen ~ …, auf der anderen ~ … *enerzijds …, anderzijds …;* die hintere, innere ~ *de achter-, binnenkant;* die rechte ~ (a) *de rechterkant, -zijde* (b) *de goede zijde, de voorkant* ⟨van stoffen⟩; ⟨inf.; fig.⟩ Frauen sind seine

schwache ~ *hij heeft een zwak voor vrouwen;* ⟨inf.; fig.⟩ Rechnen ist seine schwache ~ *rekenen is een zwak punt bij hem;* ⟨inf.; fig.⟩ das ist seine starke ~ *daarin is hij sterk* **2.3** ⟨fig.⟩ sich auf die faule ~ legen *een lui leventje (gaan) leiden* **2.4** von dritter ~ *van derden;* von zuverlässiger ~ *uit betrouwbare bron;* von (gut)unterrichteter ~ *van welingelichte zijde* **2.¶** auf beiden ~n Wasser tragen *de kool en de geit willen sparen* **3.3** ⟨fig.⟩ sich ⟨3e nv.⟩ vor Lachen die ~n halten *schudden van het lachen* **6.1** ⟨fig.⟩ jmdn. **an** seiner schwachen ~ angreifen, fassen *iem. in zijn zwak aantasten;* etwas **an** der ~ tragen *iets opzij dragen;* **auf, zu** beiden ~n von *aan weerszijden, weerskanten van;* etwas **auf** die ~ schaffen (a) *iets opzij leggen* (b) *iets in veiligheid brengen* (c) *iets achteroverdrukken* (d) *iets uit de weg ruimen;* ⟨inf.; fig.⟩ jmdn. **auf** die ~ schaffen *iem. van kant maken;* **auf** die, **zur** ~ gehen, rücken, treten *aan de kant, opzij gaan (staan);* ⟨fig.⟩ etwas **auf** der ~ haben *iets opzij gelegd hebben;* ⟨fig.⟩ etwas **auf** die ~ legen *iets opzij leggen;* jmdn. **auf** die, **zur** ~ nehmen *iem. terzijde nemen;* ⟨fig.⟩ sich ⟨3e nv.⟩ etwas **nach** allen ~n hin überlegen *iets lang en breed overwegen;* ⟨inf.⟩ komm mir nur nicht **von** der ~ *daar hoef je bij mij niet mee aan te komen;* **zur** ~ blicken *opzij kijken;* etwas **zur** ~ legen *iets terzijde, opzij leggen;* ⟨fig.⟩ jmdn. **zur** ~ schieben *iem. aan de kant zetten;* ⟨fig.⟩ etwas **zur** ~ schieben *iets terzijde schuiven, opzij zetten;* ⟨dram.⟩ **zur** ~ sprechen *terzijde spreken;* ⟨fig.⟩ jmdm. **zur** ~ stehen *iem. bijstaan* **6.3** ⟨fig.⟩ jmdn. jmdm. **an** die ~ stellen *iem. naast iem. plaatsen, zetten, iem. met iem. vergelijken* **6.4** jmdn. **auf** seine ~ bringen, ziehen *iem. voor zich winnen;* sich **auf** jmds. ~ ⟨2e nv.⟩ schlagen *iemands partij kiezen;* **auf** jmds. ~ ⟨2e nv.⟩ stehen *aan iemands kant, achter iem. staan;* **zur** anderen ~ übergehen *overlopen;* **zur** stärkeren ~ übergehen *de sterkste partij kiezen.* →**Ding**[1].

seiten ◆ **6.¶ auf** ~ der Regierung stehen *aan de kant van de regering staan;* **von** ~ der Eltern *van de kant van de ouders.*

Seitenansicht ⟨v.⟩ **0.1** ***zijaanzicht.***

Seitenbau ⟨m.; mv. ~ten⟩ **0.1** ***zijgebouw, zijvleugel.***

Seitenblick ⟨m.⟩ **0.1** ***zijdelingse blik, blik van terzijde.***

Seitenfläche ⟨v.⟩ **0.1** ***zijvlak, -kant, zijde.***

Seitenflügel ⟨m.⟩ **0.1** ***zijvleugel, -beuk*** **0.2** ***zijpaneel.***

Seitengang ⟨m.⟩ **0.1** ***zijgang(etje).***

Seitengebäude ⟨o.⟩ **0.1** ***bijgebouw*** ⇒*zijgebouw, zijvleugel.*

Seitengewehr ⟨o.⟩ **0.1** ***zijdgeweer, degen, sabel*** **0.2** ***bajonet.***

Seitenhieb ⟨m.⟩ **0.1** ***zijstoot, zijdelingse houw*** **0.2** ⟨fig.⟩ ***zijdelingse aanval, steek onder water.***

Seitenlage ⟨v.⟩ **0.1** ***zijligging.***

seitenlang **0.1** ***bladzijdenlang*** ⇒*ellenlang.*

Seitenlehne ⟨v.⟩ **0.1** ***zij-, armleuning.***

Seitenleiste ⟨v.⟩ **0.1** ***strip*** ⟨aan zijkant van auto⟩.

Seitenlinie ⟨v.⟩ **0.1** ***zijlijn*** ⟨ook biol., sp.⟩ ⇒*zijspoor* **0.2** ***zijlinie, -tak*** **0.3** ⟨wisk.⟩ ***zijde.***

Seitennaht ⟨v.⟩ **0.1** ***zijnaad.***

Seitenriß ⟨m.⟩ **0.1** ***zijaanzicht.***

Seitenruder ⟨o.⟩ **0.1** ***richtingsroer*** ⟨van vliegtuig⟩.

seitens ⟨vz. + 2⟩⟨adm.⟩ **0.1** ***v.d. zijde, kant van*** ⇒*uit naam van, vanwege.*

Seitenschiff ⟨o.⟩ **0.1** ***zijschip, -beuk.***

Seitenschritt ⟨m.⟩ **0.1** ***zijpas, zijstap.***

Seitenschwimmen ⟨o.; ~s⟩⟨sp.⟩ **0.1** ***zijslag.***

Seitensprung ⟨m.⟩⟨fig.⟩ **0.1** ***slippertje.***

Seitenstechen ⟨o.; ~s⟩ **0.1** ***steek, steken, pijn in de zij.***

Seitenstraße ⟨v.⟩ **0.1** ***zijstraat.***

Seitenstreifen ⟨m.⟩ **0.1** ***vluchtstrook*** ⇒*berm* ◆ **2.1** ~ nicht befahrbar! *zachte berm!*

Seitenstück ⟨o.⟩ **0.1** ***zijstuk*** **0.2** ***tegenhanger, pendant.***

Seitentasche ⟨v.⟩ **0.1** ***zijzak*** **0.2** ***zijtas*** **0.3** ***zijvak(je).***

Seitenteil ⟨m. & o.⟩ **0.1** ***zijgedeelte, zijstuk, -kant.***

Seitentrakt ⟨m.⟩ **0.1** ***zijvleugel, zijgedeelte.***

seitenverkehrt **0.1** ***spiegelbeeldig, in spiegelbeeld.***

Seitenwagen ⟨m.⟩ **0.1** ***zijspan.***

Seitenwahl ⟨v.⟩⟨sp.⟩ **0.1** ***toss, keuze v.d. speelhelft.***

Seitenwechsel ⟨m.⟩ **0.1** ⟨sp.⟩ ***doelwisseling, wisseling van speelhelft*** **0.2** ⟨fig.⟩ ***verandering van mening, kamp.***

Seitenweg ⟨m.⟩ **0.1** ***zijweg(getje)*** ⟨ook fig.⟩.

Seitenwind ⟨m.⟩ **0.1** ***zijwind.***

Seitenzahl ⟨v.⟩ **0.1** ***aantal bladzijden*** **0.2** ***nummer v.d. bladzijde.***

seither **0.1** ***sedert-, sindsdien.***

seitherig **0.1** ***sindsdien, vanaf die tijd*** ◆ **1.1** sein ~er Aufenthalt *de plaats waar hij zich sindsdien bevindt.*

seitlich[1] ⟨bn.⟩ **0.1** ***van, naar opzij*** ⇒*zijdelings, zijwaarts, zij-* ◆ **6.1** ~ **von** jmdm. sitzen, stehen *naast iem. zitten, staan.*

seitlich[2] ⟨vz. + 2⟩ **0.1** ***opzij van, naast.***

seitwärts[1] ⟨bw.⟩ **0.1** ***zijwaarts, (van) terzijde, (van, naar) opzij.***

seitwärts[2] ⟨vz. + 2⟩⟨schr.⟩ **0.1** ***aan de kant van, opzij van.***

Sekante ⟨v.; ~, ~n⟩⟨wisk.⟩ **0.1** ***secans.***

Sekret[1] ⟨v.; ~, ~en⟩⟨rel.⟩ **0.1** ***secreta.***

Sekret[2] ⟨o.; ~(e)s, ~e⟩ **0.1** ***secreet, afscheidingsproduct.***

Sekretär ⟨m.; ~s, ~e⟩ **0.1** ***secretaris*** **0.2** ***commies*** **0.3** ***secretaire, schrijfmeubel*** **0.4** ***secretaris(vogel).***

Sekretariat ⟨o.; ~s, ~e⟩ **0.1** ***secretariaat*** **0.2** ***secretarie.***

Sekretärin ⟨v.; ~, ~nen⟩ **0.1** ***secretaresse.***

sekretieren **0.1** ***af-, wegsluiten*** **0.2** ⟨biol., med.⟩ ***af-, uitscheiden.***

Sekretion ⟨v.; ~, ~en⟩ **0.1** ***secretie, af-, uitscheiding.***

Sekt ⟨m.; ~(e)s, ~e⟩ **0.1** ⟨Duitse⟩ ***champagne.***

Sekte ⟨v.; ~, ~n⟩ **0.1** ***sekte.***

Sektenwesen ⟨o.⟩ **0.1** ***sektarisme.***

Sektfrühstück ⟨o.⟩ **0.1** ***feestelijk ontbijt met champagne.***

Sektglas ⟨o.⟩ **0.1** ***champagneglas.***

Sektierer ⟨m.; ~s, ~⟩ **0.1** ***sektariër, aanhanger v.e. sekte.***

Sektiererei ⟨v.; ~, ~en⟩ **0.1** ***sektarisme.***

sektiererisch **0.1** ***sektarisch.***

Sektion ⟨v.; ~, ~en⟩ **0.1** ***sectie, afdeling*** **0.2** ⟨med.⟩ ***sectie, lijkopening.***

Sektkelch ⟨m.⟩ **0.1** ***champagneflûte.***

Sektkellerei ⟨v.⟩ **0.1** ***champagnekelder*** **0.2** ***champagnehandel.***

Sekt|kübel, -kühler ⟨m.⟩ **0.1** ***champagnekoeler.***

Sektor ⟨m.; ~s, Sektoren⟩ **0.1** ***sector*** ⟨ook wisk.⟩ ⇒*afdeling.*

Sektschale ⟨v.⟩ **0.1** ***champagnecoupe.***

Sekunda ⟨v.; ~, Sekunden⟩ **0.1** ⟨vero.⟩ ***zesde en zevende klas*** ⟨v.e. Duits gymnasium⟩ **0.2** ⟨Oostr.⟩ ***tweede klas*** ⟨v.h. gymnasium⟩.

Sekundaner ⟨m.; ~s, ~⟩ **0.1** ***leerling v.d. 'Sekunda'.***

Sekundant ⟨m.; ~en, ~en⟩ **0.1** ***secondant*** ⟨bij duel⟩ **0.2** ***helper*** ⟨bij boksen⟩.

sekundär **0.1** ***secundair*** ⇒*ondergeschikt.*

Sekundärliteratur ⟨v.⟩ **0.1** ***secundaire literatuur.***

Sekundarstufe ⟨v.⟩ **0.1** ***voortgezet onderwijs*** ◆ **2.1** ~ I *vijfde tot en met tiende klas;* ~ II *elfde tot en met dertiende klas.*

Sekundawechsel ⟨m.⟩⟨ec.⟩ **0.1** ***secunda(wissel).***

Sekunde ⟨v.; ~, ~n⟩ **0.1** ***seconde*** ⟨ook muz., wisk.⟩.

sekundenschnell **0.1** ***in een paar seconden*** ⇒*bliksemsnel.*

Sekundenschnelle ⟨v.⟩ ◆ **6.¶ in** ~ *in een mum van tijd, ogenblikkelijk.*

Sekundenzeiger ⟨m.⟩ **0.1** ***secondewijzer.***

sekundieren ⟨met 3e nv.⟩⟨schr.⟩ **0.1** ***seconderen*** ⟨ook muz.⟩ ⇒*bijstaan* **0.2** ***bijvallen, assisteren.***
sekündlich 0.1 ***per seconde*** ⇒*elke seconde.*
selb 0.1 ***zelfde*** ◆ **1.1** zur ~en Stunde *terzelfder ure, op hetzelfde moment.*
selber →**selbst**[1].
Selbermachen ⟨o.⟩⟨inf.⟩ ◆ **6.**¶ Möbel **zum** ~ *doe-het-zelfmeubelen.*
selbig ⟨vero.⟩ **0.1** ***(de-, het)zelfde*** ⇒*dit, dat, die* ◆ **1.1** an ~em, am ~en Tag *op dezelfde dag, precies op die dag* **3.1** Selbiges sagte man schon immer *dat werd altijd al beweerd.*
selbst[1] ⟨aanw.vnw.⟩ **0.1** ***zelf*** ◆ **1.1** sie ist die Güte ~ *ze is de goedheid zelve, in persoon* **4.1** um deiner ~ willen *in je eigen belang, voor jezelf;* er war nicht mehr er ~ *hij was zichzelf niet meer;* eine Sache um ihrer ~ willen tun *een zaak om de zaak zelf doen;* das ist jedem ~ überlassen *dat staat een ieder vrij* **6.1 von** ~ (a) *vanzelf* (b) *uit zichzelf, uit eigen beweging.* →**Mann.**
selbst[2] ⟨bw.⟩ **0.1** ***zelfs.***
Selbst ⟨o.; ~⟩ **0.1** ***zelf, ik, eigen persoon*** ◆ **1.1** ein Stück meiner ~ *een deel van mezelf* **2.1** mein besseres ~ *mijn betere ik* **3.1** mein ganzes ~ *mijn hele wezen.*
Selbstabholer ⟨m.⟩ **0.1** ***iem. die zelf komt afhalen*** ⇒*afhaler.*
Selbstachtung ⟨v.⟩ **0.1** ***zelfachting, -respect.***
selbständig 0.1 ***zelfstandig*** ⇒*onafhankelijk* ◆ **3.1** sich ~ machen *voor zichzelf beginnen;* ⟨inf.; fig.⟩ der Hund hatte sich ~ gemacht *de hond was ervandoor gegaan, had zich weten los te rukken* **5.1** wirtschaftlich ~ sein *economisch onafhankelijk zijn.*
Selbstanklage ⟨v.⟩ **0.1** ***zelfaanklacht, -beschuldiging.***
Selbstanzeige ⟨v.⟩ **0.1** ***aankondiging van eigen werk*** **0.2** ⟨jur.⟩ ***eigen aangifte, het aangeven van zichzelf.***
Selbstauslöser ⟨m.⟩⟨foto.⟩ **0.1** ***zelfontspanner.***
Selbstbedienung ⟨v.⟩ **0.1** ***zelfbediening*** ⇒*selfservice.*
Selbstbedienungsladen ⟨m.⟩ **0.1** ***zelfbedieningswinkel.***
Selbstbefriedigung ⟨v.⟩ **0.1** ***zelfbevrediging, masturbatie.***
Selbstbehauptung ⟨v.⟩ **0.1** ***zelfhandhaving.***
Selbstbeherrschung ⟨v.⟩ **0.1** ***zelfbeheersing.***
Selbstbekenntnis ⟨o.⟩ **0.1** ***vrijwillige bekentenis*** **0.2** ⟨vero.; schr.⟩ ***levensherinnering*** ⇒*memoires.*
Selbstbeköstigung ⟨v.⟩ **0.1** ***eigen onderhoud.***
Selbstbemitleidung ⟨v.; ~⟩ **0.1** ***zelfbeklag, zelfmedelijden.***
Selbstbeobachtung ⟨v.⟩ **0.1** ***zelfwaarneming, introspectie.***
Selbstbesinnung ⟨v.⟩ **0.1** ***zelfbezinning.***
Selbstbestätigung ⟨v.⟩ **0.1** ***zelfbevestiging*** ⇒*erkenning.*
Selbstbestäubung ⟨v.⟩ **0.1** ***zelfbestuiving.***
Selbstbestimmungsrecht ⟨o.⟩ **0.1** ***zelfbeschikkingsrecht.***
Selbstbeteiligung ⟨v.⟩ **0.1** ***eigen bijdrage*** **0.2** ⟨ec.⟩ ***eigen risico.***
Selbstbetrachtung ⟨v.⟩⟨schr.⟩ **0.1** ***zelfbeschouwing, introspectie.***
Selbstbetrug ⟨m.⟩ **0.1** ***zelfbedrog*** ⇒*zelfbegoocheling.*
selbstbewußt 0.1 ***zelfbewust.***
Selbstbezichtigung ⟨v.⟩ **0.1** ***zelfbeschuldiging.***
Selbstbezogenheit ⟨v.⟩ **0.1** ***egocentrisme.***
Selbstbildnis ⟨o.⟩ **0.1** ***zelfportret.***
Selbstdarstellung ⟨v.⟩ **0.1** ***zelfportret*** ⟨ook fig.⟩ **0.2** ***presentatie van zichzelf*** **0.3** ***autobiografie.***
Selbsteinschätzung ⟨v.⟩ **0.1** ***zelfbeoordeling*** ⇒*zelfkennis* **0.2** ***eigen aangifte*** ⟨v.d. belasting⟩.
Selbstentfremdung ⟨v.⟩ **0.1** ***zelfvervreemding.***
Selbstentzündung ⟨v.⟩ **0.1** ***zelfontbranding.***
Selbsterhaltung ⟨v.⟩ **0.1** ***zelfbehoud.***
Selbsterhaltungstrieb ⟨m.⟩ **0.1** ***drang, instinct tot zelfbehoud.***
Selbsterkenntnis ⟨v.⟩ **0.1** ***zelfkennis.***
selbsterwählt ⟨schr.⟩ **0.1** ***zelfgekozen.***
Selbsterzeuger ⟨m.⟩ **0.1** ***zelfverzorger.***
Selbstfahrer ⟨m.⟩ **0.1** ***chauffeur*** ⇒*iem. die zelf een (huur-, dienst)auto bestuurt* **0.2** ***invalidenwagentje*** **0.3** ***lift zonder liftbediende*** ◆ **6.1** Autoverleih **an** ~ *(verhuur van) auto's zonder chauffeur.*
Selbstfindung ⟨v.⟩ **0.1** ***zelfbewustwording.***
selbstgedreht 0.1 ***zelf gedraaid*** ◆ **7.1** eine Selbstgedrehte *een sjekkie.*
selbstgefällig 0.1 ***zelfingenomen*** ⇒*laatdunkend.*
Selbstgefühl ⟨o.⟩⟨schr.⟩ **0.1** ***zelfgevoel, gevoel van eigenwaarde.***
selbstgemacht 0.1 ***zelf gemaakt, eigengemaakt.***
selbstgenügsam 0.1 ***zelfgenoegzaam*** ⇒*zelfvoldaan.*
selbstgerecht ⟨pej.⟩ **0.1** ***eigengerechtig*** ⇒*laatdunkend, eigengereid.*
Selbstgespräch ⟨o.⟩ **0.1** ***gesprek met zichzelf, alleenspraak.***
selbsthaftend 0.1 ***zelfklevend.***
selbstherrlich 0.1 ***autoritair, eigenmachtig.***
Selbsthilfe ⟨v.⟩ **0.1** ***eigen hulp, het zichzelf helpen*** ⇒*het zichzelf bedruipen* **0.2** ⟨jur.⟩ ***eigenrichting, het zichzelf recht verschaffen*** ◆ **6.1 in** ~ *zonder hulp van buitenaf, anderen.*
Selbsthilfegruppe ⟨v.⟩ **0.1** ***zelfhulpgroep.***
Selbstjustiz ⟨v.⟩ **0.1** ***eigenrichting, het zichzelf recht verschaffen.***
Selbstklebeband ⟨o.; mv. ~er⟩ **0.1** ***plakband.***
selbstklebend 0.1 ***zelfklevend.***
Selbstkosten ⟨alleen mv.⟩⟨ec.⟩ **0.1** ***totale productiekosten, zelfkosten.***
Selbstkostenpreis ⟨m.⟩ **0.1** ***kostende prijs, kostprijs.***
Selbstlader ⟨m.⟩ **0.1** ***automatisch vuurwapen.***
Selbstlaut ⟨m.⟩ **0.1** ***klinker.***
Selbstlob ⟨o.⟩ **0.1** ***eigen roem, lof, zelfverheerlijking.***
selbstlos 0.1 ***onbaatzuchtig, belangeloos.***
Selbstmitleid ⟨o.⟩ **0.1** ***zelfbeklag.***
Selbstmord ⟨m.⟩ **0.1** ***zelfmoord*** ◆ **2.1** versuchter ~ *poging tot zelfmoord* **3.1** ~ begehen, verüben *zelfmoord plegen.*
Selbstmörder ⟨m.⟩ **0.1** ***zelfmoordenaar.***
selbstmörderisch 0.1 ***op zelfmoord wijzend, tot zelfmoord leidend, zelfmoord-*** **0.2** ⟨fig.⟩ ***levensgevaarlijk.***
selbstmordgefährdet 0.1 ***met zelfmoordneigingen (behept), suïcidale neigingen vertonend.***
Selbstmordversuch ⟨m.⟩ **0.1** ***poging tot zelfmoord.***
selbstquälerisch 0.1 ***(zelf)kwellend, zichzelf pijnigend.***
selbstredend ⟨schr.⟩ **0.1** ***vanzelfsprekend*** ⇒*natuurlijk.*
selbstschließend 0.1 ***automatisch sluitend.***
Selbstschuß ⟨m.⟩ **0.1** ***automatisch schot*** **0.2** ***vanzelf afgaand vuurwapen.***
Selbstschutz ⟨m.⟩ **0.1** ***zelfbescherming, zelfverdediging.***
selbstsicher 0.1 ***zelfverzekerd.***
selbstständig ⟨nw.spel.⟩ →**selbständig.**
Selbststeller ⟨m.; ~s, ~⟩⟨jur.⟩ **0.1** ***iem. die zichzelf aangeeft.***
Selbststeuerung ⟨v.⟩ **0.1** ***automatische piloot*** **0.2** ***automatische (be)sturing*** **0.3** ⟨fig.⟩ ***eigen, autonome sturing.***
Selbststudium ⟨o.⟩ **0.1** ***zelfstudie.***
Selbstsucht ⟨v.⟩ **0.1** ***zelfzucht, egoïsme.***
selbsttätig 0.1 ***zelfwerkend, automatisch*** **0.2** ***zelf handelend, actief.***
Selbsttäuschung ⟨v.⟩ **0.1** ***zelfbedrog*** ⇒*illusie.*

Selbstunterricht ⟨m.⟩ **0.1** *zelfonderricht, zelfstudie.*
Selbstverbrauch ⟨m.⟩ **0.1** *eigen ge-, verbruik.*
selbstvergessen ⟨schr.⟩ **0.1** *zichzelf vergetend, zelfvergeten.*
Selbstverlag ⟨m.⟩ **0.1** *uitgave voor eigen rekening, in eigen beheer* **0.2** *eigen uitgeverij* ◆ **6.1 im** ~ erschienen *door de schrijver zelf uitgegeven.*
Selbstverpflegung ⟨v.⟩ **0.1** *het zelf voor eten en drinken, proviand zorgen* ⇒*eigen proviand.*
selbstverschuldet 0.1 *door eigen schuld.*
Selbstversorger ⟨m.⟩ **0.1** *zelfverzorger.*
selbstverständlich 0.1 *vanzelfsprekend* ⇒*uiteraard, natuurlijk* ◆ **1.1** die ~ste Sache der Welt *de natuurlijkste, gewoonste zaak van de wereld* **3.1** ganz ~ *als vanzelfsprekend.*
Selbstverständlichkeit ⟨v.; ~, ~en⟩ **0.1** *vanzelfsprekendheid* ◆ **3.1** das ist doch eine ~ *dat is toch vanzelfsprekend* **6.1 mit** der größten ~ *alsof het de gewoonste, natuurlijkste zaak van de wereld is, was.*
Selbstverständnis ⟨o.⟩ **0.1** *gevoel van eigen identiteit, zelfbesef.*
Selbstverstümmelung ⟨v.⟩ **0.1** *zelfverminking.*
Selbstversuch ⟨m.⟩ **0.1** *proef op eigen lichaam, op zichzelf.*
Selbstvertrauen ⟨o.⟩ **0.1** *zelfvertrouwen.*
Selbstverwaltung ⟨v.⟩ **0.1** *zelfbestuur.*
Selbstverwirklichung ⟨v.⟩ **0.1** *zelfverwezenlijking.*
Selbstvorwurf ⟨m.⟩ **0.1** *zelfverwijt.*
Selbstwählferndienst ⟨m.⟩ **0.1** *automatisch interlokaal telefoonverkeer.*
Selbstwertgefühl ⟨o.⟩ **0.1** *gevoel van eigenwaarde.*
Selbstzerfleischung ⟨v.⟩⟨schr.⟩ **0.1** *zelfverscheuring.*
selbstzerstörerisch 0.1 *zelfvernietigend.*
selbstzufrieden 0.1 *zelfvoldaan.*
Selbstzweck ⟨m.⟩ **0.1** *doel op zichzelf.*
Selbstzweifel ⟨m.⟩ **0.1** *twijfel aan zichzelf.*
selchen ⟨Beiers, Oostr.⟩ **0.1** *roken* ⟨vlees⟩.
Selchfleisch ⟨o.⟩⟨Beiers, Oostr.⟩ **0.1** *gerookt vlees.*
selektieren 0.1 *selecteren.*
Selektion ⟨v.; ~, ~en⟩ **0.1** *selectie, keuze.*
selektionieren →**selektieren.**
Selektivität ⟨v.; ~⟩ **0.1** *selectiviteit.*
Selen ⟨o.; ~s⟩⟨schei.⟩ **0.1** *seleen.*
selig 0.1 *zalig* ⇒*gelukzalig, heilig* **0.2** *(ziels)gelukkig, verrukt, zalig* **0.3** ⟨inf.; fig.⟩ *aangeschoten, dronken* ◆ **1.**¶ mein ~er Mann, ⟨vero.⟩ mein Mann ~ *mijn man zaliger* **3.1** Gott hab ihn ~! *God hebbe zijn ziel!;* ⟨inf.⟩ wer's glaubt, wird ~! *een gek die het gelooft!* **3.2** soll er (mit seinem Geld) doch ~ werden! *laat hem toch (met zijn geld)!* **6.2** ~ sein **über** seinen Erfolg *dolgelukkig zijn met zijn succes.* → **geben.**
Seligkeit ⟨v.; ~, ~en⟩ **0.1** *zaligheid, hemelse vreugde* **0.2** ⟨fig.⟩ *geluk(zaligheid), vreugde* ⇒*genot.*
seligpreisen 0.1 ⟨vero.; schr.⟩ *zalig, gelukkig prijzen* **0.2** ⟨rel.⟩ *zalig spreken.*
Seligpreisung ⟨v.⟩ **0.1** *het gelukkig prijzen* **0.2** ⟨rel.⟩ *zaligspreking.*
Seligsprechung ⟨v.; ~, ~en⟩⟨rel.⟩ **0.1** *zaligverklaring.*
Sellerie ⟨m.; ~s, ~(s) of v.; ~, ~⟩ **0.1** *selderie.*
selten[1] ⟨bn.⟩ **0.1** *zeldzaam* ⇒*schaars* **0.2** *buitengewoon, bijzonder* **0.3** ⟨inf.⟩ *merkwaardig, raar* ◆ **1.1** in den ~sten Fällen *in een heel enkel geval* **1.2** von ~er Schönheit *zeldzaam mooi* **1.3** ⟨iron.⟩ mit ~em Talent *met een merkwaardig talent.*
selten[2] ⟨bw.⟩ **0.1** *zelden* **0.2** ⟨inf.⟩ *zeldzaam* ⇒*bijzonder* ◆ **2.2** ein ~ schönes Exemplar *een zeldzaam mooi, bijzonder fraai exemplaar* **8.1** wie ~ einer *als geen ander.*
Seltenheit ⟨v.; ~, ~en⟩ **0.1** *zeldzaamheid, iets zeldzaams* ⇒ *zeldzaam exemplaar, rariteit* **0.2** *zeldzaamheid, schaarsheid.*
Seltenheitswert ⟨m.⟩ **0.1** *curiositeitswaarde.*
Selters(wasser) ⟨o.⟩ **0.1** *selters-, spuitwater.*
seltsam 0.1 *merkwaardig, eigenaardig, raar* ⇒*vreemd* ◆ **3.1** mir war ~ zumute *ik had een eigenaardig gevoel.*
seltsamerweise 0.1 *merkwaardigerwijs, eigenaardig genoeg.*
Seltsamkeit ⟨v.; ~, ~en⟩ **0.1** *eigenaardigheid* ⇒*merkwaardig ding, curiosum* **0.2** *merkwaardig-, eigenaardigheid.*
Semantik ⟨v.; ~⟩ **0.1** *semantiek.*
Semasiologie ⟨v.; ~⟩⟨taal.⟩ **0.1** *semasiologie.*
Semester ⟨o.; ~s, ~⟩ **0.1** *semester, halfjaar* **0.2** ⟨stud.⟩ *student* ⟨in bepaald semester⟩ ◆ **2.2** ein älteres, höheres ~ *een ouderejaars(student);* ein erstes ~ *een eerstejaars (student).*
Semesterarbeit ⟨v.⟩ **0.1** *scriptie, werkstuk.*
Semesterferien ⟨alleen mv.⟩ **0.1** *collegevrije periode.*
Semikolon ⟨o.; ~s, ~s of Semikola⟩ **0.1** *kommapunt, puntkomma.*
Seminar ⟨o.; ~s, ~e; mv. Oostr. en Zwi. ook ~ien⟩ **0.1** *werkcollege* **0.2** *instituut* ⇒*afdeling* ⟨aan hogeschool of universiteit⟩ **0.3** *seminar, studieconferentie* **0.4** *pedagogische cursus tijdens schoolstage* **0.5** ⟨rel.⟩ *(groot)seminarie* ⇒*theologische faculteit.*
Seminararbeit ⟨v.⟩ **0.1** *scriptie, werkstuk* ⇒*referaat.*
Seminarschein ⟨m.⟩ **0.1** *tentamenbriefje* ⇒*testimonium.*
Semit ⟨m.; ~en, ~en⟩ **0.1** *Semiet.*
Semivokal ⟨m.⟩ **0.1** *halfvocaal, halfklinker.*
Semmel ⟨v.; ~, ~n⟩⟨Zdd., Oostr.⟩ **0.1** *broodje* ⇒*kadetje* ◆ **8.1** ⟨inf.; fig.⟩ weggehen wie warme ~n *(als warme broodjes) de deur uitvliegen.*
semmelblond 0.1 *vlas-, lichtblond.*
Semmelbrösel ⟨o.⟩⟨Zdd., Oostr.⟩ **0.1** *paneermeel.*
Semmelkloß ⟨m.⟩ **0.1** ⟨deegbal/knoedel van geweekte broodjes met bepaalde ingrediënten⟩.
sen. ⟨afk.⟩ [senior].
Senat ⟨m.; ~s, ~e⟩ **0.1** *senaat.*
Senator ⟨m.; ~s, Senatoren⟩ **0.1** *senator.*
Sendeanlage ⟨v.⟩ **0.1** *zendinstallatie.*
Sendeanstalt ⟨v.⟩ **0.1** *omroep, zender.*
Sendebereich ⟨m.⟩⟨com.⟩ **0.1** *zendbereik.*
Sendefolge ⟨v.⟩⟨com.⟩ **0.1** *(radio-, televisie)programma* ⇒ *uitzending(en)* **0.2** *(radio-, televisie)serie* **0.3** *deel, aflevering (v.e. serie).*
Sendegerät ⟨o.⟩ **0.1** *zendtoestel, zender* **0.2** *zendapparatuur.*
Sendeleiter ⟨m.⟩ **0.1** *programmaleider.*
senden I ⟨ov. & onov.ww.; zwak⟩ **0.1** *uitzenden* ⇒*zenden, seinen;*
II ⟨ov.ww.→t138⟩ **0.1** *zenden, sturen* ◆ **6.1** jmdn. **an** jmdn., **zu** jmdm. ~ *iem. naar iem. sturen.*
Sendepause ⟨v.⟩ **0.1** *(zend)pauze.*
Sender ⟨m.; ~s, ~⟩ **0.1** *zender* ⇒*zendstation, omroep.*
Senderaum ⟨m.⟩ **0.1** *studio.*
Sendereihe ⟨v.⟩ **0.1** *serie, reeks uitzendingen* ⇒*programma.*
Sendersuchlauf ⟨m.⟩ **0.1** *(automatische) zenderkeuze.*
Sendesaal ⟨m.⟩ **0.1** *studiozaal.*
Sendeschluß ⟨m.⟩ **0.1** *einde v.d. zendtijd, v.d. uitzendingen, sluiting.*
Sendung ⟨v.; ~, ~en⟩ **0.1** *zending* **0.2** *het zenden, het stu-*

ren, toezending* 0.3** ⟨schr.⟩ ***zending, roeping ⇒*missie* **0.4** ⟨com.⟩ ***uitzending*** ⇒*programma* ◆ **6.4 auf** ~ sein *in de uitzending zijn;* **durch** die ~ führt (Sie) ... *deze uitzending wordt gepresenteerd door ...;* eine ~ **zum** Jubiläum *een uitzending naar aanleiding van het jubileum.*

Senf ⟨m.; ~s, ~e⟩ **0.1 *mosterd* 0.2 *mosterdplant*** ◆ **3.¶** (seinen) ~ dazugeben *zijn zegje doen.*

Senfgas ⟨o.⟩⟨mil.⟩ **0.1 *mosterdgas.***

Senfgurke ⟨v.⟩ **0.1** ⟨in azijn met mosterdzaadjes ingemaakte geschilde en gesneden komkommer⟩.

Senfkorn ⟨o.⟩ **0.1 *mosterdzaadje.***

Senf|soße, -tunke ⟨v.⟩ **0.1 *mosterdsaus.***

Senge ⟨alleen mv.⟩⟨reg.⟩ **0.1 *(pak) slaag, ransel.***

sengen 0.1 *(ver)schroeien, zengen, blakeren* ⇒*verzengen* **0.2** ⟨ind.⟩ ***zengen, afbranden*** ◆ **8.1** ⟨vero.⟩ ~ und brennen *plunderen en branden.*

senil ⟨schr.; med.⟩ **0.1 *seniel.***

Senior ⟨m.; ~s, Senioren⟩ **0.1 *senior*** ⟨ook sp.⟩ ⇒*nestor,* ⟨ec. ook⟩ *oudste firmant* **0.2 *oudere (mens, man)* 0.3 *vijfenzestigplusser.***

Seniorchef ⟨m.⟩ **0.1 *chef senior.***

Seniorenheim ⟨o.⟩ **0.1 *bejaardentehuis.***

Seniorenkarte ⟨v.⟩ **0.1 *reductiekaartje voor vijfenzestigplussers.***

Seniorenpaß ⟨m.⟩ **0.1 *65+ kaart, seniorenkaart.***

Seniorentreff ⟨m.⟩ **0.1 *bijeenkomst van bejaarden/vijfenzestigplussers* 0.2 *ontmoetingsplaats voor bejaarden/vijfenzestigplussers.***

Seniorenwohnheim ⟨o.⟩ **0.1 *bejaardentehuis.***

Senkblei ⟨o.⟩ **0.1 *schiet-, peil-, zinklood.***

Senke ⟨v.; ~, ~n⟩ **0.1 *laagte, kom, inzinking*** ⇒*dal, slenk.*

Senkel ⟨m.; ~s, ~⟩ **0.1 *(schoen)veter.***

senken I ⟨ov.ww.⟩ **0.1 *laten zinken, laten zakken*** ⇒*neerlaten, verlagen* **0.2 *verlagen*** ⇒*verminderen* ◆ **1.1** ⟨schr.⟩ die Augen, den Blick ~ *de ogen neerslaan;* gesenkten Hauptes *met gebogen hoofd* **1.2** seine Stimme ~ *zachter praten* **6.1** den Sarg **ins** Grab ~ *de kist in het graf laten zakken;*
II sich ~ ⟨wk.ww.⟩ **0.1 *zakken, dalen*** ⇒*omlaaggaan, neerdalen, verzakken* **0.2 *dalen, afhellen*** ◆ **1.1** der Vorhang senkte sich *het doek viel* **6.1** das Haus hat sich **um** einige Zentimeter gesenkt *het huis is een paar centimeter verzakt.*

Senkfuß ⟨m.⟩ **0.1 *doorgezakte voet.***

Senkgrube ⟨v.⟩ **0.1 *zink-, beerput.***

Senkkasten ⟨m.⟩ **0.1 *caisson, zinkkuip.***

Senklot ⟨o.⟩ **0.1 *schiet-, peil-, zinklood.***

senkrecht 0.1 *loodrecht, verticaal* 0.2 ⟨Zwi.⟩ ***oprecht, rechtschapen*** ◆ **3.1** ⟨inf.; scherts.⟩ bleib ~!, halt dich ~! *val niet!;* ⟨inf.; fig.⟩ immer (schön) ~ bleiben! (a) *laat je niet zo gaan!* (b) *volhouden!* **5.1** ⟨inf.; fig.⟩ das einzig Senkrechte *het enig juiste, ware.*

Senkrechte ⟨v.⟩ **0.1 *loodlijn.***

Senkrechtstarter ⟨m.⟩ **0.1 *verticaal opstijgend vliegtuig* 0.2** ⟨inf.⟩ ***iem. met een bliksemcarrière, steile carrière* 0.3** ⟨inf.⟩ ***snel stijgend succes(nummer, -stuk)*** ⇒*snelle stijger.*

Senkung ⟨v.; ~, ~en⟩ **0.1 *verlaging, vermindering*** ⇒*daling* **0.2 *het laten zinken, zakken*** ⇒*neerlating* **0.3 *laagte, kom, inzinking* 0.4** ⟨lit.⟩ ***daling, thesis* 0.5** ⟨med.⟩ ***bloedbezinking* 0.6** ⟨med.⟩ ***verzakking.***

Senkwaage ⟨v.⟩ **0.1 *densi-, areometer.***

Senn ⟨m.; ~(e)s, ~e⟩⟨Beiers, Oostr., Zwi.⟩ **0.1 *alpenherder.***

Senne[1] ⟨m.; ~n, ~n⟩⟨Beiers, Oostr.⟩ →**Senn.**

Senne[2] ⟨v.; ~, ~n⟩⟨Zdd., Oostr.⟩ **0.1 *alpenweide.***

Senner ⟨m.; ~s, ~⟩⟨Beiers, Oostr.⟩ **0.1 *alpenherder.***

Sennerei ⟨v.; ~, ~en⟩⟨Beiers, Oostr., Zwi.⟩ **0.1 *alpenboerderij*** ⇒*kaasmakerij.*

Sennesblätter ⟨alleen mv.⟩ **0.1 *sene-, sennabladeren.***

Sennhütte ⟨v.⟩⟨Beiers, Oostr.⟩ **0.1 *alpenboerderij* 0.2 *herdershut.***

Sensation ⟨v.; ~, ~en⟩ **0.1 *sensatie*** ⇒*opschudding, beroering, sensationele gebeurtenis* **0.2 *sensatie, gewaarwording.***

sensationell 0.1 *sensationeel* ⇒*opzienbarend.*

Sensations|gier, -lust ⟨v.⟩ **0.1 *sensatiezucht.***

sensationslüstern 0.1 *op sensatie belust.*

Sensationsmache ⟨v.; ~⟩⟨inf.⟩ **0.1 *jacht op, naar sensatie*** ⇒*sensatie.*

Sensations|meldung, -nachricht ⟨v.⟩ **0.1 *sensatiebericht, sensationeel bericht.***

Sense ⟨v.; ~, ~n⟩ **0.1 *zeis*** ◆ **¶.¶** ⟨inf.⟩ und damit ist ~! *en daarmee basta!, punt uit!;* ⟨inf.⟩ bei mir ist ~! *ik stop ermee!*

Sensenmann ⟨m.⟩ **0.1 *man met de zeis, magere Hein.***

sensibel 0.1 *sensibel* ⟨ook med.⟩ ⇒*(fijn)gevoelig.*

Sensibilität ⟨v.; ~⟩ **0.1 *sensibiliteit.***

sensitiv 0.1 *sensitief* ⇒*(over)gevoelig, prikkelbaar.*

Sensor ⟨m.; ~s, Sensoren⟩ **0.1 *sensor.***

Sensortaste ⟨v.⟩ **0.1 *sensor.***

Sensualität ⟨v.; ~⟩ **0.1 *sensualiteit, zinnelijkheid.***

sensuell 0.1 *sensueel, zinnelijk.*

Sentenz ⟨v.; ~, ~en⟩ **0.1** ⟨schr.⟩ ***sententie, kernspreuk* 0.2** ⟨vero.; jur.⟩ ***uitspraak, vonnis.***

sen|tenzartig, -tenziös ⟨schr.⟩ **0.1 *sententieus*** ⇒*kernachtig, bondig, veel kernspreuken bevattend.*

sentimental 0.1 *sentimenteel, (over)gevoelig.*

Sentimentalität ⟨v.; ~, ~en⟩ **0.1 *sentimentaliteit.***

separat 0.1 *separaat, afzonderlijk* ⇒*gescheiden.*

Separatdruck ⟨m.; mv. ~e⟩ **0.1 *overdruk.***

Separateingang ⟨m.⟩ **0.1 *afzonderlijke, eigen ingang.***

Separatfriede(n) ⟨m.⟩ **0.1 *afzonderlijke vrede.***

Separation ⟨v.; ~, ~en⟩ **0.1 *separatie, afzondering.***

Separatismus ⟨m.; ~⟩ **0.1 *separatisme, streven tot afscheiding.***

Separatist ⟨m.; ~en, ~en⟩ **0.1 *separatist.***

separieren 0.1 ⟨vero.⟩ ***separeren, afzonderen, (af)scheiden* 0.2** ⟨vaktaal⟩ ***centrifugeren, scheiden.***

Sepiazeichnung ⟨v.⟩ **0.1 *sepiatekening.***

Seppelhose ⟨v.⟩⟨inf.⟩ **0.1 *korte leren broek.***

Seppelhut ⟨m.⟩⟨inf.⟩ **0.1 *Tiroler hoed.***

Sepsis ⟨v.; ~, Sepsen⟩⟨med.⟩ **0.1 *sepsis, bloedvergiftiging.***

September ⟨m.; ~(s), ~⟩ **0.1 *september*** ◆ **6.1 im** ~ *in september* **7.1** der ~ *(de maand) september.*

Septime ⟨v.; ~, ~n⟩⟨muz.⟩ **0.1 *septime.***

septisch 0.1 *septisch* ⇒*infectieverwekkend.*

Sequenz ⟨v.; ~, ~en⟩ **0.1** ⟨schr.⟩ ***volgorde, opeenvolging* 0.2 *sequentie*** ⟨ook comp., film.⟩ ⇒⟨muz., rel.⟩ *sequens.*

Sequester[1] ⟨m.; ~s, ~⟩⟨jur.⟩ **0.1 *sekwester.***

Sequester[2] ⟨m. & o.; ~s, ~⟩ **0.1** ⟨jur.⟩ ***sekwester, sekwestratie, beslaglegging* 0.2** ⟨med.⟩ ***sekwester, afgestorven deel v.e. orgaan*** ◆ **6.1 unter** ~ stellen *onder beheer stellen, sekwestreren.*

Sequestration ⟨v.; ~, ~en⟩⟨jur., med.⟩ **0.1 *sekwestratie.***

sequestrieren ⟨jur., med.⟩ **0.1 *sekwestreren.***

Seraph ⟨m.; ~(e)s, ~e of ~im⟩ **0.1 *seraf(ijn).***

Serbe ⟨m.; ~n, ~n⟩ **0.1 *Serviër.***

serbisch 0.1 *Servisch.*

Serenade ⟨v.; ~, ~n⟩ **0.1 *serenade.***

Serie ⟨v.; ~, ~n⟩ **0.1 *serie, reeks, rij*** ⇒*collectie, assortiment* ◆ **6.1 in** ~ gehen *in serieproductie gaan.*

seriell 0.1 *serieel* ⟨ook comp., muz.⟩, *seriegewijs.*
Serienanfertigung ⟨v.⟩ →**Serienfabrikation.**
Serieneinbrecher ⟨m.⟩ **0.1** *veelvoudig inbreker.*
Serien|fabrikation, -fertigung, -herstellung ⟨v.⟩ **0.1** *seriefabricage, -productie.*
serienmäßig **0.1** *in serie (vervaardigd)* **0.2** *standaard-.*
Serienmörder ⟨m.⟩ **0.1** *seriemoordenaar.*
Serienproduktion ⟨v.⟩ →**Serienfabrikation.**
serienreif **0.1** *geschikt om in serie geproduceerd te worden.*
Serienreife ⟨v.⟩ ◆ **6.¶** etwas bis **zur** ~ entwickeln *iets zover ontwikkelen dat het in serieproductie kan gaan.*
Serienschaltung ⟨v.⟩ **0.1** *serieschakeling.*
Serientäter ⟨m.⟩ **0.1** *delinquent die meerdere, soortgelijke delicten gepleegd heeft* ⇒*seriemisdadiger.*
Serienunfall ⟨m.⟩ **0.1** *kettingbotsing.*
serienweise **0.1** *in serie(s), als een serie* **0.2** ⟨inf.⟩ *in grote aantallen, massaal.*
seriös **0.1** *serieus* ⇒*ernstig, oprecht* **0.2** *plechtig, waardig* **0.3** *solide, betrouwbaar.*
Sermon ⟨m.; ~s, ~e⟩ **0.1** ⟨vero.⟩ *sermoen, preek* **0.2** ⟨inf.⟩ *preek* ⇒*lang verhaal, sermoen.*
seropositiv **0.1** *seropositief.*
Serpentine ⟨v.; ~, ~n⟩ **0.1** *weg met haarspeldbochten* **0.2** *haarspeldbocht.*
Serpentinenstraße ⟨v.⟩ **0.1** *weg met haarspeldbochten.*
Serum ⟨o.; ~s, Seren of Sera⟩ **0.1** *serum.*
Service[1] ⟨o.; ~(s), ~⟩ **0.1** *servies(goed).*
Service[2] ⟨m. & o.; ~, ~s⟩ **0.1** *(klanten)service* ⇒*dienstbetoon, bediening* **0.2** *serviceafdeling, bureau klantenservice* **0.3** ⟨sp.⟩ *service, opslag.*
servieren **0.1** *serveren, opdienen* ⇒*voorzetten* **0.2** ⟨inf.; fig.⟩ *opdissen* **0.3** ⟨sp.⟩ *serveren.*
Serviererin ⟨v.; ~, ~nen⟩ **0.1** *serveerster.*
Serviertisch ⟨m.⟩ **0.1** *dientafel(tje).*
Serviertochter ⟨v.⟩⟨Zwi.⟩ **0.1** *serveerster.*
Servierwagen ⟨m.⟩ **0.1** *dienwagen.*
Serviette ⟨v.; ~, ~n⟩ **0.1** *servet.*
Serviettenring ⟨m.⟩ **0.1** *servetring.*
servil ⟨schr.⟩ **0.1** *serviel* ⇒*slaafs, onderdanig.*
Servitut ⟨o.; ~(e)s, ~e⟩⟨jur.⟩ **0.1** *servituut, erfdienstbaarheid.*
Servobremse ⟨v.⟩ **0.1** *rembekrachtiging.*
Servolenkung ⟨v.⟩ **0.1** *stuurbekrachtiging.*
Servus! ⟨Zdd., Oostr.⟩ **0.1** *(goeden)dag!, hallo!* **0.2** *tot ziens!, dag!*
Sesam ⟨m.; ~s, ~s⟩ **0.1** *sesam* **0.2** *sesamzaad.*
Sessel ⟨m.; ~s, ~⟩ **0.1** *fauteuil, (gemakkelijke, luie) stoel* **0.2** ⟨fig.⟩ *zetel, post* **0.3** ⟨Oostr.⟩ *stoel.*
Sesselbahn ⟨v.⟩ **0.1** *stoeltjeslift.*
Sessellehne ⟨v.⟩ **0.1** *rugleuning.*
Sessellift ⟨m.⟩ **0.1** *stoeltjeslift.*
seßhaft **0.1** *woonachtig, gevestigd* ⇒*met vaste woon- en verblijfplaats, ingezeten* **0.2** *honk-, hokvast* ◆ **3.1** sich ~ machen, ~ werden *zich (metterwoon) vestigen;* ~ sein *een vaste woonplaats hebben.*
Session ⟨v.; ~, ~en⟩⟨schr.⟩ **0.1** *sessie, zitting(speriode).*
Set ⟨m. & o.; ~(s), ~s⟩ **0.1** *set* ⟨ook psych.⟩, *stel* **0.2** *placemat.*
Setzei ⟨o.⟩⟨reg.⟩ **0.1** *spiegelei.*
setzen I ⟨onov.ww.⟩ **0.1** *inzetten* ⇒*gokken, wedden, zetten* **0.2** ⟨h/s.⟩ *springen* **0.3** *oversteken* ◆ **5.1** hoch ~ *hoog, veel inzetten* **6.2** **über** einen Zaun ~ *over een schutting springen* **6.3** die Römer setzten **über** den Rhein *de Romeinen staken de Rijn over* **¶.¶** ~! *(gaan) zitten!;*
II ⟨ov.ww.⟩ **0.1** *zetten, stellen, plaatsen* ⇒*oprichten, vestigen, brengen* **0.2** *vastleggen, bepalen* ⇒*stellen* **0.3** *(in)zetten* **0.4** *planten* ⇒*(uit)zetten, poten* ⟨ook vis⟩ **0.5** *opstapelen* **0.6** ⟨boek.⟩ *zetten* **0.7** ⟨jacht⟩ *jongen, werpen* ◆ **1.1** jmdm. ein Denkmal ~ *een standbeeld voor iem. oprichten;* ⟨sp.⟩ einen Stein ~ *een steen verplaatsen, een zet doen* **1.2** eine Bedingung ~ *een voorwaarde stellen;* (zu einem Verbrechen) eine hohe Strafe ~ *(op een misdaad) een zware straf stellen* **1.4** Kartoffeln ~ *aardappels poten;* Salat ~ *sla uitzetten* **1.5** Holz ~ *hout opstapelen* **4.¶** ⟨inf.⟩ es setzt Hiebe, Prügel, Schläge *er vallen klappen;* ⟨inf.⟩ gleich setzt es etwas! *dadelijk zwaait er wat!* **6.1** den Stuhl **an** den Tisch ~ *de stoel bij de tafel zetten, schuiven;* sich ⟨3e nv.⟩ den Hut **auf** den Kopf ~ *zijn hoed opzetten;* zwei Dinge zueinander **in** Beziehung ~ *twee dingen met elkaar in verband brengen;* etwas **in** Brand ~ *iets in brand steken;* etwas **in** Kraft ~ *iets in werking stellen;* einen Text **in** Musik, in Noten ~ *een tekst op muziek, op noten zetten;* jmdn. **über** einen andern ~ *iem. boven iem. anders plaatsen;* jmdn. **über** den Fluß ~ *iem. de rivier overzetten* **8.2** jmdm. etwas als Aufgabe ~ *iem. iets tot taak stellen;*
III sich ~ ⟨wk.ww.⟩ **0.1** *gaan zitten, plaatsnemen* **0.2** *zich plaatsen, zich zetten* **0.3** *bezinken, neerslaan* **0.4** *(binnen)dringen* ⇒*zich zetten* **0.5** ⟨aardr.⟩ *zich zetten, inklinken* **0.6** ⟨bouwk.⟩ *zetting vertonen, zich zetten, inkrimpen* ⇒*hard worden* ◆ **3.1** ich muß mich ~ *ik moet er even bij gaan zitten* **3.3** die Lösung muß sich erst ~ *de oplossing moet eerst bezinken* **4.1** bitte, ~ Sie sich! *gaat u zitten!* **5.1** sich aufrecht, gerade ~ *rechtop gaan zitten;* sich bequem ~ *er gemakkelijk bij gaan zitten* **6.1** sich **ans** Fenster ~ *aan, bij het raam gaan zitten;* sich **aufs** Rad ~ *op zijn fiets stappen;* sich **zu** jmdm. ~ *bij iem. gaan, komen zitten* **6.2** sich **an** eine Arbeit ~ *aan het werk gaan;* sich **auf** eine andere Fahrbahn ~ *van rijstrook wisselen* **6.4** der Staub hat sich **in** die Ritzen gesetzt *het stof is in de reten gedrongen.*
Setzer ⟨m.; ~s, ~⟩ **0.1** *(letter)zetter.*
Setzerei ⟨v.; ~, ~en⟩ **0.1** *(letter)zetterij.*
Setzfehler ⟨m.⟩ **0.1** *zet-, drukfout.*
Setzgut ⟨o.⟩⟨landb.⟩ **0.1** *pootgoed.*
Setzhase ⟨m.⟩⟨jacht⟩ **0.1** *moer-, wijfjeshaas.*
Setzkartoffel ⟨v.⟩ **0.1** *pootaardappel.*
Setzling ⟨m.; ~s, ~e⟩ **0.1** *poot(plant), stek* ⇒⟨mv.⟩ *pootgoed* **0.2** *pootvis(je).*
Setzung ⟨v.; ~, ~en⟩ **0.1** *bepaling* **0.2** *bezinking* **0.3** *verzakking, inklinking.*
Setzwaage ⟨v.⟩ **0.1** *waterpas.*
Seuche ⟨v.; ~, ~n⟩ **0.1** *epidemie* ⟨ook fig.⟩ ⇒*besmettelijke ziekte.*
Seuchenherd ⟨m.⟩ **0.1** *besmettingshaard.*
seufzen **0.1** *zuchten.*
Seufzer ⟨m.; ~s, ~⟩ **0.1** *zucht* ◆ **3.1** ⟨schr.⟩ seinen letzten ~ aushauchen, tun *zijn laatste adem uitblazen.*
Sex ⟨m.; ~es⟩ **0.1** *seks* **0.2** *sex-appeal* **0.3** *sekse, kunne, geslacht* ◆ **2.1** sicherer ~ *safe seks* **3.1** ⟨inf.⟩ ~ machen, treiben *de seks bedrijven.*
Sexbombe ⟨v.⟩ **0.1** *seksbom.*
Sexismus ⟨m.; ~⟩ **0.1** *seksisme.*
Sexladen ⟨m.⟩ **0.1** *sekswinkel.*
Sexmagazin ⟨o.⟩ **0.1** *seksblaadje.*
Sexmuffel ⟨m.⟩⟨inf.; scherts.⟩ **0.1** *iem. die niet in seks geïnteresseerd is.*
Sexologie ⟨v.; ~⟩ **0.1** *seksuologie.*
Sexta ⟨v.; ~, Sexten⟩ **0.1** ⟨vero.⟩ *laagste klas v.h. gymnasium* **0.2** ⟨Oostr.⟩ *zesde klas v.h. gymnasium.*

Sextaner ⟨m.; ~s, ~⟩⟨vero.⟩ **0.1** ***leerling v.d. 'Sexta'.***
Sextant ⟨m.; ~en, ~en⟩ **0.1** ***sextant.***
Sextett ⟨o.; ~(e)s, ~e⟩ **0.1** ***sextet.***
Sexualaufklärung ⟨v.⟩ **0.1** ***seksuele voorlichting.***
Sexualdelikt ⟨o.⟩ →**Sexualstraftat.**
Sexualerziehung ⟨v.⟩ **0.1** ***seksuele opvoeding.***
Sexualforscher ⟨m.⟩ **0.1** ***seksuoloog.***
Sexualhormon ⟨o.⟩ **0.1** ***geslachtshormoon.***
Sexualität ⟨v.; ~, ~en⟩ **0.1** ***seksualiteit.***
Sexualkunde ⟨v.⟩ **0.1** ***seksuele voorlichting*** ⟨als vak op school⟩.
Sexualpartner ⟨m.⟩ **0.1** ***seksuele partner.***
Sexualstraftat ⟨v.⟩ **0.1** ***zedendelict.***
Sexualtäter ⟨m.⟩ →**Sexualverbrecher.**
Sexualtrieb ⟨m.⟩ **0.1** ***geslachtsdrift.***
Sexualverbrechen ⟨o.⟩ **0.1** ***seksueel misdrijf, zedendelict.***
Sexualverbrecher ⟨m.⟩ **0.1** ***seksueel misdadiger, zedendelinquent.***
Sexualwissenschaft ⟨v.⟩ **0.1** ***seksuologie.***
sexuell **0.1** ***seksueel*** ⇒*geslachts-, geslachtelijk.*
Sezession ⟨v.; ~, ~en⟩ **0.1** ***secessie*** ⇒*afscheiding* **0.2** ***afgescheiden groep kunstenaars*** ⇒*sezession* **0.3** ***Sezessionsstil*** ⟨Oostenrijkse vorm v.d. Jugendstil⟩.
Sezessionist ⟨m.; ~en, ~en⟩ **0.1** ***secessionist.***
Sezessionskrieg ⟨m.⟩ **0.1** ***secessieoorlog.***
sezieren **0.1** ⟨med.⟩ ***seceren, opensnijden, ontleden*** **0.2** ⟨fig.⟩ ***analyseren, ontleden.***
Seziermesser ⟨o.⟩ **0.1** ***ontleedmes.***
sfr., sFr. ⟨afk.⟩ [Schweizer Franken].
Shag ⟨m.; ~s, ~s⟩ **0.1** ***shag, fijne pijptabak.***
Shampoo(n) ⟨o.; ~s, ~s⟩ **0.1** ***shampoo.***
Sherry ⟨m.; ~s, ~s⟩ **0.1** ***sherry.***
Shetlandpony ⟨o.⟩ **0.1** ***Shetlander.***
Show ⟨v.; ~, ~s⟩ **0.1** ***show*** ◆ **3.1** eine ~ abziehen (a) *zijn nummer(tje) opvoeren* (b) *er flink tegenaan gaan;* ⟨jeugdtaal⟩ eine ~ machen *de showbink uithangen, stoer doen.*
Showgeschäft ⟨o.⟩ **0.1** ***showbusiness.***
Siamkatze ⟨v.⟩ **0.1** ***Siamese kat, siamees.***
Sibirien ⟨o.; ~s⟩ **0.1** ***Siberië.***
sibirisch **0.1** ***Siberisch.***
Sibylle ⟨v.; ~, ~n⟩ **0.1** ***sibille*** ⇒*profetes.*
sibyllinisch **0.1** ***sibillijns*** **0.2** ***raadselachtig, duister.***
sich[1] ⟨wdk.vnw.⟩ **0.1** ***zich*** ◆ **4.1** ~ selbst *zichzelf* **6.1** **an** (und für) ~ *op zich(zelf beschouwd),* ⟨ook⟩ *als zodanig;* das Ding **an** ~ *het ding op zich(zelf);* sie hat etwas **an** ~ ⟨3e nv.⟩ *zij heeft iets (speciaals) (over zich);* das hat nichts **auf** ~ *dat heeft niets te betekenen;* **außer** ~ vor Wut *buiten zichzelf van woede;* er dachte, sagte **bei** ~ *hij dacht, zei bij zichzelf;* eine Sache **für** ~ *een geval apart, een ander geval;* das hat viel **für** ~ *daar is, valt veel voor te zeggen;* er ist immer **für** ~ *hij is altijd alleen;* **von** ~ aus *uit eigen beweging;* **vor** ~ ⟨4e nv.⟩ hin *voor zich uit,* ⟨ook⟩ *in zichzelf, binnensmonds;* er pfeift **vor** ~ ⟨4e nv.⟩ hin *hij loopt, zit (wat) te fluiten.*
sich[2] ⟨wdk.vnw.⟩ **0.1** ***elkaar*** ⇒*de een de ander* ◆ **3.1** sie prügeln ~ *zij vechten met elkaar.*
Sichel ⟨v.; ~, ~n⟩ **0.1** ***sikkel.***
sichelförmig **0.1** ***sikkelvormig.***
sicheln **0.1** ***met de sikkel maaien.***
sicher[1] ⟨bn.⟩ **0.1** ***veilig, zeker*** **0.2** ***betrouwbaar, zeker*** ⇒*feilloos, verzekerd, rustig* **0.3** ***beslist, zelfbewust, zelfverzekerd*** **0.4** ***gewis, stellig, zeker*** ⇒*overtuigd van* ◆ **1.2** ein ~es Auskommen *een verzekerd bestaan;* mit ~em Blick *met een geoefend oog;* ein ~es Einkommen *een vast inkomen;* mit ~em Schritt *met vaste tred;* ein ~es Urteil *een helder oordeel(svermogen)* **1.3** sein ~es Auftreten *zijn zelfbewust, -verzekerd optreden* **3.1** ~ ist ~ *veiligheid, zekerheid voor alles* **3.2** eine Lektion ~ können *een les goed kennen* **3.3** er ist seiner selbst sehr ~ *hij is heel zeker van zichzelf;* sie wirkt sehr ~ *zij maakt een heel zelfverzekerde indruk* **3.4** dessen kannst du ~ sein ⟨ook⟩ *daar kun je van op aan;* ich bin mir nicht ganz ~ *ik ben er niet helemaal zeker van;* die Todesstrafe ist ihm ~ *hij kan rekenen op de doodstraf* **5.4** da bin ich ganz ~! *dat weet ik (wel) heel zeker!* **6.1** **auf** ~ spielen *geen risico nemen, zeker spelen;* **vor** einem Überfall ~ sein *voor een overval veilig zijn.*
sicher[2] ⟨bw.⟩ **0.1** ***beslist, vast, zeker*** ⇒*vermoedelijk, met zekerheid.*
sichergehen **0.1** ***geen risico nemen, het zekere voor het onzekere nemen*** ⇒*zeker zijn, zeker spelen* ◆ **8.1** um ganz sicherzugehen *voor alle zekerheid.*
Sicherheit ⟨v.; ~, ~en⟩ **0.1** ***veiligheid, zekerheid*** ⇒*bescherming* **0.2** ***zekerheid, stelligheid*** **0.3** ***betrouwbaarheid*** ⇒*juistheid, feilloosheid* **0.4** ***zekerheid, beslistheid, zelfbewustheid*** **0.5** ⟨ec., jur.⟩ ***zekerheid, borg(tocht)*** ⇒*onderpand, waarborg* ◆ **1.2** die ~ der Arbeitsplätze *het behoud van de arbeidsplaatsen* **2.1** die innere ~ *de binnenlandse veiligheid* **2.5** dingliche ~ *zakelijke zekerheidstelling* **3.5** ~en leisten *zekerheden stellen* **6.1** etwas **in** ~ bringen *iets in veiligheid brengen;* jmdn., sich **in** ~ wiegen *iem. in slaap wiegen, zich veilig wanen;* **zur** ~ *veiligheidshalve* **6.5** ~ **in** bar *geldelijke borgtocht.*
Sicherheitsabstand ⟨m.⟩⟨verk.⟩ **0.1** ***veilige afstand.***
Sicherheitsbeamte(r) ⟨bn. als zn.; m.⟩ **0.1** ***ambtenaar van de veiligheidsdienst.***
Sicherheitsbeauftragte(r) ⟨bn. als zn.⟩ **0.1** ⟨werknemer belast met het toezicht op de bedrijfsveiligheid⟩ **0.2** ⟨regeringscommissaris belast met de zorg voor de veiligheid van de staat⟩.
Sicherheitsbehörde ⟨v.⟩ **0.1** ***veiligheidsdienst*** ⟨ook mv.⟩.
Sicherheitsbestimmung ⟨v.⟩ **0.1** ***veiligheidsbepaling, -voorschrift.***
Sicherheitsbindung ⟨v.⟩ **0.1** ***veiligheidsbinding*** ⟨aan ski⟩.
Sicherheitsdienst ⟨m.⟩ **0.1** ***veiligheidsdienst.***
Sicherheitsfach ⟨o.⟩ **0.1** ***geheim, verborgen vakje*** ⇒*geheim laatje.*
Sicherheitsglas ⟨o.⟩ **0.1** ***veiligheidsglas.***
Sicherheitsgründe ⟨alleen mv.⟩ ◆ **6.¶** **aus** ~n *om veiligheidsredenen.*
Sicherheitsgurt ⟨m.⟩ **0.1** ***veiligheidsgordel, -riem*** ⇒*autogordel.*
sicherheitshalber **0.1** ***veiligheids-, zekerheidshalve, voor de zekerheid.***
Sicherheitskopie ⟨v.⟩⟨comp.⟩ **0.1** ***back-up*** **0.2** ***kopie.***
Sicherheitsleistung ⟨v.⟩ **0.1** ***borgtocht, cautie, zekerheidstelling.***
Sicherheitsmaßnahme ⟨v.⟩ **0.1** ***veiligheidsmaatregel.***
Sicherheitsnadel ⟨v.⟩ **0.1** ***veiligheidsspeld.***
Sicherheitsorgane ⟨alleen mv.⟩ **0.1** ***(staats)veiligheidsdiensten.***
Sicherheitspolizei ⟨v.⟩ **0.1** ***veiligheidspolitie*** **0.2** ⟨nazi⟩ ***Gestapo.***
Sicherheitsrat ⟨m.⟩ **0.1** ***Veiligheidsraad.***
Sicherheitsrisiko ⟨o.⟩ **0.1** ***bedreiging van, gevaar voor de (staats)veiligheid.***
Sicherheitsschloß ⟨o.⟩ **0.1** ***veiligheidsslot.***
Sicherheitsvorkehrung ⟨v.⟩ **0.1** ***veiligheidsmaatregel.***
sicherlich **0.1** ***beslist, stellig, zeker*** ⇒*voorzeker, vast.*
sichern **I** ⟨onov.ww.⟩⟨jacht⟩ **0.1** ***zekeren*** ⇒*speuren;*
II ⟨ov.ww.⟩ **0.1** ***beveiligen*** ⇒*afsluiten, op slot doen* **0.2** ***garanderen, verzekeren, waarborgen*** ⇒*veilig stellen* **0.3**

bezorgen, reserveren, zich verzekeren van **0.4** ***dekken*** **0.5** ⟨politie⟩ ***opnemen, vaststellen*** *⇒verzamelen* ◆ **1.1** eine Pistole ~ *een pistool op veilig zetten* **1.2** gesicherte Arbeitsplätze *gegarandeerde, vaste arbeidsplaatsen* **1.3** er sicherte der Frau einen Sitzplatz *hij hield voor de vrouw een zitplaats vrij* **1.5** Beweismaterial ~ *bewijsmateriaal vaststellen, verzamelen* **5.2** statistisch gesichert *statistisch gestaafd.*

sicherstellen **0.1** ***veilig opbergen*** *⇒in beslag nemen, beschermen* **0.2** ***garanderen, verzekeren, waarborgen*** *⇒ veilig stellen* **0.3** ***aantonen, (zonder twijfel) vaststellen, bewijzen.***

Sicherung ⟨v.; ~, ~en⟩ **0.1** ***het garanderen, waarborging*** *⇒ verzekering* **0.2** ***veiligheid*** ⇒⟨elektriciteit⟩ *zekering, stop, veiligheidspal* **0.3** ***beveiliging*** **0.4** ***borgtocht, cautie, zekerheid*** **0.5** ⟨politie⟩ ***het vaststellen, opnemen, verzamelen*** ◆ **1.1** das Netz sozialer ~en *het stelsel van de sociale zekerheid* **3.2** ⟨fig.⟩ jmdm. brennt die ~ durch *iem. slaat door, op hol* **3.4** ~en leisten *zekerheden geven, borgtocht stellen* **6.3** die ~ **vor** einem Überfall *de beveiliging tegen een overval.*

Sicherungsabtretung ⟨v.⟩⟨ec.⟩ **0.1** ***cessie tot zekerheid.***

Sicherungshypothek ⟨v.⟩⟨ec.⟩ **0.1** ***kredriethypotheek.***

Sicherungskopie ⟨v.⟩⟨comp.⟩ **0.1** ***back-up.***

Sicherungsmaßnahme ⟨v.⟩ **0.1** ***veiligheidsmaatregel.***

sicherungsübereignen ⟨ec.⟩ **0.1** ***tot zekerheid overdragen.***

Sicherungsverwahrung ⟨v.⟩ **0.1** ***terbeschikkingstelling, tbs.***

Sicht ⟨v.; ~, ~en⟩ **0.1** ***zicht*** *⇒uitzicht* **0.2** ***termijn*** **0.3** ***standpunt*** *⇒visie, kijk* ◆ **1.3** eine ~ des Lebens *een kijk, visie op het leven* **2.1** freie ~ haben *vrij uitzicht hebben* **6.1** **auf** ~ fliegen *met optische navigatie vliegen;* **außer** ~ geraten *uit het gezicht verdwijnen;* **außer** ~ sein (a) *niet in zicht zijn* (b) *uit het gezicht (verdwenen) zijn* **6.2** **auf** mittlere ~ *op middellange termijn;* **auf** weite ~ *op lange termijn* **6.3** **aus** deutscher ~ *van Duits standpunt uit;* **aus** dieser ~ *vanuit deze optiek;* **aus, in** seiner ~ *van zijn standpunt uit bezien* **6.¶** **auf, bei** ~ zahlbar *betaalbaar op zicht.*

sichtbar **0.1** ***zichtbaar*** *⇒waarneembaar* **0.2** ***zichtbaar, duidelijk, klaarblijkelijk.***

Sichtbehinderung ⟨v.⟩ **0.1** ***belemmering v.h. (uit)zicht*** *⇒ slecht zicht.*

Sichtbeton ⟨m.⟩ **0.1** ***architectonisch beton, sierbeton.***

Sichtblende ⟨v.⟩ **0.1** ***blind, scherm*** *⇒(venster)luik, jaloezie, (zonne)blind.*

Sichteinlage ⟨v.⟩⟨ec.⟩ **0.1** ***direct opvraagbaar tegoed, giraal geld.***

sichten **0.1** ***waarnemen, zien*** *⇒opmerken* **0.2** ***ordenen, schiften, selecteren*** *⇒sorteren, uitzoeken* ◆ **1.1** ein Schiff ~ *een schip zien, waarnemen* **1.2** Dokumente ~ *documenten ordenen, schiften.*

Sichtfenster ⟨o.⟩ **0.1** ***kijkvenster, -glas.***

Sichtgrenze ⟨v.⟩ **0.1** ***grootste zichtafstand, zicht.***

Sichtguthaben ⟨o.⟩ →**Sichteinlage.**

sichtig **0.1** ***helder, klaar.***

Sichtkarte ⟨v.⟩ **0.1** ***abonnement(skaart).***

sichtlich **0.1** ***duidelijk, zichtbaar*** *⇒klaarblijkelijk, kennelijk.*

Sichtverhältnisse ⟨alleen mv.⟩ **0.1** ***zicht.***

Sichtvermerk ⟨m.⟩ **0.1** ***visum.***

Sichtwechsel ⟨m.⟩⟨ec.⟩ **0.1** ***zichtwissel, wissel op zicht.***

Sichtweise ⟨v.⟩ **0.1** ***zienswijze, visie.***

Sichtweite ⟨v.⟩ **0.1** ***zicht, gezichtsafstand*** ◆ **6.1** **außer** ~ sein *uit het zicht zijn.*

Sickeranlage ⟨v.⟩ **0.1** ***draineringt, afwateringsinstallatie.***

Sickergrube ⟨v.⟩ **0.1** ***beer , privaatput.***

sickern **0.1** ***sijpelen*** *⇒wegzakken, doorlekken, druppelen* ◆ **6.1** ⟨fig.⟩ **in** die Presse ~ *naar de pers doorlekken.*

siderisch **0.1** ***sideraal, siderisch*** *⇒sterren-.*

sie ⟨pers.vnw.⟩ **0.1** ⟨enk.⟩ ***zij, ze*** *⇒haar* **0.2** ⟨mv.⟩ ***zij, ze*** *⇒ hen, hun,* ⟨inf.⟩ *men.*

Sie[1] ⟨v.; ~, ~s⟩⟨inf.⟩ **0.1** ***zij*** *⇒dame, vrouw.*

Sie[2] ⟨pers.vnw.⟩ **0.1** ***U, u*** ◆ **1.1** ~ Betrüger! *bedrieger!, een bedrieger bent u!* **6.1** **zu** dem Auto muß man ~ sagen *dat is een auto waar je u tegen zegt.*

Sieb ⟨o.; ~(e)s, ~e⟩ **0.1** ***zeef*** ⟨ook boek.⟩ *⇒filter* ◆ **8.1** durchlöchert wie ein ~ *doorzeefd.*

Siebdruck ⟨m.; mv. ~e⟩ **0.1** ***zeefdruk, serigrafie.***

sieben[1] ⟨telw.⟩ **0.1** ***zeven*** ◆ **3.1** ⟨schr.⟩ es waren ihrer ~ *zij waren met z'n zevenen, het waren er zeven* **6.1** **zu** ~ *met z'n zevenen.*

sieben[2] ⟨ov.ww.⟩ **0.1** ***zeven, ziften*** ⇒⟨fig.⟩ *classificeren, selecteren.*

sieben- →**meer samenstellingen bij drei-.**

Sieben ⟨v.; ~, ~(en)⟩ **0.1** ***zeven*** ⟨getal, cijfer⟩ **0.2** ***lijn zeven*** ⟨tram⟩ ◆ **2.1** die böse ~ *het ongeluksgetal zeven;* ⟨inf.⟩ eine böse ~ *een feeks.*

Siebener ⟨m.; ~s, ~⟩⟨inf.⟩ **0.1** ***getal zeven*** **0.2** ***lijn zeven*** ⟨tram⟩.

siebengescheit **0.1** ***waanwijs*** *⇒betweterig.*

Siebengestirn ⟨o.⟩ **0.1** ***Zevengesternte, Plejaden.***

Siebenmeilenschritt ⟨m.⟩ **0.1** ***zevenmijlse stap, heel grote pas*** ⇒⟨fig. vooral⟩ *reuzenschrede.*

Siebenmeilenstiefel ⟨alleen mv.⟩ **0.1** ***zevenmijlslaarzen*** *⇒ heel grote passen, reuzenschreden.*

Siebenmeter(ball) ⟨m.⟩ **0.1** ⟨handbal⟩ ***zevenmeter(worp), vrije worp*** **0.2** ⟨hockey⟩ ***strafbal.***

Siebenmonatskind ⟨o.⟩ **0.1** ***zevenmaands kindje.***

Siebensachen ⟨alleen mv.⟩ **0.1** ***boeltje, spullen.***

Siebenschläfer ⟨m.⟩ **0.1** ***27 juni*** **0.2** ⟨biol.⟩ ***zevenslaper, relmuis.***

siebent →**siebt.**

Siebentel ⟨o.⟩ →**Siebtel.**

siebt ◆ **6.¶** **zu** ~ *met z'n zevenen.*

siebte **0.1** ***zevende.***

Siebtel ⟨o.; ~s, ~⟩ **0.1** ***zevende (deel).***

siebtens **0.1** ***ten zevende.***

siebzig **0.1** ***zeventig.***

Siebziger ⟨m.; ~s, ~⟩ **0.1** ***zeventiger*** *⇒zeventigjarige* **0.2** ⟨mv.⟩ ***zeventig*** ⟨leeftijd⟩ **0.3** ⟨mv.⟩ ***jaren zeventig*** ⟨v.e. eeuw⟩.

siech ⟨schr.⟩ **0.1** ***ziekelijk, ziek.***

Siechtum ⟨o.; ~s⟩⟨schr.⟩ **0.1** ***langdurige ziekte*** **0.2** ⟨fig.⟩ ***zwakte, ziekelijkheid*** *⇒het wegkwijnen.*

Siedehitze ⟨v.⟩ **0.1** ***kookpunt*** ⟨ook fig.⟩.

siedeln **0.1** ***zich vestigen*** *⇒(gaan) wonen* **0.2** ⟨biol.⟩ ***zich nestelen, vestigen*** *⇒wonen, groeien.*

sieden ⟨→t139⟩ **I** ⟨onov.ww.⟩ **0.1** ***koken, zieden*** ⟨ook fig.⟩ ◆ **1.1** ~de Hitze *gloeiende hitte* **6.1** ⟨fig.⟩ **zum** Sieden bringen *tot het kookpunt opvoeren;*

II ⟨ov.ww.⟩⟨vero.⟩ **0.1** ⟨Oostr., Zdd.⟩ ***koken*** **0.2** ⟨vero.; amb.⟩ ***zieden*** *⇒koken.*

siedendheiß **0.1** ***ziedend-, kokendheet*** **0.2** ⟨fig.⟩ ***ziedend*** *⇒ (wit)gloeiend* **0.3** ⟨inf.⟩ ***plotseling, pardoes*** ◆ **3.3** jmdm. ~ einfallen *iem. te binnen schieten.*

Siedepunkt ⟨m.⟩⟨ook fig.⟩ **0.1** ***kookpunt.***

Sieder ⟨m.; ~s, ~⟩ **0.1** ⟨amb.⟩ ***(zeep-, zout)zieder, (lijm)koker*** **0.2** ⟨tech.⟩ ***dompelaar*** **0.3** ⟨tech.⟩ ***kookbeker, -vat.***

Siedler ⟨m.; ~s, ~⟩ **0.1** ***kolonist*** *⇒bewoner.*

Siedlung ⟨v.; ~, ~en⟩ **0.1** ***wijk*** ⇒*kolonie* **0.2** ***stad, agglomeratie*** **0.3** ***nederzetting*** ⇒*kolonie, volksplanting* **0.4** ⟨schr.⟩ ***het zich vestigen, vestiging*** **0.5** ⟨biol.⟩ ***kolonie*** ◆ **2.2** eine städtische ~ *een stedelijke agglomeratie* **2.3** ländliche ~en *landelijke nederzettingen.*

Siedlungsdichte ⟨v.⟩ **0.1** ***bevolkings-, bebouwingsdichtheid.***

Siedlungsform ⟨v.⟩ **0.1** ***nederzettingsvorm, woonpatroon.***

Siedlungsgebiet ⟨o.⟩ **0.1** ***kolonisatiegebied*** ⇒*gebied van vestiging.*

Siedlungshaus ⟨o.⟩ **0.1** ***huis in een nieuwe wijk.***

Siedlungsland ⟨o.⟩ **0.1** ***kolonisatiegebied, kolonie*** ⇒*ontginningsgebied.*

Siedlungspolitik ⟨v.; ~⟩ **0.1** ***kolonisatiebeleid.***

Sieg ⟨m.; ~(e)s, ~e⟩ **0.1** ***overwinning, zege*** ⇒*zegepraal* ◆ **2.1** ein glatter, klarer ~ *een duidelijke, overtuigende overwinning* **3.1** ⟨schr.⟩ jmdm. den ~ abgewinnen, entreißen *over iem. zegevieren;* einen ~ buchen, davontragen *een overwinning boeken, behalen* **6.1 auf** ~ setzen, wetten (a) *gokken op de winnaar* (b) *het op een overwinning houden;* **auf** ~ spielen *spelen om te winnen;* unser ~ **über** den Feind *onze zege over, overwinning op de vijand.*

Siegel ⟨o.; ~s, ~⟩ **0.1** ***zegel, stempel*** ⇒*zegelafdruk* ◆ **3.1** ein ~ aufbrechen, lösen, öffnen *een zegel verbreken,* ⟨jur.⟩ *lichten;* ⟨fig.⟩ das Programm trägt sein ~ *het programma draagt zijn stempel* **6.1 unter** dem ~ der Verschwiegenheit *onder het zegel van geheimhouding.*

siegeln **0.1** ***(ver)zegelen*** **0.2** ***waarmerken.***

Siegelring ⟨m.⟩ **0.1** ***zegelring.***

siegen **0.1** ***(over)winnen*** ⇒*zegevieren, de overwinning behalen* ◆ **1.1** (mit) zwei zu null ~ *met 2-0 winnen* **5.1** hoch, knapp ~ *een grote, krappe overwinning behalen* **6.1 gegen, über** jmdn. ~ *iem. overwinnen, (het) van iem. winnen.*

Sieger ⟨m.; ~s, ~⟩ **0.1** ***(over)winnaar*** ⇒*eerste* ◆ **2.1** ⟨sp.⟩ zweiter ~ sein *tweede zijn.*

Siegerehrung ⟨v.⟩⟨sp.⟩ **0.1** ***huldiging v.d. winnaar(s)*** ⇒*cérémonie protocollaire.*

Siegermacht ⟨v.⟩ **0.1** ***zegevierende mogendheid.***

Siegermannschaft ⟨v.⟩⟨vooral sp.⟩ **0.1** ***winnend team.***

Siegermiene ⟨v.⟩ **0.1** ***triomfantelijk gezicht.***

Siegerpodest ⟨o.⟩ **0.1** ***erepodium.***

Siegerpokal ⟨m.⟩ **0.1** ***beker, cup (voor de winnaar).***

siegesbewußt **0.1** ***zeker, overtuigd v.d. overwinning*** ⇒*zelfverzekerd.*

Siegesbotschaft ⟨v.⟩ **0.1** ***zegetijding.***

Siegesfeier ⟨v.⟩ **0.1** ***overwinningsfeest.***

siegesfroh **0.1** ***zegepralend, triomfantelijk.***

siegesgewiß ⟨schr.⟩ →**siegessicher.**

Siegesgöttin ⟨v.⟩ **0.1** ***godin der overwinning.***

Siegeslauf ⟨m.⟩⟨schr.⟩ **0.1** ***zege-, triomftocht.***

Siegesnachricht ⟨v.⟩ **0.1** ***zegetijding.***

Siegespalme ⟨v.⟩ **0.1** ***zegepalm*** ⇒*zege* ◆ **3.1** ⟨schr.⟩ die ~ davontragen *de overwinning behalen.*

Siegespodest ⟨o.⟩ **0.1** ***erepodium.***

Siegesprämie ⟨v.⟩ **0.1** ***premie voor de (over)winnaar.***

Siegessäule ⟨v.⟩ **0.1** ***triomfzuil.***

siegessicher **0.1** ***zeker, overtuigd v.d. overwinning, zege.***

Siegestaumel ⟨m.⟩⟨schr.⟩ **0.1** ***overwinningsroes.***

Siegestor ⟨o.⟩ **0.1** ***triomfboog, -poort*** **0.2** ⟨sp.⟩ ***beslissend, winnend doelpunt.***

Siegestreffer ⟨m.⟩⟨sp.⟩ **0.1** ***beslissende treffer*** ⇒*beslissend, winnend doelpunt.*

siegestrunken ⟨schr.⟩ **0.1** ***in een overwinningsroes.***

Siegeszeichen ⟨o.⟩ **0.1** ***zege-, overwinningsteken.***

Siegeszug ⟨m.⟩ **0.1** ***zege-, triomftocht.***

Siegeszuversicht ⟨v.⟩ **0.1** ***vast vertrouwen, geloof in de overwinning.***

sieggewohnt **0.1** ***gewoon te overwinnen, gewend aan overwinningen.***

sieghaft ⟨schr.⟩ **0.1** ***zeker, overtuigd v.d. overwinning*** ⇒*zelfverzekerd, triomfantelijk.*

sieglos **0.1** ***zonder overwinningen*** ⇒*vergeefs, vruchteloos.*

siegreich **0.1** ***zegevierend*** ⇒*zegerijk, (over)winnend.*

Siegwurz ⟨v.⟩ **0.1** ***gladiool, zwaardbloem.***

Siel ⟨m. & o.; ~(e)s, ~e⟩⟨Ndd.; wwb.⟩ **0.1** ***zijl, uit-, afwateringssluis, verlaat*** **0.2** ***uitwateringskanaal*** **0.3** ***riool.***

Siele ⟨v.; ~, ~n⟩⟨vero.⟩ **0.1** ***haam, (trek)zeel*** **0.2** ***trek-, borsttuig*** ◆ **6.1** ⟨fig.⟩ **in** den ~n sterben *in het harnas sterven.*

Sielen|geschirr, -zeug ⟨o.⟩ **0.1** ***(trek-, borst)tuig.***

Siesta ⟨v.; ~, ~s of Siesten⟩ **0.1** ***middagdutje, siësta.***

siezen **0.1** ***met 'Sie' aanspreken*** ◆ **4.1** sie ~ einander, sich *zij spreken elkaar met 'Sie' aan* **6.1** ich sieze mich **mit** ihm *ik spreek hem met 'Sie' aan.*

Sigel ⟨o.; ~s, ~⟩ **0.1** ***woordteken*** **0.2** ***afkorting.***

Sigle ⟨v.; ~, ~n⟩ →**Sigel.**

Signal ⟨o.; ~s, ~e⟩ **0.1** ***signaal, teken, sein*** ⇒⟨vooral Zwi.⟩ *verkeerslicht* ◆ **3.1** ⟨fig.⟩ ~e setzen *richtinggevend zijn.*

Signalanlage ⟨v.⟩ **0.1** ***sein-, signaalinrichting.***

signal|farben, -farbig **0.1** ***in een signaalkleur.***

Signalflagge ⟨v.⟩ **0.1** ***seinvlag, -wimpel.***

Signalhorn ⟨o.⟩ **0.1** ***claxon, hoorn, (auto)toeter*** ⇒*sirene* **0.2** ⟨vooral mil.⟩ ***signaalhoorn.***

signalisieren **0.1** ***seinen*** ⇒*doorgeven, duidelijk maken* **0.2** ***melden, aankondigen, aanwijzen*** ⇒*betekenen, wijzen op* **0.3** ⟨schr.⟩ ***uitdrukking geven aan, te verstaan geven.***

Signallampe ⟨v.⟩ **0.1** ***signaal-, seinlamp.***

Signalmast ⟨m.⟩ **0.1** ***signaal-, seinmast*** **0.2** ⟨verk.⟩ ***seinpaal.***

signalrot **0.1** ***knalrood, fel rood.***

Signalwirkung ⟨v.⟩ **0.1** ***richtinggevend effect*** ⇒*beleidsbepalend effect, impuls.*

Signatarmacht ⟨v.⟩⟨pol.⟩ **0.1** ***verdragsstaat, verdragsluitende mogendheid.***

Signatur ⟨v.; ~, ~en⟩ **0.1** ***signatuur*** ⇒⟨schr.⟩ *handtekening, paraaf,* ⟨far.⟩ *gebruiksaanwijzing.*

Signet ⟨o.; ~s, ~e of ~s⟩ **0.1** ⟨boek.⟩ ***drukkersmerk, vignet*** **0.2** ⟨ec.⟩ ***fabrieks-, handelsmerk, signet.***

signieren **0.1** ***signeren*** **0.2** ⟨schr.⟩ ***ondertekenen*** **0.3** ⟨boek.⟩ ***v.e. signatuur voorzien.***

signifikant ⟨schr.⟩ **0.1** ***significant*** ⇒*belangrijk, van grote betekenis* **0.2** ***typisch, karakteristiek.***

Signifikanz ⟨v.; ~⟩⟨schr.⟩ **0.1** ***significantie.***

Sikkativ ⟨o.; ~s, ~e⟩⟨schei.⟩ **0.1** ***droogmiddel, siccatief.***

Silbe ⟨v.; ~, ~n⟩ **0.1** ***lettergreep*** ⇒*syllabe* **0.2** ⟨fig.⟩ ***woord, snars*** ◆ **4.2** er glaubt mir keine ~ *hij gelooft geen woord van wat ik zeg.*

Silbenklauber ⟨m.⟩⟨vero.⟩ **0.1** ***haarklover, muggenzifter.***

Silbenrätsel ⟨o.⟩ **0.1** ***lettergreepraadsel, logogrief.***

Silbenschrift ⟨v.⟩ **0.1** ***lettergreepschrift.***

Silbentrennung ⟨v.⟩ **0.1** ***splitsing in lettergrepen*** ⇒*afbreking.*

Silber ⟨o.; ~s⟩ **0.1** ***zilver*** **0.2** ***zilverwerk*** ⇒*zilveren bestek, zilveren medaille* **0.3** ⟨vero.⟩ ***zilver(geld)*** ◆ **6.1** eine Handtasche **in** ~ *een zilverkleurige handtas;* **mit** ~ überziehen *verzilveren.*

Silberarbeit ⟨v.⟩ **0.1** ***zilverwerk.***

Silberauflage ⟨v.⟩ **0.1** ***zilverlaag(je).***

Silberbarren ⟨m.⟩ **0.1** ***zilverstaaf, baar zilver.***

Silberbergwerk ⟨o.⟩ **0.1** ***zilvermijn.***

Silberblech ⟨o.⟩ **0.1** ***zilverblik, geplet zilver.***

Silberblick ⟨m.⟩⟨inf.; scherts.⟩ **0.1** ***loensende blik.***

silber|farben, -farbig 0.1 ***zilverkleurig.***

Silbergehalt ⟨m.⟩ **0.1** ***zilvergehalte.***

Silbergeschirr ⟨o.⟩ **0.1** ***tafelzilver*** ⇒*zilverwerk.*

Silberhaar ⟨o.⟩⟨schr.⟩ **0.1** ***zilverhaar, zilverwit haar.***

silberhaltig 0.1 ***zilverhoudend.***

silberhell 0.1 ***zilveren*** ⇒*helder* **0.2** ⟨schr.⟩ ***zilverhelder.***

Silberhochzeit ⟨v.⟩ **0.1** ***zilveren bruiloft, huwelijksfeest.***

silberig →**silbrig.**

Silberling ⟨m.; ~s, ~e⟩ **0.1** ***zilverling*** ⇒*zilverstuk.*

Silberlöwe ⟨m.⟩ **0.1** ***poema, Amerikaanse leeuw.***

Silbermedaille ⟨v.⟩ **0.1** ***zilveren medaille.***

Silbermöwe ⟨v.⟩ **0.1** ***zilvermeeuw.***

Silbermünze ⟨v.⟩ **0.1** ***zilvermunt, zilveren munt.***

silbern 0.1 ***zilveren, van zilver*** **0.2** ⟨fig.⟩ ***zilverkleurig*** ⇒*zilverwit* **0.3** ⟨schr.; fig.⟩ ***zilveren, (zilver)helder.***

Silberpaar ⟨o.⟩⟨inf.⟩ **0.1** ***zilveren bruidspaar.***

Silberpappel ⟨v.⟩ **0.1** ***zilverpopulier.***

Silberreiher ⟨m.⟩ **0.1** ***grote zilverreiger.***

Silberschmied ⟨m.⟩ **0.1** ***zilversmid.***

Silberstreif(en) ⟨m.⟩ **0.1** ***zilveren, zilvergrijs schijnende streep.***

Silbertanne ⟨v.⟩ **0.1** ***zilverden, -spar.***

Silberwährung ⟨v.⟩⟨ec.⟩ **0.1** ***zilveren standaard.***

Silberweide ⟨v.⟩⟨plantk.⟩ **0.1** ***zilver-, schietwilg.***

silberweiß 0.1 ***zilverwit.***

Silberzeug ⟨o.⟩⟨inf.⟩ **0.1** ***zilverwerk*** ⇒*tafelzilver, zilveren bestek.*

Silberzwiebel ⟨v.⟩ **0.1** ***zilveruitje.***

silbrig 0.1 ***zilverachtig (glanzend), zilverig*** **0.2** ⟨schr.⟩ ***helder, zilveren, zilverachtig*** ⟨van geluid⟩.

Sild ⟨m.; ~(e)s, ~(e)⟩⟨cul.⟩ **0.1** ⟨in saus ingelegde jonge haring⟩.

Silhouette ⟨v.; ~, ~n⟩ **0.1** ***model, snit*** **0.2** ***silhouet.***

silieren ⟨landb.⟩ **0.1** ***inkuilen, ensileren.***

Silikat ⟨o.; ~(e)s, ~e⟩ **0.1** ***silicaat, kiezelzuur zout.***

Silikon ⟨o.; ~s, ~e⟩⟨schei.⟩ **0.1** ***silicone.***

Silikose ⟨v.; ~, ~n⟩⟨med.⟩ **0.1** ***silicose, steenlong.***

Silo ⟨m. & o.; ~s, ~s⟩ **0.1** ***silo*** ⇒⟨landb.⟩ *(voeder)kuil.*

Silvester ⟨m. & o.; ~s, ~⟩ **0.1** ***oudejaar(sdag), oudjaar*** ◆ **3.1** ~feiern *oud en nieuw vieren.*

Silvesterabend ⟨m.⟩ **0.1** ***oudejaarsavond.***

simpel 0.1 ***simpel, eenvoudig, ongecompliceerd*** **0.2** ***eenvoudig*** ⇒*gewoon* **0.3** ⟨pej.⟩ ***simpel, onnozel.***

Simpel ⟨m.; ~s, ~⟩⟨reg.⟩ **0.1** ***onnozele hals, idioot.***

Simpelfransen ⟨alleen mv.⟩⟨inf.; scherts.⟩ **0.1** ***pony(haar).***

Simplex ⟨o.; ~, ~e of Simplizia⟩⟨taal.⟩ **0.1** ***enkelvoudig woord, simplex.***

simplifizieren 0.1 ***vereenvoudigen, simplificeren.***

Simplizität ⟨v.; ~, ~en⟩⟨schr.⟩ **0.1** ***eenvoud, ongekunsteldheid.***

Sims ⟨m. & o.; ~es, ~e⟩⟨bouwk.⟩ **0.1** ***lijst*** ⇒*kroonlijst, kornis.*

Simse ⟨v.; ~, ~n⟩⟨plantk.⟩ **0.1** ***rietgras*** **0.2** ⟨reg.⟩ ***bies.***

Simulant ⟨m.; ~en, ~en⟩ **0.1** ***simulant.***

Simulation ⟨v.; ~, ~en⟩ **0.1** ***simulatie*** ⇒*voorwending, veinzing, nabootsing.*

simulieren 0.1 ***simuleren*** ⇒*voorwenden, veinzen ziek te zijn, nabootsen.*

simultan ⟨schr.⟩ **0.1** ***simultaan, gelijktijdig*** ⇒*gemeenschappelijk, gezamenlijk.*

Simultandolmetscher ⟨m.⟩ **0.1** ***simultaan-, conferentietolk.***

Simultanpartie ⟨v.⟩⟨sp.⟩ **0.1** ***simultaanpartij.***

Simultanschule ⟨v.⟩ **0.1** ***school op niet-confessionele grondslag*** ⇒*openbare school.*

Simultanspiel ⟨o.⟩⟨sp.⟩ **0.1** ***simultaanwedstrijd.***

Sinfonie ⟨v.; ~, ~n⟩⟨muz.⟩ **0.1** ***symfonie*** ⟨ook fig.⟩.

Sinfonik ⟨v.; ~⟩⟨muz.⟩ **0.1** ***symfonische kunst.***

Sinfoniker ⟨m.; ~s, ~⟩⟨muz.⟩ **0.1** ***componist van symfonieën*** **0.2** ⟨steeds mv.⟩ ***(alle leden v.e.) symfonieorkest.***

Sing. ⟨afk.⟩ →**Singular.**

Singakademie ⟨v.⟩ **0.1** ***zanggezelschap, -vereniging.***

singbar 0.1 ***zingbaar*** ⇒*te zingen.*

Singdrossel ⟨v.⟩⟨biol.⟩ **0.1** ***zanglijster.***

singen ⟨→t140⟩ **0.1** ***zingen*** ⟨ook fig.⟩ **0.2** ⟨inf.⟩ ***doorslaan*** ⇒*loslaten, praten* ◆ **1.1** ein ~der Tonfall *een zangerige stem* **3.1** ⟨inf.⟩ das kannst du ~ *daar kun je van op aan;* ⟨inf.⟩ das kann ich schon ~ *dat ken ik onderhand* **4.1** dieses Lied singt sich leicht *dit lied zingt gemakkelijk* **6.1** mir singt das Blut **in** den Ohren *mijn oren suizen;* **nach** Noten ~ *op noten zingen;* das Gedicht singt **von** der Liebe *het gedicht bezingt de liefde;* **zur** Gitarre ~ *bij de gitaar zingen* **6.2** jmdn. **zum** Singen bringen *iem. aan het praten krijgen* **8.¶** da hilft kein Singen und kein Beten *daar helpt geen moedertjelief aan.* →**Vogel.**

Single[1] ⟨m.; ~(s), ~(s)⟩ **0.1** ***alleenstaande*** ⇒*vrijgezel.*

Single[2] ⟨v.; ~, ~(s)⟩ **0.1** ***single, singel, 45-toerenplaat.***

Singsang ⟨m.⟩ **0.1** ***gezing, het zingen*** ⇒*zingezang, gezang* **0.2** ***deun(tje), wijsje, melodietje*** **0.3** ⟨pej.⟩ ***gezing*** ⇒*tingeltangeldeun, -muziek.*

Singspiel ⟨o.⟩⟨muz.⟩ **0.1** ***operette, zangspel.***

Singstimme ⟨v.⟩⟨muz.⟩ **0.1** ***zangstem*** **0.2** ***zangpartij.***

singulär ⟨schr.⟩ **0.1** ***zeldzaam*** ⇒*sporadisch* **0.2** ***uniek*** **0.3** ⟨wisk.⟩ ***singulier.***

Singular ⟨m.; ~s, ~e⟩⟨taal.⟩ **0.1** ***enkelvoud, singularis.***

Singvogel ⟨m.⟩ **0.1** ***zangvogel.***

Singweise ⟨v.⟩ **0.1** ***zangwijs, -wijze.***

sinister ⟨schr.⟩ **0.1** ***sinister, duister*** ⇒*onheilspellend.*

sinken ⟨→t141⟩ **0.1** ***zinken, zakken, dalen*** ⇒*ondergaan, vallen* **0.2** ***verzinken*** ⇒*vallen* ◆ **1.1** ⟨fig.⟩ bei ~der Nacht *bij het vallen van de nacht* **3.1** alle Hoffnung ~ lassen *alle hoop laten varen* **6.1** **auf** den Gefrierpunkt ~ *tot het vriespunt dalen;* **auf, in** die Knie ~ *op de knieën neergaan, knielen;* **aufs, ins** Bett ~ *op, in bed vallen;* ⟨fig.⟩ die Nacht sinkt **über** die Stadt *de nacht valt over de stad;* **zu** Boden, **auf** die, **zur** Erde ~ *ter aarde zinken* **6.2** **in** Mutlosigkeit ~ *in moedeloosheid verzinken.*

Sinkkasten ⟨m.; mv. ~̈⟩ **0.1** ***bezinkbak, -tank*** ⇒*zinkputje.*

Sinn ⟨m.; ~es, ~e⟩ **0.1** ***zin(tuig)*** **0.2** ***zin*** ⇒*betekenis, nut, bedoeling* **0.3** ⟨alleen mv.; schr.⟩ ***zin, (geest)vermogens*** ⇒*bewustzijn, verstand* **0.4** ***zin, gevoel*** **0.5** ⟨schr.⟩ ***zin, gedachte, mening*** ⇒*hoofd, overleg, geest* **0.6** ⟨schr.⟩ ***aard, geest, zin*** ⇒*instelling, mentaliteit* ◆ **1.2** das ist nicht der ~ der Sache *dat is niet de bedoeling* **2.1** mit offenen ~en *met open ogen;* ein sechster ~ *een zesde zintuig* **2.2** im engeren, weitesten ~ *in engere, de ruimste zin;* im strengsten ~e *strikt genomen* **2.3** seine fünf ~e nicht beisammenhaben *ze niet allemaal, niet alle vijf bij elkaar hebben;* seine fünf ~e zusammenhalten, -nehmen *het hoofd erbij houden;* ⟨vero.; schr.⟩ seiner ~e nicht mehr mächtig sein *buiten zichzelf zijn* **2.5** anderen ~es sein *een andere mening hebben;* mit jmdm. eines ~es sein *het met iem. eens zijn* **2.6** ein edler ~ *een edel gemoed;* heiteren ~es, mit heiterem ~ *met opgewekt gemoed;* leichten ~es *opgewekt, onbezorgd* **3.1** wenn mich meine ~e nicht täuschen *als mijn ogen en oren mij niet bedriegen* **3.2** das ergibt keinen ~ *dat heeft geen zin* **3.3** jmdm. schwinden, vergehen die ~e *iem. verliest het bewustzijn* **3.5** seinen ~ ändern *van gedachten veranderen;* seine ~e für etwas öffnen *ontvankelijk voor iets zijn;* jmds. ~ ist auf eine Sache gerichtet *iemands ge-*

dachten zijn op iets gericht; sein ~ steht nach Höherem *hij heeft aspiraties;* mir steht der ~ nicht nach Späßen *mijn hoofd staat niet naar grapjes* **4.2** in jedem ~ *in elk opzicht* **6.2 im** ~e **von** Art. 2 *als bedoeld in artikel 2;* **im** ~e des Uhrzeigers *met de wijzers van de klok mee;* das ist **ohne** ~ *dat heeft geen zin, nut* **6.3** er ist nicht ganz **bei** ~en *hij is niet goed wijs;* bist du denn ganz und gar **von** ~en? *ben je nou helemaal (van lotje getikt)?;* vor Angst **von** ~en *buiten zichzelf van angst* **6.4** ~ **für** Humor haben *gevoel voor humor hebben* **6.5** das geht, will mir nicht **aus** dem ~ *dat gaat mij steeds door het hoofd;* das ist mir **aus** dem ~ gekommen, geschwunden *ik ben het vergeten, dat is mij ontschoten;* sie will mir nicht **aus** dem ~ (gehen) *ik moet steeds aan haar denken;* etwas fährt, geht mir **durch** den ~ *iets schiet mij in de zin, schiet mij te binnen;* etwas **im** ~ haben *iets van plan, van zins zijn;* er hat mit Mädchen noch nichts **im** ~ *hij interesseert zich nog niet voor meisjes;* etwas **im** ~ tragen *met iets rondlopen;* das kam mir **in** den ~ *dat kwam in mij op;* das will mir nicht **in** den ~ *dat wil, kan er bij mij niet in;* das war so recht **nach** seinem ~ *dat was helemaal naar zijn zin* **8.5** ohne ~ und Verstand *zonder overleg, ondoordacht.* →**Auge.**

sinn|betäubend, -betörend ⟨schr.⟩ **0.1** ***de zinnen bedwelmend.***

Sinnbild ⟨o.⟩ **0.1** ***zinnebeeld*** ⇒*symbool.*

sinnbild|haft, -lich 0.1 ***zinnebeeldig, symbolisch*** ⇒*figuurlijk.*

sinnen ⟨→t142⟩ **0.1** ***peinzen, (na)denken*** ⇒*zinnen* ◆ **5.1** hin und her ~ *wikken en wegen* **6.1 auf** Mittel ~ *naar middelen zoeken;* **auf** Rache ~ *op wraak zinnen* **8.1** all mein Sinnen und Trachten *heel mijn denken en streven.*

Sinnenfreude ⟨v.⟩⟨schr.⟩ **0.1** ***zinnelijke levensvreugde*** **0.2** ⟨mv.⟩ ***zinnelijk genot, zingenot.***

sinnen|freudig, -froh ⟨schr.⟩ **0.1** ***zinnelijk (genietend)*** ⇒ *vol zingenot.*

Sinnenlust ⟨v.⟩ **0.1** ***zinnelijke lust, zingenot, wellust.***

Sinnenmensch ⟨m.⟩ **0.1** ***zintuiglijk ingesteld mens*** ⇒*levensgenieter.*

Sinnenrausch ⟨m.⟩⟨schr.⟩ **0.1** ***zinnelijke roes*** ⇒*zinsvervoering.*

Sinnenreiz ⟨m.⟩ **0.1** ***zinnelijke, erotische prikkel*** **0.2** ⟨biol.⟩ ***zintuiglijke prikkel.***

sinnentleert ⟨schr.⟩ **0.1** ***zinloos*** ⇒*zinledig, hol.*

sinnentsprechend 0.1 ***inhoudelijk juist, goed.***

sinnentstellend 0.1 ***zinstorend.***

Sinnenwelt ⟨v.⟩⟨vooral fil.⟩ **0.1** ***zinnenwereld.***

Sinnesänderung ⟨v.⟩ →**Sinneswandel.**

Sinnesart ⟨v.⟩ **0.1** ***gezindheid, inborst*** ⇒*aard.*

Sinneserfahrung ⟨v.⟩ **0.1** ***zintuiglijke ervaring.***

Sinnesorgan ⟨o.⟩ **0.1** ***zintuig.***

Sinnesreiz ⟨m.⟩⟨biol., med.⟩ **0.1** ***zintuiglijke prikkel.***

Sinnestäuschung ⟨v.⟩ **0.1** ***zinsbedrog, -begoocheling.***

Sinnesverwirrung ⟨v.⟩⟨schr.⟩ **0.1** ***zinsverbijstering.***

Sinneswahrnehmung ⟨v.⟩ **0.1** ***zintuiglijke waarneming.***

Sinneswandel ⟨m.⟩ **0.1** ***verandering van mening, opvatting.***

sinnfällig 0.1 ***duidelijk waarneembaar*** ⇒*plastisch, aanschouwelijk, beeldend.*

Sinngebung ⟨v.; ~, ~en⟩⟨schr.⟩ **0.1** ***interpretatie, uitlegging, verklaring*** **0.2** ***zingeving.***

Sinngedicht ⟨o.⟩ **0.1** ***puntdicht, epigram.***

Sinngehalt ⟨m.⟩ **0.1** ***(ideële) zin, betekenis, inhoud.***

sinngemäß 0.1 ***inhoudelijk*** ⇒*volgens, naar de betekenis, inhoud (weergegeven)* **0.2** ***zinvol, zinnig*** **0.3** ***logisch, consequent*** **0.4** ⟨adm.⟩ ***overeenkomstig*** ◆ **1.1** eine ~e Wiedergabe des Gesprächs *een weergave van de strekking van het gesprek* **3.4** dies gilt ~ *dit geldt overeenkomstig.*

sinngetreu 0.1 ***inhoudelijk juist, goed*** ⇒*de inhoud juist weergevend.*

sinnieren 0.1 ***peinzen, piekeren*** ⇒*prakkeseren, tobben, (na)denken.*

sinnig 0.1 ***nuttig*** ⇒*praktisch, doelmatig, toepasselijk* **0.2** ***zinrijk, zinvol, zinnig*** **0.3** ⟨iron.⟩ ***misplaatst*** ◆ **1.1** ein ~es Geschenk *een nuttig, toepasselijk cadeau* **1.2** ein ~er Gedanke *een zinnige gedachte.*

sinnigerweise ⟨meestal iron.⟩ **0.1** ***(heel) toepasselijk.***

sinnlich 0.1 ***zinnelijk*** ⇒*wellustig, sensueel* **0.2** ***zintuiglijk*** ◆ **1.2** die ~e Wahrnehmung *de zintuiglijke waarneming.*

Sinnlichkeit ⟨v.; ~⟩ **0.1** ***zinnelijkheid*** ⇒*wellustigheid, aanschouwelijkheid, plasticiteit.*

sinnlos 0.1 ***zinloos*** ⇒*nutteloos, onzinnig* **0.2** ⟨pej.⟩ ***mateloos*** ⇒*heel erg.*

Sinnlosigkeit ⟨v.; ~, ~en⟩ **0.1** ***zinloosheid*** ⇒*doel-, nutteloosheid* **0.2** ***zinloze daad.***

sinnreich 0.1 ***zinvol, zinrijk*** ⇒*doordacht, doelmatig* **0.2** ***zinrijk*** ⇒*(diep)zinnig* **0.3** ⟨schr.⟩ ***slim, knap.***

Sinnspruch ⟨m.⟩ **0.1** ***zinspreuk, sententie.***

sinnverwandt ⟨taal.⟩ **0.1** ***zinverwant, qua betekenis verwant.***

sinnverwirrend →**sinnbetäubend.**

sinnvoll 0.1 ***zinvol*** ⇒*nuttig, zinnig.*

sinnwidrig ⟨schr.⟩ **0.1** ***ongerijmd*** ⇒*absurd, onlogisch.*

Sinnzusammenhang ⟨m.⟩ **0.1** ***context, samenhang.***

Sinologe ⟨m.; ~n, ~n⟩ **0.1** ***sinoloog.***

sintemal(en) ⟨vero.; nog scherts.⟩ ◆ **8.¶** ~ (und alldieweil) *vermits, aangezien.*

Sinter ⟨m.; ~s⟩ **0.1** ***slak, sinter, sintel*** **0.2** ***kalk(steen), tuf(steen).***

sintern ⟨tech.⟩ **0.1** ***sinteren.***

Sintflut ⟨v.⟩ **0.1** ***zondvloed*** ⇒⟨fig.⟩ *zee, stortvloed.*

sintflutartig 0.1 ***als een zondvloed*** ⇒*geweldig.*

Sinus ⟨m.; ~, ~(se)⟩⟨med., wisk.⟩ **0.1** ***sinus.***

Sinuskurve ⟨v.⟩⟨wisk.⟩ **0.1** ***sinuslijn, sinusoïde.***

Siphon ⟨acc. wiss.⟩⟨m.; ~s, ~s⟩ **0.1** ***sifon*** ⇒*stankafsluiter, spuitwaterfles* **0.2** ⟨Oostr.⟩ ***soda-, spuitwater.***

Sippe ⟨v.; ~, ~n⟩ **0.1** ⟨meestal iron. of pej.⟩ ***(leden v.d.) familie*** ⇒*clan, aanhang* **0.2** ⟨antr.⟩ ***sibbe*** ⇒*clan* **0.3** ⟨biol.⟩ ***familie.***

Sippenforschung ⟨v.⟩ **0.1** ***sibbekunde, genealogie.***

Sippenhaft ⟨v.⟩⟨vooral nazi⟩ **0.1** ⟨gevangenisstraf voor familieleden v.e. van (politiek) misdrijf beschuldigde⟩.

Sippenhaftung ⟨v.⟩ **0.1** ⟨antr.; verantwoordelijkheid v.e. sibbe⟩ **0.2** ⟨vooral nazi; collectieve aansprakelijkheid v.d. familie⟩.

Sippenkunde ⟨v.⟩ **0.1** ***sibbekunde*** ⇒*genealogie.*

Sippschaft ⟨v.; ~, ~en⟩ **0.1** ⟨meestal pej.⟩ ***familie*** ⇒*clan, aanhang* **0.2** ⟨pej.⟩ ***tuig, bende*** ⇒*volk, gepeupel.*

Sirene ⟨v.; ~, ~n⟩ **0.1** ***sirene*** ⇒*(mist-, alarm-, signaal)hoorn,* ⟨fig.⟩ *(schone) verleidster* **0.2** ⟨biol.⟩ ***zeekoe.***

Sirenengeheul ⟨o.⟩ **0.1** ***sirenegeloei.***

sirenenhaft ⟨schr.⟩ **0.1** ***verleidelijk, aanlokkelijk.***

sirren 0.1 ***gonzen, zoemen*** ⇒*snorren,* ⟨fig.⟩ *zinderen.*

Sirup ⟨m.; ~s, ~e⟩ **0.1** ***stroop*** **0.2** ***(limonade)siroop.***

sistieren 0.1 ⟨schr.⟩ ***schorsen, opschorten*** **0.2** ⟨jur.⟩ ***arresteren, opbrengen.***

Sisyphusarbeit ⟨v.⟩ **0.1** ***sisyfusarbeid.***

Sitte ⟨v.; ~, ~n⟩ **0.1** ***zede, gewoonte*** ⇒*gebruik* **0.2** ***zede(lijkheid)*** ⇒*fatsoen, moraal* **0.3** ⟨steeds mv.⟩ ***manieren, omgangsvormen*** **0.4** ⟨inf.⟩ ***zedenpolitie*** ◆ **2.1** ⟨inf.; fig.⟩ das sind ja ganz neue ~n! *he, dat is zeker weer wat nieuws!*

2.2 lockere ~n *losse zeden* **3.1** dort herrschen rauhe ~n *het gaat er daar ruw aan toe;* das ist bei uns ~ *dat is bij ons de gewoonte, het gebruik* **6.1** nach alter, guter ~ *naar oud, goed gebruik.* →**Land.**

Sittenbild ⟨o.⟩ **0.1** ***zedenschildering*** **0.2** ***genreschilderij, -stuk(je).***

Sittendezernat ⟨o.⟩ **0.1** ***(afdeling) zedenpolitie.***

Sittengesetz ⟨o.⟩ **0.1** ***zedenwet, ethische norm.***

Sittenlehre ⟨v.⟩ **0.1** ***zedenleer, ethiek.***

sittenlos **0.1** ***zedeloos*** ⇒*losbandig, amoreel.*

Sittenlosigkeit ⟨v.; ~⟩ **0.1** ***zedeloosheid.***

Sittenpolizei ⟨v.⟩ **0.1** ***zedenpolitie.***

Sittenrichter ⟨m.⟩ **0.1** ***zedenmeester.***

sittenstreng ⟨vero.⟩ **0.1** ***streng van zeden.***

Sittenstrenge ⟨v.⟩ **0.1** ***(ge)strengheid van zeden.***

Sittenstrolch ⟨m.⟩ **0.1** ***schender v.d. eerbaarheid*** ⇒*zedendelinquent.*

Sittenstück ⟨o.⟩⟨lit.⟩ **0.1** ***zedenspel.***

Sittenverfall ⟨m.⟩ **0.1** ***zedenbederf, -verwildering.***

Sittenwächter ⟨m.⟩ **0.1** ***zedenmeester.***

sittenwidrig **0.1** ***strijdig, in strijd met de goede zeden.***

Sittenwidrigkeit ⟨v.⟩ **0.1** ***strijdigheid met, inbreuk op de goede zeden.***

Sittich ⟨m.; ~s, ~e⟩⟨biol.⟩ **0.1** ***parkiet*** ⇒*papegaai.*

sittlich **0.1** ***zedelijk*** ⇒*moreel, ethisch, zedig* ◆ **1.1** das ~e Empfinden *het zedelijk, ethisch besef;* ein ~es Vergehen *een zedenmisdrijf* **3.1** ~ gefestigt *zedelijk, moreel standvastig.*

Sittlichkeit ⟨v.; ~⟩ **0.1** ***zedelijkheid*** ⇒*zede, moraal* ◆ **2.1** die öffentliche ~ *de openbare zeden.*

Sittlichkeits|delikt, -verbrechen ⟨o.⟩ **0.1** ***zedenmisdrijf*** ⇒*zedendelict.*

Sittlichkeitsverbrecher ⟨m.⟩ **0.1** ***zedendelinquent.***

sittsam **0.1** ***fatsoenlijk, welgemanierd, welopgevoed*** ⇒*net(jes)* **0.2** ***zedig, kuis, ingetogen*** ⇒*eerbaar.*

Situation ⟨v.; ~, ~en⟩ **0.1** ***situatie*** ⇒*toestand, positie.*

situationsbedingt **0.1** ***situationeel bepaald*** ⇒*afhankelijk v.d. situatie.*

situativ ⟨schr.⟩ **0.1** ***situationeel.***

situiert **0.1** ***gesitueerd*** ◆ **5.1** gut ~ *goed gesitueerd, welgesteld.*

Sitz ⟨m.; ~es, ~e⟩ **0.1** ***zitplaats*** ⇒*zetel, stoel, plaats* **0.2** ***zitting*** ⟨v.e. stoel⟩ **0.3** ***zetel*** ⟨in college⟩ **0.4** ***zetel*** ⇒*woon-, verblijfplaats, residentie* **0.5** ***zit, manier van zitten*** **0.6** ***model*** ⇒*pasvorm, snit, coupe* **0.7** ***gat*** ⟨v.e. broek⟩ **0.8** ⟨tech.⟩ ***stoel*** ◆ **2.4** mit ständigem ~ *met een vaste woon-, verblijfplaats* **2.6** das Kleid hat einen guten ~ *de jurk heeft een goede pasvorm* **6.1** ein Stadion **mit** ansteigenden ~en *een stadion met oplopende zitplaatsen;* ⟨inf.; fig.⟩ das riß mich nicht **vom** ~ *daar was ik bepaald niet van onder de indruk* **6.¶** ⟨inf.⟩ **auf** einen, **in** einem ~ *achter elkaar* **8.3** ~ und Stimme im Vorstand *zitting en stem in het bestuur.*

Sitzbad ⟨o.⟩ **0.1** ***zitbad.***

Sitzecke ⟨v.⟩ **0.1** ***zithoek*** ⇒*zitje.*

sitzen ⟨Zdd., Oostr., Zwi. s.→t143⟩ **0.1** ***zitten*** ⇒⟨van dieren⟩ *staan* **0.2** ***zitten*** ⇒*verblijven, wonen, zich bevinden, bevestigd, geplaatst zijn* **0.3** ***van buiten kennen*** ⇒*feilloos uitvoeren* **0.4** ***raak zijn*** **0.5** ⟨inf.; scherts.⟩ ***vergaderen*** **0.6** ⟨Zwi.⟩ ***gaan zitten*** ◆ **1.1** einem Maler ~ *voor een schilder zitten, poseren* **1.3** jeder Handgriff soll ~ *elke handgreep moet feilloos uitgevoerd worden;* die Lektion sitzt *die les ken ik* **1.4** der Schuß hat gesessen *dat schot was raak* **3.2** der Verdacht wird auf ihm ~ bleiben *de verdenking zal op hem blijven rusten;* ⟨inf.⟩ einen ~ haben *aangeschoten zijn* **4.1** hier sitzt es sich gut *hier zit je lekker, goed* **4.4** ⟨inf.⟩ das saß! *die, dat zat!, dat was raak!* **6.1 an**, **bei**, **über** einer Arbeit ~ *met een werk(stuk) bezig zijn;* **bei** Tisch(e) ~ *aan tafel zitten, eten;* **beim** Essen, Kaffee ~ *aan het eten zijn, aan de koffie zitten;* **hinter**, **über** den Büchern ~ *boven zijn boeken zitten* **8.1** zu einem Bild als Modell ~ *voor een schilderij poseren.* →**Glashaus.**

sitzenbleiben ⟨inf.⟩ **0.1** ***zitten blijven*** ⇒*doubleren* **0.2** ***blijven zitten.***

Sitzenbleiber ⟨m.; ~s, ~⟩⟨inf.⟩ **0.1** ***zittenblijver*** ⇒*doubleur.*

sitzenlassen ⟨inf.⟩ **0.1** ***laten zitten*** ⇒*in de steek laten, verlaten* **0.2** ***laten blijven zitten*** ⇒*laten doubleren.*

Sitzfläche ⟨v.⟩ **0.1** ***zitvlak, zitting*** ⟨v.e. stoel⟩ **0.2** ⟨inf.⟩ ***zitvlak, achterwerk.***

Sitzfleisch ⟨o.⟩⟨inf.; scherts.⟩ **0.1** ***zitvlees*** **0.2** ***zitvlak, achterwerk*** ◆ **3.1** er hat viel ~ *hij blijft graag plakken.*

Sitzgelegenheit ⟨v.⟩ **0.1** ***zitplaats.***

Sitzgruppe ⟨v.⟩ **0.1** ***bankstel*** ⇒*zithoek.*

Sitzordnung ⟨v.⟩ **0.1** ***plaatsing*** ⇒*tafelschikking.*

Sitzplatz ⟨m.⟩ **0.1** ***(zit)plaats.***

Sitzreihe ⟨v.⟩ **0.1** ***stoelenrij*** ⇒*bankenrij.*

Sitzstreik ⟨m.⟩ **0.1** ***sit-down-, zitstaking.***

Sitzung ⟨v.; ~, ~en⟩ **0.1** ***vergadering*** ⇒*zitting* **0.2** ***het poseren, model zitten*** **0.3** ***behandeling*** ⟨door bv. tandarts⟩ ◆ **3.1** eine ~ anberaumen, einberufen *een vergadering beleggen, bijeenroepen.*

Sitzungsbericht ⟨m.⟩ **0.1** ***verslag, protocol v.e. zitting, vergadering*** ⇒*notulen.*

Sitzungsprotokoll ⟨o.⟩ →**Sitzungsbericht.**

Sitzungssaal ⟨m.⟩ **0.1** ***vergaderzaal.***

Sitzverteilung ⟨v.⟩⟨pol.⟩ **0.1** ***zetelverdeling.***

Sixtinisch **0.1** ***Sixtijns.***

Sizilianer ⟨m.; ~s, ~⟩ **0.1** ***Siciliaan.***

sizilianisch **0.1** ***Siciliaans.***

Sizilien ⟨o.; ~s⟩ **0.1** ***Sicilië.***

Skala ⟨v.; ~, ~s of Skalen⟩ **0.1** ***schaal(verdeling)*** **0.2** ***scala, gradatie*** **0.3** ⟨muz.⟩ ***toonladder, scala.***

Skalp ⟨m.; ~s, ~e⟩ **0.1** ***scalp.***

Skalpell ⟨o.; ~s, ~e⟩⟨med.⟩ **0.1** ***scalpel*** ⇒*operatiemes.*

skalpieren **0.1** ***scalperen.***

Skandal ⟨m.; ~s, ~e⟩ **0.1** ***schandaal*** **0.2** ⟨reg.⟩ ***herrie, lawaai*** ⇒*kabaal* ◆ **2.1** ein öffentlicher ~ *een publiek schandaal* **3.2** einen ~ machen *vreselijk opspelen.*

Skandalaffäre ⟨v.⟩ **0.1** ***schandaleuze affaire*** ⇒*schandaal.*

skandalisieren ⟨vero.; schr.⟩ **I** ⟨ov.ww.⟩ **0.1** ***aanstoot geven, ergernis verwekken, schandaliseren*** **0.2** ***een schandaal maken van;***

II sich ~ ⟨wk.ww.⟩ **0.1** ***aanstoot nemen, zich ergeren.***

Skandalnudel ⟨v.⟩⟨inf.⟩ **0.1** ***vrouw die steeds weer in schandaleuze affaires verwikkeld is.***

skandalös **0.1** ***schandalig, schandaleus, schandelijk.***

skandalträchtig **0.1** ***mogelijk een schandaal veroorzakend.***

skandieren **0.1** ***scanderen.***

Skat ⟨m.; ~(e)s, ~e of ~s⟩ **0.1** ***skaat*** ⟨kaartspel⟩ **0.2** ***stok*** ◆ **3.1** ⟨inf.⟩ (einen) ~ dreschen, klopfen *skaat spelen.*

Skatbruder ⟨m.⟩ **0.1** ***lid v.e. skaatclubje*** **0.2** ⟨inf.⟩ ***gepassioneerd skaatspeler.***

Skateboard ⟨o.; ~s, ~s⟩ **0.1** ***skateboard*** ◆ **3.1** ~ fahren *skaten, skateboarden.*

skaten ⟨inf.⟩ **0.1** ***skaat spelen.***

Skatrunde ⟨v.⟩ **0.1** ***skaatclub(je), groepje skaatspelers*** **0.2** ***partij(tje), potje skaat.***

Skelett ⟨o.; ~(e)s, ~e⟩ **0.1** ***geraamte, skelet.***

Skelettbau ⟨m.; mv. ~ten⟩ **0.1** ***in skeletbouw opgetrokken gebouw*** **0.2** ***skeletbouw.***

Skepsis ⟨v.; ~⟩ **0.1** ***scepsis, twijfel.***
Skeptiker ⟨m.; ~s, ~⟩ **0.1** ***scepticus.***
skeptisch **0.1** ***sceptisch*** ⇒*twijfelzuchtig.*
Sket(s)ch ⟨m.; ~(e)s, ~e⟩ **0.1** ***sketch.***
Ski ⟨m.; ~s, ~(er)⟩ **0.1** ***ski*** ◆ **3.1** ~ fahren, laufen *skiën, skilopen.*
Skianzug ⟨m.⟩ **0.1** ***skipak.***
Skibob ⟨m.⟩ **0.1** ***skibob(slee)*** **0.2** ***bob(slee)sport.***
Skifahrer ⟨m.⟩ **0.1** ***skiër.***
Skihase ⟨m.⟩⟨inf.; scherts.⟩ **0.1** ***jonge skiester.***
Skilanglauf ⟨m.⟩ **0.1** ***langlauf.***
Skilauf ⟨m.⟩ **0.1** ***het skiën, skilopen.***
Skiläufer ⟨m.⟩ **0.1** ***skiër, skiloper.***
Skipaß ⟨m.⟩ **0.1** ***abonnement voor skiliften.***
Skiträger ⟨m.⟩ **0.1** ***imperiaal voor ski's.***
Skiwandern ⟨o.⟩ **0.1** ***langlauf.***
Skizze ⟨v.; ~, ~n⟩ **0.1** ***schets*** ⇒*schetstekening, concept.*
Skizzenblock ⟨m.; mv. ≃e of ~s⟩ **0.1** ***schetsboek.***
skizzenhaft **0.1** ***schetsmatig*** ⇒*schematisch.*
Skizzenmappe ⟨v.⟩ **0.1** ***map, portefeuille voor schets(tekening)en.***
skizzieren **0.1** ***schetsen*** ⇒*in concept schrijven, ontwerpen.*
Sklave ⟨m.; ~n, ~n⟩ **0.1** ***slaaf*** ⇒⟨fig.⟩ *prooi.*
Sklavenarbeit ⟨v.⟩⟨ook fig.⟩ **0.1** ***slavenarbeid, -werk.***
Sklavendasein ⟨o.⟩ **0.1** ***slavenbestaan.***
Sklavenhalter ⟨m.⟩ **0.1** ***slavenhouder.***
Sklaventum ⟨o.; ~s⟩⟨schr.⟩ →**Sklaverei.**
Sklaverei ⟨v.; ~⟩ **0.1** ***slavernij*** ⇒⟨fig.⟩ *afhankelijkheid, slavenwerk* ◆ **6.1** **in** die ~ führen *in slavernij brengen.*
Sklavin ⟨v.; ~, ~nen⟩ **0.1** ***slavin.***
sklavisch **0.1** ***slaafs*** ◆ **1.1** seine ~e Art *zijn slaafsheid.*
Sklerose ⟨v.; ~, ~n⟩⟨med.⟩ **0.1** ***sclerose, verkalking.***
skontieren ⟨ec.⟩ **0.1** ***korting (voor contant) aftrekken.***
Skonto ⟨m. & o.; ~s, ~s of Skonti⟩⟨ec.⟩ **0.1** ***korting (voor contant).***
skontrieren ⟨ec.⟩ **0.1** ***(re)scontreren, afrekenen, vereffenen.***
Skontro ⟨o.; ~s, ~s⟩⟨ec.⟩ **0.1** ***scontro*** ⇒*kladkasboek, voorraadboek.*
Skorbut ⟨m.; ~s⟩⟨med.⟩ **0.1** ***scheurbuik, scorbuut.***
Skorpion ⟨m.; ~s, ~e⟩ **0.1** ***schorpioen*** **0.2** ⟨astrol.⟩ ***Schorpioen.***
Skribent ⟨m.; ~en, ~en⟩ **0.1** ***scribent, prulschrijver.***
Skript ⟨o.; ~(e)s, ~e of ~s⟩ **0.1** ***manuscript, geschrift*** **0.2** ***collegedictaat*** **0.3** ⟨film.⟩ ***script.***
Skriptgirl ⟨o.⟩ **0.1** ***regieassistente, scriptgirl.***
Skrupel ⟨m.; ~s, ~⟩ **0.1** ***scrupule, gewetensbezwaar*** ◆ **3.1** sich ⟨3e nv.⟩ keine ~ machen *geen scrupules hebben.*
skrupellos **0.1** ***gewetenloos*** ⇒*zonder (enige) scrupules.*
Skulptur ⟨v.; ~, ~en⟩⟨bk.⟩ **0.1** ***sculptuur*** ⇒*beeldhouwwerk, -kunst.*
Skunk ⟨m.; ~s, ~s of ~e⟩ **0.1** ***skunk, Amerikaanse bunzing.***
skurril ⟨schr.⟩ **0.1** ***potsierlijk, lachwekkend*** ⇒*zonderling, vreemd.*
Slalom ⟨m.; ~s, ~s⟩⟨sp.⟩ **0.1** ***slalom*** ⇒⟨fig.⟩ *zigzag* ◆ **3.1** ~ fahren *zigzag rijden, zigzaggen.*
Slalomlauf ⟨m.⟩ **0.1** ***slalom(wedstrijd).***
Slalomläufer ⟨m.⟩ **0.1** ***slalomskiër.***
Slang ⟨m.; ~s, ~s⟩ **0.1** ***slang*** ⇒*vak-, groepstaal, jargon.*
Slawe ⟨m.; ~n, ~n⟩ **0.1** ***Slaaf.***
slawisch **0.1** ***Slavisch.***
Slawist ⟨m.; ~en, ~en⟩ **0.1** ***slavist.***
Slip ⟨m.; ~s, ~s⟩ **0.1** ***slip(je)*** ⇒*(onder)broekje* **0.2** ⟨luchtvaart, tech.⟩ ***slip*** **0.3** ⟨scheep.⟩ ***scheeps-, sleephelling*** **0.4** ⟨ec.⟩ ***sluit-, beursbriefje.***
Slipper ⟨m.; ~s, ~⟩ **0.1** ***slipper*** ⟨schoen⟩ **0.2** ⟨Oostr.⟩ ***sportmantel, slip-on.***
Slogan ⟨m.; ~s, ~s⟩ **0.1** ***slagzin, leus, slogan.***
Slowake ⟨m.; ~n, ~n⟩ **0.1** ***Slowaak.***
Slowakei ⟨v.; ~; steeds met lidw.⟩ **0.1** ***Slowakije.***
slowakisch **0.1** ***Slowaaks.***
Slowene ⟨m.; ~n, ~n⟩ **0.1** ***Sloveen.***
Slowenier ⟨m.; ~s, ~⟩ **0.1** ***Sloveen.***
slowenisch **0.1** ***Sloveens.***
Slum ⟨m.; ~s, ~s; meestal mv.⟩ **0.1** ***slum*** ⇒*sloppen-, krottenwijk.*
S.M. ⟨afk.⟩ [Seine Majestät].
Smaragd ⟨m.; ~(e)s, ~e⟩ **0.1** ***smaragd.***
smaragden **0.1** ***smaragden*** ⇒*smaragdgroen.*
smart **0.1** ***gewiekst, clever*** **0.2** ***chic, elegant.***
Smog ⟨m.; ~(s), ~s⟩ **0.1** ***smog.***
Smokarbeit ⟨v.⟩ **0.1** ***smokwerk*** **0.2** ***het smokken.***
smoken **0.1** ***smokken.***
Smoking ⟨m.; ~s, ~s⟩ **0.1** ***smoking(kostuum).***
Smutje ⟨m.; ~s, ~s⟩⟨scheep.⟩ **0.1** ***scheepskok.***
Snob ⟨m.; ~s, ~s⟩ **0.1** ***snob.***
Snobismus ⟨m.; ~, Snobismen⟩ **0.1** ***snobistische eigenschap, handeling, uiting*** **0.2** ***snobisme.***
Snow ⟨m.; ~s⟩⟨jargon⟩ **0.1** ***sneeuw*** ⇒*cocaïne, coke.*
Snowboarder ⟨m.; ~s, ~⟩ **0.1** ***snowboarder, sneeuwsurfer.***
so[1] ⟨aanw.vnw.⟩ **0.1** ***zo*** ⇒*(zo) van die, wat* ◆ **1.1** das sind ~ Sachen *dat zijn zo van die dingen* **4.1** also, na, nein, ~ (et)was! *nee maar!;* ~ etwas von Dummheit! *zo iets doms, stoms!;* ⟨inf.⟩ ~ mancher hat das schon versucht *dat hebben er al (wel) meer geprobeerd* **7.1** ~ ein Pech! *wat 'n pech!*
so[2] ⟨bw.⟩ **0.1** ***zo*** ◆ **3.1** der eine sagt ~, der andere ~ *de een zegt zus, de ander zo;* ach, ~ ist das! *o, zit dat zo?;* ~ ist es! *juist!* **4.1** ~ mir nichts, dir nichts *zomaar (ineens), plotseling, plotsklaps* **5.1** bald ~, bald ~ *nu eens zo, zus, dan weer zo;* ~ gut wie sicher *zo goed als zeker;* nicht nur ~ *niet zomaar;* und ~ weiter *enzovoort(s)* **8.1** ~ oder ~ (a) *zo of zo, op deze manier of op die manier* (b) *hoe dan ook;* je mehr ..., um ~ *hoe meer ..., des te;* er ist ~ reich wie geizig *hij is net zo rijk als hij gierig is* **9.1** ach ~! *o, zit dat zo!, ah, zo!*
so[3] ⟨vw.⟩ **0.1** ***zo*** ⇒*als, hoe, dan* **0.2** ***of*** ⇒*toen* ◆ **2.1** ~ arm er auch ist *hoe arm hij ook is* **3.1** ⟨schr.⟩ er war nicht da, ~ bin ich gegangen *hij was er niet, dus ben ik maar gegaan;* ⟨schr.⟩ ~ du dich traust *als je durft;* ~ leid es mir tut *hoezeer het me ook spijt* **3.2** kaum war er weg, ~ kam ich an *nauwelijks was hij weg, of ik kwam aan* **8.1** ~ daß *zodat.*
s.o. ⟨afk.⟩ [siehe oben].
sobald **0.1** ***zodra.***
Socke ⟨v.; ~, ~n⟩ **0.1** ***sok*** ⇒*kous* ◆ **6.1** ⟨inf.⟩ sich **auf** die ~n machen *op weg gaan, ervandoor gaan;* ⟨inf.⟩ jmdm. **auf** den ~n sein *iem. op de hielen zitten;* ⟨inf.⟩ **von** den ~n sein *paf staan.*
Sockel ⟨m.; ~s, ~⟩ **0.1** ⟨bk.⟩ ***sokkel, zuilvoet*** **0.2** ⟨bk., bouwk.⟩ ***basement, voetstuk*** **0.3** ⟨aardr.⟩ ***continentaal plat*** **0.4** ⟨tech.⟩ ***sokkel, lampvoet*** **0.5** ⟨ec.⟩ ***minimumloonsverhoging(sbedrag).***
Sockelbetrag ⟨m.⟩⟨ec.⟩ **0.1** ***minimumloonsverhoging(sbedrag).***
Socken ⟨m.; ~s, ~⟩⟨Zdd., Oostr., Zwi.⟩ →**Socke.**
Sockenhalter ⟨m.⟩ **0.1** ***sokophouder.***
Soda ⟨v.; ~ of o.; ~s, g.mv.⟩ **0.1** ***soda*** **0.2** ⟨alleen o.⟩ ***soda(water), spuitwater.***
sodann ⟨vero.⟩ **0.1** ***dan, daarna, vervolgens*** **0.2** ***bovendien.***
Sodawasser ⟨o.; mv. ≃⟩ **0.1** ***soda-, spuitwater.***
Sodbrennen ⟨o.; ~s⟩⟨med.⟩ **0.1** ***(maag)zuur.***

Sode ⟨v.; ~, ~n⟩⟨reg.⟩ **0.1** ***(gras)zode, plag*** **0.2** ***(brok) turf.***
Sodomie ⟨v.; ~⟩ **0.1** ***sodomie.***
soeben **0.1** ***zoëven, zojuist*** ⇒*(daar)net, zopas* ◆ **3.1** er ist ~ dabei *hij is net bezig.*
Sofa ⟨o.; ~s, ~s⟩ **0.1** ***sofa, canapé*** ⇒*bank.*
sofern **0.1** ***als, wanneer, indien*** ⇒*voor zover.*
sofort **0.1** ***onmiddellijk, ogenblikkelijk, meteen*** ⇒*direct, zonder omweg, op slag* ◆ **2.1** ⟨ec.⟩ ~ lieferbar *direct leverbaar;* ~ tot *op slag dood* **6.1** **ab** ~ *vanaf, met ingang van heden;* ⟨schr.⟩ **ab** ~ gesucht *voor direct gevraagd;* ⟨ec.⟩ **per** ~ *meteen, onmiddellijk.*
Sofortaktion ⟨v.⟩ **0.1** ***onmiddellijk ondernomen actie*** ⇒ *spoedactie.*
Sofortbildkamera ⟨v.⟩ **0.1** ***instantcamera.***
Soforthilfe ⟨v.⟩ **0.1** ***onmiddellijke, directe hulp(actie).***
sofortig **0.1** ***onmiddellijk*** ⇒*dadelijk, direct* ◆ **1.1** mit ~er Wirkung *onmiddellijk ingaand.*
Sofortmaßnahme ⟨v.⟩ **0.1** ***onmiddellijk getroffen maatregel*** ⇒*spoedmaatregel.*
Sofortprogramm ⟨o.⟩ **0.1** ***urgentieprogram(ma).***
Softie ⟨m.; ~s, ~s⟩⟨jargon⟩ **0.1** ***softie.***
Software ⟨v.; ~, ~s⟩⟨comp.⟩ **0.1** ***software*** ⇒*programmatuur.*
sog. ⟨afk.⟩ →**sogenannt.**
Sog ⟨m.; ~(e)s, ~e⟩ **0.1** ***zuiging*** ⇒*zuigkracht,* ⟨fig. ook⟩ *aantrekkingskracht, invloedssfeer* **0.2** ***(kiel)zog*** ◆ **6.1** ⟨fig.⟩ **in** den ~ einer Sache geraten *onder de invloed van iets geraken.*
sogar **0.1** ***zelfs*** ⇒*nog wel, om niet te zeggen* ◆ **2.1** ~ 10 mal *tot 10 keer toe.*
sogenannt **0.1** ***zogenaamd*** ⇒*wat men noemt, zogenoemd, zogeheten.*
sogleich **0.1** ***meteen, dadelijk, onmiddellijk*** ⇒*aanstonds.*
Sohle ⟨v.; ~, ~n⟩ **0.1** ***zool*** ⇒*voet-, inleg-, schoenzool* **0.2** ***zoolplaat*** **0.3** ***bodem*** ⟨van rivier, dal, schacht, tunnel⟩ ⇒ *bedding, zool* **0.4** ⟨mijnw.⟩ ***vloer*** ⟨v.e. mijngang⟩ **0.5** ⟨mijnw.⟩ ***verdieping*** ◆ **2.¶** ⟨inf.⟩ eine heiße, kesse ~ aufs Parkett legen *een dansnummertje ten beste geven* **3.1** ⟨inf.⟩ ich habe mir die ~n danach abgelaufen *ik heb me daarvoor het vuur uit de sloffen gelopen* **6.1** ⟨inf.; fig.⟩ das habe ich mir längst **an** den ~n abgelaufen *dat is oud nieuws, oude koek voor mij;* ⟨inf.; fig.⟩ ich heftete mich **an** seine ~n *ik bleef hem op de hielen;* **auf** leisen ~n *zachtjes;* ⟨fig.⟩ das brennt ihm **unter** den ~n *dat zit hem hoog.*
sohlen **0.1** ***(ver)zolen, van nieuwe zolen voorzien.***
Sohlenleder ⟨o.⟩ **0.1** ***zoolleer.***
Sohn ⟨m.; ~(e)s, ~̈e⟩ **0.1** ***zoon*** ⟨ook fig.⟩.
Sohne|mann, -matz ⟨m.⟩⟨inf.⟩ **0.1** ***zoonlief.***
soigniert ⟨schr.⟩ **0.1** ***(goed) verzorgd*** ⇒*gesoigneerd.*
Soiree ⟨v.; ~, ~n⟩ **0.1** ***soiree.***
Soja ⟨v.; ~, Sojen⟩ **0.1** ***soja(boon, -plant).***
solang(e) **0.1** ***zolang (als).***
solar ⟨meteo., nat., ster.⟩ **0.1** ***solair, zonne-.***
Solarkraftwerk ⟨o.⟩ **0.1** ***zonne-energiecentrale.***
Solarzelle ⟨v.⟩ **0.1** ***zonnecel.***
Solawechsel ⟨m.⟩⟨ec.⟩ **0.1** ***promesse*** ⇒*orderbriefje.*
Solbad ⟨o.⟩ **0.1** ***zoutwaterbad*** **0.2** ***kuuroord met zoutwaterbron(nen).***
solch **0.1** ***zulk*** ⇒*zo'n, zo een, zo(danig), dergelijk* ◆ **1.1** ich habe ~e Angst *ik ben zo bang;* ein ~es nettes Kind, ~ (ein) nettes Kind *zo'n, zulk een aardig, lief kind;* ~ ein Pech! *wat een pech!;* ~es, ⟨schr.⟩ ~ Wetter *zo'n weer* **3.1** es gibt immer noch ~e *er zijn er (zo) nog altijd* **4.1** alle ~e Befehle *alle bevelen van die aard;* all ~er Terror *al die terreur;* sie war keine ~e *zij was er niet zo eentje* **8.1** als ~er, ~es *als zodanig;* ~e wie die kenne ich *mensen als zij, mensen van dat slag ken ik;* es gibt immer ~e und ~e *er zijn altijd zulke en andere.*
solcherart[1] ⟨aanw.vnw.⟩ **0.1** ***dergelijk(e)*** ⇒*zulk(e).*
solcher|art[2], **-gestalt** ⟨bw.⟩ **0.1** ***dus-, zodanig, aldus*** ⇒*op dus-, zodanige manier.*
solcherlei **0.1** ***dergelijk(e)*** ⇒*zulk(e)* ◆ **3.1** er hatte ~ gelesen *hij had iets dergelijks gelezen.*
solcher|maßen, -weise →**solcherart**[2].
Sold ⟨m.; ~(e)s, ~e⟩ **0.1** ***soldij*** **0.2** ⟨schr.⟩ ***dienst*** ⟨ook pej.; fig.⟩.
Soldat ⟨m.; ~en, ~en⟩ **0.1** ***soldaat*** ◆ **6.1** ~ **auf** Zeit *militair in tijdelijk dienstverband;* ⟨inf.⟩ **zu** den ~en kommen *het leger in gaan, in dienst gaan.*
Soldatenfriedhof ⟨m.⟩ **0.1** ***oorlogskerkhof.***
Soldatentum ⟨o.; ~s⟩ **0.1** ***het soldaat zijn, soldaterij*** **0.2** ***de soldaten*** ⇒*soldatenvolk.*
Soldatin ⟨v.; ~, ~nen⟩ **0.1** ***vrouwelijk soldaat.***
soldatisch **0.1** ***soldatesk*** ⇒*militair, soldaten-.*
Soldbuch ⟨o.⟩ **0.1** ***(militair) zakboekje.***
Söldner ⟨m.; ~s, ~⟩ **0.1** ***huurling*** ⇒*huursoldaat,* ⟨gesch.⟩ *soldenier.*
Söldnerheer ⟨o.⟩ **0.1** ***huurlingenleger.***
Sole ⟨v.; ~, ~n⟩ **0.1** ***zout(houdend) bronwater*** **0.2** ***pekel, brijn.***
Solebad →**Solbad.**
Solei ⟨o.⟩ **0.1** ***in zout water gekookt ei.***
solenn ⟨schr.⟩ **0.1** ***feestelijk*** ⇒*plechtig, solemneel.*
solid →**solide.**
Solidarbeitrag ⟨m.⟩ →**Solidaritätsbeitrag.**
Solidarhaftung ⟨v.⟩⟨ec., jur.⟩ **0.1** ***solidaire, hoofdelijke aansprakelijkheid.***
solidarisch **0.1** ***solidair*** ⇒*saamhorig, eensgezind* ◆ **3.1** ⟨jur.⟩ ~ haften *hoofdelijk aansprakelijk zijn.*
solidarisieren **0.1** ***solidariseren.***
Solidarität ⟨v.; ~⟩ **0.1** ***solidariteit*** ◆ **3.1** ~ üben *solidair zijn.*
Solidaritätsbeitrag ⟨m.⟩ **0.1** ***solidariteitsbijdrage*** ⟨extra belastingheffing ivm. de eenwording van Duitsland⟩.
Solidaritätskundgebung ⟨v.⟩ **0.1** ***solidariteitsbijeenkomst*** **0.2** ***solidariteitsbetuiging.***
Solidarpakt ⟨m.⟩ **0.1** ***solidariteitsovereenkomst*** ⟨mbt. de voormalige DDR, de nieuwe deelstaten⟩.
solide **0.1** ***solide, degelijk*** ⇒*betrouwbaar, stevig* ◆ **3.1** ~ gearbeitet sein *degelijk gemaakt, afgewerkt zijn.*
Solidität ⟨v.; ~⟩ **0.1** ***soliditeit, degelijkheid*** ⇒*betrouwbaarheid, stevigheid.*
Solist ⟨m.; ~en, ~en⟩ **0.1** ***solist.***
Solitär ⟨m.; ~s, ~e⟩ **0.1** ***solitair*** ⟨briljant, bordspel⟩.
Soll ⟨o.; ~(s), ~(s)⟩ **0.1** ⟨ec.⟩ ***debet*** **0.2** ⟨ec.⟩ ***(productie)norm*** **0.3** ⟨fig.⟩ ***taak, (gepland) werk*** ⇒*verplichting* ◆ **3.2** das ~ erfüllen *de norm halen* **3.3** sein ~ schaffen *zijn taak, werk af krijgen* **6.1** einen Betrag **ins** ~ eintragen *een bedrag aan de debetzijde boeken* **8.1** ~ und Haben *debet en credit, activa en passiva.*
Soll-Bestand ⟨m.⟩⟨ec.⟩ **0.1** ***minimale voorraad*** ⇒*standaardvoorraad.*
sollen ⟨→t144⟩ **0.1** ***moeten*** ⇒⟨met nadruk⟩ *zullen,* ⟨met negatie ook⟩ *mogen* **0.2** ***zullen*** **0.3** ***zullen*** ⇒*mogen* **0.4** ***moeten*** ⇒*zullen, schijnen* ◆ **3.1** was soll das geben? *wat moet dat worden?;* was soll das heißen? *wat wil dat zeggen?;* das soll nicht geleugnet werden *dat valt niet te ontkennen;* da soll noch einer sagen, daß ... *er moet er nog maar eens eentje (komen) vertellen dat ...;* er sollte sich schämen *hij moest zich, zou zich moeten schamen;* was soll denn das

sein? *wat moet dat (nou) voorstellen?;* wozu soll denn das gut sein? *waar is dat nou (weer) goed voor?;* er soll es aber nicht wissen! *hij mag het echter niet weten!;* ⟨rel.⟩ du sollst Vater und Mutter ehren *eert uw vader en uw moeder* **3.2** ~ wir gehen? *zullen we gaan?;* das soll hier genügen *dat moge hier volstaan;* da sollte man doch meinen, daß ... *je zou (op den duur) nog gaan denken dat ...;* es soll nie wieder vorkommen! *het zal nooit meer gebeuren!* **3.3** das sollte er nicht mehr erleben *dat zou hij niet meer (mogen) beleven;* es sollte aber ganz anders kommen *het zou echter heel anders uitpakken;* sollte er doch noch kommen, dann sage ihm ... *mocht hij toch nog komen, zeg hem dan ...;* es hat nicht sein ~, nicht ~ sein *het heeft niet (zo) mogen zijn;* ⟨schr.⟩ und sollte ich auch verlieren! *en al moet ik verliezen!* **3.4** er soll krank sein *hij zou ziek zijn (wordt er gezegd), naar het schijnt is hij ziek* **4.1** was soll das? *wat moet dat?;* was soll's! *wat doet het ertoe!* **5.1** du sollst, solltest lieber gleich gehen *je kunt maar beter meteen gaan* **5.2** warum sollte ich nicht? *waarom zou ik niet?* **5.¶** soll er doch! *laat hem toch, maar!* **6.1** ⟨inf.⟩ soll ich mit? (a) *moet ik mee?* (b) *zal ik meegaan?*

Söller ⟨m.; ~s, ~⟩ **0.1** ***balkon*** ⟨vaak v.d. grond uit gestut⟩ ⇒*platform* **0.2** ⟨Zwi.⟩ ***vloer*** ⇒*grond* **0.3** ⟨reg.⟩ ***zolder.***

Sollseite ⟨v.⟩⟨ec.⟩ **0.1** ***debetzijde.***

Soll-Stärke ⟨v.⟩⟨mil.⟩ **0.1** ***nominale, theoretische (troepen)sterkte.***

Soll-Wert ⟨m.⟩ **0.1** ***ingestelde waarde*** ⇒*norm.*

Sollzinsen ⟨alleen mv.⟩ **0.1** ***debetrente.***

solo 0.1 ***solo*** ⇒⟨inf. vooral⟩ *alleen.*

Solo ⟨o.; ~s, ~s of Soli⟩ **0.1** ***solo.***

Solopart ⟨m.⟩ **0.1** ***solopartij.***

Solospiel ⟨o.⟩ **0.1** ***solospel.***

Solquelle ⟨v.⟩ **0.1** ***zout(water)bron.***

Solsalz ⟨o.⟩ **0.1** ***bronzout.***

Solstitium ⟨o.; ~s, Solstitien⟩⟨ster.⟩ **0.1** ***solstitium*** ⇒*zonnestilstand.*

solvent 0.1 ***solvent, solvabel*** ⇒*in staat om te betalen.*

Solvenz ⟨v.; ~, ~en⟩ **0.1** ***solvabiliteit, solventie*** ⇒*vermogen om te betalen.*

Solwasser ⟨o.; mv. ~⟩ **0.1** ***zouthoudend bronwater.***

somatisch 0.1 ***somatisch*** ⇒*lichamelijk.*

somit 0.1 ***bijgevolg, dus*** ⇒*derhalve* **0.2** ***hierme(d)e*** ⇒*zodoende.*

Sommer ⟨m.; ~s, ~⟩ **0.1** ***zomer*** ⟨ook fig.⟩ ◆ **6.1 im** ~ *('s) zomers, in de zomer.*

Sommerfahrplan ⟨m.⟩ **0.1** ***zomerdienst(regeling).***

Sommerferien ⟨alleen mv.⟩ **0.1** ***zomervakantie*** ⇒*grote vakantie.*

Sommerflaute ⟨v.⟩⟨ec.⟩ **0.1** ***zomerslapte.***

Sommerfrische ⟨v.⟩⟨vero.⟩ **0.1** ***vakantieoord*** ⇒*(zomer)vakantieplaats* **0.2** ***zomervakantie*** ◆ **6.2 in** die, **zur** ~ fahren *op zomervakantie gaan;* **in** der ~ *'s zomers buiten.*

Sommerfrischler ⟨m.; ~s, ~⟩⟨vero.⟩ **0.1** ***zomergast.***

Sommerfrucht ⟨v.⟩ **0.1** ***zomervrucht*** **0.2** ***zomerkoren.***

Sommergetreide ⟨o.⟩ **0.1** ***zomergraan, -koren.***

Sommerhaus ⟨o.⟩ **0.1** ***zomerhuisje.***

sommerlich 0.1 ***zomers*** ⇒*zomerachtig.*

sommern ⟨schr.⟩ ◆ **4.¶** es sommert *het wordt zomer.*

Sommerpause ⟨v.⟩ **0.1** ***zomerpauze*** **0.2** ⟨pol.⟩ ***zomerreces.***

sommers 0.1 ***('s) zomers*** ⇒*in de zomer.*

Sommersaat ⟨v.⟩⟨landb.⟩ **0.1** ***zomergoed*** ⇒*zomergewassen, zomerkoren.*

Sommersachen ⟨alleen mv.⟩ **0.1** ***zomerspullen*** ⇒*zomerkleren.*

Sommerschlußverkauf ⟨m.⟩ **0.1** ***zomeropruiming.***

Sommersitz ⟨m.⟩ **0.1** ***zomerverblijf.***

Sommersprosse ⟨v.⟩ **0.1** ***zomersproet.***

sommersprossig 0.1 ***sproet(er)ig.***

sommertags 0.1 ***op zomerdagen, op zomerse dagen.***

Sommerurlaub ⟨m.⟩ **0.1** ***zomervakantie.***

Sommerzeit ⟨v.⟩ **0.1** ***zomertijd.***

somnambul 0.1 ***somnambuul*** ⇒*maanziek, slaapwandelend.*

Somnambule(r) ⟨bn. als zn.⟩ **0.1** ***slaapwandelaar(ster), somnambule.***

sonach 0.1 ***derhalve*** ⇒*bijgevolg, dus.*

Sonant ⟨m.; ~en, ~en⟩⟨taal.⟩ **0.1** ***sonant.***

Sonar ⟨o.; ~s, ~e⟩ **0.1** ***sonar(apparaat).***

Sonate ⟨v.; ~, ~n⟩⟨muz.⟩ **0.1** ***sonate.***

Sonde ⟨v.; ~, ~n⟩ **0.1** ***sonde.***

sonder ⟨vz. + 4⟩⟨schr.⟩ **0.1** ***zonder*** ◆ **1.1** ~ Zahl *talloos.*

Sonderabdruck ⟨m.; mv. ~e⟩ **0.1** ***overdruk.***

Sonderabgabe ⟨v.⟩ **0.1** ***buitengewone heffing.***

Sonderanfertigung ⟨v.⟩ **0.1** ***speciale fabricage*** ⇒*speciale uitvoering, maatwerk.*

Sonderangebot ⟨o.⟩ **0.1** ***speciale aanbieding*** ⇒*speciale offerte.*

Sonderausgabe ⟨v.⟩ **0.1** ***extra-editie*** ⇒*extra nummer* **0.2** ***speciale uitgave*** **0.3** ⟨ec.⟩ ***buitengewone last, uitgave.***

Sonderausschuß ⟨m.⟩ **0.1** ***speciale commissie*** ⇒*commissie ad hoc.*

Sonderausstattung ⟨v.⟩ **0.1** ***extra uitvoering*** ⇒*speciale uitvoering.*

sonderbar 0.1 ***zonderling, vreemd*** ⇒*raar, merkwaardig.*

sonderbarerweise 0.1 ***merkwaardig, vreemd genoeg.***

Sonderbarkeit ⟨v.; ~, ~en⟩ **0.1** ***vreemd, zonderling ding, geval*** **0.2** ***het vreemde, zonderlinge.***

Sonderbeauftragte(r) ⟨bn. als zn.⟩ **0.1** ***speciaal, bijzonder gevolmachtigde.***

Sonderbehandlung ⟨v.⟩ **0.1** ***speciale behandeling*** **0.2** ⟨nazi⟩ ***liquidatie.***

Sonderberichterstatter ⟨m.⟩ **0.1** ***speciale verslaggever.***

Sonderdezernat ⟨o.⟩ **0.1** ***speciale afdeling.***

Sonderdruck ⟨m.; mv. ~e⟩ **0.1** ***overdruk*** **0.2** ***speciale uitgave*** ⟨van boek⟩.

Sondererlaubnis ⟨v.⟩ **0.1** ***speciale vergunning.***

Sonderfahrt ⟨v.⟩ **0.1** ***extra rit*** ⇒*extra tocht.*

Sonderfall ⟨m.⟩ **0.1** ***bijzonder, speciaal geval.***

Sonderfriede(n) ⟨m.⟩ **0.1** ***afzonderlijke vrede.***

Sondergenehmigung ⟨v.⟩ **0.1** ***speciale vergunning.***

Sondergericht ⟨o.⟩ **0.1** ***bijzondere, speciale rechtbank.***

sondergleichen 0.1 ***weergaloos, zonder weerga.***

Sonderheft ⟨o.⟩ **0.1** ***speciaal nummer.***

Sonderheit ⟨v.; ~, ~en⟩ **0.1** ***bijzonderheid.***

Sonderinteressen ⟨alleen mv.⟩ **0.1** ***particuliere belangen*** ⇒*eigen belangen.*

Sonderklasse ⟨v.⟩ **0.1** ***bijzondere klasse (in de klasseloterij)*** **0.2** ⟨inf.⟩ ***extra klasse*** ⇒*extra kwaliteit.*

sonderlich[1] ⟨bn.⟩ **0.1** ***veel*** ⇒*bijzonder* ⟨alleen met ontkenning⟩ **0.2** ***zonderling, vreemd*** ⇒*raar, eigenaardig* **0.3** ⟨als bw.⟩ ***bijzonder*** ⇒*erg, bijster, veel* ◆ **1.1** ohne ~e Mühe *zonder veel moeite* **3.3** es geht mir nicht ~ *het gaat niet erg goed, niet al te best met mij* **4.1** nichts Sonderliches *niets bijzonders, speciaals* **5.2** es wurde mir ~ zumute *ik kreeg zo'n raar, vreemd gevoel.*

sonderlich[2] ⟨bw.⟩⟨Oostr., Zwi.⟩ **0.1** ***vooral*** ⇒*bepaaldelijk.*

Sonderlichkeit ⟨v.⟩ →**Sonderbarkeit.**

Sonderling ⟨m.; ~s, ~e⟩ **0.1** ***zonderling.***

Sondermaschine ⟨v.⟩ **0.1** ***speciaal vliegtuig.***

Sondermeldung ⟨v.⟩ **0.1** ***extra bericht.***

Sondermission ⟨v.⟩ **0.1** ***speciale missie, opdracht.***

Sondermüll ⟨m.⟩ **0.1** ***giftige, gevaarlijke afvalstoffen.***

sondern¹ ⟨ov.ww.⟩⟨schr.⟩ **0.1** ***scheiden*** ⇒*afzonderen, sorteren.*

sondern² ⟨vw.⟩ **0.1** ***maar*** ◆ **4.1** nicht ich, ~ er *niet ik, maar hij.*

Sondernummer ⟨v.⟩ **0.1** ***extra nummer, speciaal nummer.***

Sonderpädagogik ⟨v.⟩ **0.1** ***orthopedagogie.***

Sonderpreis ⟨m.⟩ **0.1** ***speciale prijs.***

Sonderrecht ⟨o.⟩ **0.1** ***privilege*** ⇒*voorrecht.*

sonders ◆ **8.**¶ samt und ~ (a) *allen zonder uitzondering* (b) *alles tezamen, geheel en al.*

Sonderschicht ⟨v.⟩ **0.1** ***extra ploegendienst.***

Sonderschule ⟨v.⟩ **0.1** ***school voor buitengewoon, speciaal (lager) onderwijs, b.l.o.-school.***

Sondersprache ⟨v.⟩⟨taal.⟩ **0.1** ***groepstaal*** ⇒*vaktaal, speciale taal.*

Sonderstellung ⟨v.⟩ **0.1** ***bijzondere, speciale positie.***

Sonderurlaub ⟨m.⟩⟨mil.⟩ **0.1** ***extra verlof.***

Sonderwunsch ⟨m.⟩ **0.1** ***speciale wens*** ⇒*extraatje.*

Sonderzug ⟨m.⟩ **0.1** ***extra trein*** **0.2** ***speciale trein.***

sondieren **0.1** ⟨schr.; fig.⟩ ***peilen*** ⇒*poolshoogte nemen (van), polsen* **0.2** ⟨med., tech.⟩ ***sonderen*** **0.3** ⟨scheep.⟩ ***peilen, loden*** ◆ **1.1** das Terrain ~ ⟨ook fig.⟩ *het terrein verkennen.*

Sondierungsgespräch ⟨o.⟩ **0.1** ***oriënterend gesprek.***

Sonett ⟨o.; ~(e)s, ~e⟩ **0.1** ***sonnet*** ⇒*klinkdicht.*

Song ⟨m.; ~s, ~s⟩ **0.1** ***song.***

Sonnabend ⟨m.⟩⟨vooral Ndd.⟩ **0.1** ***zaterdag*** ◆ **6.1** **am** ~ *zaterdags.*

sonnabendlich ⟨vooral Ndd.⟩ **0.1** ***zaterdags.***

sonnabends ⟨vooral Ndd.⟩ **0.1** ***('s) zaterdags.***

Sonne ⟨v.; ~, ~n⟩ **0.1** ***zon*** ⟨ook fig.⟩ ⇒*zonnetje* **0.2** ***straalkachel*** **0.3** ***(kunstmatige) hoogtezon*** ◆ **2.1** die abendliche ~ *de avondzon* **3.1** ⟨fig.⟩ die ~ bringt es an den Tag *het komt toch uit* **6.1** **an, in** der ~ *in de zon,* ⟨ook⟩ *in het zonnetje;* ⟨fig.⟩ ein Platz **an** der ~ *een plaatsje onder de zon;* ⟨inf.⟩ geh mir **aus** der ~! (a) *ga (eens) uit mijn licht!* (b) *verdwijn uit mijn ogen!;* **in** der prallen ~ *in de volle, felle zon;* es gibt nichts Neues **unter** der ~! *(er is) niks nieuws onder de zon!*

sonnen I ⟨ov.ww.⟩⟨reg.⟩ **0.1** ***in de zon leggen, zetten, hangen;***
II sich ~ ⟨wk.ww.⟩ **0.1** ***(zich) zonnen*** ⇒*zonnebaden* **0.2** ⟨fig.⟩ ***zich zonnen*** ⇒*(zich) koesteren* ◆ **6.2** sich **in** der Hoffnung ~ *de hoop koesteren.*

Sonnenanbeter ⟨m.⟩ **0.1** ***zonaanbidder.***

Sonnenaufgang ⟨m.⟩ **0.1** ***zonsopgang.***

Sonnenbahn ⟨v.⟩⟨ster.⟩ **0.1** ***zonnebaan, -weg, ecliptica.***

sonnenbeheizt **0.1** ***verwarmd door zonne-energie.***

Sonnenblende ⟨v.⟩ **0.1** ***zonneklep*** ⟨in auto⟩ **0.2** ⟨foto.⟩ ***zonnekap.***

Sonnenblumenkern ⟨m.⟩ **0.1** ***zonne(bloem)pit.***

Sonnenbrand ⟨m.⟩ **0.1** ***zonnebrand*** ⟨ook plantk.⟩ ⇒⟨schr.⟩ *zonnegloed.*

Sonnendach ⟨o.⟩ **0.1** ***zonnetent*** ⇒*afdak, luifel.*

sonnendurchflutet ⟨schr.⟩ **0.1** ***doorzond*** ⇒*badend in het zonlicht.*

Sonnenenergie ⟨v.⟩ **0.1** ***zonne-energie.***

Sonnenferne ⟨v.⟩⟨ster.⟩ **0.1** ***grootste zonsafstand, aphelium.***

Sonnenfinsternis ⟨v.⟩ **0.1** ***zonsverduistering, zoneclips.***

Sonnenfleck ⟨m.⟩ **0.1** ***zonnevlek.***

sonnengebräunt **0.1** ***door de zon gebruind.***

Sonnengeflecht ⟨o.⟩⟨med.⟩ **0.1** ***zonnevlecht.***

sonnengereift **0.1** ***door, in de zon gerijpt.***

Sonnenglanz ⟨m.⟩⟨schr.⟩ **0.1** ***zonneglans.***

sonnenhell ⟨schr.⟩ **0.1** ***stralend*** ⇒*met, in een stralende zon.*

Sonnenhut ⟨m.⟩ **0.1** ***zonnehood*** **0.2** ⟨plantk.⟩ ***rudbeckia.***

Sonnenjahr ⟨o.⟩⟨ster.⟩ **0.1** ***zonnejaar.***

sonnenklar **0.1** ⟨inf., fig.⟩ ***zonneklaar*** ⇒*zo klaar als een klontje* **0.2** ⟨schr.⟩ ***zonnig.***

Sonnenkollektor ⟨m.⟩ **0.1** ***zonnecollector.***

Sonnenkönig ⟨m.⟩⟨gesch.⟩ **0.1** ***zonnekoning.***

Sonnenlicht ⟨o.⟩ **0.1** ***zonlicht.***

Sonnennähe ⟨v.⟩⟨ster.⟩ **0.1** ***kortste zonsafstand, perihelium.***

Sonnenöl ⟨o.⟩ →**Sonnenschutzöl.**

Sonnenschein ⟨m.⟩ **0.1** ***zonneschijn*** ⇒*zon* **0.2** ⟨inf.; fig.⟩ ***zonnetje*** ⇒*liefje* ◆ **1.2** sie ist der ~ der Familie *zij is het zonnetje in huis.*

Sonnenschirm ⟨m.⟩ **0.1** ***parasol.***

Sonnenschutz ⟨m.⟩ **0.1** ***zonwering*** **0.2** ***bescherming tegen de zon.***

Sonnenschutzöl ⟨o.⟩ **0.1** ***zonnebrandolie.***

Sonnensegel ⟨o.⟩ **0.1** ***zonnetent, -dek*** **0.2** ***zonnescherm, markies*** **0.3** ⟨ruim.⟩ ***zonnepaneel.***

Sonnenseite ⟨v.⟩ **0.1** ***zonzijde*** ⟨ook fig.⟩.

Sonnenstich ⟨m.⟩ **0.1** ***zonnesteek*** ◆ **3.**¶ ⟨inf.⟩ einen ~ haben *een slag van de molen hebben.*

Sonnensystem ⟨o.⟩ **0.1** ***zonnestelsel.***

Sonnentau ⟨m.⟩⟨plantk.⟩ **0.1** ***zonnedauw.***

Sonnenuhr ⟨v.⟩ **0.1** ***zonnewijzer.***

Sonnenuntergang ⟨m.⟩ **0.1** ***zonsondergang.***

sonnenverbrannt **0.1** ***door de zon verbrand.***

Sonnenwärmekraftwerk ⟨o.⟩ **0.1** ***zonne-energiecentrale.***

Sonnenwende ⟨v.⟩ **0.1** ***zonnewende*** ⇒*solstitium* **0.2** ⟨plantk.⟩ ***heliotroop.***

Sonnenzelle ⟨v.⟩ **0.1** ***zonnecel.***

sonnig **0.1** ***zonnig*** ⟨ook fig.⟩ **0.2** ⟨iron.⟩ ***naïef.***

Sonntag ⟨m.⟩ **0.1** ***zondag*** ◆ **2.1** Weißer ~ *beloken Pasen, zondag na Pasen* **6.1** **an** Sonn- und Feiertagen *op zon- en feestdagen.*

sonntäglich **0.1** ***zondags*** ⇒*van, op zondag* **0.2** ***op zijn zondags.***

sonntags **0.1** ***op zondag, ('s) zondags.***

Sonntagsausflügler ⟨m.⟩ **0.1** ***iem. die een zondagsuitstapje maakt*** ⇒*dagrecreant op zondag.*

Sonntagsbraten ⟨m.⟩ **0.1** ***zondags gebraad, stuk vlees.***

Sonntagsfahrer ⟨m.⟩ **0.1** ***zondagsrijder.***

Sonntagskind ⟨o.⟩ **0.1** ***zondagskind*** ⇒⟨fig.⟩ *gelukskind.*

Sonntagsmaler ⟨m.⟩ **0.1** ***zondagsschilder.***

Sonntagsrückfahrkarte ⟨v.⟩ **0.1** ***weekendretourtje.***

Sonntagsruhe ⟨v.⟩ **0.1** ***zondagsrust.***

Sonntagsstaat ⟨m.⟩⟨scherts.⟩ **0.1** ***zondagse kleren.***

sonn- und feiertags **0.1** ***op zon- en feestdagen.***

Sonnwende ⟨v.⟩ →**Sonnenwende.**

Sonnwendfeuer ⟨o.⟩ **0.1** ***sint-jansvuur.***

sonor **0.1** ***sonoor*** ⟨ook taal.⟩ ⇒*welluidend.*

sonst **0.1** ***anders*** **0.2** ***verder, anders*** ⇒*overigens, nog* **0.3** ***vroeger*** ◆ **1.1** eine Fliege oder ~ ein Insekt *een vlieg of een ander insect* **3.1** wie könnte es auch ~ sein? *hoe kan, kon het ook anders?;* wir kommen ~ mal vorbei *we komen wel (op) een andere keer langs* **5.2** hast du ~ noch Fragen? *heb je verder nog vragen?;* ⟨inf.⟩ ~ noch (et)was? *(en) nog iets?, was het dat?* ⟨in winkel⟩ **8.3** wie ~ *(zo)als altijd, (zo)als vroeger.*

sonsteiner ⟨inf.⟩ **0.1** ***iemand anders*** **0.2** ***wie dan ook, gelijk wie.***

sonstig **0.1** ***ander*** ⇒*overig, verder, voor het overige* ◆ **1.1** sein ~es Benehmen war gut *voor het overige was zijn gedrag goed;* die Rubrik 'Sonstiges' *de rubriek 'Varia', 'Aller-*

lei', 'Diversen' **8.1** und Sonstiges *en wat dies meer zij, en dergelijke.*

sonstjemand ⟨inf.⟩ **0.1** ***iemand anders*** *⇒een ander* **0.2** ***wie dan ook, gelijk wie*** *⇒(zowat) iedereen* **0.3** ***iets bijzonders*** *⇒heel wat* ◆ **3.3** man könnte meinen, er ist ~ *je zou gaan denken dat hij heel wat is.*

sonstwas ⟨inf.⟩ **0.1** ***iets anders*** *⇒iets dergelijks* **0.2** ***(nog) van alles*** *⇒gelijk wat, een en ander* **0.3** ***iets bijzonders*** *⇒ heel wat.*

sonstwer →**sonstjemand.**

sonstwie ⟨inf.⟩ **0.1** ***op een andere wijze*** *⇒anders(zins)* **0.2** ***hoe dan ook*** **0.3** ***heel anders*** *⇒iets bijzonders.*

sonstwo ⟨inf.⟩ **0.1** ***ergens anders*** *⇒elders* **0.2** ***waar dan ook*** **0.3** ***God weet waar.***

sonstwohin ⟨inf.⟩ **0.1** ***ergens anders heen*** **0.2** ***overal naar toe*** *⇒overal heen, waar dan ook (heen).*

sooft **0.1** ***zo dikwijls, zo vaak (als)*** *⇒telkens als* ◆ **5.1** ~ er auch kommt *hoe vaak hij ook komt.*

Sophismus ⟨m.; ~, Sophismen⟩⟨schr.⟩ **0.1** ***sofisme, drogreden.***

Sophisterei ⟨v.; ~, ~en⟩⟨schr.; pej.⟩ **0.1** ***sofisterij*** *⇒spitsvondigheid.*

Sopran ⟨m.; ~s, ~e⟩ **0.1** ***sopraan.***

Sopranistin ⟨v.; ~, ~nen⟩ **0.1** ***sopraanzangeres.***

Sorbet(t) ⟨m. & o.; ~(s), ~s⟩ **0.1** ***sorbet.***

Sordine ⟨v.; ~, ~n⟩⟨muz.⟩ **0.1** ***sordino, sourdine.***

Sordino ⟨m.; ~s, ~s of Sordini⟩ →**Sordine.**

Sorge ⟨v.; ~, ~n⟩ **0.1** ***zorg*** *⇒bezorgdheid, bekommernis* ◆ **2.1** die gegenseitige ~ *de zorg voor, om elkaar;* das ist meine geringste ~ *dat is de minste van mijn zorgen;* voll(er) ~ sein *erg bezorgd, ongerust zijn* **3.1** jmdm. ~(n) bereiten, machen *iem. zorg(en) baren;* ich hatte (große) ~, ob ... *ik was (erg) bezorgd, ongerust of ...;* ⟨inf.; iron.⟩ der hat ~n! *waar die zich al niet druk over maakt!* **4.1** keine ~! *wees maar niet ongerust!;* laß das meine ~ sein! *laat dat (maar) aan mij over!* **6.1** **in**, **mit** großer ~ *met grote bezorgdheid, zorg;* seien Sie **ohne** ~! *weest u maar niet bezorgd, ongerust!;* in ~ **um** jmdn. sein *bezorgd om, over iem. zijn, zich om iem. zorgen maken.*

sorgen I ⟨onov.ww.⟩ **0.1** ***zorgen*** *⇒zorg dragen* ◆ **1.1** mit ~den Händen *met zorgzame handen;*
II sich ~ ⟨wk.ww.⟩ **0.1** ***bezorgd zijn*** *⇒zich zorgen maken, zich ongerust maken* ◆ **6.1** sich **um**, **über** jmdn., **wegen** jmds. ~ *zich zorgen maken om iem., om, over iem. bezorgd zijn.*

Sorgenfalte ⟨v.⟩ **0.1** ***zorgelijke rimpel, plooi.***

sorgenfrei **0.1** ***onbezorgd*** *⇒vrij van zorgen.*

Sorgenkind ⟨o.⟩ **0.1** ***zorgenkind.***

Sorgenlast ⟨v.⟩ **0.1** ***(drukkende) last der zorgen*** *⇒drukkende zorgen.*

sorgenlos **0.1** ***onbezorgd*** *⇒zonder zorgen.*

sorgenvoll **0.1** ***bezorgd*** *⇒vol zorg(en)* **0.2** ***zorgelijk.***

Sorgepflicht ⟨v.⟩ **0.1** ***verzorgings-, zorgplicht.***

Sorgerecht ⟨o.⟩⟨jur.⟩ **0.1** ***recht de kinderen te verzorgen en op te voeden*** *⇒voogdijschap* ◆ **2.1** gemeinsames ~ *co-ouderschap.*

Sorgfalt ⟨v.; ~⟩ **0.1** ***zorg(vuldigheid)*** *⇒nauwlettendheid* ◆ **6.1** **mit** aller, größter ~ *met de grootste zorgvuldigheid;* **ohne** ~ *onzorgvuldig, slordig.*

sorgfältig **0.1** ***zorgvuldig*** *⇒nauwgezet, nauwlettend.*

Sorgfaltspflicht ⟨v.⟩ **0.1** ***(bijzondere, specifieke) verantwoordelijkheid.***

Sorgho ⟨m.; ~s, ~s⟩⟨plantk.⟩ **0.1** ***sorghum, kafferkoren.***

Sorghum ⟨o.; ~s, ~s⟩ →**Sorgho.**

sorglich ⟨vero.⟩ →**sorgsam.**

sorglos **0.1** ***zorgeloos*** *⇒achteloos, slordig* **0.2** ***onbekommerd*** *⇒zorgeloos, onbezorgd.*

sorgsam **0.1** ***zorgzaam*** *⇒zorgvuldig, met zorg.*

Sorte ⟨v.; ~, ~n⟩ **0.1** ***soort*** *⇒slag* **0.2** ⟨steeds mv.⟩ ***deviezen*** *⇒vreemde munt(en)* ◆ **1.1** ein Betrüger schlimmster ~ *een bedrieger van het ergste soort* **2.1** ⟨inf.⟩ eine seltsame ~ (von) Mensch *een merkwaardig figuur;* mittlere ~ *middel-, middensoort.*

Sortengeschäft ⟨o.⟩⟨ec.⟩ **0.1** ***wisseltransactie.***

Sortenkurs ⟨m.⟩⟨ec.⟩ **0.1** ***wisselkoers.***

Sortenverzeichnis ⟨o.⟩ →**Sortenzettel.**

Sortenzettel ⟨m.⟩⟨ec.⟩ **0.1** ***speciebriefje, borderel.***

sortieren **0.1** ***sorteren.***

Sortierer ⟨m.; ~s, ~⟩ **0.1** ***sorteerder*** ⟨ook persoon⟩ *⇒sorteermachine.*

sortiert **0.1** ***gesorteerd*** *⇒voorzien* **0.2** ***select, uitgelezen.***

Sortierung ⟨v.; ~, ~en⟩ **0.1** ***sortering*** *⇒assortiment.*

Sortiment ⟨o.; ~(e)s, ~e⟩ **0.1** ***assortiment*** *⇒sortering* **0.2** ***algemene, gewone boekhandel*** *⇒assortimentsboekhandel* ◆ **2.1** ein breites, reiches ~ *een ruim assortiment* **6.1** ⟨fig.⟩ ein ganzes ~ **von** Ausflüchten *een hele set, voorraad uitvluchten.*

Sortimentsbuchhandlung ⟨v.⟩ **0.1** ***algemene, gewone boekhandel*** *⇒assortimentsboekhandel.*

sosehr **0.1** ***hoezeer (ook).***

soso ⟨inf.⟩ **0.1** ***zozo*** *⇒niet bijzonder, zus en zo.*

SOS-Ruf ⟨m.⟩ **0.1** ***SOS-bericht*** *⇒SOS-sein.*

Soße ⟨v.; ~, ~n⟩ **0.1** ***saus*** *⇒jus, tabakssaus* **0.2** ⟨inf.⟩ ***goor water*** *⇒vieze troep, smurrie.*

soßen **0.1** ***sausen, sauzen*** ⟨vooral tabak⟩.

Soßenschüssel ⟨v.⟩ **0.1** ***jus-, sauskom.***

Souffleur ⟨m.; ~s, ~e⟩ **0.1** ***souffleur.***

Souffleurkasten ⟨m.⟩ **0.1** ***souffleurshokje.***

soufflieren **0.1** ***souffleren*** *⇒*⟨fig.⟩ *voorzeggen, influisteren.*

soundso ⟨inf.⟩ **0.1** ***die en die*** *⇒Dinges, huppeldepup* **0.2** ***zo en zo*** *⇒zus en zo* ◆ **1.1** Herr Soundso *meneer Dinges, die en die, huppeldepup* **5.2** ~ oft *al zo vaak.*

soundsovielt **0.1** ***(zo- en) zoveelste.***

Souper ⟨o.; ~s, ~s⟩⟨schr.⟩ **0.1** ***souper.***

soupieren ⟨schr.⟩ **0.1** ***souperen.***

Sousaphon ⟨o.; ~s, ~e⟩⟨muz.⟩ **0.1** ***sousafoon.***

Soutane ⟨v.; ~, ~n⟩ **0.1** ***soutane, toog*** ⟨van priester⟩.

Souterrain ⟨o.; ~s, ~s⟩ **0.1** ***souterrain.***

Souvenir ⟨o.; ~s, ~s⟩ **0.1** ***souvenir.***

souverän **0.1** ***soeverein*** **0.2** ⟨schr.; fig.⟩ ***superieur.***

Souverän ⟨m.; ~s, ~e⟩⟨gesch.⟩ **0.1** ***soeverein*** *⇒soeverein vorst.*

Souveränität ⟨v.; ~⟩ **0.1** ***soevereiniteit*** *⇒*⟨schr.; fig.⟩ *superioriteit.*

soviel[1] ⟨wdk.vnw.⟩ **0.1** ***zoveel*** *⇒evenveel* ◆ **6.1** ~ **für** heute *tot zover (voor) vandaag.*

soviel[2] ⟨vw.⟩ **0.1** ***voor zoveel*** *⇒(voor) zover* **0.2** ***hoe ... ook*** *⇒ hoezeer, hoeveel ... ook.*

sovielmal **0.1** ***hoe vaak ... ook.***

soweit[1] ⟨bw.⟩ **0.1** ***zover*** *⇒in zoverre, tot zover, tot dusver* ◆ **5.1** ⟨inf.⟩ es ist bald ~ *het is bijna zover;* es geht mir ~ gut *met mij gaat het redelijk, wel;* das ist ~ richtig, aber ... *dat is wel juist, maar ...*

soweit[2] ⟨vw.⟩ **0.1** ***(voor) zover*** *⇒voor zoveel, in zoverre.*

sowenig[1] ⟨onb.vnw.⟩ **0.1** ***even weinig*** *⇒zo weinig, net zo min, evenmin.*

sowenig[2] ⟨vw.⟩ **0.1** ***hoe weinig ... ook.***

sowie **0.1** ***alsook*** *⇒alsmede, evenals* **0.2** ***zodra.***

sowieso **0.1** ***toch (al)*** *⇒nu eenmaal, in ieder geval* ◆ **1.¶** Herr Sowieso *meneer Dinges* **4.1** ⟨inf.⟩ das ~! *nogal wiedes!*

Sowjet ⟨m.; ~s, ~s⟩ **0.1** *sovjet* **0.2** ⟨mv.⟩ *Sovjets, Russen* ◆ **2.1** der Oberste ~ *de opperste sovjet.*

sowjetisch 0.1 *sovjet-* ⇒*Sovjet-Russisch.*

Sowjetunion ⟨v.⟩ **0.1** *Sovjet-Unie.*

sowohl 0.1 *zowel* ◆ **8.1** ~ … als, wie (auch) *zowel … als (ook);* ~ als auch! *zowel het ene als het andere!, allebei!*

Sozi ⟨m.; ~s, ~s⟩⟨meestal pej.⟩ **0.1** *socialist* ⇒⟨pej.⟩ *rooie rakker.*

sozial 0.1 *sociaal* ⟨ook biol.⟩ ⇒*maatschappelijk* ◆ **1.1** ~e Ordnung *sociaal bestel* **2.1** ~ benachteiligt, gefährdet *sociaal achtergesteld, bedreigd* **3.1** ~ empfinden *sociaal voelen;* ~ sinken *in sociaal, maatschappelijk opzicht afdalen* **6.1** das Ministerium **für** Arbeit und Sozialordnung *het Ministerie voor Sociale Zaken.*

Sozialabbau ⟨m.⟩ **0.1** ***het (geleidelijk) verminderen v.d. sociale voorzieningen.***

Sozialabgaben ⟨alleen mv.⟩ **0.1** ***sociale lasten.***

Sozialamt ⟨o.⟩ **0.1** ***(gemeentelijke) sociale dienst.***

Sozialarbeit ⟨v.⟩ **0.1** ***maatschappelijk werk.***

Sozialarbeiter ⟨m.⟩ **0.1** ***maatschappelijk werker.***

Sozialbeiträge ⟨alleen mv.⟩ →**Sozialabgaben.**

Sozialdemokrat ⟨m.⟩ **0.1** ***sociaal-democraat.***

Sozialeinkommen ⟨o.⟩ **0.1** ***afgeleid inkomen.***

Sozialgeographie ⟨v.⟩ **0.1** ***sociale geografie.***

Sozialgericht ⟨o.⟩ **0.1** ***rechtbank voor sociale zaken.***

Sozialgesetzgebung ⟨v.⟩ **0.1** ***sociale wetgeving.***

Sozialhilfe ⟨v.⟩ **0.1** ***bijstandsuitkering, sociale bijstand.***

Sozialisation ⟨v.; ~⟩ **0.1** ***socialisatie, socialisering.***

Sozialismus ⟨m.; ~, Sozialismen⟩ **0.1** ***socialisme.***

Sozialist ⟨m.; ~en, ~en⟩ **0.1** ***socialist.***

Sozialkritik ⟨v.⟩ **0.1** ***maatschappijkritiek.***

Sozialkunde ⟨v.⟩ **0.1** ***maatschappijleer.***

Soziallasten ⟨alleen mv.⟩ **0.1** ***sociale lasten.***

Sozialleistungen ⟨alleen mv.⟩ **0.1** ***sociale premies, lasten* 0.2 *sociale uitkeringen.***

Sozialpädagogik ⟨v.⟩ **0.1** ***sociale pedagogiek.***

Sozialpartner ⟨m.⟩ **0.1** ***sociale partner.***

Sozialplan ⟨m.⟩ **0.1** ***sociaal (afvloeiings)plan.***

Sozialpolitik ⟨v.⟩ **0.1** ***sociale politiek.***

Sozialprodukt ⟨o.⟩⟨ec.⟩ **0.1** ***nationaal product.***

Sozialreform ⟨v.⟩ **0.1** ***sociale hervorming.***

Sozialrente ⟨v.⟩ **0.1** ***pensioen*** ⟨v.d. sociale verzekering⟩.

Sozialrentner ⟨m.⟩ **0.1** ***gepensioneerde.***

Sozialstaat ⟨m.⟩ **0.1** ***(democratische) staat met zijn sociale voorzieningen.***

Sozialversicherungsbeitrag ⟨m.⟩ **0.1** ***bijdrage voor de sociale verzekering.***

Sozialwesen ⟨o.⟩ **0.1** ***(geheel, stelsel der) sociale voorzieningen* 0.2 *sociale welzijnszorg* 0.3 *maatschappij, samenleving.***

Sozialwissenschaften ⟨alleen mv.⟩ **0.1** ***sociale wetenschappen, maatschappij-, gammawetenschappen.***

Sozialwohnung ⟨v.⟩ **0.1** ***woningwetwoning.***

Sozietät ⟨v.; ~, ~en⟩ **0.1** ***sociëteit*** ⇒*genootschap, maatschappij* **0.2** ⟨soc.⟩ ***gemeenschap.***

soziieren, sich 0.1 ***zich associëren.***

Soziologe ⟨m.; ~n, ~n⟩ **0.1** ***socioloog.***

Soziologie ⟨v.; ~⟩ **0.1** ***sociologie.***

sozioökonomisch 0.1 ***sociaal-economisch.***

Sozius ⟨m.; ~, ~se⟩ **0.1** ***compagnon*** ⇒*firmant, vennoot* **0.2** ***duorijder, -passagier* 0.3 *duo(zitting)* 0.4** ⟨inf.; scherts.⟩ ***makker, compagnon.***

Soziussitz ⟨m.⟩ **0.1** ***duo(zitting).***

sozusagen 0.1 ***om zo te zeggen*** ⇒*bij wijze van spreken.*

Spachtel ⟨m.; ~s, ~ of v.; ~, ~n⟩ **0.1** ***plamuurmes* 0.2 *plamuur(sel)* 0.3** ⟨inf.⟩ ***spatel.***

spachteln 0.1 ***plamuren* 0.2 *spatelen* 0.3** ⟨inf.⟩ ***bikken, smikkelen, smullen.***

Spagat[1] ⟨m.; ~(e)s, ~e⟩⟨Zdd., Oostr.⟩ **0.1** ***(bind)touw, pakgaren.***

Spagat[2] ⟨m. & o.; ~(e)s, ~e⟩ **0.1** ***spagaat, spreidzit*** ◆ **6.1 in** den ~ gehen *een spagaat maken.*

Spaghetti ⟨alleen mv.⟩ **0.1** ***spaghetti.***

Spaghettiträger ⟨m.⟩ **0.1** ***spaghettibandje.***

spähen 0.1 ***spieden*** ⇒*uitkijken, loeren, gluren.*

Späher ⟨m.; ~s, ~⟩ **0.1** ***(ver-, be)spieder*** ⇒*verkenner, spion.*

Spähtrupp ⟨m.⟩⟨mil.⟩ **0.1** ***(verkennings)patrouille.***

Spähwagen ⟨m.⟩⟨mil.⟩ **0.1** ***verkenningsvoertuig.***

Spalier ⟨o.; ~s, ~e⟩ **0.1** ***spalier*** ⇒*latwerk* ⟨voor planten, bomen⟩ **0.2** ***haag, dubbele rij*** ⟨personen⟩ ⇒*erehaag* ◆ **3.2** ein ~ bilden, ~ stehen *zich in twee rijen opstellen, een erehaag vormen.*

Spalierbaum ⟨m.⟩ **0.1** ***spalier-, leiboom.***

Spalierobst ⟨o.⟩ **0.1** ***spalier-, leiooft* 0.2 *spalier-, leibomen.***

Spalt ⟨m.; ~(e)s, ~e⟩ **0.1** ***spleet*** ◆ **3.1** die Tür einen ~ offenlassen *de deur op een kiertje laten staan.*

spaltbar 0.1 ***kloofbaar* 0.2** ⟨vooral nat.⟩ ***splijtbaar.***

spaltbreit 0.1 ***zo groot als een spleet(je), kier(tje)*** ⇒*op een kiertje.*

Spaltbreit ⟨m.; ~⟩ **0.1** ***kier(tje)*** ◆ **3.1** das Fenster einen ~ öffnen *het raam op een kier(tje) zetten.*

Spalte ⟨v.; ~, ~n⟩ **0.1** ***spleet*** ⇒*scheur, kloof* **0.2** ⟨boek.⟩ ***kolom* 0.3** ⟨Oostr.⟩ ***partje, stukje*** ◆ **3.2** drei ~n einnehmen *drie kolommen beslaan, vullen;* jmdm. seine ~n öffnen *zijn kolommen voor iem. openen, openstellen.*

spalten ⟨h.⟩ **I** ⟨ov.ww.⟩ **0.1** ***splijten*** ⇒*kloven, klieven, scheuren* **0.2** ***verdelen*** ⇒*scheiden, splitsen* **0.3** ⟨nat.⟩ ***splijten, splitsen*** ⇒⟨schei.⟩ *kraken* ◆ **1.1** eine gespaltene Lippe *een gespleten lip, een hazenlip;*
II sich ~ ⟨wk.ww.⟩ **0.1** ***splijten*** ⇒*zich splitsen, barsten, scheuren,* ⟨fig. ook⟩ *uiteenvallen* ◆ **5.1** dieses Holz spaltet sich gut *dit hout laat zich goed splijten, klieft goed.*

Spaltenbreite ⟨v.⟩⟨boek.⟩ **0.1** ***kolombreedte.***

spaltenlang ⟨boek.⟩ **0.1** ***v.e. (hele) kolom, een kolom lang.***

Spaltmaterial ⟨o.⟩⟨nat.⟩ **0.1** ***splijtbaar materiaal, splijtstof.***

Spaltpilz ⟨m.⟩ **0.1** ***splijtzwam*** ⟨ook fig.⟩.

Spaltprodukt ⟨o.⟩⟨nat.⟩ **0.1** ***splijt(ings)product.***

Spaltung ⟨v.; ~, ~en⟩ **0.1** ***splitsing*** ⟨ook fig.⟩, ***splijting*** ⇒ ⟨fig.⟩ *verdeeldheid, scheuring.*

spaltungsirre ⟨med., psych.⟩ **0.1** ***schizofreen.***

Span ⟨m.; ~(e)s, ⸚e⟩ **0.1** ***spaan(der)*** ⇒*splinter, houtkrul,* ⟨mv.⟩ *zaagsel* **0.2** ***vijlsel*** ◆ **3.1** ⟨fig.⟩ arbeiten, daß die Späne fliegen *werken dat de stukken er afvliegen* **3.¶** ⟨inf.⟩ Späne machen *moeilijkheden maken, tegenstribbelen* **¶.1** ⟨sprw.⟩ wo gehobelt wird, fallen Späne *waar gehakt wordt, vallen spaanders.*

spanen ⟨h.⟩ **0.1** ***verspanen.***

Spanferkel ⟨o.⟩ **0.1** ***speenvarken.***

Spange ⟨v.; ~, ~n⟩ **0.1** ***(haar)speldje* 0.2 *gesp, spang* 0.3 *schoenriempje* 0.4 *armband* 0.5 *speld* 0.6 *beugel*** ⟨voor tanden⟩ **0.7** ⟨inf.⟩ ***handboei.***

Spangenschuh ⟨m.⟩ **0.1** ***bandschoen.***

Spaniel ⟨m.; ~s, ~⟩ **0.1** ***spaniël*** ⟨hondenras⟩.

Spanien ⟨o.; ~s⟩ **0.1** ***Spanje.***

Spanier ⟨m.; ~s, ~⟩ **0.1** ***Spanjaard.***

spanisch 0.1 ***Spaans*** ◆ **3.1** ⟨inf.⟩ das kommt mir ~ vor *dat komt mij Spaans, vreemd voor.*

Spann ⟨m.; ~(e)s, ~e⟩ **0.1** ***wreef*** ⟨van voet⟩.

Spannbeton ⟨m.⟩ **0.1** ***spanbeton, voorgespannen beton.***

Spannbettuch ⟨o.⟩ **0.1** ***hoeslaken.***

Spanndienst ⟨m.⟩⟨gesch.⟩ **0.1** ***spandienst.***

Spanne ⟨v.; ~, ~n⟩ **0.1** ***span(ne)*** ⇒*(korte) tijd(ruimte)* **0.2** ***span*** ⟨oude lengtemaat⟩, ***handbreedte*** ⇒*afstand* **0.3** ⟨ec.⟩ ***(winst)marge*** ⇒*verschil* ◆ **1.1** eine ~ Zeit *een (bepaalde) tijd* **5.1** eine ~ lang *een tijd lang.*

spannen I ⟨onov.ww.⟩ **0.1** ***spannen, strak zitten*** ⇒*drukken, knellen* **0.2** ⟨inf.⟩ ***met spanning volgen*** ⇒*loeren, gluren* ◆ **6.2 auf** eine Sache ~ (a) *benieuwd zijn naar iets* (b) *uitkijken naar, letten op iets;* **auf** eine Erbschaft ~ *op een erfenis vlassen;*
II ⟨ov.ww.⟩ **0.1** ***(op)spannen*** ⇒*strakker trekken, aanhalen* **0.2** ***vastklemmen*** ⇒*draaien* **0.3** ***een spanwijdte hebben*** ⇒*spannen* **0.4** ***spannen*** ⇒*vastmaken* **0.5** ⟨Zdd., Oostr.⟩ ***in de gaten krijgen, merken, doorhebben*** ⇒*snappen* ◆ **1.1** ⟨tech.⟩ gespanntes Gas *gas onder spanning* **5.1** ⟨fig.⟩ den Rahmen sehr weit ~ *het kader zeer breed afbakenen, opzetten* **6.2** Papier **in** die Schreibmaschine ~ *papier in de schrijfmachine draaien;*
III sich ~ ⟨wk.ww.⟩ **0.1** ***gespannen zijn, worden, strak worden*** ⇒*zich spannen, strak gaan staan* **0.2** ⟨schr.⟩ ***zich welven, zich uitspannen.***

spannend 0.1 ***spannend*** ⇒*boeiend.*

Spanner ⟨m.; ~s, ~⟩ **0.1** ***spanner, klem*** **0.2** ***broekklem*** **0.3** ***schoenspanner*** **0.4** ***gordijnlat*** **0.5** ⟨biol.⟩ ***spanner, landmeter*** **0.6** ⟨inf.⟩ ***voyeur, gluurder*** **0.7** ⟨inf.⟩ ***uitkijk(post).***

Spannkraft ⟨v.⟩ **0.1** ⟨tech.⟩ ***spankracht*** **0.2** ⟨fig.⟩ ***veerkracht*** ⇒*energie, fut.*

Spannlaken ⟨o.⟩ **0.1** ***hoeslaken.***

Spannung ⟨v.; ~, ~en⟩ **0.1** ***spanning*** ⇒*gespannen toestand, gespannen-, geboeidheid,* ⟨tech.⟩ *potentiaal* ◆ **3.1** das erregte ~ *dat verwekte spanning, riep spanningen op;* ⟨tech.⟩ ~ führen *onder spanning staan* **6.1** jmdn. **in** ~ versetzen *iem. gespannen maken;* in großer ~ **mit** jmdm. leben *op zeer gespannen voet met iem. leven.*

Spannungsabfall ⟨m.⟩⟨tech.⟩ **0.1** ***spanningsverschil, -verlies.***

spannungsgeladen ⟨fig.⟩ **0.1** ***gespannen, geladen.***

Spannungsherd ⟨m.⟩⟨fig.⟩ **0.1** ***spannings-, crisishaard.***

Spannungsmesser ⟨m.⟩⟨tech.⟩ **0.1** ***spannings-, voltmeter.***

Spannungsmoment ⟨o.⟩⟨fig.⟩ **0.1** ***spannend moment.***

spannungsreich ⟨fig.⟩ **0.1** ***spannend*** ⇒*boeiend.*

Spannungsverhältnis ⟨o.⟩⟨fig.⟩ **0.1** ***spanning*** ⇒*spanningsveld.*

Spannweite ⟨v.⟩ **0.1** ***spanwijdte*** ⇒*vleugelspanning,* ⟨bouwk.⟩ *(over)spanning* **0.2** ⟨fig.⟩ ***bandbreedte*** ⇒*reikwijdte, spectrum.*

Spanplatte ⟨v.⟩ **0.1** ***spaan(der)plaat.***

Spanschachtel ⟨v.⟩ **0.1** ***spanen doos.***

Spant ⟨m. & o.; ~(e)s, ~en⟩⟨scheep., verk.⟩ **0.1** ***spant.***

Sparbrenner ⟨m.⟩ **0.1** ***spaarbrander.***

Sparbuch ⟨o.⟩ **0.1** ***spaar(bank)boekje.***

Sparbüchse ⟨v.⟩ **0.1** ***spaarpot.***

Spareinlage ⟨v.⟩ **0.1** ***inleg*** ⇒*spaardeposito.*

sparen I ⟨onov.ww.⟩ **0.1** ***sparen*** **0.2** ***bezuinigen*** **0.3** ***zuinig zijn*** ◆ **6.1 auf, für** ein Haus ~ *sparen voor een huis* **6.2 an** Kleidung ~ *op de kleding bezuinigen;* **an** nichts ~ *het aan niets laten ontbreken, op geen kosten kijken;*
II ⟨ov.ww.⟩ **0.1** ***sparen*** **0.2** ***zuinig zijn (met)*** ⇒*ontzien, zuinig omspringen (met)* **0.3** ***besparen*** ◆ **1.3** jmdm. Unannehmlichkeiten ~ *iem. onaangenaamheden besparen.*

Sparer ⟨m.; ~s, ~⟩ **0.1** ***spaarder.***

Sparflamme ⟨v.⟩ **0.1** ***spaarvlam*** ⇒*waakvlam, klein pitje* ◆ **6.1** ⟨fig.⟩ **auf** ~ arbeiten *het werk op een klein pitje zetten.*

Sparförderung ⟨v.⟩ **0.1** ***bevordering v.d. spaarzin, v.h. sparen.***

Spargang ⟨m.⟩ **0.1** ***overdrive.***

Spargel ⟨m.; ~s, ~⟩ **0.1** ***asperge*** ⇒*aspergeplant.*

Spargelkopf ⟨m.⟩ **0.1** ***aspergepunt, -kop.***

Spargirokonto ⟨o.⟩ **0.1** ***spaarrekening.***

Spargroschen ⟨m.⟩⟨inf.⟩ **0.1** ***spaarcent(je), -duitje.***

Sparguthaben ⟨o.⟩ **0.1** ***spaartegoed, spaarsaldo.***

Sparkasse ⟨v.⟩ **0.1** ***spaarbank*** ⇒*spaarkas.*

Sparkassenbuch ⟨o.⟩ **0.1** ***spaarbankboekje.***

Sparkonto ⟨o.⟩ **0.1** ***spaarrekening.***

spärlich 0.1 ***schaars, karig, schraal*** ⇒*spaarzaam* ◆ **1.1** nur ein ~es Auskommen haben *zuinigjes moeten leven, het niet breed hebben;* ~es Haar *dun haar;* ~e Reste *schamele restjes* **2.1** ~ bekleidet *schaars gekleed.*

Sparmaßnahme ⟨v.⟩ **0.1** ***bezuinigingsmaatregel.***

Sparpfennig ⟨m.⟩ →**Spargroschen.**

Sparpolitik ⟨v.⟩ **0.1** ***bezuinigingsbeleid.***

Sparprogramm ⟨o.⟩ **0.1** ⟨pol.⟩ ***bezuinigingsplan*** ⇒*bezuinigingsbeleid* **0.2** ***(energie)spaarprogramma*** ⟨bij apparaten⟩.

Sparren ⟨m.; ~s, ~⟩ **0.1** ⟨bouwk.⟩ ***(dak)spar, keper*** **0.2** ⟨inf.⟩ ***tic, spleen*** ⇒*eigenaardigheid* ◆ **3.2** einen (kleinen) ~ (zuviel) haben *niet goed snik, bij het hoofd zijn.*

sparsam 0.1 ***spaarzaam*** ⇒*zuinig, economisch, schaars* **0.2** ***sober*** ⇒*karig* ◆ **2.2** ~ möbliert *sober gemeubileerd* **6.1** ~ **im** kleinen sein *op de kleintjes letten;* **in** ~en Sätzen *in een paar korte zinnen.*

Sparsamkeitsgrund ⟨m.⟩ **0.1** ***zuinigheidsreden, -overweging.***

Sparschwein ⟨m.⟩ **0.1** ***spaarpot, -varken(tje)*** ◆ **3.1** ⟨inf.⟩ das ~ schlachten *het spaarvarkentje open-, leegmaken.*

Sparstrumpf ⟨m.⟩⟨scherts.⟩ **0.1** ***spaarpotje, oude kous.***

Spartaner ⟨m.; ~s, ~⟩ **0.1** ***Spartaan.***

spartanisch 0.1 ***Spartaans*** ⟨ook fig.⟩.

Sparte ⟨v.; ~, ~n⟩ **0.1** ***afdeling, tak*** ⇒*branche, sector, discipline* **0.2** ***rubriek, kolom*** ◆ **1.1** die ~ Hockey *de hockeyafdeling, de discipline hockey.*

Sparvertrag ⟨m.⟩ **0.1** ***spaarovereenkomst*** ⇒*spaarregeling.*

Sparzins ⟨m.⟩ **0.1** ***spaarrente.***

Spasmus ⟨m.; ~, Spasmen⟩⟨med.⟩ **0.1** ***spasme, spasmus*** ⇒ *kramp.*

Spaß ⟨m.; ~es, ¨~e⟩ **0.1** ***grap, scherts, gekheid*** ⇒*lol(letje), aardigheid* **0.2** ***plezier*** ⇒*pret, genoegen, lol* ◆ **2.1** ein teurer ~ *een dure grap* **3.1** ~, Späße machen, treiben *grappen maken, uithalen, gekheid, plezier maken;* ⟨inf.⟩ nur ~ machen *(alleen) maar een grapje, lolletje maken;* mach keinen ~, keine Späße! *je houdt me toch niet voor de gek?;* seinen ~ mit jmdm. treiben *iem. voor de gek houden;* einen ~ verstehen *tegen een grapje kunnen;* keinen ~ verstehen (a) *geen gekheid kunnen verdragen* (b) *niet met zich laten spotten* **3.2** da hört für mich der ~ auf *dat vind ik niet leuk meer;* ⟨inf.⟩ das gibt viel ~ *dat is (erg) leuk;* laß ihr doch ihren ~! *gun haar toch die lol!;* die Arbeit macht mir ~ *ik heb plezier in mijn werk;* ⟨iron.⟩ du machst mir (vielleicht) ~! *jij bent goed!;* ~ muß sein (a) *je moet er ook eens mee kunnen lachen* (b) *dat was toch maar voor de grap (gezegd)* **5.1** ~ beiseite! *alle gekheid op een stokje!* **6.1 aus** (lauter) ~ und Tollerei *(enkel en alleen) voor de lol, gein;* **aus, in, zum** ~ *voor de grap, lol;* ganz **ohne** ~ *zonder gekheid* **6.2** ~ **an** etwas finden, haben *iets leuk, plezierig vinden;* sich ⟨3e nv.⟩ einen ~ **aus** einer Sache machen *plezier in iets hebben;* **aus** ~ an der Freude *voor zijn plezier.*

Späßchen ⟨o.; ~s, ~⟩ **0.1** ***grapje*** ⇒*lolletje, geintje, pleziertje.*

spaßen 0.1 ***schertsen*** ⇒*grappen, gekheid maken, gekscheren* ◆ **5.1** du spaßest wohl! *je houdt me toch niet voor de gek?* **6.1** damit ist nicht **zu** ~ *daarmee valt niet te spotten.*

spaßeshalber ⟨inf.⟩ **0.1** ***voor de grap*** ⇒*voor de lol.*

spaßhaft, spaßig 0.1 ***grappig, lollig*** ⇒*leuk.*

Spaßmacher ⟨m.⟩ **0.1** ***grappenmaker, grapjas*** ⇒*lolbroek.*

Spaßverderber ⟨m.⟩ **0.1** ***pretbederver*** ⇒*spelbreker.*

Spaßvogel ⟨m.⟩ →**Spaßmacher.**

Spastiker ⟨m.; ~s, ~⟩ **0.1** ⟨med.⟩ ***spastische patiënt*** **0.2** ⟨inf.⟩ ***ezel, idioot.***

spastisch 0.1 ⟨med.⟩ ***spastisch*** ⇒*krampachtig* **0.2** ⟨inf.⟩ ***stom, idioot.***

spät 0.1 ***laat*** ◆ **1.1** bis in die ~e Nacht *tot laat, diep in de nacht;* ⟨schr.⟩ der ~e Schiller schrieb *Schiller schreef in zijn late werken* **5.1** ⟨inf.⟩ ~ dran sein *laat zijn;* ⟨inf.; scherts.⟩ du kommst noch früh genug zu ~ *haast je maar niet!* **6.1** ~ **am** Abend *laat op de avond.*

spätabends 0.1 ***laat in, op de avond, 's avonds laat.***

Spätaussiedler ⟨m.⟩ **0.1** ⟨verlate Duitstalige emigrant uit Oost-Europa⟩.

Spätbarock ⟨m. & o.⟩ **0.1** ***late barok.***

Spätdienst ⟨m.⟩ **0.1** ***late dienst, avonddienst.***

Spatel ⟨m.; ~s, ~ of v.; ~, ~n⟩ **0.1** ***spatel*** **0.2** ***plamuurmes.***

Spaten ⟨m.; ~s, ~⟩ **0.1** ***spade, schop.***

Spatenstich ⟨m.⟩ **0.1** ***spadesteek*** ◆ **3.1** den ersten ~ tun *de eerste spade in de grond steken.*

Spätentwickler ⟨m.⟩ ⟨fig.⟩ **0.1** ***laatbloeier.***

später 0.1 ***later*** ⇒*straks, nakomend* ◆ **6.1** jmdn. **auf** ~ vertrösten *iem. aan het lijntje houden;* **auf, bis** ~! *tot straks!*

späterhin ⟨schr.⟩ **0.1** ***later*** ⇒*op een later tijdstip.*

spätestens 0.1 ***op zijn laatst, uiterlijk*** ⇒*ten laatste* ◆ **6.1** ~ bis **zum** 28. August *uiterlijk (op) 28 augustus.*

Spätfolge ⟨v.⟩ **0.1** ***laat, later gevolg.***

Spätgotik ⟨v.⟩ **0.1** ***late gotiek, flamboyante gotiek.***

Spätheimkehrer ⟨m.⟩ **0.1** ⟨krijgsgevangene die pas lang na het einde v.d. oorlog naar huis teruggekeerd is⟩.

Spätherbst ⟨m.⟩ **0.1** ***naherfst, late herfst.***

spa|tiieren, -tionieren ⟨boek.⟩ **0.1** ***spatiëren.***

Spatium ⟨o.; ~s, Spatien⟩ ⟨boek.⟩ **0.1** ***spatie*** ⇒*tussenruimte.*

Spätlese ⟨v.⟩ **0.1** ***late pluk*** **0.2** ***wijn van druiven v.d. late pluk.***

Spätling ⟨m.; ~s, ~e⟩ **0.1** ***nakomer(tje).***

Spätmittelalter ⟨o.⟩ **0.1** ***late Middeleeuwen.***

Spätnachmittag ⟨m.⟩ **0.1** ***late middag.***

Spätnachrichten ⟨alleen mv.⟩ **0.1** ***laatste nieuws(berichten).***

spätnachts 0.1 ***diep, laat in de nacht.***

Spätrenaissance ⟨v.⟩ **0.1** ***late renaissance.***

Spätschaden ⟨m.⟩ **0.1** ***latere, later optredende schade.***

Spätschicht ⟨v.⟩ **0.1** ***avondploeg*** ⇒*avonddienst.*

Spätsommer ⟨m.⟩ **0.1** ***nazomer.***

Spätstadium ⟨o.⟩ **0.1** ***laat stadium.***

Spätvorstellung ⟨v.⟩ **0.1** ***nachtvoorstelling*** ⇒*late voorstelling, nachtfilm.*

Spätwerk ⟨o.⟩ **0.1** ***laat, later werk*** ⇒*werk op latere leeftijd.*

Spatz ⟨m.; ~es, ~en⟩ **0.1** ***mus*** **0.2** ⟨inf.⟩ ***vogeltje*** ⇒*tenger kind* ◆ **2.1** ⟨fig.⟩ ein frecher ~ *een brutaaltje, een brutaal jong* **3.1** ⟨inf.⟩ das pfeifen die ~en von den, allen Dächern *het wordt al van de daken geschreeuwd, verkondigd* **8.1** ⟨inf.⟩ essen wie ein ~ *eten als een vogeltje;* schimpfen wie ein ~ *opgewonden schelden* **¶.1** ⟨sprw.⟩ besser einen ~ in der Hand, als eine Taube auf dem Dache *één vogel in de hand is beter dan tien in de lucht; beter een half ei dan een lege dop.*

Spätzeit ⟨v.⟩ **0.1** ***natijd, latere tijd, late periode.***

Spatzen(ge)hirn ⟨o.⟩ ⟨inf.⟩ **0.1** ***bekrompen verstand.***

Spätzle ⟨alleen mv.⟩ ⟨Zdd.⟩ **0.1** ⟨soort⟩ ***macaroni.***

Spätzünder ⟨m.⟩ ⟨inf.; scherts.⟩ **0.1** ***iem. die traag van begrip is, langzaam reageert*** **0.2** ***laatbloeier.***

Spätzündung ⟨v.⟩ **0.1** ⟨tech.⟩ ***naontsteking*** **0.2** ⟨inf.; scherts.⟩ ***langzame, trage reactie*** ◆ **3.2** ~ haben *traag, langzaam van begrip zijn.*

spazieren 0.1 ***wandelen*** ⇒*kuieren, slenteren* **0.2** ⟨vero.⟩ ***gaan wandelen.***

spazierenfahren 0.1 ***toeren*** ⇒*een tochtje, ritje maken, uit rijden gaan* ◆ **1.1** das Baby ~ *met de baby gaan wandelen, rijden.*

spazierenführen ⟨h.⟩ **0.1** ***gaan wandelen met*** ⇒*uitlaten* ⟨hond⟩.

spazierengehen 0.1 ***gaan wandelen.***

Spazierfahrt ⟨v.⟩ **0.1** ***(plezier)tochtje, toertje.***

Spaziergang ⟨m.⟩ **0.1** ***wandeling.***

Spaziergänger ⟨m.⟩ **0.1** ***wandelaar.***

Spazierstock ⟨m.⟩ **0.1** ***wandelstok.***

Spazierweg ⟨m.⟩ **0.1** ***wandelweg.***

SPD ⟨v.; ~⟩ ⟨afk.⟩ [Sozialdemokratische Partei Deutschlands].

Specht ⟨m.; ~(e)s, ~e⟩ ⟨biol.⟩ **0.1** ***specht.***

Speck ⟨m.; ~(e)s, ~e⟩ **0.1** ***spek*** ⇒*vet* ◆ **3.1** ⟨inf.⟩ ~ drauf haben *dik zijn* **3.¶** ⟨inf.⟩ den ~ riechen (a) *lont ruiken* (b) *(de) lucht krijgen van* **6.1** ⟨inf.; scherts.⟩ keinen ~ **auf** den Rippen haben *niets op de ribben hebben* **6.¶** ⟨inf.⟩ ran **an** den ~! *aan 't werk!, kom op!*

speckbäuchig 0.1 ***dik-, spekbuikig.***

Speckgriebe ⟨v.⟩ **0.1** ***kaantje.***

speckig 0.1 ***vettig*** ⇒*beduimeld, afgedragen* **0.2** ⟨inf.⟩ ***dik, vet*** ◆ **1.2** ein ~er Nacken *een speknek.*

Speckkuchen ⟨m.⟩ **0.1** ***quiche*** ⇒*hartige taart met stukjes spek.*

Specknacken ⟨m.⟩ ⟨inf.⟩ **0.1** ***speknek, -hals.***

Speckschwarte ⟨v.⟩ **0.1** ***spekzwoerd.***

Speckseite ⟨v.⟩ **0.1** ***zij(de) spek.***

Speckwürfel ⟨m.⟩ **0.1** ***blokje, stukje spek.***

spedieren 0.1 ***expediëren*** ⟨ook fig.⟩ ⇒*verzenden,* ⟨fig.⟩ *wegsturen.*

Spediteur ⟨m.; ~s, ~e⟩ **0.1** ***expediteur, verzender.***

Spedition ⟨v.; ~, ~en⟩ **0.1** ***expeditiebedrijf, -firma*** **0.2** ***expeditie*** ⇒*expeditieafdeling.*

Speditionsfirma ⟨v.⟩ **0.1** ***expeditie-, expediteursfirma.***

Speditionsgebühr ⟨v.⟩ **0.1** ***expeditiekosten.***

Speditionsgeschäft ⟨o.⟩ **0.1** ***expeditiecontract*** **0.2** ***expeditiebedrijf.***

Speer ⟨m.; ~(e)s, ~e⟩ **0.1** ***speer*** ⟨ook sp.⟩ ⇒*spies.*

Speerspitze ⟨v.⟩ **0.1** ***speerpunt*** ⟨ook fig.⟩.

Speerwerfer ⟨m.⟩ ⟨sp.⟩ **0.1** ***speerwerper.***

Speerwurf ⟨m.⟩ **0.1** ***het speerwerpen*** **0.2** ***speerworp.***

speiben ⟨spieb, gespieben⟩ ⟨Zdd., Oostr.⟩ **0.1** ***spugen, spuwen*** ⇒*overgeven.*

Speiche ⟨v.; ~, ~n⟩ **0.1** ***spaak*** **0.2** ***spaakbeen*** ◆ **6.1** ⟨fig.⟩ dem Rad der Geschichte **in** die ~n fallen, greifen *de loop der geschiedenis proberen tegen te houden.*

Speichel ⟨m.; ~s, ~⟩ **0.1** ***speeksel.***

Speichellecker ⟨m.⟩ **0.1** ***flikflooier, hielenlikker.***

Speichelleckerei ⟨v.⟩ **0.1** ***flikflooierij*** ⇒*geflikflooi.*

speicheln 0.1 ***kwijlen*** ⇒*zeveren.*

Speicher ⟨m.; ~s, ~⟩ **0.1** ***pakhuis, magazijn*** ⇒*(graan-, koren)schuur* **0.2** ***reservoir*** ⇒*spaarbekken* **0.3** ⟨reg.⟩ ***zolder*** **0.4** ⟨comp.⟩ ***geheugen.***

Speicherbecken ⟨o.⟩ **0.1** ***reservoir, spaarbekken.***

Speicherkapazität ⟨v.⟩ **0.1** ***opslagruimte*** ⇒*voorraadruimte* **0.2** ⟨comp.⟩ ***geheugencapaciteit.***

Speicherkraftwerk ⟨o.⟩ **0.1** ***waterkrachtcentrale met stuwdam.***

speichern 0.1 ***opslaan*** ⇒*verzamelen,* ⟨nat.⟩ *accumuleren* **0.2** ⟨comp.⟩ ***opslaan, saven.***

Speicherofen ⟨m.⟩ **0.1** ***nachtstroom-, accumulatorkachel.***
Speicherung ⟨v.; ~, ~en⟩ **0.1** ***het opslaan, opslag*** ⇒*(het) opbergen* **0.2** ⟨nat.⟩ ***accumulatie*** **0.3** ⟨comp.⟩ ***geheugenopslag.***
Speicherwerk ⟨o.⟩⟨comp.⟩ **0.1** ***werkgeheugen.***
Speicherzelle ⟨v.⟩⟨comp.⟩ **0.1** ***geheugencel.***
speien ⟨→t145⟩⟨schr.⟩ **0.1** ***spuwen, spugen*** **0.2** ***overgeven.***
Speigat(t) ⟨o.⟩⟨scheep.⟩ **0.1** ***spie-, spijgat*** ⇒*lenspoort.*
Speik ⟨m.; ~(e)s, ~e⟩ **0.1** ***valeriaan*** **0.2** ***lavendel*** **0.3** ***sleutelbloem.***
Speise ⟨v.; ~, ~n⟩ **0.1** ***spijs*** ⇒*gerecht, maal(tijd), schotel, eten* **0.2** ⟨vooral Ndd.⟩ ***toetje, dessert*** ⇒*pudding* ◆ **6.1** etwas dient **zur**, als ~ *iets dient als voedingsmiddel* **8.1** ⟨schr.⟩ Speis und Trank *spijs en drank.*
Speiseeis ⟨o.⟩ **0.1** ***(consumptie)ijs.***
Speisefett ⟨o.⟩ **0.1** ***spijsvet, eetbaar vet.***
Speisekammer ⟨v.⟩ **0.1** ***provisie-, voorraadkamer.***
Speisekarte ⟨v.⟩ **0.1** ***spijskaart, menu*** ◆ **6.1** **nach** der ~ *à la carte.*
Speisekartoffel ⟨v.⟩ **0.1** ***consumptieaardappel.***
Speiselokal ⟨o.⟩ **0.1** ***restaurant, eethuis(je).***
speisen I ⟨onov.ww.⟩⟨schr.⟩ **0.1** ***eten*** ⇒*de maaltijd gebruiken* ◆ **5.1** ich wünsche wohl zu ~! *eet (u) smakelijk!* **6.1** **zu** Abend ~ *avondeten;* **zu** Mittag ~ *middageten, lunchen;*
II ⟨ov.ww.⟩ **0.1** ⟨schr.⟩ ***spijzen, spijzigen, voeden*** ⟨ook fig.⟩ ⇒*te eten geven* **0.2** ⟨fig.; tech.⟩ ***voeden*** ⇒*voorzien, toevoeren* **0.3** ⟨schr.⟩ ***eten*** ◆ **6.2** das Radio wird **aus**, **von** 6 Batterien gespeist *de radio wordt door 6 batterijen gevoed.*
Speisenaufzug ⟨m.⟩ **0.1** ***keukenlift.***
Speisenfolge ⟨v.⟩⟨schr.⟩ **0.1** ***menu.***
Speiseöl ⟨o.⟩ **0.1** ***spijsolie.***
Speisepilz ⟨m.⟩ **0.1** ***eetbare paddestoel.***
Speiseplan ⟨m.⟩ **0.1** ***menu.***
Speiserest ⟨m.⟩ **0.1** ***etensrest.***
Speiseröhre ⟨v.⟩ **0.1** ***slokdarm.***
Speisesaal ⟨m.⟩ **0.1** ***eetzaal*** ⇒*restaurant.*
Speisesalz ⟨o.⟩ **0.1** ***tafelzout.***
Speiseschrank ⟨m.⟩ **0.1** ***etenskast*** ⇒*voorraad-, provisiekast.*
Speisestärke ⟨v.⟩ **0.1** ***maïzena.***
Speisewagen ⟨m.⟩ **0.1** ***restauratiewagen.***
Speisewürze ⟨v.⟩ **0.1** ***(vloeibaar) aroma.***
Speisezettel ⟨m.⟩ **0.1** ***menu, spijskaart.***
Speisezimmer ⟨o.⟩ **0.1** ***eetkamer.***
Speisung ⟨v.; ~, ~en⟩ **0.1** ⟨schr.⟩ ***spijziging, voeding*** **0.2** ⟨tech.⟩ ***voeding*** ⇒*aan-, toevoer.*
speiübel **0.1** ***misselijk, ontzettend beroerd*** ⇒*kotsmisselijk.*
Spektakel[1] ⟨m.; ~s, ~⟩⟨inf.⟩ **0.1** ***lawaai, spektakel*** ⇒*kabaal* **0.2** ***ruzie, spektakel*** ⇒*getier, herrie.*
Spektakel[2] ⟨o.; ~s, ~⟩ **0.1** ***vertoning, schouwspel*** ⇒*tafereel.*
spektakulär **0.1** ***spectaculair.***
Spektralfarbe ⟨v.⟩⟨nat.⟩ **0.1** ***spectrale kleur.***
Spektrum ⟨o.; ~s, Spektren of Spektra⟩ **0.1** ***spectrum*** ⟨ook fig.⟩.
Spekulant ⟨m.; ~en, ~en⟩ **0.1** ***speculant.***
Spekulation ⟨v.; ~, ~en⟩ **0.1** ***speculatie, het speculeren*** ⇒ ⟨fil.⟩ *beschouwing, bespiegeling* ◆ **3.1** ~en anstellen über eine Sache *speculeren over iets.*
Spekulationsobjekt ⟨o.⟩ **0.1** ***speculatieobject, onderwerp van speculatie.***
Spekulatius ⟨m.; ~, ~⟩ **0.1** ***speculaas.***
spekulativ **0.1** ***speculatief*** ⇒⟨fil.⟩ *bespiegelend.*
spekulieren **0.1** ***speculeren*** ⇒*overdenken, beschouwen* ◆ **6.1** **mit** Grundstücken ~ *in grond speculeren.*

Spekulum ⟨o.; ~s, Spekula⟩⟨med.⟩ **0.1** ***speculum.***
Spelt ⟨m.; ~(e)s, ~e⟩⟨plantk.⟩ **0.1** ***spelt*** ⟨soort tarwe⟩.
Spelunke ⟨v.; ~, ~n⟩⟨inf.⟩ **0.1** ***hol, smerige tent*** ⇒*kroeg* **0.2** ***krot, hol.***
Spelze ⟨v.; ~, ~n⟩⟨plantk.⟩ **0.1** ***kaf, graanhuls.***
spendabel **0.1** ***royaal, vrijgevig*** ⇒*gul.*
Spende ⟨v.; ~, ~n⟩ **0.1** ***gift, gave*** ⇒*schenking* ◆ **6.1** eine ~ **an** Kleidung *een gift in de vorm van kleding.*
spenden **0.1** ***geven, schenken*** ⟨ook fig.⟩ ⇒*uitdelen, uitreiken, toedienen* ◆ **1.1** Anerkennung ~ *zijn waardering uitspreken;* den Segen ~ *de zegen geven, uitspreken.*
Spendenaktion ⟨v.⟩ **0.1** ***inzamelactie.***
Spendenkonto ⟨o.⟩ **0.1** ***rekening voor giften*** ⇒*actierekening.*
Spendensammlung ⟨v.⟩ **0.1** ***inzameling (van giften), inzamelingsactie.***
Spender ⟨m.; ~s, ~⟩ **0.1** ***gever, schenker*** ⇒*donateur* **0.2** ***donor, bloedgever*** **0.3** ⟨vaktaal⟩ ***houder.***
spendieren ⟨inf.⟩ **0.1** ***trakteren (op)*** ⇒*schenken, geven, cadeau doen* ◆ **1.1** Bier für die Mannschaft ~ *het team op bier trakteren.*
spendierfreudig ⟨inf.⟩ **0.1** ***royaal, gul, vrijgevig.***
Spendierhosen ⟨alleen mv.⟩⟨inf.⟩ ◆ **3.¶** die ~ anhaben *in een gulle, royale bui zijn.*
Spengler ⟨m.; ~s, ~⟩⟨Zdd., Oostr., Zwi.⟩ **0.1** ***loodgieter.***
Spenzer ⟨m.; ~s, ~⟩ **0.1** ***spencer.***
Sperber ⟨m.; ~s, ~⟩⟨biol.⟩ **0.1** ***sperwer*** ⇒*vinkendief.*
Spe|renzchen, -renzien ⟨alleen mv.⟩⟨inf.⟩ **0.1** ***moeilijkheden*** ⇒*tegenstribbelingen, lastig gedoe, kapsones* ◆ **3.1** laß die ~! *doe niet zo moeilijk!*
Sperling ⟨m.; ~s, ~e⟩ **0.1** ***mus.***
Sperma ⟨o.; ~s, Spermen of Spermata⟩ **0.1** ***sperma*** ⇒*zaad.*
Spermaspender ⟨m.⟩ **0.1** ***spermadonor.***
Sperrad ⟨o.⟩⟨tech.⟩ **0.1** ***palrad.***
sperrangelweit **0.1** ***wagenwijd*** ⇒*wijd open.*
Sperrballon ⟨m.⟩⟨mil.⟩ **0.1** ***sperballon.***
Sperrbaum ⟨m.⟩ **0.1** ***slag-, (af)sluit-, sperboom.***
Sperrbezirk ⟨m.⟩ **0.1** ***verboden gebied.***
Sperrdruck ⟨m.⟩⟨boek.⟩ **0.1** ***gespatieerde druk.***
Sperre ⟨v.; ~, ~n⟩ **0.1** ***afsluiting*** ⇒*sluit-, slagboom, hek, blokkeerinrichting* **0.2** ***versperring, blokkade, blokkering*** ⟨ook van gelden enz.⟩ **0.3** ***controle*** ⇒*in-, uit-, toegang* **0.4** ***verbod*** ⟨o.a. van in-, uitvoer⟩ ⇒*embargo* **0.5** ***besmetverklaring*** ⟨ook bij staking⟩ **0.6** ⟨sp.⟩ ***schorsing*** ◆ **3.2** ⟨inf.⟩ da habe ich eine ~ *dat wil er bij mij niet in* **3.4** eine ~ verhängen über eine Sache *een verbod voor iets uitvaardigen, iets verbieden, blokkeren* **3.6** über jmdn. eine ~ verhängen *iem. schorsen.*
sperren I ⟨onov.ww.⟩⟨reg.⟩ **0.1** ***klemmen;***
II ⟨ov.ww.⟩ **0.1** ***afsluiten*** ⇒*versperren, stremmen, afzetten* **0.2** ***verbieden*** ⇒*intrekken* **0.3** ***blokkeren*** ⇒*afsluiten* **0.4** ***opsluiten*** **0.5** ⟨voetbal, hockey⟩ ***afhouden*** **0.6** ⟨sp.⟩ ***schorsen*** ⇒*uitsluiten* **0.7** ⟨boek.⟩ ***spatiëren*** **0.8** ⟨Zdd., Oostr.⟩ ***sluiten*** ⇒*dichtmaken* ◆ **1.1** eine Straße ~ *een straat, weg afsluiten, afzetten;* jmdm. den Weg ~ *iem. de weg versperren* **1.3** jmdm. das Gas ~ *bij iem. het gas afsluiten;* jmdm. das Konto ~ *iemands rekening blokkeren* **6.2** den See **für** Boote ~ *het meer voor boten verbieden* **6.4** jmdn. **in** eine Zelle ~ *iem. in een cel opsluiten* **¶.1** gesperrt! *verkeer gestremd!;*
III sich ~ ⟨wk.ww.⟩ **0.1** ***zich verzetten*** ⇒*tegenspartelen, tegenstribbelen.*
Sperrfeuer ⟨o.⟩ **0.1** ***spervuur.***
Sperrfrist ⟨v.⟩ **0.1** ⟨jur.⟩ ***verbods-, uitsluitingstermijn*** **0.2** ⟨ec.⟩ ***termijn van blokkering*** **0.3** ⟨sp.⟩ ***schorsingstermijn.***

Sperrgebiet ⟨o.⟩ **0.1** ***verboden gebied*** **0.2** ***afgesloten gebied*** **0.3** ***oorlogszone.***

Sperrgetriebe ⟨o.⟩⟨tech.⟩ **0.1** ***palinrichting, palwerk.***

Sperrgürtel ⟨m.⟩ **0.1** ***(hermetisch afgesloten) verdedigingsgordel*** ⇒*ring.*

Sperrgut ⟨o.⟩ **0.1** ***goederen die veel ruimte innemen*** ⇒*volumegoed, losliggend, oningepakt vrachtgoed.*

Sperrguthaben ⟨o.⟩ **0.1** ***geblokkeerd tegoed.***

Sperrholz ⟨o.⟩ **0.1** ***triplex(hout).***

sperrig **0.1** ***veel ruimte innemend, beslaand*** ⇒*belemmerend, hinderlijk* **0.2** ***moeilijk hanteerbaar*** ◆ **1.1** ~e Güter *volumegoederen.*

Sperrkette ⟨v.⟩ **0.1** ***sper-, afsluit-, deurketting*** **0.2** ***(politie)kordon.***

Sperrklausel ⟨v.⟩ **0.1** ***uitsluitingsclausule.***

Sperrkonto ⟨o.⟩⟨ec.⟩ **0.1** ***geblokkeerde rekening.***

Sperrmauer ⟨v.⟩ **0.1** ***stuwdam, -muur.***

Sperrminorität ⟨v.⟩⟨pol., ec.⟩ **0.1** ***minderheid met vetorecht*** ⇒*gekwalificeerde minderheid.*

Sperrmüll ⟨m.⟩ **0.1** ***grof vuil.***

Sperrschranke ⟨v.⟩ **0.1** ***dranghek.***

Sperrsitz ⟨m.⟩ **0.1** ***stalles(plaats).***

Sperrstunde ⟨v.⟩ **0.1** ***sluitingsuur*** **0.2** ***uitgaansverbod*** ⇒*avondklok.*

Sperrvermerk ⟨m.⟩ **0.1** ***blokkering*** ⇒*bijzondere bepaling.*

sperrweit ⟨inf.⟩ →**sperrangelweit.**

Sperrzeit ⟨v.⟩ **0.1** ***spertijd.***

Sperrzone ⟨v.⟩ **0.1** ***verboden zone.***

Spesen ⟨alleen mv.⟩ **0.1** ***(on)kosten.***

spesenfrei **0.1** ***vrij van kosten.***

Spesenrechnung ⟨v.⟩ **0.1** ***onkostenrekening, -nota*** ⇒*declaratie.*

Spezi ⟨m.; ~s, ~(s)⟩ **0.1** ⟨Zdd., Oostr.⟩ ***(boezem)vriend*** ⇒*makker, compagnon* **0.2** ⟨inf.; cola en limonade gemengd⟩.

Spezialarzt ⟨m.⟩ **0.1** ***specialist.***

Spezialausdruck ⟨m.⟩ **0.1** ***vakterm*** ⇒*speciale, bijzondere term.*

Spezialfach ⟨o.⟩ **0.1** ***specialisme, speciaal, bijzonder vak*** ⇒*lievelingsvak.*

Spezialgeschäft ⟨o.⟩ **0.1** ***gespecialiseerde zaak, winkel, speciaalzaak.***

spezialisieren **0.1** ⟨vero.⟩ ***specificeren*** **0.2** ***specialiseren*** ◆ **6.2** sich **auf** eine Sache ~ *zich in iets specialiseren.*

Spezialist ⟨m.; ~en, ~en⟩ **0.1** ***specialist*** ⇒*vakman.*

Spezialistentum ⟨o.; ~s⟩ **0.1** ***specialisering*** ⇒*specialisme.*

Spezialität ⟨v.; ~, ~en⟩ **0.1** ***specialiteit*** ⇒*spécialité, bijzonderheid* **0.2** ***hobby, liefhebberij*** **0.3** ***lievelingseten, -gerecht.***

Spezialtruppe ⟨v.⟩⟨mil.⟩ **0.1** ***bijzondere, speciale eenheid.***

Spezialwissen ⟨o.⟩ **0.1** ***vakkennis*** ⇒*bijzondere kennis.*

speziell **0.1** ***speciaal, bijzonder*** **0.2** ⟨bw.⟩ ***speciaal*** ⇒*in het bijzonder, inzonderheid, met name* ◆ **4.1** ⟨inf.⟩ auf dein Spezielles! *op jouw gezondheid!*

Spezies ⟨v.; ~, ~⟩ **0.1** ***species*** ⇒*soort, genre.*

Spezieskauf ⟨m.⟩⟨jur.⟩ **0.1** ***species-, soortkoop.***

Spezifik ⟨v.; ~⟩⟨schr.⟩ **0.1** ***het specifieke.***

Spezifikum ⟨o.; ~s, Spezifika⟩ **0.1** ***specifieke, karakteristieke eigenschap, specifiek, typisch kenmerk*** **0.2** ⟨med.⟩ ***specificum, specifiek geneesmiddel.***

spezifisch **0.1** ***specifiek*** ⇒*typisch,* ⟨nat.⟩ *soortelijk* ◆ **1.1** ⟨nat.⟩ das ~e Gewicht *het specifiek, soortelijk gewicht.*

spezifizieren **0.1** ***specificeren.***

Sphäre ⟨v.; ~, ~n⟩ **0.1** ***sfeer*** ⇒*kring, (hemel)bol.*

Sphärenmusik ⟨v.⟩ **0.1** ***harmonie der sferen*** **0.2** ⟨fig.⟩ ***bovenaardse, hemelse muziek.***

sphärisch **0.1** ***sferisch*** ⇒*bolvormig, bol-* ◆ **1.1** ~e Trigonometrie *boldrichoeksmeting.*

Sphinx ⟨v.; ~, ~e⟩ **0.1** ***sfinx.***

Spickaal ⟨m.⟩ ⟨vooral Ndd.⟩ **0.1** ***gerookte paling.***

spicken **I** ⟨onov.ww.⟩⟨reg.⟩ **0.1** ***spieken*** ⇒*afkijken;*
II ⟨ov.ww.⟩ **0.1** ***spekken, larderen*** ⇒*met spek doorrijgen* **0.2** ⟨fig.⟩ ***(door)spekken, larderen*** ⇒*overvloedig voorzien* **0.3** ⟨fig.⟩ ***omkopen*** ◆ **1.2** eine gut gespickte Brieftasche *een goed gevulde beurs.*

Spicknadel ⟨v.⟩ **0.1** ***lardeernaald.***

Spickzettel ⟨m.⟩ **0.1** ***spiekbriefje.***

Spiegel ⟨m.; ~s, ~⟩ **0.1** ***spiegel*** ⇒⟨fig.⟩ *af-, weerspiegeling, spiegelbeeld,* ⟨med.⟩ *speculum* **0.2** ***overzicht*** **0.3** ***(zijden) revers*** **0.4** ***pat*** ⟨aan kraag⟩ **0.5** ***spiegel, niveau*** ⟨bv. van vloeistoffen⟩ **0.6** ***roos*** ⟨v.e. schietschijf⟩ **0.7** ⟨boek.⟩ ***(druk)spiegel*** ⇒*bladspiegel* **0.8** ⟨boek.⟩ ***doublure*** ◆ **6.1** ⟨fig.⟩ das kannst du dir **hinter** den ~ stecken! (a) *dat interesseert me geen lor!* (b) *hou het je voor gezegd!;* sich ⟨3e nv.⟩ etwas nicht **hinter** den ~ stecken *iets verbergen, niet trots zijn op iets.*

Spiegelbild ⟨o.⟩ **0.1** ***spiegelbeeld*** ⇒⟨fig.⟩ *spiegel.*

spiegelbildlich **0.1** ***spiegelbeeldig*** ⇒*in spiegelbeeld.*

spiegelblank **0.1** ***spiegelblank.***

Spiegelei ⟨o.⟩ **0.1** ***spiegelei.***

Spiegelfechterei ⟨v.; ~, ~en⟩ **0.1** ***spiegelgevecht, schijnvertoning.***

Spiegelglas ⟨o.; mv. ¨er⟩ **0.1** ***spiegelglas*** **0.2** ***spiegel.***

spiegelglatt **0.1** ***spiegelglad.***

spiegeln **I** ⟨onov.ww.⟩ **0.1** ***spiegelen*** ⇒*glimmen, schitteren, glanzen;*
II ⟨ov.ww.⟩ **0.1** ***weerspiegelen.***

Spiegelreflexkamera ⟨v.⟩ **0.1** ***(spiegel)reflexcamera.***

Spiegelschrift ⟨v.⟩ **0.1** ***spiegelschrift.***

Spiegelung ⟨v.; ~, ~en⟩ **0.1** ***spiegeling, weerspiegeling*** ⟨ook fig.⟩ ⇒*weerkaatsing, spiegelbeeld.*

Spiel ⟨o.; ~(e)s, ~e⟩ **0.1** ***spel*** ⇒*het spelen, speelwijze* **0.2** ***wedstrijd*** ⇒*spel* **0.3** ***spel, toneelstuk*** **0.4** ***speling*** ⟨ook tech.⟩ **0.5** ***stel*** ⇒*spel, set* **0.6** ⟨tennis⟩ ***game*** **0.7** ⟨jacht⟩ ***staart*** ⟨van fazant⟩ ◆ **2.1** ⟨fig.⟩ freies ~ haben *vrij spel hebben;* ⟨fig.⟩ bei jmdm. gewonnenes ~ haben *bij iem. vrij spel hebben;* ⟨fig.⟩ mit jmdm. ein leichtes ~ haben *gemakkelijk spel, weinig moeite met iem. hebben* **3.1** ein ~ machen, spielen *een spelletje doen, spelen;* das ~ machen *het spel(letje) winnen;* ⟨fig.⟩ (s)ein ~ mit jmdm. treiben *met iem. spelen, met iem. de vloer aanvegen* **3.2** das ~ verloren geben (a) *de wedstrijd, zich gewonnen geven* (b) ⟨fig.⟩ *iets afschrijven, opgeven* **6.1** ⟨fig.⟩ **aus** dem ~ bleiben *buiten spel blijven, erbuiten blijven;* ⟨fig.⟩ jmdn., etwas **aus** dem ~ lassen *iem., iets erbuiten laten;* wie **im** ~ *spelenderwijs;* mit **im** ~ sein (a) *aan het spel deelnemen, meedoen* (b) ⟨fig.⟩ *in het spel zijn;* ⟨fig.⟩ **ins** ~ kommen *een rol spelen* **6.2** den Mittelstürmer **aus** dem ~ nehmen *de midvoor uit het veld nemen* **6.¶** **auf** dem ~ stehen *op het spel staan;* ⟨fig.⟩ etwas **ins** ~ bringen *iets in het spel brengen.* →**Miene.**

Spielanzug ⟨m.⟩ **0.1** ***speelpakje.***

Spielart ⟨v.⟩ **0.1** ***variant, variëteit*** ⟨ook biol.⟩ ⇒*bijzondere vorm.*

Spielball ⟨m.⟩ **0.1** ***speelbal*** ⟨ook fig.⟩ ⇒*wedstrijdbal* **0.2** ⟨biljart⟩ ***rode speelbal*** **0.3** ⟨tennis⟩ ***matchbal.***

Spielbank ⟨v.; mv. ~en⟩ **0.1** ***speelbank*** ⇒*casino.*

Spielbein ⟨o.⟩ **0.1** ⟨sp.⟩ ***vrij been*** ⇒*zwaaibeen* **0.2** ⟨bk.⟩ ***speelbeen.***

Spielbrett ⟨o.⟩ **0.1** ***speelbord.***

Spieldose ⟨v.⟩ **0.1** ***speeldoos.***

spielen **I** ⟨ov. & onov.ww.⟩ **0.1** ***spelen*** ⇒*opvoeren, draaien,*

uithangen **0.2** ***glinsteren, schitteren, schijnen*** **0.3** ***zwemen*** ⇒*overgaan* **0.4** ***gebruik maken (van), doen gelden*** **0.5** ***toespelen*** ◆ **1.1** Ball ~ *ballen, met de bal spelen;* Billiard ~ *biljarten;* Dame ~ *dammen;* den Gastgeber ~ *als gastheer optreden, voor gastheer spelen;* Karten ~ *kaarten;* eine Schallplatte ~ *een plaat spelen, draaien;* ein Spiel ~ *een spelletje doen, spelen;* den Unschuldigen ~ *de onschuldige uithangen* **3.1** ⟨inf.; fig.⟩ was wird hier gespielt? *wat is (er) hier aan de gang?* **3.4** er ließ seinen Charme ~ *hij maakte gebruik van zijn charmes;* die Phantasie ~ lassen *de fantasie de vrije loop laten* **6.2** der Stein spielt **in** vielen Farben *de steen glinstert veelkleurig* **6.3** **ins** Grüne ~ *naar groen, het groene zwemen* **6.5** etwas **in** die Presse ~ *iets de pers toespelen;*
II sich ~ ⟨wk.ww.⟩ **0.1** ***(zich) spelen*** ◆ **6.1** sich **in** die Weltspitze ~ *zich door zijn spel onder de wereldelite scharen;* sich **um** sein Vermögen ~ *zijn vermogen verspelen* **6.¶** **auf** nassem Rasen spielt es sich schlecht *op nat gras is het slecht spelen.*

spielend **0.1** ***spelend*** **0.2** ***spelend(erwijs)*** ⇒*zonder enige moeite.*

Spieler ⟨m.; ~s, ~⟩ **0.1** ***speler.***

Spielerei ⟨v.; ~, ~en⟩ **0.1** ***gespeel*** ⇒*spel* **0.2** ***kinderspel*** ⇒ *peulenschil* **0.3** ***beuzelarij*** ⇒*spel(letje), foefje.*

spielerisch **0.1** ***speels*** ⇒*dartel, luchtig, ludiek* **0.2** ***qua spel*** ⇒*wat het spel betreft.*

Spielfeld ⟨o.⟩ **0.1** ***speelveld*** ⇒*speelterrein.*

Spielfigur ⟨v.⟩ **0.1** ***stuk*** ⟨v.e. bordspel⟩.

Spielfilm ⟨m.⟩ **0.1** ***speelfilm.***

Spielfläche ⟨v.⟩ **0.1** ***speelveld.***

Spielführer ⟨m.⟩⟨sp.⟩ **0.1** ***aanvoerder*** ⇒*captain, kapitein.*

Spielgefährte ⟨m.⟩ **0.1** ***speelkameraad(je), speelgenoot.***

Spielgeld ⟨o.⟩ **0.1** ***speelgeld*** **0.2** ***inzet, inleg.***

Spielhölle ⟨v.⟩ **0.1** ***speelhol.***

Spielkarte ⟨v.⟩ **0.1** ***speelkaart.***

Spielklasse ⟨v.⟩⟨sp.⟩ **0.1** ***klas(se)*** ⇒*divisie.*

Spielklub ⟨m.⟩ **0.1** ***speelclub*** ⇒*kaartclub.*

Spielleidenschaft ⟨v.⟩ **0.1** ***hartstocht voor het spel*** **0.2** ***goklust.***

Spielleiter ⟨m.⟩ **0.1** ***regisseur*** **0.2** ***spelleider*** ⇒*wedstrijdleider.*

Spielleitung ⟨v.⟩ **0.1** ***spelleiding*** ⇒*regie, wedstrijdleiding.*

Spielmacher ⟨m.⟩⟨sp.⟩ **0.1** ***spelmaker, spelverdeler*** ⇒*spil.*

Spielmann ⟨m.; mv. Spielleute⟩ **0.1** ⟨gesch.⟩ ***speelman*** ⇒ *rondtrekkend muzikant* **0.2** ⟨vooral mil.⟩ ***muzikant*** ⇒*tamboer.*

Spielmannszug ⟨m.⟩ **0.1** ***muziekkorps, harmonie.***

Spielmarke ⟨v.⟩ **0.1** ***fiche, chip.***

Spieloper ⟨v.⟩ **0.1** ***opera buffa.***

Spielpause ⟨v.⟩ **0.1** ***(wedstrijd)pauze*** ⇒*rust.*

Spielplan ⟨m.⟩⟨dram.⟩ **0.1** ***repertoire*** ⇒*programma.*

Spielplatz ⟨m.⟩ **0.1** ***speeltuin*** ⇒*speelplaats* **0.2** ***(sport)veld, speelterrein.***

Spielratte ⟨v.⟩⟨inf.⟩ **0.1** ***speels kind*** **0.2** ***fanatiek speler.***

Spielraum ⟨m.⟩⟨tech.; fig.⟩ **0.1** ***speelruimte, speling*** ⇒*marge, bewegingsvrijheid.*

Spielregel ⟨v.⟩ **0.1** ***spelregel*** ⟨ook fig.⟩.

Spielsachen ⟨alleen mv.⟩ **0.1** ***speelgoed.***

Spielstand ⟨m.⟩ **0.1** ***stand (v.d. wedstrijd, v.h. spel)*** ⇒*score.*

Spielstein ⟨m.⟩ **0.1** ***steen, stuk*** ⟨v.e. bordspel⟩.

Spielstraße ⟨v.⟩ **0.1** ***speelstraat*** ⇒*woonerf.*

Spielsucht ⟨v.⟩ **0.1** ***gokverslaving.***

Spielteufel ⟨m.⟩ **0.1** ***speelduivel.***

Spieltisch ⟨m.⟩ **0.1** ***speeltafel.***

Spieltrieb ⟨m.⟩ **0.1** ***drang tot, behoefte aan spelen*** ⇒*spelbehoefte.*

Spieluhr ⟨v.⟩ **0.1** ***speelklok.***

Spielverderber ⟨m.⟩ **0.1** ***spelbreker.***

Spielvereinigung ⟨v.⟩ **0.1** ***sportclub.***

Spielwaren ⟨alleen mv.⟩ **0.1** ***speelgoed.***

Spielwarengeschäft ⟨o.⟩ **0.1** ***speelgoedwinkel.***

Spielweise ⟨v.⟩ **0.1** ***manier van spelen.***

Spielwerk ⟨o.⟩ **0.1** ***speelwerk*** ⟨mechanisme⟩.

Spielwiese ⟨v.⟩ **0.1** ***speelwei(de)*** ⟨ook fig.⟩.

Spielwitz ⟨m.⟩⟨sp.⟩ **0.1** ***spelinzicht.***

Spielzeit ⟨v.⟩ **0.1** ***speelduur, -tijd*** **0.2** ⟨dram.⟩ ***(toneel)seizoen*** **0.3** ⟨film.⟩ ***tijd die een film loopt, draait.***

Spielzeug ⟨o.⟩ **0.1** ***(stuk) speelgoed.***

Spieß ⟨m.; ~es, ~e⟩ **0.1** ***spies*** ⇒*lans, speer* **0.2** ***spit*** ⇒*pen, brochette* **0.3** ***speetje, prikkertje*** **0.4** ⟨sold.⟩ ***sergeant-majoor*** **0.5** ⟨jacht⟩ ***spies*** ⟨eerste gewei⟩ **0.6** ⟨boek.⟩ ***smet*** ⇒ *spanjool* ◆ **3.1** ⟨inf.; fig.⟩ den ~ umdrehen, umkehren *de rollen omdraaien* **6.1** ⟨inf.⟩ brüllen wie **am** ~ *schreeuwen als een mager varken.*

Spießbraten ⟨m.⟩ **0.1** ***gebraad aan het spit.***

Spießbürger ⟨m.⟩ **0.1** ***braaf burger, (kleingeestig, bekrompen) burgermannetje*** ⇒*filister.*

spießbürgerlich **0.1** ***kleinburgerlijk, -geestig*** ⇒*bekrompen, kleinsteeds.*

Spießbürgertum ⟨o.⟩ **0.1** ***bekrompenheid, kleinburgerlijkheid, -geestigheid*** **0.2** ***de brave burgers, filisters, kleingeestig volk.***

spießen I ⟨onov.ww.; h.⟩ **0.1** ***blijven steken;***
II ⟨ov.ww.⟩ **0.1** ***spietsen*** ⇒*(door)boren, steken* **0.2** ***(op)prikken*** ⇒*steken* ◆ **6.2** Zettel **an** die Wand ~ *briefjes op de muur prikken.*

Spießer ⟨m.; ~s, ~⟩ **0.1** ***braaf burger, (kleingeestig, bekrompen) burgermannetje*** ⇒*filister* **0.2** ⟨jacht⟩ ***spieshert, -bok.***

spießerhaft →**spießbürgerlich.**

Spießertum ⟨o.; ~s⟩ →**Spießbürgertum.**

Spießgeselle ⟨m.⟩ **0.1** ***handlanger, medeplichtige*** ⇒*spitsbroeder, krijgsmakker* **0.2** ⟨scherts.⟩ ***makker, kameraad.***

spießig →**spießbürgerlich.**

Spießrute ⟨v.⟩ ◆ **3.¶** ~n laufen *spitsroeden lopen.*

Spike ⟨m.; ~s, ~s⟩ **0.1** ***(lange) spijker, ijzeren punt*** **0.2** ⟨steeds mv.⟩ ***spikes, atletiekschoenen*** **0.3** ⟨steeds mv.⟩ ***banden met spikes.***

Spikesreifen ⟨m.⟩ **0.1** ***spijkerband, band met spikes.***

Spillage ⟨v.; ~, ~n⟩⟨ec.⟩ **0.1** ***spillage.***

spillerig ⟨vooral Ndd.⟩ **0.1** ***spichtig*** ⇒*mager.*

Spinat ⟨m.; ~(e)s, ~e⟩ **0.1** ***spinazie.***

Spinatwachtel ⟨v.⟩⟨inf.⟩ **0.1** ***ouwe taart, tante.***

Spind ⟨m. & o.; ~(e)s, ~e⟩⟨vooral mil.⟩ **0.1** ***kast.***

Spindel ⟨v.; ~, ~n⟩ **0.1** ***spindel, klos*** **0.2** ***spil*** ⟨ook van trap⟩ ⇒*as.*

spindeldürr **0.1** ***broodmager*** ⇒*spichtig.*

Spindeltreppe ⟨v.⟩⟨bouwk.⟩ **0.1** ***spiltrap*** ⇒*wenteltrap.*

Spinett ⟨o.; ~(e)s, ~e⟩⟨muz.⟩ **0.1** ***spinet.***

Spinnaker ⟨m.; ~s, ~⟩⟨scheep.⟩ **0.1** ***spinnaker.***

Spinndrüse ⟨v.⟩⟨biol.⟩ **0.1** ***spinklier.***

Spinne ⟨v.; ~, ~n⟩ **0.1** ***spin*** ◆ **9.¶** ⟨inf.⟩ pfui ~! *bah!, ajakkes!* **¶.1** ⟨sprw.⟩ ~(n) am Morgen bringt Kummer und Sorgen, ~(n) am Abend - erquickend und labend *een spin in de morgen geeft kommer en zorgen.*

spinnefeind ◆ **3.¶** (mit) jmdm. ~ sein, sich ~ sein *spinnijdig op iem., elkaar zijn.*

spinnen ⟨→t146⟩ **0.1** ***spinnen*** **0.2** ***beramen, smeden*** ⇒*uitdenken* **0.3** ***fantaseren, bazelen, malen*** ⇒*zwammen* ◆ **1.2** Gedanken ~ *piekeren, peinzen;* Intrigen, Ränke ~ *intriges beramen, intrigeren;* Lügen ~ *leugens verzinnen* **5.3**

du spinnst ja! *je bent gek!* **6.2 an** einer Intrige *een intrige beramen.*
Spinnen|gewebe, -netz ⟨o.⟩ **0.1** ***spinnenweb*** ⇒*spinrag.*
Spinner ⟨m.; ~s, ~⟩ **0.1** ***spinner*** **0.2** ⟨inf.⟩ ***fantast, dromer*** **0.3** ⟨inf.⟩ ***gek.***
Spinnerei ⟨v.; ~, ~en⟩ **0.1** ***spinnerij*** **0.2** ⟨inf.⟩ ***gefantaseer, gebazel, gezwam*** **0.3** ⟨inf.⟩ ***verzinsel*** ⇒*gefantaseerd, verzonnen verhaal, gek idee.*
Spinnerin ⟨v.; ~, ~nen⟩ **0.1** ***spinster*** **0.2** ⟨inf.⟩ ***fantaste.***
spinnert ⟨vooral Zdd.⟩ **0.1** ***gek, raar*** ⇒*vreemd.*
Spinnfaser ⟨v.⟩ **0.1** ***spinvezel*** ⇒*spindraad.*
spinnig →**spinnert.**
Spinnrad ⟨o.⟩ **0.1** ***spinnewiel.***
Spinnrocken ⟨m.⟩ **0.1** ***spinrok(ken).***
Spinnwebe ⟨v.; ~, ~n⟩ **0.1** ***spinnenweb.***
spintisieren ⟨inf.⟩ **0.1** ***mijmeren*** ⇒*peinzen, piekeren* **0.2** ***fantaseren*** ⇒*dromen.*
Spion ⟨m.; ~s, ~e⟩ **0.1** ***spion*** ⇒*geheim agent* **0.2** ***spionnetje*** ⇒*spiegel* **0.3** ***kijkgat*** ⟨in deur⟩.
Spionage ⟨v.; ~⟩ **0.1** ***spionage.***
Spionageabwehr ⟨v.⟩ **0.1** ***contra-inlichtingen.***
Spionagefall ⟨m.⟩ **0.1** ***geval van spionage*** ⇒*spionagezaak.*
Spionagetätigkeit ⟨v.⟩ **0.1** ***spionagewerk, -activiteiten.***
spionieren **0.1** ***spioneren*** ⇒*spieden.*
Spioniererei ⟨v.; ~, ~en⟩ ⟨inf.⟩ **0.1** ***gespioneer*** ⇒*gesnuffel* **0.2** ***(geval van) spionage.***
Spirale ⟨v.; ~, ~n⟩ **0.1** ***spiraal*** ⟨ook wisk.; fig.⟩ ⇒*krul-, schroeflijn, spiraalveer* **0.2** ⟨inf.⟩ ***spiraaltje.***
spi|ralförmig, -ralig **0.1** ***spiraalvormig.***
Spiritismus ⟨m.; ~⟩ **0.1** ***spiritisme.***
Spiritualismus ⟨m.; ~⟩ ⟨fil., rel.⟩ **0.1** ***spiritualisme.***
Spiritualität ⟨v.; ~⟩ ⟨schr.⟩ **0.1** ***spiritualiteit*** ⇒*geestelijkheid.*
spirituell ⟨schr.⟩ **0.1** ***spiritueel, geestelijk*** **0.2** ***geestelijk*** ⇒*religieus.*
Spirituosen ⟨alleen mv.⟩ **0.1** ***sterkedrank, spiritualiën.***
Spirituosengeschäft ⟨o.⟩ **0.1** ***(drank)slijter(ij).***
Spiritus ⟨m.; ~, ~se⟩ **0.1** ***spiritus*** ⇒*wijngeest, alcohol.*
Spirituskocher ⟨m.⟩ **0.1** ***spiritus(toe)stel.***
Spital ⟨o.; ~s, ~̈er⟩ ⟨vooral Oostr., Zwi.⟩ **0.1** ***ziekenhuis, hospitaal.***
spitz **0.1** ***spits*** ⇒*puntig, scherp* **0.2** ***schril, schel*** **0.3** ***spits*** ⇒*bits, vinnig, snibbig* **0.4** ⟨inf.⟩ ***spits*** ⇒*mager, smal* ⟨in het gezicht⟩ **0.5** ⟨inf.⟩ ***lekker*** ⇒*knap* **0.6** ⟨inf.⟩ ***geil*** ⇒*wulps, heet* ◆ **1.1** ein ~er Ausschnitt *een V-hals;* eine ~e Tüte *een puntzak* **1.5** eine ~e Puppe *een lekker stuk, dier* **3.6** jmdn. ~ machen *iem. opgeilen, geil maken* **6.6** ~ **auf** jmdn. sein (a) *geil op iem. zijn, iem. willen versieren* (b) *het op iem. gemunt hebben;* ⟨fig.⟩ ~ **auf** eine Sache sein *op iets uit, tuk zijn.*
Spitz ⟨m.; ~es, ~e⟩ **0.1** ***keeshond, spits(hond)*** ◆ **2.¶** ⟨inf.⟩ mein lieber ~! *beste vriend, jongen!* **3.¶** ⟨reg.⟩ einen ~ haben *aangeschoten zijn, 'm om hebben* **6.¶** ⟨Zdd.⟩ etwas steht **auf** ~ und Knopf *iets is een dubbeltje op zijn kant.*
Spitzbart ⟨m.⟩ **0.1** ***spits-, puntbaard, sik*** ⟨ook persoon⟩.
Spitzbauch ⟨m.⟩ **0.1** ***puntbuik.***
spitzbekommen →**spitzkriegen.**
Spitzbogen ⟨m.⟩ ⟨bouwk.⟩ **0.1** ***spitsboog.***
Spitzbube ⟨m.⟩ **0.1** ***spitsboef*** ⇒*schurk* **0.2** ***kwajongen, schelm.***
Spitzbüberei ⟨v.; ~, ~en⟩ **0.1** ***schelmerij*** ⇒*schurkenstreek, kwajongens-, guitenstreek* **0.2** ***schelmachtigheid*** ⇒*guitigheid, ondeugendheid.*
Spitzbübin ⟨v.; ~, ~nen⟩ **0.1** ***(gemene) teef*** **0.2** ***ondeugend meisje.***
spitzbübisch **0.1** ***schelms, ondeugend, guitig*** **0.2** ⟨vero.⟩ ***schelm-, schurkachtig*** ⇒*gemeen.*
spitze ⟨inf.⟩ **0.1** ***te gek, tof, mieters*** ⇒*prima, geweldig, hartstikke goed.*
Spitze ⟨v.; ~, ~n⟩ **0.1** ***punt, spits, top*** ⇒*uiteinde, kruin, nok* **0.2** ***spits*** ⟨ook sp., mil.⟩ ⇒*voorste gedeelte* **0.3** ***hoofd, top*** ⇒*kop, leiding, eerste plaats* **0.4** ***steek (onder water)*** ⇒*hatelijke opmerking* **0.5** ***sigaren-, sigarettenpijpje*** **0.6** ***teenstuk*** ⟨van schoen⟩ **0.7** ***kant(werk)*** **0.8** ⟨inf.⟩ ***piek*** ⇒*piek-, spitsuur, piekbelasting* **0.9** ⟨ec.⟩ ***overschot*** ◆ **1.1** die ~ des Eisbergs *de top,* ⟨fig. vooral⟩ *het topje van de ijsberg* **1.3** ⟨inf.⟩ 200 km ~ fahren, machen *een top(snelheid) van 200 km per uur halen* **2.3** eine absolute ~ erreichen *een recordhoogte bereiken* **2.7** Brüsseler ~n *Brusselse kant* **2.¶** einsame ~ *geweldig, hartstikke goed* **3.1** ⟨fig.⟩ einer Sache die ~ nehmen *van iets de scherpe kantjes afhalen, iets milderen;* ⟨vero.; fig.⟩ jmdm. die ~ bieten *iem. het hoofd bieden* **3.3** ⟨sp., fig.⟩ die ~ haben *aan de kop blijven, nog steeds bovenaan staan;* ⟨sp.⟩ die ~ nehmen *aan kop gaan* **3.¶** das ist ~! *dat is te gek!* **6.2 an** der ~ marschieren *aan de spits, aan het hoofd marcheren* **6.3 an** der ~ liegen, stehen *op kop liggen, bovenaan staan;* sich **an** die ~ stellen *zich aan het hoofd plaatsen* **8.¶** etwas steht auf ~ und Knopf *iets is een dubbeltje op zijn kant.*
Spitzel ⟨m.; ~s, ~⟩ **0.1** ***(politie)spion*** ⇒*geheim agent.*
spitzeln **0.1** ***spioneren.***
spitzen I ⟨onov.ww.; ook sich ~⟩ ⟨reg.⟩ **0.1** ***zich spitsen*** ⇒*tuk zijn, vlassen, zich verheugen* ◆ **3.¶** da werdet ihr ~! *daar zullen jullie van opkijken!;*
II ⟨ov.ww.⟩ **0.1** ***spitsen*** ⇒*scherpen, slijpen.*
Spitzenbeamte(r) ⟨bn. als zn.; m.⟩ **0.1** ***topambtenaar.***
Spitzenbelastung ⟨v.⟩ ⟨tech.⟩ **0.1** ***piekbelasting.***
Spitzeneinkommen ⟨o.⟩ **0.1** ***topsalaris*** ⇒*hoogste inkomen.*
Spitzenerzeugnis ⟨o.⟩ **0.1** ***kwaliteitsproduct, eerste klas product.***
Spitzenfunktionär ⟨m.⟩ **0.1** ***topfunctionaris.***
Spitzengeschwindigkeit ⟨v.⟩ **0.1** ***top-, maximumsnelheid.***
Spitzengespräch ⟨o.⟩ **0.1** ***topberaad, topoverleg.***
Spitzengruppe ⟨v.⟩ **0.1** ***voorste groep*** **0.2** ***topklasse*** **0.3** ⟨sp.⟩ ***kopgroep.***
Spitzenhaube ⟨v.⟩ **0.1** ***kanten muts.***
Spitzenjahr ⟨o.⟩ **0.1** ***topjaar.***
Spitzenkandidat ⟨m.⟩ **0.1** ***lijstaanvoerder.***
Spitzenklasse ⟨v.⟩ **0.1** ***top(klasse)*** **0.2** ***topkwaliteit*** ⇒*first class.*
Spitzenklöpplerin ⟨v.⟩ **0.1** ***kantwerkster, kantklosster.***
Spitzenkraft ⟨v.⟩ **0.1** ***topman*** ⇒*eerste kracht,* ⟨mv.⟩ *topmensen.*
Spitzenlast ⟨v.⟩ ⟨tech.⟩ **0.1** ***piekbelasting*** ⇒*hoogste belasting.*
Spitzenleistung ⟨v.⟩ **0.1** ***topprestatie*** ⇒*recordprestatie.*
Spitzenmann ⟨m.; mv. ~̈er⟩ **0.1** ***topman*** ⇒*topfiguur.*
Spitzenplatz ⟨m.⟩ **0.1** ***plaats in de bovenste regionen, aan de top.***
Spitzenposition ⟨v.⟩ **0.1** ***toppositie*** ⇒*topfunctie, plaats bovenaan.*
Spitzenprodukt ⟨o.⟩ **0.1** ***eerste klas product.***
Spitzenqualität ⟨v.⟩ **0.1** ***topkwaliteit.***
Spitzenreiter ⟨m.⟩ **0.1** ***topruiter*** **0.2** ***nummer één, topper*** ⇒*succesnummer* **0.3** ⟨sp.⟩ ***koploper*** ⇒*aanvoerder.*
Spitzenspiel ⟨o.⟩ ⟨sp.⟩ **0.1** ***topwedstrijd*** ⇒*topper.*
Spitzensportler ⟨m.⟩ **0.1** ***topsporter.***
Spitzenstellung ⟨v.⟩ →**Spitzenposition.**
Spitzentanz ⟨m.⟩ **0.1** ***tenendans.***
Spitzentechnologie ⟨v.⟩ **0.1** ***hoogwaardige, (meest) geavanceerde technologie.***

Spitzentuch ⟨o.; mv. ⸚er⟩ **0.1** ***kanten (zak)doekje.***
Spitzenverband ⟨m.⟩ **0.1** ***toporganisatie*** ⇒*overkoepelende organisatie.*
Spitzenverdiener ⟨m.⟩ **0.1** ***iem. met een topsalaris.***
Spitzenverkehr ⟨m.⟩ **0.1** ***spits (in het verkeer).***
Spitzenwert ⟨m.⟩ **0.1** ***topwaarde, hoogste waarde.***
Spitzenzeit ⟨v.⟩ **0.1** ***spits-, piekuur*** **0.2** ⟨sp.⟩ ***recordtijd*** ⇒ *zeer goede, beste tijd.*
Spitzer ⟨m.; ~s, ~⟩⟨inf.⟩ **0.1** ***punten-, potloodslijper.***
spitzfindig **0.1** ***spitsvondig.***
spitzhaben **0.1** ***doorhebben*** ⇒*doorzien hebben* **0.2** ***erachter zijn, het kneepje, kunstje doorhebben.***
Spitzhacke ⟨v.⟩ **0.1** ***punt-, pikhouweel.***
spitzig **0.1** ***spits*** ⇒*puntig* **0.2** ⟨fig.⟩ ***spits*** ⇒*bits, vinnig.*
Spitzkehre ⟨v.⟩ **0.1** ***haarspeldbocht*** **0.2** ⟨sp.⟩ ***Spitzkehre.***
Spitzkohl ⟨m.⟩⟨plantk.⟩ **0.1** ***spitskool.***
spitzkriegen ⟨inf.⟩ **0.1** ***erachter komen, doorhebben.***
Spitzmaus ⟨v.⟩ **0.1** ⟨biol.⟩ ***spitsmuis*** **0.2** ⟨inf.; fig.⟩ ***mager muisje.***
Spitzname ⟨m.⟩ **0.1** ***bij-, spotnaam.***
spitznasig **0.1** ***met een spitsneus.***
spitzwink(e)lig **0.1** ***scherphoekig.***
Spleen ⟨m.; ~s, ~e of ~s⟩ **0.1** ***tic, gril, kuur*** ⇒*vreemd idee* **0.2** ***grilligheid*** ⇒*tic.*
spleenig **0.1** ***zonderling, grillig*** ⇒*raar.*
spleißen ⟨→t147⟩ **0.1** ***splitsen*** **0.2** ⟨vero.; Ndd.⟩ ***splijten, klieven.***
Splitt ⟨m.; ~(e)s, ~e⟩ **0.1** ***split*** ⇒*fijne steenslag.*
splitten ⟨ec., pol.⟩ **0.1** ***splitsen.***
Splitter ⟨m.; ~s, ~⟩ **0.1** ***splinter*** ⇒*schilfer, scherf* ◆ **6.1** den ~ **im** fremden Auge, aber nicht den Balken im eigenen sehen *de splinter in een anders oog zien en niet de balk in zijn eigen.*
Splitterbombe ⟨v.⟩⟨mil.⟩ **0.1** ***splinterbom.***
splitterfasernackt ⟨inf.⟩ **0.1** ***spier-, poedelnaakt.***
Splittergruppe ⟨v.⟩ **0.1** ***splintergroep.***
splitterig **0.1** ***splinterig*** **0.2** ***vol splinters.***
splittern **0.1** ⟨h.⟩ ***splinteren*** **0.2** ⟨s.⟩ ***(ver)splinteren.***
splitternackt →**splitterfasernackt.**
Splitterpartei ⟨v.⟩ **0.1** ***splinterpartij.***
Splitting ⟨o.; ~s, ~s⟩ **0.1** ⟨ec.⟩ ***rolwisseling met middeling der inkomens*** **0.2** ⟨ec.⟩ ***split-up*** **0.3** ⟨pol.; splitsing van zijn 1e en 2e stem over 2 verschillende kieslijsten⟩.
SPÖ ⟨v.; ~⟩⟨afk.⟩ [Sozialistische Partei Österreichs].
Spökenkieker ⟨m.; ~s, ~⟩ **0.1** ⟨Ndd.⟩ ***mens met 'het tweede gezicht'*** ⇒*ziener* **0.2** ⟨inf.⟩ ***piekeraar, tobber.***
sponsern **0.1** ***sponsoren.***
spontan **0.1** ***spontaan.***
Spontaneität ⟨v.; ~, ~en⟩ **0.1** ***spontaneïteit, spontaniteit.***
Sponti ⟨m.; ~s, ~s⟩⟨jargon⟩ **0.1** ***lid v.e. ondogmatische, linkse groepering.***
sporadisch **0.1** ***sporadisch*** ⇒*nu en dan.*
Spore ⟨v.; ~, ~n⟩⟨biol., med.⟩ **0.1** ***spore, spoor.***
sporenklirrend ⟨meestal fig.⟩ **0.1** ***met sporengerinkel*** ⇒ *met veel gekletter.*
Spörgel ⟨m.; ~s, ~⟩⟨plantk.⟩ **0.1** ***spurrie.***
Sporn ⟨m.; ~(e)s, Sporen of vaktaal ~e⟩ **0.1** ***spoor*** ⟨bij ruiter, ook biol.⟩ **0.2** ⟨gesch.⟩ ***scheepsram*** **0.3** ⟨verk.⟩ ***staartsteun*** **0.4** ⟨med.⟩ ***hielspoor*** **0.5** ⟨schr.; vero.⟩ ***aansporing, prikkel.***
spornen **0.1** ***sporen, de sporen geven*** ⟨paard⟩ **0.2** ⟨fig.⟩ ***aansporen, aanzetten.***
spornstreichs **0.1** ***spoorslags*** ⇒*in allerijl.*
Sport ⟨m.; ~(e)s, ~e⟩ **0.1** ***sport*** ⇒⟨inf.⟩ *liefhebberij, hobby* ◆ **3.1** ~ (be)treiben *sporten, aan sport doen.*
Sportabzeichen ⟨o.⟩ **0.1** ***sportmedaille, -insigne.***
Sportangler ⟨m.⟩ **0.1** ***sportvisser.***
Sportanzug ⟨m.⟩ **0.1** ***sportkleding*** **0.2** ***sportkostuum, -pak.***
Sportart ⟨v.⟩ **0.1** ***sport(tak), tak van sport.***
sportbegeistert **0.1** ***enthousiast voor de sport.***
Sportbericht ⟨m.⟩ **0.1** ***sportverslag.***
Sportdisziplin ⟨v.⟩ →**Sportart.**
Sportereignis ⟨o.⟩ **0.1** ***sportevenement.***
Sportfreund ⟨m.⟩ **0.1** ***sportvriend*** ⇒*sportliefhebber* **0.2** ⟨inf.; als aanspreking⟩ ***jongeman, knul.***
Sportgerät ⟨o.⟩ **0.1** ***sporttoestel*** ⇒*sportartikel.*
Sportgericht ⟨o.⟩ **0.1** ***tuchtcommissie voor sportaangelegenheden.***
Sportgeschäft ⟨o.⟩ **0.1** ***sportzaak.***
Sportgröße ⟨v.⟩ **0.1** ***(sport)crack.***
Sporthochschule ⟨v.⟩ **0.1** ***sportacademie.***
Sportkanone ⟨v.⟩⟨inf.⟩ **0.1** ***(sport)crack.***
Sportlehrer ⟨m.⟩ **0.1** ***gym(nastiek)leraar*** **0.2** ***trainer, coach.***
Sportler ⟨m.; ~s, ~⟩ **0.1** ***sporter, sportbeoefenaar, -man.***
Sportlerherz ⟨o.⟩ **0.1** ***sporthart.***
Sportlerin ⟨v.; ~, ~nen⟩ **0.1** ***sportster, sportbeoefenaarster, -vrouw.***
sportlich **0.1** ***sportief*** ⇒*v.d. sport, sport-* **0.2** ***sportief*** ⇒*vlot* ◆ **1.1** ~e Wettkämpfe *sportwedstrijden* **3.1** sich ~ betätigen *sporten, aan sport doen.*
Sportlichkeit ⟨v.; ~⟩ **0.1** ***sportiviteit.***
Sportmütze ⟨v.⟩ **0.1** ***sportpet.***
Sportnachricht ⟨v.⟩ **0.1** ***sportbericht*** ⇒⟨mv.⟩ *sportnieuws, -journaal.*
Sportplatz ⟨m.⟩ **0.1** ***sportterrein.***
Sportschau ⟨v.⟩ **0.1** ***sportdemonstratie, -manifestatie*** **0.2** ***sportuitzending*** ⇒*sportjournaal.*
Sportsmann ⟨m.; mv. Sportsleute, soms ⸚er⟩ **0.1** ***sportman.***
Sportstudio ⟨o.⟩⟨com.⟩ **0.1** ***studio sport.***
Sportteil ⟨m.⟩ **0.1** ***sportrubriek.***
Sportveranstaltung ⟨v.⟩ **0.1** ***sportmanifestatie.***
Sportverband ⟨m.⟩ **0.1** ***sportbond*** ⇒*sportorganisatie.*
Sportverein ⟨m.⟩ **0.1** ***sportvereniging, -club.***
Sportwagen ⟨m.⟩ **0.1** ***sportwagen*** **0.2** ***wandelwagen.***
Spot ⟨m.; ~s, ~s⟩ **0.1** ***(reclame)spot(je)*** **0.2** ***spot(light).***
Spott ⟨m.; ~(e)s⟩ **0.1** ***spot*** ⇒*bespotting, spotternij* ◆ **3.1** seinen ~ mit jmdm. treiben *de spot drijven met iem., met iem. spotten* **6.1** **zum** ~ *spottend, als bespotting.* →**Schaden.**
Spottbild ⟨o.⟩ **0.1** ***spotprent.***
spottbillig ⟨inf.⟩ **0.1** ***spotgoedkoop.***
Spottdrossel ⟨v.⟩ **0.1** ⟨biol.⟩ ***spotlijster*** **0.2** ⟨fig.⟩ ***spotvogel.***
Spöttelei ⟨v.; ~, ~en⟩ **0.1** ***spotternij*** ⇒*gespot.*
spötteln **0.1** ***de draak steken, (een beetje) spotten*** ◆ **6.1** **über** jmdn. ~ *met iem. (een beetje) spotten.*
spotten ⟨vero. ook met 2e nv.⟩ **0.1** ***spotten, de spot drijven, de draak steken*** ⇒*belachelijk maken* **0.2** ⟨schr.⟩ ***spotten*** ⇒*tarten* **0.3** ⟨biol.⟩ ***nabootsen, imiteren*** ◆ **1.2** das spottete jeder Beschreibung *dat tartte elke beschrijving* **6.1** **über** jmdn. ~ *met iem. spotten, de draak steken.*
Spötter ⟨m.; ~s, ~⟩ **0.1** ***spotter, spotvogel*** ⟨ook biol.⟩.
Spötterei ⟨v.; ~, ~en⟩ **0.1** ***spotternij*** ⇒*(ge)spot, spottende opmerking.*
Spottgedicht ⟨o.⟩ **0.1** ***spot(ge)dicht, hekelvers.***
Spottgeld ⟨o.⟩⟨inf.⟩ **0.1** ***spotprijs(je).***
spöttisch **0.1** ***spottend*** ⇒*spotachtig.*
Spottlust ⟨v.⟩ **0.1** ***spotlust, -zucht.***
Spottpreis ⟨m.⟩⟨inf.⟩ **0.1** ***spotprijs.***
Spottvers ⟨m.⟩ **0.1** ***hekelvers, spotdicht.***

Spottvogel ⟨m.⟩ **0.1** ***spotvogel*** ⟨ook biol.⟩, ***spotter.***
Sprachatlas ⟨m.⟩ **0.1** ***taalatlas.***
Sprachbarriere ⟨v.⟩⟨taal., soc.⟩ **0.1** ***taalbarrière.***
Sprachbegabung ⟨v.⟩ **0.1** ***talenknobbel.***
Sprachbenutzer ⟨m.⟩ **0.1** ***taalgebruiker.***
Sprachdenkmal ⟨o.⟩ **0.1** ***taalmonument.***
Sprache ⟨v.; ~, ~n⟩ **0.1** ***taal*** ⇒*spraak, uitspraak, stijl* ◆ **2.1** die Ergebnisse sprechen eine deutliche ~ *de resultaten spreken boekdelen;* ⟨fig.⟩ die gleiche ~ sprechen *op dezelfde golflengte zitten;* neuere ~n *moderne talen;* in sieben ~n schweigen *in alle talen zwijgen* **3.1** ⟨schr.⟩ jmdm. die ~ benehmen, verschlagen *iem. sprakeloos maken;* die ~ auf eine Sache bringen *iets ter sprake brengen;* ⟨inf.⟩ hast du die ~ verloren? *heb je je tong verloren?;* jmdm. bleibt die ~ weg *iem. is sprakeloos* **6.1** **mit** der ~ nicht herausrücken *'t niet willen zeggen, zijn mond niet opendoen;* ⟨inf.⟩ heraus **mit** der ~! *zeg op!;* **zur** ~ bringen *ter sprake brengen.*
Sprachempfinden ⟨o.; ~s⟩ **0.1** ***taalgevoel.***
Sprachendienst ⟨m.⟩ **0.1** ***vertaaldienst.***
Sprachenschule ⟨v.⟩ **0.1** ***taleninstituut.***
Spracherwerb ⟨m.⟩ **0.1** ***taalverwerving.***
Spracherziehung ⟨v.⟩ **0.1** ***(moeder)taalonderwijs.***
Sprachfähigkeit ⟨v.⟩ **0.1** ***spraakvermogen.***
Sprachfehler ⟨m.⟩ **0.1** ***spraakgebrek*** **0.2** ***taalfout.***
Sprachforscher ⟨m.⟩ **0.1** ***taalkundige, linguïst.***
Sprachforschung ⟨v.⟩ **0.1** ***taalonderzoek, linguïstiek.***
Sprachführer ⟨m.⟩ **0.1** ***taalgids.***
Sprachgesetz ⟨o.⟩ **0.1** ***taalwet.***
sprachgestört ⟨med., psych.⟩ **0.1** ***spraakgebrekkig.***
Sprachgewalt ⟨v.⟩ **0.1** ***meesterschap over de taal.***
sprachgewandt **0.1** ***welbespraakt*** ⇒*vlot sprekend.*
Sprachgewandtheit ⟨v.⟩ **0.1** ***taalbeheersing*** ⇒*taalvaardigheid* **0.2** ***welbespraaktheid.***
Sprachgut ⟨o.⟩ **0.1** ***taalschat.***
Sprachinsel ⟨v.⟩ **0.1** ***taaleiland.***
Sprachkenntnisse ⟨alleen mv.⟩ **0.1** ***talenkennis.***
Sprachkunde ⟨v.⟩⟨vero.⟩ **0.1** ***taalkunde*** **0.2** ***spraakkunst.***
sprachkundig **0.1** ***talenkennis bezittend*** ◆ **7.1** ein Sprachkundiger *een talenkenner.*
sprachkundlich **0.1** ***taalkundig, linguïstisch.***
Sprachlabor ⟨o.⟩ **0.1** ***talenpracticum.***
Sprachlaut ⟨m.⟩⟨taal.⟩ **0.1** ***spraak-, taalklank.***
Sprachlehre ⟨v.⟩ **0.1** ***spraakkunst*** ⇒*grammatica.*
Sprachlehrer ⟨m.⟩ **0.1** ***taalleraar.***
sprachlich **0.1** ***v.d. taal, taal-*** ⇒*verbaal* **0.2** ***taalkundig*** ⇒*qua taal.*
sprachlos **0.1** ***sprakeloos*** ⇒*(stil)zwijgend, verstomd, stomverbaasd.*
Sprachmittler ⟨m.⟩ **0.1** ***vertaler.***
Sprachpflege ⟨v.⟩ **0.1** ***taalverzorging.***
Sprachraum ⟨m.⟩ **0.1** ***taalgebied.***
Sprachregelung ⟨v.⟩⟨pol.⟩ **0.1** ***officiële term, benaming*** ⇒*officiële terminologie.*
Sprachreinheit ⟨v.⟩ **0.1** ***taalzuiverheid.***
sprachrichtig **0.1** ***taalkundig juist.***
Sprachrohr ⟨o.⟩ **0.1** ***(scheeps)roeper*** ⇒*megafoon* **0.2** ⟨fig.⟩ ***spreekbuis*** ⇒*woordvoerder.*
Sprachschatz ⟨m.⟩ **0.1** ***taalschat.***
Sprachschnitzer ⟨m.⟩⟨inf.⟩ **0.1** ***(grove) taalfout.***
sprachschöpferisch **0.1** ***taalscheppend*** ⇒*spraakmakend.*
Sprachstörung ⟨v.⟩⟨med., psych.⟩ **0.1** ***spraakstoornis.***
Sprachstudium ⟨o.⟩ **0.1** ***talen-, taalstudie.***
Sprachtalent ⟨o.⟩ **0.1** ***talenknobbel*** **0.2** ***taalgenie.***
Sprachunterricht ⟨m.⟩ **0.1** ***taalonderwijs.***
Sprachverein ⟨m.⟩ **0.1** ***filologenvereniging*** **0.2** ⟨gesch.⟩ ***taalgenootschap.***
sprachwidrig **0.1** ***taalkundig onjuist, tegen de taal indruisend.***
Sprachwissenschaft ⟨v.⟩ **0.1** ***taalwetenschap, taalkunde, linguïstiek.***
Sprachwissenschaftler ⟨m.⟩ **0.1** ***taalkundige, linguïst.***
Spray ⟨m. & o.; ~s, ~s⟩ **0.1** ***spray.***
Spraydose ⟨v.⟩ **0.1** ***spuitbus.***
sprayen **0.1** ***sprayen*** ⇒*spuiten.*
Sprechanlage ⟨v.⟩ **0.1** ***intercom.***
Sprechblase ⟨v.⟩ **0.1** ***tekstballon.***
Sprechbühne ⟨v.⟩⟨dram.⟩ **0.1** ***toneel.***
Sprechchor ⟨m.⟩ **0.1** ***spreekkoor*** ⟨ook dram.⟩ ◆ **6.1** **im** ~ *in koor.*
sprechen ⟨→t148⟩ **I** ⟨ov. & onov.ww.⟩ **0.1** ***spreken*** ⇒*praten, een lezing, voordracht houden, vertellen* ◆ **1.1** es spricht Frau A. (a) *mevrouw A. spreekt* (b) *het woord is aan mevrouw A.* **3.1** die Tatsachen ~ lassen *de feiten voor zichzelf laten spreken;* auf jmdn. schlecht zu ~ sein *slecht over iem. te spreken zijn* **4.1** wir ~ uns noch (a) *we zien elkaar nog wel* (b) *we spreken elkaar wel nader* **5.1** schlecht über jmdn., von jmdm. ~ *kwaad van iem. vertellen;* laut, leise ~ *hard, zachtjes praten;* ⟨telefoon⟩ ~ Sie noch? *bent u nog aan de lijn?* **6.1** etwas **auf** Band ~ *iets op de band inspreken;* alles spricht **dagegen** (a) *er is heel veel op tegen* (b) *alle tekenen wijzen in de tegenovergestelde richting;* das spricht **für** sich selbst *dat spreekt voor zich(zelf), vanzelf, is vanzelfsprekend;* etwas spricht **für**, **gegen** jmdn. *iets pleit, getuigt voor, tegen iem.;* **für**, **gegen** einen Vorschlag ~ *zich voor, tegen een voorstel uitspreken;* **mit** sich selbst ~ *in zichzelf praten;* **von** jmdm. ~ *over iem. spreken, praten;* **zu** einem Thema ~ *over een onderwerp spreken;* jmdn. **zum** Sprechen bringen *iem. tot spreken brengen, aan de praat krijgen* ¶**.1** sprich: *met andere woorden;*
II ⟨ov.ww.⟩ **0.1** ***uitspreken*** ⇒*verklaren* **0.2** ***declameren, reciteren*** ⇒*voordragen* ◆ **1.1** ein Gebet ~ *een gebed uitspreken;* Recht ~ *rechtspreken;* das Urteil ~ (über jmdn.) *het vonnis uitspreken, wijzen (over iem.).*
sprechend **0.1** ***sprekend*** ⇒*overtuigend, onweerlegbaar, expressief.*
Sprecher ⟨m.; ~s, ~⟩ **0.1** ***spreker*** **0.2** ***woordvoerder*** ⇒*zegsman* **0.3** ***klassenvertegenwoordiger*** **0.4** ***omroeper*** **0.5** ⟨dram.⟩ ***recitator.***
Sprecherziehung ⟨v.⟩ **0.1** ***spreekonderwijs.***
Sprechfertigkeit ⟨v.⟩ **0.1** ***spreekvaardigheid.***
Sprechfunk ⟨m.⟩ **0.1** ***mobilofoon*** **0.2** ***draadloze telefonie.***
Sprechfunkgerät ⟨o.⟩ **0.1** ***mobilofoon*** **0.2** ***portofoon.***
Sprechkunde ⟨v.⟩ →**Sprecherziehung.**
Sprechmuschel ⟨v.⟩ **0.1** ***(spreek)hoorn*** ⇒*microfoon.*
Sprechstunde ⟨v.⟩ **0.1** ***spreekuur*** ◆ **6.1** **in** die ~ gehen *op het spreekuur gaan.*
Sprechstundenhilfe ⟨v.⟩ **0.1** ***praktijk-, doktersassistente.***
Sprechtag ⟨m.⟩ **0.1** ***dag waarop spreekuur is, spreekdag.***
Sprechweise ⟨v.⟩ **0.1** ***manier van spreken*** ⇒*dictie.*
Sprechwerkzeuge ⟨alleen mv.⟩ **0.1** ***spraakwerktuigen, -organen.***
Sprechzimmer ⟨o.⟩ **0.1** ***spreekkamer.***
spreizbeinig **0.1** ***wijdbeens.***
Spreize ⟨v.; ~, ~n⟩ **0.1** ⟨bouwk.⟩ ***stempel*** ⇒*schoor* **0.2** ⟨sp.⟩ ***spreidsprong, -stand.***
spreizen **I** ⟨ov.ww.⟩ **0.1** ***(uiteen)spreiden*** ⇒*uiteenplaatsen* **0.2** ⟨vooral Oostr.⟩ ***stutten, steunen*** **0.3** ⟨tech.⟩ ***uittrekken*** ◆ **1.1** die Flügel ~ *de vleugels uitslaan;*
II sich ~ ⟨wk.ww.⟩ **0.1** ***zich aanstellen*** ⇒*nuffig doen* **0.2** ***dik doen, pronken*** ◆ **6.1** sich **gegen** etwas ~ *zich quasi verzetten tegen iets.*

Sprengbombe ⟨v.⟩ **0.1** ***brisant-, springbom.***
Sprengel ⟨m.; ~s, ~⟩ **0.1** ***kerspel*** ⇒*parochie, gemeente, diocees* **0.2** ⟨Oostr.; elders vero.⟩ ***ressort, rechtsgebied.***
sprengen I ⟨ov. & onov.ww.; h.⟩ **0.1** ***opblazen, laten springen*** **0.2** ***openbreken*** ⇒*met geweld openen, verbreken, forceren* **0.3** ***(be)sproeien, sprenkelen*** ◆ **1.1** ⟨fig.⟩ die Bank ~ *de bank laten springen;* ⟨fig.⟩ den Rahmen ~ *buiten het kader gaan, het kader te buiten gaan;* ⟨fig.⟩ eine Versammlung ~ *een vergadering uiteenjagen* **1.2** Fesseln ~ *boeien verbreken* **1.3** den Garten ~ *de tuin sproeien* **6.1** etwas **in** die Luft ~ *iets de lucht injagen, opblazen;*
II ⟨onov.ww.; s.⟩ ⟨schr.⟩ **0.1** ***galopperen.***
Sprenger ⟨m.; ~s, ~⟩ **0.1** ***(tuin)sproeier.***
Sprenggeschoß ⟨o.⟩ **0.1** ***brisantgranaat.***
Sprengkammer ⟨v.⟩ **0.1** ***springkamer.***
Sprengkapsel ⟨v.⟩ **0.1** ***springpijpje.***
Sprengkommando ⟨o.⟩ ⟨mil.⟩ **0.1** ***springploeg.***
Sprengkopf ⟨m.⟩ ⟨mil.⟩ **0.1** ***springlading, explosieve lading*** ◆ **2.1** atomarer ~ *kern-, atoomkop.*
Sprengkörper ⟨m.⟩ **0.1** ***explosief (lichaam).***
Sprengkraft ⟨v.⟩ **0.1** ***explosieve kracht.***
Sprengladung ⟨v.⟩ **0.1** ***springlading, explosieve lading.***
Sprengsatz ⟨m.⟩ →**Sprengladung.**
Sprengstoff ⟨m.⟩ **0.1** ***springstof, explosieve stof*** ⟨ook fig.⟩ ◆ **2.1** ⟨fig.⟩ politischen ~ enthalten *politiek gezien explosief zijn.*
Sprengstoffanschlag ⟨m.⟩ **0.1** ***aanslag met explosieven*** ⇒ *bomaanslag.*
Sprengwagen ⟨m.⟩ **0.1** ***sproeiwagen.***
Sprengwirkung ⟨v.⟩ **0.1** ***explosieve (uit)werking*** ⇒*vernielende werking.*
Sprenkel ⟨m.; ~s, ~⟩ **0.1** ***spikkel, stipje, vlekje.***
sprenkelig 0.1 ***spikkelig, gespikkeld, gestippeld.***
sprenkeln 0.1 ***(be)spikkelen*** ⇒*stippen* **0.2** ***besproeien*** ⇒ *sprenkelen, bespatten.*
Spreu ⟨v.; ~⟩ **0.1** ***kaf*** ⟨ook fig.⟩ ◆ **3.1** ⟨schr.; fig.⟩ die ~ vom Weizen sondern, trennen *het kaf van het koren scheiden.*
Sprichwort ⟨o.; mv. ~̈er⟩ **0.1** ***spreekwoord.***
sprichwörtlich 0.1 ***spreekwoordelijk.***
sprießen[1] ⟨onov.ww.; s. →t149⟩ ⟨schr.⟩ **0.1** ***(ont)kiemen*** ⟨ook fig.⟩, ***uit-, ontspruiten*** ⇒*schieten.*
sprießen[2] ⟨ov.ww.⟩ **0.1** ***stutten, steunen, schoren*** ⇒*schragen.*
Springbrunnen ⟨m.⟩ **0.1** ***fontein.***
springen ⟨→t150⟩ **0.1** ***springen*** ⇒*aan-, af-, op-, overspringen* **0.2** ***(stuk)springen*** ⇒*barsten* **0.3** ***(overal) inspringen*** ⇒*invallen* **0.4** ***opengaan, -springen*** **0.5** ***verspringen, overslaan*** ⇒*overspringen, weglaten* **0.6** ⟨reg.⟩ ***rennen, hollen*** ◆ **1.1** der ~de Punkt *het kardinale, cruciale punt* **3.1** gesprungen kommen *komen aanspringen* **3.6** ⟨fig.⟩ jmdn. ~ lassen *iem. voortdurend laten rennen* **3.¶** ⟨inf.⟩ Geld ~ lassen *er geld tegenaan gooien;* ⟨inf.⟩ eine Flasche Wein ~ lassen *op een fles wijn trakteren* **6.1 auf** die Beine, Füße ~ *opspringen;* die Angst sprang ihr **aus** den Augen *de angst was op haar gezicht te lezen;* **in** die Höhe ~ *opspringen;* der Ball springt **über** die Straße *de bal rolt over de straat.*
Springer ⟨m.; ~s, ~⟩ **0.1** ***springer*** **0.2** ⟨schaken⟩ ***paard*** **0.3** ***invaller*** ◆ **2.1** ⟨inf.; fig.⟩ junger ~ *groentje, broekje.*
Springflut ⟨v.⟩ **0.1** ***springvloed, -tij.***
Springform ⟨v.⟩ ⟨cul.⟩ **0.1** ***springvorm.***
Springinsfeld ⟨o.; ~(e)s, ~e⟩ **0.1** ***spring-in-'t-veld.***
Springkraut ⟨o.⟩ ⟨plantk.⟩ **0.1** ***springzaad, kruidje-roer-mij-niet.***
springlebendig 0.1 ***springlevend.***
Springrollo ⟨o.⟩ **0.1** ***rolgordijn.***
Springseil ⟨o.⟩ **0.1** ***springtouw.***
Springstunde ⟨v.⟩ **0.1** ***tussenuur*** ⟨op school⟩.
Springzeit ⟨v.⟩ **0.1** ***paringstijd*** **0.2** ***springtij, -vloed.***
Sprinkler ⟨m.; ~s, ~⟩ **0.1** ***(gras-, tuin)sproeier*** **0.2** ***sprinkler, sproeier.***
Sprinkleranlage ⟨v.⟩ **0.1** ***sproei-, sprinklerinstallatie.***
Sprint ⟨m.; ~s, ~s⟩ **0.1** ***sprint*** ◆ **3.1** einen ~ einlegen *een sprintje maken,* ⟨ook⟩ *harder (gaan) lopen.*
Sprinter ⟨m.; ~s, ~⟩ **0.1** ***sprinter.***
Sprit ⟨m.; ~(e)s, ~e⟩ **0.1** ***spiritus*** **0.2** ⟨inf.⟩ ***alcohol, sterkedrank*** **0.3** ⟨inf.⟩ ***benzine.***
Spritzbeutel ⟨m.⟩ ⟨cul.⟩ **0.1** ***spuitzak.***
Spritzbrühe ⟨v.⟩ **0.1** ***sproei-, spuitmiddel.***
Spritze ⟨v.; ~, ~n⟩ **0.1** ***spuit*** ⇒*brandspuit, sproeier,* ⟨inf.⟩ *geweer* **0.2** ⟨med.⟩ ***spuitje, injectie*** **0.3** ⟨fig.⟩ ***(financiële) injectie*** ⇒*ondersteuning* ◆ **6.2** ⟨inf.⟩ **an** der ~ hängen *aan de naald zijn.*
spritzen I ⟨onov.ww.⟩ **0.1** ***spuiten*** **0.2** ⟨inf.⟩ ***met water spelen*** ⇒*plassen* **0.3** ***spatten*** ⇒*opspatten, spetteren* **0.4** ⟨s.; inf.⟩ ***rennen, springen*** ⇒*(heen en weer) draven;*
II ⟨ov.ww.⟩ **0.1** ***spuiten*** ⇒⟨med.⟩ *inspuiten, injecteren* **0.2** ***(be)sproeien*** ⇒*(be)sprenkelen* **0.3** ***spatten*** ⇒*bespatten* **0.4** ⟨inf.⟩ ***nat spuiten, bespatten, bespuiten*** **0.5** ⟨landb.⟩ ***(be)spuiten*** ◆ **1.5** gespritztes Obst *bespoten fruit* **1.¶** gespritzter Apfelwein *appelwijn met mineraalwater;*
III ⟨onp.ww.⟩ ⟨inf.⟩ **0.1** ***motregenen, druppelen.***
Spritzenhaus ⟨o.⟩ ⟨vero.⟩ **0.1** ***brandspuithuisje.***
Spritzer ⟨m.; ~s, ~⟩ **0.1** ***spat*** ⇒*spetter* **0.2** ***scheutje*** **0.3** ***(verf)spuiter*** ⟨als beroep⟩ **0.4** ⟨inf.⟩ ***junkie, spuiter*** ◆ **2.¶** junger ~ *groentje, jong ventje.*
Spritzfahrt ⟨v.⟩ ⟨inf.; vero.⟩ →**Spritztour.**
Spritzflasche ⟨v.⟩ **0.1** ***spuitfles*** ⟨ook schei.⟩, ***sifon.***
Spritzgebäck ⟨o.⟩ **0.1** ***sprits.***
Spritzguß ⟨m.⟩ **0.1** ***het spuitgieten.***
spritzig 0.1 ***mousserend*** ⇒*prikkelend, parelend* **0.2** ***sprankelend, pittig*** ⇒*vlot* **0.3** ***snel optrekkend*** ⟨van auto's⟩.
Spritzkuchen ⟨m.⟩ **0.1** ***sprits.***
Spritzpistole ⟨v.⟩ **0.1** ***verfspuit, spuitpistool.***
Spritztour ⟨v.⟩ ⟨inf.⟩ **0.1** ***uitstapje, (plezier)tochtje*** ⇒*snoepreisje.*
spröd(e) 0.1 ***bros*** ⇒*brokkelig, breekbaar* **0.2** ***droog en gesprongen*** ⇒*ruw, gekloofd* **0.3** ***stug*** ⇒⟨fig.⟩ *gesloten, ongenaakbaar* **0.4** ***preuts*** ⇒*aanstellerig* **0.5** ***rauw*** ⟨stem⟩ ⇒ *schor* **0.6** ***moeilijk te bewerken, (ver)vormen*** ⇒*stug,* ⟨fig.⟩ *droog* ◆ **1.2** sprödes Haar *stug haar.*
Sprödheit, Sprödigkeit ⟨v.; ~⟩ **0.1** ***brosheid*** **0.2** ***ruwheid*** **0.3** ***stugheid*** **0.4** ***rauwheid.***
Sproß ⟨m.; Sprosses, Sprosse⟩ **0.1** ***loot, uitloper*** ⇒*spruit* **0.2** ⟨schr.⟩ ***telg, spruit*** ⇒*nakomeling.*
Sprosse ⟨v.; ~, ~n⟩ **0.1** ***sport*** ⟨v.e. ladder⟩ ⇒⟨fig.⟩ *trede, trap* **0.2** ***roede*** ⟨in raam⟩ **0.3** ⟨Oostr.⟩ ***spruitje.***
sprossen ⟨schr.⟩ **0.1** ⟨h.⟩ ***uitbotten, -lopen*** **0.2** ⟨s.⟩ ***(ont)kiemen, ontspruiten.***
Sprossenkohl ⟨m.⟩ ⟨Oostr.⟩ **0.1** ***spruitjes.***
Sprossenleiter ⟨v.⟩ **0.1** ***ladder met sporten*** **0.2** ⟨sp.⟩ ***Zweeds rek.***
Sprossenwand ⟨v.⟩ ⟨sp.⟩ **0.1** ***wandrek.***
Sprößling ⟨m.; ~s, ~e⟩ ⟨inf.⟩ **0.1** ***spruit*** ⇒*kind.*
Sprotte ⟨v.; ~, ~n⟩ ⟨biol.⟩ **0.1** ***sprot.***
Spruch ⟨m.; ~es, ~̈e⟩ **0.1** ***spreuk*** ⇒*versje* **0.2** ***leus*** **0.3** ***uitspraak*** ⇒⟨jur.⟩ *vonnis* **0.4** ⟨inf.⟩ ***kreet, gezegde*** ⇒*verhaaltje, praatje* ◆ **3.4** ⟨inf.⟩ Sprüche machen, klopfen *zwetsen, opscheppen;* große Sprüche klopfen *hoog van de toren blazen* **6.3** ⟨jur.⟩ die Sache kommt **zum** ~ *over de zaak wordt uitspraak gedaan.*

Spruchband ⟨o.; mv. ⸚er⟩ 0.1 *spandoek* 0.2 *banderol.*

Sprücheklopfer ⟨m.⟩⟨inf.⟩ 0.1 *zwetser, opschepper.*

Sprüchlein ⟨o.; ~s, ~⟩ 0.1 *spreuk* ⇒*versje* 0.2 *verhaaltje, praatje.*

spruchreif 0.1 *rijp voor een beslissing.*

Sprudel ⟨m.; ~s, ~⟩ 0.1 *bron-, mineraalwater* 0.2 ⟨Oostr.⟩ *frisdrank.*

sprudeln 0.1 ⟨h/s.⟩ *(op)borrelen, (op)wellen* ⇒*schuimen* 0.2 ⟨s.; schr.; fig.⟩ *sprankelen, tintelen* 0.3 ⟨h.; inf.⟩ *ratelen* ⇒*haastig praten, spreken* 0.4 ⟨h.; Oostr.⟩ *klutsen, (om)roeren* ◆ 2.1 ein ~der Brunnen *een klaterende fontein.*

Sprudelwasser ⟨o.; mv. ⸚⟩ 0.1 *bron-, mineraalwater.*

Sprühdose ⟨v.⟩ 0.1 *spuitbus.*

sprühen I ⟨onov.ww.⟩ 0.1 *spatten* ⇒*op-, rondspatten* 0.2 ⟨fig.⟩ *sprankelen, fonkelen, tintelen* ◆ 1.2 eine ~de Laune *een uitgelaten humeur* 6.2 **von** Aktivität ~ *overlopen van de activiteit;* **vor** Ideen, Witz ~ *sprankelen van ideeën, geest;*
II ⟨ov.ww.⟩ 0.1 *sproeien, spuiten* ⇒⟨fig.⟩ *schieten* 0.2 *doen spatten, spetteren* ◆ 1.1 ihre Augen sprühten Haß *haar ogen schoten vlammen van haat;*
III ⟨onp.ww.⟩ 0.1 *motregenen, miezeren.*

Sprühnebel ⟨m.⟩ 0.1 *fijn nevelgordijn.*

Sprühregen ⟨m.⟩ 0.1 *motregen.*

Sprung ⟨m.; ~(e)s, ⸚e⟩ 0.1 *sprong* ⟨ook landb. en jacht⟩ 0.2 *scheur, barst* 0.3 ⟨inf.⟩ *kattensprongetje, klein eindje* ◆ 3.2 einen ~ haben *gebarsten zijn;* ⟨inf.; fig.⟩ einen ~ in der Schüssel haben *niet goed snik zijn* 6.1 ⟨inf.⟩ **auf** einen ~ *(heel) eventjes, kort;* **im** ~ *al springend;* ⟨inf.; fig.⟩ ein ~ **ins** kalte Wasser *een sprong in het diepe* 6.¶ ⟨inf.; fig.⟩ jmdm. **auf** die Sprünge helfen *iem. op weg helpen;* ⟨inf.; fig.⟩ jmdm. **auf, hinter** die Sprünge kommen *achter iemands streken komen;* **auf** dem ~(e) sein *op het punt staan;* ⟨inf.⟩ immer **auf** dem ~(e) sein *altijd druk in de weer zijn.*

Sprungbein ⟨o.⟩ 0.1 ⟨sp.⟩ *afzetbeen* 0.2 ⟨med.⟩ *sprongbeen.*

Sprungbrett ⟨o.⟩ 0.1 *springplank* ⟨ook fig.⟩.

Sprungfedermatratze ⟨v.⟩ 0.1 *springveren matras.*

Sprunggelenk ⟨o.⟩⟨med.⟩ 0.1 *spronggewricht.*

sprunghaft 0.1 *wispelturig, ongestadig* ⇒*springerig, grillig* 0.2 *plotseling, abrupt* 0.3 *met sprongen, sprongsgewijze.*

Sprunglauf ⟨m.⟩⟨sp.⟩ 0.1 *het skispringen.*

Sprungschanze ⟨v.⟩⟨sp.⟩ 0.1 *springschans.*

Sprungseil ⟨o.⟩ 0.1 *springtouw.*

Sprungstab ⟨m.⟩⟨sp.⟩ 0.1 *spring-, polsstok.*

Sprungtuch ⟨o.; mv. ⸚er⟩ 0.1 *springzeil, -net* ⟨bij brand⟩ 0.2 ⟨sp.⟩ *trampoline.*

Sprungturm ⟨m.⟩⟨sp.⟩ 0.1 *springtoren.*

Spucke ⟨v.; ~⟩ 0.1 *speeksel, spuug* ◆ 3.¶ ⟨inf.⟩ mir bleibt die ~ weg *ik ben sprakeloos.* →**Geduld.**

spucken 0.1 *spuwen, spugen* 0.2 *sputteren* ⟨motor⟩ ◆ 6.1 ⟨inf.; fig.⟩ **auf** eine Sache ~ *op iets spugen.*

Spucknapf ⟨m.⟩ 0.1 *spuwpotje, kwispedoor.*

Spuk ⟨m.; ~(e)s, ~e⟩ 0.1 *gespook* ⇒*het spoken* 0.2 *spook* ⇒ ⟨fig.⟩ *spookbeeld* 0.3 ⟨inf.; vero.⟩ *lawaai, drukte* ⇒*herrie.*

spuken ⟨ook fig.⟩ 0.1 *spoken* ⇒*rondwaren.*

Spukerei ⟨v.; ~, ~en⟩⟨inf.⟩ 0.1 *spokerij, gespook.*

spukhaft 0.1 *spookachtig.*

Spülautomat ⟨m.⟩ →**Spülmaschine.**

Spülbecken ⟨o.⟩ 0.1 *spoel-, afwasbak* ⇒*gootsteen* 0.2 *spoelbakje* ⟨bij tandarts⟩.

Spülbürste ⟨v.⟩ 0.1 *afwas-, vaatborstel.*

Spule ⟨v.; ~, ~n⟩ 0.1 *spoel* ⟨ook tech.⟩ ⇒*klos.*

Spüle ⟨v.; ~, ~n⟩ 0.1 *aanrecht.*

spulen 0.1 *spoelen* ⇒*op een spoel, klos winden, haspelen.*

spülen 0.1 *spoelen* ⇒*aanspoelen, stromen* 0.2 *om-, afwassen, de vaat doen* 0.3 *doortrekken, -spoelen* ⟨wc⟩ ◆ 1.2 das Geschirr ~ *het vaatwerk afwassen, de vaat doen.*

Spüler ⟨m.; ~s, ~⟩ 0.1 *afwasser, bordenwasser* 0.2 ⟨inf.⟩ *doortrekknop.*

Spülgang ⟨m.⟩ 0.1 *spoelbeurt.*

Spülkasten ⟨m.⟩ 0.1 *stortbak* ⟨wc⟩.

Spülmaschine ⟨v.⟩ 0.1 *vaatwasser, afwasmachine.*

Spülmittel ⟨o.⟩ 0.1 *afwasmiddel* 0.2 *wasverzachter.*

Spülschüssel ⟨v.⟩ 0.1 *afwasbak.*

Spültisch ⟨m.⟩ 0.1 *aanrecht.*

Spülwasser ⟨o.; mv. ⸚⟩ 0.1 *spoel-, afwaswater* ⇒⟨inf.⟩ *slootwater.*

Spulwurm ⟨m.⟩⟨biol.⟩ 0.1 *spoelworm.*

Spund ⟨m.; ~es, ⸚e⟩ 0.1 *tap, spon, plug* ⇒*stop* 0.2 ⟨mv. ~e; inf.⟩ *ventje, knulletje.*

spunden 0.1 *met een spon sluiten.*

Spundloch ⟨o.⟩ 0.1 *bom-, spon-, tapgat.*

Spundwand ⟨v.⟩ 0.1 *beschoeiing, damwand.*

Spundzapfen ⟨m.⟩ 0.1 *tap, spon, plug.*

Spur ⟨v.; ~, ~en⟩ 0.1 *spoor* ⟨ook fig.⟩ 0.2 *rijbaan, -weg* 0.3 ⟨tech.⟩ *spoor, spoorbreedte, -wijdte* 0.4 *klein beetje, ietsje* ◆ 1.4 nicht die ~ einer Chance *geen schijn van kans* 2.1 eine heiße ~ *een veelbelovend, concreet spoor* 3.3 die ~ halten *in het spoor blijven* 4.4 ⟨inf.⟩ keine ~, nicht die ~! *absoluut, helemaal niet!* 5.4 (um) eine ~ zu groß *een kleinigheid, een ietsje te groot* 6.1 jmdm. **auf** die ~ kommen (a) *iem. op het spoor komen* (b) ⟨fig.⟩ *iem. doorhebben* 6.4 keine ~ **von** Furcht *geen ziertje vrees.*

spürbar ⟨ook fig.⟩ 0.1 *voelbaar* ⇒*merkbaar.*

spuren 0.1 ⟨inf.⟩ *in het gareel lopen, meedraaien* ⇒*draven* 0.2 ⟨sp.⟩ *een spoor maken* ⟨met, voor ski's⟩.

spüren 0.1 *(be)speuren* ⇒*gewaarworden, voelen, merken* 0.2 ⟨jacht⟩ *speuren* ⇒*snuffelen* ◆ 3.1 etwas zu ~ bekommen *iets aan den lijve ondervinden, iets merken.*

Spurenelement ⟨o.⟩⟨biol.⟩ 0.1 *spoorelement.*

Spurensicherung ⟨v.⟩ 0.1 *het vaststellen, opnemen, verzamelen v.d. sporen* 0.2 *technische recherche.*

Spürhund ⟨m.⟩ 0.1 *speurhond* ⇒⟨inf.; fig.⟩ *detective, spion.*

spurlos 0.1 *spoorloos* ⟨ook fig.⟩.

Spürnase ⟨v.⟩ 0.1 *speurneus* ⇒⟨fig.⟩ *goede, fijne neus.*

Spurrille ⟨v.⟩⟨verk.⟩ 0.1 *spoor (in het wegdek)* ⇒⟨mv.⟩ *spoorvorming.*

Spürsinn ⟨m.⟩ 0.1 *speurzin* ⇒⟨fig.⟩ *scherpzinnigheid.*

Spurt ⟨m.; ~es, ~e⟩ 0.1 *spurt* ◆ 3.1 einen ~ einlegen *het op een spurt zetten.*

spurten 0.1 *spurten* ⇒*sprinten, rennen.*

spurt|schnell, -stark 0.1 *met een snelle spurt* 0.2 *snel optrekkend* ⟨van auto⟩.

Spurwechsel ⟨m.⟩⟨verk.⟩ 0.1 *wisseling van rijbaan.*

Spurweite ⟨v.⟩⟨tech.⟩ 0.1 *spoorbreedte.*

sputen, sich ⟨vero.⟩ 0.1 *zich haasten, zich spoeden.*

SS[1] ⟨v.; ~⟩⟨nazi; afk.⟩ [Schutzstaffel].

SS[2] ⟨o.; ~⟩⟨afk.⟩ [Sommersemester].

st ⟨afk.⟩ →**Stunde.**

s.t. ⟨afk.; sine tempore⟩ 0.1 *stipt, precies op tijd.*

St. ⟨afk.⟩ [Saint, Sankt; Stück; Stunde].

Staat ⟨m.; ~(e)s, ~en⟩ 0.1 *staat* ⇒*rijk, overheid* 0.2 ⟨mv.⟩ *Verenigde Staten* 0.3 ⟨biol.⟩ *volk, staat* 0.4 ⟨vero.; inf.⟩ *gala(kleren)* ⇒*toilet, mooiste kleren* 0.5 ⟨inf.⟩ *staatsie, pracht* ⇒*praal, vertoon* ◆ 2.4 in vollem ~ *in gala, in vol ornaat* 3.5 (viel) ~ machen *veel staatsie maken;* mit etwas ~ machen *pronken met, indruk maken met iets* 6.1 **von** ~s wegen *van staats-, rijkswege, (van de kant) van de overheid* 6.4 sich **in** ~ werfen *galakleren aantrekken.*

Staatenbund ⟨m.⟩ **0.1** ***statenbond*** ⇒*confederatie.*
staatenlos 0.1 ***staatloos, stateloos.***
staatlich 0.1 ***staats-, van(wege) de staat*** ⇒*rijks-, overheids-* ◆ **1.1** ein ~er Betrieb *een staatsbedrijf* **3.1** ~ geprüft *met staatsdiploma.*
staatlicherseits ⟨schr.⟩ **0.1** ***van staats-, rijkswege*** ⇒*(v.d. kant) v.d. overheid.*
Staatsakt ⟨m.⟩ **0.1** ***plechtigheid van staatswege*** ⇒*officiële plechtigheid* **0.2** ***handeling v.d. staat.***
Staatsaktion ⟨v.⟩ **0.1** ***handeling, actie v.d. staat*** ⇒*(belangrijke) overheidsmaatregel* ◆ **3.¶** ⟨inf.⟩ eine ~ aus etwas machen *iets opblazen.*
Staatsamt ⟨o.⟩ **0.1** ***staatsambt, hoge openbare functie.***
Staatsangehörige(r) ⟨bn. als zn.⟩ **0.1** ***staatsburger*** ⇒*onderdaan.*
Staatsangehörigkeit ⟨v.⟩ **0.1** ***nationaliteit*** ⇒*staatsburgerschap.*
Staatsangelegenheit ⟨v.⟩ **0.1** ***staatszaak.***
Staatsanleihe ⟨v.⟩ **0.1** ***staatslening.***
Staatsanwalt ⟨m.⟩ **0.1** ***officier van justitie*** ⇒⟨Belg.⟩ *procureur des konings.*
Staatsanwaltschaft ⟨v.⟩ **0.1** ***Openbaar Ministerie*** ⇒⟨Belg.⟩ *parket.*
Staatsaufsicht ⟨v.⟩ **0.1** ***staatstoezicht, -controle.***
Staatsbahn ⟨v.⟩ **0.1** ***staatsspoor(weg).***
Staatsbeamte(r) ⟨m.⟩ **0.1** ***rijks-, staatsambtenaar.***
Staatsbesuch ⟨m.⟩ **0.1** ***staats(ie)bezoek, officieel bezoek.***
Staatsbürger ⟨m.⟩ **0.1** ***staatsburger*** ⇒*onderdaan* ◆ **6.1** ~ **in** Uniform *staatsburger in uniform, soldaat, militair.*
Staatsbürgerschaft ⟨v.⟩ **0.1** ***staatsburgerschap, nationaliteit.***
Staatschef ⟨m.⟩ **0.1** ***staatshoofd.***
Staatsdienst ⟨m.⟩ **0.1** ***staats-, rijks-, overheidsdienst*** ◆ **6.1** **in** den ~ eintreten *bij de staat, het rijk gaan werken.*
staatseigen 0.1 ***(in het bezit) v.d. staat, staats-.***
Staatseinnahmen ⟨alleen mv.⟩ **0.1** ***staatsinkomsten.***
Staatsempfang ⟨m.⟩ **0.1** ***officiële ontvangst (ter ere van staatshoofd).***
Staatsexamen ⟨o.⟩ **0.1** ***examen ter afsluiting v.e. universitaire studie*** ⇒*doctoraal examen.*
staatsfeindlich 0.1 ***vijandelijk gezind jegens de staat*** ⇒ *tegen de staat gericht.*
Staatsfinanzen ⟨alleen mv.⟩ **0.1** ***staats-, rijksfinanciën.***
Staatsführung ⟨v.⟩ **0.1** ***staatsbestuur.***
staatsgefährdend 0.1 ***staatsgevaarlijk.***
Staatsgeschäft ⟨o.⟩ **0.1** ***staatszaak.***
Staatsgewalt ⟨v.⟩ **0.1** ***staatsmacht, -gezag*** ⇒*openbaar gezag.*
Staatsgut ⟨o.⟩ **0.1** ***staatsdomein.***
Staatshaushalt ⟨m.⟩ **0.1** ***staats-, rijksbegroting*** **0.2** ***staatshuishouding.***
Staatshoheit ⟨v.⟩ **0.1** ***(staats)soevereiniteit.***
Staatshymne ⟨v.⟩ **0.1** ***volkslied.***
Staatskasse ⟨v.⟩ **0.1** ***schatkist, staatskas.***
Staatsklugheit ⟨v.⟩ **0.1** ***staatsmanschap.***
Staatskunst ⟨v.⟩⟨schr.⟩ **0.1** ***staatsmanskunst, staatsmanschap.***
Staatslehre ⟨v.⟩ **0.1** ***staatsleer, -wetenschap.***
Staatsmann ⟨m.; mv. ¨er⟩ **0.1** ***staatsman.***
staatsmännisch 0.1 ***v.e. staatsman, staatsmans-*** ⇒*politiek* ◆ **1.1** ~e Klugheit *wijs staatsmansbeleid.*
Staatsminister ⟨m.⟩ **0.1** ***(staats)minister.***
Staatsmittel ⟨alleen mv.⟩ **0.1** ***rijksmiddelen.***
Staatsoberhaupt ⟨o.⟩ **0.1** ***staatshoofd.***
Staatsordnung ⟨v.⟩ **0.1** ***staatsvorm, -bestel.***
Staatspapier ⟨o.⟩⟨ec.⟩ **0.1** ***staatspapier, -fonds*** ⇒*schatkistpapier.*
Staatsprüfung ⟨v.⟩ →**Staatsexamen.**
Staatsräson ⟨v.⟩ **0.1** ***staatsraison*** ⇒*openbaar belang.*
Staatsrat ⟨m.⟩ **0.1** ***Raad van State*** **0.2** ***lid v.d. Raad van State, staatsraad.***
Staatsrecht ⟨o.⟩ **0.1** ***staatsrecht.***
Staatsrechtler ⟨m.; ~s, ~⟩ **0.1** ***deskundige op het gebied v.h. staatsrecht.***
staatsrechtlich 0.1 ***staatsrechtelijk.***
Staatsreligion ⟨v.⟩ **0.1** ***staatsgodsdienst.***
Staatssäckel ⟨m.⟩⟨scherts.⟩ →**Staatskasse.**
Staatsschatz ⟨m.⟩ **0.1** ***schatkist.***
Staatsschuld ⟨v.⟩ **0.1** ***staatsschuld, nationale schuld.***
Staatsschutz ⟨m.⟩ **0.1** ***bescherming, veiligheid v.d. staat*** **0.2** ***Binnenlandse Veiligheidsdienst.***
Staatsschützer ⟨m.⟩⟨inf.⟩ **0.1** ***lid v.d. Binnenlandse Veiligheidsdienst.***
Staatssekretär ⟨m.⟩ **0.1** ***staatssecretaris.***
Staatssicherheit ⟨v.⟩ **0.1** ***binnenlandse veiligheid, veiligheid v.d. staat.***
Staatssicherheitsdienst ⟨m.⟩⟨in de voormalige DDR⟩ **0.1** ***Binnenlandse Veiligheidsdienst.***
Staatsstraße ⟨v.⟩ **0.1** ***hoofd-, rijksweg.***
Staatsstreich ⟨m.⟩ **0.1** ***staatsgreep.***
Staatstrauer ⟨v.⟩ **0.1** ***nationale rouw.***
Staatsverbrechen ⟨o.⟩ **0.1** ***misdrijf tegen de staat, staatsmisdrijf.***
Staatsverdrossenheit ⟨v.⟩ **0.1** ***politieke lusteloosheid.***
Staatsverfassung ⟨v.⟩ **0.1** ***grondwet.***
Staatsvermögen ⟨o.⟩ **0.1** ***vermogen v.d. staat.***
Staatsverschuldung ⟨v.⟩ **0.1** ***overheids-, staatsschuld(en).***
Staatsverwaltung ⟨v.⟩ **0.1** ***staatsbestuur.***
Staatswirtschaft ⟨v.⟩ **0.1** ***staatshuishouding, nationale economie.***
staatswirtschaftlich 0.1 ***staathuishoudkundig.***
Staatswissenschaft ⟨v.⟩ **0.1** ***staatswetenschap.***
Staatswohl ⟨o.⟩ **0.1** ***welzijn v.d. staat.***
Stab ⟨m.; ~(e)s, ¨e⟩ **0.1** ***staf*** ⇒*stok* **0.2** ***stang, staaf, spijl*** **0.3** ***staf*** ⟨ook mil.⟩ **0.4** ⟨schr.⟩ ***dirigeerstok, baton*** **0.5** ⟨sp.⟩ ***polsstok*** **0.6** ⟨sp.⟩ ***estafettestokje.***
Stabantenne ⟨v.⟩ **0.1** ***spriet-, staafantenne.***
Stäbchen ⟨o.; ~s, ~⟩ **0.1** ***sta(a)fje*** ⇒*(eet)stokje, stangetje, spijltje* **0.2** ***stokje*** ⟨handwerken⟩ **0.3** ⟨med.⟩ ***staafje*** **0.4** ⟨inf.⟩ ***stinkstokje*** ⟨sigaret⟩.
Stabführung ⟨v.⟩ **0.1** ***het dirigeren.***
Stabhochsprung ⟨m.⟩⟨sp.⟩ **0.1** ***het polsstokhoogspringen*** ⇒*polsstoksprong.*
stabil 0.1 ***stabiel*** ⇒*duurzaam, vast.*
Stabilisator ⟨m.; ~s, Stabilisatoren⟩ **0.1** ***stabilisator.***
stabilisieren 0.1 ***stabiliseren*** ⇒*stabiel maken.*
Stabilität ⟨v.; ~⟩ **0.1** ***stabiliteit*** ⇒*bestendigheid, duurzaamheid.*
Stablampe ⟨v.⟩ **0.1** ***staaflamp.***
Stabmixer ⟨m.⟩ **0.1** ***staafmixer.***
Stabreim ⟨m.⟩⟨lit.⟩ **0.1** ***stafrijm, alliteratie.***
Stabsarzt ⟨m.⟩⟨med.⟩ **0.1** ***officier van gezondheid 1e klas.***
Stabsfeldwebel ⟨m.⟩⟨mil.⟩ **0.1** ***adjudant-onderofficier.***
Stabsoffizier ⟨m.⟩⟨mil.⟩ **0.1** ***hoofdofficier*** **0.2** ***stafofficier.***
Stabsunteroffizier ⟨m.⟩ **0.1** ***sergeant, wachtmeester 1e klas.***
Stabwechsel ⟨m.⟩ **0.1** ***wissel*** ⟨bij estafettewedstrijd⟩.
Stachel ⟨m.; ~s, ~n⟩ **0.1** ***stekel*** ⇒*doorn* **0.2** ***angel*** ⟨ook schr.; fig.⟩ ⇒*gif(t)stekel* **0.3** ***prikkel*** ⇒*doorn,* ⟨fig.⟩ *drijfveer, aansporing* **0.4** ***(scherpe) punt*** ⇒*pin, tong* ⟨van

gesp⟩ **0.5** ***step*** ⟨aan fiets⟩ ◆ **3.2** einer Sache den ~ nehmen *het onaangename van iets wegnemen* **6.3 gegen, wider** den ~ löcken *de verzenen tegen de prikkels slaan, in opstand komen.*

Stachelbeere ⟨v.⟩ **0.1** ***kruisbes*** ⟨ook struik⟩.

Stacheldraht ⟨m.⟩ **0.1** ***prikkeldraad.***

Stacheldrahtverhau ⟨m.⟩ **0.1** ***prikkeldraadversperring.***

stachelig 0.1 ***stekelig*** ⇒*vol stekels,* ⟨fig.⟩ *scherp, vinnig.*

stacheln 0.1 ***prikken*** ⇒*steken* **0.2** ***prikkelen*** ⇒*aanwakkeren, steken, ontstemmen.*

Stachelschwein ⟨o.⟩⟨biol.⟩ **0.1** ***stekelvarken.***

stachlig →**stachelig.**

Stadel ⟨m.; ~s, ~⟩⟨Zdd., Oostr., Zwi.⟩ **0.1** ***schuur.***

Stadion ⟨o.; ~s, Stadien⟩ **0.1** ***stadion.***

Stadium ⟨o.; ~s, Stadien⟩ **0.1** ***stadium.***

Stadt ⟨v.; ~, ⁼e⟩ **0.1** ***stad*** **0.2** ⟨adm.⟩ ***gemeente*** ◆ **6.2 bei** der ~ arbeiten *bij de gemeente werken* **8.1** ⟨vero.⟩ in ~ und Land *overal, alom.*

Stadtansicht ⟨v.⟩ **0.1** ***stadsgezicht.***

Stadtautobahn ⟨v.⟩ **0.1** ***autosnelweg door de stad.***

Stadtbahn ⟨v.⟩ **0.1** ***stadsspoor*** ⇒*sprinter.*

Stadtbauamt ⟨o.⟩ **0.1** ***gemeentewerken.***

stadtbekannt 0.1 ***in de hele stad bekend.***

Stadtbezirk ⟨m.⟩ **0.1** ***(stads)wijk, stadsdeel.***

Stadtbibliothek ⟨v.⟩ **0.1** ***openbare bibliotheek, stadsbibliotheek.***

Stadtbummel ⟨m.⟩⟨inf.⟩ **0.1** ***wandeling door de stad.***

Stadtdirektor ⟨m.⟩ **0.1** ***gemeentesecretaris.***

städtebaulich 0.1 ***stedenbouwkundig.***

Stadtentwicklungskern ⟨m.⟩ **0.1** ***groeikern.***

Städtepartnerschaft ⟨v.⟩ **0.1** ***jumelage.***

Städter ⟨m.; ~s, ~⟩ **0.1** ***stedeling.***

Städtetag ⟨m.⟩ **0.1** ***vergadering v.d. afgevaardigden uit de steden.***

Stadtfahrt ⟨v.⟩ **0.1** ***stadsrit.***

Stadtflucht ⟨v.⟩ **0.1** ***uittocht uit de stad naar buiten.***

Stadtführer ⟨m.⟩ **0.1** ***stadsgids.***

Stadtgemeinde ⟨v.⟩ **0.1** ***stadsgemeente, stedelijke gemeente.***

Stadtgespräch ⟨o.⟩ **0.1** ***stadspraatje, in omloop zijnd praatje*** **0.2** ⟨com.⟩ ***lokaal gesprek*** ◆ **3.1** zum ~ werden *in de hele stad het onderwerp van gesprek worden.*

Stadthaus ⟨o.⟩ **0.1** ***stadhuis*** ⇒*administratiegebouw* **0.2** ***stadshuis, huis in de stad.***

städtisch 0.1 ***stedelijk, gemeentelijk, gemeente-*** **0.2** ***stads, steeds*** ◆ **1.1** das ~e Bauamt *gemeentewerken.*

Stadtkämmerer ⟨m.⟩ **0.1** ***wethouder*** ⇒⟨Belg.⟩ *schepen van financiën.*

Stadtkasse ⟨v.⟩ **0.1** ***gemeentekas.***

Stadtkern ⟨m.⟩ **0.1** ***stadskern*** ⇒*binnenstad.*

Stadtkind ⟨o.⟩ **0.1** ***stadskind*** **0.2** ***stadsmens.***

Stadtklatsch ⟨m.⟩ **0.1** ***stadspraatjes.***

Stadtkommandant ⟨m.⟩ **0.1** ***stads-, garnizoenscommandant.***

Stadtkreis ⟨m.⟩ **0.1** ***district*** ⇒*stadsgewest.*

stadtkundig 0.1 ***in de stad bekend.***

Stadtmitte ⟨v.⟩ **0.1** ***(stads)centrum, binnenstad.***

Stadtparlament ⟨o.⟩ **0.1** ***gemeenteraad.***

Stadtplan ⟨m.⟩ **0.1** ***plattegrond (v.e. stad).***

Stadtplaner ⟨m.⟩ **0.1** ***stedenbouwkundige, planoloog.***

Stadtplanung ⟨v.⟩ **0.1** ***stedenbouwkundige planning*** ⇒*planologie.*

Stadtrat ⟨m.⟩ **0.1** ***gemeenteraad*** **0.2** ***gemeenteraadslid.***

Stadtreinigung ⟨v.⟩ **0.1** ***gemeente-, stadsreiniging.***

Stadtrundfahrt ⟨v.⟩ **0.1** ***rondleiding, rondrit,*** ⟨ook⟩ ***rondvaart door de stad.***

Stadtstreicher ⟨m.⟩ **0.1** ***zwerver in de stad*** ⇒*clochard.*

Stadtteil ⟨m.⟩ **0.1** ***(stads)wijk, stadsdeel.***

Stadttheater ⟨o.⟩ **0.1** ***stadsschouwburg.***

Stadttor ⟨o.⟩ **0.1** ***stadspoort.***

Stadtväter ⟨alleen mv.⟩⟨inf.⟩ **0.1** ***vroede vaderen*** ⇒*gemeenteraad.*

Stadtverordnetenversammlung ⟨v.⟩ **0.1** ***gemeenteraad.***

Stadtverordnete(r) ⟨bn. als zn.⟩ **0.1** ***gemeenteraadslid.***

Stadtverwaltung ⟨v.⟩ **0.1** ***gemeentebestuur*** **0.2** ⟨inf.⟩ ***(personeel v.h.) gemeentehuis.***

Stadtviertel ⟨o.⟩ **0.1** ***stadswijk, -deel.***

Stadtwerke ⟨alleen mv.⟩ **0.1** ***gemeentebedrijven.***

Stafette ⟨v.; ~, ~n⟩ **0.1** ***estafette*** ⇒*bode, koerier* **0.2** ***escorte.***

Staffage ⟨v.; ~, ~n⟩ **0.1** ***stoffage, stoffering, bijwerk*** ⇒⟨bk.⟩ *versierende figuren* ◆ **3.1** das ist doch alles nur ~ *dat is toch alleen maar uiterlijk vertoon.*

Staffel ⟨v.; ~, ~n⟩ **0.1** ***estafetteploeg*** **0.2** ***ploeg, team*** **0.3** ***escorte*** **0.4** ⟨mil.⟩ ***escadrille*** ⇒*squadron, eskader* **0.5** ⟨sp.⟩ ***klasse*** **0.6** ⟨Zdd.⟩ ***(trede, sport v.e.) trap.***

Staffelanleihe ⟨v.⟩⟨ec.⟩ **0.1** ***gestaffelde lening.***

Staffelei ⟨v.; ~, ~en⟩ **0.1** ***schildersezel.***

staffelförmig 0.1 ***trapsgewijze*** ⇒*getrapt* **0.2** ⟨mil.⟩ ***in een eskader.***

Staffellauf ⟨m.⟩⟨sp.⟩ **0.1** ***estafetteloop, -wedstrijd.***

staffeln 0.1 ***opstellen*** ⇒*opstapelen, formeren* **0.2** ***(trapsgewijze) (onder)verdelen, spreiden*** ⇒*progressief maken, indelen* **0.3** ⟨mil.⟩ ***echelonneren, in echelon opstellen*** ◆ **1.2** gestaffelte Steuern *progressieve belastingen* **5.1** ⟨sp.⟩ tief gestaffelt *in de diepte opgesteld* **6.2** die Preise ~ sich **von** 10 **bis** 40 Mark *de prijzen lopen van 10 tot 40 mark (op).*

Staffelung ⟨v.; ~, ~en⟩ **0.1** ***progressie, glijdende schaal*** ⇒*opklimming* **0.2** ***opstelling*** ⇒*formatie* **0.3** ***onderverdeling*** ⇒*spreiding* **0.4** ⟨mil.⟩ ***opstelling in echelon.***

staffieren 0.1 ***stofferen*** ⇒*inrichten, opdirken* **0.2** ⟨Oostr.⟩ ***versieren*** ⇒*opschikken* **0.3** ⟨amb.⟩ ***voeren.***

Stag ⟨o.; ~(e)s, ~e(n)⟩⟨scheep.⟩ **0.1** ***stag.***

Stagnation ⟨v.; ~, ~en⟩ **0.1** ***stagnatie*** ⇒*stilstand, stremming.*

stagnieren 0.1 ***stagneren*** ⇒*stilstaan.*

Stahl ⟨m.; ~(e)s, ⁼e⟩ **0.1** ***staal*** ⇒⟨schr.⟩ *zwaard, dolk* ◆ **1.1** Nerven aus, wie ~ *stalen zenuwen.*

Stahlbau ⟨m.; mv. ~ten⟩ **0.1** ***staalbouw*** **0.2** ***staalconstructie.***

Stahlbeton ⟨m.⟩⟨bouwk.⟩ **0.1** ***gewapend beton.***

stahlblau 0.1 ***staalblauw.***

Stahlblech ⟨o.⟩ **0.1** ***staalplaat, stalen plaat.***

Stahldraht ⟨m.⟩ **0.1** ***staaldraad.***

stählen ⟨schr.; ook fig.⟩ **0.1** ***stalen, harden.***

stählern ⟨ook schr.; fig.⟩ **0.1** ***stalen, van staal.***

stahlhart ⟨ook fig.⟩ **0.1** ***staalhard, (zo) hard als staal.***

Stahlhelm ⟨m.⟩⟨mil.⟩ **0.1** ***stalen helm.***

Stahlhütte ⟨v.⟩ **0.1** ***staalfabriek.***

Stahlkammer ⟨v.⟩⟨ec.⟩ **0.1** ***kluis, safe(-deposit).***

Stahlmöbel ⟨o.⟩ **0.1** ***stalen meubel*** **0.2** ***buismeubel.***

Stahlrohr ⟨o.⟩ **0.1** ***stalen buis.***

Stahlrohrmöbel ⟨o.⟩ **0.1** ***buismeubel.***

Stahlroß ⟨o.⟩⟨inf.⟩ **0.1** ***stalen ros*** ⟨fiets⟩.

Stahlschrank ⟨m.⟩ **0.1** ***brandkast.***

Stahlstecher ⟨m.⟩⟨bk.⟩ **0.1** ***staalgraveur.***

Stahlstich ⟨m.⟩⟨bk.⟩ **0.1** ***staalgravure.***

Stahlwerk ⟨o.⟩ **0.1** ***staalfabriek.***

Stahlwolle ⟨v.⟩ **0.1** ***staalwol.***

Stake ⟨v.; ~, ~n⟩ →**Staken.**

staken 0.1 ⟨h/s.⟩ ***bomen*** ⟨bootje, vlot⟩ 0.2 ⟨s.⟩ ***stijf, houterig (en met grote passen) lopen*** ⇒*slungelen.*

Staken ⟨m.; ~s, ~⟩⟨Ndd.⟩ 0.1 ***vaarboom*** 0.2 ***staak, paal.***

staksen ⟨s.⟩⟨inf.⟩ 0.1 ***houterig, stijf (en met grote passen) lopen*** ⇒*slungelen.*

staksig ⟨inf.⟩ 0.1 ***houterig, stakerig*** ⇒*stijf.*

Stalagmit ⟨m.; ~s of ~en, ~en⟩⟨geol.⟩ 0.1 ***stalagmiet*** ⇒ *staande druipsteen.*

Stalaktit ⟨m.; ~s of ~en, ~en⟩⟨geol.⟩ 0.1 ***stalactiet*** ⇒*hangende druipkegel.*

Stalinismus ⟨m.; ~⟩ 0.1 ***stalinisme.***

Stall ⟨m.; ~(e)s, ⸚e⟩ 0.1 ***stal*** ⇒*kot, hok* 0.2 ⟨sp.⟩ ***(ren)stal*** ◆ 2.1 ⟨inf.⟩ ein ganzer ~ voll *een hele hoop, bups* 6.1 ⟨inf.⟩ **aus** demselben ~ kommen *uit hetzelfde nest komen.*

Stallbursche ⟨m.⟩ 0.1 ***staljongen.***

Ställchen ⟨o.; ~s, ~⟩ 0.1 ***(baby)box*** 0.2 ***stalletje*** ⇒*kotje, hokje.*

Stall|dung, -dünger ⟨m.⟩ 0.1 ***stalmest.***

stallen 0.1 ***stallen*** ⇒*op stal zetten, op stal staan.*

Stallgeruch ⟨m.⟩ 0.1 ***stallucht.***

Stallhase ⟨m.⟩⟨inf.⟩ 0.1 ***(tam) konijn.***

Stallmeister ⟨m.⟩ 0.1 ***stalmeester.***

Stallung ⟨v.; ~, ~en⟩ 0.1 ***stalling, stal(gebouw).***

Stamm ⟨m.; ~(e)s, ⸚e⟩ 0.1 ***(boom)stam*** 0.2 ***stam*** ⟨ook biol., taal.⟩ ⇒*geslacht, volksstam* 0.3 ***grondslag, basis*** ⇒*grondkapitaal* 0.4 ⟨g.mv.; fig.⟩ ***(vaste) kern*** 0.5 ⟨inf.⟩ ***dagschotel*** ◆ 6.2 ⟨inf.⟩ **vom** ~e Nimm sein *nemen wat je kan.* → **Apfel.**

Stammaktie ⟨v.⟩⟨ec.⟩ 0.1 ***gewoon aandeel.***

Stammbaum ⟨m.⟩ 0.1 ***stamboom*** ⟨ook taal.⟩ ⇒*geslachtsregister.*

Stammbelegschaft ⟨v.⟩ 0.1 ***vast personeel.***

Stammbuch ⟨o.⟩ 0.1 ***stamboek*** ⟨ook bij dieren⟩ ◆ 6.1 ⟨fig.⟩ jmdm. etwas **ins** ~ schreiben *iem. iets onder de neus wrijven.*

Stammdaten ⟨alleen mv.⟩⟨comp.⟩ 0.1 ***basis-, stuurgegevens.***

Stammeinlage ⟨v.⟩⟨ec.⟩ 0.1 ***inbreng, aandeel.***

stammeln 0.1 ***stamelen*** ⇒*stotteren, hakkelen.*

Stammeltern ⟨alleen mv.⟩ 0.1 ***stamouders.***

stammen 0.1 ***stammen*** ⇒*afkomstig zijn, afstammen, komen.*

Stammessen ⟨o.⟩ 0.1 ***dagschotel.***

Stammgast ⟨m.⟩ 0.1 ***stamgast, vaste bezoeker.***

Stammgericht ⟨o.⟩ 0.1 ***dagschotel.***

Stammhalter ⟨m.⟩ 0.1 ***stamhouder.***

Stammhaus ⟨o.⟩ 0.1 ***hoofdkantoor*** ⇒*moederbedrijf, centrale* 0.2 ***stamhuis.***

Stammiete ⟨v.⟩ 0.1 ***schouwburgabonnement.***

stämmig 0.1 ***flink, stevig gebouwd, fors*** ⇒*potig.*

Stammkapital ⟨o.⟩⟨ec.⟩ 0.1 ***stam-, grondkapitaal.***

Stammkneipe ⟨v.⟩ 0.1 ***stamcafé, -kroeg.***

Stammkunde ⟨m.⟩ 0.1 ***vaste klant.***

Stammkundschaft ⟨v.⟩ 0.1 ***vaste klantenkring, vaste clientèle.***

Stammland ⟨o.⟩ 0.1 ***stamland*** ⇒*land van afstamming.*

Stammlokal ⟨o.⟩ 0.1 ***stamcafé, -kroeg, -lokaal.***

Stammpersonal ⟨o.⟩ 0.1 ***vast personeel.***

Stammplatz ⟨m.⟩ 0.1 ***vaste plaats*** ⟨ook sp.⟩.

Stammsitz ⟨m.⟩ 0.1 ***vaste (zit)plaats*** 0.2 ***hoofdkantoor*** ⇒ *centrale, moederbedrijf* 0.3 ***stamslot*** ⇒*voorvaderlijk landgoed.*

Stammtafel ⟨v.⟩ 0.1 ***stamboom, geslachtsregister.***

Stammtisch ⟨m.⟩ 0.1 ***stamtafel*** 0.2 ***vaste borrelavond*** 0.3 ***clubje, groepje stamgasten.***

Stammtischpolitik ⟨v.⟩ 0.1 ***politieke tinnegieterij.***

Stammvater ⟨m.⟩ 0.1 ***stamvader.***

stammverwandt 0.1 ***stamverwant*** ⟨ook taal.⟩.

Stammvokal ⟨m.⟩⟨taal.⟩ 0.1 ***stamklinker.***

Stammwähler ⟨m.⟩ 0.1 ***vaste kiezer.***

Stammwerk ⟨o.⟩ 0.1 ***moederbedrijf*** ⇒*hoofdkantoor.*

Stamokap ⟨m.; ~s⟩⟨inf.; afk.⟩ [Staatsmonopolistischer Kapitalismus].

Stampfe ⟨v.; ~, ~n⟩ 0.1 ***stamper*** ⇒*heiblok, juffer.*

stampfen I ⟨onov.ww.⟩ 0.1 ***stampen*** ⟨ook schip⟩ ⇒*stampvoeten* 0.2 ⟨s.⟩ ***klossen, zwaar stappen*** ◆ 6.1 **mit** den Füßen ~ *stampvoeten;*

II ⟨ov.ww.⟩ 0.1 ***stampen*** ⇒*vaststampen, heien* 0.2 ***(fijn)-stampen*** ⇒*stoten.*

Stampfer ⟨m.; ~s, ~⟩ 0.1 ***stamper*** ⇒*heiblok, vijzelstamper.*

Stand ⟨m.; ~es, ⸚e⟩ 0.1 ***stand*** ⇒*houding, peil, niveau* 0.2 ***staat, (toe)stand*** 0.3 ***stand, klasse*** ⇒*rang, beroep(s-groep)* 0.4 ***burgerlijke staat*** 0.5 ***stand(plaats)*** 0.6 ***stalletje, kraampje*** 0.7 ***stand*** ⟨op jaarbeurs, tentoonstelling⟩ 0.8 ***paardenvak, stand*** 0.9 ***schietbaan*** 0.10 ⟨mv.; gesch.⟩ ***stenden, staten*** 0.11 ⟨jacht⟩ ***wildstand*** 0.12 ⟨plantk.⟩ ***bloeiwijze*** 0.13 ⟨Zwi.⟩ ***kanton*** ◆ 1.2 der ~ der Dinge *de stand van zaken* 1.4 der ~ der Ehe *de gehuwde staat* 2.1 ⟨inf.⟩ einen harten, schweren ~ haben *het hard te verduren hebben* 2.3 die niederen, unteren Stände *de lagere standen* 2.4 der ledige ~ *de ongehuwde staat* 6.1 **auf** dem neuesten ~ der Technik *technisch helemaal bij, up to date;* **aus** dem ~ *zonder aanloop;* ⟨inf.⟩ **aus** dem ~ (heraus) (a) *voor de vuist weg* (b) *op stel en sprong, van meet af aan;* ⟨inf.; fig.⟩ keinen guten ~ **bei** jmdm. haben *bij iem. niet in een goed blaadje staan;* gut **im** ~e halten *goed onderhouden;* **im** ~ laufen *stationair lopen, draaien* ⟨motor⟩ 6.2 jmdn. **in** den ~ versetzen, etwas zu tun *iem. in staat stellen iets te doen* 6.3 **von** ~ *van stand, standing* 6.4 ⟨schr.⟩ **in** den (heiligen) ~ der Ehe treten *in het huwelijk, de echt treden.*

Standard ⟨m.; ~s, ~s⟩ 0.1 ***standaard*** ⇒*peil, norm, maat.*

standardisieren 0.1 ***standaardiseren*** ⇒*normaliseren.*

Standardsprache ⟨v.⟩⟨taal.⟩ 0.1 ***standaardtaal.***

Standardwerk ⟨o.⟩ 0.1 ***standaardwerk.***

Standarte ⟨v.; ~, ~n⟩ 0.1 ***standaard*** ⇒⟨mil.⟩ *(cavalerie)-vaandel* 0.2 ⟨nazi⟩ ***SA-, SS-eenheid.***

Standbein ⟨o.⟩⟨bk., sp.⟩ 0.1 ***standbeen.***

Standbild ⟨o.⟩ 0.1 ***standbeeld*** 0.2 ⟨film.⟩ ***stilstaand beeld.***

Ständchen ⟨o.; ~s, ~⟩ 0.1 ***serenade, aubade*** 0.2 ***stalletje, kraampje.***

Stander ⟨m.; ~s, ~⟩ 0.1 ***standaard*** 0.2 ⟨scheep.⟩ ***stander, touw.***

Ständer ⟨m.; ~s, ~⟩ 0.1 ***stander*** 0.2 ***rek*** 0.3 ***sta(a)nder*** ⇒ *steunpaal, -balk* 0.4 ⟨jacht⟩ ***poot*** 0.5 ⟨tech.⟩ ***stator.***

Ständerat ⟨m.⟩⟨Zwi.⟩ 0.1 ⟨volksvertegenwoordiging bestaande uit afgevaardigden v.d. kantons⟩ 0.2 ⟨lid v.d. ‘Ständerat’⟩.

Ständesaal ⟨m.⟩⟨gesch.⟩ 0.1 ***Statenkamer.***

Standesamt ⟨o.⟩ 0.1 ***(bureau v.d.) burgerlijke stand.***

standesamtlich 0.1 ***van(wege) het bureau v.d. burgerlijke stand*** ◆ 3.1 sie sind ~ getraut worden *zij zijn voor de wet, burgerlijk getrouwd.*

Standesbeamte(r) ⟨bn. als zn.; m.⟩ 0.1 ***ambtenaar v.d. burgerlijke stand.***

Standesbewußtsein ⟨o.⟩ 0.1 ***standsbewustzijn.***

Standesdünkel ⟨m.⟩ 0.1 ***aanmatigend standsbewustzijn.***

standesgemäß 0.1 ***volgens (zijn) stand.***

Standesorganisation ⟨v.⟩ 0.1 ***stands-, beroepsorganisatie.***

Standesregister ⟨o.⟩ **0.1** ***register v.d. burgerlijke stand.***
Ständetag ⟨m.⟩⟨gesch.⟩ **0.1** ***Statenvergadering.***
Ständeversammlung ⟨v.⟩ →**Ständetag.**
standfest **0.1** ***stevig, vast staand, stabiel*** **0.2** ⟨tech.⟩ ***duurzaam.***
Standfläche ⟨v.⟩ **0.1** ***(stel)plaats*** ⇒*tentoonstellingsruimte* **0.2** ***standplaats*** **0.3** ***voet*** ⟨van voorwerp⟩.
Standgeld ⟨o.⟩ **0.1** ***staan-, marktgeld.***
Standgericht ⟨o.⟩ **0.1** ***militaire rechtbank voor berechting volgens het standrecht.***
standhaft **0.1** ***standvastig*** ⇒*volhardend.*
standhalten ⟨met 3e nv.⟩ **0.1** ***standhouden (tegen)*** ⇒*doorstaan, weerstaan, bestand zijn (tegen)* ◆ **1.1** der Kritik ~ *de toets van de kritiek doorstaan.*
ständig **0.1** ***voortdurend*** ⇒*doorlopend, permanent, gestaag* **0.2** ***vast, blijvend, permanent*** ⇒*altijd* ◆ **1.2** ~er Ausschuß *vaste commissie* **6.2** etwas ~ **bei** sich tragen *iets altijd bij zich hebben.*
ständisch **0.1** ***v.d. standen, volgens, naar stand(en)*** ⇒ *stands-* **0.2** ⟨Zwi.⟩ ***kantonnaal*** ◆ **1.1** ~e Gesellschaftsordnung *standenmaatschappij.*
Standleitung ⟨v.⟩ **0.1** ***vaste telefoonverbinding.***
Standlicht ⟨o.; mv. ~er⟩ **0.1** ***stadslicht*** ⟨auto⟩.
Standort ⟨m.; mv. ~e⟩ **0.1** ***standplaats*** ⇒*plaats van vestiging* **0.2** ⟨fig.⟩ ***positie, standpunt*** **0.3** ⟨mil.⟩ ***garnizoen.***
Standortbestimmung ⟨v.⟩ **0.1** ***positiebepaling*** ⟨ook fig.⟩.
Standortkatalog ⟨m.⟩ **0.1** ***alfabetische catalogus.***
Standpauke ⟨v.⟩⟨inf.⟩ **0.1** ***strafpreek*** ⇒*donderpreek.*
Standpunkt ⟨m.⟩ **0.1** ***standpunt*** ⇒*gezichtspunt, zienswijze* **0.2** ***(stand)plaats*** ◆ **3.1** seinen ~ behaupten *zijn standpunt handhaven;* ⟨inf.⟩ jmdm. den ~ klarmachen *iem. zeggen waar het op staat.*
Standquartier ⟨o.⟩ **0.1** ***vast (uitgangs)punt*** ⇒*vast kwartier, vaste stand-, woonplaats* **0.2** ⟨mil.⟩ ***garnizoen.***
Standrecht ⟨o.⟩⟨jur.⟩ **0.1** ***standrecht.***
standrechtlich ⟨jur.⟩ **0.1** ***standrechtelijk.***
standsicher →**standfest.**
Standspur ⟨v.⟩ **0.1** ***parkeer-, vluchtstrook*** ⟨langs weg⟩.
Standuhr ⟨v.⟩ **0.1** ***staande klok.***
Stange ⟨v.; ~, ~n⟩ **0.1** ***stang*** ⇒*staak, stok, steng* **0.2** ***staaf*** ⇒ *pijpje, stok* **0.3** ***slof*** ⟨sigaretten⟩ **0.4** ***roede*** ⟨van gordijn⟩ **0.5** ***klimstok*** **0.6** ⟨reg.⟩ ***hoog bierglas*** **0.7** ⟨vulg.⟩ ***stijve pik*** ◆ **1.2** ⟨inf.⟩ eine (hübsche, schöne) ~ Geld *een (hele) hoop, een bom geld;* eine ~ Gold *een staaf goud;* eine ~ Zimt *een pijpje kaneel;* ein paar ~n Spargel *een paar asperges* **2.1** ⟨inf.; fig.⟩ eine lange ~ *een bonenstaak* **2.2** ⟨inf.⟩ eine ganze ~ *een hele hoop, heel wat* **3.1** ⟨fig.⟩ jmdm. die ~ halten *achter iem. (blijven) staan* **3.¶** ⟨inf.⟩ eine ~ angeben *ontzettend (zitten) opscheppen, snoeven* **6.1** ⟨inf.⟩ **bei** der ~ bleiben (a) *volhouden* (b) *bij de zaak blijven;* ⟨fig.⟩ jmdn. **bei** der ~ halten (a) *iem. warm voor iets houden* (b) *iem. achter zich scharen;* ⟨inf.; fig.⟩ **von** der ~ *doorsnee-, eenvoudig;* ⟨inf.; fig.⟩ ein Anzug **von** der ~ *een confectiepak.*
Stängel ⟨m.⟩⟨nw.spel.⟩ →**Stengel.**
Stangenbohne ⟨v.⟩ **0.1** ***stok-, klimboon.***
Stangenbrot ⟨o.⟩ **0.1** ***stokbrood.***
Stangenspargel ⟨m.⟩ **0.1** ***slier-, sleepasperge(s).***
Stangenweißbrot ⟨o.⟩ **0.1** ***(wit) stokbrood.***
Stank ⟨m.; ~(e)s⟩ **0.1** ⟨inf.⟩ ***ruzie, trammelant*** **0.2** ***stank.***
Stänkerei ⟨v.; ~, ~en⟩ **0.1** ***gekanker*** ⇒*opstokerij, (ge)krakeel.*
Stänkerer ⟨m.; ~s, ~⟩ **0.1** ***kankeraar*** ⇒*ruziezoeker, opstoker.*
stänkerig ⟨inf.⟩ **0.1** ***twistziek.***
stänkern ⟨inf.⟩ **0.1** ***kankeren*** ⇒*(op)stoken, twist, ruzie zoeken* **0.2** ***de lucht verpesten*** ⇒*zitten stinken.*
Stanniol ⟨o.; ~s, ~e⟩ **0.1** ***staniool, bladtin*** ⇒*zilverpapier.*
Stanze ⟨v.; ~, ~n⟩ **0.1** ***stans , ponsmachine*** **0.2** ***stempel.***
stanzen **0.1** ***stansen, ponsen*** **0.2** ***stempelen.***
Stanzmaschine ⟨v.⟩ **0.1** ***stans-, ponsmachine, pons.***
Stapel ⟨m.; ~s, ~⟩ **0.1** ***stapel*** ⟨ook ind., scheep.⟩ ⇒*hoop* **0.2** ***stapelplaats*** ◆ **6.1** **auf** ~ legen *op stapel zetten;* **vom** ~ lassen (a) *van stapel laten lopen* (b) ⟨inf.⟩ *ten beste geven.*
Stapellauf ⟨m.⟩ **0.1** ***stapelloop, tewaterlating.***
stapeln **0.1** ***(op)stapelen, ophopen*** ⟨ook fig.⟩.
Stapfe ⟨v.; ~, ~n⟩ →**Stapfen.**
stapfen ⟨s.⟩ **0.1** ***stappen.***
Stapfen ⟨m.; ~s, ~⟩ **0.1** ***(voet)stap.***
Stapler ⟨m.; ~s, ~⟩ **0.1** ***(vork)heftruck.***
Star[1] ⟨m.; ~s, ~s⟩ **0.1** ***ster*** ⟨toneel, film⟩, ***vedette.***
Star[2] ⟨m.; ~(e)s, ~e⟩ **0.1** ⟨med.⟩ ***staar*** **0.2** ⟨biol.⟩ ***spreeuw*** ◆ **3.¶** ⟨fig.⟩ jmdm. den ~ stechen *iem. de ogen openen.*
Starallüren ⟨alleen mv.⟩ **0.1** ***sterallures.***
Staranwalt ⟨m.⟩ **0.1** ***beroemd advocaat, topadvocaat.***
stark ⟨stärker, (am) stärkst(en)⟩ **0.1** ***sterk*** ⟨ook taal.⟩, ***krachtig*** **0.2** ***sterk, groot*** ⇒*flink, talrijk, veel, dicht* **0.3** ***hevig, heftig*** ⇒*flink, erg, fors* **0.4** ***dik*** ⇒*breed* **0.5** ***zwaarlijvig, corpulent, gezet*** ⇒*dik* **0.6** ***sterk, kras*** **0.7** ***zwaar*** ⟨sigaar⟩ **0.8** ⟨jeugdtaal⟩ ***te gek, tof, geweldig*** ◆ **1.2** eine ~e Auflage *een grote oplage;* ~er Beifall *veel applaus;* ~es Haar *veel, dicht haar;* eine ~e Nachfrage *een grote vraag;* ~er Verkehr *druk, veel verkeer* **1.3** eine ~e Erkältung *een flinke verkoudheid;* ⟨fig.⟩ ~e Farben *felle kleuren;* ~e Kälte *vinnige kou* **1.4** ein 19 mm ~es Brett *een 19 mm dikke plank* **1.5** stärkere Damen *wat zwaardere dames* **2.2** der Artikel ist ~ gesucht *er is veel vraag naar dat artikel* **3.1** jetzt heißt es ~ bleiben *nu moeten we sterk blijven;* ⟨inf.; fig.⟩ sich für jmdn., etwas ~ machen *zich voor iem., iets inzetten* **3.2** ~ verschuldet sein *grote, zware schulden hebben* **3.3** es fror ~ *het vroor hard* **3.4** das Buch ist 800 Seiten ~ *het boek is 800 bladzijden dik* **5.8** irre ~! *al te gek!*
starkbevölkert **0.1** ***dichtbevolkt.***
Starkbier ⟨o.⟩ **0.1** ***zwaar bier.***
Stärke ⟨v.; ~, ~n⟩ **0.1** ***sterkte, kracht*** ⇒*macht* **0.2** ***sterkte*** ⇒ *getalsterkte, talrijkheid, grootte* **0.3** ***sterkte*** ⇒*concentratie* **0.4** ***sterke zijde, fort*** **0.5** ***dikte*** **0.6** ***hevig-, heftigheid*** **0.7** ***zetmeel*** **0.8** ***stijfsel*** ◆ **4.4** das ist nicht meine ~ *dat is niet mijn fort, niet mijn sterk(st)e kant.*
Stärkekleister ⟨m.⟩ **0.1** ***stijfsel(pap).***
Stärkemehl ⟨o.⟩ **0.1** ***zetmeel*** **0.2** ***stijfsel.***
stärken **0.1** ***sterken*** ⇒*versterken* **0.2** ***stijven*** ⟨ook fig.⟩ ◆ **6.1** sich **durch** eine Sache, **mit** einer Sache ~ *een hartversterking nemen* **6.2** jmdn. **in** seiner Meinung ~ *iem. in zijn mening stijven.*
Stärkezucker ⟨m.⟩ **0.1** ***druivensuiker.***
starkleibig **0.1** ***zwaarlijvig, corpulent.***
Starkstrom ⟨m.⟩⟨tech.⟩ **0.1** ***sterkstroom.***
Starkult ⟨m.⟩ **0.1** ***vedettencultus.***
Stärkung ⟨v.; ~, ~en⟩ **0.1** ***(ver)sterking*** ⇒*bemoediging* **0.2** ***(hart)versterking*** **0.3** ***versteviging, consolidatie.***
Stärkungsmittel ⟨o.⟩ **0.1** ***versterkend middel.***
Starlet(t) ⟨o.; ~s, ~s⟩⟨pej.⟩ **0.1** ***(film)sterretje, starlet.***
Starmatz ⟨m.⟩⟨inf.⟩ **0.1** ***spreeuw*** ⟨als kooivogel⟩.
starr **0.1** ***stijf, verstijfd*** **0.2** ***star*** ⇒*strak* **0.3** ***star, onbuigzaam*** ⇒*koppig, onverzettelijk* **0.4** ⟨inf.⟩ ***perplex, verbluft*** ⇒*paf* ◆ **6.1** ~ **vor** Staunen *stomverbaasd* **8.1** ~ und steif *stokstijf.*
Starre ⟨v.; ~⟩ **0.1** ***stijfheid, verstijving*** **0.2** ***starheid, onbuigzaamheid*** ⇒*koppigheid* **0.3** ***starheid*** ⇒*strakheid.*
starren **0.1** ***staren*** ⇒*turen* **0.2** ***stijf staan, zijn*** **0.3** ***(steil) omhoogrijzen, oprijzen*** ◆ **6.1** **auf** jmdn. ~ *naar iem. sta-*

ren; **vor** sich ⟨4e nv.⟩ hin ~ *voor zich uit (zitten) staren* **6.2 von** Waffen ~ *tot de tanden gewapend zijn;* **von, vor** Dreck, Schmutz ~ *stijf staan van het vuil.*

Starrheit ⟨v.⟩ →**Starre.**

Starrkopf ⟨m.⟩ **0.1** ***stijfkop, -hoofd.***

starrköpfig 0.1 ***(stijf)koppig.***

Starrkrampf ⟨m.⟩⟨med.⟩ **0.1** ***tetanus, stijfkramp.***

Starrsinn ⟨m.⟩ **0.1** ***stijfhoofdigheid, (stijf)koppigheid.***

starrsinnig →**starrköpfig.**

Start ⟨m.; ~(e)s, ~s⟩ **0.1** ***start*** ⇒*startpunt, begin(punt)* **0.2** ⟨ruim.⟩ ***lancering.***

startbereit 0.1 ***startklaar.***

starten I ⟨onov.ww.; s.⟩ **0.1** ***starten*** **0.2** ***vertrekken*** ⇒*optrekken* ◆ **6.2 in** den Urlaub ~ *op vakantie gaan;*
II ⟨ov.ww.; h.⟩ **0.1** ***het startschot lossen (voor), het startsein geven (voor)*** **0.2** ***lanceren*** ⇒*afschieten* **0.3** ***starten*** ⟨motor⟩ **0.4** ⟨inf.⟩ ***beginnen (met)*** ⇒*op gang brengen, starten met, lanceren* ⟨fig.⟩.

Starter ⟨m.; ~s, ~⟩ **0.1** ***starter*** ⟨ook persoon⟩ ⇒*startinrichting.*

Starterklappe ⟨v.⟩⟨tech.⟩ **0.1** ***choke.***

Starterlaubnis ⟨v.⟩ **0.1** ***startvergunning.***

Starthilfe ⟨v.⟩ **0.1** ***hulp bij het starten*** **0.2** ***lanceerraket*** **0.3** ⟨fig.⟩ ***eerste financiële ondersteuning, hulp*** ⇒*starthulp.*

Starthilfekabel ⟨o.⟩ **0.1** ***startkabel.***

startklar →**startbereit.**

Startrampe ⟨v.⟩ **0.1** ***lanceerplatform.***

Startschuß ⟨m.⟩ **0.1** ***startschot*** ⟨ook fig.⟩.

Startzeichen ⟨o.⟩ **0.1** ***startteken, -sein.***

Stasi[1] ⟨m. of v.; ~, g.mv.⟩⟨in de voormalige DDR; afk.⟩ → **Staatssicherheitsdienst.**

Stasi[2] ⟨m.; ~s, ~s⟩⟨in de voormalige DDR; inf.⟩ **0.1** ***stille*** ⇒ *medewerker v.d. binnenlandse veiligheidsdienst.*

statieren ⟨dram.⟩ **0.1** ***als figurant optreden.***

Statik ⟨v.; ~⟩ **0.1** ⟨nat., bouwk.⟩ ***statica, evenwichtsleer*** **0.2** ⟨schr.⟩ ***statisch karakter.***

Station ⟨v.; ~, ~en⟩ **0.1** ***halte(plaats)*** ⇒*station, stopplaats* **0.2** ⟨wetenschappelijk⟩ ***station*** **0.3** ***(radio)station, zender*** **0.4** ***verblijf(plaats)*** ⇒*pleisterplaats* **0.5** ***afdeling*** ⟨in ziekenhuis⟩ **0.6** ⟨fig.⟩ ***etappe*** ⇒*stadium* **0.7** ⟨rel.⟩ ***statie*** ◆ **2.4** ⟨vero.⟩ freie ~ *vrije kost en inwoning* **3.4** ~ machen *halt maken, de reis onderbreken.*

stationär 0.1 ***stationair*** ⇒*onveranderd, blijvend* **0.2** ***klinisch, in het ziekenhuis.***

stationieren 0.1 ***stationeren.***

Stationsarzt ⟨m.⟩ **0.1** ***afdelingsarts.***

Stationsschwester ⟨v.⟩ **0.1** ***afdelingszuster, hoofdverpleegster.***

Stationstaste ⟨v.⟩⟨tech.⟩ **0.1** ***voorkeurtoets*** ⟨van televisie, radio⟩.

Stationsvorsteher ⟨m.⟩ **0.1** ***stationschef.***

statisch 0.1 ***statisch*** ⇒*evenwichts-, rustig.*

Statist ⟨m.; ~en, ~en⟩ **0.1** ***figurant, statist*** ⟨ook fig.⟩.

Statistik ⟨v.; ~, ~en⟩ **0.1** ***statistiek*** ◆ **3.1** eine ~ erstellen *een statistiek opmaken.*

Statistiker ⟨m.; ~s, ~⟩ **0.1** ***statisticus.***

statistisch 0.1 ***statistisch.***

Stativ ⟨o.; ~s, ~e⟩ **0.1** ***statief.***

statt[1] ⟨vz. + 2⟩ **0.1** ***in plaats van*** ◆ **4.1** ~ dessen *in plaats daarvan;* ~ meiner *in plaats van mij, in mijn plaats.*

statt[2] ⟨vw.⟩ **0.1** ***in plaats (van)*** ◆ **8.1** ~ daß *in plaats dat.*

Statt ⟨v.; ~⟩⟨schr.⟩ **0.1** ***plaats, plek*** ◆ **6.1 an** meiner ~ *in mijn plaats.*

Stätte ⟨v.; ~, ~n⟩⟨schr.⟩ **0.1** ***plaats, plek*** ⇒*oord.*

stattfinden 0.1 ***plaatsvinden, -hebben*** ⇒*gebeuren* ◆ **5.1** nicht ~ *niet doorgaan.*

stattgeben ⟨met 3e nv.⟩⟨adm.⟩ **0.1** ***gevolg geven aan, verhoren, vervullen*** ⇒*inwilligen.*

statthaben ⟨schr.⟩ →**stattfinden.**

statthaft ⟨schr.⟩ **0.1** ***geoorloofd*** ⇒*toegelaten, mogelijk.*

Statthalter ⟨m.⟩⟨gesch.⟩ **0.1** ***stadhouder*** ⇒*landvoogd,* ⟨fig.⟩ *plaatsvervanger.*

stattlich 0.1 ***statig, imposant*** ⇒*deftig, indrukwekkend* **0.2** ***fors, flink, krachtig*** ⇒*rijzig, groot* **0.3** ***rijk, overvloedig*** **0.4** ***aanzienlijk*** ⇒*groot* ◆ **1.1** ein ~es Haus *een deftig huis* **1.4** eine ~e Anzahl *een aanzienlijk aantal.*

Statue ⟨v.; ~, ~n⟩ **0.1** ***(stand)beeld.***

Statuette ⟨v.; ~, ~n⟩ **0.1** ***beeldje, statuette.***

statuieren ⟨schr.⟩ **0.1** ***statueren*** ⇒*vaststellen, bepalen* ◆ **1.1** ein Exempel ~ *een voorbeeld stellen.*

Statur ⟨v.; ~, ~en⟩ **0.1** ***gestalte*** ⇒*postuur.*

Status ⟨m.; ~, ~⟩ **0.1** ***status*** ⟨ook jur.⟩ **0.2** ⟨schr.⟩ ***toestand, staat*** **0.3** ⟨med.⟩ ***(gezondheids)toestand.***

Statut ⟨o.; ~(e)s, ~en⟩ **0.1** ***statuut*** ⇒*reglement, bepaling.*

sta|tutarisch, -tutengemäß 0.1 ***statutair, volgens de statuten.***

Stau ⟨m.; ~s, ~s of ~e⟩ **0.1** ***stuw*** ⇒*stuwwerk, (op)stuwing* **0.2** ***doodtij*** **0.3** ***file, (verkeers)opstopping*** **0.4** ⟨med.⟩ ***stuwing*** ◆ **3.3** der ~ hatte sich aufgelöst *de file was opgelost.*

Staub ⟨m.; ~(e)s, ~e of ~̈e⟩ **0.1** ***stof*** ◆ **3.1** ~ aufwirbeln (a) *stof opwerpen, opjagen* (b) ⟨inf.; fig.⟩ *stof doen opwaaien;* ~ wischen *(af)stoffen, stof afnemen* **6.1** ⟨inf.; fig.⟩ sich **aus** dem ~(e) machen *zich uit de voeten maken;* ⟨schr.; fig.⟩ jmdn., etwas **durch** den ~ zerren, ziehen *iem. door het slijk, de modder sleuren;* ⟨fig.⟩ vor jmdm. **im** ~(e) kriechen, sich vor jmdm. in den ~ werfen *voor iem. in het stof kruipen, vallen;* ⟨schr.⟩ den ~ (einer Stadt) **von** den Füßen schütteln *het stof van zijn voeten schudden, ertussenuit trekken;* ⟨schr.⟩ (wieder) **zu** ~ werden *tot stof wederkeren.*

staubbedeckt 0.1 ***met stof bedekt*** ⇒*bestoft.*

Staubbesen ⟨m.⟩ **0.1** ***plumeau, stoffer.***

Staubblatt ⟨o.⟩⟨plantk.⟩ **0.1** ***meeldraad.***

staubdicht 0.1 ***stofdicht.***

Staubecken ⟨o.⟩ **0.1** ***stuwbekken, -meer.***

stauben 0.1 ***stuiven*** ⇒*stoffen, stoffig zijn.*

stäuben I ⟨onov.ww.⟩ **0.1** ***(uiteen-, ver)stuiven*** ⇒*opstuiven;*
II ⟨ov.ww.⟩ **0.1** ***(af)stoffen*** ⇒*af-, wegvegen* **0.2** ***bepoederen, bestuiven.***

Staubfaden ⟨m.⟩⟨plantk.⟩ **0.1** ***meeldraad.***

Staubfahne ⟨v.⟩ **0.1** ***stofwolk.***

Staubfänger ⟨m.⟩ **0.1** ***stofnest*** **0.2** ⟨tech.⟩ ***stofvanger*** ⇒ *stofzak.*

Staubgefäß ⟨o.⟩⟨plantk.⟩ **0.1** ***meeldraad.***

staubig 0.1 ***stoffig*** ⇒*stofferig, bestoft.*

Staubkamm ⟨m.⟩ **0.1** ***stofkam.***

Staubkorn ⟨o.; mv. ~̈er⟩ **0.1** ***stofje, stofdeeltje.***

Staublappen ⟨m.⟩ **0.1** ***stofdoek.***

Staublunge ⟨v.⟩ **0.1** ***stoflong.***

Staubmantel ⟨m.⟩ **0.1** ***(lichte) zomerjas.***

staubsaugen 0.1 ***(stof)zuigen.***

Staubsauger ⟨m.⟩ **0.1** ***stofzuiger.***

Staubschicht ⟨v.⟩ **0.1** ***stoflaag, laag stof.***

staubtrocken 0.1 ***kurkdroog*** **0.2** ⟨vaktaal⟩ ***stofdroog.***

Staubtuch ⟨o.; mv. ~̈er⟩ **0.1** ***stofdoek.***

Staubwedel ⟨m.⟩ **0.1** ***stoffer, plumeau.***

Staubzucker ⟨m.⟩ **0.1** ***poedersuiker.***

stauchen 0.1 ***stoten*** ⇒*duwen* **0.2** ***stuiken*** ⟨ook tech.⟩, ***opstuiken*** ⇒*samendrukken* **0.3** ⟨inf.⟩ ***een uitbrander geven, de mantel uitvegen.***

Staudamm ⟨m.⟩ **0.1** ***stuwdam*** ⇒*stuw*

Staude ⟨v.; ~, ~n⟩ **0.1** ⟨plantk.⟩ ***vaste plant*** **0.2** ⟨Zdd.⟩ ***struik, heester*** **0.3** ⟨reg.⟩ ***krop*** ⟨sla⟩

Staudengewächs ⟨o.⟩ **0.1** ***heester(gewas).***

staudig **0.1** ***heester-, struikachtig.***

stauen I ⟨ov.ww.⟩ **0.1** ***(op)stuwen*** ⇒⟨fig.⟩ *stuiten* **0.2** ⟨scheep.⟩ ***stouwen;***
II sich ~ ⟨wk.ww.⟩ **0.1** ***opgestuwd worden*** ⇒*tegengehouden worden* **0.2** ***zich ophopen, zich samenpakken, zich verdringen*** ⇒⟨fig.⟩ *zich opkroppen* **0.3** ***vastlopen*** ⟨verkeer⟩.

Stauer ⟨m.; ~s, ~⟩⟨scheep.⟩ **0.1** ***stuwer, stuwadoor.***

Staugefahr ⟨v.⟩ **0.1** ***kans op filevorming.***

Staumauer ⟨v.⟩ **0.1** ***stuwdam.***

staunen **0.1** ***verbaasd staan, zijn, zich verwonderen, zich verbazen*** ⇒*opkijken* ◆ **3.1** ihr werdet ~! *daar zullen jullie (nog) van opkijken!;* ~d zugucken *vol verbazing toekijken* **6.1 über** eine Sache ~ (a) *zich over iets verbazen* (b) *verbaasd naar iets kijken.*

Staunen ⟨o.; ~s⟩ **0.1** ***verbazing*** ⇒*verwondering* ◆ **6.1 aus** dem ~ nicht herauskommen *een en al verbazing zijn;* jmdn. **in** ~ (ver)setzen *iem. verbazen.*

staunenerregend **0.1** ***verbazingwekkend*** ⇒*verbazend.*

staunenswert ⟨schr.⟩ **0.1** ***verbazingwekkend.***

Staupe ⟨v.; ~, ~n⟩ **0.1** ⟨med.⟩ ***hondenziekte*** **0.2** ⟨gesch.⟩ ***(openbare) geseling, kastijding.***

Stausee ⟨m.⟩ **0.1** ***stuwmeer.***

Staustufe ⟨v.⟩ **0.1** ***stuw met sluis*** **0.2** ***kanaalpand.***

Stauung ⟨v.; ~, ~en⟩ **0.1** ***stuwing*** ⟨ook med.⟩, ***opstuwing*** ⇒ ⟨scheep.⟩ *stuwage* **0.2** ***file, (verkeers)opstopping.***

Stauwasser ⟨o.; mv. ~⟩ **0.1** ***doodtij, dood getijde.***

Stauwehr ⟨v.⟩ **0.1** ***stuw(dam).***

Stauwerk ⟨o.⟩ **0.1** ***stuw.***

Std(n). ⟨afk.⟩ →**Stunde(n).**

Steak ⟨o.; ~s, ~s⟩ **0.1** ***biefstuk.***

Stearin ⟨o.; ~s, ~e⟩ **0.1** ***stearine.***

Stechapfel ⟨m.⟩⟨plantk.⟩ **0.1** ***doornappel.***

Stechbeitel ⟨m.⟩ **0.1** ***steekbeitel.***

stechen ⟨→t151⟩ **I** ⟨onov.ww.⟩ **0.1** ***steken*** ⟨ook scheep.⟩ ⇒ *prikken, uitsteken* **0.2** ***(in-, uit)klokken*** ⟨op prikklok⟩ **0.3** ***zwemen*** **0.4** ⟨kaartspel⟩ ***troef zijn*** **0.5** ⟨kaartspel⟩ ***als troef spelen*** **0.6** ⟨jacht⟩ ***woelen, wroeten*** **0.7** ⟨sp.⟩ ***een barrage rijden*** ◆ **1.1** ⟨fig.⟩ ein ~der Geruch *een penetrante geur* **1.4** Karo sticht *ruiten is troef* **5.¶** dieses Argument sticht nicht mehr *dit argument gaat niet meer op* **6.1 in** See ~ *in zee steken, het ruime sop kiezen* **6.3 ins** Bläuliche ~ *naar blauw zwemen* **6.7** es kommt **zum** Stechen *er moet een barrage gereden worden;*
II ⟨ov.ww.⟩ **0.1** ***steken*** ⇒*prikken, stoten* **0.2** ***slachten, steken*** **0.3** ***(af)steken*** **0.4** ***graveren*** **0.5** ⟨fig.⟩ ***prikkelen*** ⇒ *aanwakkeren* **0.6** ⟨vis.⟩ ***steken*** ⇒*strikken* **0.7** ⟨inf.⟩ ***tatoeëren*** **0.8** ⟨kaartspel⟩ ***gaan boven*** ⟨een andere kaart⟩ ⇒ *slaan* ◆ **1.5** die Neugier sticht ihn *de nieuwsgierigheid prikkelt hem* **3.1** (so) ein Stechen fühlen *(van die) steken voelen* **4.1** ⟨fig.⟩ was hat dich gestochen? *wat mankeert je?* **6.1** sich **an** den Dornen ~ *door de doorns gestoken, geprikt worden* **8.4** wie gestochen schreiben *als gegraveerd, zeer mooi schrijven.*

Stecher ⟨m.; ~s, ~⟩ **0.1** ***graveur*** **0.2** ***versneller*** ⟨aan geweer⟩.

Stechfliege ⟨v.⟩ **0.1** ***steekvlieg.***

Stechfrage ⟨v.⟩ →**Stichfrage.**

Stechheber ⟨m.⟩ **0.1** ***steekhevel, pipet.***

Stechkarre ⟨v.⟩ **0.1** ***steekwagentje, -kar.***

Stechkarte ⟨v.⟩ **0.1** ***prikkaart.***

Stechmücke ⟨v.⟩ **0.1** ***steekmug.***

Stechpalme ⟨v.⟩⟨plantk.⟩ **0.1** ***steekpalm, hulst.***

Stechschritt ⟨m.⟩⟨mil.⟩ **0.1** ***paradepas.***

Stechuhr ⟨v.⟩ **0.1** ***prikklok, controleklok***

Steckbrief ⟨m.⟩ **0.1** ⟨jur.⟩ ***(verzoek tot opsporing met) signalement*** **0.2** ⟨inf.⟩ ***korte beschrijving.***

steckbrieflich ◆ **3.¶** jmdn. ~ suchen, verfolgen *een bevel tot aanhouding tegen iem. uitvaardigen met opgave van signalement.*

Steckdose ⟨v.⟩ **0.1** ***stopcontact, (wand)contactdoos.***

stecken I ⟨onov.ww.→t152⟩ **0.1** ***steken*** ⇒*zitten, zijn, zich bevinden* ◆ **1.1** voller Einfälle ~ *vol ideeën zitten* **5.1** ⟨inf.⟩ wo steckt mein Buch? *waar ligt, is mijn boek?;* ⟨inf.⟩ wo hast du gesteckt? *waar heb jij gezeten, uitgehangen?* **6.1** ⟨inf.⟩ wer steckt **hinter** der Sache? *wie zit daarachter?;* ⟨inf.⟩ **in** ihm steckt eine Krankheit *hij heeft een ziekte onder de leden;* ⟨inf.; fig.⟩ **in** jmdm. steckt etwas *er zit, steekt wat in iem.;*
II ⟨ov.ww.; steeds zwak⟩ **0.1** ***steken, stoppen*** ⇒*brengen, plaatsen, zetten* **0.2** ⟨reg.⟩ ***poten*** ◆ **4.¶** ⟨inf.⟩ jmdm. etwas ~ *iem. iets verklappen, overbrengen;* ⟨inf.⟩ es jmdm. ~ *iem. zijn mening zeggen* **6.1** ⟨inf.; fig.⟩ sich **hinter** jmdn. ~ *iem. in de arm nemen;* ⟨inf.; fig.⟩ sich **hinter** eine Sache ~ *aan iets gaan staan, iets aanpakken;* sich ⟨3e nv.⟩ etwas **in** die Tasche ~, etwas **zu** sich ~ *iets in zijn zak steken;* ⟨inf.⟩ ein Kind **ins** Bett ~ *een kind in bed stoppen.*

Stecken ⟨m.; ~s, ~⟩⟨reg., vooral Zdd.⟩ **0.1** ***stok.***

steckenbleiben **0.1** ***blijven steken*** ⇒⟨inf.⟩ *stokken.*

steckenlassen **0.1** ***laten steken, laten zitten*** ⟨ook fig.⟩.

Steckenpferd ⟨o.⟩ **0.1** ***stokpaard(je)*** ⇒⟨fig.⟩ *liefhebberij.*

Stecker ⟨m.; ~s, ~⟩ **0.1** ***stekker.***

Steckkontakt ⟨m.⟩⟨vero.⟩ **0.1** ***stekker.***

Steckling ⟨m.; ~s, ~e⟩⟨plantk.⟩ **0.1** ***stek(je).***

Stecknadel ⟨v.⟩ **0.1** ***speld*** ◆ **6.1** ⟨inf.; fig.⟩ eine ~ **im** Heuhaufen, Heuschober suchen *een speld, naald in een hooiberg zoeken.*

Stecknadelkissen ⟨o.⟩ **0.1** ***speldenkussen.***

Steckreis ⟨o.⟩⟨plantk.⟩ **0.1** ***stek(je).***

Steckschlüssel ⟨m.⟩ **0.1** ***dopsleutel.***

Steckschuß ⟨m.⟩ **0.1** ⟨schotwond waarbij de kogel in het lichaam is blijven steken⟩.

Steckschwamm ⟨m.⟩ **0.1** ***oasis*** ⟨bloemschikken⟩.

Steckzwiebel ⟨v.⟩ **0.1** ***pootui*** **0.2** ***bloembol*** ⟨om te poten⟩.

Steg ⟨m.; ~(e)s, ~e⟩ **0.1** ***v(l)onder, plank*** **0.2** ***smalle brug, bruggetje*** **0.3** ***landingssteiger*** **0.4** ***loopplank*** **0.5** ***kam*** ⟨van snaarinstrument⟩ **0.6** ***souspied, voetriempje*** **0.7** ***brug*** ⟨van bril⟩ **0.8** ***tussen-, verbindingsstuk.***

Stegreif ⟨m.⟩ ◆ **6.¶ aus** dem ~ *voor de vuist (weg), onvoorbereid.*

Stegreifdichter ⟨m.⟩ **0.1** ***improviserend dichter.***

Stegreifspiel ⟨o.⟩⟨dram.⟩ **0.1** ***improvisatietoneel.***

Stehaufmännchen ⟨o.⟩ **0.1** ***duikelaartje*** **0.2** ⟨inf.; fig.⟩ ***iem. die niet klein te krijgen is.***

Stehempfang ⟨m.⟩ **0.1** ***staande receptie.***

stehen ⟨→t153⟩ **I** ⟨onov.ww.; Zdd., Oostr., Zwi. s.⟩ **0.1** ***staan*** ⇒*zijn* **0.2** ***stilstaan*** **0.3** ***instaan*** ⇒*garanderen, aansprakelijk zijn* **0.4** ⟨inf.⟩ ***klaar, af zijn*** ⇒*rond zijn* **0.5** ⟨inf.; jeugdtaal⟩ ***helemaal gek, kapot zijn*** ⟨van iets⟩ **0.6** ⟨Zwi.⟩ ***gaan staan*** ◆ **1.2** ein ~des Gewässer *een stilstaand water* **1.4** das Haus steht *het huis is klaar* **3.1** es steht zu befürchten, daß ... *het is te vrezen, staat te duchten dat ...* **5.1** wie ~ Sie dazu? *hoe staat u daartegenover?;* ⟨inf.⟩ etwas ~d freihändig können *iets perfect kunnen;* freundschaftlich, gut mit jmdm. ~ *op vriendschappelijke, goede voet met iem. staan;* es steht gut für mich *het staat er voor*

mij goed voor; wie steht's mit deiner, um deine Gesundheit? *hoe gaat het met je gezondheid?;* ⟨sp.⟩ wie steht es? *hoe is de stand?* **6.1 am** Fenster ~ *bij het raam staan;* **auf** dieses Verbrechen steht (die) Todesstrafe *op dit misdrijf staat de doodstraf;* die Mark steht **bei** 1,10 *de mark staat op 1,10;* die Entscheidung steht **bei** ihm *de beslissing ligt bij hem;* es steht **bei** euch *het hangt van jullie af;* **im** Stehen (essen) *(al) staande (eten);* **über** jmdm. ~ (a) *boven iem. staan,* ⟨als chef⟩ *iemands chef zijn* (b) ⟨fig.⟩ *de meerdere van iem. zijn, iem. de baas zijn;* **unter** jmdm. ~ *een lagere positie bekleden dan iem., iemands ondergeschikte zijn;* **zu** jmdm. ~ *aan iemands zijde staan* **6.2 zum** Stehen bringen *tot staan brengen;* **zum** Stehen kommen *tot stilstand komen* **6.3** ich stehe **dafür** *ik sta ervoor in;* ich stehe **für** nichts *ik sta nergens voor in;* **zu** seinen Taten ~ *achter zijn daden staan, de verantwoording voor zijn daden op zich nemen;* **zu** seinem Versprechen ~ *zijn belofte houden* **6.5** ich stehe **auf** dich *ik ben helemaal weg van jou;*
II ⟨ov.ww.⟩ **0.1** ***staan*** ◆ **1.1** einem Maler Modell ~ *voor een schilder poseren;* Wache ~ *op wacht staan;* ⟨sp.⟩ ein gestandener Sprung *een geslaagde sprong;*
III sich ~ ⟨wk.ww.⟩⟨inf.⟩ **0.1** ***(geld) verdienen*** **0.2** ***staan*** ◆ **5.1** er steht sich gut *hij is in goeden doen;* er stand sich gut dabei *hij voer daar wel bij* **6.1** sich **auf** 5.000 Mark monatlich ~ *5.000 mark in de maand verdienen* **6.2** sich **mit** jmdm. gut ~ *op goede voet met iem. staan.*

stehenbleiben **0.1** ***blijven staan*** **0.2** ***(blijven) stilstaan*** ◆ **5.1** wo sind wir stehengeblieben? *waar zijn we gebleven?*

stehenlassen **0.1** ***laten staan*** ◆ **8.1** alles liegen- und ~, alles stehen- und liegenlassen *de boel de boel laten.*

Steher ⟨m.; ~s, ~⟩⟨sp.⟩ **0.1** ***stayer*** **0.2** ***langebaandraver.***

Stehgeiger ⟨m.⟩ **0.1** ***leider v.e. strijkje.***

Stehkragen ⟨m.⟩ **0.1** ***(op)staand kraagje*** **0.2** ***stijve, staande boord.***

Stehlampe ⟨v.⟩ **0.1** ***staande lamp.***

Stehleiter ⟨v.⟩ **0.1** ***trapladder.***

stehlen ⟨→t154⟩ **I** ⟨ov. & onov.ww.⟩ **0.1** ***stelen*** ⇒*ontstelen* ◆ **1.1** jmdm. den Schlaf ~ *iem. uit zijn slaap houden* **3.1** ⟨inf.⟩ das kann mir gestohlen bleiben *dat kan me gestolen worden;*
II sich ~ ⟨wk.ww.⟩ **0.1** ***sluipen*** ⇒*stilletjes verdwijnen, voorzichtig te voorschijn komen.*

Stehplatz ⟨m.⟩ **0.1** ***staanplaats.***

Stehpult ⟨o.⟩ **0.1** ***hoge lessenaar.***

Stehvermögen ⟨o.⟩⟨fig.⟩ **0.1** ***uithoudingsvermogen.***

Steiermark ⟨v.; ~; steeds met lidw.⟩ **0.1** ***Stiermarken.***

steif **0.1** ***stijf*** ⟨ook scheep.⟩ ⇒*stram, houterig,* ⟨fig.⟩ *gedwongen, stijfjes* **0.2** ***stijf*** ⟨ook scheep.⟩ ⇒*stevig, strak* **0.3** ⟨inf.⟩ ***sterk*** ◆ **1.2** eine ~e See *een woelige zee* **1.3** ein ~er Grog *een sterke grog* **8.1** ⟨inf.⟩ ~ und fest *bij hoog en bij laag.*

steifbeinig ⟨inf.⟩ **0.1** ***met stijve benen*** ⇒*stijfjes.*

Steife ⟨v.; ~, ~n⟩ **0.1** ⟨schr.⟩ ***stijfheid, stijfte*** ⇒*houterigheid* **0.2** ⟨bouwk.⟩ ***stut, steunbalk.***

steifen **I** ⟨ov.ww.⟩ **0.1** ***stijven, stijf maken*** **0.2** ⟨fig.⟩ ***stijven*** ⇒*(onder)steunen, sterken* **0.3** ⟨bouwk.⟩ ***verstijven, stutten, schoren*** **0.4** ⟨reg.⟩ ***stijven*** ⟨de was⟩;
II sich ~ ⟨wk.ww.⟩ **0.1** ***verstijven, stijf worden.***

Steifheit, Steifigkeit ⟨v.; ~⟩ **0.1** ***stijfheid, stijfte*** ⇒*houterigheid* **0.2** ***stijfheid*** ⟨ook tech.⟩ ⇒*stevigheid, sterkte.*

Steifleinen ⟨o.⟩ **0.1** ***kleermakerslinnen*** ⇒*grof, hard linnen.*

Steig ⟨m.; ~(e)s, ~e⟩ **0.1** ***smal, steil (berg)pad.***

Steigbügel ⟨m.⟩ **0.1** ***stijgbeugel*** ⟨ook med.⟩ ◆ **3.1** ⟨schr.; fig.⟩ jmdm. den ~ halten *iem. in het zadel helpen.*

Steigbügelhalter ⟨m.⟩⟨fig.⟩ **0.1** ***kruiwagen*** ⇒*helper.*

Steige ⟨v.; ~, ~n⟩⟨Zdd., Oostr.⟩ **0.1** ***steile weg, steil (berg)pad*** **0.2** ***kist(je)*** ⇒*krat* **0.3** ***hok.***

Steigeisen ⟨o.⟩ **0.1** ***klimijzer*** ⇒*klimspoor.*

steigen ⟨→t155⟩ **0.1** ***stijgen, klimmen*** ⇒*de hoogte ingaan, toenemen, rijzen* **0.2** ***stappen*** ⇒*in-, uitstappen* **0.3** ⟨inf.⟩ ***plaatsvinden, gebeuren*** **0.4** ⟨paarden⟩ ***steigeren*** ◆ **1.3** hier steigt eine Fete *hier wordt een fuif, feestje gehouden;* eine Fete ~ lassen *een feestje bouwen* **5.1** aufwärts ~ *omhooggaan, stijgen* **6.1 auf** einen Baum ~ *in een boom klimmen;* **auf** einen Berg ~ *een berg bestijgen, beklimmen;* **auf** 20 Grad ~ *oplopen tot 20 graden;* **aufs** Pferd ~ *het paard bestijgen, opzitten;* **im** Steigen sein *stijgende zijn, in stijgende lijn gaan;* ein Geruch stieg ihm **in** die Nase *een geur drong, kwam in zijn neus;* **um** ein Prozent ~ *(met) één procent stijgen;* **vom** Turm ~ *van de toren naar beneden komen* **6.2 aufs** Fahrrad ~ *op de fiets stappen;* **aus** dem Auto ~ *uit de auto stappen;* **in** den Bus ~ *in de bus stappen;* **in** den Keller ~ *de kelder ingaan;* ⟨inf.⟩ **ins** Bett ~ *naar bed gaan.*

Steiger ⟨m.; ~s, ~⟩ **0.1** ***steiger, aanlegplaats*** **0.2** ⟨mijnw.⟩ ***mijnopzichter.***

Steigerer ⟨m.; ~s, ~⟩ **0.1** ***bieder.***

steigern **I** ⟨ov.ww.⟩ **0.1** ***verhogen, opvoeren*** ⇒*vergroten, vermeerderen* **0.2** ***op een veiling kopen*** ⇒*mijnen* **0.3** ⟨taal.⟩ ***trappen van vergelijking vormen*** ◆ **1.1** gesteigertes Interesse *toegenomen belangstelling;*
II sich ~ ⟨wk.ww.⟩ **0.1** ***groter, opgevoerd worden, toenemen*** ⇒*stijgen, hoger worden* **0.2** ***steeds meer aangegrepen, meegesleept worden*** **0.3** ***verbeteren*** ⇒*beter worden* ◆ **6.1** etwas steigert sich **ins** Unerträgliche *iets neemt onverdraaglijke vormen aan.*

Steigerung ⟨v.; ~, ~en⟩ **0.1** ***stijging, verhoging*** ⇒*vermeerdering, opvoering* **0.2** ⟨taal.⟩ ***comparatie, vorming der trappen van vergelijking.***

Steigerungsstufe ⟨v.⟩⟨taal.⟩ **0.1** ***trap van vergelijking*** ◆ **2.1** die erste ~ *de comparatief, de vergrotende trap;* die zweite ~ *de superlatief, de overtreffende trap.*

Steigfähigkeit ⟨v.⟩ **0.1** ***klim-, stijgvermogen.***

Steigflug ⟨m.⟩ **0.1** ***stijgvlucht.***

Steighöhe ⟨v.⟩ **0.1** ***stijghoogte.***

Steigrohr ⟨o.⟩ **0.1** ***stijgbuis.***

Steigung ⟨v.; ~, ~en⟩ **0.1** ***stijging, klimming*** **0.2** ***helling*** **0.3** ***spoed, steek*** ⟨v.e. schroefdraad⟩.

steil **0.1** ***steil*** ⟨ook fig.⟩ **0.2** ⟨inf.⟩ ***geweldig, tof, te gek*** ◆ **2.1** ~ aufgerichtet *rechtop, recht omhoog.*

Steile ⟨v.; ~⟩ **0.1** ***steilte, steilheid.***

Steilhang ⟨m.⟩ **0.1** ***steile helling.***

Steilpaß ⟨m.⟩⟨sp.⟩ **0.1** ***dieptepass*** ⇒*hoge voorzet.*

Steilvorlage ⟨v.⟩ →**Steilpaß.**

Steilwandzelt ⟨o.⟩ **0.1** ***bungalowtent.***

Stein ⟨m.; ~(e)s, ~e⟩ **0.1** ***steen*** ⇒*baksteen, edelsteen, grafsteen* **0.2** ***pit, steen*** **0.3** ⟨sp.⟩ ***steen*** ⇒*stuk, schijf* ⟨schaak-, damspel⟩ ◆ **3.1** ⟨fig.⟩ das könnte einen ~ erbarmen, erweichen *dat zou een stenen hart kunnen vermurwen;* ⟨fig.⟩ mir fiel ein ~ vom Herzen *dat was een pak van mijn hart* **3.3** einen ~ schlagen *een stuk, steen slaan;* einen ~ setzen *een steen, stuk verplaatsen, een zet doen* **6.1** ⟨fig.⟩ den ersten ~ **auf** jmdn. werfen *de eerste steen naar iem. werpen;* ⟨inf.⟩ dir fällt kein ~ **aus** der Krone *je zult er niet minder door worden;* ⟨fig.⟩ jmdm. (die) ~e **aus** dem Weg räumen *voor iem. de weg effenen;* ⟨inf.; fig.⟩ der ~ kam **ins** Rollen *de zaak kwam aan 't rollen;* **zu** ~ werden ⟨ook fig.⟩ *verstenen* **6.¶** ⟨inf.⟩ bei jmdm. einen ~ **im** Brett haben *bij iem. een wit voetje hebben, bij iem. in de gunst staan* **8.¶** ⟨inf.⟩ es friert ~ und Bein *het vriest dat het kraakt;* ⟨inf.⟩ ~ und Bein schwören *bij hoog en (bij) laag zweren.* →**Glashaus, Tropfen.**

Steinadler ⟨m.⟩⟨biol.⟩ **0.1** ***steenarend.***
steinalt **0.1** ***stok-, oeroud.***
Steinbank ⟨v.; mv. ~e⟩ **0.1** ***stenen bank.***
Steinbock ⟨m.⟩ **0.1** ***steenbok*** **0.2** ⟨astrol.⟩ ***Steenbok.***
Steinboden ⟨m.⟩ **0.1** ***steenachtige grond*** **0.2** ***stenen vloer.***
Steinbohrer ⟨m.⟩ **0.1** ***steenboor.***
Steinbrech ⟨m.; ~(e)s, ~e⟩⟨plantk.⟩ **0.1** ***steenbreek.***
Steinbruch ⟨m.⟩ **0.1** ***steengroeve.***
Steinbutt ⟨m.⟩⟨biol.⟩ **0.1** ***tarbot.***
Steindruck ⟨m.; mv. ~e⟩⟨bk.⟩ **0.1** ***steendruk, lithografie.***
steinern **0.1** ***stenen, van steen*** ⇒⟨fig.⟩ *versteend.*
Steinerweichen ⟨o.⟩ ◆ **6.¶ zum** ~ *hartverscheurend.*
Steinfliese ⟨v.⟩ **0.1** ***vloertegel.***
Steinfrucht ⟨v.⟩ **0.1** ***steen-, pitvrucht.***
Steinfußboden ⟨m.⟩ **0.1** ***stenen vloer.***
Steingarten ⟨m.⟩ **0.1** ***rotstuin(tje).***
steingrau **0.1** ***steengrijs*** ⇒*blauwgrijs.*
Steingut ⟨o.; mv. ~e⟩ **0.1** ***geglazuurd aardewerk.***
Steinhalde ⟨v.⟩ **0.1** ***steenberg*** ⇒*steenhoop.*
steinhart **0.1** ***kei-, bikkelhard.***
Steinholz ⟨o.⟩ **0.1** ***houtgraniet.***
steinig **0.1** ***steenachtig, vol stenen, stenig*** **0.2** ⟨schr.; fig.⟩ ***moeizaam.***
steinigen **0.1** ***stenigen.***
Steinkauz ⟨m.⟩ **0.1** ***steenuil.***
Steinklee ⟨m.⟩ **0.1** ***honingklaver.***
Steinkohle ⟨v.⟩ **0.1** ***steenkool.***
Steinkohlenbergbau ⟨m.⟩ **0.1** ***steenkolenontginning.***
Steinkohlenbergwerk ⟨o.⟩ **0.1** ***(steen)kolenmijn.***
Steinkohlenförderung ⟨v.⟩ **0.1** ***steenkoolwinning.***
Steinkohlenrevier ⟨o.⟩ **0.1** ***steenkolenbekken*** ⇒*mijnstreek.*
Steinkohlenzeche ⟨v.⟩ **0.1** ***(steen)kolenmijn.***
Steinmarder ⟨m.⟩⟨biol.⟩ **0.1** ***fluwijn, steenmarter.***
Steinmetz ⟨m.; ~en, ~en⟩ **0.1** ***steenhouwer.***
Steinobst ⟨o.⟩ **0.1** ***steenvruchten.***
Steinpilz ⟨m.⟩⟨plantk.⟩ **0.1** ***eekhoorntjesbrood.***
Steinplatte ⟨v.⟩ **0.1** ***stenen plaat*** **0.2** ***(stenen) tegel.***
steinreich[1] ⟨bn.⟩ **0.1** ***schatrijk.***
steinreich[2] ⟨bn.⟩ **0.1** ***steenachtig, stenig, vol stenen.***
Steinsarg ⟨m.⟩ **0.1** ***sarcofaag.***
Steinschlag ⟨m.⟩ **0.1** ***steenslag*** ⇒*vallend gesteente, steengruis, split.*
Steinschlaggefahr ⟨v.⟩ **0.1** ***gevaar door vallend gesteente.***
Steinsetzer ⟨m.⟩ **0.1** ***stratenmaker.***
Steinwurf ⟨m.⟩ **0.1** ***steenworp*** ◆ **5.1** einen ~ weit *(op) een steenworp ervandaan.*
Steinzeit ⟨v.⟩ **0.1** ***stenen tijdperk.***
steinzeitlich **0.1** ***van, uit het stenen tijdperk*** ⟨ook inf.; fig.⟩.
Steinzeug ⟨o.⟩ **0.1** ***steengoed, gres.***
steirisch **0.1** ***Stiermarks.***
Steiß ⟨m.; ~es, ~e⟩ **0.1** ***stuit*** ⇒*achterste* **0.2** ⟨jacht⟩ ***staart.***
Steißbein ⟨o.⟩ **0.1** ***stuitbeen.***
Steißlage ⟨v.⟩⟨med.⟩ **0.1** ***stuitligging.***
Stellage ⟨v.; ~, ~n⟩ **0.1** ***stellage*** ⇒*open rek* **0.2** ⟨ec.⟩ ***stellage, put and call.***
Stelldichein ⟨o.; ~(s), ~(s)⟩ **0.1** ***rendez-vous.***
Stelle ⟨v.; ~, ~n⟩ **0.1** ***plaats, plek*** **0.2** ***passage*** ⇒*stuk, passus* **0.3** ***plaats*** ⟨in rangorde, rij⟩ **0.4** ***baan, betrekking*** ⇒ *plaats* **0.5** ***instantie*** ⇒*orgaan, bureau* **0.6** ⟨wisk.⟩ ***cijfer*** ◆ **2.1** ⟨fig.⟩ die schwachen ~n *de zwakke plekken, punten;* ⟨fig.⟩ eine weiche ~ *een tere, zwakke plek;* eine wunde ~ (a) *een wond* (b) ⟨fig.⟩ *een pijnlijke zaak* **2.4** freie, offene ~n *vacatures* **2.5** amtliche ~n *officiële instanties* **2.6** zwei ~n nach, hinter dem Komma *twee cijfers achter de komma* **3.4** eine ~ antreten *in functie, dienst treden* **6.1 an** dieser ~ *op deze plaats;* **an** deiner ~ *in jouw plaats;* **an** passender, unpassender ~ *op het juiste, verkeerde ogenblik;* **an** jmds. ~ treten *in de plaats van iem. komen;* ich möchte nicht **an** deiner ~ sein *ik zou niet in jouw schoenen willen staan;* etwas **an** die ~ von etwas setzen *iets vervangen door iets;* **an** ~ von *in plaats van;* **auf** der ~ *onmiddellijk, meteen;* **auf** der ~ tot *op slag dood;* ⟨inf.⟩ **auf** der ~ treten (a) *de pas markeren* (b) ⟨fig.⟩ *een pas op de plaats maken;* etwas **von** der ~ bewegen, rücken *iets verplaatsen, van zijn plaats krijgen;* ⟨fig.⟩ nicht **von** der ~ kommen *niet opschieten, niet vooruitkomen;* sich nicht **von** der ~ rühren *geen voet (kunnen) verzetten;* nicht **von** der ~ weichen *van geen wijken weten;* ⟨vooral mil.⟩ sich **zur** ~ melden *zich (present) melden;* **zur** ~ sein *ter plaatse, aanwezig,* ⟨mil.⟩ *present zijn* **6.3 an** erster ~ *op de eerste plaats;* **an** führender ~ stehen (a) *bovenaan staan* (b) *een leidinggevende functie bekleden.*
stellen I ⟨ov.ww.⟩ **0.1** ***stellen, plaatsen, zetten*** ⇒*gelijkzetten, neerzetten, brengen, salariëren* **0.2** ***zorgen voor*** ⇒*leveren, ter beschikking stellen* **0.3** ***aanhouden*** ⇒*te pakken krijgen, tot staan brengen* **0.4** ***ensceneren, in scène zetten*** ◆ **1.1** einen Antrag ~ *een motie, verzoek(schrift) indienen;* jmdm. eine Aufgabe ~ *iem. een taak stellen, opgeven;* der Hund stellt die Ohren *de hond zet zijn oren op;* die Uhr ~ *de klok, het horloge gelijkzetten* **1.2** einen Stellvertreter ~ *voor een plaatsvervanger zorgen;* Zeugen ~ *getuigen voorbrengen, presenteren* **1.3** einen Verbrecher ~ *een misdadiger aanhouden* **3.1** etwas nicht ~ können *geen plaats hebben voor iets;* gut gestellt sein *in goeden doen zijn* **4.3** jmdn. ~ (a) *iem. aanhouden* (b) *iem. ter verantwoording roepen* **6.1** Stühle **an** den Tisch ~ *stoelen bij de tafel zetten;* **auf** sich ⟨4e nv.⟩ gestellt sein *op zichzelf aangewezen zijn;* ⟨fig.⟩ eine Sache **über** eine andere ~ *de voorkeur geven aan iets, iets verkiezen boven iets anders;* etwas **unter** ein Thema ~ *iets onder een thema plaatsen;* **zur** Diskussion, Erörterung ~ *ter discussie stellen;*
II sich ~ ⟨wk.ww.⟩ **0.1** ***gaan staan*** ⇒*zich plaatsen* **0.2** ***zich houden*** ⇒*doen alsof, veinzen* **0.3** ***zich aangeven, zich melden*** **0.4** ***een standpunt innemen*** **0.5** ***bereid zijn*** ⇒*opkomen, aantreden* **0.6** ⟨reg.⟩ ***(blijven) staan*** **0.7** ⟨mil.⟩ ***opkomen*** ⟨in dienst⟩ **0.8** ⟨reg.⟩ ***gesitueerd zijn*** ⇒*ervoor staan* **0.9** ⟨Oostr.⟩ ***kosten*** ◆ **1.3** sich der Polizei ~ *zich bij de politie aangeven, melden* **1.5** sich den Fragen ~ *op de vragen ingaan;* sich der Presse ~ *de pers te woord staan* **4.3** es stellt sich die Frage *de vraag rijst* **5.2** sich dumm, unwissend ~ *zich van den domme houden;* sich schlafend ~ *zich slapende houden* **5.4** sich mit jmdm. gut ~ *met iem. overweg kunnen, het met iem. kunnen vinden* **6.1** sich **ans** Fenster ~ *bij het raam gaan staan;* sich **gegen** jmdn. ~ *zich tegen iem. keren;* sich **hinter** jmdn. ~ *achter iem. gaan staan;* sich (schützend) **vor** jmdn. ~ *(verdedigend) vóór iem. gaan staan* **6.4** wie stellst du dich **zu** diesem Problem? *hoe sta jij tegenover dit probleem?* **6.5** sich **zu** seinen Taten ~ *de verantwoordelijkheid voor zijn daden op zich nemen* **6.8** ich stelle mich **auf** 2.000 Mark monatlich *ik verdien 2.000 mark per maand* **6.9** sich **auf** 200 Mark ~ *200 mark kosten, op 200 mark komen.*
Stellenabbau ⟨m.⟩ **0.1** ***het schrappen van arbeidsplaatsen.***
Stellenangebot ⟨o.⟩ **0.1** ***aangeboden betrekking(en).***
Stellenanzeige ⟨v.⟩ **0.1** ***personeelsadvertentie.***
Stellenbesetzung ⟨v.⟩ **0.1** ***vervulling v.e. vacature.***
Stellengesuch ⟨o.⟩ **0.1** ***sollicitatie(brief)*** **0.2** ***advertentie 'betrekking gezocht'.***

stellenlos 0.1 ***werkloos, zonder werk.***
Stellenmarkt ⟨m.⟩ 0.1 ***arbeidsmarkt.***
Stellennachweis ⟨m.⟩ 0.1 ***(advertentie)rubriek over, overzicht van aangeboden en gevraagde betrekkingen*** ⇒*rubriek 'personeel'* 0.2 ***arbeidsbureau.***
Stellenplan ⟨m.⟩ 0.1 ***(aantal) formatieplaatsen*** ⇒*formatiebestand.*
Stellenvermittlung ⟨v.⟩ 0.1 ***(bureau voor) arbeidsbemiddeling.***
Stellenwechsel ⟨m.⟩ 0.1 ***verandering van betrekking, baan.***
stellenweise 0.1 ***hier en daar*** ⇒*plaatselijk, gedeeltelijk.*
Stellenwert ⟨m.⟩ 0.1 ***betekenis, functie*** ⇒*plaats* 0.2 ⟨wisk.⟩ ***getallenwaarde*** ◆ 3.1 einen wichtigen ~ aufweisen *een belangrijke plaats innemen.*
Stellfläche ⟨v.⟩ 0.1 ***plaats (om iets te zetten).***
Stellmacher ⟨m.⟩ 0.1 ***wagenmaker.***
Stellplatz ⟨m.⟩ 0.1 ***staanplaats*** ⇒*(parkeer)plaats* 0.2 ***verzamelplaats.***
Stellrad ⟨o.⟩ 0.1 ***regel-, stelknop*** 0.2 ***kompas*** ⟨aan horloge⟩.
Stellschraube ⟨v.⟩ 0.1 ***stel-, regelschroef.***
Stellung ⟨v.; ~, ~en⟩ 0.1 ***houding*** ⇒*positie, stand(je)* 0.2 ***stand*** ⇒*stelling, positie, plaats* 0.3 ***betrekking, positie*** ⇒*functie* 0.4 ***positie, rang*** 0.5 ***houding, standpunt*** 0.6 ⟨mil.⟩ ***stelling*** ⇒*positie* 0.7 ⟨Oostr.; mil.⟩ ***keuring*** ◆ 2.4 gesellschaftliche ~ *maatschappelijke positie* 3.3 seine ~ behalten (a) *zijn betrekking (be)houden* (b) ⟨fig.⟩ *de baas blijven* 3.5 ~ beziehen *een standpunt innemen* 3.6 ⟨fig.; scherts.⟩ die ~ halten *op post blijven* 6.2 etwas **in** ~ bringen *iets in stelling brengen, opstellen* 6.3 **in** gehobener ~ (tätig) sein *een hoge positie bekleden* 6.5 **für** jmdn. ~ nehmen *het voor iem. opnemen;* **gegen** jmdn. ~ nehmen *zich tegen iem. keren, kanten;* **zu** einer Sache ~ nehmen *zijn houding, standpunt bepalen tegenover iets* 6.6 **in** ~ gehen *de posities innemen.*
Stellungnahme ⟨v.; ~, ~n⟩ 0.1 ***stellingname, positiebepaling*** ⇒*positie.*
Stellungskrieg ⟨m.⟩ 0.1 ***stellingoorlog.***
stellungslos 0.1 ***werkloos.***
Stellungssuchende(r) ⟨bn. als zn.⟩ 0.1 ***werkzoekende.***
Stellungswechsel ⟨m.⟩ 0.1 ***verandering van betrekking*** ⇒*verandering van werkkring* 0.2 ⟨mil.; fig.⟩ ***verandering van positie.***
stellvertretend 0.1 ***plaatsvervangend*** ⇒*loco-, substituut-, waarnemend, vice-.*
Stellvertreter ⟨m.⟩ 0.1 ***plaatsvervanger*** ⇒*waarnemer.*
Stellvertretung ⟨v.⟩ 0.1 ***plaatsvervanging*** ⇒*waarneming,* ⟨jur.⟩ *vertegenwoordiging.*
Stellwerk ⟨o.⟩⟨verk.⟩ 0.1 ***seinhuisje.***
Stelzbein ⟨o.⟩ 0.1 ***houten been*** 0.2 ⟨inf.⟩ ***iem. met een houten been.***
Stelze ⟨v.; ~, ~n⟩ 0.1 ***stelt*** ⇒⟨inf.⟩ *lang, dun been, spillebeen* 0.2 ⟨biol.⟩ ***kwikstaart*** 0.3 ⟨Oostr.⟩ ***(varkens-, kalfs)pootje*** ◆ 3.1 ~n laufen *steltlopen* 6.1 **auf** ~n gehen *op stelten lopen.*
stelzen ⟨s.⟩ 0.1 ***steltlopen, op stelten lopen*** 0.2 ***met stijve passen, houterig lopen*** ◆ 1.¶ ein gestelzter Stil *een (stijve en) hoogdravende stijl.*
Stelzenläufer ⟨m.⟩ 0.1 ***steltloper*** 0.2 ⟨biol.⟩ ***steltkluut.***
Stelzfuß ⟨m.⟩ 0.1 ***houten been, stelt*** 0.2 ⟨inf.⟩ ***iem. met een houten been.***
Stelzvogel ⟨m.⟩ 0.1 ***steltloper, steltvogel.***
Stemmbogen ⟨m.⟩⟨sp.⟩ 0.1 ***remboog.***
Stemmeisen ⟨o.⟩ 0.1 ***steekbeitel*** ⇒*breekijzer, fermoor.*
stemmen I ⟨onov.ww.⟩⟨skiën⟩ 0.1 ***een remboog maken;***
II ⟨ov.ww.⟩ 0.1 ***heffen*** ⇒*(op)tillen* 0.2 ***duwen, drukken*** ⇒*(met kracht) zetten, steunen, zich schrap zetten* 0.3 ***beitelen*** ⇒*steken, hakken* 0.4 ⟨inf.⟩ ***achteroverdrukken*** ⇒*gappen* ◆ 1.1 ⟨sp.⟩ Gewichte ~ *gewichtheffen* 4.¶ ⟨inf.⟩ einen ~ *er eentje pakken* 6.1 **in** die Höhe ~ *optillen;*
III sich ~ ⟨wk.ww.⟩ 0.1 ***zich schrap zetten*** ⟨ook fig.⟩ ⇒*duwen* 0.2 ***zich (met kracht) oprichten*** ⇒*(zich) duwen.*
Stempel ⟨m.; ~s, ~⟩ 0.1 ***stempel*** ⟨ook fig.; bouwk.⟩ ⇒*zegel, (ken)merk,* ⟨tech.⟩ *stamper, pons* 0.2 ***keur*** ⟨op goud, zilver⟩ 0.3 ⟨plantk.⟩ ***stamper*** 0.4 ⟨mijnw.⟩ ***stut, stijl*** 0.5 ⟨inf.; fig.⟩ ***olifantsbeen*** ⇒*dik, log been* ◆ 3.1 ⟨fig.⟩ einer Sache seinen ~ aufdrücken *op iets zijn stempel drukken.*
Stempelfarbe ⟨v.⟩ 0.1 ***stempelinkt.***
Stempelmarke ⟨v.⟩ 0.1 ***(plak)zegel.***
stempeln I ⟨onov.ww.⟩⟨vero.; inf.⟩ 0.1 ***stempelen*** ⇒*werkloos zijn* ◆ 3.1 ~ gehen *steun trekken;*
II ⟨ov.ww.⟩ 0.1 ***stempelen*** ⇒⟨fig. vooral⟩ *bestempelen, afstempelen, een stempel drukken op* 0.2 ***zegelen.***
Stempelsteuer ⟨v.⟩ 0.1 ***zegelrecht(en), belasting.***
Stengel ⟨m.; ~s, ~⟩ 0.1 ***stengel, steel*** ◆ 6.¶ ⟨inf.⟩ fast **vom** ~ fallen *perplex staan, stomverbaasd zijn.*
Stenogramm ⟨o.; ~(e)s, ~e⟩ 0.1 ***stenogram.***
Stenogrammblock ⟨m.; mv. ~̈e of ~s⟩ 0.1 ***stenoblok.***
Stenograph ⟨m.; ~en, ~en⟩ 0.1 ***stenograaf.***
Stenographie ⟨v.; ~, ~n⟩ 0.1 ***stenografie.***
stenographieren 0.1 ***stenograferen.***
stenotypieren 0.1 ***stenotypen.***
Stenotypistin ⟨v.⟩ 0.1 ***stenotypiste.***
Stentorstimme ⟨v.⟩⟨schr.⟩ 0.1 ***stentorstem.***
Step ⟨m.; ~s, ~s⟩ 0.1 ***tapdans*** 0.2 ⟨sp.⟩ ***stap.***
Stepp ⟨m.⟩⟨nw.spel.⟩ →**Step.**
Steppdecke ⟨v.⟩ 0.1 ***doorgestikt dekbed.***
Steppe ⟨v.; ~, ~n⟩ 0.1 ***steppe.***
steppen I ⟨onov.ww.⟩ 0.1 ***tapdansen;***
II ⟨ov.ww.⟩ 0.1 ***(door)stikken.***
Steppenwolf ⟨m.⟩ 0.1 ***steppe-, prairiewolf.***
Stepper ⟨m.; ~s, ~⟩ 0.1 ***tapdanser.***
Stepperei ⟨v.; ~, ~en⟩ 0.1 ***stikselgarnering, stikwerk.***
Steppke ⟨m.; ~(s), ~s⟩⟨reg.⟩ 0.1 ***dreumes, ukkie.***
Steppnaht ⟨v.⟩ 0.1 ***stiknaad, gestikte naad.***
Steppstich ⟨m.⟩ 0.1 ***steksteek.***
Sterbebett ⟨o.⟩ 0.1 ***sterf-, doodsbed.***
Sterbebuch ⟨o.⟩ 0.1 ***sterf-, overlijdensregister.***
Sterbefall ⟨m.⟩ 0.1 ***sterfgeval.***
Sterbegebet ⟨o.⟩ 0.1 ***gebed voor een stervende.***
Sterbegeld ⟨o.⟩ 0.1 ***uitkering bij overlijden.***
Sterbeglocke ⟨v.⟩ 0.1 ***doodsklok.***
Sterbehemd ⟨o.⟩ 0.1 ***doodshemd.***
Sterbehilfe ⟨v.⟩ 0.1 ***euthanasie.***
Sterbekasse ⟨v.⟩ 0.1 ***begrafenisfonds.***
Sterbelager ⟨o.⟩⟨schr.⟩ 0.1 ***doods-, sterfbed.***
sterben ⟨→t156⟩ 0.1 ***sterven*** ⟨ook fig.⟩, ***overlijden*** ⇒*doodgaan,* ⟨fig.⟩ *verdwijnen, vergaan* ◆ 2.1 das große Sterben *de massale, grote sterfte* 3.1 ⟨inf.; fig.⟩ gestorben sein *van de baan zijn, afgedaan hebben* 5.1 ⟨inf.; fig.⟩ daran stirbt man nicht gleich *daar ga je niet van dood* 6.1 ⟨fig.⟩ **für** jmdn. gestorben sein *bij iem. afgedaan hebben;* **im** Sterben liegen *op sterven liggen;* ⟨inf.; fig.⟩ **vor** Angst ~ *het van schrik besterven;* **zum** Sterben langweilig *dood-, oer-, stomvervelend.*
Sterbensangst ⟨v.⟩ 0.1 ***doodsangst.***
sterbenskrank 0.1 ***doodziek.***
sterbenslangweilig 0.1 ***dood-, stomvervelend.***
Sterbensseele ⟨v.⟩ ◆ 4.¶ keine, nicht eine ~ *geen sterveling.*
Sterbens|wort, -wörtchen ⟨o.⟩ ◆ 4.¶ kein, nicht ein ~ *geen stom, enkel woord.*

Sterbesakramente ⟨alleen mv.⟩⟨rel.⟩ **0.1** ***sacramenten der stervenden.***

Sterbestunde ⟨v.⟩ **0.1** ***doods-, sterfuur.***

Sterbeurkunde ⟨v.⟩ **0.1** ***akte van overlijden.***

Sterbeziffer ⟨v.⟩ **0.1** ***sterftecijfer, mortaliteit.***

Sterbezimmer ⟨o.⟩ **0.1** ***sterfkamer.***

sterblich **0.1** ***sterfelijk*** ⇒*vergankelijk, stoffelijk* ◆ **2.¶** ~ verliebt *smoorverliefd.*

Sterbliche(r) ⟨bn. als zn.⟩ **0.1** ***sterveling.***

Sterblichkeit ⟨v.; ~⟩ **0.1** ***sterfelijkheid*** **0.2** ***sterfte*** ⇒*sterftecijfer.*

Sterblichkeitsrate ⟨v.⟩ **0.1** ***sterftecijfer, mortaliteit.***

Stereoanlage ⟨v.⟩ **0.1** ***stereo-installatie.***

Stereometrie ⟨v.; ~⟩⟨wisk.⟩ **0.1** ***stereometrie.***

Stereoton ⟨m.⟩ **0.1** ***stereogeluid.***

stereotyp **0.1** ***stereotiep*** ⇒*vast.*

steril **0.1** ***steriel*** ⇒*kiemvrij, onvruchtbaar.*

sterilisieren **0.1** ***steriliseren*** ⇒*onvruchtbaar, kiemvrij maken.*

Sterilität ⟨v.; ~⟩ **0.1** ***steriliteit*** ⇒*onvruchtbaarheid.*

Stern ⟨m.; ~(e)s, ~e⟩ **0.1** ***ster*** ⇒*gesternte, sterretje* **0.2** ⟨fig.⟩ ***oogappel*** ⇒*lieveling* ◆ **2.1** ⟨fig.⟩ unter einem glücklichen ~ *onder een gelukkig gesternte* **3.1** ⟨fig.⟩ sein ~ geht auf, ist im Aufgehen *zijn ster is aan 't rijzen;* ⟨fig.⟩ jmds. ~ erbleicht, sinkt *iemands ster verbleekt* **6.1** ⟨fig.⟩ **nach** den ~en greifen *de sterren van de hemel willen plukken.*

Sternbild ⟨o.⟩ **0.1** ***sterrenbeeld.***

Sternchen ⟨o.; ~s, ~⟩ **0.1** ***sterretje*** ⇒⟨film.⟩ *starlet,* ⟨boek.⟩ *asterisk.*

Sterndeuter ⟨m.⟩ **0.1** ***sterrenwichelaar.***

Sterndeutung ⟨v.⟩ **0.1** ***sterrenwichelarij.***

Sternenbanner ⟨o.⟩ **0.1** ***stars and stripes, Amerikaanse vlag.***

sternenhell ⟨schr.⟩ →**sternhell.**

sternenklar **0.1** ***zo helder dat men de sterren kan zien*** ⇒ *helder.*

Sternenkrieg ⟨m.⟩ **0.1** ***star wars, SDI.***

Sternenzelt ⟨o.⟩⟨schr.⟩ **0.1** ***sterrendak*** ⇒*sterrenhemel.*

Sternfahrt ⟨v.⟩⟨sp.⟩ **0.1** ***sterrit, rally.***

sternhagelvoll **0.1** ***stomdronken.***

sternhell **0.1** ***door de sterren helder verlicht.***

Sternhimmel ⟨m.⟩ **0.1** ***sterrenhemel.***

Sternkarte ⟨v.⟩ **0.1** ***sterren-, hemelkaart.***

Sternkunde ⟨v.⟩ **0.1** ***sterrenkunde*** ⇒*astronomie.*

Sternmarsch ⟨m.⟩ **0.1** ***rally (te voet)*** ⇒*oriëntatietocht* **0.2** ***grote centrale betoging.***

Sternschnuppe ⟨v.⟩ **0.1** ***vallende ster.***

Sternstunde ⟨v.⟩ **0.1** ***beslissend uur, moment*** ⇒*groots moment.*

Sternwarte ⟨v.⟩ **0.1** ***sterrenwacht, observatorium.***

Sternzeichen ⟨o.⟩ **0.1** ***teken v.d. dierenriem.***

Sterz ⟨m.; ~es, ~e⟩ **0.1** ***stuit*** ⇒*staart* **0.2** ***ploegstaart.***

stet ⟨schr.⟩ **0.1** ***gestaag, bestendig, voortdurend*** ⇒*constant, permanent.* →**Tropfen.**

Stethoskop ⟨o.; ~s, ~e⟩⟨med.⟩ **0.1** ***stethoscoop.***

stetig **0.1** ***bestendig, gestaag*** ⇒*onafgebroken, constant, continu* **0.2** ⟨ec.⟩ ***vast.***

Stetigkeit ⟨v.; ~⟩ **0.1** ***vast-, bestendigheid*** ⇒*continuïteit.*

stets **0.1** ***steeds, altijd*** ◆ **8.1** ~ und ständig *alsmaar (door).*

Steuer[1] ⟨v.; ~, ~n⟩ **0.1** ***belasting*** ⇒*heffing,* ⟨inf.⟩ *(dienst der) belastingen* ◆ **3.1** ~n abführen, entrichten *belasting betalen;* ~n eintreiben, einziehen *belasting(en) innen;* ~n erheben auf eine Sache *belasting heffen op iets* **6.1** etwas **mit** einer ~ belegen *belasting op iets heffen;* etwas **von** der ~ absetzen *iets van de belasting aftrekken.*

Steuer[2] ⟨o.; ~s, ~⟩ **0.1** ***stuur*** ⇒*(stuur)roer,* ⟨fig.⟩ *roer* ◆ **3.1** das ~ herumreißen, herumwerfen *het stuur,* ⟨fig.⟩ *roer omgooien*

Steuerabzug ⟨m.⟩ **0.1** ***belastingaftrek.***

Steueraufkommen ⟨o.⟩ **0.1** ***belastingopbrengst.***

steuerbar **0.1** ***bestuurbaar*** **0.2** ***belastbaar.***

Steuerbeamte(r) ⟨bn. als zn.; m.⟩ **0.1** ***belastingambtenaar.***

Steuerbefreiung ⟨v.⟩ **0.1** ***belastingvrijstelling.***

steuerbegünstigt **0.1** ***met (een) belastingvoordeel*** ⇒*fiscaal voordelig.*

Steuerbegünstigung ⟨v.⟩ **0.1** ***belastingfaciliteit.***

Steuerbehörde ⟨v.⟩ **0.1** ***fiscus, belastingdienst.***

Steuerbemessungsgrundlage ⟨v.⟩ **0.1** ***belastinggrondslag.***

Steuerberater ⟨m.⟩ **0.1** ***belastingconsulent.***

Steuerbescheid ⟨m.⟩ **0.1** ***aanslag-, belastingbiljet.***

Steuerbord ⟨o.⟩⟨scheep.⟩ **0.1** ***stuurboord.***

steuerbord(s) **0.1** ***aan stuurboord(zijde).***

Steuereinnahme ⟨v.⟩ **0.1** ***belastingontvangst*** ⇒⟨mv.⟩ *belastinginkomsten.*

Steuereinnehmer ⟨m.⟩ **0.1** ***ontvanger der belastingen.***

Steuererhebung ⟨v.⟩ **0.1** ***belastingheffing.***

Steuererklärung ⟨v.⟩ **0.1** ***aangiftebiljet, belastingaangifte.***

Steuererleichterung ⟨v.⟩ **0.1** ***belastingverlichting.***

Steuererstattung ⟨v.⟩ **0.1** ***teruggave van belasting*** ⇒*belastingrestitutie.*

Steuerfahndung ⟨v.⟩ **0.1** ***fiscale opsporingsdienst.***

Steuerflucht ⟨v.⟩ **0.1** ***belastingvlucht.***

Steuerformular ⟨o.⟩ **0.1** ***belastingformulier.***

steuerfrei **0.1** ***belastingvrij.***

Steuerfreibetrag ⟨m.⟩ **0.1** ***belastingvrije voet.***

Steuerfreiheit ⟨v.⟩ **0.1** ***vrijstelling van belasting.***

Steuergerät ⟨o.⟩ **0.1** ⟨com.⟩ ***receiver*** ⇒*tuner-versterker* **0.2** ⟨tech.⟩ ***bedieningsapparaat, controller*** ⇒*schakelinrichting.*

Steuergroschen ⟨m.⟩⟨inf.⟩ **0.1** ***belastinggeld, -cent.***

Steuerhebel ⟨m.⟩ **0.1** ***stuurknuppel*** ⇒*bedieningshefboom.*

Steuerhinterziehung ⟨v.⟩ **0.1** ***belastingontduiking.***

Steuerkarte ⟨v.⟩ **0.1** ***loonbelastingkaart.***

Steuerklasse ⟨v.⟩ **0.1** ***belasting-, tariefgroep.***

Steuerlast ⟨v.⟩ **0.1** ***belastingdruk.***

steuerlich **0.1** ***fiscaal, belasting-, v.d. belasting(en)*** ◆ **1.1** ~e Belastung *belastingdruk;* ~e Vergünstigungen *belastingfaciliteiten.*

Steuermann ⟨m.; mv. Steuerleute⟩ **0.1** ***stuurman*** ⟨ook sp.⟩.

Steuermarke ⟨v.⟩ **0.1** ***belasting-, hondenpenning*** **0.2** ***belastingzegel, fiscale zegel.***

steuern **I** ⟨onov.ww.⟩ **0.1** ***sturen*** **0.2** ⟨s.⟩ ***koers zetten, koersen*** ⟨ook fig.⟩ ⇒*stevenen, varen* **0.3** ⟨h.; met 3e nv.; schr.⟩ ***tegengaan*** ⇒*ingaan, optreden (tegen), stuiten* ◆ **5.2** ⟨fig.⟩ wohin steuert unsere Regierung? *welke koers volgt onze regering?* **6.2** ⟨fig.⟩ **in** sein Unglück ~ *in zijn ongeluk lopen;* **II** ⟨ov.ww.⟩ **0.1** ***besturen*** ⇒*sturen* **0.2** ⟨tech.⟩ ***regelen*** ⇒ *bedienen* **0.3** ⟨fig.⟩ ***beïnvloeden*** ⇒*sturen* ◆ **1.1** Nordkurs ~ *naar het noorden koers zetten, koersen;*
III sich ~ ⟨wk.ww.⟩ **0.1** ***te besturen zijn*** ⇒*sturen.*

Steuernachlaß ⟨m.⟩ **0.1** ***belastingvermindering.***

Steueroase ⟨v.⟩⟨inf.⟩ **0.1** ***belastingparadijs.***

steuerpflichtig **0.1** ***belastingplichtig*** ⇒*aan belasting onderhevig.*

Steuerprogramm ⟨o.⟩ **0.1** ***besturingsprogramma.***

Steuerprüfer ⟨m.⟩ **0.1** ***belastingcontroleur*** **0.2** ***accountant.***

Steuerpult ⟨o.⟩ **0.1** ***schakelpaneel*** ⇒*schakeltafel.*

Steuerrad ⟨o.⟩ **0.1** ***stuur(rad), stuurwiel.***
Steuerrecht ⟨o.⟩ **0.1** ***belastingrecht, fiscaal recht.***
Steuersatz ⟨m.⟩ **0.1** ***belastingtarief, -percentage.***
Steuerschraube ⟨v.⟩⟨inf.⟩ **0.1** ***belastingschroef*** ◆ **3.1** die ~ anziehen *de belastingdruk verhogen.*
Steuerschuld ⟨v.⟩ **0.1** ***belastingschuld.***
Steuersenkung ⟨v.⟩ **0.1** ***belastingverlaging.***
Steuersystem ⟨o.⟩ **0.1** ***belastingstelsel*** **0.2** ***stuurinrichting, -mechanisme.***
Steuerung ⟨v.; ~, ~en⟩ **0.1** ⟨tech.⟩ ***stuurinrichting*** ⇒*stuur(mechanisme)* **0.2** ⟨tech.⟩ ***bedieningsapparaat, controller*** ⇒*schakelinrichting, regelaar* **0.3** ***(be)sturing, het (be)sturen*** **0.4** ***regeling, het regelen*** **0.5** ⟨vero.; schr.⟩ ***het tegengaan, bestrijding*** ◆ **2.1** ⟨verk.⟩ automatische ~ *automatische piloot.*
Steuerveranlagung ⟨v.⟩ **0.1** ***belastingaanslag.***
Steuervergehen ⟨o.⟩ **0.1** ***belastingfraude*** ⇒*belastingontduiking.*
Steuervergünstigung ⟨v.⟩ **0.1** ***belastingfaciliteit.***
Steuervorrichtung ⟨v.⟩ **0.1** ***stuurinrichting*** ⇒*regelaar.*
Steuerwesen ⟨o.⟩ **0.1** ***belastingwezen.***
Steuerzahler ⟨m.⟩ **0.1** ***belastingbetaler.***
Steuerzettel ⟨m.⟩⟨inf.⟩ **0.1** ***aanslag-, belastingbiljet.***
Steuerzuschlag ⟨m.⟩ **0.1** ***boete (bij achterstallige belastingbetaling).***
Steven ⟨m.; ~s, ~⟩⟨scheep.⟩ **0.1** ***steven.***
Steward ⟨m.; ~s, ~s⟩ **0.1** ***steward, hofmeester.***
Stewardeß ⟨v.; ~, Stewardessen⟩ **0.1** ***stewardess.***
StGB ⟨afk.⟩ →**Strafgesetzbuch.**
stibitzen **0.1** ***gappen, jatten*** ⇒*pikken.*
Stich ⟨m.; ~(e)s, ~e⟩ **0.1** ***steek*** ⟨ook fig.⟩ ⇒*prik,* ⟨scheep.⟩ *knoop* **0.2** ***gravure*** ⇒*gravering* **0.3** ***tint, zweem*** ⇒*tikje* ⟨vooral fig.⟩ **0.4** ⟨kaartspel⟩ ***slag*** ◆ **3.1** ⟨fig.⟩ nicht ~ halten *geen steek houden* **3.¶** einen (leichten) ~ haben (a) *niet meer helemaal goed zijn* (b) *niet goed bij zijn hoofd zijn* **6.1** jmdn. **im** ~ lassen *iem. in de steek laten* **6.3** ⟨fig.⟩ ein ~ **ins** Ordinäre *iets ordinairs;* einen ~ **ins** Rote haben *naar rood zwemen.*
Stichel ⟨m.; ~s, ~⟩ **0.1** ***graveernaald, -stift.***
Stichelei ⟨v.; ~, ~en⟩⟨inf.⟩ **0.1** ***stekeligheid, hatelijkheid*** ⇒ *steek (onder water)* **0.2** ***gepriegel, pietepeuterig naaiwerk.***
sticheln **0.1** ***steken (onder water) geven, hatelijke toespelingen, opmerkingen maken*** **0.2** ***priegelen*** ⇒*(fijn) naaien.*
stichfest **0.1** ***onkwetsbaar, onverwondbaar*** ⟨ook fig.⟩ ◆ **8.1** ⟨fig.⟩ hieb- und ~ *waterdicht, steekhoudend.*
Stichflamme ⟨v.⟩ **0.1** ***steekvlam.***
Stichfrage ⟨v.⟩ **0.1** ***(voor de overwinning) beslissende vraag.***
stichhaltig **0.1** ***steekhoudend.***
Stichjahr ⟨o.⟩ **0.1** ***jaar waarvan uitgegaan wordt*** ⇒⟨alg.⟩ *peildatum.*
Stichkampf ⟨m.⟩⟨sp.⟩ **0.1** ***beslissingswedstrijd*** ⇒*barrage.*
Stichler ⟨m.; ~s, ~⟩ **0.1** ***hatelijk persoon.***
Stichling ⟨m.; ~s, ~e⟩ **0.1** ***stekelbaars.***
Stichprobe ⟨v.⟩ **0.1** ***steekproef*** ⇒*sample.*
stichprobenweise **0.1** ***bij wijze van steekproef, steekproefsgewijs.***
Stichsäge ⟨v.⟩ **0.1** ***schrob-, fretzaag*** ⇒*decoupeerzaag.*
Stichstraße ⟨v.⟩ **0.1** ***doodlopende straat (met gelegenheid om te keren).***
Stichtag ⟨m.⟩ **0.1** ***uiterste datum*** ⇒*teldatum, -dag, laatste dag* **0.2** ***peildatum*** **0.3** ⟨ec.⟩ ***rescontredag.***
Stichwaffe ⟨v.⟩ **0.1** ***steekwapen.***
Stichwahl ⟨v.⟩ **0.1** ***herstemming*** ⇒*beslissende (stemmings-, verkiezings)ronde.*
Stichwort ⟨o.; mv. ~e of ~er⟩ **0.1** ***trefwoord*** **0.2** ⟨mv. ~e⟩ ***parool*** ⇒*wacht-, herkenningswoord, sein* **0.3** ⟨mv. ~e; dram.⟩ ***wachtwoord, claus.***
stichwortartig **0.1** ***in trefwoorden.***
Stichwortverzeichnis ⟨o.⟩ **0.1** ***trefwoordenregister.***
Stichwunde ⟨v.⟩ **0.1** ***steekwond.***
Stickarbeit ⟨v.⟩ **0.1** ***borduurwerk(je)*** ⇒*borduursel.*
sticken **0.1** ***borduren.***
Stickerei ⟨v.; ~, ~en⟩ **0.1** ***borduursel, borduurwerk(je)*** **0.2** ***borduurwerk, het borduren.***
Stickerin ⟨v.; ~, ~nen⟩ **0.1** ***borduurster.***
Stickgarn ⟨o.⟩ **0.1** ***borduurgaren.***
stickig **0.1** ***benauwd, verstikkend*** ⇒*bedompt, muf* ◆ **2.1** ~ heiß *stikheet, benauwend heet.*
Stickmuster ⟨o.⟩ **0.1** ***borduurpatroon.***
Stickstoff ⟨m.⟩ **0.1** ***stikstof.***
stieben ⟨h/s.→t157⟩ **0.1** ***stuiven*** ⇒*(eraf) vliegen, rond-, opstuiven.*
Stiefbruder ⟨m.⟩ **0.1** ***stiefbroer.***
Stiefel ⟨m.; ~s, ~⟩ **0.1** ***laars*** **0.2** ***hoge schoen*** **0.3** ***groot bierglas*** ⟨in de vorm v.e. laars⟩ ◆ **1.1** ⟨fig.⟩ das sind zwei Paar, zweierlei ~ *dat zijn twee heel verschillende dingen* **3.1** ⟨fig.⟩ jmdm. die ~ lecken *iem. de hielen likken* **3.3** ⟨fig.⟩ einen (gehörigen, tüchtigen) ~ trinken, vertragen können *flink, stevig kunnen drinken* **6.¶** ⟨inf.⟩ das haut mich **aus** den ~n *daar sla ik van achterover;* ⟨inf.⟩ es geht alles **im, nach** dem alten ~ *alles gaat zijn gewone gangetje.*
Stiefelette ⟨v.; ~, ~n⟩ **0.1** ***(kort) laarsje, halve laars.***
Stiefelknecht ⟨m.⟩ **0.1** ***laarzenknecht*** ⟨toestel⟩.
stiefeln ⟨s.⟩⟨inf.⟩ **0.1** ***stappen, met grote stappen lopen*** ⇒ *marcheren, benen.*
Stiefelschaft ⟨m.⟩ **0.1** ***laarzenschacht.***
Stiefeltern ⟨alleen mv.⟩ **0.1** ***stiefouders.***
Stiefgeschwister ⟨alleen mv.⟩ **0.1** ***stiefbroer(s) en -zuster(s).***
Stiefmutter ⟨v.⟩ **0.1** ***stiefmoeder.***
Stiefmütterchen ⟨o.⟩⟨plantk.⟩ **0.1** ***driekleurig viooltje.***
stiefmütterlich **0.1** ***stiefmoederlijk.***
Stiefschwester ⟨v.⟩ **0.1** ***stiefzus(ter).***
Stiefvater ⟨m.⟩ **0.1** ***stiefvader.***
Stiege ⟨v.; ~, ~n⟩ **0.1** ***smalle, steile trap*** **0.2** ⟨Zdd., Oostr.⟩ ***trap*** **0.3** ⟨Zdd., Oostr.⟩ ***kist(je)*** ⇒*krat.*
Stiegenhaus ⟨o.⟩⟨Zdd., Oostr.⟩ **0.1** ***trappenhuis.***
Stieglitz ⟨m.; ~es, ~e⟩⟨biol.⟩ **0.1** ***putter, distelvink.***
stiekum ⟨inf.⟩ **0.1** ***stiekem.***
Stiel ⟨m.; ~(e)s, ~e⟩ **0.1** ***steel*** ⟨ook med.⟩ ⇒⟨van plant⟩ *stengel* ◆ **6.1** ein Eis **am** ~ *een ijsje op een stokje, een ijslolly.*
Stielauge ⟨o.⟩⟨inf.⟩ ◆ **3.¶** ~n bekommen, machen *met begerige of nieuwsgierige ogen (staan) kijken.*
Stielglas ⟨o.; mv. ~er⟩ **0.1** ***glas op een dunne steel.***
Stielpfanne ⟨v.⟩ **0.1** ***koeken-, steelpan.***
stier **0.1** ***star, wezenloos*** **0.2** ⟨Oostr., Zwi.⟩ ***blut, platzak.***
Stier ⟨m.; ~(e)s, ~e⟩ **0.1** ***stier*** **0.2** ⟨astrol.⟩ ***Stier*** ◆ **3.1** ⟨fig.⟩ den ~ bei den Hörnern fassen *de koe bij de hoorns vatten.*
stieren **0.1** ***(zitten) staren*** ⇒*star, strak kijken* **0.2** ***naar de stier verlangen*** ⟨koe⟩.
Stierkampf ⟨m.⟩ **0.1** ***stierengevecht.***
Stierkämpfer ⟨m.⟩ **0.1** ***stierenvechter.***
Stiernacken ⟨m.⟩⟨fig.⟩ **0.1** ***stierennek.***
Stiesel ⟨m.; ~s, ~⟩⟨inf.⟩ **0.1** ***lomperd, pummel.***
Stift[1] ⟨m.; ~(e)s, ~e⟩ **0.1** ***stift*** ⇒⟨tech.⟩ *pin, pen* **0.2** ***tong*** ⟨van gesp⟩ **0.3** ***potlood, pen*** **0.4** ⟨inf.⟩ ***jongste (leerling)*** ⇒*jongste bediende* **0.5** ⟨inf.⟩ ***dreumes, peuter.***

Stift[2] ⟨o.; ~(e)s, ~e(r)⟩ **0.1** ***sticht, stift*** ⇒*(geestelijk) gesticht* **0.2** ***seminarie*** **0.3** ⟨vero.⟩ ***meisjesinternaat.***

stiften **0.1** ***stichten*** ⇒*aanrichten,* ⟨gelden⟩ *oprichten* **0.2** ***schenken, geven*** **0.3** ***instellen*** ⇒*uitloven, ter beschikking stellen* ◆ **1.1** Gutes ~ *goed doen;* Schaden ~ *schade aanrichten.*

stiftengehen ⟨inf.⟩ **0.1** ***'m smeren.***

Stifter ⟨m.; ~s, ~⟩ **0.1** ***schenker, gever*** ⇒*donateur* **0.2** ***stichter.***

Stiftsherr ⟨m.⟩ **0.1** ***kanunnik, koorheer.***

Stiftskirche ⟨v.⟩ **0.1** ***kapittel-, stiftskerk.***

Stiftung ⟨v.; ~, ~en⟩ **0.1** ***stichting*** **0.2** ***schenking*** ⇒*gift, donatie.*

Stiftungsurkunde ⟨v.⟩⟨jur.⟩ **0.1** ***stichtingsakte.***

Stiftzahn ⟨m.⟩ **0.1** ***stifttand.***

Stigma ⟨o.; ~s, Stigmen of Stigmata⟩ **0.1** ***stigma.***

stigmatisieren ⟨schr.; rel.⟩ **0.1** ***stigmatiseren*** ⇒⟨fig.⟩ *brandmerken.*

Stil ⟨m.; ~(e)s, ~e⟩ **0.1** ***stijl*** ⇒*trant* ◆ **2.1** alten ~s (a) *oude stijl* (b) *van de oude stempel;* großen ~s, im großen ~ *groots (opgezet), grootscheeps;* in großem ~ leben *op grote voet leven.*

Stilart ⟨v.⟩ **0.1** ***stijlsoort.***

Stilblüte ⟨v.⟩ **0.1** ***stijlbloempje.***

Stilebene ⟨v.⟩ **0.1** ***stijlniveau.***

stilecht **0.1** ***zuiver, echt van stijl.***

Stilempfinden ⟨o.⟩ **0.1** ***stijlgevoel.***

Stilett ⟨o.; ~s, ~e⟩ **0.1** ***stilet*** ⟨dolk⟩.

stil|gemäß, -gerecht **0.1** ***in (de) stijl.***

stilisieren ⟨schr.⟩ **0.1** ***stileren.***

Stilistik ⟨v.; ~, ~en⟩ **0.1** ***stilistiek*** ⇒*stijlleer.*

still **0.1** ***stil*** ⇒⟨als bw.⟩ *stilletjes* ◆ **6.1** **im** ~en (a) *in (alle) stilte, stilletjes* (b) *bij zichzelf, in stilte.* →**Wasser.**

stillbleiben **0.1** ***stil blijven*** **0.2** ⟨fig.⟩ ***zich koest houden, rustig blijven.***

stille ⟨reg.⟩ →**still.**

Stille ⟨v.; ~⟩ **0.1** ***stilte*** ◆ **6.1** **in** der ~, in aller ~ *in (alle) stilte, stilletjes;* die ~ **vor** dem Sturm *de stilte voor de storm.*

Stilleben ⟨o.⟩⟨bk.⟩ **0.1** ***stilleven.***

stillegen **0.1** ***stilleggen*** ⇒*sluiten, buiten bedrijf stellen, stopzetten.*

Stillegung ⟨v.; ~, ~en⟩ **0.1** ***stillegging*** ⇒*stopzetting, staking, sluiting.*

Stillehre ⟨v.⟩ **0.1** ***stijlleer.***

stillen **0.1** ***stillen*** ⇒⟨bloed⟩ *stelpen,* ⟨dorst⟩ *lessen,* ⟨fig.⟩ *bevredigen* **0.2** ***de borst geven*** ⇒*voeden.*

Stillhalteabkommen ⟨o.⟩ **0.1** ***moratorium*** ⟨ook ec.⟩.

stillhalten **0.1** ***rustig blijven*** ⇒*zich stilhouden, kalm blijven.*

stilliegen **0.1** ***stilliggen*** ⇒*buiten bedrijf zijn.*

stillos **0.1** ***stijlloos*** ⟨ook fig.⟩.

stillschweigen **0.1** ***stilzwijgen*** ⇒*zwijgen.*

Stillschweigen ⟨o.⟩ **0.1** ***het stilzwijgen*** ⇒*het zwijgen* ◆ **3.1** jmdm. ~ auferlegen *iem. het stilzwijgen opleggen.*

Stillstand ⟨m.⟩ **0.1** ***stilstand.***

stillstehen **0.1** ***stilstaan*** ◆ **¶.¶** ⟨mil.⟩ stillgestanden! *geef acht!*

Stillung ⟨v.; ~, ~en⟩ **0.1** ***stilling*** ⇒*het lessen,* ⟨fig. vooral⟩ *bevrediging* **0.2** ***voeding*** ⇒*het zogen.*

stillvergnügt **0.1** ***stil (en) vergenoegd.***

Stilnote ⟨v.⟩⟨sp.⟩ **0.1** ***cijfer, punt voor de stijl*** ⇒*artistieke beoordeling.*

stilrein **0.1** ***zuiver van stijl.***

stilvoll **0.1** ***stijlvol.***

stilwidrig **0.1** ***indruisend tegen de (goede) stijl*** ⇒*niet in (de) stijl.*

Stimmabgabe ⟨v.⟩ **0.1** ***het stemmen, stemming.***

Stimmaufwand ⟨m.⟩ **0.1** ***kracht van stem*** ⇒*stem(gebruik)* ◆ **6.1** **mit** großem ~ *met luide stem.*

Stimmband ⟨o.; mv. ~er⟩ **0.1** ***stemband.***

stimmberechtigt **0.1** ***stemgerechtigd.***

Stimmberechtigung ⟨v.⟩ **0.1** ***stemrecht.***

Stimmbruch ⟨m.⟩ **0.1** ***stemwisseling*** ◆ **6.1** er ist **im** ~ *hij heeft de baard in de keel.*

Stimmbürger ⟨m.⟩⟨Zwi.⟩ **0.1** ***kiesgerechtigde burger*** ⇒*kiezer.*

Stimme ⟨v.; ~, ~n⟩ **0.1** ***stem*** ⇒⟨muz.⟩ *partij* **0.2** ***stapel*** ⟨in strijkinstrument⟩ ◆ **2.1** mit erhobener ~ *met stemverheffing;* mit halber ~ *zacht, gedempt* **3.1** seine ~ abgeben *zijn stem uitbrengen;* sich der ~ enthalten *zich van stemming onthouden;* die ~ (er)heben *zijn stem verheffen;* ⟨fig.⟩ ~n erhoben sich, wurden laut *er gingen stemmen op.*

stimmen **I** ⟨onov.ww.⟩ **0.1** ***kloppen, juist zijn*** **0.2** ***stemmen*** ⟨ook muz.⟩ ⇒*zijn stem uitbrengen* **0.3** ***passen*** ⇒*overeenstemmen, stroken* ◆ **4.1** stimmt's? ⟨ook⟩ *waar of niet?* **5.1** stimmt so! *(dat) is goed zo!* ⟨bij fooi⟩ **6.1** ⟨inf.⟩ die Kasse stimmt **bei** ihm immer *hij is altijd goed bij kas;* ⟨inf.⟩ **bei** ihm stimmt etwas nicht *hij is niet helemaal normaal;* **in** sich ~ *kloppen, sluitend zijn;* **mit** seiner Gesundheit stimmt etwas nicht *er is iets niet goed met zijn gezondheid* **6.2** **für** jmdn. ~ *op iem. stemmen;* **dafür, dagegen, mit** Ja, Nein ~ *voor, tegen stemmen* **6.3** die Beschreibung stimmt **auf** den Gesuchten *het signalement stemt overeen met dat van de gezochte;* die Krawatte stimmt nicht **zum** Anzug *de stropdas staat niet bij het kostuum;*
II ⟨ov.ww.⟩ **0.1** ***stemmen*** ⟨ook muz.⟩ ⇒*in een stemming brengen* ◆ **5.1** jmdn. nachdenklich ~ *iem. tot nadenken stemmen.*

Stimmenfang ⟨m.⟩ **0.1** ***stemmenjacht.***

Stimmengewirr ⟨o.⟩ **0.1** ***geroezemoes.***

Stimmengleichheit ⟨v.⟩ **0.1** ***staking van (de) stemmen.***

Stimmenmehrheit ⟨v.⟩ **0.1** ***meerderheid van stemmen.***

Stimmenthaltung ⟨v.⟩ **0.1** ***onthouding*** ⟨bij stemming⟩.

stimmfähig **0.1** ***stemgerechtigd.***

Stimmgabel ⟨v.⟩⟨muz.⟩ **0.1** ***stemvork.***

stimmgewaltig **0.1** ***met een krachtige stem.***

stimmhaft ⟨taal.⟩ **0.1** ***stemhebbend.***

stimmig **0.1** ***kloppend*** ⇒*sluitend,* ⟨fig. vooral⟩ *harmonisch* ◆ **6.1** **in** sich ~ sein *kloppen, sluitend zijn.*

Stimmlage ⟨v.⟩ **0.1** ***stemregister.***

stimmlos **0.1** ***toonloos*** **0.2** ⟨taal.⟩ ***stemloos.***

Stimmrecht ⟨o.⟩ **0.1** ***stemrecht.***

Stimmritze ⟨v.⟩ **0.1** ***stemspleet.***

Stimmschlüssel ⟨m.⟩⟨muz.⟩ **0.1** ***stemsleutel.***

Stimmung ⟨v.; ~, ~en⟩ **0.1** ***stemming*** ⇒*humeur* ◆ **3.1** das hebt die ~ *dat verhoogt de stemming;* ~ machen *er de stemming in brengen* **6.1** **in** ~ sein (a) *goed in stemming zijn* (b) *goedgehumeurd zijn;* **in** gereizter, trüber ~ *in een geprikkelde, sombere stemming;* jmdn. **in** ~ versetzen *iem. in de stemming brengen;* **in** ~ geraten *in stemming komen;* **von** ~en abhängig sein *aan stemmingen onderhevig zijn.*

Stimmungsbild ⟨o.⟩ **0.1** ***stemmingsbeeld.***

Stimmungskanone ⟨v.⟩⟨inf.⟩ **0.1** ***lolbroek, vrolijke klant, gangmaker.***

Stimmungskapelle ⟨v.⟩ **0.1** ***amusementsorkest.***

Stimmungsmache ⟨v.⟩⟨pej.⟩ **0.1** ***stemmingmakerij.***

Stimmungsmusik ⟨v.⟩ **0.1** ***(gezellige) feestmuziek.***

Stimmungsumschwung ⟨m.⟩ **0.1** ***kentering v.d. stemming.***

stimmungsvoll **0.1** ***vol stemming, sfeervol, plechtig*** ⇒*stemmig.*

Stimmungs|wandel, -wechsel ⟨m.⟩ **0.1** ***verandering van, in de stemming.***

Stimmvieh ⟨o.⟩ **0.1** *stemvee.*

Stimmwechsel ⟨m.⟩ **0.1** ***stemwisseling, mutatie*** ◆ **3.1** er hat (den) ~, ist im ~ *zijn stem is aan 't veranderen.*

Stimmzettel ⟨m.⟩ **0.1** ***stembiljet*** ⇒*stembriefje.*

stimulieren **0.1** ***stimuleren*** ⇒*prikkelen.*

Stimulus ⟨m.; ~, Stimuli⟩ **0.1** ***stimulans, prikkel.***

Stinkadores[1] ⟨m.; ~, ~⟩⟨inf.⟩ **0.1** ***stinkkaas.***

Stinkadores[2] ⟨v.; ~, ~⟩⟨inf.⟩ **0.1** ***stinkstok, stinkedorus*** ⟨sigaar⟩.

stinkbesoffen **0.1** ***straalbezopen.***

Stinkefinger ⟨m.⟩⟨inf.⟩ ◆ **3.¶** den ~ zeigen *de middenvinger opsteken.*

stinken ⟨→t158⟩ **0.1** ***stinken*** ◆ **1.1** ⟨fig.⟩ die Sache, es stinkt *er zit een luchtje aan (dat zaakje)* **2.1** ~d faul *aartslui* **4.1** ⟨fig.⟩ die Arbeit stinkt mir *dat werk hangt me de keel uit* **6.1** ⟨fig.⟩ **an** dieser Sache stinkt etwas *aan dat zaakje zit een luchtje;* das stinkt **nach** Verrat *dat riekt naar verraad;* ⟨fig.⟩ **vor** Faulheit ~ *aartslui zijn.*

Stinker ⟨m.; ~s, ~⟩ **0.1** ***stinker(d)*** ⟨ook fig.⟩.

stinkfaul **0.1** ***aartslui.***

stinkig ⟨inf.⟩ **0.1** ***stinkend*** **0.2** ***rot(tig).***

stinklangweilig **0.1** ***stom-, oervervelend.***

Stinklaune ⟨v.⟩ **0.1** ***rothumeur.***

Stinkmorchel ⟨v.⟩ **0.1** ***Europese stinkzwam.***

stinknormal ⟨inf.⟩ **0.1** ***heel, door en door normaal.***

stinkreich **0.1** ***stinkend rijk.***

stinksauer ⟨inf.⟩ **0.1** ***pis-, spinnijdig*** ⇒*in een rotbui.*

Stinkstiefel ⟨m.⟩⟨inf.⟩ **0.1** ***(stuk) chagrijn.***

stinkvornehm **0.1** ***poepsjiek.***

Stinkwut ⟨v.⟩⟨inf.⟩ **0.1** ***razernij*** ⇒*ontzettende woede* ◆ **6.1** eine ~ **auf** jmdn. haben *razend, pisnijdig op iem. zijn.*

Stint ⟨m.; ~(e)s, ~e⟩ **0.1** ⟨biol.⟩ ***spiering*** **0.2** ⟨Ndd.⟩ ***jongen*** ⇒*knaap.*

Stipendiat ⟨m.; ~en, ~en⟩ **0.1** ***stipendiaat*** ⇒*beursstudent.*

Stipendium ⟨o.; ~s, Stipendien⟩ **0.1** ***(studie)beurs.***

stippen ⟨reg.⟩ **0.1** ***indopen, soppen*** ⇒*stippen* **0.2** ***tikken, een tikje geven*** ⇒*(aan)stoten, aantikken.*

Stippvisite ⟨v.⟩⟨inf.⟩ **0.1** ***kort bezoek, korte visite*** ⇒*bezoekje.*

stipulieren **0.1** ***stipuleren*** ⇒*vaststellen, bepalen.*

Stirn ⟨v.; ~, ~en⟩ **0.1** ***voorhoofd*** **0.2** ⟨bouwk.⟩ ***voorzijde, front*** ◆ **1.1** Arbeiter der ~ *hoofdarbeider, intellectueel* **3.1** die ~ krausen, runzeln, in Falten ziehen *het voorhoofd fronsen* **3.¶** jmdm., einer Sache die ~ bieten *iem., iets het hoofd bieden, trotseren;* die ~ haben, etwas zu tun *de brutaliteit, het lef hebben iets te doen* **6.1** jmdm. etwas **an** der ~ ablesen *iets aan iemands gezicht (kunnen) aflezen;* ⟨inf.; fig.⟩ ich faßte, griff mir **an** die ~ *ik kon er met mijn verstand niet bij;* es steht ihm **an, auf** der ~ geschrieben *het staat hem op zijn voorhoofd geschreven;* ⟨fig.⟩ **mit** eherner, eiserner ~ *met een stalen gezicht;* ⟨fig.⟩ sich ⟨3e nv.⟩ mit der (flachen) Hand **vor** die ~ schlagen *zich voor het hoofd slaan.*

Stirnband ⟨o.; mv. ⸚er⟩ **0.1** ***voorhoofdsband*** ⇒*diadeem.*

Stirnbein ⟨o.⟩ **0.1** ***voorhoofdsbeen.***

Stirne ⟨v.; ~, ~n⟩⟨schr.⟩ →**Stirn.**

Stirnfalte ⟨v.⟩ **0.1** ***voorhoofdsrimpel.***

Stirnglatze ⟨v.⟩ **0.1** ***kaal voorhoofd.***

Stirnhöhle ⟨v.⟩ **0.1** ***voorhoofdsholte.***

Stirnlocke ⟨v.⟩ **0.1** ***kuif, lok op het voorhoofd.***

Stirnreif ⟨m.⟩ **0.1** ***diadeem.***

Stirnrunzeln ⟨o.; ~s⟩ **0.1** ***het fronsen v.h. voorhoofd*** ⇒*gefronst voorhoofd.*

stirnrunzelnd **0.1** ***met gefronst voorhoofd.***

Stirnseite ⟨v.⟩ **0.1** ***voorzijde*** ⇒*front, voorgevel, kop* ⟨van tafel⟩.

Stirnwand ⟨v.⟩ **0.1** ***voorzijde, voorkant*** **0.2** ***voorgevel.***

Stöberei ⟨v.; ~, ~en⟩ **0.1** ***gestuif*** **0.2** ***gesnuffel.***

stöbern **0.1** ***snuffelen*** ⇒*rommelen* **0.2** ⟨reg.⟩ ***stuiven.***

Stocher ⟨m.; ~s, ~⟩ **0.1** ***pook*** **0.2** ***tandenstoker.***

stochern **0.1** ***peuteren*** ⇒*pulken* **0.2** ***poken*** ⇒*porren.*

Stock[1] ⟨m.; ~(e)s, ⸚e⟩ **0.1** ***stok*** ⟨ook kaarten⟩ **0.2** ***boomstronk*** **0.3** ***blok*** ⟨straftuig⟩ **0.4** ***bijenkorf*** **0.5** ***dierenkolonie*** **0.6** ⟨boek.⟩ ***cliché*** **0.7** ⟨reg.⟩ ***(hak)blok*** **0.8** ⟨Zdd.⟩ ***bergmassief*** **0.9** ⟨Zdd., Oostr.⟩ ***offerblok*** **0.10** ***(hockey)stick*** **0.11** ***(biljart)keu*** ◆ **3.1** den ~ zu spüren bekommen *er met de stok van langs krijgen;* ⟨fig.⟩ als ob er einen ~ verschluckt hätte *alsof hij een stok ingeslikt had* **6.1** **am** ~ gehen (a) *met een stok lopen* (b) ⟨inf.⟩ *er slecht aan toe zijn* (c) ⟨inf.⟩ *er slecht voor staan* **6.2** Holz **auf** dem ~ *hout op stam* **6.3** jmdn. **in** den ~ legen *iem. in het blok sluiten* **8.2** über ~ und Stein *over heg en steg, overal (dwars) doorheen;* (steif) wie ein ~ dastehen *er stokstijf bij staan.*

Stock[2] ⟨m.; ~(e)s, ~werke⟩ **0.1** ***etage, verdieping*** ◆ **2.1** vier ~ hoch *vier (verdiepingen) hoog.*

Stock[3] ⟨m.; ~s, ~s⟩⟨ec.⟩ **0.1** ***stock*** ⇒*(goederen)voorraad, grondkapitaal.*

stockbetrunken **0.1** ***stomdronken.***

Stockbett ⟨o.⟩ **0.1** ***stapelbed.***

stockblind **0.1** ***stekeblind.***

stockdumm **0.1** ***oliedom, oerstom.***

stock|dunkel, -duster **0.1** ***stik-, pikdonker.***

Stöckel ⟨m.; ~s, ~⟩⟨inf.⟩ **0.1** ***hoge hak.***

Stöckelabsatz ⟨m.⟩ **0.1** ***hoge hak.***

stöckeln ⟨s.⟩ **0.1** ***(parmantig) op hoge hakken lopen*** ⇒*stipstappen.*

Stöckelschuh ⟨m.⟩ **0.1** ***schoen met hoge hak.***

stocken **0.1** ⟨h.⟩ ***stokken*** ⇒*blijven steken, haperen, vastlopen* **0.2** ⟨h.⟩ ***vochtvlekken krijgen*** ⇒*(be)schimmelen* **0.3** ⟨h/s.; Zdd., Oostr., Zwi.⟩ ***stremmen*** ⇒*stollen* ◆ **1.1** die Geschäfte ~ *de zaken stagneren, de handel, omzet stagneert* **6.1** **ins** Stocken geraten, kommen *blijven steken, vastlopen, stagneren;* **ohne** Stocken lesen *zonder haperingen lezen.*

Stockente ⟨v.⟩ **0.1** ***wilde eend.***

Stockfehler ⟨m.⟩⟨hockey⟩ **0.1** ***sticks.***

stockfinster →**stockdunkel.**

Stockfisch ⟨m.⟩ **0.1** ***stokvis*** **0.2** ⟨inf.⟩ ***dooie pier, saaie vent.***

Stockfleck ⟨m.⟩ **0.1** ***vochtvlek*** ⇒*schimmelvlek.*

stockfleckig **0.1** ***met vochtvlekken, door vocht aangetast.***

stockheiser ⟨inf.⟩ **0.1** ***helemaal hees, schor.***

Stockhieb ⟨m.⟩ **0.1** ***stokslag.***

stockig **0.1** ***muf*** **0.2** ***met vochtvlekken, door vocht aangetast.***

stockkonservativ **0.1** ***oerconservatief.***

stocknüchtern **0.1** ***brood-, doodnuchter.***

Stockrose ⟨v.⟩⟨plantk.⟩ **0.1** ***stokroos.***

stocksauer **0.1** ***spin-, pisnijdig.***

Stockschirm ⟨m.⟩ **0.1** ***stokparaplu.***

Stockschlag ⟨m.⟩ **0.1** ***stokslag.***

Stockschnupfen ⟨m.⟩ **0.1** ***vastzittende verkoudheid.***

stocksteif **0.1** ***stokstijf*** **0.2** ⟨fig.⟩ ***erg stijf.***

stocktaub **0.1** ***stokdoof.***

Stockung ⟨v.; ~, ~en⟩ **0.1** ***stilstand, stagnatie*** **0.2** ***stremming*** ⟨van verkeer, vloeistof⟩ ⇒*opstopping* **0.3** ***hapering, het stokken.***

Stockwerk ⟨o.⟩ **0.1** ***verdieping*** ⟨ook mijnw.⟩, ***etage.***

Stockwerkbett ⟨o.⟩ **0.1** ***stapelbed.***

Stockzahn ⟨m.⟩⟨Zdd., Oostr., Zwi.⟩ **0.1** ***kies.***

Stoff ⟨m.; ~(e)s, ~e⟩ **0.1** ***stof*** ⇒*materie, materiaal* **0.2** ⟨inf.⟩ ***drank, alcohol*** **0.3** ⟨inf.⟩ ***stuff, drugs*** **0.4** ⟨inf.⟩ ***benzine*** ◆

6.1 ⟨fig.⟩ aus einem anderen, harteren ~ gemacht sein *van een ander, harder slag, kaliber zijn.*
Stoffbahn ⟨v.⟩ **0.1** ***baan stof.***
Stoffballen ⟨m.⟩ **0.1** ***rol stof*** **0.2** ***baal stof.***
Stoffel ⟨m.; ~s, ~s⟩ **0.1** ***sukkel, kluns, sufferd.***
stoffelig 0.1 ***klunzig, sukkelachtig.***
Stoffgebiet ⟨o.⟩ **0.1** ***stof, gebied.***
stofflich 0.1 ***stoffelijk*** ⇒*materieel* **0.2** ***mbt. de stof*** ⇒*als stof, inhoudelijk.*
Stoffmuster ⟨o.⟩ **0.1** ***dessin, patroon v.e. stof*** **0.2** ***monster, staal v.e. stof.***
Stofftier ⟨o.⟩ **0.1** ***stoffen beest*** ⇒*pluche beest.*
Stoffülle ⟨v.⟩ **0.1** ***(grote) hoeveelheid, hoop (leer)stof.***
Stoffwechsel ⟨m.⟩ **0.1** ***stofwisseling.***
stöhnen 0.1 ***kreunen*** ⇒*steunen, klagen.*
Stoiker ⟨m.; ~s, ~⟩ **0.1** ***stoïcijn.***
stoisch 0.1 ***stoïcijns.***
Stoizismus ⟨m.; ~⟩ **0.1** ***stoïcisme*** ⇒⟨schr.; fig.⟩ *onverstoorbaarheid.*
Stola ⟨v.; ~, Stolen⟩ **0.1** ***stola*** ⇒*stool.*
Stolle ⟨v.; ~, ~n⟩ **0.1** ***kerstbrood, -stol.***
Stollen ⟨m.; ~s, ~⟩ **0.1** ***(mijn)gang*** ⇒*tunnel* **0.2** ***kerstbrood, -stol*** **0.3** ⟨sp.⟩ ***dop, nop*** ⟨onder schoen⟩ **0.4** ⟨lit.⟩ ***stol.***
Stolperdraht ⟨m.⟩ **0.1** ***struikeldraad*** **0.2** ⟨fig.⟩ ***struikelblok.***
stolpern ⟨s.⟩ **0.1** ***struikelen*** ⇒⟨fig.⟩ *vallen* **0.2** ***strompelen*** ⟨ook fig.⟩ **0.3** ⟨inf.⟩ ***(onverwachts) ontmoeten, tegen het lijf lopen*** ◆ **6.1** ⟨fig.⟩ **über** jede Kleinigkeit ~ *over iedere kleinigheid vallen.* →**Gaul.**
stolz 0.1 ***trots*** ⇒*fier, groots,* ⟨pej.⟩ *hoogmoedig* **0.2** ***imposant*** ⇒*indrukwekkend, groots* **0.3** ⟨inf.⟩ ***fiks*** ⇒*aanzienlijk* ◆ **2.1** eine ~e Bilanz *een balans, resultaat om trots op te zijn* **2.3** ~e Preise *fikse prijzen* **6.1** ~ **auf** eine Sache sein *trots op iets zijn.*
Stolz ⟨m.; ~es⟩ **0.1** ***trots*** ⇒*fierheid,* ⟨pej.⟩ *hoogmoed* ◆ **3.1** seinen ~ in einer Sache sehen, seinen ganzen ~ an eine Sache setzen *zijn hele eer in iets leggen.* →**Dummheit.**
stolzieren ⟨s.⟩ **0.1** ***(lopen) pronken*** ⇒*trots stappen.*
Stopfbüchse ⟨v.⟩⟨tech.⟩ **0.1** ***stop-, pakkingbus.***
stopfen I ⟨onov.ww.⟩ **0.1** ***stoppen*** ⇒*tot constipatie leiden* **0.2** ***(goed) vullen*** ⇒*verzadigd maken* **0.3** ⟨inf.⟩ ***zitten proppen, schrokken;***
II ⟨ov.ww.⟩ **0.1** ***stoppen*** ⇒*dichten, dichtstoppen, proppen, mazen* **0.2** ***vullen*** ⇒*opvullen* **0.3** ⟨reg.⟩ ***(vet)mesten*** ⇒*pillen, stoppen* ◆ **1.2** Wurst ~ *worst stoppen* **2.2** ⟨inf.⟩ gestopft voll *prop-, stampvol.*
Stopfer ⟨m.; ~s, ~⟩ **0.1** ***(pijpen)stopper.***
Stopfgarn ⟨o.⟩ **0.1** ***stopgaren.***
Stopfkorb ⟨m.⟩ **0.1** ***stopmandje.***
Stopfnadel ⟨v.⟩ **0.1** ***stopnaald.***
Stopfpilz ⟨m.⟩ **0.1** ***maasbal.***
Stopp ⟨m.; ~s, ~s⟩ **0.1** ***halte*** ⇒*stop, het stoppen* **0.2** ***stop-(zetting)*** ◆ **6.1 ohne** ~ *zonder te stoppen.*
Stoppel ⟨v.; ~, ~n⟩ **0.1** ***stoppel.***
Stoppelbart ⟨m.⟩ **0.1** ***stoppelbaard.***
stoppelig 0.1 ***stoppelig*** ⇒*borstelig.*
stoppen ⟨h.⟩ **I** ⟨onov.ww.⟩ **0.1** ***stoppen;***
II ⟨ov.ww.⟩ **0.1** ***tegenhouden*** ⇒*(laten, doen) stoppen, afstoppen* **0.2** ***stopzetten*** ⇒*stilleggen* **0.3** ***opnemen*** ⇒ *timen, klokken.*
Stopper ⟨m.; ~s, ~⟩⟨scheep., sp.⟩ **0.1** ***stopper.***
Stopplicht ⟨o.; mv. ~er⟩ **0.1** ***stop-, remlicht.***
Stopppreis ⟨m.⟩ **0.1** ***stopprijs.***
Stoppschild ⟨o.⟩ **0.1** ***stopbord.***
Stoppstraße ⟨v.⟩ **0.1** ***stopstraat.***
Stoppuhr ⟨v.⟩ **0.1** ***stopwatch.***
Stöpsel ⟨m.; ~s, ~⟩ **0.1** ***stop*** ⇒*kurk* **0.2** ⟨tech.⟩ ***plug*** ⇒*stop, stekker(tje)* **0.3** ⟨inf.; scherts.⟩ ***(dik) kereltje*** ⇒*dikkerdje.*
stöpseln 0.1 ***kurken*** **0.2** ***met een stop (af)sluiten*** **0.3** ***steken*** **0.4** ⟨tech.⟩ ***(in)pluggen*** ⇒*schakelen.*
Stör[1] ⟨m.; ~(e)s, ~e⟩⟨biol.⟩ **0.1** ***steur(achtige).***
Stör[2] ⟨v.; ~, ~en⟩⟨Zdd., Oostr., Zwi.⟩ **0.1** ***werk, karwei (aan huis, bij een klant)*** ⇒*klus* ◆ **6.1 auf** ~ sein *op karwei zijn, aan huis werken;* **auf** (die), **in** die ~ gehen *bij een klant aan huis op karwei gaan, gaan werken.*
Störaktion ⟨v.⟩ **0.1** ***storende actie, (storings)actie*** ⇒*obstructie.*
störanfällig 0.1 ***gevoelig (voor storingen)*** ⇒⟨fig. vooral⟩ *kwetsbaar, zwak.*
Storch ⟨m.; ~(e)s, ~̈e⟩ **0.1** ***ooievaar*** ◆ **3.1** ⟨vero.; inf.; scherts.⟩ der ~ hat sie ins Bein gebissen *de ooievaar is bij haar op bezoek gekomen, geweest* **3.¶** ⟨inf.⟩ nun brate mir einer einen ~! *wel heb ik van mijn leven!*
Storchbein ⟨o.⟩ **0.1** ***ooievaarspoot*** **0.2** ⟨inf.; scherts.⟩ ***spillebeen.***
storchen ⟨s.⟩⟨inf.; scherts.⟩ **0.1** ***stijf als op stelten lopen*** ⇒ *onhandig benen.*
Storchnest ⟨o.⟩ **0.1** ***ooievaarsnest.***
Storchschnabel ⟨m.⟩ **0.1** ***ooievaarsbek*** ⟨ook plantk.⟩ **0.2** ⟨tech.⟩ ***pantograaf, tekenaap.***
Store ⟨m.; ~s, ~s⟩ **0.1** ***store, glasgordijn*** **0.2** ⟨scheep.⟩ ***magazijn.***
stören 0.1 ***storen*** ⇒*verstoren.*
Störenfried ⟨m.; ~(e)s, ~e⟩ **0.1** ***rustverstoorder*** **0.2** ***spelbreker.***
Störer ⟨m.; ~s, ~⟩ **0.1** ***stoorder*** ⇒*verstoorder* **0.2** ⟨Zdd., Oostr., Zwi.⟩ ***iem. die op karwei is*** ⇒*klusjesman.*
Störfaktor ⟨m.⟩ **0.1** ***storende factor, storingsfactor.***
Störfall ⟨m.⟩⟨tech.⟩ **0.1** ***storing*** ⇒*defect.*
Störfeuer ⟨o.⟩⟨mil.⟩ **0.1** ***storingsvuur.***
störfrei →**störungsfrei.**
stornieren ⟨ec.⟩ **0.1** ***storneren, terugboeken*** **0.2** ***annuleren.***
Storno ⟨m. & o.; ~s, Storni⟩⟨ec.⟩ **0.1** ***storno(boeking).***
störrisch 0.1 ***koppig, stug*** ⇒*weerbarstig.*
Störsender ⟨m.⟩ **0.1** ***stoorzender.***
störsicher 0.1 ***storingvrij.***
Störtrupp ⟨m.⟩ **0.1** ***groep, bende (rust-, orde)verstoorders.***
Störung ⟨v.; ~, ~en⟩ **0.1** ***storing*** ⇒*verstoring* ◆ **6.1 ohne** ~ *zonder storingen.*
Störungsfeuer ⟨o.⟩ →**Störfeuer.**
störungsfrei 0.1 ***storingvrij.***
Störungsstelle ⟨v.⟩⟨com.⟩ **0.1** ***storingsdienst.***
Stoß ⟨m.; ~es, ~̈e⟩ **0.1** ***stoot*** ⟨ook sp., med.⟩ ⇒*duw, por, stomp, trap, schop* **0.2** ***schok*** ⇒*stoot, botsing* **0.3** ***stapel*** ⇒ *hoop* **0.4** ***(zwem-, roei)slag*** **0.5** ***vlaag*** ⇒*stoot, wolk* **0.6** ⟨tech.⟩ ***las*** ⇒*voeg* ◆ **2.1** ⟨fig.⟩ das gab ihm den letzten ~ *dat gaf hem de laatste stoot, de genadeslag;* ⟨fig.⟩ ein schwerer ~ *een zware slag, klap* **3.1** ⟨fig.⟩ sich ⟨3e nv.⟩ einen ~ geben *zich vermannen;* jmdm. einen ~ versetzen (a) *iem. een duw, stomp geven* (b) ⟨fig.⟩ *iem. een klap geven, schokken* **6.1** einen ~ **in** die Trompete geben *op de trompet blazen;* ein ~ **mit** dem Fuß ⟨ook⟩ *een trap.*
Stoßbetrieb ⟨m.⟩ **0.1** ***grote drukte, drukke tijd*** ⇒*topdrukte.*
Stoßborte ⟨v.⟩ **0.1** ***stootkant.***
Stoßdämpfer ⟨m.⟩ **0.1** ***schokbreker.***
Stößel ⟨m.; ~s, ~⟩ **0.1** ***stamper*** **0.2** ⟨tech.⟩ ***klepstoter.***
stoßen ⟨→t1 59⟩ **I** ⟨onov.ww.⟩ **0.1** ***stoten*** ⟨ook jacht⟩ ⇒*botsen* **0.2** ***schokken*** ⇒*hobbelen, horten* **0.3** ***stuiten*** ⇒*ondervinden, stoten, ontmoeten* **0.4** ***trappen*** ⇒*schoppen* **0.5** ***zich***

voegen ⇒*zich aansluiten* **0.6** ***direct leiden, gaan*** ⇒*uitkomen* **0.7** ***grenzen*** ⇒*palen* ◆ **6.3 auf** Bekannte ~ *kennissen tegen het lijf lopen* **6.4 mit** den Füßen nach jmdm. ~ *(naar) iem. trappen, schoppen* **6.5 zu** einer Organisation ~ *zich bij een organisatie aansluiten* **6.6** die Straße stößt **auf** den Bahnhof *de straat komt op het station uit* **6.7** sein Zimmer stößt **an** das meinige *zijn kamer ligt naast de mijne;*
II ⟨ov.ww.⟩ **0.1** ***stoten*** ⇒*duwen, stompen, steken* **0.2** ***(fijn)-stampen*** **0.3** ***trappen*** ⟨bal⟩ ⇒*schoppen* **0.4** ⟨inf.⟩ ***aan het verstand brengen*** ⇒*onder zijn neus wrijven* ◆ **6.1** ⟨fig.⟩ jmdn. **auf** eine Sache ~ *iem. met zijn neus op iets duwen;* jmdn. **von** sich ~ (a) *iem. van zich afstoten, iem. wegduwen* (b) ⟨schr.; fig.⟩ *iem. verstoten* **6.2** etwas **zu** Pulver ~ *iets tot poeder stampen;*
III sich ~ ⟨wk.ww.⟩ **0.1** ***zich stoten*** ⟨ook fig.⟩ ◆ **6.1** ⟨fig.⟩ sich **an** einer Sache ~ *zich aan iets stoten.*
Stößer ⟨m.; ~s, ~⟩ **0.1** ***stamper*** **0.2** ⟨biol.⟩ ***sperwer.***
stoßfest **0.1** ***schokvrij, -vast*** ⇒*stootvast, shockproof.*
Stoßgebet ⟨o.⟩ **0.1** ***schietgebed(je).***
Stoßgeschäft ⟨o.⟩ **0.1** ***(periode van) grote drukte*** ⇒*drukke tijd.*
stößig **0.1** ***stot(er)ig, stoots*** **0.2** ⟨fig.⟩ ***nijdig.***
Stoßkante ⟨v.⟩ **0.1** ***stootkant.***
Stoßkeil ⟨m.⟩⟨vooral mil.⟩ **0.1** ***(aanvals)wig.***
Stoßkraft ⟨v.⟩ **0.1** ***stootkracht*** ⇒⟨fig.⟩ *stuwkracht.*
stoßkräftig ⟨fig.⟩ **0.1** ***met een grote stootkracht.***
Stoßrichtung ⟨v.⟩ **0.1** ***richting v.d. stoot*** **0.2** ⟨fig.⟩ ***richting v.d. aanval.***
Stoßseufzer ⟨m.⟩ **0.1** ***diepe zucht*** ⇒*verzuchting.*
stoßsicher →**stoßfest.**
Stoßstange ⟨v.⟩ **0.1** ***bumper.***
Stoßtrupp ⟨m.⟩ **0.1** ***stoottroep.***
Stoßverkehr ⟨m.⟩ **0.1** ***(verkeer in het) spits-, piekuur.***
Stoßwaffe ⟨v.⟩ **0.1** ***stoot-, steekwapen.***
stoßweise **0.1** ***met schokken*** ⇒*schoksgewijs, met (horten en) stoten* **0.2** ***(bij, in) stapels.***
Stoßwelle ⟨v.⟩ **0.1** ***schokgolf*** **0.2** ***(lucht)drukgolf.***
Stoßzahn ⟨m.⟩ **0.1** ***slagtand.***
Stoßzeit ⟨v.⟩ **0.1** ***(tijd van) grote drukte*** ⇒*piek-, spitsuur.*
Stotterer ⟨m.; ~s, ~⟩ **0.1** ***stotteraar.***
stottern **0.1** ***stotteren*** ⇒*hakkelen* **0.2** ***sputteren*** ⟨van motor⟩ ◆ **6.¶** ⟨inf.⟩ **auf** Stottern kaufen *op afbetaling kopen.*
Stotz ⟨m.; ~es, ~e⟩⟨reg.⟩ **0.1** ***boomstronk*** **0.2** ***kuip, tobbe.***
Stövchen ⟨o.; ~s, ~⟩⟨reg.⟩ **0.1** ***(waxine-, thee)lichtje.***
Str. ⟨afk.⟩ →**Straße.**
stracks **0.1** ***(regel)recht*** ⇒*rechtstreeks, direct* **0.2** ***onmiddellijk*** ⇒*meteen, direct.*
Strafaktion ⟨v.⟩ **0.1** ***actie ter bestraffing*** ⇒*strafexpeditie.*
Strafandrohung ⟨v.⟩ **0.1** ***bedreiging met straf.***
Strafanstalt ⟨v.⟩ **0.1** ***strafinrichting.***
Strafantrag ⟨m.⟩⟨jur.⟩ **0.1** ***strafvordering*** ⇒*dagvaarding* **0.2** ***requisitoir, eis*** ◆ **3.1** ~ stellen *vervolging instellen, vervolgen.*
Strafanzeige ⟨v.⟩ **0.1** ***klacht*** ⇒*aangifte (v.e. strafbaar feit).*
Strafarbeit ⟨v.⟩ **0.1** ***strafwerk.***
Strafaufschub ⟨m.⟩ **0.1** ***uitstel, opschorting v.d. tenuitvoerlegging v.d. straf.***
Strafaussetzung ⟨v.⟩ **0.1** ***strafonderbreking.***
strafbar **0.1** ***strafbaar.***
Strafbefehl ⟨m.⟩⟨jur.⟩ **0.1** ***vonnis als gerechtelijk bevel*** ⇒ *bekeuring.*
Strafbestimmung ⟨v.⟩ **0.1** ***strafbepaling.***
Strafe ⟨v.; ~, ~n⟩ **0.1** ***straf*** ⇒*bestraffing* **0.2** ⟨inf.⟩ ***(geld)boete*** ⇒*bekeuring* ◆ **3.1** eine ~ absitzen, verbüßen *een straf uitzitten;* eine ~ antreten *zijn straf ondergaan;* ~ muß sein! *iedereen krijgt zijn verdiende straf!* **6.1 bei** ~ verboten sein, **unter** ~ stehen *op straffe verboden zijn;* etwas **unter** ~ stellen *iets strafbaar stellen;* **zur** ~ *voor, als straf.*
Strafecke ⟨v.⟩⟨hockey⟩ **0.1** ***strafcorner.***
strafen **0.1** ***straffen*** ⇒*bestraffen* ◆ **6.1** ⟨vero.; jur.⟩ jmdn. **an** seinem Vermögen ~ *iem. een geldboete opleggen.*
Strafentlassene(r) ⟨bn. als zn.⟩ **0.1** ***ontslagen gevangene, ex-gevangene.***
Straferlaß ⟨m.⟩ **0.1** ***kwijtschelding van straf.***
strafexerzieren ⟨mil.⟩ **0.1** ***strafexerceren.***
straff **0.1** ***strak*** ⟨ook fig.⟩ ⇒*straf, gespannen, stevig* **0.2** ***recht(op)*** ⇒*krachtig, kloek* **0.3** ***streng.*** →**Bogen.**
Straffall ⟨m.⟩ **0.1** ***strafzaak.***
straffällig **0.1** ***schuldig aan een strafbaar feit*** ⇒*strafbaar, crimineel* ◆ **3.1** ~ werden *zich aan een strafbaar feit schuldig maken.*
straffen I ⟨ov.ww.⟩ **0.1** ***strak(ker) maken*** ⇒*spannen, strak aantrekken* **0.2** ⟨fig.⟩ ***een strakkere lijn brengen in*** ⇒ *stroomlijnen;*
II sich ~ ⟨wk.ww.⟩ **0.1** ***strak, gespannen worden*** ⇒*strak gaan staan, zich spannen* **0.2** ***zich oprichten.***
Straffheit ⟨v.; ~⟩ **0.1** ***strakheid*** ⇒*gespannenheid* **0.2** ***gestrengheid.***
straffrei **0.1** ***vrij van straf, ongestraft*** ⇒*straffeloos.*
Straffreiheit ⟨v.⟩⟨jur.⟩ **0.1** ***straffeloosheid*** ⇒*ontslag van rechtsvervolging.*
Strafgefangene(r) ⟨bn. als zn.⟩ **0.1** ***(straf)gevangene.***
Strafgericht ⟨o.⟩ **0.1** ***strafgericht*** **0.2** ⟨jur.⟩ ***rechtbank in strafzaken*** ⇒*strafkamer.*
strafgerichtlich **0.1** ***strafrechtelijk, straf-.***
Strafgesetz ⟨o.⟩ **0.1** ***strafwet.***
Strafgesetzbuch ⟨o.⟩ **0.1** ***wetboek van strafrecht.***
Strafgesetzgebung ⟨v.⟩ **0.1** ***strafwetgeving.***
Strafgewalt ⟨v.⟩⟨jur.⟩ **0.1** ***bevoegdheid tot berechting en bestraffing*** **0.2** ***bevoegdheid.***
Strafkammer ⟨v.⟩⟨jur.⟩ **0.1** ***strafkamer.***
Straflager ⟨o.⟩ **0.1** ***strafkamp.***
sträflich **0.1** ***onverantwoord*** ⇒*onvergeeflijk.*
Sträfling ⟨m.; ~s, ~e⟩ **0.1** ***(straf)gevangene, gestrafte.***
straflos **0.1** ***ongestraft, straffeloos.***
Strafmandat ⟨o.⟩ **0.1** ***bekeuring*** ⇒*boete.*
Strafmaß ⟨o.⟩⟨jur.⟩ **0.1** ***strafmaat.***
strafmildernd **0.1** ***verzachtend.***
Strafmilderung ⟨v.⟩ **0.1** ***strafvermindering.***
strafmündig ⟨jur.⟩ **0.1** ***strafrechtelijk aansprakelijk.***
Strafpredigt ⟨v.⟩⟨inf.⟩ **0.1** ***strafpreek, -sermoen.***
Strafprozeß ⟨m.⟩ **0.1** ***strafproces.***
Strafprozeßordnung ⟨v.⟩⟨jur.⟩ **0.1** ***wetboek van strafvordering.***
Strafraum ⟨m.⟩⟨sp.⟩ **0.1** ***strafschopgebied.***
Strafrechtler ⟨m.; ~s, ~⟩ **0.1** ***strafrechtjurist.***
strafrechtlich **0.1** ***strafrechtelijk.***
Strafregister ⟨o.⟩ **0.1** ***strafregister.***
Strafrichter ⟨o.⟩ **0.1** ***strafrechter.***
Strafsache ⟨v.⟩ **0.1** ***strafzaak.***
Strafsenat ⟨m.⟩⟨jur.⟩ **0.1** ***strafkamer.***
Strafstoß ⟨m.⟩⟨sp.⟩ **0.1** ***strafschop, penalty.***
Straftat ⟨v.⟩ **0.1** ***delict, strafbaar feit*** ⇒*misdrijf.*
Straftäter ⟨m.⟩ **0.1** ***dader, delinquent.***
Strafverfahren ⟨o.⟩ **0.1** ***strafproces*** ◆ **3.1** ein ~ einleiten *tot strafvervolging overgaan.*
Strafverfolgungsbehörde ⟨v.⟩ **0.1** ***Openbaar Ministerie.***
strafverschärfend ⟨jur.⟩ **0.1** ***strafverzwarend.***
Strafversetzung ⟨v.⟩ **0.1** ***overplaatsing als (disciplinaire) straf.***

Strafverteidiger ⟨m.⟩ **0.1** *advocaat, raadsman.*

Strafvollstreckung ⟨v.⟩ **0.1** ***executie, tenuitvoerlegging v.d. straf.***

Strafvollzug ⟨m.⟩ **0.1** ***tenuitvoerlegging, executie v.d. straf*** **0.2** ***strafsysteem.***

Strafvollzugsanstalt ⟨v.⟩ **0.1** ***strafinrichting.***

strafweise **0.1** ***voor, als, bij wijze van straf.***

strafwürdig ⟨jur.⟩ **0.1** ***strafwaardig*** ⇒*strafbaar.*

Strafzettel ⟨m.⟩⟨inf.⟩ **0.1** ***bekeuring.***

Strahl ⟨m.; ~(e)s, ~en⟩ **0.1** ***straal.***

strahlen **0.1** ***stralen*** ⇒⟨fig.⟩ *schitteren* **0.2** ⟨nat.⟩ ***straling uitzenden*** ◆ **1.2** ~de Materie *radioactieve stof.*

Strahlenbelastung ⟨v.⟩ **0.1** ***belasting door straling*** ⇒*geabsorbeerde stralingsdosis.*

Strahlenbrechung ⟨v.⟩⟨nat.⟩ **0.1** ***straalbreking.***

Strahlenbündel ⟨o.⟩ **0.1** ***stralenbundel*** ⟨ook wisk.⟩.

Strahlendosis ⟨v.⟩⟨med.⟩ **0.1** ***stralingsdosis.***

strahlenförmig **0.1** ***straalvormig*** ⇒*straalsgewijze.*

Strahlenquelle ⟨v.⟩⟨nat.⟩ **0.1** ***stralingsbron.***

Strahlenschutz ⟨m.⟩ **0.1** ***stralingsbescherming*** **0.2** ***absorberend scherm.***

Strahlentierchen ⟨o.⟩⟨biol.⟩ **0.1** ***straaldier.***

Strahler ⟨m.; ~s, ~s⟩ **0.1** ***straalkachel*** **0.2** ⟨nat.⟩ ***straler.***

strahlig **0.1** ***straalvormig.***

Strahlung ⟨v.; ~, ~en⟩ **0.1** ***straling*** **0.2** ⟨fig.⟩ ***uitstraling.***

Strähne ⟨v.; ~, ~n⟩ **0.1** ***(haar)sliert*** ⇒*pluk, spriet, streng* **0.2** ***fase*** ⇒*periode* **0.3** ⟨reg.⟩ ***streng*** ⇒*knot* ◆ **6.1** ⟨fig.⟩ es regnete **in** dünnen ~n *het regende in dunne slierten.*

strähnig **0.1** ***sliertig*** ⇒*sprietig.*

stramm **0.1** ***flink*** ⇒*kloek, potig, stoer* **0.2** ***strak*** ⇒*gespannen* **0.3** ***recht(op)*** ⇒*kloek, kranig* **0.4** ⟨fig.⟩ ***(energiek en) onverzettelijk*** ⇒*radicaal, overtuigd,* ⟨pej. vooral⟩ *fel, hard* **0.5** ⟨fig.⟩ ***streng*** ⇒*strak* **0.6** ⟨inf.; fig.⟩ ***flink*** ⇒*noest, hard.*

strammstehen **0.1** ***in de houding staan.***

strammziehen **0.1** ***strak (aan)trekken.***

Strampelhöschen ⟨o.⟩ **0.1** ***kruippakje.***

strampeln **0.1** ***trappelen*** **0.2** ⟨s.; inf.⟩ ***trappen*** ⟨op fiets⟩ ⇒*peddelen* **0.3** ⟨inf.⟩ ***zwoegen*** ⇒*ploeteren.*

Strampelsack ⟨m.⟩ **0.1** ***trappelzak.***

Strand ⟨m.; ~(e)s, ~̈e⟩ **0.1** ***strand*** ◆ **6.1** **an** den, **zum** ~ gehen *naar het strand gaan;* ⟨scheep.⟩ **auf** (den) ~ setzen *op strand zetten.*

Strandanzug ⟨m.⟩ **0.1** ***strandensemble*** **0.2** ***strandpak.***

Strandburg ⟨v.⟩ **0.1** ***(zand)kuil, put*** ⇒*(zand)wal* **0.2** ***zandkasteel.***

Stranddistel ⟨v.⟩ **0.1** ***(blauwe) zeedistel.***

stranden **0.1** ***stranden*** ⟨ook fig.⟩.

Strandgut ⟨o.⟩ **0.1** ***strandgoed.***

Strandhafer ⟨m.⟩ **0.1** ***helm(gras).***

Strandhaubitze ⟨v.⟩⟨inf.⟩ ◆ **8.¶** blau, voll wie eine ~ *dronken als een kanon, dragonder.*

Strandkorb ⟨m.⟩ **0.1** ***strandkorf, -stoel.***

Strandläufer ⟨m.⟩⟨biol.⟩ **0.1** ***strandloper.***

Strandpromenade ⟨v.⟩ **0.1** ***strandboulevard.***

Strandung ⟨v.; ~, ~en⟩ **0.1** ***stranding*** ⟨ook fig.⟩.

Strandwache ⟨v.⟩ **0.1** ***strand-, kustwacht.***

Strang ⟨m.; ~(e)s, ~̈e⟩ **0.1** ***touw, koord*** **0.2** ***streng*** ⟨ook med., tech.⟩ ⇒*knot* **0.3** ***strop*** **0.4** ***(trek)streng*** ⇒*gareel* **0.5** ***spoor(lijn)*** **0.6** ⟨tech.⟩ ***leiding*** ⇒*kabel* **0.7** ⟨fig.⟩ ***lijn*** ⇒ *(rode) draad* ◆ **2.5** toter ~ *dood spoor* **3.4** ⟨inf.; fig.⟩ wenn alle Stränge reißen *in het ergste geval, als puntje bij paaltje komt* **6.4** ⟨fig.⟩ **am** gleichen ~ ziehen *één lijn trekken;* sich **in** die Stränge legen *beginnen te trekken* **6.¶** ⟨inf.⟩ **über** die Stränge hauen, schlagen *uit de band springen.*

Strangulation ⟨v.; ~, ~en⟩ **0.1** ***strangulatie*** ⟨ook med.⟩ ⇒ *wurging* ⟨ook fig.⟩, *ophanging.*

strangulieren **0.1** ***stranguleren*** ⇒*wurgen* ⟨ook fig.⟩, *ophangen.*

Strapaze ⟨v.; ~, ~n⟩ **0.1** ***(grote, zware) inspanning*** ⇒*vermoeienis, grote moeite* ◆ **2.1** das war eine einzige ~ *dat was erg vermoeiend, een hele toer.*

strapazieren **0.1** ***veel vergen, eisen van*** ⇒*op de proef stellen, zwaar belasten* **0.2** ***niet ontzien*** ⇒*verslijten, overmatig gebruiken* **0.3** ***te veel, erg vermoeien*** ⇒*afmatten* ◆ **1.1** die Geduld ~ *het geduld op de proef stellen* **1.2** ⟨fig.⟩ eine strapazierte Parole *een uitentreuren herhaalde leus* **3.3** strapaziert aussehen *er erg vermoeid, oververmoeid uitzien* **4.3** sich ~ *zich zwaar inspannen.*

strapazierfähig **0.1** ***stevig, sterk, degelijk*** ⇒*onverslijtbaar.*

Strapazierhose ⟨v.⟩ **0.1** ***werkbroek*** ⇒*broek die overal tegen kan.*

strapaziös **0.1** ***zwaar, inspannend*** ⇒*vermoeiend.*

Straps ⟨m.; ~es, ~e⟩ **0.1** ***jarretel(le)*** **0.2** ***jarretellegordel.***

straßauf ⟨schr.⟩ ◆ **5.¶** ~, straßab *straat in, straat uit.*

Straßburg ⟨o.; ~s⟩ **0.1** ***Straatsburg.***

Sträßchen ⟨o.; ~s, ~⟩ **0.1** ***straatje.***

Straße ⟨v.; ~, ~n⟩ **0.1** ***straat, weg*** **0.2** ***zee-engte, straat*** ◆ **1.1** eine ~ erster, zweiter Ordnung *een primaire, secundaire weg* **2.1** auf gerader ~ *op de rechte weg;* auf offener ~ *op de openbare weg, (midden) op straat* **3.1** ⟨inf.; fig.⟩ mit etwas die ~ pflastern können *met iets de straten kunnen plaveien* **6.1** ⟨inf.; fig.⟩ **auf** die ~ gehen (a) *de straat opgaan* ⟨om te demonstreren⟩ (b) *de straat opgaan* ⟨v. prostituees⟩; ⟨fig.⟩ **auf** der ~ liegen (a) *op straat rondhangen* (b) *op straat staan* (c) *(met de auto) onderweg zijn;* der Transport **auf** der ~ *het transport over de weg;* ⟨inf.⟩ jmdn. **auf** die ~ schicken *iem. laten tippelen;* jmdn. **auf** die ~ schmeißen, werfen *iem. op straat zetten;* ⟨fig.⟩ **auf** der ~ sitzen *op straat staan;* Verkauf **über** die ~ *verkoop langs de openbare weg, straatverkoop;* **über** die ~ gehen *de straat, weg oversteken;* er wohnt **über** der ~ *hij woont aan de overkant (van de straat, weg);* ⟨fig.⟩ ein Mädchen **von** der ~ *een prostituee, straathoer.*

Straßenanzug ⟨m.⟩ **0.1** ***wandelkostuum.***

Straßenarbeiten ⟨alleen mv.⟩ **0.1** ***werkzaamheden aan de weg.***

Straßenarbeiter ⟨m.⟩ **0.1** ***stratenmaker*** **0.2** ***wegwerker.***

Straßenbahn ⟨v.⟩ **0.1** ***tram.***

Straßenbahner ⟨m.⟩⟨inf.⟩ **0.1** ***trambeambte.***

Straßenbahnfahrer ⟨m.⟩ **0.1** ***trambestuurder*** **0.2** ***trampassagier.***

Straßenbahnhaltestelle ⟨v.⟩ **0.1** ***tramhalte.***

Straßenbahnschaffner ⟨m.⟩ **0.1** ***tramconducteur.***

Straßenbankett ⟨o.⟩ **0.1** ***(weg)berm.***

Straßenbau ⟨m.⟩ **0.1** ***wegenbouw, -aanleg*** **0.2** ***straten-, straataanleg.***

Straßenbauamt ⟨o.⟩ **0.1** ***(gemeentelijke) afdeling wegenbouw.***

Straßenbelag ⟨m.⟩ **0.1** ***wegdek.***

Straßenbeleuchtung ⟨v.⟩ **0.1** ***straatverlichting*** **0.2** ***wegverlichting.***

Straßenbenutzungsgebühr ⟨v.⟩ **0.1** ***tol(geld) voor het wegverkeer.***

Straßenbild ⟨o.⟩ **0.1** ***straatbeeld*** **0.2** ***straattoneel(tje).***

Straßenböschung ⟨v.⟩ **0.1** ***(weg)berm.***

Straßendecke ⟨v.⟩ **0.1** ***wegdek.***

Straßenecke ⟨v.⟩ **0.1** ***straathoek.***

Straßenfahrer ⟨m.⟩⟨sp.⟩ **0.1** ***wegrenner.***

Straßenführung ⟨v.⟩ **0.1** ***tracé.***

Straßenglätte ⟨v.⟩ **0.1** ***gladheid op de weg.***

Straßengraben ⟨m.⟩ **0.1** ***sloot, greppel (langs de weg).***
Straßenjunge ⟨m.⟩ **0.1** ***straatjongen.***
Straßenkampf ⟨m.⟩ **0.1** ***straatgevecht.***
Straßenkarte ⟨v.⟩ **0.1** ***wegenkaart.***
Straßenköter ⟨m.⟩ **0.1** ***straathond.***
Straßenkreuzer ⟨m.⟩⟨inf.⟩ **0.1** ***(grote) slee*** ⟨auto⟩.
Straßenkreuzung ⟨v.⟩ **0.1** ***kruispunt.***
Straßenlage ⟨v.⟩ **0.1** ***wegligging.***
Straßenmädchen ⟨o.⟩ **0.1** ***straathoer, -madelief.***
Straßennetz ⟨o.⟩ **0.1** ***wegennet.***
Straßenrand ⟨m.⟩ **0.1** ***trottoirrand*** ⇒*stoep* **0.2** ***berm*** ◆ **2.2** ~ nicht befahrbar! *zachte berm!*
Straßenraub ⟨m.⟩ **0.1** ***straatroof.***
Straßenreinigung ⟨v.⟩ **0.1** ***straatreiniging.***
Straßenrennen ⟨o.⟩⟨sp.⟩ **0.1** ***wegwedstrijd.***
Straßensammlung ⟨v.⟩ **0.1** ***straatcollecte.***
Straßenschäden ⟨alleen mv.⟩ **0.1** ***schade aan het wegdek*** ⇒*slecht wegdek.*
Straßenschild ⟨o.; mv. ~er⟩ **0.1** ***straatnaambord*** **0.2** ⟨inf.⟩ ***wegwijzer*** **0.3** ⟨inf.⟩ ***verkeersbord.***
Straßenschlacht ⟨v.⟩ **0.1** ***straatgevecht.***
Straßenseite ⟨v.⟩ **0.1** ***straatkant*** **0.2** ***kant v.d. straat, weg.***
Straßensperre ⟨v.⟩ **0.1** ***straatversperring*** ⇒*barricade* **0.2** ***wegversperring.***
Straßensperrung ⟨v.⟩ **0.1** ***afsluiting v.e. straat*** **0.2** ***afsluiting v.e. weg.***
Straßenstrich ⟨m.⟩ **0.1** ***tippelprostitutie*** **0.2** ***tippelzone.***
Straßentunnel ⟨m.⟩ **0.1** ***(verkeers)tunnel.***
Straßenüberführung ⟨v.⟩ **0.1** ***viaduct*** ⇒*brug.*
Straßenunterführung ⟨v.⟩ **0.1** ***tunnel.***
Straßenverhältnisse ⟨alleen mv.⟩ **0.1** ***toestand v.d. wegen.***
Straßenverkehr ⟨m.⟩ **0.1** ***wegverkeer.***
Straßenverkehrsordnung ⟨v.⟩ **0.1** ***(wegen)verkeersreglement.***
Straßenwacht ⟨v.⟩ **0.1** ***wegenwacht.***
Straßenwachtfahrer ⟨m.⟩ **0.1** ***wegenwachter.***
Straßenzoll ⟨m.⟩ **0.1** ***tol.***
Straßenzug ⟨m.⟩ **0.1** ***straat*** **0.2** ***rij, reeks straten.***
Straßenzustandsbericht ⟨m.⟩⟨com.⟩ **0.1** ***verkeers-, wegeninformatie.***
Stratege ⟨m.; ~n, ~n⟩ **0.1** ***strateeg.***
Strategie ⟨v.; ~, ~n⟩ **0.1** ***strategie.***
strategisch **0.1** ***strategisch.***
Stratosphäre ⟨v.; ~⟩⟨meteo.⟩ **0.1** ***stratosfeer.***
sträuben I ⟨ov.ww.⟩ **0.1** ***opzetten, overeind doen staan*** ◆ **1.1** mit gesträubtem Fell *met de haren recht overeind;*
II sich ~ ⟨wk.ww.⟩ **0.1** ***zich verzetten*** ⇒*tegenstribbelen, -spartelen* **0.2** ***overeind, rechtop gaan staan*** ⇒*te berge rijzen* ⟨haar⟩ ◆ **1.2** der Katze sträubte sich das Fell *de haren van de kat gingen overeind staan.*
Strauch ⟨m.; ~(e)s, ~̈er⟩ **0.1** ***struik*** ⇒*heester.*
straucheln **0.1** ***struikelen*** ⇒⟨schr.; fig.⟩ *mislukken.*
strauchig **0.1** ***vol struiken*** **0.2** ***struikachtig.***
Strauchwerk ⟨o.⟩ **0.1** ***struikgewas*** ⇒*kreupelhout, struiken.*
Strauß[1] ⟨m.; ~es, ~̈e⟩ **0.1** ***bos, ruiker, boeket*** ⇒*tuil* **0.2** ⟨vero.⟩ ***strijd*** ⇒*gevecht.*
Strauß[2] ⟨m.; ~es, ~e⟩ **0.1** ***struisvogel.***
Straußenei ⟨o.⟩ **0.1** ***struisvogelei.***
Straußenfeder ⟨v.⟩ **0.1** ***struisveer.***
Straußwirtschaft ⟨v.⟩⟨reg.⟩ **0.1** ***wijnhuisje met eigen jonge wijn.***
Strebe ⟨v.; ~, ~n⟩ **0.1** ***schoor(balk), steunbalk*** **0.2** ⟨mijnw.⟩ ***stut, schoor.***
Strebebalken ⟨m.⟩ **0.1** ***schoorbalk.***
Strebebogen ⟨m.⟩⟨bouwk.⟩ **0.1** ***luchtboog.***
streben **0.1** ***streven*** ⇒*trachten* **0.2** ***(af)stevenen*** ⇒*zijn weg zoeken, afgaan, marcheren* ◆ **6.1** **an** die, **zur** Macht ~ *naar de macht streven.*
Strebepfeiler ⟨m.⟩⟨bouwk.⟩ **0.1** ***steunbeer*** ⇒*schoorpijler, contrefort.*
Streber ⟨m.; ~s, ~⟩ **0.1** ***streber*** ⇒*eerzuchtig mens, persoon, promotiejager, studiepik.*
Streberei ⟨v.; ~⟩ **0.1** ***eerzucht*** ⇒*overdreven ambitie.*
stre|berhaft, -berisch **0.1** ***ambitieus, eerzuchtig.***
Strebertum ⟨o.; ~s⟩ →**Streberei.**
strebsam **0.1** ***ijverig, werkzaam*** ⇒*ambitieus.*
Strebsamkeit ⟨v.; ~⟩ **0.1** ***ijver*** ⇒*ambitie.*
streckbar **0.1** ***rekbaar*** **0.2** ***pletbaar.***
Streckbett ⟨o.⟩⟨med.⟩ **0.1** ***orthopedisch bed.***
Strecke ⟨v.; ~, ~n⟩ **0.1** ***(stuk) weg, afstand*** ⟨ook sp.⟩ ⇒*eind (weegs)* **0.2** ***traject, route*** ⇒⟨sp.⟩ *parcours* **0.3** ***baanvak, traject*** ⟨van trein⟩ **0.4** ⟨wisk.⟩ ***lijnstuk*** **0.5** ⟨mijnw.⟩ ***mijngang, galerij*** ◆ **1.1** eine ~ Weges *een eind weegs* **2.1** eine weite ~ *een heel eind* **3.2** eine ~ fahren *een weg nemen, volgen* **6.1** ⟨fig.⟩ **auf** lange ~ *lange tijd;* ⟨fig.⟩ **über** einige ~n *gedeeltelijk;* **über** weite ~n (a) *in grote, uitgestrekte delen* (b) ⟨fig.⟩ *grotendeels* **6.2** ⟨sp.⟩ **auf** die ~ gehen *starten, van start gaan;* **auf** der ~ liegenbleiben *onderweg blijven steken* **6.3** **auf** freier, offener ~ *in het open veld* **6.¶** ⟨inf.⟩ **auf** der ~ bleiben (a) *het loodje leggen, de dupe worden* (b) *erbij inschieten;* **zur** ~ bringen (a) *doden, neerleggen* (b) ⟨fig.⟩ *ten val brengen* (c) ⟨fig.⟩ *pakken.*
strecken I ⟨ov.ww.⟩ **0.1** ***strekken*** ⟨ook tech.⟩ ⇒*(uit-, op)rekken* **0.2** ***(uit)steken*** ⇒*opsteken* **0.3** ***aanlengen*** ⇒*verdunnen* **0.4** ***uitsmeren (over een langere periode)*** ⇒*(uit)spreiden* **0.5** ⟨jacht⟩ ***neerleggen, vellen*** ◆ **1.1** ⟨fig.⟩ die Arbeit ~ *het werk rekken* **1.2** den Finger ~ *zijn vinger opsteken* **1.4** die Vorräte ~ *de voorraden over een langere periode uitsmeren* **6.1** die Arme **in** die Höhe ~ *zijn armen omhoogsteken;* die Füße **von** sich ~ *zijn benen strekken;*
II sich ~ ⟨wk.ww.⟩ **0.1** ***zich strekken*** ⇒*zich (uit)rekken, langer worden* **0.2** ***(languit) gaan liggen, zich uitstrekken*** ⇒*zich neervlijen* **0.3** ⟨inf.⟩ ***langer zijn dan gedacht*** ⇒ *(wel) oneindig lijken* **0.4** ⟨inf.⟩ ***groeien*** ⇒*groter worden.* → **Decke.**
Streckenarbeiter ⟨m.⟩ **0.1** ***wegwerker*** ⟨aan spoorweg⟩.
Streckenführung ⟨v.⟩ **0.1** ***route*** ⇒*tracé.*
Streckennetz ⟨o.⟩ **0.1** ***spoorwegnet*** **0.2** ***luchtnet.***
Streckenwärter ⟨m.⟩ **0.1** ***baanwachter.***
streckenweise **0.1** ***hier en daar*** ⇒*over, op bepaalde afstanden, op bepaalde plaatsen,* ⟨fig.⟩ *gedeeltelijk.*
Strecker ⟨m.; ~s, ~⟩ →**Streckmuskel.**
Streckmuskel ⟨m.⟩⟨med.⟩ **0.1** ***strekspier, strekker.***
Streckung ⟨v.; ~, ~en⟩ **0.1** ***strekking*** ⇒*uitrekking* **0.2** ***aanlenging*** ⇒*verdunning* **0.3** ***spreiding (in de tijd)*** ⇒*verlenging (v.d. duur)* **0.4** ⟨med.⟩ ***extensie.***
Streckverband ⟨m.⟩⟨med.⟩ **0.1** ***rekverband.***
Streich ⟨m.; ~(e)s, ~e⟩ **0.1** ***streek*** ⇒*poets* **0.2** ⟨schr.⟩ ***slag*** ⇒ *houw, klap* ◆ **2.1** ein loser ~ *een lelijke poets;* ein übler ~ *een gemene, vuile streek* **3.1** jmdm. einen ~ spielen *iem. een poets bakken* **6.2** ⟨fig.⟩ **auf** einen ~ *met één slag, in één klap.*
Streichbürste ⟨v.⟩ **0.1** ***grote (strijk)kwast.***
Streicheleinheit ⟨v.⟩⟨scherts.⟩ **0.1** ***blijk, teken van tederheid, genegenheid*** **0.2** ***schouderklopje.***
streicheln **0.1** ***strelen*** ⇒*aaien, liefkozen.*
streichen (→t160) **I** ⟨onov.ww.⟩ **0.1** ⟨s.⟩ ***zwerven*** ⇒*trekken* **0.2** ⟨s.⟩ ***strijken*** ⇒*glijden* **0.3** ⟨s.⟩ ***vliegen*** ⇒*scheren, strijken* ◆ **6.2** ⟨schr.⟩ ein Schiff strich **durch** die Wellen *een schip doorkliefde de golven;*

II ⟨ov.ww.⟩ **0.1** ***strijken*** ⟨ook sp., scheep.⟩ **0.2** ***schrappen*** *⇒doorhalen, -strepen* **0.3** ***annuleren*** **0.4** ***smeren*** *⇒bestrijken* **0.5** ***schilderen*** *⇒verven* **0.6** ***afstrijken*** *⇒vullen* **0.7** ***zeven*** ◆ **1.1** gestrichenes Papier *gestreken papier* **1.2** jmdm. eine Schuld ~ *iem. een schuld kwijtschelden* **1.3** einen Auftrag ~ *een order annuleren* **1.6** ein gestrichener Löffel *een afgestreken lepel;* ein gestrichenes Maß *een volle maat* **2.6** gestrichen voll (a) *helemaal, tot de rand vol* (b) *overvol* (c) *op, ten einde* **3.2** ⟨inf.; fig.⟩ das kannst du ~! *dat kun je wel vergeten!* **5.5** Vorsicht, frisch gestrichen! *pas geverfd!*

Streicher ⟨m.; ~s, ~⟩⟨muz.⟩ **0.1** ***strijker.***

streichfähig **0.1** ***goed smeerbaar.***

streichfertig **0.1** ***strijkklaar*** ⟨verf⟩.

Streichholz ⟨o.⟩ **0.1** ***lucifer.***

Streichholzschachtel ⟨v.⟩ **0.1** ***lucifersdoosje.***

Streichinstrument ⟨o.⟩ **0.1** ***strijkinstrument.***

Streichkäse ⟨m.⟩ **0.1** ***smeerkaas.***

Streichorchester ⟨o.⟩ **0.1** ***strijkorkest*** *⇒strijkje.*

Streichung ⟨v.; ~, ~en⟩ **0.1** ***schrapping*** *⇒doorhaling, annulering.*

Streichwurst ⟨v.⟩ **0.1** ***smeerworst.***

Streif ⟨m.; ~(e)s, ~e⟩⟨schr.⟩ **0.1** ***streep*** *⇒lijn, strook.*

Streifbandzeitung ⟨v.⟩ **0.1** ***krant onder (kruis)band.***

Streife ⟨v.; ~, ~n⟩ **0.1** ***patrouille*** ◆ **3.1** eine ~ durchführen, machen *patrouilleren.*

streifen **I** ⟨onov.ww.; s.⟩ **0.1** ***trekken*** *⇒zwerven, dwalen* **0.2** ⟨fig.⟩ ***grenzen aan;***
II ⟨ov.ww.⟩ **0.1** ***even, lichtjes (aan)raken*** *⇒rakelings gaan langs, schampen, schuren langs, schrammen* **0.2** ***schuiven*** *⇒strijken, halen, (op-, af)stropen, strippen* **0.3** ⟨fig.⟩ ***even aanroeren*** *⇒(even) aanstippen* ◆ **1.1** ⟨fig.⟩ einige Orte nur ~ *enkele plaatsen maar even aandoen* **6.2** Beeren **von** den Rispen ~ *bessen rissen.*

Streifen ⟨m.; ~s, ~⟩ **0.1** ***streep*** **0.2** ***strook*** *⇒reep, strip, banderol* **0.3** ⟨inf.⟩ ***film, rolprent*** ◆ **6.2** ⟨fig.⟩ sich für jmdn. **in** ~ schneiden lassen *voor iem. door het vuur gaan.*

Streifendienst ⟨m.⟩ **0.1** ***patrouilledienst, surveillance.***

Streifenführer ⟨m.⟩ **0.1** ***patrouillecommandant.***

Streifengang ⟨m.⟩ **0.1** ***patrouille, ronde*** *⇒surveillance.*

Streifenwagen ⟨m.⟩ **0.1** ***surveillance-, patrouilleauto.***

streifenweise **0.1** ***in, met strepen*** **0.2** ***in stroken, repen.***

streifig **0.1** ***gestreept*** ◆ **3.1** ~ werden *strepen krijgen.*

Streiflicht ⟨o.; mv. ~er⟩ **0.1** ***schamplicht*** *⇒(strijk)licht* **0.2** ⟨fig.⟩ ***korte toelichting, schets*** ◆ **3.2** ~er auf eine Sache fallen lassen, werfen *iets even belichten.*

Streifschuß ⟨m.⟩ **0.1** ***schampschot.***

Streifzug ⟨m.⟩ **0.1** ***zwerftocht*** *⇒speurtocht* **0.2** ⟨fig.⟩ ***(verkennende) tocht*** *⇒verkenning.*

Streik ⟨m.; ~(e)s, ~s of ~e⟩ **0.1** ***staking*** ◆ **6.1** **im** ~ stehen *in staking zijn;* **in** (den) ~ treten *in staking gaan.*

Streikbrecher ⟨m.⟩ **0.1** ***onderkruiper, stakingsbreker.***

streiken **0.1** ***staken*** **0.2** ⟨inf.⟩ ***in staking gaan, niet meer meedoen*** **0.3** ⟨inf.⟩ ***weigeren*** *⇒het begeven (hebben).*

Streikende(r) ⟨bn. als zn.⟩ **0.1** ***staker.***

Streikgeld ⟨o.⟩ **0.1** ***stakingsuitkering.***

Streikposten ⟨m.⟩ **0.1** ***stakerspost, postende staker*** ◆ **3.1** ~ beziehen *gaan posten;* ~ stehen *posten.*

Streikrecht ⟨o.⟩ **0.1** ***stakingsrecht.***

Streikwelle ⟨v.⟩ **0.1** ***stakingsgolf.***

Streit ⟨m.; ~(e)s, ~e⟩ **0.1** ***ruzie*** *⇒twist, geschil, onenigheid* **0.2** ***strijd*** ⟨vooral fig.⟩ ⇒⟨fig.⟩ *controverse* ◆ **2.2** ein gelehrter ~ *een geleerd dispuut* **6.1** **im** ~ liegen *ruzie (met elkaar) hebben;* **in** ~ geraten *ruzie krijgen.*

streitbar **0.1** ***strijdbaar*** ⟨vooral fig.⟩.

streiten ⟨→t161⟩ **I** ⟨onov.ww.⟩ **0.1** ***ruzie maken*** *⇒twisten, kibbelen, ruziën* **0.2** ***(rede)twisten*** *⇒disputeren* **0.3** ⟨schr., vooral fig.⟩ ***strijden*** *⇒vechten* ◆ **1.1** ⟨jur.⟩ die streitenden Parteien *de tegenover elkaar staande partijen, de procespartijen* **6.2** **darüber** läßt sich ~ *daar valt over te twisten;*
II sich ~ ⟨wk.ww.⟩ **0.1** ***ruzie maken, hebben*** *⇒twisten, kibbelen, ruziën* **0.2** ***(rede)twisten*** *⇒disputeren* ◆ **¶.1** ⟨sprw.⟩ wenn zwei sich ~, freut sich der Dritte *als twee honden vechten om een been, loopt de derde ermee heen.* → **Geschmack.**

Streiter ⟨m.; ~s, ~⟩⟨schr.; fig.⟩ **0.1** ***strijder*** *⇒vechter.*

Streiterei ⟨v.; ~, ~en⟩ **0.1** ***(ge)ruzie*** *⇒gekibbel, twist.*

Streitfall ⟨m.⟩ **0.1** ***geschil(punt)*** ◆ **6.1** **im** ~ *in geval van geschillen.*

Streitfrage ⟨v.⟩ **0.1** ***strijdvraag*** **0.2** ***geschilpunt, kwestie.***

Streitgegenstand ⟨m.⟩ **0.1** ***geschilpunt*** **0.2** ⟨jur.⟩ ***onderwerp van geschil.***

Streitgespräch ⟨o.⟩ **0.1** ***twistgesprek, dispuut.***

Streit|hahn, -hammel ⟨m.⟩⟨inf.⟩ **0.1** ***ruziemaker, -zoeker*** *⇒kemphaan.*

streitig **0.1** ***omstreden*** *⇒betwist* ◆ **3.1** jmdm. etwas ~ machen *iem. iets betwisten.*

Streitigkeit ⟨v.; ~, ~en⟩ **0.1** ***geschil*** *⇒onenigheid, twist.*

Streitkräfte ⟨alleen mv.⟩ **0.1** ***strijdkrachten.***

streitlustig ⟨fig.⟩ **0.1** ***strijdlustig*** *⇒twistziek.*

Streitmacht ⟨v.⟩ **0.1** ***strijdmacht.***

Streitobjekt ⟨o.⟩ **0.1** ***geschilpunt*** *⇒omstreden kwestie.*

Streitpunkt ⟨m.⟩ **0.1** ***geschil-, twistpunt.***

Streitsache ⟨v.⟩ **0.1** ***geschil(punt)*** **0.2** ⟨jur.⟩ ***rechtsgeding, proces.***

Streitschrift ⟨v.⟩ **0.1** ***strijdschrift*** *⇒polemisch geschrift.*

Streitsucht ⟨v.⟩ **0.1** ***twistzucht.***

streitsüchtig **0.1** ***twistziek.***

Streitwert ⟨m.⟩⟨jur.⟩ **0.1** ***geldelijk belang.***

streng **0.1** ***streng*** *⇒gestreng,* ⟨fig.⟩ *bar* **0.2** ***strikt*** **0.3** ***scherp*** *⇒sterk* **0.4** ⟨Zdd., Zwi.⟩ ***zwaar*** *⇒hard, vermoeiend* ◆ **1.1** ⟨fig.⟩ ~e Kälte *barre kou* **1.3** ein ~er Geruch *een scherpe geur* **1.4** ein ~es Programm *een zwaar, inspannend programma* **6.1** **aufs** ~ste *ten strengste;* **gegen** jmdn., **mit, zu** jmdm. ~ sein *voor iem. streng zijn.*

Strenge ⟨v.; ~⟩ **0.1** ***strengheid*** *⇒gestrengheid,* ⟨fig.⟩ *bar-, hardheid* **0.2** ***scherpte*** *⇒sterke smaak, geur* ◆ **3.1** ⟨schr.⟩ ~ walten lassen, üben *streng zijn, optreden.*

strenggenommen **0.1** ***strikt genomen.***

strenggläubig **0.1** ***orthodox, rechtzinnig.***

strengstens **0.1** ***ten strengste*** **0.2** ***uiterst strikt.***

Streptokokkus ⟨m.; ~, Streptokokken⟩ **0.1** ***streptokok.***

Streß ⟨m.; Stresses, Stresse⟩ **0.1** ***stress*** ◆ **6.1** **im, unter** ~ stehen *onder stress, zware druk staan.*

stressen ⟨inf.⟩ **0.1** ***zwaar belasten*** *⇒een (zware) stress uitoefenen.*

stressig ⟨inf.⟩ **0.1** ***zwaar*** *⇒belastend.*

Streu ⟨v.; ~, ~en⟩ **0.1** ***stro, strooisel*** **0.2** ***stroleger.***

Streubombe ⟨v.⟩ **0.1** ***fragmentatiebom.***

Streu|büchse, -dose ⟨v.⟩ **0.1** ***strooibus, strooier.***

streuen **I** ⟨onov.ww.⟩ **0.1** ***strooien*** **0.2** ***lekken*** **0.3** ⟨mil., wisk.⟩ ***spreiding vertonen*** **0.4** ⟨nat.⟩ ***verstrooiing vertonen*** **0.5** ⟨med.⟩ ***zich verspreiden;***
II ⟨ov.ww.⟩ **0.1** ***strooien*** **0.2** ⟨fig.⟩ ***spreiden*** ◆ **5.2** weit gestreut *met een grote spreiding, sterk uiteenlopend.*

Streuer ⟨m.; ~s, ~⟩ → **Streubüchse.**

Streugut ⟨o.⟩ **0.1** ***strooimateriaal*** ⟨voor wegen⟩.

Streukolonne ⟨v.⟩ **0.1** ***strooiploeg.***

Streulicht ⟨o.⟩⟨nat.⟩ **0.1** ***verstrooid licht.***

streunen ⟨s.⟩ **0.1** ***(rond)zwerven*** *⇒struinen, rondscharrelen.*

Streuner ⟨m.; ~s, ~⟩ **0.1** ***zwerver, landloper.***

Streusalz ⟨o.⟩ **0.1** ***strooizout.***

Streusel ⟨m. & o.; ~s, ~⟩ **0.1** ***kruimel.***

Streuselkuchen ⟨m.⟩ **0.1** ***kruimelgebak.***

Streusiedlung ⟨v.⟩ **0.1** ***verspreide nederzetting.***

Streuung ⟨v.; ~, ~en⟩ **0.1** ***spreiding*** ⟨ook mil., wisk.⟩ **0.2** ⟨nat.⟩ ***verstrooiing*** **0.3** ⟨med.⟩ ***verspreiding.***

Streuzucker ⟨m.⟩ **0.1** ***poedersuiker.***

Strich ⟨m.; ~(e)s, ~e⟩ **0.1** ***streep, lijn*** **0.2** ***streek, haal*** ⇒*trek, veeg* **0.3** ***schrapping*** ⇒*doorhaling* **0.4** ⟨muz.⟩ ***streek, stokvoering*** **0.5** ⟨bk.⟩ ***penseelvoering, toets*** **0.6** ***vleug, streek*** ⇒*draad, haren, richting* **0.7** ⟨inf.⟩ ***prostitutie*** **0.8** ⟨inf.⟩ ***rosse buurt*** ◆ **2.2** ⟨fig.⟩ in groben ~en *in grote lijnen;* ⟨fig.⟩ mit knappen ~en *in korte trekken* **3.1** ⟨inf.; fig.⟩ nur noch ein ~ sein *broodmager zijn* **3.¶** keinen ~ machen *geen klap uitvoeren* **6.1** ⟨inf.; fig.⟩ jmdm. einen ~ **durch** die Rechnung machen *iem. dwarsbomen;* ⟨fig.⟩ einen ~ **unter** eine Sache machen, ziehen *een streep onder iets zetten;* ⟨fig.⟩ **unterm** ~ *per saldo* **6.6** ⟨inf.; fig.⟩ das geht mir **gegen, wider** den ~ *dat stuit me tegen de borst;* **mit** dem ~ *in de richting van de haren* **6.7** **auf** den ~ gehen *tippelen* **6.¶** **unter** dem ~ sein *beneden alle peil zijn* **8.¶** ⟨inf.⟩ nach ~ und Faden *duchtig, flink;* ⟨inf.⟩ jmdn. nach ~ und Faden betrügen *iem. belazeren waar hij bij staat.*

stricheln **0.1** ***stippelen*** ⇒*stippellijnen trekken* **0.2** ***arceren.***

Stricher ⟨m.; ~s, ~s⟩ →**Strichjunge.**

Strichjunge ⟨m.⟩ **0.1** ***tippelende homo(seksueel).***

Strichkode ⟨m.⟩ **0.1** ***streepjescode.***

Strichmädchen ⟨o.⟩ **0.1** ***tippelaarster.***

Strichmännchen ⟨o.⟩ **0.1** ***(getekend) poppetje.***

Strichpunkt ⟨m.⟩ **0.1** ***kommapunt, puntkomma.***

Strichregen ⟨m.⟩ **0.1** ***plaatselijke (regen)bui.***

Strichvogel ⟨m.⟩ **0.1** ***zwerfvogel.***

strichweise ⟨vooral meteo.⟩ **0.1** ***plaatselijk*** ⇒*hier en daar.*

Strick ⟨m.; ~(e)s, ~e⟩ **0.1** ***touw*** ⇒*koord* **0.2** ***strik, strop*** **0.3** ⟨inf.⟩ ***rakker*** ⇒*schelm* ◆ **3.1** ⟨inf.; fig.⟩ wenn alle ~e reißen *in het ergste geval* **3.2** ⟨fig.⟩ jmdm. aus etwas einen ~ drehen *iem. met iets de das omdoen;* den ~ nehmen *zich op-, verhangen* **6.1** ⟨fig.⟩ **an** einem, am gleichen ~ ziehen *(allen) één lijn trekken.*

Strickarbeit ⟨v.⟩ **0.1** ***breiwerk.***

Strickbeutel ⟨m.⟩ **0.1** ***breizak.***

stricken **0.1** ***breien*** **0.2** ⟨inf.; scherts.⟩ ***werken*** ⇒*wrochten* **0.3** ⟨inf.; fig.⟩ ***in elkaar zetten*** ⇒*opzetten.*

Strickerei ⟨v.; ~, ~en⟩ **0.1** ***breiwerk*** **0.2** ***breierij, tricotagebedrijf*** **0.3** ***gebrei, het breien.***

Strickerin ⟨v.; ~, ~nen⟩ **0.1** ***breister.***

Strickgarn ⟨o.⟩ **0.1** ***breigaren.***

Strickjacke ⟨v.⟩ **0.1** ***gebreid vest, jasje.***

Strickkleid ⟨o.⟩ **0.1** ***gebreide jurk.***

Strickleiter ⟨v.⟩ **0.1** ***touwladder.***

Strickmaschine ⟨v.⟩ **0.1** ***breimachine.***

Strickmuster ⟨o.⟩ **0.1** ***breipatroon.***

Stricknadel ⟨v.⟩ **0.1** ***breinaald, -pen.***

Strickwaren ⟨alleen mv.⟩ **0.1** ***gebreid goed, breigoed*** ⇒*tricotage.*

Strickweste ⟨v.⟩ **0.1** ***gebreid vest.***

Strickzeug ⟨o.⟩ **0.1** ***breiwerk*** **0.2** ***breigoed, -gerei.***

striegeln **0.1** ***roskammen*** **0.2** ⟨fig.⟩ ***kammen*** **0.3** ⟨inf.; fig.⟩ ***treiteren, koeioneren.***

Strieme ⟨v.; ~, ~n⟩ →**Striemen.**

striemen **0.1** ***striemen.***

Striemen ⟨m.; ~s, ~⟩ **0.1** ***striem.***

striemig **0.1** ***vol striemen*** ⇒*gestriemd.*

strikt(e) **0.1** ***strikt*** ⇒*nauwkeurig.*

Strip ⟨m.; ~s, ~s⟩ **0.1** ***striptease*** **0.2** ***strip*** ⟨pleister⟩.

Strippe ⟨v.; ~, ~n⟩ **0.1** ⟨reg.⟩ ***touw*** **0.2** ⟨reg.⟩ ***veter*** **0.3** ⟨inf.⟩ ***lijn*** ⟨telefoon⟩ ◆ **6.3** jmdn. **an** der ~ haben *iem. aan de lijn hebben.*

Stripperin ⟨v.; ~, ~nen⟩ ⟨inf.⟩ **0.1** ***stripteasedanseres.***

Striptease ⟨m. & o.; ~⟩ **0.1** ***striptease.***

Stripteuse ⟨v.; ~, ~n⟩ ⟨inf.⟩ **0.1** ***stripteaseuse.***

strittig **0.1** ***omstreden*** ⇒*betwist, kwestieus.*

Stroboskop ⟨o.; ~s, ~e⟩ **0.1** ***stroboscoop.***

Stroh ⟨o.; ~s⟩ **0.1** ***stro*** ◆ **2.¶** leeres ~ dreschen *(onzin) kletsen, leuteren* **6.¶** ~ **im** Kopf haben *zo stom zijn als een varken* **8.1** ⟨inf.; fig.⟩ wie ~ schmecken *kraak noch smaak hebben.*

Strohblume ⟨v.⟩ **0.1** ***strobloem.***

Strohbund ⟨o.; mv. ~e⟩ **0.1** ***strobos.***

Strohdach ⟨o.⟩ **0.1** ***strodak, strooien dak.***

strohdumm ⟨inf.⟩ **0.1** ***oliedom, oerstom.***

strohern **0.1** ***strooien, van stro*** **0.2** ⟨inf.⟩ ***droog.***

stroh|farben, -farbig **0.1** ***strokleurig.***

Strohfeuer ⟨o.⟩ **0.1** ***strovuur(tje)*** ⟨ook fig.⟩.

Strohhalm ⟨m.⟩ **0.1** ***strohalm*** **0.2** ***rietje*** ⟨om te drinken⟩ ◆ **6.1** ⟨fig.⟩ **nach** dem rettenden ~ greifen *zich aan een strohalm vastklampen.*

Strohhut ⟨m.⟩ **0.1** ***strohoed, strooien hoed.***

strohig **0.1** ***als van stro, stroachtig*** **0.2** ⟨fig.⟩ ***droog (en flauw).***

Strohkopf ⟨m.⟩ **0.1** ***domkop, stommeling.***

Strohlager ⟨o.⟩ **0.1** ***stroleger, strobed.***

Strohmann ⟨m.; mv. ¨er⟩ **0.1** ***stroman*** ⟨ook fig.⟩ ⇒*stropop* **0.2** ⟨kaartspel⟩ ***blinde.***

Strohsack ⟨m.⟩ **0.1** ***strozak*** ◆ **2.¶** (ach, du) heiliger ~! *lieve hemel!*

Strohschütte ⟨v.⟩ **0.1** ***laag, hoop stro.***

strohtrocken ⟨inf.⟩ **0.1** ***kurkdroog.***

Strohwisch ⟨m.⟩ **0.1** ***strowis.***

Strohwitwe ⟨v.⟩ ⟨scherts.⟩ **0.1** ***onbestorven weduwe.***

Strohwitwer ⟨m.⟩ ⟨scherts.⟩ **0.1** ***onbestorven weduwnaar.***

Strolch ⟨m.; ~(e)s, ~e⟩ **0.1** ***landloper, schooier*** **0.2** ***schurk, boef*** **0.3** ⟨inf.⟩ ***bengel, rakker.***

strolchen ⟨s.⟩ **0.1** ***(rond)zwerven.***

Strom ⟨m.; ~(e)s, ¨e⟩ **0.1** ***stroom*** ⟨ook tech.⟩ ⇒*rivier,* ⟨fig.⟩ *(stort)vloed* **0.2** ***stroom*** ⇒*elektriciteit* ◆ **6.1** **gegen** den ~ schwimmen ⟨ook fig.⟩ *tegen de stroom in zwemmen;* es gießt, regnet **in** Strömen *het stortregent, het regent pijpenstelen;* **mit** dem ~ schwimmen ⟨ook fig.⟩ *zich op de stroom mee laten voeren.*

Stromabnahme ⟨v.⟩ **0.1** ***stroomverbruik*** ⇒*stroomafname.*

Stromabnehmer ⟨m.⟩ **0.1** ***stroomafnemer*** ⟨ook tech.⟩ ⇒*stroomverbruiker.*

stromabwärts **0.1** ***stroomafwaarts.***

stromauf(wärts) **0.1** ***stroomopwaarts.***

Stromausfall ⟨m.⟩ **0.1** ***het uitvallen v.d. stroom*** ⇒*stroomstoring.*

Strombett ⟨o.⟩ **0.1** ***stroombed(ding).***

strömen **0.1** ***stromen*** ⟨ook fig.⟩.

Stromer ⟨m.; ~s, ~⟩ ⟨inf.⟩ **0.1** ***landloper, zwerver*** ⇒*vagebond.*

stromern ⟨inf.⟩ **0.1** ⟨s.⟩ ***(rond)zwerven*** **0.2** ⟨h.⟩ ***maar wat rondhangen*** ⇒*(lopen) lummelen.*

Stromerzeuger ⟨m.⟩ **0.1** ***stroomproducent*** **0.2** ***generator.***

Stromerzeugung ⟨v.⟩ **0.1** ***stroomopwekking.***

Stromkreis ⟨m.⟩ **0.1** ***stroomkring.***

Stromlinie ⟨v.⟩ **0.1** ***stroomlijn.***

stromlinienförmig **0.1** ***gestroomlijnd.***

Strommesser ⟨m.⟩ **0.1** ***ampèremeter.***

Stromschiene ⟨v.⟩⟨tech.⟩ **0.1** ***stroom-, contactrail*** **0.2** ***verzamelrail.***
Stromschnelle ⟨v.⟩ **0.1** ***stroomversnelling*** ⟨ook fig.⟩.
Stromsperre ⟨v.⟩ **0.1** ***stroomafsluiting*** **0.2** ***stroomloze uren.***
Stromstärke ⟨v.⟩⟨tech.⟩ **0.1** ***stroomsterkte.***
Stromstoß ⟨m.⟩⟨tech.⟩ **0.1** ***stroomstoot.***
Strömung ⟨v.; ~, ~en⟩ **0.1** ***stroming*** ⟨ook fig.⟩.
Stromunterbrecher ⟨m.⟩⟨tech.⟩ **0.1** ***stroomonderbreker.***
Stromversorgung ⟨v.⟩ **0.1** ***elektriciteits-, stroomvoorziening.***
Stromwender ⟨m.⟩⟨tech.⟩ **0.1** ***commutator.***
Stromzähler ⟨m.⟩ **0.1** ***elektriciteitsmeter.***
Strophe ⟨v.; ~, ~n⟩ **0.1** ***strofe*** ⇒*couplet.*
strotzen **0.1** ***vol zijn, zitten, overstromen*** ⇒*overlopen, bol staan* ◆ **6.1 von, vor** Fehlern ~ *van de fouten wemelen;* **von**, vor Gesundheit ~ *van gezondheid blaken;* **vor** Dreck ~ *stijf staan van het vuil.*
strubbelig **0.1** ***wild, woest*** ⇒*verward, ruig.*
Strubbelkopf ⟨m.⟩ **0.1** ***wilde, woeste haarbos*** **0.2** ***iem. met een wilde haarbos.***
Strudel ⟨m.; ~s, ~⟩ **0.1** ***(draai)kolk*** ⇒*maalstroom* ⟨ook fig.⟩ **0.2** ⟨soort gebak⟩.
strudeln **0.1** ***kolken*** ⇒*wervelen.*
Struktur ⟨v.; ~, ~en⟩ **0.1** ***structuur.***
Strukturalismus ⟨m.; ~⟩ **0.1** ***structuralisme.***
strukturpolitisch ⟨ec., pol.⟩ **0.1** ***mbt. de structuur(politiek)*** ⇒*structureel.*
strukturschwach ⟨ec.⟩ **0.1** ***structureel zwak.***
Strukturwandel ⟨m.⟩ **0.1** ***structuurverandering(en).***
Strumpf ⟨m.; ~(e)s, ~̈e⟩ **0.1** ***kous*** **0.2** ***kousje*** ⟨van lamp⟩ ◆ **6.1 auf** Strümpfen *op kousenvoeten;* ⟨inf.⟩ sich **auf** die Strümpfe machen *opstappen, ervandoor gaan.*
Strumpfband ⟨o.; mv. ~̈er⟩ **0.1** ***kousenband*** **0.2** ***jarretel(le).***
Strumpf(halter)gürtel ⟨m.⟩ **0.1** ***jarretellegordel.***
Strumpfhose ⟨v.⟩ **0.1** ***maillot*** **0.2** ***panty.***
Strumpfmaske ⟨v.⟩ **0.1** ***kous (als masker) over het hoofd.***
Strumpfwaren ⟨alleen mv.⟩ **0.1** ***kousen.***
Strumpfwirkerei ⟨v.⟩ **0.1** ***kousenweverij.***
Strunk ⟨m.; ~(e)s, ~̈e⟩ **0.1** ***stronk*** **0.2** ***boomstronk.***
struppig **0.1** ***ruig, borstelig*** ⇒*stoppelig, verward.*
Struwwelpeter ⟨m.; ~s, ~⟩⟨inf.⟩ **0.1** ***Piet de smeerpoe(t)s.***
Strychnin ⟨o.; ~s⟩ **0.1** ***strychnine.***
Stubben ⟨m.; ~s, ~⟩⟨Ndd.⟩ **0.1** ***stobbe, boomstronk.***
Stübchen ⟨o.; ~s, ~⟩ **0.1** ***kamertje.***
Stube ⟨v.; ~, ~n⟩ **0.1** ***kamer*** ⇒*vertrek* ◆ **2.1** die gute ~ *de beste kamer, pronkkamer* **6.1** ⟨inf.⟩ rein **in** die gute ~! *kom maar gauw binnen!*
Stubenälteste(r) ⟨bn. als zn.⟩ **0.1** ***kameroudste.***
Stubendienst ⟨m.⟩⟨vooral mil.⟩ **0.1** ***kamerwacht.***
Stubenfliege ⟨v.⟩ **0.1** ***kamervlieg.***
Stubengelehrte(r) ⟨bn. als zn.⟩⟨vero.⟩ **0.1** ***kamergeleerde.***
Stubenhocker ⟨m.⟩ **0.1** ***huismus, thuisblijver.***
Stubenmädchen ⟨o.⟩⟨vero.⟩ **0.1** ***kamermeisje.***
stubenrein **0.1** ***zindelijk*** ⟨van dieren⟩ **0.2** ⟨scherts.; fig.⟩ ***net*** ⇒*netjes, fatsoenlijk.*
Stubsnase ⟨v.⟩ →**Stupsnase.**
Stuck ⟨m.; ~(e)s⟩ **0.1** ***stuc, pleisterkalk*** ⇒*stucwerk.*
Stück ⟨o.; ~(e)s, ~e⟩ **0.1** ***stuk*** ⇒*exemplaar, deel, stukje,* ⟨ec.⟩ *effect* ◆ **1.1** ⟨inf.⟩ ein gutes ~ Geld *aardig wat, een hoop geld;* ein ~ Weg(es) *een eindje;* ein gutes ~ Weg *een heel eind gaans* **2.1** ⟨scherts.⟩ unser bestes ~ *het beste paard van stal;* ein gutes ~ (a) *een heel stuk, heel, aardig wat* (b) *een heel eind;* ⟨inf.⟩ ein starkes ~! *sterk!, een sterk staaltje!;* zwei ~ *twee stuks* **2.¶** große ~e auf jmdn. halten *met iem. (erg) veel op hebben* **3.1** ⟨fig.⟩ sich ⟨3e nv.⟩ von jmdm. ein ~ abschneiden können *iem. als voorbeeld kunnen nemen* **6.1 am, im** ~ kaufen *aan, van het stuk kopen;* ⟨inf.; fig.⟩ **in** einem ~ *aan één stuk door;* ⟨fig.⟩ **in** allen ~en *in alle opzichten;* ⟨fig.⟩ sich für jmdn. **in** ~e reißen lassen *voor iem. door het vuur gaan;* **pro** ~ *per stuk* **6.¶ aus** freien ~en *uit eigen beweging.*
Stuckarbeit ⟨v.⟩ **0.1** ***stukadoors-, stucwerk.***
Stückarbeit ⟨v.⟩ **0.1** ***stukwerk*** ⟨ook inf.; fig.⟩.
Stückarbeiter ⟨m.⟩ **0.1** ***stukwerker.***
Stuckateur ⟨m.⟩⟨nw.spel.⟩ →**Stukkateur.**
Stuckatur ⟨v.⟩⟨nw.spel.⟩ →**Stukkatur.**
Stuckdecke ⟨v.⟩ **0.1** ***gestukadoord plafond.***
stückeln **0.1** ***(samen)lappen*** ⇒*met lapjes werken, in elkaar flansen.*
Stückelung ⟨v.; ~, ~en⟩ **0.1** ***het lappen*** ⇒*werk met lapjes* **0.2** ⟨ec.⟩ ***coupure*** **0.3** ⟨ec.⟩ ***onderverdeling*** ⟨van munteenheid⟩.
stücken →**stückeln.**
Stückeschreiber ⟨m.⟩ **0.1** ***toneelschrijver.***
Stückgut ⟨o.⟩ **0.1** ***stukgoed.***
stuckieren **0.1** ***stukadoren, stuken.***
Stückkauf ⟨m.⟩ **0.1** ***species-, soortkoop.***
Stückkosten ⟨alleen mv.⟩ **0.1** ***kosten per eenheid.***
Stücklohn ⟨m.⟩ **0.1** ***stukloon.***
Stücklung ⟨v.⟩ →**Stückelung.**
stückweise **0.1** ***bij stukjes en beetjes*** ⇒*stuk(je) voor stuk(je)* **0.2** ***per stuk.***
Stückwerk ⟨o.⟩ **0.1** ***stukwerk.***
Stückzahl ⟨v.⟩ **0.1** ***aantal (stuks).***
Stückzinsen ⟨alleen mv.⟩ **0.1** ***opgelopen rente (na de laatste vervaldag).***
stud. ⟨afk.⟩ [studiosus].
Student ⟨m.; ~en, ~en⟩ **0.1** ***student*** **0.2** ⟨Oostr.⟩ ***leerling (v.h. voortgezet onderwijs)*** ◆ **1.1** ~ der Medizin *student in de medicijnen.*
Studentenausweis ⟨m.⟩ **0.1** ***collegekaart.***
Studentenblume ⟨v.⟩⟨plantk.⟩ **0.1** ***afrikaantje.***
Studentenbude ⟨v.⟩⟨inf.⟩ **0.1** ***studentenkamer, kast.***
Studentenfutter ⟨o.⟩ **0.1** ***studentenhaver.***
Studentenheim ⟨o.⟩ **0.1** ***studenten(te)huis, studentenflat.***
Studentenschaft ⟨v.; ~, ~en⟩ **0.1** ***de studenten*** ⇒*studentengemeenschap.*
Studentenverbindung ⟨v.⟩ **0.1** ***studentencorps.***
Studentenwerk ⟨o.⟩ **0.1** ***Stichting Studentenwelzijn.***
Studentin ⟨v.; ~, ~nen⟩ **0.1** ***studente*** ⇒*meisjesstudent.*
studentisch **0.1** ***studenten-, van (de) studenten*** **0.2** ***studentikoos*** ◆ **1.1** ~e Hilfskraft *student-assistent.*
Studie ⟨v.; ~, ~n⟩ **0.1** ***studie*** ⇒*oefenstuk, wetenschappelijk werk, onderzoek* ◆ **6.1** eine ~ **zum** Strafrecht *een studie over het strafrecht.*
Studienabschluß ⟨m.⟩ **0.1** ***einddiploma*** **0.2** ***studie-, afstudeerrichting.***
Studienanfänger ⟨m.⟩ **0.1** ***eerstejaars (student).***
Studienassessor ⟨m.⟩ **0.1** ***jong leraar*** ⇒*aspirant-leraar.*
Studienaufenthalt ⟨m.⟩ **0.1** ***studieverblijf.***
Studienbeihilfe ⟨v.⟩ **0.1** ***studietoelage.***
Studienberatung ⟨v.⟩ **0.1** ***studiebegeleiding.***
Studienbewerber ⟨m.⟩ **0.1** ***aangemelde student.***
Studienbrief ⟨m.⟩ **0.1** ***schriftelijke les.***
Studiendirektor ⟨m.⟩ **0.1** ***conrector.***
Studienfahrt ⟨v.⟩ **0.1** ***excursie, studiereis.***
Studiengang ⟨m.⟩ **0.1** ***studierichting*** ⇒*opleiding* **0.2** ***inrichting, opzet v.d. studie*** ⇒*studieprogramma.*

studienhalber **0.1** ***voor studie, om studieredenen*** ⇒*vanwege de studie.*
Studienordnung ⟨v.⟩ **0.1** ***studiereglement.***
Studienplatz ⟨m.⟩ **0.1** ***studieplaats.***
Studienrat ⟨m.⟩ **0.1** ***docent, leraar*** ⟨bij voortgezet onderwijs⟩.
Studienreferendar ⟨m.⟩ **0.1** ***kandidaat-leraar*** ⟨in praktijkjaar⟩.
Studienzweck ⟨m.⟩ ◆ **6.¶ zu** ~en *voor studiedoeleinden.*
studieren **I** ⟨ov. & onov.ww.⟩ **0.1** ***studeren*** ◆ **6.1** ⟨inf.⟩ **auf** Lehrer ~ *voor leraar studeren.* →**Bauch;**
II ⟨ov.ww.⟩ **0.1** ***bestuderen*** **0.2** ***instuderen.*** →**probieren.**
Studierte(r) ⟨bn. als zn.⟩ **0.1** ***gestudeerd persoon, intellectueel.***
Studio ⟨o.; ~s, ~s⟩ **0.1** ***studio*** **0.2** ***eenkamerflat*** ⇒⟨AZN⟩ *studio.*
Studium ⟨o.; ~s, Studien⟩ **0.1** ***studie*** ⇒*bestudering, onderzoek* **0.2** ***het instuderen*** ◆ **6.1** Studien **über** eine Sache betreiben *iets bestuderen, onderzoek naar iets plegen, verrichten.*
Stufe ⟨v.; ~, ~n⟩ **0.1** ***trap*** ⟨ook tech.; muz.⟩ ⇒*trede* ⟨van trap⟩, *sport* ⟨van ladder⟩ **0.2** ⟨fig.⟩ ***peil*** ⇒*trap, niveau, fase, etappe* **0.3** ⟨fig.⟩ ***trap*** ⇒*graad, rang* **0.4** ⟨aardr.⟩ ***vegetatiezone*** **0.5** ⟨aardr.⟩ ***helling (van terras)*** ◆ **1.1** Vorsicht, ~(n)! *pas op, op-, afstapje!* **6.2** jmdn., etwas **auf** eine ~, auf die gleiche ~ stellen *iem., iets op één lijn stellen, plaatsen* **6.3** Farben **in** vielen ~n *kleuren in vele nuances, schakeringen.*
stufen **0.1** ***trapsgewijs aanleggen*** **0.2** ***classificeren, onderverdelen*** ⇒*rangschikken* ◆ **1.2** die gestufte Lohnskala *de getrapte loonschaal.*
stufenartig **0.1** ***trapsgewijs*** ⇒*progressief.*
Stufenbarren ⟨m.⟩⟨sp.⟩ **0.1** ***brug met ongelijke leggers.***
Stufenfolge ⟨v.⟩ **0.1** ***reeks treden*** **0.2** ***trapsgewijze opklimming, volgorde*** ⇒*progressie* **0.3** ***trapsgewijze ontwikkeling.***
stufenförmig **0.1** ***trapvormig*** ⇒*getrapt* ⟨ook fig.⟩.
Stufengiebel ⟨m.⟩ **0.1** ***trapgevel.***
Stufenheck ⟨o.⟩ **0.1** ***achterkant (van auto) met gewone kofferruimte.***
Stufenleiter ⟨v.⟩ **0.1** ***ladder*** ⟨meestal fig.⟩ ⇒⟨fig.⟩ *hiërarchie.*
stufenlos ⟨tech.⟩ **0.1** ***traploos.***
Stufenplan ⟨m.⟩ **0.1** ***gefaseerd plan*** ⇒*meerfaseplan.*
Stufenrakete ⟨v.⟩ **0.1** ***meertrapsraket.***
stufenweise ⟨fig.⟩ **0.1** ***trapsgewijs*** ⇒*geleidelijk, progressief, gefaseerd.*
Stufung ⟨v.; ~, ~en⟩ **0.1** ***trapsgewijze indeling*** ⇒*trapsgewijze opklimming, progressie, fasering.*
Stuhl ⟨m.; ~(e)s, ⸚e⟩ **0.1** ***stoel*** **0.2** ***stoelgang*** ⇒*ontlasting* ◆ **2.¶** ⟨inf.⟩ ein heißer ~ *een snelle bak* **3.1** ⟨fig.⟩ jmdm. den ~ vor die Tür setzen *iem. de deur uitzetten* **6.1** ⟨inf.; fig.⟩ ich fiel **vom** ~, das riß, haute mich vom ~ *ik sloeg er van achterover;* ⟨inf.; fig.⟩ das reißt mich nicht **vom** ~ (a) *dat laat me koud* (b) *dat verbaast me niet;* ⟨fig.⟩ sich **zwischen** zwei Stühle setzen *tussen wal en schip vallen;* ⟨fig.⟩ **zwischen** zwei, allen Stühlen sitzen *tussen twee stoelen in de as zitten.*
Stuhlbein ⟨o.⟩ **0.1** ***stoelpoot.***
Stuhlgang ⟨m.⟩ **0.1** ***stoelgang*** ⇒*ontlasting.*
Stuhllehne ⟨v.⟩ **0.1** ***rugleuning (v.d. stoel)*** **0.2** ***stoelleuning.***
Stuhlverstopfung ⟨v.⟩ **0.1** ***hardlijvigheid, constipatie.***
Stuka ⟨m.; ~s, ~s⟩ →**Sturzkampfflugzeug.**
Stukkateur ⟨m.; ~s, ~e⟩ **0.1** ***stukadoor, plafondwerker.***
Stukkatur ⟨v.; ~, ~en⟩ **0.1** ***stuc(werk).***
Stulle ⟨v.; ~, ~n⟩⟨reg.⟩ **0.1** ***boterham.***
Stulpe ⟨v.; ~, ~n⟩ **0.1** ***omslag, omgeslagen rand*** ⇒*kap* ⟨van handschoen, laars⟩, *brede manchet* ⟨van hemd⟩.
stülpen **0.1** ***omkeren, stulpen*** ⇒*omslaan, omdraaien* **0.2** ⟨van boven⟩ ***zetten*** ⇒*schuiven, leggen, stolpen* ◆ **6.1** die Taschen **nach** außen ~ *zijn zakken binnenstebuiten keren* **6.2** sich ⟨3e nv.⟩ den Hut **auf** den Kopf ~ *zijn hoed opzetten.*
Stulpenstiefel ⟨m.⟩ **0.1** ***kaplaars.***
Stülpnase ⟨v.⟩ **0.1** ***wipneus.***
stumm **0.1** ***stom*** ⇒*sprakeloos, stil, zwijgend* **0.2** ⟨med.⟩ ***stil*** ⇒*latent* ◆ **3.1** ~ bleiben *blijven zwijgen, met stomheid geslagen zijn;* ⟨inf.⟩ jmdn. ~ machen *iem. van kant maken;* das Telefon war ~ *de lijn was dood;* sich ~ stellen *stommetje spelen* **6.1** ~ **vor** Staunen *stomverbaasd.*
Stummel ⟨m.; ~s, ~⟩ **0.1** ***stomp(je)*** ⇒*eindje* **0.2** ***peuk(je).***
Stummfilm ⟨m.⟩ **0.1** ***stomme film.***
Stumpen ⟨m.; ~s, ~⟩ **0.1** ***sigaar zonder punt*** ⇒*bokje, sprietje* **0.2** ⟨reg.⟩ ***boomstronk, stobbe.***
Stümper ⟨m.; ~s, ~⟩ **0.1** ***knoeier*** ⇒*prutser, klungelaar.*
Stümperei ⟨v.; ~, ~en⟩ **0.1** ***pruts-, klungelwerk(je)*** **0.2** ***geknoei, geklungel.***
stümperhaft **0.1** ***knoeierig*** ⇒*klungelig, prullig.*
stümpern **0.1** ***knoeien*** ⇒*prutsen, klungelen, stuntelen.*
stumpf **0.1** ***stomp*** ⟨ook wisk.⟩ **0.2** ***bot*** ⟨ook fig.⟩ **0.3** ***dof, mat*** **0.4** ⟨fig.⟩ ***suf(fig), afgestompt*** **0.5** ⟨lit.⟩ ***mannelijk, staand*** ⟨rijm⟩ ◆ **1.1** ⟨wisk.⟩ ein ~er Kegel *een afgeknotte kegel;* ~e Sinne *stompe, afgestompte zintuigen* **1.3** ~es Haar *dof, mat haar* **6.4** ⟨fig.⟩ **gegen** etwas ~ werden *gevoelloos voor iets worden.*
Stumpf ⟨m.; ~(e)s, ⸚e⟩ **0.1** ***stomp*** ⇒*eindje* ◆ **6.1** ⟨fig.⟩ **mit** ~ und Stiel ausrotten *met wortel en tak uitroeien.*
Stumpfnase ⟨v.⟩ **0.1** ***stomp-, mopneus.***
Stumpfsinn ⟨m.⟩ **0.1** ***stompzinnigheid*** **0.2** ***afgestomptheid.***
stumpfsinnig **0.1** ***stompzinnig*** **0.2** ***afgestompt.***
stumpfwink(e)lig **0.1** ***stomphoekig.***
Stündchen ⟨o.; ~s, ~⟩⟨inf.⟩ **0.1** ***uurtje.***
Stunde ⟨v.; ~, ~n⟩ **0.1** ***uur*** **0.2** ***les*** ⇒*(les)uur* **0.3** ⟨fig.⟩ ***ogenblik*** ⇒*uur, moment* ◆ **1.1** eine ~ Weges *een uur gaans* **2.1** ⟨pol.⟩ die aktuelle ~ *het vragenuurtje;* ⟨schr.⟩ die blaue ~ *het uur van de schemering;* in einer dreiviertel ~, in drei viertel ~n (a) *in drie kwartier (tijd)* (b) *over drie kwartier;* zu früher ~ *vroeg (in, op de morgen);* ⟨inf.⟩ eine geschlagene ~ *een vol uur;* eine knappe ~ *een uurtje, een klein uur;* ⟨schr.⟩ zu später, vorgerückter ~ *laat (op de dag, avond)* **2.3** zu gelegener ~ *te gelegener ure, tijd;* seine große ~ war gekommen *het grote ogenblik was voor hem aangebroken;* in letzter, zwölfter ~ *te elfder ure;* ⟨schr.⟩ ihre schwere ~ *de tijd van haar bevalling* **3.1** ⟨fig.⟩ wissen, was die ~ geschlagen hat *weten hoe laat het is* **3.2** ~n erteilen, geben, halten *lesgeven;* englische ~n nehmen *Engelse les volgen* **3.3** jmds. letzte ~ hat geschlagen, ist gekommen *iemands laatste uur heeft geslagen* **4.1** alle zwei ~n *om de twee uur* **4.3** zur selben ~ *terzelfder ure, op hetzelfde moment* **6.1** er kam **auf, für** eine ~ vorbei *hij kwam een uurtje langs;* 10 Mark **für** die ~, **in** der ~, **pro** ~ verlangen *10 mark per uur vragen;* 50 Kilometer **in** der ~ *50 kilometer per uur;* **um** diese ~ *rond dit uur;* ~ **um** ~ *uur na uur;* **unter** einer ~ *in minder dan een uur;* **vor** einer ~ *een uur geleden;* **zu** dieser ~ *op dit uur* **6.3** **bis zur** ~ *tot nu toe, tot op het moment;* ⟨vero.; schr.⟩ **von** Stund an *van dat ogenblik af;* **zu** jeder ~ *te allen tijde, altijd;* **zur** ~ *op dit, het ogenblik* **7.1** ⟨inf.⟩ 10 Mark die ~ *10 mark per uur.*
stunden **0.1** ***uitstel (van betaling) geven (voor).***

Stundenbuch ⟨o.⟩⟨rel.⟩ **0.1** ***getijdenboek.***
Stundendeputat ⟨o.⟩ **0.1** ***aantal (te geven) lesuren.***
Stundengebet ⟨o.⟩⟨rel.⟩ **0.1** ***getijden.***
Stundengeschwindigkeit ⟨v.⟩ **0.1** ***snelheid per uur.***
Stundenhilfe ⟨v.⟩ **0.1** ***werkster*** **0.2** ***hulp, assistente (voor een paar uur per dag).***
Stundenhotel ⟨o.⟩ **0.1** ***rendez-voushotel.***
Stundenkilometer ⟨m.⟩ **0.1** ***kilometer per uur.***
stundenlang **0.1** ***urenlang.***
Stundenlohn ⟨m.⟩ **0.1** ***uurloon.***
Stundenmittel ⟨o.⟩ **0.1** ***uurgemiddelde.***
Stundenplan ⟨m.⟩ **0.1** ***les(sen)rooster.***
Stundenschlag ⟨m.⟩ **0.1** ***klokslag.***
stundenweise **0.1** ***per uur*** **0.2** ***(voor, gedurende) enkele uren.***
Stundenzeiger ⟨m.⟩ **0.1** ***uurwijzer.***
stündlich **0.1** ***om het uur*** ⇒*van uur tot uur, elk uur* **0.2** ***per uur.***
Stundung ⟨v.; ~, ~en⟩ **0.1** ***uitstel (van betaling)*** ⇒*respijt.*
Stunk ⟨m.; ~s⟩⟨inf.⟩ **0.1** ***ruzie, trammelant*** ⇒*heibel.*
stupend ⟨schr.⟩ **0.1** ***verbazingwekkend, enorm.***
stupid(e) **0.1** ***stupide*** ⇒*stompzinnig.*
Stupidität ⟨v.; ~, ~en⟩ **0.1** ***stupiditeit*** ⇒*stompzinnigheid.*
Stups ⟨m.; ~es, ~e⟩⟨inf.⟩ **0.1** ***duw(tje), stoot*** ⇒*por, zet(je).*
stupsen ⟨inf.⟩ **0.1** ***duwen, (aan)stoten*** ⇒*porren, stompen.*
Stupsnase ⟨v.⟩ **0.1** ***wipneus.***
stur ⟨inf.⟩ **0.1** ***stug*** ⇒*stijf, strak* **0.2** ***koppig*** ⇒*halsstarrig* **0.3** ***onverzettelijk*** ⇒*hardnekkig, onwrikbaar* ◆ **3.3** sich ~ stellen *onwrikbaar blijven, op zijn strepen (gaan) staan* **5.1** ~ geradeaus *pal, recht vooruit* **6.2** ⟨inf.⟩ **auf** ~ schalten *dwars gaan liggen* **6.3** ~ **nach** Vorschrift *strikt volgens de voorschriften.*
Sturm ⟨m.; ~(e)s, ¨~e⟩ **0.1** ***storm*** ⟨ook fig.⟩ **0.2** ⟨sp.⟩ ***voorhoede*** **0.3** ⟨mil.⟩ ***stormaanval*** ⇒*bestorming* **0.4** ⟨fig.⟩ ***stormloop, run*** ◆ **3.1** ⟨inf.; fig.⟩ ~ klingeln, läuten *hardnekkig, aanhoudend bellen;* das Telefon läutet ~ *de telefoon staat roodgloeiend* **3.3** ⟨fig.⟩ gegen eine Sache ~ laufen *tegen iets stormlopen* **6.1** ⟨fig.⟩ ein ~ **im** Wasserglas *een storm in een glas water* **6.3** **im** ~ ⟨ook fig.⟩ *stormenderhand.*
Sturmabteilung ⟨v.⟩⟨nazi⟩ **0.1** ***SA, Sturmabteilung.***
Sturmangriff ⟨m.⟩ **0.1** ***stormaanval*** ⇒*bestorming.*
Sturmbö ⟨v.⟩ **0.1** ***stormachtige rukwind, stormvlaag.***
Sturmbock ⟨m.⟩ **0.1** ***stormram.***
stürmen I ⟨onov.ww.⟩ **0.1** ***stormen*** ⟨ook mil.⟩ ⇒⟨fig.⟩ *vliegen* **0.2** ⟨sp.⟩ ***in de voorhoede spelen*** **0.3** ⟨sp.⟩ ***in de aanval zijn, aanvallen*** ◆ **6.1** **ins** Zimmer ~ *de kamer (komen) binnenstormen;*
II ⟨ov.ww.⟩ **0.1** ***bestormen*** ⟨ook fig.⟩.
Stürmer ⟨m.; ~s, ~⟩ **0.1** ***schuimende jonge wijn*** **0.2** ⟨sp.⟩ ***aanvaller, voorhoedespeler*** **0.3** ⟨stud.; soort⟩ ***studentenpet.***
Sturmflut ⟨v.⟩ **0.1** ***stormvloed.***
Sturmflutwehr ⟨o.⟩ **0.1** ***stormvloedkering.***
sturmfrei ⟨scherts.⟩ **0.1** ***vrij*** ◆ **1.1** eine ~e Bude *een kamer waar men vrijelijk bezoek kan ontvangen.*
Sturmgepäck ⟨o.⟩⟨mil.⟩ **0.1** ***stormbepakking.***
stürmisch **0.1** ***stormachtig*** ⇒⟨fig.⟩ *onstuimig, fel.*
Sturmlauf ⟨m.⟩ **0.1** ***stormloop.***
Sturmleiter ⟨v.⟩ **0.1** ⟨mil.⟩ ***stormladder*** **0.2** ⟨scheep.⟩ ***jakobsladder.***
sturmreif **0.1** ⟨mil.⟩ ***stormrijp*** **0.2** ⟨fig.⟩ ***murw.***
Sturmschritt ⟨m.⟩ ◆ **6.¶** **im** ~ *in stormpas.*
Sturmspitze ⟨v.⟩⟨sp.⟩ **0.1** ***(aanvals)spits.***
Sturmtief ⟨o.⟩⟨meteo.⟩ **0.1** ***stormdepressie.***
Sturm-und-Drang-Periode ⟨v.⟩ **0.1** ⟨lit.⟩ ***Sturm-und-Drangperiode*** **0.2** ⟨inf.⟩ ***onstuimige jeugdjaren, Sturm-und-Drangperiode.***
Sturmvogel ⟨m.⟩⟨biol.⟩ **0.1** ***stormvogel.***
Sturmzeichen ⟨o.⟩ **0.1** ***storm(waarschuwings)sein*** **0.2** ⟨schr.; fig.⟩ ***stormachtig voorteken*** ⇒*sein, vlammend teken.*
Sturz ⟨m.; ~es, ¨~e⟩ **0.1** ***val*** ⇒⟨fig.⟩ *sterke daling, instorting* **0.2** ⟨tech.⟩ ***wielvlucht*** **0.3** ***latei, bovendorpel*** **0.4** ⟨Zdd., Oostr., Zwi.⟩ ***glazen stolp*** ◆ **3.1** es gab böse Stürze *het kwam tot zware valpartijen.*
Sturzbach ⟨m.⟩ **0.1** ***stortbeek*** **0.2** ⟨fig.⟩ ***stortvloed*** ◆ **6.1** ⟨fig.⟩ es regnet **in** Sturzbächen *het regent pijpenstelen.*
sturz|besoffen, -betrunken **0.1** ***straalbezopen, stomdronken.***
stürzen I ⟨onov.ww.⟩ **0.1** ***vallen*** ⟨ook fig.⟩ ⇒*storten* **0.2** ***rennen, stormen*** ⇒*vliegen* **0.3** ***storten*** ⇒*gutsen* **0.4** ⟨schr.⟩ ***steil afhellen*** ⇒*(steil naar beneden, abrupt) vallen* ◆ **1.1** ⟨fig.⟩ die Preise sind gestürzt *de prijzen zijn gekelderd* **5.1** schwer ~ *lelijk vallen* **6.1** **nach** hinten ~ *achterovervallen;* ⟨fig.⟩ die Temperatur stürzte **um** 20 Grad **auf** 10 Grad *de temperatuur zakte plotseling met 20 graden tot (maar) 10 graden* **6.2** **an** die Tür ~ *naar de deur rennen;* **ins** Zimmer ~ *de kamer (komen) binnenstormen* **6.3** Blut stürzte ihm **aus** der Nase *bloed gutste uit zijn neus;*
II ⟨ov.ww.⟩ **0.1** ***storten*** ⇒*(naar beneden) werpen, gooien* **0.2** ***omdraaien*** ⇒*omkeren, kantelen* **0.3** ⟨fig.⟩ ***ten val brengen*** ⇒*omverwerpen* ◆ **1.3** einen König ~ *een koning van de troon stoten* **1.¶** die Kasse ~ *de kas opmaken* **5.2** (bitte) nicht ~! *niet kantelen!* **6.1** sich ⟨3e nv.⟩ **in** die Arme ~ *in elkaars armen vallen;* sich **in** Schulden ~ *zich in de schuld steken;* einen Deckel **über** den Topf ~ *een deksel op de pan zetten.*
Sturzflug ⟨m.⟩ **0.1** ***duikvlucht.***
Sturzflut ⟨v.⟩ **0.1** ***stortvloed*** ⟨ook fig.⟩.
Sturzhelm ⟨m.⟩ **0.1** ***valhelm.***
Sturzkampfflugzeug ⟨o.⟩ **0.1** ***duikbommenwerper.***
Sturzregen ⟨m.⟩ **0.1** ***stort-, slagregen.***
Sturz|see, -welle ⟨v.⟩ **0.1** ***stortzee*** ⇒*zware golf.*
Stuß ⟨m.; Stusses⟩⟨inf.⟩ **0.1** ***onzin*** ⇒*larie* ◆ **3.1** ~ machen *gekke dingen doen, onzin uithalen.*
Stute ⟨v.⟩⟨biol.⟩ **0.1** ***merrie.***
Stütz ⟨m.; ~es, ~e⟩⟨sp.⟩ **0.1** ***steun.***
Stutzbart ⟨m.⟩ **0.1** ***kortgeknipte baard.***
Stütze ⟨v.; ~, ~n⟩ **0.1** ***steun*** ⟨ook fig.⟩ ⇒*stut, ondersteuning,* ⟨fig.⟩ *toeverlaat* **0.2** ⟨fig.⟩ ***steunpilaar*** **0.3** ⟨inf.⟩ ***werklozensteun.***
stutzen I ⟨onov.ww.⟩ **0.1** ***(verrast, verbaasd) opkijken*** ⇒ *versteld staan* **0.2** ***achterdochtig worden*** **0.3** ***(even) stoppen*** ⇒*stokken, blijven staan* **0.4** ***(even) schrikken;***
II ⟨ov.ww.⟩ **0.1** ***couperen*** ⟨oren, staart⟩ **0.2** ***snoeien*** **0.3** ***kortwieken*** ⟨vleugel⟩ **0.4** ⟨scherts.⟩ ***(bij)knippen*** ◆ **4.4** sich ⟨3e nv.⟩ die Haare ~ *zijn haar (bij)knippen.*
stützen I ⟨ov.ww.⟩ **0.1** ***steunen*** ⟨ook fig.⟩ ⇒*stutten, ondersteunen, schragen,* ⟨fig.⟩ *bijstaan;*
II sich ~ ⟨wk.ww.⟩ **0.1** ***steunen*** ⇒*leunen, rusten* **0.2** ⟨fig.⟩ ***zich baseren*** ⇒*gebaseerd zijn, zich beroepen* ◆ **6.1** sich **auf** die Ellbogen ~ *op zijn ellebogen leunen, steunen.*
Stutzer ⟨m.; ~s, ~⟩⟨vero.⟩ **0.1** ***dandy, fat.***
stutzerhaft **0.1** ***fatterig, dandyachtig.***
stutzig **0.1** ***achterdochtig*** ⇒*wantrouwig.*
Stützmauer ⟨v.⟩ **0.1** ***steunmuur.***
Stützpfeiler ⟨m.⟩ **0.1** ***steunpilaar.***
Stützpunkt ⟨m.⟩ **0.1** ***steunpunt*** ⇒⟨mil. vooral⟩ *basis.*
Stutzuhr ⟨v.⟩ **0.1** ***pendule.***
Stützung ⟨v.; ~, ~en⟩ **0.1** ***steun*** ⇒*ondersteuning.*

Stützungskauf ⟨m.⟩⟨ec.⟩ **0.1** ***steunaankoop.***
Stützverband ⟨m.⟩⟨med.⟩ **0.1** ***steungevend verband.***
Styropor ⟨o.; ~s⟩ **0.1** ***polystyreen, piepschuim.***
s.u. ⟨afk.⟩ [sieh(e) unten!].
Suada, Suade ⟨v.; ~, Suaden⟩⟨schr.; pej.⟩ **0.1** ***vloed van woorden*** **0.2** ***eloquentie, welsprekendheid.***
subaltern **0.1** ***subaltern, ondergeschikt*** ⇒*lager* **0.2** ⟨schr.; pej.⟩ ***onzelfstandig*** **0.3** ⟨schr.; pej.⟩ ***onderdanig, nederig.***
Subjekt ⟨o.; ~(e)s, ~e⟩ **0.1** ***subject*** ⇒⟨taal.⟩ *onderwerp* **0.2** ⟨inf.⟩ ***sujet, individu*** ⇒*figuur.*
subjektiv **0.1** ***subjectief.***
Subjektivität ⟨v.; ~⟩ **0.1** ***subjectiviteit.***
sublim **0.1** ***subliem*** ⇒*verheven, verfijnd.*
sublimieren **0.1** ***sublimeren.***
Submission ⟨v.; ~, ~en⟩ **0.1** ⟨ec.⟩ ***aanbesteding*** ⇒*inschrijving* **0.2** ***gunning, toewijzing v.d. opdracht.***
Submissionsweg ⟨m.⟩ ◆ **6.¶** **auf** dem, **im** ~(e) *per aanbesteding.*
Submittent ⟨m.; ~en, ~en⟩ **0.1** ***inschrijver*** ⟨bij aanbesteding⟩.
submittieren **0.1** ***inschrijven*** ⟨bij aanbesteding⟩.
Subordination ⟨v.; ~⟩ **0.1** ⟨vero.; schr.⟩ ***subordinatie*** ⇒*ondergeschiktheid, gehoorzaamheid, ondergeschikte positie* **0.2** ⟨taal.⟩ ***onderschikking.***
subsidiär ⟨schr.⟩ **0.1** ***om te helpen, bij wijze van hulp*** ⇒*begeleidend* **0.2** ***provisorisch*** ⇒*voorlopig.*
Subskribent ⟨m.⟩⟨boek., ec.⟩ **0.1** ***intekenaar, subscribent*** ⇒ *inschrijver.*
subskribieren ⟨boek., ec.⟩ **0.1** ***intekenen, subscriberen*** ◆ **6.1** **(auf)** ein Buch ~ *op een boek intekenen.*
Subskription ⟨v.; ~, ~en⟩ **0.1** ⟨boek.⟩ ***intekening, subscriptie*** **0.2** ⟨ec.⟩ ***inschrijving.***
Subskriptionspreis ⟨m.⟩⟨boek.⟩ **0.1** ***intekenprijs.***
substantiell **0.1** ***substantieel*** ⇒*wezenlijk, hoofdzakelijk, waardevol.*
Substantiv ⟨o.; ~s, ~e⟩ **0.1** ***substantief, zelfstandig naamwoord.***
substantivieren ⟨taal.⟩ **0.1** ***substantiveren, tot een zelfstandig naamwoord maken.***
Substanz ⟨v.; ~, ~en⟩ **0.1** ***substantie*** ⇒⟨fil.⟩ *wezen, stof, kern, hoofdzaak,* ⟨inf.; ec.⟩ *(goederen)kapitaal, vermogen, waarde* ◆ **2.1** die bauliche ~ *de voorhanden gebouwen, bebouwing;* ⟨med.⟩ die graue, weiße ~ *de grijze, witte stof* **3.1** ⟨inf.⟩ die ~ angreifen *zijn kapitaal aanspreken* **6.1** ⟨inf.⟩ jmdm. **an** die ~ gehen, an der ~ zehren *iem. niet in zijn koude kleren gaan zitten;* ⟨inf.⟩ jetzt geht's aber **an** die ~ *nu gaat, moet het mes er toch dieper in.*
substanziell ⟨nw.spel.⟩ →**substantiell.**
Substanzverlust ⟨m.⟩ **0.1** ***waardevermindering*** **0.2** ***kapitaalverlies*** **0.3** ***verlies van zijn krachten, achteruitgang.***
substituieren **0.1** ***substitueren*** ⇒*vervangen.*
Substitut[1] ⟨m.; ~en, ~en⟩ **0.1** ***substituut*** ⟨ook jur.⟩, ***plaatsvervanger*** **0.2** ***plaatsvervangend afdelingschef, assistent-verkoopleider.***
Substitut[2] ⟨o.; ~s, ~e⟩ **0.1** ***substituut*** ⇒*surrogaat.*
Substrat ⟨o.; ~(e)s, ~e⟩ **0.1** ***substraat.***
subsumieren ⟨schr.⟩ **0.1** ***subsumeren*** ⇒*rangschikken, samenvatten* ◆ **1.1** einen Begriff einem andern ~ *een begrip onder een ander begrip subsumeren.*
subtil **0.1** ***subtiel*** ⇒*fijn, scherpzinnig* **0.2** ***moeilijk, gecompliceerd.***
Subtrahend ⟨m.; ~en, ~en⟩⟨wisk.⟩ **0.1** ***af te trekken getal, aftrekker.***
subtrahieren **0.1** ***aftrekken, subtraheren.***
Subtraktion ⟨v.; ~, ~en⟩⟨wisk.⟩ **0.1** ***aftrekking, subtractie.***
Subtropen ⟨alleen mv.⟩ **0.1** ***subtropen.***
Subunternehmer ⟨m.⟩ **0.1** ***onderaannemer*** ⇒⟨pej.⟩ *koppelbaas.*
Subvention ⟨v.; ~, ~en⟩ **0.1** ***subsidie*** ⇒*overheidssteun* ◆ **2.1** staatliche ~en *overheidssubsidie.*
subventionieren **0.1** ***subsidiëren*** ⇒*subsidie verlenen aan.*
Subventionsbegehren ⟨o.⟩ **0.1** ***subsidieaanvrage.***
subversiv **0.1** ***subversief*** ⇒*ondermijnend.*
Sucharbeit ⟨v.⟩ **0.1** ***zoekwerk*** ⇒*gezoek.*
Suchbild ⟨o.⟩ **0.1** ***zoekplaatje.***
Suchdienst ⟨m.⟩ **0.1** ***opsporingsdienst.***
Suche ⟨v.; ~, ~n⟩ **0.1** ***het zoeken, zoektocht*** ⇒*zoekactie* ◆ **6.1** **auf** der ~ sein nach jmdm., etwas *naar iem., iets op zoek zijn;* sich **auf** die ~ nach jmdm., etwas machen *naar iem., iets op zoek gaan.*
suchen **0.1** ***zoeken*** ⇒*op zoek zijn (naar),* ⟨in advertenties⟩ *vragen* **0.2** ***trachten, zoeken*** ◆ **3.2** ⟨schr.⟩ etwas zu erreichen ~ *iets trachten te bereiken* **5.1** ⟨inf.; fig.⟩ was suchst du hier? *wat heb jij hier te zoeken, maken?;* einen Täter polizeilich ~ *een dader zoeken, opsporen* **6.1** **hinter, in** allem etwas ~ *overal iets achter zoeken;* **nach** der Wahrheit ~ *op zoek zijn naar de waarheid.*
Sucher ⟨m.; ~s, ~⟩ **0.1** ***zoeker*** ⟨ook foto.⟩.
Sucherei ⟨v.; ~, ~en⟩⟨inf.⟩ **0.1** ***gezoek.***
Suchhund ⟨m.⟩ **0.1** ***speurhond.***
Suchmeldung ⟨v.⟩ **0.1** ***opsporingsbericht.***
Suchscheinwerfer ⟨m.⟩ **0.1** ***zoeklicht*** ⇒*bermlamp.*
Sucht ⟨v.; ~, ~̈e⟩ **0.1** ***verslaving, verslaafdheid*** **0.2** ***zucht, (ziekelijke) neiging*** ◆ **3.1** einer ~ verfallen sein *verslaafd zijn* **6.1** die ~ **nach** Alkohol *de verslaving aan de drank.*
Suchtgefahr ⟨v.⟩ **0.1** ***gevaar voor verslaving.***
suchtgefährdet **0.1** ***met een verhoogd risico van verslaving.***
süchtig **0.1** ***verslaafd*** **0.2** ⟨fig.⟩ ***sterk verlangend*** ⇒*belust* ◆ **3.1** ~ werden *verslaafd raken* **6.1** ~ **nach** Alkohol *verslaafd aan de drank.*
suchtkrank **0.1** ***(aan drugs) verslaafd.***
Suchtkrankheit ⟨v.⟩ **0.1** ***verslaving, verslaafdheid.***
Suchtmittel ⟨o.⟩ **0.1** ***verslavend middel*** ⇒*drug.*
Suchtrupp ⟨m.⟩ **0.1** ***opsporingstroep.***
Sud ⟨m.; ~(e)s, ~e⟩ **0.1** ***aftreksel, kooksel*** **0.2** ***nat*** ⇒*braadjus.*
Süd ⟨m.; ~(e)s, ~e⟩ **0.1** ***zuid(en)*** **0.2** ⟨schr.; ook scheep.⟩ ***zuidenwind*** ◆ **1.1** Richtung ~ *in zuidelijke richting* **6.1** der Wind kommt **aus, von** ~ *de wind komt uit het zuiden, is zuid.*
Südafrika ⟨o.; ~s⟩ **0.1** ***Zuid-Afrika.***
Südamerika ⟨o.⟩ **0.1** ***Zuid-Amerika.***
Sudan ⟨m.; ~(s); steeds met lidw.⟩ **0.1** ***Soedan.***
Süddeutschland ⟨o.⟩ **0.1** ***Zuid-Duitsland.***
Sudelei ⟨v.; ~, ~en⟩⟨inf.⟩ **0.1** ***geklad, kladwerk*** **0.2** ***geknoei, knoeierij, geklieder*** **0.3** ***knoeiwerk*** ⇒*slordig werk.*
sudeln ⟨inf.⟩ **0.1** ***knoeien*** ⇒*kliederen, morsen, kladden, slordig werk leveren.*
Süden ⟨m.; ~s⟩ **0.1** ***zuiden*** **0.2** ***Zuiden*** ⟨gebied⟩ ◆ **6.1** der Wind kommt **von** ~ *de wind komt uit het zuiden* **6.2** **in** den ~ fahren, **nach** dem ~ reisen *naar het Zuiden gaan.*
Südfrucht ⟨v.⟩ **0.1** ***zuidvrucht.***
Südhang ⟨m.⟩ **0.1** ***zuidelijke helling*** ⇒*zuidkant (v.e. berg).*
Südküste ⟨v.⟩ **0.1** ***zuidkust.***
Südländer ⟨m.; ~s, ~⟩ **0.1** ***zuiderling.***
südländisch **0.1** ***zuidelijk*** ⇒*zuiders, Zuid-Europees.*
südlich[1] ⟨bn.⟩ **0.1** ***zuidelijk, zuider-*** ⇒*zuiders* ◆ **1.1** ~er Breite *zuiderbreedte* **3.1** der Wind weht ~ *de wind is zuidelijk* **6.1** ~ **von** Hamburg *ten zuiden van Hamburg.*

südlich[2] ⟨vz. + 2⟩ **0.1** ***ten zuiden van*** ⇒*bezuiden.*
Südosten ⟨m.⟩ **0.1** ***zuidoosten.***
Südpol ⟨m.⟩ **0.1** ***zuidpool.***
Südsee ⟨v.⟩ **0.1** ***Zuidzee.***
Südseeinsulaner ⟨m.⟩ **0.1** ***bewoner v.e. Zuidzee-eiland.***
Südseite ⟨v.⟩ **0.1** ***zuidzij(de), -kant.***
Südstaaten ⟨alleen mv.⟩ **0.1** ***zuidelijke staten*** ⟨v.d. VS⟩.
Südstaatler ⟨m.; ~s, ~⟩ **0.1** ***Amerikaan uit het zuiden.***
südwärts **0.1** ***zuidwaarts, naar het zuiden.***
Südwein ⟨m.⟩ **0.1** ***zuiderse wijn.***
Südwesten ⟨m.⟩ **0.1** ***zuidwesten.***
Südwester ⟨m.; ~s, ~⟩ **0.1** ***zuidwester*** ⟨hoed⟩.
Südwind ⟨m.⟩ **0.1** ***zuidenwind.***
Suff ⟨m.; ~(e)s⟩⟨inf.⟩ **0.1** ***drankzucht, alcoholisme*** ⇒*drank* **0.2** ***dronkenschap*** ◆ **2.1** sich dem stillen ~ ergeben, hingeben *een stille drinker zijn* **3.1** sich dem ~ ergeben *aan de drank raken* **6.2** **im** ~ *in dronken, beschonken toestand.*
süffeln ⟨inf.⟩ **0.1** ***pimpelen*** ◆ **5.1** gerne (einen) ~ *er graag eentje nemen.*
süffig ⟨inf.⟩ **0.1** ***lekker*** ⇒*goed (drinkbaar).*
süffisant ⟨schr.⟩ **0.1** ***suffisant, zelfgenoegzaam.***
Suffix ⟨o.; ~es, ~e⟩⟨taal.⟩ **0.1** ***suffix, achtervoegsel.***
Suffragette ⟨v.; ~, ~n⟩⟨gesch.⟩ **0.1** ***suffragette.***
suggerieren **0.1** ***suggereren.***
Suggestion ⟨v.; ~, ~en⟩ **0.1** ***suggestie*** **0.2** ***suggestieve kracht.***
Suggestivfrage ⟨v.⟩ **0.1** ***suggestieve vraag.***
Suhle ⟨v.; ~, ~n⟩ **0.1** ***plas, (modder)poel.***
suhlen, sich **0.1** ***zich wentelen*** ⟨in plas of poel⟩.
Sühne ⟨v.; ~, ~n⟩⟨schr.⟩ **0.1** ***boete(doening), genoegdoening*** ⇒*verzoening, straf, vergelding* ◆ **3.1** jmdm. ~ anbieten, geben, leisten *tegenover iem. voor iets boete (willen) doen;* seine gerechte ~ finden *op rechtvaardige wijze bestraft worden.*
sühnen ⟨schr.⟩ **0.1** ***boeten (voor), goedmaken*** ⇒*boete doen (voor)* **0.2** ***(ter genoegdoening) bestraffen*** ⇒*vergelden.*
Sühnetermin ⟨m.⟩⟨jur.⟩ **0.1** ***verzoeningscomparitie.***
Sühneverfahren ⟨o.⟩⟨jur.⟩ **0.1** ***verzoeningsprocedure.***
Sühneversuch ⟨m.⟩⟨jur.⟩ **0.1** ***verzoeningspoging.***
Sühnung ⟨v.; ~, ~en⟩⟨schr.⟩ **0.1** ***boete(doening), verzoening*** ⇒*genoegdoening* **0.2** ***vergelding.***
Suite ⟨v.; ~, ~n⟩ **0.1** ***suite.***
Sujet ⟨o.; ~s, ~s⟩⟨schr.⟩ **0.1** ***thema, onderwerp*** ⇒*motief.*
Sukkade ⟨v.; ~, ~n⟩ **0.1** ***sukade.***
Sukzession ⟨v.; ~, ~en⟩ **0.1** ***successie*** ⇒*opvolging, opeenvolging.*
Sukzessionskrieg ⟨m.⟩ **0.1** ***successieoorlog.***
sukzessiv **0.1** ***successief*** ⇒*geleidelijk.*
sukzessive **0.1** ***successievelijk, geleidelijk.***
Sulfat ⟨o.; ~(e)s, ~e⟩⟨schei.⟩ **0.1** ***sulfaat.***
Sulfid ⟨o.; ~(e)s, ~e⟩⟨schei.⟩ **0.1** ***sulfide.***
Sulfit ⟨o.; ~(e)s, ~e⟩⟨schei.⟩ **0.1** ***sulfiet.***
Sulfur ⟨o.; ~s⟩ **0.1** ***sulfur, zwavel.***
Sulky ⟨o.; ~s, ~s⟩⟨sp.⟩ **0.1** ***sulk(y).***
Sultan ⟨m.; ~s, ~e⟩ **0.1** ***sultan.***
Sultanat ⟨o.; ~(e)s, ~e⟩ **0.1** ***sultanaat.***
Sultanine ⟨v.; ~, ~n⟩ **0.1** ***sultanarozijn.***
Sülze ⟨v.; ~, ~n⟩ **0.1** ***hoofdkaas, zult*** ⇒*vlees in aspic, gelei* **0.2** ***vis in aspic, gelei*** **0.3** ***aspic*** ⇒*gelei* **0.4** ⟨jacht⟩ ***lik-, zoutsteen, likplaats*** ◆ **6.¶** ⟨inf.⟩ ~ **im** Kopf haben *oliedom zijn.*
sülzen I ⟨onov.ww.⟩ **0.1** ***geleren*** **0.2** ⟨inf.⟩ ***leuteren*** ⇒*ouwehoeren;*
II ⟨ov.ww.⟩ **0.1** ***zulten, in gelei inmaken, tot zult verwerken*** ◆ **1.1** gesülzter Schweinskopf *echte zult.*
Summand ⟨m.; ~en, ~en⟩⟨wisk.⟩ **0.1** ***op te tellen getal, post.***
summarisch **0.1** ***summier*** ⇒*kort (samengevat), beknopt.*
Sümmchen ⟨o.; ~s, ~⟩ **0.1** ***sommetje, bedragje.***
Summe ⟨v.; ~, ~n⟩ **0.1** ***som, bedrag*** ⇒*somma* **0.2** ⟨vooral wisk.⟩ ***som, uitkomst*** ⇒*totaal(bedrag)* **0.3** ⟨fig.⟩ ***totaal*** ⇒*som, samenvatting, inventarisatie* ◆ **3.3** die ~ seines Lebens ziehen *de balans v. zijn leven opmaken.*
summen I ⟨ov. & onov.ww.⟩ **0.1** ***neuriën;***
II ⟨onov.ww.⟩ **0.1** ***zoemen, gonzen*** ⇒*suizen, brommen* ◆ **6.1** es summt **im** Radio *de radio suist.*
Summer ⟨m.; ~s, ~⟩ **0.1** ***zoemer.***
summieren I ⟨ov.ww.⟩ **0.1** ***optellen, summeren, de som opmaken van*** **0.2** ⟨fig.⟩ ***samenvatten*** ⇒*concluderen;*
II sich ~ ⟨wk.ww.⟩ **0.1** ***zich vermeerderen, stijgen*** ⇒*oplopen.*
Summton ⟨m.⟩ **0.1** ***zoemtoon*** **0.2** ***kiestoon.***
Sumpf ⟨m.; ~(e)s, ~̈e⟩ **0.1** ***moeras*** **0.2** ⟨fig.⟩ ***poel (van verderf)*** ◆ **1.2** der ~ des Lasters *de poel van het verderf.*
Sumpfblüte ⟨v.⟩⟨inf.; fig.⟩ **0.1** ***(immorele) uitwas, onzedelijk verschijnsel*** ⇒*woekering.*
Sumpfboden ⟨m.⟩ **0.1** ***moerasgrond.***
Sumpfdotterblume ⟨v.⟩ **0.1** ***dotterbloem.***
sumpfen ⟨inf.⟩ **0.1** ***nachtbraken, boemelen.***
Sumpffieber ⟨o.⟩ **0.1** ***moeraskoorts, malaria.***
Sumpfhuhn ⟨o.⟩ **0.1** ***porseleinhoen*** **0.2** ⟨inf.⟩ ***nachtbraker, boemelaar.***
sumpfig **0.1** ***moerassig*** ⇒*drassig, moerasachtig.*
Sumpfvogel ⟨m.⟩ **0.1** ***moerasvogel.***
Sumpfwiese ⟨v.⟩ **0.1** ***moerassige weide.***
Sums ⟨m.; ~es⟩⟨inf.⟩ **0.1** ***omhaal, ophef, drukte*** ⇒*kabaal* **0.2** ***geleuter, gezwam*** ◆ **2.1** einen großen ~, viel ~ machen *veel ophef, drukte maken* **3.2** mach nicht solchen, so viel ~! *zit niet zo te leuteren, zaniken!*
Sund ⟨m.; ~(e)s, ~e⟩ **0.1** ***zee-engte, straat*** **0.2** ***Sont.***
Sünde ⟨v.; ~, ~n⟩ **0.1** ***zonde*** **0.2** ⟨fig.⟩ ***zonde, fout, misstap*** ⇒*miskleun, flater* ◆ **3.2** es ist eine (wahre) ~ *het is (echt) zonde;* es ist doch keine ~, daß ... *het is toch geen ramp dat ...* **6.1** **in** ~ fallen, geraten *tot zonde vervallen, zondigen* **8.1** faul wie die ~ *zo lui als de pest;* etwas fliehen, meiden wie die ~ *iets angstvallig (ver)mijden;* häßlich wie die ~ *zo lelijk als de nacht.*
Sündenbabel ⟨o.⟩ **0.1** ***poel van zonde.***
Sündenbekenntnis ⟨o.⟩ **0.1** ***zondebelijdenis, belijdenis der zonden.***
Sündenbock ⟨m.⟩ **0.1** ***zondebok.***
Sündenfall ⟨m.⟩ **0.1** ***zondeval.***
Sündengeld ⟨o.⟩⟨inf.⟩ **0.1** ***hoop, bom geld.***
Sündenlast ⟨v.⟩ **0.1** ***zondelast.***
Sündenlohn ⟨m.⟩⟨schr.⟩ **0.1** ***straf (voor zijn zonden)*** **0.2** ***schandgeld.***
sündenlos **0.1** ***zondeloos, zonder zonde(n).***
Sündenpfuhl ⟨m.⟩ **0.1** ***poel van zonde.***
Sünder ⟨m.; ~s, ~⟩ **0.1** ***zondaar*** ⟨ook inf.; scherts.⟩.
Sünderin ⟨v.; ~, ~nen⟩ **0.1** ***zondares.***
Sündflut ⟨v.⟩ **0.1** ***zondvloed.***
sündhaft **0.1** ***zondig*** **0.2** ⟨inf.; fig.⟩ ***schandalig, erg (veel)*** ⇒*vreselijk* ◆ **1.2** ein ~es Geld *een bom geld.*
Sündhaftigkeit ⟨v.; ~⟩ **0.1** ***zondigheid.***
sündig **0.1** ***zondig.***
sündigen **0.1** ***zondigen, een zonde begaan*** ⇒⟨fig.⟩ *fouten, een fout maken.*
sündlos →**sündenlos.**
Sunnit ⟨m.; ~en, ~en⟩ **0.1** ***soenniet.***
super ⟨inf.⟩ **0.1** ***fantastisch, geweldig*** ⇒*reuze, super* ◆ **1.1** eine ~ Schau *een fantastische, grandioze voorstelling.*

Super ⟨o.; ~s⟩ **0.1** ***super(benzine).***
superb, süperb ⟨schr.⟩ **0.1** ***superbe, prachtig, voortreffelijk.***
Superding ⟨o.; mv. ~er⟩⟨inf.⟩ **0.1** ***groot(s) ding*** ⇒*enorm gevaarte, groot geval, iets enorms* **0.2** ***knaller*** ⇒*sterk, kras staaltje.*
superfein ⟨inf.⟩ **0.1** ***superfijn, extra fijn.***
Superintendent ⟨m.⟩ **0.1** ***superintendent, preses v.e. kerkelijk district.***
Superior ⟨m.; ~s, Superioren⟩⟨rel.⟩ **0.1** ***superior.***
Superiorität ⟨v.; ~⟩ **0.1** ***superioriteit.***
superklug ⟨inf.⟩ **0.1** ***superintelligent.***
Superkraftstoff ⟨m.⟩ **0.1** ***superbenzine.***
Superlativ ⟨m.; ~s, ~e⟩ **0.1** ***superlatief*** ⇒*overtreffende trap* ◆ **1.1** ⟨fig.⟩ ein Fest der ~e *een feest waarover je alleen in superlatieven kunt spreken.*
Supermacht ⟨v.⟩ **0.1** ***supermogendheid.***
Supermarkt ⟨m.⟩ **0.1** ***supermarkt.***
supermodern **0.1** ***hypermodern.***
Superpreis ⟨m.⟩⟨inf.⟩ **0.1** ***weggeef-, knalprijs*** **0.2** ***superprijs, extra grote prijs.***
superschlau ⟨inf.⟩ **0.1** ***superintelligent, -slim.***
Süppchen ⟨o.; ~s, ~⟩ **0.1** ***soepje*** ◆ **3.1** ⟨inf.; fig.⟩ sein eigenes ~ kochen *alleen voor zichzelf zorgen, zijn eigen gang gaan.*
Suppe ⟨v.; ~, ~n⟩ **0.1** ***soep*** **0.2** ⟨inf.⟩ ***dichte mist*** **0.3** ⟨inf.⟩ ***zweet*** ◆ **3.1** ⟨inf.; fig.⟩ jmdm. eine schöne ~ einbrocken *iem. een kool stoven;* ⟨inf.; fig.⟩ die ~ hast du dir selber eingebrockt *die narigheid heb je jezelf op de hals gehaald;* ⟨inf.; fig.⟩ jmdm. die ~ versalzen *bij iem. roet in het eten gooien* **3.3** mir läuft die ~ am Körper herunter *het zweet loopt in straaltjes over mijn lijf* **6.1** ⟨inf.; fig.⟩ jmdm. **in** die ~ spucken *bij iem. roet in het eten gooien;* ~ **mit** Einlage *soep met iets erin.*
Suppeneinlage ⟨v.⟩ **0.1** ***iets (voor) in de soep*** ⇒*balletjes, soepvlees, soepgroente, vermicelli.*
Suppenfleisch ⟨o.⟩ **0.1** ***soepvlees, schenkel(vlees).***
Suppengemüse ⟨o.⟩ **0.1** ***soepgroente(n).***
Suppengrün ⟨o.⟩ →**Suppengemüse.**
Suppenhuhn ⟨o.⟩ **0.1** ***soepkip.***
Suppenkasper ⟨m.⟩⟨inf.⟩ **0.1** ***kieskauw.***
Suppenknochen ⟨m.⟩ **0.1** ***soepbeen, kluif.***
Suppennudel ⟨v.⟩ **0.1** ***vermicelli.***
Suppenschüssel ⟨v.⟩ **0.1** ***soepterrine.***
Suppentasse ⟨v.⟩ **0.1** ***soepkom, -kop.***
Suppenwürfel ⟨m.⟩ **0.1** ***bouillonblokje, soeptablet.***
Suppenwürze ⟨v.⟩ **0.1** ***soepkruiden*** **0.2** ***(vloeibaar) soeparoma.***
Supplement ⟨o.; ~(e)s, ~e⟩ **0.1** ***supplement*** ⟨ook wisk.⟩ ⇒ *aanvulling.*
supponieren **0.1** ***supponeren*** ⇒*veronderstellen.*
Supposition ⟨v.; ~, ~en⟩ **0.1** ***suppositie*** ⇒*veronderstelling.*
supprimieren **0.1** ***supprimeren, onderdrukken.***
supraleitend ⟨tech.⟩ **0.1** ***supergeleidend.***
Suprematie ⟨v.; ~, ~n⟩ **0.1** ***suprematie*** ⇒*opperheerschappij, oppergezag.*
Surfbrett ⟨o.⟩ **0.1** ***surfplank.***
surfen **0.1** ***surfen*** ⇒*windsurfen* **0.2** ⟨comp.⟩ ***surfen*** ◆ **6.2** **durchs** Internet ~ *op/over (het) internet surfen.*
Surinam ⟨o.; ~s⟩ **0.1** ***Suriname.***
Surrealismus ⟨m.⟩ **0.1** ***surrealisme.***
surren **0.1** ***zoemen*** ⇒*gonzen, snorren.*
Surrogat ⟨o.; ~(e)s, ~e⟩ **0.1** ***surrogaat*** ⟨ook fig.⟩.
Suse ⟨v.; ~, ~n⟩⟨inf.; pej.⟩ **0.1** ***doetje.***
suspekt **0.1** ***suspect, verdacht.***
suspendieren **0.1** ***suspenderen*** ⟨ook schei.⟩, ***schorsen*** **0.2** ***ontheffen*** ⇒*vrijstellen* **0.3** ***opschorten*** ◆ **1.1** jmdn. des Amtes ~ *iem. suspenderen, in zijn ambt schorsen.*
Suspension ⟨v.; ~, ~en⟩ **0.1** ***suspensie*** ⟨ook schei., med.⟩, ***schorsing*** **0.2** ***vrijstelling*** **0.3** ***opschorting.***
süß **0.1** ***zoet*** ⟨ook fig.⟩ **0.2** ***schattig, snoezig*** ⇒*beeldig, lief* **0.3** ***vleierig, zoetsappig*** ◆ **3.1** gern Süßes essen *van zoet houden;* ⟨inf.⟩ träume ~! *droom maar fijn!* **3.2** du bist (einfach) ~! *je bent lief!* **4.2** so etwas Süßes! *zo'n snoesje, dotje!;* mein Süßer, meine Süße! *mijn lieve schat!*
Süße ⟨v.; ~⟩ **0.1** ***zoetheid*** ⇒*zoete smaak, zoete geur* **0.2** ***liefelijk-, bekoorlijkheid*** ⇒*snoezigheid* **0.3** ***vleierigheid, zoetsappigheid.***
süßen **0.1** ***zoeten, zoet maken*** ⇒*suiker, zoetstof toevoegen.*
Süßholz ⟨o.⟩ **0.1** ***zoethout*** ◆ **3.¶** ⟨inf.; fig.⟩ ~ raspeln *mooipraten, vleien, flikflooien.*
Süßholzraspler ⟨m.; ~s, ~⟩⟨inf.⟩ **0.1** ***mooiprater, versierder.***
Süßigkeit ⟨v.; ~, ~en⟩ **0.1** ***snoep(goed), zoetigheid, lekkernij*** ⇒*snoepje* **0.2** ***zoetheid*** ⟨ook fig.⟩ **0.3** ⟨schr.⟩ ***vleierigheid, zoetsappigheid.***
Süßkartoffel ⟨v.⟩ **0.1** ***zoete aardappel, bataat.***
Süßkirsche ⟨v.⟩ **0.1** ***zoete kers, kriek*** ⟨ook boom⟩.
süßlich **0.1** ***zoetig*** ⇒*zoetachtig* **0.2** ⟨fig.⟩ ***zoetelijk, zoetsappig*** ⇒*sentimenteel.*
süßsauer **0.1** ***zoetzuur*** **0.2** ⟨inf.; fig.⟩ ***zuurzoet.***
Süßspeise ⟨v.⟩ **0.1** ***(zoet) toetje, zoet dessert.***
Süßstoff ⟨m.⟩ **0.1** ***zoetstof, -middel.***
Süßwaren ⟨alleen mv.⟩ **0.1** ***snoepgoed*** **0.2** ***zoetwaren.***
Süßwarengeschäft ⟨o.⟩ **0.1** ***snoepwinkel*** **0.2** ***winkel in zoetwaren en suikerwerk.***
Süßwasser ⟨o.; mv. ~⟩ **0.1** ***zoet water.***
Süßwasserfisch ⟨m.⟩ **0.1** ***zoetwatervis.***
Süßwein ⟨m.⟩ **0.1** ***zoete wijn.***
SV ⟨afk.⟩ →**Sportverein.**
Swing ⟨m.; ~(s)⟩⟨ec.⟩ **0.1** ***swing(krediet).***
Syllabus ⟨m.; ~, ~ of Syllabi⟩ **0.1** ***syllabus*** ⇒⟨schr.⟩ *samenvatting.*
Syllogismus ⟨m.; ~, Syllogismen⟩ **0.1** ***syllogisme, sluitrede.***
Symbiose ⟨v.; ~, ~n⟩ **0.1** ***symbiose.***
Symbol ⟨o.; ~s, ~e⟩ **0.1** ***symbool*** ⇒*zinnebeeld.*
symbolhaft **0.1** ***symbolisch.***
Symbolik ⟨v.; ~⟩ **0.1** ***symboliek.***
symbolisch **0.1** ***symbolisch*** ⇒*zinnebeeldig.*
symbolisieren I ⟨ov.ww.⟩ **0.1** ***symboliseren;***
II sich ~ ⟨wk.ww.⟩ **0.1** ***gesymboliseerd worden.***
Symbolkraft ⟨v.⟩ **0.1** ***symbolische kracht.***
symbolträchtig **0.1** ***symbolisch, met symboliek beladen.***
Symmetrie ⟨v.; ~, ~n⟩ **0.1** ***symmetrie.***
symmetrisch **0.1** ***symmetrisch.***
Sympathie ⟨v.; ~, ~n⟩ **0.1** ***sympathie.***
Sympathiebekundung ⟨v.⟩ **0.1** ***sympathiebetuiging.***
Sympathiekundgebung ⟨v.⟩ **0.1** ***sympathiebetoging.***
Sympathisant ⟨m.; ~en, ~en⟩ **0.1** ***sympathisant.***
sympathisch **0.1** ***sympathiek*** **0.2** ⟨med.⟩ ***sympathisch*** ◆ **4.1** sie war mir gleich ~ *ik vond haar meteen al sympathiek;* die Sache ist mir nicht ~ *de zaak staat me niet (erg) aan.*
sympathisieren **0.1** ***sympathiseren.***
Symphonie ⟨v.⟩ →**Sinfonie.**
Symposi|on, -um ⟨o.; ~s, Symposien⟩ **0.1** ***symposion, symposium*** ⇒*wetenschappelijke bijeenkomst* **0.2** ***verzamelbundel.***
Symptom ⟨o.; ~s, ~e⟩ **0.1** ***symptoom*** ⟨ook fig.⟩ ⇒*(ziekte)verschijnsel.*

symptomatisch 0.1 *symptomatisch.*
Synagoge ⟨v.; ~, ~n⟩ **0.1** *synagoge.*
synchron **0.1** *synchroon* ⇒*gelijktijdig,* ⟨taal. vooral⟩ *synchronisch.*
Synchrongetriebe ⟨o.⟩ **0.1** *gesynchroniseerde versnellingsbak.*
synchronisieren **0.1** *synchroniseren* ⇒⟨fig.⟩ *op elkaar afstemmen.*
Syndikat ⟨o.; ~(e)s, ~e⟩ **0.1** *syndicaat* ⟨ook als misdadige organisatie⟩.
Syndikus ⟨m.; ~, ~se of Syndiken of Syndizi⟩ **0.1** *syndicus, juridisch adviseur.*
Syndrom ⟨o.; ~s, ~e⟩⟨med.⟩ **0.1** *syndroom.*
Synkope ⟨v.; ~, Synkopen⟩ **0.1** *syncope.*
synodal **0.1** *synodaal.*
Synodale(r) ⟨bn. als zn.⟩ **0.1** *synodelid.*
Synode ⟨v.; ~, ~n⟩ **0.1** *synode* ⇒*kerkvergadering.*
Synonym ⟨o.; ~s, ~e of ~a⟩ **0.1** *synoniem.*
Synonymik ⟨v.; ~, ~en⟩ **0.1** *verzameling synoniemen, synoniemenwoordenboek* **0.2** *synonymie* **0.3** *synonymiek.*
Synop|se, -sis ⟨v.; ~, Synopsen⟩ **0.1** *synopsis.*
syntaktisch **0.1** *syntactisch.*
Syntax ⟨v.; ~, ~en⟩ **0.1** *syntaxis.*
Synthese ⟨v.; ~, ~n⟩ **0.1** *synthese.*
Synthesizer ⟨m.; ~s, ~⟩ **0.1** *synthesizer.*
synthetisch **0.1** *synthetisch.*
Syphilis ⟨v.; ~⟩ **0.1** *syfilis, lues.*
Syphilitiker ⟨m.; ~s, ~⟩ **0.1** *syfilislijder, -patiënt.*
Syrien ⟨o.; ~s⟩ **0.1** *Syrië.*
System ⟨o.; ~s, ~e⟩ **0.1** *systeem* ⇒*stelsel.*
Systemanalytiker ⟨m.⟩ **0.1** *systeemanalist.*
Systematik ⟨v.; ~, ~en⟩ **0.1** *systematiek* ⟨ook biol.⟩.
Systematiker ⟨m.; ~s, ~⟩ **0.1** *systematicus.*
systematisch **0.1** *systematisch* ⇒*stelselmatig.*
systematisieren **0.1** *systematiseren.*
systembedingt **0.1** *afhankelijk van, bepaald, veroorzaakt door het (politieke) systeem.*
systemeigen **0.1** *systeemimmanent, eigen aan het systeem.*
Systemsoftware ⟨v.⟩⟨comp.⟩ **0.1** *systeemsoftware.*
Systemveränderer ⟨m.⟩⟨vaak pej.⟩ **0.1** *maatschappijhervormer.*
Szenar ⟨o.; ~s, ~e⟩ **0.1** *scenario.*
Szenarium ⟨o.; ~s, Szenarien⟩ **0.1** *scenario* **0.2** ⟨schr.; fig.⟩ *toneel* ⇒*schouwplaats.*
Szene ⟨v.; ~, ~n⟩ **0.1** *toneel, decor* **0.2** *scène, toneel* **0.3** *tafereel, aanblik* **0.4** *scène, ruzie* **0.5** ⟨inf.⟩ *wereld(je)* ⇒*circuit* **0.6** ⟨inf.⟩ *scene* ⇒*wereld v.d. verslaafden, v.d. drugs* ◆ **2.1** Beifall auf, bei offener ~ *een open doekje* **2.5** die literarische ~ *de literaire wereld* **3.1** die ~ betreten ⟨ook fig.⟩ *op het toneel verschijnen* **6.1** **hinter** der ~ *achter de coulissen, schermen* **6.2** **in** ~ gehen *opgevoerd worden;* etwas **in** ~ setzen ⟨ook fig.⟩ *iets ensceneren.*
Szenenapplaus ⟨m.⟩ **0.1** *open doekje.*
Szenenwechsel ⟨m.⟩ **0.1** *decorwisseling, verandering van decor.*
Szenerie ⟨v.; ~, ~n⟩ **0.1** *scenerie* ⇒*toneelschikking, mise-en-scène.*
szenisch **0.1** *scenisch, toneelmatig.*
Szylla ⟨v.; ~⟩⟨schr.⟩ **0.1** *Scylla* ◆ **8.¶** zwischen ~ und Charybdis *tussen Scylla en Charybdis.*

t, T ⟨o.; ~, ~⟩ **0.1** *t, T* ⇒*klank t, letter t, T.*
Tabak ⟨acc. wiss.⟩⟨m.; ~s, ~e⟩ **0.1** *tabak* **0.2** *snuif* ◆ **2.¶** ⟨inf.⟩ das ist starker ~! *dat is sterk, een kras staaltje!*
Tabakbau ⟨m.⟩ **0.1** *tabaksteelt.*
Tabakgeschäft ⟨o.⟩ **0.1** *tabaks-, sigarenwinkel.*
Tabakhändler ⟨m.⟩ **0.1** *tabakshandelaar* **0.2** *sigarenwinkelier.*
Tabakpflanze ⟨v.⟩ **0.1** *tabaksplant.*
Tabaksbeutel ⟨m.⟩ **0.1** *tabakszak.*
Tabaksdose ⟨v.⟩ **0.1** *tabaksdoos* **0.2** *snuifdoos.*
Tabakspfeife ⟨v.⟩ **0.1** *tabakspijp.*
Tabaksteuer ⟨v.⟩ **0.1** *tabaksaccijns.*
Tabakwaren ⟨alleen mv.⟩ **0.1** *rookwaren, tabaksartikelen.*
tabellarisch **0.1** *tabellarisch* ⇒*in tabelvorm.*
Tabelle ⟨v.; ~, ~n⟩ **0.1** *tabel* **0.2** ⟨sp.⟩ *(rang)lijst* ⇒*rangschikking.*
Tabellenführer ⟨m.⟩⟨sp.⟩ **0.1** *lijstaanvoerder* ⇒*koploper.*
Tabellenletzte(r) ⟨bn. als zn.⟩⟨sp.⟩ **0.1** *laatste/laagste op de (rang)lijst.*
Tabellenspitze ⟨v.⟩⟨sp.⟩ **0.1** *eerste plaats op de (rang)lijst.*
Tabellenstand ⟨m.⟩⟨sp.⟩ **0.1** *(competitie)stand* ⇒*klassement.*
Tabernakel ⟨m. & o.; ~s, ~⟩ **0.1** *tabernakel* **0.2** ⟨bouwk.⟩ *ciborium.*
Tableau ⟨o.; ~s, ~s⟩ **0.1** ⟨dram.⟩ *tableau (vivant)* **0.2** ⟨vero.⟩ *tableau, schilderij* ⟨ook fig.⟩.
Tablett ⟨o.; ~(e)s, ~s of ~e⟩ **0.1** *presenteer-, dienblad* ◆ **6.1** ⟨scherts. of iron.⟩ jmdm. etwas **auf** einem silbernen ~ servieren *iem. iets op een presenteerblaadje aanbieden* **6.¶** ⟨inf.⟩ das kommt nicht **aufs** ~! *daar komt niets van in!*
Tablette ⟨v.; ~, ~n⟩ **0.1** *tablet(je)* ⇒*pil.*
tabu **0.1** *taboe* ⇒*verboden.*
Tabu ⟨o.; ~s, ~s⟩ **0.1** *taboe* ◆ **3.1** das ist mit (einem) ~ belegt *daar rust een taboe op.*
tabui(si)eren **0.1** *taboe verklaren.*
Tabula rasa ⟨v.; ~⟩ **0.1** *tabula rasa* ⇒*(nog) onbeschreven blad.*
Tabulator ⟨m.; ~s, Tabulatoren⟩ **0.1** *tabulator.*
Tacheles ◆ **3.¶** (mit jmdm.) ~ reden *(iem.) ongezouten de waarheid zeggen.*
Tacho ⟨m.; ~s, ~s⟩⟨inf.⟩ **0.1** *snelheidsmeter* **0.2** *kilometerteller.*
Tachograph ⟨m.; ~en, ~en⟩ **0.1** *tachograaf.*
Tachometer ⟨m. & o.⟩ **0.1** *snelheidsmeter* **0.2** *kilometerteller* **0.3** *toerenteller.*
tacken **0.1** *knetteren, ratelen* ⇒*tikken.*
Tackling ⟨o.; ~s, ~s⟩⟨sp.⟩ **0.1** *tackle.*
Tadel ⟨m.; ~s, ~⟩ **0.1** *berisping, blaam* ⇒*verwijt, standje* **0.2** ⟨schr.⟩ *smet* ⇒*blaam* ◆ **6.2** **ohne** ~ *onberispelijk.*
tadelfrei **0.1** *onberispelijk.*
tadelhaft ⟨vero.⟩ →**tadelnswert.**
tadellos **0.1** *onberispelijk, smetteloos* ⇒*keurig* **0.2** ⟨inf.⟩ *fantastisch* ⇒*prima, keurig.*
tadeln **0.1** *berispen* ⇒*afkeuren, laken.*
tadelns|wert, -würdig **0.1** *afkeurenswaardig* ⇒*laakbaar.*
Tadelsantrag ⟨m.⟩⟨pol.⟩ **0.1** *motie van afkeuring.*
Tafel ⟨v.; ~, ~n⟩ **0.1** *bord* ⇒*schoolbord, plaat* **0.2** *plaat* ⇒*afbeelding* **0.3** *tablet* ⇒*(plat) stuk, plak, plaat* **0.4** *tabel* **0.5**

lei **0.6** ***paneel*** ⟨van schilderij⟩ **0.7** ***bedieningspaneel*** ⇒*schakel-, instrumentenbord* **0.8** ⟨schr.⟩ ***tafel, dis*** **0.9** ⟨schr.⟩ ***maaltijd*** ⇒*diner, dis* ◆ **1.3** eine ~ Schokolade *een tablet chocola(de)* **3.9** die ~ aufheben *het diner beëindigen* **6.1** etwas **an** die ~ schreiben *iets op het bord schrijven* **6.2** ein Buch **mit** ~n *een boek(werk) met platen.*

Tafelaufsatz ⟨m.⟩ **0.1** ***pièce de milieu, middenstuk.***

Tafelberg ⟨m.⟩ **0.1** ***tafelberg.***

Tafelbesteck ⟨o.⟩ **0.1** ***couvert; lepel, mes en vork.***

Tafelbild ⟨o.⟩⟨bk.⟩ **0.1** ***paneel(schildering).***

tafelfertig **0.1** ***gebruiksklaar*** ⇒*panklaar.*

Tafelfreuden ⟨alleen mv.⟩⟨schr.⟩ **0.1** ***tafelgenoegens.***

Tafelgeschirr ⟨o.⟩ **0.1** ***eet-, tafelservies.***

Tafelglas ⟨o.⟩ **0.1** ***plaat-, vensterglas.***

Tafelland ⟨o.; mv. ¨-er⟩ **0.1** ***tafelland*** ⇒*plateau.*

Tafelmalerei ⟨v.⟩ **0.1** ***paneelschilderkunst.***

tafeln ⟨schr.⟩ **0.1** ***tafelen, dineren.***

täfeln **0.1** ***betimmeren*** ⇒*lambriseren.*

Tafelöl ⟨o.⟩ **0.1** ***tafel-, slaolie.***

Tafelrunde ⟨v.⟩ **0.1** ⟨schr.⟩ ***tafelgezelschap*** **0.2** ⟨gesch.⟩ ***tafelronde.***

Tafeltuch ⟨o.; mv. ¨-er⟩ **0.1** ***tafellaken.***

Täfelung ⟨v.; ~, ~en⟩ **0.1** ***betimmering*** ⇒*lambrisering.*

Tafelwaage ⟨v.⟩⟨tech.⟩ **0.1** ***balans*** **0.2** ***brugbalans.***

Tafelwasser ⟨o.; mv. ¨-⟩ **0.1** ***tafel-, mineraal-, spuitwater.***

Taft ⟨m.; ~(e)s, ~e⟩ **0.1** ***taf*** ⇒*tafzijde.*

Taftkleid ⟨o.⟩ **0.1** ***tafzijden jurk, japon.***

Tag ⟨m.; ~(e)s, ~e⟩ **0.1** ***dag*** ◆ **1.1** ~ der offenen Tür *open dag* **2.1** seine großen ~e haben *grootse dagen beleven;* guten ~! *(goeden)dag!;* ⟨rel.⟩ der Jüngste ~ *de jongste dag;* den lieben langen ~ *de godganse(lijke) dag;* eines schönen ~es *op een goeie dag* **3.1** die ~e nehmen ab, zu *de dagen korten, lengen;* ⟨schr.⟩ seine ~e beschließen *overlijden;* ⟨schr.⟩ der ~ graut *het begint te dagen;* jmdm. den ~ stehlen *op iemands (kostbare) tijd beslag leggen;* den ~ totschlagen *de tijd doden* **4.1** alle acht ~e *om de acht dagen;* dieser ~e *(een) dezer dagen;* ⟨inf.⟩ sie hat ihre ~e *zij is ongesteld;* jeden zweiten ~ *om de andere dag, om de twee dagen* **6.1** **am** ~(e) *overdag;* spät **am** ~ *laat op de dag;* einmal **am**, ⟨inf.⟩ **pro** ~ *eenmaal per dag;* **am** folgenden, nächsten ~, am ~(e) darauf *de volgende dag, de dag daarop;* etwas **an** den ~ bringen, ⟨schr.⟩ ziehen *iets aan het licht brengen;* **an** den ~ kommen *aan het licht komen;* viel Mut **an** den ~ legen *veel moed aan de dag leggen;* **auf** seine alten ~e *op zijn oude dag;* **auf** den ~ (genau) *(precies) op de dag zelf;* **aus** fernen ~en *uit het verre verleden;* **bei** ~(e) (a) *overdag* (b) *bij daglicht;* **bei** ~e besehen *op de keper beschouwd;* **bis in** den ~ hinein schlafen *een gat in de dag slapen;* ~ **für** ~ *dag na dag;* bis **in** unsere ~e *tot op onze dagen;* **in** den ~ hinein leben *van de ene dag in de andere leven;* **in** seinen jungen ~en *in zijn jonge jaren;* einen ~ **nach** dem anderen *dag aan dag;* ⟨mijnw.⟩ **über** ~e *bovengronds;* den ~ **über** *overdag;* einen ~ **um** den anderen *om de andere dag;* ~ **um** ~ verging *dag na dag verstreek;* ⟨mijnw.⟩ **unter** ~e *ondergronds;* **unter** ~s *overdag* **7.1** eines ~es *op een dag, op zekere dag* **8.1** ewig und drei ~e *een eeuwigheid;* ⟨schr.⟩ schön wie der junge ~ *beeldschoon;* ein Unterschied wie ~ und Nacht *een verschil van dag en nacht* **¶.1** ⟨sprw.⟩ man soll den ~ nicht vor dem Abend loben *prijs de dag niet eer het avond is.* →**Abend.**

tagaus ◆ **5.¶** ~, tagein *dag in, dag uit.*

Tagbau ⟨m.⟩⟨Zdd., Oostr., Zwi.⟩ →**Tagebau.**

Tagebau ⟨m.; mv. ~e⟩⟨mijnw.⟩ **0.1** ***open groeve, ontginning in dagbouw*** **0.2** ***dagbouw.***

Tagebuch ⟨o.⟩ **0.1** ***dagboek*** **0.2** ⟨ec.⟩ ***journaal.***

Tagedieb ⟨m.⟩ **0.1** ***dagdief*** ⇒*leegloper.*

Tagegeld ⟨o.⟩ **0.1** ***presentie-, vacatiegeld*** **0.2** ***vergoeding der verblijfkosten*** **0.3** ⟨ec.⟩ ***dagvergoeding.***

tagelang **0.1** ***dagenlang*** ⇒*dagen achter elkaar.*

tagelöhnern **0.1** ***in dagloon, als dagloner werken.***

tagen **I** ⟨onov.ww.⟩ **0.1** ***vergaderen*** ⇒*confereren* ◆ **1.1** das Gericht tagt *de rechtbank houdt zitting;*
II ⟨onp.ww.⟩⟨schr.⟩ **0.1** ***dagen*** ⇒*dag worden.*

Tagereise ⟨v.⟩ **0.1** ***dagreis.***

Tagesablauf ⟨m.⟩ **0.1** ***verloop v.d. dag*** ⇒*dagindeling.*

Tagesanbruch ⟨m.⟩ **0.1** ***dageraad*** ⇒*het aanbreken v.d. dag.*

Tagesarbeit ⟨v.⟩ **0.1** ***dagtaak*** ⇒*dagelijks werk.*

Tagesausflug ⟨m.⟩ **0.1** ***dagtocht*** ⇒*dagreisje.*

Tagesausflügler ⟨m.⟩ **0.1** ***dagrecreant, dagjesmens.***

Tagesauszug ⟨m.⟩ **0.1** ***dagafschrift.***

Tagesbedarf ⟨m.⟩ **0.1** ***dagelijkse behoefte(n).***

Tagesbefehl ⟨m.⟩⟨mil.⟩ **0.1** ***dagorder.***

Tagesdecke ⟨v.⟩ **0.1** ***(bedden)sprei.***

Tageseinnahme ⟨v.⟩ **0.1** ***dagopbrengst.***

Tagesereignis ⟨o.⟩ **0.1** ***gebeurtenis v.d. dag*** ⇒*actuele gebeurtenis.*

Tagesfahrt ⟨v.⟩ **0.1** ***dagtocht*** ⇒*dagreis* **0.2** ***dagvaart.***

Tagesfrage ⟨v.⟩ **0.1** ***actuele kwestie.***

Tagesgeschäft ⟨o.⟩ **0.1** ***dagelijks werk, dagelijkse beslommeringen*** ⇒*dagelijkse gang van zaken* **0.2** ⟨ec.⟩ ***daghandel.***

Tagesgeschehen ⟨o.⟩ **0.1** ***gebeurtenissen v.d. dag*** ⇒*actualiteit.*

Tagesgespräch ⟨o.⟩ **0.1** ***gesprek, onderwerp v.d. dag.***

Tagesheim ⟨o.⟩ **0.1** ***(kinder)dagverblijf.***

Tageskarte ⟨v.⟩ **0.1** ***kaart, menu(kaart) v.d. dag*** **0.2** ⟨verk.⟩ ***dagkaart.***

Tageskasse ⟨v.⟩ **0.1** ***kassa*** ⇒*plaatskaartenloket* **0.2** ***dagopbrengst.***

Tageskurs ⟨m.⟩⟨ec.⟩ **0.1** ***dagkoers, koers v.d. dag.***

Tagesleistung ⟨v.⟩ **0.1** ***dagproductie*** **0.2** ***dagelijkse prestatie*** ⇒*dagelijks werk.*

Tageslicht ⟨o.⟩ **0.1** ***daglicht*** ◆ **6.1** **ans** ~ bringen, ziehen *aan het licht brengen.*

Tageslichtprojektor ⟨m.⟩ **0.1** ***overheadprojector.***

Tagesmarsch ⟨m.⟩ **0.1** ***dagmars.***

Tagesmitte ⟨v.⟩ **0.1** ***middag.***

Tagesmutter ⟨v.⟩ **0.1** ⟨moeder die (tegen betaling) overdag kinderen van andere (werkende) moeders verzorgt⟩.

Tagesordnung ⟨v.⟩ **0.1** ***agenda*** ⇒⟨fig. vooral⟩ *orde v.d. dag* ◆ **6.1** **an** der ~ sein (a) *aan de orde zijn* (b) *aan de orde van de dag zijn;* etwas **auf** die ~ setzen (a) *iets op de agenda plaatsen* (b) *iets aan de orde stellen.*

Tagespolitik ⟨v.⟩ **0.1** ***actuele, dagelijkse politiek.***

Tagespreis ⟨m.⟩ **0.1** ***dagprijs, prijs v.d. dag.***

Tagespresse ⟨v.⟩ **0.1** ***dagbladpers.***

Tagesraum ⟨m.⟩ **0.1** ***dagverblijf.***

Tagesrückfahrkarte ⟨v.⟩ **0.1** ***dagretourtje.***

Tagessatz ⟨m.⟩ **0.1** ***dagtarief*** ⇒*(verpleeg)prijs per dag.*

Tagesschau ⟨v.⟩ **0.1** ***(televisie)journaal.***

Tagesstätte ⟨v.⟩ **0.1** ***(kinder)dagverblijf*** ⇒*crèche.*

Tagesstunde ⟨v.⟩ ◆ **6.¶** **zu** jeder ~ *op elk uur van de dag.*

Tagestour ⟨v.⟩ **0.1** ***dagtocht.***

Tagesverpflegung ⟨v.⟩ **0.1** ***dagrantsoen.***

Tageszeit ⟨v.⟩ **0.1** ***tijd(stip) v.d. dag*** ⇒*uur (v.d. dag).*

Tageszeitung ⟨v.⟩ **0.1** ***dagblad, krant.***

tageweise **0.1** ***(voor) een paar dagen (in de week).***

Tagewerk ⟨o.⟩⟨vero.⟩ **0.1** ***dagwerk*** ⟨ook landmaat⟩, ***dagtaak*** **0.2** ***werk v.e. dag.***

Tagfalter ⟨m.⟩ **0.1** ***dagvlinder.***
taghell **0.1** ***helder als de dag.***
täglich **0.1** ***dagelijks*** ⇒⟨bw.⟩ *per dag, daags* ◆ **1.1** ⟨ec.⟩ ~es Geld *daggeld, callgeld.*
Tagpfauenauge ⟨o.⟩⟨biol.⟩ **0.1** ***dagpauwoog.***
tags **0.1** ***overdag*** ◆ **5.**¶ ~ darauf *daags daarna;* ~ davor, zuvor *daags tevoren.*
Tagschicht ⟨v.⟩ **0.1** ***dagploeg*** **0.2** ***dagdienst.***
tagsüber **0.1** ***overdag.***
tagtäglich **0.1** ***dagelijks*** ⇒*dag in, dag uit, dag aan dag.*
Tagundnachtgleiche ⟨v.; ~, ~n⟩ **0.1** ***dag-en-nachtevening.***
Tagung ⟨v.; ~, ~en⟩ **0.1** ***congres*** ⇒*conferentie, bijeenkomst* **0.2** ***vergadering.***
Tagungsort ⟨m.; mv. ~e⟩ **0.1** ***plaats v.h. congres*** **0.2** ***vergaderplaats*** ⇒*plaats van samenkomst.*
tagweise ⟨vooral Zdd. Oostr., Zwi.⟩ →**tageweise.**
Taifun ⟨m.; ~s, ~e⟩ **0.1** ***tyfoon.***
Taille ⟨v.; ~, ~n⟩ **0.1** ***taille*** ⇒*middel, taillemaat* **0.2** ⟨gesch., kaartspel, muz.⟩ ***taille*** ◆ **6.1** **auf** ~ gearbeitet *getailleerd.*
taillieren **0.1** ***tailleren.***
Takel ⟨o.; ~s, ~⟩ **0.1** ***takel*** **0.2** ***takelage, takelwerk.***
Takelage ⟨v.; ~, ~n⟩ **0.1** ***takelage, takelwerk.***
takeln ⟨scheep.⟩ **0.1** ***takelen.***
Takelung ⟨v.; ~, ~en⟩⟨scheep.⟩ **0.1** ***takelage, takelwerk*** **0.2** ***het takelen.***
Takelwerk ⟨o.⟩ →**Takelage.**
Takt ⟨m.; ~(e)s, ~e⟩ **0.1** ⟨muz., lit.⟩ ***maat*** ⇒⟨lit.⟩ *versmaat* **0.2** ***tact*** ⇒*kiesheid* **0.3** ***ritme*** **0.4** ⟨tech.⟩ ***slag*** ⟨v.e. motor⟩ **0.5** ⟨tech.⟩ ***deel v.e. bewerking, fase (aan de lopende band)*** **0.6** ⟨comp.⟩ ***step*** ◆ **2.1** ⟨inf.; fig.⟩ mit jmdm. ein paar ~e reden müssen *met iem. een hartig woordje moeten spreken* **3.1** den ~ angeben (a) *de maat aangeven* (b) ⟨fig.⟩ *het voor het zeggen hebben* **6.1** ⟨fig.⟩ jmdn. **aus** dem ~ bringen *iem. van de wijs brengen;* **aus** dem ~ kommen (a) *uit de maat gaan, raken* (b) ⟨fig.⟩ *van slag raken.*
Taktgefühl ⟨o.⟩ **0.1** ***tact*** ⇒*kiesheid.*
taktieren **0.1** ***tactisch te werk gaan*** ⇒*tactisch opereren* **0.2** ***de maat slaan.***
Taktik ⟨v.; ~, ~en⟩ **0.1** ***tactiek.***
Taktiker ⟨m.; ~s, ~⟩ **0.1** ***tacticus.***
taktisch **0.1** ***tactisch.***
taktlos **0.1** ***tactloos.***
taktmäßig ⟨muz.⟩ **0.1** ***in de maat*** ⇒*ritmisch.*
Taktstock ⟨m.⟩⟨muz.⟩ **0.1** ***maat-, dirigeerstok.***
Taktstrich ⟨m.⟩⟨muz.⟩ **0.1** ***maatstreep.***
taktvoll **0.1** ***tactvol*** ⇒*met veel tact.*
Tal ⟨o.; ~(e)s, ¨er⟩ **0.1** ***dal*** ⟨ook fig.⟩ ⇒*vallei* ◆ **6.1** **zu** ~ *naar het dal.*
talabwärts **0.1** ***stroomafwaarts*** **0.2** ***(naar beneden) het dal in.***
Talar ⟨m.; ~s, ~e⟩ **0.1** ***toga*** ⇒*toog.*
talaufwärts **0.1** ***stroomopwaarts*** **0.2** ***(verder, hoger) het dal in*** ⇒*naar boven.*
Talboden ⟨m.⟩ **0.1** ***dalbodem.***
Talbrücke ⟨v.⟩ **0.1** ***brug/viaduct over een dal.***
Talent ⟨o.; ~(e)s, ~e⟩ **0.1** ***talent*** ⇒*begaafdheid, aanleg* ◆ **2.1** schauspielerisches ~ *acteertalent* **6.1** ~ **für** Sprachen, **zum** Lehrer *aanleg voor talen, voor leraar.*
talentiert **0.1** ***talentvol, getalenteerd.***
talentlos **0.1** ***talentloos, onbegaafd.***
Talentsuche ⟨v.⟩ **0.1** ***talentenjacht.***
talentvoll →**talentiert.**
Taler ⟨m.; ~s, ~⟩⟨gesch.⟩ **0.1** ***daalder, taler.*** →**Pfennig.**
Talfahrt ⟨v.⟩ **0.1** ***tocht bergaf*** ⇒*rit bergaf, afdaling* **0.2** ***vaart stroomafwaarts*** **0.3** ⟨fig.⟩ ***het afglijden, inzinking*** ⇒*neerwaartse beweging.*
Talg ⟨m.; ~(e)s, ~e⟩ **0.1** ***talk*** ⇒*talg, ongel* **0.2** ***talg, talk, huidsmeer.***
Talgdrüse ⟨v.⟩ **0.1** ***talg-, smeerklier.***
talgen **0.1** ***met talk insmeren, vetten.***
talgig **0.1** ***talkachtig, vet(tig), vol vet.***
Talglicht ⟨o.; mv. ~er⟩ **0.1** ***vetkaars.***
Talgrund ⟨m.⟩ →**Talboden.**
Talisman ⟨m.; ~s, ~e⟩ **0.1** ***talisman.***
Talkum ⟨o.; ~s⟩ **0.1** ***talk*** **0.2** ***talkpoeder.***
Talmi ⟨o.; ~s⟩ **0.1** ***talmigoud*** **0.2** ⟨fig.⟩ ***klatergoud.***
Talmud ⟨m.; ~(e)s, ~e⟩ **0.1** ***talmoed.***
Talmulde ⟨v.⟩ **0.1** ***dalkom.***
Talon ⟨m.; ~s, ~s⟩ **0.1** ***controlestrook*** **0.2** ***talon.***
Talsohle ⟨v.⟩ **0.1** ***dalbodem*** **0.2** ⟨fig.⟩ ***dieptepunt*** ⇒*inzinking.*
Talsperre ⟨v.⟩ **0.1** ***stuwdam.***
Talstation ⟨v.⟩ **0.1** ***dalstation*** ⟨van bergspoor⟩.
talwärts **0.1** ***naar beneden (het dal in)*** ⇒*bergaf* **0.2** ***stroomafwaarts.***
Tamarinde ⟨v.; ~, ~n⟩⟨plantk.⟩ **0.1** ***tamarinde.***
Tambour ⟨m.; ~s, ~e⟩ **0.1** ***tamboer*** ⟨ook bk. en textiel⟩.
Tamburin ⟨o.; ~s, ~e⟩ **0.1** ***tamboerijn*** **0.2** ⟨textiel⟩ ***tamboereerraam.***
Tamile ⟨m.; ~n, ~n⟩ **0.1** ***Tamil.***
Tampon ⟨m.; ~s, ~s⟩ **0.1** ***tampon.***
Tamtam ⟨acc. wiss.⟩⟨o.; ~s, ~s⟩ **0.1** ***tamtam*** ⇒⟨inf.; fig.⟩ *poeha.*
Tand ⟨m.; ~(e)s⟩⟨vero.; schr.⟩ **0.1** ***snuisterij(en)*** **0.2** ***rommel, spul*** ⇒*prul(len).*
Tändelei ⟨v.; ~, ~en⟩ **0.1** ***beuzelarij*** ⇒*gebeuzel* **0.2** ⟨vero.⟩ ***geflirt*** ⇒*flirt.*
Tändelmarkt ⟨m.⟩⟨reg.⟩ **0.1** ***rommel-, voddenmarkt.***
tändeln **0.1** ***spelen*** ⇒*beuzelen, klungelen* **0.2** ⟨vero.⟩ ***flirten*** ⇒*stoeien, scharrelen.*
Tandem ⟨o.; ~s, ~s⟩ **0.1** ***tandem*** ⇒⟨fig.⟩ *span.*
Tändler ⟨m.; ~s, ~⟩⟨reg.⟩ **0.1** ***uitdrager*** **0.2** ***speels mens*** ⇒*guit* **0.3** ***flirt.***
Tang ⟨m.; ~(e)s, ~e⟩ **0.1** ***(zee)wier.***
Tangens ⟨m.; ~, ~⟩⟨wisk.⟩ **0.1** ***tangens.***
Tangente ⟨v.; ~, ~n⟩ **0.1** ***tangente, raaklijn*** **0.2** ***randweg.***
tangieren **0.1** ***raken*** ⟨ook wisk.⟩ ⇒⟨schr.; fig.⟩ *aangaan, treffen.*
Tango ⟨m.; ~s, ~s⟩ **0.1** ***tango.***
Tank ⟨m.; ~s, ~s⟩ **0.1** ***tank*** ⟨ook vero.; mil.⟩.
Tankdeckel ⟨m.⟩ **0.1** ***tankdeksel*** ⇒⟨van auto⟩ *benzinedop.*
tanken **0.1** ***tanken*** ⟨ook fig.⟩.
Tanker ⟨m.; ~s, ~⟩ **0.1** ***tanker, tankschip.***
Tankerflotte ⟨v.⟩ **0.1** ***tankvloot.***
Tankfahrzeug ⟨o.⟩ **0.1** ***tankauto, -wagen.***
Tank|lastwagen, -lastzug ⟨m.⟩ **0.1** ***tankauto, tankwagen.***
Tanksäule ⟨v.⟩ **0.1** ***benzinepomp.***
Tankschiff ⟨o.⟩ **0.1** ***tankschip, tanker.***
Tankstelle ⟨v.⟩ **0.1** ***benzine-, tankstation*** ⇒*benzinepomp, pompstation* ◆ **2.1** eine freie ~ *een witte pomp.*
Tankwart ⟨m.⟩ **0.1** ***pomphouder, -bediende.***
Tann ⟨m.; ~(e)s, ~e⟩⟨schr.⟩ **0.1** ***(naald)bos*** ⇒*(donker) woud.*
Tanne ⟨v.; ~, ~n⟩ **0.1** ***zilverden*** ⇒*zilverspar* **0.2** ***dennen, dennenhout*** **0.3** ⟨inf.⟩ ***dennen-, kerstboom.***
tannen[1] ⟨bn.⟩ **0.1** ***dennen, van dennenhout.***
tannen[2] ⟨ov. & onov.ww.⟩ →**tannieren.**
Tannenbaum ⟨m.⟩ **0.1** ***dennen-, kerstboom*** **0.2** ⟨inf.⟩ ***zilverden*** ⇒*spar* **0.3** ⟨fig.⟩ ***(vallende) lichtfakkel.***
Tannenhäher ⟨m.⟩⟨biol.⟩ **0.1** ***notenkraker.***
Tannenholz ⟨o.⟩ **0.1** ***dennenhout*** ⇒*dennen.*
Tannenmeise ⟨v.⟩⟨biol.⟩ **0.1** ***zwarte mees.***

Tannennadel ⟨v.⟩ **0.1** ***sparrennaald.***
Tannenreisig ⟨o.⟩ **0.1** ***sparrengroen.***
Tannenwald ⟨m.⟩ **0.1** ***sparrenbos.***
Tannenzapfen ⟨m.⟩ **0.1** ***sparappel.***
tannieren 0.1 ***met tannine behandelen*** ⇒*looien.*
Tannin ⟨o.; ~s, ~e⟩ **0.1** ***tannine(zuur), tannien.***
Tantalusqualen ⟨alleen mv.⟩ **0.1** ***tantaluskwellingen.***
Tante ⟨v.; ~, ~n⟩ **0.1** ***tante*** ⇒⟨inf.; fig.⟩ *juf(frouw)* **0.2** ⟨inf.⟩ ***mietje, nicht*** ⟨homoseksueel⟩.
Tante-Emma-Laden ⟨m.⟩ **0.1** ***buurtwinkel, winkeltje (op de hoek).***
tantenhaft 0.1 ***overdreven bezorgd*** ⇒*betuttelend.*
Tantieme ⟨v.; ~, ~n⟩ **0.1** ***tantième*** **0.2** ***royalty.***
Tanz ⟨m.; ~es, ~e⟩ **0.1** ***dans*** **0.2** ***het dansen*** ⇒*dansavond, bal* **0.3** ⟨inf.⟩ ***gedonder, herrie*** ⇒*kabaal* ◆ **3.1** einen ~ aufführen *een dans uitvoeren* **3.3** einen ~ aufführen *(zitten) donderjagen* **6.1** ⟨fig.⟩ ein ~ **auf** dem Vulkan *een dans op de vulkaan;* jmdn. **zum** ~ auffordern, bitten *iem. ten dans vragen;* **zum** ~ aufspielen (a) *voor de dans inzetten* (b) *dansmuziek spelen, de dans begeleiden* **6.2 zum** ~ gehen *gaan dansen.*
Tanzbar ⟨v.⟩ **0.1** ***dancing*** ⇒*danstent.*
Tanzbein ⟨o.⟩⟨inf.⟩ ◆ **3.¶** das ~ schwingen *een dansje maken.*
Tanzboden ⟨m.⟩ **0.1** ***dansvloer.***
Tanzdiele ⟨v.⟩ **0.1** ***dancing*** ⇒*dansgelegenheid.*
tänzeln 0.1 ***trippelen*** ⇒*(dansend) huppelen.*
tanzen 0.1 ***dansen*** ⟨ook fig.⟩ ◆ **6.1 nach** der Musik ~ *op de muziek dansen.*
Tänzer ⟨m.; ~s, ~⟩ **0.1** ***danser*** ⇒*danspartner.*
Tänzerin ⟨v.; ~, ~nen⟩ **0.1** ***danseres*** ⇒*danseuse.*
tänzerisch 0.1 ***als, qua dans, dans-, dansend*** ⇒*choreografisch.*
Tanzfläche ⟨v.⟩ **0.1** ***dansvloer.***
Tanzkapelle ⟨v.⟩ **0.1** ***dansorkest(je).***
Tanzkarte ⟨v.⟩⟨vero.⟩ **0.1** ***balboekje.***
Tanzlokal ⟨o.⟩ **0.1** ***dansgelegenheid, dancing.***
tanzlustig 0.1 ***danslustig.***
Tanzmariechen ⟨o.⟩ **0.1** ***dansmarieke, -marietje.***
Tanzmeister ⟨m.⟩ **0.1** ***dansmeester*** ⇒*dansleraar* **0.2** ***kampioen (in het) dansen.***
Tanzplatz ⟨m.⟩⟨vero.⟩ **0.1** ***dansvloer.***
Tanzschritt ⟨m.⟩ **0.1** ***danspas.***
Tanzschüler ⟨m.⟩ **0.1** ***dansleerling, leerling-danser.***
Tanzstunde ⟨v.⟩ **0.1** ***dansles.***
Tanztee ⟨m.⟩ **0.1** ***thé dansant.***
Tanzveranstaltung ⟨v.⟩ **0.1** ***dansfeest*** ⇒*dansavond, bal.*
Tanzvergnügen ⟨o.⟩ **0.1** ***dansvermaak*** **0.2** ***danspartijtje, dansavondje*** ◆ **6.1** ⟨inf.⟩ hinein **ins** ~! *en nu de dansvloer op!*
Tapet ⟨o.⟩⟨inf.⟩ ◆ **6.¶** etwas **aufs** ~ bringen *iets te berde, ter sprake brengen;* **aufs** ~ kommen *ter sprake komen.*
Tapete ⟨v.; ~, ~n⟩ **0.1** ***behang(sel)*** ◆ **3.¶** ⟨inf.⟩ die ~n wechseln (a) *verhuizen* (b) *van baan veranderen, iets anders gaan doen.*
Tapetenbahn ⟨v.⟩ **0.1** ***baan (van behang).***
Tapetenkleister ⟨m.⟩ **0.1** ***behangersplaksel, -stijfsel.***
Tapetenrolle ⟨v.⟩ **0.1** ***rol behang.***
Tapetenwechsel ⟨m.⟩⟨inf.⟩ **0.1** ***verandering (van omgeving, werk, lucht).***
Tapezierarbeit ⟨v.⟩ **0.1** ***het behangen, behangerswerk.***
tapezieren 0.1 ***behangen*** ⇒⟨fig.⟩ *bedekken, volhangen.*
Tapezierer ⟨m.; ~s, ~⟩ **0.1** ***behanger.***
Tapezierung ⟨v.; ~, ~en⟩ **0.1** ***het behangen*** **0.2** ***behang(sel).***
Tapfe ⟨v.; ~, ~n⟩ →**Tapfen.**
Tapfen ⟨m.; ~s, ~⟩ **0.1** ***voetstap*** ⟨ook fig.⟩ ⇒*voetspoor.*
tapfer 0.1 ***dapper*** ⇒*moedig* **0.2** ***flink*** ◆ **3.2** ~ zugreifen, zulangen *flink toetasten.*
Tapferkeit ⟨v.; ~⟩ **0.1** ***dapperheid, moed.***
Tapir ⟨m.; ~s, ~e⟩⟨biol.⟩ **0.1** ***tapir.***
Tapisserie ⟨v.; ~, ~n⟩ **0.1** ***tapisserie*** ⇒*wandtapijt.*
tapp! 0.1 ***stap!***
tappen 0.1 ⟨h/s.⟩ ***(zwaar) stappen*** ⇒*klossen* **0.2** ⟨s.⟩ ***op de tast lopen*** **0.3** ⟨h.⟩ ***tasten*** ⇒*op de tast zoeken.*
täppisch 0.1 ***lomp*** ⇒*stuntelig, log.*
Taps ⟨m.; ~es, ~e⟩⟨inf.⟩ **0.1** ***lomperd*** ⇒*hannes, stumper.*
tapsen ⟨h/s.⟩⟨inf.⟩ **0.1** ***(zwaar, lomp) stappen*** ⇒*klossen* **0.2** ***op de tast lopen.***
tapsig ⟨inf.⟩ **0.1** ***stuntelig*** ⇒*onbeholpen, schutterig, lomp.*
Tara ⟨v.; ~, Taren⟩ **0.1** ***tarra.***
Tarantel ⟨v.; ~, ~n⟩⟨biol.⟩ **0.1** ***tarantula*** ◆ **6.1** ⟨inf.; fig.⟩ wie **von** der ~ gebissen, gestochen *als door een adder gebeten.*
tarieren 0.1 ***tarreren*** ⟨ook nat.⟩ ⇒*tarren.*
Tarif ⟨m.; ~s, ~e⟩ **0.1** ***tarief*** **0.2** ***cao-loon*** ⇒*cao-tarief* ◆ **3.2** neue ~e aushandeln *een nieuwe cao bedingen.*
Tarifabkommen ⟨o.⟩ **0.1** ***cao(-akkoord, -overeenkomst).***
Tarifbereich ⟨m.⟩ **0.1** ***gebied waarvoor een bepaalde cao geldt*** ⇒*regionale cao.*
Tarifgruppe ⟨v.⟩ **0.1** ***loongroep.***
Tarifhoheit ⟨v.⟩ **0.1** ***tariefrecht.***
tarifieren 0.1 ***tariferen, het tarief vaststellen van, voor.***
Tarifkonflikt ⟨m.⟩ **0.1** ***loonconflict.***
tariflich 0.1 ***volgens (het) tarief*** **0.2** ***volgens, in de cao*** ⇒ *(zoals) in de cao voorzien.*
Tariflohn ⟨m.⟩ **0.1** ***loon volgens arbeidscontract*** ⇒*cao-loon.*
tarifmäßig 0.1 ***volgens tarief*** **0.2** ***volgens, conform de cao*** ⇒*cao-.*
Tarifordnung ⟨v.⟩ **0.1** ***cao-regeling(en).***
Tarifpartei ⟨v.⟩ **0.1** ***partij in de cao-onderhandelingen.***
Tarifpartner ⟨m.⟩ **0.1** ***sociale partner.***
Tarifpolitik ⟨v.⟩ **0.1** ***loonbeleid, -politiek.***
Tarifrunde ⟨v.⟩ **0.1** ***loonronde.***
Tarifsatz ⟨m.⟩ **0.1** ***(vastgesteld) tarief*** **0.2** ***loon(tarief).***
Tarifstreit ⟨m.⟩ **0.1** ***loonconflict.***
Tarifvereinbarung ⟨v.⟩ **0.1** ***cao(-akkoord, -overeenkomst).***
Tarifverhandlung ⟨v.⟩ **0.1** ***cao-onderhandeling.***
Tarifvertrag ⟨m.⟩ **0.1** ***collectieve arbeidsovereenkomst, cao.***
Tarnanzug ⟨m.⟩⟨mil.⟩ **0.1** ***camouflagepak.***
tarnen 0.1 ***camoufleren*** ⟨ook mil.⟩ ⇒⟨fig.⟩ *vermommen, maskeren.*
Tarnfarbe ⟨v.⟩ **0.1** ***camouflagekleur*** ⇒*schutkleur* **0.2** ***camouflageverf.***
Tarnfirma ⟨v.⟩ **0.1** ***schijnfirma.***
Tarnkappe ⟨v.⟩ **0.1** ⟨mythologie⟩ ***onzichtbaar makende kap, mantel*** **0.2** ⟨fig.⟩ ***vermomming*** ⇒*maskering, masker.*
Tarnmanöver ⟨o.⟩⟨fig.⟩ **0.1** ***rookgordijn*** ⇒*schijnmanoeuvre.*
Tarnname ⟨m.⟩ **0.1** ***schuil-, deknaam.***
Tarnnetz ⟨o.⟩⟨mil.⟩ **0.1** ***camouflagenet.***
Tarnorganisation ⟨v.⟩ **0.1** ***mantelorganisatie.***
Tarnung ⟨v.; ~, ~en⟩ **0.1** ***camouflage*** ⇒⟨fig.⟩ *vermomming, dekmantel.*
Tarock ⟨m. & o.; ~s, ~s⟩⟨kaartspel⟩ **0.1** ***tarok.***
Tartüff ⟨m.; ~s, ~e⟩⟨schr.⟩ **0.1** ***Tartuffe*** ⇒⟨fig.⟩ *huichelaar.*
Tasche ⟨v.; ~, ~n⟩ **0.1** ***tas*** ⇒*handtas* **0.2** ***zak*** ⟨in kledingstuk⟩ **0.3** ***zakje*** **0.4** ⟨cul.⟩ ***deegkussentje*** **0.5** ⟨cul.⟩ ***ope-***

nlng ⇒*inkeping, gleuf* ◆ **6.2** ⟨inf.; fig.⟩ die Hand **auf** der ~ halten *de hand op zijn zak houden;* ⟨inf.; fig.⟩ jmdm. **auf** der ~ liegen *op iemands zak leven;* ⟨inf.; fig.⟩ jmdm. Geld **aus** der ~ locken, ziehen *iem. geld uit de zak kloppen;* ⟨inf.; fig.⟩ **in** die eigene ~ arbeiten, wirtschaften *zijn (eigen) zakken vullen;* ⟨inf.; fig.⟩ tief **in** die ~ greifen müssen *diep in zijn zak, portemonnee moeten tasten;* ⟨inf.; fig.⟩ jmdn. **in** der ~ haben *iem. in zijn zak hebben;* ⟨inf.; fig.⟩ jmdn. **in** die ~ stecken *iem. in zijn zak steken;* ⟨inf.; fig.⟩ **mit** leeren ~n dastehen *met lege handen staan* **8.2** ⟨inf.; fig.⟩ etwas wie seine (eigene) ~ kennen *iets kennen als zijn broekzak.*

Taschenausgabe ⟨v.⟩ **0.1** ***pocketuitgave.***

Taschenbuch ⟨o.⟩ **0.1** ***pocket(boek)*** **0.2** ***zakagenda, -boekje.***

Taschendieb ⟨m.⟩ **0.1** ***zakkenroller.***

Taschendiebstahl ⟨m.⟩ **0.1** ***zakkenrollerij.***

Taschenformat ⟨o.⟩ **0.1** ***zakformaat.***

Taschengeld ⟨o.⟩ **0.1** ***zakgeld*** ⇒*zakcenten.*

Taschenkalender ⟨m.⟩ **0.1** ***zakkalender*** **0.2** ***zakagenda.***

Taschenkrebs ⟨m.⟩ **0.1** ***Noordzeekrab.***

Taschenlampe ⟨v.⟩ **0.1** ***zaklantaarn, zaklamp.***

Taschenmesser ⟨o.⟩ **0.1** ***zak-, knipmes.***

Taschenrechner ⟨m.⟩ **0.1** ***zakrekenmachine.***

Taschenspiegel ⟨m.⟩ **0.1** ***zakspiegeltje.***

Taschenspieler ⟨m.⟩⟨vero.⟩ **0.1** ***goochelaar.***

Taschenspielertrick ⟨m.⟩⟨pej.⟩ **0.1** ***goocheltruc.***

Taschentuch ⟨o.; mv. ⸚er⟩ **0.1** ***zakdoek.***

Taschenuhr ⟨v.⟩ **0.1** ***zakhorloge.***

Taschenwörterbuch ⟨o.⟩ **0.1** ***zakwoordenboek.***

Tasse ⟨v.; ~, ~n⟩ **0.1** ***kop(je)*** ◆ **2.¶** ⟨inf.⟩ eine trübe ~ *een zak, slome duikelaar* **5.¶** ⟨inf.⟩ hoch die ~n! *prosit!* **6.¶** ⟨inf.⟩ nicht alle ~n **im** Schrank haben *niet goed snik zijn.*

Tastatur ⟨v.; ~, ~en⟩ **0.1** ***toetsenbord*** ⇒⟨muz.⟩ *klavier.*

Taste ⟨v.; ~, ~n⟩ **0.1** ***toets*** ⟨ook muz.⟩ ⇒⟨tech.⟩ *drukknop* ◆ **6.1** ⟨inf.⟩ (mächtig, richtig) **in** die ~n greifen *een nummertje weggeven op de piano.*

tasten I ⟨onov.ww.⟩ **0.1** ***tasten*** **0.2** ***(op de toetsen) drukken*** ◆ **6.1** ~d, **durch** Tasten ⟨ook⟩ *op de tast;*

II ⟨ov.ww.⟩ **0.1** ***voelen*** ⇒*tasten* **0.2** ***(op toetsen) drukken*** ⇒*zetten, op-, doorgeven, intikken;*

III sich ~ ⟨wk.ww.⟩ **0.1** ***op de tast lopen*** **0.2** ***(op de tast) voelen.***

Tastenfernsprecher ⟨m.⟩ →**Tastentelefon.**

Tastenschoner ⟨m.⟩ **0.1** ***pianoloper.***

Tastentelefon ⟨o.⟩ **0.1** ***druktoetstoestel, toetstelefoon.***

Taster ⟨m.; ~s, ~⟩ **0.1** ⟨biol.⟩ ***taster*** ⇒*voelspriet* **0.2** ⟨tech.⟩ ***taster*** **0.3** ⟨tech.⟩ ***machine, toestel met toetsenbord*** **0.4** ⟨tech.⟩ ***krompasser*** **0.5** ⟨tech.⟩ ***sonde*** **0.6** ⟨tech.⟩ ***seinsleutel.***

Tastsinnesorgan ⟨o.⟩ **0.1** ***tastorgaan, -zintuig.***

Tastwerkzeug ⟨o.⟩ **0.1** ***tastwerktuig, -orgaan.***

Tastzirkel ⟨m.⟩ **0.1** ***krompasser.***

Tat ⟨v.; ~, ~en⟩ **0.1** ***daad*** ⇒*handeling* ◆ **6.1** jmdn. **auf** frischer ~ ertappen *iem. op heter daad betrappen;* etwas **durch** die ~, durch ~en beweisen *iets metterdaad, door daden bewijzen;* **in** der ~ *inderdaad;* etwas **in** die ~ umsetzen *iets realiseren, waarmaken;* **zur** ~ schreiten (a) *tot daden, actie overgaan* (b) *aan de slag gaan* (c) *de daad bij het woord voegen.*

Tatar[1] ⟨m.; ~en, ~en⟩ **0.1** ***Tataar.***

Tatar[2] ⟨o.; ~(s)⟩ **0.1** ***tartaar, (biefstuk à la) tartare.***

Tatarbeefsteak ⟨o.⟩ →**Tatar**[2].

tatarisch **0.1** ***Tataars.***

Tatbericht ⟨m.⟩ **0.1** ***rapport, verslag.***

Tatbestand ⟨m.⟩ **0.1** ***feiten, (ware) toedracht*** ⇒*feitenmateriaal, feitelijke toestand* **0.2** ⟨jur.⟩ ***bestanddelen v.e. strafbaar feit*** ◆ **3.1** den ~ aufnehmen *proces-verbaal opmaken.*

Tateinheit ⟨v.⟩⟨jur.⟩ **0.1** ***eendaadse samenloop van strafbare feiten*** ◆ **6.1** **in** ~ mit *in vereniging, tezamen met.*

Tatendrang ⟨m.⟩ **0.1** ***dadendrang, ondernemingslust.***

taten|durstig, -froh ⟨schr.⟩ **0.1** ***vol ondernemingslust, energiek.***

tatenlos **0.1** ***passief, werkeloos.***

Tatenlust ⟨v.⟩ →**Tatendrang.**

Täter ⟨m.; ~s, ~⟩ **0.1** ***dader.***

Täterkreis ⟨m.⟩ **0.1** ***(groep, kring van mogelijke) daders.***

Täterschaft ⟨v.; ~, ~en⟩ **0.1** ***daderschap.***

Tatform ⟨v.⟩⟨taal.⟩ **0.1** ***bedrijvende, actieve vorm.***

Tathergang ⟨m.⟩ **0.1** ***(feitelijke) toedracht*** ⇒*verloop v.d. daad.*

tätig **0.1** ***actief, werkzaam*** **0.2** ***bedrijvig, actief*** **0.3** ***daadwerkelijk, actief*** ⇒*concreet, praktisch* ◆ **1.2** ein ~er Mensch *een bedrijvig, actief mens* **1.3** ~e Hilfe *daadwerkelijke, concrete hulp* **3.1** ~ sein ⟨ook⟩ *werken;* ⟨adm.⟩ ~ werden *in actie komen, tot actie overgaan.*

tätigen ⟨ec., adm.⟩ **0.1** ***verrichten, verwezenlijken, (af)sluiten*** ⇒*tot stand brengen, bewerkstelligen, doen* ◆ **1.1** einen Abschluß ~ *een transactie (af)sluiten;* eine Bestellung ~ *een bestelling, order plaatsen.*

Tätigkeit ⟨v.; ~, ~en⟩ **0.1** ***bezigheid, werk*** ⇒*activiteit(en), actie, bedrijvigheid* **0.2** ***beroep, werkzaamheden*** ⇒*werk, functie* **0.3** ***bedrijvigheid*** ⇒*optreden, activiteiten* **0.4** ***werking*** ⇒*bedrijf* ◆ **2.3** die wirtschaftliche ~ *de economische bedrijvigheid* **6.4** **außer, in** ~ sein, setzen *buiten, in werking zijn, stellen.*

Tätigkeitsbereich ⟨m.⟩ **0.1** ***werk-, arbeidsterrein.***

Tätigkeitsdrang ⟨m.⟩ **0.1** ***energie, ondernemingszin.***

Tätigkeitsfeld ⟨o.⟩ **0.1** ***werk-, arbeidsterrein.***

Tätigkeitsform ⟨v.⟩⟨taal.⟩ **0.1** ***actieve, bedrijvende vorm.***

Tätigkeitswort ⟨o.; mv. ⸚er⟩⟨taal.⟩ **0.1** ***werkwoord.***

Tatkraft ⟨v.⟩ **0.1** ***daadkracht, energie, werkkracht.***

tatkräftig **0.1** ***daadkrachtig, energiek*** ⇒*krachtdadig.*

tätlich **0.1** ***handtastelijk*** ⇒*met (fysiek) geweld, fysiek* ◆ **1.1** ~e Auseinandersetzungen *handtastelijkheden, handgemeen.*

Tätlichkeit ⟨v.; ~, ~en⟩ **0.1** ***handtastelijkheid*** ⇒*gewelddadigheid,* ⟨mv.⟩ *handgemeen.*

Tatmensch ⟨m.⟩ **0.1** ***mens v.d. daad.***

Tatmotiv ⟨o.⟩ **0.1** ***motief voor een daad.***

Tatort ⟨m.; mv. ~e⟩ **0.1** ***plaats v.h. misdrijf*** ⇒*plaats v.d. misdaad.*

tätowieren **0.1** ***tatoeëren.***

Tätowierung ⟨v.; ~, ~en⟩ **0.1** ***tatoeage.***

Tatsache ⟨v.⟩ **0.1** ***feit*** ◆ **3.1** vollendete ~n schaffen *voor voldongen feiten zorgen;* den ~n ins Auge sehen *de feiten onder ogen zien;* die ~n sprechen lassen *de feiten voor zichzelf laten spreken* **¶.1** ⟨inf.⟩ ~! *echt (waar)!*

Tatsachenbericht ⟨m.⟩ **0.1** ***verslag, reportage*** ⇒*feitenrelaas.*

tatsächlich ⟨acc. wiss.⟩ **0.1** ***werkelijk, feitelijk*** ⇒*echt, daadwerkelijk* **0.2** ⟨bw.⟩ ***inderdaad, in feite*** ⇒*echt, in werkelijkheid.*

tätscheln **0.1** ***liefkozende tikjes geven.***

tatschen ⟨inf.⟩ **0.1** ***(lomp) beetpakken*** ⇒*plomp grijpen, graaien, bepotelen.*

Tatterich ⟨m.; ~s⟩⟨inf.⟩ **0.1** ***bibber*** ⇒*bibberatie.*

tatterig ⟨inf.⟩ **0.1** ***bevend, bibberend*** ⇒*(t)rillend* **0.2** ***bibberig, beverig.***

tattern ⟨inf.⟩ **0.1** ***bibberen, beven*** ⇒*(t)rillen.*

Tatverdacht (m.) **0.1** ***verdenking.***
tatverdächtig 0.1 *verdacht (v.e. misdrijf).*
Tatwaffe (v.) **0.1** ***corpus delicti, wapen v.d. misdaad.***
Tatze (v.; ~, ~n) **0.1** ***poot, klauw*** ⇒(inf.) *jat.*
Tatzeit (v.) **0.1** ***tijdstip v.h. misdrijf.***
Tatzelwurm (m.) (folk.) **0.1** ***draak.***
Tau[1] (m.; ~(e)s) **0.1** ***dauw*** ◆ **3.1** ~ treten *barrevoets dauwtrappen* **6.1** (schr.) **vor** ~ und Tag *voor dag en dauw.*
Tau[2] (o.; ~(e)s, ~e) (vooral scheep.) **0.1** ***touw*** ⇒*scheepstouw.*
taub 0.1 ***doof*** (ook fig.) **0.2** ***loos*** ⇒*leeg* **0.3** ***gevoelloos*** ⇒ *doof, verdoofd, dood* ◆ **1.2** ~e Ähren *loze, lege aren;* (mijnw.) ~es Gestein *gesteente zonder erts* **3.1** (fig.) sich ~ stellen *Oost-Indisch doof zijn* **4.3** die Füße wurden mir ~ *mijn voeten werden gevoelloos.*
Täubchen (o.; ~s, ~) **0.1** ***duifje.***
Taube (v.; ~n, ~n) **0.1** ***duif*** (ook pol.; fig.) ◆ **3.1** ~n halten *duiven melken, houden.* →**Spatz.**
taubeneigroß 0.1 ***(zo) groot als een duivenei, als duiveneieren.***
taubengrau 0.1 ***duifgrijs.***
Taubenhaus (o.) **0.1** ***duiventil*** ⇒*duivenhok.*
Taubenschlag (m.) **0.1** ***duiventil*** (ook fig.).
Taubenzüchter (m.) **0.1** ***duivenmelker.***
Tauber, Täuber (m.; ~s, ~) **0.1** ***doffer, mannetjesduif.***
Taube(r) (bn. als zn.) **0.1** ***dove.***
Tauberich, Täuberich (m.; ~s, ~e) →**Tauber.**
Täubin (v.; ~, ~nen) **0.1** ***wijfjesduif.***
Täubling (m.; ~s, ~e) (plantk.) **0.1** ***russula.***
Taubnessel (v.) (plantk.) **0.1** ***dovenetel.***
taubstumm 0.1 ***doofstom.***
Taubstummenanstalt (v.) **0.1** ***doven-, doofstommeninstituut.***
Tauchboot (o.) **0.1** ***duikboot.***
tauchen I (onov.ww.; h/s.) **0.1** ***duiken*** **0.2** ***opduiken*** ⇒*naar boven, boven water komen;*
II (ov.ww.) **0.1** ***dompelen, dopen*** ⇒(schr.; fig.) *hullen* **0.2** ***onderdompelen*** ⇒*onder water houden.*
Taucher (m.; ~s, ~) **0.1** ***duiker*** **0.2** (biol.) ***fuut.***
Taucheranzug (m.) **0.1** ***duikerpak.***
Taucherglocke (v.) **0.1** ***duikerklok.***
Taucherkrankheit (v.) (med.) **0.1** ***decompressie-, caissonziekte.***
Tauchlackieren (o.; ~s) (tech.) **0.1** ***het lakdompelen.***
Tauchsieder (m.) (tech.) **0.1** ***dompelaar.***
Tauchstation (v.) (inf.; fig.) ◆ **6.¶ auf** ~ gehen *zich (voor een tijdje) op de achtergrond houden.*
Tauchtiefe (v.) **0.1** ***duikdiepte*** **0.2** (scheep.) ***diepgang.***
tauen I (ov.ww.) **0.1** ***ontdooien*** ⇒*(doen) smelten;*
II (onp.ww.) **0.1** ***dooien*** **0.2** ***dauwen*** ◆ **6.1** es taute **von** den Dächern *het dooiwater liep, stroomde van de daken.*
Taufakt (m.) **0.1** ***doop(plechtigheid).***
Taufbecken (o.) **0.1** ***doopvont, -bekken.***
Taufbuch (o.) →**Taufregister.**
Taufe (v.; ~, ~n) **0.1** ***doop*** (ook fig.), ***doopsel*** ◆ **6.1** (fig.) etwas **aus** der ~ heben *iets ten doop houden,* (ook) *inwijden;* jmdn. **über** die ~ halten, (vero.) **aus** der ~ heben *over iem. ten doop staan* (als peetvader of peetmoeder).
taufen 0.1 ***dopen*** (ook fig.) ◆ **6.1** jmdn. **auf** den Namen X. ~ *iem. (bij de doop) de naam X. geven.*
Täufer (m.; ~s, ~) **0.1** ***doper*** **0.2** ***wederdoper, anabaptist.***
taufeucht 0.1 ***bedauwd, nat v.d. dauw.***
Taufformel (v.) **0.1** ***doopformulier, -formule.***
Taufgelübde (o.) **0.1** ***doopbelofte.***
Taufkleid (o.) **0.1** ***doopjurk.***
Taufliege (v.) **0.1** ***fruitvlieg.***
Täufling (m.; ~s, ~e) **0.1** ***dopeling.***
Taufname (m.) **0.1** ***doopnaam.***
Taufpate (m.) **0.1** ***peter, peetoom.***
Taufpatin (v.) **0.1** ***meter, peettante.***
Taufregister (o.) **0.1** ***doopregister.***
taufrisch 0.1 ***(fris) bedauwd, dauwfris*** **0.2** ***heerlijk fris*** **0.3** ***heerlijk vers, kersvers.***
Taufschein (m.) **0.1** ***doopbewijs, -akte, -briefje.***
Taufstein (m.) **0.1** ***doopvont, -bekken.***
taugen 0.1 ***deugen*** ⇒*geschikt, waard zijn* ◆ **4.1** das taugt nichts *dat is nergens goed voor, is totaal ongeschikt* **6.1 zu** nichts ~ *nergens goed voor zijn, niets waard zijn.*
Taugenichts (m.; ~(es), ~e) (vero.) **0.1** ***nietsnut.***
tauglich 0.1 ***geschikt*** ⇒*bruikbaar, dienstig, deugdelijk* **0.2** ***goedgekeurd, geschikt voor de militaire dienst.***
Tauklettern (o.; ~s) (sp.) **0.1** ***het touwklimmen.***
Taumel (m.; ~s) **0.1** ***duizeligheid, duizeling*** **0.2** ***roes*** ⇒*vervoering* ◆ **6.1** er ist noch wie **im** ~ *hij is nog helemaal duizelig.*
taumelig 0.1 ***duizelig*** ⇒*bedwelmd,* (fig.) *zwijmelend* **0.2** ***wankelend*** **0.3** ***dartelend*** ⇒*dwarrelend* ◆ **4.1** mir wurde ~ *ik werd duizelig.*
taumeln (h/s.) **0.1** ***wankelen*** ⇒*waggelen, tuimelen* **0.2** ***zwaaien*** ⇒*slingeren, bungelen* **0.3** ***dartelen*** ⇒*heen en weer fladderen, dwarrelen* **0.4** (fig.) ***zwijmelen.***
taunaß 0.1 ***nat v.d. dauw, bedauwd.***
Taupunkt (m.) (nat.) **0.1** ***dauwpunt.***
Tausch (m.; ~(e)s, ~e) **0.1** ***ruil*** ⇒*ruiling* ◆ **6.1 durch, im** ~ *door ruil verkrijgen;* im ~ **für** *in ruil voor;* **zum** ~ anbieten *in ruil aanbieden.*
tauschen 0.1 ***ruilen*** ⇒*(ver-, om)wisselen* ◆ **1.1** einen Gruß ~ *elkaar groeten;* einige Worte ~ *een paar woorden met elkaar wisselen.*
täuschen I (ov. & onov.ww.) **0.1** ***misleiden, bedriegen*** ⇒*om de tuin leiden* ◆ **1.1** seine Erwartungen wurden getäuscht *hij werd in zijn verwachtingen teleurgesteld* **3.1** sich getäuscht sehen *bedrogen uitkomen, zich bedrogen voelen* **6.1** sich **in** seinen Erwartungen getäuscht sehen *in zijn verwachtingen teleurgesteld, bedrogen worden;* wir dürfen uns nicht **über** den Ernst der Lage ~ *we mogen ons niets wijsmaken mbt. de ernst van de situatie;*
II sich ~ (wk.ww.) **0.1** ***zich vergissen.***
täuschend 0.1 ***bedrieglijk*** ⇒*bedrieglijk echt* **0.2** ***sprekend*** ◆ **2.2** jmdm. ~ ähnlich sein *sprekend op iem. lijken.*
Täuscher (m.; ~s, ~) **0.1** ***bedrieger, misleider.***
Tauscherei (v.; ~, ~en) (inf.) **0.1** ***geruil*** ⇒*ruiling.*
Täuscherei (v.; ~, ~en) (inf.) **0.1** ***misleiding, bedrog.***
Tauschgeschäft (o.) **0.1** ***ruiltransactie*** ⇒*ruil.*
Tauschhandel (m.) **0.1** ***ruiltransactie*** **0.2** ***ruilhandel.***
tauschieren (amb.) **0.1** ***tauscheren, inleggen (in metaal).***
Tauschobjekt (o.) **0.1** ***ruilobject.***
Täuschung (v.; ~, ~en) **0.1** ***misleiding, bedrog*** **0.2** ***vergissing*** ⇒*illusie* ◆ **2.1** eine optische ~ *gezichtsbedrog, optisch bedrog* **3.2** sich einer ~ hingeben, einer ~ erliegen, unterliegen (a) *zich illusies maken* (b) *zich vergissen.*
Täuschungsmanöver (o.) **0.1** ***misleidende manoeuvre*** ⇒ *schijnmanoeuvre.*
Tauschvertrag (m.) **0.1** ***ruilovereenkomst, -contract.***
Tauschware (v.) **0.1** ***ruilwaar*** ⇒*ruilartikel.*
Tauschweg (m.) **0.1** ***ruil(ing)*** ◆ **6.1 auf** dem, **im** ~ *door, in ruil.*
Tauschwert (m.) **0.1** ***ruilwaarde.***
Tauschwirtschaft (v.) **0.1** ***ruileconomie.***
tausend 0.1 ***duizend*** ⇒(inf.) *een heleboel, een massa* ◆ **6.1**

(inf.) ~ **gegen, zu** eins wetten *tien tegen één wedden;* einer **unter** ~ *eentje onder velen* **8.1** ~ und aber ~ *duizenden en (nog eens) duizenden.*
Tausend[1] ⟨v.; ~, ~en⟩ **0.1** ***(getal, cijfer) duizend.***
Tausend[2] ⟨o.; ~s, ~(e)⟩ **0.1** ***duizendtal*** ⇒*duizend* ◆ **6.1 in** die ~e gehen *in de duizenden lopen;* fünf **vom** ~ *vijf pro mille, vijf duizendste;* ~e **(von)** Menschen *duizenden mensen;* **zu** ~en *bij duizenden* **8.1** ~e und aber ~e *duizenden en (nog eens) duizenden.*
Tausendblatt ⟨o.⟩⟨plantk.⟩ **0.1** ***vederkruid, duizendblad.***
Tausender ⟨m.; ~s, ~⟩ **0.1** ***berg van duizend meter (en hoger)*** **0.2** ⟨inf.⟩ ***duizendje, briefje van duizend*** **0.3** ⟨wisk.⟩ ***duizendtal.***
tausenderlei ⟨inf.⟩ **0.1** ***duizenderlei*** ⇒*duizenden, duizend en één.*
tausendfach **0.1** ***duizendvoudig*** ⇒*duizendvoud.*
Tausendfüß(l)er ⟨m.; ~s, ~⟩⟨biol.⟩ **0.1** ***duizendpoot.***
Tausendgüldenkraut ⟨o.⟩⟨plantk.⟩ **0.1** ***duizendguldenkruid.***
Tausendkünstler ⟨m.⟩⟨inf.⟩ **0.1** ***duivelskunstenaar*** ⇒*manusje-van-alles.*
tausendmal **0.1** ***duizendmaal*** ⇒*duizend keer.*
tausendmalig **0.1** ***duizendmaal herhaald.***
Tausendsa(s)sa ⟨m.; ~s, ~(s)⟩ **0.1** ***dekselse, drommelse kerel*** ⇒*kraan.*
Tausendschön ⟨o.; ~s, ~e⟩⟨plantk.⟩ **0.1** ***gekweekt madeliefje*** **0.2** ***amarant.***
tausendste **0.1** ***duizendste.***
Tausendstel ⟨o.; ~s, ~⟩ **0.1** ***duizendste (deel).***
Tautreten ⟨o.; ~s⟩ **0.1** ***het barrevoets dauwtrappen.***
Tautropfen ⟨m.⟩ **0.1** ***dauwdruppel.***
Tauwasser ⟨o.; mv. ~⟩ **0.1** ***dooi-, smeltwater.***
Tauwerk ⟨o.⟩ **0.1** ***touwwerk*** ⇒*touw(en),* ⟨scheep.⟩ *want.*
Tauwetter ⟨o.⟩ **0.1** ***dooiweer*** ⇒*dooi* ⟨ook pol.; fig.⟩.
Tauziehen ⟨o.; ~s⟩ **0.1** ***het touwtrekken*** ⟨ook fig.⟩.
Taverne ⟨v.; ~, ~n⟩ **0.1** ***(Italiaanse) herberg, tave(e)rne.***
Taxameter ⟨m. & o.⟩ **0.1** ***taxa-, taximeter.***
Taxator ⟨m.; ~s, Taxatoren⟩ **0.1** ***taxateur, schatter.***
Taxe ⟨v.; ~, ~n⟩ **0.1** ***recht, heffing*** ⇒*tarief,* ⟨AZN⟩ *taks* **0.2** ***taxatieprijs, -waarde*** **0.3** ***taxatie, schatting*** **0.4** ***taxi.***
taxen **0.1** ***taxeren.***
taxfrei **0.1** ***vrij van kosten.***
Taxgebühr ⟨v.⟩ **0.1** ***recht, heffing*** ⇒⟨AZN⟩ *taks* **0.2** ***taxatiekosten.***
Taxi ⟨o.; Zwi. ook m.; ~s, ~s⟩ **0.1** ***taxi.***
taxieren **0.1** ***taxeren, schatten*** **0.2** ⟨schr.⟩ ***beoordelen, inschatten*** ⇒*taxeren.*
Taxifahrer ⟨m.⟩ **0.1** ***taxichauffeur.***
Taxifahrt ⟨v.⟩ **0.1** ***taxirit(je), rit met de taxi.***
Taxistand ⟨m.⟩ **0.1** ***taxistandplaats.***
Taxpreis ⟨m.⟩ **0.1** ***taxatieprijs.***
Taxus ⟨m.; ~, ~⟩⟨plantk.⟩ **0.1** ***taxus.***
Taxwert ⟨m.⟩ **0.1** ***taxatiewaarde, getaxeerde, geschatte waarde.***
Tb-krank, Tbc-krank **0.1** *aan tb(c) lijdend.*
Team ⟨o.; ~s, ~s⟩ **0.1** ***team.***
Teamarbeit ⟨v.⟩ **0.1** ***teamwork.***
Technik ⟨v.; ~, ~en⟩ **0.1** ***techniek*** **0.2** ***technische afdeling*** ⇒*technische staf* **0.3** ⟨Oostr.⟩ ***Technische Universiteit.***
Techniker ⟨m.; ~s, ~⟩ **0.1** ***technicus*** **0.2** ⟨fig.⟩ ***iem. met een (bepaalde) techniek.***
Technikum ⟨o.; ~s, Technika; mv. ook Techniken⟩ **0.1** ***hogere technische school, hts.***
technisch **0.1** ***technisch*** ◆ **1.1** aus ~en Gründen *om technische redenen.*
technisieren **0.1** ***mechaniseren*** ⇒*vertechniseren.*
Technokrat ⟨m.; ~en, ~en⟩ **0.1** ***technocraat*** ⟨ook fig.⟩.
Technologie ⟨v.; ~, ~n⟩ **0.1** ***technologie.***
Techtelmechtel ⟨o.; ~s, ~⟩ **0.1** ***het flirten, gescharrel*** ⇒*gestoei* ◆ **6.1** ein ~ **mit** jmdm. haben *met iem. (zitten) scharrelen.*
Teckel ⟨m.; ~s, ~⟩ **0.1** ***teckel, dashond.***
Teddybär ⟨m.⟩ **0.1** ***teddybeer.***
Tee ⟨m.; ~s, ~s⟩ **0.1** ***thee*** **0.2** ***thee-uurtje*** ⇒*(namiddag)thee, tea* ◆ **3.1** ~ (auf)brühen, bereiten, kochen *thee zetten* **3.¶** ⟨inf.⟩ abwarten und ~ trinken *de kat uit de boom kijken, rustig afwachten.*
Teebeutel ⟨m.⟩ **0.1** ***theezakje, -builtje.***
Teebrett ⟨o.⟩ **0.1** ***theeblad*** ⟨servies⟩.
Teegebäck ⟨o.⟩ **0.1** ***theekoekjes.***
Teegeschirr ⟨o.⟩ **0.1** ***theeservies, -goed.***
Teegesellschaft ⟨v.⟩ **0.1** ***theevisite*** ⇒*teaparty.*
Teehaube ⟨v.⟩ **0.1** ***theemuts.***
Teekanne ⟨v.⟩ **0.1** ***theepot.***
Teelicht ⟨o.; mv. ~er⟩ **0.1** ***theelichtje.***
Teelöffel ⟨m.⟩ **0.1** ***theelepeltje.***
Teemaschine ⟨v.⟩ **0.1** ***theezetapparaat.***
Teen ⟨m.; ~s, ~s⟩ →**Teenager.**
Teenager ⟨m.; ~s, ~⟩ **0.1** ***teenager, tiener.***
Teer ⟨m.; ~(e)s, ~e⟩ **0.1** ***teer.***
Teerdecke ⟨v.⟩ **0.1** ***asfaltlaag.***
teeren **0.1** ***teren*** **0.2** ***asfalteren.***
teerig **0.1** ***teerachtig*** **0.2** ***geteerd*** ⇒*vol teer.*
Teerose ⟨v.⟩⟨plantk.⟩ **0.1** ***theeroos.***
Teerpappe ⟨v.⟩ **0.1** ***dakvilt.***
Teerstraße ⟨v.⟩ **0.1** ***asfaltweg, -straat.***
Teeservice ⟨o.⟩ **0.1** ***theeservies.***
Teesieb ⟨o.⟩ **0.1** ***theezeefje.***
Teestrauch ⟨m.⟩ **0.1** ***theestruik.***
Teestube ⟨v.⟩ **0.1** ***tearoom, theesalon.***
Teetasse ⟨v.⟩ **0.1** ***theekopje.***
Teewagen ⟨m.⟩ **0.1** ***theewagen.***
Teewärmer ⟨m.; ~s, ~⟩ **0.1** ***theemuts.***
Teewurst ⟨v.⟩ **0.1** ***theeworst(je).***
Teich ⟨m.; ~(e)s, ~e⟩ **0.1** ***vijver*** ◆ **2.1** ⟨inf.⟩ der große ~ *de grote plas* ⟨Atlantische Oceaan⟩.
Teichhuhn ⟨o.⟩ **0.1** ***waterhoentje.***
Teichmolch ⟨m.⟩⟨biol.⟩ **0.1** ***gewone, kleine watersalamander.***
Teichrohrsänger ⟨m.⟩⟨biol.⟩ **0.1** ***kleine karekiet.***
Teichrose ⟨v.⟩⟨plantk.⟩ **0.1** ***(gele) plomp*** ⇒*witte waterlelie.*
Teichwirtschaft ⟨v.⟩ **0.1** ***visteelt in vijvers.***
Teig ⟨m.; ~(e)s, ~e⟩ **0.1** ***deeg*** ⇒*beslag.*
teigig **0.1** ***deegachtig*** ⇒*klef, tets* **0.2** ***papperig, brijig*** **0.3** ***vol, onder het deeg zittend.***
Teigkloß ⟨m.⟩ **0.1** ***deegbal(letje).***
Teigrolle ⟨v.⟩ **0.1** ***deegrol(ler)*** **0.2** ***deegpil, -rol.***
Teigware ⟨v.⟩ **0.1** ***meelproduct.***
Teil[1] ⟨m.; ~(e)s, ~e⟩ **0.1** ***deel, gedeelte*** ⇒*partij* ⟨ook jur.⟩ **0.2** ***aandeel*** ⇒*deel, portie, part* ◆ **6.1** jmdm. **in** allen ~en recht geben *iem. over de (ge)hele linie gelijk geven;* **zum** ~ *gedeeltelijk, ten dele;* **zum** großen ~ *voor een groot, goed deel, grotendeels* **6.2** etwas **in** ~e schneiden *iets in stukken snijden.*
Teil[2] ⟨o.; ~(e)s, ~e⟩ **0.1** ***stuk, deel*** **0.2** ***onderdeel*** ◆ **2.1** ein gut ~ *een flinke portie, heel wat;* das obere ~ des Kleides *het bovenstuk van de jurk.*
Teil[3] ⟨m. & o.; ~(e)s, ~e⟩ **0.1** ***(aan)deel*** ⇒*portie, part* ◆ **2.1** ein gut(er) ~ *een goed, groot deel* **3.1** ⟨inf.⟩ sein(en) ~ ab-, weghaben (a) *zijn portie gehad hebben* (b) *ervan langs ge-*

kregen hebben (c) *eraan hebben moeten geloven;* sein(en) ~ zu etwas beisteuern *zijn deel, het zijne tot iets bijdragen;* er wird sein(en) ~ schon noch bekommen *hij zal zijn portie (straf) nog wel krijgen;* ich denke mir mein(en) ~ *ik denk er het mijne van;* jmdm. sein(en) ~ geben (a) *iem. zijn deel geven* (b) ⟨fig.⟩ *iem. zijn vet, portie geven;* sein(en) ~ zu tragen haben ⟨fig.⟩ *zijn deel, (aan) zijn lot te dragen hebben* **6.1 zu** gleichen ~en *in gelijke, evenredige delen;* jeder half **zu** seinem ~ mit *iedereen droeg het zijne (ertoe) bij.*

Teilabschnitt ⟨m.⟩ **0.1** ***sector.***

Teilakzept ⟨o.⟩⟨ec.⟩ **0.1** ***partieel accept.***

teilbar 0.1 ***deelbaar.***

Teilbereich ⟨m.⟩ **0.1** ***deelgebied*** ⇒*sector.*

Teilbetrag ⟨m.⟩ **0.1** ***gedeelte (v.e. bedrag)*** ⇒*termijn.*

Teilchen ⟨o.; ~s, ~⟩ **0.1** ***deeltje*** ⟨ook nat.⟩, ***stukje.***

Teilchenbeschleuniger ⟨m.⟩⟨nat.⟩ **0.1** ***deeltjesversneller, cyclotron.***

teilen I ⟨ov. & onov.ww.⟩ **0.1** ***delen*** ⟨ook wisk.⟩ ⇒*verdelen* ◆ **1.1** die Ansichten, sind geteilt *de meningen zijn verdeeld;* jmds. Freude, Glück ~ *in iemands vreugde, geluk delen;* mit geteilten Gefühlen *met gemengde gevoelens;* geteilter Meinung sein *van mening verschillen* **6.1 in** Gruppen ~ *in groepen in-, verdelen;* etwas **unter** den Kindern ~ *iets onder de kinderen verdelen.* →**Leid;**
II sich ~ ⟨wk.ww.⟩ **0.1** ***(onder elkaar) delen* 0.2** ***zich splitsen*** ⇒*zich delen, zich vertakken* **0.3** ***uit elkaar gaan, uiteengaan*** ⇒*opengaan, openschuiven* **0.4** ⟨schr.⟩ ***delen*** ◆ **1.3** da teilen sich die Ansichten *op dat punt lopen de meningen uiteen* **6.4** sich **in** die Arbeit ~ *het werk samen doen;* sich **in** den Gewinn ~ *de winst (onder elkaar) delen.*

Teiler ⟨m.; ~s, ~⟩⟨wisk.⟩ **0.1** ***deler*** ◆ **2.1** der (größte) gemeinsame ~ *de (grootste) gemene deler.*

Teilerfolg ⟨m.⟩ **0.1** ***gedeeltelijk succes.***

Teilergebnis ⟨o.⟩ **0.1** ***deelresultaat.***

Teilfinsternis ⟨v.⟩⟨ster.⟩ **0.1** ***gedeeltelijke verduistering.***

Teilgebiet ⟨o.⟩ **0.1** ***deelgebied*** ⇒*onderdeel.*

Teilhabe ⟨v.⟩ **0.1** ***aandeel*** ⇒*deelneming.*

teilhaben 0.1 ***deelnemen, deel hebben*** ⇒*delen* ◆ **6.1 an** einer Sache ~ *in iets deelnemen, deel hebben aan iets.*

Teilhaber ⟨m.; ~s, ~⟩⟨ec.⟩ **0.1** ***vennoot, compagnon*** ⇒*firmant, deelgenoot* ◆ **2.1** der leitende ~ *de beherend vennoot;* stiller ~ ***stille vennoot.***

Teilhaberschaft ⟨v.; ~⟩ **0.1** ***deelgenootschap*** ⇒*deelneming* **0.2** ⟨ec.⟩ ***compagnonschap.***

teilhaftig ⟨vero.; schr.⟩ **0.1** ***deelachtig*** ◆ **3.1** einer Sache ⟨2e nv.⟩ ~ werden *iets deelachtig worden.*

Teilkaskoversicherung ⟨v.⟩ **0.1** ***WA-verzekering met beperkte cascodekking*** ⟨v.e. motorrijtuig⟩.

Teilleistung ⟨v.⟩⟨ec.⟩ **0.1** ***gedeeltelijke betaling*** ⇒*termijn.*

Teillösung ⟨v.⟩ **0.1** ***gedeeltelijke oplossing.***

Teilmenge ⟨v.⟩⟨wisk.⟩ **0.1** ***deelverzameling.***

teilmöbliert 0.1 ***gedeeltelijk gemeubileerd.***

Teilnahme ⟨v.; ~⟩ **0.1** ***deelneming, deelname* 0.2** ***belangstelling*** ⇒*werkelijke interesse* **0.3** ⟨schr.⟩ ***deelneming, medeleven*** ◆ **3.3** seine aufrichtige ~ aussprechen *zijn oprechte deelneming betuigen;* jmds. ~ erwecken *iemands medeleven opwekken.*

teilnahmeberechtigt 0.1 ***gerechtigd tot deelneming, om deel te nemen.***

teilnahmslos 0.1 ***onverschillig, ongeïnteresseerd.***

teilnahmsvoll 0.1 ***belangstellend, vol belangstelling* 0.2** ***vol medeleven, medelevend*** ⇒*meewarig.*

teilnehmen 0.1 ***deelnemen*** ⇒*meedoen* **0.2** ***deelnemen, medeleven*** ⇒*delen* ◆ **6.1 am** Unterricht mit Erfolg ~ *de lessen, colleges, cursus met succes volgen* **6.2 an** jmds. Freude ~ *in iemands vreugde delen.*

Teilnehmer ⟨m.; ~s, ~⟩ **0.1** ***deelnemer* 0.2** ⟨com.⟩ ***abonnee.***

Teilnehmerkreis ⟨m.⟩ **0.1** ***(kring van) deelnemers.***

Teilnehmerzahl ⟨v.⟩ **0.1** ***aantal deelnemers.***

Teilpunkte ⟨alleen mv.⟩⟨wisk.⟩ **0.1** ***deelteken.***

teils 0.1 ***deels, ten dele*** ⇒*gedeeltelijk* ◆ **¶.¶** war es nett da? Teils, ~! *was het daar leuk? Och, het gaat wel!, Matigjes!, Nogal!*

Teilstrecke ⟨v.⟩ **0.1** ***traject* 0.2** ⟨sp.⟩ ***etappe* 0.3** ⟨verk.⟩ ***baanvak*** ⇒*sectie.*

Teilstrich ⟨m.⟩ **0.1** ***maat-, deelstreep.***

Teilstück ⟨o.⟩ **0.1** ***gedeelte, stuk* 0.2** ***onderdeel.***

Teilung ⟨v.; ~, ~en⟩ **0.1** ***deling*** ⟨ook wisk.⟩, ***verdeling*** ⇒*splitsing, scheiding* **0.2** ⟨tech.⟩ ***steek*** ⟨bij tandwiel⟩ ◆ **1.1** ⟨pol.⟩ die ~ der Gewalten *de machtenscheiding.*

Teilungsklage ⟨v.⟩⟨jur.⟩ **0.1** ***eis tot boedelscheiding.***

Teilungsmasse ⟨v.⟩⟨jur.⟩ **0.1** ***boedel, massa.***

Teilungszeichen ⟨o.⟩⟨taal.⟩ **0.1** ***afbrekingsteken.***

teilweise 0.1 ***gedeeltelijk*** ⇒*voor een deel, ten dele.*

Teilzahlung ⟨v.⟩ **0.1** ***termijn*** ⇒*gedeeltelijke betaling* **0.2** ***betaling in termijnen*** ⇒*afbetaling.*

Teilzahlungsbank ⟨v.; mv. ~en⟩ **0.1** ***kredietbank, -instelling.***

Teilzeitbeschäftigung ⟨v.⟩ **0.1** ***deeltijdarbeid, parttimewerk.***

Teilzeitjob ⟨m.⟩ **0.1** ***deeltijdbaan, parttimebaan.***

Teilzeitkraft ⟨v.⟩ **0.1** ***parttimer, parttimemedewerker, deeltijdwerker.***

Teilzeitstelle ⟨v.⟩ **0.1** ***parttimebaan, deeltijdbaan.***

Teint ⟨m.; ~s, ~s⟩ **0.1** ***teint*** ⇒*gelaatskleur* **0.2** ***gelaats-, gezichtshuid.***

T-Eisen ⟨o.⟩ **0.1** ***T-balk.***

Tektonik ⟨v.; ~⟩ **0.1** ⟨bouwk., geol.⟩ ***tektoniek* 0.2** ⟨lit.⟩ ***opbouw*** ⇒*(innerlijke) structuur.*

Tele ⟨o.; ~(s), ~(s)⟩ **0.1** ***teleobjectief, telelens.***

Telebanking ⟨o.; ~s, g.mv.⟩ **0.1** ***telebankieren.***

Telefax ⟨o.; ~⟩ **0.1** ***(tele)fax.***

Telefon ⟨o.; ~s, ~e⟩ **0.1** ***telefoon*** ◆ **6.1** er meldete sich **am** ~ (a) *hij was aan het toestel* (b) *hij nam de telefoon op, aan;* Sie werden **am** ~ verlangt, gewünscht *er is telefoon voor u;* **ans** ~ gehen *de telefoon opnemen;* ⟨inf.⟩ sich **ans** ~ hängen *(op)bellen.*

Telefonanschluß ⟨m.⟩ **0.1** ***telefoonaansluiting.***

Telefonapparat ⟨m.⟩ **0.1** ***telefoontoestel.***

Telefonat ⟨o.; ~(e)s, ~e⟩ **0.1** ***telefoongesprek, telefoontje.***

Telefonbuch ⟨o.⟩ **0.1** ***telefoongids, -boek.***

Telefongebühr ⟨v.⟩ **0.1** ***telefoonkosten* 0.2** ***telefoontarief.***

Telefongespräch ⟨o.⟩ **0.1** ***telefoongesprek*** ⇒*telefoontje.*

Telefonhörer ⟨m.⟩ **0.1** ***telefoonhoorn.***

telefonieren 0.1 ***telefoneren*** ⇒*(op)bellen* ◆ **6.1 nach** einem Arzt ~ *om een dokter bellen.*

telefonisch 0.1 ***telefonisch*** ⇒*per telefoon.*

Telefonistin ⟨v.; ~, ~nen⟩ **0.1** ***telefoniste.***

Telefonkarte ⟨v.⟩ **0.1** ***telefoonkaart.***

Telefonnummer ⟨v.⟩ **0.1** ***telefoonnummer.***

Telefonseelsorge ⟨v.⟩ **0.1** ***telefonische hulpdienst.***

Telefonverzeichnis ⟨o.⟩ **0.1** ***telefoongids, -boek.***

Telefonzelle ⟨v.⟩ **0.1** ***telefooncel.***

telegen 0.1 ***telegeniek.***

Telegraf ⟨m.; ~en, ~en⟩ **0.1** ***telegraaf.***

Telegrafenamt ⟨o.⟩ **0.1** ***telegraafkantoor.***

Telegrafie ⟨v.; ~⟩ **0.1** ***telegrafie.***

telegrafieren 0.1 ***telegraferen*** ⇒*seinen.*

telegrafisch 0.1 ***telegrafisch*** ⇒*per telegraaf.*

Telegrafist ⟨m.; ~en, ~en⟩ **0.1** ***telegrafist.***

Telegramm ⟨o.; ~s, ~e⟩ **0.1** ***telegram*** ◆ **3.1** ein ~ aufgeben *een telegram aanbieden.*

Telegrammformular ⟨o.⟩ **0.1** ***telegramformulier.***
Telegrammgebühr ⟨v.⟩ **0.1** ***telegramkosten.***
Teleheimarbeit ⟨v.⟩ **0.1** ***telewerk*** ◆ **3.1** ~ verrichten *telewerken.*
Telekolleg ⟨o.⟩ **0.1** ***televisiecursus*** ⇒*Teleac-cursus.*
Telekopie ⟨v.⟩ **0.1** ***telekopie.***
Teleobjektiv ⟨o.⟩ **0.1** ***teleobjectief, telelens.***
Telepathie ⟨v.; ~⟩ **0.1** ***telepathie*** ⇒*gedachteoverbrenging.*
Telephon(-) →**Telefon(-).**
Teleshopping ⟨o.; ~s, g.mv.⟩ **0.1** ***teleshoppen, telewinkelen.***
Teleskop ⟨o.; ~s, ~e⟩ **0.1** ***telescoop.***
teleskopisch **0.1** ***telescopisch.***
Teletext ⟨com.⟩ **0.1** ***teletekst.***
Telex ⟨o.; ~, ~(e)⟩ **0.1** ***telex*** **0.2** ***telexnet.***
Teller ⟨m.; ~s, ~⟩ **0.1** ***bord*** **0.2** ***schaal*** ⇒*schijf* **0.3** ***(hand)palm*** **0.4** ***sneeuwkrans*** ⟨aan skistok⟩ **0.5** ⟨inf.⟩ ***draaitafel*** ⟨van pick-up⟩ ◆ **2.1** ein bunter ~ *een gevarieerde schotel.*
Tellereisen ⟨o.⟩⟨jacht⟩ **0.1** ***(voet)klem.***
tellerförmig **0.1** ***bordvormig*** **0.2** ***schaal-, schijfvormig.***
Tellermine ⟨v.⟩⟨mil.⟩ **0.1** ***trapmijn.***
Tellersammlung ⟨v.⟩ **0.1** ***schaalcollecte*** **0.2** ***verzameling kostbare borden.***
Tellerwäscher ⟨m.⟩ **0.1** ***bordenwasser.***
Tempel ⟨m.; ~s, ~⟩ **0.1** ***tempel*** **0.2** ***paviljoen, tempel*** ◆ **6.1** ⟨inf.⟩ jmdn. **zum** ~ hinausjagen, hinauswerfen *iem. eruit gooien.*
Temperamalerei ⟨v.⟩ **0.1** ***temperaschilderij*** **0.2** ⟨g.mv.⟩ ***het schilderen met temperaverf.***
Temperament ⟨o.; ~(e)s, ~e⟩ **0.1** ***temperament.***
temperamentlos **0.1** ***zonder (enig) temperament*** ⇒*zonder pit.*
temperamentvoll **0.1** ***temperamentvol*** ⇒*met veel temperament.*
Temperatur ⟨v.; ~, ~en⟩ **0.1** ***temperatuur*** ⟨ook muz.⟩ **0.2** ⟨med.⟩ ***verhoging*** ⇒*temperatuur* ◆ **3.2** (erhöhte) ~ haben *verhoging hebben.*
Temperaturregler ⟨m.⟩ **0.1** ***temperatuurregelaar, thermostaat.***
Temperaturschwankung ⟨v.⟩ **0.1** ***temperatuurschommeling.***
Temperatursturz ⟨m.⟩ **0.1** ***plotselinge (aanzienlijke) daling v.d. temperatuur.***
Temperguß ⟨m.⟩⟨tech.⟩ **0.1** ***getemperd gietijzer.***
temperieren **0.1** ***op (de gewenste) temperatuur brengen*** **0.2** ⟨schr.⟩ ***temperen*** ⇒*matigen, verzachten* **0.3** ⟨muz.⟩ ***temp(er)eren*** ◆ **1.1** gut temperierte Weine *wijnen op de goede temperatuur.*
Templer ⟨m.; ~s, ~⟩⟨gesch.⟩ **0.1** ***tempelier.***
Templerorden ⟨m.⟩⟨gesch.⟩ **0.1** ***orde v.d. tempeliers.***
Tempo ⟨o.; ~s, ~s; mv. muz. meestal Tempi⟩ **0.1** ***tempo*** ⟨ook muz.⟩ ⇒*snelheid, vaart* ◆ **3.1** ein ~ an-, einschlagen *er een bepaald tempo in zetten;* ein ~ vorlegen *er een tempo inzetten* **5.1** ⟨inf.⟩ und nun ein bißchen ~! *en nu een beetje vlug!* **6.1** **aufs** ~ drücken *het tempo forceren;* **im** ~ zulegen *het tempo verhogen, opvoeren.*
Tempobegrenzer ⟨m.⟩ **0.1** ***snelheidsbegrenzer.***
Tempobegrenzung ⟨v.⟩ →**Tempolimit.**
Tempolimit ⟨o.⟩ **0.1** ***snelheidsbeperking.***
temporal **0.1** ⟨taal.⟩ ***temporeel*** **0.2** ⟨med.⟩ ***temporaal.***
Temporaladverb ⟨o.⟩⟨taal.⟩ **0.1** ***bijwoord van tijd.***
Temporalsatz ⟨m.⟩⟨taal.⟩ **0.1** ***(bijwoordelijke) bijzin van tijd.***
temporär ⟨schr.⟩ **0.1** ***tijdelijk*** ⇒*voorbijgaand.*
Temposünder ⟨m.⟩ **0.1** ***snelheidsovertreder.***
Tempus ⟨o.; ~, Tempora⟩⟨taal.⟩ **0.1** ***tempus, tijd(vorm).***
Tendenz ⟨v.; ~, ~en⟩ **0.1** ***tendens*** ⇒*tendentie, trend, strekking,* ⟨ec.⟩ *stemming* ◆ **6.1** ein Mann **von** liberalen ~en *een man met liberale neigingen.*
tendenziell **0.1** ***qua, in zijn tendens*** ⇒*trendmatig.*
tendenziös **0.1** ***tendentieus.***
Tendenzwende ⟨v.⟩ **0.1** ***kentering*** ⇒*ommezwaai.*
Tender ⟨m.; ~s, ~⟩⟨verk., ook scheep.⟩ **0.1** ***tender.***
tendieren ⟨schr.⟩ **0.1** ***neigen, tenderen*** ⇒*(de) neiging, tendens (ver)tonen* ◆ **5.1** die Aktien tendierten stetig, uneinheitlich *de aandelen waren vast, verdeeld gestemd* **6.1** die Entwicklung tendiert **nach** oben *de ontwikkeling vertoont een opwaartse tendens;* diese Farbe tendiert **zum** Orange *deze kleur zweemt naar (het) oranje.*
Tenne ⟨v.; ~, ~n⟩ **0.1** ***dorsvloer, deel.***
Tennis ⟨o.; ~⟩ **0.1** ***tennis*** ◆ **3.1** ~ spielen *tennissen.*
Tennishalle ⟨v.⟩ **0.1** ***overdekte tennisbaan.***
Tennishemd ⟨o.⟩ **0.1** ***tennisshirt.***
Tennisplatz ⟨v.⟩ **0.1** ***tennisbaan*** ⇒*tennisveld.*
Tennisschläger ⟨m.⟩ **0.1** ***tennisracket.***
Tennisspieler ⟨m.⟩ **0.1** ***tennisser, tennisspeler.***
Tenor[1] ⟨m.; ~s, ~̈e⟩ **0.1** ***tenor*** ⇒*tenorzanger, tenorpartij* **0.2** ***(de) tenoren*** ⟨v.e. koor⟩.
Tenor[2] ⟨m.; ~s⟩ **0.1** ***teneur*** ⇒*inhoud, strekking* **0.2** ⟨jur.⟩ ***uitspraak, beslissend gedeelte v.e. vonnis*** **0.3** ⟨muz.⟩ ***tenor.***
Tenorist ⟨m.; ~en, ~en⟩ **0.1** ***tenor(zanger).***
Tenorpartie ⟨v.⟩ **0.1** ***tenorpartij.***
Tentakel ⟨m. & o.; ~s, ~⟩ **0.1** ***tentakel*** ⇒*vangarm.*
Tentamen ⟨o.; ~s, Tentamina⟩ **0.1** ***tentamen*** **0.2** ⟨med.⟩ ***experiment, proef.***
Teppich ⟨m.; ~s, ~e⟩ **0.1** ***tapijt*** ⇒*vloerkleed* **0.2** ⟨vooral Zdd.⟩ ***(wollen) deken*** ◆ **6.1** ⟨inf.⟩ etwas **unter** den ~ kehren *iets verdoezelen, in de doofpot stoppen* **6.¶** **auf** dem ~ bleiben *realistisch blijven.*
Teppichboden ⟨m.⟩ **0.1** ***vast tapijt, vaste vloerbedekking.***
Teppichbürste ⟨v.⟩ **0.1** ***tapijtschuier.***
Teppichfliese ⟨v.⟩ **0.1** ***tapijttegel.***
Teppichkehrer ⟨m.⟩ **0.1** ***rolveger, -schuier.***
Teppichklopfer ⟨m.⟩ **0.1** ***mattenklopper.***
Teppichstange ⟨v.⟩ **0.1** ***klopstok.***
Teppichwirker ⟨m.⟩ **0.1** ***tapijtwever.***
Termin ⟨m.; ~s, ~e⟩ **0.1** ***tijd(stip)*** ⇒*datum* **0.2** ***afspraak*** **0.3** ***termijn*** **0.4** ⟨jur.⟩ ***(rechts)zitting*** ⇒*zittingsdag* ◆ **3.2** einen ~ (beim Arzt) haben *een afspraak bij de dokter hebben* **3.3** jmdm. einen ~ setzen *iem. een termijn stellen* **3.4** (einen) ~ haben *voor het gerecht moeten verschijnen, (moeten) voorkomen* **6.1** der äußerste ~ **für** die Zahlung *de uiterste datum voor de betaling;* **zu** ~ stehen (a) *voor de deur staan* (b) *tegen een (bepaalde) tijd klaar moeten zijn* **6.4** **zum** ~ erscheinen *op de zitting verschijnen.*
Terminal ⟨m. & o.; ~s, ~s; comp. o.⟩ **0.1** ***terminal.***
Terminangabe ⟨v.⟩ **0.1** ***opgave v.e. tijdstip, datum*** ⇒*tijdschema* **0.2** ***opgave v.e. termijn.***
Termindruck ⟨m.⟩ **0.1** ***tijdnood.***
Termineinlage ⟨v.⟩⟨ec.⟩ **0.1** ***termijndeposito.***
termingebunden **0.1** ***aan een termijn, tijdschema gebonden.***
termin|gemäß, -gerecht **0.1** ***op tijd*** ⇒*binnen de gestelde termijn, volgens afspraak.*
Termingeschäft ⟨o.⟩⟨ec.⟩ **0.1** ***termijntransactie, tijdaffaire*** **0.2** ***termijnhandel.***
terminieren **0.1** ***een termijn bepalen (voor)*** ⇒*aan een termijn, tijdschema binden* **0.2** ***het tijdstip, de datum bepalen, vaststellen*** ◆ **6.1** etwas **auf** 10 Tage ~ *voor iets een termijn van 10 dagen stellen.*

Terminkalender ⟨m.⟩ **0.1** ***agenda.***

Terminkurs ⟨m.⟩⟨ec.⟩ **0.1** ***termijnkoers, -notering.***

Terminologie ⟨v.; ~, ~n⟩ **0.1** ***terminologie.***

Terminplan ⟨m.⟩ **0.1** ***agenda, tijdschema.***

Terminplanung ⟨v.⟩ **0.1** ***tijdsplanning.***

Terminus ⟨m.; ~, Termini⟩ **0.1** ***term*** ⇒*vakterm.*

Termite ⟨v.; ~, ~n⟩ **0.1** ***termiet.***

Terpentin ⟨o.; ~s, ~e⟩ **0.1** ***terpentijn.***

Terrain ⟨o.; ~s, ~s⟩ **0.1** ***terrein*** ⟨ook fig.⟩ ⇒*gebied, stuk grond, perceel* ◆ **3.1** weiteres ~ erobern *nog meer terrein veroveren,* ⟨fig. ook⟩ *veld winnen;* das ~ sondieren ⟨ook fig.⟩ *het terrein verkennen.*

Terrakot|ta, -te ⟨v.; ~, Terrakotten⟩ **0.1** ***terracotta.***

Terrarium ⟨o.; ~s, Terrarien⟩ **0.1** ***terrarium.***

Terrasse ⟨v.; ~, ~n⟩ **0.1** ***terras*** ⟨ook geol.⟩.

Terrassendach ⟨o.⟩ **0.1** ***luifel, afdak over een terras.***

terrassieren **0.1** ***terrasseren, terrasvormig aanleggen.***

Terrier ⟨m.; ~s, ~⟩ **0.1** ***terriër.***

Terrine ⟨v.; ~, ~n⟩ **0.1** ***terrine.***

territorial **0.1** ***territoriaal.***

Territorialgewalt ⟨v.⟩ **0.1** ***territoriale soevereiniteit.***

Territorialgewässer ⟨o.⟩ **0.1** ***territoriaal water.***

Territorialhoheit ⟨v.⟩ →**Territorialgewalt.**

Territorium ⟨o.; ~s, Territorien⟩ **0.1** ***territorium*** ⇒*grondgebied.*

Terror ⟨m.; ~s⟩ **0.1** ***terreur*** **0.2** ***(panische) angst*** ⇒*schrik* **0.3** ⟨inf.⟩ ***heibel, ruzie*** **0.4** ⟨inf.⟩ ***(kouwe) drukte*** ⇒*tamtam.*

Terrorakt ⟨m.⟩ **0.1** ***terreurdaad.***

Terroranschlag ⟨m.⟩ **0.1** ***terreuraanslag, terroristische aanslag.***

Terrorherrschaft ⟨v.⟩ **0.1** ***schrikbewind.***

terrorisieren **0.1** ***terroriseren.***

Terrorismus ⟨m.; ~⟩ **0.1** ***terrorisme.***

Terrorist ⟨m.; ~en, ~en⟩ **0.1** ***terrorist.***

Terrorwelle ⟨v.⟩ **0.1** ***golf van terreur.***

Tertia ⟨v.; ~, Tertien⟩ **0.1** ⟨vero.⟩ ***vierde en vijfde klas v.h. gymnasium*** **0.2** ⟨Oostr.⟩ ***derde klas v.h. gymnasium.***

Tertianer ⟨m.; ~s, ~⟩ **0.1** ⟨leerling v.d. 'Tertia'⟩.

tertiär **0.1** ***tertiair*** **0.2** ⟨pej.⟩ ***derderangs.***

Tertiär ⟨o.; ~s⟩⟨geol.⟩ **0.1** ***Tertiair.***

Terz ⟨v.; ~, ~en⟩⟨muz., rel.⟩ **0.1** ***terts.***

Terzett ⟨o.; ~(e)s, ~e⟩ **0.1** ⟨muz., schr.⟩ ***trio*** ⇒⟨muz.⟩ *terzet* **0.2** ⟨lit.⟩ ***terzet.***

Tesafilm ⟨m.⟩ **0.1** ***plakband*** ⟨merknaam⟩.

Tessin ⟨o.; ~s; steeds met lidw.⟩ **0.1** ***Ticino*** ⟨Zwitsers kanton⟩.

Test ⟨m.; ~(e)s, ~s of ~e⟩ **0.1** ***test*** ⇒*toets, proef.*

Testament ⟨o.; ~(e)s, ~e⟩ **0.1** ***testament*** ⟨ook rel.; fig.⟩ ⇒*uiterste wil(sbeschikking)* ◆ **3.1** ⟨jur.⟩ ein ~ errichten *een testament verlijden, maken.*

testamentarisch **0.1** ***testamentair*** ⇒*bij testament.*

Testamentseröffnung ⟨v.⟩⟨jur.⟩ **0.1** ***opening v.h. testament.***

Testamentsvollstrecker ⟨m.⟩ **0.1** ***executeur-testamentair.***

Testat ⟨o.; ~(e)s, ~e⟩ **0.1** ***testimonium*** ⇒*getuigschrift, attest.*

Testator ⟨m.; ~s, Testatoren⟩⟨jur.⟩ **0.1** ***testateur*** ⇒*erflater.*

Testbild ⟨o.⟩ **0.1** ***testbeeld.***

testen **0.1** ***testen*** ⇒*toetsen.*

Testfahrer ⟨m.⟩ **0.1** ***testrijder.***

Testfahrt ⟨v.⟩ **0.1** ***proefrit.***

Testfall ⟨m.⟩ **0.1** ***testcase.***

testieren **0.1** ⟨schr.⟩ ***attesteren*** ⇒*schriftelijk bevestigen, een attest geven (voor)* **0.2** ⟨jur.⟩ ***testeren, een testament maken.***

Testierer ⟨m.; ~s, ~⟩⟨jur.⟩ **0.1** ***testateur*** ⇒*erflater.*

Testreihe ⟨v.⟩ **0.1** ***serie, reeks tests.***

Testserie ⟨v.⟩ **0.1** ***serie, reeks tests*** **0.2** ***reeks, serie van geteste, te testen producten.***

Testspiel ⟨o.⟩⟨sp.⟩ **0.1** ***testmatch, testwedstrijd.***

Teststopp ⟨m.⟩ **0.1** ***stopzetting van (atoom)proeven.***

Teststrecke ⟨v.⟩ **0.1** ***testbaan.***

Testverfahren ⟨o.⟩ **0.1** ***testmethode*** ⇒*toetsmethode.*

Tetanus ⟨m.; ~⟩⟨med.⟩ **0.1** ***tetanus*** ⇒*(wond)klem.*

Tetraeder ⟨o.; ~s, ~⟩⟨wisk.⟩ **0.1** ***tetraëder, viervlak.***

Tetragon ⟨o.; ~s, ~e⟩⟨wisk.⟩ **0.1** ***vierhoek.***

teuer **0.1** ***duur*** ⇒*kostbaar* **0.2** ⟨schr.⟩ ***dierbaar*** ⇒*lief* ◆ **1.1** zu teuren Preisen *tegen hoge prijzen;* ⟨fig.⟩ ein teurer Sieg, ein ~ erkämpfter, erkaufter Sieg *een duur betaalde overwinning* **3.1** ⟨fig.⟩ jmdn., ⟨ook⟩ jmdm. ~ zu stehen kommen *iem. duur te staan komen;* für etwas ~ zu zahlen haben *iets duur moeten betalen* **4.2** ⟨meestal scherts.⟩ meine Teure, Teuerste *mijn beste, lieve.*

Teuerung ⟨v.; ~, ~en⟩ **0.1** ***duurte*** ⇒*prijsstijging(en).*

Teuerungsrate ⟨v.⟩ **0.1** ***indexcijfer.***

Teuerungswelle ⟨v.⟩ **0.1** ***duurtegolf.***

Teuerungszulage ⟨v.⟩ **0.1** ***duurtetoeslag.***

Teufel ⟨m.; ~s, ~⟩ **0.1** ***duivel*** ⇒*drommel* ◆ **1.1** jmdn. in ~s Küche bringen *iem. in een lastig parket brengen* **2.1** armer ~! *arme drommel, stakker(d)!* **3.1** da hat der ~ seine Hand im Spiel *het is of de duivel ermee speelt;* der ~ soll dich holen! *de duivel hale je!;* sich ⟨3e nv.⟩ den ~ auf den Hals laden *zichzelf in de moeilijkheden, nesten werken;* da ist der ~ los *het gaat (er) daar woest aan toe;* den ~ an die Wand malen *het noodlot uitdagen;* jmdn. reitet der ~ *iem. is van de duivel bezeten;* des ~s sein *helemaal gek zijn;* der ~ steckt im Detail *het venijn zit in de details;* ⟨inf.⟩ ich werde den ~ tun! *dat doe ik om de dooie dood niet!;* das weiß der ~ *dat mag Joost weten* **4.1** kein ~ *geen kip, hond* **6.1** **auf** ~ komm raus *maar raak, tegen de klippen op;* er hat den ~ **im** Leib *hij is van de duivel bezeten;* **zum** ~! *verdorie!;* **zum** ~ mit dir! *loop naar de pomp!;* eine Sache geht **zum** ~ *iets gaat eraan, om zeep;* jmdn. **zum** ~ jagen, schicken *iem. naar de duivel, hel laten lopen;* sich **zum** ~ scheren *naar de duivel lopen;* **zum** ~ sein *naar de bliksem, maan, om zeep zijn* **7.1** sich den ~ um etwas kümmern *zich geen lor, bal van iets aantrekken* **8.1** ~ noch mal! *verdorie (nog aan toe)!;* ⟨inf.⟩ etwas fürchten, scheuen wie der ~ das Weihwasser *als de dood voor iets zijn;* hinter einer Sache hersein wie der ~ hinter der armen Seele *bij iets (steeds) als de kippen bij zijn;* er fährt wie der ~ *hij rijdt als een gek;* wie der ~ ⟨ook⟩ *als een duivel uit een doosje* **9.1** pfui ~! *bah!, jakkes!*

Teufelei ⟨v.; ~, ~en⟩ **0.1** ***duivelse streek*** ⇒*duivelse praktijk* **0.2** ***duivelse boosaardigheid.***

Teufelin ⟨v.; ~, ~nen⟩ **0.1** ***duivelin, helleveeg, feeks*** **0.2** ⟨inf.⟩ ***felle vrouw*** ⇒*fel stuk.*

Teufelsbraten ⟨m.⟩⟨inf.⟩ **0.1** ⟨scherts.⟩ ***kraan (v.e. vent), crack*** **0.2** ⟨pej.⟩ ***galgenbrok, galgenaas.***

Teufelsbrut ⟨v.⟩ **0.1** ***duivels, hels gespuis.***

Teufelskerl ⟨m.⟩⟨inf.⟩ **0.1** ***drommelse, dekselse kerel*** ⇒*kraan.*

Teufelskreis ⟨m.⟩ **0.1** ***vicieuze cirkel*** ◆ **6.1** **aus** einem ~ ausbrechen *een vicieuze cirkel doorbreken.*

Teufelskunst ⟨v.⟩ **0.1** ***duivelskunstenarij, zwarte kunst.***

Teufelsweib ⟨o.⟩⟨inf.⟩ →**Teufelin.**

Teufelswerk ⟨o.⟩⟨vero.⟩ **0.1** ***werk v.d. duivel, duivelswerk.***

Teufelszeug ⟨o.⟩⟨inf.⟩ **0.1** ***duivels, hels spul*** ⇒*hels tuig.*

teufen ⟨mijnw.⟩ **0.1** ***uitdiopen*** ⇒*(uit)graven.*

teuflisch 0.1 ***duivels*** ⇒*duivelachtig, diabolisch* **0.2** ⟨inf.⟩ ***duivels, verduiveld*** ⇒*deksels, verdraaid.*

Teutone ⟨m.; ~n, ~n⟩⟨pej.; ook scherts.⟩ **0.1** ***Teutoon*** ⇒ ⟨pej.⟩ *mof.*

teutonisch ⟨pej.; ook scherts.⟩ **0.1** ***Teutoons.***

Text ⟨m.; ~(e)s, ~e⟩ **0.1** ***tekst*** ◆ **6.1** ⟨inf.⟩ jmdn. **aus** dem ~ bringen *iem. van zijn apropos, stuk brengen;* ⟨inf.⟩ **aus** dem ~ kommen *van slag, van de wijs raken;* ⟨inf.⟩ weiter **im** ~! *ga door, verder!*

Textautomat ⟨m.⟩ **0.1** ***tekstverwerker.***

Textbaustein ⟨m.⟩ **0.1** ***tekstbouwsteen.***

Textbuch ⟨o.⟩ **0.1** ***tekstboekje.***

Textdichter ⟨m.⟩ **0.1** ***tekstschrijver*** ⇒*tekstdichter.*

texten 0.1 ***reclameteksten schrijven*** **0.2** ***liedjesteksten schrijven.***

Texter ⟨m.; ~s, ~⟩ **0.1** ***tekstschrijver.***

textilfrei ⟨inf.; scherts.⟩ **0.1** ***naakt*** ◆ **1.1** ein ~er Strand *een naaktstrand.*

Textilien ⟨alleen mv.⟩ **0.1** ***textiel.***

Textilwaren ⟨alleen mv.⟩ **0.1** ***textiel(waren).***

textlich 0.1 ***tekstueel, mbt. de tekst*** ⇒*tekst-.*

Textprogramm ⟨o.⟩⟨comp.⟩ **0.1** ***tekstprogramma.***

Textstelle ⟨v.⟩ **0.1** ***plaats, passage in de tekst.***

Textteil ⟨m.⟩ **0.1** ***tekstgedeelte.***

Textur ⟨v.; ~, ~en⟩ **0.1** ⟨geol., schei., tech.⟩ ***textuur*** **0.2** ⟨schr.⟩ ***structuur, opbouw.***

Textverarbeitung ⟨v.⟩ **0.1** ***tekstverwerking.***

Textverständnis ⟨o.⟩ **0.1** ***tekstbegrip.***

Tezett ⟨o.⟩⟨inf.⟩ ◆ **6.¶** bis **zum** ~, bis **ins** (letzte) ~ (a) *tot in de kleinste details* (b) *door en door, tot in de puntjes.*

T-förmig 0.1 ***T-vormig.***

TH ⟨v.; ~, ~(s)⟩⟨afk.⟩ [Technische Hochschule].

Theater ⟨o.; ~s, ~⟩ **0.1** ***theater*** ⇒*schouwburg, toneel,* ⟨fig. vooral⟩ *komedie* **0.2** ⟨inf.; pej.⟩ ***(kouwe) drukte, gedoe*** ⇒ *gedonder, herrie, theater* ◆ **2.1** das Städtische ~ *de stadsschouwburg* **3.1** ⟨inf.; fig.⟩ jmdm. ~ vormachen *komedie spelen tegenover iem.* **3.2** das wird bestimmt ~ geben! *daar komt beslist herrie, gedonder van!;* mach kein ~! *stel je niet zo aan!* **5.2** alles nur ~ (a) *allemaal (maar) komedie!* (b) *niks dan aanstellerij!* **6.1** demnächst **in** diesem ~ (a) *binnenkort op dit scherm, in dit theater* (b) ⟨inf.; fig.⟩ *binnenkort;* **zum** ~ gehen *bij het toneel gaan* **6.2** Schluß **mit** dem ~! *hou op met dat gedonder!;* ein furchtbares ~ **wegen** einer Sache aufführen *een drukte van belang om iets maken.*

Theateragent ⟨m.⟩ **0.1** ***impresario.***

Theateraufführung ⟨v.⟩ **0.1** ***toneelvoorstelling, -opvoering.***

Theaterdichter ⟨m.⟩ **0.1** ***toneelschrijver.***

Theaterkasse ⟨v.⟩ **0.1** ***kassa v.d. schouwburg.***

Theaterkritiker ⟨m.⟩ **0.1** ***toneelcriticus, -recensent.***

Theaterprobe ⟨v.⟩ **0.1** ***toneelrepetitie.***

Theaterschule ⟨v.⟩ **0.1** ***toneelschool, academie voor dramatische kunst.***

Theaterstück ⟨o.⟩ **0.1** ***toneel-, theaterstuk.***

Theatervorstellung ⟨v.⟩ **0.1** ***toneel-, theatervoorstelling.***

theatralisch 0.1 ***theatraal.***

Theismus ⟨m.; ~⟩⟨fil., rel.⟩ **0.1** ***theïsme.***

Theist ⟨m.; ~en, ~en⟩ **0.1** ***theïst.***

Theke ⟨v.; ~, ~n⟩ **0.1** ***tapkast, buffet, bar*** **0.2** ***toonbank*** ◆ **6.2** ⟨fig.⟩ **unter** der ~ verkaufen *(van) onder de toonbank verkopen.*

Thema ⟨o.; ~s, Themen; mv. vero. ook Themata⟩ **0.1** ***thema*** ⟨ook muz.⟩ ⇒*onderwerp* ◆ **3.1** ein ~ aufgreifen (a) *een thema aan de orde stellen* (b) *nader op een thema ingaan;* lassen wir das ~! *laton we dat thema (maar) rusten!* **6.1** das ist **für** mich kein ~ (a) *dat is voor mij geen punt* (b) *dat staat voor mij niet ter discussie.*

Thematik ⟨v.; ~, ~en⟩ **0.1** ***thematiek*** ⟨ook muz.⟩.

thematisch 0.1 ***thematisch*** ⟨ook muz., taal.⟩ ⇒*qua onderwerp, thema.*

Themenbereich ⟨m.⟩ **0.1** ***thematiek*** ⇒*gebied, veld.*

Themenkatalog ⟨m.⟩ **0.1** ***(was)lijst van thema's, reeks van onderwerpen.***

Themen|komplex, -kreis ⟨m.⟩ **0.1** ***thematiek, complex van thema's.***

Themenstellung ⟨v.⟩ **0.1** ***vraag-, probleemstelling.***

Themse ⟨v.; ~⟩ **0.1** *Theems* ⟨rivier⟩.

Theokratie ⟨v.; ~, ~n⟩ **0.1** ***theocratie.***

Theologe ⟨m.; ~n, ~n⟩ **0.1** ***theoloog.***

Theologie ⟨v.; ~, ~n⟩ **0.1** ***theologie, godgeleerdheid.***

theologisch 0.1 ***theologisch.***

Theorem ⟨o.; ~s, ~e⟩ **0.1** ***theorema*** ⇒*leerstelling.*

Theoretiker ⟨m.; ~s, ~⟩ **0.1** ***theoreticus.***

theoretisch 0.1 ***theoretisch*** ⇒⟨bw.⟩ *in theorie.*

theoretisieren 0.1 ***theoretiseren.***

Theorie ⟨v.; ~, ~n⟩ **0.1** ***theorie*** ◆ **2.1** ⟨schr.⟩ graue ~ *droge theorie.*

Therapeut ⟨m.; ~en, ~en⟩ **0.1** ***therapeut.***

Therapeutik ⟨v.; ~⟩ **0.1** ***therapeutiek, leer der therapie.***

therapeutisch 0.1 ***therapeutisch.***

Therapie ⟨v.; ~, ~n⟩ **0.1** ***therapie*** ◆ **6.1** bei jmdm. **in** ~ sein *bij iem. in therapie, (therapeutische) behandeling zijn.*

Thermalbad ⟨o.⟩ **0.1** ***bad in water uit een warme bron*** ⇒ *warmwaterbad* **0.2** ***badplaats met warme bronnen.***

Thermalquelle ⟨v.⟩ **0.1** ***warmwaterbron, warme bron, thermen.***

Therme ⟨v.; ~, ~n⟩ **0.1** ***thermen*** ⟨ook gesch.⟩ ⇒*warmwaterbron.*

Thermik ⟨v.; ~⟩⟨meteo.⟩ **0.1** ***thermiek.***

thermisch 0.1 ***thermisch.***

Thermodynamik ⟨v.; ~⟩ **0.1** ***thermodynamica.***

Thermometer ⟨o.⟩ **0.1** ***thermometer.***

thermonuklear ⟨nat.⟩ **0.1** ***thermonucleair.***

Thermosflasche ⟨v.⟩ **0.1** ***thermosfles.***

Thermostat ⟨m.; ~(e)s of ~en, ~e(n)⟩ **0.1** ***thermostaat.***

thesaurieren ⟨ec.⟩ **0.1** ***verzamelen, oppotten.***

Thesaurus ⟨m.; ~, Thesauren of Thesauri⟩ **0.1** ***thesaurus*** ⟨ook gesch.⟩ **0.2** ***woordenlijst, woordenschat (op een vakgebied).***

These ⟨v.; ~, ~n⟩ **0.1** ***stelling*** ⇒*these, thesis* ◆ **3.1** eine ~ aufstellen *een stelling poneren.*

Thesis ⟨v.; ~, Thesen⟩⟨lit., muz.⟩ **0.1** ***thesis.***

Thessalonicherbriefe ⟨alleen mv.⟩⟨rel.⟩ **0.1** ***brieven (van Paulus) aan de Thessalonicenzen.***

Thing ⟨o.; ~(e)s, ~e⟩⟨gesch.⟩ **0.1** ***thing*** ⇒*lands-, volksvergadering.*

Thingplatz ⟨m.⟩⟨gesch.⟩ **0.1** ***plaats v.h. thing.***

Thomasmehl ⟨o.⟩⟨tech.⟩ **0.1** ***thomasslakkenmeel.***

Thora ⟨v.; ~⟩⟨rel.⟩ **0.1** ***thora.***

Thorax ⟨m.; ~(es), ~e⟩⟨med.⟩ **0.1** ***thorax*** ⟨ook biol.⟩ ⇒*borstkas.*

Thrakien ⟨o.; ~s⟩ **0.1** ***Thracië.***

Thriller ⟨m.; ~s, ~⟩ **0.1** ***thriller.***

Thrombose ⟨v.; ~, ~n⟩⟨med.⟩ **0.1** ***trombose.***

Thron ⟨m.; ~(e)s, ~e⟩ **0.1** ***troon*** **0.2** ⟨inf.; scherts.⟩ ***po, kamerpot*** **0.3** ⟨inf.; scherts.⟩ ***wc, plee*** ◆ **3.1** ⟨inf.; fig.⟩ sein ~ wackelt *zijn troon wankelt* **6.1** ⟨fig.⟩ jmdn. **auf** den ~ heben *iem. hoog aanslaan, iem. opvijzelen.*

Thronanwärter ⟨m.⟩ **0.1** ***kroon-, troonpretendent*** **0.2** ***troonopvolger.***
Thronbesteigung ⟨v.⟩ **0.1** ***troonsbestijging.***
thronen **0.1** ***tronen*** ⇒*zetelen.*
Thronentsagung ⟨v.⟩ **0.1** ***troonsafstand.***
Thronerbe ⟨m.⟩ **0.1** ***troonopvolger.***
Thronfolge ⟨v.⟩ **0.1** ***troonopvolging.***
Thronfolger ⟨m.⟩ **0.1** ***troonopvolger.***
Thronrede ⟨v.⟩ **0.1** ***troonrede.***
Thronverzicht ⟨m.⟩ **0.1** ***troonsafstand.***
Thronwechsel ⟨m.⟩ **0.1** ***troonswisseling, troonopvolging.***
Thuja ⟨v.; ~, Thujen⟩⟨plantk.⟩ **0.1** ***thuja, levensboom.***
Thunfisch ⟨m.⟩ **0.1** ***tonijn.***
Thymian ⟨m.; ~s, ~e⟩ **0.1** ***tijm.***
Thymusdrüse ⟨v.⟩ **0.1** ***thymus(klier), zwezerik.***
Tiara ⟨v.; ~, Tiaren⟩ **0.1** ***tiara.***
Tibeter, Tibetaner ⟨m.; ~s, ~⟩ **0.1** ***Tibetaan.***
Tic ⟨m.; ~s, ~s⟩⟨vooral med.⟩ **0.1** ***tic, zenuwtrekje.***
Tick ⟨m.; ~(e)s, ~s⟩ **0.1** ***tic, aanwensel*** **0.2** ***tic, zenuwtrekje*** **0.3** ⟨inf.⟩ ***tik(je), tikkeltje.***
ticken **0.1** ***tikken*** **0.2** ⟨inf.⟩ ***snappen, begrijpen*** ◆ **¶.¶** nicht ganz richtig ~ *niet goed bij zijn hoofd zijn.*
Ticker ⟨m.; ~s, ~⟩⟨jargon⟩ **0.1** ***tikker*** ⇒*telex.*
tickern ⟨jargon⟩ **0.1** ***tikken*** ⇒*seinen, ratelen.*
Ticket ⟨o.; ~s, ~s⟩ **0.1** ***ticket*** ⇒*kaartje.*
Ticktack[1] ⟨v.; ~, ~s⟩⟨kind.⟩ **0.1** ***tiktak*** ⟨uurwerk⟩.
Ticktack[2] ⟨o.; ~s⟩ **0.1** ***getik(tak)*** ⇒*het tiktakken.*
Tide ⟨v.; ~, ~n⟩⟨Ndd., vooral scheep.⟩ **0.1** ***getijde, tij.***
Tide(n)hub ⟨m.⟩ **0.1** ***getijverschil.***
Tidenkalender ⟨m.⟩ **0.1** ***getijtafel.***
tief **0.1** ***diep*** ⟨ook fig.⟩ ⇒*laag* **0.2** ***laag*** ◆ **1.1** ein ~es Schwarz *een diepzwarte kleur;* eine ~e Stimme *een lage, diepe stem;* im ~en Winter *midden in de winter;* im ~sten Winter *hartje winter* **1.2** eine Etage ~er *één verdieping lager* **3.2** die Sonne stand schon ~ *de zon stond al laag;* ⟨fig.⟩ er steht ~ unter ihm *hij staat ver beneden hem* **5.1** ~ unten (im Tal) *ver, helemaal beneden (in het dal)* **6.1** bis ~ **in** den Herbst (hinein) *tot ver in de herfst.* →**Wasser.**
Tief ⟨o.; ~s, ~s⟩ **0.1** ⟨meteo.⟩ ***depressie, lagedrukgebied*** **0.2** ⟨fig.⟩ ***dieptepunt*** ⇒*depressie, malaise, dip* **0.3** ⟨scheep.⟩ ***diep, vaargeul*** ◆ **2.2** ein seelisches ~ *een depressieve stemming.*
Tiefausläufer ⟨m.⟩⟨meteo.⟩ **0.1** ***uitloper v.e. depressie.***
Tiefbau ⟨m.; mv. ~e of ~ten⟩ **0.1** ***het bouwen op of onder de grond*** ⇒*weg- en waterbouw, wegenbouw, tunnelbouw, riolering* **0.2** ⟨mv. ~ten; vaktaal⟩ ***kunstwerk op of onder de grond*** **0.3** ⟨mijnw.⟩ ***diepbouw*** **0.4** ⟨mv. ~e; mijnw.⟩ ***mijn, groeve.***
Tiefbauamt ⟨o.⟩ **0.1** ***afdeling openbare, publieke werken.***
Tiefbauingenieur ⟨m.⟩ **0.1** ***civiel-ingenieur.***
tiefbetrübt **0.1** ***diepbedroefd.***
Tiefblick ⟨m.⟩ **0.1** ***diepe blik*** **0.2** ⟨fig.⟩ ***diep inzicht.***
Tiefdecker ⟨m.; ~s, ~⟩ **0.1** ***laagdekker*** ⟨vliegtuig⟩.
tiefdringend **0.1** ***doordringend*** ⇒*diepgaand.*
Tiefdruck ⟨m.; mv. ~e⟩⟨boek.⟩ **0.1** ***diep(te)druk.***
Tiefdruckgebiet ⟨o.⟩⟨meteo.⟩ **0.1** ***depressie, lagedrukgebied.***
Tiefe ⟨v.; ~, ~n⟩ **0.1** ***diepte*** ⟨ook fig.⟩ **0.2** ***laagte, diepte*** **0.3** ⟨fig.⟩ ***diepgang, diepte*** ◆ **6.1** **aus** der ~ des Saales *van achter uit de zaal;* **in** der ~ seines Herzens *in het diepste van zijn hart* **6.3** Gefühle **von** großer ~ *erg diepe gevoelens.*
Tiefebene ⟨v.⟩ **0.1** ***laagvlakte.***
tiefempfunden **0.1** ***diepgevoeld*** ⇒*innig.*
Tiefenpsychologie ⟨v.⟩ **0.1** ***dieptepsychologie.***
Tiefenruder ⟨o.⟩ **0.1** ***duikroer*** ⟨van duikboot⟩.
Tiefenschärfe ⟨v.⟩⟨foto.⟩ **0.1** ***scherptediepte.***
Tiefenwirkung ⟨v.⟩ **0.1** ***dieptewerking.***
tiefernst **0.1** ***diep, zeer ernstig*** ⇒*in diepe ernst.*
tieferschüttert **0.1** ***diepgeschokt.***
Tiefflieger ⟨m.⟩ **0.1** ***laagvliegend vliegtuig, laagvlieger.***
Tiefflug ⟨m.⟩ **0.1** ***scheervlucht.***
Tiefgang ⟨m.⟩ **0.1** ***diepgang*** ⟨ook fig.⟩.
Tiefgarage ⟨v.⟩ **0.1** ***ondergrondse parkeergarage.***
tiefgefrieren **0.1** ***diepvriezen*** ◆ **1.1** tiefgefrorenes Gemüse *diepvriesgroente.*
tiefgehend **0.1** ***diepgaand.***
tiefgekühlt **0.1** ***diepvries-, diepgevroren*** ⇒*uit de diepvries* ◆ **¶.1** Tiefgekühltes *diepvriesproducten.*
Tiefgeschoß ⟨o.⟩ **0.1** ***souterrain.***
tiefgreifend **0.1** ***diepgaand, ingrijpend*** ⇒*grondig.*
tiefgründig **0.1** ***diepgaand*** ⇒*diepzinnig.*
tiefkühlen **0.1** ***diepvriezen*** ⇒*invriezen.*
Tiefkühlfach ⟨o.⟩ **0.1** ***vriesvak.***
Tiefkühlkost ⟨v.⟩ **0.1** ***diepvries(producten).***
Tiefkühltruhe ⟨v.⟩ **0.1** ***diepvrieskist, diepvriezer.***
Tiefkühlung ⟨v.⟩ **0.1** ***het diepvriezen*** ⇒*diepvries(methode).*
Tief|lader, -ladewagen ⟨m.⟩ **0.1** ***dieplader.***
Tiefland ⟨o.⟩ **0.1** ***laagland.***
tiefliegend **0.1** ***laag(gelegen)*** **0.2** ***diepgelegen, diepliggend.***
Tiefpunkt ⟨m.⟩⟨fig.⟩ **0.1** ***dieptepunt.***
Tiefschlag ⟨m.⟩⟨sp.; ook fig.⟩ **0.1** ***slag, stoot onder de gordel.***
tiefschürfend **0.1** ***diepgaand*** ⇒*grondig, diepgravend.*
tiefschwarz **0.1** ***diep-, inzwart.***
Tiefsee ⟨v.⟩ **0.1** ***diepzee.***
Tiefsinn ⟨m.⟩ **0.1** ***diepzinnigheid*** ⇒*diepere zin* **0.2** ***zwaarmoedigheid*** ⇒*melancholie.*
tiefsinnig **0.1** ***diepzinnig*** **0.2** ***zwaarmoedig*** ⇒*melancholiek.*
Tiefstand ⟨m.⟩ **0.1** ***lage stand*** ⇒*laagste stand, peil* **0.2** ⟨fig.⟩ ***dieptepunt.***
Tiefstapelei ⟨v.; ~, ~en⟩ **0.1** ***understatement.***
tiefstapeln **0.1** ***in understatements spreken*** ⇒*zich te zwak, bescheiden uitdrukken.*
Tiefstapler ⟨m.⟩ **0.1** ***iem. die in understatements spreekt*** ⇒*al te bescheiden persoon.*
Tiefstart ⟨m.⟩⟨sp.⟩ **0.1** ***geknielde start.***
Tiefstpreis ⟨m.⟩ **0.1** ***(aller)laagste prijs.***
Tiefstrahler ⟨m.⟩ **0.1** ***schijnwerper met omlaag gericht licht.***
Tiefsttemperatur ⟨v.⟩ **0.1** ***minimumtemperatuur.***
Tiefstwert ⟨m.⟩ **0.1** ***laagste waarde*** ⇒*minimum.*
tieftauchen ⟨sp.⟩ **0.1** ***diepzeeduiken.***
tieftraurig **0.1** ***diepbedroefd*** **0.2** ***intriest, intreurig.***
Tiegel ⟨m.; ~s, ~⟩ **0.1** ***(smelt)kroes.***
Tier ⟨o.; ~(e)s, ~e⟩ **0.1** ***dier*** ⇒⟨fig. vooral⟩ *beest* ◆ **2.1** ⟨inf.; fig.⟩ ein großes, hohes ~ *een hoge piet, ome* **2.¶** ⟨inf.⟩ ein gutes ~ *een goede, brave ziel.*
Tierart ⟨v.⟩ **0.1** ***diersoort.***
Tierarzt ⟨m.⟩ **0.1** ***dierenarts.***
tierärztlich **0.1** ***diergeneeskundig*** ⇒*veterinair.*
Tierasyl ⟨o.⟩ **0.1** ***dierenasiel.***
Tierbändiger ⟨m.⟩ **0.1** ***dierentemmer, dompteur.***
Tierchen ⟨o.; ~s, ~⟩ **0.1** ***diertje, beestje.***
Tierepos ⟨o.⟩ **0.1** ***dierenepos.***
Tierfabel ⟨v.⟩ **0.1** ***dierenfabel.***
Tierfreund ⟨m.⟩ **0.1** ***dierenvriend.***
Tiergarten ⟨m.⟩ **0.1** ***dierentuin.***

Tiergattung ⟨v.⟩ **0.1** ***diersoort.***
Tiergehege ⟨o.⟩ **0.1** ***dierenverblijf*** ⇒*dierenpaviljoen.*
Tiergeschichte ⟨v.⟩ **0.1** ***dierenverhaal.***
tierhaft **0.1** ***dierlijk*** ⟨ook fig.⟩.
Tierhalter ⟨m.⟩ **0.1** ***dierenbezitter.***
Tierhaltung ⟨v.⟩ **0.1** ***het houden van dieren.***
Tierhandlung ⟨v.⟩ **0.1** ***dierenhandel, -zaak.***
Tierheilkunde ⟨v.⟩ **0.1** ***diergeneeskunde.***
Tierheim ⟨o.⟩ **0.1** ***dierenpension*** **0.2** ***dierenasiel.***
tierisch **0.1** ***dierlijk*** **0.2** ⟨fig.⟩ ***beestachtig*** ⇒*dierlijk* ◆ **1.1** ~e Schädlinge *schadelijke dieren,* ⟨ook⟩ *ongedierte* **5.2** ⟨inf.⟩ ~ viel *ontzettend (veel)* **5.**¶ ~ ernst *bloedserieus.*
Tierkreis ⟨m.⟩⟨astrol., ster.⟩ **0.1** ***dierenriem, zodiak.***
Tierkreiszeichen ⟨o.⟩⟨astrol., ster.⟩ **0.1** ***teken v.d. dierenriem.***
Tierkult ⟨m.⟩ **0.1** ***dierenverering.***
Tierkunde ⟨v.⟩ **0.1** ***dierkunde.***
tierlieb **0.1** ***goed voor dieren, van dieren houdend.***
Tierliebe ⟨v.⟩ **0.1** ***dierenliefde.***
Tierpark ⟨m.⟩ **0.1** ***dierenpark.***
Tierpfleger ⟨m.⟩ **0.1** ***dierenverzorger*** ⇒*oppasser.*
Tierquäler ⟨m.⟩ **0.1** ***dierenbeul.***
Tierquälerei ⟨v.⟩ **0.1** ***dierenmishandeling.***
Tierreich ⟨o.⟩ **0.1** ***dierenrijk.***
Tierschau ⟨v.⟩ **0.1** ***dierententoonstelling*** **0.2** ***menagerie.***
Tierschutz ⟨m.⟩ **0.1** ***dierenbescherming.***
Tierschutzverein ⟨m.⟩ **0.1** ***vereniging voor dierenbescherming.***
Tierversuch ⟨m.⟩ **0.1** ***dierproef, -experiment.***
Tierwelt ⟨v.⟩ **0.1** ***dierenwereld.***
Tierzucht ⟨v.⟩ **0.1** ***dierenfokkerij.***
Tiger ⟨m.; ~s, ~⟩ **0.1** ***tijger.***
Tigerfärbung ⟨v.⟩ **0.1** ***getijgerde tekening*** ⇒*getijgerde spikkeling.*
Tigerkatze ⟨v.⟩ **0.1** ***tijgerkat.***
Tigerlilie ⟨v.⟩ **0.1** ***tijgerlelie.***
tigern **0.1** ***tijgeren*** ⇒*spikkelen* **0.2** ⟨inf.⟩ ***tippelen, lopen*** ⇒ *marcheren.*
Tilde ⟨v.; ~, ~n⟩⟨boek., taal.⟩ **0.1** ***tilde.***
tilgbar **0.1** ***aflosbaar*** ⇒*amortiseerbaar.*
tilgen **0.1** ⟨ec.⟩ ***delgen*** ⇒*af-, inlossen, amortiseren* **0.2** ⟨schr.⟩ ***tenietdoen*** ⇒*(uit)wissen, schrappen, verwijderen.*
Tilgungsanleihe ⟨v.⟩⟨ec.⟩ **0.1** ***amortisatielening.***
Tilgungs|rate, -summe ⟨v.⟩ **0.1** ***aflossingstermijn*** ⇒*aflossingsbedrag.*
Timbre ⟨o.; ~s, ~s⟩⟨vooral muz.⟩ **0.1** ***timbre.***
timid(e) **0.1** ***timide*** ⇒*beschroomd, schuchter.*
tingeln **0.1** ***(her en der) optreden*** ⇒*schnabbelen.*
Tingeltangel ⟨m. & o.; ~s, ~⟩ **0.1** ***tingeltangel, café-chantant*** **0.2** ***getingel(tangel).***
Tinktur ⟨v.; ~, ~en⟩ **0.1** ***tinctuur*** ⇒*aftreksel.*
Tinnef ⟨m.; ~s⟩⟨inf.⟩ **0.1** ***tinnef, rommel*** **0.2** ***onzin, larie.***
Tinte ⟨v.; ~, ~n⟩ **0.1** ***inkt*** **0.2** ⟨schr.⟩ ***tint*** ◆ **3.1** ⟨fig.⟩ über diese Sache ist schon viel ~ verschwendet, verspritzt worden *over die zaak is al heel wat (af-, vol)geschreven* **6.**¶ ⟨inf.⟩ **in** die ~ geraten *in de knel geraken;* ⟨inf.⟩ (schön) **in** der ~ sitzen *(flink) in de penarie, knoei zitten* **8.1** ⟨inf.⟩ klar wie dicke ~ *klaar als een klontje.*
Tintenfaß ⟨o.⟩ **0.1** ***inktpot.***
Tintenfisch ⟨m.⟩ **0.1** ***inktvis.***
Tintenfleck ⟨m.⟩ **0.1** ***inktvlek*** ⇒*klad.*
Tintengummi ⟨m.⟩ **0.1** ***inktgum(mi), -gom.***
Tintenklecks ⟨m.⟩ **0.1** ***inktvlek.***
Tintenkleckser ⟨m.⟩⟨inf.⟩ **0.1** ***scribent.***
Tintenkuli ⟨m.⟩ **0.1** ***ballpoint, balpen met inktpatroon.***
Tintenlöscher ⟨m.⟩ **0.1** ***vloeiblok, -schommel*** **0.2** ***inktwisser*** ⟨stift⟩.
Tintenpilz ⟨m.⟩⟨plantk.⟩ **0.1** ***inktzwam.***
Tintenstift ⟨m.⟩ **0.1** ***inktpotlood.***
tintig **0.1** ***inktachtig*** ⇒*inktkleurig* **0.2** ***vol inkt.***
Tip ⟨m.; ~s, ~s⟩ **0.1** ***tip*** ⟨ook ec.⟩ ⇒*wenk, hint* **0.2** ***(ingevuld) wedbriefje*** ⇒*lottobriefje, gok, tip.*
Tipp ⟨m.⟩⟨nw.spel.⟩ →**Tip.**
Tipparbeiten ⟨alleen mv.⟩ **0.1** ***type-, tikwerk.***
Tippelbruder ⟨m.⟩⟨inf.⟩ **0.1** ***landloper, zwerver.***
Tippelei ⟨v.; ~⟩⟨inf.⟩ **0.1** ***getippel*** ⇒*geloop.*
tippeln ⟨s.⟩⟨inf.⟩ **0.1** ***tippelen*** ⇒*lopen, sjouwen, marcheren* **0.2** ***trippelen.***
tippen I ⟨ov. & onov.ww.⟩⟨inf.⟩ **0.1** ***tikken, typen*** **0.2** ***meedoen aan de lotto of toto*** ⇒*wedden, gokken;*
II ⟨onov.ww.⟩ **0.1** ***tikken*** ⇒*tippen* **0.2** ***tippen*** ⇒*wedden, gokken, vermoeden, denken* **0.3** ⟨inf.⟩ ***tippen*** ◆ **6.1** ⟨fig.⟩ nur kurz **an** eine Sache ~ *iets slechts even aanstippen* **6.2** **auf** eine Sache ~ *iets denken, vermoeden.*
Tippfehler ⟨m.⟩ **0.1** ***tikfout.***
Tippfräulein ⟨o.⟩⟨inf.⟩ **0.1** ***typiste.***
Tippgemeinschaft ⟨v.⟩ **0.1** ***clubje mensen dat samen gokt.***
Tippschein ⟨m.⟩ **0.1** ***wedbriefje*** ⇒*lotto-, totobriefje.*
Tippse ⟨v.; ~, ~n⟩⟨inf.; pej.⟩ **0.1** ***typiste.***
Tipptaste ⟨v.⟩ **0.1** ***tiptoets.***
tipptopp ⟨inf.⟩ **0.1** ***tiptop*** ⇒*prima.*
Tirade ⟨v.; ~, ~n⟩ **0.1** ***tirade*** ⟨ook muz.⟩.
tirilieren **0.1** ***tierelieren*** ⇒*kwinkeleren.*
Tiroler **0.1** ***Tirools.***
tirol(er)isch **0.1** ***Tirools.***
Tisch ⟨m.; ~(e)s, ~e⟩ **0.1** ***tafel*** ◆ **2.1** ein ausziehbarer ~ *een uitschuiftafel;* ⟨inf.; fig.⟩ mit etwas reinen ~ machen *met iets schoon schip maken;* ein Gespräch am runden ~ *een rondetafelgesprek* **6.1** die Parteien wieder **an** einen ~ bringen *de partijen weer rond de tafel brengen;* bar **auf** den ~ zahlen *contant betalen;* **bei** ~ *aan tafel, onder het eten;* **bei** ~(e) sein, sitzen *aan tafel zitten* ⟨te eten⟩; **nach** ~ *na het eten;* ⟨inf.; fig.⟩ etwas fällt **unter** den ~ *iets schiet erbij in, valt uit de boot;* ⟨inf.; fig.⟩ die Sache ist **vom** ~ *de zaak is van de baan;* ⟨inf.; fig.⟩ **vom** ~ müssen *afgehandeld, opgelost moeten worden;* ⟨inf.; fig.⟩ alle Bedenken **vom** ~ wischen *alle bezwaren van tafel vegen;* **vor** ~ *vóór het eten;* **zu** ~, bitte! *aan tafel, alstublieft!;* jmdn. **zu** ~ bitten, (ein)laden *iem. aan zijn tafel nodigen;* **zu** ~ gehen, sich **zu** ~ setzen *aan tafel gaan;* ⟨schr.⟩ **zum** ~ des Herrn gehen *tot de tafel des Heren naderen.* →**beschmieren.**
Tischbein ⟨o.⟩ **0.1** ***tafelpoot.***
Tischdame ⟨v.⟩ **0.1** ***tafeldame.***
Tischdecke ⟨v.⟩ **0.1** ***tafelkleed.***
tischfertig ⟨cul.⟩ **0.1** ***gebruiksklaar, klaar om op te dienen, kant-en-klaar.***
Tischgebet ⟨o.⟩ **0.1** ***tafelgebed.***
Tischgespräch ⟨o.⟩ **0.1** ***tafelgesprek.***
Tischherr ⟨m.⟩ **0.1** ***tafelheer.***
Tischkarte ⟨v.⟩ **0.1** ***naamkaartje*** ⟨voor de plaatsing aan tafel⟩.
Tischlampe ⟨v.⟩ **0.1** ***tafellamp*** ⇒*schemerlamp.*
Tischläufer ⟨m.⟩ **0.1** ***tafelloper.***
Tischleindeckdich ⟨o.; ~⟩ **0.1** ***tafeltje-dek-je.***
Tischler ⟨m.; ~s, ~⟩ **0.1** ***meubelmaker, schrijnwerker.***
Tischlerarbeit ⟨v.⟩ **0.1** ***meubelmakersstuk, stuk v.e. meubelmaker*** ⇒*meubelstuk* **0.2** ***meubelmakerswerk.***
Tischlerei ⟨v.; ~, ~en⟩ **0.1** ***meubelmakerij.***
Tischlerhandwerk ⟨o.⟩ **0.1** ***meubelmakersvak.***
tischlern **0.1** ***timmeren*** ⇒*hout bewerken,* ⟨ov.ww.⟩ *in elkaar timmeren.*

Tischlerplatte ⟨v.⟩ **0.1** ***meubelplaat.***
Tischnachbar ⟨m.⟩ **0.1** ***tafelbuur.***
Tischordnung ⟨v.⟩ **0.1** ***tafelschikking.***
Tischplatte ⟨v.⟩ **0.1** ***tafelblad.***
Tischrede ⟨v.⟩ **0.1** ***tafelrede, tafelspeech.***
Tischrücken ⟨o.; ~s⟩ **0.1** ***tafeldans*** ⟨bij seance⟩.
Tischtennis ⟨o.⟩ **0.1** ***tafeltennis, pingpong.***
Tischtennisschläger ⟨m.⟩ **0.1** ***bat(je).***
Tischtuch ⟨o.; mv. ⸗er⟩ **0.1** ***tafellaken.***
Tischvorlage ⟨v.⟩ **0.1** ***(ter vergadering uitgereikt) stuk*** **0.2** ⟨alg.⟩ ***informatiemateriaal*** ⇒*folder.*
Tischwäsche ⟨v.⟩ **0.1** ***tafellinnen, -goed.***
Tischwein ⟨m.⟩ **0.1** ***tafelwijn.***
Tischzeit ⟨v.⟩ **0.1** ***etenstijd.***
Titan ⟨m.; ~en, ~en⟩ **0.1** ***titan*** ⇒⟨schr.; fig.⟩ *reus.*
titanenhaft ⟨schr.⟩ **0.1** ***titanisch.***
titanisch **0.1** ***titanisch*** ⇒⟨schr.; fig.⟩ *reusachtig.*
Titel ⟨m.; ~s, ~⟩ **0.1** ***titel*** ⟨ook jur., sp.⟩ ⇒*opschrift* **0.2** ⟨ec.⟩ ***post*** ⟨op begroting⟩.
Titelanwärter ⟨m.⟩⟨sp.⟩ **0.1** ***titelkandidaat.***
Titelbild ⟨o.⟩ **0.1** ***titelplaat*** **0.2** ***titelprent, frontispice*** **0.3** ***cover-, omslagfoto.***
Titelblatt ⟨o.⟩ **0.1** ***titelblad, -pagina*** **0.2** ***front-, voorpagina.***
Titelbogen ⟨m.⟩⟨boek.⟩ **0.1** ***titelvel, -blad.***
Titelei ⟨v.; ~, ~en⟩⟨boek.⟩ **0.1** ***voorwerk.***
Titelgeschichte ⟨v.⟩ **0.1** ***cover-, omslagverhaal, cover-, omslagartikel.***
Titelkampf ⟨m.⟩⟨sp.⟩ **0.1** ***titelgevecht*** **0.2** ***titel(wed)strijd.***
titellos **0.1** ***zonder titel, titelloos.***
titeln **0.1** ***koppen, in een krantenkop zetten*** **0.2** ⟨zelden⟩ ***(be)titelen.***
Titelseite ⟨v.⟩ **0.1** ***voor-, frontpagina*** ⟨van krant, boek⟩ **0.2** ⟨boek.⟩ ***titelblad, -pagina.***
Titelverteidiger ⟨m.⟩⟨sp.⟩ **0.1** ***titelverdediger*** ⇒*kampioen, titelhouder.*
titrieren ⟨schei.⟩ **0.1** ***titreren.***
Titte ⟨v.; ~, ~n⟩⟨inf.⟩ **0.1** ***tiet.***
Titular ⟨m.; ~s, ~e⟩ **0.1** ***titularis.***
titulieren **0.1** ***tituleren*** ⇒*betitelen, noemen.*
Toast ⟨m.; ~(e)s, ~e of ~s⟩ **0.1** ***toast*** ⇒*heildronk* **0.2** ***toast(brood), sneetje geroosterd brood.***
toasten **I** ⟨onov.ww.⟩ **0.1** ***toasten*** ⇒*een toast uitbrengen;* **II** ⟨ov.ww.⟩ **0.1** ***toasten, roosteren.***
Toaster ⟨m.; ~s, ~⟩ **0.1** ***toaster, broodrooster.***
Tobak ⟨m.⟩ ◆ **2.¶** ⟨inf.⟩ das ist starker ~! *dat is kras, sterk!*
toben **0.1** ***razen, woeden*** ⇒*briesen, tieren, (woest, wild) tekeergaan* **0.2** ***ravotten, zich uitleven*** ⟨van kinderen⟩ ⇒*leven maken* **0.3** ***joelend, tierend lopen*** ⇒*wild rennen.*
Tobsucht ⟨v.⟩ **0.1** ***razernij*** ⇒*dolheid.*
tobsüchtig **0.1** ***razend*** ⇒*dol, woest.*
Tochter ⟨v.; ~, ⸗⟩ **0.1** ***dochter*** ⇒⟨ec. vooral⟩ *dochteronderneming* **0.2** ⟨Zwi.⟩ ***meisje, hulp*** ⇒*dienster, serveerster* ◆ **1.1** ⟨vero.⟩ Ihr Fräulein, Ihre Frau ~ *uw dochter;* die ~ des Hauses *de grote, oudste dochter (van het gezin)* **2.1** ⟨vero.⟩ eine höhere ~ *een meisje van stand* **4.1** ⟨vero.⟩ nun, meine ~? *wel, jongedame?*
Tochtergesellschaft ⟨v.⟩ **0.1** ***dochtermaatschappij.***
töchterlich **0.1** ***dochterlijk*** ⇒*(als) v.e. dochter.*
Tod ⟨m.; ~(e)s, ~e⟩ **0.1** ***dood*** ◆ **1.1** ein Kind, Mann des ~es sein *een kind des doods zijn* **2.1** eines natürlichen ~es sterben *een natuurlijke dood sterven;* der Schwarze ~ *de zwarte dood* ⟨pest⟩; tausend ~e sterben *duizend doden sterven, duizend angsten uitstaan;* der Weiße ~ *de witte dood* ⟨in sneeuw of in lawine⟩ **3.1** du holst dir noch den ~! *je gaat er nog aan (kapot)!;* ⟨vero.; schr.⟩ des ~es sein *ten dode opgeschreven zijn;* dem ~e geweiht *ten dode opgeschreven* **6.1** **auf** den ~ (darnieder)liegen *doodziek zijn;* ⟨inf.; fig.⟩ **auf** den ~ *absoluut, helemaal;* **(bis)** über den ~ hinaus *over de dood, het graf heen;* ⟨schr.⟩ **in** den ~ gehen *de dood ingaan, vinden;* ⟨schr.⟩ freiwillig **in** den ~ gehen *zelfmoord plegen;* **mit** dem ~(e) spielen *met zijn leven spelen;* sich **zu** ~e arbeiten *zich dood-, kapotwerken;* **zu** ~e erkrankt *doodziek;* ⟨fig.⟩ **zu** ~e erschrocken *dodelijk geschrokken;* **zu** ~e kommen *aan zijn einde komen;* ⟨fig.⟩ etwas **zu** ~e reden, reiten *over iets blijven doorzeuren, doormalen;* sich **zu** ~e schämen *zich doodschamen;* sich **zu** ~e siegen *een Pyrrusoverwinning behalen;* bis **zum** ~(e) *tot de dood;* jmdn. **zum** ~e verurteilen *iem. ter dood veroordelen* **8.1** ~ und Teufel! *verdomd!;* sich nicht vor ~ und Teufel fürchten *voor de duivel niet bang zijn* **¶.1** der ~ schont keinen *de dood verschoont niemand.* →**arm, Brot, Hund, umsonst.**
tod|blaß, -bleich **0.1** ***doods-, lijkbleek.***
todbringend **0.1** ***dodelijk*** ⇒*de dood veroorzakend.*
todelend **0.1** ***allerberoerdst, -ellendigst.***
todernst ⟨inf.⟩ **0.1** ***doodernstig*** ⇒*bloedserieus.*
Todesahnung ⟨v.⟩ **0.1** ***voorgevoel v.d. (naderende) dood.***
Todesangst ⟨v.⟩ **0.1** ***doodsangst*** ⟨ook fig.⟩.
Todesanzeige ⟨v.⟩ **0.1** ***overlijdensbericht, rouwkaart*** **0.2** ***overlijdensadvertentie.***
Todesart ⟨v.⟩ **0.1** ***(soort van) dood*** ⇒*wijze van sterven.*
Todeserklärung ⟨v.⟩ **0.1** ***verklaring van vermoedelijk overlijden.***
Todesfall ⟨m.⟩ **0.1** ***sterfgeval*** ◆ **6.1** **im** ~ *bij, in geval van overlijden.*
Todesfolge ⟨v.⟩⟨jur.⟩ **0.1** ***dodelijke afloop.***
Todesfurcht ⟨v.⟩⟨schr.⟩ **0.1** ***vrees voor de dood, doodsangst.***
Todesgefahr ⟨v.⟩ **0.1** ***doods-, levensgevaar.***
Todesjahr ⟨o.⟩ **0.1** ***sterfjaar.***
Todeskampf ⟨m.⟩ **0.1** ***doodsstrijd.***
Todeskandidat ⟨m.⟩ **0.1** ***ten dode opgeschrevene.***
todesmutig **0.1** ***met doodsverachting.***
Todesnachricht ⟨v.⟩ **0.1** ***overlijdens-, doodsbericht.***
Todesnot ⟨v.⟩⟨schr.⟩ **0.1** ***doodsnood*** ⇒*doodsangst* ◆ **6.1** **in** höchster ~, in Todesnöten sein *in doodsnood verkeren.*
Todesopfer ⟨o.⟩ **0.1** ***(dodelijk) slachtoffer*** ⇒*dode.*
Todesqual ⟨v.⟩⟨schr.⟩ **0.1** ***doodsnood*** ⇒*doodsstrijd.*
Todesschrei ⟨m.⟩ **0.1** ***doodskreet.***
Todesschuß ⟨m.⟩ **0.1** ***dodelijk schot.***
Todesschwadron ⟨v.⟩ **0.1** ***moordbrigade, doodseskader.***
Todesstille ⟨v.⟩ **0.1** ***doodse stilte.***
Todesstoß ⟨m.⟩ **0.1** ***doodsteek*** ⇒⟨fig.⟩ *genadestoot, -slag* ◆ **3.1** den ~ versetzen ⟨ook fig.⟩ *de doodsteek toebrengen.*
Todesstrafe ⟨v.⟩ **0.1** ***doodstraf*** ◆ **6.1** **bei** ~ verbieten *op doodstraf, op straffe des doods verbieden.*
Todesstreifen ⟨m.⟩ **0.1** ***levensgevaarlijke strook langs het IJzeren Gordijn.***
Todesstunde ⟨v.⟩ **0.1** ***stervens-, sterfuur.***
Todestag ⟨m.⟩ **0.1** ***sterfdag.***
Todesurteil ⟨o.⟩ **0.1** ***doodvonnis*** ⟨ook fig.⟩.
Todesverachtung ⟨v.⟩ **0.1** ***doodsverachting.***
todeswürdig **0.1** ***waarop de doodstraf staat, de dood verdienend.***
Todeszeit ⟨v.⟩ **0.1** ***tijdstip van overlijden.***
todfeind ◆ **4.¶** sich, einander ~ sein *op voet van oorlog met elkaar staan.*
todgeweiht ⟨schr.⟩ **0.1** ***ten dode opgeschreven.***
todkrank **0.1** ***doodziek.***

todlangweilig 0.1 ***oer-, stomvervelend.***

tödlich 0.1 ***dodelijk*** ⟨ook fig.⟩ ◆ **1.1** mit ~em Ausgang *met dodelijke afloop* **3.1** ~ beleidigt *zwaar beledigd;* sich ~ langweilen *zich stierlijk, dood vervelen;* ~ verunglücken *verongelukken.*

todmatt 0.1 ***doodmoe, dodelijk vermoeid.***

todmüde 0.1 ***doodmoe*** ⇒*doodop.*

todschick ⟨inf.⟩ 0.1 ***reuze-, poepsjiek.***

todsicher ⟨inf.⟩ 0.1 ***heel, absoluut zeker*** ⇒⟨als bw. vooral⟩ *vast en zeker, beslist* ◆ **1.1** das ist eine ~e Sache *dat staat als een paal boven water,* ⟨ook⟩ *dat zaakje zit wel safe, snor.*

todsterbenskrank ⟨inf.⟩ 0.1 ***doodziek, op sterven na dood.***

Todsünde ⟨v.⟩ 0.1 ***doodzonde.***

todtraurig 0.1 ***diepbedroefd.***

todunglücklich 0.1 ***doodongelukkig.***

todwund ⟨schr.⟩ 0.1 ***dodelijk gewond.***

Toga ⟨v.; ~, Togen⟩ 0.1 ***toga*** ⇒*toog.*

Tohuwabohu ⟨o.; ~(s), ~s⟩ 0.1 ***verwarring, chaos*** ⇒*warboel.*

Toilette ⟨v.; ~, ~n⟩ 0.1 ***toilet, wc*** 0.2 ***toilet*** ⟨opschik; kleding⟩ 0.3 ⟨vero.⟩ ***kap-, toilettafel.***

Toilettenartikel ⟨m.⟩ 0.1 ***toiletartikel.***

Toilettenbecken ⟨o.⟩ 0.1 ***wc-, closetpot.***

Toilettenpapier ⟨o.⟩ 0.1 ***toiletpapier, wc-papier.***

Toilettenseife ⟨v.⟩ 0.1 ***toiletzeep.***

Toilettentasche ⟨v.⟩ 0.1 ***toilettas*** ⇒*necessaire.*

Toilettentisch ⟨m.⟩ 0.1 ***toilet-, kaptafel.***

toi, toi, toi! ⟨inf.⟩ 0.1 ***veel succes!*** 0.2 ***(we zullen, ik zal het maar) afkloppen, maar niet te hard roepen!***

Tokio(t)er[1] ⟨m.; ~s, ~⟩ 0.1 ***inwoner van Tokio, Tokioër.***

Tokio(t)er[2] ⟨bn.⟩ 0.1 ***van Tokio, Tokioos.***

Töle ⟨v.; ~, ~n⟩ ⟨vooral Ndd.⟩ 0.1 ***mormel*** ⟨hond⟩ ⇒*teef.*

tolerant 0.1 ***tolerant*** ⇒*verdraagzaam.*

Toleranz ⟨v.; ~, ~en⟩ 0.1 ***tolerantie*** ⇒*verdraagzaamheid,* ⟨tech.⟩ *toegestane afwijking, speling.*

tolerieren 0.1 ***tolereren*** ⟨ook tech.⟩ ⇒*dulden, gedogen.*

toll ⟨inf.⟩ 0.1 ***fantastisch, geweldig*** ⇒*enig, mieters, tof* 0.2 ***dwaas, dol, gek*** 0.3 ***ontzettend*** ⇒*hels, enorm* ◆ **1.1** ~es Glück haben *reuze boffen* **1.2** das ist ja ein ~es Ding, eine ~e Sache! *dat is sterk, een kras staaltje!* **1.3** ein ~es Treiben *een helse drukte,* ⟨ook⟩ *een dolle boel* **3.2** es geht dort ~ zu *het gaat (er) daar bont, woest aan toe* **5.1** einfach ~! *gewoon fantastisch!* **6.2** das Tollste **an** der Geschichte *het mooiste, gekste van het (hele) verhaal.*

Tolle ⟨v.; ~, ~n⟩ 0.1 ***kuif*** 0.2 ***lok*** ⟨op het voorhoofd⟩.

tollen 0.1 ⟨h.⟩ ***ravotten*** ⇒*uitgelaten stoeien* 0.2 ⟨s.⟩ ***wild, uitgelaten rennen*** ⇒*dartelen.*

Tollheit ⟨v.; ~, ~en⟩ 0.1 ***dwaasheid, gekke, dolle, dwaze streek*** 0.2 ***krankzinnig-, dwaasheid.***

Tollkirsche ⟨v.⟩ ⟨plantk.⟩ 0.1 ***wolfskers, belladonna.***

tollkühn 0.1 ***roekeloos, vermetel*** ⇒*doldriest.*

Tollpatsch ⟨m.⟩ ⟨nw.spel.⟩ →**Tolpatsch.**

tollpatschig ⟨nw.spel.⟩ →**tolpatschig.**

Tollwut ⟨v.⟩ 0.1 ***hondsdolheid, rabiës.***

tollwütig 0.1 ***dol, rabide*** ⇒*razend.*

Tolpatsch ⟨m.; ~(e)s, ~e⟩ ⟨inf.⟩ 0.1 ***hannes, onhandige sukkel.***

tolpatschig ⟨inf.⟩ 0.1 ***onhandig, lomp.***

Tölpel ⟨m.; ~s, ~⟩ 0.1 ***hannes, lomperd*** ⇒*onnozele hals* 0.2 ⟨biol.⟩ ***jan-van-gent.***

Tölpelei ⟨v.; ~, ~en⟩ 0.1 ***lompheid, onhandigheid*** ⇒*stommiteit, gehannes.*

tölpelhaft 0.1 ***onhandig, lomp*** ⇒*onnozel.*

Toluol ⟨o.; ~s⟩ ⟨schei.⟩ 0.1 ***tolueen.***

Tomate ⟨v.; ~, ~n⟩ 0.1 ***tomaat*** ◆ **2.¶** ⟨inf.⟩ du treulose ~! *jij onbetrouwbaar heerschap!* **6.¶** ~n **auf** den Augen haben *stront in zijn ogen hebben* **8.1** rot werden wie eine ~ *blozen als een pioen.*

Tomatenmark ⟨o.⟩ 0.1 ***tomatenpuree.***

Tombola ⟨v.; ~, ~s of Tombolen⟩ 0.1 ***tombola.***

Ton[1] ⟨m.; ~(e)s, ~e⟩ 0.1 ***klei*** ⇒*leem, pijpaarde.*

Ton[2] ⟨m.; ~(e)s, Töne⟩ 0.1 ***toon*** ⟨ook muz.⟩ ⇒*klank, geluid* 0.2 ***klemtoon, accent*** ⇒⟨fig.⟩ *nadruk* 0.3 ***tint*** ⇒*toon* 0.4 ***toon*** ⇒*stembuiging, manier van spreken* 0.5 ⟨com.⟩ ***geluid*** ⇒*opname* 0.6 ⟨inf.⟩ ***woord*** ⇒*woordje, kik* ◆ **2.3** ⟨inf.⟩ einen ~ zu hell *een tikkeltje, tikje te licht;* satte Töne *volle, diepe tinten* **2.4** in bestimmtem ~ *op besliste toon* **2.6** dicke, große Töne schwingen, spucken *opscheppen, praatjes verkopen* **3.1** ⟨fig.⟩ den ~ angeben *de toon aangeven;* ⟨muz.⟩ den ~ nicht halten *geen toon houden* **3.4** ⟨fig.⟩ den guten ~ verletzen *tegen de goede toon indruisen, zondigen;* den ~ wechseln *van toon veranderen, een andere toon aanslaan* **3.6** ich gab keinen ~ von mir *ik gaf geen kik;* keinen ~ mehr heraus-, hervorbringen *geen woord meer kunnen zeggen;* haste Töne!, hat der Mensch Töne! *nou vraag ik je!;* ich möchte jetzt keinen ~ mehr hören! *en nu wil ik niets meer horen!;* machen Sie keine Töne! *houdt u zich koest!* **5.5** ~ ab! *(start) opname!* **6.1** etwas **in** den höchsten Tönen loben *iets in alle toonaarden prijzen* **6.3** **im** ~ aufeinander abstimmen *qua kleur op elkaar afstemmen;* etwas ~ **in** ~ halten *iets kleur bij kleur houden* **6.4** ⟨fig.⟩ das gehört **zum** guten ~ *dat is bon ton.*

Tonabnehmer ⟨m.⟩ 0.1 ***pick-up(element), toonopnemer.***

Tonalität ⟨v.; ~⟩ ⟨muz.⟩ 0.1 ***tonaliteit.***

tonangebend ⟨fig.⟩ 0.1 ***toonaangevend.***

Tonart ⟨v.⟩ 0.1 ⟨muz.⟩ ***toonsoort, -aard*** 0.2 ⟨fig.⟩ ***toonaard*** 0.3 ⟨fig.⟩ ***toon*** 0.4 ***kleisoort*** ◆ **3.3** eine andere ~ anschlagen, die ~ wechseln *van toon veranderen,* ⟨ook⟩ *uit een ander vaatje tappen.*

tonartig 0.1 ***kleiachtig.***

Tonaufnahmewagen ⟨m.⟩ 0.1 ***geluidswagen.***

Tonaufzeichnung ⟨v.⟩ 0.1 ***geluidsopname*** ⇒*geluidsregistratie.*

Tonband ⟨o.; mv. ¨er⟩ 0.1 ***geluidsband*** ⇒*band(je)* 0.2 ***bandrecorder*** ⇒⟨AZN⟩ *bandopnemer.*

Tonband|aufnahme, -aufzeichnung ⟨v.⟩ 0.1 ***bandopname.***

Tonbandgerät ⟨o.⟩ 0.1 ***bandrecorder*** ⇒⟨AZN⟩ *bandopnemer.*

Tonbild ⟨o.⟩ 0.1 ***dia met geluid.***

Tonblende ⟨v.⟩ ⟨tech.⟩ 0.1 ***klankregelaar*** ⇒*toon-, volumeregelaar.*

Tonboden ⟨m.⟩ 0.1 ***kleigrond.***

Tondichter ⟨m.⟩ ⟨schr.⟩ 0.1 ***toondichter, componist.***

Tondichtung ⟨v.⟩ ⟨muz.⟩ 0.1 ***compositie*** 0.2 ***orkestrale programmamuziek.***

tönen I ⟨onov.ww.⟩ 0.1 ⟨schr.⟩ ***klinken*** ⇒*weerklinken, luiden* 0.2 ⟨inf.⟩ ***opscheppen, grote woorden gebruiken*** ◆ **1.1** mit ~der Stimme *met luide stem;* ⟨fig.⟩ ~de Phrasen *mooi, hol klinkende frasen* **6.2** **von** etwas ~ *over iets opscheppen;*

II ⟨ov.ww.⟩ 0.1 ***kleuren*** ⇒*verven, tinten* ◆ **3.1** sich ⟨3e nv.⟩ das Haar ~ lassen *zijn haar laten verven.*

Tonerde ⟨v.⟩ 0.1 ⟨schei.⟩ ***aluminiumoxide*** 0.2 ***klei-, leemaarde*** ⇒*pijpaarde* ◆ **2.¶** ⟨med.⟩ essigsaure ~ *burowwater.*

tönern 0.1 ***van klei, aarden*** ⇒*lemen* ⟨ook fig.⟩.

Tonfall ⟨m.⟩ 0.1 ***toonval, intonatie, stembuiging*** 0.2 ***toon.***

Tonfigur ⟨v.⟩ 0.1 ***beeld(je) van aardewerk.***

Tonfilm ⟨m.⟩ 0.1 ***geluidsfilm.***

Tonfolge ⟨v.⟩⟨muz.⟩ **0.1** ***tonenreeks*** ⇒*opeenvolging van tonen.*
Tongefäß ⟨o.⟩ **0.1** ***aarden pot*** ⇒*pot van aardewerk, aarden bak, vat.*
Tongeschirr ⟨o.⟩ **0.1** ***aardewerk*** ⇒*aarden vaatwerk.*
Tongrube ⟨v.⟩ **0.1** ***klei-, leemgroeve, leemput.***
tonhaltig 0.1 ***kleihoudend.***
Tonhöhe ⟨v.⟩ **0.1** ***toonhoogte.***
tonig 0.1 ***klei-, leemachtig, lemig.***
Toningenieur ⟨m.⟩ **0.1** ***geluidsingenieur.***
Tonkopf ⟨m.⟩⟨tech.⟩ **0.1** ***toonkop*** **0.2** ***pick-upelement, toonopnemer.***
Tonkrug ⟨m.⟩ **0.1** ***aarden kruik, kruik van aardewerk.***
Tonkunst ⟨v.⟩⟨schr.⟩ **0.1** ***toonkunst, muziek.***
Tonkünstler ⟨m.⟩⟨schr.⟩ **0.1** ***toondichter, componist.***
Tonlage ⟨v.⟩⟨muz.⟩ **0.1** ***toonhoogte.***
Tonleiter ⟨v.⟩⟨muz.⟩ **0.1** ***toonladder.***
tonlos 0.1 ***toonloos*** ⇒*zonder toon.*
Tonmeister ⟨m.⟩ **0.1** ***geluidstechnicus.***
Tonmischer ⟨m.⟩⟨com.⟩ **0.1** ***mengtafel*** **0.2** ***geluidstechnicus*** ⟨aan de mengtafel⟩.
Tonnage ⟨v.; ~, ~n⟩⟨scheep.⟩ **0.1** ***tonnage*** ⇒*tonnenmaat.*
Tönnchen ⟨o.; ~s, ~⟩ **0.1** ***tonnetje*** ⇒*vaatje* **0.2** ⟨inf.⟩ ***kleine dikzak, dikkerdje.***
Tonne ⟨v.; ~, ~n⟩ **0.1** ***ton*** ⟨ook gewicht en scheep.⟩ ⇒*vat,* ⟨inf.⟩ *(vuilnis)bak,* ⟨scheep.⟩ *tonboei,* ⟨bij zeeschepen ook⟩ *registerton* ⟨2,83 m³⟩ **0.2** ⟨inf.; scherts.⟩ ***dikzak, dikkerd*** ◆ **¶.1** ⟨sprw.⟩ leere ~n geben großen Schall *holle vaten klinken het hardst.*
Tonnengehalt ⟨m.⟩⟨scheep.⟩ **0.1** ***tonnenmaat, tonnage.***
Tonnengewölbe ⟨o.⟩ **0.1** ***tongewelf.***
tonnenschwer 0.1 ***duizenden kilo's zwaar.***
tonnenweise 0.1 ***bij tonnen*** ⇒*met tonnen tegelijk.*
Tonpfeife ⟨v.⟩ **0.1** ***stenen, Goudse pijp.***
Tonschiefer ⟨m.⟩ **0.1** ***kleilei, leisteen.***
Tonspur ⟨v.⟩ **0.1** ***geluidsspoor.***
Tonsur ⟨v.; ~, ~en⟩⟨rel.⟩ **0.1** ***tonsuur.***
Tontafel ⟨v.⟩⟨gesch.⟩ **0.1** ***kleitablet.***
Tontaube ⟨v.⟩⟨sp.⟩ **0.1** ***kleiduif.***
Tontaubenschießen ⟨o.; ~s⟩ **0.1** ***het kleiduivenschieten.***
Tontechniker ⟨m.⟩ **0.1** ***geluidstechnicus.***
Tonträger ⟨m.⟩⟨vaktaal⟩ **0.1** ***geluidsdrager.***
Tönung ⟨v.; ~, ~en⟩ **0.1** ***tint, schakering*** ⇒*nuance, kleur(ing).*
Tonus ⟨m.; ~, Toni⟩ **0.1** ⟨med.⟩ ***tonus*** **0.2** ⟨muz.⟩ ***hele toon.***
Tonware ⟨v.⟩ **0.1** ***aardewerk(product).***
Tonzeichen ⟨o.⟩ **0.1** ⟨muz.⟩ ***noot*** **0.2** ⟨taal.⟩ ***klemtoonteken.***
Tonziegel ⟨m.⟩ **0.1** ***dakpan*** ⟨van gebakken klei⟩.
Topas ⟨m.; ~es, ~e⟩ **0.1** ***topaas.***
Topf ⟨m.; ~(e)s, ~̈e⟩ **0.1** ***pan*** ⇒*kookpan* **0.2** ***pot*** ⟨ook fig.⟩ ⇒ *kan* **0.3** ***po, pot(je)*** ⇒*kamerpot* ◆ **6.1** ⟨inf.; fig.⟩ jmdm. **in** die Töpfe gucken *bij iem. (komen) pottenkijken;* ⟨fig.⟩ alles **in** einen ~ werfen *alles over één kam scheren* **8.1** ⟨inf.; fig.⟩ wie ~ und Deckel zusammenpassen *heel goed bij elkaar passen* **¶.1** ⟨sprw.⟩ jeder ~ hat seinen Deckel *geen potje zo scheef of er past een dekseltje op.*
Topfblume ⟨v.⟩ **0.1** ***potbloem.***
Töpfchen ⟨o.; ~s, ~⟩ **0.1** ***potje*** ⇒*po* **0.2** ***pannetje.***
Topfdeckel ⟨m.⟩ **0.1** ***pot-, pandeksel.***
Topfen ⟨m.; ~s⟩⟨Beiers, Oostr.⟩ **0.1** ***kwark, wrongel.***
Töpfer ⟨m.; ~s, ~⟩ **0.1** ***pottenbakker*** ⇒*keramist.*
Töpferei ⟨v.; ~, ~en⟩ **0.1** ***pottenbakkerij*** ⇒*pottenbakkerskunst.*
Töpfererde ⟨v.⟩ **0.1** ***pottenbakkersklei.***
töpfern 0.1 ***potten bakken, aardewerk maken*** **0.2** ***keramisch vervaardigen, van aardewerk maken.***
Töpferscheibe ⟨v.⟩ **0.1** ***pottenbakkersschijf.***
Töpferton ⟨m.; mv. ~e⟩ **0.1** ***pot(tenbakkers)klei.***
Töpferware ⟨v.⟩ **0.1** ***aardewerk*** ⇒*keramisch product.*
Topfgucker ⟨m.⟩⟨scherts.⟩ **0.1** ***pottenkijker.***
Topfkratzer ⟨m.⟩ **0.1** ***pannenspons(je).***
Topfkuchen ⟨m.⟩ **0.1** ***tulband*** ⟨cake⟩.
Topflappen ⟨m.⟩ **0.1** ***pannenlap(je).***
Topfpflanze ⟨v.⟩ **0.1** ***potplant.***
Topinambur ⟨m.; ~s, ~s of v.; ~, ~en⟩ **0.1** ***topinamboer, aardpeer.***
Topographie ⟨v.; ~, ~n⟩ **0.1** ***topografie.***
topp! 0.1 ***top!, okay!, akkoord!***
Topp ⟨m.; ~s, ~e(n) of ~s⟩⟨scheep.⟩ **0.1** ***top*** ⟨van mast⟩ ◆ **6.1** ein Schiff **über** die ~en flaggen *een schip pavoiseren* **8.1** vor ~ und Takel *voor top en takel.*
toppen ⟨scheep., sp.⟩ **0.1** ***toppen.***
topplastig ⟨scheep.⟩ **0.1** ***overlastig, topzwaar.***
Tor[1] ⟨m.; ~en, ~en⟩⟨schr.⟩ **0.1** ***dwaas, gek.***
Tor[2] ⟨o.; ~(e)s, ~e⟩ **0.1** ***poort*** ⟨ook aardr.⟩ ⇒*hek, (grote) deur* **0.2** ⟨sp.⟩ ***doel, goal*** **0.3** ⟨sp.⟩ ***doelpunt, goal*** **0.4** ⟨sp.⟩ ***doorgang, poortje*** ⟨bij slalom⟩ **0.5** ⟨fig.⟩ ***weg*** ◆ **3.2** das ~ hüten *het doel verdedigen* **3.3** ein ~ erzielen, schießen *een doelpunt maken, scoren* **6.1** ⟨schr.⟩ **vor** den ~en der Stadt *voor de poorten van de stad,* ⟨ook⟩ *onder de rook van de stad* **6.2** ⟨inf.; fig.⟩ **ins** eigene ~ schießen *in eigen doel schieten, zijn eigen ruiten ingooien* **6.5** das ~ **zum** Frieden *de weg naar de vrede* **¶.3** ~! *goal!*
Torbogen ⟨m.⟩ **0.1** ***poortgewelf*** ⇒*portiek.*
Torchance ⟨v.⟩⟨sp.⟩ **0.1** ***doel-, scoringskans.***
Toreinfahrt ⟨v.⟩ **0.1** ***(inrij)poort, inrit.***
Toresschluß ⟨m.⟩ ◆ **6.¶** (kurz) **vor** ~ *op het nippertje, (nog net) op de valreep.*
Torf ⟨m.; ~(e)s, ~e⟩ **0.1** ***turf*** **0.2** ***veengrond, turfaarde.***
Torfboden ⟨m.⟩ **0.1** ***veen-, turfgrond, veenland.***
Torferde ⟨v.⟩ **0.1** ***veengrond, turfaarde.***
Torflügel ⟨m.⟩ **0.1** ***vleugel (v.e. poort), poortvleugel.***
Torfmoor ⟨o.⟩ **0.1** ***(turf)veen.***
Torfmoos ⟨o.⟩⟨plantk.⟩ **0.1** ***veenmos.***
Torfmull ⟨m.⟩ **0.1** ***turfmolm.***
Torfstecher ⟨m.⟩ **0.1** ***turfsteker.***
Torfstich ⟨m.⟩ **0.1** ***veenderij, vervening*** **0.2** ***het turfsteken.***
Torgelegenheit ⟨v.⟩⟨sp.⟩ **0.1** ***doel-, scoringskans.***
Torheit ⟨v.; ~, ~en⟩ **0.1** ***dwaasheid*** ⇒*dwaze streek.* →**Alter.**
Torhüter ⟨m.⟩ →**Torwart.**
töricht 0.1 ***dwaas*** ⇒*mal, gek, idioot, stom.*
törichterweise 0.1 ***dwaas, stom, gek genoeg.***
Törin ⟨v.; ~, ~nen⟩⟨schr.⟩ **0.1** ***dwaze, zottin.***
Torjäger ⟨m.⟩⟨sp.⟩ **0.1** ***topscorer.***
torkeln ⟨h/s.⟩⟨inf.⟩ **0.1** ***waggelen*** ⇒*wankelen, zwaaien.*
Torlatte ⟨v.⟩⟨sp.⟩ **0.1** ***doellat.***
Torlinie ⟨v.⟩⟨sp.⟩ **0.1** ***doellijn.***
torlos ⟨sp.⟩ **0.1** ***zonder doelpunt(en).***
Tormann ⟨m.; mv. ~̈er of Torleute⟩⟨sp.⟩ **0.1** ***doelman, keeper.***
Törn ⟨m.; ~s, ~s⟩ **0.1** ⟨scheep.⟩ ***cruise, tocht op zee*** **0.2** ⟨scheep.⟩ ***wachtbeurt, torn*** **0.3** ⟨scheep.⟩ ***slag, kink*** ⟨in touw⟩ **0.4** ⟨inf.⟩ ***kick*** ◆ **3.4** einen ~ haben *high, stoned zijn.*
Tornado ⟨m.; ~s, ~s⟩ **0.1** ***tornado.***
Tornister ⟨m.; ~s, ~⟩ **0.1** ***ransel*** ⟨van soldaat⟩ **0.2** ⟨reg.⟩ ***boeken-, schooltas*** ⟨op de rug⟩.
torpedieren 0.1 ***torpederen*** ⟨ook fig.⟩.
Torpedo ⟨m.; ~s, ~s⟩ **0.1** ***torpedo.***
Torpedoboot ⟨o.⟩ **0.1** ***torpedo(motor)boot.***
Torpedorohr ⟨o.⟩ **0.1** ***torpedo(lanceer)buis.***

Torpfosten ⟨m.⟩⟨sp.⟩ **0.1** ***doelpaal.***

Torraum ⟨m.⟩⟨sp.⟩ **0.1** ***doelgebied.***

Torschluß ⟨m.⟩→**Toresschluß.**

Torschlußpanik ⟨v.⟩ **0.1** ***angst achter het net te vissen, de boot te missen.***

Torschuß ⟨m.⟩⟨sp.⟩ **0.1** ***schot op het doel, doelschot.***

Torschütze ⟨m.⟩⟨sp.⟩ **0.1** ***doelpuntenmaker.***

Torschützenkönig ⟨m.⟩⟨sp.⟩ **0.1** ***topscorer.***

Torsion ⟨v.; ~, ~en⟩ **0.1** ***torsie*** ⇒⟨nat., tech.⟩ *wringing.*

Torsionswaage ⟨v.⟩ **0.1** ***torsie-, wringbalans.***

Torso ⟨m.; ~s, ~s of Torsi⟩ **0.1** ***torso*** ⟨ook fig.⟩ ⇒*romp.*

Tort ⟨m.; ~(e)s⟩⟨vero.⟩ **0.1** ***krenking, onrecht*** ⇒*tort* ◆ **3.1** jmdm. einen ~ zufügen *iem. onrecht aandoen.*

Törtchen ⟨o.; ~s, ~⟩ **0.1** ***taartje, gebakje.***

Torte ⟨v.; ~, ~n⟩ **0.1** ***taart*** **0.2** ⟨inf.⟩ ***griet(je).***

Tortelett ⟨o.; ~s, ~s⟩ **0.1** ***vruchtengebakje*** **0.2** ***bodempje voor een vruchtengebakje.***

Tortelette ⟨v.; ~, ~n⟩→**Tortelett.**

Tortenheber ⟨m.⟩ **0.1** ***taartschep.***

Tortenplatte ⟨v.⟩ **0.1** ***gebakschaal.***

Tortur ⟨v.; ~, ~en⟩ **0.1** ***marteling, tortuur*** ⇒*foltering, kwelling.*

Torverhältnis ⟨o.⟩⟨sp.⟩ **0.1** ***doelgemiddelde.***

Torwache ⟨v.⟩⟨gesch.⟩ **0.1** ***poortwacht.***

Torwächter ⟨m.⟩ **0.1** ⟨gesch.⟩ ***poortwachter*** **0.2** ⟨sp.⟩ ***doelman, keeper.***

Torwart ⟨m.⟩ **0.1** ⟨sp.⟩ ***doelman, keeper, doelverdediger*** **0.2** ⟨gesch.⟩ ***poortwachter.***

Torwärter ⟨m.⟩⟨gesch.⟩ **0.1** ***poortwachter.***

Torweg ⟨m.⟩ **0.1** ***inrijpoort*** ⇒*koetspoort.*

tosen **0.1** ***razen*** ⇒*donderen, gieren, (wild) bruisen* ◆ **1.1** ~der Beifall *daverend, donderend applaus.*

Toskana ⟨v.; ~⟩ **0.1** ***Toscane.***

toskanisch **0.1** ***Toscaans.***

tot **0.1** ***dood*** ⇒*overleden,* ⟨fig.⟩ *uitgestorven, doods* ◆ **1.1** ~es Gestein, Gewicht *dood gesteente, gewicht;* ⟨inf.⟩ ein ~er Mann sein *afgeschreven zijn, afgedaan hebben;* ⟨fig.⟩ ein ~es Rennen *een onbesliste race;* ~e Zahlen *dode, nietszeggende getallen* **3.1** die Strecke liegt, ist ~ *dit traject, deze route is dood, buiten gebruik gesteld;* ⟨telefoon⟩ die Leitung war ~ *de lijn, leiding was dood* **8.1** ⟨inf.; fig.⟩ das ist ~ und begraben *dat is totaal in de vergetelheid geraakt;* wie ~ daliegen *voor Pampus liggen.*

total **0.1** ***totaal*** ⇒*helemaal, compleet* ◆ **2.1** ~ behämmert, verrückt *knetter-, stapelgek;* ~ übermüdet *doodmoe, doodop.*

Totalisator ⟨m.; ~s, Totalisatoren⟩ **0.1** ***totalisator*** ⟨ook meteo.⟩.

totalitär **0.1** ***totalitair.***

Totalitarismus ⟨m.; ~⟩ **0.1** ***totalitarisme*** ⇒*totalitair systeem.*

Totalität ⟨v.; ~⟩⟨schr.⟩ **0.1** ***totaliteit*** ⇒*geheel* **0.2** ***totalitaire macht*** ⇒*almacht.*

Totalschaden ⟨m.⟩ **0.1** ***total loss*** ◆ **3.1** ~ haben *total loss zijn.*

Totem ⟨o.; ~s, ~s⟩ **0.1** ***totem.***

Tote Meer ⟨o.; ~n, ~es⟩ **0.1** ***Dode Zee.***

töten **0.1** ***doden*** ⟨ook fig.⟩ ⇒*dood-, afmaken* ◆ **1.1** ⟨fig.⟩ eine Flasche ~ *een fles soldaat maken.*

Totenamt ⟨o.⟩ **0.1** ***lijkdienst, uitvaart.***

Totenbahre ⟨v.⟩ **0.1** ***lijkbaar.***

Totenbett ⟨o.⟩ **0.1** ***dood(s)-, sterfbed.***

totenblaß **0.1** ***doods-, lijkbleek.***

Totenblässe ⟨v.⟩ **0.1** ***doodsbleekheid, dodelijke bleekheid.***

Totenehrung ⟨v.⟩ **0.1** ***herdenking v.e. dode*** **0.2** ***dodenherdenking.***

Totenfeier ⟨v.⟩ **0.1** ***begrafenisplechtigheid, rouwdienst*** **0.2** ***herdenking v.e. dode*** **0.3** ***dodenherdenking.***

Totenfest ⟨o.⟩ **0.1** ***dodendag*** **0.2** ***doden(herdenkings)dag*** **0.3** *Allerzielen.*

Totenfleck ⟨m.⟩ **0.1** ***lijk-, dood(s)vlek.***

Totengeläut ⟨o.⟩ **0.1** ***(gelui v.d.) doodsklok(ken).***

Totenglocke ⟨v.⟩ **0.1** ***doodsklok.***

Totengräber ⟨m.⟩ **0.1** ***doodgraver*** ⟨ook biol.; fig.⟩.

Totenhemd ⟨o.⟩ **0.1** ***doodskleed.***

Totenklage ⟨v.⟩ **0.1** ***lijkklacht.***

Totenkopf ⟨m.⟩ **0.1** ***doodshoofd, -kop*** **0.2** ⟨biol.⟩ ***doodshoofdvlinder.***

Totenkult ⟨m.⟩ **0.1** ***dodencultus.***

Totenmahl ⟨o.⟩⟨schr.⟩ **0.1** ***begrafenis-, lijkmaal.***

Totenmaske ⟨v.⟩ **0.1** ***dodenmasker.***

Totenmesse ⟨v.⟩ **0.1** ***lijkdienst, uitvaart*** **0.2** ***ziel(en)mis, mis voor een overledene.***

Totenschein ⟨m.⟩ **0.1** ***overlijdensakte.***

Totensonntag ⟨m.⟩ **0.1** ***doden(herdenkings)dag.***

Totenstarre ⟨v.⟩ **0.1** ***lijkstijfheid.***

totenstill **0.1** ***doodstil.***

Totenstille ⟨v.⟩ **0.1** ***doodse stilte.***

Totentanz ⟨m.⟩ **0.1** ***dodendans.***

Totentrompete ⟨v.⟩⟨plantk.⟩ **0.1** ***hoorn des overvloeds.***

Totenuhr ⟨v.⟩⟨biol.⟩ **0.1** ***bonte klopkever.***

Totenvogel ⟨m.⟩ **0.1** ***lijkvogel.***

Totenwache ⟨v.⟩ **0.1** ***dodenwake.***

Tote(r) ⟨bn. als zn.⟩ **0.1** ***dode*** ◆ **3.1** ⟨inf.⟩ es gab einen Toten *er viel een dode* **6.1** ⟨inf.; scherts.⟩ bist du **von** den Toten auferstanden? *leef jij ook nog?* **¶.1** ⟨sprw.⟩ von Toten soll man nichts Übles reden *van de doden niet(s) dan goeds.*

Totgeburt ⟨v.⟩ **0.1** ***geboorte v.e. dood kind*** **0.2** ***doodgeboren kind, doodgeborene.***

Totgeglaubte(r) ⟨bn. als zn.⟩ **0.1** ***dood gewaande.***

tothetzen **0.1** ***doodjagen*** **0.2** ⟨fig.⟩ ***af-, doodjakkeren*** ⇒*afbeulen.*

totkriegen ⟨inf.; fig.⟩ **0.1** ***kapot krijgen.***

totlachen, sich **0.1** ***zich dood-, kapotlachen.***

totlaufen, sich ⟨inf.; fig.⟩ **0.1** ***doodlopen*** ⇒*doodbloeden.*

totmachen ⟨inf.⟩ **0.1** ***doodmaken*** ⇒*afmaken* **0.2** ⟨fig.⟩ ***om zeep helpen, ruïneren.***

Totmannbremse ⟨v.⟩⟨tech.⟩ **0.1** ***dodeman(srem).***

Toto ⟨m. & o.; ~s, ~s⟩ **0.1** ***toto.***

Totoannahmestelle ⟨v.⟩ **0.1** ***totobureau.***

Totogewinn ⟨m.⟩ **0.1** ***prijs in de toto.***

Totoschein ⟨m.⟩ **0.1** ***totoformulier.***

Totpunkt ⟨m.⟩⟨tech.⟩ **0.1** ***dood punt.***

totreden ⟨inf.⟩ **0.1** ***doodpraten, tegen iem. aanpraten tot hij er suf van wordt.***

totsagen **0.1** ***zeggen, beweren dat iem. dood is.***

Totschlag ⟨m.⟩⟨jur.⟩ **0.1** ***doodslag*** ⇒*manslag* ◆ **2.1** wegen versuchten ~s *wegens poging tot doodslag.*

totschlagen ⟨ook fig.⟩ **0.1** ***doodslaan*** ⇒*doden* ◆ **3.1** ⟨inf.; fig.⟩ du kannst mich ~! *al sloeg je me dood!;* ⟨inf.; fig.⟩ dafür lasse ich mich (auf der Stelle) ~! *ik mag een boon wezen als het niet waar is!*

Totschläger ⟨m.⟩ **0.1** ***moordenaar, doder*** ⇒*killer* **0.2** ***ploertendoder.***

totspritzen, sich **0.1** ***zich doodspuiten*** ⟨met drugs⟩.

totstellen, sich **0.1** ***zich dood houden.***

tottreten **0.1** ***doodtrappen.***

Tötung ⟨v.; ~, ~en⟩ **0.1** ***het doden, doding*** ◆ **2.1** ⟨jur.⟩ fahrlässige ~ *dood door schuld.*

Tötungsabsicht ⟨v.⟩⟨jur.⟩ **0.1** ***opzet tot doden, oogmerk om te doden.***

Tötungsdelikt ⟨o.⟩⟨jur.⟩ **0.1** ***delict tegen het leven.***
Tötungsversuch ⟨m.⟩⟨jur.⟩ **0.1** ***poging tot doodslag.***
touchieren **0.1** ***toucheren*** ⟨ook med., sp.⟩.
Toupet ⟨o.; ~s, ~s⟩ **0.1** ***toupet*** ⇒*haarstukje.*
toupieren **0.1** ***touperen*** ⟨van haar⟩.
Tour ⟨v.; ~, ~en⟩ **0.1** ***toer*** ⇒*tocht(je), uitstapje* **0.2** ⟨tech.⟩ ***toer, omwenteling*** **0.3** ⟨inf.; vaak pej.⟩ ***toer*** ⇒*truc, streek* **0.4** ⟨inf.⟩ ***plannetje*** **0.5** ⟨dansen⟩ ***figuur*** ⇒*draai, ronde* ◆ **2.3** immer die alte, dieselbe ~! *steeds weer dezelfde oude truc, het oude liedje!;* seine krummen ~en *zijn louche, slinkse zaakjes, streken* **3.3** die ~ zieht bei mir nicht! *die vlieger gaat bij mij niet op!* **3.4** jmdm. die ~ vermasseln *iemands plannetje verijdelen* **3.5** eine ~ tanzen (a) *een figuur dansen* (b) *een rondje dansen* **6.1** ⟨inf.; fig.⟩ jmdn. **auf** ~en bringen (a) *iem. op dreef, gang brengen* (b) *iem. kwaad maken;* ⟨inf.⟩ **auf** ~ gehen *een tocht ondernemen, gaan toeren;* **auf** ~en kommen (a) *op toeren komen* (b) ⟨inf.; fig.⟩ *op dreef, gang komen, raken;* c ⟨inf.; fig.⟩ *kwaad worden;* **auf** vollen, höchsten ~en laufen ⟨ook inf.; fig.⟩ *op volle toeren draaien, werken;* ⟨inf.⟩ **auf** ~ sein *een tocht, toer maken, (rond)toeren,* ⟨ook⟩ *op pad zijn* **6.¶** ⟨inf.⟩ **in** einer ~ *aan één stuk door.*
Tourenwagen ⟨m.⟩ **0.1** ***toer-, rallywagen.***
Tourenzähler ⟨m.⟩⟨tech.⟩ **0.1** ***toerenteller.***
Tourismus ⟨m.; ~⟩ **0.1** ***toerisme.***
Tourist ⟨m.; ~en, ~en⟩ **0.1** ***toerist.***
Touristikunternehmen ⟨o.⟩ **0.1** ***reisorganisatie*** ⇒*touroperator, reisbureau.*
Tournee ⟨v.; ~, ~n of ~s⟩ **0.1** ***tournee*** ⇒*rondreis.*
Toxikologie ⟨v.; ~⟩⟨med.⟩ **0.1** ***toxicologie*** ⇒*vergiftenleer.*
Toxikum ⟨o.; ~s, Toxika⟩ **0.1** ***toxicum*** ⇒*vergif, giftige stof.*
Trab ⟨m.; ~(e)s⟩ **0.1** ***draf*** ◆ **6.1** ⟨inf.; fig.⟩ jmdn. **auf** ~ bringen *iem. achter de broek, vodden zitten, aanporren;* ⟨fig.⟩ **auf** ~ kommen *op dreef, gang komen;* ⟨inf.; fig.⟩ immer **auf** ~ sein *steeds druk bezig zijn;* **im** ~ *in draf,* ⟨inf. ook⟩ *op een drafje;* ⟨inf.; fig.⟩ jmdn. **in** ~ halten *iem. geen rust gunnen, bezighouden;* ⟨inf.⟩ sich **in** ~ setzen *het op een draf(je) zetten.*
Trabant ⟨m.; ~en, ~en⟩ **0.1** ***trawant*** ⇒⟨ster.⟩ *bijplaneet, maan, satelliet* **0.2** ⟨gesch.⟩ ***lijfwacht*** ⇒*dienaar* **0.3** ⟨steeds mv.; inf.; scherts.⟩ ***klein grut*** ⇒*kleintjes* **0.4** ⟨tech.⟩ ***synchronisatiepuls.***
Trabantenstadt ⟨v.⟩ **0.1** ***satellietstad.***
Trabbi ⟨m.; ~s, ~s⟩⟨inf.⟩ **0.1** ***Trabant(je)*** ⟨auto uit de voormalige DDR⟩.
traben ⟨h/s.⟩ **0.1** ***draven*** ⇒⟨inf.⟩ *hollen.*
Traber ⟨m.; ~s, ~⟩ **0.1** ***(hard)draver*** ⟨paard⟩.
Traberbahn ⟨v.⟩ →**Trabrennbahn.**
Trabrennbahn ⟨v.⟩ **0.1** ***draf-, renbaan, hippodroom.***
Trabrennen ⟨o.⟩⟨sp.⟩ **0.1** ***harddraverij.***
Trachee ⟨v.; ~, ~n⟩⟨biol., plantk.⟩ **0.1** ***trachee*** ⟨ademhalingsbuis; houtvat⟩.
Tracht ⟨v.; ~, ~en⟩ **0.1** ***(kleder)dracht*** ⇒*volksdracht,* ⟨alg.⟩ *kledij, kleding* **0.2** ⟨landb.⟩ ***dracht*** ◆ **1.¶** eine (gehörige) ~ Prügel bekommen *een (geducht) pak slaag krijgen* **3.1** ~ tragen *in klederdracht zijn, lopen.*
trachten ⟨schr.⟩ **0.1** ***streven*** ⇒*trachten.*
Trachtenfest ⟨o.⟩ **0.1** ***folkloristisch feest.***
Trachtengruppe ⟨v.⟩ **0.1** ***folkloristische groep*** ⇒*volksdansgroep.*
trächtig **0.1** ***drachtig*** ⟨van dieren⟩ **0.2** ⟨schr.; fig.⟩ ***bezwangerd*** ⇒*zwanger, vervuld.*
tradieren ⟨schr.⟩ **0.1** ***overleveren*** ⇒*doorgeven.*
Tradition ⟨v.; ~, ~en⟩ **0.1** ***traditie*** ⇒*overlevering* ◆ **3.1** die ~en pflegen *de tradities onderhouden, in ere houden.*
Traditionalismus ⟨m.; ~⟩ **0.1** ***traditionalisme.***
traditionell **0.1** ***traditioneel*** ⇒⟨als bw. vooral⟩ *traditiegetrouw, volgens (de) traditie.*
traditionsbewußt **0.1** ***aan traditie hechtend, met zin voor tradities.***
traditionsgebunden **0.1** ***aan de traditie, aan tradities vastzittend*** ⇒*(erg) traditioneel.*
traditionsgemäß **0.1** ***traditiegetrouw.***
traditionsreich **0.1** ***rijk aan tradities.***
Trafik ⟨v.; ~, ~en⟩⟨Oostr.⟩ **0.1** ***tabaks-, sigarenwinkel.***
Trafo ⟨m.; ~(s), ~s⟩ **0.1** ***trafo, transformator.***
Tragbahre ⟨v.⟩ **0.1** ***draagbaar, -berrie*** ⇒*brancard.*
tragbar **0.1** ***draagbaar*** ⇒*portable* **0.2** ***(makkelijk) draagbaar*** ⇒*lekker zittend* **0.3** ⟨fig.⟩ ***draaglijk, te dragen*** **0.4** ⟨fig.⟩ ***aanvaardbaar*** ⇒*duldbaar, te handhaven.*
träge **0.1** ***traag*** ⟨ook nat.⟩ ⇒*langzaam, sloom, lui, vadsig, loom.*
Trage ⟨v.; ~, ~n⟩ **0.1** ***draagbaar, -berrie*** ⇒*brancard* **0.2** ***draagstel*** ⇒*draagkorf, -mand.*
Tragegurt ⟨m.⟩ **0.1** ***draagriem.***
Tragemutter ⟨v.⟩ **0.1** ***draag-, leenmoeder.***
tragen ⟨→t162⟩ **I** ⟨ov. & onov.ww.⟩ **0.1** ***dragen*** ⟨ook fig.⟩ **0.2** ***drijven, jagen*** **0.3** ⟨fig.⟩ ***opbrengen*** ⇒*afwerpen, opleveren* ◆ **1.1** ⟨fig.⟩ Bedenken ~ *aarzelen, bedenkingen hebben;* das Eis trägt noch nicht *het ijs houdt nog niet, is nog niet sterk genoeg;* ⟨fig.⟩ die ~de Idee *de basisidee, de fundamentele idee, gedachte;* getragene Kleider *gebruikte, tweedehands kleren;* schwarze Kleidung, Schwarz ~ *in het zwart zijn, (gekleed) gaan;* ⟨fig.⟩ eine ~de Rolle *een hoofdrol;* ein ~des Tier *een drachtig dier* **1.3** Früchte ~ *vruchten afwerpen;* Zinsen ~ *rente opleveren* **6.1** ⟨fig.⟩ schwer **an** einer Sache ~ *onder iets zwaar, veel te lijden hebben;* etwas (immer, ständig) **bei** sich ~ *iets (altijd) bij zich hebben;* ⟨fig.⟩ **von** Begeisterung getragen *vol enthousiasme* **6.2** der Wagen wurde **aus** der Kurve getragen *de wagen vloog uit de bocht;*
II ⟨onov.ww.⟩ **0.1** ***dragen*** ◆ **1.1** seine ~de Stimme *zijn ver dragende, krachtige stem* **6.¶** **zum** Tragen kommen (a) *tot zijn recht komen, uitkomen* (b) *effect sorteren, zich doen gevoelen;*
III **sich** ~ ⟨wk.ww.⟩ **0.1** ***dragen*** ⇒*te dragen zijn* **0.2** ***hebben*** ⇒*rondlopen, koesteren* **0.3** ***zich(zelf) (kunnen) bedruipen*** ◆ **5.1** das Kleid hat sich gut getragen *de jurk heeft zich goed gehouden* **6.2** sich **mit** einem Plan ~ *met een plan rondlopen.*
Träger ⟨m.; ~s, ~⟩ **0.1** ***drager*** **0.2** ***draagbalk, ligger*** **0.3** ***kruier, witkiel*** **0.4** ***schouderband(je)*** **0.5** ***bretel*** **0.6** ***houder*** ⇒*winnaar, drager* **0.7** ***verantwoordelijke (instantie)*** ⇒*verantwoordelijke organisatie* **0.8** ⟨fig.⟩ ***dragende kracht*** **0.9** ⟨tech.⟩ ***draaggolf*** ◆ **1.6** der ~ dieses Amtes *de bekleder van deze functie.*
Trägerflugzeug ⟨o.⟩ **0.1** ***vliegtuig*** ⟨v.e. vliegkampschip⟩ **0.2** ***moedervliegtuig.***
Trägerin ⟨v.; ~, ~nen⟩ **0.1** ***draagster*** **0.2** ***houdster*** ⇒*winnares, draagster* **0.3** ***verantwoordelijke (instantie)*** ⇒ *verantwoordelijke organisatie.*
Trägerkleid ⟨o.⟩ **0.1** ***overgooier.***
trägerlos **0.1** ***strapless, zonder schouderbandjes.***
Trägerrakete ⟨v.⟩ **0.1** ***draagraket.***
Trägerschaft ⟨v.; ~⟩ **0.1** ***verantwoordelijke instantie(s), organisatie(s)*** **0.2** ***verantwoordelijkheid.***
Tragezeit ⟨v.⟩ **0.1** ***draagtijd, dracht(tijd)*** ⟨van dieren⟩.
tragfähig **0.1** ***met draagvermogen*** ⇒*in staat te dragen* **0.2** ⟨fig.⟩ ***solide, draagkrachtig*** ◆ **3.1** das Eis ist noch nicht ~ *het ijs houdt nog niet.*
Tragfähigkeit ⟨v.⟩ **0.1** ***draagvermogen*** ⇒*laadvermogen, draagkracht* ⟨vooral fig.⟩.

Tragfläche ⟨v.⟩ **0.1** *draagvlak* ⟨van vliegtuig⟩ ⇒*vleugel*.
Trag|flächenboot, -flügelboot ⟨o.⟩ **0.1** *(draag)vleugelboot.*
Traggestell ⟨o.⟩ **0.1** *draagstel* **0.2** ⟨tech.⟩ *dragend frame.*
Trägheit ⟨v.; ~, ~en⟩ **0.1** *traagheid* ⟨ook nat.⟩ ⇒*lui-, vadsigheid, loom-, sloomheid* ◆ **2.1** geistige ~ *traagheid van geest.*
Trägheitsgesetz ⟨o.⟩⟨nat.⟩ **0.1** *traagheidswet, wet v.d. traagheid.*
Tragik ⟨v.; ~⟩ **0.1** *tragiek* ⇒*het tragische.*
Tragikomik ⟨v.⟩ **0.1** *het tragikomische* ⇒*tragikomische elementen.*
Tragikomödie ⟨v.⟩ **0.1** *tragikomedie.*
tragisch 0.1 *tragisch* ◆ **1.1** ein ~er Dichter *een tragicus, treurspeldichter* **3.1** ⟨inf.⟩ nimm es nicht so ~! *trek het je niet aan!;* ⟨inf.⟩ nimm nicht gleich alles so ~! *maak er nou niet meteen een drama van!* **5.1** ⟨inf.⟩ (alles) halb so ~! *dat is (toch) niet erg!*
Tragkorb ⟨m.⟩ **0.1** *draagkorf, -mand.*
Tragkraft ⟨v.⟩ **0.1** *draagvermogen* ⇒*draagkracht.*
Traglast ⟨v.⟩ **0.1** *draaglast, vracht.*
Tragödie ⟨v.; ~, ~n⟩ **0.1** *tragedie* ⟨ook fig.⟩ ⇒*treurspel,* ⟨inf.; fig.⟩ *ramp, drama, catastrofe.*
Tragödiendichter ⟨m.⟩ **0.1** *treurspeldichter.*
Tragriemen ⟨m.⟩ **0.1** *draagriem.*
Tragseil ⟨o.⟩ **0.1** *draagkabel.*
Tragsessel ⟨m.⟩ **0.1** *draagstoel(tje).*
Tragweite ⟨v.⟩ **0.1** *draagwijdte* ⇒*portee,* ⟨mil.⟩ *dracht,* ⟨fig.⟩ *betekenis.*
Tragwerk ⟨o.⟩ **0.1** ⟨luchtvaart⟩ *vleugels, draagvlakken* **0.2** ⟨bouwk.⟩ *draagconstructie, geraamte, skelet.*
Trailer ⟨m.; ~s, ~⟩ **0.1** *trailer* ⟨ook film.⟩ ⇒⟨verk.⟩ *treiler.*
Trainer ⟨m.; ~s, ~⟩ **0.1** *trainer* ⇒*oefenmeester.*
Trainerschein ⟨m.⟩ **0.1** *trainerslicentie.*
trainieren 0.1 *trainen* ⇒*oefenen* ◆ **6.1 auf** eine Sache trainiert *op, in iets getraind.*
Training ⟨o.; ~s, ~s⟩ **0.1** *training* ◆ **2.1** ein scharfes ~ *een harde training* **3.1** ~ machen *trainen, in training zijn* **6.1** nicht mehr **im** ~ sein *niet meer in vorm, training zijn.*
Trainingsanzug ⟨m.⟩ **0.1** *trainingspak.*
Trainingsjacke ⟨v.⟩ **0.1** *trainingsjack.*
Trainingsspiel ⟨o.⟩ **0.1** *oefenwedstrijd.*
Trajekt ⟨m. & o.; ~(e)s, ~e⟩ **0.1** *grote veerboot* ⇒*pakketboot.*
Trakt ⟨m.; ~(e)s, ~e⟩ **0.1** *vleugel (v.e. gebouw)* **0.2** *rij, reeks (huizen, gebouwen)* ⇒*complex* **0.3** ⟨med.⟩ *tractus* ⇒*kanaal.*
Traktat ⟨m. & o.; ~(e)s, ~e⟩ **0.1** *traktaat* ⇒*traktaatje, vlugschrift.*
traktieren 0.1 *trakteren* ⟨meestal pej.⟩ ⇒*onthalen, vergasten, treiteren, pesten* ◆ **6.1** jmdn. **mit** Schlägen ~ *iem. op slagen trakteren;* jmdn. **mit** dem Stock ~ *iem. er met de stok van langs geven.*
Traktion ⟨v.; ~, ~en⟩⟨tech.⟩ **0.1** *tractie.*
Traktor ⟨m.; ~s, Traktoren⟩ **0.1** *tractor, trekker.*
trällern 0.1 *neuriën* ⇒*kwelen, kwinkeleren.*
Tram ⟨v.; ~, ~s⟩ **0.1** *tram.*
Tramp ⟨m.; ~s, ~s⟩ **0.1** *zwerver, landloper* **0.2** *tramp(schip), schip v.d. wilde vaart.*
Trampel ⟨m. & o.; ~s, ~⟩⟨inf.⟩ **0.1** *onbehouwen mens* ⇒*hosklos.*
trampeln I ⟨onov.ww.⟩ **0.1** ⟨h.⟩ *trappelen* ⇒*stampvoeten, stampen* **0.2** ⟨s.; pej.⟩ *trappen* ⇒*klossen, sjokken* ◆ **6.1 vor** Ungeduld ~ *van ongeduld staan trappelen;*
II ⟨ov.ww.⟩ **0.1** *trappen* ⇒*stampen.*
Trampeltier ⟨o.⟩ **0.1** ⟨biol.⟩ *tweebultige kameel* **0.2** ⟨inf.⟩ *lomp mens* ⇒*hosklos.*
trampen ⟨s.⟩ **0.1** *liften* ⇒*al liftend reizen, trekken* **0.2** ⟨vero.⟩ *(als landloper) (rond)zwerven.*
Tramper ⟨m.; ~s, ~⟩ **0.1** *lifter.*
Trampfahrt ⟨v.⟩ →**Trampschiffahrt.**
Trampolin ⟨o.; ~s, ~e⟩ **0.1** *trampoline.*
Trampschiff ⟨o.⟩ **0.1** *tramp(schip), schip v.d. wilde vaart, vrachtzoeker.*
Trampschiffahrt ⟨v.⟩ **0.1** *trampvaart, wilde vaart.*
Tramway ⟨v.; ~, ~s⟩⟨Oostr.⟩ **0.1** *tram.*
Tran ⟨m.; ~(e)s, ~e⟩ **0.1** *(vis)traan* ◆ **6.¶ im** ~ sein (a) *in de olie zijn, 'm om hebben* (b) *suf, slaperig zijn* (c) *verstrooid zijn.*
Trance ⟨v.; ~, ~n⟩ **0.1** *trance.*
Tranche ⟨v.; ~, ~n⟩ **0.1** ⟨cul.⟩ *(dikke) plak* ⇒*moot, lapje* **0.2** ⟨ec.⟩ *tranche.*
Tranchierbesteck ⟨o.⟩ **0.1** *voorsnijcouvert.*
tranchieren ⟨cul.⟩ **0.1** *trancheren* ⇒*voorsnijden.*
Tranchiermesser ⟨o.⟩ **0.1** *trancheer-, voorsnijmes.*
Träne ⟨v.; ~, ~n⟩ **0.1** *traan* **0.2** ⟨inf.; fig.⟩ *drup(pelt)je* **0.3** ⟨inf.⟩ *sufferd, sukkel* ◆ **2.1** eine heimliche, verstohlene ~ *een verborgen traan(tje);* das ist keine ~ wert *het is (het) niet waard om er een traan om te laten* **3.1** ihr kommen leicht (die) ~n, bei ihr sitzen die ~n locker *zij huilt gauw;* mir kamen die ~n *ik begon te huilen;* ~n lachen *tranen met tuiten lachen;* jmdm. keine ~ nachweinen *geen traan om iem. laten;* die ~n schossen ihm in die Augen *zijn ogen schoten vol tranen;* mir stiegen, traten (die) ~n in die Augen *de tranen kwamen in mijn ogen* **6.1** ⟨inf.; scherts.⟩ eine ~ **im** Knopfloch (eine Blume im Aug') *neem me niet kwalijk!;* **in** ~n aufgelöst *in, onder tranen;* **in** ~n schwelgen (a) *in tranen baden* (b) ⟨fig.⟩ *in sentimentaliteit zwelgen;* **in** ~n schwimmen, zerfließen *tranen met tuiten huilen, in tranen wegsmelten;* benetzt **mit** ~n, naß **von** ~n *betraand, nat van de tranen;* **zu** ~n gerührt *tot tranen bewogen.*
tränen 0.1 *tranen* ⇒*traanogen.*
Tränenausbruch ⟨m.⟩ **0.1** *huilbui.*
Tränendrüse ⟨v.⟩⟨med.⟩ **0.1** *traanklier* ◆ **6.1** ⟨inf.; fig.⟩ **auf** die ~n drücken *op het sentiment werken.*
tränenerstickt ⟨schr.⟩ **0.1** *in tranen gesmoord.*
tränenfeucht 0.1 *nat van (de) tranen* ⇒*betraand.*
Tränenfluß ⟨m.⟩ **0.1** *tranenvloed* ⇒*vloed van tranen.*
Tränengas ⟨o.⟩ **0.1** *traangas.*
tränennaß 0.1 *nat van (de) tranen* ⇒*betraand.*
tränenreich 0.1 *vol tranen* ⇒*in tranen badend, in, onder tranen.*
Tränensack ⟨m.⟩ **0.1** *wal* ⟨onder de ogen⟩ **0.2** ⟨med.⟩ *traanzak.*
Tränentier ⟨o.⟩⟨inf.⟩ **0.1** *sufferd, sukkel* **0.2** *huilebalk.*
tränenüberströmt 0.1 *betraand* ⇒*onder, vol tranen.*
Tran|funsel, -funzel ⟨v.⟩⟨inf.⟩ **0.1** *zwakke lamp* ⇒*armzalig pitje* **0.2** *sukkel, sufferd* ⇒*slome duikelaar.*
tranig 0.1 *tranig* ⇒*traanachtig* **0.2** *saai* ⇒*vervelend.*
Trank ⟨m.; ~(e)s, ⁓e⟩⟨schr.⟩ **0.1** *drank.*
Tränke ⟨v.; ~, ~n⟩ **0.1** *drenk-, drinkplaats, wed.*
tränken 0.1 *doordrenken* ⇒*drenken, (laten) doortrekken, impregneren* **0.2** *drenken, te drinken geven, laten drinken* ◆ **6.1** ⟨fig.⟩ **mit, von** Blut getränkt *met bloed doordrenkt.*
Trankopfer ⟨o.⟩ **0.1** *drank-, plengoffer* ⇒*libatie.*
Transaktion ⟨v.⟩ **0.1** *transactie.*
transalpin(isch) 0.1 *trans-Alpijns.*
Transfer ⟨m.; ~s, ~s⟩ **0.1** *transfer.*
Transferabkommen ⟨o.⟩⟨ec.⟩ **0.1** *transferovereenkomst.*

transferieren **0.1** ***transfereren*** ⟨ook sp.⟩ ⇒⟨ec.⟩ *overmaken, overdragen.*
Transfiguration ⟨v.; ~, ~en⟩⟨rel.⟩ **0.1** ***transfiguratie.***
Transformation ⟨v.⟩ **0.1** ***transformatie*** ⇒*omzetting, herschepping, gedaanteverandering.*
Transformator ⟨m.; ~s, Transformatoren⟩⟨tech.⟩ **0.1** ***transformator.***
transformieren **0.1** ***transformeren*** ⇒*omzetten, omvormen.*
Transfusion ⟨v.; ~, ~en⟩⟨med.⟩ **0.1** ***(bloed)transfusie.***
Transistor ⟨m.; ~s, Transistoren⟩ **0.1** ***transistor.***
Transistorgerät ⟨o.⟩ **0.1** ***transistorradio.***
Transit[1] ⟨m.; ~s, ~e⟩ **0.1** ***transit(o)*** ⇒*doorvoer, doorreis.*
Transit[2] ⟨o.; ~s, ~s⟩ **0.1** ***transit-, doorreisvisum.***
Transitabkommen ⟨o.⟩ **0.1** ***transitovereenkomst.***
Transitgut ⟨o.⟩ **0.1** ***transitogoed, doorvoerwaar.***
transitiv ⟨taal.⟩ **0.1** ***transitief, overgankelijk.***
Transitiv ⟨o.; ~s, ~e⟩⟨taal.⟩ **0.1** ***transitief (werkwoord).***
transitorisch **0.1** ***transitoir*** ⇒*tijdelijk* **0.2** ⟨ec.⟩ ***transitorisch.***
Transitraum ⟨m.⟩⟨verk.⟩ **0.1** ***transithal.***
Transitreisende(r) ⟨bn. als zn.⟩ **0.1** ***reiziger in transit, op doorreis.***
Transit|straße, -strecke ⟨v.⟩ **0.1** ***transitoweg.***
Transitvisum ⟨o.⟩ **0.1** ***transit-, doorreisvisum.***
Transitware ⟨v.⟩ **0.1** ***doorvoerwaar, transitogoed.***
Transitzoll ⟨m.⟩ **0.1** ***doorvoer-, transitorechten.***
transkontinental **0.1** ***transcontinentaal.***
transkribieren **0.1** ***transcriberen.***
Transkription ⟨v.; ~, ~en⟩ **0.1** ***transcriptie.***
Transmission ⟨v.; ~, ~en⟩⟨nat., tech.⟩ **0.1** ***transmissie*** ⇒ ⟨tech.⟩ *overbrenging.*
Transmissionsriemen ⟨m.⟩⟨tech.⟩ **0.1** ***drijf-, transmissieriem.***
Transmissionswelle ⟨v.⟩⟨tech.⟩ **0.1** ***transmissieas.***
transparent **0.1** ***transparant*** ⟨ook fig.⟩ ⇒*doorschijnend, doorzichtig* ⟨ook fig.⟩.
Transparent ⟨o.; ~(e)s, ~e⟩ **0.1** ***spandoek*** **0.2** ***transparant.***
Transparenz ⟨v.; ~⟩ **0.1** ***transparantie*** ⇒*doorschijnendheid,* ⟨fig.⟩ *doorzichtigheid.*
Transpiration ⟨v.; ~, ~en⟩⟨schr., plantk.⟩ **0.1** ***transpiratie.***
Transplantat ⟨o.; ~(e)s, ~e⟩⟨med.⟩ **0.1** ***transplantaat.***
Transplantation ⟨v.; ~, ~en⟩ **0.1** ⟨med.⟩ ***transplantatie*** ⇒ *overplanting* **0.2** ⟨plantk.⟩ ***enting.***
transponieren ⟨muz.; schr.⟩ **0.1** ***transponeren*** ⇒*overzetten.*
Transport ⟨m.; ~(e)s, ~e⟩ **0.1** ***transport*** ⇒*vervoer* ◆ **6.1** der ~ **auf** der Straße, **mit** der Bahn *het transport over de weg, per spoor.*
transportabel **0.1** ***transportabel, transporteerbaar.***
Transportband ⟨o.; mv. ¨er⟩ **0.1** ***transportband.***
Transportbehälter ⟨m.⟩ **0.1** ***transportbak*** ⇒*transportvat, container.*
Transporter ⟨m.; ~s, ~⟩ **0.1** ***transportvoertuig*** ⇒*transport-, bestelwagen* **0.2** ***transportschip*** **0.3** ***transportvliegtuig.***
Transporteur ⟨m.; ~s, ~e⟩ **0.1** ***transporteur*** ⟨ook wisk., tech.⟩.
transportfähig **0.1** ***transportabel, transporteerbaar*** ⇒ *vervoerbaar.*
Transportgewerbe ⟨o.⟩ **0.1** ***transportbranche, -wezen.***
transportieren **0.1** ***transporteren*** ⟨ook tech.⟩ ⇒*vervoeren.*
Transportmittel ⟨o.⟩ **0.1** ***transport-, vervoermiddel.***
transportunfähig **0.1** ***onvervoerbaar, niet transportabel.***
Transportunternehmen ⟨o.⟩ **0.1** ***transport-, vervoersonderneming, transport-, expeditiebedrijf.***
Transportunternehmer ⟨m.⟩ **0.1** ***transportondernemer, transporteur.***
Transposition ⟨v.⟩⟨muz.; schr.⟩ **0.1** ***transpositie.***
Transsubstantiation ⟨v.; ~, ~en⟩⟨rel.⟩ **0.1** ***transsubstantiatie.***
Transuse ⟨v.⟩⟨inf.⟩ **0.1** ***sukkel, sufferd.***
Transversale ⟨v.; ~, ~n⟩⟨wisk.⟩ **0.1** ***transversaal, snijlijn.***
Transvestit ⟨m.; ~en, ~en⟩ **0.1** ***tra(ns)vestiet.***
transzendent ⟨fil., wisk.⟩ **0.1** ***transcendent.***
transzendental ⟨fil.⟩ **0.1** ***transcendentaal.***
Transzendenz ⟨v.; ~⟩⟨fil.; schr.⟩ **0.1** ***transcendentie.***
Trapez ⟨o.; ~es, ~e⟩ **0.1** ⟨sp.⟩ ***trapeze, zweefrek*** **0.2** ⟨wisk.⟩ ***trapezium.***
Trapezakt ⟨m.⟩ **0.1** ***trapeze(nummer).***
Trapezkünstler ⟨m.⟩ **0.1** ***trapezewerker, -acrobaat.***
Trapezoid ⟨o.; ~(e)s, ~e⟩⟨wisk.⟩ **0.1** ***trapezoïde, ongelijke vierhoek.***
Trappe ⟨v.; ~, ~n⟩ **0.1** ***trap(gans).***
trappeln ⟨h/s.⟩ **0.1** ***trappelen*** ⇒*trippelen.*
trappen ⟨s.⟩ **0.1** ***klossen*** ⇒*sjokken, zwaar stappen.*
Trapschießen ⟨o.; ~s, ~⟩⟨sp.⟩ **0.1** ***wedstrijd in het kleiduivenschieten*** **0.2** ***trap, het kleiduivenschieten.***
Trara ⟨o.; ~s⟩ **0.1** ***hoorn-, trompetsignaal*** ⇒*hoorn-, trompetgeschal* **0.2** ⟨inf.⟩ ***heisa, spektakel, soesa.***
Traß ⟨m.; Trasses, Trasse⟩⟨geol.⟩ **0.1** ***tras.***
Trassant ⟨m.; ~en, ~en⟩⟨ec.⟩ **0.1** ***trassant, trekker v.e. wissel.***
Trassat ⟨m.; ~en, ~en⟩⟨ec.⟩ **0.1** ***trassaat, betrokkene.***
Trasse ⟨v.; ~, ~n⟩ **0.1** ***tracé.***
Trassenführung ⟨v.⟩ **0.1** ***tracering*** ⇒*tracé.*
trassieren **0.1** ***traceren*** **0.2** ⟨ec.⟩ ***trasseren, trekken*** ⟨wissel⟩.
Tratsch ⟨m.; ~(e)s⟩⟨inf.⟩ **0.1** ***geklets, geroddel*** ⇒*achterklap, roddel.*
Tratsche ⟨v.; ~, ~n⟩⟨inf.⟩ **0.1** ***roddel(aarster).***
tratschen ⟨inf.⟩ **0.1** ***kletsen*** ⇒*roddelen, kwaadspreken.*
Tratte ⟨v.; ~, ~n⟩⟨ec.⟩ **0.1** ***traite, getrokken wissel.***
Traualtar ⟨m.⟩ **0.1** ***trouwaltaar.***
Traube ⟨v.; ~, ~n⟩ **0.1** ***druif*** **0.2** ***tros*** ⟨ook plantk.⟩ ⇒*druiventros* **0.3** ⟨fig.⟩ ***zwerm, (dichte) drom*** ⇒*hoop* ◆ **3.1** ⟨fig.⟩ jmdm. hängen die ~n zu hoch *voor iem. hangen de druiven te hoog.*
traubenförmig **0.1** ***trosvormig*** ⇒*druifvormig.*
Traubenhyazinthe ⟨v.⟩⟨plantk.⟩ **0.1** ***druifhyacint.***
Traubenkern ⟨m.⟩ **0.1** ***druivenpit.***
Traubenlese ⟨v.⟩ **0.1** ***druivenoogst*** ⇒*druivenpluk.*
Traubenzucker ⟨m.⟩ **0.1** ***druivensuiker, glucose.***
trauen I ⟨onov.ww.; met 3e nv.⟩ **0.1** ***vertrouwen*** ◆ **3.1** seinen Versprechungen war nicht zu ~ *zijn beloften waren niet te vertrouwen* **5.1** jmdm. nicht recht ~ *iem. niet (zo) erg vertrouwen* **¶.1** ⟨sprw.⟩ trau, schau wem *betrouwt die lien, maar weet wel wien;*
II ⟨ov.ww.⟩ **0.1** ***in de echt verbinden*** ⇒*trouwen, het huwelijk voltrekken, inzegenen (van)* ◆ **3.1** sich ~ lassen *trouwen, zich in de echt laten verbinden;*
III sich ~ ⟨wk.ww.⟩ **0.1** ***durven*** ⇒*wagen* ◆ **5.1** du traust dich ja nicht! *je durft niet!* **6.1** sich nicht **in** das Zimmer ~ *de kamer niet in durven (te komen).*
Trauer ⟨v.; ~⟩ **0.1** ***droefheid, verdriet*** ⇒*droefenis* **0.2** ***rouw*** ⇒*rouwkleding, rouwtijd* ◆ **6.2** **in** ~ sein *in de rouw zijn;* **in** tiefer ~ (a) *in diepe, zware rouw* (b) ⟨in doodsberichten⟩ *diepbedroefd, tot onze (grote) droefheid;* jmdn. **in** ~ versetzen *iem. in rouw dompelen.*
Trauerakt ⟨m.⟩ **0.1** ***(officiële) rouwplechtigheid.***
Traueranzeige ⟨v.⟩ **0.1** ***overlijdensbericht, rouwkaart*** **0.2** ***overlijdensadvertentie.***

Trauerarbeit ⟨v.⟩ **0.1** ***rouwverwerking.***
Trauerbinde ⟨v.⟩ **0.1** ***rouwband.***
Trauerbotschaft ⟨v.⟩ **0.1** ***bericht van overlijden, doodsbericht*** **0.2** ***droev(ig)e tijding.***
Trauerbrief ⟨m.⟩ **0.1** ***rouw-, dood(s)brief.***
Trauerfahne ⟨v.⟩ **0.1** ***rouwvlag, zwarte vlag.***
Trauerfall ⟨m.⟩ **0.1** ***sterfgeval.***
Trauerfeier ⟨v.⟩ **0.1** ***rouwplechtigheid*** ⇒*rouwdienst.*
Trauerflor ⟨m.⟩ **0.1** ***rouwfloers*** ⇒*rouwband.*
Trauergast ⟨m.⟩ **0.1** ***gast bij de begrafenis, deelnemer aan de begrafenis.***
Trauer|gefolge, -geleit ⟨o.⟩ **0.1** ***rouwstoet.***
Trauergemeinde ⟨v.⟩⟨schr.⟩ **0.1** ***verzamelde deelnemers aan de begrafenis, begrafenisgangers.***
Trauergottesdienst ⟨m.⟩ **0.1** ***rouwdienst.***
Trauerhaus ⟨o.⟩ **0.1** ***sterfhuis.***
Trauerjahr ⟨o.⟩ **0.1** ***rouwjaar.***
Trauerkleidung ⟨v.⟩ **0.1** ***rouwkleding, -kledij.***
Trauerkloß ⟨m.⟩⟨inf.⟩ **0.1** ***dooie pier, slome duikelaar.***
Trauermarsch ⟨m.⟩ **0.1** ***treurmars.***
Trauermiene ⟨v.⟩⟨inf.⟩ **0.1** ***gezicht als een lijkbidder, begrafenisgezicht.***
Trauermusik ⟨v.⟩ **0.1** ***treurmuziek.***
trauern **0.1** ***treuren*** ⇒*bedroefd zijn, verdriet hebben* **0.2** ***rouwen*** ⇒*in de rouw zijn, rouw dragen.*
Trauernachricht ⟨v.⟩ **0.1** ***bericht van overlijden*** **0.2** ***droev(ig)e tijding.***
Trauerrand ⟨m.⟩ **0.1** ***rouwrand*** ⟨ook onder de nagels⟩.
Trauerrede ⟨v.⟩ **0.1** ***lijkrede.***
Trauerschleier ⟨m.⟩ **0.1** ***rouwsluier.***
Trauerspiel ⟨o.⟩ **0.1** ***treurspel*** ⇒*tragedie* **0.2** ⟨inf.; fig.⟩ ***iets treurigs, triests*** ⇒*trieste zaak, affaire* ◆ **2.2** das war ein richtiges ~ *het was er diep treurig (mee) gesteld.*
Trauertag ⟨m.⟩⟨inf.⟩ **0.1** ***droevige, trieste dag.***
trauervoll ⟨schr.⟩ **0.1** ***diepbedroefd, zeer droevig.***
Trauerweide ⟨v.⟩⟨plantk.⟩ **0.1** ***treurwilg.***
Trauerzeit ⟨v.⟩ **0.1** ***rouwtijd.***
Trauerzug ⟨m.⟩ **0.1** ***rouw-, lijkstoet.***
Traufe ⟨v.; ~, ~n⟩ **0.1** ***dakgoot.***
träufeln I ⟨onov.ww.; s.⟩⟨vero.⟩ **0.1** ***druppelen*** ⇒*druipen, druppen;*
II ⟨ov. & onov.ww.⟩ **0.1** ***(laten) druppelen*** ⇒*gieten.*
Trauformel ⟨v.⟩ **0.1** ⟨rel.⟩ ***inzegeningsformule*** **0.2** ⟨adm.⟩ ***trouwformule.***
traulich **0.1** ***knus, behaaglijk*** ⇒*gezellig, intiem, huiselijk* **0.2** ***vertrouwd*** ⇒*intiem, vertrouwelijk.*
Traum ⟨m.; ~(e)s, ~e⟩ **0.1** ***droom*** ◆ **2.1** ein schwerer ~ *een nare, akelige droom* **3.1** der ~ war ausgeträumt *die droom was uit* **5.1** ⟨inf.⟩ aus (ist) der ~! *afgelopen, weg die droom!* **6.1** wie **im** ~ *als in een droom;* ⟨inf.⟩ nicht **im** ~ *in de verste verte niet;* nicht (mal) **in** meinen kühnsten Träumen *in mijn stoutste dromen (nog) niet* ¶.**1** ⟨sprw.⟩ Träume sind Schäume *dromen zijn bedrog.*
Trauma ⟨o.; ~s, Traumen of Traumata⟩ **0.1** ***trauma.***
Traumberuf ⟨m.⟩⟨inf.⟩ **0.1** ***beroep van iemands dromen.***
Traumbild ⟨o.⟩ **0.1** ***droombeeld*** ⇒*droomgezicht, -wens.*
Traumdeuter ⟨m.⟩ **0.1** ***droomuitlegger.***
Traumdeutung ⟨v.⟩ **0.1** ***droomuitlegging, -verklaring.***
träumen **0.1** ***dromen*** ⇒*mijmeren* ◆ **3.1** das hätte ich mir nicht, nie ~ lassen! *dat had ik nooit durven dromen!* **4.1** ⟨schr.⟩ mir träumte *ik droomde* ¶.**1** ~d ⟨ook⟩ *dromerig.*
Träumer ⟨m.; ~s, ~⟩ **0.1** ***dromer*** ⇒*fantast.*
Träumerei ⟨v.; ~, ~en⟩ **0.1** ***dromerij, mijmering*** **0.2** ⟨muz.⟩ ***rêverie.***
träumerisch **0.1** ***dromerig*** ⇒*mijmerend.*
Traumgesicht ⟨o., mv. ~e⟩⟨schr.⟩ **0.1** ***droomgezicht, visioen.***
traumhaft **0.1** ***als in een droom*** **0.2** ⟨inf.; fig.⟩ ***fantastisch*** ⇒*sprookjesachtig, schitterend.*
Traumtänzer ⟨m.⟩⟨pej.⟩ **0.1** ***fantast.***
traum|verloren, -versunken **0.1** ***in dromen verzonken*** ⇒*mijmerend.*
traumwandeln ⟨h / s.⟩ **0.1** ***slaapwandelen.***
Traumwelt ⟨v.⟩ **0.1** ***droomwereld*** ⇒*rijk der dromen.*
traurig **0.1** ***treurig, droevig*** ⇒*bedroefd, triest* ◆ **5.1** ⟨inf.⟩ ~, aber wahr! *het is helaas maar al te waar!*
Traurigkeit ⟨v.; ~, ~en⟩ **0.1** ***treurigheid*** ⇒*treurig, droevig voorval, ding* **0.2** ***droefheid, droefenis*** ⇒*bedroefdheid.*
Trauring ⟨m.⟩ **0.1** ***trouwring.***
Trauschein ⟨m.⟩ **0.1** ***trouwakte*** ⇒*huwelijksakte* ◆ **6.1** ⟨inf.⟩ **ohne** ~ (zusammen)leben *samenhokken, samenwonen (zonder getrouwd te zijn).*
traut ⟨vero.; schr.; vaak iron.⟩ **0.1** ***knus*** ⇒*gezellig, intiem* **0.2** ***geliefd, lief*** ⇒*intiem, vertrouwd, dierbaar.*
Traute ⟨v.; ~⟩⟨inf.⟩ **0.1** ***moed*** ⇒*lef, durf.*
Trauung ⟨v.; ~, ~en⟩ **0.1** ***huwelijksvoltrekking*** ⇒*huwelijksinzegening, huwelijk* ◆ **2.1** die standesamtliche ~ *het burgerlijk huwelijk, het trouwen voor de wet.*
Trauzeuge ⟨m.⟩ **0.1** ***(trouw)getuige.***
Traverse ⟨v.; ~, ~n⟩ **0.1** ***travers(e)*** ⇒⟨bouwk.⟩ *dwarsbalk,* ⟨tech.⟩ *dwarsstang.*
Traversflöte ⟨v.⟩ **0.1** ***dwarsfluit, traverse.***
traversieren **0.1** ***traverseren.***
Travestie ⟨v.; ~, ~n⟩⟨lit.⟩ **0.1** ***travestie.***
travestieren ⟨lit.⟩ **0.1** ***travesteren.***
Trawler ⟨m.; ~s, ~⟩⟨vis.⟩ **0.1** ***trawler, treiler.***
Trebe ⟨v.; ~⟩⟨inf.⟩ ◆ **6.**¶ **auf** (die) ~ gehen *(van thuis, uit een tehuis) weglopen.*
Trebegänger ⟨m.⟩⟨inf.⟩ **0.1** ***(uit een tehuis of van thuis) weggelopene*** ⇒*zwerver(tje).*
Treber ⟨alleen mv.⟩ **0.1** ***draf, bostel*** ⟨bij bierbrouwen⟩ **0.2** ***droesem*** ⟨van wijn of fruitsappen⟩.
Treck ⟨m.; ~s, ~s⟩ **0.1** ***trek*** ⇒*(uit)tocht, vlucht, colonne* ◆ **6.1** **auf** den ~ gehen *aan een, de trek beginnen, wegtrekken.*
trecken ⟨h / s.⟩ **0.1** ***trekken*** ⇒*wegtrekken.*
Trecker ⟨m.; ~s, ~⟩ **0.1** ***tractor, trekker.***
Treff[1] ⟨m.; ~s, ~s⟩ **0.1** ***ontmoeting, bijeenkomst*** ⇒*treffen* **0.2** ***plaats van samenkomst, trefpunt*** ⇒*ontmoetingsplaats.*
Treff[2] ⟨o.; ~s, ~s⟩⟨kaartspel⟩ **0.1** ***klaveren.***
treffen ⟨→t163⟩ **I** ⟨onov.ww.⟩ **0.1** ⟨h.⟩ ***treffen*** ⇒*raak zijn, raken* **0.2** ⟨s.⟩ ***(aan)treffen*** ⇒*stuiten, (toevallig) ontmoeten, tegenkomen* ◆ **5.1** mit einer Vermutung richtig ~ *het met een vermoeden bij het rechte eind hebben* **6.1** **ins** Tor ~ *scoren* **6.2** **auf** seltsame Dinge ~ *op vreemde dingen stuiten* ¶.**1** getroffen! *raak!,* ⟨fig. vooral⟩ *juist!, goed (zo)!;*
II ⟨ov.ww.⟩ **0.1** ***treffen*** ⇒*raken, ontmoeten, tegenkomen* **0.2** ***nemen, treffen*** ⇒*maken, doen, tot stand brengen* **0.3** ***stuiten (op)*** ⇒*tegenkomen* ◆ **1.1** der Vergleich trifft die Sache nicht *de vergelijking gaat aan de zaak voorbij* **1.2** eine Absprache ~ *een afspraak maken;* eine Wahl ~ *een keuze doen, maken;* eine Feststellung ~ *vaststellen, tot de vaststelling komen;* Maßnahmen ~ *maatregelen treffen* **1.3** Mißstände ~ *op wantoestanden stuiten;*
III sich ~ ⟨wk.ww.⟩ **0.1** ***samenkomen*** ⇒*ontmoeten, treffen, zien* **0.2** ***elkaar ontmoeten, treffen, zien*** ◆ **8.**¶ wie es sich so trifft (a) *zoals het toeval wil* (b) *als het (toevallig) zo uitkomt, als het zo treft.*
Treffen ⟨o.; ~s, ~⟩ **0.1** ***ontmoeting*** ⇒⟨sp.⟩ *wedstrijd* **0.2** ***sa-***

men-, bijeenkomst *⇒treffen, ontmoeting* **0.3** ⟨mil.⟩ ***treffen, gevecht*** ◆ **6.¶** ⟨schr.⟩ etwas **ins** ~ führen *iets (als argument, bewijs) aanvoeren.*

treffend **0.1** ***treffend*** *⇒raak* **0.2** ***juist*** *⇒precies, sprekend.*

Treffer ⟨m.; ~s, ~⟩ **0.1** ***prijs*** ⟨in loterij⟩ **0.2** ⟨mil., sp.⟩ ***treffer*** *⇒raakschot, doelpunt, goal* ◆ **3.1** einen ~ haben (a) *een prijs hebben* (b) *geluk hebben* **3.2** einen ~ anbringen, erzielen (a) *raak schieten* (b) *een doelpunt maken, scoren;* einen ~ erhalten *geraakt, getroffen worden;* ein ~ sein ⟨ook⟩ *raak zijn.*

Trefferanzeige ⟨v.⟩⟨sp.⟩ **0.1** ***scorebord.***

Treffer|quote, -zahl ⟨v.⟩ **0.1** ***aantal treffers*** *⇒score* **0.2** ⟨fig.⟩ ***trefcijfer*** *⇒trefkans, -zekerheid.*

trefflich ⟨schr.⟩ **0.1** ***voortreffelijk*** *⇒uitstekend, uitmuntend* ◆ **6.1** **aufs** ~ste *uitstekend.*

Treffpunkt ⟨m.⟩ **0.1** ***trefpunt, plaats van samenkomst*** **0.2** ⟨wisk.⟩ ***raak-, snijpunt.***

treffsicher **0.1** ***trefzeker*** ⟨ook fig.⟩.

Treibachse ⟨v.⟩⟨tech.⟩ **0.1** ***drijfas.***

Treibanker ⟨m.⟩⟨scheep.⟩ **0.1** ***drijfanker.***

Treibarbeit ⟨v.⟩⟨bk.⟩ **0.1** ***gedreven werk, drijfwerk.***

Treibeis ⟨o.⟩ **0.1** ***drijfijs*** ◆ **¶.1** der Fluß führt ~, geht mit ~ *de rivier is aan het kruien, kruit.*

treiben ⟨→t164⟩ **I** ⟨onov.ww.⟩ **0.1** ⟨h/s.⟩ ***drijven*** **0.2** ⟨h.; inf.⟩ ***doen zweten*** **0.3** ⟨h.⟩ ***uitlopen, botten*** ◆ **1.1** ⟨fig.⟩ die Dinge zu lange ~ lassen *de dingen, zaken te lang op hun beloop laten* **1.¶** Bier treibt so *van bier moet je zo gauw plassen;* die Hefe treibt *de gist rijst* **3.1** ⟨fig.⟩ sich ~ lassen *zich (willoos) door de stroom laten meevoeren,* ⟨ook⟩ *zich laten gaan* **5.1** ⟨fig.⟩ wohin werden die Dinge noch ~? *hoe zullen de zaken zich ontwikkelen?* **6.1** **ins** Treiben kommen (a) *beginnen te drijven* (b) *op drift raken;* der Saft trieb **ins** Holz *het sap schoot in het hout;*
II ⟨ov.ww.⟩ **0.1** ***drijven*** *⇒jagen, aandrijven* **0.2** ***doen aan, uitoefenen*** *⇒(be)drijven, beoefenen* **0.3** ⟨inf.⟩ ***doen*** *⇒uitvoeren, uithalen* **0.4** ⟨landb.⟩ ***krijgen*** **0.5** ⟨landb.⟩ ***telen*** *⇒ kweken* **0.6** ⟨jacht⟩ ***opdrijven, opjagen*** ◆ **1.1** einen Kreisel ~ *een tol zwepen, aandrijven;* das Wasser treibt das Rad *het water drijft het rad (aan)* **1.2** Gymnastik ~ *(aan) gymnastiek doen, gymmen;* ein Handwerk ~ *een ambacht uitoefenen;* Luxus ~ *in grote luxe leven;* Spionage ~ *aan spionage doen, spioneren;* Sport ~ *aan sport doen, sporten;* ein Studium ~ *een studie doen, studeren;* Vorsorge ~ *voorzorgsmaatregelen treffen* **1.4** (neue) Blätter ~ *bladeren krijgen* **3.1** man muß ihn immer ~! *je moet steeds achter hem aan zitten!* **4.1** ⟨onpers. ww.⟩ es treibt mich *ik (ge)voel de behoefte, ik voel me gedreven;* was mag ihn wohl ~? *wat mag, zou hem toch bezielen?* **4.3** was treibst du den ganzen Tag? *wat doe jij zoal de hele dag?* **5.3** was treibt ihr (denn) hier? *wat voeren, spoken jullie hier uit?;* so darf, kann er es nicht mehr lange ~ *zo mag, kan hij niet lang meer blijven doorgaan;* ⟨fig.⟩ es nicht mehr lange ~ *het niet lang meer maken;* es wüst ~ *woest tekeergaan, (lelijk, danig) huishouden* **6.1** ⟨onpers. ww.⟩ es trieb mich **ans** Meer *ik voelde de drang om naar zee te gaan;* einen Reifen **auf** ein Faß ~ *een hoepel om een vat slaan;* die Wut wurde **bis zur** Siedehitze getrieben *de woede steeg tot het kookpunt;* etwas **durch** ein Sieb ~ *iets door een zeef halen;* einen Nagel **in** die Wand ~ *een spijker in de muur drijven, slaan;* die Preise **in** die Höhe, **nach** oben ~ *de prijzen opdrijven;* das trieb ihm den Zorn **ins** Gesicht *hij werd rood van kwaadheid (daardoor);* das Vieh **ins, zu** Tal ~ *het vee naar het dal drijven;* ⟨bk.⟩ **von** Hand getrieben *met de hand gedreven;* Demonstranten **von** der Straße ~ *demonstranten van de straat af-, verjagen, verdrijven;* jmdn. **zur** Arbeit ~ *iem. aan het werk zetten;* jmdn. **zur** Eile ~ *iem. tot spoed aanzetten;* jmdn. **zur** Verzweiflung ~ *iem. wanhopig maken* **6.3** es schlimm, übel **mit** jmdm. ~ *iem. slecht behandelen* **6.¶** ⟨inf.⟩ es **mit** jmdm. ~ *het met iem. doen* ⟨seksuele omgang⟩; ⟨inf.⟩ es **mit** allerhand Männern ~ *zich met allerlei mannen afgeven, inlaten.*

Treiben ⟨o.; ~s, ~⟩ **0.1** ***drukte*** *⇒leven, bedrijvigheid* **0.2** ⟨vaak pej.⟩ ***doen en laten, handelwijze*** *⇒manier van doen, optreden, activiteit(en)* **0.3** ⟨jacht⟩ ***klop-, drijfjacht*** ◆ **2.1** das emsige, geschäftige ~ *de nijvere drukte, de grote bedrijvigheid* **2.2** sein dunkles, schmutziges ~ *zijn verdachte, vuile zaakjes, zijn (smerig) geknoei.*

Treiber ⟨m.; ~s, ~⟩ **0.1** ***drijver*** ⟨ook jacht⟩ *⇒veedrijver* **0.2** ⟨pej.; fig.⟩ ***(door)drijver*** **0.3** ⟨scheep.⟩ ***druil*** ⟨klein zeil⟩.

Treiberei ⟨v.; ~, ~en⟩ **0.1** ⟨landb.⟩ ***teelt, kweek*** **0.2** ⟨inf.; pej.⟩ ***drijverij*** *⇒het opjagen, gejaag.*

Treibgas ⟨o.⟩ **0.1** ***drijfgas*** ⟨in spuitbus⟩ **0.2** ***aandrijvingsgas*** ⟨bij motor⟩.

Treibgut ⟨o.⟩ **0.1** ***(rond)drijvend (wrak)goed.***

Treibhaus ⟨o.⟩ **0.1** ***(broei)kas*** *⇒serre.*

Treibhauseffekt ⟨m.⟩ **0.1** ***broeikaseffect.***

Treibhauskultur ⟨v.⟩ **0.1** ***glastuinbouw, -teelt.***

Treibhauspflanze ⟨v.⟩ **0.1** ***kasplant.***

Treibholz ⟨o.⟩ **0.1** ***drijfhout.***

Treibjagd ⟨v.⟩ **0.1** ***klop-, drijfjacht.***

Treibmine ⟨v.⟩⟨mil.⟩ **0.1** ***strooimijn, drijvende mijn.***

Treibmittel ⟨o.⟩ **0.1** ⟨schei.⟩ ***blaasmiddel*** **0.2** ⟨schei.⟩ ***drijfgas*** ⟨in spuitbus⟩ **0.3** ⟨cul.⟩ ***rijsmiddel.***

Treiböl ⟨o.⟩ **0.1** ***brandstofolie.***

Treibrad ⟨o.⟩⟨tech.⟩ **0.1** ***drijfwiel*** *⇒drijfrad.*

Treibriemen ⟨m.⟩⟨tech.⟩ **0.1** ***drijfriem.***

Treibsand ⟨m.⟩ **0.1** ***drijfzand.***

Treibsatz ⟨m.⟩⟨tech.⟩ **0.1** ***voortdrijvende lading.***

Treibschlag ⟨m.⟩⟨sp.⟩ **0.1** ***drive.***

Treibstoff ⟨m.⟩ **0.1** ***(motor)brandstof.***

Treibstofflager ⟨o.⟩ **0.1** ***depot voor motorbrandstof(fen).***

Treibstofftank ⟨m.⟩ **0.1** ***brandstoftank*** *⇒olie-, benzinetank.*

Treidel|pfad, -weg ⟨m.⟩⟨vero.; scheep.⟩ **0.1** ***jaagpad.***

Trema ⟨o.; ~s, ~s of ~ta⟩⟨taal.⟩ **0.1** ***trema, deelteken.***

Trend ⟨m.; ~s, ~s⟩ **0.1** ***trend*** *⇒tendens.*

Trendwende ⟨v.⟩ **0.1** ***kentering, ommezwaai (in de trend).***

trennbar **0.1** ***scheidbaar*** ⟨ook taal.⟩.

trennen **I** ⟨ov.ww.⟩ **0.1** ***scheiden*** ⟨ook schei.⟩ ⇒⟨taal.⟩ *splitsen, afbreken* **0.2** ***lostornen*** **0.3** ⟨tech.⟩ ***selectief zijn*** **0.4** ⟨com.⟩ ***onder-, verbreken*** ◆ **1.1** die Ehe wurde getrennt *het huwelijk werd ontbonden;* ein getrennter Eingang *een aparte ingang* **1.2** die Naht ~ *de naad lostornen* **3.1** auf Dauer, ständig getrennt *duurzaam gescheiden;* getrennt marschieren, vereint schlagen (a) *van verschillende kanten oprukken, maar verenigd slag leveren* (b) ⟨fig.⟩ *los van elkaar toch hetzelfde doel nastreven* **4.4** wir wurden getrennt *ons gesprek werd onderbroken* **5.1** Begriffe sauber ~ *begrippen zuiver uit elkaar houden* **6.1** etwas **in** zwei Teile ~ *iets in twee delen scheiden, verdelen, iets in tweeën delen;* ⟨taal.⟩ **nach** Silben ~ *in lettergrepen verdelen, splitsen;* die Person **von** der Sache ~ *persoon en zaak uit elkaar houden;* das Trennende **zwischen** den Menschen *(dat) wat de mensen scheidt;*
II sich ~ ⟨wk.ww.⟩ **0.1** ***scheiden*** *⇒uit, van elkaar gaan, zich scheiden* **0.2** ***verlaten*** *⇒weggaan* **0.3** ***loslaten, zich losmaken, opgeven*** *⇒laten varen, van zich afzetten* ◆ **1.1** das Paar hat sich getrennt *het paar is uit elkaar gegaan* **3.3** ich konnte mich nicht ~ *ik kon er niet van loskomen, scheiden* **5.1** die Mannschaften trennten sich unentschie-

den 1:1 *de ploegen, teams hebben één-één gelijk gespeeld* **6.1** ⟨euf.⟩ die Firma möchte sich **von** ihm ~ *de firma zou hem wel kwijt willen* **6.2** er trennte sich **von** seiner Frau *hij ging van zijn vrouw weg, af, verliet zijn vrouw* **6.3** ich möchte mich **von** meinem Auto ~ *ik zou van mijn auto af willen;* sich **von** jeglichem Besitz ~ *van alle bezit afstand doen.*

Trennlinie ⟨v.⟩ **0.1** ***scheid(ing)slijn*** ⟨ook fig.⟩.

Trennmesser ⟨o.⟩ **0.1** ***tornmesje.***

trennscharf 0.1 ⟨tech.⟩ ***selectief*** **0.2** ⟨fil. en statistiek⟩ ***(goed, erg) discriminerend.***

Trennschärfe ⟨v.⟩ **0.1** ⟨tech.⟩ ***selectiviteit*** **0.2** ⟨fil. en statistiek⟩ ***discriminatievermogen.***

Trennung ⟨v.; ~, ~en⟩ **0.1** ***scheiding*** **0.2** ⟨com.⟩ ***onder-, verbreking*** **0.3** ⟨taal.⟩ ***afbreking, splitsing*** ◆ **2.1** die räumliche ~ *de afstand in de ruimte, de geografische afstand* **6.1** **in** ~ leben *in scheiding, gescheiden leven.*

Trennungsentschädigung ⟨v.⟩ **0.1** ***scheidings-, separatietoelage.***

Trennungslinie ⟨v.⟩ **0.1** ***scheid(ing)slijn*** ⟨ook fig.⟩.

Trennungsstrich ⟨m.⟩ **0.1** ⟨taal.⟩ ***afbrekingsteken*** **0.2** ⟨fig.⟩ ***scheid(ing)slijn.***

Trennungszeichen ⟨o.⟩ ⟨taal.⟩ **0.1** ***afbrekingsteken.***

Trennwand ⟨v.⟩ **0.1** ***tussenmuur, -wand*** ⇒*scheid(ing)smuur.*

Trense ⟨v.; ~, ~n⟩ **0.1** ***trens*** ⟨paardenbit⟩.

treppauf 0.1 ***de trap op.***

Treppe ⟨v.; ~, ~n⟩ **0.1** ***trap*** ◆ **3.¶** ⟨inf.⟩ die ~ hinauffallen *onverdiend, onverwacht promotie maken* **5.1** zwei ~n (hoch) wohnen *twee hoog wonen* **6.1** **auf** halber ~ *halverwege de trap,* ⟨ook⟩ *op de overloop.*

Treppenabsatz ⟨m.⟩ **0.1** ***overloop.***

Treppenaufgang ⟨m.⟩ **0.1** ***trap(opgang).***

Treppenbeleuchtung ⟨v.⟩ **0.1** ***trappenhuisverlichting.***

Treppenflur ⟨m.⟩ **0.1** ***trappenhuis*** ⇒*gang, hal.*

Treppengeländer ⟨o.⟩ **0.1** ***trapleuning.***

Treppengiebel ⟨m.⟩ **0.1** ***trap(jes)gevel.***

Treppenhaus ⟨o.⟩ **0.1** ***trappenhuis.***

Treppenläufer ⟨m.⟩ **0.1** ***traploper.***

Treppenleiter ⟨v.⟩ **0.1** ***trapladder.***

Treppenpodest ⟨o.⟩ **0.1** ***overloop.***

Treppenstufe ⟨v.⟩ **0.1** ***(trap)trede, trede v.e. trap.***

Treppenwitz ⟨m.⟩ ⟨iron.⟩ **0.1** ***esprit d'escalier.***

Tresen ⟨m.; ~s, ~⟩ ⟨vooral Ndd.⟩ **0.1** ***bar, tapkast, buffet*** **0.2** ***toonbank*** **0.3** ***balie.***

Tresor ⟨m.; ~s, ~e⟩ **0.1** ***brandkast, safe*** **0.2** ***kluis, safe.***

Tresorraum ⟨m.⟩ **0.1** ***kluis*** ⟨in bank⟩.

Tresse ⟨v.; ~, ~n⟩ **0.1** ***tres*** ⇒*galon.*

Trester ⟨alleen mv.⟩ **0.1** ***droesem, moer*** ⇒*draf.*

Tresterwein ⟨m.⟩ **0.1** ***na-, droesemwijn.***

Tretauto ⟨o.⟩ **0.1** ***trapauto(otje).***

Tretboot ⟨o.⟩ **0.1** ***waterfiets.***

Treteimer ⟨m.⟩ **0.1** ***pedaalemmer.***

treten ⟨→t165⟩ **I** ⟨onov.ww.⟩ **0.1** ⟨s.⟩ ***stappen*** ⇒*treden* **0.2** ⟨s., minder vaak h.⟩ ***trappen*** ⇒*treden* **0.3** ⟨s.⟩ ***toetreden, lid worden*** ◆ **5.1** (bitte,) ~ Sie näher! *komt u maar!* **6.1** **ans** Fenster ~ *aan het raam komen, naar het raam lopen;* **auf** den Balkon ~ *op het balkon komen, het balkon betreden;* **aus** dem Haus, der Tür ~ *het huis, de deur uitkomen;* **durch** die Tür ~ *door, via de deur (naar binnen, buiten) komen;* **hinter** eine Säule ~ *achter een pilaar gaan staan;* **hinter** die Wolken ~ *achter de wolken verdwijnen;* **in** sein 40. Jahr ~ *zijn 40e (jaar) ingaan;* **in** Verhandlungen ~ *in onderhandeling treden;* **ins** Zimmer ~ *de kamer binnenkomen, betreden;* **nach** hinten ~ *(een paar passen) achteruitgaan;* er trat **neben** mich *hij kwam naast me staan;* **vor** den Spiegel ~ *voor de spiegel gaan staan;* er trat **zu** mir *hij kwam naar me toe;* **zwischen** die Streitenden ~ *tussen de strijdende, ruziënde partijen in gaan staan;* ⟨fig.⟩ es darf nichts **zwischen** dich und mich ~ *er mag niets tussen jou en mij in komen* **6.2** **auf** die Bremse ~ *op de rem trappen;* **gegen** die Tür ~ *tegen de deur schoppen, trappen;* sich ⟨3e nv.⟩ einen Nagel **in** den Schuh ~ *met zijn schoen in een spijker trappen;* ⟨inf.; fig.⟩ nach oben buckeln, **nach** unten ~ *naar boven likken, naar onderen trappen* **6.3** **in** einen Verein ~ *tot een vereniging toetreden, lid worden van een vereniging;*
II ⟨ov.ww.⟩ **0.1** ***trappen*** ⇒*schoppen, een trap geven* **0.2** ***treden, bespringen*** ⟨mannelijke vogel⟩ **0.3** ⟨sp.⟩ ***nemen*** ⇒*schieten* **0.4** ⟨fig.⟩ ***aan zitten achter, achter de vodden zitten*** ⇒*(aan)porren* ◆ **1.1** die Bremse, Pedale ~ *op de rem, pedalen trappen* **1.3** einen Elfmeter ~ *een penalty, strafschop nemen* **6.1** sich ⟨3e nv.⟩ den Schmutz **von** den Schuhen ~ *het vuil van zijn schoenen trappen.*

Treter ⟨m.; ~s, ~⟩ ⟨inf.⟩ **0.1** ***(oude) schoen, trapper.***

Tretkurbel ⟨m.⟩ **0.1** ***pedaalkruk, crank*** ⟨van fiets⟩ **0.2** ***(kick)starter, startpedaal*** ⟨van bromfiets⟩.

Tretmine ⟨v.⟩ ⟨mil.⟩ **0.1** ***land-, trapmijn.***

Tretmühle ⟨v.⟩ **0.1** ***tredmolen*** ⟨vooral fig.⟩.

Tretroller ⟨m.⟩ **0.1** ***autoped*** ⟨met pedaal⟩.

treu 0.1 ***trouw*** ⇒*getrouw* **0.2** ⟨schr.; met 3e nv.⟩ ***overeenkomstig*** ⇒*volgens, trouw (aan), getrouw* **0.3** ⟨inf.⟩ ***naïef, onnozel*** ⇒*trouwhartig* ◆ **1.2** ~ dem Beschluß *overeenkomstig het besluit* **2.1** jmdm. ~ ergeben *iem. trouw, innig toegedaan* **8.3** ~ und bieder, brav *braafjes, door en door braaf.*

Treu ⟨v.⟩ →**Treue.**

Treubruch ⟨m.⟩ **0.1** ***trouwbreuk*** ⇒*verraad, ontrouw.*

treubrüchig 0.1 ***ontrouw*** ⇒*trouweloos.*

treudeutsch ⟨meestal pej.⟩ **0.1** ***oer-Duits, (typisch) Duits.***

treudoof ⟨inf.⟩ **0.1** ***onnozel, schaapachtig.***

Treue ⟨v.; ~⟩ **0.1** ***trouw*** ⇒*getrouwheid* ◆ **3.1** jmdm. die ~ bewahren, halten *iem. trouw blijven;* jmdm. die ~ brechen *iem. ontrouw worden* **6.1** ⟨in brieven⟩ **in** alter ~ Dein X. *je trouwe X.;* in ~ **zu** jmdm. halten, stehen *iem. trouw zijn, blijven;* die ~ **zu** seinem Staat *de trouw tegenover, aan zijn staat* **8.1** auf, in Treu und Glauben *op goed vertrouwen, geloof, in goed vertrouwen.*

Treuegelöbnis ⟨o.⟩ **0.1** ***gelofte, belofte van trouw.***

Treueid ⟨m.⟩ **0.1** ***eed van trouw.***

Treuepflicht ⟨v.⟩ ⟨jur.⟩ **0.1** ***plicht van trouw.***

Treueprämie ⟨v.⟩ **0.1** ***dienstjarentoeslag*** ⇒*getrouwheidspremie.*

treuergeben ⟨vero.⟩ **0.1** ***zeer toegenegen*** ⇒*toegewijd.*

Treueschwur ⟨m.⟩ **0.1** ***eed van trouw.***

treugesinnt 0.1 ***trouw.***

Treuhand ⟨v.⟩ **0.1** ⟨jur.⟩ ***trusteeship*** **0.2** ***afwikkelingsmaatschappij voor het voormalige DDR-vermogen.***

Treuhandanstalt ⟨v.⟩ **0.1** ***afwikkelingsmaatschappij voor het voormalige DDR-vermogen.***

Treuhänder ⟨m.; ~s, ~⟩ ⟨jur.⟩ **0.1** ***trustee*** ⇒*vertrouwensman.*

treuhänderisch ⟨jur.⟩ **0.1** ***van, als trustee*** ⇒*fiduciair.*

Treuhandgebiet ⟨o.⟩ ⟨jur.⟩ **0.1** ***trustgebied*** ⟨v.d. VN⟩.

Treuhandgesellschaft ⟨v.⟩ ⟨jur.⟩ **0.1** ***trustmaatschappij.***

Treuhandschaft ⟨v.; ~, ~en⟩ ⟨jur.⟩ **0.1** ***trusteeship.***

Treuhandstelle ⟨v.⟩ **0.1** ***trustkantoor.***

treuherzig 0.1 ***trouwhartig*** ⇒*argeloos.*

treulich ⟨vero.⟩ **0.1** ***(ge)trouw*** ⇒*getrouwelijk, nauwgezet.*

treulos 0.1 ***trouweloos*** ⇒*ontrouw, perfide* ◆ **6.1** ~ **gegen** jmdn. *trouweloos tegenover, jegens iem.*

Treulosigkeit ⟨v.; ~⟩ **0.1** ***trouweloosheid*** ⇒*perfidie.*
Treuschwur ⟨v.⟩ →**Treueschwur.**
treusorgend ⟨inf.⟩ **0.1** ***zorgzaam, trouw zorgend.***
Triade ⟨v.; ~, ~n⟩ **0.1** ***triade*** ⟨drietal⟩.
Triangel ⟨m.; ~s, ~⟩⟨muz.⟩ **0.1** ***triangel.***
Trias ⟨v.; ~, ~⟩ **0.1** ⟨schr. en vaktaal⟩ ***trias*** **0.2** ⟨geol.⟩ ***Trias.***
Triathlon ⟨o.; ~s⟩⟨sp.⟩ **0.1** ***triatlon*** **0.2** ***wintertriatlon.***
Tribun ⟨m.; ~s of ~en, ~e(n)⟩ **0.1** ***tribuun*** ⇒⟨fig.⟩ *volksleider, -menner.*
Tribunal ⟨o.; ~s, ~e⟩ **0.1** ***tribunaal.***
Tribüne ⟨v.; ~, ~n⟩ **0.1** ***tribune.***
Tribut ⟨m.; ~(e)s, ~e⟩ **0.1** ***tribuut*** ⇒*cijns, schatting,* ⟨fig. vooral⟩ *tol* ◆ **3.1** einen ~ entrichten, leisten *een tribuut, cijns, tol betalen;* ⟨fig.⟩ das fordert seinen ~ *dat eist zijn tol;* ⟨fig.⟩ einer Leistung den ~ zollen *voor een prestatie waardering opbrengen.*
tributpflichtig **0.1** ***schat-, tribuutplichtig.***
Trichine ⟨v.; ~, ~n⟩⟨biol.⟩ **0.1** ***trichine.***
Trichter ⟨m.; ~s, ~⟩ **0.1** ***trechter*** ⇒⟨muz. vooral⟩ *beker* ⟨v.e. trompet⟩ ◆ **2.¶** Nürnberger ~ *inpompmethode* **6.¶** ⟨inf.⟩ jmdn. **auf** den (richtigen) ~ bringen *iem. op het (goede) spoor zetten;* ⟨inf.⟩ **auf** den (richtigen) ~ kommen *het doorhebben, snappen.*
Trichtermündung ⟨v.⟩⟨aardr.⟩ **0.1** ***trechtermond, estuarium.***
Trick ⟨m.; ~s, ~s⟩ **0.1** ***truc*** ⇒*foefje, handigheid(je), slimmigheidje.*
Trickbetrüger ⟨m.⟩ **0.1** ***bedrieger*** ⇒*oplichter.*
Trickfilm ⟨m.⟩ **0.1** ***trucfilm.***
Trickkiste ⟨v.⟩⟨inf.; vooral fig.⟩ **0.1** ***trukendoos.***
trickreich **0.1** ***met veel, allerlei trucs*** ⇒*geraffineerd.*
tricksen ⟨inf.⟩ **0.1** ***trucs, trucjes gebruiken, toepassen*** ⇒ *geraffineerd te werk gaan.*
Trickser ⟨m.; ~s, ~⟩⟨inf.⟩ **0.1** ***gladjanus, gladde vogel.***
Tricktrack ⟨o.; ~s, ~s⟩ **0.1** ***triktrak*** ◆ **3.1** ~ spielen *triktrakken.*
Trieb ⟨m.; ~(e)s, ~e⟩ **0.1** ***drift*** ⇒*instinct, aandrift* **0.2** ***drang*** ⇒*neiging* **0.3** ⟨vero.⟩ ***zin, lust*** **0.4** ⟨plantk.⟩ ***loot*** ⇒*scheut, spruit* **0.5** ⟨tech.⟩ ***aandrijving*** ⇒*voortstuwing* **0.6** ⟨tech.⟩ ***tandwieltje*** ◆ **1.2** der ~ der Selbsterhaltung *de drang tot zelfbehoud* **2.2** ein dumpfer ~ *een vage drang.*
trieb|artig, -bedingt **0.1** ***instinctief*** ⇒*instinctmatig, op (het) instinct berustend.*
Triebfeder ⟨v.⟩ **0.1** ⟨fig.⟩ ***drijfveer*** **0.2** ⟨tech.⟩ ***(opwind)veer*** ⇒*veermotor.*
triebhaft **0.1** ***instinctief, instinctmatig*** ⇒*instinct-* **0.2** ***drift-*** ⇒*geleid door zijn driften, impulsief.*
Triebhandlung ⟨v.⟩ **0.1** ***instincthandeling, instinctieve handeling.***
Triebkraft ⟨v.⟩ **0.1** ⟨tech.; fig.⟩ ***drijfkracht*** ⇒⟨fig. ook⟩ *(drijvende) kracht, impuls, drijfveer* **0.2** ⟨plantk.⟩ ***groeikracht*** **0.3** ⟨cul.⟩ ***gistkracht.***
Triebleben ⟨o.⟩ **0.1** ***driftleven.***
triebmäßig **0.1** ***instinctmatig*** ⇒*instinctief, drift-.*
Triebmörder ⟨m.⟩ **0.1** ***seksueel gedreven moordenaar*** ⇒ *lustmoordenaar.*
Triebrad ⟨o.⟩⟨tech.⟩ **0.1** ***drijfwiel*** ⇒*drijfrad.*
Triebsand ⟨m.⟩ **0.1** ***drijfzand.***
Trieb|täter, -verbrecher ⟨m.⟩ **0.1** ***seksuele misdadiger.***
Triebwagen ⟨m.⟩ **0.1** ***motor(spoor)wagen.***
Triebwerk ⟨o.⟩ **0.1** ***drijfwerk*** ⇒*aandrijfmechanisme* **0.2** ***(vliegtuig)motor.***
Triefauge ⟨o.⟩ **0.1** ***druip-, leepoog.***
triefen ⟨h/s.→t166⟩ **0.1** ***druipen*** ⇒⟨fig.⟩ *overlopen, overstromen* ◆ **1.1** eine ~de Nase ⟨ook⟩ *een druipneus* **2.1** ~d naß *druipnat* **4.1** ihm triefte, ⟨schr.⟩ troff die Nase *zijn neus droop* **6.1** ⟨fig.⟩ **von, vor** Freundlichkeit ~ *overlopen van vriendelijkheid.*
triefnaß ⟨inf.⟩ **0.1** ***druip-, klets-, zeiknat.***
Trient ⟨o.; ~s⟩ **0.1** ***Trente.***
triezen ⟨inf.⟩ **0.1** ***pesten*** ⇒*treiteren, plagen.*
Trift ⟨v.; ~, ~en⟩ **0.1** ***drift*** ⇒*het drijven, stroming* **0.2** ***driftig, ronddrijvend goed*** ⇒*drift* **0.3** ⟨reg.⟩ ***beemd, weide.***
triften **0.1** ***vlotten*** ⟨hout⟩.
triftig **0.1** ***afdoend, gegrond*** ⇒*geldig, steekhoudend* **0.2** ⟨scheep.⟩ ***driftig*** ⇒*op drift (geraakt).*
Trigonometrie ⟨v.; ~⟩ **0.1** ***trigonometrie, driehoeksmeting*** ◆ **2.1** ebene ~ *vlakke driehoeksmeting;* sphärische ~ *boldriehoeksmeting.*
Trikolore ⟨v.; ~, ~n⟩ **0.1** ***tricolore, (nationale) driekleur.***
Trikot[1] ⟨m.; ~s, ~s⟩ **0.1** ***tricot*** ⟨weefsel⟩.
Trikot[2] ⟨o.; ~s, ~s⟩ **0.1** ***shirt, trui(tje)*** **0.2** ***maillot*** ⇒*tricot* ◆ **2.1** ⟨sp.⟩ das gelbe ~ *de gele trui.*
Trikotage ⟨v.; ~, ~n⟩ **0.1** ***tricotage*** ⇒*tricotgoed.*
Trikothemd ⟨o.⟩ **0.1** ***tricot hemd*** ⇒*shirt.*
Trikotwerbung ⟨v.⟩ **0.1** ***shirtreclame.***
Triller ⟨m.; ~s, ~⟩⟨muz.⟩ **0.1** ***triller*** ⟨ook van vogels⟩ ◆ **3.¶** ⟨inf.⟩ einen ~ haben *niet goed snik zijn.*
trillern **0.1** ***trillers maken, zingen*** ⇒*trillen* **0.2** ***kwinkeleren*** ⇒*tierelieren* **0.3** ***fluiten*** ⟨op een fluit⟩ ◆ **1.3** eine Pfeife trillerte *een fluit(je) weerklonk schril.*
Trillerpfeife ⟨v.⟩ **0.1** ***(sein)fluitje*** ⇒*bootsmansfluit.*
Trillion ⟨v.; ~, ~en⟩ **0.1** ***triljoen*** ⟨miljard maal miljard⟩.
Trilogie ⟨v.; ~, ~n⟩ **0.1** ***trilogie.***
Trimester ⟨o.; ~s, ~⟩ **0.1** ***trimester*** ⇒*kwartaal.*
Trimm-dich-Pfad ⟨m.⟩⟨sp.⟩ **0.1** ***trimbaan, -parcours.***
trimmen **0.1** ***trimmen*** **0.2** ⟨inf.; door training, oefening⟩ ***leren*** ⇒*bijbrengen* **0.3** ⟨inf.⟩ ***(het karakter) geven (van)*** ⇒ *maken, inrichten* ◆ **4.1** ich trimme mich jeden Tag *ik trim elke dag* **6.2** **auf** eine harte Linie getrimmt *op een harde lijn afgericht, geschoold;* jmdn. **auf** Ordnung ~ *iem. orde leren (houden), inprenten* **6.3** sich **auf** jugendlich ~ *op de jeugdige toer gaan;* den Motor **auf** Höchstleistung ~ *de motor tot maximale prestatie(s) opvoeren.*
Trimmer ⟨m.; ~s, ~⟩ **0.1** ⟨sp., tech.⟩ ***trimmer*** **0.2** ⟨inf.⟩ ***trimbaan, trimparcours.***
Trine ⟨v.; ~, ~n⟩⟨inf.⟩ **0.1** ***trien, trut*** ⇒*griet* **0.2** ***mietje, nicht*** ◆ **2.1** eine liederliche ~ *een slons.*
Trinität ⟨v.; ~⟩⟨rel.⟩ **0.1** ***triniteit, drievuldigheid, drie-eenheid.***
trinkbar **0.1** ***drinkbaar*** ◆ **5.1** ⟨inf.⟩ das war durchaus ~ *dat was best te drinken.*
Trinkei ⟨o.⟩ **0.1** ***vers ei*** ⟨rauw gegeten⟩.
trinken ⟨→t167⟩ **I** ⟨ov. & onov.ww.⟩ **0.1** ***drinken*** ◆ **1.1** ⟨schr.; fig.⟩ das Leben ~ *met volle teugen van het leven genieten* **3.1** das läßt sich ~ *dat is (wel, goed) te drinken* **4.1** einen ~ *er eentje drinken, pakken;* sich ⟨3e nv.⟩ einen ~ *zichzelf moed indrinken* **6.1** **in** großen Zügen, in, **mit** großen, kräftigen Schlucken ~ *met flinke teugen drinken* **8.1** er trinkt Wein wie Wasser *hij drinkt wijn alsof het water is;*
II sich ~ ⟨wk.ww.⟩ **0.1** ***te drinken zijn*** **0.2** ***drinken*** **0.3** ***zich drinken*** ◆ **2.2** ich hatte mich satt getrunken *ik had genoeg gedronken* **4.1** ⟨onpers. ww.⟩ aus diesem Glas trinkt es sich so schlecht *uit dit glas kun je zo moeilijk drinken.* →**Essen.**
Trinker ⟨m.; ~s, ~⟩ **0.1** ***drinker*** ⇒*alcoholist* ◆ **2.1** ein heimlicher, notorischer ~ *een stille drinker.*
Trinkerei ⟨v.; ~, ~en⟩ **0.1** ***gedrink, het drinken*** ⇒⟨pej.⟩ *drankzucht* **0.2** ⟨inf.⟩ ***drinkgelag.***
Trinkerheil|anstalt, -stätte ⟨v.⟩ **0.1** ***ontwenningskliniek voor alcoholisten.***

trinkfertig 0.1 ***klaar om (zo) te drinken*** *⇒instant.*

trinkfest 0.1 ***die stevig kan drinken, die veel alcohol kan verdragen.***

Trinkfestigkeit ⟨v.⟩ **0.1** ***geoefendheid in het drinken.***

Trinkflasche ⟨v.⟩ **0.1** ***veldfles.***

trinkfreudig 0.1 ***graag, wel een glaasje, wat (alcohol) lustend, wel v.e. glaasje houdend.***

Trinkgefäß ⟨o.⟩ **0.1** ***drinkkom*** *⇒iets om uit te drinken.*

Trinkgeld ⟨o.⟩ **0.1** ***fooi*** *⇒tip.*

Trinkhalle ⟨v.⟩ **0.1** ***drinkhal*** ⟨voor geneeskrachtig bronwater⟩ **0.2** ***kiosk, tent*** ⟨waar vooral drank verkocht wordt⟩.

Trinkhalm ⟨m.⟩ **0.1** ***rietje*** ⟨om te drinken⟩.

Trinkmilch ⟨v.⟩ **0.1** ***consumptiemelk.***

Trinkröhrchen ⟨o.⟩ **0.1** ***rietje*** ⟨om te drinken⟩.

Trinkschokolade ⟨v.⟩ **0.1** ***cacao, chocola*** ⟨om te drinken⟩.

Trinkspruch ⟨m.⟩ **0.1** ***toast*** *⇒heildronk.*

Trinkwasser ⟨o.; mv. ⁼⟩ **0.1** ***drinkwater.***

Trinkwasserversorgung ⟨v.⟩ **0.1** ***drinkwatervoorziening.***

Trio ⟨o.; ~s, ~s⟩ **0.1** ***trio.***

Triole ⟨v.; ~, ~n⟩⟨muz.⟩ **0.1** ***triool.***

Trip ⟨m.; ~s, ~s⟩⟨inf.⟩ **0.1** ***trip*** *⇒uitstapje, tocht(je)* **0.2** ***trip*** ⟨mbt. drugsgebruik⟩ ◆ **3.2** einen ~ (ein)schmeißen, (ein)werfen *een trip maken, trippen* **6.2 auf** dem ~ sein *een trip maken.*

Tripelallianz ⟨v.⟩⟨pol.⟩ **0.1** ***Triple Alliantie, drievoudig verbond.***

trippeln ⟨s.⟩ **0.1** ***trippelen*** ◆ **1.1** ~de Schritte *trippelpasjes.*

Tripper ⟨m.; ~s, ~⟩⟨med.⟩ **0.1** ***druiper*** *⇒gonorroe.*

Triptychon ⟨o.; ~s, Triptychen of Triptycha⟩⟨bk.⟩ **0.1** ***triptiek, drieluik.***

Triptyk ⟨o.; ~s, ~s⟩ **0.1** ***triptiek*** ⟨grensdocument⟩.

trist ⟨schr.⟩ **0.1** ***triest*** *⇒treurig, droevig, triestig.*

Tritt ⟨m.; ~(e)s, ~e⟩ **0.1** ***stap, pas*** *⇒tred* **0.2** ***trap*** *⇒schop* **0.3** ***trede*** *⇒treeplank, opstapje* **0.4** ***trapje*** **0.5** ***trapper*** ⟨aan naaimachine⟩ ◆ **3.1** ⟨vooral mil.⟩ ~ fassen *in de pas gaan lopen;* ⟨fig.⟩ wieder ~ fassen *weer op gang, dreef komen;* ~ halten *in de pas blijven, lopen* **3.2** einen ~ bekommen, kriegen (a) *een trap krijgen, getrapt worden* (b) ⟨inf.; fig.⟩ *eruit getrapt worden* **6.1 aus** dem ~, **außer** ~ geraten, kommen *uit de pas raken,* ⟨fig.⟩ *van slag raken;* **im** (gleichen) ~ *in de pas;* ⟨mil.⟩ **ohne** ~, marsch! *in het gelid vrij!*

Trittbrett ⟨o.⟩ **0.1** ***treeplank*** *⇒opstapje.*

Trittbrettfahrer ⟨m.⟩⟨fig.⟩ **0.1** ***profiteur*** *⇒parasiet* **0.2** ***ongeorganiseerde werknemer.***

trittfest 0.1 ***stevig, stabiel*** **0.2** ***sterk, degelijk.***

Trittleiter ⟨v.⟩ **0.1** ***trapladder, trapleer.***

Triumph ⟨m.; ~(e)s, ~e⟩ **0.1** ***triomf*** *⇒zege(praal).*

triumphal 0.1 ***triomfantelijk*** *⇒triomfaal, overweldigend.*

Triumphator ⟨m.; ~s, Triumphatoren⟩ **0.1** ***triomfator.***

Triumphbogen ⟨m.⟩ **0.1** ***triomfboog*** *⇒ereboog.*

Triumphgefühl ⟨o.⟩ **0.1** ***triomfantelijk gevoel.***

Triumphgeschrei ⟨o.⟩ **0.1** ***triomfgeschreeuw.***

triumphieren 0.1 ***triomferen*** *⇒zegevieren* ◆ **3.1** ~d lachen *triomfantelijk lachen.*

Triumphsäule ⟨v.⟩ **0.1** ***triomfzuil.***

Triumphzug ⟨m.⟩ **0.1** ***triomftocht*** *⇒zegetocht* ◆ **6.1 im** ~ *in triomf, in een triomftocht.*

Triumvirat ⟨o.; ~(e)s, ~e⟩ **0.1** ***triumviraat, driemanschap.***

trivial 0.1 ***triviaal*** *⇒alledaags, plat(vloers), laag-bij-de-gronds.*

Trivialität ⟨v.; ~, ~en⟩ **0.1** ***trivialiteit*** *⇒alledaags-, plat(vloers)heid.*

Trivialliteratur ⟨v.⟩ **0.1** ***triviale literatuur, lectuur*** *⇒leesvoer.*

trocken 0.1 ***droog*** ⇒⟨fig.⟩ *saai, dor,* ⟨alcohol⟩ *sec, dry,* ⟨als bw.⟩ *droogjes, droogweg* ◆ **1.1** ⟨fig.⟩ ein ~er Mensch *een droge, saaie piet;* ⟨fig.⟩ in ~en Worten *in droge bewoordingen* **3.1** ⟨jargon⟩ ~ sein *niet meer drinken* **6.1** wieder **auf** dem Trock(e)nen sein *weer op het droge zijn;* ⟨inf.; fig.⟩ **auf** dem trock(e)nen sitzen, sein (a) *blut, platzak zijn* (b) *in de problemen, nesten zitten* (c) *op een droogje zitten;* **im** Trock(e)nen sitzen *droog zitten.*

Trockenautomat ⟨m.⟩ **0.1** ***droogtrommel, -automaat.***

Trockenbatterie ⟨v.⟩⟨tech.⟩ **0.1** ***droge batterij.***

Trockenboden ⟨m.⟩ **0.1** ***droogzolder.***

Trockendock ⟨o.⟩ **0.1** ***droogdok.***

Trockenei ⟨o.⟩ **0.1** ***eierpoeder.***

Trockeneis ⟨o.⟩ **0.1** ***droog ijs.***

Trockenfleisch ⟨o.⟩ **0.1** ***gedroogd vlees.***

Trockenfutter ⟨o.⟩⟨landb.⟩ **0.1** ***droog, gedroogd voer.***

Trockengebiet ⟨o.⟩⟨aardr.⟩ **0.1** ***droogtegebied.***

Trockengemüse ⟨o.⟩ **0.1** ***gedroogde groente.***

Trockengestell ⟨o.⟩ **0.1** ***droogrek.***

Trockengewicht ⟨o.⟩⟨ec.⟩ **0.1** ***droog gewicht.***

Trockenhaube ⟨v.⟩ **0.1** ***droogkap.***

Trockenheit ⟨v.; ~, ~en⟩ **0.1** ***droogte, droogheid*** ⇒⟨fig.⟩ *dorheid* **0.2** ***droogte*** *⇒droogteperiode.*

Trockenklosett ⟨o.⟩ **0.1** ***chemisch toilet.***

trockenlegen 0.1 ***droogleggen*** **0.2** ***verschonen*** ⟨baby⟩ ◆ **4.1** ⟨inf.⟩ jmdn. ~ *iem. droogleggen* ⟨alcohol onthouden⟩.

Trockenmasse ⟨v.⟩ **0.1** ***droge substantie*** *⇒droge stof* ◆ **6.1** 30% **in** ~, ⟨afk.⟩ i.Tr. *30% vet in droge stof* ⟨kaas⟩.

Trockenmilch ⟨v.⟩ **0.1** ***melkpoeder.***

Trockenobst ⟨o.⟩ **0.1** ***gedroogd fruit.***

Trockenrasierer ⟨m.⟩⟨inf.⟩ **0.1** ***(elektrisch) scheerapparaat, droogscheerapparaat*** **0.2** ***iem. die zich elektrisch, droog scheert.***

Trockenraum ⟨m.⟩ **0.1** ***droogkamer, -ruimte.***

trockenreiben 0.1 ***droogwrijven.***

Trockenreinigung ⟨v.⟩ **0.1** ***het chemisch reinigen.***

Trockenschleuder ⟨v.⟩ **0.1** ***centrifuge.***

Trockenspinne ⟨v.⟩ **0.1** ***droogmolen.***

Trockenständer ⟨m.⟩ **0.1** ***droogrek.***

Trockenübung ⟨v.⟩⟨sp.; ook fig.⟩ **0.1** ***oefening op het droge.***

Trockenwäsche ⟨v.⟩ **0.1** ***droge was.***

Trockenzeit ⟨v.⟩ **0.1** ***droogteperiode.***

trocknen I ⟨onov.ww.; s., ook h.⟩ **0.1** ***drogen*** *⇒opdrogen* ◆ **6.1 an** der Sonne, **auf** der Leine ~ *in de zon, aan de lijn drogen;*

II ⟨ov.ww.⟩ **0.1** ***drogen*** *⇒af-, opdrogen* ◆ **4.1** sich ⟨3e nv.⟩ den Schweiß ~ *(zich) het zweet afwissen.*

Trockner ⟨m.; ~s, ~⟩ **0.1** ***droogautomaat, droger voor de handen*** **0.2** ***droogtrommel, -automaat*** *⇒droger* **0.3** ***droogrek.***

Troddel ⟨v.; ~, ~n⟩ **0.1** ***kwast*** *⇒pluim.*

Trödel ⟨m.; ~s⟩ **0.1** ***(oude) rommel, vodden*** **0.2** ***rommel-, voddenmarkt*** *⇒vlooienmarkt.*

Trödelei ⟨v.; ~, ~en⟩⟨inf.⟩ **0.1** ***getreuzel*** **0.2** ***geslenter, gedrentel.***

Trödelkram ⟨m.⟩⟨inf.⟩ **0.1** ***(oude) rommel, vodden.***

Trödelladen ⟨m.⟩⟨inf.⟩ **0.1** ***uitdragerij.***

Trödelliese ⟨v.⟩⟨inf.⟩ **0.1** ***teut, treuzel.***

Trödelmarkt ⟨m.⟩ **0.1** ***rommel-, voddenmarkt*** *⇒vlooienmarkt.*

trödeln ⟨inf.⟩ **0.1** ⟨h.⟩ ***treuzelen, teuten*** *⇒lanterfanten* **0.2** ⟨s.⟩ ***slenteren*** *⇒drentelen.*

Trödelware ⟨v.⟩ **0.1** ***(oude) rommel, vodden*** *⇒lompen.*

Trödler ⟨m.; ~s, ~⟩⟨inf.⟩ **0.1** ***treuzelaar*** *⇒treuzel* **0.2** ***uitdrager, opkoper.***

Trödlerladen ⟨m.⟩⟨inf.⟩ **0.1** ***uitdragerij.***

Trog ⟨m.; ~(e)s, ~̈e⟩ **0.1** ***trog*** ⟨ook geol.⟩ ⇒*bak, kuip.*
Troika ⟨v.; ~, ~s⟩ **0.1** ***trojka*** ⇒⟨fig.⟩ *driemanschap.*
Troja ⟨o.; ~s⟩⟨gesch.⟩ **0.1** ***Troje.***
Troll ⟨m.; ~(e)s, ~e⟩ **0.1** ***trol*** ⇒*demon, boze geest.*
trollen ⟨inf.⟩ **I** ⟨onov.ww.; s.⟩ **0.1** ***slenteren*** ⇒*drentelen;* **II sich** ~ ⟨wk.ww.⟩ **0.1** ***afdruipen*** ◆ **4.1** troll dich! *scheer je weg!*
Trommel ⟨v.; ~, ~n⟩ **0.1** ***trommel*** ⟨ook tech.⟩ ⇒*trom* ◆ **3.1** ⟨fig.⟩ die ~ rühren *de trom roeren.*
Trommelbremse ⟨v.⟩⟨tech.⟩ **0.1** ***trommelrem.***
Trommelei ⟨v.; ~, ~en⟩ **0.1** ***getrommel*** ⇒*(trom)geroffel.*
Trommelfell ⟨o.⟩ **0.1** ***trommelvel*** **0.2** ⟨med.⟩ ***trommelvlies.***
Trommelfeuer ⟨o.⟩ **0.1** ***trommelvuur*** ⟨ook fig.⟩.
trommeln **0.1** ***trommelen*** ⟨ook fig. en jacht⟩ ⇒*de trom roeren* **0.2** ⟨fig.⟩ ***bonzen*** ⇒*hameren* **0.3** ⟨mil.⟩ ***met trommelvuur (be)schieten*** ◆ **6.1** **an** das Fenster ~ *tegen de ruit trommelen, roffelen.*
Trommelrevolver ⟨m.⟩ **0.1** ***revolver.***
Trommel|schlegel, -stock ⟨m.⟩ **0.1** ***trommelstok.***
Trommelwirbel ⟨m.⟩ **0.1** ***tromgeroffel.***
Trommler ⟨m.; ~s, ~⟩ **0.1** ***tamboer, trommelaar.***
Trompete ⟨v.; ~, ~n⟩ **0.1** ***trompet*** ◆ **6.1** **in** die ~ stoßen *op de trompet blazen, de trompet steken.*
trompeten **0.1** ***trompetten*** ⇒*(op) de trompet blazen* **0.2** ⟨fig.⟩ ***rondbazuinen*** ⇒*schetteren, uitbazuinen* ◆ **1.2** er hat die Nachricht in alle Welt trompetet *hij heeft het nieuws overal rond-, uitgebazuind.*
Trompetengeschmetter ⟨o.⟩ **0.1** ***trompetgeschetter.***
Trompetenschall ⟨m.⟩ **0.1** ***trompetgeschal.***
Trompetenstoß ⟨m.⟩ **0.1** ***trompetstoot*** ⇒*trompetsignaal.*
Trompeter ⟨m.; ~s, ~⟩ **0.1** ***trompettist*** **0.2** ***trompetter.***
Tropen ⟨alleen mv.⟩ **0.1** ***tropen.***
Tropenfieber ⟨o.⟩ **0.1** ***tropenkoorts.***
Tropeninstitut ⟨o.⟩ **0.1** ***tropisch instituut.***
Tropenklima ⟨o.⟩ **0.1** ***tropenklimaat, tropisch klimaat.***
Tropenkoller ⟨m.⟩ **0.1** ***tropenkolder.***
Tropenkrankheit ⟨v.⟩ **0.1** ***tropenziekte, tropische ziekte.***
Tropenmedizin ⟨v.⟩ **0.1** ***tropische geneeskunde.***
Tropenpflanze ⟨v.⟩ **0.1** ***tropische plant.***
tropentauglich **0.1** ***tropenvast*** ⇒*geschikt voor de tropen(dienst).*
Tropf[1] ⟨m.; ~(e)s, ~̈e⟩ **0.1** ***sukkel, stumper(d)*** ⇒*sul.*
Tropf[2] ⟨m.; ~(e)s, ~e⟩⟨med.⟩ **0.1** ***infuus*** ⇒*infusie* ◆ **6.1** **am** ~ hängen *aan het infuus liggen.*
Tröpfchen ⟨o.; ~s, ~⟩ **0.1** ***druppeltje.***
tröpfchenweise **0.1** ***druppelsgewijs*** ⇒*drupsgewijs,* ⟨inf.; fig.⟩ *bij stukjes en beetjes.*
tröpfeln **0.1** ***druppelen*** ⇒⟨onov.⟩ *sijpelen.*
tropfen **0.1** ***druppelen*** ⇒*druppen, druipen, lekken.*
Tropfen ⟨m.; ~s, ~⟩ **0.1** ***druppel*** ⟨ook med.⟩ **0.2** ⟨fig.⟩ ***vocht*** ⇒*nat,* ⟨bijz.⟩ *fles (wijn)* ◆ **2.1** ⟨fig.⟩ ein bitterer ~ *een bittere pil* **2.2** ein edler, guter ~ *een edele, goede (fles) wijn* **3.1** es regnete dicke ~ *het regende (in) dikke druppels* **6.1** ⟨fig.⟩ ein ~ **auf** den heißen Stein *een druppel op een gloeiende plaat* **¶.1** ⟨sprw.⟩ steter ~ höhlt den Stein *de gestage druppel holt de steen uit.*
tropfenweise **0.1** ***druppelsgewijs*** ⇒*drupsgewijs,* ⟨fig.⟩ *bij stukjes en beetjes.*
Tropfflasche ⟨v.⟩ **0.1** ***druppelflesje.***
Tropfinfusion ⟨v.⟩⟨med.⟩ **0.1** ***infuus*** ⇒*infusie.*
tropfnaß **0.1** ***druip-, kletsnat.***
Tropfsteinhöhle ⟨v.⟩ **0.1** ***druipsteengrot.***
Trophäe ⟨v.; ~, ~n⟩ **0.1** ***trofee*** ⇒*zegeteken.*
tropisch **0.1** ***tropisch*** ⟨ook fig.⟩.
Troposphäre ⟨v.⟩⟨meteo.⟩ **0.1** ***troposfeer.***
Troß ⟨m.; Trosses, Trosse⟩ **0.1** ⟨mil., gesch.⟩ ***(leger)tros, trein*** **0.2** ⟨fig.⟩ ***aanhang, gevolg*** ⇒*aanhangers, meelopers* **0.3** ⟨fig.⟩ ***groep, stoet*** ◆ **6.3** **im** ~ des Ministers *in het gevolg van de minister;* **im** ~ der Nazis (mit)marschieren *met de nazi's meelopen.*
Trosse ⟨v.; ~, ~n⟩ **0.1** ***tros*** ⇒*scheepstouw, -tros.*
Troßschiff ⟨o.⟩⟨mil.⟩ **0.1** ***bevoorradingsschip.***
Trost ⟨m.; ~(e)s⟩ **0.1** ***troost*** ◆ **2.1** ein leerer, schwacher ~ *een magere, schrale troost* **3.1** jmdm. ~ zusprechen, ⟨schr.⟩ spenden *iem. troosten* **6.1** **zu** deinem ~ *om je te troosten;* **zum** ~ *als, bij wijze van troost* **6.¶** (wohl) nicht (ganz, recht) **bei** ~(e) sein *niet goed wijs, snik zijn.*
trostbringend **0.1** ***troostend.***
trösten **0.1** ***troosten*** ⇒*vertroosten.*
Tröster ⟨m.; ~s, ~⟩ **0.1** ***trooster*** ⇒*vertrooster,* ⟨fig. vooral⟩ *troost.*
tröstlich **0.1** ***troostend*** ⇒*troostrijk.*
trostlos **0.1** ***troosteloos*** **0.2** ***ontroostbaar*** ⇒*troosteloos.*
Trostlosigkeit ⟨v.; ~⟩ **0.1** ***troosteloosheid*** ⇒*troosteloze, wanhopige toestand.*
Trostpflaster ⟨o.⟩ **0.1** ***pleister op de wond.***
Trostpreis ⟨m.⟩ **0.1** ***troostprijs*** ⇒*poedelprijs.*
trostreich **0.1** ***troostrijk*** ⇒*troostvol, troostend.*
Trostspruch ⟨m.⟩ **0.1** ***troostwoord(en)*** ⇒*woord(en) van troost.*
Tröstung ⟨v.; ~, ~en⟩ **0.1** ***(ver)troosting*** ⇒*troost* ◆ **6.1** versehen **mit** den ~en der Kirche *gesterkt door het sacrament der zieken.*
trostvoll **0.1** ***troostrijk*** ⇒*troostvol.*
Trostwort ⟨o.; mv. ~e⟩ **0.1** ***troostwoord*** ⇒*woord van troost.*
Trott ⟨m.; ~(e)s, ~e⟩ **0.1** ***sukkeldrafje*** **0.2** ⟨fig.⟩ ***sleur*** ⇒*gangetje* ◆ **6.2** **aus** dem alltäglichen ~ kommen *de dagelijkse sleur verbreken;* es geht alles **im** gleichen ~ *alles gaat zijn gewone gangetje.*
Trottel ⟨m.; ~s, ~⟩ **0.1** ***sukkel, idioot*** ⇒*sufferd, stommeling* ◆ **2.1** ein harmloser ~ *een onnozele hals* **4.1** ich bin doch nicht dein ~! *ik ben toch zeker niet jouw voetveeg!*
Trottelei ⟨v.; ~, ~en⟩⟨inf.⟩ **0.1** ***gesjok*** ⇒*gedrentel, gesukkel.*
trottelhaft **0.1** ***sullig, idioot*** ⇒*stom.*
trottelig ⟨inf.⟩ **0.1** ***suf(fig)*** ⇒*kinds.*
trotteln ⟨s.⟩ **0.1** ***drentelen.***
trotten ⟨s.⟩ **0.1** ***sjokken*** ⇒*(voort)sukkelen.*
Trottoir ⟨o.; ~s, ~e of ~s⟩⟨vero.⟩ **0.1** ***trottoir, stoep.***
trotz ⟨vz. + 2, soms vz. + 3⟩ **0.1** ***ondanks*** ⇒*in weerwil van, niettegenstaande, ten, in spijt van* ◆ **4.1** ~ allem, alledem *ondanks alles, desondanks, toch.*
Trotz ⟨m.; ~es⟩ **0.1** ***koppigheid*** ⇒*eigenzinnig-, stijfhoofdigheid* ◆ **3.1** ⟨schr.⟩ jmdm. ~ bieten *iem. trotseren* **6.1** jmdm. **zum** ~ *iem. ten spijt, in weerwil van iem.*
Trotzalter ⟨o.⟩ **0.1** ***(leeftijd v.d.) koppigheidsfase*** ⟨van jong kind⟩.
trotzdem[1] ⟨bw.⟩ **0.1** ***toch, desondanks, niettemin.***
trotzdem[2] ⟨vw.⟩⟨inf.⟩ **0.1** ***(al)hoewel*** ⇒*ondanks het feit dat.*
trotzen **0.1** ***koppig zijn*** ⇒*mokken, (gaan) dwarsliggen* **0.2** ⟨met 3e nv.; schr.⟩ ***trotseren*** ⇒*het hoofd bieden, tarten* ◆ **1.2** ⟨fig.⟩ der Behandlung ~ *ongevoelig zijn voor, bestand zijn tegen de behandeling.*
trotzig **0.1** ***koppig*** ⇒*stug, weerbarstig, bokkig* **0.2** ***tartend, trotserend.***
Trotzkopf ⟨m.⟩ **0.1** ***stijfkop*** ⇒*dwarskop, stijfhoofd.*
trotzköpfig **0.1** ***(stijf)koppig*** ⇒*stijfhoofdig.*
Trotzreaktion ⟨v.⟩ **0.1** ***reactie uit balorigheid*** ⇒*reactie om iets juist niet, wel te doen.*
Trouble ⟨m.; ~s⟩⟨inf.⟩ **0.1** ***narigheid, trubbels.***
trüb →**trübe.**

trübe 0.1 ***troebel*** 0.2 ***betrokken*** ⇒*druilerig, miezerig, somber* 0.3 ***dof*** ⇒*mat, wazig* 0.4 ⟨fig.⟩ ***somber*** ⇒*mistroostig, triest* 0.5 ⟨fig.⟩ ***twijfelachtig*** ⇒*duister, verdacht* ◆ 6.1 ⟨inf.; fig.⟩ **im** ~n fischen *in troebel water vissen* ¶.1 ⟨sprw.⟩ im Trüben ist gut fischen *in troebel water is 't goed vissen.*

Trübe ⟨v.; ~, ~n⟩ 0.1 ***troebelheid*** 0.2 ***dofheid*** ⇒*wazig-, matheid* 0.3 ⟨fig.⟩ ***somberheid*** 0.4 ⟨vaktaal⟩ ***bezinksel*** ⇒ *neerslag, pulp.*

Trubel ⟨m.; ~s⟩ 0.1 ***drukte*** ⇒*gewoel* ◆ 6.1 ⟨fig.⟩ **aus** dem ~ nicht herauskommen *geen moment rust vinden;* ⟨fig.⟩ **im** ~ der Ereignisse *in de maalstroom van de gebeurtenissen.*

trüben I ⟨ov.ww.⟩ 0.1 ***troebel maken*** ⇒*vertroebelen* 0.2 ***dof maken*** ⇒*verdoffen, doen beslaan* 0.3 ⟨fig.⟩ ***vertroebelen*** ⇒*verstoren* 0.4 ⟨fig.⟩ ***benevelen*** 0.5 ***doen betrekken*** ⇒ *verdonkeren, verduisteren* ◆ 6.5 der Himmel ist **von** keiner Wolke getrübt *er is geen wolkje aan de lucht;*
II sich ~ ⟨wk.ww.⟩ 0.1 ***troebel worden*** ⇒*vertroebelen* 0.2 ***dof worden*** 0.3 ***betrekken*** 0.4 ⟨fig.⟩ ***vertroebelen, verslechteren*** ⇒*slechter worden* 0.5 ⟨fig.⟩ ***(zich) verduisteren*** ⇒*in de war raken* ◆ 1.3 der Himmel trübt sich *de hemel, lucht betrekt* 1.4 ihr Verhältnis hatte sich getrübt *hun verhouding, relatie (tot elkaar) was vertroebeld, verslechterd* 1.5 sein Verstand trübt sich *hij raakt geestelijk in de war.*

Trübheit ⟨v.; ~⟩ 0.1 ***troebelheid*** 0.2 ***dofheid*** ⇒*wazig-, matheid* 0.3 ⟨fig.⟩ ***somberheid.***

Trübnis ⟨v.; ~, ~se⟩⟨schr.⟩ 0.1 ***somberheid, naar-, droefgeestigheid.***

Trübsal ⟨v.; ~, ~e⟩⟨schr.⟩ 0.1 ***ellende*** ⇒*tegen-, rampspoed, beproeving* 0.2 ***droefheid, droefenis*** ⇒*droefgeestigheid* ◆ 3.2 ⟨inf.⟩ ~ blasen *(zitten) kniezen, somber, mistroostig kijken.*

trübselig 0.1 ***triest*** ⇒*naar-, droefgeestig, somber.*

Trübsinn ⟨m.⟩ 0.1 ***droefgeestig-, neerslachtigheid*** ⇒*somber-, zwaarmoedigheid.*

trübsinnig 0.1 ***droef-, naargeestig*** ⇒*neerslachtig, zwaarmoedig, somber.*

Trübung ⟨v.; ~, ~en⟩ 0.1 ***vertroebeling*** ⇒⟨fig.⟩ *beneveling, verstoring* 0.2 ***het betrekken*** ⇒*toenemende bewolking, waas, nevel* ◆ 6.1 ⟨fig.⟩ **ohne** ~ *ongestoord, zonder storingen.*

Truchseß ⟨m.; Truchsesses of Truchsessen, Truchsesse⟩ ⟨gesch.⟩ 0.1 ***drost, drossaard, baljuw.***

trudeln ⟨s.⟩ 0.1 ***rollen*** 0.2 ***tollen*** ⇒*dwarrelen* 0.3 ⟨inf.⟩ ***tuffen*** ⟨met auto⟩ 0.4 ⟨inf.⟩ ***peddelen*** ⟨op fiets⟩ 0.5 ⟨inf.⟩ ***slenteren*** ◆ 6.2 ⟨fig.⟩ **ins** Trudeln bringen *aan 't wankelen brengen;* **ins** Trudeln geraten, kommen (a) ⟨vliegwezen⟩ *in een vrille, tolvlucht, spin raken* (b) ⟨fig.⟩ *beginnen te wankelen, zware slagzij (beginnen te) maken.*

Trüffel ⟨v.; ~, ~n⟩ 0.1 ***truffel.***

trüffeln ⟨cul.⟩ 0.1 ***trufferen.***

Trug ⟨m.; ~(e)s⟩⟨schr.⟩ 0.1 ***bedrog*** ⇒*bedriegerij* 0.2 ***zinsbedrog, (zins)begoocheling.***

Trugbild ⟨o.⟩ 0.1 ***drogbeeld*** ⇒*hersenschim.*

Trugdolde ⟨v.⟩⟨plantk.⟩ 0.1 ***bijscherm.***

trügen ⟨→t163⟩ 0.1 ***bedriegen*** ⇒*misleiden* ◆ 1.1 das Gefühl trog nicht *het gevoel vergiste zich niet, kwam uit;* die Hoffnung hat getrogen *de hoop is ijdel geweest.*

trügerisch 0.1 ***bedrieglijk*** ⇒*ijdel, misleidend* 0.2 ***verraderlijk.***

Truggebilde ⟨o.⟩ →**Trugbild.**

Trugschluß ⟨m.⟩ 0.1 ***verkeerde gevolgtrekking, conclusie*** ⇒*verkeerde redenering* 0.2 ***drogreden*** ⇒*sofisme.*

Truhe ⟨v.; ~, ~n⟩ 0.1 ***kist*** ⇒*dekenkist, koffer.*

Trul|la, -le ⟨v.; ~, Trullen⟩⟨inf.⟩ 0.1 ***troel(a)*** ⇒*del (v.e. wijf), slons.*

Trumm ⟨o.; ~(e)s, ~̈er⟩⟨reg.⟩ 0.1 ***brok*** ⇒*blok, klomp* 0.2 ***homp*** 0.3 ***bonk.***

Trümmer ⟨alleen mv.⟩ 0.1 ***puin*** ⟨ook fig.⟩ ⇒*puinhoop, -hopen* 0.2 ***brokstukken*** ⇒*wrakstukken, resten* ◆ 6.1 **in** ~ legen *in puin leggen;* ⟨schr.⟩ **in** ~ sinken *in puin vallen* 6.2 **in** ~ gehen *verbrijzeld worden, aan diggelen gaan;* alles **in** ~ schlagen *alles aan diggelen slaan.*

Trümmerfeld ⟨o.⟩ 0.1 ***(één grote) puinhoop*** ⇒*met puin(hopen) bezaaid terrein.*

Trümmerfrau ⟨v.⟩ 0.1 ***puinruimster.***

Trümmerhaufen ⟨m.⟩ 0.1 ***puinhoop*** ⇒*ruïne.*

Trümmerlandschaft ⟨v.⟩ 0.1 ***met puin(hopen) bezaaid landschap*** ⇒*puinhoop.*

Trumpf ⟨m.; ~(e)s, ~̈e⟩ 0.1 ***troef*** ⟨ook fig.⟩ ◆ 3.1 ⟨fig.⟩ das ist jetzt ~ *dat is nu troef,* ⟨ook⟩ *dat is nu (in) de mode.*

Trumpfas ⟨o.⟩ 0.1 ***troefaas*** 0.2 ⟨fig.⟩ ***opperste troef.***

trumpfen 0.1 ***(af)troeven*** ⇒*troef spelen.*

Trunk ⟨m.; ~(e)s, ~̈e⟩⟨schr.⟩ 0.1 ***dronk*** ⇒*drank* 0.2 ***slok, teug*** ⇒*dronk* 0.3 ***drank*** ⇒*drankzucht, het drinken* 0.4 ***dronkenschap*** ◆ 3.3 sich dem ~ ergeben, dem ~ verfallen *aan de drank (verslaafd) raken* 6.4 **im** ~ *in beschonken toestand.*

trunken ⟨schr.⟩ 0.1 ***dronken*** ⇒⟨fig.⟩ *uitzinnig, uitbundig.*

Trunkenbold ⟨m.; ~(e)s, ~e⟩ 0.1 ***dronkaard*** ⇒*dronkenlap, dronkenman, drinkebroer.*

Trunkenheit ⟨v.; ~⟩ 0.1 ***dronkenschap*** ⇒*beschonkenheid* 0.2 ⟨schr.; fig.⟩ ***roes.***

Trunksucht ⟨v.⟩ 0.1 ***drankzucht*** ◆ 3.1 der ~ verfallen sein *aan de drank verslaafd zijn.*

trunksüchtig 0.1 ***drankzuchtig.***

Trupp ⟨m.; ~s, ~s⟩ 0.1 ***groep, troep*** ⇒*menigte, ploeg, colonne.*

Truppe ⟨v.; ~, ~n⟩ 0.1 ***troep*** ⇒*(leger)eenheid, legerafdeling* 0.2 ***leger*** ⇒*strijdkrachten, troepen* 0.3 ⟨dram.⟩ ***(toneel)gezelschap, troep*** 0.4 ⟨sp.; inf.⟩ ***ploeg*** ⇒*club, elftal* ◆ 2.2 die kämpfende ~ *de troepen te velde* 6.1 ⟨inf.; fig.⟩ **von** der schnellen ~ sein *verbazend vlug werken* 6.2 die Leute **von** der ~ *de militairen.*

Truppenabbau ⟨m.⟩ 0.1 ***troepenvermindering.***

Truppenabzug ⟨m.⟩ 0.1 ***terugtrekking, aftocht van (de) troepen.***

Truppenausweis ⟨m.⟩ 0.1 ***militaire pas.***

Truppenbetreuung ⟨v.⟩ 0.1 ***welzijnszorg (voor militairen).***

Truppeneinheit ⟨v.⟩ 0.1 ***legereenheid.***

Truppenführer ⟨m.⟩ 0.1 ***(militaire) commandant.***

Truppengattung ⟨v.⟩ 0.1 ***wapen*** ⇒*(leger)onderdeel.*

Truppenmassierung ⟨v.⟩ 0.1 ***troepenconcentratie*** ⇒*troepenmacht.*

Truppenschau ⟨v.⟩ 0.1 ***militaire parade.***

Truppenteil ⟨m.⟩ 0.1 ***(leger)eenheid*** ⇒*legeronderdeel.*

Truppentransporter ⟨m.⟩ 0.1 ***troepentransportschip*** 0.2 ***troepentransportvliegtuig.***

Truppenübungsplatz ⟨m.⟩ 0.1 ***militair oefenterrein.***

Truppenunterkunft ⟨v.⟩ 0.1 ***kampement*** ⇒*(leger)kamp, legerplaats, kazerne.*

Truppenverband ⟨m.⟩ 0.1 ***militaire formatie*** ⇒*troepen-, strijdmacht.*

Truppenverband(s)platz ⟨m.⟩ 0.1 ***verbandplaats (te velde).***

truppweise 0.1 ***troepsgewijze*** ⇒*in troepen, groepen.*

Trust ⟨m.; ~(e)s, ~e of ~s⟩⟨ec.⟩ 0.1 ***trust.***

Truthahn ⟨m.⟩ 0.1 ***kalkoense haan*** ⇒*kalkoen.*

Truthenne ⟨v.⟩ 0.1 ***kalkoense hen.***

Truthuhn ⟨o.⟩ 0.1 ***kalkoen.***

Trutzburg ⟨v.⟩⟨gesch.⟩ **0.1** ***bolwerk, vesting.***

trutzig ⟨vero.; schr.⟩ **0.1** ***machtig*** ⇒*zwaar, massief.*

Tschador ⟨m.; ~s, ~s⟩ →**Schador.**

tschau! ⟨inf.⟩ **0.1** ***dag!*** ⇒*tot ziens!, adieu!*

Tscheche ⟨m.; ~n, ~n⟩ **0.1** ***Tsjech.***

Tschechien ⟨o.; ~s⟩ **0.1** ***Tsjechië.***

tschechisch **0.1** ***Tsjechisch.***

Tschechoslowakei ⟨v.; ~; steeds met lidw.⟩ **0.1** ***Tsjecho-Slowakije.***

tschilpen **0.1** ***sjilpen, tjilpen.***

tschüs! **0.1** ***ajuus!, dag!*** ⇒*tot ziens!*

Tsd. ⟨afk.⟩ →**Tausend.**

Tsetsefliege ⟨v.⟩ **0.1** ***tseetseevlieg.***

T-Träger ⟨m.⟩ **0.1** ***T-balk.***

TU ⟨v.; ~, ~s⟩⟨afk.⟩ [Technische Universität].

Tuba ⟨v.; ~, Tuben⟩⟨med., muz.⟩ **0.1** ***tuba*** ⇒⟨med.⟩ *buis.*

Tube ⟨v.; ~, ~n⟩ **0.1** ***tube*** **0.2** ⟨med.⟩ ***tuba, buis*** ◆ **6.¶** ⟨inf.⟩ **auf** die ~ drücken (a) *gas geven* ⟨in auto⟩ (b) *er vaart achter zetten.*

Tuberkel ⟨m.; ~s, ~⟩⟨med.⟩ **0.1** ***tuberkel, knobbeltje.***

Tuberkulose ⟨v.⟩⟨med.⟩ **0.1** ***tuberculose.***

Tuch ⟨o.; ~(e)s, ¨er of ~e⟩ **0.1** ⟨mv. Tücher⟩ ***doek*** ⇒*doekje, lap (stof)* **0.2** ⟨mv. ~e⟩ ***laken*** ⟨als soort stof⟩ **0.3** ⟨mv. ~e⟩ ***zeildoek*** ◆ **2.1** ⟨inf.; fig.⟩ ein rotes ~ für jmdn. sein, wie ein rotes ~ auf jmdn. wirken *op iem. werken als een rode lap op een stier.*

Tuchanzug ⟨m.⟩ **0.1** ***lakens pak.***

Tuchart ⟨v.⟩ **0.1** ***lakensoort.***

tuchen **0.1** ***lakens, van laken.***

Tuchfabrik ⟨v.⟩ **0.1** ***lakenfabriek.***

Tuchfühlung ⟨v.⟩⟨scherts.; vooral fig.⟩ **0.1** ***voeling*** ⇒*lijfelijk contact,* ⟨fig.⟩ *(nauw) contact* ◆ **6.1** **auf** ~ bleiben *voeling houden,* ⟨fig. ook⟩ *in contact blijven;* **auf** ~ mit jmdm. sitzen *dicht tegen iem. aan zitten;* **in** ~ stehen ⟨ook fig.⟩ *voeling (met elkaar) houden.*

Tuchhalle ⟨v.⟩ **0.1** ***lakenhal.***

Tuchseite ⟨v.⟩ **0.1** ***rechte, goede kant, bovenkant*** ⟨van laken, stof⟩.

tüchtig **0.1** ***bekwaam, knap*** ⇒*degelijk, flink, capabel* **0.2** ***flink, duchtig, danig*** ⇒*geducht* ◆ **1.1** ⟨fig.⟩ freie Bahn dem Tüchtigen! *geef het talent een eerlijke kans!* **2.2** ~ kalt *flink, danig koud* **3.2** es jmdm. ~ geben *iem. er flink van langs geven* **4.1** etwas Tüchtiges lernen *iets degelijks leren* **6.1** ~ **in** seinem Fach sein *zijn vak verstaan, vakbekwaam zijn.*

Tüchtigkeit ⟨v.; ~⟩ **0.1** ***bekwaamheid*** ⇒*bedrevenheid, degelijkheid* **0.2** ***geschiktheid*** ⇒*capaciteit(en), (prestatie)-vermogen* ◆ **2.1** berufliche ~ *bekwaamheid in het beroep;* die deutsche ~ *de Duitse degelijkheid, de noeste vlijt van de Duitsers* **2.2** körperliche ~ *lichamelijke geschiktheid, capaciteiten.*

Tucke ⟨v.; ~, ~n⟩⟨inf.⟩ **0.1** ***snertwijf*** ⇒*teef* **0.2** ***mietje, nicht*** ⟨homoseksueel⟩.

Tücke ⟨v.; ~, ~n⟩ **0.1** ***arglist*** ⇒*boosaardig-, vals-, gemeenheid* **0.2** ***geniepigheid, valse, louche, geniepige streek*** ⇒*list, gemeenheid* **0.3** ***verraderlijke eigenschap*** ⇒*kuur, nuk* ◆ **1.1** ⟨fig.⟩ die ~ des Objekts *de onverwachte boosaardigheid (in de praktijk) van levenloze dingen;* die ~ des Schicksals *de grilligheid, onberekenbaarheid der fortuin.*

tuckern **0.1** ***tuffen*** ⇒*puffen.*

tückisch **0.1** ***boosaardig, geniepig*** ⇒*gemeen, arglistig* **0.2** ***verraderlijk*** ⇒*kwaadaardig, gevaarlijk.*

tucktuck! **0.1** ***kiep kiep!***

Tuerei ⟨v.; ~, ~en⟩⟨inf.⟩ **0.1** ***aanstellerij*** ⇒*aanstellerig gedoe.*

Tuff ⟨m.; ~s, ~e⟩ **0.1** ***tuf(steen)*** ⇒*tufgesteente* **0.2** ***sinter.***

Tüftelarbeit ⟨v.⟩⟨inf.⟩ **0.1** ***peuterwerk*** ⇒*gepeuter, geknutsel.*

Tüftelei ⟨v.; ~, ~en⟩⟨inf.⟩ **0.1** ***peuterwerk(je)*** ⇒*gepeuter, geknutsel.*

tüftelig ⟨inf.⟩ **0.1** ***peuterig*** ⇒*peuter-* ◆ **1.1** eine ~e Arbeit *een peuterwerk(je).*

tüfteln ⟨inf.⟩ **0.1** ***knutselen*** ⇒*peuteren,* ⟨fig. vooral⟩ *dokteren* ◆ **6.1** ⟨fig.⟩ **an** einem Plan ~ *een plan uitdokteren.*

Tüftler ⟨m.; ~s, ~⟩ **0.1** ***knutselaar*** ⇒*peuteraar.*

Tugend ⟨v.; ~, ~en⟩ **0.1** ***deugd.***

Tugendbold ⟨m.; ~(e)s, ~e⟩⟨iron.⟩ **0.1** ***toonbeeld van deugd.***

tugendhaft ⟨vero.⟩ **0.1** ***deugdzaam*** ⇒*braaf.*

Tugendheld ⟨m.⟩⟨inf.; vaak iron.⟩ →**Tugendbold.**

Tugend|richter, -wächter ⟨m.⟩ **0.1** ***zedenmeester.***

Tukan ⟨m.; ~s, ~e⟩⟨biol.⟩ **0.1** ***toekan.***

Tüll ⟨m.; ~s, ~e⟩ **0.1** ***tule*** ⟨weefsel⟩ ⇒*vitrage.*

Tülle ⟨v.; ~, ~n⟩⟨reg.⟩ **0.1** ***tuit*** **0.2** ***buisje*** ⇒*pijp(je), koker.*

Tulpe ⟨v.; ~, ~n⟩ **0.1** ***tulp*** **0.2** ***tulpglas*** ⇒*ballonglas* **0.3** ⟨inf.⟩ ***(rare) snuiter, kwibus.***

Tulpenbeet ⟨o.⟩ **0.1** ***tulpenbed.***

Tulpenblüte ⟨v.⟩ **0.1** ***bloei(periode) v.d. tulpen*** ⇒*tulpentijd.*

Tulpenzwiebel ⟨v.⟩ **0.1** ***tulpenbol.***

tumb **0.1** ***onnozel, naïef.***

tummeln **I** ⟨onov.ww.; s.⟩⟨reg.⟩ **0.1** ***dartelen*** ⇒*stoeien;* **II sich** ~ ⟨wk.ww.⟩ **0.1** ***stoeien*** ⇒*ravotten, (rond)dartelen* **0.2** ⟨reg.⟩ ***zich haasten*** ⇒*zich reppen.*

Tummelplatz ⟨m.⟩ **0.1** ***speelplaats*** ⇒*speelweide* **0.2** ⟨fig.⟩ ***centrum*** ⇒*geliefkoosd terrein* **0.3** ⟨fig.⟩ ***(strijd)toneel.***

Tummler ⟨m.; ~s, ~⟩ **0.1** ***tumbler*** ⟨bekerglas⟩ **0.2** ***rotor*** ⟨op kermis⟩.

Tümmler ⟨m.; ~s, ~⟩⟨biol.⟩ **0.1** ***tuimelaar*** ⟨dolfijn; duif⟩.

Tumor ⟨m.; ~s, Tumoren; inf. mv. ~e⟩⟨med.⟩ **0.1** ***tumor*** ⇒*gezwel.*

Tümpel ⟨m.; ~s, ~⟩ **0.1** ***plas*** ⇒*poel.*

Tumult ⟨m.; ~(e)s, ~e⟩ **0.1** ***tumult*** ⇒*rumoer, deining* **0.2** ***rel(letje)*** ⇒*ongeregeldheid, opstootje, volksoploop.*

tumultartig **0.1** ***rumoerig*** ⇒*tumultueus.*

tumul|tuarisch, -tuös ⟨schr.⟩ **0.1** ***tumultueus*** ⇒*rumoerig.*

tun ⟨→t169⟩ **I** ⟨onov.ww.⟩ **0.1** ***doen*** **0.2** ⟨reg.⟩ ***aan 't ... zijn*** ⇒*doen* **0.3** ⟨reg.; als hww. ter omschrijving v.d. conjunctief⟩ ◆ **3.1** ich habe zu ~ *ik heb het druk;* immer zu ~ haben *steeds bezig, in de weer (moeten) zijn;* er hatte dort geschäftlich zu ~ *hij was daar voor zaken;* sie hat noch in der Küche zu ~ *ze moet nog wat doen in de keuken* **3.2** die Mutter tut kochen *de moeder is aan 't koken* **3.3** wenn er das wissen tät(e) *als hij dat zou weten* **5.1** tu doch nicht so! *stel je niet zo aan!;* sie tut nur so *zij doet maar alsof;* **II** ⟨ov.ww.⟩ **0.1** ***doen*** ◆ **1.1** jmdm. Gutes ~ *goed doen voor iem.;* ⟨onpers. ww.⟩ es tat einen Knall *er viel, kwam een knal, klap;* einen Schrei, Seufzer ~ *een kreet, zucht slaken* **3.1** er will sehen, was sich ~ läßt *hij zal, wil wel eens kijken wat er aan te doen is;* so, das wäre getan! *zo, dat was dat!, zo, dat is gebeurd!* **4.1** es ~ (a) *het doen* ⟨ook coïteren⟩ (b) *genoeg zijn, (ook al) goed zijn* (c) *het (uit)houden, meegaan;* ⟨inf.⟩ das tut nichts *dat doet er niet toe;* ⟨inf.⟩ was tut's? *wat zou het?;* ⟨inf.⟩ was tut das schon? *wat geeft dat nou?;* was ~? *wat te doen?* **5.1** tu's doch! *doe het dan!* **6.1** ⟨inf.⟩ viel **an** jmdm. ~ *veel voor iem. doen;* **damit** ist es nicht getan *daarmee is de zaak nog niet rond, afgewerkt;* sonst bekommst, ⟨inf.⟩ kriegst du es **mit** mir zu ~! *anders krijg je met mij te maken!;* ⟨schr.⟩ es ist **um** ihn getan (a) *het is met hem afgelopen, gedaan* (b) *het is met hem gebeurd, hij heeft het erg, lelijk te pakken;* nichts mit etwas, jmdm. **zu** ~

haben wollen *niets met iets, iem. te maken willen hebben,* es mit dem Herzen **zu** ~ haben *het aan het hart hebben;* ohne daß ich etwas **dazu** getan hätte *zonder dat ik er iets voor, aan gedaan had;* ⟨inf.⟩ die Kinder **zur** Oma ~ *de kinderen naar oma brengen;*
III sich ~ ⟨wk.ww.⟩ **0.1** ***gebeuren*** *⇒aan de hand, gang zijn* **0.2** ***doen*** ◆ **4.1** es tut sich einiges im Lande *er is een en ander losgekomen, in beweging gekomen in het land* **5.2** sich wichtig ~ *gewichtig doen.*

Tun ⟨o.; ~s⟩ **0.1** ***het doen*** *⇒activiteit(en), bezigheid, praktijken* ◆ **8.1** ⟨schr.⟩ jmds. ~ und Treiben, ~ und Lassen *iemands doen en laten, handel en wandel.*

Tünche ⟨v.; ~, ~n⟩ **0.1** ***witkalk, witsel*** **0.2** ⟨fig.⟩ ***vernisje, sausje*** *⇒schijn, dun laagje.*

tünchen **0.1** ***witten, kalken*** *⇒sausen.*

Tundra ⟨v.; ~, Tundren⟩ **0.1** ***toendra*** *⇒mossteppe.*

Tunell ⟨o.; ~s, ~s⟩⟨Zdd., Oostr., Zwi.⟩ →**Tunnel.**

Tunesien ⟨o.; ~s⟩ **0.1** ***Tunesië.***

Tunichtgut ⟨m.; ~(es), ~e⟩ **0.1** ***deugniet*** *⇒galgenbrok.*

Tunke ⟨v.; ~, ~n⟩⟨reg.⟩ **0.1** ***saus*** *⇒jus* ◆ **6.¶** ⟨inf.⟩ **in** der ~ sitzen *in de penarie, knoei, puree zitten.*

tunken ⟨reg.⟩ **0.1** ***dopen*** *⇒soppen, (onder)dompelen, dippen.*

tunlich ⟨vero.⟩ **0.1** ***doenlijk*** *⇒mogelijk, uitvoerbaar, gepast* ◆ **8.1** so schnell wie nur ~ *zo vlug als maar mogelijk is.*

tunlichst **0.1** ***zo ... mogelijk*** **0.2** ***zoveel mogelijk*** *⇒(maar) beter, naar (beste) vermogen* ◆ **2.1** in ~ großer Zahl *in zo groot mogelijke aantallen* **5.1** ~ bald *zo spoedig mogelijk.*

Tunnel ⟨m.; ~s, ~(s)⟩ **0.1** ***tunnel.***

Tunnelröhre ⟨v.⟩ **0.1** ***tunnelpijp, -lichaam.***

Tunte ⟨v.; ~, ~n⟩⟨inf.⟩ **0.1** ***tante, trien*** **0.2** ***mietje, nicht*** ⟨homoseksueel⟩.

tun|tenhaft, -tig ⟨inf.⟩ **0.1** ***overdreven bezorgd, overbezorgd*** *⇒als een oude tante, betuttelend* **0.2** ***verwijfd.***

Tüpfelchen ⟨o.; ~s, ~⟩ **0.1** ***stip(je), punt*** *⇒spikkel(tje), vlekje, stippel* ◆ **6.1** ⟨fig.⟩ das ändert nicht ein ~ **an** der Sache *dat verandert geen jota aan de zaak;* ⟨fig.⟩ das ~ **auf** dem i *het puntje, de puntjes op de i.*

tüpfeln **0.1** ***(be)spikkelen*** *⇒stippelen.*

tupfen I ⟨onov.ww.⟩ **0.1** ***tikken*** *⇒tippen, (even) aanraken, aanstippen;*
II ⟨ov.ww.⟩ **0.1** ***betten*** *⇒deppen, afbetten* **0.2** ***(be)spikkelen, stippelen.***

Tupfen ⟨m.; ~s, ~⟩ **0.1** ***stip*** *⇒vlek, spikkel.*

Tupfer ⟨m.; ~s, ~⟩ **0.1** ***stip*** *⇒spikkel, ronde vlek* **0.2** ***dotje (watten), propje*** *⇒depper.*

Tür ⟨v.; ~, ~en⟩ **0.1** ***deur*** ◆ **2.1** der Tag der offenen ~ *open dag,* ⟨ook⟩ *open huis;* ⟨fig.⟩ überall offene ~en finden *overal (gretig) gehoor vinden, overal welkom zijn;* ⟨inf.⟩ offene ~en einrennen *open deuren intrappen* **3.1** ⟨inf.⟩ jmdm. die ~ einlaufen, einrennen *bij iem. de deur platlopen;* ⟨schr.⟩ jmdm. die ~ weisen *iem. (het gat van) de deur wijzen;* ⟨inf.⟩ ach, du kriegst die ~ nicht zu! *goeie genade!, lieve hemel!* **5.1** ~ zu! *(de) deur dicht!* **6.1** **an** die ~ gehen *naar de deur gaan, lopen;* **aus** der ~ treten *de deur uitkomen;* **bei, hinter** verschlossenen ~en *achter gesloten deuren;* **durch** die ~ treten *door, via de deur (naar binnen, buiten) komen;* ⟨inf.⟩ **mit** der ~ ins Haus fallen *met de deur in huis vallen;* **vor** die ~ gehen *buitenkomen, naar buiten gaan;* ⟨inf.; fig.⟩ **vor** seiner eigenen ~ kehren *voor zijn eigen deur vegen;* nicht **vor** die ~ kommen *het huis niet uitkomen;* jmdn. **vor** die ~ setzen ⟨ook fig.⟩ *iem. de deur uitzetten, iem. eruit gooien;* **vor** der ~ stehen ⟨ook fig.⟩ *voor de deur staan;* ⟨fig.⟩ die ~ **zu** Verhandlungen offenhalten *de deur voor onderhandelingen openhouden;* den Kopf **zur** ~ (herein)stecken *het hoofd om de deur steken;* jmdn. **zur** ~ hinausbefördern, hinauswerfen *iem. eruit gooien, buitengooien* **8.1** ⟨inf.⟩ zwischen ~ und Angel *inderhaast, in de gauwigheid;* ⟨pej.; fig.⟩ einer Sache ~ und Tor öffnen *de deur(en) wijd openzetten voor iets.* →**jeder.**

Türangel ⟨v.⟩ **0.1** ***(deur)scharnier, deurhengsel.***

Turban ⟨m.; ~s, ~e⟩ **0.1** ***tulband.***

Turbine ⟨v.; ~, ~n⟩ **0.1** ***turbine.***

turbinengetrieben **0.1** ***met turbinetractie, door turbines, een turbine aangedreven.***

Turbinentriebwerk ⟨o.⟩ **0.1** ***turbinemotor.***

Turbo|kompressor, -lader ⟨m.⟩ **0.1** ***turbocompressor.***

turbulent **0.1** ***turbulent*** *⇒woelig, stormachtig.*

Turbulenz ⟨v.; ~, ~en⟩ **0.1** ***turbulentie*** *⇒werveling, woeligheid,* ⟨fig.⟩ *tumult.*

Türdrücker ⟨m.⟩ **0.1** ***drukknop v.e. elektrische deuropener*** **0.2** ***deurkruk, -klink.***

Türe ⟨v.; ~, ~n⟩⟨reg.⟩ →**Tür.**

Türfüllung ⟨v.⟩ **0.1** ***deurpaneel.***

Türgriff ⟨m.⟩ **0.1** ***deurknop*** *⇒deurkruk.*

Turin ⟨o.; ~s⟩ **0.1** ***Turijn.***

Türke ⟨m.; ~n, ~n⟩ **0.1** ***Turk*** **0.2** ⟨inf.⟩ ***fictie*** *⇒fopperij, vervalsing* **0.3** ⟨com., jargon⟩ ***fake*** ◆ **3.2** einen ~n bauen *(iets) voorspiegelen, (iem.) een rad voor de ogen draaien.*

Türkei ⟨v.; ~; steeds met lidw.⟩ **0.1** ***Turkije.***

türken ⟨inf.⟩ **0.1** ***fingeren*** *⇒verzinnen, vervalsen* **0.2** ⟨com., jargon⟩ ***faken.***

Türkenbund ⟨m.; mv. ⁼e⟩⟨plantk.⟩ **0.1** ***Turkse lelie.***

Türkentaube ⟨v.⟩⟨biol.⟩ **0.1** ***Turkse tortel(duif).***

Turkey ⟨m.; ~s, ~s⟩⟨jargon⟩ **0.1** ***ontwenningsverschijnselen v.e. heroïneverslaafde*** ◆ **6.1** **auf** (den) ~ kommen *ontwenningsverschijnselen krijgen;* **auf** (dem) ~ sein *ontwenningsverschijnselen vertonen.*

Türkin ⟨v.; ~, ~nen⟩ **0.1** ***Turkse.***

Türkis ⟨o.; ~⟩ **0.1** ***(kleur van) turquoise, turkoois.***

türkisch **0.1** ***Turks.***

Türklingel ⟨v.⟩ **0.1** ***deurbel.***

Türklinke ⟨v.⟩ **0.1** ***deurklink*** *⇒deurkruk* ◆ **3.1** ⟨inf.⟩ ~n putzen (a) *venten, bedelen* (b) *van deur tot deur gaan, alles aflopen.*

Turm ⟨m.; ~(e)s, ⁼e⟩ **0.1** ***toren*** **0.2** ***stereorack, (stereo)toren.***

Turmalin ⟨m.; ~s, ~e⟩ **0.1** ***toermalijn*** ⟨edelsteen⟩.

Turmbau ⟨m.; mv. ~ten⟩ **0.1** ***torenbouw*** *⇒toren(bouwsel).*

Turmdrehkran ⟨m.⟩⟨tech.⟩ **0.1** ***verrijdbare torenkraan.***

türmen I ⟨onov.ww.; s.⟩⟨inf.⟩ **0.1** ***'m smeren, ervandoor gaan*** *⇒ontsnappen;*
II ⟨ov.ww.⟩ **0.1** ***(op)stapelen*** *⇒ophopen;*
III sich ~ ⟨wk.ww.⟩ **0.1** ***zich opstapelen*** **0.2** ⟨schr.⟩ ***zich verheffen*** *⇒verrijzen, torenen.*

Turmfalke ⟨m.⟩⟨biol.⟩ **0.1** ***torenvalk.***

Turmhaube ⟨v.⟩ **0.1** ***torenkap.***

turmhoch **0.1** ***torenhoog*** **0.2** ⟨fig.⟩ ***huizenhoog*** *⇒daverend, torenhoog.*

Turmuhr ⟨v.⟩ **0.1** ***torenklok.***

Turmwagen ⟨m.⟩⟨tech.⟩ **0.1** ***hoogwerker*** ⟨voor bovenleidingen⟩.

Turn ⟨m.; ~s, ~s⟩⟨inf.⟩ **0.1** ***trip.***

Turnanzug ⟨m.⟩ **0.1** ***gym-, turnpak(je).***

Turnbeutel ⟨m.⟩ **0.1** ***gymtas.***

turnen I ⟨ov. & onov.ww.⟩ **0.1** ***turnen*** *⇒gymmen;*
II ⟨onov.ww.⟩ **0.1** ⟨s.⟩ ***klauteren*** *⇒klimmen* **0.2** ⟨h.⟩ ***(rond)klauteren.***

Turnen ⟨o.; ~s⟩ **0.1** ***het turnen*** *⇒gym(nastiek), gymles.*

Turner ⟨m.; ~s, ~⟩ **0.1** ***turner*** *⇒gymnast.*

Turnerei ⟨v.; ~, ~en⟩⟨inf.⟩ **0.1** ***het turnen, gymmen*** **0.2** ***geklauter*** *⇒klauterpartij.*

Turnerin ⟨v.; ~, ~nen⟩ **0.1** ***turnster.***
turnerisch **0.1** ***gymnastisch*** ⇒*turn-.*
Turnerschaft ⟨v.; ~, ~en⟩ **0.1** ***gym(nastiek)-, turnvereniging, gymclub*** **0.2** ***de turners.***
Turngerät ⟨o.⟩ **0.1** ***gym(nastiek)toestel.***
Turnhalle ⟨v.⟩ **0.1** ***gym(nastiek)zaal.***
Turnhose ⟨v.⟩ **0.1** ***gym-, turnbroek(je).***
Turnier ⟨o.; ~s, ~e⟩ **0.1** ***toernooi*** ⇒⟨gesch.⟩ *steekspel.*
Turnierplatz ⟨m.⟩⟨sp.⟩ **0.1** ***wedstrijdterrein*** ⟨voor paardensport⟩.
Turnierreiter ⟨m.⟩⟨sp.⟩ **0.1** ***(aan een toernooi) deelnemende ruiter.***
Turniertanz ⟨m.⟩ **0.1** ***wedstrijddans*** **0.2** ⟨g.mv.⟩ ***het wedstrijddansen.***
Turnlehrer ⟨m.⟩ **0.1** ***gym(nastiek)leraar.***
Turnriege ⟨v.⟩ **0.1** ***ploeg, groep, team turners, turnsters.***
Turnsachen ⟨alleen mv.⟩⟨inf.⟩ **0.1** ***gymspullen.***
Turnschuh ⟨m.⟩ **0.1** ***gymschoen*** ⇒*gympie.*
Turnstunde ⟨v.⟩ **0.1** ***gym(nastiek)les*** ⇒*gym.*
Turnus ⟨m.; ~, ~se⟩ **0.1** ***rooster*** ⇒*toerbeurt* **0.2** ***cyclus*** **0.3** ***fase, periode*** ⇒*ronde,* ⟨bij experimenten⟩ *replicatie* **0.4** ⟨Oostr.⟩ ***(ploegen)dienst*** ⇒*ploeg* ◆ **6.1** **in** regelmäßigem ~ *volgens een vast rooster, bij toerbeurt* **6.2** **in** einem ~ von zwei Jahren *om de twee jaar.*
turnusgemäß **0.1** ***volgens rooster*** ⇒*bij toerbeurt.*
turnusmäßig **0.1** ***regelmatig*** **0.2** ***volgens rooster*** ⇒*in het rooster, schema voorzien.*
Turnverein ⟨m.⟩ **0.1** ***gym(nastiek)-, turnvereniging*** ⇒ *gymclub.*
Turnwart ⟨m.⟩ **0.1** ***verantwoordelijke voor de gymtoestellen en de gymzaal.***
Turnzeug ⟨o.⟩ **0.1** ***gymspullen.***
Türöffner ⟨m.⟩ **0.1** ***deuropener.***
Türöffnung ⟨v.⟩ **0.1** ***deurgat, -opening.***
Türpfosten ⟨m.⟩ **0.1** ***deurpost, -stijl.***
Türrahmen ⟨m.⟩ **0.1** ***deurkozijn.***
Türschild ⟨o.⟩ **0.1** ***deur-, naamplaatje*** ⇒*bordje op de deur.*
Türschließer ⟨m.⟩ **0.1** ***deurdranger*** ⇒*(automatische) deursluiter* **0.2** ***portier*** ⟨persoon⟩.
Türschnalle ⟨v.⟩⟨Oostr.⟩ **0.1** ***deurklink.***
Türschwelle ⟨v.⟩ **0.1** ***drempel, dorpel.***
Türspalt ⟨m.⟩ **0.1** ***kier, spleet v.d. deur.***
Türsteher ⟨m.⟩ **0.1** ***portier.***
Türstock ⟨m.⟩⟨Zdd., Oostr.⟩ **0.1** ***deurkozijn.***
Türsturz ⟨m.⟩ **0.1** ***kalf, bovendorpel.***
Türsummer ⟨m.⟩⟨inf.⟩ **0.1** ***deuropener.***
turteln ⟨scherts.⟩ **0.1** ***tortelen, minnekozen*** ⇒*trekkebekken.*
Turteltaube ⟨v.⟩ **0.1** ***tortelduif.***
Türverkleidung ⟨v.⟩ **0.1** ***deurkozijn*** **0.2** ***binnenbekleding, paneel*** ⟨van autodeur⟩.
Türvorleger ⟨m.⟩ **0.1** ***deurmat(je), -kleedje.***
TuS ⟨afk.⟩ [Turn- und Sportverein].
Tusch ⟨m.; ~(e)s, ~e⟩ **0.1** ***fanfare, touche*** ⇒*trompetgeschal.*
Tusche ⟨v.; ~, ~n⟩ **0.1** ***tekeninkt*** ⇒*Oost-Indische inkt* **0.2** ***mascara*** ◆ **2.1** chinesische ~ *Oost-Indische inkt.*
Tuschelei ⟨v.; ~, ~en⟩ **0.1** ***(gefluisterd) praatje*** **0.2** ***gefluister, gesmoes*** ⇒*gesmiespel.*
tuscheln **0.1** ***fluisteren*** ⇒*smoezen, smiespelen.*
tuschen **0.1** ***met Oost-Indische inkt tekenen, kleuren*** ⇒ *wassen* **0.2** ***met mascara opmaken.***
Tuschkasten ⟨m.⟩⟨reg.⟩ **0.1** ***verfdoos.***
Tuschzeichnung ⟨v.⟩ **0.1** ***prent, tekening in Oost-Indische inkt*** ⇒*gewassen tekening* **0.2** ⟨reg.⟩ ***waterverftekening.***
Tute ⟨v.; ~, ~n⟩⟨inf.⟩ **0.1** ***toeter*** ⇒*claxon.*
Tüte ⟨v.; ~, ~n⟩ **0.1** ***(papieren) zak*** ⇒*puntzak* **0.2** ***hoorntje (ijs)*** **0.3** ⟨inf.⟩ ***(blaas)pijpje*** **0.4** ⟨inf.⟩ ***kwibus, pias*** ◆ **2.1** eine spitze ~ *een puntzak* **2.4** eine lustige ~ *een lolbroek* **3.1** ⟨inf.⟩ ~n drehen, kleben *zakjes plakken* ⟨in de gevangenis zitten⟩ **6.3** **in** die ~ blasen *in het pijpje blazen* ⟨bij alcoholtest⟩ **6.¶** ⟨inf.⟩ das kommt nicht **in** die ~! *geen sprake van!* **8.¶** angeben wie eine ~ voll Mücken *vreselijk (zitten) opscheppen.*
tuten **0.1** ***toeten*** ⇒*toeteren, blazen, tuten* ◆ **6.1** **von** Tuten und Blasen keine Ahnung haben *van toeten noch blazen weten.*
Tutor ⟨m.; ~s, Tutoren⟩ **0.1** ***student-repetitor*** **0.2** ***mentor*** ⇒ *schoolpracticumdocent* **0.3** ⟨gesch.⟩ ***voogd*** ⇒*opvoeder.*
Tutorium ⟨o.; ~s, Tutorien⟩ **0.1** ***door een student-assistent gegeven responsiecollege.***
Tüttelchen ⟨o.; ~s, ~⟩⟨inf.⟩ **0.1** ***tikkeltje, zier(tje)*** ⇒*beetje* ◆ **4.1** kein ~ *niet het minst(e).*
Tuttifrutti ⟨o.; ~(s), ~s⟩ **0.1** ***tuttifrutti.***
TÜV ⟨m.; ~⟩⟨afk.; Technischer Überwachungs-Verein⟩ **0.1** ***technische keuringsdienst*** **0.2** ⟨in engere zin⟩ ***technische autokeuring(sdienst).***
TV ⟨afk.⟩ [Turnverein; Tennisverein; Television].
Twist[1] ⟨m.; ~(e)s, ~e⟩ **0.1** ***twist*** ⟨katoengaren⟩ ⇒*getwist garen.*
Twist[2] ⟨m.; ~s, ~s⟩ **0.1** ***twist*** ⟨dans⟩ **0.2** ⟨tennis⟩ ***twist(effect)*** **0.3** ⟨turnen⟩ ***schroef.***
Typ ⟨m.; ~s, ~en⟩ **0.1** ***type*** ⟨ook persoon⟩ ⇒*model, (grond)soort* **0.2** ⟨2e nv. ook ~en; inf.⟩ ***knul*** ⇒*pief, typ(e)* ◆ **2.1** ein Auto älteren ~s *een oud model (van een) auto;* eine Partei neuen ~s *een partij nieuwe stijl* **2.2** ein glatter ~ *een gladde vogel* **4.1** ⟨inf.⟩ dein ~ ist hier nicht gefragt! *jou kunnen we hier niet gebruiken!;* ⟨inf.⟩ dein ~ wird verlangt! *er is iemand voor jou!* **6.1** **vom** ~ (her) *qua type.*
Type ⟨v.; ~, ~n⟩ **0.1** ***type*** ⇒*(druk)letter, karakter* **0.2** ⟨inf.⟩ ***typ(e), heerschap*** ⇒*knaap* **0.3** ⟨vooral Oostr.⟩ ***type*** ⇒*model.*
typen ⟨vaktaal⟩ **0.1** ***standaardiseren, standaardtypen vaststellen (voor)*** ⇒*normaliseren.*
Typenhebel ⟨m.⟩ **0.1** ***typearm*** ⟨aan schrijfmachine⟩.
Typenrad ⟨o.⟩ **0.1** ***margrietwiel, daisy wheel*** ⟨bij schrijfmachine, printer⟩.
typgeprüft ⟨tech.⟩ **0.1** ***met een typekeuring*** ◆ **3.1** ~ sein *gekeurd zijn.*
typhös ⟨med.⟩ **0.1** ***tyfeus.***
Typhus ⟨m.; ~⟩ **0.1** ***tyfus.***
typisch **0.1** ***typisch*** ⇒*karakteristiek, kenmerkend, typerend.*
typischerweise **0.1** ***typisch (genoeg).***
typisieren ⟨schr.⟩ **0.1** ***typeren*** **0.2** ***indelen in typen*** ⇒*het type vaststellen van.*
typographisch **0.1** ***typografisch.***
Typologie ⟨v.; ~, ~n⟩ **0.1** ***typologie.***
Typoskript ⟨o.; ~(e)s, ~e⟩ **0.1** ***typescript, getikt manuscript.***
Typung ⟨v.; ~, ~en⟩⟨vaktaal⟩ **0.1** ***typisatie, standaardisatie*** ⇒*normalisatie.*
Typus ⟨m.; ~, Typen⟩⟨schr.⟩ **0.1** ***type.***
Tyrann ⟨m.; ~en, ~en⟩ **0.1** ***tiran, dwingeland.***
Tyrannei ⟨v.; ~, ~en⟩ **0.1** ***tirannie*** ⇒*dwingelandij.*
Tyrannenherrschaft ⟨v.⟩ **0.1** ***tirannie.***
tyrannisch **0.1** ***tiranniek*** ⇒*despotisch.*
tyrannisieren **0.1** ***tiranniseren.***
Tz →**Tezett.**

u, U ⟨o.; ~, ~⟩ **0.1** ***u, U*** *⇒klank u, letter u, U.*

u. ⟨afk.⟩ →**und.**

u.a. ⟨afk.⟩ [unter anderem, unter anderen; und andere(s)].

u.ä. ⟨afk.⟩ [und ähnliche(s)].

u.a.m. ⟨afk.⟩ [und andere(s) mehr].

u.A.w.g. ⟨afk.; um Antwort wird gebeten⟩ **0.1** ***verzoeke antwoord.***

UB ⟨v.; ~, ~s⟩⟨afk.⟩ [Universitätsbibliothek].

U-Bahn ⟨v.⟩ →**Untergrundbahn.**

U-Bahnhof ⟨m.⟩ **0.1** ***metrostation.***

übel **0.1** ***slecht*** *⇒kwalijk, naar* **0.2** ***onwel*** *⇒misselijk, naar* **0.3** ***slecht, gemeen*** *⇒vals* ◆ **1.3** übles Benehmen ⟨ook⟩ *wangedrag;* ein übler Bursche *een gemene vent* **3.1** ~ dran sein *er slecht aan toe zijn;* jmdn. ~ zurichten *iem. lelijk, danig toetakelen* **3.3** jmdm. Übles nachsagen *kwaad van iem. spreken* **4.2** mir wurde ~ *ik werd niet goed, ik werd misselijk* **5.1** nicht ~ *niet slecht, kwaad;* ich habe nicht ~ Lust, es zu tun *ik heb veel zin om het te doen.* →**Tote(r).**

Übel ⟨o.; ~s, ~⟩ **0.1** ***kwaad*** *⇒euvel* **0.2** ⟨schr.⟩ ***kwaal*** ◆ **2.1** das kleinere ~ *van twee kwaden het minst erge* **6.1** es ist ein ~ **mit** ihm *het is erg met hem;* **vom**, von ~ sein *uit den boze zijn;* **zu** allem ~ *tot overmaat van ramp.*

übelbeleumdet **0.1** ***ongunstig, slecht bekend staand, slecht aangeschreven.***

übelberaten **0.1** ***slecht geadviseerd, beraden.***

übelgelaunt **0.1** ***slechtgehumeurd, -geluimd.***

Übelkeit ⟨v.; ~, ~en⟩ **0.1** ***misselijkheid*** *⇒onpasselijkheid.*

übellaunig **0.1** ***slechtgehumeurd, -gemutst.***

übelnehmen **0.1** ***kwalijk nemen.***

Übelsein ⟨o.⟩ **0.1** ***onpasselijkheid.***

Übelstand ⟨m.⟩ **0.1** ***wantoestand, misstand.***

Übeltat ⟨v.⟩⟨schr.⟩ **0.1** ***euvel-, misdaad*** *⇒misdrijf.*

Übeltäter ⟨m.⟩ **0.1** ***misdadiger*** *⇒boosdoener.*

übelwollen **0.1** ***kwalijk gezind zijn*** *⇒kwaad willen.*

Übelwollen ⟨o.; ~s⟩ **0.1** ***onwelwillendheid.***

üben **0.1** ***oefenen*** *⇒instuderen* **0.2** ⟨schr.⟩ ***betrachten*** *⇒ (be)oefenen* **0.3** ⟨schr.⟩ ***uitoefenen*** *⇒nemen* ◆ **1.1** einen Marsch ~ *een mars instuderen;* Klavier ~ *op de piano oefenen, studeren* **1.2** Gerechtigkeit ~ *rechtvaardig zijn;* Tugend ~ *de deugd betrachten* **1.3** Gewalt ~ *geweld plegen* **6.1** ⟨fig.⟩ sich **in** Geduld ~ *geduld oefenen* ¶**.1** ⟨sprw.⟩ früh übt sich, wer ein Meister werden will ± *al doende leert men.*

über[1] ⟨bn.⟩⟨inf.⟩ **0.1** ***over*** **0.2** ***superieur*** ◆ **1.**¶ eine Sache ~ sein *iets beu zijn, genoeg van iets hebben* **6.1** **dafür** hatte er immer was ~ *dat lag, zinde hem altijd wel* **6.2** jmdm. **in** einer Sache ~ sein *iem. in iets de baas zijn.*

über[2] ⟨bw.⟩ **0.1** ***over*** *⇒meer dan, boven (de)* **0.2** ***gedurende*** *⇒door* ◆ **1.2** den ganzen Tag ~ *de hele dag (door)* **2.1** ~ hundert Gäste *over de, meer dan honderd gasten;* ~ zwanzig Jahre (alt) sein *over de twintig zijn* **8.1** ~ und ~ *door en door,* ⟨ook⟩ *van onder tot boven.*

über[3] ⟨vz. + 3,4⟩ **0.1** ***over*** *⇒over ... heen,* ⟨zelden⟩ *buiten* **0.2** ***boven*** **0.3** ⟨vz. + 3⟩ ***aan de overkant, overzijde van*** *⇒aan de andere kant van, over* **0.4** ⟨vz. + 4⟩ ***via*** *⇒over* **0.5** ⟨vz. + 4⟩ ***gedurende*** *⇒met, over* **0.6** ⟨vz. + 4; reg.⟩ ***over, in*** **0.7** ⟨vz. + 4⟩ ***op*** *⇒en nog eens* **0.8** ⟨vz. + 4⟩ ***tengevolge van*** *⇒ door, van* **0.9** ⟨vz. + 4⟩ ***van*** *⇒ter waarde van* ◆ **1.1** einen Pulli ~ die Bluse ziehen *een trui over de bloes aantrekken;* ~ den See schwimmen *het meer overzwemmen;* ~ die Straße gehen *de straat, weg oversteken* **1.2** zwei Grad ~ Null *twee graden boven nul;* ein Sieg ~ jmdn. *een overwinning op iem.;* die Lampe hing ~ dem Tisch *de lamp hing boven de tafel;* er hängte die Lampe ~ den Tisch *hij hing de lamp boven de tafel* **1.3** ~ den Bergen *aan de andere kant van de bergen, over de bergen* **1.4** ~ Köln fahren *via Keulen rijden* **1.5** ~ Weihnachten *met Kerstmis;* ~ das Wochenende ans Meer fahren *het weekend naar zee gaan* **1.7** Lügen ~ Lügen *leugens op leugens* **1.8** ~ dem Lärm aufwachen *door, van het lawaai wakker worden* **1.9** eine Rechnung ~ 10 Gulden *een rekening van 10 gulden* **2.1** froh ~ eine Sache *blij om, verheugd over iets* **3.2** ~ eine Sache emporragen *boven iets uitsteken* **4.7** eine Dummheit ~ die andere *de ene stommiteit na de andere* **5.1** ~ eine Sache hin(aus), hinüber *over iets heen* **5.5** ~ eine bestimmte Zeitspanne (hinweg) *gedurende een bepaalde tijd* **9.**¶ pfui ~ dich! *foei (jij, voor jou)!*

überall ⟨acc. wiss.⟩ **0.1** ***overal*** *⇒alom* ◆ **6.1** **von** ~ (her) *van overal, overal vandaan.*

überallher ◆ **6.**¶ **von** ~ *overal vandaan, van alle kanten.*

überallhin **0.1** ***overal heen.***

überaltert **0.1** ***verouderd*** **0.2** ***te oud.***

Überalterung ⟨v.⟩ **0.1** ***vergrijzing, veroudering.***

Überangebot ⟨o.⟩ **0.1** ***te groot aanbod*** *⇒overaanbod.*

überängstlich **0.1** ***overdreven, erg bang*** *⇒overbezorgd.*

überanstrengen **0.1** ***te veel vergen van*** *⇒te veel, te zwaar inspannen, overspannen* ◆ **4.1** sich ~ (a) *zich te zwaar inspannen* (b) *zich overwerken, zich overspannen.*

Überanstrengung ⟨v.⟩ **0.1** ***te zware inspanning*** *⇒bovenmatige inspanning* **0.2** ***overspanning.***

überantworten ⟨schr.⟩ **0.1** ***overdragen*** *⇒toevertrouwen.*

überarbeiten[1] ⟨onov.ww.⟩⟨inf.⟩ **0.1** ***overwerken.***

überarbeiten[2] **I** ⟨ov.ww.⟩ **0.1** ***opnieuw bewerken*** *⇒om-, herwerken, herzien* ◆ **1.1** eine (völlig) überarbeitete Auflage *een (geheel) opnieuw bewerkte druk;*

II sich ~ ⟨wk.ww.⟩ **0.1** ***zich overwerken*** *⇒zich overspannen.*

Überarbeitung ⟨v.; ~, ~en⟩ **0.1** ***omwerking*** *⇒bewerking, herziening* **0.2** ***overspanning.***

überaus ⟨schr.⟩ **0.1** ***uitermate, zeer, buitengewoon.***

überbacken **0.1** ***(nog) lichtjes, even bakken*** *⇒met een korstje bedekken, gratineren.*

Überbau ⟨m.; mv. ~e of ~ten⟩ **0.1** ⟨bouwk.⟩ ***overstek*** *⇒overstekend gedeelte* **0.2** ⟨bouwk.⟩ ***bovenbouw*** ⟨van brug⟩ **0.3** ⟨fil.⟩ ***bovenbouw.***

überbauen[1] ⟨onov.ww.⟩ **0.1** ***de bouwgrens overschrijden.***

überbauen[2] ⟨ov.ww.⟩ **0.1** ***overbouwen.***

überbeanspruchen **0.1** ***te veel vragen, vergen, eisen van*** **0.2** ⟨tech.⟩ ***overbelasten.***

Überbein ⟨o.⟩⟨med.⟩ **0.1** ***ganglion, peesknoop.***

überbekommen ⟨inf.⟩ **0.1** ***genoeg krijgen van*** *⇒zat worden* ◆ **4.**¶ einen, eins ~ *er van langs krijgen.*

überbelasten **0.1** ***overbelasten*** ⟨ook fig.⟩.

überbelegen **0.1** ***overboeken*** ◆ **1.1** überbelegte Hotels *overvolle hotels.*

überbelichten ⟨foto.⟩ **0.1** ***overbelichten.***

Überbeschäftigung ⟨v.⟩⟨ec.⟩ **0.1** ***overemployment.***

überbetonen **0.1** ***te zeer de nadruk leggen op, (al) te zeer benadrukken.***

Überbetonung ⟨v.⟩ **0.1** ***overaccentuering*** *⇒te sterke nadruk.*

überbewerten **0.1** ***overwaarderen*** *⇒te hoog aanslaan, waarderen.*

überbieten 0.1 ***hoger, meer bieden (dan)*** ⇒*overbieden, afmijnen* **0.2** ***overtreffen*** ◆ **1.2** einen Rekord (um einen Meter) ~ *een record (met één meter) verbeteren* **3.2** das war einfach nicht zu ~ *daar was, viel gewoon niet aan te tippen* **4.1** sich ~ (ook) *tegen elkaar opbieden.*
überbleiben ⟨inf.⟩ **0.1** ***overblijven*** ⇒*overschieten.*
Überbleibsel ⟨o.; ~s, ~⟩⟨inf.⟩ **0.1** ***overblijfsel*** ⇒*rest, relict.*
überblenden ⟨com.⟩ **0.1** ***faden*** ⇒*laten overvloeien.*
Überblick ⟨m.⟩ **0.1** ***overzicht*** ⟨ook fig.⟩ ⇒*kijk.*
überblicken **0.1** ***overzien*** ⟨ook fig.⟩.
überborden ⟨h/s.⟩ **0.1** ***buiten zijn oevers treden*** ⇒*overstromen* **0.2** ⟨fig.⟩ ***overlopen*** ⇒*de spuigaten uitlopen.*
überbraten ⟨inf.⟩ ◆ **4.**¶ jmdm. einen, eins ~ *iem. er van langs geven, iem. een dreun verkopen.*
überbringen ⟨schr.⟩ **0.1** ***overbrengen*** ⇒*overmaken, komen brengen, overhandigen.*
Überbringer ⟨m.; ~s, ~⟩ **0.1** ***(over)brenger*** **0.2** ***toonder*** ◆ **4.1** ~ dieses *brenger dezes.*
überbrücken ⟨meestal fig.⟩ **0.1** ***overbruggen*** ⇒*een brug bouwen, slaan over.*
Überbrückungs(bei)hilfe ⟨v.⟩ **0.1** ***overbruggingsgeld, -steun.***
Überdach ⟨o.⟩ **0.1** ***afdak*** ⇒*luifel, overkapping* **0.2** ***buitentent.***
überdachen **0.1** ***overdekken*** ⇒*overkappen.*
überdauern **0.1** ***overleven*** ⇒*doorstaan, trotseren.*
überdecken[1] ⟨ov.ww.⟩ **0.1** ***leggen over*** ⇒*uitspreiden (over).*
überdecken[2] ⟨ov.ww.⟩ **0.1** ***overdekken*** ⇒*bedekken, camoufleren,* ⟨fig.⟩ *overstemmen.*
überdehnen **0.1** ***uitrekken*** **0.2** ***verrekken.***
überdenken **0.1** ***overdenken.***
überdeutlich **0.1** ***overduidelijk.***
überdies ⟨acc. wiss.⟩ **0.1** ***bovendien, daarenboven.***
überdimensional **0.1** ***buitensporig groot*** ⇒*kolossaal, enorm.*
überdosieren **0.1** ***te sterk doseren, overdoseren.***
Überdosis ⟨v.⟩ **0.1** ***overdosis.***
überdrehen **0.1** ***doldraaien*** ⇒*te ver doordraaien, stukdraaien* **0.2** ***over zijn toeren jagen*** ⇒*forceren.*
überdreht ⟨inf.; fig.⟩ **0.1** ***over zijn toeren*** ⇒*door het dolle heen.*
Überdruck ⟨m.; mv. ¨-e⟩⟨nat.⟩ **0.1** ***overdruk.***
Überdruß ⟨m.; Überdrusses⟩ **0.1** ***verveling*** ⇒*(door verveling gegroeide) hekel, tegenzin* ◆ **6.1** ~ **am** Leben *afkeer van het leven;* **bis zum** ~ *tot vervelens toe.*
überdrüssig ◆ **1.**¶ jmds., einer Sache ~ sein, werden *genoeg hebben, krijgen van iem., iets.*
überdüngen **0.1** ***overbemesten.***
überdurchschnittlich **0.1** ***boven het gemiddelde (liggend, uitkomend)*** ⇒*meer dan het gemiddelde.*
übereck **0.1** ***overhoeks*** ⇒*diagonaal(sgewijs), schuin in de hoek.*
Übereifer ⟨m.⟩ **0.1** ***(al) te grote ijver.***
übereifrig **0.1** ***overijverig.***
übereignen **0.1** ***(in eigendom) overdragen*** ⇒*in eigendom geven.*
Übereignung ⟨v.⟩ **0.1** ***(eigendoms)overdracht.***
übereilen I ⟨ov.ww.⟩ **0.1** ***overhaasten;***
II sich ~ ⟨wk.ww.⟩ **0.1** ***zich overhaasten*** ⇒*overhaast te werk gaan.*
übereilt **0.1** ***overhaast*** ⇒*overijld.*
übereinander **0.1** ***over elkaar*** **0.2** ***boven elkaar*** ⇒*(boven)-op elkaar.*
übereinanderschichten **0.1** ***op elkaar stapelen.***
übereinanderschlagen **0.1** ***over elkaar slaan.***
übereinkommen ⟨schr.⟩ **0.1** ***overeenkomen, afspreken.***
Übereinkommen ⟨o.⟩ **0.1** ***overeenkomst*** ⇒*akkoord.*
Übereinkunft ⟨v.; ~, ¨-e⟩ →**Übereinkommen.**
übereinstimmen **0.1** ***overeenstemmen*** ⇒*overeenkomen, (met elkaar) kloppen, stroken* **0.2** ***het eens zijn.***
übereinstimmend **0.1** ***overeenstemmend*** ⇒*gelijk-, eensluidend.*
Übereinstimmung ⟨v.; ~, ~en⟩ **0.1** ***overeenstemming*** ⇒*overeenkomst.*
überempfindlich **0.1** ***overgevoelig.***
Überernährung ⟨v.⟩ **0.1** ***overvoeding.***
überessen[1] ⟨ov.ww.⟩ **0.1** ***tegeneten.***
überessen[2], **sich** ⟨wk.ww.⟩ **0.1** ***zich overeten.***
überfahren[1] **I** ⟨onov.ww.; s.⟩ **0.1** ***overvaren;***
II ⟨ov.ww.⟩ **0.1** ***overzetten.***
überfahren[2] ⟨ov.ww.⟩ **0.1** ***overrijden*** **0.2** ***rijden door-(heen)*** ⇒*negeren* **0.3** ***rijden over(heen)*** **0.4** ***overvaren*** **0.5** ⟨inf.; fig.⟩ ***overdonderen*** ⇒*passeren, ondersneeuwen* **0.6** ⟨sp.⟩ ***overklassen*** ⇒*afstraffen, overtroeven.*
Überfahrt ⟨v.⟩ **0.1** ***overtocht*** ⇒*overvaart, passage.*
Überfall ⟨m.⟩ **0.1** ***overval*** ⇒*hold-up* **0.2** ***overbloezend deel*** ⟨v. kledingstuk⟩.
überfallen **0.1** ***overvallen*** ⇒*overrompelen, aanranden,* ⟨fig.⟩ *overmannen.*
überfällig **0.1** ***over tijd*** ⇒*verlaat, te laat* **0.2** ***allang aan de beurt*** **0.3** ⟨ec.⟩ ***(reeds) vervallen*** ◆ **1.2** ~e Reformen *hervormingen die allang hadden moeten plaatsvinden.*
Überfallkommando ⟨o.⟩⟨inf.⟩ **0.1** ***overvalcommando.***
überfein **0.1** ***zeer fijn, overfijn*** ⇒*superfijn.*
überfeinert **0.1** ***al te verfijnd.***
überfischen **0.1** ***overbevissen.***
überfliegen **0.1** ***vliegen over*** ⇒*overvliegen* **0.2** ⟨fig.⟩ ***vlug, in de gauwigheid (door)lezen*** ⇒*vluchtig doornemen* **0.3** ⟨fig.⟩ ***als een schaduw vliegen over*** ⇒*glippen.*
überfließen[1] ⟨onov.ww.⟩ **0.1** ***overlopen*** ⟨ook fig.⟩ ⇒*overvloeien* **0.2** ⟨fig.⟩ ***overgaan, -lopen*** ⇒*vloeien.*
überfließen[2] ⟨ov.ww.⟩ **0.1** ***overstromen*** ⇒*stromen over.*
überflügeln **0.1** ***overvleugelen.***
Überfluß ⟨m.⟩ **0.1** ***overvloed*** ◆ **6.1 im** ~ *in overvloed, overvloedig;* **zum** ~, zu allem ~ *tot overmaat van ramp.*
Überflußgesellschaft ⟨v.⟩ **0.1** ***consumptiemaatschappij.***
überflüssig **0.1** ***overbodig*** ⇒*overtollig.*
überflüssigerweise **0.1** ***ten overvloede*** ⇒*overbodig genoeg.*
überfluten **0.1** ***overstromen*** ⇒*overspoelen* ⟨vooral fig.⟩.
überfordern **0.1** ***te veel vergen, vragen van*** ⇒*te hoge eisen stellen aan* ◆ **3.1** sich überfordert fühlen *het gevoel hebben dat men het niet (meer) aankan.*
Überforderung ⟨v.⟩ **0.1** ***overbelasting*** ⇒*overvraging.*
Überfracht ⟨v.⟩ **0.1** ***overvracht.***
überfragen **0.1** ***te veel vragen*** ⇒*meer vragen dan iem. weet* ◆ **3.1** überfragt sein *het niet weten, het niet kunnen zeggen.*
überfremden **0.1** ***onder te grote buitenlandse invloed brengen*** ⇒*(door het buitenland) overheersen.*
Überfremdung ⟨v.; ~, ~en⟩ **0.1** ***buitenlandse overheersing*** ⇒*te grote, overheersende buitenlandse invloed.*
überfressen, sich **0.1** ***zich overeten*** ⇒⟨inf.⟩ *zich overvreten.*
überfrieren ⟨s.⟩ **0.1** ***toe-, dichtvriezen*** ⇒*bevriezen.*
überführen[1] ⟨ov.ww.⟩ **0.1** ***overbrengen*** **0.2** ***omzetten*** ⇒*brengen.*
überführen[2] ⟨ov.ww.⟩ **0.1** ***het overtuigend bewijs leveren van*** ⇒*schuldig bevinden aan, bewijzen* **0.2** ***gaan, leiden over*** ◆ **1.1** jmdn. des Diebstahls ~ *iem. aan diefstal schul-*

dig bevinden; einen Verbrecher ~ *de schuld van een misdadiger bewijzen.*

Überführung ⟨v.⟩ **0.1** *overbrenging* **0.2** *overtuigende bewijsvoering* **0.3** *viaduct* ⇒*brug, overbrugging.*

Überführungskosten ⟨alleen mv.⟩ **0.1** *kosten van overbrenging* **0.2** *afleveringskosten* ⟨van auto⟩.

Überfülle ⟨v.⟩ **0.1** *(enorme, grote) overvloed.*

überfüllen **0.1** *overvol maken* ⇒*overstromen* **0.2** *overladen.*

überfüllt **0.1** *over-, stampvol* ◆ **5.1** restlos, total ~ *tjok-, stampvol.*

überfüttern **0.1** *overvoeren.*

Übergabe ⟨v.⟩ **0.1** *overhandiging* ⇒*overdracht, aflevering* **0.2** *overgave.*

Übergang ⟨m.⟩ **0.1** *overgang* **0.2** *overtocht* ⇒*overschrijding* **0.3** *oversteekplaats* **0.4** *overgangsperiode.*

Übergangsbahnhof ⟨m.⟩ **0.1** *grensstation.*

Übergangsbestimmung ⟨v.⟩ **0.1** *overgangsbepaling.*

Übergangsheim ⟨o.⟩ **0.1** *opvangcentrum.*

übergangslos **0.1** *zonder overgang.*

Übergangslösung ⟨v.⟩ **0.1** *voorlopige, transitoire oplossing* ⇒*overgangsregeling.*

Übergangsmantel ⟨m.⟩ **0.1** *demi(-saison).*

Übergangsstelle ⟨v.⟩ **0.1** *grenspost* **0.2** *oversteekplaats.*

übergeben I ⟨ov.ww.⟩ **0.1** *overhandigen* ⇒*over-, doorgeven, overdragen, overlaten* **0.2** *toevertrouwen* **0.3** *opdragen* ⇒*belasten* ◆ **1.1** sein Amt ~ *zijn functie overdragen;* die Sache einem Anwalt ~ *een advocaat de zaak in handen geven;* eine Straße ihrer Bestimmung, dem Verkehr ~ *een weg voor het verkeer openstellen;*
II sich ~ ⟨wk.ww.⟩ **0.1** *overgeven, braken.*

Übergebot ⟨o.⟩ **0.1** *hoger bod.*

übergehen[1] ⟨onov.ww.⟩ **0.1** *overgaan* ⇒*overlopen,* ⟨scheep.⟩ *(ver)schuiven* **0.2** ⟨scheep.⟩ *overkomen* ⟨van golf⟩ **0.3** ⟨schr.⟩ *overlopen* ⇒*overstromen* ◆ **6.1** **in** Verwesung ~ *tot ontbinding overgaan.*

übergehen[2] ⟨ov.ww.⟩ **0.1** *negeren* ⇒*voorbijgaan (aan), over het hoofd zien, passeren* **0.2** *overslaan* ◆ **3.1** sich übergangen fühlen *zich gepasseerd voelen.*

übergenug **0.1** *meer dan genoeg.*

übergeordnet **0.1** *hoger* ⇒*van hogere orde* ◆ **1.1** ⟨taal.⟩ ein ~er Satz *een regerende zin.*

Übergepäck ⟨o.⟩⟨verk.⟩ **0.1** *overbagage.*

übergeschnappt ⟨inf.⟩ **0.1** *gek* ⇒*niet goed wijs.*

Übergewicht ⟨o.⟩ **0.1** *overwicht* ⟨ook fig.⟩ **0.2** *meerderheid* ⇒*macht, invloed* ◆ **3.1** ~ haben *te veel wegen* **3.¶** ⟨inf.⟩ ~ bekommen *zijn evenwicht verliezen.*

übergewichtig **0.1** *te zwaar (in gewicht).*

übergießen[1] ⟨ov.ww.⟩ **0.1** *gieten over* ⇒*erover gieten, begieten* **0.2** *morsen* ◆ **4.1** jmdm. einen Eimer ~ *een emmer over iem. uitgieten.*

übergießen[2] ⟨ov.ww.⟩ **0.1** *overgieten* ⇒*begieten* ◆ **6.1** etwas **mit** Benzin ~ *benzine over iets heen gieten, uitgieten.*

überglasen **0.1** *met glas overdekken.*

überglücklich **0.1** *over-, dolgelukkig.*

übergolden **0.1** *vergulden* ⟨ook schr.; fig.⟩.

übergreifen ⟨s.⟩ **0.1** *overslaan* ⟨ook muz. en sp.⟩ **0.2** ⟨meteo.⟩ *doordringen.*

übergreifend **0.1** *overheersend* ⇒*dominerend* **0.2** *overkoepelend* ⇒*omvattend.*

Übergriff ⟨m.⟩ **0.1** *inbreuk* ⇒*overtreding* **0.2** *inmenging* **0.3** *overval.*

übergroß **0.1** *overgroot* ⇒*enorm (groot).*

Übergröße ⟨v.⟩ **0.1** *extra grote maat.*

überhaben ⟨inf.⟩ **0.1** *om hebben* ⇒*aan hebben* **0.2** *moe, beu zijn* ⇒*genoeg hebben van* **0.3** ⟨reg.⟩ *overhebben.*

Überhandnahme ⟨v.; -⟩ **0.1** *sterke toeneming.*

überhandnehmen ⟨h.⟩ **0.1** *hand over hand toenemen* ⇒*sterk toenemen, veld winnen.*

Überhang ⟨m.⟩ **0.1** *teveel, overschot* ⇒*surplus* **0.2** *het overhangende* ⇒*overhangende takken, vruchten* **0.3** *uitsteeksel* **0.4** *overhangende rots.*

überhängen[1] ⟨onov.ww.→t6o⟩ **0.1** *overhangen* ⇒*overhellen, uitsteken.*

überhängen[2] ⟨onov.ww.⟩ **0.1** *omhangen* ⇒*omdoen.*

überhängen[3] ⟨ov.ww.⟩ **0.1** *bedekken, behangen.*

Überhangmandat ⟨o.⟩⟨pol.⟩ **0.1** ⟨volgens het districtenstelsel verworven mandaat dat het aantal volgens de evenredige vertegenwoordiging gewonnen mandaten overtreft⟩.

überhasten **0.1** *overhaasten.*

überhäufen **0.1** *overladen* ⇒⟨fig. vooral⟩ *overstelpen.*

überhaupt **0.1** *eigenlijk (wel)* ⇒*trouwens, (toch) al* **0.2** *over het algemeen* ⇒*überhaupt, in alle opzichten* **0.3** *tenminste* ⇒*enigszins, ook maar, zelfs maar* **0.4** *(en) vooral* ⇒*(en) zeker* **0.5** ⟨met ontkenning⟩ *helemaal* ⇒*hoegenaamd* ◆ **2.3** alle ~ möglichen Fälle *alle ook maar mogelijke gevallen* **3.1** für wen halten Sie mich ~? *waar ziet u mij (eigenlijk) voor aan?* **3.2** er hat sich ~ angestrengt *hij heeft zich in alle opzichten ingespannen* **3.3** wenn ich ~ reise *als ik dan al (op reis) ga* **4.5** das hat ~ keinen Sinn *dat heeft geen enkele zin* **6.4** ~ **im** Alter *en zeker als je (wat) ouder wordt* **8.3** wenn ~ *indien dan al, als het dan al gebeurt, moet.*

überheben I ⟨ov.ww.⟩⟨vero.⟩ **0.1** *ontslaan, ontheffen (van);*
II sich ~ ⟨wk.ww.⟩ **0.1** ⟨reg.⟩ *zich vertillen* **0.2** ⟨vero.⟩ *aanmatigend zijn* ⇒*zich laten voorstaan (op).*

überheblich **0.1** *aanmatigend* ⇒*arrogant.*

Überheblichkeit ⟨v.; ~, ~en⟩ **0.1** *aanmatiging* ⇒*verwaandheid, arrogantie.*

überheizen **0.1** *te heet, warm stoken* ⇒*oververhitten.*

überhitzen **0.1** *oververhitten* ⇒⟨fig.⟩ *overspannen.*

überhitzt ⟨fig.⟩ **0.1** *oververhit* ⇒*overspannen, verhit.*

Überhitzung ⟨v.; ~, ~en⟩ **0.1** *oververhitting* ⟨ook fig.⟩.

überhöhen **0.1** *op-, verhogen.*

überhöht ⟨fig.⟩ **0.1** *te hoog* ⇒*te groot, opgedreven, overdreven.*

Überhöhung ⟨v.; ~, ~en⟩ **0.1** *verheffing* **0.2** *ver-, ophoging* **0.3** *verkanting* ⟨van weg, spoor⟩ **0.4** ⟨fig.⟩ *opdrijving.*

überholen[1] **I** ⟨ov.& onov.ww.⟩ **0.1** *overhalen* ⟨met veerpont; mbt. zeilen⟩ ⇒*overzetten;*
II ⟨onov.ww.⟩⟨scheep.⟩ **0.1** *overhellen, -halen.*

überholen[2] ⟨ov.& onov.ww.⟩ **0.1** *inhalen* ⇒*passeren* **0.2** *reviseren* ⇒*nazien, opknappen* **0.3** ⟨fig.⟩ *voorbijstreven* ⇒*overtreffen* ◆ **6.1** **zum** Überholen ansetzen *beginnen in te halen.*

Überholmanöver ⟨o.⟩ **0.1** *inhaalmanoeuvre.*

Überholspur ⟨v.⟩ **0.1** *inhaalstrook.*

überholt **0.1** *achterhaald* ⇒*verouderd.*

Überholung ⟨v.; ~, ~en⟩ **0.1** *revisie* ⇒*het nazien, opknapbeurt.*

Überholverbot ⟨o.⟩ **0.1** *inhaalverbod.*

überhören **0.1** *niet horen* **0.2** *niet willen horen* ⇒*doen alsof men het niet hoort, negeren* ◆ **3.1** das muß ich überhört haben *ik heb het niet gehoord, het is mij ontgaan* **3.2** das möchte ich überhört haben! *ik zal het maar als niet gezegd beschouwen!*

überirdisch **0.1** *bovenaards.*

überkandidelt ⟨inf.⟩ **0.1** *gek, raar* ⇒*buitenissig.*

überkippen **0.1** *omkantelen* ⇒*omkiep(er)en* **0.2** ⟨fig.⟩ *overslaan.*

überkleben **0.1** *overplakken* ⇒*beplakken.*

Überkleid ⟨o.⟩⟨vero.⟩ **0.1** ***jas, mantel*** **0.2** ***bovenjurk*** **0.3** ***bovenkleed.***
überkleiden ⟨vero.; schr.⟩ **0.1** ***bekleden*** ⇒*overtrekken* **0.2** ***over-, bedekken.***
überklettern 0.1 ***klimmen over.***
überklug ⟨iron.⟩ **0.1** ***waanwijs*** ⇒*(al) te wijs.*
überkochen 0.1 ***overkoken*** ⟨ook fig.⟩.
überkommen[1] ⟨bn.⟩⟨schr.⟩ **0.1** ***traditioneel*** ⇒*overgeleverd.*
überkommen[2] ⟨onov.ww.⟩⟨scheep.⟩ **0.1** ***overkomen.***
überkommen[3] ⟨ov.ww.; h.⟩ **0.1** ***overvallen*** ⇒*zich meester maken van, aangrijpen* **0.2** ⟨vero.⟩ ***erven*** ◆ **5.1** es überkam mich heiß *ik kreeg het er warm van.*
überkriegen →**überbekommen.**
überkronen 0.1 ***een kroon (op een tand of kies) plaatsen.***
überkrusten 0.1 ⟨cul.⟩ ***gratineren*** **0.2** ***met een korst bedekken.***
überkugeln, sich 0.1 ***kopjebuitelen, -duikelen*** ⇒*over de kop gaan.*
überladen[1] ⟨bn.⟩⟨fig.⟩ **0.1** ***overladen.***
überladen[2] ⟨ov.ww.⟩ **0.1** ***overladen*** ⇒*te zwaar (be)laden,* ⟨fig.⟩ *overstelpen.*
überlagern 0.1 ***over-, bedekken*** ⇒*heen liggen over* **0.2** ⟨fig.⟩ ***overlappen*** ⇒*gedeeltelijk samenvallen* **0.3** ⟨com.⟩ ***storen*** ⇒*wegdrukken* **0.4** ⟨nat.⟩ ***interfereren.***
Überlagerung ⟨v.⟩ **0.1** ***over-, bedekking*** **0.2** ⟨fig.⟩ ***overlapping*** **0.3** ⟨nat.⟩ ***interferentie.***
Überlandbus ⟨m.⟩ **0.1** ***streekbus.***
Überlandkraftwerk ⟨o.⟩ **0.1** ***gewestelijke energiecentrale.***
Überlandleitung ⟨v.⟩ **0.1** ***bovengrondse leiding.***
überlang 0.1 ***overlang*** ⇒*al te lang, erg lang.*
Überlänge ⟨v.⟩ **0.1** ***extra lengte*** ◆ **6.1** ein Film **mit** ~ *een extra lange film.*
überlappen 0.1 ***overlappen*** ⟨ook fig.⟩.
überlassen[1] ⟨ov.ww.⟩⟨inf.⟩ **0.1** ***overlaten*** ⇒*laten staan.*
überlassen[2] **I** ⟨ov.ww.⟩ **0.1** ***overlaten (aan)*** ⇒*afstaan (aan), ter beschikking stellen* **0.2** ***toevertrouwen*** ⇒*laten bij* ◆ **3.1** das bleibt Ihnen ~ *dat staat u vrij* **4.1** sich selbst ~ sein *aan zichzelf overgelaten zijn* **5.1** jmdm. etwas billig ~ *iem. iets goedkoop verkopen, laten;*
II sich ~ ⟨wk.ww.⟩ **0.1** ***zich overgeven (aan)*** ⇒*toegeven (aan).*
Überlassung ⟨v.; ~, ~en⟩ **0.1** ***het overlaten*** ⇒*afstand.*
überlasten 0.1 ***overbelasten*** ⟨ook tech.; fig.⟩.
überlastig ⟨vooral scheep.⟩ **0.1** ***overlastig, te zwaar geladen.***
überlaufen[1] ⟨onov.ww.⟩ **0.1** ***overlopen.***
überlaufen[2] ⟨ov.ww.⟩ **0.1** ***overvallen*** ⇒*door de leden varen* **0.2** ***de deur platlopen*** **0.3** ⟨sp.⟩ ***lopen over(heen)*** **0.4** ⟨sp.⟩ ***lopen door(heen)*** ⇒*doorbreken* **0.5** ***overtrekken*** ⟨van kleuren⟩ ⇒*doorlopen* ◆ **1.2** der Arzt war sehr ~ *de arts had een zeer drukke praktijk;* ein ~er Strand *een overvol strand.*
Überläufer ⟨m.⟩ **0.1** ***overloper*** ⟨ook jacht⟩ ⇒*deserteur.*
Überlaufrohr ⟨o.⟩ **0.1** ***overloop(pijp).***
überlaut 0.1 ***luidkeels*** ⇒*al te, zeer luid.*
überleben 0.1 ***overleven*** ⇒⟨fig.⟩ *te boven komen* ◆ **1.1** ⟨jur.⟩ der ~de Teil *de langstlevende echtgenoot* **4.1** das hat sich überlebt ⟨ook⟩ *dat is uit de tijd.*
Überlebende(r) ⟨bn. als zn.⟩ **0.1** ***overlevende.***
Überlebenschance ⟨v.⟩ **0.1** ***overlevingskans.***
überlebensgroß 0.1 ***meer dan levensgroot.***
Überlebenskampf ⟨m.⟩ **0.1** ***strijd om het voortbestaan.***
Überlebenstraining ⟨o.⟩ **0.1** ***overlevingstocht*** ⇒*survivaltraining.*
überlegen[1] ⟨bn.⟩ **0.1** ***superieur*** ⇒*beter, de baas,* ⟨pej.⟩ *hautain* ◆ **3.1** ~ siegen *glansrijk winnen* **5.1** jmdm. glatt, weit ~ sein *iem. veruit de baas zijn;* jmdm. haus-, turmhoch ~ sein *met kop en schouder boven iem. uitsteken* **6.1** jmdm. **an** Kraft ~ sein *het in kracht van iem. winnen.*
überlegen[2] **I** ⟨ov.ww.⟩ **0.1** ***leggen over(heen)*** **0.2** ⟨inf.⟩ ***over de knie leggen;***
II sich ~ ⟨wk.ww.⟩ **0.1** ***(zich) vooroverbuigen*** **0.2** ⟨scheep.⟩ ***slagzij maken, overliggen.***
überlegen[3] ⟨ov. & onov.ww.⟩ **0.1** ***overleggen*** ⇒*overdenken, -wegen, nadenken (over)* ◆ **3.1** das muß, will alles gut überlegt sein *dat moet rijpelijk overdacht worden* **4.1** ich werde, will es mir ~ *ik zal er (eens) over (na)denken* **5.1** es sich anders ~ *van gedachte(n) veranderen;* lange hin und her ~ *lang en breed nadenken, wikken en wegen;* ~ Sie sich das zweimal! *denkt u daar nog maar eens goed over na!*
Überlegenheit ⟨v.; ~⟩ **0.1** ***superioriteit*** ⇒*overwicht, overmacht, meerderheid.*
überlegt 0.1 ***met overleg*** ⇒*weloverwogen, doordacht.*
Überlegung ⟨v.; ~, ~en⟩ **0.1** ***overleg, overweging*** ⇒*beraad* ◆ **3.1** ~en anstellen *overleggen, nadenken* **6.1** **aus** diesen ~en heraus *op grond van deze overwegingen.*
überleiten 0.1 ***een overgang maken*** ⇒*overgaan, de overgang maken.*
überlesen 0.1 ***(even) door-, overlezen*** **0.2** ***over het hoofd zien*** ⇒*eroverheen lezen.*
überliefern 0.1 ***overleveren*** ⇒*aan het nageslacht doorgeven* **0.2** ⟨vero.; schr.⟩ ***over-, uitleveren.***
Überlieferung ⟨v.⟩ **0.1** ***overlevering*** ⇒*traditie.*
Überliegezeit ⟨v.⟩⟨scheep.⟩ **0.1** ***overligdagen.***
überlisten 0.1 ***verschalken, te slim af zijn.***
überm ⟨inf.⟩ [über dem].
übermachen ⟨vero.⟩ **0.1** ***vermaken.***
Übermacht ⟨v.⟩ **0.1** ***overmacht.***
übermächtig 0.1 ***opper-, overmachtig*** ⇒*al te sterk,* ⟨fig. vooral⟩ *allesoverheersend.*
übermalen 0.1 ***overschilderen.***
übermannen 0.1 ***overmannen*** ⇒*overweldigen, -meesteren.*
Übermaß ⟨o.⟩ **0.1** ***overmaat*** ⇒*teveel, overdaad* **0.2** ⟨tech.⟩ ***te grote maat*** ◆ **6.1** **im** ~ (a) *in overvloed* (b) *buitensporig (veel).*
übermäßig 0.1 ***overmatig*** ⟨ook muz.⟩, ***bovenmatig*** ⇒*buitensporig (veel).*
Übermensch ⟨m.⟩ **0.1** ***supermens, Übermensch.***
übermenschlich 0.1 ***bovenmenselijk.***
übermitteln 0.1 ***overbrengen*** ⇒*overmaken, doen toekomen, doorgeven* ◆ **1.1** jmdm. seinen Glückwunsch ~ *iem. feliciteren.*
übermorgen 0.1 ***overmorgen.***
übermüde 0.1 ***oververmoeid.***
übermüden 0.1 ***oververmoeien*** ◆ **5.1** total übermüdet *doodmoe.*
Übermüdung ⟨v.; ~, ~en⟩ **0.1** ***oververmoeidheid.***
Übermut ⟨m.⟩ **0.1** ***overmoed*** ⇒*overmoedigheid, vermetelheid* **0.2** ⟨vero.⟩ ***hoogmoed*** ⇒*verwaandheid.*
übermütig 0.1 ***overmoedig*** ⇒*vermetel* **0.2** ⟨vero.⟩ ***hoogmoedig*** ⇒*aanmatigend.*
übern ⟨inf.⟩ [über den].
übernächst 0.1 ***tweede (daarna, (daarop)volgende)*** ◆ **1.1** an der ~en Ecke *twee straten verder (op de hoek);* vom ~en Jahr an *over twee jaar;* am ~en Tag *twee dagen later.*
übernachten 0.1 ***overnachten.***
übernächtigt 0.1 ***niet uitgeslapen*** ⇒*moe door te weinig nachtrust.*
Übernachtung ⟨v.; ~, ~en⟩ **0.1** ***overnachting.***
Übernahme ⟨v.; ~, ~n⟩ **0.1** ***overname*** ⇒*overneming* **0.2** ***aanvaarding.***

übernational 0.1 ***supranationaal.***
übernatürlich 0.1 ***bovennatuurlijk.***
übernehmen¹ ⟨ov.ww.⟩ **0.1** ⟨inf.⟩ ***omdoen*** *⇒omslaan* **0.2** ⟨scheep.⟩ ***overnemen*** *⇒overspoeld worden, aan boord nemen.*
übernehmen² I ⟨ov.ww.⟩ **0.1** ***overnemen*** ⇒⟨scheep.⟩ *aan boord nemen, laden* **0.2** ***op zich nemen*** *⇒zich belasten met, aanvaarden* **0.3** ***aannemen*** ◆ **1.2** die Kosten ~ *de kosten dragen;* die übernommenen Verpflichtungen *de aangegane verplichtingen* **1.3** die übernommenen Waren *de geaccepteerde goederen, waren* **6.1** jmdn. **in** das Beamtenverhältnis ~ *iem. als ambtenaar aanstellen;*
II sich ~ ⟨wk.ww.⟩ **0.1** ***te veel op zich nemen*** *⇒te veel hooi op zijn vork nemen, te veel doen* ◆ **5.1** ⟨iron.⟩ übernimm dich bloß nicht! *overwerk je maar niet!* **6.1** sich **beim** Essen ~ *te veel eten.*
Übernehmer ⟨m.⟩ **0.1** ***wie iets op zich neemt*** *⇒aannemer.*
übernervös 0.1 ***hypernerveus.***
überordnen 0.1 ***stellen boven*** *⇒plaatsen boven* ◆ **8.1** jmdm. übergeordnet sein *boven iem. staan.*
überparteilich 0.1 ***boven de partijen staand*** *⇒neutraal.*
überpinseln 0.1 ***overschilderen.***
überproportional ⟨schr.⟩ **0.1** ***buiten (alle) proportie*** *⇒onevenredig (groot).*
überprüfbar 0.1 ***controleerbaar*** *⇒verifieerbaar.*
überprüfen 0.1 ***controleren*** *⇒nazien, verifiëren, natrekken* **0.2** ***opnieuw in overweging nemen*** *⇒(opnieuw) overdenken, herzien.*
Überprüfung ⟨v.⟩ **0.1** ***controle*** *⇒onderzoek, verificatie* **0.2** ***herziening.***
überquellen 0.1 ***overlopen*** *⇒overstromen, -borrelen, over-, uitpuilen* ◆ **¶.1** ⟨fig.⟩ ~d *uitbundig.*
überquer ⟨vero.⟩ **0.1** ***overdwars.***
überqueren 0.1 ***oversteken*** **0.2** ***kruisen.***
überragen¹ ⟨onov.ww.⟩ **0.1** ***uit-, oversteken*** *⇒(er) uitsteken.*
überragen² ⟨ov.ww.⟩ **0.1** ***uitsteken boven*** ⇒⟨fig.⟩ *overtreffen* ◆ **6.1** jmdn. **an** Größe ~ *in lengte,* ⟨fig.⟩ *grootheid boven iem. uitsteken.*
überragend 0.1 ***buitengewoon*** *⇒uitzonderlijk, eminent, uitmuntend.*
überraschen 0.1 ***verrassen*** *⇒betrappen.*
überraschenderweise 0.1 ***verrassend genoeg*** *⇒tot ieders verrassing, bij verrassing.*
Überraschung ⟨v.; ~, ~en⟩ **0.1** ***verrassing*** *⇒surprise* ◆ **6.1** **zur** allgemeinen ~ *tot ieders verrassing.*
überreden 0.1 ***overreden, overhalen.***
Überredungskunst ⟨v.⟩ **0.1** ***overredingskunst.***
überregional 0.1 ***supraregionaal.***
überreich 0.1 ***overrijk*** *⇒zeer rijk(elijk), overvloedig.*
überreichen 0.1 ***overhandigen*** *⇒uitreiken.*
überreichlich 0.1 ***overvloedig.***
überreif 0.1 ***overrijp*** *⇒beurs.*
überreizen I ⟨ov.ww.⟩ **0.1** ***overprikkelen*** **0.2** ⟨kaartspel⟩ ***te hoog bieden met*** ◆ **¶.1** überreizt *overprikkeld, bovenmatig geprikkeld;*
II sich ~ ⟨wk.ww.⟩ ⟨kaartspel⟩ **0.1** ***te hoog bieden.***
Überreiztheit ⟨v.; ~⟩ **0.1** ***overprikkeling.***
überrennen 0.1 ***onder de voet lopen*** ⟨ook mil.⟩ *⇒omverlopen* **0.2** ⟨fig.⟩ ***overdonderen*** *⇒overrompelen.*
Überrest ⟨m.⟩ **0.1** ***rest*** *⇒overblijfsel* ◆ **2.1** ⟨schr.⟩ die sterblichen ~e *het stoffelijk overschot.*
überrieseln ⟨schr.⟩ **0.1** ***stromen over*** **0.2** ***heengaan door*** ◆ **5.1** es überrieselte mich kalt *ik werd er koud van.*
überrollen 0.1 ***meesleuren*** *⇒(rollend) bedelven, over-, omverrijden* **0.2** ⟨mil.⟩ ***(met gemotoriseerde strijdkrachten) overrompelen*** **0.3** ⟨fig.⟩ ***overrompelen*** *⇒ondersneeuwen.*
überrumpeln 0.1 ***overrompelen*** ⟨ook fig.⟩.
überrunden 0.1 ⟨sp.⟩ ***een ronde voorsprong behalen op*** **0.2** ⟨fig.⟩ ***overtroeven*** *⇒inhalen.*
übers ⟨inf.⟩ [über das].
übersät 0.1 ***bezaaid*** *⇒overdekt.*
übersatt 0.1 ***oververzadigd.***
übersättigen 0.1 ***oververzadigen*** ⟨ook schei.; fig.⟩.
übersäuern 0.1 ***(al) te zuur maken.***
Überschallflugzeug ⟨o.⟩ **0.1** ***supersonisch vliegtuig.***
Überschallgeschwindigkeit ⟨v.⟩ **0.1** ***supersonische snelheid.***
überschatten 0.1 ***overschaduwen*** ⟨ook fig.⟩.
überschätzen 0.1 ***overschatten.***
Überschau ⟨v.⟩ ⟨schr.⟩ **0.1** ***overzicht.***
überschaubar 0.1 ***(nog) te overzien, overzienbaar*** *⇒overzichtelijk.*
überschauen 0.1 ***overzien*** ◆ **3.1** das läßt sich noch nicht ~ *dat is nog niet te overzien.*
überschäumen 0.1 ***schuimend overlopen*** *⇒overschuimen, bruisen* ⟨ook fig.⟩ ◆ **1.1** ⟨fig.⟩ ~de Begeisterung *laaiend enthousiasme;* ⟨fig.⟩ ~de Freude *uitbundige vreugde;* ⟨fig.⟩ die Stimmung schäumte über *de stemming steeg ten top.*
Überschicht ⟨v.⟩ **0.1** ***overwerk*** *⇒overuren.*
überschießend 0.1 ***overtollig*** *⇒overblijvend, overschietend.*
überschlafen 0.1 ***een nachtje slapen over.***
Überschlag ⟨m.⟩ **0.1** ***raming*** *⇒overslag, begroting* **0.2** ⟨sp.⟩ ***overslag*** *⇒buiteling* **0.3** ⟨sp.⟩ ***looping*** **0.4** ⟨tech.⟩ ***vonkoverslag.***
überschlagen¹ ⟨bn.⟩ ⟨reg.⟩ **0.1** ***lauw(warm).***
überschlagen² ⟨onov.ww.⟩ **0.1** ***overslaan*** *⇒overspringen* **0.2** ***slaan over(heen)*** ◆ **1.¶** mit übergeschlagenen Beinen *met de benen over elkaar.*
überschlagen³ I ⟨ov.ww.⟩ **0.1** ***ramen*** *⇒schatten* **0.2** ***overslaan*** **0.3** ***nagaan*** *⇒overwegen;*
II sich ~ ⟨wk.ww.⟩ **0.1** ***overslaan*** **0.2** ***over de kop slaan, gaan*** *⇒overslaan* **0.3** ⟨fig.⟩ ***overlopen*** *⇒buiten zichzelf zijn* **0.4** ***elkaar (razend) snel opvolgen*** *⇒in snel tempo op elkaar volgen* ◆ **5.3** der Kellner überschlug sich fast *de kelner was (ineens) overgedienstig.*
über|schlägig, -schläglich 0.1 ***geraamd*** *⇒naar schatting, ongeveer* ◆ **1.1** ~e Berechnung *(eerste) raming.*
überschnappen 0.1 ⟨h/s.⟩ ***uitschieten*** **0.2** ⟨inf.⟩ ***overslaan*** ⟨van stem⟩ **0.3** ⟨inf.; fig.⟩ ***gek worden.***
überschneiden, sich 0.1 ***elkaar kruisen*** ⇒⟨wisk. vooral⟩ *elkaar snijden* **0.2** ***(gedeeltelijk) samenvallen*** **0.3** ⟨fig.⟩ ***elkaar overlappen*** *⇒in elkaar grijpen.*
überschnell 0.1 ***razend snel.***
überschreiben 0.1 ***v.e. opschrift, titel voorzien*** *⇒titelen* **0.2** ***overschrijven*** **0.3** ⟨vero.; ec.⟩ ***overmaken*** ◆ **6.2** jmdm. etwas, etwas **auf** jmdn. ~ *iets op iem. overschrijven, iets op iemands naam zetten.*
überschreien 0.1 ***overschreeuwen*** *⇒schreeuwend overstemmen.*
überschreiten 0.1 ***overschrijden*** *⇒overtrekken,* ⟨fig.⟩ *te buiten, boven gaan* **0.2** ***overtreden*** ◆ **1.1** einen Fluß ~ *over een rivier trekken* **1.2** Verbote ~ *verbodsbepalingen overtreden* **2.1** die Zwanzig bereits überschritten haben *de twintig al gepasseerd zijn.*
Überschrift ⟨v.⟩ **0.1** ***opschrift*** *⇒titel, kop* ⟨in krant⟩.
Überschuh ⟨m.⟩ **0.1** ***overschoen.***
überschuldet 0.1 ***diep in de schulden (zittend)*** *⇒te zeer met schulden bezwaard.*

Überschuldung ⟨v.; ~, ~en⟩ **0.1** ***te grote, te zware schuldenlast.***
Überschuß ⟨m.⟩ **0.1** ***batig saldo*** ⇒*overschot, surplus* **0.2** ***teveel, overschot.***
überschüssig 0.1 ***overtollig.***
überschütten[1] ⟨ov.ww.⟩⟨inf.⟩ **0.1** ***overgieten*** ⇒*morsen (op, over).*
überschütten[2] ⟨ov.ww.⟩ **0.1** ***bedekken*** ⇒*bedelven* **0.2** ⟨fig.⟩ ***overstelpen*** ⇒*overladen.*
Überschwang ⟨m.⟩ **0.1** ***overdaad, -vloed*** ◆ **6.1 im** jugendlichen ~ *in zijn jeugdige uitbundigheid, overmoed;* **im** ~ der Begeisterung *in zijn laaiend enthousiasme;* **im** ~ der Gefühle *door zijn gevoelens overmand.*
überschwänglich ⟨nw.spel.⟩ →**überschwenglich.**
überschwappen ⟨inf.⟩ **0.1** ***eroverheen, over de rand klotsen*** **0.2** ***overlopen*** ⇒*overstromen.*
überschwemmen 0.1 ***overstromen*** ⟨ook fig.⟩ ⇒*overspoelen.*
Überschwemmung ⟨v.; ~, ~en⟩⟨ook fig.⟩ **0.1** ***overstroming*** ⇒*overspoeling.*
überschwenglich 0.1 ***uitbundig*** ⇒*overdreven, laaiend.*
überschwer 0.1 ***al te zwaar*** ⇒*loodzwaar* **0.2** ***al te moeilijk.***
Übersee ⟨v.⟩ **0.1** ***overzee*** ⇒*(de) overzeese gebieden* ◆ **6.1 in, nach** ~ *(in, naar) overzee.*
Überseedampfer ⟨m.⟩ **0.1** ***mailboot*** ⇒*oceaanstomer.*
Überseehafen ⟨m.⟩ **0.1** ***haven met, voor overzees verkeer.***
Überseehandel ⟨m.⟩ **0.1** ***overzeese handel.***
überseeisch 0.1 ***overzees.***
übersehbar 0.1 ***te overzien*** ⇒*overzienbaar.*
übersehen[1] ⟨ov.ww.⟩⟨inf.⟩ **0.1** ***uitgekeken raken op.***
übersehen[2] ⟨ov.ww.⟩ **0.1** ***overzien*** **0.2** ***over het hoofd zien, niet zien*** ⇒*voorbijzien* **0.3** ***negeren*** ⇒*niet willen zien, ignoreren* ◆ **3.2** es läßt sich nicht ~ *het valt niet te ontkennen.*
übersenden 0.1 ***toezenden*** ⇒*toesturen, doen toekomen.*
übersensibel 0.1 ***overgevoelig.***
übersetzbar 0.1 ***vertaalbaar.***
übersetzen[1] **I** ⟨onov.ww.; h/s.⟩ **0.1** ***overvaren*** ⇒*oversteken;* **II** ⟨ov.ww.⟩ **0.1** ***overzetten*** ⟨ook muz.⟩.
übersetzen[2] ⟨ov. & onov.ww.⟩ **0.1** ***vertalen*** ⇒*overzetten* **0.2** ***omzetten*** ⇒*overbrengen, vertalen.*
Übersetzer ⟨m.⟩ **0.1** ***vertaler.***
Übersetzung ⟨v.; ~, ~en⟩ **0.1** ***vertaling*** **0.2** ⟨tech.⟩ ***versnelling.***
Übersicht ⟨v.; ~, ~en⟩ **0.1** ***overzicht*** ⇒*korte samenvatting, resumé.*
übersichtlich 0.1 ***overzichtelijk.***
übersiedeln ⟨acc. wiss.⟩ **0.1** ***verhuizen*** ⇒*komen, gaan wonen.*
Übersiedelung ⟨acc. wiss.⟩⟨v.⟩ **0.1** ***verhuizing*** ⇒*migratie.*
Übersiedler ⟨m.⟩ **0.1** ***migrant.***
übersinnlich 0.1 ***bovenzinnelijk*** ⇒*bovennatuurlijk.*
übersonnt ⟨schr.⟩ **0.1** ***door de zon beschenen*** ⇒*zonovergoten.*
überspannen 0.1 ***te strak spannen*** ⇒*overspannen* **0.2** ***bespannen*** ⇒*spannen over* **0.3** ⟨bouwk.⟩ ***overwelven*** ⇒ *overspannen.*
überspannt 0.1 ***geëxalteerd*** ⇒*overspannen* **0.2** ***overdreven.***
überspielen 0.1 ***verdoezelen*** ⇒*wegwerken, trachten te verbergen* **0.2** ⟨tech.⟩ ***overschrijven*** ⇒*kopiëren* **0.3** ⟨sp.; fig.⟩ ***buiten spel zetten*** ⇒*overklassen, -troeven,* ⟨fig.⟩ *te slim af zijn* **0.4** ⟨com.⟩ ***(toe)zenden*** ◆ **1.1** seine Unsicherheit ~ *zijn onzekerheid verdoezelen.*
überspitzen 0.1 ***overtrekken*** ⇒*overdrijven* **0.2** ***op de spits drijven*** ⇒*toespitsen.*
übersprechen ⟨com.⟩ **0.1** ***nasynchroniseren.***
überspringen[1] ⟨onov.ww.⟩ **0.1** ***overspringen*** ⟨ook fig.⟩ ⇒ *overslaan.*
überspringen[2] ⟨ov.ww.⟩ **0.1** ***springen over*** **0.2** ***springen*** **0.3** ⟨fig.⟩ ***overslaan*** ⇒*passeren* ◆ **1.3** ein Kapitel, eine Klasse ~ *een hoofdstuk, klas overslaan.*
übersprudeln 0.1 ***overlopen, overstromen*** ⇒⟨fig.⟩ *tintelen, sprankelen.*
überspülen 0.1 ***overspoelen.***
überstaatlich 0.1 ***supranationaal.***
überstark 0.1 ***oersterk*** **0.2** ⟨fig.⟩ ***overdreven (sterk).***
überstechen[1] ⟨onov.ww.⟩⟨kaartspel⟩ **0.1** ***overtroeven.***
überstechen[2] ⟨ov. & onov.ww.⟩⟨kaartspel⟩ **0.1** ***overtroeven.***
überstehen[1] ⟨onov.ww.⟩ **0.1** ***(voor)uitsteken*** ⇒*uitspringen.*
überstehen[2] ⟨ov.ww.⟩ **0.1** ***doorstaan*** ⇒*te boven komen, doorkomen* ◆ **4.1** so, das hätten wir, das wäre überstanden! *zo, dat hebben we gehad!* **4.¶** ⟨euf.⟩ es überstanden haben *overleden zijn.*
übersteigen[1] ⟨onov.ww.⟩ **0.1** ***overklimmen.***
übersteigen[2] ⟨ov.ww.⟩ **0.1** ***klimmen over(heen)*** **0.2** ⟨fig.⟩ ***te boven gaan*** ⇒*overtreffen, uitgaan boven* ◆ **1.2** alles, jedes Maß ~ *alle perken te buiten gaan* **4.2** alles bisher Dagewesene ~ *nog nooit eerder vertoond zijn.*
übersteigern I ⟨ov.ww.⟩ **0.1** ***opdrijven*** ⇒*opjagen, opschroeven* **0.2** ***overdrijven*** ⇒*opschroeven, op de spits drijven;* **II sich** ~ ⟨wk.ww.⟩⟨fig.⟩ **0.1** ***geen grenzen meer kennen*** ⇒ *zich laten gaan.*
Übersteigung ⟨v.⟩ **0.1** ***beklimming.***
überstellen ⟨adm.⟩ **0.1** ***overdragen*** ⇒*overleveren.*
übersteuern ⟨tech.⟩ **0.1** ***overmoduleren*** **0.2** ***overstuur vertonen*** ⇒*overstuurd zijn.*
überstimmen 0.1 ***overstemmen*** ⇒*wegstemmen* **0.2** ***met meerderheid van stemmen verwerpen.***
überstrahlen ⟨schr.⟩ **0.1** ***overstralen*** ⇒*stralen over,* ⟨fig.⟩ *(in glans) overtreffen.*
überstrapazieren 0.1 ***te veel vermoeien*** ⇒*forceren.*
überstreichen 0.1 ***be-, overschilderen*** ⇒*schilderen* **0.2** ***bestrijken*** ⟨ook tech.⟩.
überstreifen 0.1 ***(gauw) aantrekken, aandoen.***
überstreuen 0.1 ***bestrooien*** ⇒*strooien op.*
überströmen[1] ⟨onov.ww.⟩ **0.1** ***overstromen*** ⇒*overlopen,* ⟨schr.; fig.⟩ *overgaan, -slaan.*
überströmen[2] ⟨ov.ww.⟩⟨fig.⟩ **0.1** ***overstromen*** ◆ **6.1 von** Schweiß überströmt *badend in het zweet.*
überstülpen 0.1 ***zetten (boven)op, over*** ⇒*opzetten.*
Überstunde ⟨v.⟩ **0.1** ***overuur*** ⇒⟨mv.⟩ *overwerk.*
überstürzen I ⟨ov.ww.⟩ **0.1** ***overhaasten*** ◆ **¶.1** überstürzt ⟨ook⟩ *hals over kop;*
II sich ~ ⟨wk.ww.⟩ **0.1** ***zich overhaasten*** **0.2** ***(razend) snel op elkaar volgen*** ⇒*in een stroomversnelling raken* **0.3** ⟨vero.⟩ ***overslaan*** ⟨van golven⟩.
Überstürzung ⟨v.; ~⟩ **0.1** ***overhaasting.***
übertariflich 0.1 ***boven de cao uitgaand.***
übertäuben 0.1 ***verdoven*** **0.2** ***overstemmen.***
überteuern 0.1 ***overvragen*** ⇒*een te hoge prijs vragen* ◆ **¶.1** überteuert *peperduur.*
übertölpeln 0.1 ***bedotten*** ⇒*beetnemen.*
übertönen 0.1 ***overstemmen*** ⟨ook fig.⟩.
Übertopf ⟨m.⟩ **0.1** ***cache-pot.***
Übertrag ⟨m.; ~(e)s, ¨~e⟩⟨vooral ec.⟩ **0.1** ***transport*** ⟨v.e. bedrag⟩.
übertragbar 0.1 ***over te brengen*** ⇒*vertaalbaar, toepasselijk* **0.2** ***vatbaar voor overdracht*** ⇒*overdraagbaar* **0.3**

besmettelijk ◆ 5.2 das Abonnement ist nicht ~ *het abonnement is strikt persoonlijk.*
übertragen[1] ⟨bn.⟩ **0.1** ***overdrachtelijk, figuurlijk.***
übertragen[2] **I** ⟨ov.ww.⟩ **0.1** ***overbrengen*** ⟨ook tech., med.⟩ ⇒ *omzetten, vertalen, toepassen, overnemen* **0.2** ***overdragen*** ⇒*opdragen, toewijzen* **0.3** ⟨com.⟩ ***uitzenden*** **0.4** ***overschrijven*** ⟨ook tech.⟩ ⇒*overnemen, kopiëren* **0.5** ⟨vooral ec.⟩ ***transporteren*** ⇒*overbrengen, -boeken, transfereren* ◆ **1.1** Blut ~ *bloed toedienen;*
II sich ~ ⟨wk.ww.⟩ **0.1** ***overslaan*** ⇒*overgaan.*
Überträger ⟨m.⟩⟨med.⟩ **0.1** ***overbrenger, bacillendrager.***
Übertragung ⟨v.; ~, ~en⟩ **0.1** ***overbrenging*** ⟨ook tech., med.⟩ ⇒*omzetting, vertaling, toepassing* **0.2** ***overdracht*** ⇒*het over-, opdragen, delegatie* **0.3** ⟨com.⟩ ***uitzending*** **0.4** ⟨vooral ec.⟩ ***transport*** ⇒*overboeking, transfer.*
Übertragungsrecht ⟨o.⟩ **0.1** ***vertaalrecht*** **0.2** ⟨com.⟩ ***uitzendingsrecht.***
Übertragungswagen ⟨m.⟩ **0.1** ***reportagewagen.***
übertreffen **0.1** ***overtreffen*** ◆ **6.1** jmdn. **an** Fleiß weit ~ *iem. in vlijt verreweg overtreffen.*
übertreiben **0.1** ***overdrijven*** ⇒*(extra) aandikken.*
übertreten[1] ⟨ov. & onov.ww.; h/s.⟩ **0.1** ⟨sp.⟩ ***over de lijn gaan (bij)*** **0.2** ***overgaan*** ⇒*overlopen* **0.3** ***buiten de oevers treden.***
übertreten[2] ⟨ov.ww.⟩ **0.1** ***overtreden*** ⇒*schenden* **0.2** ***verzwikken*** ⇒*verstuiken.*
Übertreter ⟨m.⟩ **0.1** ***overtreder*** ⇒*schender.*
Übertretung ⟨v.; ~, ~en⟩ **0.1** ***overtreding.***
Übertretungsfall ⟨m.⟩⟨adm.⟩ ◆ **6.¶ im** ~(e) *in geval van, bij overtreding.*
übertrieben **0.1** ***overdreven.***
Übertritt ⟨m.⟩ **0.1** ***overgang*** ⇒*het overgaan.*
übertrumpfen **0.1** ***overtroeven*** ⟨ook fig.⟩.
übertun ⟨inf.⟩ **0.1** ***omdoen*** ⇒*omslaan.*
übertünchen **0.1** ***witten, kalken*** **0.2** ⟨fig.⟩ ***verdoezelen.***
überübermorgen ⟨inf.⟩ **0.1** ***over drie dagen, de dag na overmorgen.***
übervölkert **0.1** ***overbevolkt*** ⇒*overvol.*
Übervölkerung ⟨v.⟩ **0.1** ***overbevolking.***
übervoll **0.1** ***overvol*** ⇒*ei-, stampvol.*
übervorteilen **0.1** ***afzetten*** ⇒*oplichten, bedotten.*
Übervorteilung ⟨v.; ~, ~en⟩ **0.1** ***afzetterij*** ⇒*oplichterij, bedotterij.*
überwach **0.1** ***klaar wakker*** ⇒*gescherpt (en gespannen).*
überwachen **0.1** ***toezicht houden op*** ⇒*bewaken, controleren, waken over* **0.2** ***observeren.***
überwachsen **0.1** ***overgroeien*** ⇒*geheel begroeien.*
Überwachung ⟨v.; ~, ~en⟩ **0.1** ***toezicht*** ⇒*bewaking, controle* **0.2** ***observering.***
Überwachungsstelle ⟨v.⟩ **0.1** ***controlebureau.***
überwallen **0.1** ***overkoken*** ⟨ook schr.; fig.⟩ ⇒*overstromen.*
überwältigen **0.1** ***overweldigen*** ⟨ook fig.⟩ ⇒*overmannen, -meesteren* ◆ **1.1** ⟨fig.⟩ von ~er Schönheit *overweldigend mooi* **5.1** nicht (gerade) ~ *niet (bepaald) om over naar huis te schrijven.*
überwälzen ⟨vooral ec.⟩ **0.1** ***afwentelen.***
überwechseln **0.1** ***overgaan*** ⇒*wisselen, overlopen* **0.2** ⟨jacht⟩ ***naar een ander gebied overgaan*** ◆ **6.1 auf** die Überholspur ~ *op de inhaalstrook gaan rijden.*
Überweg ⟨m.⟩ **0.1** ***oversteekplaats (voor voetgangers).***
überweiden **0.1** ***overbeweiden.***
überweisen **0.1** ***overmaken*** ⇒*overschrijven, gireren* **0.2** ***verwijzen*** ⇒*doorverwijzen* ◆ **6.1** jmdm., **an** jmdn. Geld ~ *(aan) iem. geld overmaken* **6.2** eine Akte **an** eine Behörde ~ *een dossier naar een instantie doorsturen;* jmdn. **in** die Klinik ~ *iem. naar de kliniek (door)verwijzen.*
Überweisung ⟨v.⟩ **0.1** ***overschrijving*** ⇒*overmaking, remise* **0.2** ***verwijzing*** ⇒⟨med.⟩ *verwijsbriefje.*
Überweisungsauftrag ⟨m.⟩⟨ec.⟩ **0.1** ***overschrijvingsopdracht, giro-opdracht.***
Überweisungsschein ⟨m.⟩⟨med.⟩ **0.1** ***verwijsbriefje.***
überwerfen[1] ⟨ov.ww.⟩ **0.1** ***overgooien*** ⇒*omslaan, -doen, -gooien.*
überwerfen[2], **sich** ⟨wk.ww.⟩ **0.1** ***overhoop raken, het aan de stok krijgen*** ⇒*onenigheid, ruzie krijgen* ◆ **4.1** wir haben uns überworfen *we liggen met elkaar overhoop.*
überwiegen **I** ⟨onov.ww.⟩ **0.1** ***overwegen*** ⇒*overheersen, zwaarder wegen, het winnen* ◆ **1.1** die ~de Mehrheit *het merendeel;*
II ⟨ov.ww.⟩ **0.1** ***het winnen van*** ⇒*groter, sterker zijn dan.*
überwiegend **0.1** ***overwegend*** ⇒*voor het merendeel.*
überwindbar **0.1** ***te overwinnen*** ⇒*overwinnelijk,* ⟨fig.⟩ *overkomelijk.*
überwinden **0.1** ***overwinnen*** ⟨meestal fig.⟩ ⇒⟨fig.⟩ *te boven komen.*
Überwinder ⟨m.; ~s, ~⟩ **0.1** ***overwinnaar.***
Überwindung ⟨v.; ~⟩ **0.1** ***overwinning*** ⟨meestal fig.⟩ **0.2** ***zelfoverwinning.***
überwintern **I** ⟨onov.ww.⟩ **0.1** ***overwinteren;***
II ⟨ov.ww.⟩ **0.1** ***overhouden*** ⇒*laten overwinteren.*
überwölben **0.1** ***overwelven.***
überwuchern **0.1** ***overwoekeren*** ⟨ook fig.⟩.
Überwurf ⟨m.⟩ **0.1** ***boven-, opperkleed*** ⇒*cape, overjas* **0.2** ⟨Oostr.⟩ ***sprei*** ⇒*dek-, sierkleed.*
Überzahl ⟨v.⟩ **0.1** ***meerderheid*** ⇒*overmacht* **0.2** ***(over)groot, enorm aantal*** ◆ **6.1 in** großer ~ *met een grote overmacht.*
überzahlen **0.1** ***te veel betalen (voor).***
überzählen **0.1** ***over-, natellen.***
überzählig **0.1** ***overtollig*** ⇒*overcompleet, overbodig* **0.2** ***boventallig.***
überzeichnen **0.1** ⟨ec.⟩ ***overtekenen*** **0.2** ⟨fig.⟩ ***chargeren.***
überzeitlich **0.1** ***blijvend*** ⇒*boven de tijd uitgaand.*
überzeugen **0.1** ***overtuigen.***
Überzeugung ⟨v.; ~, ~en⟩ **0.1** ***overtuiging*** ◆ **3.1** die ~ gewinnen *tot de overtuiging komen;* der ~ sein *de overtuiging toegedaan zijn.*
überziehen[1] ⟨ov.ww.⟩ **0.1** ***aantrekken*** ⇒*eroverheen (aan)trekken* ◆ **4.¶** jmdm. eins, ein paar ~ *iem. een flinke klap, klappen geven.*
überziehen[2] **I** ⟨ov. & onov.ww.⟩ **0.1** ***overtrekken*** ⇒*bedekken, aanbrengen (over, op)* **0.2** ***overschrijden*** ⇒*overdisponeren, heen gaan over* **0.3** ***overtrekken, -drijven*** **0.4** ⟨sp.⟩ ***met topspin spelen*** ◆ **1.3** überzogene Forderungen *overdreven, overtrokken eisen* **5.1** ein Bett frisch ~ *een bed verschonen* **6.1 mit** Gold, Silber ~ *vergulden, verzilveren;* etwas **mit** einer Lackschicht ~ *een laklaag op iets aanbrengen* **6.2** sein Konto **um** 100 Gulden ~ *op zijn bankrekening 100 gulden in het rood (komen te) staan;* er hat (die Zeit) **um** 5 Minuten überzogen *hij is 5 minuten over de tijd heen gegaan;*
II sich ~ ⟨wk.ww.⟩ **0.1** ***betrekken*** ◆ **6.1** der Himmel überzieht sich **mit** Wolken *de lucht betrekt.*
Überzieher ⟨m.; ~s, ~⟩ **0.1** ***overjas*** **0.2** ⟨inf.⟩ ***kapotje.***
überzüchtet **0.1** ⟨plantk.⟩ ***overgecultiveerd*** **0.2** ⟨biol.⟩ ***(al te zeer) opgefokt*** **0.3** ⟨tech.⟩ ***opgefokt, opgedreven.***
überzuckern **0.1** ***suikeren, glaceren.***
Überzug ⟨m.⟩ **0.1** ***overtrek*** ⇒*hoes, sloop* ⟨van kussen⟩ **0.2** ***laag*** ⇒*deklaag.*
üblich **0.1** ***gebruikelijk*** ⇒*gewoon* ◆ **7.1** für mich das Übliche *voor mij hetzelfde als altijd.*

üblicherweise 0.1 ***gewoonlijk*** ⇒*zoals gewoonlijk, zoals gebruikelijk.*

Üblichkeit ⟨v.; ~, ~en⟩ **0.1** ***gebruik*** **0.2** ***gebruikelijkheid.***

U-Bogen ⟨m.⟩ **0.1** ***boogje boven de u.***

U-Boot ⟨o.⟩ **0.1** ***duikboot, onderzeeër.***

übrig 0.1 ***overig*** **0.2** ***over*** ⇒*overblijvend, overschietend* ◆ **1.1** die ~e Welt *de rest van de wereld* **3.2** ~ sein *over zijn* **3.¶** ein ~es tun *meer dan het nodige doen, iets extra's doen* **4.1** alles ~e *al het overige* **6.1 im** ~en *voor het overige, overigens* **6.2** etwas **für** jmdn. ~ haben *iets voor iem. overhebben.*

übrigbehalten 0.1 ***overhouden.***

übrigbleiben 0.1 ***overblijven*** ⇒*overschieten* ◆ **4.1** es blieb mir nichts anderes, weiteres übrig *er restte mij niets anders.*

übrigens 0.1 ***overigens*** ⇒*trouwens.*

übriglassen 0.1 ***overlaten.***

Übung ⟨v.; ~, ~en⟩ **0.1** ***oefening*** **0.2** ***praktisch college*** ⟨aan hogeschool⟩ **0.3** ⟨reg.⟩ ***gewoonte*** ⇒*gebruik* ◆ **6.1 aus** der ~ kommen *het verleren, eruit raken;* **außer** ~ sein *eruit, uit de running zijn;* **in** der ~ sein, bleiben *blijven oefenen, in de running blijven;* wieder **in** ~ kommen *er weer in komen* **¶.1** ⟨sprw.⟩ ~ macht den Meister *al doende leert men; oefening baart kunst.*

Übungsaufgabe ⟨v.⟩ **0.1** ***oefening.***

Übungsbuch ⟨o.⟩ **0.1** ***oefenboek.***

Übungsgelände ⟨o.⟩⟨mil.⟩ **0.1** ***oefenterrein.***

übungshalber 0.1 ***als, bij wijze van oefening*** ⇒*om te oefenen.*

Übungshang ⟨m.⟩ **0.1** ***oefenhelling*** ⟨voor skiërs⟩.

Übungsplatz ⟨m.⟩⟨sp., mil.⟩ **0.1** ***oefenterrein*** ⇒⟨mil.⟩ *exercitieveld.*

Übungssache ⟨v.⟩ ◆ **3.¶** das ist (reine) ~ *dat is (puur) een kwestie van oefenen.*

Übungsstück ⟨o.⟩ **0.1** ***oefen(ings)stuk*** ⇒*oefening, thema,* ⟨muz. vooral⟩ *etude.*

u. dgl. (m.) ⟨afk.⟩ [und dergleichen (mehr)].

u.d.M. ⟨afk.⟩ [unter dem Meeresspiegel].

ü.d.M. ⟨afk.⟩ [über dem Meeresspiegel].

UdSSR ⟨v.; ~⟩⟨afk.; Union der Sozialistischen Sowjetrepubliken⟩ **0.1** ***USSR.***

u. E. ⟨afk.⟩ [unseres Erachtens].

U-Eisen ⟨o.⟩ **0.1** ***U-ijzer, U-vormige stalen balk.***

Ufer ⟨o.; ~s, ~⟩ **0.1** ***oever*** ⇒*wal* ◆ **2.1** das andere, jenseitige ~ ⟨ook⟩ *de overkant* **6.1 über** die ~ treten *buiten de oevers treden;* ⟨fig.⟩ **zu** neuen ~n aufbrechen *een nieuwe toekomst tegemoet gaan* **6.¶** ⟨inf.⟩ **vom** anderen ~ sein *(er eentje) van de andere kant zijn* ⟨homoseksueel⟩.

Uferbefestigung ⟨v.⟩ **0.1** ***oeverversterking.***

Uferböschung ⟨v.⟩ **0.1** ***glooiing, talud (v.d. oever).***

Ufergeld ⟨o.⟩ **0.1** ***kade-, kaaigeld.***

uferlos 0.1 ***oeverloos*** ⇒*eindeloos* ◆ **6.1 ins** ~e gehen *eindeloos zijn, duren.*

Uferpromenade ⟨v.⟩ **0.1** ***boulevard langs de oever.***

Uferschnepfe ⟨v.⟩⟨biol.⟩ **0.1** ***grutto.***

Uferschwalbe ⟨v.⟩⟨biol.⟩ **0.1** ***oeverzwaluw.***

uff! 0.1 ***oef!***

u. ff. ⟨afk.⟩ [und folgende (Seiten)].

UFO, Ufo ⟨o.; ~(s), ~s⟩⟨afk.; unbekanntes Flugobjekt⟩ **0.1** ***ufo.***

U-förmig 0.1 ***U-vormig.***

Uganda ⟨o.; ~s⟩ **0.1** ***Oeganda.***

U-Haft →**Untersuchungshaft.**

Uhr ⟨v.; ~, ~en⟩ **0.1** ***uur*** **0.2** ***uurwerk*** ⇒*horloge, klok* ◆ **3.2** ⟨fig.⟩ jmds. ~ ist abgelaufen *iemands laatste uur heeft geslagen;* ⟨fig.⟩ wissen, was die ~ geschlagen hat *weten hoe laat het is* **5.1** um fünf ~ früh *om vijf uur 's morgens;* wieviel ~ ist es? *hoe laat is het?* **6.1 um** ein ~ herum, etwa, so um ein ~ *rond een uur of één, rond één uur* **6.2** die ~ ging **auf** zwölf *het liep tegen twaalven;* rund **um** die ~ *dag en nacht, het klokje rond.*

Uhrarmband ⟨o.; mv. ~̈er⟩ **0.1** ***horlogebandje.***

Uhrengeschäft ⟨o.⟩ **0.1** ***horlogezaak*** ⇒*horlogerie.*

Uhrenkasten ⟨m.⟩ **0.1** ***klok(ken)kast.***

Uhrgehäuse ⟨o.⟩ **0.1** ***horlogekast*** **0.2** ***klok(ken)kast.***

Uhrgewicht ⟨o.⟩ **0.1** ***slingergewicht.***

Uhrglas ⟨o.⟩ **0.1** ***horlogeglas.***

Uhrkette ⟨v.⟩ **0.1** ***horlogeketting.***

Uhrmacher ⟨m.⟩ **0.1** ***horlogemaker.***

Uhrwerk ⟨o.⟩ **0.1** ***uurwerk*** ⇒*binnenwerk, mechaniek v.e. uurwerk, horloge, klok.*

Uhrzeiger ⟨m.⟩ **0.1** ***wijzer*** ⟨van horloge of klok⟩.

Uhrzeigerrichtung ⟨v.⟩ ◆ **6.¶ entgegen** der ~ *tegen de richting van de wijzers van de klok (in).*

Uhrzeigersinn ⟨m.⟩ →**Uhrzeigerrichtung.**

Uhrzeit ⟨v.⟩ **0.1** ***tijd(stip).***

Uhu ⟨m.; ~s, ~s⟩⟨biol.⟩ **0.1** ***oehoe.***

Ukas ⟨m.; ~ses, ~se⟩⟨scherts.⟩ **0.1** ***oekaze*** ⇒*bevel van hogerhand.*

Ukraine ⟨v.; ~⟩ **0.1** ***Oekraïne.***

UKW ⟨zonder lidw.⟩⟨afk.⟩ →**Ultrakurzwelle.**

UKW-Sender ⟨acc. wiss.⟩⟨m.⟩ **0.1** ***ultrakortegolfzender, FM-zender.***

Ulk ⟨m.; ~(e)s, ~e⟩ **0.1** ***grap*** ⇒*gekheid, lol, scherts* ◆ **3.1** seinen ~ mit jmdm. treiben *iem. voor de gek houden.*

ulken 0.1 ***gekheid maken*** ⇒*een grapje maken, gekscheren.*

Ulkerei ⟨v.; ~, ~en⟩ **0.1** ***grappenmakerij*** ⇒*gekheid, grapje(s).*

ulkig ⟨inf.⟩ **0.1** ***grappig, komiek*** **0.2** ***raar, zonderling.***

Ulknudel ⟨v.⟩⟨inf.⟩ **0.1** ***grapjas, lolbroek.***

Ulme ⟨v.; ~, ~n⟩⟨plantk.⟩ **0.1** ***iep, olm.***

ultimativ 0.1 ***ultimatief.***

Ultimatum ⟨o.; ~s, Ultimaten of ~s⟩ **0.1** ***ultimatum.***

Ultimo ⟨m.; ~s, ~s⟩⟨ec.⟩ **0.1** ***laatste (dag) v.d. maand*** ⇒*ultimo* ◆ **6.1 bis** (zum) ~ *per ultimo.*

Ultimogeschäft ⟨o.⟩⟨ec.⟩ **0.1** ***ultimotransactie.***

Ultra ⟨m.; ~s, ~s⟩ **0.1** ***ultra*** ⇒*extremist.*

Ultrakurzwelle ⟨v.⟩⟨com., nat.⟩ **0.1** ***ultrakorte golf*** ⇒*FM.*

Ultramarin ⟨o.; ~s⟩ **0.1** ***ultramarijn*** ⇒*bergblauw.*

ultrarot ⟨nat.⟩ **0.1** ***ultra-, infrarood.***

Ultraschall ⟨m.⟩ **0.1** ⟨nat.⟩ ***ultrageluid(sgolven), ultrasone trillingen*** **0.2** ⟨med., tech.⟩ ***behandeling met ultrasone golven.***

Ultraschalluntersuchung ⟨v.⟩⟨med.⟩ **0.1** ***echoscopie.***

Ultraschallwelle ⟨v.⟩ **0.1** ***ultrasone golf.***

um[1] ⟨bw.⟩ **0.1** ***om*** ⇒*voorbij* **0.2** ***rond*** ⇒*ongeveer, zowat* ◆ **1.2** ~ (die) eine Mark (herum) *ongeveer, zowat een mark;* ~ die Fünfzig sein *rond, om en nabij de vijftig zijn.*

um[2] ⟨vz. + 4⟩ **0.1** ***om*** ⇒*om ... heen, rond(om)* **0.2** ***rond*** ⇒*omstreeks, omtrent* **0.3** ***met*** ⟨ook niet vertaald⟩ **0.4** ***over*** **0.5** ***van*** **0.6** ***na*** **0.7** ***voor*** **0.8** ***naar*** ◆ **1.2** ~ die Mittagszeit *rond de middag;* ~ ein Uhr herum *rond een uur of één, rond één uur* **1.7** ~ sein Leben kämpfen *voor zijn leven vechten* **1.8** sich ~ eine Stelle bewerben *naar een baan solliciteren* **2.3** ~ eine Mark teurer *één mark duurder* **3.3** etwas ~ ein(en) Zentimeter kürzen *iets één centimeter inkorten* **3.5** nicht ~ etwas wissen *niets van iets weten* **3.7** ~ Geld arbeiten *voor geld werken* **4.1** ~ sich blicken *om zich heen kijken, rondkijken;* ⟨inf.⟩ ~ was geht es (denn)? *waar gaat het om?* **4.3** das war ~ vieles schöner *dat was veel, heel wat mooier* **4.6** ein Jahr ~s andere *jaar na jaar.*

um[3] ⟨vw.⟩ **0.1** *om* **0.2** *des* ⇒*zoveel* **0.3** *hoe* ⇒*des te* ◆ **5.2** ~ so schlimmer! *des te, nog erger!* **5.3** je schneller der Wagen, ~ so größer die Gefahr *hoe sneller, vlugger de wagen, hoe, des te groter (ook) het gevaar.*
umackern **0.1** ***omploegen.***
umändern **0.1** ***veranderen*** **0.2** ***vermaken.***
umarbeiten **0.1** ***omwerken*** **0.2** ***vermaken, veranderen.***
umarmen **0.1** ***omhelzen*** ⇒*omarmen.*
Umbau ⟨m.; mv. ~ten⟩ **0.1** ***verbouwing*** ⇒⟨verk. vooral⟩ *reconstructie* **0.2** ***ombouw*** ⇒*kast, omhulsel* **0.3** ⟨fig.⟩ ***reorganisatie.***
umbauen[1] ⟨ov. & onov.ww.⟩ **0.1** ***verbouwen*** ⇒*ombouwen, veranderen, reconstrueren* **0.2** ⟨dram.⟩ ***changeren*** ◆ **1.2** die Bühne ~ *de decors veranderen.*
umbauen[2] ⟨ov.ww.⟩ **0.1** ***inbouwen*** ⇒*insluiten, bouwen om(heen)* ◆ **1.1** 600 m^3 umbauter Raum *600 m^3 omsloten ruimte.*
umbehalten ⟨inf.⟩ **0.1** ***om houden.***
umbenennen **0.1** ***een andere naam geven, de naam veranderen van*** ⇒*herdopen.*
Umbenennung ⟨v.⟩ **0.1** ***naamsverandering.***
umbeschreiben ⟨wisk.⟩ ◆ **1.**¶ ein umbeschriebener Kreis *een omgeschreven cirkel.*
umbesetzen **0.1** ***anders bezetten*** ⇒*de bezetting veranderen (van).*
umbesinnen, sich **0.1** ***van gedachte(n) veranderen*** ⇒*zich bedenken.*
umbetten **0.1** ***verbedden*** **0.2** ***in een ander graf leggen.***
umbiegen **I** ⟨onov.ww.; s.⟩ **0.1** ***een bocht maken*** ⇒*afslaan;*
II ⟨ov.ww.⟩ **0.1** ***ombuigen*** ⇒*verbuigen,* ⟨fig.⟩ *een andere draai geven.*
umbilden **I** ⟨ov.ww.⟩ **0.1** ***veranderen, omvormen*** ⇒*omwerken, reorganiseren* ⟨ook pol.⟩;
II sich ~ ⟨wk.ww.⟩ **0.1** ***veranderen*** ⇒*zich vervormen.*
umbinden[1] ⟨ov.ww.⟩ **0.1** ***ombinden*** ⇒*om-, aandoen* **0.2** ***anders, opnieuw binden.***
umbinden[2] ⟨ov.ww.⟩ **0.1** ***binden om*** ⇒*omwinden.*
umblasen **0.1** ***om(ver)blazen*** **0.2** ⟨inf.⟩ ***omver-, overhoopschieten.***
umblättern **0.1** ***ombladeren*** ⇒*(een blad) omslaan.*
umblicken, sich **0.1** ***omkijken, omzien*** **0.2** ***rondkijken.***
Umbra ⟨v.; ~⟩ **0.1** ⟨geol.⟩ ***omber*** **0.2** ⟨ster.⟩ ***umbra.***
umbranden ⟨schr.⟩ **0.1** ***ombruisen.***
umbrausen **0.1** ***razen, loeien om(heen)*** ⇒*ombruisen.*
umbrechen[1] **I** ⟨onov.ww.⟩ **0.1** ***(af)breken*** **0.2** ***omvallen*** ⇒*instorten;*
II ⟨ov.ww.⟩ **0.1** ***omverhalen*** ⇒*omverwerpen, vellen* **0.2** ***omploegen*** **0.3** ***omvouwen.***
umbrechen[2] ⟨ov.ww.⟩⟨boek.⟩ **0.1** ***opmaken.***
umbringen **I** ⟨ov.ww.⟩ **0.1** ***ombrengen*** ⇒*van kant maken, om het leven brengen* **0.2** ⟨fig.⟩ ***kapotmaken*** ◆ **5.2** das bringt mich noch um! *ik word er nog gek van!;*
II sich ~ ⟨wk.ww.⟩ **0.1** ***zich van kant maken*** ⇒*zich van het leven beroven* **0.2** ⟨fig.⟩ ***zich uitsloven*** ⇒*zich uitputten.*
Umbruch ⟨m.⟩ **0.1** ***ommekeer*** ⇒*kentering, omwenteling* **0.2** ⟨boek.⟩ ***opgemaakte zetselproef*** **0.3** ⟨landb.⟩ ***het omploegen.***
umbuchen **0.1** ***overboeken*** ⇒*omboeken.*
umdenken **0.1** ***anders (gaan) denken (over).***
Umdenkprozeß ⟨m.⟩ **0.1** ***proces van (her)bezinning.***
umdeuten **0.1** ***een andere uitleg geven (aan)*** ⇒*anders uitleggen.*
umdichten **0.1** ***omdichten.***
umdirigieren **0.1** ***omleiden.***
umdisponieren **0.1** ***anders disponeren*** ⇒*anders inrichten.*
umdrängen **0.1** ***omstuwen*** ⇒*zich verdringen om.*
umdrehen **0.1** ***omdraaien*** ⇒*omkeren* **0.2** ⟨fig.⟩ ***omturnen.***
Umdrehung ⟨v.⟩ **0.1** ***omwenteling*** ⇒⟨mv. vooral⟩ *toeren.*
Umdrehungsgeschwindigkeit ⟨v.⟩⟨nat., tech.⟩ **0.1** ***omwentelingssnelheid.***
Umdrehungszahl ⟨v.⟩⟨tech.⟩ **0.1** ***toerental, aantal omwentelingen.***
umdüstern, sich ⟨schr.⟩ **0.1** ***betrekken*** ⟨ook fig.⟩.
umeinander **0.1** ***om elkaar*** ⇒*om elkaar heen* **0.2** ***rond (elkaar).***
umerziehen **0.1** ***her-, wederopvoeden.***
umfächeln ⟨schr.⟩ **0.1** ***omwaaien, waaiend omgeven.***
umfahren[1] **I** ⟨onov.ww.⟩⟨inf.⟩ **0.1** ***omrijden*** **0.2** ***omvaren;***
II ⟨ov.ww.⟩ **0.1** ***omverrijden*** **0.2** ***omvervaren.***
umfahren[2] ⟨ov.ww.⟩ **0.1** ***rijden om(heen)*** ⇒*gaan om(heen)* **0.2** ***varen om(heen)*** ⇒*ronden.*
Umfall ⟨m.⟩⟨inf.; fig.; pej.⟩ **0.1** ***ommezwaai*** ⇒*het omslaan.*
umfallen **0.1** ***omvallen*** ⇒*omver-, neervallen* **0.2** ⟨fig.⟩ ***instorten, in elkaar zakken*** ⇒*flauwvallen* **0.3** ⟨inf.; pej.⟩ ***van mening, opinie veranderen*** ⇒*omslaan, overstag gaan* **0.4** ⟨inf.; pej.⟩ ***door de knieën gaan*** ⇒*door de mand vallen* ◆ **6.2** **zum** Umfallen müde *doodmoe, -op.*
Umfang ⟨m.⟩ **0.1** ***omvang*** ⇒⟨fig. vooral⟩ *mate,* ⟨wisk. vooral⟩ *omtrek* ◆ **6.1** ⟨wisk.⟩ **im** ~ *in omtrek;* ⟨fig.⟩ **in** breitem ~e *in ruime mate;* ⟨fig.⟩ **in** gewissem ~ *in zekere mate;* ⟨fig.⟩ **in** großem ~ *op grote schaal.*
umfangen ⟨schr.⟩ **0.1** ***omhelzen*** ⇒*omarmen, in de armen sluiten, omsluiten* **0.2** ⟨fig.⟩ ***omgeven*** ⇒*omvatten.*
umfänglich, umfangreich **0.1** ***omvangrijk.***
umfassen[1] ⟨ov.ww.⟩ **0.1** ***anders vatten, zetten*** ⟨edelsteen⟩ **0.2** ⟨reg., vooral Ndd.⟩ ***de arm(en) slaan om*** ◆ **3.2** umgefaßt gehen *omarmd lopen.*
umfassen[2] ⟨ov.ww.⟩ **0.1** ***omvatten*** ⟨ook fig.⟩ ⇒*omhelzen, de arm(en) slaan om, omsluiten, omgeven* **0.2** ⟨mil.⟩ ***omsingelen.***
umfassend **0.1** ***veelomvattend*** ⇒*omvangrijk* **0.2** ***grondig*** ⇒*uitvoerig* ◆ **1.1** ein ~es Geständnis *een volledige bekentenis.*
Umfassungsmauer ⟨v.⟩ **0.1** ***ringmuur.***
Umfeld ⟨o.⟩ **0.1** ***milieu*** **0.2** ***omgeving.***
umflattern **0.1** ***omfladderen*** ⇒*fladderen rond(om).*
umfliegen[1] ⟨onov.ww.; s.⟩ **0.1** ⟨met het vliegtuig⟩ ***een omweg maken*** **0.2** ⟨inf.⟩ ***omvallen*** ⇒*omvliegen.*
umfliegen[2] ⟨ov.ww.⟩ **0.1** ***vliegen rond(om), om(heen)*** ⇒*omvliegen.*
umfließen **0.1** ***omspoelen*** ⇒*omstromen* **0.2** ⟨fig.⟩ ***omvloeien, vloeiend vallen om.***
umfloren **I** ⟨ov.ww.⟩ **0.1** ***omfloersen*** ⇒*befloersen;*
II sich ~ ⟨wk.ww.⟩⟨fig.⟩ **0.1** ***omfloerst worden.***
umformen **0.1** ***omvormen*** ⇒*veranderen* **0.2** ⟨tech.⟩ ***omzetten, transformeren.***
Umformer ⟨m.; ~s, ~⟩⟨tech.⟩ **0.1** ***omvormer, omzetter.***
umformulieren **0.1** ***anders formuleren, herformuleren.***
Umfrage ⟨v.⟩ **0.1** ***enquête*** **0.2** ***rondvraag*** ◆ **6.1** eine ~ **über** die, **zur** Atomenergie veranstalten *een enquête over atoomenergie houden.*
umfragen **0.1** ***enquêteren, een enquête houden*** ⇒*rondvragen.*
umfried(ig)en ⟨schr.⟩ **0.1** ***omheinen.***
umfrisieren **0.1** ***flatteren*** ⇒*een geflatteerde voorstelling geven van* **0.2** ⟨tech.⟩ ***opvoeren*** **0.3** ***omkatten*** ⟨van auto's⟩.
umfüllen **0.1** ***over-, omgieten*** ⇒*overtappen* **0.2** ***overladen.***
umfunktionieren **0.1** ***omturnen*** ⇒*veranderen.*

Umgang (m.) **0.1** ***omgang*** ⇒*verkeer, gezelschap* **0.2** ***om(me)gang*** ⇒*processie* **0.3** (bk., bouwk.) ***omloop, omgang*** ◆ **2.1** schlechten ~ haben *in slecht gezelschap, in slechte kringen verkeren* **6.1 mit** jmdm. ~ haben, pflegen *met iem. omgaan, omgang hebben.*

umgänglich 0.1 ***aangenaam, prettig in de omgang*** ⇒*gemakkelijk (in de omgang).*

Umgangsform (v.) **0.1** ***omgangsvorm*** ⇒(mv.) *manieren.*

Umgangssprache (v.) **0.1** ***omgangstaal.***

umgangssprachlich 0.1 ***van, in de omgangstaal.***

Umgangston (m.) **0.1** ***toon (in de omgang)*** ⇒*sfeer(tje).*

umgarnen (fig.) **0.1** ***(in zijn netten) strikken.***

umgaukeln (schr.) **0.1** ***omfladderen*** ⇒*omdartelen.*

umgeben[1] (ov.ww.) **0.1** ***omdoen*** ⇒*omhangen.*

umgeben[2] (ov.ww.) **0.1** ***omgeven*** ⇒*omringen.*

Umgebung (v.; ~, ~en) **0.1** ***omgeving*** (ook fig.) ⇒*omstreken, entourage.*

Umgegend (v.)(inf.) **0.1** ***omgeving*** ⇒*omstreken.*

umgehen[1] (onov.ww.) **0.1** ***omgaan*** ⇒*omspringen* **0.2** ***rondgaan*** ⇒*rondwaren, in omloop zijn* **0.3** ***rondlopen*** **0.4** ***(rond)spoken*** ◆ **1.2** die Grippe geht um *er heerst griep* **6.3 mit** einem Gedanken, Plan ~ *met een idee, plan rondlopen.*

umgehen[2] (ov.ww.) **0.1** ***lopen om(heen)*** ⇒*gaan om(heen)* **0.2** ***ontwijken*** ⇒*mijden* **0.3** ***omzeilen*** ⇒*ontduiken* **0.4** (mil.) ***een omtrekkende beweging maken om(heen).***

umgehend 0.1 ***onmiddellijk*** ⇒*onverwijld*, (bw. vooral) *per omgaande.*

Umgehung (v.; ~, ~en) **0.1** ***vermijding*** ⇒*ontwijking* **0.2** ***omzeiling*** ⇒*ontduiking* **0.3** ***rond-, ringweg*** **0.4** (mil.) ***omtrekkende beweging*** ◆ **6.2 unter** ~ der Vorschriften *buiten de voorschriften om.*

Umgehungsstraße (v.) **0.1** ***rond-, ringweg.***

umgekehrt 0.1 ***omgekeerd*** ⇒(bw.) *andersom.*

umgestalten 0.1 ***wijzigen, veranderen*** ⇒*her-, omvormen, reorganiseren.*

umgießen 0.1 ***overgieten*** (ook tech.) ⇒*omgieten* **0.2** (inf.) ***omgooien.***

umgittern 0.1 ***met een hek omheinen*** ⇒*traliën.*

umglänzen (schr.) **0.1** ***omschijnen*** ⇒*omstralen.*

umgraben 0.1 ***omspitten*** ⇒*spitten, omgraven.*

umgreifen 0.1 ***omvatten*** (ook fig.) ⇒*omspannen.*

umgrenzen 0.1 ***omgrenzen*** ⇒*begrenzen, omringen* **0.2** (fig.) ***afbakenen.***

umgruppieren 0.1 ***hergroeperen*** ⇒*reorganiseren, anders rangschikken.*

umgucken, sich (inf.) **0.1** ***rondkijken*** ⇒*kijken* **0.2** ***omkijken*** ◆ **3.**¶ du wirst dich noch ~! *daar zul je nog van opkijken!*

umgürten[1] (ov.ww.)(vero.; schr.) **0.1** ***omgorden.***

umgürten[2] (ov.ww.)(vero.; schr.) **0.1** ***omgorden.***

umhaben (inf.) **0.1** ***om hebben*** ⇒*aan hebben.*

umhacken 0.1 ***omhakken*** ⇒*vellen* **0.2** ***loshakken*** ⇒*omwerken.*

umhalsen 0.1 ***omhelzen.***

Umhang (m.) **0.1** ***cape, schoudermantel.***

umhängen[1] (ov.ww.) **0.1** ***omhangen*** ⇒*om-, aandoen* **0.2** ***verhangen*** ⇒*anders (op)hangen.*

umhängen[2] (ov.ww.) **0.1** ***omhangen*** ⇒*behangen.*

Umhängetasche (v.) **0.1** ***schoudertas.***

Umhängetuch (o.; mv. ~er) **0.1** ***omslagdoek.***

umhauen 0.1 ***omhakken, omhouwen*** **0.2** (inf.; fig.) ***achterover doen slaan*** ◆ **5.2** das haut einen glatt um! *daar sla ik van achterover!*

umhegen (schr.) **0.1** ***met zorgen omringen*** ⇒*koesteren* **0.2** (vero.) ***omheinen.***

umher 0.1 ***rond(om)*** ⇒*om, in het rond, in de rondte, her en der.*

umher- →**herum-.**

umherfahren (s.) **0.1** ***rondrijden*** **0.2** ***rondvaren.***

umherfliegen (s.) **0.1** ***rondvliegen*** ⇒*in het rond vliegen.*

umhergehen (s.) **0.1** ***rondlopen.***

umherirren (s.) **0.1** ***ronddwalen*** ⇒*ronddolen.*

umherjagen I (onov.ww.; s.) **0.1** ***rondrennen;***
II (ov.ww.)(fig.) **0.1** ***opjagen.***

umherlaufen (s.) **0.1** ***rondlopen*** ⇒*ronddraven.*

umherliegen 0.1 ***rondslingeren*** ⇒*her en der verspreid liggen.*

umherreisen (s.) **0.1** ***rondreizen.***

umherschweifen (s.) **0.1** ***ronddwalen*** (ook fig.) ⇒*rondzwerven.*

umhertreiben I (ov. & onov.ww.) **0.1** ***ronddrijven;***
II sich ~ (wk.ww.) **0.1** ***rond-, uithangen*** ◆ **6.1** sich **in** der Gegend ~ *maar wat rondscharrelen.*

umherziehen (s.) **0.1** ***rondtrekken*** ⇒*rondzwerven.*

umhin|kommen, -können ◆ **5.**¶ nicht ~ *er niet onderuit kunnen, niet anders kunnen.*

umhören, sich 0.1 ***informeren*** ⇒*zijn oor te luisteren leggen.*

umhüllen 0.1 ***omhullen*** (ook fig.) **0.2** ***omwikkelen*** ⇒*inpakken.*

Umhüllung (v.; ~, ~en) **0.1** ***omhulling, omhulsel*** **0.2** ***verpakking.***

uminterpretieren 0.1 ***reïnterpreteren.***

umjubeln 0.1 ***bejubelen*** ⇒*jubelend omringen.*

umkämpft 0.1 ***waar om gevochten is.***

Umkehr (v.; ~) **0.1** ***ommekeer*** ⇒*terugkeer*, (fig.) *kentering.*

umkehren I (onov.ww.) **0.1** ***omkeren*** ⇒*omdraaien, terugkeren;*
II (ov.ww.) **0.1** ***omkeren*** ⇒*omdraaien, binnenstebuiten keren* **0.2** ***overhoophalen*** ⇒*ondersteboven keren, halen;*
III sich ~ (wk.ww.) **0.1** ***zich omkeren*** ⇒*zich omdraaien* **0.2** (fig.) ***keren, draaien*** **0.3** (fig.) ***omslaan*** ⇒*radicaal veranderen.*

umkippen I (onov.ww.; s.) **0.1** ***omkantelen, omkiep(er)en*** ⇒*omvallen*, (scheep. vooral) *kapseizen* **0.2** ***flauwvallen*** **0.3** (inf.) ***omslaan*** ⇒(wijn) *tourneren* **0.4** (inf.; pej.) ***van mening veranderen*** ⇒*overstag gaan* **0.5** (inf.; pej.) ***door de knieën gaan*** ⇒*door de mand vallen* **0.6** (inf.) ***overslaan*** (stem) **0.7** ***(door vervuiling) (af)sterven*** (mbt. water);
II (ov.ww.) **0.1** ***omkiep(er)en, omgooien.***

umklammern 0.1 ***omklemmen, omknellen*** ⇒*omvatten.*

umklappen I (onov.ww.)(inf.) **0.1** ***flauwvallen*** ⇒*onderuitgaan;*
II (ov.ww.) **0.1** ***omklappen.***

Umkleide (v.; ~, ~n)(inf.) **0.1** ***kleedkamer*** ⇒*kleedhok(je).*

umkleiden[1] (ov.ww.) **0.1** ***om-, verkleden.***

umkleiden[2] (ov.ww.) **0.1** ***omkleden*** (ook fig.), ***bekleden.***

Umkleideraum (m.) **0.1** ***kleedkamer*** ⇒*kleedhokje.*

umknicken I (onov.ww.; s.) **0.1** ***(om)knakken, (af)breken*** **0.2** ***omzwikken*** ◆ **6.2 mit** dem Fuß ~ *zijn voet verzwikken;*
II (ov.ww.) **0.1** ***knakken*** **0.2** ***(om)vouwen.***

umkommen 0.1 ***omkomen*** **0.2** ***bederven*** (levensmiddelen) **0.3** (inf.; fig.) ***sterven*** ⇒*dood-, kapotgaan.*

umkränzen 0.1 ***omkransen*** ⇒*bekransen.*

Umkreis (m.) **0.1** ***omtrek*** ⇒*omgeving* **0.2** (wisk.) ***omgeschreven cirkel*** ◆ **6.1 im** weiten ~, weit im ~ *in de wijde omtrek.*

umkreisen 0.1 ***draaien om(heen)*** (ook fig.) ⇒*omcirkelen, cirkelen om, rond.*

Umkreisung ⟨v., -, -en⟩ **0.1** ***omwenteling.***
umkrempeln 0.1 ***omslaan*** ⇒*opstropen* **0.2** ***binnenstebuiten keren*** **0.3** ⟨inf.; fig.⟩ ***ondersteboven halen*** ⇒*op zijn kop zetten* **0.4** ⟨inf.; fig.⟩ ***totaal, radicaal veranderen*** ⇒ *omgooien.*
umladen 0.1 ***overladen*** ⇒*om-, verladen.*
Umlage ⟨v.⟩ **0.1** ***(hoofdelijke) omslag*** ⇒*bedrag per persoon.*
umlagern[1] ⟨ov.ww.⟩ **0.1** ***verplaatsen*** ⇒*elders, anders opslaan.*
umlagern[2] ⟨ov.ww.⟩ **0.1** ***belegeren*** ⇒*omringen.*
Umland ⟨o.⟩ **0.1** ***omgeving*** ⇒*regio, ommelanden.*
Umlauf ⟨m.⟩ **0.1** ***omloop*** ⇒*circulatie, rotatie, roulatie,* ⟨med.⟩ *panaritium* **0.2** ***circulaire, rondschrijven*** ◆ **6.1 in** ~ bringen, geben, setzen *in omloop brengen;* ⟨fig.⟩ **in** ~ kommen *in zwang raken, komen.*
Umlaufbahn ⟨v.⟩ ⟨ruim., ster.⟩ **0.1** ***baan.***
umlaufen[1] **I** ⟨onov.ww.; s.⟩ **0.1** ***circuleren*** ⇒*in omloop zijn,* ⟨fig. vooral⟩ *de ronde doen* **0.2** ***ronddraaien*** ⇒*draaien, wentelen, omlopen* ⟨ook meteo. en ster.⟩ **0.3** ***rondgaan*** ⇒ *omlopen* **0.4** ⟨reg.⟩ ***omlopen*** ⇒*een omweg maken;*
II ⟨ov.ww.⟩ **0.1** ***omverlopen.***
umlaufen[2] ⟨ov.ww.⟩ **0.1** ***lopen om(heen)*** ⇒⟨ster.⟩ *draaien om.*
Umlaufvermögen ⟨o.⟩ ⟨ec.⟩ **0.1** ***vlottend kapitaal, bedrijfskapitaal.***
Umlaufzeit ⟨v.⟩ **0.1** ***omloop(s)tijd*** ⟨ook ec., verk.⟩ ⇒*omwentelingstijd.*
Umlaut ⟨m.⟩ ⟨taal.⟩ **0.1** ***umlaut.***
Umlegekalender ⟨m.⟩ **0.1** ***omlegkalender.***
Umlegekragen ⟨m.⟩ **0.1** ***liggend(e) boord.***
umlegen[1] **I** ⟨ov.ww.⟩ **0.1** ***omdoen*** ⇒*omslaan, omleggen* **0.2** ***(hoofdelijk) omslaan*** **0.3** ***neerleggen*** ⇒⟨inf.⟩ *overhoopschieten, vloeren* **0.4** ***verleggen*** ⇒*anders leggen* **0.5** ***platleggen*** ⇒*platdrukken, omklappen, neerlaten, strijken* ⟨mast⟩ **0.6** ***omslaan*** ⇒*omleggen* **0.7** ⟨inf.⟩ ***plat krijgen, naar bed gaan met*** ◆ **1.3** Bäume ~ *bomen vellen* **1.4** einen Kranken ~ *een zieke verleggen, op een andere kamer leggen;* ein Telefongespräch ~ *een telefoongesprek doorverbinden;* Termine ~ *afspraken, data verschuiven* **1.5** einen Hebel ~ *een hefboom, hendel overhalen* **6.2** die Kosten **auf** alle Teilnehmer ~ *de kosten over alle deelnemers omslaan;*
II sich ~ ⟨wk.ww.⟩ **0.1** ***plat gaan liggen.***
umlegen[2] ⟨ov.ww.⟩ **0.1** ***garneren*** ⟨vooral cul.⟩.
umleiten 0.1 ***omleiden*** ⇒*omleggen* ⟨waterloop⟩.
Umleitung ⟨v.⟩ **0.1** ***omleiding*** ⇒*wegomlegging.*
umlenken 0.1 ***draaien*** ⇒*(om)keren, omdraaien* **0.2** ***afleiden, breken*** ⟨straal⟩.
umlernen 0.1 ***opnieuw gaan leren, anders (gaan) leren*** ⇒ *bijleren* **0.2** ⟨fig.⟩ ***heel wat (bij)leren.***
umliegend 0.1 ***omliggend*** ⇒*naburig, omringend, belendend.*
ummauern 0.1 ***ommuren.***
ummelden 0.1 ***laten overschrijven*** ⇒*een wijziging laten registreren.*
ummodeln 0.1 ***veranderen*** ⇒*omvormen.*
ummünzen ⟨fig.⟩ **0.1** ***omzetten.***
umnachten ⟨schr.; fig.⟩ **0.1** ***verduisteren*** ⇒*in duisternis hullen* ◆ **5.1** geistig umnachtet *geestelijk gestoord, dement.*
Umnachtung ⟨v.; ~, ~en⟩ ⟨schr.⟩ **0.1** ***verstandsverbijstering*** ◆ **2.1** geistige ~ *verstandsverbijstering, geestelijke gestoordheid, dementie.*
umnebeln ⟨vooral fig.⟩ **0.1** ***benevelen*** ⇒*in nevelen hullen.*
umnehmen 0.1 ***omdoen*** ⇒*omslaan.*
umorganisieren 0.1 ***reorganiseren.***
umorientieren 0.1 ***heroriënteren.***
umpacken 0.1 ***overpakken*** ⇒*overladen* **0.2** ***anders (ver-, in)pakken.***
umpflanzen[1] ⟨ov. & onov.ww.⟩ **0.1** ***over-, verplanten*** ⇒*verpoten.*
umpflanzen[2] ⟨ov.ww.⟩ **0.1** ***omplanten, rondom beplanten.***
umpflügen 0.1 ***omploegen.***
umprägen 0.1 ***her-, overmunten*** **0.2** ⟨fig.⟩ ***veranderen*** ⇒ *een ander gezicht geven aan.*
umquartieren 0.1 ***elders inkwartieren*** ⇒*elders huisvesten.*
umrahmen 0.1 ***omlijsten*** ⟨ook fig.⟩ ⇒*encadreren, omgeven.*
umranden 0.1 ***omlijnen*** ⇒*omcirkelen* **0.2** ***omranden*** ⇒*afzetten.*
umranken 0.1 ***omranken*** ⇒*omslingeren.*
umrechnen 0.1 ***omrekenen*** ⇒*herleiden.*
Umrechnungskurs ⟨m.⟩ **0.1** ***omrekeningskoers.***
umreisen 0.1 ***een reis maken om, rond.***
umreißen[1] ⟨ov.ww.⟩ **0.1** ***omverhalen*** ⇒*omrukken, omvertrekken* **0.2** ***omverlopen*** ⇒*omverhalen.*
umreißen[2] ⟨ov.ww.⟩ ⟨fig.⟩ **0.1** ***schetsen*** ⇒*omlijnen* ◆ **5.1** fest umrissene Vorstellungen *scherpomlijnde ideeën.*
umreiten[1] ⟨ov.ww.⟩ **0.1** ***om(ver)rijden.***
umreiten[2] ⟨ov.ww.⟩ **0.1** ***rijden om(heen).***
umrennen 0.1 ***omverlopen*** ⇒*omverrennen.*
umringen 0.1 ***omringen.***
Umriß ⟨m.⟩ **0.1** ***omtrek*** ⇒*omlijning, contour,* ⟨fig. vooral⟩ *lijn* ◆ **3.1** ⟨fig.⟩ feste Umrisse annehmen *vaste vorm(en) aannemen* **6.1** ⟨fig.⟩ **im** ~, in groben Umrissen *in grote lijnen.*
Umrißzeichnung ⟨v.⟩ **0.1** ***schetstekening.***
Umritt ⟨m.⟩ **0.1** ***rondrit*** **0.2** ***optocht te paard.***
umrühren 0.1 ***(om)roeren.***
umrunden 0.1 ***gaan om(heen)*** ⇒*rijden, varen, vliegen om(heen)* **0.2** ***cirkelen, draaien om(heen)*** ⇒*omcirkelen.*
umrüsten 0.1 ⟨mil.⟩ ***de bewapening veranderen, aanpassen (van)*** **0.2** ⟨tech.⟩ ***ombouwen*** ⇒*anders uitrusten.*
ums ⟨inf.⟩ [um das].
umsäbeln ⟨sp.⟩ **0.1** ***onderuit halen, neerleggen.***
umsacken ⟨inf.⟩ **0.1** ***tegen de grond, vlakte gaan.***
umsatteln I ⟨onov.ww.⟩ ⟨inf.⟩ **0.1** ***(van studierichting, beroep) veranderen*** ⇒*omschakelen, switchen;*
II ⟨ov.ww.⟩ **0.1** ***omzadelen.***
Umsatz ⟨m.⟩ **0.1** ***omzet*** ⇒*debiet, omzetcijfer(s)* **0.2** ⟨vooral med., schei.⟩ ***omzetting*** ◆ **3.1** ⟨jargon⟩ ~ machen *(een grote) omzet halen.*
Umsatzbeteiligung ⟨v.⟩ **0.1** ***aandeel in de omzet.***
Umsatzplus ⟨o.⟩ **0.1** ***omzetvergroting.***
Umsatzsteigerung ⟨v.⟩ **0.1** ***omzetvergroting.***
Umsatzsteuer ⟨v.⟩ **0.1** ***omzetbelasting.***
umsäumen[1] ⟨ov.ww.⟩ **0.1** ***omzomen.***
umsäumen[2] ⟨ov.ww.⟩ **0.1** ***omzomen*** ⟨ook schr.; fig.⟩ ⇒*boorden.*
umschaffen 0.1 ***herscheppen*** ⇒*veranderen.*
umschalten 0.1 ⟨tech.; fig.⟩ ***omschakelen*** ⇒*overhalen, omzetten,* ⟨fig.⟩ *switchen* **0.2** ⟨com.; fig.⟩ ***overschakelen.***
Umschalter ⟨m.⟩ **0.1** ***wisseltoets*** ⟨op schrijfmachine⟩ **0.2** ⟨tech.⟩ ***omschakelaar.***
umschatten ⟨schr.⟩ **0.1** ***omschaduwen.***
Umschau ⟨v.⟩ **0.1** ***kijkje*** ⇒*het rondkijken, blik in het rond* ◆ **3.1** ~ halten *rond-, uitkijken.*
umschauen, sich ⟨reg.⟩ **0.1** ***rondkijken*** **0.2** ***omkijken.***
umschichten I ⟨ov.ww.⟩ **0.1** ***anders leggen, stapelen*** ⇒*omzetten, omwerken* **0.2** ⟨fig.⟩ ***wijzigen;***
II sich ~ ⟨wk.ww.⟩ ⟨fig.⟩ **0.1** ***in sociaal opzicht veranderen*** ⇒*sociaal, structureel verschuiven.*

umschichtig 0.1 ***afwisselend*** ⇒*om beurten.*
Umschichtung ⟨v.⟩ **0.1** ***omzetting*** **0.2** ***verschuiving*** ⇒*omkering.*
umschiffen[1] ⟨ov.ww.⟩ **0.1** ***overschepen*** ⇒*overladen.*
umschiffen[2] ⟨ov.ww.⟩ **0.1** ***varen om, omvaren*** ⇒*ronden.*
Umschlag ⟨m.⟩ **0.1** ***omslag*** ⇒⟨med.⟩ *kompres,* ⟨fig. vooral⟩ *ommekeer* **0.2** ***enveloppe*** ⇒*couvert* **0.3** ***kaft, (boek)omslag*** **0.4** ⟨ec.⟩ ***overslag*** ⇒*overlading* **0.5** ⟨ec.⟩ ***omzet.***
umschlagen I ⟨onov.ww.⟩ **0.1** ***omslaan*** ⟨ook fig.⟩ ⇒*omvallen,* ⟨scheep.⟩ *kapseizen* **0.2** ***overslaan;***
II ⟨ov.ww.⟩ **0.1** ***omslaan*** **0.2** ***overslaan, -laden*** **0.3** ***omhakken*** ⇒*vellen.*
Umschlagetuch ⟨o.; mv. ⸚er⟩ **0.1** ***omslagdoek.***
Umschlaghafen ⟨m.⟩ **0.1** ***overslaghaven.***
Umschlagplatz ⟨m.⟩ **0.1** ***overslagplaats*** ⇒*overlaadplaats.*
umschleichen 0.1 ***sluipen om(heen), rond(om).***
umschließen 0.1 ***omsluiten*** ⇒*omringen,* ⟨fig. vooral⟩ *omvatten,* ⟨mil.⟩ *insluiten.*
umschlingen[1] ⟨ov.ww.⟩ **0.1** ***omslaan, omslingeren.***
umschlingen[2] ⟨ov.ww.⟩ **0.1** ***de armen heen slaan om*** ⇒*omhelzen* **0.2** ***omslingeren*** ⇒*omstrengelen.*
umschmeicheln 0.1 ***met gevlei omgeven*** ⇒*vleien.*
umschmeißen ⟨inf.⟩ **0.1** ***om(ver)gooien, -smijten*** **0.2** ⟨fig.⟩ ***van zijn stuk brengen*** **0.3** ⟨fig.⟩ ***overhoophalen.***
umschnallen 0.1 ***omgespen.***
umschnüren 0.1 ***omsnoeren, dichtbinden*** **0.2** ⟨schr.; mil.⟩ ***omsingelen*** ⇒*insluiten.*
umschreiben[1] ⟨ov.ww.⟩ **0.1** ***herschrijven*** **0.2** ***overschrijven*** **0.3** ***transcriberen.***
umschreiben[2] ⟨ov.ww.⟩ **0.1** ***omschrijven*** **0.2** ⟨wisk.⟩ ***schrijven om.***
Umschreibung[1] ⟨v.⟩ **0.1** ***herschrijving*** **0.2** ***overschrijving.***
Umschreibung[2] ⟨v.⟩ **0.1** ***omschrijving, parafrase.***
Umschrift ⟨v.⟩ **0.1** ***randschrift*** ⇒⟨van munt⟩ *legende* **0.2** ***herschrijving*** ⇒*omwerking* **0.3** ⟨taal.⟩ ***transcriptie.***
Umschuldung ⟨v.; ~, ~en⟩ **0.1** ***omzetting van schulden, schuldsanering.***
umschulen I ⟨onov.ww.⟩ **0.1** ***omgeschoold worden*** ⇒*zich laten omscholen;*
II ⟨ov.ww.⟩ **0.1** ***om-, herscholen*** **0.2** ***op een andere school doen*** ⇒*overplaatsen.*
Umschulung ⟨v.⟩ **0.1** ***om-, herscholing*** **0.2** ***verandering van school.***
umschütten 0.1 ***om(ver)gooien*** **0.2** ***overgieten.***
umschwärmen 0.1 ***omzwermen, zwermen om(heen)*** ⇒ ⟨fig.⟩ *omstuwen.*
Umschweif ⟨m.⟩ **0.1** ***omhaal*** ⇒*omweg* ◆ **3.1** ~e machen *eromheen draaien* **6.1 ohne** ~e *zonder (veel) omhaal.*
umschwenken 0.1 ***omzwenken, -zwaaien*** ⟨ook fig.⟩.
umschwirren 0.1 ***gonzen, gonzend vliegen om(heen)*** **0.2** ⟨fig.⟩ ***klitten rond(om)*** ⇒*als klitten hangen aan.*
Umschwung ⟨m.⟩ **0.1** ***(om)draaiing, draai*** ⟨ook sp.⟩ **0.2** ⟨fig.⟩ ***ommekeer*** ⇒*kentering.*
umsegeln 0.1 ***zeilen om(heen), rond*** ⇒*ronden.*
umsehen, sich 0.1 ***omkijken, -zien*** **0.2** ***rondkijken*** ⇒*een kijkje nemen* **0.3** ***uitzien, -kijken*** ⇒*op zoek zijn* ◆ **3.¶** ⟨inf.⟩ da wirst du dich noch ~! *daar zul je nog van opkijken!*
Umsehen ⟨o.⟩ ◆ **6.¶ im** ~ *in een ommezien, oogwenk.*
umsein ⟨inf.⟩ **0.1** ***om zijn*** ⇒*voorbij zijn.*
umseitig 0.1 ***aan (de) ommezijde.***
umseits ⟨adm.⟩ →**umseitig.**
umsetzen 0.1 ***omzetten*** ⇒⟨ec.⟩ *verhandelen,* ⟨muz.⟩ *transponeren* **0.2** ***verzetten*** ⇒*verplaatsen, omzetten* ⟨ook sp.⟩, *ver-, overplanten.*
Umsicht ⟨v.⟩ **0.1** ***omzichtigheid*** ⇒*overleg, beleid.*
umsichtig 0.1 ***omzichtig*** ⇒*met overleg.*
umsiedeln I ⟨onov.ww.⟩ **0.1** ***verhuizen*** **0.2** ***emigreren;***
II ⟨ov.ww.⟩ **0.1** ***een andere woonplaats geven*** ⇒*naar elders overbrengen* **0.2** ***evacueren.***
Umsiedler ⟨m.⟩ **0.1** ***naar elders overgebrachte*** ⇒*evacué, geëvacueerde* **0.2** ***emigrant.***
Umsiedlung ⟨v.⟩ **0.1** ***verhuizing*** **0.2** ***overbrenging (v.d. bevolking) naar elders*** ⇒*evacuatie* **0.3** ***emigratie.***
umsinken 0.1 ***omvallen, neerzijgen.***
umsonst 0.1 ***gratis, voor niets*** ⇒*kosteloos* **0.2** ***(te)vergeefs*** ◆ **¶.1** ⟨sprw.⟩ ~ ist der Tod *voor niets gaat de zon op.*
umsorgen 0.1 ***met zorgen omringen.***
umspannen[1] ⟨ov.ww.⟩⟨tech.⟩ **0.1** ***transformeren.***
umspannen[2] ⟨ov.ww.⟩ **0.1** ***omspannen*** **0.2** ⟨fig.⟩ ***omvatten.***
Umspanner ⟨m.⟩⟨tech.⟩ **0.1** ***transformator.***
Umspannwerk ⟨o.⟩ **0.1** ***transformatorstation.***
umspielen 0.1 ***omspelen, spelen om*** ⇒⟨sp.⟩ *passeren.*
umspringen[1] ⟨onov.ww.⟩ **0.1** ***omspringen*** ⇒⟨fig.⟩ *omgaan, behandelen* **0.2** ⟨fig.⟩ ***omslaan*** ⇒*springen.*
umspringen[2] ⟨ov.ww.⟩ **0.1** ***omspringen, springen (rond)om.***
umspülen 0.1 ***omspoelen.***
Umstand ⟨m.; ~(e)s, ⸚e⟩ **0.1** ***omstandigheid*** **0.2** ***omhaal*** ⇒ *moeite, last, omslag,* ⟨mv.⟩ *complimenten* ◆ **2.1** ⟨jur.⟩ mildernde Umstände *verzachtende omstandigheden* **3.2** Umstände machen *(onnodige) drukte maken;* mach (dir meinetwegen) keine Umstände! *doe geen (speciale) moeite (voor mij)!;* keine, nicht viele Umstände mit jmdm., etwas machen *zich vlug van iem., iets afmaken* **5.1** den Umständen entsprechend *de omstandigheden in aanmerking genomen* **6.1 unter** Umständen (a) *eventueel* (b) *in bepaalde omstandigheden, bij gelegenheid;* **unter** allen Umständen *in alle, ieder geval, per se;* **unter** (gar) keinen Umständen *in geen geval, onder geen beding* **6.2 ohne** Umstände *zonder omhaal, complimenten* **6.¶ in** anderen Umständen sein *in verwachting zijn.*
umständehalber 0.1 ***wegens omstandigheden.***
umständlich 0.1 ***omslachtig*** ⇒*omstandig, breedvoerig.*
Umstands|angabe, -bestimmung ⟨v.⟩⟨taal.⟩ **0.1** ***bijwoordelijke bepaling.***
Umstandskleid ⟨o.⟩ **0.1** ***positiejurk.***
Umstandskrämer ⟨m.⟩⟨inf.⟩ **0.1** ***pietlut*** ⇒*(oude) teut.*
Umstandssatz ⟨m.⟩⟨taal.⟩ **0.1** ***bijwoordelijke bijzin.***
Umstandswort ⟨o.; mv. ⸚er⟩⟨taal.⟩ **0.1** ***bijwoord.***
umstechen ⟨landb.⟩ **0.1** ***(om)spitten.***
umstecken[1] ⟨ov.ww.⟩ **0.1** ***anders steken*** **0.2** ***omspelden.***
umstecken[2] ⟨ov.ww.⟩ **0.1** ***omzetten*** ⇒*omgeven.*
umstehen 0.1 ***staan (rond)om*** ⇒*omringen.*
umstehend 0.1 ***omstaand*** **0.2** ***ommestaand*** ⇒*aan ommezijde* ◆ **6.2 im** ~en *aan ommezijde.*
Umstehende(r) ⟨bn. als zn.⟩ **0.1** ***omstander.***
Umsteigebahnhof ⟨m.⟩ **0.1** ***overstapstation.***
Umsteigefahrschein ⟨m.⟩ **0.1** ***overstap(kaart)je.***
Umsteigekarte ⟨v.⟩ **0.1** ***overstap(kaart)je.***
umsteigen 0.1 ***overstappen*** ⟨ook sp.⟩ ⇒⟨inf.; fig.⟩ *overschakelen.*
Umsteiger ⟨m.; ~s, ~⟩⟨inf.⟩ **0.1** ***overstapje.***
umstellen[1] **I** ⟨onov.ww.; h.⟩⟨fig.⟩ **0.1** ***omschakelen*** ⇒*overschakelen, -gaan, -stappen;*
II ⟨ov.ww.⟩ **0.1** ***verplaatsen*** ⇒*verzetten, van plaats verwisselen, omzetten* **0.2** ***reorganiseren*** **0.3** ***om-, overschakelen*** ⟨ook fig.⟩ ⇒*overhalen,* ⟨fig.⟩ *veranderen;*
III sich ~ ⟨wk.ww.⟩⟨fig.⟩ **0.1** ***(zich) omschakelen*** ⇒*zich aanpassen, overschakelen, switchen.*
umstellen[2] ⟨ov.ww.⟩ **0.1** ***omsingelen*** ⇒*insluiten.*

umsteuern ⟨fig.⟩ **0.1** ***ombuigen, omzetten.***
umstimmen 0.1 ***tot andere gedachten brengen, van mening doen veranderen*** ⇒*ompraten* **0.2** ⟨muz.⟩ ***anders stemmen.***
umstoßen 0.1 ***om(ver)stoten*** ⇒*omverduwen, om(ver)gooien* **0.2** ⟨fig.⟩ ***nietig verklaren*** ⇒*ongedaan maken* **0.3** ⟨fig.⟩ ***omvergooien*** ⟨ook pol.⟩ ⇒*in de war sturen.*
umstrahlen ⟨schr.⟩ **0.1** ***omstralen.***
umstricken 0.1 ***(in zijn netten) strikken*** ⇒*inpalmen.*
umstritten 0.1 ***omstreden*** ⇒*betwist.*
umstrukturieren 0.1 ***herstructureren.***
umstülpen I ⟨ov.ww.⟩ **0.1** ***omkeren, -stulpen*** ⇒*ondersteboven zetten, keren, omdraaien* **0.2** ***binnenstebuiten keren*** ⇒*omdraaien* **0.3** ***op zijn kop zetten*** ⟨ook fig.⟩, ***overhoophalen;***
II sich ~ ⟨wk.ww.⟩ **0.1** ***binnenstebuiten draaien.***
Umsturz ⟨m.⟩ **0.1** ***omwenteling*** ⟨ook fig.⟩ ⇒*revolutie* **0.2** ***omverwerping.***
umstürzen I ⟨onov.ww.⟩ **0.1** ***omvallen*** ⇒*kantelen;*
II ⟨ov.ww.⟩ **0.1** ***omgooien*** ⇒*om(ver)halen* **0.2** ⟨fig.⟩ ***omverwerpen*** ⟨ook pol.⟩ ⇒*omvergooien, op zijn kop zetten.*
Umstürzler ⟨m.; ~s, ~⟩ **0.1** ***revolutionair.***
umstürzlerisch 0.1 ***revolutionair, subversief.***
Umsturzversuch ⟨m.⟩⟨pol.⟩ **0.1** ***poging tot omverwerping.***
umtanzen 0.1 ***dansen (rond)om, omheen.***
umtaufen 0.1 ***herdopen*** ⟨ook rel.⟩ ⇒*een andere naam geven.*
Umtausch ⟨m.⟩ **0.1** ***omruil(ing)*** ⇒*omwisseling, ruil* ◆ **6.1** diese Waren sind **vom** ~ ausgeschlossen *deze artikelen worden niet geruild.*
umtauschen 0.1 ***(om)ruilen*** **0.2** ***(om)wisselen.***
Umtauschrecht ⟨o.⟩ **0.1** ***recht van ruiling.***
umtopfen 0.1 ***over-, verpotten*** ⟨planten⟩.
umtreiben I ⟨ov.ww.⟩⟨fig.⟩ **0.1** ***voortdrijven*** ⇒*opjagen;*
II sich ~ ⟨wk.ww.⟩⟨schr.⟩ **0.1** ***ronddwalen, -zwerven.***
Umtrieb ⟨m.⟩ **0.1** ⟨steeds mv.⟩ ***(geheime, clandestiene) activiteiten*** ⇒*gestook, machinaties, intriges* **0.2** ⟨steeds mv.; reg.⟩ ***activiteiten*** ⇒*bezigheid* **0.3** ⟨landb.⟩ ***omloop.***
umtriebig 0.1 ***bedrijvig, actief, druk.***
Umtrunk ⟨m.⟩ **0.1** ***borrel, glas wijn.***
umtun ⟨inf.⟩ **I** ⟨ov.ww.⟩ **0.1** ***omdoen;***
II sich ~ ⟨wk.ww.⟩ **0.1** ***rondkijken*** ⇒*een kijkje nemen* **0.2** ***uitkijken*** ⇒*op zoek zijn.*
U-Musik ⟨v.⟩ →**Unterhaltungsmusik.**
umverteilen ⟨ec.⟩ **0.1** ***anders verdelen, (anders) spreiden.***
umwachsen 0.1 ***omgroeien*** ⇒*(rondom) begroeien, groeien om(heen).*
umwallen ⟨schr.⟩ **0.1** ***omgolven.***
umwälzen 0.1 ***omwentelen*** ⇒*omrollen, -draaien* **0.2** ***doen, laten circuleren*** ⇒*rondpompen* ◆ **1.1** ⟨fig.⟩ ~de Ereignisse *ingrijpende gebeurtenissen.*
Umwälzpumpe ⟨v.⟩ **0.1** ***circulatiepomp.***
Umwälzung ⟨v.; ~, ~en⟩ **0.1** ***circulatie*** **0.2** ⟨fig.⟩ ***omwenteling*** ⇒*revolutie.*
umwandeln[1] **I** ⟨ov.ww.⟩ **0.1** ***omzetten*** ⇒*transformeren, omvormen* **0.2** ***veranderen*** **0.3** ⟨ec.⟩ ***converteren;***
II sich ~ ⟨wk.ww.⟩ **0.1** ***(totaal) veranderen.***
umwandeln[2] ⟨ov.ww.⟩⟨schr.⟩ **0.1** ***wandelen, lopen (rond)om.***
Umwandler ⟨v.⟩⟨tech.⟩ **0.1** ***convertor.***
Umwandlung ⟨v.⟩ **0.1** ***omzetting*** **0.2** ***verandering*** **0.3** ⟨ec.⟩ ***conversie.***
umwechseln 0.1 ***(om)wisselen.***
Umweg ⟨m.⟩ **0.1** ***omweg*** ⟨ook fig.⟩ ◆ **6.1 auf** ~en *langs (allerlei) omwegen.*
umwehen[1] ⟨ov.ww.⟩ **0.1** ***om(ver)waaien.***
umwehen[2] ⟨ov.ww.⟩ **0.1** ***omwaaien, waaien om(heen).***
Umwelt ⟨v.⟩ **0.1** ***milieu*** ⇒*omgeving, leefmilieu.*
Umweltabgabe ⟨v.⟩ **0.1** ***milieuheffing.***
Umweltaktivist ⟨m.⟩ **0.1** ***milieuactivist.***
Umweltauto ⟨o.⟩⟨inf.⟩ **0.1** ***milieuvriendelijke auto.***
Umweltbedingungen ⟨alleen mv.⟩ **0.1** ***milieuomstandigheden.***
Umweltbewußtsein ⟨o.⟩ **0.1** ***milieubewustzijn.***
umweltfeindlich 0.1 ***milieuonvriendelijk, schadelijk voor het milieu.***
Umweltforschung ⟨v.⟩ **0.1** ***milieukunde.***
Umweltfrage ⟨v.⟩ **0.1** ***milieukwestie.***
umweltfreundlich 0.1 ***milieuvriendelijk.***
Umweltgutachten ⟨o.⟩ **0.1** ***milieueffectrapport.***
umweltneutral 0.1 ***onschadelijk voor het milieu.***
Umweltpapier ⟨o.⟩ **0.1** ***kringlooppapier, recyclingpapier.***
Umweltschäden ⟨alleen mv.⟩ **0.1** ***schade aan het milieu.***
umweltschädlich 0.1 ***schadelijk voor het milieu.***
umweltschonend 0.1 ***het milieu sparend.***
Umweltschutz ⟨m.⟩ **0.1** ***milieubescherming, -beheer.***
Umweltsiegel ⟨o.⟩ **0.1** ***milieukeurmerk.***
Umweltsünder ⟨m.⟩⟨inf.⟩ **0.1** ***milieuvervuiler.***
Umweltverschmutzung ⟨v.⟩ **0.1** ***milieuverontreiniging, -vervuiling.***
umweltverträglich 0.1 ***milieuveilig, niet schadelijk voor het milieu.***
Umweltverträglichkeitsprüfung ⟨v.⟩ **0.1** ***milieueffectrapportage.***
Umweltzeichen ⟨o.⟩ **0.1** ***milieuvignet.***
Umweltzerstörung ⟨v.⟩ **0.1** ***vernietiging v.h. milieu*** ⇒*milieuverpesting.*
umwenden I ⟨onov.ww.; alleen zwak⟩ **0.1** ***(om)draaien*** ⇒ *wenden, keren;*
II ⟨ov.ww.⟩ **0.1** ***omdraaien, omkeren*** **0.2** ***omslaan.***
umwerben 0.1 ***trachten te winnen*** **0.2** ***het hof maken*** ◆ **1.2** eine der umworbensten Frauen *één van de meest gevierde, gewilde vrouwen.*
umwerfen 0.1 ***om(ver)gooien, -werpen*** **0.2** ***omslaan*** ⇒*omdoen* **0.3** ⟨inf.; fig.⟩ ***van zijn stuk brengen, achterover doen slaan*** **0.4** ⟨inf.; fig.⟩ ***overhoophalen, omvergooien*** ⇒ *een streep halen door* ◆ **1.3** das eine Glas wird dich wohl nicht (gleich) ~! *van dat ene glas zul je toch (zeker) niet voor Pampus liggen!* **4.3** mich wirft nichts so leicht um *ik raak niet zo makkelijk van mijn stuk.*
umwerfend 0.1 ***overweldigend*** ⇒*overdonderend, verbluffend.*
umwerten ⟨vooral fig.⟩ **0.1** ***herwaarderen.***
umwickeln[1] ⟨ov.ww.⟩ **0.1** ***omwikkelen*** **0.2** ***een schone luier aandoen*** ⇒*verschonen.*
umwickeln[2] ⟨ov.ww.⟩ **0.1** ***omwikkelen*** ⇒*omzwachtelen.*
umwidmen ⟨adm.⟩ **0.1** ***een andere bestemming geven.***
umwinden[1] ⟨ov.ww.⟩ **0.1** ***omwinden*** ⇒*omdoen, winden om(heen).*
umwinden[2] ⟨ov.ww.⟩ **0.1** ***omwinden*** ⇒*omvlechten.*
umwittern 0.1 ***(op geheimzinnige wijze) omgeven*** ⇒*(om)hullen.*
umwogen 0.1 ***omgolven*** ⇒*omspoelen,* ⟨fig. vooral⟩ *omstuwen.*
umwohnend 0.1 ***omwonend*** ⇒*naburig.*
Umwohner ⟨m.; ~s, ~⟩ **0.1** ***omwonende.***
umwölken I ⟨ov.ww.⟩ **0.1** ***omwolken*** ⇒*in wolken hullen;*
II sich ~ ⟨wk.ww.⟩ **0.1** ***betrekken*** ⟨ook fig.⟩.
umwühlen 0.1 ***omwoelen*** ⇒*omwroeten,* ⟨fig.⟩ *overhoophalen.*

umzäunen 0.1 *omheinen.*
umzeichnen 0.1 *overtekenen, opnieuw tekenen.*
umziehen[1] **I** ⟨onov.ww.⟩ 0.1 *verhuizen* ◆ 6.1 in eine kleinere Wohnung ~ *in een kleinere woning trekken;* **II sich** ~ ⟨wk.ww.⟩ 0.1 *om-, verkleden.*
umziehen[2] **I** ⟨ov.ww.⟩ 0.1 *omgeven, omringen;* **II sich** ~ ⟨wk.ww.⟩ 0.1 *betrekken, bewolken.*
umzingeln 0.1 *omsingelen.*
Umzug ⟨m.⟩ 0.1 *verhuizing* 0.2 *optocht* 0.3 *processie, ommegang.*
Umzugsgut ⟨o.⟩ 0.1 *verhuisboedel.*
umzugshalber 0.1 *wegens verhuizing.*
Umzugskosten ⟨alleen mv.⟩ 0.1 *verhuiskosten.*
umzüngeln 0.1 *lekken om, rond* ⟨vlammen⟩.
UN ⟨alleen mv.; steeds met lidw.⟩⟨afk.⟩ [United Nations].
unabänderlich 0.1 *onveranderlijk* 0.2 *onherroepelijk.*
unabding|bar, -lich 0.1 *absoluut noodzakelijk* ⇒*onafwijsbaar* 0.2 ⟨jur.⟩ *bindend.*
unabhängig 0.1 *onafhankelijk.*
Unabhängigkeit ⟨v.⟩ 0.1 *onafhankelijkheid.*
unabkömmlich 0.1 *onmisbaar.*
unablässig ⟨acc. wiss.⟩ 0.1 *onophoudelijk* ⇒*onafgebroken.*
unabsehbar 0.1 *onafzienbaar* 0.2 *niet te overzien, onoverzienbaar.*
unabsetzbar 0.1 *onafzetbaar.*
unabsichtlich 0.1 *onopzettelijk* ⇒*niet (zo) bedoeld, onbedoeld.*
unabweis|bar, -lich 0.1 *onafwijsbaar* ⇒*onontkoombaar, onvermijdelijk.*
unabwendbar ⟨acc. wiss.⟩ 0.1 *onafwendbaar* ⇒*onvermijdelijk, onontkoombaar.*
unachtsam 0.1 *onachtzaam* ⇒*onoplettend, achteloos.*
unähnlich 0.1 *niet gelijkend* ⇒*ongelijk* ◆ 4.1 jmdm. ganz, völlig ~ sein *helemaal niet op iem. lijken* 5.1 nicht ~ sein *wel (enigszins) lijken (op), iets weg hebben van.*
unanfechtbar ⟨acc. wiss.⟩ 0.1 *onbetwistbaar, onaanvechtbaar* ⟨ook jur.⟩.
unangebracht 0.1 *misplaatst, ongepast.*
unangefochten 0.1 *onbetwist* ⇒⟨sp.⟩ *onbedreigd* 0.2 *ongehinderd* ⇒*ongestoord, rustig.*
unangemeldet 0.1 *onaangemeld* ⇒*onaangediend, onaangekondigd* 0.2 *niet ingeschreven (bij de gemeente).*
unangemessen 0.1 *ongepast* ⇒*misplaatst* 0.2 *niet passend (bij)* ⇒*inadequaat.*
unangenehm 0.1 *onaangenaam* ⇒*onplezierig, naar* ◆ 3.1 ~ auffallen *in negatieve zin opvallen* 3.¶ ~ werden (können) *uit zijn slof (kunnen) schieten, behoorlijk kwaad (kunnen) worden.*
unangreifbar ⟨acc. wiss.⟩ 0.1 *onaantastbaar.*
unannehmbar ⟨acc. wiss.⟩ 0.1 *onaanvaardbaar* ⇒*onaannemelijk.*
Unannehmlichkeit ⟨v.; ~, ~en⟩ 0.1 *onaangenaamheid* ⇒ ⟨mv. vooral⟩ *last, narigheid* ◆ 3.1 jmdm. ~en bereiten, machen *iem. last bezorgen.*
unansehnlich 0.1 *onooglijk* 0.2 *onaanzienlijk* ⇒*onbenullig, armzalig.*
unanständig 0.1 *onfatsoenlijk* ⇒*onwelvoeglijk, onbehoorlijk, onbetamelijk.*
unantastbar ⟨acc. wiss.⟩ 0.1 *onaantastbaar.*
unappetitlich 0.1 *onsmakelijk* ⇒*onappetijtelijk,* ⟨fig.⟩ *onfris.*
Unart ⟨v.⟩ 0.1 *hebbelijkheid* ⇒*slechte gewoonte* 0.2 *ondeugendheid* ⇒*ondeugende streek.*
unartig 0.1 *stout* ⇒*ondeugend, onhebbelijk.*
unartikuliert 0.1 *ongearticuleerd* ⇒*onduidelijk.*
unaufdringlich 0.1 *niet opdringerig* ⇒*decent, bescheiden.*
unauffällig 0.1 *onopvallend.*
unauffindbar ⟨acc. wiss.⟩ 0.1 *onvindbaar.*
unaufgefordert 0.1 *ongevraagd.*
unaufgeklärt 0.1 *onopgehelderd.*
unaufhaltsam ⟨acc. wiss.⟩ 0.1 *onstuitbaar* ⇒*onweerstaanbaar.*
unaufhörlich ⟨acc. wiss.⟩ 0.1 *onophoudelijk* ⇒*aanhoudend.*
unauflösbar ⟨acc. wiss.⟩ 0.1 *onoplosbaar* ⟨ook fig.⟩ 0.2 *onontwarbaar.*
unauflöslich ⟨acc. wiss.⟩ 0.1 *onoplosbaar* ⟨ook fig.⟩ 0.2 *onontbindbaar* 0.3 *onontwarbaar.*
unaufmerksam 0.1 *onoplettend* 0.2 *onattent, niet, weinig attent.*
unaufrichtig 0.1 *onoprecht.*
unaufschiebbar ⟨acc. wiss.⟩ 0.1 *niet uit te stellen, geen uitstel duldend.*
unausbleiblich ⟨acc. wiss.⟩ 0.1 *onvermijdelijk.*
unausdenkbar 0.1 *onvoorstelbaar.*
unausführbar ⟨acc. wiss.⟩ 0.1 *onuitvoerbaar* ⇒*ondoenlijk.*
unausgebildet 0.1 *niet opgeleid* ⇒*zonder opleiding.*
unausgefüllt 0.1 *niet ingevuld* ⇒*blanco* 0.2 ⟨fig.⟩ *zonder inhoud* ⇒*leeg.*
unausgeglichen 0.1 *onevenwichtig* ⇒*disharmonisch,* ⟨ec.⟩ *niet sluitend, negatief.*
unausgegoren 0.1 *onrijp* ⇒*onbekookt, ondoordacht.*
unausgeschlafen 0.1 *niet uitgeslapen.*
unausgesetzt 0.1 *onafgebroken, onophoudelijk* ⇒*aldoor.*
unausgesprochen 0.1 *stilzwijgend* ⇒*niet uitgesproken.*
unauslöschlich ⟨acc. wiss.⟩⟨schr.⟩ 0.1 *onuitwisbaar* ⇒*onblusbaar.*
unausrottbar ⟨acc. wiss.⟩ 0.1 *onuitroeibaar.*
unaussprechlich ⟨acc. wiss.⟩ 0.1 *onuitsprekelijk* ◆ 7.1 ⟨vero.; scherts.⟩ die Unaussprechlichen *de onderbroek.*
unausstehlich ⟨acc. wiss.⟩ 0.1 *onuitstaanbaar* ⇒*onverdraaglijk.*
unausweichlich ⟨acc. wiss.⟩ 0.1 *onvermijdelijk* ⇒*onontkoombaar.*
unbändig ⟨acc. wiss.⟩ 0.1 *onbedwingbaar* ⇒*tomeloos, ontembaar, onbedaarlijk* 0.2 *enorm* ⇒*buitensporig, uitzinnig.*
unbar 0.1 *zonder contant geld* ⇒*giraal, per giro.*
unbarmherzig 0.1 *onbarmhartig* ⇒*meedogenloos.*
unbeabsichtigt 0.1 *onopzettelijk* ⇒*niet gepland, niet met opzet.*
unbeachtet 0.1 *onopgemerkt* ◆ 3.1 etwas ~ lassen *geen acht op iets slaan, iets buiten beschouwing laten.*
unbeanstandet 0.1 *ongehinderd* ⇒*onbelemmerd* 0.2 *zonder commentaar* ⇒*zonder bezwaar* ◆ 3.2 etwas ~ lassen (a) *iets zonder commentaar laten passeren, lopen* (b) *niets op iets aan te merken hebben.*
unbeantwortbar 0.1 *niet te beantwoorden.*
unbeaufsichtigt 0.1 *zonder toezicht* ⇒*onbeheerd.*
unbedacht(sam) 0.1 *onbedachtzaam* ⇒*onnadenkend.*
unbedarft 0.1 *onervaren* ⇒*naïef.*
unbedenklich 0.1 *zonder bezwaar* ⇒*gerust, onbezorgd* 0.2 *onbedenkelijk.*
Unbedenklichkeitsbescheinigung ⟨v.⟩ 0.1 *verklaring van geen bezwaar* ⇒*vergunning.*
unbedeutend 0.1 *onbelangrijk, onbeduidend* ⇒⟨bw. vooral⟩ *op onbelangrijke punten.*
unbedingt[1] ⟨acc. wiss.⟩⟨bn.⟩ 0.1 *onvoorwaardelijk* ⟨ook med.⟩ ⇒*volstrekt.*
unbedingt[2] ⟨acc. wiss.⟩⟨bw.⟩ 0.1 *beslist* ⇒*in ieder geval, ab-*

soluut **0.2** ***onvoorwaardelijk*** ◆ **5.1** nicht ~ ⟨ook⟩ *niet noodzakelijk.*
unbeeindruckt 0.1 ***niet onder de indruk.***
unbeeinflußbar 0.1 ***niet te beïnvloeden.***
unbeeinträchtigt 0.1 ***onbelemmerd*** ◆ **3.1** etwas ~ lassen *geen afbreuk aan iets doen, iets niet aantasten.*
unbefahrbar ⟨acc. wiss.⟩ **0.1** ***onberijdbaar*** **0.2** ***onbevaarbaar.***
unbefangen 0.1 ***onbevangen*** ⇒*onbeschroomd* **0.2** ***onbevooroordeeld.***
unbefleckt 0.1 ***onbevlekt*** ⇒⟨schr.⟩ *vlekkeloos.*
unbefriedigt 0.1 ***onbevredigd*** ⇒*onvoldaan.*
unbefristet 0.1 ***voor onbepaalde tijd*** ⇒*van onbepaalde duur.*
unbefugt 0.1 ***onbevoegd.***
unbegabt 0.1 ***onbegaafd*** ⇒*niet begaafd.*
unbeglichen 0.1 ***onbetaald, openstaand.***
unbegreiflicherweise 0.1 ***onbegrijpelijk genoeg.***
unbegrenzt ⟨acc. wiss.⟩ **0.1** ***onbegrensd*** ⇒*grenzeloos,* ⟨fig.⟩ *onbeperkt.*
unbegründet 0.1 ***ongegrond*** ⇒*ongemotiveerd.*
Unbehagen ⟨o.⟩ **0.1** ***onbehagen*** ⇒*gevoel van onbehagen.*
unbehaglich 0.1 ***onbehaaglijk*** ⇒*niet op zijn gemak, onprettig* ◆ **4.1** es wurde mir ~ *ik kreeg een onbehaaglijk gevoel (daardoor).*
unbehaucht ⟨taal.⟩ **0.1** ***niet geaspireerd.***
unbehaust ⟨schr.⟩ **0.1** ***dakloos.***
unbehelligt 0.1 ***ongehinderd*** ⇒*ongemoeid, ongestoord* ◆ **6.1** ~ bleiben *niet lastig gevallen worden.*
unbehindert 0.1 ***ongehinderd*** ⇒*onbelemmerd, ongestoord.*
unbeholfen 0.1 ***onbeholpen*** ⇒*onhandig.*
unbeirrbar ⟨acc. wiss.⟩ **0.1** ***onverstoorbaar, onwrikbaar*** ⇒ *vastberaden.*
unbeirrt ⟨acc. wiss.⟩ **0.1** ***vastberaden*** ⇒*onverstoorbaar.*
unbekannt 0.1 ***onbekend*** ⟨ook wisk.⟩ ◆ **1.1** ⟨post⟩ Empfänger ~ *geadresseerde (op dit adres) onbekend* **6.1** ⟨jur.⟩ Anzeige **gegen** Unbekannt *aangifte contra onbekende dader(s);* **nach** ~ verzogen *met onbekende bestemming verhuisd.*
unbekannterweise 0.1 ***zonder de betreffende te kennen.***
unbekleidet 0.1 ***ongekleed.***
unbekümmert 0.1 ***onbezorgd*** ⇒*onbekommerd.*
unbelastet 0.1 ***onbelast*** ⟨ook ec.⟩ ⇒*niet belast, onbezwaard* **0.2** ⟨fig.⟩ ***(politiek) zuiver (op de graat)*** ⇒*onverdacht, ongecompromitteerd.*
unbelebt 0.1 ***levenloos*** ⇒*onbezield, doods,* ⟨fig. ook⟩ *uitgestorven.*
unbeleckt ⟨inf.; vaak iron.⟩ **0.1** ***onaangeraakt*** ◆ **6.1 von** der Kultur ~ *(nog) niet in aanraking gekomen met de cultuur;* **von** etwas ~ sein *van iets niets afweten.*
unbelehrbar ⟨acc. wiss.⟩ **0.1** ***hardleers*** ⇒*niet voor rede vatbaar.*
unbeleuchtet 0.1 ***onverlicht.***
unbelichtet ⟨foto.⟩ **0.1** ***onbelicht.***
unbeliebt 0.1 ***niet geliefd, im-, onpopulair*** ⇒*onbemind.*
Unbeliebtheit ⟨v.; ~⟩ **0.1** ***impopulariteit*** ⇒*onbemindheid.*
unbemerkt 0.1 ***ongemerkt*** ⇒*onmerkbaar* **0.2** ***onopgemerkt.***
unbemittelt 0.1 ***onbemiddeld*** ⇒*onvermogend.*
unbenommen ⟨acc. wiss.⟩ ◆ **3.¶** das bleibt Ihnen ~! *dat staat u vrij!*
unbenutzbar 0.1 ***onbruikbaar.***
unbe|nutzt, -nützt 0.1 ***ongebruikt*** ⇒*onaangeroerd.*
unbeobachtet 0.1 ***onopgemerkt*** ⇒*onbespied, ongemerkt* ◆ **1.1** in einem ~en Augenblick *in een onbewaakt ogenblik.*

unbequem 0.1 ***ongemakkelijk*** ⇒*ongeriefelijk* **0.2** ⟨fig.⟩ ***lastig*** ⇒*pijnlijk, hinderlijk, vervelend.*
Unbequemlichkeit ⟨v.⟩ **0.1** ***ongemak*** ⇒*ongerief* **0.2** ***last.***
unberechenbar ⟨acc. wiss.⟩ **0.1** ***onberekenbaar.***
unberechtigt 0.1 ***onrechtmatig*** ⇒*ongerechtvaardigd, onterecht.*
unberechtigterweise 0.1 ***zonder (daartoe) gerechtigd te zijn*** ⇒*onrechtmatig.*
unberücksichtigt 0.1 ***buiten beschouwing (blijvend)*** ◆ **3.1** etwas ~ lassen *iets buiten beschouwing laten, met iets geen rekening houden.*
unberufen ⟨acc. wiss.⟩ **0.1** ***onbevoegd*** ⇒*ongeroepen* ◆ **1.1** aus ~em Munde, von ~er Seite *van onbevoegde zijde.*
unberufen! ⟨acc. wiss.⟩ **0.1** ***afkloppen!***
Unberührbare(r) ⟨bn. als zn.⟩ **0.1** ***onaanraakbare*** ⇒*paria.*
unberührt 0.1 ***onaangeroerd*** ⇒*onaangeraakt, onberoerd* **0.2** ***ongerept*** ⇒*maagdelijk* **0.3** ⟨fig.⟩ ***onaangedaan*** ⇒*onbewogen, ongevoelig* ◆ **3.3** jmdn. ~ lassen *iem. niet raken, koud laten* **6.1** ⟨fig.⟩ die Vorschriften bleiben **davon** ~ *de voorschriften blijven onaangetast, blijven onverminderd van kracht.*
unbeschadet[1] ⟨acc. wiss.⟩⟨bw.⟩⟨vero.⟩ **0.1** ***ongedeerd.***
unbeschadet[2] ⟨acc. wiss.⟩⟨vz. + 2⟩ **0.1** ***ongeacht*** ⇒*(nog) afgezien van, onverminderd.*
unbeschädigt 0.1 ***onbeschadigd*** **0.2** ***ongedeerd.***
unbeschäftigt 0.1 ***zonder werk, werkloos*** **0.2** ***zonder bezigheid*** ⇒*zonder iets te doen te hebben.*
unbescheiden 0.1 ***onbescheiden*** ⇒*vrijpostig.*
unbescholten 0.1 ***onbesproken (van gedrag)*** ⇒*van onbesproken gedrag.*
Unbescholtenheit ⟨v.; ~⟩ **0.1** ***onbesproken gedrag*** **0.2** ***goede, onbesproken naam.***
Unbescholtenheitszeugnis ⟨o.⟩ **0.1** ***bewijs van goed (zedelijk) gedrag.***
unbeschrankt ⟨acc. wiss.⟩ **0.1** ***onbewaakt*** ◆ **1.1** ein ~er Bahnübergang *een onbewaakte overweg.*
unbeschränkt ⟨acc. wiss.⟩ **0.1** ***onbeperkt*** ⇒*onbegrensd.*
unbeschreiblich ⟨acc. wiss.⟩ **0.1** ***onbeschrijfelijk.***
unbeschrieben 0.1 ***onbeschreven*** ⇒*blanco.*
unbeschützt 0.1 ***onbeschut*** ⇒*onbeschermd.*
unbeschwert 0.1 ***onbezorgd*** ⇒*zorgeloos, onbekommerd.*
unbeseelt 0.1 ***onbezield*** ⇒*ziel-, levenloos.*
unbesehen ⟨acc. wiss.⟩ **0.1** ***ongezien*** ⇒*onbeziens, voetstoots, zonder meer.*
unbesetzt 0.1 ***onbezet*** ⇒*vrij, vacant.*
unbesiegbar ⟨acc. wiss.⟩ **0.1** ***onoverwinnelijk*** ⇒*onklopbaar.*
unbesiegt 0.1 ***onoverwonnen*** ⇒*ongeklopt.*
unbesonnen 0.1 ***onbezonnen*** ⇒*onbesuisd.*
unbesorgt 0.1 ***onbezorgd*** ⇒*gerust.*
unbeständig 0.1 ***onbestendig*** ⇒*onstandvastig, wisselvallig* ◆ **5.1** weiterhin ~ *aanhoudend wisselvallig weer.*
unbestechlich ⟨acc. wiss.⟩ **0.1** ***onomkoopbaar*** ⇒⟨fig. vooral⟩ *integer, onkreukbaar.*
unbestimmbar ⟨acc. wiss.⟩ **0.1** ***niet bepaalbaar*** ⇒*niet te bepalen, ondefinieerbaar.*
unbestimmt 0.1 ***onbepaald*** ⟨ook taal.⟩ ⇒*niet nader te bepalen* **0.2** ***vaag*** ⇒*onduidelijk, onbestemd* **0.3** ***onzeker.***
unbestreitbar ⟨acc. wiss.⟩ **0.1** ***onbetwistbaar*** ⇒*onloochenbaar.*
unbestritten ⟨acc. wiss.⟩ **0.1** ***onbetwist*** ◆ **3.1** das soll dir ~ bleiben *dat wordt je niet betwist.*
unbeteiligt 0.1 ***niet betrokken*** **0.2** ***niet geïnteresseerd, ongeïnteresseerd*** ◆ **6.1 an** einer Sache ~ sein *niet bij iets betrokken zijn* **7.1** ein Unbeteiligter *een buitenstaander.*

unbetont 0.1 ***onbeklemtoond.***

unbeträchtlich ⟨acc. wiss.⟩ 0.1 ***onbelangrijk*** ⇒*onaanzienlijk, onbeduidend.*

unbeugbar ⟨acc. wiss.⟩⟨taal.⟩ 0.1 ***indeclinabel, onveranderlijk.***

unbeugsam ⟨acc. wiss.⟩⟨fig.⟩ 0.1 ***onbuigzaam*** ⇒*onverzettelijk.*

unbewacht 0.1 ***onbewaakt*** ⟨ook fig.⟩ ⇒*zonder toezicht.*

unbewaffnet 0.1 ***ongewapend.***

unbewältigt ⟨acc. wiss.⟩ 0.1 ***onverwerkt*** ⇒*nog niet verwerkt.*

unbewandert 0.1 ***onbedreven*** ⇒*onervaren.*

unbeweglich ⟨acc. wiss.⟩ 0.1 ***onbeweeglijk*** 0.2 ***onroerend*** 0.3 ***onveranderlijk, vast*** ◆ 1.2 ~e Güter *onroerende goederen.*

unbewegt 0.1 ***onbewogen*** ⟨ook fig.⟩ ⇒*roerloos.*

unbewußt 0.1 ***onbewust.***

unbezahlbar ⟨acc. wiss.⟩ 0.1 ***onbetaalbaar*** ⟨ook fig.⟩.

unbezähmbar ⟨acc. wiss.⟩⟨fig.⟩ 0.1 ***ontembaar*** ⇒*onbedwingbaar.*

unbezweifelbar ⟨acc. wiss.⟩ 0.1 ***ongetwijfeld*** ⇒*on(be)twijfelbaar.*

unbe|zwingbar, -zwinglich ⟨acc. wiss.⟩ 0.1 ***onoverwinnelijk*** ⇒*onneembaar* 0.2 ⟨fig.⟩ ***onbedwingbaar*** ⇒*ontembaar.*

Unbilden ⟨alleen mv.⟩⟨schr.⟩ 0.1 ***ruwheid*** ⇒*hard-, guurheid* 0.2 ***onaangenaamheid, last*** ⇒*ongemakken, beproevingen.*

Unbildung ⟨v.⟩ 0.1 ***gebrek aan ontwikkeling.***

Unbill ⟨v.; ~⟩⟨schr.⟩ 0.1 ***onrecht*** ⇒*onrechtvaardigheid, krenking* 0.2 ***beproevingen*** ⇒*last, rampspoed* 0.3 ***ruwheid*** ⇒*hard-, guurheid.*

unbillig ⟨schr.⟩ 0.1 ***onbillijk*** ⇒*onrechtvaardig.*

unblutig 0.1 ***onbloedig*** ⟨ook med.⟩ ⇒*zonder bloedvergieten.*

unbotmäßig 0.1 ***weerspannig*** ⇒*ongehoorzaam, opstandig.*

Unbotmäßigkeit ⟨v.⟩ 0.1 ***insubordinatie*** ⇒*weerspannigheid, verzet.*

unbrauchbar ⟨acc. wiss.⟩ 0.1 ***onbruikbaar.***

und[1] ⟨vw.⟩ 0.1 ***en*** 0.2 ***(en) als*** ⇒*indien, en* ◆ 5.1 ~ so fort, weiter *enzovoort(s);* ~ wie! *en of!, en hoe!;* ~ zwar *en wel, te weten* 8.1 ~, ~, ~! *en zo meer!, enzovoort, enzovoort!*

und[2] ⟨vw.⟩ 0.1 ***(ook) al*** ◆ 3.1 ~ fällt es ihm noch so schwer *al valt het hem nog zo moeilijk.*

Undank ⟨m.⟩⟨schr.⟩ 0.1 ***ondank*** ⇒*ondankbaarheid.*

undankbar 0.1 ***ondankbaar*** ⟨ook fig.⟩.

undefinierbar ⟨acc. wiss.⟩ 0.1 ***ondefinieerbaar*** ⇒*niet nader te omschrijven.*

undeklinierbar ⟨acc. wiss.⟩⟨taal.⟩ 0.1 ***onverbuigbaar.***

undenklich ◆ 1.¶ seit ~er Zeit, ~en Zeiten *sinds onheuglijke tijden;* vor ~er Zeit *onheuglijk lang geleden.*

undeutlich 0.1 ***onduidelijk*** ⇒*vaag.*

undicht 0.1 ***ondicht, lek*** ⇒*niet dicht* ◆ 1.1 eine ~e Stelle ⟨ook fig.⟩ *een lek.*

Undichtigkeit ⟨v.; ~, ~en⟩ 0.1 ***het lek zijn*** ⇒*het open zijn, lek.*

undifferenziert 0.1 ***ongedifferentieerd*** ⇒⟨fig. vooral⟩ *ongenuanceerd.*

Unding ⟨o.⟩ 0.1 ***onding*** ⇒⟨fig.⟩ *waanzin.*

undiskutabel 0.1 ***indiscutabel, niet voor discussie vatbaar.***

undiszipliniert 0.1 ***ongedisciplineerd.***

unduldsam 0.1 ***onverdraagzaam, intolerant.***

undurchdringlich ⟨acc. wiss.⟩ 0.1 ***ondoordringbaar*** 0.2 ⟨fig.⟩ ***ondoorgrondelijk.***

undurchführbar ⟨acc. wiss.⟩ 0.1 ***onuitvoerbaar, onhaalbaar*** ⇒*ondoenlijk.*

undurchlässig 0.1 ***ondoordringbaar*** ⟨vooral fig.⟩, ***nietdoorlatend*** ⇒*dicht.*

undurchschaubar ⟨fig.⟩ 0.1 ***ondoorzichtig*** ⇒*ondoorgrondelijk.*

undurchsichtig 0.1 ***ondoorzichtig*** ⟨ook fig.⟩ ⇒*ondoorschijnend.*

uneben 0.1 ***oneffen*** ⇒*ongelijk* ◆ 5.¶ ⟨inf.⟩ nicht ~ sein *niet onaardig, nog zo kwaad niet zijn.*

unecht 0.1 ***onecht*** ⟨ook wisk.; fig.⟩.

unedel 0.1 ***onedel*** ⟨ook metaal⟩ ⇒⟨schr.; fig.⟩ *laag, gemeen.*

unehelich 0.1 ***onecht, buitenechtelijk, onwettig*** 0.2 ***ongehuwd.***

Unehre ⟨v.⟩⟨schr.⟩ 0.1 ***oneer*** ⇒*schande.*

unehrenhaft 0.1 ***oneervol*** ⇒*laag, eerloos.*

unehrerbietig 0.1 ***oneerbiedig.***

unehrlich 0.1 ***oneerlijk.***

uneigennützig 0.1 ***onbaatzuchtig*** ⇒*belangeloos.*

uneigentlich ⟨scherts.⟩ 0.1 ***eigenlijk ook (weer wel), toch een beetje.***

uneinbringlich 0.1 ***oninbaar*** ⇒*onverhaalbaar.*

uneingeschränkt 0.1 ***onbeperkt*** ⇒*onbegrensd,* ⟨bw. vooral⟩ *ten volle, volledig.*

uneingestanden 0.1 ***zonder het te willen bekennen, toegeven*** ⇒*onderdrukt, verzwegen.*

uneingeweiht 0.1 ***oningewijd.***

uneinheitlich 0.1 ***uiteenlopend, zonder eenheid*** ⇒*disparaat, ongelijkmatig* 0.2 ⟨ec.⟩ ***verdeeld.***

uneinig 0.1 ***onenig*** ⇒*oneens, niet eens, onderling verdeeld* ◆ 6.1 ich war (mir) **mit** ihm ~ *ik was het met hem niet eens.*

Uneinigkeit ⟨v.⟩ 0.1 ***onenigheid*** ⇒*tweedracht, geschil.*

uneinnehmbar ⟨acc. wiss.⟩ 0.1 ***onneembaar.***

uneins 0.1 ***oneens*** ⇒*onderling verdeeld* ◆ 3.1 ~ bleiben *het oneens blijven.*

uneinsichtig 0.1 ***niet voor rede vatbaar.***

unempfänglich 0.1 ***onontvankelijk*** ⇒*onvatbaar, ongevoelig.*

unempfindlich 0.1 ***ongevoelig*** 0.2 ***resistent, immuun*** 0.3 ⟨van stoffen⟩ ***vuilafstotend.***

unendlich 0.1 ***oneindig*** ⇒*eindeloos* 0.2 ⟨fig.⟩ ***vreselijk, buitengewoon*** ⇒*oneindig, eindeloos, ontzettend.*

unendlichemal 0.1 ⟨fig.⟩ ***ontelbare keren*** ⇒*x-aantal keren* 0.2 ***een oneindig aantal keren.***

Unendlichkeit ⟨v.⟩ 0.1 ***oneindigheid*** 0.2 ⟨inf.; fig.⟩ ***eeuwigheid.***

unentbehrlich ⟨acc. wiss.⟩ 0.1 ***onontbeerlijk*** ⇒*onmisbaar.*

unentgeltlich ⟨acc. wiss.⟩ 0.1 ***kosteloos*** ⇒*gratis, pro Deo.*

unentrinnbar ⟨acc. wiss.⟩⟨schr.⟩ 0.1 ***onontkoombaar.***

unentschieden 0.1 ***onbeslist*** ⇒*onuitgemaakt,* ⟨sp.⟩ *gelijk* 0.2 ***besluiteloos*** ⇒*weifelend* ◆ 3.1 ⟨sp.⟩ sich ~ 1:1 trennen *1-1 gelijk spelen.*

Unentschieden ⟨o.; ~s, ~⟩⟨sp.⟩ 0.1 ***gelijkspel.***

unentschlossen 0.1 ***besluiteloos*** ⇒*weifelend.*

unentschuldbar ⟨acc. wiss.⟩ 0.1 ***niet te verontschuldigen*** ⇒ *niet goed te praten.*

unentschuldigt 0.1 ***zonder excuus, verontschuldiging(en).***

unentwegt ⟨acc. wiss.⟩ 0.1 ***vastberaden, onverdroten*** ⇒*onverzettelijk* 0.2 ⟨bw. vooral⟩ ***onophoudelijk*** ⇒*ononderbroken.*

unentwirrbar ⟨acc. wiss.⟩ 0.1 ***onontwarbaar*** ⟨ook fig.⟩.

unerbittlich ⟨acc. wiss.⟩ 0.1 ***onverbiddelijk*** ⇒*onvermurwbaar.*

unerfahren 0.1 ***onervaren.***

unerfindlich ⟨acc. wiss.⟩⟨schr.⟩ 0.1 ***onbegrijpelijk*** ⇒*onverklaarbaar.*

unerforschlich ⟨acc. wiss.⟩⟨schr.⟩ **0.1** ***ondoorgrondelijk*** ⇒*onnaspeurlijk.*

unerfreulich **0.1** ***onaangenaam*** ⇒*onplezierig, naar, onverkwikkelijk.*

unerfüllbar ⟨acc. wiss.⟩ **0.1** ***onvervulbaar.***

unerfüllt **0.1** ***onvervuld*** **0.2** ***zonder (innerlijke) voldoening, innerlijk onvoldaan.***

unergiebig **0.1** ***weinig opleverend, weinig vruchtbaar*** ⇒*schraal, mager.*

unergründbar ⟨acc. wiss.⟩⟨fig.⟩ **0.1** ***ondoorgrondelijk*** ⇒*onpeilbaar.*

unergründlich ⟨acc. wiss.⟩ **0.1** ⟨fig.⟩ ***ondoorgrondelijk*** ⇒*onnaspeurlijk* **0.2** ⟨vero.⟩ ***onpeilbaar (diep).***

unerheblich **0.1** ***onbelangrijk*** ⇒*onbeduidend, onbetekenend.*

unerhört ⟨acc. wiss.⟩ **0.1** ***ongehoord*** ⇒*ongelofelijk, ontzettend (veel)* **0.2** ⟨schr.⟩ ***onverhoord, niet verhoord.***

unerkannt **0.1** ***zonder herkend te worden*** ◆ **3.1** ~ bleiben *niet herkend worden.*

unerkennbar ⟨acc. wiss.⟩ **0.1** ***onherkenbaar*** **0.2** ***niet te zien.***

unerklär|bar, -lich ⟨acc. wiss.⟩ **0.1** ***onverklaarbaar.***

unerklärlicherweise **0.1** ***op onverklaarbare wijze.***

unerläßlich ⟨acc. wiss.⟩ **0.1** ***(absoluut) noodzakelijk*** ⇒*beslist nodig.*

unerlaubt ⟨acc. wiss.⟩ **0.1** ***ongeoorloofd*** ⇒*ongepermitteerd, zonder toelating.*

unerledigt **0.1** ***onafgedaan*** ⇒*niet afgemaakt* ◆ **3.1** ~ (liegen)bleiben *blijven liggen.*

unermeßlich ⟨acc. wiss.⟩⟨schr.⟩ **0.1** ***onmetelijk*** ⇒⟨fig.⟩ *enorm, mateloos* ◆ **6.1** (bis) **ins** ~e *tot in het oneindige.*

unermüdlich ⟨acc. wiss.⟩ **0.1** ***onvermoeibaar.***

unernst **0.1** ***niet ernstig, niet serieus.***

Unernst ⟨m.⟩ **0.1** ***gebrek aan ernst.***

unerörtert **0.1** ***onbesproken*** ⇒*niet behandeld.*

unerprobt **0.1** ***onbeproefd.***

unerquicklich ⟨schr.⟩ **0.1** ***onverkwikkelijk.***

unerreichbar ⟨acc. wiss.⟩ **0.1** ***onbereikbaar*** ⟨ook fig.⟩ ⇒*ongenaakbaar* **0.2** ***niet te evenaren.***

unerreicht **0.1** ***ongeëvenaard.***

unersättlich ⟨acc. wiss.⟩ **0.1** ***onverzadelijk, onverzadigbaar*** ⟨ook fig.⟩.

unerschlossen **0.1** ***(nog) niet ontsloten*** ⟨ook fig.⟩.

unerschöpflich ⟨acc. wiss.⟩ **0.1** ***onuitputtelijk*** ⟨ook fig.⟩.

unerschrocken **0.1** ***onverschrokken*** ⇒*onversaagd, onbevreesd.*

unerschütterlich ⟨acc. wiss.⟩ **0.1** ***onwankelbaar, onwrikbaar*** ⇒*onverstoorbaar.*

unerschwinglich ⟨acc. wiss.⟩ **0.1** ***onbetaalbaar*** ⇒*niet op te brengen.*

uner|setzbar, -setzlich ⟨acc. wiss.⟩ **0.1** ***onvervangbaar*** ⇒*niet te vervangen* **0.2** ***onherstelbaar.***

unersprießlich ⟨acc. wiss.⟩⟨schr.; fig.⟩ **0.1** ***onvruchtbaar*** ⇒*nutteloos.*

unerträglich ⟨acc. wiss.⟩ **0.1** ***on(ver)draaglijk*** **0.2** ***onuitstaanbaar, onverdraaglijk.***

unerwähnt **0.1** ***onvermeld*** ⇒*ongenoemd.*

unerwartet ⟨acc. wiss.⟩ **0.1** ***onverwacht*** ⇒*onvoorzien, onverhoeds,* ⟨bw.⟩ *onverwachts.*

unerwidert **0.1** ***onbeantwoord*** ⟨ook fig.⟩.

unerwünscht **0.1** ***ongewenst.***

unerzogen **0.1** ***onopgevoed*** ⇒*slecht opgevoed.*

unfachmännisch **0.1** ***ondeskundig.***

unfähig **0.1** ***onbekwaam*** ⇒*ongeschikt* **0.2** ⟨schr. ook met 2e nv.⟩ ***niet in staat, bij machte*** ◆ **6.1 zu** einer Aufgabe ~ *voor een taak ongeschikt* **6.2 zu** allem ~ sein *tot niets in staat zijn,* ⟨ook⟩ *totaal onbekwaam, ongeschikt zijn.*

Unfähigkeit ⟨v.⟩ **0.1** ***onbekwaamheid*** ⇒*onvermogen, ongeschiktheid.*

Unfall ⟨m.⟩ **0.1** ***ongeval, ongeluk.***

Unfallauto ⟨o.⟩ **0.1** ***ziekenwagen, ambulance.***

Unfallfahrer ⟨m.⟩ **0.1** ***bestuurder die het ongeval veroorzaakt heeft.***

Unfallflucht ⟨v.⟩⟨jur.⟩ **0.1** ***vluchtmisdrijf*** ◆ **3.1** ~ begehen *na een ongeluk doorrijden.*

unfallfrei **0.1** ***schadevrij*** ⇒*zonder ongevallen.*

Unfallgefahr ⟨v.⟩ **0.1** ***gevaar voor ongelukken.***

Unfallgegner ⟨m.⟩ **0.1** ***andere bij een ongeval betrokkene*** ⇒*tegenpartij.*

Unfallhilfe ⟨v.⟩ **0.1** ***eerste hulp bij ongevallen, EHBO*** **0.2** ***eerstehulp(post)*** ⟨in ziekenhuis⟩.

Unfallopfer ⟨o.⟩ **0.1** ***slachtoffer v.e. ongeval.***

Unfallschutz ⟨m.⟩ **0.1** ***ongevallenpreventie.***

Unfallstation ⟨v.⟩ **0.1** ***post voor eerste hulp, EHBO-post.***

Unfallstelle ⟨v.⟩ **0.1** ***plaats v.h. ongeluk, ongeval.***

unfallträchtig **0.1** ***waar veel ongelukken gebeuren*** ⇒*gevaarlijk.*

Unfallverhütung ⟨v.⟩ **0.1** ***ongevallenpreventie.***

Unfallversicherung ⟨v.⟩ **0.1** ***ongevallenverzekering.***

Unfallwagen ⟨m.⟩ **0.1** ***ziekenauto, ambulance*** **0.2** ***(bij een ongeluk) beschadigde wagen*** ⇒*kneusje.*

unfaß|bar, -lich ⟨acc. wiss.⟩ **0.1** ***onbegrijpelijk*** **0.2** ***onvoorstelbaar*** ⇒*ongelofelijk.*

unfehlbar ⟨acc. wiss.⟩ **0.1** ***onfeilbaar*** **0.2** ***onvermijdelijk*** ⇒*zonder mankeren.*

unfein **0.1** ***onkies, onbeschaafd*** ⇒*niet netjes.*

unfern ⟨vz. + 2⟩ **0.1** ***niet ver van.***

unfertig **0.1** ***onaf*** ⇒*onvoltooid, niet af,* ⟨fig.⟩ *onrijp.*

unflätig ⟨schr.; fig.⟩ **0.1** ***smerig*** ⇒*ordinair, vuil, vies.*

Unflätigkeit ⟨v.; ~, ~en⟩ **0.1** ***vuile taal*** **0.2** ***ordinair gedoe*** ⇒*onbeschoftheid* **0.3** ***smerig-, vuiligheid.***

unflektierbar ⟨taal.⟩ **0.1** ***onveranderlijk*** ⇒*onvervoegbaar, onverbuigbaar.*

unfolgsam **0.1** ***ongehoorzaam*** ⇒*niet volgzaam.*

unförmig **0.1** ***vorm(e)loos*** ⇒*plomp, log.*

unförmlich **0.1** ***informeel*** ⇒*ongedwongen, los(jes).*

unfrankiert **0.1** ***ongefrankeerd.***

unfrei **0.1** ***onvrij*** ⟨ook gesch.⟩ ⇒*niet vrij,* ⟨fig.⟩ *geremd* **0.2** ***ongefrankeerd.***

Unfreie(r) ⟨bn. als zn.⟩⟨gesch.⟩ **0.1** ***onvrije, horige.***

unfreiwillig **0.1** ***onvrijwillig*** ⇒*ongewild.*

unfreundlich **0.1** ***onvriendelijk*** ⇒⟨fig.⟩ *ongezellig* **0.2** ***guur*** ⇒*onaangenaam.*

Unfriede ⟨m.⟩ **0.1** ***onvrede*** ◆ **3.1** ~n stiften (a) *onenigheid, tweedracht zaaien* (b) *ontevredenheid (op)wekken.* → **Frieden.**

unfriedlich **0.1** ***niet vreedzaam*** ⇒*hardhandig, strijdzuchtig.*

unfrisiert **0.1** ***ongekapt*** ⇒*ongekamd* **0.2** ⟨fig.⟩ ***ongeflatteerd*** ⇒*onopgesmukt* **0.3** ⟨tech.⟩ ***niet opgevoerd*** ⇒*niet opgefokt.*

unfroh **0.1** ***mismoedig*** ⇒*bedrukt.*

unfruchtbar **0.1** ***onvruchtbaar*** ⟨ook fig.⟩.

Unfug ⟨m.; ~(e)s⟩ **0.1** ***onzin*** ⇒*flauwe kul, kattenkwaad* **0.2** ***baldadigheid*** ⇒*straatschenderij* ◆ **2.2** ⟨jur.⟩ grober ~ *verstoring van de openbare orde* **3.1** ~ treiben *onzin, flauwe kul uithalen* **6.¶ mit** etwas ~ treiben *misbruik van iets maken.*

Ungar ⟨m.; ~n, ~n⟩ **0.1** ***Hongaar.***

ungarisch **0.1** ***Hongaars.***

Ungarn ⟨o.; ~s⟩ **0.1** ***Hongarije.***
ungastlich 0.1 ***ongastvrij*** ⇒⟨fig.⟩ *onherbergzaam.*
ungeachtet[1] ⟨vz. + 2⟩⟨schr.⟩ **0.1** ***ondanks*** ⇒*ongeacht, niettegenstaande, in weerwil van* ◆ **4.1** ~ dessen *desondanks, desalniettemin.*
ungeachtet[2] ⟨vw.⟩⟨vero.⟩ **0.1** ***alhoewel*** ⇒*niettegenstaande.*
ungeahndet 0.1 ***ongestraft*** ⇒*ongewroken.*
ungeahnt ⟨acc. wiss.⟩ **0.1** ***onvermoed*** ⇒*onverwacht, ongekend.*
ungebärdig ⟨schr.⟩ **0.1** ***onhandelbaar*** ⇒*ongezeglijk, weerbarstig.*
ungebeten 0.1 ***ongevraagd*** ⇒*ongenood.*
ungebeugt ⟨acc. wiss.⟩ **0.1** ***ongebogen*** **0.2** ⟨fig.⟩ ***vastberaden*** ⇒*ongebroken* **0.3** ⟨taal.⟩ ***onverbogen.***
ungebildet 0.1 ***onontwikkeld*** ⇒*onbeschaafd.*
ungebleicht 0.1 ***ongebleekt.***
ungebräuchlich 0.1 ***ongebruikelijk.***
ungebrochen 0.1 ***ongebroken*** ⟨ook fig.⟩.
ungebührend ⟨vero.⟩ →**ungebührlich.**
ungebührlich ⟨schr.⟩ **0.1** ***onbetamelijk*** ⇒*ongepast, onbehoorlijk* **0.2** ***onredelijk*** ⇒*onbillijk.*
ungebunden 0.1 ***ongebonden*** ⇒*niet gebonden,* ⟨fig.⟩ *losbandig* ◆ **1.1** in ~er Rede *in proza.*
Ungeduld ⟨v.⟩ **0.1** ***ongeduld.***
ungeduldig 0.1 ***ongeduldig.***
ungeeignet 0.1 ***ongeschikt*** ◆ **6.1 für, zu** etwas ~ *voor iets ongeschikt.*
ungefähr[1] ⟨acc. wiss.⟩⟨bn.⟩ **0.1** ***globaal, bij benadering*** ⇒ *vaag, ruw.*
ungefähr[2] ⟨acc. wiss.⟩⟨bw.⟩ **0.1** ***ongeveer*** ⇒*omtrent, omstreeks, bij benadering* ◆ **6.¶ von** ~ *bij toeval, toevallig;* nicht **von** ~ *niet toevallig, niet zomaar, niet voor niets.*
ungefährdet 0.1 ***zonder gevaar*** ⇒*veilig* **0.2** ⟨sp.⟩ ***onbedreigd.***
ungefährlich 0.1 ***ongevaarlijk*** ◆ **5.1** nicht ganz ~ sein *niet helemaal ongevaarlijk, van gevaar ontbloot zijn.*
ungefällig 0.1 ***ongedienstig*** ⇒*onvriendelijk, onaardig.*
ungefärbt 0.1 ***ongeverfd*** ⇒*ongekleurd* **0.2** ⟨fig.⟩ ***onopgesmukt.***
ungefestigt 0.1 ***nog onevenwichtig, labiel.***
ungefrühstückt ⟨inf.; scherts.⟩ **0.1** ***zonder ontbeten te hebben*** ⇒*zonder ontbijt.*
ungegessen 0.1 ***ongegeten*** ⇒*niet opgegeten* **0.2** ⟨inf.; scherts.⟩ ***zonder gegeten te hebben*** ⇒*zonder eten.*
ungegliedert 0.1 ***ongeleed*** ⇒*ongestructureerd.*
ungehalten ⟨schr.⟩ **0.1** ***boos, kwaad.***
ungeheißen ⟨schr.⟩ **0.1** ***ongevraagd*** ⇒*uit eigen beweging.*
ungeheizt 0.1 ***onverwarmd*** ⇒*niet verwarmd.*
ungehemmt 0.1 ***onbelemmerd*** ⇒*vrij* **0.2** ***ongeremd*** ⇒ ⟨pej.⟩ *ongebreideld.*
ungeheuer ⟨acc. wiss.⟩ **0.1** ***kolossaal, reusachtig*** ⇒*ontzaglijk, enorm, ontzettend* ◆ **1.1** von ~er Größe *ontzettend, enorm groot* **6.1 ins** ~e steigen *tot een ongekende hoogte stijgen.*
Ungeheuer ⟨o.; ~s, ~⟩ **0.1** ***monster*** ⟨ook fig.⟩ ⇒*gedrocht.*
ungeheuerlich ⟨acc. wiss.⟩ **0.1** ***ongehoord*** ⇒*monsterachtig, schandalig* **0.2** ***kolossaal, enorm*** ⇒*ontzaglijk, reusachtig.*
Ungeheuerlichkeit ⟨v.; ~, ~en⟩ **0.1** ***monsterachtigheid*** ⇒ *monstruositeit, afschuwelijk, vreselijk ding.*
ungehindert 0.1 ***ongehinderd*** ⇒*onbelemmerd, ongestoord.*
ungehobelt 0.1 ***ongeschaafd*** **0.2** ⟨fig.⟩ ***onbehouwen*** ⇒ *lomp, ongelikt.*
ungehörig 0.1 ***onbehoorlijk*** ⇒*ongepast, onbeleefd.*
ungehorsam 0.1 ***ongehoorzaam.***
Ungehorsam ⟨m.⟩ **0.1** ***ongehoorzaamheid.***
Ungeist ⟨m.⟩⟨schr.⟩ **0.1** ***destructieve, verderfelijke geest.***
ungeistig 0.1 ***niet-intellectueel*** ⇒*niet-geestelijk, onontwikkeld.*
ungeklärt 0.1 ***onopgehelderd*** ⇒*onopgelost, onduidelijk* **0.2** ***ongezuiverd*** ◆ **1.1** aus noch ~er Ursache *door een nog onbekende oorzaak.*
ungekürzt 0.1 ***onverkort*** ⇒*integraal.*
ungeladen 0.1 ***ongenood.***
ungelegen 0.1 ***ongelegen*** ⇒*te onpas.*
Ungelegenheit ⟨v.⟩ **0.1** ***last*** ⇒*narigheid, ongerief* ◆ **3.1** jmdm. ~en bereiten, machen *iem. last bezorgen,* ⟨ook⟩ *iem. in verlegenheid brengen* **6.1 in** ~en geraten, kommen *in de problemen komen.*
ungelehrig 0.1 ***hardleers*** ⇒*traag van begrip.*
ungelehrt ⟨vero.⟩ **0.1** ***ongeletterd*** ⇒*onwetend.*
ungelenk ⟨schr.⟩ **0.1** ***stijf*** ⇒*niet soepel, log* **0.2** ***onhandig*** ⇒ *stuntelig, links.*
ungelenkig 0.1 ***stijf*** ⇒*niet soepel, houterig.*
ungelernt 0.1 ***ongeschoold.***
ungelogen ⟨inf.⟩ **0.1** ***ongelogen*** ⇒*eerlijk waar.*
ungelöst 0.1 ***onopgelost.***
Ungemach ⟨o.⟩⟨schr.⟩ **0.1** ***ongemak(ken)*** ⇒*ongerief, hinder, last* **0.2** ***tegenspoed*** ⇒*ongeluk.* →**Dach.**
ungemäß 0.1 ***niet passend*** ⇒*ongeschikt* ◆ **3.1** jmdm. ~ sein *niet passen bij iem.*
ungemein ⟨acc. wiss.⟩ **0.1** ***ongemeen*** ⇒*buitengewoon, uitermate.*
ungemindert 0.1 ***onverminderd.***
ungemischt 0.1 ***ongemengd*** ⇒*onvermengd.*
ungemütlich 0.1 ***ongezellig*** **0.2** ***onbehaaglijk*** ⇒*onplezierig* **0.3** ***kwaad*** ⇒*nijdig, nors.*
ungenannt 0.1 ***ongenoemd*** ⇒*anoniem.*
ungenau 0.1 ***onnauwkeurig*** **0.2** ***vaag.***
Ungenauigkeit ⟨v.⟩ **0.1** ***onnauwkeurigheid.***
ungeniert ⟨acc. wiss.⟩ **0.1** ***ongegeneerd*** ⇒*gerust.*
ungenießbar ⟨acc. wiss.⟩ **0.1** ***ongenietbaar*** ⟨ook fig.⟩ ⇒*niet te genieten* **0.2** ***oneetbaar*** **0.3** ***ondrinkbaar.***
ungenügend 0.1 ***onvoldoende*** ⇒*ontoereikend.*
unge|nutzt, -nützt 0.1 ***ongebruikt*** **0.2** ***onbenut*** ⇒*niet benut.*
ungeordnet 0.1 ***ongeordend*** ⇒*wanordelijk* **0.2** ⟨fig.⟩ ***ongeregeld.***
ungepflegt 0.1 ***onverzorgd.***
ungeprüft 0.1 ***niet onderzocht*** ⇒*zonder (het) te onderzoeken, ongecontroleerd* **0.2** ***niet beproefd*** **0.3** ***niet geëxamineerd.***
ungerächt ⟨schr.⟩ **0.1** ***ongewroken.***
ungerade ⟨wisk.⟩ **0.1** ***oneven.***
ungeraten 0.1 ***op het verkeerde pad geraakt*** ⇒*bedorven, ontaard.*
ungerechnet[1] ⟨bn.⟩ **0.1** ***niet meegerekend.***
ungerechnet[2] ⟨vz. + 2⟩ **0.1** ***ongerekend, niet meegerekend.***
ungerecht 0.1 ***onrechtvaardig*** ⇒*onbillijk, onheus.*
ungerechterweise 0.1 ***ten onrechte, onterecht.***
Ungerechtigkeit ⟨v.⟩ **0.1** ***onrechtvaardigheid*** ⇒*ongerechtigheid.*
ungereimt 0.1 ***rijmloos*** ⇒*niet rijmend* **0.2** ⟨fig.⟩ ***ongerijmd*** ⇒*dwaas* ◆ **1.2** ~es Zeug *onzin.*
Ungereimtheit ⟨v.; ~, ~en⟩⟨fig.⟩ **0.1** ***ongerijmdheid*** ⇒*onzinnigheid.*
ungern(e) 0.1 ***ongaarne*** ⇒*niet graag, node, met tegenzin.*
ungerührt 0.1 ***onbewogen*** ⇒*ongeroerd, onaangedaan.*
ungerupft 0.1 ***ongeplukt*** ◆ **3.¶** ⟨inf.⟩ ~ davonkommen *er zonder kleerscheuren, heelhuids afkomen.*

ungesagt 0.1 *niet gezegd* ⇒*ongezegd* ◆ 3.1 etwas ~ lassen *iets ongezegd, onuitgesproken laten.*
ungesättigt 0.1 *onverzadigd.*
ungesäuert 0.1 *ongezuurd, ongedesemd.*
ungesäumt ⟨acc. wiss.⟩ 0.1 *ongezoomd* ⇒*zonder zoom* 0.2 ⟨vero.⟩ *onverwijld, terstond.*
ungeschehen ◆ 3.¶ etwas ~ machen *iets ongedaan maken.*
ungescheut ⟨acc. wiss.⟩⟨schr.⟩ 0.1 *onbeschroomd, onbevreesd.*
Ungeschick ⟨o.⟩ 0.1 *onhandigheid.*
ungeschicklich →**ungeschickt.**
Ungeschicklichkeit ⟨v.; ~, ~en⟩ 0.1 *onhandigheid.*
ungeschickt 0.1 *onhandig* ⇒*links, ontactisch.*
ungeschlacht 0.1 *plomp* ⇒*log, lomp, ongelikt.*
ungeschlechtlich 0.1 *ongeslachtelijk.*
ungeschliffen 0.1 *ongeslepen* ⇒*ruw* 0.2 ⟨fig.⟩ *onbeschaafd* ⇒*onopgevoed, lomp.*
ungeschmälert ⟨acc. wiss.⟩⟨schr.⟩ 0.1 *onverminderd, onverkort* ⇒*ten volle, vol(ledig), integraal* ◆ 3.1 ~ bleiben *er niet minder door worden.*
ungeschmeidig ⟨tech.; fig.⟩ 0.1 *niet soepel* ⇒*stug, stroef.*
ungeschminkt 0.1 *ongeschminkt* ⇒*niet opgemaakt* 0.2 ⟨fig.⟩ *onbewimpeld, ongezouten, onverbloemd* 0.3 ⟨fig.⟩ *onopgesmukt* ⇒*onopgesierd.*
ungeschoren 0.1 *ongeschoren* 0.2 ⟨fig.⟩ *heelhuids* ⇒*ongedeerd* 0.3 ⟨fig.⟩ *ongemoeid* ⇒*ongehinderd* ◆ 3.2 ~ davonkommen *er heelhuids, zonder kleerscheuren afkomen* 3.3 jmdn. ~ lassen *iem. ongemoeid, met rust laten.*
ungeschützt 0.1 *onbeschermd* ⇒*onbeschut* 0.2 *onbeveiligd.*
ungeschwächt ⟨acc. wiss.⟩ 0.1 *onverzwakt* ⇒*onverminderd.*
ungesehen 0.1 *ongezien* ⇒*on(op)gemerkt.*
ungesellig 0.1 *eenzelvig* ⇒*teruggetrokken, asociaal* 0.2 ⟨biol.⟩ *alleen, eenzaam levend* ⇒*solitair.*
ungesetzlich 0.1 *onwettig* ⇒*illegaal, in strijd met de wet.*
ungesichert 0.1 *onbeveiligd* 0.2 *ongeverifieerd* ⇒*onzeker* 0.3 ⟨ec.⟩ *ongedekt.*
ungesittet 0.1 *onbeschaafd* ⇒*ongemanierd.*
ungespritzt 0.1 *onbespoten.*
ungestalt 0.1 *vorm(e)loos* ⇒*amorf.*
Ungestalt ⟨v.⟩ 0.1 *(wan)gedrocht.*
ungestaltet 0.1 *ongerept* ⇒*ongeschonden.*
ungestillt ⟨schr.⟩ 0.1 *ongestild* ⇒*ongelest,* ⟨fig.⟩ *onbevredigd.*
ungestört ⟨acc. wiss.⟩ 0.1 *ongestoord* ⇒*rustig, onverstoord.*
ungestraft 0.1 *ongestraft, straffeloos.*
ungestüm 0.1 *onstuimig* ⇒*heftig.*
Ungestüm ⟨o.; ~(e)s⟩⟨schr.⟩ 0.1 *onstuimigheid* ⇒*hevigheid.*
ungesund 0.1 *ongezond* ⟨ook fig.⟩.
ungetan 0.1 *ongedaan* ◆ 3.1 etwas ~ lassen *iets nalaten, iets niet doen.*
ungeteilt 0.1 *onverdeeld* ⇒*ongedeeld.*
ungetreu ⟨schr.⟩ 0.1 *ontrouw* ⇒*trouweloos.*
ungetrübt 0.1 *ongestoord* ⇒*onverstoord, onbezorgd* 0.2 *helder* ⇒*onbewolkt.*
Ungetüm ⟨o.; ~s, ~e⟩ 0.1 *monster* ⇒*mastodont, gedrocht.*
ungeübt 0.1 *ongeoefend* ⇒*onbedreven.*
ungewandt 0.1 *onhandig.*
ungewiß 0.1 *onzeker* ⇒*ongewis* 0.2 ⟨schr.⟩ *onbepaald* ⇒*vaag, onbestemd* ◆ 4.1 ich war mir noch ~, im ungewissen *ik verkeerde nog in het onzekere, ik was nog onzeker* 6.1 eine Fahrt **ins** Ungewisse *een tocht met onbekende bestemming.*
Ungewißheit ⟨v.⟩ 0.1 *onzekerheid* ◆ 6.1 **in** ~ schweben *in onzekerheid verkeren.*
Ungewitter ⟨o.⟩⟨fig.⟩ 0.1 *onweer* ⇒*donderbui.*
ungewöhnlich 0.1 *ongewoon* ⇒*ongebruikelijk,* ⟨bw.⟩ *buitengewoon, ongemeen.*
ungewohnt 0.1 *ongewoon* ⇒*vreemd* 0.2 *niet gewend (aan)* ⇒*niet vertrouwd.*
ungewollt 0.1 *ongewild* ⇒*zonder het te willen.*
ungezählt 0.1 *talloos, ontelbaar* 0.2 *ongeteld* ⇒*zonder te hebben nageteld.*
ungezähmt 0.1 *ongetemd* ⇒⟨fig.⟩ *ongebreideld, ontembaar.*
Ungeziefer ⟨o.; ~s⟩ 0.1 *ongedierte.*
ungeziemend ⟨schr.⟩ 0.1 *onbetamelijk* ⇒*ongepast, onbehoorlijk.*
ungezogen 0.1 *stout* ⇒*brutaal, ondeugend, ongemanierd.*
ungezügelt 0.1 *teugelloos, tomeloos* ⇒*ongebreideld.*
ungezwungen 0.1 *ongedwongen* ⇒*los(jes), gemakkelijk.*
Unglaube ⟨m.⟩ 0.1 *ongeloof.*
unglaubhaft 0.1 *ongeloofwaardig.*
ungläubig 0.1 *ongelovig.*
unglaublich ⟨acc. wiss.⟩ 0.1 *ongelofelijk.*
unglaubwürdig 0.1 *ongeloofwaardig.*
ungleich[1] ⟨bn.⟩ 0.1 *ongelijk* ⇒*verschillend* 0.2 *(heel) veel* ⇒ *heel wat, aanzienlijk* ◆ 2.1 ~ groß sein *niet even groot zijn, in grootte verschillen* 2.2 das war ~ schwieriger *dat was heel wat moeilijker.*
ungleich[2] ⟨vz. + 3⟩⟨schr.⟩ 0.1 *anders dan* ⇒*in tegenstelling met, tot.*
ungleichartig 0.1 *ongelijksoortig* ⇒*anders, verschillend.*
Ungleichgewicht ⟨o.⟩ 0.1 *onevenwichtigheid.*
Ungleichheit ⟨v.⟩ 0.1 *ongelijkheid.*
ungleichmäßig 0.1 *ongelijkmatig* ⇒*onregelmatig, ongelijk.*
Unglück ⟨o.; ~(e)s, ~e⟩ 0.1 *ongeluk* ⇒*ongeval, pech, tegenslag, ramp-, tegenspoed* ◆ 4.1 ⟨inf.⟩ das ist kein ~! *dat is geen ramp!* 6.1 ⟨inf.⟩ **in** sein ~ rennen *in zijn ongeluk lopen;* **zu** allem ~ *tot overmaat van ramp;* **zum** ~ *ongelukkig genoeg* ¶.1 ⟨sprw.⟩ ein ~ ist schnell geschehen *een ongeluk schuilt in een klein hoekje.*
unglücklich 0.1 *ongelukkig.*
unglücklicherweise 0.1 *ongelukkig(erwijze), ongelukkig genoeg.*
Unglücksbotschaft ⟨v.⟩ 0.1 *ongeluks-, jobstijding.*
unglückselig 0.1 *ongelukkig* ⇒*rampzalig.*
Unglücksfall ⟨m.⟩ 0.1 *ongeluk* ⇒*ongeval* 0.2 *tegenslag, ongeluk(je).*
Unglücksmensch ⟨m.⟩⟨inf.⟩ 0.1 *ongeluks-, pechvogel.*
Unglücksort ⟨m.; ~e⟩ 0.1 *plaats v.h. ongeluk.*
Unglücksrabe ⟨m.⟩ →**Unglücksmensch.**
Unglücksstelle ⟨v.⟩ 0.1 *plaats v.h. ongeluk.*
Unglückssträhne ⟨v.⟩ 0.1 *voortdurende pech, aanhoudend ongeluk.*
Unglücks|vogel, -wurm ⟨m.⟩ →**Unglücksmensch.**
Unglückszahl ⟨v.⟩ 0.1 *ongeluksgetal.*
Ungnade ⟨v.⟩ 0.1 *ongenade* ◆ 3.1 sich ⟨3e nv.⟩ jmds. ~ zuziehen *bij iem. in ongenade vallen, uit de gratie raken* 6.1 bei jmdm. **in** ~ sein *er bij iem. uit liggen.*
ungnädig 0.1 *wrevelig, onwelwillend* ⇒*ontstemd* 0.2 ⟨schr.⟩ *ongenadig* ⇒*onbarmhartig.*
ungültig 0.1 *ongeldig* ⇒*nietig.*
Ungültigkeitserklärung ⟨v.⟩ 0.1 *ongeldigverklaring.*
Ungunst ⟨v.⟩⟨schr.⟩ 0.1 *ongunst* ⇒*ruw-, barheid* 0.2 *misnoegen* ⇒*wrevel* ◆ 1.1 die ~ des Schicksals *de tegenslagen van het lot;* die ~ der Verhältnisse *de ongunstige omstandigheden* 6.¶ **zu** jmds. ~en *in iemands nadeel;* ein Saldo **zu** Ihren ~en *een saldo te uwen laste.*
ungünstig 0.1 *ongunstig* 0.2 ⟨schr.⟩ *onwelwillend.*

ungut 0.1 ***slecht*** ⇒*naar, onaangenaam* ◆ **1.1** ein ~es Gefühl *een onbehaaglijk, naar gevoel* **6.¶** nichts **für** ~! *neem me niet kwalijk!*
unhaltbar ⟨acc. wiss.⟩ **0.1** ***onhoudbaar.***
unhandlich **0.1** ***onhandig*** ⇒*onpraktisch, onhandzaam.*
unharmonisch **0.1** ***onharmonisch*** ⇒*disharmonisch* **0.2** ⟨fig.⟩ ***onevenwichtig.***
Unheil ⟨o.⟩ **0.1** ***onheil*** ⇒*rampspoed* **0.2** ***ramp*** ⇒*ongeluk* ◆ **3.1** ~ anrichten, stiften *onheil stichten.*
unheilbar ⟨acc. wiss.⟩ **0.1** ***ongeneeslijk*** ⇒⟨fig.⟩ *onverbeterlijk.*
unheilbringend ⟨schr.⟩ **0.1** ***onheilbrengend*** ⇒*noodlottig.*
Unheilsprophet ⟨m.⟩ **0.1** ***onheilsprofeet*** ⇒*doemdenker.*
Unheilstifter ⟨m.⟩ **0.1** ***onheilsstichter.***
unheilverkündend **0.1** ***onheilspellend.***
unheilvoll **0.1** ***rampzalig*** ⇒*noodlottig* **0.2** ***onheilspellend.***
unheimlich ⟨acc. wiss.⟩ **0.1** ***akelig, eng*** ⇒*naar, griezelig* **0.2** ***enorm*** ⇒*ontzettend (veel, groot)* ◆ **4.1** er ist mir ~ *ik vind hem akelig, eng.*
unhöflich **0.1** ***onbeleefd*** ⇒*onheus.*
unhold ⟨vero.; schr.⟩ ◆ **4.¶** jmdm., einer Sache ~ sein *afwijzend, afkerig staan tegenover iem., iets.*
Unhold ⟨m.; ~(e)s, ~e⟩ **0.1** ***monster, demon*** ⇒⟨fig.⟩ *onverlaat, onmens.*
uni **0.1** ***uni, effen, eenkleurig.***
Uni ⟨v.; ~, ~s⟩ →**Universität.**
unieren ⟨vooral rel.⟩ **0.1** ***uniëren, verenigen.***
unifizieren **0.1** ***unificeren*** ⇒*eenvormig maken, eenheid brengen in* **0.2** ⟨ec.⟩ ***consolideren.***
uniform **0.1** ***uniform*** ⇒*eenvormig.*
Uniform ⟨v.; ~, ~en⟩ **0.1** ***uniform*** ⇒*tenue* ◆ **2.1** in voller ~ *in vol ornaat.*
uniformieren **0.1** ***uniformeren*** ⇒*in uniform kleden,* ⟨schr.; vaak pej.⟩ *eenvormig maken.*
Uniformität ⟨v.; ~⟩ **0.1** ***uniformiteit*** ⇒*eenvormigheid.*
Unikat ⟨o.; ~(e)s, ~e⟩ **0.1** ***unicum*** **0.2** ***unicaat, origineel.***
Unikum ⟨o.; ~s, Unika of ~s⟩ **0.1** ***unicum*** **0.2** ⟨inf.⟩ ***nummer apart, origineel type.***
uninteressiert **0.1** ***ongeïnteresseerd*** ⇒*zonder enige belangstelling.*
Union ⟨v.; ~, ~en⟩ **0.1** ***unie*** **0.2** ***CDU/CSU*** ◆ **2.1** Europäische ~ *Europese Unie* **2.2** ⟨pol.⟩ die Junge ~ *de jeugdorganisatie van de CDU.*
Unionspartei ⟨v.; meestal mv.⟩⟨BRD⟩ **0.1** ***christen-democratische (zuster)partij*** ⟨CDU en/of CSU⟩.
unirdisch **0.1** ***boven-, onaards.***
universal **0.1** ***universeel*** ⇒*algemeen.*
Universalerbe ⟨m.⟩ **0.1** ***universeel erfgenaam.***
Universalgeschichte ⟨v.⟩ **0.1** ***algemene geschiedenis, wereldgeschiedenis.***
Universalität ⟨v.; ~⟩ **0.1** ***universaliteit*** ⇒*algemeenheid.*
Universalmittel ⟨o.⟩ **0.1** ***universeel (genees)middel*** ⇒*panacee.*
universell **0.1** ***universeel.***
Universität ⟨v.; ~, ~en⟩ **0.1** ***universiteit.***
Universitätsdozent ⟨m.⟩ **0.1** ***hoofddocent.***
Universitätsklinik ⟨v.⟩ **0.1** ***academisch ziekenhuis.***
Universitätslehrer ⟨m.⟩ **0.1** ***aan een universiteit docerende.***
Universitätsprofessor ⟨m.⟩ **0.1** ***hoogleraar*** ⇒*ordinarius, professor.*
Universitätsstudium ⟨o.⟩ **0.1** ***universitaire studie.***
Universum ⟨o.; ~s⟩ **0.1** ***universum, heelal.***
Unke ⟨v.; ~, ~n⟩ **0.1** ⟨biol.⟩ ***vuurbuikpad*** **0.2** ⟨inf.⟩ ***ongeluksprofeet*** ⇒*pessimist, zwartkijker.*
unken **0.1** ***onheil voorspellen*** ⇒*zwartgallig doen, sombere geluiden laten horen.*
unkenntlich **0.1** ***onherkenbaar.***
Unkenntlichkeit ⟨v.; ~⟩ **0.1** ***onherkenbaarheid*** ◆ **6.1** bis **zur** ~ *tot het onherkenbare toe.*
Unkenntnis ⟨v.⟩ **0.1** ***onwetendheid*** ⇒*onkunde, onbekendheid* ◆ **6.1** jmdn. **in** ~ lassen *iem. onkundig, onwetend laten.*
Unkenruf ⟨m.⟩⟨fig.⟩ **0.1** ***pessimistische, zwartgallige uitlating*** ⇒*somber geluid.*
unkindlich **0.1** ***onkinderlijk.***
unklar **0.1** ***onduidelijk*** ⇒*vaag, niet helder, duister* **0.2** ***donker*** ⇒*betrokken, nevelig* **0.3** ***troebel*** **0.4** ⟨scheep.⟩ ***onklaar*** ◆ **6.1** jmdn. **im** ~en lassen *iem. in het onzekere laten;* ich bin mir **über** diese Sache noch im ~en *ik weet nog niet precies wat ik met deze zaak aan moet.*
Unklarheit ⟨v.⟩ **0.1** ***onduidelijkheid.***
unklug **0.1** ***onverstandig*** ⇒*onwijs.*
Unklugheit ⟨v.⟩ **0.1** ***onverstand(igheid)*** ⇒*dwaas-, domheid.*
unkörperlich **0.1** ***onlichamelijk*** ⇒*onstoffelijk* **0.2** ⟨sp.⟩ ***zonder lichamelijke inzet.***
unkorrekt **0.1** ***incorrect*** ⟨ook fig.⟩ ⇒*onjuist.*
Unkosten ⟨alleen mv.⟩ **0.1** ***onkosten*** ⇒*kosten* ◆ **6.1** sich (ganz schön) **in** ~ stürzen *grote onkosten maken;* jmdn. **in** ~ stürzen *iem. op (on)kosten jagen.*
Unkostenbeitrag ⟨m.⟩ **0.1** ***bijdrage in de onkosten.***
Unkraut ⟨o.⟩ **0.1** ***onkruid*** ◆ **¶.1** ⟨sprw.⟩ ~ vergeht nicht *onkruid vergaat niet.*
unkriegerisch **0.1** ***niet krijgszuchtig*** ⇒*onkrijgshaftig.*
unkultiviert **0.1** ***onbeschaafd, ongecultiveerd*** **0.2** ***onbebouwd*** ⇒*onontgonnen.*
Unkultur ⟨v.⟩ **0.1** ***gebrek aan cultuur/beschaving.***
unkündbar ⟨acc. wiss.⟩ **0.1** ***onopzegbaar*** ⇒*niet opzegbaar* **0.2** ***niet aflosbaar*** ⟨lening⟩.
unkundig **0.1** ***onkundig*** ⇒*ondeskundig* ◆ **1.1** ⟨schr.⟩ einer Sache ⟨2e nv.⟩ ~ sein (a) *iets niet machtig zijn* (b) *van iets onkundig zijn.*
unlängst **0.1** ***onlangs*** ⇒*kortelings.*
unlauter **0.1** ***oneerlijk*** ⇒*onzuiver, unfair.*
unleidlich **0.1** ***ondraaglijk*** **0.2** ***onuitstaanbaar*** ⇒*onhebbelijk.*
unlesbar **0.1** ***onleesbaar*** ⟨ook fig.⟩.
unleserlich **0.1** ***onleesbaar*** ⇒*niet te ontcijferen.*
unleugbar ⟨acc. wiss.⟩ **0.1** ***onloochenbaar*** ⇒*ontegenzeglijk.*
unlieb **0.1** ***onwelkom*** ⇒*ongelegen, onwelgevallig.*
unliebsam **0.1** ***onaangenaam*** ⇒*onprettig, naar* **0.2** ***ongewenst*** ⇒*onwelgevallig, onwelkom.*
unlini(i)ert **0.1** ***ongelijnd, ongelinieerd.***
unlösbar, unlöslich ⟨acc. wiss.⟩ **0.1** ***onoplosbaar*** **0.2** ***onscheidbaar*** ⇒*onlosmakelijk, onverbrekelijk* **0.3** ***onontwarbaar.***
Unlust ⟨v.⟩ **0.1** ***tegenzin*** **0.2** ***lusteloosheid*** ⟨ook ec.⟩ **0.3** ***(gevoel van) onbehagen*** ⇒*onlust, onvrede.*
unlustig **0.1** ***lusteloos*** ⟨ook ec.⟩ ⇒*met tegenzin.*
unmanierlich **0.1** ***ongemanierd*** ⇒*onbeleefd.*
unmännlich **0.1** ***onmannelijk.***
Unmaß ⟨o.⟩ **0.1** ***overmaat*** ⇒*overdaad, teveel.*
Unmasse ⟨v.⟩⟨inf.⟩ **0.1** ***enorme massa.***
unmaßgeblich **0.1** ***niet als maatstaf dienend*** ⇒*irrelevant* **0.2** ***bescheiden.***
unmäßig **0.1** ***onmatig*** ⇒*overdadig, buitensporig.*
Unmenge ⟨v.⟩ **0.1** ***enorme massa*** ⇒*enorme hoeveelheid, hele hoop* ◆ **6.1** **in** ~n *en masse, massaal.*
Unmensch ⟨m.⟩ **0.1** ***onmens.***

unmenschlich ⟨acc. wiss.⟩ **0.1** ***onmenselijk*** *⇒barbaars,* ⟨inf.; fig.⟩ *enorm.*

unmerk|bar, -lich ⟨acc. wiss.⟩ **0.1** ***onmerkbaar.***

unmeßbar ⟨acc. wiss.⟩ **0.1** ***onmeetbaar.***

unmißverständlich 0.1 ***ondubbelzinnig*** *⇒niet mis te verstaan, overduidelijk.*

unmittelbar 0.1 ***onmiddellijk*** *⇒direct, rechtstreeks,* ⟨bw.⟩ *vlak* ◆ **1.1** der ~e Vorgesetzte *de directe superieur* **3.1** ⟨fig.⟩ ~ bevorstehen *vlak voor de deur staan* **5.1** ~ danach, darauf *vlak daarna.*

unmöbliert 0.1 ***ongemeubileerd.***

unmodern 0.1 ***onmodern, niet modern*** *⇒uit de tijd.*

unmodisch 0.1 ***niet modieus*** *⇒niet volgens de mode.*

unmöglich ⟨acc. wiss.⟩ **0.1** ***onmogelijk.***

Unmoral ⟨v.⟩ **0.1** ***immoraliteit, onzedelijkheid.***

unmoralisch 0.1 ***immoreel, onzedelijk.***

unmotiviert 0.1 ***ongemotiveerd*** *⇒ongegrond.*

unmündig 0.1 ***onmondig*** ⟨ook fig.⟩ *⇒minderjarig.*

unmusikalisch 0.1 ***onmuzikaal.***

Unmut ⟨m.⟩⟨schr.⟩ **0.1** ***wrevel, ontstemming*** *⇒misnoegen.*

unmutig ⟨schr.⟩ **0.1** ***wrevelig, ontstemd*** *⇒misnoegd.*

unnachahmlich ⟨acc. wiss.⟩ **0.1** ***onnavolgbaar.***

unnachgiebig 0.1 ***ontoegeeflijk*** *⇒ontoegevend, onbuigzaam.*

unnachsichtig 0.1 ***ontoegevend*** *⇒onverbiddelijk, zonder pardon.*

unnahbar 0.1 ***ongenaakbaar.***

unnatürlich 0.1 ***onnatuurlijk*** *⇒*⟨fig.⟩ *gemaakt.*

unnennbar ⟨acc. wiss.⟩⟨schr.⟩ **0.1** ***onuitsprekelijk, onnoemelijk*** **0.2** ***on(be)noembaar.***

unnormal 0.1 ***abnormaal.***

unnotiert ⟨ec.⟩ **0.1** ***zonder notering, niet (op de beurs) genoteerd.***

unnötig 0.1 ***onnodig*** *⇒nodeloos.*

unnötigerweise 0.1 ***onnodig*** *⇒nodeloos.*

unnütz 0.1 ***nutteloos*** *⇒van geen nut, onnut, waardeloos* **0.2** ***onnodig*** *⇒nodeloos* ◆ **1.1** ~es Zeug *waardeloze rommel;* ~es Zeug schwatzen *kletspraat, onzin verkopen* **5.1** nicht ~ ⟨ook⟩ *niet voor niets.*

UNO-Generalsekretär ⟨m.⟩ **0.1** ***secretaris-generaal v.d. Verenigde Naties.***

unordentlich 0.1 ***slordig*** **0.2** ***wanordelijk*** *⇒*⟨fig.⟩ *ongeregeld.*

Unordnung ⟨v.⟩ **0.1** ***wanorde*** *⇒verwarring, chaos* ◆ **6.1 in** ~ bringen (a) *in de war brengen, ontregelen* (b) *overhoophalen.*

unorganisch 0.1 ***anorganisch.***

unpaar(ig) ⟨biol.⟩ **0.1** ***ongepaard.***

unparteiisch 0.1 ***onpartijdig*** ◆ **7.1** ⟨sp.⟩ der Unparteiische *de scheidsrechter.*

unparteilich →**unparteiisch.**

unpassend 0.1 ***onpassend*** *⇒ongelegen* **0.2** ***ongepast*** *⇒onbetamelijk, misplaatst.*

unpassierbar ⟨acc. wiss.⟩ **0.1** ***niet passeerbaar*** *⇒onbegaanbaar, onberijdbaar, onbruikbaar.*

unpäßlich 0.1 ***onpasselijk, onwel.***

Unperson ⟨v.⟩ **0.1** ***persona non grata*** *⇒doodgezwegen persoon.*

unpersönlich 0.1 ***onpersoonlijk*** ⟨ook taal.⟩.

unpfändbar ⟨jur.⟩ **0.1** ***niet vatbaar voor beslag.***

unpolitisch 0.1 ***onpolitiek, apolitiek.***

unpopulär 0.1 ***im-, onpopulair.***

unprätentiös ⟨schr.⟩ **0.1** ***pretentieloos.***

unpräzise 0.1 ***onnauwkeurig.***

unproduktiv 0.1 ***on-, improductief.***

unproportioniert 0.1 ***ongeproportioneerd, gedisproportioneerd.***

unpünktlich 0.1 ***(altijd) te laat (komend)*** *⇒niet, nooit op tijd.*

unqualifizierbar ⟨acc. wiss.⟩ **0.1** ***niet te kwalificeren, onkwalificeerbaar.***

unrasiert 0.1 ***ongeschoren.***

Unrast ⟨v.⟩⟨schr.⟩ **0.1** ***rusteloosheid*** *⇒onrust.*

Unrat ⟨m.; ~(e)s⟩⟨schr.⟩ **0.1** ***vuil*** *⇒vuilnis, afval* ◆ **3.¶** ~ wittern *lont ruiken, onraad bespeuren.*

unrationell 0.1 ***niet rationeel.***

unratsam 0.1 ***onraadzaam*** *⇒ongeraden, niet raadzaam.*

unrecht 0.1 ***verkeerd*** *⇒onjuist, onrechtvaardig* **0.2** ***ongelegen*** *⇒ongeschikt* ◆ **1.2** zur ~en Zeit *op een ongelegen tijd(stip)* **3.1** ~ an jmdm. handeln *iem. onrechtvaardig behandelen* **3.¶** ~ bekommen, haben *ongelijk krijgen, hebben;* jmdm. ~ geben *iem. ongelijk geven* **5.1** ⟨inf.⟩ gar nicht so ~ *nog (lang) niet zo slecht, kwaad* **6.1** bei jmdm. **an** den Unrechten geraten, kommen *bij iem. aan het verkeerde adres komen.* →**Gut.**

Unrecht ⟨o.⟩ **0.1** ***onrecht*** *⇒onrechtvaardigheid* **0.2** ***ongelijk*** ◆ **3.1** jmdm. ein ~ (an)tun, zufügen *iem. onrecht (aan)doen* **6.1 zu** ~ *ten onrechte* **6.2 im** ~ sein, sich im ~ befinden *ongelijk hebben;* sich **ins** ~ setzen *zich in het ongelijk stellen* **¶.1** ⟨sprw.⟩ ~ schlägt den eigenen Herrn *boontje komt om zijn loontje.*

unrechtmäßig 0.1 ***onrechtmatig.***

unredlich ⟨schr.⟩ **0.1** ***oneerlijk*** *⇒onoprecht.*

unreell ⟨ec.⟩ **0.1** ***onreëel, onbetrouwbaar*** *⇒oneerlijk.*

unregelmäßig 0.1 ***onregelmatig*** ⟨ook taal.⟩ *⇒ongeregeld.*

unregierbar ⟨acc. wiss.⟩ **0.1** ***onbestuurbaar, onregeerbaar.***

unreif 0.1 ***onrijp*** ⟨ook fig.⟩ *⇒groen.*

Unreife ⟨v.⟩⟨ook fig.⟩ **0.1** ***onrijpheid.***

unrein 0.1 ***onzindelijk*** *⇒onzuiver, onrein* ⟨ook rel.⟩ ◆ **6.¶ ins** ~e schreiben *in het klad schrijven.*

Unreinheit ⟨v.⟩ **0.1** ***onzuiverheid*** *⇒onreinheid, ongerechtigheid.*

unreinlich 0.1 ***onzindelijk*** *⇒vuil, vies.*

unrentabel 0.1 ***onrendabel.***

unrettbar ⟨acc. wiss.⟩ **0.1** ***reddeloos*** *⇒hopeloos.*

unrichtig 0.1 ***onjuist*** *⇒fout(ief), verkeerd.*

Unrichtigkeit ⟨v.⟩ **0.1** ***onjuistheid*** *⇒fout.*

Unruh ⟨v.; ~, ~en⟩ **0.1** ***onrust*** ⟨in uurwerk⟩.

Unruhe ⟨v.; ~, ~n⟩ **0.1** ***onrust*** *⇒rusteloosheid, ongedurigheid* **0.2** ***ongerustheid*** **0.3** ⟨steeds mv.⟩ ***onlusten*** *⇒troebelen, woelingen* **0.4** ⟨inf.⟩ ***onrust*** ⟨in uurwerk⟩ ◆ **2.3** innere ~n *binnenlandse onlusten* **3.1** ~ stiften, verbreiten *onrust teweegbrengen* **6.1 in** ~ geraten *onrustig worden* **6.2** jmdn. **in** ~ versetzen *iem. ongerust maken, verontrusten.*

Unruheherd ⟨m.⟩ **0.1** ***haard van onrust.***

Unruhestifter ⟨m.⟩ **0.1** ***onruststoker.***

unruhig 0.1 ***onrustig*** *⇒rusteloos, druk* ⟨van kinderen⟩ **0.2** ***ongerust.***

unrühmlich 0.1 ***roemloos*** *⇒weinig roemrijk.*

unrund ⟨tech.⟩ **0.1** ***niet rond*** **0.2** ***onregelmatig (lopend).***

uns ⟨pers.vnw.⟩ **0.1** ***ons*** **0.2** ***elkaar*** ◆ **3.1** wir haben ~ geirrt *wij hebben ons vergist* **3.2** wir kennen ~ *wij kennen elkaar.*

unsachgemäß 0.1 ***ondeskundig*** *⇒verkeerd, onjuist.*

unsachlich 0.1 ***onzakelijk.***

unsagbar 0.1 ***onuitsprekelijk*** *⇒onnoemelijk, onbeschrijfelijk.*

unsäglich ⟨schr.⟩ →**unsagbar.**

unsanft 0.1 ***onzacht*** *⇒hard(handig).*

unsauber 0.1 ***vuil*** ⟨ook fig.⟩ ⇒*onzindelijk, smerig* **0.2** ***onzuiver*** **0.3** ***slordig*** ⇒*niet netjes.*
unschädlich 0.1 ***onschadelijk.***
unscharf 0.1 ***onscherp*** ⇒*niet scherp,* ⟨fig. vooral⟩ *vaag.*
Unschärfe ⟨v.⟩ **0.1** ***gebrek aan scherpte*** ⇒*te geringe scherpte.*
unschätzbar ⟨acc. wiss.⟩ **0.1** ***onschatbaar*** ⇒*niet te schatten.*
unscheinbar 0.1 ***nietig*** ⇒*onopvallend, onooglijk.*
unschicklich ⟨schr.⟩ **0.1** ***onbetamelijk, ongepast*** ⇒*onbehoorlijk.*
unschiffbar 0.1 ***onbevaarbaar.***
unschlagbar 0.1 ***onoverwinnelijk*** ⇒*onklopbaar* **0.2** ***onovertrefbaar, niet te overtreffen, evenaren.***
unschlüssig 0.1 ***besluiteloos*** ⇒*weifelend* **0.2** ***niet sluitend, niet dwingend*** ⇒*onlogisch* ◆ **4.1** ich bin mir ~ (darüber) *ik sta in twijfel.*
unschön 0.1 ***lelijk*** ⇒*niet mooi, weinig fraai,* ⟨fig.⟩ *onaardig, slecht.*
Unschuld ⟨v.⟩ **0.1** ***onschuld*** ⇒*onschuldigheid* **0.2** ⟨schr.⟩ ***maagdelijkheid*** ◆ **3.1** die gekränkte ~ spielen *de beledigde onschuld spelen, uithangen* **6.1** ⟨scherts.⟩ eine ~ **vom** Lande *een (onnozel) meisje van buiten.*
unschuldig 0.1 ***onschuldig*** **0.2** ⟨schr.⟩ ***maagdelijk*** ◆ **2.1** ~ geschieden *schuldloos gescheiden.*
Unschuldsbeteuerung ⟨v.⟩ **0.1** ***verzekering van (zijn) eigen onschuld.***
Unschuldsengel ⟨o.⟩⟨iron.⟩ **0.1** ***onschuldig lam(metje).***
Unschuldsmiene ⟨v.⟩ **0.1** ***onschuldig gezicht.***
unschuldsvoll 0.1 ***onschuldig.***
unschwer ⟨schr.⟩ **0.1** ***gemakkelijk*** ⇒*zonder veel moeite.*
Unsegen ⟨m.⟩⟨schr.⟩ **0.1** ***vloek, kwade zegen*** ⇒*rampspoed.*
unselbständig 0.1 ***onzelfstandig.***
unselig ⟨schr.⟩ **0.1** ***onzalig*** ⇒*noodlottig, armzalig.*
unser 0.1 ***onze, ons*** ◆ **3.1** das Auto ist ~ *die auto is van ons;* der Sieg war ~ *de overwinning was, ging aan ons.*
unser|einer, -eins ⟨inf.⟩ **0.1** ***mensen als wij*** ⇒*iemand als wij.*
unsererseits 0.1 ***onzerzijds, van onze kant*** ⇒*(wij) op onze beurt.*
unseresgleichen 0.1 ***(ons en) onsgelijken*** ⇒*mensen als wij.*
unseret- →**unsert-.**
unserseits →**unsererseits.**
unsert|halben, -wegen 0.1 ***om onzentwil(le)*** ⇒*ter wille van ons* **0.2** ***wat ons betreft.***
unsertwillen ◆ **6.¶ um** ~ *om onzentwil(le), ter wille van ons.*
unsicher 0.1 ***onzeker*** ⇒*twijfelachtig, onbetrouwbaar* **0.2** ***onveilig*** ◆ **4.1** ich bin mir noch ~ *ik weet het nog niet zeker.*
Unsicherheit ⟨v.⟩ **0.1** ***onzekerheid*** **0.2** ***onveiligheid.***
unsichtbar 0.1 ***onzichtbaar*** ◆ **3.1** ⟨inf.⟩ sich ~ machen *zich uit de voeten maken.*
unsichtig 0.1 ***nevelig*** ⇒*heiig, zonder zicht.*
Unsinn ⟨m.⟩ **0.1** ***onzin*** ⇒*nonsens, dwaasheid* ◆ **2.1** barer, glatter, reiner ~ *klinkklare, volslagen onzin, pure nonsens* **3.1** ~ machen, treiben *onzin, flauwe kul uithalen;* rede doch keinen ~! *vertel toch geen onzin!;* ~ schwatzen *kletspraat, onzin verkopen.*
unsinnig 0.1 ***onzinnig*** ⇒*dwaas* **0.2** ⟨inf.⟩ ***ontzettend*** ⇒*waanzinnig* **0.3** ⟨vero.⟩ ***krank-, waanzinnig.***
unsinnlich 0.1 ***boven-, onzinnelijk.***
Unsitte ⟨v.⟩ **0.1** ***slechte gewoonte*** ⇒*hebbelijkheid.*
unsittlich 0.1 ***onzedelijk*** ⇒*immoreel.*
unsolid(e) 0.1 ***onsolide*** ⟨ook fig.⟩ ⇒*ondegelijk.*
unsozial 0.1 ***asociaal.***
unsportlich 0.1 ***onsportief.***
unsrerseits →**unsererseits.**
unsres- →**unseres-.**
unsrige ⟨vero.; schr.⟩ ◆ **7.¶** der, die, das ~e *de, het onze;* die Unsrigen *de onzen.*
unstabil 0.1 ***on-, instabiel.***
unstatthaft 0.1 ***ongeoorloofd*** ⇒*ontoelaatbaar* **0.2** ⟨jur.⟩ ***onontvankelijk.***
unsterblich ⟨acc. wiss.⟩ **0.1** ***onsterfelijk*** ⟨ook fig.⟩.
Unstern ⟨m.⟩⟨schr.⟩ **0.1** ***ongunstig gesternte*** ⇒*ongeluksster.*
unstet 0.1 ***rusteloos, onrustig*** **0.2** ***ongestadig, ongedurig.***
unstillbar ⟨acc. wiss.⟩ **0.1** ***onstilbaar*** ⇒*niet te stillen, onlesbaar, onverzadelijk.*
unstimmig 0.1 ***niet kloppend*** ⇒*niet sluitend, fout.*
Unstimmigkeit ⟨v.; ~, ~en⟩ **0.1** ***tegenstrijdigheid*** ⇒*onregelmatigheid, fout(je)* **0.2** ***meningsverschil.***
unsträflich ⟨acc. wiss.⟩⟨vero.⟩ **0.1** ***onberispelijk*** ⇒*onbesproken.*
unstreitig ⟨acc. wiss.⟩ **0.1** ***ontegenzeglijk*** ⇒*onbetwist(baar).*
unstrittig ⟨acc. wiss.⟩ **0.1** ***onbetwist, onomstreden*** **0.2** ***ontegenzeglijk.***
Unsumme ⟨v.⟩ **0.1** ***enorm bedrag, enorme som*** ⇒*kapitaal.*
unsymmetrisch 0.1 ***on-, asymmetrisch.***
unsympathisch 0.1 ***onsympathiek*** ◆ **4.1** er war mir ~ *ik vond hem onsympathiek.*
untad(e)lig ⟨acc. wiss.⟩ **0.1** ***onberispelijk*** ⇒*vlekkeloos.*
Untat ⟨v.⟩ **0.1** ***wandaad*** ⇒*onmenselijke daad.*
untätig 0.1 ***werkeloos*** ⇒*lijdelijk, passief* ◆ **3.1** ~ bleiben *niets doen, geen vinger uitsteken.*
Untätigkeit ⟨v.⟩ **0.1** ***inactiviteit, passiviteit.***
untauglich 0.1 ***ongeschikt*** ⇒*ondeugdelijk, onbruikbaar* **0.2** ⟨mil.⟩ ***ongeschikt voor de militaire dienst*** ◆ **6.2** jmdn. ~ schreiben *iem. afkeuren (voor de militaire dienst).*
unteilbar ⟨acc. wiss.⟩ **0.1** ***ondeelbaar.***
unteilhaftig ⟨vero.⟩ ◆ **3.¶** einer Sache ⟨2e nv.⟩ ~ bleiben, sein, werden *aan iets geen deel hebben.*
unten 0.1 ***beneden*** ⇒*onder(aan), onderin* **0.2** ⟨inf.⟩ ***(daarginds) in het zuiden*** ◆ **3.1** ⟨fig.⟩ ~ sein *onderaan staan* **3.¶** bei jmdm. ~ durchsein *er bij iem. uit liggen, het bij iem. verbruid hebben* **5.1** ~ herum *onderlangs;* weiter ~ *lager, verderop* **6.1** ~ **am** Tisch *aan het ondereind(e) van de tafel;* **nach** ~ ⟨ook⟩ *omlaag;* **nach** ~ hin, zu *naar onderen, beneden (toe);* alles **von** ~ nach oben kehren *alles ondersteboven halen* **¶.¶** ⟨inf.⟩ ich wußte kaum noch, was ~ und was oben war *ik wist nauwelijks nog wat voor en achter was.*
untendrunter ⟨inf.⟩ **0.1** ***(er)onderaan.***
untendurch 0.1 ***(er)onderdoor.***
untenerwähnt 0.1 ***onderaan vermeld*** ⇒*onderstaand.*
untenher 0.1 ***(van) beneden*** ⇒*onderaan.*
untenstehend 0.1 ***onderstaand.***
unter[1] ⟨bn.⟩ **0.1** ***onderste*** ⇒*laagste, lager, benedenste* ◆ **1.1** die ~e Elbe *de Beneden-Elbe;* der ~e Rand *de benedenrand;* das ~e Stockwerk *de benedenverdieping, -etage.*
unter[2] ⟨bw.⟩ **0.1** ***onder de*** ⇒*minder dan, beneden de* ◆ **1.1** ~ zehn (Jahre alt) sein *onder de tien (jaar) zijn.*
unter[3] ⟨vz. + 3,4⟩ **0.1** ***onder*** ⇒*beneden* **0.2** ***aan*** ⇒*tegen* **0.3** ***onder*** ⇒*in, met, op* **0.4** ***tussen*** ⇒*onder, van* **0.5** ***minder dan*** ⇒*onder, beneden de* **0.6** ⟨Zdd.⟩ ***gedurende*** ⇒*onder, in* **0.7** ⟨vero.⟩ ***op (de datum van)*** ⇒*de dato* ◆ **1.1** ~ dem Tisch hervorkommen *van onder de tafel te voorschijn komen* **1.2** bis ~ die Decke *tot aan, tegen het plafond* **1.3** ~ großer Anstrengung *met veel inspanning* **1.4** wer ~ den

Zuschauern? *wie van de toeschouwers, kijkers?* **1.5** Kinder ~ 6 Jahren *kinderen onder, beneden de 6 jaar;* ⟨inf.⟩ nicht ~ einer Mark *niet voor minder dan één mark* **1.6** der Woche *door, in de week* **3.3** ~ der Hitze stöhnen *puffen van de hitte* **3.4** Rosinen ~ den Reis mischen *rozijnen door de rijst doen, mengen* **4.1** ~ anderem *onder andere;* ~ anderen *onder anderen* **4.4** einer ~ vielen *één van (de) velen.*

Unterarm ⟨m.⟩ **0.1** ***onderarm.***

Unterart ⟨v.⟩⟨biol.⟩ **0.1** ***ondersoort*** ⇒*subspecies, variëteit.*

Unterausschuß ⟨m.⟩ **0.1** ***subcommissie.***

Unterbau ⟨m.; mv. ~ten⟩ **0.1** ***onderbouw*** ⇒⟨bouwk.⟩ *fundering.*

unterbauen **0.1** ***funderen*** ⇒*stutten.*

Unterbekleidung ⟨v.⟩ **0.1** ***onderkleding, -goed.***

unterbelegt **0.1** ***onderbezet, onvoldoende bezet.***

unterbelichten ⟨foto.⟩ **0.1** ***onderbelichten.***

Unterbeschäftigung ⟨v.⟩ **0.1** ***underemployment, onderbezetting.***

unterbesetzt **0.1** ***onderbezet, onvoldoende bezet.***

Unterbett ⟨o.⟩ **0.1** ***onderbed*** **0.2** ***benedenbed.***

unterbewerten **0.1** ***onderwaarderen*** ⇒*te laag waarderen.*

unterbewußt **0.1** ***onderbewust.***

unterbezahlen **0.1** ***onderbetalen, te laag betalen.***

unterbieten **0.1** ***blijven beneden, onder*** ⇒*met zijn prijzen blijven onder* ◆ **3.1** ⟨fig.⟩ das war kaum noch zu ~ *slechter kon (het) haast niet* **6.1** ⟨sp.⟩ einen Rekord **um** eine Sekunde ~ *één seconde onder een record blijven, een record met één seconde verbeteren.*

Unterbilanz ⟨v.⟩⟨ec.⟩ **0.1** ***passieve balans, nadelig saldo.***

unterbinden[1] ⟨ov.ww.⟩⟨inf.⟩ **0.1** ***binden onder, onderbinden.***

unterbinden[2] ⟨ov.ww.⟩ **0.1** ***tegengaan*** ⇒*een einde maken aan, verhinderen* **0.2** ⟨med.⟩ ***afbinden.***

unterbleiben **0.1** ***achterwege blijven*** ⇒*uitblijven.*

Unterboden ⟨m.⟩ **0.1** ***ondergrond*** **0.2** ***ondervloer*** **0.3** ***onderkant*** ⟨van auto⟩.

Unterbodenschutz ⟨m.⟩ **0.1** ***anticorrosiebehandeling v.d. onderkant*** ⟨van auto⟩ ⇒*undercoating.*

unterbrechen **0.1** ***onderbreken*** ⇒*in de rede vallen, interrumperen, stremmen, schorsen* **0.2** ⟨jur.⟩ ***stuiten*** ⟨verjaring⟩.

Unterbrecher ⟨m.⟩⟨tech.⟩ **0.1** ***onderbreker.***

Unterbrecherkontakt ⟨m.⟩ **0.1** ***contactpunt(je).***

Unterbrechung ⟨v.⟩ **0.1** ***onderbreking*** ⇒*interruptie, verbreking, schorsing* **0.2** ⟨jur.⟩ ***stuiting.***

unterbreiten[1] ⟨ov.ww.⟩⟨inf.⟩ **0.1** ***(uit)spreiden, leggen onder.***

unterbreiten[2] ⟨ov.ww.⟩⟨schr.⟩ **0.1** ***voorleggen*** ⇒*in, ter overweging geven* ◆ **1.1** ein Angebot ~ *een offerte doen.*

unterbringen **0.1** ***onderbrengen*** ⇒*huisvesten, plaatsen* **0.2** ***bergen*** ⇒*kwijt kunnen, kwijt raken, plaatsen, zetten* **0.3** ⟨inf.⟩ ***plaatsen*** ⇒*aan een baan(tje) helpen* ◆ **6.1** jmdn. **in** einem Hotel ~ *iem. in een hotel onderbrengen* **6.3** einen Artikel **bei** einer Zeitung ~ *een artikel bij een krant plaatsen, geplaatst krijgen.*

Unterbringung ⟨v.; ~, ~en⟩ **0.1** ***onderbrenging*** ⇒*huisvesting, plaatsing* **0.2** ⟨inf.⟩ ***onderkomen*** ⇒*onderdak, accommodatie.*

unterbuttern ⟨inf.⟩ **0.1** ***eronder krijgen*** ⇒*kleinkrijgen* **0.2** ***(mee) erdoor jagen*** ⇒*uitgeven.*

Unterdeck ⟨o.⟩ **0.1** ***benedendek.***

unterderhand **0.1** ***onder(s)hands*** ⇒*in vertrouwen.*

unterdes(sen) **0.1** ***in-, ondertussen.***

Unterdruck ⟨m.; mv. ⸚e⟩ **0.1** ⟨nat., tech.⟩ ***onderdruk*** **0.2** ⟨med.⟩ ***te lage bloeddruk.***

unterdrücken **0.1** ***onderdrukken*** ⇒*beteugelen, inhouden, de kop indrukken, achterhouden* ◆ **1.1** eine Bemerkung ~ *een opmerking voor zich houden,* Informationen ~ *informaties achter-, geheimhouden.*

Unterdrücker ⟨m.⟩ **0.1** ***onderdrukker*** ⇒*verdrukker.*

unterdrückerisch **0.1** ***onderdrukkend*** ⇒*onderdrukkings-.*

unterdurchschnittlich **0.1** ***beneden het gemiddelde (liggend).***

untereinander **0.1** ***onder elkaar*** ⇒*onderling* ◆ **3.1** sich ~ helfen *elkaar helpen.*

unterentwickelt **0.1** ***onderontwikkeld*** ⇒*achtergebleven.*

unterernährt **0.1** ***ondervoed.***

Unterernährung ⟨v.⟩ **0.1** ***ondervoeding.***

unterfahren **0.1** ***rijden onder(door)*** **0.2** ***varen onder(door)*** **0.3** ⟨bouwk.⟩ ***bouwen, leiden onder(door)*** **0.4** ⟨mijnw.⟩ ***onderbouwen.***

unterfangen, sich ⟨schr.⟩ **0.1** ***wagen, durven*** ⇒*zich verstouten* ◆ **1.1** sich einer Sache ⟨2e nv.⟩ ~ *zich tot iets verstouten.*

Unterfangen ⟨o.; ~s⟩ **0.1** ***onderneming*** ⇒*waagstuk.*

unterfassen ⟨inf.⟩ **0.1** ***een arm geven*** **0.2** ***onder de armen grijpen*** ⇒*(met de armen) ondersteunen* ◆ **3.1** untergefaßt *gearmd, arm in arm* **4.1** sich ~ *elkaar een arm geven.*

unterfertigen ⟨adm.⟩ **0.1** ***ondertekenen.***

Unterfertiger ⟨m.⟩⟨adm.⟩ **0.1** ***ondertekenaar.***

Unterfertigte(r) ⟨bn. als zn.⟩⟨adm.⟩ **0.1** ***ondergetekende.***

unterfliegen **0.1** ***vliegen onder(door).***

unterfordern **0.1** ***te weinig vergen, eisen van*** ⇒*te geringe eisen stellen aan, te veel ontzien.*

unterführen **0.1** ***leiden onder(door).***

Unterführung ⟨v.⟩ **0.1** ***onderdoorgang*** ⇒*tunnel.*

Unterführungszeichen ⟨o.⟩ **0.1** ***aanhalingsteken*** ⟨ter herhaling⟩.

Unterfutter ⟨o.⟩ **0.1** ***(binnen)voering.***

Untergang ⟨m.⟩ **0.1** ***ondergang*** ⇒⟨fig.⟩ *teloorgang* ◆ **2.1** dem ~ verfallen, geweiht *ten dode opgeschreven.*

Untergangsstimmung ⟨v.⟩ **0.1** ***het doemdenken.***

untergärig **0.1** ***ondergistend.***

Untergattung ⟨v.⟩⟨biol.⟩ **0.1** ***ondergeslacht, subgenus.***

untergeben **0.1** ***ondergeschikt.***

Untergebene(r) ⟨bn. als zn.⟩ **0.1** ***ondergeschikte*** ⇒*mindere.*

untergehen **0.1** ***ondergaan*** ⇒*vergaan,* ⟨fig.⟩ *ten onder gaan, teloorgaan.*

untergeordnet **0.1** ***ondergeschikt*** ⟨ook taal.⟩ ⇒*lager, secundair.*

Untergeschoß ⟨o.⟩ **0.1** ***souterrain, kelderverdieping.***

Untergestell ⟨o.⟩ **0.1** ***onderstel*** ⇒⟨inf.; scherts.⟩ *onderdanen, benen.*

Untergewicht ⟨o.⟩ **0.1** ***te laag gewicht*** **0.2** ⟨ec.⟩ ***onderwicht.***

Unterglasanbau ⟨m.; g.mv.⟩ **0.1** ***glasteelt, glastuinbouw.***

untergliedern **0.1** ***onderverdelen*** ⇒*indelen.*

untergraben[1] ⟨ov.ww.⟩ **0.1** ***onderspitten, -graven.***

untergraben[2] ⟨ov.ww.⟩⟨fig.⟩ **0.1** ***ondermijnen, -graven.***

Untergrenze ⟨v.⟩ **0.1** ***onderste grens, ondergrens.***

Untergrund ⟨m.⟩ **0.1** ***ondergrond*** ⟨ook fig.⟩ ⇒*basis, grondslag* **0.2** ⟨pol.⟩ ***ondergrondse*** ⇒*illegaliteit, verzet(sbeweging)* **0.3** ⟨fig.⟩ ***underground.***

Untergrundbahn ⟨v.⟩ **0.1** ***metro, ondergrondse.***

Untergrundbewegung ⟨v.⟩ **0.1** ***ondergrondse (beweging)*** ⇒*illegaliteit, verzetsbeweging.*

untergründig **0.1** ***diepzinnig*** ⇒*verborgen, dieper (liggend).*

Untergruppe ⟨v.⟩ **0.1** ***ondergroep*** ⟨ook wisk.⟩, ***subgroep.***

unterhaben ⟨inf.⟩ **0.1** ***(er)onderaan hebben.***

unterhaken →**unterfassen.**
unterhalb ⟨vz. + 2⟩ **0.1** ***onder*** ⇒*beneden.*
Unterhalt ⟨m.⟩ **0.1** ***(levens)onderhoud*** **0.2** ***alimentatie*** **0.3** ***onderhoud*** ◆ **3.1** seinen ~ bestreiten *in zijn onderhoud voorzien, zich(zelf) kunnen bedruipen* **6.2** ⟨jur.⟩ **auf** ~ klagen *een eis tot alimentatie instellen.*
unterhalten[1] ⟨ov.ww.⟩⟨inf.⟩ **0.1** ***eronder houden, houden onder.***
unterhalten[2] **I** ⟨ov.ww.⟩ **0.1** ***onderhouden*** ⟨ook fig.⟩ ⇒*in stand houden, verzorgen* **0.2** ***amuseren, vermaken, aangenaam bezighouden;***
II sich ~ ⟨wk.ww.⟩ **0.1** ***zich onderhouden*** ⇒*converseren, praten, spreken* **0.2** ***zich amuseren, zich vermaken*** ◆ **6.1** sich **über** eine Sache ~ *zich over iets onderhouden, over iets praten.*
unterhaltend →**unterhaltsam.**
Unterhalter ⟨m.⟩ **0.1** ***amusementsartiest, entertainer*** ⇒ *conferencier* **0.2** ***onderhoudend iemand.***
unterhaltsam 0.1 ***onderhoudend*** ⇒*amusant, vermakelijk.*
Unterhaltsanspruch ⟨m.⟩ **0.1** ***aanspraak, recht op alimentatie.***
Unterhaltsbeitrag ⟨m.⟩ **0.1** ***alimentatie*** **0.2** ***toelage voor levensonderhoud.***
Unterhaltsklage ⟨v.⟩ **0.1** ***eis tot alimentatie.***
Unterhaltskosten ⟨alleen mv.⟩ **0.1** ***kosten van onderhoud.***
Unterhaltspflicht ⟨v.⟩ **0.1** ***onderhoudsplicht*** ⇒*alimentatieplicht.*
unterhalts|pflichtig, -verpflichtet 0.1 ***onderhoudsplichtig*** ⇒*alimentatieplichtig.*
Unterhaltszahlung ⟨v.⟩ **0.1** ***alimentatie.***
Unterhaltung ⟨v.⟩ **0.1** ***onderhoud*** ⇒*gesprek, conversatie* **0.2** ***ontspanning*** ⇒*amusement, vermaak, entertainment* **0.3** ***onderhoud*** ⇒*verzorging* **0.4** ⟨vero.⟩ ***vermakelijkheid*** ◆ **6.2 zur** ~ *voor het amusement, tot vermaak.*
Unterhaltungsbeilage ⟨v.⟩ **0.1** ***ontspanningsbijlage*** ⟨van krant⟩.
Unterhaltungselektronik ⟨v.⟩ **0.1** ***consumentenelektronica.***
Unterhaltungsfilm ⟨m.⟩ **0.1** ***amusementsfilm.***
Unterhaltungsindustrie ⟨v.⟩ **0.1** ***amusementsindustrie.***
Unterhaltungskosten ⟨alleen mv.⟩ **0.1** ***onderhoudskosten.***
Unterhaltungslektüre ⟨v.⟩ **0.1** ***ontspannings-, amusementslectuur.***
Unterhaltungsmusik ⟨v.⟩ **0.1** ***amusementsmuziek, populaire muziek.***
Unterhaltungsroman ⟨m.⟩ **0.1** ***ontspannende, lichte roman.***
Unterhaltungssendung ⟨v.⟩ **0.1** ***amusementsprogramma.***
Unterhaltungsteil ⟨m.⟩ **0.1** ***ontspanningsrubriek*** ⟨in krant of blad⟩ **0.2** ***ontspannend, lichter gedeelte*** ⟨in programma⟩.
unterhandeln ⟨vooral pol.⟩ **0.1** ***onderhandelen.***
Unterhändler ⟨m.⟩⟨vooral pol.⟩ **0.1** ***onderhandelaar.***
Unterhandlung ⟨v.⟩ **0.1** ***onderhandeling.***
Unterhaus ⟨o.⟩ **0.1** ***Lagerhuis*** ⟨in Engeland⟩ **0.2** ***Tweede Kamer*** ⇒⟨Belg.⟩ *Kamer van Volksvertegenwoordigers.*
Unterhemd ⟨o.⟩ **0.1** ***onderhemd.***
unterhöhlen 0.1 ***ondermijnen*** ⟨ook fig.⟩.
Unterholz ⟨o.⟩ **0.1** ***kreupelhout*** ⇒*onderhout.*
Unterhose ⟨v.⟩ **0.1** ***onderbroek*** ⇒*slip.*
Unterinstanz ⟨v.⟩ **0.1** ***lagere instantie.***
unterirdisch 0.1 ***onderaards*** ⇒*ondergronds* **0.2** ⟨fig.⟩ ***(in het) geheim, ondergronds*** ⇒*verborgen.*
Unteritalien ⟨o.⟩ **0.1** ***Beneden-Italië.***
unterjochen 0.1 ***onder het juk brengen, onderwerpen.***
unterjubeln ⟨inf.⟩ **0.1** ***in de schoenen schuiven*** **0.2** ***aansmeren*** ⇒*in de maag splitsen.*
unterkellern 0.1 ***een kelder maken, bouwen onder*** ⇒*v.e. kelder voorzien.*
Unterkiefer ⟨m.⟩ **0.1** ***onderkaak.***
Unterkleid ⟨o.⟩ **0.1** ***onderjurk.***
Unterkleidung ⟨v.⟩ **0.1** ***ondergoed, -kleding.***
unterkommen ⟨s.⟩ **0.1** ***een onderkomen vinden*** ⇒*onderdak vinden, onderkomen* **0.2** ⟨inf.⟩ ***terechtkomen*** ⇒*een baan vinden, krijgen* **0.3** ⟨reg., vooral Oostr.⟩ ***tegenkomen*** ⇒*overkomen* ◆ **6.1 in** einer Pension ~ *een pension vinden, onderdak vinden in een pension* **6.2 am** Theater ~ *bij het theater terechtkomen.*
Unterkommen ⟨o.; ~s, ~⟩ **0.1** ***onderkomen*** ⇒*onderdak, logies* **0.2** ⟨vero.⟩ ***betrekking*** ⇒*baan.*
Unterkörper ⟨m.⟩ **0.1** ***onderlichaam, -lijf.***
unterkriechen ⟨inf.⟩ **0.1** ***kruipen onder*** ⇒*gaan schuilen.*
unterkriegen ⟨inf.; fig.⟩ **0.1** ***kleinkrijgen*** ⇒*eronder krijgen.*
unterkühlen 0.1 ***onderkoelen.***
unterkühlt ⟨fig.⟩ **0.1** ***koel*** ⇒*afstandelijk.*
Unterkunft ⟨v.; ~, ¨-e⟩ **0.1** ***onderkomen, onderdak*** ⇒*accommodatie, logies, verblijf* **0.2** ⟨mil.⟩ ***kwartier*** ⇒*kamp(ement), onderkomen* ◆ **2.1** freie ~ *vrije huisvesting* **8.1** ~ und Verpflegung *kost en inwoning.*
Unterlage ⟨v.⟩ **0.1** ***onderlegger*** **0.2** ***ondergrond*** ⇒*onderlaag,* ⟨fig. vooral⟩ *basis, grondslag* **0.3** ⟨steeds mv.⟩ ***stukken, documenten*** ⇒*gegevens, bewijsstukken.*
Unterland ⟨o.⟩ **0.1** ***laagland.***
Unterländer ⟨m.; ~s, ~⟩ **0.1** ***bewoner v.h. laagland.***
Unterlaß ⟨m.⟩ ◆ **6.¶ ohne** ~ *zonder ophouden, onophoudelijk.*
unterlassen 0.1 ***nalaten*** ⇒*verzuimen* **0.2** ***achterwege laten, ophouden met*** ⇒*staken, stoppen, laten.*
Unterlassung ⟨v.; ~, ~en⟩ **0.1** ***verzuim*** ⇒*het nalaten, nalatigheid, omissie* **0.2** ***het ophouden, staken*** ⇒*het stoppen.*
Unterlassungsdelikt ⟨o.⟩⟨jur.⟩ **0.1** ***omissiedelict.***
Unterlassungsklage ⟨v.⟩⟨jur.⟩ **0.1** ***vordering, eis zich van iets te onthouden.***
Unterlassungssünde ⟨v.⟩⟨inf.; vaak iron.⟩ **0.1** ***(kleine) zonde, fout(je) uit nalatigheid.***
Unterlauf ⟨m.⟩ **0.1** ***benedenloop.***
unterlaufen[1] ⟨onov.ww.⟩ **0.1** ⟨vero.⟩ ***insluipen*** **0.2** ⟨inf.⟩ ***tegenkomen.***
unterlaufen[2] **I** ⟨onov.ww.⟩ **0.1** ⟨fig.⟩ ***insluipen*** **0.2** ⟨inf.⟩ ***tegenkomen*** ◆ **4.1** mir ist ein Fehler ~ *er is een fout (bij mij) ingeslopen, ik heb een fout gemaakt* **4.2** mir war noch nie so etwas ~ *ik was zoiets nog nooit tegengekomen;*
II ⟨ov.ww.⟩ **0.1** ***omzeilen*** ⇒*ontduiken* **0.2** ⟨sp.⟩ ***in de vlucht omstoten*** **0.3** ***belopen*** ◆ **6.3 mit** Blut ~ *met bloed belopen.*
Unterlaufung ⟨v.; ~, ~en⟩ **0.1** ***omzeiling*** ⇒*ontduiking* **0.2** ⟨med.⟩ ***bloeduitstorting.***
unterlegen[1] ⟨bn.⟩ **0.1** ***minder*** ⇒*onderliggend, zwakker, inferieur* ◆ **1.1** die ~e Partei *de onderliggende, verliezende partij* **4.1** jmdm. ~ sein *de mindere van iem. zijn, voor iem. onderdoen.*
unterlegen[2] ⟨ov.ww.⟩ **0.1** ***(er)onder leggen, leggen onder*** ⇒ *stoppen onder* **0.2** ***toeschrijven*** ⇒*toedichten, geven* ◆ **1.2** dem Text einen anderen Sinn ~ *de tekst een andere betekenis geven, anders interpreteren.*
unterlegen[3] ⟨ov.ww.⟩ **0.1** ***(van onder) bekleden*** ⇒*versterken, voeren, stofferen* **0.2** ***voorzien van*** ⇒*schrijven bij, opluisteren.*
Unterlegene(r) ⟨bn. als zn.⟩ **0.1** ***verliezer*** ⇒*mindere.*
Unterlegenheit ⟨v.; ~, ~en⟩ **0.1** ***inferioriteit*** ⇒*minder(waardig)heid.*

Unterleib ⟨m.⟩ **0.1** ***onderbuik, -lijf.***

unterliegen 0.1 ***onderworpen zijn aan*** *⇒onderhevig zijn aan* **0.2** ***(moeten) onderdoen voor*** *⇒het moeten afleggen tegen, verliezen van* ◆ **1.1** dem deutschen Recht ~ *onder het Duitse recht vallen* **2.2** eins zu drei ~ *met één tegen drie verliezen* **4.2** jmdm. ~ *voor iem. (moeten) onderdoen, van iem. verliezen.*

Unterlippe ⟨v.⟩ **0.1** ***onderlip.***

unterm ⟨vz.⟩⟨inf.⟩ [unter dem].

untermalen 0.1 ⟨fig.⟩ ***begeleiden*** *⇒opluisteren, illustreren* **0.2** ⟨bk.⟩ ***aanleggen*** *⇒aanzetten.*

Untermalung ⟨v.; ~, ~en⟩ **0.1** ⟨fig.⟩ ***begeleiding*** *⇒illustratie* **0.2** ⟨bk.⟩ ***(onder)grond*** *⇒fond.*

untermauern 0.1 ***door metselwerk steunen*** *⇒funderen* **0.2** ⟨fig.⟩ ***staven*** *⇒steunen, onderbouwen.*

untermengen[1] ⟨ov.ww.⟩ **0.1** ***mengen (onder, doorheen).***

untermengen[2] ⟨ov.ww.⟩ **0.1** ***vermengen*** *⇒dooreenmengen.*

Untermensch ⟨m.⟩ **0.1** ***inferieur, verdierlijkt mens.***

Untermiete ⟨v.⟩ **0.1** ***onderhuur*** ◆ **6.1 zur** ~ *in onderhuur.*

Untermieter ⟨m.⟩ **0.1** ***onderhuurder.***

unterminieren 0.1 ***ondermijnen*** ⟨ook fig.⟩.

untermischen[1] ⟨ov.ww.⟩ **0.1** ***vermengen*** *⇒mengen onder, door(heen).*

untermischen[2] ⟨ov.ww.⟩ **0.1** ***vermengen*** *⇒dooreenmengen.*

untermogeln ⟨inf.⟩ **0.1** ***ertussendoor moffelen*** *⇒in de maag splitsen.*

untern ⟨vz.⟩⟨inf.⟩ [unter den].

unternehmen[1] ⟨ov.ww.⟩⟨inf.⟩ **0.1** ***onder de armen grijpen*** *⇒een arm geven.*

unternehmen[2] ⟨ov.ww.⟩ **0.1** ***ondernemen*** *⇒doen* **0.2** ⟨schr.⟩ ***op zich nemen.***

Unternehmen ⟨o.; ~s, ~⟩ **0.1** ***onderneming*** ⟨ook bedrijf⟩ ◆ **3.1** ein ~ durchführen *een onderneming uitvoeren.*

unternehmend 0.1 ***ondernemend.***

Unternehmensberater ⟨m.⟩ **0.1** ***bedrijfsadviseur.***

Unternehmensberatung ⟨v.⟩ **0.1** ***consultancy, bedrijfsadvisering*** **0.2** ***bureau voor consultancy.***

Unternehmensführung ⟨v.⟩ **0.1** ***management*** *⇒bedrijfsleiding* **0.2** ***ondernemingsbeleid.***

Unternehmenszusammenschluß ⟨m.⟩ **0.1** ***fusie van ondernemingen.***

Unternehmer ⟨m.; ~s, ~⟩ **0.1** ***ondernemer.***

unternehmerisch 0.1 ***ondernemers-*** *⇒ondernemings-* **0.2** ***als een ondernemer*** *⇒zakelijk.*

Unternehmerschaft ⟨v.; ~, ~en⟩ **0.1** ***ondernemers.***

Unternehmertum ⟨o.; ~s⟩ **0.1** ***ondernemerschap*** **0.2** ***ondernemers.***

Unternehmerverband ⟨m.⟩ **0.1** ***ondernemersbond.***

Unternehmung ⟨v.; ~, ~en⟩ **0.1** ***onderneming*** ⟨ook bedrijf⟩.

Unternehmungsgeist ⟨m.⟩ **0.1** ***ondernemingsgeest.***

unternehmungslustig 0.1 ***ondernemend.***

Unteroffizier ⟨m.⟩ **0.1** ***onderofficier.***

unterordnen 0.1 ***onderschikken*** *⇒ondergeschikt maken, onderwerpen* ◆ **4.1** sich jmdm. ~ *zich onder iem. plaatsen;* jmdm. untergeordnet sein *onder iem. staan.*

Unterordnung ⟨v.⟩ **0.1** ***onderschikking*** ⟨ook taal.⟩, ***onderwerping*** *⇒plaatsing (onder), subordinatie, ondergeschiktheid* **0.2** ⟨biol.⟩ ***onder-, suborde.***

Unterpfand ⟨o.⟩ **0.1** ***onderpand*** ⟨ook fig.⟩.

unterpflügen 0.1 ***onderploegen.***

Unterprima ⟨v.⟩⟨vero.⟩ **0.1** ⟨op één na hoogste klas v.e. Duits gymnasium⟩.

unterprivilegiert ⟨schr.⟩ **0.1** ***(sociaal) achtergesteld.***

unterqueren 0.1 *lopen onder(door)* **0.2** ***doorvaren onder.***

unterreden, sich ⟨schr.⟩ **0.1** ***spreken*** *⇒confereren, een onderhoud hebben.*

Unterredung ⟨v.; ~, ~en⟩ **0.1** ***onderhoud*** *⇒gesprek, bespreking.*

unterrepräsentiert ⟨schr.⟩ **0.1** ***onder vertegenwoordigd.***

Unterricht ⟨m.; ~(e)s, ~e⟩ **0.1** ***onderwijs*** *⇒onderricht* **0.2** ***les*** *⇒college(s)* ◆ **2.1** englischen ~ geben *Engels onderwijzen, geven;* der fremdsprachliche ~ *het onderwijs in de vreemde talen, het vreemdetalenonderwijs* **3.1** ~ erteilen *onderwijs geven.*

unterrichten I ⟨ov. & onov.ww.⟩ **0.1** ***onderwijzen*** *⇒les geven, doceren, onderrichten* **0.2** ***op de hoogte brengen, stellen*** *⇒inlichten, informeren* ◆ **6.1** jmdn. **im** Malen ~ *iem. leren schilderen* **6.2** jmdn. **über** eine Sache, **von** einer Sache ~ *iem. van iets op de hoogte brengen, over iets inlichten;*

II sich ~ ⟨wk.ww.⟩ **0.1** ***zich op de hoogte stellen*** *⇒nader informeren* ◆ **6.1** sich **über** eine Sache ~ *zich van iets op de hoogte stellen.*

Unterrichtende(r) ⟨bn. als zn.⟩ **0.1** ***onderwijsgevende*** *⇒lesgever, docent.*

Unterrichtsanstalt ⟨v.⟩ **0.1** ***onderwijsinstelling, -inrichting.***

Unterrichtsaufgabe ⟨v.⟩ **0.1** ***lesopdracht*** **0.2** ***onderwijs-, lestaak.***

Unterrichtsbrief ⟨m.⟩ **0.1** ***schriftelijke les.***

Unterrichtseinheit ⟨v.⟩ **0.1** ***lesmodule.***

Unterrichtsfilm ⟨m.⟩ **0.1** ***instructieve film*** *⇒schoolfilm.*

unterrichtsfrei 0.1 ***vrij (van school)*** *⇒onderwijsvrij.*

Unterrichtsgegenstand ⟨m.⟩ **0.1** ***onderwerp v.d. les*** **0.2** ***onderwijsvak.***

Unterrichtsstunde ⟨v.⟩ **0.1** ***les(uur).***

Unterrichtswesen ⟨o.⟩ **0.1** ***onderwijs.***

Unterrichtung ⟨v.⟩ **0.1** ***informering, kennisgeving.***

unters ⟨vz.⟩⟨inf.⟩ [unter das].

untersagen 0.1 ***(officieel) verbieden*** *⇒ontzeggen.*

Untersatz ⟨m.⟩ **0.1** ***onderzetter*** *⇒onderzetje, schaaltje, blad* **0.2** ***onderstel*** *⇒voet(stuk), sokkel, treeft(je)* ◆ **2.1** ⟨inf.; scherts.⟩ ein fahrbarer ~ *een auto.*

unterschätzen 0.1 ***onderschatten.***

unterscheidbar 0.1 ***te onderscheiden*** *⇒herkenbaar.*

unterscheiden I ⟨ov.ww.⟩ **0.1** ***onderscheiden*** *⇒onderscheid, verschil maken, uit elkaar houden, onderkennen* ◆ **6.1 unter, zwischen** mehreren Sachen ~ *tussen meerdere dingen onderscheiden, onderscheid maken;*

II sich ~ ⟨wk.ww.⟩ **0.1** ***verschillen*** **0.2** ***zich onderscheiden*** ◆ **6.1** sich **im** Charakter ~ *van karakter verschillen.*

Unterscheidungsmerkmal ⟨o.⟩ **0.1** ***onderscheidend, distinctief kenmerk, (ken)teken.***

Unterscheidungsvermögen ⟨o.⟩ **0.1** ***onderscheidingsvermogen.***

Unterschenkel ⟨m.⟩ **0.1** ***onderbeen.***

Unterschicht ⟨v.⟩ **0.1** ***onderlaag*** **0.2** ⟨pol.⟩ ***lagere klasse.***

unterschieben[1] ⟨ov.ww.⟩ **0.1** ***onderschuiven*** ⟨ook fig.⟩.

unterschieben[2] ⟨ov.ww.⟩ **0.1** ***onderschuiven*** *⇒stiekem in de maag splitsen* **0.2** ***toedichten*** *⇒in de schoenen schuiven.*

Unterschied ⟨m.; ~(e)s, ~e⟩ **0.1** ***verschil*** *⇒onderscheid* ◆ **6.1 im** ~ zu ihm *anders dan hij, in tegenstelling tot, met hem;* **ohne** ~ *zonder uitzondering, onderscheid* **8.1** ein ~ wie Tag und Nacht *een verschil van dag en nacht.*

unterschieden 0.1 ***verschillend*** *⇒onderscheiden, uiteenlopend.*

unterschiedlich 0.1 ***verschillend*** *⇒onderscheiden, uiteenlopend.*

Unterschiedlichkeit ⟨v.; ~, ~en⟩ **0.1** ***verschil.***

unterschiedslos 0.1 ***zonder onderscheid*** *⇒zonder uitzondering.*

unterschlagen[1] ⟨ov.ww.⟩ **0.1** ***over elkaar slaan*** ⇒*kruisen* ◆ **1.1** mit untergeschlagenen Armen *met de armen over elkaar.*

unterschlagen[2] ⟨ov.ww.⟩ **0.1** ***verduisteren*** ⇒*verdonkeremanen, achteroverdrukken* **0.2** ***onderscheppen, achterhouden*** ⟨brief⟩ **0.3** ***achterhouden*** ⟨informatie⟩ ⇒*verzwijgen.*

Unterschlupf ⟨m.; ~(e)s, ~e⟩ **0.1** ***onderkomen*** ⇒*schuilplaats, toevlucht.*

unter|schlupfen, -schlüpfen ⟨inf.⟩ **0.1** ***een schuilplaats, een onderkomen zoeken*** ⇒*toevlucht vinden, (gaan) schuilen.*

unterschneiden ⟨sp.⟩ **0.1** ***kappen.***

unterschreiben **0.1** ***ondertekenen*** ⇒*tekenen* **0.2** ⟨fig.⟩ ***onderschrijven.***

unterschreiten **0.1** ***blijven beneden, onder.***

Unterschrift ⟨v.⟩ **0.1** ***handtekening*** ⇒*ondertekening* **0.2** ***onderschrift*** ⟨bij afbeelding⟩ ◆ **3.1** eine ~ leisten *een handtekening zetten, plaatsen.*

Unterschriften|aktion, -kampagne ⟨v.⟩ **0.1** ***handtekeningenactie.***

unterschriftsberechtigt **0.1** ***bevoegd te tekenen.***

unterschriftsreif **0.1** ***rijp voor ondertekening*** ⇒*zover dat het kan ondertekend worden.*

unterschwellig **0.1** ***onbewust*** ⇒*onderhuids, verborgen, onderbewust* **0.2** ***nauwelijks merkbaar.***

Unterseeboot ⟨o.⟩ **0.1** ***duikboot, onderzeeër.***

unterseeisch **0.1** ***onderzees.***

Unterseite ⟨v.⟩ **0.1** ***onderkant, -zijde.***

Untersekunda ⟨acc. wiss.⟩⟨v.⟩⟨vero.⟩ **0.1** ⟨zesde klas v.e. Duits gymnasium⟩.

untersetzen[1] ⟨ov.ww.⟩ **0.1** ***zetten, plaatsen onder*** ⇒*eronder zetten.*

untersetzen[2] ⟨ov.ww.⟩ **0.1** ***vermengen*** **0.2** ⟨tech.⟩ ***het toerental reduceren*** **0.3** ⟨tech.⟩ ***vertraagd weergeven.***

Untersetzer ⟨m.⟩ **0.1** ***onderzetter*** ⇒*onderzetje, schoteltje, treeft(je).*

untersetzt **0.1** ***gedrongen*** ⇒*kort en gezet.*

Untersetzung ⟨v.; ~, ~en⟩⟨tech.⟩ **0.1** ***reductor, reductiebak*** **0.2** ***verlaging*** ⇒*reductie.*

untersinken **0.1** ***(weg-, ver)zinken*** ⇒*onderzinken.*

unterspülen **0.1** ***onderspoelen*** ⇒*ondermijnen.*

unterst **0.1** ***onderste*** ⇒*laagste, benedenste* ◆ **3.1** das Unterste zu oberst kehren *alles ondersteboven keren, op zijn kop zetten.*

Unterstand ⟨m.⟩ **0.1** ***schuilplaats*** **0.2** ⟨mil.⟩ ***onderkomen, ondergrondse schuilplaats*** **0.3** ⟨Oostr.⟩ ***onderkomen, -dak.***

unterstehen[1] ⟨onov.ww.⟩ **0.1** ***staan onder*** ⇒*schuilen.*

unterstehen[2] **I** ⟨onov.ww.; met 3e nv.⟩ **0.1** ***staan onder*** ⇒ *vallen, ressorteren onder, ondergeschikt zijn aan* **0.2** ***onderworpen zijn aan*** ◆ **5.1** jmdm. unmittelbar ~ *rechtstreeks onder iem. staan;*
II sich ~ ⟨wk.ww.⟩ **0.1** ***wagen*** ⇒*(aan)durven* ◆ **4.1** untersteh dich! *heb het hart, lef eens!;* was ~ Sie sich! *wat denkt u eigenlijk wel!*

unterstellen[1] **I** ⟨ov.ww.⟩ **0.1** ***zetten, plaatsen (onder)*** ⇒ *stallen;*
II sich ~ ⟨wk.ww.⟩ **0.1** ***(gaan) schuilen.***

unterstellen[2] ⟨ov.ww.⟩ **0.1** ***plaatsen onder*** ⇒*de leiding geven over, laten ressorteren onder* **0.2** ***aannemen*** ⇒*veronderstellen, uitgaan van* **0.3** ***toedichten*** ⇒*in de schoenen schuiven, insinueren* ◆ **1.1** jmdm. eine Abteilung ~ *iem. de leiding over een afdeling geven* **1.3** jmdm. böse Absichten ~ *iem. kwade bedoelingen toedichten* **4.1** jmdm. unterstellt sein *onder iem. staan* **4.3** wie kannst du mir so etwas ~? *hoe kun je zoiets van mij denken?*

Unterstellung ⟨v.⟩ **0.1** ***verdachtmaking*** ⇒*insinuatie* **0.2** ***het plaatsen onder*** ⇒*het ondergeschikt maken aan.*

Unterstockwerk ⟨o.⟩ **0.1** ***souterrain.***

unterstreichen **0.1** ***onderstrepen*** ⇒⟨fig.⟩ *beklemtonen.*

Unterströmung ⟨v.⟩ **0.1** ***onderstroming, -stroom*** ⟨ook fig.⟩.

Unterstufe ⟨v.⟩ **0.1** ***onderbouw*** ⇒*laagste klassen* **0.2** ***laagste trap.***

unterstützen ⟨fig.⟩ **0.1** ***ondersteunen*** ⇒*steunen, bijstaan, subsidiëren.*

Unterstützung ⟨v.⟩ **0.1** ***ondersteuning*** ⇒*steun, hulp, bijstand* **0.2** ***geldelijke ondersteuning*** ⇒*steun, uitkering, bijstand, subsidie* ◆ **3.1** jmdm. ~ gewähren *iem. steun verlenen* **3.2** jmdm. eine ~ gewähren *iem. een uitkering toekennen.*

unterstützungsbedürftig **0.1** ***behoeftig*** ⇒*armlastig, noodlijdend.*

Unterstützungsberechtigte(r) ⟨bn. als zn.⟩ **0.1** ***uitkeringsgerechtigde.***

Unterstützungsempfänger ⟨m.⟩ **0.1** ***uitkeringstrekker.***

Unterstützungsgeld ⟨o.⟩ **0.1** ***steungeld*** ⇒*uitkering, steun.*

Unterstützungskasse ⟨v.⟩ **0.1** ***steunfonds.***

untersuchen **0.1** ***onderzoeken*** ⇒*nagaan, keuren* ◆ **6.1** jmdn. **auf** seinen Gesundheitszustand (hin) ~ *iemands gezondheidstoestand onderzoeken.*

Untersuchung ⟨v.; ~, ~en⟩ **0.1** ***onderzoek*** ⇒*onderzoeking, keuring,* ⟨jur.⟩ *instructie* ◆ **3.1** eine ~ anstellen, einleiten, vornehmen *een onderzoek instellen.*

Untersuchungsausschuß ⟨m.⟩ **0.1** ***onderzoekscommissie*** ⇒⟨pol. vooral⟩ *enquêtecommissie.*

Untersuchungsbefund ⟨m.⟩⟨med.⟩ **0.1** ***diagnose.***

Untersuchungsgefangene(r) ⟨bn. als zn.⟩ **0.1** ***preventief gedetineerde, verdachte in voorarrest.***

Untersuchungsgefängnis ⟨o.⟩ **0.1** ***huis van bewaring.***

Untersuchungshaft ⟨v.⟩ **0.1** ***voorlopige, preventieve hechtenis, voorarrest.***

Untersuchungshäftling ⟨m.⟩ →**Untersuchungsgefangene(r).**

Untersuchungsrichter ⟨m.⟩ **0.1** ***rechter-commissaris.***

Untersuchungsverfahren ⟨o.⟩ **0.1** ***onderzoeksmethode*** **0.2** ⟨jur.⟩ ***gerechtelijk onderzoek.***

Untertagebau ⟨m.; mv. ~e⟩⟨mijnw.⟩ **0.1** ***mijn*** ⇒*groeve* **0.2** ***diepbouw, ondergrondse winning.***

Untertagedeponie ⟨v.⟩ **0.1** ***caverne.***

untertags ⟨Oostr., Zwi.⟩ **0.1** ***overdag.***

untertan ⟨schr.⟩ **0.1** ***onderdanig*** ⇒*onderworpen (aan)* ◆ **3.1** sich ⟨3e nv.⟩ eine Sache ~ machen *iets (aan zich, aan zijn wil) onderwerpen, iets voor zich dienstbaar maken;* ⟨vero.⟩ jmdm. ~ sein *aan iem. onderworpen, dienstbaar zijn.*

Untertan ⟨m.; ~s of ~en, ~en⟩ **0.1** ***onderdaan.***

Untertanengeist ⟨m.⟩ **0.1** ***onderdanige mentaliteit.***

untertänig **0.1** ***onderdanig*** ⇒*onderworpen* ◆ **3.1** ⟨vero.⟩ ~st bitten *eerbiedig, beleefd verzoeken.*

Untertasse ⟨v.⟩ **0.1** ***schotel(tje)*** ◆ **2.1** fliegende ~ *vliegende schotel.*

untertauchen **I** ⟨onov.ww.⟩ **0.1** ***onderduiken*** ⟨ook fig.⟩ ◆ **7.1** ⟨fig.⟩ ein Untergetauchter *een onderduiker;*
II ⟨ov.ww.⟩ **0.1** ***onderdompelen.***

Unterteil ⟨m. & o.⟩ **0.1** ***onderste deel, gedeelte*** ⇒*benedendeel.*

unterteilen **0.1** ***onderverdelen*** ⇒*indelen.*

Untertertia ⟨acc. wiss.⟩⟨v.⟩⟨vero.⟩ **0.1** ⟨vierde klas v.e. Duits gymnasium⟩.

Untertitel ⟨m.⟩ **0.1** ***ondertitel*** ⟨ook van boek⟩, ***onderschrift.***
untertiteln 0.1 ***ondertitelen, van onderschriften voorzien.***
Unterton ⟨m.⟩ **0.1** ***ondertoon*** ⟨ook fig.⟩.
untertreiben I ⟨onov.ww.⟩ **0.1** ***in understatements spreken*** ⇒*zich eufemistisch uitdrukken;*
II ⟨ov.ww.⟩ **0.1** ***geringer voorstellen dan het is*** ⇒*minimaliseren.*
Untertreibung ⟨v.; ~, ~en⟩ **0.1** ***understatement.***
untertunneln 0.1 ***een tunnel aanleggen, bouwen onder, ondertunnelen.***
unterversorgen 0.1 ***te weinig aanvoeren, aanleveren (op)*** **0.2** ***te weinig steun geven*** ⇒*te weinig verzorgen* ◆ **¶.1** unterversorgt (a) *krap (gehouden)* (b) *met te weinig voorzieningen* (c) *met te weinig toe-, aanvoer.*
Unterverzeichnis ⟨o.⟩⟨comp.⟩ **0.1** ***subdirectory.***
unterwandern 0.1 ***ondergraven*** ⇒*infiltreren in.*
unterwärts ⟨inf.⟩ **0.1** ***beneden*** ⇒*onderaan* **0.2** ***omlaag, benedenwaarts.***
Unterwäsche ⟨v.⟩ **0.1** ***ondergoed*** ⇒*lingerie.*
unterwaschen 0.1 ***onderspoelen*** ⇒*ondermijnen.*
Unterwasser ⟨o.⟩ **0.1** ***grondwater.***
Unterwasserball ⟨m.; ~s⟩⟨sp.⟩ **0.1** ***onderwaterpolo.***
unterwegs 0.1 ***onderweg*** ⇒*op weg, op pad.*
unterweisen ⟨schr.⟩ **0.1** ***onderrichten, -wijzen*** ⇒*leren, instrueren.*
Unterweisung ⟨v.⟩ **0.1** ***onderricht, onderwijs*** ⇒*instructie.*
Unterwelt ⟨v.⟩ **0.1** ***onderwereld*** ⟨ook fig.⟩.
Unterweltler ⟨m.; ~s, ~⟩ **0.1** ***onderwereldfiguur.***
unterwerfen 0.1 ***onderwerpen*** ◆ **1.1** Weisungen unterworfen sein *aan orders, instructies gebonden zijn.*
unterwürfig 0.1 ***onderdanig*** ⇒*onderworpen, slaafs.*
unterzeichnen 0.1 ***ondertekenen*** ⇒*tekenen.*
Unterzeichner ⟨m.⟩ **0.1** ***ondertekenaar.***
Unterzeichnete(r) ⟨bn. als zn.⟩⟨adm.⟩ **0.1** ***ondergetekende.***
Unterzeichnung ⟨v.⟩ **0.1** ***ondertekening*** ⇒*handtekening.*
Unterzeug ⟨o.⟩⟨inf.⟩ **0.1** ***ondergoed.***
unterziehen[1] ⟨ov.ww.⟩ **0.1** ***eronder aantrekken*** **0.2** ⟨bouwk.⟩ ***steken*** **0.3** ⟨cul.⟩ ***mengen, halen*** ⇒*erdoor halen.*
unterziehen[2] ⟨ov.ww.⟩ **0.1** ***onderwerpen (aan)*** ◆ **1.1** etwas einer Prüfung ~ *iets aan een onderzoek onderwerpen* **4.1** sich einer Aufgabe ~ *een taak op zich nemen;* sich einer Operation ~ *een operatie ondergaan.*
untief 0.1 ***ondiep.***
Untiefe ⟨v.⟩ **0.1** ***ondiepte*** ⇒*ondiepe plaats* **0.2** ***enorme diepte*** ⇒*erg diepe plaats.*
Untier ⟨o.⟩ **0.1** ***ondier*** ⇒*monster.*
untilgbar ⟨acc.wiss.⟩⟨schr.⟩ **0.1** ***onaflosbaar*** ⇒*niet af te lossen* **0.2** ⟨fig.⟩ ***onuitwisbaar.***
untragbar ⟨acc.wiss.⟩ **0.1** ***ondraaglijk*** ⇒*niet (meer) te dragen, niet (meer) op te brengen.*
untrainiert 0.1 ***ongetraind.***
untrennbar ⟨acc.wiss.⟩ **0.1** ***onscheidbaar*** ⟨ook taal.⟩ ⇒*onafscheidelijk.*
untreu 0.1 ***ontrouw*** ⇒*trouweloos.*
Untreue ⟨v.⟩ **0.1** ***ontrouw*** ⇒*trouweloosheid,* ⟨jur.⟩ *kwade trouw.*
untröstlich ⟨acc.wiss.⟩ **0.1** ***ontroostbaar*** ⇒*troosteloos.*
untrüglich ⟨acc.wiss.⟩ **0.1** ***onbedrieglijk, onfeilbaar, zeker*** ⇒*onmiskenbaar.*
untüchtig 0.1 ***onbekwaam*** ⇒*ongeschikt.*
Untugend ⟨v.⟩ **0.1** ***ondeugd*** ⇒*gebrek, slechte gewoonte.*
untunlich ⟨vero.⟩ **0.1** ***ondoenlijk*** **0.2** ***ongepast.***
untypisch 0.1 ***atypisch.***
unüberbietbar ⟨acc.wiss.⟩ **0.1** ***onovertrefbaar*** ⇒*niet te overtreffen, evenaren.*
unüberbrückbar ⟨acc.wiss.⟩⟨fig.⟩ **0.1** ***onoverbrugbaar.***
unüberhörbar ⟨acc.wiss.⟩ **0.1** ***onmiskenbaar*** ⇒*wat men wel móét horen.*
unüberlegt 0.1 ***ondoordacht*** ⇒*onbezonnen.*
unüberschaubar ⟨acc.wiss.⟩ **0.1** ***onafzienbaar*** ⇒*niet te overzien.*
unübersehbar ⟨acc.wiss.⟩ **0.1** ***onafzienbaar*** ⇒*niet te overzien* **0.2** ***niet over het hoofd te zien*** ⇒*onmiskenbaar.*
unübersetzbar ⟨acc.wiss.⟩ **0.1** ***onvertaalbaar.***
unübersichtlich 0.1 ***onoverzichtelijk.***
unübersteigbar ⟨acc.wiss.⟩ **0.1** ***onoverklimbaar*** **0.2** ⟨fig.⟩ ***onoverkomelijk.***
unübertragbar ⟨acc.wiss.⟩ **0.1** ***onoverdraagbaar.***
unübertrefflich ⟨acc.wiss.⟩ **0.1** ***onovertrefbaar*** ⇒*niet te overtreffen.*
unübertroffen ⟨acc.wiss.⟩ **0.1** ***onovertroffen*** ⇒*ongeëvenaard.*
unüber|windbar, -windlich ⟨acc.wiss.⟩ **0.1** ***onoverwinnelijk*** ⇒⟨fig.⟩ *onoverkomelijk.*
unüblich 0.1 ***ongebruikelijk.***
unumgänglich ⟨acc.wiss.⟩ **0.1** ***onvermijdelijk*** ⇒*onontkoombaar, absoluut noodzakelijk.*
unumschränkt ⟨acc.wiss.⟩ **0.1** ***onbeperkt.***
unumstößlich ⟨acc.wiss.⟩ **0.1** ***onomstotelijk*** ⇒*onherroepelijk.*
unumstritten ⟨acc.wiss.⟩ **0.1** ***onomstreden, onbetwist.***
unumwunden ⟨acc.wiss.⟩ **0.1** ***onomwonden*** ⇒*onbewimpeld.*
ununterbrochen ⟨acc.wiss.⟩ **0.1** ***ononderbroken, onafgebroken*** ⇒*onophoudelijk.*
unver|änderbar, -änderlich ⟨acc.wiss.⟩ **0.1** ***onveranderlijk.***
unverantwortlich ⟨acc.wiss.⟩ **0.1** ***onverantwoordelijk*** ⇒*onverantwoord.*
unverarbeitet ⟨acc.wiss.⟩ **0.1** ***onbewerkt*** ⇒*ruw* **0.2** ⟨fig.⟩ ***onverwerkt.***
unveräußerlich ⟨acc.wiss.⟩ **0.1** ***onvervreemdbaar*** ⟨meestal fig.⟩.
unverbesserlich ⟨acc.wiss.⟩ **0.1** ***onverbeterlijk.***
unverbildet 0.1 ***onbedorven.***
unverbindlich ⟨acc.wiss.⟩ **0.1** ***vrijblijvend*** ⇒*niet bindend* **0.2** ***gedistantieerd*** ⇒*niet erg vriendelijk, afstandelijk.*
unverbleit 0.1 ***ongelood.***
unverblümt ⟨acc.wiss.⟩ **0.1** ***onverbloemd*** ⇒*onbewimpeld.*
unverbraucht ⟨acc.wiss.⟩ **0.1** ***(nog) niet verbruikt, onverbruikt*** ⇒*vers, fris.*
unverbrüchlich ⟨acc.wiss.⟩⟨schr.⟩ **0.1** ***onverbrekelijk*** ⇒*onwrikbaar.*
unverbürgt ⟨acc.wiss.⟩ **0.1** ***niet gewaarborgd*** ⇒*onbevestigd.*
unverdächtig 0.1 ***onverdacht.***
unverdaulich 0.1 ***onverteerbaar*** ⟨ook fig.⟩.
unverdaut 0.1 ***onverteerd*** ⟨ook fig.⟩.
unverdienter|maßen, -weise 0.1 ***onverdiend.***
unverdorben 0.1 ***onbedorven*** ⟨ook fig.⟩.
unverdrossen ⟨acc.wiss.⟩ **0.1** ***onverdroten*** ⇒*onverpoosd.*
unvereidigt 0.1 ***onbeëdigd.***
unvereinbar 0.1 ***onverenigbaar.***
unverfälscht 0.1 ***onvervalst.***
unverfänglich 0.1 ***onschuldig.***
unverfroren 0.1 ***brutaal(weg)*** ⇒*driest, met een stalen gezicht.*
unvergänglich ⟨acc.wiss.⟩ **0.1** ***onvergankelijk.***
unvergessen 0.1 ***onvergeten*** ◆ **4.1** er wird mir ~ bleiben *ik zal hem nooit vergeten.*

unvergeßlich ⟨acc. wiss.⟩ **0.1** ***onvergetelijk.***
unvergleichlich ⟨acc. wiss.⟩ **0.1** ***onvergelijkelijk*** ⇒*weergaloos, ongeëvenaard* **0.2** ***onvergelijkbaar, niet te vergelijken*** **0.3** ***heel wat.***
unverhältnismäßig **0.1** ***buitensporig*** ⇒*onevenredig, buitengewoon.*
unverheiratet **0.1** ***ongetrouwd.***
unverhofft **0.1** ***onverhoopt*** ◆ **¶.1** ⟨sprw.⟩ ~ kommt oft *waar men 't minst verwacht, springt de haas uit de gracht.*
unverhohlen ⟨acc. wiss.⟩ **0.1** ***onverholen*** ⇒*onomwonden, ronduit.*
unverhüllt **0.1** ***onbedekt*** **0.2** ⟨fig.⟩ ***onverholen.***
unverkäuflich ⟨acc. wiss.⟩ **0.1** ***onverkoopbaar*** **0.2** ***niet te koop*** ⇒*niet verhandelbaar.*
unverkennbar ⟨acc. wiss.⟩ **0.1** ***onmiskenbaar.***
unverlangt **0.1** ***ongevraagd.***
unverläßlich **0.1** ***onbetrouwbaar.***
unverletzbar ⟨acc. wiss.⟩ **0.1** ***onkwetsbaar.***
unverletzlich ⟨acc. wiss.⟩ **0.1** ***onschendbaar*** ⇒*onaantastbaar.*
unverletzt **0.1** ***ongedeerd.***
unverlierbar ⟨acc. wiss.⟩ **0.1** ***onvervreemdbaar*** ⇒*onuitwisbaar.*
unver|meidbar, -meidlich **0.1** ***onvermijdelijk.***
unvermerkt ⟨schr.⟩ **0.1** ***ongemerkt*** ⇒*zonder het te merken.*
unvermittelt **0.1** ***plots(eling)*** ⇒*opeens, onverhoeds.*
Unvermögen ⟨o.⟩ **0.1** ***onvermogen*** ⇒*onmacht.*
unvermögend **0.1** ***onvermogend, onbemiddeld*** **0.2** ⟨vero.⟩ ***niet in staat*** ⇒*onbekwaam.*
unvermutet **0.1** ***onverwacht(s), onvermoed.***
Unvernunft ⟨v.⟩ **0.1** ***onverstand*** ⇒*dwaas-, redeloos-, onredelijkheid.*
unvernünftig **0.1** ***onverstandig*** ⇒*dwaas, onredelijk, redeloos.*
unverrichtet ◆ **1.¶** ~er Dinge, Sache *onverrichter zake.*
unverrichteter|dinge, -sache **0.1** ***onverrichter zake.***
unverrückbar ⟨acc. wiss.⟩ **0.1** ***onwrikbaar*** ⇒*onomstotelijk.*
unverschämt **0.1** ***onbeschaamd*** ⇒*brutaal, onbeschoft* **0.2** ⟨inf.⟩ ***schandalig*** ⇒*ontzettend.*
Unverschämtheit ⟨v.; ~, ~en⟩ **0.1** ***onbeschaamdheid*** ⇒*brutaliteit, onbeschoftheid.*
unverschlossen **0.1** ***on(af)gesloten, niet afgesloten.***
unverschuldet ⟨acc. wiss.⟩ **0.1** ***onschuldig, buiten zijn schuld*** ⇒*onverdiend.*
unversehens ⟨acc. wiss.⟩ **0.1** ***onverhoeds*** ⇒*onvoorzien(s), onverwachts* **0.2** ***zonder er erg in te hebben.***
unversehrt ⟨acc. wiss.⟩ **0.1** ***ongedeerd*** ⇒*heelhuids* **0.2** ***onbeschadigd*** ⇒*ongeschonden, intact.*
unver|siegbar, -sieglich ⟨acc. wiss.⟩ **0.1** ***onuitputtelijk.***
unversöhnlich ⟨acc. wiss.⟩ **0.1** ***onverzoenlijk.***
Unverstand ⟨m.⟩ **0.1** ***onverstand*** ⇒*dwaasheid.*
unverstanden **0.1** ***onbegrepen.***
unverständlich **0.1** ***onverstaanbaar*** **0.2** ⟨fig.⟩ ***onbegrijpelijk.***
Unverständnis ⟨o.⟩ **0.1** ***onbegrip*** ⇒*gebrek aan begrip.*
unverstellt ⟨acc. wiss.⟩ **0.1** ***ongeveinsd*** ⇒*oprecht.*
unversteuert **0.1** ***niet aangegeven (voor de belastingen)*** **0.2** ***(fiscaal) onbelast*** ⇒*belastingvrij.*
unversucht ◆ **3.¶** nichts ~ lassen *niets onbeproefd laten.*
unverträglich **0.1** ***onverdraagzaam*** ⇒*twistziek* **0.2** ***onverenigbaar*** **0.3** ***onverteerbaar*** ⇒*moeilijk te verteren, zwaar.*
unvertretbar **0.1** ***niet te verdedigen, verantwoorden*** ⇒*onverantwoord.*
unverwandt **0.1** ***strak*** ⇒*onafgewend.*
unverwechselbar ⟨acc. wiss.⟩ **0.1** ***onmiskenbaar eigen, typisch, (op en top) karakteristiek.***
unverwehrt ⟨acc. wiss.⟩ **0.1** ***vrij*** ⇒*ongehinderd* ◆ **4.1** das ist, bleibt Ihnen ~ *dat staat u vrij.*
unverweilt ⟨acc. wiss.⟩⟨vero.⟩ **0.1** ***onverwijld*** ⇒*onmiddellijk.*
unverwertbar ⟨acc. wiss.⟩ **0.1** ***onbruikbaar.***
unverwundbar ⟨acc. wiss.⟩ **0.1** ***onkwetsbaar.***
unverwundet **0.1** ***ongedeerd*** ⇒*niet gewond.*
unverwüstlich ⟨acc. wiss.⟩ **0.1** ***onverwoestbaar*** ⇒⟨fig.⟩ *onverstoorbaar* **0.2** ***onverslijtbaar.***
unverzagt ⟨acc. wiss.⟩ **0.1** ***onversaagd*** ⇒*onbevreesd.*
unver|zeihbar, -zeihlich ⟨acc. wiss.⟩ **0.1** ***onvergeeflijk.***
unverzichtbar ⟨acc. wiss.⟩ **0.1** ***onontbeerlijk*** ⇒*onmisbaar, essentieel.*
unverzinslich ⟨ec.⟩ **0.1** ***renteloos.***
unverzollt **0.1** ***niet aangegeven*** **0.2** ***onbelast, vrij van rechten.***
unverzüglich ⟨acc. wiss.⟩ **0.1** ***onmiddellijk, onverwijld*** ⇒*terstond.*
unvollendet ⟨acc. wiss.⟩ **0.1** ***onvoltooid.***
unvollkommen ⟨acc. wiss.⟩ **0.1** ***onvolmaakt*** ⇒*onvolkomen* **0.2** ***onvolkomen, onvolledig.***
unvollständig **0.1** ***onvolledig.***
unvordenklich ⟨vero.⟩ **0.1** ***onheuglijk*** ◆ **1.1** seit ~en Zeiten *sinds onheuglijke tijden.*
unvorhergesehen **0.1** ***onvoorzien.***
unvorhersehbar **0.1** ***niet te voorzien.***
unvorsichtigerweise **0.1** ***onvoorzichtig genoeg.***
unvorstellbar ⟨acc. wiss.⟩ **0.1** ***onvoorstelbaar*** ⇒*ondenkbaar.*
unvorteilhaft **0.1** ***onvoordelig*** **0.2** ***niet flatterend.***
unwägbar ⟨acc. wiss.⟩ **0.1** ***onweegbaar*** ⇒*onzeker, niet te bepalen.*
Unwägbarkeit ⟨v.; ~, ~en⟩ **0.1** ***onweegbaarheid*** ⇒*onzekerheid, risico('s),* ⟨mv.⟩ *imponderabilia.*
unwahr **0.1** ***onwaar*** ⇒*onjuist.*
unwahrhaftig ⟨schr.⟩ **0.1** ***onwaarachtig.***
Unwahrheit ⟨v.⟩ **0.1** ***onwaarheid.***
unwahrscheinlich ⟨acc. wiss.⟩ **0.1** ***onwaarschijnlijk*** ⇒⟨inf.⟩ *ongelofelijk.*
unwandelbar ⟨acc. wiss.⟩⟨schr.⟩ **0.1** ***onveranderlijk*** ⇒*onwrikbaar, vast.*
unwegsam **0.1** ***onbegaanbaar*** ⇒*ontoegankelijk.*
unweiblich **0.1** ***onvrouwelijk.***
unweigerlich ⟨acc. wiss.⟩ **0.1** ***onvermijdelijk*** ⇒*beslist.*
unweit ⟨vz. + 2⟩ **0.1** ***niet ver van*** ◆ **1.1** ~ des Flusses *niet ver van de rivier.*
unwert ⟨met 2e nv.⟩⟨schr.⟩ **0.1** ***niet waard, onwaardig.***
Unwesen ⟨o.⟩ **0.1** ***(misdadige) praktijken*** **0.2** ⟨schr.⟩ ***misstand, wantoestand*** ◆ **3.1** sein ~ treiben (a) *(lelijk) huishouden* (b) *actief, bezig zijn.*
unwesentlich **0.1** ***onbelangrijk*** ⇒*niet essentieel* **0.2** ⟨bw.⟩ ***(een) ietsje*** ⇒*een tikje.*
Unwetter ⟨o.⟩ **0.1** ***noodweer.***
unwichtig **0.1** ***onbelangrijk*** ⇒*onbeduidend, van geen belang.*
unwider|legbar, -leglich ⟨acc. wiss.⟩ **0.1** ***onweerlegbaar.***
unwiderruflich ⟨acc. wiss.⟩ **0.1** ***onherroepelijk.***
unwidersprochen ⟨acc. wiss.⟩ **0.1** ***niet tegengesproken*** ⇒*onweerlegd* ◆ **3.1** das darf nicht ~ bleiben *daar moet op gereageerd worden.*
unwiderstehlich ⟨acc. wiss.⟩ **0.1** ***onweerstaanbaar.***
unwiederbringlich ⟨acc. wiss.⟩ **0.1** ***onherstelbaar*** ⇒*onherroepelijk* **0.2** ***nooit (meer) terugkerend.***

Unwille(n) ⟨m.⟩⟨schr.⟩ **0.1** ***misnoegen*** *⇒ontstemming, wrevel.*

unwillentlich 0.1 ***onopzettelijk, zonder het te willen.***

unwillig 0.1 ***ontstemd*** *⇒wrevelig, misnoegd* **0.2** ***met tegenzin*** *⇒onwillig.*

unwillkommen 0.1 ***onwelkom*** *⇒niet welkom.*

unwillkürlich ⟨acc. wiss.⟩ **0.1** ***onwillekeurig.***

unwirklich ⟨schr.⟩ **0.1** ***onwerkelijk*** *⇒onwezenlijk.*

unwirksam 0.1 ***zonder uitwerking, effect*** *⇒ineffectief* **0.2** ***ongeldig*** *⇒nietig.*

unwirsch 0.1 ***nors, stuurs*** *⇒bars.*

unwirtlich 0.1 ***ongastvrij*** **0.2** ***onherbergzaam*** **0.3** ***guur*** *⇒bar, ruw.*

unwirtschaftlich 0.1 ***oneconomisch*** *⇒onvoordelig, niet zuinig.*

unwissend 0.1 ***onwetend*** *⇒onkundig.*

Unwissenheit ⟨v.; ~⟩ **0.1** ***onwetendheid*** *⇒onkunde.*

unwissentlich 0.1 ***onopzettelijk*** *⇒onbewust, uit onwetendheid.*

unwohl 0.1 ***onwel, onpasselijk*** *⇒niet goed, niet lekker* **0.2** ***onbehaaglijk, niet op zijn gemak*** **0.3** ⟨vero.⟩ ***ongesteld*** ◆ **4.1** ich bin, mir ist etwas ~ *ik voel me niet zo goed, niet lekker.*

Unwohlsein ⟨o.; ~s⟩ **0.1** ***onpasselijkheid.***

unwohnlich 0.1 ***ongezellig.***

Unwort ⟨o.; mv. ~er⟩ **0.1** ***volkomen misplaatste term.***

unwürdig 0.1 ***onwaardig*** *⇒verachtelijk, schandelijk.*

Unzahl ⟨v.⟩ **0.1** ***enorm (groot) aantal.***

unzählbar, unzählig ⟨acc. wiss.⟩ **0.1** ***ontelbaar*** *⇒talloos.*

unzähligemal 0.1 ***ontelbare, talloze keren.***

unzähmbar ⟨acc. wiss.⟩ **0.1** ***ontembaar*** ⇒⟨fig.⟩ *onbedwingbaar.*

unzart 0.1 ***onkies*** *⇒niet fijn, tactloos.*

Unze ⟨v.; ~, ~n⟩ **0.1** ***ounce*** ⟨28,35 g⟩.

Unzeit ⟨v.⟩⟨schr.⟩ ◆ **6.¶** zur ~ *te onpas, ongelegen,* ⟨ook⟩ *op een onmogelijke tijd.*

unzeitgemäß 0.1 ***niet van de(ze) tijd*** *⇒uit de tijd* **0.2** ***niet in overeenstemming met de tijd v.h. jaar*** *⇒te … voor de tijd v.h. jaar.*

unzeitig 0.1 ***ongelegen, ontijdig*** *⇒te onpas.*

unzerbrechlich ⟨acc. wiss.⟩ **0.1** ***onbreekbaar.***

unzerreißbar ⟨acc. wiss.⟩ **0.1** ***niet scheurend.***

unzerstörbar ⟨acc. wiss.⟩ **0.1** ***onverwoestbaar.***

unzertrennlich ⟨acc. wiss.⟩ **0.1** ***onafscheidelijk*** *⇒onscheidbaar.*

unziemlich ⟨schr.⟩ **0.1** ***onbetamelijk*** *⇒onbehoorlijk.*

Unzierde ⟨v.⟩ **0.1** ***ontsiering*** *⇒schandvlek.*

Unzucht ⟨v.⟩⟨vero.⟩ **0.1** ***ontucht.***

unzüchtig 0.1 ***ontuchtig*** *⇒obsceen.*

unzufrieden 0.1 ***ontevreden.***

unzugänglich 0.1 ***ontoegankelijk*** **0.2** ⟨fig.⟩ ***ongenaakbaar.***

unzulänglich ⟨schr.⟩ **0.1** ***onvoldoende*** *⇒ontoereikend.*

Unzulänglichkeit ⟨v.; ~, ~en⟩ **0.1** ***onvolmaaktheid*** *⇒tekortkoming* **0.2** ***ontoereikendheid.***

unzulässig 0.1 ***ontoelaatbaar*** *⇒ongeoorloofd* **0.2** ⟨jur.⟩ ***onontvankelijk*** ◆ **8.2** als ~ verwerfen, zurückweisen *niet ontvankelijk verklaren.*

unzumutbar 0.1 ***ondraaglijk*** *⇒te ver gaand, teveel gevraagd, onredelijk.*

unzurechnungsfähig 0.1 ***ontoereken(ingsvat)baar.***

unzureichend 0.1 ***ontoereikend*** *⇒onvoldoende.*

unzusammenhängend 0.1 ***onsamenhangend.***

unzuständig 0.1 ***onbevoegd*** *⇒incompetent.*

unzustellbar 0.1 ***onbestelbaar*** ⟨post⟩.

unzuträglich ⟨schr.⟩ ◆ **3.¶** jmdm., einer Sache ~ sein *schadelijk, nadelig voor iem., iets zijn.*

unzutreffend 0.1 ***onjuist*** *⇒niet ter zake dienend* ◆ **3.1** Unzutreffendes bitte streichen! *(s.v.p.) schrappen, doorhalen wat niet van toepassing is.*

unzuverlässig 0.1 ***onbetrouwbaar.***

unzweckmäßig 0.1 ***ondoelmatig.***

unzweideutig 0.1 ***ondubbelzinnig.***

unzweifelhaft 0.1 ***on(be)twijfelbaar, onloochenbaar*** **0.2** ***ongetwijfeld.***

Update ⟨o.; ~s, ~s⟩⟨comp.⟩ **0.1** ***update.***

üppig 0.1 ***weelderig*** *⇒welig* **0.2** ***overvloedig*** *⇒copieus* ◆ **1.1** ⟨fig.⟩ eine ~e Frau *een vrouw met weelderige vormen;* ~es Gras *welig gras;* ~e Lippen *sensuele, volle lippen* **3.1** es nicht ~ haben *het niet breed hebben;* ~ wachsen, wuchern ⟨ook fig.⟩ *welig tieren.*

Ur ⟨m.; ~(e)s, ~e⟩ **0.1** ***oerrund.***

Urabstimmung ⟨v.⟩ **0.1** ⟨stemming v.d. vakbondsleden over het al of niet staken⟩.

Urahn ⟨m.⟩ **0.1** ***stamvader*** **0.2** ⟨vero.; nog reg.⟩ ***overgrootvader*** **0.3** ⟨steeds mv.⟩ ***voorouders, -vaderen.***

Urahne ⟨v.⟩ **0.1** ***stammoeder*** **0.2** ⟨vero.; nog reg.⟩ ***overgrootmoeder.***

Ural ⟨m.; ~(s)⟩ **0.1** ***Oeral.***

uralt 0.1 ***oeroud*** *⇒over-, eeuwenoud* **0.2** ***stokoud.***

Uran ⟨o.; ~s⟩ **0.1** ***uraan, uranium.***

Uranfang ⟨m.⟩ **0.1** ***allereerste begin*** *⇒oorsprong.*

Uranvorkommen ⟨o.⟩ **0.1** ***aanwezigheid van uraan*** **0.2** ***vindplaats van uraan.***

uraufführen 0.1 ***voor de allereerste keer op-, uitvoeren*** *⇒in première brengen.*

Uraufführung ⟨v.⟩ **0.1** ***(wereld)première, allereerste op-, uitvoering.***

urban 0.1 ***urbaan*** *⇒stedelijk, beschaafd.*

Urbanität ⟨v.; ~⟩ **0.1** ***urbaniteit*** *⇒stedelijk karakter, beschaving.*

urbar ◆ **3.¶** ~ machen *ontginnen, in cultuur brengen.*

Urbarmachung ⟨v.; ~, ~en⟩ **0.1** ***ontginning.***

Urbedeutung ⟨v.⟩ **0.1** ***grondbetekenis, oorspronkelijke betekenis.***

Urbeginn ⟨m.⟩ **0.1** ***allereerste begin*** *⇒oorsprong.*

Urbestandteil ⟨m.⟩ **0.1** ***oorspronkelijk bestanddeel, element.***

Urbild ⟨o.⟩ **0.1** ***oerbeeld*** *⇒oorspronkelijk beeld, oervorm, archetype* **0.2** ***prototype*** *⇒toon-, voorbeeld.*

ureigen 0.1 ***(hoogst)eigen*** *⇒eigenst, allerindividueelst.*

ureigentümlich 0.1 ***echt, op en top oorspronkelijk, origineel*** **0.2** ***hoogst merkwaardig.***

Ureinwohner ⟨m.⟩ **0.1** ***oorspronkelijke bewoner, oerbewoner.***

Ureltern ⟨alleen mv.⟩⟨rel.⟩ **0.1** ***stamouders.***

Urenkel ⟨m.⟩ **0.1** ***achterkleinkind*** *⇒achterkleinzoon.*

Urenkelin ⟨v.⟩ **0.1** ***achterkleindochter.***

urewig 0.1 ***onheuglijk*** **0.2** ***vreselijk lang*** *⇒een eeuwigheid.*

Urfassung ⟨v.⟩ **0.1** ***oertekst.***

Urfehde ⟨v.⟩⟨gesch.⟩ **0.1** ***beëindiging v.d. vete.***

Urform ⟨v.⟩ **0.1** ***oervorm, oorspronkelijke vorm.***

urgemütlich ⟨inf.⟩ **0.1** ***oer-, knoertgezellig.***

urgermanisch 0.1 ***Oer-Germaans.***

Urgeschichte ⟨v.⟩ **0.1** ***(oudste) prehistorie*** *⇒voorgeschiedenis.*

Urgestalt ⟨v.⟩ **0.1** ***oorspronkelijke gedaante*** *⇒oervorm.*

Urgestein ⟨o.⟩ **0.1** ***oergesteente, primair gesteente.***

Urgewalt ⟨v.⟩⟨schr.⟩ **0.1** ***oerkracht(en).***

Urgroßeltern ⟨alleen mv.⟩ **0.1** ***overgrootouders.***
Urgroßmutter ⟨v.⟩ **0.1** ***overgrootmoeder.***
Urgroßvater ⟨m.⟩ **0.1** ***overgrootvader.***
Urgrund ⟨m.⟩ **0.1** ***oergrond, diepste grond.***
Urheber ⟨m.; ~s, ~⟩ **0.1** ***veroorzaker*** ⇒*initiatiefnemer, aanstichter, dader* **0.2** ***grondlegger*** ⇒*schepper, geestelijke vader, maker, uitvinder* **0.3** ***auteur*** ⇒*schrijver* **0.4** ***verspreider*** ⟨v.e. bericht⟩.
Urheberrecht ⟨o.⟩⟨jur.⟩ **0.1** ***auteursrecht.***
urheberrechtlich 0.1 ***mbt. het auteursrecht*** ◆ **3.1** ~ geschützt *door de auteurswet beschermd.*
Urheberschaft ⟨v.; ~⟩ **0.1** ***het veroorzaken, initiatief*** ⇒ *aanstichting, daderschap* **0.2** ***(geestelijk) vaderschap*** **0.3** ***auteurschap.***
Urheimat ⟨v.⟩ **0.1** ***oorspronkelijke woonplaats*** ⇒*bakermat.*
urig 0.1 ***echt, origineel*** ⇒*authentiek, onvervalst* **0.2** ***raar, origineel*** ⇒*koddig.*
Urin ⟨m.; ~s, ~e⟩ **0.1** ***urine.***
urinieren 0.1 ***urineren, wateren.***
Urinprobe ⟨v.⟩⟨med.⟩ **0.1** ***urinemonster.***
Urkanton ⟨m.⟩ **0.1** ***oerkanton.***
Urknall ⟨m.⟩⟨ster.⟩ **0.1** ***oerexplosie, big bang.***
urkomisch 0.1 ***oerkomiek*** ⇒*allergrappigst.*
Urkunde ⟨v.; ~, ~n⟩ **0.1** ***oorkonde*** ⟨vooral gesch.⟩, ***akte*** ⇒ *document, certificaat.*
Urkundenfälschung ⟨v.⟩ **0.1** ***valsheid in geschrifte.***
urkundlich 0.1 ***door, in de oorkonden, documenten (gedocumenteerd, gestaafd)*** **0.2** ***volgens oorkonde, authentiek*** ⇒*wettig* ◆ **3.1** ~ belegen *met documenten, oorkonden staven.*
Urlaub ⟨m.; ~(e)s, ~e⟩ **0.1** ***vakantie*** ⇒*verlof* ⟨ook mil.⟩ ◆ **3.1** seinen ~ antreten *met vakantie gaan, vertrekken;* ⟨mil.⟩ den ~ sperren *de verloven intrekken* **6.1 auf, in**, im ~ sein *op, met vakantie zijn;* **in** ~ fahren, gehen *met vakantie gaan.*
Urlauber ⟨m.; ~s, ~⟩ **0.1** ***vakantieganger*** **0.2** ⟨mil.⟩ ***verlofganger.***
Urlaubsanschrift ⟨v.⟩ **0.1** ***vakantieadres.***
Urlaubsgeld ⟨o.⟩ **0.1** ***vakantiegeld*** ⇒*vakantie-uitkering.*
urlaubsreif ◆ **3.¶** ~ sein *aan vakantie toe zijn.*
Urlaubsschein ⟨m.⟩⟨mil.⟩ **0.1** ***verlofpas.***
Urlaubssperre ⟨v.⟩⟨mil.⟩ **0.1** ***intrekking der verloven.***
Urlaubsvertretung ⟨v.⟩ **0.1** ***vervanging in de vakantie*** **0.2** ***vervanger, invaller in de vakantie.***
Urlaubsziel ⟨o.⟩ **0.1** ***vakantiebestemming.***
Urmensch ⟨m.⟩ **0.1** ***oermens.***
Urmutter ⟨v.; mv. ⸚⟩ **0.1** ***stammoeder, allereerste moeder.***
Urne ⟨v.; ~, ~n⟩ **0.1** ***urn*** **0.2** ***stembus*** **0.3** ***trommel*** ⟨bij loterij⟩ ◆ **6.2 an** die ~ treten, **zur** ~ gehen *ter stembus gaan.*
Urnenhalle ⟨v.⟩ **0.1** ***columbarium.***
U-Rohr ⟨o.⟩⟨tech.⟩ **0.1** ***U-buis.***
Urologe ⟨m.; ~n, ~n⟩⟨med.⟩ **0.1** ***uroloog.***
Uroma ⟨v.⟩⟨kind.⟩ **0.1** ***overgrootmoeder.***
Uropa ⟨m.⟩⟨kind.⟩ **0.1** ***overgrootvader.***
urplötzlich 0.1 ***heel plotseling*** ⇒*onverhoeds.*
Urquelle ⟨v.⟩ **0.1** ***oerbron, (aller)eerste bron*** ⇒*eerste oorsprong.*
Ursache ⟨v.⟩ **0.1** ***oorzaak*** **0.2** ***reden*** ◆ **3.2** du hast (alle) ~, dich zu freuen *je hebt alle reden je te verheugen* **4.¶** keine ~! *geen dank!, niets te danken!* **8.1** ~ und Wirkung *oorzaak en gevolg* **¶.1** ⟨sprw.⟩ kleine ~n, große Wirkungen *kleine oorzaken hebben grote gevolgen.*
ursächlich 0.1 ***oorzakelijk, causaal*** ◆ **6.1** ~ **für** etwas sein *de oorzaak van iets zijn.*

Urschrift ⟨v.⟩ **0.1** ***origineel*** ⇒*oorspronkelijk stuk* **0.2** ⟨jur.⟩ ***minuut.***
urschriftlich 0.1 ***origineel*** ⇒⟨bw.⟩ *in het origineel.*
ursenden ⟨com.⟩ **0.1** ***voor het eerst uitzenden.***
urspr. ⟨afk.⟩ →**ursprünglich.**
Ursprache ⟨v.⟩ **0.1** ***oertaal*** **0.2** ***oorspronkelijke, originele taal.***
Ursprung ⟨m.⟩ **0.1** ***oorsprong*** ⇒*herkomst.*
ursprünglich ⟨acc. wiss.⟩ **0.1** ***oorspronkelijk*** **0.2** ***echt, onvervalst*** ⇒*natuurlijk.*
Ursprungsattest →**Ursprungszeugnis.**
Ursprungsland ⟨o.; mv. ⸚er⟩ **0.1** ***land van herkomst.***
Ursprungszeugnis ⟨o.⟩ **0.1** ***certificaat van oorsprong.***
Urständ ⟨v.⟩ ◆ **3.¶** (fröhliche) ~ feiern *weer helemaal in raken, weer hoogtij vieren.*
Urteil ⟨o.; ~s, ~e⟩ **0.1** ***oordeel*** ⟨ook fil.⟩ ⇒*beoordeling* **0.2** ⟨jur.⟩ ***vonnis*** ⇒*arrest, uitspraak* ◆ **2.1** salomonisches ~ *Salomonsoordeel;* ein sicheres ~ *een helder oordeel(svermogen)* **3.1** ein ~ abgeben, äußern *een oordeel uitspreken* **3.2** das ~ ergeht in 8 Tagen *de uitspraak volgt over 8 dagen;* das ~ sprechen, verkünden *het vonnis uitspreken, wijzen;* ⟨fig.⟩ sich ⟨3e nv.⟩ selbst sein ~ sprechen *zijn eigen vonnis tekenen* **6.1 im** ~ der Leute *volgens het oordeel der mensen.*
Urteilchen ⟨o.⟩⟨nat.⟩ **0.1** ***quark.***
urteilen 0.1 ***oordelen*** ◆ **6.1 nach** dem ersten Eindruck ~ *op de eerste indruk afgaan.*
Urteilsbegründung ⟨v.⟩⟨jur.⟩ **0.1** ***motivering v.h. vonnis.***
urteilsfähig 0.1 ***tot oordelen in staat, bevoegd.***
Urteilsfähigkeit ⟨v.⟩ **0.1** ***beoordelings-, oordeelsvermogen.***
Urteilsfindung ⟨v.⟩⟨jur.⟩ **0.1** ***het komen tot een vonnis*** ⇒ *rechtsvinding.*
Urteilskraft ⟨v.⟩ **0.1** ***oordeel, beoordelingsvermogen.***
Urteilsspruch ⟨m.⟩⟨jur.⟩ **0.1** ***vonnis, uitspraak.***
Urteilsverkündung ⟨v.⟩⟨jur.⟩ **0.1** ***uitspraak (v.h. vonnis).***
Urteilsvermögen ⟨o.⟩ →**Urteilskraft.**
Urteilsvollstreckung ⟨v.⟩⟨jur.⟩ **0.1** ***tenuitvoerlegging v.h. vonnis.***
Urtext ⟨m.⟩ **0.1** ***oorspronkelijke, originele tekst*** ⇒*oertekst.*
Urtrieb ⟨m.⟩ **0.1** ***oerdrift, oerinstinct, primitieve drift.***
urtümlich 0.1 ***oorspronkelijk*** ⇒*authentiek, onvervalst, echt* **0.2** ***ongerept*** ⇒*natuurlijk, onbedorven.*
Urtyp(us) ⟨m.⟩ **0.1** ***oertype.***
Urahn ⟨m.⟩ **0.1** ***voorvader*** ⇒*voorzaat* **0.2** ⟨vero.; nog reg.⟩ ***betovergrootvader.***
Urenkel ⟨m.⟩ **0.1** ***achterachterkleinkind.***
Ururgroßeltern ⟨alleen mv.⟩ **0.1** ***betovergrootouders.***
Urvater ⟨m.⟩ **0.1** ***stamvader*** ⇒*voorzaat.*
urväterlich 0.1 ***voorvaderlijk, voorouderlijk.***
Urväterzeit ⟨v.⟩ **0.1** ***voorvaderlijke, voorouderlijke tijd.***
urverwandt 0.1 ***oerverwant.***
Urvie(c)h ⟨o.⟩⟨inf.⟩ **0.1** ***oertalent*** ⇒*grapjas.*
Urvolk ⟨o.⟩ **0.1** ***oervolk*** **0.2** ***oerbevolking.***
Urwahl ⟨v.⟩ **0.1** ***verkiezing v.h. kiescollege, v.d. kiesmannen*** ⇒*indirecte, getrapte verkiezing.*
Urwald ⟨m.⟩ **0.1** ***oerwoud.***
Urwelt ⟨v.⟩ **0.1** ***wereld in de oertijd, oerwereld.***
urweltlich 0.1 ***voorwereldlijk.***
Urwesen ⟨o.⟩ **0.1** ***oerschepsel, allereerste wezen.***
urwüchsig 0.1 ***ongerept*** ⇒*natuurlijk, primitief* **0.2** ***oorspronkelijk, echt*** ⇒*typisch, authentiek, oer-* ◆ **1.1** ~e Sprache *primitieve, ongekunstelde taal* **1.2** ~e Kraft *oerkracht.*
Urzeit ⟨v.⟩ **0.1** ***oertijd*** ◆ **6.1 in, vor** ~en *in de oertijden;* **seit** ~en *sinds onheuglijke tijden.*

urzeitlich **0.1** ***uit de oertijd, uit de grijze oudheid.***
Urzeugung ⟨v.⟩ **0.1** ***het ontstaan van leven uit het levenloze.***
USA ⟨alleen mv.⟩⟨afk.⟩ **0.1** ***VS (Verenigde Staten).***
Usambaraveilchen ⟨o.⟩⟨plantk.⟩ **0.1** ***Kaaps viooltje.***
US-amerikanisch **0.1** ***Amerikaans*** ⇒*v.d. Verenigde Staten (van Amerika).*
Usance ⟨v.; ~, ~n⟩⟨schr.⟩ **0.1** ***usance*** ⇒*gebruik.*
usf. ⟨afk.; und so fort⟩ **0.1** ***enz., enzovoort(s).***
Uso ⟨m.; ~s⟩⟨ec.⟩ **0.1** ***uso, handelsusance.***
usuell **0.1** ***usueel, gebruikelijk*** ⇒*gewoon.*
Usurpation ⟨v.; ~, ~en⟩ **0.1** ***usurpatie*** ⇒*wederrechtelijke inbezitneming.*
Usurpator ⟨m.; ~s, Usurpatoren⟩ **0.1** ***usurpator*** ⇒*overweldiger.*
Usus ⟨m.; ~⟩⟨inf.⟩ **0.1** ***gebruik*** ⇒*gewoonte, usus.*
usw. ⟨afk.⟩ [und so weiter].
Utensil ⟨o.; ~s, ~ien⟩ **0.1** ***benodigdheid*** ⇒*(stuk) gereedschap,* ⟨mv.⟩ *utensiliën.*
Utilitarismus ⟨m.; ~⟩ **0.1** ***utilitarisme*** ⇒*nuttigheidsleer.*
Utilität ⟨v.; ~⟩⟨schr.⟩ **0.1** ***utiliteit, nut(tigheid).***
Utopie ⟨v.; ~, ~n⟩ **0.1** ***utopie*** ⇒*droombeeld.*
Utopien ⟨o.; ~s⟩ **0.1** ***Utopia.***
utopisch **0.1** ***utopisch.***
Utopist ⟨m.; ~en, ~en⟩ **0.1** ***utopist.***
u. U. ⟨afk.⟩ [unter Umständen].
UV ⟨afk.⟩ [Ultraviolett].
u.v.a.m. ⟨afk.⟩ [und viele(s) andere mehr].
UV-Strahlen ⟨alleen mv.⟩⟨nat.⟩ **0.1** ***ultraviolette stralen.***
u. W. ⟨afk.⟩ [unseres Wissens].
u. Z. ⟨afk.⟩ [unserer Zeitrechnung].
Uz ⟨m.; ~es, ~e⟩⟨inf.⟩ **0.1** ***gekheid, grap*** ⇒*fopperij, geplaag.*
uzen ⟨inf.⟩ **0.1** ***voor de gek houden*** ⇒*(een beetje) plagen, foppen.*
Uzerei ⟨v.; ~, ~en⟩⟨inf.⟩ **0.1** ***gekheid, grap*** ⇒*fopperij, geplaag.*
u. zw. ⟨afk.⟩ [und zwar].

v, V ⟨o.; ~, ~⟩ **0.1** ***v, V*** ⇒*klank v, letter v, V.*
Vademekum ⟨o.; ~s, ~s⟩ **0.1** ***vademecum*** ⇒*leidraad.*
Vagabund ⟨m.; ~en of ~(e)s, ~en⟩ **0.1** ***vagebond*** ◆ **8.1** wie ein ~ aussehen *er als een schooier uitzien.*
Vagabundenleben ⟨o.⟩ **0.1** ***zwerversbestaan.***
vagabundieren **0.1** ***vagebonderen.***
Vagant ⟨m.; ~en, ~en⟩⟨gesch.⟩ **0.1** ***vagant.***
Vagantendichtung ⟨v.⟩ **0.1** ***vagantenliteratuur.***
vage **0.1** ***vaag*** ⇒*onduidelijk* ◆ **1.1** ~ Aussichten *onzekere kansen.*
Vagheit ⟨v.; ~, ~en⟩ **0.1** ***vaagheid*** ⇒*onduidelijkheid.*
Vagina ⟨v.; ~, Vaginen⟩ **0.1** ***vagina, schede.***
vaginal **0.1** ***vaginaal.***
vakant ⟨schr.⟩ **0.1** ***vacant, onbezet.***
Vakanz ⟨v.; ~, ~en⟩ **0.1** ***vacature*** ⇒*vacante post.*
Vakuum ⟨o.; ~s, Vakua of Vakuen⟩ **0.1** ***vacuüm.***
Vakzin ⟨o.; ~(e)s, ~e⟩ →**Vakzine.**
Vakzination ⟨v.; ~, ~en⟩ **0.1** ***vaccinatie.***
Vakzine ⟨v.; ~, ~n⟩ **0.1** ***vaccin(e).***
vakzinieren **0.1** ***vaccineren, inenten.***
Valentinstag ⟨m.⟩ **0.1** ***Valentijnsdag.***
Valenz ⟨v.; ~, ~en⟩⟨schei., taal.⟩ **0.1** ***valentie.***
Valet ⟨o.; ~s, ~s⟩ **0.1** ***vaarwel*** ◆ **3.1** einer Sache ~ sagen *iets opgeven, voor gezien houden.*
valid **0.1** ***valide*** ⇒*effectief, betrouwbaar.*
validieren ⟨schr.⟩ **0.1** ***de waarde bepalen.***
Validität ⟨v.; ~⟩ **0.1** ***validiteit, geldigheid*** ⇒*betrouwbaarheid.*
Valuta ⟨v.; ~, Valuten⟩ **0.1** ***valuta*** ⇒*deviezen* **0.2** ***valuta*** ⇒ *munteenheid* **0.3** ***valuta, waardestelling.***
valutieren **0.1** ***valuteren, v.e. valutadatum voorzien.***
Valvation ⟨v.; ~, ~en⟩⟨ec.⟩ **0.1** ***waardebepaling.***
Vamp ⟨m.; ~s, ~s⟩ **0.1** ***vamp.***
Vampir ⟨acc. wiss.⟩⟨m.; ~s, ~e⟩ **0.1** ***vampier.***
Vanille ⟨v.; ~⟩ **0.1** ***vanille(plant)*** **0.2** ***vanille*** ⟨specerij⟩.
Vanillestange ⟨v.⟩ **0.1** ***vanillestokje.***
Vanillin ⟨o.; ~s⟩ **0.1** ***vanilline.***
Varia ⟨alleen mv.⟩ **0.1** ***varia*** ⇒*mengelwerk, allerlei.*
variabel **0.1** ***variabel, veranderlijk.***
Variabilität ⟨v.; ~⟩ **0.1** ***variabiliteit.***
Variable ⟨v.; ~, ~n⟩⟨wisk.⟩ **0.1** ***variabele.***
variant ⟨schr.⟩ **0.1** ***veranderlijk.***
Variante ⟨v.; ~, ~n⟩ **0.1** ***variant.***
Varianz ⟨v.; ~⟩⟨wisk.⟩ **0.1** ***variantie.***
Variation ⟨v.; ~, ~en⟩ **0.1** ***variatie*** ◆ **6.1** ~en **zu** einem Lied *variaties op een lied.*
variationsfähig **0.1** ***varieerbaar.***
Varietät ⟨v.; ~, ~en⟩ **0.1** ***variëteit*** ⇒*verscheidenheid.*
Varieté ⟨o.; ~s, ~s⟩ **0.1** ***variété(voorstelling)*** **0.2** ***variété(theater).***
variieren I ⟨onov.ww.⟩ **0.1** ***variëren*** ⇒*verschillen;*
II ⟨ov.ww.⟩ **0.1** ***variëren*** ⇒*variaties maken* ◆ **1.1** ⟨muz.⟩ ein Thema ~ *variaties maken op een thema.*
Variometer ⟨o.⟩ **0.1** ***variometer.***
Vasall ⟨m.; ~en, ~en⟩ **0.1** ***vazal.***
Vasallenstaat ⟨m.⟩ **0.1** ***vazal-, satellietstaat.***
Vasallentum ⟨o.; ~s⟩ **0.1** ***het vazal-zijn.***
vasallisch **0.1** ***v.d. vazal.***

Vase ⟨v.; ~, ~n⟩ **0.1** ***vaas, pul.***
Vaselin ⟨o.; ~s⟩ **0.1** ***vaseline.***
Vaseline ⟨v.; ~⟩ →**Vaselin.**
Vater ⟨m.; ~s, ⍨⟩ **0.1** ***vader*** **0.2** ⟨fig.⟩ ***vader(figuur)*** **0.3** ⟨alleen mv.; schr.⟩ ***(voor)vader*** **0.4** ⟨biol.⟩ ***vader*** ⟨v.e. dier⟩ **0.5** ⟨rel.⟩ ***Vader, de Heilige Vader*** **0.6** ⟨rel.⟩ ***(God de) Vader*** **0.7** ⟨inf.; scherts.⟩ ***vadertje*** ⇒*ouwe baas* ◆ **1.2** ⟨schr.⟩ ~ Rhein *vader Rijn, de Rijnstroom;* ~ Staat *vadertje staat;* die Väter der Stadt *de vroede vaderen* **1.6** Gott ~ *God de Vader* **2.1** ⟨scherts.⟩ der werdende ~ *de aanstaande vader* **2.¶** ⟨inf.⟩ ach, du dicker ~! *heremijntijd!*
Väterchen ⟨o.; ~s, ~⟩ **0.1** ⟨ted.⟩ ***vadertje*** **0.2** ⟨fig.⟩ ***oud baasje, mannetje*** ◆ **1.2** ⟨scherts.⟩ ~ Frost *Koning Winter.*
Vaterfigur ⟨v.⟩ **0.1** ***vaderfiguur.***
Vaterfreuden ⟨alleen mv.⟩⟨inf.⟩ ◆ **3.¶** ~ entgegensehen *binnenkort vader worden.*
Vaterhaus ⟨o.⟩⟨schr.⟩ **0.1** ***vaderhuis, ouderlijk huis.***
Vaterherrschaft ⟨v.⟩ **0.1** ***patriarchaat.***
Vaterland ⟨o.; mv. ⍨er⟩ **0.1** ***vaderland.***
vaterländisch **0.1** ***vaderlands, van, uit het vaderland*** **0.2** ***vaderlands(lievend).***
Vaterlandsliebe ⟨v.⟩ **0.1** ***vaderlandsliefde.***
vaterlandslos **0.1** ***zonder vaderland*** **0.2** ***onvaderlands.***
väterlich **0.1** ***vaderlijk*** ◆ **1.1** das ~e Geschäft *de zaak van vader.*
väterlicherseits **0.1** ***van vaderskant, -zijde.***
vaterlos **0.1** ***zonder vader, vaderloos.***
Vatermörder ⟨m.⟩ **0.1** ***vadermoordenaar*** **0.2** ***vadermoorder*** ⟨hoge staande boord⟩.
Vaterschaftsbestimmung ⟨v.⟩ **0.1** ***vaststelling v.h. vaderschap.***
Vaterstadt ⟨v.⟩ **0.1** ***vader-, geboortestad.***
Vaterstelle ⟨v.⟩ **0.1** ***plaats v.d. vader*** ◆ **6.1** **an, bei** einem Kind ~ vertreten *bij een kind de plaats van vader innemen.*
Vatertag ⟨m.⟩ **0.1** ***vaderdag.***
Vaterunser ⟨o.; ~s, ~⟩ **0.1** ***het onzevader.***
Vati ⟨m.; ~s, ~s⟩⟨ted.⟩ **0.1** ***pappie, paps, papa.***
Vatikan ⟨m.; ~(e)s⟩ **0.1** ***Vaticaan.***
vatikanisch **0.1** ***Vaticaans, v.h. Vaticaan.***
V-Ausschnitt ⟨m.⟩ **0.1** ***V-hals.***
v. Chr. G. ⟨afk.⟩ [vor Christi Geburt].
VEB ⟨afk.; in de voormalige DDR⟩ [Volkseigener Betrieb].
Vedette ⟨v.; ~, ~n⟩ **0.1** ***vedette*** ⇒*ster.*
vegetabilisch **0.1** ***vegetabiel, plantaardig.***
Vegetarier ⟨m.; ~s, ~⟩ **0.1** ***vegetariër.***
vegetarisch **0.1** ***vegetarisch.***
Vegetarismus ⟨m.; ~⟩ **0.1** ***vegetarisme.***
Vegetation ⟨v.; ~, ~en⟩ **0.1** ***vegetatie.***
vegetativ ⟨biol., med.⟩ **0.1** ***vegetatief.***
vegetieren **0.1** ***vegeteren.***
vehement **0.1** ***vehement*** ⇒*heftig, hevig.*
Vehemenz ⟨v.; ~⟩ **0.1** ***felheid*** ⇒*hevig-, heftigheid.*
Vehikel ⟨o.; ~s, ~⟩ **0.1** ***vehikel.***
Veilchen ⟨o.; ~s, ~⟩ **0.1** ⟨plantk.⟩ ***viooltje*** **0.2** ⟨inf.; scherts.⟩ ***blauw oog*** ◆ **8.1** ⟨inf.⟩ blau wie ein ~ *zo dronken als een kanon;* wie ein ~ im Verborgenen blühen *niet op de voorgrond willen treden.*
veilchenblau **0.1** ***viool(tjes)blauw*** **0.2** ⟨inf.; scherts.⟩ ***stomdronken.***
Veitstanz ⟨m.⟩⟨med.⟩ **0.1** ***(sint-)vitusdans.***
Vektor ⟨m.; ~s, Vektoren⟩⟨nat., wisk.⟩ **0.1** ***vector.***
Vektorrechnung ⟨v.⟩ **0.1** ***vectoranalyse.***
velar ⟨taal.⟩ **0.1** ***velaar.***
Velar ⟨m.; ~(e)s, ~e⟩⟨taal.⟩ **0.1** ***velaar.***
Velo ⟨o.; ~s, ~s⟩⟨Zwi.⟩ **0.1** ***fiets.***
Velours[1] ⟨m.; ~⟩ **0.1** ***velours, fluweel.***
Velours[2] ⟨o.; ~⟩ **0.1** ***suède.***
Vene ⟨v.; ~, ~n⟩ **0.1** ***ader, vena.***
Venedig ⟨o.; ~s⟩ **0.1** ***Venetië.***
venerisch **0.1** ***venerisch*** ◆ **1.1** ~e Krankheiten *geslachtsziekten.*
Venezianer ⟨m.; ~s, ~⟩ **0.1** ***Venetiaan.***
venös **0.1** ***veneus, aderlijk.***
Ventil ⟨o.; ~s, ~e⟩ **0.1** ***ventiel, klep.***
Ventilation ⟨v.; ~, ~en⟩ **0.1** ***ventilatie.***
Ventilator ⟨m.; ~s, Ventilatoren⟩ **0.1** ***ventilator.***
ventilieren **0.1** ***ventileren*** **0.2** ⟨fig.⟩ ***zorgvuldig overwegen.***
Venusberg ⟨m.⟩ **0.1** ***venus-, schaamberg.***
Venushügel ⟨m.⟩ **0.1** ***venusberg, -heuvel.***
verabfolgen **0.1** ***afleveren*** **0.2** ***toedienen*** ⇒*verstrekken* ◆ **1.2** ⟨inf.⟩ jmdm. eine Ohrfeige ~ *iem. een draai om de oren geven.*
verabreden I ⟨ov.ww.⟩ **0.1** ***afspreken*** ◆ **1.1** eine Besprechung ~ *een afspraak maken voor een bespreking;*
II sich ~ ⟨wk.ww.⟩ **0.1** ***afspreken, een afspraak maken*** ◆ **6.1** sich **auf** ein Bier ~ *een afspraak maken om een biertje te drinken.*
verabredetermaßen **0.1** ***zoals afgesproken.***
Verabredung ⟨v.; ~, ~en⟩ **0.1** ***afspraak*** **0.2** ***afspraak*** ⇒*afspraakje, rendez-vous* ◆ **3.1** eine ~ treffen *een afspraak maken.*
verabreichen **0.1** ***geven*** ⇒*toedienen, verstrekken* ◆ **1.1** ⟨inf.⟩ jmdm. Prügel ~ *iem. een pak slaag geven.*
verabsäumen ⟨schr.⟩ **0.1** ***verzuimen.***
verabscheuen **0.1** ***verafschuwen*** ⇒*verfoeien* **0.2** ***afschuwelijk vinden.***
verabscheu|enswert, -ungswürdig **0.1** ***verfoeilijk*** ⇒*afschuwelijk.*
verabschieden I ⟨ov.ww.⟩ **0.1** ***afscheid nemen van*** ⇒*uitgeleide doen* **0.2** ***ontslaan*** ⇒*ontslag geven* **0.3** ***aannemen*** ⟨bv. een wet⟩ ◆ **1.3** den Haushalt ~ *de begroting aannemen;*
II sich ~ ⟨wk.ww.⟩ **0.1** ***afscheid nemen.***
Verabschiedung ⟨v.; ~, ~en⟩ **0.1** ***afscheid*** **0.2** ***ontslag*** ⇒ *congé* **0.3** ***aanvaarding*** ⇒*het aannemen* ⟨bv. v.e. wet⟩.
verabsolutieren **0.1** ***verabsoluteren.***
verachten **0.1** ***verachten*** ⇒*versmaden, minachten* ◆ **1.1** eine Gefahr ~ *een gevaar niet achten.*
verachtenswert **0.1** ***verachtelijk*** ⇒*verfoeilijk.*
Verächter ⟨m.; ~s, ~⟩ **0.1** ***verachter.***
verächtlich **0.1** ***verachtelijk*** ⇒*minachtend* **0.2** ***verachtelijk*** ⇒*verfoeilijk* ◆ **3.1** jmdn. ~ machen *iem. aan de verachting prijsgeven.*
Verächtlichkeit ⟨v.; ~⟩ **0.1** ***verachtelijkheid.***
Verachtung ⟨v.; ~⟩ **0.1** ***verachting*** ⇒*minachting* ◆ **6.1** ~ **für, gegen** einen Verräter *verachting voor een verrader.*
verachtungswürdig **0.1** ***verachtelijk*** ⇒*verfoeilijk.*
veralbern ⟨inf.⟩ **0.1** ***voor de gek houden*** ⇒*ertussen nemen.*
verallgemeinern **0.1** ***veralgemenen*** ⇒*generaliseren, algemeen maken.*
Verallgemeinerung ⟨v.; ~, ~en⟩ **0.1** ***generalisering, generalisatie.***
veralten **0.1** ***verouderen*** ◆ **1.1** veraltete Ansichten *verouderde opvattingen.*
Veranda ⟨v.; ~, Veranden⟩ **0.1** ***veranda.***
veränderbar **0.1** ***veranderbaar.***
veränderlich **0.1** ***veranderlijk*** ⇒*onbestendig, wispelturig* **0.2** ***veranderbaar*** ◆ **1.1** ihr ~es Wesen *haar wispelturig karakter.*

Veränderliche ⟨bn. als zn.; v.⟩⟨wisk.⟩ **0.1** ***veranderlijke grootheid.***

verändern I ⟨ov.ww.⟩ **0.1** ***veranderen*** ⇒*wijzigen* ◆ **1.1** die veränderte Auflage *de gewijzigde druk;*
II sich ~ ⟨wk.ww.⟩ **0.1** ***veranderen, anders worden*** **0.2** ***van beroep, woning veranderen*** ◆ **3.2** er will sich ~ *hij wil van beroep, betrekking veranderen.*

Veränderung ⟨v.; ~, ~en⟩ **0.1** ***verandering*** ⇒*wijziging* **0.2** ***verandering*** ⇒*afwisseling* ◆ **3.1** ~en vornehmen *wijzigingen aanbrengen.*

verängstigen 0.1 ***bang, angstig maken*** ◆ **1.1** mit verängstigten Augen *met schuwe blikken.*

verankern 0.1 ***verankeren.***

veranlagen 0.1 ***aanslaan*** ⟨belastingen⟩ ◆ **6.1** jmdn. **mit** einem Betrag ~ *iem. voor een bedrag aanslaan.*

veranlagt 0.1 ***aangelegd*** ◆ **5.1** ein fröhlich ~er Mensch *een vrolijk mens.*

Veranlagung ⟨v.; ~, ~en⟩ **0.1** ***aanslag*** ⟨belastingen⟩ **0.2** ***aanleg*** ⇒*begaafdheid, talent.*

veranlassen 0.1 ***aanleiding geven tot*** ⇒*ertoe brengen* **0.2** ***ervoor zorgen*** ⇒*veroorzaken, teweegbrengen* ◆ **1.2** ich werde das Nötige ~ *ik zal de nodige maatregelen nemen* **3.1** sich veranlaßt sehen *zich genoopt zien.*

Veranlasser ⟨m.; ~s, ~⟩ **0.1** ***veroorzaker*** ⇒*initiatiefnemer.*

Veranlassung ⟨v.; ~, ~en⟩ **0.1** ***aanleiding*** ⇒*reden, oorzaak* **0.2** ***toedoen*** ⇒*initiatief* ◆ **6.2 auf** seine ~ hin *op zijn verzoek, initiatief.*

veranschaulichen 0.1 ***veraanschouwelijken, plastisch voorstellen.***

veranschlagen 0.1 ***ramen*** ⇒*begroten, taxeren* ◆ **6.1 mit** einer Million ~ *op een miljoen taxeren.*

veranstalten 0.1 ***organiseren*** ⇒*houden, op touw zetten* **0.2** ⟨inf.⟩ ***maken*** ⇒*doen, uithalen* ◆ **1.2** Lärm ~ *lawaai maken.*

Veranstalter ⟨m.; ~s, ~⟩ **0.1** ***organisator.***

Veranstaltung ⟨v.; ~, ~en⟩ **0.1** ***manifestatie*** ⇒*bijeenkomst, evenement, gebeuren* **0.2** ***organisatie, het organiseren.***

Veranstaltungskalender ⟨m.⟩ **0.1** ***evenementenprogramma.***

verantworten I ⟨ov.ww.⟩ **0.1** ***verantwoorden*** ⇒*rechtvaardigen, rekenschap geven van* ◆ **6.1** etwas **vor** seinem Gewissen ~ können *iets tegenover zijn geweten kunnen verantwoorden;*
II sich ~ ⟨wk.ww.⟩ **0.1** ***zich verantwoorden*** ⇒*rekenschap afleggen.*

verantwortlich 0.1 ***verantwoordelijk*** ⇒*aansprakelijk* **0.2** ***verantwoordelijk*** ⇒*met verantwoordelijkheid(sbesef)* ◆ **6.1** jmdn. **für** etwas ~ machen *iem. voor iets aansprakelijk stellen.*

Verantwortlichkeit ⟨v.; ~, ~en⟩ **0.1** ***verantwoordelijkheid.***

Verantwortung ⟨v.; ~⟩ **0.1** ***verantwoording*** ⇒*rekenschap* **0.2** ***verantwoording*** ⇒*verantwoordelijkheid* ◆ **2.2** die alleinige ~ tragen *alleen de verantwoordelijkheid dragen* **6.1** jmdn. **zur** ~ ziehen *iem. ter verantwoording roepen* **6.2 in** eigener ~ *op eigen verantwoording.*

verantwortungsbewußt 0.1 ***met verantwoordelijkheidsbesef.***

Verantwortungs|bewußtsein, -gefühl ⟨o.⟩ **0.1** ***verantwoordelijkheidsbesef, -gevoel.***

verantwortungslos 0.1 ***onverantwoordelijk*** ⇒*onverantwoord.*

verantwortungsvoll 0.1 ***(zeer) verantwoordelijk.***

veräppeln ⟨inf.⟩ **0.1** ***voor de gek houden*** ⇒*bij de neus nemen.*

verarbeiten 0.1 ***verwerken*** ⇒*verbruiken, maken (tot)* **0.2** ***verwerken*** ⇒*verdragen, verteren* **0.3** ⟨fig.⟩ ***verwerken*** ⇒ *geestelijk aan kunnen* ◆ **1.1** verarbeitete Hände *ruwe werkhanden.*

Verarbeitung ⟨v.; ~, ~en⟩ **0.1** ***verwerking*** **0.2** ***verwerkingsmethode*** ◆ **6.1 in** ausgezeichneter ~ *op uitstekende wijze verwerkt.*

verargen ⟨schr.⟩ **0.1** ***kwalijk nemen.***

verärgern 0.1 ***ergeren*** ⇒*nijdig maken, irriteren.*

Verärgerung ⟨v.; ~, ~en⟩ **0.1** ***ergernis.***

verarmen 0.1 ***verarmen, arm worden.***

verarschen ⟨vulg.⟩ **0.1** ***verneuken*** ⇒*voor de gek houden.*

verarzten ⟨inf.⟩ **0.1** ***(medisch) behandelen.***

veraschen 0.1 ***verassen.***

verästeln, sich 0.1 ***zich vertakken*** ⟨ook fig.⟩.

Verästelung ⟨v.; ~, ~en⟩ **0.1** ***vertakking.***

verätzen 0.1 ***invreten*** ⇒*aantasten.*

verauktionieren 0.1 ***veilen.***

verausgaben I ⟨ov.ww.⟩ **0.1** ***uitgeven*** ⇒*spenderen;*
II sich ~ ⟨wk.ww.⟩ **0.1** ***al z'n geld uitgeven*** **0.2** ⟨fig.⟩ ***het uiterste geven*** ⇒*alles doen wat mogelijk is.*

veräußerlich 0.1 ***verkoopbaar.***

veräußerlichen I ⟨onov.ww.⟩ **0.1** ***veruiterlijken*** ⇒*vervlakken;*
II ⟨ov.ww.⟩ **0.1** ***uiterlijk, oppervlakkig maken.***

veräußern 0.1 ***verkopen*** ⇒*v.d. hand doen* **0.2** ⟨jur.⟩ ***vervreemden*** ⇒*overdragen.*

Verb ⟨o.; ~s, ~en⟩ **0.1** ***werkwoord, verbum.***

verbacken I ⟨ov.ww.⟩ **0.1** ***verbakken;***
II sich ~ ⟨wk.ww.⟩ **0.1** ***kunnen bakken*** ◆ **1.1** dieses Mehl verbäckt sich gut *met dit meel is goed te bakken.*

verbal 0.1 ***verbaal, mondeling*** **0.2** ⟨taal.⟩ ***verbaal, werkwoordelijk.***

verbalisieren 0.1 ***verbaliseren, onder woorden brengen*** **0.2** ***verbaliseren, tot een werkwoord maken.***

Verbalismus ⟨m.; ~⟩ **0.1** ***verbalisme.***

verballern ⟨inf.⟩ **0.1** ***verknallen*** ⇒*(nutteloos) verschieten* **0.2** ⟨sp.⟩ ***ernaast knallen, schieten.***

verballhornen ⟨inf.⟩ **0.1** ***(ongewild) slechter, erger maken ipv. beter*** ⇒*verknoeien* **0.2** ***verbasteren.***

Verbalsubstantiv ⟨o.⟩⟨taal.⟩ **0.1** ***verbaal substantief.***

Verband ⟨m.; ~(e)s, ¨~e⟩ **0.1** ***bond*** ⇒*federatie, unie* **0.2** ⟨med.⟩ ***verband*** **0.3** ⟨fig.⟩ ***verband*** ⇒*samenhang* **0.4** ⟨mil.⟩ ***eenheid*** ⇒*formatie, afdeling* **0.5** ⟨bouwk.⟩ ***verband*** ◆ **6.4 im** ~ fliegen *in formatie vliegen.*

Verband(s)kasten ⟨m.⟩ **0.1** ***verbandtrommel, -kist.***

Verband(s)mull ⟨m.⟩ **0.1** ***verbandgaas.***

Verband(s)platz ⟨m.⟩⟨mil.⟩ **0.1** ***verbandplaats.***

Verband(s)stoff ⟨m.⟩ **0.1** ***verbandstof, -gaas.***

Verband(s)zeug ⟨o.⟩ **0.1** ***verbandmateriaal.***

verbannen 0.1 ***verbannen*** ◆ **6.1 auf** eine Insel ~ *naar een eiland verbannen.*

Verbannte(r) ⟨bn. als zn.⟩ **0.1** ***banneling*** ⇒*balling.*

Verbannung ⟨v.; ~, ~en⟩ **0.1** ***verbanning*** ⇒*ballingschap* **0.2** ***verbanning, het verbannen*** ◆ **6.1 in** die ~ gehen *in ballingschap gaan.*

Verbannungsort ⟨m.⟩ **0.1** ***verbanningsoord.***

verbarrikadieren 0.1 ***barricaderen.***

verbauen 0.1 ***verbouwen, bij de bouw verbruiken*** **0.2** ***verbouwen, aan de bouw uitgeven*** **0.3** ***dicht-, toebouwen*** ⇒ *het uitzicht benemen* **0.4** ***verkeerd bouwen*** **0.5** ***bederven door bebouwing*** ◆ **1.3** ⟨fig.⟩ jmdm. den Weg ~ *iem. de weg versperren* **1.5** das schöne Tal ~ *het mooie dal door bebouwing bederven.*

verbeamten 0.1 ***(tot) ambtenaar maken*** **0.2** ***verambtelijken, bureaucratiseren.***

verbeißen I ⟨ov.ww.⟩ 0.1 *verbijten* ⇒*op elkaar bijten* 0.2 *kapot-, stukbijten* ⇒*aanvreten* 0.3 ⟨fig.⟩ *verbijten* ⇒*inhouden, opkroppen* ◆ 1.1 die Zähne ~ *de tanden op elkaar zetten;*
II sich ~ ⟨wk.ww.⟩ 0.1 *zich vastbijten.*

verbergen I ⟨ov.ww.⟩ 0.1 *verbergen* ⇒*verstoppen, maskeren* 0.2 *verbergen* ⇒*verzwijgen;*
II sich ~ ⟨wk.ww.⟩ 0.1 *zich verbergen* ⇒*schuilgaan* ◆ 6.1 sich **hinter** jmdm. ~ *zich achter iem. verschuilen.*

verbessern I ⟨ov.ww.⟩ 0.1 *verbeteren* ⇒*beter maken* 0.2 *verbeteren* ⇒*corrigeren;*
II sich ~ ⟨wk.ww.⟩ 0.1 *beter worden, verbeteren* 0.2 *zich verbeteren* ⇒*een betere baan krijgen* ◆ 3.2 er konnte sich ~ *hij kon een betere betrekking krijgen.*

Verbesserung ⟨v.; ~, ~en⟩ 0.1 *verbetering.*

verbesserungsfähig 0.1 *voor verbetering vatbaar.*

verbeugen, sich 0.1 *een buiging maken, buigen.*

Verbeugung ⟨v.; ~, ~en⟩ 0.1 *buiging.*

verbeulen 0.1 *deuken* ⇒*vol deuken slaan* ◆ 1.1 ein verbeulter Eimer *een emmer vol deuken;* verbeulte Hosen *een verkreukelde broek.*

verbiegen I ⟨ov.ww.⟩ 0.1 *om-, ver-, krombuigen* ◆ 1.1 ⟨fig.⟩ einen Charakter ~ *een karakter misvormen;*
II sich ~ ⟨wk.ww.⟩ 0.1 *ver-, krombuigen.*

Verbiegung ⟨v.; ~, ~en⟩ 0.1 *verbuiging.*

verbieten 0.1 *verbieden* ⇒*niet toestaan* ◆ 1.1 jmdm. das Haus ~ *iem. de toegang tot het huis ontzeggen* ¶.1 ⟨wk. ww.⟩ eine derartige Methode verbietet sich von selbst *het blijkt vanzelf dat een dergelijke methode onmogelijk is.*

verbilden ⟨fig.⟩ 0.1 *misvormen* ⇒*bederven, verkeerd opvoeden.*

verbildet 0.1 *misvormd* ⇒*scheefgegroeid.*

verbildlichen 0.1 *veraanschouwelijken.*

Verbildung ⟨v.; ~, ~en⟩ 0.1 *misvormdheid, deformatie* 0.2 ⟨ook fig.⟩ *het misvormen* ⇒*bederf.*

verbilligen I ⟨ov.ww.⟩ 0.1 *goedkoper maken* ⇒*in prijs verlagen;*
II sich ~ ⟨wk.ww.⟩ 0.1 *goedkoper worden.*

Verbilligung ⟨v.; ~, ~en⟩ 0.1 *prijsverlaging.*

verbimsen ⟨inf.⟩ 0.1 *aframmelen* ⇒*een flink pak slaag geven.*

verbinden I ⟨ov.ww.⟩ 0.1 *verbinden* ⇒*een verband leggen (om)* 0.2 *dicht-, toebinden* ⇒*blinddoeken* 0.3 *verkeerd binden* 0.4 *binden tot* ⇒*bij het binden gebruiken* 0.5 *verbinden* ⇒*samenvoegen, (aan elkaar) bevestigen* 0.6 *verbinden* ⇒*een verbinding tot stand brengen, (door)verbinden* 0.7 *verbinden* ⇒*paren aan* 0.8 *verbinden* ⇒*een band scheppen, verplichten* ◆ 1.6 das ~de Glied *de bindende schakel* 3.8 ich bin Ihnen sehr verbunden *ik ben u veel dank verschuldigd* 6.7 er verbindet Kraft **mit** Geschicklichkeit *hij paart kracht aan behendigheid;*
II sich ~ ⟨wk.ww.⟩ 0.1 *zich verbinden* ⇒*een verbond aangaan, sluiten* 0.2 *zich verbinden* ⇒*zich vermengen tot* 0.3 *samengaan* ⇒*verbonden zijn aan, gepaard gaan met.*

verbindlich 0.1 *vriendelijk* ⇒*voorkomend, beleefd* 0.2 *bindend* ⇒*verplichtend* ◆ 1.1 ein paar ~e Worte *een paar vriendelijke woorden.*

Verbindlichkeit ⟨v.; ~, ~en⟩ 0.1 *beleefdheid* ⇒*vriendelijke woorden* 0.2 *verplichting(en)* 0.3 ⟨g.enk.⟩ *verplichtingen* ⇒*schulden* 0.4 *welwillendheid* ⇒*voorkomendheid, vriendelijkheid* 0.5 *verplichting, het verplicht zijn* ◆ 3.5 dieses Gesetz hat für jeden ~ *deze wet geldt voor iedereen.*

Verbindung ⟨v.; ~, ~en⟩ 0.1 *verbinding* ⇒*betrekking, relatie* 0.2 *verband* ⇒*samenhang* 0.3 *verbond* ⇒*verbintenis* 0.4 *verbinding* ⇒*aansluiting* 0.5 *verbinding* ⇒*combinatie* 0.6 *bond* ⇒*organisatie, corps* 0.7 *verbinding, het zich verbinden* 0.8 ⟨com., tech., verk., wisk.⟩ *verbinding* ◆ 2.1 briefliche ~en *briefcontacten* 2.6 ⟨stud.⟩ eine schlagende ~ *een studentencorps waar geduelleerd wordt* 6.1 ~ **mit** jmdm. aufnehmen *contact met iem. opnemen;* sich **mit** jmdm. in ~ setzen *zich met iem. in verbinding stellen* 6.2 mit einem Verbrechen **in** ~ bringen *met een misdaad in verband brengen.*

Verbindungslinie ⟨v.⟩ 0.1 *verbindingslijn* 0.2 ⟨mil.⟩ *verbindingslinie.*

Verbindungsmann ⟨m.; mv. ¨er of Verbindungsleute⟩ 0.1 *verbindingsman* ⇒*tussenpersoon.*

Verbindungsstraße ⟨v.⟩ 0.1 *verbindingsweg.*

Verbindungsstudent ⟨m.⟩ 0.1 *corpsstudent.*

verbissen 0.1 *verbeten* ⇒*verkrampt, gespannen* 0.2 *verbeten* ⇒*hardnekkig, taai* 0.3 ⟨inf.⟩ *bekrompen* ⇒*pedant, pietluttig.*

Verbissenheit ⟨v.; ~⟩ 0.1 *verbetenheid.*

verbitten 0.1 *(dringend) verzoeken van iets verschoond te blijven* ◆ 1.1 Blumenspenden verbeten *geen bloemen;* ich verbitte mir diesen Ton! *deze toon verkies, wens ik niet!*

verbittern I ⟨onov.ww.⟩ 0.1 *verbitteren, verbitterd worden;*
II ⟨ov.ww.⟩ 0.1 *verbitteren, bitter maken* ⇒*vergallen* ◆ 1.1 jmdm. das Leben ~ *iem. het leven vergallen.*

verblasen 0.1 *vaag* ⇒*onduidelijk.*

verblassen 0.1 *verbleken, bleek worden* 0.2 ⟨fig.⟩ *verbleken* ⇒*minder, zwakker worden.*

verblättern I ⟨ov.ww.⟩ 0.1 *verkeerd (om)bladeren;*
II sich ~ ⟨wk.ww.⟩ 0.1 *een verkeerde bladzij opslaan.*

Verbleib ⟨m.; ~(e)s⟩⟨schr.⟩ 0.1 *(onbekende) verblijfplaats* 0.2 *verblijf, het verblijven.*

verbleiben 0.1 *verblijven* ⇒*vertoeven, zich ophouden* 0.2 *(ver)blijven* ⇒*voortdurend zijn* 0.3 *afspreken* ⇒*het erop houden* 0.4 *resteren* ⇒*overblijven* ◆ 1.2 er verblieb ein Idealist *hij bleef een idealist* 1.4 das verbliebene Geld *het resterende geld* 5.3 wir sind so verblieben, daß ... *we hebben afgesproken, dat ...* 6.1 **im** Amt ~ *aanblijven.*

verbleichen ⟨→t170⟩ 0.1 *verbleken, bleek worden* 0.2 ⟨schr.⟩ *heengaan* ⇒*sterven.*

verbleien 0.1 *verloden* 0.2 *plomberen* ⇒*met lood verzegelen* 0.3 *loden* ⟨benzine⟩.

verblenden 0.1 ⟨fig.⟩ *verblinden* 0.2 ⟨bouwk.⟩ *blinderen* ⇒*aan het gezicht onttrekken.*

verbleuen ⟨inf.⟩ 0.1 *bont en blauw slaan.*

Verblichene(r) ⟨bn. als zn.⟩⟨schr.⟩ 0.1 *overledene.*

verblöden I ⟨onov.ww.⟩ 0.1 *dom, zwakzinnig worden* ⇒*verdommen* 0.2 *afgestompt raken;*
II ⟨ov.ww.⟩ 0.1 *afstompen* ◆ 1.1 das Fernsehen verblödet die Kinder *de televisie stompt de kinderen af.*

verblüffen 0.1 *ver-, overbluffen* ⇒*paf doen staan* ◆ 3.1 verblüfft stehen bleiben *perplex blijven staan.*

verblüffend 0.1 *verbluffend* ⇒*verbazingwekkend.*

verblühen 0.1 *verwelken* ⇒*verleppen* 0.2 ⟨inf.⟩ *'m smeren* ⇒*er tussenuit knijpen, ervandoor gaan.*

verblümt 0.1 *verbloemd* ⇒*bedekt* ◆ 1.1 in, mit ~en Worten *in bedekte termen.*

verbluten I ⟨onov.ww.⟩ 0.1 *dood-, verbloeden;*
II sich ~ ⟨wk.ww.⟩⟨fig.⟩ 0.1 *bloedige verliezen lijden.*

Verblutung ⟨v.; ~, ~en⟩ 0.1 *verbloeding* ⇒*dodelijk bloedverlies.*

verbocken ⟨inf.⟩ 0.1 *verknoeien* ⇒*verprutsen.*

verbockt 0.1 *nukkig* ⇒*bokkig.*

verbohren, sich ⟨fig.⟩ 0.1 *zich vastbijten* ⇒*hardnekkig* *vasthouden* ◆ **6.1** sich **in** eine Meinung ~ *hardnokkig aan een mening vasthouden.*

verbohrt ⟨pej.⟩ **0.1** ***vastgeroest*** ⇒*halsstarrig*

verborgen[1] ⟨bn.⟩ **0.1** ***verborgen*** ⇒*verstopt, weggeborgen* **0.2** ***verborgen*** ⇒*geheim* ◆ **3.2** es war dem Finanzamt nicht ~ geblieben *het was de fiscus niet ontgaan* **6.2** etwas **im** ~en tun *iets in het verborgene doen.*

verborgen[2] ⟨ov.ww.⟩ **0.1** ***uitlenen.***

Verbot ⟨o.; ~(e)s, ~e⟩ **0.1** ***verbod.***

verboten ⟨inf.⟩ **0.1** ***onmogelijk*** ⇒*zonderling* ◆ **3.1** sie sieht ja ~ aus *ze ziet er werkelijk onmogelijk uit.*

verbotenerweise 0.1 ***ondanks het verbod.***

Verbotsschild ⟨o.⟩ **0.1** ***verbodsbord(je).***

Verbotstafel ⟨v.⟩ →**Verbotsschild.**

verbotswidrig 0.1 ***ongeoorloofd*** ⇒*in strijd met het verbod.*

verbrämen 0.1 ***garneren*** ⇒*omboorden* **0.2** ⟨fig.⟩ ***verhullen*** ⇒*verbloemen* ◆ **5.2** wissenschaftlich verbrämt *met een wetenschappelijk tintje.*

verbraten I ⟨onov.ww.⟩ **0.1** ***te lang braden, verbraden;***
II ⟨ov.ww.⟩⟨inf.⟩ **0.1** ***erdoor jagen*** ⇒*opmaken* **0.2** ***uitkramen*** ⇒*verkondigen* ◆ **1.2** Unsinn ~ *onzin uitkramen.*

Verbrauch ⟨m.; ~(e)s⟩ **0.1** ***verbruik*** ⇒*consumptie* **0.2** ***verbruik, hoeveelheid die verbruikt is, wordt.***

verbrauchen I ⟨ov.ww.⟩ **0.1** ***verbruiken*** ⇒*opgebruiken, consumeren* **0.2** ***verslijten*** ⇒*uitputten* ◆ **1.2** verbrauchte Luft *bedompte lucht* **3.1** die Batterie war verbraucht *de batterij was op, leeg* **3.2** verbraucht aussehen *er afgetobd uit zien;*
II sich ~ ⟨wk.ww.⟩ **0.1** ***zich uitputten*** ⇒*zich aftobben.*

Verbraucher ⟨m.; ~s, ~⟩ **0.1** ***verbruiker*** ⇒*consument.*

Verbraucheraufklärung ⟨v.⟩ **0.1** ***consumentenvoorlichting.***

Verbraucherberatung ⟨v.⟩ **0.1** ***consumentenvoorlichting.***

Verbrauchermarkt ⟨m.⟩ **0.1** ***cash-and-carrybedrijf.***

Verbraucherpreis ⟨m.⟩ **0.1** ***detail-, consumentenprijs.***

Verbrauchsgut ⟨o.⟩ **0.1** ***verbruiks-, consumptiegoederen.***

Verbrauchslenkung ⟨v.⟩ **0.1** ***beïnvloeding v.d. verbruiksgewoonten/v.h. consumptiepatroon.***

Verbrauch(s)steuer ⟨v.⟩ **0.1** ***accijns, verbruiksbelasting.***

verbrechen 0.1 ***misdrijven*** ⇒*misdoen* ◆ **1.1** ⟨iron.⟩ er hat wieder ein Gedicht verbrochen *hij heeft weer eens een gedicht gepleegd.*

Verbrechen ⟨o.; ~s, ~⟩ **0.1** ***misdaad*** ⇒*misdrijf, vergrijp* ◆ **6.1** ein ~ **an** der Menschheit *een misdaad tegen de mensheid.*

Verbrecher ⟨m.; ~s, ~⟩ **0.1** ***misdadiger.***

Verbrecherbande ⟨v.⟩ **0.1** ***misdadigersbende.***

verbrecherisch 0.1 ***misdadig*** ⇒*crimineel* **0.2** ***misdadig*** ⇒*bruut.*

Verbrecherjagd ⟨v.⟩ **0.1** ***jacht op (de) misdadigers.***

verbreiten I ⟨ov.ww.⟩ **0.1** ***verbreiden*** ⇒*bekend maken* **0.2** ***verbreiden*** ⇒*verspreiden* **0.3** ***verbreiden*** ⇒*uitstralen, afgeven* ◆ **1.3** ⟨fig.⟩ Angst ~ *angst teweegbrengen* **5.2** eine weithin verbreitete Ansicht *een wijdverbreide opvatting;*
II sich ~ ⟨wk.ww.⟩ **0.1** ***zich verbreiden*** ⇒*zich verspreiden, bekend worden* **0.2** ***zich verbreiden*** ⇒*zich verspreiden, uitbreiden* **0.3** ⟨vaak pej.⟩ ***uitweiden over.***

verbreitern I ⟨ov.ww.⟩ **0.1** ***verbreden, breder maken;***
II sich ~ ⟨wk.ww.⟩ **0.1** ***breder worden, zich verbreden.***

verbreitet 0.1 ***op de meeste plaatsen.***

verbrennen I ⟨onov.ww.⟩ **0.1** ***verbranden*** **0.2** ***verbranden*** ⇒*verdorren* ◆ **1.2** die Taktik der verbrannten Erde *de tactiek van de verschroeide aarde;*
II ⟨ov.ww.⟩ **0.1** ***verbranden*** **0.2** ***verbranden*** ⇒*bruin branden* **0.3** ***verbranden*** ⇒*verbruiken* ◆ **1.1** ⟨fig.⟩ die Brücken hinter sich ~ *de schepen achter zich verbranden.*

Verbrennung ⟨v.; ~, ~en⟩ **0.1** ***verbranding, brandwond*** **0.2** ***verbranding, het verbranden.***

Verbrennungskraftmaschine ⟨v.⟩ **0.1** ***verbrandingsmotor.***

verbriefen 0.1 ***schriftelijk vastleggen*** ⇒*beschrijven* ◆ **1.1** verbriefte Rechte *beschreven, onvervreemdbare rechten* **8.1** verbrieft und versiegelt *zwart op wit.*

verbringen 0.1 ***doorbrengen*** **0.2** ⟨schr.⟩ ***overbrengen*** ⇒*brengen naar* ◆ **1.1** sein Leben in Armut ~ *zijn leven in armoede slijten.*

verbrüdern, sich 0.1 ***zich verbroederen.***

verbrühen 0.1 ***(ver)branden*** ⟨met een kokende vloeistof⟩.

Verbrühung ⟨v.; ~, ~en⟩ **0.1** ***brandwond*** ⟨door kokende vloeistof⟩ **0.2** ***het (zich) branden.***

verbrutzeln ⟨inf.⟩ **0.1** ***aan-, verbranden*** ⟨van vlees⟩.

verbuchen 0.1 ***boeken*** ◆ **1.1** ⟨fig.⟩ einen Erfolg ~ *een succes boeken.*

verbummeln I ⟨onov.ww.⟩ **0.1** ***aan lager wal raken*** ⇒*verloederen;*
II ⟨ov.ww.⟩ **0.1** ***verboemelen*** ⇒*verlummelen* **0.2** ***kwijtraken*** ⇒*vergeten, versloffen.*

Verbund ⟨m.; ~(e)s, ~e⟩ **0.1** ***eenheid*** ⇒*afdeling* **0.2** ⟨tech.⟩ ***verbinding*** ⇒*koppeling.*

verbünden, sich 0.1 ***een verbond aangaan, sluiten.***

Verbundenheit ⟨v.; ~⟩ **0.1** ***verbondenheid*** ⇒*saamhorigheid.*

Verbündete(r) ⟨bn. als zn.⟩ **0.1** ***bondgenoot*** ⇒*geallieerde.*

Verbundglas ⟨o.⟩ **0.1** ***veiligheids-, compositieglas.***

Verbundlochkarte ⟨v.⟩⟨comp.⟩ **0.1** ***ponskaart waarop de tekst geponst en gedrukt staat.***

Verbundnetz ⟨o.⟩⟨tech.⟩ **0.1** ***internationaal, regionaal elektriciteitsnet.***

verbürgen I ⟨ov.ww.⟩ **0.1** ***garanderen*** ⇒*waarborgen, verzekeren* **0.2** ***instaan voor*** ◆ **1.2** die Richtigkeit ~ *voor de juistheid instaan;*
II sich ~ ⟨wk.ww.⟩ **0.1** ***borg staan*** ⇒*instaan voor, zich borg stellen.*

verbürgerlichen 0.1 ***verburgerlijken.***

verbüßen 0.1 ***uitzitten, ondergaan*** ⟨straf⟩ **0.2** ***boeten (voor).***

verbuttern 0.1 ***tot boter verwerken*** **0.2** ⟨inf.⟩ ***over de balk smijten*** ⇒*erdoor jagen.*

verchromen 0.1 ***verchromen.***

Verdacht ⟨m.; ~(e)s, ~e of ~̈e⟩ **0.1** ***verdenking*** ⇒*argwaan* ◆ **6.1** ~ **auf** Steuerhinterziehung *verdenking van belastingontduiking;* ⟨inf.⟩ etwas **auf** ~ tun *iets op goed geluk, uit voorzorg doen;* jmdn. **im**, in ~ haben *iem. verdenken;* **in** ~ geraten *verdacht worden.*

verdächtig 0.1 ***verdacht*** **0.2** ***verdacht*** ⇒*twijfelachtig, zeer merkwaardig* ◆ **1.1** des Diebstahls ~ *verdacht van diefstal.*

verdächtigen 0.1 ***verdenken van*** ⇒*verdacht maken* ◆ **1.1** jmdn. einer Fälschung ~ *iem. van vervalsing verdenken.*

Verdächtigte(r) ⟨bn. als zn.⟩ **0.1** ***verdachte.***

Verdächtigung ⟨v.; ~, ~en⟩ **0.1** ***verdachtmaking.***

Verdachtsgrund ⟨m.⟩⟨jur.⟩ **0.1** ***reden tot verdenking*** ⇒*aanwijzing.*

Verdachtsmoment ⟨o.⟩⟨jur.⟩ →**Verdachtsgrund.**

verdammen 0.1 ***verdoemen*** ⇒*veroordelen, vervloeken* ◆ **5.1** verdammt nochmal! *potverdorie!* **6.1** **zum** Scheitern verdammt *tot mislukken gedoemd.*

verdammenswert 0.1 ***(ver)doemenswaard(ig).***

verdämmern ⟨schr.⟩ **I** ⟨onov.ww.⟩ **0.1** ***vervagen*** ⇒*verbleken;*
II ⟨ov.ww.⟩ **0.1** ***suffend doorbrengen.***

Verdammnis ⟨v.; ~⟩⟨rel.⟩ **0.1** ***verdoemenis.***

verdammt **0.1** ***verdomd*** ⇒*vervloekt, ellendig* **0.2** ***verdomd*** ⇒*verduiveld, drommels* ◆ **1.1** ⟨inf.⟩ so ein ~er Mist! *wat een misère!*

Verdammte(r) ⟨bn. als zn.⟩⟨rel.⟩ **0.1** ***verdoemde.***

Verdammung ⟨v.; ~, ~en⟩ **0.1** ***verdoeming, verdoemenis.***

verdampfen **0.1** ***verdampen.***

Verdampfer ⟨m.; ~s, ~⟩ **0.1** ***verdamper.***

verdanken **I** ⟨ov.ww.⟩ **0.1** ***te danken hebben;***
II sich ~ ⟨wk.ww.⟩ **0.1** ***te danken zijn aan*** ⇒*toe te schrijven zijn aan.*

verdaten ⟨comp.⟩ **0.1** ***in data omzetten.***

verdattert **0.1** ***beteuterd*** ⇒*onthutst, beduusd.*

verdauen **0.1** ***verteren*** **0.2** ⟨fig.⟩ ***verteren*** ⇒*verwerken.*

verdaulich **0.1** ***verteerbaar, te verteren.***

Verdauung ⟨v.; ~⟩ **0.1** ***spijsvertering.***

Verdauungsapparat ⟨m.⟩ **0.1** ***spijsverteringsorganen.***

Verdauungsbeschwerden ⟨alleen mv.⟩ **0.1** ***moeilijkheden met de spijsvertering.***

Verdeck ⟨o.; ~(e)s, ~e⟩ **0.1** ***kap*** ⟨v.e. auto⟩ **0.2** ⟨scheep.⟩ ***dek.***

verdecken **0.1** ***be-, toe-, overdekken*** ⇒*verbergen* ◆ **1.1** Bäume ~ die Aussicht *bomen benemen het uitzicht.*

verdenken ⟨schr.⟩ **0.1** ***kwalijk nemen.***

Verderb ⟨m.; ~s⟩ **0.1** ***bederf, het bederven*** **0.2** ⟨fig.⟩ ***verderf*** ⇒*ondergang.*

verderben ⟨→t171⟩ **I** ⟨onov.ww.⟩ **0.1** ***bederven*** **0.2** ⟨schr.; fig.⟩ ***ondergaan*** ⇒*te gronde gaan;*
II ⟨ov.ww.⟩ **0.1** ***bederven*** ⇒*beschadigen* **0.2** ⟨fig.⟩ ***bederven*** ⇒*te gronde richten* **0.3** ⟨fig.⟩ ***bederven*** ⇒*verprutsen* ◆ **1.2** die Jugend ~ *de jeugd te gronde richten* **6.3** es **mit** jmdm. ~ *het bij iem. verbruien.* →**Koch.**

Verderben ⟨o.; ~s⟩ **0.1** ***bederf*** **0.2** ⟨fig.⟩ ***verderf*** ⇒*ondergang* ◆ **6.2 in** sein, **ins** ~ laufen, rennen *z'n ondergang tegemoet rennen.*

verderbenbringend **0.1** ***onheilbrengend.***

verderblich **0.1** ***bederfelijk*** ⇒*aan bederf onderhevig* **0.2** ⟨fig.⟩ ***verderfelijk*** ⇒*fnuikend, funest.*

verderbt **0.1** ***corrupt, onleesbaar geworden*** ⇒*verknoeid* ⟨v.e. tekst⟩ **0.2** ⟨schr.⟩ ***verdorven*** ⇒*verlopen* ◆ **1.2** ein ~es Individuum *een verlopen sujet.*

Verderbtheit ⟨v.; ~⟩ **0.1** ***verdorvenheid.***

verdeutlichen **0.1** ***verduidelijken.***

verdeutschen **0.1** ***verduitsen, in het Duits vertalen*** **0.2** ⟨inf.⟩ ***duidelijk maken.***

verdichten **I** ⟨ov.ww.⟩ **0.1** ***verdichten*** ⇒*comprimeren, samenpersen* **0.2** ***dichter maken*** ⇒*uitbreiden* ◆ **1.2** das Straßennetz ~ *het wegennet dichter maken;*
II sich ~ ⟨wk.ww.⟩ **0.1** ***dichter worden*** **0.2** ⟨fig.⟩ ***sterker worden*** ⇒*toenemen* ◆ **1.2** die Gerüchte ~ sich *de geruchten worden sterker.*

Verdichtung ⟨v.; ~, ~en⟩ **0.1** ***verdichting*** **0.2** ***compressie.***

verdicken **I** ⟨ov.ww.⟩ **0.1** ***verdikken, dik(ker) maken;***
II sich ~ ⟨wk.ww.⟩ **0.1** ***verdikken, dik(ker) worden.***

verdienen **0.1** ***verdienen*** **0.2** ***verdienen*** ⇒*aanspraak kunnen maken op, recht hebben op* ◆ **1.2** eine verdiente Person *een verdienstelijk persoon* **6.2** das habe ich nicht **um** dich verdient! *dat heb ik niet aan jou verdiend!*

Verdiener ⟨m.; ~s, ~⟩ **0.1** ***kostwinner.***

Verdienst[1] ⟨m.; ~(e)s, ~e⟩ **0.1** ***verdienste*** ⇒*loon, inkomen.*

Verdienst[2] ⟨o.; ~(e)s, ~e⟩ **0.1** ***verdienste*** ⇒*verdienstelijkheid* ◆ **3.1** sich ⟨3e nv.⟩ große ~e um den Sport erwerben *zich zeer verdienstelijk voor de sport maken.*

Verdienstausfall ⟨m.⟩ **0.1** ***inkomens-, loonderving.***

Verdienstkreuz ⟨o.⟩ **0.1** ***kruis van verdienste.***

Verdienstorden ⟨m.⟩ **0.1** ***orde van verdienste.***

Verdienstspanne ⟨v.⟩ **0.1** ***winstmarge.***

verdienstvoll **0.1** ***verdienstelijk*** ⇒*prijzenswaardig* **0.2** ***verdienstelijk*** ⇒*van (grote) verdienste.*

verdient **0.1** ***verdienstelijk*** **0.2** ⟨sp.⟩ ***verdiend*** ⇒*terecht, toekomend* ◆ **6.1** sich **um** jmdn. ~ machen *zich tegenover iem. verdienstelijk maken.*

verdientermaßen **0.1** ***verdiend*** ⇒*terecht.*

Verdikt ⟨o.; ~(e)s, ~e⟩ **0.1** ***verdict*** ⇒*vonnis, uitspraak.*

verdingen **0.1** ***aan-, uitbesteden*** ⇒*verhuren.*

verdinglichen **I** ⟨ov.ww.⟩ **0.1** ***concretiseren*** ⇒*materialiseren;*
II sich ~ ⟨wk.ww.⟩ **0.1** ***een concrete vorm aannemen.***

verdolmetschen **0.1** ***vertolken*** ⇒*vertalen.*

verdonnern ⟨inf.⟩ **0.1** ***veroordelen*** ◆ **6.1** ⟨scherts.⟩ jmdn. dazu ~, etwas **zu** tun *iem. ermee opschepen iets te doen.*

verdonnert ⟨inf.⟩ **0.1** ***verbouwereerd*** ⇒*beduusd.*

verdoppeln **I** ⟨ov.ww.⟩ **0.1** ***verdubbelen;***
II sich ~ ⟨wk.ww.⟩ **0.1** ***verdubbelen, dubbel zo groot worden.***

Verdorbenheit ⟨v.; ~⟩ **0.1** ***verdorvenheid.***

verdorren **0.1** ***verdorren, dor worden.***

verdösen ⟨inf.⟩ **0.1** ***suffend doorbrengen*** **0.2** ***vergeten.***

verdrahten **0.1** ***met draad afsluiten*** **0.2** ⟨tech.⟩ ***met draden verbinden.***

verdrängen **0.1** ***ver-, wegdringen*** **0.2** ⟨scheep.⟩ ***water verplaatsen.***

verdrecken ⟨inf.⟩ **I** ⟨onov.ww.⟩ **0.1** ***smerig, vies worden;***
II ⟨ov.ww.⟩ **0.1** ***smerig, vies maken.***

verdrehen **0.1** ***ver-, om-, ronddraaien*** **0.2** ⟨fig.⟩ ***verdraaien*** ⇒*verkeerd weergeven* **0.3** ⟨inf.⟩ ***verfilmen, verdraaien*** ◆ **1.1** ⟨inf.; fig.⟩ jmdm. den Kopf ~ *iem. het hoofd op hol brengen* **1.2** jmds. Worte ~ *iemands woorden verdraaien.*

Verdreher ⟨m.; ~s, ~⟩⟨pej.⟩ **0.1** ***verdraaier (v.d. waarheid).***

verdreht ⟨inf.⟩ **0.1** ***gek*** ⇒*niet goed wijs, getikt.*

Verdrehtheit ⟨v.; ~, ~en⟩ **0.1** ***idioterie*** ⇒*gekheid.*

Verdrehung ⟨v.; ~, ~en⟩ **0.1** ***verdraaiing, torsie.***

verdreifachen **I** ⟨ov.ww.⟩ **0.1** ***verdrievoudigen, drie keer zo groot maken;***
II sich ~ ⟨wk.ww.⟩ **0.1** ***verdrievoudigen, drie keer zo groot worden.***

verdreschen ⟨inf.⟩ **0.1** ***afranselen.***

verdrießen ⟨→t172⟩ **0.1** ***ontstemmen*** ⇒*verdrieten, ergeren* ◆ **3.1** es sich nicht ~ lassen *niet tegen iets opzien.*

verdrießlich **0.1** ***slechtgehumeurd*** ⇒*gemelijk, korzelig* **0.2** ***ergerlijk*** ⇒*naar, vervelend.*

Verdrießlichkeit ⟨v.; ~, ~en⟩ **0.1** ***korzeligheid*** ⇒*slecht humeur, knorrigheid* **0.2** ***ergernis, verdrietelijkheid*** ⇒*narigheid, last.*

verdrillen **0.1** ***twisten, ineendraaien.***

verdrossen **0.1** ***knorrig, ontstemd*** **0.2** ***landerig, lusteloos.***

verdrucken **0.1** ***misdrukken, verkeerd drukken*** **0.2** ***bij het drukken gebruiken.***

verdrücken ⟨inf.⟩ **I** ⟨ov.ww.⟩ **0.1** ***verorberen*** ⇒*naar binnen werken;*
II sich ~ ⟨wk.ww.⟩ **0.1** ***er tussenuit knijpen*** ⇒*'m smeren.*

Verdruß ⟨m.; Verdrusses, Verdrusse⟩ **0.1** ***ergernis*** ⇒*misnoegen* ◆ **3.1** das gibt nur ~ *daar komt alleen maar narigheid van.*

verduften **0.1** ***vervliegen*** ⇒*de geur verliezen* **0.2** ⟨inf.⟩ ***'m smeren*** ⇒*er (stiekem) vandoor gaan.*

verdummen **I** ⟨onov.ww.⟩ **0.1** ***dom worden*** ⇒*versuffen;*
II ⟨ov.ww.⟩ **0.1** ***dom maken.***

verdunkeln **I** ⟨ov.ww.⟩ **0.1** ***verdonkeren, verduisteren*** ⇒*donker maken* **0.2** ***verduisteren*** ⇒*licht afschermen* ◆ **1.1**

⟨fig.⟩ jmds. Glück ~ een donkere schaduw op iemands geluk werpen;
II sich ~ ⟨wk.ww.⟩ **0.1** ***donker, duister worden.***
Verdunkelung ⟨v.; ~, ~en⟩ **0.1** ***verduistering(smateriaal)*** **0.2** ***verdonkering, verduistering.***
verdünnen I ⟨ov.ww.⟩ **0.1** ***verdunnen, dunner, ijler maken*** **0.2** ***ver-, uitdunnen*** ⟨van gewassen⟩ **0.3** ***spits laten toelopen;***
II sich ~ ⟨wk.ww.⟩ **0.1** ***dunner, smaller worden*** **0.2** ***dunner, ijler worden*** ⟨van lucht⟩.
verdünnisieren, sich ⟨scherts.⟩ **0.1** ***'m smeren.***
Verdünnung ⟨v.; ~, ~en⟩ **0.1** ***verdunning, verdunningsmiddel*** **0.2** ***het verdunnen, verdunning*** ◆ **6.2** ⟨inf.⟩ etwas bis **zur** ~ tun *iets tot vervelens toe doen.*
verdunsten I ⟨onov.ww.⟩ **0.1** ***verdampen*** ⇒*vervliegen;*
II ⟨ov.ww.⟩ **0.1** ***(doen) verdampen.***
verdursten 0.1 ***verdorsten, omkomen van dorst.***
verdusseln ⟨inf.⟩ **0.1** ***stomweg vergeten.***
verdüstern I ⟨ov.ww.⟩ **0.1** ***verduisteren, duister, donker maken*** **0.2** ⟨fig.⟩ ***versomberen, somber maken;***
II sich ~ ⟨wk.ww.⟩ **0.1** ***duister, donker worden*** **0.2** ⟨fig.⟩ ***versomberen, somber worden.***
verdutzen 0.1 ***verbluffen*** ⇒*perplex doen staan.*
verdutzt 0.1 ***verbouwereerd*** ⇒*perplex, verbluft.*
verebben 0.1 ***wegebben*** ⇒*langzaam verlopen.*
veredeln 0.1 ***veredelen.***
verehelichen ⟨schr.⟩ **I** ⟨ov.ww.⟩ **0.1** ***laten trouwen;***
II sich ~ ⟨wk.ww.⟩ **0.1** ***trouwen, huwen*** ⇒*in het huwelijk treden.*
Verehelichung ⟨v.; ~, ~en⟩ **0.1** ***huwelijk, echtverbintenis.***
verehren 0.1 ***vereren*** ⇒*eer bewijzen* **0.2** ***vereren*** ⇒*bewonderen, achten* **0.3** ⟨inf.⟩ ***vereren*** ⇒*als eerbewijs schenken* ◆ **1.2** verehrte Anwesende! *geachte aanwezigen!* ¶**.2** ⟨vaak iron.⟩ (mein) Verehrtester! *waarde vriend!*
Verehrer ⟨m.; ~s, ~⟩ **0.1** ***vereerder*** **0.2** ⟨scherts.⟩ ***aanbidder.***
Verehrung ⟨v.; ~⟩ **0.1** ***verering*** ⇒*bewondering* **0.2** ***verering, het vereren*** ◆ **4.1** meine ~! *mijn respect!*
verehrungsvoll 0.1 ***eerbiedig*** ⇒*vol bewondering.*
verehrungswürdig 0.1 ***vererenswaard(ig).***
vereidigen 0.1 ***beëdigen*** ⇒*de eed laten afleggen* ◆ **6.1** jmdn. **auf** die Verfassung ~ *iem. de eed op de grondwet laten afleggen.*
Verein ⟨m.; ~(e)s, ~e⟩ **0.1** ***vereniging*** ◆ **2.1** ⟨inf.⟩ ein seltsamer ~! *een vreemd stelletje!* **6.1** ⟨fig.⟩ **im** ~ mit *in samenwerking met;* ⟨fig.⟩ **in** trautem ~ *gezellig bij elkaar.*
vereinbar 0.1 ***verenigbaar.***
vereinbaren 0.1 ***overeenkomen*** ⇒*afspreken* **0.2** ⟨meestal met ontkenning⟩ ***overeenbrengen, in overeenstemming brengen.***
Vereinbarung ⟨v.; ~, ~en⟩ **0.1** ***overeenkomst*** ⇒*afspraak.*
vereinbarungsgemäß 0.1 ***zoals overeengekomen, afgesproken.***
vereinen I ⟨ov.ww.⟩ **0.1** ***verenigen, verenen*** ⇒*samenvoegen* ◆ **1.1** mit vereinten Kräften *met vereende krachten;*
II sich ~ ⟨wk.ww.⟩ **0.1** ***zich verenigen*** ⇒*zich aaneensluiten* **0.2** ***zich verenigen*** ⇒*samengaan.*
vereinfachen 0.1 ***vereenvoudigen.***
vereinheitlichen 0.1 ***uniform maken*** ⇒*eenheid brengen in.*
vereinigen I ⟨ov.ww.⟩ **0.1** ***verenigen*** ⇒*samenvoegen* ◆ **1.1** die Vereinigten Staaten *de Verenigde Staten;*
II sich ~ ⟨wk.ww.⟩ **0.1** ***zich verenigen*** ⇒*zich aaneensluiten* **0.2** ***samenkomen*** ⇒*bij elkaar komen.*
Vereinigung ⟨v.; ~, ~en⟩ **0.1** ***vereniging, organisatie.***
vereinnahmen 0.1 ***beuren*** ⇒*innen* **0.2** ⟨fig.⟩ ***beslag leggen op.***
vereinsamen 0.1 ***vereenzamen*** ⇒*eenzaam worden.*
vereinseitigen 0.1 ***vereenzijdigen.***
Vereinshaus ⟨o.⟩ **0.1** ***club-, verenigingsgebouw.***
Vereinsrecht ⟨o.⟩ **0.1** ***recht van vereniging (en vergadering).***
Vereinte Nationen ⟨alleen mv.⟩ **0.1** ***Verenigde Naties.***
vereinzeln I ⟨ov.ww.⟩ **0.1** ⟨landb.⟩ ***uitdunnen*** **0.2** ⟨fig.⟩ ***afzonderen*** ⇒*isoleren;*
II sich ~ ⟨wk.ww.⟩ **0.1** ***steeds zeldzamer worden*** **0.2** ***zich isoleren.***
vereinzelt 0.1 ***sporadisch*** ⇒*afzonderlijk, incidenteel* ◆ **1.1** ein ~er Fall *een op zichzelf staand geval;* nur ~e Regenschauer *slechts hier en daar een regenbui.*
vereisen I ⟨onov.ww.⟩ **0.1** ***tot ijs worden*** ⇒*bevriezen* ◆ **1.1** ein vereister Fluß *een dichtgevroren rivier;*
II ⟨ov.ww.⟩⟨med.⟩ **0.1** ***bevriezen*** ⟨als verdoving⟩.
vereiteln 0.1 ***verijdelen.***
vereitern 0.1 ***veretteren.***
verekeln 0.1 ***doen walgen van*** ⇒*weerzin wekken tegen.*
verelenden 0.1 ***verpauperen.***
Verelendung ⟨v.; ~⟩ **0.1** ***verpaupering.***
verenden 0.1 ***creperen*** ⇒*ellendig omkomen.*
verengen I ⟨ov.ww.⟩ **0.1** ***vernauwen*** ⇒*enger maken;*
II sich ~ ⟨wk.ww.⟩ **0.1** ***zich vernauwen*** ⇒*nauwer worden.*
verengern I ⟨ov.ww.⟩ **0.1** ***verengen, vernauwen;***
II sich ~ ⟨wk.ww.⟩ **0.1** ***zich vernauwen*** ⇒*nauwer worden.*
Verengerung ⟨v.; ~, ~en⟩ **0.1** ***vernauwing*** ⇒*nauwte.*
Verengung ⟨v.; ~, ~en⟩ **0.1** ***vernauwing.***
vererbbar 0.1 ***(over)erfelijk.***
vererben I ⟨ov.ww.⟩ **0.1** ***nalaten*** ⇒*vermaken* **0.2** ⟨biol.⟩ ***doen overgaan op;***
II sich ~ ⟨wk.ww.⟩ **0.1** ***vererven*** ⇒*overgaan op.*
vererblich 0.1 ***(over)erfelijk.***
Vererbung ⟨v.; ~, ~en⟩ **0.1** ***erfelijkheid, overerving.***
Vererbungslehre ⟨v.⟩ **0.1** ***erfelijkheidsleer.***
verewigen I ⟨ov.ww.⟩ **0.1** ***vereeuwigen*** **0.2** ***onveranderd laten*** ⇒*laten voortduren* ◆ **1.2** einen Zustand ~ *aan een toestand niets (willen) veranderen;*
II sich ~ ⟨wk.ww.⟩ **0.1** ***zich vereeuwigen.***
verewigt ⟨schr.⟩ **0.1** ***overleden.***
verfahren[1] ⟨bn.⟩ **0.1** ***in 't honderd gelopen*** ⇒*vast-, misgelopen.*
verfahren[2] **I** ⟨onov.ww.⟩ **0.1** ***te werk gaan*** ⇒*handelen, optreden* **0.2** ***omgaan met*** ⇒*behandelen* ◆ **5.1** rücksichtslos ~ *meedogenloos te werk gaan;*
II ⟨ov.ww.⟩ **0.1** ***verrijden;***
III sich ~ ⟨wk.ww.⟩ **0.1** ***verkeerd rijden, varen.***
Verfahren ⟨o.; ~s, ~⟩ **0.1** ***procédé*** ⇒*methode* **0.2** ***handelwijze*** ⇒*manier van doen, optreden, procedure* **0.3** ⟨jur.⟩ ***proces*** ⇒*procedure* ◆ **2.3** ein schwebendes ~ *een hangend proces* **3.3** ein ~ einstellen *een zaak seponeren.*
Verfahrensfrage ⟨v.⟩ **0.1** ***procedurekwestie.***
verfahrensrechtlich 0.1 ***procesrechtelijk.***
Verfahrensweise ⟨v.⟩ **0.1** ***methode*** ⇒*procedure.*
Verfall ⟨m.; ~(e)s⟩ **0.1** ***verval, het bouwvallig worden*** **0.2** ***verval*** ⇒*achteruitgang, aftakeling* **0.3** ⟨ec.⟩ ***vervaldag, -datum.***
Verfalldatum ⟨o.⟩⟨ec.⟩ **0.1** ***vervaldag, -datum.***
verfallen 0.1 ***vervallen*** ⇒*bouwvallig worden* **0.2** ***vervallen*** ⇒*afnemen, aftakelen* **0.3** ***vervallen*** ⇒*overgaan, raken in* **0.4** ***een prooi worden van*** ⇒*verslaafd raken aan* **0.5** ***vervallen*** ⇒*eigendom worden van* **0.6** ***komen op*** ⇒*uitdenken* **0.7** ⟨ec.⟩ ***vervallen*** ◆ **1.2** das Reich verfällt *het rijk*

raakt in verval **1.4** dem Spott ~ *een voorwerp van spot worden;* der Verzweiflung ~ *de wanhoop ten prooi vallen;* jmds. Zauber ~ *onder iemands bekoring komen* **6.3** das Pferd verfiel **in** Trab *het paard begon te draven* **6.6 auf** einen sonderbaren Gedanken ~ *op een merkwaardige gedachte komen.*

Verfallsdatum ⟨o.⟩ **0.1** ⟨ec.⟩ ***vervaldag, -datum* 0.2 *houdbaarheidsdatum*** ⟨van levensmiddelen⟩.

Verfallserscheinung ⟨v.⟩ **0.1 *teken van verval.***

Verfallszeit ⟨v.⟩ **0.1 *periode van verval* 0.2** ⟨ec.⟩ ***vervaltijd, -dag.***

verfälschen 0.1 *vervalsen* ⇒*verkeerd voorstellen* **0.2 *vervalsen*** ⇒*vals maken.*

Verfälscher ⟨m.; ~s, ~⟩ **0.1 *vervalser.***

verfangen I ⟨onov.ww.⟩ **0.1 *uithalen*** ⇒*baten, uitwerking hebben;*
II sich ~ ⟨wk.ww.⟩ **0.1 *verward raken (in)*** ⇒*vast raken* ◆ **6.1** sich **in** Widersprüchen ~ *zich door tegenstrijdigheden vastpraten.*

verfänglich 0.1 *netelig* ⇒*lastig, bedenkelijk* ◆ **1.1** eine ~e Frage (a) *een strikvraag* (b) *een netelige kwestie.*

Verfänglichkeit ⟨v.; ~, ~en⟩ **0.1 *pijnlijke toestand, uitlating* 0.2 *het netelig zijn.***

verfärben I ⟨ov.ww.⟩ **0.1 *verkeerd verven, kleuren*** ⇒*de kleur bederven van;*
II sich ~ ⟨wk.ww.⟩ **0.1 *verkleuren*** ⇒*van kleur veranderen, verschieten.*

verfassen 0.1 *schrijven* ⇒*opstellen.*

Verfasser ⟨m.; ~s, ~⟩ **0.1 *schrijver*** ⇒*auteur.*

Verfasserschaft ⟨v.; ~⟩ **0.1 *auteurschap.***

Verfassung ⟨v.; ~, ~en⟩ **0.1 *grondwet, constitutie* 0.2 *statuten*** ⇒*reglement* **0.3 *gesteldheid*** ⇒*toestand, conditie* **0.4 *gemoedsgesteldheid*** ⇒*stemming* ◆ **6.3 in** blendender ~ *in geweldige vorm.*

verfassunggebend 0.1 *grondwetgevend, constituerend.*

Verfassungsänderung ⟨v.⟩ **0.1 *grondwetswijziging* 0.2 *wijziging v.d. statuten.***

Verfassungsbruch ⟨m.⟩ **0.1 *schending v.d. grondwet.***

verfassungsfeindlich 0.1 *gericht tegen de grondwet.*

verfassungsgemäß 0.1 *grondwettig, constitutioneel* 0.2 *volgens de statuten.*

Verfassungsgericht ⟨o.⟩⟨jur.⟩ **0.1** ⟨vergelijkbaar met⟩ ***Hoge Raad.***

verfassungsmäßig 0.1 *grondwettig, constitutioneel.*

Verfassungsrecht ⟨o.⟩ **0.1 *constitutioneel recht.***

verfassungsrechtlich 0.1 *staatsrechtelijk* ⇒*constitutioneel.*

Verfassungsschutz ⟨m.⟩ **0.1 *bescherming van, door de grondwet*** ◆ **1.1** ⟨afk. voor⟩ Bundesamt für Verfassungsschutz ⟨vergelijkbaar met⟩ *binnenlandse veiligheidsdienst.*

Verfassungsschützer ⟨m.⟩ **0.1 *ambtenaar van de (Duitse) Binnenlandse Veiligheidsdienst.***

Verfassungsstaat ⟨m.⟩ **0.1 *constitutionele staat.***

Verfassungsurkunde ⟨v.⟩ **0.1 *grondwet.***

verfassungswidrig 0.1 *ongrondwettig* ⇒*in strijd met de grondwet.*

verfaulen 0.1 *verrotten* ⇒*vergaan, vermolmen.*

verfechten 0.1 *verdedigen* ⇒*bepleiten, zich inzetten voor.*

Verfechter ⟨m.; ~s, ~⟩ **0.1 *voorstander*** ⇒*pleitbezorger, voorvechter.*

verfehlen 0.1 *missen* ⇒*niet halen, niet bereiken* **0.2 *missen*** ⇒*niet raken, niet vinden* **0.3** ⟨met ontkenning; schr.⟩ ***nalaten*** ⇒*verzuimen* ◆ **1.2** ⟨fig.⟩ den Beruf ~ *zijn roeping mislopen* **3.2** es wäre verfehlt *het zou onjuist zijn.*

Verfehlung ⟨v.; ~, ~en⟩ **0.1 *misstap*** ⇒*misser, fout.*

verfeinden, sich 0.1 *ruzie krijgen* ⇒*vijanden worden* ◆ **6.1 mit** jmdm. verfeindet sein *met iem. overhoopliggen.*

verfeinern I ⟨ov.ww.⟩ **0.1 *verfijnen, fijner maken;***
II sich ~ ⟨wk.ww.⟩ **0.1 *fijn(er), verfijnd(er) worden.***

verfemen ⟨schr.⟩ **0.1 *vogelvrij verklaren.***

Verfemte(r) ⟨bn. als zn.⟩ **0.1 *uitgestotene.***

verfertigen 0.1 *vervaardigen* ⇒*maken, fabriceren.*

verfestigen I ⟨ov.ww.⟩ **0.1 *versterken*** ⇒*verstevigen;*
II sich ~ ⟨wk.ww.⟩ **0.1 *sterk, stevig, hard worden.***

verfetten 0.1 *vervetten, vet worden.*

verfeuern 0.1 *(ver)stoken* ⇒*stoken met* **0.2 *verbranden* 0.3 *verschieten.***

verfilmen 0.1 *verfilmen, een film maken van* 0.2 *microfilmen.*

verfilzen I ⟨onov.ww.⟩ **0.1 *vervilten*** ⇒*viltig worden* **0.2** ⟨fig.⟩ ***warrig worden*** ⇒*in de war raken;*
II sich ~ ⟨wk.ww.⟩⟨fig.⟩ **0.1 *zich verstrengelen, ineengroeien.***

verfinstern I ⟨ov.ww.⟩ **0.1 *verduisteren, donker, duister maken;***
II sich ~ ⟨wk.ww.⟩ **0.1 *duister, donker worden* 0.2** ⟨fig.⟩ ***versomberen, somber worden.***

verflachen I ⟨onov.ww.⟩ **0.1 *vervlakken*** ⇒*plat, vlak worden* **0.2** ⟨fig.⟩ ***vervlakken*** ⇒*oppervlakkig worden;*
II ⟨ov.ww.⟩ **0.1 *vlak maken;***
III sich ~ ⟨wk.ww.⟩ **0.1 *vervlakken*** ⇒*vlak(ker) worden.*

Verflachung ⟨v.; ~, ~en⟩ **0.1 *vlak geworden plaats* 0.2 *vervlakking.***

verflechten I ⟨ov.ww.⟩ **0.1 *ineen-, samenvlechten;***
II sich ~ ⟨wk.ww.⟩⟨fig.⟩ **0.1 *met elkaar verbonden worden*** ⇒*eng(er) worden.*

verfliegen I ⟨onov.ww.⟩ **0.1 *vervliegen*** ⇒*vervluchtigen, verdampen* **0.2** ⟨fig.⟩ ***vervliegen*** ⇒*omvliegen* ◆ **1.2** sein Zorn ist verflogen *zijn toorn is snel verdwenen;*
II sich ~ ⟨wk.ww.⟩ **0.1 *verkeerd vliegen.***

verfließen 0.1 *verlopen* ⇒*verstrijken, voorbijgaan* **0.2 *ver-, uitvloeien*** ⇒*in elkaar overlopen* **0.3** ⟨fig.⟩ ***vervagen.***

verflixt ⟨inf.⟩ **0.1 *ellendig*** ⇒*rot, naar* **0.2 *drommels*** ⇒*verduiveld* **0.3** ⟨bw.⟩ ***hartstikke*** ⇒*allemachtig* ◆ **8.2** ~ und zugenäht! *wel alle duivels!*

Verflochtenheit ⟨v.; ~⟩ **0.1 *nauwe verbondenheid.***

verflossen ⟨inf.⟩ **0.1 *(van) vroeger*** ⇒*ex-.*

verfluchen 0.1 *vervloeken* ⇒*verwensen.*

verflucht ⟨inf.⟩ **0.1 *vervloekt*** ⇒*ellendig, verwenst* **0.2** ⟨bw.⟩ ***verduiveld*** ⇒*hartstikke, verdomd.*

verflüchtigen I ⟨ov.ww.⟩ **0.1 *doen vervliegen, vervluchtigen;***
II sich ~ ⟨wk.ww.⟩ **0.1 *vervluchtigen, verdampen*** ⇒*vervliegen* **0.2** ⟨fig.⟩ ***verdwijnen*** ⇒*vervliegen* **0.3** ⟨inf.; fig.⟩ ***er tussenuit knijpen.***

verflüssigen I ⟨ov.ww.⟩ **0.1 *vloeibaar maken* 0.2** ⟨ec.⟩ ***liquide maken;***
II sich ~ ⟨wk.ww.⟩ **0.1 *vloeibaar worden.***

verfolgen 0.1 *vervolgen* ⇒*achtervolgen* **0.2 *najagen*** ⇒*beogen, streven naar* **0.3 *volgen*** ⇒*nagaan* **0.4 *volgen*** ⇒*uit-, aflopen* ◆ **1.2** was für einen Zweck ~ Sie damit? *wat hebt u daarmee op het oog?* **1.3** eine Entwicklung ~ *een ontwikkeling bijhouden* **1.4** eine Spur ~ *een spoor volgen* **6.1** ⟨fig.⟩ **vom** Pech verfolgt werden *door tegenslag achtervolgd worden.*

Verfolger ⟨m.; ~s, ~⟩ **0.1 *vervolger*** ⇒*achtervolger, belager.*

Verfolgung ⟨v.; ~, ~en⟩ **0.1 *vervolging*** ⇒*achtervolging* **0.2 *vervolging, het vervolgen*** ◆ **3.1** die ~ aufnehmen *de achtervolging inzetten.*

Verfolgungsjagd ⟨v.⟩ **0.1** *achtervolgingsjacht.*
Verfolgungsrennen ⟨o.⟩⟨sp.⟩ **0.1** *achtervolging(swedstrijd)* ⟨wielrennen⟩.
verformbar 0.1 *vervormbaar.*
verformen I ⟨ov.ww.⟩ **0.1** *vervormen;*
II sich ~ ⟨wk.ww.⟩ **0.1** *zich vervormen, een andere vorm aannemen.*
Verformungszone ⟨v.⟩ **0.1** *kreukelzone.*
verfrachten 0.1 *vervrachten* ⇒*vervoeren* ◆ **6.1** ⟨scherts.⟩ das Kind **ins** Bett ~ *het kind naar bed brengen.*
verfranzen, sich 0.1 ⟨verk.⟩ *uit de koers raken* ⇒*verkeerd vliegen* **0.2** ⟨inf.⟩ *de weg kwijt raken.*
verfremden 0.1 *vervreemden, vreemd doen worden.*
Verfremdung ⟨v.; ~, ~en⟩ **0.1** *vervreemding.*
Verfremdungseffekt ⟨m.⟩⟨dram., lit.⟩ **0.1** *desillusionistisch effect, vervreemdingseffect.*
verfressen[1] ⟨bn.⟩⟨inf.⟩ **0.1** *vraatzuchtig* ⇒*gulzig.*
verfressen[2] ⟨ov.ww.⟩⟨inf.⟩ **0.1** *opmaken* ⇒*verbrassen, opsouperen.*
Verfressenheit ⟨v.; ~⟩⟨inf.; pej.⟩ **0.1** *vraatzucht.*
verfroren 0.1 *verkleumd* ⇒*stijf v.d. kou* **0.2** *kouwelijk* ⇒ *huiverig.*
verfrühen, sich 0.1 *vroeger, te vroeg komen* ◆ **1.1** eine verfrühte Maßnahme *een voorbarige maatregel* **3.1** das halte ich für verfrüht *dat vind ik prematuur.*
verfügbar 0.1 *beschikbaar, ter beschikking* ⇒*disponibel.*
verfugen ⟨amb.⟩ **0.1** *voegen.*
verfügen I ⟨onov.ww.⟩ **0.1** *beschikken* ⇒*bepalen* **0.2** *beschikken* ⇒*bezitten, tot zijn dienst hebben* ◆ **6.1** bitte, ~ Sie **über** mich! *ik sta geheel tot uw dienst!;*
II ⟨ov.ww.⟩ **0.1** *beschikken* ⇒*verordenen, bepalen* ◆ **1.1** Kurzarbeit ~ *werktijdverkorting invoeren;*
III sich ~ ⟨wk.ww.⟩⟨schr.⟩ **0.1** *zich vervoegen* ⇒*zich begeven.*
Verfügung ⟨v.; ~, ~en⟩ **0.1** *beschikking* ⇒*maatregel, bepaling* **0.2** *beschikking* ⇒*dispositie, vrij gebruik* ◆ **2.1** ⟨jur.⟩ eine einstweilige ~ *een beslissing bij voorraad;* die letztwillige ~ *de uiterste wilsbeschikking* **6.1 durch** ministerielle ~ *bij ministeriële beschikking* **6.2** sich **zur** ~ halten *zich beschikbaar houden.*
verfügungsberechtigt 0.1 *beschikkingsbevoegd.*
Verfügungsgewalt ⟨v.⟩ **0.1** *beschikkingsbevoegdheid.*
verführen 0.1 *verleiden* ⇒*verlokken, bekoren* **0.2** *verleiden.*
Verführer ⟨m.; ~s, ~⟩ **0.1** *verleider.*
verführerisch 0.1 *verleidelijk* ⇒*verlokkelijk, verleidend* **0.2** *verleidelijk* ⇒*charmant, bekoorlijk.*
Verführung ⟨v.; ~, ~en⟩ **0.1** *verleiding.*
Verführungskunst ⟨v.⟩ **0.1** *verleidingskunst.*
verfuttern ⟨inf.⟩ **0.1** *opmaken* ⇒*verbrassen.*
verfüttern 0.1 *als (vee)voer gebruiken, (op)voeren.*
Vergabe ⟨v.; ~, ~n⟩ **0.1** *gunning* ⇒*plaatsing, het verstrekken.*
vergaffen, sich ⟨inf.⟩ **0.1** *verliefd worden, raken.*
vergällen 0.1 *vergallen* ⇒*bederven, verbitteren.*
vergaloppieren, sich ⟨fig.⟩ **0.1** *zich vergalopperen* ⇒*een blunder maken.*
vergammeln ⟨inf.⟩ **I** ⟨onov.ww.⟩ **0.1** *bederven* ⇒*gammel worden* ◆ **3.1** er sah vergammelt aus *hij zag er verwaarloosd uit;*
II ⟨ov.ww.⟩ **0.1** *verlummelen* ⇒*verknoeien.*
Vergangenheit ⟨v.; ~, ~en⟩ **0.1** *verleden* **0.2** ⟨taal.⟩ *verleden tijd* ◆ **6.1** eine Frau **mit** ~ *een vrouw met een verleden.*
Vergangenheitsbewältigung ⟨v.⟩ **0.1** *verwerking v.h. verleden.*
vergänglich 0.1 *vergankelijk* ⇒*voorbygaand, ydel.*
Vergänglichkeit ⟨v.; ~⟩ **0.1** *vergankelijkheid.*
vergären 0.1 *laten gisten.*
vergasen 0.1 *vergassen.*
Vergaser ⟨m.; ~s, ~⟩ **0.1** *carburateur, vergasser.*
Vergasung ⟨v.; ~, ~en⟩ **0.1** *vergassing* ◆ **6.¶** ⟨inf.⟩ bis **zur** ~ *tot vervelens toe.*
vergattern 0.1 *omheinen* **0.2** ⟨mil.⟩ *laten aantreden en consignes geven* ◆ **6.2** ⟨fig.⟩ **zu** etwas vergattert werden *consigne krijgen om iets te doen.*
vergeben I ⟨ov.ww.⟩ **0.1** *vergeven* ⇒*vergiffenis schenken* **0.2** *(ver)geven* ⇒*gunnen, verlenen* **0.3** *afbreuk doen aan* ⇒*te kort doen* **0.4** ⟨sp.⟩ *weggeven* ⇒*verspelen, missen* **0.5** ⟨sp.⟩ *verkeerd verdelen* ◆ **1.2** einen Auftrag an eine Firma ~ *een order plaatsen bij een firma;* ~e Mühe *vergeefse moeite;* seine Töchter sind alle schon ~ *zijn dochters zijn allemaal al aan de man* **1.3** seinem Recht nichts ~ *aan zijn recht niet laten tornen* **5.3** sich ⟨3e nv.⟩ nichts ~ *niets aan zijn waardigheid te kort doen;*
II sich ~ ⟨wk.ww.⟩ **0.1** *verkeerd geven.*
vergebens 0.1 *vergeefs* ⇒*voor niets, vruchteloos.*
vergeblich 0.1 *vergeefs* ⇒*vruchteloos.*
Vergeblichkeit ⟨v.; ~⟩ **0.1** *het (te)vergeefs zijn.*
Vergebung ⟨v.; ~⟩ **0.1** *vergeving, vergiffenis* ⇒*kwijtschelding.*
vergegenständlichen 0.1 *concretiseren* ⇒*omlijnen.*
vergegenwärtigen 0.1 *voor de geest halen, brengen* ⇒ *voorstellen.*
vergehen I ⟨onov.ww.⟩ **0.1** *vergaan* ⇒*voorbijgaan* **0.2** *vergaan* ⇒*verdwijnen, minder worden* **0.3** *vergaan* ⇒*verteerd worden* **0.4** ⟨schr.⟩ *vergaan* ⇒*heengaan, sterven* ◆ **1.1** in den vergangenen 10 Jahren *in de afgelopen 10 jaar;* vergangene Woche *vorige, afgelopen, verleden week;* wie die Zeit doch vergeht! *wat gaat de tijd toch snel!* **1.2** der Appetit ist mir vergangen *m'n eetlust is verdwenen;* ⟨inf.⟩ ist dir die Sprache vergangen? *heb je je tong verloren?* **6.3 vor** Scham ~ *van schaamte in de grond zakken.* →**Unkraut;**
II sich ~ ⟨wk.ww.⟩ **0.1** *overtreden* ⇒*zondigen (tegen), misdrijven* **0.2** *zich vergrijpen* ⇒*aanranden.*
Vergehen ⟨o.; ~s, ~⟩ **0.1** *misdrijf* ⇒*overtreding, vergrijp.*
vergeistigen 0.1 *vergeestelijken, spiritualiseren.*
vergelten 0.1 *vergelden* ⇒*goedmaken, vergoeden* ◆ **1.1** vergelt's Gott! *hartelijk bedankt!* **6.1** Böses **mit** Bösem ~ *kwaad met kwaad vergelden;* Gleiches **mit** Gleichem ~ *met gelijke munt terugbetalen.*
Vergeltung ⟨v.; ~, ~en⟩ **0.1** *vergelding* ⇒*wraak, revanche* ◆ **6.1 für** etwas ~ üben *voor iets wraak oefenen.*
Vergeltungsmaßnahme ⟨v.⟩ **0.1** *vergeldingsmaatregel* ⇒ *represaille.*
Vergeltungswaffe ⟨v.⟩ **0.1** *vergeldingswapen* ⟨bv. V1⟩.
vergesellschaften I ⟨ov.ww.⟩ **0.1** *in een maatschappij, naamloze vennootschap omzetten* **0.2** ⟨vooral ec.⟩ *socialiseren* ⇒*naasten* **0.3** ⟨psych., soc.⟩ *socialiseren;*
II sich ~ ⟨wk.ww.⟩⟨biol., med.⟩ **0.1** *een gemeenschap vormen* ⇒*samen voorkomen.*
vergessen ⟨h.→t173⟩ **I** ⟨ov.ww.⟩ **0.1** *vergeten* ⇒*niet meer weten* **0.2** *vergeten* ⇒*niet denken aan* ◆ **1.2** den Mantel kannst du ~! *je jas heb je niet nodig!* **4.2** das kannst du ~! *zet dat maar uit je hoofd!* **5.1** das werde ich dir nie ~ (a) *daar zal ik je altijd dankbaar voor blijven* (b) *dat zal ik je nooit vergeven;*
II sich ~ ⟨wk.ww.⟩ **0.1** *zich vergeten* ⇒*buiten zichzelf raken* **0.2** *vergeten worden* ◆ **4.2** das vergißt sich rasch *dat raakt gauw in het vergeetboek.*

Vergessenheit ⟨v.; ~⟩ **0.1** ***vergetelheid*** ◆ **3.1** der ~ anheimfallen *aan de vergetelheid ten prooi vallen;* der ~ entreißen *aan de vergetelheid ontrukken* **6.1 in** ~ geraten *in vergetelheid raken.*

vergeßlich 0.1 ***vergeetachtig.***

vergeuden 0.1 ***verkwisten*** ⇒*verspillen* ◆ **1.1** die Zeit ~ *de tijd verknoeien.*

vergeuderisch 0.1 ***verkwistend.***

Vergeudung ⟨v.; ~, ~en⟩ **0.1** ***verkwisting.***

vergewaltigen 0.1 ***verkrachten*** ⇒*aanranden* **0.2** ⟨fig.⟩ ***geweld aandoen*** ⇒*onderdrukken.*

Vergewaltiger ⟨m.; ~s, ~⟩ **0.1** ***verkrachter*** ⇒*aanrander.*

Vergewaltigung ⟨v.; ~, ~en⟩ **0.1** ***verkrachting*** **0.2** ***overweldiging.***

vergewissern, sich 0.1 ***zich vergewissen*** ◆ **1.1** ⟨met 2e nv.⟩ sich der Sympathie eines anderen ~ *zich verzekeren van de sympathie van een ander.*

vergießen 0.1 ***vergieten*** **0.2** ***ernaast gieten*** ⇒*morsen* **0.3** ⟨amb.⟩ ***gieten*** ◆ **1.1** heiße Tränen ~ *hete tranen plengen* **6.3 zu** Kugeln ~ *tot kogels gieten.*

vergiften I ⟨ov.ww.⟩ **0.1** ***vergiftigen, (ver)giftig maken*** **0.2** ***vergiftigen, met gif doden, vergeven;***
II sich ~ ⟨wk.ww.⟩ **0.1** ***een vergiftiging oplopen.***

Vergiftung ⟨v.; ~, ~en⟩ **0.1** ***vergiftiging.***

vergilben 0.1 ***vergelen, geel worden*** ◆ **1.1** ⟨fig.⟩ vergilbte Vorstellungen *achterhaalde ideeën.*

vergipsen 0.1 ***met gips vullen, vastmaken*** **0.2** ***in het gips zetten.***

Vergißmeinnicht ⟨o.; ~(e)s, ~e⟩⟨plantk.⟩ **0.1** ***vergeet-mij-niet(je).***

vergittern 0.1 ***traliën, van tralies voorzien.***

Vergitterung ⟨v.; ~, ~en⟩ **0.1** ***traliewerk, de tralies.***

verglasen I ⟨onov.ww.⟩ **0.1** ***verglazen, glasachtig, glazig worden;***
II ⟨ov.ww.⟩ **0.1** ***verglazen*** ⇒*beglazen, van glas(ruiten) voorzien.*

Verglasung ⟨v.; ~, ~en⟩ **0.1** ***beglazing*** ⇒*glas.*

Vergleich ⟨m.; ~(e)s, ~e⟩ **0.1** ***vergelijking*** **0.2** ***vergelijk*** ⇒ *schikking, regeling* **0.3** ⟨taal.⟩ ***vergelijking*** **0.4** ⟨sp.⟩ ***vriendschappelijke wedstrijd*** ◆ **2.2** ein friedlicher ~ *een minnelijke schikking* **3.1** einen ~ anstellen, ziehen *een vergelijking maken* **4.1** das ist ja kein ~! *dat is toch niet te vergelijken!* **6.1 im** ~ zu, mit *in vergelijking met.*

vergleichbar 0.1 ***vergelijkbaar, te vergelijken.***

vergleichen I ⟨ov.ww.⟩ **0.1** ***vergelijken;***
II sich ~ ⟨wk.ww.⟩ **0.1** ***zich vergelijken*** ⇒*zich meten* **0.2** ***een schikking, vergelijk treffen*** ◆ **6.2** sich **über** die Bezahlung ~ *het over de betaling eens worden.*

Vergleichsform ⟨v.⟩⟨taal.⟩ **0.1** ***trap van vergelijking.***

Vergleichskampf ⟨m.⟩⟨sp.⟩ **0.1** ***vriendschappelijke wedstrijd.***

Vergleichsmaßstab ⟨m.⟩ **0.1** ***vergelijkingsnorm.***

Vergleichssatz ⟨m.⟩⟨taal.⟩ **0.1** ***vergelijkende zin.***

Vergleichsverwalter ⟨m.⟩ **0.1** ***bewindvoerder*** ⟨bij surseance van betaling⟩.

vergleichsweise 0.1 ***vergelijkenderwijs.***

Vergleichung ⟨v.; ~, ~en⟩ **0.1** ***vergelijking.***

vergletschern 0.1 ***vergletsjeren.***

verglimmen 0.1 ***langzaam uitdoven, uitgaan.***

verglühen 0.1 ***vergloeien*** ⇒*steeds zwakker gloeien* **0.2** ***gloeiend verbranden.***

vergnügen I ⟨ov.ww.⟩ **0.1** ***amuseren*** ⇒*vermaken, plezier doen;*
II sich ~ ⟨wk.ww.⟩ **0.1** ***zich amuseren*** ⇒*zich vermaken, plezier hebben.*

Vergnügen ⟨o.; ~s, ~⟩ **0.1** ***plezier*** ⇒*genoegen* **0.2** ***genoegen*** ⇒*vermaak, amusement* ◆ **4.1** viel ~! *veel plezier!;* ⟨inf.; iron.⟩ na, dann viel ~! *sterkte ermee!* **6.1** kein ~ **an** einer Sache finden *ergens geen plezier in hebben* **6.2** ⟨inf.⟩ immer rein **ins** ~! *zet 'm op!, aan de slag!* →**Arbeit.**

vergnügenshalber 0.1 ***om, ter wille v.h. plezier*** ⇒*voor het genoegen.*

vergnüglich 0.1 ***vergenoegd*** ⇒*vrolijk* **0.2** ***genoeglijk*** ⇒*plezierig, amusant.*

vergnügt 0.1 ***vergenoegd*** ⇒*opgewekt* **0.2** ***genoeglijk*** ⇒*plezierig, prettig.*

Vergnügung ⟨v.; ~, ~en⟩ **0.1** ***genoegen*** ⇒*vermaak, amusement* **0.2** ***vermakelijkheid.***

Vergnügungsbetrieb ⟨m.⟩ **0.1** ***vermakelijkheid*** ⇒*vermaaksgelegenheid* **0.2** ***amusementsbedrijf.***

Vergnügungsdampfer ⟨m.⟩ **0.1** ***plezierboot.***

Vergnügungsfahrt ⟨v.⟩ **0.1** ***pleziertochtje.***

vergnügungshalber 0.1 ***voor het plezier, genoegen.***

Vergnügungsindustrie ⟨v.⟩ **0.1** ***amusementsindustrie.***

Vergnügungslokal ⟨o.⟩ **0.1** ***vermaaksgelegenheid.***

Vergnügungspark ⟨m.⟩ **0.1** ***pret-, lunapark.***

Vergnügungsreise ⟨v.⟩ **0.1** ***plezierreis(je).***

Vergnügungssteuer ⟨v.⟩ **0.1** ***vermakelijkheidsbelasting.***

Vergnügungssucht ⟨v.⟩ **0.1** ***zucht naar, tot vermaak.***

Vergnügungsviertel ⟨o.⟩ **0.1** ***vermaaks-, uitgaanscentrum.***

vergolden 0.1 ***vergulden*** **0.2** ⟨fig.⟩ ***veraangenamen*** ⇒ *mooier, prettiger maken* **0.3** ⟨inf.⟩ ***er (goed) voor laten betalen.***

Vergoldung ⟨v.; ~, ~en⟩ **0.1** ***verguldsel*** **0.2** ***het vergulden.***

vergönnen 0.1 ***vergunnen*** ⇒*toestaan, veroorloven* **0.2** ***gunnen.***

vergöttern 0.1 ***verafgoden*** ⇒*aanbidden.*

vergöttlichen 0.1 ***vergoddelijken, vergoden.***

vergraben I ⟨ov.ww.⟩ **0.1** ***begraven*** ⇒*in de grond stoppen* **0.2** ***verbergen*** ⇒*stoppen* ◆ **6.2** die Hände **in** die, den Hosentaschen ~ *de handen in zijn broekzakken steken, stoppen;*
II sich ~ ⟨wk.ww.⟩ **0.1** ***zich in de grond graven*** **0.2** ⟨fig.⟩ ***zich begraven.***

vergrämen 0.1 ***ergeren*** ⇒*wegpesten.*

vergrämt 0.1 ***verbitterd*** ⇒*door verdriet verteerd.*

vergrauen 0.1 ***grauw, grijs worden.***

vergraulen ⟨inf.⟩ **0.1** ***weg-, verjagen*** ⇒*wegpesten, -kijken.*

vergreifen, sich 0.1 ***misgrijpen*** ⇒*verkeerd, ernaast grijpen* **0.2** ***verkeerd kiezen*** ⇒*een verkeerde keuze doen* **0.3** ***zich vergrijpen*** ⇒*iets wegnemen* **0.4** ***zich vergrijpen*** ⇒*aanranden.*

vergreisen 0.1 ***vergrijzen.***

vergriffen 0.1 ***uitverkocht.***

vergröbern I ⟨ov.ww.⟩ **0.1** ***vergroven, grover maken;***
II sich ~ ⟨wk.ww.⟩ **0.1** ***vergroven, grover worden.***

vergrößern I ⟨ov.ww.⟩ **0.1** ***vergroten*** ⇒*uitbreiden, groter maken;*
II sich ~ ⟨wk.ww.⟩ **0.1** ***groter worden*** ⇒*toenemen, zich uitbreiden* **0.2** ***groter gaan wonen.***

Vergrößerung ⟨v.; ~, ~en⟩ **0.1** ***vergroting.***

Vergrößerungsapparat ⟨m.⟩ **0.1** ***vergrotingsapparaat, -toestel.***

Vergrößerungsform ⟨v.⟩⟨taal.⟩ **0.1** ***vergrotingswoord.***

Vergrößerungsglas ⟨o.⟩ **0.1** ***vergrootglas, loep.***

Vergünstigung ⟨v.; ~, ~en⟩ **0.1** ***voordeel*** ⇒*gunst, voorrecht.*

vergüten 0.1 ***vergoeden*** **0.2** ***belonen*** ⇒*betalen* **0.3** ***de kwaliteit verbeteren*** ◆ **1.3** vergüteter Stahl *edelstaal.*

Vergütung ⟨v.; ~, ~en⟩ **0.1** ***vergoeding*** *⇒schadeloosstelling.*
verhackstücken ⟨inf.⟩ **0.1** ***afkammen*** *⇒afbreken, (af)kraken.*
verhaften 0.1 ***arresteren*** *⇒in hechtenis nemen.*
verhaftet 0.1 ***ge-, verbonden*** ◆ **3.1** der Tradition ~ sein *aan de traditie blijven hechten.*
Verhaftete(r) ⟨bn. als zn.⟩ **0.1** ***gearresteerde.***
Verhaftung ⟨v.; ~, ~en⟩ **0.1** ***arrestatie*** *⇒aanhouding, inhechtenisneming.*
Verhaftungswelle ⟨v.⟩ **0.1** ***golf van arrestaties.***
verhageln 0.1 ***verhagelen, door de hagel vernield worden.***
verhaken I ⟨ov.ww.⟩ **0.1** ***aan elkaar vasthaken, aaneenhaken;***
II sich ~ ⟨wk.ww.⟩ **0.1** ***zich vasthaken*** *⇒blijven vastzitten.*
verhallen 0.1 ***verklinken*** *⇒wegsterven.*
verhalten[1] ⟨bn.⟩ **0.1** ***ingehouden*** *⇒onderdrukt* **0.2** ***voorzichtig*** *⇒beheerst* **0.3** ***gedempt*** *⇒decent* ◆ **1.1** ~er Spott *verholen spot* **1.2** jmds. ~e Art *iemands terughoudendheid.*
verhalten[2] **I** ⟨ov.ww.⟩ **0.1** ***inhouden*** *⇒onderdrukken* **0.2** ***tot staan brengen*** *⇒intomen* ◆ **1.1** die Tränen ~d *vechtend tegen de tranen* **1.2** die Schritte ~ *de pas inhouden;*
II sich ~ ⟨wk.ww.⟩ **0.1** ***zich gedragen*** *⇒zich houden, blijven* **0.2** ***gesteld zijn*** *⇒staan (met), zijn* **0.3** ***zich verhouden*** *⇒staan tot* ◆ **2.1** sich abwartend ~ *een afwachtende houding aannemen.*
Verhalten ⟨o.; ~s, Verhaltensweisen⟩ **0.1** ***gedrag*** *⇒handelwijze, houding* ◆ **2.1** Tiere, die ein geselliges ~ zeigen *dieren die in kudden leven.*
Verhaltenheit ⟨v.; ~⟩ **0.1** ***beheerstheid, gereserveerdheid.***
Verhaltensforscher ⟨m.⟩ **0.1** ***etholoog.***
verhaltensgestört 0.1 ***met gedragsstoornissen.***
Verhaltensmuster ⟨o.⟩ **0.1** ***gedragspatroon.***
Verhaltensregel ⟨v.⟩ **0.1** ***gedragsregel.***
Verhaltensstörung ⟨v.⟩⟨med., psych.⟩ **0.1** ***gedragsstoornis.***
Verhaltenstherapie ⟨v.⟩ **0.1** ***gedragstherapie.***
Verhaltensweise ⟨v.⟩ **0.1** ***gedrag, gedraging*** *⇒handelwijze.*
Verhältnis ⟨o.; ~ses, ~se⟩ **0.1** ***verhouding*** *⇒proportie* **0.2** ***verhouding*** *⇒betrekking, verstandhouding* **0.3** ⟨inf.⟩ ***(liefdes)verhouding*** **0.4** ⟨inf.⟩ ***vriend(in)*** *⇒minnaar, minnares* **0.5** ⟨mv.⟩ ***toestand*** *⇒omstandigheden, milieu* ◆ **2.5** seine finanziellen ~se *zijn financiële positie;* in gesicherten ~sen leben *een vast bestaan, inkomen hebben;* klare ~se schaffen *orde op zaken stellen* **6.2** er findet kein (rechtes) ~ **zur** Musik *muziek doet, zegt hem weinig* **6.5** das geht **über** meine ~se *dat gaat mijn financiële draagkracht te boven;* **über** seine ~se leben *boven zijn stand leven.*
verhältnisgleich 0.1 ***evenredig.***
Verhältnisgleichung ⟨v.⟩ **0.1** ***evenredigheid.***
verhältnismäßig 0.1 ***naar verhouding*** *⇒evenredig* **0.2** ***betrekkelijk, relatief*** ◆ **2.2** eine ~ hohe Summe *een betrekkelijk hoog bedrag.*
Verhältniswahl ⟨v.⟩ **0.1** ***evenredige verkiezing.***
Verhältniswahlrecht ⟨o.⟩ **0.1** ***kiesrecht met evenredige vertegenwoordiging.***
Verhältniswort ⟨o.⟩⟨taal.⟩ **0.1** ***voorzetsel.***
Verhältniszahl ⟨v.⟩ **0.1** ***verhoudingsgetal, -cijfer.***
verhandeln 0.1 ***onderhandelen*** *⇒beraadslagen* **0.2** ⟨jur.⟩ ***behandelen*** ◆ **1.1** eine Angelegenheit mit jmdm. ~ *over een kwestie met iem. beraadslagen.*
Verhandlung ⟨v.; ~, ~en⟩ **0.1** ***onderhandeling*** *⇒beraadslaging, bespreking* **0.2** ⟨jur.⟩ ***behandeling*** *⇒zitting* ◆ **6.2** **zur** [illegible] *geladen worden moeten vóórkomen.*
Verhandlungsbasis ⟨v.⟩ **0.1** ***basis voor onderhandelingen.***
verhandlungsbereit 0.1 ***bereid tot onderhandelingen.***
Verhandlungsweg ⟨m.⟩ ◆ **6.¶ auf** dem ~ *door onderhandelingen.*
verhangen 0.1 ***bewolkt*** *⇒bedekt, met laaghangende bewolking* **0.2** ***bedekt*** *⇒dichtgehangen* ◆ **1.2** ein ~es Fenster *een geblindeerd raam.*
verhängen 0.1 ***hangen (voor)*** *⇒bedekken, afsluiten* **0.2** ***opleggen*** *⇒uitvaardigen* ◆ **1.2** den Ausnahmezustand ~ *de staat van beleg afkondigen;* einen Elfmeter ~ *een strafschop toekennen;* das Todesurteil ~ *de doodstraf uitspreken.*
Verhängnis ⟨o.; ~ses, ~se⟩ **0.1** ***(nood)lot*** *⇒onheil, ramp* ◆ **6.1** das wurde ihm **zum** ~ *dat werd hem noodlottig.*
verhängnisvoll 0.1 ***noodlottig*** *⇒fataal* ◆ **1.1** ein ~er Tag *een dag vol rampspoed.*
verhängt ◆ **1.¶** mit ~em Zügel *met losse teugel.*
Verhängung ⟨v.; ~, ~en⟩ **0.1** ***uitvaardiging.***
verharmlosen 0.1 ***bagatelliseren.***
verhärmt 0.1 ***afgetobd*** *⇒door verdriet getekend.*
verharren 0.1 ***blijven*** *⇒blijven staan, zitten, vertoeven* **0.2** ***volharden*** *⇒blijven bij, volhouden* ◆ **6.2 auf, bei** einer Meinung ~ *bij een mening blijven.*
verharschen 0.1 ***verkorsten*** *⇒met een korst, roof bedekt worden.*
Verharschung ⟨v.; ~, ~en⟩ **0.1** ***korst*** *⇒roof* **0.2** ***het verkorsten.***
verhärten I ⟨onov.ww.⟩ **0.1** ***verharden, hard worden;***
II ⟨ov.ww.⟩ **0.1** ***verharden, hard maken;***
III sich ~ ⟨wk.ww.⟩ **0.1** ***verharden, hard worden*** **0.2** ⟨fig.⟩ ***hard, ongevoelig worden*** ◆ **6.2** sich **gegen** jmdn. ~ *harteloos tegenover iem. worden.*
Verhärtung ⟨v.; ~, ~en⟩ **0.1** ***verharding.***
verhascht ⟨inf.⟩ **0.1** ***onder de (invloed van) hasj.***
verhaspeln, sich 0.1 ***verward raken*** **0.2** ***in de war raken*** ⟨bij het spreken⟩.
verhaßt 0.1 ***gehaat*** ◆ **1.1** eine ~e Arbeit *een werk waar men een hekel aan heeft.*
verhätscheln 0.1 ***vertroetelen*** *⇒verwennen.*
Verhau ⟨m.; ~(e)s, ~e⟩ **0.1** ***verhakking*** *⇒versperring* **0.2** ***(dicht) struikgewas.***
verhauchen ⟨schr.⟩ **I** ⟨onov.ww.⟩ **0.1** ***langzaam uitgaan, doven;***
II ⟨ov.ww.⟩ **0.1** ***uitademen, -blazen.***
verhauen ⟨inf.⟩ **I** ⟨ov.ww.⟩ **0.1** ***afranselen*** *⇒een pak slaag geven* **0.2** ***verknoeien*** *⇒verprutsen* **0.3** ***erdoor jagen*** *⇒opmaken* ◆ **3.1** du siehst ja ganz ~ aus! *wat zie jij er onmogelijk uit!;*
II sich ~ ⟨wk.ww.⟩ **0.1** ***de plank misslaan*** *⇒zich lelijk vergissen.*
verheben, sich 0.1 ***zich vertillen.***
verheddern I ⟨ov.ww.⟩ **0.1** ***in de war brengen, maken;***
II sich ~ ⟨wk.ww.⟩ **0.1** ***verward raken*** *⇒vast raken.*
verheeren 0.1 ***verwoesten*** *⇒vernielen, vernietigen.*
verheerend 0.1 ***verwoestend*** *⇒vernietigend* **0.2** ***afschuwelijk*** *⇒onmogelijk* ◆ **1.1** ~e Auswirkungen *verschrikkelijke gevolgen* **3.2** du siehst ~ aus *je ziet er onmogelijk uit.*
Verheerung ⟨v.; ~, ~en⟩ **0.1** ***verwoesting*** *⇒vernieling.*
verhehlen 0.1 ***verhelen*** *⇒verbergen, verzwijgen.*
verheilen 0.1 ***(helemaal) genezen.***
verheimlichen 0.1 ***geheim houden*** *⇒verbergen, verzwijgen.*

verheiraten, sich 0.1 ***huwen*** *⇒trouwen.*
Verheiratete(r) ⟨bn. als zn.⟩ **0.1** ***gehuwde, gehuwd persoon.***
Verheiratung ⟨v.; ~, ~en⟩ **0.1** ***huwelijk(splechtigheid).***
verheißen 0.1 ***(plechtig) beloven*** *⇒toezeggen* ◆ **1.1** seine Miene verhieß nichts Gutes *zijn gezicht voorspelde niet veel goeds.*
Verheißung ⟨v.; ~, ~en⟩ **0.1** ***(stellige) belofte.***
verheißungsvoll 0.1 ***veelbelovend.***
verheizen 0.1 ***verstoken*** **0.2** ⟨inf.⟩ ***afjakkeren, afpeigeren*** *⇒afbeulen* ◆ **1.1** Koks ~ *cokes stoken.*
verhelfen ⟨met 3e nv.⟩ **0.1** ***helpen*** *⇒bezorgen, verschaffen* ◆ **6.1** jmdm. **zur** Flucht ~ *iem. helpen vluchten.*
verherrlichen 0.1 ***verheerlijken*** *⇒in de hoogste mate prijzen.*
verhetzen 0.1 ***op-, aanhitsen*** *⇒opruien.*
verheult 0.1 ***behuild*** *⇒betraand.*
verhexen 0.1 ***beheksen*** *⇒betoveren* ◆ **8.1** ⟨inf.⟩ wie verhext! *of de duvel ermee speelt!*
verhimmeln ⟨inf.⟩ **0.1** ***ophemelen*** *⇒dwepen met.*
verhindern 0.1 ***verhinderen*** *⇒beletten, vermijden* ◆ **1.1** das Schlimmste ~ *het ergste weten te voorkomen* **8.1** es ließ sich nicht ~, daß ... *het was niet te vermijden, dat ...*
verhindert ⟨inf.⟩ **0.1** ***mislukt*** ⟨door omstandigheden⟩.
Verhinderung ⟨v.; ~, ~en⟩ **0.1** ***verhindering.***
Verhinderungsfall ⟨m.⟩⟨schr.⟩ ◆ **6.¶ im** ~ *in geval van verhindering.*
verhohlen 0.1 ***verholen*** *⇒heimelijk, steels.*
verhöhnen 0.1 ***honen*** *⇒bespotten, belachelijk maken.*
Verhöhnung ⟨v.; ~, ~en⟩ **0.1** ***bespotting*** *⇒beschimping.*
verhökern ⟨inf.⟩ **0.1** ***verpatsen*** *⇒versjacheren.*
verholzen 0.1 ***verhouten, houtachtig worden.***
Verhör ⟨o.; ~(e)s, ~e⟩ **0.1** ***verhoor*** ◆ **3.1** ein ~ mit jmdm. anstellen *iem. verhoren* **6.1** der Vater nahm den Sohn **ins** ~ *de vader voelde de zoon eens grondig aan de tand.*
verhören I ⟨ov.ww.⟩ **0.1** ***verhoren*** *⇒ondervragen;*
II sich ~ ⟨wk.ww.⟩ **0.1** ***verkeerd verstaan, horen.***
verhornen 0.1 ***(tot) hoorn, hoornachtig worden.***
verhüllen 0.1 ***omhullen*** *⇒hullen in, bedekken* ◆ **1.1** ein ~der Ausdruck *een eufemisme;* eine verhüllte Drohung *een bedekt dreigement;* die Wahrheit ~ *de waarheid verbergen.*
Verhüllung ⟨v.; ~, ~en⟩ **0.1** ***omhulsel*** *⇒bedekking, sluier* **0.2** ***omhulling.***
verhungern 0.1 ***verhongeren*** ◆ **3.1** verhungert aussehen *er uitgehongerd uitzien.*
verhunzen ⟨inf.; pej.⟩ **0.1** ***bederven*** *⇒verknoeien.*
verhuren 0.1 ***verhoeren, met hoeren doorbrengen.***
verhüten 0.1 ***voorkómen, verhinderen*** ◆ **1.1** das verhüte Gott! *dat verhoede God!*
verhütten 0.1 ***tot metaal verwerken*** ⟨van erts⟩.
Verhütungsmittel ⟨o.⟩ **0.1** ***voorbehoedmiddel*** *⇒preservatief.*
verhutzelt ⟨inf.⟩ **0.1** ***ineengeschrompeld*** *⇒uitgedroogd.*
Verifikation ⟨v.; ~, ~en⟩ **0.1** ***verificatie.***
verifizieren 0.1 ***verifiëren*** *⇒toetsen.*
verinnerlichen 0.1 ***verinnerlijken.***
verirren, sich 0.1 ***verdwalen*** *⇒de weg kwijtraken* ◆ **1.1** verirrte Kugeln *afgedwaalde kogels.*
verjagen 0.1 ***ver-, wegjagen*** *⇒verdrijven.*
verjähren ⟨jur.⟩ **0.1** ***verjaren.***
Verjährungsfrist ⟨v.⟩⟨jur.⟩ **0.1** ***verjaringstermijn.***
verjubeln ⟨inf.⟩ **0.1** ***verboemelen, erdoor jagen.***
verjüngen I ⟨ov.ww.⟩ **0.1** ***verjongen, jonger maken;***
II sich ~ ⟨wk.ww.⟩ **0.1** ***jonger, jeugdiger worden*** **0.2** ***dunner, smaller worden.***

verkabeln 0.1 ***met kabels aansluiten*** **0.2** ***aan kabel(s) gebruiken*** **0.3** ***v.e. kabelnet voorzien.***
verkalken 0.1 ***verkalken*** **0.2** ⟨fig.⟩ ***aftakelen*** **0.3** ***door kalkafzetting onbruikbaar worden.***
verkalkulieren, sich 0.1 ***zich verrekenen*** *⇒misrekenen.*
verkappen, sich 0.1 ***zich camoufleren*** *⇒zich vermommen.*
verkappt 0.1 ***verkapt*** *⇒verholen.*
verkapseln, sich 0.1 ***zich inkapselen.***
verkäsen I ⟨onov.ww.⟩ **0.1** ***verkazen, tot kaas, kaasachtig worden;***
II ⟨ov.ww.⟩ **0.1** ***verkazen, tot kaas maken.***
verkatert ⟨inf.⟩ **0.1** ***katterig*** *⇒met een kater.*
Verkauf ⟨m.; ~(e)s, ~̈e⟩ **0.1** ***verkoop*** *⇒afzet* **0.2** ***afdeling verkoop*** ◆ **6.1 zum** ~ anbieten *te koop aanbieden.*
verkaufen I ⟨ov.ww.⟩ **0.1** ***verkopen*** ⟨ook fig.⟩ *⇒v.d. hand doen* ◆ **4.1** ⟨inf.⟩ jmdn. für dumm ~ *denken dat iem. een sukkel is* **8.1** sich verraten und verkauft fühlen *zich bedrogen voelen;*
II sich ~ ⟨wk.ww.⟩ **0.1** ***verkopen, verkocht worden*** **0.2** ***zichzelf verkopen*** *⇒zich uitleveren* ◆ **1.2** sich dem Feind ~ *zich door de vijand laten omkopen.*
Verkäufer ⟨m.; ~s, ~⟩ **0.1** ***verkoper.***
verkäuflich 0.1 ***verkoopbaar*** **0.2** ***te koop*** *⇒in de verkoop.*
Verkaufsabteilung ⟨v.⟩ **0.1** ***verkoopafdeling.***
Verkaufsapparat ⟨m.⟩ **0.1** ***verkoopapparaat.***
Verkaufsförderung ⟨v.⟩ **0.1** ***bevordering v.d. verkoop*** *⇒sales promotion.*
Verkaufsleiter ⟨m.⟩ **0.1** ***verkoopleider, -chef*** *⇒sales manager.*
verkaufsoffen 0.1 ***geopend*** ◆ **3.1** ein ~er Samstag *een zaterdagmiddag waarop de winkels geopend zijn.*
Verkaufsschlager ⟨m.⟩ **0.1** ***goed verkocht, lopend artikel.***
Verkaufsstand ⟨m.⟩ **0.1** ***kraam(pje), stalletje.***
Verkaufstisch ⟨m.⟩ **0.1** ***toonbank, balie.***
Verkehr ⟨m.; ~(e)s⟩ **0.1** ***verkeer*** **0.2** ***verkeer*** *⇒omloop, circulatie* **0.3** ***verkeer*** *⇒omgang, contact* **0.4** ***(handels)verkeer*** **0.5** ⟨euf.⟩ ***geslachtsverkeer, omgang*** ◆ **2.3** in brieflichem ~ mit jmdm. stehen *met iem. corresponderen, schriftelijk contact met iem. hebben* **6.2** Banknoten **aus** dem ~ ziehen *bankbiljetten uit de circulatie nemen;* ⟨inf.⟩ jmdn. **aus** dem ~ ziehen *iem. op non-actief zetten.*
verkehren I ⟨onov.ww.⟩ **0.1** ***verkeren*** *⇒omgaan, omgang, contact hebben* **0.2** ***rijden, lopen*** *⇒de dienst onderhouden* ◆ **6.1 bei** jmdm. ~ *(regelmatig) bij iem. thuis, te gast zijn;*
II ⟨ov.ww.⟩ **0.1** ***verkeren*** *⇒veranderen, verdraaien;*
III sich ~ ⟨wk.ww.⟩ **0.1** ***(helemaal) anders worden*** *⇒omslaan.*
Verkehrsampel ⟨v.⟩ **0.1** ***verkeers-, stoplicht.***
Verkehrsamt ⟨o.⟩ **0.1** ***VVV-kantoor.***
Verkehrsaufkommen ⟨o.⟩ **0.1** ***verkeersdichtheid*** **0.2** ***verkeersaanbod.***
verkehrsberuhigt 0.1 ***autoluw.***
Verkehrsbüro ⟨o.⟩ **0.1** ***bureau voor vreemdelingenverkeer.***
Verkehrsfluß ⟨m.⟩ **0.1** ***verkeersstroom.***
verkehrsfrei 0.1 ***vrij van verkeer, alleen voor voetgangers.***
Verkehrsfunk ⟨m.⟩ **0.1** ***verkeersradio.***
Verkehrshinweis ⟨m.⟩ **0.1** ***verkeersinformatie.***
Verkehrsinsel ⟨v.⟩ **0.1** ***vluchtheuvel.***
Verkehrsknotenpunkt ⟨m.⟩ **0.1** ***verkeersknooppunt.***
Verkehrslage ⟨v.⟩ **0.1** ***verkeerssituatie*** **0.2** ***bereikbaarheid.***
Verkehrsmeldung ⟨v.⟩ **0.1** ***verkeersinformatie.***
Verkehrsminister ⟨m.⟩ **0.1** ***minister van Verkeer.***

Verkehrsmittel ⟨o.⟩ **0.1** ***verkeersmiddel*** ◆ **2.1** die öffentlichen ~ *het openbaar vervoer.*

Verkehrsnetz ⟨o.⟩ **0.1** ***verkeersnet.***

Verkehrsordnung ⟨v.⟩ **0.1** ***verkeerswetgeving, -wet.***

Verkehrsrecht ⟨o.⟩ **0.1** ***verkeersrecht*** **0.2** ***recht van omgang.***

Verkehrsschild ⟨o.; mv. ~er⟩ **0.1** ***verkeersbord.***

Verkehrsschrift ⟨v.⟩ **0.1** ⟨soort⟩ ***kortschrift*** **0.2** ⟨boek.⟩ ***schrijfletters.***

Verkehrssprache ⟨v.⟩ **0.1** ***voertaal.***

Verkehrsstau ⟨m.⟩ **0.1** ***verkeersopstopping, file.***

Verkehrsstockung ⟨v.⟩ **0.1** ***verkeersstremming.***

Verkehrsstraße ⟨v.⟩ **0.1** ***verkeersweg.***

Verkehrsteilnehmer ⟨m.⟩ **0.1** ***verkeersdeelnemer.***

Verkehrsunfall ⟨m.⟩ **0.1** ***verkeersongeval, -ongeluk.***

Verkehrsverbindung ⟨v.⟩ **0.1** ***wegverbinding.***

Verkehrsverein ⟨m.⟩ **0.1** ***vereniging voor vreemdelingenverkeer.***

Verkehrsverhältnisse ⟨alleen mv.⟩ **0.1** ***verkeerssituatie.***

Verkehrswert ⟨m.⟩ **0.1** ***verkoopwaarde.***

verkehrswidrig **0.1** ***in strijd met de verkeersvoorschriften.***

Verkehrszeichen ⟨o.⟩ **0.1** ***verkeersteken.***

verkehrt **0.1** ***verkeerd*** ⇒*fout(ief), averechts* ◆ **3.1** ~ stricken *averechts breien.*

Verkehrtheit ⟨v.; ~, ~en⟩ **0.1** ***verkeerdheid.***

verkeilen I ⟨ov.ww.⟩ **0.1** ***met een wig, keg vastzetten*** ◆ **1.1** die Eingänge waren verkeilt *de toegangen waren verstopt (door de vele mensen);*
II sich ~ ⟨wk.ww.⟩ **0.1** ***vast raken*** ⇒*vast blijven zitten.*

verkennen **0.1** ***miskennen*** ◆ **1.1** ⟨vaak scherts.⟩ ein verkanntes Genie *een miskend genie* **3.1** ich will nicht ~, daß ... *ik kan niet ontkennen, dat ...*

Verkennung ⟨v.; ~, ~en⟩ **0.1** ***miskenning*** ◆ **6.1 in** ~ der Tatsachen haben wir ... *door een verkeerde beoordeling van de feiten hebben wij ...*

verketten **0.1** ***met een ketting, kettingen vastmaken*** **0.2** ⟨fig.⟩ ***verbinden.***

Verkettung ⟨v.; ~, ~en⟩ **0.1** ***verbinding*** ⇒*aaneenschakeling.*

verketzern **0.1** ***verketteren.***

verkitschen **0.1** ***er kitsch van maken.***

verkitten **0.1** ***verkitten, met kit dichtmaken.***

verklagen **0.1** ***aanklagen*** ◆ **6.1** jmdn. **auf** Schaden(s)ersatz ~ *een eis tot schadevergoeding tegen iem. instellen.*

verklammern I ⟨ov.ww.⟩ **0.1** ***met krammen, klampen vastmaken, verbinden;***
II sich ~ ⟨wk.ww.⟩ **0.1** ***zich vastklampen.***

verklappen **0.1** ***dumpen/storten van afval*** ⟨in zee⟩.

verklären I ⟨ov.ww.⟩ **0.1** ⟨rel.⟩ ***verheerlijken*** ⇒*met bovenaardse glans omgeven* **0.2** ⟨fig.⟩ ***van geluk, vreugde doen stralen*** ⇒*idealiseren;*
II sich ~ ⟨wk.ww.⟩ **0.1** ***van geluk, vreugde stralen*** **0.2** ***mooier, gelukkiger worden.***

verklärt **0.1** ***verheerlijkt*** ⇒*stralend, gelukzalig.*

Verklärung ⟨v.; ~, ~en⟩ **0.1** ⟨rel.⟩ ***verheerlijking*** **0.2** ⟨fig.⟩ ***idealisering.***

verklausulieren **0.1** ***door clausules beperken, clausuleren*** **0.2** ⟨fig.⟩ ***ingewikkeld formuleren*** ◆ **3.2** etwas verklausuliert mitteilen *iets in bedekte termen meedelen.*

verkleben I ⟨onov.ww.⟩ **0.1** ***vastplakken*** ◆ **1.1** verklebte Hände *kleverige handen;*
II ⟨ov.ww.⟩ **0.1** ***dicht-, vast-, toeplakken.***

verkleiden **0.1** ***verkleden*** ⇒*vermommen* **0.2** ***bekleden*** ⇒*bedekken, beschieten* **0.3** ⟨fig.⟩ ***verhullen*** ⇒*omschrijven.*

Verkleidung ⟨v.; ~, ~en⟩ **0.1** ***verkleding*** **0.2** ***bekleding*** ⇒*betimmering, beschoeiing.*

verkleinern I ⟨ov.ww.⟩ **0.1** ***verkleinen*** ⇒*kleiner maken* **0.2** ***kleineren;***
II sich ~ ⟨wk.ww.⟩ **0.1** ***verkleinen, kleiner worden*** **0.2** ***afnemen*** ⇒*minder worden* **0.3** ⟨inf.⟩ ***kleiner gaan wonen.***

Verkleinerungsform ⟨v.⟩⟨taal.⟩ **0.1** ***verkleinwoord.***

verkleistern **0.1** ***(met stijfsel) dichtplakken*** **0.2** ***kleverig maken*** ⇒*volsmeren* **0.3** ⟨fig.⟩ ***verbergen*** ⇒*versluieren.*

verklemmen, sich **0.1** ***gaan klemmen*** ⇒*vast blijven zitten.*

verklemmt ⟨fig.⟩ **0.1** ***verkrampt*** ⇒*geremd, gefrustreerd.*

verklingen **0.1** ***verklinken*** ⇒*wegsterven, wegebben* **0.2** ⟨fig.⟩ ***voorbijgaan*** ⇒*langzaam verdwijnen.*

verkloppen ⟨inf.⟩ **0.1** ***aframmelen, afrossen*** **0.2** ***verpatsen*** ⇒*versjacheren.*

verklumpen **0.1** ***(gaan) klonteren.***

verknacken ⟨inf.⟩ **0.1** ***veroordelen*** ⇒*straffen.*

verknacksen **0.1** ***verstuiken*** ⇒*verzwikken.*

verknallen ⟨inf.⟩ **I** ⟨ov.ww.⟩ **0.1** ***verschieten*** ⇒*verpaffen* ◆ **6.¶ in** jmdn. verknallt sein *smoorverliefd op iem. zijn;*
II sich ~ ⟨wk.ww.⟩ **0.1** ***verkikkerd, verliefd raken, worden.***

verknappen I ⟨ov.ww.⟩ **0.1** ***schaarser, krapper maken*** ⇒*beperken;*
II sich ~ ⟨wk.ww.⟩ **0.1** ***schaars(er), krap(per) worden.***

verknäueln, verknäulen, sich **0.1** ***een kluwen vormen.***

verknautschen ⟨inf.⟩ **0.1** ***kreuken, kreukelen.***

verkneifen I ⟨ov.ww.⟩ **0.1** ***samenknijpen, -persen;***
II sich ~ ⟨wk.ww.⟩⟨inf.⟩ **0.1** ***onderdrukken*** ⇒*verbijten, verkroppen* **0.2** ***zich ontzeggen.***

verkniffen ⟨pej.; fig.⟩ **0.1** ***hard*** ⇒*afwijzend.*

verknittern **0.1** ***verkreukelen, verfrommelen.***

verknöchern **0.1** ***verbenen, (tot) been worden*** **0.2** ⟨fig.⟩ ***verstarren.***

verknoten I ⟨ov.ww.⟩ **0.1** ***met een knoop vastmaken;***
II sich ~ ⟨wk.ww.⟩ **0.1** ***in de knoop raken.***

verknüllen **0.1** ***verkreukelen, verfrommelen.***

verknüpfen I ⟨ov.ww.⟩ **0.1** ***vast-, samenknopen*** **0.2** ⟨fig.⟩ ***verbinden*** ⇒*verenigen* **0.3** ⟨fig.⟩ ***eraan vastknopen*** ◆ **6.2** Standpunkte **miteinander** ~ *standpunten met elkaar in overeenstemming brengen;*
II sich ~ ⟨wk.ww.⟩ **0.1** ***gepaard gaan, verbonden zijn.***

verkochen I ⟨onov.ww.⟩ **0.1** ***verkoken;***
II ⟨ov.ww.⟩ **0.1** ***laten verkoken, te lang laten koken*** **0.2** ***verkoken*** ⇒*indampen.*

verkohlen I ⟨ov.ww.⟩⟨inf.⟩ **0.1** ***voor de gek houden;***
II ⟨ov. & onov.ww.⟩ **0.1** ***verkolen.***

verkoken I ⟨onov.ww.⟩ **0.1** ***(tot) cokes worden;***
II ⟨ov.ww.⟩ **0.1** ***tot cokes verwerken.***

verkommen **0.1** ***vervallen, verkommeren*** ⇒*in verval raken* **0.2** ***aan lager wal raken*** **0.3** ***bederven*** ⇒*onbruikbaar worden* ◆ **1.2** ein ~es Subjekt *een verlopen sujet.*

verkonsumieren ⟨inf.⟩ **0.1** ***consumeren*** ⇒*opmaken.*

verkoppeln **0.1** ***vastkoppelen.***

verkorken I ⟨onov.ww.⟩ **0.1** ***verkurken;***
II ⟨ov.ww.⟩ **0.1** ***kurken.***

verkorksen ⟨inf.⟩ **0.1** ***verknoeien*** ⇒*verprutsen.*

verkörpern **0.1** ***belichamen, personifiëren*** **0.2** ⟨dram., film.⟩ ***spelen*** ◆ **1.1** die verkörperte Güte *de goedheid in persoon.*

verköstigen **0.1** ***de kost geven.***

verkrachen I ⟨onov.ww.⟩⟨inf.⟩ **0.1** ***op de fles gaan*** ⇒*failliet gaan* **0.2** ***mislukken;***
II sich ~ ⟨wk.ww.⟩ **0.1** ***ruzie krijgen.***

verkraften **0.1** ***verwerken*** ⇒*te boven komen, opgewassen zijn tegen.*

verkramen ⟨inf.⟩ **0.1** ***laten slingeren*** ⇒*wegmaken.*
verkrampfen I ⟨ov.ww.⟩ **0.1** ***krampachtig samentrekken, vasthouden;***
II sich ~ ⟨wk.ww.⟩ **0.1** ***zich krampachtig samentrekken, sluiten.***
verkrampft 0.1 ***verkrampt*** ⇒*krampachtig.*
verkratzen 0.1 ***krassen maken op.***
verkrebst 0.1 ***verkankerd.***
verkriechen, sich 0.1 ***wegkruipen*** ⇒*zich verschuilen, schuil gaan* ◆ **3.1** sich vor Scham ~ wollen *van schaamte wel in de grond willen zakken* **6.1** ⟨inf.⟩ **neben** ihm kannst du dich ~! *met hem kun je je niet vergelijken!*
verkrümeln I ⟨ov.ww.⟩ **0.1** ***verkruimelen;***
II sich ~ ⟨wk.ww.⟩⟨inf.⟩ **0.1** ***er tussenuit knijpen*** ⇒*er stilletjes vandoor gaan.*
verkrümmen I ⟨onov.ww.⟩ **0.1** ***verkrommen, krom worden;***
II ⟨ov.ww.⟩ **0.1** ***(ver)krommen, krom buigen;***
III sich ~ ⟨wk.ww.⟩ **0.1** ***krom worden.***
verkrüppeln I ⟨onov.ww.⟩ **0.1** ***misvormd, invalide worden, vergroeien;***
II ⟨ov.ww.⟩ **0.1** ***verminken*** ⇒*invalide maken.*
Verkrüppelung ⟨v.; ~, ~en⟩ **0.1** ***misvorming*** ⇒*verminking.*
verkrusten 0.1 ***verkorsten.***
verkümmern 0.1 ***verkommeren*** ⇒*verschrompelen, verkwijnen* **0.2** ⟨fig.⟩ ***achteruitgaan*** ⇒*bederven.*
verkünden ⟨schr.⟩ **0.1** ***bekendmaken, openbaar maken*** ⇒ *af-, verkondigen* **0.2** ***voorspellen*** ◆ **1.1** ein Urteil ~ *een oordeel uitspreken.*
Verkünder ⟨m.; ~s, ~⟩ **0.1** ***verkondiger.***
verkündigen 0.1 ***verkondigen.***
Verkündiger ⟨m.; ~s, ~⟩ **0.1** ***verkondiger.***
Verkünd(ig)ung ⟨v.; ~, ~en⟩ **0.1** ***verkondiging.***
verkupfern 0.1 ***verkoperen.***
verkuppeln 0.1 ***koppelen*** ⟨van personen⟩.
verkürzen I ⟨ov.ww.⟩ **0.1** ***verkorten, korter maken*** **0.2** ⟨fig.⟩ ***verkleinen, verminderen*** ◆ **1.1** eine verkürzte Fassung *een verkorte versie* **6.2** ⟨sp.⟩ **auf** 3:2 ~ *de achterstand terugbrengen tot 3-2;*
II sich ~ ⟨wk.ww.⟩ **0.1** ***korter worden.***
verlachen 0.1 ***(uit)lachen.***
Verladebahnhof ⟨m.⟩ **0.1** ***goederenstation.***
verladen 0.1 ***ver-, inladen*** ⇒*verzenden* **0.2** ⟨inf.⟩ ***belazeren.***
Verlader ⟨m.; ~s, ~⟩ **0.1** ***verlader*** ⇒*bevrachter.*
Verladerampe ⟨v.⟩ **0.1** ***laadperron, (verhoogde) laadplaats.***
Verlag ⟨m.; ~(e)s, ~e⟩ **0.1** ***uitgeverij, uitgeversmaatschappij*** ◆ **6.1 in** ~ geben *laten uitgeven.*
verlagern I ⟨ov.ww.⟩ **0.1** ***verplaatsen*** ⇒*verleggen;*
II sich ~ ⟨wk.ww.⟩ **0.1** ***zich verplaatsen*** ⇒*z'n plaats veranderen.*
Verlagsanstalt ⟨v.⟩ **0.1** ***uitgeverij.***
Verlagsbuchhandlung ⟨v.⟩ **0.1** ***boekhandel-uitgeverij.***
Verlagsrecht ⟨o.⟩ **0.1** ***kopijrecht.***
Verlagswesen ⟨o.⟩ **0.1** ***uitgeversbedrijf.***
verlanden 0.1 ***verlanden*** ⇒*tot land worden.*
verlangen I ⟨onov.ww.⟩ **0.1** ***verlangen*** ◆ **6.1 nach** einem Arzt ~ *wensen dat er een arts komt;*
II ⟨ov.ww.⟩ **0.1** ***verlangen*** ⇒*eisen* **0.2** ***verlangen*** ⇒*vereisen, noodzakelijk zijn* **0.3** ***ontbieden*** ⇒*willen spreken* **0.4** ***verlangen*** ⇒*verzoeken te tonen, willen zien* ◆ **6.3** du wirst **am** Apparat verlangt *er is telefoon voor jou;*
III ⟨onp.ww.⟩⟨schr.⟩ **0.1** ***verlangen naar.***
Verlangen ⟨o.; ~s⟩ **0.1** ***verlangen*** ⇒*begeerte, wens* **0.2** ***verlangen*** ⇒*eis* ◆ **6.2 auf** ~ vorzeigen *desgevraagd tonen.*
verlängern I ⟨ov.ww.⟩ **0.1** ***verlengen, langer maken*** **0.2** ***verlengen*** ⇒*prolongeren* **0.3** ***aanlengen*** ⇒*verdunnen* **0.4** ⟨sp.⟩ ***verlengen;***
II sich ~ ⟨wk.ww.⟩ **0.1** ***langer worden.***
Verlängerungsschnur ⟨v.⟩ **0.1** ***verlengsnoer.***
verlangsamen I ⟨ov.ww.⟩ **0.1** ***verlangzamen*** ⇒*vertragen;*
II sich ~ ⟨wk.ww.⟩ **0.1** ***verlangzamen, langzamer, trager worden.***
verläppern ⟨inf.⟩ **I** ⟨onov.ww.⟩ **0.1** ***met beuzelarijen verloren gaan;***
II ⟨ov.ww.⟩ **0.1** ***verkwisten*** ⇒*verspillen;*
III sich ~ ⟨wk.ww.⟩ **0.1** ***verkwist, verspild worden.***
Verlaß ⟨m.⟩ ◆ **6.¶ auf** ihn ist kein ~ *je kunt niet van hem op aan.*
verlassen[1] ⟨bn.⟩ **0.1** ***verlaten, eenzaam*** ⇒*doods.*
verlassen[2] **I** ⟨ov.ww.⟩ **0.1** ***verlaten*** **0.2** ***verlaten*** ⇒*in de steek laten, sterven* ◆ **1.2** alle Hoffnung verließ uns *we verloren alle hoop;*
II sich ~ ⟨wk.ww.⟩ **0.1** ***zich verlaten*** ⇒*vertrouwen, rekenen (op)* ◆ **6.1** ⟨inf.⟩ **darauf** kannst du dich ~! *daar kun je van op aan!*
verläßlich 0.1 ***betrouwbaar, te vertrouwen.***
verlästern ⟨inf.⟩ **0.1** ***belasteren.***
Verlaub ⟨m.⟩ ◆ **6.¶ mit** ~ *met permissie.*
Verlauf ⟨m.; ~(e)s, ¨~e⟩ **0.1** ***verloop*** ⇒*richting* **0.2** ***verloop*** ⇒ *ontwikkeling, toedracht* ◆ **6.2 im** ~ des Gesprächs *in de loop van het gesprek.*
verlaufen I ⟨onov.ww.⟩ **0.1** ***verlopen*** ⇒*zijn beloop nemen* **0.2** ***lopen*** ⇒*zich uitstrekken* **0.3** ***doodlopen*** **0.4** ***smelten*** ⇒*vloeibaar worden* **0.5** ***overgaan (in);***
II sich ~ ⟨wk.ww.⟩ **0.1** ***verkeerd lopen*** ⇒*verdwalen* **0.2** ***uiteengaan*** ⇒*zich verspreiden* **0.3** ***doodlopen*** ⇒*verdwijnen* ◆ **1.2** ⟨inf.⟩ die Kundschaft verläuft sich *de klanten blijven steeds meer weg.*
verlausen 0.1 ***onder de luis raken.***
verlautbaren I ⟨ov.ww.⟩ **0.1** ***(officieel) bekend maken;***
II ⟨onp.ww.⟩ **0.1** ***men zegt, vertelt*** ⇒*verluiden.*
Verlautbarung ⟨v.; ~, ~en⟩ **0.1** ***bekendmaking.***
verlauten I ⟨ov.ww.⟩ **0.1** ***bekendmaken, zich uitlaten over*** ⇒*mededelen;*
II ⟨onp.ww.⟩ **0.1** ***men zegt, vertelt*** ⇒*verluiden.*
verleben 0.1 ***doorbrengen*** **0.2** ⟨inf.⟩ ***te besteden hebben (voor levensonderhoud).***
verlebendigen 0.1 ***verlevendigen*** **0.2** ***tot leven brengen.***
verlebt 0.1 ***afgeleefd.***
verlegen[1] ⟨bn.⟩ **0.1** ***verlegen*** ⇒*bleu, bedeesd* **0.2** ***verlegen*** ⇒ *nodig hebbend* ◆ **6.2** nie **um** eine Ausrede ~ sein *altijd wel een smoesje hebben.*
verlegen[2] **I** ⟨ov.ww.⟩ **0.1** ***verleggen*** ⇒*verplaatsen* **0.2** ***op een andere plaats (neer)leggen*** ⇒*zoekmaken* **0.3** ***verplaatsen*** ⇒*uitstellen* **0.4** ***versperren*** ⇒*blokkeren* **0.5** ***leggen, beleggen*** **0.6** ⟨boek.⟩ ***uitgeven*** ◆ **6.1** seinen Wohnsitz **nach** O. ~ *zich in O. vestigen* **6.3 auf** einen anderen Tag ~ *naar een andere dag verschuiven;*
II sich ~ ⟨wk.ww.⟩ **0.1** ***zich toeleggen (op)*** **0.2** ***overgaan (tot)*** ⇒*het proberen.*
Verlegenheit ⟨v.; ~, ~en⟩ **0.1** ***verlegenheid*** ⇒*vervelende situatie* **0.2** ***verlegenheid, het verlegen zijn.***
Verlegenheitslösung ⟨v.⟩ **0.1** ***noodoplossing.***
Verleger ⟨m.; ~s, ~⟩ **0.1** ***uitgever.***
verlegerisch 0.1 ***de uitgeverij betreffend.***
verleiden 0.1 ***bederven*** ⇒*vergallen.*
Verleih ⟨m.; ~(e)s, ~e⟩ **0.1** ***verhuur-, uitleenbedrijf*** **0.2** ***het verhuren, uitlenen.***
verleihen 0.1 ***uitlenen, verhuren*** **0.2** ***verlenen*** ⇒*toeken-*

nen **0.3** ***geven*** *⇒verschaffen* ◆ **1.3** seiner Zufriedenheit Ausdruck ~ *aan zijn tevredenheid uiting geven.*

Verleiher ⟨m.; ~s, ~⟩ **0.1** ***verhuurder, (uit)lener.***

verleimen 0.1 ***vastlijmen.***

verleiten 0.1 ***verleiden, verlokken*** *⇒ertoe brengen.*

verlernen 0.1 ***verleren.***

verlesen I ⟨ov.ww.⟩ **0.1** ***uitzoeken*** *⇒selecteren, uitlezen* **0.2** ***voorlezen*** *⇒aflezen, -kondigen* ◆ **1.2** eine Namenliste ~ *een lijst met namen voorlezen;*
II sich ~ ⟨wk.ww.⟩ **0.1** ***zich verlezen, verkeerd lezen.***

verletzbar 0.1 ***kwetsbaar*** *⇒gevoelig.*

verletzen 0.1 ***verwonden*** *⇒kwetsen, blesseren* **0.2** ***krenken*** *⇒beledigen, kwetsen* **0.3** ***schenden*** *⇒overtreden* **0.4** ***schenden*** *⇒overschrijden, binnendringen in* **0.5** ***verzaken*** *⇒niet nakomen* ◆ **1.2** verletzte Eitelkeit *gekwetste ijdelheid.*

verletzlich 0.1 ***kwetsbaar.***

Verletzte(r) ⟨bn. als zn.⟩ **0.1** ***gewonde.***

Verletzung ⟨v.; ~, ~en⟩ **0.1** ***verwonding*** *⇒letsel* **0.2** ***krenking*** *⇒belediging* **0.3** ***schending*** *⇒overtreding.*

verletzungsträchtig ⟨sp.⟩ **0.1** ***met grote kans op blessures*** ◆ **1.1** ~e Sportarten *takken van sport met aanzienlijk gevaar voor blessures.*

verleugnen 0.1 ***(ver)loochenen*** *⇒ontkennen* ◆ **3.1** es läßt sich nicht ~ *het valt niet te ontkennen.*

verleumden 0.1 ***(be)lasteren*** *⇒kwaadspreken van.*

verleumderisch 0.1 ***lasterlijk.***

Verleumdung ⟨v.; ~, ~en⟩ **0.1** ***laster*** *⇒kwaadsprekerij.*

verlieben, sich 0.1 ***verliefd worden, raken*** ◆ **6.1 in** etwas, jmdn. verliebt sein *op iets, iem. verliefd zijn;* **zum** Verlieben aussehen *er schattig uitzien.*

Verliebte(r) ⟨bn. als zn.⟩ **0.1** ***verliefde.***

verlieren ⟨→t174⟩ **I** ⟨onov.ww.⟩ **0.1** ***verliezen, kwijtraken*** *⇒ achteruitgaan* ◆ **6.1** etwas verliert **an** Reiz *iets wordt minder aantrekkelijk;* **an** Wert ~ *in waarde dalen;*
II ⟨ov.ww.⟩ **0.1** ***verliezen*** **0.2** ***verliezen*** *⇒kwijtraken, moeten missen* **0.3** ***verliezen*** *⇒verbeuren, verspelen* **0.4** ***verliezen*** *⇒overwonnen worden* ◆ **1.2** die Fassung ~ *van streek raken;* seinen Halt ~ *geen houvast meer hebben;* die Sprache ~ *met stomheid geslagen zijn;* die Spur ~ *het spoor bijster worden* **6.2** sein Herz **an** jmdn. ~ *van iem. gaan houden;*
III sich ~ ⟨wk.ww.⟩ **0.1** ***zich verliezen*** *⇒verzinken* **0.2** ***verdwalen*** **0.3** ***verdwijnen*** *⇒vervagen* ◆ **1.3** seine Begeisterung hat sich rasch verloren *zijn enthousiasme is snel bekoeld* **6.1** sich **in** Einzelheiten ~ *te veel in details treden;* sich **in** Gedanken ~ *in gedachten verzinken* **6.2** sich **in** eine öde Gegend ~ *in een verlaten streek belanden, verzeilen* **6.3** die Spur verlor sich **im** Gras *het spoor liep in het gras dood.*

Verlierer ⟨m.; ~s, ~⟩ **0.1** ***verliezer.***

Verlies ⟨o.; ~es, ~e⟩ **0.1** ***(onderaardse) kerker, kerkerhol.***

verloben, sich 0.1 ***zich verloven.***

Verlöbnis ⟨o.; ~ses, ~se⟩⟨schr.⟩ **0.1** ***verloving.***

Verlobte(r) ⟨bn. als zn.⟩ **0.1** ***verloofde.***

Verlobung ⟨v.; ~, ~en⟩ **0.1** ***verloving(sfeest).***

verlocken 0.1 ***verlokken*** *⇒verleiden, overhalen.*

verlogen 0.1 ***leugenachtig*** *⇒onoprecht* ◆ **1.1** eine ~e Moral *een onwaarachtige moraal.*

Verlogenheit ⟨v.; ~, ~en⟩ **0.1** ***oneerlijkheid*** *⇒leugen* **0.2** ***leugenachtigheid.***

verloren 0.1 ***verloren*** *⇒kwijt* **0.2** ***vergeefs*** *⇒nutteloos* **0.3** ***verloren*** *⇒hopeloos, niet te redden* **0.4** ***gepocheerd*** ◆ **1.4** ~e Eier *gepocheerde, verloren eieren* **3.3** jmdn. ~ geben *iem. opgeven.*

verlorengehen 0.1 ***verloren gaan*** *⇒kwijt-, zoek raken* **0.2** ***verloren worden.***

Verlorenheit ⟨v.⟩ **0.1** ***verlorenheid*** **0.2** ***verlatenheid*** *⇒eenzaamheid.*

verlöschen 0.1 ***(uit)doven*** *⇒uitgaan* ◆ **1.1** die Flamme verlischt *de vlam dooft;* sein Ruhm ist verloschen *zijn roem is verbleekt;* ⟨schr.⟩ ~de Sterne *sterren die verbleken.*

verlosen 0.1 ***verloten.***

Verlosung ⟨v.; ~, ~en⟩ **0.1** ***(ver)loting, loterij.***

verlöten 0.1 ***(dicht)solderen*** ◆ **4.¶** ⟨inf.; fig.⟩ einen ~ *er eentje pakken.*

verlottern I ⟨onov.ww.⟩⟨pej.⟩ **0.1** ***verloederen*** *⇒aan lager wal raken* ◆ **1.1** ein verlotterter Anzug *een verfomfaaid pak;*
II ⟨ov.ww.⟩ **0.1** ***verboemelen*** *⇒verbrassen.*

verludern ⟨pej.⟩ **I** ⟨onov.ww.⟩ **0.1** ***verloederen*** *⇒verslonzen, verliederlijken;*
II ⟨ov.ww.⟩ **0.1** ***verboemelen*** *⇒verbrassen, erdoor jagen.*

verlumpen ⟨pej.⟩ **I** ⟨onov.ww.⟩ **0.1** ***aan lager wal raken*** *⇒ verwaarloosd worden;*
II ⟨ov.ww.⟩ **0.1** ***verboemelen*** *⇒verkwisten.*

verlumpt 0.1 ***haveloos*** *⇒verfomfaaid.*

Verlust ⟨m.; ~(e)s, ~e⟩ **0.1** ***verlies*** *⇒schade, nadeel* **0.2** ***verlies*** *⇒het verliezen.*

Verlustbetrieb ⟨m.⟩ **0.1** ***bedrijf dat met verlies werkt.***

Verlustgeschäft ⟨o.⟩ **0.1** ***verliesgevende zaak.***

verlustieren, sich ⟨scherts.⟩ **0.1** ***zich vermaken, amuseren.***

verlustig ⟨schr.⟩ **0.1** ⟨met 2e nv.⟩ ***kwijt*** ◆ **3.1** einer Sache ~ gehen, werden *iets kwijtraken.*

Verlustkonto ⟨o.⟩ **0.1** ***verliesrekening.***

verlustreich 0.1 ***met grote verliezen.***

Verlustzeit ⟨v.⟩ **0.1** ***tijdverlies.***

vermachen 0.1 ***vermaken, legateren.***

Vermächtnis ⟨o.; ~ses, ~se⟩ **0.1** ***nalatenschap, legaat*** **0.2** ***testament.***

Vermächtnisnehmer ⟨m.⟩ **0.1** ***legataris.***

vermahlen 0.1 ***(tot meel) vermalen.***

vermählen, sich ⟨schr.⟩ **0.1** ***huwen, trouwen.***

Vermählung ⟨v.; ~, ~en⟩ **0.1** ***huwelijk(sfeest).***

vermaledeit ⟨inf.⟩ **0.1** ***vermaledijd*** *⇒verwenst.*

vermarkten 0.1 ***op de markt brengen*** **0.2** ***in de publiciteit brengen*** ⟨om eraan te verdienen⟩.

vermasseln ⟨inf.⟩ **0.1** ***verprutsen*** *⇒verknoeien.*

vermassen ⟨pej.⟩ **I** ⟨onov.ww.⟩ **0.1** ***in de massa opgaan;***
II ⟨ov.ww.⟩ **0.1** ***massificeren.***

vermauern 0.1 ***dicht-, toemetselen*** **0.2** ***bij het metselen gebruiken.***

vermehren I ⟨ov.ww.⟩ **0.1** ***vermeerderen, vermenigvuldigen*** *⇒doen toenemen* ◆ **1.1** seinen Einfluß ~ *zijn invloed vergroten;*
II sich ~ ⟨wk.ww.⟩ **0.1** ***toenemen*** *⇒groter, meer worden* **0.2** ***zich voortplanten, vermenigvuldigen.***

vermeidbar 0.1 ***vermijdbaar.***

vermeiden 0.1 ***vermijden*** *⇒voorkomen.*

vermeidlich 0.1 ***vermijdbaar.***

vermeinen 0.1 ***menen, denken.***

vermeintlich 0.1 ***vermeend*** *⇒gewaand.*

vermengen 0.1 ***vermengen*** **0.2** ⟨fig.⟩ ***door elkaar halen.***

vermenschlichen 0.1 ***vermenselijken.***

Vermerk ⟨m.; ~(e)s, ~e⟩ **0.1** ***(korte) aantekening*** *⇒notitie.*

vermerken 0.1 ***noteren*** *⇒aantekenen* **0.2** ***bemerken*** *⇒bespeuren* ◆ **5.2** jmdm. etwas übel ~ *iem. iets kwalijk nemen* **6.1** das sei nur **am** Rande vermerkt *dat zij slechts terloops vermeld.*

vermessen[1] ⟨bn.⟩ **0.1** ***vermetel, aanmatigend*** *⇒gewaagd.*

vermessen[2] **I** ⟨ov.ww.⟩ **0.1** ***(op)meten;***
II sich ~ ⟨wk.ww.⟩ **0.1** ***verkeerd meten*** **0.2** ***zich vermeten*** ⇒*zich verstouten.*

Vermessenheit ⟨v.; ~⟩ **0.1** ***vermetelheid, aanmatiging.***

Vermesser ⟨m.; ~s, ~⟩ **0.1** ***land-, opmeter.***

Vermessung ⟨v.⟩ **0.1** ***kartering, (op)meting.***

Vermessungsamt ⟨o.⟩ **0.1** ***kadaster(bureau).***

vermickert ⟨inf.⟩ **0.1** ***armetierig*** ⇒*minnetjes.*

vermieft ⟨inf.⟩ **0.1** ***muf*** ⇒*bedompt.*

vermiesen ⟨inf.⟩ **0.1** ***verpesten*** ⇒*vergallen.*

vermieten **0.1** ***verhuren*** ⇒*verpachten* ◆ **1.1** Zimmer zu ~ *kamer te huur.*

Vermieter ⟨m.; ~s, ~⟩ **0.1** ***verhuurder, huisbaas.***

vermindern **I** ⟨ov.ww.⟩ **0.1** ***verminderen*** ⇒*verlagen;*
II sich ~ ⟨wk.ww.⟩ **0.1** ***afnemen, verminderen, minder, kleiner worden.***

verminen **0.1** ***mijnen leggen in.***

vermischen **I** ⟨ov.ww.⟩ **0.1** ***ver-, dooreenmengen;***
II sich ~ ⟨wk.ww.⟩ **0.1** ***zich vermengen*** ⇒*zich verbinden.*

Vermischtes ⟨bn. als zn.; o.⟩ **0.1** ***gemengde berichten*** ⇒*varia.*

vermissen **0.1** ***missen*** ⇒*ontberen* **0.2** ***vermissen.***

Vermißtenanzeige ⟨v.⟩ **0.1** ***aangifte van iemands vermissing.***

Vermißte(r) ⟨bn. als zn.⟩ **0.1** ***vermiste.***

vermitteln **I** ⟨onov.ww.⟩ **0.1** ***bemiddelen, bemiddelend optreden;***
II ⟨ov.ww.⟩ **0.1** ***tot stand brengen*** **0.2** ***bezorgen*** ⇒*helpen aan, verschaffen* **0.3** ***overdragen*** ⇒*geven* ◆ **1.1** den Verkehr zwischen zwei Orten ~ *de dienst, het verkeer tussen twee plaatsen onderhouden* **1.3** sein Wissen ~ *zijn kennis overdragen.*

Vermittler ⟨m.; ~s, ~⟩ **0.1** ***bemiddelaar*** ⇒*tussenpersoon* **0.2** ***makelaar.***

Vermittlung ⟨v.; ~, ~en⟩ **0.1** ***bemiddeling, verschaffing*** **0.2** ***telefooncentrale*** **0.3** ***overdracht.***

Vermittlungsamt ⟨o.⟩ **0.1** ***bemiddelingsinstantie, -bureau*** **0.2** ***telefooncentrale.***

Vermittlungsgebühr ⟨v.⟩ **0.1** ***makelaarskosten, -provisie.***

Vermittlungsstelle ⟨v.⟩ **0.1** ***bemiddelingsbureau.***

vermöbeln ⟨inf.⟩ **0.1** ***afrossen.***

vermodern **0.1** ***verrotten*** ⇒*vermolmen.*

vermöge ⟨vz. + 2⟩⟨schr.⟩ **0.1** ***door*** ⇒*krachtens, op grond van.*

vermögen **0.1** ***vermogen, bij machte zijn*** ⇒*in staat zijn* **0.2** ***vermogen*** ⇒*gedaan weten te krijgen.*

Vermögen ⟨o.; ~s, ~⟩ **0.1** ***vermogen*** ⇒*bezit(tingen), fortuin* **0.2** ***vermogen*** ⇒*macht, capaciteiten* ◆ **6.1** **zu** ~ kommen *vermogend, rijk worden* **6.2** **nach** bestem ~ *naar beste kunnen, zo goed mogelijk.*

vermögend **0.1** ***vermogend.***

Vermögensabgabe ⟨v.⟩ **0.1** ***vermogensheffing.***

Vermögensberater ⟨m.⟩ **0.1** ***adviseur in vermogensaangelegenheden, beleggingsadviseur.***

Vermögensbildung ⟨v.⟩ **0.1** ***bezit(s)vorming.***

Vermögenslage ⟨v.⟩ **0.1** ***financiële positie.***

Vermögenssteuer ⟨v.⟩ **0.1** ***vermogensbelasting.***

Vermögensverwaltung ⟨v.⟩ **0.1** ***vermogensbeheer.***

vermögenswirksam **0.1** ***bijdragend tot bezit(s)vorming.***

vermooren **0.1** ***vervenen.***

vermottet **0.1** ***met de mot erin.***

vermummen **I** ⟨ov.ww.⟩ **0.1** ***vermommen*** **0.2** ***warm inpakken;***
II sich ~ ⟨wk.ww.⟩ **0.1** ***zich vermommen.***

Vermummung ⟨v.; ~, ~en⟩ **0.1** ***vermomming.***

vermurksen ⟨inf.⟩ **0.1** ***verprutsen.***

vermuten **0.1** ***vermoeden*** ⇒*denken.*

vermutlich **0.1** ***vermoedelijk.***

Vermutung ⟨v.; ~, ~en⟩ **0.1** ***vermoeden*** ⇒*veronderstelling.*

vernachlässigen **0.1** ***verwaarlozen*** ⇒*veronachtzamen* ◆ **1.1** seine Pflichten ~ *zijn plichten verzuimen.*

vernageln **0.1** ***dichtspijkeren, -timmeren.***

vernagelt ⟨pej.; fig.⟩ **0.1** ***kortzichtig*** ⇒*bekrompen.*

vernähen **0.1** ***vast-, dichtnaaien*** **0.2** ***hechten*** ⟨v.e. wond⟩.

vernarben **0.1** ***een litteken vormen*** **0.2** ***helen, genezen.***

vernarbt **0.1** ***met, vol littekens.***

vernarren, sich **0.1** ***helemaal weg raken (van)*** ⇒*verzot raken (op)* **0.2** ***stapel verliefd worden.***

Vernarrtheit ⟨v.; ~, ~en⟩ **0.1** ***het dol zijn op*** **0.2** ***verliefdheid.***

vernaschen **0.1** ***opsnoepen*** **0.2** ***versnoepen*** **0.3** ⟨inf.⟩ ***versieren*** ⇒*een avontuurtje hebben met* **0.4** ⟨inf.⟩ ***inmaken*** ⇒*uitschakelen.*

vernascht **0.1** ***snoepziek, -zuchtig.***

vernebeln **0.1** ***een rookgordijn leggen*** **0.2** ***vernevelen*** ⇒*verstuiven* **0.3** ⟨fig.⟩ ***versluieren*** ⇒*maskeren* ◆ **1.1** ⟨fig.⟩ jmdn. ~ *iem. een rad voor ogen draaien.*

vernehmbar **0.1** ***verneem-, verstaanbaar.***

vernehmen **0.1** ***vernemen*** ⇒*horen* **0.2** ***verhoren*** ⇒*ondervragen.*

Vernehmen ⟨o.⟩ ◆ **6.¶** allem, dem ~ **nach** *naar verluidt.*

Vernehmer ⟨m.; ~s, ~⟩ **0.1** ***ondervrager.***

vernehmlich **0.1** ***hoorbaar*** ⇒*verstaanbaar.*

Vernehmung ⟨v.; ~, ~en⟩ **0.1** ***verhoor.***

vernehmungsfähig **0.1** ***in staat om verhoord, ondervraagd te worden.***

verneigen, sich ⟨schr.⟩ **0.1** ***nijgen, een buiging maken.***

verneinen **0.1** ***ontkennen*** **0.2** ***afwijzen*** ◆ **1.2** Gewalt ~ *afwijzend staan tegenover geweld.*

Verneinung ⟨v.; ~, ~en⟩ **0.1** ***ontkenning*** **0.2** ***afwijzing.***

Verneinungswort ⟨o.⟩⟨taal.⟩ **0.1** ***ontkenningswoord.***

vernetzen **0.1** ***door netwerken verbinden.***

vernichten **0.1** ***vernietigen*** ⇒*verdelgen, verwoesten* ◆ **1.1** alle Hoffnungen ~ *alle hoop de bodem in slaan.*

Vernichtungskrieg ⟨m.⟩ **0.1** ***vernietigingsoorlog.***

Vernichtungslager ⟨o.⟩ **0.1** ***vernietigingskamp.***

Vernichtungswut ⟨v.⟩ **0.1** ***vernielzucht.***

vernickeln **0.1** ***vernikkelen.***

verniedlichen **0.1** ***onschuldig voorstellen*** ⇒*bagatelliseren.*

vernieten **0.1** ***(dicht-, vast)klinken.***

Vernissage ⟨v.; ~, ~n⟩ **0.1** ***vernissage.***

Vernunft ⟨v.; ~⟩ **0.1** ***verstand*** ⇒*rede, redelijkheid* ◆ **3.1** nehmen Sie doch ~ an! *gebruik uw verstand toch!;* jmdm. ~ beibringen *iem. tot rede brengen* **6.1** **gegen** alle ~ *absurd;* **zur** ~ kommen *redelijk worden.*

vernunftbegabt **0.1** ***met rede begaafd.***

Vernunftehe ⟨v.⟩ **0.1** ***verstandshuwelijk.***

vernünfteln ⟨pej.⟩ **0.1** ***haarkloven*** ⇒*muggenziften.*

vernunftgemäß **0.1** ***redelijk*** ⇒*logisch.*

Vernunftglaube(n) ⟨m.⟩ **0.1** ***geloof in de ratio, rede.***

Vernunftheirat ⟨v.⟩ **0.1** ***verstandshuwelijk.***

vernünftig **0.1** ***verstandig*** ⇒*schrander* **0.2** ***verstandig*** ⇒*weloverwogen* **0.3** ⟨inf.⟩ ***redelijk*** ⇒*behoorlijk.*

vernünftigerweise **0.1** ***redelijkerwijs.***

Vernünftigkeit ⟨v.; ~⟩ **0.1** ***verstandigheid*** **0.2** ***redelijkheid.***

Vernunftmensch ⟨m.⟩ **0.1** ***verstandelijk type.***

vernunftwidrig **0.1** ***strijdig met het gezonde verstand.***

veröden **I** ⟨onov.ww.⟩ **0.1** ***verlaten, ontvolkt worden*** **0.2** ***onvruchtbaar worden;***

II ⟨ov.ww.⟩ ⟨med.⟩ **0.1** ***drooglegen*** ⟨v.e. ader⟩.
veröffentlichen 0.1 ***publiceren*** ⇒*bekend maken* **0.2** ***publiceren*** ⇒*uitgeven.*
Veröffentlichung ⟨v.; ~, ~en⟩ **0.1** ***openbaar-, bekendmaking*** **0.2** ***publicatie*** ⇒*uitgave.*
verölen I ⟨onov.ww.⟩ **0.1** ***onder de olieplak komen te zitten, met olie besmeurd worden;***
II ⟨ov.ww.⟩ **0.1** ***met een laag olie bedekken.***
verordnen 0.1 ⟨med.⟩ ***voorschrijven*** **0.2** ⟨schr.⟩ ***verordenen*** ⇒*gelasten.*
Verordnung ⟨v.; ~, ~en⟩ **0.1** ***verordening*** **0.2** ⟨med.⟩ ***voorschrift.***
verpachten 0.1 ***verpachten.***
Verpächter ⟨m.; ~s, ~⟩ **0.1** ***verpachter.***
verpacken 0.1 ***ver-, inpakken.***
Verpackung ⟨v.; ~, ~en⟩ **0.1** ***verpakking.***
verpaffen ⟨pej.⟩ **0.1** ***verroken, aan roken uitgeven.***
verpäppeln ⟨inf.⟩ **0.1** ***verwennen.***
verpassen 0.1 ***missen*** ⇒*te laat zijn voor* **0.2** ***missen*** ⇒*laten voorbijgaan, verzuimen* **0.3** ⟨inf.⟩ ***geven*** ⇒*toedienen* ◆ **1.3** jmdm. ein Ding ~ (a) *iem. een dreun geven* (b) *iem. een lesje geven.*
verpatzen ⟨inf.⟩ **0.1** ***verknoeien*** ⇒*verprutsen.*
verpesten ⟨pej.⟩ **0.1** ***verpesten*** ⇒*bederven.*
verpetzen ⟨vooral school.⟩ **0.1** ***verklikken.***
verpfänden 0.1 ***verpanden*** ⇒*in pand geven.*
verpfeifen ⟨inf.; pej.⟩ **0.1** ***verlinken*** ⇒*verklikken.*
verpflanzen 0.1 ***verplanten*** **0.2** ⟨med.⟩ ***transplanteren.***
verpflegen 0.1 ***te eten geven*** ⇒*maaltijden verstrekken* ◆ **5.1** nur kalt verpflegt werden *alleen broodmaaltijden krijgen.*
Verpflegung ⟨v.; ~, ~en⟩ **0.1** ***kost*** ⇒*voeding* **0.2** ***het verstrekken van maaltijden*** ◆ **2.1** mit voller ~ *met vol pension.*
verpflichten I ⟨ov.ww.⟩ **0.1** ***(plechtig) laten beloven*** ⇒*de eed laten afleggen* **0.2** ***verplichten*** **0.3** ⟨dram.⟩ ***engageren*** ⇒*contracteren* ◆ **1.2** ~de Zusage *bindende toezegging* **3.2** ich bin dir sehr verpflichtet *ik ben je erg dankbaar* **6.2** ich bin Ihnen **zu** Dank verpflichtet *ik ben u dank verschuldigd.* →**Adel;**
II sich ~ ⟨wk.ww.⟩ **0.1** ***zich verplichten*** **0.2** ***zich verbinden.***
Verpflichtung ⟨v.; ~, ~en⟩ **0.1** ***verplichting*** **0.2** ***engagement*** ⇒*verbintenis* **0.3** ***eedsaflegging*** **0.4** ***verplichting*** ⇒*schuld.*
verpfuschen ⟨inf.⟩ **0.1** ***verprutsen*** ⇒*verknoeien.*
verpicht 0.1 ***verzot op, verkikkerd op.***
verplanen 0.1 ***verkeerd plannen*** **0.2** ***(volgens plan) indelen*** ⇒*volboeken, plannen.*
verplappern, sich ⟨inf.⟩ **0.1** ***zich verpraten*** ⇒*z'n mond voorbijpraten.*
verplatten 0.1 ***met platen af-, bedekken.***
verplaudern I ⟨ov.ww.⟩ **0.1** ***verpraten*** ⇒*babbelend doorbrengen;*
II sich ~ ⟨wk.ww.⟩ **0.1** ***te lang praten, kletsen*** **0.2** ⟨inf.⟩ ***zich verpraten.***
verplempern ⟨inf.⟩ **I** ⟨ov.ww.⟩ **0.1** ***verkwisten*** ⇒*verknoeien;*
II sich ~ ⟨wk.ww.⟩ **0.1** ***zich verslingeren.***
verplombem 0.1 ***plomberen*** ⇒*verzegelen.*
verpönt 0.1 ***ontoelaatbaar, onoorbaar*** ⇒*verboden* **0.2** ***uit den boze, taboe.***
verpoppen 0.1 ***door de popcultuur beïnvloeden.***
verprassen 0.1 ***verbrassen.***
verprellen 0.1 ***irriteren.***
verprügeln 0.1 ***afranselen.***
verpuffen 0.1 ***(met een zachte knal) ontploffen*** **0.2** ⟨fig.⟩ ***geen effect sorteren*** ⇒*mislukken*
verpulvern ⟨inf.; fig.⟩ **0.1** ***verkwisten.***
verpuppen, sich 0.1 ***zich verpoppen.***
Verputz ⟨m.; ~es⟩ **0.1** ***beraping.***
verputzen 0.1 ***berapen*** ⇒*bepleisteren* **0.2** ⟨inf.⟩ ***verorberen*** **0.3** ⟨inf.⟩ ***verkwisten*** ⇒*opmaken* **0.4** ⟨inf.; sp.⟩ ***inmaken.***
verqualmen I ⟨onov.ww.⟩ **0.1** ***verroken, in rook opgaan;***
II ⟨ov.ww.⟩ ⟨inf.; pej.⟩ **0.1** ***vol rook blazen*** **0.2** ***verroken*** ⇒*aan roken uitgeven.*
verquasseln ⟨inf.⟩ **I** ⟨ov.ww.⟩ **0.1** ***verpraten*** ⇒*babbelend doorbrengen;*
II sich ~ ⟨wk.ww.⟩ **0.1** ***zich verpraten.***
verquellen 0.1 ***(doen) opzwellen*** ⟨door vocht⟩.
verquer 0.1 ***scheef*** ⇒*schuin* **0.2** ***zonderling*** ⇒*vreemd* **0.3** ⟨bw.⟩ ***verkeerd, ongelegen.***
verquicken 0.1 ***(innig) verbinden*** ⇒*samen-, ineensmelten.*
verrammeln ⟨inf.⟩ **0.1** ***barricaderen.***
verramschen ⟨inf.; pej.⟩ **0.1** ***(ver)ramsjen*** ⇒*tegen afbraakprijzen verkopen.*
Verrat ⟨m.; ~(e)s⟩ **0.1** ***verraad*** ◆ **3.1** ~ treiben, üben *verraad plegen.*
verraten I ⟨ov.ww.⟩ **0.1** ***verraden*** ⇒*verklappen* **0.2** ***verraden*** ⇒*prijsgeven, in de steek laten* **0.3** ***verraden*** ⇒*tonen* ◆ **8.1** sich ~ und verkauft fühlen *zich volledig in de steek gelaten voelen;*
II sich ~ ⟨wk.ww.⟩ **0.1** ***zich verraden*** **0.2** ***duidelijk worden*** ⇒*aan het daglicht treden.*
Verräter ⟨m.; ~s, ~⟩ **0.1** ***verrader.***
Verräterei ⟨v.; ~, ~en⟩ **0.1** ***verraderlijke handeling*** **0.2** ***verraad.***
verräterisch 0.1 ***verraderlijk.***
verratzt ⟨inf.⟩ ◆ **3.¶** ~ sein *verloren zijn.*
verrauchen I ⟨onov.ww.⟩ **0.1** ***verroken, in rook opgaan*** **0.2** ⟨fig.⟩ ***verdwijnen*** ⇒*overgaan* ◆ **1.2** sein Ärger verrauchte allmählich *zijn ergernis verdween geleidelijk;*
II ⟨ov.ww.⟩ **0.1** ***rokerig maken*** **0.2** ***verroken, aan roken uitgeven.***
verräuchern 0.1 ***zwart doen worden van de rook.***
verraucht 0.1 ***vol rook*** ⇒*rokerig.*
verrauschen 0.1 ***wegebben*** ⇒*verklinken, wegsterven.*
verrechnen I ⟨ov.ww.⟩ **0.1** ***verrekenen*** ⇒*vereffenen* ◆ **4.1** jmdm. etwas ~ *iem. iets vergoeden;*
II sich ~ ⟨wk.ww.⟩ **0.1** ***zich verrekenen*** ◆ **6.1** ⟨fig.⟩ sich **in** jmdm. ~ *zich in iem. vergissen.*
Verrechnungsstelle ⟨v.⟩ **0.1** ***clearinginstelling.***
verrecken 0.1 ***verrekken, creperen*** ◆ **6.1 ums** Verrecken nicht! *om de dooie dood niet!*
verregnen I ⟨onov.ww.⟩ **0.1** ***verregenen;***
II ⟨ov.ww.⟩ **0.1** ***sproeien.***
verreisen 0.1 ***op reis gaan.***
verreißen ⟨inf.⟩ **0.1** ***afkraken*** ⇒*afkammen* **0.2** ***plotseling omgooien, wenden*** ◆ **1.2** das Steuer ~ *het stuur omgooien.*
verreiten, sich 0.1 ***verkeerd rijden*** ⇒*verdwalen* ⟨met een paard⟩.
verrenken 0.1 ***verzwikken*** ⇒*verstuiken, verrekken* **0.2** ***in allerlei vreemde bochten draaien*** ◆ **1.1** ich habe mir den Fuß verrenkt *ik heb mijn voet verzwikt;* sich ⟨3e nv.⟩ den Hals ~ *de hals uitrekken.*
verrennen, sich 0.1 ***vastlopen, verdwalen*** ⇒*de verkeerde kant uit lopen* ◆ **6.1** ⟨fig.⟩ sich **in** eine Idee ~ *zich blind staren op een idee.*
verrichten 0.1 ***verrichten*** ⇒*doen, uitvoeren.*
Verrichtung ⟨v.; ~, ~en⟩ **0.1** ***bezigheid*** ⇒*werk* **0.2** ***verrich-***

ting ◆ **3.1** seinen täglichen ~en nachgehen *zijn dagelijkse bezigheden verrichten.*
verriegeln 0.1 *ver-, afgrendelen.*
verringern I ⟨ov.ww.⟩ **0.1** *verminderen* ⇒*verkleinen, verlagen;*
II sich ~ ⟨wk.ww.⟩ **0.1** *minder, lager, kleiner worden* ◆ **1.1** die Kosten haben sich verringert *de kosten zijn gedaald.*
verrinnen 0.1 *wegstromen, -vloeien* **0.2** *vergaan* ⇒*voorbijgaan.*
Verriß ⟨m.; Verrisses, Verrisse⟩ **0.1** *vernietigende, afbrekende kritiek.*
verrohen I ⟨onov.ww.⟩ **0.1** *verruwen, ruw(er) worden;*
II ⟨ov.ww.⟩ **0.1** *verruwen, ruw(er) maken.*
verrosten 0.1 *verroesten.*
verrotten 0.1 *verrotten* ⇒*vergaan.*
verrucht 0.1 *laag(hartig)* ⇒*snood* **0.2** *zondig* ⇒*goddeloos.*
verrücken 0.1 *verplaatsen* ⇒*verschuiven, verzetten* ◆ **1.1** die Grenzen ~ *de grenzen verleggen.*
verrückt 0.1 *gek* ⇒*krankzinnig, niet goed wijs* **0.2** *gek* ⇒ *mal, abnormaal* **0.3** *buitengewoon, enorm* ◆ **3.1** die Uhr spielt ~ *de klok is van slag, het horloge is van de wijs;* der Chef spielt heute mal wieder ~ *de baas heeft het vandaag weer op zijn heupen* **6.2** ~ **auf** etwas sein *dol op, gek van iets zijn.*
Verrückte(r) ⟨bn. als zn.⟩ **0.1** *gek.*
Verrücktheit ⟨v.; ~, ~en⟩ **0.1** *gekheid* ⇒*dwaasheid* **0.2** *krankzinnigheid.*
Verrücktwerden ⟨o.⟩ ◆ **6.¶ zum** ~ *om gek, dol van te worden.*
Verruf ⟨m.⟩ **0.1** *slechte naam, reputatie* ⇒*kwade reuk* ◆ **6.1 in** ~ bringen *een slechte naam bezorgen.*
verrufen 0.1 *berucht* ⇒*slecht bekend staand.*
verrühren 0.1 *erdoor, door elkaar roeren.*
verrunzelt 0.1 *vol rimpels.*
verrußen 0.1 *onder het roet komen.*
verrutschen 0.1 *verschuiven* ⇒*weggglijden.*
Vers ⟨m.; ~(e)s, ~e⟩ **0.1** *vers(regel), dichtregel* **0.2** *vers, couplet* **0.3** ⟨rel.⟩ *vers* ◆ **3.1** ⟨inf.⟩ sich ⟨3e nv.⟩ einen ~ auf, aus etwas machen *het begrijpen* **6.1 in** ~e bringen *berijmen.*
versachlichen 0.1 *zakelijk maken, voorstellen.*
versacken 0.1 *wegzakken* ⇒*wegzinken* **0.2** *verzakken* **0.3** ⟨scheep.⟩ *zinken* **0.4** ⟨fig.⟩ *verlopen* ⇒*aan lager wal raken.*
versagen I ⟨onov.ww.⟩ **0.1** *falen* ⇒*te kort schieten, mislukken* **0.2** *weigeren* ⇒*het niet doen* ◆ **1.2** sein Gedächtnis versagte *zijn geheugen liet hem in de steek;*
II ⟨ov.ww.⟩ **0.1** *weigeren* ⇒*niet toestaan, onthouden* **0.2** *ontzeggen* ⇒*niet gunnen* ◆ **1.1** jmdm. den Gehorsam ~ *weigeren iem. te gehoorzamen;*
III sich ~ ⟨wk.ww.⟩ **0.1** *zich niet beschikbaar stellen.*
Versager ⟨m.; ~s, ~⟩ **0.1** *mislukkeling* **0.2** *mislukking* ⇒ *flop* **0.3** *mankement* ⇒*storing, defect* ◆ **2.1** ⟨inf.⟩ ein glatter ~ *een grote nul.*
versalzen I ⟨onov.ww.⟩ **0.1** *verzouten, zout, zilt worden;*
II ⟨ov.ww.⟩ **0.1** *verzouten, te zout maken* **0.2** ⟨inf.; fig.⟩ *bederven* ◆ **1.2** jmdm. das Vergnügen ~ *iem. het plezier vergallen.*
versammeln I ⟨ov.ww.⟩ **0.1** *verzamelen* ⇒*bijeenbrengen, -roepen* **0.2** ⟨sp.⟩ *verzamelen* ⟨v.e. paard⟩;
II sich ~ ⟨wk.ww.⟩ **0.1** *zich verzamelen* ⇒*bijeen-, samenkomen.*
Versammlung ⟨v.; ~, ~en⟩ **0.1** *vergadering* ⇒*bijeen-, samenkomst.*
Versammlungsrecht ⟨o.⟩ **0.1** *recht van vergadering.*
Versand ⟨m.; ~(e)s⟩ **0.1** *verzending, het verzenden, versturen* **0.2** *expeditieafdeling* ⟨v.e. bedrijf⟩ **0.3** ⟨afk.⟩ *postorderbedrijf.*
Versandabteilung ⟨v.⟩ **0.1** *expeditieafdeling.*
versandbereit 0.1 *gereed voor verzending.*
Versandbuchhandel ⟨m.⟩ **0.1** *verzendboekhandel.*
versanden 0.1 *verzanden* **0.2** ⟨fig.⟩ *verzanden* ⇒*vast-, doodlopen.*
versandfertig 0.1 *klaar voor verzending.*
Versandgeschäft ⟨o.⟩ **0.1** *postorderbedrijf.*
Versandhandel ⟨m.⟩ **0.1** *verzendhandel.*
Versandhandelsunternehmen ⟨o.⟩ **0.1** *postorderbedrijf.*
Versandhaus ⟨o.⟩ **0.1** *postorderbedrijf, verzendhuis.*
Versandkosten ⟨alleen mv.⟩ **0.1** *verzendkosten.*
Versandung ⟨v.; ~⟩ **0.1** *verzanding, het verzanden.*
Versatzstück ⟨o.⟩ **0.1** *verplaatsbaar decorstuk.*
versauen ⟨inf.⟩ **0.1** *smerig maken* ⇒*besmeuren* **0.2** ⟨fig.⟩ *bederven* ⇒*verknoeien.*
versauern 0.1 *verzuren* **0.2** ⟨inf.; fig.⟩ *verkommeren.*
versaufen ⟨inf.⟩ **0.1** *verzuipen, aan drank uitgeven.*
versäumen 0.1 *verzuimen* ⇒*laten voorbijgaan, missen* **0.2** *verzuimen* ⇒*verzaken* **0.3** *verzuimen* ⇒*missen, te laat zijn voor* **0.4** *verzuimen* ⇒*niet verschijnen* ◆ **5.1** da hast du viel versäumt! *je hebt veel gemist!*
Versäumnis ⟨o.; ~ses, ~se⟩ **0.1** *verzuim* ⇒*nalatigheid* **0.2** ⟨jur.⟩ *verstek.*
Versäumnisurteil ⟨o.⟩ **0.1** *verstekvonnis.*
verschachern ⟨inf.⟩ **0.1** *versjacheren.*
verschachtelt 0.1 *in elkaar geschoven* **0.2** ⟨fig.⟩ *gecompliceerd* ◆ **1.1** ein kunstvoll ~er Satz *een kunstig geconstrueerde zin.*
verschaffen 0.1 *verschaffen* ⇒*bezorgen, zorgen voor* ◆ **1.1** sich ⟨3e nv.⟩ Geltung ~ *zich doen gelden;* sich ⟨3e nv.⟩ Respekt ~ *respect afdwingen.*
verschalen 0.1 *betimmeren* ⇒*beschieten* **0.2** *bekisten.*
verschämt 0.1 *beschaamd* **0.2** *bedeesd* ⇒*schuchter.*
verschandeln ⟨inf.⟩ **0.1** *ontsieren* ⇒*mismaken.*
verschanzen I ⟨ov.ww.⟩ **0.1** *verschansen;*
II sich ~ ⟨wk.ww.⟩ **0.1** *zich verschansen.*
verschärfen I ⟨ov.ww.⟩ **0.1** *verscherpen* ⇒*verhogen, versterken* ◆ **1.1** das Tempo ~ *het tempo versnellen, verhogen;*
II sich ~ ⟨wk.ww.⟩ **0.1** *verscherpen* ⇒*scherper worden, zich toespitsen.*
verscharren 0.1 *in, onder de grond stoppen* ⇒*begraven.*
verschätzen I ⟨ov.ww.⟩ **0.1** *verkeerd schatten, taxeren;*
II sich ~ ⟨wk.ww.⟩ **0.1** *verkeerd schatten, taxeren.*
verschaukeln 0.1 *beetnemen* ⇒*bij de neus nemen.*
verscheiden ⟨schr.⟩ **0.1** *overlijden* ⇒*ontslapen.*
verschenken 0.1 *weggeven, schenken.*
verscherbeln ⟨inf.⟩ **0.1** *versjacheren.*
verscherzen 0.1 *verspelen* ⇒*kwijtraken.*
verscheuchen 0.1 *ver-, wegjagen.*
verscheuern ⟨inf.⟩ **0.1** *versjacheren.*
verschicken 0.1 *versturen, -zenden* **0.2** ⟨med.⟩ *sturen* ⇒ *laten gaan.*
Verschiebebahnhof ⟨m.⟩ **0.1** *rangeerstation.*
verschieben I ⟨ov.ww.⟩ **0.1** *verschuiven* ⇒*verplaatsen, verzetten* **0.2** *uitstellen* ⇒*opschorten* **0.3** ⟨inf.⟩ *clandestien verhandelen, verkopen* ◆ **1.1** das verschiebt das Bild *dat verandert het beeld* **6.2 auf** unbestimmte Zeit ~ *voor onbepaalde tijd uitstellen.* →**besorgen;**
II sich ~ ⟨wk.ww.⟩ **0.1** *verschuiven* ⇒*zich verplaatsen* **0.2** *uitgesteld worden.*

verschieden[1] ⟨bn.⟩ **0.1** *verschillend* ⇒*ongelijk* ◆ **1.1** die ~sten Formen *de meest uiteenlopende vormen.*

verschieden[2] ⟨bn.⟩ **0.1** *verscheidene* ⇒*enige* ◆ ¶.1 ~es war noch unklar *enkele dingen waren nog onduidelijk.*

verschiedenartig **0.1** *verschillend* ⇒*uiteenlopend.*

verschiedenemal **0.1** *verscheidene keren.*

verschiedenerlei **0.1** *allerlei.*

verschiedenfarbig **0.1** *veelkleurig* **0.2** *verschillend gekleurd.*

Verschiedenheit ⟨v.; ~, ~en⟩ **0.1** *verschil* ⇒*onderscheid.*

verschiedentlich **0.1** *verscheidene keren* ⇒*meermaals.*

verschießen I ⟨onov.ww.⟩ **0.1** *verschieten* ⇒*verbleken;*
II ⟨ov.ww.⟩ **0.1** *verschieten, schietend verbruiken* **0.2** *afschieten* ⇒*afvuren* **0.3** ⟨inf.; sp.⟩ *ernaast schieten;*
III sich ~ ⟨wk.ww.⟩ **0.1** *misschieten* ⇒*ernaast schieten* **0.2** ⟨inf.⟩ *smoorverliefd worden* ◆ **6.2** er war ganz **in** sie verschossen *hij was tot over de oren verliefd op haar.*

verschiffen **0.1** *verschepen.*

verschilfen **0.1** *met riet dichtgroeien.*

verschimmeln **0.1** *be-, verschimmelen.*

verschlacken **0.1** *verslakken, tot slak(ken) worden.*

verschlafen[1] ⟨bn.⟩ **0.1** *slaperig* ⇒*slaapdronken* ◆ **1.1** ein ~es Städtchen *een dromerig stadje.*

verschlafen[2] I ⟨onov.ww.⟩ **0.1** *zich verslapen;*
II ⟨ov.ww.⟩ **0.1** *verslapen* ◆ **1.1** den Rausch ~ *de roes uitslapen;* einen Termin ~ *een afspraak vergeten;*
III sich ~ ⟨wk.ww.⟩ **0.1** *zich verslapen.*

Verschlafenheit ⟨v.; ~⟩ **0.1** *slaperigheid.*

Verschlag ⟨m.; ~(e)s, ¨~e⟩ **0.1** *afgeschoten ruimte* **0.2** *schuurtje* ⇒*schot.*

verschlagen[1] ⟨bn.⟩⟨pej.⟩ **0.1** *sluw* ⇒*geslepen, geraffineerd.*

verschlagen[2] I ⟨onov.ww.⟩ **0.1** *helpen* ⇒*baten;*
II ⟨ov.ww.⟩ **0.1** *dicht-, toespijkeren* ⇒*vast-, dichttimmeren* **0.2** *afschieten* ⟨v.e. ruimte⟩ **0.3** *missen* ⇒*misslaan, er naast slaan* **0.4** *erdoor roeren, kloppen* **0.5** *uit de koers drijven* ⇒*terecht doen komen* **0.6** *beroven van* ⇒*benemen* ◆ **1.6** Angst verschlug ihm die Rede *hij kon van angst geen woord meer uitbrengen* **6.5** der Krieg hatte ihn **nach** London ~ *door de oorlog was hij in Londen beland;*
III sich ~ ⟨wk.ww.⟩ **0.1** *missen, ernaast gaan* ⟨v.e. schot⟩.

Verschlagenheit ⟨v.; ~⟩ **0.1** *sluwheid* ⇒*geraffineerdheid.*

verschlammen **0.1** *dichtslibben* ⇒*tot modder worden.*

verschlämmen **0.1** *verstoppen, verstopt doen raken.*

verschlampen ⟨inf.⟩ I ⟨onov.ww.⟩ **0.1** *verwaarloosd worden, verliederlijken;*
II ⟨ov.ww.⟩ **0.1** *laten slingeren* ⇒*kwijtraken* **0.2** *nalaten* ⇒*vergeten.*

verschlechtern I ⟨ov.ww.⟩ **0.1** *verslechteren, slechter maken;*
II sich ~ ⟨wk.ww.⟩ **0.1** *verslechteren, slechter worden* ⇒ *erop achteruitgaan.*

Verschlechterung ⟨v.; ~, ~en⟩ **0.1** *verslechtering, achteruitgang, verergering.*

verschleiern I ⟨ov.ww.⟩ **0.1** *(ver)sluieren* **0.2** ⟨fig.⟩ *versluieren* ⇒*verhullen, camoufleren* ◆ **1.2** die wahren Absichten ~ *de ware bedoelingen verbergen;*
II sich ~ ⟨wk.ww.⟩ **0.1** *bedekt worden* ⇒*bewolken.*

verschleimen **0.1** *verslijmen, met slijm vullen.*

Verschleiß ⟨m.; ~es, ~e⟩ **0.1** *verslijting, slijtage.*

verschleißen (→t119) I ⟨onov.ww.⟩ **0.1** *(ver)slijten;*
II ⟨ov.ww.⟩ **0.1** *verslijten, verbruiken.*

verschleißfest **0.1** *slijtvast.*

verschleppen **0.1** *wegslepen* ⇒*wegvoeren* **0.2** *wegslepen* ⇒*zoekmaken* **0.3** *verspreiden* ⇒*overbrengen* ⟨v.e. ziekte⟩ **0.4** *onnodig rekken* ⇒*traineren* **0.5** *verwaarlozen* ⟨v.e. ziekte⟩ ◆ **6.1** Menschen **in** ein Lager ~ *mensen naar een kamp deporteren.*

Verschleppungsmanöver ⟨o.⟩ **0.1** *vertragingsmanoeuvre.*

verschleudern **0.1** *verramsjen* ⇒*tegen afbraakprijzen verkopen* **0.2** *verkwisten* ⇒*verspillen.*

verschlicken **0.1** *dichtslibben.*

verschließen I ⟨ov.ww.⟩ **0.1** *sluiten* ⇒*op slot doen, afsluiten* **0.2** *wegsluiten* ⇒*opbergen* **0.3** *inpakken* ◆ **1.1** hinter verschlossenen Türen *achter gesloten deuren* **6.2** seinen Kummer **vor** jmdm. ~ *zijn verdriet voor iem. verbergen;*
II sich ~ ⟨wk.ww.⟩⟨fig.⟩ **0.1** *zich afsluiten* ⇒*de ogen sluiten (voor)* ◆ **1.1** sich einer Sache ~ *niets van iets willen weten.*

verschlimmbessern ⟨inf.⟩ **0.1** *(ongewild) slechter maken dan het was.*

verschlimmern I ⟨ov.ww.⟩ **0.1** *verslechteren* ⇒*verergeren;*
II sich ~ ⟨wk.ww.⟩ **0.1** *erger, slechter worden* ⇒*verergeren.*

verschlingen **0.1** *ineen-, verstrengelen* ⇒*door elkaar slingeren* **0.2** *verslinden* ⇒*verzwelgen* ◆ **1.1** verschlungene Wege *kronkelwegen.*

Verschlingung ⟨v.; ~, ~en⟩ **0.1** *verstrengeling* ⇒*knoop* **0.2** *kronkel.*

verschlossen **0.1** *gesloten, op slot* **0.2** ⟨fig.⟩ *gesloten* ⇒*in zichzelf gekeerd.*

Verschlossenheit ⟨v.; ~⟩⟨fig.⟩ **0.1** *geslotenheid.*

verschlucken I ⟨ov.ww.⟩ **0.1** *in-, doorslikken* ⇒*verzwelgen* **0.2** *inslikken, niet (duidelijk) uitspreken* **0.3** ⟨fig.⟩ *opslokken* ⇒*verslinden* **0.4** ⟨fig.⟩ *inhouden* ⇒*onderdrukken* ◆ **1.1** ein Geräusch ~ *een geluid absorberen, dempen* **1.4** eine Bemerkung ~ *een opmerking inslikken;*
II sich ~ ⟨wk.ww.⟩ **0.1** *zich verslikken* ◆ **6.1** sich **an** einer Gräte ~ *zich in een graat verslikken.*

verschludern ⟨pej.⟩ I ⟨onov.ww.⟩ **0.1** *verslonzen, verliederlijken;*
II ⟨ov.ww.⟩ **0.1** *laten slingeren* ⇒*kwijtraken* **0.2** *verknoeien* ⇒*besmeuren, verslonzen* **0.3** *verwaarlozen* ⇒*laten verlopen* ◆ **1.3** sein Talent ~ *zijn talent verkwisten.*

Verschluß ⟨m.; Verschlusses, Verschlüsse⟩ **0.1** *(af)sluiting* ⇒*slot* **0.2** *(af)gesloten ruimte* **0.3** ⟨med.⟩ *afsluiting* **0.4** ⟨foto.⟩ *sluiter* ⟨v.e. camera⟩ ◆ **6.2** **hinter** ~ *achter slot (en grendel);* ein Zimmer **unter** ~ halten *een kamer op slot houden.*

Verschlußdeckel ⟨m.⟩ **0.1** *(af)sluitdop, -deksel.*

verschlüsseln **0.1** *coderen, in een code brengen* ◆ **3.1** ⟨fig.⟩ etwas verschlüsselt schreiben *iets in bedekte termen schrijven.*

Verschlüsselung ⟨v.; ~, ~en⟩ **0.1** *code* **0.2** *codering.*

Verschlußkappe ⟨v.⟩ **0.1** *(af)sluitkap, -dop.*

Verschlußlaut ⟨m.⟩ **0.1** *ploffer, explosief.*

Verschlußsache ⟨v.⟩ **0.1** *geheim stuk.*

verschmachten **0.1** *versmachten.*

verschmähen **0.1** *versmaden* ⇒*afwijzen* ◆ **1.1** eine verschmähte Liebe *een niet beantwoorde liefde.*

verschmälern I ⟨ov.ww.⟩ **0.1** *versmallen, smaller maken;*
II sich ~ ⟨wk.ww.⟩ **0.1** *versmallen, smaller worden.*

verschmausen ⟨inf.⟩ **0.1** *opsmullen, -smikkelen.*

verschmelzen **0.1** *ver-, samensmelten* ◆ **6.1** zwei Dinge **zu** einer Einheit ~ *twee dingen tot een eenheid smeden.*

verschmerzen **0.1** *te boven, er overheen komen* **0.2** *verkroppen* ⇒*verduren, verdragen.*

verschmieren **0.1** *dicht-, volsmeren* ⇒*besmeren met* **0.2** *versmeren, (met smeren) verknoeien* **0.3** *besmeuren.*

verschmitzt **0.1** *schalks, ondeugend.*

verschmutzen I ⟨onov.ww.⟩ **0.1** *vuil, smerig worden* ⇒*vervuilen;*

II ⟨ov.ww.⟩ **0.1** ***vuil, smerig maken*** ⇒*vervuilen.*
Verschmutzung ⟨v.; ~, ~en⟩ **0.1** ***vervuiling*** ⇒*verontreiniging.*
verschnaufen ⟨ook sich ~⟩ **0.1** ***uitblazen*** ⇒*op adem komen.*
Verschnaufpause ⟨v.⟩ **0.1** ***adem-, rustpauze.***
verschneiden **0.1** ***(bij)knippen*** ⇒*snoeien* **0.2** ***verknippen, verkeerd knippen*** **0.3** ***versnijden*** ⇒*aanlengen, verdunnen* **0.4** ***castreren*** **0.5** ***een collage maken.***
verschneien **0.1** ***onder-, dichtsneeuwen.***
Verschnitt ⟨m.; ~(e)s, ~e⟩ **0.1** ***versneden drank*** **0.2** ***restant(en), afval*** ⟨bij het knippen⟩.
Verschnittene(r) ⟨bn. als zn.; m.⟩ **0.1** ***gesnedene, castraat.***
verschnörkeln **0.1** ***met krullen versieren.***
Verschnörkelung ⟨v.; ~, ~en⟩ **0.1** ***(sierlijke) krul.***
verschnupfen ⟨inf.⟩ **0.1** ***krenken*** ⇒*ergeren.*
verschnupft **0.1** ***verkouden*** **0.2** ⟨fig.⟩ ***gekrenkt, gepikeerd.***
verschnüren **0.1** ***vast-, dichtbinden*** ⇒*dichtsnoeren.*
verschollen **0.1** ***spoorloos verdwenen*** ⇒*vermist, zoek* ◆ **1.1** ein im Krieg ~er Sohn *een zoon die sinds de oorlog vermist wordt.*
verschonen **0.1** ***ontzien*** ⇒*sparen* ◆ **6.1** verschone mich **mit** deinem Geschwätz! *bespaar me je praatjes, gezwets!*
verschönen **0.1** ***mooi(er), aangenamer maken.***
verschönern **0.1** ***mooier maken*** ⇒*verfraaien.*
Verschönerung ⟨v.; ~, ~en⟩ **0.1** ***verfraaiing.***
Verschonung ⟨v.⟩ **0.1** ***het ontzien, sparen*** ⇒*verschoning.*
Verschönung ⟨v.; ~, ~en⟩ **0.1** ***verfraaiing.***
verschorfen **0.1** ***een roof, korst krijgen.***
verschrammen **0.1** ***schrammen*** ⇒*schrammen krijgen op.*
verschränken **0.1** ***kruiselings over elkaar leggen, slaan*** ⇒*kruisen* ◆ **1.1** mit verschränkten Armen *met de armen over elkaar.*
verschrauben **0.1** ***dicht-, vastschroeven.***
verschrecken **0.1** ***verschrikken.***
verschreiben **I** ⟨ov.ww.⟩ **0.1** ***verschrijven, met schrijven gebruiken*** **0.2** ***vermaken, legateren*** **0.3** ⟨med.⟩ ***voorschrijven;***
II sich ~ ⟨wk.ww.⟩ **0.1** ***zich verschrijven*** **0.2** ***zich geheel wijden, overgeven aan*** **0.3** ***zich verkopen, overleveren aan.***
Verschreibung ⟨v.; ~, ~en⟩ **0.1** ***verschrijving*** **0.2** ***legatering*** ⇒*schenking* **0.3** ⟨med.⟩ ***recept.***
verschreibungspflichtig **0.1** ***alleen op recept verkrijgbaar.***
verschreien **0.1** ***in diskrediet brengen*** ⇒*een slechte naam bezorgen* ◆ **8.1** er ist als Geizhals verschrie(e)n *hij heeft de naam een gierigaard te zijn.*
verschroben **0.1** ***zonderling*** ⇒*eigenaardig.*
verschro(t)ten **0.1** ***tot schroot verwerken, maken*** ⇒*slopen.*
verschrumpeln ⟨inf.⟩ **0.1** ***verschrompelen*** ⇒*rimpelig worden.*
verschrumpfen →**verschrumpeln.**
verschüchtern **0.1** ***verlegen, schuchter maken.***
verschulden **I** ⟨onov.ww.⟩ **0.1** ***in de schulden raken*** ◆ **5.1** stark verschuldet sein *hoge schulden hebben;*
II ⟨ov.ww.⟩ **0.1** ***de schuld hebben van*** ⇒*de oorzaak zijn van;*
III sich ~ ⟨wk.ww.⟩ **0.1** ***schulden maken.***
Verschulden ⟨o.⟩ **0.1** ***schuld*** ◆ **6.1** **ohne** mein ~ *buiten mijn schuld.*
Verschuldung ⟨v.; ~, ~en⟩ **0.1** ***schuld(en), schuldenlast.***
verschulen **0.1** ***verspenen*** ⟨van planten⟩ **0.2** ⟨vaak pej.⟩ ***schools(er) maken.***
verschusseln ⟨inf.⟩ **0.1** ***laten slingeren*** **0.2** ***vergeten.***
verschütten **0.1** ***morsen*** ⇒*ernaast gieten* **0.2** ***bedelven*** ⇒*bedekken, overdekken* **0.3** ***dichtgooien*** ⇒*dempen* ◆ **6.¶** ⟨inf.⟩ es **bei** jmdm. verschüttet haben *het bij iem. verkorven hebben.*
verschwägern, sich **0.1** ***(zich) verzwageren.***
verschwatzen **I** ⟨ov.ww.⟩⟨inf.⟩ **0.1** ***verkletsen*** ⇒*verraden;*
II sich ~ ⟨wk.ww.⟩ **0.1** ***z'n mond voorbijpraten.***
verschweigen **0.1** ***verzwijgen.***
verschweißen **0.1** ***aan elkaar lassen.***
verschwelen **I** ⟨onov.ww.⟩ **0.1** ***versmeulen, smeulend uitgaan;***
II ⟨ov.ww.⟩ **0.1** ***smeulend verbranden*** ⇒*laten versmeulen.*
verschwenden **0.1** ***verkwisten*** ⇒*verspillen, verdoen* ◆ **1.1** keinen Blick an jmdn. ~ *iem. geen blik waardig keuren.*
Verschwender ⟨m.; ~s, ~⟩ **0.1** ***verkwister.***
verschwenderisch **0.1** ***verkwistend*** ⇒*spilziek* **0.2** ***overdadig*** ⇒*kwistig.*
Verschwendungssucht ⟨v.⟩ **0.1** ***spilzucht.***
verschwendungssüchtig **0.1** ***spilziek.***
verschwiegen **0.1** ***discreet*** ⇒*zwijgzaam* **0.2** ***heimelijk*** ⇒*verborgen* **0.3** ***stil*** ⇒*rustig, afgelegen* ◆ **1.3** ⟨scherts.⟩ das ~e Örtchen *de wc.*
Verschwiegenheit ⟨v.; ~⟩ **0.1** ***discretie*** ⇒*geheimhouding.*
verschwimmen **0.1** ***vervagen, vervloeien*** ⇒*in elkaar overgaan.*
verschwinden **0.1** ***verdwijnen*** **0.2** ***verdwijnen*** ⇒*gestolen worden* ◆ **1.1** eine ~de Minderheit *een uiterst kleine minderheid* **3.2** Geld ~ lassen *geld verduisteren* **6.1** sie verschwindet **neben** ihm *ze verzinkt bij hem in 't niet.*
verschwistern **0.1** ***vermaagschappen*** **0.2** ⟨fig.⟩ ***eng, nauw verbinden.***
verschwistert **0.1** ***broer(s) en zus(sen) van elkaar.***
verschwitzen **0.1** ***doorzweten, nat zweten*** **0.2** ⟨inf.⟩ ***vergeten*** ⇒*verzuimen.*
verschwollen **0.1** ***(op)gezwollen.***
verschwommen **0.1** ***vaag*** ⇒*wazig, onduidelijk.*
verschwören, sich **0.1** ***samenzweren*** ⇒*samenspannen* **0.2** ***zich geheel wijden aan*** ⇒*zich volledig inzetten voor.*
Verschworene(r) ⟨bn. als zn.⟩ **0.1** ***samenzweerder*** **0.2** ***iem. die zich geheel aan iets wijdt.***
Verschwörer ⟨m.; ~s, ~⟩ **0.1** ***samenzweerder.***
verschwörerisch **0.1** ***samenzweerderig.***
Verschwörung ⟨v.; ~, ~en⟩ **0.1** ***samenzwering*** ⇒*complot* ◆ **3.1** eine ~ anzetteln *een complot smeden.*
versehen **I** ⟨ov.ww.⟩ **0.1** ***voorzien van*** ⇒*zorgen voor* **0.2** ***vervullen*** ⇒*uitoefenen, doen* **0.3** ***verzuimen*** ⇒*nalaten* ◆ **1.1** ⟨rel.⟩ einen Kranken ~ *een zieke de laatste sacramenten toedienen* **6.1** **mit** allem ~ sein *van alles voorzien zijn;*
II sich ~ ⟨wk.ww.⟩ **0.1** ***zich verkijken*** ⇒*niet goed zien* **0.2** ***zich vergissen*** **0.3** ⟨met 2e nv.⟩ ***bedacht zijn op*** ◆ **4.3** ehe man sich's versieht *voor je het in de gaten hebt, voor je er erg in hebt* **6.2** sich **beim** Schreiben ~ *bij het schrijven een fout maken.*
Versehen ⟨o.; ~s, ~⟩ **0.1** ***vergissing*** ⇒*fout, abuis* ◆ **6.1** **aus** ~ *bij vergissing.*
versehentlich **0.1** ***bij vergissing (gedaan)*** **0.2** ⟨bw.⟩ ***abusievelijk*** ⇒*bij vergissing, per ongeluk.*
Versehrte(r) ⟨bn. als zn.⟩ **0.1** ***invalide.***
verselbständigen **I** ⟨ov.ww.⟩ **0.1** ***zelfstandig maken;***
II sich ~ ⟨wk.ww.⟩ **0.1** ***zich zelfstandig maken*** ⇒*zelfstandig worden.*
Versemacher ⟨m.⟩⟨meestal pej.⟩ **0.1** ***rijmelaar.***
versenden **0.1** ***verzenden, -sturen.***
versengen **0.1** ***verzengen.***

Versenkbühne ⟨v.⟩ **0.1** ***podium, toneel dat men kan laten zakken.***

versenken I ⟨ov.ww.⟩ **0.1** ***tot zinken brengen*** **0.2** ***laten zakken*** ⇒*laten zinken, dalen* **0.3** ⟨amb.⟩ ***verzinken, inlaten*** ⇒*in-, wegklappen;*

II sich ~ ⟨wk.ww.⟩ **0.1** ***zich verdiepen in*** ⇒*verzinken (in).*

Versenkung ⟨v.; ~, ~en⟩ **0.1** ***het tot zinken brengen*** **0.2** ***concentratie, meditatie*** **0.3** ⟨dram.⟩ ***deel v.h. toneel, podium dat men kan laten zakken*** ◆ **6.3** ⟨fig.⟩ **aus** der ~ auftauchen *plotseling weer boven water komen;* ⟨fig.⟩ **in** der ~ verschwinden *van het toneel verdwijnen.*

Verseschmied ⟨m.⟩⟨scherts.⟩ **0.1** ***rijmelaar.***

versessen ◆ **6.**¶ ~ **auf** *verzot, gek op.*

versetzen I ⟨onov.ww.⟩ **0.1** ***antwoorden*** ⇒*riposteren;*

II ⟨ov.ww.⟩ **0.1** ***(ver)plaatsen*** ⇒*verzetten* **0.2** ***overplaatsen*** **0.3** ***bevorderen*** ⇒*laten overgaan* **0.4** ***geven*** ⇒*toedienen* **0.5** ***belenen*** ⇒*verpanden, te gelde maken* **0.6** ***brengen (in)*** ⇒*maken (tot)* **0.7** ***vermengen*** ⇒*aanlengen* **0.8** ⟨inf.⟩ ***laten wachten*** ◆ **5.4** ⟨inf.⟩ jmdm. eine, eins ~ *iem. een klap geven* **6.6** jmdn. **in** Aufregung ~ *iem. opgewonden maken;* jmdn. **in** Erstaunen ~ *iem. versteld doen staan;* jmdn. **in** den Ruhestand ~ *iem. pensioneren;*

III sich ~ ⟨wk.ww.⟩⟨fig.⟩ **0.1** ***zich verplaatsen*** ⇒*zich indenken.*

Versetzungszeichen ⟨o.⟩⟨muz.⟩ **0.1** ***verplaatsingsteken.***

Versetzungszeugnis ⟨o.⟩ **0.1** ***overgangsrapport.***

verseuchen 0.1 ***besmetten*** **0.2** ⟨fig.⟩ ***verpesten*** ⇒*verzieken.*

Versfuß ⟨m.⟩ **0.1** ***versvoet.***

Versicherer ⟨m.; ~s, ~⟩ **0.1** ***verzekeraar.***

versichern I ⟨ov.ww.⟩ **0.1** ***verzekeren*** ⇒*betuigen* **0.2** ***verzekeren van*** ⇒*beloven, toezeggen* **0.3** ***verzekeren*** ⇒*een verzekering afsluiten;*

II sich ~ ⟨wk.ww.⟩ **0.1** ⟨met 2e nv.⟩ ***zich verzekeren van, zich vergewissen van.***

Versicherung ⟨v.; ~, ~en⟩ **0.1** ***verzekering*** **0.2** ***verzekering(smaatschappij)*** **0.3** ***verzekeringspremie.***

Versicherungsanstalt ⟨v.⟩ **0.1** ***verzekeringsmaatschappij.***

Versicherungsbeitrag ⟨m.⟩ **0.1** ***verzekeringspremie.***

Versicherungsbetrug ⟨m.⟩ **0.1** ***verzekeringsfraude.***

Versicherungsfall ⟨m.⟩ **0.1** ***geval, aangelegenheid voor de verzekering(smaatschappij).***

Versicherungsgeber ⟨m.⟩ **0.1** ***verzekeraar.***

Versicherungsgesellschaft ⟨v.⟩ **0.1** ***verzekeringsmaatschappij.***

Versicherungskarte ⟨v.⟩ **0.1** ***verzekeringskaart*** **0.2** ***groene kaart.***

Versicherungsleistung ⟨v.⟩ **0.1** ***verzekeringsuitkering.***

Versicherungsnehmer ⟨m.⟩ **0.1** ***verzekerde, verzekeringnemer.***

Versicherungsschein ⟨m.⟩ **0.1** ***verzekeringspolis.***

Versicherungsschutz ⟨m.⟩ **0.1** ***het verzekerd zijn (tegen).***

Versicherungssteuer ⟨v.⟩ **0.1** ***assurantiebelasting.***

Versicherungssumme ⟨v.⟩ **0.1** ***verzekerd bedrag.***

Versicherungsträger ⟨m.⟩ **0.1** ***verzekeringsinstelling*** ⟨voor werknemers⟩.

Versicherungsvertreter ⟨m.⟩ **0.1** ***verzekeringsagent.***

Versicherungswert ⟨m.⟩ **0.1** ***verzekerde waarde.***

versickern 0.1 ***wegsijpelen*** ⇒*weglekken.*

versieben ⟨inf.⟩ **0.1** ***laten slingeren*** ⇒*kwijtraken* **0.2** ***verprutsen*** ⇒*bederven* ◆ **6.2** es **bei** jmdm. ~ *het bij iem. verbruien.*

versiegeln 0.1 ***verzegelen*** **0.2** ⟨amb.⟩ ***met een (harde) laag beschermen.***

versiegen 0.1 ***uit-, op-, verdrogen*** ◆ **1.1** ⟨fig.⟩ die Finanzen ~ *de financiën raken geleidelijk uitgeput.*

versiert 0.1 ***bedreven*** ⇒*ervaren, deskundig.*

Versiertheit ⟨v., ⟩ **0.1** ***bedrevenheid.***

Versifikation ⟨v.; ~, ~en⟩ **0.1** ***versificatie.***

versifizieren 0.1 ***versificeren, in verzen schrijven.***

versilbern 0.1 ***verzilveren.***

versimpeln I ⟨onov.ww.⟩ **0.1** ***versimpelen, simpel worden;***

II ⟨ov.ww.⟩ **0.1** ***versimpelen, simplificeren.***

versinken 0.1 ***(ver)zinken*** ⇒*ondergaan* **0.2** ***wegzinken*** ⇒ *wegzakken* **0.3** ⟨fig.⟩ ***verzinken*** ⇒*verdiept raken in* ◆ **6.3** **in** seinen Erinnerungen ~ *helemaal in zijn herinneringen opgaan.*

versinn|bilden, -bildlichen 0.1 ***verzinnebeelden, symboliseren.***

Version ⟨v.; ~, ~en⟩ **0.1** ***versie, lezing*** **0.2** ***versie, vertaling*** **0.3** ***versie*** ⇒*uitvoering, model.*

versippen ⟨meestal sich ~⟩ **0.1** ***vermaagschappen, verzwageren*** ◆ **6.1** **mit** jmdm. versippt sein *familie van iem. zijn.*

versitzen ⟨inf.⟩ **0.1** ***verzitten, zittend doorbrengen*** **0.2** ***door zitten kreuken, verslijten.***

versklaven 0.1 ***verslaven.***

Verskunst ⟨v.⟩ **0.1** ***vers-, dichtkunst.***

Verslehre ⟨v.⟩ **0.1** ***versleer*** ⇒*metriek.*

Versmaß ⟨o.⟩ **0.1** ***versmaat*** ⇒*metrum.*

versnoben 0.1 ***een snob worden.***

Verso ⟨o.; ~s, ~s⟩ **0.1** ***achter-, ommezijde*** ⟨v.e. blad⟩.

versoffen ⟨inf.⟩ **0.1** ***verzopen*** **0.2** ***aan de drank verslaafd.***

versohlen ⟨inf.⟩ **0.1** ***afranselen, aframmelen.***

versöhnen I ⟨ov.ww.⟩ **0.1** ***verzoenen*** **0.2** ***sussen*** ⇒*kalmeren;*

II sich ~ ⟨wk.ww.⟩ **0.1** ***zich verzoenen.***

Versöhner ⟨m.; ~s, ~⟩ **0.1** ***verzoener*** ⇒*Heiland.*

versöhnlich 0.1 ***verzoenlijk*** ⇒*verzoenings-, vergevensgezind* **0.2** ***verzoenend*** ◆ **1.2** ~e Worte *verzoenende woorden.*

Versöhnung ⟨v.; ~, ~en⟩ **0.1** ***verzoening.***

versonnen 0.1 ***in gepeins, gedachten verzonken.***

Versonnenheit ⟨v.; ~⟩ **0.1** ***dromerigheid.***

versorgen 0.1 ***verzorgen*** ⇒*verplegen, zorgen voor* **0.2** ***voorzien (van)*** **0.3** ***onderhouden*** ⇒*de kost verdienen voor* **0.4** ***de huishouding doen voor*** ◆ **1.1** das Vieh ~ *voor het vee zorgen* **1.4** gut versorgt sein *onder de pannen zijn* **6.2** jmdn. **mit** Informationen ~ *iem. informaties verstrekken.*

Versorger ⟨m.; ~s, ~⟩ **0.1** ***verzorger*** ⇒*kost-, broodwinner.*

versorgt 0.1 ***afgesloofd*** ⇒*afgetobd* ◆ **1.1** ein ~es Gesicht *een door zorgen getekend gezicht.*

Versorgung ⟨v.; ~⟩ **0.1** ***verzorging*** **0.2** ***voorziening, ondersteuning*** ⇒*sociale voorzieningen.*

Versorgungsamt ⟨o.⟩ **0.1** ***bureau voor de verzorging van oorlogsslachtoffers.***

Versorgungsbetrieb ⟨m.⟩ **0.1** ***(openbaar) nutsbedrijf.***

Versorgungslage ⟨v.⟩ **0.1** ***voedselvoorziening*** **0.2** ***verzorging met grondstoffen.***

Versorgungsstaat ⟨m.⟩ **0.1** ***verzorgingsstaat, -maatschappij.***

Versorgungsunternehmen ⟨o.⟩ **0.1** ***(openbaar) nutsbedrijf.***

verspachteln 0.1 ⟨amb.⟩ ***(met een spatel) dichtsmeren*** **0.2** ⟨inf.⟩ ***verorberen.***

verspannen I ⟨ov.ww.⟩ **0.1** ***(goed) bevestigen, vastzetten;***

II sich ~ ⟨wk.ww.⟩ **0.1** ***verkrampen.***

verspäten, sich 0.1 ***zich verlaten*** ⇒*vertraging hebben.*

Verspätung ⟨v.; ~, ~en⟩ **0.1** ***vertraging*** ⇒*verlating.*

verspeisen ⟨schr.⟩ **0.1** ***opeten.***

verspekulieren I ⟨ov.ww.⟩ **0.1** ***met speculeren verliezen;***

II sich ~ ⟨wk.ww.⟩ **0.1** ***verliezen bij het speculeren*** **0.2** ⟨fig.⟩ ***zich misrekenen.***

versperren I ⟨ov.ww.⟩ **0.1** ***versperren*** ⇒*barricaderen, belemmeren* ◆ **1.1** jmdm. das Haus ~ *iem. de toegang tot zijn huis verbieden;*
II sich ~ ⟨wk.ww.⟩ **0.1** ***zich in-, opsluiten*** **0.2** ⟨schr.⟩ ***zich afsluiten.***

Versperrung ⟨v.; ~, ~en⟩ **0.1** ***versperring.***

verspielen I ⟨onov.ww.⟩ **0.1** ***een nederlaag lijden*** ⇒*verliezen* ◆ **6.1 bei** jmdm. verspielt haben *het bij iem. verbruid hebben;*
II ⟨ov.ww.⟩ **0.1** ***verspelen, met spelen verliezen*** **0.2** ***verspelen, spelend doorbrengen*** **0.3** ***bij het spel inzetten, gebruiken*** **0.4** ⟨fig.⟩ ***verspelen*** ⇒*kwijtraken* ◆ **1.4** eine Chance ~ *een kans voorbij laten gaan;*
III sich ~ ⟨wk.ww.⟩ **0.1** ***zich verspelen, verkeerd spelen.***

verspielt 0.1 ***speels.***

verspießern ⟨pej.⟩ **0.1** ***kleinburgerlijk, bekrompen worden.***

verspinnen I ⟨ov.ww.⟩ **0.1** ***verspinnen*** **0.2** ***verspinnen, spinnen tot;***
II sich ~ ⟨wk.ww.⟩⟨fig.⟩ **0.1** ***helemaal opgaan in*** ⇒*gegrepen zijn door* ◆ **6.1 in** sich selbst versponnen sein *in zichzelf gekeerd zijn.*

versponnen 0.1 ***zonderling*** ⇒*wonderlijk.*

verspotten 0.1 ***bespotten, de spot drijven met*** ⇒*belachelijk, bespottelijk maken.*

Verspottung ⟨v.; ~, ~en⟩ **0.1** ***bespotting.***

versprechen I ⟨ov.ww.⟩ **0.1** ***beloven*** ⇒*toezeggen* **0.2** ***beloven, doen verwachten*** **0.3** ***verwachten (van)*** ◆ **6.3** was versprichst du dir **davon**? *wat stel je je ervan voor?;*
II sich ~ ⟨wk.ww.⟩ **0.1** ***zich verspreken.***

Versprechen ⟨o.; ~s, ~⟩ **0.1** ***belofte*** ⇒*toezegging* ◆ **2.1** ein leeres ~ *een loze belofte.*

Versprecher ⟨m.; ~s, ~⟩ **0.1** ***verspreking.***

Versprechung ⟨v.; ~, ~en⟩ **0.1** ***belofte*** ⇒*toezegging* ◆ **2.1** große ~en machen *gouden bergen beloven;* leere ~en *ijdele beloften.*

versprengen 0.1 ***uit elkaar slaan, uiteenjagen, -drijven*** **0.2** ***verspuiten, -sproeien.***

verspritzen 0.1 ***(ver)spuiten*** ⇒*verstuiven, versproeien* **0.2** ***verspuiten, spuitend gebruiken*** **0.3** ***volspatten.***

versprochenermaßen 0.1 ***zoals (was) beloofd.***

versprühen I ⟨onov.ww.⟩ **0.1** ***wegspatten, -spetteren;***
II ⟨ov.ww.⟩ **0.1** ***vernevelen*** ⇒*verstuiven, sproeien.*

ver|spunden, -spünden 0.1 ***met een spon (af)sluiten*** ⟨v.e. vat⟩.

verspüren 0.1 ***(be)speuren, (ge)voelen*** ⇒*(be)merken* ◆ **1.1** Angst ~ *een angstig gevoel hebben.*

verstaatlichen 0.1 ***nationaliseren.***

verstädtern 0.1 ***verstedelijken, urbaniseren.***

Verstädterung ⟨v.; ~, ~en⟩ **0.1** ***verstedelijking, urbanisatie.***

Verstand ⟨m.; ~(e)s⟩ **0.1** ***verstand*** ⇒*geest, denkvermogen* **0.2** ⟨schr.⟩ ***zin v.h. woord*** ◆ **5.1** ich hatte dir mehr ~ zugetraut *ik had gedacht dat je verstandiger zou zijn* **6.1** noch **bei** vollem ~ sein *nog bij zijn volle verstand zijn;* ⟨inf.⟩ bist du noch **bei** ~? *ben je wel goed wijs?;* das geht **über** meinen ~ *dat gaat me boven de pet;* **zu** ~ kommen (a) *verstandig worden* (b) *tot de jaren des onderscheids komen.* → **Amt.**

verstandesmäßig 0.1 ***verstandelijk.***

Verstandesmensch ⟨m.⟩ **0.1** ***verstandsmens.***

Verstandesschärfe ⟨v.⟩ **0.1** ***scherpzinnigheid.***

verständig 0.1 ***verstandig, met verstand.***

verständigen I ⟨ov.ww.⟩ **0.1** ***op de hoogte brengen*** ⇒*in kennis stellen van* ◆ **1.1** den Arzt ~ *de dokter waarschuwen;*
II sich ~ ⟨wk.ww.⟩ **0.1** ***zich verstaanbaar maken*** **0.2** ***het eens worden*** ⇒*tot overeenstemming komen* ◆ **6.1** sich **auf** französisch ~ *Frans met elkaar spreken.*

Verständigung ⟨v.; ~, ~en⟩ **0.1** ***verwittiging*** **0.2** ***het zich verstaanbaar maken*** **0.3** ***vergelijk*** ⇒*overeenkomst* **0.4** ***toenadering*** ⇒*begrip.*

verständigungsbereit 0.1 ***bereid om tot een vergelijk te komen.***

Verständigungsmittel ⟨o.⟩ **0.1** ***communicatiemiddel.***

Verständigungsversuch ⟨m.⟩ **0.1** ***toenaderingspoging.***

verständlich 0.1 ***verstaanbaar*** ⇒*hoorbaar* **0.2** ***begrijpelijk*** ⇒*(gemakkelijk) te begrijpen, duidelijk* **0.3** ***begrijpelijk*** ⇒*voor de hand liggend.*

verständlicherweise 0.1 ***begrijpelijkerwijs.***

Verständlichkeit ⟨v.; ~⟩ **0.1** ***verstaanbaarheid*** **0.2** ***begrijpelijkheid*** ⇒*duidelijkheid.*

Verständnis ⟨o.; ~ses, ~se⟩ **0.1** ***begrip, het begrijpen*** **0.2** ***begrip*** ⇒*gevoel, inzicht* ◆ **2.2** volles ~ für etwas haben *het volste begrip voor iets hebben* **3.2** einer Sache ~ entgegenbringen *begrip voor iets tonen.*

verständnislos 0.1 ***zonder inzicht, begrip, gevoel*** **0.2** ***niet begrijpend*** ◆ **1.1** eine ~e Kritik *een botte kritiek.*

Verständnislosigkeit ⟨v.; ~⟩ **0.1** ***onbegrip.***

verständnisvoll 0.1 ***begripvol.***

verstänkern ⟨inf.⟩ **0.1** ***de lucht verpesten.***

verstärken I ⟨ov.ww.⟩ **0.1** ***versterken, sterker maken*** ⇒*uitbreiden, intensiveren* ◆ **1.1** den Druck ~ *de druk vergroten;*
II sich ~ ⟨wk.ww.⟩ **0.1** ***sterker, groter worden*** ⇒*toenemen.*

Verstärker ⟨m.; ~s, ~⟩ **0.1** ***versterker.***

Verstärkeranlage ⟨v.⟩ **0.1** ***versterkerinstallatie*** ⇒*geluidsinstallatie.*

Verstärkung ⟨v.; ~, ~en⟩ **0.1** ***versterking*** ⇒*toename, vergroting.*

verstauben 0.1 ***onder het stof komen, raken.***

verstäuben 0.1 ***verstuiven*** ⇒*vernevelen.*

verstaubt 0.1 ***onder het stof*** **0.2** ⟨meestal pej.; fig.⟩ ***ouderwets.***

verstauchen 0.1 ***verstuiken.***

verstauen 0.1 ***verstouwen*** ⇒*opbergen.*

Versteck ⟨o.; ~(e)s, ~e⟩ **0.1** ***schuilplaats, -hoek*** ◆ **3.1** ~ spielen *verstoppertje spelen* **6.1** ⟨fig.⟩ **mit, vor** jmdm. ~ spielen *iets voor iem. verbergen.*

verstecken I ⟨ov.ww.⟩ **0.1** ***verbergen*** ⇒*verstoppen* ◆ **3.1** mit sich selbst Verstecken spielen *zichzelf voor de gek houden;* Verstecken spielen *verstoppertje spelen;*
II sich ~ ⟨wk.ww.⟩ **0.1** ***zich verschuilen*** ⇒*zich verbergen, verstoppen* ◆ **6.1** sich **neben, vor** jmdm. ~ müssen, können *niet in iemands schaduw kunnen staan;* sich **neben, vor** jmdm. nicht zu ~ brauchen *niet voor iem. onderdoen.*

Versteckspiel ⟨o.⟩ **0.1** ***verstoppertje.***

versteckt 0.1 ***verborgen*** **0.2** ***heimelijk*** ⇒*clandestien* **0.3** ***verkapt*** ⇒*verholen.*

verstehbar 0.1 ***begrijpelijk, verstaanbaar.***

verstehen I ⟨ov.ww.⟩ **0.1** ***verstaan*** ⇒*horen* **0.2** ***begrijpen*** ⇒*doorhebben* **0.3** ***begrijpen*** ⇒*begrip, gevoel hebben voor* **0.4** ***opvatten*** ⇒*uitleggen, begrijpen* **0.5** ***verstaan*** ⇒*beheersen, goed kunnen* **0.6** ***weten*** ⇒*kennis hebben* ◆ **1.3** keinen Spaß ~ *niet met zich laten spotten* **3.2** jmdm. etwas zu ~ geben *iem. iets te verstaan geven* **4.2** du bleibst zu Hause, verstehst du! *je blijft thuis, begrepen!* **4.4** wie soll ich das ~? *hoe moet ik dat opvatten?;*

II sich ~ ⟨wk.ww.⟩ **0.1** ***met elkaar overweg kunnen*** ⇒*met elkaar kunnen opschieten* **0.2** ***verstand hebben van*** ⇒*veel weten van* **0.3** ***vanzelfsprekend zijn*** **0.4** ***bereid zijn tot*** ⇒*akkoord gaan met* **0.5** ***bedoeld zijn als*** ◆ **4.3** das versteht sich ja (von selbst)! *dat is immers vanzelfsprekend!* **6.2** sich **auf** Pferde ~ *verstand hebben van paarden* **6.5** der Preis versteht sich **in** Gulden *de prijs geldt in guldens* **8.¶** sie verstanden sich als *zij zagen zichzelf als.*

versteifen I ⟨onov.ww.⟩ **0.1** ***verstijven, stijf, stram worden;***
II ⟨ov.ww.⟩ **0.1** ***(ver)stijven, stijf maken*** **0.2** ***steviger maken*** ⇒*versterken;*
III sich ~ ⟨wk.ww.⟩ **0.1** ***verstijven, stijf worden*** **0.2** ⟨fig.⟩ ***hardnekkig vasthouden aan*** ⇒*blijven bij* **0.3** ⟨ec.⟩ ***schaars, krap worden*** ◆ **6.2** sich **auf** eine Verabredung ~ *hardnekkig aan een afspraak blijven vasthouden.*

Versteifung ⟨v.; ~, ~en⟩ **0.1** ***verstijving*** **0.2** ***verstevigings-, versterkingsmateriaal.***

versteigen, sich 0.1 ***te hoog, te ver klimmen*** **0.2** ⟨fig.⟩ ***te ver gaan*** ⇒*zich verstouten* ◆ **6.2** wie konnte er sich **zu** dieser Behauptung ~! *hoe durfde hij dat te beweren!*

Versteigerer ⟨m.; ~s, ~⟩ **0.1** ***vendumeester*** ⇒*veiler, afslager.*

versteigern 0.1 ***veilen*** ⇒*bij opbod verkopen.*

Versteigerung ⟨v.; ~, ~en⟩ **0.1** ***veiling*** ⇒*verkoping bij opbod.*

versteinern I ⟨onov.ww.⟩ **0.1** ***verstenen, (tot) steen worden;***
II sich ~ ⟨wk.ww.⟩ **0.1** ***verstenen, (tot) steen worden*** ◆ **6.1 bei** dem Anblick seiner Rivalin versteinerte er sich *bij het zien van zijn rivale verstarde hij.*

Versteinerung ⟨v.; ~, ~en⟩ **0.1** ***verstening.***

verstellbar 0.1 ***verstelbaar*** ⇒*regelbaar.*

verstellen I ⟨ov.ww.⟩ **0.1** ***verstellen*** ⇒*anders instellen, verzetten* **0.2** ***verplaatsen*** ⇒*op de verkeerde plaats neerzetten* **0.3** ***versperren*** **0.4** ***verdraaien*** ⇒*onherkenbaar maken, veranderen* ◆ **1.3** die Aussicht ~ *het uitzicht benemen* **1.4** die Handschrift ~ *zijn handschrift verdraaien;*
II sich ~ ⟨wk.ww.⟩ **0.1** ***van plaats veranderen*** **0.2** ***doen alsof*** ⇒*veinzen, simuleren.*

Verstellung ⟨v.; ~, ~en⟩ **0.1** ***veinzerij*** ⇒*huichelarij.*

Verstellungskunst ⟨v.⟩ **0.1** ***kunst van het veinzen, huichelen.***

versteppen 0.1 ***(tot) een steppe worden.***

versterben ⟨meestal volt. deelw.⟩ ⟨schr.⟩ **0.1** ***overlijden, sterven.***

verstetigen ⟨vooral ec.⟩ **I** ⟨ov.ww.⟩ **0.1** ***bestendigen, consolideren;***
II sich ~ ⟨wk.ww.⟩ **0.1** ***bestendig worden, zich consolideren.***

versteuern 0.1 ***belasting betalen over, van.***

verstiegen 0.1 ***overdreven*** ⇒*overspannen.*

verstimmen 0.1 ⟨muz.⟩ ***ontstemmen*** **0.2** ⟨fig.⟩ ***ontstemmen*** ⇒*uit zijn, haar humeur brengen* ◆ **1.2** eine verstimmte Börse *een gedrukte beurs;* ein verstimmter Magen *een maag die van streek is.*

Verstimmung ⟨v.; ~, ~en⟩ **0.1** ***slechte, gedrukte stemming*** **0.2** ***ontstemming.***

verstockt 0.1 ***verstokt, koppig*** ⇒*hardnekkig.*

Verstocktheit ⟨v.; ~⟩ **0.1** ***verstoktheid.***

verstohlen 0.1 ***verstolen*** ⇒*heimelijk* ◆ **1.1** ein ~er Blick *een steelse blik.*

verstopfen I ⟨onov.ww.⟩ **0.1** ***verstopt raken;***
II ⟨ov.ww.⟩ **0.1** ***ver-, toe-, dichtstoppen*** ◆ **3.1** jmd. ist verstopft *iem. lijdt aan verstopping.*

Verstopfung ⟨v.; ~, ~en⟩ **0.1** ***verstopping.***

Verstorbene(r) ⟨bn. als zn.⟩ **0.1** ***overledene.***

verstören 0.1 ***schokken*** →*in verwarring brengen.*

verstört 0.1 ***geheel ontdaan, overstuur.***

Verstörtheit ⟨v.; -⟩ **0.1** ***ontsteltenis, verwarring.***

Verstörung ⟨v.⟩ →**Verstörtheit.**

Verstoß ⟨m.; ~es, ~̈e⟩ **0.1** ***overtreding*** ⇒*vergrijp, fout.*

verstoßen I ⟨onov.ww.⟩ **0.1** ***in strijd handelen (met)*** ⇒*zondigen (tegen)* **0.2** ***strijdig zijn (met)*** ⇒*indruisen (tegen);*
II ⟨ov.ww.⟩ **0.1** ***verstoten, van zich stoten.***

verstrahlen 0.1 ***uitstralen*** **0.2** ***door (radioactieve) stralen besmetten*** ◆ **1.2** verstrahltes Gelände *radioactief besmet terrein.*

Verstrahlung ⟨v.⟩ **0.1** ***radioactieve straling, besmetting.***

verstreben 0.1 ***stutten, schoren.***

Verstrebung ⟨v.; ~, ~en⟩ **0.1** ***schoor*** ⇒*stut.*

verstreichen I ⟨onov.ww.⟩ **0.1** ***verstrijken*** ⇒*ver-, voorbijgaan;*
II ⟨ov.ww.⟩ **0.1** ***uitstrijken, -smeren*** **0.2** ***bij het strijken, verven gebruiken*** **0.3** ***dichtstrijken, -smeren.***

verstreuen 0.1 ***ver-, uit-, rondstrooien*** ⇒*verspreiden* **0.2** ***bij het strooien gebruiken*** ◆ **1.1** verstreute Dörfer *ver uiteenliggende dorpen.*

verstricken I ⟨ov.ww.⟩ **0.1** ***verwikkelen*** ⇒*strikken* **0.2** ***opbreien;***
II sich ~ ⟨wk.ww.⟩ **0.1** ***zich bij het breien vergissen*** **0.2** ***zich verstrikken*** ⇒*verstrikt raken.*

Verstrickung ⟨v.; ~, ~en⟩ ⟨fig.⟩ **0.1** ***verstrikking.***

verströmen 0.1 ***verspreiden, uitstralen.***

verstümmeln 0.1 ***verminken*** ⇒*mismaken, misvormen.*

Verstümmelung ⟨v.; ~, ~en⟩ **0.1** ***verminking.***

verstummen 0.1 ***verstommen*** ⇒*stil worden* ◆ **1.1** ⟨fig.⟩ jeder Zweifel verstummte *aan alle twijfels kwam een eind.*

Versuch ⟨m.; ~(e)s, ~e⟩ **0.1** ***poging*** **0.2** ***proef(neming)*** ⇒*test* **0.3** ***essay*** **0.4** ⟨sp.⟩ ***try, poging*** ◆ **2.1** einen letzten ~ mit jmdm. machen *iem. een laatste kans geven* **3.2** ~e anstellen *proeven doen* **6.2** ~e **an** Tieren *proeven met dieren.*

versuchen I ⟨ov.ww.⟩ **0.1** ***proberen*** ⇒*trachten, pogen* **0.2** ***proberen*** ⇒*proeven* **0.3** ⟨schr.⟩ ***verzoeken, verleiden*** ◆ **1.1** sein Bestes ~ *z'n uiterste best doen;* sein Glück ~ *zijn geluk beproeven;* versuchter Mord *poging tot moord* **3.3** sich versucht fühlen, versucht sein *geneigd zijn, in de verleiding zijn;*
II sich ~ ⟨wk.ww.⟩ **0.1** ***het proberen met*** ⇒*zijn krachten beproeven in.*

Versucher ⟨m.; ~s, ~⟩ **0.1** ***verleider*** ⇒*verzoeker.*

Versuchsanstalt ⟨v.⟩ **0.1** ***proefstation.***

Versuchsballon ⟨m.⟩ **0.1** ***proefballon*** ⟨ook fig.⟩.

Versuchskaninchen ⟨o.⟩ **0.1** ***proefkonijn.***

Versuchsperson ⟨v.⟩ **0.1** ***proefpersoon.***

Versuchsreihe ⟨v.⟩ **0.1** ***serie proeven.***

Versuchsstrecke ⟨v.⟩ **0.1** ***proefbaan, testbaan.***

versuchsweise 0.1 ***bij wijze van, als proef*** ⇒*op proef.*

Versuchung ⟨v.; ~, ~en⟩ **0.1** ***verzoeking*** ⇒*verleiding, bekoring.*

versumpfen 0.1 ***(tot) een moeras, moerassig worden*** **0.2** ⟨fig.⟩ ***aan lager wal raken.***

versündigen, sich 0.1 ***zich bezondigen*** ⇒*zondigen tegen, zich schuldig maken.*

Versunkenheit ⟨v.; ~⟩ ⟨schr.⟩ **0.1** ***verzonkenheid, het verdiept zijn.***

versüßen ⟨fig.⟩ **0.1** ***verzoeten*** ⇒*veraangenamen.*

vertäfeln 0.1 ***betimmeren*** ⇒*lambriseren.*

vertagen I ⟨ov.ww.⟩ **0.1** ***uitstellen*** ⇒*verdagen;*
II sich ~ ⟨wk.ww.⟩ **0.1** ***tot uitstel besluiten.***

vertändeln 0.1 ***verbeuzelen*** *⇒verlummelen* **0.2** ***verkwisten.***
vertäuen ⟨scheep.⟩ **0.1** ***vastleggen, -meren.***
vertauschen 0.1 ***verruilen*** *⇒(ver)wisselen* **0.2** ***verwisselen*** *⇒bij vergissing doen.*
Vertauschung ⟨v.; ~, ~en⟩ **0.1** ***verruiling*** **0.2** ***verwisseling.***
vertebral ⟨med.⟩ **0.1** ***vertebraal.***
Vertebrat ⟨m.; ~en, ~en⟩ **0.1** ***vertebraat*** *⇒gewerveld dier.*
verteidigen 0.1 ***verdedigen*** *⇒opkomen, pleiten voor.*
Verteidiger ⟨m.; ~s, ~⟩ **0.1** ***verdediger.***
Verteidigung ⟨v.; ~, ~en⟩ **0.1** ***verdediging*** ◆ **1.1** der Minister für ~ *de minister van Defensie.*
Verteidigungsminister ⟨m.⟩ **0.1** ***minister van Defensie.***
Verteidigungsministerium ⟨o.⟩ **0.1** ***ministerie, departement van Defensie.***
Verteidigungspolitik ⟨v.⟩ **0.1** ***defensiebeleid.***
Verteidigungsrede ⟨v.⟩ **0.1** ***verdedigingsrede*** *⇒pleidooi.*
verteilen I ⟨ov.ww.⟩ **0.1** ***ver-, uitdelen*** *⇒verspreiden* **0.2** ***ver-, indelen*** *⇒omslaan* ◆ **6.2** die Kosten **auf** alle ~ *de kosten over iedereen omslaan;*
II sich ~ ⟨wk.ww.⟩ **0.1** ***zich verspreiden, zich verdelen.***
Verteiler ⟨m.; ~s, ~⟩ **0.1** ***distribuant*** **0.2** ***verspreider*** ⟨bv. v.e. blad⟩ **0.3** ⟨tech.⟩ ***verdeler*** **0.4** ***dealer.***
Verteilerschlüssel ⟨m.⟩ **0.1** ***verdeelsleutel.***
Verteilung ⟨v.; ~, ~en⟩ **0.1** ***verdeling*** **0.2** ***distributie.***
verteuern I ⟨ov.ww.⟩ **0.1** ***duurder maken*** *⇒in prijs doen stijgen;*
II sich ~ ⟨wk.ww.⟩ **0.1** ***duurder worden*** *⇒in prijs stijgen.*
Verteuerung ⟨v.; ~, ~en⟩ **0.1** ***prijsverhoging*** **0.2** ***prijsstijging.***
verteufeln 0.1 ***slecht, zwart maken*** *⇒in diskrediet brengen.*
verteufelt 0.1 ***verduiveld*** *⇒drommels* **0.2** ***verduiveld*** *⇒ enorm* **0.3** ⟨bw.⟩ ***verduiveld*** *⇒ontzettend.*
vertiefen I ⟨ov.ww.⟩ **0.1** ***ver-, uitdiepen, dieper maken*** **0.2** ***verlagen*** **0.3** ⟨fig.⟩ ***verdiepen*** *⇒vergroten, dieper ingaan op* ◆ **1.3** eine Abneigung ~ *een afkeer versterken;*
II sich ~ ⟨wk.ww.⟩ **0.1** ***dieper worden*** **0.2** ***zich verdiepen*** **0.3** ⟨fig.⟩ ***dieper worden*** *⇒zich vergroten, versterken.*
Vertiefung ⟨v.; ~, ~en⟩ **0.1** ***verlaging*** *⇒diepte, kuil* **0.2** ***het dieper maken, uitdiepen.***
vertieren 0.1 ***verdierlijken.***
vertikal 0.1 ***verticaal.***
Vertikale ⟨v.; ~(n), ~n⟩ **0.1** ***verticale lijn, loodlijn.***
Vertikalebene ⟨v.⟩ **0.1** ***verticaal vlak.***
vertikutieren 0.1 ***verticuteren.***
vertilgen 0.1 ***verdelgen*** *⇒uitroeien* **0.2** ⟨inf.⟩ ***verorberen*** *⇒ naar binnen werken* ◆ **1.1** Spuren ~ *sporen uitwissen.*
Vertilgung ⟨v.; ~, ~en⟩ **0.1** ***verdelging.***
vertippen ⟨meestal sich ~⟩ **0.1** ***verkeerd typen, aanslaan.***
vertonen 0.1 ***toonzetten*** *⇒componeren, op muziek zetten.*
Vertonung ⟨v.; ~, ~en⟩ **0.1** ***compositie.***
vertrackt 0.1 ***lastig*** *⇒gecompliceerd* **0.2** ***ellendig*** *⇒naar.*
Vertrag ⟨m.; ~(e)s, ~̈e⟩ **0.1** ***verdrag*** *⇒overeenkomst, contract* ◆ **6.1** **unter** ~ nehmen *contracteren.*
vertragen I ⟨ov.ww.⟩ **0.1** ***verdragen*** *⇒kunnen tegen* **0.2** ***dulden*** *⇒kunnen velen* ◆ **1.1** ⟨inf.⟩ jetzt könnte ich einen Schnaps ~ *nu zou ik best een borrel lusten* **1.2** die Sache verträgt keinen Aufschub *de zaak duldt geen uitstel;*
II sich ~ ⟨wk.ww.⟩ **0.1** ***overweg kunnen*** *⇒kunnen opschieten* **0.2** ***zich verzoenen*** *⇒het (weer) goedmaken* **0.3** ***goed bij elkaar passen*** ◆ **6.3** Sport und Rauchen ~ sich nicht **miteinander** *sport en roken gaan niet samen.*
vertraglich 0.1 ***contractueel.***
verträglich 0.1 ***goed verteerbaar*** *⇒goed bekomend* **0.2** ***verdraagzaam*** *⇒inschikkelijk* ◆ **1.2** eine ~e Natur *een meegaand karakter.*
Verträglichkeit ⟨v.; ~, ~en⟩ **0.1** ***verdraagzaamheid.***
Vertragsabschluß ⟨m.⟩ **0.1** ***sluiting v.e. contract, overeenkomst.***
Vertragsbruch ⟨m.⟩ **0.1** ***contractbreuk.***
vertragsbrüchig 0.1 ***zich niet houdend aan een contract, verdrag*** ◆ **3.1** ~ werden *contractbreuk plegen.*
Vertragsentwurf ⟨m.⟩ **0.1** ***ontwerp-contract*** **0.2** ***ontwerp-verdrag.***
Vertragserfüllung ⟨v.⟩ **0.1** ***nakoming v.e. overeenkomst.***
vertrags|gemäß, -mäßig 0.1 ***volgens contract.***
Vertragspartner ⟨m.⟩ **0.1** ***contractant, verdragspartner.***
Vertragsspieler ⟨m.⟩⟨sp.⟩ **0.1** ***contractspeler.***
vertragswidrig 0.1 ***in strijd met het verdrag, contract.***
vertrampeln ⟨inf.⟩ **0.1** ***ver-, stuktrappen.***
vertrauen 0.1 ***vertrouwen (op)*** *⇒staat maken op.*
Vertrauen ⟨o.; ~s⟩ **0.1** ***vertrouwen*** ◆ **6.1** sein ~ **auf**, **in** jmdn. setzen *vertrouwen in iem. stellen;* jmdn. **ins** ~ ziehen *iem. in vertrouwen nemen;* kein ~ **zu** jmdm. haben *geen vertrouwen in iem. hebben.*
vertrauenerweckend 0.1 ***vertrouwenwekkend.***
Vertrauensantrag ⟨m.⟩ **0.1** ***motie van vertrouwen.***
Vertrauensarzt ⟨m.⟩ **0.1** ***controlerend geneesheer*** **0.2** ***vertrouwensarts.***
vertrauensbildend 0.1 ***vertrouwen scheppend.***
Vertrauensbruch ⟨m.⟩ **0.1** ***schending v.h. vertrouwen.***
Vertrauensfrage ⟨v.⟩ **0.1** ***kwestie van vertrouwen*** **0.2** ⟨pol.⟩ ***vertrouwenskwestie.***
Vertrauensmann ⟨m.; mv. ~̈er of Vertrauensleute⟩ **0.1** ***vertrouwensman, -persoon.***
Vertrauenssache ⟨v.⟩ **0.1** ***zaak van vertrouwen.***
vertrauensselig 0.1 ***al te goed van vertrouwen.***
Vertrauensstellung ⟨v.⟩ **0.1** ***vertrouwenspositie.***
vertrauensvoll 0.1 ***vol vertrouwen.***
Vertrauensvotum ⟨o.⟩ **0.1** ***votum, motie van vertrouwen.***
vertrauenswürdig 0.1 ***het vertrouwen waard.***
vertraulich 0.1 ***vertrouwelijk*** *⇒geheim* **0.2** ***vertrouwelijk*** *⇒vriendschappelijk* ◆ **3.2** ~ werden *vertrouwelijk, amicaal worden.*
Vertraulichkeit ⟨v.; ~, ~en⟩ **0.1** ***vertrouwelijkheid.***
verträumen 0.1 ***dromend, met dromen doorbrengen.***
verträumt 0.1 ***dromerig*** **0.2** ***dromerig*** *⇒idyllisch.*
vertraut 0.1 ***vertrouwelijk*** *⇒amicaal* **0.2** ***vertrouwd*** *⇒bekend* ◆ **3.2** sich mit einem Gedanken ~ machen *langzaam aan een idee wennen.*
Vertrautheit ⟨v.; ~, ~en⟩ **0.1** ***vertrouwdheid.***
vertreiben 0.1 ***ver-, wegdrijven*** *⇒verjagen* **0.2** ***verkopen*** *⇒ handelen in* **0.3** ⟨fig.⟩ ***verdrijven*** *⇒doen ophouden* ◆ **1.3** die Müdigkeit ~ *een eind maken aan de vermoeidheid;* sich ⟨3e nv.⟩ die Zeit ~ mit *de tijd doorbrengen met.*
Vertreibung ⟨v.; ~, ~en⟩ **0.1** ***verdrijving*** *⇒verjaging.*
vertretbar 0.1 ***verdedigbaar*** *⇒te verdedigen* ◆ **1.1** in ~en Grenzen *binnen redelijke grenzen.*
vertreten I ⟨ov.ww.⟩ **0.1** ***vervangen*** *⇒de plaats innemen van* **0.2** ***behartigen*** **0.3** ***vertegenwoordigen*** **0.4** ***verdedigen*** *⇒op-, uitkomen voor* **0.5** ***versperren*** **0.6** ***uit-, verslijten*** **0.7** ***aftrappen*** ◆ **1.2** jmds. Interessen ~ *iemands belangen behartigen* **1.3** eine Firma ~ *een firma vertegenwoordigen* **1.4** einen Standpunkt ~ *een standpunt innemen* **1.5** jmdm. den Weg ~ *iem. de weg versperren* **1.6** ~e Stufen *uitgesleten treden* **1.7** ~e Schuhe *afgetrapte schoenen* **6.1** Mutterstelle **an**, **bei** einem Kind ~ *een tweede moeder voor een kind zijn;*
II sich ~ ⟨wk.ww.⟩ **0.1** ***zich verstappen*** *⇒verstuiken* ◆ **¶.1** sich ⟨3e nv.⟩ die Beine ~ *zich een beetje vertreden.*

Vertreter ⟨m.; ~s, ~⟩ **0.1** ***vervanger*** ⇒*waarnemer* **0.2** ***vertegenwoordiger*** ⇒*representant* **0.3** ***vertegenwoordiger*** ⇒*agent, reiziger* **0.4** ***aanhanger*** ⇒*voorvechter, verdediger.*

Vertretung ⟨v.; ~, ~en⟩ **0.1** ***vervanging*** ⇒*waarneming* **0.2** ***vertegenwoordiging*** ◆ **6.1** **in** ~ *plaatsvervangend, namens, voor.*

Vertretungsstunde ⟨v.⟩⟨school.⟩ **0.1** ***invalles, waarnemingsles.***

vertretungsweise **0.1** ***als vertegenwoordiger, invaller.***

Vertrieb ⟨m.; ~(e)s, ~e⟩ **0.1** ***verkoop*** ⇒*distributie, afzet* **0.2** ***expeditieafdeling.***

Vertriebene(r) ⟨bn. als zn.⟩ **0.1** ***verdrevene, ontheemde*** ⇒ *balling.*

Vertriebsgesellschaft ⟨v.⟩ **0.1** ***verkoopmaatschappij, -kantoor.***

vertrimmen ⟨inf.⟩ **0.1** ***afrossen*** ⇒*aftuigen.*

vertrinken **0.1** ***verdrinken, aan drank uitgeven.***

vertrocknen **0.1** ***ver-, uitdrogen*** ⇒*verdorren.*

vertrödeln ⟨inf.⟩ **0.1** ***verbeuzelen*** ⇒*verboemelen.*

vertrösten **0.1** ***aan het lijntje houden*** ⇒*paaien* ◆ **6.1** jmdn. **auf** später ~ *iem. aan het lijntje houden.*

vertrotteln ⟨inf.⟩ **0.1** ***sukkelig, een sukkel worden.***

vertrusten **0.1** ***in een trust onderbrengen.***

Vertrustung ⟨v.; ~, ~en⟩ **0.1** ***trustvorming.***

vertun **I** ⟨ov.ww.⟩ **0.1** ***verdoen*** ⇒*verknoeien, verspillen* ◆ **1.1** eine Chance ~ *een kans verprutsen;*
II sich ~ ⟨wk.ww.⟩⟨inf.⟩ **0.1** ***zich vergissen.***

vertuschen **0.1** ***verdoezelen*** ⇒*in de doofpot stoppen.*

verübeln **0.1** ***kwalijk nemen*** ⇒*euvel duiden.*

verüben **0.1** ***begaan*** ⇒*plegen, bedrijven* ◆ **1.1** Streiche ~ *streken uithalen.*

verulken ⟨inf.⟩ **0.1** ***voor de gek houden.***

verunglimpfen ⟨schr.⟩ **0.1** ***smaden*** ⇒*belasteren.*

Verunglimpfung ⟨v.; ~, ~en⟩ **0.1** ***smaad*** ⇒*laster(praat).*

verunglücken **0.1** ***een ongeluk krijgen*** **0.2** ⟨inf.⟩ ***mislukken*** ◆ **1.1** er ist mit dem Auto verunglückt *hij heeft een auto-ongeluk gekregen* **5.1** tödlich ~ *verongelukken.*

verunreinigen **0.1** ***vuil, smerig maken*** ⇒*verontreinigen* **0.2** ***verontreinigen*** ⇒*vervuilen* ◆ **1.2** die Luft durch Abgase ~ *de lucht met uitlaatgassen verontreinigen.*

verunsichern **0.1** ***onzeker maken*** ⇒*aan het twijfelen brengen.*

verunstalten **0.1** ***mismaken, -vormen*** ⇒*verminken.*

Verunstaltung ⟨v.; ~, ~en⟩ **0.1** ***ontsiering, misvorming.***

veruntreuen **0.1** ***verduisteren*** ⇒*ontvreemden.*

verunzieren **0.1** ***ontsieren.***

verursachen **0.1** ***veroorzaken*** ⇒*teweegbrengen* ◆ **1.1** viel Aufregung ~ *voor veel opwinding zorgen.*

Verursacherprinzip ⟨o.⟩ **0.1** ***principe dat degene die een schade veroorzaakt hiervoor dient op te komen*** **0.2** ***principe dat de vervuiler betaalt.***

verurteilen **0.1** ***veroordelen*** ⇒*vonnissen* **0.2** ***veroordelen*** ⇒*afkeuren* ◆ **6.1** ⟨fig.⟩ **zum** Scheitern verurteilt sein *tot mislukken gedoemd zijn.*

Verurteilte(r) ⟨bn. als zn.⟩ **0.1** ***veroordeelde.***

Verurteilung ⟨v.; ~, ~en⟩ **0.1** ***veroordeling.***

vervielfachen **0.1** ***vermenigvuldigen*** **0.2** ⟨fig.⟩ ***(sterk) vergroten, uitbreiden*** ◆ **1.2** ⟨wk. ww.⟩ der Verkehr hat sich vervielfacht *het verkeer is sterk toegenomen.*

vervielfältigen **0.1** ***vermenigvuldigen*** ⇒*reproduceren, kopiëren* **0.2** ⟨schr.⟩ ***versterken.***

Vervielfältigung ⟨v.; ~, ~en⟩ **0.1** ***reproductie, kopie*** **0.2** ***vermenigvuldiging.***

Vervielfältigungsapparat ⟨m.⟩ **0.1** ***kopieerapparaat, stencilmachine.***

vervollkommnen **I** ⟨ov.ww.⟩ **0.1** ***vervolmaken, perfectioneren*** ◆ **1.1** seine Kenntnisse ~ *zijn kennis uitbreiden;*
II sich ~ ⟨wk.ww.⟩ **0.1** ***volmaakt(er), beter worden.***

Vervollkommnung ⟨v.; ~, ~en⟩ **0.1** ***vervolmaking*** ⇒*perfectionering.*

vervollständigen **0.1** ***volledig maken*** ⇒*completeren, aanvullen* ◆ **1.1** ⟨wk. ww.⟩ die Bibliothek hat sich vervollständigt *de bibliotheek is compleet, completer geworden.*

verwachsen[1] ⟨bn.⟩ **0.1** ***vergroeid, scheef-, kromgegroeid.***

verwachsen[2] **I** ⟨onov.ww.⟩ **0.1** ***vergroeien*** ⇒*dichtgaan, -groeien* **0.2** ***vergroeien*** ⇒*aan elkaar groeien* **0.3** ***dichtgroeien*** ⇒*overwoekerd worden* ◆ **6.2** **zu** einer Einheit ~ *tot een eenheid (uit)groeien;*
II ⟨ov.ww.⟩⟨inf.⟩ **0.1** ***ontgroeien*** ⇒*te groot worden voor;*
III sich ~ ⟨wk.ww.⟩⟨inf.⟩ **0.1** ***vergroeien*** ⇒*door, bij het groeien verdwijnen.*

verwackeln **0.1** ***bewegen*** ⟨v.e. foto⟩.

verwählen, sich **0.1** ***het verkeerde nummer draaien*** ⟨telefoon⟩.

verwahren **I** ⟨ov.ww.⟩ **0.1** ***bewaren*** ⇒*veilig opbergen, in bewaring houden;*
II sich ~ ⟨wk.ww.⟩ **0.1** ***fel protesteren tegen*** ⇒*van de hand wijzen, opkomen tegen.*

verwahrlosen **0.1** ***verwaarloosd worden*** ⇒*in verval geraken* **0.2** ***verliederlijken, aan lager wal raken.***

Verwahrlosung ⟨v.; ~⟩ **0.1** ***verwaarloosde toestand*** **0.2** ***verwaarlozing.***

Verwahrung ⟨v.; ~⟩ **0.1** ***bewaring*** ⇒*depot, berusting* **0.2** ***protest*** ⇒*bezwaar* ◆ **3.2** ~ einlegen (gegen) *protest aantekenen tegen.*

verwaisen **0.1** ***verwezen, wees worden.***

verwaist ⟨fig.⟩ **0.1** ***leeg, eenzaam*** ⇒*verlaten, vacant* ◆ **1.1** eine ~e Wohnung *een onbewoond huis.*

verwalten **0.1** ***beheren, in beheer hebben*** **0.2** ***besturen*** ⇒ *leiden* **0.3** ***bekleden*** ⇒*uitoefenen* ◆ **1.2** die Geschäfte ~ *de zaken doen, leiden.*

Verwalter ⟨m.; ~s, ~⟩ **0.1** ***beheerder, rentmeester*** ⇒*bewindvoerder, administrateur* **0.2** ***bestuurder*** ⇒*leider.*

Verwaltung ⟨v.; ~, ~en⟩ **0.1** ***bestuur*** ⇒*directie, leiding* **0.2** ***administratie*** **0.3** ***kantoor, bureau*** **0.4** ⟨g.mv.⟩ ***beheer*** ◆ **1.4** die ~ eines Amtes *de bekleding van een ambt* **6.4** **in** eigener ~ *in eigen beheer.*

Verwaltungsakt ⟨m.⟩ **0.1** ***bestuurlijke maatregel, ambtelijke beschikking.***

Verwaltungsangestellte(r) ⟨bn. als zn.⟩ **0.1** ***administratief medewerk(st)er.***

Verwaltungsapparat ⟨m.⟩ **0.1** ***bestuursapparaat.***

Verwaltungsgebäude ⟨o.⟩ **0.1** ***administratiegebouw, -kantoor.***

Verwaltungsgericht ⟨o.⟩ **0.1** ***administratieve rechtbank.***

Verwaltungskram ⟨m.⟩⟨inf.⟩ **0.1** ***administratieve rompslomp.***

Verwaltungsrat ⟨m.⟩ **0.1** ***raad van beheer.***

Verwaltungsrecht ⟨o.⟩ **0.1** ***administratief recht.***

verwandeln **I** ⟨ov.ww.⟩ **0.1** ***(sterk) veranderen*** ⇒*herscheppen* **0.2** ***veranderen (in)*** **0.3** ***veranderen*** ⇒*omzetten, doen overgaan* **0.4** ⟨sp.⟩ ***in een doelpunt omzetten*** ⇒*benutten* ◆ **1.1** einen Bruch ~ *een breuk herleiden* **6.3** die Niederlage **in** einen Sieg ~ *de nederlaag in een overwinning omzetten* **6.4** **zum** 3 : 1 ~ *er 3-1 van maken* **8.1** sie war wie verwandelt *ze voelde zich een ander mens;*
II sich ~ ⟨wk.ww.⟩ **0.1** ***veranderen, veranderd worden (in).***

Verwandlung ⟨v.; ~, ~en⟩ **0.1** ***(totale) verandering*** **0.2** ***gedaanteverwisseling*** **0.3** ***verandering*** ⇒*omzetting* **0.4** ⟨dram.⟩ ***changement.***

verwandt 0.1 *verwant* ⇒*familie van* **0.2** ⟨fig.⟩ ***verwant, soortgelijk*** ◆ **2.2** sie haben viel Verwandtes *zij hebben veel met elkaar gemeen* **5.1** weitläufig ~ *in de verte familie van;* eng ~ *nauw verwant* **6.1 mit** jmdm. ~ sein *familie van iem. zijn.*

Verwandte(r) ⟨bn. als zn.⟩ **0.1** ***bloedverwant, familielid*** ◆ **1.1** ein weitläufiger Verwandter *een ver familielid.*

Verwandtschaft ⟨v.; ~, ~en⟩ **0.1** ***verwantschap*** ⇒*het verwant, familie zijn* **0.2** ***familie(leden), bloedverwanten*** **0.3** ⟨fig.⟩ ***verwantschap.***

verwandtschaftlich 0.1 ***familie-, verwantschaps-.***

verwanzt ⟨inf.⟩ **0.1** ***onder de wandluis.***

verwarnen 0.1 ***waarschuwen.***

Verwarnung ⟨v.; ~, ~en⟩ **0.1** ***waarschuwing*** ◆ **2.1** eine gebührenpflichtige ~ *een bekeuring.*

verwaschen 0.1 ***in de was, door wassen verkleurd*** **0.2** ***uitgespoeld*** ⇒*vervaagd, uitgewist* (door water) **0.3** ***bleek*** ⇒ *flets, vaag* **0.4** ⟨fig.⟩ ***vaag*** ◆ **1.3** ~e Farben *fletse kleuren.*

verwässern 0.1 ***verwateren, met water vermengen, -dunnen.***

verweben 0.1 ***verweven, wevend verbruiken*** **0.2** ***verweven*** ⇒*samen-, ineenweven.*

verwechseln 0.1 ***verwisselen*** ⇒*verwarren, door elkaar halen* ◆ **6.1** sie sehen sich **zum** Verwechseln ähnlich *zij lijken sprekend op elkaar.*

Verwechslung ⟨v.; ~, ~en⟩ **0.1** ***verwisseling.***

verwegen 0.1 ***vermetel*** ⇒*stout(moedig), koen* ◆ **1.1** ⟨scherts.⟩ ein ~es Hütchen *een gedurfd, heel opvallend hoedje.*

Verwegenheit ⟨v.; ~, ~en⟩ **0.1** ***stoutmoedige daad*** **0.2** ***vermetelheid.***

verwehen I ⟨onov.ww.⟩⟨schr.⟩ **0.1** ***ver-, wegwaaien*** ⇒*verloren gaan;*
II ⟨ov.ww.⟩ **0.1** ***ver-, wegwaaien*** ⇒*wegblazen* **0.2** ***wegwaaien*** ⇒*uitwissen* ◆ **1.1** ⟨schr.; fig.⟩ vom Winde verweht *in vergetelheid geraakt.*

verwehren 0.1 ***verbieden*** ⇒*ontzeggen, beletten.*

Verwehung ⟨v.; ~, ~en⟩ **0.1** ***opgewaaide sneeuw.***

verweichlichen 0.1 ***verwekelijken.***

verweigern 0.1 ***weigeren*** ⇒*ontzeggen, niet toestaan* ◆ **1.1** ⟨jur.⟩ die Aussage ~ *weigeren te getuigen;* ⟨sp.⟩ das Hindernis ~ *weigeren de hindernis te nemen* ⟨v.e. paard⟩; den Wehrdienst ~ *dienst weigeren.*

Verweigerung ⟨v.; ~, ~en⟩ **0.1** ***weigering*** ⇒*ontzegging.*

verweilen ⟨schr.⟩ **0.1** ***(ver)blijven*** ⇒*vertoeven* ◆ **6.1** ⟨fig.⟩ **bei** einem Gedanken ~ *bij een gedachte blijven stilstaan.*

verweint 0.1 ***behuild, -traand.***

Verweis ⟨m.; ~es, ~e⟩ **0.1** ***verwijzing*** **0.2** ***terechtwijzing*** ⇒ *berisping, standje.*

verweisen 0.1 ⟨schr.⟩ ***berispen, terechtwijzen*** **0.2** ***uitwijzen, wegsturen*** **0.3** ***verwijzen (naar)*** **0.4** ***wijzen (op)*** ⇒ *attent maken (op)* ◆ **1.2** ⟨sp.⟩ jmdn. des Platzes ~ *iem. van, uit het veld sturen* **6.2** einen Spieler **vom** Feld ~ *een speler van, uit het veld sturen* **6.3 an** die zuständige Instanz ~ *naar de bevoegde instantie verwijzen* **6.¶ auf** den dritten Rang ~ *naar de derde plaats terugdringen.*

Verweisung ⟨v.; ~, ~en⟩ **0.1** ***verwijzing*** **0.2** ***uitwijzing*** ⇒ *verbanning.*

verwelken 0.1 ***verwelken*** ◆ **1.1** ihre verwelkte Schönheit *haar verlepte schoonheid.*

verweltlichen 0.1 ***verwereldlijken, seculariseren.***

Verweltlichung ⟨v.; ~⟩ **0.1** ***verwereldlijking.***

verwendbar 0.1 ***bruikbaar, te gebruiken.***

Verwendbarkeit ⟨v.; ~⟩ **0.1** ***bruikbaarheid.***

verwenden I ⟨ov.ww.⟩ **0.1** ***gebruiken, gebruik maken van*** ⇒*benutten* **0.2** ***gebruiken*** ⇒*besteden, verbruiken* ◆ **6.2** Zeit **auf** etwas ⟨4e nv.⟩ ~ *tijd aan iets besteden;*
II sich ~ ⟨wk.ww.⟩ **0.1** ***zich inzetten*** ⇒*opkomen (voor).*

Verwendung ⟨v.; ~, ~en⟩ **0.1** ***gebruik*** ⇒*toepassing, aanwending* **0.2** ***besteding*** ◆ **3.1** ~ finden *gebruikt, toegepast kunnen worden* **4.1** keine ~ für etwas haben *iets niet kunnen gebruiken.*

verwendungsfähig 0.1 ***bruikbaar*** ⇒*toepasbaar.*

Verwendungszweck ⟨m.⟩ **0.1** ***gebruiksdoeleinde.***

verwerfen I ⟨onov.ww.⟩ **0.1** ***ontijdig werpen, ter wereld brengen;***
II ⟨ov.ww.⟩ **0.1** ***verwerpen*** ⇒*afwijzen, afkeuren* **0.2** ***verwerpen, afstemmen*** **0.3** ***verkeerd werpen*** ⇒*bij het gooien zoekmaken* **0.4** ⟨jur.⟩ ***als niet ontvankelijk verklaren;***
III sich ~ ⟨wk.ww.⟩ **0.1** ***kromtrekken*** **0.2** ***verkeerd opgooien*** ⇒*een verkeerde kaart geven* **0.3** ⟨geol.⟩ ***verschuiven.***

verwerflich 0.1 ***verwerpelijk.***

Verwerfung ⟨v.; ~, ~en⟩ **0.1** ***verwerping*** **0.2** ***het kromtrekken*** **0.3** ⟨geol.⟩ ***verschuiving.***

verwertbar 0.1 ***bruikbaar.***

Verwertbarkeit ⟨v.; ~⟩ **0.1** ***bruikbaarheid.***

verwerten 0.1 ***gebruiken, verwerken*** ⇒*benutten* ◆ **1.1** Erfahrungen ~ *profijt trekken van ervaringen* **5.1** literarisch ~ *voor een literair werk gebruiken.*

Verwertung ⟨v.; ~, ~en⟩ **0.1** ***gebruik*** ⇒*toepassing.*

verwesen 0.1 ***vergaan*** ⇒*verrotten.*

verweslich 0.1 ***aan bederf onderhevig.***

Verwesung ⟨v.; ~⟩ **0.1** ***verrotting*** ⇒*bederf, ontbinding.*

verwetten 0.1 ***verwedden.***

verwichsen ⟨inf.⟩ **0.1** ***afranselen*** ⇒*aftuigen* **0.2** ***verkwisten*** ⇒*verboemelen.*

verwickeln I ⟨ov.ww.⟩ **0.1** ***in de war brengen*** ⇒*verwarren* **0.2** ***verwikkelen*** ⇒*betrokken doen raken* ◆ **6.2** jmdn. **in** einen Streit ~ *iem. in, bij een ruzie betrekken;*
II sich ~ ⟨wk.ww.⟩ **0.1** ***verward, in de knoop, in de war raken*** **0.2** ⟨fig.⟩ ***zich verstrikken*** ◆ **6.2** sich **in** Widersprüche ~ *zich door tegenstrijdigheden vastpraten.*

verwickelt 0.1 ***ingewikkeld.***

Verwicklung ⟨v.; ~, ~en⟩ **0.1** ***verwikkeling*** ⇒*complicatie.*

verwiegen, sich 0.1 ***verkeerd, fout (af)wegen.***

verwildern 0.1 ***verwilderen.***

verwinden 0.1 ***te boven komen*** **0.2** ***verkroppen*** ⇒*verbijten* ◆ **1.1** einen Verlust ~ *over een verlies heenkomen.*

verwinkelt 0.1 ***met allerlei hoekjes*** ⇒*als een doolhof.*

verwirken 0.1 ***verspelen*** ⇒*(door eigen schuld) verliezen* ◆ **1.1** ⟨inf.⟩ das Leben ~ *er met zijn leven voor moeten boeten.*

verwirklichen I ⟨ov.ww.⟩ **0.1** ***realiseren*** ⇒*verwezenlijken;*
II sich ~ ⟨wk.ww.⟩ **0.1** ***zich ontplooien*** ⇒*tot zijn recht komen* **0.2** ***werkelijkheid worden.***

Verwirklichung ⟨v.; ~, ~en⟩ **0.1** ***verwezenlijking.***

Verwirkung ⟨v.; ~⟩ **0.1** ***verbeuring.***

verwirren I ⟨ov.ww.⟩ **0.1** ***verwarren*** ⇒*door elkaar halen* **0.2** ***verwarren*** ⇒*verlegen maken* **0.3** ***(met elkaar) verwarren*** ◆ **1.2** jmds. Sinne ~ *iem. van zijn stuk brengen;*
II sich ~ ⟨wk.ww.⟩ **0.1** ***in de war, in de knoop raken*** **0.2** ***in de war raken*** ⇒*van zijn stuk raken.*

Verwirrung ⟨v.; ~, ~en⟩ **0.1** ***verwarring, warboel*** **0.2** ***verwarring*** ⇒*verlegenheid* ◆ **6.2 in** ~ geraten *in de war raken.*

verwirtschaften 0.1 ***verdoen*** ⇒*erdoor jagen.*

verwischen I ⟨ov.ww.⟩ **0.1** ***uit-, wegwissen*** ⇒*weg-, afvegen* ◆ **1.1** eine verwischte Inschrift *een vervaagde inscriptie;*
II sich ~ ⟨wk.ww.⟩ **0.1** ***vervagen.***

verwissenschaftlichen 0.1 ***op wetenschappelijk niveau brengen*** **0.2** ***(al te) wetenschappelijk maken.***

verwittern 0.1 *verweren.*

verwitwet 0.1 ***weduwe, weduwnaar geworden*** ◆ **1.1** die ~e Müller *de weduwe van de heer Müller*

Verwitwete(r) ⟨bn. als zn.⟩ **0.1** ***weduwe, weduwnaar.***

verwohnen 0.1 ***uitwonen*** ⟨bv. v.e. huis⟩.

verwöhnen 0.1 ***verwennen*** ◆ **1.1** ⟨fig.⟩ das Glück hat ihn nicht verwöhnt *hij heeft weinig geluk gekend.*

verwöhnt 0.1 ***verwend*** *⇒verfijnd.*

verworfen 0.1 ***verdorven*** *⇒verachtelijk, laag.*

Verworfenheit ⟨v.; ~⟩ **0.1** ***verdorvenheid.***

verworren 0.1 ***warrig, verward*** *⇒onduidelijk.*

Verworrenheit ⟨v.; ~⟩ **0.1** ***verwarde toestand.***

verwundbar 0.1 ***kwets-, verwondbaar*** **0.2** ⟨fig.⟩ ***gevoelig*** *⇒ lichtgeraakt.*

verwunden 0.1 ***(ver)wonden*** **0.2** ⟨fig.⟩ ***kwetsen*** *⇒krenken.*

verwunderlich 0.1 ***(ver)wonderlijk*** *⇒verbazend.*

verwundern I ⟨ov.ww.⟩ **0.1** ***verwonderen*** *⇒bevreemden, verbazen;*
II sich ~ ⟨wk.ww.⟩ **0.1** ***zich verwonderen*** *⇒zich verbazen.*

Verwunderung ⟨v.; ~⟩ **0.1** ***verwondering*** ◆ **6.1** jmdn. **in** ~ setzen *iem. versteld doen staan.*

Verwundete(r) ⟨bn. als zn.⟩ **0.1** ***gewonde.***

Verwundung ⟨v.; ~, ~en⟩ **0.1** ***verwonding*** *⇒blessure.*

verwunschen 0.1 ***betoverd.***

verwünschen 0.1 ***verwensen*** *⇒vervloeken.*

verwünscht 0.1 ***verwenst*** *⇒verduiveld, vervloekt.*

Verwünschung ⟨v.; ~, ~en⟩ **0.1** ***verwensing*** *⇒vervloeking.*

verwursteln ⟨inf.⟩ **I** ⟨ov.ww.⟩ **0.1** ***verdraaien, verwarren, in de war brengen;***
II sich ~ ⟨wk.ww.⟩ **0.1** ***in de war raken.***

verwurzeln 0.1 ***wortelen, wortel schieten*** ◆ **6.1 in** einer Tradition verwurzelt sein *vast in een traditie geworteld zijn, wortelen.*

verwuschelt 0.1 ***warrig*** *⇒ruig.*

verwüsten 0.1 ***verwoesten*** *⇒vernielen.*

Verwüstung ⟨v.; ~, ~en⟩ **0.1** ***verwoesting*** *⇒vernieling.*

verzagen 0.1 ***versagen, de moed verliezen.***

verzagt 0.1 ***versaagd.***

verzählen, sich 0.1 ***zich vertellen, mistellen.***

verzahnen 0.1 ***(met tanden) in elkaar laten grijpen.***

verzanken, sich ⟨inf.⟩ **0.1** ***ruzie krijgen.***

verzapfen 0.1 ***(ver)tappen*** ◆ **1.1** Blödsinn ~ *onzin uitkramen, verkopen.*

verzärteln 0.1 ***vertroetelen*** *⇒verwennen.*

verzaubern 0.1 ***betoveren, (om)toveren*** **0.2** ⟨fig.⟩ ***betoveren*** *⇒in de ban brengen.*

Verzauberung ⟨v.; ~, ~en⟩ **0.1** ***be-, omtovering.***

verzäunen 0.1 ***omheinen.***

verzechen 0.1 ***verbrassen.***

Verzehr ⟨m.; ~(e)s⟩ **0.1** ***consumptie*** *⇒ver-, gebruik.*

verzehren I ⟨ov.ww.⟩ **0.1** ***(op)eten*** *⇒consumeren, gebruiken* **0.2** ***verteren*** *⇒aan eten en drinken uitgeven* **0.3** ***verteren*** *⇒slopen, uitputten;*
II sich ~ ⟨wk.ww.⟩ **0.1** ***verteerd worden*** ◆ **6.1** sich **in** Liebe zu jmdm. ~ *door liefde voor iem. verteerd worden.*

Verzehrzwang ⟨m.⟩ **0.1** ***consumptieplicht.***

verzeichnen 0.1 ***vertekenen, verkeerd tekenen*** *⇒een vertekend beeld geven* **0.2** ***op-, aantekenen*** *⇒noteren* ◆ **1.2** einen Erfolg ~ *een succes boeken;* das Thermometer verzeichnet 30 Grad *de thermometer geeft 30 graden aan.*

Verzeichnis ⟨o.; ~ses, ~se⟩ **0.1** ***lijst, register*** *⇒opgave, index* **0.2** ⟨comp.⟩ ***directory.***

Verzeichnung ⟨v.; ~, ~en⟩ **0.1** ***mistekening*** *⇒vertekend beeld, vertekening* **0.2** ***het noteren, optekenen.***

verzeihen ⟨→t190⟩ **0.1** ***vergeven, vergiffenis schenken*** ◆ **4.1** ~ Sie, ... *neemt u mij niet kwalijk, ...*

verzeihlich 0.1 ***vergeeflijk.***

Verzeihung ⟨v.; ~⟩ **0.1** ***vergeving, vergiffenis*** ◆ **¶.1** (ich bitte um) ~! *pardon!, neemt u mij niet kwalijk!*

verzerren I ⟨ov.ww.⟩ **0.1** ***vertrekken*** *⇒verwringen, vervormen* **0.2** ***verrekken*** **0.3** ***vertekenen*** *⇒een verkeerd beeld, karikatuur geven van* ◆ **1.1** ein vor Schmerz verzerrtes Gesicht *een van pijn verwrongen gezicht;*
II sich ~ ⟨wk.ww.⟩ **0.1** ***vervormen*** *⇒veranderen.*

Verzerrung ⟨v.; ~, ~en⟩ **0.1** ***verwringing*** *⇒vervorming* **0.2** ***verrekking*** **0.3** ***vertekening.***

verzetteln 0.1 ***ficheren*** *⇒op fiches, kaarten brengen* **0.2** ***versnipperen*** *⇒verspillen* ◆ **6.2** ⟨wk. ww.⟩ sich (**in, mit** Kleinigkeiten) ~ *zijn tijd verknoeien (met kleinigheden).*

Verzicht ⟨m.; ~(e)s, ~e⟩ **0.1** ***het afstand doen, afzien van*** *⇒ onthouding* ◆ **3.1** ~ leisten, üben *afzien van, afstand doen (van).*

verzichten 0.1 ***afstand doen, afzien van*** *⇒resigneren* ◆ **4.1** ⟨inf.⟩ ich verzichte! *mij niet gezien!* **6.1 auf** jmds. Hilfe ~ müssen *het zonder iemands hulp moeten doen;* **auf** seine Mitarbeit kann ich ~ *zijn medewerking heb ik niet nodig.*

Verzichterklärung ⟨v.⟩ **0.1** ***verklaring van afstand/resignatie.***

verziehen I ⟨onov.ww.⟩ **0.1** ***verhuizen*** ◆ **8.1** falls verzogen *indien verhuisd;*
II ⟨ov.ww.⟩ **0.1** ***vertrekken*** *⇒vervormen* **0.2** ***verkeerd opvoeden*** *⇒verwennen* **0.3** ***(doen) kromtrekken*** **0.4** ⟨sp.⟩ ***verkeerd schieten, raken*** ◆ **6.1 ohne** eine Miene zu ~ *zonder een spier te vertrekken;*
III sich ~ ⟨wk.ww.⟩ **0.1** ***vertrekken*** **0.2** ***scheef-, kromtrekken*** **0.3** ***wegtrekken*** *⇒verdwijnen* **0.4** ⟨inf.⟩ ***er tussenuit knijpen*** ◆ **¶.4** verzieh dich! *hoepel op!*

verzieren 0.1 ***ver-, opsieren*** *⇒tooien* ◆ **1.1** eine Torte ~ *een taart garneren.*

Verzierung ⟨v.; ~, ~en⟩ **0.1** ***versiering, versiersel*** *⇒garnering* ◆ **3.¶** ⟨inf.⟩ brich dir bloß keine ~ ab! *stel je toch niet zo aan!*

verzinken 0.1 ***verzinken, galvaniseren*** **0.2** ⟨inf.⟩ ***verklikken*** *⇒aangeven.*

verzinnen 0.1 ***vertinnen.***

verzinsbar 0.1 ***rentedragend, -gevend.***

verzinsen I ⟨ov.ww.⟩ **0.1** ***rente betalen*** ◆ **6.1** jmdm. ein Kapital **mit** 10 Prozent ~ *iem. voor een kapitaal 10 procent rente betalen;*
II sich ~ ⟨wk.ww.⟩ **0.1** ***rente geven, opbrengen.***

verzinslich 0.1 ***rentedragend, -gevend.***

Verzinsung ⟨v.; ~, ~en⟩ **0.1** ***rente*** *⇒rendement* **0.2** ***het betalen van rente.***

verzögern I ⟨ov.ww.⟩ **0.1** ***vertragen*** **0.2** ***uitstellen*** ◆ **1.2** die Bekanntgabe ~ *talmen met de bekendmaking;*
II sich ~ ⟨wk.ww.⟩ **0.1** ***vertraagd worden, vertraging ondervinden*** **0.2** ***uitgesteld worden*** **0.3** ***zich verlaten.***

Verzögerung ⟨v.; ~, ~en⟩ **0.1** ***vertraging*** **0.2** ***uitstel.***

verzollen 0.1 ***invoerrechten betalen*** ◆ **3.1** haben Sie etwas zu ~? *hebt u iets aan te geven?*

verzopft 0.1 ***pruikerig*** *⇒duf, bekrompen.*

verzottelt 0.1 ***in de war, warrig*** *⇒ruig* ⟨vooral van haar⟩.

verzücken 0.1 ***in vervoering, verrukking brengen.***

verzuckern 0.1 ***in suiker omzetten*** **0.2** ***met (een laagje) suiker bedekken*** ◆ **1.2** ⟨fig.⟩ jmdm. eine bittere Pille ~ *voor iem. een pil vergulden.*

verzückt 0.1 ***in extase, geestesvervoering.***

Verzücktheit ⟨v.; ~⟩ **0.1** ***extase, geestesvervoering.***

Verzückung ⟨v.; ~, ~en⟩ **0.1** ***extase, geestesvervoering.***

Verzug ⟨m.; ~(e)s⟩ **0.1** ***vertraging, achterstand, verzuim*** ◆ **6.1 bei** ~ der Zahlung *bij achterstallige betaling;* **im** ~ sein *in gebreke zijn;* Gefahr ist **im** ~ *er dreigt gevaar;* mit der Zahlung **in** ~ kommen *met de betaling achter raken;* **ohne** ~ *onverwijld.*

Verzugszinsen ⟨alleen mv.⟩ **0.1** ***rente wegens te late betaling.***

verzweifeln 0.1 ***wanhopen, vertwijfelen*** ⇒*wanhopig worden* ◆ **5.1** nur nicht ~! *moed houden!* **6.1** es ist **zum** Verzweifeln *het is om wanhopig van te worden.*

verzweifelt 0.1 ***vertwijfeld, wanhopig*** **0.2** ***wanhopig*** ⇒ *hopeloos* **0.3** ⟨bw.⟩ ***uiterst*** ⇒*teer, heel.*

Verzweiflung ⟨v.; ~⟩ **0.1** ***vertwijfeling, wanhoop*** ◆ **6.1** jmdn. **in** die, **zur** ~ treiben *iem. tot wanhoop brengen.*

Verzweiflungsakt ⟨m.⟩ **0.1** ***wanhoopsdaad.***

verzweigen, sich 0.1 ***zich vertakken.***

Verzweigung ⟨v.; ~, ~en⟩ **0.1** ***vertakking.***

verzwickt 0.1 ***verdraaid lastig*** ⇒*gecompliceerd.*

verzwirnen 0.1 ***twijnen, tweernen.***

Vesper ⟨v.; ~, ~n⟩ **0.1** ***vesper*** **0.2** ***vesper*** ⇒*avonddienst.*

Vesperbild ⟨o.⟩ **0.1** ***piëta.***

Vesperbrot ⟨o.⟩ **0.1** ***vesperbrood*** ⇒*avondbrood.*

Vesperläuten ⟨o.⟩ **0.1** ***vesperklok.***

Vestibül ⟨o.; ~s, ~e⟩ **0.1** ***vestibule, hal.***

Veteran ⟨m.; ~en, ~en⟩ **0.1** ***veteraan*** ⇒*oudgediende* **0.2** ***oldtimer.***

Veterinär ⟨m.; ~(e)s, ~e⟩ **0.1** ***vee-, dierenarts.***

Veterinärmedizin ⟨v.⟩ **0.1** ***diergeneeskunde.***

Veto ⟨o.; ~s, ~s⟩ **0.1** ***veto(recht).***

Vettel ⟨v.; ~, ~n⟩⟨pej.⟩ **0.1** ***smerig oud wijf.***

Vetter ⟨m.; ~s, ~n⟩ **0.1** ***neef*** ⟨zoon van oom of tante⟩.

Vetternwirtschaft ⟨v.⟩⟨pej.⟩ **0.1** ***nepotisme.***

Vexierbild ⟨o.⟩ **0.1** ***zoekplaatje.***

Vexierspiegel ⟨m.⟩ **0.1** ***lachspiegel.***

vgl. ⟨afk.⟩ [vergleiche].

v.g.u. ⟨afk.; vorgelesen, genehmigt, unterschrieben⟩ **0.1** ***na gedane lezing ondertekend.***

v.H. ⟨afk.⟩ [vom Hundert].

via ⟨vz.⟩ **0.1** ***via, langs, over*** **0.2** ***via, door (bemiddeling van).***

Viadukt ⟨m.; ~(e)s, ~e⟩ **0.1** ***viaduct.***

Vibraphon ⟨o.; ~s, ~e⟩ **0.1** ***vibrafoon.***

Vibration ⟨v.; ~, ~en⟩ **0.1** ***vibratie, trilling.***

Vibrator ⟨m.; ~s, Vibratoren⟩ **0.1** ***vibrator.***

vibrieren 0.1 ***vibreren.***

Videoaufzeichnung ⟨v.⟩ **0.1** ***video-opname.***

Videoclip ⟨m.; ~s, ~s⟩ **0.1** ***videoclip.***

Videorecorder ⟨m.; ~s, ~⟩ **0.1** ***videorecorder.***

Videotext ⟨m.⟩ **0.1** ***teletekst.***

Videothek ⟨v.; ~, ~en⟩ **0.1** ***videotheek.***

Videoüberwachung ⟨v.⟩ **0.1** ***videobewaking, videobeveiliging.***

Viech ⟨o.; ~(e)s, ~er⟩ **0.1** ⟨inf.; vaak pej.⟩ ***beest, dier*** **0.2** ⟨vulg.; pej.⟩ ***beest(mens).***

Viecherei ⟨v.; ~, ~en⟩ **0.1** ⟨inf.⟩ ***afbeulerij*** ⇒*gezwoeg* **0.2** ⟨pej.⟩ ***gemene streek*** ⇒*rotstreek.*

Vieh ⟨o.; ~s, Viecher⟩ **0.1** ***vee*** **0.2** ⟨inf.⟩ ***dier, beest*** **0.3** ⟨pej.⟩ ***beest(mens)*** ◆ **8.1** ⟨inf.⟩ wie das liebe ~ *bij de beesten af* **8.2** wie die Viecher leben *in erbarmelijke omstandigheden leven.*

Viehbestand ⟨m.⟩ **0.1** ***veestapel.***

Viehhändler ⟨m.⟩ **0.1** ***veekoper, -handelaar.***

viehisch 0.1 ***beestachtig*** **0.2** ***enorm*** ⇒*geweldig, bar* ◆ **1.2** eine ~e Angst *een ontzettende angst.*

Viehwirtschaft ⟨v.⟩ **0.1** ***veehouderij.***

Viehzeug ⟨o.⟩ **0.1** ***(klein)vee*** **0.2** ⟨pej.⟩ ***ongedierte*** ⇒*beesten.*

Viehzucht ⟨v.⟩ **0.1** ***veeteelt, -fokkerij.***

Viehzüchter ⟨m.⟩ **0.1** ***veefokker, -houder.***

viel[1] ⟨bn.⟩ **0.1** ***veel, velerlei*** **0.2** ***veel, een massa, menigte*** **0.3** ***veel, vele, talrijke*** ◆ **1.2** ~en Dank! *dank u zeer!* **1.3** mach' nicht so ~e Worte! *praat niet zo veel!* **3.2** nicht ~ von jmdm. halten *geen hoge dunk van iem. hebben* **6.1 in** ~em hat er Recht *in veel opzichten heeft hij gelijk;* **um** ~es älter *veel ouder.*

viel[2] ⟨bw.⟩ **0.1** ***veel*** ⇒*vaak, dikwijls* **0.2** ***veel*** ⇒*aanzienlijk, belangrijk* ◆ **2.2** ~ höher *veel, stukken hoger* **3.1** was kann dir ~ passieren? *wat zou er kunnen gebeuren?*

vielbändig 0.1 ***uit veel delen bestaand.***

vielbeschäftigt 0.1 ***druk (bezet).***

vieldeutig 0.1 ***voor velerlei uitleg vatbaar.***

Vieleck ⟨o.⟩ **0.1** ***veelhoek.***

Vielehe ⟨v.⟩ **0.1** ***polygamie.***

vielerlei 0.1 ***velerlei*** **0.2** ***allerlei, veel dingen.***

vielerorts 0.1 ***op veel plaatsen.***

vielfach 0.1 ***een veelvoud van*** **0.2** ***veelvoudig, -vuldig*** ⇒ *velerlei* **0.3** ***veel voorkomend*** **0.4** ⟨bw.⟩ ***vaak*** ⇒*veelal, dikwijls* ◆ **1.2** auf ~en Wunsch *op veelvuldig verzoek;* ~er Europameister *veelvoudig Europees kampioen;* ~er Millionär *multimiljonair.*

Vielfalt ⟨v.; ~⟩ **0.1** ***grote verscheidenheid.***

vielfältig 0.1 ***veelvuldig, -voudig, -soortig.***

vielfarbig 0.1 ***veelkleurig, bont.***

Vielflach ⟨o.⟩ **0.1** ***veelvlak.***

vielförmig 0.1 ***veelvormig.***

Vielfraß ⟨m.; ~es, ~e⟩ **0.1** ***veelvraat.***

vielgestaltig 0.1 ***veelvormig*** ⇒*zeer gevarieerd.*

vielgliedrig 0.1 ***veelledig.***

Vielgötterei ⟨v.; ~⟩ **0.1** ***veelgodendom.***

Vielheit ⟨v.; ~⟩ **0.1** ***veelheid*** ⇒*menigte, massa.*

vielköpfig 0.1 ***veelkoppig.***

vielleicht 0.1 ***misschien*** ⇒*wellicht, mogelijk* **0.2** ***misschien*** ⇒*om en nabij, ongeveer* **0.3** ⟨inf.⟩ ***werkelijk*** ⇒*warempel* ◆ **3.3** das war ~ ein Unsinn! *maar dat was me een onzin!*

vielmalig 0.1 ***veelvuldig.***

vielmals 0.1 ***menigmaal*** ⇒*vaak, dikwijls, veelvuldig* ◆ **3.1** danke ~! (a) *hartelijk bedankt!* (b) ⟨iron.⟩ *dank je feestelijk!;* er läßt dich ~ grüßen *hij doet je de hartelijke groeten.*

vielmehr 0.1 ***veeleer*** ⇒*integendeel* **0.2** ***liever, beter gezegd.***

vielsagend 0.1 ***veelzeggend, -betekenend.***

vielschichtig 0.1 ***met, in veel lagen*** **0.2** ⟨fig.⟩ ***gecompliceerd, heterogeen.***

vielseitig 0.1 ***veelzijdig*** **0.2** ***veelvuldig*** ⇒*van veel kanten* ◆ **1.2** auf ~en Wunsch *op veelvuldig verzoek.*

Vielseitigkeit ⟨v.; ~⟩ **0.1** ***veelzijdigheid.***

Vielseitigkeitsprüfung ⟨v.⟩⟨sp.⟩ **0.1** ***military.***

vielsilbig 0.1 ***met, van veel lettergrepen.***

vielsprachig 0.1 ***veeltalig.***

Vielstaaterei ⟨v.; ~⟩ **0.1** ***verdeling in veel kleine staten.***

vielstimmig 0.1 ***veelstemmig.***

vielumworben 0.1 ***zeer begeerd*** ⇒*erg in trek.*

vielverheißend ⟨schr.⟩ **0.1** ***veelbelovend.***

vielversprechend 0.1 ***veelbelovend.***

Vielvölkerstaat ⟨m.⟩ **0.1** ***multinationale staat, polyetnische staat.***

Vielweiberei ⟨v.; ~⟩ **0.1** ***veelwijverij.***

Vielwisser ⟨m.; ~s, ~⟩⟨pej.⟩ **0.1** ***veelweter, schijngeleerde.***

Vielzahl ⟨v.; ~⟩ **0.1** ***groot aantal.***

vier 0.1 ***vier*** ◆ **4.1** alle ~e von sich strecken *languit gaan liggen* **6.1 auf** allen ~en kriechen *op handen en voeten kruipen.*
vier- →**meer samenstellingen bij drei-.**
Vier ⟨v.; ~, ~en⟩ **0.1** ***vier*** ⟨getal, cijfer⟩ **0.2** ***lijn vier*** ⟨tram⟩ **0.3** ***voldoende*** ⟨cijfer op rapport⟩.
Vieraugengespräch ⟨o.⟩ **0.1** ***gesprek onder vier ogen.***
Vierbeiner ⟨m.; ~s, ~⟩⟨inf.⟩ **0.1** ***dier met vier poten.***
Viereck ⟨o.⟩ **0.1** ***vierhoek.***
viereckig 0.1 ***vierhoekig, -kant*** ◆ **1.1** ⟨fig.⟩ eine ~e Gestalt *een bonkige gestalte.*
Vierer ⟨m.; ~s, ~⟩ **0.1** ⟨sp.⟩ ***de vier, vierriems(boot)*** **0.2** ⟨inf.⟩ ***vier*** ⟨getal, cijfer⟩ **0.3** ⟨inf.⟩ ***lijn vier*** ⟨tram⟩ **0.4** ⟨inf.⟩ ***voldoende*** ⟨cijfer op rapport⟩ **0.5** ⟨inf.⟩ ***vier juiste getallen*** ⟨bij lottospel⟩.
Vierfarbendruck ⟨m.⟩ **0.1** ***vierkleurendruk.***
Vierflach ⟨o.⟩ **0.1** ***viervlak.***
Vierflächner ⟨m.; ~s, ~⟩ **0.1** ***viervlak.***
vierflammig 0.1 ***vierpits.***
Vierfüßer ⟨m.; ~s, ~⟩⟨biol.⟩ **0.1** ***viervoeter.***
vierfüßig 0.1 ***viervoetig, -potig*** **0.2** ⟨lit.⟩ ***met, van vier (vers)voeten.***
Vierganggetriebe ⟨o.⟩ **0.1** ***vierversnellingsbak.***
vierhändig ⟨muz.⟩ **0.1** ***vierhandig.***
Vierling ⟨m.; ~(e)s, ~e⟩ **0.1** ***vierling.***
Vierradantrieb ⟨m.⟩ **0.1** ***vierwielaandrijving.***
vierrädrig 0.1 ***vierwielig.***
viersaitig 0.1 ***viersnarig, met vier snaren.***
vierschrötig 0.1 ***robuust, fors.***
Viersitzer ⟨m.; ~s, ~⟩ **0.1** ***vierpersoonsauto, -wagen.***
Vierspänner ⟨m.; ~s, ~⟩ **0.1** ***vierspan*** ⟨rijtuig⟩.
vierspurig 0.1 ***vierbaans.***
viert ◆ **6.¶ zu** ~ *met z'n vieren.*
Viertakter ⟨m.; ~s, ~⟩ **0.1** ***viertaktmotor.***
vierte 0.1 ***vierde.***
vierteilen 0.1 ***vierendelen.***
viertel 0.1 ***vierde, kwart.***
Viertel ⟨o.; ~s, ~⟩ **0.1** ***vierde, kwart*** ⇒*vierde deel* **0.2** ***(stads)wijk*** ⇒*buurt* **0.3** ***kwartier, kwartaal*** **0.4** ***kwart liter, 125 gram*** ◆ **2.3** es ist (ein) ~ elf, drei ~ elf *het is kwart over tien, kwart voor elf.*
Vierteldrehung ⟨v.⟩ **0.1** ***kwartslag, -draai.***
Viertelfinale ⟨o.⟩⟨sp.⟩ **0.1** ***kwartfinale.***
Vierteljahr ⟨o.⟩ **0.1** ***kwartaal, trimester.***
Vierteljahr(e)sschrift ⟨v.⟩ **0.1** ***driemaandelijks tijdschrift.***
vierteljährig 0.1 ***drie maanden durend.***
vierteljährlich 0.1 ***driemaandelijks, per kwartaal.***
vierteln 0.1 ***in vieren delen.***
Viertelpause ⟨v.⟩⟨muz.⟩ **0.1** ***kwartrust.***
Viertelstunde ⟨v.⟩ **0.1** ***kwartier.***
viertelstündig 0.1 ***van een kwartier.***
viertelstündlich 0.1 ***om het kwartier.***
viertens 0.1 ***ten vierde*** ⇒*in, op de vierde plaats.*
viertürig 0.1 ***vierdeurs.***
Vierung ⟨v.; ~, ~en⟩⟨bouwk.⟩ **0.1** ***viering*** ⟨in een kruiskerk⟩.
Viervierteltakt ⟨m.⟩ **0.1** ***vierkwartsmaat.***
Vierwaldstättersee ⟨m.⟩ **0.1** ***Vierwoudstrekenmeer.***
vierzehn 0.1 ***veertien.***
Vierzeiler ⟨m.; ~s, ~⟩ **0.1** ***vierregelig(e) strofe, gedicht*** ⇒ *kwatrijn.*
vierzig 0.1 ***veertig.***
Vierziger ⟨m.; ~s, ~⟩ **0.1** ***veertiger*** ⇒*veertigjarige* **0.2** ⟨mv.⟩ ***veertig*** ⟨leeftijd⟩ **0.3** ⟨mv.⟩ ***jaren veertig*** ⟨v.e. eeuw⟩.
Vierzigstundenwoche ⟨v.⟩ **0.1** ***veertigurige werkweek.***
Vierzylinder ⟨m.⟩⟨inf.⟩ **0.1** ***viercilindermotor.***
vierzylindrig 0.1 ***met vier cilinders.***
Vignette ⟨v.; ~, ~n⟩ **0.1** ***vignet.***
Vikar ⟨m.; ~(e)s, ~e⟩ **0.1** ***vicaris.***
Vikariat ⟨o.; ~(e)s, ~⟩ **0.1** ***vicariaat.***
Viktoria ⟨o.; ~s, ~s⟩ **0.1** ***victorie.***
Villa ⟨v.; ~, Villen⟩ **0.1** ***villa.***
Villengegend ⟨v.⟩ **0.1** ***villabuurt, -wijk.***
Viola ⟨acc. wiss.⟩⟨v.; ~, Violen⟩ **0.1** ***viooltje*** **0.2** ⟨muz.⟩ ***altviool.***
violett 0.1 ***violet*** ⇒*paars.*
Violine ⟨v.; ~, ~n⟩ **0.1** ***viool.***
Violinist ⟨m.; ~en, ~en⟩ **0.1** ***violist.***
Violinkonzert ⟨o.⟩ **0.1** ***vioolconcert, concert voor viool en orkest.***
Violinschlüssel ⟨m.⟩⟨muz.⟩ **0.1** ***vioolsleutel, g-sleutel.***
Violoncello ⟨o.; ~s, Violoncelli⟩ **0.1** ***violoncel, cello.***
Viper ⟨v.; ~, ~n⟩ **0.1** ***adder.***
viril 0.1 ***viriel*** ⇒*mannelijk, manhaftig.*
Virologe ⟨m.; ~n, ~n⟩ **0.1** ***viroloog.***
Virologie ⟨v.; ~⟩ **0.1** ***virologie*** ⇒*leer v.d. virussen.*
virtuell 0.1 ***virtueel.***
virtuos 0.1 ***virtuoos.***
Virtuose ⟨m.; ~n, ~n⟩ **0.1** ***virtuoos.***
Virtuosität ⟨v.; ~⟩ **0.1** ***virtuositeit.***
virulent 0.1 ***virulent*** ⇒*besmettelijk.*
Virus ⟨o.; ~, Viren; inf. ook m.⟩ **0.1** ***virus.***
Viruskrankheit ⟨v.⟩ **0.1** ***virusinfectie, -ziekte.***
Visage ⟨v.; ~, ~n⟩⟨inf.; pej.⟩ **0.1** ***smoel*** ⇒*tronie.*
vis-à-vis[1] ⟨bw.⟩ **0.1** ***tegenover*** ◆ **6.1** das Mädchen **von** ~ *het overbuurmeisje.*
vis-à-vis[2] ⟨vz. + 3⟩ **0.1** ***vis-à-vis*** ⇒*tegenover.*
Visier ⟨o.; ~(e)s, ~e⟩ **0.1** ***vizier*** ◆ **3.1** ⟨fig.⟩ das ~ herunterlassen *zich niet uitlaten over* **6.1** jmdn. **ins** ~ nehmen *scherp op iem. gaan letten.*
Vision ⟨v.; ~, ~en⟩ **0.1** ***visioen, gezicht*** **0.2** ***visioen, hersenschim*** **0.3** ***visie.***
visionär 0.1 ***visionair.***
Visionär ⟨m.; ~(e)s, ~e⟩ **0.1** ***visionair*** ⇒*ziener.*
Visitation ⟨v.; ~, ~en⟩ **0.1** ***visitatie, inspectie.***
Visite ⟨v.; ~, ~n⟩ **0.1** ***visite*** ⇒*bezoek (v.e. arts).*
Visitenkarte ⟨v.⟩ **0.1** ***visitekaartje.***
visitieren 0.1 ***visiteren, doorzoeken.***
viskos, viskös 0.1 ***viskeus*** ⇒*taaivloeibaar, stroperig.*
Viskose ⟨v.; ~⟩ **0.1** ***viscose.***
Vistawechsel ⟨m.⟩ **0.1** ***vista-, zichtwissel.***
visualisieren 0.1 ***visualiseren.***
visuell 0.1 ***visueel.***
Visum ⟨o.; ~s, Visa of Visen⟩ **0.1** ***visum.***
Visumzwang ⟨m.⟩ **0.1** ***visumplicht.***
vital 0.1 ***vitaal*** ⇒*levenskrachtig* **0.2** ***vitaal*** ⇒*primair, wezenlijk.*
Vitalismus ⟨m.; ~⟩⟨fil.⟩ **0.1** ***vitalisme.***
Vitalität ⟨v.; ~⟩ **0.1** ***vitaliteit.***
Vitamin ⟨o.; ~s, ~e⟩ **0.1** ***vitamine.***
vitaminieren 0.1 ***vitamineren.***
Vitaminstoß ⟨m.⟩ **0.1** ***vitaminestoot.***
Vitrine ⟨v.; ~, ~n⟩ **0.1** ***vitrine*** ⇒*uitstalkast.*
Vitriol ⟨o.; ~s, ~e⟩⟨schei.⟩ **0.1** ***vitriool, sulfaat*** ⇒*zwavelzuur.*
vivipar ⟨biol., plantk.⟩ **0.1** ***vivipaar.***
Vivisektion ⟨v.⟩ **0.1** ***vivisectie.***
vivisezieren 0.1 ***vivisectie toepassen op.***
Vize ⟨m.; ~s, ~s⟩⟨inf.⟩ **0.1** ***(de) vice-, onder-*** ⇒*waarnemend.*
Vizemeister ⟨m.⟩⟨sp.⟩ **0.1** ***nr. 2 (op de ranglijst).***

v.J. ⟨afk.⟩ [vorigen Jahres].
Vlies ⟨o.; ~es, ~e⟩ **0.1** ***vlies, vacht, haarkleed*** **0.2** ⟨ind.⟩ ***vlies*** ⟨vezellaag⟩.
v.M. ⟨afk.⟩ [vorigen Monats].
VN ⟨afk.⟩ [Vereinte Nationen].
Vogel ⟨m.; ~s, ~̈⟩ **0.1** ***vogel*** **0.2** ⟨inf.⟩ ***snuiter*** ⇒*snoeshaan, snaak* **0.3** ⟨inf.⟩ ***eigenaardigheid, vreemde gewoonte*** **0.4** ⟨inf.⟩ ***vliegtuig*** ◆ **2.2** ein lockerer ~ *een vrolijke Frans* **3.1** ⟨fig.⟩ den ~ abschießen *de beste, nr. 1 zijn;* ⟨inf.⟩ friß ~, oder stirb! *kiezen of delen!* **3.3** einen ~ haben *getikt zijn;* jmdm. den ~ zeigen *met de vinger naar z'n voorhoofd wijzen* **6.1** der ~ ist **auf** den Leim, **ins** Garn gegangen *nu is hij, zij erin gelopen* ¶.**1** ⟨sprw.⟩ jeder ~ singt, wie ihm der Schnabel gewachsen ist *elk vogeltje zingt zoals het gebekt is.*
Vogelbauer ⟨o.; mv. ~⟩ **0.1** ***vogelkooi(tje).***
Vogelbeerbaum ⟨m.⟩ **0.1** ***lijsterbes(senboom).***
Vogeldreck ⟨m.⟩ **0.1** ***vogelpoep.***
Vogelflug ⟨m.⟩ **0.1** ***vogelvlucht.***
Vogelfluglinie ⟨v.⟩⟨verk.⟩ **0.1** ***verkeersverbinding BRD-Denemarken via Fehmarn.***
vogelfrei **0.1** ***vogelvrij.***
Vogelhaus ⟨o.⟩ **0.1** ***vogelhuis*** ⇒*volière.*
Vogelkirsche ⟨v.⟩ **0.1** ***vogelkers.***
vögeln ⟨vulg.⟩ **0.1** ***vogelen, neuken.***
Vogelperspektive ⟨v.⟩ **0.1** ***vogelperspectief, -vlucht*** ◆ **6.1** **aus** der ~ *in vogelvlucht.*
Vogelschau ⟨v.⟩ **0.1** ***vogelvlucht, -perspectief.***
Vogelscheuche ⟨v.; ~, ~n⟩ **0.1** ***vogelverschrikker.***
Vogelschutz ⟨m.⟩ **0.1** ***vogelbescherming.***
Vogel-Strauß-Politik ⟨v.⟩ **0.1** ***struisvogelpolitiek.***
Vogelwarte ⟨v.⟩ **0.1** ***vogelwacht.***
Vogelzug ⟨m.⟩ **0.1** ***vogeltrek.***
Vogler ⟨m.; ~s, ~⟩ **0.1** ***vogelvanger.***
Vogt ⟨m.; ~(e)s, ~̈e⟩ **0.1** ***voogd.***
Vogtei ⟨v.; ~, ~en⟩⟨gesch.⟩ **0.1** ***voogdij*** **0.2** ***ambt(s)woning v.e. voogd.***
Vokabel ⟨v.; ~, ~n⟩ **0.1** ***woord(je)*** **0.2** ***aanduiding*** ⇒*begrip.*
Vokabular ⟨o.; ~s, ~e⟩ **0.1** ***vocabulaire*** ⇒*woordenschat* **0.2** ***vocabulaire*** ⇒*woordenlijst.*
vokal ⟨muz.⟩ **0.1** ***vocaal.***
Vokal ⟨m.; ~(e)s, ~e⟩ **0.1** ***vocaal*** ⇒*klinker.*
vokalisch **0.1** ***met een vocaal, klinker*** ⇒*vocaal-, als een vocaal.*
vokalisieren **0.1** ***vocaliseren.***
Vokalmusik ⟨v.⟩ **0.1** ***vocale muziek.***
Vokativ ⟨m.; ~(e)s, ~e⟩ **0.1** ***vocatief*** ⇒*naamval v.d. aangesproken persoon.*
Voliere ⟨v.; ~, ~n⟩ **0.1** ***volière.***
Volk ⟨o.; ~(e)s, ~̈er⟩ **0.1** ***volk*** ⇒*menigte, bevolking* **0.2** ⟨biol.⟩ ***volk*** ⇒*zwerm, koppel, vlucht* ◆ **1.2** ein ~ Rebhühner *een koppel, vlucht patrijzen* **2.1** fahrendes ~ *rondtrekkende artiesten* **3.1** dem ~ aufs Maul schauen *letten op het taalgebruik van de gewone mensen.*
volkarm **0.1** ***dunbevolkt.***
Völkerball ⟨m.⟩⟨sp.⟩ **0.1** ***trefbal.***
Völkerbund ⟨m.⟩ **0.1** ***volken-, Volkerenbond*** ⟨1919-1946⟩.
Völkerkunde ⟨v.⟩ **0.1** ***volkenkunde.***
völkerkundlich **0.1** ***volkenkundig, etnologisch.***
Völkermord ⟨m.⟩ **0.1** ***volkerenmoord.***
Völkerrecht ⟨o.⟩ **0.1** ***volkenrecht.***
Völkerschaft ⟨v.; ~, ~en⟩ **0.1** ***volk(sstam), volksgroep.***
Völkerschlacht ⟨v.⟩ **0.1** ***Volkerenslag*** ⟨Leipzig, 1813⟩.
Völkerwanderung ⟨v.⟩ **0.1** ***volksverhuizing.***
völkisch **0.1** ***nationaal, van het volk, volks-.***
Volksabstimmung ⟨v.⟩ **0.1** ***volksstemming*** ⇒*referendum.*
Volksaktie ⟨v.⟩ **0.1** ***aandeel voor de kleine spaarder.***
Volksarmee ⟨v.⟩ **0.1** ***volksleger.***
Volksbefragung ⟨v.⟩ **0.1** ***volksraadpleging.***
Volksbegehren ⟨o.⟩ **0.1** ***volkspetitionnement.***
Volksbetrug ⟨m.⟩ **0.1** ***volksverlakkerij.***
Volksbrauch ⟨m.⟩ **0.1** ***volksgebruik, zede.***
Volksbücherei ⟨v.⟩ **0.1** ***openbare bibliotheek.***
Volksdemokratie ⟨v.⟩ **0.1** ***volksdemocratie.***
Volksdeutsche(r) ⟨bn. als zn.⟩ **0.1** ***buiten Duitsland wonende Duitser*** ⟨vooral voor 1945⟩.
Volksdichter ⟨m.⟩ **0.1** ***volksschrijver, -dichter.***
Volksdichtung ⟨v.⟩ **0.1** ***volksliteratuur.***
volkseigen ⟨in de voormalige DDR⟩ **0.1** ***v.d. staat, v.h. volk*** ◆ **1.1** ein ~er Betrieb ⟨afk.: VEB⟩ *een staatsbedrijf.*
Volkseinkommen ⟨o.⟩ **0.1** ***nationaal inkomen.***
Volksentscheid ⟨m.⟩ **0.1** ***volksbesluit*** ⇒*referendum.*
volksfeindlich **0.1** ***gericht tegen het volk.***
Volksfest ⟨o.⟩ **0.1** ***volksfeest.***
Volksfront ⟨v.⟩⟨pol.⟩ **0.1** ***volksfront.***
Volksgericht ⟨o.⟩ **0.1** ***volksrechtspraak.***
Volksglaube(n) ⟨m.⟩ **0.1** ***volks-, bijgeloof.***
Volksgruppe ⟨v.⟩ **0.1** ***nationale minderheid.***
Volksherrschaft ⟨v.⟩ **0.1** ***volksheerschappij*** ⇒*democratie.*
Volkshochschule ⟨v.⟩ **0.1** ***volksuniversiteit, -hogeschool.***
Volkskammer ⟨v.⟩⟨in de voormalige DDR⟩ **0.1** ***volksvertegenwoordiging.***
Volkskunde ⟨v.⟩ **0.1** ***volkskunde.***
Volkslauf ⟨m.⟩⟨sp.⟩ **0.1** ***langeafstandsloop (voor iedereen).***
Volkslied ⟨o.⟩ **0.1** ***volksliedje.***
Volksmärchen ⟨o.⟩ **0.1** ***volkssprookje.***
Volksmeinung ⟨v.⟩ **0.1** ***openbare mening.***
Volksmund ⟨m.⟩ **0.1** ***volksmond.***
Volksmusik ⟨v.⟩ **0.1** ***volksmuziek.***
volksnah **0.1** ***dichtbij het volk staand*** ⇒*populair.*
Volkspolizei ⟨v.⟩⟨in de voormalige DDR⟩ **0.1** ***(volks)politie.***
Volksrede ⟨v.⟩ **0.1** ***rede op een massabijeenkomst, rede voor groot publiek.***
Volksschicht ⟨v.⟩ **0.1** ***laag v.d. bevolking.***
Volksschule ⟨v.⟩⟨vero.⟩ **0.1** ***lagere school*** ⇒*basisschool.*
Volksschüler ⟨m.⟩ **0.1** ***leerling v.d. basisschool.***
Volksschullehrer ⟨m.⟩ **0.1** ***onderwijzer.***
Volksseele ⟨v.⟩ **0.1** ***volksziel*** ⇒*mensen.*
Volksseuche ⟨v.⟩ **0.1** ***volksziekte.***
Volkssprache ⟨v.⟩ **0.1** ***volks-, omgangstaal.***
Volksstaat ⟨m.⟩ **0.1** ***volksrepubliek.***
Volksstimme ⟨v.⟩ **0.1** ***stem v.h. volk*** ⇒*openbare mening.*
Volkstracht ⟨v.⟩ **0.1** ***nationale klederdracht.***
Volkstrauertag ⟨m.⟩⟨BRD⟩ **0.1** ⟨herdenkingsdag voor de slachtoffers v.h. nationaal-socialisme⟩.
Volkstum ⟨o.; ~s⟩ **0.1** ***volkseigen, -aard.***
Volkstümelei ⟨v.; ~, ~en⟩⟨pej.⟩ **0.1** ***overdreven populair gedoe.***
volkstümeln ⟨pej.⟩ **0.1** ***overdreven populair doen.***
volkstümlich **0.1** ***volks, passend bij de volksaard*** ⇒*populair* **0.2** ***algemeen verstaanbaar*** ⇒*eenvoudig* ◆ **2.1** ~e Preise *betaalbare prijzen.*
Volksverführer ⟨m.⟩ **0.1** ***volksmenner*** ⇒*demagoog.*
Volksverhetzung ⟨v.⟩ **0.1** ***volksopruiing.***
Volksversammlung ⟨v.⟩ **0.1** ***volksvergadering*** **0.2** ***massabijeenkomst.***
Volksvertreter ⟨m.⟩ **0.1** ***volksvertegenwoordiger.***
Volksvertretung ⟨v.⟩ **0.1** ***volksvertegenwoordiging.***
Volkswahl ⟨v.⟩ **0.1** ***directe verkiezing (door het volk).***
Volkswirt ⟨m.⟩ **0.1** ***econoom.***

Volkswirtschaft ⟨v.⟩ **0.1** ***(nationale) economie*** **0.2** ***staathuishoudkunde.***

volkswirtschaftlich 0.1 ***economisch*** **0.2** ***staathuishoudkundig.***

Volkswirtschaftslehre ⟨v.⟩ **0.1** ***economie*** **0.2** ***staathuishoudkunde.***

Volkszählung ⟨v.⟩ **0.1** ***volkstelling.***

voll 0.1 ***vol*** ⇒*geheel gevuld* **0.2** ***vol*** ⇒*volkomen, volledig* **0.3** ***vol*** ⇒*krachtig, intens, diep* ◆ **1.1** ein ~es Leben *een rijk leven* **1.2** ein ~er Erfolg *een compleet, volledig succes;* aus ~em Halse, ~er Kehle singen *uit volle borst zingen* **1.3** ~e Farben *diepe kleuren* **3.1** den Kopf ~ haben *diep in de zorgen zitten;* ich bin bis obenhin ~ ⟨inf.⟩ *ik kan werkelijk niet meer op;* ~ sein ⟨inf.⟩ *zat zijn* **3.2** nicht mehr ~ arbeiten *geen volle dagtaak meer hebben;* ⟨sp.⟩ ~ spielen *met volledige inzet spelen* **6.1 aus** dem ~en leben *royaal leven;* er kann **aus** dem ~en schöpfen *hij zit goed in de slappe was;* **im** ~en leben *in luxe leven;* ⟨inf.⟩ **in** die ~en gehen (a) *er flink tegenaan gaan* (b) *geld verkwisten;* **ins** ~e greifen *het er goed van nemen* **6.2** ⟨inf.⟩ der Zug fährt immer 10 **nach** ~ *de trein vertrekt altijd 10 over het hele uur* **8.1** ~ und bei segeln *vol en bij zeilen* **8.2** ~ und ganz *geheel en al.*

Vollakademiker ⟨m.⟩ **0.1** ***afgestudeerd academicus.***

vollauf 0.1 ***volop, volledig*** ⇒*ten volle, in overvloed.*

vollaufen 0.1 ***vollopen, -stromen*** ◆ **3.1** ⟨inf.⟩ sich ~ lassen *zich bezatten.*

vollautomatisch 0.1 ***volautomatisch.***

Vollbad ⟨o.⟩ **0.1** ***kuipbad.***

Vollbart ⟨m.⟩ **0.1** ***volle baard.***

vollberuflich 0.1 ***in/als volledige betrekking.***

vollbeschäftigt 0.1 ***volop werk hebbend*** **0.2** ***met een volledige dagtaak.***

Vollbeschäftigung ⟨v.⟩ **0.1** ***volledige werkgelegenheid.***

vollbesetzt 0.1 ***helemaal bezet, vol.***

Vollbesitz ⟨m.⟩ ◆ **6.¶ im** ~ *volledig beschikkend over.*

Vollbild ⟨o.⟩ **0.1** ***foto v.e. hele pagina.***

Vollblut ⟨o.⟩ **0.1** ***volbloed(paard).***

Vollblüter ⟨m.; ~s, ~⟩ **0.1** ***volbloed(paard).***

vollblütig 0.1 ***volbloed*** **0.2** ⟨fig.⟩ ***vitaal.***

vollbringen 0.1 ***volbrengen, voleindigen*** ⇒*verrichten* ◆ **1.1** nach vollbrachtem Tagewerk *na gedane arbeid.*

vollbusig 0.1 ***met een volle boezem.***

Volldampf ⟨m.⟩ **0.1** ***volle kracht*** ◆ **3.1** ⟨fig.⟩ ~ hinter etwas machen *vaart achter iets zetten.*

Völlegefühl ⟨o.⟩ **0.1** ***gevoel van volheid.***

vollenden I ⟨ov.ww.⟩ **0.1** ***voleindigen, voltooien*** ⇒*afmaken* ◆ **1.1** vollendete Tatsachen *voldongen feiten;*
II sich ~ ⟨wk.ww.⟩ **0.1** ***het hoogtepunt bereiken.***

vollendet 0.1 ***volmaakt*** ⇒*perfect* ◆ **1.1** ⟨inf.⟩ ein ~er Schurke *een enorme schurk.*

vollends 0.1 ***volledig*** ⇒*totaal, geheel en al, volkomen* **0.2** ⟨inf.⟩ ***bovendien*** ⇒*vooral, ook nog.*

Vollendung ⟨m.; ~, ~en⟩ **0.1** ***voltooiing*** ⇒*voleind(ig)ing* **0.2** ***volmaaktheid*** ⇒*perfectie* **0.3** ***bekroning.***

voller 0.1 ***vol (van).***

Völlerei ⟨v.; ~⟩ **0.1** ***geschrans, zwelgerij, zwelgpartij.***

vollessen, sich ⟨inf.⟩ **0.1** ***zich rond eten.***

Volleyball ⟨m.⟩ **0.1** ***volleybal*** ◆ **3.1** ~ spielen *volleyballen.*

vollführen 0.1 ***volbrengen, -voeren*** ⇒*verrichten* ◆ **1.1** ⟨inf.⟩ einen Höllenlärm ~ *een hels kabaal maken.*

vollfüllen 0.1 ***helemaal vullen.***

Vollgas ⟨o.⟩ **0.1** ***vol gas*** ◆ **6.1** ⟨fig.⟩ **mit** ~ *zo snel mogelijk.*

Vollgefühl ⟨o.⟩ ◆ **6.¶ im** ~ *in het volle besef.*

vollgießen 0.1 ***volgieten.***

vollgültig 0.1 ***ten volle geldig.***

Vollgummi ⟨m. & o.⟩ **0.1** ***massieve rubber.***

Vollidiot ⟨m.⟩⟨inf.⟩ **0.1** ***volslagen idioot.***

völlig 0.1 ***volledig, totaal*** ⇒*volslagen* ◆ **1.1** sie ist noch ein ~es Kind *ze is nog helemaal echt een kind.*

vollinhaltlich 0.1 ***wat de gehele inhoud betreft*** ⇒*volledig.*

volljährig 0.1 ***meerderjarig.***

Vollkasko ⟨v.; ~⟩ **0.1** ***all-risk(verzekering).***

vollkommen 0.1 ***volkomen*** ⇒*volmaakt* **0.2** ***volkomen*** ⇒ *volledig, totaal* ◆ **¶.1** damit war das Unglück ~! *erger had het niet kunnen zijn!*

Vollkommenheit ⟨v.; ~⟩ **0.1** ***volmaaktheid, perfectie.***

Vollkornbrot ⟨o.⟩ **0.1** ***volkorenbrood.***

vollmachen 0.1 ***vol maken, vullen*** **0.2** ***vol maken*** ⇒*completeren* **0.3** ⟨inf.⟩ ***in de broek doen.***

Vollmacht ⟨v.; ~, ~en⟩ **0.1** ***volmacht, machtiging*** **0.2** ***volmacht(brief)*** ◆ **6.1 in** ~ *bij volmacht.*

vollmast ⟨scheep.⟩ ◆ **3.¶** ~ flaggen *de vlag in top hebben.*

Vollmatrose ⟨m.⟩ **0.1** ***vol matroos.***

Vollmilch ⟨v.⟩ **0.1** ***volle melk.***

Vollmond ⟨m.⟩ **0.1** ***vollemaan, volle maan*** ◆ **8.1** strahlen wie ein ~ *van geluk stralen.*

Vollmondgesicht ⟨o.⟩⟨inf.⟩ **0.1** ***vollemaansgezicht.***

vollmundig 0.1 ***met een volle smaak.***

Vollpension ⟨v.⟩ **0.1** ***volpension.***

Vollplastik ⟨v.⟩⟨bk.⟩ **0.1** ***vrijstaande sculptuur/plastiek.***

Vollrausch ⟨m.⟩ **0.1** ***zware dronkenschap.***

vollreif 0.1 ***helemaal rijp.***

Vollreifen ⟨m.⟩ **0.1** ***massieve band.***

vollschlagen I ⟨onov.ww.⟩ **0.1** ***vol slaan*** ⟨v.e. boot⟩;
II sich ~ ⟨wk.ww.⟩⟨vulg.⟩ **0.1** ***zich vol (vr)eten.***

Vollsinn ⟨m.⟩ **0.1** ***volle betekenis.***

Vollspur ⟨v.⟩⟨verk.⟩ **0.1** ***normaalspoor.***

vollständig 0.1 ***volledig*** ⇒*compleet* **0.2** ***volledig*** ⇒*ten volle, helemaal.*

Vollständigkeit ⟨v.; ~⟩ **0.1** ***volledigheid.***

vollstopfen 0.1 ***volproppen, -stoppen.***

vollstrecken 0.1 ***voltrekken*** ⇒*ten uitvoer brengen* ◆ **1.1** die ~de Gewalt *de uitvoerende macht.*

Vollstrecker ⟨m.; ~s, ~⟩ **0.1** ***voltrekker.***

Vollstreckung ⟨v.; ~, ~en⟩ **0.1** ***voltrekking*** ⇒*tenuitvoerlegging, executie.*

Vollstreckungsbeamte(r) ⟨bn. als zn.; m.⟩ **0.1** ***deurwaarder, executeur.***

Vollstreckungsbefehl ⟨m.⟩ **0.1** ***bevel tot tenuitvoerlegging.***

volltönend 0.1 ***sonoor.***

Volltreffer ⟨m.⟩ **0.1** ***voltreffer*** **0.2** ⟨fig.⟩ ***schot in de roos.***

Vollverb ⟨o.⟩⟨taal.⟩ **0.1** ***zelfstandig werkwoord.***

Vollverpflegung ⟨v.⟩ **0.1** ***volledige verzorging.***

Vollversammlung ⟨v.⟩ **0.1** ***plenaire, algemene vergadering.***

Vollwaise ⟨v.⟩ **0.1** ***volle wees.***

vollwertig 0.1 ***volwaardig.***

Vollwertkost ⟨v.⟩ **0.1** ***volwaardig voedsel.***

vollzählig 0.1 ***voltallig.***

Vollzeitbeschäftigte(r) ⟨bn. als zn.⟩ **0.1** ***voltijdwerker, fulltimer.***

vollziehen I ⟨ov.ww.⟩ **0.1** ***voltrekken*** ⇒*uitvoeren, ten uitvoer brengen* **0.2** ***verrichten*** ⇒*realiseren;*
II sich ~ ⟨wk.ww.⟩ **0.1** ***zich voltrekken*** ⇒*plaatsvinden, gebeuren.*

Vollziehung ⟨v.; ~⟩ **0.1** ***voltrekking*** ⇒*uitvoering* **0.2** ***verrichting.***

Vollzug ⟨m.; ~(e)s⟩ **0.1** ***uitvoering*** **0.2** ***(straf)voltrekking, executie.***

Vollzugsanstalt ⟨v.⟩ **0.1** ***huis van bewaring.***
Vollzugsbeamte(r) ⟨bn. als zn.; m.⟩ **0.1** ***deurwaarder*** **0.2** ***cipier, gevangenisbewaarder.***
Volontär ⟨m.; ~s, ~e⟩ **0.1** ***volontair.***
volontieren **0.1** ***als volontair werkzaam zijn.***
Volte ⟨v.; ~, ~n⟩⟨sp.⟩ **0.1** ***volte, wending, zwenking.***
voltigieren ⟨sp.⟩ **0.1** ***voltigeren.***
Volumen ⟨o.; ~s, ~ of Volumina⟩ **0.1** ***volume*** ⇒*inhoud* **0.2** ***volumen*** ⇒*boekdeel* **0.3** ⟨ec.⟩ ***(totale) omvang.***
voluminös **0.1** ***volumineus, omvangrijk.***
vom ⟨vz. + 3; von dem⟩ **0.1** ***van de, van het, van*** **0.2** ⟨in lijdende zinnen⟩ ***door de, door het*** ◆ **2.1** vier ~ Hundert *vier procent.*
Vomhundertsatz ⟨m.⟩ **0.1** ***percentage.***
von ⟨vz. + 3⟩ **0.1** ***van*** ⟨inf. ook ter omschrijving v.d. 2e nv.⟩ ⇒ *(afkomstig) uit* **0.2** ⟨in lijdende zinnen⟩ ***door*** **0.3** ***over*** ⇒ *van* **0.4** ⟨niet vertaald na telwoorden⟩ **0.5** ⟨inf.⟩ ***van een*** ◆ **1.1** eine Ausnahme ~ der Regel *een uitzondering op de regel* **1.2** ~ Gottes Gnaden *bij de gratie Gods* **1.5** eine Seele ~ Mensch *de goedheid in persoon, zelve* **2.4** sechs ~ hundert *zes procent* **2.¶** ~ neuem *opnieuw* **3.3** das Buch handelt vom Krieg *het boek gaat over de oorlog* **5.1** ~ alters her, ~ jeher *van oudsher;* ~ weitem *van ver(re);* ~ woher? *waarvandaan?* **6.1** ~ mir **aus** *voor mijn part, wat mij betreft.*
voneinander **0.1** ***van elkaar, mekaar*** ⇒*vaneen.*
vonnöten ◆ **3.¶** ~ sein *nodig, van node zijn;* viel Geduld ist ~ *er is veel geduld voor nodig.*
vonstatten ◆ **3.¶** ~ gehen (a) *plaatsvinden, doorgang vinden* (b) *verlopen* (c) *vorderen, opschieten.*
Vopo[1] ⟨m.; ~s, ~s⟩⟨in de voormalige DDR; afk.⟩ [Volkspolizist].
Vopo[2] ⟨v.; ~⟩⟨in de voormalige DDR; afk.⟩ [Volkspolizei].
vor[1] ⟨bw.⟩ ◆ **8.¶** nach wie ~ *net als voorheen, nog steeds.*
vor[2] ⟨vz. + 3,4⟩ **0.1** ***voor*** ⟨plaats, tijd⟩ **0.2** ***voor, van*** ⟨als bejegening of onwillekeurige reactie⟩ **0.3** ***voor*** ⇒*in tegenwoordigheid van* ◆ **1.1** ~ drei Wochen *drie weken geleden* **1.2** zittern ~ Angst *beven van angst* **1.3** etwas ~ der Presse erklären *iets ten overstaan van de pers verklaren* **4.1** ~ allem *vooral, met name;* ~ sich gehen *gebeuren;* ~ sich ⟨4e nv.⟩ hin pfeifen *voor zich uit fluiten.*
vorab **0.1** ***vooraf, tevoren.***
Vorabend ⟨m.⟩ **0.1** ***vooravond, de avond voor.***
Vorahnung ⟨v.⟩⟨inf.⟩ **0.1** ***voorgevoel.***
Voralarm ⟨m.⟩ **0.1** ***waarschuwingssignaal*** ⟨bij luchtalarm⟩.
voran **0.1** ***voorop, vooraan*** ⇒*als eerste* **0.2** ⟨inf.⟩ ***vooruit, voorwaarts.***
voranbringen **0.1** ***vooruitbrengen, bevorderen.***
vorangehen **0.1** ***vooraan lopen, voorafgaan*** **0.2** ***opschieten, goed vorderen*** ◆ **6.1 mit** gutem Beispiel ~ *het goede voorbeeld geven.* →**Beispiel.**
vorankommen **0.1** ***vooruitkomen*** ⇒⟨fig.⟩ *vorderen, opschieten.*
voranmelden ⟨com.⟩ **0.1** ***aanmelden*** ⟨telefoongesprek⟩.
Voranschlag ⟨m.⟩ **0.1** ***kostenraming.***
voranstellen **0.1** ***vooropstellen, -zetten*** ◆ **3.1** dem Buch eine Einleitung ~ *aan het boek een inleiding laten voorafgaan.*
vorantreiben **0.1** ***versnellen, bespoedigen.***
Voranzeige ⟨v.⟩ **0.1** ***(voor)aankondiging.***
Vorarbeit ⟨v.⟩ **0.1** ***voorwerk, voorbereidend werk*** ⇒*voorbereiding.*
vorarbeiten I ⟨onov.ww.⟩ **0.1** ***voor(uit)werken*** **0.2** ***voorbereidend werk doen;***
II sich ~ ⟨wk.ww.⟩ **0.1** ***zich naar voren werken*** ⇒⟨fig.⟩ *hogerop komen.*
Vorarbeiter ⟨m.⟩ **0.1** ***voorman, voorwerker.***
vorauf **0.1** ***voorop, vooraf.***
voraufgehen **0.1** ***vooropgaan, -lopen.***
voraus ⟨acc. wiss.⟩ **0.1** ***vooruit, voorop, vooraf*** ◆ **3.1** seiner Zeit weit ~ sein *zijn tijd ver vooruit zijn* **6.1** vielen Dank **im** ~! *bij voorbaat dank!*
vorausberechnen **0.1** ***van tevoren berekenen.***
vorausbezahlen **0.1** ***vooruitbetalen.***
vorausdatieren **0.1** ***postdateren.***
vorauseilen **0.1** ***vooruitsnellen*** ◆ **1.1** ⟨fig.⟩ seiner Zeit ~ *zijn tijd ver vooruit zijn.*
vorausfahren **0.1** ***vooruitrijden.***
vorausgehen **0.1** ***vooruitlopen, -gaan*** **0.2** ***voorafgaan.***
vorausshaben **0.1** ***voor hebben op*** ◆ **6.1** **(vor)** etwas, jmdm. etwas ~ *iets op iets, iem. voor hebben.*
Vorauskasse ⟨v.⟩⟨ec.⟩ **0.1** ***vooruitbetaling.***
Vorauskommando ⟨o.⟩⟨mil.⟩ **0.1** ***kwartiermakers-, verkenningsgroep.***
vorauslaufen **0.1** ***vooruitlopen.***
Voraussage ⟨v.⟩ **0.1** ***voorspelling, prognose.***
voraussagen **0.1** ***voorspellen.***
vorausschauen **0.1** ***voor(uit)zien.***
vorausschicken **0.1** ***vooruitzenden*** **0.2** ***vooropstellen.***
voraussehen **0.1** ***voor(uit)zien.***
voraussetzen **0.1** ***ver-, vooronderstellen*** ⇒*vooropstellen, vereisen* ◆ **3.1** vorausgesetzt, er schafft es *mits hij het voor elkaar krijgt.*
Voraussetzung ⟨v.; ~, ~en⟩ **0.1** ***ver-, vooronderstelling*** ⇒ *vereiste, voorwaarde.*
Voraussicht ⟨v.⟩ **0.1** ***vooruitzicht, vooruitziende blik*** ◆ **6.1** aller ~ **nach** *naar alle waarschijnlijkheid.*
voraussichtlich **0.1** ***waarschijnlijk*** ⇒*naar het zich laat aanzien.*
Vorauswahl ⟨v.⟩ **0.1** ***voorselectie.***
vorauswissen **0.1** ***van tevoren weten*** ⇒*voorzien.*
vorauszahlen **0.1** ***vooruitbetalen.***
Vorbau ⟨m.; mv. ~ten⟩ **0.1** ***uit-, voor-, aanbouw.***
vorbauen I ⟨onov.ww.⟩ **0.1** ***voorkomen, verhinderen*** ◆ **1.1** der kluge Mann baut vor *voorkomen is beter dan genezen;* einem Mißverständnis ~ *een misverstand voorkomen;*
II ⟨ov.ww.⟩ **0.1** ***uit-, aanbouwen.***
Vorbedacht ⟨m.⟩ **0.1** ***opzet*** ◆ **6.1 aus, mit** ~ *opzettelijk, expres,* ⟨ook⟩ *met voorbedachten rade.*
vorbedenken **0.1** ***van tevoren bedenken, overwegen.***
Vorbedingung ⟨v.⟩ **0.1** ***voorwaarde.***
Vorbehalt ⟨m.; ~(e)s, ~e⟩ **0.1** ***voorbehoud*** ⇒*beperking, restrictie.*
vorbehalten **0.1** ***voorbehouden*** ◆ **3.1** die Kontrolle ist dem Chef ~ *de controle ligt in handen van de chef* **4.1** sich ⟨3e nv.⟩ noch andere Möglichkeiten ~ *nog andere mogelijkheden (voor zichzelf) openlaten.*
vorbehaltlos **0.1** ***zonder voorbehoud.***
Vorbehaltsklausel ⟨v.⟩⟨jur.⟩ **0.1** ***ontsnappingsclausule.***
Vorbehandlung ⟨v.⟩ **0.1** ***voorbehandeling.***
vorbei **0.1** ***voorbij*** ⇒*langs, gepasseerd,* ⟨van tijd⟩ *afgelopen* ◆ **3.1** ~ ist ~ *wat geweest is is geweest* **8.1** aus und ~ *definitief afgelopen.*
vorbeidrücken, sich **0.1** ***voorbijsluipen*** ◆ **6.1** sich **an** den Schwierigkeiten ~ *de moeilijkheden uit de weg gaan.*
vorbeieilen **0.1** ***voorbijsnellen.***
vorbeifahren **0.1** ***langs-, voorbijrijden.***
vorbeifließen **0.1** ***voorbijstromen.***
vorbeiführen I ⟨onov.ww.⟩ **0.1** ***voorbij-, langslopen*** ◆ **5.1**

⟨fig.⟩ daran führt kein Weg vorbei *daaraan valt niet te ontkomen;*
II ⟨ov.ww.⟩ **0.1** ***voorbij(ge)leiden, langs (ge)leiden.***
vorbeigehen 0.1 ***voorbij-, langsgaan*** **0.2** ***het doel missen*** **0.3** ***overgaan, ophouden*** ◆ **6.1 an** einer Sache ~ (a) *langs iets lopen, gaan* (b) *ergens niet op letten;* **im** Vorbeigehen *in het voorbijgaan,* ⟨fig. ook⟩ *terloops.*
vorbeikommen 0.1 ***voorbij-, langskomen.***
vorbeilassen 0.1 ***voorbijlaten, laten passeren.***
vorbeilaufen 0.1 ***voorbij-, langslopen.***
Vorbeimarsch ⟨m.⟩ **0.1** ***defilé.***
vorbeimarschieren 0.1 ***voorbijmarcheren, defileren.***
vorbeireden 0.1 ***langs ... heen praten.***
vorbeiziehen 0.1 ***voorbij-, langstrekken, voorbijgaan.***
vorbelastet 0.1 ***belast.***
Vorbelastung ⟨v.⟩ **0.1** ***het belast zijn.***
Vorbemerkung ⟨v.⟩ **0.1** ***inleidende opmerking.***
vorbereiten I ⟨ov.ww.⟩ **0.1** ***voorbereiden*** ⇒*klaar-, gereedmaken, prepareren;*
II sich ~ ⟨wk.ww.⟩ **0.1** ***zich aankondigen, op til zijn.***
Vorbereitung ⟨v.⟩ **0.1** ***voorbereiding.***
Vorbericht ⟨m.⟩ **0.1** ***voorlopig rapport*** **0.2** ***mededeling vooraf.***
Vorbesitzer ⟨m.⟩ **0.1** ***vorige eigenaar.***
vorbestellen 0.1 ***van tevoren bestellen.***
vorbestimmt 0.1 ***voorbestemd, voorbeschikt.***
vorbestraft 0.1 ***reeds eerder bestraft, veroordeeld.***
vorbeten 0.1 ***voorbidden*** **0.2** ⟨fig.⟩ ***steeds opnieuw uitleggen.***
Vorbeter ⟨m.⟩ **0.1** ***voorbidder.***
vorbeugen I ⟨onov.ww.⟩ **0.1** ***voorkomen, verhinderen*** ◆ **¶.1** ⟨sprw.⟩ ~ ist besser als heilen *voorkomen is beter dan genezen;*
II ⟨ov.ww.⟩ **0.1** ***vooroverbuigen.***
Vorbeugung ⟨v.⟩ **0.1** ***voorkoming, verhindering*** ◆ **6.1** die ~ **gegen** Erkrankungen *het voorkomen van ziektes.*
Vorbeugungsmaßnahme ⟨v.⟩ **0.1** ***preventieve maatregel.***
Vorbild ⟨o.⟩ **0.1** ***(ideaal) voorbeeld*** ◆ **6.1 nach** dem ~ von *in navolging van.*
vorbilden 0.1 ***voorbereidend vormen*** **0.2** ***een vooropleiding geven.***
vorbildlich 0.1 ***voorbeeldig, model-.***
Vorbildung ⟨v.⟩ **0.1** ***vooropleiding.***
Vorbote ⟨m.⟩ **0.1** ***voorbode.***
vorbringen 0.1 ***naar voren brengen, aanvoeren, ter sprake brengen.***
Vorbühne ⟨v.⟩ **0.1** ***voortoneel, proscenium.***
Vordach ⟨o.⟩ **0.1** ***luifel, afdak.***
vordatieren 0.1 ***postdateren.***
vordem 0.1 ***vroeger, lang geleden*** ⇒*voorheen.*
vorder 0.1 ***voor gelegen*** ⇒*voorst* ◆ **1.1** der ~e Reifen *de voorste band.*
Vorderachse ⟨v.⟩ **0.1** ***vooras.***
Vorderansicht ⟨v.⟩ **0.1** ***vooraanzicht.***
Vorderasien ⟨o.⟩ **0.1** ***Voor-Azië.***
Vorderbein ⟨o.⟩ **0.1** ***voorbeen, -poot.***
Vorderdeck ⟨o.⟩ **0.1** ***voordek.***
Vorderfuß ⟨m.⟩ **0.1** ***voorbeen, -poot, -voet.***
Vordergrund ⟨m.⟩ **0.1** ***voorgrond*** ◆ **6.1 in** den ~ rücken, treten *op de voorgrond treden.*
vordergründig 0.1 ***oppervlakkig, vluchtig.***
vorderhand 0.1 ***voorshands, voorlopig.***
Vorderhand ⟨v.⟩⟨sp.⟩ **0.1** ***voorhand.***
Vorderlader ⟨m.; ~s, ~⟩ **0.1** ***voorlader.***
vorderlastig 0.1 ***voorlastig.***
Vordermann ⟨m.; mv. ⸚er⟩ **0.1** ***voorman*** (in een rij) ◆ **6.¶** jmdn. **auf** ~ bringen *iem. tucht bijbrengen.*
Vorderrad ⟨o.⟩ **0.1** ***voorwiel.***
Vorderradantrieb ⟨m.⟩ **0.1** ***voorwielaandrijving.***
Vorderschinken ⟨m.⟩ **0.1** ***schouderham.***
Vorderseite ⟨v.⟩ **0.1** ***voorzijde, -kant.***
Vordersitz ⟨m.⟩ **0.1** ***zitplaats vóór*** (in auto).
Vorderteil ⟨m. & o.⟩ **0.1** ***voorste deel.***
Vordertür ⟨v.⟩ **0.1** ***voordeur.***
Vorderzahn ⟨m.⟩ **0.1** ***voor-, snijtand.***
vordrängen I ⟨onov.ww.⟩ **0.1** ***naar voren dringen, opdringen;***
II sich ~ ⟨wk.ww.⟩ **0.1** ***zich op de voorgrond dringen*** **0.2** ***voordringen.***
vordringen 0.1 ***door-, indringen.***
vordringlich 0.1 ***zeer dringend, urgent.***
Vordruck ⟨m.; mv. ~e⟩ **0.1** ***(voorgedrukt) formulier.***
vordrucken 0.1 ***van tevoren drukken.***
vorehelich 0.1 ***voorechtelijk.***
voreilig 0.1 ***overhaast, voorbarig.***
Voreiligkeit ⟨v.⟩ **0.1** ***voorbarigheid.***
voreinander 0.1 ***voor elkaar.***
voreingenommen 0.1 ***vooringenomen, bevooroordeeld.***
Voreltern ⟨alleen mv.⟩ **0.1** ***voorouders.***
vorenthalten 0.1 ***onthouden*** ⇒*te kort doen.*
Vorentscheidung ⟨v.⟩ **0.1** ***voorlopige beslissing.***
Vorentwurf ⟨m.⟩ **0.1** ***voorontwerp.***
vorerst 0.1 ***voorlopig, vooreerst.***
vorerwähnt ⟨adm.⟩ **0.1** ***voornoemd, bovengenoemd.***
vorexerzieren ⟨inf.⟩ **0.1** ***voordoen.***
vorfabrizieren 0.1 ***prefabriceren.***
Vorfahr ⟨m.; ~en, ~en⟩ **0.1** ***voorvader*** ⇒⟨mv.⟩ *voorouders.*
vorfahren 0.1 ***naar voren rijden*** **0.2** ***voorrijden*** (voor de deur) **0.3** ***inhalen*** **0.4** ***voorrang hebben*** ◆ **3.4** jmdn. ~ lassen *iem. voorrang verlenen.*
Vorfahrt ⟨v.⟩⟨verk.⟩ **0.1** ***voorrang*** ◆ **3.1** die ~ beachten *voorrang verlenen;* die ~ mißachten *geen voorrang geven.*
Vorfahrtsrecht ⟨o.⟩ **0.1** ***(recht op) voorrang.***
Vorfahrtsstraße ⟨v.⟩ **0.1** ***voorrangsweg.***
Vorfahrtszeichen ⟨o.⟩ **0.1** ***voorrangsteken.***
Vorfall ⟨m.⟩ **0.1** ***gebeurtenis, voorval.***
vorfallen 0.1 ***gebeuren, voorvallen*** **0.2** ***voorovervallen.***
vorfertigen 0.1 ***prefabriceren.***
Vorfilm ⟨m.⟩ **0.1** ***voorfilm.***
vorfinanzieren 0.1 ***voorfinancieren.***
vorfinden I ⟨ov.ww.⟩ **0.1** ***aantreffen, vinden;***
II sich ~ ⟨wk.ww.⟩ **0.1** ***zich bevinden.***
vorflunkern ⟨inf.⟩ **0.1** ***wijsmaken, voorspiegelen.***
Vorfrage ⟨v.⟩ **0.1** ***vraag vooraf.***
Vorfreude ⟨v.⟩ **0.1** ***voorpret.***
vorfühlen ⟨inf.⟩ **0.1** ***polsen*** ◆ **6.1 bei** jmdm. ~ *iem. polsen.*
Vorführdame ⟨v.⟩ **0.1** ***mannequin.***
vorführen 0.1 ***voor(ge)leiden*** **0.2** ***(ver)tonen, demonstreren, showen.***
Vorführer ⟨m.⟩ **0.1** ***(film)operateur.***
Vorführgerät ⟨o.⟩ **0.1** ***(film)projector*** **0.2** ***demonstratie-, showmodel*** (v.e. apparaat).
Vorführung ⟨v.⟩ **0.1** ***voor(ge)leiding*** **0.2** ***demonstratie, vertoning*** **0.3** ⟨dram.⟩ ***uit-, opvoering, voorstelling.***
Vorgabe ⟨v.⟩⟨sp.⟩ **0.1** ***voorgift*** ⇒*handicap.*
Vorgang ⟨m.⟩ **0.1** ***voorval, gebeurtenis*** ⇒*proces.*
Vorgänger ⟨m.; ~s, ~⟩ **0.1** ***voorganger.***
Vorgarten ⟨m.⟩ **0.1** ***voortuin(tje).***
vorgaukeln 0.1 ***voortoveren, voorspiegelen.***
vorgeben 0.1 ***naar voren (door)geven*** **0.2** ***voorgeven,***

voorwenden **0.3** *vaststellen, bepalen* **0.4** ⟨sp.⟩ *voorgeven, een voorsprong geven* ◆ **1.3** die vorgegebene Norm *de van tevoren vastgestelde norm.*
Vorgebirge ⟨o.⟩ **0.1** *voorgebergte.*
vorgeblich 0.1 *geveinsd, voorgewend.*
vorgefaßt 0.1 *vooropgezet* ◆ **1.1** ein ~es Urteil *een vooroordeel.*
Vorgefecht ⟨o.⟩ **0.1** *schermutseling voor de echte strijd.*
Vorgefühl ⟨o.⟩ **0.1** *voorgevoel.*
vorgehen 0.1 *vooroplopen, vooropgaan* **0.2** *naar voren gaan* ⇒⟨mil.⟩ *oprukken* **0.3** *handelen* ⇒*optreden, te werk gaan* **0.4** *voorgaan, voorrang hebben* **0.5** *gebeuren* ⇒ *zich afspelen* ◆ **1.1** die Uhr geht vor *de klok, het horloge loopt voor* **4.5** irgend etwas geht hier vor *hier is iets niet in de haak* **5.3** systematisch ~ *systematisch te werk gaan* **6.3** gerichtlich **gegen** jmdn. ~ *iem. gerechtelijk vervolgen.*
Vorgehen ⟨o.; ~s⟩ **0.1** *handelwijze* ⇒*aanpak.*
vorgelagert 0.1 *voor iets liggend.*
vorgenannt 0.1 *voornoemd, bovengenoemd.*
Vorgericht ⟨o.⟩ **0.1** *voorgerecht.*
Vorgeschichte ⟨v.⟩ **0.1** *voorgeschiedenis* **0.2** *prehistorie.*
vorgeschichtlich 0.1 *prehistorisch.*
Vorgeschmack ⟨m.⟩ **0.1** *voorproefje, voorsmaak.*
Vorgesetzte(r) ⟨bn. als zn.⟩ **0.1** *meerdere, superieur.*
vorgestern 0.1 *eergisteren.*
vorgestrig 0.1 *van eergisteren* ⇒⟨fig.⟩ *ouderwets.*
vorgreifen ⟨met 3e nv.⟩ **0.1** *vooruitlopen op* ⇒*vóór zijn* **0.2** *naar voren grijpen.*
Vorgriff ⟨m.⟩ **0.1** *het vooruitlopen op, anticipatie* ◆ **6.1 im, in, unter** ~ auf *vooruitlopend op.*
vorhaben 0.1 *van plan zijn, voornemens zijn* **0.2** *voorhebben, voorgebonden hebben* ⟨schort⟩ **0.3** ⟨inf.⟩ *onder handen nemen.*
Vorhaben ⟨o.; ~s, ~⟩ **0.1** *plan, voornemen.*
Vorhafen ⟨m.⟩ **0.1** *voorhaven.*
Vorhalle ⟨v.⟩ **0.1** *voorhal, voorportaal.*
vorhalten 0.1 *voorhouden* ⇒⟨fig. ook⟩ *verwijten* **0.2** ⟨inf.⟩ *voldoende zijn, toereiken.*
Vorhaltung ⟨v.⟩ **0.1** *verwijt, terechtwijzing* ◆ **3.1** jmdm. wegen einer Sache ~en machen *iem. ernstig over iets onderhouden.*
Vorhand ⟨v.⟩ **0.1** *voorhand* ⇒*voorpoot* **0.2** ⟨kaartspel⟩ *voorhand* **0.3** ⟨tennis⟩ *forehand.*
vorhanden 0.1 *voorhanden, beschikbaar.*
Vorhandschlag ⟨m.⟩⟨sp.⟩ **0.1** *forehand.*
Vorhang ⟨m.⟩ **0.1** *gordijn* ⇒⟨dram.⟩ *doek* ◆ **2.1** ⟨dram.⟩ der eiserne ~ *het brandscherm;* ⟨pol.⟩ der Eiserne ~ *het IJzeren Gordijn.*
vorhängen 0.1 *hangen voor.*
Vorhängeschloß ⟨o.⟩ **0.1** *hangslot.*
Vorhangstange ⟨v.⟩ **0.1** *gordijnroede.*
Vorhaut ⟨v.⟩ **0.1** *voorhuid.*
vorher 0.1 *(van) tevoren, ervoor, vooraf.*
vorherbestimmen 0.1 *vooraf bepalen* **0.2** *voorbeschikken.*
vorhergehen 0.1 *voor(af)gaan.*
vorherig 0.1 *voorafgaand* ⇒*vorig.*
Vorherrschaft ⟨v.⟩ **0.1** *hegemonie.*
vorherrschen 0.1 *overheersen, overwegen.*
Vorhersage ⟨v.; ~, ~n⟩ **0.1** *voorspelling, prognose.*
vorhersagen 0.1 *voorspellen.*
vorhersehbar 0.1 *te voorzien.*
vorhersehen 0.1 *voor(uit)zien.*
vorheucheln 0.1 *voorhuichelen.*
vorhin 0.1 *daarnet, zoëven.*
vorhinein ◆ **6.¶ im** ~ *van tevoren, bij voorbaat.*
Vorhof ⟨m.⟩ **0.1** *voorhof.*
Vorhut ⟨v.; ~, ~en⟩ **0.1** *voorhoede.*
vorig 0.1 *vorig, voor(af)gaand* ⇒*vroeger.*
Vorjahr ⟨o.⟩ **0.1** *vorig jaar.*
vorjährig 0.1 *van, in het vorig jaar.*
Vorkammer ⟨v.⟩⟨med.⟩ **0.1** *voorhof, hartboezem.*
Vorkämpfer ⟨m.⟩ **0.1** *voorvechter.*
vorkauen 0.1 *voorkauwen* ⟨ook fig.⟩.
Vorkauf ⟨m.⟩⟨ec.⟩ **0.1** *voorkoop.*
Vorkaufsrecht ⟨o.⟩⟨ec.⟩ **0.1** *recht van voorkoop, optie.*
vorkehren 0.1 *duidelijk tonen, laten zien* ◆ **1.1** den Chef ~ *de chef uithangen.*
Vorkehrung ⟨v.; ~, ~en⟩ **0.1** *voorzorg(smaatregel).*
Vorkenntnis ⟨v.⟩ **0.1** *basiskennis* ⇒*vooropleiding.*
vorknöpfen ◆ **4.¶** sich ⟨3e nv.⟩ jmdn. ~ *iem. onder handen nemen.*
vorkommen 0.1 *naar voren komen* ⇒*te voorschijn komen* **0.2** *gebeuren, voorkomen* **0.3** *(toe)schijnen, voorkomen* **0.4** *voorkomen, aangetroffen, gevonden worden* ◆ **5.3** wie kommst du mir denn vor? *wie denk je wel dat je bent?* **8.3** das kommt mir wie Verrat vor *dat lijkt mij verraad.*
Vorkommen ⟨o.; ~s, ~⟩ **0.1** *het voorkomen, het bestaan* **0.2** *vindplaats* ⟨van mineralen⟩ ⇒⟨mbt. gas, olie⟩ *veld.*
Vorkommnis ⟨o.; ~ses, ~se⟩ **0.1** *voorval, gebeurtenis* ⟨meestal onaangenaam⟩.
vorkragen 0.1 *vooruitsteken* ⟨van gedeelten v.e. gebouw⟩.
Vorkriegszeit ⟨v.⟩ **0.1** *vooroorlogse tijd.*
vorladen ⟨jur.⟩ **0.1** *dag(vaard)en.*
Vorladung ⟨v.⟩⟨jur.⟩ **0.1** *(exploot van) dagvaarding.*
Vorlage ⟨v.⟩ **0.1** *voorstel, ontwerp* **0.2** *het overleggen* ⇒ *het tonen* **0.3** *voorbeeld, model* ⇒*patroon* **0.4** ⟨ec.⟩ *voorschot* **0.5** ⟨roeien, skispringen⟩ *voorovergebogen houding* **0.6** ⟨sp.⟩ *voorzet* **0.7** ⟨schei.⟩ *ontvanger, recipiënt* ◆ **6.2 bei, gegen** ~ eines Ausweises *op vertoon van een identiteitsbewijs* **6.4 in** ~ bringen *voorschieten.*
Vorland ⟨o.⟩ **0.1** *voor iets gelegen land* **0.2** *voorland, uiterwaard.*
vorlassen 0.1 *voor laten gaan* **0.2** *toe-, binnenlaten.*
Vorlauf ⟨m.⟩ **0.1** ⟨sp.⟩ *serie* ⇒*voor-, tussenronde* **0.2** ⟨schei.⟩ *voorloop.*
vorlaufen 0.1 *vooruitlopen* ⇒*naar voren lopen.*
Vorläufer ⟨m.⟩ **0.1** *voorloper, voorbode.*
vorläufig 0.1 *voorlopig.*
vorlaut 0.1 *brutaal, vrijpostig.*
vorleben 0.1 *voorleven.*
Vorleben ⟨o.⟩ **0.1** *verleden, antecedenten.*
Vorlegegabel ⟨v.⟩ **0.1** *voorsnij-, trancheervork.*
Vorlegemesser ⟨o.⟩ **0.1** *voorsnij-, trancheermes.*
vorlegen 0.1 *voorleggen* ⇒*laten zien, tonen* **0.2** *leggen voor, aanbrengen* ◆ **1.1** ein neues Buch ~ *een nieuw boek presenteren;* ⟨inf.; fig.⟩ ein scharfes Tempo ~ *het tempo snel opvoeren.*
Vorleger ⟨m.; ~s, ~⟩ **0.1** *(bedden)kleedje, mat.*
Vorlegeschloß ⟨o.⟩ **0.1** *hangslot.*
vorlehnen, sich 0.1 *vooroverleunen.*
vorlesen 0.1 *voorlezen.*
Vorlesung ⟨v.⟩ **0.1** *(hoor)college* **0.2** *het voorlezen.*
Vorlesungsgebühr ⟨v.⟩ **0.1** *collegegeld.*
Vorlesungsverzeichnis ⟨o.⟩ **0.1** *collegerooster* ⇒*series lectionum.*
vorletzt 0.1 *voorlaatst.*
Vorliebe ⟨v.⟩ **0.1** *voorliefde.*
vorliebnehmen ◆ **6.¶ mit** jmdm., etwas ~ *iem., iets voor lief nemen.*

vorliegen **0.1** ***klaarliggen*** ⇒*ter inzage liggen* **0.2** ***te behandelen zijn*** ◆ **1.1** es liegt ein Irrtum vor *er is een vergissing in het spel* **1.2** der ~de Fall *het onderhavige geval* **6.1** ⟨fig.⟩ liegt **gegen** ihn etwas vor? *wordt hij van iets verdacht?*

vorlügen **0.1** ***voorliegen.***

vormachen **0.1** ***voordoen, demonstreren*** **0.2** ***wijsmaken*** ◆ **3.2** wir wollen uns doch nichts ~! *laten we elkaar toch niets wijsmaken!*

Vormacht ⟨v.⟩ **0.1** ***hegemonie, overwicht.***

Vormachtstellung ⟨v.⟩ →**Vormacht.**

Vormagen ⟨m.⟩⟨biol.⟩ **0.1** ***pens en netmaag*** ⟨van herkauwers⟩ **0.2** ***voor-, kliermaag*** ⟨vogels⟩.

vormalig **0.1** ***voormalig, vroeger.***

vormals **0.1** ***vroeger, voorheen.***

Vormann ⟨m.; mv. ⸗er⟩ **0.1** ***voorganger.***

Vormarsch ⟨m.⟩ **0.1** ***opmars.***

Vormauer ⟨v.⟩ **0.1** ***voormuur, bolwerk.***

Vormerkbuch ⟨o.⟩ **0.1** ***notitieboek.***

vormerken **0.1** ***noteren, aantekenen, opnemen*** ⟨bestelling⟩ ◆ **3.1** sich für einen Kurs ~ lassen *zich voor een cursus inschrijven.*

Vormieter ⟨m.⟩ **0.1** ***vorige huurder.***

Vormittag ⟨m.⟩ **0.1** ***voormiddag, ochtend, morgen.***

vormittags **0.1** ***'s morgens, 's ochtends.***

Vormonat ⟨m.⟩ **0.1** ***vorige maand.***

Vormund ⟨m.; ~es, ~e of ⸗er⟩⟨jur.⟩ **0.1** ***voogd*** ◆ **3.1** ⟨inf.; fig.⟩ keinen ~ brauchen *voor zichzelf kunnen opkomen.*

Vormundschaft ⟨v.; ~, ~en⟩⟨jur.⟩ **0.1** ***voogdij, curatele.***

Vormundschaftsbehörde ⟨v.⟩⟨jur.⟩ **0.1** ***voogdijraad.***

vorn **0.1** ***(van) voren, voor(aan)*** ◆ **3.1** es reicht nicht ~ und nicht hinten *dat is op geen stukken na voldoende* **6.1** ein **nach** ~ liegendes Zimmer *een kamer aan de straatkant;* **von** ~ bis hinten *van voren tot achteren.*

Vorname ⟨m.⟩ **0.1** ***voornaam.***

vorne ⟨inf.⟩ →**vorn.**

vornehm **0.1** ***voornaam, aanzienlijk*** **0.2** ***elegant, chic*** **0.3** ***edel, nobel*** **0.4** ***voornaam, belangrijk.***

vornehmen **0.1** ***voor-, omdoen, voorbinden*** **0.2** ***uitvoeren, doen*** ⇒*aanbrengen* **0.3** ***zich voornemen, ten doel stellen*** **0.4** ***met voorrang behandelen*** **0.5** ***de mantel uitvegen, onder handen nemen*** ◆ **1.2** Änderungen ~ *wijzigingen aanbrengen* **4.3** sich ⟨3e nv.⟩ zuviel ~ *te veel hooi op z'n vork nemen.*

vornehmlich **0.1** ***voornamelijk, vooral.***

Vornehmtuer ⟨m.; ~s, ~⟩⟨pej.⟩ **0.1** ***opschepper.***

Vornehmtuerei ⟨v.; ~⟩⟨pej.⟩ **0.1** ***grootdoenerij.***

vorneigen **0.1** ***vooroverbuigen.***

vornherein ◆ **6.¶** **von** ~ *van meet af aan.*

vornhin **0.1** ***voorop, vooraan.***

vornüber **0.1** ***voorover, naar voren.***

vornweg **0.1** ***voor(aan), voorop.***

vorordnen **0.1** ***voorlopig ordenen.***

Vorort ⟨m.⟩ **0.1** ***voorstad*** ⇒*(buiten)wijk.*

Vorortverkehr ⟨m.⟩ **0.1** ***lokaalverkeer.***

Vorortzug ⟨m.⟩ **0.1** ***lokaaltrein.***

Vorplatz ⟨m.⟩ **0.1** ***voorplein, esplanade.***

Vorposten ⟨m.⟩ **0.1** ***voorpost.***

vorpreschen **0.1** ***naar voren stormen, oprukken.***

Vorprogramm ⟨o.⟩ **0.1** ***voorprogramma.***

vorprogrammiert **0.1** ***geprogrammeerd.***

Vorprüfung ⟨v.⟩ **0.1** ***voorselectie*** ⇒*tentamen.*

vorquellen **0.1** ***op(z)wellen*** ⇒*uitpuilen* ⟨oog⟩.

Vorrang ⟨m.⟩ **0.1** ***voorrang, prioriteit*** ◆ **6.1** ~ **vor** jmdm. haben *voorrang boven iem. hebben.*

vorrangig **0.1** ***belangrijker, met grotere prioriteit.***

Vorrangstellung ⟨v.⟩ **0.1** ***belangrijkere positie.***

Vorrat ⟨m.; ~(e)s, ⸗e⟩ **0.1** ***voorraad*** ◆ **6.1** **auf** ~ arbeiten *in 't voren werken.*

vorrätig **0.1** ***voorradig.***

Vorratskammer ⟨v.⟩ **0.1** ***voorraad-, provisiekamer.***

Vorratsraum ⟨m.⟩ →**Vorratskammer.**

Vorratsschrank ⟨m.⟩ **0.1** ***provisiekast.***

Vorraum ⟨m.⟩ **0.1** ***voorhal, voorzaal.***

vorrechnen **0.1** ***voorrekenen.***

Vorrecht ⟨o.⟩ **0.1** ***voorrecht, privilege.***

Vorrede ⟨v.⟩ **0.1** ***voorrede*** ⇒*voorwoord, inleiding* ◆ **3.1** spar dir deine ~n! *kom ter zake!*

vorreden ⟨inf.⟩ **0.1** ***op de mouw spelden.***

Vorredner ⟨m.⟩ **0.1** ***inleider*** ⟨v.e. toespraak⟩ **0.2** ***vorige spreker.***

vorreiten **I** ⟨onov.ww.⟩ **0.1** ***voor(uit)rijden;***
II ⟨ov.ww.⟩ **0.1** ***voorrijden, rijdend laten zien.***

Vorreiter ⟨m.⟩ **0.1** ***voorrijder, pikeur*** ◆ **3.1** ⟨fig.⟩ den ~ machen *het voortouw nemen.*

Vorrichtung ⟨v.⟩ **0.1** ***inrichting, installatie, apparaat.***

vorrücken **I** ⟨onov.ww.⟩ **0.1** ***oprukken*** **0.2** ***vorderen, vooruitgaan*** ◆ **1.2** zu vorgerückter Stunde *zeer laat op de avond;*
II ⟨ov.ww.⟩ **0.1** ***vooruitschuiven, naar voren schuiven.***

Vorruhestand ⟨m.⟩ **0.1** ***VUT, vervroegde uittreding.***

Vorruheständler ⟨m.; ~s, ~⟩ **0.1** ***vutter.***

Vorrunde ⟨v.⟩⟨sp.⟩ **0.1** ***voorronde.***

vorsagen **0.1** ***voorzeggen*** ⇒⟨dram.⟩ *souffleren* **0.2** ***zich inprenten, tegen zichzelf zeggen.***

Vorsänger ⟨m.⟩ **0.1** ***voorzanger.***

Vorsatz ⟨m.⟩ **0.1** ***plan, voornemen, bedoeling*** ⇒*opzet* **0.2** ***voorzetapparaat, voorzetstuk.***

Vorsatzblatt ⟨o.⟩⟨boek.⟩ **0.1** ***schutblad.***

vorsätzlich **0.1** ***opzettelijk*** ◆ **1.1** ~er Mord *moord met voorbedachten rade.*

Vorsatzlinse ⟨v.⟩ **0.1** ***voorzetlens.***

Vorsatzpapier ⟨o.⟩ **0.1** ***schutblad.***

Vorschau ⟨v.⟩ **0.1** ***programmaoverzicht*** ⇒*vooraankondiging.*

Vorschein ⟨m.⟩ ◆ **6.¶** **zum** ~ bringen *te voorschijn brengen, halen.*

vorschicken **0.1** ***naar voren sturen, vooruitzenden.***

vorschieben **0.1** ***naar voren schuiven*** **0.2** ***voorwenden, voorgeven*** ◆ **1.1** ⟨fig.⟩ einen Freund ~ *een vriend als stroman gebruiken.*

vorschießen **I** ⟨onov.ww.⟩ **0.1** ***vooruitschieten, naar voren schieten;***
II ⟨ov.ww.⟩ **0.1** ***voorschieten*** ⟨geld⟩.

Vorschiff ⟨o.⟩⟨scheep.⟩ **0.1** ***voorschip.***

Vorschlag ⟨m.⟩ **0.1** ***voorstel, aanbod*** **0.2** ⟨muz.⟩ ***voorslag*** ◆ **3.1** jmdm. einen ~ machen *iem. een voorstel doen.*

vorschlagen **0.1** ***voorstellen*** ⇒*adviseren, voordragen.*

Vorschlaghammer ⟨m.⟩ **0.1** ***voorhamer.***

Vorschlagsliste ⟨v.⟩ **0.1** ***voordracht*** ⇒*nominatie.*

Vorschlußrunde ⟨v.⟩⟨sp.⟩ **0.1** ***halve finale.***

vorschmecken **0.1** ***in smaak overheersen.***

vorschneiden **0.1** ***voorsnijden, trancheren.***

vorschnell **0.1** ***voorbarig, overhaast.***

vorschreiben **0.1** ***voorschrijven*** ⇒*verplichten.*

vorschreiten **0.1** ***vorderen, voortschrijden.***

Vorschrift ⟨v.⟩ **0.1** ***voorschrift*** ⇒*instructie* ◆ **6.1** Dienst **nach** ~ *stiptheidsactie.*

vorschrifts|gemäß, -mäßig **0.1** ***overeenkomstig de voorschriften, reglementair.***

vorschriftswidrig **0.1** ***in strijd met de voorschriften.***

Vorschub (m.) **0.1** ***vooruitstuwende kracht*** **0.2** ***hulp, begunstiging*** ◆ **3.2** einer Sache (3e nv.) ~ leisten *iets in de hand werken, bevorderen.*
Vorschulalter (o.) **0.1** ***nog niet leerplichtige leeftijd.***
Vorschule (v.) **0.1** ***school voor kinderen van 3 tot 6 jaar.***
Vorschulung (v.) **0.1** ***(voorbereidende) scholing.***
Vorschuß (m.) **0.1** ***voorschot.***
Vorschußzahlung (v.) **0.1** ***betaling v.e. voorschot.***
vorschützen **0.1** ***voorwenden, als excuus aanvoeren.***
vorschweben **0.1** ***voor de geest staan*** ⇒*voor ogen staan.*
vorschwindeln **0.1** ***wijsmaken*** ⇒*beduvelen.*
vorsehen I (onov.ww.) **0.1** ***te zien zijn, zich vertonen;***
II (ov.ww.) **0.1** ***op het oog hebben*** ⇒*plannen, voorzien* ◆ **6.1** einen Betrag **im** Etat ~ *een bedrag op de begroting uittrekken;*
III sich ~ (wk.ww.) **0.1** ***zich in acht nemen*** ⇒*oppassen.*
Vorsehung (v.; ~) **0.1** ***(goddelijke) voorzienigheid.***
vorsetzen **0.1** ***naar voren zetten, plaatsen*** **0.2** ***voorzetten, aanbieden*** **0.3** ***voor iets zetten, plaatsen.***
Vorsicht (v.; ~) **0.1** ***voorzichtigheid, behoedzaamheid*** ◆ **3.1** ~ üben, walten lassen *voorzichtig zijn, te werk gaan* **6.1 mit** aller ~ *met de grootste terughoudendheid* ¶.**1** (sprw.) ~ ist die Mutter der Weisheit *voorzichtigheid is de moeder der wijsheid.*
vorsichtig **0.1** ***voorzichtig, behoedzaam.***
vorsichtshalber **0.1** ***voorzichtigheidshalve.***
Vorsichtsmaßregel (v.) **0.1** ***voorzorgsmaatregel.***
Vorsilbe (v.)(taal.) **0.1** ***voorvoegsel.***
vorsingen **0.1** ***voorzingen.***
vorsintflutlich **0.1** ***van voor de zondvloed*** **0.2** (fig.) ***uit het jaar nul.***
Vorsitz (m.) **0.1** ***voorzitterschap.***
vorsitzen (met 3e nv.) **0.1** ***voorzitten, presideren.***
Vorsitzende(r) (bn. als zn.) **0.1** ***voorzitter, president.***
Vorsommer (m.) **0.1** ***voorzomer.***
Vorsorge (v.) **0.1** ***voorzorg(smaatregel)*** ◆ **6.1 zur** ~ *uit voorzorg.*
vorsorgen **0.1** ***voorzorg nemen.***
Vorsorgeuntersuchung (v.)(med.) **0.1** ***preventief onderzoek.***
vorsorglich **0.1** ***uit voorzorg.***
Vorspann (m.; ~(e)s, ~e) **0.1** ***voorspan, voorste span*** (trekdieren) **0.2** (film.) ***titels*** **0.3** (com.) ***inleiding v.e. persartikel.***
vorspannen **0.1** ***voor-, inspannen.***
Vorspeise (v.) **0.1** ***voorgerecht*** ⇒*voorafje.*
vorspiegeln **0.1** ***voorspiegelen.***
Vorspiel (o.) **0.1** ***voorspel*** **0.2** (sp.) ***voorwedstrijd.***
vorspielen **0.1** ***voorspelen*** **0.2** (fig.) ***voorwenden, doen alsof.***
Vorsprache (v.) **0.1** ***kort onderhoud/bezoek.***
vorsprechen **0.1** ***voorzeggen*** ⇒*reciteren* ◆ **6.¶ bei** jmdm. ~ *iem. opzoeken om iets te bespreken.*
vorspringen **0.1** ***naar voren springen*** **0.2** ***vooruitspringen.***
Vorspruch (m.) **0.1** ***voorrede, proloog.***
Vorsprung (m.) **0.1** ***voorsprong*** **0.2** ***voorsprong, vooruitstekend gedeelte*** ◆ **6.1** einen ~ **vor** jmdm. gewinnen *een voorsprong op iem. behalen.*
Vorstadt (v.) **0.1** ***voorstad.***
Vorstand (m.) **0.1** ***bestuur, directie*** **0.2** ***directeur, bestuurslid.***
Vorstandsmitglied (o.) **0.1** ***bestuurslid.***
Vorstandssitzung (v.) **0.1** ***bestuursvergadering.***
vorstecken **0.1** ***vooruitsteken, naar voren steken.***
Vorstecknadel (v.) **0.1** ***broche*** **0.2** ***dasspeld.***
vorstehen **0.1** ***vooruitspringen, (voor)uitsteken*** **0.2** (met 3e nv.) ***aan het hoofd staan*** ◆ **6.1 im** ~den *in het bovenstaande.*
Vorsteher (m.; ~s, ~) **0.1** ***leider, hoofd*** ⇒*chef.*
Vorsteherdrüse (v.)(med.) **0.1** ***prostaat.***
Vorstehhund (m.)(jacht) **0.1** ***staande hond.***
vorstellbar **0.1** ***voorstelbaar, voor te stellen.***
vorstellen **0.1** ***vooruitzetten, vooruitplaatsen*** **0.2** ***zetten, plaatsen voor*** **0.3** ***voorstellen, bekendmaken*** ⇒*presenteren* **0.4** ***voorstellen, indenken*** **0.5** ***voorstellen, betekenen*** ◆ **3.5** was soll denn das ~? *wat moet dat nu betekenen?*
vorstellig ◆ **3.¶** bei jmdm. ~ werden *voor een persoonlijk onderhoud naar iem. toe gaan.*
Vorstellung (v.) **0.1** ***voorstelling, introductie*** **0.2** ***voorstelling, denkbeeld*** **0.3** ***voorstelling, uitvoering*** **0.4** (alleen mv.) ***bezwaar*** ⇒*terechtwijzing* ◆ **3.4** jmdm. ~en machen wegen einer Sache *iem. ernstig over iets onderhouden.*
Vorstellungsgespräch (o.) **0.1** ***kennismakingsgesprek.***
Vorstellungskraft (v.) **0.1** ***voorstellingskracht.***
Vorstellungsvermögen (o.) **0.1** ***voorstellingsvermogen.***
Vorstopper (m.; ~s, ~)(sp.) **0.1** ***voorstopper.***
Vorstoß (m.) **0.1** ***het doordringen*** **0.2** ***aanval*** **0.3** ***boordsel, passement*** **0.4** ***uitstekend deel v.e. wiel.***
vorstoßen I (onov.ww.) **0.1** ***doordringen, doorstoten*** **0.2** ***aanvallen;***
II (ov.ww.) **0.1** ***naar voren stoten.***
Vorstrafe (v.) **0.1** ***vroegere veroordeling, straf.***
Vorstrafenregister (o.) **0.1** ***strafblad, strafregister.***
vorstrecken **0.1** ***naar voren steken, vooruitsteken*** **0.2** ***voorschieten*** (geld).
vorstreichen **0.1** ***in de grondverf zetten.***
Vorstudie (v.) **0.1** ***voorstudie.***
Vorstufe (v.) **0.1** ***voorstadium.***
vorstülpen **0.1** ***tuiten*** (lippen).
vorstürmen **0.1** ***voorwaarts stormen.***
Vortag (m.) **0.1** ***voorgaande, vorige dag.***
vortanzen **0.1** ***voordansen.***
vortäuschen **0.1** ***voortoveren, voorspiegelen*** ⇒*voorwenden.*
Vorteil (m.) **0.1** ***voordeel*** ⇒*profijt, winst* ◆ **3.1** (sp.) ~ gelten lassen *de voordeelregel toepassen* **6.1** sich **zu** seinem ~ verändern *in zijn voordeel veranderen.*
vorteilhaft **0.1** ***voordelig*** ⇒*goedkoop.*
Vortrag (m.; ~(e)s, ⸚e) **0.1** ***voordracht*** **0.2** ***lezing*** **0.3** ***mondeling verslag*** **0.4** (ec.) ***transport, overboeking.***
vortragen **0.1** ***naar voren dragen*** **0.2** ***voordragen*** ⇒*reciteren* **0.3** ***rapporteren, verslag uitbrengen*** ⇒*uiteenzetten* **0.4** (ec.) ***transporteren, overboeken.***
Vortragsfolie (v.) **0.1** ***overheadsheet.***
Vortragsreihe (v.) **0.1** ***serie, reeks lezingen, voordrachten.***
vortrefflich **0.1** ***voortreffelijk.***
vortreten **0.1** ***voortreden*** **0.2** ***(voor)uitsteken.***
Vortrieb (m.) **0.1** ***voortstuwing.***
Vortritt (m.) **0.1** ***voorrang*** ◆ **3.1** jmdm. den ~ lassen *iem. voor laten gaan.*
vorüber **0.1** ***voorbij*** ⇒(als tijdaanduiding ook) *afgelopen, over* **0.2** (in verbinding met 'an') ***langs*** ◆ **6.1** (inf.) **mit** ihnen war es ~ *het was uit tussen hen* **8.1** (inf.) aus und ~! *afgelopen!, punt, uit!*
vorübergehen **0.1** ***voorbijgaan*** ⇒*overgaan* **0.2** ***langsgaan, passeren*** ◆ **6.2 im** Vorübergehen *en passant.*
vorübergehend **0.1** ***voorbijgaand, tijdelijk.***

Voruntersuchung ⟨v.⟩ **0.1** *(gerechtelijk) vooronderzoek.*
Vorurteil ⟨o.⟩ **0.1** *vooroordeel.*
vorur|teilsfrei, -teilslos 0.1 *onbevooroordeeld.*
Vorväter ⟨alleen mv.⟩ **0.1** *voorvaderen, voorzaten.*
Vorverhandlung ⟨v.⟩ **0.1** *voorbereidende onderhandeling, preliminaire bespreking.*
Vorverkauf ⟨m.⟩ **0.1** *voorverkoop.*
vorverlegen 0.1 *naar voren plaatsen* **0.2** *naar een vroegere datum, tijd verplaatsen.*
vorvorgestern ⟨inf.⟩ **0.1** *drie dagen geleden.*
vorwagen, sich 0.1 *zich naar voren wagen.*
Vorwahl ⟨v.⟩ **0.1** *voorverkiezing, voorselectie* **0.2** ⟨com.⟩ *(het draaien v.h.) netnummer, kengetal.*
vorwählen ⟨com.⟩ **0.1** *het netnummer draaien.*
Vorwählnummer ⟨v.⟩ **0.1** *kengetal, netnummer.*
vorwalten 0.1 *(over)heersen.*
Vorwand ⟨m.; ~(e)s, ¨~e⟩ **0.1** *voorwendsel, excuus ⇒smoesje* ◆ **6.1 zum** ~ nehmen *als excuus aanvoeren.*
vorwärmen 0.1 *voorverwarmen, opwarmen.*
Vorwarnung ⟨v.⟩ **0.1** *voorafgaande waarschuwing.*
vorwärts 0.1 *voorwaarts, vooruit* ◆ **8.1** etwas ~ und rückwärts können *iets helemaal van buiten kennen.*
vorwärtsbringen 0.1 *vooruitbrengen, bevorderen.*
Vorwärtsgang ⟨m.⟩ **0.1** *de vooruit* ⟨versnelling⟩.
vorwärtsgehen 0.1 *vooruitgaan, beter worden.*
vorwärtskommen 0.1 *vooruitkomen, vorderen.*
Vorwäsche ⟨v.⟩ **0.1** *voorwas.*
Vorwaschgang ⟨m.⟩ **0.1** *programma voor de voorwas.*
vorweg 0.1 *om te beginnen, van tevoren* **0.2** *voorop, vooraan* **0.3** *vooral, met name.*
Vorwegnahme ⟨v.; ~, ~n⟩ **0.1** *het vooruitlopen op.*
vorwegnehmen 0.1 *vooruitlopen, anticiperen op.*
vorweisen 0.1 *overleggen, tonen* ◆ **4.1** ⟨inf.⟩ er hat schon etwas vorzuweisen *hij heeft heel wat in zijn mars.*
vorweltlich 0.1 *voorwereldlijk.*
vorwerfen 0.1 *voorwerpen, voor-, toegooien* **0.2** *verwijten* **0.3** *naar voren gooien* ⇒⟨mil.⟩ *in de strijd werpen.*
vorwiegen 0.1 *overwegen, overheersen.*
vorwiegend 0.1 *overwegend, voornamelijk.*
Vorwissen ⟨o.⟩⟨inf.⟩ **0.1** *voorweten, voorkennis.*
vorwitzig 0.1 *waanwijs, betweterig.*
Vorwoche ⟨v.⟩ **0.1** *voor(af)gaande week.*
vorwölben I ⟨ov.ww.⟩ **0.1** *naar voren welven;*
II sich ~ ⟨wk.ww.⟩ **0.1** *naar voren welven.*
Vorwort ⟨o.; mv. ~e⟩ **0.1** *voorwoord.*
Vorwurf ⟨m.⟩ **0.1** *verwijt* ◆ **6.1** Vorwürfe **gegen** jmdm. erheben *beschuldigingen tegen iem. inbrengen.*
vorwurfsvoll 0.1 *verwijtend.*
vorzählen 0.1 *voortellen.*
vorzaubern 0.1 *voortoveren* ⟨ook fig.⟩.
Vorzeichen ⟨o.⟩ **0.1** *voorteken* ⟨ook muz., wisk.⟩.
vorzeichnen 0.1 *voortekenen* **0.2** *uitstippelen* ⇒*aanduiden.*
vorzeigbar 0.1 *toonbaar* ⇒*waar men mee voor de dag kan komen.*
vorzeigen 0.1 *tonen, laten zien.*
Vorzeigeobjekt ⟨o.⟩ **0.1** *prestigeobject, paradepaard.*
Vorzeit ⟨v.⟩ **0.1** *voor-, oertijd, prehistorie.*
vorzeitig 0.1 *voortijdig, te vroeg.*
vorzeitlich 0.1 *uit de voor-, oertijd.*
Vorzensur ⟨v.⟩ **0.1** *voorcensuur.*
vorziehen 0.1 *naar voren trekken* **0.2** *voortrekken, bevoordelen* **0.3** *de voorkeur geven aan* **0.4** *vervroegen* **0.5** *dichttrekken* ⟨gordijnen⟩ ◆ **1.4** vorgezogene Wahlen *vervroegde verkiezingen.*
Vorzimmer ⟨o.⟩ **0.1** *voorvertrek.*
Vorzug ⟨m.⟩ **0.1** *voordeel, goede eigenschap* **0.2** *voorkeur* **0.3** *voortrein, extra trein* ◆ **3.1** jmd. hat viele Vorzüge *iem. heeft vele goede, voortreffelijke eigenschappen* **3.2** einer Sache den ~ geben *aan iets de voorkeur geven.*
vorzüglich 0.1 *voortreffelijk* ◆ **1.1** mit ~er Hochachtung *met de meeste hoogachting.*
Vorzugsaktie ⟨v.⟩ **0.1** *preferent aandeel.*
Vorzugsaktionär ⟨m.⟩ **0.1** *preferente aandeelhouder.*
Vorzugspreis ⟨m.⟩ **0.1** *zeer gunstige prijs.*
Vorzugsstellung ⟨v.⟩ **0.1** *bevoorrechte positie.*
vorzugsweise 0.1 *bij voorkeur, vooral.*
votieren 0.1 *voteren, stemmen.*
Votivbild ⟨o.⟩⟨rel.⟩ **0.1** *wij-, offer-, votiefbeeld.*
Votivtafel ⟨v.⟩ **0.1** *votiefplaat.*
Votum ⟨o.; ~s, Voten of Vota⟩ **0.1** *votum.*
Voyeur ⟨m.; ~s, ~e⟩ **0.1** *voyeur, gluurder.*
vulgär 0.1 *vulgair, ordinair* **0.2** *volks-.*
Vulgarität ⟨v.; ~, ~en⟩ **0.1** *vulgariteit.*
Vulgärlatein ⟨o.⟩ **0.1** *volkslatijn.*
Vulgärsprache ⟨v.⟩ **0.1** *vulgaire taal* **0.2** ⟨gesch., taal.⟩ *(middeleeuwse) volks-, omgangstaal.*
Vulgata ⟨v.; ~⟩ **0.1** *Vulgaat, Vulgata.*
Vulkan ⟨m.; ~(e)s, ~e⟩ **0.1** *vulkaan.*
Vulkanausbruch ⟨m.⟩ **0.1** *uitbarsting v.e. vulkaan.*
vulkanisch 0.1 *vulkanisch.*
vulkanisieren 0.1 *vulkaniseren.*
Vulkanismus ⟨m.⟩ **0.1** *vulkanisme.*

w, W ⟨o.; ~, ~⟩ **0.1** ***w, W*** ⇒*klank w, letter w, W.*

W ⟨afk.⟩ →**Watt¹; Werst; West(en).**

WAA ⟨v.; ~⟩⟨afk.⟩ →**Wiederaufbereitungsanlage.**

Waage ⟨v.; ~, ~n⟩ **0.1** ***weegschaal*** ⇒*balans* **0.2** ***waterpas*** **0.3** ⟨sp.⟩ ***zweefstand*** **0.4** ⟨astrol.⟩ ***Weegschaal*** ◆ **3.1** ⟨fig.⟩ einer Sache, sich die ~ halten *opwegen tegen iets, elkaar* **6.1** er bringt 80 Kilo **auf** die ~ *hij is goed voor 80 kilo.*

Waagebalken ⟨m.⟩ **0.1** ***waagbalk.***

waag(e)recht **0.1** ***horizontaal*** ⇒*waterpas.*

Waag(e)rechte ⟨v.⟩ **0.1** ***horizontale lijn, waterpaslijn.***

Waagschale ⟨v.⟩ **0.1** ***waagschaal, schaal v.e. balans*** ◆ **6.1** ⟨fig.⟩ seine Worte **auf** die ~ legen *zijn woorden op een goudschaaltje wegen;* ⟨fig.⟩ (schwer) **in** die ~ fallen *gewicht in de schaal leggen, van betekenis zijn.*

wabbelig **0.1** ***lillend*** ⇒*week, slap, geleiachtig.*

wabbeln **0.1** ***lillen*** ⇒*trillen.*

Wabe ⟨v.; ~, ~n⟩ **0.1** ***(honing)raat.***

Wabenhonig ⟨m.⟩ **0.1** ***raathoning.***

wabern ⟨reg., schr.⟩ **0.1** ***flakkeren*** ⇒*onrustig bewegen.*

wach **0.1** ***wakker*** **0.2** ⟨fig.⟩ ***pienter, schrander*** ⇒*helder, levendig (van geest)* ◆ **1.2** ein ~es Publikum *een levendig geïnteresseerd publiek.*

Wachablösung ⟨v.⟩ **0.1** ***aflossing v.d. wacht.***

Wachboot ⟨o.⟩ **0.1** ***patrouilleboot.***

Wachdienst ⟨m.⟩ **0.1** ***wachtdienst*** **0.2** ***bewakingspersoneel, -dienst.***

Wache ⟨v.; ~, ~n⟩ **0.1** ***wacht*** ⇒*wachtdienst* **0.2** ***wacht*** ⇒ *wachtpost, schildwacht, bewakingspersoneel* **0.3** ***politiepost*** ⇒*politiebureau* ◆ **3.1** ⟨inf.⟩ ~ schieben *wacht kloppen;* ~ stehen *op wacht staan* **6.1** **auf** ~ ziehen *de wacht betrekken.*

wachen **0.1** ***waken*** ⇒*de wacht houden, op wacht staan* **0.2** ***waken*** ⇒*toezien op* **0.3** ⟨schr.⟩ ***waken*** ⇒*wakker zijn.*

wachestehend **0.1** ***op wacht staand.***

Wachfeuer ⟨o.⟩ **0.1** ***wachtvuur.***

wachhabend **0.1** ***wachthebbend*** ◆ **1.1** der ~e Offizier *de officier van de wacht.*

wachhalten ⟨fig.⟩ **0.1** ***wakker houden*** ⇒*levendig houden.*

Wachheit ⟨v.; ~⟩ **0.1** ***het wakker zijn*** **0.2** ***pienter-, schranderheid*** ⇒*levendig-, helderheid.*

Wachhund ⟨m.⟩ **0.1** ***waakhond.***

Wachlokal ⟨o.⟩ →**Wachstube.**

Wachmann ⟨m.; mv. ⁻̈er of Wachleute⟩ **0.1** ***bewaker*** ⇒*waker* **0.2** ⟨Oostr.⟩ ***politieagent.***

Wachmannschaft ⟨v.⟩ **0.1** ***(manschappen v.d.) wacht.***

Wacholder ⟨m.; ~s, ~⟩ **0.1** ***jeneverstruik, -bes*** **0.2** ***jenever.***

Wacholderbeere ⟨v.⟩ **0.1** ***jeneverbes.***

Wacholderbranntwein ⟨m.⟩ **0.1** ***jenever.***

Wacholderdrossel ⟨v.⟩⟨biol.⟩ **0.1** ***kramsvogel.***

Wacholderschnaps ⟨m.⟩⟨inf.⟩ **0.1** ***jenever.***

Wachposten ⟨m.; ~s, ~⟩ **0.1** ***(wacht)post.***

wachrufen ⟨fig.⟩ **0.1** ***wakker roepen*** ⇒*(op)wekken, oproepen.*

wachrütteln ⟨fig.⟩ **0.1** ***wakker schudden.***

Wachs ⟨o.; ~es, ~e⟩ **0.1** ***was*** ⇒*boenwas* ◆ **6.1** ~ **in** jmds. Hand, Händen sein *als was in iemands handen zijn* **8.1** bleich, weiß wie ~ *wasbleek.*

wachsam **0.1** ***waakzaam*** ⇒*oplettend.*

wachsbleich **0.1** ***wasbleek.***

Wachsbohne ⟨v.⟩ **0.1** ***gele snijboon.***

Wachschiff ⟨o.⟩ **0.1** ***patrouilleschip.***

wachsen¹ ⟨onov.ww.→t175⟩ **0.1** ***groeien, groter worden*** ⟨ook fig.⟩ ⇒*wassen, toenemen, stijgen* ◆ **1.1** die Flut wächst *de vloed komt op;* der Mond wächst *het is wassende maan* **3.1** sich ⟨3e nv.⟩ einen Bart ~ lassen *zijn baard laten staan* **5.1** sie ist gut gewachsen *zij heeft een goed figuur* **6.1** ⟨fig.⟩ **an**, **mit** seinen Aufgaben gewachsen sein *met zijn taak mee gegroeid zijn;* noch **im** Wachsen (begriffen) sein *nog in de groei, aan 't groeien zijn.*

wachsen² ⟨ov. & onov.ww.⟩ **0.1** ***in de was zetten*** ⇒*wassen.*

wächsern **0.1** ***wassen, van was*** **0.2** ⟨schr.⟩ ***wasbleek.***

Wachsfigur ⟨v.⟩ **0.1** ***wassen beeld.***

Wachsfigurenkabinett ⟨o.⟩ **0.1** ***wassenbeeldenmuseum.***

Wachskerze ⟨v.⟩ **0.1** ***waskaars.***

Wachslicht ⟨o.; mv. ~er⟩ **0.1** ***waskaars.***

Wachsmalkreide ⟨v.⟩ **0.1** ***waskrijt(je).***

Wachspapier ⟨o.⟩ **0.1** ***waspapier, waterdicht vetvrij papier.***

Wachstube ⟨v.⟩ **0.1** ***wachtlokaal.***

Wachstuch ⟨o.⟩ **0.1** ⟨mv. ~e⟩ ***wasdoek*** **0.2** ⟨mv. Waschtücher⟩ ***tafelzeil.***

Wachstum ⟨o.⟩ **0.1** ***groei*** ⇒*stijging, toename* **0.2** ***gewas*** ◆ **2.2** eigenes ~ *gewas van eigen bodem.*

Wachstumspolitik ⟨v.⟩ **0.1** ***politiek van economische groei, expansie.***

Wachstumsrate ⟨v.⟩⟨ec.⟩ **0.1** ***groeipercentage, -cijfer.***

Wachstumsstörung ⟨v.⟩⟨med.⟩ **0.1** ***groeistoornis.***

wachsweich **0.1** ***week als was*** **0.2** ⟨fig.⟩ ***gedwee, meegaand*** **0.3** ⟨fig.⟩ ***vaag*** ⇒*wazig.*

Wacht ⟨v.; ~, ~en⟩⟨schr.⟩ **0.1** ***wacht.***

Wächte ⟨v.; ~, ~n⟩ **0.1** ***overhangende sneeuwmassa.***

Wachtel ⟨v.; ~, ~n⟩⟨biol.⟩ **0.1** ***kwartel.***

Wächter ⟨m.; ~s, ~⟩ **0.1** ***(be)waker, wachter*** ⇒*opzichter.*

Wachtmeister ⟨m.⟩ **0.1** ***agent (van politie)*** **0.2** ⟨vero.; mil.⟩ ***opperwachtmeester.***

Wachtraum ⟨m.⟩ **0.1** ***dagdroom.***

Wachtturm ⟨m.⟩ **0.1** ***wachttoren.***

Wach- und Schließgesellschaft ⟨v.⟩ **0.1** ***nachtveiligheidsdienst.***

wackelig **0.1** ***wankel(end), wiebelig*** ⇒*gammel* ⟨meubels⟩ **0.2** ⟨inf.⟩ ***zwak, verzwakt*** ⇒*slap, beverig* **0.3** ⟨inf.⟩ ***wankel, bedreigd*** ◆ **1.1** ein ~er Zahn *een loszittende tand* **1.3** eine ~e Angelegenheit *een precaire zaak* **3.3** um die Firma steht es ~ *de firma staat er niet al te best voor.*

Wackelkontakt ⟨m.⟩ **0.1** ***loszittend contact.***

wackeln **0.1** ***wankelen*** ⇒*waggelen, wiebelen* **0.2** ***schudden*** ⇒*heen en weer bewegen, trillen* **0.3** ⟨inf.; fig.⟩ ***bedreigd, in gevaar zijn, wankel staan*** ⇒*wankelen* ◆ **1.1** seine Zähne ~ *zijn tanden zitten los* **6.2** **mit** den Hüften ~ *heupwiegen;* **mit** den Ohren ~ *met zijn oren klapperen.*

wacker ⟨vero.⟩ **0.1** ***flink, dapper, kranig*** ⇒*wakker* **0.2** ***rechtschapen*** ⇒*braaf, eerlijk* ◆ **3.1** sich ~ schlagen *zich flink weren.*

wacklig →**wackelig.**

Wade ⟨v.; ~, ~n⟩ **0.1** ***kuit.***

Wadenbein ⟨o.⟩⟨med.⟩ **0.1** ***kuitbeen.***

Wadenkrampf ⟨m.⟩ **0.1** ***kuitkramp.***

wadenlang **0.1** ***tot op de kuiten (vallend, hangend), kuitlang.***

Wadenstrumpf ⟨m.⟩ **0.1** ***kuitkous.***

Wadenwickel ⟨m.⟩ **0.1** ***priesnitzverband om de kuit.***

Waffe ⟨v.; ~, ~n⟩ **0.1** ***wapen*** ⟨ook fig.⟩ ⇒*leger-, troepenafdeling, legeronderdeel* ◆ **3.1** ⟨schr.⟩ die ~n ruhen *er heerst* *(een) wapenstilstand;* die ~n strecken (a) *de wapens neerleggen* (b) (fig.) *zich gewonnen geven* **6.1** (schr.) **unter** den ~n sein, stehen *in militaire dienst zijn, onder de wapenen staan;* **zu** den ~n! *te wapen!*

Waffel (v.; ~, ~n) **0.1** ***wafel.***

Waffeleisen (o.) **0.1** ***wafelijzer.***

Waffenbruder (m.) **0.1** ***wapenbroeder.***

Waffendienst (m.)(vero.) **0.1** ***militaire dienst.***

Waffengang (m.) **0.1** ***oorlog, strijd.***

Waffengattung (v.) **0.1** ***wapen, legeronderdeel.***

Waffengewalt (v.) **0.1** ***wapengeweld.***

Waffenlager (o.) **0.1** ***wapendepot, -magazijn.***

waffenlos **0.1** ***ongewapend.***

Waffenruhe (v.) **0.1** ***staakt-het-vuren, bestand.***

Waffenschein (m.) **0.1** ***wapenvergunning.***

Waffen-SS (v.) **0.1** ***SS-leger.***

waffenstarrend (schr.) **0.1** ***zwaarbewapend, tot de tanden gewapend.***

Waffenstillstand (m.) **0.1** ***wapenstilstand, bestand.***

Waffenstillstandsabkommen (o.) **0.1** ***wapenstilstandsverdrag.***

Wagehals (m.)(vero.) **0.1** ***waaghals.***

Wägelchen (o.; ~s, ~) **0.1** ***wagentje.***

Wagemut (m.) **0.1** ***moed*** *⇒durf, lef.*

wagemutig **0.1** ***gedurfd, moedig.***

wagen I (ov.ww.) **0.1** ***wagen*** *⇒durven, de moed hebben* **0.2** ***wagen*** *⇒riskeren, op het spel zetten* ◆ **3.2** soll ich es ~? *zou ik het riskeren?* **¶.1** (sprw.) frisch gewagt ist halb gewonnen *een goed begin is het halve werk;*
II sich ~ (wk.ww.) **0.1** ***zich wagen*** *⇒(aan)durven* ◆ **6.1** sich **an** eine Aufgabe ~ *een taak aandurven.* →**wägen.**

wägen (→t176) **0.1** (schr.) ***overwegen*** *⇒overdenken, wikken* **0.2** (vero.) ***wegen*** ◆ **¶.1** (sprw.) erst ~ - dann wagen! *bezint eer gij begint.*

Wagen (m.; ~s, ~) **0.1** ***wagen*** *⇒(vracht)auto, rijtuig, tramwagen, (trein)wagon,* (tech.) *slee* ◆ **2.¶** (ster.) Kleiner, Großer ~ *Kleine, Grote Beer* **3.¶** (inf.) sehen wie der ~ läuft *de kat uit de boom kijken* **6.1** (fig.) sich nicht **vor** jmds. ~ spannen lassen *zich niet voor iemands karretje laten spannen* **6.¶** (inf.) jmdm. **an** den ~ fahren, pinkeln (a) *tegen iem. uitvaren, iem. grof bejegenen* (b) *iem. in de wielen rijden.*

Wagenburg (v.)(gesch.) **0.1** ***wagenburg.***

Wagenführer (m.) **0.1** ***(wagen)bestuurder.***

Wagenheber (m.) **0.1** ***(auto)krik.***

Wageninnere(s) (bn. als zn.; o.) **0.1** ***interieur v.d. auto.***

Wagenkolonne (v.) **0.1** ***rij, colonne voertuigen.***

Wagenladung (v.) **0.1** ***wagen-, wagonlading.***

Wagenpark (m.) **0.1** ***wagenpark.***

Wagenpflege (v.) **0.1** ***onderhoud v.d. auto.***

Wagenrad (o.) **0.1** ***wagenwiel*** *⇒wagenrad.*

Wagenschlag (m.) **0.1** ***portier*** (v.e. voertuig).

Wagenschmiere (v.) **0.1** ***wagensmeer.***

Wagentür (v.) **0.1** ***portier*** (v.e. voertuig) *⇒autodeur.*

Wagenwäsche (v.) **0.1** ***het wassen v.d. auto, het autowassen*** *⇒wasbeurt.*

Wagestück (o.)(schr.) **0.1** ***waagstuk.***

Waggon (m.; ~s, ~s) **0.1** ***(trein)wagon*** *⇒rijtuig.*

waggonweise **0.1** ***met, in, bij wagons*** **0.2** ***per wagon.***

waghalsig **0.1** ***waaghalzig*** *⇒roekeloos.*

Wagner (m.; ~s, ~)(Zdd., Oostr., Zwi.) **0.1** ***wagen-, rijtuigmaker.***

Wagnis (o.; ~ses, ~se) **0.1** ***waagstuk*** *⇒gewaagde, riskante onderneming* **0.2** ***risico.***

Wagon (m.)(nw.spel.) →**Waggon.**

Wahl (v.; ~, ~en) **0.1** ***keus, keuze*** *⇒*(ec.) *(kwaliteits)keuze* **0.2** ***verkiezing*** *⇒stemming* ◆ **2.1** Waren erster, zweiter ~ *artikelen eerste, tweede keus* **3.1** (fig.) wer die ~ hat, hat die Qual *kiezen is moeilijk;* eine ~ treffen *een keuze maken* **3.2** eine ~ vornehmen *een verkiezing, stemming houden* **6.1** **in** die engere ~ kommen *nader in aanmerking komen;* Sie haben zwei Stücke **zur** ~, zwei Stücke stehen (Ihnen) zur ~ *u heeft de keus uit twee stuks* **6.2** sich **zur** ~ (auf)stellen lassen *zich kandidaat laten stellen;* **zur** ~ gehen *gaan stemmen;* (schr.) **zur** ~ schreiten *tot stemming overgaan.*

Wahlakt (m.) **0.1** ***stemming*** *⇒het kiezen.*

Wahlalter (o.) **0.1** ***kies-, stemgerechtigde leeftijd.***

Wahlamt (o.) **0.1** ***stembureau.***

Wahlausgang (m.) →**Wahlergebnis.**

Wahlausschuß (m.) **0.1** ***stembureau.***

wählbar **0.1** ***verkiesbaar.***

Wahlbenachrichtigung (v.)(adm.) **0.1** ***stem-, oproepkaart.***

wahlberechtigt **0.1** ***kies-, stemgerechtigd.***

Wahlberechtigung (v.) **0.1** ***stemgerechtigdheid*** *⇒kiesrecht.*

Wahlbeteiligung (v.) **0.1** ***opkomst (bij verkiezingen).***

Wahlbezirk (m.) **0.1** ***kiesdistrict.***

wählen I (onov.ww.) **0.1** ***stemmen*** *⇒zijn stem uitbrengen* **0.2** ***kiezen*** *⇒een keuze maken,* (telefoon) *draaien;*
II (ov.ww.) **0.1** ***(uit)kiezen*** *⇒uitzoeken* (telefoon), *draaien* **0.2** ***(ver)kiezen*** *⇒door keuze aanwijzen* **0.3** ***stemmen op*** ◆ **1.3** eine Liste ~ *op een lijst stemmen.*

Wähler (m.; ~s, ~) **0.1** ***kiezer*** (ook telefoon).

Wählerauftrag (m.)(pol.) **0.1** ***mandaat (v.d. kiezers).***

Wahlergebnis (o.) **0.1** ***verkiezingsuitslag.***

Wählerinitiative (v.) **0.1** (oproep v.e. groep kiezers om op een bepaalde lijst te stemmen) **0.2** (groep kiezers die voor een bepaalde partij opkomt).

wählerisch **0.1** ***kieskeurig*** *⇒veeleisend, lastig.*

Wählerliste (v.) **0.1** ***kiezerslijst.***

Wählerschaft (v.; ~, ~en) **0.1** ***de kiezers, kiezerskorps.***

Wählervereinigung (v.) **0.1** ***kiesvereniging.***

Wählerverzeichnis (o.)(adm.) →**Wählerliste.**

Wahlessen (o.) **0.1** ***keuzemenu.***

Wahlfach (o.) **0.1** ***keuzevak.***

wahlfrei **0.1** ***facultatief.***

Wahlfreiheit (v.) **0.1** ***vrijheid van keuze.***

Wahlgang (m.) **0.1** ***stemming*** *⇒verkiezingsronde.*

Wahlgeheimnis (o.) **0.1** ***kiesgeheim.***

Wahlgeschenk (o.) **0.1** ***cadeau aan de kiezers*** *⇒verkiezingsbelofte.*

Wahlgesetz (o.) **0.1** ***kieswet.***

Wahlheimat (v.) **0.1** ***tweede vaderland*** *⇒nieuwgekozen stad, streek.*

Wahlkabine (v.) **0.1** ***stemhokje.***

Wahlkampf (m.) **0.1** ***verkiezingsstrijd.***

Wahlkonsul (m.) **0.1** ***honorair consul.***

Wahlkreis (m.) **0.1** ***kieskring, -district.***

Wahlkundgebung (v.) **0.1** ***verkiezingsbijeenkomst.***

Wahlleiter (m.) **0.1** ***voorzitter v.e. stembureau.***

Wahlliste (v.) **0.1** ***verkiezings-, kandidatenlijst.***

Wahllokal (o.) **0.1** ***stembureau, -lokaal.***

Wahllokomotive (v.) **0.1** ***stemmentrekker*** *⇒magneet voor de kiezers.*

wahllos **0.1** ***in het wilde weg*** *⇒blindelings.*

Wahlmann (m.) **0.1** ***kiesman.***

Wahlmodus (m.) **0.1** ***stem(mings)procedure.***

Wahlniederlage (v.) **0.1** ***verkiezingsnederlaag.***

Wahlparole ⟨v.⟩ **0.1** ***verkiezingsslogan, -leus.***
Wahlperiode ⟨v.⟩ **0.1** ***zittingsperiode*** ⇒*legislatuurperiode.*
Wahlpflicht ⟨v.⟩ **0.1** ***stem-, kiesplicht.***
Wahlpflichtfach ⟨o.⟩ **0.1** ***verplicht keuzevak.***
Wahlplakat ⟨o.⟩ **0.1** ***verkiezingsbiljet, -affiche.***
wahlpolitisch **0.1** *electoraal.*
Wahlrecht ⟨o.⟩ **0.1** ***kiesrecht.***
Wahlredner ⟨m.⟩ **0.1** ***spreker op een verkiezingsbijeenkomst.***
Wählscheibe ⟨v.⟩ **0.1** ***kies-, draaischijf*** ⟨van telefoon⟩.
Wahlschein ⟨m.⟩⟨adm.⟩ **0.1** ***oproepkaart*** ⟨voor verkiezingen⟩ **0.2** ⟨verklaring dat men per brief mag stemmen⟩.
Wahlschlacht ⟨v.⟩ **0.1** ***(felle) verkiezingsstrijd.***
Wahlschlappe ⟨v.⟩ **0.1** ***stembusnederlaag.***
Wahlsieg ⟨m.⟩ **0.1** ***verkiezingsoverwinning.***
Wahlspruch ⟨m.⟩ **0.1** ***devies, leus, zinspreuk*** ⇒*lijfspreuk.*
Wahlsystem ⟨o.⟩ **0.1** ***kiesstelsel.***
Wahltermin ⟨m.⟩ **0.1** ***verkiezingsdatum.***
Wählton ⟨m.⟩⟨com.⟩ **0.1** ***kiestoon.***
Wahlurne ⟨v.⟩ **0.1** ***stembus.***
Wahlveranstaltung ⟨v.⟩ **0.1** ***verkiezingsbijeenkomst.***
Wahlverfahren ⟨o.⟩ **0.1** ***wijze van verkiezing*** ⇒*stem(mings)procedure.*
Wahlverhalten ⟨o.⟩ **0.1** ***kiesgedrag.***
Wahlversammlung ⟨v.⟩ **0.1** ***verkiezingsbijeenkomst.***
Wahlversprechen ⟨o.⟩ **0.1** ***verkiezingsbelofte.***
Wahlverteidiger ⟨m.⟩⟨jur.⟩ **0.1** ***gekozen raadsman.***
Wahlverwandtschaft ⟨v.⟩⟨schr.⟩ **0.1** ***geest-, zielsverwantschap.***
Wahlvorschlag ⟨m.⟩ **0.1** ***kandidaatstelling*** ⇒*voordracht.*
Wahlvorsteher ⟨m.⟩ **0.1** ***voorzitter v.e. stembureau.***
wahlweise **0.1** *naar keuze* ⇒*facultatief.*
Wahlwerber ⟨m.⟩⟨Oostr.⟩ **0.1** ***kandidaat.***
Wahlzelle ⟨v.⟩ **0.1** ***stemhokje.***
Wahlzettel ⟨m.⟩ **0.1** ***stembiljet, -briefje.***
Wahn ⟨m.; ~(e)s⟩ **0.1** ***waan*** ⇒*illusie, zelfbedrog.*
Wahnbild ⟨o.⟩ **0.1** ***waanvoorstelling.***
wähnen ⟨schr.⟩ **0.1** ***wanen*** ⇒*veronderstellen, menen.*
Wahnidee ⟨v.⟩ **0.1** ***waanidee*** **0.2** ⟨inf.⟩ ***krankzinnig idee.***
Wahnsinn ⟨m.⟩ **0.1** ***waanzin*** ⇒*krankzinnigheid,* ⟨inf.⟩ *grote onzin* ◆ **2.1** ⟨inf.⟩ heller, reiner ~ *je reinste, klinkklare onzin.*
wahnsinnig **0.1** ***waanzinnig*** ⟨ook inf.; fig.⟩ ⇒*krankzinnig, gek,* ⟨inf.⟩ *buitensporig, uitzinnig* ◆ **2.1** ~ verliebt *smoorverliefd.*
Wahnsinnstat ⟨v.⟩ **0.1** ***waanzinnige daad.***
Wahnvorstellung ⟨v.⟩ **0.1** ***waanvoorstelling.***
Wahnwitz ⟨m.⟩ **0.1** ***waanzin*** ⇒*volstrekte nonsens.*
wahnwitzig →**wahnsinnig.**
wahr **0.1** ***waar*** ⇒*waarheidsgetrouw, juist* **0.2** ***waar*** ⇒*echt, werkelijk (gebeurd)* ◆ **2.1** ⟨inf.⟩ das ist das einzig Wahre *alleen dat is je ware* **3.2** ⟨inf.⟩ das ist schon gar nicht mehr ~ *dat is al eeuwen geleden;* das darf doch nicht ~ sein! *dat zal toch niet waar zijn, (zeker)!* **4.1** an der Sache ist etwas Wahres *daar zit iets (waars) in* **5.2** wie ~! *dat is maar al te waar!;* das war nur zu ~ *dat was maar al te waar.*
wahren ⟨schr.⟩ **0.1** ***bewaren*** ⇒*in acht nemen, handhaven* **0.2** ***verdedigen*** ⇒*beschermen, behartigen* ◆ **1.1** den Abstand, die Distanz ~ ⟨ook fig.⟩ *afstand houden.*
währen ⟨schr.⟩ **0.1** ***duren*** ⇒*aanhouden, voortduren.* →**ehrlich.**
während[1] ⟨vz. + 2; inf. en bij mv. ook vz. + 3⟩ **0.1** ***gedurende*** ⇒*tijdens, onder.*
während[2] ⟨vw.⟩ **0.1** ***terwijl.***
während|dem, -dessen **0.1** ***onder-, intussen.***
wahrhaben ◆ **3.¶** etwas nicht ~ wollen *iets niet willen toegeven, iets niet willen (in)zien.*
wahrhaft ⟨schr.⟩ **0.1** ***waar(achtig)*** ⇒*werkelijk, echt,* ⟨bw.⟩ *waarlijk.*
wahrhaftig ⟨schr.⟩ **0.1** ***waarachtig*** ⇒*waarheidlievend, oprecht* **0.2** ***werkelijk*** ⇒*echt, waarachtig, waar(lijk)* **0.3** ⟨bw.⟩ ***werkelijk*** ⇒*inderdaad, heus, echt.*
Wahrhaftigkeit ⟨v.; ~⟩⟨schr.⟩ **0.1** ***waarheidsliefde*** ⇒*oprechtheid, waarachtigheid.*
Wahrheit ⟨v.; ~, ~en⟩ **0.1** ***waarheid*** ◆ **3.1** das entspricht nicht der ~ *dat is bezijden de waarheid;* jmdm. (gehörig) die ~ sagen *iem. (ongezouten) de waarheid zeggen.* →**lügen.**
Wahrheitsfindung ⟨v.; ~, ~en⟩ **0.1** ***het vinden, vaststellen v.d. waarheid.***
wahrheits|gemäß, -getreu **0.1** ***waarheidsgetrouw, overeenkomstig de waarheid*** ⇒*naar waarheid.*
Wahrheitsliebe ⟨v.⟩ **0.1** ***waarheidsliefde.***
wahrheitswidrig **0.1** ***in strijd met de waarheid.***
wahrlich ⟨schr.⟩ **0.1** ***waarlijk, werkelijk*** ⇒*heus.*
wahrnehmbar **0.1** ***waarneembaar.***
wahrnehmen **0.1** ***waarnemen*** ⇒⟨met de zintuigen⟩ *gewaarworden,* ⟨fig.⟩ *(be)merken, bespeuren* **0.2** ***waarnemen*** ⇒*behartigen, in acht nemen* **0.3** ***waarnemen*** ⇒*benutten, gebruiken* ◆ **1.2** eine Aufgabe ~ *een taak op zich nemen;* eine Frist ~ *een termijn in acht nemen* **1.3** seinen Vorteil ~ *zijn voordeel met iets doen.*
Wahrnehmung ⟨v.; ~, ~en⟩ **0.1** ***waarneming*** **0.2** ***behartiging*** ⇒*benutting* ◆ **6.2** ⟨adm.⟩ **in** ~ seiner Interessen *voor zijn belangen opkomend.*
Wahrsagekunst ⟨v.⟩ **0.1** ***waarzeggerskunst.***
wahrsagen **0.1** ***waarzeggen*** ⇒*voorspellen, wichelen* ◆ **3.1** sich ⟨3e nv.⟩ ~ lassen *zich de toekomst laten voorspellen.*
Wahrsagerei ⟨v.; ~, ~en⟩ **0.1** ***waarzeggerij.***
Wahrsagerin ⟨v.; ~, ~nen⟩ **0.1** ***waarzegster.***
Wahrsagung ⟨v.; ~, ~en⟩ **0.1** ***waarzegging*** ⇒*voorspelling.*
wahrscheinlich **0.1** ***waarschijnlijk.***
Wahrscheinlichkeit ⟨v.; ~, ~en⟩ **0.1** ***waarschijnlijkheid*** ◆ **6.1** aller ~ **nach** *naar alle waarschijnlijkheid.*
Wahrscheinlichkeitsrechnung ⟨v.⟩ **0.1** ***waarschijnlijkheids-, kansrekening.***
Wahrung ⟨v.; ~⟩ **0.1** ***handhaving*** ⇒*inachtneming, behoud* **0.2** ***behartiging*** ⇒*zorg.*
Währung ⟨v.; ~, ~en⟩⟨ec.⟩ **0.1** ***valuta*** ⇒*munt(eenheid), muntsoort* **0.2** ***muntstelsel*** ⇒*standaard* ◆ **2.1** weiche ~ *zachte valuta, munt* **2.2** goldene ~ *gouden standaard.*
Währungsausgleichsfonds ⟨m.⟩ **0.1** ***monetair fonds*** **0.2** ⟨gesch.⟩ ***egalisatiefonds.***
Währungsblock ⟨m.⟩ **0.1** ***monetair blok.***
Währungseinheit ⟨v.⟩ **0.1** ***munteenheid.***
Währungsfonds ⟨m.⟩ **0.1** ***monetair fonds.***
Währungskrise ⟨v.⟩ **0.1** ***valutacrisis, monetaire crisis.***
Währungskurs ⟨m.⟩ **0.1** ***wissel-, valutakoers.***
Währungsordnung ⟨v.⟩ **0.1** ***muntstelsel, monetair systeem*** **0.2** ***valutaregeling.***
Währungspolitik ⟨v.⟩ **0.1** ***monetaire politiek.***
Währungsreform ⟨v.⟩ **0.1** ***geldzuivering.***
Währungsreserve ⟨v.⟩ **0.1** ***valutareserve*** ⇒*goud- en deviezenreserve.*
Währungsschlange ⟨v.⟩ **0.1** ***muntslang, monetaire slang.***
Währungsverbund ⟨m.⟩ **0.1** ***monetaire unie.***
Wahrzeichen ⟨o.⟩ **0.1** ***herkenningsteken*** ⇒*(karakteristiek) kenteken, symbool, karakteristiek bouwwerk.*
Waid ⟨m.; ~(e)s, ~e⟩⟨plantk.⟩ **0.1** ***wede.***
Waise ⟨v.; ~, ~n⟩ **0.1** ***wees(kind)*** **0.2** ***rijmloze versregel.***

Waisengeld ⟨o.⟩ **0.1** *wezengeld.*
Waisenhaus ⟨o.⟩ **0.1** *weeshuis.*
Waisenkind ⟨o.⟩⟨inf.; vero.⟩ **0.1** *wees(kind).*
Waisenknabe ⟨m.⟩ **0.1** ⟨schr.; vero.⟩ *weesjongen* **0.2** ⟨inf.⟩ *sukkel* ⇒*kleine jongen* ◆ **6.2** ⟨inf.; fig.⟩ **gegen** jmdn. ein (reiner) ~ sein *bij iem. maar een kleine jongen zijn.*
Waisenrente ⟨v.⟩ **0.1** *wezenpensioen, -uitkering.*
Wal ⟨m.; ~s, ~e⟩⟨biol.⟩ **0.1** *walvis.*
Wald ⟨m.; ~(e)s, ⸚er⟩ **0.1** *bos* ⟨ook fig.⟩ ⇒*woud* ◆ **3.1** ⟨inf.; fig.⟩ den ~ vor (lauter) Bäumen nicht (mehr) sehen *door de bomen het bos niet meer zien* **6.¶** ⟨inf.⟩ ich glaub', ich steh **im** ~! *wat krijgen we nou!* **8.1** ⟨schr.⟩ durch ~ und Feld, Flur *door (de) velden en bossen* **¶.1** ⟨sprw.⟩ wie man in den ~ hineinruft, so schallt es heraus *zo men doet, zo men ontmoet.*
Waldameise ⟨v.⟩ **0.1** *bosmier.*
waldarm **0.1** *arm aan bos(sen).*
Waldbau ⟨m.⟩ **0.1** *bosbouw.*
Waldbeere ⟨v.⟩ **0.1** *bosbes, bosvrucht.*
Waldbestand ⟨m.⟩ **0.1** *opstand* ⇒*houtbestand (in een bos)* **0.2** *bosareaal.*
Waldboden ⟨m.⟩ **0.1** *bosgrond.*
Waldbrand ⟨m.⟩ **0.1** *bosbrand.*
waldein **0.1** *het bos in.*
Waldeinsamkeit ⟨v.⟩⟨schr.⟩ **0.1** *eenzaamheid van, in het bos.*
Walderdbeere ⟨v.⟩ **0.1** *bosaardbei, wilde aardbei.*
Waldes- ⟨schr.⟩ →**Wald-.**
Waldfläche ⟨v.⟩ **0.1** *stuk bos* **0.2** *bosoppervlak(te).*
Waldfrevel ⟨m.⟩ **0.1** *overtreding v.d. boswetten.*
Waldhorn ⟨o.⟩⟨muz.⟩ **0.1** *waldhoorn.*
Waldhuhn ⟨o.⟩ **0.1** *ruigpoot-, woudhoen.*
Waldhüter ⟨m.⟩⟨vero.⟩ **0.1** *boswachter.*
waldig **0.1** *bosrijk, bebost* ⇒*bosachtig.*
Waldkauz ⟨m.⟩ **0.1** *bosuil.*
Waldlauf ⟨m.⟩⟨sp.⟩ **0.1** *bosloop.*
Waldlichtung ⟨v.⟩ **0.1** *open plek in het bos* ⇒*tra.*
Waldmeister ⟨m.⟩⟨plantk.⟩ **0.1** *lievevrouwebedstro.*
Waldohreule ⟨v.⟩⟨biol.⟩ **0.1** *ransuil.*
Waldorfschule ⟨v.⟩ **0.1** *vrije school (v.d. antroposofen).*
Waldrebe ⟨v.⟩⟨plantk.⟩ **0.1** *clematis.*
waldreich **0.1** *bosrijk.*
Waldsaum ⟨m.⟩⟨schr.⟩ **0.1** *bosrand, zoom v.h. bos.*
Waldschnepfe ⟨v.⟩⟨biol.⟩ **0.1** *houtsnip.*
Waldschonung ⟨v.⟩ **0.1** *jonge aanplant, jong hout (in een bos).*
Waldschrat ⟨m.⟩ **0.1** *bosgeest.*
Waldschutzgebiet ⟨o.⟩ **0.1** *beschermd bos(gebied).*
Waldsterben ⟨o.⟩ **0.1** *(massale) bossterfte, het afsterven v.d. bossen.*
Waldstück ⟨o.⟩ **0.1** *stuk bos, bosperceel.*
Waldtaube ⟨v.⟩ **0.1** *bos-, houtduif.*
Waldung ⟨v.; ~, ~en⟩ **0.1** *bos, woud* ⇒*bosstreek.*
waldwärts **0.1** *in de richting v.h. bos.*
Waldweg ⟨m.⟩ **0.1** *bosweg, -pad.*
Waldwirtschaft ⟨v.⟩ **0.1** *bosbouw.*
Walfang ⟨m.⟩ **0.1** *walvisvangst.*
Walfangflotte ⟨v.⟩ **0.1** *walvisvloot.*
Walfisch ⟨m.⟩⟨inf.⟩ **0.1** *walvis.*
Walhall ⟨o.; ~s⟩ →**Walhalla.**
Walhalla ⟨v.; ~ of o.; ~s⟩ **0.1** *walhalla.*
Waliser ⟨m.; ~s, ~⟩ **0.1** *inwoner van Wales.*
walisisch **0.1** *Wels, uit Wales.*
walken **0.1** *walken* ⇒⟨textiel vooral⟩ *vollen,* ⟨leer⟩ *touwen* **0.2** *walsen* ⟨blik⟩.
Walker ⟨m.; ~s, ~⟩ **0.1** *voller, volder.*
Walküre ⟨v.; ~, ~n⟩ **0.1** *Walkure* **0.2** ⟨scherts.⟩ *grote blonde vrouw.*
Wall ⟨m., ~(e)s, ⸚e⟩ **0.1** *wal* ⇒*dam.*
Wallach ⟨m.; ~(e)s, ~e⟩ **0.1** *ruin.*
wallen **0.1** *borrelen, koken* ⇒*opborrelen, (op)bruisen* **0.2** ⟨schr.⟩ *golven, deinen* ◆ **1.1** ⟨schr.⟩ eine ~de See *een kokende zee* **1.2** ~des Haar *(omlaag) golvend haar* **6.1** ⟨schr.; fig.⟩ jmds. Blut **zum** Wallen bringen *iemands bloed aan het koken brengen.*
wallfahren ⟨s.⟩ **0.1** *ter, op bedevaart gaan, een pelgrimstocht maken.*
Wallfahrer ⟨m.⟩ **0.1** *pelgrim, bedevaartganger.*
Wallfahrt ⟨v.⟩ **0.1** *pelgrimstocht, bedevaart.*
Wallfahrtsort ⟨m.⟩ **0.1** *bedevaartplaats.*
Wallgraben ⟨m.⟩⟨gesch.⟩ **0.1** *wal-, vestinggracht.*
Walliser[1] ⟨m.; ~s, ~⟩ **0.1** *inwoner van (het kanton) Wallis.*
Walliser[2] ⟨bn.⟩ **0.1** *uit, van (het kanton) Wallis.*
Wallone ⟨m.; ~n, ~n⟩ **0.1** *Waal.*
wallonisch **0.1** *Waals.*
Wallung ⟨v.; ~, ~en⟩ **0.1** *het koken, het zieden* ⇒*opborreling, heftige beweging* **0.2** ⟨fig.⟩ *opwinding* ⇒*agitatie, bevlieging, opwelling* **0.3** ⟨med.⟩ *congestie, bloedaandrang* ⇒⟨inf.⟩ *opvlieger* ◆ **6.2** jmds. Blut **in** ~ bringen *iemands bloed doen koken;* **in** ~ geraten *beginnen te koken, in hevige opwinding geraken.*
Walmdach ⟨o.⟩⟨bouwk.⟩ **0.1** *schild-, walmdak.*
Walnuß ⟨v.⟩ **0.1** *wal-, okkernoot* **0.2** *walnotenboom.*
Walroß ⟨o.⟩ **0.1** ⟨biol.⟩ *walrus* **0.2** ⟨inf.⟩ *(stomme) olifant.*
Walstatt ⟨v.; ~, ⸚en⟩⟨vero.⟩ **0.1** *slagveld, kampplaats.*
walten ⟨schr.⟩ **0.1** ⟨fig.⟩ *heersen* ⇒*werkzaam zijn, aan het werk zijn* **0.2** ⟨vero.⟩ *heersen* ⇒*besturen, regeren* ◆ **1.1** das Walten der Naturgesetze *de werking van de natuurwetten* **1.¶** ⟨ov. ww.⟩ das walte Gott! *dat geve God!, zo God wil!* **3.1** Gnade ~ lassen *genade voor recht laten gelden;* Vernunft ~ lassen *gehoor geven aan de stem der rede.*
Walzblech ⟨o.⟩ **0.1** *plaatstaal* **0.2** *gewalste plaat.*
Walze ⟨v.; ~, ~n⟩ **0.1** *wals* ⇒*(plet)rol, cilinder, walsmachine, walserij* **0.2** ⟨wisk.⟩ *cilinder* ◆ **4.¶** ⟨inf.⟩ immer wieder dieselbe ~ *altijd weer hetzelfde liedje.*
walzen I ⟨onov.ww.⟩ **0.1** ⟨h/s.; vero.⟩ *(een wals) dansen* ⇒ *walsen* **0.2** ⟨s.; gesch.⟩ *rondtrekken* ⟨van handwerkslieden⟩;
II ⟨ov.ww.⟩ **0.1** *walsen* ⇒*pletten, rollen.*
wälzen I ⟨ov.ww.⟩ **0.1** *wentelen* ⇒*rollen* ⟨ook fig.⟩ **0.2** ⟨inf.⟩ *(grondig) bestuderen* ◆ **1.2** Bücher ~ *in boeken zitten snuffelen* **6.1** die Schuld **auf** einen anderen ~ *de schuld op iem. anders schuiven;*
II sich ~ ⟨wk.ww.⟩ **0.1** *zich wentelen* ⇒*(zich) draaien, (zich) rollen* ◆ **5.1** sich hin und her ~ *heen en weer draaien, liggen woelen* **6.1** ⟨inf.⟩ sich **vor** Lachen ~ *zich slap lachen.*
walzenförmig **0.1** *cilindrisch, cilindervormig.*
Walzenlager ⟨o.⟩ →**Wälzlager.**
Walzenstraße ⟨v.⟩⟨tech.⟩ **0.1** *walsstraat.*
Walzer ⟨m.; ~s, ~⟩ **0.1** *wals.*
Wälzer ⟨m.; ~s, ~⟩⟨inf.; fig.⟩ **0.1** *dik, lijvig boek* ⇒*pil.*
Wälzlager ⟨o.⟩⟨tech.⟩ **0.1** *antifrictielager, rollager.*
Walzwerk ⟨o.⟩ **0.1** *walserij* ⇒*pletterij.*
Wamme ⟨v.; ~, ~n⟩ **0.1** *wam* ⟨ook amb.⟩ ⇒*kossem, halskwab* ⟨v.e. rund⟩.
Wampe ⟨v.; ~, ~n⟩⟨inf.; pej.⟩ **0.1** *dikke buik* ⇒*pens, buikje.*
Wams ⟨o.; ~es, ⸚er⟩ **0.1** *wambuis.*
Wand ⟨v.; ~, ⸚e⟩ **0.1** *wand* ⇒*muur* ⟨ook fig.⟩ **0.2** *rotswand* ⇒*bergwand* **0.3** *wolkenbank* ◆ **2.1** ⟨inf.⟩ in seinen vier

Wänden *thuis, binnen zijn vier muren* **3.1** die Wände haben Ohren *de muren hebben oren;* ⟨inf.⟩ da wackelt die ~ *daar is wat aan de hand;* ⟨inf.⟩ ... daß die Wände wackeln! *dat horen en zien (je) vergaat!* **6.1** ⟨inf.; fig.⟩ jmdn. **an** die ~ drücken *over iem. heen lopen;* ⟨inf.⟩ das ist um **an** den Wänden hochzugehen *dat is om uit je vel te springen;* ⟨fig.⟩ jmdn. **an** die ~ spielen *iem. overklassen;* ⟨inf.⟩ jmdn. **an** die ~ stellen *iem. tegen de muur zetten, fusilleren;* etwas **an** die ~ werfen (a) *iets tegen de muur gooien* (b) *iets op de muur projecteren;* ⟨inf.; fig.⟩ **gegen** eine ~ reden *tegen een muur praten* **8.1** weiß wie eine, die ~ *lijkbleek, bleek als een doek.* →**beschmieren, Horcher.**

Wandale ⟨m.; ~n, ~n⟩ **0.1** ***Vandaal*** **0.2** ⟨fig.⟩ ***vandaal.***

wandalisch **0.1** ***Vandaals*** **0.2** ⟨schr.; fig.⟩ ***vandalistisch, vernielzuchtig.***

Wandalismus ⟨m.; ~⟩ **0.1** ***vandalisme, vernielzucht.***

Wandarm ⟨m.⟩ **0.1** ***wandarm*** ⇒*armatuur* ⟨voor lamp, kaarsen⟩.

Wandbehang ⟨m.⟩ **0.1** ***wandtapijt, gobelin.***

Wandbild ⟨o.⟩ **0.1** ***muurschildering*** **0.2** ***schilderij aan de muur*** ⇒*wandplaat.*

Wandbrett ⟨o.⟩ **0.1** ***muurplank*** ⇒*boekenplank.*

Wandel ⟨m.; ~s⟩ **0.1** ***verandering*** ⇒*wijziging* **0.2** ⟨vero.⟩ ***levenswandel*** ◆ **6.1** **im** ~ der Zeiten *in de wisseling der tijden;* sich **im** ~ befinden *aan het veranderen zijn.*

Wandelanleihe ⟨v.⟩ **0.1** ***converteerbare obligatielening.***

wandelbar ⟨schr.⟩ **0.1** ***veranderlijk*** ⇒*wisselvallig, onbestendig.*

Wandelgang ⟨m.⟩ **0.1** ***wandelgang*** **0.2** ***foyer.***

Wandelhalle ⟨v.⟩ **0.1** ***galerij*** ⇒*wandelgang(en)* **0.2** ***foyer.***

wandeln I ⟨onov.ww.; s.⟩ **0.1** ***wandelen*** ⇒*lopen, schrijden* ◆ **1.1** die ~de Güte *de goedheid zelve;*
II ⟨ov.ww.⟩ **0.1** ***veranderen*** ⇒*wijzigen;*
III sich ~ ⟨wk.ww.⟩ **0.1** ***(geheel) veranderen*** ⇒*zich wijzigen.*

Wandel|obligation, -schuldverschreibung ⟨v.⟩ **0.1** ***converteerbare obligatie.***

Wanderameise ⟨v.⟩ **0.1** ***trekmier.***

Wanderarbeiter ⟨m.⟩ **0.1** ***seizoenarbeider.***

Wanderausstellung ⟨v.⟩ **0.1** ***reizende tentoonstelling.***

Wanderbühne ⟨v.⟩ **0.1** ***(rond)reizend toneelgezelschap.***

Wanderbursche ⟨m.⟩⟨gesch.⟩ **0.1** ***rondtrekkend handwerksgezel.***

Wanderdüne ⟨v.⟩ **0.1** ***stuifduin.***

Wanderer ⟨m.; ~s, ~⟩ **0.1** ***trekker*** **0.2** ***wandelaar.***

Wanderfahrt ⟨v.⟩⟨vero.⟩ **0.1** ***trek-, voettocht.***

Wanderfalke ⟨m.⟩⟨biol.⟩ **0.1** ***slechtvalk.***

Wandergeselle ⟨m.⟩ →**Wanderbursche.**

Wandergewerbe ⟨o.⟩ **0.1** ***ambulant bedrijf*** ⇒*straathandel.*

Wanderheuschrecke ⟨v.⟩⟨biol.⟩ **0.1** ***treksprinkhaan.***

Wanderjahr ⟨o.⟩ **0.1** ***leerjaar*** ⟨van rondtrekkend handwerksgezel⟩.

Wanderkarte ⟨v.⟩ **0.1** ***wandelkaart.***

Wanderleben ⟨o.⟩ **0.1** ***zwervend leven.***

Wanderlied ⟨o.⟩ **0.1** ***trekkerslied.***

Wanderlust ⟨v.⟩ **0.1** ***trek-, reislust.***

wandern ⟨s.⟩ **0.1** ***trekken*** ⇒*een trektocht maken, wandelen* **0.2** ***dwalen*** ⟨ook fig.⟩ ⇒*zwerven* **0.3** ⟨inf.⟩ ***terechtkomen*** ⇒*belanden, verdwijnen* ◆ **1.1** ein ~der Händler *een marktkramer, venter;* ~de Völker *nomadenvolken* **6.1** Wolken ~ **am** Himmel *wolken trekken langs de hemel* **6.3** **von** Hand **zu** Hand ~ *van hand tot hand gaan.*

Wanderniere ⟨v.⟩⟨med.⟩ **0.1** ***wandelende nier.***

Wanderpokal ⟨m.⟩⟨sp.⟩ **0.1** ***wisselbeker.***

Wanderprediger ⟨m.⟩ **0.1** ***rondtrekkend prediker.***

Wanderpreis ⟨m.⟩⟨sp.⟩ **0.1** ***wisselprijs.***

Wanderratte ⟨v.⟩ **0.1** ***bruine rat.***

Wanderschaft ⟨v.; ~, ~en⟩ **0.1** ***rondtrekkend doorgebrachte leertijd*** ⇒*ambachtsreis* **0.2** ***trektocht*** **0.3** ***het (rond)trekken*** ◆ **6.3** **auf** ~ sein *(rond)trekken.*

Wanderschuh ⟨m.⟩ **0.1** ***wandelschoen.***

Wandersmann ⟨m.; mv. -leute⟩ **0.1** ⟨scherts.⟩ ***trekker*** ⇒*reiziger* **0.2** ⟨gesch.⟩ ***rondtrekkend handwerksgezel.***

Wandersport ⟨m.⟩ **0.1** ***wandelsport.***

Wandertrieb ⟨m.⟩ **0.1** ***trek-, zwerflust*** ⇒⟨biol.⟩ *trekinstinct.*

Wandertruppe ⟨v.⟩ **0.1** ***(rond)reizend toneelgezelschap.***

Wanderung ⟨v.; ~, ~en⟩ **0.1** ***(trek)tocht*** ⇒*wandeltocht, voetreis* **0.2** ***migratie*** ⇒*verhuizing, omzwerving,* ⟨biol.⟩ *trek.*

Wanderverein ⟨m.⟩ **0.1** ***wandelvereniging*** **0.2** ***trekkersvereniging.***

Wandervogel ⟨m.⟩ **0.1** ⟨vero.⟩ ***zwerver*** **0.2** ⟨gesch.⟩ ***lid v.d. jeugdorganisatie 'die Wandervögel'.***

Wanderweg ⟨m.⟩ **0.1** ***wandelweg, -pad, uitgezette wandeling.***

Wanderzirkus ⟨m.⟩ **0.1** ***rondreizend circus.***

Wandfliese ⟨v.⟩ **0.1** ***muurtegel.***

Wandgemälde ⟨o.⟩ **0.1** ***muurschildering.***

Wandkachel ⟨v.⟩ **0.1** ***muur-, wandtegel.***

Wandkarte ⟨v.⟩ **0.1** ***wandkaart.***

Wandler ⟨m.; ~s, ~⟩⟨tech.⟩ **0.1** ***convertor.***

Wandleuchter ⟨m.⟩ **0.1** ***wandlamp.***

Wandlung ⟨v.; ~, ~en⟩ **0.1** ***verandering, wijziging*** ⇒*ommekeer* **0.2** ⟨jur.⟩ ***redhibitie, koopvernietiging*** **0.3** ⟨rel.⟩ ***transsubstantiatie.***

wandlungsfähig **0.1** ***voor verandering vatbaar*** ⇒*veranderbaar.*

Wandmalerei ⟨v.⟩ **0.1** ***muurschildering.***

Wandplatte ⟨v.⟩ **0.1** ***muurtegel.***

Wandschirm ⟨m.⟩ **0.1** ***kamerscherm.***

Wandschmuck ⟨m.⟩ **0.1** ***wandversiering.***

Wandschrank ⟨m.⟩ **0.1** ***muurkast.***

Wandtafel ⟨v.⟩ **0.1** ***(school)bord.***

Wandteller ⟨m.⟩ **0.1** ***wandbord.***

Wandteppich ⟨m.⟩ **0.1** ***wandtapijt, gobelin.***

Wanduhr ⟨v.⟩ **0.1** ***wand-, hangklok.***

Wandung ⟨v.; ~, ~en⟩ **0.1** ***wand*** ⇒*muur(werk).*

Wandverkleidung ⟨v.⟩ **0.1** ***wandbekleding*** ⇒*lambrisering.*

Wandzeitung ⟨v.⟩ **0.1** ***muurkrant*** **0.2** ***prikbord.***

Wange ⟨v.; ~, ~n⟩ **0.1** ***wang*** ⇒*koon,* ⟨tech.⟩ *zijwand, -kant, -vlak.*

Wangenbein ⟨o.⟩ **0.1** ***jukbeen.***

Wangenknochen ⟨m.⟩ **0.1** ***kaak-, jukbeen.***

Wankelmut ⟨m.⟩ **0.1** ***wankelmoedigheid, besluiteloosheid.***

wankelmütig **0.1** ***wankelmoedig, besluiteloos.***

Wankelmütigkeit ⟨v.; ~, ~en⟩ →**Wankelmut.**

wanken **0.1** ***wankelen*** ⇒*waggelen, dreigen te vallen* ⟨ook fig.⟩ **0.2** ⟨fig.⟩ ***weifelen*** ⇒*wankelen, aarzelen* ◆ **1.1** die Knie wankten mir *mijn knieën knikten* **6.1** etwas **ins** Wanken bringen *iets doen wankelen, aan 't wankelen brengen* **6.2** jmdn. **ins** Wanken bringen *iem. aan 't wankelen brengen, onzeker maken;* **ins** Wanken geraten *onzeker worden* **8.2** ⟨schr.⟩ nicht ~ und (nicht) weichen *standhouden, standvastig blijven.*

wann **0.1** ***wanneer*** ◆ **5.1** ~ (auch) immer *wanneer (ook) maar.*

Wanne ⟨v.; ~, ~n⟩ **0.1** ***(bad)kuip*** **0.2** ***kuip, tobbe, bak*** ⇒*trog* **0.3** ⟨tech.⟩ ***carter*** **0.4** ⟨landb.⟩ ***wan.***

Wannenbad ⟨o.⟩ **0.1** ***kuipbad*** **0.2** ***badhuis.***

Wanst ⟨m.; ~(e)s, ~̈e⟩⟨inf.⟩ **0.1** ***pens, (dikke) buik*** **0.2** ***dik-***

buik ⇒*dikke man* ◆ **3.1** sich ⟨3e nv.⟩ den ~ vollschlagen *zich volvreten.*

Want ⟨v.; ~, ~en of o.; ~s, ~en⟩⟨scheep.⟩ **0.1** ***want*** ⇒*touwwerk.*

Wanze ⟨v.; ~, ~n⟩ **0.1** ⟨biol.⟩ ***wants*** **0.2** ⟨biol.⟩ ***wand-, weegluis*** **0.3** ⟨tech.⟩ ***afluisterapparaat*** **0.4** ⟨inf.; fig.⟩ ***walgelijk individu.***

Wappen ⟨o.; ~s, ~⟩ **0.1** ***(geslachts-, rijks-, stads)wapen*** ⇒ *blazoen.*

Wappenkunde ⟨v.⟩ **0.1** ***wapenkunde*** ⇒*heraldiek.*

Wappenschild ⟨m. & o.⟩ **0.1** ***wapenschild.***

Wappenspruch ⟨m.⟩ **0.1** ***wapenspreuk.***

wappnen **0.1** ***wapenen*** ⟨meestal fig.⟩ ◆ **3.1** ⟨fig.⟩ ich bin gewappnet *ik ben overal op voorbereid.*

Waran ⟨m.; ~s, ~e⟩⟨biol.⟩ **0.1** ***varaan.***

Ware ⟨v.; ~, ~n⟩ **0.1** ***(koop)waar*** ⇒*artikel(en), goed(eren), product(en)* ◆ **2.1** ⟨inf.⟩ heiße ~ (a) *smokkelwaar* (b) *gestolen goed(eren), goed(eren) van verdachte afkomst* ¶**.1** ⟨sprw.⟩ gute ~ lobt sich selbst *goede wijn behoeft geen krans.*

Warenangebot ⟨o.⟩ **0.1** ***goederenaanbod*** ⇒*(goederen)assortiment.*

Warenannahme ⟨v.⟩ **0.1** ***goederenafgifte.***

Warenaufzug ⟨m.⟩ **0.1** ***goederenlift.***

Warenaustausch ⟨m.⟩ **0.1** ***goederenruil.***

Warenautomat ⟨m.⟩ **0.1** ***verkoopautomaat.***

Warenbegleitschein ⟨m.⟩ **0.1** ***geleibiljet*** ⇒*vrachtbrief.*

Warenbestand ⟨m.⟩ **0.1** ***inventaris, goederenvoorraad.***

Warenbestandsaufnahme ⟨v.⟩ **0.1** ***inventarisatie.***

Warenbörse ⟨v.⟩ **0.1** ***goederenbeurs.***

Warenhaus ⟨o.⟩ **0.1** ***warenhuis.***

Warenkorb ⟨m.⟩ **0.1** ***goederenpakket.***

Warenkunde ⟨v.⟩ **0.1** ***warenkennis.***

Warenlager ⟨o.⟩ **0.1** ***pakhuis*** ⇒*magazijn.*

Warenmuster ⟨o.⟩ **0.1** ***monster*** ⇒*staal(tje).*

Warenprobe ⟨v.⟩ →**Warenmuster.**

Warensendung ⟨v.⟩ **0.1** ***goederenzending.***

Warenumschlag ⟨m.⟩ **0.1** ***goederenoverslag*** **0.2** ***omzet (van goederen).***

Warenzeichen ⟨o.⟩ **0.1** ***handels-, fabrieksmerk.***

Warf(t) ⟨v.; ~, ~en⟩⟨Ndd.⟩ **0.1** ***terp, wierde.***

warm ⟨wärmer, (am) wärmst(en)⟩ **0.1** ***warm*** ⟨ook fig.⟩ ⇒*heet* **0.2** ⟨fig.⟩ ***warm*** ⇒*hartelijk, medelevend* **0.3** ⟨inf.⟩ ***homoseksueel*** ◆ **3.1** ~ baden *een warm bad nemen* **4.1** mir ist, wird (es) ~ *ik heb, krijg het warm* **6.2** ⟨inf.⟩ **in, mit** einer Stadt ~ werden *zich in een stad thuis gaan voelen;* ⟨inf.⟩ **mit** jmdm. ~ werden *contact met iem. krijgen, bevriend met iem. raken* **8.**¶ ⟨inf.⟩ weder ~ noch kalt sein *onverschillig, ongeïnteresseerd zijn.*

Warmblut ⟨o.⟩ **0.1** ***warmbloed(paard).***

Warmblüter ⟨m.⟩ **0.1** ***warmbloedig dier.***

Wärme ⟨v.; ~⟩ **0.1** ***warmte*** ⇒⟨fig.⟩ *hartelijkheid* ◆ **6.1** jmdn. **mit** ~ empfangen *iem. hartelijk ontvangen.*

Wärmeabgabe ⟨v.⟩ **0.1** ***warmteafgifte.***

Wärmeaustauscher ⟨m.⟩⟨nat., tech.⟩ **0.1** ***warmte(-uit)wisselaar.***

wärmebeständig **0.1** ***bestand tegen warmte.***

Wärmedämmung ⟨v.⟩ **0.1** ***warmte-isolatie.***

Wärmeeinheit ⟨v.⟩ **0.1** ***warmte-eenheid.***

Wärmegewitter ⟨o.⟩ **0.1** ***warmteonweer.***

Wärmegrad ⟨m.⟩⟨inf.⟩ **0.1** ***warmtegraad.***

Wärmekraftwerk ⟨o.⟩⟨tech.⟩ **0.1** ***thermische centrale.***

Wärmelehre ⟨v.⟩⟨nat.⟩ **0.1** ***warmteleer.***

Wärmeleiter ⟨m.⟩ **0.1** ***warmtegeleider.***

wärmen **I** ⟨onov.ww.⟩ **0.1** ***warmte geven*** ⇒*warm houden;* **II** ⟨ov.ww.⟩ **0.1** ***(ver)warmen*** ⇒*opwarmen, verhitten* ◆ **6.1** sich **an, in** der Sonne ~ *zich in de zon koesteren, warmen.*

Warme(r) ⟨bn. als zn.; m.⟩⟨inf.⟩ **0.1** ***homo, flikker.***

Wärmeregler ⟨m.⟩ **0.1** ***thermostaat.***

Wärmeschutz ⟨m.⟩ →**Wärmedämmung.**

Wärmeschutzglas ⟨o.⟩ **0.1** ***warmtewerend glas.***

Wärmespeicher ⟨m.⟩ **0.1** ***warmteaccumulator.***

Wärmezähler ⟨m.⟩ **0.1** ***calorimeter*** ⇒*verdampingsmeter.*

Wärmflasche ⟨v.⟩ **0.1** ***(bed)kruik.***

Warmfront ⟨v.⟩⟨meteo.⟩ **0.1** ***warmtefront.***

Warmhalteflasche ⟨v.⟩ **0.1** ***thermosfles.***

warmhalten ⟨inf.⟩ ◆ **4.**¶ sich ⟨3e nv.⟩ jmdn. ~ *iem. te vriend houden.*

Warmhalteplatte ⟨v.⟩ **0.1** ***rechaud.***

warmherzig **0.1** ***hartelijk*** ⇒*warm.*

warmlaufen ⟨tech.⟩ **I** ⟨onov.ww.⟩ **0.1** ***warmdraaien*** ◆ **3.1** den Motor ~ lassen *de motor laten warmdraaien;* **II sich** ~ ⟨wk.ww.⟩ **0.1** ***warmlopen, warm worden.***

Warmluft ⟨v.⟩ **0.1** ***warme, hete lucht.***

Warmluftheizung ⟨v.⟩ **0.1** ***heteluchtverwarming.***

Warmwasserbereiter ⟨m.⟩ **0.1** ***heetwaterapparaat*** ⇒*boiler, geiser.*

Warmwasserspeicher ⟨m.⟩ **0.1** ***boiler.***

Warmwasserversorgung ⟨v.⟩ **0.1** ***warmwatervoorziening.***

Warnanlage ⟨v.⟩ **0.1** ***alarminstallatie.***

Warnblinkanlage ⟨v.⟩ **0.1** ***waarschuwings-, knipperlichtinstallatie*** ⇒*alarminstallatie.*

Warnblinklampe ⟨v.⟩ **0.1** ***(knipperende) pechlamp.***

Warndreieck ⟨o.⟩ **0.1** ***gevarendriehoek.***

warnen **0.1** ***waarschuwen*** ◆ **6.1** **vor** etwas, jmdm. ~ *voor iets, iem. waarschuwen;* **vor** Taschendieben wird gewarnt *pas op, hoedt u voor zakkenrollers.*

Warnlampe ⟨v.⟩ **0.1** ***waarschuwingslamp.***

Warnruf ⟨m.⟩ **0.1** ***waarschuwende kreet*** ⇒*alarmkreet.*

Warnschild ⟨o.⟩ **0.1** ***waarschuwingsbord.***

Warnschuß ⟨m.⟩ **0.1** ***waarschuwingsschot.***

Warnsignal ⟨o.⟩ **0.1** ***waarschuwingssein.***

Warnstreik ⟨m.⟩ **0.1** ***waarschuwingsstaking*** ⇒*prikactie.*

Warnung ⟨v.; ~, ~en⟩ **0.1** ***waarschuwing*** ◆ **6.1** eine ~ **an** jmdn. *een waarschuwing aan iemands adres.*

Warnzeichen ⟨o.⟩ **0.1** ***waarschuwingssein, -teken*** **0.2** ⟨verk.⟩ ***waarschuwingsbord.***

Warte ⟨v.; ~, ~n⟩ **0.1** ***wacht-, uitkijktoren*** ⇒*uitkijk(plaats)* **0.2** ***sterrenwacht*** ⇒*observatorium* **0.3** ⟨schr.; fig.⟩ ***standpunt*** ⇒*visie, optiek* ◆ **6.3** **von** hoher ~ aus *vanuit een verheven standpunt, van boven af (bekeken).*

Wartefrist ⟨v.⟩ **0.1** ***wachttijd.***

Wartehäuschen ⟨o.⟩ **0.1** ***abri, wachthuisje.***

Warteliste ⟨v.⟩ **0.1** ***wachtlijst.***

warten **I** ⟨onov.ww.⟩ **0.1** ***wachten*** ◆ **6.1** **auf** etwas, jmdn. ~ *op iets, iem. wachten* **9.1** ⟨inf.⟩ na, warte! *wacht maar (af)!;* **II** ⟨ov.ww.⟩ **0.1** ⟨tech.⟩ ***onderhouden*** ⇒*voor het onderhoud zorgen van* **0.2** ⟨vero.⟩ ***verzorgen*** ⇒*passen op.*

Wärter ⟨m.; ~s, ~⟩ **0.1** ***oppasser*** ⇒*opzichter, gevangenbewaarder, suppoost* **0.2** ***verzorger*** ⇒*verpleger.*

Warteraum ⟨m.⟩ **0.1** ***wachtkamer.***

Warterei ⟨v.; ~, ~en⟩ **0.1** ***gewacht, het wachten.***

Wärterin ⟨v.; ~, ~nen⟩ **0.1** ***oppas(ster)*** ⇒*bewaakster* **0.2** ***verzorgster*** ⇒*verpleegster.*

Wartesaal ⟨m.⟩ **0.1** ***wachtkamer.***

Warteschleife ⟨v.⟩ **0.1** ⟨luchtv.⟩ ***holding*** **0.2** ⟨fig.⟩ ***overbruggingsperiode*** ◆ **3.1** ~n fliegen *in het parkeercircuit cirkelen.*

Wartezimmer ⟨o.⟩ **0.1** ***wachtkamer.***

Wartung ⟨v.; ~, ~en⟩ **0.1** ***onderhoud*** ⇒*service* **0.2** ***verzorging*** ⇒*oppas, verpleging.*

wartungsfrei 0.1 ***geen onderhoud behoevend, zonder onderhoud.***
wartungsfreundlich 0.1 ***gemakkelijk te onderhouden, weinig onderhoud behoevend.***
warum 0.1 ***waarom*** ⇒*om welke reden* ◆ **5.1** ⟨inf.⟩ ~ nicht gar! *nu nog mooier!, wel ja!* **8.1** das Warum und Woher, das Warum und Weshalb *het hoe en waarom.*
Warze ⟨v.; ~, ~n⟩ **0.1** ***wrat*** **0.2** ***tepel.***
Warzenhof ⟨m.⟩ **0.1** ***tepelhof.***
Warzenschwein ⟨o.⟩⟨biol.⟩ **0.1** ***wrattenzwijn.***
warzig 0.1 ***wrattig, vol wratten.***
was[1] ⟨betr.vnw.⟩ **0.1** ***wat*** ⇒*hetgeen, hetwelk* **0.2** ⟨reg.⟩ ***die*** ⇒*dat, wat.*
was[2] ⟨vr.vnw.⟩ **0.1** ***wat*** ◆ **3.1** ~ machen deine Eltern? *hoe gaat het met je ouders?;* ⟨inf.⟩ ~ ist nun mit morgen abend? *hoe zit het nu met morgenavond?;* ~ ist schon dabei? *wat geeft, hindert het?* **5.1** ⟨inf.⟩ und ~ nicht alles *en van alles (en nog wat), en wat dies meer zij;* ⟨inf.⟩ ~ weiter? *en toen, verder?* **6.1** ~ **(für)** ein Lärm! *wat een lawaai!* **8.1** ⟨inf.⟩ hältst du mich für verrückt, oder ~? *denk je soms dat ik gek ben?* **¶.1** ⟨inf.⟩ ~! *wat!, kom nou!;* ⟨inf.⟩ das gefällt dir, ~? *dat bevalt je zeker wel, hé?*
was[3] ⟨onb.vnw.⟩⟨inf.⟩ **0.1** ***wat*** ⇒*iets* ◆ **1.1** ⟨inf.; iron.⟩ das wird ~ Gescheites, Rechtes sein! *dat zal me wat moois worden!* **3.1** kann ich dir ~ helfen? *kan ik je met iets helpen?;* schäm dich ~! *schaam je (een beetje)!;* ist ~? *is er iets?* **4.1** das war ganz ~ anderes *dat was heel iets anders* **5.1** so ~ von Frechheit! *wat een brutaliteit!*
was[4] ⟨bw.⟩⟨inf.⟩ **0.1** ***wat*** ⇒*hoe* ◆ **3.1** lauf, ~ du kannst *loop zo hard je kunt.*
was[5] ⟨bw.⟩⟨inf.⟩ **0.1** ***waarom*** ◆ **3.1** ~ lachst du (da)? *wat sta, zit je (daar) toch te lachen?*
Waschanlage ⟨v.⟩ **0.1** ***autowasinstallatie*** **0.2** ⟨tech.⟩ ***wasinrichting.***
Waschautomat ⟨m.⟩ **0.1** ***wasmachine, -automaat.***
waschbar 0.1 ***wasbaar.***
Waschbär ⟨m.⟩⟨biol.⟩ **0.1** ***wasbeer.***
Waschbecken ⟨o.⟩ **0.1** ***(vaste) wastafel*** ⇒*wasbak.*
Waschbütte ⟨v.⟩ **0.1** ***wastobbe, -kuip.***
Wäsche ⟨v.; ~, ~n⟩ **0.1** ***het wassen*** ⇒*was(beurt)* **0.2** ***was*** ⇒*wasgoed* **0.3** ***ondergoed*** ⇒*lingerie* ◆ **2.2** gebrauchte, schmutzige ~ *vuile was, vuil (linnen)goed;* ⟨fig.⟩ seine schmutzige ~ vor anderen Leuten waschen *de vuile was buiten hangen* **2.3** frische ~ *schoon ondergoed* **3.2** ⟨inf.⟩ jmdm. die ~ machen *de was voor iem. doen* **3.3** die ~ wechseln *schoon ondergoed aandoen, zich verschonen* **6.1** er ist gerade **bei** der ~ *hij is zich (net) aan 't wassen;* das Hemd ist (gerade) **in** der ~ *het hemd is (net) in de was;* etwas **in** die, **zur** ~ geben *iets (in de wasserij) laten wassen* **6.¶** ⟨inf.⟩ jmdm. **an** die ~ gehen, wollen *iem. te lijf gaan, willen;* ⟨inf.⟩ da guckte sie dumm **aus** der ~ *daar keek ze van op.*
Wäschebeutel ⟨m.⟩ **0.1** ***waszak.***
waschecht 0.1 ***wasecht*** **0.2** ⟨fig.⟩ ***rasecht*** ⇒*(op en top) echt.*
Wäschefach ⟨o.⟩ **0.1** ***linnenplank.***
Wäschegarnitur ⟨v.⟩ **0.1** ***set, stel(letje) ondergoed.***
Wäschegeschäft ⟨o.⟩ **0.1** ***lingeriezaak.***
Wäscheklammer ⟨v.⟩ **0.1** ***wasknijper.***
Wäschekorb ⟨m.⟩ **0.1** ***wasmand.***
Wäscheleine ⟨v.⟩ **0.1** ***waslijn.***
waschen ⟨→t177⟩ **0.1** ***wassen*** ⇒*afwassen, (af-, uit)spoelen* **0.2** ⟨scheep.⟩ ***spoelen*** ⇒*slaan* **0.3** ⟨inf.; fig.⟩ ***wit maken, witten*** ⟨geld⟩ ◆ **1.1** Wäsche ~ *de was doen* **4.1** ich wasche mir die Hände *ik was mijn handen* **4.¶** ⟨inf.⟩ sich gewaschen haben *er niet om liegen, niet mis zijn* **6.1 mit** der Hand ~ *op de hand wassen.*
Wascherei ⟨v.; ~⟩⟨inf.⟩ **0.1** ***het wassen*** ⇒*(ge)was.*
Wäscherei ⟨v.; ~, ~en⟩ **0.1** ***wasserij.***
Wäscherin ⟨v.; ~, ~nen⟩ **0.1** ***wasvrouw.***
Wäscheschleuder ⟨v.⟩ **0.1** ***centrifuge.***
Wäscheschrank ⟨m.⟩ **0.1** ***linnenkast.***
Wäschespinne ⟨v.⟩ **0.1** ***droogmolen.***
Wäscheständer ⟨m.⟩ **0.1** ***droogrek.***
Wäschestück ⟨o.⟩ **0.1** ***stuk wasgoed.***
Wäschetrockner ⟨m.⟩ **0.1** ***droogrek*** **0.2** ***droogtrommel, droger.***
Wäschezeichen ⟨o.⟩ **0.1** ***merk*** ⟨op wasgoed⟩.
Waschgang ⟨m.⟩ **0.1** ***wasbeurt.***
Waschhandschuh ⟨m.⟩ **0.1** ***washandje.***
Waschkorb ⟨m.⟩ **0.1** ***wasmand.***
waschkörbeweise ⟨inf.⟩ **0.1** ***met, in (hele) wasmanden tegelijk*** **0.2** ⟨fig.⟩ ***manden vol*** ⇒*bergen.*
Waschküche ⟨v.⟩ **0.1** ***was-, bijkeuken*** **0.2** ⟨inf.; scherts.⟩ ***dikke mist.***
Waschlappen ⟨m.⟩ **0.1** ***washandje*** **0.2** ⟨inf.; fig.⟩ ***slappeling*** ⇒*vent van niks.*
Waschlauge ⟨v.⟩ **0.1** ***loogwater*** ⇒*zeepsop.*
Waschleder ⟨o.⟩ **0.1** ***zeemleer.***
Waschmaschine ⟨v.⟩ **0.1** ***wasmachine.***
waschmaschinenfest 0.1 ***wasbaar in wasmachine.***
Waschmittel ⟨o.⟩ **0.1** ***wasmiddel.***
Waschpulver ⟨o.⟩ **0.1** ***waspoeder.***
Waschraum ⟨m.⟩ **0.1** ***waslokaal*** ⇒*wasgelegenheid.*
Waschsalon ⟨m.⟩ **0.1** ***wasserette, wassalon.***
Waschschüssel ⟨v.⟩ **0.1** ***waskom, -teil.***
Waschstraße ⟨v.⟩ **0.1** ***(auto)wasstraat.***
Waschtisch ⟨m.⟩ **0.1** ***wastafel.***
Waschtrog ⟨m.⟩ **0.1** ***wastobbe*** **0.2** ⟨reg.⟩ ***waskom.***
Waschung ⟨v.; ~, ~en⟩⟨schr.; med.⟩ **0.1** ***wassing*** ⇒*het wassen.*
Waschvollautomat ⟨m.⟩ **0.1** ***volautomatische wasmachine, wasautomaat.***
Waschweib ⟨o.⟩ **0.1** ⟨vero.⟩ ***wasvrouw*** **0.2** ⟨inf.⟩ ***kletskous, -wijf.***
Waschzettel ⟨m.⟩⟨boek.⟩ **0.1** ***flap*** ⟨van boekomslag⟩ **0.2** ***inlegvel.***
Waschzeug ⟨o.⟩ **0.1** ***wasgerei.***
Waschzuber ⟨m.⟩ **0.1** ***wastobbe.***
Wasser ⟨o.; ~s, ~ of ≃⟩ **0.1** ***water*** ⇒*waterloop, speeksel, tranen, urine, zweet* ◆ **2.1** Kölnisch(es) ~ *eau de cologne;* reinsten ~s, von reinstem ~ *van het zuiverste water,* ⟨fig. ook⟩ *rasecht;* ⟨schei.⟩ schweres ~ *zwaar water;* stehendes ~ *stilstaand water;* ⟨fig.⟩ ein stilles ~ *een gesloten mens* **3.1** das ~ abdrehen (a) *de kraan dichtdoen* (b) *het water afsluiten;* ⟨fig.⟩ jmdm. das ~ abgraben *iem. in zijn bestaan bedreigen, iem. het gras voor de voeten wegmaaien;* ~ fassen (a) *water halen* (b) *water binnenkrijgen;* ⟨scheep.⟩ ~ fassen, nehmen *water innemen;* der Fluß führt viel ~ *er staat veel water in de rivier;* ~ lassen, ⟨inf.⟩ sein ~ abschlagen *wateren, urineren;* ~ treten (a) *watertrappen* (b) *pootjebaden* **3.¶** er kann ihm nicht das ~ reichen *hij kan aan hem niet tippen* **6.1** ⟨fig.⟩ das ist ~ **auf** seine Mühle *dat is koren op zijn molen;* ⟨inf.⟩ das ~ läuft ihm **im** Munde zusammen *hij watertandt;* ⟨fig.⟩ ~ **in** den Wein gießen, schütten *water bij de wijn doen;* ⟨fig.⟩ ~ **in** die Elbe, in den Rhein, ins Meer tragen *uilen naar Athene, water naar de zee dragen;* das ~ schoß ihr **in** die Augen *haar ogen schoten vol tranen;* ⟨fig.⟩ das Fest ist **ins** ~ gefallen *het feest ging niet door;* **ins** ~ gehen (a) *een bad, duik nemen, te water gaan* (b) ⟨euf.⟩ *zich verdrinken;* ⟨inf.; fig.⟩ **mit** allen ~n gewaschen *van alle markten thuis, uitgekookt;* ein Zimmer **mit** fließendem ~ *een*

kamer met stromend water; ⟨fig.⟩ ~ **mit** einem Sieb schöpfen *monnikenwerk doen;* sich **über** ~ halten ⟨ook fig.⟩ *zich boven water,* ⟨fig.⟩ *staande houden;* ein Schiff **zu** ~ bringen, lassen *een schip te water laten;* ⟨fig.⟩ das ~ steht ihm bis **zum** Hals *het water staat hem tot aan de lippen* **6.¶** ⟨inf.⟩ nahe **ans**, am ~ gebaut haben *gauw huilen* **8.1** zu ~ und zu Land(e) *te land en te water;* ⟨inf.; fig.⟩ der Vorwurf läuft an ihm ab wie ~ *dat verwijt raakt zijn koude kleren niet* **¶.1** bis dahin läuft noch viel ~ den Bach, Berg, Rhein hinunter *er zal nog veel water door de Rijn lopen voor het zover is;* ⟨sprw.⟩ stille ~ sind tief *stille waters hebben diepe gronden.* →**Blut, Krug.**

Wasserabfluß ⟨m.⟩ **0.1** ***waterafvoer.***

wasser|abstoßend, -abweisend 0.1 ***waterafstotend.***

wasserarm 0.1 ***waterarm.***

Wasserarm ⟨m.⟩ **0.1** ***rivierarm.***

Wasseraufbereitung ⟨v.⟩ **0.1** ***waterbehandeling.***

Wasserbad ⟨o.⟩ **0.1** ⟨cul.⟩ ***waterbad*** ⇒*bain-marie* **0.2** ⟨foto.⟩ ***spoelbak*** ◆ **6.1 im** ~ *au bain-marie.*

Wasserball ⟨m.⟩ **0.1** ***opblaasbare bal*** **0.2** ⟨sp.⟩ ***waterpolo*** **0.3** ⟨sp.⟩ ***waterpolobal.***

Wasserballer ⟨m.; ~s, ~⟩ ⟨sp.⟩ **0.1** ***waterpolospeler.***

Wasserbau ⟨m.⟩ **0.1** ***waterbouwkunde.***

Wasserbauingenieur ⟨m.⟩ **0.1** ***waterbouwkundig ingenieur.***

Wasserbedarf ⟨m.⟩ **0.1** ***benodigde waterhoeveelheid*** **0.2** ***behoefte aan water.***

Wasserbehälter ⟨m.⟩ **0.1** ***waterreservoir*** ⇒*waterbak, -tank.*

Wasserbehandlung ⟨v.⟩ ⟨med.⟩ **0.1** ***hydrotherapie.***

Wasserblase ⟨v.⟩ ⟨med.⟩ **0.1** ***blaar, waterblaas.***

wasserblau 0.1 ***anilineblauw*** ⇒*waterig blauw.*

Wasserblüte ⟨v.⟩ ⟨biol.⟩ **0.1** ***algengroei.***

Wasserbombe ⟨v.⟩ ⟨mil.⟩ **0.1** ***dieptebom.***

Wasserbruch ⟨m.⟩ ⟨med.⟩ **0.1** ***waterbreuk, hydrocele.***

Wasserbüffel ⟨m.⟩ ⟨biol.⟩ **0.1** ***waterbuffel*** ⇒*karbouw.*

Wasserburg ⟨v.⟩ **0.1** ***waterburcht.***

Wässerchen ⟨o.; ~s, ~⟩ **0.1** ***watertje*** ◆ **3.¶** ⟨inf.⟩ kein ~ trüben können *geen vlieg kwaad kunnen doen.*

wasserdurchlässig 0.1 ***waterdoorlatend, permeabel.***

Wasserfahrzeug ⟨o.⟩ **0.1** ***vaartuig*** ⇒*schip.*

Wasserfall ⟨m.⟩ **0.1** ***waterval.***

Wasserfarbe ⟨v.⟩ **0.1** ***waterverf.***

wasserfest 0.1 ***waterbestendig, waterproof.***

Wasserfläche ⟨v.⟩ **0.1** ***water(opper)vlakte.***

Wasserflasche ⟨v.⟩ **0.1** ***waterfles*** ⇒*karaf.*

Wasserfloh ⟨m.⟩ ⟨biol.⟩ **0.1** ***watervlo.***

Wasserflut ⟨v.⟩ **0.1** ***overstroming*** **0.2** ***water-, stortvloed*** ⇒*watermassa.*

Wasserfrosch ⟨m.⟩ ⟨biol.⟩ **0.1** ***waterkikvors, groene kikker.***

wasserführend 0.1 ***water afvoerend*** ⇒*met water erin.*

Wassergehalt ⟨m.⟩ **0.1** ***water-, vochtgehalte.***

wassergekühlt 0.1 ***watergekoeld.***

Wasserglas ⟨o.⟩ **0.1** ***waterglas*** ⟨ook schei.⟩.

Wasserglätte ⟨v.⟩ ⟨verk.⟩ **0.1** ***aquaplaning.***

Wassergraben ⟨m.⟩ **0.1** ***sloot*** ⟨ook sp.⟩ ⇒*gracht, greppel.*

Wasserhahn ⟨m.⟩ **0.1** ***waterkraan.***

wasserhaltig 0.1 ***waterhoudend.***

Wasserheilkunde ⟨v.⟩ ⟨med.⟩ **0.1** ***watergeneeskunde.***

Wasserheilverfahren ⟨o.⟩ ⟨med.⟩ **0.1** ***watergeneeswijze.***

Wasserhose ⟨v.⟩ ⟨meteo.⟩ **0.1** ***waterhoos.***

Wasserhuhn ⟨o.⟩ ⟨biol.⟩ **0.1** ***meerkoet.***

wässerig 0.1 ***waterig*** ⇒*waterachtig* **0.2** ***een waterachtig vocht afscheidend*** ◆ **1.2** ~e Augen *tranende ogen, waterogen.*

Wasserjungfer ⟨v.⟩ ⟨biol.⟩ **0.1** ***libel, waterjuffer.***

wasserklar 0.1 ***helder, zuiver als water***

Wasserklosett ⟨o.⟩ **0.1** ***watercloset, wc.***

Wasserkopf ⟨m.⟩ ⟨med.⟩ **0.1** ***waterhoofd***

Wasserkraft ⟨v.⟩ **0.1** ***waterkracht.***

Wasserkraftwerk ⟨o.⟩ ⟨tech.⟩ **0.1** ***waterkrachtcentrale.***

Wasserkunst ⟨v.⟩ **0.1** ***fontein*** **0.2** ⟨mv.⟩ ***waterwerken*** ⇒*cascaden en fonteinen.*

Wasserlache ⟨v.⟩ **0.1** ***plas (water).***

Wasserlauf ⟨m.⟩ **0.1** ***waterloop.***

Wasserläufer ⟨m.⟩ ⟨biol.⟩ **0.1** ***waterloper*** ⇒*schaatsenrijder* **0.2** ***ruiter*** ⟨vogel⟩.

Wasserleiche ⟨v.⟩ ⟨inf.⟩ **0.1** ***lijk v.e. drenkeling.***

Wasserleitung ⟨v.⟩ **0.1** ***waterleiding.***

Wasserlinie ⟨v.⟩ ⟨scheep.⟩ **0.1** ***waterlijn.***

Wasserlinse ⟨v.⟩ ⟨plantk.⟩ **0.1** ***eendenkroos.***

wasserlöslich 0.1 ***in water oplosbaar.***

Wassermangel ⟨m.⟩ **0.1** ***watergebrek.***

Wassermann ⟨m.⟩ **0.1** ⟨mythologie⟩ ***watergeest, nikker*** **0.2** ⟨astrol.⟩ ***Waterman.***

Wassermelone ⟨v.⟩ **0.1** ***watermeloen.***

Wassermenge ⟨v.⟩ **0.1** ***hoeveelheid water*** **0.2** ***watermassa.***

Wassermesser ⟨m.⟩ **0.1** ***water-, hydrometer.***

Wassermühle ⟨v.⟩ **0.1** ***watermolen.***

wassern ⟨h/s.⟩ **0.1** ***op het water landen*** ⟨van vliegtuig⟩.

wässern I ⟨onov.ww.⟩ ⟨schr.⟩ **0.1** ***(lichaams)vocht afscheiden*** ⇒*nat worden* ◆ **1.1** mir wässert der Mund *ik watertand;*

II ⟨ov.ww.⟩ **0.1** ***in het water leggen*** ⇒*weken, spoelen* **0.2** ***water geven*** ⇒*(be)sproeien, irrigeren.*

Wassernixe ⟨v.⟩ **0.1** ***waternimf.***

Wassernymphe ⟨v.⟩ **0.1** ***bronnimf, najade.***

Wasserpest ⟨v.⟩ ⟨plantk.⟩ **0.1** ***waterpest.***

Wasserpolizei ⟨v.⟩ ⟨inf.⟩ →**Wasserschutzpolizei.**

Wasserprobe ⟨v.⟩ **0.1** ***watermonster.***

Wasserrad ⟨o.⟩ **0.1** ***waterrad.***

Wasserratte ⟨v.⟩ **0.1** ***waterrat*** ⟨ook fig.⟩.

wasserreich 0.1 ***waterrijk.***

Wasserrohr ⟨o.⟩ **0.1** ***water(leiding)buis.***

Wasserrose ⟨v.⟩ ⟨plantk.⟩ **0.1** ***waterlelie.***

Wassersäule ⟨v.⟩ **0.1** ***waterkolom*** ⟨ook nat.⟩.

Wasserscheide ⟨v.⟩ ⟨aardr.⟩ **0.1** ***waterscheiding.***

Wasserschere ⟨v.⟩ ⟨plantk.⟩ **0.1** ***krabbenscheer.***

wasserscheu 0.1 ***waterschuw, bang voor water.***

Wasserscheu ⟨v.⟩ **0.1** ***watervrees.***

Wasserschi ⟨m.⟩ →**Wasserski.**

Wasserschlauch ⟨m.⟩ **0.1** ***(leren) waterzak*** **0.2** ***waterslang*** **0.3** ⟨plantk.⟩ ***blaasjeskruid.***

Wasserschloß ⟨o.⟩ **0.1** ***waterburcht.***

Wasserschutzgebiet ⟨o.⟩ **0.1** ***waterwingebied.***

Wasserschutzpolizei ⟨v.⟩ **0.1** ***waterpolitie*** ⇒*rivierpolitie.*

Wasserski[1] ⟨m.⟩ **0.1** ***waterski*** ◆ **3.1** ~ fahren *waterskiën.*

Wasserski[2] ⟨o.; ~s⟩ **0.1** ***waterskisport.***

Wasserspeier ⟨m.⟩ ⟨bouwk.⟩ **0.1** ***(water)spuwer.***

Wasserspiel ⟨o.⟩ **0.1** ***waterwerken, cascaden en fonteinen.***

Wassersportler ⟨m.⟩ **0.1** ***watersportbeoefenaar, -sporter.***

Wasserstand ⟨m.⟩ **0.1** ***waterstand, -peil.***

Wasserstandsanzeiger ⟨m.⟩ **0.1** ***peilschaal*** ⇒*peilglas.*

Wasserstandsmeldung ⟨v.⟩ ⟨com.⟩ **0.1** ***waterstand.***

Wasserstein ⟨m.⟩ **0.1** ***ketelsteen.***

Wasserstelle ⟨v.⟩ **0.1** ***drinkplaats.***

Wasserstiefel ⟨m.⟩ **0.1** ***water-, lieslaars.***

Wasserstoff ⟨m.⟩ ⟨schei.⟩ **0.1** ***waterstof.***

wasserstoffblond ⟨inf.⟩ **0.1** ***geblondeerd.***

Wasserstoffbombe (v.) **0.1** ***waterstofbom, H-bom.***
Wasserstrahl (m.) **0.1** ***waterstraal*** ◆ **8.1** (fig.) wie ein kalter ~ *als een koude douche.*
Wasserstraße (v.) **0.1** ***water-, vaarweg.***
Wasserträger (m.) (pol., sp.) **0.1** ***waterdrager*** ⇒(sp.) *knecht.*
Wassertreten (o.; ~s) **0.1** ***het watertrappen*** **0.2** ***het pootjebaden.***
Wasserturm (m.) **0.1** ***watertoren.***
Wasseruhr (v.) **0.1** ***water-, hydrometer.***
Wasser- und Schiffahrtsdirektion (v.) **0.1** (vergelijkbaar met) ***directie van Rijkswaterstaat.***
Wasserung (v.; ~) **0.1** ***landing op het water.***
Wässerung (v.; ~, ~en) **0.1** ***het in het water leggen*** ⇒*week, het weken, spoeling* **0.2** ***besproeiing*** ⇒*irrigatie.*
Wasserverdrängung (v.) (scheep.) **0.1** ***waterverplaatsing.***
Wasserverschmutzung (v.) **0.1** ***waterverontreiniging, -vervuiling.***
Wasserversorgung (v.) **0.1** ***watervoorziening.***
Wasserwaage (v.) **0.1** ***waterpas.***
Wasserweg (m.) **0.1** ***waterweg*** ◆ **6.1** **auf** dem ~ *te water.*
Wasserwelle (v.) **0.1** ***watergolf*** (in het haar).
Wasserwerfer (m.) **0.1** ***waterkanon.***
Wasserwerk (o.) **0.1** ***waterleidingbedrijf*** ⇒*pompstation.*
Wasserwirtschaft (v.) **0.1** ***waterhuishouding.***
Wasserzähler (m.) →**Wassermesser.**
Wasserzeichen (o.) **0.1** ***watermerk.***
wäßrig →**wässerig.**
waten **0.1** ***waden.***
Waterkant (v.) (scherts.) **0.1** ***Duitse Noord- en Oostzeekust.***
Watsche (v.; ~, ~n) (Beiers, Oostr.) **0.1** ***oorvijg.***
Watschelgang (m.) **0.1** ***waggelende gang.***
watscheln **0.1** ***waggelen*** ⇒*schommelen.*
watschen (Beiers, Oostr.) **0.1** ***een draai om de oren geven.***
Watt[1] (o.; ~s, ~) (nat., tech.) **0.1** ***watt.***
Watt[2] (o.; ~(e)s, ~en) **0.1** ***wad.***
Watte (v.; ~, ~n) **0.1** ***watten*** ⇒*watje(s)* **0.2** ***gewatteerde voering*** ◆ **6.1** (inf.) du hast wohl ~ **in** den Ohren? *ben jij soms doof?;* (inf.; fig.) jmdn. **in** ~ packen *iem. in de watten leggen.*
Wattebausch (m.) **0.1** ***dot watten.***
Wattenmeer (o.) **0.1** ***Waddenzee.***
wattieren **0.1** ***watteren, met watten voeren.***
wattig **0.1** ***wattig.***
Wattwanderung (v.) **0.1** ***het wadlopen.***
Watvogel (m.) **0.1** ***waadvogel, steltloper.***
wau, wau! **0.1** ***woef woef!, waf waf!***
Wau (m.; ~(e), ~e) (plantk.) **0.1** ***wouw.***
Wauwau (m.; ~s, ~s) (kind.) **0.1** ***woef*** ⇒*hond.*
WC (o.; ~(s), ~(s)) →**Wasserklosett.**
Webekante (v.) →**Webkante.**
weben (→t178) **I** (ov. & onov.ww.) **0.1** ***weven*** (ook schr.; fig.) ◆ **1.1** die Spinne webt ihr Netz *de spin spint haar web;*
II (onov.ww.) (schr.; fig.) **0.1** ***zich bewegen, in beweging zijn*** ⇒*werkzaam zijn, waren* ◆ **6.1** das Weben **im** Walde *het geheimzinnige leven in het bos;*
III sich ~ (wk.ww.) (schr.; fig.) **0.1** ***op geheimzinnige wijze ontstaan.***
Weber (m.; ~s, ~) **0.1** ***wever.***
Weberei (v.; ~, ~en) **0.1** ***weverij*** **0.2** ***weefsel.***
Weberknecht (m.) (biol.) **0.1** ***hooiwagen.***
Weberschiffchen (o.) (ind.) **0.1** ***schiet-, weversspoel.***
Webfehler (m.) **0.1** ***weeffout*** ◆ **3.¶** (inf.) er hat einen ~ *aan hem is een steekje los.*
Webkante (v.) **0.1** ***zelfkant.***
Webschiffchen (o.) →**Weberschiffchen.**
Webstuhl (m.) **0.1** ***weefstoel, -getouw.***
Webwaren (alleen mv.) **0.1** ***geweven stoffen.***
Wechsel (m.; ~s, ~) **0.1** ***wisseling*** ⇒*ver-, afwisseling, verandering, overgang* **0.2** (ec.) ***wissel(brief)*** **0.3** (vero.; stud.) ***maandelijkse toelage*** **0.4** (jacht) ***wissel*** (vast pad van wild) ◆ **2.1** (taal.) der grammatische ~ *de grammaticale wisseling* **3.2** einen ~ einlösen *een wissel honoreren, betalen* **3.3** hier hat das Wild seinen ~ *hier steekt wild over* **6.1** **in** buntem ~ *in (een) bonte afwisseling* **6.2** einen ~ **auf** jmdn. ziehen *een wissel op iem. trekken.*
Wechselbad (o.) **0.1** ***wisselbad*** **0.2** (fig.) ***wispelturigheid*** ⇒*bokkensprong.*
Wechselbalg (m.) **0.1** ***ondergeschoven kind*** ⇒*misbaksel.*
Wechselbeziehung (v.) **0.1** ***wederzijdse, onderlinge betrekking, relatie.***
Wechselbezüglichkeit (v.) **0.1** ***wederkerigheid, reciprociteit.***
Wechselbürgschaft (v.) (ec.) **0.1** ***wisselborgtocht, aval.***
Wechselfälle (alleen mv.) **0.1** ***wisselvalligheden.***
Wechselfieber (o.) (med.) **0.1** ***malaria.***
Wechselgeld (o.) **0.1** ***wisselgeld*** ⇒*kleingeld.*
Wechselgesang (m.) (muz., rel.) **0.1** ***beurt(ge)zang.***
Wechselgespräch (o.) **0.1** ***samenspraak, dialoog.***
Wechselgetriebe (o.) (tech.) **0.1** ***versnelling(sbak)*** ⇒*transmissie.*
wechselhaft **0.1** ***veranderlijk*** ⇒*wisselvallig, wispelturig.*
Wechseljahre (alleen mv.) **0.1** ***overgangsjaren, climacterium.***
Wechselkurs (m.) (ec.) **0.1** ***wisselkoers.***
wechseln **I** (onov.ww.) **0.1** ***wisselen*** (ook ec.) ⇒*afwisselen, veranderen, overgaan* **0.2** ***van plaats veranderen*** ⇒*gaan, verhuizen,* (jacht) *trekken, de wissel volgen, passeren* ◆ **6.2** **über** die Grenze ~ *(clandestien) de grens overgaan;* hier wechselt Wild **über** die Straße *hier steekt wild de weg over;*
II (ov.ww.) **0.1** ***wisselen*** (ook ec.) ⇒*ver-, omwisselen, veranderen (van)* ◆ **1.1** den Beruf ~ *van beroep veranderen;* die Bettwäsche ~ *het bed, de bedden verschonen;* seinen Glauben ~ *tot een ander geloof overgaan;* die Kleider ~ *zich verkleden;* Öl ~ *olie verversen.*
Wechselnehmer (m.) (ec.) **0.1** ***nemer, remittent.***
Wechselrahmen (m.) **0.1** ***wissellijst.***
Wechselrede (v.) **0.1** ***samenspraak, dialoog.***
Wechselschalter (m.) (tech.) **0.1** ***wissel-, hotelschakelaar.***
Wechselschicht (v.) **0.1** ***afwisselende, variabele ploegendienst.***
Wechselschuldner (m.) (ec.) **0.1** ***wisseldebiteur.***
wechselseitig **0.1** ***wederzijds, wederkerig*** ⇒*onderling, elkaar.*
Wechselspannung (v.) (tech.) **0.1** ***wisselspanning.***
Wechselspiel (o.) **0.1** ***wisselspel, (af)wisseling(en).***
Wechselsprechanlage (v.) **0.1** ***intercom.***
Wechselsteuer (v.) **0.1** ***zegelrecht (op wissels).***
Wechselstrom (m.) (tech.) **0.1** ***wisselstroom.***
Wechselstube (v.) (ec.) **0.1** ***wisselkantoor.***
Wechselverhältnis (o.) **0.1** ***wederzijdse betrekking, onderlinge verhouding.***
Wechselverkehr (m.) **0.1** (ec.) ***wisselverkeer*** **0.2** (verk.) ***wisselend verkeer.***
wechselvoll **0.1** ***vol afwisseling*** ⇒*sterk (af)wisselend, bewogen.*
Wechselwähler (m.) (pol.) **0.1** ***zwevende kiezer.***
wechselweise **0.1** ***afwisselend, beurtelings.***

Wechselwirkung ⟨v.⟩ **0.1** ***wisselwerking*** ⇒*interactie.*
Wechselwirtschaft ⟨v.⟩⟨landb.⟩ **0.1** ***wisselbouw.***
Wechsler ⟨m.; ~s, ~⟩ **0.1** ***(geld)wisselaar.***
Wechte ⟨v.⟩⟨nw.spel.⟩ →**Wächte.**
wecken 0.1 ***wekken*** ⟨ook fig.⟩, ***wakker maken*** ⇒*opwekken.* →**Hund.**
Wecken ⟨m.; ~s, ~⟩⟨reg., vooral Zdd., Oostr.⟩ **0.1** ***weg*** ⇒ *broodje, langwerpig brood.*
Wecker ⟨m.; ~s, ~⟩ **0.1** ***wekker*** ◆ **6.¶** ⟨inf.⟩ jmdm. **auf** den ~ fallen, gehen *op iemands zenuwen werken.*
Weckglas ⟨o.⟩ **0.1** ***weckpot, -glas.***
Weckruf ⟨m.⟩ **0.1** ***wekroep*** ⇒⟨mil.⟩ *reveille.*
Wedel ⟨m.; ~s, ~⟩ **0.1** ***plumeau*** **0.2** ***waaier*** **0.3** ***bosje takken, rijshout*** ⇒*bundel stro* **0.4** ⟨plantk.⟩ ***veer-, waaiervormig blad*** **0.5** ⟨rel.⟩ ***wijwaterkwast.***
wedeln I ⟨onov.ww.⟩ **0.1** ***kwispelen, kwispelstaarten*** **0.2** ***waaieren*** ⇒*wuiven, zwaaien* **0.3** ⟨skiën⟩ ***in korte bochten afdalen*** ◆ **6.1 mit** dem Schwanz ~ *kwispelstaarten;*
II ⟨ov.ww.⟩ **0.1** ***(wapperend) (af-, weg)vegen.***
weder 0.1 ***noch*** ◆ **8.1** ~ ... noch *noch ... noch;* ~ aus noch ein wissen *geen raad meer weten.*
weg 0.1 ***weg*** ⇒*vertrokken, kwijt, zoek* ◆ **1.1** Finger, Hände ~! *afblijven!, handen thuis!* **3.1** ⟨inf.; fig.⟩ ich war einen Augenblick ~ *ik was even afwezig, verstrooid;* ⟨inf.; fig.⟩ ich war gleich ~ *ik was meteen onder zeil* **5.1** ~ da!, ~ hier! *maak dat je wegkomt!, weg(wezen)!* **6.1** ⟨inf.⟩ **in** einem ~ *aan één stuk door;* ⟨inf.; fig.⟩ **über** eine Sache ~ sein *over iets heen zijn;* ⟨inf.⟩ **von** ... ~ *direct, recht, vers van(af, -uit)* **8.1** ⟨inf.⟩ nichts wie ~! *wegwezen!*
Weg ⟨m.; ~(e)s, ~e⟩ **0.1** ***weg*** ⟨ook fig.⟩ ⇒*(loop)baan, pad* **0.2** ⟨fig.⟩ ***weg*** ⇒*manier, methode* **0.3** ⟨inf.⟩ ***boodschap*** ◆ **1.1** ⟨schr.⟩ den ~ alles, allen Fleisches, Irdischen gehen *sterfelijk, vergankelijk zijn, sterven;* es sind noch zwei Kilometer ~ *het is nog twee kilometer* **2.1** ⟨fig.⟩ ausgetretene ~e *platgetreden paden;* der rechte ~ (a) *de juiste weg* (b) ⟨fig.⟩ *het rechte pad* **2.2** krumme ~e *slinkse wegen, methodes* **3.1** ⟨fig.⟩ jmdm. den ~ bereiten, ebnen *voor iem. de weg effenen;* ⟨schr.⟩ seines ~es, seiner ~e gehen *zijns weegs gaan;* den letzten ~ gehen *sterven;* ⟨schr.⟩ des, seines ~es kommen *komen aanlopen;* ⟨fig.⟩ seinen ~ machen *er komen, zijn weg wel vinden;* den (rechten) ~ verfehlen *verdwalen;* ⟨inf.; fig.⟩ es führt kein ~ dran vorbei *daar gaat geen weg langs* **3.2** alle ~e kennen ⟨ook⟩ *alle kneepjes kennen* **3.3** ~e gehen, machen *boodschappen doen* **5.1** ⟨vero.; nog scherts.⟩ woher des ~es? *waar kom je, komt u vandaan?* **6.1** es liegt mir **am** ~e *ik kom erlangs;* **auf** halbem ~e ⟨ook fig.⟩ *halverwege;* **auf** dem schnellsten ~e *via de kortste weg;* jmdn. **auf** seinem letzten ~ begleiten *iem. de laatste eer bewijzen;* jmdn. **auf** den ~ bringen (a) *iem. de weg wijzen* (b) ⟨fig.⟩ *iem. stimuleren, aanzetten, aansporen;* ein Paket **auf** den ~ bringen, schicken *een pakje verzenden;* ⟨fig.⟩ jmdm. gute Ratschläge mit **auf** den ~ geben *iem. goede raad meegeven;* sich **auf** den ~ machen *op weg gaan;* ⟨fig.⟩ **auf** dem besten ~e sein *goed, hard op weg zijn;* jmdm. **aus** dem ~e gehen (a) *iem. voorbij laten* (b) ⟨fig.⟩ *iem. uit de weg gaan, ontwijken;* ⟨fig.⟩ jmdn., etwas **aus** dem ~ räumen, schaffen *iem., iets uit de weg ruimen;* jmdm. **im** ~e sein, stehen ⟨ook fig.⟩ *iem. in de weg staan;* etwas **in** die ~e leiten *aan iets beginnen, iets aanzwengelen;* jmdm. **in** den ~ treten, sich jmdm. in den ~ stellen (a) *iem. de weg versperren* (b) ⟨fig.⟩ *iem. hinderen, de voet dwars zetten;* jmdm. **über**, ⟨ook⟩ **in** den ~ laufen *iem. tegen het lijf lopen;* ⟨fig.⟩ jmdm. nicht **über** den ~ trauen *iem. voor geen cent vertrouwen;* **vom** ~e abkommen *verdwalen* **6.2 auf** diesem ~e *op deze manier, langs deze weg;* **auf** dem ~e der Güte, auf gütlichem ~e *in der minne;* **auf** kaltem ~e *zonder scrupuleus, in koelen bloede;* **auf** kürzestem, auf dem schnellsten ~e *zo snel mogelijk;* **auf** schriftlichem ~e *schriftelijk;* etwas **im** ~e **von** Verhandlungen regeln *iets door middel van onderhandelingen regelen* **8.1** ⟨vero.; schr.⟩ ~ und Steg *het hele land, de hele omgeving.*
wegangeln ⟨inf.⟩ **0.1** ***voor iemands neus wegkapen*** ⇒*afsnoepen.*
wegbekommen →**wegkriegen.**
Wegbereiter ⟨m.⟩ **0.1** ***wegbereider, baanbreker.***
wegbleiben ⟨inf.⟩ **0.1** ***wegblijven*** ⇒*uitvallen* ⟨stroom⟩, *afslaan* ⟨motor⟩.
wegblicken 0.1 ***de ogen afwenden, wegkijken.***
wegbringen 0.1 ***wegbrengen*** **0.2** ⟨inf.⟩ ***afbrengen*** **0.3** ⟨inf.⟩ ***wegkrijgen*** ⟨vlekken⟩.
wegdenken 0.1 ***wegdenken*** ◆ **4.1** sich ⟨3e nv.⟩ etwas ~ *iets wegdenken.*
wegdiskutieren 0.1 ***wegredeneren.***
wegdrängen I ⟨onov.ww.⟩ **0.1** ***weg willen;***
II ⟨ov.ww.⟩ **0.1** ***weg-, verdringen*** ⇒*wegduwen.*
Wegebau ⟨m.⟩ **0.1** ***wegenbouw.***
Wegegeld ⟨o.⟩ **0.1** ***kilometervergoeding*** **0.2** ⟨vero.⟩ ***tol(geld).***
Wegelagerer ⟨m.⟩ **0.1** ***straat-, struikrover.***
Wegemarkierung ⟨v.⟩ **0.1** ***bewegwijzering.***
wegen ⟨vz. + 2; ook vz. + 3⟩ **0.1** ***wegens, vanwege*** ⇒*tengevolge van, uit hoofde van* **0.2** ***ter wille van, omwille van*** ◆ **1.2** ~ des Geldes, ⟨schr.⟩ des Geldes ~ *om het geld* **4.2** ⟨inf.⟩ ~ mir (a) *om mijnentwil* (b) *wat mij betreft* **6.1** ⟨inf.⟩ **von** ~ *vanwege, wegens* **6.¶** ⟨inf.⟩ **von** ~! *helemaal niet!, geen sprake van!*
Wegeordnung ⟨v.⟩ **0.1** ***wegen(verkeers)reglement.***
Wegepilz ⟨m.⟩ **0.1** ***paddestoel*** ⟨wegwijzer langs fietspaden⟩.
Wegerecht ⟨o.⟩ →**Wegeordnung.**
Wegerich ⟨m.; ~s, ~e⟩⟨plantk.⟩ **0.1** ***weegbree.***
wegessen 0.1 ***wegeten*** ⇒⟨inf.⟩ *opeten* ◆ **4.1** jmdm. etwas ~ *iets voor iemands neus opeten.*
wegfahren I ⟨onov.ww.⟩ **0.1** ***vertrekken*** ⇒*wegrijden, wegvaren;*
II ⟨ov.ww.⟩ **0.1** ***wegbrengen*** ⇒*wegrijden, wegzetten.*
Wegfall ⟨m.⟩ **0.1** ***het wegvallen*** ⇒*afschaffing* ◆ **6.1** ⟨adm.⟩ **in** ~ kommen *(komen te) vervallen.*
wegfallen 0.1 ***weg-, vervallen.***
wegfangen ⟨inf.⟩ **0.1** ***wegvangen*** ⇒*afvangen* **0.2** ***weg-, afpakken*** ⇒*weg-, afpikken.*
wegfausten 0.1 ***wegstompen*** ⟨bal⟩.
wegfegen 0.1 ***wegvegen*** **0.2** ***wegvagen*** ⟨ook fig.⟩ ⇒*wegwaaien.*
wegfressen 0.1 ***wegeten*** ⇒*(voor de neus) opeten* **0.2** ⟨inf.⟩ ***wegvreten.***
Weggabel(ung) ⟨v.⟩ **0.1** ***wegsplitsing.***
Weggang ⟨m.⟩ **0.1** ***vertrek*** ⇒*het heengaan.*
weggeben 0.1 ***weg-, afgeven*** **0.2** ***wegdoen*** ⇒*uit huis doen, uitbesteden.*
Weggefährte ⟨m.⟩ **0.1** ***reisgenoot, -gezel*** **0.2** ⟨fig.⟩ ***metgezel, strijdmakker.***
weggehen 0.1 ***weggaan*** ⇒*vertrekken, de deur uitgaan* **0.2** ⟨inf.⟩ ***van de hand gaan*** ⇒*verkocht worden* **0.3** ⟨inf.⟩ ***opgaan, besteed worden*** **0.4** ⟨inf.⟩ ***slaan, heengaan*** **0.5** ⟨inf.⟩ ***heenstappen*** ⇒*negeren* ◆ **1.1** ⟨inf.⟩ der Fleck geht nicht mehr weg *de vlek gaat er niet meer uit* **5.1** ⟨inf.⟩ geh mir bloß weg damit! *praat me er niet van!* **6.1 im** Weggehen *bij het weggaan;* ⟨inf.⟩ **von** jmdm. ~ *bij iem. weggaan* **6.4** eine Welle ging **über** das Schiff weg *een golf sloeg over het schip.*

Weggenosse ⟨m.⟩ →**Weggefährte.**

weghaben ⟨inf.⟩ **0.1** ***weg hebben*** ⇒*eruit hebben* **0.2** ***te pakken hebben*** ⇒*oplopen* **0.3** ***gesnapt hebben, doorhebben*** ⇒*goed kunnen* ◆ **3.1** sie wollten ihn ~ *ze wilden hem kwijt* **4.¶** einen ~ (a) *aangeschoten zijn* (b) *niet goed snik zijn* **6.3 in** Mathematik was ~ *een kei in wiskunde zijn.*

weghalten ⟨inf.⟩ **0.1** ***weghouden*** ⇒*van zich afhouden.*

wegholen 0.1 ***weghalen*** ⇒*afhalen* ◆ **4.¶** ⟨inf.⟩ sich ⟨3e nv.⟩ eine Krankheit ~ *een ziekte oplopen.*

weghören 0.1 ***niet (willen) luisteren.***

wegkehren 0.1 ***afwenden*** **0.2** ⟨reg.⟩ ***wegvegen.***

wegkommen ⟨inf.⟩ **0.1** ***wegraken, zoek raken*** **0.2** ***wegkomen*** ⇒*af-, ontkomen, weggaan* **0.3** ***te boven komen*** ⇒ *heen komen* ◆ **5.2** ⟨fig.⟩ gut, schlecht bei etwas ~ *goed, slecht van iets afkomen* **6.2 mit** einem Jahr Gefängnis ~ *er met één jaar gevangenis afkomen.*

Wegkreuzung ⟨v.⟩ **0.1** ***wegkruising, kruispunt.***

wegkriegen ⟨inf.⟩ **0.1** ***wegkrijgen*** ⇒*eruit krijgen, verwijderen* **0.2** ***erachter komen, doorhebben*** **0.3** ***oplopen, zich op de hals halen.***

wegkundig 0.1 ***met de weg bekend.***

weglassen 0.1 ***(weg) laten gaan*** **0.2** ***weglaten*** ⇒*achterwege laten.*

weglaufen 0.1 ***weglopen.***

weglegen 0.1 ***wegleggen*** ⇒*wegbergen, opruimen.*

wegleugnen ⟨inf.⟩ **0.1** ***ontkennen*** ⇒*loochenen.*

wegloben 0.1 ***wegrecommanderen.***

weglos 0.1 ***ongebaand*** ⇒*onbegaanbaar.*

wegmachen I ⟨ov.ww.⟩⟨inf.⟩ **0.1** ***wegmaken*** ⇒*verwijderen, wegnemen, eruit halen* ◆ **3.1** sich ⟨3e nv.⟩ ein Kind ~ lassen *een kind laten weghalen;*
II sich ~ ⟨wk.ww.⟩ **0.1** ***zich uit de voeten maken*** ⇒*verdwijnen.*

Wegmarkierung ⟨v.⟩ →**Wegemarkierung.**

Wegnahme ⟨v.; ~⟩⟨adm.⟩ **0.1** ***het wegnemen, wegneming*** ⇒ *confiscatie, verbeurdverklaring.*

wegnehmen 0.1 ***wegnemen*** ⇒*wegdoen, afnemen, afpakken* ◆ **1.1** viel Platz ~ *veel plaats innemen.*

wegpacken I ⟨ov.ww.⟩ **0.1** ***wegpakken*** ⇒*wegruimen, opbergen;*
II sich ~ ⟨wk.ww.⟩⟨inf.⟩ **0.1** ***zich wegpakken, zich wegscheren.***

wegputzen 0.1 ***wegpoetsen*** **0.2** ⟨inf.⟩ ***opeten*** ⇒*soldaat maken* **0.3** ⟨inf.⟩ ***neerschieten*** **0.4** ⟨sp.⟩ ***inmaken*** ⇒*in de pan hakken.*

wegradieren 0.1 ***uitgommen*** ⇒*uitvlakken, wegschrappen, uitkrassen.*

wegraffen 0.1 ***weggraaien*** ⇒*wegrukken* ⟨ook fig.⟩.

Wegrand ⟨m.⟩ **0.1** ***wegrand, kant v.d. weg.***

wegrationalisieren 0.1 ***door rationalisering vernietigen, overbodig maken.***

wegräumen 0.1 ***weg-, opruimen*** ⇒⟨fig. vooral⟩ *uit de weg ruimen.*

wegreißen 0.1 ***wegrukken*** ⇒*wegtrekken, afrukken* **0.2** ***slopen*** ⇒*afbreken.*

wegrühren, sich 0.1 ***weggaan.***

wegrutschen 0.1 ***wegglijden*** ⇒*slippen, wegschuiven.*

wegsacken 0.1 ***weg-, verzakken*** ⇒*in elkaar zakken* **0.2** ⟨scheep.⟩ ***in de golven verdwijnen.***

wegschaffen I ⟨ov.ww.⟩ **0.1** ***wegdoen*** ⇒*wegbrengen, -werken, -halen;*
II sich ~ ⟨wk.ww.⟩⟨inf.⟩ **0.1** ***zich van kant maken.***

wegschauen ⟨reg.⟩ **0.1** ***een andere kant op kijken, wegkijken.***

wegschaufeln 0.1 ***wegscheppen.***

Wegscheide ⟨v.⟩⟨schr.⟩ →**Weggabelung.**

wegscheren, sich ⟨inf.⟩ **0.1** ***zich wegscheren*** ⇒*zich uit de voeten maken.*

wegschicken 0.1 ***wegsturen, -zenden.***

wegschieben 0.1 ***wegschuiven*** ⇒*wegduwen.*

wegschleichen I ⟨onov.ww.⟩ **0.1** ***wegsluipen;***
II sich ~ ⟨wk.ww.⟩ **0.1** ***wegsluipen.***

wegschließen 0.1 ***wegsluiten*** ⇒*achter slot doen, opbergen.*

wegschnappen ⟨inf.⟩ **0.1** ***wegpikken*** ⇒*wegkapen, afpakken.*

wegschneiden 0.1 ***weg-, afsnijden*** ⇒*wegknippen, wegsnoeien.*

wegschütten 0.1 ***weggieten*** **0.2** ***weggooien.***

wegschwimmen 0.1 ***wegzwemmen*** **0.2** ***wegdrijven.***

wegsehen 0.1 ***een andere kant op kijken*** ⇒*wegkijken* **0.2** ⟨inf.⟩ ***heen kijken.***

wegsetzen I ⟨onov.ww.; s., ook h.⟩⟨inf.⟩ **0.1** ***springen;***
II ⟨ov.ww.⟩ **0.1** ***wegzetten*** ◆ **4.1** sich ~ *ergens anders gaan zitten* **6.1** ⟨inf.; fig.⟩ sich **über** eine Sache ~ *over iets heenstappen.*

wegspülen 0.1 ***wegspoelen.***

wegstecken ⟨inf.⟩ **0.1** ***wegstoppen*** ⇒*wegdoen, opbergen* **0.2** ⟨fig.⟩ ***incasseren.***

wegstehlen, sich 0.1 ***wegsluipen.***

wegstellen 0.1 ***wegzetten.***

wegstoßen 0.1 ***wegstoten*** ⇒*wegduwen* **0.2** ***wegtrappen.***

wegstreben 0.1 ***weg willen*** **0.2** ***wegstevenen*** ⇒*wegvaren.*

Wegstrecke ⟨v.⟩ **0.1** ***weggedeelte*** ⇒*traject.*

wegstreichen 0.1 ***wegstrijken*** **0.2** ***wegstrepen*** ⇒*schrappen.*

Wegstunde ⟨v.⟩ **0.1** ***uur gaans.***

wegtauchen ⟨inf.⟩ **0.1** ***zijn kop intrekken*** ⇒*zich kleinmaken.*

wegtreiben I ⟨onov.ww.⟩ **0.1** ***wegdrijven;***
II ⟨ov.ww.⟩ **0.1** ***verdrijven.***

wegtreten I ⟨onov.ww.⟩ **0.1** ***(een stapje) achteruitgaan*** **0.2** ⟨mil.⟩ ***inrukken*** ◆ **5.¶** ⟨inf.; fig.⟩ (geistig) weggetreten *er niet bij (met zijn hoofd)* **¶.2** weg(ge)treten! *ingerukt, mars!;*
II ⟨ov.ww.⟩ **0.1** ***wegtrappen, -schoppen*** ⟨bal⟩.

wegtun 0.1 ***wegdoen*** ⇒*opbergen, weggooien.*

wegwälzen 0.1 ***wegrollen*** ⇒*wegwentelen.*

Wegwarte ⟨v.⟩⟨plantk.⟩ **0.1** ***wilde cichorei.***

wegweisend ⟨fig.⟩ **0.1** ***richtinggevend.***

Wegweiser ⟨m.⟩ **0.1** ***wegwijzer*** ⇒*richtingbord,* ⟨fig.⟩ *handleiding, (reis)gids.*

wegwenden 0.1 ***afwenden*** ⇒*afkeren.*

wegwerfen 0.1 ***wegwerpen, -gooien*** ◆ **4.1** sich an jmdn. ~ *zich aan iem. vergooien.*

wegwerfend 0.1 ***geringschattend*** ⇒*minachtend.*

Wegwerfgesellschaft ⟨v.⟩ **0.1** ***wegwerpmaatschappij.***

wegwischen 0.1 ***weg-, afvegen*** ⇒*uitwissen* **0.2** ⟨fig.⟩ ***wegvagen*** ◆ **1.2** Einwände ~ *bezwaren wegwuiven.*

wegwünschen I ⟨ov.ww.⟩ **0.1** ***weg willen hebben*** ⇒*kwijt willen;*
II sich ~ ⟨wk.ww.⟩ **0.1** ***weg willen*** ⇒*willen dat men ergens anders was.*

wegzaubern 0.1 ***wegtoveren.***

Wegzehrung ⟨v.⟩ **0.1** ⟨schr.⟩ ***leeftocht, proviand (voor onderweg)*** **0.2** ⟨rel.⟩ ***viaticum, teerspijs.***

Wegzeichen ⟨o.⟩ **0.1** ***markeringsteken.***

wegziehen I ⟨onov.ww.⟩ **0.1** ***wegtrekken*** ⇒*verhuizen, vertrekken;*
II ⟨ov.ww.⟩ **0.1** ***wegtrekken*** ⇒*opzij trekken.*

Wegzug ⟨m.⟩ **0.1** ***vertrek*** ⇒*verhuizing.*

weh[1] ⟨bn.⟩⟨inf.⟩ **0.1** ***pijnlijk*** ⇒*zeer,* ⟨schr.; fig.⟩ *smartelijk,* *wee* ◆ **3.1** mir ist ~ zumute, ums Herz *ik ben verdrietig (gestemd);* jmdm. ~ tun *iem. pijn doen;* sich an einer Sache ~ tun *zich aan iets bezeren, pijn doen;* der Kopf, Bauch tut mir ~ *ik heb hoofdpijn, buikpijn.*

weh[2] ⟨tw.⟩ **0.1** ***wee*** ◆ **4.1** ~ dir! *wee je gebeente!, pas op jij!*

Weh ⟨o.; ~(e)s, ~e⟩⟨schr.⟩ **0.1** ***verdriet, smart*** **0.2** ***pijn*** ◆ **8.1** ⟨inf.⟩ mit, unter ~ und Ach *onder luid geklaag.*

wehe →**weh**[2].

Wehe ⟨v.; ~, ~n⟩ **0.1** ***(barens)wee*** **0.2** ***opgewaaide sneeuw, sneeuwverstuiving*** **0.3** ***zandverstuiving*** ◆ **6.1** **in** den ~n liegen *(barens)weeën hebben.*

wehen **0.1** ***waaien*** **0.2** ***wapperen*** ⇒*wuiven* ◆ **5.1** der Wind weht kalt aus Norden *er staat een koude noordenwind.*

Wehgeschrei ⟨o.⟩ **0.1** ***gejammer, geweeklaag.***

Wehklage ⟨v.⟩⟨schr.⟩ **0.1** ***jammer-, weeklacht.***

wehklagen ⟨schr.⟩ **0.1** ***weeklagen, jammeren.***

wehleidig **0.1** ***kleinzerig*** ⇒*huilerig, flauw.*

Wehmut ⟨v.; ~⟩⟨schr.⟩ **0.1** ***weemoed*** ⇒*droefenis.*

weh|mütig, -mutsvoll **0.1** ***weemoedig, vol weemoed.***

Wehr[1] ⟨v.; ~, ~en⟩ **0.1** ⟨vero.⟩ ***weer(stand)*** ⇒*verdediging* **0.2** ⟨vero.; schr.⟩ ***wapen*** ⇒*wapenrusting* **0.3** ⟨vero.⟩ ***wal*** ⇒ *borstwering* **0.4** ⟨inf.⟩ ***brandweer*** ◆ **6.1** sich **zur** ~ setzen *zich te weer stellen.*

Wehr[2] ⟨o.; ~(e)s, ~e⟩ **0.1** ***(stuw)dam*** ⇒*stuw, waterkering.*

Wehrbeauftragte(r) ⟨bn. als zn.⟩ **0.1** ⟨gevolmachtigde v.d. Bondsdag belast met de behartiging v.d. rechten v.d. dienstplichtigen⟩.

Wehrbereich ⟨m.⟩ **0.1** ***militair gewest.***

Wehrbezirk ⟨m.⟩ **0.1** ***militair district.***

Wehrdienst ⟨m.⟩ **0.1** ***(militaire) dienst*** ◆ **3.1** seinen ~ (ab)leisten *in, onder dienst zijn.*

Wehrdienstleistende(r) ⟨bn. als zn.⟩ **0.1** ***dienstplichtige (soldaat).***

wehrdienstpflichtig **0.1** ***dienstplichtig.***

wehrdienstuntauglich **0.1** ***ongeschikt voor de militaire dienst.***

Wehrdienstverweigerer ⟨m.⟩ **0.1** ***dienstweigeraar.***

wehren I ⟨ov.ww.⟩⟨vero.; schr.⟩ **0.1** ***weren*** ⇒*beletten, tegengaan* ◆ **1.1** ⟨onov. ww.⟩ einem Übel ~ *een kwaad bestrijden;*

II sich ~ ⟨wk.ww.⟩ **0.1** ***zich (ver)weren*** ⇒*zich verdedigen* **0.2** ***zich verzetten*** ⇒*tegenstribbelen.*

Wehrersatzdienst ⟨m.⟩⟨mil.⟩ **0.1** ***vervangende dienst(plicht).***

Wehretat ⟨m.⟩ **0.1** ***defensiebegroting.***

wehrfähig **0.1** ***weer-, strijdbaar*** **0.2** ***in staat militaire dienst te vervullen.***

Wehrgang ⟨m.⟩⟨gesch.⟩ **0.1** ***weergang*** ⇒*omloop* ⟨van vestingmuur⟩.

wehrhaft **0.1** ***weerbaar.***

Wehrkraft ⟨v.⟩ **0.1** ***militaire kracht, sterkte.***

wehrlos **0.1** ***weerloos.***

Wehrlosigkeit ⟨v.; ~⟩ **0.1** ***weerloosheid.***

Wehrmacht ⟨v.⟩⟨gesch.⟩ **0.1** ***weermacht*** ⟨Duitse strijdkrachten 1921-1945⟩.

Wehrmann ⟨m.⟩ **0.1** ***brandweerman*** **0.2** ⟨Zwi.⟩ ***soldaat.***

Wehrpaß ⟨m.⟩ **0.1** ***militaire pas, zakboekje.***

Wehrpflicht ⟨v.⟩ **0.1** ***dienstplicht.***

wehrpflichtig **0.1** ***dienstplichtig.***

Wehrsold ⟨m.⟩ **0.1** ***soldij.***

Wehrübung ⟨v.⟩⟨mil.⟩ **0.1** ***herhalingsoefening.***

Wehwehchen ⟨o.⟩⟨inf.; scherts.⟩ **0.1** ***pijn(tje)*** ⇒*kwaaltje.*

Weib ⟨o.; ~(e)s, ~er⟩ **0.1** ***vrouw*** ⇒⟨vero.⟩ *echtgenote* **0.2** ⟨pej.⟩ ***wijf*** ◆ **6.1** **hinter** den ~ern hersein *een rokkenjager zijn;* er nahm sie **zum** ~ *hij nam haar tot vrouw.*

Weibchen ⟨o.; ~s, ~; mv. ook Weiberchen⟩ **0.1** ***vrouwtje, wijfje*** ⟨ook biol.⟩.

Weiberfeind ⟨m.⟩ **0.1** ***vrouwenhater.***

Weibergeschichte ⟨v.⟩⟨pej.⟩ **0.1** ***avontuurtje, vrouwenaffaire.***

Weiberheld ⟨m.⟩ **0.1** ***vrouwenjager.***

Weiberklatsch ⟨m.⟩ **0.1** ***oudewijvenpraat.***

Weiberknecht ⟨m.⟩ **0.1** ***vrouwendienaar.***

Weibervolk ⟨o.⟩⟨vero.⟩ **0.1** ***vrouwvolk.***

Weiberwirtschaft ⟨v.⟩ **0.1** ***vrouwengedoe, -boel.***

weibisch ⟨pej.⟩ **0.1** ***verwijfd*** ⇒*wekelijk.*

Weiblein ⟨o.; ~s, ~⟩ **0.1** ***(oud) vrouwtje*** ⇒⟨ted.⟩ *vrouwtje.*

weiblich **0.1** ***vrouwelijk*** ⟨ook biol., taal.⟩.

Weiblichkeit ⟨v.; ~, ~en⟩ **0.1** ***vrouwelijkheid.***

Weibsbild ⟨o.⟩ **0.1** ⟨pej.⟩ ***vrouwspersoon, (vrouw)mens*** **0.2** ⟨inf.; vooral Zdd., Oostr.⟩ ***vrouw.***

Weibsleute ⟨alleen mv.⟩ **0.1** ***vrouwvolk.***

Weibsperson ⟨v.⟩⟨inf.⟩ **0.1** ⟨vero.⟩ ***vrouwspersoon*** **0.2** ⟨pej.⟩ ***vrouwmens, wijf.***

Weibsstück ⟨o.⟩⟨inf.; pej.⟩ **0.1** ***vrouwmens, wijf.***

weich **0.1** ***zacht*** ⇒*week* **0.2** ***week(hartig)*** ⇒*(teer)gevoelig, slap* ◆ **1.1** ~e Drogen *soft drugs;* ~es Wasser *zacht, kalkarm water* **3.1** ~ aufsetzen *een zachte landing maken;* ⟨fig.⟩ sich ~ betten *een aangenaam leventje leiden, op rozen zitten* **3.2** jmdn. ~ machen *iem. murw maken;* die Erinnerung stimmte ihn ~ *de herinnering ontroerde hem;* ⟨inf.⟩ nur nicht ~ werden! *niet toegeven!*

Weichbild ⟨o.⟩ **0.1** ***stadsgebied*** **0.2** ⟨gesch.⟩ ***rechtsgebied v.e. stad*** **0.3** ⟨gesch.⟩ ***stadsrecht.***

Weiche ⟨v.; ~, ~n⟩ **0.1** ⟨verk.⟩ ***wissel*** **0.2** ***zachtheid*** ⇒*weekheid* **0.3** ***flank, zij(de)*** ◆ **3.1** ⟨fig.⟩ die ~n richtig stellen *de goede weg inslaan;* ⟨fig.⟩ die ~n für etwas stellen *de richting van iets bepalen.*

weichen[1] **I** ⟨onov.ww.; s.⟩ **0.1** ***weken*** ⇒*week worden;*

II ⟨ov.ww.⟩ **0.1** ***(in)weken*** ⇒*in de week zetten.*

weichen[2] ⟨onov.ww.→t179⟩ **0.1** ***wijken*** ⇒*weggaan, zich verwijderen, zwichten* ◆ **1.1** der Gewalt ~ *voor het geweld wijken, zwichten.*

Weichen|steller, -wärter ⟨m.⟩ **0.1** ***wisselwachter.***

Weichenstellung ⟨v.⟩⟨fig.⟩ **0.1** ***(toekomstige) oriëntering*** ⇒ *het uitzetten v.e. nieuwe koers.*

Weichheit ⟨v.; ~, ~en⟩ **0.1** ***week-, zachtheid*** ⇒*malsheid* **0.2** ***week(hartig)heid*** ⇒*zachtmoedigheid.*

weichherzig **0.1** ***week-, teerhartig.***

Weichkäse ⟨m.⟩ **0.1** ***zachte kaas.***

weichlich **0.1** ***wekelijk*** ⇒*slap, verwijfd.*

Weichling ⟨m.; ~s, ~e⟩ **0.1** ***slappeling, zwakkeling*** ⇒*wekeling.*

weichmachen ⟨inf.; fig.⟩ **0.1** ***murw maken.***

Weichmacher ⟨m.⟩⟨schei., tech.⟩ **0.1** ***weekmaker.***

weichmütig ⟨vero.; schr.⟩ →**weichherzig.**

Weichselkirsche ⟨v.⟩⟨plantk.⟩ **0.1** ***weichselboom*** **0.2** ⟨reg.⟩ ***morel, zure kers.***

Weichspülmittel ⟨o.⟩ **0.1** ***wasverzachter.***

Weichteile ⟨alleen mv.⟩⟨med.⟩ **0.1** ***weke delen.***

Weichtier ⟨o.⟩⟨biol.⟩ **0.1** ***weekdier.***

Weide ⟨v.; ~, ~n⟩ **0.1** ***weide, weiland*** **0.2** ⟨plantk.⟩ ***wilg(enboom).***

Weideland ⟨o.⟩ **0.1** ***weidegrond*** ⇒*weiland(en).*

weiden I ⟨ov. & onov.ww.⟩ **0.1** ***weiden*** ⇒*(laten) grazen;*

II sich ~ ⟨wk.ww.⟩⟨schr.; fig.⟩ **0.1** ***zich verlustigen*** ⇒*zich vermeien,* ⟨pej.⟩ *zich verkneukelen* ◆ **6.1** sich **an** einer Sache ~ *zich in het zien van iets verlustigen.*

Weidenbaum ⟨m.⟩ **0.1** ***wilgenboom.***

Weidengerte ⟨v.⟩ **0.1** ***wilgentwijg, -teen.***

Weidenkätzchen ⟨o.⟩⟨plantk.⟩ **0.1** ***(wilgen)katje.***
Weidenrute ⟨v.⟩ →**Weidengerte.**
Weideplatz ⟨m.⟩ **0.1** ***weide, weiland*** ⇒*weideplaats.*
Weiderich ⟨m.; ~(e)s, ~e⟩⟨plantk.⟩ **0.1** ***kattenstaart.***
Weidevieh ⟨o.⟩ **0.1** ***grazend vee, vee op de weide.***
Weidewirtschaft ⟨v.⟩ **0.1** ***veeteelt*** ⇒*veehouderij.*
weidgerecht 0.1 ***volgens de regels v.d. jacht, naar jagersgebruik, weidelijk*** **0.2** ***ervaren*** ⟨jager⟩.
weidlich 0.1 ***flink*** ⇒*duchtig, danig, gretig.*
Weidmann ⟨m.⟩ **0.1** ***jager(sman).***
weidmännisch 0.1 ***jagers-, weidelijk, op jagersmanier.***
Weidmannsdank ⟨m.⟩ **0.1** ***antwoord op jagersgroet.***
Weidmannsheil ⟨o.⟩ ◆ **¶.¶** ~! *goede, gelukkige jacht!* ⟨jagersgroet⟩.
Weidmesser ⟨o.⟩ **0.1** ***jachtmes.***
Weidwerk ⟨o.⟩ **0.1** ***jacht(bedrijf).***
weigern, sich 0.1 ***weigeren.***
Weigerung ⟨v.; ~, ~en⟩ **0.1** ***weigering.***
Weigerungsfall ⟨m.⟩ ◆ **6.¶ im** ~(e) *bij, in geval van weigering.*
Weih ⟨m.; ~(e)s, ~e⟩⟨biol.⟩ **0.1** ***kiekendief.***
Weihbischof ⟨m.⟩ **0.1** ***wijbisschop.***
Weihe[1] ⟨v.; ~, ~n⟩ →**Weih.**
Weihe[2] ⟨v.; ~, ~n⟩ **0.1** ***(in)wijding*** ⇒*inzegening, consecratie,* ⟨schr.; fig.⟩ *plechtigheid, plechtig karakter* ◆ **2.1** die höheren, niederen ~n *de hogere, lagere wijdingen.*
Weiheakt ⟨m.⟩ **0.1** ***wijding(splechtigheid).***
weihen 0.1 ***(in)wijden*** ⇒*consacreren, officieel in gebruik nemen, plechtig in een kloosterorde opnemen* **0.2** ⟨rel. en schr.; fig.⟩ ***wijden*** ⇒*opdragen* ◆ **1.2** jmdm. ein Buch ~ *(aan) iem. een boek opdragen* **4.2** sich dem Tode ~ *zich aan de dood overleveren* **6.1** jmdn. **zum** Bischof ~ *iem. tot bisschop wijden.*
Weiher ⟨m.; ~s, ~⟩ **0.1** ***vijver.***
Weihestunde ⟨v.⟩⟨schr.⟩ **0.1** ***plechtig, gewijd uur.***
weihevoll ⟨schr.⟩ **0.1** ***plechtig*** ⇒*vol wijding.*
Weihgabe ⟨v.⟩ **0.1** ***wijgeschenk*** ⇒*votiefgeschenk.*
Weihnacht ⟨v.⟩⟨schr.⟩ →**Weihnachten.**
weihnachten ◆ **5.¶** es weihnachtet (a) *het loopt tegen Kerstmis* (b) *er heerst kerststemming.*
Weihnachten ⟨o.; ~s, ~; in uitdrukkingen en Zdd., Oostr., Zwi. ook alleen mv.⟩ **0.1** ***Kerstmis*** ⇒*kerst* **0.2** ⟨inf.⟩ ***kerstgeschenken*** ◆ **2.1** (ein) frohe(s), fröhliche(s) ~! *vrolijk kerstfeest!, prettige kerstdagen!* **6.1 über** ~ *met Kerstmis, met de kerst(dagen)* **8.1** ⟨inf.; fig.⟩ ein Gefühl wie ~ *een zalig gevoel.*
weihnachtlich 0.1 ***kerst-*** ◆ **1.1** ~e Stimmung *kerststemming, -sfeer* **3.1** hier sieht es ja schon ganz ~ aus! *hier heerst al een kerstsfeer!*
Weihnachtsabend ⟨m.⟩ **0.1** ***kerstavond*** ⟨24 december⟩.
Weihnachtsbaum ⟨m.⟩ **0.1** ***kerstboom.***
Weihnachtsbescherung ⟨v.⟩ **0.1** ***uitdeling v.d. kerstgeschenken*** ⟨op kerstavond⟩ **0.2** ***(kerst)geschenken, pakjes.***
Weihnachtsfeier ⟨v.⟩ **0.1** ***kerstviering*** **0.2** ***kerstfeest(je).***
Weihnachtsfeiertag ⟨m.⟩ **0.1** ***kerstdag.***
Weihnachtsfest ⟨o.⟩ **0.1** ***kerstfeest.***
Weihnachtsgeld ⟨o.⟩ **0.1** ***kerstgratificatie.***
Weihnachtsgeschäft ⟨o.⟩ **0.1** ***kerstdrukte*** **0.2** ***omzet, verkoop vóór Kerstmis.***
Weihnachtsgeschenk ⟨o.⟩ **0.1** ***kerstcadeau, -geschenk.***
Weihnachtskaktus ⟨m.⟩ **0.1** ***lid-, kerstcactus.***
Weihnachtskrippe ⟨v.⟩ **0.1** ***kerstkribbe, -stalletje.***
Weihnachtsmann ⟨m.⟩ **0.1** ***kerstman(netje)*** **0.2** ⟨inf.⟩ ***sukkel.***
Weihnachtsstollen ⟨m.⟩ **0.1** ***kerststol, -brood.***
Weihnachtstisch ⟨m.⟩ **0.1** ***tafel met kerstcadeaus.***
Weihnachtszeit ⟨v.⟩ **0.1** ***kersttijd.***
Weihrauch ⟨m.⟩ **0.1** ***wierook*** ◆ **3.1** ~ abbrennen *wierook branden;* ⟨schr.; fig.⟩ jmdm. ~ streuen *iem. bewieroken.*
Weihung ⟨v.; ~, ~en⟩ **0.1** ***wijding.***
Weihwasser ⟨o.⟩⟨rel.⟩ **0.1** ***wijwater.***
Weihwasserbecken ⟨o.⟩ **0.1** ***wijwaterbak(je).***
Weihwasserwedel ⟨m.⟩ **0.1** ***wijwaterkwast.***
Weihwedel ⟨m.⟩ →**Weihwasserwedel.**
weil 0.1 ***omdat*** ⇒*daar* **0.2** ***nu*** ⇒*aangezien (nu)* ◆ **1.1** ein schlechtes, ~ fehlerhaftes Buch *een slecht boek omdat het vol fouten zit.*
weiland ⟨vero.⟩ **0.1** ***wijlen*** **0.2** ***destijds, indertijd.***
Weilchen ⟨o.; ~s, ~⟩ **0.1** ***poosje*** ⇒*tijdje.*
Weile ⟨v.; ~⟩ **0.1** ***poos, tijd(je)*** ⇒*ogenblik* ◆ **2.1** damit hat es gute ~ *dat heeft nog (de) tijd.* →**Ding**[1]**, eilen.**
weilen ⟨schr.⟩ **0.1** ***(ver)wijlen*** ⇒*(ver)toeven, verblijven, zich ophouden.*
Weiler ⟨m.; ~s, ~⟩ **0.1** ***gehucht.***
Wein ⟨m.; ~(e)s, ~e⟩ **0.1** ***wijn*** **0.2** ***druiven*** **0.3** ***wijnstok(ken)*** ◆ **2.1** offener ~ *wijn van het vat;* spritziger ~ *mousserende wijn* **2.3** ⟨plantk.⟩ wilder ~ *wilde wingerd* **3.1** ⟨fig.⟩ jmdm. klaren, reinen ~ einschenken *iem. klare wijn schenken, iem. ronduit zeggen waar het op staat;* ⟨fig.⟩ neuen ~ in alte Schläuche füllen *nieuwe wijn in oude zakken vullen.*
Wein(an)bau ⟨m.⟩ **0.1** ***wijnbouw, -teelt.***
Weinbauer ⟨m.; ~s of ~n, ~(n)⟩ **0.1** ***wijnbouwer, -boer.***
Weinbeere ⟨v.⟩ **0.1** ***(wijn)druif*** **0.2** ⟨Zdd., Oostr., Zwi.⟩ ***rozijn.***
Weinberg ⟨m.⟩ **0.1** ***wijnberg*** ⇒*wijngaard.*
Weinbergschnecke ⟨v.⟩⟨biol.⟩ **0.1** ***wijngaardslak.***
Weinbrand ⟨m.⟩ **0.1** ***(Duitse) cognac.***
weinen 0.1 ***huilen*** ⇒*schreien, wenen* ◆ **2.1** er war dem Weinen nahe *het huilen stond hem nader dan het lachen* **5.1** ⟨inf.; fig.⟩ leise ~d *beschaamd, beteuterd* **6.1 über** eine Sache ~ *om iets huilen;* **um** eine Sache ~ *iets betreuren;* ⟨fig.⟩ es ist **zum** Weinen! *het is om (bij) te huilen!*
weinerlich 0.1 ***huilerig, grienerig*** ⇒*larmoyant.*
Weinernte ⟨v.⟩ **0.1** ***wijnoogst.***
Weinessig ⟨m.⟩ **0.1** ***wijnazijn.***
Weingarten ⟨m.⟩ **0.1** ***wijngaard.***
Weingärtner ⟨m.⟩ →**Weinbauer.**
Weingegend ⟨v.⟩ **0.1** ***wijnstreek.***
Weingeist ⟨m.⟩ **0.1** ***wijngeest, spiritus.***
Weingut ⟨o.⟩ **0.1** ***landgoed met wijngaarden*** ⇒*wijngaard.*
weinig 0.1 ***wijn bevattend*** **0.2** ***wijnachtig, als wijn.***
Weinkarte ⟨v.⟩ **0.1** ***wijnkaart.***
Weinkellerei ⟨v.⟩ **0.1** ***wijnbottelarij*** ⇒*wijnkelder(s), -handel.*
Weinkelter ⟨v.⟩ **0.1** ***wijnpers.***
Weinkrampf ⟨m.⟩ **0.1** ***huilbui, krampachtig gehuil.***
Weinkühler ⟨m.⟩ **0.1** ***wijnkoeler.***
Weinlaub ⟨o.⟩ **0.1** ***wijngaard-, wingerdloof.***
Weinlaube ⟨v.⟩ **0.1** ***prieel van wingerdloof.***
Weinlaune ⟨v.⟩ **0.1** ***vrolijke stemming*** ⟨door wijn veroorzaakt⟩ ⇒*lichte roes.*
Weinlese ⟨v.⟩ **0.1** ***wijnoogst*** ⇒*druivenpluk.*
Weinlokal ⟨o.⟩ **0.1** ***wijnhuis(je), -lokaal.***
Weinpanscherei ⟨v.⟩ **0.1** ***vervalsing van wijn.***
Weinpresse ⟨v.⟩ →**Weinkelter.**
Weinprobe ⟨v.⟩ **0.1** ***wijnproef.***
Weinranke ⟨v.⟩ **0.1** ***wijnrank.***
Weinrebe ⟨v.⟩ **0.1** ***wijnstok*** **0.2** ***wijnrank.***

Weinsäure ⟨v.⟩ **0.1** *wijn(steen)zuur.*

Weinschlauch ⟨m.⟩ **0.1** *leren wijnzak.*

weinselig **0.1** *aangeschoten.*

Weinstein ⟨m.⟩ **0.1** *wijnsteen.*

Weinsteinsäure ⟨v.⟩ →**Weinsäure.**

Weinstock ⟨m.⟩ **0.1** *wijnstok.*

Weinstube ⟨v.⟩ →**Weinlokal.**

Weintraube ⟨v.⟩ **0.1** *wijndruif.*

Weinzwang ⟨m.⟩ **0.1** *verplichting om wijn te drinken, te bestellen.*

weise **0.1** *wijs* ⇒*verstandig.*

Weise ⟨v.; ~, ~n⟩ **0.1** *wijze* ⇒*manier* **0.2** *wijs* ⇒*melodie* ◆ **6.1 auf** diese ~ *op deze manier;* **in** der ~, daß *zodanig, in dier voege dat;* **in** gewisser ~ *in zeker opzicht;* **in** keiner, ⟨inf.⟩ keinster ~ *absoluut niet, geenszins;* jeder **nach** seiner ~ *ieder op zijn manier.*

Weisel ⟨m.; ~s, ~⟩ **0.1** *bijenkoningin.*

weisen ⟨→t180⟩ **I** ⟨onov.ww.⟩ **0.1** *wijzen* ⇒*aanwijzen* ◆ **6.1 auf** eine Sache ~ *op, naar iets wijzen, iets aanwijzen;*
II ⟨ov.ww.⟩ **0.1** *wijzen* ⇒*leren, bijbrengen* **0.2** *(weg)sturen* ⇒*verwijzen* ◆ **6.1** etwas (weit) **von** sich, von der Hand ~ *iets (beslist) afwijzen, van de hand wijzen* **6.2** jmdn. **aus** dem Land ~ *iem. het land uitzetten.*

Weisheit ⟨v.; ~, ~en⟩ **0.1** *wijsheid* ◆ **1.1** der ~ letzter Schluß *het toppunt van wijsheid,* ⟨ook⟩ *het laatste woord (hierover)* **3.1** ⟨inf.⟩ die ~ mit Löffeln gegessen, gefressen haben *de wijsheid in pacht hebben* **6.1 mit** seiner ~ am, zu Ende sein *geen raad meer weten.* →**Vorsicht.**

Weisheitszahn ⟨m.⟩ **0.1** *verstandskies.*

weislich ⟨vero.⟩ **0.1** *wijs(elijk).*

weismachen ⟨inf.⟩ **0.1** *wijsmaken.*

weiß **0.1** *wit* ⇒*blank* ◆ **1.1** die ~e Rasse *het blanke ras* **3.1** einen Weißen trinken *(een glas) witte wijn drinken* **6.1** ⟨inf.; fig.⟩ jmdm. nicht das Weiße **im** Auge gönnen *iem. het licht in de ogen niet gunnen.*

Weiß ⟨o.; ~(es), ~⟩ **0.1** *wit* ⇒*witte kleur, witheid* ◆ **6.1 in** ~ gekleidet *in het wit (gekleed).*

weissagen **0.1** *voorspellen* ⇒*profeteren.*

Weissager ⟨m.; ~s, ~⟩ **0.1** *profeet* ⇒*voorspeller.*

Weissagerin ⟨v.; ~, ~nen⟩ **0.1** *profetes.*

Weissagung ⟨v.; ~, ~en⟩ **0.1** *profetie, voorspelling.*

weißbärtig **0.1** *met een witte baard.*

Weißbier ⟨o.⟩ **0.1** *witbier.*

Weißblech ⟨o.⟩ **0.1** *blik, vertind dun plaatstaal.*

weißbluten, sich ⟨inf.⟩ **0.1** *al zijn geld uitgeven* ◆ **6.¶** bis **zum** Weißbluten *tot het uiterste.*

Weißbrot ⟨o.⟩ **0.1** *wittebrood.*

Weißbuch ⟨o.⟩⟨pol.⟩ **0.1** *witboek.*

Weißbuche ⟨v.⟩⟨plantk.⟩ **0.1** *haagbeuk.*

Weißdorn ⟨m.; mv. ~e⟩ **0.1** *hagendoorn, (witte) meidoorn.*

Weiße ⟨v.; ~, ~n⟩ **0.1** *witheid* ⇒*bleekheid* **0.2** ⟨inf.⟩ *(glas) witbier.*

weißen **0.1** *witten.*

Weiße(r) ⟨bn. als zn.⟩ **0.1** *blanke (man).*

Weißfisch ⟨m.⟩⟨biol.⟩ **0.1** *witvis, voorn.*

Weißfluß ⟨m.⟩⟨med.⟩ **0.1** *witte vloed.*

weißgekleidet **0.1** *in het wit gekleed.*

weißglühend **0.1** *witgloeiend* ⇒*witheet.*

Weißglut ⟨v.⟩ **0.1** *witgloeiende hitte* ◆ **6.1** ⟨inf.; fig.⟩ jmdn. (bis) **zur** ~ bringen, reizen, treiben *iem. gloeiend kwaad, hels maken.*

Weißkohl ⟨m.⟩⟨vooral Ndd.; plantk.⟩ **0.1** *witte kool.*

Weißkraut ⟨o.⟩⟨vooral Zdd., Oostr.⟩ →**Weißkohl.**

weißlich **0.1** *witachtig.*

Weißling ⟨m.; ~s, ~e⟩⟨biol.⟩ **0.1** *witje* ⟨vlinder⟩ **0.2** *alver* **0.3** *wijting.*

Weißmetall ⟨o.⟩ **0.1** *witmetaal.*

Weißpappel ⟨v.⟩⟨plantk.⟩ **0.1** *witte abeel, zilverpopulier.*

Weißrusse ⟨m.⟩ **0.1** *Wit-Rus.*

Weißtanne ⟨v.⟩⟨plantk.⟩ **0.1** *zilverden* ⇒*(Europese) zilverspar.*

Weißwal ⟨m.⟩ **0.1** *beloega, witte dolfijn.*

Weißwaren ⟨alleen mv.⟩ **0.1** *linnengoed* ⇒*lingerie.*

Weißwäsche ⟨v.⟩ **0.1** *witte was, wit wasgoed.*

weißwaschen ⟨fig.⟩ **0.1** *van verdenking zuiveren* ⇒*wit wassen.*

Weißwein ⟨m.⟩ **0.1** *witte wijn.*

Weißwurst ⟨v.⟩ **0.1** *witte worst.*

Weisung ⟨v.; ~, ~en⟩ **0.1** ⟨schr.⟩ *order* ⇒*instructie, opdracht, voorschrift* **0.2** ⟨jur.⟩ *voorwaarde* ◆ **6.1 auf, nach** ~ *op, volgens de instructie.*

Weisungsbefugnis ⟨v.⟩ **0.1** *zeggenschap* ⇒*bevoegdheid om over iets te beslissen, iets te bevelen.*

weisungsgebunden **0.1** *aan (de) voorschriften, orders gebonden.*

weisungsgemäß **0.1** *volgens voorschrift, overeenkomstig de voorschriften.*

weit **0.1** *wijd* ⇒*ruim* ⟨ook fig.⟩, *uitgestrekt* **0.2** *ver* ⟨ook fig.⟩ ⇒⟨bw.⟩ *veel, danig* ◆ **1.1** ⟨fig.⟩ ein ~es Gewissen *een ruim geweten;* das ~e Meer *de volle zee, het ruime sop* **1.2** in ~em Abstand *op grote afstand;* ein ~er Umweg *een grote omweg;* ein ~er Weg ⟨ook fig.⟩ *een lange weg* **2.2** ~ besser *veel beter* **3.1** ⟨schr.⟩ das Weite gewinnen (a) *het open, vrije veld bereiken* (b) *het ruime sop kiezen, de volle zee bereiken;* ein Kleid ~er machen *een jurk uitleggen, wijder maken;* das Weite suchen *het hazenpad kiezen* **3.2** es (in seinem Leben) ~ bringen *het ver brengen, schoppen (in zijn leven);* ~ gefehlt! *helemaal, glad mis!;* ⟨inf.⟩ hast du (es) noch ~? *is het nog ver (lopen, rijden)?;* das Spiel zu ~ treiben *te ver gaan;* jmdn. ~ übertreffen *iem. verreweg overtreffen;* ~ zurückliegen *lang geleden zijn* **5.1** ~ umher *in de wijde omtrek* **5.2** damit ist es nicht ~ her *dat is niet veel bijzonders, zaaks;* so ~, so gut *alles goed en wel* **6.1** ⟨fig.⟩ das Herz wurde mir ~ **vor** Freude *mijn hart zwol van vreugde* **6.2 bei** ~em *verreweg, veruit,* ⟨soms⟩ *danig, erg, veel;* **bei** ~em nicht *verre van, geenszins;* **bei** ~em nicht so gut *lang zo goed niet;* ~ **über** Mitternacht *ver over, na middernacht;* jmdn. schon **von** ~em kommen sehen *iem. al vanuit de verte, van verre zien aankomen;* **von** ~ her kommen *van ver (weg) komen* **8.1** ~ und breit *wijd en zijd.*

weitab **0.1** *veraf, ver (van).*

weitaus **0.1** *verreweg, veruit* ⇒*veel.*

weitbekannt **0.1** *alom bekend.*

Weitblick ⟨m.⟩ **0.1** *vooruitziende blik* **0.2** *ruime blik* **0.3** *vergezicht.*

weitblickend **0.1** *vooruitziend.*

Weite ⟨v.; ~, ~n⟩ **0.1** *uitgestrektheid* **0.2** *verte* ⇒*afstand* ⟨ook sp.⟩ **0.3** *wijdte* ⇒*diameter, omvang* ◆ **2.3** lichte ~ (a) *binnenwerkse breedte* (b) *doorrijbreedte* **6.3** ein Mantel **in** bequemer ~ *een lekker ruim zittende jas.*

weiten **I** ⟨ov.ww.⟩ **0.1** *wijder, ruimer maken* ⇒*verwijden,* ⟨fig. vooral⟩ *verruimen, verbreden;*
II sich ~ ⟨wk.ww.⟩ **0.1** *wijder, ruimer worden* ⇒*(zich) verbreden, zich verwijden* ◆ **6.1** seine Augen ~ sich **vor** Schreck *zijn ogen worden groot van schrik.*

weiter **0.1** *verder* ⇒*nader, bijkomend, meer,* ⟨bw.⟩ *voorts, bovendien* **0.2** *wijder* ⇒*ruimer* ◆ **1.1** ~e Auskünfte *nadere inlichtingen;* ein ~er Beweis *een bewijs te meer;* ~e zwei Stunden *nog eens twee uur* **3.1** was ist da ~ dabei? (a) *wat is er verder nog op tegen?* (b) *wat is daar nou (nog) aan?;* Weiteres, das, alles Weitere *de rest, het overige* **3.2** einen

Gürtel ~ schnallen *een ceintuur losser maken* **4.1** ~ nichts? *anders niets?, is dat alles?;* nichts ~, ~ nichts zu erzählen haben *niets meer te vertellen hebben;* er wollte ~ nichts als sich bedanken *hij wilde alleen maar bedanken* **5.1** nicht ~, ~ nicht *niet erg, niet zeer, niet bijzonder, niet bijster;* das ist nicht ~ schlimm *dat is zo erg niet;* (halt,) nicht ~! *(stop,) tot hier en niet verder!;* und so ~ *enzovoort(s)* **6.1** bis **auf** ~es geschlossen *voorlopig gesloten;* **bis auf** ~es *tot nader order;* **ohne** ~es (a) *zonder meer* (b) *zomaar* **7.1** des ~en *bovendien, voorts* **¶.1** ~! (a) *doorlopen!* (b) *doorgaan!*

weiterarbeiten I ⟨onov.ww.⟩ **0.1** ***doorwerken;***
II sich ~ ⟨wk.ww.⟩ **0.1** ***zich opwerken.***

weiterbefördern 0.1 ***doorzenden*** ⇒*verder zenden, doorsturen* **0.2** ***verder vervoeren.***

weiterbestehen 0.1 ***voortbestaan, blijven bestaan.***

weiterbilden 0.1 ***verder ontwikkelen, vormen*** ⇒*verder opleiden, bijscholen.*

Weiterbildung ⟨v.⟩ **0.1** ***verdere ontwikkeling, vorming*** ⇒ *bijscholing.*

weiterbringen 0.1 ***vooruithelpen*** ⇒*vooruitbrengen, verder brengen.*

weiterdenken 0.1 ***doordenken*** **0.2** ***vooruitdenken.***

weiterempfehlen 0.1 ***bij anderen aanbevelen.***

weiterentwickeln 0.1 ***verder ontwikkelen*** ⇒*tot volle ontwikkeling brengen.*

weitererzählen 0.1 ***verder vertellen*** ⇒*doorvertellen.*

weiterfahren 0.1 ***doorrijden*** ⇒*doorreizen, verder reizen* **0.2** ***doorvaren, verder varen*** **0.3** ⟨h/s.; Zdd., Zwi.⟩ ***door-, voortgaan*** ⟨met spreken⟩.

Weiterfahrt ⟨v.⟩ **0.1** ***voortzetting v.d. reis, het verder reizen.***

weiterfliegen 0.1 ***de vlucht voortzetten, doorvliegen.***

weiterführen I ⟨onov.ww.⟩ **0.1** ***zich voortzetten*** ⇒*verder gaan;*
II ⟨ov.ww.⟩ **0.1** ***verder voeren*** ⇒*verder brengen, verder leiden* **0.2** ***voortzetten*** ◆ **1.1** ~de Schulen *scholen voor voortgezet onderwijs.*

Weitergabe ⟨v.⟩ **0.1** ***het doorgeven.***

weitergeben 0.1 ***doorgeven*** ◆ **1.1** die Kosten ~ *de kosten doorberekenen.*

weitergehen 0.1 ***verder gaan*** ⇒*voort-, doorgaan, voortduren* ◆ **4.1** wann geht es weiter? *wanneer wordt de reis, tocht voortgezet?* **5.1** bitte ~! *doorlopen alstublieft!*

weiterhelfen ⟨met 3e nv.⟩ **0.1** ***verder helpen, vooruithelpen.***

weiterhin 0.1 ***voortaan, in het vervolg*** ⇒*voorts* **0.2** ***verder*** ⇒*voorts, bovendien* **0.3** ***nog steeds*** ⇒*aanhoudend.*

weiterkommen 0.1 ***verder komen*** ⇒*vooruitkomen* ⟨ook fig.⟩ ◆ **6.1 mit** der Arbeit ~ *opschieten met het werk* **¶.¶** ⟨inf.⟩ mach, sieh, daß du weiterkommst! *maak dat je wegkomt!*

weiterkönnen ⟨inf.⟩ **0.1** ***verder, vooruit kunnen*** ⇒*voort kunnen* ⟨ook fig.⟩.

weiterlaufen 0.1 ***verder lopen*** ⇒*doorlopen, -gaan* ⟨ook fig.⟩.

weiterleiten 0.1 ***verder leiden*** ⇒*doorzenden, -sturen, -geven.*

weitermachen ⟨inf.⟩ **I** ⟨onov.ww.⟩ **0.1** ***doorgaan*** ⇒*doorwerken;*
II ⟨ov.ww.⟩ **0.1** ***voortzetten*** ⇒*doen voortgaan.*

Weiterreise ⟨v.⟩ **0.1** ***voortzetting v.d. reis*** ⇒*verdere reis.*

weiterreisen 0.1 ***doorreizen, verder reizen.***

weitersagen 0.1 ***verder vertellen*** ⇒*doorgeven.*

weiterschicken 0.1 ***doorzenden, -sturen*** **0.2** ***wegsturen.***

weitersehen ⟨fig.⟩ **0.1** ***verder zien, kijken.***

weitersenden 0.1 ***doorzenden, -sturen.***

weitertragen 0.1 ***doordragen*** ⇒*verder dragen* **0.2** ⟨inf.⟩ ***verder vertellen.***

weitertreiben 0.1 ***verder drijven*** **0.2** ***voortzetten*** **0.3** ***bevorderen.***

Weiterung ⟨v.; ~, ~en⟩ **0.1** ***moeilijkheid*** ⇒*onaangenaam, naar gevolg.*

weiterverarbeiten 0.1 ***verder verwerken.***

weiterverbreiten 0.1 ***verder verspreiden.***

weiterverkaufen 0.1 ***doorverkopen.***

weitervermieten 0.1 ***onderverhuren.***

weitervermitteln 0.1 ***overdragen*** ⇒*doorgeven.*

weiterwissen 0.1 ***een uitweg weten*** ◆ **5.1** nicht mehr ~ *geen uitweg, raad meer weten.*

weiterwollen ⟨inf.⟩ **0.1** ***verder willen*** ⇒*dóór willen,* ⟨fig. vooral⟩ *vooruit willen.*

weiterwurs(ch)teln ⟨inf.⟩ **0.1** ***doormodderen*** ⇒*doortobben.*

weiterzahlen 0.1 ***doorbetalen.***

weitestgehend 0.1 ***het meest verstrekkend*** **0.2** ⟨bw.⟩ ***zoveel mogelijk.***

weitgehend 0.1 ***verstrekkend, veelomvattend*** ⇒*uitgebreid, verregaand, omvangrijk,* ⟨bw.⟩ *ruim, zoveel mogelijk* ◆ **5.1** ~ unbekannt bleiben *nauwelijks bekend raken, zijn.*

weitgereist 0.1 ***bereisd.***

weit|gespannt, -gesteckt 0.1 ***verreikend.***

weitgreifend 0.1 ***verstrekkend*** ⇒*veelomvattend.*

weither 0.1 ***van verre*** ⇒*(van) ver weg, uit de verte.*

weitherzig 0.1 ***breed van opvatting, ruimdenkend.***

weithin 0.1 ***ver weg*** ⇒*in de wijde omtrek* **0.2** ***in belangrijke, sterke mate*** ◆ **2.2** ~ unbekannt *nauwelijks bekend.*

weitläufig 0.1 ***ruim*** ⇒*uitgestrekt* **0.2** ***breedvoerig*** ⇒*omslachtig* **0.3** ***ver (verwijderd)*** ◆ **1.3** ein ~er Verwandter *een verre bloedverwant.*

weitmaschig 0.1 ***wijdmazig.***

weiträumig 0.1 ***zeer ruim*** ⇒*uitgestrekt.*

weitreichend 0.1 ***verreikend*** ⇒⟨fig. vooral⟩ *verstrekkend* ◆ **1.1** ~e Vollmachten *uitgebreide volmachten.*

weitschauend ⟨schr.⟩ →**weitblickend.**

weitschichtig ⟨fig.⟩ **0.1** ***veelomvattend*** ⇒*uitgebreid.*

Weitschuß ⟨m.⟩⟨sp.⟩ **0.1** ***afstandsschot.***

weitschweifig 0.1 ***omslachtig*** ⇒*wijdlopig* ◆ **1.1** ein ~er Roman *een langdradige roman.*

Weitsicht ⟨v.⟩ →**Weitblick.**

weitsichtig 0.1 ***verziend*** **0.2** ⟨fig.⟩ ***vooruitziend*** ⇒*met een vooruitziende blik.*

Weitsichtigkeit ⟨v.⟩ **0.1** ***verziendheid*** **0.2** ⟨fig.⟩ ***vooruitziende blik.***

weitspringen ⟨sp.⟩ **0.1** ***verspringen.***

Weitsprung ⟨m.⟩⟨sp.⟩ **0.1** ***sprong*** **0.2** ***het verspringen.***

Weitstrahler ⟨m.⟩⟨tech.⟩ **0.1** ***verstraler*** ⇒*schijnwerper.*

weittragend 0.1 ***verdragend*** ⇒*met een grote reikwijdte* **0.2** ⟨fig.⟩ ***verstrekkend.***

Weitung ⟨v.; ~, ~en⟩ **0.1** ***verwijding*** ⇒*verruiming.*

weitverbreitet 0.1 ***wijdverbreid*** ⇒*wijdverspreid.*

weitverzweigt 0.1 ***wijdvertakt.***

Weitwinkelobjektiv ⟨o.⟩⟨foto.⟩ **0.1** ***groothoeklens.***

Weizen ⟨m.; ~s⟩ **0.1** ***tarwe*** ◆ **3.1** ⟨fig.⟩ sein ~ blüht *het gaat hem voor de wind.*

Weizenbier ⟨o.⟩ →**Weißbier.**

Weizenbrot ⟨o.⟩ **0.1** ***tarwebrood.***

welch[1] ⟨betr.vnw.⟩⟨vero.⟩ **0.1** ***(de-, het)welk(e)*** ⇒*die, dat.*

welch[2] ⟨vr.vnw.⟩ **0.1** ***welk(e)*** ⇒*wie, wat* **0.2** ⟨meestal onverbogen; schr.⟩ ***wat (voor) (een)*** ◆ **1.2** ~ (ein) Wunder! *wat* *een wonder!* **6.1** 'Ich habe Obst gekauft.' 'Was **für** welches?' *'Ik heb fruit gekocht.' 'Wat voor fruit?'* **6.2 mit** ~er Geschicklichkeit hat sie das gemacht! *hoe handig heeft ze dat gedaan!* **8.1** ~er auch (immer) *wie, wat ook.*

welch[3] ⟨onb.vnw.⟩ **0.1** ***wat*** ⇒*enige, er,* ⟨mv.⟩ *sommige(n), enige(n)* ◆ **3.1** 'Ich habe keine Streichhölzer.' 'Hast du ~e?' *'Ik heb geen lucifers.' 'Heb jij er (een paar)?';* ⟨inf.⟩ es gibt ~e, die *er zijn er die.*

welcherart **0.1** ***hoe (ook)*** ⇒*van welke aard* **0.2** ***wat voor.***

welcherlei **0.1** ***welke*** ⇒*wat voor.*

Welf ⟨m.; ~(e)s, ~e of o.; ~(e)s, ~er⟩ **0.1** ***welp.***

Welfe ⟨m.; ~n, ~n⟩⟨gesch.⟩ **0.1** ***Welf.***

welk **0.1** ***verwelkt*** ⇒*verflenst, verlept* ⟨ook fig.⟩.

welken **0.1** ***verwelken*** ⇒*verflensen, verleppen* ⟨ook fig.⟩.

Wellblech ⟨o.⟩ **0.1** ***gegolfd plaatijzer*** ⇒*golfplaat, gegolfd ijzeren plaat.*

Wellblechdach ⟨o.⟩ **0.1** ***dak met, van golfplaten.***

Welle ⟨v.; ~, ~n⟩ **0.1** ***golf*** ⟨ook fig.; nat.⟩ ⇒*baar,* ⟨mv.⟩ *golving, deining,* ⟨mil.⟩ *aanvalsgolf* **0.2** ⟨sp.⟩ ***draai, zwaai*** ⟨aan rekstok⟩ **0.3** ⟨tech.⟩ ***as*** ◆ **2.1** die brandenden ~n *de branding;* ⟨verk.⟩ grüne ~ *groene golf;* ⟨fig.⟩ eine neue ~ in der Mode *een nieuwe stroming in de mode;* ⟨fig.⟩ Filme der neuen ~ *films van de nouvelle vague;* ⟨fig.⟩ eine weiche ~ in der Politik *een minder harde politiek* **3.1** ⟨fig.⟩ (hohe) ~n schlagen *(veel, de nodige) deining veroorzaken;* ⟨fig.⟩ die Stimmung schlug hohe ~n *er heerste een opgetogen, uitgelaten stemming* **6.1 auf** welcher ~ liegt der Sender? *op welke golflengte ligt de zender?;* sich ⟨3e nv.⟩ das Haar **in** ~n legen lassen *zijn haar laten watergolven.*

wellen I ⟨ov.ww.⟩ **0.1** ***golven*** ◆ **1.1** gewelltes Haar (a) *geonduleerd, gewatergolfd haar* (b) *golvend haar* **3.1** sich ⟨3e nv.⟩ das Haar ~ lassen *zijn haar laten watergolven;*
II sich ~ ⟨wk.ww.⟩ **0.1** ***golven.***

Wellenbad ⟨o.⟩ **0.1** ***golf(slag)bad.***

Wellenbrecher ⟨m.⟩ **0.1** ***golfbreker.***

wellenförmig **0.1** ***golvend*** ⇒*gegolfd.*

Wellengang ⟨m.⟩ **0.1** ***golfslag*** ⇒*golving, deining.*

Wellenkamm ⟨m.⟩ **0.1** ***golfkam*** ⇒*golftop.*

Wellenlager ⟨o.⟩⟨tech.⟩ **0.1** ***aslager.***

Wellenlänge ⟨v.⟩ **0.1** ***golflengte.***

Wellenlinie ⟨v.⟩ **0.1** ***golflijn*** ⇒*golvende lijn.*

Wellenreiten ⟨o.; ~s⟩⟨sp.⟩ **0.1** ***het surfen, surfriding.***

Wellenreiter ⟨m.⟩ **0.1** ***surfer.***

Wellenschlag ⟨m.⟩ **0.1** ***golfslag.***

Wellensittich ⟨m.⟩ **0.1** ***(gras)parkiet.***

Wellental ⟨o.⟩ **0.1** ***golfdal.***

Wellentunnel ⟨m.⟩⟨tech.⟩ **0.1** ***cardantunnel.***

Wellfleisch ⟨o.⟩ **0.1** ***gekookt varkensvlees.***

wellig **0.1** ***golvend*** ⇒*gegolfd.*

Wellpappe ⟨v.⟩ **0.1** ***golfkarton.***

Welpe ⟨m.; ~n, ~n⟩ **0.1** ***welp.***

Wels ⟨m.; ~es, ~e⟩⟨biol.⟩ **0.1** ***meerval.***

welsch **0.1** ⟨vero.⟩ ***Romaans*** **0.2** ⟨Zwi.⟩ ***Frans-Zwitsers*** **0.3** ⟨vero.; pej.⟩ ***vreemd.***

Welschland ⟨o.⟩⟨Zwi.⟩ **0.1** ***Frans-Zwitserland.***

Welschschweizer ⟨m.⟩⟨Zwi.⟩ **0.1** ***Franstalige Zwitser.***

Welt ⟨v.; ~, ~en⟩ **0.1** ***wereld*** ⇒*aarde, heelal, mensheid,* ⟨fig.⟩ *levensterrein, gebied* ◆ **2.1** die große ~ (a) *de wijde wereld* (b) *de upper ten;* ⟨inf.⟩ die halbe ~ *zowat iedereen;* das ist eine verkehrte ~ *dat is de wereld op zijn kop;* ⟨inf.⟩ die vornehme ~ *de betere, hogere kringen* **3.1** ⟨inf.⟩ so etwas hat die ~ noch nicht erlebt, gesehen! *zoiets is nog nooit vertoond!;* ⟨fig.⟩ die ~ kennen *het leven kennen;* ⟨inf.; fig.⟩ das kostet nicht die ~ *dat is niet zo duur;* ⟨inf.⟩ das ist ja nicht die ~! *dat is toch niet zo veel, zo erg!;* ⟨fig.⟩ die ~ nicht mehr verstehen *er niets meer van snappen;* ⟨inf.; iron.⟩ nobel geht die ~ zugrunde *het (geld) kan niet op* **4.1** ⟨inf.⟩ alle ~ *Jan en alleman, iedereen* **6.1** das Beste, Schönste **auf, in** der ~ *het beste, mooiste van de wereld;* **auf** die, **zur** ~ kommen *ter wereld komen;* **aus** aller ~ *overal vandaan, (van)uit de hele wereld;* **aus** der ~ gehen, scheiden (a) *sterven* (b) *zelfmoord plegen;* ⟨fig.⟩ **aus** der ~ schaffen *uit de wereld helpen;* ⟨inf.⟩ nicht **aus** der ~ sein *niet ver weg zijn, liggen, wonen;* sich **durch** die ~ schlagen *zich door het leven slaan;* **in** alle ~ *overal heen;* **in** aller ~ bekannt *overal, over de hele wereld bekend;* überall **in** der ~ *overal ter wereld;* er ist viel, weit **in** der ~ herumgekommen *hij heeft veel van de wereld gezien;* ⟨inf.⟩ Kinder **in** die ~ setzen *kinderen op de wereld zetten;* ⟨inf.; fig.⟩ ein Gerücht **in** die ~ setzen *een gerucht in omloop brengen, verspreiden;* ⟨inf.; fig.⟩ um nichts **in** der ~, nicht um alles in der ~ *voor geen goud, geld (ter wereld);* **um** die halbe ~ kommen *de halve wereld afreizen;* **vor** aller ~ *in het openbaar, ten aanschouwen van iedereen* **6.¶** was **in** aller ~! *wat voor de drommel?;* warum **in** aller ~? *waarom in vredesnaam?*

Weltabgeschiedenheit ⟨v.⟩ **0.1** ***teruggetrokkenheid*** ⇒*afzondering.*

Weltall ⟨o.⟩ **0.1** ***heelal.***

weltanschaulich **0.1** ***wereld-, levensbeschouwelijk.***

Weltanschauung ⟨v.⟩ **0.1** ***wereld-, levensbeschouwing.***

Weltausstellung ⟨v.⟩ **0.1** ***wereldtentoonstelling.***

Weltbank ⟨v.⟩ **0.1** ***Wereldbank.***

weltbekannt **0.1** ***wereldbekend*** ⇒*alom bekend.*

weltberühmt **0.1** ***wereldberoemd*** ⇒*wereldvermaard.*

weltbest **0.1** ***beste ter, v.d. wereld.***

Weltbestleistung ⟨v.⟩ **0.1** ***wereldrecord.***

Weltbestzeit ⟨v.⟩ **0.1** ***wereldrecord(tijd).***

weltbewegend **0.1** ***wereldschokkend.***

Weltbild ⟨o.⟩ **0.1** ***wereldbeeld.***

Weltbürger ⟨m.⟩ **0.1** ***wereldburger, kosmopoliet.***

weltbürgerlich **0.1** ***kosmopolitisch.***

Weltenbummler ⟨m.⟩ **0.1** ***globetrotter.***

Weltenraum ⟨m.⟩⟨schr.⟩ →**Weltraum.**

weltentrückt ⟨schr.⟩ **0.1** ***ontrukt aan de wereld*** ⇒*in geestvervoering.*

welterfahren **0.1** ***wereldwijs.***

Weltergewicht ⟨o.⟩⟨sp.⟩ **0.1** ***weltergewicht.***

Weltergewichtler ⟨m.; ~s, ~⟩ **0.1** ***weltergewicht.***

welterschütternd **0.1** ***wereldschokkend.***

weltfern **0.1** ***ver v.h. gewoel v.d. wereld*** ⇒*teruggetrokken.*

Weltflucht ⟨v.⟩ **0.1** ***vlucht uit de wereld*** ⇒*afzondering.*

weltfremd **0.1** ***wereldvreemd.***

Weltgebäude ⟨o.⟩⟨schr.⟩ **0.1** ***heelal, wereldgebouw.***

Weltgeistliche(r) ⟨bn. als zn.; m.⟩ **0.1** ***wereldgeestelijke.***

Weltgeltung ⟨v.⟩ **0.1** ***wereldbetekenis, universele betekenis.***

Weltgericht ⟨o.⟩ **0.1** ***wereldgericht, jongste gericht, Laatste Oordeel.***

Weltgerichtshof ⟨m.⟩ **0.1** ***Internationaal Gerechtshof*** ⟨in Den Haag⟩.

Weltgeschehen ⟨o.⟩ **0.1** ***wereldgebeuren.***

Weltgeschichte ⟨v.⟩ **0.1** ***wereldgeschiedenis*** ◆ **6.¶ in** der ~ herumreisen *de hele wereld afreizen.*

weltgeschichtlich **0.1** ***wereldhistorisch.***

Weltgesundheitsorganisation ⟨v.⟩ **0.1** ***Wereldgezondheidsorganisatie.***

weltgewandt **0.1** ***wereldwijs.***

Weltherrschaft ⟨v.⟩ **0.1** ***wereldheerschappij.***

Weltkirchenrat ⟨m.⟩ **0.1** ***Wereldraad van Kerken.***

Weltklasse ⟨v.⟩ **0.1** ***wereldformaat*** ⇒*topklasse* **0.2** ⟨sp.⟩ ***wereldklasse*** ⇒*wereldtop.*

weltklug **0.1** ***wereldwijs*** ⇒*met levenservaring.*
Weltkrieg ⟨m.⟩ **0.1** ***wereldoorlog.***
Weltkugel ⟨v.⟩ **0.1** ***wereldbol*** ⇒*aardbol.*
weltkundig ⟨schr.⟩ **0.1** ***wereldkundig*** **0.2** ***wereldwijs.***
Weltlage ⟨v.⟩ **0.1** ***wereldsituatie, (politieke) situatie, toestand in de wereld.***
weltläufig ⟨schr.⟩ →**weltgewandt.**
weltlich **0.1** ***werelds*** **0.2** ***wereldlijk*** ⇒*profaan, niet-kerkelijk.*
Weltmacht ⟨v.⟩ **0.1** ***wereldmacht.***
Weltmann ⟨m.⟩ **0.1** ***man v.d. wereld.***
weltmännisch **0.1** ***als (v.e.) man v.d. wereld*** ⇒*vlot in de omgang.*
Weltmeer ⟨o.⟩ **0.1** ***wereldzee*** ⇒*oceaan.*
Weltmeinung ⟨v.⟩ **0.1** ***wereldopinie.***
Weltmeister ⟨m.⟩ **0.1** ***wereldkampioen.***
Weltmeisterschaft ⟨v.⟩ **0.1** ***wereldkampioenschap*** **0.2** ***wereldtitel.***
weltoffen **0.1** ***met open oog voor de dingen v.d. wereld*** **0.2** ***internationaal ingesteld.***
Weltöffentlichkeit ⟨v.⟩ **0.1** ***wereldopinie*** **0.2** ***forum v.d. wereld.***
Weltordnung ⟨v.⟩ **0.1** ***wereldorde, -bestel.***
weltpolitisch **0.1** ***mbt. de wereldpolitiek, de internationale politiek*** ⇒*internationaal.*
Weltpriester ⟨m.⟩ →**Weltgeistliche(r).**
Weltrang ⟨m.⟩ **0.1** ***wereldniveau.***
Weltraum ⟨m.⟩ **0.1** ***ruimte, kosmos*** ⇒*heelal.*
Weltraumfahrer ⟨m.⟩ **0.1** ***astronaut, ruimtevaarder.***
Weltraumfahrt ⟨v.⟩ **0.1** ***ruimtevaart.***
Weltraumfahrzeug ⟨o.⟩ **0.1** ***ruimtevaartuig.***
Weltraumflug ⟨m.⟩ **0.1** ***ruimtevlucht.***
Weltraumforschung ⟨v.⟩ **0.1** ***ruimteonderzoek.***
Weltraumstation ⟨v.⟩ **0.1** ***ruimtestation.***
Weltreich ⟨o.⟩ **0.1** ***wereldrijk.***
Weltreisende(r) ⟨bn. als zn.⟩ **0.1** ***wereldreiziger.***
Weltrekordler ⟨m.⟩ **0.1** ***wereldrecordhouder.***
Weltruf ⟨m.⟩ **0.1** ***wereldreputatie, -naam*** ⇒*wereldfaam.*
Weltruhm ⟨m.⟩ **0.1** ***wereldberoemdheid*** ◆ **3.1** sein Name genießt ~ *zijn naam is wereldberoemd.*
Weltschmerz ⟨m.⟩⟨schr.⟩ **0.1** ***weltschmerz, wereldsmart.***
Weltsicherheitsrat ⟨m.⟩ **0.1** ***Veiligheidsraad*** ⟨v.d. Verenigde Naties⟩.
Weltspitze ⟨v.⟩ **0.1** ***wereldelite*** ⇒*topklasse.*
weltstädtisch **0.1** ***(als) v.e. wereldstad*** ⇒*grootsteeds.*
Weltteil ⟨m.⟩ **0.1** ***werelddeel, continent.***
weltumfassend **0.1** ***wereldomvattend.***
Weltumsegelung ⟨v.⟩ **0.1** ***reis met zeilschip om de wereld.***
Weltuntergang ⟨m.⟩ **0.1** ***ondergang, einde v.d. wereld.***
Welturaufführung ⟨v.⟩ **0.1** ***wereldpremière.***
Weltverbesserer ⟨m.⟩ **0.1** ***wereldhervormer.***
welt|vergessen, -verloren **0.1** ***in zichzelf gekeerd*** **0.2** ***eenzaam.***
Weltwährungsfonds ⟨m.⟩ **0.1** ***Internationaal Monetair Fonds.***
weltweit **0.1** ***wereldwijd, -omvattend*** ⇒*mondiaal,* ⟨bw.⟩ *over de hele wereld.*
Weltwirtschaft ⟨v.⟩ **0.1** ***wereldeconomie.***
Weltwirtschaftskrise ⟨v.⟩ **0.1** ***economische wereldcrisis.***
Weltzeit ⟨v.⟩ **0.1** ***wereldtijd*** ⟨Greenwichtijd⟩.
wem ⟨3e nv. van 'wer'⟩ **0.1** ***(aan, van) wie.***
Wemfall ⟨m.⟩⟨taal.⟩ **0.1** ***derde naamval, datief.***
wen ⟨4e nv. van 'wer'⟩ **0.1** ***wie.***
Wende[1] ⟨m.; ~n, ~n⟩ **0.1** ***Wende.***
Wende[2] ⟨v.; ~, ~n⟩ **0.1** ***wending*** ⟨ook fig.⟩ ⇒*draai, (omme)keer, keerpunt, kentering* **0.2** ⟨sp.⟩ ***wendsprong, -zwaai*** **0.3** ⟨sp.⟩ ***keerpunt*** ⇒*het keren, het overstag gaan* ⟨zeilsport⟩ **0.4** ⟨schaatsen⟩ ***ronde*** ◆ **6.1** **an** der, **um** die ~ des 19. Jahrhunderts, **zum** 19. Jahrhundert *rond de wisseling van de 18e naar de 19e eeuw;* eine ~ **zum** Guten *een wending ten goede.*
Wendehals ⟨m.⟩⟨biol.⟩ **0.1** ***draaihals.***
Wendejacke ⟨v.⟩ **0.1** ***tweezijdig te dragen jasje, jack*** ⇒*double face jack.*
Wendekreis ⟨m.⟩ **0.1** ***draaicirkel*** ⟨van auto⟩ **0.2** ⟨aardr.⟩ ***keerkring*** ◆ **1.2** ~ des Krebses, nördlicher ~ *kreefts-, noorderkeerkring;* ~ des Steinbocks, südlicher ~ *steenboks-, zuiderkeerkring.*
Wendeltreppe ⟨v.⟩ **0.1** ***wenteltrap.***
Wendemarke ⟨v.⟩⟨sp.⟩ **0.1** ***keerboei.***
wenden ⟨h.→t181⟩ **I** ⟨onov.ww.⟩ **0.1** ***wenden*** ⇒*draaien, keren* ⟨ook sp.⟩ ◆ **5.1** bitte ~!, ⟨afk.⟩ b.w. *zie ommezijde!;* **II** ⟨ov.ww.⟩ **0.1** ***wenden*** ⇒*(om)keren, (om)draaien,* ⟨cul. ook⟩ *rollen, wentelen* **0.2** ***besteden*** ◆ **1.1** die Seiten ~ *de bladzijden omslaan* **6.1** seine Aufmerksamkeit **auf** eine Sache ~ *zijn aandacht op iets vestigen;* die Gefahr **von** jmdm. ~ *het gevaar van iem. afwenden* **6.2** viel Geld, Zeit **an, auf** eine Sache ~ *veel geld, tijd aan iets besteden;* **III sich** ~ ⟨wk.ww.⟩ **0.1** ***zich wenden*** ⟨ook fig.⟩ ⇒*(zich) keren, zich (om)draaien* **0.2** ***aanstalten maken*** ◆ **1.1** das Wetter hat sich gewendet *het weer is omgeslagen;* der Wind wendet sich *de wind draait* **6.1** sich **an** jmdn. ~ *zich (met een verzoek, vraag) tot iem. wenden;* sich **zu** jmdm. ~ *zich naar iem. toekeren;* sich **zum** Bösen, Schlimmen ~ *(zich) verslechteren* **6.2** sich **zum** Gehen ~ *aanstalten maken om te vertrekken.*
Wendeplatz ⟨m.⟩ **0.1** ***keerplaats.***
Wendepunkt ⟨m.⟩ **0.1** ***keerpunt*** ⟨ook fig.⟩ **0.2** ⟨wisk.⟩ ***buigpunt.***
Wendeschleife ⟨v.⟩ **0.1** ***keerlus.***
wendig **0.1** ***wendbaar*** ⇒*goed manoeuvreerbaar, gemakkelijk bestuurbaar* **0.2** ⟨fig.⟩ ***beweeglijk*** ⇒*soepel, vlot.*
Wendung ⟨v.; ~, ~en⟩ **0.1** ***wending*** ⟨ook fig.⟩ ⇒*draai, (omme)keer, keerpunt* **0.2** ***(zins)wending*** ⇒*zegswijze, uitdrukking* ◆ **6.1** eine ~ **um** 180 Grad *een draai, wending van 180 graden;* eine ~ **zum** Besseren *een wending, keer ten goede.*
Wenfall ⟨m.⟩⟨taal.⟩ **0.1** ***vierde naamval, accusatief.***
wenig[1] ⟨onb.vnw.⟩ **0.1** ***weinig*** ⇒*gering,* ⟨mv. vooral⟩ *enkele, een paar* ◆ **1.1** ⟨inf.⟩ in den ~sten Fällen *maar heel zelden;* die ~sten Menschen *maar heel weinig mensen* **3.1** ~er wäre wirklich mehr *een beetje minder kon ook wel;* ⟨inf.⟩ sie wird immer ~er *zij wordt steeds magerder* **4.1** einige ~e Leute *een handjevol mensen* **6.1** **um** ~es höher *een beetje hoger* **7.1** ⟨inf.⟩ das ist das ~ste! *dat is niet van belang!,* ⟨ook⟩ *als dat alles is!*
wenig[2] ⟨bw.⟩ **0.1** ***weinig*** ⇒*niet erg, niet veel, niet vaak,* ⟨comparatief⟩ *minder* ◆ **3.1** ⟨inf.⟩ ich kenne sie (nur) ~ *ik ken haar niet goed;* ~ taugen *nauwelijks iets waard zijn* **5.1** ich habe sie nicht gesehen, viel ~er gesprochen *ik heb haar niet gezien, laat staan gesproken* **6.1** **am** ~sten *het minst, allerminst* **7.1** ein ~ *een beetje* **8.1** nichts ~er als dumm *allesbehalve dom;* desto, um so ~er *des te minder;* mehr oder ~er *min of meer.*
weniger **0.1** ***min(us).***
Wenigkeit ⟨v.; ~⟩ **0.1** ***kleine hoeveelheid*** ⇒*gering aantal* **0.2** ***kleinigheid*** ⇒*bagatel* ◆ **4.2** ⟨inf.; scherts.⟩ meine ~ *mijn (gering) persoontje.*
wenigstens **0.1** ***tenminste*** ⇒*althans* **0.2** ***minstens*** ⇒*op zijn minst.*

wenn **0.1** ***wanneer*** ⇒*als, indien, voor het geval dat* **0.2** ***wanneer*** ⇒*zodra, als* **0.3** ***al*** ⇒*ofschoon, hoewel* ⟨in verbinding met auch, gleich, schon⟩ **0.4** ***als (maar)*** ⟨in verbinding met doch, nur⟩ **0.5** ***alsof*** ⟨in verbinding met als, wie⟩ ◆ **2.1** ~ möglich *zo, indien mogelijk* **3.1** ~ dem so ist, dann ... *als dat zo is, dan ...* **5.1** ~ nicht, dann nicht! *(als het niet kan,) dan maar niet!;* ich komme morgen, ~ nicht, rufe ich an *ik kom morgen, zo niet, dan bel ik* **5.2** (immer, jedesmal) ~ er kommt *telkens wanneer, iedere keer dat hij komt* **5.3** ⟨inf.⟩ (und) ~ auch! *(en) wat dan nog!, wat zou het!;* auch ~ er mein Sohn ist *(ook) al is hij mijn zoon* **5.4** ⟨inf.⟩ ~ ich das nur wüßte! *wist ik het maar!*

Wenn ⟨o.; ~s, ~; inf. mv. ~s⟩ ◆ **8.¶** bei jedem Plan hat er tausend ~ und Aber *bij ieder plan heeft hij duizend bezwaren;* hier gibt es kein ~ und (kein) Aber *hier valt niets te maren.*

wenngleich **0.1** ***ofschoon, hoewel*** ⇒*al.*

wennschon **0.1** ***ofschoon, hoewel*** ⇒*al* ◆ **5.¶** ⟨inf.⟩ ~, dennschon! (a) *als het dan moet, dan moet het maar!, vooruit dan maar!* (b) *als het toch moet gebeuren, dan meteen goed!* **9.¶** ⟨inf.⟩ na ~! *(en) wat dan nog!, wat zou het!*

wer[1] ⟨betr.vnw.⟩ **0.1** ***wie*** ⇒*degene die* ◆ **3.1** ~ hat, hat *binnen is binnen.*

wer[2] ⟨vr.vnw.⟩ **0.1** ***wie*** ◆ **4.1** ~ alles kommt? *wie komt, komen er allemaal?*

wer[3] ⟨onb.vnw.⟩⟨inf.⟩ **0.1** ***iemand*** ◆ **3.1** ist da ~? *is daar iemand?;* ~ sein *het ver geschopt hebben;* wir sind wieder ~! *we tellen weer mee!;* er war ~ *hij was een persoonlijkheid.*

Werbeabteilung ⟨v.⟩ **0.1** ***reclameafdeling*** ⇒*propaganda-afdeling.*

Werbeagentur ⟨v.⟩ **0.1** ***reclamebureau.***

Werbeanzeige ⟨v.⟩ **0.1** ***(reclame)advertentie.***

Werbeberater ⟨m.⟩ **0.1** ***reclameadviseur.***

Werbebüro ⟨o.⟩ →**Werbeagentur.**

Werbechef ⟨m.⟩ **0.1** ***reclamechef*** ⇒*chef v.d. reclameafdeling.*

Werbeetat ⟨m.⟩ **0.1** ***reclamebudget.***

Werbefeldzug ⟨m.⟩ **0.1** ***reclamecampagne.***

Werbefernsehen ⟨o.⟩ **0.1** ***reclametelevisie, reclame op de televisie.***

Werbefunk ⟨m.⟩ **0.1** ***radioreclame, reclame op de radio.***

Werbegeschenk ⟨o.⟩ **0.1** ***relatiegeschenk.***

Werbegraphiker ⟨m.⟩ **0.1** ***reclametekenaar.***

Werbeleiter ⟨m.⟩ →**Werbechef.**

werben ⟨→t182⟩ **I** ⟨onov.ww.⟩ **0.1** ***reclame maken*** ⇒*propaganda maken* **0.2** ⟨schr.⟩ ***dingen naar*** ⇒*trachten te winnen* ◆ **6.2** **um** jmdn. ~ *iem. trachten te winnen;* **um** ein Mädchen ~ *dingen naar de hand van een meisje;*

II ⟨ov.ww.⟩ **0.1** ***(aan)werven*** ◆ **1.1** Anhänger ~ *aanhangers winnen;* Soldaten ~ *soldaten rekruteren,* ⟨pej.⟩ *ronselen.*

Werbeplakat ⟨o.⟩ **0.1** ***reclameplaat, -affiche.***

Werbeprospekt ⟨m.⟩ **0.1** ***reclamefolder.***

Werber ⟨m.; ~s, ~⟩ **0.1** ***reclamemaker*** ⇒*propagandist, reclamevakman.*

werberisch **0.1** ***propagandistisch*** ⇒*reclame-, mbt. de, op het gebied van reclame.*

Werbeschrift ⟨v.⟩ **0.1** ***reclamedrukwerk*** ⇒*propagandageschrift, reclamefolder.*

Werbesendung ⟨v.⟩ **0.1** ***reclamezending*** **0.2** ***reclame-uitzending.***

Werbetexter ⟨m.⟩ **0.1** ***reclametekstschrijver, copywriter.***

Werbeträger ⟨m.⟩ **0.1** ***reclamemedium.***

Werbetrommel ⟨v.⟩ ◆ **3.¶** die ~ rühren, schlagen *reclame, propaganda maken.*

werbewirksam **0.1** ***effectvol, doeltreffend in de reclame*** ⇒*propagandistisch.*

Werbewoche ⟨alleen mv.⟩ ◆ **6.¶** **zu** ~n *voor reclame-, propagandadoeleinden.*

Werbung ⟨v.; ~, ~en⟩ **0.1** ***(aan)werving*** **0.2** ***reclame*** ⇒*propaganda* **0.3** ***reclameafdeling.***

Werbungskosten ⟨alleen mv.⟩ **0.1** ***kosten van verwerving*** **0.2** ***reclamekosten.***

Werda ⟨o.; ~(s), ~s⟩⟨mil.⟩ **0.1** ⟨roep⟩ ***wie is daar?***

Werdegang ⟨m.⟩ **0.1** ***ontwikkeling(sgang)*** ⇒*wording(sproces)* **0.2** ***loopbaan.***

werden ⟨→t183⟩ **I** ⟨onov.ww.⟩ **0.1** ***worden*** ⇒*ontstaan, zich ontwikkelen* **0.2** ***gebeuren*** **0.3** ⟨vero.; schr.⟩ ***geworden*** ⇒*ten deel vallen* ◆ **1.1** ⟨inf.⟩ der Junge wird noch *de jongen is nog in zijn ontwikkeling* **1.3** ihm wurde Befehl, daß *hij kreeg het bevel dat;* sein Lohn soll ihm ~ *hij zal zijn loon krijgen* **3.1** es will nicht ~ *het wil maar niet (lukken)* **3.2** was nicht ist, kann noch ~ *wat niet is, kan nog komen;* ⟨inf.⟩ was soll nun ~? *wat gaat er nu gebeuren?, hoe moet het nu verder?* **4.1** nichts ~ *mislukken* **4.2** und was wird, wenn ...? *en wat gebeurt er als ...?* **5.1** ⟨inf.⟩ es wird schon ~ *het zal wel loslopen, lukken* **5.2** ⟨inf.⟩ na, wird's bald, endlich? *komt er (nou) nog wat van?;* und wie ist es dann noch geworden? *en hoe is het toen nog afgelopen?* **5.¶** ⟨inf.⟩ nicht mehr ~ (a) *helemaal de kluts kwijt zijn* (b) *doodgaan, sterven;* ⟨inf.⟩ wieder ~ *beter worden, opknappen* **6.1** was soll bloß **aus** ihr ~? *wat moet er toch van haar terechtkomen?;* **daraus** wird nichts! *daar komt niets van in!;* **mit** Arbeiten wird es nichts ~ *van werken zal niet veel komen;* **zum** Dieb ~ *een dief worden;*

II ⟨kww.⟩ **0.1** ***worden*** ◆ **1.1** ~des Leben *zich ontwikkelend, ongeboren leven;* ein ~der Priester *een aankomend priester* **4.1** mir wird kalt *ik krijg het koud;* mir wird, ich werde schwindlig *ik word duizelig;*

III ⟨hww.⟩ **0.1** ***worden*** ⟨hww. v.d. lijdende vorm⟩ **0.2** ***zullen*** ⟨hww. v.d. toekomende tijd⟩ ⇒*gaan* ◆ **3.1** der Mann ist gerettet worden *de man is gered* **3.2** es wird (bald) regnen *er is regen op komst;* ⟨inf.⟩ wer wird denn gleich weinen? *wie gaat er nou meteen huilen?;*

IV ⟨hww.⟩ **0.1** ***zullen*** ◆ **3.1** würdest du das für mich tun? *zou je dat voor mij willen doen?;* er wird gestern zurückgekommen sein *hij is waarschijnlijk gisteren teruggekomen.*

Werden ⟨o.; ~s⟩ **0.1** ***het worden, wording*** ⇒*het ontstaan, ontwikkeling(sgang)* ◆ **6.1** **im** ~ (begriffen) sein *in wording, ontwikkeling zijn, aan 't ontstaan zijn.*

Werder ⟨m.; ~s, ~⟩ **0.1** ***riviereiland*** **0.2** ***(uiter)waard.***

Werfall ⟨m.⟩⟨taal.⟩ **0.1** ***eerste naamval, nominatief.***

werfen ⟨→t184⟩ **I** ⟨ov.ww.⟩ **0.1** ***werpen*** ⇒*gooien, smijten, slingeren* **0.2** ***zich vormen*** ⇒*trekken* **0.3** ***werpen, jongen*** ◆ **1.2** der Teig wirft Blasen *er vormen zich blazen in het deeg* **6.1** ⟨inf.; fig.⟩ **mit** seinen Kenntnissen um sich ~ *met zijn kennis te koop lopen;* mit Geld **um** sich ~ *met geld smijten;* einen Mantel **um** sich ~ *een mantel omslaan;* die Kleider **von** sich ~ *zijn kleren vlug uittrekken, afwerpen;*

II sich ~ ⟨wk.ww.⟩ **0.1** ***zich werpen*** ⟨ook fig.⟩, ***zich gooien*** ⇒*zich storten* **0.2** ***kromtrekken*** ⟨van hout⟩ ⇒*trekken* ◆ **5.1** sich im Schlaf hin und her ~ *in zijn slaap liggen (te) woelen* **6.1** ⟨inf.⟩ sich **in** seine Kleider ~ *in zijn kleren springen;* sich **in** einen Sessel ~ *in, op een stoel neerploffen.*

Werfer ⟨m.; ~s, ~⟩ **0.1** ***werper*** ⟨ook sp.⟩ ⇒⟨mil.⟩ *granaatwerper.*

Werft ⟨v.; ~, ~en⟩ **0.1** ***(scheeps)werf*** ⇒*helling.*

Werftanlage ⟨v.⟩ **0.1** ***scheepswerf.***

Werg ⟨o.; ~(e)s⟩ **0.1** ***werk*** ⟨van hennep, vlas⟩.

Werk ⟨o.; ~(e)s, ~e⟩ **0.1** ***werk(zaamheid)*** ⇒*arbeid, taak* **0.2** ***werk*** ⇒*daad, handeling, verrichting* **0.3** ***werk*** ⇒*kunstwerk, letterkundig werk, boek* **0.4** ***fabriek*** ⇒*bedrijf, centrale* **0.5** ***mechanisme*** ⇒*werk* **0.6** ***vestingwerk*** ◆ **6.1 ans** ~ gehen, sich ans ~ machen *aan het werk gaan;* ⟨schr.⟩ **im** ~e sein *gaande zijn;* **ins** ~ setzen *in het werk stellen;* eine Arbeit **ins** ~ setzen *een karwei ten uitvoer brengen, uitvoeren;* ⟨schr.⟩ **zu** ~e gehen *te werk gaan.*

Werk- →**Werks-**.

Werkarbeit ⟨v.⟩ **0.1** ***werkstuk*** **0.2** ***handenarbeid, handvaardigheid.***

Werkbank ⟨v.; mv. ¨~e⟩ **0.1** ***werkbank*** ⇒*werktafel.*

werkeln **0.1** ***bezig zijn, werken*** ⇒*klusjes doen, knutselen.*

werken **0.1** ***werken*** ⇒*ploeteren, zwoegen.*

Werken ⟨o.; ~s⟩ →**Werkunterricht.**

werkgerecht **0.1** ***volgens de regels der kunst*** ⇒*adequaat.*

werkgetreu **0.1** ***de bedoelingen v.d. kunstenaar juist weergevend.***

Werklehrer ⟨m.⟩ **0.1** ***docent handvaardigheid.***

Werkmeister ⟨m.⟩ **0.1** ***werkmeester*** ⇒*ploegbaas.*

Werks- →**Werk-**.

Werksangaben ⟨alleen mv.⟩ **0.1** ***gegevens v.d. fabriek.***

Werksangehörige(r) ⟨bn. als zn.⟩ **0.1** ***personeelslid.***

Werksanlage ⟨v.⟩ **0.1** ***fabriek(sterrein).***

Werksarzt ⟨m.⟩ **0.1** ***bedrijfsarts.***

Werkschließung ⟨v.⟩ **0.1** ***bedrijfssluiting.***

Werkschule ⟨v.⟩ **0.1** ***fabrieks-, bedrijfsschool.***

Werkschutz ⟨m.⟩ **0.1** ***veiligheidsmaatregelen in een bedrijf, bedrijfsveiligheid*** **0.2** ***bedrijfspolitie, -recherche.***

werkseigen **0.1** ***v.d. fabriek, fabrieks-*** ⇒*intern.*

Werksfahrer ⟨m.⟩ **0.1** ***fabrieksrijder*** ⇒*testrijder.*

Werksgelände ⟨o.⟩ **0.1** ***fabrieksterrein.***

Werkshalle ⟨v.⟩ **0.1** ***fabriekshal.***

Werksküche ⟨v.⟩ **0.1** ***fabriekskeuken*** ⇒*fabriekskantine.*

Werksleiter ⟨m.⟩ **0.1** ***bedrijfsleider*** ⇒*fabrieksdirecteur.*

Werkssiedlung ⟨v.⟩ **0.1** ***woonwijk voor het fabriekspersoneel.***

Werksspionage ⟨v.⟩ **0.1** ***bedrijfsspionage.***

Werkstatt ⟨v.; ~, ¨~en⟩ **0.1** ***werkplaats*** ⇒*garage* **0.2** ***atelier*** ⟨v.e. kunstenaar⟩.

Werkstätte ⟨v.⟩⟨schr.⟩ →**Werkstatt.**

Werkstoff ⟨m.⟩ **0.1** ***grondstof*** ⇒*(ruw) materiaal.*

Werkstoffprüfung ⟨v.⟩ **0.1** ***materiaalkeuring, -onderzoek.***

Werkstor ⟨o.⟩ **0.1** ***fabriekspoort.***

Werkswohnung ⟨v.⟩ **0.1** ***fabrieks-, bedrijfswoning.***

Werkszeitung ⟨v.⟩ **0.1** ***personeelskrant.***

Werktag ⟨m.⟩ **0.1** ***werkdag.***

werktäglich **0.1** ***door de week, doordeweeks.***

werktags **0.1** ***op werkdagen*** ⇒*door de week.*

werktätig **0.1** ***werkend*** ⇒*in een beroep werkzaam.*

Werktätige(r) ⟨bn. als zn.⟩ **0.1** ***werker, werkende*** ⇒*werknemer.*

Werkunterricht ⟨m.⟩ **0.1** ***(onderwijs in) handenarbeid, handvaardigheid.***

Werkverkehr ⟨m.⟩ **0.1** ***eigen vervoer*** ⟨v.e. bedrijf⟩ **0.2** ***werkverkeer*** ⇒*transport van en naar een bouwwerk.*

Werkzeug ⟨o.⟩ **0.1** ***werktuig*** ⇒⟨fig.⟩ *instrument* **0.2** ***gereedschap*** **0.3** ⟨biol.⟩ ***orgaan.***

Werkzeugkasten ⟨m.⟩ **0.1** ***gereedschapskist, -bak.***

Werkzeugmacher ⟨m.⟩ **0.1** ***gereedschapsmaker.***

Werkzeugmaschine ⟨v.⟩ **0.1** ***gereedschapsmachine.***

Wermut ⟨m.; ~(e)s, ~s⟩ **0.1** ***vermout*** **0.2** ⟨fig.⟩ ***bitterheid*** ⇒*alsem* **0.3** ⟨plantk.⟩ ***alsem.***

Wermut(s)tropfen ⟨m.⟩⟨schr.; fig.⟩ **0.1** ***bitterheid*** ⇒*bittere ervaring, alsem, hartzeer.*

Wermutwein ⟨m.⟩ **0.1** ***vermout.***

Werst ⟨v.; ~, ~e(n)⟩ **0.1** ***werst*** ⟨afstandsmaat⟩.

wert **0.1** ⟨met 2e of 4e nv.⟩ ***waard*** **0.2** ⟨vero.; schr.⟩ ***waard*** ⇒*dierbaar, geacht, geëerd* ◆ **1.2** wie ist Ihr ~er Name? *zou ik uw naam mogen weten?;* Ihr ~es Schreiben *uw geëerd schrijven* **3.1** das Ansehen ~ *het (be)kijken waard;* einer Überlegung ~ sein *overweging verdienen;* es wäre einen Versuch ~ *het is te proberen* **5.1** deine Meinung ist ihm viel ~ *jouw mening betekent veel voor hem* **6.1** ⟨schr.⟩ etwas nicht **für** ~ erachten, finden, halten *iets niet waard(ig) vinden;* ⟨schr.⟩ jmdn. einer Sache **(für)** ~ befinden, erachten, halten *iem. voor iets waardig bevinden.*

Wert ⟨m.; ~(e)s, ~e⟩ **0.1** ***(markt)waarde*** ⇒*prijs,* ⟨mv.⟩ *waardevolle voorwerpen* **0.2** ⟨fig.⟩ ***waarde*** ⟨ook fil.⟩ ⇒*betekenis* **0.3** ***postzegel (met aangegeven waarde)*** **0.4** ⟨steeds mv.; ec.⟩ ***effecten*** ⇒*waardepapieren* **0.5** ⟨nat., wisk.⟩ ***(getallen)waarde*** ◆ **2.2** dauernde ~e *blijvende waarden* **2.5** die mittleren ~e des Wasserstands *de gemiddelde waterstanden* **3.2** einer Sache großen ~ beimessen *aan iets veel waarde hechten;* ⟨inf.⟩ das hat doch keinen ~! *dat heeft toch geen zin!* **6.1 im** ~ fallen *in waarde dalen;* **im** ~(e) von *ter waarde van* **6.2** ~ **auf** eine Sache legen *waarde aan iets hechten, iets op prijs stellen;* das ist **ohne** jeden ~ für mich *dat heeft voor mij geen enkele waarde, betekenis.*

Wertangabe ⟨v.⟩ **0.1** ***aangifte v.d. waarde*** ⇒*aangegeven waarde.*

Wertarbeit ⟨v.⟩ **0.1** ***kwaliteitswerk, prima werk.***

Wertberichtigung ⟨v.⟩ **0.1** ***waardeaanpassing.***

wertbeständig **0.1** ***waardevast.***

Wertbrief ⟨m.⟩ **0.1** ***brief met aangegeven waarde, met geldswaarde.***

werten **0.1** ***waarderen*** ⇒*schatten, taxeren* **0.2** ***beoordelen*** ⇒*beschouwen* ◆ **1.2** ⟨sp.⟩ dieses Tor wird nicht gewertet *dit doelpunt telt niet.*

Wertermittlung ⟨v.⟩ **0.1** ***waardebepaling, vaststelling v.d. waarde.***

wertfrei **0.1** ***waardevrij.***

Wertgegenstand ⟨m.⟩ **0.1** ***voorwerp van waarde.***

Wertigkeit ⟨v.; ~, ~en⟩ **0.1** ⟨schei., taal.⟩ ***valentie*** **0.2** ⟨fig.⟩ ***waarde*** ⇒*betekenis.*

wertlos **0.1** ***waardeloos, zonder waarde.***

Wertmarke ⟨v.⟩ **0.1** ***waardebon.***

wertmäßig **0.1** ***mbt., volgens de waarde*** ⇒*in waarde.*

Wertmaßstab ⟨m.⟩ **0.1** ***maatstaf, criterium.***

Wertmesser ⟨m.⟩ **0.1** ***waardemeter*** ⇒*maatstaf* ⟨ook fig.⟩.

Wertobjekt ⟨o.⟩ **0.1** ***voorwerp van waarde.***

Wertpaket ⟨o.⟩ **0.1** ***pakje met aangegeven waarde.***

Wertpapier ⟨o.⟩⟨ec.⟩ **0.1** ***waardepapier, geldswaardig papier*** ⇒⟨mv.⟩ *effecten.*

Wertpapierbörse ⟨v.⟩ **0.1** ***effectenbeurs.***

Wertsache ⟨v.⟩ **0.1** ***voorwerp van waarde.***

wertschätzen ⟨vero.⟩ **0.1** ***waarderen, (hoog)achten.***

Wertschätzung ⟨v.⟩⟨schr.⟩ **0.1** ***waardering, appreciatie*** ⇒*achting.*

Wertschöpfung ⟨v.⟩⟨ec.⟩ **0.1** ***toegevoegde waarde.***

Wertsendung ⟨v.⟩ **0.1** ***zending met aangegeven waarde.***

Wertstück ⟨o.⟩ →**Wertgegenstand.**

Wertung ⟨v.; ~, ~en⟩ **0.1** ***waardering*** ⇒*schatting* **0.2** ***beoordeling*** ⇒⟨sp. vooral⟩ *punt(en)* **0.3** ⟨sp.⟩ ***klassement.***

Werturteil ⟨o.⟩ **0.1** ***waardeoordeel.***

wertvoll **0.1** ***waardevol*** ⟨ook fig.⟩ ⇒*kostbaar, van (grote) waarde.*

Wertzeichen ⟨o.⟩ **0.1** ***post-, frankeerzegel.***

Wertzuwachs ⟨m.⟩ **0.1** ***waardevermeerdering.***

Werwolf ⟨m.⟩ **0.1** ***weerwolf.***

wes ⟨vero.⟩ →**wessen.**

Wesen ⟨o.; ~s, ~⟩ **0.1** ***wezen*** *⇒schepsel,* ⟨inf.⟩ *persoon, mens* **0.2** ***wezen*** ⟨ook fil.⟩ *⇒essentie, kern* **0.3** ***aard, wezen*** *⇒ natuur, karakter* ◆ **2.1** das höchste ~ *het Opperwezen, God;* es war kein menschliches ~ zu sehen *er was geen levende ziel te bekennen* **2.3** sein innerstes ~ *zijn innerlijk;* ein trotziges ~ zeigen *koppigheid aan de dag leggen, koppig zijn* **3.¶** ⟨inf.⟩ viel ~s aus, um, von etwas machen *veel drukte, ophef van iets maken;* ⟨fig.⟩ sein ~ treiben (a) *lelijk tekeergaan, huishouden* (b) *actief zijn, zijn gang gaan* (c) *ravotten, herrie maken* **6.3** seinem ~ **nach** ist er freundlich *hij is vriendelijk van aard;* **von** bezauberndem ~ sein *charmant van aard zijn.*

wesenhaft ⟨schr.⟩ **0.1** ***essentieel*** *⇒wezenlijk* **0.2** ***werkelijk, reëel.***

Wesenheit ⟨v.; ~, ~en⟩⟨vero.; schr.⟩ **0.1** ***wezen*** *⇒essentie* **0.2** ***aard, wezen*** *⇒karakter* **0.3** ***werkelijkheid*** *⇒het bestaan.*

wesenlos ⟨schr.⟩ **0.1** ***onwerkelijk, irreëel*** **0.2** ***onbelangrijk.***

Wesensart ⟨v.⟩ **0.1** ***aard*** *⇒karakter.*

wesenseigen **0.1** ***tot het wezen, de aard behorend.***

wesensfremd **0.1** ***niet strokend met de aard, vreemd aan iemands wezen.***

wesensgleich **0.1** ***gelijk van aard.***

wesensverwandt **0.1** ***(qua aard) verwant.***

Wesenszug ⟨m.⟩ **0.1** ***karaktertrek.***

wesentlich **0.1** ***wezenlijk*** *⇒essentieel* **0.2** ***belangrijk*** *⇒ aanzienlijk* ◆ **6.1 im** ~en (a) *in de grond van de zaak, au fond* (b) *in het kort, kort samengevat* (c) *grotendeels, voornamelijk* **6.2** ⟨vero.⟩ **um** ein ~es *aanzienlijk, in belangrijke mate.*

Wesfall ⟨m.⟩⟨taal.⟩ **0.1** ***tweede naamval, genitief.***

weshalb **0.1** ***waarom*** *⇒om welke reden, weshalve.*

Wesir ⟨m.; ~s, ~e⟩ **0.1** ***minister*** ⟨in islamitische staten⟩ **0.2** ⟨gesch.⟩ ***vizier.***

Wespe ⟨v.; ~, ~n⟩ **0.1** ***wesp.***

Wespennest ⟨o.⟩ **0.1** ***wespennest*** ◆ **6.1** ⟨inf.; fig.⟩ **in** ein ~ greifen, stechen *zijn hand in een wespennest steken.*

Wespenstich ⟨m.⟩ **0.1** ***wespensteek.***

Wespentaille ⟨v.⟩ **0.1** ***wespentaille.***

wessen **0.1** ***wiens*** **0.2** ***waarvan.***

wessentwillen ⟨vero.⟩ ◆ **6.¶ um** ~? *ter wille van wie?*

Wessi ⟨m.; ~s, ~s⟩⟨inf.⟩ **0.1** ***West-Duitse(r).***

West ⟨m.; ~(e)s, ~e⟩ **0.1** ***west(en)*** **0.2** ⟨schr.; ook scheep.⟩ ***westenwind*** ◆ **1.1** Berlin ~ *West-Berlijn.* →**daheim.**

Weste ⟨v.; ~, ~n⟩ **0.1** ***vest*** ◆ **3.1** ⟨inf.; fig.⟩ eine (blüten)weiße, reine, saubere ~ haben *zuiver op de graat zijn* **6.1** ⟨inf.⟩ jmdm. etwas **unter** die ~ jubeln *iem. iets aansmeren,* ⟨ook⟩ *iem. iets leveren.*

Westen ⟨m.; ~s⟩ **0.1** ***westen*** **0.2** ***Westen*** ⟨gebied en pol.⟩ ◆ **6.1 nach,** ⟨schr.⟩ **gen** ~ ziehen *naar het westen trekken;* der Wind kommt **von,** vom ~ *de wind komt uit het westen.*

Westentasche ⟨v.⟩ **0.1** ***vestzak*** ◆ **6.1** ⟨inf.; fig.⟩ **aus** der ~ *zonder moeite, problemen* **8.1** ⟨fig.⟩ etwas wie seine ~ kennen *iets door en door, als zijn broekzak kennen.*

Westentaschenformat ⟨o.⟩ **0.1** ***vestzakformaat*** *⇒*⟨fig.⟩ *zakformaat.*

Western ⟨m.; ~(s), ~⟩ **0.1** ***wildwest-, cowboyfilm.***

westfälisch **0.1** ***Westfaals.***

westfriesisch **0.1** ***West-Fries.***

Westländer ⟨alleen mv.⟩ **0.1** ***deelstaten in het westen van Duitsland.***

westlerisch **0.1** ***westers, op het westen gericht.***

westlich[1] ⟨bn.⟩ **0.1** ***westelijk*** **0.2** ***westers.***

westlich[2] ⟨vz. + 2⟩ **0.1** ***ten westen van.***

Westmächte ⟨alleen mv.⟩⟨pol.⟩ **0.1** ***Westelijke mogendheden.***

westöstlich **0.1** ***het oosten en het westen betreffend*** **0.2** ***v.h. westen naar het oosten (verlopend).***

Westteil ⟨m.⟩ **0.1** ***westelijk deel.***

westwärts **0.1** ***westwaarts, in westelijke richting.***

Westwind ⟨m.⟩ **0.1** ***westenwind.***

weswegen **0.1** ***waarom.***

wett **0.1** ***kiet, quitte, gelijk*** ◆ **3.1** ~ sein (mit jmdm.) *kiet zijn, staan (met iem.).*

Wettbewerb ⟨m.⟩ **0.1** ***concurrentie, mededinging*** **0.2** ***wedstrijd*** *⇒prijsvraag* ◆ **6.1 im,** in ~ miteinander stehen *met elkaar concurreren* **6.2** ⟨vooral sp.⟩ **außer** ~ *buiten mededinging.*

Wettbewerber ⟨m.⟩ **0.1** ***mededinger, concurrent.***

wettbewerbsfähig **0.1** ***concurrerend*** ⟨prijs⟩ **0.2** ***in staat tot concurreren*** ⟨bedrijf⟩.

Wettbewerbsverzerrung ⟨v.⟩ **0.1** ***concurrentievervalsing.***

Wettbüro ⟨o.⟩ **0.1** ***bookmaker, totalisator.***

Wette ⟨v.; ~, ~n⟩ **0.1** ***weddenschap*** ◆ **3.1** jede ~ eingehen, (mit)machen, daß ... *er alles onder verwedden dat ...;* was gilt die ~? *om hoeveel wedden we?* **6.1 um** die ~ *om het hardst.*

Wetteifer ⟨m.⟩ **0.1** ***wedijver.***

Wetteiferer ⟨m.⟩ **0.1** ***mededinger, concurrent.***

wetteifern **0.1** ***wedijveren.***

wetten **0.1** ***(ver)wedden*** ◆ **6.1** eine Flasche Wein **auf** eine Sache ~ *een fles wijn om iets verwedden.*

Wetter[1] ⟨m.; ~s, ~⟩ **0.1** ***wedder.***

Wetter[2] ⟨o.; ~s, ~⟩ **0.1** ***weer*** **0.2** ***noodweer*** *⇒onweer* **0.3** ⟨mv.; mijnw.⟩ ***mijngas*** ◆ **2.1** ⟨fig.⟩ um gut(es) ~ bitten *om begrip, welwillendheid vragen;* ⟨fig.⟩ bei jmdm. gut ~ machen *iem. gunstig stemmen* **2.3** schlagende ~ *(explosief) mijngas* **4.2** alle ~! *goeie hemel!*

Wetteramt ⟨o.⟩ **0.1** ***meteorologisch instituut, meteorologische dienst.***

Wetteransage ⟨v.⟩ **0.1** ***weerbericht, weersvoorspelling.***

Wetteraussichten ⟨alleen mv.⟩ **0.1** ***weer(s)verwachting.***

Wetterbericht ⟨m.⟩ **0.1** ***weerbericht, weersvoorspelling.***

wetterbeständig **0.1** ***weervast, bestand tegen weersinvloeden.***

Wetterdach ⟨o.⟩ **0.1** ***afdak, luifel*** **0.2** ***kap*** ⟨v.e. wagen⟩.

Wetterdienst ⟨m.⟩ **0.1** ***meteorologische dienst.***

Wetterfahne ⟨v.⟩ **0.1** ***windwijzer*** *⇒weerhaan* ⟨ook fig.⟩.

wetterfest →**wetterbeständig.**

Wetterfrosch ⟨m.⟩⟨inf.⟩ **0.1** ***weerprofeet, -voorspeller.***

wetterfühlig ⟨med.⟩ **0.1** ***(lichamelijk) op weersveranderingen gevoelig reagerend.***

Wetterhahn ⟨m.⟩ **0.1** ***weerhaan, windwijzer.***

Wetterhäuschen ⟨o.⟩ **0.1** ***weerhuisje.***

Wetterkarte ⟨v.⟩ **0.1** ***weerkaart, meteorologische kaart.***

Wetterkunde ⟨v.⟩ **0.1** ***weerkunde, meteorologie.***

Wetterlage ⟨v.⟩ **0.1** ***weersgesteldheid, -toestand.***

Wetterleuchten ⟨o.⟩ **0.1** ***weerlicht, het weerlichten*** **0.2** ⟨fig.⟩ ***teken van gevaar.***

Wetterloch ⟨o.⟩⟨inf.⟩ **0.1** ***gebied met slecht weer.***

Wettermantel ⟨m.⟩ **0.1** ***regenjas, -mantel.***

wettern I ⟨onov.ww.⟩ **0.1** ***schelden, razen, tieren*** *⇒tekeergaan, vloeken* ◆ **6.1** ~ **auf, gegen, über** etwas, jmdn. *tekeergaan tegen, over iets;*
II ⟨onp.ww.⟩⟨vero.⟩ **0.1** ***onweren.***

Wetterprognose ⟨v.⟩ **0.1** ***weer(s)voorspelling.***

Wetterprophet ⟨m.⟩ **0.1** ***weerprofeet.***

Wetterschacht ⟨m.⟩⟨mijnw.⟩ **0.1** ***luchtschacht.***

Wetterschaden ⟨m.⟩ **0.1** ***schade tengevolge van noodweer.***

Wetterscheide ⟨v.⟩⟨aardr., meteo.⟩ **0.1** ***meteorologische grens, barrière.***
Wetterseite ⟨v.⟩ **0.1** ***windkant, -zijde*** **0.2** ***richting waarvandaan slecht weer komt.***
Wettersturz ⟨m.⟩⟨meteo.⟩ **0.1** ***plotselinge weersverandering.***
Wetter|umschlag, -umschwung ⟨m.⟩ **0.1** ***plotselinge weersverandering.***
Wetterverhältnisse ⟨alleen mv.⟩ **0.1** ***weersomstandigheden.***
Wettervorhersage ⟨v.⟩ **0.1** ***weersvoorspelling.***
Wetterwarte ⟨v.⟩ **0.1** ***weerstation, meteorologisch station.***
wetterwendisch **0.1** ***wispelturig, onstandvastig.***
Wetterwolke ⟨v.⟩ **0.1** ***onweerswolk.***
Wetteufel ⟨m.⟩ **0.1** ***wedkoorts, -passie.***
Wettfahrer ⟨m.⟩ **0.1** ***coureur.***
Wettfahrt ⟨v.⟩ **0.1** ***race.***
Wettkampf ⟨m.⟩ **0.1** ***wedstrijd.***
Wettkämpfer ⟨m.⟩ **0.1** ***deelnemer aan een wedstrijd.***
Wettlauf ⟨m.⟩ **0.1** ***wedloop.***
wettlaufen **0.1** ***wedlopen, om het hardst lopen, een wedloop houden.***
Wettläufer ⟨m.⟩ **0.1** ***wedloper.***
wettmachen **0.1** ***(weer) goedmaken, vereffenen, compenseren*** **0.2** ***zich revancheren, iets terugdoen voor.***
Wettrennen ⟨o.⟩ **0.1** ***wedloop*** ⟨ook fig.⟩.
Wettrudern ⟨o.⟩ **0.1** ***roeiwedstrijd.***
Wettrüsten ⟨o.⟩ **0.1** ***bewapenings-, wapenwedloop.***
Wettschießen ⟨o.⟩⟨sp.⟩ **0.1** ***schietwedstrijd.***
Wettspiel ⟨o.⟩ **0.1** ***wedstrijd.***
Wettstreit ⟨m.⟩ **0.1** ***wedstrijd, wedijver.***
Wetturnen ⟨o.⟩ **0.1** ***turnwedstrijd.***
wetzen I ⟨onov.ww.⟩⟨inf.⟩ **0.1** ***hollen, rennen, flitsen;*** **II** ⟨ov.ww.⟩ **0.1** ***slijpen, scherpen, wetten.***
Wetzstahl ⟨m.⟩ **0.1** ***wetstaal.***
Wetzstein ⟨m.⟩ **0.1** ***wet-, slijpsteen.***
WEU ⟨v.⟩⟨afk.; Westeuropäische Union⟩ **0.1** ***West-Europese Unie.***
Whisky ⟨m.; ~s, ~s⟩ **0.1** ***whisky.***
Wichs ⟨m.; ~es, ~e; Oostr.: v.; ~, ~en⟩⟨stud.⟩ **0.1** ***feestkleding, -kledij, gala*** ◆ **6.1 in** vollem ~ *in groot tenue, in gala.*
Wichse ⟨v.; ~, ~n⟩⟨inf.⟩ **0.1** ***(boen)was*** **0.2** ***schoensmeer*** **0.3** ***aframmeling, (pak) slaag*** ◆ **7.¶** alles eine ~ *allemaal één pot nat.*
wichsen **0.1** ***poetsen*** ⟨schoenen⟩ **0.2** ***boenen*** ⟨vloer, hout⟩.
Wicht ⟨m.; ~(e)s, ~e⟩ **0.1** ***wicht, kindje, peuter*** **0.2** ***dwerg, kabouter*** **0.3** ***schoft, schooier, schurk.***
Wichte ⟨v.; ~, ~n⟩⟨nat.⟩ **0.1** ***soortelijk, specifiek gewicht.***
Wichtel ⟨m.; ~s, ~⟩ **0.1** ***dwerg, kabouter.***
Wichtelmännchen ⟨o.⟩ →**Wichtel.**
wichtig **0.1** ***belangrijk, gewichtig*** ◆ **3.1** sich ~ machen *gewichtig doen;* sich ~ nehmen *zichzelf heel belangrijk vinden;* eine Sache zu ~ nehmen *teveel betekenis aan iets hechten;* sich ⟨3e nv.⟩ ~ vorkommen *zichzelf heel belangrijk vinden.*
Wichtigkeit ⟨v.; ~, ~en⟩ **0.1** ***belang, gewicht*** ⇒*gewichtigheid, zaak van gewicht* ◆ **3.1** einer Sache große ~ beilegen, beimessen *veel betekenis aan iets hechten.*
Wichtigtuer ⟨m.; ~s, ~⟩ **0.1** ***gewichtigdoenerig iemand.***
Wichtigtuerei ⟨v.; ~⟩ **0.1** ***gewichtigdoenerij.***
Wicke ⟨v.; ~, ~n⟩⟨plantk.⟩ **0.1** ***wikke.***
Wickel ⟨m.; ~s, ~⟩ **0.1** ***omslag, kompres*** **0.2** ***rol, wikkel, knot*** **0.3** ***spoel*** **0.4** ***papillot, krulspeld, -pen*** **0.5** ⟨plantk.⟩ ***schicht*** ◆ **6.¶** ⟨inf.; fig.⟩ jmdn. **am, beim** ~ haben, kriegen, nehmen (a) *iem. bij zijn lurven hebben, krijgen* (b) *iem. ter verantwoording roepen;* ein Thema **beim** ~ haben *een onderwerp, thema uitvoerig bespreken.*
Wickelgamasche ⟨v.⟩ **0.1** ***beenwindsel, puttee.***
Wickelkind ⟨o.⟩ **0.1** ***baker-, luierkind(je).***
Wickelkommode ⟨v.⟩ **0.1** ***babycommode.***
wickeln **0.1** ***wikkelen, oprollen*** ⇒*krullen* ⟨haar⟩ **0.2** ***inpakken, inrollen*** ⇒*zwachtelen, een luier aandoen* **0.3** ***uitpakken*** **0.4** ***afrollen*** ⟨touw⟩ ◆ **2.¶** ⟨inf.⟩ falsch, schief gewickelt sein *het helemaal mis hebben* **6.1** das Haar **zu** Locken ~ *het haar krullen.*
Wickeltisch ⟨m.⟩ **0.1** ***babycommode.***
Wickler ⟨m.; ~s, ~⟩ **0.1** ***krulpen, -speld*** **0.2** ⟨biol.⟩ ***bladroller.***
Widder ⟨m.; ~s, ~⟩ **0.1** ***ram*** **0.2** ⟨astrol.⟩ ***Ram.***
Widderpunkt ⟨m.⟩⟨ster.⟩ **0.1** ***lentepunt.***
wider ⟨vz. + 4⟩⟨schr.⟩ **0.1** ***tegen, in strijd met*** ◆ **1.1** ~ Erwarten *tegen de verwachting in.*
widerborstig **0.1** ***tegendraads, weerbarstig.***
Widerchrist ⟨m.⟩ **0.1** ***antichrist.***
widereinander **0.1** ***tegen elkaar.***
widerfahren ⟨schr.⟩ **0.1** ***gebeuren, overkomen, wedervaren.***
widergesetzlich **0.1** ***onwettig, illegaal, strijdig met de wet.***
Widerhaken ⟨m.⟩ **0.1** ***weerhaak.***
Widerhall ⟨m.⟩ **0.1** ***weerklank, echo*** ⟨ook fig.⟩.
widerhallen **0.1** ***weerklinken, -galmen, echoën.***
Widerhalt ⟨m.⟩ **0.1** ***weerstand, verzet.***
Widerklage ⟨v.⟩⟨jur.⟩ **0.1** ***(eis in) reconventie.***
Widerkläger ⟨m.⟩⟨jur.⟩ **0.1** ***eiser in reconventie.***
widerlegbar **0.1** ***weerlegbaar, te weerleggen.***
widerlegen **0.1** ***weerleggen.***
widerlich **0.1** ***walgelijk, afschuwelijk, weerzinwekkend*** ⇒*stuitend, gemeen, laag (bij de gronds)* **0.2** ***verschrikkelijk, vreselijk, ontzettend*** ◆ **3.1** etwas ist jmdm. ~ *iem. vindt iets weerzinwekkend, afschuwelijk.*
Widerling ⟨m.; ~(e)s, ~e⟩ **0.1** ***walgelijke, weerzinwekkende vent*** ⇒*kwal, naarling.*
widernatürlich **0.1** ***tegennatuurlijk.***
Widerpart ⟨m.; ~(e)s, ~e⟩⟨vero.; schr.⟩ **0.1** ***tegenstander, -partij*** ◆ **3.¶** jmdm. ~ bieten, geben, halten *iem. partij geven.*
widerraten ⟨schr.⟩ **0.1** ***af-, ontraden.***
widerrechtlich **0.1** ***wederrechtelijk, onwettig.***
Widerrede ⟨v.⟩ **0.1** ***tegenspraak*** **0.2** ***tegenrede.***
Widerrist ⟨m.; ~(e)s, ~e⟩⟨biol.⟩ **0.1** ***schoft, schouder.***
Widerruf ⟨m.⟩ **0.1** ***herroeping, intrekking*** ◆ **6.1** (bis) **auf** ~ *tot wederopzeggens (toe).*
widerrufen **0.1** ***herroepen, intrekken, terugnemen*** ⇒*tegenspreken* ⟨bericht⟩.
widerruflich **0.1** ***herroepbaar.***
Widersacher ⟨m.; ~s, ~⟩ **0.1** ***tegenstander, -strever.***
widerschallen ⟨vero.⟩ →**widerhallen.**
Widerschein ⟨m.⟩ **0.1** ***weerschijn, -kaatsing, -spiegeling.***
widerscheinen **0.1** ***weerschijnen, -kaatsen, reflecteren.***
widersetzen, sich ⟨met 3e nv.⟩ **0.1** ***zich verzetten, kanten tegen.***
widersetzlich **0.1** ***weerspannig.***
Widersinn ⟨m.⟩ **0.1** ***onzin(nigheid), dwaasheid, absurditeit.***
widersinnig **0.1** ***onzinnig, ongerijmd, absurd.***
widerspenstig **0.1** ***weerspannig, -barstig, recalcitrant.***
widerspiegeln **0.1** ***weerspiegelen, -kaatsen, reflecteren.***
Widerspiel ⟨o.⟩⟨schr.⟩ **0.1** ***tegenspel.***

widersprechen (met 3e nv.) **0.1** ***tegenspreken*** *⇒bezwaar maken tegen* **0.2** ***indruisen tegen, in strijd zijn met*** ◆ **4.1** einander, sich ~ *elkaar tegenspreken.*

Widerspruch (m.) **0.1** ***tegenspraak, tegenstrijdigheid, contradictie*** **0.2** ***tegenspraak, verzet, protest*** ◆ **3.2** ~ erheben *protesteren, verzet, protest aantekenen* **6.1** **im** ~ mit, **zu** etwas stehen *in strijd, tegenspraak zijn met iets;* **in** ~ **zu** etwas geraten *met iets in conflict komen;* sich **in** ~ zu jmdm., etwas setzen *met iem., iets in conflict komen;* ein ~ **in** sich selbst *een innerlijke tegenspraak.*

widersprüchlich **0.1** ***tegenstrijdig.***

Widerspruchsgeist (m.) **0.1** ***zucht, neiging tot tegenspreken*** **0.2** (inf.; fig.) ***iem. die steeds moet tegenspreken, altijd in de contramine is.***

widerspruchslos **0.1** ***zonder tegenspraak, protest.***

widerspruchsvoll **0.1** ***vol tegenstrijdigheden, zeer tegenstrijdig.***

Widerstand (m.) **0.1** ***tegen-, weerstand, verzet(sbeweging)*** *⇒tegenwerking* **0.2** (tech.) ***weerstand*** ◆ **3.1** einer Sache ~ leisten *weerstand bieden aan, verzet plegen tegen iets.*

Widerstandsbewegung (v.) **0.1** ***verzet(sbeweging)*** *⇒ondergrondse.*

widerstandsfähig **0.1** ***in staat tot het bieden van weerstand*** **0.2** ***sterk, taai*** *⇒resistent.*

Widerstandsfähigkeit (v.) **0.1** ***weerstandsvermogen, taaiheid*** *⇒resistentie.*

Widerstandskämpfer (m.) **0.1** ***verzetsstrijder.***

Widerstandskraft (v.) **0.1** ***weerstandsvermogen.***

widerstandslos **0.1** ***zonder verzet (te bieden).***

Widerstandsnest (o.) **0.1** ***verzetshaard.***

widerstehen (met 3e nv.) **0.1** ***weerstaan, weerstand bieden*** **0.2** ***tegenstaan.***

widerstreben (met 3e nv.) **0.1** ***tegenwerken, weerstreven, weerstaan*** **0.2** ***tegenstaan, tegen de borst stuiten*** ◆ **4.2** das widerstrebt seinem Charakter *dat strookt niet met zijn karakter* ¶.**1** ~d *met tegenzin, tegenspartelend.*

Widerstreben (o.) **0.1** ***tegenstand, verzet*** *⇒tegenzin.*

Widerstreit (m.) **0.1** ***strijd, conflict*** **0.2** ***tegenstelling.***

widerstreiten (met 3e nv.) **0.1** ***in strijd zijn met, strijdig zijn met, in tegenstelling staan met*** ◆ **1.1** (einander) ~de Auffassungen *tegenstrijdige opvattingen.*

widerwärtig **0.1** ***afschuw-, weerzinwekkend*** **0.2** ***zeer ongunstig, onaangenaam*** ◆ **3.1** jmdm. ~ sein *iem. tegenstaan.*

Widerwärtigkeit (v.; ~, ~en) **0.1** ***onaangename zaak, aangelegenheid*** *⇒*(mv.) *tegenspoed* **0.2** ***afschuwelijkheid, walgelijkheid.***

Widerwille (m.) **0.1** ***afschuw, walging, weerzin*** ◆ **6.1** einen ~n **gegen** jmdn., etwas haben *een hekel aan iem., iets hebben.*

widerwillig **0.1** ***onwillig, weerspannig*** **0.2** ***met tegenzin, tegen zijn wil.***

Widerwort (o.; mv. ~e) **0.1** ***weerwoord*** *⇒*(mv.) *tegenspraak.*

widmen I (ov.ww.) **0.1** ***(toe)wijden*** *⇒opdragen;*
II sich ~ (wk.ww.) **0.1** ***zich (toe)wijden, bezighouden (met).***

Widmung (v.; ~, ~en) **0.1** ***opdracht, dedicatie*** **0.2** ***schenking, donatie*** **0.3** (adm.) ***openstelling (voor het publiek).***

widrig **0.1** ***tegenwerkend, tegengesteld, ongunstig*** **0.2** (vero.; pej.) ***akelig, walgelijk, naar.***

widrigenfalls (schr.) **0.1** ***anders, in het tegengestelde geval.***

Widrigkeit (v.; ~, ~en) **0.1** ***akeligheid, walgelijkheid*** **0.2** ***hinderlijke, onaangename zaak*** *⇒tegenslag, -spoed, pech.*

wie[1] (bw.) **0.1** ***hoe, wat*** ◆ **2.1** ~ dumm! *wat dom!* **3.1** ~ bitte? *wat zegt u?;* ein guter Vorschlag, ~? *een goed voorstel, of niet?;* ~ wäre es, wenn ...? *wat zou je ervan zeggen als ...?*

wie[2] (vw.) **0.1** ***(zo)als*** *⇒en, evenals,* (inf.) *dan* **0.2** ***toen*** ◆ **1.1** Frauen ~ Männer *zowel vrouwen als mannen, vrouwen en, evenals mannen* **3.1** ~ man sagt *naar men zegt, naar verluidt* **4.1** (inf.) einer ~ der andere *allemaal samen, de een net zo goed als de ander;* es ist einer ~ der andere *ze zijn allemaal precies eender, hetzelfde* **8.1** so gut ~ möglich *zo goed (als) mogelijk;* ~ wenn *alsof.*

Wie (o.; ~) **0.1** ***het hoe, manier waarop.***

Wiedehopf (m.; ~(e)s, ~e) (biol.) **0.1** ***hop.***

wieder **0.1** ***opnieuw, we(d)er(om)*** ◆ **3.1** (inf.) wie heißt sie ~? *hoe heet zij ook al weer?* **8.1** ~ und ~ *steeds weer, telkens weer.*

Wiederabdruck (m.; mv. ~e) (boek.) **0.1** ***herdruk, reprint.***

Wiederanpfiff (m.) (sp.) **0.1** ***fluitsignaal voor de hervatting v.h. spel.***

Wiederanspiel (o.) (sp.) **0.1** ***hervatting (v.d. wedstrijd, v.h. spel).***

Wiederanstoß (m.) (sp.) **0.1** ***aftrap na de rust.***

Wiederaufbau (m.) **0.1** ***wederopbouw, herbouw.***

wiederaufbauen **0.1** ***herbouwen, opnieuw opbouwen.***

Wiederaufbereitungsanlage (v.) (tech.) **0.1** ***opwerkingsfabriek.***

wiederaufführen (dram.) **0.1** ***opnieuw opvoeren.***

Wiederaufführung (v.) (dram.) **0.1** ***herhaalde opvoering, reprise.***

Wiederaufnahme (v.) **0.1** ***hervatting*** **0.2** ***het opnieuw opnemen*** **0.3** (jur.) ***revisie*** *⇒*(bij faillissement) *heropening.*

Wiederaufnahmeverfahren (o.) (jur.) **0.1** ***revisie, herziening.***

wiederaufnehmen **0.1** ***hervatten*** *⇒weer opnemen* **0.2** (jur.) ***heropenen.***

Wiederaufrichtung (v.) **0.1** ***her-, wederoprichting.***

Wiederaufrüstung (v.) **0.1** ***herbewapening.***

Wiederbeginn (m.) **0.1** ***herbegin, hervatting.***

wiederbekommen **0.1** ***terugkrijgen.***

wiederbeleben **0.1** ***weer tot leven wekken, reanimeren*** **0.2** (fig.) ***doen herleven.***

Wiederbelebung (v.) **0.1** ***reanimatie*** **0.2** (fig.) ***het doen herleven.***

Wiederbeschaffung (v.) **0.1** ***vervanging.***

Wiederbeschaffungswert (m.) **0.1** ***vervangingswaarde.***

wiederbringen **0.1** ***terugbrengen.***

Wiedereinführung (v.) **0.1** ***her-, wederinvoering.***

Wiedereingliederung (v.) **0.1** ***het opnieuw inschakelen*** ◆ **6.1** die ~ **in** die Gesellschaft *de resocialisering.*

Wiedereinstieg (m.) **0.1** ***herintreding.***

Wiedereintritt (m.) **0.1** ***het opnieuw lid worden*** **0.2** ***terugkeer.***

wiederentdecken **0.1** ***herontdekken.***

wiedererhalten **0.1** ***terugkrijgen.***

wiedererkennen **0.1** ***herkennen.***

wiedererlangen **0.1** ***terug-, herkrijgen.***

wiedererobern **0.1** ***heroveren.***

wiedereröffnen **0.1** ***heropenen.***

wiedererstatten **0.1** ***vergoeden, terugbetalen, restitueren.***

wiedererstehen (schr.) **0.1** ***herrijzen*** (ook fig.).

wiedererzählen **0.1** ***oververtellen*** *⇒navertellen,* (inf.) *doorvertellen.*

wiederfinden I (ov.ww.) **0.1** ***terug-, weervinden;***
II sich ~ (wk.ww.) **0.1** ***voorkomen, aangetroffen worden*** **0.2** ***zichzelf terugvinden*** *⇒*(fig.) *zichzelf weer meester zijn.*

wiederfordern 0.1 *terugvorderen, -eisen.*
Wiedergabe (v.) 0.1 *teruggave, restitutie* 0.2 *weergave* 0.3 *reproductie* 0.4 (dram., muz.) *uitvoering, vertolking.*
wiedergeben 0.1 *teruggeven, vergoeden* 0.2 *weergeven* ⇒*beschrijven* 0.3 *reproduceren* 0.4 (dram., muz.) *vertolken, uitvoeren.*
wiedergeboren 0.1 *herboren* (ook fig.).
Wiedergeburt (v.) 0.1 *wedergeboorte.*
wiedergewinnen 0.1 *terug-, herwinnen.*
wiedergutmachen 0.1 *vergoeden* ⇒*herstellen, goedmaken.*
Wiedergutmachung (v.) 0.1 *schadeloosstelling, vergoeding, herstelbetaling.*
wiederhaben 0.1 *terug hebben, terugkrijgen.*
wiederherstellen 0.1 *herstellen* ⇒*repareren,* (med.) *genezen* 0.2 *restaureren.*
wiederholen[1] (ov.ww.) 0.1 *terughalen.*
wiederholen[2] I (ov.ww.) 0.1 *herhalen* ⇒*doubleren, repeteren* (leerstof) ◆ 1.1 eine Klasse ~ *blijven zitten;* das Spiel ~ *de wedstrijd overspelen;*
II sich ~ (wk.ww.) 0.1 *zich herhalen* 0.2 *in herhalingen vervallen.*
wiederholt 0.1 *herhaald(elijk)* ⇒*meermaals.*
Wiederholung (v.; ~, ~en) 0.1 *herhaling* ⇒(jur.) *recidive.*
Wiederholungsfall (m.)(adm.) ◆ 6.¶ **im** ~ *in geval van herhaling,* (jur.) *bij recidive.*
Wiederholungsprüfung (v.) 0.1 *herkansingstentamen* ⇒*herkansing.*
Wiederholungstäter (m.)(jur.) 0.1 *recidivist.*
Wiederholungszeichen (o.)(muz.) 0.1 *herhalingsteken.*
Wiederhören (o.) ◆ 6.¶ **auf** ~! (a) (com.) *tot de volgende keer, uitzending!* (b) (telefoon) *tot horens!, daag!*
wiederimpfen 0.1 *revaccineren.*
Wiederinstandsetzung (v.) 0.1 *reparatie, herstel.*
wiederkäuen 0.1 *herkauwen* (ook fig.).
Wiederkäuer (m.; ~s, ~) 0.1 *herkauwer.*
Wiederkauf (m.) 0.1 *terugkoop.*
Wiederkaufsrecht (o.) 0.1 *recht van terugkoop.*
Wiederkehr (v.) 0.1 *terugkeer.*
wiederkehren 0.1 *terugkeren, -komen* 0.2 *zich herhalen.*
wiederkommen 0.1 *terugkomen.*
Wiederkunft (v.; ~) 0.1 *terugkeer, -komst.*
wiedersagen 0.1 *door-, verdervertellen.*
Wiederschauen (o.)(reg.) ◆ ¶.¶ (auf) ~! *tot ziens!*
wiedersehen 0.1 *terug-, weerzien.*
Wiedersehen (o.; ~s, ~) 0.1 *het weerzien* ◆ 3.1 (fig.; scherts.) ~ macht Freude! *ik zou het natuurlijk graag ook weer terug hebben!* ¶.1 (auf) ~! *tot ziens!*
Wiedertäufer (m.)(rel.) 0.1 *wederdoper.*
wiedertun 0.1 *opnieuw, weer, nog eens doen.*
wiederum 0.1 *we(d)er(om), opnieuw, nog een keer* 0.2 *anderzijds.*
wiedervereinigen 0.1 *herenigen.*
wiederverheiraten, sich 0.1 *hertrouwen, opnieuw trouwen.*
Wiederverkaufswert (m.) 0.1 *waarde bij wederverkoop, inruilwaarde.*
wiederverwenden 0.1 *hergebruiken* ⇒*recyclen.*
wiederverwerten →**wiederverwenden.**
Wiederwahl (v.) 0.1 *her(ver)kiezing.*
wiederwählen 0.1 *herkiezen.*
Wiege (v.; ~, ~n) 0.1 *wieg* ⇒(fig.) *bakermat* ◆ 6.1 (fig.) von der ~ **bis zur** Bahre *van de wieg tot het graf;* (fig.) **von** der ~ an *van de wieg, van jongs aan.*
Wiegemesser (o.) 0.1 (tech.) *wieg* 0.2 (cul.) *hakmes.*
wiegen[1] (ov. & onov.ww.→t185) 0.1 *wegen.*
wiegen[2] I (ov.ww.) 0.1 *wiegen, (doen) schommelen* 0.2 *wiegen, fijnhakken, -maken* (groente, vlees) 0.3 (tech.) *wiegen, ruw maken* ◆ 1.1 den Kopf skeptisch ~ *het hoofd sceptisch schudden;*
II sich ~ (wk.ww.) 0.1 *(zich) wiegen, wiegelen* ⇒*schommelen* ◆ 6.1 (fig.) sich **in** der Hoffnung ~ *zich met de hoop vleien;* sich **in** den Hüften ~ *heupwiegen;* (fig.) sich **in** Sicherheit ~ *zich veilig wanen.*
Wiegendruck (m.; mv. ~e)(boek.) 0.1 *wiegendruk, incunabel.*
Wiegenfest (o.)(schr.) 0.1 *verjaardag(sfeest).*
Wiegenlied (o.) 0.1 *wiege-, slaaplied(je).*
wiehern 0.1 *hinniken* 0.2 *schaterlachen* ◆ 6.2 (inf.) das ist **zum** Wiehern *dat is om te gillen.*
Wien (o.; ~s) 0.1 *Wenen.*
Wiener[1] (m.; ~s, ~) 0.1 *Wener.*
Wiener[2] (v.; ~, ~)(cul.) 0.1 (bep. soort) *Weense worst.*
wienern (inf.) 0.1 *glimmend poetsen.*
Wiese (v.; ~, ~n) 0.1 *wei(de)* ◆ 2.1 auf der grünen ~ *in het open veld,* (fig.) *op het platteland.*
Wiesel (o.; ~s, ~)(biol.) 0.1 *wezel* ◆ 8.1 (fig.) flink wie ein ~ *watervlug;* (fig.) laufen wie ein ~ *rennen als een kieviet.*
wieselflink 0.1 *watervlug.*
Wiesenblume (v.) 0.1 *weidebloem.*
Wiesenklee (m.) 0.1 *rode klaver.*
Wiesenland (o.) 0.1 *weide-, grasland.*
Wiesenschaumkraut (o.) 0.1 *veldkers, pinksterbloem.*
wieso 0.1 *waarom, hoezo.*
wieviel (acc. wiss.) 0.1 *hoeveel.*
wievielerlei 0.1 *hoeveel (verschillende) soorten.*
wievielmal 0.1 *hoe vaak.*
wievielt (acc. wiss.) 0.1 *hoeveelste.*
wieweit 0.1 *in hoever(re).*
Wigwam (m.; ~s, ~s) 0.1 *wigwam.*
Wikinger (m.; ~s, ~)(gesch.) 0.1 *viking.*
wild 0.1 *wild* ⇒*ongetemd, woest* 0.2 *wild, ongeregeld* ⇒*ongebreideld* ◆ 1.1 ein ~er Kampf *een woeste strijd;* (inf.; fig.) den ~en Mann spielen *heel streng, energiek optreden* 1.2 in ~er Ehe leben *ongehuwd samenwonen;* ~e Geschichten *wilde, overdreven verhalen;* ~es Parken *ongeoorloofd parkeren* 3.1 jmdn. ~ machen *iem. tot razernij drijven;* ~ wachsen *in het wild groeien* 3.2 ~ sein vor Freude *dolblij zijn* 6.1 ~ sein **auf** eine Sache *gek, wild op iets zijn* ¶.1 (fig.) halb so ~ sein *zo'n vaart niet lopen.*
Wild (o.; ~(e)s) 0.1 *wild* 0.2 (cul.) *wildbraad.*
Wildbach (m.) 0.1 *bergbeek.*
Wildbahn (v.)(jacht) 0.1 *wildbaan* ◆ 2.1 freie ~ *vrije natuur.*
Wildbestand (m.) 0.1 *wildstand.*
Wildbraten (m.)(cul.) 0.1 *wildbraad, gebraden wild.*
Wilde(r) (bn. als zn.) 0.1 *wilde* ⇒(fig.) *wildeman.*
Wilderer (m.; ~s, ~) 0.1 *stroper.*
wildern 0.1 *stropen.*
Wildfang (m.) 0.1 *wildvang* ⇒(fig. ook) *wildebras.*
wildfremd 0.1 *wildvreemd.*
Wildgans (v.) 0.1 *wilde gans.*
Wildgatter (o.) 0.1 *afrastering tegen binnendringen v.h. wild.*
Wildgehege (o.) 0.1 *wildpark.*
wildgeworden (inf.; pej.) 0.1 *dolgedraaid, over z'n toeren geraakt.*
Wildheger (m.) 0.1 *jachtopziener.*
Wildhüter (m.) 0.1 *jachtopziener.*
Wildkatze (v.)(biol.) 0.1 *wilde kat.*

wildlebend **0.1** ***in het wild levend.***
Wildleder ⟨o.⟩ **0.1** ***wildleer*** ⇒*suède.*
Wildling ⟨m.; ~s, ~e⟩ **0.1** ***wilde boom*** **0.2** ***wild dier.***
Wildnis ⟨v.; ~, ~se⟩ **0.1** ***wildernis.***
Wildpark ⟨m.⟩ **0.1** ***wildpark.***
wildromantisch ⟨inf.⟩ **0.1** ***wild en heel romantisch.***
Wildsau ⟨v.⟩ **0.1** ***wilde zeug*** **0.2** ⟨inf.; pej.⟩ ***varken, zwijn.***
Wildschaden ⟨m.⟩ **0.1** ***wildschade.***
Wildschaf ⟨o.⟩ **0.1** ***muffeldier, moeflon.***
Wildschwein ⟨o.⟩⟨biol.⟩ **0.1** ***wild zwijn.***
Wildtaube ⟨v.⟩ **0.1** ***bos-, houtduif.***
wildwachsend **0.1** ***in het wild groeiend.***
Wildwasser ⟨o.⟩ **0.1** ***onstuimige waterloop.***
Wildwechsel ⟨m.⟩ **0.1** ⟨jacht⟩ ***wildpaadje*** **0.2** ⟨verk.⟩ ***overstekend wild.***
Wildwest ⟨zonder lidwoord; g.mv.⟩ **0.1** ***het wilde Westen*** ⟨van Amerika⟩.
Wildwestfilm ⟨m.⟩ **0.1** ***wildwestfilm, western.***
Wildwuchs ⟨m.⟩ **0.1** ***wildgroei, woekering.***
wilhelminisch ⟨gesch.⟩ **0.1** ***van Keizer Willem II.***
Wille ⟨m.; ~ns, ~n⟩ **0.1** ***wil*** ◆ **2.1** böser ~ *boos opzet;* guten ~ns sein *van goede wil zijn;* ⟨jur.⟩ der Letzte ~ *het testament, de laatste wilsbeschikking* **3.1** den ~n haben etwas zu tun *voornemens zijn iets te doen;* soll er doch seinen ~n haben! *we zullen zijn zin maar doen!* **6.1** **aus** bösem ~n *met (boos) opzet;* **beim** besten ~n nicht *met de beste wil van de wereld niet;* es steht **in** deinem ~ *jij hebt het in je macht;* **nach** meinem ~n *overeenkomstig mijn wens;* jeder **nach** seinem ~n *elk wat wils;* **ohne** (Wissen und) ~n seiner Eltern *zonder (medeweten en) toestemming van zijn ouders;* **wider** ~n *met tegenzin;* jmdm. **zu** ~n sein *iem. ter wille zijn.* →**Mensch.**
willen ⟨vz. + 2⟩ **0.1** ***ter wille van*** ◆ **6.1** **um** jmds., einer Sache ~ *ter wille van iem., iets;* **um** Gottes ~ *in godsnaam;* **um** (des) Himmels ~ *in ('s) hemelsnaam.*
willenlos **0.1** ***willoos.***
willens ◆ **3.¶** ~ sein *van plan, voornemens zijn.*
Willensakt ⟨m.⟩ **0.1** ***wilsdaad.***
Willensäußerung ⟨v.⟩ **0.1** ***wilsuiting.***
Willensbildung ⟨v.⟩ **0.1** ***wilsvorming*** ◆ **2.1** politische ~ *politieke wilsvorming.*
Willensfreiheit ⟨v.⟩ **0.1** ***wilsvrijheid.***
Willenskraft ⟨v.⟩ **0.1** ***wilskracht.***
willensstark **0.1** ***wilskrachtig, energiek.***
willentlich ⟨schr.⟩ **0.1** ***opzettelijk, willens en wetens.***
willfahren ⟨schr.⟩ **0.1** ***inwilligen, toegeven*** ◆ **1.1** einer Bitte ~ *een verzoek inwilligen.*
willig **0.1** ***gewillig, bereid(willig).***
willkommen **0.1** ***welkom*** ◆ **3.1** jmdn. ~ heißen *iem. welkom heten;* jmdm. ~ sein *iem. welkom zijn.*
Willkommen ⟨m. & o.; ~s, ~⟩ **0.1** ***welkom(stgroet), ontvangst.***
Willkür ⟨v.; ~⟩ **0.1** ***willekeur*** ⇒*eigenmachtigheid* ◆ **2.1** das ist die reine ~ *dat is louter, pure willekeur.*
Willkürherrschaft ⟨v.⟩ **0.1** ***dwingelandij, despotisme.***
willkürlich **0.1** ***willekeurig*** ⇒*eigenmachtig, grillig.*
wimmeln **0.1** ***kri(o)elen, wemelen*** ◆ **6.1** ~ **von** Fehlern *wemelen, krioelen van de fouten.*
wimmern **0.1** ***janken, jammeren.***
Wimpel ⟨m.; ~s, ~⟩ **0.1** ***wimpel, vlaggetje.***
Wimper ⟨v.; ~, ~n⟩ **0.1** ***wimper*** ◆ **6.1** ⟨fig.⟩ sich ⟨3e nv.⟩ nicht **an** den ~n klimpern lassen *zich niet op z'n kop laten zitten;* **mit** den ~n zucken *met de ogen knipperen;* ⟨fig.⟩ ohne **mit** der ~ zu zucken *zonder een spier te vertrekken.*
Wimperntusche ⟨v.⟩ **0.1** ***mascara.***
Wind ⟨m.; ~(e)s, ~e⟩ **0.1** ***wind*** ⇒*lucht, poepje* ◆ **3.1** einen ~ abgehen lassen *een wind laten;* ⟨fig.⟩ ~ von einer Sache bekommen *lucht van iets krijgen;* ⟨inf.; fig.⟩ ~ machen *snoeven, opscheppen;* ⟨fig.⟩ der ~ pfeift jetzt aus einem anderen Loch *er waait nu een andere wind;* ⟨inf.; fig.⟩ jmdm. ~ vormachen *iem. iets wijsmaken;* ⟨fig.⟩ daher weht der ~? *waait de wind uit die hoek?;* ⟨fig.⟩ merken, woher der ~ weht *merken hoe de vork in de steel zit* **6.1** ⟨scheep.⟩ **am** ~ segeln *bij de wind zeilen;* ⟨fig.⟩ jmdm. den ~ **aus** den Segeln nehmen *iem. de wind uit de zeilen nemen;* ⟨fig.⟩ **in** den ~ reden *tevergeefs, woorden in de wind spreken;* ⟨fig.⟩ eine Warnung **in** den ~ schlagen *een waarschuwing in de wind slaan;* **in** alle ~e zerstreut *in alle windrichtingen verspreid;* ⟨fig.⟩ **mit** dem ~ segeln *met de stroom mee gaan, zeilen;* ⟨fig.⟩ sich ⟨3e nv.⟩ den ~ **um** die Nase, die Ohren wehen lassen *overal in de wereld rondkijken* **8.1** bei, in ~ und Wetter *bij, in weer en wind;* schnell wie der ~ *razendsnel.*
Windabweiser ⟨m.⟩ **0.1** ***windscherm*** ⟨v.e. auto⟩.
Windbeutel ⟨m.⟩ **0.1** ***roomsoes.***
Windbö(e) ⟨v.⟩ **0.1** ***windstoot, -vlaag.***
Windbruch ⟨m.⟩ **0.1** ***windbreuk.***
Windbüchse ⟨v.⟩ **0.1** ***windbuks.***
Winde ⟨v.; ~, ~n⟩ **0.1** ⟨tech.⟩ ***lier, windas*** **0.2** ⟨plantk.⟩ ***winde.***
Windei ⟨o.⟩ **0.1** ***windei*** **0.2** ***onbevrucht ei*** **0.3** ⟨fig.⟩ ***mislukking.***
Windel ⟨v.; ~, ~n⟩ **0.1** ***luier*** ◆ **6.1** er lag damals noch **in** den ~n *hij was toen nog maar een baby;* ⟨fig.⟩ die Sache liegt, steckt noch **in** den ~n *de zaak verkeert nog in een beginstadium.*
Windelhöschen ⟨o.⟩ **0.1** ***luierbroekje.***
windeln **0.1** ***de luier aandoen.***
windelweich ⟨inf.⟩ **0.1** ***murw, week*** ◆ **3.1** jmdn. ~ prügeln *iem. bont en blauw slaan.*
winden ⟨→t186⟩ **I** ⟨ov.ww.⟩ **0.1** ***winden, ophijsen*** **0.2** ***winden, wikkelen*** **0.3** ***vlechten*** **0.4** ***wringen*** ◆ **6.3** jmdm. ein Band **ins** Haar ~ *iem. een band door het haar vlechten* **6.4** jmdm. das Messer **aus** der Hand ~ *iem. het mes uit de hand wringen;*
II sich ~ ⟨wk.ww.⟩ **0.1** ***zich winden, wikkelen*** **0.2** ***(zich) kronkelen*** **0.3** ***ineenkrimpen*** ⟨van pijn, angst⟩ ◆ **1.2** eine gewundene Erklärung *een omslachtige verklaring;* eine gewundene Treppe *een wenteltrap* **6.2** sich **durch** die Menschenmenge ~ *zich een weg door de mensenmenigte banen* **8.2** ⟨fig.⟩ sich ~ wie eine Schlange *zich in allerlei bochten wringen.*
Windenergieanlage ⟨v.⟩ **0.1** ***windkrachtcentrale*** ⇒*windmolenpark.*
Windeseile ⟨v.⟩ ◆ **6.¶** **in, mit** ~ *vliegensvlug, razendsnel.*
Windfang ⟨m.⟩ **0.1** ***ruimte tussen buitendeur en tochtdeur*** **0.2** ***windvanger.***
Windfangtür ⟨v.⟩ **0.1** ***tochtdeur.***
windgeschützt **0.1** ***tegen (de) wind beschut, luw*** ⇒*uit de wind.*
Windharfe ⟨v.⟩ **0.1** ***wind-, eolusharp.***
Windhauch ⟨m.⟩ **0.1** ***windzucht, zuchtje.***
Windhose ⟨v.⟩ **0.1** ***windhoos, wervelwind.***
Windhund ⟨m.⟩ **0.1** ***hazewind, windhond*** **0.2** ⟨fig.; pej.⟩ ***waardeloze figuur.***
windig **0.1** ***winderig, tochtig*** **0.2** ⟨inf.; fig.⟩ ***ongeloofwaardig, onbetrouwbaar.***
Windjacke ⟨v.⟩ **0.1** ***windjak.***
Windkanal ⟨m.⟩ **0.1** ***windtunnel*** **0.2** ⟨muz.⟩ ***windlade.***
Windkraftwerk ⟨o.⟩ →**Windenergieanlage.**
Windmesser ⟨m.⟩⟨meteo.⟩ **0.1** ***windmeter.***

Windmotor ⟨m.⟩ **0.1** ***windmachine, -motor.***
Windmühle ⟨v.⟩ **0.1** ***windmolen*** ◆ **6.1** ⟨fig.⟩ **gegen, mit** ~n kämpfen *tegen windmolens vechten.*
Windmühlenflügel ⟨m.⟩ **0.1** ***molenwiek.***
Windpocken ⟨alleen mv.⟩⟨med.⟩ **0.1** ***water-, windpokken.***
Windrädchen ⟨o.⟩ **0.1** ***windmolentje*** ⟨kinderspeelgoed⟩.
Windrichtung ⟨v.⟩ **0.1** ***windrichting.***
Windröschen ⟨o.⟩⟨plantk.⟩ **0.1** ***windroos, (bos)anemoon.***
Windrose ⟨v.⟩ **0.1** ***wind-, kompasroos.***
Windsack ⟨m.⟩ **0.1** ***windzak.***
Windschatten ⟨m.⟩ **0.1** ***luwte, windschaduw.***
windschief **0.1** ***scheef, krom*** ◆ **1.1** ⟨wisk.⟩ ~e Geraden *kruisende lijnen.*
Windschirm ⟨m.⟩ **0.1** ***windscherm.***
wind|schlüpfig, -schnittig **0.1** ***gestroomlijnd.***
Windschutz ⟨m.⟩ **0.1** ***bescherming, beschutting tegen de wind*** ⇒*windscherm.*
Windschutzscheibe ⟨v.⟩ **0.1** ***voorruit.***
Windseite ⟨v.⟩ **0.1** ***windkant, -zijde.***
Windspiel ⟨o.⟩ **0.1** ***hazewind, windhond.***
Windstärke ⟨v.⟩ **0.1** ***windkracht.***
windstill **0.1** ***windstil.***
Windstoß ⟨m.⟩ **0.1** ***windstoot, -vlaag, rukwind.***
Windsurfing ⟨o.; ~s⟩⟨sp.⟩ **0.1** ***het windsurfen, windsurfing.***
Windung ⟨v.; ~, ~en⟩ **0.1** ***kromming, kronkeling*** ⇒*(haarspeld)bocht.*
Windzug ⟨m.⟩ **0.1** ***trek, tocht, luchtstroom.***
Wink ⟨m.; ~(e)s, ~⟩ **0.1** ***wenk, teken*** ⇒*hint, tip* ◆ **6.1** ⟨fig.⟩ ein ~ **mit** dem Zaunpfahl *een zeer duidelijke wenk, hint.*
Winkel ⟨m.; ~s, ~⟩ **0.1** ***hoek*** **0.2** ***(verborgen) hoekje, schuilhoek*** **0.3** ⟨wisk.⟩ ***geodriehoek*** ◆ **2.1** ⟨fig.⟩ der tote ~ *de dode hoek* **2.2** ein entlegener ~ *een uithoek* **8.1** in allen Ecken und ~n suchen *in alle hoeken en gaten zoeken.*
Winkeladvokat ⟨m.⟩⟨pej.⟩ **0.1** ***onbetrouwbare advocaat.***
Winkeleisen ⟨o.⟩⟨tech.⟩ **0.1** ***hoekijzer.***
Winkelfunktion ⟨v.⟩⟨wisk.⟩ **0.1** ***goniometrische functie*** ⟨v.d. hoek⟩.
Winkelhalbierende ⟨bn. als zn.; v.⟩⟨wisk.⟩ **0.1** ***bissectrice.***
winkelig **0.1** ***hoekig, hokk(er)ig*** ⟨v.e. huis⟩.
Winkelmaß ⟨o.⟩ **0.1** ***hoekmaat*** **0.2** ***(geo)driehoek.***
Winkelmesser ⟨m.⟩ **0.1** ***gradenboog, hoekmeetinstrument.***
winkeln **0.1** ***buigen*** ⟨arm, been, lichaam⟩.
Winkelzug ⟨m.⟩ **0.1** ***slinkse streek, truc.***
winken I ⟨onov.ww.⟩ **0.1** ***wenken, een teken geven*** **0.2** ***zwaaien, wuiven*** **0.3** ⟨fig.⟩ ***in het vooruitzicht hebben*** ◆ **1.1** dem Kellner ~ *de kelner een teken geven* **1.3** ⟨fig.⟩ dir winkt eine Belohnung *jou wacht een beloning* **6.2** jmdm. **mit** Fähnchen ~ *naar iem. met vlaggetjes wuiven;*
II ⟨ov.ww.⟩ **0.1** ***een teken geven om te komen.***
Winker ⟨m.; ~s, ~⟩⟨inf.⟩ **0.1** ***richtingaanwijzer*** ⟨v.e. auto⟩.
winseln **0.1** ***janken, huilen*** ⟨hond; ook fig.⟩ **0.2** ***jammerend smeken.***
Winter ⟨m.; ~s, ~⟩ **0.1** ***winter*** ◆ **2.1** es ist tiefer ~ *het is hartje winter.*
Wintereinbruch ⟨m.⟩ **0.1** ***inval v.d. winter.***
Winterfahrplan ⟨m.⟩ **0.1** ***winterdienstregeling.***
winterfest **0.1** ***geschikt voor winters weer*** **0.2** ⟨plantk.⟩ ***winterhard.***
winterhart ⟨plantk.⟩ **0.1** ***winterhard.***
Winterkleid ⟨o.⟩ **0.1** ***winterjurk*** **0.2** ***winterkleed, -vacht.***
Winterkohl ⟨m.⟩ **0.1** ***boerenkool.***
winterlich **0.1** ***winters, winterachtig, winter-.***
Winterreifen ⟨m.⟩ **0.1** ***winterband*** ⟨v.e. auto⟩.
winters **0.1** ***'s winters.***
Wintersachen ⟨alleen mv.⟩ **0.1** ***winterkleding.***
Winterschlußverkauf ⟨m.⟩⟨ec.⟩ **0.1** ***winteropruiming.***
Wintersonnenwende ⟨v.⟩⟨ster.⟩ **0.1** ***winterzonnestilstand.***
Winterspiele ⟨alleen mv.⟩⟨sp.⟩ **0.1** ***winterspelen.***
Wintersport ⟨m.⟩ **0.1** ***wintersport.***
Winterzeit ⟨v.⟩ **0.1** ***wintertijd.***
Winzer ⟨m.; ~s, ~⟩ **0.1** ***wijnboer, -bouwer.***
Winzergenossenschaft ⟨v.⟩ **0.1** ***wijnbouwcoöperatie.***
winzig **0.1** ***heel weinig, klein, nietig*** ⇒*onbeduidend* ◆ **4.1** ein ~es bißchen *een heel klein beetje.*
Winzigkeit ⟨v.; ~, ~en⟩ **0.1** ***kleinigheid*** ⇒*futiliteit* **0.2** ***nietigheid, het onbeduidend zijn.***
Wipfel ⟨m.; ~s, ~⟩ **0.1** ***top, kruin*** ⟨v.e. boom⟩.
Wippe ⟨v.; ~, ~n⟩ **0.1** ***wip.***
wippen I ⟨onov.ww.⟩ **0.1** ***wippen*** ⇒*op en neer gaan;*
II ⟨ov.ww.⟩ **0.1** ***(doen) wippen, op en neer bewegen.***
wir ⟨pers.vnw.⟩ **0.1** ***wij, we.***
Wirbel ⟨m.; ~s, ~⟩ **0.1** ***turbulentie*** ⇒*werveling* ⟨gas⟩, *kolk* ⟨vloeistof⟩ **0.2** ***werveling, draaiing*** **0.3** ⟨fig.⟩ ***drukte, gedoe*** ⇒*ophef* **0.4** ***kruin*** ⟨v.h. hoofd⟩ **0.5** ⟨med.⟩ ***wervel*** **0.6** ⟨muz.⟩ ***schroef*** ⟨v.e. snaarinstrument⟩ **0.7** ⟨muz.⟩ ***roffel*** ⟨op de trom⟩ ◆ **1.1** ⟨fig.⟩ der ~ der Vergnügungen *de maalstroom van vermaken* **2.3** es gab einen großen ~ *er ontstond grote opschudding* **6.2** einen ~ **um** sich selbst vollführen *een pirouette maken* **6.4** ⟨fig.⟩ **vom** ~ bis zur Zehe *van top tot teen.*
Wirbelfortsatz ⟨m.⟩ **0.1** ***werveluitsteeksel.***
wirbelig **0.1** ***onrustig, draaierig*** **0.2** ⟨fig.⟩ ***stormachtig, woelig*** **0.3** ***duizelig, draaierig*** ◆ **3.3** mir ist ~ (im Kopf) (a) *ik voel me draaierig* (b) *ik ben in de war.*
Wirbelknochen ⟨m.⟩ **0.1** ***wervel(been).***
wirbellos **0.1** ***ongewerveld.***
wirbeln I ⟨onov.ww.⟩ **0.1** ***wervelen, draaien*** ⇒*dwarrelen* **0.2** ⟨muz.⟩ ***roffelen*** ◆ **1.1** ⟨fig.⟩ mir wirbelt der Kopf *ik ben helemaal in de war;* der Rauch wirbelt *de rook kringelt;* ~de Schneeflocken *dwarrelende sneeuwvlokken;*
II ⟨ov.ww.⟩ **0.1** ***doen wervelen, dwarrelen.***
Wirbelsäule ⟨v.⟩ **0.1** ***wervelkolom.***
Wirbelsturm ⟨m.⟩ **0.1** ***wervelstorm.***
Wirbeltier ⟨o.⟩ **0.1** ***gewerveld dier.***
Wirbelwind ⟨m.⟩ **0.1** ***wervelwind*** **0.2** ⟨fig.⟩ ***heel levendig persoon.***
wirken I ⟨onov.ww.⟩ **0.1** ***werken, werkzaam zijn*** **0.2** ***werken, uitwerking hebben*** **0.3** ***een (bepaalde) indruk maken*** ⇒*overkomen* ◆ **2.2** der Sturm wirkte verheerend *de storm richtte grote verwoestingen aan* **2.3** er wirkt abgespannt *hij maakt een afgematte indruk;* er wirkt sympathisch *hij komt sympathiek over* **5.1** dahin ~, daß ... *het erop aanleggen, erop aansturen dat ...* **6.2** etwas **auf** sich ~ lassen *iets op zich laten inwerken* **8.1** er wirkte als Arzt in Afrika *hij was als arts werkzaam in Afrika;*
II ⟨ov.ww.⟩ **0.1** ***tot stand brengen*** **0.2** ***machinaal breien, weven*** ⟨van gobelins⟩ ◆ **1.1** Großes, Gutes ~ *grootse, goede dingen tot stand brengen;* ⟨fig.⟩ Wunder ~ *wonderen doen.*
wirklich **0.1** ***werkelijk, echt*** ⇒*waar (gebeurd)* **0.2** ⟨bw.⟩ ***inderdaad, echt, werkelijk*** ◆ **3.1** die Geschichte hat sich ~ zugetragen *het verhaal is waar gebeurd.*
Wirklichkeit ⟨v.; ~, ~en⟩ **0.1** ***werkelijkheid, realiteit*** ◆ **2.1** die graue ~ *de grauwe werkelijkheid.*
wirklichkeitsfern →**wirklichkeitsfremd.**
wirklichkeitsfremd **0.1** ***ver v.d. werkelijkheid staande, irreëel.***
wirklichkeitsgetreu **0.1** ***de werkelijkheid weergevend, realistisch.***

Wirklichkeitsmensch ⟨m.⟩ **0.1** ***realist.***
wirksam 0.1 ***doeltreffend, effectief*** ◆ **3.1** mit 3. Mai ~ werdende Maßnahmen *op 3 mei in werking tredende maatregelen.*
Wirkstoff ⟨m.⟩⟨med.⟩ **0.1** ***werkzame stof.***
Wirkung ⟨v.; ~, ~en⟩ **0.1** ***(uit)werking, effect*** ◆ **3.1** ~ ausüben, erzielen, haben, zeitigen *uitwerking, resultaat hebben, effect sorteren;* ⟨sp.⟩ der Boxer zeigt ~ *de bokser is aangeslagen* **6.1** ⟨adm.⟩ **mit** ~ vom 1. Mai *met ingang van 1 mei.* →**Ursache.**
Wirkungsbereich ⟨m.⟩ **0.1** ***werkterrein, -kring*** ⇒*ressort.*
Wirkungsgrad ⟨m.⟩ **0.1** ***effectiviteit*** **0.2** ⟨tech.⟩ ***nuttig effect, rendement.***
Wirkungskraft ⟨v.⟩ **0.1** ***werking, invloed, effect.***
Wirkungskreis ⟨m.⟩ **0.1** ***werkkring, -terrein.***
wirkungslos 0.1 ***zonder effect, ineffectief.***
wirkungsvoll 0.1 ***effectief, doeltreffend.***
Wirkungsweise ⟨v.⟩ **0.1** ***wijze waarop iets werkt, effect sorteert.***
Wirkware ⟨v.⟩ **0.1** ***machinaal gebreide stof.***
wirr 0.1 ***verward*** ⇒*wanordelijk* **0.2** ***verward*** ⇒*onhelder* ◆ **1.1** ein ~es Durcheinander *een warboel warwinkel* **1.2** ~es Zeug reden *wartaal spreken* **3.2** jmdm. ist ganz ~ im Kopf *iem. is helemaal in de war.*
Wirren ⟨alleen mv.⟩ **0.1** ***onlusten, troebelen.***
Wirrheit ⟨v.; ~⟩ **0.1** ***verwardheid.***
Wirrkopf ⟨m.⟩ **0.1** ***warhoofd.***
Wirrnis ⟨v.; ~, ~se⟩⟨schr.⟩ **0.1** ***chaos, verwarring, wirwar.***
Wirrsal ⟨v.; ~, ~e of o.; ~(e)s, ~e⟩⟨schr.⟩ **0.1** ***chaos, verwarring, wirwar.***
Wirrwar ⟨m.; ~s, ~e⟩ **0.1** ***wirwar, warboel*** ⇒*chaos.*
Wirsing ⟨m.; ~s, ~e⟩⟨plantk.⟩ **0.1** ***savooiekool.***
Wirt ⟨m.; ~(e)s, ~e⟩ **0.1** ***waard, kastelein*** ⇒*café-, restauranthouder* **0.2** ***kamerverhuurder, hospes*** **0.3** ***gastheer*** ◆ **3.3** den ~ machen *voor gastheer spelen* **6.1** die Rechnung **ohne** den ~ machen *buiten de waard rekenen.* → **Rechnung.**
Wirtin ⟨v.; ~, ~nen⟩ **0.1** ***waardin*** **0.2** ***hospita*** **0.3** ***gastvrouw.***
Wirtschaft ⟨v.; ~, ~en⟩ **0.1** ***economie*** ⇒*bedrijfsleven* **0.2** ***café, herberg*** **0.3** ***landbouw-, boerenbedrijf*** **0.4** ***huishouding*** **0.5** ⟨inf.⟩ ***gedoe, janboel*** ◆ **2.1** die freie ~ *de vrije (markt)economie* **2.5** ⟨inf.⟩ reine ~ machen *orde op zaken stellen* **3.4** jmdm. die ~ besorgen, führen *het huishouden doen voor iem.;* eine eigene ~ gründen *zelfstandig gaan wonen.*
wirtschaften I ⟨onov.ww.⟩ **0.1** ***economisch handelen*** ⇒ *huishouden* **0.2** ***werken, bezig zijn*** ⟨in het huishouden⟩ ◆ **5.1** ⟨fig.⟩ gut ~ *goed boeren, zaken doen* **6.1** ⟨fig.⟩ **in** die eigene Tasche ~ *z'n eigen beurs spekken;*
II ⟨ov.ww.⟩ **0.1** ***door economisch handelen in een bep. toestand brengen.***
Wirtschafter ⟨m.; ~s, ~⟩ **0.1** ***leidende figuur uit het bedrijfsleven, ondernemer*** **0.2** ⟨landb.⟩ ***rentmeester, beheerder.***
Wirtschafterin ⟨v.; ~, ~nen⟩ **0.1** ***huishoudster.***
Wirtschaftler ⟨m.; ~s, ~⟩ **0.1** ***econoom*** **0.2** ***ondernemer.***
wirtschaftlich 0.1 ***economisch*** **0.2** ***economisch*** ⇒*zuinig, spaarzaam* **0.3** ***geldelijk, financieel*** ◆ **1.2** eine ~e Hausfrau *een spaarzame huisvrouw.*
Wirtschaftlichkeit ⟨v.; ~⟩ **0.1** ***rendabiliteit*** ⟨v.e. onderneming, investering⟩ **0.2** ***zuinigheid, spaarzaamheid.***
Wirtschaftsabkommen ⟨o.⟩ **0.1** ***handelsverdrag.***
Wirtschaftsasylant ⟨m.⟩ **0.1** ***asielaanvrager/asielzoeker om economische redenen.***
Wirtschaftsaufschwung ⟨m.⟩ **0.1** ***economische opleving.***
Wirtschaftsberater ⟨m.⟩ **0.1** ***economisch adviseur.***
Wirtschaftsbereich ⟨m.⟩ **0.1** ***economische sector.***
Wirtschaftsbuch ⟨o.⟩ **0.1** ***huishoudboek(je).***
Wirtschaftsflüchtling ⟨m.⟩ **0.1** ***economische vluchteling.***
Wirtschaftsführer ⟨m.⟩ **0.1** ***leidende figuur in het bedrijfsleven.***
Wirtschaftsführung ⟨m.⟩ **0.1** ***bedrijfsvoering*** ⇒*huishouding* ⟨v.e. staat⟩.
Wirtschaftsgeld ⟨o.⟩ **0.1** ***huishoudgeld.***
Wirtschaftsgemeinschaft ⟨v.⟩ **0.1** ***economische gemeenschap*** ◆ **2.1** Europäische ~ *Europese Economische Gemeenschap.*
Wirtschaftsgipfel ⟨m.⟩ **0.1** ***economische topconferentie.***
Wirtschaftshochschule ⟨v.⟩ **0.1** ***economische universiteit.***
Wirtschaftskrieg ⟨m.⟩ **0.1** ***economische oorlog, handelsoorlog.***
Wirtschaftskrise ⟨v.⟩ **0.1** ***economische crisis.***
Wirtschaftslage ⟨v.⟩ **0.1** ***economische situatie.***
Wirtschaftsleben ⟨o.⟩ **0.1** ***economisch leven*** ⇒*bedrijfsleven, economie.*
Wirtschaftslehre ⟨v.⟩ **0.1** ***economische wetenschappen*** ⇒ *economie.*
Wirtschaftslenkung ⟨v.⟩ **0.1** ***het leiden v.d. economie.***
Wirtschaftsmacht ⟨v.⟩ **0.1** ***economische mogendheid*** **0.2** ***economische macht.***
Wirtschaftsmathematiker ⟨m.⟩ **0.1** ***econometrist.***
Wirtschaftsministerium ⟨o.⟩ **0.1** ***ministerie, departement van Economische Zaken.***
Wirtschaftsordnung ⟨v.⟩ **0.1** ***economisch bestel.***
Wirtschaftspolitik ⟨v.⟩ **0.1** ***economische politiek, economisch beleid.***
Wirtschaftsprüfer ⟨m.⟩ **0.1** ***accountant.***
Wirtschaftsrat ⟨m.⟩ **0.1** ⟨soort⟩ ***Sociaal-Economische Raad.***
Wirtschaftsraum ⟨m.⟩ **0.1** ***(was)keuken, voorraadkamer*** **0.2** ***economisch gebied.***
Wirtschafts- und Währungsunion ⟨v.⟩ **0.1** ***Economische en Monetaire Unie.***
Wirtschaftswissenschaft ⟨v.⟩ **0.1** ***economie, economische wetenschap(pen).***
Wirtschaftswissenschaftler ⟨m.⟩ **0.1** ***econoom.***
Wirtschaftswunder ⟨o.⟩ **0.1** ***verbazingwekkende economische opleving.***
Wirtschaftszweig ⟨m.⟩ **0.1** ***bedrijfstak.***
Wirtshaus ⟨o.⟩ **0.1** ***café-restaurant*** **0.2** ***herberg.***
Wirtsstube ⟨v.⟩ **0.1** ***gelagkamer.***
Wisch ⟨m.; ~(e)s, ~e⟩ **0.1** ⟨inf.⟩ ***vod(je) papier.***
wischen I ⟨onov.ww.⟩ **0.1** ***suizen*** ◆ **6.1** das Auto wischte **um** die Ecke *de auto suisde om de hoek;*
II ⟨ov.ww.⟩ **0.1** ***wissen, (af-, weg)vegen*** ◆ **1.1** sich ⟨3e nv.⟩ den Mund ~ *zijn mond afvegen;* Staub ~ *stof afnemen* **4.1** ⟨inf.⟩ jmdm. eine ~ *iem. een oorveeg geven.*
Wischer ⟨m.; ~s, ~⟩ **0.1** ***ruitenwisser*** **0.2** ***inktlap*** **0.3** ***doezelaar*** **0.4** ⟨inf.⟩ ***lichte verwonding*** ⇒⟨sold.⟩ *schampschot.*
Wischiwaschi ⟨o.; ~s⟩ **0.1** ***geleuter.***
Wischlappen ⟨m.⟩ **0.1** ***stofdoek.***
Wisent ⟨m.; ~s, ~e⟩⟨biol.⟩ **0.1** ***wisent.***
Wismut ⟨o.; ~(e)s⟩⟨schei.⟩ **0.1** ***bismut.***
wispern 0.1 ***fluisteren.***
Wißbegier ⟨v.⟩ **0.1** ***weetgierigheid.***
wißbegierig 0.1 ***weetgierig.***
wissen ⟨→t187⟩ **I** ⟨onov.ww.⟩ **0.1** ***weten, kennis hebben van*** **0.2** ***weten, kunnen*** ◆ **3.1** man kann nie ~ *je weet maar*

nooit **6.1 um, von** jmds. Schwierigkeiten ~ *iemands moeilijkheden kennen* **¶.1** ⟨sprw.⟩ was ich nicht weiß, macht mich nicht heiß *wat niet weet, dat niet deert;*
II ⟨ov.ww.⟩ **0.1** ***weten, kennen*** ◆ **1.1** ⟨inf.⟩ das weiß Gott, der Henker, der (liebe) Himmel, der Teufel *dat mag Joost weten* **3.1** sich zu benehmen ~ *zich weten te gedragen* **4.1** was weiß ich! *weet ik veel!;* sie hält sich für wer weiß wie schön *zij vindt zichzelf geweldig mooi;* der steckt wieder wer weiß wo *Joost mag weten waar die nou weer uithangt* **6.1** sich **in** Sicherheit ~ *weten dat men in veiligheid is;* sich **mit** einer Sache viel ~ *prat gaan op iets;* **von** jmdm., einer Sache nichts ~ wollen *met iem., iets niets te maken willen hebben* **8.1** daß du es nur weißt! *'t is maar dat je het weet!;* nicht, daß ich wüßte! *niet dat ik weet!;* soviel ich weiß *voor zover ik weet.* →**Barthel.**
Wissen ⟨o.; ~s⟩ **0.1** ***weten, kennis*** ⇒*wetenschap* ◆ **2.1** gegen, wider besseres ~ *tegen beter weten in* **4.1** meines ~s *bij mijn weten* **6.1 mit** ~ *opzettelijk;* im ~ **um** diese Sache *van deze zaak op de hoogte zijnde* **8.1** mit, ohne jmds. ~ und Willen *met, zonder iemands medeweten en toestemming;* ohne sein ~ *buiten hem om;* nach bestem ~ und Gewissen *naar eer en geweten* **¶.1** ⟨sprw.⟩ ~ ist Macht *kennis is macht.*
Wissenschaft ⟨v.; ~, ~en⟩ **0.1** ***wetenschap*** **0.2** ***kennis.***
Wissenschaftler ⟨m.; ~s, ~⟩ **0.1** ***wetenschapsbeoefenaar, wetenschapper.***
wissenschaftlich 0.1 ***wetenschappelijk.***
Wissenschaftstheorie ⟨v.⟩ **0.1** ***wetenschapsleer, -theorie.***
Wissensdrang ⟨m.⟩ **0.1** ***weetgierigheid.***
Wissensgebiet ⟨o.⟩ **0.1** ***terrein der wetenschap.***
Wissenslücke ⟨v.⟩ **0.1** ***hiaat in de kennis*** ⇒⟨mv.⟩ *gebrekkige kennis.*
Wissensstand ⟨m.⟩ **0.1** ***stand van de wetenschap.***
Wissensvorsprung ⟨m.⟩ **0.1** ***voorsprong in kennis/informatie.***
wissenswert 0.1 ***wetenswaardig.***
wissentlich 0.1 ***welbewust*** ⇒*willens en wetens* ◆ **3.1** er rannte ~ in sein Unglück *met open ogen ging hij zijn ongeluk tegemoet.*
wittern 0.1 ***ruiken, snuffelen, speuren*** ⇒⟨fig. ook⟩ *vermoeden, bespeuren* ◆ **1.1** ⟨fig.⟩ Gefahr, Verrat ~ *gevaar, verraad bespeuren.*
Witterung ⟨v.; ~, ~en⟩ **0.1** ***weer(sgesteldheid)*** **0.2** ***reukzin*** ⇒*neus* ⟨ook fig.⟩ **0.3** ***lucht, geur*** ◆ **1.1** die Unbilden der ~ *de barre weersomstandigheden* **3.3** ⟨fig.⟩ von einer Sache ~ haben, nehmen *van iets lucht hebben, krijgen* **6.2** ⟨fig.⟩ eine feine, gute ~ **für** Geld haben *een fijne neus voor geld hebben.*
Witterungsverhältnisse ⟨alleen mv.⟩ **0.1** ***weersomstandigheden.***
Wittling ⟨m.; ~s, ~e⟩⟨biol.⟩ **0.1** ***wijting.***
Witwe ⟨v.; ~, ~n⟩ **0.1** ***weduwe.***
Witwengeld ⟨o.⟩ **0.1** ***weduwenpensioen.***
Witwenrente ⟨v.⟩ **0.1** ***weduwenpensioen.***
Witwer ⟨m.; ~s, ~⟩ **0.1** ***weduwnaar.***
Witz ⟨m.; ~es, ~e⟩ **0.1** ***mop, grap, geestigheid*** ◆ **1.1** ⟨fig.⟩ der ~ (an, bei) der Sache *de clou van de zaak* **2.1** ⟨inf.; fig.⟩ das ist der ganze ~ *dat is het hele eieren eten* **3.1** ⟨fig.⟩ mach keine ~e! *dat meen je niet!;* ~e reißen *moppen tappen;* ⟨fig.⟩ das soll wohl ein ~ sein *dat is niet te geloven;* was ist der ~ dabei?, wo steckt der ~? *waar zit hem de kneep?*
Witzblatt ⟨o.⟩ **0.1** ***moppenblaadje.***
Witzbold ⟨m.; ~(e)s, ~e⟩ **0.1** ***grapjas.***
Witzfigur ⟨v.⟩ **0.1** ***in moppen voorkomend personage*** **0.2** ⟨inf.; pej.⟩ ***schertsfiguur.***
witzig 0.1 ***grappig, geestig*** **0.2** ⟨inf.⟩ ***merkwaardig*** ◆ **1.1** eine ~e Bemerkung *een grappige opmerking.*
Witzigkeit ⟨v.; ~⟩ **0.1** ***geestigheid.***
Witzwort ⟨o.⟩ **0.1** ***grappige opmerking.***
WM ⟨v.⟩ **0.1** ***wereldkampioenschap.***
wo[1] ⟨bw.⟩ **0.1** ***waar*** **0.2** ***waarop, toen*** **0.3** ⟨inf.⟩ ***ergens*** ◆ **1.1** Berlin, ~ er lebte *Berlijn, waar hij leefde* **1.2** der Tag, ~ er starb *de dag dat, waarop hij stierf* **3.1** ⟨inf.⟩ ~ gibt's denn so was! *wat permitteer jij je wel?* **3.3** das Ding muß doch ~ liegen *dat ding moet toch ergens liggen* **6.1 von** ~ kommt er? *waar komt hij vandaan?*
wo[2] ⟨tw.⟩⟨inf.⟩ ◆ **9.¶** ach, i ~! *ach wat!, onzin!, helemaal niet!*
woanders 0.1 ***ergens anders.***
woandershin 0.1 ***ergens anders heen.***
wobei 0.1 ***waarbij*** ◆ **3.1** ~ sind Sie gerade? *waar bent u net mee bezig?*
Woche ⟨v.; ~, ~n⟩ **0.1** ***week*** ◆ **6.1 in, unter, während** der ~, die ~ **über** *doordeweeks, op werkdagen.*
Wochenbett ⟨o.⟩ **0.1** ***kraam-, kinderbed.***
Wochenblatt ⟨o.⟩ **0.1** ***weekblad.***
Wochenendausgabe ⟨v.⟩ **0.1** ***weekendeditie.***
Wochenende ⟨o.⟩ **0.1** ***weekeinde.***
Wochenfluß ⟨m.⟩⟨med.⟩ **0.1** ***kraamvloed, -zuivering.***
Wochenkarte ⟨v.⟩ **0.1** ***weekkaart.***
wochenlang 0.1 ***wekenlang.***
Wochenlohn ⟨m.⟩ **0.1** ***weekloon, -geld.***
Wochenschau ⟨v.⟩ **0.1** ***journaal*** ⟨bioscoop⟩ **0.2** ***weekoverzicht*** ⟨tv⟩.
Wochenspielplan ⟨m.⟩⟨dram., film.⟩ **0.1** ***weekprogramma.***
Wochenstation ⟨v.⟩ **0.1** ***kraamafdeling.***
Wochenstunde ⟨v.⟩⟨school.⟩ **0.1** ***lesuur per week.***
Wochentag ⟨m.⟩ **0.1** ***weekdag.***
wöchentlich 0.1 ***wekelijks.***
wochenweise 0.1 ***steeds voor (de duur van) een week.***
Wochenzeitung ⟨v.⟩ **0.1** ***weekblad.***
Wöchnerin ⟨v.; ~, ~nen⟩ **0.1** ***kraamvrouw.***
Wodka ⟨m.; ~s, ~s⟩ **0.1** ***wodka.***
wodurch 0.1 ***waardoor.***
wofür 0.1 ***waarvoor.***
Woge ⟨v.; ~, ~n⟩⟨schr.⟩ **0.1** ***golf*** ◆ **1.1** ⟨fig.⟩ die ~n der Begeisterung gingen hoch *het enthousiasme was zeer groot* **3.1** ⟨fig.⟩ die ~n glätten *olie op de golven gieten.*
wogegen[1] ⟨bw.⟩ **0.1** ***waartegen.***
wogegen[2] ⟨vw.⟩ **0.1** ***terwijl*** ◆ **3.1** sie hatte frei, ~ ich arbeiten mußte *zij had vrij terwijl ik werken moest.*
wogen ⟨schr.⟩ **0.1** ***golven, deinen*** ⇒*op en neer gaan* ◆ **1.1** ein ~der Kampf *een op en neer gaande strijd;* ⟨fig.⟩ die ~de Menschenmenge *de deinende menigte.*
woher 0.1 ***waarvandaan, vanwaar*** ◆ **3.1** ⟨inf.⟩ ~ nehmen und nicht stehlen? *waar halen we dat vandaan?;* ~ weiß er das? *hoe weet hij dat?* **9.¶** ach, i ~ (denn)! *hoe kom je daar nou bij?, helemaal niet!*
wohin 0.1 ***waarheen*** ◆ **3.1** ich muß noch ~ (a) *ik moet nog ergens naar toe* (b) ⟨inf.⟩ *ik moet nog naar de wc* **5.1** ~ damit? *waar moet ik dat leggen, zetten?*
wohinaus 0.1 ***waarheen, waar naar toe.***
wohinter 0.1 ***waarachter.***
wohl 0.1 ⟨comparatie: besser, am besten⟩ ***wel, goed, juist*** **0.2** ⟨comparatie: wohler, am wohlsten⟩ ***wel, gezond*** ⇒*lekker* **0.3** ***wel, vermoedelijk*** ⇒*ongeveer* **0.4** ***wel(iswaar)*** ◆ **1.2** ⟨fig.⟩ ~ dem Manne, der ... *gelukkig de man die ...* **2.3** es waren ~ hundert Kinder *het waren wel honderd kinderen* **3.1** ~ daran tun, ihn zu warnen *er goed aan doen hem te waarschuwen* **3.2** sich ~ befinden, fühlen *zich goed, lekker, gezond voelen;* es sich ⟨3e nv.⟩ ~ ergehen, sein lassen

het er goed van nemen; lebe ~!, leben Sie ~! *vaarwel!;* jmdm. ist nicht ~ *iem. voelt zich niet lekker* **3.¶** wirst du ~ aufhören! *wil je wel eens ophouden!* **5.1** nun ~ *nou goed* **5.3** 'hat er eine Chance?' 'Wohl kaum!' *'maakt hij een kans?' 'Vrijwel niet!';* warum ~? *en waarom dan wel?* **8.1** ~ oder übel *goedschiks of kwaadschiks* **¶.3** sie hat ~ keine Zeit? *zij heeft zeker geen tijd?*

Wohl ⟨o.; ~(e)s⟩ **0.1** ***welzijn*** *⇒welbevinden, gezondheid* ◆ **2.1** das allgemeine, öffentliche ~ *het algemeen welzijn;* er ist um das eigene ~ besorgt *hij is op zijn eigen voordeel bedacht;* für das leibliche ~ sorgen *voor eten en drinken zorgen* **4.1** auf Ihr ~! *op uw gezondheid!* **6.1** das geschieht nur **zu** deinem ~ *dat is alleen maar om jouw bestwil;* **zum** ~(e)! *gezondheid!, proost!* **8.1** das ~ und Wehe *het wel en wee.*

wohlan **0.1** ***komaan!, welaan!***

wohlauf ⟨schr.⟩ **0.1** ***gezond.***

wohlbedacht **0.1** ***weloverwogen.***

Wohlbefinden ⟨o.⟩ **0.1** ***goede gezondheid, welzijn.***

Wohlbehagen ⟨o.⟩ **0.1** ***welbehagen, genoegen.***

wohlbehalten **0.1** ***behouden, in goede toestand.***

wohlbeleibt ⟨schr.⟩ **0.1** ***dik, gezet, corpulent.***

wohlberaten **0.1** ***goed geadviseerd.***

Wohlergehen ⟨o.⟩ **0.1** ***welzijn, welbevinden.***

wohlerhalten ⟨schr.⟩ **0.1** ***in goede staat.***

Wohlfahrt ⟨v.⟩⟨inf.⟩ **0.1** ***(dienst voor) sociale zaken.***

Wohlfahrtsmarke ⟨v.⟩ **0.1** ***liefdadigheidspostzegel.***

Wohlfahrtspflege ⟨v.⟩ **0.1** ***sociale zorg, maatschappelijk werk.***

Wohlfahrtsstaat ⟨m.⟩ **0.1** ***welvaartsstaat.***

Wohlgefallen ⟨o.; ~s⟩ **0.1** ***welbehagen, genoegen*** ◆ **6.1** sein ~ **an** einer Sache haben *plezier aan iets beleven;* sich **in** ~ auflösen (a) *tot een goed einde komen* (b) ⟨inf.; scherts.⟩ *uit elkaar vallen* (c) ⟨inf.; scherts.⟩ *(spoorloos) verdwijnen.*

wohlgefällig **0.1** ***met, vol welgevallen*** ◆ **3.1** sich ~ im Spiegel betrachten *zich zelfgenoegzaam in de spiegel bekijken.*

Wohlgefühl ⟨o.⟩ **0.1** ***welbehagen.***

wohlgelitten ⟨schr.⟩ **0.1** ***geliefd, graag gezien.***

wohlgemerkt **0.1** ***wel te verstaan, let wel.***

wohlgemut ⟨schr.⟩ **0.1** ***welgemoed, vrolijk.***

wohlgeraten ⟨schr.⟩ **0.1** ***gelukt, geslaagd*** **0.2** ***welopgevoed, welgemanierd.***

Wohlgeruch ⟨m.⟩⟨schr.⟩ **0.1** ***aangename geur, reuk.***

wohlgesetzt ⟨schr.⟩ **0.1** ***goed gekozen, goed geformuleerd.***

wohlgesinnt **0.1** ***welgezind*** ◆ **3.1** jmdm. ~ sein *iem. welgezind zijn.*

wohlgestalt(et) ⟨schr.⟩ **0.1** ***welgeschapen, welgevormd.***

wohlhabend **0.1** ***welgesteld.***

wohlig **0.1** ***behaaglijk, aangenaam, weldadig*** ◆ **1.1** ein ~es Gefühl *een weldadig gevoel.*

Wohlklang ⟨m.⟩⟨schr.⟩ **0.1** ***welluidende, aangename klank.***

wohlmeinend ⟨schr.⟩ **0.1** ***welgemeend.***

Wohlsein ⟨o.⟩ **0.1** ***welzijn, gezondheid*** ◆ **¶.1** (zum) ~! *gezondheid!*

Wohlstand ⟨m.⟩ **0.1** ***welvaart, welstand*** ◆ **6.1** **im** ~ leben *in welstand leven.*

Wohlstandsbürger ⟨m.⟩⟨pej.⟩ **0.1** ***iem. die alleen aan zijn eigen welvaart denkt.***

Wohlstandsgesellschaft ⟨v.⟩⟨pej.⟩ **0.1** ***welvaartsstaat.***

Wohltat ⟨v.⟩ **0.1** ***weldaad.***

Wohltäter ⟨m.⟩ **0.1** ***weldoener.***

wohltätig **0.1** ***liefdadig*** *⇒c(h)aritatief* **0.2** ***weldadig, aangenaam*** ◆ **1.2** ein ~es Bad *een aangenaam bad.*

Wohltätigkeitsveranstaltung ⟨v.⟩ **0.1** ***manifestatie voor een goed doel.***

wohltemperiert ⟨schr.⟩ **0.1** ***met, op de juiste temperatuur*** **0.2** ⟨fig.⟩ ***passend, niet overdreven.***

wohltuend **0.1** ***weldadig, aangenaam.***

wohlüberlegt ⟨schr.⟩ **0.1** ***weloverwogen, -doordacht.***

wohlunterrichtet **0.1** ***welingelicht, goed geïnformeerd.***

wohlverdient **0.1** ***welverdiend, ten volle verdiend.***

Wohlverhalten ⟨o.⟩ **0.1** ***goed, welvoeglijk gedrag.***

wohlverwahrt **0.1** ***goed, veilig opgeborgen.***

wohlweislich **0.1** ***wijselijk.***

Wohlwollen ⟨o.; ~s⟩ **0.1** ***welwillendheid, gunstige gezindheid*** ◆ **3.1** sich ⟨3e nv.⟩ jmds. ~ erobern, erwerben *iemands gunst verwerven.*

wohlwollend **0.1** ***welwillend, goedgunstig.***

Wohnanhänger ⟨m.⟩ **0.1** ***caravan.***

Wohneinheit ⟨v.⟩ **0.1** ***wooneenheid.***

wohnen **0.1** ***wonen*** **0.2** ***logeren*** ◆ **6.1** **zur** Miete ~ *gehuurd wonen* **6.2** **im** Hotel ~ *in het hotel logeren.*

Wohngebäude ⟨o.⟩ **0.1** ***woongebouw.***

Wohngebiet ⟨o.⟩ **0.1** ***woongebied*** ◆ **6.1** ~ **ohne** Autoverkehr *woonerf.*

Wohngeld ⟨o.⟩ **0.1** ***huursubsidie.***

Wohngemeinschaft ⟨v.⟩ **0.1** ***woongemeenschap, commune.***

wohnhaft **0.1** ***woonachtig.***

Wohnhaus ⟨o.⟩ **0.1** ***woonhuis.***

Wohnheim ⟨o.⟩ **0.1** ***tehuis.***

Wohnlage ⟨v.⟩ **0.1** ***ligging v.e. woning.***

wohnlich **0.1** ***gerieflijk, gezellig.***

Wohnmobil ⟨o.⟩ **0.1** ***camper, kampeerwagen.***

Wohnort ⟨m.⟩ **0.1** ***woonplaats.***

Wohnraum ⟨m.⟩ **0.1** ***woonruimte.***

Wohnschlafzimmer ⟨o.⟩ **0.1** ***zitslaapkamer.***

Wohnsitz ⟨m.⟩ **0.1** ***woonplaats, domicilie*** ◆ **2.1** ohne festen ~ *zonder vaste woon- of verblijfplaats;* mein ständiger ~ *mijn vaste woonplaats* **3.1** seinen ~ irgendwo nehmen *zich ergens vestigen.*

Wohnstube ⟨v.⟩⟨vero.⟩ **0.1** ***woonkamer.***

Wohnung ⟨v.; ~, ~en⟩ **0.1** ***woning*** *⇒huis* **0.2** ***inwoning, logies*** ◆ **2.2** freie ~ und Verpflegung *kost en inwoning vrij.*

Wohnungsamt ⟨o.⟩ **0.1** ***(gemeentelijk) huisvestingsbureau.***

Wohnungsbau ⟨m.⟩ **0.1** ***woningbouw.***

Wohnungsmakler ⟨m.⟩ **0.1** ***makelaar*** ⟨in onroerend goed⟩.

Wohnungsmiete ⟨v.⟩ **0.1** ***huis-, woninghuur.***

Wohnungsnot ⟨v.⟩ **0.1** ***woningnood.***

Wohnungswechsel ⟨m.⟩ **0.1** ***verhuizing.***

Wohnungswesen ⟨o.⟩ **0.1** ***volkshuisvesting.***

Wohnviertel ⟨o.⟩ **0.1** ***woonwijk.***

Wohnwagen ⟨m.⟩ **0.1** ***caravan*** **0.2** ***woonwagen.***

Wohnzimmer ⟨o.⟩ **0.1** ***woon-, huiskamer.***

wölben I ⟨ov.ww.⟩ **0.1** ***welven;***
II sich ~ ⟨wk.ww.⟩ **0.1** ***zich welven*** ◆ **6.1** die Brücke wölbt sich **über** den Fluß *de brug welft zich over de rivier, overspant de rivier.*

Wölbung ⟨v.; ~, ~en⟩ **0.1** ***welving*** *⇒boog, kromming.*

Wolf ⟨m.; ~(e)s, ¨~e⟩ **0.1** ***wolf*** **0.2** ***zeewolf*** ⟨vis⟩ **0.3** ⟨textielwezen⟩ ***wolf, duivel*** **0.4** ⟨inf.⟩ ***vlees-, gehaktmolen*** **0.5** ⟨inf.⟩ ***papierversnipperaar, -vernietiger*** **0.6** ⟨med.⟩ ***(vretende) wolf*** ◆ **6.1** ⟨fig.⟩ ein ~ **im** Schafspelz *een wolf in schaapskleren;* ⟨fig.⟩ **mit** den Wölfen heulen *met de wolven (in het bos) huilen;* ⟨fig.⟩ **unter** die Wölfe geraten sein *bruut behandeld, uitgebuit zijn* **6.4** ⟨fig.⟩ jmdn. **durch** den ~ drehen *iem. door de mangel halen.*

wölfisch **0.1** ***wolfachtig, wolfs*** ⟨ook fig.⟩.

Wölfling ⟨m.; ~s, ~e⟩ **0.1** ***welp*** ⟨padvinderij⟩.

Wolfram ⟨o.; ~s⟩ **0.1** ***wolfra(a)m.***
Wolfsangel ⟨v.⟩ **0.1** ***wolfsklem.***
Wolfsgrube ⟨v.⟩ **0.1** ***wolfs-, wolvenkuil.***
Wolfshund ⟨m.⟩⟨inf.⟩ **0.1** ***herder(shond).***
Wolfshunger ⟨m.⟩⟨fig.⟩ **0.1** ***razende honger.***
Wolfsmilch ⟨v.⟩⟨plantk.⟩ **0.1** ***wolfsmelk.***
Wolfsspinne ⟨v.⟩⟨biol.⟩ **0.1** ***wolfsspin.***
Wolfsspitz ⟨m.⟩⟨biol.⟩ **0.1** ***wolfs-, keeshond.***
Wolke ⟨v.; ~, ~n⟩ **0.1** ***wolk*** **0.2** ⟨geol.⟩ ***wolkje*** ⟨verontreinigingen in edelsteen⟩ ◆ **2.1** ⟨fig.⟩ dunkle ~n ziehen am Horizont auf *donkere wolken pakken zich samen aan de horizon;* ⟨fig.⟩ die Frau ist 'ne ~ *dat is een wolk van een vrouw* **6.1** **auf** ~n, **in** den ~n, **über** den ~n schweben *niet met beide benen op de grond staan;* **aus** allen ~n fallen *plotseling ontnuchterd, teleurgesteld zijn;* **von** keinem Wölkchen getrübt sein *door niets verstoord, overschaduwd worden.*
Wolkenbruch ⟨m.⟩ **0.1** ***wolkbreuk.***
Wolkenhimmel ⟨m.⟩ **0.1** ***betrokken lucht.***
Wolkenkratzer ⟨m.⟩ **0.1** ***wolkenkrabber.***
wolkenlos 0.1 ***wolkeloos.***
wolkenverhangen 0.1 ***met wolken bedekt.***
Wolkenwand ⟨v.⟩ **0.1** ***wolkenmassa.***
wolkig 0.1 ***bewolkt, wolkig*** **0.2** ***rookflarden vormend*** **0.3** ⟨foto.⟩ ***gesluierd*** ◆ **1.1** ⟨geol.⟩ ein ~er Edelstein *een wolkige edelsteen.*
Wollaus ⟨v.⟩⟨biol.⟩ **0.1** ***wolluis.***
Wolldecke ⟨v.⟩ **0.1** ***wollen deken.***
Wolle ⟨v.; ~, vaktaal: ~n⟩ **0.1** ***wol*** **0.2** ⟨jacht⟩ ***haar, dons*** ◆ **2.1** reine ~ *zuiver (scheer)wol* **3.1** ⟨inf.⟩ sich ⟨3e nv.⟩ die ~ scheren lassen *zijn haren, haardos laten knippen* **6.1** ⟨fig.⟩ jmdn. **in** die ~ bringen *iem. op de kast jagen;* **in** der ~ gefärbt (a) *ongesponnen geverfd* (b) ⟨fig.⟩ *door de wol geverfd;* ⟨fig.⟩ sich **in** die ~ kriegen, sich in der ~ haben, liegen *met iem. ruzie hebben, elkaar in de haren vliegen;* ⟨inf.⟩ warm **in** der ~ sitzen *er warmpjes bij zitten.*
wollen[1] ⟨bn.⟩ **0.1** ***wollen, van wol.***
wollen[2] ⟨ov. & onov.ww.→t188⟩ **0.1** ***willen*** **0.2** ***zullen*** **0.3** ***gelieven, moeten*** **0.4** ***beweren, willen*** **0.5** ***nodig hebben*** ◆ **1.1** seine Ruhe ~ *rust willen* **1.5** die Hunde ~ ihre Pflege *de honden moeten verzorgd worden* **3.1** ⟨inf.⟩ da ist nichts zu ~ *daar valt niets aan te doen;* der Junge will (und will) nicht hören *die jongen wil (maar) niet luisteren;* das ist alles so gewollt *dat is allemaal zo gekunsteld, gemaakt;* dem sei, wie ihm wolle *hoe het ook zij;* das wolle Gott verhüten *dat verhoede, kere God!* **3.2** wir ~ jetzt mal gehen *we zullen maar eens opstappen* **3.3** Sie ~ sich bitte beim Direktor melden *u dient, gelieve zich bij de directeur te melden* **3.4** er will gesehen haben, wie ... *hij beweert gezien te hebben hoe ...* **4.1** was will der dir schon? *wat zou hij nou tegen jou kunnen ondernemen?;* er sei, wer er wolle *wie of wat hij ook is* **8.1** wie Sie ~! *zoals u wilt!* **¶.1** ⟨sprw.⟩ was du nicht willst, das man dir tu', das füg' auch keinem andern zu *wat gij niet wilt dat u geschiedt, doe dat ook een ander niet.*
Wollgewebe ⟨o.⟩ **0.1** ***wollen weefsel.***
Wollgras ⟨o.⟩ **0.1** ***wol(le)gras.***
wollig 0.1 ***wollig.***
Wollkamm ⟨m.⟩ **0.1** ***wolkam, -kaard(e).***
Wollsachen ⟨alleen mv.⟩ **0.1** ***wollen goed, wollen kleding.***
Wollsiegel ⟨o.⟩ **0.1** ***wolmerk.***
Wollust ⟨v.⟩ **0.1** ***wellust, zingenot*** ◆ **3.1** sich der ~ ergeben *zich aan de wellust overgeven.*
wollüstig 0.1 ***wellustig, met wellust*** **0.2** ***wulps, wellust opwekkend.***
womit 0.1 ***waarmee.***
womöglich 0.1 ***mogelijkerwijs, misschien, wellicht.***
wonach 0.1 ***waarnaar*** **0.2** ***volgens welke*** ◆ **1.2** eine Karte, ~ ... *een kaart, volgens welke ...* **3.1** ~ suchst du? *waar zoek je naar?*
woneben 0.1 ***waarnaast*** ◆ **3.1** er ist Vereinspräsident, ~ er auch noch als Schiedsrichter tätig ist *hij is voorzitter van de vereniging en daarnaast is hij ook nog als scheidsrechter actief.*
Wonne ⟨v.; ~, ~n⟩ **0.1** ***(geluk)zaligheid, (hoogste) genot*** **0.2** ⟨pej.⟩ ***leedvermaak*** ◆ **2.1** das Kind ist ihre ganze ~ *het kind is haar hele leven, geluk* **6.1** etwas **mit** ~ tun *iets met genoegen doen.*
Wonneproppen ⟨m.⟩⟨inf.; scherts.⟩ **0.1** ***dikkerd(je).***
wonnevoll ⟨schr.⟩ **0.1** ***gelukzalig, verrukkelijk.***
wonnig 0.1 ***schattig.***
woran ⟨acc. wiss.⟩ **0.1** ***waaraan*** ◆ **3.1** wissen, ~ man ist *weten waar je aan toe bent.*
worauf ⟨acc. wiss.⟩ **0.1** ***waarop*** **0.2** ***waarop, waarna*** ⟨tijd⟩ ◆ **3.2** es klingelte, ~ er abnahm *de telefoon rinkelde waarna hij de hoorn opnam.*
woraufhin 0.1 ***waarop, om welke reden*** **0.2** ***waarop, waarna*** ⟨tijd⟩.
woraus ⟨acc. wiss.⟩ **0.1** ***waaruit.***
worein 0.1 ***waarin.***
worin ⟨acc. wiss.⟩ **0.1** ***waarin.***
Wort[1] ⟨o.; ~(e)s, ⸚er⟩ **0.1** ***woord*** ◆ **6.1** ~ **für** ~ *woord voor woord;* ein ~ **mit** vier Buchstaben *een woord van vier letters.*
Wort[2] ⟨o.; ~(e)s, ~e⟩ **0.1** ***woord*** ⟨in zinsverband⟩ ◆ **2.1** in angemessenen ~en *in gepaste bewoordingen;* zwischen ihnen ist kein böses ~ gefallen *zij hebben geen woorden gehad;* jmdm. böse ~e geben *op iem. schelden;* mit dürren ~en *in nuchtere bewoordingen;* ein ernstes ~ mit jmdm. sprechen *een hartig woordje met iem. spreken;* das große ~ führen *het hoogste woord voeren;* große ~e machen *holle frasen verkopen;* ein gutes ~ für jmdn. einlegen *een goed woordje voor iem. doen;* leere ~e *holle frasen;* ein offenes ~ reden, sagen *openhartig spreken;* das rechte ~ zur rechten Zeit *een woord op zijn pas;* schöne ~e machen *veel kletsen en weinig doen;* viele ~e machen *omstandig, breedvoerig spreken;* daran ist kein wahres ~ *daar is geen woord van waar* **3.1** jmdm. das ~ abschneiden *iem. in de rede vallen;* jmdm. das ~ entziehen *iem. het woord ontnemen;* das ~ ergreifen, nehmen *het woord nemen;* jmdm. fehlen die ~e *iem. weet niet wat te zeggen;* ein ~ gab das andere *van het ene woord kwam het (tot) het andere;* hast du ~e?, hat der Mensch ~e? *niet te geloven!;* er will es nicht ~ haben *hij wil het niet weten;* so rede doch ein ~! *zeg dan toch wat!;* jmdm. das ~ reden *voor iem. opkomen;* ich verstehe kein ~ (a) *ik begrijp er niets van* (b) *ik versta er geen woord van* **4.1** darüber braucht man kein ~ zu verlieren *daaraan hoef je geen woord vuil te maken;* kein ~ weiter! *hou er maar over op!;* ich weiß kein ~ davon *ik weet er niets van* **6.1** **auf** ein ~! *kan ik u heel even spreken?;* **auf** jmds. ~(e) hören *naar iemand(s raad) luisteren;* **aufs** ~ gehorchen *meteen, onvoorwaardelijk gehoorzamen;* jmdm. das ~ **aus** dem Mund nehmen *iem. de woorden uit de mond halen;* ein ~ viel **im** Munde führen *een woord veel gebruiken;* einem das ~ **im** Munde (her)umdrehen *iemands woorden (opzettelijk) verdraaien;* **in** ~en *voluit, zegge, in letters;* **in** ~ und Bild, Schrift *in woord en beeld, geschrift;* etwas **in** ~e fassen, kleiden *iets onder woorden brengen, verwoorden;* jmdm. **ins** ~ fallen *iem. in de rede vallen;* **mit** einem ~ *in één woord;* **mit** anderen ~en *met andere woorden;* **zu** ~e kommen *aan het woord komen;* sich **zu** ~ melden *het woord vragen.*

Wort[3] ⟨o.; ~(e)s⟩ **0.1** ***(ere)woord, belofte*** **0.2** ⟨rel.⟩ ***Woord, Openbaring*** **0.3** ⟨rel.⟩ ***Woord*** ⟨tweede persoon der Drie-eenheid⟩ ◆ **3.1** einem das ~ abnehmen zu schweigen *iem. laten beloven te zwijgen;* sein ~ halten *zijn woord houden,* sein ~ zurücknehmen *zijn belofte terugnemen* **6.1 auf** jmds. ~ *op iemands (ere)woord;* jmdn. **beim** ~ nehmen *iem. aan zijn woord houden;* bei jmdm. **im** ~ sein *aan iem. zijn woord gegeven hebben;* ein Mann **von** ~ *een man van zijn woord.* →**Mann.**

Wortart ⟨v.⟩⟨taal.⟩ **0.1** ***woordsoort.***

Wortbedeutung ⟨v.⟩ **0.1** ***woordbetekenis.***

Wortbildung ⟨v.⟩⟨taal.⟩ **0.1** ***woordvorming.***

Wortblindheit ⟨v.⟩⟨med.⟩ **0.1** ***woordblindheid.***

wortbrüchig 0.1 ***zijn woord niet nakomend, ontrouw*** ◆ **3.1** ~ werden *zijn woord breken.*

Wörtchen ⟨o.; ~s, ~⟩ **0.1** ***woordje*** ◆ **3.1** mit jmdm. noch ein ~ zu reden haben *met iem. nog een hartig woordje te spreken hebben.*

Wortemacher ⟨m.⟩⟨pej.⟩ **0.1** ***zwetser.***

Wörterbuch ⟨o.⟩ **0.1** ***woordenboek.***

Wörterverzeichnis ⟨o.⟩ **0.1** ***woordenlijst.***

Wortfolge ⟨v.⟩⟨taal.⟩ **0.1** ***woordvolgorde.***

Wortführer ⟨m.⟩ **0.1** ***woordvoerder*** ◆ **6.1** sich **zum** ~ einer Gruppe, Sache machen *zich als woordvoerder van een groep, zaak opwerpen.*

Wortgefecht ⟨o.⟩ **0.1** ***woordenstrijd.***

wortgetreu 0.1 ***woordgetrouw, letterlijk.***

wortgewandt 0.1 ***welbespraakt.***

wortkarg 0.1 ***zwijgzaam*** **0.2** ***kort, met weinig woorden.***

Wortklauber ⟨m.⟩⟨pej.⟩ **0.1** ***woordenzifter.***

Wortlaut ⟨m.⟩ **0.1** ***tekst, woordelijke inhoud*** ◆ **6.1** den Text **im** vollen ~ wiedergeben *de tekst volledig en woordelijk weergeven.*

wörtlich 0.1 ***woordelijk, letterlijk*** ◆ **3.1** etwas nicht ~ nehmen *iets niet letterlijk opvatten.*

wortlos 0.1 ***woord(e)loos, sprakeloos*** **0.2** ***zwijgend.***

Wortmeldung ⟨v.⟩ **0.1** ***teken dat men iets wil zeggen*** ◆ **3.1** gibt es noch ~en? *is er nog iem. die iets wil vragen of zeggen?;* es liegen noch zwei ~en vor *nog twee personen hebben het woord gevraagd.*

wortreich 0.1 ***woordenrijk*** **0.2** ***breedsprakig, uitvoerig.***

Wortschatz ⟨m.⟩ **0.1** ***woordenschat.***

Wortschöpfung ⟨v.⟩ **0.1** ***het maken van nieuwe woorden*** **0.2** ***nieuw woord, neologisme.***

Wortschwall ⟨m.⟩ **0.1** ***woordenvloed, stortvloed van woorden.***

Wortspiel ⟨o.⟩ **0.1** ***woordspeling.***

Wortstellung ⟨v.⟩⟨taal.⟩ **0.1** ***woordvolgorde.***

Wortstreit ⟨m.⟩ **0.1** ***woordentwist.***

Wortverstümmler ⟨m.⟩ **0.1** ***stemvervormer.***

Wortwechsel ⟨m.⟩ **0.1** ***woordenwisseling, -twist*** **0.2** ***(levendige) discussie.***

Wortwitz ⟨m.⟩ **0.1** ***(geestige) woordspeling.***

wortwörtlich 0.1 ***letterlijk, woordelijk*** ◆ **3.1** etwas ~ nehmen *iets letterlijk opvatten.*

Wortzeichen ⟨o.⟩⟨ec.⟩ **0.1** ***merknaam.***

worüber ⟨acc. wiss.⟩ **0.1** ***waarover*** **0.2** ***waarboven*** ◆ **3.2** der Tisch, ~ eine Lampe hing *de tafel waarboven een lamp hing.*

worum ⟨acc. wiss.⟩ **0.1** ***waarom, om wat*** ◆ **3.1** ~ streitet ihr euch? *waar hebben jullie ruzie om, over?*

worunter ⟨acc. wiss.⟩ **0.1** ***waaronder*** ◆ **1.1** Briefe, ~ einige aus dem Ausland *brieven waaronder enkele uit het buitenland.*

wovon ⟨acc. wiss.⟩ **0.1** ***waarvan*** ◆ **4.1** etwas, ~ er nichts weiß *iets waar hij niets van weet.*

wovor ⟨acc. wiss.⟩ **0.1** ***waarvoor.***

wozu ⟨acc. wiss.⟩ **0.1** ***waartoe, -voor*** ◆ **3.1** ein Betrag, ~ noch die Zinsen kommen *een bedrag waar de rente nog bij komt.*

wozwischen ⟨acc. wiss.⟩ **0.1** ***waartussen.***

wrack 0.1 ***wrak, beschadigd.***

Wrack ⟨o.; ~(e)s, ~s; zelden mv. ~e⟩ **0.1** ***wrak*** ◆ **3.1** das ~ bergen, heben *het wrak bergen, lichten.*

wringen ⟨→t189⟩ **0.1** ***(uit)wringen.***

Wucher ⟨m.; ~s⟩ **0.1** ***woeker*** ◆ **3.1** ~ treiben *woekeren.*

Wucherer ⟨m.; ~s, ~⟩ **0.1** ***woekeraar.***

wuchern 0.1 ***woekeren*** ⇒⟨fig. ook⟩ *voortwoekeren* ◆ **1.1** ⟨fig.⟩ das Unkraut wuchert *het onkruid woekert, tiert welig.*

Wucherung ⟨v.; ~, ~en⟩ **0.1** ⟨med.⟩ ***(vlees)woekering, gezwel.***

Wucherzins ⟨m.⟩ **0.1** ***woekerrente.***

Wuchs ⟨m.; ~es, ~̈e⟩ **0.1** ***groei, wasdom*** **0.2** ***gestalte*** **0.3** ⟨landb.⟩ ***aanplant*** ◆ **6.1** Pflanzen **mit, von** schnellem ~ *snel groeiende planten* **6.2 von** hohem ~ *rijzig van gestalte.*

Wucht ⟨v.; ~⟩ **0.1** ***kracht, druk, gewicht*** ◆ **3.¶** ⟨inf.⟩ das ist 'ne ~! *dat is fantastisch, geweldig!* **6.1 mit** voller ~ *met volle kracht;* **unter** der ~ des Angriffs *onder de druk van de aanval;* ⟨fig.⟩ ein Werk **von** großer ~ *een indrukwekkend werk(stuk).*

wuchten I ⟨onov.ww.⟩ **0.1** ⟨s.⟩ ***zich met grote kracht voortbewegen*** **0.2** ⟨h.⟩ ***staan, zich verheffen;***
II ⟨ov.ww.⟩ **0.1** ***sjouwen*** **0.2** ***knallen*** ◆ **6.2** den Ball **ins** Tor ~ *de bal in het doel knallen;*
III sich ~ ⟨wk.ww.⟩ **0.1** ***met logge, plompe bewegingen ergens naar toe gaan*** ◆ **6.1** sich **in** den Stuhl ~ *in de stoel neerploffen.*

wuchtig 0.1 ***krachtig*** **0.2** ***zwaar, stevig, massief.***

Wühlarbeit ⟨v.⟩ **0.1** ***het woelen*** **0.2** ⟨fig.; pej.⟩ ***gewoel, gewroet.***

wühlen I ⟨onov.ww.⟩ **0.1** ***woelen, wroeten*** ⇒⟨fig. ook⟩ *opruien* **0.2** ⟨inf.⟩ ***hard werken, zich afbeulen*** ◆ **6.1** ⟨fig.⟩ der Hunger wühlt mir **im** Leib *de honger kwelt mij;* ⟨fig.⟩ **in** einer alten Wunde ~ *een oude wond openrijten;*
II ⟨ov.ww.⟩ **0.1** ***woelen, wroeten, graven;***
III sich ~ ⟨wk.ww.⟩ **0.1** ***zich wentelen*** **0.2** ***voortwroeten, -ploeteren*** **0.3** ***zich ingraven*** ◆ **6.2** ⟨fig.⟩ sich **durch** den Aktenberg ~ *de berg dossiers doornemen.*

Wühler ⟨m.; ~s, ~⟩ **0.1** ***dier dat ondergrondse gangen wroet*** **0.2** ***woeler, opruier*** **0.3** ***wroeter, harde werker.***

Wühlmaus ⟨v.⟩⟨biol.⟩ **0.1** ***woelmuis.***

Wühltisch ⟨m.⟩⟨inf.⟩ **0.1** ***koopjes-, snuffelbak(ken).***

Wulst ⟨m.; ~(e)s, ~̈e of ~e; ook v.; ~, ~̈e⟩ **0.1** ***verdikking*** **0.2** ***rol, wrong.***

wulstig 0.1 ***(op)gezwollen, opgezet.***

wund 0.1 ***(ge)wond*** ◆ **1.1** ⟨fig.⟩ der ~e Punkt *het tere punt* **3.1** sich ⟨3e nv.⟩ die Füße ~ laufen *zijn voeten doorlopen,* ⟨fig. ook⟩ *zich de benen uit het lijf lopen.*

Wundbrand ⟨m.⟩⟨med.⟩ **0.1** ***koudvuur, gangreen.***

Wunde ⟨v.; ~, ~n⟩ **0.1** ***wond, verwonding*** ◆ **3.1** ⟨fig.⟩ alte ~n aufreißen *oude wonden open(rijt)en;* ⟨fig.⟩ an eine alte ~ rühren *een teer punt, gevoelige snaar raken.*

Wunder ⟨o.; ~s, ~⟩ **0.1** ***wonder*** ◆ **2.1** ⟨fig.⟩ der wird noch sein blaues ~ erleben *die zal nog raar opkijken* **4.1** sie meint wunder was getan zu haben *zij denkt dat ze iets geweldigs gepresteerd heeft* **6.1** ⟨fig.⟩ **an** ein ~ grenzen *bijna een wonder zijn* **¶.1** o ~!, ~ über ~! *ongelofelijk!*

wunderbar 0.1 ***wonderbaarlijk*** **0.2** ***prachtig, fantastisch*** ◆ **1.2** ein ~er Mensch *een prachtmens.*

wunderbarerweise **0.1** ***wonderlijk, vreemd genoeg.***

Wunderding ⟨o.; mv. ~e⟩⟨inf.⟩ **0.1** ***wonder(baar)lijk ding, wonder(baar)lijke zaak.***

wundergläubig ⟨pej.⟩ **0.1** ***aan wonderen gelovend.***

Wunderkerze ⟨v.⟩ **0.1** ***wonderkaars.***

Wunderkind ⟨o.⟩ **0.1** ***wonderkind.***

wunderlich **0.1** ***wonderlijk, zonderling.***

Wundermittel ⟨o.⟩ **0.1** ***wondermiddel.***

wundern I ⟨ov.ww.⟩ **0.1** ***verwonderen, verbazen*** ◆ **3.1** es sollte mich ~, wenn … *het zou mij verwonderen als …;*
II sich ~ ⟨wk.ww.⟩ **0.1** ***zich verbazen, zich verwonderen*** ⇒*zich afvragen* ◆ **3.1** ⟨inf.⟩ ich muß mich doch sehr (über dich) ~! *dat had ik nou toch niet (van jou) verwacht!;* ⟨inf.⟩ du wirst dich noch ~! *jij zult nog raar opkijken!* **8.1** sich ~, ob … *zich afvragen of …*

wundernehmen ⟨schr.⟩ **0.1** ***verbazen, verwonderen.***

wundersam ⟨schr.⟩ **0.1** ***wonderbaarlijk, raadselachtig.***

wunderschön **0.1** ***wondermooi, prachtig.***

Wundertäter ⟨m.⟩ **0.1** ***wonderdoener.***

wundervoll **0.1** ***prachtig.***

Wunderwerk ⟨o.⟩⟨fig.⟩ **0.1** ***wonder(werk).***

Wundfieber ⟨o.⟩⟨med.⟩ **0.1** ***wondkoorts.***

Wundklammer ⟨v.⟩⟨med.⟩ **0.1** ***wondkram, -klem.***

wundliegen, sich **0.1** ***doorliggen.***

Wundmal ⟨o.; mv. ~e⟩ **0.1** ***litteken.***

Wundpflaster ⟨o.⟩ **0.1** ***wondpleister.***

Wundrose ⟨v.⟩ **0.1** ***bel-, wondroos.***

Wundstarrkrampf ⟨m.⟩ **0.1** ***tetanus.***

Wune ⟨v.; ~, ~n⟩ **0.1** ***bijt.***

Wunsch ⟨m.; ~es, ¨~e⟩ **0.1** ***wens, verlangen*** **0.2** ***gelukwens, felicitatie*** ◆ **2.2** beste, herzliche Wünsche zum Hochzeitstag *hartelijk gefeliciteerd met jullie huwelijksdag* **3.1** alles geht nach ~ *alles verloopt naar wens;* haben Sie sonst noch Wünsche? *anders nog iets?* ⟨in winkel⟩; noch einen ~ frei haben *nog een wens mogen doen;* ⟨scherts.⟩ Ihr ~ sei, ist mir Befehl *ik vervul vanzelfsprekend al uw wensen* **6.1** **auf** ~ *desgewenst, op aanvraag;* **auf** vielfachen ~ *op veelvuldig verzoek* **8.1** jmds. ~ und Wille *iemands uitdrukkelijke wens.*

Wunschbild ⟨o.⟩ **0.1** ***wensdroom, ideaal.***

Wunschdenken ⟨o.⟩ **0.1** ***wishful thinking.***

Wünschelrute ⟨v.⟩ **0.1** ***wichelroede.***

wünschen **0.1** ***wensen, verlangen*** ◆ **3.1** es wäre zu ~ daß … *het ware te wensen dat …;* es läßt viel zu ~ übrig *het laat veel te wensen over* **4.1** Sie ~ (bitte)? *u wenst?*

wünschenswert **0.1** ***wenselijk.***

wunschgemäß **0.1** ***volgens iemands wens.***

Wunschkind ⟨o.⟩ **0.1** ***gewenst kind.***

Wunschkonzert ⟨o.⟩ **0.1** ***verzoekprogramma.***

Wunschliste ⟨v.⟩ **0.1** ***verlanglijstje.***

wunschlos **0.1** ***zonder wensen*** ◆ **2.1** ⟨scherts.⟩ ~ glücklich sein *volmaakt gelukkig zijn.*

Wunschvorstellung ⟨v.⟩ **0.1** ***wensdroom.***

Wunschzettel ⟨m.⟩ **0.1** ***verlanglijstje.***

wuppdich ⟨inf.⟩ **0.1** ***wip, hop.***

Würde ⟨v.; ~, ~n⟩ **0.1** ***waardigheid*** ⇒*ambt, rang* ◆ **1.1** die ~ eines Doktors *de graad van doctor* **3.1** zu den höchsten ~n emporsteigen *tot de hoogste rangen, ambten opklimmen* **6.1** etwas **mit** ~ (er)tragen *iets waardig (ver)dragen;* **unter** aller ~ *beneden peil;* **unter** jmds. ~ *beneden iemands waardigheid* ¶**.1** ⟨sprw.⟩ ~n sind Bürden *staat belaadt.*

würdelos **0.1** ***onwaardig, onterend.***

Würdenträger ⟨m.⟩ **0.1** ***waardigheidsbekleder, dignitaris.***

würdevoll **0.1** ***waardig, plechtig, statig.***

würdig **0.1** ***waard(ig)*** ⇒*plechtig, statig* ◆ **1.1** des Lobes ~ sein *lovenswaardig zijn.*

würdigen **0.1** ***waarderen appreciëren*** ⇒*beoordelen* **0.2** ***verwaardigen waardig keuren*** ◆ **1.1** jmds. Motive ~ *iemands motieven eerbiedigen* **1.2** jmdn. keines Blickes ~ *iem. geen blik waardig keuren.*

Würdigung ⟨v.; ~, ~en⟩ **0.1** ***waardering appreciatie*** ⇒*beoordeling* ◆ **6.1** **bei** aller ~ seiner Arbeit *ondanks alle waardering voor zijn werk;* **unter** ~ dieser Umstände *rekening houdend met deze omstandigheden.*

Wurf ⟨m.; ~(e)s, ¨~e⟩ **0.1** ***worp*** ⇒*gooi* **0.2** ***worp*** ⇒*nest* **0.3** ***succes(rijk werk)*** **0.4** ***plooi(en), val*** ⟨van stof⟩ ◆ **6.1** **auf** einen ~ *in één worp, keer;* alles **auf** einen ~ setzen *alles op één kaart zetten.*

Wurfbahn ⟨v.⟩ **0.1** ***ballistische baan.***

Würfel ⟨m.; ~s, ~⟩ **0.1** ***kubus*** **0.2** ***blokje, klontje*** **0.3** ***dobbelsteen*** **0.4** ⟨inf.⟩ ***vierkant, ruit*** ⟨stofpatroon⟩ ◆ **3.3** ~ spielen *dobbelen* ¶**.3** ⟨sprw.⟩ die ~ sind gefallen *de teerling is geworpen; de kogel is door de kerk.*

Würfelbecher ⟨m.⟩ **0.1** ***dobbelbeker.***

würfelförmig **0.1** ***kubusvormig.***

würfelig **0.1** ***in blokjes, klontjes*** **0.2** ***geruit.***

würfeln I ⟨onov.ww.⟩ **0.1** ***dobbelen;***
II ⟨ov.ww.⟩ **0.1** ⟨met dobbelen⟩ ***gooien*** **0.2** ***in blokjes, ruiten verdelen*** ◆ **1.2** ein gewürfeltes Muster *een ruitpatroon.*

Würfelspiel ⟨o.⟩ **0.1** ***dobbelspel.***

Würfelzucker ⟨m.⟩ **0.1** ***klontjessuiker.***

Wurfgeschoß ⟨o.⟩ **0.1** ***projectiel.***

Wurfscheibe ⟨v.⟩ **0.1** ***discus.***

Wurfsendung ⟨v.⟩⟨postwezen⟩ **0.1** ***huis-aan-huis te bezorgen drukwerk.***

Wurftaubenschießen ⟨o.⟩⟨sp.⟩ **0.1** ***kleiduivenschieten.***

Wurfweite ⟨v.⟩ **0.1** ***worpafstand*** **0.2** ***draagwijdte.***

Würgegriff ⟨m.⟩ **0.1** ***wurggreep.***

würgen I ⟨onov.ww.⟩ **0.1** ***kokhalzen*** **0.2** ***met moeite slikken, opeten*** **0.3** ***hard werken, zwoegen*** ◆ **6.2** **an** dem Essen ~ *het eten tegen heug en meug naar binnen werken;*
II ⟨ov.ww.⟩ **0.1** ***wurgen*** **0.2** ***moeizaam ergens in, doorheen proppen*** **0.3** ***moeizaam volbrengen, uitvoeren*** ◆ ¶**.1** ⟨inf.⟩ das würgt mich schon lange *dat zit me al lang dwars.*

Würgengel ⟨m.⟩⟨rel.⟩ **0.1** ***worg-, doodsengel.***

Wurm[1] ⟨m.; ~(e)s, ¨~e(r)⟩ **0.1** ***worm*** ⇒⟨inf. ook⟩ *made, maai* ◆ **1.1** ⟨fig.⟩ der nagende ~ des Gewissens *het knagende geweten* **3.1** ⟨inf.; fig.⟩ da ist, sitzt der ~ drin (a) *daar klopt iets niet* (b) *de zaak is verziekt;* einen (nagenden) ~ im Herzen, in sich tragen *een stille wrok koesteren;* ⟨inf.⟩ jmdm. die Würmer aus der Nase ziehen *iem. uitvragen, uithoren* **8.1** ⟨inf.; fig.⟩ sich wie ein getretener ~ winden *heel erg verlegen, schuchter zijn.*

Wurm[2] ⟨o.; ~(e)s, ¨~er⟩⟨inf.⟩ **0.1** ***wurm, onnozel kind.***

wurmen **0.1** ***ergeren, knagen*** ◆ **4.1** es wurmt mich, daß … *het zit me dwars dat …*

Wurmfortsatz ⟨m.⟩⟨med.⟩ **0.1** ***wormvormig aanhangsel.***

Wurmfraß ⟨m.⟩ **0.1** ***wormstekigheid.***

Wurmstich ⟨m.⟩ **0.1** ***wormstekigheid*** **0.2** ***wormsteek, wormgat.***

wurmstichig **0.1** ***wormstekig.***

Wurst ⟨v.; ~, ¨~e⟩ **0.1** ***worst*** ⇒*worstvormig voorwerp* ◆ **2.1** ⟨fig.⟩ jmdm. die ~ auf dem Brot nicht gönnen *iem. het licht in de ogen niet gunnen;* ⟨fig.⟩ sich ⟨3e nv.⟩ nicht die ~ vom Brot nehmen lassen *zich de kaas niet van het brood laten eten* **3.1** ⟨inf.; fig.⟩ jmdm. Wurs(ch)t sein *iem. geen fluit interesseren;* ⟨fig.⟩ mit der ~ nach der Speckseite werfen *een spiering uitgooien om een kabeljauw te vangen;* ⟨fig.⟩ jetzt geht es um die ~ *nu is het erop of eronder.*

Würstchen ⟨o.; ~s, ~⟩ **0.1** *worstje* ⇒*saucijsje* **0.2** ⟨inf.; fig.⟩ ***onbenullig figuur.***

wursteln 0.1 ***klungelen, prutsen.***

Wursthaut ⟨v.⟩ **0.1** ***worstdarm.***

wurstig ⟨inf.⟩ **0.1** ***onverschillig.***

Wurstwaren ⟨alleen mv.⟩ **0.1** ***worsten.***

Wurstzipfel ⟨m.⟩ **0.1** ***eindje (v.d.) worst.***

Wurte ⟨v.; ~, ~n⟩⟨Ndd.⟩ **0.1** ***terp, wierde.***

Würze ⟨v.; ~, ~n⟩ **0.1** ***specerij*** **0.2** ***aroma, geur, smaak*** **0.3** ⟨fig.⟩ ***aantrekkelijkheid*** ◆ **3.1** das Fleisch braucht noch etwas ~ *het vlees moet nog wat gekruid worden* **4.3** in diesem Roman ist keine ~ *deze roman is langdradig.* →**Kürze.**

Wurzel ⟨v.; ~, ~n⟩ **0.1** ***wortel*** ⇒⟨fig. ook⟩ *oorzaak* ◆ **1.1** ⟨fig.⟩ die ~ allen Übels *de wortel van alle kwaad* **2.1** ⟨wisk.⟩ die vierte ~ *de vierdemachtswortel* **3.1** ⟨fig.⟩ ~n schlagen (a) *wortel schieten* (b) *ergens wennen* **6.1** ⟨fig.⟩ ein Übel **an** der ~ fassen *de wortels van het kwaad aanpakken;* etwas hat seine ~ **in** einer Sache *iets vindt zijn oorzaak in iets;* etwas **mit** der ~ ausreißen, ausrotten *iets met wortel en al uitroeien.*

Wurzelbehandlung ⟨v.⟩⟨med.⟩ **0.1** ***wortel-, zenuwbehandeling.***

Wurzelfüßer ⟨m.; ~s, ~⟩⟨biol.⟩ **0.1** ***wortelpotige.***

Wurzelknolle ⟨v.⟩⟨plantk.⟩ **0.1** ***wortelknol.***

wurzeln 0.1 ***wortelen*** ⇒*wortel schieten,* ⟨fig.⟩ *stammen, zijn oorsprong vinden* ◆ **6.1** ⟨fig.⟩ diese Auffassungen ~ **im** Mittelalter *deze opvattingen vinden hun oorsprong in de Middeleeuwen.*

Wurzelschößling ⟨m.⟩⟨plantk.⟩ **0.1** ***wortelscheut.***

Wurzelstock ⟨m.⟩⟨plantk.⟩ **0.1** ***wortelstok.***

Wurzelwerk ⟨o.⟩ **0.1** ***wortels.***

Wurzelziehen ⟨o.⟩⟨wisk.⟩ **0.1** ***het worteltrekken.***

würzen 0.1 ***kruiden*** ⟨ook fig.⟩.

Würzfleisch ⟨o.⟩⟨cul.⟩ **0.1** ***ragout.***

würzig 0.1 ***kruidig, gekruid, pikant*** ◆ **1.1** ⟨fig.⟩ ein ~er Witz *een pikante mop.*

Würzmittel ⟨o.⟩ **0.1** ***kruid, specerij.***

Würzwein ⟨m.⟩ **0.1** ***kruidenwijn.***

Wuschelhaar ⟨o.⟩⟨inf.⟩ **0.1** ***verwarde haardos.***

wüst 0.1 ***woest, geheel verlaten, onbebouwd*** **0.2** ***wild, verwilderd, onordelijk*** **0.3** ***wild, losbandig*** **0.4** ***verschrikkelijk, heel erg*** ◆ **1.2** ~e Haare *wilde haardos* **1.3** ein ~es Gedränge *een wild gedrang;* ~e Witze *schunnige, ruwe moppen* **3.1** ⟨rel.⟩ und die Erde war ~ und leer *de aarde nu was woest en ledig* **3.2** alles liegt ~ durcheinander *alles ligt wild door elkaar* **3.3** es ~ treiben *wild, woest tekeergaan* **3.4** das Wetter war ~ *het weer was bar en boos;* jmdn. ~ zurichten *iem. verschrikkelijk toetakelen.*

Wust ⟨m.; ~(e)s⟩ **0.1** ***chaos, rotzooi*** ◆ **6.1** ein ~ **von** Papieren *een wirwar van papieren.*

Wüste ⟨v.; ~, ~n⟩ **0.1** ***woestijn*** ⇒⟨fig. ook⟩ *woestenij* ◆ **6.1** ⟨fig.⟩ jmdn. **in** die ~ schicken *iem. de woestijn in sturen, iem. ontslaan;* ⟨fig.⟩ ein Land **zur** ~ machen *een land volledig verwoesten.*

wüsten 0.1 ***woest, losbandig omgaan*** ◆ **6.1** **mit** seinem Geld ~ *zijn geld verkwisten;* **mit** seiner Gesundheit ~ *met zijn gezondheid spotten.*

Wüstenei ⟨v.; ~, ~en⟩ **0.1** ***woestenij.***

Wüstenkönig ⟨m.⟩⟨schr.⟩ **0.1** ***koning der woestijn, leeuw.***

Wüstensand ⟨m.⟩ **0.1** ***woestijnzand.***

Wüstenschiff ⟨o.⟩⟨schr.; scherts.⟩ **0.1** ***schip der woestijn, kameel.***

Wüstling ⟨m.; ~s, ~e⟩⟨pej.⟩ **0.1** ***lichtmis, roué.***

Wut ⟨v.; ~⟩ **0.1** ***woede, drift, razernij*** **0.2** ***hondsdolheid*** **0.3** ***het woeden, tekeergaan*** ◆ **2.1** eine unbändige ~ *een tomeloze woede* **3.1** ~ steigt in jmdm. auf, packt, überkommt jmdn. *iem. ontsteekt in toorn, woede;* seine ~ an jmdm. auslassen *zijn woede op iem. koelen* **6.1** eine ~ **auf** jmdn. bekommen, haben *woedend op iem. worden, zijn;* **in** heller ~ *ziedend van woede* **6.3** ⟨fig.⟩ **mit** ~ arbeiten *heel hard, verwoed werken* ¶**.1** ⟨inf.⟩ eine ~ im Bauch haben *heel woedend zijn.*

Wutanfall ⟨m.⟩ **0.1** ***woedeaanval.***

Wutausbruch ⟨m.⟩ **0.1** ***woede-uitbarsting.***

wüten 0.1 ***woeden, razen*** ⇒*woest tekeergaan* ◆ **8.1** ~ wie die Berserker *huishouden als vandalen.*

wütend 0.1 ***woedend*** **0.2** ***verschrikkelijk, heel erg*** ◆ **1.2** ~e Schmerzen *razende, helse pijn(en).*

wutentbrannt 0.1 ***in woede ontstoken.***

Wüterich ⟨m.; ~s, ~e⟩⟨pej.⟩ **0.1** ***woesteling.***

wutschäumend 0.1 ***schuimbekkend van woede.***

wutschnaubend 0.1 ***briesend van woede.***

WWU ⟨v.⟩⟨afk.; Wirtschafts- und Währungsunion⟩ **0.1** ***EMU, Economische en Monetaire Unie.***

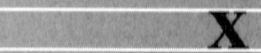

x, X ⟨o.; ~, ~⟩ **0.1** *x, X* ⟨ook Romeins cijfer 10⟩ ⇒*klank x, letter x, X* **0.2** ⟨wisk.⟩ ***x*** ⟨onbekende⟩ ◆ **1.2** ⟨inf.⟩ ~ Sorten *talloze soorten* **6.1** jmdm. ein X **für** ein U vormachen *iem. knollen voor citroenen verkopen* **6.2** ⟨wisk.⟩ die Gleichung **nach** ~ auflösen *de wortel x van de vergelijking oplossen.*

X-Achse ⟨v.⟩⟨wisk.⟩ **0.1** ***x-as.***

Xanthippe ⟨v.; ~, ~n⟩⟨inf.; fig.⟩ **0.1** ***xantippe, feeks.***

X-Beine ⟨alleen mv.⟩ **0.1** ***x-benen.***

x-beliebig **0.1** ***willekeurig.***

Xeres ⟨m.; ~⟩ **0.1** ***xeres(wijn), sherry.***

Xerographie ⟨v.; ~, ~n⟩ **0.1** ***xerografie.***

x-fach ⟨inf.⟩ **0.1** ***veelvuldig, heel vaak.***

x-mal **0.1** ***tig keer, heel vaak.***

X-Strahlen ⟨alleen mv.⟩⟨nat.⟩ **0.1** ***x-stralen, röntgenstralen.***

x-te **0.1** ⟨inf.⟩ ***zoveelste*** **0.2** ⟨wisk.⟩ ***n-de*** ◆ **1.2** die ~ Potenz *de n-de macht.*

x-temal ⟨inf.⟩ **0.1** ***zoveelste keer*** ◆ **6.1** **zum** x-tenmal *voor de zoveelste keer.*

Xylographie ⟨v.⟩ **0.1** ***xylografie*** ⇒*houtsnijkunst, houtsnede.*

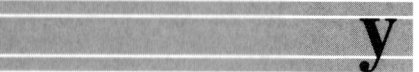

y, Y ⟨o.; ~, ~⟩ **0.1** ***y, Y*** ⇒*klank y, letter y, Y* **0.2** ⟨wisk.⟩ ***y*** ⟨onbekende⟩.

Y-Achse ⟨v.⟩⟨wisk.⟩ **0.1** ***y-as.***

Yacht ⟨v.; ~, ~en⟩ **0.1** ***jacht.***

Yak ⟨m.; ~s, ~s⟩ **0.1** ***jak.***

Yen ⟨m.; ~s, ~⟩ **0.1** ***yen.***

Yoghurt ⟨m. & o.; ~s⟩ **0.1** ***yoghurt.***

Ypsilon ⟨o.; ~(s), ~s⟩ **0.1** ***y, Y, ypsilon.***

Ysop ⟨m.; ~s, ~e⟩⟨plantk.⟩ **0.1** ***hysop.***

Z

z, Z ⟨o.; ~, ~⟩ **0.1** *z, Z ⇒klank z, letter z, Z.*

Z. ⟨afk.⟩ →**Zahl; Zeile.**

zack 0.1 ***vlug, hop*** ◆ **4.1** mach' mal 'n bißchen ~, ~! *schiet 'ns een beetje op!* **6.1** ⟨inf.⟩ etwas ist **auf** Zack *iets loopt als een trein;* ⟨inf.⟩ jmdn. **auf** Zack bringen *iem. flink aan het werk zetten.*

Zacke ⟨v.; ~, ~n⟩ **0.1** ***tand*** ⟨van blad, kam, vork, zaag⟩ **0.2** ***punt, spits*** ◆ **6.2** eine Krone **mit** fünf ~n *een kroon met vijf punten.*

Zacken ⟨m.; ~s, ~⟩ ◆ **3.¶** sich keinen ~ aus der Krone brechen *niets aan zijn waardigheid te kort doen;* einen (ganz schönen) ~ draufhaben *erg hard rijden.*

Zackenlinie ⟨v.⟩ **0.1** ***zigzaglijn.***

zackig 0.1 ***getand, puntig*** **0.2** ⟨inf.⟩ ***stram*** *⇒kranig, flink* ◆ **1.2** ~e Bewegungen *stramme bewegingen;* ~e Musik *pittige muziek.*

zag(e) ⟨schr.⟩ **0.1** ***bedeesd, schuchter*** ◆ **1.1** ⟨fig.⟩ eine ~e Hoffnung *een voorzichtige hoop.*

zagen ⟨schr.⟩ **0.1** ***schromen*** *⇒weifelen, aarzelen* ◆ **8.1** mit Zittern und Zagen *met angst en beven.*

zaghaft 0.1 ***bedeesd, beschroomd*** *⇒angstvallig, aarzelend* ◆ **1.1** ein ~er Versuch *een schuchtere poging.*

zäh 0.1 ***taai*** *⇒dik(vloeibaar)* **0.2** ***taai, volhardend*** *⇒hardnekkig* **0.3** ***taai*** *⇒stroef, moeizaam* ◆ **1.2** ~en Widerstand leisten *hardnekkig verzet bieden* **3.3** die Verhandlungen kommen nur ~ voran *de onderhandelingen vorderen maar traag.*

Zäheit ⟨v.; ~⟩ **0.1** ***taai(ig)heid.***

zähfließend ⟨verk.⟩ ◆ **1.¶** ~er Verkehr *langzaamrijdend verkeer.*

zähflüssig 0.1 ***dik(vloeibaar), stroperig*** ⇒⟨verk.; fig.⟩ *langzaamrijdend.*

Zähheit ⟨v.⟩⟨nw.spel.⟩ →**Zäheit.**

Zähigkeit ⟨v.; ~⟩ **0.1** ***taai(ig)heid*** *⇒hardnekkigheid, volharding* **0.2** ***taai(ig)heid*** *⇒viscositeit.*

Zahl ⟨v.; ~, ~en⟩ **0.1** ***getal, cijfer*** **0.2** ***aantal*** *⇒hoeveelheid* **0.3** ⟨taal.⟩ ***getal*** *⇒numerus* ◆ **2.1** ⟨wisk.⟩ eine gebrochene ~ *een gebroken getal, een breuk;* ⟨ster.⟩ die goldene ~ *het guldengetal;* ⟨ec.⟩ in den roten ~en stecken *in de rode cijfers staan;* eine verschwindende ~ *een uiterst klein aantal* **2.2** die Mannschaft kam in voller ~ *het team kwam voltallig* **6.1** sie waren fünf **an** der ~ *zij waren met z'n vijven;* 1000 **an** der ~ *1000 in getal* **6.2** **in** großer ~ *in groot aantal, in groten getale;* Bücher **ohne** ~ *talloze boeken.*

Zählapparat ⟨m.⟩ **0.1** ***telmachine, teller.***

zahlbar 0.1 ***betaalbaar*** *⇒te voldoen, te betalen* ◆ **3.1** den Wechsel ~ stellen *de wissel(brief) betaalbaar stellen* **6.1** ~ **bei, nach** Erhalt *te voldoen bij, na ontvangst.*

zählbar 0.1 ***telbaar.***

zählebig 0.1 ***taai*** *⇒resistent* ◆ **1.1** ~e Pflanzen *resistente planten* **3.1** solche Gewohnheiten sind sehr ~ *zulke gewoonten zijn zeer hardnekkig.*

Zahlemann ⟨m.⟩⟨inf.; scherts.⟩ ◆ **8.¶** dann heißt es ~ und Söhne *dan is het dokken, betalen geblazen.*

zahlen 0.1 ***betalen*** *⇒afrekenen* ◆ **1.1** ⟨inf.⟩ ich mußte Strafe ~ *ik moest een boete betalen* **3.1** Herr Ober, ich möchte ~! *Ober, ik wil afrekenen!* **6.1** er zahlt immer noch **an** seinem Haus *hij betaalt, lost nog steeds op zijn huis af;* ⟨inf.⟩ das zahlt der **aus** der hohlen Hand *dat betaalt hij uit zijn vestzakje;* ⟨fig.⟩ für diesen Sprung mußte er **mit** dem Leben ~ *deze sprong moest hij met de dood bekopen.*

zählen I ⟨onov.ww.⟩ **0.1** ***tellen*** *⇒rekenen,* ***waard zijn*** ◆ **6.1** **auf** jmdn., etwas ~ *op iem., iets rekenen;* der kann nicht **bis** drei ~ *die kan geen drie, tien tellen;* ehe man **bis** drei gezählt hatte *in een oogwenk;* die Verluste zählten **nach** Millionen *de verliezen liepen in de miljoenen;* er zählte **zu** den besten Chemikern seiner Zeit *hij behoorde tot de beste chemici van zijn tijd;*
II ⟨ov.ww.⟩ **0.1** ***tellen*** *⇒rekenen* ◆ **1.1** wir ~ das Jahr 1983 *we schrijven 1983;* er zählte (ganze) siebzehn Jahre *hij was (pas) zeventien (jaar oud)* **6.1** jmdn. nicht **unter** seine Freunde, **zu** seinen Freunden ~ *iem. niet onder, tot zijn vrienden rekenen.*

Zahlenangabe ⟨v.⟩ **0.1** ***(opgave van) cijfers, getallen.***

Zahlenfolge ⟨v.⟩ **0.1** ***getallen-, cijferreeks.***

zahlenmäßig 0.1 ***numeriek, qua aantal*** ◆ **3.1** einen Vorgang ~ erläutern *een gebeuren met cijfermateriaal illustreren.*

Zahlenmaterial ⟨o.⟩ **0.1** ***cijfermateriaal.***

Zahlenreihe ⟨v.⟩ **0.1** ***getallen-, cijferreeks.***

Zahlenschloß ⟨o.⟩ **0.1** ***cijferslot.***

Zahlensystem ⟨o.⟩⟨wisk.⟩ **0.1** ***(tal)stelsel.***

Zahler ⟨m.; ~s, ~⟩ **0.1** ***betaler.***

Zähler ⟨m.; ~s, ~⟩ **0.1** ⟨wisk.⟩ ***teller*** ⟨van breuk⟩ **0.2** ⟨tech.⟩ ***teller, gas-, water-, elektriciteitsmeter*** **0.3** ⟨sp.⟩ ***punt, treffer*** ◆ **3.2** den ~ ablesen *de meterstand aflezen.*

Zählerstand ⟨m.⟩ **0.1** ***meterstand.***

Zahlkarte ⟨v.⟩ **0.1** ***stortingsbiljet.***

zahllos 0.1 ***talloos, ontelbaar.***

Zählmaß ⟨o.⟩ **0.1** ***rekeneenheid.***

Zahlmeister ⟨m.⟩ **0.1** ***betaalmeester*** ⇒⟨mil.⟩ *administrateur.*

zahlreich 0.1 ***talrijk*** ◆ **3.1** die Fachmesse wurde ~ besucht *de vakbeurs werd druk bezocht.*

Zahlschalter ⟨m.⟩ **0.1** ***loket voor geldhandelingen.***

Zahlstelle ⟨v.⟩⟨ec.⟩ **0.1** ***betaalkantoor, loket*** **0.2** ***domicilie*** ⟨bij cheque, wissel⟩.

Zahltag ⟨m.⟩ **0.1** ***betaaldag*** ⇒⟨ec.⟩ *vervaldag.*

Zahlung ⟨v.; ~, ~en⟩ **0.1** ***betaling*** ◆ **2.1** zeitlich gestaffelte ~ *gespreide betaling* **3.1** ~en vornehmen, leisten *betalingen doen, verrichten* **6.1** Anspruch **auf** ~ *een vordering tot betaling;* ~ **durch** Scheck *betaling per cheque;* einen Scheck **in** ~ geben *met een cheque betalen;* ein Auto **in** ~ geben *een auto inruilen.*

Zählung ⟨v.; ~, ~en⟩ **0.1** ***telling*** ◆ **3.1** eine ~ durchführen *een telling houden.*

Zahlungsabkommen ⟨o.⟩ **0.1** ***betalingsovereenkomst.***

Zahlungsanweisung ⟨v.⟩ **0.1** ***betalingsopdracht.***

Zahlungsaufschub ⟨m.⟩ **0.1** ***uitstel van betaling*** *⇒moratorium* ◆ **3.1** ~ beantragen *surseance van betaling aanvragen.*

Zahlungsbedingungen ⟨alleen mv.⟩ **0.1** ***betalingsvoorwaarden.***

Zahlungsbeleg ⟨m.⟩ **0.1** ***betalingsbewijs.***

Zahlungsbilanz ⟨v.⟩ **0.1** ***betalingsbalans*** ◆ **2.1** eine ausgeglichene ~ *een sluitende betalingsbalans.*

Zahlungseingang ⟨m.⟩ **0.1** ***binnengekomen/binnenkomende betaling.***

Zahlungserleichterung ⟨v.⟩ **0.1** ***betalingsfaciliteit.***

zahlungsfähig 0.1 ***solvabel, solvent*** *⇒betaalkrachtig.*

Zahlungsfrist ⟨v.⟩ **0.1** ***betalingstermijn*** ◆ **3.1** jmdm. eine ~ gewähren *iem. uitstel van betaling verlenen.*

zahlungskräftig ⟨inf.⟩ **0.1** ***betaalkrachtig.***

Zahlungsmittel ⟨o.⟩ **0.1** ***betaalmiddel.***
Zahlungssperre ⟨v.⟩ **0.1** ***stopzetting v.d. betaling*** **0.2** ***onbetaalbaarverklaring*** ⟨van cheques, wissels⟩.
Zahlungstermin ⟨m.⟩ **0.1** ***betalingstermijn, vervaldag.***
zahlungsunfähig 0.1 ***insolvent, insolvabel, niet in staat te betalen.***
zahlungsunwillig 0.1 ***niet bereid tot betaling.***
Zahlungsverkehr ⟨m.⟩ **0.1** ***betalingsverkeer*** ⇒*giro-, geldverkeer* ◆ **2.1** bargeldloser ~ *giroverkeer, giraal geldverkeer.*
zahlungswillig 0.1 ***bereid te betalen.***
Zahlungsziel ⟨o.⟩⟨ec.⟩ **0.1** ***betalingstermijn, vervaldag.***
Zählwerk ⟨o.⟩⟨tech.⟩ **0.1** ***telmechanisme, telwerk.***
Zahlwort ⟨o.; mv. ⁻̈er⟩⟨taal.⟩ **0.1** ***telwoord.***
Zahlzeichen ⟨o.⟩ **0.1** ***cijfer, getalmerk.***
zahm 0.1 ***tam, mak*** ⇒⟨fig. ook⟩ *bedaard, volgzaam, gematigd* ◆ **3.1** ⟨fig.⟩ jmdn. ~ bekommen, kriegen, machen *iem. kleinkrijgen;* ⟨fig.⟩ der Junge war schon immer sehr ~ *de jongen was altijd al erg gedwee;* ⟨fig.⟩ der Orkan wurde ~er *de orkaan bedaarde.*
zähmbar 0.1 ***tembaar*** ⇒*te temmen.*
zähmen I ⟨onov.ww.⟩ **0.1** ***temmen*** ⇒⟨fig. ook⟩ *kleinkrijgen, aan banden leggen* ◆ **1.1** ⟨fig.; schr.⟩ zähme deine Triebe, Ungeduld! *beteugel je driften, ongeduld!;*
II sich ~ ⟨wk.ww.⟩ **0.1** ***zich beheersen, zich intomen.***
Zahn ⟨m.; ~(e)s, ⁻̈e⟩ **0.1** ***tand*** ⇒⟨med. ook⟩ *kies* ◆ **2.1** ⟨inf.; scherts.⟩ meine dritten Zähne *mijn kunstgebit;* künstliche Zähne *valse tanden, kunsttanden;* ⟨inf.; fig.⟩ das reicht ja nur für den hohlen ~ *dat gaat wel in mijn holle kies;* ⟨fig.⟩ lange Zähne machen, mit langen Zähnen essen *met lange tanden eten* **3.1** ⟨fig.⟩ an dieser Aufgabe kannst du dir die Zähne ausbeißen *op deze opgave kun je je tanden stukbijten;* ⟨fig.⟩ mir klapperten die Zähne *ik klappertandde;* ⟨inf.; fig.⟩ ihm tut kein ~ mehr weh *die is de pijp uit;* ⟨inf.; fig.⟩ jmdm. den ~ ziehen *iem. zijn illusies benemen;* ⟨fig.⟩ die Zähne zusammenbeißen *de tanden op elkaar zetten* **3.¶** ⟨inf.; fig.⟩ einen (tollen) ~ draufhaben (a) *heel snel rijden* (b) *flink aan de gang, op dreef zijn;* ⟨inf.; fig.⟩ einen ~ zulegen (a) *nog meer gas geven* (b) *een schepje er bovenop doen* **6.1** ⟨inf.; fig.⟩ jmdm. **auf** den ~ fühlen *iem. aan de tand voelen;* ⟨inf.; fig.⟩ jmdn. **auf** dem ~ haben *de pik op iem. hebben;* ⟨fig.⟩ jmdn. **durch** die Zähne ziehen *iem. over de hekel halen;* er murmelte etwas **zwischen** den Zähnen *hij mompelde iets binnensmonds* **8.1** ⟨fig.⟩ eine Sache mit Zähnen und Klauen verteidigen *iets met hand en tand verdedigen.*
Zahnarzt ⟨m.⟩ **0.1** ***tandarts.***
Zahnarzthelferin ⟨v.⟩ **0.1** ***tandartsassistente.***
zahnärztlich 0.1 ***tandheelkundig, van de tandarts.***
Zahnbehandlung ⟨v.⟩ **0.1** ***tandheelkundige behandeling.***
Zahnbein ⟨o.⟩ **0.1** ***tandbeen.***
Zahnbelag ⟨m.⟩ **0.1** ***tandaanslag.***
Zahnbett ⟨o.⟩ **0.1** ***tandkas.***
Zahnbürste ⟨v.⟩ **0.1** ***tandenborstel.***
Zahncreme ⟨v.⟩ **0.1** ***tandpasta, -crème.***
Zähneklappern ⟨o.; ~s⟩ **0.1** ***het klappertanden.***
Zähneknirschen ⟨o.; ~s⟩ **0.1** ***tandengeknars*** ⟨ook fig.⟩.
zahnen 0.1 ***tanden, tanden krijgen.***
zähnen 0.1 ***tanden, van tanden voorzien.***
Zahnersatz ⟨m.⟩ **0.1** ***kunsttand, -gebit, (tand)prothese.***
Zahnfäule ⟨v.⟩ **0.1** ***tandbederf, cariës.***
Zahnfleisch ⟨o.⟩ **0.1** ***tandvlees*** ◆ **6.1** ⟨fig.⟩ **auf** dem ~ gehen *op z'n tandvlees lopen.*
Zahnfüllung ⟨v.⟩ **0.1** ***(tand)vulling, plombeersel.***
Zahnheilkunde ⟨v.⟩ **0.1** ***tandheelkunde, -kunst.***
Zahnklammer ⟨v.⟩ **0.1** ***beugel.***
Zahnklempner ⟨m.⟩⟨inf.; pej., scherts.⟩ **0.1** ***tanden-, smoelensmid.***
Zahnklinik ⟨v.⟩ **0.1** ***tandheelkundige kliniek.***
Zahnkrone ⟨v.⟩ **0.1** ***tandkroon.***
zahnlos 0.1 ***tandeloos.***
Zahnlücke ⟨v.⟩ **0.1** ***ruimte tussen de tanden.***
Zahnmedizin ⟨v.⟩ **0.1** ***tandheelkunde.***
Zahn|pasta, -paste ⟨v.⟩ **0.1** ***tandpasta.***
Zahnpflege ⟨v.⟩ **0.1** ***gebit-, tandverzorging.***
Zahnprothese ⟨v.⟩ **0.1** ***kunstgebit, -tand, (tand)prothese.***
Zahnrad ⟨o.⟩⟨tech.⟩ **0.1** ***tandrad, -wiel.***
Zahnschmelz ⟨m.⟩ **0.1** ***(tand)glazuur.***
Zahnschmerz ⟨m.⟩ **0.1** ***tand-, kiespijn.***
Zahnseide ⟨v.⟩ **0.1** ***vloszijde.***
Zahnspange ⟨v.⟩⟨med.⟩ **0.1** ***beugel.***
Zahnstange ⟨v.⟩⟨tech.⟩ **0.1** ***tandheugel, -stang.***
Zahnstein ⟨m.⟩⟨med.⟩ **0.1** ***tandsteen.***
Zahnstocher ⟨m.⟩ **0.1** ***tandenstoker.***
Zahntechniker ⟨m.⟩ **0.1** ***tandtechnicus*** ⇒*tandheelkundige.*
Zahnung ⟨v.; ~, ~en⟩ **0.1** ***tanding.***
Zahnwal ⟨m.⟩⟨biol.⟩ **0.1** ***tand(wal)vis.***
Zahnweh ⟨o.⟩⟨inf.⟩ **0.1** ***tand-, kiespijn.***
Zahnwurzel ⟨v.⟩ **0.1** ***(tand)wortel.***
Zander ⟨m.; ~s, ~⟩⟨biol.⟩ **0.1** ***snoekbaars, zander.***
Zange ⟨v.; ~, ~n⟩ **0.1** ***tang*** ⇒⟨inf.; biol. ook⟩ *schaar* **0.2** ⟨inf.⟩ ***tang (v.e. wijf), lastige vrouw*** **0.3** ⟨fig.⟩ ***tang, houdgreep*** ◆ **6.1** ⟨fig.⟩ jmdn., etwas nicht mal **mit** der ~ anfassen *iem., iets met geen tang aanpakken* **6.3** ⟨inf.⟩ jmdn. **in** der ~ haben *iem. in de houdgreep hebben, in zijn macht hebben.*
Zangen|entbindung, -geburt ⟨v.⟩⟨med.⟩ **0.1** ***tangverlossing.***
Zangengriff ⟨m.⟩ **0.1** ***handvat v.e. tang*** **0.2** ⟨sp.⟩ ***houdgreep.***
Zank ⟨m.; ~s⟩ **0.1** ***ruzie, twist*** ◆ **8.1** bei ihnen gibt es nur ~ und Streit *zij hebben voortdurend ruzie.*
Zankapfel ⟨m.⟩ **0.1** ***twistappel.***
zanken I ⟨onov.ww.⟩ **0.1** ***schelden*** ⇒*mopperen;*
II sich ~ ⟨wk.ww.⟩ **0.1** ***ruzie hebben, maken*** ⇒*onenigheid hebben* ◆ **6.1** sie zankten sich **über** den Nachlaß *zij twistten over de erfenis.*
Zankerei ⟨v.; ~, ~en⟩ **0.1** ***geruzie, getwist.***
zänkisch 0.1 ***twist-, kijfziek.***
Zäpfchen ⟨o.; ~s, ~⟩ **0.1** ***kleine tap, stop*** **0.2** ***kegeltje*** ⇒*pegeltje* **0.3** ⟨med.⟩ ***huig*** **0.4** ⟨far.⟩ ***zetpil.***
Zäpfchen-R ⟨o.; ~⟩⟨taal.⟩ **0.1** ***huig-r.***
zapfen 0.1 ***tappen*** ⇒*tanken.*
Zapfen ⟨m.; ~s, ~⟩ **0.1** ***tap, stop*** **0.2** ***kegel*** ⇒⟨ook⟩ *(ijs)pegel* **0.3** ⟨tech.⟩ ***tap, pen*** ⟨houtverbinding⟩ **0.4** ⟨tech.⟩ ***ashals*** ◆ **6.1** den ~ **in** das Weinfaß schlagen *de spon, deuvik in het wijnvat slaan* **6.¶** ⟨sold.⟩ **über** den ~ hauen, wichsen *de taptoe niet in acht nemen.*
zapfenförmig 0.1 ***kegelvormig, conisch.***
Zapfenstreich ⟨m.⟩ **0.1** ⟨mil.⟩ ***taptoe*** **0.2** ⟨inf.⟩ ***bed-, sluitingstijd.***
Zapfhahn ⟨m.⟩ **0.1** ***tap(kraan).***
Zapfsäule ⟨v.⟩ **0.1** ***benzinepomp.***
Zapfstelle ⟨v.⟩ **0.1** ***tappunt*** ⇒*hydrant, benzinepomp.*
zappelig ⟨inf.⟩ **0.1** ***onrustig*** ⇒*druk, beweeglijk* **0.2** ***onrustig, zenuwachtig*** ◆ **6.2** ~ **vor** Aufregung *zenuwachtig van opwinding.*
zappeln 0.1 ***spartelen*** ⇒*trappelen, kronkelen* ◆ **3.1** ⟨inf.; fig.⟩ er ließ ihn lange ~ *hij liet hem lang in onzekerheid, in spanning* **6.1** ~ **vor** Ungeduld *trappelen van ongeduld.*
Zappelphilipp ⟨m.; ~s, ~e of ~s⟩⟨inf.; pej.⟩ **0.1** ***woelwater, draaitol.***

zappen ⟨inf.⟩ **0.1** *zappen* ⇒*kanaalzwemmen.*
Zar ⟨m.; ~en, ~en⟩ **0.1** ***tsaar.***
Zarentum ⟨o.; ~s⟩ **0.1** ***tsarisme*** **0.2** ***het tsaar-zijn.***
Zarewitsch ⟨m.; ~(e)s, ~e⟩ **0.1** ***tsarevitsj.***
Zarge ⟨v.; ~, ~n⟩⟨vaktaal⟩ **0.1** ***kozijn, lijst*** ⇒*raamwerk, deur-, raamkozijn* **0.2** ***zijwand*** ⟨v.e. doos, kist, klankkast v.e. muziekinstrument⟩.
Zarin ⟨v.; ~, ~nen⟩ **0.1** ***tsarina.***
Zariza ⟨v.; ~, ~s of Zarizen⟩ **0.1** ***tsarina.***
zart **0.1** ***aanvallig, pril, zacht*** ⇒*jong, mals* **0.2** ***teder, gevoelig*** **0.3** ***tactvol*** ⇒*vriendelijk, voorzichtig* **0.4** ***vaag, zacht, teer*** **0.5** ***tenger, fragiel*** **0.6** ***dun, broos, fijn*** ◆ **1.1** ~es Gemüse *jonge groente;* vom ~esten Kindesalter an *van de prilste jeugd af aan;* ~es Fleisch *mals vlees* **1.2** eine ~e Berührung *een tedere aanraking* **1.3** jmdn. auf ~e Weise über etwas informieren *iem. tactvol over iets inlichten* **1.4** ein ~er Duft von frischem Heu *een lichte, aangename geur van vers hooi;* ein ~es Grün *een zacht groen;* ~e Klänge *tedere, gevoelige klanken;* jmdm. einen ~en Wink geben *iem. een stille wenk geven* **1.5** ⟨inf.; scherts.⟩ das ~e Geschlecht *het zwakke geslacht;* von ~er Gesundheit sein *een broze gezondheid hebben* **1.6** eine Tasse aus ~em Porzellan *een kopje van dun, fijn porselein;* ~e Schokolade *zachte, fijne chocolade* **3.2** nicht gerade ~ mit jmdm. umgehen *niet bepaald zachtzinnig met iem. omgaan* **3.4** der Film deutete dies nur ~ an *de film gaf, duidde dit slechts vaag aan.*
zartbesaitet ⟨vaak scherts.⟩ **0.1** ***fijnbesnaard*** ⇒*sensibel.*
zartbitter **0.1** ***puur*** ⟨van chocolade⟩.
zartblau **0.1** ***zachtblauw.***
zartfühlend **0.1** ***kies, tactvol*** **0.2** ***fijn-, teergevoelig.***
zartgliedrig **0.1** ***met tengere, graciele leden.***
Zartheit ⟨v.; ~, ~en⟩ **0.1** ***te(d)erheid, zachtheid*** ⇒*fijn-, teergevoeligheid.*
zärtlich **0.1** ***teder, liefdevol, liefkozend*** ◆ **1.1** jmdm. in ~er Liebe zugetan sein *iem. teder beminnen* **6.1** ~ **mit, zu** jmdm. sein *teder zijn voor iem.*
Zärtlichkeit ⟨v.; ~, ~en⟩ **0.1** ***tederheid*** ⇒*liefde* **0.2** ***liefkozing*** ⇒*lieve woordjes* ◆ **3.2** sie tauschten ~en aus *zij liefkoosden elkaar;* jmdm. ~en erweisen *iem. liefkozen.*
Zaster ⟨m.; ~s, ~⟩⟨inf.⟩ **0.1** ***poen, duiten*** ⇒*geld.*
Zäsur ⟨v.; ~, ~en⟩ **0.1** ⟨lit., muz.⟩ ***cesuur, rustpunt*** **0.2** ⟨schr.; fig.⟩ ***keerpunt, markant punt*** ◆ **2.2** eine historische ~ *een keerpunt in de geschiedenis.*
Zauber ⟨m.; ~s, ~⟩ **0.1** ***tovenarij, toverkunst*** ⇒*magie* **0.2** ***betovering, bekoring*** **0.3** ***toverkracht, -werking*** **0.4** ***drukte, ophef*** **0.5** ***(waardeloze) rommel*** ◆ **2.1** ⟨inf.; pej.⟩ fauler ~ *boerenbedrog, oplichterij* **3.2** ⟨fig.⟩ er erlag ihrem ~ *hij raakte in haar ban* **3.4** mach doch nicht so einen ~! *maak toch niet zo'n drukte!* **3.¶** ⟨inf.; fig.⟩ den ~ kenne ich schon! *dat ken, weet ik al!* **6.1** ⟨fig.⟩ wie **durch** einen ~ verschwunden *als bij toverslag verdwenen.*
Zauberbann ⟨m.⟩⟨schr.⟩ **0.1** ***betovering, ban.***
Zauberei ⟨v.; ~, ~en⟩ **0.1** ***tovenarij, toverkunst*** ⇒*hekserij, magie* **0.2** ***goocheltoer.***
Zauberer ⟨m.; ~s, ~⟩ **0.1** ***tovenaar, magiër*** **0.2** ***goochelaar.***
Zauberformel ⟨v.⟩ **0.1** ***toverformule, -spreuk*** ⇒⟨fig. ook⟩ *pasklare oplossing.*
zauberhaft **0.1** ***betoverend, prachtig*** ◆ **1.1** ein ~es Brautkleid *een betoverende bruidsjurk.*
Zauberhand ⟨v.⟩ **0.1** ***toverende hand*** ⇒⟨fig.⟩ *toverslag* ◆ **6.1** ⟨fig.⟩ wie **durch, von** ~ *als bij toverslag.*
Zauberin ⟨v.; ~, ~nen⟩ **0.1** ***tovenares, tovenaarster*** ⇒*heks* **0.2** ***goochelaarster.***
Zauberkraft ⟨v.⟩ **0.1** ***toverkracht*** ⇒*toverwerking.*
Zauberkunst ⟨v.⟩ **0.1** ***goochelkunst*** **0.2** ***toverkunst.***
Zauberkünstler ⟨m.⟩ **0.1** ***goochelaar, illusionist.***
Zaubermittel ⟨o.⟩ **0.1** ***tovermiddel*** ⇒⟨ook⟩ *hulpmiddel bij het toveren.*
zaubern **0.1** ***toveren*** ⇒*heksen, goochelen.*
Zauberschlag ⟨m.⟩ **0.1** ***toverslag*** ⟨ook fig.⟩ ◆ **6.1** ⟨fig.⟩ wie **durch** einen ~ *als bij toverslag.*
Zauberspruch ⟨m.⟩ **0.1** ***toverspreuk.***
Zauberstab ⟨m.⟩ **0.1** ***toverstaf.***
Zaubertrank ⟨m.⟩ **0.1** ***toverdrank*** ⇒*elixer.*
Zaubertrick ⟨m.⟩ **0.1** ***goocheltoer, -kunst(je).***
Zauberwürfel ⟨m.⟩ **0.1** ***magische kubus.***
zaudern **0.1** ***talmen, dralen*** ⇒*aarzelen* ◆ **4.1** da hilft kein Zaudern! *niet geaarzeld!, kom op!*
Zaum ⟨m.; ~(e)s, ~̈e⟩ **0.1** ***toom, hoofdstel*** ◆ **6.1** ⟨fig.⟩ jmdn., sich **im** ~ halten *iem., zich in toom houden.*
zäumen **0.1** ***tomen, het hoofdstel aanleggen.***
Zaumzeug ⟨o.⟩ **0.1** ***toom, hoofdstel.***
Zaun ⟨m.; ~(e)s, ~̈e⟩ **0.1** ***omheining, hek*** ⇒*afrastering* ◆ **2.1** ein lebender ~ *een haag, heg* **6.1** ⟨fig.⟩ etwas **vom** ~ brechen (a) *iets improviseren* (b) *onverwachts met iets beginnen.*
Zauneidechse ⟨v.⟩⟨biol.⟩ **0.1** ***duin-, zandhagedis.***
Zaungast ⟨m.⟩ **0.1** ***hek-, kantlid*** ⇒⟨fig.⟩ *buitenstaander* ◆ **3.1** ⟨fig.⟩ ich wollte da nicht nur ~ sein *ik wilde daar niet alleen maar passief toekijken.*
Zaunkönig ⟨m.⟩⟨biol.⟩ **0.1** ***tuin-, winterkoninkje.***
Zaunpfahl ⟨m.⟩ **0.1** ***hekpaal, paal v.e. afrastering.***
Zaunrebe ⟨v.⟩⟨inf.; plantk.⟩ **0.1** ***klimplant*** ⇒*heggenrank.*
Zaunwinde ⟨v.⟩⟨plantk.⟩ **0.1** ***haagwinde.***
zausen **I** ⟨onov.ww.⟩ **0.1** ***krieuwelen;***
II ⟨ov.ww.⟩ **0.1** ***trekken, plukken*** ⇒*in de war brengen* ◆ **1.1** jmdm. die Haare ~ *iemands haren in de war brengen* **1.¶** die Krise hat unser Land arg gezaust *de crisis heeft ons land zwaar getroffen.*
z.B. ⟨afk.⟩ [zum Beispiel].
z.d.A. ⟨afk.⟩ [zu den Akten].
ZDF ⟨o.; ~⟩⟨afk.⟩ [Zweites Deutsches Fernsehen].
Zebra ⟨o.; ~s, ~s⟩⟨biol.⟩ **0.1** ***zebra.***
Zebrastreifen ⟨m.⟩⟨verk.⟩ **0.1** ***zebra(pad).***
Zebu ⟨m. & o.; ~s, ~s⟩⟨biol.⟩ **0.1** ***zeboe.***
Zechbruder ⟨m.⟩⟨inf.; vaak pej.⟩ **0.1** ***drinker, drinkebroer.***
Zeche ⟨v.; ~, ~n⟩ **0.1** ***gelag, vertering*** **0.2** ⟨mijnw.⟩ ***mijn*** ⇒ *kolen-, ertsmijn* ◆ **3.1** die ~ (be)zahlen ⟨ook fig.⟩ *het gelag betalen;* ⟨inf.⟩ die ~ prellen *vertrekken zonder zijn vertering te betalen.*
zechen ⟨inf.⟩ **0.1** ***pimpelen*** ⇒*fuiven.*
Zechenstillegung ⟨v.⟩ **0.1** ***mijnsluiting.***
Zecher ⟨m.; ~s, ~⟩⟨inf.⟩ **0.1** ***drinker, drinkebroer.***
Zechgelage ⟨o.⟩ **0.1** ***drinkgelag.***
Zechkumpan ⟨m.⟩⟨inf.; vaak pej.⟩ **0.1** ***zuipvriend*** ⇒*kroegkameraad.*
Zechtour ⟨v.⟩ **0.1** ***kroegentocht.***
Zecke ⟨v.; ~, ~n⟩⟨biol.⟩ **0.1** ***teek*** ⇒*mijt.*
Zedent ⟨m.; ~en, ~en⟩⟨jur.⟩ **0.1** ***cedent, overdrager v.e. vordering.***
Zeder ⟨v.; ~, ~n⟩ **0.1** ***ceder(boom, -hout).***
Zeh ⟨m.; ~s, ~en⟩ →**Zehe.**
Zehe ⟨v.; ~, ~n⟩ **0.1** ***teen*** **0.2** ***teentje*** ⟨van knoflook⟩ ◆ **6.1** jmdn., jmdm. **auf** die ~n treten (a) ⟨ook fig.⟩ *iem. op de tenen trappen* (b) ⟨fig.⟩ *iem. tot spoed aanzetten.*
Zehengänger ⟨m.⟩⟨biol.⟩ **0.1** ***teenganger.***
Zehenspitze ⟨v.⟩ **0.1** ***punt v.d. teen*** ◆ **6.1** **auf** (den) ~n gehen *op kousenvoeten lopen.*

zehn 0.1 ***tien.***
zehn- →**meer samenstellingen bij drei-.**
Zehn ⟨v.; ~, ~en⟩ **0.1** ***tien*** ⟨getal, cijfer⟩ **0.2** ***lijn tien*** ⟨tram⟩.
Zehner ⟨m.; ~s, ~⟩ **0.1** ***tiental*** ⇒*tien* **0.2** ⟨inf.⟩ ***biljet van tien mark; muntje van tien pfennig*** **0.3** ⟨inf.⟩ ***lijn tien*** ⟨tram⟩.
Zehnerbruch ⟨m.⟩⟨wisk.⟩ **0.1** ***decimale breuk.***
Zehnerkarte ⟨v.⟩ **0.1** ***biljet voor tien ritten, voorstellingen, concerten*** ⇒*tienrittenkaart.*
Zehnerpackung ⟨v.⟩ **0.1** ***pakje van tien*** ⟨vooral sigaretten⟩.
Zehnersystem ⟨o.⟩⟨wisk.⟩ **0.1** ***decimaal, tientallig stelsel.***
Zehnfingersystem ⟨o.⟩ **0.1** ***tienvingersysteem.***
Zehnkampf ⟨m.⟩⟨sp.⟩ **0.1** ***tienkamp.***
zehnt ◆ **6.¶ zu** ~ *met (z'n) tienen.*
Zehnt ⟨m.; ~en, ~en⟩⟨gesch., jur.⟩ **0.1** ***tiend(e)*** ⟨heffing⟩.
zehntausend 0.1 ***tienduizend*** ◆ **2.1** die oberen Zehntausend *de upper ten, de hoogste kringen.*
zehnte 0.1 ***tiende.***
Zehntel ⟨o.; ~s, ~⟩ **0.1** ***tiende (deel).***
zehntens 0.1 ***ten tiende*** ⇒*in, op de tiende plaats.*
Zehntrecht ⟨o.⟩⟨gesch., jur.⟩ **0.1** ***tiendrecht.***
zehren 0.1 ***teren*** ⇒*knagen, ondermijnen* ◆ **1.1** ⟨schr.; fig.⟩ ein ~des Heimweh *een knagend heimwee;* dieses Klima zehrt *dit klimaat vergt veel van je lichaam* **6.1** ⟨fig.⟩ **von** seinem früheren Ruhm ~ *op zijn vroegere roem teren;* noch lange **von** seinem Urlaub ~ *nog lang nagenieten van zijn vakantie.*
Zeichen ⟨o.; ~s, ~⟩ **0.1** ***teken*** ⇒*symbool* **0.2** ***teken, signaal*** ⇒*symptoom* ◆ **1.1** das ~ dieser Firma *het merkteken van deze firma* **1.2** die ersten ~ dieser Krankheit *de eerste symptomen van deze ziekte* **3.1** ⟨fig.⟩ das hat (ein) ~ gesetzt *dat is richtinggevend (geweest)* **3.2** wenn nicht alle ~ trügen *als de voortekenen niet bedriegen* **4.1** ⟨adm.⟩ Ihr, unser ~ *uw, ons kenmerk;* Schuster seines ~s *schoenmaker van beroep* **6.1** jmdn. **mit** allen ~ der Hochachtung empfangen *iem. met alle egards ontvangen;* **zum** ~ meiner Dankbarkeit *ten teken, als blijk van mijn dankbaarheid.*
Zeichenblock ⟨m.; mv. ~s of ~̈e⟩ **0.1** ***teken-, schetsblok.***
Zeichenerklärung ⟨v.⟩ **0.1** ***legende, verklaring der tekens.***
Zeichengeld ⟨o.⟩⟨ec.⟩ **0.1** ***teken-, staatsgeld.***
Zeichenmaterial ⟨o.⟩ **0.1** ***tekenmateriaal, -benodigdheden.***
Zeichenschutz ⟨m.⟩⟨jur.⟩ **0.1** ***bescherming v.h. merkenrecht.***
Zeichensetzung ⟨v.⟩ **0.1** ***interpunctie.***
Zeichensprache ⟨v.⟩ **0.1** ***gebarentaal.***
Zeichenstift ⟨m.⟩ **0.1** ***tekenpotlood.***
Zeichentrickfilm ⟨m.⟩ **0.1** ***tekenfilm.***
Zeichenunterricht ⟨m.⟩ **0.1** ***tekenonderwijs, -les.***
Zeichenwinkel ⟨m.⟩ **0.1** ⟨soort⟩ ***tekendriehoek.***
zeichnen 0.1 ***tekenen*** ⇒*afbeelden, schetsen,* ⟨fig.⟩ *beschrijven* **0.2** ***(onder)tekenen*** **0.3** ***(brand)merken*** ◆ **1.2** ⟨ec.⟩ Aktien, eine Anleihe ~ *op aandelen, een lening intekenen* **6.2** er zeichnete **für** diesen Artikel *hij ondertekende, was de auteur van dit artikel* **6.3** die Leute sehen ihn **für** gezeichnet an *de mensen beschouwen hem als gebrandmerkt;* ⟨schr.; fig.⟩ **vom** Tode gezeichnet sein *met de dood op zijn gezicht lopen.*
Zeichner ⟨m.; ~s, ~⟩ **0.1** ***tekenaar*** **0.2** ***onder-, intekenaar.***
zeichnerisch 0.1 ***het tekenen betreffend, grafisch*** ◆ **1.1** seine ~en Talente *zijn tekentalenten.*
Zeichnung ⟨v.; ~, ~en⟩ **0.1** ***tekening, afbeelding*** ⇒*schets,* ⟨fig.⟩ *beschrijving* **0.2** ***(onder)tekening*** ◆ **6.1** ⟨fig.⟩ die ~ **durch** das Leben *het getekend-zijn door het leven* **6.2** die Anleihe **zur** ~ auflegen *de intekening op een lening openstellen.*
zeichnungsberechtigt ⟨ec.⟩ **0.1** ***bevoegd tot ondertekenen*** ⇒*procuratie houdend, hebbend.*
Zeichnungsfrist ⟨v.⟩⟨ec.⟩ **0.1** ***intekentermijn.***
Zeigefinger ⟨m.⟩ **0.1** ***wijsvinger.***
zeigen I ⟨onov.ww.⟩ **0.1** ***(aan)wijzen*** ⇒*aangeven, aanduiden* ◆ **6.1** die Zeugin zeigte **auf** den Täter *de getuige wees naar de dader;* der Zeiger zeigt **auf** hundert Volt *de naald geeft honderd volt aan;*
II ⟨ov.ww.⟩ **0.1** ***(ver)tonen, laten zien, wijzen*** ⇒*uiten, doen blijken* ◆ **1.1** seinen Ärger ~ *zijn ergernis laten merken;* das Thermometer zeigte siebzehn Grad *de thermometer stond op zeventien graden;* jmdm. den Weg ~ *iem. de weg wijzen* **4.1** dem werde ich's ~! (a) *die zal ik krijgen!* (b) *die zal nog opkijken!;* was zeigt die Waage? *wat geeft de weegschaal aan?;*
III sich ~ ⟨wk.ww.⟩ **0.1** ***zich (ver)tonen, laten zien*** ⇒*blijken* ◆ **3.1** ich zeigte mich ihm sehr erkenntlich *ik toonde mij zeer erkentelijk tegenover hem;* sich jmdm. gefällig ~ *vriendelijk, aardig voor iem. zijn;* ich zeigte mich seinem Plan gewogen *ik stond welwillend tegenover zijn plan* **6.1 am** Horizont zeigten sich die ersten Wolken *aan de horizon verschenen de eerste wolken;* sich **in** seiner wahren Gestalt ~ *zijn ware aard, gezicht laten zien* **8.1** er zeigte sich als schlechter Verlierer *hij toonde zich een slecht verliezer;* es zeigte sich, daß ... *het bleek dat ...*
Zeiger ⟨m.; ~s, ~⟩ **0.1** ***wijzer*** ⟨van klok e.d.⟩, ***naald*** ⟨van meetinstrumenten⟩ ◆ **3.1** der ~ rückt auf zehn *de wijzer loopt naar de tien.*
Zeigestock ⟨m.⟩ **0.1** ***aanwijsstok.***
zeihen ⟨→t190⟩⟨schr.⟩ **0.1** ***betichten, beschuldigen*** ◆ **1.1** jmdn. des Diebstahls ~ *iem. van diefstal betichten.*
Zeile ⟨v.; ~, ~n⟩ **0.1** ***regel*** **0.2** ***rij*** ⟨huizen, bomen, groente⟩ **0.3** ⟨com.⟩ ***(beeld)lijn*** ◆ **6.1** ein Buch **bis zur** letzten ~ lesen *een boek tot de laatste regel lezen;* ⟨fig.⟩ **zwischen** den ~n lesen *tussen de regels door lezen.*
Zeilenabstand ⟨m.⟩ **0.1** ***regelafstand.***
Zeilenbau ⟨m.⟩ **0.1** ***rijenbouw.***
Zeilendorf ⟨o.⟩ **0.1** ***dorp met lintbebouwing.***
Zeileneinsteller ⟨m.⟩ **0.1** ***regelinsteller.***
Zeilenhaus ⟨o.⟩ **0.1** ***rijtjeshuis.***
Zeilenhonorar ⟨o.⟩ **0.1** ***betaling, honorarium per regel.***
Zeilensteller ⟨m.⟩ **0.1** ***regelinsteller.***
zeilenweise 0.1 ***regel voor regel.***
Zeisig ⟨m.; ~s, ~e⟩ **0.1** ***sijsje.***
zeit ⟨vz. + 2⟩ **0.1** ***tijdens, gedurende*** ◆ **1.1** ~ meines Lebens *mijn hele leven.*
Zeit ⟨v.; ~, ~en⟩ **0.1** ***tijd*** ⇒*tijdstip, tijdperk, periode* ◆ **2.1** ⟨fig.⟩ goldenen ~en entgegensehen ⟨ook iron.⟩ *een gouden toekomst tegemoet gaan;* auf längere ~ verreisen *voor vrij lange tijd op reis gaan;* (ach) du liebe ~! *heremijntijd!, lieve hemel!* **3.1** ⟨sp.⟩ die ~ abnehmen *de tijd nemen, klokken;* eine ~ festsetzen *een tijdstip vaststellen;* ihre ~ war gekommen (a) *het was haar tijd* (b) *zij moest bevallen;* laß dir ~! *neem er de tijd voor!;* ⟨boksen⟩ er mußte ~ nehmen *hij moest zich tot negen laten uittellen;* ⟨fig.⟩ die ~ zurückdrehen *de klok terugdraaien* **6.1 an** gewissen ~en *op bepaalde tijden;* es ist **an** der ~, etwas zu unternehmen *het is tijd iets te ondernemen;* er ist Beamter **auf** ~ *hij is ambtenaar in tijdelijke dienst;* **auf** lange ~ *voor (een) lange tijd;* ⟨inf.⟩ ich habe genug **für** alle ~en *ik heb voor altijd, voor mijn hele leven genoeg;* ⟨schr.⟩ **für** ~ und Ewigkeit *voor altijd en eeuwig;* **in** alten, ⟨schr.⟩ **vor** alten ~en *lang geleden;* **in** nächster ~ *binnenkort;* **mit** der ~ gehen *met zijn tijd meegaan;* **mit** der ~ gewöhnt man sich daran *mettertijd raak je eraan gewend;* zwei Wochen **über** die ~ *twee weken*

over de termijn; **um** diese ~ sollte er schon schlafen *op dit uur moest hij eigenlijk al slapen;* **um** welche ~? *hoe laat?;* ⟨schr.⟩ **vor** ~en *lang geleden;* das Baby kam **vor** der ~ *de baby kwam te vroeg;* **vor** grauen ~en *in het grijze, grauwe verleden;* **zu** ~en meines Urgroßvaters *in de tijd van mijn overgrootvader;* **zu** aller ~, zu allen ~en *altijd, te allen tijde;* **zu** bestimmten ~en *op gezette tijden;* **zu** der ~ war ich außer Landes *in die tijd was ik in het buitenland;* **zu** gegebener ~ *te zijner tijd;* **zu** jeder ~ *te allen tijde, altijd;* **zu** seiner ~ *in zijn tijd, toen hij nog leefde;* **zur** ~ *op het ogenblik, momenteel;* **zur** rechten ~ *op het juiste ogenblik* **¶.1** ⟨sprw.⟩ alles zu seiner ~ *alles op zijn tijd;* ⟨sprw.⟩ mit der ~ pflückt man Rosen *de tijd baart rozen;* ⟨sprw.⟩ wer nicht kommt zur rechten ~, der bekommt, was übrig bleibt *wie niet past op zijn tijd, die is zijn maaltijd kwijt.*

Zeitablauf ⟨m.⟩ **0.1** ***tijdsverloop.***

Zeitabschnitt ⟨m.⟩ **0.1** ***tijdruimte, periode.***

Zeitabstand ⟨m.⟩ **0.1** ***tussentijd, -poos.***

Zeitalter ⟨o.⟩ **0.1** ***tijdperk*** ◆ **2.1** das Goldene, Saturnische ~ *de gouden eeuw, de saturnische tijd.*

Zeitangabe ⟨v.⟩ **0.1** ***tijdaanduiding*** *⇒tijdsein.*

Zeitansage ⟨v.⟩ **0.1** ***tijdmelding.***

Zeitarbeit ⟨v.⟩ **0.1** ***uitzendwerk*** **0.2** ***tijdelijk werk.***

Zeitarbeitnehmer ⟨m.⟩ **0.1** ***uitzendkracht.***

Zeitarbeitsfirma ⟨v.⟩ **0.1** ***uitzendbureau.***

Zeitarbeitskraft ⟨v.⟩ **0.1** ***uitzendkracht.***

Zeitaufnahme ⟨v.⟩⟨foto.⟩ **0.1** ***tijdopname.***

Zeitaufwand ⟨m.⟩ **0.1** ***geïnvesteerde, te investeren tijd.***

zeitaufwendig **0.1** ***tijdrovend.***

zeitbedingt **0.1** ***door de tijd(somstandigheden) bepaald.***

Zeitbegriff ⟨m.⟩ **0.1** ***tijdsbesef, begrip van tijd.***

Zeitbild ⟨o.⟩ **0.1** ***tijdsbeeld.***

Zeitdruck ⟨m.⟩ **0.1** ***tijdnood, -gebrek*** ◆ **6.1** **unter** ~ arbeiten *tegen de klok werken;* **unter** ~ stehen *in tijdnood zitten.*

Zeiterscheinung ⟨v.⟩ **0.1** ***tijdverschijnsel.***

Zeitersparnis ⟨v.⟩ **0.1** ***tijdsbesparing, tijdwinst.***

Zeitfahren ⟨o.; ~s, ~⟩⟨sp.⟩ **0.1** ***tijdrit.***

Zeitfolge ⟨v.⟩ **0.1** ***tijdsorde, chronologie.***

Zeitform ⟨v.⟩⟨taal.⟩ **0.1** ***tijdvorm, tempus.***

Zeitfrage ⟨v.⟩ **0.1** ***actuele zaak, kwestie*** **0.2** ***kwestie van tijd.***

Zeitgeist ⟨m.⟩ **0.1** ***tijdgeest.***

zeitgemäß **0.1** ***bij een bepaalde tijd passend, actueel*** *⇒ van deze tijd.*

Zeitgenosse ⟨m.⟩ **0.1** ***tijdgenoot.***

zeitgenössisch **0.1** ***v.e. tijdgenoot, van tijdgenoten*** *⇒hedendaags, contemporain* ◆ **1.1** ~e Biographien über Koch *door tijdgenoten geschreven biografieën over Koch;* ~e Kunst *hedendaagse, moderne kunst.*

zeitgerecht **0.1** ***bij de tijd passend*** *⇒modern.*

Zeitgeschäft ⟨o.⟩⟨ec.⟩ **0.1** ***termijn-, tijdaffaire.***

Zeitgeschehen ⟨o.⟩ **0.1** ***actuele gebeurtenis(sen).***

Zeitgeschichte ⟨v.⟩ **0.1** ***contemporaine, nieuwste geschiedenis.***

Zeitgewinn ⟨m.⟩ **0.1** ***tijdwinst.***

zeitgleich **0.1** ***gelijktijdig*** *⇒synchroon.*

zeitig **0.1** ***vroeg(tijdig)*** ◆ **1.1** am ~en Abend *vroeg op de avond;* ein ~er Frühling *een vroege lente.*

zeitigen ⟨schr.⟩ **0.1** ***veroorzaken, ten gevolge hebben*** *⇒opleveren* ◆ **1.1** Ergebnisse ~ *resultaten opleveren;* ⟨fig.⟩ dies zeitigt Früchte *dit werpt vruchten af.*

Zeitkarte ⟨v.⟩⟨verk.⟩ **0.1** ⟨voor een bepaalde tijd geldig⟩ ***abonnement, kaart.***

Zeitkritik ⟨v.⟩ **0.1** ***kritiek op de tijdsomstandigheden, op actuele gebeurtenissen.***

Zeitlang ⟨v.⟩ ◆ **7.¶** eine ~ *een tijdlang, een poos(je).*

zeitlebens **0.1** ***een heel leven lang.***

zeitlich **0.1** ***tijdelijk, de tijd betreffend*** *⇒chronologisch* **0.2** ***tijdelijk, vergankelijk*** ◆ **1.1** in kurzem ~em Abstand *met korte tussentijd;* die ~e Abstimmung *het instellen op de juiste tijd* **3.1** ~ befristet sein *van tijdelijke aard zijn* **3.2** ⟨euf.; ook scherts.⟩ das Zeitliche segnen *het tijdelijke met het eeuwige verwisselen.*

zeitlos **0.1** ***tijdeloos*** *⇒niet aan mode onderhevig.*

Zeitlupe ⟨v.⟩⟨film.⟩ **0.1** ***slow motion.***

Zeitlupenaufnahme ⟨v.⟩⟨film.⟩ **0.1** ***vertraagde opname.***

Zeitmaß ⟨o.⟩ **0.1** ***tijdmaat*** *⇒tempo.*

Zeitmesser ⟨m.⟩ **0.1** ***tijd-, chronometer.***

zeitnah(e) **0.1** ***bij de tijd, hedendaags.***

Zeitpersonal ⟨o.⟩ **0.1** ***tijdelijk personeel.***

Zeitplan ⟨m.⟩ **0.1** ***tijdschema.***

Zeitproblem ⟨o.⟩ **0.1** ***actueel probleem.***

Zeitpunkt ⟨m.⟩ **0.1** ***tijdstip, moment*** ◆ **6.1** der ~, **in** dem, **zu** dem ... *het tijdstip waarop, dat ...;* **zu** diesem ~ *op dat moment.*

Zeitraffer ⟨m.; ~s⟩⟨film.⟩ **0.1** ***versnelde weergave*** ⇒⟨vaktaal⟩ *quick motion.*

zeitraubend **0.1** ***tijdrovend.***

Zeitraum ⟨m.⟩ **0.1** ***periode, tijdsbestek.***

Zeitrechnung ⟨v.⟩ **0.1** ***tijdrekening, chronologie*** *⇒jaartelling* **0.2** ***tijdberekening*** ◆ **6.1** im Jahre vierzig **nach, vor** unserer ~ *in het jaar veertig na, vóór Christus, onze jaartelling.*

Zeitroman ⟨m.⟩ **0.1** ***tijdroman.***

Zeitschaltuhr ⟨v.⟩ **0.1** ***schakelklok.***

Zeitschrift ⟨v.⟩ **0.1** ***tijdschrift, periodiek.***

Zeitsinn ⟨m.⟩ **0.1** ***tijdsbesef*** *⇒gevoel voor tijd.*

Zeitspanne ⟨v.⟩ **0.1** ***periode, tijdsbestek.***

Zeittafel ⟨v.⟩ **0.1** ***tijdtafel, chronologische tabel.***

Zeittakt ⟨m.⟩⟨com.⟩ **0.1** ***telimpuls*** ⟨bij tijdtariefgesprek⟩.

Zeitung ⟨v.; ~, ~en⟩ **0.1** ***krant, dagblad*** ◆ **3.1** eine ~ beziehen, halten *op een krant geabonneerd zijn* **6.1** etwas **durch** die ~ suchen *iets via (een advertentie in) de krant zoeken.*

Zeitungsablage ⟨v.⟩ **0.1** ***krantenbak, -rek, -hanger.***

Zeitungs|annonce, -anzeige ⟨v.⟩ **0.1** ***kranten-, dagbladadvertentie.***

Zeitungsartikel ⟨m.⟩ **0.1** ***krantenartikel.***

Zeitungsausschnitt ⟨m.⟩ **0.1** ***krantenknipsel.***

Zeitungsausträger ⟨m.⟩ **0.1** ***krantenbezorger.***

Zeitungsbericht ⟨m.⟩ **0.1** ***krantenbericht.***

Zeitungsente ⟨v.⟩⟨inf.⟩ **0.1** ***canard*** *⇒krantenleugen.*

Zeitungsfritze ⟨m.⟩⟨inf.; pej.⟩ **0.1** ***krantenschrijver, journalist.***

Zeitungshalter ⟨m.⟩ **0.1** ***krantenhanger.***

Zeitungsinserat ⟨o.⟩ **0.1** ***kranten-, dagbladadvertentie.***

Zeitungsleser ⟨m.⟩ **0.1** ***krantenlezer.***

Zeitungsmeldung ⟨v.⟩ **0.1** ***krantenbericht.***

Zeitungsroman ⟨m.⟩ **0.1** ***vervolgroman in een krant.***

Zeitungsständer ⟨m.⟩ **0.1** ***krantenrek.***

Zeitungsstil ⟨m.⟩ **0.1** ***krantenstijl, journalistieke stijl.***

Zeitungswesen ⟨o.⟩ **0.1** ***dagbladwezen*** *⇒pers(wezen), journalistiek.*

Zeitungswissenschaft ⟨v.⟩ **0.1** ***perswetenschap, journalistiek.***

Zeitunterschied ⟨m.⟩ **0.1** ***tijd(s)verschil.***

Zeitverhältnisse ⟨alleen mv.⟩ **0.1** ***tijdsomstandigheden.***

Zeitverschwendung ⟨v.⟩ **0.1** ***tijdverspilling.***

Zeitvertreib ⟨m.; ~e⟩ **0.1** ***tijdverdrijf.***

Zeitwaage ⟨v.⟩⟨tech.⟩ **0.1** ***elektronische chronograaf.***

zeitweilig 0.1 ***tijdelijk*** ⇒*voorlopig* ◆ 2.1 ⟨bw.⟩ er ist ~ unzurechnungsfähig *hij is bij tijd en wijle ontoerekeningsvatbaar.*

zeitweise 0.1 ***tijdelijk*** ⇒*voor enige tijd* **0.2** ***soms, af en toe*** ◆ **3.1** der Flugverkehr wurde ~ eingestellt *het vliegverkeer werd tijdelijk gestaakt.*

Zeitwende ⟨v.⟩ **0.1** ***begin van de christelijke jaartelling*** **0.2** ***overgang, keerpunt in de geschiedenis*** ◆ **6.2** die ~ **von** der Antike zum Mittelalter *de overgang van de klassieke Oudheid naar de Middeleeuwen.*

Zeitwert ⟨m.⟩ **0.1** ⟨ec.⟩ ***dagwaarde*** **0.2** ⟨muz.⟩ ***maat, toonduur.***

Zeitwort ⟨o.; mv. ⁻er⟩⟨taal.⟩ **0.1** ***werkwoord.***

Zeitzeichen ⟨o.⟩⟨com.⟩ **0.1** ***tijdsein, -signaal.***

Zeit-Zonen-Tarif ⟨m.⟩⟨com.⟩ **0.1** ***tijdzonetarief.***

Zeitzünder ⟨m.⟩ **0.1** ***tijdontsteker, -buis.***

zelebrieren **0.1** ⟨rel.⟩ ***celebreren, opdragen*** **0.2** ⟨schr.; vaak iron.⟩ ***plechtig doen, vieren.***

Zellatmung ⟨v.⟩⟨biol., med.⟩ **0.1** ***celstofwisseling.***

Zellbau ⟨m.⟩⟨biol.⟩ **0.1** ***celstructuur.***

Zelle ⟨v.; ~, ~n⟩ **0.1** ***cel*** ◆ **2.1** eine lichtelektrische ~ *een fotocel.*

Zellgewebe ⟨o.⟩ **0.1** ***celweefsel.***

zellig **0.1** ***cellig, celachtig.***

Zellophan ⟨o.; ~s⟩ **0.1** ***cellofaan.***

Zellstoff ⟨m.⟩ **0.1** ***celstof*** ⇒*cellulose.*

Zellteilung ⟨v.⟩ **0.1** ***celdeling.***

zellu|lar, -lär **0.1** ***cellulair.***

Zelluloid ⟨o.; ~(e)s⟩ **0.1** ***celluloid*** **0.2** ⟨jargon⟩ ***film.***

Zellwolle ⟨v.⟩ **0.1** ***celwol, -vezel.***

Zelot ⟨m.; ~en, ~en⟩ **0.1** ***zeloot*** ⇒*fanaticus.*

Zelt ⟨o.; ~(e)s, ~e⟩ **0.1** ***tent*** ◆ **2.1** ⟨schr.⟩ das himmlische ~ *het hemelgewelf* **3.1** ⟨fig.; meestal scherts.⟩ er hat seine ~e wieder abgebrochen *hij is weer vertrokken, verhuisd;* ⟨fig.; meestal scherts.⟩ seine ~e irgendwo aufschlagen *zijn tenten ergens opslaan.*

Zeltbahn ⟨v.⟩ **0.1** ***tentdoek, -zeil.***

Zeltdach ⟨o.⟩⟨bouwk.⟩ **0.1** ***tentdak.***

zelten **0.1** ***kamperen.***

Zeltlager ⟨o.⟩ **0.1** ***tentenkamp.***

Zeltler ⟨m.⟩ **0.1** ***kampeerder.***

Zeltpflock ⟨m.⟩ **0.1** ***(tent)haring.***

Zeltplane ⟨v.⟩ **0.1** ***tentzeil.***

Zeltplatz ⟨m.⟩ **0.1** ***kampeerplaats.***

Zeltstange ⟨v.⟩ **0.1** ***tentstok.***

Zement ⟨m.; ~(e)s, ~e⟩⟨med., tech.⟩ **0.1** ***cement.***

Zementbahn ⟨v.⟩⟨sp.⟩ **0.1** ***betonbaan, -piste.***

zementen **0.1** ***cementen, betonnen.***

zementieren **0.1** ***cementeren*** **0.2** ***carboneren*** ⟨van metaal⟩ **0.3** ⟨schr.; pej.⟩ ***blijvend onwrikbaar maken.***

Zementwerk ⟨o.⟩ **0.1** ***cementfabriek.***

Zen ⟨o.; ~(s)⟩ **0.1** ***zen(boeddhisme).***

Zenit ⟨m.; ~(e)s⟩ **0.1** ***zenit, hoogste punt*** ⇒⟨fig.⟩ *hoogtepunt* ◆ **6.1** ⟨fig.⟩ **im** ~ seiner Laufbahn *op het hoogtepunt van zijn loopbaan.*

zensieren **0.1** ***censureren*** **0.2** ⟨school.⟩ ***beoordelen, cijfers geven*** ◆ **1.2** die Prüfungsarbeit ~ *het proefwerk beoordelen.*

Zensur ⟨v.; ~, ~en⟩ **0.1** ***censuur*** **0.2** ⟨school.⟩ ***(rapport)cijfer, punt*** ⇒⟨mv. ook⟩ *rapport(en)* ◆ **6.1** die Briefe gehen **durch** die ~ *de brieven worden gecensureerd* **6.2** eine schlechte ~ **in** Mathematik *een slecht cijfer voor wiskunde.*

Zentaur ⟨m.; ~en, ~en⟩ **0.1** ***centaur.***

Zentenarfeier ⟨v.⟩⟨schr.⟩ **0.1** ***eeuwfeest.***

Zentimeter ⟨m. & o.⟩ **0.1** ***centimeter.***

Zentimetermaß ⟨o.⟩ **0.1** ***centimeter*** ⟨meetlint⟩.

Zentner ⟨m.; ~s, ~⟩ **0.1** ***50 kilogram.***

zentnerschwer ⟨fig.⟩ **0.1** ***loodzwaar*** ◆ **3.1** es lastet, liegt mir ~ auf der Seele *het ligt mij als een steen op de maag.*

zentnerweise ⟨fig.⟩ **0.1** ***massaal, enorm veel.***

zentral **0.1** ***centraal*** ⇒*hoofd-, kern-* ◆ **1.1** ⟨fig.⟩ das ~e Problem *het kernprobleem;* diese Frage steht an ~er Stelle *deze kwestie staat centraal.*

Zentralbank ⟨v.; mv. ~en⟩⟨ec.⟩ **0.1** ***centrale bank.***

Zentralbehörde ⟨v.⟩ **0.1** ***centrale (overheids)dienst.***

Zentrale ⟨v.; ~, ~n⟩ **0.1** ***centrale*** ⇒*hoofdkantoor,* ⟨com. ook⟩ *studio* **0.2** ⟨wisk.⟩ ***as*** ◆ **1.1** ⟨fig.⟩ die ~ des Rauschgifthandels *het centrum van de drugshandel* **6.1** ⟨com.⟩ wir schalten zurück **zur** ~ *wij schakelen terug naar de studio.*

Zentralgewalt ⟨v.⟩⟨pol.⟩ **0.1** ***centraal gezag, bestuur.***

Zentralheizung ⟨v.⟩ **0.1** ***centrale verwarming.***

zentralisieren **0.1** ***centraliseren.***

Zentralkomitee ⟨o.⟩⟨pol.⟩ **0.1** ***centraal comité.***

Zentralproblem ⟨o.⟩ **0.1** ***kernprobleem.***

Zentralstelle ⟨v.⟩ **0.1** ***centrale, hoofdkantoor.***

Zentralverriegelung ⟨v.⟩ **0.1** ***centrale portiervergrendeling.***

Zentralverwaltung ⟨v.⟩ **0.1** ***centraal bestuur, beheer.***

zentrieren **I** ⟨ov.ww.⟩ **0.1** ***centreren, concentreren;*** **II sich** ~ ⟨wk.ww.⟩ **0.1** ***in het middelpunt, centrum geplaatst zijn.***

zentrifugal **0.1** ***centrifugaal, middelpuntvliedend.***

Zentrifuge ⟨v.; ~, ~n⟩ **0.1** ***centrifuge.***

zentripetal **0.1** ***centripetaal, middelpuntzoekend.***

Zentrum ⟨o.; ~s, Zentren⟩ **0.1** ***centrum, middelpunt*** ⇒ *middenpartij* ◆ **1.1** das ~ des Kreises *het middelpunt van de cirkel* **6.1 im** ~ des Interesses stehen *in het middelpunt van de belangstelling staan.*

Zephir ⟨m.; ~s, ~e⟩ **0.1** ***zefier*** ⟨stof, wind⟩.

Zeppelin ⟨m.; ~s, ~e⟩⟨verk.⟩ **0.1** ***zeppelin, luchtschip.***

Zepter ⟨m. & o.; ~s, ~⟩ **0.1** ***scepter*** ◆ **3.1** das ~ führen, ⟨inf.⟩ schwingen ⟨meestal fig.⟩ *de scepter voeren, zwaaien* **6.1** ⟨fig.⟩ **unter** seinem ~ *onder zijn scepter, heerschappij.*

zerbeißen **0.1** ***(stuk-, door)bijten*** ◆ **1.1** die Mücken hatten Vater zerbissen *de muggen hadden vader (overal) gebeten.*

zerbersten **0.1** ***(open)barsten, stukspringen*** ◆ **6.1** ⟨fig.⟩ mein Kopf scheint **vor** Schmerzen zu ~ *ik heb een barstende hoofdpijn;* ⟨fig.⟩ **vor** Wut ~ *van woede uit zijn vel springen.*

zerbrechen **I** ⟨onov.ww.⟩ **0.1** ***breken*** ⇒*stukgaan* ◆ **1.1** ⟨fig.⟩ eine zerbrochene Ehe *een stukgelopen huwelijk;* ⟨fig.⟩ an seinen Sorgen ~ *door zijn zorgen te gronde gaan.* →**Krug; II** ⟨ov.ww.⟩ **0.1** ***(stuk-, door)breken*** ◆ **1.1** ⟨fig.⟩ sich ⟨3e nv.⟩ den Kopf über etwas ~ *zich het hoofd over iets breken.*

zerbrechlich **0.1** ***breekbaar, broos, zwak*** ◆ **3.1** ⟨schr.⟩ diese Frau wirkt ~ *deze vrouw maakt een tere, fragiele indruk.*

zerbröckeln **0.1** ***verbrokkelen*** ◆ **1.1** ⟨schr.; fig.⟩ das Römerreich zerbröckelte *het Romeinse rijk brokkelde af.*

zerdrücken **0.1** ***platdrukken*** ⇒*verpletteren, kreuken* ◆ **1.1** eine Kartoffel ~ *een aardappel fijnmaken;* ⟨fig.⟩ eine Träne ~ *een traantje wegpinken;* eine Zigarette im Aschenbecher ~ *een sigaret in de asbak uitdrukken.*

zerebral ⟨med., schr.⟩ **0.1** ***cerebraal.***

Zeremonie ⟨v.; ~, ~n⟩ **0.1** ***ceremonie*** ⇒*plechtigheid.*

zeremoniell **0.1** ***ceremonieel, formeel*** ⇒*plechtig.*

zerfahren[1] ⟨bn.⟩ **0.1** ***verstrooid*** ⇒*ongeconcentreerd, nerveus.*

zerfahren[2] ⟨ov.ww.⟩ **0.1** ***stukrijden, plat rijden.***

Zerfall ⟨m.⟩ **0.1** ***verval*** ⇒*afbrokkeling* **0.2** ⟨nat., schei.⟩ ***ontbinding, splijting*** ◆ **1.1** der ~ des Körpers *de aftakeling van het lichaam.*

zerfallen 0.1 ***uiteen-, vervallen*** ⇒*vergaan, verweren* **0.2** ***bestaan uit, uiteenvallen in*** ◆ **1.1** die Frau zerfiel immer mehr *de vrouw takelde steeds verder af;* das ~e Schloß *het vervallen kasteel* **6.1** die Pläne ~ **in** nichts *de plannen gaan in rook op* **6.2** der Film zerfällt **in** drei Teile *de film bestaat uit drie delen* **6.¶** **mit** jmdm. ~ sein *met iem. overhoop liggen;* **mit** sich (und der Welt) ~ sein *ontevreden, ongelukkig zijn met zijn leven.*

Zerfallserscheinung ⟨v.⟩ **0.1** ***ontbindingsverschijnsel.***

Zerfallsprodukt ⟨o.⟩⟨nat.⟩ **0.1** ***splijtingsproduct.***

zerfasern 0.1 ***(uiteen)rafelen.***

zerfetzen 0.1 ***ver-, kapotscheuren*** **0.2** ⟨fig.⟩ ***afkraken, afbreken*** ◆ **1.1** die Kugeln zerfetzten seinen Körper *de kogels reten zijn lichaam uiteen.*

zerfled(d)ern 0.1 ***verfomfaaien*** ⇒*verslijten.*

zerfleischen I ⟨ov.ww.⟩ **0.1** ***verscheuren;***
II sich ~ ⟨wk.ww.⟩⟨schr.⟩ **0.1** ***zich kwellen, pijnigen.***

zerfließen 0.1 ***vervloeien*** ⇒*vervliegen, (weg)smelten* ◆ **1.1** das Eis zerfloß *het ijs smolt (weg);* die Grenzen ~ *de grenzen vervagen* **6.1** ⟨fig.⟩ **in, vor** Freundlichkeit ~ *overvloeien van vriendelijkheid.*

zerfransen 0.1 ***(uiteen)rafelen.***

zerfressen 0.1 ***weg-, aan-, opvreten*** ⇒⟨fig.⟩ *aantasten, verteren* ◆ **1.1** ⟨fig.⟩ die Sorgen ~ ihm das Herz *hij wordt door zorgen verteerd.*

zerfurchen 0.1 ***doorploegen, voren trekken*** ◆ **1.1** ⟨fig.⟩ ein zerfurchtes Gesicht *een gegroefd gezicht.*

zergehen 0.1 ***smelten*** ⇒*oplossen* ◆ **6.1** ⟨fig.⟩ das Fleisch zerging **auf** der Zunge *het vlees smolt op de tong.*

zergliedern 0.1 ***ontleden, uit elkaar nemen*** ⇒⟨fig. ook⟩ *analyseren* ◆ **1.1** einen Leichnam ~ *sectie op een lijk verrichten;* ⟨taal.⟩ einen Satz ~ *een zin ontleden.*

zergrübeln, sich 0.1 ***zich aftobben*** ⇒*piekeren, tobben* ◆ **1.1** ⟨fig.⟩ ich habe mir den Kopf zergrübelt *ik heb me suf zitten piekeren.*

zerhacken 0.1 ***stuk-, kleinhakken.***

zerhauen 0.1 ***stuk-, doorslaan.***

zerkauen 0.1 ***(fijn)kauwen.***

zerkleinern 0.1 ***fijn-, kleinmaken.***

Zerkleinerungsmaschine ⟨v.⟩ **0.1** ***hakmachine.***

zerklüftet 0.1 ***gekloofd, gespleten*** ◆ **1.1** ⟨fig.⟩ ein ~es Gesicht *een met diepe voren doorploegd, een gegroefd gezicht.*

zerknacken 0.1 ***breken, knakken.***

zerknallen I ⟨onov.ww.⟩ **0.1** ***ontploffen, exploderen;***
II ⟨ov.ww.⟩ **0.1** ***stuk-, kapotsmijten.***

zerknautschen ⟨inf.⟩ **0.1** ***verfomfaaien*** ⇒*verf(r)ommelen, verkreukelen.*

zerknicken 0.1 ***(af-, door)breken, knakken.***

zerknirscht 0.1 ***berouwvol, vol wroeging.***

Zer|knirschtheit, -knirschung ⟨v.; ~⟩ **0.1** ***wroeging, berouw.***

zerknittern 0.1 ***verkreuke(le)n*** ⇒*verfrommelen* ◆ **1.1** ein zerknittertes Gesicht *een gezicht vol rimpels* **3.1** ⟨fig.⟩ zerknittert sein *terneergeslagen zijn.*

zerknüllen 0.1 ***verkreukelen, verf(r)ommelen.***

zerkratzen 0.1 ***(be)krassen*** ◆ **1.1** die Dornen zerkratzten ihm die Hände *de doorns haalden zijn handen open.*

zerkrümeln 0.1 ***(ver)kruimelen.***

zerlassen 0.1 ***(laten) smelten.***

zerlegen 0.1 ***uit elkaar nemen, demonteren*** **0.2** ***in stukken snijden, trancheren*** ◆ **1.1** ⟨taal.⟩ einen Satz ~ *een zin ontleden* **6.1** ⟨wisk.⟩ eine Zahl **in** Faktoren ~ *een getal in factoren ontbinden.*

zerlesen 0.1 ***stuklezen.***

zerlumpt 0.1 ***versleten, afgedragen*** **0.2** ***in vodden gekleed.***

zermalmen 0.1 ***vermorzelen, verpletteren.***

zermürben 0.1 ***murw maken, afmatten.***

zernagen 0.1 ***stukknagen, aanvreten.***

zerpflücken 0.1 ***(uit elkaar) plukken, pluizen*** **0.2** ⟨fig.⟩ ***punt voor punt weerleggen, ontzenuwen*** ◆ **1.2** den Film ~ *de film punt voor punt afkraken.*

zerplatzen 0.1 ***springen, (ont)ploffen, uiteenbarsten.***

zerquält 0.1 ***door zorgen getekend, gegroefd.***

zerquetschen 0.1 ***fijndrukken, -stampen*** ⇒*verpletteren* ◆ **1.1** die Maschine zerquetschte ihm die Hand *de machine verbrijzelde zijn hand* **2.1** ⟨inf.⟩ zehn Mark und ein paar Zerquetschte *tien mark en nog wat.*

Zerrbild ⟨o.⟩ **0.1** ***vertekend beeld*** ⇒*karikatuur.*

zerreiben 0.1 ***fijn-, stukwrijven*** **0.2** ⟨fig.⟩ ***verpletteren, afmatten*** ◆ **1.2** die Sorgen ~ die Frau *de zorgen slopen de vrouw.*

zerreißen I ⟨onov.ww.⟩ **0.1** ***(stuk)scheuren*** ⇒*doorbreken* ◆ **1.1** der Nebel zerriß *de mist trok op;* ⟨fig.⟩ eine zerrissene Partei *een verscheurde partij* **6.1** ⟨fig.⟩ eine **zum** Zerreißen gespannte Atmosphäre *een tot het uiterste gespannen sfeer;*
II ⟨ov.ww.⟩ **0.1** ***stuk-, kapot-, verscheuren*** ◆ **1.1** ⟨fig.⟩ der Blitz zerriß die Dunkelheit *de bliksem spleet het donker;* ⟨fig.⟩ sein von Sorgen zerrissenes Herz *zijn door zorgen verscheurd hart* **5.1** ⟨inf.⟩ es hat ihn fast zerrissen, als er davon hörte *hij heeft zich bijna doodgelachen toen hij dat hoorde;*
III sich ~ ⟨wk.ww.⟩ **0.1** ***(ver)scheuren*** ◆ **3.1** ⟨fig.⟩ ich könnte mich ~, so viel habe ich zu tun *ik kom handen te kort, zoveel werk heb ik;* ⟨fig.; scherts.⟩ ich kann mich doch nicht ~ (a) *ik kan toch niet op twee plaatsen tegelijk zijn* (b) *ik kan toch niet alles tegelijk* **6.1** ⟨inf.; fig.⟩ ich habe mich **für** ihn zerrissen *ik heb me voor hem afgebeuld.*

zerreißfest ⟨tech.⟩ **0.1** ***trek-, breuk-, knapvast.***

Zerreißprobe ⟨v.⟩ **0.1** ⟨fig.⟩ ***belasting, beproeving*** **0.2** ⟨tech.⟩ ***trekproef*** ◆ **3.1** die ~ aushalten *de vuurproef doorstaan.*

zerren 0.1 ***rukken, trekken*** ◆ **1.1** ich habe mir einen Muskel gezerrt *ik heb een spier verrekt* **6.1** ⟨fig.⟩ das zerrt **an** meinen Kräften *dat vergt veel van mijn krachten;* ⟨fig.⟩ etwas **an** die Öffentlichkeit ~ *iets in de publiciteit brengen;* ⟨fig.⟩ jmdn. **vor** Gericht ~ *iem. voor de rechter slepen.*

zerrinnen 0.1 ***wegvloeien, (weg)smelten*** **0.2** ⟨fig.⟩ ***verstrijken*** ⇒*voorbijgaan* ◆ **1.2** die Pläne zerrannen (in nichts) *de plannen liepen op niets uit.* →**gewinnen.**

zerrissen 0.1 ***verscheurd, kapot*** **0.2** ⟨fig.⟩ ***verscheurd, verdeeld*** ◆ **5.2** innerlich ~ *innerlijk verdeeld.*

Zerrspiegel ⟨m.⟩ **0.1** ***lachspiegel.***

Zerrung ⟨v.; ~, ~en⟩⟨med.⟩ **0.1** ***verrekking.***

zerrupfen 0.1 ***uit elkaar plukken, trekken*** ⇒⟨fig. ook⟩ *toetakelen.*

zerrütten 0.1 ***ontwrichten, ontredderen*** ⇒*ondermijnen* ◆ **1.1** das zerrüttet meine Gesundheit *dat ondermijnt mijn gezondheid;* die zerrütteten Staatsfinanzen *de ontredderde, in desolate staat verkerende staatsfinanciën.*

Zerrüttung ⟨v.; ~, ~en⟩ **0.1** ***ontwrichting, ontreddering.***

zersägen 0.1 ***doorzagen, in stukken zagen.***

zerschellen 0.1 ***te pletter slaan, lopen*** ⇒*schipbreuk lijden* ◆ **6.1** ⟨fig.⟩ **an** seiner Sturheit zerschellten alle Pläne *alle plannen leden schipbreuk op zijn koppigheid.*

zerschießen 0.1 ***stuk-, kapotschieten.***
zerschlagen[1] ⟨bn.⟩ **0.1** ***uitgeput, afgemat*** ⇒*geradbraakt.*
zerschlagen[2] **I** ⟨ov.ww.⟩ **0.1** ***stukslaan*** ⇒*verpletteren* ◆ **1.1** ⟨fig.⟩ eine Armee ~ *een leger verpletterend verslaan;* ⟨fig.⟩ eine Verbrecherbande ~ *een misdadigersbende oprollen;*
II sich ~ ⟨wk.ww.⟩ **0.1** ***mislukken*** ⇒*schipbreuk lijden, op niets uitlopen* ◆ **1.1** ⟨fig.⟩ mein Traum hat sich ~ *mijn droom is vervlogen, niet uitgekomen.*
Zerschlagenheit ⟨v.; ~⟩ **0.1** ***uitputting, afmatting.***
Zerschlagung ⟨v.; ~, ~en⟩ **0.1** ***vernietiging.***
zerschmeißen ⟨inf.⟩ **0.1** ***stukgooien, -smijten.***
zerschmelzen 0.1 ***wegsmelten.***
zerschmettern 0.1 ***verbrijzelen, verpletteren*** ◆ **1.1** ⟨fig.⟩ den Feind ~ *de vijand verpletterend verslaan.*
zerschneiden 0.1 ***door-, stuk-, opensnijden*** ◆ **1.1** ⟨schr.; fig.⟩ das Schiff zerschneidet die Wellen *het schip doorklieft de golven.*
zerschrammen 0.1 ***schrammen*** ⇒*bekrassen.*
zerschunden 0.1 ***geschaafd, ontveld.***
zersetzen I ⟨ov.ww.⟩ **0.1** ***aantasten, aanvreten*** ⇒⟨fig.⟩ *ondermijnen* ◆ **2.1** ⟨fig.⟩ die Gesellschaft moralisch ~ *de maatschappij moreel ondermijnen, ontwrichten;*
II sich ~ ⟨wk.ww.⟩ **0.1** ***vergaan, uiteenvallen*** ⇒⟨fig.⟩ *zich ondermijnen, ontwrichten.*
zerspalten 0.1 ***splijten, splitsen*** ⇒⟨fig. ook⟩ *verdelen, verscheuren.*
zersplittern I ⟨ov. & onov.ww.⟩ **0.1** ***versplinteren, verbrijzelen*** ⇒⟨fig. ook⟩ *verdelen* ◆ **1.1** ⟨fig.⟩ seine Kräfte ~ *zijn krachten versnipperen;* ⟨fig.⟩ ein zersplitterter Staat *een verdeelde staat;*
II sich ~ ⟨wk.ww.⟩ **0.1** ***zijn krachten, activiteiten versplinteren.***
zersprengen 0.1 ***opblazen, doen springen*** ⇒⟨fig.⟩ *uiteendrijven, uiteenslaan.*
zerspringen 0.1 ***springen, exploderen*** ⇒*barsten* ◆ **6.1** ⟨schr.; fig.⟩ der Kopf zersprang mir **vor** Schmerzen *ik had een barstende hoofdpijn.*
zerstampfen 0.1 ***(fijn-, aan)stampen*** ⇒*vertrappen* ◆ **1.1** die Rinder ~ die Weide *de runderen vertrappen de weide.*
zerstäuben 0.1 ***verstuiven.***
Zerstäuber ⟨m.; ~s, ~⟩ **0.1** ***verstuiver.***
zerstechen 0.1 ***(open)prikken, stuk steken*** ◆ **1.1** die Mücken haben den Jungen ganz zerstochen *de muggen hebben de jongen overal gebeten.*
zerstieben 0.1 ***(uit elkaar, uiteen)stuiven*** ⇒⟨fig.⟩ *verdwijnen* ◆ **1.1** ⟨fig.⟩ seine Traurigkeit war zerstoben *zijn bedroefdheid was plotseling verdwenen.*
zerstören 0.1 ***verwoesten*** ⇒⟨fig. ook⟩ *de grond in boren, ruïneren* ◆ **1.1** eine Ehe ~ *een huwelijk ontwrichten.*
Zerstörer ⟨m.; ~s, ~⟩ **0.1** ***vernieler*** **0.2** ⟨mil., scheep.⟩ ***torpedo(boot)jager.***
zerstörerisch 0.1 ***destructief, vernietigend.***
Zerstörung ⟨v.; ~, ~en⟩ **0.1** ***verwoesting.***
Zerstörungstrieb ⟨m.⟩ **0.1** ***vernielzucht.***
Zerstörungswut ⟨v.⟩ **0.1** ***vernielzucht*** ⇒*vandalisme.*
zerstreiten, sich 0.1 ***ruzie hebben, krijgen*** ◆ **1.1** das Ehepaar hat sich zerstritten *het echtpaar is met ruzie uit elkaar gegaan.*
zerstreuen I ⟨ov.ww.⟩ **0.1** ***verstrooien, verspreiden*** **0.2** ***verstrooiing, afleiding verschaffen*** **0.3** ***opheffen, doen verdwijnen*** ◆ **1.1** Demonstranten ~ *demonstranten uiteendrijven;* zerstreutes Licht *diffuus licht* **1.3** Befürchtungen ~ *vrees wegnemen* **3.1** zerstreut liegende Dörfer *verspreid liggende dorpen;*
II sich ~ ⟨wk.ww.⟩ **0.1** ***zich verspreiden, uiteengaan*** **0.2** ***zich amuseren*** ◆ **1.1** alle Bedenken haben sich zertreut *alle bezwaren zijn uit de weg geruimd.*
zerstreut 0.1 ***verstrooid, verward.***
Zerstreuung ⟨v.; ~, ~en⟩ **0.1** ***verstrooiing, verspreiding*** ⇒ ⟨rel.⟩ *diaspora* **0.2** ***amusement, afleiding*** **0.3** ⟨g.mv.⟩ ***het doen verdwijnen*** **0.4** ⟨g.mv.⟩ ***verstrooidheid, verwardheid.***
Zerstreuungslinse ⟨v.⟩⟨nat.⟩ **0.1** ***divergerende lens.***
Zerstrittenheit ⟨v.; ~, g.mv.⟩ **0.1** ***innerlijke verdeeldheid.***
zerstückeln 0.1 ***in stukken verdelen.***
zerteilen I ⟨ov.ww.⟩ **0.1** ***(ver)delen, in stukken delen, snijden*** ⇒⟨fig. ook⟩ *uiteendrijven* ◆ **1.1** ⟨fig.⟩ das Schiff zerteilte die Wellen *het schip doorkliefde de golven;*
II sich ~ ⟨wk.ww.⟩ **0.1** ***uit elkaar gaan, drijven*** ⇒*zich verspreiden* ◆ **1.1** ⟨fig.⟩ der Nebel zerteilt sich *de mist lost op* **3.1** ⟨fig.⟩ ich könnte mich ~, so viel habe ich zu tun *ik kom handen te kort, zoveel heb ik te doen.*
Zertifikat ⟨o.; ~(e)s, ~e⟩ **0.1** ***certificaat*** ⇒*diploma.*
zertrampeln 0.1 ***ver-, plattrappen*** ⇒*onder de voet lopen, vertreden* ◆ **1.1** der Mann wurde zertrampelt *de man werd onder de voet gelopen.*
zertreten 0.1 ***ver-, plattrappen*** ◆ **1.1** einen Käfer ~ *een kever plat-, doodtrappen.*
zertrümmern 0.1 ***stukslaan, vernielen*** ⇒*kort en klein slaan* ◆ **1.1** ⟨fig.⟩ jmds. Hoffnung ~ *iemands hoop de bodem inslaan.*
Zervelatwurst ⟨v.⟩ **0.1** ***cervelaatworst.***
zerwühlen 0.1 ***dooreen-, omwoelen.***
Zerwürfnis ⟨o.; ~ses, ~se⟩ **0.1** ***onmin, ruzie, onenigheid.***
zerzausen 0.1 ***in de war brengen, verwarren*** ⇒*havenen.*
Zession ⟨v.; ~, ~en⟩⟨jur.⟩ **0.1** ***cessie, overdracht*** ⟨van vordering⟩.
Zeter ⟨o.⟩ ◆ **8.¶** ~ und Mord(io) schreien *moord en brand schreeuwen.*
zetern ⟨inf.; vaak pej.⟩ **0.1** ***(jammerend) tieren, gillen.***
Zettel ⟨m.; ~s, ~⟩ **0.1** ***briefje, stukje papier*** ⇒*klad(blaad)je, kattebelletje* **0.2** ***fiche, kaartje*** **0.3** ***formulier*** ⇒*vlugschrift, (reclame)folder* **0.4** ⟨amb.⟩ ***ketting(draad), schering.***
Zettelkartei ⟨v.⟩ **0.1** ***cartotheek, kaartsysteem.***
Zettelkasten ⟨m.⟩ **0.1** ***kaarten-, fichesbak.***
Zeug ⟨o.; ~(e)s, ~e⟩ **0.1** ***prul, rommel*** ⇒*spullen, gerei* **0.2** ***onzin*** ⇒*gezwam* **0.3** ⟨scheep.⟩ ***tuigage, takelage*** ◆ **2.1** ⟨fig.⟩ trockenes ~ lernen müssen *droge stof moeten leren* **2.2** dummes ~ schwatzen *domme praat uitkramen;* albernes ~ treiben *gekke, domme dingen doen* **2.3** mit vollem ~ segeln *met volle zeilen varen* **3.1** ich habe mein ältestes ~ angezogen *ik heb mijn oudste kloffie aangetrokken* **3.¶** er arbeitete, fuhr, was das ~ hielt *hij werkte, reed zo hard (als) hij kon* **6.¶** ⟨inf.⟩ jmdm. etwas **am** ~ flicken (a) *iem. een loer draaien* (b) *iem. iets aanwrijven;* sich für jmdn., etwas **ins** ~ legen *zich voor iem., iets erg inzetten;* mit jmdm. scharf **ins** ~ gehen *met iem. niet bepaald zachtzinnig omgaan;* er hat, in ihm steckt das ~ **zu** einem guten Zimmermann *hij heeft de capaciteiten om een goed timmerman te worden.*
Zeuge ⟨m.; ~n, ~n⟩ **0.1** ***getuige*** ◆ **1.1** ~ der Anklage, Verteidigung *getuige à charge, à decharge* **2.1** ⟨fig.⟩ ein stummer ~ *een stille getuige* **3.1** er war ~, wie es geschah *hij was er getuige van hoe het gebeurde* **6.1** jmdn. **zum** ~n anrufen *iem. tot getuige nemen, roepen, als getuige oproepen.*
zeugen I ⟨onov.ww.⟩ **0.1** ***getuigen*** ⇒*bewijzen* ◆ **6.1** ⟨fig.⟩ das zeugt **für** seine Aufrichtigkeit *dat pleit voor zijn oprechtheid;* ⟨fig.⟩ das zeugt **von** Mut *dat getuigt van moed;*
II ⟨ov.ww.⟩ **0.1** ***verwekken*** ⇒⟨fig.⟩ *veroorzaken* ◆ **1.1** ⟨fig.⟩

etwas zeugt seltsame Blüten *iets leidt tot zonderlinge excessen* **6.1** er zeugte **mit** ihr zwei Kinder *hij verwekte bij haar twee kinderen.*

Zeugenaussage ⟨v.⟩ **0.1** ***getuigenverklaring.***

Zeugenbank ⟨v.; mv. ~e⟩ **0.1** ***getuigenbank.***

Zeugenschaft ⟨v.; ~, ~en⟩ **0.1** ***het optreden als getuige*** **0.2** ***alle getuigen in een proces.***

Zeugenstand ⟨m.⟩ **0.1** ***getuigenbank*** ◆ **6.1** **in** den ~ gerufen werden *opgeroepen worden om te getuigen;* **in** den ~ treten *(naar voren treden om te) gaan getuigen.*

Zeugenvernehmung ⟨v.⟩⟨jur.⟩ **0.1** ***getuigenverhoor*** ⇒⟨in civiele procedure ook⟩ *enquête.*

Zeugenvorladung ⟨v.⟩ **0.1** ***dagvaarding v.d. getuige.***

Zeughaus ⟨o.⟩⟨mil.⟩ **0.1** ***arsenaal, tuighuis.***

Zeugnis ⟨o.; ~ses, ~se⟩ **0.1** ***getuigenis, getuigenverklaring*** ⇒⟨fig.⟩ *bewijs, teken* **0.2** ***rapport, getuigschrift*** **0.3** ***schriftelijke verklaring, attest*** ◆ **1.1** ⟨fig.⟩ dies ist ein ~ ihres klugen Handelns *dit is een bewijs van haar verstandig handelen* **2.2** ⟨fig.⟩ ich kann ihr nur das beste ~ ausstellen *ik kan alleen maar goeds over haar zeggen* **2.3** ein ärztliches ~ *een medisch attest* **3.1** ~ ablegen *getuigen* **3.2** gute ~se vorlegen, vorweisen *goede getuigschriften, referenties overleggen.*

Zeugnispflicht ⟨v.⟩⟨jur.⟩ **0.1** ***verplichting om te getuigen.***

Zeugnisverweigerung ⟨v.⟩⟨jur.⟩ **0.1** ***het weigeren van getuigenis.***

Zeugungsakt ⟨m.⟩ **0.1** ***geslachtsdaad.***

z.H., z.Hd. ⟨afk.⟩ [zu Händen].

Zibetkatze ⟨v.⟩ **0.1** ***civetkat.***

Ziborium ⟨o.; ~s, Ziborien⟩ **0.1** ***ciborium, ciborie.***

Zichorie ⟨v.; ~, ~n⟩ **0.1** ***cichorei, suikerij.***

Zicke ⟨v.; ~, ~n⟩ **0.1** ***geit*** ⟨wijfje⟩ **0.2** ⟨inf.⟩ ***wijf, trut*** **0.3** ⟨steeds mv.; inf.⟩ ***dwaasheid, onzin*** ◆ **2.2** diese dumme ~ *dat stom wijf* **3.3** mach ja keine ~n! *haal vooral geen streken uit!*

zickig ⟨inf.⟩ **0.1** ***trutt(er)ig*** ⇒*preuts.*

zickzack **0.1** ***zigzag(sgewijs).***

Zickzack ⟨m.; ~(e)s, ~e⟩ **0.1** ***zigzag*** ◆ **6.1** **im** ~ gehen *zigzaggen, zigzagsgewijs lopen.*

Zickzackstich ⟨m.⟩ **0.1** ***zigzagsteek.***

Zickzackweg ⟨m.⟩ **0.1** ***slingerweg.***

Ziege ⟨v.; ~, ~n⟩ **0.1** ***geit*** **0.2** ⟨inf.; pej.⟩ ***trut, wijf*** ◆ **8.1** ⟨fig.⟩ mager wie eine ~ *zo mager als een sprinkhaan;* ⟨fig.⟩ neugierig wie eine ~ *een nieuwsgierige aap.*

Ziegel ⟨m.; ~s, ~⟩ **0.1** ***baksteen*** **0.2** ***dakpan.***

Ziegelbrenner ⟨m.⟩ **0.1** ***steen-, pannenbakker.***

Ziegeldach ⟨o.⟩ **0.1** ***pannendak.***

Ziegelei ⟨v.; ~, ~en⟩ **0.1** ***steen-, pannenbakkerij, steenfabriek.***

Ziegelstein ⟨m.⟩ **0.1** ***baksteen.***

Ziegenbart ⟨m.⟩ **0.1** ***(geiten)sik, geitenbaard*** **0.2** ⟨plantk.⟩ ***koraal-, knotszwam.***

Ziegenbock ⟨m.⟩ **0.1** ***geitenbok.***

Ziegenhirt ⟨m.⟩ **0.1** ***geitenherder.***

Ziehbrunnen ⟨m.⟩ **0.1** ***put*** ⟨met touw of ketting⟩.

ziehen ⟨→t191⟩ **I** ⟨onov.ww.⟩ **0.1** ***trekken*** ⇒*tochten, gaan* **0.2** ***resultaat, succes hebben*** **0.3** ***verhuizen*** ⇒*gaan wonen, vertrekken* ◆ **1.1** ⟨fig.⟩ ~de Schmerzen *stekende pijnen* **1.2** diese Ausrede zieht nicht mehr *dit smoesje heeft geen succes meer;* dieser Film zieht nicht *deze film trekt geen publiek* **4.1** es zieht hier *het tocht hier* **6.1** ⟨mil.⟩ **auf** Wache ~ *op wacht gaan;* **in** den Kampf ~ *ten strijde trekken* **6.2** das zieht nicht **bei** ihr *dat lukt bij haar niet* **6.3** er zog **aufs** Land *hij ging op het platteland wonen;* ⟨schaken⟩ **mit** dem Springer ~ *het paard verzetten;* sie zog **zu** ihrem Freund *zij ging bij haar vriend wonen;* **II** ⟨ov.ww.⟩ **0.1** ***trekken*** ⇒*(te voorschijn) halen, rekken* **0.2** ***kweken, fokken*** ⇒*telen, opvoeden* ◆ **1.1** den Degen ~ *de degen trekken;* ⟨med.⟩ die Fäden ~ *de hechtingen verwijderen;* ⟨fig.⟩ Folgerungen, Schlüsse ~ *conclusies trekken;* einen Graben ~ *een sleuf, sloot graven;* den Hut ~ vor jmdm. *de hoed afnemen voor iem.;* um einen Garten eine Mauer, einen Zaun ~ *een tuin ommuren, omheinen* **1.2** Blumen ~ *bloemen kweken, telen* **3.1** der Stoff läßt sich ~ *de stof is rekbaar* **4.1** es zieht mich heimwärts *iets drijft mij naar huis* **6.1** ⟨fig.⟩ ich zog seinen Zorn **auf** mich *ik haalde me zijn woede op de hals;* den Wein **auf** Flaschen ~ *de wijn op flessen trekken;* ⟨fig.⟩ jmdn. **auf** seine Seite ~ *iem. op zijn hand krijgen;* **aus** diesem Gestein zieht man Eisen *uit dit gesteente wint men ijzer;* ⟨fig.⟩ etwas **in** die Länge ~ *iets rekken;* ⟨fig.⟩ jmdn. **ins** Gespräch ~ *iem. in het gesprek betrekken;* ⟨fig.⟩ etwas **ins** Lächerliche ~ *iets belachelijk maken;* ⟨fig.⟩ jmdn. **ins** Vertrauen ~ *iem. in vertrouwen nemen;* ⟨fig.⟩ das zieht Folgen **nach** sich *dat zal gevolgen hebben;* **III sich** ~ ⟨wk.ww.⟩ **0.1** ***rekken*** ⇒*eindeloos zijn, lijken* **0.2** ***kromtrekken*** ◆ **1.1** ⟨inf.⟩ diese Steigung zieht sich *er lijkt geen eind te komen aan deze stijging* **6.1** das Gebirge zieht sich **bis zur** Küste *het gebergte zet zich voort tot aan de kust;* ⟨fig.⟩ das Gespräch zieht sich **in** die Länge *het gesprek duurt maar voort.*

Ziehfeder ⟨v.⟩ **0.1** ***trekpen.***

Ziehharmonika ⟨v.⟩ **0.1** ***trekharmonica.***

Ziehpflaster ⟨o.⟩⟨med.⟩ **0.1** ***trekpleister.***

Ziehung ⟨v.; ~, ~en⟩ **0.1** ***trekking, uitloting.***

Ziel ⟨o.; ~(e)s, ~e⟩ **0.1** ***doel(wit)*** ⇒*bestemming,* ⟨sp.⟩ *finish* **0.2** ⟨ec.⟩ ***betalingstermijn*** ◆ **1.1** das ~ der Reise *het doel, de bestemming van de reis* **3.1** ⟨mil., sp.⟩ ~ aufsitzen lassen *onderkant doel richten;* jmdm. ein gutes ~ bieten *voor iem. een goed doelwit vormen;* ⟨mil.⟩ ~ erfaßt! (a) ⟨kanon⟩ *gericht!* (b) ⟨radar⟩ *(radar) op doel!;* ich habe mir ein ~ gesetzt, gesteckt *ik heb mij een doel gesteld;* ⟨fig.⟩ einer Sache ein ~ setzen *paal en perk aan iets stellen* **6.1** jmdn. **für** seine ~e einspannen *iem. voor zijn karretje spannen;* ⟨fig.⟩ weit **übers** ~ hinausschießen *zijn doel ver voorbijstreven* **6.2** eine Sache **auf** ~ verkaufen *iets op krediet, rekening verkopen.* →**Beharrlichkeit.**

Zielbahnhof ⟨m.⟩ **0.1** ***bestemmingsstation.***

Zielband ⟨o.; mv. ~er⟩⟨sp.⟩ **0.1** ***finishlint.***

zielbewußt **0.1** ***doelbewust.***

zielen **0.1** ***richten, mikken*** ⇒⟨fig. ook⟩ *beogen* ◆ **6.1** ⟨fig.⟩ dieser Plan zielt **auf** eine Gesundung der Wirtschaft *dit plan beoogt een herstel van de economie;* ⟨fig.⟩ deine Bemerkung zielte **ins** Schwarze *jouw opmerking was precies in de roos.*

zielend ⟨taal.⟩ **0.1** ***overgankelijk, transitief.***

Zielfahndung ⟨v.⟩⟨jur.⟩ **0.1** ***opsporing v.e. bep. verdachte.***

Zielfernrohr ⟨o.⟩ **0.1** ***telescoop(vizier).***

Zielfluggerät ⟨o.⟩⟨verk.⟩ **0.1** ***richtingzoeker, peilapparaat*** ⟨in vliegtuig⟩.

Zielfoto ⟨o.⟩⟨sp.⟩ **0.1** ***finishfoto.***

Zielgerade ⟨v.⟩⟨sp.⟩ **0.1** ***laatste rechte stuk voor de finish.***

Zielgruppe ⟨v.⟩ **0.1** ***doelgroep.***

Zielhafen ⟨m.⟩⟨scheep.⟩ **0.1** ***bestemmingshaven.***

Zielkauf ⟨m.⟩⟨ec.⟩ **0.1** ***koop op krediet, rekening.***

Zielkurve ⟨v.⟩⟨sp.⟩ **0.1** ***laatste bocht voor de finish.***

Ziellandung ⟨v.⟩ **0.1** ***precisielanding.***

Ziellinie ⟨v.⟩⟨sp.⟩ **0.1** ***finish(lijn).***

Zielloch ⟨o.⟩⟨sp.⟩ **0.1** ***hole.***

ziellos **0.1** ***doelloos.***

Zielpunkt ⟨m.⟩ **0.1** ***mikpunt, doel(wit).***

Zielrichter ⟨m.⟩⟨sp.⟩ **0.1** ***jurylid aan de finish.***

Zielscheibe ⟨v.⟩ **0.1** ***schietschijf*** **0.2** ⟨fig.⟩ ***mikpunt, doelwit.***

Zielsetzung ⟨v.; ~, ~en⟩ **0.1** ***doel(stelling)*** ⇒*doeleinde* ◆ **6.1** eine Stiftung **mit** kulturellen ~en *een stichting met culturele doeleinden.*

zielsicher 0.1 ***trefzeker, goed richtend*** **0.2** ***doelbewust.***

Zielsprache ⟨v.⟩ **0.1** ***doeltaal.***

zielstrebig 0.1 ***doelbewust, vastberaden, doelgericht.***

Zielverkehr ⟨m.⟩ **0.1** ***bestemmingsverkeer.***

Zielvorrichtung ⟨v.⟩ **0.1** ***vizier.***

ziemen, sich ⟨schr.⟩ **0.1** ***passen, gepast zijn*** ⇒*betamen* ◆ **6.1** das ziemt sich nicht **für** ihn *dat past hem niet.*

ziemlich 0.1 ***tamelijk*** **0.2** ***flink, aanzienlijk*** ◆ **1.2** ⟨inf.⟩ das ist eine ~e Frechheit *dat is knap brutaal;* mit ~er Sicherheit *met vrij grote zekerheid* **5.1** ich habe so ~ alles zusammen *ik heb zo ongeveer alles bij elkaar.*

Zierat ⟨m.; ~(e)s, ~e⟩⟨schr.⟩ **0.1** ***sieraad*** ⇒*versiering.*

Zierde ⟨v.; ~, ~n⟩ **0.1** ***versiering*** ⇒*sieraad* ◆ **6.1** ⟨fig.⟩ das gereicht ihm **zur** ~ *dat siert hem.*

zieren I ⟨ov.ww.⟩ **0.1** ***(ver)sieren*** ⇒*tooien;*
II sich ~ ⟨wk.ww.⟩ **0.1** ***zich aanstellen*** ◆ **8.1** ohne sich zu ~, nahm er die Einladung an *zonder aarzelen nam hij de uitnodiging aan.*

Ziererei ⟨v.; ~, ~en⟩⟨pej.⟩ **0.1** ***aanstellerig gedoe, aanstellerij.***

Ziergarten ⟨m.⟩ **0.1** ***siertuin.***

Zierleiste ⟨v.⟩ **0.1** ***sierlijst*** **0.2** ⟨boek.⟩ ***sierlijn.***

zierlich 0.1 ***graciel, teer, tenger*** **0.2** ***sierlijk, elegant*** ◆ **1.2** eine ~e Schrift *een sierlijk, elegant handschrift.*

Zierpflanze ⟨v.⟩ **0.1** ***sierplant.***

Zierrat ⟨m.⟩⟨nw.spel.⟩ →**Zierat.**

Zierschrift ⟨v.⟩ **0.1** ***sierschrift, kalligrafisch schrift.***

Zierstich ⟨m.⟩ **0.1** ***siersteek.***

Ziffer ⟨v.; ~, ~n⟩ **0.1** ***cijfer*** ⇒*getal, nummer* **0.2** ⟨jur.⟩ ***alinea*** ◆ **2.2** Paragraph vier, ~ drei *artikel vier, derde alinea.*

Zifferblatt ⟨o.⟩ **0.1** ***wijzerplaat.***

ziffernmäßig 0.1 ***in, met cijfers, getallen.***

Zifferschrift ⟨v.⟩ **0.1** ***cijferschrift.***

zig ⟨inf.⟩ **0.1** ***tig, heel veel, 'n heleboel*** ◆ **1.1** da waren ~ Leute *er waren heel veel mensen;* mit ~ Sachen durch die Kurve fahren *met gas op de plank door de bocht scheuren.*

Zigarette ⟨v.; ~, ~n⟩ **0.1** ***sigaret*** ◆ **3.1** eine ~ anstecken, anzünden *een sigaret opsteken.*

Zigarettenanzünder ⟨m.⟩ **0.1** ***(sigaretten)aansteker.***

Zigarettenpause ⟨v.⟩⟨inf.⟩ **0.1** ***rookpauze.***

Zigarettenschachtel ⟨v.⟩ **0.1** ***sigarettendoos(je).***

Zigarre ⟨v.; ~, ~n⟩ **0.1** ***sigaar*** ⇒⟨inf.; fig.⟩ *berisping, uitbrander* ◆ **3.1** ⟨fig.⟩ jmdm. eine ~ verpassen *iem. een uitbrander geven.*

Zigeuner ⟨m.; ~s, ~⟩ **0.1** ***zigeuner*** ⟨ook fig.⟩.

zigeu|nerhaft, -nerisch 0.1 ***zigeunerachtig.***

zigeunern 0.1 ***zwerven*** **0.2** ***een zigeunerleven leiden.***

Zigeunerschnitzel ⟨m.⟩⟨cul.⟩ **0.1** ⟨bep. soort⟩ ***ongepaneerde schnitzel.***

zigfach ⟨inf.⟩ **0.1** ***veelvuldig.***

Zighunderte ⟨alleen mv.⟩⟨inf.⟩ **0.1** ***vele honderden, honderden en honderden.***

zigmal ⟨inf.⟩ **0.1** ***heel vaak.***

zigst ⟨inf.⟩ **0.1** ***zoveelste.***

Zikade ⟨v.; ~, ~n⟩⟨biol.⟩ **0.1** ***cicade.***

Zimbal ⟨o.; ~s, ~e of ~s⟩⟨muz.⟩ **0.1** ***hakkebord*** **0.2** ***cimbaal.***

Zimbel ⟨v.; ~, ~n⟩⟨muz.⟩ **0.1** ***cimbaal*** ⇒*(klank)bekken.*

Zimmer ⟨o.; ~s, ~⟩ **0.1** ***kamer*** **0.2** ***kamerinrichting*** ◆ **2.1** ~ frei! *kamer te huur!* **3.1** ⟨fig.⟩ das ~ hüten *binnen blijven* **6.1** ein ~ **nach** vorn hinaus *een kamer aan de voorkant.*

Zimmerarbeit ⟨v.⟩ **0.1** ***timmer(mans)werk.***

Zimmerbrand ⟨m.⟩ **0.1** ***binnenbrand.***

Zimmerei ⟨v.; ~, ~en⟩ **0.1** ***timmermanswerkplaats*** **0.2** ⟨inf.⟩ ***timmermansvak.***

Zimmerer ⟨m.; ~s, ~⟩ **0.1** ***timmerman.***

Zimmererhandwerk ⟨o.⟩ **0.1** ***timmermansvak.***

Zimmerflucht ⟨v.⟩ **0.1** ***rij achter elkaar liggende kamers.***

Zimmergeselle ⟨m.⟩ **0.1** ***timmermansknecht.***

Zimmerlautstärke ⟨v.⟩ **0.1** ***kamersterkte.***

Zimmermädchen ⟨o.⟩ **0.1** ***kamermeisje.***

Zimmermann ⟨m.; mv. Zimmerleute⟩ **0.1** ***timmerman*** ◆ **¶.1** jmdm. zeigen, wo der ~ das Loch gelassen hat *iem. de deur wijzen.*

Zimmermeister ⟨m.⟩ **0.1** ***meester-timmerman, timmerbaas.***

zimmern 0.1 ***timmeren*** ⇒⟨fig.⟩ *(op)bouwen.*

Zimmernachbar ⟨m.⟩ **0.1** ***buurman*** ⟨bewoner v.d. naastgelegen kamer⟩.

Zimmernachweis ⟨m.⟩ **0.1** ***kamerbemiddelingsbureau.***

Zimmerpflanze ⟨v.⟩ **0.1** ***kamerplant.***

Zimmersuche ⟨v.⟩ **0.1** ***het zoeken naar een kamer.***

Zimmertheater ⟨o.⟩ **0.1** ***kamertheater.***

zimmerwarm 0.1 ***op kamertemperatuur (zijnd).***

Zimmerwerkstatt ⟨v.⟩ **0.1** ***timmermanswerkplaats.***

zimperlich 0.1 ***kleinzerig, overgevoelig*** **0.2** ***preuts*** ◆ **5.1** nicht gerade ~ sein *niet bepaald tactvol zijn;* sei nicht so ~! *stel je niet zo aan!*

Zimt ⟨m.; ~(e)s, ~e⟩ **0.1** ***kaneel*** **0.2** ⟨inf.; pej.⟩ ***onzin, geklets*** **0.3** ⟨inf.; pej.⟩ ***rommel, troep*** ◆ **6.3** laßt ihn doch **mit** diesem ~ in Ruhe! *val hem toch niet met die akkefietjes lastig!*

Zimtstange ⟨v.⟩ **0.1** ***kaneelpijp, -stok.***

Zink[1] ⟨m.; ~(e)s, ~en⟩⟨muz.⟩ **0.1** ***zink*** ⇒*klaroen, kornet.*

Zink[2] ⟨o.; ~(e)s, ~e⟩ **0.1** ***zink.***

Zinkblech ⟨o.⟩ **0.1** ***blad-, plaatzink.***

Zinke ⟨v.; ~, ~n⟩ **0.1** ***top*** ⟨v.e. berg⟩ **0.2** ***tand*** ⟨v.e. vork, kam⟩ **0.3** ⟨amb.⟩ ***pen.***

zinken[1] ⟨bn.⟩ **0.1** ***zinken, van zink.***

zinken[2] **I** ⟨onov.ww.⟩⟨inf.; pej.⟩ **0.1** ***verraden, verlinken, verloenen;***
II ⟨ov.ww.⟩⟨kaartspel⟩ **0.1** ***merken.***

Zinkenbläser ⟨m.⟩⟨muz.⟩ **0.1** ***kornet-, klaroenblazer.***

Zinker ⟨m.; ~s, ~⟩ **0.1** ***valsspeler*** **0.2** ⟨inf.⟩ ***verrader.***

Zinksulfat ⟨o.⟩⟨schei.⟩ **0.1** ***zinksulfaat.***

Zinkwanne ⟨v.⟩ **0.1** ***zinken teil, kuip.***

Zinkweiß ⟨o.⟩ **0.1** ***zinkwit.***

Zinn ⟨o.; ~(e)s⟩ **0.1** ***tin*** ⇒⟨ook⟩ *tinnen voorwerpen.*

Zinnbecher ⟨m.⟩ **0.1** ***tinnen beker.***

Zinne ⟨v.; ~, ~n⟩ **0.1** ***tin(ne), kanteel.***

zin|nen, -nern 0.1 ***tinnen, van tin.***

Zinnguß ⟨m.⟩ **0.1** ***gegoten tinnen voorwerpen*** **0.2** ***het gieten van tin.***

zinnhaltig 0.1 ***tinhoudend.***

Zinnkraut ⟨o.⟩⟨plantk.⟩ **0.1** ***akkerpaardenstaart, heermoes.***

Zinnkrug ⟨m.⟩ **0.1** ***tinnen kruik.***

Zinnober ⟨m.; ~s, ~⟩ **0.1** ***vermiljoen, cinnaber*** **0.2** ⟨inf.; pej.⟩ ***rommel, troep*** **0.3** ⟨inf.; pej.⟩ ***onzin, flauwekul*** ◆ **3.3** ~ machen *ophef, drukte maken.*

zinnoberrot 0.1 ***vermiljoen(kleurig).***

Zins ⟨m.; ~es, ~e(n)⟩ **0.1** ⟨mv. ~en⟩ ***rente, int(e)rest*** **0.2** ⟨mv. ~e; gesch.⟩ ***cijns, grondrente*** ◆ **3.1** ~en bringen *rente opbrengen* **6.1** das Geld **auf** ~en legen *het geld op rente zetten;* jmdm. Geld **auf** ~en leihen *iem. geld op rente lenen;* ⟨fig.⟩ jmdm. etwas **mit** ~en, mit ~ und Zinseszins zurückzahlen *iem. iets met interest betaald zetten;* ein Kredit **zu** 11% ~en *een krediet tegen 11% rente.*

Zinsabschnitt ⟨m.⟩⟨ec.⟩ **0.1** ***rentebewijs, -brief, -coupon.***

Zinsbogen ⟨m.⟩⟨ec.⟩ **0.1** ***couponblad.***

Zinseinnahme ⟨v.⟩ **0.1** ***renteopbrengst.***

Zinsendienst ⟨m.⟩ **0.1** ***rentedienst, verplichting tot rentebetaling.***

Zinsenkonto ⟨o.⟩ **0.1** ***renterekening.***

Zinserhöhung ⟨v.⟩ **0.1** ***renteverhoging, -stijging.***

Zinsertrag ⟨m.⟩ **0.1** ***renteopbrengst*** *⇒rentewinst.*

Zinseszins ⟨m.; ~es, ~en⟩ **0.1** ***rente op rente, samengestelde interest.***

Zinseszinsrechnung ⟨v.⟩ **0.1** ***samengestelde interestberekening.***

zinsfrei **0.1** ***renteloos, vrij van rente.***

Zinsfuß ⟨m.⟩ **0.1** ***rentevoet*** *⇒rentestand, -tarief.*

Zinsgefälle ⟨o.⟩ **0.1** ***renteverschil(len).***

Zinsgroschen ⟨m.⟩⟨gesch.⟩ **0.1** ***belastingpenning.***

zinsgünstig **0.1** ***tegen gunstige rente.***

Zinsgut ⟨o.⟩⟨gesch.⟩ **0.1** ***pacht-, leengoed.***

Zinsherr ⟨m.⟩⟨gesch.⟩ **0.1** ***cijnsheer.***

Zinsherrschaft ⟨v.⟩⟨gesch.⟩ **0.1** ***heerlijk cijnsrecht.***

Zinsklausel ⟨v.⟩ **0.1** ***rentebeding, -clausule.***

Zinsknechtschaft ⟨v.⟩⟨gesch.⟩ **0.1** ***horigheid met cijnsplicht.***

Zinskondition ⟨v.⟩ **0.1** ***(voorwaarde mbt. de) rente*** ◆ **6.1** zu günstigen ~en *tegen een gunstige, aantrekkelijke rente.*

zinslos **0.1** ***renteloos.***

Zinspflicht ⟨v.⟩⟨gesch.⟩ **0.1** ***cijnsplicht.***

Zinspolitik ⟨v.⟩ **0.1** ***rente-, discontopolitiek.***

Zinsrechnung ⟨v.⟩ **0.1** ***renteberekening.***

Zinssatz ⟨m.⟩ **0.1** ***rentevoet, -stand, -tarief.***

Zinssenkung ⟨v.⟩ **0.1** ***renteverlaging.***

Zinsspanne ⟨v.⟩ **0.1** ***rentemarge.***

Zinstermin ⟨m.⟩ **0.1** ***rentetermijn.***

Zinszahl ⟨v.⟩⟨ec.⟩ **0.1** ***renteproduct.***

Zionismus ⟨m.; ~⟩ **0.1** ***zionisme.***

Zipfel ⟨m.; ~s, ~⟩ **0.1** ***punt, tip*** *⇒eind(je)* ◆ **1.1** der südlichste ~ des Landes *de zuidelijkste punt van het land;* ⟨fig.⟩ ein kleiner ~ der Wahrheit *een klein deel van de waarheid* **6.1** ⟨fig.⟩ eine Sache **am, beim** rechten ~ anfassen, anpacken *iets op de juiste manier aanpakken;* ⟨fig.⟩ eine Sache **an, bei** allen vier ~n haben *zeker van iets zijn.*

zipfelig **0.1** ***puntig, scheef.***

Zipfelmütze ⟨v.⟩ **0.1** ***puntmuts.***

Zirbeldrüse ⟨v.⟩⟨biol., med.⟩ **0.1** ***pijnappelklier.***

Zirbelkiefer ⟨v.⟩ **0.1** ***arve, alpenden.***

zirka **0.1** ***ongeveer, circa.***

Zirkel ⟨m.; ~s, ~⟩ **0.1** ***passer*** **0.2** ***cirkel, kring*** **0.3** ***gezelschap, kring*** **0.4** ⟨muz.⟩ ***kwintencirkel*** **0.5** ⟨fil.⟩ ***cirkelredenering*** ◆ **1.1** die Schenkel des ~s *de benen van de passer* **2.3** ein literarischer ~ *een literaire kring* **3.2** der ~ schließt sich ⟨ook fig.⟩ *de cirkel, kring is rond* **6.1** **mit** dem ~ einen Kreis schlagen, ziehen *met de passer een cirkel trekken.*

Zirkelbeweis ⟨m.⟩ **0.1** ***cirkelredenering.***

Zirkelkasten ⟨m.⟩ **0.1** ***passerdoos.***

zirkeln **I** ⟨onov.ww.⟩⟨inf.⟩ **0.1** ***passen en meten;***
II ⟨ov.ww.⟩ **0.1** ***precies uitmeten*** **0.2** ⟨inf.⟩ ***leggen, deponeren.***

Zirkelschluß ⟨m.⟩ **0.1** ***cirkelredenering.***

zirku|lar, -lär **0.1** ***circulair, kringvormig.***

Zirkularkreditbrief ⟨m.⟩⟨ec.⟩ **0.1** ***circulaire kredietbrief.***

Zirkularnote ⟨v.⟩⟨pol.⟩ **0.1** ***aan meerdere staten tegelijk overhandigde nota.***

Zirkulation ⟨v.; ~, ~en⟩ **0.1** ***circulatie.***

zirkulieren **0.1** ***circuleren*** **0.2** ***de ronde doen, (rond)gaan.***

Zirkumflex ⟨m.; ~es, ~e⟩ **0.1** ***circumflex, kapje.***

Zirkus ⟨m.; ~, ~se⟩ **0.1** ***circus*** *⇒circustent, -voorstelling, -publiek* **0.2** ⟨inf.; fig.⟩ ***ophef, drukte*** ◆ **3.2** mach nicht solchen ~! *maak niet zo'n drukte, ophef!*

Zirkuskünstler ⟨m.⟩ **0.1** ***circusartiest.***

Zirkuszelt ⟨o.⟩ **0.1** ***circustent.***

zirpen **0.1** ***sjirpen, tjilpen.***

Zirrhose ⟨v.; ~, ~n⟩⟨med.⟩ **0.1** ***cirrose.***

Zirruswolke ⟨v.⟩⟨meteo.⟩ **0.1** ***cirrus, vederwolk.***

zischeln **0.1** ***sissen, fluisteren*** *⇒roddelen* ◆ **6.1** **über** jmdn. ~ *over iem. roddelen.*

zischen **0.1** ***sissen*** **0.2** ***zoeven*** ◆ **1.¶** ein Bier, einen ~ *een biertje achteroverslaan, eentje vatten* **6.2** ⟨inf.; fig.⟩ sie zischte **durchs** Haus *zij zoefde door het huis;* ⟨fig.⟩ die Kugeln zischten ihm **um** die Ohren *de kogels floten hem om de oren.*

Zischlaut ⟨m.⟩⟨taal.⟩ **0.1** ***sisklank.***

ziselieren **0.1** ***ciseleren*** ⟨ook fig.⟩ *⇒drijven, graveren.*

Zisterne ⟨v.; ~, ~n⟩ **0.1** ***cisterne, onderaardse regenput.***

Zisterzienser ⟨m.; ~s, ~⟩ **0.1** ***cisterciënzer.***

Zitadelle ⟨v.; ~, ~n⟩ **0.1** ***citadel.***

Zitat ⟨o.; ~(e)s, ~e⟩ **0.1** ***citaat.***

Zither ⟨v.; ~, ~n⟩⟨muz.⟩ **0.1** ***citer.***

zitieren **0.1** ***citeren, aanhalen*** **0.2** ***ontbieden, laten komen*** *⇒*⟨jur.⟩ *dag(vaard)en, citeren* ◆ **6.2** jmdn. **aufs** Büro ~ *iem. op kantoor ontbieden;* ⟨jur.⟩ jmdn. **vor** Gericht, **zum** Richter ~ *iem. voor het gerecht, voor de rechter ontbieden.*

Zitronat ⟨o.; ~(e)s, ~e⟩⟨cul.⟩ **0.1** ***sukade.***

Zitrone ⟨v.; ~, ~n⟩ **0.1** ***citroen(boom)*** ◆ **2.1** heiße ~ *hete citroendrank* **6.1** ⟨inf.⟩ **mit** ~n gehandelt haben *pech gehad hebben, verkeerd gecalculeerd hebben* **8.1** ⟨inf.⟩ jmdn. auspressen, ausquetschen wie eine ~ *iem. uitknijpen als een citroen.*

Zitronenfalter ⟨m.⟩⟨biol.⟩ **0.1** ***citroenvlinder.***

zitronen|farben, -farbig, -gelb **0.1** ***citroengeel, -kleurig.***

Zitronenpresse ⟨v.⟩ **0.1** ***citroen-, citruspers.***

Zitronenwasser ⟨o.⟩ **0.1** ***kwast.***

Zitrusfrucht ⟨v.⟩ **0.1** ***citrusvrucht.***

Zitruspflanze ⟨v.⟩ **0.1** ***citrus.***

Zitteraal ⟨m.⟩⟨biol.⟩ **0.1** ***sidderaal.***

Zitterlähmung ⟨v.⟩⟨med.⟩ **0.1** ***ziekte van Parkinson.***

zittern **0.1** ***(t)rillen, beven, sidderen*** ⟨ook fig.⟩ ◆ **3.1** ⟨inf.⟩ das Zittern haben *de bibberatie hebben* **6.1** **am** ganzen Körper ~ *over het hele lichaam beven;* ⟨fig.⟩ ich zitterte **für** dich *ik had angst om jou;* **um** jmds. Leben ~ *voor iemands leven vrezen;* ⟨fig.⟩ **vor** Kälte ~ *rillen, beven van de kou;* ⟨fig.⟩ **vor** jmdm. ~ *voor iem. sidderen* **8.1** ⟨fig.⟩ mit Zittern und Zagen *met angst en beven.*

Zitterpappel ⟨v.⟩⟨plantk.⟩ **0.1** ***esp.***

Zitterprämie ⟨v.⟩⟨inf.; scherts.⟩ **0.1** ***gevarentoeslag.***

Zitterrochen ⟨m.⟩⟨biol.⟩ **0.1** ***sidderrog.***

zittrig **0.1** ***beverig, rillerig.***

Zitze ⟨v.; ~, ~n⟩ **0.1** ***tepel*** **0.2** ⟨pej.⟩ ***tiet, mem.***

Zivi ⟨m.; ~s, ~s⟩⟨afk.; inf.⟩ →**Zivildienstleistender.**

zivil **0.1** ***civiel, burgerlijk*** **0.2** ***schappelijk, behoorlijk*** ◆ **1.1** ~er Bevölkerungsschutz *bescherming bevolking, BB;* ~er Ersatzdienst *vervangende dienst(plicht)* **1.2** ~e Preise *schappelijke prijzen.*

Zivil ⟨o.; ~s⟩ **0.1** ***burgerkleding*** ◆ **6.1** ein Offizier **in** ~ *een officier in burger, civiel.*

Zivilbehörde ⟨v.⟩ **0.1** ***burgerlijke, civiele overheid.***

Zivilbevölkerung ⟨v.⟩ **0.1** ***burgerbevolking.***

Zivilcourage ⟨v.⟩ **0.1** ***moed voor zijn overtuiging uit te komen.***

Zivildienst ⟨m.⟩ **0.1** ***vervangende dienst(plicht).***

Zivildienstleistende(r) ⟨bn. als zn.⟩ **0.1** ***iem. die vervangende dienstplicht vervult.***
Zivilehe ⟨v.⟩⟨jur.⟩ **0.1** ***wettelijk huwelijk.***
Zivilfahndung ⟨v.⟩ **0.1** ***rechercheonderzoek.***
Zivilflughafen ⟨m.⟩ **0.1** ***vliegveld voor burgerluchtverkeer.***
Zivilflugzeug ⟨o.⟩ **0.1** ***verkeersvliegtuig.***
Zivilgericht ⟨o.⟩ **0.1** ***burgerlijke rechtbank.***
Zivilgesetzbuch ⟨o.⟩⟨Zwi.⟩ **0.1** ***burgerlijk wetboek.***
Zivilisation ⟨v.; ~, ~en⟩ **0.1** ***civilisatie, beschaving*** ⇒⟨fig. ook⟩ *bewoonde wereld* ◆ **6.1** ⟨fig.⟩ **in** die ~ zurückkehren *naar de bewoonde wereld terugkeren.*
Zivilisationskrankheit ⟨v.⟩ **0.1** ***beschavings-, civilisatieziekte.***
zivilisieren 0.1 ***civiliseren, beschaven.***
Zivilist ⟨m.; ~en, ~en⟩ **0.1** ***burger, niet-militair.***
zivilistisch 0.1 ***niet-militair.***
Zivilkammer ⟨v.⟩⟨jur.⟩ **0.1** ***civiele kamer.***
Zivilklage ⟨v.⟩⟨jur.⟩ **0.1** ***civiele eis, klacht.***
Zivilkleidung ⟨v.⟩ **0.1** ***burgerkleding.***
Zivilluftfahrt ⟨v.⟩ **0.1** ***burgerluchtvaart.***
Zivilperson ⟨v.⟩ **0.1** ***burger, niet-militair.***
Zivilprozeß ⟨m.⟩⟨jur.⟩ **0.1** ***burgerlijk proces, civiele procedure.***
Zivilprozeßrecht ⟨o.⟩⟨jur.⟩ **0.1** ***burgerlijk procesrecht.***
Zivilrecht ⟨o.⟩⟨jur.⟩ **0.1** ***burgerlijk, civiel recht*** ⇒*privaatrecht.*
zivilrechtlich ⟨jur.⟩ **0.1** ***civiel-, privaatrechtelijk.***
Zivilrichter ⟨m.⟩⟨jur.⟩ **0.1** ***burgerlijke, civiele rechter.***
Zivilsache ⟨v.⟩⟨jur.⟩ **0.1** ***civiel(rechtelijk)e zaak.***
Zivilschutz ⟨m.⟩ **0.1** ***bescherming bevolking.***
Ziviltrauung ⟨v.⟩ **0.1** ***(voltrekking v.h.) wettelijk huwelijk.***
Zivilverfahren ⟨o.⟩⟨jur.⟩ **0.1** ***civiele procedure.***
ZK ⟨o.; ~(s), ~(s)⟩⟨afk.⟩ →**Zentralkomitee.**
Zobel ⟨m.; ~s, ~⟩ **0.1** ***sabel(marter)*** **0.2** ***sabel(bont).***
zockeln ⟨inf.⟩ **0.1** ***sukkelen, sjokken.***
Zodiakus ⟨m.; ~⟩⟨astrol., ster.⟩ **0.1** ***dierenriem, zodiak.***
Zofe ⟨v.; ~, ~n⟩ **0.1** ***kamenier(ster).***
Zoff ⟨m.; ~s⟩⟨inf.⟩ **0.1** ***mot, ruzie.***
Zögerer ⟨m.; ~s, ~⟩ **0.1** ***talmer, draler.***
zögern 0.1 ***aarzelen, talmen, dralen*** ⇒*schromen, weifelen* ◆ **3.1** ~d in ein Angebot einwilligen *schoorvoetend met een aanbod instemmen.*
Zögling ⟨m.; ~s, ~e⟩ **0.1** ***pupil, leerling.***
Zölibat ⟨m. & o.; ~(e)s, ~e⟩ **0.1** ***celibaat.***
Zoll[1] ⟨m.; ~(e)s, ~⟩ **0.1** ***duim*** ⟨lengtemaat⟩ ◆ **¶.1** jeder ~, ~ für ~, in jedem ~ ein Herr *op-en-top een heer.*
Zoll[2] ⟨m.; ~(e)s, ¨~e⟩ **0.1** ***invoerrecht*** ⇒*tol* **0.2** ***douane*** ◆ **3.1** auf diesen Waren liegt ~, diese Waren unterliegen einem ~ *voor deze goederen moeten invoerrechten betaald worden.*
Zollabfertigung ⟨v.⟩ **0.1** ***in-, uitklaring.***
Zollamt ⟨o.⟩ **0.1** ***douanekantoor.***
Zollanmeldung ⟨v.⟩ **0.1** ***aangifte, declaratie*** ⟨van goederen⟩.
Zollbeamte(r) ⟨bn. als zn.; m.⟩ **0.1** ***douanebeambte, douanier.***
Zollbehörde ⟨v.⟩ **0.1** ***douaneautoriteiten.***
Zollbestimmungen ⟨alleen mv.⟩ **0.1** ***douane-, invoerbepalingen.***
zollbreit 0.1 ***een duim breed.***
Zolldeklaration ⟨v.⟩ **0.1** ***douaneverklaring.***
zollen 0.1 ***betuigen, betonen*** ◆ **1.1** jmdm. Achtung, Respekt ~ *achting, respect voor iem. hebben;* jmdm. Applaus ~ *voor iem. applaudisseren;* einer Sache den Tribut ~ *zijn tol betalen aan iets.*
Zollerklärung ⟨v.⟩ **0.1** ***douaneverklaring.***
zollfrei 0.1 ***tolvrij, vrijgesteld van invoerrechten.***
Zollfreigebiet ⟨o.⟩ **0.1** ***tolvrij gebied.***
Zollgebiet ⟨o.⟩ **0.1** ***douane-, tolgebied.***
Zollgrenzbezirk ⟨m.⟩ **0.1** ***douanezone.***
Zollgrenze ⟨v.⟩ **0.1** ***douane-, tolgrens.***
Zollgut ⟨o.⟩⟨adm.⟩ **0.1** ***aan invoerrechten onderworpen goederen.***
Zollhaus ⟨o.⟩ **0.1** ***douanekantoor.***
Zollhoheit ⟨v.⟩ **0.1** ***recht op douaneheffing.***
Zollinhaltserklärung ⟨v.⟩ **0.1** ***douaneverklaring*** ⟨omtrent de inhoud van brief, pakket⟩.
Zollmarke ⟨v.⟩ **0.1** ***douanestempel, -zegel.***
Zöllner ⟨m.; ~s, ~⟩ **0.1** ***tollenaar.***
Zollordnung ⟨v.⟩ **0.1** ***douanevoorschrift.***
zollpflichtig 0.1 ***tolplichtig, aan invoerrechten onderworpen.***
Zollrecht ⟨o.⟩ **0.1** ***rechtsregels mbt. de heffing van invoerrechten.***
Zollschranke ⟨v.⟩ **0.1** ***douanebarrière, invoerbelemmering door hoge invoerrechten.***
Zollstation ⟨v.⟩ **0.1** ***douane-, grenskantoor.***
Zollstelle ⟨v.⟩ **0.1** ***douane-, grenskantoor.***
Zollstock ⟨m.⟩ **0.1** ***duimstok.***
Zollstraße ⟨v.⟩ **0.1** ***transportweg voor het vervoer van tolplichtige goederen.***
Zolltarif ⟨m.⟩ **0.1** ***douanetarief.***
Zollunion ⟨v.⟩ **0.1** ***douane-unie.***
Zollverein ⟨m.⟩ **0.1** ***tolverbond.***
Zollwert ⟨m.⟩ **0.1** ***invoerwaarde.***
zonal, -nar 0.1 ***zonaal.***
Zone ⟨v.; ~, ~n⟩ **0.1** ***zone*** ⇒*luchtstreek* **0.2** ⟨BRD; gesch.; inf.⟩ ***(de voormalige) DDR, Oost-Duitsland*** ◆ **1.1** ⟨nat.⟩ die ~ des Schweigens *de stiltegordel* **2.1** die gemäßigte ~ *de gematigde zone, luchtstreek.*
Zonengrenze ⟨v.⟩ **0.1** ***zonegrens*** ⇒⟨gesch.; inf.⟩ *grens tussen Oost- en West-Duitsland.*
Zonenrandgebiet ⟨o.⟩⟨BRD; gesch.⟩ **0.1** ***grensgebied met de (voormalige) DDR.***
Zonentarif ⟨m.⟩⟨com.⟩ **0.1** ***zonetarief.***
Zoo ⟨m.; ~s, ~s⟩ **0.1** ***dierentuin.***
Zoohandlung ⟨v.⟩ **0.1** ***dierenhandel, -winkel.***
Zoologie ⟨v.; ~⟩ **0.1** ***zoölogie, dierkunde.***
Zoom ⟨o.; ~s, ~s⟩⟨film.⟩ **0.1** ***zoomobjectief, -lens*** **0.2** ***het zoomen.***
zoomen ⟨film.⟩ **0.1** ***zoomen.***
Zootier ⟨o.⟩ **0.1** ***dier in dierentuin.***
Zopf ⟨m.; ~(e)s, ¨~e⟩ **0.1** ***(haar)vlecht*** ⇒*pruik* **0.2** ***gevlochten gebak, brood*** ◆ **2.1** ⟨fig.⟩ das ist ein alter ~ *dat is helemaal uit de tijd;* ⟨fig.⟩ den alten ~, die alten Zöpfe abschneiden *achterhaalde zaken afschaffen.*
zopfig ⟨pej.⟩ **0.1** ***achterhaald, ouderwets.***
Zopfstil ⟨m.⟩⟨bk.⟩ **0.1** ***pruikenstijl.***
Zores ⟨m.; ~⟩⟨inf.⟩ **0.1** ***warboel, rommel*** ⇒*sores.*
Zorn ⟨m.; ~(e)s⟩ **0.1** ***toorn, drift*** ⇒*woede* ◆ **3.1** jmdn. packt der ~ *iem. geraakt in toorn* **6.1** einen ~ **auf** jmdn. haben *woedend zijn op iem.;* jmdn. **in** ~ bringen *iem. toornig maken.*
zornentbrannt 0.1 ***in toorn, woede ontstoken.***
Zornesausbruch ⟨m.⟩ **0.1** ***woede-uitbarsting.***
zornig 0.1 ***toornig, driftig, woedend*** ◆ **6.1** ~ **auf** jmdn. *woedend op iem.;* ~ **über** eine Sache *woest, toornig om, over iets.*
zornmütig 0.1 ***snel driftig, tot toorn geneigd.***
zornschnaubend 0.1 ***briesend van woede.***

Zote ⟨v.; ~, ~n⟩⟨pej.⟩ **0.1** ***schuine mop*** ◆ **3.1** ~n reißen *schuine moppen tappen.*

zotig ⟨pej.⟩ **0.1** ***schuin, schunnig.***

Zotte ⟨v.; ~, ~n⟩ **0.1** ***(haar)vlok, lok*** **0.2** ⟨med.⟩ ***vlok.***

Zottel ⟨v.; ~, ~n⟩ **0.1** ***kwast*** ⟨van uniform, meubels⟩ **0.2** ⟨inf.⟩ ***(haar)vlok, lok*** **0.3** ⟨pej.⟩ ***verward haar.***

Zottelhaar ⟨o.⟩⟨inf.⟩ **0.1** ***verward haar.***

zottelig **0.1** ***ruig*** ⇒*verward.*

zotteln ⟨inf.⟩ **0.1** ***sjokken, slenteren*** **0.2** ***verward, piekerig omlaaghangen.***

zottig **0.1** ***borstelig, ruig*** **0.2** ⟨pej.⟩ ***verward.***

z.T. ⟨afk.⟩ [zum Teil].

zu[1] ⟨bw.⟩ **0.1** ***te*** **0.2** ***dicht, gesloten*** ◆ **2.1** das ist ~ schade *dat is erg jammer* **3.2** ⟨inf.⟩ das Geschäft hat ~ *de winkel is gesloten* **3.¶** mach ~! *schiet op!* **5.¶** nur ~! (a) *ga zo door!* (b) *niet bang zijn!*

zu[2] ⟨vz. + 3⟩ **0.1** ⟨van plaats⟩ ***aan, bij, in, naar*** **0.2** ⟨van tijd⟩ ***met, op, per*** **0.3** ⟨van wijze⟩ ***te, tot*** **0.4** ⟨mbt. tot hoeveelheden, aantallen⟩ ***met, voor*** **0.5** ⟨in verbindingen⟩ ***met, op, voor*** ◆ **1.1** ~ Füßen *aan het voeteneinde;* ~ Hause *thuis;* Gasthof 'Zur Krone' *hotel-restaurant 'De Kroon';* ~ Wasser, ~ Lande und in der Luft *te land, ter zee en in de lucht* **1.2** ~m 1. März *per 1 maart;* die Nacht vom Freitag ~m Samstag *de nacht van vrijdag op zaterdag;* ~ Weihnachten *met Kerstmis;* ~r Zeit *op het ogenblik, momenteel* **1.3** ~ meinem Bedauern *tot mijn spijt;* ~ Fuß *te voet* **1.4** ~r Hälfte *voor de helft;* ~ Hunderten *met honderden tegelijk;* das Kilo ~ zwei Mark *twee mark de kilo;* ~m zweiten Mal *voor de tweede keer;* Spielstand zwei ~ eins *stand 2-1;* ~m größten Teil *voor het grootste deel* **1.5** ~r Ansicht *op zicht;* ~m Scherz *voor de grap;* ~ diesem Zweck *met dit doel* **2.1** ~r Rechten *aan de rechterhand* **2.4** ~ dritt *met z'n drieën* **3.1** ~ Boden fallen *op de grond vallen;* ~m Arzt, Bahnhof gehen *naar de dokter, het station gaan;* ~ Tisch gehen *aan tafel gaan;* ~r Tür hinausgehen *de deur uitgaan;* Zucker ~m Tee nehmen *suiker bij, in de thee nemen;* dieses Hemd paßt ~ der Hose *dit hemd past bij de broek;* ~ allem Ja sagen *op alles ja zeggen;* sich ~ jmdm. setzen *bij iem. gaan zitten* **3.5** ~ Geld kommen *aan geld komen;* ~ Wort kommen *aan het woord komen.*

zu[3] ⟨vw.⟩ **0.1** ***te*** ◆ **2.1** die ~ lösenden Aufgaben *de op te lossen opgaven* **3.1** da ist nichts ~ machen *daar valt niets aan te doen.*

zuallererst **0.1** ***(het) allereerst, in de eerste plaats.***

zuallermeist **0.1** ***het allermeest.***

zuarbeiten ⟨met 3e nv.⟩ **0.1** ***bij het werk helpen.***

zubauen **0.1** ***vol-, toebouwen.***

Zubehör ⟨m. & o.; ~(e)s, ~e⟩ **0.1** ***toebehoren*** ⇒*onderdelen, accessoires* ◆ **6.1** eine Wohnung **mit** allem ~ *een volledig ingerichte woning.*

Zubehörhandel ⟨m.⟩ **0.1** ***handel in accessoires, onderdelen.***

zubeißen **0.1** ***toebijten, -happen.***

zubekommen ⟨inf.⟩ **0.1** ***dicht, toe krijgen*** ⟨meestal met ontkenning⟩.

zubereiten **0.1** ***toebereiden, klaarmaken.***

zubetonieren **0.1** ***(dicht)betonneren.***

zubewegen **I** ⟨ov.ww.⟩ **0.1** ***naar, op iets toe bewegen;*** **II sich** ~ ⟨wk.ww.⟩ **0.1** ***ergens heen gaan.***

zubilligen **0.1** ***toekennen*** ◆ **1.1** jmdm. mildernde Umstände ~ *bij iem. rekening houden met verzachtende omstandigheden.*

zubinden **0.1** ***dicht-, toebinden.***

zublinzeln ⟨met 3e nv.⟩ **0.1** ***een knipoogje, knipoogjes geven.***

zubringen **0.1** ***doorbrengen*** ⟨tijd⟩ **0.2** ⟨inf.⟩ ***dicht krijgen, sluiten.***

Zubringer ⟨m.; ~s, ~⟩⟨verk.⟩ **0.1** ***toegangs-, invalsweg*** **0.2** ***vervoermiddel voor pendeldienst.***

Zubringerdienst ⟨m.⟩ **0.1** ***pendeldienst*** ⇒*lijn-, autobusdienst.*

Zubringerstraße ⟨v.⟩ **0.1** ***toegangs-, invalsweg.***

Zubrot ⟨o.⟩⟨scherts.⟩ **0.1** ***bijverdienste.***

zubrüllen **0.1** ***toebrullen, -schreeuwen.***

Zucchini ⟨v.⟩ **0.1** ***courgette.***

Zucht ⟨v.; ~, ~en⟩ **0.1** ***fokkerij, kwekerij, teelt*** **0.2** ***tucht, discipline*** ◆ **2.1** ⟨inf.; pej.⟩ diese verdammte ~! *dit verdomde tuig, gebroed!* **3.2** ~ halten *de discipline handhaven* **6.1** die Hunde stammen **aus** derselben ~ *de honden komen uit hetzelfde nest;* die ~ **von** Blumen *het kweken, telen van bloemen* **6.2** jmdn. **in** ~ nehmen *iem. discipline bijbrengen.*

Zuchtbuch ⟨o.⟩ **0.1** ***stamboek.***

Zuchtbulle ⟨m.⟩ **0.1** ***fok-, dekstier.***

züchten **0.1** ***fokken, kweken, telen*** ◆ **1.1** ⟨fig.⟩ Haß ~ *haat opwekken, kweken.*

Züchter ⟨m.; ~s, ~⟩ **0.1** ***fokker, kweker, teler.***

Züchterei ⟨v.; ~, ~en⟩ **0.1** ***fokkerij, fokbedrijf.***

Zuchtform ⟨v.⟩ **0.1** ***gekweekte, gefokte, geteelde variant v.e. dier, plant.***

Zuchthaus ⟨o.⟩ **0.1** ***tuchthuis.***

Zuchthengst ⟨m.⟩ **0.1** ***fok-, dekhengst.***

züchtigen **0.1** ***tuchtigen, kastijden.***

Zuchtmittel ⟨o.⟩ **0.1** ***tuchtmiddel*** ⇒⟨jur.⟩ *(kinder)maatregel.*

Zuchtperle ⟨v.⟩ **0.1** ***gekweekte parel.***

Zuchtstätte ⟨v.⟩ **0.1** ***fokkerij, kwekerij.***

Zuchttier ⟨o.⟩ **0.1** ***fokdier.***

Züchtung ⟨v.; ~, ~en⟩ **0.1** ***kweek, teelt, fokresultaat*** **0.2** ***het fokken, kweken.***

Zuchtvieh ⟨o.⟩ **0.1** ***fokvee.***

Zuchtwahl ⟨v.; ~, ~en⟩ **0.1** ***teeltkeus, selectie.***

zuck! **0.1** ***snel!, hup!***

Zuck ⟨m.; ~(e)s, ~e⟩ **0.1** ***ruk.***

zuckeln **0.1** ***sukkelen, sjokken.***

zucken **0.1** ⟨h.⟩ ***trillen, trekken*** **0.2** ⟨s.⟩ ***flitsen, schieten*** ◆ **1.2** der Blitz zuckte am, über den Himmel *de bliksem flitste door de lucht* **2.1** ein nervöses Zucken *een zenuwtrekking* **6.1** ⟨fig.⟩ es zuckt mir **in** den Beinen *ik krijg de kriebel in mijn benen;* ⟨fig.⟩ es zuckt mir **in** den Fingern *mijn vingers jeuken;* **mit** den Achseln ~ *de schouders ophalen.*

zücken **0.1** ***trekken*** ⇒*te voorschijn halen* ◆ **1.1** ⟨inf.⟩ die Brieftasche ~ *de portefeuille te voorschijn halen.*

Zucker ⟨m.; ~s, ~⟩ **0.1** ***suiker*** **0.2** ⟨inf.; med.⟩ ***(bloed)suikerspiegel, suiker(ziekte)*** ◆ **1.1** ein Stück ~ *een klontje suiker* **3.1** ⟨inf.; fig.⟩ sie ist einfach ~! *zij is een echt snoepje!;* ⟨fig.⟩ diese Idee ist ~ *dit is een uitstekend idee* **6.1** ⟨inf.⟩ jmdm. ~ **in** den Arsch, Hintern blasen *iemands gat, hielen likken.*

Zuckerbäckerstil ⟨m.⟩⟨bouwk.; pej.⟩ **0.1** ***suikerbakkerswerk.***

Zuckerbrot ⟨o.⟩ **0.1** ***met suiker bestrooid brood*** ◆ **¶.1** ⟨fig.⟩ mit ~ und Peitsche *de ene keer met schouderklopjes, de andere keer met een pak slaag.*

Zuckerguß ⟨m.⟩ **0.1** ***suikerglazuur.***

zuckerhaltig **0.1** ***suikerhoudend.***

Zuckerharnruhr ⟨v.⟩⟨med.⟩ **0.1** ***suikerziekte.***

zuckerig **0.1** ***vol suiker, met suiker bestrooid*** ⇒*van suiker.*

Zuckerkandis ⟨m.⟩⟨inf.⟩ **0.1** ***kandij(suiker).***

Zuckerkrankheit ⟨v.⟩ **0.1** ***suikerziekte.***

Zuckerlecken ⟨o.⟩⟨inf.⟩ ◆ **4.¶** das ist kein ~ *dat is geen pretje, allesbehalve plezierig.*
zuckern 0.1 *zoeten, met suiker bestrooien.*
Zuckerplätzchen ⟨o.⟩ **0.1** *suikerkoekje, borstplaatje.*
Zuckerpuppe ⟨v.⟩⟨inf.⟩ **0.1** *snoepje* ⟨leuk meisje⟩.
Zuckerraffinerie ⟨v.⟩ **0.1** *suikerraffinaderij.*
Zuckerrohr ⟨o.⟩ **0.1** *suikerriet.*
Zuckerrübe ⟨v.⟩ **0.1** *suikerbiet.*
Zuckerspiegel ⟨m.⟩⟨med.⟩ **0.1** *(bloed)suikerspiegel.*
Zuckerstange ⟨v.⟩ **0.1** *suikerstok.*
zuckersüß 0.1 *suikerzoet* ⟨ook fig.⟩.
Zuckerwatte ⟨v.⟩ **0.1** *suikerspin.*
Zuckerzange ⟨v.⟩ **0.1** *suikertang.*
Zuckung ⟨v.; ~, ~en⟩ **0.1** *(stuip)trekking.*
zudecken 0.1 *toe-, bedekken* **0.2** ⟨mil.⟩ *beschieten* ⇒⟨fig.⟩ *bestoken, overladen* ◆ **6.2** ⟨inf.; fig.⟩ jmdn. **mit** Fragen ~ *iem. met vragen bestoken;* ⟨inf.; fig.⟩ jmdn. **mit** Vorwürfen ~ *iem. met verwijten overladen.*
zudem ⟨schr.⟩ **0.1** *bovendien.*
zudenken ⟨schr.⟩ **0.1** *toe(be)denken.*
zudiktieren 0.1 *opleggen* ⟨v. taak, straf⟩.
zudrehen I ⟨ov.ww.⟩ **0.1** *dicht-, toedraaien* **0.2** *toekeren, -draaien* ◆ **1.2** jmdm. den Rücken ~ ⟨ook fig.⟩ *iem. de rug toekeren;*
II sich ~ ⟨wk.ww.⟩ **0.1** *zich omdraaien, toewenden.*
zudringlich 0.1 *opdringerig* ◆ **3.1** ~ werden *handtastelijk worden.*
zudrücken 0.1 *toeduwen* ⇒*dicht-, toeknijpen.*
zueignen I ⟨ov.ww.⟩⟨schr.⟩ **0.1** *opdragen, toewijden* ◆ **1.1** jmdm. ein Buch ~ *aan iem. een boek opdragen;*
II sich ~ ⟨wk.ww.⟩ **0.1** *zich toe-eigenen.*
Zueignung ⟨v.; ~, ~en⟩ **0.1** *opdracht, toewijding* **0.2** *toe-eigening.*
zueilen 0.1 *toesnellen.*
zueinander 0.1 *bij, naar, tot elkaar* ◆ **3.1** ~ passen *bij elkaar passen;* ~ sprechen *tegen elkaar spreken.*
zueinanderfinden 0.1 *elkaar naderkomen.*
zueinanderhalten 0.1 *elkaar niet in de steek laten.*
zueinanderkommen 0.1 *elkaar naderkomen.*
zueinanderstehen 0.1 *elkaar bijstaan.*
zuerkennen 0.1 *toekennen* ⇒⟨jur. ook⟩ *toewijzen* ◆ **1.1** einer Sache keine Bedeutung ~ *aan iets geen betekenis toekennen.*
zuerst 0.1 *eerst* ⇒*aanvankelijk, op de eerste plaats, als eerste* **0.2** *voor het eerst* ◆ **5.1** gleich ~ *het allereerst, meteen in het begin.* →**kommen.**
zufächeln 0.1 *toewaaien, waaieren.*
zufahren ⟨inf.⟩ **0.1** *doorrijden, sneller rijden* **0.2** *naar toe rijden* ⇒*aan-, afvliegen.*
Zufahrt ⟨v.⟩ **0.1** *weg naar iets toe* ⇒*toegangsweg.*
Zufall ⟨m.; mv. ¨e⟩ **0.1** *toeval(ligheid)* ◆ **1.1** ein Spiel des ~s *een speling van het lot* **6.1 durch** ~ *bij toeval.*
zufallen 0.1 *toe-, dichtvallen* **0.2** *ten deel vallen* ◆ **4.2** ihm fällt alles nur so zu *hem waait alles zo maar aan.*
zufällig 0.1 *toevallig* ◆ **3.1** Ähnlichkeiten mit lebenden Personen sind rein ~ *overeenkomsten met levende personen berusten slechts op toeval.*
zufälligerweise 0.1 *toevallig(erwijs).*
Zufallsauswahl ⟨v.⟩⟨statistiek⟩ **0.1** *willekeurige steekproef.*
Zufallsbekanntschaft ⟨v.⟩ **0.1** *toevallige kennis, bekende.*
Zufallsfund ⟨m.⟩ **0.1** *toevallige vondst.*
zufassen 0.1 *toegrijpen* **0.2** *ingrijpen, meehelpen.*
zufliegen 0.1 *toe-, aanvliegen* ⇒*aanwaaien* ◆ **4.1** ⟨fig.⟩ alles fliegt ihm nur so zu *alles waait hem zo maar aan.*
zufließen ⟨met 3e nv.⟩ **0.1** *naar iets toe stromen* ⇒⟨fig. ook⟩ *ten goede komen* ◆ **1.1** der Bach fließt dem Fluß zu *de beek stroomt naar de rivier.*
Zuflucht ⟨v.⟩ **0.1** *toevlucht* ◆ **3.1** jmdm. ~ gewähren *iem. asiel verlenen* **6.1** ~ **zu** etwas nehmen *z'n toevlucht tot iets nemen.*
Zufluchtsort ⟨m.⟩ **0.1** *toevluchtsoord, wijkplaats.*
Zufluß ⟨m.⟩ **0.1** *toevloed* ⇒*watertoevoer* **0.2** *zijrivier* ◆ **6.1** ⟨fig.⟩ der ~ **von** Geld *het binnenstromen van geld.*
zufolge ⟨vz. + 2,3⟩ **0.1** *volgens* ◆ **1.1** seiner Aussage ~ *volgens, naar zijn zeggen.*
zufrieden 0.1 *tevreden* ◆ **6.1 mit** jmdm., einer Sache ~ sein *tevreden zijn over iem., iets.*
zufriedengeben, sich 0.1 *genoegen nemen* ◆ **6.1** du mußt dich **mit** deinem Schicksal ~ *je moet in je lot berusten.*
Zufriedenheit ⟨v.; ~⟩ **0.1** *tevredenheid, genoegen* ◆ **6.1 zu** seiner ~ *tot zijn tevredenheid.*
zufriedenlassen 0.1 *met rust laten, niet lastig vallen.*
zufriedenstellen 0.1 *tevredenstellen, bevredigen.*
zufrieren 0.1 *dichtvriezen.*
zufügen 0.1 *toevoegen, berokkenen* **0.2** *erbij doen* ◆ **1.1** jmdm. (einen) Schaden ~ *iem. schade berokkenen.* →**wollen.**
Zufuhr ⟨v.; ~, ~en⟩ **0.1** *aan-, toevoer* ⇒*levering* ◆ **1.1** die ~ kalter Polarluft *de aanvoer van koude poollucht* **6.1** die ~ **zum** Vergaser *de toevoer naar de carburateur.*
zuführen I ⟨onov.ww.⟩ **0.1** *leiden, lopen* ◆ **6.1** diese Straße führt **auf** die Stadt zu *deze straat loopt naar de stad;*
II ⟨ov.ww.⟩ **0.1** *aanvoeren, brengen* ⇒*bezorgen, leveren* ◆ **1.1** eine Frage einer Lösung ~ *een probleem oplossen;* jmdm. künstliche Nahrung ~ *iem. kunstmatig voeden;* Gelder einem wohltätigen Zweck ~ *gelden aan een goed doel doen toekomen.*
Zuführungsrohr ⟨o.⟩ **0.1** *toevoerpijp.*
zufüllen 0.1 *(aan)vullen* ⇒*dempen.*
Zug ⟨m.; ~(e)s, ¨e⟩ **0.1** *trein* ⇒*(vrachtwagen)combinatie, (ge)span* **0.2** *stoet, optocht, colonne* ⇒*(veld)tocht, trek* ⟨dieren⟩ **0.3** *groep* ⇒*vlucht* ⟨vogels⟩, *school* ⟨vissen⟩ **0.4** *trek, tocht* **0.5** *trek, haal* ⟨roken⟩, *teug, slok* ⟨drinken⟩ **0.6** *trek, ruk* ⇒*zet* ⟨bordspel⟩, *slag* ⟨roeien, zwemmen⟩, ⟨nat., tech. ook⟩ *spanning* **0.7** *trek, lijn* ⇒⟨fig. ook⟩ *gelaats-, karaktertrek* **0.8** *discipline, orde* **0.9** *dreef, gang* ◆ **1.2** der ~ der Trauernden *de stoet der treurenden* **1.4** der ~ des Ofens ist zu eng *het tochtkanaal van de kachel is te nauw* **1.7** die Züge ihres Gesichts *haar gelaatstrekken;* der ~ der Zeit *de trend, geest van de tijd* **2.1** im falschen ~ sitzen (a) *in de verkeerde trein zitten* (b) ⟨inf.; fig.⟩ *zich vergissen* **2.3** der humanistische und der naturwissenschaftliche ~ des Gymnasiums *de alfa- en de bèta-afdeling van het gymnasium* **3.1** der ~ ist abgefahren (a) *de trein is vertrokken* (b) ⟨inf.; fig.⟩ *er valt niets meer aan te doen* **3.6** einen zu großen ~ ausüben *een te grote trek(kracht) uitoefenen;* ⟨sp.⟩ einige Züge rudern, schwimmen *een paar slagen roeien, zwemmen* **3.9** ⟨inf.; fig.⟩ da ist kein ~ drin *d'r zit geen schot in* **6.1** die Feuerwehr rückt **mit** vier Zügen aus *de brandweer rukt met vier colonnes uit* **6.4 im** ~ sitzen, stehen *op de tocht zitten, staan* **6.5** das Glas **auf** einen, **in**, **mit** einem ~ leeren *het glas in één teug leegdrinken;* ⟨fig.⟩ das Leben **in** vollen Zügen genießen *van het leven met volle teugen genieten;* ⟨fig.⟩ **in** den letzten Zügen liegen *op sterven liggen* **6.6 am** ~ sein (a) *aan zet zijn* (b) ⟨fig.⟩ *aan de beurt zijn;* ⟨inf.; fig.⟩ jmdn. **auf** dem ~ haben *de pik op iem. hebben;* das Buch **in** einem ~(e) durchlesen *het boek in één ruk, adem uitlezen;* ~ **um** ~ (a) *zet voor zet* (b) ⟨fig.⟩ *stap voor stap* (c) *snel, vlug;* ⟨fig.⟩ **zum** ~e kommen (a) *aan het*

woord komen (b) *aan bod komen* **6.7** die Brücke **im** ~e der Straße *de brug in het verlengde van de straat;* **im** ~e der Umstrukturierung *in het kader van de herstructurering;* **in** groben, großen Zügen *in grote lijnen;* ⟨fig.⟩ einen ~ **ins** Maßlose haben *een neiging tot mateloosheid hebben* **6.8** die Klasse gut **im** ~ haben *zijn klas goed in de hand hebben* **6.9** ⟨fig.⟩ **im** besten ~e, gut im ~ sein *goed op dreef, gang zijn;* ⟨fig.⟩ ~ **in** die Sache bringen *vaart achter de zaak zetten.*

Zugabe ⟨v.⟩ **0.1** ***toegift*** **0.2** ***bij-, toevoeging*** ◆ **¶.1** ~! *bis! bis!*

Zugabteil ⟨o.⟩ **0.1** ***(trein)coupé, compartiment.***

Zugang ⟨m.⟩ **0.1** ***toe-, ingang*** **0.2** ***toename*** ⇒*nieuweling, aanwinst* ◆ **6.1** ⟨fig.⟩ den ~ **zur** modernen Literatur nicht finden *de moderne literatuur niet (kunnen) begrijpen* **6.2** der ~ **an** Gemälden *de aanwinsten aan schilderijen;* ein großer ~ **von** Schülern *een grote toename van het aantal scholieren.*

zugängig, zugänglich **0.1** ***toegankelijk, open(gesteld)*** ⇒ *bereikbaar* **0.2** ⟨fig.⟩ ***toegankelijk*** ◆ **1.1** jedem, für jeden ~e Informationen *voor iedereen toegankelijke, beschikbare informatie* **3.1** das Museum ist heute nicht ~ *het museum is vandaag niet opengesteld;* keiner Vernunft ~ sein *voor geen rede vatbaar zijn* **6.2** **für** guten Rat ~ sein *voor goede raad openstaan.*

Zugangsstraße ⟨v.⟩ **0.1** ***toegangsweg.***

Zuganschluß ⟨m.⟩ **0.1** ***treinaansluiting.***

Zugbegleiter ⟨m.⟩ **0.1** ***treinbeambte*** **0.2** ***vouwblad met reisschema v.e. trein.***

Zugbrücke ⟨v.⟩ **0.1** ***trek-, ophaalbrug.***

zugeben **0.1** ***toegeven, bekennen*** **0.2** ***extra, erbij geven*** **0.3** ***toestaan*** ⇒*goedkeuren* ⟨meestal met ontkenning⟩ ◆ **5.1** etwas gern, offen ~ *iets graag, openlijk toegeven.*

zugegebenermaßen **0.1** ***zoals toegegeven moet worden.***

zugegen **0.1** ***aanwezig, tegenwoordig.***

zugehen I ⟨onov.ww.⟩ **0.1** ***toelopen, ergens heen lopen*** **0.2** ***doorlopen, doorstappen*** **0.3** ***toegestuurd worden*** **0.4** ***gebeuren*** **0.5** ⟨inf.⟩ ***dicht-, toegaan*** ◆ **3.1** das Jahr geht dem Ende zu *het jaar loopt ten einde* **3.3** ⟨adm.⟩ jmdm. einen Brief ~ lassen *iem. een brief doen toekomen* **6.1** ⟨fig.⟩ er geht schon **auf** die Neunzig zu *hij loopt al naar de negentig;* **in** einer Spitze ~ *spits toelopen;*
II ⟨onp.ww.⟩ **0.1** ***toegaan*** ⇒*gebeuren, lopen* ◆ **3.1** es müßte schon seltsam ~, wenn ... *het moet al raar lopen als ...*

zugehören ⟨schr.⟩ **0.1** ***toebehoren*** ⇒*lid zijn van.*

zugehörig **0.1** ***bij-, toebehorend.***

Zugehörigkeit ⟨v.; ~⟩ **0.1** ***het toebehoren*** ⇒*lidmaatschap, verbondenheid.*

zugeknöpft ⟨inf.⟩ **0.1** ***gesloten, toegeknoopt*** ⇒⟨fig. ook⟩ *terughoudend, gereserveerd* ◆ **1.1** ein ~er Mann *een gesloten, terughoudende man.*

Zügel ⟨m.; ~s, ~⟩ **0.1** ***teugel, toom*** ⇒⟨fig. ook⟩ *macht, heft* ◆ **3.1** ⟨fig.⟩ jmdm. ~ anlegen *iem. intomen;* ⟨fig.⟩ seinen Leidenschaften ~ anlegen *zijn hartstochten beteugelen;* die ~ (straffer) anziehen ⟨ook fig.⟩ *de teugels aanhalen;* die ~ lockern, schleifen lassen ⟨ook fig.⟩ *de teugel(s) laten vieren;* ⟨fig.⟩ jmdm. die ~ schießen lassen *iem. de vrije teugel laten* **6.1** ⟨fig.⟩ jmdn. **am** langen ~ führen *iem. niet te kort houden, iem. ruimte laten;* ⟨fig.⟩ die ~ **an** sich ⟨4e nv.⟩ reißen *het heft in handen nemen;* ⟨fig.⟩ die ~ **aus** der Hand geben *het heft uit handen geven;* ⟨fig.⟩ die ~ **in** der Hand haben *de teugels, het heft in handen hebben.*

Zügelführung ⟨v.⟩⟨sp.⟩ **0.1** ***teugelvoering.***

zügellos **0.1** ***zonder teugel(s), teugelloos*** ⟨ook fig.⟩ ◆ **1.1** ~e Leidenschaften *ongebreidelde hartstochten.*

zügeln **0.1** ***(be)teugelen, (in)tomen*** ◆ **1.1** das Pferd ~ *het paard tomen.*

Zugende ⟨o.⟩ **0.1** ***achterste gedeelte v.e. trein*** **0.2** ***eind v.e. colonne, stoet.***

Zugereiste(r) ⟨bn. als zn.⟩ **0.1** ***iem. die van buiten komt, vreemdeling.***

zugesellen I ⟨ov.ww.⟩ **0.1** ***plaatsen bij;***
II sich ~ ⟨wk.ww.⟩ **0.1** ***zich aansluiten, erbij komen*** ◆ **1.1** ich gesellte mich dieser Gruppe zu *ik sloot me bij deze groep aan.*

zugestandenermaßen **0.1** ***(zo)als toegegeven is, moet worden.***

Zugeständnis ⟨o.⟩ **0.1** ***toegeving, concessie*** ◆ **6.1** ~se **an** die Mode *concessies aan de mode.*

zugestehen **0.1** ***toegeven, erkennen*** ⇒*toestaan* **0.2** ***verlenen, geven*** ◆ **1.2** jmdm. ein Recht ~ *iem. een recht toekennen, verlenen.*

zugetan **0.1** ***toegedaan, genegen*** ◆ **1.1** ⟨fig.⟩ dem Alkohol ~ sein *aan de drank (verslaafd) zijn;* ⟨fig.⟩ den Künsten ~ sein *liefhebber van kunst zijn.*

Zugewinn ⟨m.⟩ **0.1** ***aanwas, winst, groei*** ◆ **6.1** ~ **an** Vermögen *vermogensaanwas.*

zugewinnen **0.1** ***(erbij) winnen.***

Zugfahrt ⟨v.⟩ **0.1** ***treinrit.***

Zugfeder ⟨v.⟩⟨tech.⟩ **0.1** ***trekveer.***

zugfest ⟨tech.⟩ **0.1** ***trekvast.***

Zugführer ⟨m.⟩ **0.1** ***hoofdconducteur*** **0.2** ⟨mil.⟩ ***pelotons-, groeps-, sectiecommandant.***

Zuggarnitur ⟨v.⟩⟨verk.⟩ **0.1** ***treinstel.***

Zughaken ⟨m.⟩ **0.1** ***trekhaak.***

zugießen **0.1** ***bijgieten, -schenken.***

zugig **0.1** ***tochtig.***

zügig **0.1** ***vlot, snel, vlug*** ◆ **3.1** ~ vorankommen *goed opschieten.*

Zugkraft ⟨m.⟩ **0.1** ***aantrekkingskracht*** **0.2** ⟨tech.⟩ ***trekkracht*** ◆ **1.2** die ~ dieses Wagens *de trekkracht van deze auto.*

zugkräftig **0.1** ***pakkend, publiek trekkend.***

zugleich **0.1** ***gelijktijdig, tegelijk*** ⇒*tevens* ◆ **8.1** er ist Dolmetscher und Übersetzer ~ *hij is tolk en tevens vertaler.*

Zugleine ⟨v.⟩ **0.1** ***trekkoord.***

Zugluft ⟨v.⟩ **0.1** ***tocht, trek*** ⇒*luchtstroom.*

Zugmaschine ⟨v.⟩ **0.1** ***trekker*** ⇒*truck, tractor.*

Zugnetz ⟨o.⟩ **0.1** ***trek-, sleepnet.***

Zugnummer ⟨v.⟩ **0.1** ***(speciale) attractie, publiek trekkend nummer*** **0.2** ***treinnummer.***

Zugpferd ⟨o.⟩ **0.1** ***trekpaard*** **0.2** ⟨fig.⟩ ***gangmaker*** **0.3** ⟨fig.⟩ ***magneet, iem. die publiek (aan)trekt.***

Zugpflaster ⟨o.⟩⟨med.⟩ **0.1** ***trekpleister.***

zugreifen **0.1** ***toetasten, -grijpen*** ⇒*ingrijpen* **0.2** ***meehelpen*** ◆ **2.1** greif tüchtig zu! *tast maar flink toe!*

Zugriff ⟨m.⟩ **0.1** ***het toegrijpen, toetasten*** ⇒⟨comp.⟩ *toegang* ◆ **1.1** sich dem ~ der Polizei entziehen *aan de greep van de politie ontkomen.*

zugrunde **0.1** ***te(n) gronde, ten grondslag*** ◆ **3.1** ~ gehen *te gronde gaan;* einer Sache ~ liegen *aan iets ten grondslag liggen;* ~ richten *te gronde richten, ruïneren.*

Zugsalbe ⟨v.⟩⟨med.⟩ **0.1** ***trekzalf.***

Zugschaffner ⟨m.⟩ **0.1** ***(trein)conducteur.***

Zugschalter ⟨m.⟩ **0.1** ***trekschakelaar.***

Zugseil ⟨o.⟩⟨vooral bouwk., tech.⟩ **0.1** ***trektouw, -kabel.***

Zugsignal ⟨o.⟩ **0.1** ***treinsignaal.***

Zugspannung ⟨v.⟩⟨nat., tech.⟩ **0.1** ***trekspanning.***

Zugstück ⟨o.⟩⟨dram.⟩ **0.1** ***successtuk.***

Zugtier ⟨o.⟩ **0.1** ***trekdier.***

Zugtrompete ⟨v.⟩ **0.1** ***schuiftrompet.***

zugucken ⟨inf.⟩ **0.1** ***toekijken, -zien.***

Zug-um-Zug-Leistung ⟨v.⟩⟨jur.⟩ **0.1** ***prestatie bij gelijktijdige tegenprestatie.***
Zugunglück ⟨o.⟩ **0.1** ***treinongeluk.***
zugunsten ⟨vz. + 2,3⟩ **0.1** ***ten gunste van, ten bate van.***
zugute 0.1 ***ten goede*** ◆ **3.1** jmdm. eine Sache ~ halten *iem. iets ten goede houden;* sich ⟨3e nv.⟩ auf eine Sache viel ~ halten, tun *zich op een zaak veel laten voorstaan, zeer trots op iets zijn;* diese Erfahrung kommt ihm jetzt ~ *deze ervaring komt hem nu te pas;* ich tat mir etwas ~ *ik deed mijzelf een plezier.*
Zugverbindung ⟨v.⟩ **0.1** ***trein-, spoor(weg)verbinding.***
Zugverkehr ⟨m.⟩ **0.1** ***treinverkeer.***
Zugvogel ⟨m.⟩ **0.1** ***trekvogel.***
Zugwagen ⟨m.⟩ **0.1** ***trekker*** ⟨voor aanhangwagen⟩.
zugweise 0.1 ***zet voor zet.***
Zugwind ⟨m.⟩ **0.1** ***trek, tocht.***
Zugzwang ⟨m.⟩⟨schaken⟩ **0.1** ***zetdwang*** ⇒⟨fig.⟩ *noodzaak om te handelen* ◆ **6.1 unter** ~ stehen (a) *moeten zetten* (b) ⟨fig.⟩ *moeten reageren, handelen.*
zuhaben ⟨inf.⟩ **0.1** ***dicht hebben, gesloten zijn.***
zuhalten I ⟨onov.ww.⟩ **0.1** ***op iets afgaan*** ⇒*koers houden op;*
II ⟨ov.ww.⟩ **0.1** ***gesloten houden*** ⇒*met de hand bedekken* ◆ **1.1** die Türen ~ *de deuren dicht houden.*
Zuhälter ⟨m.; ~s, ~⟩ **0.1** ***souteneur.***
zuhängen 0.1 ***dichthangen, afdekken.***
zuhauf ⟨schr.⟩ **0.1** ***in massa.***
zuhause 0.1 ***thuis.***
Zuhause ⟨o.; ~s⟩ **0.1** ***t(e)huis.***
zuheften 0.1 ***dicht-, toenaaien.***
Zuhilfenahme ⟨v.; ~⟩ **0.1** ***behulp*** ⇒*inzet* ◆ **6.1 mit, unter** ~ von *met behulp van.*
zuhinterst 0.1 ***helemaal achteraan.***
zuhöchst 0.1 ***helemaal bovenaan.***
zuhören 0.1 ***toehoren, (toe)luisteren*** ◆ **1.1** (bei) einem Gespräch ~ *naar een gesprek luisteren, bij een gesprek toehoren.*
Zuhörer ⟨m.; ~s, ~⟩ **0.1** ***toehoorder*** ⇒*luisteraar.*
Zuhörerschaft ⟨v.; ~⟩ **0.1** ***gehoor, auditorium*** ⇒*publiek.*
zuinnerst ⟨schr.⟩ **0.1** ***in het diepst (van zijn hart, ziel).***
zujubeln ⟨met 3e nv.⟩ **0.1** ***toejuichen, -jubelen.***
zukaufen 0.1 ***bijkopen.***
zukehren 0.1 ***toekeren, -draaien*** ◆ **1.1** jmdm. den Rücken ~ ⟨ook fig.⟩ *iem. de rug toekeren.*
zukitten 0.1 ***dichten, dichtkitten.***
zuklappen 0.1 ***toe-, dichtslaan.***
zukleben 0.1 ***dicht-, toeplakken.***
zuknallen ⟨inf.⟩ **0.1** ***dicht-, toeslaan, dicht-, toesmijten.***
zukneifen 0.1 ***dicht-, toeknijpen.***
zuknöpfen 0.1 ***dicht-, toeknopen.***
zukommen 0.1 ***toe-, afkomen*** ⇒⟨fig. ook⟩ *passen, betamen* ◆ **1.1** ⟨fig.⟩ dieser Sache kommt keine Bedeutung zu *deze zaak heeft geen betekenis;* ⟨fig.⟩ jmdm. kommt eine führende Position zu *iem. verdient een leidinggevende positie;* ⟨fig.⟩ dieses Verhalten kommt dir nicht zu *dit gedrag past, betaamt jou niet* **3.1** jmdm. ein Schreiben ~ lassen *iem. een schrijven doen toekomen* **6.1 auf** jmdn. ~ (a) *op iem. afkomen* (b) ⟨fig.⟩ *zich tot iem. wenden;* ⟨fig.⟩ sie ahnte, was **auf** sie ~ würde *zij vermoedde wat haar te wachten stond.*
Zukunft ⟨v.; ~, ~̈e⟩ **0.1** ***toekomst*** **0.2** ⟨taal.⟩ ***toekomende tijd*** ◆ **3.1** die ~ wird es lehren *de toekomst zal het uitwijzen* **6.1 für** alle, die ~ *voor altijd;* **in** ~ *voortaan, in het vervolg;* ein Beruf **mit, ohne** ~ *een beroep met, zonder toekomst.*
zukünftig 0.1 ***toekomstig*** **0.2** ⟨bw.⟩ ***voortaan.***
Zukünftige(r) ⟨bn. als zn.⟩⟨inf.⟩ **0.1** ***aanstaande, verloofde.***
Zukunftsaussichten ⟨alleen mv.⟩ **0.1** ***toekomstperspectieven.***
Zukunftsforschung ⟨v.⟩ **0.1** ***toekomstwetenschap, futurologie.***
zukunftsfroh ⟨schr.⟩ **0.1** ***met een optimistische toekomstvisie.***
Zukunftsglaube ⟨m.⟩⟨schr.⟩ **0.1** ***geloof in de toekomst.***
Zukunftsmusik ⟨v.⟩⟨fig.⟩ **0.1** ***toekomstmuziek.***
zukunftsorientiert 0.1 ***toekomstgericht.***
Zukunftsroman ⟨m.⟩ **0.1** ***toekomstroman*** ⇒*sciencefictionroman.*
zukunftssicher 0.1 ***met een verzekerde, zekere toekomst.***
zukunftsträchtig 0.1 ***met grote toekomstmogelijkheden, veelbelovend.***
zukunftsweisend 0.1 ***progressief, voor de toekomst richtinggevend.***
zulächeln ⟨met 3e nv.⟩ **0.1** ***tegen iem. glimlachen.***
zulachen ⟨met 3e nv.⟩ **0.1** ***toelachen.***
zuladen 0.1 ***bijladen.***
Zulage ⟨v.⟩ **0.1** ***toelage, toeslag.***
zulangen 0.1 ***toetasten, zich bedienen*** **0.2** ***flink werken, aanpakken*** ◆ **2.1** langt nur kräftig, tüchtig zu! *tast maar flink toe!*
zulänglich ⟨schr.⟩ **0.1** ***toereikend, voldoende.***
zulassen 0.1 ***toelaten, toestaan*** **0.2** ⟨inf.⟩ ***dicht-, toelaten*** ◆ **1.1** den LKW ~ *voor de vrachtauto een kentekenbewijs afgeven;* keinen Zweifel ~ *geen twijfel lijden* **8.1** jmdn. als Anwalt ~ *iem. als advocaat tot de balie toelaten.*
zulässig 0.1 ***geoorloofd, toelaatbaar*** ⇒⟨jur.⟩ *ontvankelijk* ◆ **1.1** ~e Höchstgeschwindigkeit *toegestane maximumsnelheid.*
Zulässigkeit ⟨v.; ~⟩ **0.1** ***toelaatbaarheid*** ⇒⟨jur.⟩ *ontvankelijkheid.*
Zulassung ⟨v.; ~, ~en⟩ **0.1** ***toestemming, vergunning*** **0.2** ⟨inf.⟩ ***kentekenbewijs.***
Zulassungsbeschränkung ⟨v.⟩ **0.1** ***numerus fixus.***
Zulassungspapier ⟨o.⟩ **0.1** ***kentekenbewijs.***
zulassungspflichtig 0.1 ***een (officiële) vergunning vereisend.***
Zulassungsstelle ⟨v.⟩ **0.1** ***bureau voor de afgifte van vergunningen, kentekenbewijzen.***
Zulauf ⟨m.; mv. ~̈e⟩ **0.1** ***toeloop*** ⇒*klanten, publiek, gehoor* **0.2** ***(water)toevoer*** ◆ **1.2** der ~ eines Sees *de in een meer uitmondende rivier(en)* **3.1** großen ~ haben *veel toeloop hebben.*
zulaufen 0.1 ***toe-, aanlopen*** ◆ **1.1** die Kunden laufen dem Friseur zu *de kapper heeft veel klanten* **6.1 auf** jmdn., etwas ~ *op iem., iets toelopen* **¶.1** lauf zu! *loop door!, schiet op!*
zulegen I ⟨onov.ww.⟩⟨inf.⟩ **0.1** ***voortmaken;***
II ⟨ov.ww.⟩ **0.1** ***erbij doen, toevoegen*** **0.2** ***aanschaffen*** ◆ **1.1** ⟨fig.⟩ einen Schritt ~ *de pas versnellen* **1.2** ⟨scherts.; fig.⟩ sich ⟨3e nv.⟩ eine Freundin ~ *een vriendin aanschaffen.*
zuleid(e) ◆ **3.¶** jmdm. etwas ~ tun *iem. kwaad doen.*
zuleiten 0.1 ***doen toekomen, toezenden*** ◆ **1.1** jmdm. einen Brief ~ *iem. een brief doen toekomen.*
Zuleitungsrohr ⟨o.⟩ **0.1** ***toevoerleiding.***
zulernen ⟨inf.⟩ **0.1** ***erbij leren.***
zuletzt 0.1 ***het laatst*** ⇒*op de laatste plaats, ten slotte* ◆ **5.1** nicht ~ *niet in het laatst.* →**lachen.**
zuliebe 0.1 ***ter wille van*** ◆ **1.1** der Wahrheit ~ *ter wille van de waarheid.*
Zulieferer ⟨m.; ~s, ~⟩ **0.1** ***leverancier.***

zuliefern I ⟨onov.ww.⟩ **0.1** ***leverancier zijn;***
II ⟨ov.ww.⟩ **0.1** ***leveren*** **0.2** ⟨jur.⟩ ***uitleveren.***

Zuluft ⟨v.⟩⟨tech.⟩ **0.1** ***toegevoerde lucht.***

zumachen ⟨inf.⟩ **0.1** ***sluiten, dicht doen.***

zumal 0.1 ***vooral, met name*** **0.2** ⟨vw.⟩ ***vooral omdat*** ◆ **8.1** ~da, ... *vooral omdat, temeer daar ...*

zumarschieren 0.1 ***ergens heen marcheren.***

zumauern 0.1 ***dichtmetselen.***

zumessen ⟨schr.⟩ **0.1** ***toemeten, doseren*** ⇒⟨fig.⟩ *toekennen* ◆ **1.1** einer Sache keine Bedeutung ~ *aan iets geen betekenis hechten;* ⟨fig.⟩ jmdm. die Schuld ~ *iem. de schuld geven;* die ihm zugemessene Zeit *de hem toegemeten tijd.*

zumindest 0.1 ***minstens, op zijn minst*** **0.2** ***tenminste.***

zumutbar 0.1 ***wat gevergd, verwacht kan worden*** ⇒*redelijk, billijk* ◆ **1.1** ~e Arbeit *passende arbeid* **6.1 für** jmdn. ~ sein *van iem. (in redelijkheid) gevergd kunnende worden.*

zumute 0.1 ***te moede*** ◆ **6.1** jmdm. ist nicht **nach** Späßen ~ *iemands hoofd staat niet naar grapjes;* mir ist nicht **zum** Lachen ~ *ik ben niet in de stemming om te lachen.*

zumuten 0.1 ***aandoen, vergen*** ◆ **5.1** seinen Kräften zuviel ~ *te veel van zijn krachten vergen.*

Zumutung ⟨v.; ~, ~en⟩ **0.1** ***wat aangedaan, gevergd wordt*** ⇒*ongerechtvaardigd verlangen, onredelijke eis* ◆ **3.1** das ist eine ~! *dat is teveel gevergd!*

zunächst[1] ⟨bw.⟩ **0.1** ***allereerst*** ⇒*om te beginnen* **0.2** ***eerst, aanvankelijk*** ⇒*in eerste instantie* **0.3** ***voorlopig*** ◆ **3.3** ~ wird er noch nichts unternehmen *voorlopig, vooralsnog zal hij geen stappen ondernemen.*

zunächst[2] ⟨vz. + 3⟩ **0.1** ***dicht bij.***

zunageln 0.1 ***dicht-, toespijkeren.***

zunähen 0.1 ***dicht-, toenaaien.***

Zunahme ⟨v.; ~, ~n⟩ **0.1** ***toename, groei.***

Zuname ⟨m.⟩ **0.1** ***achter-, familienaam.***

Zündanlage ⟨v.⟩ **0.1** ***ontsteking(smechanisme).***

Zündblättchen ⟨o.⟩ **0.1** ***klappertje.***

zünden I ⟨onov.ww.⟩ **0.1** ***ontsteken, ontbranden*** **0.2** ***aanslaan, succes hebben*** ◆ **1.2** eine ~de Rede *een rede die aanslaat* **4.1** ⟨inf.; fig.⟩ es hat bei jmdm. gezündet *iem. heeft het begrepen, door;*
II ⟨ov.ww.⟩ **0.1** ***op-, aansteken*** ◆ **1.1** eine Sprengladung ~ *een explosieve lading tot ontploffing brengen.*

Zunder ⟨m.; ~s, ~⟩ **0.1** ***tonder, tondel*** **0.2** ⟨inf.⟩ ***slaag*** **0.3** ⟨tech.⟩ ***oxidelaag, bladderroest*** ◆ **3.2** ⟨inf.⟩ jmdm. ~ geben (a) *iem. opjagen, tot haast aandrijven* (b) *iem. een pak slaag geven* (c) *iem. uitvloeken, de mantel uitvegen* **8.1** brennen wie ~ *branden als een fakkel, lier;* trocken wie ~ *kurkdroog.*

Zünder ⟨m.; ~s, ~⟩⟨tech.⟩ **0.1** ***ontsteking*** ⇒*slaghoedje.*

Zündholz ⟨o.⟩ **0.1** ***lucifer.***

Zündhütchen ⟨o.⟩ **0.1** ⟨tech.⟩ ***slaghoedje*** **0.2** ⟨inf.; scherts.⟩ ***zeer klein hoofddeksel.***

Zündkabel ⟨o.⟩⟨tech.⟩ **0.1** ***bougie-, ontstekingskabel.***

Zündkapsel ⟨v.⟩⟨tech.⟩ **0.1** ***slaghoedje.***

Zündkerze ⟨v.⟩⟨tech.⟩ **0.1** ***bougie.***

Zündplättchen ⟨o.⟩ **0.1** ***klappertje.***

Zündpunkt ⟨m.⟩⟨tech.⟩ **0.1** ***ontbrandings-, ontstekingspunt.***

Zündsatz ⟨m.⟩⟨tech.⟩ **0.1** ***ontsteking(smiddel)*** ⇒*detonator.*

Zündschloß ⟨o.⟩ **0.1** ***contactslot.***

Zündschlüssel ⟨m.⟩ **0.1** ***contactsleutel.***

Zündschnur ⟨v.⟩⟨tech.⟩ **0.1** ***lont.***

Zündspule ⟨v.⟩⟨tech.⟩ **0.1** ***bobine.***

Zündstein ⟨m.⟩ **0.1** ***vuursteentje.***

Zündstoff ⟨m.⟩ **0.1** ⟨tech.⟩ ***ontstekingsmiddel*** **0.2** ⟨fig.⟩ ***conflictstof.***

Zündung ⟨v.; ~, ~en⟩⟨tech.⟩ **0.1** ***ontsteking*** ⇒*ontvlamming, ontbranding* **0.2** ***ontstekingsmechanisme.***

Zündverteiler ⟨m.⟩⟨tech.⟩ **0.1** ***(stroom)verdeler***

zunehmen I ⟨onov.ww.; h.⟩ **0.1** ***toenemen*** ⇒*zwaarder, langer worden* ◆ **1.1** mit ~den Jahren *bij het klimmen der jaren;* ~der Mond *wassende maan;* die Tage nehmen zu *de dagen lengen* **6.1** der Wind hat **an** Stärke zugenommen *de wind is in kracht toegenomen;*
II ⟨ov.ww.⟩ **0.1** ⟨inf.⟩ ***erbij nemen*** **0.2** ⟨amb.⟩ ***meerderen.***

zunehmend 0.1 ***in toenemende mate*** ⇒*steeds meer.*

zuneigen I ⟨onov.ww.⟩ **0.1** ***neigen tot, overhellen*** ◆ **1.1** einer Ansicht ~ *tot een mening neigen* **3.1** jmdm. herzlich zugeneigt sein *iem. een warm hart toedragen;*
II sich ~ ⟨wk.ww.⟩ **0.1** ***neigen, overhellen*** ◆ **1.1** ⟨fig.⟩ das Fest neigt sich seinem Ende zu *het feest loopt ten einde.*

Zuneigung ⟨v.⟩ **0.1** ***(toe)genegenheid.***

Zunft ⟨v.; ~, ¨~e⟩ **0.1** ***gilde*** ⟨ook scherts.⟩ ◆ **6.1 von** der ~ sein *een vakgenoot zijn.*

Zunftgeist ⟨m.⟩⟨pej.⟩ **0.1** ***bekrompen groepsmentaliteit.***

Zunftgenosse ⟨m.⟩ **0.1** ***gildebroeder.***

Zunfthaus ⟨o.⟩ **0.1** ***gildehuis.***

zünftig 0.1 ***geschikt, professioneel*** **0.2** ⟨gesch.⟩ ***het gildewezen betreffend*** ◆ **1.1** eine ~e Bergsteigerausrüstung *een professionele bergbeklimmersuitrusting;* ⟨fig.⟩ eine ~e Ohrfeige *een flinke draai om de oren.*

Zunftmeister ⟨m.⟩ **0.1** ***gildemeester.***

Zunftwappen ⟨o.⟩ **0.1** ***gildeteken.***

Zunftwesen ⟨o.⟩ **0.1** ***gildewezen.***

Zunftzwang ⟨m.⟩ **0.1** ***gildeplicht.***

Zunge ⟨v.; ~, ~n⟩ **0.1** ***tong*** ⇒⟨fig. ook⟩ *taal, tongval, accent* **0.2** ***naald v.e. weegschaal*** ◆ **2.1** böse ~n behaupten ... *boze tongen beweren ...;* eine falsche ~ haben *een leugenaar zijn;* eine feine, verwöhnte ~ haben *een fijnproever, lekkerbek zijn;* so weit die französische ~ klingt *overal waar Frans gesproken wordt;* eine geläufige ~ haben *welbespraakt zijn;* ⟨cul.⟩ geräucherte ~ *gerookte tong;* eine schwere ~ haben *zwaar van tong zijn,* ⟨ook⟩ *met een dubbele tong praten* **3.1** sich ⟨3e nv.⟩ die ~ an einem Wort abbrechen, verrenken *over een woord struikelen;* jmdm. hängt die ~ zum Halse heraus (a) *iem. vergaat van de dorst* (b) *iem. hangt de tong op de schoenen* **6.1** eine Sache brennt jmdm. **auf** der ~ *iets brandt iem. op de lippen;* das Wort **auf** der ~ haben *het woord op de tong, op de lippen hebben;* das Herz **auf** der ~ tragen *het hart op de tong hebben;* **mit** (heraus)hängender ~ *met de tong uit de mond, buiten adem;* etwas geht jmdm. schwer **von** der ~ *iem. krijgt iets niet over zijn lippen.*

züngeln 0.1 ***de tong naar binnen en naar buiten laten schieten*** ⟨slang⟩ **0.2** ***lekken*** ⟨vlammen⟩ ⇒*flikkeren.*

Zungenbein ⟨o.⟩⟨biol.⟩ **0.1** ***tongbeen.***

Zungenbrecher ⟨m.⟩⟨inf.⟩ **0.1** ***moeilijk uit te spreken woord.***

zungenfertig 0.1 ***goed v.d. tongriem gesneden, welbespraakt.***

Zungenlaut ⟨m.⟩ **0.1** ***tongklank.***

Zungenpfeife ⟨v.⟩⟨muz.⟩ **0.1** ***tongpijp.***

Zungen-R ⟨o.⟩ **0.1** ***tong(punt)-r.***

Zungenregister ⟨o.⟩⟨muz.⟩ **0.1** ***tongwerk.***

Zungenschlag ⟨m.⟩ **0.1** ***tongslag*** **0.2** ***tongval, accent*** ◆ **2.2** falscher ~ *verspreking.*

Zungenspitze ⟨v.⟩ **0.1** ***tongpunt.***

Zungenwurst ⟨v.⟩ **0.1** ***tongenworst.***

Zünglein ⟨o.; ~s, ~⟩ **0.1** ***tongetje*** **0.2** ***naald*** ◆ **6.2** ⟨fig.⟩ das ~ **an** der Waage sein *de doorslag geven,* ⟨pol.⟩ *op de wip zitten.*

zunichte 0.1 ***teniet*** ◆ **3.1** eine Sache ~ machen *iets tenietdoen, vernietigen.*
zunicken ⟨met 3e nv.⟩ **0.1** ***toeknikken.***
zunutze 0.1 ***ten nutte*** ◆ **3.1** sich ⟨3e nv.⟩ etwas ~ machen *zich iets ten nutte maken.*
zuoberst 0.1 ***helemaal bovenaan, bovenop*** **0.2** ***aan het hoofdeinde.***
zuordnen 0.1 ***indelen, plaatsen.***
zupacken I ⟨onov.ww.⟩ **0.1** ***(vast)pakken*** ⇒*aanpakken, flink werken* ◆ **1.1** eine ~de Art *een energieke, resolute aard;*
II ⟨ov.ww.⟩⟨inf.⟩ **0.1** ***toedekken, instoppen.***
zu|paß, -passe ⟨schr.⟩ **0.1** ***te pas*** ◆ **3.1** jmdm. ~ kommen *iem. van, te pas komen.*
zupfen 0.1 ***plukken, trekken*** **0.2** ***uitrafelen, eruit trekken*** **0.3** ⟨muz.⟩ ***tokkelen*** ◆ **1.2** Unkraut ~ *onkruid wieden* **1.3** die Gitarre ~ *op de gitaar tokkelen* **6.1** ⟨inf.; fig.⟩ zupf dich **an** deiner eigenen Nase! *bemoei je met je eigen zaken!*
Zupfinstrument ⟨o.⟩ **0.1** ***tokkelinstrument.***
zupflastern 0.1 ***(helemaal) bestraten, betegelen*** **0.2** ⟨fig.; pej.⟩ ***volbouwen.***
zuprosten ⟨met 3e nv.; inf.⟩ **0.1** ***een toast uitbrengen.***
zuraten 0.1 ***aanraden, adviseren.***
zuraunen 0.1 ***toefluisteren.***
Zurechenbarkeit ⟨v.⟩ **0.1** ***toerekenbaarheid.***
zurechnen 0.1 ***rekenen tot, indelen*** **0.2** ***toerekenen, toeschrijven*** **0.3** ***erbij tellen, toevoegen*** ◆ **1.2** jmdm. die Folgen einer Tat ~ *iem. verantwoordelijk stellen voor de gevolgen van een daad.*
Zurechnungsfähigkeit ⟨v.⟩ **0.1** ***toerekeningsvatbaarheid*** ⇒⟨fig. ook⟩ *gezond verstand.*
zurechtbasteln 0.1 ***in elkaar timmeren*** ⟨ook fig.⟩ ◆ **1.1** ⟨fig.⟩ eine Ansprache ~ *een toespraak in elkaar draaien.*
zurechtbiegen 0.1 ***rechtbuigen*** ⇒⟨inf.; fig.⟩ *in orde brengen.*
zurechtfeilen 0.1 ***passend vijlen*** ⇒⟨fig.⟩ *in orde brengen.*
zurechtfinden, sich 0.1 ***de weg vinden*** ⇒*eruit komen, eruit wijs worden* ◆ **5.1** sich irgendwo ~ *ergens de weg vinden, zich weten te helpen.*
zurechtflicken 0.1 ***oplappen.***
zurechtkommen 0.1 ***klaarkomen*** ⇒*overweg kunnen.*
zurechtlegen 0.1 ***klaarleggen*** **0.2** ***voorbereiden*** ⇒*tevoren uit-, bedenken* ◆ **1.2** sich ⟨3e nv.⟩ eine Entschuldigung ~ *een excuus bedenken.*
zurechtmachen ⟨inf.⟩ **0.1** ***klaar-, gereedmaken*** **0.2** ***opmaken*** ◆ **1.2** die Frau machte sich zurecht *de vrouw maakte zich op.*
zurechtrücken 0.1 ***rechtzetten, -trekken*** ⇒*goed zetten* **0.2** ⟨inf.; fig.⟩ ***in orde brengen.***
zurechtschneiden 0.1 ***op maat snijden, knippen.***
zurechtsetzen I ⟨ov.ww.⟩ **0.1** ***goed zetten;***
II sich ~ ⟨wk.ww.⟩ **0.1** ***goed gaan zitten.***
zurechtstellen 0.1 ***goed zetten, rechtzetten.***
zurechtstutzen 0.1 ***bijknippen, fatsoeneren*** ⟨haar, heg⟩.
zurechtweisen 0.1 ***terechtwijzen, berispen.***
zurechtzimmern 0.1 ***in elkaar timmeren*** ⇒⟨fig.⟩ *uitdenken.*
zureden ⟨met 3e nv.⟩ **0.1** ***toespreken*** ⇒*aandringen, aanmoedigen* ◆ **6.1 auf** langes Zureden hin, **nach** langem Zureden *na lang aandringen.*
zureichen 0.1 ***aanreiken, aangeven.***
zureichend ⟨schr.⟩ **0.1** ***genoeg, voldoende.***
zureisen 0.1 ***gaan wonen.***
zureiten I ⟨onov.ww.⟩ **0.1** ***ergens heen rijden;***
II ⟨ov.ww.⟩ **0.1** ***afrijden, africhten.***

zurichten 0.1 ***klaar-, gereedmaken*** ⇒*voorbereiden* **0.2** ***toetakelen*** ◆ **5.2** jmdn. fürchterlich ~ *iem. verschrikkelijk toetakelen.*
Zurichter ⟨m.⟩ **0.1** ⟨boek.⟩ ***toesteller*** **0.2** ⟨textielindustrie⟩ ***appreteur*** **0.3** ⟨leerbewerking, metallurgie, pelterij⟩ ***afwerker.***
zuriegeln 0.1 ***vergrendelen.***
zürnen ⟨schr.⟩ **0.1** ***boos zijn*** ◆ **4.1** (mit) jmdm. ~ *boos zijn op iem.*
zurollen 0.1 ***ergens heen rollen.***
Zurschaustellung ⟨v.⟩ **0.1** ***tentoonspreiding*** ⇒*tentoonstelling.*
zurück 0.1 ***terug*** ⇒*naar achteren* ◆ **1.1** einen Monat ~ *een maand geleden* **3.1** in Physik ~ sein *met natuurkunde achter zijn* **6.1** ~ **an** Absender! *retour aan afzender!* **8.1** einmal Bonn hin und ~ *een retourtje Bonn;* vor und ~ *naar voren en naar achteren.*
Zurück ⟨o.; ~s⟩ **0.1** ***terugweg, -keer.***
zurückbegeben, sich 0.1 ***teruggaan, -keren.***
zurückbehalten 0.1 ***terug-, achterhouden*** **0.2** ***overhouden*** ◆ **6.2 von** dem Unfall einen steifen Arm ~ *aan het ongeluk een stijve arm overhouden.*
zurückbekommen 0.1 ***terugkrijgen.***
zurückberufen ⟨pol.⟩ **0.1** ***terugroepen.***
zurückbesinnen, sich 0.1 ***zich herinneren*** **0.2** ***zich opnieuw bezinnen, heroverwegen.***
zurückbeugen I ⟨ov.ww.⟩ **0.1** ***achteroverbuigen, naar achteren buigen;***
II sich ~ ⟨wk.ww.⟩ **0.1** ***achteroverbuigen, naar achteren buigen*** ⇒*achteroverleunen.*
zurückbewegen I ⟨ov.ww.⟩ **0.1** ***terugzetten, -plaatsen;***
II sich ~ ⟨wk.ww.⟩ **0.1** ***teruggaan, -keren.***
zurückbiegen 0.1 ***achteroverbuigen, naar achteren buigen.***
zurückbilden, sich 0.1 ***verminderen, weggaan*** ⇒⟨biol., med.⟩ *verschrompelen.*
zurückbleiben 0.1 ***achter-, overblijven*** ⇒*achterliggen* ◆ **6.1 hinter** den Erwartungen ~ *niet aan de verwachtingen beantwoorden;* **hinter** jmdm. ~ ⟨ook fig.⟩ *bij iem. achterblijven;* **mit** der Arbeit ~ *met het werk achterop raken;* **vom** Felsrand ~! *niet te dicht bij de rotsrand gaan staan!*
zurückblenden ⟨film.⟩ **0.1** ***een flashback maken.***
zurückblicken 0.1 ***terugblikken*** ⇒*(achter)omkijken* ◆ **6.1 auf** sein Leben ~ *op zijn leven terugblikken.*
zurückbringen 0.1 ***terugbrengen*** **0.2** ⟨inf.⟩ ***achterop doen raken*** ◆ **1.2** die Krankheit brachte ihn in der Schule zurück *door de ziekte raakte hij op school achter* **6.1** ⟨fig.⟩ jmdn. **in** die Wirklichkeit ~ *iem. tot de werkelijkheid doen terugkeren.*
zurückdämmen 0.1 ***indammen*** ⇒⟨fig. ook⟩ *in-, beperken.*
zurückdatieren I ⟨onov.ww.⟩ **0.1** ***teruggaan, zijn oorsprong vinden*** ◆ **6.1** seine Nervenkrankheit datiert **auf** den Krieg zurück *zijn zenuwziekte dateert, stamt uit de oorlog;*
II ⟨ov.ww.⟩ **0.1** ***antidateren*** **0.2** ***vroeger plaatsen.***
zurückdenken 0.1 ***terugdenken.***
zurückdrängen 0.1 ***terugdringen, achteruit dringen*** ⇒ ⟨fig.⟩ *onderdrukken* ◆ **1.1** ⟨fig.⟩ seine Traurigkeit ~ *zijn bedroefdheid verdringen.*
zurückdrehen I ⟨ov.ww.⟩ **0.1** ***terugdraaien*** ⇒*terugstellen* ◆ **3.1** ⟨fig.⟩ das Rad der Entwicklung, Geschichte läßt sich nicht ~ *men kan de klok niet terugdraaien,* ⟨ook⟩ *gedane zaken nemen geen keer;*
II sich ~ ⟨wk.ww.⟩ **0.1** ***achteruit draaien.***
zurückeilen 0.1 ***terugijlen, -snellen.***

zurückentwickeln, sich 0.1 ***achteruitgaan, teruglopen.***

zurückerhalten 0.1 ***terugkrijgen.***

zurückerobern 0.1 ***heroveren.***

zurückerstatten 0.1 ***terugbetalen, vergoeden.***

zurückfahren I ⟨onov.ww.⟩ **0.1** ***terug-, achteruitrijden*** **0.2** ***terugdeinzen, -schrikken*** ◆ **6.2 vor** Schreck ~ *van schrik terugdeinzen;*
II ⟨ov.ww.⟩ **0.1** ***terugrijden, -brengen.***

zurückfallen 0.1 ***terugvallen*** ⇒⟨fig. ook⟩ *achteruitgaan* ◆ **6.1** ⟨jur.⟩ eine Sache fällt **an** den Staat zurück *iets valt weer aan de staat;* ⟨fig.⟩ dieser Fehlschlag fällt **auf** dich zurück *deze mislukking wordt jou verweten;* ⟨fig.⟩ **in** seinen alten Fehler ~ *in zijn oude fout vervallen;* **in** eine Krankheit ~ *weer instorten;* **in** den Stuhl ~ *achterover in de stoel vallen.*

zurückfinden I ⟨onov.ww.⟩ **0.1** ***de terugweg vinden*** ⇒*terugkeren* ◆ **6.1** ⟨fig.⟩ **zu** sich selbst ~ *zijn gemoedsrust terugvinden;* ⟨fig.⟩ **zu** den alten Freunden ~ *weer vriendschap sluiten met zijn oude vrienden;*
II ⟨ov.ww.⟩ **0.1** ***terugvinden.***

zurückfließen 0.1 ***terugstromen, -vloeien*** ⟨ook fig.⟩.

zurückfordern 0.1 ***terugeisen.***

zurückfragen 0.1 ***een tegenvraag stellen.***

zurückführen I ⟨onov.ww.⟩ **0.1** ***terugleiden, -lopen;***
II ⟨ov.ww.⟩ **0.1** ***terug(ge)leiden, terugbrengen*** ⇒⟨fig. ook⟩ *wijten, toeschrijven* ◆ **6.1** ⟨fig.⟩ das ist **auf** einen Fehler zurückzuführen *dat is aan een fout te wijten;* etwas **auf** das rechte Maß ~ *iets tot zijn juiste proporties terugbrengen.*

zurückgeben 0.1 ***teruggeven*** **0.2** ***antwoorden*** **0.3** ⟨sp.⟩ ***terugspelen.***

zurückgeblieben 0.1 ***achtergebleven, minder ontwikkeld*** ⇒*achterlijk* ◆ **1.1** ein ~es Kind *een achterlijk, geestelijk minder ontwikkeld kind.*

zurückgehen 0.1 ***terug-, achteruitgaan*** **0.2** ***stammen uit, van*** **0.3** ⟨fig.⟩ ***minder worden, achteruitgaan*** ◆ **1.3** die Aktienkurse gehen zurück *de koersen van de aandelen dalen, zakken* **3.1** die Güter ~ lassen *de goederen terugsturen* **6.1** ⟨fig.⟩ **auf** die Quellenliteratur ~ *op de bronnenliteratuur teruggrijpen* **6.2 auf** das 19. Jahrhundert ~ *uit de 19e eeuw stammen* **6.3 auf** 30 Knoten ~ *de snelheid tot 30 knopen terugbrengen.*

zurückgewinnen 0.1 ***terugwinnen*** ⇒*herkrijgen.*

zurückgezogen 0.1 ***teruggetrokken*** ⇒*afgezonderd.*

zurückgreifen 0.1 ***teruggrijpen*** ⇒*teruggaan* ◆ **5.1** weit ~ *ver (in de geschiedenis) teruggaan* **6.1** ⟨fig.⟩ **auf** eine Sache ~ *op iets teruggrijpen.*

zurückhalten I ⟨onov.ww.⟩ **0.1** ***niet tonen, onderdrukken*** ◆ **6.1 mit** seiner Meinung nicht ~ *zijn mening niet onder stoelen of banken steken;*
II ⟨ov.ww.⟩ **0.1** ***achter-, terughouden*** ⇒*niet teruggeven* **0.2** ***tegen-, weerhouden*** ◆ **1.1** ⟨fig.⟩ seine Gefühle ~ *zijn gevoelens onderdrukken* **6.2** ⟨fig.⟩ jmdn. **von, vor** einem Fehler ~ *iem. voor een fout behoeden;*
III sich ~ ⟨wk.ww.⟩ **0.1** ***zich inhouden, beheersen*** ◆ **6.1** sich **in** der Diskussion ~ *bij de discussie op de achtergrond blijven.*

zurückhaltend 0.1 ***terughoudend, afwachtend*** ⇒*bescheiden* ◆ **6.1 mit** Lob ~ sein *niet scheutig zijn met loftuitingen.*

Zurückhaltung ⟨v.⟩ **0.1** ***terughoudendheid, gereserveerdheid.***

zurückkämmen 0.1 ***achteroverkammen.***

zurückkehren 0.1 ***terugkeren.***

zurückklappen 0.1 ***naar achteren klappen.***

zurückkommen 0.1 ***terugkomen*** ◆ **6.1** ⟨fig.⟩ **auf** ein Angebot, Thema ~ *op een aanbod, onderwerp terugkomen.*

zurücklassen 0.1 ***achter-, nalaten*** **0.2** ***terug laten gaan*** ◆ **6.1** jmdn. weit **hinter** sich ⟨3e nv.⟩ ~ *iem. ver achter zich laten.*

zurücklaufen 0.1 ***teruglopen, -stromen.***

zurücklegen I ⟨ov.ww.⟩ **0.1** ***terugleggen*** **0.2** ***opzij leggen, sparen, reserveren*** **0.3** ***achteroverbuigen*** **0.4** ***afleggen*** ⟨afstand, weg⟩ ◆ **1.2** ⟨fig.⟩ den Antrag ~ *de behandeling van de aanvraag uitstellen;*
II sich ~ ⟨wk.ww.⟩ **0.1** ***achterover gaan liggen.***

zurücklehnen I ⟨ov.ww.⟩ **0.1** ***achteroverbuigen, naar achteren laten leunen;***
II sich ~ ⟨wk.ww.⟩ **0.1** ***achteroverleunen.***

zurückleiten 0.1 ***terugbrengen*** ⇒*terugzenden.*

zurückliegen 0.1 ***geleden zijn*** **0.2** ⟨vooral sp.⟩ ***achterliggen, -staan*** ◆ **1.2** die ~den Räume *de meer naar achter gelegen vertrekken.*

zurückmelden 0.1 ***de terugkeer melden.***

zurücknehmen 0.1 ***terugnemen*** ⇒*intrekken, herroepen* **0.2** ***terugtrekken*** **0.3** ***terug-, innemen*** **0.4** ***terugnemen, reguleren*** ◆ **1.1** Maßnahmen ~ *maatregelen intrekken;* sein Versprechen ~ *zijn belofte herroepen;* ⟨bordspel⟩ den Zug ~ *de zet terugnemen* **1.3** Waren werden nur mit Kassenzettel zurückgenommen *geen ruiling zonder (kassa)bon* **1.4** Gas ~ *gas terugnemen.*

zurückprallen 0.1 ***terugstuiten, -springen*** **0.2** ⟨fig.⟩ ***terugdeinzen*** ◆ **6.1** die Hitze prallt **von** der Mauer zurück *de hitte wordt door de muur teruggekaatst.*

zurückreichen I ⟨onov.ww.⟩ **0.1** ***teruggaan*** ◆ **6.1** bis **ins** Mittelalter ~ *teruggaan tot in de Middeleeuwen;*
II ⟨ov.ww.⟩ **0.1** ***teruggeven.***

zurückrufen 0.1 ***terugroepen*** **0.2** ⟨inf.; com.⟩ ***terugbellen*** ◆ **6.1** ⟨fig.⟩ sich ⟨3e nv.⟩ jmdn., etwas **ins** Gedächtnis ~ *zich iem., iets in het geheugen terugroepen.*

zurückschaffen 0.1 ***terugbrengen, -bezorgen.***

zurückschalten 0.1 ***terugschakelen*** ⇒⟨com.⟩ *weer overschakelen* ◆ **1.1** den Gang ~ *naar een lagere versnelling terugschakelen* **6.1** ⟨com.⟩ **ins** Studio ~ *weer naar de studio overschakelen.*

zurückschaudern 0.1 ***(van afschuw) terugdeinzen*** ⇒*terugwijken.*

zurückschauen 0.1 ***achteromkijken*** **0.2** ⟨fig.⟩ ***terugzien.***

zurückscheuen 0.1 ***terugdeinzen, -schrikken*** ⇒⟨fig.⟩ *schromen.*

zurückschicken 0.1 ***terugsturen.***

zurückschieben 0.1 ***terugschuiven, achteruit schuiven.***

zurückschlagen I ⟨onov.ww.⟩ **0.1** ***terugslaan*** ◆ **6.1** ~ **auf** die Wirtschaft *repercussies hebben op de economie;*
II ⟨ov.ww.⟩ **0.1** ***terugslaan*** ⇒*afslaan* ⟨v.e. aanval⟩ **0.2** ***op(en)slaan.***

zurückschneiden 0.1 ***snoeien.***

zurückschrauben 0.1 ***terugschroeven*** ⇒⟨fig. ook⟩ *inperken, matigen.*

zurückschrecken I ⟨onov.ww.→t192⟩ **0.1** ***terugschrikken, -deinzen;***
II ⟨ov.ww.⟩ **0.1** ***afschrikken, doen terugschrikken.***

zurücksetzen I ⟨onov.ww.⟩ **0.1** ***achteruitrijden;***
II ⟨ov.ww.⟩ **0.1** ***terugzetten, naar achteren zetten*** **0.2** ***achterstellen, benadelen*** ◆ **6.1** ⟨fig.⟩ Waren **im** Preis ~ *goederen afprijzen;*
III sich ~ ⟨wk.ww.⟩ **0.1** ***naar achteren gaan zitten.***

zurückspringen 0.1 ***terug-, wegspringen*** ⇒⟨ook⟩ *terugwijken* **0.2** ***terugspringen, -stuiten.***

zurückstecken I ⟨onov.ww.⟩ **0.1** ***(zijn eisen, verlangens) inperken, matigen;***
II ⟨ov.ww.⟩ **0.1** ***terugstoppen*** **0.2** ***matigen, terugschroe-***

ven **0.3** ***naar achteren verplaatsen*** ◆ **6.1** das Messer **in** die Tasche ~ *het mes weer in z'n zak stoppen.*

zurückstehen 0.1 ***terugspringen, -wijken*** ⟨gevel, huis⟩ **0.2** ***achtergesteld, benadeeld worden*** **0.3** ***achterblijven, onderdoen*** **0.4** ***uitgesteld, opgeschort worden*** ◆ **3.2** hinter jmdm. ~ müssen *bij iem. achtergesteld worden* **6.3 hinter** jmdm. ~ *bij iem. achterblijven.*

zurückstellen 0.1 ***naar achteren verplaatsen*** ⇒*terugzetten* **0.2** ***terugzetten, op de vroegere plaats zetten*** **0.3** ***bewaren, opzij leggen*** **0.4** ***uitstellen, opschorten*** ◆ **1.1** ⟨fig.⟩ alle Bedenken ~ *alle bedenkingen terzijde schuiven* **1.3** sich ⟨3e nv.⟩ einen Stuhl ~ lassen *een stoel voor zich laten reserveren.*

zurückstoßen I ⟨onov.ww.⟩ **0.1** ***achteruitsteken*** ⟨met een auto⟩;
II ⟨ov.ww.⟩ **0.1** ***terugstoten, achteruit-, terugduwen*** ⇒ ⟨fig. ook⟩ *afstoten.*

zurückstrahlen I ⟨onov.ww.⟩ **0.1** ***terugstralen, gereflecteerd worden;***
II ⟨ov.ww.⟩ **0.1** ***terugkaatsen, reflecteren.***

zurückstreichen 0.1 ***achterover strijken.***

zurückstufen 0.1 ***(in rang, loongroep) terugzetten.***

zurücktreten 0.1 ***achteruit stappen, wijken*** **0.2** ***aftreden*** ⇒*afzien van* **0.3** ***minder worden*** **0.4** ⟨h.⟩ ***terugschoppen, -trappen*** ◆ **1.1** das Hochwasser trat zurück *het hoogwater begon te zakken* **6.1** ⟨fig.⟩ dieses Problem tritt **gegenüber**, **hinter** den anderen zurück *dit probleem is minder belangrijk, ernstig dan de andere;* ⟨fig.⟩ **hinter** jmdm. ~ *in iemands schaduw komen te staan;* **vor** jmdm. ~ *voor iem. uit de weg gaan* **6.2 von** einem Amt ~ *een ambt neerleggen, ontslag nemen* ¶**.1** ~, bitte! *achteruit!*

zurücktun ⟨inf.⟩ **0.1** ***terugdoen, achteruit doen.***

zurückverfolgen 0.1 ***nagaan, -speuren.***

zurückverlangen I ⟨onov.ww.⟩⟨schr.⟩ **0.1** ***terugverlangen;***
II ⟨ov.ww.⟩ **0.1** ***terugeisen.***

zurückversetzen I ⟨ov.ww.⟩ **0.1** ***terugzetten*** ⇒*naar achteren verplaatsen* **0.2** ***in rang terugzetten, degraderen*** ◆ **1.2** einen Schüler ~ *een leerling terugzetten;*
II sich ~ ⟨wk.ww.⟩ **0.1** ***zich terugverplaatsen*** ⟨ook fig.⟩.

zurückverweisen 0.1 ***terugverwijzen*** ⇒⟨jur. ook⟩ *terugwijzen.*

zurückweichen 0.1 ***terugwijken*** ⇒⟨fig.⟩ *ontwijken* ◆ **6.1 vor** Anstrengungen ~ *inspanningen uit de weg gaan.*

zurückweisen 0.1 ***afwijzen, afslaan*** **0.2** ***terugzenden*** **0.3** ***terugwijzen, naar achteren wijzen*** ◆ **6.2** ⟨fig.⟩ jmdn. **an** seinen Platz, **in** seine Grenzen ~ *iem. op zijn plaats zetten.*

zurückwenden I ⟨ov.ww.⟩ **0.1** ***omdraaien;***
II sich ~ ⟨wk.ww.⟩ **0.1** ***zich omdraaien.***

zurückwerfen 0.1 ***terugwerpen*** ⇒⟨fig. ook⟩ *achteruitzetten, achter(op) doen raken* **0.2** ***terugkaatsen, reflecteren*** ◆ **1.1** ⟨fig.⟩ den Feind ~ *de vijand terugdrijven;* ⟨fig.⟩ der Sturz warf den Läufer zurück *door de val raakte de hardloper achter(op).*

zurückwirken 0.1 ***zijn uitwerking hebben.***

zurückwünschen I ⟨ov.ww.⟩ **0.1** ***terugwensen, -verlangen;***
II sich ~ ⟨wk.ww.⟩ **0.1** ***terugverlangen.***

zurückzahlen 0.1 ***terugbetalen*** ⇒*afbetalen, vergoeden* **0.2** ⟨inf.; fig.⟩ ***betaald zetten.***

zurückziehen I ⟨onov.ww.⟩ **0.1** ***terugtrekken*** ⇒*verhuizen;*
II ⟨ov.ww.⟩ **0.1** ***terugtrekken*** **0.2** ***terug-, intrekken*** ◆ **1.1** den Vorhang ~ *het gordijn opzij trekken* **1.2** ein Arzneimittel ~ *een geneesmiddel uit de markt, roulatie nemen* **6.1** ⟨fig.⟩ es zieht ihn immer **zu** ihr zurück *hij komt steeds weer bij haar terug;*
III sich ~ ⟨wk.ww.⟩ **0.1** ***(zich) terugtrekken*** **0.2** ***(zich) afwenden, afkeren*** ◆ **6.1** ⟨fig.⟩ sich **auf** den Standpunkt ~, daß ... *het standpunt innemen, dat ...;* ⟨fig.⟩ sich **in** sich selbst ~ (a) *zich afzonderen, vereenzelvigen* (b) *in zichzelf keren.*

zurückzucken 0.1 ***(ineen)krimpen*** ⇒*terugdeinzen.*

Zuruf ⟨m.⟩ **0.1** ***kreet, schreeuw*** ⇒*aanmoediging* ◆ **6.1 durch** ~ abstimmen *bij acclamatie stemmen.*

zurufen 0.1 ***toeroepen.***

zurzeit 0.1 ***momenteel, op het moment.***

Zusage ⟨v.; ~, ~n⟩ **0.1** ***toezegging, belofte*** ◆ **3.1** jmdm. eine ~ geben, machen *iem. een toezegging doen.*

zusagen 0.1 ***toezeggen, beloven*** **0.2** ***bevallen, bekoren*** ◆ **1.2** dieser Plan sagt mir nicht zu *ik voel niet veel voor dit plan.*

zusammen 0.1 ***samen*** ⇒*totaal, gemeenschappelijk* ◆ **3.1** wir gingen ~ in die Schule *wij zaten bij elkaar op school* **4.1** alles ~ *alles bij elkaar* **6.1** ~ **mit** den Kindern waren wir vier Personen *met de kinderen (erbij) waren wij met vier personen;* ein Wert **von** ~ 600 Mark *een totale waarde van 600 mark.*

Zusammenarbeit ⟨v.⟩ **0.1** ***samenwerking.***

zusammenarbeiten 0.1 ***samenwerken.***

zusammenballen I ⟨ov.ww.⟩ **0.1** ***een bal, prop maken;***
II sich ~ ⟨wk.ww.⟩ **0.1** ***zich op(een)hopen*** ⇒*zich samenpakken* ◆ **1.1** ⟨fig.⟩ zusammengeballte Macht *geconcentreerde macht;* ⟨fig.⟩ eine zusammengeballte Menschenmenge *een opeengepakte mensenmenigte.*

Zusammenballung ⟨v.⟩ **0.1** ***concentratie.***

zusammenbauen 0.1 ***in elkaar zetten, samenbouwen*** ⇒ *monteren.*

zusammenbeißen 0.1 ***op elkaar bijten*** ◆ **1.1** die Zähne ~ ⟨ook fig.⟩ *op de tanden bijten.*

zusammenbekommen 0.1 ***bijeenkrijgen*** ⇒*verzamelen* ◆ **1.1** ⟨inf.⟩ keine drei Sätze ~ *geen fatsoenlijke zin kunnen uitbrengen.*

Zusammenbildung ⟨v.⟩⟨taal.⟩ **0.1** ***samenstellende afleiding.***

zusammenbrauen I ⟨ov.ww.⟩ **0.1** ***brouwen;***
II sich ~ ⟨wk.ww.⟩ **0.1** ***broeien*** ⇒*zich samenpakken.*

zusammenbrechen 0.1 ***in(een)storten, ineenzinken*** ⇒⟨fig. ook⟩ *bezwijken* ◆ **1.1** ⟨fig.⟩ der Angriff brach zusammen *de aanval liep dood;* ⟨fig.⟩ der Verkehr brach zusammen *het verkeer kwam tot stilstand* **6.1** ⟨fig.⟩ er arbeitete bis **zum** Zusammenbrechen *hij werkte tot hij erbij neerviel.*

zusammenbringen 0.1 ***in contact brengen*** ⇒*introduceren, herenigen* **0.2** ***bijeenbrengen, -krijgen*** ⇒*vergaren* **0.3** ***nog kennen*** ◆ **1.1** Familien wieder ~ *families herenigen,* ⟨ook⟩ *weer met elkaar verzoenen* **1.2** Geld ~ *geld inzamelen* **1.3** keine drei Sätze ~ *geen (zinnig) woord kunnen uitbrengen* **6.1** ⟨fig.⟩ jmds. Verhalten **mit** seinem Elternhaus ~ *iemands gedrag in verband brengen met zijn ouderlijk huis.*

Zusammenbruch ⟨m.⟩ **0.1** ***in(een)storting*** ⇒⟨fig. ook⟩ *ondergang* **0.2** ⟨med.⟩ ***instorting, inzinking*** ◆ **1.1** der ~ der Börse *de beurskrach.*

zusammendrängen I ⟨ov.ww.⟩ **0.1** ***samen-, opeendringen*** **0.2** ***samenvatten*** ◆ **6.2** die Geschehnisse **auf**, **in** einige Zeilen ~ *de gebeurtenissen in een paar regels samenvatten;*
II sich ~ ⟨wk.ww.⟩ **0.1** ***samendringen, -drommen*** **0.2** ***zich concentreren, tegelijk gebeuren.***

zusammendrehen 0.1 ***ineendraaien, twijnen.***

zusammendrucken 0.1 ***tegelijk, ineens drukken.***

zusammendrücken 0.1 ***samendrukken, -persen.***

zusammenfahren I ⟨onov.ww.⟩ **0.1** ***tegen elkaar aan rij-***

den, botsen **0.2** *ineenkrimpen* ◆ **6.2** **vor** Schreck ~ *van schrik ineenkrimpen,*
II ⟨ov.ww.⟩⟨inf.⟩ **0.1** *in de prak, soep rijden.*

zusammenfallen **0.1** *instorten, vallen* **0.2** *samenvallen* **0.3** *vermageren* ◆ **1.1** der Teig ist zusammengefallen *het deeg is ineengezakt* **1.2** ⟨wisk.⟩ ~de Strecken *samenvallende lijnstukken* **3.3** sehr zusammengefallen aussehen *er erg vermagerd uitzien.*

zusammenfalten **0.1** *samen-, opvouwen.*

zusammenfassen **0.1** *samenvatten* **0.2** *bijeen-, samenvoegen* ◆ **6.2** Vereine **in** einer Organisation ~ *verenigingen in één organisatie bijeenvoegen.*

zusammenfassend **0.1** *samenvattend, resumerend.*

Zusammenfassung ⟨v.⟩ **0.1** *samenvatting, resumé.*

zusammenfinden, sich **0.1** *elkaar ontmoeten* ⇒*bijeen-, samenkomen.*

zusammenflicken ⟨inf.⟩ **0.1** *oplappen* **0.2** *in elkaar flansen.*

zusammenfließen **0.1** *samenstromen* ⟨rivieren⟩ **0.2** *dooreenvloeien.*

Zusammenfluß ⟨m.⟩ **0.1** *samenloop.*

zusammenfügen **I** ⟨ov.ww.⟩ **0.1** *bijeen-, samenvoegen, verbinden;*
II sich ~ ⟨wk.ww.⟩ **0.1** *een eenheid, geheel vormen.*

zusammenführen **0.1** *bijeen-, samenbrengen* ◆ **6.1** jmdn. **mit** jmdm. ~ *iem. met iem. in contact brengen.*

zusammengehen **0.1** *samengaan* ⇒*eensgezind handelen* **0.2** *samengaan* ⇒*bij elkaar passen* ◆ **1.2** Blau und Rot, geht das zusammen? *blauw en rood, past dat bij elkaar?* **1.¶** die Linien gehen zusammen *de lijnen verenigen zich, komen samen.*

zusammengehören **0.1** *bijeenhoren, bij elkaar horen.*

zusammengehörig **0.1** *bijeenbehorend, saamhorig.*

zusammengewürfelt **0.1** *samen-, bijeengeraapt.*

Zusammenhalt ⟨m.⟩ **0.1** *samenhang, verbondenheid.*

zusammenhalten **I** ⟨onov.ww.⟩ **0.1** *houden* ⇒*vast blijven* **0.2** *elkaar trouw blijven, bijstaan* ◆ **1.1** der alte Stuhl hält noch zusammen *de oude stoel houdt nog* **5.2** fest, treu ~ *elkaar door dik en dun bijstaan;*
II ⟨ov.ww.⟩ **0.1** *samen-, bijeenhouden* ⇒⟨fig.⟩ *sparen* **0.2** *naast, tegen elkaar houden* ◆ **1.1** ⟨fig.⟩ seine Gedanken nicht mehr ~ können *zijn gedachten niet meer bij elkaar kunnen houden.*

Zusammenhang ⟨m.⟩ **0.1** *samenhang, verband* ◆ **6.1** **aus** dem ~ gerissen *uit z'n verband gerukt;* **in** diesem ~ *in dit verband, in verband hiermee.*

zusammenhängen **I** ⟨onov.ww.⟩ **0.1** *aan elkaar hangen* **0.2** ⟨fig.⟩ *samenhangen, verband houden;*
II ⟨ov.ww.⟩ **0.1** *bijeenhangen.*

zusammenhanglos **0.1** *onsamenhangend.*

zusammenhauen **0.1** *(in elkaar) timmeren, in elkaar flansen* ⟨ook fig.⟩ **0.2** *kort en klein slaan, in elkaar timmeren.*

zusammenheften **0.1** *aaneenhechten.*

zusammenhocken **0.1** *bij elkaar zitten.*

zusammenklappbar **0.1** *samenklapbaar* ⇒*opvouwbaar.*

zusammenklappen **I** ⟨onov.ww.⟩⟨inf.; fig.⟩ **0.1** *afknappen, in elkaar klappen;*
II ⟨ov.ww.⟩ **0.1** *samenklappen* ⇒*opvouwen* **0.2** *tegen elkaar slaan.*

zusammenkleben **0.1** *aaneenplakken.*

zusammenkneifen **0.1** *samenknijpen.*

zusammenkommen **0.1** *bijeen-, samenkomen* ◆ **1.1** ⟨fig.⟩ ein Zusammenkommen unglücklicher Umstände *een ongelukkige samenloop van omstandigheden.*

zusammenkratzen **0.1** *bijeenschrapen.*

Zusammenkunft ⟨v.; ~, ¨-e⟩ **0.1** *bijeenkomst* ⇒*vergadering, ontmoeting.*

zusammenläppern, sich ⟨inf.⟩ **0.1** *beetje bij beetje bijeenkomen* ◆ **5.1** das läppert sich ganz schön zusammen *dat tikt lekker aan.*

Zusammenlauf ⟨m.⟩ **0.1** *samenloop.*

zusammenlaufen **0.1** *samenstromen* **0.2** *samenlopen, -stromen* **0.3** *door(een)lopen, ineenvloeien* **0.4** *krimpen.*

zusammenleben **I** ⟨onov.ww.⟩ **0.1** *samenleven;*
II sich ~ ⟨wk.ww.⟩ **0.1** *met elkaar overweg kunnen.*

zusammenlegen **0.1** *bijeenleggen, bij elkaar leggen* **0.2** *op-, samenvouwen* **0.3** *samenvoegen* ◆ **1.1** ⟨fig.⟩ Geld ~ *geld bijeen-, samenleggen, botje bij botje leggen.*

Zusammenlegung ⟨v.; ~, ~en⟩⟨ec.⟩ **0.1** *fusie.*

zusammennähen **0.1** *aaneen-, dichtnaaien* ⇒⟨med.⟩ *(dicht)hechten.*

zusammennehmen **I** ⟨ov.ww.⟩ **0.1** *verzamelen, bij elkaar nemen* ◆ **1.1** all seine Gedanken ~ *zich concentreren* **4.1** alles zusammengenommen *alles bij elkaar genomen, al bij al, in totaal;*
II sich ~ ⟨wk.ww.⟩ **0.1** *zich beheersen.*

zusammenpacken **0.1** *bijeenpakken.*

zusammenpassen **I** ⟨onov.ww.⟩ **0.1** *bij elkaar passen;*
II ⟨ov.ww.⟩ **0.1** *in elkaar passen.*

zusammenpferchen **0.1** *samen-, opeenproppen* ⇒*bijeendrijven.*

Zusammenprall ⟨m.⟩ **0.1** *botsing.*

zusammenprallen **0.1** *tegen elkaar botsen.*

zusammenpressen **0.1** *samenpersen* ⇒*fijnknijpen.*

zusammenraffen **I** ⟨ov.ww.⟩ **0.1** *haastig (bijeen)pakken* **0.2** *snel vergaren* **0.3** *inplooien, korter maken* ◆ **1.2** ein Vermögen ~ *snel een vermogen vergaren;*
II sich ~ ⟨wk.ww.⟩⟨inf.; fig.⟩ **0.1** *zich beheersen, vermannen.*

zusammenrechnen **0.1** *optellen.*

zusammenreimen ⟨inf.⟩ **0.1** *verklaren* ◆ **3.1** wie läßt sich das ~? *hoe is dat te rijmen?*

zusammenreißen **I** ⟨ov.ww.⟩⟨sold.⟩ **0.1** *tegen elkaar slaan* ◆ **1.1** die Glieder, Knochen ~ *in de houding springen;*
II sich ~ ⟨wk.ww.⟩ **0.1** *zich beheersen.*

zusammenrollen **I** ⟨ov.ww.⟩ **0.1** *oprollen;*
II sich ~ ⟨wk.ww.⟩ **0.1** *zich oprollen.*

zusammenrotten, sich **0.1** *samenscholen.*

zusammenrücken **I** ⟨onov.ww.⟩ **0.1** *dichter bij elkaar gaan zitten* ⇒⟨fig.⟩ *zich verenigen;*
II ⟨ov.ww.⟩ **0.1** *bij elkaar zetten.*

zusammensacken **0.1** *inzakken, instorten* ⇒⟨fig.⟩ *bezwijken.*

Zusammenschau ⟨v.⟩ **0.1** *(samenvattend) overzicht.*

zusammenschieben **I** ⟨ov.ww.⟩ **0.1** *bijeen-, in(een)schuiven;*
II sich ~ ⟨wk.ww.⟩ **0.1** *in elkaar schuiven.*

zusammenschießen **0.1** *in puin schieten, neerschieten.*

zusammenschlagen **I** ⟨onov.ww.⟩ **0.1** *zich sluiten* ◆ **6.1** die Flammen, Wellen schlagen **über** ihm zusammen *de vlammen, golven sluiten zich boven hem;*
II ⟨ov.ww.⟩ **0.1** *tegen elkaar slaan* **0.2** *in elkaar slaan* ⇒ *kort en klein slaan* **0.3** *samenvouwen* ◆ **1.3** die Zeitung ~ *de krant dichtvouwen.*

zusammenschließen **I** ⟨ov.ww.⟩ **0.1** *aaneenketenen, aan elkaar vastketenen;*
II sich ~ ⟨wk.ww.⟩ **0.1** *zich aaneensluiten, verenigen.*

Zusammenschluß ⟨m.⟩ **0.1** *vereniging, aaneensluiting* ⇒ ⟨ec. ook⟩ *samensmelting, fusie.*

zusammenschmelzen 0.1 ***samensmelten*** 0.2 ***wegsmelten*** ⇒(fig.) *slinken.*

zusammenschneiden (film.) 0.1 ***snijden, knippen*** ⇒*cutten.*

zusammenschnüren 0.1 ***samen-, bijeenbinden*** 0.2 ***dichtsnoeren*** ◆ 1.2 (fig.) jmdm. das Herz ~ *iemands hart doen ineenkrimpen.*

zusammenschrecken 0.1 ***van schrik ineenkrimpen.***

zusammenschreiben 0.1 ***aaneenschrijven*** 0.2 (inf.) ***bij elkaar schrijven*** ◆ 1.2 Unsinn ~ *onzin neerschrijven.*

zusammenschrumpfen 0.1 ***slinken, inkrimpen*** ⇒(ec. ook) *afslanken* ◆ 3.1 die Haut ist zusammengeschrumpft *de huid is verschrompeld.*

zusammensein 0.1 ***bij elkaar zijn*** ⇒*samenleven.*

Zusammensein (o.; ~s) 0.1 ***samenzijn.***

zusammensetzen I (ov.ww.) 0.1 ***samenstellen, in elkaar zetten;***
II sich ~ (wk.ww.) 0.1 ***bestaan uit*** 0.2 ***bij, naast elkaar gaan zitten.***

Zusammensetzung (v.; ~, ~en) 0.1 ***samenstelling.***

zusammensinken 0.1 ***ineen-, neerzakken*** 0.2 ***langzaam uitgaan.***

zusammensparen 0.1 ***bijeensparen.***

zusammensperren 0.1 ***samen opsluiten.***

Zusammenspiel (o.) 0.1 ***samenspel*** (ook fig.).

zusammenspielen 0.1 ***samenspelen, -werken.***

zusammenstecken 0.1 ***aaneenspelden*** ◆ 1.1 (fig.) die Köpfe ~ *de hoofden bijeensteken.*

zusammenstehen 0.1 ***bij elkaar staan*** 0.2 ***elkaar bijstaan.***

zusammenstellen 0.1 ***bij, tegen elkaar plaatsen*** 0.2 ***samenstellen, opmaken*** ⇒*op 'n rijtje zetten.*

zusammenstimmen 0.1 ***overeenstemmen*** ⇒(muz.) *harmoniëren.*

Zusammenstoß (m.) 0.1 ***botsing*** ⇒*aanrijding, conflict.*

zusammenstoßen 0.1 ***botsen*** 0.2 ***botsen, ruzie krijgen*** 0.3 ***aan elkaar grenzen.***

zusammenstreichen 0.1 ***sterk bekorten*** 0.2 ***flink, danig schrappen*** ⇒*fors bezuinigen.*

zusammenströmen 0.1 ***samenstromen.***

zusammenstürzen 0.1 ***in(een)storten.***

zusammensuchen 0.1 ***bijeenzoeken.***

zusammentragen 0.1 ***bijeenbrengen, verzamelen.***

zusammentreffen 0.1 ***samenvallen*** 0.2 ***samen-, bijeenkomen*** ◆ 1.1 diese Feiertage treffen nie zusammen *deze feestdagen vallen nooit op dezelfde dag* 6.2 **mit** jmdm. ~ *iem. ontmoeten.*

zusammentreiben 0.1 ***bijeendrijven.***

zusammentreten I (onov.ww.) 0.1 ***bijeen-, samenkomen;***
II (ov.ww.) 0.1 ***in elkaar trappen.***

zusammentrommeln 0.1 ***bijeen-, optrommelen.***

zusammentun I (ov.ww.) 0.1 ***bijeendoen;***
II sich ~ (wk.ww.) 0.1 ***zich verenigen*** ◆ 6.1 sich **in**, **zu** einem Verein ~ *een vereniging oprichten, zich verenigen;* sich **mit** jmdm. ~ *gemene zaak met iem. maken.*

zusammenwachsen 0.1 ***aaneen-, vergroeien*** 0.2 (fig.) ***naar elkaar toe groeien.***

zusammenwehen 0.1 ***bijeenwaaien, op een hoop waaien.***

zusammenwerfen 0.1 ***op een hoop gooien*** ⇒(fig. ook) *door elkaar gooien, verwarren* 0.2 (inf.; fig.) ***bij elkaar leggen*** (geld).

zusammenwirken 0.1 ***samenwerken.***

zusammenwürfeln 0.1 ***willekeurig bijeenvoegen*** ⇒*samenrapen.*

zusammenzählen 0.1 ***optellen.***

zusammenziehen I (onov.ww.) 0.1 ***gaan samenwonen*** ◆ 6.1 **mit** jmdm. ~ *met iem. gaan samenwonen;*
II (ov.ww.) 0.1 ***samentrekken*** ⇒*bij elkaar trekken, optellen* ◆ 1.1 die Augenbrauen ~ *de wenkbrauwen fronsen;* Zahlen ~ *getallen optellen;*
III sich ~ (wk.ww.) 0.1 ***krimpen*** ⇒*ineenschrompelen* 0.2 ***zich samenpakken*** (onweer) ◆ 1.1 der Stoff zieht sich zusammen *de stof krimpt.*

zusammenzucken 0.1 ***ineenkrimpen*** (v. schrik).

Zusatz (m.) 0.1 ***toe-, bijvoeging, toevoegsel*** ⇒(ook) *bijlage, aanhangsel* ◆ 6.1 ein ~ **zu** dem Text *een aanvulling op de tekst.*

Zusatzabkommen (o.) 0.1 ***aanvullende overeenkomst.***

Zusatzantrag (m.) 0.1 ***aanvullende motie.***

Zusatzgerät (o.) 0.1 ***hulpapparaat*** ⇒(mv.) *aanbouwapparatuur.*

zusätzlich 0.1 ***aanvullend*** ⇒*additioneel, extra* ◆ 1.1 ~e Nahrung *bijvoeding.*

Zusatzstoff (m.) 0.1 ***additief.***

Zusatzversicherung (v.) 0.1 ***aanvullende verzekering.***

Zusatzzahl (v.) 0.1 ***reservegetal.***

zuschanden 0.1 ***kapot*** ◆ 3.1 sich ~ arbeiten *zich dood-, kapotwerken;* ein Pferd ~ reiten *een paard afjakkeren;* all seine Vorsätze wurden ~ *van al zijn voornemens kwam niets terecht.*

zuscharren 0.1 ***(met aarde) dichtgooien.***

zuschauen 0.1 ***toezien, toekijken, gadeslaan.***

Zuschauer (m.; ~s, ~) 0.1 ***toeschouwer, kijker.***

zuschaufeln 0.1 ***dichtgooien, -scheppen.***

zuschicken 0.1 ***toezenden.***

zuschieben 0.1 ***dicht-, toeschuiven*** 0.2 ***toeschuiven*** ⇒(fig. ook) *in de schoenen schuiven* ◆ 1.2 (fig.) einem die Schuld ~ *iem. de schuld in de schoenen schuiven.*

zuschießen I (onov.ww.) 0.1 ***toeschieten, -snellen;***
II (ov.ww.) 0.1 ***toeschieten*** 0.2 ***toeleggen, betalen*** ◆ 1.1 (fig.) jmdm. einen wütenden Blick ~ *iem. een woedende blik toewerpen* 6.2 **zu** einem Geschäft viel Geld ~ *veel geld in een zaak bijdragen.*

Zuschlag (m.; mv. ~̈e) 0.1 ***toeslag*** 0.2 (verk.) ***toeslagkaartje*** 0.3 (ec.) ***toewijzing, gunning*** 0.4 (tech.) ***toeslag, toevoegsel*** ◆ 6.3 jmdm. den ~ **zum** Bau erteilen, geben *iem. de bouw gunnen.*

zuschlagen I (onov.ww.) 0.1 (s.) ***toe-, dichtslaan*** 0.2 (h.) ***toeslaan*** 0.3 (inf.) ***toeslaan, zijn kans waarnemen*** ◆ 5.2 diese Kerle schlagen sofort zu *deze kerels slaan meteen (toe);*
II (ov.ww.) 0.1 ***dicht-, toeslaan*** 0.2 (sp.) ***toeslaan, toespelen*** 0.3 ***behouwen*** ⇒*door houwen bewerken* (van stenen) 0.4 (ec.) ***toewijzen, gunnen*** 0.5 (ec.) ***verhogen met*** ◆ 1.4 jmdm. das Gemälde ~ *iem. het schilderij toewijzen* (veiling); jmdm. das Projekt ~ *iem. het project gunnen* (aanbesteding) 6.5 **auf** den, **zu** dem Preis noch 5% ~ *de prijs nog met 5% verhogen.*

Zuschlagkarte (v.) (verk.) 0.1 ***toeslagkaartje.***

zuschließen 0.1 ***afsluiten, op slot doen.***

zuschmeißen (inf.) 0.1 ***dichtsmijten.***

zuschmieren 0.1 ***toe-, dichtsmeren.***

zuschnappen 0.1 (s.) ***dichtklappen*** ⇒*in het slot vallen* 0.2 (h.) ***toehappen*** ⇒*bijten.*

zuschneiden 0.1 ***(uit)snijden, knippen*** (stof) 0.2 (fig.) ***afstemmen*** ◆ 6.2 einen Kurs **auf** die Praxis ~ *een cursus op de praktijk afstemmen.*

zuschneien 0.1 ***in-, ondersneeuwen.***

Zuschnitt (m.) 0.1 ***snit, coupe*** ⇒*pasvorm* 0.2 (fig.) ***aard, karakter*** ⇒*formaat* ◆ 6.2 eine Frau **von** diesem ~ *een vrouw van dit formaat.*

zuschnüren 0.1 ***dicht-, toebinden*** ⇒*dichtrijgen* ◆ 1.1 (fig.)

die Angst schnürte mir die Kehle zu *van angst kon ik geen woord uitbrengen.*

zuschreiben 0.1 ***erbij schrijven, toevoegen*** **0.2** ***bij-, overschrijven*** **0.3** (fig.) ***toeschrijven*** ⇒*toekennen, wijten aan* ◆ **1.2** das Haus seinem Sohn ~ *het huis op naam van zijn zoon zetten* **1.3** jmdm. die Schuld ~ *iem. de schuld geven.*

zuschreiten 0.1 ***toestappen, -lopen*** **0.2** ***doorstappen.***

Zuschrift (v.) **0.1** ***brief*** ⇒*(schriftelijke) reactie.*

zuschulden ◆ **3.¶** sich (3e nv.) etwas ~ kommen lassen *zich aan iets schuldig maken.*

Zuschuß (m.) **0.1** ***bijdrage*** ⇒*subsidie* **0.2** (boek.) ***inschiet(papier).***

zuschütten 0.1 ***dichtgooien*** **0.2** (inf.) ***bijschenken.***

zusehen 0.1 ***toezien, -kijken*** ⇒*gadeslaan* **0.2** ***zien, zorgen*** ◆ **6.1 bei** genauerem, näherem Zusehen *bij nader inzien* **8.2** soll er ~, wie er damit fertig wird! *hij moet maar zien, hoe hij dat voor elkaar krijgt!*

zusehends 0.1 ***zienderogen, duidelijk.***

zusein (inf.) **0.1** ***gesloten, dicht zijn.***

zusenden 0.1 ***toezenden, -sturen.***

zusetzen I (onov.ww.) **0.1** ***lastig vallen*** **0.2** ***aanpakken, aangrijpen*** ◆ **1.2** die Krankheit hat ihm zugesetzt *de ziekte heeft hem aangegrepen, aangepakt* **6.1** jmdm. **mit** Fragen ~ *iem. met vragen bestoken;*
II (ov.ww.) **0.1** ***toe-, bijvoegen*** ◆ **5.1** nichts mehr zuzusetzen haben *geen reserves meer hebben* **6.1 bei** einem Geschäft viel Geld ~ *op een transactie veel geld toeleggen.*

zusichern 0.1 ***beloven, verzekeren.***

zusperren (inf.) **0.1** ***afsluiten, op slot doen.***

zuspielen 0.1 ***toespelen*** ⇒(fig. ook) *in handen spelen.*

zuspitzen I (ov.ww.) **0.1** ***toespitsen, aanscherpen*** (ook fig.) ◆ **3.1** zugespitzt könnte man sagen *toegespitst zou men kunnen zeggen;*
II sich ~ (wk.ww.) **0.1** ***zich toespitsen*** (ook fig.) ⇒*spits toelopen.*

zusprechen I (onov.ww.) **0.1** ***aan-, toespreken*** **0.2** (schr.) ***aanspreken*** (eten, drinken) ◆ **1.2** dem Essen ~ *zich te goed doen;*
II (ov.ww.) **0.1** ***in-, toespreken*** **0.2** (jur.) ***toewijzen*** ◆ **1.1** jmdm. Mut ~ *iem. moed inspreken* **1.2** das Kind der Mutter ~ *het kind aan de moeder toewijzen.*

zuspringen 0.1 ***toespringen, naar iem., iets toe springen.***

Zuspruch (m.)(schr.) **0.1** ***(troostende, bemoedigende) woorden*** **0.2** ***waardering, bijval*** ◆ **3.2** ~ finden *gewaardeerd worden, een goede ontvangst krijgen;* sein Laden hat viel ~ *zijn zaak heeft veel toeloop, hij heeft een goed beklante zaak.*

Zustand (m.) **0.1** ***toestand, staat*** ⇒*situatie* **0.2** (nat.) ***(aggregatie)toestand*** ◆ **3.1** Zustände bekommen, kriegen *in alle staten geraken;* (inf.) das ist doch kein ~! *dat kan toch zo niet langer!* **6.1** das Gebäude befindet sich, ist **in** einem guten ~ *het gebouw is in goede staat* **8.1** (inf.) Zustände wie im alten Rom! *dat zijn toch verschrikkelijke, onmogelijke toestanden!*

zustande ◆ **3.¶** etwas ~ bringen *iets tot stand brengen;* ~ kommen *tot stand komen.*

zuständig 0.1 ***bevoegd, competent*** ⇒*verantwoordelijk, belast met* ◆ **1.1** die ~e Behörde *de bevoegde instantie* **6.1** der **für** diesen Fall ~e Beamte *de met dit geval belaste ambtenaar.*

Zuständigkeitsbereich (m.) **0.1** ***bevoegdheid, competentie*** ⇒(jur. ook) *rechtsgebied.*

zustatten ◆ **3.¶** jmdm., einer Sache ~ kommen *iem., iets van pas komen.*

zustecken 0.1 ***dichtspelden*** **0.2** ***toestoppen.***

zustehen 0.1 ***toekomen*** ⇒*recht hebben op, passen* ◆ **1.1** dieser Anteil steht ihm zu *op dit aandeel heeft hij recht;* eine solche Bemerkung steht dir nicht zu *jou past een dergelijke opmerking niet.*

zusteigen 0.1 ***(onderweg) instappen.***

Zustellbezirk (m.) **0.1** ***wijk*** (postbestelling).

zustellen 0.1 ***afsluiten*** ⇒*barricaderen* **0.2** ***bezorgen*** (post) ⇒(jur.) *betekenen, exploiteren* ◆ **1.2** (jur.) jmdm. die Ladung ~ *iem. de dagvaarding betekenen.*

Zusteller (m.; ~s, ~) **0.1** ***postbode*** **0.2** ***deurwaarder.***

Zustellung (v.) **0.1** ***bestelling, bezorging.***

zusteuern I (onov.ww.) **0.1** ***aansturen, afstevenen*** ◆ **1.1** dem Hafen ~ *koers houden, nemen op de haven;*
II (ov.ww.) **0.1** ***bijdragen.***

zustimmen 0.1 ***instemmen, het eens zijn*** ◆ **1.1** einer Sache ~ *zijn goedkeuring aan iets geven, het met iets eens zijn.*

Zustimmung (v.) **0.1** ***toe-, instemming, goedkeuring.***

zustopfen 0.1 ***dicht-, toestoppen.***

zustoßen I (onov.ww.) **0.1** (h.) ***toestoten*** **0.2** (s.) ***gebeuren, overkomen*** ◆ **1.2** wenn dem Vater etwas zustößt *als vader iets overkomt;*
II (ov.ww.) **0.1** ***dicht-, toestoten.***

Zustrom (m.) **0.1** ***toevloed*** ⇒(meteo.) *aanvoer* ◆ **1.1** (meteo.) der ~ kalter Meeresluft *de aanvoer van koude zeelucht.*

zu|stürmen, -stürzen 0.1 ***af-, aan-, toestormen.***

zutage 0.1 ***aan 't licht*** ◆ **3.1** etwas ~ bringen *iets aan 't licht brengen, voor de dag halen;* (mijnw.) Kohle ~ fördern *kolen delven;* etwas kommt, tritt ~ (a) *iets komt aan de oppervlakte* (b) (fig.) *iets komt aan het licht;* (fig.) etwas liegt klar, offen ~ *iets is heel duidelijk.*

Zutat (v.) **0.1** ***bijvoegsel, extraatje*** **0.2** (cul.) ***ingrediënt.***

zuteil (schr.) ◆ **3.¶** jmdm. wird etwas ~ *iem. valt iets te beurt, ten deel.*

zuteilen 0.1 ***toewijzen*** ⇒*toebedelen* ◆ **1.1** den Leutnant einer anderen Einheit ~ *de luitenant bij een andere eenheid detacheren.*

Zuteilung (v.) **0.1** ***distributie*** **0.2** ***rantsoen.***

zutiefst 0.1 ***diep, ten zeerste*** ⇒*hartgrondig.*

zutragen I (ov.ww.) **0.1** ***brengen naar*** ⇒(fig.) *vertellen, overbrieven;*
II sich ~ (wk.ww.)(schr.) **0.1** ***gebeuren, zich afspelen.***

zuträglich (schr.) **0.1** ***bevorderlijk*** ⇒*nuttig* ◆ **3.1** diese Nahrung ist mir nicht ~ *dit voedsel bekomt mij niet.*

zutrauen 0.1 ***in staat achten*** ◆ **1.1** seinen Kräften zuviel ~ *zijn krachten overschatten* **3.1** das ist ihm zuzutrauen! *dat kun je aan hem overlaten!,* (ook) *dat is van hem te verwachten!*

Zutrauen (o.; ~s) **0.1** ***het vertrouwen*** ◆ **6.1** ~ **zu** sich selbst *zelfvertrouwen;* ~ **zu** jmdm. haben *vertrouwen in iem. stellen.*

zutraulich 0.1 ***niet bang, niet schuw.***

zutreffen 0.1 ***waar, juist zijn*** ⇒*kloppen* **0.2** ***passen, gelden*** ⇒*van toepassing zijn* ◆ **6.2** die Beschreibung trifft **auf** ihn zu *de beschrijving slaat op hem.*

zutreffend 0.1 ***juist, waar*** ◆ **3.1** Zutreffendes ankreuzen *aankruisen wat van toepassing is.*

zutreiben 0.1 ***ergens naar toe drijven*** ◆ **1.1** (fig.) dem Bankrott ~ *naar zijn bankroet toe drijven, gaan.*

zutrinken (met 3e nv.) **0.1** ***toedrinken*** ⇒*toasten.*

Zutritt (m.) **0.1** ***toegang*** ⇒*entree* ◆ **6.1** ~ **in** gewissen Kreisen haben *toegang tot zekere kringen hebben;* der Stoff entzündet sich beim ~ **von** Luft *deze stof ontvlamt bij blootstelling aan de lucht.*

zutun I (ov.ww.) **0.1** ***erbij doen, toevoegen*** **0.2** ***dichtdoen, sluiten;***

II sich ~ ⟨wk.ww.⟩ **0.1** ***dicht gaan.***

Zutun ⟨o.⟩ ◆ **6.¶ ohne** mein ~ *buiten, zonder mijn toedoen.*

zuungunsten ⟨vz. + 2⟩ **0.1** ***ten nadele van.***

zuunterst 0.1 ***helemaal onderaan, onderin.***

Zuverdienst ⟨m.⟩ **0.1** ***bijverdienste.***

zuverlässig 0.1 ***betrouwbaar*** ⇒*precies* ◆ **1.1** aus ~er Quelle *uit betrouwbare bron* **3.1** eine Sache ~ wissen *iets precies, zeker weten.*

Zuverlässigkeitsprüfung ⟨v.⟩ **0.1** ***betrouwbaarheidsproef.***

Zuversicht ⟨v.; ~⟩ **0.1** ***(vast) vertrouwen*** ◆ **2.1** die feste ~ haben, der festen ~ sein, daß ... *er vast op vertrouwen dat ...*

zuversichtlich 0.1 ***vol vertrouwen*** ⇒*optimistisch* ◆ **3.1** ~ mit etwas rechnen *stellig, vast op iets rekenen.*

zuviel 0.1 ***te veel*** ◆ **1.1** ~ des Guten *te veel van het goede* **3.1** ⟨inf.⟩ ich krieg' ~! *nou ben ik het zat!*

zuvor 0.1 ***tevoren*** **0.2** ***eerst*** ◆ **1.1** im Monat ~ *in de voorgaande maand.*

zuvorderst 0.1 ***helemaal vooraan.***

zuvorkommen 0.1 ***vóór zijn*** **0.2** ***voorkómen, verhinderen*** ◆ **1.1** der Konkurrenz ~ *de concurrentie te snel af zijn.*

zuvorkommend 0.1 ***vriendelijk, voorkomend, hulpvaardig.***

zuvortun ⟨schr.⟩ **0.1** ***overtreffen, beter zijn in iets dan*** ◆ **6.1** es jmdm. **an, in** einer Sache ~ *iem. in iets overtreffen.*

Zuwachs ⟨m.⟩ **0.1** ***groei, toename*** ⇒*vermeerdering* ◆ **3.1** ⟨inf.⟩ ~ bekommen *gezinsuitbreiding krijgen.*

zuwachsen 0.1 ***dicht-, toegroeien*** **0.2** ⟨inf.⟩ ***toevallen*** ⇒*ten deel vallen* ◆ **4.2** mir sind neue Aufgaben zugewachsen *ik heb er nieuwe taken bijgekregen.*

Zuwachsrate ⟨v.⟩ **0.1** ***groeipercentage.***

zuwandern 0.1 ***immigreren*** **0.2** ***komen wonen.***

zuwege ◆ **3.¶** eine Sache ~ bringen *iets tot stand brengen;* mit einer Sache ~ kommen *met iets overweg kunnen* **5.¶** gut, schlecht ~ sein *goed, slecht ter been zijn.*

zuwehen 0.1 ***toe-, dichtwaaien.***

zuweilen ⟨schr.⟩ **0.1** ***af en toe, soms.***

zuweisen 0.1 ***toewijzen, toebedelen.***

zuwenden 0.1 ***toedraaien, -wenden*** **0.2** ***richten op, bezighouden met*** **0.3** ***doen toekomen*** ◆ **1.1** sich den Radikalen ~ *de kant van de radicalen kiezen;* das dem Garten zugewandte Zimmer *de aan de tuinkant gelegen kamer* **1.2** sich einem Studium ~ *zich aan een studie wijden.*

Zuwendung ⟨v.⟩ **0.1** ***schenking, gift, toelage*** **0.2** ***toewijding*** ⇒*liefde.*

zuwenig 0.1 ***te weinig.***

zuwerfen 0.1 ***dicht-, toegooien*** **0.2** ***toewerpen, -gooien.***

zuwider[1] ⟨bw.⟩ **0.1** ***tegen*** ◆ **3.1** das Essen ist mir ~ *het eten staat mij tegen;* er ist mir ~ *ik heb een hekel aan hem.*

zuwider[2] ⟨vz. + 3⟩ **0.1** ***tegen, in strijd met.***

zuwiderhandeln ⟨met 3e nv.⟩ **0.1** ***handelen in strijd met, overtreden.***

Zuwiderhandlung ⟨v.⟩ **0.1** ***overtreding.***

zuwiderlaufen ⟨met 3e nv.⟩ **0.1** ***in strijd zijn met, niet overeenstemmen met.***

zuwinken ⟨met 3e nv.⟩ **0.1** ***toewuiven.***

zuzahlen 0.1 ***bijbetalen.***

zuzählen 0.1 ***erbij tellen*** **0.2** ***rekenen tot*** ◆ **1.2** jmdn. seinen Freunden ~ *iem. onder zijn vrienden tellen.*

zuzeiten 0.1 ***af en toe, soms.***

zuziehen I ⟨onov.ww.⟩ **0.1** ***komen wonen, zich vestigen*** **0.2** ***ergens heen trekken;***

II ⟨ov.ww.⟩ **0.1** ***dichttrekken, sluiten*** **0.2** ***aantrekken*** **0.3** ***erbij halen, te rade gaan*** **0.4** ***oplopen, zich op de hals, het lijf halen*** ◆ **1.3** einen Fachmann ~ *een vakman erbij halen* **1.4** sich ⟨3e nv.⟩ eine Grippe ~ *een griep oplopen.*

Zuzug ⟨m.⟩ **0.1** ***het toestromen, toevloed*** ⟨van nieuwe leden, bewoners⟩ **0.2** ***versterking, vermeerdering.***

Zuzügler ⟨m.; ~s, ~⟩ **0.1** ***nieuwe inwoner.***

zuzüglich ⟨vz. + 2⟩ **0.1** ***te vermeerderen met*** ⇒*plus.*

Zuzugsgenehmigung ⟨v.⟩ **0.1** ***vestigingsvergunning.***

zuzwinkern ⟨met 3e nv.⟩ **0.1** ***een knipoogje geven.***

ZVS ⟨v.; ~⟩⟨afk.⟩ [Zentralstelle für die Vergabe von Studienplätzen].

zwacken ⟨inf.⟩ **0.1** ***knijpen*** **0.2** ⟨fig.⟩ ***pesten, plagen.***

Zwang ⟨m.; ~(e)s, ¨~e⟩ **0.1** ***dwang*** ⇒*drang, noodzaak,* ⟨jur.⟩ *geweld* ◆ **1.1** der ~ der Mode *het dictaat van de mode* **3.1** allen ~ ablegen *zich vrij, ongedwongen bewegen;* sich ⟨3e nv.⟩, einer Sache ~ antun *zich, iets geweld aandoen;* tun Sie sich keinen ~ an! *doet u maar of u thuis bent!* **6.1 unter** ~ stehen *onder druk, pressie staan;* der ~ **zum** Einsparen *de noodzaak tot bezuinigen.*

zwängen 0.1 ***persen, drukken*** ⟨ook fig.⟩.

zwanghaft 0.1 ***gedwongen.***

zwanglos 0.1 ***ongedwongen*** **0.2** ***onregelmatig.***

Zwangsanleihe ⟨v.⟩⟨ec.⟩ **0.1** ***gedwongen lening.***

Zwangsarbeit ⟨v.⟩ **0.1** ***dwangarbeid.***

Zwangseinweisung ⟨v.⟩ **0.1** ***gedwongen opname.***

Zwangsernährung ⟨v.⟩⟨jur.⟩ **0.1** ***dwangvoeding.***

Zwangserscheinungen ⟨alleen mv.⟩⟨psych.⟩ **0.1** ***dwangneurose*** ⇒*dwangverschijnselen.*

Zwangsgeld ⟨o.⟩⟨jur.⟩ **0.1** ***dwangsom.***

Zwangshandlung ⟨v.⟩⟨psych.⟩ **0.1** ***dwanghandeling.***

Zwangsherrschaft ⟨v.⟩ **0.1** ***dwingelandij, tirannie.***

Zwangsjacke ⟨v.⟩ **0.1** ***dwangbuis*** ⟨ook fig.⟩.

Zwangskurs ⟨m.⟩⟨ec.⟩ **0.1** ***wettelijk vastgelegde koers.***

Zwangslage ⟨v.⟩ **0.1** ***dwangpositie.***

zwangsläufig 0.1 ***onvermijdelijk*** ⇒*automatisch.*

zwangsmäßig 0.1 ***gedwongen, verplicht.***

Zwangsmaßnahme ⟨v.⟩ **0.1** ***dwangmaatregel.***

Zwangsmittel ⟨o.⟩ **0.1** ***dwangmiddel.***

Zwangsräumung ⟨v.⟩⟨jur.⟩ **0.1** ***(gerechtelijke) uitzetting.***

zwangsumsiedeln 0.1 ***verplichten zich elders te vestigen.***

Zwangsvergleich ⟨m.⟩⟨jur.⟩ **0.1** ***dwangakkoord.***

Zwangsverschickung ⟨v.⟩ **0.1** ***deportatie.***

Zwangsversicherung ⟨v.⟩ **0.1** ***verplichte verzekering.***

zwangsversteigern ⟨jur.⟩ **0.1** ***openbaar verkopen.***

Zwangsverteidiger ⟨m.⟩⟨inf.⟩ **0.1** ***toegevoegd advocaat.***

Zwangsverwaltung ⟨v.⟩⟨jur.⟩ **0.1** ***sekwestratie*** ⇒*inbewaringstelling.*

Zwangsvollstreckung ⟨v.⟩⟨jur.⟩ **0.1** ***executie, gedwongen tenuitvoerlegging.***

Zwangsvorstellung ⟨v.⟩⟨psych.⟩ **0.1** ***dwangvoorstelling.***

zwangsweise 0.1 ***gedwongen*** **0.2** ***onvermijdelijk, automatisch.***

Zwangswirtschaft ⟨v.⟩⟨ec.⟩ **0.1** ***centraal geleide economie.***

zwanzig 0.1 ***twintig.***

Zwanzig ⟨v.; ~⟩ **0.1** ***twintig.***

Zwanziger ⟨m.; ~s, ~⟩ **0.1** ***twintiger*** ⇒*twintigjarige* **0.2** ⟨mv.⟩ ***twintig*** ⟨leeftijd⟩ **0.3** ⟨mv.⟩ ***jaren twintig*** ⟨v.e. eeuw⟩.

zwanzigste 0.1 ***twintigste.***

zwar 0.1 ***wel(iswaar)*** ◆ **8.1** und ~ *en wel.*

Zweck ⟨m.; ~(e)s, ~e⟩ **0.1** ***doel(einde)*** ⇒*zin, nut* ◆ **3.1** seinen ~ erfüllen *aan zijn doel beantwoorden;* wenig, keinen ~ haben *weinig, geen nut hebben* **6.1 zu** diesem ~ *met dat doel.*

Zweckbau ⟨m.; mv. ~ten⟩ **0.1** ***utiliteits(ge)bouw.***

Zweckdenken ⟨o.⟩ **0.1** ***pragmatisch denken*** ⇒*doelmatigheidsoverweging(en).*

zweckdienlich 0.1 ***ter zake dienend, nuttig.***

zweckentfremden 0.1 *aan de eigenlijke bestemming onttrekken.*

zweckentsprechend 0.1 *doelmatig.*

zwecklos 0.1 *zin-, doel-, nutteloos.*

zweckmäßig 0.1 *doelmatig, nuttig, zinvol ⇒effectief.*

Zweckoptimismus ⟨m.⟩ **0.1** *geforceerd (schijn)optimisme.*

zweckrational 0.1 *effectief ⇒doelgericht.*

zwecks ⟨vz. + 2⟩ **0.1** *ten behoeve van.*

Zweckstil ⟨m.⟩⟨bouwk.⟩ **0.1** *functionalisme.*

Zweckverband ⟨m.⟩⟨jur., pol.⟩ **0.1** *doelcorporatie.*

Zweckvermögen ⟨o.⟩⟨jur.⟩ **0.1** *voor een bep. doel bestemd vermogen* ⟨v.e. stichting⟩.

zweckwidrig 0.1 *niet aan het doel beantwoordend ⇒ondoelmatig.*

zwei 0.1 *twee* ◆ **3.1** dazu gehören ~! *daar zijn er nog altijd twee voor nodig!* **6.1** **zu** ~en *met z'n tweeën.* →**streiten.**

zwei- →**meer samenstellingen bij drei-.**

Zwei ⟨v.; ~, ~en⟩ **0.1** *twee* ⟨getal, cijfer⟩ **0.2** *lijn twee* ⟨tram⟩ **0.3** *goed* ⟨cijfer op rapport⟩.

zweiachsig 0.1 *met twee assen.*

Zweibeiner ⟨m.; ~s, ~⟩⟨inf.; scherts.⟩ **0.1** *mens.*

zweibeinig 0.1 *met twee benen, met twee poten.*

Zweibettzimmer ⟨o.⟩ **0.1** *tweepersoonskamer.*

zweideutig 0.1 *dubbelzinnig.*

zweidimensional 0.1 *tweedimensionaal.*

zweieiig 0.1 *twee-eiig.*

Zweier ⟨m.; ~s, ~⟩ **0.1** *boot voor twee roeiers* **0.2** ⟨inf.⟩ *twee* ⟨getal, cijfer⟩ **0.3** ⟨inf.⟩ *lijn twee* ⟨tram⟩ **0.4** ⟨inf.⟩ *goed* ⟨cijfer op rapport⟩.

Zweierbeziehung ⟨v.⟩⟨psych.⟩ **0.1** *relatie tussen twee mensen ⇒partnerrelatie.*

Zweierkiste ⟨v.⟩⟨inf.⟩ **0.1** *relatie* ⟨tussen twee mensen⟩.

zweierlei 0.1 *tweeërlei* ◆ **1.1** mit ~ Maß messen *met twee maten meten.*

zweifach 0.1 *tweevoudig, dubbel* ◆ **1.1** in ~er Ausfertigung *in tweevoud, in duplo.*

zweifarbig 0.1 *tweekleurig.*

Zweifel ⟨m.; ~s, ~⟩ **0.1** *twijfel* ◆ **3.1** jmds. ~ ausräumen, beheben, beseitigen *iemands twijfel wegnemen;* jmdm. kommen ~ *iem. gaat twijfelen;* keinem ~ unterliegen *aan geen twijfel onderhevig zijn* **6.1** **außer** ~ sein, stehen *geen twijfel lijden;* sich ⟨3e nv.⟩ **im** ~ sein *in twijfel, dubio staan;* eine Aussage **in** ~ stellen, ziehen *een verklaring in twijfel trekken.*

zweifelhaft 0.1 *twijfelachtig ⇒onzeker,* ⟨pej.⟩ *dubieus.*

zweifellos 0.1 *ongetwijfeld.*

zweifeln 0.1 *(be)twijfelen* ◆ **6.1** man muß doch **an** seinem Verstand ~! *je moet haast denken dat hij niet goed snik is!*

Zweifelsfall ⟨m.⟩ **0.1** *twijfelgeval.*

zweifelsohne ⟨inf.⟩ **0.1** *ongetwijfeld.*

zweiflammig 0.1 *tweepits.*

Zweifler ⟨m.; ~s, ~⟩ **0.1** *twijfelaar.*

Zweig ⟨m.; ~(e)s, ~e⟩ **0.1** *tak, twijg* **0.2** *aftakking, zijtak ⇒gebied* ◆ **2.1** ⟨fig.⟩ auf keinen grünen ~ kommen *niet van de grond komen, geen succes hebben.*

Zweiggeschäft ⟨o.⟩ **0.1** *filiaal.*

zweigleisig ⟨verk.⟩ **0.1** *dubbelsporig.*

Zweiglinie ⟨v.⟩⟨verk.⟩ **0.1** *zijspoor.*

Zweigniederlassung ⟨v.⟩ **0.1** *filiaal.*

Zweigpostamt ⟨o.⟩ **0.1** *bijkantoor.*

Zweigstelle ⟨v.⟩ **0.1** *bijkantoor, filiaal.*

zweihändig 0.1 *tweehandig.*

Zweikampf ⟨m.⟩ **0.1** *duel.*

zweiköpfig 0.1 *tweehoofdig, -koppig.*

Zweikreisbremse ⟨v.⟩⟨tech.⟩ **0.1** *gescheiden remsysteem.*

zweimal 0.1 *tweemaal, twee keer.*

zweimalig 0.1 *tweevoudig, tweemaal gebeurend.*

zweipolig 0.1 *tweepolig, bipolair.*

Zweirad ⟨o.⟩ **0.1** *tweewieler.*

Zweireiher ⟨m.; ~s, ~⟩ **0.1** *colbert, jas(je) met twee rijen knopen.*

zweischläfrig 0.1 *tweepersoons-.*

zweischneidig 0.1 *tweesnijdend.*

zweiseitig 0.1 *tweezijdig.*

Zweisitzer ⟨m.; ~s, ~⟩ **0.1** *tweezitter, tweepersoonsauto* **0.2** *tweezitsbank.*

zweispännig 0.1 *met twee trekdieren bespannen.*

zweisprachig 0.1 *tweetalig.*

zweispurig ⟨verk.⟩ **0.1** *tweebaans-, dubbelsporig.*

Zweistärkenglas ⟨o.⟩ **0.1** *bifocaal glas.*

zweistimmig 0.1 *tweestemmig.*

zweit ◆ **6.¶** **zu** ~ *met z'n tweeën.*

Zweitakter ⟨m.; ~s, ~⟩⟨tech.⟩ **0.1** *(auto met) tweetaktmotor.*

zweitältest 0.1 *op één na de oudste.*

Zweitausfertigung ⟨v.⟩ **0.1** *afschrift, duplicaat.*

zweitbest 0.1 *op één na de beste.*

zweite 0.1 *tweede* ◆ **8.1** arbeiten wie kein ~r *werken als geen ander.*

Zweiteiler ⟨m.⟩⟨inf.⟩ **0.1** *tweedelig badpak* **0.2** *tweedelig kostuum.*

zweiteilig 0.1 *tweedelig.*

Zweiteilung ⟨v.⟩ **0.1** *splitsing.*

Zweitel ⟨o.; ~s, ~⟩ **0.1** *tweede (deel), helft.*

zweitens 0.1 *ten tweede ⇒in, op de tweede plaats.*

zweitgrößt 0.1 *op één na de grootste.*

zweithöchst 0.1 *op één na de hoogste.*

zweitklassig 0.1 *tweederangs.*

zweitletzt 0.1 *voorlaatste.*

zweitrangig 0.1 *tweederangs.*

Zweitschrift ⟨v.⟩ **0.1** *afschrift, duplicaat.*

Zweitstimme ⟨v.⟩⟨pol.⟩ **0.1** *tweede stem* ⟨bij bep. verkiezingen⟩.

zweitürig 0.1 *tweedeurs.*

Zweitwagen ⟨m.⟩ **0.1** *tweede auto.*

Zweitwohnung ⟨v.⟩ **0.1** *tweede woning, huis.*

Zweivierteltakt ⟨m.⟩⟨muz.⟩ **0.1** *tweekwartsmaat.*

zweiwertig 0.1 *tweewaardig, bivalent.*

Zweizylinder ⟨m.⟩⟨tech.⟩ **0.1** *tweecilindermotor.*

Zwerchfell ⟨o.⟩ **0.1** *middenrif, diafragma* ◆ **3.1** das ~ erschüttern *doen schuddebuiken van het lachen.*

Zwerg ⟨m.; ~(e)s, ~e⟩ **0.1** *dwerg* ⟨ook fig.⟩ *⇒kabouter.*

zwergartig 0.1 *dwergachtig.*

zwergenhaft 0.1 *dwergachtig.*

Zwerghuhn ⟨o.⟩⟨biol.⟩ **0.1** *krielkip.*

Zwergkiefer ⟨v.⟩⟨plantk.⟩ **0.1** *dwergden.*

Zwergschule ⟨v.⟩ **0.1** *(piep)klein schooltje.*

Zwergwuchs ⟨m.⟩ **0.1** *dwerggroei ⇒dwergengestalte.*

Zwetsch(g)e ⟨v.; ~, ~n⟩ **0.1** *kwets, pruim.*

Zwetschgenschnaps ⟨m.⟩ **0.1** *pruimenbrandewijn.*

zwicken 0.1 *knijpen.*

Zwicker ⟨m.; ~s, ~⟩ **0.1** *knijpbril, lorgnet.*

Zwickmühle ⟨v.⟩⟨fig.⟩ **0.1** *uitzichtloze, hopeloze situatie.*

Zwieback ⟨m.; ~(e)s, ~e of ~̈e⟩ **0.1** *beschuit, biscuit.*

Zwiebel ⟨v.; ~, ~n⟩ **0.1** *ui* **0.2** *(bloem)bol* **0.3** ⟨inf.⟩ *horloge, knol.*

Zwiebelgewächs ⟨o.⟩⟨plantk.⟩ **0.1** *bolgewas.*

zwiebeln 0.1 *pesten, treiteren.*

Zwiebelturm ⟨m.⟩⟨bouwk.⟩ **0.1** *uivormige torenkoepel.*

Zwiegespräch ⟨o.⟩ **0.1** *tweegesprek, dialoog.*

Zwielaut ⟨m.⟩ **0.1** ***tweeklank.***
Zwielicht ⟨o.⟩ **0.1** ***schemering, halfdonker*** **0.2** ***gemengd dag- en kunstlicht*** **0.3** ⟨fig.⟩ ***dubieuze situatie.***
zwielichtig 0.1 ***onguur, duister, louche.***
Zwiespalt ⟨m.; mv. ~e of ⁓e⟩ **0.1** ***tweestrijd, inwendige verscheurdheid*** ◆ **6.1** sich **in** einem ~ befinden *in tweestrijd staan.*
zwiespältig 0.1 ***tweeslachtig, verdeeld, controvers.***
Zwiesprache ⟨v.⟩⟨schr.⟩ **0.1** ***tweegesprek, dialoog.***
Zwietracht ⟨v.⟩ **0.1** ***tweedracht.*** →**Eintracht.**
Zwillich ⟨m.; ~s, ~e⟩ **0.1** ***tijk*** ⟨stof⟩.
Zwilling ⟨m.; ~s, ~e⟩ **0.1** ***tweeling*** **0.2** ⟨meestal mv.; astrol.⟩ ***Tweeling(en).***
Zwingburg ⟨v.⟩ **0.1** ***citadel, dwangburcht.***
Zwinge ⟨v.; ~, ~n⟩ **0.1** ***schroefklem, klemschroef*** ⇒*lijmtang* **0.2** ***rubberdop, beslagring.***
zwingen ⟨→t193⟩ **0.1** ***dwingen*** ◆ **3.1** diese Begründung ist nicht ~d *deze motivering is niet overtuigend* **6.1** das zwingt (jmdn.) **zur** Bewunderung *dat dwingt bewondering af.*
Zwinger ⟨m.; ~s, ~⟩ **0.1** ***kooi*** **0.2** ***kennel.***
zwinkern 0.1 ***knipperen.***
zwirbeln 0.1 ***(op)draaien*** ⟨v. snor, draad⟩.
Zwirn ⟨m.; ~(e)s, ~e⟩ **0.1** ***twijn, getwijnd garen.***
zwischen ⟨vz. + 3,4⟩ **0.1** ***tussen*** ◆ **1.1** ~ den Eltern sitzen *tussen zijn ouders zitten;* ~ die Tür geraten *tussen de deur komen.*
Zwischenbemerkung ⟨v.⟩ **0.1** ***onderbrekende opmerking*** ⇒*interruptie.*
Zwischenbericht ⟨m.⟩ **0.1** ***voorlopig rapport, tussenrapport.***
Zwischenbescheid ⟨m.⟩ **0.1** ***voorlopige beschikking.***
Zwischenbilanz ⟨v.⟩⟨ec.⟩ **0.1** ***tussenbalans.***
Zwischendeck ⟨o.⟩⟨scheep.⟩ **0.1** ***tussendek.***
Zwischending ⟨o.⟩ **0.1** ***tussen-, middending*** ⇒*tussenvorm.*
zwischendrein 0.1 ***ertussen, tussendoor.***
zwischendrin 0.1 ***in het midden, middenin.***
zwischendurch 0.1 ***(er)tussendoor, ondertussen.***
Zwischenergebnis ⟨o.⟩ **0.1** ***voorlopig, tussentijds resultaat.***
Zwischenfall ⟨m.⟩ **0.1** ***incident*** ⇒*voorval, gebeurtenis.*
Zwischenfrage ⟨v.⟩ **0.1** ***tussenvraag.***
Zwischenfutter ⟨o.⟩ **0.1** ***tussenvoering*** ⟨in kleding⟩.
Zwischengericht ⟨o.⟩⟨cul.⟩ **0.1** ***tussengerecht.***
Zwischengeschoß ⟨o.⟩ **0.1** ***tussenverdieping.***
Zwischenglied ⟨o.⟩ **0.1** ***tussenschakel, verbindingsstuk.***
Zwischengröße ⟨v.⟩ **0.1** ***tussenmaat.***
Zwischenhandel ⟨m.⟩ **0.1** ***tussenhandel.***
Zwischenhirn ⟨o.⟩⟨med.⟩ **0.1** ***tussen-, middelhersenen.***
Zwischenlagerung ⟨v.⟩ **0.1** ***tijdelijke opslag*** ⟨v. radioactief afval⟩.
zwischenlanden 0.1 ***een tussenlanding maken.***
Zwischenlauf ⟨m.⟩⟨sp.⟩ **0.1** ***serie*** ⇒*voorronde.*
Zwischenlösung ⟨v.⟩ **0.1** ***voorlopige, tijdelijke oplossing.***
zwischenmenschlich 0.1 ***tussen-, intermenselijk.***
Zwischenprodukt ⟨o.⟩ **0.1** ***tussen-, halfproduct.***
Zwischenprüfung ⟨v.⟩ **0.1** ***tentamen.***
Zwischenraum ⟨m.⟩ **0.1** ***tussenruimte, interval*** ⇒*afstand, spatie.*
Zwischenruf ⟨m.⟩ **0.1** ***interruptie.***
Zwischenrunde ⟨v.⟩⟨sp.⟩ **0.1** ***voorronde.***
Zwischenschein ⟨m.⟩⟨ec.⟩ **0.1** ***recepis.***
Zwischenspiel ⟨o.⟩ **0.1** ***tussenspel, intermezzo*** ⟨ook fig.⟩.
zwischenstaatlich 0.1 ***internationaal*** **0.2** ***intergouvernementeel.***
Zwischenstück ⟨o.⟩ **0.1** ***tussenstuk, -schakel.***
Zwischenstufe ⟨v.⟩ **0.1** ***tussentrap, -stadium.***
Zwischenstunde ⟨v.⟩⟨school.⟩ **0.1** ***tussenuur.***
Zwischentext ⟨m.⟩⟨film.⟩ **0.1** ***ingelaste tekst.***
Zwischenwand ⟨v.⟩ **0.1** ***tussen-, scheidswand.***
Zwischenwirbelscheibe ⟨v.⟩⟨med.⟩ **0.1** ***tussenwervelschijf.***
Zwischenwirt ⟨m.⟩⟨biol.⟩ **0.1** ***gastheer, waardplant.***
Zwischenzeit ⟨v.⟩ **0.1** ***tussentijd.***
Zwischenzeugnis ⟨o.⟩ **0.1** ⟨school.⟩ ***tussenrapport*** **0.2** ***periodieke beoordeling.***
Zwischenzinsen ⟨alleen mv.⟩⟨ec.⟩ **0.1** ***tussenrente.***
Zwist ⟨m.; ~(e)s, ~e⟩⟨schr.⟩ **0.1** ***twist, ruzie.***
zwitschern 0.1 ***tjilpen, kwinkeleren.***
Zwitter ⟨m.; ~s, ~⟩⟨biol.⟩ **0.1** ***tweeslachtig wezen, hermafrodiet.***
Zwitterbildung ⟨v.⟩⟨biol.⟩ **0.1** ***hermafroditisme.***
zwitterhaft 0.1 ***tweeslachtig.***
zwitterig 0.1 ***tweeslachtig.***
zwo ⟨inf.⟩ **0.1** ***twee.***
zwölf 0.1 ***twaalf.***
Zwölf ⟨v.; ~, ~en⟩ **0.1** ***twaalf.***
Zwölfersystem ⟨o.⟩⟨wisk.⟩ **0.1** ***twaalftallig stelsel.***
Zwölffingerdarm ⟨m.⟩⟨med.⟩ **0.1** ***twaalfvingerige darm.***
Zyanid ⟨o.; ~s, ~e⟩⟨schei.⟩ **0.1** ***cyanide.***
Zyankali ⟨o.⟩⟨schei.⟩ **0.1** ***cyaankali(um).***
Zygote ⟨v.; ~, ~n⟩⟨biol.⟩ **0.1** ***zygoot, bevruchte eicel.***
Zyklamen ⟨o.; ~s, ~⟩⟨plantk.⟩ **0.1** ***cyclaam, alpenviool(tje).***
zyklisch 0.1 ***cyclisch*** ⇒*ringvormig,* ⟨schei. ook⟩ *met gesloten keten.*
Zyklon ⟨m.; ~s, ~e⟩ **0.1** ***cycloon*** ⇒⟨meteo. ook⟩ *wervelstorm.*
Zyklone ⟨v.; ~, ~n⟩⟨meteo.⟩ **0.1** ***cycloon, (zich verplaatsend) lagedrukgebied.***
Zyklop ⟨m.; ~en, ~en⟩ **0.1** ***cycloop.***
Zyklotron ⟨o.; ~s, ~s of ~e⟩⟨nat.⟩ **0.1** ***cyclotron, circulaire (deeltjes)versneller.***
Zyklus ⟨m.; ~, Zyklen⟩ **0.1** ***cyclus*** ⇒*kring, keten.*
Zylinder ⟨m.; ~s, ~⟩ **0.1** ***cilinder*** **0.2** ***hoge-, cilinderhoed.***
Zylinderglas ⟨o.; mv. ⁓er⟩ **0.1** ***cilindrisch glas.***
Zylinderhut ⟨m.⟩ **0.1** ***hoge-, cilinderhoed.***
Zylinderkopf ⟨m.⟩⟨tech.⟩ **0.1** ***cilinderkop.***
zylindrisch 0.1 ***cilindrisch.***
Zyniker ⟨m.; ~s, ~⟩ **0.1** ***cynicus*** ⟨ook fig.⟩.
zynisch 0.1 ***cynisch.***
Zypern ⟨o.; ~s, ~⟩ **0.1** ***Cyprus.***
Zypresse ⟨v.; ~, ~n⟩⟨plantk.⟩ **0.1** ***cipres.***
Zypriot ⟨m.; ~en, ~en⟩ **0.1** ***Cyprioot.***
zypriotisch 0.1 ***Cypriotisch, Cyprisch.***
Zyste ⟨v.; ~, ~n⟩⟨biol., med.⟩ **0.1** ***cyste*** ⇒*blaas, holte.*
Zytologie ⟨v.; ~⟩ **0.1** ***cytologie, celleer.***
Zytoplasma ⟨o.⟩⟨biol.⟩ **0.1** ***cytoplasma.***
z.Z., z.Zt. ⟨afk.; zur Zeit⟩ **0.1** ***op het ogenblik, momenteel.***

Grammaticaal compendium

dr. Th. M. J. van Megen

Inhoudsopgave

Grammaticaal compendium

1. Begeleiders: lidwoord en enkele voornaamwoorden

De belangrijkste functie van het lidwoord (lidw.) en van de voornaamwoorden uit deze paragraaf is de begeleiding van zelfstandige naamwoorden (→ § 2). Deze begeleiders informeren over de naamval, het geslacht en het getal van het zelfstandig naamwoord.

1.1.

Het type van het bepaald lidw. *der*.
Volgens het type *der* worden de volgende woorden verbogen: *der, dieser, jener, jeder, mancher, solcher, welcher, aller, sämtliche, beide*.

1.2.

Het type van het onbepaald lidw. *ein*.
Volgens het type *ein* worden de volgende woorden verbogen: *ein, kein, mein, dein, sein, ihr, unser, euer, ihr, Ihr* (→ § 4.2.).

1.3.

Onderstaand diagram geeft een overzicht over de verbuiging:

	type *der*			
	m.	v.	o.	mv.
1e nv.	d*er*	d*ie*	d*as*[1]	d*ie*
2e nv.	d*es*	d*er*	d*es*	d*er*
3e nv.	d*em*	d*er*	d*em*	d*en*
4e nv.	d*en*	d*ie*	d*as*[1]	d*ie*

	type *ein*			
	m.	v.	o.	mv.
1e nv.	ein-	ein*e*	ein-	kein*e*
2e nv.	ein*es*	ein*er*	ein*es*	kein*er*
3e nv.	ein*em*	ein*er*	ein*em*	kein*en*
4e nv.	ein*en*	ein*e*	ein-	kein*e*

Opmerking:
[1] De 1e en 4e nv. enk. hebben in het onzijdig de uitgang *-es* bij de woorden *dieser* etc.

2. Zelfstandig naamwoord

De zelfstandige naamwoorden (zn.) hebben verschillende manieren van verbuiging, en wel:
1. sterke verbuiging
2. zwakke verbuiging
3. gemengde verbuiging.

Sommige Nederlandse zn. worden in het Duits als bijvoeglijk naamwoord (→ § 3.3.) verbogen; een klein aantal zn. heeft een onregelmatige verbuiging die hier niet verder behandeld wordt. Deze is steeds in het woordenboek vermeld.

2.1. sterk verbogen zn. hebben een mann., vrouw. of onz. geslacht.
De mann. en onz. zn. krijgen in de 2e nv. enk. de uitgang *-(e)s*, in de 3e nv. enk. een *-(e)*; de vrouw. zn. blijven in het enk. steeds onverbogen.
Als meervoudsuitgangen komen voor: *-e, –, -er, -s,* terwijl de Umlaut als een extra signaal voor meervoud kan fungeren. De Umlaut is bij de uitgang *-s* uitgesloten, bij de uitgang *-er* verplicht (als de stamklinker een *a, o, u, au* is), bij de uitgangen *-e* en – facultatief.
In de 3e nv. mv. staat de uitgang *-n*, behalve bij zn. eindigend op *-(e)n* en bij de meervoudsuitgang *-s*.

Opmerkingen:
[1] Op deze wijze worden de meeste mann. zn. verbogen (= hoofdregel): *der Arzt, der Ball, der Kuß*
[2] Op deze wijze worden de meeste onz. zn. verbogen (= hoofdregel): *das Gedicht, das Modell, das Krokodil,* en ook vele mann. zn., die uit een andere taal in het Duits zijn overgenomen: *der Apparat, der Bus, der Kurs.*
[3] Op deze wijze worden de mann. en onz. zn. op *-el, -er, -en* verbogen: *der Esel, der Wagen, das Laster;* enkele van hen krijgen bovendien een Umlaut: *der Apfel, der Hafen (→Bruder).*
Tot deze klasse behoren bovendien de onz. zn. op *-chen* en *-lein: das Mädchen, das Röslein.*
[4] Vele eenlettergrepige onz. zn. worden als *Amt* verbogen: *das Bad, das Buch, das Haus,* met name die welke in het Ned. hun meervoud door achtervoeging van *-eren* vormen: *das Kind, das Lied.* Ook alle woorden op *-tum: der Reichtum, das Bistum.*
[5] Op deze wijze worden vele zn. verbogen, die uit een andere taal (vooral het Engels en Frans) in het Duits zijn overgenomen: *der Chef, der Computer,* alsmede zn. met een volle slotklinker, zoals *die Kamera, das Klima, der Eskimo.*

sterke verbuiging: mann. en onz. zn.

	mv. ¨–e[1]		mv. -e[2]		mv. ¨–		mv. –[3]		mv. ¨–er[4]		mv. -s[5]	
1e nv.	der	Baum	das	Jahr	der	Bruder	der	Bäcker	das	Amt	das	Auto
2e nv.	des	Baum*es*	des	Jahr*es*	des	Bruder*s*	des	Bäcker*s*	des	Amt*es*	des	Auto*s*
3e nv.	dem	Baum*(e)*	dem	Jahr*(e)*	dem	Bruder	dem	Bäcker	dem	Amt*(e)*	dem	Auto
4e nv.	den	Baum	das	Jahr	den	Bruder	den	Bäcker	das	Amt	das	Auto
1e nv.	die	B*ä*um*e*	die	Jahr*e*	die	Br*ü*der	die	Bäcker	die	*Ä*mt*er*	die	Auto*s*
2e nv.	der	B*ä*um*e*	der	Jahr*e*	der	Br*ü*der	der	Bäcker	der	*Ä*mt*er*	der	Auto*s*
3e nv.	den	B*ä*um*en*	den	Jahr*en*	den	Br*ü*der*n*	den	Bäcker*n*	den	*Ä*mt*ern*	den	Auto*s*
4e nv.	die	B*ä*um*e*	die	Jahr*e*	die	Br*ü*der	die	Bäcker	die	*Ä*mt*er*	die	Auto*s*

sterke verbuiging: vrouw. zn.

	mv. ¨–e		mv. -e		mv. ¨–		mv. –	mv. ¨–er	mv. -s[5]	
1e nv.	die	Nacht	die	Kenntnis	die	Mutter	–	–	die	Oma
2e nv.	der	Nacht	der	Kenntnis	der	Mutter			der	Oma
3e nv.	der	Nacht	der	Kenntnis	der	Mutter			der	Oma
4e nv.	die	Nacht	die	Kenntnis	die	Mutter			die	Oma
1e nv.	die	N*ä*cht*e*	die	Kenntnis*se*	die	M*ü*tter			die	Oma*s*
2e nv.	der	N*ä*cht*e*	der	Kenntnis*se*	der	M*ü*tter			der	Oma*s*
3e nv.	den	N*ä*cht*en*	den	Kenntnis*sen*	den	M*ü*tter*n*			den	Oma*s*
4e nv.	die	N*ä*cht*e*	die	Kenntnis*se*	die	M*ü*tter			die	Oma*s*

2.2. zwak verbogen zn. hebben steeds het mann. geslacht. Zowel in het enk. als in het mv. hebben zij de uitgang *-(e)n*, behalve in de 1e nv. enk.. *Herr* krijgt in het enk. een *-n*, in het mv. *-en*, dus *des Herrn, dem Herrn, den Herrn, die Herren* etc. Daarnaast komt bij een paar woorden in de 2e nv. enk. de uitgang *-(e)ns* voor (→ opmerking 2).

zwakke verbuiging: mann. zn.

	2e nv. -en[1]	2e nv. -(e)ns[2]
1e nv.	der Bär	der Name
2e nv.	des Bär*en*	des Name*ns*
3e nv.	dem Bär*en*	dem Name*n*
4e nv.	den Bär*en*	den Name*n*
1e nv.	die Bär*en*	die Name*n*
2e nv.	der Bär*en*	der Name*n*
3e nv.	den Bär*en*	den Name*n*
4e nv.	die Bär*en*	die Name*n*

Opmerkingen:
[1] Op deze wijze worden uitsluitend mann. persoons- en dieraanduidingen verbogen, en wel alle die op een *-e* eindigen: *der Junge, der Löwe*, en vele die uit een andere taal zijn overgenomen en niet op *-l, -n, -r* eindigen: *der Architekt, der Elefant, der Student.*
[2] Tot deze groep behoren: *der Buchstabe, Friede, Funke, Gedanke, Glaube, Name, Wille.*

2.3. gemengd verbogen zn. zijn mann., vrouw. of onz. van geslacht; ze hebben in het enk. de verbuiging van de sterke zn. en in het mv. die van de zwakke zn. De mann. en onz. zn. krijgen derhalve in de 2e nv. enk. de uitgang *-(e)s*, in de 3e nv. enk. een *-(e)*; de vrouw. zn. blijven in het enk. steeds onverbogen.
Het meervoud van alle zn. van deze klasse eindigt op *-(e)n*, er komt geen Umlaut voor.

gemengde verbuiging: mann., vrouw., onz. zn.

	mann.	vrouw.	onz.
1e nv.	der Staat	die Frau[1]	das Auge
2e nv.	des Staat*es*	der Frau	des Auge*s*
3e nv.	dem Staat*(e)*	der Frau	dem Auge
4e nv.	den Staat	die Frau	das Auge
1e nv.	die Staat*en*	die Frau*en*	die Auge*n*
2e nv.	der Staat*en*	der Frau*en*	der Auge*n*
3e nv.	den Staat*en*	den Frau*en*	den Auge*n*
4e nv.	die Staat*en*	die Frau*en*	die Auge*n*

Opmerking:
[1] Op deze wijze worden de meeste vrouw. zn. verbogen (= hoofdregel): *die Brille, die Uhr, die Zeitung.*

2.4. woordvorming

Een woordenboek kan niet alle woorden van een taal bevatten, omdat steeds weer nieuwe woorden te vormen zijn. Een groot gedeelte van deze woorden kan men op grond van bepaalde regels zelf maken. In hoofdzaak gaat het hier om twee principes: samenstelling en afleiding.

2.4.1. samenstelling

Van samenstelling is er sprake wanneer twee of meer reeds bestaande woorden tot een woord worden samengevoegd. Samengestelde zn. hebben in het Duits meestal de vorm:
zn. + zn.: *Dorfkirche, Eisenbahn, Eierschale, Wörterbuch*
bn. + zn.: *Hochhaus, Kleinkind, Rotwein*
bw. + zn.: *Außenhandel, Innenhandel, Nichtraucher*
vz. + zn.: *Nachspiel, Vorwort.*

De samenvoeging van deze delen tot een geheel gebeurt vaak door middel van een -s-: *Bahnhofshalle, Freundeskreis, Universitätsklinik.* Vaste regels voor het gebruik van deze -s- zijn niet te geven. Verder dient te worden opgemerkt dat de betekenis van de samenstelling niet per definitie uit de delen ervan is af te leiden, bijv. *Baumschule, Hochschule.* Is dit wel het geval, dan zullen dergelijke samenstellingen in de regel niet in het handwoordenboek voorkomen, tenzij ze zeer frequent zijn.

2.4.2. afleiding

Bij afleiding wordt een nieuw woord gevormd door middel van voorvoegsels of achtervoegsels. Enkele voor zn. belangrijke ***voorvoegsels*** zijn:
Ge-:
het betreft hier meestal onz. zn., die een verzameling van iets of een onaangename herhaling van bepaalde handelingen uitdrukken: *Gebirge, Gebäude, Gemälde, Gemunkel, Getue.*
Miß-:
deze zn. drukken het tegengestelde van het tweede lid van de samenstelling uit en hebben meestal een ongunstige betekenis: *Mißbrauch, Mißerfolg, Mißtrauen, Mißverständnis.*
Un-:
deze zn. drukken het tegengestelde van het tweede lid van de samenstelling uit en hebben meestal een ongunstige betekenis: *Unfall, Unheil, Unkraut, Unwetter.*

Enkele voor zn. belangrijke ***achtervoegsels*** zijn:

-chen en -lein:
dit zijn onz. zn. De achtervoegsels dienen ter vorming van verkleinwoorden: *Büchlein, Häuschen, Männlein, Pärchen.*

-e:
dit zijn vaak vrouw. zn., afgeleid van bn. of ww. Het achtervoegsel dient ter vorming van abstracte zn.: *Annahme, Breite, Höhe, Nähe, Wärme, Wende.*

-er, -ler en -ner:
dit zijn meestal mann. zn. ter aanduiding van personen: *Bäcker, Gärtner, Wissenschaftler,* ook vaak van gereedschappen, zoals *Bohrer, Hammer.* Hiertoe behoren ook aanduidingen van bewoners van steden en landen: *Kölner, Pariser, Niederländer.*

-heit en -keit:
dit zijn steeds vrouw. zn., met name afgeleid van bn. Deze achtervoegsels dienen ter vorming van abstracte zn.: *Deutlichkeit, Dummheit, Ewigkeit, Freiheit, Trägheit.*

-in:
dit zijn zn. ter aanduiding van vrouwelijke personen en dieren: *Äffin, Ärztin, Amerikanerin, Lehrerin, Löwin.*

-schaft:
dit zijn steeds vrouw. zn.: *Eigenschaft, Landschaft, Verwandtschaft.*

-ung:
deze vrouw. zn. zijn veelal van ww. afgeleid, ze drukken een handeling uit: *Entdeckung, Eroberung, Unterhaltung.*

Ook voor de afleidingen geldt het principe dat zij over het algemeen in het handwoordenboek ontbreken, wanneer hun betekenis duidelijk is op basis van het grondwoord.

3. Bijvoeglijk naamwoord

De meeste bijvoeglijke naamwoorden (bn.) kunnen in zinnen onverbogen en verbogen gebruikt worden. Er zijn twee verbuigingsmogelijkheden:

1. sterke verbuiging
2. zwakke verbuiging

3.1. Bij de **sterke verbuiging** krijgt het bn. de uitgangen van *dieser* (→ § 1.3.).
Deze verbuigingswijze wordt gebruikt als er geen begeleiders (→ § 1) aan het bn. voorafgaan of als de begeleider geen uitgang heeft: *ein kleiner Junge, ihr neues Auto, welch schöner Tag!, herrliches Wetter, teure Kleider.*

sterke verbuiging

	mann.		vrouw.	
1e nv.	gut*er*	Wein	warm*e*	Milch
2e nv.	gut*en*[1]	Weines	warm*er*	Milch
3e nv.	gut*em*	Wein(e)	warm*er*	Milch
4e nv.	gut*en*	Wein	warm*e*	Milch

	onz.		meerv.	
1e nv.	kalt*es*	Bier	heiß*e*	Getränke
2e nv.	kalt*en*[1]	Bieres	heiß*er*	Getränke
3e nv.	kalt*em*	Bier(e)	heiß*en*	Getränken
4e nv.	kalt*es*	Bier	heiß*e*	Getränke

Opmerking:
[1] De uitgang is in de 2e nv. mann. en onz. enk. niet *-es,* maar *-en.*

3.2. De **zwakke verbuiging** is bij de bn. verplicht, als ervoor een verbogen begeleider (→ § 1) staat. Aangezien deze over de naamval, het geslacht en het getal van de woordgroep informeert, zijn specifieke uitgangen bij het bn. overbodig: het bn. krijgt de uitgang *-en.* Bijv. *die kleinen Kinder der jungen Frau, ein Buch mit einem losen Blatt.*

zwakke verbuiging

	mann.	vrouw.	onz.	meerv.
1e nv.	der dick*e*['] Mann	die klein*e*['] Frau	das nett*e*['] Kind	die alt*en* Leute
2e nv.	des dick*en* Mannes	der klein*en* Frau	des nett*en* Kindes	der alt*en* Leute
3e nv.	dem dick*en* Mann(e)	der klein*en* Frau	dem nett*en* Kind	den alt*en* Leuten
4e nv.	den dick*en* Mann	die klein*e*['] Frau	das nett*e*['] Kind	die alt*en* Leute

Opmerking:
[1] In de 1e nv. mann., 1e en 4e nv. vrouw. en onz. enk. is de bn.-uitgang *-e.*
[*] De bn. op *-el* verliezen in de verbuiging steeds hun *-e: ein dunkler Raum.* Dit is ook dikwijls het geval bij bn. op *-er: ein teures Kleid.*

3.3. bn. als zn.

De bn. kunnen als zn. gebruikt worden, ze worden dan net als de zn. met een hoofdletter geschreven. De verbuigingsmogelijkheden zijn gelijk aan die van de bn. zoals behandeld in § 3.2. en § 3.3. Wel dient men erop te letten dat in een aantal gevallen in het Ned. een zn. gebruikt wordt, waar het Duits een zn. met bn. -verbuiging heeft: *der Deutsche, mit einem Fremden, die Vorsitzende* etc.

taalaanduidingen

Tot de groep bn. als zn. behoren ook de aanduidingen voor de talen. Deze zijn allemaal onz.; ze worden echter alleen verbogen, als het bepaald lidw. onmiddellijk voorafgaat zonder nadere bijvoeglijke bepaling. Bijv. *aus dem Englischen ins Französische übersetzen,* maar *das heutige Deutsch, sein Niederländisch.*

3.4. trappen van vergelijking

Bij de bn. zijn drie trappen van vergelijking te onderscheiden:
1. stellende trap
2. vergrotende trap
3. overtreffende trap.

De vergrotende trap wordt gevormd door *-er* achter de stellende trap van het bn. te plaatsen, de overtreffende trap door de toevoeging van *-st* of *-est.* Dit laatste is het geval bij bn. die eindigen op *-d, -t* of op een sisklank, indien de laatste lettergreep van het bn. niet toonloos is.
Vele eenlettergrepige bn. hebben in de vergrotende en overtreffende trap bovendien een Umlaut.

stellende trap	vergrotende trap	overtreffende trap
klein	klein*er*	klein*st*
breit	breit*er*	breit*est*
weiß	weiß*er*	weiß*est*
reizend	reizend*er*	reizend*st*
elend	elend*er*	elend*est*
alt	*ä*lt*er*	*ä*lt*est*
klug	kl*ü*g*er*	kl*ü*g*st*
dunkel	dunkl*er*[']	dunkel*st*[']
teuer	teur*er*[']	teuer*st*

Opmerkingen:
[1] De bn. op *-el* en *-er* verliezen de *-e-* van de stellende trap bij de vorming van de vergrotende trap.
[*] Enkele bn. kennen onregelmatige trappen van vergelijking, die hier niet nader behandeld worden. Deze zijn in het woordenboek steeds apart vermeld.
[*] Omschrijvingen van de vergrotende en overtreffende trap met *mehr* en *(am) meist(en)* zijn in het Duits zeldzaam. *Het meest interessante voorstel* is in het Duits *der interessanteste Vorschlag.* Omschrijvingen komen vooral voor bij het bijvoeglijk gebruikte voltooid deelwoord: *die meistgerauchte/ am meisten gerauchte Zigarette.*
[*] Het bn. wordt in de stellende trap vaak begeleid door *so ... wie* (in het Ned. *even ... als*), in de vergrotende trap door *als* (in het Ned. *dan*): *sie ist (eben)so alt wie ihr Bruder, Hans ist größer als sein Vater.*

3.5. woordvorming

Evenals bij de zn. komen bij de bn. veel samenstellingen en afleidingen voor.

3.5.1. samenstelling

De meeste samenstellingen zijn van het type:
zn. + bn.: *butterweich, lebensmüde, grasgrün, kurvenreich.*
bn. + bn.: *taubstumm, hellrot, lauwarm, neureich, schwerkrank.*

3.5.2. afleiding

Bn. kunnen ook gevormd worden door middel van voorvoegsels, maar vooral door middel van achtervoegsels. Het belangrijkste ***voorvoegsel*** is:

un-:
hierdoor wordt het tegengestelde uitgedrukt van het grondwoord van de samenstelling: *undicht, unsicher, unschön, unklar, unsichtbar.*

De belangrijkste ***achtervoegsels*** zijn:

-bar:
het achtervoegsel drukt vaak uit dat iets mogelijk is, gedaan kan worden: *brauchbar, lenkbar, verteidigbar, berechenbar, undenkbar.*

-en en -ern:
met deze achtervoegsels worden stoffelijke bn. gevormd: *golden, eisern, silbern, papieren.* Sommige bn. krijgen een Umlaut: *hölzern, stählern, gläsern.*

-haft:
deze bn. zijn steeds van zn. afgeleid; het achtervoegsel duidt de aanwezigheid van iets aan ('met') of signaleert een vergelijking: *fehlerhaft, leichenhaft, ernsthaft, knabenhaft, fieberhaft.*

-ig:
dit achtervoegsel is het frequentst; de bn. zijn voornamelijk van zn. afgeleid: *mächtig, gebirgig, prächtig, dreijährig,* maar ook van bijwoorden: *dortig, gestrig, morgig, einmalig.*

-isch:
de bn. zijn vaak van zn. afgeleid: *himmlisch, praktisch, herrisch, spöttisch.* Vaak hebben de bn. op landen, streken en talen betrekking: *niederländisch, flämisch, spanisch.*

-lich:
een vaste betekenis is voor dit achtervoegsel niet aan te geven: de bn. zijn vaak afleidingen van zn.: *ärztlich, jährlich, häßlich,* maar ook van andere bn. of werkwoorden: *kränklich, völlig, empfindlich, sterblich.*

-los:
deze bn. duiden steeds op de afwezigheid van iets ('zonder'): *fehlerlos, grenzenlos, beispiellos, kopflos.*

-sam:
dit achtervoegsel heeft zeer verschillende betekenissen. De bn. zijn afleidingen van zn., bn. of werkwoorden: *furchtsam, gewaltsam, aufmerksam, biegsam, langsam, gemeinsam.*

4. Voornaamwoord en telwoord

4.1. persoonlijk vnw.

	1e pers.	2e pers.	
1e nv.	ich	du	Sie
2e nv.	meiner	deiner	Ihrer
3e nv.	mir	dir	Ihnen
4e nv.	mich	dich	Sie
1e nv.	wir	ihr	Sie
2e nv.	unser	euer	Ihrer
3e nv.	uns	euch	Ihnen
4e nv.	uns	euch	Sie

	3e pers.		
1e nv.	er	sie	es
2e nv.	seiner	ihrer	seiner
3e nv.	ihm	ihr	ihm
4e nv.	ihn	sie	es
1e nv.		sie	
2e nv.		ihrer	
3e nv.		ihnen	
4e nv.		sie	

Het *wederkerend vnw.* heeft dezelfde vormen als het pers. vnw., behalve in de 3e pers. en met betrekking tot *Sie.* De 3e en 4e nv. luiden dan steeds *sich.* Bijv. *ich freue mich; merken Sie sich das!*

4.2. bezittelijk vnw.

De bez. vnw. luiden in het Duits: *mein, dein, sein, ihr, unser, euer, ihr, Ihr.* (→ § 1.2.)

	mann.	vrouw.	onz.	meerv.
1e nv.	mein-	mein-*e*	mein-	mein-*e*
2e nv.	mein-*es*	mein-*er*	mein-*es*	mein-*er*
3e nv.	mein-*em*	mein-*er*	mein-*em*	mein-*en*
4e nv.	mein-*en*	mein-*e*	mein-	mein-*e*

4.3. aanwijzend vnw.

De aanw. vnw. luiden in het Duits: *der, dieser, jener* en *solcher.* Zie voor de verbuiging van de aanw. vnw. als begeleider van zn. § 1. Bijv. *solche Schuhe, diese Meinung, jene Dörfer.*
De aanw. vnw. kunnen ook als vervanger van zn. voorkomen: *das hat er nicht gesagt; diese gefällt mir am besten.* Zie voor de verbuiging van *der* als vervanger van zn. § 4.4.

Opmerking:
[*] Wanneer het aanw. vnw. naar een zn. terugwijst, wordt in de 2e nv. vrouw. en mv. de vorm *deren* gebruikt; wijst het vnw. echter naar voren, dan *derer*. Bijv. *sie schlug ihre Gegnerin mit deren eigener Waffe; die Zahl derer, die noch kamen, war klein.*

4.4. betrekkelijk vnw.

De belangrijkste betr. vnw. luiden in het Duits: *der, welcher, wer* en *was*.
Verreweg het meest gebruikelijke hiervan is *der*, terwijl *welcher* enigszins verouderd is en nog slechts in de schrijftaal voorkomt. *Wer* staat in de betekenis van 'degene, die', *was* van 'datgene, wat'. Bovendien wordt *was* gebruikt, als het op een gehele zin betrekking heeft, of na *alles, das* en *nichts*.

	mann.	vrouw.	onz.	meerv.
1e nv.	d*er*	d*ie*	d*as*	d*ie*
2e nv.	d*essen*	d*eren*	d*essen*	d*eren*
3e nv.	d*em*	d*er*	d*em*	d*enen*
4e nv.	d*en*	d*ie*	d*as*	d*ie*

[*] Opmerking:
Zie voor de verbuiging van *welcher* → § 1, van *wer, was* → § 4.5.

4.5. vragend vnw.

De belangrijkste vragende vnw. luiden in het Duits: *wer, was* en *welcher*.

	m.b.t. personen	m.b.t. zaken
1e nv.	w*er?*	w*as?*
2e nv.	w*essen?*	w*essen?*
3e nv.	w*em?*	–
4e nv.	w*en?*	w*as?*

Het vragend vnw. *welcher* kan alleen zn. begeleiden (→ § 1).

4.6. onbepaald vnw.

De belangrijkste onbep. vnw. luiden in het Duits: *jemand, niemand, einer, keiner, man, etwas* en *nichts*. De vnw. *man, etwas* en *nichts* blijven altijd onverbogen.

1e nv.	jemand	niemand
2e nv.	jemand*es*	niemand*es*
3e nv.	jemand(*em*)	niemand(*em*)
4e nv.	jemand(*en*)	niemand(*en*)

	mann.	vrouw.	onz.
1e nv.	(k)ein*er*	(k)ein*e*	(k)ein*es*
2e nv.	–	–	–
3e nv.	(k)ein*em*	(k)ein*er*	(k)ein*em*
4e nv.	(k)ein*en*	(k)ein*e*	(k)ein*es*

4.7. telwoord

Er zijn drie soorten telwoorden:
1. hoofdtelwoorden
2. rangtelwoorden
3. breuktelwoorden.

4.7.1. hoofdtelwoorden

zie tabel onderaan deze bladzij

4.7.2. rangtelwoorden zijn bn.; ze worden gevormd door achter het hoofdtelwoord (van 2 tot en met 19) een *-t-* te plaatsen: *zweit, zehnt* resp. (vanaf 20) *-st-*: *zwanzigst, hundertst* etc.
Onregelmatig zijn: *erst, dritt, acht*. Aan de rangtelwoorden worden de bn.-uitgangen toegevoegd.

0-9	10-19	20-29	30-90	100-199	200-
null	zehn	zwanzig		(ein)hundert	
ein(s)	elf	einundzwanzig		hunderteins	
zwei	zwölf	zweiundzwanzig		hundertzwei	zweihundert
drei	dreizehn	dreiundzwanzig	dreißig	hundertdrei	dreihundert
vier	vierzehn	enz.	vierzig	enz.	enz.
fünf	fünfzehn		fünfzig		
sechs	sechzehn		sechzig	hundertzehn	tausendeinhundert
sieben	siebzehn		siebzig	hundertzwanzig	tausendzweihundert
acht	achtzehn		achtzig	enz.	enz.
neun	neunzehn		neunzig		
					eine Million
					eine Milliarde

4.7.3. ***breuktelwoorden*** zijn onz. zn.; ze worden gevormd door achter het rangtelwoord *-el* te plaatsen: *ein Drittel, ein Zehntel* etc.

5. Werkwoord

Met betrekking tot de vervoeging van het werkwoord (ww.) moet een onderscheid gemaakt worden tussen:
1. zwakke ww.
2. sterke ww.
3. gemengde ww.
4. onregelmatige ww.

De *zwakke ww.* vormen de verl. tijd en het volt. deelw. door middel van *-(e)te* resp. *-(e)t: spielen, spiel-te, gespiel-t.*
De *sterke ww.* vormen de verl. tijd en het volt. deelw. door verandering van de stamklinker resp. *-en: laufen, lief, gelaufen.*
De *gemengde ww.* veranderen in de verl. tijd en het volt. deelw. de stamklinker in een *-a-* en krijgen bovendien de toevoegingen *-te* resp. *-t: senden, sandte, gesand-t.*
De *onregelmatige ww.* zijn: *haben, sein, werden* en *dürfen, können, mögen, müssen, sollen, wollen, wissen.*

5.1. onbepaalde wijs

Vorming: stam + *-(e)n*

Voorbeelden: *wohn-en, erinner-n*

5.2. aantonende wijs

5.2.1. onvoltooid tegenwoordige tijd (o. t. t.)

De o. t. t. -uitgangen zijn: *-e, -(e)st, -(e)t, -(e)n, -(e)t, -(e)n.*

Vorming: stam + o. t. t. -uitgangen

zwakke ww.

ich	wohn-*e*	erinner-*e*	wart-*e* [2]	reis-*e*
du	wohn-*st*	erinner-*st*	wart-*est*	reis-*t* [3]
er	wohn-*t*	erinner-*t*	wart-*et*	reis-*t*
wir	wohn-*en*	erinner-*n*[1]	wart-*en*	reis-*en*
ihr	wohn-*t*	erinner-*t*	wart-*et*	reis-*t*
sie	wohn-*en*	erinner-*n*[1]	wart-*en*	reis-*en*

sterke ww.

ich	ruf-*e*	find-*e*[2]	fahr-*e*	gelt-*e*	les-*e*
du	ruf-*st*	find-*est*	fähr-*st*[4]	gilt-*st*[5]	lies-*t*[5]
er	ruf-*t*	find-*et*	fähr-*t*	gil-*t*	lies-*t*
wir	ruf-*en*	find-*en*	fahr-*en*	gelt-*en*	les-*en*
ihr	ruf-*t*	find-*et*	fahr-*t*	gelt-*et*	les-*t*
sie	ruf-*en*	find-*en*	fahr-*en*	gelt-*en*	les-*en*

gemengde ww.

ich	bring-*e*	send-*e*[2]
du	bring-*st*	send-*est*
er	bring-*t*	send-*et*
wir	bring-*en*	send-*en*
ihr	bring-*t*	send-*et*
sie	bring-*en*	send-*en*

onregelmatige ww. (→§5.6.)

Opmerkingen:
[1] Bij ww. met een stam op *-el* en *-er* is de uitgang in de 1e en 3e pers. mv. een *-n*.
[2] Bij ww. met een stam op *-d* of *-t* moet de uitgang met een *-e* beginnen, behalve bij ww. met a-Umlaut of e-i-Wechsel in de 2e en 3e pers. enk.
[3] Bij ww. met een stam op een sisklank is de uitgang in de 2e pers. enk. een *-t*.
[4] Sterke ww. met een *-a-* als stamklinker krijgen in de regel een Umlaut in de 2e en 3e pers. enk.
[5] Sterke ww. met een *-e-* als stamklinker veranderen deze in de regel in een *-i-* of *-ie-* (= e-i-Wechsel).

5.2.2. onvoltooid verleden tijd (o.v.t.)

De o.v.t.-uitgangen zijn: *–, -st, –, -(e)n, -t, -(e)n*.

zwakke ww.

Vorming: stam + (e)te + o. v. t. -uitgangen

ich	wohn-*te*	wart-*ete*[1]
du	wohn-*te-st*	wart-*ete-st*
er	wohn-*te*	wart-*ete*
wir	wohn-*te-n*	wart-*ete-n*
ihr	wohn-*te-t*	wart-*ete-t*
sie	wohn-*te-n*	wart-*ete-n*

Opmerking:
[1] Bij zwakke ww. met een stam op *-d* of *-t* wordt aan de stam altijd *-ete-* als kenmerk van de o. v. t. toegevoegd.

sterke ww.
Vorming:

stam (klinkerverandering) + o. v. t. -uitgangen

ich	rief	fand	las
du	rief-*st*	fand-*st*	las-*est*[2]
er	rief	fand	las
wir	rief-*en*	fand-*en*	las-*en*
ihr	rief-*t*	fand-*et*[1]	las-*t*
sie	rief-*en*	fand-*en*	las-*en*

Opmerkingen:
[1] Bij sterke ww. met een stam op *-d* of *-t* is de uitgang in de 2e pers. mv. steeds *-et*.
[2] Bij sterke ww. met een stam op een sisklank is de uitgang in de 2e pers. enk. steeds *-est*.

gemengde ww.

Vorming: stam (*-a-*) + o. v. t. -uitgangen

ich	brach-*te*	sand-*te*
du	brach-*te-st*	sand-*te-st*
er	brach-*te*	sand-*te*
wir	brach-*te-n*	sand-*te-n*
ihr	brach-*te-t*	sand-*te-t*
sie	brach-*te-n*	sand-*te-n*

onregelmatige ww. (→§5.6.)

5.3. aanvoegende wijs

Bij de aanvoegende wijs (Konjunktiv) dient men te onderscheiden tussen:
1. Konjunktiv I (deze wordt vooral gebruikt in de indirecte rede)
2. Konjunktiv II (deze wordt vooral gebruikt ter aanduiding van een niet-werkelijkheid en in de indirecte rede).

Konjunktiv I
De Konjunktiv-uitgangen zijn: *-e, -est, -e, -en, -et, -en*.

Vorming: stam + Konj. -uitgangen

	zwakke ww.	*sterke ww.*	*gemengde ww.*	*onregelmatige ww.*
ich	mach-*e*	geb-*e*	denk-*e*	sei[1]
du	mach-*est*	geb-*est*	denk-*est*	sei-*est*
er	mach-*e*	geb-*e*	denk-*e*	sei[1]
wir	mach-*en*	geb-*en*	denk-*en*	sei-*en*
ihr	mach-*et*	geb-*et*	denk-*et*	sei-*et*
sie	mach-*en*	geb-*en*	denk-*en*	sei-*en*

Opmerkingen:
[*] De Konj. I van alle ww. wordt op dezelfde manier gevormd. Er komen geen veranderingen van de stamklinker voor.
[1] Het ww. *sein* heeft in de 1e en 3e pers. enk. de vorm *sei*.

Konjunktiv II

De Konjunktiv II-uitgangen zijn gelijk aan die van de Konjunktiv I: *-e, -est, -e, -en, -et, -en*.

zwakke ww.

Vorming: | Konj. II = o.v.t. | → § 5.2.2.

ich	mach-*te*	wart-*ete*
du	mach-*te-st*	wart-*ete-st*
er	mach-*te*	wart-*ete*
wir	mach-*te-n*	wart-*ete-n*
ihr	mach-*te-t*	wart-*ete-t*
sie	mach-*te-n*	wart-*ete-n*

sterke, gemengde, onregelmatige ww.

Vorming:

| stam (klinkerverandering + Umlaut) + Konj. -uitgangen |

	sterke ww.	*gemengde ww.*	*onregelmatige ww.*
ich	gäb-*e*	dächt-*e*[1]	wär-*e*[2]
du	gäb-*est*	dächt-*est*	wär-*est*
er	gäb-*e*	dächt-*e*	wär-*e*
wir	gäb-*en*	dächt-*en*	wär-*en*
ihr	gäb-*et*	dächt-*et*	wär-*t*
sie	gäb-*en*	dächt-*en*	wär-*en*

Opmerkingen:
[1] Konj. II van *senden* en *wenden* luidt *sendete, wendete*. De gemengde ww. *brennen, kennen, nennen, rennen* hebben in plaats van een *-ä-* een *-e-* als stamklinker.
[2] Bij de ww. *sollen* en *wollen* ontbreekt de Umlaut: *sollte, wollte*.
[*] In plaats van weinig gebruikelijke vormen komt dikwijls *würde* + onbepaalde wijs voor, bijv. *ich würde ihm gerne helfen*.

5.4. gebiedende wijs

De uitgangen van de geb. wijs luiden: *-(e), -(e)t, -en, -en*.

Vorming: | stam + geb. wijs-uitgangen |

	enk.	meerv.	enk.	meerv.
vertrouwelijk	kauf-(*e*)[1]	kauf-*t*	h*i*lf[2]	helf-*t*
beleefd	kauf-*en* Sie	kauf-*en* Sie	helf-*en* Sie	helf-*en* Sie

Opmerkingen:
[1] De uitgang ontbreekt steeds bij de sterke ww. met e-i-Wechsel en bij *kommen, lassen;* vaak ook in de spreektaal: *komm, gib, lies!*
[2] De sterke ww. met een *-e-* als stamklinker veranderen deze in een *-i-* resp. *-ie-* in het enk. van de vertrouwelijke vorm: *hilf, lies!*
[*] De ww. met een stam op *-d, -t* hebben in het mv. van de vertrouwelijke vorm de uitgang *-et: wartet, bindet!*
[*] De vormen van *sein* luiden: *sei, seid, seien Sie, seien Sie!*

5.5. deelwoord

Bij het deelwoord zijn te onderscheiden:
1. tegenwoordig deelwoord (teg. deelw.)
2. voltooid deelwoord (volt. deelw.)

tegenwoordig deelwoord

Vorming: | stam + (e)nd |

Voorbeelden: *schlaf-end, radel-nd, woll-end*

voltooid deelwoord

De uitgang voor het volt. deelw. is voor de zwakke en gemengde ww. *-(e)t*, voor de sterke ww. *-en*.

Vorming:

| (ge)[1] + stam (+/– klinkerverandering)[2] + uitgang |

Voorbeelden: *ge-sagt, ge-arbeit-et, ge-sand-t, ge-fall-en, ge-worf-en, verschwund-en*.

Opmerkingen:
[1] Het voorvoegsel *ge-* wordt slechts gebruikt, als de klemtoon op de eerste lettergreep ligt: *ge-fallen, ge-radelt*. In tegenstelling tot de Ned. ww. op *-eren* hebben de Duitse ww. op *-ieren* nooit het voorvoegsel *ge-: studiert, spaziert*.
[2] Klinkerverandering kan optreden bij de sterke ww.; de gemengde ww. hebben steeds een *-a-* als stamklinker.
[*] Zie voor de onregelmatige ww. § 5.6.

5.6. onregelmatige ww.

		haben	sein	werden			haben	sein	werden
o.t.t.	ich	habe	bin	werde	o.v.t.	ich	hatte	war	wurde
	du	hast	bist	wirst		du	hattest	warst	wurdest
	er	hat	ist	wird		er	hatte	war	wurde
	wir	haben	sind	werden		wir	hatten	waren	wurden
	ihr	habt	seid	werdet		ihr	hattet	wart	wurdet
	sie	haben	sind	werden		sie	hatten	waren	wurden

volt. deelw.: *gehabt, gewesen, (ge)worden.*

		dürfen	können	mögen	müssen	sollen	wollen	wissen
o.t.t.	ich	darf	kann	mag	muß	soll	will	weiß
	du	darfst	kannst	magst	mußt	sollst	willst	weißt
	er	darf	kann	mag	muß	soll	will	weiß
	wir	dürfen	können	mögen	müssen	sollen	wollen	wissen
	ihr	dürft	könnt	mögt	müßt	sollt	wollt	wißt
	sie	dürfen	können	mögen	müssen	sollen	wollen	wissen
o.v.t.	ich	durfte	konnte	mochte	mußte	sollte	wollte	wußte
	du	durftest	konntest	mochtest	mußtest	solltest	wolltest	wußtest
	er	durfte	konnte	mochte	mußte	sollte	wollte	wußte
	wir	durften	konnten	mochten	mußten	sollten	wollten	wußten
	ihr	durftet	konntet	mochtet	mußtet	solltet	wolltet	wußtet
	sie	durften	konnten	mochten	mußten	sollten	wollten	wußten

volt. deelw.: *gedurft, gekonnt, gemocht, gemußt, gesollt, gewollt, gewußt.*

5.7. lijst van sterke, gemengde en onregelmatige ww.

	onbep. wijs	3e pers. o.t.t.	3e pers. o.v.t.	volt. deelw.
1	backen	bäckt	backte	gebacken
2	befehlen	befiehlt	befahl	befohlen
3	befleißigen sich		befliß sich	beflissen
4	beginnen		begann	begonnen
5	beißen		biß	gebissen
6	bergen	birgt	barg	geborgen
7	bersten	birst	barst	geborsten
8	bewegen	bewegt	bewog	bewogen
9	biegen		bog	gebogen
10	bieten		bot	geboten
11	binden		band	gebunden
12	bitten		bat	gebeten
13	blasen	bläst	blies	geblasen
14	bleiben		blieb	geblieben
15	braten	brät	briet	gebraten
16	brechen	bricht	brach	gebrochen
17	brennen		brannte	gebrannt
18	bringen		brachte	gebracht

	onbep. wijs	3e pers. o.t.t.	3e pers. o.v.t.	volt. deelw.
19	denken		dachte	gedacht
20	dingen		dingte	gedungen
21	dreschen	drischt	drosch	gedroschen
22	dringen		drang	gedrungen
23	dünken		dünkte	gedünkt
24	dürfen	darf	durfte	gedurft
25	empfehlen	empfiehlt	empfahl	empfohlen
26	erkiesen		erkor	erkoren
27	erlöschen	erlischt	erlosch	erloschen
28	essen	ißt	aß	gegessen
29	fahren	fährt	fuhr	gefahren
30	fallen	fällt	fiel	gefallen
31	fangen	fängt	fing	gefangen
32	fechten	ficht	focht	gefochten
33	finden		fand	gefunden
34	flechten	flicht	flocht	geflochten
35	fliegen		flog	geflogen
36	fliehen		floh	geflohen
37	fließen		floß	geflossen
38	fressen	frißt	fraß	gefressen
39	frieren		fror	gefroren
40	gären		gor	gegoren
41	gebären		gebar	geboren
42	geben	gibt	gab	gegeben
43	gedeihen		gedieh	gediehen
44	gehen	geht	ging	gegangen
45	gelingen		gelang	gelungen
46	gelten	gilt	galt	gegolten
47	genesen	genest	genas	genesen
48	genießen		genoß	genossen
49	geschehen	geschieht	geschah	geschehen
50	gewinnen		gewann	gewonnen
51	gießen		goß	gegossen
52	gleichen		glich	geglichen
53	gleißen		gliß	geglissen
54	gleiten		glitt	geglitten
55	glimmen		glomm	geglommen
56	graben	gräbt	grub	gegraben
57	greifen		griff	gegriffen
58	haben	hat	hatte	gehabt
59	halten	hält	hielt	gehalten
60	hängen		hing	gehangen
61	hauen		hieb	gehauen
62	heben	hebt	hob	gehoben
63	heißen		hieß	geheißen
64	helfen	hilft	half	geholfen
65	kennen		kannte	gekannt
66	klimmen		klomm	geklommen
67	klingen		klang	geklungen
68	kneifen		kniff	gekniffen
69	kommen		kam	gekommen
70	können	kann	konnte	gekonnt
71	kriechen		kroch	gekrochen
72	laden	lädt	lud	geladen

	onbep. wijs	3e pers. o.t.t.	3e pers. o.v.t.	volt. deelw.
73	lassen	läßt	ließ	gelassen
74	laufen	läuft	lief	gelaufen
75	leiden		litt	gelitten
76	leihen		lieh	geliehen
77	lesen	liest	las	gelesen
78	liegen		lag	gelegen
79	löschen	lischt	losch	geloschen
80	lügen		log	gelogen
81	mahlen		mahlte	gemahlen
82	meiden		mied	gemieden
83	melken	melkt	molk	gemolken
84	messen	mißt	maß	gemessen
85	mißlingen		mißlang	mißlungen
86	mögen	mag	mochte	gemocht
87	müssen	muß	mußte	gemußt
88	nehmen	nimmt	nahm	genommen
89	nennen		nannte	genannt
90	pfeifen		pfiff	gepfiffen
91	pflegen		pflegte	gepflegt
92	preisen		pries	gepriesen
93	quellen	quillt	quoll	gequollen
94	raten	rät	riet	geraten
95	reiben		rieb	gerieben
96	reißen		riß	gerissen
97	reiten		ritt	geritten
98	rennen		rannte	gerannt
99	riechen		roch	gerochen
100	ringen		rang	gerungen
101	rinnen		rann	geronnen
102	rufen		rief	gerufen
103	saufen	säuft	soff	gesoffen
104	saugen		sog	gesogen
105	schaffen	schafft	schuf	geschaffen
106	schallen		schallte	geschallt
107	scheiden		schied	geschieden
108	scheinen		schien	geschienen
109	scheißen		schiß	geschissen
110	schelten	schilt	schalt	gescholten
111	scheren	schert	schor	geschoren
112	schieben		schob	geschoben
113	schießen		schoß	geschossen
114	schinden		schindete	geschunden
115	schlafen	schläft	schlief	geschlafen
116	schlagen	schlägt	schlug	geschlagen
117	schleichen		schlich	geschlichen
118	schleifen		schliff	geschliffen
119	schleißen		schliß	geschlissen
120	schließen		schloß	geschlossen
121	schlingen		schlang	geschlungen
122	schmeißen		schmiß	geschmissen
123	schmelzen	schmilzt	schmolz	geschmolzen
124	schnauben		schnaubte	geschnoben
125	schneiden		schnitt	geschnitten
126	schrecken	schrickt	schrak	geschrocken

	onbep. wijs	3e pers. o.t.t.	3e pers. o.v.t.	volt. deelw.
127	schreiben		schrieb	geschrieben
128	schreien		schrie	geschrien
129	schreiten		schritt	geschritten
130	schweigen		schwieg	geschwiegen
131	schwellen	schwillt	schwoll	geschwollen
132	schwimmen		schwamm	geschwommen
133	schwinden		schwand	geschwunden
134	schwingen		schwang	geschwungen
135	schwören		schwor	geschworen
136	sehen	sieht	sah	gesehen
137	sein	ist	war	gewesen
138	senden		sandte	gesandt
139	sieden		sott	gesotten
140	singen		sang	gesungen
141	sinken		sank	gesunken
142	sinnen		sann	gesonnen
143	sitzen		saß	gesessen
144	sollen	soll	sollte	gesollt
145	speien		spie	gespien
146	spinnen		spann	gesponnen
147	spleißen		spliß	gesplissen
148	sprechen	spricht	sprach	gesprochen
149	sprießen		sproß	gesprossen
150	springen		sprang	gesprungen
151	stechen	sticht	stach	gestochen
152	stecken		stak	gesteckt
153	stehen	steht	stand	gestanden
154	stehlen	stiehlt	stahl	gestohlen
155	steigen		stieg	gestiegen
156	sterben	stirbt	starb	gestorben
157	stieben		stob	gestoben
158	stinken		stank	gestunken
159	stoßen	stößt	stieß	gestoßen
160	streichen		strich	gestrichen
161	streiten		stritt	gestritten
162	tragen	trägt	trug	getragen
163	treffen	trifft	traf	getroffen
164	treiben		trieb	getrieben
165	treten	tritt	trat	getreten
166	triefen		triefte	getrieft
167	trinken		trank	getrunken
168	trügen		trog	getrogen
169	tun		tat	getan
170	verbleichen		verblich	verblichen
171	verderben	verdirbt	verdarb	verdorben
172	verdrießen		verdroß	verdrossen
173	vergessen	vergißt	vergaß	vergessen
174	verlieren		verlor	verloren
175	wachsen	wächst	wuchs	gewachsen
176	wägen		wog	gewogen
177	waschen	wäscht	wusch	gewaschen
178	weben	webt	wob	gewoben
179	weichen		wich	gewichen
180	weisen		wies	gewiesen

	onbep. wijs	3e pers. o.t.t.	3e pers. o.v.t.	volt. deelw.
181	wenden		wandte	gewandt
182	werben	wirbt	warb	geworben
183	werden	wird	wurde	(ge)worden
184	werfen	wirft	warf	geworfen
185	wiegen		wog	gewogen
186	winden		wand	gewunden
187	wissen	weiß	wußte	gewußt
188	wollen	will	wollte	gewollt
189	wringen		wrang	gewrungen
190	zeihen		zieh	geziehen
191	ziehen		zog	gezogen
192	zurückschrecken	schrickt zurück	schrak zurück	zurückgeschrocken
193	zwingen		zwang	gezwungen

5.8. woordvorming

5.8.1. samenstelling

Samenstellingen van ww. zijn van het type zoals hieronder aangeduid; daarvan komen de samenstellingen met vz. +ww. en bw. +ww. veelvuldig voor. In tegenstelling tot de woordvorming bij de zn. en de bn. zijn de overige vormen zeldzaam.

zn. + ww.: *haltmachen, stattfinden, teilnehmen.*
bn. + ww.: *stillsitzen, übrigbleiben, fertigstellen.*
ww. + ww.: *kennenlernen, sitzenbleiben, spazierengehen.*
vz. + ww.: *anhalten, aufmachen, nachahmen.*
bw. + ww.: *dabeisein, hinaufschauen, herunterkommen.*

5.8.2. afleiding

Frequente ***voorvoegsels*** bij Duitse ww. zijn:

be-:
door middel van dit voorvoegsel worden onovergankelijke ww. tot overgankelijke ww. (=ww. met lijd. vw.): *bedienen, bewohnen, bedrohen, behelfen.*

ent-:
bijna altijd drukt *ent-* een verwijdering uit en correspondeert veelal met het Ned. *ont-, weg-: entkleiden, entfliehen, entkuppeln, enteilen.*

er-:
de betekenissen van dit voorvoegsel variëren sterk; *er-* kan het 'bereiken' van iets uitdrukken *(erwerben, erkämpfen, erringen),* het 'doden' *(erstechen, erschlagen, ermorden),* het 'beginnen, worden' *(erröten, ertönen).*

ver-:
dit is het meest voorkomende voorvoegsel bij de ww.: *versorgen, verreisen, vergraben, verdeutlichen.* Er treden grote betekenisvariaties op.

zer-:
het voorvoegsel *zer-* drukt uit dat iets vernietigd of beschadigd wordt; het komt in het Ned. overeen met 'stuk-, kapot-, uiteen-': *zerstören, zerreißen, zerbrechen, zerplatzen.*

De belangrijkste ***achtervoegsels*** voor de vorming van ww. zijn:

-en:
vele ww. op *-en* zijn van zn. en bn. afgeleid, met of zonder Umlaut: *glänzen, kämpfen, spielen, planen, rauchen, sich erkälten, verkürzen.*

-eln:
deze ww. drukken een herhaling van iets uit, soms met ongunstige betekenis: *betteln, kränkeln, streicheln, lächeln.*

-ern:
ook deze ww. drukken vaak een herhaling uit: *stottern, schnattern, knabbern, flackern.*

-ieren:
dit achtervoegsel komt in hoofdzaak in verheven en wetenschappelijk taalgebruik voor: *relativieren, legitimieren, abstrahieren,* maar ook daarbuiten: *spazieren, regieren, gratulieren.*

5.9. woordvolgorde

In hoofd- en bijzinnen hebben de ww. een vaste plaats, zoals onderstaande diagrammen laten zien.

5.9.1. hoofdzin

mededelende zinnen en vragende zinnen met vraagwoord

	persoonsvorm		volt. deelw. onbep. wijs ww. voorvoegsel

Voorbeelden: *Ich* rufe *dich heute abend kurz* an; *Wer* hat *dir das* gesagt? *An dem Vorsitzenden* wurde *viel Kritik* geübt; *Sie* hatte *es sich noch einmal* überlegt.

bevelende zinnen en vragende zinnen zonder vraagwoord

persoons-vorm			volt. deelw. onbep. wijs ww. voorvoegsel

Voorbeelden: Nehmen *Sie auch am Wettbewerb* teil? Komm *sofort hierher!* Willst *du auch* mitgehen?

Opmerking:

[*] Wanneer twee onbep. wijzen in een hoofdzin voorkomen, dan is de woordvolgorde hiervan anders dan in het Ned.: *Wir hätten es doch* tun sollen.

5.9.2. bijzin

bijzinnen met verbindend woord

verbindend woord		volt. deelw. onbep. wijs	persoons-vorm

Voorbeelden: *Ich hoffe,* daß *das Wetter bald besser* wird; *Weißt du,* mit wem *er das* veranstaltet hat?

bijzinnen zonder verbindend woord

	persoons-vorm		volt. deelw. onbep. wijs

Voorbeeld: *Er sagte, er* könne *leider nicht* dabeisein.

Opmerkingen:

[*] Slechts zeer zelden staat de pv. aan het begin van een bijzin: Regnet *es, dann findet der Ausflug nicht statt; Er tat, als* wäre *er verrückt.*

[*] Als de onbep. wijs zelf het gezegde van de bijzin vormt, staat de onbep. wijs helemaal achteraan: *Das Mädchen behauptete, es nicht gewußt* zu haben.

6. Voorzetsel

De indeling van de voorzetsels (vz.) berust op de naamval die het vz. bij het afhankelijke woord of de woordgroep vereist. Het Duits kent vier mogelijkheden:

1. vz. + 2e nv. (soms + 3e nv.)
2. vz. + 3e nv.
3. vz. + 4e nv.
4. vz. + 3e of 4e nv.

6.1. vz. + 2e nv.

angesichts	= gezien
anläßlich	= naar aanleiding van
außerhalb	= buiten
diesseits	= aan deze zijde van
infolge	= ten gevolge van
innerhalb	= binnen
jenseits	= aan die zijde van
statt	= in plaats van
trotz	= ondanks
um ... willen	= ter wille van
während	= gedurende, tijdens
wegen	= wegens

Opmerkingen:

[*] Bovenstaande vz. regeren met name de 3e nv., als de 2e nv. niet zichtbaar gemaakt kan worden en voor pers. vnw., bijv. *während fünf Monaten, wegen dir, wegen etwas anderem.*

6.2. vz. + 3e nv.

ab[2]	= vanaf
aus	= uit; van
außer[2]	= behalve; buiten
bei	= bij (rust)
binnen	= binnen (tijd)
dank	= dankzij
entgegen[1]	= tegemoet; tegen
gegenüber[1]	= tegenover
gemäß[1]	= overeenkomstig
mit	= met
nach[2]	= naar; na; volgens
samt	= met
seit	= sinds
von	= van; door (passief)
von ... an	= vanaf
von ... aus	= vanuit
zu	= naar; tot; te; met; bij (beweging)
zuwider[1]	= in strijd met

Opmerkingen:
[1] De vz. *entgegen, gemäß, zuwider* staan nagenoeg altijd achter het zn. of vnw., het vz. *gegenüber* meestal.
[2] De vz. *ab, außer* (in de bet. 'buiten') en *nach* (in de bet. 'naar ... toe') staan meestal onmiddellijk voor het zn. of vnw., dus zonder bepalingen, bijv.: *ab Werk, nach Hause.*

6.3. vz. + 4e nv.

bis[2]	= tot (aan)
durch	= door (heen)
entlang[1]	= langs
für	= voor, ten gunste van
gegen	= tegen
ohne	= zonder
um	= om; omstreeks
wider	= tegen

Opmerkingen:
[1] Het vz. *entlang* staat steeds achter het zn.: *den Kanal entlang.*
[2] Het vz. *bis* staat meestal onmiddellijk voor een zn., dus zonder bepalingen: *bis Bonn, bis morgen.*

6.4. vz. + 3e of 4e nv.

an	= aan (3e of 4e nv.); naar (4e nv.); op (3e nv.); tegen (4e nv.)
auf	= op (3e of 4e nv.); naar (4e nv.)
hinter	= achter (3e of 4e nv.)
in	= in (3e of 4e nv.); naar (4e nv.); over (3e nv.)
neben	= naast (3e of 4e nv.)
über	= over (4e nv.); boven (3e of 4e nv.); tijdens (3e of 4e nv.)
unter	= onder (3e of 4e nv.)
vor	= voor (3e of 4e nv.); geleden (3e nv.); van (3e nv.)
zwischen	= tussen (3e of 4e nv.)

Opmerkingen:
[*] Bovenstaande vz. regeren de 3e nv., als men kan vragen *waar?* of *wanneer?* (= rust); ze regeren de 4e nv., als men kan vragen *waarheen?* (= doelgerichte beweging). Bijv.: *Sie wohnt auf dem Lande; im März hat er Geburtstag; er schoß den Ball ins Tor.*
[*] Bij figuurlijk gebruik van de vz. staat na *auf* en *über* over het algemeen de 4e nv.: *auf diese Weise; froh über das Wiedersehen;* bij de andere vz. overweegt in dit geval de 3e nv.: *in dieser Weise; Angst vor dem Hund haben.*

[*] Bij combinatie van een van bovengenoemde vz. met een bijwoord wordt vooral de 3e nv. gebruikt, bijv.: *an ... vorbei/vorüber, an ... entlang, hinter ... her, unter ... hindurch.* Na *in* staat evenwel de 4e nv., wanneer een van de bijwoorden *ein, hinein, herein* volgt: *das Wasser drang in den Keller ein.*
[*] Na *bis* moet de 4e nv. gebruikt worden, als dit vz. met een vz. + 3e of 4e nv. verbonden wordt: *bis tief in die Nacht.* Als inleiding van tijdsbepalingen regeert *bis vor* altijd de 3e nv.: *bis vor wenigen Tagen.*

7. Bijwoord

In afwijking van het Engels en het Frans hebben de bijwoorden (bw.) in het Duits over het algemeen geen aparte vormen.

Bijwoorden zijn onverbuigbare partikels. De onderstaande indeling van de bw. berust op de betekenis:

bw. van plaats	bw. van tijd	bw. van reden	bw. van wijze	bw. van geldigheid
hier	jetzt	darum	gern	wahrscheinlich
draußen	heute	deswegen	sehr	nicht
dorthin	wann?	denn	zusammen	vielleicht
woher?	immer	trotzdem	ziemlich	zweifellos
oben	davor	nämlich	besonders	sicherlich
wo?	morgen	weshalb?	enz.	enz.
enz.	enz.	enz.		

Bij de bw. van plaats valt op dat enkele ervan op een *-n* eindigen, terwijl de vergelijkbare vz. een *-r* als slotmedeklinker hebben: *außen, hinten, innen, oben, unten, vorn.*

7.1. trappen van vergelijking:

bij een paar bw. komen onregelmatige trappen van vergelijking voor:

stellende trap	vergrotende trap	overtreffende trap
bald	eher	am ehesten
gern(e)	lieber	am liebsten
oft	öfter	am öftesten
sehr	mehr	am meisten
wohl	besser	am besten

7.2. woordvorming

De belangrijkste ***samenstellingen*** zijn de zogenaamde voornaamwoordelijke bijwoorden (vnw.bw.). Ze worden als volgt gevormd:

bw. van plaats	+ vz.	→ vnw. bw.
da(r)[1]	+ an, auf,	→ daran, darauf,
	mit, von	→ damit, davon
hier	+ in, vor	→ hierin, hiervor
wo(r)[1]	+ für, nach	→ wofür, wonach

Opmerkingen:
[1] Indien het vz. met een klinker begint, worden de vormen met *dar-* en *wor-* gebruikt.
[*] In de schrijftaal mogen de Duitse vnw. bw. niet opgelost worden in het bw. en het vz.: *daran habe ich nicht gedacht.* Maar niet: *da habe ich nicht an gedacht.*

Enkele ***afleidingen*** van bn. of zn. zijn:

-weise:
dummerweise, glücklicherweise, ausnahmsweise, beispielsweise, merkwürdigerweise.

-maßen:
erklärtermaßen, gewissermaßen, folgendermaßen, bekanntermaßen, anerkanntermaßen.

8. Voegwoord

De voegwoorden (vw.) kennen evenals de vz. en de bw. geen vormveranderingen, ze zijn onverbuigbaar. Wel dient opgemerkt te worden dat er eenledige en meerledige vw. zijn. Tot de meerledige behoren o.a.: *bald ... bald, entweder ... oder, je ... je/desto, nicht nur ... sondern (auch), sowohl ... als auch, so ... wie, weder ... noch, zwar/freilich ... aber.*

8.1. nevenschikkend vw.

Nevenschikkende vw. hebben de functie gelijksoortige woorden, woordgroepen of (deel)zinnen met elkaar te verbinden; de woordvolgorde van de afzonderlijke zinsdelen van de zin verandert niet: *Hans und Peter sind nicht da, denn sie sind krank.* De nevenschikkende vw. zijn als volgt in te delen:

aaneenschakelende vw.	tegenstellende vw.	redengevende vw.
und	aber	denn
sowie	allein	
sowohl ... als auch	sondern	
nicht nur ... sondern auch	(je)doch	
enz.	oder	
	entweder ... oder	
	enz.	

8.2. onderschikkend vw.

Onderschikkende vw. verbinden ongelijksoortige woorden, woordgroepen of (deel)zinnen; meestal betreft het de verbinding van rompzinnen met bijzinnen: *Hans und Peter sind nicht da, weil sie krank sind.* Het gebruik van onderschikkende vw. heeft een verandering van de woordvolgorde in de bijzin tot gevolg (→ § 5.9.2.).
De onderschikkende vw. zijn als volgt in te delen:

vw. van tijd	vw. van reden	vw. van wijze	vw. van functie
während	weil	als	daß
bis	da	insofern	ob
nachdem	so daß	als ob	zu
als	damit	wie	wie
seitdem	um ... zu	ohne daß/zu	wenn
bevor	obwohl	indem	
wenn	wenn	soviel	
enz.	enz.	enz.	

De nieuwe Duitse spellingregels

Vanaf 1 augustus 1998 geldt in Duitsland, Oostenrijk en Zwitserland een nieuwe spelling. Deze spelling is verplicht op scholen en bij overheidsinstellingen. Er geldt een overgangsfase van zeven jaar, daarna wordt men geacht alleen nog de nieuwe spelling te gebruiken.

Het doel van de hervorming is vooral de systematisering en vereenvoudiging van de Duitse spelling. Daartoe is het aantal spellingregels fors teruggebracht en zijn de regels overzichtelijker en hanteerbaarder gemaakt.

Hieronder volgt een beknopt overzicht van de veranderingen in de Duitse spelling, gevolgd door een woordenlijst met woorden en uitdrukkingen in de oude en nieuwe spelling.

1. De relatie klank - letter

- De stam van een woord bepaalt meer dan voorheen de spelling van afleidingen.

Het was:
Nummer – numerieren, Platz – plazieren, Stange – Stengel.
Het wordt:
nummerieren, platzieren, Stängel.

- De letter ß staat alleen nog na lange klinkers en tweeklanken. Na korte klinkers staat enkel nog -ss.

Het was:
der Fluß (korte klinker), *die Flüsse, der Fuß* (lange klinker), *die Füße.*
Het wordt:
der Fluss, die Flüsse.
Het blijft:
der Fuß, die Füße, heiß.

- Drie identieke letters achter elkaar worden altijd volledig geschreven, ongeacht of er een klinker of een medeklinker volgt. Het plaatsen van een verbindingsstreepje is toegestaan.

Het was:
Brennessel, Schiffahrt, Sauerstoffflasche.
Het wordt:
Brennnessel, Brenn-Nessel (Brenn + Nessel), Schifffahrt, Schiff-Fahrt (Schiff + Fahrt).
Het blijft:
Sauerstoffflasche, maar ook *Sauerstoff-Flasche.*

- In enkele individuele gevallen is de schrijfwijze van woorden beter afgestemd op de relatie klank-letter.

Het was:
rauh, blau, schlau.
Het wordt:
rau, blau, schlau.
Het was:
Zierat, Fön, Roheit.
Het wordt:
Zierrat, Föhn, Rohheit.

2. Vreemde woorden en leenwoorden

- *ph, th, rh, gh* mogen ook als *f, t, r, g* worden geschreven in gangbare, niet-vaktalige woorden. Reeds ingeburgerd zijn bv. *Telefon, Fotograf.* Nieuw zijn *Delfin* naast *Delphin, Panter* naast *Panther, Katarr* naast *Katarrh, Spagetti* naast *Spaghetti.* Beide vormen zijn toegestaan.
  Vak- en schrijftalige woorden blijven onveranderd, bv. *Philosophie, synthetisch.*
- De uitgang -é of -ée mag ook als -ee gespeld worden, bv. *Exposé* of *Exposee.*
- De uitgang *-tial, -tiell* wordt bij voorkeur als *-zial, -ziell* gespeld, bv. *Potential, potentiell,* de stam is *Potenz.* De voorkeur heeft nu: *Potenzial, potenziell.*

3. Hoofdletter en kleine letter

- Eigennamen en zelfstandige naamwoorden worden ook in de toekomst met een hoofdletter geschreven.
- In veel gevallen waarin zelfstandige naamwoorden binnen vaste verbindingen met kleine letter werden geschreven, wordt dit nu een hoofdletter, bv. *recht haben* wordt *Recht haben, in bezug auf* wordt *in Bezug auf.*
  Alleen in combinatie met de werkwoorden *sein, bleiben* en *werden* wordt het zelfstandig naamwoord ook in de toekomst met kleine letter geschreven, bv. *mir ist angst* (maar: *Angst machen).*

Met hoofdletter worden voortaan geschreven:

- Gesubstantiveerde bijvoeglijke naamwoorden, bv. *einen Witz zum Besten geben. Sie sagte das Gleiche. Er zieht den Kürzeren. Jung und Alt. Wir wurden aufs Freundlichste empfangen.* Hiertoe behoren ook gesubstantiveerde rangtelwoorden, bv. *Jeder Dritte fährt Auto. Sie kam als Erste ins Ziel.*
- De tijden van de dag in combinatie met *gestern, heute, morgen,* bv. *gestern Abend, heute Mittag.*
- De combinatie van de voorzetsels *auf* en *in* met een taal of kleur, bv. *auf Deutsch, in Englisch, die Ampel schaltet auf Grün.*

Met kleine letter worden voortaan geschreven:

- *du, dein, euch, euer* enz. als aanspreekvorm in brieven. *Sie, Ihr, Ihnen* enz. behouden de hoofdletter.

4. Los of aan elkaar geschreven woorden

De nieuwe spelling gaat ervan uit dat bij bepaalde samenstellingen de delen in de regel los van elkaar worden geschreven. Dit geldt o.a. in de volgende gevallen:

- Het tweede deel van een tot nog toe aaneengeschreven woord is een werkwoord. Enkele voorbeelden: *radfahren* wordt *Rad fahren* (wat op zich consequent is, want het was altijd al *Auto fahren*), verder *geheim halten, gefangen nehmen, Raum sparend, schwarz sehen, viel umworben, Kopf stehen, kennen lernen, spazieren gehen.* Ook de afgeleide deelwoorden vormen niet langer één woord, bv. *allein stehend, wild lebend.*
- Combinaties van bijvoeglijke naamwoorden met een deelwoord, bv. *blendend weiß.*
- Bijvoeglijke naamwoorden of deelwoorden, waarvan het eerste deel trappen van vergelijking kan vormen, bv. *dicht bevölkert, schwer verständlich* en die waarvan het eerste deel een zelfstandig naamwoord is, bv. *die Eisen verarbeitende Industrie.* Een uitzondering vormen woorden zoals bv. *mondbeschienen* of *herzerquickend,* die zijn afgeleid uit meer dan twee woorden, in dit geval *vom Mond beschienen, das Herz erquickend.*

Aan elkaar geschreven worden:

- uit het Engels overgenomen zelfstandige naamwoorden, bv. *Comicstrip, Squaredance.* Indien echter het eerste deel van het woord een bijvoeglijk naamwoord of deelwoord is, mogen de woorden ook gescheiden worden geschreven, bv. *Happyend (ook: Happy End), Hotdog (ook: Hot Dog).*

Bij een aantal voorzetsels die uit meerdere delen bestaan, komen twee vormen voor, bv. *auf Grund von* naast *aufgrund von, an Stelle von* naast *anstelle von, zu Gunsten von* naast *zugunsten von.*

5. Het verbindingsstreepje

- Nieuw is dat samenstellingen met een cijfer aan het begin een verbindingsstreepje krijgen, bv. *8-jährig, 10-Tonner, 30-seitig, 3-mal.* De achtervoegsels staan zonder streepje, bv. *100%ig, der 68er, 10fach.*
- Het gebruik van het verbindingsstreepje wordt aangemoedigd als dit de leesbaarheid bevordert, bv. *Lotto-Annahmestelle, Desktop-Publishing, Kaffee-Ersatz.* Het is echter niet verplicht.
- Uit het Engels overgenomen zelfstandige naamwoorden die zijn samengesteld uit een werkwoord en een bijwoord of voorzetsel, worden bij voorkeur met streepje geschreven, bv. *Black-out (Blackout), Come-back (Comeback), Count-down (Countdown).* De vorm tussen haakjes is eveneens toegestaan.

6. Interpunctie

De regels zijn sterk vereenvoudigd en minder strikt; de taalgebruiker kan nu veelal kiezen of hij ter verduidelijking al dan niet een komma wil zetten, bv. vóór *und* en *oder* als verbinding van twee hoofdzinnen. Bij beknopte bijzinnen met een onbepaalde wijs of deelwoord is de plaatsing van een komma facultatief, bv. *Es fing an [,] heftig zu regnen.*

7. Afbreking

Twee belangrijke wijzigingen zijn dat:

- niet meer ín de *-ck-* wordt afgebroken *(Decke – Dek-ke),* maar vóór de *-ck- (De-cke),*
- niet meer vóór de *-st-* wordt afgebroken *(Klo-ster),* maar ín de *-st- (Klos-ter).*

In enkele gevallen mag voortaan op twee manieren worden afgebroken:

- Uit het Latijn en Grieks afkomstige vreemde woorden volgen bij afbreking de 'Duitse' lettergrepen *(Pä-da-go-gik, Chi-rurg)* of de in dit geval Griekse stammen *(Päd-ago-gik, Chir-urg).*
- In verbindingen met medeklinker plus *-r* of *-l,* alsook in de lettercombinaties *-gn* en *-kn* mag worden afgebroken, bv. *Quad-rat (Qua-drat), möb-liert (mö-bliert), Indust-rie (Indus-trie), Mag-net (Ma-gnet).* De 'oude' afbreking staat tussen haakjes.
- Samengestelde woorden, die niet meer zonder meer als zodanig herkenbaar zijn, mogen ook worden afgebroken volgens de regels voor niet-samengestelde woorden, bv. *wa-rum (war-um), hi-nauf (hin-auf), ei-nan-der (ein-an-der).* De 'oude' afbreking staat tussen haakjes.

Lijst van woorden en uitdrukkingen in oude en nieuwe spelling

Hiervoor is een beknopt overzicht van de regels van de nieuwe Duitse spelling opgenomen. Samen met de volgende lijst van woorden en uitdrukkingen in oude en nieuwe spelling hopen wij de gebruikers van onze woordenboeken enig houvast te bieden bij het wennen aan de veranderde Duitse spelling.

De woordenlijst bevat geen samenstellingen, maar alleen enkelvoudige woorden, dus bijvoorbeeld niet *Bierfaß* of *Alkoholmißbrauch*, maar wel *Faß* en *Mißbrauch*.
Er is bewust voor gekozen om in de lijst ook woorden en uitdrukkingen op te nemen die niet in de oude spelling in ons woordenboek staan, om de gebruikers een zo volledig mogelijk beeld van de nieuwe Duitse spelling te geven.

De voorkeurspelling is gemarkeerd met een *. De vormen met *ook:* zijn toegestaan naast de hoofdvorm. Zo mag bijvoorbeeld zowel *Delphin* als *Delfin* worden geschreven. De veranderingen zijn vet gedrukt.

OUD	NIEUW
Abfluß	Abflu**ss**
Abguß	Abgu**ss**
Ablaß	Abla**ss**
Abriß	Abri**ss**
Abschluß	Abschlu**ss**
Abschuß	Abschu**ss**
absein	ab sein
Abszeß	Absze**ss**
abwärtsgehen	abwärts gehen
in acht nehmen	in **A**cht nehmen
außer acht lassen	außer **A**cht lassen
der/die achte, den/die ich sehe	der/die **A**chte, den/die ich sehe
8fach	*onveranderd:* 8fach
achtgeben	**A**cht geben
achthaben	**A**cht haben
8jährig, der/die 8jährige	8-jährig, der/die 8-**J**ährige
8mal	8-mal
achtmillionenmal	acht **M**illionen **M**al
8tonner	8-**T**onner
achtunggebietend	**A**chtung gebietend
über Achtzig, Mitte [der] Achtzig	über **a**chtzig, Mitte [der] **a**chtzig
die achtziger Jahre	die **A**chtziger**j**ahre*, *ook:* die achtziger Jahre
die Achtzigerjahre	die Achtzigerjahre, *ook:* die **a**chtziger Jahre
Aderlaß	Aderla**ss**
Adreßbuch	Adre**ss**buch
afro-amerikanisch	afroamerikanisch
Afro-Look	Afro**l**ook
After-shave	Aftershave
ich habe ähnliches erlebt	ich habe **Ä**hnliches erlebt
und/oder ähnliches (u.ä./o.ä.)	und/oder **Ä**hnliches (u.**Ä**./o.**Ä**.)
alleinerziehend	allein erziehend
alleinseligmachend	allein selig machend
alleinstehend	allein stehend
es ist das allerbeste, daß ...	es ist das **A**llerbeste, da**ss** ...
im allgemeinen	im **A**llgemeinen
allgemeingültig	allgemein gültig
allgemeinverständlich	allgemein verständlich
allzulange	allzu lange
allzumal	*onveranderd:* allzumal
allzuoft	allzu oft
allzusehr	allzu sehr
allzuweit	allzu weit
Alpdruck	*ook:* Al**b**druck
Alptraum	*ook:* Al**b**traum
aus alt mach neu	aus **A**lt mach **N**eu
für alt und jung	für **A**lt und **J**ung
er ist immer der alte geblieben	er ist immer der **A**lte geblieben

OUD	NIEUW
alles beim alten lassen	alles beim Alten lassen
Alter ego	Alter Ego
Amboß	Amboss
andersdenkend	anders denkend
andersgeartet	anders geartet
anderslautend	anders lautend
aneinandergeraten	aneinander geraten
aneinandergrenzen	aneinander grenzen
aneinanderreihen	aneinander reihen
angepaßt	angepasst
Anglo-Amerikaner	Angloamerikaner
jmdm. angst machen	jmdm. Angst machen
anheimfallen	anheim fallen
anheimstellen	anheim stellen
Anlaß	Anlass
anläßlich	anlässlich
Anschiß	Anschiss
Anschluß	Anschluss
ansein	an sein
im argen liegen	im Argen liegen
bei arm und reich	bei Arm und Reich
As	Ass
aufeinanderbeißen	aufeinander beißen
aufeinanderfolgen	aufeinander folgen
aufeinandertreffen	aufeinander treffen
aufgepaßt!	aufgepasst!
Aufguß	Aufguss
aufrauhen	aufrauen
Aufriß	Aufriss
aufschlußreich	aufschlussreich
ein aufsehenerregendes Ereignis	ein Aufsehen erregendes Ereignis
aufsein	auf sein
auf seiten	aufseiten, *ook:* auf Seiten
aufwärtsgehen	aufwärts gehen
aufwendig	*ook:* aufwändig
Au-pair-Mädchen	*ook:* Aupairmädchen
auseinandergehen	auseinander gehen
auseinanderhalten	auseinander halten
auseinandersetzen	auseinander setzen
Ausfluß	Ausfluss
Ausguß	Ausguss
Ausschluß	Ausschluss
Ausschuß	Ausschuss
aussein	aus sein
aufs äußerste gespannt	*ook:* aufs Äußerste gespannt
außerstande	*ook:* außer Stande
Ballettänzerin	Balletttänzerin, *ook:* Ballett-Tänzerin
jmdm. [angst und] bange machen	jmdm. [Angst und] Bange machen
mir ist angst und bange	*onveranderd:* mir ist angst und bange
bankrott gehen	Bankrott gehen
bankrott sein	*onveranderd:* bankrott sein
Baroneß	Baroness
Baß	Bass
Baßsänger	Basssänger, *ook:* Bass-Sänger
beeinflußbar	beeinflussbar
beeinflußt	beeinflusst
befaßt	befasst
behende	behände
Behendigkeit	Behändigkeit
beieinanderhaben	beieinander haben
beieinandersein	beieinander sein
beieinanderstehen	beieinander stehen
beifallheischend	Beifall heischend
beisammensein	beisammen sein
bekanntgeben	bekannt geben
belemmert	belämmert
jeder beliebige	jeder Beliebige
Bendel	Bändel
Beschiß	Beschiss
Beschluß	Beschluss
Beschuß	Beschuss
ich will im besonderen erwähnen ...	ich will im Besonderen erwähnen ...
bessergehen	besser gehen
es ist das beste, wenn ...	es ist das Beste, wenn ...
aufs beste geregelt sein	*ook:* aufs Beste geregelt sein
zum besten geben/halten	zum Besten geben/halten
das erste beste	das erste Beste
bestehenbleiben	bestehen bleiben
Bestelliste	Bestellliste, *ook:* Bestell-Liste
um ein beträchtliches höher	um ein Beträchtliches höher
in betreff	in Betreff
Bettuch *[bij:* Bett]	Betttuch, *ook:* Bett-Tuch
bewußt	bewusst
Bewußtsein	Bewusstsein
in bezug auf	in Bezug auf
bezuschußt	bezuschusst
Bibliographie	*ook:* Bibliografie
Biß	Biss
bißchen	bisschen
du sollst bitte sagen	*ook:* du sollst Bitte sagen*
es ist bitter kalt	es ist bitterkalt
Blackout	*ook:* Black-out*
blankpoliert	blank poliert
blaß	blass
Bläßhuhn/Bleßhuhn	Blässhuhn/Blesshuhn
bläßlich	blässlich
der blaue Planet *[de aarde]*	der Blaue Planet
blaugestreift	blau gestreift

OUD	NIEUW
bleibenlassen	bleiben lassen
blondgefärbt	blond gefärbt
Bonbonniere	*ook:* Bonboniere
im bösen wie im guten	im Bösen wie im Guten
Boß	Boss
Bouclé	*ook:* Buklee
braungebrannt	braun gebrannt
breitgefächert	breit gefächert
Brennessel	Brennnessel, *ook:* Brenn-Nessel
brütendheiß	brütend heiß
buntschillernd	bunt schillernd
Business	Business
Centre Court	Centrecourt, *ook:* Centre-Court
Chansonnier	*ook:* Chansonier
Choreographie	*ook:* Choreografie
Cleverneß	Cleverness
Comeback	*ook:* Come-back*
Common sense	Commonsense, *ook:* Common Sense
Corned beef	Cornedbeef, *ook:* Corned Beef
Corpus delicti	Corpus Delicti
Countdown	*ook:* Count-down*
dabeisein	dabei sein
dahinterklemmen	dahinter klemmen
dahinterkommen	dahinter kommen
darauffolgend	darauf folgend
darüberstehen	darüber stehen
darunterliegen	darunter liegen
dasein	da sein
daß	dass
daß-Satz	dass-Satz, *ook:* Dasssatz
datenverarbeitend	Daten verarbeitend
Dein *[in brieven]*	dein
mein und dein verwechseln	Mein und Dein verwechseln
die Deinen	*ook:* die deinen
Dekolleté	*ook:* Dekolletee
Delphin	*ook:* Delfin
deplaciert, *ook:* deplaziert	deplaciert, *ook:* deplatziert
wir haben derartiges nicht bemerkt	wir haben Derartiges nicht bemerkt
dessenungeachtet	dessen ungeachtet
des weiteren	des Weiteren
auf deutsch	auf Deutsch
der deutsche Schäferhund	der Deutsche Schäferhund
deutschsprechend	Deutsch sprechend
diät leben	Diät leben
Dich *[in brieven]*	dich
dichtbevölkert	dicht bevölkert
dichtgedrängt	dicht gedrängt

OUD	NIEUW
Differential	*ook:* Differenzial*
Diktaphon	*ook:* Diktafon
Dir *[in brieven]*	dir
dortbleiben	dort bleiben
draufsein	drauf sein
Dreß	Dress
etwas aufs dringendste fordern	*ook:* etwas aufs Dringendste fordern
drinsein	drin sein
jeder dritte, der mitwollte	jeder Dritte, der mitwollte
die dritte Welt	die Dritte Welt
Du *[in brieven]*	du
auf du und du stehen	auf Du und Du stehen
im dunkeln tappen	im Dunkeln tappen
im dunkeln bleiben	im Dunkeln bleiben
dünnbesiedelt	dünn besiedelt
durcheinanderbringen	durcheinander bringen
durcheinandergeraten	durcheinander geraten
Durchlaß	Durchlass
durchsein	durch sein
dußlig	dusslig
Dutzende (von) Reklamationen	*ook:* dutzende (von) Reklamationen
ebensogut	ebenso gut
ebensosehr	ebenso sehr
ebensoviel	ebenso viel
an Eides Statt	an Eides statt
sein eigen nennen	sein Eigen nennen
sich zu eigen machen	sich zu Eigen machen
einbleuen	einbläuen
aufs eindringlichste warnen	*ook:* aufs Eindringlichste warnen
das einfachste ist, wenn …	das Einfachste ist, wenn …
Einfluß	Einfluss
Einlaß	Einlass
Einschuß	Einschuss
der/die/das einzelne	der/die/das Einzelne
jeder einzelne von uns	jeder Einzelne von uns
bis ins einzelne geregelt	bis ins Einzelne geregelt
der/die/das einzige wäre …	der/die/das Einzige wäre …
kein einziger war gekommen	kein Einziger war gekommen
er als einziger hatte …	er als Einziger hatte …
das einzigartige ist, daß …	das Einzigartige ist, dass …
die eisenverarbeitende Industrie	die Eisen verarbeitende Industrie
eisigkalt	eisig kalt
eislaufen	Eis laufen
Eisschnellauf	Eisschnelllauf
aufs engste verflochten	*ook:* aufs Engste verflochten

OUD	NIEUW
engbefreundet	eng befreundet
engbedruckt	eng bedruckt
nicht im entferntesten beabsichtigen	*ook:* nicht im Entferntesten beabsichtigen
auf das entschiedenste	*ook:* auf das Entschiedenste
Entschluß	Entschluss
ein Entweder-Oder gibt es hier nicht	ein Entweder-oder gibt es hier nicht
erfaßt	erfasst
Erguß	Erguss
erholungsuchende Großstädter	Erholung suchende Großstädter
Erlaß	Erlass
ermeßbar	ermessbar
ernstgemeint	ernst gemeint
ernstzunehmend	ernst zu nehmend
erpreßbar	erpressbar
nicht den erstbesten nehmen	nicht den Erstbesten nehmen
der erste, der gekommen ist	der Erste, der gekommen ist
das reicht fürs erste	das reicht fürs Erste
zum ersten, zum zweiten, zum dritten	zum Ersten, zum Zweiten, zum Dritten
die Erste Hilfe	die erste Hilfe
das erstemal	das erste Mal
zum erstenmal	zum ersten Mal
Erstkläßler	Erstklässler
die Erstplazierten	die Erstplatzierten
eßbar	essbar
essentiell	*ook:* essenziell*
Eßtisch	Esstisch
etlichemal	etliche Mal
Euch *[in brieven]*	euch
Euer *[in brieven]*	euer
die Euren	*ook:* die euren
Existentialismus	*ook:* Existenzialismus*
existentialistisch	*ook:* existenzialistisch*
existentiell	*ook:* existenziell*
Exposé	*ook:* Exposee
expreß	express
Exzeß	Exzess
Facette	*ook:* Fassette
fahrenlassen	fahren lassen
Fairneß	Fairness
Fair play	Fairplay, *ook:* Fair Play
fallenlassen	fallen lassen
Faß	Fass
faßbar	fassbar
Fäßchen	Fässchen
du faßt	du fasst
Fast food	Fastfood, *ook:* Fast Food
Feedback	*ook:* Feed-back*
jmdm. feind sein	jmdm. Feind sein
feingemahlen	fein gemahlen
fernliegen	fern liegen
fertigbringen	fertig bringen
fertigstellen	fertig stellen
festangestellt	fest angestellt
festumrissen	fest umrissen
fettgedruckt	fett gedruckt
Fitneß	Fitness
fleischfressende Pflanzen	Fleisch fressende Pflanzen
flötengehen	flöten gehen
Fluß	Fluss
Flüßchen	Flüsschen
flüssigmachen	flüssig machen
Flußschiffahrt	Flussschifffahrt, *ook:* Fluss-Schifffahrt
Fön *[haardroger]*	Föhn
die Haare fönen	die Haare föhnen
folgendes ist zu beachten	Folgendes ist zu beachten
wie im folgenden erläutert	wie im Folgenden erläutert
Freßsack	Fresssack, *ook:* Fress-Sack
frischgebacken	frisch gebacken
fritieren	frittieren
frohgelaunt	froh gelaunt
frühverstorben	früh verstorben
Full-time-Job	Fulltimejob, *ook:* Full-Time-Job
funkensprühend	Funken sprühend
furchterregend	Furcht erregend
Fußballänderspiel	Fußballländerspiel, *ook:* Fußball-Länderspiel
im ganzen gesehen	im Ganzen gesehen
Gäßchen	Gässchen
gefangenhalten	gefangen halten
gefangennehmen	gefangen nehmen
gefaßt	gefasst
gegeneinanderstoßen	gegeneinander stoßen
von allen gehaßt	von allen gehasst
geheimhalten	geheim halten
gehenlassen	gehen lassen
gutgelaunt	gut gelaunt
gelblichgrün	gelblich grün
Gemse	Gämse
genaugenommen	genau genommen
genausogut	genauso gut
genausowenig	genauso wenig
Genuß	Genuss
genüßlich	genüsslich
genußsüchtig	genusssüchtig
Geographie	*ook:* Geografie
es hat gut gepaßt	es hat gut gepasst
geradesitzen	gerade sitzen
geradestellen	gerade stellen

OUD	NIEUW
um ein geringes weniger	um ein Geringes weniger
es geht ihn nicht das geringste an	es geht ihn nicht das Geringste an
nicht im geringsten stören	nicht im Geringsten stören
geringschätzen	gering schätzen
Geschoß	Geschoss *[in Oostenrijk onveranderd met ß]*
gestern abend/morgen/nacht	gestern Abend/Morgen/Nacht
alle waren gestreßt	alle waren gestresst
getrenntlebend	getrennt lebend
gewiß	gewiss
Gewißheit	Gewissheit
ich habe es gewußt	ich habe es gewusst
glänzendschwarz	glänzend schwarz
glattgehen	glatt gehen
glatthobeln	glatt hobeln
das gleiche tun	das Gleiche tun
aufs gleiche hinauskommen	aufs Gleiche hinauskommen
gleich und gleich gesellt sich gern	Gleich und Gleich gesellt sich gern
gleichlautend	gleich lautend
Glimmstengel	Glimmstängel
glühendheiß	glühend heiß
die Goetheschen Dramen	die goetheschen Dramen, *ook:* die Goethe'schen Dramen
Graphit	*ook:* Grafit
Graphologie	*ook:* Grafologie
gräßlich	grässlich
Greuel	Gräuel
greulich	gräulich
griffest	grifffest
grobgemahlen	grob gemahlen
ein Programm für groß und klein	ein Programm für Groß und Klein
im großen und ganzen	im Großen und Ganzen
das größte wäre, wenn ...	das Größte wäre, wenn ...
groß schreiben *[met hoofdletter]*	großschreiben
Guß	Guss
gußeisern	gusseisern
guten Morgen/Tag sagen	*ook:* Guten Morgen/Tag sagen*
es im guten versuchen	es im Guten versuchen
gutaussehend	gut aussehend
gutbezahlt	gut bezahlt
gutgehen	gut gehen
gutgelaunt	gut gelaunt
gutgemeint	gut gemeint
guttun	gut tun

OUD	NIEUW
haftenbleiben	haften bleiben
haltmachen	Halt machen
Hämorrhoide	*ook:* Hämorride
händchenhaltend	Händchen haltend
handeltreibend	Handel treibend
Handout	*ook:* Hand-out*
hängenbleiben	hängen bleiben
hängenlassen	hängen lassen
Happy-End	Happyend, *ook:* Happy End
Hard cover	Hardcover, *ook:* Hard Cover
hartgekocht	hart gekocht
Haselnußstrauch	Haselnussstrauch, *ook:* Haselnuss-Strauch
Haß	Hass
häßlich	hässlich
du haßt	du hasst
nach Hause	*in Oostenrijk en Zwitserland ook:* nachhause
zu Hause	*in Oostenrijk en Zwitserland ook:* zuhause
haushalten	*ook:* Haus halten
heiligsprechen	heilig sprechen
heimlichtun	heimlich tun
heißgeliebt	heiß geliebt
heißumkämpft	heiß umkämpft
helleuchtend	hell leuchtend
hellicht	helllicht
hellodernd	hell lodernd
heraussein	heraus sein
hersein	her sein
jmdn. auf das herzlichste begrüßen	*ook:* jmdn. auf das Herzlichste begrüßen
heute abend/mittag/nacht	heute Abend/Mittag/Nacht
hierbleiben	hier bleiben
hierlassen	hier lassen
hiersein	hier sein
hierzulande	*ook:* hier zu Lande
High-Society	Highsociety, *ook:* High Society
hilfesuchend	Hilfe suchend
hinaussein	hinaus sein
hinsein	hin sein
hintereinandergehen	hintereinander gehen
hintereinanderschalten	hintereinander schalten
hinterhersein	hinterher sein
hinübersein	hinüber sein
er hißt die Flagge	er hisst die Flagge
aufs höchste erfreut sein	*ook:* aufs Höchste erfreut sein
hofhalten	Hof halten
die Hohe Schule	die hohe Schule
Hoheit	*onveranderd:* Hoheit

OUD	NIEUW
hohnlachen	*ook:* Hohn lachen
Hosteß	Hostess
Hot dog	Hotdog, *ook:* Hot Dog
ein paar hundert	*ook:* ein paar Hundert
viele Hunderte	*ook:* viele hunderte
Hunderte von Zuschauern	*ook:* hunderte von Zuschauern
hurra schreien	*ook:* Hurra schreien*
Ich-Erzähler	*ook:* Icherzähler
im allgemeinen	im Allgemeinen
im besonderen	im Besonderen
Imbiß	Imbiss
Imbißstand	Imbissstand, *ook:* Imbiss-Stand
im einzelnen	im Einzelnen
im nachhinein	im Nachhinein
imstande	*ook:* im Stande
im übrigen	im Übrigen
im voraus	im Voraus
in betreff	in Betreff
in bezug auf	in Bezug auf
ineinanderfließen	ineinander fließen
ineinandergreifen	ineinander greifen
in Frage stellen	*ook:* infrage stellen
in Frage kommen	*ook:* infrage kommen
innesein	inne sein
instand halten/setzen	*ook:* in Stand halten/ setzen
I-Punkt	i-Punkt
irgend etwas	irgendetwas
irgend jemand	irgendjemand
I-Tüpfelchen	i-Tüpfelchen
ja sagen	*ook:* Ja sagen*
Jäheit	Jähheit
2jährig, 3jährig, 4jährig ...	2-jährig, 3-jährig, 4-jährig ...
ein 2jähriger, 3jähriger, 4jähriger	ein 2-Jähriger, 3-Jähriger, 4-Jähriger
jedesmal	jedes Mal
Job-sharing	Jobsharing
Joghurt	*ook:* Jogurt
Jumbo-Jet	Jumbojet
für jung und alt	für Jung und Alt
Kaffee-Ernte	*ook:* Kaffeeernte
Kalligraphie	*ook:* Kalligrafie
kaltlächelnd	kalt lächelnd
Känguruh	Känguru
Karamel	Karamell
karamelisieren	karamellisieren
Kartographie	*ook:* Kartografie
Kaßler	Kassler
Katarrh	*ook:* Katarr
kegelschieben	Kegel schieben

OUD	NIEUW
kennenlernen	kennen lernen
Kennummer	Kennnummer, *ook:* Kenn-Nummer
keß	kess
Ketchup	*ook:* Ketschup*
an Kindes Statt	an Kindes statt
sich über etwas im klaren sein	sich über etwas im Klaren sein
klarsehen	klar sehen
klarwerden	klar werden
klebenbleiben	kleben bleiben
bis ins kleinste geregelt	bis ins Kleinste geregelt
kleingedruckt	klein gedruckt
kleinschneiden	klein schneiden
klein schreiben *[met kleine letter]*	kleinschreiben
es wäre das klügste, wenn ...	es wäre das Klügste, wenn ...
Knockout	*ook:* Knock-out*
kochendheiß	kochend heiß
Koloß	Koloss
Kommißbrot	Kommissbrot
Kommuniqué	*ook:* Kommunikee
Kompaß	Kompass
Kompromiß	Kompromiss
Kongreß	Kongress
Kongreßsaal	Kongresssaal, *ook:* Kongress-Saal
Kongreßstadt	Kongressstadt, *ook:* Kongress-Stadt
Kontrollampe	Kontrolllampe, *ook:* Kontroll-Lampe
kopfstehen	Kopf stehen
krank schreiben	krankschreiben
kraß	krass
krebserregende Substanzen	Krebs erregende Substanzen
Kreppapier	Kreppppapier, *ook:* Krepp-Papier
die kriegführenden Parteien	die Krieg führenden Parteien
kroß	kross
krummnehmen	krumm nehmen
den kürzeren ziehen	den Kürzeren ziehen
kürzertreten	kürzer treten
kurzgebraten	kurz gebraten
kurzhalten	kurz halten
kurztreten	kurz treten
Kuß	Kuss
Küßchen	Küsschen
du/er/sie küßt	du/er/sie küsst
Lamé	*ook:* Lamee
des langen und breiten	des Langen und Breiten
langgestreckt	lang gestreckt
länglichrund	länglich rund
langstengelig	langstängelig

OUD	NIEUW
langziehen	lang ziehen
du läßt	du lässt
zu Lasten	*ook:* zulasten
auf dem laufenden sein	auf dem Laufenden sein
laufenlassen	laufen lassen
Layout	*ook:* Lay-out*
leerstehend	leer stehend
es ist mir ein leichtes, das zu tun	es ist mir ein Leichtes, das zu tun
leichtfallen	leicht fallen
leichtmachen	leicht machen
leichtnehmen	leicht nehmen
leichtverderblich	leicht verderblich
leichtverständlich	leicht verständlich
jmdm. leid tun	jmdm. Leid tun
der letzte, der gekommen ist	der Letzte, der gekommen ist
als letzter fertig sein	als Letzter fertig sein
bis ins letzte geklärt	bis ins Letzte geklärt
letzteres trifft zu	Letzteres trifft zu
zum letztenmal	zum letzten Mal
leuchtendblau	leuchtend blau
es wäre uns das liebste, wenn ...	es wäre uns das Liebste, wenn ...
liebenlernen	lieben lernen
liebgewinnen	lieb gewinnen
liebhaben	lieb haben
liegenbleiben	liegen bleiben
liegenlassen	liegen lassen
Litfaßsäule	*onveranderd:* Litfaßsäule
Love-Story	*ook:* Lovestory
2mal, 3mal, 4mal ...	2-mal, 3-mal, 4-mal ...
Malaise	*ook:* Maläse
maschineschreiben	Maschine schreiben
maßhalten	Maß halten
Megaphon	*ook:* Megafon
wir haben das menschenmögliche getan	wir haben das Menschenmögliche getan
Mesner	*ook:* Messner
meßbar	messbar
Meßdiener	Messdiener
Meßinstrument	Messinstrument
die metallverarbeitende Industrie	die Metall verarbeitende Industrie
Midlife-crisis	Midlifecrisis, *ook:* Midlife-Crisis
millionenmal	Millionen Mal
nicht im mindesten	nicht im Mindesten
mißachten	missachten
Mißbildung	Missbildung
mißbilligen	missbilligen
Mißbrauch	Missbrauch
Mißerfolg	Misserfolg
mißfallen	missfallen

OUD	NIEUW
Mißgeburt	Missgeburt
Mißgeschick	Missgeschick
mißglücken	missglücken
Mißgunst	Missgunst
Mißklang	Missklang
Mißkredit	Misskredit
mißlich	misslich
mißlingen	misslingen
mißmutig	missmutig
mißraten	missraten
Mißstand	Missstand
Mißtrauen	Misstrauen
mißtrauisch	misstrauisch
Mißverständnis	Missverständnis
mit Hilfe	*ook:* mithilfe
wir sprachen über alles mögliche	wir sprachen über alles Mögliche
sein möglichstes tun	sein Möglichstes tun
3monatig, 4monatig, 5monatig ...	3-monatig, 4-monatig, 5-monatig ...
3monatlich, 4monatlich, 5monatlich ...	3-monatlich, 4-monatlich, 5-monatlich ...
Monographie	*ook:* Monografie
Mop	Mopp
morgen abend/mittag/nacht	morgen Abend/Mittag/Nacht
Multiple-choice-Verfahren	Multiplechoiceverfahren, *ook:* Multiple-Choice-Verfahren
ich muß, du mußt, er muß	ich muss, du musst, er muss
ich müßte, du müßtest, er müßte	ich müsste, du müsstest, er müsste
müßiggehen	müßig gehen
Myrrhe	*ook:* Myrre
nach Hause	*in Oostenrijk en Zwitserland ook:* nachhause
im nachhinein	im Nachhinein
Nachlaß	Nachlass
der nächste, bitte!	der Nächste, bitte!
als nächstes wollen wir ...	als Nächstes wollen wir ...
im nachstehenden heißt es ...	im Nachstehenden heißt es ...
nahelegen	nahe legen
naheliegen	nahe liegen
naheliegend	nahe liegend
etwas des näheren erläutern	etwas des Näheren erläutern
näherliegen	näher liegen
nahestehen	nahe stehen
Narziß	Narziss
narzißtisch	narzisstisch
naß	nass

OUD	NIEUW
naßgeschwitzt	nass geschwitzt
naßkalt	nasskalt
Naßrasur	Nassrasur
Naßschnee	Nassschnee, *ook:* Nass-Schnee
nebeneinandersitzen	nebeneinander sitzen
nebeneinanderstellen	nebeneinander stellen
im nebenstehenden wird gezeigt ...	im **N**ebenstehenden wird gezeigt ...
Necessaire	*ook:* Nessess**ä**r
Negligé	*ook:* Neglig**ee**
nein sagen	*ook:* **N**ein sagen*
es aufs neue versuchen	es aufs **N**eue versuchen
auf ein neues!	auf ein **N**eues!
neueröffnet	neu eröffnet
New Yorker	*ook:* New-Yorker
nichtrostend	*ook:* nicht rostend
nichtssagend	nichts sagend
die notleidende Bevölkerung	die **N**ot leidende Bevölkerung
in Null Komma nichts	in **n**ull Komma nichts
das Thermometer steht auf Null	das Thermometer steht auf **n**ull
Nullösung	Nu**lll**ösung, *ook:* Null-Lösung
numerieren	nu**mm**erieren
Numerierung	Nu**mm**erierung
Nuß	Nu**ss**
Nußschale	Nu**ss**schale, *ook:* Nuss-Schale
O-beinig	*ook:* **o**-beinig
obenerwähnt	oben erwähnt
obengenannt	oben genannt
obenstehend	oben stehend
offenbleiben	offen bleiben
offenlassen	offen lassen
offenstehen	offen stehen
des öfteren	des **Ö**fteren
Orthographie	*ook:* Orthogra**f**ie
Oxyd	*ook:* Ox**i**d
Panther	*ook:* Panter
Pappmaché	*ook:* Pappma**schee**
parallellaufend	parallel laufend
parallelschalten	parallel schalten
Partys, Parties *[meervoud van* Party]	Partys
Paß	Pa**ss**
passé	*ook:* pass**ee**
Paßstraße	Pa**ss**straße, *ook:* Pass-Straße
es paßt	es pa**ss**t
Platitüde	Pla**tt**itüde, *ook:* Plati**tu**de
Playback	*ook:* Play-back*
plazieren	pla**tz**ieren
pleite gehen	**P**leite gehen
pleite sein	*onveranderd:* pleite sein
Pornographie	*ook:* Pornogra**f**ie
Portemonnaie	*ook:* Port**monee**
potentiell	*ook:* poten**z**iell*
Preßlufthammer	Pre**ss**lufthammer
du preßt	du pre**ss**t
privatversichert	privat versichert
probefahren	**P**robe fahren
Problembewußtsein	Problembewu**ss**tsein
Programmusik	Progra**mmm**usik, *ook:* Programm-**M**usik
Progreß	Progre**ss**
Prozeß	Proze**ss**
Quadrophonie	*ook:* Quadro**f**onie
Quentchen	Qu**ä**ntchen
Quickstep	Quickste**pp**
radfahren	**R**ad fahren
radschlagen	**R**ad schlagen
zu Rande kommen	*ook:* zu**r**ande kommen
zu Rate ziehen	*ook:* zu**r**ate ziehen
rauh	rau
rauhbeinig	raubeinig
Rauhfasertapete	Raufasertapete
Rauhhaardackel	Rauhaardackel
Rauhreif	Raureif
Rausschmiß	Rausschmi**ss**
recht haben	**R**echt haben
recht behalten	**R**echt behalten
recht bekommen	**R**echt bekommen
jmdm. recht geben	jmdm. **R**echt geben
recht sein	*onveranderd:* recht sein
Rechtens sein	**r**echtens sein
Regreß	Regre**ss**
Regreßpflicht	Regre**ss**pflicht
reichgeschmückt	reich geschmückt
Reißverschluß	Reißverschlu**ss**
das ist genau das richtige für mich	das ist genau das **R**ichtige für mich
mit etwas richtigliegen	mit etwas richtig liegen
richtigstellen	richtig stellen
Riß	Ri**ss**
Roheit	Roh**h**eit
Rolladen	Ro**lll**aden, *ook:* Roll-**L**aden
Rommé	*ook:* Romm**ee**
Roß	Ro**ss**
Rößl	Rö**ss**l
der rote Planet *[Mars]*	der **R**ote Planet
rotglühend	rot glühend
rückwärtsgewandt	rückwärts gewandt
ruhenlassen	ruhen lassen
ruhigstellen	ruhig stellen
Rußland	Ru**ss**land

OUD	NIEUW
sauberhalten	sauber halten
saubermachen	sauber machen
sausenlassen	sausen lassen
Saxophon	*ook:* Saxofon
Schalloch	Schallloch, *ook:* Schall-Loch
etwas auf das schärfste verurteilen	*ook:* etwas auf das Schärfste verurteilen
ein schattenspendender Baum	ein Schatten spendender Baum
schätzenlernen	schätzen lernen
Schiffahrt	Schifffahrt, *ook:* Schiff-Fahrt
Schiß	Schiss
schlechtgehen	schlecht gehen
schlechtgelaunt	schlecht gelaunt
das schlimmste ist, daß ...	das Schlimmste ist, dass ...
Schloß	Schloss
Schlößchen	Schlösschen
Schluß	Schluss
Schlußstrich	Schlussstrich, *ook:* Schluss-Strich
sie schmiß mit Steinen	sie schmiss mit Steinen
schmutziggrau	schmutzig grau
Schnelläufer	Schnellläufer, *ook:* Schnell-Läufer
schnellebig	schnelllebig
Schnepper	*ook:* Schnäpper
schneuzen	schnäuzen
aufs schönste übereinstimmen	*ook:* aufs Schönste übereinstimmen
er schoß	er schoss
Schoß *[v.e. plant]*	Schoss
Schrittempo	Schritttempo, *ook:* Schritt-Tempo
an etwas schuld haben	an etwas Schuld haben
sich etwas zuschulden kommen lassen	*ook:* sich etwas zu Schulden kommen lassen
Schuß	Schuss
schußlig	schusslig
schwachbevölkert	schwach bevölkert
aus schwarz weiß machen	aus Schwarz Weiß machen
das Schwarze Brett	das schwarze Brett
Schwarze Magie	schwarze Magie
der Schwarze Peter	der schwarze Peter
schwarzgefärbt	schwarz gefärbt
schwarzrotgolden	*ook:* schwarz-rot-golden
schwerfallen	schwer fallen
schwernehmen	schwer nehmen
schwertun	schwer tun
schwerverständlich	schwer verständlich
Schwimmeister	Schwimmmeister, *ook:* Schwimm-Meister
Science-fiction	Sciencefiction, *ook:* Science-Fiction

OUD	NIEUW
See-Elefant	*ook:* Seeelefant
jedem das Seine	*ook:* jedem das seine
das Seine beitragen	*ook:* das seine beitragen
die Seinen	*ook:* die seinen
seinlassen	sein lassen
Seismograph	*ook:* Seismograf
auf seiten	aufseiten, *ook:* auf Seiten
von seiten	vonseiten, *ook:* von Seiten
selbständig	*ook:* selbstständig
Selbständigkeit	*ook:* Selbstständigkeit
selbsternannt	selbst ernannt
selbstgemacht	selbst gemacht
selbstverdient	selbst verdient
seligsprechen	selig sprechen
Séparée	*ook:* Separee
sequentiell	*ook:* sequenziell*
seßhaft	sesshaft
S-förmig	*ook:* s-förmig
Short story	Shortstory, *ook:* Short Story
Showbusineß	Showbusiness
auf Nummer Sicher gehen	*ook:* auf Nummer sicher gehen
siedendheiß	siedend heiß
Shrimp	*ook:* Schrimp
sitzenbleiben	sitzen bleiben
sitzenlassen	sitzen lassen
Small talk	Smalltalk, *ook:* Small Talk
so daß	sodass, *ook:* so dass
Soufflé	*ook:* Soufflee
soviel	so viel
soweit	so weit
sowenig	so wenig
Spaghetti	*ook:* Spagetti
spazierenfahren	spazieren fahren
spazierengehen	spazieren gehen
Spliß	Spliss
Sproß	Spross
Sprößling	Sprössling
steckenbleiben	stecken bleiben
steckenlassen	stecken lassen
stehenbleiben	stehen bleiben
stehenlassen	stehen lassen
Stengel	Stängel
Steptanz	Stepptanz
Stereophonie	Stereofonie
Stewardeß	Stewardess
stiftengehen	stiften gehen
etwas im stillen vorbereiten	etwas im Stillen vorbereiten
Stilleben	Stillleben, *ook:* Still-Leben
stillegen	stilllegen
Stoffetzen	Stofffetzen, *ook:* Stoff-Fetzen

OUD	NIEUW
Stop	Sto**pp**
Straß	Stra**ss**
strenggenommen	streng genommen
strengnehmen	streng nehmen
Streß	Stre**ss**
der Lärm streßt	der Lärm stre**ss**t
Streßsituation	Stre**sss**ituation, *ook:* Stre**ss-S**ituation
Stukkateur	Stu**ck**ateur
2stündig, 3stündig, 4stündig …	2**-**stündig, 3**-**stündig, 4**-**stündig …
2stündlich, 3stündlich, 4stündlich …	2**-**stündlich, 3**-**stündlich, 4**-**stündlich …
Stuß	Stu**ss**
substantiell	*ook:* substan**z**iell*
tabula rasa machen	**T**abula rasa machen
zutage treten	*ook:* zu **T**age treten
2tägig, 3tägig, 4tägig …	2**-**tägig, 3**-**tägig, 4**-**tägig …
Täßchen	Tä**ss**chen
ein paar tausend	*ook:* ein paar **T**ausend
Tee-Ei	*ook:* Tee**e**i
Telephon	Tele**f**on
Thunfisch	*ook:* **T**unfisch
Tie-Break	*ook:* Tie**b**reak
aufs tiefste gekränkt	*ook:* aufs **T**iefste gekränkt
tiefbewegt	tief bewegt
tiefempfunden	tief empfunden
Tip	Ti**pp**
Tolpatsch	To**ll**patsch
tolpatschig	to**ll**patschig
Topographie	*ook:* Topogra**f**ie
totgeboren	tot geboren
Trekking	*ook:* Tre**ck**ing
treuergeben	treu ergeben
auf dem trockenen sitzen	auf dem **T**rockenen sitzen
seine Schäfchen ins trockene bringen	seine Schäfchen ins **T**rockene bringen
Troß	Tro**ss**
im trüben fischen	im **T**rüben fischen
Typographie	Typogra**f**ie
übelgelaunt	übel gelaunt
übelnehmen	übel nehmen
übelriechend	übel riechend
Überdruß	Überdru**ss**
übereinanderlegen	übereinander legen
überhandnehmen	überhand nehmen
überschwenglich	übersch**ä**nglich
ein übriges tun	ein **Ü**briges tun
im übrigen wissen wir doch alle …	im **Ü**brigen wissen wir doch alle …
alles übrige später	alles **Ü**brige später
die übrigen kommen nach	die **Ü**brigen kommen nach

OUD	NIEUW
übrigbehalten	übrig behalten
übrigbleiben	übrig bleiben
übriglassen	übrig lassen
Umriß	Umri**ss**
umsein	um sein
um so [mehr, größer, weniger …]	umso [mehr, größer, weniger …]
sich ins unabsehbare ausweiten	sich ins **U**nabsehbare ausweiten
Anzeige gegen Unbekannt	Anzeige gegen **u**nbekannt
unbewußt	unbewu**ss**t
und ähnliches (u.ä.)	und **Ä**hnliches (u.**Ä**.)
unendlichemal	unendliche **M**al
unerläßlich	unerlä**ss**lich
unermeßlich	unerme**ss**lich
im unklaren bleiben	im **U**nklaren bleiben
im unklaren lassen	im **U**nklaren lassen
unmißverständlich	unmi**ss**verständlich
unpäßlich	unpä**ss**lich
unrecht haben	**U**nrecht haben
unrecht behalten	**U**nrecht behalten
unrecht bekommen	**U**nrecht bekommen
unrecht sein	*onveranderd:* unrecht sein
unselbständig	*ook:* unselbs**t**ständig
die Unseren	*ook:* die **u**nseren
untenerwähnt	unten erwähnt
untenstehend	unten stehend
unterderhand	unter der **H**and
untereinanderstehen	untereinander stehen
ohne Unterlaß	ohne Unterla**ss**
Varieté	Varieté, *ook:* Variet**ee**
veranlaßt	veranla**ss**t
verblaßt	verbla**ss**t
verbleuen	verbl**ä**uen
im verborgenen blühen	im **V**erborgenen blühen
Verdruß	Verdru**ss**
vergeßlich	verge**ss**lich
Vergißmeinnicht	Vergi**ss**meinnicht
du vergißt	du vergi**ss**t
verhaßt	verha**ss**t
auf jmdn. ist Verlaß	auf jmdn. ist Verla**ss**
verläßlich	verlä**ss**lich
verlorengehen	verloren gehen
vermißt	vermi**ss**t
er hat den Zug verpaßt	er hat den Zug verpa**ss**t
Verriß	Verri**ss**
verschiedenes war noch unklar	**V**erschiedenes war noch unklar
verschiedenemal	verschiedene **M**al
Verschluß	Verschlu**ss**
Verschlußsache	Verschlu**sss**ache, *ook:* Verschlu**ss-S**ache
verselbständigen	*ook:* verselbs**t**ständigen
viel zuviel	viel zu viel

OUD	NIEUW
viel zuwenig	viel zu wenig
vielbefahren	viel befahren
vielgelesen	viel gelesen
aus dem vollen schöpfen	aus dem Vollen schöpfen
voneinandergehen	voneinander gehen
von seiten	vonseiten, *ook:* von Seiten
im vorangehenden heißt es ...	im Vorangehenden heißt es ...
im voraus	im Voraus
im vorhinein	im Vorhinein
das vorige gilt auch ...	das Vorige gilt auch ...
vorliebnehmen	vorlieb nehmen
Vorschuß	Vorschuss
vorwärtsgehen	vorwärts gehen
vorwärtskommen	vorwärts kommen
Wächte	Wechte
Waggon	*ook:* Wagon
Walkie-talkie	Walkie-Talkie
Walroß	Walross
wäßrig	wässrig
weichgekocht	weich gekocht
aus schwarz weiß machen	aus Schwarz Weiß machen
weißgekleidet	weiß gekleidet
des weiteren	des Weiteren
bis auf weiteres	*onveranderd:* bis auf weiteres
weitgereist	weit gereist
weitreichend	weit reichend
weitverbreitet	weit verbreitet
es besteht im wesentlichen aus ...	es besteht im Wesentlichen aus ...
Wetturnen	Wettturnen, *ook:* Wett-Turnen
wieviel	wie viel
wie viele	*onveranderd:* wie viele
wißbegierig	wissbegierig
ihr wißt	ihr wisst
du wußtest	du wusstest
wir wüßten gern ...	wir wüssten gern ...
als ob er wunder was getan hätte	als ob er Wunder was getan hätte
sich wundliegen	sich wund liegen
X-beinig	*ook:* x-beinig
zum x-tenmal	zum x-ten Mal
Zäheit	Zähheit
eine Zeitlang	eine Zeit lang
zur Zeit *[momenteel]*	zurzeit
Zierat	Zierrat
zigtausend	*ook:* Zigtausend
Zigtausende	*ook:* zigtausende
zueinanderfinden	zueinander finden

OUD	NIEUW
sich zufriedengeben	sich zufrieden geben
zufriedenlassen	zufrieden lassen
zufriedenstellen	zufrieden stellen
zugrunde gehen	*ook:* zu Grunde gehen
zugrunde liegen	*ook:* zu Grunde liegen
zugrundeliegend	*ook:* zu Grunde liegend
zugrunde richten	*ook:* zu Grunde richten
zugunsten	*ook:* zu Gunsten
zu Hause	*in Oostenrijk en Zwitserland ook:* zuhause
bei uns zulande	bei uns zu Lande
zulasten	*ook:* zu Lasten
jmdm. etwas zuleide tun	*ook:* jmdm. etwas zu Leide tun
zumute sein	*ook:* zu Mute sein
sich etwas zunutze machen	*ook:* sich etwas zu Nutze machen
jmdm. zupaß kommen	jmdm. zupass kommen
zu Rande kommen	*ook:* zurande kommen
jmdn. zu Rate ziehen	*ook:* jmdn. zurate ziehen
zusammensein	zusammen sein
zuschanden werden	zu Schanden werden
sich etwas zuschulden kommen lassen	*ook:* sich etwas zu Schulden kommen lassen
zusein	zu sein
zustande kommen	*ook:* zu Stande kommen
zutage treten	*ook:* zu Tage treten
zuviel	zu viel
zu viele	*onveranderd:* zu viele
zuwege bringen	*ook:* zu Wege bringen
zuwenig	zu wenig
das Zweite Gesicht	das zweite Gesicht
jeder zweite war krank	jeder Zweite war krank

Symbolen

(...)	ronde haken geven een element aan dat ook weggelaten kan worden
⟨...⟩	commentaar en afkortingen staan tussen punthaken
⇒	dubbelschachtige pijl: scheidt een hoofdvertaling van de bijbehorende varianten
→	enkelschachtige pijl: verwijst naar een andere ingang van het woordenboek of naar een vervoegingstabel
◆	'dropje': staat tussen het overzicht van vertaalmogelijkheden en de voorbeelden
~	tilde: vervangt het trefwoord
~̈	tilde met twee puntjes erboven: het trefwoord krijgt een umlaut, bv. **Hand** ⟨..., ~̈e⟩ betekent meervoud **Hände**
¶	'vlag': wordt gebruikt om aan te geven (a) dat de betekenis van een uitdrukking niet uit die van de samenstellende delen is af te leiden of (b) dat het meest kenmerkende woord uit de context van een trefwoord niet kon worden bepaald. In geval (a) vervangt de vlag het tweede cijfer van de opzoekcode, in geval (b) vervangt hij het eerste cijfer
/	schuine streep: de elementen voor en na de streep kunnen beide gebruikt worden
|	verticale streep in trefwoord: het woorddeel vóór de streep wordt een liggend streepje in de volgende variant
±	geeft aan dat de overeenkomst tussen het Duits en het Nederlands niet volledig is
®	'registered trademark' wil zeggen dat het woord in de geredigeerde betekenis is gedeponeerd als handelsmerk
a̲	zoals in Kla̲ssiker: het streepje onder de klinker betekent dat de klemtoon op deze lettergreep valt

Afkortingen

aanw.	aanwijzend
aardr.	aardrijkskunde
acc. wiss.	accent wisselt
adm.	administratie
afk.	afkorting
alg.	algemeen
amb.	ambacht(elijk)
antr.	antropologie
astrol.	astrologie
AZN	Algemeen Zuid-Nederlands
bel.	beledigend
Belg.	België
bep.	bepaald
betr.	betrekkelijk
bez.	bezittelijk
bijz.	bijzonder
biol.	biologie
bk.	beeldende kunst
bn.	bijvoeglijk naamwoord
bn. als zn.	bijvoeglijk naamwoord als zelfstandig naamwoord gebruikt
boek.	boekwezen
bouwk.	bouwkunst
BRD	Bondsrepubliek Duitsland
bv.	bijvoorbeeld
bw.	bijwoord
com.	communicatie-(media)
comp.	computer
conf.	confectie
cul.	culinaria
dansk.	danskunst
DDR	Duitse Democratische Republiek
deelw.	deelwoord
dipl.	diplomatie
dmv.	door middel van
dram.	dramaturgie
ec.	economie
e.d.	en dergelijke
elk.	elkaar
enk.	enkelvoud
enz.	enzovoort
euf.	eufemistisch, verbloemend